REDES

Diccionario combinatorio del español contemporáneo

Las palabras en su contexto

REDES

Diccionario combinatorio del español contemporáneo

Dirigido por Ignacio Bosque

sm

DIRECCIÓN

Ignacio Bosque Muñoz

PROYECTO EDITORIAL

Ignacio Bosque Muñoz
Concepción Maldonado González

EQUIPO DE REDACCIÓN

Ediciones SM
Jesús Arellano Luis
Amparo Cantalejo Herrera
Rafael Díaz Ayala
Isabel Fernández-Velilla Sáenz
Fernando López Martínez
Yolanda Lozano Ramírez de Arellano
María Martínez Xoubanova
Juan Pablo Rodríguez García de Cortázar

Universidad Complutense de Madrid
Ana María Díaz Neira
Pilar García Buendía
Laura Gómez Íñiguez
Raquel González Rodríguez
Natasha López Fernández
M.ª Cristina Olmeda Nicolás
Silvia Páramo García
Álvaro Sánchez Ladrón de Guevara

COLABORACIÓN

M.ª Auxiliadora Barrios Rodríguez
Araceli Calzado Roldán
Maite Montes Gil
Isabel Pérez Jiménez
Rosana Pérez Molina
Miriam Rivero Ortiz
Julia Sellés Martínez

COORDINACIÓN EDITORIAL

Nieves Almarza Acedo
Amparo Cantalejo Herrera
Yolanda Lozano Ramírez de Arellano

DIRECCIÓN EDITORIAL

Concepción Maldonado González

INFORMATIZACIÓN

Antonio del Saz Quílez
Luis Relaño Villacorta
José María García Hoyos

CUBIERTA Y DISEÑO

Alfonso Ruano
Julio Sánchez

Esta obra ha sido parcialmente financiada por una ayuda del Ministerio de Ciencia y Tecnología (BFF2002-02210) y otra de la Comunidad Autónoma de Madrid (06/0041/2002)

C O M E R C I A L I Z A

Para España:
CESMA, SA
C/ Impresores, n.º 15 – Urbanización Prado del Espino
28660 Boadilla del Monte (MADRID)

Para el extranjero:
EDICIONES SM – Área Internacional
Teléfono: 34 91 422 88 00
Fax: 34 91 422 61 09
internacional@grupo-sm.com

ISBN: 84-675-0276-2 - Depósito Legal: M-34.003-2004
Impreso en España – *Printed in Spain by Rotapapel, S.L.*

A la memoria de Fernando Lázaro Carreter

En los periódicos viene el idioma vivo,
el que se está usando

MARÍA MOLINER

ÍNDICE

PRESENTACIÓN

Mucha gente piensa que no es preciso detenerse a describir –menos aún a intentar explicar– lo que nos resulta natural o cotidiano. Casi todos los científicos y casi todos los filósofos fundamentan su trabajo desde hace siglos en la idea opuesta: cuanto más cercano nos parece un hecho, cuanto más acostumbrados estamos a él o más evidente se nos hace, mayor riesgo corremos de que nos pase inadvertido o de llegar intuitivamente a la conclusión de que no hay nada en él que merezca verdaderamente nuestro interés. En cierto sentido, puede decirse que la descripción tradicional del lenguaje estuvo largo tiempo en consonancia con esa actitud general. Durante muchos años se estudiaron con extraordinaria minuciosidad las peculiaridades de múltiples expresiones usadas desigualmente en algunas variedades geográficas del español o en lenguajes de grupos minoritarios. No hay nada equivocado en ello, como es obvio, pero se tomaba esa opción a la vez que se dejaban sin analizar numerosísimas construcciones interesantes que, además de ser generales, son absolutamente comunes en la lengua de todos los días. Por otra parte, ha sido habitual que las gramáticas normativas dedicaran más atención a presentar lo irregular que a describir lo sistemático, aun cuando no deja de resultar paradójico que se ponga mayor empeño en destacar las excepciones de algún sistema que en analizar las pautas que lo hacen posible.

No debemos dejar de preguntarnos por qué es tan frecuente que lo raro atraiga y lo común se omita, se desdeñe o se dé por explicado o entendido. El que percibe lo que resalta no siempre pone sus ojos en el fondo sobre el que se destaca su percepción, seguramente porque él mismo forma parte de ese fondo. Da la impresión de que al analizar lo externo, lo marcado o lo peculiar podemos aislarlo, colocarlo en la probeta o en el portaobjetos, y examinarlo así con cierta distancia. Pero el estudio de lo común es a la vez el estudio de lo propio, y por eso mismo nos resulta difícil y escurridizo. El punto de arranque de este diccionario está precisamente en la constatación de esta marcada diferencia, y podría decirse que el proyecto en el que se basa constituye una pequeña aportación a la línea de estudios que desea contribuir a que la balanza se equilibre.

Este diccionario se diferencia de muchos otros en dos rasgos:

a) No define las palabras.

b) Casi todas las informaciones que proporciona están ausentes de los demás diccionarios, pero constituyen una parte fundamental del conocimiento del idioma.

A primera vista, los dos rasgos parecen sorprendentes y hasta contradictorios con lo que se espera implícitamente de un diccionario. Es más, el concepto mismo de DICCIONARIO COMBINATORIO resultará extraño a más de un lector. Ya tenemos diccionarios que nos definen las palabras con detalle, y también tenemos gramáticas que nos dan pautas para combinarlas. ¿Qué es entonces un diccionario combinatorio? Si el diccionario de siempre nos da los ladrillos y la gramática de siempre nos da el armazón, ¿qué más necesitamos para usar, analizar y entender el edificio del idioma, por gigantesco que sea? He de reconocer que cuando esta obra estaba solo en mi imaginación me resultaba difícil contestar esta pregunta de una forma que todo el mundo pudiera entender. Ahora que está terminada me resulta mucho más sencillo. Aquí lo haré en solo dos palabras, pero en las páginas siguientes intentaré decirlo en unas cuantas más: la distinción entre el diccionario y la gramática que acabo de esquematizar es demasiado burda, como han hecho notar no pocos lingüistas en el último cuarto de siglo. Las palabras no significan algo y ADEMÁS se combinan de cierta manera, sino que en gran medida se combinan de cierta manera PORQUE expresan precisamente esos significados. Existen muchas formas de explorar esta última afirmación, que la lingüística contemporánea reconoce ya como evidente y ha puesto repetidamente de manifiesto. La vía que elige REDES es, en mi opinión, una de las más atractivas, aunque no sea exactamente la más explorada.

Así pues, la expresión DICCIONARIO COMBINATORIO intenta especificar en solo dos palabras el lugar exacto en el que esta obra se sitúa: el puente que une la lexicografía con la gramática; el análisis de las palabras y el estudio de las formas en que se combinan. El puente ha sido repetidamente transitado por la lingüística teórica en los últimos treinta años, pero lo ha sido mucho menos por la lexicografía. El resultado de las numerosas excursiones e incursiones han sido, por tanto, muchas más monografías gramaticales que obras lexicográficas, y también muchas más obras de estudio que de consulta. En muy escasas ocasiones puede decirse, además, que el resultado de esas exploraciones se dirigiera, como ahora sucede, a todos a la vez: a los profesionales del idioma y a los hablantes que se preocupan por su uso; a los que desean indagar en la naturaleza de las combinaciones y a los que simplemente quieren conocerlas, aprenderlas, practicarlas, aplicarlas, traducirlas, alterarlas o recrearse en su contemplación. A este segundo grupo de personas se destina la introducción que sigue a esta presentación, que no supone ningún conocimiento especializado de gramática ni de lexicografía. A los primeros se dirige, en cambio, el texto *Combinatoria y significación*, que presupone en el lector cierta familiaridad con algunos conceptos de lingüística.

Las obras que están a caballo de dos disciplinas parecen encontrarse en el terreno de nadie, lo que viene a ser lo mismo que decir que están en el terreno de todos. Desde luego, no es exagerado afirmar que ni en la gramática ni en la lexicografía tienen su lugar preciso las informaciones que este diccionario contiene. Hace pocos años expliqué a varios colegas especialistas en gramática las características de este proyecto. Entre ellos, algunos se mostraron muy interesados, pero otros me decían que este era, en realidad, «trabajo de lexicógrafos». Después de todo, esto es "un diccionario", es decir, un repertorio de voces ordenado alfabéticamente repleto de peculiaridades y de informaciones idiosincrásicas. ¿Qué es, si no es esto, un diccionario? Corresponde al gramático —continuaban— presentar pautas de construcción y generalizaciones sobre esas combinaciones, y no en cambio esforzarse en presentar largas listas de peculiaridades, y menos aún en ordenarlas alfabéticamente.

También expuse mi proyecto a algunos lexicógrafos. Varios de ellos lo acogieron muy positivamente, pero otros me decían que, en el fondo, esto era «trabajo de gramáticos». Después de todo, en este diccionario no se definen las palabras. Cuando una voz tiene varios sentidos, se esboza una leve marca que resulte suficiente para que el lector sepa de qué acepción se habla y, por si fuera poco, a veces se diluyen incluso las diferencias entre las acepciones, como explico en la sección 5 del texto al que me refiero arriba. El diccionario presenta exclusivamente información combinatoria, y no es al lexicógrafo, sino al gramático, al que corresponde estudiar la forma en que se combinan las palabras. REDES contiene además un gran número de generalizaciones semánticas sobre paradigmas léxicos, y la lexicografía no parece ser la parte de la lingüística más adecuada para hablar de generalizaciones. Una obra que estudie estas informaciones no formará parte estrictamente —me decían— de lo que suele entenderse por trabajo lexicográfico.

Importa poco quiénes llevaran la razón. Las polémicas clasificatorias sobre a quién corresponde verdaderamente realizar una determinada obra no deberían taparnos la información que ofrece. Si el proyecto que ahora ve la luz ha tardado tanto tiempo en plantearse ha sido, entre otras razones, porque cada profesional del léxico y de la gramática entendía que deberían ser los otros los que lo abordaran. No me cabe duda de que este "los unos por los otros" ha sido una de las causas de que esta parte de la casa haya quedado sin barrer durante tanto tiempo.

En los textos que siguen a esta presentación se explica cómo se puede sacar partido a este diccionario, qué puede hacer el usuario con él y cuál es la naturaleza de las informaciones lingüísticas que describe. En esta presentación quisiera limitarme a explicar someramente al lector por qué REDES es diferente de los demás diccionarios, aunque solo sea por si la ojeada que seguramente le ha echado ya ha dejado alguna duda acerca de ciertas diferencias objetivas.

Es muy claro que este no es un diccionario de sinónimos. Tampoco es un diccionario de modismos, de frases hechas, de expresiones idiomáticas o de refranes. No aparece *tomar el pelo, ni meter la pata* ni *A Dios rogando y con el mazo dando.* Aparecen, en cambio, "combinaciones frecuentes", en un sentido del término *frecuencia* sobre el que diré algo en las introducciones que siguen a esta presentación.

Tampoco es este un diccionario de ideas afines. En los buenos diccionarios de ideas afines puede uno buscar la palabra *barco* y encontrarse una lista de tipos de embarcaciones, desde la chalupa hasta la polacra, el falucho, el lugre, la goleta o el bergantín. También puede entrar por la palabra *pintura* y encontrarse una lista de formas de pintar, de estilos pictóricos o de materiales necesarios para realizar esa tarea. Este diccionario no proporciona, ciertamente, esa clase de informaciones.

REDES no es tampoco un diccionario ideológico. Los diccionarios ideológicos son gigantescos árboles conceptuales. Parten de una raíz pequeña y compacta, y van desdoblando el mundo en unas pocas nociones (existencia, cambio, número, espacio, tiempo...), que a su vez se desdoblan en nuevas ramas (conocimiento, voluntad, movimiento), y estas a su vez en otras más y más específicas, hasta llegar a *estornudar,* a *pizpireta* o a *notario.* Tampoco es este el objetivo que la presente obra persigue. De hecho, el lector observará en no pocos casos que las palabras se buscan, se atraen y se llaman a menudo unas a otras desde ramas diferentes de ese árbol universal del conocimiento.

Este diccionario vincula el léxico con la gramática, pero no es un diccionario de construcción y régimen, puesto que no nos dice que unos verbos se construyen con indicativo y otros con subjuntivo, aun cuando informe indirectamente sobre las preposiciones que los verbos rigen. No es tampoco un diccionario de valencias. No informa, por tanto, de que el verbo *dedicar* selecciona en español un sujeto de persona, un complemento directo de cosa y un complemento indirecto encabezado por la preposición *a* que designa la persona o la cosa a la que se dedica algo.

Por interesantes que sean todas esas informaciones –que uno puede encontrar en varios repertorios ya existentes–, las que este diccionario aporta son de otra naturaleza. Este diccionario es combinatorio, pero se fundamenta en las relaciones semánticas que existen entre las palabras. Para algunos podría ser entendido como un *Diccionario de colocaciones*, pero este es un concepto complejo, sumamente polémico, de límites difusos y –en mi opinión particular– no del todo transparente. En la sección 11 de *Combinatoria y significación* mencionaré algunas de las coincidencias y divergencias que existen entre REDES y los diccionarios de colocaciones.

El rasgo fundamental de este diccionario es el hecho de que especifica en cada entrada las restricciones semánticas que las palabras se imponen unas a otras. El aspecto que resulta quizás más sorprendente de esta información es que no aparece en los diccionarios, pero a la vez es esencial para el conocimiento del idioma, tanto el que corresponde a un hablante nativo como el que intenta adquirir el que lo estudia como segunda lengua. Así pues, este diccionario se diferencia de los de ideas afines y de los ideológicos en que no analiza el mundo a través del léxico, sino el léxico mismo a través de la relación que existe entre el significado de las palabras y la forma en que las combinamos.

Estoy casi seguro de que los usuarios de esta obra que sean hablantes nativos del español exclamarán al consultar algunas entradas: *¡Claro!*, *¡Naturalmente!* o *¡De qué otra forma podría ser!* Es una sensación parecida a la que experimenta el que reconoce inmediatamente su cara en el dibujo que otra persona le ha hecho, pero no sería capaz de dibujarse a sí mismo ni de describir con cierto detalle su propio rostro. Es posible incluso que algunos lectores se sorprendan de la longitud de ciertas entradas, en comparación con el espacio que ocupan en otros diccionarios, o de la forma en que se presentan opciones y variantes que parecen de sentido común. ¿No es todo esto –dirá alguien– "simplemente natural"? Por supuesto que lo es. Las informaciones que contiene REDES son "enteramente naturales", pero acaso vale la pena recordar que también nos parece "enteramente natural" mover unas setenta articulaciones de nuestro cuerpo cada vez que damos un paso, y unos treinta músculos de la cara cada vez que esbozamos una sonrisa.

Más de un lector se preguntará —como yo lo he hecho— si los grupos léxicos desplegados en las entradas de REDES pueden reducirse o ampliarse. ¿No pueden ser menos en algunos casos y más, en cambio, en otros? Me referiré con cierto detalle a estas preguntas en la sección 10 del texto mencionado arriba, pero es conveniente decir aquí que los análisis semánticos y pragmáticos que se lleven a cabo en el futuro ayudarán sin ninguna duda a contestarlas. Ciertamente, una opción posible era no hacer este diccionario y esperar a que filósofos, lexicólogos, gramáticos y semantistas completen una ontología de conceptos que todos podamos compartir. La otra opción era hacer el diccionario y confiar en que —aunque sea en muy pequeña medida— este material pueda serles de alguna ayuda en su titánica empresa.

El estudiante extranjero de español tendrá seguramente ante esta obra una sensación muy diferente de la que experimentará el hablante nativo. Tampoco reacciona igual el que se coloca unos esquíes después de haber ganado dos medallas en los juegos olímpicos de invierno que el que intenta dar sus primeros pasos con ese extraño apéndice de los pies. El estudiante que aprende español como segunda lengua entenderá enseguida que debe adquirir familiaridad con muchas de estas combinaciones, tan naturales e inmediatas para el hablante nativo como desconocidas para él. De hecho, como se explica más adelante, la información combinatoria que REDES proporciona es de naturaleza semántica, pero —nueva paradoja— no se obtiene ni se deduce directamente de las definiciones de los diccionarios. Sabemos que el estudiante de español como segunda lengua acaba adquiriéndola tras largos años de práctica (no de consultar diccionarios), pero lo cierto es que no se le muestra de forma explícita en ninguna de las numerosas obras didácticas que suelen destinarse a su formación.

Como lo que está dentro de alguna cosa no puede rondarla, no diré que la idea de realizar este diccionario ha rondado mi cabeza durante cierto tiempo, sino más bien que ha habitado en ella largamente, casi desde que terminé mi carrera universitaria hace ahora treinta años. Cuando empecé a barruntar el proyecto en que se basa REDES no existían ordenadores, mucho menos buscadores SQL como los que hoy permiten construir programas de concordancias. Los datos estaban en los textos, y los textos en el papel; las observaciones se hacían en fichas y las fichas se guardaban en cajas, que se indexaban y se almacenaban con otras cajas. Una sola entrada larga de este diccionario hubiera llevado, sin exagerar un ápice, varios años de trabajo. Más aún, parece claro que la obra no habría podido llevarse a cabo nunca, al menos con las características técnicas que presenta y con el volumen de información documentada que recoge. Pero no es menos cierto que las máquinas están a nuestro servicio, y no nosotros al suyo. Así pues, precisamente porque las máquinas nos proporcionan y nos ordenan con sorprendente velocidad los datos que les pedimos, debemos dedicar a la tarea de reflexionar sobre ellos buena parte del tiempo que antes empleábamos en conseguirlos y en ordenarlos manualmente.

Las tareas preparatorias del proyecto que ahora ve la luz me llevaron bastantes años (ni siquiera podría fijar la fecha inicial), pero fueron años de estudio teórico, acopio bibliográfico, recopilación de datos, y —fundamentalmente— preparación del lemario y del corpus. No eran, por tanto, tareas que correspondan a lo que podría llamarse *producción lexicográfica* en sentido estricto. La fase final —absolutamente nueva para mí, puesto que no me considero lexicógrafo— ha durado cuatro años y medio. El trabajo realizado en estos años es el resultado de un gran esfuerzo colectivo en el que han participado muchas personas y varias instituciones sin cuya colaboración esta obra jamás habría podido realizarse. No tengo ninguna duda de que sin ellas, mis anticipos, mis borradores, mis versiones provisionales de algunas entradas y mis declaraciones de intenciones no habrían sobrepasado nunca la puerta de mi despacho de la Universidad Complutense, salvo quizás para ir a parar —en entregas periódicas— a alguna revista especializada.

Quiero empezar dando las gracias a Ediciones SM por haber acogido con tanto entusiasmo un proyecto tan poco habitual como el que les presenté. En los últimos seis o siete años había hablado varias veces con Concepción Maldonado, directora de diccionarios de la editorial, acerca de la necesidad de abordar un diccionario combinatorio del español, pero nuestras primeras conversaciones iban dirigidas a construir una obra parecida al BBI británico (véase el siglario) más que un diccionario como el que el lector tiene ahora en sus manos. Esta obra coincide con el BBI y otros diccionarios análogos en algunos puntos, pero se aleja de ellos en numerosos aspectos, como hago notar en la sección 11 de *Combinatoria y significación*. El convertir "una cierta forma de mirar el léxico y la gramática" en un libro de consulta que se dirige a un amplísimo público es —desde luego— una empresa titánica, y ha sido posible en gran medida gracias al esfuerzo, el entusiasmo y la capacidad de organización que Concha Maldonado ha puesto en esta obra. Cuando redacté el proyecto (lo que los lexicógrafos llaman *la planta)*, y lo presenté a Ediciones SM, la editorial lo acogió con gran interés, y también con algo de sorpresa y de incertidumbre, porque era muy evidente que el diccionario que yo les presentaba se parecía muy poco a los demás diccionarios. Concha formó un equipo de redactores que encabezó Amparo Cantalejo Herrera, cuya entusiasta participación en este proyecto ha sido decisiva. Como se sabe, muchas distinciones teóricas que se presentan diáfanas sobre la mesa de trabajo del gramático o del lexicólogo dejan de serlo cuando se han de ordenar miles de datos que se obstinan en no querer encajar en las casillas que hemos dispuesto para ellos. Concha y Amparo vieron antes que yo la necesidad de introducir algunos cambios en el formato del diccionario que yo había previsto inicialmente, y guiaron además ejemplarmente el trabajo de los redactores que se fueron incorporando al proyecto. Muchísimas gracias a las dos.

Quiero también expresar mi agradecimiento a otras personas que Ediciones SM destinó a REDES: a Fernando López Martínez y Yolanda Lozano Ramírez de Arellano por su participación en varias fases del proceso de edición, así como a los redactores Jesús Arellano Luis, Rafael Díaz Ayala, Isabel Fernández-Velilla Sáenz, María Martínez Xoubanova y Juan Pablo Rodríguez García de Cortázar. Merecen especial mención Antonio del Saz Quílez y Luis Relaño Villacorta, que prepararon el complejo programa informático que la obra necesitaba, y —muy destacadamente— Nieves Almarza Acedo, que hizo un espléndido trabajo como responsable de la edición técnica.

Estoy también sumamente agradecido a las demás instituciones que han participado en este proyecto. Una ayuda del Ministerio de Ciencia y Tecnología (BFF2002-02210) y otra de la Comunidad Autónoma de Madrid (06/0041/2002) me permitieron contratar, independientemente del trabajo que realizó la editorial, a varios colaboradores en la Universidad Complutense que me ayudaron a preparar y a revisar una buena parte de la gran base de datos de la que se ha obtenido este diccionario. Muchas gracias a todos ellos: Álvaro Sánchez Ladrón de Guevara, Laura Gómez Íñiguez, Cristina Olmeda Nicolás, Auxiliadora Barrios Rodríguez, Raquel González Rodríguez, Pilar García Buendía, Natasha López Fernández, Silvia Páramo García y Ana Díaz de Neira. A todos agradezco su enorme esfuerzo como redactores y como revisores. Tengo también que agradecer la ayuda de Cristina Sánchez, profesora de mi mismo Departamento en la Universidad Complutense, que revisó algunas entradas; la de Antonio Luque, becario de colaboración de nuestro departamento durante un año, y especialmente la de Paloma Cuesta, profesora de la UNED, que revisó un número mayor de entradas a lo largo de dos años y puso en ello una gran meticulosidad. Muchas gracias también a la Fundación General de la Universidad Complutense de Madrid por gestionar puntualmente la distribución de las ayudas económicas recibidas.

REDES está construido con un gran corpus de textos periodísticos. La mayor parte de los textos procede de los discos compactos publicados por los propios periódicos o de las páginas electrónicas que esos medios colocan en internet. Muchas gracias a la Real Academia Española por las facilidades que me dio para consultar los textos de prensa contenidos en el CREA. Gracias también al profesor F. Petrecca por proporcionarme en formato electrónico un nutrido conjunto de textos argentinos; a la profesora Carmen Luisa Domínguez, por facilitarme su corpus de prensa del español venezolano; a las profesoras María Láinez y María Eugenia Herrera Lima por los textos mexicanos que me proporcionaron en CD, y a las profesoras Marisa Malcuori y Mariela Grassi, de la Universidad de la República (Montevideo), por hacerme llegar los textos periodísticos contenidos en el corpus del español del Uruguay (Proyecto OED) que ha elaborado esa universidad. Muchas gracias también a Luis María Anson por facilitarme textos de *La Razón*, y a Miguel Ángel García Palomares, Director Técnico del diario, por prepararlos puntualmente en el formato en que se los pedí. Gracias también a Pedro Martín Butragueño y a Juan Luis Cebrián por las gestiones que hicieron ambos para conseguir un CD de prensa mexicana de muy difícil acceso.

A lo largo de estos años me he beneficiado enormemente de las consultas con Margarita Alonso, que dirige un proyecto cercano a este, pero concebido y organizado con criterios diferentes. Muchas gracias también a Manuel Seco, Rafael Rodríguez Marín, Günther Haensch, Luis Fernando Lara, Igor Melčuk y Leo Wanner, todos lexicógrafos muy destacados a los que me acerqué en algún momento para pedir consejo, consultar dudas y comentar opciones y direcciones de un trabajo tan poco común como este. Todos me hicieron sugerencias de gran valor. Espero que no se sientan defraudados al comprobar que finalmente no me ha sido posible atenderlas todas. A todos ellos les agradezco el tiempo que dedicaron a examinar mis materiales o a responder a mis preguntas, y también los ánimos que me transmitieron para que siguiera adelante con esta obra, a pesar de que algunas de las dificultades lexicográficas que presentaba no eran precisamente menores. Estoy también muy agradecido a los profesores y estudiantes que han asistido a las presentaciones de este proyecto que he realizado en varias universidades europeas y americanas, y quiero pensar que tan excelente acogida no se debe a que quizás exageré inadvertidamente las ventajas que a mi parecer tiene esta peculiar forma de mirar el léxico. Ojalá que el resultado esté a la altura de mis anticipos y de sus expectativas.

Los que llevamos puesta la profesión, y no la dejamos sobre la mesa del despacho al final de cada jornada, no podemos evitar llevar a nuestra familia los proyectos, las ilusiones y también las preocupaciones que trae consigo. Mil perdones a mi mujer, Juana, y a mi hija, Julia, por el tiempo que esta obra les ha quitado, y mil gracias también por la paciencia con la que me han aguantado. Julia tenía once años cuando arrancó la laboriosa fase de redacción. Entendió bastante bien lo fundamental de la tarea, y a lo largo de este tiempo ha venido sugiriendo múltiples adiciones a mi "diccionario de palabras que van con pocas palabras", varias de las cuales he acabado aceptando, tras cierta resistencia inicial.

Se dice que hay dos tipos de libros: los que se leen, como las novelas, y los que se consultan, como los diccionarios. La distinción está –me parece– un poco simplificada, puesto que los tratados (sean de química, de arqueología o de gramática) se leen y se consultan, y también porque quizás consultar el diccionario no es más que una de las formas posibles de leerlo. El presente diccionario también se diferencia de los demás en este punto. Ciertamente, no recomiendo a nadie que empiece por la letra A y vaya pasando páginas hasta llegar a la Z, pero sí sugeriré al usuario una forma posible de convertirse en lector. Consiste en abrirlo al azar, buscar una referencia numerada, ir a la entrada a la que remite, encontrar una clase léxica de palabras en la que esa voz encaja, reparar luego en los términos que componen la clase, buscar a continuación alfabéticamente cualquiera de ellos, y continuar así ese viaje improvisado durante el tiempo que pueda uno dedicar a perseguir los hilos de la madeja. No creo que la madeja –que, al parecer, ahora se llama *hipertexto*– sea exactamente *inextricable* (véase la entrada *inextricable*: 2 madeja), pero sí estoy convencido de que es misteriosa. Algunos llevamos ya unos cuantos años tratando de desenredar alguno que otro de sus cabos. Siempre nos vence y acaba por envolvernos, pero hemos terminado por descubrir el placer que supone el simple hecho de tirar del hilo.

Madrid, junio de 2004

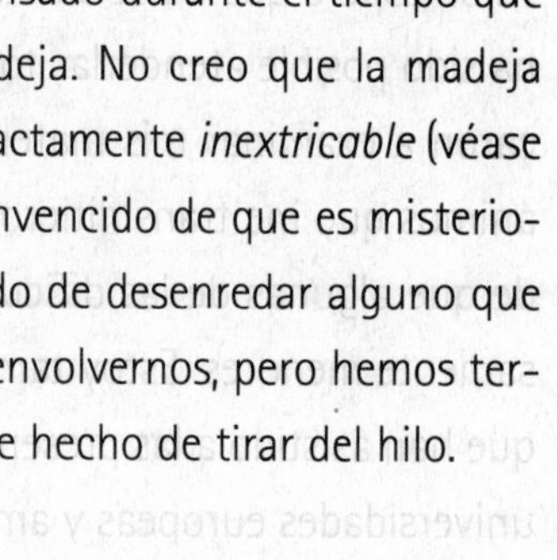

Ignacio Bosque

CÓMO SE USA REDES

GUÍA RÁPIDA

En este diccionario encontrará usted dos tipos de entradas muy diferentes:

a) Entradas largas

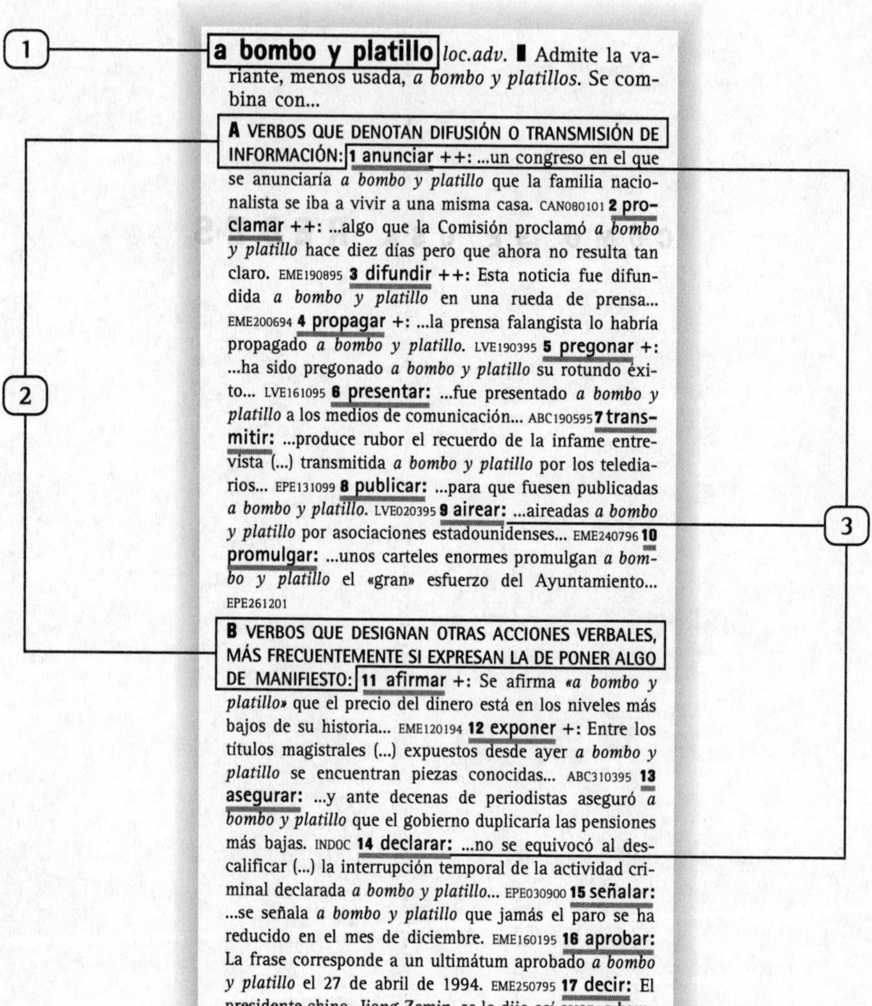

a bombo y platillo *loc.adv.* ▌Admite la variante, menos usada, *a bombo y platillos.* Se combina con...

A VERBOS QUE DENOTAN DIFUSIÓN O TRANSMISIÓN DE INFORMACIÓN: **1 anunciar** ++: ...un congreso en el que se anunciaría *a bombo y platillo* que la familia nacionalista se iba a vivir a una misma casa. CAN080101 **2 proclamar** ++: ...algo que la Comisión proclamó *a bombo y platillo* hace diez días pero que ahora no resulta tan claro. EME190895 **3 difundir** ++: Esta noticia fue difundida *a bombo y platillo* en una rueda de prensa... EME200694 **4 propagar** +: ...la prensa falangista lo habría propagado *a bombo y platillo.* LVE190395 **5 pregonar** +: ...ha sido pregonado *a bombo y platillo* su rotundo éxito... LVE161095 **6 presentar:** ...fue presentado *a bombo y platillo* a los medios de comunicación... ABC190595 **7 transmitir:** ...produce rubor el recuerdo de la infame entrevista (...) transmitida *a bombo y platillo* por los telediarios... EPE131099 **8 publicar:** ...para que fuesen publicadas *a bombo y platillo.* LVE020395 **9 airear:** ...aireadas *a bombo y platillo* por asociaciones estadounidenses... EME240796 **10 promulgar:** ...unos carteles enormes promulgan *a bombo y platillo* el «gran» esfuerzo del Ayuntamiento... EPE261201

B VERBOS QUE DESIGNAN OTRAS ACCIONES VERBALES, MÁS FRECUENTEMENTE SI EXPRESAN LA DE PONER ALGO DE MANIFIESTO: **11 afirmar** +: Se afirma *«a bombo y platillo»* que el precio del dinero está en los niveles más bajos de su historia... EME120194 **12 exponer** +: Entre los títulos magistrales (...) expuestos desde ayer *a bombo y platillo* se encuentran piezas conocidas... ABC310395 **13 asegurar:** ...y ante decenas de periodistas aseguró *a bombo y platillo* que el gobierno duplicaría las pensiones más bajas. INDOC **14 declarar:** ...no se equivocó al descalificar (...) la interrupción temporal de la actividad criminal declarada *a bombo y platillo...* EPE030900 **15 señalar:** ...se señala *a bombo y platillo* que jamás el paro se ha reducido en el mes de diciembre. EME160195 **16 aprobar:** La frase corresponde a un ultimátum aprobado *a bombo y platillo* el 27 de abril de 1994. EME250795 **17 decir:** El presidente chino, Jiang Zemin, se lo dijo así ayer, *a bombo...*

En estas entradas (**1**) encontrará, agrupadas por semejanzas de significado (**2**), la lista de acciones que en español pueden llevarse a cabo *a bombo y platillo*, como *anunciar*, *proclamar*, *afirmar*, *exponer*, *inaugurar* o *estrenar algo* (**3**).

b) Entradas cortas

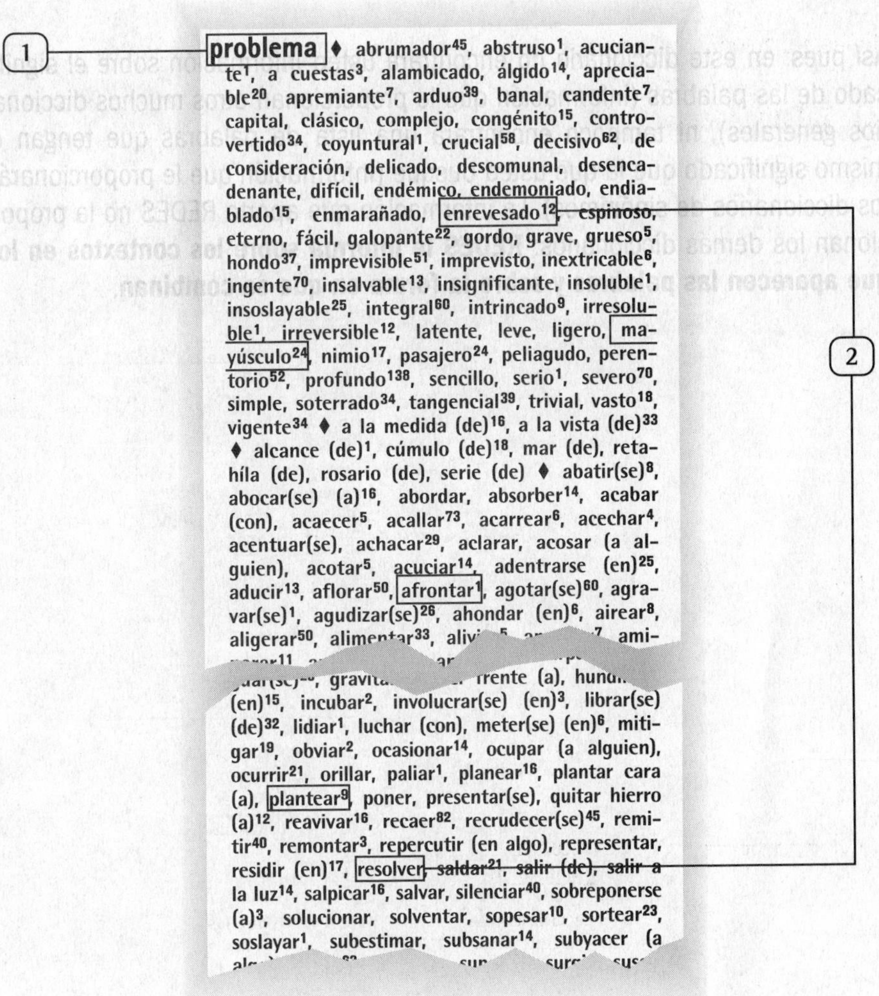

1

problema ♦ abrumador[45], abstruso[1], acuciante[1], a cuestas[3], alambicado, álgido[14], apreciable[20], apremiante[7], arduo[39], banal, candente[7], capital, clásico, complejo, congénito[15], controvertido[34], coyuntural[1], crucial[58], decisivo[62], de consideración, delicado, descomunal, desencadenante, difícil, endémico, endemoniado, endiablado[15], enmarañado, enrevesado[12], espinoso, eterno, fácil, galopante[22], gordo, grave, grueso[5], hondo[37], imprevisible[51], imprevisto, inextricable[6], ingente[70], insalvable[13], insignificante, insoluble[1], insoslayable[25], integral[60], intrincado[9], irresoluble[1], irreversible[12], latente, leve, ligero, mayúsculo[24], nimio[17], pasajero[24], peliagudo, perentorio[52], profundo[138], sencillo, serio[1], severo[70], simple, soterrado[34], tangencial[39], trivial, vasto[18], vigente[34] ♦ a la medida (de)[16], a la vista (de)[33] ♦ alcance (de)[1], cúmulo (de)[18], mar (de), retahíla (de), rosario (de), serie (de) ♦ abatir(se)[8], abocar(se) (a)[16], abordar, absorber[14], acabar (con), acaecer[5], acallar[73], acarrear[6], acechar[4], acentuar(se), achacar[29], aclarar, acosar (a alguien), acotar[5], acuciar[14], adentrarse (en)[25], aducir[13], aflorar[50], afrontar[1], agotar(se)[60], agravar(se)[1], agudizar(se)[26], ahondar (en)[6], airear[8], aligerar[50], alimentar[33], alivi... ami-

... gravita... frente (a), hund... (en)[15], incubar[2], involucrar(se) (en)[3], librar(se) (de)[32], lidiar[1], luchar (con), meter(se) (en)[6], mitigar[19], obviar[2], ocasionar[14], ocupar (a alguien), ocurrir[21], orillar, paliar[1], planear[16], plantar cara (a), plantear[9], poner, presentar(se), quitar hierro (a)[12], reavivar[16], recaer[82], recrudecer(se)[45], remitir[40], remontar[3], repercutir (en algo), representar, residir (en)[17], resolver, saldar[21], salir (de), salir a la luz[14], salpicar[16], salvar, silenciar[40], sobreponerse (a)[3], solucionar, solventar, sopesar[10], sortear[23], soslayar[1], subestimar, subsanar[14], subyacer (a ...

2

En este otro tipo de entradas [**1**], no encontrará usted información sobre el significado de las palabras, sino sobre la forma en que se usan en español [**2**]. Encontrará, de hecho, las palabras con las que habitualmente se combina la que usted buscó. Como puede ver, los problemas en español se *afrontan*, *se plantean* o *se resuelven*, pero no resulta natural *traspasarlos*; también pueden ser *enrevesados* o *mayúsculos*, pero no son, por ejemplo, *garrafales*.

Otras entradas cortas le permitirán a usted reorganizar y completar de varias maneras la información que se presenta en las entradas largas. Podrá comprobar asimismo que REDES también le permite acceder directamente a un gran número de conceptos que le enviarán directamente a las palabras que se usan para expresarlos. Puede completar esta información en la sección "Características de REDES".

Así pues, en este diccionario no encontrará usted información sobre el significado de las palabras (información que le proporcionan otros muchos diccionarios generales), ni tampoco encontrará una lista de palabras que tengan el mismo significado que la que usted busque (información que le proporcionarán los diccionarios de sinónimos). La información que aporta REDES no la proporcionan los demás diccionarios: **REDES le informa sobre los contextos en los que aparecen las palabras y sobre la forma en que se combinan.**

Algunas preguntas posibles

■ ¿Por qué no están todas las palabras en este diccionario?

La razón de que este diccionario contenga menos voces que otros muchos radica en que solo algunas palabras restringen a las que las acompañan mediante criterios propiamente lingüísticos. Así, este diccionario no contiene una entrada para el verbo *comer* en la que se informe de las cosas que puede uno comerse (observe que son todas, en realidad; lo que le ocurra después al organismo no es asunto de la lingüística). Tampoco podrá usted buscar la palabra *manzana* y encontrar la lista de acciones que es posible llevar a cabo con una manzana: comerla, venderla, guardarla, fotografiarla, aplastarla o arrojarla a la cabeza de alguien, entre muchísimas más. Tampoco existe en este diccionario una entrada para el adjetivo *estupendo* en la que se proporcione una lista de las cosas que pueden ser estupendas. Las preferencias que el diccionario pone de manifiesto afectan, por tanto, a las combinaciones de las palabras, no a los comportamientos humanos habituales.

■ ¿Qué información proporciona REDES sobre las palabras que contiene?

➡ No encontrará usted el significado de la palabra que busca, puesto que REDES no es un diccionario general, pero sí algunas pistas que le permitirán distinguir varios sentidos de la misma palabra.

➡ Tampoco encontrará usted una lista de palabras semejantes a la que busca, REDES no es un diccionario de sinónimos.

➡ En cambio encontrará otras muchas palabras que se combinan con la que elija (salvo, naturalmente, las palabras que se combinan con todas las de una clase gramatical, como el artículo *el* o la preposición *de*). Así, por ejemplo...

- encontrará la lista de cosas que en español *se conculcan*, se *abanderan*, *palpitan*, se *bloquean*, se *deniegan* o se *infunden*;
- podrá observar que *limpiamente* no se combina con *fregar* (frente a lo que el sentido común podría sugerir), sino con *cortar*, *seccionar*, *dividir*, *robar*, *hurtar*, *quitar* y otros verbos.

■ ¿Debo entender que las combinaciones que no aparecen en este diccionario son incorrectas o no deben usarse?

En absoluto. Es imposible prever todas las combinaciones naturales que se permiten en un idioma cualquiera. Las listas que REDES contiene pretenden ser representativas, no exhaustivas. Aun así, son muy numerosas, están agrupadas conceptualmente y a veces no es sencillo añadir libremente palabras a los grupos que aparecen dentro de las entradas largas.

CARACTERÍSTICAS DE REDES

CARACTERÍSTICAS DE REDES

QUIÉN PUEDE USAR ESTE DICCIONARIO

El diccionario REDES se dirige a todos los hablantes, tengan o no alguna relación profesional con la lengua española. La obra resultará especialmente útil para

- Los estudiantes y profesores extranjeros de español, sea cual sea su lengua materna.
- Los estudiantes hispanohablantes de Enseñanza Secundaria, Bachillerato y Universidad.
- Los traductores de todas las especialidades.
- Los profesores de Lengua Española de todos los niveles de la enseñanza.
- Los periodistas y los escritores.
- Los especialistas en el procesamiento automático del lenguaje natural.
- Los lingüistas –de cualquier escuela y orientación– interesados por la relación que existe entre el léxico y la gramática.
- Otros especialistas en múltiples campos del conocimiento (Filosofía, Sociología, Literatura) relacionados directamente con el lenguaje.

Es probable que las personas que componen cada uno de estos grupos hagan un uso distinto de REDES, lo que no solo es absolutamente legítimo, sino que resulta incluso deseable. En las páginas siguientes se describe la estructura del diccionario, se presentan sus características fundamentales y se explican con detalle las convenciones que se han empleado. La sección *Combinatoria y significación* contiene algunas reflexiones dirigidas específicamente a los lingüistas.

CÓMO SE USA REDES

Rasgos fundamentales de REDES

Como habrá comprobado usted, este diccionario es muy diferente de otros con los que puede estar usted más familiarizado. Tal como se indica en la presentación, la información que contiene es combinatoria. Las palabras no se definen en el diccionario, aunque se proporcionan a menudo algunas indicaciones que resultan útiles para distinguir unos sentidos de otros. En lugar de definir las palabras, REDES muestra los contextos en los que aparecen, las vincula con otras palabras con las que se combinan y explica las relaciones semánticas que caracterizan esas combinaciones. Así pues, los rasgos fundamentales de REDES son dos:

- REDES no constituye un conjunto de listas de palabras, sino un conjunto de conexiones entre palabras creadas en función de vínculos semánticos que el diccionario describe de manera explícita.
- REDES presenta numerosas formas de acceder a la información que contiene, puesto que la reorganiza en función de los diversos criterios que pueden interesar al usuario.

Clases de entradas

El diccionario REDES contiene dos tipos de entradas:

- Las más extensas, que llamaremos ENTRADAS ANALÍTICAS (se llaman *largas* en la "Guía rápida"), contienen textos y muy diversas consideraciones semánticas.
- Las segundas, que son propiamente listas ordenadas y reenvíos, no contienen textos y serán denominadas ENTRADAS ABREVIADAS (*cortas*, si ha pasado usted por la "Guía rápida").

Las entradas abreviadas se dividen en cinco tipos, de los que los fundamentales son dos:

- referencias cruzadas a las voces
- referencias cruzadas a los conceptos

Estos dos grupos se completan con otros tipos de entradas que también tienen en común el hecho de que no contienen textos:

- entradas del índice conceptual
- series abreviadas
- remisiones

Le explicaremos con detalle las características de cada uno de los tipos de entradas mencionados, pero conviene que recuerde estos dos rasgos:

a) Las referencias cruzadas reordenan y completan las informaciones que se describen pormenorizadamente en las entradas analíticas. Constituyen, pues, índices, a menudo ampliados, que aparecen en el interior del texto para facilitar la consulta.

b) Las demás entradas abreviadas son ayudas suplementarias.

LAS ENTRADAS ANALÍTICAS

De manera muy simplificada, puede decirse que las palabras que aparecen en las entradas analíticas son, en la mayor parte de los casos, PALABRAS SELECCIONADORAS, mientras que las voces que aparecen en las referencias cruzadas son PALABRAS SELECCIONADAS. Vamos a reproducir ahora una entrada analítica. Le explicaremos con detalle los elementos que contiene y le indicaremos cómo puede usted consultar la información que se presenta en ella. Si desea usted tener más información sobre el criterio lingüístico que se ha aplicado para decidir qué entradas de REDES deberían ser analíticas y cuáles no, le remitimos al texto *Combinatoria y significación*.

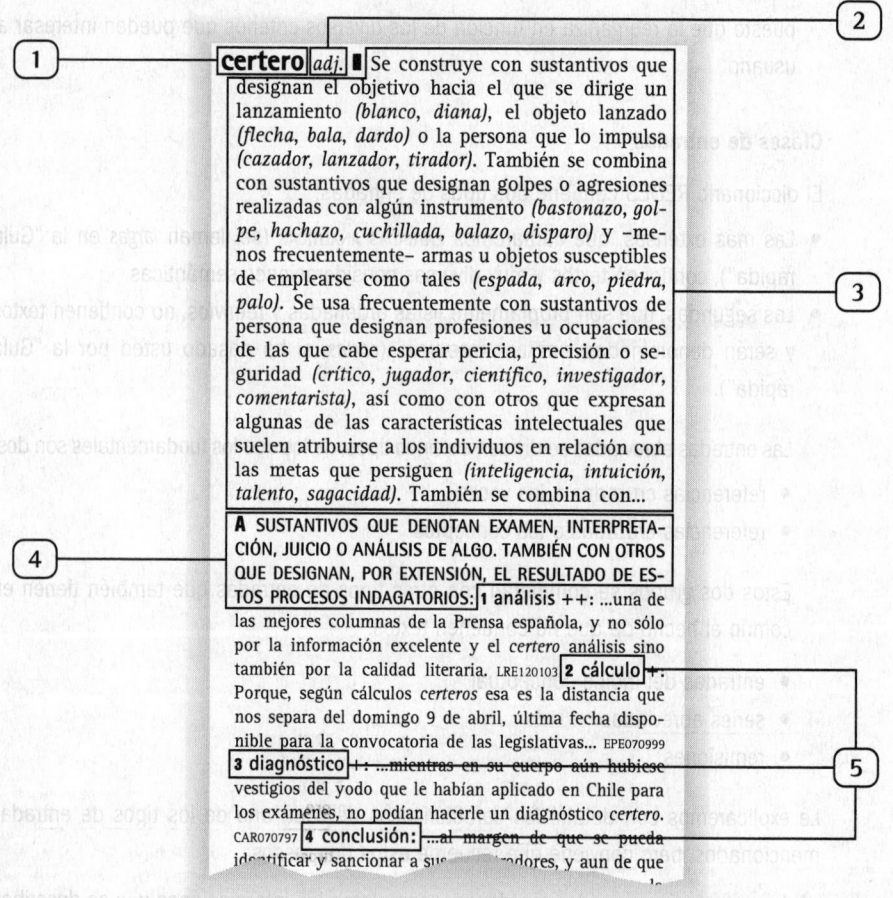

(1) **certero** (2) *adj.* ■ (3) Se construye con sustantivos que designan el objetivo hacia el que se dirige un lanzamiento *(blanco, diana)*, el objeto lanzado *(flecha, bala, dardo)* o la persona que lo impulsa *(cazador, lanzador, tirador)*. También se combina con sustantivos que designan golpes o agresiones realizadas con algún instrumento *(bastonazo, golpe, hachazo, cuchillada, balazo, disparo)* y –menos frecuentemente– armas u objetos susceptibles de emplearse como tales *(espada, arco, piedra, palo)*. Se usa frecuentemente con sustantivos de persona que designan profesiones u ocupaciones de las que cabe esperar pericia, precisión o seguridad *(crítico, jugador, científico, investigador, comentarista)*, así como con otros que expresan algunas de las características intelectuales que suelen atribuirse a los individuos en relación con las metas que persiguen *(inteligencia, intuición, talento, sagacidad)*. También se combina con...

(4) **A** SUSTANTIVOS QUE DENOTAN EXAMEN, INTERPRETACIÓN, JUICIO O ANÁLISIS DE ALGO. TAMBIÉN CON OTROS QUE DESIGNAN, POR EXTENSIÓN, EL RESULTADO DE ESTOS PROCESOS INDAGATORIOS: (5) **1 análisis** ++: ...una de las mejores columnas de la Prensa española, y no sólo por la información excelente y el *certero* análisis sino también por la calidad literaria. LRE120103 **2 cálculo** +: Porque, según cálculos *certeros* esa es la distancia que nos separa del domingo 9 de abril, última fecha disponible para la convocatoria de las legislativas... EPE070999 **3 diagnóstico** ++: ...mientras en su cuerpo aún hubiese vestigios del yodo que le habían aplicado en Chile para los exámenes, no podían hacerle un diagnóstico *certero*. CAR070797 **4 conclusión**: ...al margen de que se pueda identificar y sancionar a sus [...]dores, y aun de que

muy ampli... *certera* visión de lo que a su patria importa... ETC110187

(4) **B** SUSTANTIVOS DE CARÁCTER PROSPECTIVO QUE DENOTAN CONJETURA O ESTIMACIÓN SOBRE LO FUTURO O LO DESCONOCIDO. TAMBIÉN CON ALGUNOS QUE DESIGNAN OTRAS NOCIONES CERCANAS RELACIONADAS CON LO QUE SE TEME, SE DESEA O SE CREE QUE HA DE SUCEDER: **13 pronóstico** ++: Pero gusta de rodearse de videntes, algunos de ellos con asombrosos pronósticos *certeros.* EME240396 **14 premonición:** En tanto, arriba se yergue el San Sebastián efebo como si anunciase ya, en nombre de Dalí y con *certera* premonición, lo que de él escribiría André Breton... ABC021092 **15 predicción** +: ...la predicción de las vacas que se echaban resultó más *certera* que las de muchos institutos de meteorología... EPE250700 **16 presagio** +: *Así, detalles hasta entonces insignificantes, anodinos, inocuos cobrarían nueva luz y* ... (6)

... DIVE... NIFESTACIONES VERBALES, MÁS FRECUENTEMENTE SI SE DIRIGEN A ALGUIEN PARA ACONSEJARLO O ADVERTIRLE DE ALGO: **35 palabra:** En sus labios, señores presidentes, esperamos que estén las palabras *certeras* que condenen categóricamente ese régimen intrínsecamente perverso... DLA080597 **36 declaración:** Certera declaración de principios que no va más allá de su mera enunciación. EPE291199 **37 frase:** ...ya quedó insinuada esa estética en aquella teoría enunciada por Ortega y Gasset cuando (...) acuñó aquella ingeniosa y *certera* frase de «los primores de lo vulgar». ABC030395 **38 acusación:** ...sintetiza las mutuas y *certeras* acusaciones (todos tienen razón) de guerristas y renovadores... EME190394 **39 aviso:** Así, Solari, amparado por los mejores minutos de juego de su equipo (...) para dar el temprano y *certero* aviso al Betis. EPE181099 **40 advertencia:** Así que el jueves 1 de mayo los electores británicos, sordos a las *certeras* advertencias que se les hicieron desde aquí (...) decidieron desalojar del Gobierno a los conservadores... EPD030697 **41 denuncia:** No uso armas ni violencia, pero mis denuncias son más *certeras* que las balas. LVE010694 **42 consejo:** Y fue entonces cuando Solana me dio un consejo leal y (7)

zanjar *v.* ■ Se combina con...

A EL SUSTANTIVO *CUESTIÓN*, Y CON OTROS QUE DENOTAN ASUNTO O MATERIA. TAMBIÉN CON ALGUNOS ...

... victorias. EPE240599 **87 día –:** El día fue *zanjado* con la despedida oficial del subsecretario. INDOC **88 fecha –:** La primera de sus tres fechas en España –hoy repite en Barcelona y mañana actúa en Madrid– se *zanjó* con una sentida lectura... EME070596 (8)

(9) ■ Se combina también con: ♦ **abruptamente[9], bruscamente, categóricamente[29], de raíz[24], de una vez, de una vez por todas, dogmáticamente, drásticamente[13], en seco[7], para siempre, temporalmente[13]**

(10) □ Véase también: **cortar, erradicar, extirpar.**

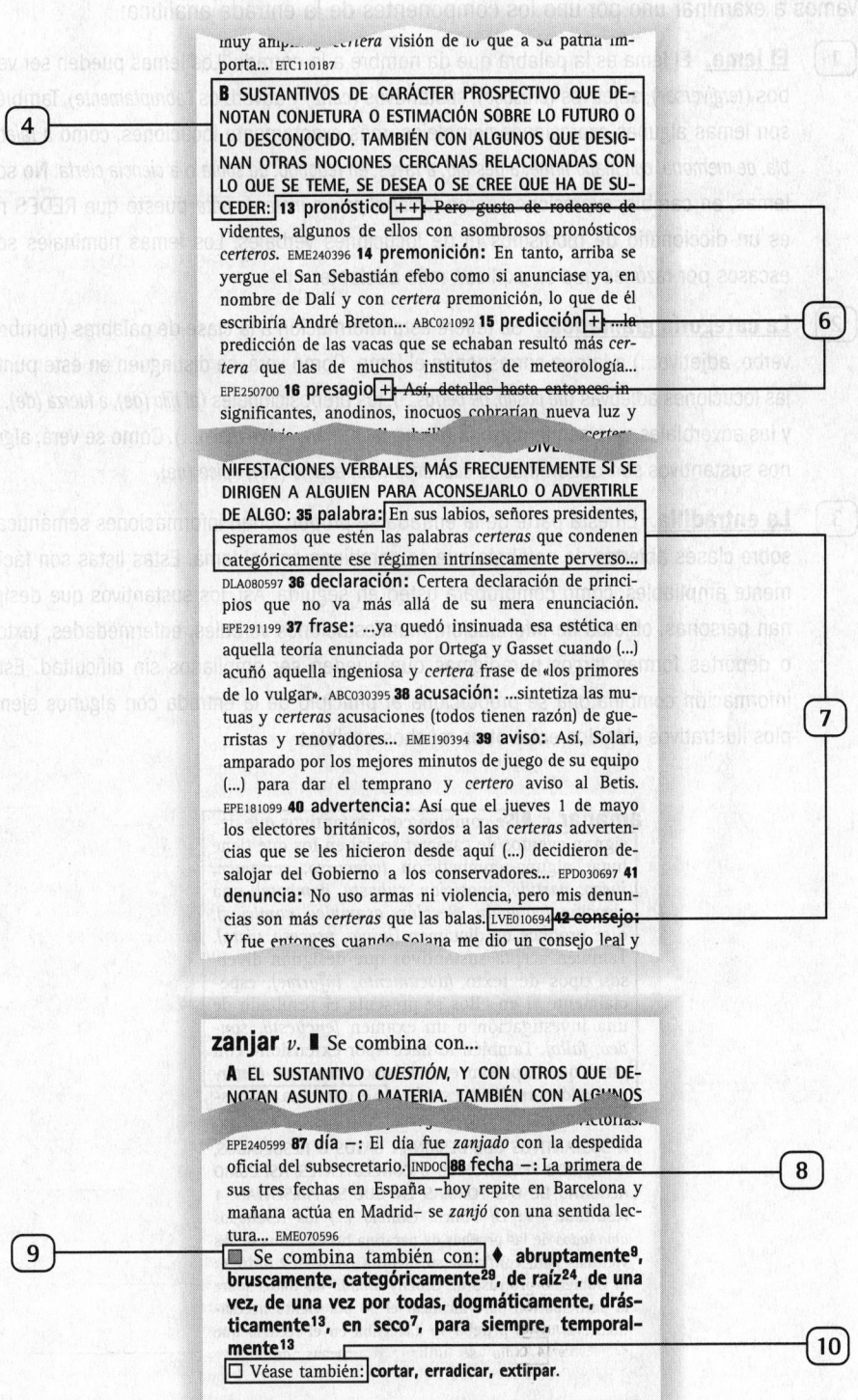

Vamos a examinar uno por uno los componentes de la entrada analítica:

(1) **El lema.** El lema es la palabra que da nombre a la entrada. Los lemas pueden ser verbos (*tergiversar*), adjetivos (*drástico*), sustantivos (*cariz*) y adverbios (*abruptamente*). También son lemas algunas expresiones complejas, más exactamente locuciones, como *a rajatabla, de memoria, con mano firme, a destajo, a rayos, en redondo, de sobra* o *a ciencia cierta*. No son lemas, en cambio, expresiones como *tomar el pelo* o *meter la pata* puesto que REDES no es un diccionario de modismos ni de locuciones verbales. Los lemas nominales son escasos por razones que se explican más adelante.

(2) **La categoría gramatical.** Se refiere esta información a la clase de palabras (nombre, verbo, adjetivo...) a la que corresponde el lema. Como verá, se distinguen en este punto las locuciones adjetivas (*de postín, de perros...*), las preposicionales (*al hilo (de), a fuerza (de)...*) y las adverbiales, que son la mayoría (*de memoria, mano sobre mano...*). Como se verá, algunos sustantivos son denominados *cuantificativos*: *asomo (de), ápice (de)*.

(3) **La entradilla.** En esta parte de la entrada se proporcionan informaciones semánticas sobre clases abiertas de palabras que se combinan con el lema. Estas listas son fácilmente ampliables, como comprobará usted en seguida. Así, los sustantivos que designan personas, objetos de información, manifestaciones verbales, enfermedades, textos o deportes forman largos paradigmas que pueden ser ampliados sin dificultad. Esta información combinatoria se proporciona al principio de la entrada con algunos ejemplos ilustrativos elegidos entre otros muchos posibles.

amañar *v.* ■ Se combina con sustantivos que designan eventos de carácter social en los que tiene lugar alguna competición *(concurso, certamen, juego, partido, oposición, subasta, combate)*, una elección *(votación, elección, asamblea, comicios)*, o se produce un dictamen *(juicio, proceso, vista)*. También acepta sustantivos que designan diversos tipos de texto *(documento, informe)*, especialmente si en ellos se presenta el resultado de una investigación o un examen *(encuesta, sondeo, fallo)*. También lo hace –por extensión– con otros que expresan esos mismos procesos *(interpretación, análisis, estudio)*. Se combina asimismo con...

A SUSTANTIVOS QUE DESIGNAN DATOS O RESULTADOS, A MENUDO PROBATORIOS O CONCLUYENTES, ASÍ COMO ALGUNAS DE LAS FORMAS EN QUE SE PRESENTAN: **1 resultado ++**: La Policía exhibió (...) los resultados *amañados* de las pruebas de parafina hecha a una de las víctimas para confirmar su mentira. VIS040997 **2 dato +**: El Gobierno prorruso de Grozny *amañó* los datos sobre la participación para alcanzar el 50 por ciento necesario... LVE170696 **3 prueba +**: ...alegaba en el recurso que d... el juicio se utiliz... pruebas *am*...

Se combina con... Esta fórmula aparece al final de la mayor parte de las entradillas. Significa "Esta expresión se encuentra en los textos combinada con...", y no necesariamente "Debe combinar usted esta expresión con...". La información que REDES proporciona es descriptiva, no normativa. Las combinaciones representan pautas sistemáticas encontradas en los textos que puede usted interpretar de muy diversas formas según sean sus intereses específicos hacia el lenguaje. La expresión "se combina con" es una fórmula deliberadamente amplia, que evita el tener que especificar sus múltiples realizaciones sintácticas en cada caso particular. Así, si el lema es un verbo transitivo, la información que sigue hará referencia a su complemento directo, por tanto, a un sustantivo. Pero si la oración en la que aparece el ejemplo es pasiva, no será el complemento directo el término seleccionado, sino el sujeto paciente del verbo de que se trate.

cejar (en) *v.* ▮ Se usa muy frecuentemente en contextos negativos *(no cejar en el empeño)* o irreales *(Suponiendo que cejara en el empeño...; ¿Cejaría acaso en el empeño?).* Se combina con...

A SUSTANTIVOS QUE DENOTAN DESEO, OBJETIVO O ESFUERZO, GENERALMENTE INTENSO O PORFIADO, PUESTO EN ALGUNA COSA: **1** **empeño** ++: Respaldados en su dinero (...) no *cejan* en su empeño de acusar y difamar a los que nos liberaron de nuestras cadenas... ACP271196 **2** **intento** ++: En opinión del doctor Brandling-Bennett, es importante no *cejar* en los intentos y no cerrar programas. LNP180297 **3** **esfuerzo** +: ...aunque el cuadro santaneco no *cejó* en su esfuerzo de buscar la diferencia en su favor... LHG220597 **4** **afán:** Mientras, prosigue incansable el estudio, el trabajo y no *ceja* en el logrado afán de ampliar el radio de acción. ABC300994 **5** **ambición:** ...el mundo de ciencia-ficción (o realismo máximo) de nuestra cultura no *ceja* en ambiciones, pasiones inconfesables y juegos de edad tardía. ABC190293 **6** **deseo:** ...es bien seguro que no *cejará* en el deseo de rendir a su memoria, en el centenario del nacimiento, el homenaje por tantos motivos debido. ABC111292 **7** **propósito:** Por nuestra parte, no desfalleceremos en nuestros esfuerzos ni *cejaremos* en nuestros propósitos... EPE260799 **8** **meta** –: ...se ve que la locomotora Kohl no *ceja* en su meta de la moneda única... LVE200996 **9** **obstinación** –: En general, puede decirse que no *ceja* en su obstinación por aportar remedios... EPE310800

B SUSTANTIVOS QUE DENOTAN CRÍTICA O EXPRESIÓN DE DESACUERDO, MÁS FRECUENTEMENTE DE CARÁCTER VERBAL: **10** **crítica** +: El Partido Popular no *ceja* en sus críticas al gobierno municipal de Barcelona... LVE170896 **11** **denuncia:** ...y Carlos de Prada no *ceja* en su denuncia de las agresiones medioambientales. EME191096 **12** **protesta:** Melilla recupera la calma aunque los inmigrantes no *cejan* en su protesta. LVE190696 **13** **diatriba** –: No *ceje* en su diatriba, señor Miret... **14** **grito** –: Ayer se ...

Si el lema es, por el contrario, un adjetivo, la información seleccionada la aportarán los sustantivos, como se puede comprobar en la entrada *certero*. Si el lema es un adverbio, la entrada proporcionará verbos, y a veces también adjetivos.

visceralmente *adv.* ■ Se combina con...

A VERBOS QUE DENOTAN OPOSICIÓN, RECHAZO Y LA MANIFESTACIÓN DE DIVERSOS SENTIMIENTOS ASOCIADOS CON ESTAS ACCIONES: **1** oponerse ++: ...se opuso *visceralmente*, por más que no llegara a admitirlo, a cualquier cambio... LVE291095 **2** odiar +: ...un imperialismo que nos odia *visceralmente*... GIC062097 **3** detestar: Mi racional y *visceralmente* detestado Diego... EME290996 **4** enfrentarse: ...no considera «un jacobino», enfrentado *visceralmente* al nacionalismo... EPE281199 **5** criticar: Es decir, se critica tan *visceralmente* un nacionalismo. EPE281299 **6** acusar: tras acusar *visceralmente* a la Fiscalía... EME160596 **7** rechazar: ...si hay algo que rechaza absoluta y *visceralmente* es el bacalao... EME050694

B OTROS VERBOS QUE DENOTAN SENTIMIENTO O REAC- CIÓN ... TIVA: **8** ... he sentido ...

...confabulada *de forma visceral* y apasionada hacia un objetivo... EME310796; ...como si recapitulara muy *visceralmente* sobre las largas conversaciones... EME171096

F ADJETIVOS QUE DENOTAN TENDENCIA POLÍTICA O IDEOLÓGICA, MÁS FRECUENTEMENTE SI LA POSTURA O LA INCLINACIÓN SE DEFINE POR OPOSICIÓN O RECHAZO A ALGUNA COSA: **19** anticomunista: Ideológicamente es un hombre de derecha, *visceralmente* anticomunista... EME071296 **20** antifranquista: Sí eran, salvo los ricos, *visceralmente* antifranquistas... EME010895 **21** antinacionalista: ¿Es posible que un voto (...) *visceralmente* antinacionalista... EME080396 **22** antidemocrático: ...una sublevación abyecta y *visceralmente* antidemocrática. EPE210999 **23** antisocialista: Es el único comunista que conozco que es, ante todo, *visceralmente* antisocialista. LVE280296 **24** nacionalista: ...hoy se impondrán en las urnas partidos *visceralmente* nacionalistas. EME140996 **25** demócrata: ...o planteamiento político he sido *visceralmente* demócrata. DDN050599 **26** democrático: La huelga es *visceralmente* democrática. EME280194 **27** nihilista –: ...sobre todo en un país *visceralmente* nihilista... EME250294

G ADJETIVOS QUE DESIGNAN DIVERSOS ASPECTOS NE-

Si quiere usted saber por qué son precisamente estas y no otras las relaciones entre categorías que el diccionario describe, puede consultar la sección 6 de *Combinatoria y significación*. Si no le interesan demasiado esas cuestiones, o le parece que incumben solo a los gramáticos, puede seguir adelante.

(4) **Las clases léxicas.** Son los grupos que aparecen identificados por letras mayúsculas (A, B, C, D...). Las letras aparecen siempre al principio de línea para que los grupos que encabezan se localicen más cómodamente. Detrás de cada letra aparece la descripción de la clase EN LETRA VERSALITA para que resalte sobre los ejemplos. El **descriptor** de la clase léxica es el texto que la define o la caracteriza.

dantesco *adj.* ▮ En el sentido de 'espantoso, sobrecogedor', se combina con...

A SUSTANTIVOS QUE DESIGNAN LO QUE SE OFRECE A LA VISTA: **1 espectáculo ++**: ...al contemplar paralizado de espanto aquel espectáculo *dantesco*... EPE071201 **2 panorama ++**: ...el reportaje mostraba el panorama *dantesco* de ciertos orfanatos chinos, donde niñas de pocos meses agonizan abandonadas a su suerte... LVE120196 **3 escena** ... las escenas *dantescas* de gente muri...

... el sitio en el que se pr...dujo el atentado. LVE230495 **10 decorado –**: ...han convertido las calles de esta localidad (...) en un *dantesco* decorado. EME110394

B SUSTANTIVOS QUE DESIGNAN PROPIEDADES FÍSICAS RELATIVAS A LA APARIENCIA DE LAS COSAS: **11 proporción ++**: La muerte de decenas de ebrios intoxicados ha alcanzado proporciones *dantescas*. ESH111000 **12 dimensión**: ...la catástrofe hubiera adquirido dimensiones aún más *dantescas*. LVE020295 **13 aspecto**: ...los vehículos ardiendo daban a la ciudad un aspecto *dantesco*. CLA080797

C EL SUSTANTIVO *SITUACIÓN* Y CON OTROS QUE DENOTAN ESTADO DE COSAS O RESULTADO DE ALGO: **14 situación +**: La lluvia de estos días está provocando situaciones *dantescas*... EME281295 **15 estado**: ...en sus viviendas, «que se encontraban en un estado *dantesco*». ... **secuela**: ...

... los frentes llegó a blancos civiles y hasta las capitales de ambos países, con un *dantesco* saldo de víctimas y destrucción. HOY250385

D SUSTANTIVOS QUE DESIGNAN SUCESOS Y ACTUACIONES VIOLENTAS, Y A MENUDO CON EFECTOS DEVASTADORES: **20 matanza**: Ruanda y Burundi, habitados en la misma proporción por hutus, la etnia mayoritaria, y por los tutsis, que representan entre el 10 y el 20 de la población, han sido teatro de *dantescas* matanzas... EME130494 **21 accidente**: Pero en el trasfondo del *dantesco* accidente se hallan las mismas respuestas a la inquietud ... **22 ...**

... 300 person... EPD141097 **26 choque –**: ...confiesa nacido de un accidente que presenció en el pasado, el *dantesco* choque de dos aviones en el aeropuerto de Los Rodeos... EPE091101

E SUSTANTIVOS QUE DESIGNAN LUGARES O ESPACIOS: **27 lugar**: El recinto de El Angulo, que los acoge, es un lugar *dantesco*. EME250695 **28 campo**: ...camina a zancadas sobre un *dantesco* campo de batalla cubierto de cadáveres... EME281295 ... **–**: ...una ciudad *dantesca* en

La última clase léxica de muchas entradas analíticas contiene la expresión POSIBLES USOS ESTILÍSTICOS. Se recogen aquí diversos **usos infrecuentes**. Estas combinaciones resultan algunas veces poco naturales, pero otras muchas ponen de manifiesto efectos estilísticos o expresivos.

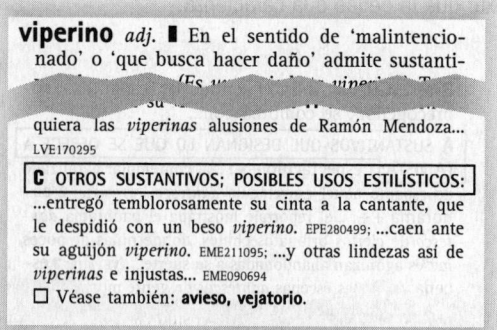

> **viperino** *adj.* ▌ En el sentido de 'malintencionado' o 'que busca hacer daño' admite sustanti-
>
> quiera las *viperinas* alusiones de Ramón Mendoza... LVE170295
>
> **C OTROS SUSTANTIVOS; POSIBLES USOS ESTILÍSTICOS:** ...entregó temblorosamente su cinta a la cantante, que le despidió con un beso *viperino.* EPE280499; ...caen ante su aguijón *viperino.* EME211095; ...y otras lindezas así de *viperinas* e injustas... EME090694
>
> □ Véase también: **avieso, vejatorio.**

En el último o el penúltimo grupo, bajo la expresión POSIBLES USOS CRUZADOS, se recogen algunas veces varios **cruces léxicos**, es decir, posibles sustituciones de una combinación por otra cercana. Aunque esta obra no tiene carácter normativo, como se apunta arriba, se ha considerado oportuno hacer notar la existencia del posible cruce entre la combinación que se describe y alguna otra que pudiera ser más apropiada. Otras veces los cruces léxicos muestran extensiones de una palabra al dominio que corresponde a otra.

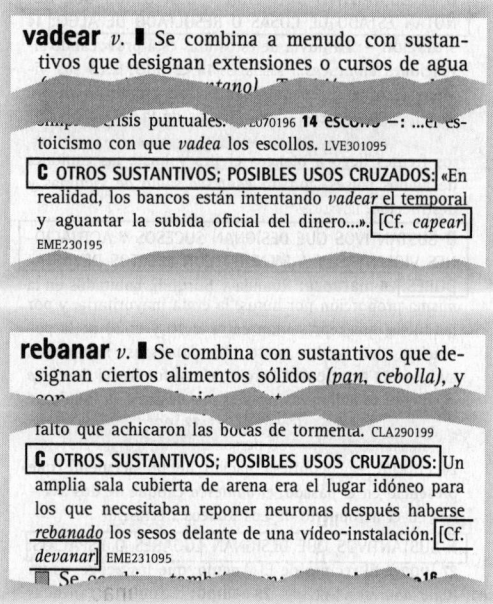

> **vadear** *v.* ▌ Se combina a menudo con sustantivos que designan extensiones o cursos de agua
>
> toicismo con que *vadea* los escollos. LVE301095
>
> **C OTROS SUSTANTIVOS; POSIBLES USOS CRUZADOS:** «En realidad, los bancos están intentando <u>*vadear*</u> el temporal y aguantar la subida oficial del dinero...». [Cf. *capear*] EME230195

> **rebanar** *v.* ▌ Se combina con sustantivos que designan ciertos alimentos sólidos *(pan, cebolla)*, y
>
> falto que achicaron las bocas de tormenta. CLA290199
>
> **C OTROS SUSTANTIVOS; POSIBLES USOS CRUZADOS:** Un amplia sala cubierta de arena era el lugar idóneo para los que necesitaban reponer neuronas después haberse <u>*rebanado*</u> los sesos delante de una vídeo-instalación. [Cf. *devanar*] EME231095

Se analizan otros aspectos más específicos de las clases léxicas de REDES en el apartado 10 de *Combinatoria y significación*.

(5) **Las palabras numeradas.** Inmediatamente detrás del descriptor, encontrará usted una serie de palabras precedidas de un número. Estas voces ejemplifican el concepto que se explica en el descriptor. Observe que la numeración de estas palabras no se reinicia al cambiar la clase léxica (por tanto, al cambiar de letra), sino que avanza de forma corrida desde el principio hasta el final de la entrada. Le explicaremos más adelante para qué sirven los números que preceden a cada palabra.

> **a chorro(s)** *loc.adv./loc.adj.* ■ Se combina con sustantivos que designan líquidos *(agua, sudor, lluvia)*, y también con...
>
> **A** EL VERBO *SUDAR* Y CON OTROS QUE DENOTAN EXPULSIÓN O DERRAMAMIENTO DE LÍQUIDOS, FLUIDOS U OTRAS MATERIAS QUE PUEDEN ASIMILÁRSELES. SE USAN A VECES EN SENTIDO FIGURADO: **1 sudar** ++: Hay tomas hechas en algún templo evangélico, otras en una iglesia (...), que casi me hicieron sudar *a chorros.* PLG170997 **2 manar:** Se ha derramado, sí, la primera sangre guerracivilista y después manará *a chorros.* EME160595 **3 escurrir:** Ulises pendía de la grúa a más de quince metros de altura. Con el morro abierto (...) y escurriendo agua *a chorros.* EME100294 **4 fluir:** El dinero fluye *a chorros* en su vida, pero Tomba lo ha devuelto multiplicado... LVE270295 **5 derramar:** ...por qué tenían que hacerle a ella tales putadas y no a los heroicos gudaris de la ETA que por entonces que por entonces derramaban sangre *a chorros.* EME011296 **6 escaparse:** ...el aceite se escapa *a chorros* y la reparación llevará cerca de cuatro horas... EME060695 **7 colarse:** Se cuela el agua *a chorros.* LVE270396 **8 llorar:** Qué paz esos «paisajes del placer y de la culpa» (es el título de un ensayo inolvidable de Ignacio Gómez de Liaño) en los que la gente lo pasa la mar de bien llorando *a chorros.* EME090694 **9 llover:** ...mientras llueve *a chorros*, se introduce en un cine de barrio de una capital provinciana para poder dormir un poco... ABC150995 **10 inundar** –: ... llegan también unos cuantos bomberos y se levanta una tapa de la conducción de agua que inunda, *a chorro*, como un río desbordado, parte de la plaza. LVE121296 **11 supurar** –: Los distintos conflictos que durante muchos años habían venido enconándose se han puesto, todos a la vez, a supurar sangre *a chorros.* SEM011096
>
> **B** OTROS VERBOS QUE DENOTAN SURGIMIENTO O IRRUPCIÓN APLICADOS A LOS LÍQUIDOS, FLUIDOS U OTRAS MAGNITUDES QUE SE LES ASIMILEN FIGURADAMENTE: **12**

La forma de las palabras numeradas. Las voces numeradas se recogen siempre en infinitivo si son verbos y en masculino singular si son adjetivos, aunque aparecen a menudo flexionadas en los textos, es decir, con variaciones de género, de número o de tiempo. En el caso de los adverbios en *–mente* que denotan la manera en que se lleva a cabo la acción o el proceso designados por el verbo (como en *abruptamente*), se optó por dar cabida entre las voces numeradas a las paráfrasis con *modo, forma* o *manera* cuando el corpus no mostraba la combinación con la forma sintética en *–mente* y los redactores la consideraban natural. Se tomó esta decisión porque se sabe que tales paráfrasis presentan idéntica distribución que los adverbios de ese grupo semántico. Así, puede comprobar usted que en la entrada correspondiente a *abruptamente,* el verbo que aparece precedido del número 35 (*producirse*) no muestra una combinación con ese adverbio, sino con el grupo prepositivo *de forma abrupta*.

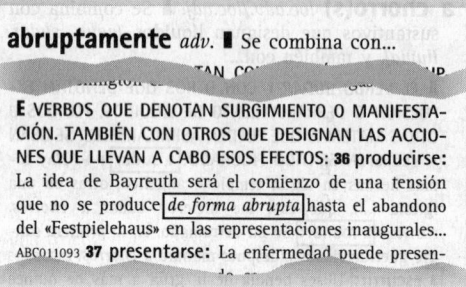

> **abruptamente** *adv.* ▮ Se combina con...
>
> **E** VERBOS QUE DENOTAN SURGIMIENTO O MANIFESTACIÓN. TAMBIÉN CON OTROS QUE DESIGNAN LAS ACCIONES QUE LLEVAN A CABO ESOS EFECTOS: **36** **producirse:** La idea de Bayreuth será el comienzo de una tensión que no se produce *de forma abrupta* hasta el abandono del «Festpielehaus» en las representaciones inaugurales... ABC011093 **37** **presentarse:** La enfermedad puede presen-

De manera análoga, en la entrada *civilizadamente* no aparece este adverbio combinado con el verbo *solucionar* (sí con *resolver*) porque esa combinación no se encontró en el corpus, a pesar de ser muy natural. Aparecía, en cambio, *solucionar de forma civilizada* y esa es la combinación que reproducimos:

> **civilizadamente** *adv.* ▮ Se construye a veces con adjetivos relacionales que designan la propiedad de ser defensor o partidario de creencias o posturas políticas *(civilizadamente capitalista,*
>
> **E** ALGUNOS VERBOS QUE DESIGNAN LA ACCIÓN DE DAR FIN SATISFACTORIO A UNA SITUACIÓN PROBLEMÁTICA: **20** **resolver +:** Como no pueden resolver *civilizadamente* un problema doméstico, pretenden, como generalmente ha sido, desquitarse con la población usuaria... PLG300597 **21** **solucionar +:** «Hay que solucionar los problemas *de forma civilizada*», dice comentando con sentido malestar las tirantes relaciones con la Iglesia Ortodoxa. EME310194
>
> **F** VERBOS QUE DENOTAN FINALIZACIÓN O CESE DE AL-

Estas equivalencias no son siempre efectivas, en cambio, con los adverbios que pertenecen a otras clases semánticas (*seguramente* y *de manera segura; lamentablemente* y *de manera lamentable*, etc.), por lo que se han evitado sistemáticamente en estos casos. Así pues, siempre que encuentre usted una paráfrasis como las citadas, se tratará de una combinación en la que se ha comprobado que el adverbio en *–mente* puede aparecer como sustituto de la paráfrasis con entera naturalidad y con idéntica significación. Solo en algunos casos más, que se explican detalladamente en la sección 7 de *Combinatoria y significación*, constituyen las expresiones seleccionadas *bloques sintácticos* más que estrictamente léxicos.

(6) **La marca de frecuencia.** Inmediatamente detrás de la palabra numerada encontrará usted dos informaciones: aparecerá muy a menudo una **marca de frecuencia**, y en todos los casos encontrará usted un ejemplo. La marca de frecuencia no se proporciona en todas las combinaciones, pero, como verá enseguida, su ausencia también tiene significado. Las interpretaciones de estos signos son las siguientes:

++: combinación sumamente frecuente.

+: combinación bastante frecuente.

(sin marca): combinación atestiguada que suele resultar aceptable a los oídos de un hablante nativo.

–: combinación poco frecuente en los textos, aunque posible y casi siempre atestiguada. El lector debe valorarla en relación con las otras combinaciones de su grupo, puesto que a veces presenta algún rasgo expresivo particular.

vorazmente *adv.* ▌Se combina con...

A VERBOS QUE DENOTAN CONSUMO E INGESTIÓN, PRINCIPALMENTE DE ALIMENTOS. POR EXTENSIÓN, TAMBIÉN CON EL VERBO *LEER*: **1 comer ++:** Los niños comían *vorazmente* la merienda. INDOC **2 consumir ++:** ...siguen consumiendo *vorazmente* el vodka que les caiga en mano. ECA190792 **3 leer +:** Cuando se hizo coach, leyó *vorazmente.* ENH020397 **4 devorar:** Las menudencias de res fueron devoradas *vorazmente* en los esterales chaqueños... EPU170701 **5 ingerir:** Tuvo una indigestión por ingerir *vorazmente* todo lo que pusieron delante. INDOC **6 chupetear –:** ...veía a mi hija durmiendo o chupeteando *vorazmente* la mamadera... CAR210797

B ALGUNOS V... MOVIMIENTO ...e: Aun-

Frecuencia y naturalidad. La **frecuencia** de una combinación suele coincidir con su **naturalidad**, pero estos conceptos no son equivalentes:

- La frecuencia es un concepto **estadístico**, es decir, está en función del número de apariciones de una determinada combinación en los textos.
- La naturalidad es un concepto **lingüístico**; mide la representatividad de la combinación en función del conocimiento que el hablante tiene de su lengua.

En la mayor parte de los casos, las marcas que se introducen proporcionan **ambas nociones simultáneamente**, es decir, la frecuencia coincide con la naturalidad. Sin embargo, varias combinaciones documentadas pocas veces (en ciertos casos, solo una) en el corpus con el que se construyó REDES resultaron sumamente naturales a los ojos de los redactores. Las marcas ++ y + reflejan en estos casos la naturalidad de la combinación, no la frecuencia. En esta obra se entiende que la naturalidad debe tener preferencia sobre la frecuencia cuando estas dos informaciones no coincidan. En la sección 12 de *Combinatoria y significación* se explican otros aspectos de la diferencia que existe entre la frecuencia y la naturalidad.

7 **Ejemplos documentados.** Todas las combinaciones que se muestran en las clases léxicas de las entradas analíticas se ilustran con un ejemplo. Los ejemplos constan de dos componentes: el **texto del ejemplo** y la **fuente de la cita**.

- El **texto** aparece precedido de puntos suspensivos cuando no constituye el comienzo de un período. Casi nunca se acorta en su interior, pero cuando se ha considerado conveniente hacerlo se usa el signo "(...)" para indicar que se suprimieron algunas palabras.

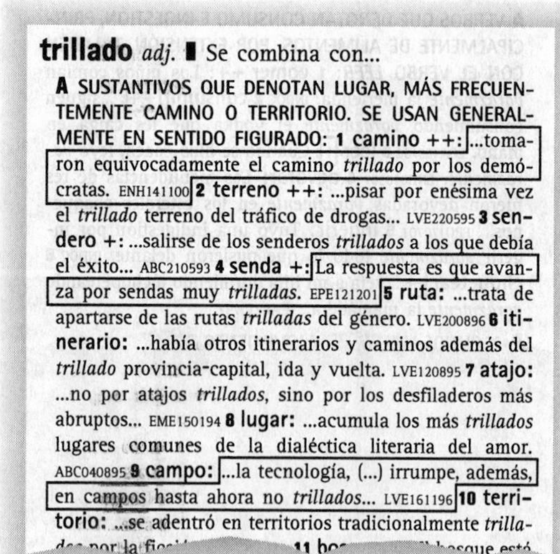
trillado *adj.* ▮ Se combina con...

A SUSTANTIVOS QUE DENOTAN LUGAR, MÁS FRECUENTEMENTE CAMINO O TERRITORIO. SE USAN GENERALMENTE EN SENTIDO FIGURADO: **1 camino ++:** ...tomaron equivocadamente el camino *trillado* por los demócratas. ENH141100 **2 terreno ++:** ...pisar por enésima vez el *trillado* terreno del tráfico de drogas... LVE220595 **3 sendero +:** ...salirse de los senderos *trillados* a los que debía el éxito... ABC210593 **4 senda +:** La respuesta es que avanza por sendas muy *trilladas*. EPE121201 **5 ruta:** ...trata de apartarse de las rutas *trilladas* del género. LVE200896 **6 itinerario:** ...había otros itinerarios y caminos además del *trillado* provincia-capital, ida y vuelta. LVE120895 **7 atajo:** ...no por atajos *trillados*, sino por los desfiladeros más abruptos... EME150194 **8 lugar:** ...acumula los más *trillados* lugares comunes de la dialéctica literaria del amor. ABC040895 **9 campo:** ...la tecnología, (...) irrumpe, además, en campos hasta ahora no *trillados*... LVE161196 **10 territorio:** ...se adentró en territorios tradicionalmente *trilla-*

- La **fuente de la cita** proporciona la referencia del periódico o la revista de la que se tomó el texto. Consta de tres letras seguidas de seis cifras (salvo el caso de las referencias al *Anuario El País* de 1998, que constan de seis letras seguidas de dos cifras: EPEANUA98). Las letras identifican la publicación y las cifras proporcionan la fecha. Así, la referencia LVE040793 se lee así: *La Vanguardia* (España), 4 de julio de 1993. Los textos obtenidos de la publicación *Gramma Internacional* (Cuba) no contenían el día de aparición de la revista, sino el mes (que aparece aquí en primer lugar), el número de la publicación (que aparece en segundo lugar) y el año, que aparece al final como en los demás casos. Ejemplo: GIC104297. Muchos semanarios presentan en su portada el primero y el último día de la semana a la que corresponden. La fecha que aquí se recoge en este caso es la del primer día de dicha semana.

- El **corpus**. REDES se ha confeccionado con un corpus de prensa española y americana de los últimos veinte años, en el que la mayor parte de los textos pertenece a los últimos diez: 1993-2003. Las siglas que corresponden a las fuentes periodísticas usadas en REDES se proporcionan en la sección "Siglas, abreviaturas y símbolos". El corpus está compuesto por textos procedentes de 68 publicaciones periódicas y contiene unos 250 millones de palabras. Los periódicos españoles EPE, EME, LVE y ABC aparecen con mayor frecuencia en las entradas del diccionario porque en el caso de las demás publicaciones no fue posible recopilar en formato electrónico un volumen de textos similar al obtenido para esos diarios.

(8) **Ejemplos indocumentados.** Por muy amplio que sea el corpus con el que se trabaje, no es posible encontrar en él muestras de todas las combinaciones que corresponden a una clase léxica determinada. En ciertos casos —poco numerosos proporcionalmente— se hizo necesario añadir algunas combinaciones que resultaban naturales a los oídos de los hablantes consultados, pero que el corpus no proporcionaba. Estas combinaciones se ilustraron con ejemplos inventados por los redactores, y se identifican en el texto con la marca INDOCUMENTADO (abreviado como INDOC). Se entiende, por tanto, que no se presenta documentación atestiguada de esos usos porque no se encontró, pero a la vez se confirma que los hablantes del español consultados consideraron naturales las combinaciones que se mencionan en esos casos.

abrasador *adj.* ▌ Se combina con el sustantivo *calor* y con otros que designan fuentes de calor

A SUSTANTIVOS QUE DESIGNAN SENSACIONES, SENTIMIENTOS Y EMOCIONES MUY INTENSOS, FRECUENTEMENTE DE CARÁCTER PASIONAL: **1 deseo ++**: Nunca pensó que fuera a sentir un deseo *abrasador* de arrojarse a sus brazos. INDOC **2 impulso:** ...un deseo incontenible, un impulso *abrasador* que nublaba todos sus sentidos

(9) ***Se combina también con:*** Al final de algunas entradas analíticas, encontrará usted el signo ■ seguido de la fórmula *Se combina también con...* que introduce una lista de palabras seleccionadas por el lema, clasificada por categorías y ordenada alfabéticamente. Cuando esto sucede, el lema suele ser una palabra *seleccionadora* (normalmente un verbo) que, a su vez, es *seleccionada* por otras que aparecen en esa lista. Si desea más detalles sobre la doble naturaleza de estas palabras, los encontrará en la sección 6 del texto *Combinatoria y significación*.

> **acatar** *v.* ‖ Admite sustantivos que designan sistemas de gobierno, así como otros que designan personas con autoridad *(monarquía, jefe, líder)*. También se combina con...
>
> **A** SUSTANTIVOS QUE DENOTAN SENTENCIA O RESOLUCIÓN, NORMALMENTE JUDICIAL: **1** **resolución** ++:
>
> **M** OTROS SUSTANTIVOS; POSIBLES USOS ESTILÍSTICOS: ...quedan aún muchos kilómetros por compartir, mejor dicho: por *acatar*. LVE210295; ...algunos lectores ya no saben cómo juzgar a los personajes de ficción, empeñados en verles como autómatas o seres clónicos, dispuestos a *acatar* una maldad que carece de inteligencia. ABC210292
>
> ■ Se combina también con: ♦ **gustoso**[3] ♦ **al pie de la letra**[27], **a regañadientes**[3], **de buen grado**[13], **democráticamente**[17], **escrupulosamente**[7], **estric-**

(10) ***Véase también:*** Esta información ofrece, al final de una entrada y precedido del signo □, una lista de lemas que le permitirá comparar esa entrada con otras relativamente próximas. Así, puede usted comprobar que al final de la entrada analítica correspondiente a *tajante* se le sugiere que mire, si lo desea, las entradas de los adjetivos *rotundo*, *taxativo* y *terminante*. Las comparaciones ofrecen unas veces resultados relativamente similares, pero otras ponen de manifiesto notables diferencias, como en los casos de *calenturiento* y *acalorado*.

> **tajante** *adj.* ‖ Se combina con...
>
> **A** SUSTANTIVOS QUE DENOTAN CONTESTACIÓN, RESOLUCIÓN Y OTRAS FORMAS DE DAR FIN A UN ESTADO DE COSAS. TAMBIÉN CON OTROS QUE DESIGNAN ESE MISMO RESULTADO: **1** **respuesta** ++: La respuesta fue *tajante*: «No». EPE021001 **2** **resolución** +: ...exigir a la ONU
>
> **I** OTROS SUSTANTIVOS; POSIBLES USOS ESTILÍSTICOS: ...impartía una psiquiatría *tajante* y prusiana que los alumnos debían escuchar encorbatados y respetuosamente vestidos. ABC120393; El poeta establece un *tajante* repertorio de filias y fobias... ABC011295; ...cada episodio toma aires de brote súbito (abrupto o *tajante* incluso)... PME070796
>
> □ Véase también: **rotundo, taxativo, terminante.**

LAS ENTRADAS ABREVIADAS

Además de las entradas analíticas, que ya hemos examinado, REDES contiene varios tipos de entradas que no presentan textos en su interior. Estas entradas, que denominaremos **entradas abreviadas**, proporcionan informaciones de varios tipos, como se explicará a continuación.

1. **Referencias cruzadas a las voces.** Vamos a copiar a continuación la entrada correspondiente al sustantivo *problema*:

problema ♦ abrumador[45], abstruso[1], acuciante[1], a cuestas[3], alambicado, álgido[14], apreciable[20], apremiante[7], arduo[39], banal, candente[7], capital, clásico, complejo, congénito[15], controvertido[34], coyuntural[1], crucial[58], decisivo[62], de consideración, delicado, descomunal, desencadenante, difícil, endémico, endemoniado, endiablado[15], enmarañado, enrevesado[12], espinoso, eterno, fácil, galopante[22], gordo, grave, grueso[5], hondo[37], imprevisible[51], imprevisto, inextricable[6], ingente[70], insalvable[13], insignificante, insoluble[1], insoslayable[25], integral[60], intrincado[9], irresoluble[1], irreversible[12], latente, leve, ligero, mayúsculo[24], nimio[17], pasajero[24], peliagudo, perentorio[52], profundo[138], sencillo, serio[1], severo[70], simple, soterrado[34], tangencial[39], trivial, vasto[18], vigente[34] ♦ a la medida (de)[16], a la vista (de)[33] ♦ alcance (de)[1], cúmulo (de)[18], mar (de), retahíla (de), rosario (de), serie (de) ♦ abatir(se)[8], abocar(se) (a)[16], abordar, absorber[14], acabar (con), acaecer[5], acallar[73], acarrear[6], acechar[4], acentuar(se), achacar[29], aclarar, acosar (a alguien), acotar[5], acuciar[14], adentrarse (en)[25], aducir[13], aflorar[50], afrontar[1], agotar(se)[60], agravar(se)[1], agudizar(se)[26], ahondar (en)[6], airear[8], aligerar[50], alimentar[33], aliviar[5], amainar[7], aminorar[11], amortiguar[35], anclar[39], anidar[31], apaciguar[9], apagar(se)[18], aplacar(se)[44], arrastrar, arreciar[47], arrojar luz (sobre), arrostrar[10], asaltar[26], asumir[27], atajar, atañer[10], atender, atravesar[12], augurar[16], azotar[43], bordear[31], bregar[1], brotar[39], capear[6], capitalizar[40], causar[8], centrar, cernerse[23], cerrar los ojos (ante)[20], colmar (de)[43], combatir[32], compensar[47], concurrir[30], confluir[20],

Uso de los números. Observe que esta entrada es muy diferente de las que hemos analizado arriba. Lo es porque el sustantivo *problema* es una palabra SELECCIONADA por otras muchas. De hecho, la información que REDES ofrece en esta entrada le muestra las palabras (adjetivos, verbos, etc.) con las que se combina más frecuentemente este sustantivo. Como puede ver, muchas de las palabras que aparecen en esta entrada van seguidas de un número en superíndice. Esta información procede de la entrada analítica correspondiente. Así, la referencia *acuciante*[1] significa exactamente esto: "en la entrada correspondiente a *acuciante*, el sustantivo *problema* aparece con el número 1".

Confección de las referencias cruzadas. Estas entradas han sido confeccionadas por un programa informático a partir de la información que contienen las entradas analíticas. Se decidió, sin embargo, que no todas las combinaciones numeradas de las entradas analíticas aparecieran repetidas en las referencias cruzadas. Se han suprimido las combinaciones menos frecuentes, y también algunas otras que resultan aceptables cuando se analiza el texto en el que aparecen, pero que no se perciben en cambio como igualmente naturales fuera de estos contextos particulares. Esas voces no se eligieron para las referencias cruzadas porque se ha intentado seleccionar en estas entradas las combinaciones que cabe proponer o presentar como las más representativas en el sistema gramatical y léxico del español, más aún si se piensa en la enseñanza del idioma como primera o segunda lengua.

Palabras sin número en las referencias cruzadas a las voces. Observará usted que algunas combinaciones que se muestran en estas referencias cruzadas no contienen número. Estas referencias sin número proceden unas veces de la entradilla que contienen las entradas analíticas correspondientes (recuerde que las entradillas no contienen ejemplos numerados). Otras veces se han añadido al diccionario para proporcionar al lector más información combinatoria sobre dichas palabras. En este último caso, las voces añadidas en las referencias cruzadas no tienen entrada analítica en REDES, y por ello no es posible establecer una remisión numerada.

Ampliación a los hipónimos. En muchos casos, la combinación que se menciona resulta igualmente válida aplicada a los *hipónimos* de la voz que se describe, es decir, a las clases de elementos que puede abarcar (recuerde que un hipónimo de *flor* es *rosa* y un hipónimo de *enfermedad* es *gripe*). Así, si encuentra usted la palabra *bebida* en la entrada correspondiente a *burbujeante*, podrá aplicar, desde luego, el sustantivo *bebida* a esta palabra, pero también a otras que designen ciertos tipos de bebidas (*cava*, *vino*, *gaseosa*, etcétera). En la sección 6 de *Combinatoria y significación*, se explica más detalladamente por qué REDES no puede ofrecer listas exhaustivas de deportes, creencias, profesiones o prendas, entre otras muchas nociones, cada vez que se comprueba que la pertenencia a una de esas clases resulta ser el factor determinante de alguna relación combinatoria. Esta limitación se aplica a las entradas analíticas y también a las abreviadas. Son factores muy pertinentes en entradas como *profesar*, *contraer*, *jugar (a)* o *practicar*, entre otras.

Género y número. Al igual que los verbos aparecen en infinitivo en el interior de las entradas de lema adverbial, los adjetivos aparecen en masculino y singular en las referencias cruzadas a las voces. Las referencias cruzadas de los adjetivos mantienen, por tanto, la forma en que aparecen en las entradas analíticas. Los que se añaden expresamente aparecen de la misma manera.

acogida ♦ afectuoso, apoteósico[23], bueno, cálido[5], caluroso[4], cariñoso, clamoroso[37], cordial, cortés, desfavorable, distante, efusivo[8], emotivo, entrañable, entusiasta, excelente, extraordinario, favorable, frío, gélido, glacial, gran(de), multitudinario[22], tibio[14] ♦ centro (de) ♦ brindar[46], dar[294], dedicar, dispensar[11], tener, tributar[7]
☐ Véase también: **asilo, ayuda, bienvenida, recepción, recibimiento.**

Ausencia de otras marcas gramaticales. Los sustantivos que se proporcionan en las entradas abreviadas aparecen en masculino y singular (salvo que se trate de palabras que se usan en plural en todos los contextos). En general, las referencias cruzadas a las voces están concebidas en REDES como índices ampliados. Constituyen, por tanto, el resultado de reordenar la información contenida en las entradas analíticas y añadir algunas informaciones complementarias. La información sintáctica y morfológica necesaria para usarlas en diversos contextos (presencia o ausencia de artículos, preferencia de los contextos afirmativos o negativos, etc.) se describe en las gramáticas, y a menudo también en los demás diccionarios.

Orden de las categorías gramaticales. Las palabras que contienen las referencias cruzadas, y en general todas las entradas abreviadas de REDES, se agrupan por categorías gramaticales. Las clases de palabras se separan entre sí por el signo ♦. El orden en el que aparecen estas agrupaciones es el siguiente:

adjetivos y locuciones adjetivas
adverbios y locuciones adverbiales
preposiciones y locuciones preposicionales
sustantivos y sustantivos cuantificativos
verbos y locuciones verbales

discordia ♦ absoluto, agrio, creciente, doloroso, imperante, permanente, reinante, viejo ♦ motivo (de), objeto (de), punto (de) ♦ agravar, apaciguar[5], atizar[32], avivar(se), causar, crear, desatar(se), desencadenar(se), encender, engendrar[4], enterrar, entrar (en), generar, ocasionar, provocar, reavivar(se), reinar, sembrar[24], suscitar, zanjar
☐ Véase también: **diferencia, discrepancia, divergencia.**

Acepciones. Las palabras que se combinan con la voz que encabeza la referencia cruzada dependen a menudo del significado de esta. REDES identifica entonces las acepciones con una marca léxica simple (no con una definición) que aparece en cursiva y entre paréntesis. La separación de acepciones se indica con el signo ■.

> **cita** ■ *(encuentro)* ♦ **a ciegas, clandestino, deportivo, electoral, imperioso**[13]**, ineludible, inexcusable**[3]**, íntimo, médico, multitudinario, obligado, olímpico, secreto** ♦ **acordar, acudir (a), anular, asistir (a), cancelar, concertar**[4]**, convenir, dar (a alguien), faltar (a), fijar, pedir, saltarse, solicitar, tener**
> ■ *(mención)* ♦ **de pie de página, expreso, literal, literario, manido**[11]**, socorrido, textual** ♦ **descontextualizar, intercalar, interpolar, introducir, ja-**

Se separan de la misma forma las palabras a las que corresponde más de una categoría.

> **honorario** ■ *(adj.)* ♦ **cargo, puesto**
> ■ *(sust.masc.)* ♦ **abusivo**[12]**, alto, bajo, cuantioso, elevado, escaso, exiguo, injusto, jugoso, justo, suculento, sustancioso** ♦ **en concepto (de)** ♦ **acordar, calcular, cobrar, negociar, pagar, percibir, recibir, tener**
> □ Véase también: **retribuir, sueldo.**

Partes variables en lemas y referencias. A veces se añaden variables sintácticas en los lemas o en las referencias cruzadas: "(a alguien)", "(de algo)"... Estas expresiones identifican variables, aunque aparezcan en letra redonda en lugar de cursiva, y ayudan a que se identifique la combinación que se ilustra como sujeto o como complemento.

> **sentar (a alguien)** ■ *(ajustarse)* ♦ **a las mil maravillas**[14]**, como anillo al dedo, como un guante, de fábula, estupendamente, impecablemente, maravillosamente**
> ■ *(afectar)* ♦ **como una patada, como un jarro de agua fría, como un tiro**

> **sambenito** ♦ **caer(le) (a alguien), cargar (con)**[5]**, colgar(le) (a alguien), llevar**
> □ Véase también: **apelativo, apodo, mote.**

2. **Referencias cruzadas a los conceptos.** Ahora vamos a considerar otro tipo de entrada abreviada. Copiamos a continuación la entrada correspondiente al concepto PERCEPCIÓN:

PERCEPCIÓN

♦ (SUSTANTIVOS) Véase: **abigarrado[B], abismal[H], acusado[J], adulterar[E], afilado[C], afinar[C], a flor de piel[B], agridulce[A], aguzar[A], amortiguar[C], analítico[D], arduo[I], avieso[A], beatífico[B], beligerante[C], borroso[B], bosquejar[D], centrípeto[C], cerrar los ojos (ante)[A], cobrar fuerza[B], corroborar[C], cristalino[A], cundir[G], dejarse llevar (por)[A], de soslayo[E], destilar[A], desviar[C], echar[F], entr[illegible] líneas[H], estrechar[D],** [illegible] **guardar[E], literal[G], luminoso[H], novedoso[E], nublar(se)[A,D], ofender[D], ofuscar(se)[B], penetrante[A], punzante[A], refrescar[B], reverdecer[F], revivir[F], sesgado[B], somero[D], sustraer(se) (de/a)[F], verter[E]**

♦ (VERBOS) Véase: **a cámara lenta[B], a flor de piel[J], a grandes rasgos[E], a hurtadillas[A], a la cara[D], a la legua[A], a las claras[B], al detalle[C], a lo lejos[A,E], al vuelo[A], atentamente[A], a toda pastilla[B], ávidamente[E], cara a cara[D], con cautela[D], con detalle[B], con interés[A], con reservas[C], con todo lujo de detalles[D], crudamente[D], dar (a)[B], de arriba abajo[B], de cerca[A], de incógnito[E], de pasada[D], de primera mano[A], de refilón[A,E], descaradamente[G], de soslayo[A], detalladamente[H], de un tirón[D], en carne y hueso[B], en frío[D], en persona[B], entre líneas[A], equivocadamente[B], fugazmente[E], gratamente[B], in fraganti[B], insistentemente[H], intensamente[C,H], ligeramente[G], manifiestamente[B], ni por asomo[H], nítidamente[A], plácidamente[F], por un momento[C], religiosamente[D], sin tapujos[H], tangencialmente[F], vagamente[A], vivamente[D]**

□ Véase también: ATENCIÓN; CRITERIO; IMAGEN; INDAGACIÓN; JUICIO.

Observe que no se habla aquí del sustantivo *percepción,* sino del concepto PERCEPCIÓN, que marcamos con letra versalita. Como puede ver, las palabras que contiene la entrada van seguidas de una letra mayúscula en superíndice, no de un número. Como antes, esta letra procede de su entrada analítica, concretamente de una clase léxica en la que se agrupan los elementos seleccionados por esa expresión. Observe, por ejemplo, que aparece *a cámara lenta*[B] en el apartado VERBOS (esto es, VERBOS DE PERCEPCIÓN). Esta referencia se lee exactamente así: "la clase B de la entrada analítica correspondiente a *a cámara lenta* corresponde a los verbos de percepción". Si quiere usted saber cuáles son, no tiene más que consultar dicha entrada analítica. Si lo desea, puede consultar luego la entrada correspondiente a cualquiera de esos verbos, lo que le permitirá establecer otras conexiones semánticas en las que tal vez no pensó al principio.

3. **Entradas del índice conceptual.** Estas entradas también designan conceptos. Se distinguen de las referencias cruzadas a los conceptos en que aparecen en *VERSALITA CURSIVA*. Mientras que las entradas que hemos llamado *referencias cruzadas a los conceptos* son índices de las clases léxicas correspondientes a las entradas analíticas, las nuevas entradas que aquí se presentan son índices del lemario, es decir, de las palabras que tienen entrada en REDES. Las anteriores proporcionan una lista de clases léxicas, por eso todas llevan una letra identificativa. Las entradas del índice conceptual organizan conceptualmente, en cambio, el propio lemario o –más exactamente– una parte de él. Así, la entrada *INFLUENCIA, EFECTO Y CONSECUENCIA* es la siguiente:

INFLUENCIA, EFECTO Y CONSECUENCIA Véase:
♦ **impactante, mortífero, viciado**
♦ **en (mil) pedazos, en consecuencia, mortalmente, sin efecto**
♦ **a resultas (de)**
♦ **atracción, atractivo, cicatriz, consecuencia, dependencia, eco, efecto, encanto, escombro, estigma, huella, impacto, impronta, influencia, influjo, magisterio, magnetismo, rastro, repercusión, rescoldo, resonancia, resto, restos, revés, revuelo, roce, ruina, secuela (de), víctima**
♦ **afectar, incidir, influir, repercutir, resonar**
☐ Véase también: *ATINGENCIA Y CORRESPONDENCIA; DAÑO Y PERJUICIO.*

Todas las palabras que se mencionan en esta lista tienen entrada en REDES, pero en el lemario de REDES se ordenan alfabéticamente, como en todos los diccionarios, mientras que aquí aparecen ordenadas por categorías en función del concepto que se destaca en *VERSALITA CURSIVA*.

4. **Series abreviadas.** REDES proporciona en otros casos varias series de combinaciones léxicas, siempre sin número. Unas veces las forman palabras que se usan en un conjunto generalmente reducido de contextos:

a cal y canto ♦ **atrancar, cerrar, clausurar, encerrar, sellar**

En otros casos, la serie de combinaciones es más larga. Se optó por no confeccionar una entrada analítica para esas voces, a pesar de que se obtenían algunas generalizaciones claras, porque la existencia de ciertas combinaciones muy frecuentes no justificaba la necesaria omisión de otras muchas, igualmente posibles, que no podrían tener cabida en los límites reducidos de una entrada analítica. También se eligió el formato de las series abreviadas cuando resultaba especialmente difícil tener en cuenta los diversos factores semánticos y pragmáticos que daban lugar a esos largos paradigmas. Así pues, este segundo grupo de series abreviadas, poco numeroso, contiene información combinatoria que puede usarse para construir una entrada analítica. La entrada no se ha construido en la presente versión de REDES porque no se pudo delimitar y sistematizar adecuadamente la información conceptual necesaria para elaborarla. Aun así, se decidió, por razones editoriales, incluir estos listados en lugar de borrar del lemario las entradas correspondientes. Se explica más detalladamente esta cuestión en la sección 6 de *Combinatoria y significación*. Pertenecen a este grupo entradas como *cumplidamente, latente, esperanzador o electoralmente.*

electoralmente ♦ **atractivo, beneficioso, costoso, débil, decisivo, digno, fuerte, influyente, inocuo, interesante, nocivo, numeroso, peligroso, perjudicial, potente, rentable, representativo, útil, viable** ♦ **aglutinar, aplastar, apoyar, aprovechar, arrasar, avanzar, ayudar, bajar, barrer, caer, capitalizar, castigar, competir, consolidar(se), crecer, cuantificar, dañar, debilitar, derrotar, derrumbarse, desafiar, despegar, dividir(se), emplear, enfrentarse, evaluar, explotar, fortalecer(se), fracasar, fracturar(se), ganar, hundir, imponerse, instrumentalizar, intervenir, medir, perder, perjudicar, reforzar, rentabilizar, respaldar, retar, retroceder, revalidar, subir, superar, triunfar, usar, vencer**

5. Remisiones. A lo largo del diccionario encontrará usted muchas remisiones que le ayudarán a consultarlo. Las remisiones se dividen en dos grupos.

- **Sugerencias.** Son referencias del tipo ☐ **Véase también...** Se incluyen en las entradas analíticas, como se explicó en el apartado "Las entradas analíticas", pero también en muchas que no lo son. Puede ir a esos lugares para completar la información que le ofrece una entrada determinada con la que proporcionan otras semejantes.
- **Reenvíos.** Son remisiones obligadas. Envían a otro punto del diccionario porque la información no se encuentra en el primero. Es posible que la expresión específica que usted buscaba no tenga entrada en REDES, pero sí la tenga otra similar, como en

a grito limpio Véase: **a gritos**
☐ Véase también: **grito.**

en vivo Véase: **en directo**

EFECTO Véase: *INFLUENCIA, EFECTO Y CONSECUENCIA*

ABANDONO Véase: DEJACIÓN; SALIDA

Otras veces, en cambio, la expresión que usted pudo buscar tiene entrada en REDES, pero no está alfabetizada de la forma en que usted esperaba encontrarla. En estos casos, encontrará entre corchetes la palabra o el concepto que pudo usted elegir:

[mano] → **a mano, a mano alzada, a mano armada, a manos llenas, apretón de manos, como la palma de la mano, con la mano en el corazón, con las manos en la masa, con mano de hierro, con mano dura, con mano férrea, con mano firme, con mano izquierda, de mano, de mano en mano, de primera mano, en mano, mano a mano, mano (de), mano sobre mano**

[rajatabla] → **a rajatabla**

ORDEN ALFABÉTICO DE LAS ENTRADAS

La ordenación de todas las entradas del diccionario es rigurosamente alfabética. No se tiene, pues, en cuenta la presencia de espacios en blanco o de otros signos no alfabetizables, como los guiones, los paréntesis, las barras o los puntos suspensivos.

de atar
de batalla
debate
debatir
deber
debidamente
debido
debilidad
debilitar(se)
de boca en boca
de boquilla

Como puede usted ver, para localizar la entrada *debate*, debe buscarla entre *de batalla* y *debatir*.

Repetición aparente de lemas. Puede dar la impresión de que REDES contiene dos entradas o más con el mismo lema. En realidad no es así, puesto que existe un signo tipográfico que los diferencia, como **influencia** e INFLUENCIA (referencias cruzadas a las voces y a los conceptos, respectivamente), **abandono**, *ABANDONO* y ABANDONO (entrada abreviada la primera y reenvíos las dos siguientes) o **[dedo]** y **dedo** (reenvío y entrada abreviada).

SIGLAS, ABREVIATURAS Y SÍMBOLOS

SIGLAS Y ABREVIATURAS

ABC .... *ABC Cultural*, España
ACP .... *ABC Color*, Paraguay
adj .... adjetivo
adv .... adverbio
BRE .... *Brecha*, Uruguay
BUS .... *Búsqueda*, Uruguay
BYN .... *Blanco y Negro*, Ecuador
CAN .... *Canarias*, España
CAP .... *Caretas*, Perú
CAR .... *Caras*, Chile
Cf. .... Compárese
CLA .... *Clarín*, Argentina
DDN .... *Diario de Navarra*, España
DED .... *Dedom*, República Dominicana
DHE .... *Diario Hoy*, Ecuador
DLA .... *Diario Las Américas*, EE. UU.
DYM .... *Diario de Yucatán*, México
ECA .... *El Cronista*, Argentina
ECP .... *El Comercio*, Perú
EDU .... *El Diario*, Uruguay
EDV .... *El Diario Vasco*, España
EME .... *El Mundo*, España
ENC .... *El Norte de Castilla*, España
END .... *El Nuevo Día*, Puerto Rico
ENH .... *El Nuevo Heraldo*, EE. UU.
ENV .... *El Nacional*, Venezuela
EOU .... *El Observador*, Uruguay
EPC .... *El País*, Colombia
EPD .... *El País Digital*, España
EPE .... *El País*, España
EPEANUA98 .... *Anuario El País*, 1998
EPU .... *El País*, Uruguay
ESH .... *El Salvador Hoy*, El Salvador
ESP .... *El Siglo*, Panamá
ETC .... *El Tiempo*, Colombia
EUV .... *El Universal*, Venezuela
EXC .... *Excelsior*, México
EXP .... *Expreso*, Perú
FDV .... *Faro de Vigo*, España
FRO .... *Frontera*, Venezuela
GIC .... *Gramma Internacional*, Cuba
HOY .... *Hoy*, Chile
INDOC .... ejemplo indocumentado
INF .... *La Información*, República Dominicana
LDD .... *Listín Diario*, República Dominicana
LEC .... *La Época*, Chile
LHG .... *La Hora*, Guatemala
LJM .... *La Jornada*, México
LMU .... *La Mañana*, Uruguay
LNA .... *La Nación*, Argentina
LNC .... *La Nación*, Costa Rica
LNP .... *La Nueva Provincia*, Argentina
loc.adj. .... locución adjetiva
loc.adv. .... locución adverbial
loc.adv./loc. adj. ... locución adverbial o adjetiva
loc.adv./loc.prep. .. locución adverbial o preposicional
loc.prep. .... locución preposicional
loc.vbal. .... locución verbal
LPA .... *La Prensa*, Argentina
LPH .... *La Prensa*, Honduras
LPN .... *La Prensa*, Nicaragua
LRE .... *La Razón*, España
LRU .... *La República*, Uruguay
LTB .... *Los Tiempos*, Bolivia

LTH .... *La Tribuna*, Honduras
LVE .... *La Vanguardia*, España
LVG .... *La Voz de Galicia*, España
LVL .... *La Voz*, España
MAU .... *Mate Amargo*, Uruguay
PLG .... *Prensa Libre*, Guatemala
PME .... *Proceso*, México
POS .... *Posdata*, Uruguay
prep. .... preposición
REL .... *Relaciones*, Uruguay
RUM .... *Rumbo*, República Dominicana
SEM .... *Semana*, Colombia
sust. .... sustantivo
sust.amb. .... sustantivo ambiguo
sust.cuantif. .... sustantivo cuantificativo
sust.fem. .... sustantivo femenino
sust.masc. .... sustantivo masculino
SVG .... *Siglo Veintiuno*, Guatemala
UNU .... *Últimas Noticias*, Uruguay
v. .... verbo
VEN .... *Venezuela*, Venezuela
VIS .... *Vistazo*, Ecuador

Símbolos

( ) El segmento que aparece entre paréntesis tiene cierta libertad sintáctica. Unas veces puede estar separado del resto de la secuencia por alguna palabra y otras veces puede adelantar su posición. En ciertos casos puede incluso omitirse.

[ ] Los lemas entre corchetes indican que la entrada que se busca está alfabetizada de otra forma y envían al lugar en el que se ofrece la información requerida.

→ Reenvía a los lemas en los que se encuentra la información que se busca.

A, B, C... Letra negrita y versalitas: indica el comienzo de cada clase léxica.

1, 2, 3... Número en negrita: indica la palabra o la expresión que se combina con el lema.

▮ Facilita la separación de acepciones de las palabras.

▩ Precede a las sugerencias en las que se envía a otros lemas relacionados con el que se consulta.

□ Precede a la indicación de lemas semejantes con otras combinaciones comparables.

++ Combinación sumamente frecuente.

\+ Combinación bastante frecuente.

– Combinación posible, y a menudo atestiguada, pero infrecuente en los textos y marcada a veces por algún factor expresivo.

♦ Indica un cambio de categoría en el grupo de palabras que se combinan con el lema.

~ Sustituye al lema.

PREGUNTAS NATURALES DEL CONSULTOR DE **REDES**

PREGUNTAS NATURALES DEL CONSULTOR DE REDES

(a) ¿Voy a encontrar en este diccionario todas las combinaciones posibles de todas las palabras?

La respuesta es NO. Ni en este diccionario ni en ningún otro lugar. Las palabras se combinan siguiendo pautas sintácticas y semánticas. Las primeras se explican en las gramáticas y algunas de ellas se recogen también en los diccionarios: un verbo transitivo, por ejemplo, elige un sintagma nominal como complemento directo o una oración subordinada sustantiva; muchos sustantivos admiten complementos encabezados por una preposición, etc. Toda la sintaxis trata, en realidad, de pautas combinatorias de esta naturaleza, cuya propiedad fundamental es el hecho de ser recurrentes y articular un sistema. La gramática estudia la compleja red de esquemas sintácticos de cada idioma, pero no puede ofrecer "listados de combinaciones", sino tan solo describir los esquemas que las hacen posibles y explicar cómo se superponen y se encadenan.

Las pautas del segundo tipo raramente se mencionan en las gramáticas y en los diccionarios; son más escurridizas y se fundamentan en nociones semánticas y discursivas más difícilmente objetivables (en las secciones 2, 3, 5 y 8 del texto que sigue se dan más detalles sobre por qué lo son). Este diccionario trata precisamente de esas informaciones, y las describe porque son parte fundamental del conocimiento que tenemos del idioma. Si consulta usted unas cuantas entradas analíticas de REDES, comprobará que puede añadir fácilmente otras combinaciones que encajan en los grupos que se presentan en lo que hemos llamado *las entradillas*, pero es probable que en algunos casos le cueste más trabajo añadir combinaciones en las listas numeradas. Aun así, es posible hacerlo. REDES no pretende proporcionar PARADIGMAS COMPLETOS —objetivo prácticamente inalcanzable—, sino definir y ejemplificar PARADIGMAS REPRESENTATIVOS de las combinaciones léxicas que se agrupan y se analizan en las entradas del diccionario.

(b) Si respetamos las reglas básicas de la sintaxis, ¿no podemos combinar cualquier palabra con cualquier otra?

La respuesta a esta pregunta es: *Depende de lo que pretendamos conseguir al hacerlo*. Es claro que las combinaciones de palabras están restringidas sintácticamente, como se señala arriba: detrás de *sin* puede aparecer un infinitivo, pero no un gerundio, mientras que detrás de *seguir* puede aparecer un gerundio, pero no un infinitivo. Ahora bien, como se ha señalado, las restricciones combinatorias pueden ser también semánticas, y no son menos objetivas que las anteriores: es claro que no es posible suscitar un libro, pero sí una reacción sobre él; que resulta acuciante la necesidad de encontrar un empleo, no el empleo mismo que uno necesita encontrar; que no se narra un equipo de fútbol, pero sí el partido que el equipo juega; que no se puede solucionar decisivamente un problema, pero sí se puede contribuir decisivamente a que el problema se solucione; que se puede hacer una fiesta con motivo del cumpleaños de alguien, pero no con motivo de alguien; que no es posible sacar petróleo de un lugar a borbotones, pero sí es posible que el petróleo salga a borbotones de ese mismo lugar; sabemos que se insufla combustible, aliento u optimismo, pero no parece posible insuflar otras muchas nociones que puedan expresarse con sustantivos.

Los diccionarios no suelen informar de estas restricciones objetivas, a pesar de que forman parte fundamental del conocimiento del idioma. REDES muestra varios miles de RESTRICCIONES SEMÁNTICAS análogas a estas, describe los conceptos que agrupan las unidades seleccionadas y proporciona una lista de ellas con abundante ejemplificación. Se basa, por tanto, en una concepción restrictiva de la combinatoria léxica.

c ¿Por qué no están todas las palabras en este diccionario?

El número de entradas de un diccionario suele estar en relación con la naturaleza de la información que se proporciona en cada una y con los objetivos que la obra persigue. El DCRLC (vea, más adelante, la relación de diccionarios citados) es un diccionario del español en ocho volúmenes, pero tiene menos de 3000 entradas, que fueron seleccionadas en función de los objetivos de esa obra. El DEC francés (que aparece en el mismo siglario) no está concluido, pero los cuatro volúmenes existentes suman menos de 600 entradas, igualmente seleccionadas. Frente a lo que pudiera pensarse, la razón de que algunas palabras comunes no aparezcan en este diccionario no es el simple hecho de que las entradas analíticas sean largas ni tampoco el riesgo de que el añadir otras nuevas pudiera hacer crecer desorbitadamente el diccionario. La razón de que REDES contenga menos voces que otros diccionarios radica en que –descartadas las informaciones sintácticas que se mencionan arriba– solo algunas palabras restringen a las que las acompañan mediante criterios propiamente lingüísticos. Así, este diccionario no contiene una entrada para el verbo *comer* en la que se informe de las cosas que puede uno comerse (todas, en realidad; lo que le ocurra después al organismo no es asunto de la lingüística). Tampoco podrá usted buscar la palabra *manzana* y encontrar la lista de acciones que es posible llevar a cabo con una manzana: comerla, venderla, guardarla, fotografiarla, aplastarla o arrojarla a la cabeza de alguien, entre muchísimas más. Tampoco existe en este diccionario una entrada para el adjetivo *estupendo* en la que se proporcione una lista de las cosas que pueden ser estupendas.

Los ejemplos podrían multiplicarse infinitamente. Es claro que no forma parte del análisis lingüístico la descripción de las formas en que puede manipularse un objeto ni la de las múltiples maneras en que es posible actuar en relación con una persona, la de los objetivos que puede perseguir una acción o la de los destinos que puede alcanzar un movimiento. Nada de eso es, obviamente, parte de la lingüística. Estas informaciones suelen considerarse extralingüísticas porque no proceden del conocimiento del idioma, sino del simple hecho de saber algo acerca del mundo en el que vivimos, y quizás también de la suposición de que nos movemos en él con cierta racionalidad. Aun así, en algunas entradas de REDES se han agregado excepcionalmente informaciones de esta naturaleza cuando se ha comprendido que las voces que las designan podrían tener especial interés para los estudiantes extranjeros de español.

Es claro que las informaciones que proporcionan las gramáticas no son de este tipo (recuérdese la diferencia entre *sin* y *seguir,* mencionada en la respuesta a la pregunta anterior). Pues bien, con las escasas excepciones a las que se acaba de aludir, las restricciones combinatorias de base semántica que forman este diccionario no se obtienen tampoco de las situaciones que el mundo proporciona, sino del análisis de las palabras. Si queremos saber qué cosas pueden ser suscitadas, insufladas, tergiversadas, cauterizadas, profesadas, concitadas, cumplimentadas, abolidas, entabladas, erradas, vislumbradas, amañadas o quebrantadas no hemos de pensar que daremos con ellas aplicando el simple sentido común: hemos de mirar en el interior del idioma con cierto detalle, porque es la lengua la que nos proporcionará la respuesta. Como es evidente, un hablante de otro idioma que no conozca el español no tendrá ningún problema para confeccionar las listas del primer tipo (como la que construíamos para el sustantivo *manzana*), pero es muy probable que no sea capaz de confeccionar las que corresponden a los verbos que se acaban de señalar. Le faltará, por tanto, información sobre el lenguaje, no sobre el universo que con él podemos designar. Esto no significa que en la construcción de los grupos léxicos que REDES proporciona no influyan factores discursivos o pragmáticos en algunas ocasiones. En las secciones 2, 3 y 8 del texto que sigue a esta lista de preguntas se hacen otras consideraciones sobre estos mismos asuntos.

Como se explica en la presentación, REDES tampoco contiene las informaciones léxicas que proporcionan los diccionarios de ideas afines. No encontrará en la entrada *embarcación* una lista de tipos de embarcaciones ni en la de *deporte* una lista de deportes, clasificados o no por sus características, ni en la de *enfermedad* una lista de dolencias. Es evidente que existen campos semánticos y subdominios léxicos que cubren un gran número de unidades léxicas, pero esas informaciones pormenorizadas no son estrictamente combinatorias, aun cuando el concepto al que corresponden sí pueda serlo, como se explicó en las instrucciones de uso.

d ¿Por qué aparecen tantas palabras abstractas y tan pocas concretas en las entradas de este diccionario?

La respuesta a esta pregunta es una consecuencia de la que dábamos a la anterior. Como se ha señalado, un gran número de sustantivos concretos participan en relaciones de movimiento, manipulación o evaluación, y pueden ser objeto de múltiples acciones, intencionales o involuntarias, físicas o mentales. Las listas de elementos a las que esas nociones se aplican no se construyen poniendo en práctica el conocimiento del idioma. Ahora bien, son también numerosos los verbos que nos permiten construir dos paradigmas:

- Uno puede ampliarse sin poner en juego necesariamente informaciones estrictamente lingüísticas.
- El otro proporciona esas informaciones propiamente lingüísticas, es más reducido que el anterior y es el que interesa especialmente en este diccionario.

Algunos autores entienden que el primer paradigma aporta *información designativa*, mientras que el segundo contiene *información denotativa*, pero otros prefieren hablar simplemente de las bases *extralingüísticas* o propiamente *lingüísticas* de la información que contiene cada uno. Consideremos algunos ejemplos. Las palabras que puede usted encontrar en la columna central pertenecen a paradigmas largos que en casi todos los casos pueden ampliarse sin dificultad. Las voces que encontrará en la columna de la derecha pertenecen a paradigmas más restringidos, propiamente lingüísticos. Estos últimos son, sobre todo, los ejemplos que REDES le proporcionará:

ablandar(se)	plástico, cera	carácter, voluntad
acariciar	gato, niño	proyecto, éxito
adquirir	casa, cuadro	costumbre, capacidad
anidar	cigüeña	odio
atesorar	libros	recuerdos, vivencias
atravesar	pared, calle	crisis, dificultad
canalizar	agua, río	ayuda, demanda, sentimiento
congelar(se)	agua, nariz	negociación, imagen
cosechar	trigo, aceituna	éxito, fracaso
desinflar(se)	globo, rueda	ilusión, entusiasmo, esperanza
deslizar(se)	trineo, patín	error, alusión
digerir	carne, pescado	derrota, pérdida
disfrazar	niño, animal	verdad, cifra, intención
disolver(se)	azúcar, polvo	matrimonio, pacto, sociedad
enderezar	tubo, palo	conversación, política, vida
grueso	tronco	error
obstruir	tubería, paso	acuerdo, solución
resplandecer	sol, luz	verdad, justicia
romper	cristal, mesa	promesa, pacto, compromiso
saborear	carne, pescado	éxito, victoria
salpicar	tinta, vino	escándalo, crisis
sonreír (*a alguien*)	niño, cartero	suerte, éxito
torcer(se)	tobillo, árbol	plan, proyecto, previsión
tributar	IVA	obediencia
tropezar (con)	piedra, cáscara	problema, inconveniente

Encontrará otras consideraciones sobre los rasgos que oponen estos dos paradigmas en las secciones 2, 3 y 5 del texto que sigue.

e **Supongamos que pienso en una determinada palabra que encaja apropiadamente en la descripción semántica que se proporciona bajo una letra mayúscula cualquiera, pero la palabra en cuestión no aparece en esa lista. ¿Debo entender entonces que esa palabra no se combina con el lema?**

Esta pregunta no tiene una respuesta tan inmediata como las anteriores. Muchos paradigmas de REDES son ampliables porque las combinaciones contenidas en las clases léxicas pretenden ser representativas, como se dijo, pero no exhaustivas. Aun así, algunas expresiones que aparentemente se corresponden con la descripción de la clase no resultan apropiadas. Puede usted observar que en la clase **A** de la entrada correspondiente a *atávico* aparece el sustantivo *miedo* y, sin embargo, no aparecen *susto, horror* o *espanto*. Análogamente, en la entrada *exiguo* encontrará *salario* o *pensión*, pero no *precio*; en la entrada *estrechar* está *cooperación*, pero no *apoyo*. Estas voces no se mencionan porque tales combinaciones no resultan naturales a los oídos de los hablantes nativos ni fueron encontradas en el corpus. REDES no proporciona por lo general información negativa, como sería una indicación del tipo de "no use usted esta palabra con los sustantivos siguientes, a pesar de que pudieran encajar en el descriptor de la clase". Se hacen otras consideraciones sobre esta misma cuestión en la sección 12 de *Combinatoria y significación*.

f **¿Por qué se ejemplifican siempre las combinaciones con textos de prensa, y no con ejemplos extraídos de ensayos, de textos científicos o de obras literarias?**

Los textos de prensa contienen ensayos, y también reportajes, crónicas, editoriales y otras muchas variantes de los géneros que el periodismo admite. Las pruebas iniciales que se hicieron con textos literarios mostraron que la proporción de ejemplos en los que predominaba la voluntad de estilo del autor (y que se alejaban, por tanto, de los usos cotidianos) crecía en un grado suficiente como para no poder proponer esas combinaciones como muestras del sistema lingüístico compartido por los hispanohablantes. Por otra parte, como señala María Moliner en la cita que aparece al principio de REDES y otros muchos especialistas han hecho notar, el lenguaje de la prensa es sumamente representativo del idioma común. En un número cualquiera de un solo periódico participan reporteros, cronistas, editorialistas, escritores, especialistas (universitarios o no) en muy diversos campos de la ciencia y la cultura, y otros muchos profesionales. Nada tiene de extrañar, por tanto, que los textos periodísticos sean más útiles que los literarios en los proyectos lingüísticos que deben enfrentarse a un gran volumen de datos y no desean entrar a analizar el uso artístico del idioma. Las secciones 12 y 13 del texto que sigue están dedicadas a analizar diversos aspectos de esta cuestión.

g ¿Por qué no se analizan las combinaciones literarias en REDES? ¿Cómo se decide que una combinación pertenece al sistema de la lengua mientras que otra constituye un uso estilístico? ¿Es posible deslindar unas combinaciones de otras?

Al principio de su novela *La fiesta del Chivo*, Mario Vargas Llosa describe a la protagonista, llamada Urania, y se refiere con gracia al *disparatado nombre que le infligieron al nacer*. ¿Es legítimo deducir de este uso, atestiguado en un escritor famoso, que el verbo *infligir* se combina en español con el sustantivo *nombre*? Es claro que la respuesta a esta pregunta es NO. Pero interesa hacer notar sobre todo que, si alguien usa a partir de ahora esa feliz combinación (literaria y humorística a la vez) encontrada por Vargas Llosa, estaría plagiando su estilo, o al menos imitándolo. El que usa, en cambio, el verbo *infligir* con los sustantivos *daño, castigo* y otros muchos que aparecen en la entrada correspondiente de REDES, no está imitando el estilo de nadie, sino usando el sistema gramatical y léxico del español.

La diferencia que se presenta en el párrafo anterior no es despreciable. Los estudios sobre la elipsis, el orden de las palabras o la sufijación, entre otras estructuras gramaticales, han mostrado que el uso artístico que de estos recursos pueden hacer los escritores no coincide enteramente con el que ponen de manifiesto los hablantes que no persiguen intenciones literarias al expresarse. Parece justo concluir que el análisis de la combinatoria léxica ha de aceptar esta misma premisa metodológica.

Aun así, como se señaló arriba, la última clase léxica de cada entrada analítica de REDES contiene a menudo combinaciones que son producto de la voluntad de estilo de sus autores, como se explicó en las instrucciones de uso, y no sería de extrañar que muchas de ellas resultaran útiles o interesantes para los especialistas en la lengua literaria. No se trata, sin embargo, por lo general, de usos que puedan proponerse como representativos del sistema lingüístico del español común, o que se pudieran presentar como modelos en un curso de español para extranjeros. Estas consideraciones son absolutamente independientes, claro está, del efecto expresivo que los autores de esos textos hayan podido conseguir. En las secciones 12 y 13 del texto que sigue se analiza esta cuestión más pormenorizadamente.

Los límites entre los usos estilísticos y los sistemáticos son escurridizos. La decisión acerca de si una determinada combinación recogida en REDES ha de pertenecer al primer grupo o al segundo no la puede proporcionar el cálculo estadístico, ya que –como se ha hecho notar– un buen número de combinaciones naturales aparecen en el corpus una sola vez. La decisión, por tanto, no es inmediata, ni se ve facilitada por las ayudas informáticas. Ha de tomarla el lexicógrafo en función del conocimiento de su propia lengua y del análisis introspectivo que pueda hacer de ella.

h ¿Por qué prensa española y americana? ¿Existen diferencias dialectales marcadas entre esos textos?

A pesar de que las diferencias léxicas entre el español europeo y el americano son numerosas y bien conocidas, la mayor parte de las combinaciones descritas en REDES son comunes a todas las variedades de la lengua culta. En varios casos en los que se tiene constancia de que no es así, se hace notar en la entrada analítica correspondiente. No ha sido posible, sin embargo, especificar la amplitud geográfica de cada combinación documentada. La fuente periodística identifica el país del que procede el testimonio en todos los casos, pero REDES no contiene marcas para las variables sociolingüísticas que podrían ser relevantes, puesto que se centra en la organización de la información semántica que corresponde a las expresiones examinadas. Este diccionario no debe tomarse, pues, como una descripción de ciertos aspectos del léxico en todas sus variedades geográficas, sino como un análisis de las restricciones combinatorias del español moderno, apoyado en un corpus que se considera suficientemente amplio, actual y representativo. Se vuelve sobre esta cuestión en la sección 12 del texto que sigue.

COMBINATORIA Y SIGNIFICACIÓN. ALGUNAS REFLEXIONES

Por *Ignacio Bosque*

COMBINATORIA Y SIGNIFICACIÓN. ALGUNAS REFLEXIONES*

IGNACIO BOSQUE
Universidad Complutense, Madrid

* Agradezco mucho a Ricardo Mairal, Margarita Alonso, Teresa Espinal y Xavier Villalba los comentarios que hicieron a la primera versión de algunas partes de este texto.

1. ¿QUÉ CLASE DE DICCIONARIO ES ESTE?

Es imposible prever todas las combinaciones léxicas que se permiten en las lenguas naturales. Si fuera posible preverlas, la sintaxis se reduciría, como es obvio, a la fraseología o a la lexicografía, pero sabemos perfectamente que esta reducción es inviable. Más aún, si fuera posible preverlas, nuestra capacidad de elegir, nuestro gusto particular por las palabras y por las asociaciones que en nosotros despiertan, nuestra libertad verbal –en suma– sería sustituida en buena medida por un sistema combinatorio más o menos rígido que forzaría unas conexiones y excluiría otras. También sabemos que las cosas no son así, afortunadamente. Todo esto es muy evidente, pero es igualmente claro que las combinaciones léxicas que podemos describir y analizar de manera relativamente sistemática –es decir, como parte objetiva del idioma– no se limitan a las locuciones y a los refranes. No puede decirse que por encima de estas unidades fraseológicas la lengua admita cualquier combinación de palabras, sin más restricciones que las leyes de la sintaxis (tradicionalmente entendidas), nuestro sentido común y nuestras apetencias individuales. Tal vez las gramáticas y los diccionarios den a veces la impresión de que así son las cosas, pero, cuando se examinan las conexiones entre las palabras con cierta atención, se comprueba que el sistema lingüístico fija muchas más opciones de las que solemos reconocer explícitamente.

Si aceptamos que los principios de la sintaxis constituyen el armazón formal sobre el que se sostendrán las asociaciones léxicas que establezcamos, podemos preguntarnos qué espacio existe entre las expresiones idiomáticas, en uno de los extremos, y nuestra libre voluntad expresiva como seres pensantes y hablantes, en el otro; cómo se distingue entre las palabras que elegimos y combinamos en función de nuestras intenciones, y aquellas otras palabras que se eligen y se combinan ellas mismas en función de las propiedades del sistema gramatical y de las características particulares de las piezas léxicas; podemos preguntarnos, en suma, cómo se establecen los límites entre lo que el idioma hace por nosotros y lo que hacemos nosotros con el idioma. Este diccionario está construido con la intención de ofrecer algunas respuestas a todas estas preguntas naturales.

Importa resaltar que el hecho de que REDES se proponga como objetivo ese 'espacio intermedio' no convierte este diccionario en una descripción determinista del léxico. Las combinaciones que aquí se presentan como comunes, incluso como sistemáticas, no condicionan nuestra voluntad expresiva, no constriñen nuestras ideas o nuestras intenciones, ni nos hacen decir con las palabras nada que no queramos expresar con ellas. Como se explica en el § 13, muchas de las combinaciones que aquí se ilustran con textos de prensa aparecen también en los escritores, incluso en los más reconocidos. Es más que obvio que ello no desmerece un ápice su valía ni implica que, por el hecho de emplear combinaciones que aquí aparecen recogidas y numeradas, estén siendo menos creativos o menos originales, ni mucho menos que su pensamiento vaya a estar por ello ahormado en moldes preestablecidos. Como el lector no lingüista podría acaso sacar en algún momento esta conclusión de REDES, volveré sobre ella más adelante en estas mismas páginas. Es claro que REDES no es tampoco un diccionario normativo, puesto que no presenta unas combinaciones como correctas y otras como incorrectas, ni sugiere que el lector debe construir sus textos siguiendo exactamente estas pautas, y no otras. Así pues, REDES no se presenta como una obra determinista ni como una obra normativa, sino como una obra descriptiva, ya que está construida con el propósito de analizar datos lingüísticos objetivos que nos permiten sacar a la luz una parte importante –no descrita en las gramáticas ni en los diccionarios– de la estructura del idioma. Como no existe descripción sin teoría (explícita o implícita), intentaré explicar en las páginas que siguen cuál es la concepción teórica de la combinatoria léxica en la que esta descripción se sustenta.

Existen, como sabemos, un buen número de obras que analizan las expresiones idiomáticas del español con criterios muy diversos. Contamos, además, con diccionarios de valencias y de construcción y régimen, así como con otros repertorios que nos proporcionan información acerca de las propiedades sintácticas de las palabras. Los diccionarios de valencias proporcionan informaciones gramaticales de naturaleza categorial que resultan sumamente relevantes: nos dicen, por ejemplo, cuántos argumentos tienen los predicados y cómo se realizan sintácticamente; es decir, si las posiciones de las que dispone cada uno en su estructura argumental están saturadas por sintagmas nominales o preposicionales, o por oraciones a las que corresponden distintas estructuras. Aun siendo muy útil esta información, es claro que estos diccionarios no nos dan pistas que nos permitan restringir semánticamente los argumentos de los predicados; no nos dicen, por ejemplo, qué posibles sujetos o complementos puede tener un verbo transitivo, qué verbos pueden ser modificados por un determinado adverbio o qué relación existe entre el significado de un adjetivo y los sustantivos a los que puede modificar.

Pero ¿es posible describir objetivamente estos aspectos de la relación léxico-sintaxis?; ¿no dependen por completo de nuestra elección personal, enteramente libre? Una respuesta relativamente frecuente a esta pregunta se basa –directa o indirectamente– en el concepto de 'hábito'. Consiste en señalar que, junto a las expresiones idiomáticas y a los resultados de la llamada "libre combinatoria", existen además en el idioma ciertas *rutinas*, determinados *clichés* y algunas *tendencias* que nos llevan a poner juntas ciertas palabras con una *frecuencia* mayor de la que se observa en otras agrupaciones. En mi opinión, los conceptos que destaco en cursiva distan mucho de ser diáfanos. Se trata, desde luego, de observaciones muy comunes, pero este punto de vista tan extendido parece dar por sentado que tenemos claras las fronteras que existen entre los sistemas y los hábitos; entre las coordenadas que limitan las propiedades gramaticales y semánticas de las palabras, por un lado, y los estereotipos, las modas, las influencias, los calcos, los gustos y las tradiciones, por el otro. ¿De verdad sabemos distinguir con tan extraordinaria nitidez lo sistemático de lo habitual, la necesidad de la costumbre?

No se ofrecen muchas respuestas a estas preguntas en la abundantísima bibliografía que existe sobre estos asuntos, tal vez porque son preguntas sobre límites, y las preguntas sobre límites son siempre difíciles y escurridizas. Tampoco es fácil encontrar análisis que desarrollen la posibilidad de que algunas de estas *tendencias*, *inclinaciones*, *preferencias* y *predisposiciones* acaben siendo elementos integrados en el sistema lingüístico. Es muy claro que no pueden serlo todas, pero igualmente claro me parece que lo que solemos llamar *frecuente* es unas veces *repetido* o *habitual*, en el sentido de *extendido sin tener por qué serlo*, mientras que otras muchas veces es *sistemático*, y en ese caso el término *frecuente* desvirtúa en cierta forma su naturaleza: todos los comportamientos que se ajustan a algún sistema son, efectivamente, frecuentes, pero esto no es más que una forma un tanto peculiar de decir que están sujetos a él.

Es casi seguro que *lo sistemático* constituye un subconjunto de *lo habitual* o *lo repetido*, pero si nos limitamos a decir que ciertos fenómenos son *frecuentes*, no estaremos dando más información sobre ellos de la que puede ofrecernos un ordenador. Me parece que, al mismo tiempo que se perfeccionan en la lingüística contemporánea los recursos estadísticos que nos permiten medir la frecuencia o la infrecuencia de los fenómenos, sería necesario reflexionar más atentamente sobre la interpretación que debe otorgarse a esos términos; sobre la diferencia que existe entre las rutinas y los sistemas, entre las "formas habituales de combinar ciertas palabras" y "las propiedades combinatorias de ciertas palabras". El problema no es sencillo, sobre todo porque en último extremo entronca con una de las distinciones tradicionales más complejas: la que separa la 'naturaleza' de los fenómenos de las 'convenciones' a las que se sujetan. Obsérvese además que no se trata de encontrar un buen término para cada uno de los dos dominios a los que me refiero. No dudo, por ejemplo, de que la célebre distinción de E. Coseriu entre *sistema* y *norma* (o alguna otra similar) los denomine adecuadamente. La cuestión no es cómo denominarlos, sino cómo distinguirlos; cómo estar seguros de que los fenómenos que nos encontramos pertenecen al primer grupo o al segundo.

Acaso vale la pena ilustrar este razonamiento con algún ejemplo sencillo: combinamos con absoluta naturalidad el adverbio *profundamente* con los verbos *adentrar-*

se, *influir*, *lamentar*, *calar*, *cambiar*, *comprender*, *dormir* o *reflexionar*, entre otros muchos, pero no lo hacemos con los verbos *notar*, *caber*, *encontrar*, *salir*, *esperar*, *merecer* o *preguntar.* Me parece que sería fácil estar de acuerdo en que estas dos listas son bastante objetivas[1]. Supongamos que las damos por buenas. ¿Se debe esta diferencia a ciertas *preferencias rutinarias* que todos los hispanohablantes compartimos sorprendentemente? No creo que esa respuesta esté encaminada, ni tampoco que los conceptos de 'rutina' y de 'hábito' sean aquí de gran ayuda. ¿Se trata entonces de un 'hecho de norma' que debe permanecer ajeno a la 'descripción del sistema'? Tampoco me parece que esta forma de ver las cosas nos proporcione una respuesta iluminadora.

Nótese que ningún diccionario existente nos va a dar la información que pedimos, y en realidad no tiene por qué hacerlo. El gramático intentará tal vez buscar alguna restricción de tipo aspectual en estas series (es decir, una distinción basada en el aspecto léxico o *Aktionsart*), pero no es probable que la encuentre. Dirá entonces que el adverbio *profundamente* se agrupa con otros que modifican al sintagma verbal, especifican la forma en que se llevan a cabo las acciones o los procesos y funcionan sintácticamente como complementos circunstanciales de modo o manera. Todo correcto, pero —ciertamente— no demasiado útil. El fraseólogo estará asimismo en su derecho si se encoge de hombros: *profundamente* no es una locución; el análisis de este adverbio no corresponde a su dominio en ninguna de las formas posibles. El lexicógrafo nos puede dar una buena definición (*profundamente:* 'con agudeza, con intensidad, con hondura') y argumentar legítimamente que ahí terminan sus obligaciones. Todos han hecho su trabajo y todos lo han hecho bien. ¿Por qué nos sentimos entonces insatisfechos?

Parece que algo falla en la distribución de tareas. Si llegamos a la conclusión natural de que estas *preferencias* no son el resultado de ciertas *rutinas*, sino de alguna realidad lingüística de mayor alcance, tendremos que dar algunos pasos que nos permitan analizar los factores sistemáticos que se esconden en tales combinaciones, y en centenares de fenómenos análogos de selección léxica. El primero deberá ser intentar describir esas agrupaciones y obtener las primeras generalizaciones que quepa hacer sobre ellas. Serán tal vez superficiales y probablemente demasiado toscas, pero seguramente útiles como aproximaciones que habrán de pulir los análisis ulteriores. Esta es la vía que se explora en REDES, de manera necesariamente provisional.

[1] Obviamente, uso "combinar con" en el sentido de "modificar a": se puede decir *Lo noté profundamente preocupado*, pero *profundamente* no modifica aquí a *noté*, sino a *preocupado*.

¿Tiene entonces relación la exploración que aquí se emprende con el ámbito de la fraseología? A lo largo de este estudio introductorio intentaré deslindar los aspectos en los que sí la tiene de otros en los que no la tiene, pero antes quisiera señalar que existen dos ideas frecuentes en el trabajo de los fraseólogos, relativas al concepto de combinatoria, que no acabo de compartir. Las expongo muy resumidamente a continuación.

La primera es la distinción, repetidamente manejada en los estudios de fraseología, entre la llamada *combinatoria libre* y la llamada *combinatoria restringida*. No acabo de ver claro qué quiere decir exactamente *libre* en la expresión *combinatoria libre*. Entiendo que se refiere a la ausencia de restricciones gramaticales que vayan más allá de las puramente categoriales en la sintaxis. Así, el verbo *saber*, por ejemplo, es transitivo, y se combina por tanto con un complemento directo, sea nominal u oracional. Esta información es categorial, así que podemos suponer que estamos ante un caso de *combinatoria libre*. Pero, si lo aceptamos como tal, recordaremos inmediatamente que en las lenguas romances se distingue, como es bien sabido, entre *saber* y *conocer*, distinción bastante compleja y no poco sutil. Es claro que no se dice en español, por ejemplo, **Sé Buenos Aires*, sino *Conozco Buenos Aires*. Parece que esto no es *combinatoria libre*, sino *combinatoria restringida*. Pero, a la vez, es obvio que el fenómeno al que afecta no tiene relación alguna con el dominio de la fraseología. Sin abandonar el ejemplo de *saber*, es muy evidente que podemos saber una dirección, la forma de llegar a un sitio, la altura de un edificio, un número de teléfono o una canción, pero no sabemos una virtud, una responsabilidad o la ventana de un edificio. ¿Es esto *combinatoria restringida*? Si la respuesta es también afirmativa, como parece, ¿deberemos entender que este fenómeno pertenece (total o parcialmente) al dominio de la fraseología? No hay ninguna razón para contestar afirmativamente. Razonando de la misma manera, ¿diríamos que los adjetivos que se combinan con *ser* o con *estar* entran en combinaciones libres o que lo hacen en combinaciones restringidas? Los verbos que pueden combinarse con naturalidad con el adverbio *rápidamente* son –ciertamente– muy numerosos, pero no son ni mucho menos todos los verbos del español. Si aceptamos que no lo son, ¿formarían parte las secuencias obtenidas de la *combinatoria libre* o de la *combinatoria restringida*?

Podrían aducirse sin dificultad multitud de ejemplos similares a estos. Parece claro que la distinción intenta establecer una frontera entre la gramática y la fraseología a partir de un concepto, el de *combinatoria libre*, que no tiene aplicación clara en el dominio al que se lo quiere asignar: la combinatoria es siempre restringida. Las restricciones son, como se reconoce generalmente, categoriales, posicionales, semánticas, morfológicas, prosódicas, discursivas y de otros tipos. Si la *combinatoria libre* se refiere a la ausencia de restricciones semánticas entre las palabras, es difícil especificar entonces cuáles son exactamente los predicados que no imponen ningún tipo de restricción semántica a sus argumentos (tal vez *ver*, *imaginar*, *tener interés* y otros como estos), o, en general, las unidades léxicas que carecen por completo de restricciones sobre sus vecinas o sobre otras que se encuentran a distancia. Desde luego, no puede haber nada en contra de que el dominio de la fraseología se defina parcialmente en función del concepto de *combinatoria restringida*, pero, dado que la noción de *combinatoria libre* es rechazada por la mayor parte de los sintactistas, parece que la diferencia entre ambos dominios ha de estar en el tipo de restricciones que se consideran relevantes en cada uno, y no en la presencia o ausencia de restricciones.

La segunda idea que me parece problemática es la relación, igualmente enfatizada en los trabajos de fraseología, entre el concepto de 'frecuencia de coaparición' y el de 'idiomaticidad'. En realidad, la frecuencia no es un factor que garantice la idiomaticidad, y tampoco la rutina o el cliché en ninguna de sus formas posibles. La combinación del verbo *leer* y el sustantivo *libro* es sumamente frecuente. Si no nos fiamos de nuestra introspección, podemos buscarla en los corpus, contar las veces que aparece y comparar esa proporción con las que corresponden a otros sustantivos que se combinan con el verbo *leer* y a otros verbos que se combinan con el sustantivo *libro.* Supongamos que hacemos todo eso y que observamos que esas frecuencias son altas. ¿Qué hemos descubierto? Me parece que la respuesta correcta es "Prácticamente nada". En efecto, la naturaleza gramatical del verbo *leer* le obliga a combinarse con sustantivos de información[2], y el objeto de información más usado en nuestra cultura es el *libro.* Esa combinación de palabras es "sumamente frecuente", pero esa frecuencia no la convierte en idiomática, mucho menos en excepcional. Todo lo contrario: esa combinación de palabras es frecuente porque es sistemática, es decir, porque está dentro de algún sistema gramatical en el que se completan los requisitos categoriales de los verbos con otros requisitos seleccionales de naturaleza semántica.

No está de más recordar que esta vía se explora en la gramática de forma sistemática desde hace años. Así, podríamos observar que la combinación de la conjunción *si* con el verbo *saber* o el verbo *preguntar* (*No sé si...; Pregúntale si...*) es "muy frecuente", mientras que su combinación con el verbo *creer* es "muy infrecuente". Una vez

[2] O quizás con sustantivos que designan textos. No está enteramente claro cuál de estos dos conceptos es el adecuado. Obsérvese que puede decirse *Leyó los datos ante los periodistas*, *Tienes que leer en voz alta tu disculpa* y también *Léeme por favor los números de la izquierda*. No es evidente, sin embargo, que en el paradigma de los 'sustantivos que designan textos en español' hayan de aparecer los sustantivos *dato*, *disculpa* y *número*.

hecha esta observación, podemos acudir a cualquier gramática que explique con cierto detalle las sólidas bases semánticas de la interrogación indirecta, y comprobaremos que no hay nada de azaroso en la frecuencia de la primera combinación ni en la infrecuencia (o inexistencia) de la segunda. De nuevo, tras estas elevadas frecuencias no hay hábitos, sino sistemas. Los ejemplos podrían multiplicarse infinitamente. REDES contiene otras muchas combinaciones en las que la frecuencia es el reflejo de la sistematicidad.

Sin embargo, y me apresuro a reconocerlo, REDES también contiene otras tantas combinaciones que vienen a ser el resultado de preferencias colectivas de otra naturaleza, de gustos compartidos o heredados, de creaciones literarias que han pasado a la lengua común, de modas pasajeras, de estereotipos culturales, de clichés y de otros muchos factores tan extendidos como escurridizos. Lamentablemente, esta obra no puede precisar la naturaleza lingüística de cada combinación que presenta. Como señalo arriba, algunas de estas restricciones tienen su origen en las 'propiedades combinatorias de las palabras', mientras que otras se deben a ciertas 'preferencias' de naturaleza muy diversa. En un estudio teórico basta con proporcionar algún ejemplo claro de cada uno de estos tipos, pero esta estrategia selectiva no se puede aplicar al diccionario: al elaborar un diccionario hemos de tomar la decisión ante todas y cada una de las combinaciones que contiene, lo que —por el momento— no parece posible.

Así pues, el usuario de REDES no va a encontrar una marca que clasifique cada combinación como sistemática o como rutinaria. No encontrará junto a cada agrupación de palabras un signo que le indique si es necesaria o accidental; si está forzada por el significado de las palabras mismas o simplemente favorecida por la costumbre. Una determinada combinación atestiguada y presentada como *común* en este diccionario podrá estar incardinada en algún principio básico de la gramática o la lexicología, pero también podrá estar impulsada por alguna moda, y tal vez desaparezca barrida por la próxima oleada del lenguaje periodístico o del juvenil. Esa es una delimitación necesaria, pero habrá de quedar para investigaciones posteriores. REDES distribuye, sin embargo, la información que contiene en dos tipos de entradas (analíticas y abreviadas) atendiendo a la naturaleza de sus contenidos y también al uso que de ellas puede hacerse. Esta decisión lexicográfica se justifica en el § 6 de este trabajo.

Antes de introducir otras reflexiones sobre REDES conviene hacer notar que las informaciones contenidas en las entradas de este diccionario han de ser necesariamente parciales e incompletas. Ello es así por tres motivos:

a) En las líneas iniciales de este estudio introductorio he mencionado el primero: aunque REDES ofrece un buen número de combinaciones sistemáticas que se presentan como objetivas, es claro que un diccionario combinatorio de base semántica no podrá recoger nunca todas las combinaciones que el sistema gramatical y léxico admite en cualquier lengua natural. Como los que hemos realizado esta obra somos muy conscientes de ello, el objetivo de REDES es dar cabida a un buen número de estas combinaciones sistemáticas, pero sobre todo agruparlas en paradigmas en los que se presentan generalizaciones de naturaleza semántica (a veces también pragmática), que se ejemplifican suficientemente y se consideran representativos de las informaciones que determinan cada restricción combinatoria. Esta forma de proceder es plenamente compatible con el hecho evidente de que las preferencias particulares de los hablantes harán siempre de la selección léxica una elección individual. Volveré más adelante sobre esta aparente antinomia.

b) El segundo motivo es el hecho de que estas informaciones pertenecen a un terreno que gramáticos, lexicógrafos y fraseólogos consideran relativamente ajeno a sus intereses más directos, como he señalado más arriba. Los fuertes vínculos que atan las palabras que este diccionario presenta juntas son reales; los hablantes los reconocen como tales y los textos los ponen igualmente de manifiesto. Sin embargo, muchas de estas agrupaciones no han sido descritas hasta ahora en las gramáticas ni en los diccionarios porque pertenecen a un *terreno de nadie* que REDES intenta presentar como un *terreno de todos*. Un buen número de decisiones conceptuales y metodológicas que han sido necesarias para elaborar REDES han sido tomadas por vez primera en el ámbito de la lexicografía española (aunque no siempre, afortunadamente, en el de la lexicología o en el de la gramática).

c) El tercer motivo es el hecho, no menos cierto, de que este diccionario es el primero en explorar sistemáticamente los vínculos semánticos que se esconden en esas agrupaciones: las entradas analíticas de REDES no tienen equivalentes directos en ningún diccionario del español o de cualquier otro idioma. Las *colocaciones* y otras agrupaciones léxicas frecuentes se han estudiado, en español y en otras lenguas, partiendo fundamentalmente de la frecuencia que estas combinaciones muestran en comparación con otras posibles (véase el § 11). Sin embargo, en REDES se exploran las combinaciones frecuentes tomando como punto de partida los criterios semánticos que permiten agrupar conceptualmente estas voces, y muy especialmente las formas en que los predicados restringen a sus argumentos. Esta perspectiva, que explico más detalladamente en los apartados siguientes, introduce un punto de vista distinto del que parece ser el mayoritario en los estudios fraseológicos sobre el concepto de 'colocación'. La inexistencia de antecedentes directos de esta opción (dejando aparte sus vínculos con el DEC y otros diccionarios análogos en proyecto que menciono en el § 11) lleva también a concluir que estos resultados habrán de tomarse con los primeros pasos, necesariamente provisionales, en la nueva dirección que aquí se apunta.

Las dos primeras preguntas que surgen inmediatamente al examinar esta obra en su conjunto son las siguientes:

(a) ¿Qué clase de diccionario es REDES?

(b) ¿Cuál es la naturaleza lingüística de la información que contiene REDES?

Las preguntas son similares, pero no son equivalentes. La primera es una pregunta metalexicográfica. Ciertamente, el género al que corresponde esta obra no aparece en las tipologías de diccionarios. No se encontrará en las detalladas clasificaciones de diccionarios que aparecen en Haensch (1997), Bajo Pérez (2000), Medina Guerra (2003) o en otras obras similares, aunque –como ya he adelantado– tiene relación con algunos *diccionarios de colocaciones.* ¿Qué respuesta podemos dar entonces a la pregunta (a)? Me parece que la pregunta (a) tiene varias respuestas posibles, seguramente en función de quién se la plantee y de cuáles sean sus intereses específicos en relación con el léxico. He aquí algunas de esas respuestas:

– Para un lexicógrafo, este sería un *diccionario de contornos*.

– Para un fraseólogo, este sería un *diccionario de colocaciones*.

– Para algunos lexicólogos, este sería un *diccionario de informaciones clasemáticas*; para otros sería un *diccionario de usos.*

– Para un gramático generativista formado en la llamada *teoría estándar*, este sería un *diccionario de restricciones selectivas*.

– Para un sociólogo del lenguaje, este sería un *diccionario de lugares comunes verbales*.

En mi opinión, hay algo de cierto en todas estas afirmaciones, pero ninguna de las respuestas es enteramente correcta, como explicaré en los apartados que siguen. Entiendo que REDES es un *diccionario de restricciones léxicas*, un concepto poco frecuente cuyo contenido explicaré a lo largo de este estudio introductorio[3].

Vale la pena insistir en que la pregunta (a) es metalexicográfica, mientras que la pregunta (b) es conceptual. Desde este punto de vista, la pregunta (a) tiene verdaderamente sentido una vez que hemos dado respuesta a la pregunta (b), no al contrario. En este trabajo intentaré relacionar las respuestas que pueden darse a las preguntas (a) y (b) partiendo del estrecho vínculo que existe entre el trabajo lexicográfico, el lexicológico y el gramatical. Como la pregunta (b) es demasiado compleja, la iré desdoblando en preguntas de ámbito más reducido para poder así ofrecer algunas respuestas que no sean enteramente triviales. En las páginas que siguen intentaré, además, que la justificación que presentaré de la estructura del diccionario y de la forma en que se presentan las informaciones que contiene esté en consonancia con las respuestas que pueden darse a esas preguntas.

2. INTENSIÓN Y EXTENSIÓN

Intentemos avanzar un poco más en los aspectos conceptuales de la información contenida en REDES y consideremos de nuevo la pregunta (b). Esta pregunta se puede desdoblar en varias, y también puede remitir a otras de alcance mayor. Una de ellas es (c):

(c) ¿Qué relación existe entre la intensión de un concepto y su extensión?

No está de más hacer notar que las reflexiones lingüísticas sobre la combinatoria léxica, y en particular las aproximaciones que examinan de forma restrictiva la relación predicado-argumento, raramente empiezan por considerar la pregunta (c), que en mi opinión no puede evitarse. No se me oculta, desde luego, que la pregunta (c) es de una enorme envergadura, y tampoco quiero dejar de señalar que las soluciones aportadas desde la filosofía revisten una considerable complejidad. Aun así, parece justo indicar que los filósofos no siempre se plantean la pregunta (c) en términos estrictamente relacionales, es decir, en función de la conexión expresa que cabe establecer entre esos dos conceptos fundamentales. En un sentido más amplio, en cambio, la

---

[3] El título provisional de esta obra ha sido, a lo largo de los cuatro años y medio en los que se ha elaborado, *Diccionario de restricciones léxicas* (DRL). Con este título ha sido presentada (en varios estadios de su gestación) en diversos centros académicos europeos y americanos. El cambio de título se debe a razones editoriales, en particular al hecho de que el título inicial, aun siendo suficientemente preciso desde el punto de vista conceptual, acaso no es enteramente explícito para el lector medio sin formación lingüística.

cuestión a la que (c) apunta es general en la filosofía, y hasta podría decirse que las teorías del conocimiento más destacadas constituyen intentos de ofrecer respuestas de un cierto tipo a la pregunta (c).

Como sabemos, la *intensión* de un concepto nos proporciona su significado, y por tanto el conjunto de propiedades, atributos –o en general rasgos– que lo distinguen de los demás conceptos. La *extensión* de un concepto es en cambio el conjunto de seres a los que se aplica. Las intensiones son propiedades de los predicados, lo que incluye a los sustantivos: la intensión del concepto *gato* viene a coincidir aproximadamente –como se ha repetido tantas veces– con la definición que un buen diccionario nos proporcione de esta palabra, mientras que la extensión vendría a ser el conjunto de los gatos presentes, pasados, futuros o imaginables. Como es obvio, la distinción se basa en la existencia de una correspondencia directa (supuesta o deseada) entre las palabras y las cosas, por lo que la existencia de palabras sin referente, pero con significado (*dragón* y *unicornio* son los ejemplos clásicos en la semántica filosófica), exige –desde Russell al menos– alguna adaptación de los términos en los que Frege introducía la distinción clásica entre intensión y extensión. Existen, desde luego, varias formas conocidas de hacer esas adaptaciones. Una es suponer que ciertos términos tienen extensiones "vacías" o "nulas", pero intensiones plenas; otra es suponer que la extensión de los conceptos es relativa a los "mundos posibles" (incluyendo el de nuestra imaginación), no necesariamente al mundo en el que nos hallamos inmersos.

Sea cual sea la opción que se elija, es interesante recordar que en las descripciones clásicas de estas dos nociones se suele hacer hincapié, correctamente, en el hecho de que un grupo de entidades no constituye necesariamente una *clase*. Si reunimos un libro, un automóvil, un jilguero, un explorador y una alfombra, obtenemos un conjunto de seres, pero no obtendremos una clase, a menos que demos con una propiedad intensional que compartan los miembros del conjunto. Esta es una observación clásica inobjetable, de la que REDES intenta sacar provecho, pero en REDES se plantea además otra pregunta: ¿Qué podemos deducir sobre la extensión de un concepto suponiendo que conocemos bien su intensión? REDES introduce incluso, implícitamente, una pregunta paralela a estas dos, y acaso menos frecuente en la filosofía del lenguaje y en la semántica, concretamente la cuestión de si el conocer la extensión de un concepto nos puede ayudar en alguna medida a hacer más precisa nuestra comprensión de su propia intensión.

Podemos considerar algunas respuestas posibles a la pregunta (c). En principio, nada nos impide dar una respuesta radical a (c), como podría ser esta: "ninguna". Se trata de una respuesta propia de una actitud indeterminista que es habitual atribuir a W. Quine, pero que también sostienen otros filósofos, así como algunos lingüistas. Ciertamente, podríamos empezar por hacer la suposición de que no existe ninguna conexión interesante entre ambas nociones. Entenderíamos entonces que los predicados nos aportan la intensión de los conceptos, y que existen además "cosas en el mundo", físicas o inmateriales, a las que esas nociones se aplican. Desde luego, existen variantes aún más radicales de este planteamiento en la filosofía, entre ellas las que niegan el concepto mismo de 'intensión'. Es claro que desde esas aproximaciones ni siquiera se podría formular la pregunta (c).

Supongamos, sin embargo, desde una actitud menos extrema, que la pregunta (c) se puede formular. Aparentemente, podría argumentarse desde una posición indeterminista que la extensión de los conceptos no se puede fijar. Ciertamente, sabemos que la extensión del concepto 'árbol' es el conjunto de cosas que son, han sido o serán árboles. Como es evidente, ni es posible enumerar ese conjunto ni tiene el menor interés hacerlo. También sabemos que la extensión del concepto 'interesante' es el conjunto de cosas –seres materiales, propiedades, acciones, procesos y estados– que pueden tener o haber tenido interés, otro conjunto que ni se puede enumerar ni se puede caracterizar con ninguna propiedad (salvo, obviamente, la de 'ser interesante').

Pero es claro que las respuestas indeterministas a (c) no pueden ir mucho más lejos. Consideremos otro predicado, pongamos por caso *ancho*. Frente a los ejemplos anteriores, en este caso sí podemos decir algo sobre la extensión de ese concepto. Es más, podemos incluso caracterizarla, en cuanto que las entidades a las que esa propiedad se aplica han de tener dimensiones físicas. Este factor reductor nos permite dejar fuera las materias o las magnitudes, tanto si son tangibles (*azúcar*) como si no lo son (*cansancio*), entre otras entidades abstractas que carecen de dimensiones. Como es obvio, estoy dejando fuera deliberadamente los usos literarios del idioma (sean surrealistas o no) y otras formas de obtener efectos estéticos, chocantes, humorísticos o de otro tipo con las palabras.

Así pues, podemos hacer la suposición razonable de que, en casos como el señalado, quedan fuera de la extensión del concepto las entidades que no satisfagan una cierta propiedad. Si pensamos ahora en *lentamente* (un predicado de eventos, no de individuos), también diremos que los eventos acotados por él han de designar movimientos (o tal vez acciones, que no es exactamente lo mismo), lo que deja fuera un conjunto nada desdeñable de eventos que no designan ninguna de estas nociones; ese conjunto abarca, entre otros, los predicados verbales de estado. De nuevo, el conjunto de entidades que constituye la extensión del concepto está acotado y caracterizado por una determinada propiedad.

Recuérdese que en los ejemplos iniciales, como el adjetivo *interesante*, no era posible caracterizar su extensión mediante una propiedad compartida por un conjunto de entidades: sencillamente, el conjunto formado por las cosas que pueden ser interesantes no se puede caracterizar con ninguna propiedad, y –de hecho– *interesante* no tiene entrada en REDES. Lo mismo sucede, por lo demás, con la mayor parte de los predicados valorativos. Ciertamente, podemos concebir un *conjunto* de entidades para *interesante* –como para todos los demás predicados, como se hace en la semántica filosófica–, pero no podemos concebir una *clase* porque nos faltan las propiedades necesarias para definirla. Ahora bien, ¿de dónde obtenemos estas propiedades en los casos en que podemos concebirlas? Si podemos demostrar, como parece, que en muchos casos la respuesta a (c) no puede ser "ninguna", no podemos dejar de preguntarnos qué conocimientos, capacidades o habilidades ponemos exactamente en juego (cognoscitivas, lingüísticas, sociales, simplemente racionales) para averiguar algo sobre la extensión de los conceptos suponiendo que conocemos adecuadamente su intensión.

Existen algunas respuestas filosóficas a esta pregunta. Una de ellas consiste en suponer que la relación inversa entre la intensión y la extensión de los conceptos se puede establecer mediante jerarquías ontológicas, como en el ejemplo clásico *mamífero* > *felino* > *tigre* > *Shirkán*. Cada término de esta jerarquía posee, como es bien sabido, una extensión mayor que el que está a su derecha (si tiene alguno a su derecha), y posee a la vez una intensión menor que la suya. Aun así, no todos los filósofos están de acuerdo en que el último eslabón de esta cadena sea correcto: para unos tiene sentido porque los nombres propios representan elementos de intensión máxima y extensión mínima en cualquier jerarquía ontológica, pero para otros no es correcto situarlos en esta cadena porque los nombres propios no son predicados. Al no constituir funciones proposicionales, no pueden ser saturados por ninguna variable y, por tanto, en lugar de decir que "carecen de intensión pudiendo tenerla", es más justo decir que la propiedad de "tener intensión" no se les aplica.

Evitemos, pues, los nombres propios y quedémonos con el resto de la jerarquía. Es evidente que una solución de este tipo exige contar con ontologías previamente establecidas. Pero aun suponiendo que alguna clasificación jerarquizada de los seres vivos en función de los géneros y las especies que les corresponden nos solucionara esta parte del problema, una respuesta de esta naturaleza no resultaría aplicable a los predicados nominales que no designan seres vivos, ni –obviamente– a ninguno de los verbales, los adjetivales o los preposicionales.

Ciertamente, podría pensarse que la construcción de REDES debería posponerse hasta que se lograra una ontología aceptable por todos los investigadores, pero como no parece que ese futuro esté próximo, el diccionario se ha construido con la intención de ofrecer informaciones que permitan establecer vínculos parciales entre la intensión y la extensión de los conceptos. Una buena razón para hacerlo es el hecho de que la información extensional que contiene REDES no se puede deducir de las definiciones de las palabras. De hecho, si esa deducción fuera posible, no hubiera hecho falta construirlo; simplemente, usaríamos los diccionarios tradicionales para obtener las extensiones de los conceptos a partir de su intensión, y todas las informaciones que REDES proporciona se deducirían automáticamente de ella. Parece claro, sin embargo, que las cosas no son así. Explicaré este punto con mayor detalle, puesto que constituye uno de los argumentos que más claramente apoyan la razón de ser de este proyecto.

Como puede verse, REDES no contiene definiciones; se limita a dar por buenas las de los demás diccionarios. En las entradas analíticas se presentan clases léxicas que contienen información intensional (en letra versalita e introducidas por A, B, C...), pero esa información no intenta establecer el significado del lema, mucho menos describir sus posibles acepciones. Las *clases* léxicas (entendiendo el concepto de 'clase' en el sentido restrictivo descrito arriba) nos permiten agrupar conceptualmente los argumentos que corresponden al lema (un predicado). Tras esta descripción se presenta una relación de voces que ejemplifican dicha noción, a menudo profusamente. Así pues, REDES no define las palabras, pero ofrece información a la vez intensional y extensional: la extensional la aportan las listas ejemplificativas numeradas, mientras que la intensional la proporcionan las clases léxicas (A, B, C...) a las que corresponden. Como se ve, estas listas de clases léxicas no caracterizan el significado del lema, pero ayudan a comprender el hecho de que sean determinadas piezas léxicas —agrupadas conceptualmente, como se indica arriba—, las que proporcionan la extensión de cada concepto.

A pesar de que REDES no contiene definiciones, sino solo ciertas pistas que se introducen para distinguir unas acepciones de otras, no podemos pasar por alto el hecho de que la información que el diccionario aporta en cada entrada analítica está vinculada directa o indirectamente con la definición del lema. ¿Cómo se establece entonces este vínculo? La respuesta no es evidente. Es más, me parece que la pregunta merece un estudio detallado (acaso más de uno) que podría tener cierto interés. Por el momento, podemos decir que la conexión existe y que no puede establecerse de forma automática. Consideremos, a título de ejemplo, el verbo *nublarse*. Supongamos que tenemos una buena definición de este verbo, incluso una que supere por su precisión la que pudiera ofrecer el mejor diccionario existente. Esta hipotética definición nos proporcionaría la *intensión* del concepto 'nublarse'. ¿Cuál sería entonces su *extensión*? Intentemos establecerla. La siguiente relación alfabética contiene buena parte de los sujetos que admite con naturalidad el verbo *nublarse* en español:

capacidad, cielo, clarividencia, destino, día, entendimiento, éxito, futuro, juicio, horizonte, idea, imagen, memoria, mirada, mente, ojo, paisaje, panorama, pensamiento, razón, recuerdo, retina, rostro, semblante, sentido, sol, tiempo, visión, vista

Como he indicado antes, esta lista pretende ser representativa, no exhaustiva. En la lista aparece *día*, pero podríamos añadir *mañana*, *tarde*, *amanecer*, etc... También podríamos añadir algunos otros sustantivos, acaso menos habituales que estos pero igualmente posibles. Supongamos que aceptamos estos añadidos y que damos por buena la relación resultante, aunque sea incompleta. Parece evidente que la mejor definición del verbo *nublarse* en la que podamos pensar –sea la que sea– no nos permitiría obtener esta lista automáticamente. Pero es igualmente claro que, aunque los diccionarios no se ocupen de ella, la información que la lista contiene forma parte del conocimiento lingüístico que los hablantes poseen del español. La lista es, pues, objetiva. El hablante nativo reconoce los argumentos del predicado *nublarse* cuando la repasa, y el no nativo reconoce más o menos elementos de ella en función de su conocimiento del idioma, pero ni uno ni otro pueden *deducir* directamente esa relación de palabras de la definición que corresponda al verbo *nublarse*.

El ejercicio se podría repetir con muchísimos predicados. Consideremos ahora cualquier definición del verbo *errar* que se quiera elegir. Supongamos incluso que comparamos varios diccionarios y que construimos una definición de este verbo que mejore todas las existentes. La pregunta pertinente, de nuevo, es esta: ¿Podríamos deducir directamente de esa definición la siguiente lista de complementos, todos aceptados con naturalidad por ese verbo?

análisis, blanco, cálculo, camino, contestación, diagnóstico, diana, disparo, flecha, golpe, lanzamiento, ocasión, oportunidad, penalti, pronóstico, respuesta, rumbo, solución, tiro, vaticinio, vocación

Como en el caso anterior, REDES no ordena alfabéticamente, sino conceptualmente, los argumentos del predicado que constituye el lema de las entradas analíticas. También como antes es posible añadir algunos más a la lista o desdoblar otros (aparece *golpe*, por ejemplo, pero podríamos añadir *manotazo*, *bofetón*, *puntapié*, *pisotón*, etc.). Al igual que en el ejemplo anterior, es obvio que existe una conexión entre todos estos elementos. Parece que todos los complementos de *errar* son direccionales, o pueden ser concebidos como tales, pero de esa observación simple e inmediata no se obtiene directamente la lista anterior (aunque se considere incompleta), por muy ajustada que sea nuestra definición de ese verbo. Obsérvese que en este caso hablamos del complemento directo del verbo, no del sujeto. Desde el punto de vista lingüístico, el proceso selectivo es análogo, aunque el sentido más clásico de 'predicado' (es decir, el que corresponde a una función proposicional con una posición externa abierta) no se aplique estrictamente.

En realidad, son muchísimos los predicados, sean de individuos o de eventos, que nos pondrían en una tesitura similar a la que nos plantean *nublarse* y *errar*. Los predicados pueden ser incluso mucho más sencillos de definir. Es evidente que el adverbio *infinitamente* significa 'de manera infinita', y que el adjetivo *infinito* significa 'que no tiene fin'. Las definiciones son inobjetables, pero igualmente claro es el hecho de que no podemos obtener directamente de ellas la información necesaria para usar el adverbio *infinitamente* en español.

REDES pone de manifiesto que existe una estrecha relación entre la intensión y la extensión de muchos conceptos, y también que los paradigmas extensionales distan mucho de ser ajenos a la estructura del sistema lingüístico. Como señalé anteriormente, este hecho no convierte el diccionario en una obra determinista (si por ello se entiende que la lengua condiciona nuestras intenciones como hablantes), pero sí la convierte en un argumento a favor de que la predicación no es una operación sujeta únicamente al libre albedrío de los que usan un idioma. En general, los numerosos paradigmas que contienen las entradas analíticas de REDES suponen un argumento fuerte en contra de las posturas antirrestrictivas respecto de la pregunta (c). Suponen, a la vez, un reto para el lingüista, en cuanto que a menudo han de ser delimitados con rasgos no convencionales.

Algunos autores han hecho notar repetidamente, sobre todo en el ámbito de la psicología cognitiva, pero también en otros, que tal vez los hablantes obtienen la intensión de los conceptos —o una parte de ella— a través de una serie de inferencias que son posibles por el hecho de estar sometidos a un constante "bombardeo extensional". Otra línea de pensamiento sostiene todo lo contrario: los rasgos intensionales están fijos en nuestra cabeza, y es la extensión la que resulta variable, puesto que procede del aprendizaje. Desde este otro punto de vista, ese "bombardeo extensional" no fija los conceptos, sino que determina los ámbitos variables a los que se aplican. No se me oculta que esta es una cuestión sumamente polémica y debatida en las ciencias humanas, acaso porque no hace sino perpetuar en nuestros días una variante de la antiquísima oposición entre empirismo y racionalismo. No intentaré por tanto resumir, ni siquiera en trazos gruesos, los derroteros por los que discurren esas opciones —ambas vivas en la ciencia cognitiva contemporánea—, pero me gustaría insistir en que el problema no debería ser solo teórico, sino también empírico. No descarto enteramente que los polemistas de ambos bandos puedan obtener de REDES información de alguna utilidad, al menos los que decidan examinar con cierto detalle los vínculos que existen entre la extensión y la intensión de los conceptos.

3. RESTRICCIONES LINGÜÍSTICAS Y RESTRICCIONES EXTRALINGÜÍSTICAS

Es claro que en REDES interesan fundamentalmente las vertientes de la pregunta (c) que pueden considerarse estrictamente lingüísticas. La pregunta (c) se puede reformular desde la semántica lingüística –más exactamente, desde la lexicología– y vendría a tener una forma similar a (d):

(d) ¿Qué relación existe entre el significado de una palabra y las entidades a las que se aplica?

Las preguntas (c) y (d) están muy próximas, pero no son exactamente equivalentes, sobre todo porque la pregunta (d) se aplica a las palabras, esto es, a los signos lingüísticos, mientras que la pregunta (c) tiene sentido independientemente de los intereses específicos del lingüista. También podríamos, en principio, dar una respuesta negativa a la pregunta (d) y contestar simplemente "ninguna". Como en el caso anterior, podríamos entender que el análisis semántico no tiene que hablar de la designación; es decir, podríamos entender que la atribución de propiedades a los seres reales o a los imaginarios –tanto da– es el resultado de nuestra libre voluntad. Una versión fuerte de esta respuesta vendría a decir que el hecho de predicar acciones, propiedades o estados de los individuos o de los eventos no es una consecuencia de lo que significan las palabras ni de la naturaleza de los seres que con ellas designamos, sino un simple ejercicio de libre albedrío.

Los conceptos de 'denotación y 'designación' se han usado con múltiples sentidos en la lexicología, en la semántica y en la filosofía del lenguaje. En las entradas de esta obra se usa el verbo *denotar* con complementos que se refieren a conceptos (por ejemplo, ciertos sustantivos denotan 'incremento' de una magnitud y ciertos verbos denotan 'movimiento' o 'desplazamiento'). Se usa en cambio *designar* con complementos que se refieren a individuos, sean materiales o inmateriales (por ejemplo, ciertos sustantivos designan edificaciones y otros designan virtudes). Así pues, el sustantivo *virtud* no está entre los que designan virtudes (frente al sustantivo *honradez*, por ejemplo), sino que denota el concepto de 'virtud'. Hay acuerdo general entre los lingüistas contemporáneos en el hecho de que ninguna parte de la lingüística (ni siquiera la semántica o la pragmática) tiene por objetivo analizar las cosas, las entidades reales del mundo a las que supuestamente nos referimos con las palabras, pero cuando las nociones designadas son abstractas o inmateriales, surge a cada paso el desacuerdo sobre los límites que debe marcarse el lexicólogo para no salirse de su campo de estudio. En la semántica estructural europea ha sido habitual usar el concepto de 'designación' para aludir a los referentes de las palabras y a las diversas nociones extralingüísticas a las que remiten, en particular para hacer notar el error frecuente de confundir estas realidades con la 'denotación' que corresponde analizar al semantista[4]. Se identifique o no con estas etiquetas, es claro que la oposición que interesa en REDES es la que se establece entre la *información lingüística* (comoquiera que decidamos llamarla) y la *información extralingüística*. En los párrafos que siguen introduciré algunas reflexiones sobre la medida en que REDES puede contribuir al análisis de esta difícil distinción en el dominio de la combinatoria léxica. Trataré a la vez de explicar por qué esa información es relevante para dar respuesta a la pregunta (d).

REDES es un diccionario de restricciones léxicas, más exactamente, un diccionario que trata de acotar o delimitar las restricciones significativas que los predicados imponen a sus argumentos. Planteemos, pues, las preguntas relevantes de forma separada. La primera es (e):

(e) ¿Cómo restringe un predicado a sus argumentos?

Repárese en que la pregunta (e) se aplica por igual a los predicados de individuos y a los de eventos. Existen varias respuestas razonables a (e) si se pregunta por la llamada *selección categorial* o *selección-c*, de la que REDES no se ocupa, pero si hablamos de la *selección semántica* (o *selección-s*), será justo reconocer que las respuestas que la teoría gramatical contemporánea ofrece no son todo lo precisas que nos gustaría que fueran[5]. La selección categorial es la que tienen en cuenta generalmente las gramáticas de valencias. Un verbo transitivo seleccionará un complemento directo, pero este complemento podrá estar representado por un sintagma nominal, como en *dar*, una subordinada sustantiva, como en *opinar*, o por cualquiera de estas dos unidades, como en *pedir.* Los contenidos a los que la selección semántica atiende son, lógicamente, de otra naturaleza: un predicado puede seleccionar nociones muy diversas: objetos físicos, lugares, eventos, o proposiciones que contienen incógnitas, entre otras muchas. Ciertamente, la selección-c, de la que REDES no informa, se ha estudiado con más detalle que la selección-s, que es la relevante en este proyecto. Podemos formular algunas preguntas naturales sobre las posibles vías de acotar esta última. Una de ellas es (f):

(f) ¿Proporcionan las llamadas *restricciones selectivas* una vía de análisis apropiada para delimitar la selección semántica?

[4] En Casas (1999) se encontrará un gran número de alusiones a esta confusión, además de una abundante bibliografía en la que se remite a diversas fuentes, generalmente europeas, en las que se plantea.

[5] La distinción entre estos dos tipos de selección se remonta, en el ámbito de la gramática generativa, a Grimshaw (1979). Fue luego retomada por Pesetsky (1982), Chomsky (1986) y otros muchos autores.

Aunque el concepto de 'selección semántica' es posterior al de 'restricción selectiva', la pregunta (f) –o una variante suya– se puede formular desde que existen estas últimas unidades. La respuesta que se sugería en los años sesenta a (f) era afirmativa; en la actualidad, son varios los argumentos que sugieren una respuesta negativa, como enseguida explicaré.

En efecto, las restricciones selectivas (en inglés *selectional restrictions*) se introdujeron en la gramática generativa hace cuarenta años, como se sabe. Sin embargo, no fueron investigadas con demasiado detalle, en parte porque se sospechaba que su naturaleza era extralingüística y porque su lugar en la teoría gramatical no estaba enteramente claro. Como es sabido, se trata de rasgos semánticos como 'humano', 'animado', 'concreto', 'abstracto', 'objeto material', 'objeto líquido', 'artefacto', 'instrumento' y otros similares. Estos rasgos semánticos aparecieron en Katz y Fodor (1963) y Katz y Postal (1964), y más tarde en Chomsky (1965). Aunque Katz (1966 y 1967) persistió en el uso de estas informaciones como parte de diversos marcadores semánticos, McCawley (1968) y Fillmore (1970) sostuvieron con buenos argumentos que estas restricciones constituyen información presuposicional de los predicados, de lo que se deduce que no forman parte esencial del análisis sintáctico.

Como observaron D. Bolinger, E. Coseriu y otros lingüistas americanos y europeos desde posiciones teóricas diferentes, el problema fundamental de las restricciones selectivas es que en la mayor parte de los casos aportan información de naturaleza extralingüística. Pueden usarse ejemplos sencillos para demostrar esta afirmación. Supongamos que queremos restringir los sustantivos con los que podemos construir posibles sujetos del verbo *cantar*. Sabemos que esta acción está restringida a los seres humanos y a algunos animales (ciertos pájaros y al parecer ciertas ballenas), pero es evidente que no tenemos esa información porque constituya una parte del significado del verbo *cantar*, sino más bien porque conocemos las entidades del mundo que tienen la propiedad de cantar. Dicho de otro modo, la información a la que nos referimos no tiene relación con nuestro conocimiento del idioma: nos dice algo acerca de la realidad y de nuestra experiencia en relación con ella, pero no nos dice nada sobre el significado de las palabras. Más aún, si aplicamos el verbo *cantar* a un sustantivo que designe cualquier ser, vivo o no (una anchoa, una lámpara, un automóvil, una piedra), obtendremos proposiciones plenamente significativas. Podrán ser verdaderas o falsas, pero no serán gramaticales o agramaticales en función de las capacidades vocales de los seres a los que decidamos aplicar esta acción.

El razonamiento se aplica a otros muchos casos de forma casi trivial. Podemos intentar construir un paradigma con los posibles sujetos del verbo *volar*. Es posible que en nuestra lista aparezcan los sustantivos *avión*, *pájaro*, *papel*, *bandera*, *globo* y otros semejantes, pero, como en el caso anterior, tal lista no atenderá a ninguna propiedad lingüística. Esa relación no nos dice absolutamente nada acerca del conocimiento del idioma, sino, a lo sumo, acerca de nuestra experiencia en relación con las cosas del mundo que tienen la propiedad de volar. Para construir esas listas no hay que analizar las palabras; basta con mirar alrededor. Es claro que, si las restricciones selectivas nos aportan propiedades de esta naturaleza, no será enteramente descabellado poner en tela de juicio su contribución objetiva al conocimiento del idioma.

Me parece que este razonamiento es correcto en lo fundamental. Si es así, debe reconocerse que han de quedar fuera de la gramática, y también de la semántica léxica, una serie de rasgos sobre los que durante no pocos años se pensó articular las bases semánticas de la combinatoria gramatical. Ahora bien, no es enteramente evidente que otros rasgos léxicos en los que podamos pensar sean tan poco útiles como estos, ni tampoco tan claramente extralingüísticos. Por citar un ejemplo clásico, la distinción entre *comer* y *beber* depende objetivamente de la naturaleza sólida o líquida de lo que se ingiere, distinción que está ausente en las lenguas en las que no existen dos verbos para la acción de ingerir. En otros casos los rasgos relevantes son aún más sutiles. En realidad, el hecho de que los rasgos mencionados arriba ('objeto físico', 'humano', 'instrumento', etc.) no resulten enteramente útiles como recursos selectivos no quiere decir que no existan otros que puedan serlo. Como señalo en otros lugares (Bosque 1999, 2000a), es esperable que los nombres colectivos (*muchedumbre*) y los continuos (*maleza*) aporten léxicamente la noción de pluralidad que se puede conseguir desde la morfología (*árboles*) o desde la sintaxis (*Juan y María*). De hecho, dejando a parte las oraciones, los únicos complementos que admite la preposición *entre* son los sintagmas nominales formados con sustantivos en plural (*entre los árboles*), construidos con sustantivos coordinados (*entre Juan y María*), con nombres continuos o no contables (*entre la maleza*) o con nombres colectivos (*entre la muchedumbre*). Solo existen, por tanto, cuatro posibilidades. Los rasgos [colectivo] y [no contable] son, ciertamente, rasgos léxicos y desempeñan un papel importante en un gran número de construcciones sintácticas. Aun así, debe reconocerse que el análisis lingüístico necesita rasgos más específicos que estos. Obsérvese que los nombres continuos que designan líquidos rechazan la construcción con *entre* (no se dice **entre el agua*, pero sí *entre el barro*), seguramente porque estas no son materias *compactas*. La misma restricción explica el contraste *entre el humo* vs. **entre el aire*, que resulta inesperado si el rasgo pertinente ha de ser [no contable] en lugar de [compacto].

Repárese en que la información que aporta el hipotético rasgo [compacto] es lingüística, no extralingüística. La irregularidad de la secuencia **entre el agua* no es paralela a la de las secuencias que podríamos formar asignando al verbo *volar* sujetos que designaran seres no voladores. Una prueba a favor de esta conclusión procede del hecho de que las propiedades léxicas de los complementos de la preposición *entre* están sujetas a variación histórica y dialectal en la gramática española. En la lengua del Siglo de Oro los sustantivos que designan telas aceptaban la preposición *entre* construidos en singular y sin coordinación, acaso porque se entendía que los pliegues de los tejidos aportan la noción de pluralidad que *entre* necesita satisfacer: *Traía en las manos un lienzo delgado, y entre él, a lo que pude divisar, un corazón de carne momia* (Quijote II 23); *La última, que traía el corazón entre el lienzo, era la señora Belerma* (ibíd.). En el español de México permanece viva esta propiedad: *... con disimulo, entre su falda guardó cinco pedazos* (E. Abreu Gómez, *Canec*)[6], pero para muchos hispanohablantes las combinaciones *entre el lienzo, entre su falda* o *entre la manta* (en singular y sin coordinación) son anómalas en el español de hoy; estos hablantes usarían *en* o *en medio de* en lugar de *entre*.

Obsérvese que la extensión de los sustantivos que designan tejidos al grupo de los nombres que expresan léxicamente la noción de pluralidad no se puede aplicar libremente a cualquier otra clase de nombres que nos pueda sugerir la acumulación de elementos. Es muy claro que un libro puede ser concebido como un conjunto de hojas, pero no es posible perder un papel "entre un libro", sino "en un libro" o "en medio de un libro". Interesa resaltar sobre todo en estas consideraciones el hecho de que no se accede a las informaciones de las que se habla analizando el mundo, es decir, considerando las propiedades objetivas de los libros, las muchedumbres o las faldas, sino examinando la estructura del idioma y las clases lingüísticas que se reconocen en él. Los rasgos que están en juego son, pues, propiamente lingüísticos, están sujetos a variación histórica y dialectal y sabemos que no coinciden con los que otras lenguas ponen de manifiesto. No están entre las restricciones selectivas tradicionales, pero son rasgos semánticos sensibles a la selección léxica.

Parece evidente que necesitamos un sistema de rasgos algo más articulado que el que nos sugieren las viejas restricciones selectivas. Habría de contener, por ejemplo, el rasgo [compacto], o alguna variante suya, entre otros similares que no aparecen actualmente en ninguna clasificación o subclasificación de los nombres comunes. Aun así, no comprendemos bien todavía la naturaleza de la pluralidad cuando la establece el léxico, en lugar de hacerlo la morfología o la sintaxis. No es evidente, por ejemplo, por qué la pluralidad que se consigue morfológicamente en las expresiones *hilvanar recuerdos* o *hilvanar anécdotas* (no se dice *hilvanar un recuerdo*) la consiguen algunos sustantivos no colectivos ni continuos (*hilvanar un discurso, una conversación, una buena jugada*). Acaso intervenga el hecho de que *texto* signifique etimológicamente 'tejido', lo que –desde luego– daría a los ejemplos de Cervantes y de Abreu mencionados arriba una relevancia aún mayor de la que ya tienen.

[6] Gracias a Luis Fernando Lara por este dato.

No interesa proseguir aquí estas disquisiciones, pero sí interesa destacar que no es lo mismo dar una respuesta negativa a la pregunta (f) –como creo que debe darse, si se interpretan esas unidades en su sentido clásico–, que negar el hecho de que la relación predicado-argumento se puede restringir mediante informaciones semánticas objetivas que no han de considerarse extralingüísticas, sino parte de nuestro conocimiento del idioma. Más aún, entiendo que REDES proporciona numerosos argumentos a favor de esta última opción, en buena parte obtenidos del análisis de los llamados "usos figurados", sobre los que este diccionario informa con no poco detalle. Consideremos, por ejemplo, el verbo *planear*, en uno solo de sus sentidos y en relación con sus posibles sujetos. Sabemos que este verbo designa cierto tipo de acción física para la que están capacitados los aviones, las gaviotas, las águilas y los seres humanos que tengan la habilidad que esa acción requiere. Podemos suponer que este paradigma es extralingüístico y que se debe descartar con argumentos similares a los que hemos introducido arriba para *cantar* o *volar.* Dejemos, pues, de lado esta lista. Ahora bien, cualquier persona que habla español sabe perfectamente que en esta lengua no solo planean los aviones, las gaviotas y las águilas, sino también las sombras, las dudas, las sospechas, las incógnitas, las amenazas, los misterios, los peligros, los riesgos, los temores, los miedos y unas pocas (no muchas) nociones más.

¿Podemos descartar legítimamente esta segunda lista aduciendo que estamos también ante información extralingüística (o, si se prefiere, designativa)? La pregunta es esencial en esta investigación, y la respuesta de REDES es NO. Es más, la razón de ser de este diccionario radica, en gran medida, en el hecho de que esa respuesta es negativa. Como explico arriba, si fuera afirmativa no hubiera hecho falta construirlo: partiríamos de las definiciones de las palabras y obtendríamos todas esas extensiones de manera natural. Más aún, los hablantes no nativos de español llegarían a ellas de forma igualmente automática aplicando su sentido común. Pero parece que ninguna de estas cosas es posible. Las propiedades fundamentales de listas como esta última son cuatro:

1) No se obtienen del conocimiento de la realidad, sino del análisis del idioma.

2) No se alargan indefinidamente, por lo que pueden ser descritas, restringidas y caracterizadas adecuadamente.

3) No se deducen directamente de la definición de la palabra; es decir, no procede de la información denotativa o de la intensión de los conceptos.

4) Deben ser aprendidas específicamente por el que adquiere el idioma como primera o segunda lengua.

Es claro que el que entiende el sentido físico de *planear* y sabe que los aviones planean y las gaviotas planean, puede alargar sin dificultad esa lista con la seguridad de que no se equivocará: sabrá extenderla, por ejemplo, a las alas delta sin que tengamos que hacerle explícita esta posible extensión u otras parecidas. Esto no quiere decir, sin embargo, que el concepto sea absolutamente transparente. Obsérvese que no planean los paracaidistas, y que tampoco lo hacen las nubes, las lanzas o las flechas, acaso porque no tienen alas, que constituyen un cierto tipo de plano. Supongamos, en cualquier caso, que una persona consigue aprender (o aprehender) el sentido de este verbo, con ayuda del diccionario o sin ella, y logra comprender en cuáles de estos casos se aplica apropiadamente *planear* y en cuáles no. Esa persona no podrá usar la información intensional que ha puesto en juego —sea la que sea— y construir con ella la lista de nociones inmateriales a las que antes me refería (*sombras, sueños, dudas...*).

Esta diferencia constituye, como he señalado, uno de los pilares en los que se apoya REDES. La diferencia justifica, por tanto, que el verbo *planear* tenga una entrada analítica en REDES. En la parte introductoria de la entrada (lo que hemos llamado *la entradilla*), se proporcionan algunos ejemplos del paradigma que podemos llamar 'designativo'. Como se advierte al lector en las instrucciones de uso, no le resultará difícil alargar esa lista (que contiene ejemplos como las gaviotas o las águilas), conozca bien o no la lengua española. Esa información es útil para comprobar el sentido literal de esta palabra, pero no se pretende sugerir que ese paradigma sea estrictamente lingüístico. El resto de la entrada está destinado a intentar caracterizar el otro paradigma, que tiene las cuatro propiedades señaladas arriba.

Consideremos ahora el verbo *derrumbarse*. También aquí es posible construir dos paradigmas. El primero (*rascacielos, casa, pared, muralla, castillo, cielo...*) se puede deducir casi automáticamente de una buena definición del diccionario. De nuevo, construir el paradigma físico no es especialmente difícil. Es oportuno hacer notar además que una traducción literal de *derrumbarse* a otro idioma (cf. por ejemplo el inglés *collapse*) proporciona prácticamente la misma lista. Pero, como sabemos, en español —no necesariamente en otras lenguas en las que existan equivalentes cercanos de *derrumbarse*— se derrumban los sueños, las esperanzas, las expectativas, los planes, las ilusiones y otras nociones similares a estas. De nuevo, se trata de una lista limitada y bastante restringida: las dudas, por ejemplo, no se suelen derrumbar, sino más bien disipar, dispersar o desvanecer, por lo que se colocan —en español— más cerca de las nubes que de los rascacielos.

Esta información no aparece en los diccionarios, pero es objetiva y, como señalo arriba, debe ser aprendida específicamente por el que estudia español. Si un hispanohablante intenta reproducir en inglés, en alemán o en ruso los usos figurados de *acariciar* (*acariciar el éxito, un proyecto,* etc.) es posible que tenga algunos problemas que no se le plantearán si se limita al uso estrictamente físico (*acariciar un gato*). Desde luego, no parece posible decir que cada hablante llega a estas extensiones figuradas aplicando su capacidad de raciocinio, para acabar coincidiendo todos en una asombrosa unanimidad deductiva. Parece claro que no estamos ante un "ejercicio racional de cálculo individual", sino –simplemente– ante el conocimiento de un sistema lingüístico compartido. Es obvio que para construir una lista de cosas que pueden alcanzar cierta altura no hemos de poner en juego nuestro conocimiento del idioma: nos basta con mirar el mundo poniendo en juego una mínima capacidad perceptiva y racional. Para determinar, en cambio, la extensión del concepto 'derrumbarse' a los usos no físicos, no hemos de aplicar nuestro buen juicio ni mirar a nuestro alrededor, sino más bien en el interior del idioma.

Me gustaría introducir ahora una reflexión cauta sobre estas relaciones. Como es bien sabido, el paradigma mayoritario en la semántica formal contemporánea comparte con la tradición lógica en la que se fundamenta la idea de que el valor de verdad de las proposiciones está validado por la realidad: las proposiciones son verdaderas o falsas en función de que se ajusten o no a "lo que está ahí afuera". Este era exactamente el sentido de la clásica afirmación "*La nieve es blanca* es una proposición verdadera si, y solo si, la nieve es blanca". Obsérvese ahora que la suposición de que la realidad o los estados de cosas que se comprueban "ahí afuera" legitiman la veracidad de las proposiciones no se aplica de manera enteramente automática a los términos figurados. No es evidente qué quiere decir que *Las ilusiones se derrumban*, *Las dudas se disipan* y *Los destinos se tuercen* son proposiciones verdaderas si la realidad proporciona esas situaciones. No sabemos bien dónde hemos de mirar para comprobar si es así o no es así, ya que –como es obvio– estas cosas se diferencian de la nieve en que no están exactamente "ahí afuera". Ciertamente, podríamos considerar que esas nociones abstractas poseen todas esas propiedades en un determinado "mundo posible", pero me parece que en ese caso estaríamos llegando indirectamente al punto de partida, puesto que ese "mundo posible" no es otra cosa que el idioma mismo.

4. LAS RESTRICCIONES ASPECTUALES

Recuérdese que (f) es una de las preguntas naturales que surgen al desdoblar la pregunta (e). Otra de las preguntas que se pueden formular en la misma dirección es (g):

(g) ¿Pueden restringirse los predicados de los eventos usando nociones aspectuales (en el sentido de 'nociones' que corresponden a los *Aktionsarten*)?

Adelanto ya mi respuesta a (g), que es esta: solo en parte. Es obvio que la contribución del aspecto léxico (*Aktionsart*), y en general de las clases semánticas de eventos, al análisis de la relación léxico-sintaxis ha sido destacadísima en los últimos veinticinco o treinta años. Aun así, quisiera llamar la atención sobre el hecho de que lo que nos interesa ahora es determinar si es útil como recurso selectivo, no exactamente si tiene relevancia en otros aspectos de la sintaxis. Sabemos que muchos predicados de eventos (recuérdese el ejemplo de *profundamente*, mencionado antes, al que REDES añade, desde luego, muchísimos más) no restringen los eventos de los que se predican con rasgos aspectuales, sino mediante nociones semánticas de otra naturaleza. Las entradas analíticas adverbiales de REDES informan en alguna medida sobre ellas en este y otros muchos casos similares.

Me parece que en la teoría gramatical se ha planteado pocas veces el concepto de *Aktionsart* como mecanismo restrictor de la selección léxica. Más aún, el conocido recurso a los sintagmas preposicionales construidos con *durante*, *en*, *hasta* y otras preposiciones ha sido, en un gran número de trabajos sobre el aspecto léxico, una especie de 'procedimiento de descubrimiento' (*discovery procedure*): en lugar de decir que *durante* (*durante una hora*) forma un predicado que toma como argumentos externos ciertos eventos a los que restringe mediante informaciones aspectuales, se decía que las construcciones con *durante* "nos sirven para identificar" las actividades, y también las realizaciones que se recategorizan como ellas. En lugar de decir que *en* (*en una hora*) forma un predicado que selecciona logros y realizaciones como argumento externo, se decía que los sintagmas preposicionales con *en* "nos sirven para identificar" los logros y las realizaciones. Me parece que estos 'procedimientos de descubrimiento' introducen una forma un tanto extraña de mirar las relaciones gramaticales, que no acaba de encajar enteramente con otros supuestos aceptados comúnmente en la teoría gramatical contemporánea.

Quisiera insistir por todo ello en que la *información aspectual* es también *información seleccional*, como se pone de manifiesto en los casos citados de *durante* o *en*, y también en otros, aunque no en todos los predicados de eventos. Obsérvese, por ejemplo, que las locuciones prepositivas *con motivo de* y *con ocasión de* seleccionan eventos (*Una fiesta con ocasión del cumpleaños de Juan*), pero no individuos (**Una fiesta con ocasión de Juan*). Los verbos *avisar*, *narrar*, *presenciar* (el último, señalado por J.M. Brucart) y algunos otros seleccionan igualmente eventos como únicos complementos posibles, frente a lo que sucede con otros verbos cercanos a ellos. Diríamos, pues, *Me avisaron del accidente de María*, pero no diríamos **Me avisaron de María*. Es posible describir un partido de fútbol, y también presenciarlo, pero si se trata de un equipo de fútbol, es claro que podremos describirlo, pero no presenciarlo, puesto que el verbo *presenciar* solo admite como complementos sustantivos eventivos (cf. *presenciarlo en acción*, con cláusula reducida). Tampoco es posible, por las mismas razones, presenciar el sol, pero sí un eclipse, o narrar algo que no sea un evento.

Se suelen citar a veces algunos otros predicados que seleccionan eventos, como *tener lugar*, *acaecer*, *producirse* y otros análogos, pero se insiste menos en que muchos de estos predicados admiten además otros argumentos no eventivos. Quiero decir con ello que los argumentos seleccionados no pertenecen a una sola clase léxica, lo que se corresponde bastante bien con la opción elegida en REDES, puesto que en cada entrada analítica del diccionario se describen varias clases. Obsérvese que la preposición *durante* selecciona períodos (*durante el verano*), pero también eventos (*durante la batalla*), en lo que coincide con el verbo *transcurrir*. Ciertamente, no parece que debamos concluir que *verano* y *batalla* pertenecen a la misma clase léxica, pero el hecho de que se agrupen en muchos casos debería hacernos reflexionar sobre la naturaleza de estas dos clases. Ahora bien, los eventos no se agrupan siempre con los períodos; otras veces lo hacen con los lugares, como ponen de manifiesto el verbo *acudir* (*acudir al estadio - acudir al acto*) y el adjetivo *concurrido* (*un lugar concurrido - un partido concurrido*). Los lugares, a su vez, se agrupan en otros casos con las personas (*frecuentar un bar - frecuentar a un amigo*), no con los eventos. Así pues, el hecho de que las clases léxicas se agrupan en conjuntos o en haces se pone de manifiesto en los casos más simples. REDES constituye el primer intento (necesariamente provisional, como ya he señalado) de analizar estas *agrupaciones de clases*, lo que plantea, ciertamente, el difícil problema de su delimitación, sobre el que diré algo en el § 10. Este problema resalta especialmente por el hecho de que el diccionario ha sido elaborado sin partir de una ontología, al menos explícita, de conceptos establecidos *a priori*.

Quisiera insistir en que la naturaleza de estas restricciones aspectuales es propiamente lingüística. Cuando se habla de la incompatibilidad de los sintagmas preposicionales encabezados por *durante* con los verbos que designan logros (por ejemplo, de la incompatibilidad entre *llegar* y *durante* que se percibe en oraciones como **Ayer llegué a mi casa durante dos horas*) no se habla de un choque ajeno a la estructura del idioma. Los rasgos que chocan son propiamente lingüísticos, y la irregularidad combinatoria que se detecta debe ser explicada por la gramática. Esta incompatibilidad se basa en el hecho de que los sintagmas preposicionales encabezados por *durante* son predicados de los eventos e imponen a estos una restricción semántica relativa a su modo de acción: han de tener duración. En el fondo, esta restricción es similar a la que impone el adjetivo *ancho* –como vimos– a las nociones de las que se predica: han de tener dimensiones. Me parece que esta conexión es interesante porque permite analizar de la misma forma los predicados de individuos y los de eventos, otro de los puntos en los que se apoya REDES.

REDES no contiene entradas para los adverbios que restringen a los verbos de los que se predican con informaciones tan abiertas que darían lugar a paradigmas inabordables. Así, tanto si el rasgo apropiado en el caso del adverbio *lentamente*, mencionado arriba, es [acción], como si es [movimiento][7], los paradigmas obtenidos para esta única clase serían inabordables, además de muy poco informativos. Importa resaltar, sin embargo, que el análisis detenido de los adverbios y las locuciones adverbiales realizado desde el punto de vista selectivo permitiría averiguar cuáles son exactamente los requisitos aspectuales que imponen los predicados de eventos a los verbos que los designan. Nos serviría además para comprobar si las clasificaciones de los *Aktionsarten* clásicos son o no suficientes para dar cuenta de estos requisitos, una cuestión importante a la que por el momento solo podemos responder en parte. Mi intuición es que, al igual que los rasgos léxicos de pluralidad son útiles, pero deben ser desdoblados en otros más específicos, como he sugerido arriba, también los aspectuales son necesarios, pero seguirán probablemente un proceso de desdoblamiento similar.

El lemario de REDES contiene adverbios y locuciones adverbiales que restringen ciertos eventos mediante informaciones aspectuales. El lector puede sorprenderse de que tengan entrada en REDES expresiones como *brevemente*, *por un momento*, *de un tirón*, *indefinidamente*, *por completo* o *enormemente*. Lo cierto es que si fuera posible delimitar una sola clase aspectual bien definida para cada uno de estos casos, de forma que todos sus miembros se acomodaran al adverbio con naturalidad, no haría falta que estos adverbios tuvieran entrada en REDES. Obsérvese, sin embargo, que una cosa es decir que un adverbio determinado se combina con verbos de actividad, y otra distinta afirmar que cualquier verbo de actividad en el que podamos pensar admitirá este adverbio[8].

Consideremos, por ejemplo, el adverbio *enormemente.* Es claro que este adverbio se predica de verbos que denotan cambio de estado (*aumentar, mejorar, alterar, empeorar, enriquecerse*). Pero es igualmente claro que no todos los verbos de cambio de estado encajan aquí (no resulta natural decir, por ejemplo, *Se enamoró enormemente de ella* ni tampoco *El papel se empapó enormemente de tinta*). Al mismo tiempo, es evidente que los verbos *ayudar*, *apoyar* o *agradecer* son compatibles con este adverbio, pero estos no son verbos de cambio de estado. Como se ve, la descripción lexicográfica de la combinatoria del adverbio *enormemente* no es enteramente

[7] No está claro cuál de los dos es el adecuado. Se sabe que los verbos de acción admiten imperativos, aunque las acciones a las que se refieren no conlleven movimiento: *Espérame; Quédate quieto; Permaneced callados; Piensa en ello.* El adverbio *lentamente* es incompatible con los tres primeros predicados, pero es compatible con el último (*Yo pienso lentamente*). Sin embargo, el verbo *pensar* tampoco denota movimiento.

[8] En REDES no se usan los términos técnicos con los que se describen los tipos de eventos (*realización, logro*, etc.), sino ciertas paráfrasis que podrá comprender sin dificultad el usuario no lingüista, como la de "acciones que tienen (o no tienen) fin natural".

ociosa. Consideremos ahora el adverbio *brevemente*. Este adverbio se combina con verbos de actividad o de estado (*Estuvimos conversando brevemente; Luces que brillaban brevemente en la oscuridad; Una imagen que permaneció brevemente en su memoria*), pero también lo hace con diversos verbos de realización (*analizar un problema, visitar un museo*), sobre todo si su estado resultante es breve (*resumir, recapitular, compendiar*). Parecen similares las condiciones selectivas de *indefinidamente*, puesto que este adverbio selecciona actividades y estados (*durar, permanecer, esperar, vivir, recordar*), pero también realizaciones cuyo estado resultante es o puede ser largo (*prolongar, aplazar, encarcelar, instalarse*, etc.). Me apresuro a señalar, en cualquier caso, que no debe esperarse una monografía léxico-gramatical de cada entrada de REDES, por la misma razón que tampoco debe esperarse una monografía sobre semántica léxica de cada entrada de un diccionario tradicional.

El análisis del aspecto léxico como noción selectiva sigue siendo, en suma, una tarea pendiente. Las entradas de REDES presentan diversas generalizaciones parciales que pueden ser útiles para los que decidan abordarla en algún momento, pero este diccionario no está concebido, ciertamente, como una solución inmediata al difícil problema de determinar cuál es exactamente la ontología de conceptos, aspectuales o no, que determinan la selección léxica.

5. EL CONTORNO LEXICOGRÁFICO Y EL ANÁLISIS DE LOS SENTIDOS FIGURADOS

Hemos visto que la pregunta (b) permite una formulación filosófica, como puede ser (c); una formulación semántica, como puede ser (d), y una formulación sintáctica, como puede ser (e), subdividida en las preguntas (f) y (g). También admite una formulación lexicográfica, como puede ser (h):

(h) ¿Qué aspectos del uso de una palabra pueden deducirse directamente de su definición lexicográfica?

No creo que la pregunta (h) sea central en la lexicografía tradicional, pero lo cierto es que son muchos los diccionarios contemporáneos que se preocupan de incluir ejemplos en todas o casi todas las acepciones de cada palabra (CLAVE, DEA, SAL, LEMA y otros, véase el siglario final), lo que da a entender que la pregunta tiene cierta relevancia en la lexicografía contemporánea: los lexicógrafos entienden que no deben ocuparse únicamente de presentar buenas definiciones, sino que deben mostrar también los contextos en los que se usa cada acepción, al menos con un ejemplo.

Acaso vale la pena recordar que si (h) no es exactamente una pregunta importante en la tradición lexicográfica es porque los diccionarios llamados *de lengua*[9] se han considerado instrumentos para 'descifrar informaciones', no –desde luego– para 'cifrarlas'. Dicho en términos un poco más técnicos, se conciben como obras *semasiológicas*, no *onomasiológicas*. Si desconocemos el uso de una palabra que aparece en un determinado texto, y consultamos el diccionario, este nos dará una lista de acepciones, y es casi seguro que una de ellas nos permitirá desentrañar el sentido que se nos ocultaba. Ciertamente, no podemos pedirle a continuación al diccionario que nos diga a qué otros contextos podemos aplicar ese sentido o qué uso podemos hacer de esa acepción. Suele decirse que estas respuestas hay que buscarlas en otro lugar: forman parte del *buen uso del idioma*, un concepto clásico en el que tienen igual cabida los gustos personales y los compartidos, el *sentimiento lingüístico* que nos hace valorar ciertos logros estéticos que todos reconocemos a los mejores escritores, o el *oído* que sabe dictarnos la posición más adecuada para cada adjetivo en cada oración. En este punto, los lexicógrafos se parecen a los gramáticos, puesto que también estos entendían tradicionalmente que la descripción del idioma no debe llegar tan lejos como para hacer explícito lo que se obtiene por hábito, los usos que las lecturas va depositando en nuestra experiencia idiomática, lo que nos entra por ósmosis o se acomoda mejor o peor a ese *oído* que tan claramente suele discriminar lo que percibe: "suena bien", "suena raro", "suena forzado", "suena precioso". Algunos de estos terrenos han estado tradicionalmente vedados a la descripción, probablemente porque son inseguros. En la lingüística actual se sigue reconociendo que son inseguros, pero no tanto que hayan de permanecer vedados a la descripción.

Es importante resaltar que no es legítimo criticar a los diccionarios por el hecho de que sus descripciones sean de naturaleza semasiológica, y estén –por tanto– orientadas en una sola dirección. En cuanto que el diccionario opta por proporcionar información intensional, no puede ser criticado por no cubrir la extensional, incluso si este hecho produce a veces una conocida situación de indeterminación que se ha señalado en varias ocasiones: como sabemos, las expresiones que se usan con propiedad de acuerdo con las definiciones del diccionario son solo un subconjunto de las que se ajustan a ellas. Dicho de otra forma, las definiciones de los diccionarios dan cabida a menudo a muchos más usos de los que efectivamente admite el idioma. Es muy sencillo encontrar ejemplos de este hecho conocido. Según el DRAE, el adjetivo *sumo* significa 'muy grande, enorme', pero es claro que no decimos *Tenía suma hambre*, *El sumo odio que sentía* o *Esta lámpara es suma*. Como he señalado arriba, de

[9] Un término que se usa a veces entre los lexicógrafos en un sentido quizás demasiado restrictivo. No parece necesario justificar que REDES también es un *diccionario de lengua*.

este hecho evidente –casi trivial– no se deduce en absoluto que esa definición sea inapropiada. Se deduce más bien que no es objetivo fundamental de los diccionarios ocuparse de la extensión de los conceptos, sino de precisar su intensión. Han de delimitar con precisión los rasgos significativos que los caracterizan, y pueden ser criticados si no lo hacen adecuadamente, pero no está entre sus objetivos especificar las cosas a las que estos conceptos pueden aplicarse.

Se plantea aquí, como es obvio, un problema de intereses: el que desea reconocer las palabras en los textos encuentra en el punto de vista semasiológico clásico la solución a su problema. A la vez, el que desea acudir a los diccionarios para averiguar qué uso puede dar a una determinada palabra –o si el empleo que se le ocurre hacer de ella resulta o no natural–, no podrá encontrar en ellos una ayuda de igual calado. Veamos un ejemplo sencillo. Uno puede –ciertamente– perder un paraguas, o quizás colocarlo en un sitio equivocado. No obstante, aunque "perder o colocar en sitio equivocado cualquier cosa" sea una de las definiciones que el DRAE proporciona para el verbo *traspapelar*, es evidente que no traspapelamos los paraguas por el hecho de perderlos. Un estudiante extranjero de español que construyera esa expresión no podría excusarse ante su profesor aduciendo que el DRAE la legitima. El DRAE no la legitima, por supuesto, como no legitima ningún uso que uno pueda considerar que se corresponde apropiadamente con el significado de una palabra. Otra cosa, obviamente, es si es posible una descripción del idioma que dé cuenta en alguna medida de estas informaciones, o que atienda a esas otras necesidades.

Un último ejemplo: la primera definición que ofrece el DRAE del adjetivo *halagüeño* es "que halaga"; la segunda es "que lisonjea o adula", y la tercera es "que atrae con dulzura y suavidad". De nuevo, es muy sencillo comprobar que las cosas que adulan, lisonjean y pueden atraer con dulzura o suavidad constituyen un conjunto mucho mayor que el que forman los sustantivos que admiten con naturalidad el adjetivo *halagüeño.* Como antes, no puede objetarse nada a ninguna de estas definiciones, pero es claro que el *conjunto extensional* que resulta ser adecuado está mucho más restringido que el que se deduce indirectamente de la *intensión* de los conceptos. Este no es un problema del DRAE ni de ningún otro diccionario, sino un rasgo conocido –y aceptado generalmente– de la lexicografía clásica.

No debe olvidarse, sin embargo, que los lexicógrafos cuentan con un poderoso instrumento restrictivo: el *contorno* (véanse, entre otros, Seco 1979; Porto Dapena 2002; Alonso Ramos 2002). Los contornos de las definiciones se pueden formular de muchas maneras (*dicho de..., dícese de..., referido a..., aplicado a..., hablando de...*) y se pueden representar también de múltiples formas: con flechas, como en el DUE; con corchetes, como en el DEA; separadas con dos puntos, como en el DRAE; en un tipo de letra distinto y separados por comas, como en CLAVE, y con otras convenciones existentes o imaginables. La información que aportan los contornos es esencial desde el punto de vista que interesa en REDES. Obsérvese que unas veces los contornos se suelen caracterizar con gran precisión (*Dícese de las personas que...; Referido a un ave,...; Dicho de un lugar,...*), pero otras veces no es tan sencillo delimitarlos. De hecho, vale la pena resaltar que el DRAE usa "etc.", tras introducir muchos de ellos, como fórmula abierta para sugerir que la descripción del contorno se puede completar. He aquí algunos ejemplos aislados, tomados del DRAE:

> **campestre.** ... **3.** Dicho de una fiesta, de una reunión, de una comida, etc.: Que se celebra en el campo.
>
> **contraer.** ... **4.** tr. Adquirir costumbres, vicios, enfermedades, resabios, deudas, etc. **5.** tr. Asumir obligaciones o compromisos.
>
> **luminoso, sa.** ... **4.** Dicho de una idea, una ocurrencia, una explicación, etc.: Brillantes, claras, esclarecedoras.

Como se ve, la acepción 4 de *contraer* está presentada en un formato lexicográfico más propio de REDES que de las demás entradas del DRAE. Desde luego, no sería equivocado decir que REDES es, o intenta ser, en cierto sentido un *diccionario de contornos*, al menos de contornos menos evidentes o menos sencillos de establecer que los que se reducen a las restricciones selectivas (*persona, cosa, animal, líquido...*). Esta obra trata de describir paradigmas como los que contienen esas definiciones, y además intenta especificar los rasgos que permiten formarlos. En este sentido, puede decirse que REDES trata de precisar la información que se esconde en el *etcétera* que aparece en esas listas. Sin embargo, REDES no puede ser considerado enteramente un diccionario de contornos. Ello es así por tres razones:

a) En primer lugar, los contornos lexicográficos no aportan informaciones aspectuales, pero REDES no excluye estas informaciones, como se explicó en la sección anterior, puesto que tales restricciones constituyen rasgos necesarios para delimitar la combinatoria léxica.

b) En segundo lugar, el término *contorno* se ha aplicado algunas veces a elementos que forman parte de la definición, pero no de la estructura sintáctica de la voz definida. Por ejemplo, es claro que *decapitar* significa 'cortar la cabeza (a alguien)', pero sabemos que se decapitan personas, no cabezas. La palabra *cabeza* es, por tanto, un *componente* de la definición que no se realiza en la estructura sintáctica de la voz definida, de modo que no constituye un *argumento* del verbo *decapitar.* Desde el punto de vista que interesa en REDES, debe restringirse, por consiguiente, el complemento de *decapitar* (personas y tal vez ciertas instituciones). Así pues, los componentes de la definición que la sintaxis no realiza de forma manifiesta quedan fuera del concepto de restricción léxica que se maneja en REDES.

c) Como se indicó anteriormente, REDES no da cabida en sus entradas analíticas a aquellos predicados que no imponen a sus argumentos más limitación que la que puede establecerse con una restricción selectiva clásica, puesto que el paradigma que se podría constituir así carece en gran medida de interés lingüístico. Si la única restricción relevante de un verbo es el hecho de que se construye con sujetos de persona, este rasgo daría lugar a paradigmas casi ilimitados, e irrelevantes desde el punto de vista lexicográfico, que REDES no proporciona. Aun así, no cabe duda de que ese rasgo seguiría constituyendo el *contorno* de la definición de dicho verbo.

Me parece interesante resaltar que el concepto lexicográfico de 'contorno' es, en lo fundamental, un concepto gramatical: casi todos los contornos constituyen formas de restringir los argumentos de algún predicado. Acaso sea la tradicional separación entre el trabajo lexicográfico y el gramatical la que ha ocultado a veces esta relación evidente. De hecho, los contornos lexicográficos suelen ser argumentos externos de los predicados, como en el caso de *campestre* o *luminoso*, o bien argumentos internos, como en el de *contraer*.

Existe un aspecto del análisis del contorno lexicográfico que suele estar desatendido por los diccionarios. Me refiero a las acepciones en las que los contornos están representados por conceptos abstractos, propios de los llamados *usos figurados*. Antes he mencionado los casos de *errar* y *nublarse*, y he intentado presentar paradigmas de los elementos que constituyen, respectivamente, el complemento directo del primero y el sujeto del segundo. El DRAE define *errar* como 'no acertar'. Esta definición, que me parece correcta, no contiene, como se ve, ninguna referencia al posible complemento directo de este verbo, pero después de presentarla se añaden dos ejemplos: *errar el blanco* y *errar la vocación*. Como se ve, los dos ejemplos ilustran el posible contorno, pero no forman parte de la definición. En el caso de *contraer*, en cambio (otro verbo transitivo), no se procede de la misma forma, puesto que se integran las ilustraciones del contorno en el texto de la definición. Como he explicado antes, el objetivo de REDES no es exactamente proporcionar listas exhaustivas de estos elementos, sino delimitar las nociones semánticas que permiten formar los paradigmas que constituyen y —por supuesto— ejemplificar esos paradigmas suficientemente.

Pudiera dar la impresión de que el análisis de los sentidos figurados de las palabras se limita a una serie de decisiones relativas a la técnica lexicográfica. Intentaré explicar brevemente por qué no es así. Recuérdese que una de las conclusiones del § 2 era la siguiente: los usos figurados constituyen extensiones generalmente objetivas de los conceptos que no se deducen de un simple cálculo racional. Los diccionarios suelen recoger algunas de estas extensiones a título de ejemplo, pero los paradigmas correspondientes no se obtienen automáticamente de esas muestras ni se deducen directamente o indirectamente de las definiciones. Si tenemos presente esta conclusión, la pregunta que ahora se plantea es (i):

(i) ¿Introducen las interpretaciones figuradas nuevos significados de las palabras?

La respuesta tradicional a (i) suele ser SÍ, y la prueba es que a las acepciones figuradas suelen corresponder nuevas definiciones en los diccionarios[10]. Es evidente que los sentidos figurados han de estudiarse con atención, y que existen casos muy claros de polisemia para los que la respuesta a (i) debe ser afirmativa. No me parece, en cambio, tan claro que haya de ser igualmente afirmativa en otros muchos casos para los que a menudo se da por sentado que lo es. Entre nosotros ha sido probablemente R. Trujillo (1996) el autor que más rotundamente ha contestado NO a la pregunta (i), con argumentos que me parecen muy razonables. En REDES también se sugiere una respuesta negativa a (i) en muchos casos. De hecho, a lo largo de la obra se da a entender que los sentidos figurados no modifican, en un gran número de predicados, la intensión de los conceptos, sino que hacen variar su extensión de manera casi siempre objetiva, dejando de lado –como antes– el uso artístico del idioma.

Consideremos, por ejemplo, el verbo *acarrear*. La opción clásica consiste en decir que este verbo tiene dos sentidos: significa 'transportar' (*acarrear el trigo*) y también significa 'ocasionar' (*acarrear disgustos*). Ahora bien, ¿estamos verdaderamente ante dos significados? Parece difícil de aceptar que una misma palabra tenga dos sentidos tan diferentes ('transportar' y 'ocasionar'), que los hablantes aprenden, por lo demás, sin demasiada dificultad. Supongamos por un momento que el significado de esta palabra fuera el mismo en el uso físico y en el figurado (aproximadamente 'llevar consigo'). Si hacemos esta suposición razonable, no cambiará la intensión del concep-

[10] Me hace notar Xavier Villalba que los diccionarios del catalán no suelen ofrecer nuevas definiciones para los sentidos figurados de las palabras, frente a los del castellano. Me parece un dato muy interesante. Como comprobará el lector, las consideraciones que aquí hago están básicamente en esa misma línea, aunque es claro que los diccionarios del castellano no suelen aceptar el tipo de razonamiento que la apoya, como se deduce de la forma en que presentan las informaciones relativas a los usos figurados.

to, pero sí cambiará su extensión. Es lógico pensar que los hablantes van adquiriendo extensiones nuevas para intensiones conocidas conforme adquieren un idioma, tanto si es su primera lengua como si es la segunda. De hecho, las extensiones nuevas se incorporan también al idioma progresivamente, de forma que muchos usos figurados surgen como extensión de los físicos[11].

En general, la cuestión de cómo aprenden los hablantes los sentidos figurados de las palabras sigue siendo sumamente compleja, pero es obvio que resulta más sencilla de contestar si la respuesta a (i) es negativa que si es afirmativa. Si es negativa, podemos decir que los hablantes van adquiriendo extensiones nuevas para intensiones conocidas; es decir, van ampliando el radio de acción de las palabras cuyo sentido ya conocen. Si es afirmativa, todo se deduce al almacenaje en la memoria de nuevos significados, con la consiguiente pérdida de los estrechos vínculos conceptuales que existen entre los usos físicos y los figurados.

Así pues, desde el punto de vista que aquí se sugiere, no necesitamos exactamente una definición de *diluirse* que se aplique a los terrones de azúcar, y otra distinta que valga para las responsabilidades, las obligaciones, los perfiles, los contornos, las fronteras y los límites. Sí necesitamos, en cambio, tener acceso a esta segunda lista, ya que las nociones que esas palabras designan no están hechas de partículas ni formadas por átomos, frente a los terrones de azúcar. Constituyen, por tanto, un paradigma objetivo, estrictamente lingüístico, de entidades que no se pueden describir mediante propiedades físicas. Es obvio que el hablante nativo tiene acceso a ese paradigma, aunque no se haya proporcionado hasta ahora (por lo que se me alcanza) en ninguna descripción del idioma. Al mismo tiempo, es igualmente claro que el paradigma que forman esas nociones abstractas tiene uno o varios rasgos en común: al menos dos, como se ve, puesto que las responsabilidades y las obligaciones se agrupan por un lado, mientras que los perfiles, los contornos, las fronteras y los límites se agrupan por otro. Así pues, REDES trata de definir estos rasgos, mientras que los demás diccionarios tratan de definir *diluirse*. Esta es, en esencia, la característica fundamental que orienta REDES en una dirección diferente.

Me parece que la respuesta afirmativa a la pregunta (i) nos puede llevar a forzar a veces *paráfrasis* de los sentidos figurados que no constituyen necesariamente nuevas *definiciones*. Intentaré aclarar este razonamiento con un ejemplo. Consideremos el verbo *adquirir*. Supongamos que se razonara del siguiente modo: cuando el complemento de *adquirir* es *vivienda*, el verbo *adquirir* significa 'comprar'; cuando el complemento de este verbo es *enfermedad*, pasa a significar 'con-

[11] Santos y Espinosa (1996) hacen un excelente repaso de muchos de estos usos.

traer', y cuando su complemento es *fama*, este verbo pasa a significar 'alcanzar'. Me parece que hay una trampa encubierta en el proceso de ir introduciendo nuevas definiciones para cada nueva extensión del concepto, puesto que estos mismos verbos que se proponen como paráfrasis podrían adquirir a su vez paráfrasis distintas según cuál fuera su complemento (*contraer nupcias* o *contraer la viruela; alcanzar la fama* o *alcanzar el autobús*, etcétera). Nótese que el problema afecta a REDES solo indirectamente. No le afecta directamente porque REDES no contiene definiciones, pero sí le afecta indirectamente porque podría aducirse que cada nueva clase léxica de cada entrada analítica de REDES introduce en realidad un nuevo sentido de la palabra, aunque el diccionario lo oculte. Creo que no es así, como acabo de señalar. Es natural que el paso de los sentidos físicos a los figurados proporcione nuevas paráfrasis del significado de una palabra, pero no es evidente que estas paráfrasis constituyan necesariamente, como he señalado, nuevos significados de la voz que se intenta analizar.

Como se sabe, los límites entre los sentidos figurados de las palabras son escurridizos, y la separación que se establece entre los usos físicos y los figurados es unas veces mínima y otras máxima. El hecho de que REDES no contenga definiciones tiene la ventaja de que no se ve obligado a tomar la decisión ante cada caso particular. Aunque el número de casos en que la respuesta a (i) es NO es muy alto, nos ha parecido oportuno que el diccionario incluya ocasionalmente algunas paráfrasis de ciertas extensiones de las palabras porque estas aclaraciones pueden ser útiles para el usuario. Así, no es evidente si el verbo *congelar* tiene o no o el mismo sentido en *congelar una comida*, *una imagen*, *una negociación*, *el sueldo* y *el tiempo*. Sé perfectamente que algunos semantistas darían un NO rotundo a esta cuestión y que otros darían un SÍ igual de rotundo e inequívoco. Como REDES no describe acepciones, no ofrece una respuesta directa a esta pregunta. Sin embargo, para ayudar al lector, sobre todo si no es hablante nativo de español, hemos decidido añadir a veces paráfrasis sencillas de algunos de los usos figurados (*congelar(se):* 'detener(se) en su curso'). Me apresuro a aclarar, sin embargo, que estas paráfrasis breves no pretenden constituir nuevas definiciones de los lemas ni se quiere dar a entender con ellas que en la conciencia del hablante se ha perdido toda relación entre el uso físico y el figurado. En otros muchos casos, sin embargo, no se ofrecen siquiera estas paráfrasis, como comprobará el lector que consulte las entradas analíticas, y se opta por hablar simplemente del "sentido físico" (a veces, del "sentido literal") de una palabra, frente a su "sentido figurado".

Permítaseme aclarar por qué interviene el concepto de 'contorno' en la discusión sobre cuál es la respuesta apropiada a la pregunta (i). Una crítica razonable de los partidarios de responder SÍ a la pregunta (i) se fundamentaría en el hecho de que las definiciones de los usos físicos no son apropiadas para los figurados porque contienen componentes que no se les aplican. Supongamos que queremos definir el verbo *des-*

tapar. No podríamos decir que *destapar* es 'quitar la tapa a algo' o '... de algo', puesto que es perfectamente posible destapar un secreto, un misterio o un escándalo, y sabemos que esas nociones no tienen tapa. Tampoco las sombras tienen alas, y sin embargo planean, como se hizo notar en el § 3. Así pues, el partidario de responder SÍ a (i) nos hará notar seguramente que si la definición del sentido físico es correcta, contendrá componentes semánticos que no serán apropiados para las extensiones figuradas. Probablemente señalará que *destapar* es (aproximadamente) 'sacar a la luz' aplicado a un secreto, pero 'quitar la tapa' aplicado a una botella. Es claro que destapar una botella no es 'sacarla a la luz', y que destapar un secreto tampoco es 'quitarle la tapa'. El hecho de que estas dos definiciones se apliquen a *contornos* diferentes confirmaría que se trata de dos sentidos distintos.

No deseo penetrar en los aspectos más profundos –y más debatidos por los lexicólogos y los lexicógrafos– de la delimitación de acepciones en los diccionarios. Tampoco he intentado ocultar, como puede verse, que la respuesta negativa a (i), que en mi opinión sigue siendo apropiada en lo fundamental, plantea un serio problema lexicográfico. REDES lo evita porque no contiene definiciones, pero seguramente no podría evitarlo en la misma manera un diccionario que las contuviera y que estuviera elaborado por un lexicógrafo partidario de responder NO a (i). Señalaré, de todas formas, que un razonamiento a favor del SÍ a (i) basado tan estrictamente en el argumento del contorno no acaba de reflejar el hecho de que comprender el significado de la expresión *destapar un secreto* implica entender que los secretos se interpretan lingüísticamente como cosas encerradas o encubiertas. Si proporcionamos dos definiciones diferentes de *destapar* estaremos ocultando que el hablante deberá al cabo integrarlas en su cabeza, ya que el diccionario no le proporcionará la integración. Le ayudará a descifrar los textos en los que aparezca *destapar*, pero habrá de ser él quien llegue personalmente a la conclusión de que, en realidad, *destapar* es "una sola cosa". Es más, casi podría decirse que comprender el significado de esta palabra viene a ser –en lo fundamental– alcanzar esa conclusión, con ayuda del diccionario o sin ella. Al verbo *destapar* corresponde una entrada analítica en REDES, pero la razón no es el hecho de que *destapar* sea 'sacar a la luz' (obsérvese que no se destapa necesariamente todo lo que se saca a la luz), sino el hecho de que la extensión de ese concepto a las nociones inmateriales es parte de nuestro conocimiento de esa palabra, aunque no se deduzca de su definición.

Las entradas analíticas de REDES no sorprenden al hablante nativo. De hecho, a más de uno le puede parecer tan confortable recorrerlas que acaso podría llegar a la conclusión de que estas extensiones son tan naturales que no haría falta describirlas. Pero, como he señalado antes, sabemos bien que los hablantes no nativos de español, a los que se supone la misma capacidad para establecer cadenas de razonamiento, no dan con esas extensiones de manera tan natural como los que acuden sin esfuerzo a su competencia para reconocerlas. A los hablantes no nativos que estén aprendiendo el uso del adjetivo *borracho*, no habrá que decirles qué nombres de licores pueden ocupar el lugar de N en la expresión *borracho de + N*, pero les vendrá muy bien saber que la lista de conceptos abstractos que REDES describe y ejemplifica (*borracho de éxito, de poder, de triunfo...*) son enteramente naturales en español, aunque no lo sean igualmente en otras lenguas en las que también es posible describir la borrachera. En este y otros muchos casos, el hablante nativo realiza sin dificultad una serie de conexiones idiomáticas *a posteriori* ('el poder se asimila a un licor', etc.[12]), pero es evidente que el que no conoce el paradigma, ya que la definición de *borracho* no permite obtenerlo, no puede hacer esas consideraciones interpretativas *a posteriori*. No existe, en resumen, contradicción en dar una respuesta negativa a (i) y postular a la vez la necesidad de especificar las extensiones figuradas de los conceptos. Ciertamente, del hecho de que no cambie de significado el verbo *conquistar* en *conquistar a una persona*, *una fortaleza*, *el título de campeón de liga* o *el cariño de los demás* no se deduce que la comprensión del significado de ese verbo nos permitirá por sí sola dar automáticamente con esa lista, o prever que cualquier añadido que le hagamos resultará natural a los oídos de los hablantes nativos.

En los párrafos anteriores he usado en varias ocasiones la expresión *uso físico* como abreviatura de un concepto un poco más complejo: 'restricciones que los predicados imponen a sus argumentos basadas únicamente en nociones de naturaleza física, como son las que denotan la mayor parte de las restricciones selectivas'. Así, tal como señalé arriba, un verbo cuyo sujeto designe personas o cuyo complemento designe objetos materiales no será un verbo "sin restricciones", sino un verbo cuya combinatoria estará restringida mediante paradigmas que se pueden construir, en gran medida, en función del conocimiento que los hablantes tienen del mundo, no del idioma. Estos paradigmas tienen escaso interés lingüístico. Aun así, en las entradillas de las entradas analíticas de REDES se suele hacer notar su existencia y se propone algún ejemplo para ilustrarlos. Es claro que el paradigma que el verbo *empañarse* permite formar con los sustantivos *cristal*, *vidrio*, *gafas*, etc., tiene menos interés lingüístico que el que permite formar con los sustantivos *mirada*, *vista*, *imagen*, *reputación*, *nombre*, *credibilidad*, *crédito* y *prestigio*. Todas estas combinaciones se describen y se documentan en REDES, pero no se estudia, en cambio, en esta obra el fundamento mismo de la extensión figurada. REDES no analiza cómo se produce esa traslación (no poco misteriosa) que va del cristal hasta la reputación, ni intenta explicar por qué son precisamente estos sustantivos abstractos, y no otros, los que acogen tan peculiar extensión de esa palabra. Es posible que el proceso de

[12] Estas asociaciones constituyen la base del análisis de la metáfora que se postula en Lakoff y Johnson (1980) y varios trabajos posteriores. El análisis se ha aplicado en parte al español en Iñesta Mena y Pamiés Beltrán (2002), que analizan a su vez otros desarrollos de estas mismas ideas.

metaforización sea en este caso el que sugiere la escala *ojo* > *vista* > *mirada* > *imagen* > *prestigio*, y sería también posible establecer otras escalas similares en otras entradas, pero REDES no pretende ir tan lejos. Este diccionario no intenta, por tanto, explicar las causas de los procesos de metaforización, en los que intervienen –como se sabe– factores históricos y culturales de enorme complejidad. No se descarta, sin embargo, que REDES pueda ser de alguna utilidad para los autores que investigan en la actualidad esas cuestiones desde la lingüística, la filosofía, la psicología cognitiva, la sociología y la teoría del lenguaje literario, entre otras disciplinas.

6. JUSTIFICACIÓN DE LA ESTRUCTURA LEXICOGRÁFICA DE REDES

Las reflexiones introducidas en los apartados anteriores eran necesarias antes de abordar este apartado, ya que –como he señalado– no es posible defender la estructura lexicográfica de un diccionario sin explicar antes, aunque sea de forma somera, las características lingüísticas de la información que contiene. Aunque en las secciones que siguen introduciré otras observaciones dirigidas a ampliar mis respuestas a la pregunta (b), las que he presentado en los cinco apartados anteriores constituyen un apoyo suficiente para intentar analizar y justificar brevemente el armazón lexicográfico de REDES.

Quizás el primer rasgo que llama la atención en REDES es que contiene dos tipos de entradas que se diferencian notablemente por su longitud y por su estructura interna. Hemos llamado a unas *entradas analíticas* y a las otras *entradas abreviadas*, estas últimas subdivididas en varios grupos. ¿Por qué es necesaria esta división? Como he señalado en las páginas anteriores, todos los lemas de las entradas analíticas de REDES son predicados, y la fórmula "se combina con..." debe leerse (por un lingüista) como "se predica de...", si los argumentos son externos, o como "selecciona como argumento..." si son internos. Así pues, REDES describe la forma en que los predicados seleccionan a sus argumentos, y por tanto restringen el conjunto de nociones que pueden denotar. Como es lógico, si el lema es un verbo, la información que aparezca en la entradilla hará referencia a sus argumentos nominales. Si el lema es un adjetivo, la información seleccionada será nominal, puesto que los adjetivos se predican de los sustantivos. Al mismo tiempo, los adverbios (al menos los de manera y algunos otros), son predicados de los eventos (la idea se remonta a Jespersen, 1924), de modo que en las entradas analíticas de lemas adverbiales se proporcionan verbos. Así pues, los verbos son elementos seleccionadores, y aparecen como lemas en las entradas analíticas en las que se proporcionan sustantivos, pero también son elementos seleccionados, y aparecen como tales en las entradas analíticas de lema adverbial.

Ciertos sustantivos cuantificativos (*ápice de, brizna de, asomo de*) se asimilan parcialmente a las expresiones predicativas, y ejercen por tanto una función restrictiva sobre sus complementos. Es polémica entre los semantistas la cuestión de si los cuantificadores son o no predicados. La mayor parte de los llamados cuantificadores de individuos (*muchos, cuántos*) y de grados (*muy, bastante*) no restringen léxicamente al elemento nominal, adverbial o verbal sobre el que inciden. Los sustantivos cuantificativos sí lo hacen, en cambio, muy a menudo, como se ha puesto de manifiesto repetidamente en la bibliografía. Muchas de estas unidades tienen entrada en REDES. El lector puede encontrar una lista de ellas en la entrada *MEDIDA, UNIDAD DE* ~.

Las preposiciones se asimilan también a los predicados en la semántica contemporánea y en varias teorías gramaticales, en cuanto que restringen la naturaleza de sus argumentos, como se ha señalado repetidamente. La preposición *entre* tiene entrada analítica en REDES y varias locuciones preposicionales (*en aras de, al borde de, con arreglo a...*) también la tienen. Sin embargo, se sabe que los complementos de la mayor parte de las preposiciones no dan lugar a paradigmas que se puedan caracterizar léxicamente, por lo que no puede asignárseles una entrada en este diccionario, como se explica más adelante. Las locuciones adverbiales se asimilan a los adverbios, las adjetivales a los adjetivos y las preposicionales a las preposiciones. Las locuciones verbales se asimilan, igualmente, a los verbos. REDES contiene ocasionalmente entre las expresiones numeradas algunos sintagmas verbales no lexicalizados por razones de *composicionalidad sintáctica* que se explican detalladamente en el § 7.

Los paréntesis en los lemas no expresan (o no expresan solo) en REDES la posible opcionalidad del segmento que encierran, sino que se limitan a poner de manifiesto que este posee una relativa independencia sintáctica. Mientras que *a* y *rajatabla* son palabras soldadas a efectos gramaticales en la expresión *a rajatabla*, nótese que puede insertarse alguna voz entre *altura* y *de* en *a la altura de* (como en *A la altura misma de los ojos*), o entre *precio* y *de* en *a precio de* (como en *A precio prácticamente de saldo*). La preposición *de* en *al compás de* puede omitirse en ciertos usos (como en *Marchaban al compás*); la preposición *de* en *encima de* puede adelantar su posición (como en *La persona de la que siempre estás encima*), y el segmento que *a* encabeza en *frente a sus obligaciones* puede coordinarse con otro término análogo (como en *frente a sus obligaciones o a sus responsabilidades*). En REDES no se estudia, en cambio, el grado de independencia sintáctica de ninguno de estos segmentos.

El fundamento de las entradas analíticas de REDES es el concepto de *selección léxica*: los predicados (sean de individuos o de eventos) restringen a sus argumentos, es decir, acotan el conjunto de nociones que estos pueden designar y lo reducen de manera muy diversa: unas veces lo hacen imponiendo requisitos aspectuales (§ 4);

otras veces imponen condiciones definibles mediante clases semánticas; otras, mediante condiciones más generales de naturaleza discursiva algo más abiertas, a las que me refiero en el § 8. Las entradas analíticas son, ciertamente, el núcleo en torno al que se ha construido REDES. Las entradas abreviadas son fundamentalmente *índices* de las informaciones contenidas en las entradas analíticas. Sin embargo, estos índices han sido completados con algunas informaciones que no se obtienen de ellas, como en seguida explicaré.

Unas entradas abreviadas, las que contienen *números*, reordenan los contenidos de las analíticas a partir de los argumentos seleccionados. Como se explica en la introducción, las llamamos *referencias cruzadas a las voces*, pero en sentido técnico deben entenderse como *referencias cruzadas a los argumentos*, puesto que todas lo son de algún predicado (un punto importante que el lingüista debe tener presente, pero que no se ha considerado necesario explicar en la introducción de esta obra). Otras entradas, las que contienen *letras*, reordenan esa información a partir de los significados que expresan las clases léxicas. Las llamamos allí *referencias cruzadas a los conceptos*, pero el lingüista debe interpretarlas estrictamente como *referencias cruzadas a las clases léxicas*, puesto que son estas informaciones las que permiten establecer la selección. Los índices de REDES aparecen en el interior del diccionario, en lugar de al final, para facilitar la tarea del lector.

Así pues, los diferentes tipos de entradas que muestra REDES permiten acceder de varias formas a las informaciones que el diccionario contiene: las entradas principales son las analíticas, y corresponden a los *predicados*, esto es, a los elementos seleccionadores. Otras entradas permiten recuperar y reordenar la información en función de los *argumentos* de estos predicados (por tanto, en función de los elementos seleccionados). Otras, finalmente, lo hacen a partir de la *noción semántica* que permite restringir el proceso de selección (clases léxicas). Son tres, por tanto, las informaciones fundamentales que están en juego: predicados, argumentos y clases léxicas. La configuración lexicográfica de REDES permite al usuario entrar en el diccionario por el adverbio *decisivamente* (un predicado de eventos), o bien hacerlo por uno de los argumentos de este predicado (el verbo *afectar*), o bien por el concepto de 'influencia', que es el que permite agrupar este verbo con otros en una clase léxica a la que el adverbio *decisivamente* es sensible.

Las tres clases de informaciones que se describen en el párrafo anterior están relacionadas, pero son diferentes. Si el usuario entra en REDES por el adverbio *decisivamente* encontrará una serie de nociones semánticas que restringen la selección léxica que lleva a cabo este adverbio. En cada uno de estos grupos, separados por letras, encontrará varios verbos que ilustran estas nociones, así como ejemplos representativos de las combinaciones en las que participan. Los verbos de influencia aparecen en el grupo B, y el verbo *afectar* aparece dentro de B con el número 12. Si el usuario entra en el diccionario por el verbo *afectar*, encontrará en cambio una lista de adverbios que seleccionan este verbo. Muchos de ellos están marcados con un número con el fin de que pueda encontrar fácilmente las combinaciones respectivas en las entradas analíticas. Cada una de esas referencias numeradas le llevará a algún punto de una entrada analítica, en el que encontrará diversos paradigmas. Así, el lector puede comprobar que en la entrada *afectar* aparece *decisivamente*[12]. Finalmente, si el usuario decide entrar en REDES por el concepto de INFLUENCIA, marcado en versalita para que no se confunda con el sustantivo *influencia*, encontrará una lista de clases léxicas, identificadas con un predicado y una letra, es decir, encontrará una serie de relaciones de selección que se llevan a cabo en función del concepto de 'influencia'. En la entrada INFLUENCIA de REDES aparece *decisivamente*[B]. Así pues, las tres informaciones fundamentales están unidas lexicográficamente. Como se comprueba, REDES está construido de forma que permite al usuario iniciar una consulta en función de un elemento seleccionador, un elemento seleccionado o una clase semántica que caracterice la restricción que quepa establecer.

Hemos visto que las entradas fundamentales de REDES son las analíticas. Las entradas no analíticas, es decir, todas las demás, se llaman *abreviadas* en REDES y se dividen en los dos grupos que se acaban de presentar:

a) referencias cruzadas a las voces

b) referencias cruzadas a los conceptos

Como se recordará, REDES contiene además otros tres tipos de entradas abreviadas:

c) entradas del índice conceptual

d) remisiones

e) series abreviadas

En efecto, las entradas del índice conceptual permiten agrupar los argumentos en función de su relación significativa con el predicado que los selecciona, como se comprobará fácilmente en la entrada *INFLUENCIA, EFECTO Y CONSECUENCIA*. Esta entrada proporciona al usuario otra *red de relaciones*, concretamente la lista de entradas de REDES en las que aparecen conceptos vinculados a la noción de 'influencia'. Esos conceptos pueden ser adjetivales, adverbiales, nominales, preposicionales y verbales. Como puede verse, el primero de los verbos es *afectar*. Si al usuario se le ocurre entrar por *EFECTO* o por *CONSECUENCIA* comprobará que se le guía para que vaya a este punto con sendas *remisiones*. Si el usuario entra en REDES por una voz contenida en una expresión idiomática, comprobará que la palabra buscada aparece entre corchetes y que se le remite al lugar correcto. Este es otro tipo de remisión, que hemos llamado *reenvío*. Frente a lo que sucede en otros muchos diccionarios, el lector de REDES encontrará la expresión *a rajatabla* en la letra *a*, no en la voz *rajatabla*.

Las remisiones aparecen otras veces al final de algunas entradas analíticas y de las entradas correspondientes al índice de argumentos. En ese caso toman la forma "□ Véase también:". Como se señala arriba, los verbos están seleccionados por los adverbios, pero a su vez seleccionan sustantivos. En muchas entradas analíticas verbales se proporcionan sustantivos en las clases léxicas, pero —en cuanto que estos verbos están seleccionados por expresiones adverbiales— se ofrece al final de la entrada este paradigma de adverbios precedido de la marca "■ *Se combina también con:*". Pueden verse, como ejemplos, las entradas *abolir*, *cultivar*, *desplazar*... Así pues, el cuerpo de la entrada analítica trata el lema verbal como *elemento seleccionador*, pero la referencia final lo trata como *elemento seleccionado*.

REDES podría contener, ciertamente, más entradas analíticas de las que contiene. Una de las razones por las que no se han añadido algunas es el hecho de que no conocemos con la necesaria precisión los límites que existen entre las clases léxicas que restringen los argumentos de esos predicados, ni tampoco los límites que existen entre los contextos restringidos por condiciones semánticas y los que obedecen más bien a propiedades discursivas que dan lugar a paradigmas mucho más extensos. Aun así, para resolver parcialmente este problema, REDES presenta algunas veces un nuevo tipo de entradas que llamamos *series abreviadas*. Así, el lector que consulte las voces *cumplidamente*, *esperanzador*, *detenidamente*, *acentuar*, *desaprovechar, electoralmente, frustrar(se), latente, bruscamente* o *enigmáticamente* sabe que está consultando predicados. Esperará entonces entradas analíticas en las que se presenten argumentos verbales en el caso de los adverbios, y nominales en el de los verbos; es decir, esperará una entrada analítica como tantas otras que este diccionario contiene. Lo que encontrará en su lugar —en estos casos y en algunos más— es una lista alfabética de argumentos sin descripción semántica de las clases en las que pueden agruparse, y también sin ejemplificación. Esta información está cerca de la que proporcionan habitualmente diccionarios como LTP o DE en todas sus entradas, pero es en cambio mucho menos específica que la que ofrecen las entradas analíticas de REDES. Tales listas alfabéticas se pueden ampliar, a veces sin dificultad, pero se proporcionan aquí porque los ejemplos que contienen se han considerado representativos y útiles para el usuario, sea o no hablante nativo de español.

Como se explica en las instrucciones de uso, la razón por la que se optó en estos pocos casos por ese *formato intermedio* (intermedio, se entiende, entre redactar una entrada analítica y borrar la entrada del lemario) estriba en que los criterios que habrían de delimitar las clases correspondientes no aparecían claros al estudiar las combinaciones –generalmente muy numerosas– encontradas en nuestro corpus[13]. En varias de estas entradas se perciben claramente algunas clases léxicas –como notará seguramente el lector atento–, pero los demás argumentos posibles, de los que aquí se ofrece solo una muestra, no permitían construir por el momento la entrada analítica correspondiente. Es posible, sin embargo, que a esos lemas corresponda una *entrada analítica*, en lugar de una *serie abreviada*, en una futura edición de esta obra. Todo ello quiere decir, en efecto, que nuestra comprensión de los factores que determinan la combinatoria léxica es desigual. Las series abreviadas proporcionan información léxica porque contienen un paradigma, pero no proporcionan información semántica ni pragmática porque no contienen ningún análisis. Ciertamente, esos predicados también restringen a sus argumentos, pero, como se ha explicado, los criterios lingüísticos que establecen la selección habrán de quedar para investigaciones ulteriores.

Este repaso a los tipos de entradas es útil, me parece, para mostrar que los fundamentos de REDES están en las relaciones predicado-argumento, y también para poner de manifiesto que el título de este diccionario debe interpretarse literalmente. REDES constituye, en efecto, un *conjunto de redes* léxicas y conceptuales de naturaleza tanto paradigmática como sintagmática.

Los lemas de las entradas analíticas de REDES fueron elegidos tras un estudio preliminar sobre la capacidad restrictora de unos cuatro mil predicados del español. Se desecharon muchos que no imponen otras condiciones limitativas a sus argumentos que las que se pueden caracterizar mediante restricciones selectivas o factores aspectuales muy poco específicos, y también otros algo más restrictivos que estos pero igualmente difíciles de reducir a paradigmas, como enseguida explicaré. Como se hace notar en las páginas de instrucciones, se describen en las *entradillas* de las entradas analíticas los paradigmas más extensos, y se proporcionan algunos ejemplos para ilustrarlos. Cuando las condiciones gramaticales que se describen en estas introducciones son de naturaleza sintáctica, también se ilustran muy someramente. En muchas entra-

[13] En unos pocos casos, sin embargo, REDES contiene series abreviadas muy cortas. Se trata de combinaciones inmediatas, generalmente sencillas, que se corresponden con un único grupo semántico fácil de establecer, como en la entrada *inseparablemente*, en *adoptivo* o en la serie de entradas que comienzan con la palabra *como*. El rasgo que caracteriza estas entradas es el hecho de que las combinaciones que contienen no están seleccionadas entre otras muchas posibles, sino que más bien constituyen series completas o casi completas.

das se pone de manifiesto, por ejemplo, que ciertos predicados se combinan con sustantivos contables en singular o no contables en plural. Véanse, por ejemplo, las entradas *a fuerza (de)* y *sobrado (de)*.

Es muy evidente que REDES contiene menos palabras que otros muchos diccionarios, pero en cambio la información combinatoria que ofrece sobre las voces que describe no se proporciona en otras obras lexicográficas. Tal vez llame la atención del lector el hecho de que REDES posea una entrada para la preposición *entre*, como se acaba de mencionar, pero no posea en cambio ninguna entrada para las preposiciones *con*, *para* o *contra*, entre otras. ¿Es que estas preposiciones –dirá alguien tal vez– no tienen interés? ¿Por qué existen entradas abreviadas, y no en cambio analíticas, para verbos tan comunes como *sentarse* o *pasear*? Estas son preguntas naturales que pueden surgir en relación con otros muchos posibles lemas que no aparecen en este diccionario. La respuesta es triple:

a) En primer lugar, el concepto apropiado no es 'el interés de una combinación', sino 'la naturaleza léxica de una restricción gramatical'. En la entrada correspondiente a la preposición *entre* o a las locuciones *al borde (de)* o *sin perjuicio (de)* se proporcionan clases léxicas y paradigmas (no completos, pero sí nutridos) que las ilustran. Es obvio que no se puede proceder de esta forma si la gramática admite cualquier sustantivo de cosa o de persona como término de una preposición o como complemento de un verbo. El funcionamiento de las preposiciones está restringido por un gran número de factores sintácticos y semánticos, muchos de ellos relativos al 'modo de acción', pero también a otros aspectos de la gramática. Esos factores son restrictivos, pero no son léxicos.

b) En segundo lugar –y tal como se indica en las páginas dedicadas a las instrucciones de uso–, el hecho de que una combinación de palabras sea frecuente no justifica su inclusión en REDES. Esta cuestión se retoma más detalladamente en el § 11. Algún lector podría entender que el verbo *sentarse* (o tal vez *sentarse (en)*) debería haberse incluido como lema de una entrada analítica. En ella –se diría tal vez– aparecían con las marcas ++ los sustantivos *silla*, *sillón* y *sofá*, pero en cambio *mesa* y *suelo* deberían aparecer con una marca de frecuencia menor, porque es menos habitual sentarse en esos lugares, que ni siquiera se consideran asientos. Como se explicó arriba, esa es exactamente la información que se intenta evitar en REDES, puesto que es claramente extralingüística. Como se señala en la introducción, el objetivo de REDES no es describir los comportamientos de los individuos, sino las propiedades combinatorias de las palabras. Sin embargo, REDES aspira a tener también una función didáctica, por lo que en algunos casos –poco numerosos– no se han excluido ciertas combinaciones comunes de algunas palabras cuya base pudiera ser extralingüística, siempre que se entendía que un hablante extranjero pudiera considerarlas útiles.

c) El tercer factor que justifica algunas ausencias en las entradas analíticas de REDES es el hecho de que la descripción de la combinatoria léxica es –inevitablemente– relativa a nuestro conocimiento de ella, como se ha hecho notar al presentar las series abreviadas. Este factor pesa menos en otros diccionarios porque no es habitual que las variadas formas de definir una palabra cualquiera den lugar a polémicas de índole teórica entre los lexicógrafos. Soy consciente, desde luego, de que se ha escrito mucho sobre la teoría y la práctica de la definición lexicográfica, pero por lo general no se detectan en esos estudios cuestiones tan polémicas como las que existen en torno a la naturaleza de los nombres eventivos, las clases aspectuales de predicados o las formas de relacionar los verbos de percepción con los de movimiento. REDES ofrece en formato lexicográfico un gran número de informaciones gramaticales, por lo que es lógico que las numerosas polémicas que la gramática conoce en relación con estas cuestiones se vean –en alguna medida– reflejadas en la descripción que aquí se presenta. Me refiero a algunas de estas cuestiones en las secciones siguientes a esta.

Otros predicados que no tienen entrada en REDES imponen restricciones semánticas no reductibles a términos extensionales. Así, el verbo *saber* no tiene entrada analítica en REDES, aunque sí una entrada corta en la que se presentan varias expresiones adverbiales. Eso no significa que este predicado no restrinja a argumentos, como ya se explicó en el § 1. Parece claro que los paradigmas que proporcionan las muy debatidas *preguntas encubiertas* (en inglés *concealed questions*) requieren hacer uso de recursos semánticos y pragmáticos que impiden definirlos extensionalmemte. Aun así, el lector podrá observar que al principio de las entradas analíticas correspondientes a los verbos *clarificar*, *deducir*, *desentrañar*, *desvelar*, *dilucidar* y algunos más, se menciona el problema de las *preguntas encubiertas* (llamadas a veces *interrogativas reducidas* en la bibliografía), y se pasa luego a describir otras informaciones que se pueden presentar en el formato que REDES establece.

En algunos casos, la entradilla de la entrada analítica termina con la expresión "destacan especialmente sus combinaciones con...". Esta fórmula se usa para dar a entender que puede haber otros grupos no recogidos en la entrada, aunque en todos los casos se procura dar cabida a los que se consideran fundamentales. Los lemas en los que se añade esta especificación suelen plantear algunos problemas, bien porque se conoce la existencia de otros grupos más difíciles de acotar, o porque existen dificultades de naturaleza discursiva que impiden una caracterización pormenorizada más completa que la que allí se ofrece.

Consideremos ahora las *referencias cruzadas a las voces*. En las instrucciones de REDES se presentó un ejemplo de estas entradas: *problema*. Como allí se señaló, estas entradas son el resultado de invertir las entradas analíticas; de hecho, la existencia de estos índices constituye la única razón de que los paradigmas contenidos en las entradas analíticas aparezcan numerados. Las *referencias cruzadas a las voces* son, por tanto, listas de argumentos agrupados por categorías gramaticales. Como puede verse, unas aparecen con número y otras sin él. Las palabras no numeradas tienen doble origen:

a) Muchas de ellas proceden de las introducciones (las *entradillas*) de las entradas analíticas, que contienen voces y ejemplos, pero no números.

b) Las demás voces no numeradas en estas entradas se han añadido manualmente, en particular siempre que se entiende que algunas combinaciones naturales y frecuentes pueden ser útiles para el usuario (sea o no hablante nativo del español), pero no pueden obtenerse automáticamente porque esas expresiones no tienen entrada analítica en REDES.

Las voces que se proporcionan en las referencias cruzadas a los argumentos no tienen flexión: aparecen en infinitivo si se trata de verbos, en masculino singular si se trata de adjetivos, y en singular y sin artículo si se trata de sustantivos (salvo que la forma singular no exista realmente, lo que sucede en muy pocos casos). Las referencias cruzadas que proceden de entradas analíticas mantienen, pues, la forma del lema; las que se añaden se asimilan a esta presentación escueta, sin rasgos morfológicos ni sintácticos. Ciertamente, podría haberse añadido, por ejemplo, información sobre el hecho de que los sustantivos que aparecen en estas entradas se usen con artículo o sin él, o los verbos con negación o sin ella, pero lo cierto es que no pocas de estas unidades se usan de ambas formas, a menudo con cambios de significación y en contextos diversos, como las gramáticas suelen explicar. Todas estas posibles adiciones hubieran tal vez enriquecido REDES, pero las referencias cruzadas hubieran pasado a ser pequeñas descripciones gramaticales, ciertamente, no *índices léxicos ampliados*, como son ahora. En realidad, las posibilidades de ampliar la información que contiene cualquier diccionario, sea combinatorio o no, pueden entreverse siempre. El caudal de información léxica no descrita antes que REDES contiene es considerable; las formas en que puede ampliarse son también relativamente evidentes, pero se trata de opciones que deben considerarse en el futuro.

Las voces que se describen en las entradas analíticas y en las referencias cruzadas a los argumentos participan a veces en combinaciones que también admiten sus *hipónimos*. Esta relación es particularmente frecuente en los conceptos a los que corresponde un *subdominio léxico:* deportes, enfermedades, alimentos, prendas, profesiones, etc. Así, como se explica en el § 10, sabemos que el verbo *practicar* se combina con sustantivos que designan deportes (todos los deportes, de hecho), profesiones, religiones y muy diversas actividades. REDES no puede presentar una lista de todos los deportes, ni de todas las profesiones o todas las creencias religiosas, aunque se plantee como objetivo describir la combinatoria del verbo *practicar.* Tampoco puede mencionar en la entrada de *contraer* todas las enfermedades infecciosas; en la de *acuñar,* todas las monedas presentes, pasadas o imaginables; en la de *iniciarse (en)*, todas las disciplinas; en la de *inhóspito*, todos los lugares; en la de *exteriorizar*, todos los sentimientos y todas las sensaciones, y en la de *tocar*, todos los instrumentos musicales.

Ciertamente, una forma de ampliar REDES consistiría en añadirle todas estas series, quizás en un apéndice, de forma que fuera posible remitir a ellas desde las entradas analíticas o desde las referencias cruzadas. No cabe ninguna duda de que REDES se puede completar de muchas formas: puede añadírsele una *ontología de subdominios léxicos* como esta que sugiero, pero también podría conectarse con un diccionario ideológico (tal vez del estilo del LLA), con un diccionario de ideas afines del estilo del DIA, con un diccionario de partículas como el DP, o de usos preposicionales, como el DUPE, con una base de datos léxicos del estilo de WordNet o del estilo de FrameNet, y con otros muchos proyectos de procesamiento del lenguaje natural que no resulta difícil imaginar. Por el momento, sus propósitos son más modestos, como se explica arriba. Obsérvese que en la entrada correspondiente a *derecho* no aparecen los adjetivos *romano*, *civil*, *canónico*, etc., sino *inalienable*, *legítimo*, *irrenunciable*, etc.; que en la entrada correspondiente a *asiático* no aparece *continente*, sino *lujo*; que en la de *perro* no está *pequinés*, pero sí *faldero*, y que en la de *dedo* no aparecen *pulgar*, *anular*, *índice* ni *meñique*, pero sí aparece *acusador*. REDES no pretende, en suma, proporcionar ontologías ni otras clasificaciones que corresponden a los diccionarios de ideas afines, pero en cambio pone especial atención en analizar la relación que existe entre los usos físicos de las palabras y los usos figurados. Las posibles ampliaciones y conexiones son muy claras, pero por el momento nos basta con suponer que las bases lingüísticas sobre las que REDES se ha construido son —en lo fundamental— correctas.

7. PROBLEMAS DE COMPOSICIONALIDAD. ASPECTOS SINTÁCTICOS DE LA COMBINATORIA LÉXICA

Algunos de los problemas que ha supuesto la elaboración de REDES tienen su origen en el hecho de que este diccionario ofrece información gramatical que debe ser presentada en formato lexicográfico. Es claro que en REDES se habla de gramática (quizás incluso en todas sus entradas), pero REDES no es un estudio del idioma presentado en el formato que corresponde a una investigación gramatical, sino un diccionario. Las dificultades surgen porque no siempre es sencillo –o siquiera posible– presentar la información gramatical en moldes lexicográficos. Los problemas sintácticos que se suscitan más frecuentemente en relación con esta dificultad son los llamados *problemas de composicionalidad*. Son problemas que se plantean cada vez que una condición selectiva es satisfecha por una estructura sintáctica compleja en lugar de por una pieza léxica. Estas situaciones se pueden presentar de varias formas, como explicaré a continuación.

El caso más sencillo, y en principio deseable, es aquel en el que el predicado que representa el lema selecciona un argumento que se puede caracterizar con una sola palabra. La mayor parte de los ejemplos que REDES proporciona pertenecen a este grupo, en el que no se suscitan problemas de composicionalidad. Surge una mínima complicación cuando la voz seleccionada es una locución. En este caso, REDES recoge igualmente toda la expresión compleja, no solo uno de sus componentes. Así, si el lector consulta la entrada *generosamente* comprobará que el número 5 no es *arrimar*, sino *arrimar el hombro*, es decir, toda la locución verbal. La descripción empieza a resultar más compleja cuando los rasgos relevantes que permiten la selección se conforman sintácticamente, en el sentido de que no es posible extraer la pieza léxica ya formada y presentarla como una locución.

Veamos un ejemplo de esta última situación. Es claro que el verbo *paliar* admite el sustantivo *abandono* y el sustantivo *desatención*, y también lo es que rechaza el sustantivo *atención*. Hasta aquí, la descripción procedería según lo previsto. Ahora bien, si resulta anómala la expresión **paliar la atención recibida*, es en cambio enteramente natural *paliar la escasa atención recibida*. Esta diferencia es tan relevante para la sintaxis como compleja para la lexicografía. El interés sintáctico se deriva del hecho de que la selección léxica es un proceso que relaciona núcleos sintácticos. Lo esperable, por tanto, es que un modificador no altere estos rasgos selectivos; pero, como vemos, sí puede alterarlos en ciertos casos. Desde el punto de vista lexicográfico no puede decirse que *atención* sea el argumento que expresa la noción seleccionada por *paliar*. Como solución intermedia, REDES da cabida en la entrada a la expresión *escasa atención*. Es cierto que esta expresión no es una *unidad léxica*, sino una *unidad sintáctica*, pero en cambio es una *unidad seleccionada*. REDES es un *diccionario de restricciones* *léxicas*, pero en los casos en que debe decidirse entre describir una restricción que no es léxica (*escasa atención*) y presentar como léxica una unidad que no está restringida (*atención*), hemos elegido la primera opción, como podrá comprobar el lector si consulta el número 81 de la entrada *paliar*. Como se ve, las propiedades selectivas que necesita satisfacer el complemento del predicado *paliar* no las aporta el sustantivo *atención*, sino el adjetivo *escaso*.

Este estado de cosas se reproduce en la gramática en varias situaciones. Nótese que ciertas expresiones adverbiales que modifican al verbo principal resultan ser responsables de la selección modal en las subordinadas sustantivas. Es posible decir, por ejemplo, *Pocas veces sucede que a uno le destinen a un trabajo que le gusta*, pero no se diría, en cambio, **Muchas veces sucede que a uno le destinen a un trabajo que le gusta*. Es claro que el subjuntivo resulta rechazado en la segunda oración, y que el indefinido *pocas* es el responsable de su presencia en la primera, pero esta palabra no es el núcleo del predicado. Como se ve, *pocas veces* modifica las posibilidades selectoras de *suceder*, mientras que en el ejemplo de *escaso* contenido en REDES (entrada *paliar*), este adjetivo modifica la capacidad de *atención* para ser seleccionado, no para seleccionar.

Así pues, la diferencia entre el ejemplo de *pocas* y el de *escaso* consiste en que la determinación composicionalidad afecta en el primer caso al elemento selector y en el segundo, al elemento seleccionado. REDES ofrece pocos testimonios del primer tipo de composicionalidad, pero contiene varios del segundo. Consideremos el uso del verbo *venir* en el que admite complementos de infinitivo encabezados por la preposición *en*. Como se observa en la entrada *venir (en)*, grupo C, es posible establecer aquí una clase léxica con verbos que denotan acuerdo o coincidencia (*vinieron en coincidir, vinieron en estar de acuerdo*), entre otros grupos posibles. Ahora bien, como muestra REDES, la información necesaria para que un sintagma de infinitivo pueda pertenecer a este grupo la puede aportar el adjetivo *mismo: Vinieron en hacer la misma política* (= *venir (en)* 11). Las propiedades sintácticas y semánticas del adjetivo *mismo* o sus equivalentes en otras lenguas se han estudiado con mucho detalle en los últimos años, pero no se ha analizado en cambio su efecto en las estructuras de selección (recuérdese que en el § 4 se hacía una reflexión similar en relación con el aspecto léxico). A eso se añade que no es solo el sintagma nominal correspondiente a *política* el que se ve afectado, sino el sintagma de infinitivo al que este se subordina. Es más que evidente que *hacer la misma política* no es una pieza léxica, pero el formato de REDES no permite otra solución lexicográfica que la que ofrece a este problema de composicionalidad.

Koike (2001) ha observado varios casos similares de selección composicional. Así, en su ejemplo *Estamos atravesando circunstancias críticas*, es claro que la información que *atravesar* exige la proporciona el adjetivo *críticas*, no el sustantivo *circunstancias:* no se diría **Estamos atravesando circunstancias*, sino *Estamos atravesando una crisis*. Tampoco en *condenar la ola terrorista* (igualmente proporcionado por Koike) es el sustantivo *ola* el seleccionado, sino su modificador adjetival. Es posible añadir otros ejemplos similares: *Se hallaban al borde de una situación peligrosa* (= *Se hallaban al borde de un peligro*), *En caso de comportamiento improcedente* (= *En caso de improcedencia*). Aparece otra estructura del mismo tipo en EME120295: *El lado inquietante del pronóstico estriba en que España llegará a esa posición creciendo solo tres décimas más de lo esperado* (= *La inquietud estriba en que...*). En Bosque (2001c) llamo *nombres ligeros* a sustantivos como *circunstancia*, *momento*, *lado* y otros similares, y doy alguna pista sobre las formas en que se podría solucionar este complejo problema sintáctico. Sugiero allí además que, en realidad, todas las paráfrasis adverbiales del tipo *de manera* + *A*, *de modo* + *A*, etc., ponen de manifiesto el mismo problema: es evidente que en *influir de manera decisiva* no existe ninguna relación semántica entre *influir* y *manera*, pero sí existe entre *influir* y *decisiva*.

Como se explica en la descripción de las convenciones usadas en REDES, hemos incluido entre los ejemplos de predicados adverbiales no solo adverbios en *–mente*, sino las expresiones *de manera A*, *de forma A*, *de modo A* (donde *A* significa 'adjetivo') cuando el corpus no proporcionaba, por simple azar, la combinación buscada con el adverbio en *–mente.* El lector observará, por ejemplo, que en la entrada *civilizadamente* 21 aparece el verbo *solucionar*, pero el texto que ilustra la combinación no contiene este adverbio, sino la paráfrasis *de forma civilizada*. Hubiera sido posible, desde luego, construir un ejemplo *ad hoc* con la marca INDOC para evitar que la entrada contuviera esta paráfrasis, pero un diccionario combinatorio del español no puede ocultar que existen numerosos casos de selección composicional, absolutamente comunes en estructuras sintácticas como las que se describen arriba.

Vale la pena insistir en que todos estos problemas son sintácticos, sin la menor duda, pero también son problemas relativos a la selección léxica, y por tanto REDES no puede escaparse de ellos. Ciertamente, la solución técnica que se les pueda dar es relativamente independiente del hecho de que la descripción de las relaciones de selección no puede llevarse a cabo como si no existieran. REDES opta, por tanto, por mostrar en sus entradas *bloques sintácticos* cuando el elemento seleccionado no es –frente a lo que sería de esperar– el núcleo de la construcción.

Supongamos que queremos analizar sintácticamente la expresión *una mezcla de respeto y compasión*. Parece a primera vista que se trata de un sintagma nominal en el que el complemento preposicional *de respeto y compasión* modifica y restringe al sustantivo *mezcla.* Pero este análisis no puede ser correcto. Nótese que se diría con naturalidad *Sentía por él una mezcla de respeto y compasión*, pero no se diría, en cambio, **Sentía por él una mezcla*. Este hecho muestra que la estructura tiene puntos de contacto con las aposiciones del tipo de *el tonto de Juan*, y que se da en ella la relación atributiva que las caracteriza, puesto que la expresión *respeto y compasión* designa el contenido que corresponde a 'una mezcla'. Pero lo que interesa resaltar aquí sobre todo es el hecho de que el verbo *sentir*, que hemos elegido para seleccionarla, accede directamente al complemento del sustantivo *mezcla;* es decir, selecciona el complemento coordinado de ese sustantivo pasando por encima de él. Esta misma situación se produce en otras expresiones que contienen complementos clasificativos (*doblar cierto tipo de papel*), y en manifestaciones de la relación parte-todo (*leer el final del libro*). Así pues, en la expresión *leer el final del libro* la selección léxica se establece entre *leer* y *libro*, no entre *leer* y *final*.

Como puede verse, el análisis de los contextos de selección ha de estar atento a la estructura sintáctica de las oraciones. Más aún, la estructura sintáctica de las oraciones ha de establecerse de forma que sea compatible con los procesos de selección, puesto que hemos de suponer que la relación 'predicado-argumento' sigue dándose en estos casos, así como la relación sintáctica que debe establecerse entre el núcleo selector y el núcleo seleccionado. Los problemas de composicionalidad pueden ser incluso mucho más complejos. Consideremos el adverbio *ordenadamente*, cuyo significado es suficientemente transparente. Una propiedad interesante de este adverbio es que a menudo exige rasgos de pluralidad en los argumentos del predicado al que modifica: resulta extraño decir *El niño entró ordenadamente en la clase*, pero es muy natural, en cambio, *Los niños entraron ordenadamente en la clase*. Podemos suponer que este rasgo de pluralidad hay que buscarlo en un argumento del verbo, como en *colocar ordenadamente los libros* (no *el libro*) o en *disponer ordenadamente la bibliografía*. Pero es perfectamente posible construir expresiones como *organizar ordenadamente la evacuación de los heridos*. El rasgo de pluralidad es necesario (no se organiza ordenadamente la evacuación de un herido), pero no lo encontramos en el sustantivo *evacuación*, es decir, en el núcleo del sintagma nominal, sino en su complemento. La estructura no puede asimilarse a las relaciones clasificativas o de parte-todo mencionadas arriba, por lo que constituye un problema sintáctico de cierta envergadura. Las construcciones del tipo *advertir la proximidad de algún peligro*, mencionadas por Koike (2001), representan un problema similar.

REDES contiene un gran número de predicados complejos como elementos selectores, entre ellos muchas locuciones adverbiales. Sin embargo, debe reconocerse que la forma en que se presentan algunas de ellas en REDES puede no ser la única opción que la sintaxis admite. Consideremos el caso de la llamada *comparación prototípica*. Como se ha puesto de manifiesto en la abundante bibliografía que existe sobre este tipo de comparación[14], las comparaciones prototípicas admiten no pocas variantes sintácticas: *terco como una mula*, *más terco que una mula*, *tan terco como una mula*, *una mula sería menos terca que él*, etc. La comparación prototípica se recoge en REDES porque, como se pone claramente de manifiesto en el DEC y en otras obras, constituye una manifestación léxica estereotipada de la cuantificación de grado que varía en función del predicado intensificado. Así pues, a *como una mula* corresponde una entrada en REDES en la que se proporcionan los escasos adjetivos que suele cuantificar. Existe, por tanto, un proceso de selección léxica análogo a otros muchos que REDES describe. No es posible, sin embargo, dar cabida en REDES a todas sus posibles variantes en las construcciones comparativas de igualdad y desigualdad, entre ellas las que se mencionan arriba. Esta es, sin duda, otra limitación de la descripción lexicográfica cuyo origen está en otro aspecto de la composicionalidad de las relaciones sintácticas.

La selección léxica que se describe en REDES pone de manifiesto también que existen algunos problemas sintácticos más estrechamente relacionados con la naturaleza semántica de esos procesos. Siempre que es posible entender una combinación léxica seleccionada como unidad lexicalizada, REDES la presenta de esta manera. En el § 1 se ha mencionado la entrada léxica correspondiente al adverbio *profundamente*. Este adverbio no se combina con verbos de logro, como *caerse* o *llegar*. Es obvio que no se dice **Llegó a su casa profundamente*, pero nótese que resulta enteramente natural decir que algo nos "llega profundamente al corazón". En REDES hemos adoptado en estos casos una solución fraseológica, que consiste en decir que *llegar al corazón* es un tipo de unidad idiomática (o semiidiomática), puesto que *corazón* no alterna libremente con otros sustantivos. Ahora bien, una cosa es asignar valor idiomático a una expresión, es decir, interpretarla como unidad lexicalizada extraída como tal del léxico, y otra muy distinta asignarle un significado convencional que resulta de su interpretación composicional en la sintaxis. Intentaré explicar por qué estos dos conceptos son diferentes. Considérese el adverbio *afirmativamente*. Resulta absolutamente natural la expresión *mover la cabeza afirmativamente*, y un tanto extraña, desde luego, la expresión *mover la silla afirmativamente*. Nótese ahora que de esto no se deduce que *mover la cabeza* sea una locución verbal de ninguna clase. No aparece en ningún repertorio de locuciones verbales y no sería correcto incluirla en ellos. Parece, pues, que *mover la cabeza* no es una locución, sino una expresión verbal que designa un gesto. Las locuciones se interpretan de forma no composicional, pero no hay nada en esta expresión que vaya en contra de esa composicionalidad o —dicho en los términos habi-

[14] Pueden verse, entre otros muchos trabajos, Morales Pettorino (1995-1996), Marques Ranchhod (1996), García Page (1996), Vietri (1990) y Millán (2002).

tuales de la lexicografía– que ponga en duda el *sentido recto* de esta combinación de palabras. Nótese que la expresión *mover la cabeza afirmativamente* resultaría extraña si no usáramos en nuestra cultura ese gesto para asentir, algo muy distinto de decir que resultaría extraña si no perteneciera al paradigma de las locuciones verbales. Ello significa que no hay seguramente nada irregular desde el punto de vista sintáctico en ejemplos estrambóticos como *mover afirmativamente la silla*, en el sentido de que su irregularidad no se debe tanto a la estructura de la gramática como a ciertas convenciones culturales comunes a todos los hablantes. Como comprobará el lector, la combinación número 10 de la entrada *afirmativamente* es *mover la cabeza*.

Otro ejemplo similar de la diferencia que existe entre asignar un valor idiomático a una combinación y dar una interpretación convencional a una acción es el que pone de manifiesto el adverbio *democráticamente*. Nadie diría seguramente **Juan llegó a su casa democráticamente*, pero a todos nos resulta natural decir *El presidente llegó al poder democráticamente*. ¿Cómo se restringe entonces la capacidad selectiva del adverbio *democráticamente*? Este adverbio tiene entrada analítica en REDES. Si se examina, se comprobará que varias clases léxicas descritas allí se definen con criterios semánticos, como en el caso de los verbos de decisión o de elección. Como antes, la expresión *llegar al poder* no constituye ninguna locución verbal, pero la acción que designa se interpreta como un cierto logro similar a otros que el adverbio *democráticamente* elige preferentemente, como se puede comprobar en la entrada correspondiente.

REDES pone de manifiesto otros problemas de composicionalidad que no es posible describir aquí. Los que he presentado arriba me parecen suficientemente representativos, pero me doy cuenta de que podrían constituir para algunos un argumento a favor de que REDES ha elegido el 'formato equivocado', en el sentido de que ha disfrazado con ropaje de diccionario lo que en realidad son contenidos enteramente gramaticales. Creo que no es así. El análisis del léxico es hoy en día tarea inexcusable de los gramáticos en un gran número de corrientes y escuelas de orientación formal, funcional, cognitiva y de otros tipos. En todas esas aproximaciones se reconocen los vínculos estrechos, estrechísimos, que existen entre los contenidos que debe explicar el gramático y los que corresponden al lexicógrafo. Al lado de esta estrecha proximidad conceptual, reconocida por todos en la lingüística contemporánea, los 'problemas de formato' ocupan, me parece, un lugar secundario. No sé si el intento de descripción que REDES representa podría ser visto por algunos como una intrusión de los gramáticos en el campo de los lexicógrafos. Desde luego, todos los que nos ocupamos habitualmente de problemas gramaticales deseamos vivamente que los lexicógrafos se aproximen a las materias que nos interesan, puesto que no nos cabe ninguna duda de que su punto de vista nos resultaría sumamente enriquecedor.

8. FACTORES SEMÁNTICOS Y FACTORES PRAGMÁTICOS. EXTENSIONES DE LOS PARADIGMAS LÉXICOS

En la sección anterior se ha comprobado que los límites entre las combinaciones que proporcionan las piezas léxicas y las que proporcionan las estructuras sintácticas son a veces difusos. También se ha mostrado que ciertas combinaciones pueden designar eventos a los que corresponde un determinado valor social en cierta forma estereotipado o convencional, y que esa interpretación resulta ser muy distinta de la que se obtiene si se analizan como unidades fraseológicas.

Las clases léxicas que se describen en REDES son casi siempre *clases semánticas*. Algunas de ellas coinciden, de hecho, con clases tradicionales: verbos de percepción, de movimiento, de pensamiento, de influencia, sustantivos de representación, de sentimiento, de lugar o de persona, entre otras muchas clases análogas. Nótese que estas clasificaciones no introducen clases pragmáticas. Una prueba de ello es el hecho de que permiten formar paradigmas restrictivos, aunque no sean necesariamente paradigmas cerrados. Esta propiedad es sumamente relevante para los propósitos de REDES porque, cuando estos paradigmas no pueden formarse, los predicados no pueden tener entrada en el diccionario. Explicaré esta diferencia con mayor detalle a continuación.

Consideremos estas cuatro locuciones adverbiales: *a la larga*, *de pie*, *de memoria* y *a toda costa*. Todas se definen en los diccionarios y todas tienen un sentido sumamente preciso. Todas pueden, además, modificar a algún verbo, y concebirse por tanto como predicados de ciertos eventos. Ahora bien, las dos primeras no tienen entrada en REDES, mientras que las dos últimas sí la poseen. Esta decisión no es arbitraria. Se debe a que los paradigmas verbales que podrían formarse para las dos primeras no se pueden restringir con criterios semánticos, mientras que los que se pueden construir para las dos segundas sí pueden restringirse de esa manera. En efecto, supongamos que nos proponemos como tarea definir las características que tendrán en común todos los verbos (o los predicados verbales) que puedan ocupar el lugar de V en la expresión *A la larga*, *V*. Es casi seguro que fracasaremos en nuestro intento, más aún si recordamos que *a la larga* significa, como señala el DRAE, 'pasado mucho tiempo'. Si intentamos hacer lo mismo en el contexto *V de pie* nos vendrán a la cabeza toda suerte de acciones y procesos que es posible llevar a cabo en esa posición (*esperar, comer, pensar, mirar, aguantar, fumar, cansarse,* etc.). Tal vez dejaríamos fuera los estados, pero no parece que pudiéramos restringir mucho más nuestro casi ilimitado paradigma. Si repetimos la tarea con *de memoria* y con *a toda costa*, obtendremos en cambio ciertas generalizaciones, que podrán ser del estilo de las que sugiere REDES en sus entradas correspondientes, o tal vez diferentes. En cualquier caso, ante estas dos locuciones tendríamos algo que proponer, pero ante las dos primeras no es probable que pudiéramos presentar ninguna generalización basada en los rasgos que comparten los miembros de un paradigma.

Esta diferencia no es trivial. Pone de manifiesto que dentro de una misma clase léxica (las locuciones adverbiales) se distinguen aquellas que restringen cierto tipo de eventos en las condiciones que se introdujeron en el § 6, de las que no poseen esa capacidad. Pero en realidad todos los predicados están sujetos a una división similar. Es lógico, por tanto, que REDES no contenga una entrada analítica para el verbo *golpear*, ni para el adjetivo *alegre*, ni para la preposición *para* ni para el adverbio *deprisa* (aunque los dos primeros sí poseen entrada abreviada). Tampoco encontrará el lector una entrada en REDES para la conjunción *pero* o para el adverbio *incluso*. Se discute a veces si estas unidades tienen complemento o no (es decir, si son o no núcleos), pero es claro que no tienen argumentos. No intervienen, por tanto, en ningún proceso de restricción léxica como los que se describen en este diccionario, por lo que no tendría sentido que formaran parte del lemario. Análogamente, es obvio que los adverbios de modalidad (*lamentablemente*) no son predicados de los eventos, por lo que tampoco pueden tener entrada en REDES. En esta sección quisiera introducir alguna reflexión sobre la forma en que los paradigmas léxicos que REDES contiene se pueden alargar a veces con ciertas informaciones de naturaleza discursiva. Cuando esto sucede, la ampliación no es casual ni arbitraria, como en seguida explicaré.

Consideremos la clase que forman sustantivos como *frontera*, *orilla*, *límite* y otros similares. Esta es una clase semántica. En REDES se muestra que los elementos de esta clase son complementos del verbo *bordear*, y como tales se describen en la entrada analítica correspondiente a este verbo. Ahora bien, es claro que *bordear* admite otros sustantivos que no forman parte tan claramente de este paradigma. Se puede decir de alguien que bordea la cincuentena o que bordea la jubilación. En la entrada analítica de *bordear* se hace constar que se admiten entre sus complementos sustantivos que designan ciertas "etapas vitales que se tienen por limítrofes". Ciertamente, no parece que esta información sea estrictamente semántica. El concepto de "etapa limítrofe" no permite construir una clase semántica análoga a las que se manejan en la mayor parte de las entradas del diccionario, pero pone de manifiesto que el paradigma formado por *frontera*, *orilla* o *límite* puede ser *ampliado* haciendo encajar en él sustantivos que designan nociones que el hablante puede interpretar como tales.

Me interesa resaltar, sobre todo, que esta ampliación constituye *una operación atributiva implícita*, puesto que al llevarla a efecto se predica de la cincuentena y de la jubilación el constituir límites o fronteras. La ampliación del paradigma puede ser considerada, ciertamente, una operación pragmática o discursiva. Nótese que el primer paradigma sigue siendo de naturaleza semántica, puesto que el concepto de 'límite' forma parte de la *intensión* de todos los elementos que lo forman. En el segundo caso, estos sustantivos reciben esa marca mediante una atribución implícita. El hablante –o quizás el idioma, puesto que esa atribución está parcialmente codificada– les asigna el rasgo que define el paradigma, con lo que dichos sustantivos pasan a formar parte de él.

La situación que se describe para el verbo *bordear* se aplica a otros muchos predicados que dan lugar a razonamientos muy similares. La ilustra con igual claridad el verbo *saltarse.* Este verbo se combina fundamentalmente con sustantivos que designan obstáculos (*barrera, protección, freno, cerrojo, impedimento...*), obligaciones (*compromiso, promesa...*), y vías o estadios que han de seguirse en alguna sucesión (*paso, trámite, turno...*). Estos paradigmas se pueden construir con bastante objetividad. Obsérvese además que algunos sustantivos temporales contienen léxicamente esa marca de obligación: *saltarse los plazos*, *los tiempos*, etc. De hecho, sabemos que un plazo no es sino un tiempo acotado, restringido o forzado que se designa para alguna tarea. También las señales de tráfico, que se mencionan en la introducción de la entrada correspondiente a *saltarse*, se asimilan conceptualmente, sin ninguna dificultad, a los obstáculos. Podemos suponer, por tanto, que existe la clase semántica de los nombres que denotan obstáculo y la de los que denotan obligación. Sería, pues, de esperar que el concepto de 'obstáculo' –o alguna variante léxica o parafrástica suya– formara parte de la definición de *barrera* o de *cerrojo*, y que la noción 'obligación' estuviera igualmente asociada a la intensión de las palabras *compromiso* o *trámite*.

Pero, como en el caso de *bordear*, también aquí es posible realizar una extensión del paradigma que resulta igualmente natural. Es claro que uno puede saltarse tres páginas de una novela, una reunión, una clase, un almuerzo de trabajo o toda la tradición. También lo es que esas expresiones son posibles porque todos esos sustantivos se pueden interpretar de forma natural como obstáculos en algún curso. La diferencia entre los dos paradigmas estriba, como se comprueba, en que un plazo o un trámite son *inherentemente* 'objetos de obligación', mientras que las páginas de la novela no pueden ser asimiladas a ninguna clase *semántica* de esta naturaleza. Como sucedía en el caso de *bordear*, el rasgo que resulta relevante forma parte de la *intensión* del concepto en el primer paradigma, mientras que en el otro (el paradigma extendido) tan solo pasa a tenerlo como consecuencia de la *operación atributiva* que se describe en los párrafos anteriores[15].

REDES da entrada, como se ve, a los predicados que permiten formar paradigmas de estas dos maneras, aunque solo describe parcialmente, como es lógico, el

[15] En cierto sentido, esta operación atributiva es una variante de lo que Pustejovsky (1995) llama *coerción*, que en realidad no es –usando una terminología más tradicional– sino un proceso de *recategorización*.

paradigma extendido, generalmente en la parte introductoria de las entradas analíticas. No sería equivocado caracterizar el primero como un *paradigma de base semántica*, y el segundo como un *paradigma de base pragmática* o *discursiva*, siempre y cuando esas etiquetas nos permitieran identificar las características lingüísticas que los distinguen. Quiero decir que la diferencia fundamental estriba en que los rasgos intensionales del primero "vienen con las palabras", es decir, forman parte de su naturaleza léxica, mientras que los que caracterizan el segundo los asigna el hablante en un proceso de predicación implícita. Cuando el paradigma que se puede definir intensionalmente es muy breve y el paradigma ampliado es muy largo, REDES opta por excluir la palabra del lemario por razones estrictamente lexicográficas, es decir, porque la entrada analítica correspondiente no se podría construir. Proporciona un ejemplo de esta situación el adjetivo *indispensable*, que no tiene entrada en REDES. Nótese que el primer paradigma lo forman los sustantivos *condición* y *requisito*, mientras que el segundo lo componen centenares de nombres que designan objetos, acciones, procesos, sucesos y estados sumamente variados: *la firma del contrato*, *el regreso de las tropas*, *la mesa del comedor*, *la reforma de las estructuras*.

El hecho de que estos dos paradigmas se puedan construir igualmente en el caso de los adverbios confirma que los predicados de individuos y los de eventos deben analizarse, en lo fundamental, con los mismos recursos, estrategia que –como he señalado antes– REDES aplica sistemáticamente en sus entradas analíticas. Considérese el paradigma que forman verbos como *buscar*, *pretender*, *intentar*, *tratar*, y otros de los llamados habitualmente 'verbos intensionales' en la semántica contemporánea. Este paradigma proporciona una de las clases léxicas de la entrada correspondiente al adverbio *inútilmente.* Las demás clases que describe la entrada se caracterizan por mostrar rasgos prospectivos similares. Como en los ejemplos anteriores, también aquí podemos construir otro paradigma aplicando el proceso predicativo descrito someramente como se indica arriba. Obsérvese que ello nos permite entender automáticamente por qué el que dice *Recorrí inútilmente todas las tiendas de la ciudad* está diciendo que no encontró algo que buscaba. Esa información no forma parte de la definición de *recorrer*, ni de la de *inútilmente.* No es suficiente tampoco argumentar que tal inferencia se debe al simple 'sentido común' (salvo, obviamente, en la interpretación amplia de *Pragmática* según la cual toda ella viene a constituir un conjunto de representaciones explícitas del sentido común). Desde el punto de vista que se sugiere arriba, la inferencia que se describe es una consecuencia automática del hecho de que *recorrer las calles* ha pasado a formar parte del paradigma al que pertenece *buscar* y otros verbos que tienen en común la prosecución de acciones dirigidas a lograr un fin (véase la entrada *inútilmente*).

Como se ve, el proceso es el mismo que permitía que *jubilación* y *cincuentena* pasaran a formar parte del paradigma que encabezaba *límite*, como vimos. Si intentamos ampliar el segundo paradigma que corresponde a *inútilmente* con un verbo que designe alguna acción que no persiga una finalidad, lo esperable es que el resultado sea poco natural. Si un amigo me dice *Ayer por la tarde estuve un rato paseando inútilmente por el parque que hay delante de mi casa*, me quedaré seguramente un tanto perplejo. Luego intentaré por todos los medios que el verbo *pasear* pase a formar parte del conjunto de verbos que denotan acciones que persiguen un objetivo como parte de su naturaleza intrínseca. Para lograrlo, pensaré seguramente que toda acción voluntaria puede tener un fin, y finalmente caeré tal vez en la cuenta de que mi amigo me quería decir que su paseo por el parque responde a un tratamiento facultativo que no acaba de funcionar.

Es obvio que REDES no es un estudio de los mecanismos de razonamiento que llevamos a cabo en la comunicación verbal. Aun así, he intentado mostrar someramente que los que investigan estos mecanismos pueden extraer de sus páginas materia suficiente para sus disquisiciones. No se me oculta, por otra parte, que en la teoría lingüística contemporánea existe un marcado desacuerdo entre los autores que aceptan alguna división entre semántica y pragmática, y aquellos otros que no creen que sea posible marcar límites entre ellas, o siquiera intentar establecer la distinción. Mi punto de vista está más cerca de la primera opción, por las razones que he expuesto. A. Zuluaga usa una analogía que comparto absolutamente: una cosa es reconocer que no es posible fijar con minutos y segundos la hora a la que el crepúsculo deja de serlo para convertirse en noche, y otra muy distinta es decir que los conceptos de 'crepúsculo' y 'noche' no tienen significado claro en la lengua española. Insisto, pues, en que no pretendo sugerir que establecer paradigmas de naturaleza semántica sea sencillo, ni automático, ni siquiera posible en todos los casos, sino más bien mostrar que los paradigmas que podemos construir para explicar la combinatoria léxica son de dos tipos. Si fueran solo del primero (*paradigmas de base semántica*), la 'capacidad de elegir' de la que hablo en las primeras líneas de este estudio quedaría, ciertamente, reducida al mínimo. Si fueran solo del segundo tipo (*paradigmas de base pragmática o discursiva*), REDES no se habría podido construir nunca.

9. LOS NUEVOS EPÍTETOS. LA REDUNDANCIA LÉXICA COMO FORMA DE CONCORDANCIA

Los estudios clásicos sobre el epíteto, y muy especialmente el de Sobejano (1970), suelen resaltar que esta forma de redundancia característica del lenguaje literario no es desconocida por la lengua común, pero lo cierto es que el papel que desempeña en ella no ha sido investigado con el mismo detalle con el que se ha examinado su contribución a la lengua artística. Existen muchas clasificaciones de los epítetos, pero para mis propósitos en esta presentación será suficiente con mencionar dos tipos: el llamado epíteto *objetivo* o *propio* aporta una cualidad presente inherentemente en el sustantivo, como en:

> *blanca nieve, sol ardiente, nube pasajera, noche oscura, pupilas húmedas, suave brisa, triste llanto, blancos dientes, oscuras golondrinas, pasión desbordante, clara luz, viento raudo, redonda esfera, roca dura*

Una segunda clase de epítetos agrupa usos igualmente extendidos, pero *circunstanciales* o generalizados de acuerdo con estereotipos culturales, es decir, no necesariamente redundantes desde el punto de vista de las características definitorias de las nociones nominales a las que se aplican, aun cuando designen propiedades generalmente asumidas por el conjunto de la comunidad:

> *brioso corcel, espeso bosque, helado invierno, clara fuente, arroyo cristalino, vana arrogancia, vistoso plumaje, veneno mortal, gallardo mancebo, diligentes hormigas, mansas ovejas*

Este segundo grupo de epítetos, ciertamente *lugares comunes*, ilustra un concepto fundamental sobre el que diré algo más en el § 13. Así pues, 'el ser blanca' es una cualidad esencial de la nieve (grupo primero), pero 'el ser vistoso' no es un rasgo definitorio de los plumajes (grupo segundo), aunque sí un rasgo que le atribuye la costumbre o una característica que esperamos de ellos. También las rocas son inherentemente duras (grupo primero), mientras que son muchos los arroyos que no son cristalinos, sin dejar por ello de ser arroyos (grupo segundo). Si la brisa (grupo primero) deja de ser suave y pasa a ser huracanada, deja también –en sentido estricto– de ser brisa, pero si un veneno (grupo segundo) no es mortal, no deja por ello de ser veneno. Los límites entre uno y otro grupo no están, desde luego, enteramente claros, puesto que apuntan en último extremo a la diferencia que existe entre la necesidad conceptual y la convención cultural. Aun así, la distinción me parece correcta en lo fundamental y –ciertamente– se aplica a la lengua no literaria, como se pone de manifiesto en REDES.

Consideremos primero el epíteto objetivo. Las escasas referencias que se suelen hacer a estos epítetos en la lengua común acostumbran a ser condenatorias desde el punto de vista normativo. La redundancia que aportan, se dice, puede estar justificada como recurso literario (el llamado *pleonasmo*), pero como el objetivo de la lengua ordinaria no es crear efectos estéticos, su presencia en ella es ociosa. Las conclusiones que se obtienen al examinar atentamente la información que proporciona

REDES son muy distintas. Consideremos, por ejemplo, el adjetivo *brusco*. Como se muestra en REDES, este adjetivo se combina habitualmente, entre otros, con sustantivos como los siguientes:

> *frenazo, volantazo, viraje, acelerón, parón, encontronazo, sacudida, empujón, irrupción, arrancada, vuelco, quiebro, derrumbe, brinco*

Si se consulta la entrada correspondiente a *desbordante*, se encontrarán, entre otros, estos sustantivos:

> *vitalidad, pasión, entusiasmo, expansión, creatividad, despliegue*

Si el lector decide echar un vistazo a la entrada correspondiente a *desmesurado*, encontrará, entre otros sustantivos, los siguientes:

> *avidez, ambición, exageración, ostentación, exceso, pompa, ínfulas, megalomanía*

Si prefiere examinar la de *instintivo*, encontrará, entre otros, estos sustantivos:

> *espontaneidad, reflejo, pronto, arrebato, impulso*

No son, desde luego, ejemplos aislados. El lector puede hacer las búsquedas por su propia cuenta y descubrir por sí mismo que las combinaciones redundantes (en mayor o menor medida) recorren REDES de principio a fin, como muestran abrumadoramente los textos. Ciertamente, no parece posible que –en situaciones normales– los frenazos puedan ser suaves, los acelerones tibios, los despliegues contenidos, los entusiasmos comedidos, la espontaneidad calculada o las ínfulas circunspectas. A la vez, cada uno de estos adjetivos aparece en REDES en combinaciones no redundantes: *brusco* admite *cambio; desmesurado* acepta *alegría* e *instintivo* se combina con *gesto*, entre otras muchas opciones no redundantes que se ilustran en esta obra.

REDES pone claramente de manifiesto que, lejos de ser un ornato de la lengua literaria o un vicio de la lengua ordinaria, el epíteto (o, más exactamente, la redundancia léxica) es un rasgo de la lengua común. Antes de introducir algunas reflexiones sobre la naturaleza de esta redundancia, quisiera mostrar que los ejemplos que he presentado no están aislados en REDES. Es más que probable que el lector que abra el diccionario al azar encuentre alguna combinación que le resulte natural, y a la vez redundante o pleonástica en mayor o menor medida. Estas son algunas de las muchas que se ilustran en el diccionario (subrayo el predicado seleccionador):

imponer unilateralmente, cándida ingenuidad, utopía inalcanzable, planear de antemano, avatares impredecibles, esbozar en líneas generales, sucinto vistazo, atisbar vagamente, frenético trasiego, inexcusable compromiso, enigma insondable, rastrear palmo a palmo, especulación sin fundamento, improvisar a bote pronto, clamar vigorosamente, ultraje vejatorio, accidentada peripecia, ritmo acompasado, estimación aproximada, pregonar a voces, aventurar una conjetura, irrumpir arrolladoramente, ensoñación borrosa, sugerir entre líneas, chirrido estridente, exageración desmesurada, moda imperante, acoso implacable, encarar frontalmente, imparable verborrea, enfrentarse cara a cara, vana pretensión

El que repase esta lista con atención notará que la expresión subrayada aporta siempre cierta información que está presente también en el elemento al que acompaña. Así pues, todas estas combinaciones son redundantes. A la vez, se trata de expresiones sumamente comunes que difícilmente podrían ser tachadas de incorrectas o de censurables. REDES muestra además que no es solo algún argumento dentro de las entradas analíticas el que pone de manifiesto esta situación de redundancia, frente a los demás de su serie, sino que la redundancia se extiende a paradigmas más amplios de esas mismas entradas. He aquí algunos ejemplos, todos descritos en REDES:

fugaz: destello, resplandor, alusión, mención...
enrevesado: trama, intriga, embrollo, madeja...
detalladamente: especificar, desglosar, desgranar, concretar, enumerar...
abusivamente: acaparar, apropiarse, dominar, imponer...
a los cuatro vientos: pregonar, gritar, vocear, alardear...
armoniosamente: confluir, casar, combinar, encajar...
brevemente: resumir, recapitular, sintetizar...
desenfrenado: lujuria, gula, orgía, ajetreo...
machaconamente: repetir, insistir, recalcar, remarcar...
repetidamente: reiterar, incidir, insistir...
miméticamente: copiar, imitar, reproducir, repetir...
manifiestamente: mostrar, revelar, descubrir, expresar, aparecer...
sin contemplaciones: aplastar, arrasar, arremeter, fustigar, vapulear...

Repárese en que no resulta enteramente lógico el argumento tradicional según el cual la redundancia es admisible en la lengua literaria porque persigue efectos artísticos, pero condenable en la no literaria porque no los persigue. El problema fundamental de este argumento es que parece dar por sentado que sabemos establecer los límites entre la lengua literaria y la no literaria, frente a lo que la abundantísima investigación sobre estas cuestiones ha puesto repetidamente de manifiesto. Más aún, el argumento lleva a pensar que las combinaciones redundantes son o bien artísticas o bien censurables, una curiosa y radical antinomia. REDES sugiere, por el contrario, que la redundancia léxica es un rasgo de la lengua común; más aún, que las combinaciones redundantes son naturales e incluso esperables. Así pues, si dejamos de lado tanto los factores estéticos como los normativos, la pregunta natural pasará a ser (j):

(j) ¿Cuál es la naturaleza lingüística de la redundancia que la combinatoria léxica pone de manifiesto?

Me parece que una respuesta a (j) no enteramente desencaminada podría consistir en suponer que la redundancia es una forma de *concordancia de rasgos léxicos*. En realidad, el término *redundancia* es desafortunado, desde este punto de vista, ya que sugiere algo superfluo o innecesario, mientras que el concepto de concordancia sugiere, por el contrario, una exigencia del sistema lingüístico, lo que parece estar mucho más encaminado. El interpretar la redundancia como una forma de concordancia tiene además la ventaja de que nos permite dejar de considerar este fenómeno como una peculiaridad de los predicados que REDES analiza, e integrarlos en la gramática de manera natural.

En efecto, sabemos bien que la selección léxica de categorías funcionales (o simplemente gramaticales) posee cierto grado de redundancia, pero es exponente a la vez de una serie de relaciones de concordancia: la información que aporta *si* en la interrogación indirecta (*dilucidar si...*) es, como se sabe, la que corresponde a un operador disyuntivo, pero esa información también forma parte del significado de *dilucidar.* La información que aporta *de* en *sacar algo de un cajón* forma parte de la definición de *sacar*, por tanto, de los rasgos que caracterizan su intensión, y lo mismo puede decirse de la que aporta *por* en *pasar por un lugar*, con relación a la que aporta *pasar.* La redundancia puede ser morfológica (*interponerse entre*, *colaborar con*) y también sintáctica en casos bien conocidos, como la negación expletiva (exigida en unas lenguas románicas, pero censurada en otras como incorrecta) o la redundancia modal que se observa en construcciones, a veces censuradas, como *Es posible que pueda arreglarse*. Alguna vez se ha dicho en el mismo sentido, y no sin fundamento, que el subjuntivo es una manifestación abstracta de los rasgos modales de los predicados que lo seleccionan.

Tiene particular importancia el hecho de que la concordancia sea, o pueda ser, una relación abstracta. Obsérvese ahora que cuando decimos que la preposición *durante* modifica a los verbos que denotan una actividad o un estado, estamos diciendo únicamente que *durante* se aplica a los eventos que tienen duración. La redundancia es muy evidente, pero si entendemos que la selección léxica comporta un cierto tipo de redundancia, estos casos no se diferencian de los mencionados arriba. También cuando decimos que *por completo* es una locución adverbial que modifica a los eventos que designan realizaciones (*accomplishments*), estamos diciendo que *por completo* aporta un rasgo télico que ya está presente en el evento que selecciona, puesto que las realizaciones no son otra cosa que eventos que se completan. El mismo razonamiento se aplica a otros muchos casos análogos.

En mi opinión, un gran número de combinaciones redundantes que se describen en REDES, y que no se basan en relaciones aspectuales, podrían analizarse en buena medida como formas de concordancia similares a las examinadas en los párrafos anteriores. No puedo precisar por el momento en qué forma podría llevarse exactamente esa extensión, sobre todo porque para hablar de concordancia de rasgos tenemos que saber exactamente cuáles son los rasgos que concuerdan. Aun así, me parece que existen algunas razones para pensar que esta extensión es posible. Consideremos, por ejemplo, el adverbio *alfabéticamente.* No creo que este adverbio signifique 'de manera alfabética'. De hecho, no parece que las maneras estén entre las entidades que puedan ser alfabéticas o de las que pueda predicarse la 'alfabeticidad'. Si decimos –como es habitual– que *alfabéticamente* significa 'en orden alfabético', es claro que la combinación *ordenar alfabéticamente* será redundante (en la misma medida en que lo es *ordenar en orden alfabético*), pero esa redundancia es la esperable si la relación apuntada entre selección y concordancia es la correcta. También es redundante en alguna medida la combinación *aplazar temporalmente* (puesto que los aplazamientos definitivos no son aplazamientos, sino cancelaciones) y otras muchas combinaciones análogas a estas.

Los argumentos internos de los predicados dan lugar a combinaciones redundantes algo más abstractas, pero igualmente perceptibles. Si es cierto que en la definición de *ingenio* está el concepto de prontitud o de inmediatez, como suelen decir los diccionarios, hay cierto grado de redundancia en la expresión *golpe de ingenio*, puesto que esa misma información está en *golpe.* Resulta natural pensar, en el mismo sentido, que las nociones que el verbo *cumplir* selecciona (*ley, norma, promesa, compromiso,* etc.) designan cosas que son inherentemente "objetos de cumplimiento", y que los sustantivos que admite el verbo citado *dilucidar* (*alternativa, opción, dilema...*) designan nociones que se conciben como manifestaciones léxicas de una disyunción o una incógnita. Se pueden aplicar razonamientos análogos a *leer un libro*, *resolver un problema*, *desvelar un secreto* y otras muchas combinaciones[16]. Si consideramos el segundo grupo de epítetos, al que me refería arriba, comprobaremos que aparecen igualmente en la lengua común. Es claro que los epítetos que aportan rasgos no nece-

---

[16] En Bosque (2000b) considero otros aspectos de estas mismas relaciones léxicas.

sarios pero habituales o característicos se descubren también en las combinaciones que REDES ilustra: *plácidamente* se combina con *vivir*, *descansar*, *comer* y otras actividades que se suelen considerar placenteras, y *generosamente* lo hace con *ayudar*, *arrimar el hombro* y otros verbos que designan acciones habitualmente generosas.

No quiero dejar de señalar que esta línea de razonamiento no carece de problemas, que saltan sobre todo a la vista cuando no se produce la concordancia esperable. Es decir, si la redundancia deja de ser una opción marginal o un vicio del lenguaje y pasa a ser un rasgo distintivo de la combinatoria léxica, lo esperable es que todas las combinaciones sean redundantes en alguna medida. Recuérdese que existen, como hemos visto arriba, *grados de redundancia*, en el sentido de que algunas de estas relaciones se manifiestan de manera considerablemente abstracta, como hemos comprobado en el caso de *durante* y otras partículas. Conforme se hacen más específicos o más ostensibles los rasgos que ponen de manifiesto la concordancia, se percibe más claramente la duplicación de la información. Es probable que los paradigmas que se construyen con las antiguas restricciones selectivas (persona, objeto, etc.) sean los únicos que no muestran redundancia. En cuanto sobrepasamos este nivel y entramos en paradigmas más específicos (objetos de información, de cumplimiento, de resolución, de conocimiento, etc.), se obtienen clases léxicas propiamente intralingüísticas, y en ese momento empiezan a hacerse patentes en alguna medida las conexiones redundantes que se describen arriba.

Se ha dicho en alguna ocasión, y me parece un punto de vista correcto, que las relaciones de concordancia constituyen la textura que permite hacer explícitas las conexiones que la sintaxis exige en las lenguas naturales. Ello es independiente, desde luego, de que esas conexiones se lleven a cabo con marcas morfológicas, de función, posicionales o de otro tipo. El hecho de que la selección léxica ponga de manifiesto otra forma de concordancia es también esperable desde el punto de vista de esta misma trabazón. No conocemos todavía los rasgos específicos que la hacen posible, por lo que la respuesta que podamos dar a la pregunta (j) ha de ser, por el momento, muy provisional. Me parece, sin embargo, que si se examina con detalle la información combinatoria que proporciona REDES, acaso podrían obtenerse algunos primeros indicios útiles para la tarea, sin duda necesaria, de establecer esas unidades.

10. LAS CLASES LÉXICAS EN REDES

Quizás el rasgo que más llama la atención en las entradas analíticas de REDES es el hecho de que no se propone un único grupo de argumentos para el predicado que se describe en ellas, sino una *serie de grupos*, encabezados por letras, que forman varias clases léxicas. Las preguntas que surgen inmediatamente son estas: ¿Por qué estos rasgos y no otros? ¿Por qué no menos clases o más clases? ¿Por qué no una sola clase que abarque todos los grupos? En esta sección intentaré ofrecer algunas respuestas a estas preguntas.

Quiero señalar en primer lugar que REDES clasifica algunos predicados en varios grupos a la vez. Podría pensarse que esto es una inconsistencia desde el punto de vista conceptual. En principio, un predicado (digamos, un verbo de percepción) debería pertenecer a una determinada clase, no a varias. Pero si se examina más de cerca, se comprobará que, en realidad, la *categorización múltiple* es un concepto tradicional, siempre que la multiplicidad de los rasgos no implique su aplicación simultánea. Ciertamente, cuando los diccionarios describen los sustantivos abstractos deverbales como "acción y efecto de..." están asociándolos a esos dos rasgos, pero no están suponiendo que esos dos significados se reconozcan simultáneamente. Esta clasificación lexicográfica tradicional pone de manifiesto que muchas palabras poseen conjuntamente los dos rasgos, de forma que en unos contextos se realizará uno de ellos, y en otros se manifestará el otro. Cuando decíamos en el § 4 que muchos predicados seleccionan eventos y también períodos, sugeríamos en realidad algo muy similar. Cuando se afirma, análogamente, que muchos sustantivos designan lugares (*Voy al trabajo*) y períodos (*Durante el trabajo*), o bien eventos (*La conferencia es en el segundo piso*) a la vez que objetos físicos (*La conferencia estaba toda emborronada*), también se dice que estas palabras poseen rasgos semánticos que corresponden a categorías diferentes, y que pueden elegir unos u otros en contextos diversos.

La descripción de REDES concuerda en líneas generales con este punto de vista, pero con la particularidad de que los predicados seleccionadores son los que imponen objetivamente estos rasgos léxicos. Así, REDES pone de manifiesto que el verbo *leer* es, ciertamente, un verbo de lengua (admite *en voz alta*, *de carrerilla*, *atropelladamente*), pero también un verbo de percepción (admite *de refilón*, *entre líneas*, *por encima*, *de cerca*), además de un verbo de consumición (admite *ávidamente*, *compulsivamente*, *con fruición*, *febrilmente*, *vorazmente*).

Todos estos hechos son objetivos. En este momento no importa demasiado el que los diccionarios no suelan reconocer el tercero de estos tres grupos en la entrada de *leer*, y sí en cambio los otros dos. Como REDES no contiene definiciones, no se plantea la pregunta de si a cada uno de estos tres grupos corresponde o no una definición diferente. Lo que importa hacer notar es, sobre todo, el hecho de que, al pertenecer a cada una de estas clases léxicas, *leer* se agrupa de forma natural con otros verbos que pertenecen a ellas: con *pronunciar* en el primer caso, con *ver* en el segundo y con *engullir* en el tercero, entre varios otros que pertenecen a estos mismos paradigmas. Como se ve, son las *propiedades selectivas de los adverbios* las que proporcionan –casi inmediatamente– esas clasificaciones múltiples. Esta relación es posible porque –siguiendo un punto de vista aceptado generalmente en la semántica contemporánea– las expresiones adverbiales se analizan en REDES como predicados de los eventos; por tanto, como los elementos que acotan o restringen a los verbos de forma similar a como los adjetivos restringen a los sustantivos.

Pero ¿qué quiere decir exactamente que un verbo pertenece a tres clases semánticas diferentes? Como he señalado antes, no entraré en la cuestión de si a cada una de ellas corresponde o no una definición distinta. Desde el punto de vista combinatorio podemos pensar que la categorización múltiple representa la manifestación de los rasgos de una pieza léxica en los contextos que la activan. REDES no lleva a cabo esta investigación, pero proporciona la información necesaria para emprenderla. Así, es claro que el sustantivo *batalla* designa un evento, como pone de manifiesto el que pueda ser el complemento de la preposición *durante* o de los verbos *presenciar*, *narrar* o *transmitir*, y el sujeto de *tener lugar* o de *producirse.* Pero *batalla* es también uno de los complementos naturales de *lanzarse (a)*, lo que significa que comparte con *aventura*, *conquista* y otros sustantivos un paradigma formado por varios nombres que designan situaciones prospectivas de resultado incierto. A la vez, *batalla* también admite con naturalidad el adjetivo *enconado*, como otros sustantivos que expresan dificultades, y acepta igualmente *encarnizado*, al igual que otros que designan situaciones porfiadas y cruentas. Los detallados índices de REDES, insertados en el texto corrido del diccionario para dar facilidades al lector, cruzan todas las informaciones selectivas, lo que permite descubrir una serie de propiedades léxicas de las palabras que pueden no aparecer en su definición, pero que la sintaxis saca a la luz de manera bastante objetiva. No estoy seguro de que estas consideraciones sean relevantes desde la lexicografía clásica, sobre todo porque no aparecen entre ellas preguntas como "¿Cuántas acepciones de *batalla* necesitamos introducir?" La pregunta que se plantea en REDES no es esta, sino más bien esta otra: "¿En qué contextos usamos la palabra *batalla* en español y qué nos dicen estos contextos acerca de las propiedades sintácticas y semánticas de esa palabra?"

Retomemos los grupos léxicos de las entradas analíticas. Me imagino que el lector que examine las entradas analíticas de REDES se hará tal vez estas preguntas: "¿Era de verdad necesaria toda esta proliferación de grupos léxicos?, ¿no sería suficiente con una descripción general de lo que todos tienen en común?" Identifiquemos esta nueva cuestión con una letra. La pregunta se podría formular así:

(k) ¿Es posible deducir las clases léxicas de REDES?

La pregunta (k) es importante, desde luego, sobre todo porque sabemos que solo debe describirse pormenorizadamente aquello que no se puede deducir. Hemos visto en los apartados anteriores que las informaciones que aparecen en las entradas analíticas de REDES no se obtienen directamente de las definiciones. He enfatizado el hecho de que un estudiante extranjero que entienda perfectamente la definición de una palabra que desconoce puede no saber con qué otras se combinará con naturalidad. Pero supongamos que alguien nos dice que la información que se desmenuza en las entradas analíticas de REDES podría proporcionarse mediante descripciones más breves que resultarían igualmente útiles y menos redundantes. Se trataría de sustituir esos listados por *deducciones naturales* más simples. Por ejemplo, la entrada de REDES correspondiente al verbo *perder* contiene medio centenar de combinaciones, pero en realidad —diría tal vez nuestro oponente— podrían reducirse a una única instrucción: 'Se pierde lo que se tiene, sea material o inmaterial'. Con esta estrategia nos evitaríamos todas esas agrupaciones conceptuales y proporcionaríamos la misma información mediante una generalización más simple, y a la vez más abarcadora.

Como se ve, he intentado adelantarme a una crítica que parece razonable. No descarto, desde luego, que algunas clases desdobladas puedan agruparse en otras más generales, como enseguida explicaré. No estoy de acuerdo, sin embargo, en que esa agrupación sea automática ni en que existan siempre rasgos más simples y más abarcadores que puedan sustituir la presentación pormenorizada por la que se opta en REDES. Tomemos el caso del verbo *perder*, que acabo de mencionar. Intentemos aplicar la posible generalización sustitutiva, que nos parecía natural. Es más, supongamos que tenemos un estudiante no hispanohablante cuya lengua materna se parezca poco al español. El estudiante nos pregunta cómo debe usar el verbo *perder* en español y nosotros le damos nuestra brillante generalización ("Puede usted usar *perder* con los sustantivos con los que usaría *tener*"). Es probable que nuestro estudiante contestara algo así: "Muchas gracias, profesor. Tenía una duda, pero gracias a usted ya la he perdido. Tengo todavía algunos problemas de gramática, pero espero perderlos pronto. Es más, tenía el presentimiento de que iba a suspender esta asignatura, pero estoy empezando a perderlo, y ahora creo que voy a aprobar". Como es evidente, ante esta respuesta nos apresuraríamos a dar marcha atrás y a relativizar nuestra apresurada generalización. Intentaríamos buscar otra, o acaso otras, de ámbito mucho más restringido. Al final acabaríamos informando a nuestro estudiante de que, al igual que es posible tener cosas que no se pierden, también es posible perder cosas que no se tienen (entre otras muchas, una final de la Copa de Europa o una apelación al Tribunal Supremo); quizás comprenderíamos igualmente que tampoco suelen ser parciales todas las cosas que pueden ser totales (entre otras muchas, la desesperación o el entusiasmo), y en general que las generalizaciones léxicas demasiado simplificadoras hacen predicciones demasiado fuertes. Insisto en que no niego, desde luego, que las estrategias reductoras sean posibles, e incluso necesarias, pero me parece que no son simples y que deben ser puestas a prueba para evitar que hagan predicciones incorrectas.

Un examen apresurado de la entrada correspondiente a *dar* en REDES puede sugerir la misma conclusión que parecía evidente en el caso de *perder.* ¿Por qué especificar que en español el verbo *dar* admite complementos como *beso* o *paseo*? ¿No se deduce directamente de su significado? El verbo *dar* es, como se sabe, uno de los llamados *verbos de apoyo* o *verbos ligeros*. El español es una de las pocas lenguas románicas en las que se usa *dar*, y no el equivalente de *hacer*, con sustantivos como *paseo.* Ciertamente, en las lenguas románicas, germánicas y eslavas existen equivalentes directos para la expresión *dar un beso*, pero esta expresión no tiene equivalente en coreano y en otras lenguas orientales[17] en las que los besos no "se dan", sino que "se hacen". Vienen a coincidir, por tanto, con los paseos en francés o en italiano. Como se sabe, en español *damos* los besos o los *lanzamos*, pero *lanzamos* las sonrisas, no las *damos;* también *hacemos* un regalo a alguien o se lo *damos*, pero no podemos *darle*, en cambio, la promesa que le *hacemos.* Nada de esto es evidente ni automático, ni se deduce en absoluto de la definición de *dar.* Así pues, es claro que el que usa la expresión "dar un beso" en español, inglés o ruso, está aplicando un conocimiento estrictamente lingüístico. Como es lógico, en REDES se considera que sería absurdo intentar hacer un listado de los objetos físicos que es posible dar, pero tampoco es de esperar que existan lenguas en las que el verbo que se use para *dar* en la expresión "dar un libro" sea distinto del que se use para otro objeto físico cualquiera.

El hablante nativo no suele tener problemas para encontrar los contextos apropiados de cada voz. Como tantas veces se ha dicho, cuanto más natural le resulta al hablante un comportamiento lingüístico, más misterioso le suele parecer al lingüista que intenta explicarlo. Las deducciones que necesitamos hacer explícitas para presentar los contextos que el hablante maneja con tanta soltura no saltan a la vista del observador con igual naturalidad. Consideremos un adverbio en *–mente* sencillo, por ejemplo *fríamente.* Da la impresión de que este adverbio significa 'de manera fría'. Pero la pregunta relevante es esta: ¿Cómo tenemos acceso a la relación de acciones o procesos que se llevan a cabo de manera fría? Entre las cosas que uno puede hacer fríamente no está congelar, por ejemplo, pero sí saludar, recibir o mirar. Entre los verbos que admite con naturalidad el adverbio *limpiamente* no está *barrer* (frente a lo que el sentido común podría dictar), sino –por un lado– *atravesar*, *cruzar*, *perforar*, *cortar*, *seccionar*, *dividir*, *rebanar*, etc., y por otro *robar*, *quitar*, *hurtar* y otros similares, como

[17] Gracias a Jaeyong Kwak por esta información.

REDES pone de manifiesto. ¿Podríamos decir que estas listas se obtienen *de manera natural* al considerar atentamente el significado de ese adverbio? De nuevo, no soy capaz de imaginar cómo se llevaría a cabo esa hipotética *deducción natural*, ni tampoco por qué no la llevan a cabo con igual naturalidad los estudiantes de español como segunda lengua. Finalmente, es obvio que las acciones, los estados y las circunstancias que pueden ser negativos desde algún punto de vista son casi ilimitados, pero –a la vez– la lista de verbos que se combinan con naturalidad con el adverbio *negativamente* en español es mucho más breve, como muestra REDES. También aquí habría que explicar cómo se convierte una lista casi ilimitada en un paradigma restrictivo.

Un principio clásico de la técnica lexicográfica insiste en que no deben describirse en el diccionario las combinaciones léxicas que muestren el *sentido recto* de las palabras. Se trata de un principio absolutamente imprescindible en un diccionario que distribuya los significados de las unidades léxicas en acepciones y defina cada uno de esos sentidos. Como se sabe, las expresiones idiomáticas deben añadirse a la entrada solo cuando se está seguro de que lo son, es decir, cuando esas combinaciones no se forman aplicando libremente las reglas de la gramática. Ahora bien, ¿cómo se aplica este principio clásico de la lexicografía a un diccionario combinatorio? Como las entradas analíticas de REDES no tienen precedentes en otros diccionarios, no podemos comparar la respuesta que demos a esta difícil pregunta con la que hayan dado otros. Casi todas las combinaciones que REDES contiene le parecen *naturales* al hablante nativo, pero la cuestión es si la deducción que permite realizarlas se lleva a cabo aplicando principios generales de la actividad racional o bien poniendo en juego informaciones que forman parte del conocimiento del idioma. La pregunta es de cierta envergadura, desde luego. La respuesta que se elige en REDES es la segunda. A los argumentos mencionados arriba añadiré alguno que me parece ilustrativo.

Consideremos, por ejemplo, la relación 'causa-efecto'. Esta relación se puede comprender sin aplicar ningún conocimiento lingüístico. Los animales tienen acceso a ella, y no parece que cuando los humanos la percibimos estemos poniendo en juego nuestro conocimiento del idioma. Ahora analicemos la expresión *Lo mataron a golpes*. Es claro que los golpes pueden causar la muerte, y que no tenemos acceso a esta información por el hecho de hablar español. La expresión *matar a golpes* se describe en REDES, pero podría argumentarse que ha sido incluida indebidamente, puesto que refleja una manifestación de la relación causa-efecto, es decir, una información que representa cierto conocimiento de naturaleza no lingüística. Pero nótese que los golpes también pueden causar heridas (otra relación causa-efecto), pero la expresión **Lo hirieron a golpes* es anómala. Si ello es así, no parece que la primera expresión haya sido incluida indebidamente. Más aún, una cosa es señalar que un determinado complemento preposicional denota 'causa' (*Temblaba de miedo, de emoción...*) y otra muy distinta entender que cualquier causa de una acción puede ser representada en estos complementos preposicionales. Ciertamente, un terremoto puede hacer temblar una ciudad, pero la oración **La ciudad tembló del terremoto* no parece estar bien construida. Estas consideraciones sobre la relación 'causa-efecto' son pertinentes porque ponen de manifiesto que ciertas *deducciones naturales* que podemos llevar a cabo aplicando principios racionales resultan ser menos restrictivas que las que el idioma necesita establecer para prever adecuadamente la combinatoria léxica.

Como he señalado antes, el problema fundamental de la reducción conceptual es que nos lleve a predicciones falsas forzadas por simplificaciones excesivas, lo que se puede comprobar en los casos más triviales. Parece, por ejemplo, que el complemento de *disparar* designa armas, pero es evidente que se disparan los arcos, las ballestas, las pistolas y los cañones, pero no los cuchillos ni las navajas. Solo quiero decir con ello que las generalizaciones bien encaminadas pero demasiado simplificadoras constituyen siempre un riesgo. Es probable que REDES no esté libre de ellas, puesto que contiene varios centenares de generalizaciones sobre clases léxicas. Aun así, soy por ahora una tanto escéptico respecto de la posibilidad de responder afirmativamente a la pregunta (k), aunque deseo —desde luego— que las investigaciones posteriores nos permitan avanzar hacia una respuesta afirmativa. Por el momento, me parece que las actitudes optimistas hacia (k) revelan lo que anteriormente he llamado 'generalizaciones *a posteriori*'. Es claro que el verbo *desviar* admite sustantivos que designan cursos (*río, ruta, trayectoria, rumbo, corriente)*, caudales (*agua, dinero, fondo, recurso, capital*) y muy diversas cosas que se dirigen a un punto (*flecha, disparo, vehículo*). El que ve los sustantivos *atención* y *mirada* en esta relación deduce fácilmente *a posteriori* que estos conceptos son direccionales en español, pero recuérdese que la pregunta (k) no es hermenéutica. La pregunta no es si una vez que tengamos nuestro paradigma podemos introducir generalizaciones en él (obviamente, la respuesta es SÍ), sino más bien si existe o no algún sistema de cálculo que nos evite la necesidad de describir ese paradigma, y en este caso la respuesta a (k) no es, me parece, tan claramente afirmativa.

La pregunta (l) está relacionada con (k), pero son preguntas diferentes:

(l) ¿Es posible reducir las clases léxicas de REDES?

Como tantas veces se ha repetido, cualquier descripción hecha en cualquier disciplina debe someterse a un principio metodológico aceptado universalmente que se conoce como 'navaja de Occam': *Entia non sunt multiplicanda praeter necessitatem*. Ante una entrada cualquiera de un diccionario cualquiera, el lexicógrafo debe preguntarse si contiene información redundante o si es posible reducir unas acepciones a otras. Aunque supongo que esta práctica es habitual en la lexicografía, como en las demás disciplinas, las respuestas que dan los lexicógrafos a esas reflexiones son diferentes, puesto que es obvio que la distribución de acepciones de muchas voces pone de manifiesto divergencias muy notables entre ellos.

No hace mucho comparé las entradas correspondientes al verbo *practicar* en varios diccionarios del español y pude comprobar que la distribución de acepciones mostraba bien a las claras esas divergencias. Como sabemos, es posible practicar diligencias, el fútbol, una detención, una costumbre, un agujero, la modestia, una determinada religión, una laringoscopia, el absentismo laboral, una mala política cultural, la medicina, la abogacía, el alemán y el nudismo, entre otras cosas. ¿Cuántos grupos léxicos debemos distinguir aquí? El DRAE entiende, por ejemplo, que *practicar diligencias*, *practicar una operación quirúrgica* y *practicar un orificio* constituyen tres ejemplos de la misma acepción de *practicar* (la número 4), mientras que *practicar una religión* ejemplifica la acepción 5. En el DUE, por el contrario, se entiende que *practicar un orificio* representa una acepción diferente de *practicar*, mientras que las demás deben ir todas agrupadas. Desde luego, no queda enteramente claro cómo se distribuyen los catorce ejemplos que he presentado del verbo *practicar* entre las seis acepciones que recoge el DRAE, o entre las dos (la primera desdoblada en otras dos) que propone el DEA, o entre las dos (la primera desdoblada en otras cuatro) que propone el DUE. Tampoco soy consciente de que existan comparaciones sistemáticas de la forma en que se distribuyen las acepciones en los diccionarios, una cuestión importante desde el punto de vista de la objetividad de la descripción lexicográfica, pero nunca o casi nunca justificada explícitamente.

Se podrían proponer otros muchos ejemplos análogos. No añado nada nuevo al recordar que estos problemas constituyen tareas cotidianas en la práctica lexicográfica. No tiene, por tanto, nada de particular que también surjan en REDES. Como he señalado, en REDES no se clasifican acepciones del lema, sino ámbitos en los que es posible agrupar los argumentos de los predicados. Nuestra opción ha sido la de multiplicar las clases léxicas en los casos de duda, aunque es seguro que en muchos de ellos será necesaria una reducción posterior. Como se ve, los diccionarios más prestigiosos no coinciden en la forma de distribuir las acepciones que corresponden a una voz cualquiera de uso cotidiano, elegida casi al azar. Ahora bien, dado que REDES presenta paradigmas extensos proporcionados por el corpus, cabe pensar que su estudio detallado pudiera tener consecuencias para la delimitación de acepciones en los diccionarios convencionales.

Es deseable, desde luego, que las clases que REDES establece en las entradas analíticas se puedan reducir o redefinir en trabajos posteriores. Por el momento, no es del todo evidente cómo podría llevarse a cabo la reducción, puesto que ese proceso depende inevitablemente de cuál sea nuestra comprensión de los límites que existen entre las clases léxicas que están en juego. Recientemente se publicó (Baker & Rupperhofer 2002) una comparación de las formas en que se establecen los límites entre las clases semánticas en dos proyectos léxicos: el FrameNet de Fillmore y el conocido estudio de Levin (1993) sobre los verbos del inglés. La comparación mostraba diferencias muy notables entre grupos de verbos, y apuntaba, entre otras cosas, que las consideraciones sobre la estructura argumental, las agrupaciones conceptuales (relaciones entre sentidos) y las obtenidas en función de las alternancias de las estructuras sintácticas proporcionaban resultados distintos. Tal vez cuando FrameNet esté terminado se puedan comparar sus clasificaciones de verbos con las que se obtienen de otros proyectos léxicos.

Pero no debe olvidarse que REDES no es un proyecto sobre estructuras argumentales ni sobre esquemas actanciales o valenciales, sino un proyecto sobre preguntas como (c), (d) y (e). La pregunta (l) es, como he señalado, una consecuencia natural de la *navaja de Occam*, y no afecta exclusivamente a REDES. Ciertamente, es posible contestar afirmativamente a (l) en algunos casos. Los predicados de cambio aparecen desdoblados en REDES en varias entradas (verbos de incremento, de disminución, etc.), pero podría pensarse que en realidad no es necesario establecer esta división y que deben compartir un solo grupo. La reducción es menos clara otras veces. Veamos algunos ejemplos que podrían ilustrar una respuesta afirmativa a (l) y también algunos inconvenientes de darla.

Consideremos el predicado *de cerca*. En REDES se informa de que esta locución adverbial se predica de un gran número de clases de verbos (véase la entrada *de cerca*). Naturalmente, podemos preguntarnos si estas clases se pueden reducir. Así, es claro que existe relación entre los verbos que denotan análisis (grupo F) y los que denotan percepción (grupo A), pero esta relación no parece justificar que deban ser incluidos en un solo grupo. ¿Existe relación entre los grupos A (percepción) y B (lanzamiento)? Sin duda. Lakoff (1995) estudia uno de esos vínculos, en concreto el hecho de que los verbos de percepción tomen argumentos de origen (*Mirar algo desde la ventana*), en lo que coinciden, sorprendentemente, con los verbos de movimiento. Ello nos debe llevar a reflexionar sobre los puntos de contacto que existen entre la percepción y el movimiento, pero —en principio— no parece que debamos anular por ello las fronteras tradicionales que existen entre estas dos clases de verbos. Por otra parte, los verbos de captación (*fotografiar, captar*) aparecen en el grupo A y los de lanzamiento aparecen en B, pero en español se usa la expresión *tirar una fotografía*, lo que parece también establecer un vínculo entre A y B, a pesar de la notable diferencia que existe entre esos dos grupos. Es igualmente posible establecer conexiones entre otros grupos de la lista que REDES presenta para *de cerca*, lo que no quiere decir, me parece, que las clases de verbos que allí se desglosan deban borrarse y ser sustituidas por una o dos macroclases que las abarquen todas.

Se puede aplicar un razonamiento similar a otras entradas de REDES. En cualquier caso, mi actitud sobre la pregunta (l) es más optimista que sobre la pregunta (k). Es más, tal vez la estrategia reductora se pueda abordar como tarea de investigación, es decir, como búsqueda encaminada a precisar la ontología que nos permita explicar la forma en que llevamos a cabo la selección léxica. Así, en la entrada de REDES correspondiente a *profundamente* se distingue entre los verbos que denotan movimiento hacia el interior de algo (*calar, adentrarse, ahondar*) y los verbos de indagación (*estudiar, analizar, investigar*), pero nada tendría de particular que esa distinción fuera innecesaria; es decir, que lo que llamamos 'indagación' no fuera más que una forma de movimiento hacia el interior de algo, como los mismos verbos *indagar* y *profundizar* sugieren. Pero si ello es así, deberemos tomar cada uno de los verbos de indagación y considerar si sus propiedades combinatorias coinciden o no con las de esos verbos de movimiento. Se trata de una cuestión empírica, no de una cuestión teórica; por lo tanto, no es posible responderla sin hacer antes esa investigación. Existen otras muchas comprobaciones similares que debería llevar a cabo cualquier proyecto que persiguiera la estrategia reductora a la que me refiero.

La estrategia reductora es, como digo, un objetivo más que razonable, pero creo que el criterio adoptado en REDES (esto es, dejar esa posible reducción para investigaciones posteriores) es correcto en lo fundamental, sobre todo porque la unificación de clases parece en muchos casos un objetivo lejano. Así, los verbos de atracción e influencia que acepta *poderosamente* (*llamar la atención, influir, marcar, atraer, incidir, afectar, influenciar...*) no se asimilan necesariamente a los que denotan ayuda y contribución (*contribuir, revitalizar, favorecer, respaldar...*), que también selecciona el mismo adverbio. La locución *a toda costa* se combina con verbos que denotan la acción de impedir o evitar una situación o un evento (*evitar, impedir, obstaculizar, huir, eludir...*), pero también con los que designan el mantenimiento de algún estado de cosas (*defender, proteger, mantener, salvaguardar...*) o su consecución (*ganar, conseguir, obtener, lograr, alcanzar*), entre otras clases de verbos que no se reducen tampoco necesariamente a las anteriores. *A ojos vista* se combina con predicados que denotan cambio (*disminuir, aumentar, agrandarse, reducir, transformar...*), pero también con otros que denotan prominencia (*notarse, resaltar, destacar, saltar, palparse, percibirse...*). De nuevo, no es evidente que los verbos de prominencia hayan de formar una clase léxica con los verbos de cambio. La locución adverbial *de punta a punta* se combina con los verbos *atravesar*, *cruzar*, *recorrer*, *viajar* y otros similares, pero también con *ganar*, *imponerse*, *vencer* y otros que no se integran en el grupo anterior.

Me parece que estas cuestiones tienen cierto interés, pero –como he señalado– la respuesta a la pregunta (I) deberá contestarla el que use REDES para futuras investigaciones. Alguien podría decir que si la intensión que corresponda a *de cerca* es una sola (sea la que sea), también debería ser posible ofrecer un análisis unificado de los ámbitos a los que se aplica. No es posible saber si esta afirmación constituye un desiderátum o una exigencia conceptual. En cualquier caso, no parece que por el momento podamos satisfacer tan exigentes expectativas. REDES ofrece otras muchas series de clases léxicas que tal vez algún análisis posterior pueda reducir, pero en mi opinión los análisis reductores no deben plantearse como simples asimilaciones teóricas ("reduzcamos la percepción al movimiento", podría decir alguien), sino como resultado de la comprobación empírica de las propiedades sintácticas de esos predicados. En cuanto que REDES es un diccionario combinatorio, las estrategias reductoras solo pueden ser objetivas si se comprueba que la combinatoria léxica –igualmente objetiva– es sensible a las nuevas clases que se establezcan. Así pues, mi respuesta a (I) es "ojalá", pero también "habrá que comprobarlo en cada caso".

11. COLOCACIONES Y RESTRICCIONES LÉXICAS. LA DIRECCIÓN DE LA BÚSQUEDA

Estoy seguro de que más de un lector de este estudio introductorio se habrá preguntado por qué no ha aparecido antes el concepto de 'colocación'. ¿No es este, después de todo, un diccionario de colocaciones? Si he dejado casi para el final la mención de este concepto es porque me parece que las consideraciones que habitualmente se hacen sobre él suelen ser bastante diferentes de las que guían las preguntas que han articulado las diez secciones anteriores de este trabajo. A eso se añaden otros dos factores: por un lado, en las entradas de REDES aparecen numerosas expresiones que no se consideran habitualmente en los análisis de las colocaciones, ni se pensaría nunca en incluirlas en esos paradigmas; por otro, muchas de las expresiones que podrían caracterizarse como colocaciones no se agrupan aquí en combinaciones binarias, frente a lo que es habitual encontrar en los estudios sobre este concepto, sino en redes conceptuales que el diccionario intenta definir, y en paradigmas léxicos que alcanzan a veces una notable extensión. Nada de esto parece formar parte, desde luego, del concepto clásico de 'colocación'. He expuesto en otros lugares (Bosque 2001 a, b, 2003) mi punto de vista sobre él, de modo que aquí solo puedo resumir a grandes rasgos las ideas que sustentan esas reflexiones.

El concepto de 'colocación' recubre en la actualidad contenidos muy diversos, como pone de manifiesto Koike (2001) en el excelente repaso que lleva a cabo de esta noción[18]. Tampoco coinciden enteramente con esos contenidos los conceptos de 'solidaridad léxica' y de 'sinapsia', entre otros similares que se han propuesto. Simplificando un poco las cosas, parece que se dibujan dos grandes corrientes en el estudio de estas unidades: en una de ellas, quizás mayoritaria, el concepto de colocación está guiado fundamentalmente por la frecuencia de coaparición de dos unidades léxicas; en la otra —minoritaria, pero acaso más interesante desde el punto de vista conceptual—, las colocaciones son el resultado de dar forma léxica a ciertas relaciones semánticas que se pueden describir formalmente. Los diccionarios DEC, DICE y LAF ilustran esta segunda orientación, mientras que BBI, DE, LTP y CCEC ilustran la primera.

He explicado en las secciones anteriores por qué me parece que el análisis de la selección léxica es, fundamentalmente, un problema semántico. He intentado mostrar que para comprender estas unidades hemos de reflexionar sobre las relaciones que existen entre la intensión y la extensión de los predicados, sobre la forma en que los predicados restringen a sus argumentos y sobre la noción de 'clase semántica sensible a la combinatoria sintáctica'. Me parece que en la primera de las dos orientaciones del concepto de 'colocación' se sustituyen demasiado frecuentemente estas reflexiones por diversas consideraciones sobre la frecuencia de coaparición de dos unidades y su fijación, siempre relativa, en la gramática. Aun en el caso hipotético de que REDES fuera un diccionario de colocaciones (lo que puede aceptarse o no independientemente de cuál sea mi postura particular sobre este asunto), es claro que el punto de vista sobre la combinatoria léxica que se defiende en esta obra no es análogo al que sustentan los diccionarios de colocaciones existentes, entre ellos los que menciono en el siglario que aparece al final de este trabajo. En mi opinión no se trata de una diferencia lexicográfica, sino de una diferencia conceptual. REDES coincide con todos los diccionarios a los que me refiero en presentar *información combinatoria*, pero opta por una concepción diferente de los mecanismos semánticos que la sustentan.

El llamado *contextualismo británico*, que se asocia con Firth, Sinclair y otros autores, se caracteriza por defender la frecuencia de coaparición de dos unidades como criterio fundamental para definir el concepto de colocación. No sorprende, por tanto, que el CCEC, que representa esa línea, sea un diccionario de colocaciones elaborado por un programa de ordenador. Los problemas de las aproximaciones meramente esta-

[18] Los números 23.1 (2001) y 24.1 (2002) de la revista LEA (*Lingüística Española Actual*) están dedicados monográficamente a analizar las colocaciones, especialmente las del español. El lector interesado podrá reunir, a partir de los trabajos allí publicados, una amplia bibliografía. La contenida en Koike (2001) y Corpas (2003) es asimismo muy abundante.

dísticas a la combinatoria léxica ya han sido señalados en numerosas ocasiones, como hago notar en Bosque (2001a), por lo que no insistiré aquí sobre ellos. Si se examinan los demás diccionarios de colocaciones existentes, se verá que unos contienen abundante ejemplificación (OCD), otros moderada (BBI) y otros carecen de ella (LTP, DE). Todos son, sin embargo, obras sumamente útiles como instrumentos didácticos. REDES decide centrar la investigación en las entradas analíticas, inexistentes en los demás diccionarios, porque toma como punto de partida la relación predicado-argumento y el concepto de 'clase léxica', que permite restringirla.

Como no es enteramente evidente que REDES sea un diccionario de colocaciones, tampoco se le aplica en sentido estricto la polémica acerca de si las colocaciones forman parte o no de la fraseología. Unos autores entienden que no pertenecen a ella (por ejemplo, Wotjak 1998 a y b), y otros creen que sí se inscriben en esa disciplina (por ejemplo, Corpas 1996 y 2003). Es probable que esta polémica perdure todavía durante algún tiempo, y me temo que nada puedo aportar a ella. Pero si resulta ser cierto que las colocaciones son, como tiendo a pensar, una clase particular de relaciones de selección, la pregunta que se planteará pasará a ser qué lugar ocupan estas relaciones combinatorias restrictivas entre las unidades de la gramática que ponen de manifiesto los procesos de selección léxica. Tal vez REDES sí tenga algo que aportar en la tarea de responder a esta otra pregunta.

Tal como se hace constar en "Características de REDES", este diccionario contiene marcas de frecuencia (++, +, etc.) porque se entiende que estas informaciones pueden ser útiles para el lector, más aún si no es hablante nativo del español. Ello no está en contradicción con el hecho de que la frecuencia de coaparición sea en sí misma un factor menos importante que la relación semántica restrictiva que se establece entre la palabra seleccionadora y la seleccionada. Nótese que el hecho de que ciertas *acciones* sean frecuentes en nuestra sociedad (como sacar la basura a la calle, pasear al perro, educar a los hijos, criticar al gobierno o vaciar la papelera) no concede ningún estatuto lingüístico privilegiado a los sintagmas verbales que las designan. Los textos o las grabaciones podrán mostrar objetivamente que la *frecuencia* de esas expresiones es muy elevada, pero –como sucedía con las restricciones selectivas clásicas– esa frecuencia no nos dice nada acerca del idioma, sino que nos informa a lo sumo de algunos de nuestros hábitos. No hay, pues, obviamente, ni colocaciones ni relaciones selectivas en un gran número de combinaciones léxicas que son, sin ninguna duda, expresiones *frecuentes*.

Un problema diferente es el que representan las combinaciones que ilustran necesidades conceptuales, en el sentido de que los predicados que las hacen posibles se aplican exclusivamente a ciertas personas o cosas por necesidades relativas a su misma definición. Creo que en estos casos estamos, efectivamente, ante casos de selección léxica, pero muchos de ellos ponen de manifiesto restricciones muy específicas que son esperables, dadas las respectivas definiciones de las piezas léxicas que entran en juego. Mencionaré un ejemplo sencillo. Si se descartan usos antiguos y dialectales, que el DRAE recoge, se comprobará que el verbo *encapotarse* no admite más sujeto que *el cielo*, y –por extensión ocasional– tal vez *la mañana* o *la tarde*. Naturalmente, *el cielo* es parte de la definición de *encapotarse* (del 'contorno', para ser preciso). Las restricciones de esta naturaleza abarcan un amplísimo número de casos, que van desde combinaciones comunes en la lengua cotidiana a otras sumamente técnicas.

Como se ha hecho notar en numerosas ocasiones, el hecho de que *ladrar* se predique de *perro* no es solo un hecho frecuente. Es más bien un hecho necesario, dada la naturaleza física del sonido al que esa acción se refiere[19]. Análogamente, el sujeto de *avadarse* solo puede designar un río o un arroyo; el de *capotar*, un automóvil o un avión (descartando ahora ciertos usos figurados de los que REDES informa), y el de *querochar*, un insecto. En el lenguaje científico abundan los ejemplos de este tipo. Así, el verbo *esporular* tiene como sujeto un reducido número de sustantivos que designan plantas y bacterias; el adjetivo *coriláceo* solo se aplica a las plantas betuláceas; el adjetivo *umbelífero*, a las plantas angiospermas dicotiledóneas; el adjetivo *hiemal* solo se aplica a *cuadrante* y a *solsticio*; el concepto matemático de *esperanza* solo se aplica a las variables aleatorias, y así en muchísimos más casos. Pueden encontrarse más ejemplos de estas características en Pernas (1991).

REDES no informa de la mayor parte de estas restricciones porque las considera especializadas. No forman parte, por tanto, de la lengua común, pero su existencia es, a la vez, enteramente esperable. El hecho de que el lenguaje científico proporcione tantos ejemplos de este fenómeno se debe a que en este lenguaje abundan las propiedades y los procesos que caracterizan conjuntos de seres sumamente restringidos, sean plantas betuláceas o variables matemáticas aleatorias. No hay duda de que la lengua contiene múltiples términos que designan propiedades, acciones y procesos que se aplican a entidades del mundo sumamente específicas, pero este hecho inob-

[19] El término que Coseriu (1967) utiliza para designar este fenómeno es el de *solidaridad léxica multilateral*. El término *solidaridad referencial* es el que propone Salvador (1989-1990) para distinguir los casos en los que, como se ve, las restricciones léxicas vienen impuestas por las condiciones específicas de la acción o la propiedad que se define; por tanto, por las características particulares que los seres designados hayan de satisfacer para que podamos asignarles esas atribuciones. No se ha llevado a cabo, por lo que se me alcanza, una comparación detallada entre las nociones de 'solidaridad léxica' y 'colocación'. Aun así, tiene razón Corpas (1986: 65) al señalar que el concepto de 'colocación' parece más amplio que el de 'solidaridad léxica'. Los adverbios restringidos por la naturaleza semántica del verbo al que modifican tienen, como hace notar esta autora, difícil cabida en la tipología de solidaridades léxicas de Coseriu, pero encajan adecuadamente en el.concepto de 'colocación'.

jetable parece más pertinente para disciplinas como la terminología que para otras como la semántica léxica, la fraseología o la gramática.

Vale la pena hacer notar que no es del todo habitual en los trabajos sobre las colocaciones intentar profundizar en el significado de las combinaciones frecuentes que se ilustran. Solo excepcionalmente se hace notar, por ejemplo, que cuando hablamos de *cierre hermético* estamos designando un determinado tipo de cierre, concretamente el que "no deja pasar el aire ni otros fluidos" (DRAE). Si se parte de esta definición, el que el adjetivo *hermético* no se aplique más que a *cierre* será una consecuencia de la restricción semántica que el adjetivo impone al sustantivo al que modifica: si restringimos 'maneras de cerrar', en lugar de alguna otra acción, lo natural es que el concepto de 'cierre' haya de aparecer en la caracterización del adjetivo o el adverbio que designe la restricción que consideramos. Se aplica el mismo razonamiento a otros muchos casos similares.

Una de las razones por las que me parece que la combinatoria léxica restringida no forma parte de la fraseología es el hecho de que las *necesidades conceptuales* (sean técnicas o no) a las que me refiero en los párrafos anteriores no tienen que ver con la fijación idiomática. Las clasificaciones que podamos hacer de las maneras de cerrar algo, de las propiedades de los solsticios o de las plantas angiospermas dicotiledóneas no encajan, me parece, entre los rasgos que definen las unidades de la fraseología, por mucho que esas combinaciones sean frecuentes y estén restringidas. Desde el punto de vista de REDES, tiene mayor interés el uso figurado que el idioma hace a veces de esas restricciones, por ejemplo el hecho de que el adverbio *herméticamente* no modifique únicamente a los verbos que designan la noción de cerrar (*cerrar, sellar, tapiar, blindar...*), sino que se extienda a otros como *silenciar*, *proteger* o *guardar*, o el hecho de que el adjetivo *hermético* se aplique a las mentalidades, los puntos de vista y otras nociones a las que se aplica igualmente el concepto de cierre (o quizás el de cerrazón) por extensión de significado.

La segunda línea en la que pueden agruparse los estudios sobre las colocaciones, mencionada arriba, es la representada por los diccionarios DEC, DICE y LAF, que desarrollan la teoría Sentido-Texto. Los diccionarios basados en la teoría Sentido-Texto[20] (TST) no contienen listas de piezas léxicas, sino análisis formales sumamente elaborados. Las colocaciones se describen en este modelo a través de una serie de funciones léxicas. Se trata de conexiones semánticas entre palabras que permiten establecer abanicos de relaciones sumamente variadas. Las funciones léxicas definen las conexiones

[20] Pueden consultarse, además del DEC y los numerosos estudios que contiene, Mel'čuk y otros (1995) y Mel'čuk (2002), además de Alonso Ramos & Tutin (1996) y Alonso Ramos & Mantha (1996), entre otros muchos trabajos. El estudio de conjunto más completo para el español es Alonso Ramos (1993). Se analizan asimismo diversos aspectos de las funciones léxicas en Steele (1999), Heylen (1995) y Wanner (1996).

semánticas que existen entre el lema y cada una de las piezas que aparecen en la serie de unidades que se conectan con él, lo que no hacen, desde luego, los diccionarios de colocaciones a los que me refería arriba. Existen unas sesenta funciones léxicas, todas universales, subdivididas a veces en otras.

REDES coincide con los diccionarios derivados de la teoría TST en intentar dotar de contenido a las combinaciones léxicas que en otros proyectos solo se presentan como *combinaciones frecuentes*. Se diferencia de ellos en que pone el énfasis en otros aspectos de la descripción. Así, las funciones léxicas se ajustan al esquema general "**nombre de la función léxica** (*palabra llave*) = valor", por ejemplo: $\text{O}\textsc{per}_1$ (*pregunta*) = *plantear.* El valor de la FL se corresponde con lo que suele llamarse *colocativo* o *colocado* (*collocate* en inglés), mientras que la *palabra llave* representa lo que suele llamarse la *base* de la colocación. Pues bien, si el concepto de 'colocación' se ajustara con propiedad a REDES (lo que, como señalo arriba, solo es parcialmente correcto), podría decirse que REDES es un diccionario de colocativos, mientras que los diccionarios derivados de la teoría TST son diccionarios de bases. En cuanto que centran su interés en aspectos distintos de las relaciones léxicas, es lógico que la descripción que presentan sea también diferente y que pongan el énfasis en conceptos igualmente diversos.

En efecto, las entradas abreviadas de REDES no son abreviadas en el DEC, el DICE o en el LAF, sino el centro del análisis combinatorio que se presenta en esas obras. REDES no posee, en cambio, un equivalente directo de las funciones léxicas que contienen estos diccionarios. Por el contrario, muchas de las informaciones que contienen las entradas abreviadas de REDES (no todas, como se explicó en el § 6) se obtienen directamente de las entradas analíticas. En esas otras obras no existe, en cambio, un equivalente de las entradas analíticas de REDES, por lo que no se establecen generalizaciones semánticas sobre los valores de las funciones léxicas. Reconozco que REDES no establece generalizaciones sobre los significados que aportan los argumentos de los predicados, algo que sí se hace en esas obras, aunque intenta agruparlos mediante un índice conceptual y un índice de clases léxicas, como se ha explicado en el § 6.

Los diccionarios derivados del modelo TST proporcionan, pues, *abanicos de relaciones léxicas* que nos informan de lo que podemos hacer con cada palabra. Si se trata de una noción nominal, se nos informa de cuál es el verbo que designa su surgimiento o su manifestación, su pérdida o su desaparición, su mantenimiento o su realización efectiva. También se nos informa de los adjetivos que usaríamos para intensificarla, el sustantivo que designará el lugar en que es habitual encontrarla (si se refiere a ciertas nociones materiales); el participante que se caracteriza por sostenerla, si designa una actitud proposicional; por experimentarla, si designa una emoción; o por usarla, si designa un instrumento. Si en lugar de un sustantivo, partimos de un verbo, se informa de los adverbios que se usan para intensificarlo o de las perífrasis que emplearíamos para verbalizar alguna de las fases que designa. Las entradas abreviadas de REDES contienen indirectamente todas estas informaciones, pero solo indirectamente, puesto que estas entradas no son más que listas. Como se ha explicado, cada combinación numerada recogida en ellas remite a un predicado al que corresponde una entrada analítica. Este predicado constituye el verdadero objeto de análisis de REDES, es decir, la noción que se intenta comprender. En las entradas analíticas se especifican las restricciones que los predicados imponen a sus argumentos, se informa de si son de naturaleza aspectual, nocional o de otro tipo, y se describen detalladamente las formas en que los usos físicos dan paso a los figurados.

12. FRECUENCIA Y NATURALIDAD. EL CORPUS Y LA INTERPRETACIÓN DE LOS DATOS

REDES está elaborado con un corpus de textos periodísticos cuyas características se describen en la introducción de esta obra. Aun así, creo que este diccionario no constituye un buen representante de lo que se ha dado en llamar *Lingüística de corpus*, sino más bien de lo que podría llamarse *Lingüística con corpus.* Se suele decir que la primera se caracteriza por reducir notablemente las distinciones teóricas, huir de las consideraciones que pueden parecer especulativas y confiar ciegamente en lo que muestran los textos y en los cálculos estadísticos que sobre ellos podemos realizar. En esta obra no se reduce el aporte teórico, como he intentado explicar en las páginas anteriores, pero se utiliza un corpus lingüístico como fuente de datos porque de la introspección de los hablantes se pueden obtener juicios, no paradigmas léxicos.

Como se ha explicado, REDES distingue entre la *naturalidad* de una combinación y su *frecuencia*, distinción poco habitual –me parece– en los estudios de lingüística de corpus. Se ha hecho notar en "Características de REDES" que las marcas de frecuencia (sobre todo ++, + y la ausencia de marca) ponen de manifiesto que esas combinaciones se encuentran repetidamente en los textos, y que en varias ocasiones se ha añadido ++ a combinaciones encontradas pocas veces cuando el sentimiento lingüístico del lexicógrafo las percibía como sumamente naturales, incluso modélicas. De hecho, la intervención de los juicios introspectivos en REDES es mucho mayor de la que suele ser habitual en los estudios de lingüística de corpus, puesto que las combinaciones que resultan naturales a los ojos del lexicógrafo, pero no han sido encontradas en el corpus, se ejemplifican con ejemplos inventados, que se identifican con la marca INDOC. Así, no aparecía en nuestro corpus la combinación *quebrantar una pro-*

mesa, pero REDES la contiene como combinación común del español, aun cuando el ejemplo que la ilustra no proceda de ningún texto.

El que REDES contenga combinaciones no documentadas no significa, como es lógico, que el corpus de 250 millones de palabras que nos ha servido de fuente sea un corpus pequeño o insuficiente. No son muchos los proyectos lingüísticos que se elaboran con corpus de estas dimensiones (en español o en cualquier otro idioma), pero el problema hubiera sido el mismo si el corpus hubiera contenido quinientos o mil millones de palabras: ningún corpus imaginable contendrá todos los datos que puedan considerarse representativos en un estudio lingüístico cualquiera suficientemente amplio. La *lingüística con corpus* a la que me refiero arriba, que REDES representa en cierta medida, es, por tanto, una lingüística en la que el corpus está al servicio del investigador, de forma que los datos encontrados se filtran por su introspección, se evalúan y se completan con otros que el corpus no proporciona, pero que la introspección considera naturales. No debe olvidarse que cuando el corpus muestra una combinación de palabras documentada una sola vez, pueden obtenerse cinco situaciones:

1) Puede resultar una combinación absolutamente natural para el hablante nativo.
2) Puede resultar una combinación poco común en la que se perciben propósitos estilísticos (que pueden haber sido logrados o no).
3) Puede representar alguna variante dialectal, o en general una opción marcada geográficamente, no extendida a la lengua común, o no conocida por el investigador.
4) Puede resultar de un cruce de dos combinaciones.
5) Puede tratarse de un error aislado (tipográfico o personal) o de otra clase de confusión.

Es obvio que el corpus no puede decidir cuál de estas cinco opciones es la correcta. Cuando esto sucede en REDES, la decisión corresponde, como es lógico, al lexicógrafo. En efecto, la marca de frecuencia correspondiente a (1) se asigna en estos casos en función de un juicio introspectivo. La situación (2) se recoge en un grupo que lleva la etiqueta *posibles usos estilísticos*. Así, el grupo final correspondiente al adverbio *poderosamente* contiene un ejemplo documentado en el que se habla de un cuadro que "preside poderosamente" la sala de un museo, y otro en el que se dice de una persona que "describe poderosamente" un determinado escenario. Estas combinaciones no se enjuician en REDES, pero al incluirlas en este grupo final se presentan como opciones marcadas y poco comunes, acaso interesantes para el que estudia el lenguaje literario, pero no asimilables a las combinaciones que se muestran en el resto de la entrada. En la sección siguiente retomo brevemente la diferencia entre las combinaciones literarias y las no literarias. La opción (4) no afecta necesariamente a combinaciones aisladas, como es lógico. Esta opción se recoge en el grupo de *posibles usos cruzados* que contienen varias entradas analíticas, como los cruces de *infringir* e *infligir* que se muestran al final de estas dos entradas (véanse también las entradas *al dedillo* o *a rajatabla*, entre otras muchas). La opción (5) se controla igualmente en función del sentimiento lingüístico del lexicógrafo.

La única opción que no recibe generalmente atención especial en REDES es la (3), que tampoco ha de estar restringida a usos aislados, como es lógico. En las entradillas de algunas entradas analíticas se hace constar que ciertas combinaciones naturales en algunos países americanos no se conocen en España (véase, por ejemplo, la introducción de la entrada analítica de *tomar*), pero esas referencias no son sistemáticas. Hemos comprobado, de todas formas, que no existe demasiada variación geográfica en la combinatoria léxica que se documenta en REDES. En cualquier caso, ha de tenerse en cuenta que el introducir este factor en la descripción de forma adecuada hubiera supuesto marcar con signos diferentes los usos peninsulares que no se documentan en América, los usos comunes a varios países americanos, pero no a todos (a veces también comunes al español peninsular), y los comunes a todo el mundo hispánico sin excepción. No es posible que un estudio de estas características dé cuenta de todas esas diferencias. Así, en la clase B correspondiente al adjetivo *intachable* aparece *hoja de vida* con el n.º 15, pero no se dice que esta expresión no se usa en España, y tampoco en todos los países de América, aunque sí en varios. Tampoco se dice en cuáles exactamente se prefiere *hoja de servicios*, como sucede en España, en lugar de *hoja de vida*.

El corpus de REDES solo contiene textos periodísticos. Existen tres razones que justifican esta restricción en las fuentes de datos. La primera razón está contenida en la cita de María Moliner que aparece al principio de esta obra. REDES no constituye un estudio del lenguaje de la prensa, sino un estudio del español común que toma la prensa como muestra representativa. El usar como únicas fuentes de datos los textos periodísticos no constituye, en mi opinión, una limitación del proyecto REDES. Se tilda a veces el lenguaje de la prensa de "dado a la improvisación", "precipitado", "poco reflexivo" o "tendente a la rutina y al cliché", pero, a la vez, nadie discute que casi todos los escritores contemporáneos escriben habitualmente en periódicos de todo el mundo. De hecho, un número cualquiera de un solo periódico contendrá seguramente textos elaborados por múltiples autores: reporteros, cronistas, ensayistas, editorialistas, especialistas (universitarios o no) en muy diversos campos de la ciencia y la cultura, y otros muchos profesionales. Desde luego, no sería prudente excluir los textos de los escritores por el hecho de que quepa esperar de su uso del idioma un cierto grado de desviación respecto de la lengua estándar, lo que también es aplicable a otros profesionales en sus respectivos campos. Tampoco sería correcto excluir los textos menos literarios por si la proporción de clichés o de acuñaciones estereotipadas fuera en ellos mayor que en otras fuentes de datos. El lenguaje de la prensa es, en mi opinión, suficientemente representativo de la variedad y la diversidad que cabe esperar del español común. En REDES se ha elegido, en suma, la prensa como fuente de datos representativa porque el tipo de lengua que los periódicos muestran no constituye una variedad idiomática distinta de la que corresponde al resto de los hablantes, ni pone en absoluto de manifiesto la existencia de un sistema gramatical o léxico distinto.

La segunda razón es muy diferente. Los textos periodísticos proporcionan una garantía mayor que la que proporcionan otras fuentes cuando se pretende evitar, en la medida de lo posible, la interferencia de los usos artísticos del idioma en el estudio de la lengua no literaria. De hecho, en REDES hicimos algunas pruebas iniciales con textos literarios, y comprobamos que el porcentaje de *usos marcados*, en el sentido de combinaciones que muestran la *voluntad de estilo* de sus autores, ascendía considerablemente. En esta situación, los resultados obtenidos no pueden proponerse como representativos de la lengua general, que no persigue necesariamente obtener efectos artísticos. Ciertamente, REDES no podía ampliar sus objetivos e intentar convertirse en un estudio de la combinatoria léxica en la lengua ordinaria y a la vez en la literaria, puesto que, como es obvio, no se abordan más racionalmente los proyectos de cierta envergadura por el hecho de ampliar más y más las metas que parece razonable perseguir en la investigación lingüística. La solución elegida para este problema no consiste en desechar los posibles efectos estilísticos encontrados (opción que hubiera sido defendible, por lo demás), sino en mantener alguna muestra de ellos en la sección final de las entradas analíticas, como he señalado. Por otra parte, un gran número de combinaciones léxicas que muestran la *voluntad de estilo* a la que me refiero resultan ser afortunadas unas veces y desafortunadas otras, en función de juicios sumamente variables. Este es otro factor que pone en tela de juicio su posible representatividad como muestra de los usos comunes que pueden considerarse *no marcados*.

La tercera razón atiende a la consideración de lo que podría llamarse la *ausencia de autor*. Un rasgo tradicional de la investigación filológica que no se valora en nuestros días como se hacía hace cien años es la autoría de las fuentes de datos lingüísticos. Es sabido que el hecho de que los hablantes nativos acepten como natural una determinada expresión gramatical no justificaba antiguamente su idoneidad ni su representatividad, si no estaba respaldada por una *autoridad idiomática*. La situación actual es considerablemente distinta. Existe, como se sabe, acuerdo absoluto (o casi absoluto) entre los lingüistas contemporáneos sobre el hecho de que la validación de una expresión lingüística no ha de estar apoyada en el prestigio social de su autor, sino en la objetividad que proporciona el hecho de que los hablantes nativos la reconozcan como natural o como común. Salvo los ejemplos (escasos proporcionalmente) que llevan la marca INDOC, todos los datos contenidos en las clases léxicas de las entradas analíticas de REDES están documentados, pero vale la pena insistir en que no se pretende que reciban el beneplácito del lector por la autoridad de la persona que los haya emitido, sino por la naturalidad con que el hablante nativo los reciba.

Acaso vale la pena señalar que la situación descrita tiene un correlato interesante en el mundo del arte. Se ha dicho de algunos críticos de arte que no son capaces de valorar una obra si no conocen el nombre de su autor. Una vez que se les proporciona, acomodan su interpretación a lo que saben de él, y a veces acaban hablando más de la persona y de su trayectoria que de la obra misma. Si desconocen el nombre del autor, no se atreven a enjuiciar el poema, la novela, el cuadro, la escultura, la sonata o la película que tienen delante. No son, pues, capaces de discernir valores objetivos en la obra artística si no están seguros de cuál es la autoridad que la sustenta. Otros críticos, como se sabe, son capaces de emitir juicios fundados y argumentados sobre obras cuyo autor desconocen, puesto que la obra misma les proporciona la información que necesitan. Es obvio que los datos de REDES no están sujetos a valoración artística, pero –como señalo arriba– entiendo que su legitimidad no la proporcionan sus autores, sino la objetividad que garantiza su procedencia y la aceptación de los demás hablantes.

¿Cómo deben interpretarse las ausencias en los datos de REDES? Esta es una pregunta importante, pero difícil de contestar. Supongamos que una determinada combinación se ajusta plenamente al descriptor de una clase léxica, pero no aparece entre los miembros de la clase. Las situaciones posibles son dos:

a) No aparece en el paradigma porque no ha sido encontrada en los textos, y no ha sido añadida porque los hablantes nativos la rechazan.

b) No aparece en el paradigma porque no ha sido encontrada, pero podría añadirse sin dificultad.

Ambas situaciones pueden darse, pero (b) es más frecuente que (a), como se deduce de la descripción de las clases léxicas esbozada en las secciones anteriores. La diferencia entre (a) y (b) es notable, como se ve. REDES no contiene combinaciones presentadas como agramaticales en las entradas léxicas, de modo que las ausencias de tipo (a) proporcionan situaciones de agramaticalidad, o al menos de irregularidad o de extrañeza, mientras que las del tipo (b) —más numerosas— son solo una muestra de que los paradigmas de REDES no pueden ser exhaustivos.

Veamos algunos ejemplos de (a): en la entrada correspondiente a *plenamente* aparece *satisfecho*, pero no *contento;* en la de *guardar* se encuentra *rencor*, pero no *odio;* en la correspondiente a *desmedido* aparece *aumento*, no *disminución;* en la de *perseverar (en)* está *error*, pero no *equivocación;* en la de *mortal* está *enemigo*, pero no *adversario.* Los ejemplos mencionados no aparecen en REDES, y se entiende que no deberían aparecer, puesto que no resultan naturales. Sin embargo, ponen de manifiesto que varias clases léxicas descritas en este diccionario contienen excepciones. No es posible en una descripción de esta naturaleza proporcionar la relación de posibles *ejemplos negativos* cada vez que podrían ser pertinentes. La situación contraria, que corresponde a (b), es mucho más frecuente. De hecho, es enteramente esperable que lo sea, puesto que las clases léxicas que se describen en REDES no son, ni pueden ser, clases cerradas. Es posible que los análisis ulteriores muestren que las lagunas a las que (a) se refiere pueden explicarse a partir de factores que no se tienen en cuenta en la presente descripción. Por el momento, no ha sido posible dar a la diferencia entre (a) y (b) otro tratamiento lexicográfico más satisfactorio.

13. SISTEMA, RUTINA Y CREACIÓN. LAS PUERTAS DEL CAMPO

En uno de sus libros cuenta Jean-Claude Carrière una anécdota que me llamó mucho la atención. Un escultor trabajaba en su taller con un gran bloque de piedra en el que estaba esculpiendo un caballo. El escultor se dio cuenta de que un niño del vecindario lo observaba con gran atención. El trabajo duró varias semanas y el niño presenció el largo proceso sin perderse detalle. Al cabo de este tiempo, el caballo estaba terminado. El niño se acercó al escultor y le dijo: "Me ha encantado lo que has hecho, pero lo que no acabo de entender es cómo sabías tú que dentro de ese bloque de piedra había un caballo".

Es difícil presentar en menos palabras la diferencia que existe entre crear y descubrir. Todo el mundo dirá que el pobre niño no se daba cuenta de que el escultor "creaba el caballo" y de que dentro del bloque de piedra no había más que piedra. Aunque sé que exagero un poco al forzar la comparación, intuyo que el lingüista se mostraría más comprensivo con el punto de vista del niño, aunque solo sea porque sabe bien que una parte no desdeñable de los logros que obtenemos con las palabras están en las palabras mismas, en el sistema lingüístico que nos permite engarzarlas, asociarlas, evocarlas y establecer otras muchas relaciones con ellas. No pretendo con la anécdota de Carrière traer a la mente del lector la oposición aristotélica entre potencia y acto, y mucho menos sus posibles desarrollos en la filosofía (empezando quizás por los de Leibniz). Sí pretendo, en cambio, suscitar una breve, brevísima reflexión sobre lo que puede entenderse por *uso del idioma* en el campo específico de la combinatoria léxica.

Tal como he señalado más arriba, REDES no habla del lenguaje literario. Al igual que sucede con una gran parte de la investigación lingüística contemporánea, se impone deliberadamente como frontera la lengua artística, y acepta como natural la idea de que la creación literaria exige múltiples conexiones y asociaciones que no pueden describirse en la forma en que se presentan las combinaciones léxicas que se muestran aquí. Pero no es menos cierto que el escritor usa un gran número de estructuras gramaticales y léxicas en la misma forma en que las usamos los que no somos escritores. Es más, no creo que el escritor sepa deslindar en cada caso con entera claridad las combinaciones de palabras que son producto de su particular inventiva de las que pertenecen al sistema lingüístico que comparte con los demás hablantes. Estoy casi seguro, por citar algún ejemplo, de que los escritores que hayan usado en sus textos alguna de las 41 combinaciones del adjetivo *vívido* que se muestran en REDES no sabrían discernir con entera claridad si lo hacían porque *creaban* esa combinación de palabras en su cabeza o porque *usaban* una combinación de palabras de la que dispone el sistema lingüístico del español. No estarían del todo seguros de si estaban "esculpiendo el caballo" o "sacándolo a la luz".

Se ha comentado mucho la afirmación de Valle-Inclán (repetida con ligeras variantes por otros escritores) según la cual corresponde al autor literario poner juntas aquellas palabras que no han estado nunca juntas. El lingüista que se topa con esta imagen se hace inmediatamente una pregunta que a los demás puede parecerles un tanto extraña: "¿Dónde no han estado nunca juntas esas palabras?" Ciertamente, ese hipotético lugar no es el diccionario, puesto que el diccionario no es (o no era) el sitio en el que se juntan las palabras, sino más bien el depósito en el que se almacenan. ¿En otros textos tal vez? Tampoco parece que sea esta una buena respuesta. Como se ha repetido tantas veces, el que abre un libro (se trate o no de un texto literario) y entiende lo que está leyendo no lo hace porque recuerde esas combinaciones de palabras de haberlas encontrado en otros textos, sino simplemente porque pone en juego el conocimiento del sistema gramatical y léxico que posee de forma inconsciente. Parece, pues, que el *lugar* que buscamos es el sistema lingüístico que el hablante ha interiorizado.

El hecho de que REDES no analice la lengua artística no significa que las combinaciones que describe deban ir a parar al otro extremo en la jerarquía de los valores que se suelen atribuir a los productos idiomáticos. La presentación del proyecto REDES en algunos foros me ha permitido comprobar que ciertas personas interpretan las combinaciones léxicas que aquí se ilustran como rutinas, clichés o expresiones automatizadas. Estas expresiones revelarían ciertos hábitos que ponen de manifiesto los aspectos menos creativos del idioma. Vale la pena dedicar unas líneas a explicar por qué no es así. En efecto, las entradas analíticas de REDES contienen decenas, a veces centenares de combinaciones agrupadas en clases léxicas. Por repetir el ejemplo que acabo de mencionar, ¿hemos de decir que la entrada de *vívido* contiene 41 rutinas, la de *profundamente* 90 rutinas, la de *verter* 53 rutinas, y así en el resto del diccionario? No parece que el concepto de 'rutina' tenga ningún contenido usado de esta manera, más aún cuando –como he explicado antes– los ejemplos de REDES se presentan como ilustraciones de paradigmas ampliables que se definen léxicamente, esto es, paradigmas que pueden admitir "nuevas rutinas".

Tomemos algunas entradas analíticas de REDES, por ejemplo, las que corresponden a los adverbios *limpiamente*, *ciegamente*, *decisivamente* o *clamorosamente*. Supongamos por un momento que las combinaciones descritas allí fueran rutinarias, y supongamos también que deseamos dejar fuera los usos artísticos del idioma. ¿Cuáles serían entonces las combinaciones no rutinarias, pero tampoco artísticas, correspondientes a estos adverbios? Me parece particularmente interesante el hecho de que esta pregunta carezca, casi con seguridad, de respuesta. Si ello es así, como creo, parece que lo que llamábamos *rutinario* era en realidad *sistemático*, es decir, formaba parte del sistema gramatical y léxico del español. El razonamiento se podría aplicar, desde luego, a otros muchos casos. Obsérvese que no se suele considerar "rutinario" concordar el adjetivo con el sustantivo, elegir indicativo o subjuntivo en las subordinadas sustantivas, según corresponda, o respetar la *consecutio temporum* como lo hacen los demás hablantes. La reacción natural ante esos casos, y en general ante el resto de la gramática, es entender que constituyen pautas pertenecientes a un sistema común que ponemos en funcionamiento los que hablamos español, pero parece que cuando las combinaciones que se repiten no atienden a estos principios, sino a relaciones semánticas de otra naturaleza, la reacción natural del hablante es considerarlas cercanas a los modismos y a otras expresiones lexicalizadas.

Me parece que si alguien intentara hablar español evitando todas las combinaciones que se describen en REDES no podría decir gran cosa. Si consultamos la entrada correspondiente a *ajetreo* y combinamos las voces que allí se proporcionan, formaremos tal vez expresiones como *inmerso en un febril ajetreo*. ¿Debe ser evitada esta combinación por rutinaria o poco original? Si acudimos a *profundamente* y formamos *Lo lamento profundamente* ¿estaremos pecando de nuevo de poca originalidad? ¿Y si vamos a *determinación* y con las voces que allí aparecen se nos ocurre formar *Tomé la firme determinación de...?*; ¿o si entramos en *difusión* y combinando lo que allí aparece decimos de un libro que "alcanzó considerable difusión"? Si visitamos las entradas analíticas de REDES, nos puede sorprender en algunos casos el comprobar que un gran número de combinaciones que vienen a nuestra cabeza aparecen registradas y numeradas. El que consulte la entrada *sustraer(se) (de/a)* de REDES encontrará ejemplos numerados para *influjo*, *influencia*, *fascinación*, *hechizo*, *tentación*, *atracción*. Supongamos ahora que esa persona decide imitar una de estas combinaciones y forma, por ejemplo, la expresión *Resultaba difícil sustraerse al hechizo de su voz*. ¿Ha dicho esa persona algo rutinario? En mi opinión solo ha puesto de manifiesto que habla español.

Creo que estos ejemplos, elegidos enteramente al azar, muestran sobradamente que el sistema lingüístico regula también en buena medida la combinatoria léxica, no solo las conexiones sintácticas que se establecen entre las palabras. Cuando hablamos, usamos esas combinaciones una y otra vez; cuando las encontramos en los textos no reparamos en ellas, pero cuando se nos muestran listadas y numeradas tendemos a considerarlas estereotipadas, arquetípicas y hasta estigmatizadas, como si no nos pertenecieran.

He señalado en la introducción que un sociólogo del lenguaje interpretaría seguramente esta obra como un *diccionario de lugares comunes verbales*. El concepto de 'lugar común' tiene una indudable importancia en las ciencias sociales[21]. Los comportamientos que se consideran lugares comunes no están forzados por necesidades conceptuales. No se aplican únicamente al idioma, ni siquiera a la literatura, sino que se extienden a un gran número de actividades sociales para las que la tradición, la historia o la cultura han forjado pautas o hábitos de comportamiento que podrían haber sido enteramente diferentes en otras circunstancias. Es claro, por ejemplo, que el sucinto *Dictionnaire d'idées reçues* que G. Flaubert compuso[22] estaba guiado por esta idea. Pero si bien podría decirse que las combinaciones que contiene ese diccionario constituyen simplemente unos cuantos tópicos, me parece que las que REDES describe ponen de manifiesto sistemas conceptuales mucho más ricos y articulados. Me parecería absurdo interpretar el último de los ejemplos que acabo de mostrar diciendo que

[21] Franco y Olmos (2001) contiene veinte estudios sobre el concepto de 'lugar común', con muy abundante bibliografía. Véase también Schapira (1999) para otras reflexiones sobre las vertientes lingüísticas de este concepto.

[22] Ahora disponible en internet: http://perso.wanadoo.fr/jb.guinot/pages/CadreIR.html. Sería de gran interés poner en relación la información que contiene REDES con la que aportan las retóricas clásicas. José Manuel Blecua me hace notar que existe, por ejemplo, cierta conexión entre las combinaciones habituales que REDES describe y los listados de epítetos contenidos en las *Officinae* de Johannes Ravisus Textor (1480-1524). Los estudiosos de la retórica podrían establecer, sin duda, vínculos semejantes entre la información descrita en REDES y la que aportan otros repertorios clásicos –a menudo escolares– de fórmulas retóricas.

sustraerse (de/a) selecciona los seis “lugares comunes” que he mencionado, entre otros muchos “lugares comunes” que se añaden en esta entrada, y que cada una de las demás entradas analíticas del diccionario contienen varias decenas o centenares de “lugares comunes”.

En un sentido amplio, y casi trivial, todo el sistema gramatical –que es, sin duda, un sistema *compartido* por los miembros de una sociedad– es, por esa misma razón, un lugar *común*, pero esa afirmación no nos ayuda en absoluto a entender su complejidad, ya que no es más que una forma inocua de decir que lo usamos para comunicarnos con él. Las estructuras de la gramática raramente se interpretan como “lugares comunes”, y hay buenas razones para no hacerlo. No acudimos a una “serie de tópicos” cuando ponemos en funcionamiento el sistema sintáctico que compartimos, ni tampoco cuando usamos las palabras con los sentidos en los que los diccionarios las describen, y no con otros que pudiera proporcionar nuestra imaginación. Todo ello es independiente, por supuesto, del hecho de que en REDES sea posible distinguir entre las entradas que contienen restricciones cuya consistencia proviene de cierta “necesidad conceptual” (las restricciones de base aspectual, por ejemplo) y otras que pueden haber surgido de asociaciones muy diversas, entre ellas no pocas extensiones figuradas de las palabras.

He aludido antes a las críticas genéricas –y en mi opinión poco justificadas– que recibe a veces el lenguaje de la prensa. Vale la pena señalar que las combinaciones que REDES ilustra con textos de prensa aparecen igualmente en los escritores, como es de esperar. Desde luego, cuando Luis Landero usa la combinación del adjetivo *inextricable* con el sustantivo *trama* (*... la humilde trama inextricable de cualquier vida anónima*, L. Landero, *Juegos de la edad tardía*, CREA) no está siendo menos creativo por el hecho de usar una combinación previsible, que REDES recoge y numera. REDES documenta ese mismo adjetivo combinado con el sustantivo *laberinto*, pero también Juan Benet usa esa combinación (*... enredarse en ese laberinto inextricable de la contabilidad amorosa insuficiente*, J. Benet, *Saúl ante Samuel*, CREA), de nuevo, sin perder un ápice de creatividad. No vale la pena proseguir el ejercicio, ni emprender otros igual de simples que mostrarían abrumadoramente la presencia en los mejores escritores de las combinaciones descritas en REDES. Nada tiene, pues, de particular que Galdós use el sustantivo *ojo* como sujeto de *nublarse* (*Se le nublaron los ojos*, Fortunata y Jacinta), puesto que así es como se usa en español, ni que Clarín emplee el sustantivo *instinto* como sujeto de *despertar* (*... los instintos que despertaban en su espíritu*, La Regenta), puesto que también es un uso enteramente común. No creo que hiciera falta emprender la tarea de mostrar que un amplísimo número de combinaciones descritas en REDES aparecen en textos no periodísticos. Si estas combinaciones constituyen, como he argumentado, una parte sistemática del idioma, regulada en función de criterios semánticos y compartida por los hispanohablantes, lo esperable es que formen parte de la lengua de todos, aun cuando puedan parecernos, como el uso del subjuntivo o de la *consecutio temporum*, manifestaciones de nuestra escasa originalidad.

Como se señala en la introducción, los escritores crean a menudo rupturas en los paradigmas léxicos que se describen en REDES, pero se hacía notar allí que el que imita esas rupturas se convierte en plagiario, mientras que el que usa las combinaciones que REDES ilustra (y otras similares), no hace otra cosa que hablar el idioma con naturalidad. Es cierto, en cualquier caso, que solo valoramos estéticamente los ejemplos que nuestra memoria no ha sido capaz de retener e integrar, mientras que tendemos a ignorar los demás, o a considerarlos simples productos de la maquinaria lingüística. Estoy seguro de que muchísimas combinaciones léxicas que REDES registra y documenta habrán pasado tan desapercibidas para los lectores como el hecho de que se usa subjuntivo tras *Estoy cansado de que...*, pero indicativo tras *Estoy seguro de que...* En realidad, este hecho no hace sino confirmar que a estas combinaciones les corresponde un lugar en el sistema lingüístico, puesto que casi todo él se nos muestra a menudo como un conjunto de automatismos, y no como el sistema complejo y articulado que realmente constituye.

Es probable que todas las combinaciones que REDES recoge en la entrada del verbo *aflojar* pasen desapercibidas, menos la que se presenta como peculiar al final, en el grupo relegado de los usos estilísticos: *Al marinero se le afloja una sonrisa irónica*. Sé que otros no compartirán mi punto de vista, pero a mí me parece que tiene algo de extraño (y quizás de triste) el que solo nos llame la atención aquello que destaca sobre el fondo que diluye y hace desaparecer lo regular o lo sistemático por el simple hecho de que es común. Se dice que los especialistas en literatura buscan en los textos la forma en que el lenguaje suscita en nosotros sorpresa, admiración, estremecimiento, belleza. Esa búsqueda del asombro o de la belleza tiene poco que ver con la búsqueda de regularidades que caracteriza el trabajo del lingüista, de asideros que nos permitan explorar el suelo sobre el que el escritor se encarama. Se ha dicho muchas veces que los artistas se diferencian de los científicos en que los primeros buscan la belleza y los segundos, la comprensión. Ciertamente, las combinaciones léxicas de REDES tienen escaso valor estético, y las clases léxicas en las que se insertan tampoco tienen nada que ofrecer al autor literario. Examinadas desde este punto de vista se ven, ciertamente, como rutinas, si es el brillo estético lo único que uno quiere percibir en las palabras. Pero si la concepción de la combinatoria léxica que ha permitido construir REDES, y que se esboza en las secciones anteriores de este trabajo, está bien encaminada, me parece que podrían surgir algunas investigaciones que profundizaran con éxito en la naturaleza de los grupos semánticos que se describen en las entradas analíticas. El escritor seguiría teniendo la sensación de que en REDES se le muestran rutinas, y el hablante común seguiría pensando que en REDES se le presenta lo evidente. El lingüista sabe muy bien, en cambio, que es precisamente lo evidente lo que constituye a menudo el centro mismo de su tarea.

¿Y dónde queda entonces la creatividad? Es evidente que queda donde siempre ha estado. REDES no la restringe ni la coarta, puesto que se limita a presentar las pautas que las combinaciones léxicas ponen de manifiesto de forma mayoritaria. Se usa en español la expresión *poner puertas al campo* para dar a entender 'la imposibilidad de poner límites a lo que no los admite' (DRAE). Ciertamente, REDES no está construido con la intención de poner puertas al campo, sino más bien con la de preguntarse qué partes del monte no son orégano. Es innegable que habrá de existir siempre cierta tensión entre la capacidad y el gusto de elegir, por un lado, y la articulación misma de las relaciones que hacen posible el sistema lingüístico, por otro; entre la libertad expresiva de los hablantes (o los logros verbales que puedan alcanzar con oficio, maestría o imaginación) y las pautas gramaticales y léxicas que regulan el sistema lingüístico compartido mediante el que nos podemos entender. REDES pone de manifiesto una actitud restrictiva hacia esas pautas (como hace buena parte de la investigación lingüística contemporánea), pero de ninguna manera una actitud determinista –mucho menos coercitiva– en relación con la actividad de los hablantes o su capacidad expresiva.

Es claro que los paradigmas que REDES contiene se pueden ampliar, y ojalá las clases léxicas que describe se puedan reducir, o simplemente comprender mejor. Estas son extensiones posibles del proyecto que solo el futuro podrá confirmar. Pero REDES habrá cubierto plenamente sus objetivos si resulta útil a sus usuarios, sean hablantes nativos o no, y especialmente si los que lo consultan reconocen como propios los usos y las combinaciones que aquí se describen, en muchos casos por primera vez. El objetivo principal del diccionario estará entonces alcanzado, porque eso significará que los que hablan español se ven reflejados en él.

DICCIONARIOS CITADOS

BBI: M. Benson y otros, *The BBI Combinatory Dictionary of English. A Guide to Word Combinations*, Amsterdam, John Benjamins, 1986.

CCEC: *Collins Cobuild English Collocations on CD ROM. A Comprehensive Database of Common Word Patterns from the Bank of English*, Londres, Harper Collins, 1995.

CLAVE: *Clave. Diccionario de uso del español actual*, Madrid, Ediciones SM, 2002 (segunda edición).

DCRLC: R. J. Cuervo, *Diccionario de construcción y régimen de la lengua castellana*, 8 vols. Bogotá, Instituto Caro y Cuervo, 1954-1994.

DE: J. Boneu, *Diccionario euléxico para expresarse con estilo y rigor*, Barcelona, Juventud, 2000.

DEA: M. Seco y otros, *Diccionario del español actual*, Madrid, Aguilar, 1999. Dos volúmenes.

DEC: I. Mel'čuk y otros, *Dictionnaire explicatif et combinatoire du français contemporain, Recherches lexico-sémantiques,* vol. 1 (1984), vol. 2 (1988), vol. 3 (1992), vol. 4 (1999), Les presses de L'Université de Montréal.

DIA: F. Corripio, *Diccionario de ideas afines*, Madrid, Argonauta, 1983.

DICE: *Diccionario de colocaciones del español*. Proyecto dirigido por Margarita Alonso Ramos en la Universidad de A Coruña.

DP: L. Santos Río, *Diccionario de partículas*, Salamanca, Luso-Española de Ediciones, 2003.

DRAE: Real Academia Española, *Diccionario de la lengua española*, vigésima segunda edición, Madrid, Espasa, 2001.

DUE: M. Moliner, *Diccionario de uso del español*, Madrid, Gredos, 1988.

DUPE: E. Slager, *Diccionario de uso de las preposiciones españolas*, Madrid, Espasa, 2004.

LAF: A. Polguère, *Lexique active du français*, en preparación, Universidad de Montréal. Véase Polguère (2000).

LEMA: *Lema. Diccionario de la lengua española*, Barcelona, Vox, 2001.

LLA: *Longman Language Activator*, Londres, Longman, 2002 (segunda edición).

LTP: J. Hill y M. Lewis (eds.), *LTP Dictionary of Selected Collocations*, Londres, English Teaching Publications, 1997.

OCD: *Oxford Collocations Dictionary for Students of English*, Oxford University Press, 2003.

SAL: *Diccionario Salamanca de la lengua española*, Santillana, Universidad de Salamanca, 1996.

REFERENCIAS BIBLIOGRÁFICAS

ALONSO RAMOS, M. (1993): *Las funciones léxicas en el modelo lexicográfico de I. Mel'čuk*, tesis doctoral inédita, Madrid, UNED.

—— (2002): "Colocaciones y contorno en la definición lexicográfica", *Lingüística Española Actual* 24, 1, págs. 63-96.

—— y A. TUTIN (1992): "A Classification and Description of Lexical Functions for the Analysis of their Combinations", en K. Haenelt y L. Warner (eds.), *International EWorkshop on the Meaning-Text Theory*, Darmstadt, págs. 187-196.

—— y A. TUTIN (1992): "A Classification and Description of Lexical Functions for the Analysis of their Combinations", en L. Wanner (ed.), págs. 147-167.

—— y S. MANTHA (1996): "Description lexicographique des collocatifs dans un Dictionnaire explicatif et combinatoire: articles de dictionnaire autonomes?", en R. Clas y otros (eds.), *Lexicomatique et Diccionairiques*, Montréal, Beyrouth, págs. 233-353.

BAJO PÉREZ, E. (2000): *Los diccionarios. Introducción a la lexicografía del español*, Gijón, Trea.

BAKER, C., y J. RUPPERHOFER (2002): "FrameNet's Frames vs. Levin's Classes", disponible en http://www.icsi.berkeley.edu/~framenet/papers/bakerrup.pdf

BOSQUE, I. (1999): "El nombre común", cap. 1 de I. Bosque y V. Demonte (eds.), *Gramática descriptiva de la lengua española*, Madrid, Espasa, págs. 3-75.

—— (2000a): "Reflexiones sobre el plural y la pluralidad. Aspectos léxicos y sintácticos", en M. Casas y M.ª A. Torres (eds.), *Actas de las V Jornadas de Lingüística (1999)*, Universidad de Cádiz, págs. 5-37.

—— (2000b): "Objetos que esconden acciones. Una reflexión sobre la sincategorematicidad", en T. Cabré y C. Gelpí (eds.), *Lèxic, corpus i diccionaris,* Universitat Pompeu Fabra, IULA, Cicle de conferències i seminaris 97-98, Barcelona, 2000, págs. 15-30.

—— (2001a): "Sobre el concepto de 'colocación' y sus límites", *Lingüística Española Actual* 23, 1, págs. 9-40.

—— (2001b): "Bases para un diccionario de restricciones léxicas", *Moenia* 7, págs. 11-52.

—— (2001c): "On the Weight of Light Predicates", en J. Herschenson y otros (eds.), *Features and Interfaces in Romance*, Amsterdam, John Benjamins, págs. 23-38.

—— (2003): "Cuatro sentidos del concepto de 'colocación'. Teoría y aplicaciones", presentado en el *VI Congreso Internacional de Lingüística Hispánica*, Leipzig.

—— y V. DEMONTE (EDS.) (1999): *Gramática descriptiva de la lengua española*, Madrid, Espasa.

CABRÉ, T., y C. GELPÍ (EDS.) (2000): *Lèxic, corpus i diccionaris, Cicle de conferències i seminaris 97-98*, Universitat Pompeu Fabra, IULA, Barcelona.

CASAS GÓMEZ, M. (1999): *Las relaciones léxicas*, Tubinga, Max Niemeyer.

CHOMSKY, N. (1965): *Aspects of the Theory of Syntax*, Cambridge, MIT Press.

—— (1986): *Knowdedge of language*, Nueva York, Praeger.

COSERIU, E. (1967): "Las solidaridades léxicas", en E. Coseriu, *Principios de semántica estructural*, Madrid, Gredos, 1977, págs. 143-161.

CORPAS, G. (1996): *Manual de fraseología española*, Madrid, Gredos.

—— (2003): *Diez años de investigación en fraseología: análisis sintáctico-semánticos, contrastivos y traductológicos*, Madrid, Iberoamericana.

FILLMORE, C. (1970): "Subjects, Speakers and Roles", *Synthese*, 21, págs. 251-274.

FRANCO, M., y M. OLMOS (EDS.) (2001): *Lieu(x) commun(s)*, Universidad de París 8, Département d'Études Hispaniques et Hispano-Américaines.

GARCÍA PAGE, M. (1996): "Más sobre la comparación fraseológica en español", *Lingüística Española Actual* 28 1, págs. 49-77.

GRIMSHAW, J. (1979): "Complement Selection and the Lexicon", *Linguistic Inquiry* 10, págs. 279-326.

HAENSCH, G. (1997): *Los diccionarios del español en el umbral del siglo XX*, Ediciones Universidad de Salamanca.

HERSCHENSON J., y otros (EDS.) (2001): *Features and Interfaces*, Amsterdam, John Benjamins.

HEYLEN. D. (1995): "Lexical Functions, Generative Lexicons and the World", en P. Saint-Dizier y E. Viegas (eds.), *Computational Lexical Semantics*, Cambridge University Press, págs. 125-144.

IÑESTA MENA, E., y A. PAMIÉS BELTRÁN (2002): *Fraseología y metáfora: aspectos lingüísticos y tipológicos*, Granada, Granada Lingüística.

JESPERSEN, O. (1924): *The Philosophy of Grammar*. Cito por la edición de 1965, Nueva York, The Norton Library.

KATZ, J. J. (1966): *The Philosophy of Language*, N. York, Harper & Row.

—— (1967): "Recent Issues in Semantic Theory", *Foundations of Language* 3, págs. 124-194.

—— y J. FODOR (1963): "The Structure of a Semantic Theory", *Language* 39, págs. 170-210.

—— y P. POSTAL (1964): *An Integrated Theory of Linguistic Descriptions*, Cambridge, MIT Press.

KOIKE, K. (2001): *Colocaciones léxicas en el español actual. Análisis formal y léxico semántico*, Universidad de Alcalá de Henares y Takushoku University.

LAKOFF, G. (1995): "On Metaphor and Grammar", en M. Shibatani y S. Thompson (eds.), *Essays in Semantics and Pragmatics in Honor of Charles J. Fillmore*, Amsterdam, J. Benjamins, págs. 133-143.

—— y M. JOHNSON (1980): *Metaphors we Live by*, Chicago Universtiy Press. Versión española: *Metáforas de la vida cotidiana*, Madrid, Cátedra.

LEVIN, B. (1993): *English Verb Classes and Alternations. A Preliminary Investigation*, The University of Chicago Press.

MARQUES RANCHHOD, E. (1996): "Comparative Romance Syntax. Frozen Adverbs in Italian and in Portuguese", *Linguisticae Investigationes* 20 1, págs. 33-85.

MCCAWLEY, J. (1968): "The Theory of Semantics in a Grammar", en E. Bach y R. T. Harms (eds.), *Universals and linguistic theory*, Nueva York, Holt, Rinehart and Winston, 1968, 124-169.

MEDINA GUERRA, A. M. (COORD.) (2003): *Lexicografía Española*, Barcelona, Ariel.

MEL'ČUK, I., y otros (1995): *Introduction à la lexicologie explicative et combinatoire*, Lovaina, Duculot.

—— (2002): "Fraseología y diccionario en la lingüística moderna", en I. Uzcanga Vivar y otros (eds.), *Presencia y renovación de la lingüística francesa*, Universidad de Salamanca, págs. 267-310.

MILLÁN, J. A (2002): "El mundo entero le saldrá al encuentro. Las comparaciones en sus repertorios", en P. Álvarez de Miranda y J. Polo (eds.), *Lengua y diccionarios. Estudios ofrecidos a Manuel Seco*, Madrid, Arco, págs. 183-197.

MORALES PETTORINO, F. (1995-1996): "Las locuciones comparativas en el español de Chile", en *Homenaje a Rodolfo Oroz*, *Boletín de Filología de la Universidad de Chile* 25, págs. 333-346.

PERNAS, P. (1991): *Las solidaridades léxicas en español. Selecciones e implicaciones*, tesis doctoral inédita, Universidad Complutense, Madrid.

PESETSKY, D. (1982): *Paths and Categories*, Tesis doctoral, Cambridge, MIT.

POLGUÈRE, A. (2000): "Towards a Theoretically-Motivated General Public Dictionary of Semantic Derivations and Collocations in French", *Proceedings of EURALEX 2000*, págs. 517-527.

PORTO DAPENA, A. (2002): *Manual de técnica lexicográfica*, Madrid, Arco-Libros.

PUSTEJOVSKY, J. (1995): *The Generative Lexicon*, Cambridge, MIT Press.

SALVADOR, G. (1989-1990): "Las solidaridades lexemáticas", en *Revista de Filología* (La Laguna) 8-9, págs. 339-365.

SANTOS, L., y R. ESPINOSA (1996): *Manual de semántica histórica*, Madrid, Síntesis.

SCHAPIRA, C. (1999): *Les stéréotypes en français*, París, Ophris.

SECO, M. (1979): "El contorno en la definición lexicográfica", en *Homenaje a Samuel Gili Gaya (in memoriam)*, Barcelona, Vox, págs. 183-191.

SOBEJANO, G. (1970): *El epíteto en la lírica española*, Madrid, Gredos.

STEELE, J. (ED.) (1999): *Meaning-Text Theory*, University of Ottawa Press.

TRUJILLO, R. (1996): *Principios de semántica textual*, Madrid, Arco-Libro.

VIETRI, S. (1990): "On some Comparative Frozen Constructions in Italian", *Linguisticae Investigationes* 24 1, págs. 149-174.

WANNER, L. (ED.) (1996): *Lexical Functions in Lexicography and Natural Language Processing*, Amsterdam, J. Benjamins.

WOTJAK, G. (1998a): "Relaciones sintagmáticas en el léxico", en N. Delbecque y C. De Paepe (eds.), *Estudios en Honor del Profesor Josse De Kock*, Lovaina, Leuven University Press, págs. 577-594.

—— (1998b): "Reflexiones acerca de construcciones verbo-nominales funcionales", en G. Wotjak (ed.), *Estudios de fraseología y fraseografía del español actual*, Madrid, Iberoamericana, págs. 257-27.

DICCIONARIO

A a

[abajo] → **de arriba abajo, venirse abajo**

abanderar *v.* ▮ En el sentido de 'ponerse al frente de algo' se combina con sustantivos que designan movimientos, generalmente culturales, políticos o sociales *(realismo, socialismo).* También se combina con sustantivos que se refieren a organizaciones o colectivos *(lista, partido, organización)* y con diversos sustantivos de persona empleados generalmente en plural, más frecuentemente si se relacionan con las nociones anteriores *(empresarios, críticos).* Además se combina con...

A SUSTANTIVOS QUE DENOTAN LUCHA, ENFRENTAMIENTO Y, POR EXTENSIÓN, CIERTOS EVENTOS QUE SE SUELEN ASOCIAR CON LAS CONFRONTACIONES, A MENUDO INCRUENTAS: **1 lucha +:** ...acusa al líder (...) de tener intereses políticos «más que *abanderar* una lucha social». PME291296 **2 campaña +:** ...una destacada figura estadounidense ha decidido también *abanderar* una campaña para frenar los bombardeos. EDV040599 **3 batalla:** ...lograron *abanderar* la batalla por la democracia y la gran clase media del país siguió sus pasos. LVE210896 **4 cruzada:** El propio Quique *abanderó* ayer la nueva cruzada iniciada contra el colectivo arbitral... LVE260995

B SUSTANTIVOS DE CARÁCTER PROSPECTIVO QUE DESIGNAN PLANES, PROYECTOS Y OTRAS MANERAS DE ORGANIZAR O ESTIMULAR LA INTENCIÓN DE ACTUAR: **5 propuesta +:** La UEFA quiere que las federaciones (...) *abanderen* su propuesta de mantener (...) el cupo de tres extranjeros en las competiciones europeas. LVE070296 **6 estrategia:** ...Mockus deberá asumir las estrategias que *abanderó*, años atrás, para la reducción de muertes violentas... SEM061100 **7 iniciativa:** A menudo se le recriminó su ingenuidad, su inoperancia, su silencio ante cuestiones como la argelina en la que sólo intentó *abanderar* iniciativas humanitarias. EME070195 **8 proyecto:** La Generalitat *abandera* un proyecto que se sirve del lenguaje audiovisual para divulgar la realidad catalana y promocionar las inversiones en esta comunidad. LVE080995 **9 plan:** ...correrá a cargo de la compañía Eurojapan Investisements, que *abandera* el plan. LVE090396 **10 sugerencia −:** ...se han formulado nuevas propuestas y sugerencias que en relación con la participación femenina el partido deberá *abanderar.* EXC270796 **11 impulso −:** ...consiguió formar una familia socialista que *abanderó* un impulso «renovador» frente al lermismo a principios de los 80. LVE220394

C SUSTANTIVOS QUE DENOTAN TESIS O PUNTO DE VISTA, A MENUDO CON CIERTA REPERCUSIÓN SOCIAL: **12 discurso +:** ...esa aspiración se ha hecho *abanderando* un discurso político... LVE171196 **13 causa +:** Perdió toda credibilidad y ya no se preocupa ni *abandera* las causas populares. PME090297 **14 pensamiento +:** ...la nueva generación no *abandera* ningún pensamiento, actitud política o sistema de valores... LVE270195 **15 tesis:** Junto a una docena de grapos, *abanderó* la tesis de que la guerrilla no puede provocar nunca la revolución. LVE070696 **16 idea:** ...*abandera* la idea de que tal vez fuera igualmente justo y hasta urgente crear un ministerio de la felicidad... LVE260695 **17 planteamiento:** El PRD, por ejemplo, *abandera* planteamientos avejentados que lo empujan al reencuentro de las recetas económicas... EXC180197 **18 postura:** ...*abanderó* las posturas más tolerantes de la Iglesia en la transición. EME291296

D SUSTANTIVOS QUE DENOTAN REBELDÍA, OPOSICIÓN O RECHAZO. TAMBIÉN CON ALGUNOS QUE DESIGNAN OTRAS FORMAS DE CONTESTACIÓN Y MANIFESTACIÓN HOSTIL: **19 revolución ++:** ...acuñaron el pretencioso lema que *abandera* la revolución Microsoft... EME030995 **20 protesta +:** Los estudiantes de Topografía han *abanderado* la protesta en contra de las nuevas titulaciones... EME180594 **21 respuesta:** ...Sex Pistols *abanderaron* la respuesta más radical: el punk. LVE170996 **22 motín:** En el fondo de este pequeño «motín» *abanderado* por Santiburcio, late el disgusto de la estructura partidaria de los socialistas... LVE290995 **23 reacción:** Y entonces emergió Simeone, *abanderando* la reacción visceral de los suyos. EME270295 **24 rechazo:** ...*abanderando* el rechazo a la ampliación del aborto, Unió actúa como partido conservador... LVE130695 **25 oposición:** A finales de los años ochenta incluso *abanderó* la oposición interna... EPE061099 **26 boicot:** Patrick Bruel *abandera* un boicot a las ciudades gobernadas por el FN. LVE020895 **27 moción:** De las declaraciones (...) se desprende que nadie quiere, al menos por ahora, *abanderar* una moción de reprobación contra Santiburcio. LVE110996

E SUSTANTIVOS QUE DENOTAN CAMBIO, MEJORA O RENOVACIÓN: **28 reforma ++:** ...cuando hablo de la reforma Samper no es por atención personal con él sino por convicción de que le prestaría un servicio al país *abanderando* esa reforma. SEM011096 **29 cambio ++:** ...Si queremos seguir *abanderando* el cambio, debemos nosotros mismos aceptar los cambios que sean oportunos... EME300194 **30 proceso +:** ¿Ve usted recelos en el resto de Europa al hecho de que sea Alemania quien *abandere* el proceso europeo? LVE031295 **31 renovación +:** ...ha enviado una particular felicitación de Navidad al nuevo secretario general (...) en la que le pide que *abandere* la renovación moral de la organización... EME241296 **32 modernización:** ...desde un vacío «progresismo» *aban-*

deró la tan flamante como falsa modernización posmoderna. ABC140194 **33 regeneración:** ...«puede mantener la cabeza muy alta para seguir *abanderando*, además del progreso de la región, la regeneración ética». EPE030399 **34 recuperación:** Karpin *abanderó* la recuperación blanquiazul. EME051195

F OTROS SUSTANTIVOS; POSIBLES USOS ESTILÍSTICOS: Y sin movernos de Europa encontramos acordeones *abanderando* reels, polcas, mazurcas, tarafs o casi cualquier cosa... LVE101295; ...el más afectado es el turismo convencional receptivo, sobre todo los destinos tradicionales de sol y playa, *abanderados* por Cartagena y San Andrés... ETC240996

☐ Véase también: **blandir, capitanear, enarbolar, liderar.**

abandonar ♦ **sano y salvo[24] ♦ a la deriva[16], al destino, a {mi/tu/su...} suerte, a regañadientes[22], bruscamente, cautelarmente[15], de buen grado[29], definitivamente, de incógnito[12], de puntillas[26], de un día para otro[25], en masa[20], en parte, gradualmente[37], incondicionalmente[15], inmediatamente, intempestivamente, irresponsablemente, libremente, ordenadamente[21], ostensiblemente[41], por completo[99], por su propio pie, por un momento[2], precipitadamente, progresivamente[37], temporalmente[23], totalmente, voluntariamente ♦ actitud, actividad, arma, cargo, carrera, deber, empresa, esfuerzo, hogar, lucha, lugar, obligación, ocupación, partido, plan, postura, profesión, protesta, proyecto, puesto, responsabilidad, reunión, tarea, trabajo**

abandonar(se) (a) ♦ **deseo, desesperación, designio, destino, fatalidad, inseguridad, instinto, intuición, nostalgia, pensamiento, placer, recuerdo, soledad, sueño, suerte, tentación**

abandono ♦ **absoluto, amargo, completo, decisivo[68], definitivo, deplorable, doloroso, en masa[37], eterno, eventual, forzoso, gradual, humillante, involuntario, lamentable, lastimoso, masivo, notable, ostensible, permanente, profundo, progresivo, ruinoso, temporal, total, visible, voluntario ♦ al borde (de), en caso (de) ♦ causa (de), estado (de), sensación (de) ♦ abocar (a), caer (en), condenar (a), experimentar, lamentar, padecer, provocar, rayar (en)[22], relegar (a), reponerse (de), rescatar (de), resignarse (a), sufrir, sumir(se) (en)[19]**

ABANDONO Véase: *DEJACIÓN*

ABANDONO Véase: DEJACIÓN; SALIDA

abanico (de) *sust.* ▮ Se combina con gran número de sustantivos en plural, entre ellos los que designan personas *(amigos, autores, artistas)* y cosas, especialmente si se crean o se comunican *(ideas, canciones, frases)*. También se combina con...

A SUSTANTIVOS QUE DESIGNAN LO QUE SE OFRECE COMO VIABLE, SE PRESENTA COMO POSIBLE U OBLIGA A REALIZAR UNA DETERMINADA ELECCIÓN: **1 posibilidad ++:** Ser miembro de una familia con sólidos recursos económicos y sociales le abrió un ancho *abanico* de posibilidades. BRE311097 **2 alternativa ++:** Se establece un *abanico* de alternativas para la prestación del servicio... LHG020797 **3 opción +:** Pero si logramos nuevas alternativas, ya no habría cinco mil estudiando lo mismo, sino un *abanico* de opciones. BRE040797 **4 iniciativa +:** ...canalizar todo un *abanico* de iniciativas que refuercen la cohesión mediterránea. LVE291195 **5 oferta +:** ...representan una pequeña muestra del *abanico* de ofertas de la feria. LVE290596 **6 solución +:** El *abanico* de soluciones y estilos dentro de una misma tipología es evidente. ABC271095 **7 elección:** Cuando por fin empezamos a comprender cuáles eran las intenciones (...), nuestro *abanico* de elecciones se redujo trágicamente. EPE200599 **8 duda −:** El *abanico* de dudas se abre (...) a la hora de hablar del alcance o la dimensión del pacto. EME130396

B SUSTANTIVOS QUE DESIGNAN COSAS QUE ES HABITUAL ELEGIR ENTRE OTRAS POSIBLES O ADOPTAR COMO PROPIAS: **9 gusto:** Como director artístico, (...) ha de satisfacer al más abierto *abanico* de gustos estilísticos... LVE130295 **10 tono:** ...un nuevo tratamiento de la sátira, con un *abanico* de tonos y de temas... ABC301092 **11 estilo:** ...una extensísima masa construida que cubre un *abanico* de estilos arquitectónicos... GIC072897 **12 color +:** Pese a estos inicios, ese *abanico* de colores triunfales se fue ensombreciendo... EME210596 **13 opinión:** La posibilidad de que se cobren dos pesos bimestrales más (...) ha abierto un *abanico* de opiniones. LNP110297 **14 medida:** ...lamentaron que (...) haya decidido unilateralmente un *abanico* de medidas que limitan las importaciones. DLA230397 **15 punto de vista:** En la reunión se expuso todo un *abanico* de puntos de vista sobre las más variadas cuestiones. INDOC **16 posición:** ...Moratín perfila a través de sus personajes todo un *abanico* de posiciones ante el amor. EME070796 **17 asignatura:** ...la oferta de los institutos con un amplio *abanico* de asignaturas... LVE161195 **18 canal:** Podrá recibirse un amplio *abanico* de canales especializados en géneros musicales diversos... LVE191096 **19 excusa:** Ni ella ni Albert Costa emplearon el *abanico* de excusas a su alcance para justificar sus respectivas derrotas... LVE270796

C OTROS SUSTANTIVOS; POSIBLES USOS ESTILÍSTICOS: El menú consistió en (...) *abanico* de frutas rojas con helado de mascarpone... EPE080799; ...es (...) una ampliación del *abanico* de riesgos cubiertos en concepto de contingencias. EPD200997

▩ Se combina también con: ♦ **abigarrado[5], amplio ♦ presentar**

☐ Véase también: **mosaico, repertorio.**

abaratar ♦ **considerablemente[22], ínfimamente, levemente, notablemente, significativamente, sustancialmente[8] ♦ coste, despido, mercancía, precio, producto, suelo, vivienda**

☐ Véase también: **rebajar.**

abarcable ♦ **demanda, dimensión, espacio, límite, mercado, mundo, número, obra, proyecto, realidad, territorio, tiempo, zona**

abarcar ♦ **ampliamente, cronológicamente[12], demasiado, de punta a punta[17], en exceso, ne-**

cesariamente, por completo ♦ ámbito, área, conocimiento, espacio, terreno, territorio

abarrotado *adj.* ▮ Se construye con sustantivos que designan lugares, tanto cerrados *(recinto, bar, sala)* como abiertos *(plaza, playa, pista)*. También lo hace con sustantivos que designan vehículos *(autobús, tren, coche)* y ciertos recipientes o contenedores *(baúl, maleta, armario, archivo)*. Se combina asimismo con...

A SUSTANTIVOS QUE DESIGNAN EVENTOS A LOS QUE ASISTE PÚBLICO, A MENUDO USADOS METONÍMICAMENTE POR EL LUGAR EN QUE SE CELEBRAN: **1 sesión:** En una *abarrotada* sesión del Tercer Congreso sobre Retrovirus... LVE300196 **2 acto:** El de ayer fue el acto más *abarrotado* de la gira que José María Aznar realiza por las comunidades. EME190595 **3 conferencia:** Sus conferencias, cuando podían pronunciarlas, estaban *abarrotadas*, y sus escritos, cuando el público podía comprarlos, se pasaban de mano en mano... EPE061199 **4 exposición:** ...acariciando desde el amanecer la libertad impresa de los libros españoles de la exposición, *abarrotada*, me cuentan, el día entero. ABC061095 **5 fiesta:** La Miss Universo Alicia Machado, que llegó en un Cadillac blanco, ejerció de musa en la *abarrotada* fiesta. EME281196 **6 feria:** ...esta feria (...) un poco llena, o *abarrotada* si quieren, de toros basura, de toros babeantes por los suelos. EME300496

B SUSTANTIVOS QUE DESIGNAN OBRAS DE CREACIÓN O ALGUNOS DE SUS COMPONENTES: **7 película:** ...películas *abarrotadas* de energía y suspense, que narran la lucha por conseguir la libertad. EME250395 **8 novela:** Una novela tan *abarrotada* de elementos tan dispares y, sin embargo, tan extrañamente unitaria en su tono... ABC230695 **9 comedia:** Estar hecho polvo le ha servido a Woody Allen para parir una comedia hilarante, agradeciblemente gamberra, fluida, *abarrotada* de energía... EME170494 **10 composición:** Primero objetos solitarios, con especial insistencia en el libro y en el rascacielos, y luego composiciones inverosímilmente *abarrotadas*... ABC210593 **11 artículo:** El artículo está *abarrotado* de grandes sentencias, pero no hay una sola referencia a la realidad existente. EPE250299 **12 guión:** Los críticos americanos han coincidido a la hora de destacar la triste calidad del guión (...), pobre, predecible y *abarrotado* de clichés. LVE010996 **13 argumento:** El argumento, pobre, predecible y *abarrotado* de tópicos, consigue que el público se aburra... LVE190896 **14 fábula –:** ...con esta fábula *abarrotada* de buenos sentimientos... EME110295

C SUSTANTIVOS QUE DESIGNAN CURSOS O TIEMPOS: **15 vida –:** ...la conciencia ecológica, la aversión al atasco, la mejora de los transportes públicos fomentan la expectativa de una vida menos ruidosa, *abarrotada* y opresiva. EPE300499 **16 carrera –:** El Premio Príncipe de Asturias es la última etapa de una carrera *abarrotada* de reconocimientos internacionales. EPE130699 **17 noche –:** La noche del sábado, *abarrotada*, ruidosa, sin calidad, tosca... EME281096 **18 calendario:** ...España afronta su segunda Presidencia de la Unión Europea con una agenda sobrecargada, un calendario *abarrotado*... EME020795 **19 tiempo –:** ...te obligan a permanecer en su ingrata compañía un tiempo interminable, *abarrotado* de bobas digresiones, prescindibles entrevistas... EME031195 **20 futuro –:** ...viviremos en lo que el informe de Marie Stopes describe como «un futuro *abarrotado*». EME140296

D CIERTOS SUSTANTIVOS DE PERSONA, INDIVIDUALES O COLECTIVOS: **21 equipo –:** Un campo lleno de militantes y un césped lleno de goles. Dos equipos *abarrotados* de adrenalina... EME051095 **22 comunidad:** La comunidad judía está *abarrotada* de académicos en paro... EME060296 **23 cineasta –:** No había visto hasta ahora ninguna película del director iraní Abbas Kiarostami, lo que equivale a confesar desconocía a un cineasta *abarrotado* de frescura, originalidad y gracia... EME170594 **24 idealista –:** ...este idealista *abarrotado* de conceptos metafísicos, este esforzado redentor del mundo, deberá consentir que un gangster financie su obra... EME050395

E OTROS SUSTANTIVOS; POSIBLES USOS ESTILÍSTICOS: La imagen, como Hollywood de mentira, está *abarrotada* de verdad. EPE020887; ...cinturones *abarrotados* de granadas de mano... EME300694; ...el amor, dificultoso, épico, *abarrotado* de cicatrices... EME140396

☐ Véase también: **abarrotar, multitudinario, nutrido.**

abarrotar ♦ por completo[141], totalmente ♦ calle, espacio, estadio, local, recinto, sala, *otros sustantivos de lugar*

☐ Véase también: **abarrotado, concurrido.**

abatimiento ♦ absoluto, amargo, anímico, general, hondo, lleno (de), moral, mortal, personal, preso (de)[25], progresivo, psicológico, total ♦ clima (de), gesto (de), síntoma (de) ♦ caer (en), cundir, evitar, invadir (a alguien), mitigar, ocultar, paliar, postrar(se) (en), salir (de), sumir(se) (en), superar, vencer

☐ Véase también: **melancolía, morriña, pena, tristeza.**

abatir(se) *v.* ▮ Como verbo transitivo se combina con sustantivos que designan diversas piezas u objetos que pueden ser plegados o cambiados de posición *(vela, chimenea* [de un buque], *cerramiento, respaldo)*, así como el cuerpo humano o alguna de sus partes *(cabeza, brazo, ojos)*; también con sustantivos que designan múltiples cosas que suelen estar de pie, erguidas *(muro, monumento, árbol)* o en vuelo *(avión, helicóptero)*. En sentido figurado, lo hace con sustantivos que designan el poder político o a quien lo sustenta *(poder, gobierno, estado, democracia)*. Con el sentido de 'matar con arma de fuego' admite sustantivos que designan animales *(jabalí, ciervo)* o personas *(enemigo, soldado, criminal)*. Con el sentido de 'desalentar o deprimir' se combina con sustantivos de persona. Como verbo intransitivo y pronominal *(abatirse)* se construye a menudo con la preposición *sobre* y se combina con sustantivos que designan aves *(gaviota, águila)* y, figuradamente, cosas que pueden ser lanzadas sobre un objetivo, como aviones y vehículos de combate *(bombardero, tanque)*; también se combina con sustantivos que designan fenómenos meteorológicos considerados adversos *(tormenta, lluvia, granizo)* y especialmente con...

A SUSTANTIVOS QUE DESIGNAN SUCESOS DESGRACIADOS, TRÁGICOS O AFLICTIVOS: **1 tragedia ++:** En la tragedia que se está *abatiendo* en la zona de los Grandes Lagos (...) el grado de concienciación y movilización de la ciudadanía no es el mismo. LVE141196 **2 calamidad +:** Las calamidades no han cesado de *abatirse* sobre su pueblo, pese a esta loca que profetiza en la sombra. ABC150592 **3 desastre +:** Pero dos terribles desastres se *abatieron* casi simultáneamente sobre la familia... ABC030993 **4 catástrofe +:** Catástrofes naturales se han *abatido* también sobre los teatros de ópera... ABC240792 **5 desgracia:** ...sobrellevando la desgracia que se *abate* sobre su único hijo. LVE191195 **6 desdicha +:** Las desdichas que se *abatieron* sobre las naciones iberoamericanas y tantas más del mundo, arrancaron precisamente de carencias o debilidades institucionales... LVE260295 **7 mal:** El terrible mal que se ha *abatido* sobre nuestro país no es propio del nacionalismo... LVE081296

B SUSTANTIVOS QUE DESIGNAN SITUACIONES O ESTADOS PROBLEMÁTICOS O CONFLICTIVOS, ASÍ COMO ALGUNAS CIRCUNSTANCIAS QUE CONDUCEN A ELLOS: **8 problema:** «no puede permitir ni tolerar que la cuestión de la migración ilegal haitiana sirva como un elemento para desviar la atención en el vecino país de los graves problemas que le *abaten*». DED010297 **9 crisis:** Sin embargo, hoy la crisis social que se *abate* sobre el país es más grave que entonces. LVE011295 **10 escándalo:** ...todo eso forma parte del escándalo que se *abate* sobre el Banco Central de Brasil. EPE240499 **11 polémica:** Una nueva polémica se *abate* sobre el ministro de Industria... EPE140399

C SUSTANTIVOS QUE DESIGNAN DIVERSOS TIPOS DE MANIFESTACIÓN VERBAL, MÁS FRECUENTEMENTE SI SE DIRIGEN A ALGÚN DESTINATARIO Y EXPRESAN CRÍTICA O REACCIÓN CONTRARIA A ALGO: **12 crítica:** ...anunció ayer su renuncia en un intento de desactivar la ola de críticas que se *abate* sobre el Gobierno... EPE050199 **13 demanda:** ...es necesario una política que permita *abatir* la demanda anual de 40 mil viviendas... EXC090596 **14 objeción:** Lo concede el Maestro, pero sin *abatir* su objeción de que la palabra escrita dice siempre «una y la misma cosa»... ABC220592

D SUSTANTIVOS QUE DESIGNAN SENSACIONES O SENTIMIENTOS AFLICTIVOS, ESPECIALMENTE DE DESÁNIMO, PESAR O FRUSTRACIÓN: **15 desesperación +:** Al poco rato, tras las oscuras nubes de dolor y desesperación que se *abatieron* sobre ella, la gravedad de su situación empezó a cobrar forma. EPE021201 **16 desmoralización +:** ...el prelado señaló que uno de los retos de la Iglesia Católica es *abatir* la continua desmoralización humana... DYM080996 **17 dolor:** El dolor y la rabia se *abatieron* anoche sobre los ciudadanos vascos con los nuevos asesinatos de ETA. EPE241101 **18 tristeza:** Al salir y abrazarnos, una tristeza grande se *abatió* sobre nosotros. ABC030694 **19 pesimismo:** El pesimismo se *abatió* sobre entornos muy concretos de la ciudad y desde allí se reflexionó, con el fatalismo como libro de cabecera, sobre las grandes quimeras empresariales... EPE190399 **20 desaliento:** La verdad es que el desaliento acababa de *abatirse* sobre él, en aquel lugar, mientras sonaban las guitarras hawayanas... EME170895

E SUSTANTIVOS QUE DENOTAN CONSUMO O APORTACIÓN DE DINERO: **21 déficit +:** ...todas sus propuestas están plenamente cubiertas dentro de su plan para *abatir* el déficit fiscal. EXC300896 **22 costo:** ...el gobierno mexicano obtiene ahorros anuales por 50 millones de dólares, que a la vez *abatirán* el costo financiero de la deuda... EXC190696 **23 gasto:** ...los «retos» en las rendiciones serán «cómo *abatir* el gasto», de manera de aliviar la actividad económica en general. EPU041001

F OTROS SUSTANTIVOS; POSIBLES USOS ESTILÍSTICOS: ¿Un gran silencio se *abatió* sobre muchos escritores españoles hace ya un par de meses, o esto es sólo una impresión mía? EME300396

☐ Véase también: **conmocionar(se)**.

abdicar (de) *v.* ■ En su sentido literal suele elegir como sujetos sustantivos que designan monarcas *(monarca, rey, príncipe, sultán)*. En su complemento de régimen se combina con...

A SUSTANTIVOS QUE DENOTAN CREENCIA, CONVICCIÓN Y OTROS PRINCIPIOS QUE HACEN REFERENCIA A LO QUE SE SUSTENTA CON SEGURIDAD O FIRMEZA: **1 creencia ++:** Según el letrado, los padres no han *abdicado* de sus creencias... EPE290900 **2 convicción ++:** ...has transitado por los caminos de la creación artística sin *abdicar* de tus convicciones más íntimas. ABC171293 **3 principio ++:** *¿Abdicarían* de sus supuestos principios y convicciones ideológicas?... PME120197 **4 postulado:** ...su técnico *abdica* públicamente de los postulados que ha defendido siempre... EME280895 **5 planteamiento:** ...este partido había ido *abdicando* de los planteamientos soberanistas aprobados en el Pacto de Lizarra, en septiembre de 1998, y le pedía un cambio de actitud. EPE251099 **6 credo:** Fue un pintor (...) que nunca *abdicó* de su credo estético y político. EME250695 **7 ideología:** ...para que «*abdique* de su ideología» y «rectifique su estrategia». ENC001201 **8 idea:** ...el Villarreal *abdicó* de sus nobles ideas justo en el último momento: al retirar a sus dos mejores atacantes... EPE281001 **9 ideal:** Ni uno ni otro han *abdicado* de aquellos ideales, dijo Semprún. EME071096 **10 doctrina:** ...«afanarse por dignificar la lengua», «sin *abdicar* de la doctrina recibida». LVE100395

B SUSTANTIVOS QUE DENOTAN RESPONSABILIDAD U OBLIGACIÓN EN RELACIÓN CON LAS TAREAS QUE CORRESPONDEN A ALGUIEN. POR EXTENSIÓN, CON OTROS QUE DESIGNAN ESOS MISMOS DEBERES: **11 responsabilidad ++:** Lo que se le tomaría en cuenta es que *abdique* de sus responsabilidades y que sucumba ante las presiones innobles... RUM201097 **12 deber +:** ...si persisten en su actitud profundamente irresponsable de *abdicar* de sus deberes... EPE171001 **13 papel +:** La corrupción encuentra campo abonado donde los poderes públicos *abdican* de su papel y función... EME240494 **14 obligación +:** La responsabilidad corresponde a quienes, pudiendo y debiendo hacerlo, han *abdicado* de su obligación de explicar a los asturianos la verdad... LVE171196 **15 función +:** ...la televisión pública (...) tiene que ser competitiva sin *abdicar* de su función social. ABC130893 **16 tarea −:** Los periodistas investigan la corrupción, los diputados *abdican* de su tarea de control, los jueces politiquean. EME030396 **17 competencia −:** El presidente del Gobierno estima que no debe *abdicar* de su competencia constitucional de convocar elecciones... LVE140795 **18 misión −:** ...muchos han *abdicado* de su misión esencial al transformarse en menestrales del poder y en halagadores de las masas. ABC041194

C SUSTANTIVOS QUE DENOTAN APTITUD O FACULTAD PARA LLEVAR ALGO A CABO: **19 derecho +:** ...el militar «*abdica* del derecho a opinar en materias de régimen gubernamental». HOY050586 **20 facultad:** ...el presidente de la República *abdicó* de una de sus facultades metaconstitucionales... PME131096 **21 posibilidad:** El Barcelona *abdicó* ayer de casi todas sus posibilidades de ganar... LVE060596 **22 capacidad:** ...propuestas de diálogo de los sindicatos eran muy serias, pero que eso no les hacía *abdicar* de su capacidad de movilización. LVE110796

D SUSTANTIVOS QUE DESIGNAN PLANES, PROPÓSITOS Y OTRAS NOCIONES INTENCIONALES RELACIONADAS CON LA VOLUNTAD DE ACTUAR: 23 pretensión +: Ha dejado en manos de los militares las cuestiones de seguridad interna y orden público y ha *abdicado* de cualquier pretensión de restauración... EPE010485 **24 propósito:** Decidió entrar en contacto con el PPE, pero sin *abdicar* del propósito de ostentar la presidencia en la primera parte del mandato. EPE190799 **25 propuesta:** Heynckes ha *abdicado* de algunas propuestas iniciales... EPE131101 **26 intención:** Olvidando, además, que croatas y serbios no han *abdicado* de su intención de repartirse Bosnia en dos... LVE140896 **27 aspiración:** ...tuvo que *abdicar* de sus aspiraciones por culpa de una gastroenteritis. Era el segundo del podio y cayó hasta la zona oscura tras perder 25 minutos. EME300996 **28 exigencia –:** Estadounidenses y británicos han *abdicado* de su sostenida exigencia de un juicio en su territorio. EPE060499

E SUSTANTIVOS QUE DESIGNAN CAPACIDADES RELACIONADAS CON LA INTELECCIÓN Y LA DESTREZA EN GRADO ELEVADO: 29 maestría: Y siempre bajo aquel lema que se inventó a propósito de «Oficio de tinieblas 5» de «*abdicar* de su maestría» para introducirse una y otra vez en la oscuridad... ABC080494 **30 genio:** Hay momentos (...) de transparente y lúcido lenguaje poético entre el humor negro y el absurdo de un Mihura que *abdicó* de su portentoso genio teatral... EME100295 **31 superioridad:** Así, *abdicamos* de nuestra superioridad ética y nos quedamos reducidos al ilegítimo ejercicio de nuestra superioridad técnica... EPE150699 **32 inteligencia –:** ...el misterio no exige *abdicar* de la inteligencia, sino que, al contrario, ésta conduce al umbral de aquél y allí se detiene, no se rinde. ABC240492

F SUSTANTIVOS QUE DENOTAN CONDICIÓN O ESTATUS, MUY FRECUENTEMENTE RELACIONADOS CON LA SITUACIÓN SOCIAL O PROFESIONAL DE LAS PERSONAS: 33 condición ++: Durante las décadas de los setenta y ochenta se vivieron en este país situaciones en las que hubo motivos para *abdicar* de la condición de empresario... EDV040599 **34 posición:** Yo nunca *abdiqué* de mi posición. EME210996 **35 rango +:** Europa, en suma, no puede *abdicar* del rango que le es propio y su voz debe ser escuchada... EME021096

G SUSTANTIVOS QUE DESIGNAN EL ORIGEN DE ALGO. POR EXTENSIÓN, TAMBIÉN CON OTROS QUE DESIGNAN DIVERSAS NOCIONES RELACIONADAS CON LO YA ACAECIDO: 36 origen +: ...es nombrado «Chevalier de l'Ordre des Arts et des Lettres» y, al año siguiente, merece el Prix Drouant, sin *abdicar* de su origen catalán... ABC280495 **37 pasado:** ...el significado verdadero de mi propuesta, que no es la de disolver el partido o de que no es la de disolver el partido o de *abdicar* del pasado... EPE011289 **38 tradición:** Que (...) haya *abdicado* de su tradición y sus compromisos electorales, pasándose más bien al bando contrario, no puede redundar en que esa negociación siga sin producirse. EME300194

H SUSTANTIVOS QUE DESIGNAN DIVERSOS VALORES, MÁS FRECUENTEMENTE HUMANOS, QUE SE TIENEN POR ESENCIALES: 39 dignidad: «Esta Cámara *abdicaría* de su dignidad si aceptara que el Gobierno...». EPE150977 **40 ética:** ...aborda cuestiones como la lealtad, el triunfo a cualquier precio y la ausencia de ética en una sociedad que obliga a *abdicar* de ella si se quiere ser alguien. LVE210296 **41 libertad:** ...la única razón por la que un hombre puede *abdicar* de parte de su libertad... EME160796 **42 modestia:** ...Lari empuñó la vara de alcalde sin *abdicar* ni un átomo de su congénita modestia. LVE201196

I OTROS SUSTANTIVOS; POSIBLES USOS ESTILÍSTICOS: ...aun sin *abdicar* de un constante paroxismo rítmico... LVE010395; ...sin *abdicar* ni un ápice de una restallante belleza... EPE021288; Nunca *abdicó* del cínico que llevaba dentro ni dio puerta a la ironía que enriqueció la gracia de su lengua. EPE020700

☐ Véase también: **abjurar (de).**

aberración ♦ absoluto, atroz, auténtico, claro, colosal, descomunal, espantoso, flagrante, horrendo, imperdonable, inadmisible, inconcebible, indescriptible, infame, inmenso, irreparable, mayúsculo, monumental, peligroso, siniestro, sobrecogedor, solemne, sonado, supino, tremendo, verdadero ♦ caer (en), cometer, constituir, corregir, engendrar, incurrir (en), permitir, perpetrar, provocar, rectificar, subsanar

☐ Véase también: **asesinato, crimen, delito, desatino, equivocación, error.**

abiertamente *adv.* ▮ Se construye muy frecuentemente con sustantivos de persona que denotan tendencia política o ideológica *(abiertamente demócrata, republicano, conservador)*. También se combina con...

A VERBOS QUE DENOTAN PRESENCIA, MANIFESTACIÓN, DESCUBRIMIENTO O RECONOCIMIENTO PÚBLICO DE ALGUNA CUESTIÓN, MÁS FRECUENTEMENTE SI ESTABA OCULTA O ERA RESERVADA: 1 manifestar(se) ++: Incluso ha otorgado muy buenos puestos a varios altos funcionarios que se manifestaron *abiertamente* a favor de Boutros-Ghali y en contra suya. ENH090297 **2 reconocer ++:** ...reconozco *abiertamente* los afanes y constancia que pone la dependencia encargada de sembrar arbolitos por toda la ciudad capital. LHG290597 **3 confesar ++:** ...confesaba *abiertamente* su homosexualidad y luego de convertirse al protestantismo alega que es heterosexual. END081097 **4 declarar ++:** ...pero todo quedó en suspenso hasta que no declare *abiertamente* cuáles son sus intenciones sobre Guatemala. PLG180197 **5 proclamar +:** Hay quien lo dice en voz baja, quien se prefiere callar, quien no quiere darle demasiada importancia e incluso quien lo proclama *abiertamente*... FDV180599 **6 revelar:** ...se revelaba *abiertamente* la complicidad entre el funcionario que ordenaba la investigación y el marido de la susodicha. PME150996 **7 destapar:** ...son los autores del primer libro que destapó *abiertamente* los trapos sucios de esa relación Chirac-Balladur... LVE230495 **8 evidenciar(se):** ...una alianza contra natura que se ha evidenciado *abiertamente* en la segunda vuelta de estas elecciones. EME020796 **9 exponer(se):** ...ha convertido en política oficial, y la expone *abiertamente*, su intención de liquidar a la nación cubana y esclavizar a su pueblo. GIC062097 **10 admitir +:** El entrenador azulgrana Johan Cruyff no quiso admitir *de forma abierta* y taxativa que su equipo ha perdido la Liga... LVE030495 **11 exhibir +:** Creemos que lo mejor es exhibirlas, plana y *abiertamente*. LVE121094 **12 salir a luz pública:** Aquello que tantas veces se había comentado en voz baja, ahora salía *abiertamente* a la luz pública. LVE230795 **13 jactarse:** Gary Lauck se jacta *abiertamente* de considerarse un «superalemán»... EME240395

B VERBOS QUE DENOTAN MENCIÓN O INDICACIÓN DE ALGO Y, POR EXTENSIÓN, PRESENTACIÓN DE ARGUMENTOS PARA DEMOSTRAR, CONVENCER O DEFENDERSE DE ALGUNA COSA: **14 aludir ++:** El Gobierno catalán, en todo caso, alude *abiertamente* a las limitaciones de su capacidad de influencia sobre la caja... EME150496 **15 señalar ++:** ...otros partidarios de Aznar señalan *abiertamente* que ya es justo eliminar las ventajas de que goza Polanco... ETC100497 **16 apuntar:** El sector más o menos *abiertamente* apuntaba a la presión de los lobbies citrícolas norteamericanos... EPE061201 **17 insinuar(se):** ...ha sido de los primeros, pero también el único en insinuar *abiertamente* que está en situación de disponible. LVE031295 **18 indicar:** Precisamente, el ejemplo más claro de este fenómeno es Kurt Cobain, cuya trayectoria vital nos está indicando *abiertamente* que hay algún problema. EME120796 **19 aducir:** Aunque no se haya aducido *abiertamente*, parece que también han pesado sobre el ánimo del tribunal varios hechos... EME060296 **20 apelar:** ...será investigado tras apelar *abiertamente* a una posible independencia del norte de Italia. LVE300795 **21 esgrimir:** ...armado de un cuchillo que esgrimía *abiertamente* y trataba de entrar violentamente en el hogar de la mujer... DLA141097

C VERBOS QUE DESIGNAN DIVERSAS ACCIONES HOSTILES, GENERALMENTE DE CARÁCTER VERBAL: **22 criticar ++:** ...quien en las últimas semanas ha criticado *abiertamente* al régimen de Zagreb por no cumplir algunos puntos de los acuerdos de paz para Bosnia... DLA170697 **23 descalificar +:** Cambiando su discurso, la diplomacia peruana parece que ahora intenta evitar descalificar *abiertamente* a su contendiente... EME060295 **24 ejercer la crítica:** Los teólogos, que están al servicio de la Iglesia, tienen, no obstante, la obligación de ejercer *abiertamente* la crítica... EPE020289 **25 injuriar:** ...para hacer oscuras insinuaciones contra sus ex compañeros de carrera (...) o injuriarlos *abiertamente*. EPE050700 **26 amenazar:** Las enmiendas en cuestión amenazan *abiertamente* con la suspensión de asistencia... GIC072697

D LOS VERBOS *REÍR* Y *SONREÍR*. TAMBIÉN CON OTROS QUE DENOTAN ACCIÓN BURLESCA, SARCÁSTICA O MORDAZ, A VECES MANIFESTANDO COMPLACENCIA EN EL INFORTUNIO AJENO: **27 reír ++:** Ayer, Fátima pudo reír *abiertamente* después de mucho tiempo. EME250796 **28 sonreír ++:** ¿Por qué jugó mejor en ese momento y no cuando la ventaja le sonreía *abiertamente*? EPE140499 **29 ridiculizar ++:** ...como muestra de lo dicho cita el diálogo *La feminista*, donde Santiago Rusiñol ridiculizaba *abiertamente* a las mujeres. LVE220895 **30 burlar(se) +:** Su única respuesta fue un incendiario discurso, destinado a galvanizar la moral de sus hombres, en el que se burlaba *abiertamente* de Estados Unidos... EME160795 **31 mofarse:** ...se publica y distribuye gratuitamente en hoteles y restaurantes de la Ciudad de México, donde se mofa *abiertamente* del servicio de taxis capitalino. PME260197 **32 bromear:** ...bromeó *abiertamente* con la situación: «No os miréis entre vosotros: estáis todos muy guapos». EME190394 **33 regodearse:** ...a la vez que decía (...) se regodeaba *abiertamente* con el hecho de que la crisis... EPE140499

E VERBOS DE LENGUA QUE DENOTAN ENUNCIACIÓN O ASEVERACIÓN, FRECUENTEMENTE DIRIGIDAS A UN DESTINATARIO. TAMBIÉN CON OTROS QUE DENOTAN NEGACIÓN, RECHAZO O SOLICITUD VEHEMENTE: **34 afirmar ++:** El mago Herbert Becker, quien dice haber sido su amigo, lo afirma *abiertamente*. CAR260597 **35 asegurar ++:** ...aseguró ya *abiertamente* que no encabezaría una candidatura en la que permaneciera el padre de su agresor... EME200495 **36 contestar +:** ...quien ha lanzado una dura advertencia a los teólogos y fieles que contestan *abiertamente*, entre otras cosas, la prohibición de dar la comunión a los divorciados... LVE251195 **37 decir:** ...quizá nuestro atraso sea de 25 años respecto de Estados Unidos, pero hay que decir *abiertamente* que de 1985 a la fecha se abatieron rezagos. EXC270596 **38 contar +:** ...sin que sus líderes se atrevan a contar *abiertamente* a los electores que las necesidades reales del segundo país más poblado del mundo... EPE280499 **39 expresar +:** Ella insulta a los estudiantes, y expresa *abiertamente* su desprecio hacia ellos y sus padres. LHG280297 **40 desmentir:** ...había desmentido *abiertamente* la existencia de este desajuste. EME020896 **41 negar(se):** ...«nos negamos *abiertamente* a conformar con otras fuerzas políticas cualquier mayoría que no sea la que el pueblo español haya decidido a través de su voto». EME090296 **42 renegar:** ...renegó *abiertamente* de su pasado bolchevique y se encargó de resaltar la herencia social desde 1944 a 1989. LVE271195 **43 reivindicar:** Ni los franquistas que habían jaleado su retorno se atrevían a reivindicarlo *abiertamente*. LVE150295

F VERBOS QUE DENOTAN QUEBRANTAMIENTO, INCUMPLIMIENTO O TRANSGRESIÓN DE ÓRDENES, PRINCIPIOS, NORMAS O LEYES: **44 delinquir ++:** Para descubrir al culpable de un delito no se puede delinquir *abiertamente*. EME110194 **45 desobedecer ++:** ...donde se desobedecieron *abiertamente* resoluciones judiciales firmes que habían acordado la investigación de fondos reservados... EME050195 **46 violar +:** ...violan *abiertamente* los preceptos de la Ley de neutralidad que supuestamente prohíbe tales acciones desde suelo de ese país. GIC114697 **47 transgredir +:** Pero, en general, no se ha transgredido *abiertamente*, sin duda, para no añadir al pecado el escándalo. LNP060597 **48 vulnerar +:** ...sostiene que esa decisión «vulnera *abiertamente* el derecho fundamental a la intimidad». EPE050699 **49 conculcar +:** ...el levantamiento del 6 de octubre del 34 en Cataluña y Asturias conculcan *abiertamente* todas y cada una de las exigencias progresistas. LVE160896

G VERBOS QUE DESIGNAN MANIFESTACIONES DE OPOSICIÓN, DISENSO O DISCONFORMIDAD EN DIVERSOS GRADOS Y FORMAS, EN OCASIONES EXPRESADAS CON VEHEMENCIA O AGRESIVIDAD: **50 discrepar ++:** ...es posible advertir sentimientos y argumentos que no sintonizan del todo con los aplausos de esta hora, o que incluso discrepan *abiertamente* de ellos. BRE250497 **51 oponer(se) ++:** Este manifiesto se oponía *de forma abierta* a los dogmas de Breton, buscando una fórmula nueva y optimista... ABC140892 **52 divergir +:** Su punto de vista diverge *abiertamente* de la doctrina establecida al respecto por el Tribunal Supremo. EME131095 **53 disentir +:** Los aliados se sienten más libres para disentir *abiertamente.* LVE270595 **54 diferir:** ...era un pequeño dictador, era el único que difería *abiertamente* de todos los demás. LVE201195 **55 contraponer(se) +:** ...ella se contrapone *abiertamente* tanto en lo metodológico como en lo valórico con la intervención de las Jocas. HOY281096 **56 protestar +:** Españoles, italianos, belgas y holandeses, entre otros, protestaron *abiertamente.* LVE260695 **57 boicotear:** Los fumadores han decidido boicotear *abiertamente* una normativa que consideran excesiva. EME080596 **58 rebatir:** Dicho hallazgo, sin embargo, ha sido *abiertamente* rebatido por distintos miembros de la comunidad científica internacional. LVE170895 **59 reclamar:** ...firman peticiones y reclaman *abiertamente* nuevas elecciones y la destitución de Arafat. EPE041299 **60 denunciar:** Debemos difundir, propagar y poner en práctica los derechos humanos y denunciar *abiertamente* su vulneración. INF010896 **61 rebelar(se):** Según los periodistas de la zona, los militares rebeldes admiten *abiertamente* que su objetivo es derrocar a Conte. EME040296

H VERBOS QUE DENOTAN RECHAZO, SUPRESIÓN, CANCELACIÓN O ELUSIÓN: 62 rechazar ++: ...por votación mayoritaria emitirán un informe donde rechazan *abiertamente* la creación de esta zona. ESP050597 **63 discriminar +:** ...cuyo gobierno, después de todo, discriminaba *abiertamente* a las minorías lingüísticas y culturales... DYM240796 **64 excluir +:** La reforma aprobada por el Gobierno, excluye *abiertamente* del sistema público de protección a la masa de inmigrantes ilegales... EME040896 **65 descartar:** En cambio descartó *abiertamente* una alianza con la compañía italiana Fiat. EPE260399 **66 prescindir:** ...realizó –prescindiendo *abiertamente* de sus gustos personales– una neta apuesta por lo innovador... EME140296 **67 rehusar:** ...los cuales rehusaron *abiertamente* saludar al ministro del Interior y demás autoridades... EPE290977 **68 despreciar:** ...desprecia *abiertamente* a la clase política –«los políticos son personajes negativos»– y predice para el nuevo milenio... EPE251199 **69 repudiar:** ...siempre tiene un «sí pero», no repudia *abiertamente* a los terroristas. EME050196

I VERBOS QUE DENOTAN CONFRONTACIÓN O ENFRENTAMIENTO, GENERALMENTE VERBAL Y A MENUDO INTENSO, VEHEMENTE O VIOLENTO: 70 enfrentar(se) ++: ...la logró realmente jugando ese papel de auténtico conspirador en lugar de enfrentarlo *abiertamente* a las autoridades. SEM190198 **71 confrontar ++:** La de confrontar opiniones plurales *de manera abierta,* sin miedo. LVE201296 **72 pelear(se) +:** ...los dineros, por un lado, y cierta idea de orden (conservadora por supuesto) se pelean *abiertamente* con la legalidad. LVE070596 **73 discutir +:** ...será discutido *abiertamente* con la Unión Americana en la próxima asamblea general de las Naciones Unidas. EXC050996 **74 debatir +:** ...Gran Bretaña debate *abiertamente* y por televisión sobre el futuro de la monarquía... EUV080197 **75 combatir +:** Los responsables del circuito, tanto masculino como femenino, han decidido combatir *abiertamente* el dopaje... LRE130103 **76 competir +:** Hoy lo hacen, pero a través de algún tipo de sociedad con las obras sociales del segmento, con las que ahora podrían competir *abiertamente.* CLA170397 **77 luchar +:** Es por eso que desde 1970 venimos luchando *abiertamente* contra ellos... ECP140175 **78 disputar:** Cinco candidatos se disputan *abiertamente* la sucesión, a golpe de reuniones secretas... EME061295 **79 enzarzar(se):** Sólo dos días después de que Washington y Pekín se enzarzaran *abiertamente* en una disputa comercial que puede terminar en guerra... EME070295 **80 entrar en guerra +:** Ayer corrió el rumor de que Ruanda (...) ha decidido entrar *abiertamente* en guerra con Zaire. EME011196

J VERBOS QUE DESIGNAN OTRAS ACCIONES HOSTILES: 81 atacar ++: ...atacó *abiertamente* al opositor Canal 2 de televisión, acusando a su propietario de librarse a una campaña antimilitar. EPD030697 **82 invadir +:** ...cree que su contenido traspasa los límites de la libertad de expresión «e invade *abiertamente* la esfera del derecho penal...». EME160296 **83 bombardear:** Si EE. UU. bombardea *abiertamente* posiciones talibanes... EPE131001

K VERBOS QUE DENOTAN INTERVENCIÓN O PARTICIPACIÓN ACTIVAS EN ALGÚN ASUNTO: 84 intervenir ++: En los años de la guerra fría, los Estados Unidos intervenían *abiertamente* contra las democracias formales... VIS060297 **85 participar ++:** ...estamos con el pueblo que nos escucha y que participa *abiertamente* por nuestro medio, porque somos una tribuna abierta a todas las corrientes de opinión... LNC271196 **86 abordar +:** ...está dispuesta a abordar este tema tabú *de forma abierta* ante el alud de críticas que la militancia ha elevado en los últimos años. LVE080596 **87 actuar:** El Ejecutivo teme que CiU vaya a actuar *abiertamente* en este asunto como un partido más de la oposición... LVE180695 **88 interferir:** La operación, realizada en alianza con la estadounidense Bell South, interfiere *abiertamente* con los planes de expansión... EPE111299 **89 afrontar:** ...ella se considere de sobra legitimada para afrontar *abiertamente* su frustración. EPE180399 **90 tomar partido:** ...para identificarse a plena luz como comunistas o para tomar partido *abiertamente* con la Unión Soviética. DLA040297 **91 plantar cara:** ...ninguno de sus oponentes dentro del partido se atreve a plantar cara *abiertamente* a este genio del regate... LVE300596 **92 encarar:** Lejos de encarar *abiertamente* este sentimiento, de buscar las razones que lo animan... EPE081201 **93 entrometerse:** ...si por lo menos guardara las formas y no se entrometiera tan *abiertamente* en asuntos que no son de su responsabilidad... INDOC **94 emprender:** Los liberal demócratas han abandonado recientemente su tradicional política (...) para emprender *abiertamente* un acercamiento... LVE290795

L VERBOS QUE DENOTAN DEJACIÓN, ALEJAMIENTO O RUPTURA: 95 apartar(se) +: ...en el auto de 17-4-97 el juez se apartó *abiertamente* del artículo 19 de la Constitución... EPE161099 **96 distanciar(se) +:** Pero pocos se distancian *abiertamente* de la lucha por la instauración de un Estado propio. EME300396 **97 desvincular(se):** ...pero se niega a desvincularse *abiertamente* de la violencia que se sigue ejerciendo contra los no nacionalistas. EPE250499 **98 separar(se):** Vuk Draskovic (...) se separó *abiertamente* de las tesis de Milosevic y en unas declaraciones a la BBC remachó el clavo de su disidencia y amenazó con manifestaciones... ENC280499 **99 renunciar +:** ...incluso renunciando *abiertamente* a una silla en la ONU, sería suficiente para reconducir la crisis a través de la negociación. EME190396 **100 desertar:** ...pero me parece poco creíble el hecho de que tantos peloteros hayan discutido planes para desertar *abiertamente*... ENH140797

M VERBOS QUE DENOTAN COLABORACIÓN, APOYO O PROTECCIÓN. TAMBIÉN CON OTROS QUE DESIGNAN ALGUNAS ACCIONES ENCAMINADAS A AUSPICIAR, FAVORECER, IMPULSAR O BENEFICIAR A PERSONAS O COSAS: **101 ayudar ++:** ...La estrategia militar de EE. UU. evita ayudar *abiertamente* a la Alianza del Norte porque Pakistán amenaza con cerrar su espacio aéreo... EPE131001 **102 apoyar(se) +:** ...había apoyado *de forma abierta* y decidida la candidatura de... LVE010696 **103 defender(se):** Ahí buscaremos todas las cooperaciones posibles con otras administraciones, pero vamos a defenderlo *abiertamente*. EPE170199 **104 respaldar:** Centoz mostró sus reservas desde un principio con el proceso revolucionario y respaldó *abiertamente* a la Iglesia cubana. ENH040198 **105 alentar:** ...acaba de dar un salto cualitativo en su distanciamiento del actual Gobierno de centro derecha al alentar *abiertamente* la manifestación nacional... LVE140194 **106 alabar:** ...resulta relevante por cuanto se trata de la primera ocasión en que el jefe del Gobierno alaba *abiertamente* a su primer rival político. EME301296 **107 contribuir:** ...causas sociales a unas obras con las que contribuyó *abiertamente* en las campañas en contra del «apartheid» y en las iniciativas de sensibilización sobre el sida. LVE290495 **108 cooperar:** ...cooperó *abiertamente* con la invasión israelí y se opone a lo que llama *tutela siria* sobre el Líbano. HOY180886 **109 favorecer:** ...favoreció *abiertamente* al ex procurador Orlando Vásquez Velásquez, quien se encuentra recluido en esas instalaciones... SEM010897 **110 colaborar:** Quienes desean colaborar *abiertamente* en ella, tienen que cerrar filas en torno del gobierno. ETC070198 **111 aplaudir:** Su presidente, José Luis Leal, no sólo aplaude *abiertamente* este paso adelante... EPE221199

N VERBOS QUE DENOTAN PROPENSIÓN, ADHESIÓN O TOMA DE PARTIDO POR UNA TENDENCIA O UNA OPCIÓN: **112 adherir(se) +:** Ha aumentado el número de jóvenes que se adhieren *abiertamente* a organizaciones no gubernamentales. INDOC **113 preferir +:** Pero la prefiere *abiertamente* a su rival. EPE090299 **114 decantar(se) +:** Lo cual indica que el vicepresidente primero se decantó *abiertamente* por llegar a un pacto con IU. EPD300597

Ñ OTROS VERBOS; POSIBLES USOS ESTILÍSTICOS: ...llenó de blanco la pasarela y dejó que las prendas caminaran *abiertamente* al nuevo milenio. EPE180799; ...comía *abiertamente* en comisaría, se instalaba en el hotel de lujo de la ciudad... EME191095

O ADJETIVOS Y PARTICIPIOS ADJETIVALES QUE DENOTAN DISENSO, CONFRONTACIÓN O DIVERGENCIA DE INTERESES O CRITERIOS Y, POR EXTENSIÓN, INCLINACIÓN HACIA LA LUCHA. SE RELACIONAN FRECUENTEMENTE CON LOS VERBOS DE LOS APARTADOS *G* E *I*: **115 combativo +:** ...se anuncia como un álbum *abiertamente* combativo, en cuanto a melodías y textos. EME211296 **116 bélico:** Toda gran potencia tiende a generar violencia en sus acciones exteriores, larvada o *abiertamente* bélicas. EPE040599 **117 belicoso:** ...esta última provincia es la de las mujeres *abiertamente* belicosas. EME170695 **118 beligerante:** La actuación de Berlusconi en el debate sobre la moción de confianza ha sido *abiertamente* beligerante con el Gobierno. LVE170395 **119 enemistado:** La presidenta electa, (...) tendría problemas de gobernabilidad si los diputados del banquero, *abiertamente* enemistado con la viuda, y el PRD suman fuerzas. EPE040599 **120 enfrentado +:** ...líder del sector crítico de Convergència en la comarca y enfrentado *abiertamente* con el alcalde de... EPE210499 **121 discordante +:** ...fue ayer la primera voz *abiertamente* discordante con la propuesta abstencionista. EPE201099 **122 confrontado:** ...una plataforma desde la que mantener sus posiciones *abiertamente* confrontadas con los aliados nacionalistas de Aznar. EPE170899 **123 contrapuesto:** Una oposición muy diversificada y con intereses *abiertamente* contrapuestos puede encontrar un punto de acuerdo... LVE211195 **124 contrario:** ¿hubo otras ocasiones en que la Iglesia Católica se manifestara tan *abiertamente* contraria al proyecto? HOY271097 **125 opuesto:** ...uno de los más conocidos defensores del empleo de semillas transgénicas (...), aunque *abiertamente* opuesto a la manipulación para hacerlas estériles. EPE061099

P ADJETIVOS Y PARTICIPIOS ADJETIVALES QUE DENOTAN QUEBRANTAMIENTO, INCUMPLIMIENTO O TRANSGRESIÓN DE PRINCIPIOS, NORMAS O LEYES. SE RELACIONAN GENERALMENTE CON LOS VERBOS DEL APARTADO *F*: **126 delictivo +:** ...ningún arreglo de esa índole se ha alcanzado a partir de un hecho *abiertamente* delictivo. CAP090197 **127 fraudulento +:** En 1993 se celebraron unas presidenciales *abiertamente* fraudulentas y al año siguiente la oposición logró mayoría... LVE070796 **128 criminal:** ...utilizar la debilidad de las instituciones para amasar grandes fortunas con negocios semilegales o *abiertamente* criminales. EPE290199 **129 subversivo:** ...la actitud contraria la habría colocado en trance *abiertamente* subversivo y en pugna declarada con el resto de la población. ETC130297 **130 vulnerado:** ...casi todos los reglamentos *abiertamente* vulnerados, se están descuidando... PLG260696 **131 quebrantado:** Varios de los principios *abiertamente* quebrantados son... EPE161280 **132 violatorio –:** ...las destituciones de los dirigentes sindicales son *abiertamente* violatorias a las normas fundamentales del estado de derecho, manifestó. LHG100697

Q ADJETIVOS QUE DENOTAN TENDENCIA, MANIFESTACIÓN U ORIENTACIÓN SEXUAL: **133 homosexual +:** Una nueva generación de grupos *abiertamente* homosexuales recupera en Estados Unidos los ritmos... EME240696 **134 gay:** ...una cultura «*abiertamente* gay, consumista y tramposa, en la que nadie ni nada es lo que parece ser». EPE240999 **135 sexual:** ...que lleva varios años azotando con sus imágenes *abiertamente* sexuales a la sociedad bienpensante australiana. EME110295 **136 pornográfico:** ...sobre la última novela de su marido, «Secondo avviso», de contenido *abiertamente* pornográfico. EPE220299

☐ Véase también: **a cara descubierta, a la cara, a las claras, a pecho descubierto, sin tapujos.**

[abierto] → **como un libro abierto, con los brazos abiertos**

abierto ♦ **completamente, de par en par, hacia {el exterior/interior}, ininterrumpidamente, medio, totalmente**

☐ Véase también: **abrir(se).**

abigarrado *adj.* ▮ Se combina con sustantivos que designan espacios o lugares de muy diversa configuración, dimensión o uso *(estadio, plaza, barrio, mundo, ciudad)*, así como con sustantivos que denotan color o alguna de sus manifestaciones *(colorido, policromía)* y con nombres colectivos de persona *(público, muchedumbre, multitud)*. También se combina con...

A SUSTANTIVOS CUANTITATIVOS (GENERALMENTE CON COMPLEMENTO FORMADO POR OTRO SUSTANTIVO PLURAL O NO CONTABLE INTRODUCIDO POR LA PREPOSICIÓN *DE*) QUE DENOTAN CONJUNTO, MEZCLA O ACUMULACIÓN DE COSAS O PERSONAS: **1 conjunto ++:** ...forman un *abigarrado*, colorido y curioso conjunto. LPA300492 **2 mezcla ++:** No parece aceptable una *abigarrada* mezcla de cantidades y cualidades heterogéneas. EPE110999 **3 composición +:** ...a mí me parece de calidad estimable, al margen de su *abigarrada* composición. ABC050692 **4 complejo:** ...*abigarrado* complejo de playas limpias y pescaderías suculentas, atentas al turismo. LVE241296 **5 abanico +:** ...todo ello creando un abanico *abigarrado* a la vez que vital al que los diseñadores responden con líneas escuetas... EPE080299 **6 mosaico +:** presenta su imagen en un *abigarrado* mosaico. HOY191083 **7 mezcolanza +:** Una mezcolanza *abigarrada* de thriller erótico, melodrama entre altos ejecutivos e intriga informática... LVE181096 **8 acumulación:** El mundo se ha convertido en (...) una *abigarrada* acumulación de aparatos, medios y sistemas... EPE170199 **9 cúmulo:** ...lo existente actualmente en la Ciudad Universitaria es un cúmulo *abigarrado* muy poco respetable... EPE180199 **10 enjambre:** ...es un enjambre *abigarrado*, inextricable, de empresas editoras, sociedades financieras, cadenas de radio... EME280296 **11 gama –:** ...la *abigarrada* gama que conforma el llamado jet set internacional se divirtieron de un modo incansable en sus privadísimos clubes. HOY190183 **12 guirigay –:** Tan *abigarrado* guirigay ha atraído siempre a los historiadores del teatro... ABC200392

B SUSTANTIVOS QUE DESIGNAN LUGARES QUE SE MUESTRAN AL PÚBLICO. TAMBIÉN CON OTROS QUE EXPRESAN LA VISIÓN CONJUNTA QUE SE TIENE DE LO QUE SE EXAMINA O SE CONTEMPLA, ASÍ COMO EL ASPECTO GENERAL QUE PRESENTA O QUE LO CARACTERIZA. VARIOS DE ELLOS SE EMPLEAN FIGURADAMENTE: **13 panorama ++:** El conjunto forma un *abigarrado* panorama valleinclanesco... ABC251194 **14 paisaje +:** Un paisaje *abigarrado* de construcciones, espacios públicos y sistemas de comunicación... ABC240492 **15 imagen +:** ...están obstinados en desterrar la imagen *abigarrada* de una ciudad en la que a mediados de agosto pernoctan medio millón de personas. EPE280699 **16 escaparate +:** ...descubrió tranquilo los escaparates *abigarrados* del comercio urbano... EPE130700 **17 decoración +:** ...las colecciones de posavasos y billetes de banco (...) forman parte de la *abigarrada* y casual decoración. EPE280699 **18 decorado +:** Comprar y vender, charlar y reírse, reponer fuerzas son los fines de este *abigarrado* decorado que en los últimos años ha mostrado su fragilidad por esos avances de la técnica... EPD300697 **19 ambiente +:** ...acaba con ese ambiente denso, *abigarrado*, tan del gusto de algunos... EPE160999 **20 marco:** ...el marco legal vigente es «*abigarrado*, complejo y por momentos imposibilita agilizar decisiones en la misma Junta de Coordinación Política». EXC040901 **21 cuadro:** En su *abigarrado* cuadro de caza figuran dos honorables... LVE190795 **22 estética:** ...con la gestualidad Atalaya alcanza sus mejores logros plásticos y los mantiene con la *abigarrada* estética de vestuario... EPE250399 **23 estilo +:** ...el arquitecto abandonó el estilo «*abigarrado*» y «ecléctico»... EPE261099

C EL SUSTANTIVO *ARTE*, ASÍ COMO CON VARIOS SUSTANTIVOS QUE DESIGNAN EL RESULTADO DE EXPRESAR O DESCRIBIR ALGO, A MENUDO EN ALGÚN MEDIO ARTÍSTICO. TAMBIÉN CON OTROS SUSTANTIVOS QUE SE REFIEREN A OBRAS DE CREACIÓN, GENERALMENTE VERBALES, O BIEN A ALGUNAS DE SUS PARTES O SUS COMPONENTES: **24 arte +:** ...ofrecía un arte más *abigarrado* y tumultuoso. EPE131299 **25 obra +:** La obra *abigarrada* e inquietante del primer pintor negro de Alabama... LVE190796 **26 exposición +:** ...se trata de una exposición densa y *abigarrada*. EPE140199 **27 narración +:** ...en el sentido que esta palabra tiene en inglés como narración *abigarrada*, peregrina y enjundiosa. ABC230493 **28 novela:** ...da una nueva prueba de su capacidad fabuladora en esta *abigarrada* novela sobre una familia de lustre... LVE220495 **29 poemario:** En aquellas 1.560 páginas se encerraba, en efecto, un *abigarrado* poemario... ABC270594 **30 letra:** «Ella, conmigo o con nadie», decía con su *abigarrada* y tortuosa letra... LVE230595 **31 libro:** ...era como tratar de encontrar a Wally en esos *abigarrados* libros para adolescentes... LVE250996 **32 página:** ...relegó la información a la página 17, sin la menor referencia en su *abigarrada* primera página. EPE041199 **33 palabra:** La palabra «pinturera», *abigarrada* y caótica de la escritura barroca es en sí misma una metáfora que denuncia el engaño del discurso del logos. ABC020493 **34 metáfora –:** Peen (...) se entretiene en las metáforas *abigarradas*. EPE270499

D SUSTANTIVOS QUE DESIGNAN REPRESENTACIONES PLÁSTICAS: **35 dibujo ++:** Dispuestas muy juntas sobre un suelo de *abigarrado* dibujo geométrico... ABC260692 **36 ilustración +:** Libros de tapa dura, impresos en papel áspero que parece de estraza, con *abigarradas* ilustraciones... EPE260599 **37 pintura +:** ...permite aproximaciones a las diversas partes de un cuadro, lo cual puede ser especialmente útil en casos como (...) en pinturas *abigarradas*... LVE100395 **38 acuarela:** ...reviven los héroes, en *abigarradas* acuarelas y acrílicos. ABC090493 **39 autorretrato:** Esto puede preguntarse el observador frente al doble y *abigarrado* autorretrato... PME140796 **40 cartel:** La obra se articula de forma parecida a Empty, como un *abigarrado* cartel denunciador... EME201195 **41 fotografía:** ...publicó el domingo una gran exclusiva gráfica: la fotografía *abigarrada* e impactante... EME100496 **42 fotograma:** ...resulta (...) un instrumento sumamente útil a la hora de indagar en (...) la estructura ideológica subyacente en cada *abigarrado* fotograma... EME220696 **43 fresco:** ...todo ello en un *abigarrado* fresco del siglo XVIII. LVE120296 **44 lienzo:** Los grandes lienzos *abigarrados* de manchas y composiciones pictóricas compiten con pequeños dibujos... EPE210199

E OTROS SUSTANTIVOS; POSIBLES USOS ESTILÍSTICOS: ...disponen de una *abigarrada* fama y de una espesa sociología... EPE021099; ...fácilmente reconocibles por su *abigarrado* y colorista plumaje... EPE050700

abisal *adj.* ▮ En el sentido de 'relativo a las zonas profundas del mar', se combina con sustantivos que designan lugares profundos *(fondo, fosa)* o ciertos seres vivos que los habitan *(pez, criatura, fauna)*. En su sentido figurado se combina con...

A SUSTANTIVOS QUE DENOTAN SEPARACIÓN O DESIGUALDAD: **1 distancia +:** ...la distancia entre los pobres y los ricos es cada día más *abisal.* EME240694 **2 diferencia +:** ¿Cómo explicar esa diferencia *abisal* de consideración hacia el uno y el otro?... EME281095

B SUSTANTIVOS QUE DENOTAN MIEDO O CONNOTAN INCERTIDUMBRE EN DIVERSOS GRADOS: **3 horror:** ...a ese horror *abisal* hecho de peces gigantes y niños ahogados... EPE120899 **4 pavor:** Pero seguimos teniendo miedo, un pavor *abisal* y profundo. EME140495 **5 oscuridad:** ...le llevaron directamente, sin ninguna escala, a las profundidades de los Fondos Reservados, en cuya oscuridad *abisal* hacía las cuentas su gerente... EME200294 **6 misterio –:** ...¿qué misterio *abisal* esconde el sexo? EME021196

C OTROS SUSTANTIVOS; POSIBLES USOS ESTILÍSTICOS: ...la barandilla de la Concha (vista del revés) y los tamarindos *abisales.* EPE130899; La Televisión, que vive uno de sus veranos más *abisales* e infectos (...), se agarra al Tour. EME180795; ...los palos adquieren recortes rítmicos *abisales*... EME080795

☐ Véase también: **abismal, insondable.**

abisalmente ♦ **adentrarse, distanciarse, profundizar, separar**

abismal *adj.* ■ Se utiliza a veces como intensificador con sustantivos que designan algunas cualidades abstractas *(grandeza, complejidad).* Se combina con...

A EL SUSTANTIVO *PROFUNDIDAD*, ASÍ COMO, POR EXTENSIÓN, CON OTROS QUE DESIGNAN COSAS Y LUGARES QUE SUELEN CARACTERIZARSE POR SER PROFUNDOS: **1 profundidad +:** ...proporciona una profundidad terrible, *abismal* y bastante permanente en sus significados. ABC181194 **2 agujero:** ...USA S.A. tiene un agujero multibillonario tan *abismal* que convierte al de España S.A. en un agujerito apenas perceptible... EME110194 **3 ámbito:** «Girona» es para Margarita Colom (1936) un libro de piedra que debe descifrarse. Y un océano, una infinita zona de traslado, un ámbito *abismal*... LVE011295 **4 hondonada:** ...una prosa normalmente ágil, pero que cae en ocasiones en hondonadas profundas, casi *abismales*, de insufrible letargo. INDOC **5 escote:** ...Juncal Rivero espléndida en un negro modelo de escote *abismal.* EME010996 **6 foso:** Sólo he visto a la princesa tres o cuatro veces en mi vida y siempre ha habido entre ella y yo un foso *abismal*... EME210896 **7 hondura:** A esa necesidad de aniquilar lo inesperado se liga la *abismal* hondura del placer... EME080196 **8 meandro:** ...explora a través del gesto los meandros *abismales* del alma rusa... EPE150999 **9 sima:** ...submarinista a pulmón libre en las simas *abismales* de la Andalucía profunda... EME100294 **10 valle:** Un mundo en el que también se evidencia la soledad del hombre romántico, que sigue siendo el principal protagonista, el gran habitante de ese *abismal* valle del color... EME261096

B OTROS SUSTANTIVOS DE LUGAR, A MENUDO INTERPRETADOS COMO DESTINOS O PUNTOS DE ORIGEN DE UN MOVIMIENTO: **11 terreno:** Se trata de exploraciones por lo general bastante superficiales en un terreno *abismal*... ABC040394 **12 frontera:** Mis estudios más prolongados y mis enseñanzas universitarias se centraron en torno a una *abismal* frontera: el foso entre los ricos y los pobres. ABC011295 **13 lugar:** ...estas represiones le han situado en un lugar *abismal* entre los países que no respetan los derechos humanos. LVE121096 **14 puesto:** ...le escogieron en un *abismal* puesto 81 del draft de 1985 (...) y no le tuvieron ni en su campamento de novatos de aquel verano. EME271096 **15 lado:** En «Corazón de perro» emerge gradualmente el lado tenebroso, *abismal*, de la nueva humanidad pretendida por el totalitarismo... EPE121299 **16 límite:** ...la profunda brecha de desconfianza entre ambos líderes ha alcanzado límites *abismales*... LVE131295 **17 confín:** Y los nuevos confines son más *abismales*, más cortantes. EPE010489 **18 mundo:** Tiene que llegar más lejos que el mundo *abismal* de Edgar Allan Poe... ABC270392

C SUSTANTIVOS QUE DENOTAN CONTRASTE, DIFERENCIA O VARIEDAD: **19 diferencia ++:** ...a fin de terminar con las diferencias *abismales* entre las remuneraciones... DHE130198 **20 distancia ++:** ...la desigual y *abismal* distancia entre ricos y pobres... GIC104297 **21 disparidad:** ...la pobreza, la injusticia, las *abismales* disparidades sociales... ESH130497 **22 desigualdad +:** ...el cierre de la *abismal* desigualdad en la distribución de renta... DLA240297 **23 contraste +:** ...país de contrastes *abismales*, envejece, se moderniza y afronta riesgos... PME101196 **24 ventaja +:** ...para reducir la *abismal* ventaja de 30 puntos... EME170395 **25 superioridad +:** Confiado en la superioridad *abismal* de su equipo... LVE191296 **26 discrepancia:** ...pese a las discrepancias *abismales* que les separan. EME050996 **27 diversidad:** ...la cuestión inevitable de la diversidad *abismal* entre los pueblos... EME280396 **28 margen:** ...ganó en Follonica con un margen *abismal*... EME130694

D SUSTANTIVOS QUE DESIGNAN CAMBIOS, MUY FRECUENTEMENTE AUMENTO Y DISMINUCIÓN EN DIVERSAS ESCALAS: **29 baja:** ...en el caso de los préstamos personales la baja fue *abismal*... EXC020496 **30 caída:** ...la caída libre, fatal y no menos *abismal* que experimentaba su vida. RUM150997 **31 cambio:** El cambio fue *abismal*, la pereza con la que se había manejado el cuadro local... LTB131100 **32 descenso:** ...la crisis traerá consigo un vertiginoso aumento de los tipos de interés y un *abismal* descenso del nivel de vida de... INDOC **33 incremento:** Tengo entendido que sólo somos media docena las poblaciones de Cataluña que soportamos este *abismal* incremento... LVE061195 **34 mejoría:** Este año llegó a la selección, pero no porque haya experimentado una mejoría *abismal.* EPD080697 **35 merma:** Sin embargo, el proyecto de la adjudicataria (...) suponía una merma *abismal.* EME140896 **36 salto +:** Un salto *abismal* en 18 años, si se tiene en cuenta que en 1981 (...), la Administración central controlaba el 87,33 del gasto público frente al 12,67 de las corporaciones locales. EPE260599 **37 rebaja:** La cifra supone una rebaja *abismal* con respecto a las cantidades que cobraban ambos jugadores, sobre todo en el caso de Biriukov. EME170394

E SUSTANTIVOS QUE DENOTAN SEPARACIÓN O RUPTURA. TAMBIÉN CON OTROS QUE DESIGNAN –POR EXTENSIÓN– ALGUNAS ACCIONES QUE SE ASOCIAN CON LA IMPOSIBILIDAD DE ACTUAR: **38 fractura:** ...la fractura entre los clubes se ha hecho *abismal*, y más tras la aplicación de la sentencia Bosman... EME170996 **39 censura:** ...esta censura *abismal* entre el sector social que prospera cada vez más y la mayoría... ENV190597 **40 divorcio:** ...*Abismal* divorcio entre público y crítica ante el estreno del último filme... LVE241196 **41 separación:** ...se remonta a la infancia, a la separación *abismal* de roles. EPE080399 **42 ruptura:** ...encontramos este mismo anhelo de avanzar retrocediendo en los principales maestros de la vanguardia histórica, cuya ruptura *abismal* con el pasado (...) les lleva a identificarse con el hombre primitivo. EPE020285 **43 tajo:** ...entre la superficie y el tajo *abismal*, debe operar el poeta, que ha de establecer su primer compromiso con la palabra. ABC020994 **44 represión:** Estamos ante un implacable y severísimo ahondamiento en la lógica de la represión, sobre todo de la mujer, en lo que tiene de *abismal* y de universal. EPE140599

F SUSTANTIVOS QUE DESIGNAN DIVERSOS ESTADOS CARENCIALES. TAMBIÉN CON OTROS QUE EXPRESAN SITUACIONES Y EMOCIONES DE CARÁCTER NEGATIVO, MÁS FRECUENTEMENTE SI SE REFIEREN A LA FALTA DE ALGUNA CUALIDAD O ALGÚN RASGO NOTABLES: **45 ausencia:** La casa es el reflejo de esa ausencia misteriosa y *abismal*... EPE090199 **46 vacío:** ...y ha dejado tras de sí un vacío *abismal*. LVE111096 **47 desconfianza:** ...romper la incomunicación y la desconfianza *abismal* entre unos y otros... EME080395 **48 desencanto:** Se ha alienado en Alejandro VI para superar un desencanto *abismal*. LVE140696 **49 desequilibrio:** Hay unos desequilibrios *abismales* en su colección, lo que demuestra que Sevilla fue una tierra de pintores en el XVII... ABC120393 **50 desorden:** ...frente al desorden *abismal* de la anterior edición dirigida por Achille Bonito Oliva (...), Jean Clair hace que nos convirtamos hasta la saciedad en «voyeurs» de nosotros mismos. LVE100695 **51 derrota:** ...las derrotas *abismales* cuando nadie se lo esperaba... EME200594 **52 pobreza:** Pero en la práctica el gobierno no ha podido –o no ha querido– cerrar la enormemente brecha existente entre una India rica (...) y otra de pobreza *abismal*, agrícola... HOY190183 **53 soledad –:** ...cuando ella faltaba, sentía una soledad *abismal* y el día se me hacía interminable. EME030896 **54 llanto –:** ...lloraron entonces un llanto lánguido, furioso, desesperanzado y *abismal*. CLA140199

G SUSTANTIVOS QUE DENOTAN IGNORANCIA: **55 ignorancia +:** Y en beneficio, dicho sea en voz baja, de la *abismal* ignorancia... ABC170295 **56 incultura +:** ¿Ese tópico del «partido europeo», que, a su juicio, estaría en el origen del actual malestar, no traduce, de nuevo, una incultura política *abismal*? EME161295 **57 desconocimiento:** ...buena parte de las dificultades que han existido históricamente entre los que toman las decisiones políticas en Estados Unidos es el *abismal* desconocimiento de la realidad cubana. PME081296 **58 error:** Los *abismales* errores de ciertos políticos de antes... EPE020485

H SUSTANTIVOS QUE DESIGNAN IMÁGENES, ASÍ COMO DIVERSAS FORMAS DE PRESENTARSE O PERCIBIRSE LAS COSAS: **59 apariencia:** ...haciendo que cobren así la apariencia *abismal* de una obra de arte... ABC131192 **60 imagen:** Si la primera es la personificación de la luz atrapada por el hechizo, la segunda es la imagen *abismal* de la perversión y el engaño. LPA150592 **61 negro:** ...ese viaje infernal en tonos rojos, oscuros metalizados, negros *abismales*... por los recovecos de un alma atormentada. EME300394 **62 resplandor:** ...ese resplandor –a la vez fiero e ingenuo, truculento y divertido, *abismal* y a flor de piel–... ABC090793 **63 tiniebla:** Supe que la *abismal* tiniebla del infinito de Zenón había sido vencida, que no sólo Aquiles podía alcanzar a la tortuga... EPE201199 **64 visión:** ...todas estas cifras en esta megaópera de Giuseppe Raffa hacen pensar en la *abismal* visión de las cosas... EME260696

I OTROS SUSTANTIVOS; POSIBLES USOS ESTILÍSTICOS: Las chicas, ceñidas a veces de faldas *abismales*... EPE080299; ...es un «western» moderno, bellísimo y *abismal*, fantasmagórico y carnal. EME240695; ...mientras su padre, Carlos V, manirroto *abismal*... LVE151196

☐ Véase también: **abisal, exorbitante, insondable.**

abismalmente *adv.* **I** Se combina con...

A VERBOS QUE DENOTAN SEPARACIÓN, DIFERENCIACIÓN O DISTANCIAMIENTO: **1 separar +:** En el contexto actual, cuando las diferencias ideológicas separan *abismalmente* a los dirigentes políticos... EPE010289 **2 diferenciarse +:** Se diferencian *abismalmente* en su forma de pensar. INDOC **3 distanciarse +:** Existen afinidades históricas de todo orden que nunca nos harían distanciarnos *abismalmente*. EPD300897 **4 alejarse:** ...pero los salarios de los jueces no pueden alejarse *abismalmente*, ni en cantidades ni en porcentajes, de los niveles retributivos propios de los escalones medios... EPE140999 **5 diferir:** El simplismo de su argumentación no le resta eco en un universo que se considera preterido y cuya idea de la modernidad difiere *abismalmente* de la occidental. EPE091001

B OTROS VERBOS QUE DENOTAN CAMBIO DE ESTADO, MÁS FRECUENTEMENTE NEGATIVO: **6 caer:** ...semana tras semana se encontraban *abismalmente* caídos en una época completamente distinta a la suya propia. ABC070292 **7 mejorar:** En el cuarto de litro, D'Antín mejoró *de forma abismal*. LVE010996 **8 hundirse:** ...pierde la confianza y se hunde *abismalmente*, sin remisión, en un estado del que cuesta muchísimo hacerle salir. INDOC

C ALGUNOS ADJETIVOS QUE DENOTAN DIFERENCIA O DESIGUALDAD, RELACIONADOS CON LOS VERBOS DEL APARTADO *A*: **9 diferente +:** ...los beneficios obtenidos por uno y otro son *abismalmente* diferentes. EPE060999 **10 distinto:** ...esa gran población indígena del Perú, olvidada secularmente por el Estado y *abismalmente* distinta a la que vive en su barrio... EME050295 **11 inferior:** México ocupa el undécimo lugar en la tabla mundial de ingresos turísticos, *abismalmente* inferior a España, Francia, Italia, China, Estados Unidos, etc... EXC100900 **12 superior:** Argentina era *abismalmente* superior. CLA030397 **13 mejor:** ¿Es cierto que el torero español es en estos momentos *abismalmente* mejor que el mexicano? PME241196 **14 peor:** Cuando el equipo visitante es *abismalmente* peor que el nuestro, como en este caso, la hinchada aprovecha el partido para olvidar el sufrimiento de tantas derrotas. INDOC

D ALGUNOS ADVERBIOS QUE DENOTAN DISTANCIA O LEJANÍA: **15 lejos:** ...esa mayoría cualificada, de la que Aznar tan *abismalmente* lejos ha quedado. EME040396

abismo ♦ generacional, hondo, inabarcable, infranqueable, insalvable[9], insondable[6], insoportable, profundo, sin fondo, tenebroso, vertiginoso ♦ al borde (de), al filo (de)[1], al fondo (de), cerca (de) ♦ abrir(se), alejar(se) (de), arrastrar, caer (en), conducir (a), cruzar, distanciar, distar, es-

trechar[5], hundir(se) (en), lanzar(se) (a), mediar (entre algo), precipitar(se) (a), precipitarse, rescatar (de), salir (de), saltar (a), salvar, separar, sumir(se) (en)[1], superar

☐ Véase también: **precipicio.**

abjurar (de) *v.* ▮ Admite sustantivos de persona, más frecuentemente si designan autoridades, líderes, deidades o personas asociadas con una doctrina o un magisterio *(maestro, dios, Cristo).* También acepta sustantivos que denotan régimen o forma de gobierno *(estado, régimen, democracia).* Se construye asimismo –aunque menos frecuentemente– con sustantivos que se refieren a obras o géneros discursivos en los que se pueden transmitir contenidos ideológicos *(obra, libro, película).* Se combina también con...

A SUSTANTIVOS QUE DENOTAN AQUELLO EN LO QUE SE CREE, ESPECIALMENTE SI SU CONTENIDO ES RELIGIOSO, MORAL O IDEOLÓGICO: **1 fe ++:** No consta en el martirologio la fecha del martirio, pero detalla que les cortaron las manos y los pies y después fueron degollados por no *abjurar* de su fe. LVE090696 **2 principio ++:** Al saludarme para la entrevista, aún no sé por qué, me saludó: «Hablaremos con mucho gusto, pero yo no *abjuro* de mis principios». ABC221093 **3 idea +:** No en vano fue significado militante del Partido Comunista hasta que, en plena transición, *abjuró* de las ideas prosoviéticas y forzó una ruptura interna en el PCA. EPE060800 **4 creencia +:** Doña Sofía, afortunadamente, no tuvo que pasar por el duro trance de tener que *«abjurar»* de sus creencias «heréticas» como ocurrió con Victoria Eugenia. EME160194 **5 ideología +:** ...que no admite sustitución de la cúpula, y *abjure* de su ideología totalitaria y opuesta al Estado de Derecho. ESH180397 **6 religión +:** ...el pobre Gustav Mahler cuando en 1897 hubo de *abjurar* de su religión judía y convertirse al catolicismo para poder dirigir la Ópera de Viena... LVE101296 **7 convicción:** Me parece una necedad y una hipocresía declararse normalmente partidarios de una solución negociada y *abjurar* de esa convicción cuando se produce un gran atentado. EME230495 **8 credo:** La crisis de los partidos tradicionales hizo así aumentar las esperanzas de los comunistas, que *abjuraron* de su credo. LVE230795 **9 ideario:** No les pido que *abjuren* de sus idearios. Sólo les ruego que mediten en libertad sobre la conveniencia de congelar su voto... EME270195 **10 ideación –:** ...no ha renunciado a una mirada crítica e irónica y no ha *abjurado* tampoco de una ideación novelesca bastante especulativa... EME250596 **11 dogma:** Abandonó la militancia socialista por no asumir el dogma marxista de sus congresos y regresó cuando el partido *abjuró* de él. LVE110296

B SUSTANTIVOS QUE DESIGNAN DOCTRINAS O IDEOLOGÍAS: **12 marxismo +:** En Bad Godesberg, los socialdemócratas alemanes *abjuraron* del marxismo, lo que permitió al partido cerrar un paréntesis histórico... LVE011096 **13 socialismo:** Los que aún son «socialistas» y los que claudicaron y *abjuraron* del socialismo. LTB250397 **14 izquierda:** ...a «la izquierda». Un pequeño número de los asistentes procedía en efecto de ella (...), pero de todos ellos se puede decir que, o bien han *abjurado* desde hace tiempo de ella... EME160296 **15 racionalismo:** No por ello *abjuraron* del racionalismo, del ansia de conocimiento ni, mucho menos, de la ética... LVE050295 **16 cristianismo:** «Es como si el Papa *abjurara* del cristianismo». EME010595 **17 nacionalismo:** Abjurando del nacionalismo árabe, Sadam Husein hizo explícitamente un llamamiento islámico. ABC020793 **18 franquismo:** ...la gente de mi generación, los que *abjuramos* del franquismo y le tiramos piedras adolescentes... EME310596

C EL SUSTANTIVO *VIOLENCIA* Y ALGUNOS OTROS QUE DESIGNAN CONFLICTOS O ACCIONES VIOLENTAS: **19 violencia:** ...de hacer *abjurar* de la violencia a algunos de los grupúsculos radicales nacionalistas. LVE190796 **20 terrorismo:** La única salida razonable pasa por condenar y *abjurar* sin reservas del terrorismo integrista. EPD300997 **21 guerra:** Incluso los contendientes han *abjurado* de la guerra y no la quieren ya. LVE090795

D SUSTANTIVOS QUE DESIGNAN EL PASADO O ALUDEN EN DIVERSAS FORMAS A LOS ORÍGENES O LOS ANTECEDENTES DE ALGUIEN O ALGO: **22 pasado +:** Era el pasado lo que preocupaba a la viuda de Escobar Gaviria. Aún hoy *abjura* de ese pasado, aunque ignore su futuro. CLA131100 **23 origen +:** ...fiel a sus orígenes sirios de los que nunca *abjuró* aunque profesara la fe católica... EME231095 **24 tradición:** ....el que nos sintamos vinculados a este tiempo –continuó– no nos lleva a *abjurar* de nuestras tradiciones y nuestros orígenes. INDOC **25 memoria:** Comenta el autor de esta especie de libelo que los españoles hemos *abjurado* de nuestra memoria histórica... ABC010592 **26 precedente:** ...se privilegia un código infantil que *abjura* de sus precedentes y que trata de convertir al público en un adolescente tardío... EPE140399

E SUSTANTIVOS QUE DESIGNAN RECURSOS, PROYECTOS U OTRAS FORMAS DE ORGANIZAR LAS ACTUACIONES FUTURAS: **27 estrategia:** ...pese a *abjurar* formalmente de la estrategia de la pinza para arrebatar el poder a la minoría más votada... LVE170196 **28 política +:** ...no tiene necesariamente que «rendirse», *abjurar* de su política y plegarse a la de la oposición. CLA120199 **29 planteamiento:** ...y que, a partir del ecuador de su vida, *abjuró* de sus planteamientos antiburgueses... EPE270999 **30 plan:** Los conspiradores terminaron *abjurando* de sus planes y la rebelión fracasó. INDOC **31 medio:** ...los fines que persiguen son legítimos, pero para no invalidarles deberían *abjurar* antes de los medios con los que pretenden alcanzarlos. INDOC

F SUSTANTIVOS QUE DENOTAN ERROR O DESIGNAN FORMAS DE CONDUCTA QUE SE CONSIDERAN COMO TALES: **32 error +:** ...deberás hacer una declaración pública *abjurando* de tus errores pasados... LRE220103 **33 vicio:** ...Grass *abjuró*, hace pocos años, de los vicios de la sociedad de consumo, y fue a recluirse en Calcuta. LVE130596 **34 pecado:** Dice que ni se arrepiente ni se retracta ni *abjura* de los pecados que le atribuyen. INDOC

G OTROS SUSTANTIVOS; POSIBLES USOS ESTILÍSTICOS: ...esa sonrisa triunfante del que muere por la patria ajena, del que *abjura* de su cocido, se olvida de su tortilla de escabeche... EPE110499; Se pensaba que Clemente *abjuraba* sin remisión del achique famoso. EPE021088

☐ Véase también: **abdicar (de), afirmar, desdecirse (de), jurar, renegar (de), renunciar.**

ablandar(se) *v.* ▮ Se construye con sustantivos que designan materias u objetos sólidos *(plástico,* *cera, patata, masa).* En el sentido figurado de 'suavizar(se), moderar(se)' se combina con sustantivos de persona, más frecuentemente si designan individuos con poder, autoridad o capacidad de dirección. Pueden ser individuales *(padre, profesor, juez, superior, dirigente, jefe)* o colectivos *(gobierno, ejecutivo, consejo, familia).* También se combina con...

A SUSTANTIVOS QUE DESIGNAN CIERTAS CUALIDADES, FACULTADES Y SENTIMIENTOS HUMANOS, A MENUDO EN REFERENCIAS METONÍMICAS: **1 corazón ++**: Hoy lograrás *ablandar* los corazones. ENH070297 **2 voluntad +**: La ruda vida carcelaria ha *ablandado* la voluntad de Peter... LVE250895 **3 espíritu +**: ...*ablandarnos* el espíritu y volvernos tolerantes con los hombres como si ellos fueran nuestros hijitos y nos estuvieran preguntando la edad por quincuagésima nona vez. ENV100497 **4 conciencia:** ...iba acompañado de un gesto –la tregua– que debía *ablandar* las conciencias de los ciudadanos... EPE281099 **5 sentimiento:** ...la ha elegido para *ablandar* y frenar los sentimientos religiosos y morales de la juventud. DLA080397 **6 ánimo:** Para *ablandar* los erizados ánimos (...) han dado su última y gran carta. CAP180796

B SUSTANTIVOS QUE DENOTAN ACTITUD O TOMA DE POSICIÓN FRENTE A ALGO O A ALGUIEN. TAMBIÉN CON OTROS QUE DESIGNAN ALGUNAS FORMAS ORGANIZADAS DE ESAS INTENCIONES Y CREENCIAS: **7 posición +**: ...intensificó su bombardeo en la zona de conflicto, en su afán de *ablandar* la posición y permitir a sus patrullas avanzar... LVE120295 **8 postura +**: Para *«ablandar»* posturas, (...) les ha ofrecido un compensación económica... LVE011096 **9 criterio:** El Bundesbank rechaza *«ablandar»* los criterios de Maastricht. EME250496 **10 actitud:** ¿Por qué Budapest ha *ablandado* su actitud con Belgrado (...) a cambio de garantías sobre la comunidad húngara de Voivodina? LVE030294 **11 política:** ...una política de resistencia pasiva que hasta ahora no ha conseguido *ablandar* la dura política de Belgrado... EPE030299 **12 filosofía:** El socialismo pronto *ablandó* su filosofía para resolverse, a su vez, en los hechos... LVE261195

C EL SUSTANTIVO *RESISTENCIA* Y CON OTROS QUE DENOTAN OPOSICIÓN, DISCONFORMIDAD O PREVENCIÓN, A VECES HOSTIL. TAMBIÉN CON OTROS QUE DESIGNAN ALGUNAS MANIFESTACIONES EXTERNAS DE ESAS ACTITUDES: **13 resistencia +**: ...fueron los encargados de *ablandar* la resistencia del tándem Solchaga/Aranzadi. EME151196 **14 reticencia:** ...intenta *ablandar* las reticencias del Kremlin con un «nivel especial de relaciones»... LVE080996 **15 protesta:** ...China *ablandará* sus protestas a medida que se olvide el bombardeo de su embajada. EPE140599 **16 tensión:** ...espera que las mediaciones (...) *ablanden* la tensión y enfríen la patata más caliente del semestre. EPD090197 **17 prejuicio:** ...la sonrisa es la mejor manera de *ablandar* prejuicios, de convencer y de decir verdades... EPE080999 **18 oposición:** Sólo la consecución de un buen acuerdo (...) podría *ablandar* la férrea oposición de las bases. LVE310396

D SUSTANTIVOS QUE DESIGNAN RASGOS EXPRESIVOS DEL ROSTRO QUE EXPRESAN ACTITUDES, CAPACIDADES O SENSACIONES; TAMBIÉN CON OTROS QUE DESIGNAN PARTES DEL CUERPO QUE SE INTERPRETAN METONÍMICAMENTE EN ESE MISMO SENTIDO: **19 rasgo +**: Es entonces cuando sus rasgos se *ablandan* y ayudan a que su voz tenga resonancias místicas. EPE011086 **20 rostro:** ...una sonrisa beatífica le ha *ablandado* el rostro y los ojos parece que van a asaltar a alguna de sus protegidas que marcan el paso a unos centímetros. EME121296 **21 mirada:** Íntegramente vestido de celeste, con un traje hasta las rodillas de lana fría y unos vaqueros, su mirada dura se fue *ablandando* con los minutos... EPE060899 **22 ojo:** De repente, sus ojos se *ablandan* para refulgir risueños y candorosos. ABC140795 **23 expresión:** ...mejoraría mucho si intentara *ablandar* un poco esa expresión dura, tensa y seca que presenta siempre su rostro. INDOC

E SUSTANTIVOS QUE DENOTAN CASTIGO. TAMBIÉN CON OTROS QUE DESIGNAN DIVERSOS PAGOS, GENERALMENTE MONETARIOS, QUE SE REALIZAN A CAMBIO DE ALGÚN SERVICIO Y PUEDEN CONSIDERARSE ABUSIVOS: **24 castigo +**: Los ruegos del niño consiguieron que su madre le *ablandara* un poco el castigo, sin llegar a levantárselo. INDOC **25 sanción +**: El instructor del caso aseguró que si bien los hijos de Justino que combaten en el «glorioso ejército» podrían *ablandar* al menos la sanción... EPE280299 **26 tarifa:** Las rebajas actúan así a la manera de un suceso estacional que además de venir a *ablandar* las tarifas... EPD090197 **27 peaje:** La solución apuntada es un punto intermedio entre (...) *«ablandar»* el peaje y los intereses de la empresa concesionaria... LVE291294

F SUSTANTIVOS QUE DENOTAN ENERGÍA, SOLIDEZ O FORTALEZA: **28 dureza:** ...al no ser ellos quienes ejecuten los dos sucesos duros del relato, encoge esa dureza y la *ablanda.* EPD250996 **29 firmeza:** ...ni siquiera las presiones ejercidas por los organismos financieros internacionales (...) habían logrado *ablandar* hasta ahora la firmeza del presidente. LVE110995 **30 marcialidad:** ...baile de melodías mulatas y abanicos rebeldes «para *ablandar* la marcialidad hispánica»... EME050496

G OTROS SUSTANTIVOS; POSIBLES USOS CRUZADOS: Ni las presiones (...), ni los oficios diplomáticos (...) consiguieron *ablandar* el terreno. [Cf. *allanar*] EPE261199

H OTROS SUSTANTIVOS; POSIBLES USOS ESTILÍSTICOS: Y las palabras de Reason las *ablanda* la lluvia porque en esos momentos (...) aparece el sospechoso en persona... EME040896

abnegación ♦ admirable, callado, constante, decidido, desinteresado, ejemplar, encomiable, estoico, firme, generoso, heroico, ímprobo, intenso, loable, meritorio, modélico, necesario, paciente, proverbial, religioso, resignado, virtuoso, voluntarioso ♦ con ♦ caso (de), ejemplo (de), espíritu (de), imagen (de), prueba (de) ♦ acoger (con), armar(se) (de), cumplir (con), encajar (con), exaltar, reconocer, requerir, soportar (con)
☐ Véase también: **heroísmo, sacrificio.**

a bocajarro *loc.adv./loc.adj.* **I** Se combina con...

A VERBOS QUE DENOTAN DISPARO, ESPECIALMENTE CON ARMA DE FUEGO, ASÍ COMO SU RESULTADO DE MUERTE. POR EXTENSIÓN, TAMBIÉN CON ALGUNOS VERBOS QUE DENOTAN LANZAMIENTO, EN EL LENGUAJE DEPORTIVO, ASÍ COMO LA ACCIÓN DE ANOTAR UN TANTO: **1 disparar ++**: ...disparó dos veces *a bocajarro* contra uno de los policías que le seguían... EDV300101 **2 rematar ++:** ...remató *a bocajarro* al fondo de las mallas después de un gran fallo defensivo... LRE160103 **3 tirotear:** ...es tiroteado *a bocajarro* por un enmascarado, pero logra sobrevivir. LVE180894 **4 ametrallar:** Hicieron bajar a los viajeros y ametrallaron a una treintena *a bocajarro.* EPE021286 **5 acribillar:** ...fueron acribilladas *a bocajarro,* dentro de su coche... EME221296 **6 tirar:** ...dispararon primero una ráfaga de ametralladora al aire para desviar la atención y después tiraron contra el político casi *a bocajarro,* hiriéndole mortalmente. LVE031195 **7 batir:** Bolic dejó de cabeza para Bolo que de volea y *a bocajarro* batió a Nacho. CAN220101 **8 marcar:** Valerón engancha un balón suelto en el área pequeña y marca *a bocajarro.* EPE170900 **9 matar:** ETA mata *a bocajarro* en Barcelona a un coronel de paisano... EME080294 **10 asesinar:** «Ha sido un golpe de Estado contra el pueblo», dijo (...) al denunciar la complicidad entre el Gobierno y los grupos paramilitares que asesinaron *a bocajarro* a quienes se dirigían a votar. EPE011287 **11 fusilar:** ...Arnau rechazó el balón como pudo y Codina le fusiló *a bocajarro.* LVE191195 **12 enviar –:** ...Benitez *a bocajarro* envió al cuerpo de Imanol lo que hubiera sido el 2-0 a diez minutos para el final. EPE210399

B VERBOS QUE DENOTAN ALOCUCIÓN O MANIFESTACIÓN VERBAL DIRIGIDA A ALGUIEN, A MENUDO REALIZADA DE FORMA IMPULSIVA O IMPETUOSA: **13 preguntar +:** «¿Te gusta la vodka?», me preguntó *a bocajarro.* ABC111194 **14 decir +:** Y como le tengo simpatía no me parece correcto decirle, *a bocajarro,* lo que comentó cierto diplomático volteriano... EME220494 **15 soltar +:** ...el amigo soltó, *a bocajarro*: «Oye, ¿tú crees en los horóscopos?». EPE190799 **16 espetar:** «Parece que el cáncer en los ganglios es cosa del pasado», espeta *a bocajarro.* EPE100900 **17 lanzar:** La socialista le lanzó *a bocajarro* un dato: «El 50 de los estudiantes de titulaciones técnicas no aprueba ni una asignatura en primero»... EPE210499 **18 gritar:** ...en medio de un público radical que le gritaba *a bocajarro* «carcelera». EPE201001 **19 plantear:** ...el grupo popular planteará *a bocajarro* la pregunta en la sesión de control del Parlamento. EPE140499 **20 expresar –:** ...le expresó *a bocajarro* todas las cosas que pensaba... EME130496 **21 interrogar:** El periodista no se anduvo con preámbulos y le interrogó *a bocajarro* sobre los rumores de... INDOC

C VERBOS QUE DENOTAN PRESENCIA, MUESTRA O EXHIBICIÓN DE ALGO: **22 presentar:** No se puede presentar ahora, *a bocajarro,* un plan aún más brutal que los anteriores... LVE150795 **23 mostrar –:** ...la televisión me mostró *a bocajarro* cuál es la sombra de los andaluces: la gracia. EPE060199 **24 aparecer:** Lo que nadie se esperaba es que apareciera así, *a bocajarro,* y menos aún con esos modales. INDOC **25 enfrentar –:** Un apocalíptico poema inicial nos enfrenta *a bocajarro* al panorama de una tierra... ABC191193 **26 estrenar –:** Los productores (...) han decidido estrenar *a bocajarro* en Madrid el 10 de enero... EPE281201

D SUSTANTIVOS QUE DENOTAN DISPARO O LANZAMIENTO, FRECUENTEMENTE EN CONFRONTACIONES DEPORTIVAS, ASÍ COMO –POR EXTENSIÓN– EL TANTO OBTENIDO EN ESAS ACCIONES: **27 disparo ++:** El fiscal pidió ayer seis años de prisión para un hombre acusado de dejar ciega a su mujer de un disparo *a bocajarro...* ENC240101 **28 tiro ++:** ...murió en el acto a causa de un tiro *a bocajarro...* LVE300595 **29 remate ++:** El remate *a bocajarro* de Caminero pegó en el brazo del libre visitante y el árbitro señaló correctamente el penalti. LVE020996 **30 cabezazo +:** A los dos minutos llegó el primer paradón de Nacho, tras un cabezazo *a bocajarro* de Serrano. CAN150101 **31 chute:** El francés despejó luego, en dos ocasiones, dos chutes *a bocajarro* de Ibrahim... EPE200900 **32 gol:** ...no pudo evitar el gol *a bocajarro* de Biagini tras una jugada de Paunovic. EPE050499 **33 lanzamiento:** ...exhibía tanto corazón como poca serenidad, con pérdidas de balón y fallos en lanzamientos *a bocajarro.* EPE080399 **34 penalti:** En los penaltis estás vendido. Todos son *a bocajarro.* INDOC **35 bala:** Una sola bala *a bocajarro* y en el pecho acabó la pasada madrugada con la vida de un taxista de Alcorcón... EME090694

E ALGUNOS SUSTANTIVOS QUE DENOTAN MANIFESTACIÓN VERBAL, GENERALMENTE RELACIONADOS CON LOS VERBOS DEL APARTADO *B*: **36 pregunta:** ...el final ha sido una pregunta mía *a bocajarro...* EME020594 **37 línea –:** ¿Unas líneas, así, en caliente, *a bocajarro* y a la buena de Dios? EME240394 **38 piropo:** Los piropos *a bocajarro* suelen ser groseros; si no son *a bocajarro* no son piropos. INDOC

F OTROS SUSTANTIVOS; POSIBLES USOS ESTILÍSTICOS: ...«el proceso creativo de Adares es casi *a bocajarro*». EPE050499; El caso es que el presidente no realizó la síntesis traumática y *a bocajarro* de antieuropeísmo/franquismo... EME180595; Su última víctima *a bocajarro* ha sido Fernando Múgica. EME110296

☐ Véase también: **a quemarropa, a sangre fría.**

abocar(se) (a) *v.* ▮ Admite como sujetos sustantivos de persona, más frecuentemente si designan grupos humanos o instituciones *(universidad, equipo, empresa, gobierno, país: El país se abocaba a la debacle).* También se combina a menudo con sustantivos que designan de forma diversa el conjunto de las cosas existentes, presentes, vividas o conocidas *(mundo, civilización, tradición),* con los que designan normas, programas y otras formas de regular las actuaciones *(propuesta, proyecto, ley, política),* y con algunos sustantivos que denotan participación activa en alguna tarea u ocupación, más frecuentemente si se realiza de forma tenaz y porfiada *(esfuerzo, trabajo, lucha, campaña).* Se construye asimismo con otros que designan diversos productos de la creación personal que se dirigen al público *(libro, película, obra, canción).* En su complemento de régimen se combina con sustantivos que designan lugares hondos *(pozo, cráter, sima).* También lo hace con...

A SUSTANTIVOS QUE DESIGNAN EL RESULTADO ADVERSO DE ALGO: **1 fracaso ++:** ...la política financiera del concello (...) está *abocada* a tal fracaso que si fuese una empresa pública la quiebra sería determinada en el momento actual. FDV160601 **2 derrota ++:** Pero no nos engañemos, cuando un candidato está *abocado* a la derrota electoral, muy pocos son los que darán un duro moral por él. EPE060599

B SUSTANTIVOS QUE DENOTAN CONCLUSIÓN O FINALIZACIÓN –GENERALMENTE DEFINITIVAS Y A VECES VIOLENTAS O DRAMÁTICAS– DE ALGÚN PROCESO: **3 muer-**

te +: ...en la embocadura del decenio de los 60 la plaza estaba *abocada* a la muerte y la salvaron la inyección de vida que supuso... LVE160596 **4 extinción +:** Claro que aquella civilización del bienestar estaba *abocada* a la extinción... ABC021092 **5 desaparición +:** La actual redacción de dicha Ley (...) puede *abocarles* a la desaparición. LRE240103 **6 destrucción:** Si en el «Gernika» de Picasso hiciéramos una pintada que dijera que el fascismo nos *aboca* a la destrucción, seguramente el mensaje quedaría más claro... LVE020695 **7 cierre:** ...teme que de prolongarse la medida algunas empresas se verán *abocadas* al cierre. FDV280301 **8 apocalipsis:** Estamos *abocados* a un Apocalipsis que no es real sino virtual, que no es futuro sino presente. ABC151093

C SUSTANTIVOS QUE DENOTAN MERMA, PRIVACIÓN O ESCASEZ DE BIENES, GENERALMENTE ECONÓMICOS: 9 crisis +: El actual rector que había logrado, con tino e inteligencia, un buen período de paz en sus claustros, se hallará de nuevo *abocado* a posibles crisis. ETC011287 **10 quiebra +:** De otro modo, estarían *abocadas* a la quiebra, y Europa no tiene aún claro que estos compuestos deban ser prohibidos definitivamente. ENC251200 **11 ruina +:** Ocurre que el genial narrador, viéndose implicado en pleitos de naturaleza económica y *abocado* a la ruina, forma con algunos moros una cuadrilla... ABC080193 **12 pérdida:** La dispersión de «lo que sobra», como a veces se ha pretendido, sería gravísima y *abocaría* a la pérdida del sentido último del Museo... ABC181194 **13 rebaja:** ...el Gobierno se está *abocando* a una rebaja «solo para complacer al Banco Mundial»... LNC281296 **14 reducción:** Renfe, a su vez, recibe cuantiosas ayudas del Estado para compensar el déficit del servicio ferroviario, pero éstas están *abocadas* a una drástica reducción. EME030595 **15 racionamiento:** Si dentro de unos años hay una sequía muy fuerte las termoeléctricas del interior del país no tendrían suficiente gas para operar y el país se vería *abocado* a un nuevo racionamiento. SEM091000

D SUSTANTIVOS QUE DESIGNAN LACRAS, DIFICULTADES, DESASTRES Y OTRAS SITUACIONES DE ADVERSIDAD E INFORTUNIO. TAMBIÉN CON OTROS QUE EXPRESAN LOS SENTIMIENTOS Y ESTADOS DE CONGOJA O CARENCIA QUE SUELEN ASOCIÁRSELES: 16 problema ++: Otro tanto hizo Aníbal Ibarra, que se encerró en Defensa Civil para *abocarse* exclusivamente al problema de la sudestada en la Ciudad. CLA220301 **17 paro ++:** Aclaró que en los próximos días no habrá ningún tipo de protestas, pero de no respetar ni cumplir sus peticiones se *abocarán* a un paro de carácter nacional. ESP110997 **18 droga +:** Se habla de los «gamines» de Bogotá, los «shamascha» de Sudán y muchos otros que integran colectivos *abocados* a la droga y a la muerte. ABC200594 **19 delincuencia +:** Las primeras letras las estudió en el colegio reciente de los Doctrinos, especie de reformatorio para otros niños: huérfanos y *abocados* a la delincuencia... ABC131291 **20 caos +:** ...propuestas tan irresponsables como las de la oposición, que nos *abocarían* a este país al caos. INDOC **21 soledad:** ...como otras veces en el siglo XX, se cree *abocada* a la soledad de Atlas condenado a sostener el mundo sin ayuda. LRE170103 **22 olvido +:** ...apostaban erróneamente por la pervivencia de la tradición romántica de un Karl Richter que se veía ya claramente *abocada* al olvido. ABC120293 **23 desengaño:** Así, vivir es una pasión inútil *abocada* al desengaño y a la soledad. EME101295 **24 mal:** Colombia continúa *abocada* a enormes males por la terquedad de su Primer Mandatario. EPC180796 **25 desgracia +:** Los personajes *abocados* a la desgracia llenan las páginas del autor de «La familia de Pascual Duarte». EME080494 **26 desesperación +:** ...la droga había conseguido que degenerara en un gueto muy peligroso *abocado* a la desesperación. LVE110595 **27 catástrofe +:** ...permita un crecimiento económico más rápido o se verá *abocado* a una catástrofe de gran magnitud. LRE260103

E SUSTANTIVOS QUE DESIGNAN TAREAS. TAMBIÉN CON OTROS QUE DENOTAN IMPLICACIÓN O PARTICIPACIÓN ACTIVA EN ALGUNA OCUPACIÓN, FRECUENTEMENTE EN PLANES, PROYECTOS Y OTRAS ACTUACIONES PROSPECTIVAS: 28 labor +: De los 2.685 profesores que componen la planta docente de la Universidad de Chile, 978 –un 36 por ciento– están *abocados* a labores de investigación. HOY251196 **29 tarea +:** El libro de Tróccoli impacta por lo novedoso de su objetivo: es la primera vez que un miembro de las fuerzas de represión –destacado, según sus pares– se *aboca* a la tarea de «convencer». BRE270996 **30 trabajo:** Martínez se *abocaría* al trabajo interno, no sólo para mantener aglutinado a este grupo, sino que para hacer oposición, directamente. HOY120597 **31 campaña:** ...todos los parlamentarios estarán *abocados* a las campañas proselitistas, de cara a las elecciones generales de junio próximo. LTB060297 **32 causa:** Propuso la suspensión de las audiencias a cambio de que los ex comandantes se declarasen culpables pero igual la Cámara se *abocó* a la causa. EME101295 **33 proyecto:** Después de un año donde cada uno de sus integrantes estuvo íntegramente *abocado* a sus proyectos personales... CLA090497 **34 plan:** Bueno, más bien no habría habido entrevista porque ya me habría fugado o estaría totalmente *abocado* a un plan de fuga. PME011296 **35 elaboración:** Loayza se encontraba *abocado* a la elaboración del reglamento de la Ley del Mercado de Valores... CAP230197 **36 ejercicio:** Comprende la necesidad de abandonar los postulados iniciales del surrealismo y de *abocarse* a un ejercicio poético libre y menos conceptual. CAP100497 **37 cometido –:** ...insiste en que carece de tiempo para *abocarse* al cometido. CLA040501

F SUSTANTIVOS QUE DENOTAN INDAGACIÓN O DESIGNAN OTRAS ACTIVIDADES INTELECTIVAS ANÁLOGAS: 38 estudio +: Incluso se llegó a decir que sería debatido en una comisión especial *abocada* al estudio del sistema... HOY110897 **39 investigación:** ...amplió sus facultades, para empezar a *abocarse* a investigaciones judiciales. HOY260597 **40 análisis:** Un tercer Congreso Nacional de Educación fue realizado por el Sindicato Único de Trabajadores de la Educación en 1971, el que se *abocó* al análisis de 12 grandes temas... HOY210497 **41 búsqueda:** Esto nos puede dar una idea de artista joven, de expresión mínima e inmersa en los problemas de la escultura contemporánea, *abocada* a la búsqueda de un campo expresivo que describa lo intangible... ABC310395

G SUSTANTIVOS QUE DENOTAN EL RESULTADO FAVORABLE DE ALGO: 42 éxito +: ...«tránsfugas de sí mismos, metáforas de un mundo culturalmente ciego, *abocados* al éxito como única verdad palpable de su singularidad creativa». ABC031293 **43 victoria +:** Casi 40 años después, los Chisox están *abocados* a la victoria en la Liga Americana. DLA150497

H SUSTANTIVOS QUE DESIGNAN LO EXISTENTE O LO PRESENTE. TAMBIÉN CON OTROS QUE EXPRESAN CIERTAS CIRCUNSTANCIAS CONCOMITANTES DE ESAS NOCIONES, MÁS FRECUENTEMENTE EN REFERENCIA A SITUACIONES ADVERSAS COMO LAS DESCRITAS EN EL APARTADO *D*: **44 situación** +: ...nos encontraremos *abocados* a una situación de: –Grave crisis económica (...). –Excesivo paro estructural, consecuencia de lo anterior. –Debilitamiento de las ideologías... EME080294 **45 coyuntura:** Pero no sólo anda *abocada* a la coyuntura. Durante el sábado 25 y domingo 26 (...) ella y sus seguidores se reunieron en torno al tema «La equidad como objetivo de un buen gobierno». CAP290801 **46 realidad:** Estados Unidos con su lógica imperial confiaba en la realidad económica a la que tendría que *abocarse* el Gobierno Revolucionario... GIC020597 **47 mundo:** ...alimenta e incluso crea las tensiones que nos *abocan* aceleradamente a un mundo de odios y destrucción, de miseria, resentimiento y miedo. ABC011093

I SUSTANTIVOS QUE DENOTAN CAMBIO DE ESTADO O DESIGNAN LA ACCIÓN DE LLEVARLO A CABO: **48 reforma:** ...los profundos cambios que se han producido en la sociedad moderna *abocan* a una reforma del Estado de Bienestar... EME290194 **49 cambio:** ...con las nuevas tecnologías está *abocado* a un cambio de estructura. LVE290996 **50 reestructuración:** Si fracasa, Argentina puede verse *abocada* a una reestructuración obligatoria de la deuda y a una más que probable suspensión de pagos. EPE301001 **51 transformación:** Martí escribía en un fin de siglo *abocado* a grandes transformaciones, veía hundirse detrás de él un imperio... ABC070795

J SUSTANTIVOS QUE DESIGNAN DIVERSAS FORMAS DE ACUERDO, COMPROMISO O INTERCAMBIO DE OPINIONES E INTERESES, MÁS FRECUENTEMENTE ENTRE PERSONAS U ORGANIZACIONES. TAMBIÉN CON OTROS QUE EXPRESAN ACCIONES DIRIGIDAS A OBTENER ESOS RESULTADOS: **52 diálogo** +: El Gobierno debe *abocarse* al diálogo y la búsqueda de soluciones a los problemas planteados... RUM101197 **53 pacto:** ...atraer a los neutrales (que en este país son los más por efecto de la despolitización) y *abocarse* a pactos internacionales como el TLC. EXC020496 **54 reunión:** Las autoridades gubernamentales y del sector turístico deben *abocarse* a una reunión urgente... LDD190597 **55 negociación:** Todo indica que ambas partes están *abocadas* a una negociación, dada la magnitud de las relaciones económicas y políticas entre EE. UU. y Europa. EME150796

K SUSTANTIVOS QUE DENOTAN CONFRONTACIÓN, MÁS FRECUENTEMENTE SI SE PRODUCE CON AGRESIVIDAD O VIOLENCIA: **56 enfrentamiento:** Los parlamentarios demócratas (...) están *abocados* al enfrentamiento con Pekín. EME230995 **57 guerra:** El llamamiento para un diálogo político en Argelia, país *abocado* a una guerra civil... LVE090395 **58 lucha:** Cerradas todas las posibilidades de conseguir sus objetivos por medios pacíficos, los saharauis pueden verse *abocados* a la lucha armada. EME090596

L OTROS SUSTANTIVOS; POSIBLES USOS ESTILÍSTICOS: El doctor Zedillo descubre el complot y lo señala, y los críticos, en lugar de aceptarlo en sus términos, y *abocarse* al hecho noticioso de fin de siglo... PME120197

■ Se combina también con: ♦ **fatalmente, inevitablemente[11], inexorablemente, irremediablemente**

abogacía ♦ **código (de), práctica (de), profesional (de)** ♦ **abandonar, acceder (a), dedicar(se) (a), ejercer, estudiar, practicar, profesar, trabajar (en)**

abogar (por) ♦ **activamente[14], atrevidamente, decididamente[8], firmemente, valientemente** ♦ **cambio, causa, derecho, diálogo, libertad, participación, paz, resolución, tesis, unión**

abolición (de) ♦ **absoluto, categórico, inmediato, oficial, rotundo, total** ♦ **ayuda, deuda, ejército, esclavitud, frontera, impuesto, ley, pena de muerte** ♦ **apostar (por), decretar[10], defender, exigir, hacer campaña a favor (de), implantar, impulsar, luchar (por), pedir, promover, proponer**
☐ Véase también: **abolir**.

abolir *v.* ■ Se combina con...

A SUSTANTIVOS QUE DESIGNAN LEYES Y OTRAS DIRECTRICES ESTIPULADAS O REGLAMENTADAS, ASÍ COMO ALGUNAS DE LAS FORMAS EN QUE SE MANIFIESTAN O SE RECOPILAN: **1 ley** ++: En 1928 fue *abolida* «la ley seca». CLA310199 **2 decreto** +: Los comunistas (...) han *abolido* el decreto de disolución de la Unión Soviética. EME170396 **3 artículo:** El mandatario pidió en la misiva *abolir* el artículo 35 de la Constitución que prohíbe la extradición... ENH090497 **4 orden:** ...lleva un año promoviendo una campaña para que sea *abolida* la orden ejecutiva de 1976... EPE110899 **5 norma:** Después de largos años de infamia el Tribunal Constitucional tuvo que *abolir* aquella norma antiterrorista... EME220295 **6 reglamento:** La UEFA intenta (...) mantener a cualquier precio los reglamentos privados que han sido *abolidos*... EME201295 **7 constitución:** ...como dice su abogado defensor (...) hay que *abolir* esa Constitución. EME200295

B SUSTANTIVOS QUE DENOTAN CUOTA O TRIBUTO, FRECUENTEMENTE DE CARÁCTER FISCAL: **8 impuesto** ++: Aboliremos el impuesto de sucesiones y haremos que nadie pague más de un tercio de sus ingresos en el impuesto federal sobre la renta. EPE050800 **9 cuota:** Los residentes se sentirán menos afectados, porque la ciudad planea *abolir* la cuota de la basura a un costo de $12 millones... ENH120597 **10 tarifa:** ...querían que ya al año siguiente se *abolieran* las tarifas aduaneras entre los países del hemisferio. CAP310800 **11 gravamen:** ...secunda ahora *abolir* el gravamen que él mismo impulsó hace tres años... LVE120596 **12 tipo de interés** –: ...quiere (...) *abolir* los tipos de interés y dar un giro a su política exterior para orientarla hacia Oriente. LVE130396

C SUSTANTIVOS QUE DENOTAN SANCIÓN O CONDENA, LLEVADA A CABO DE DIVERSAS FORMAS Y EN VARIOS GRADOS. TAMBIÉN CON OTROS QUE DESIGNAN ACTUACIONES DRÁSTICAS QUE SE INTERPRETAN COMO TALES CASTIGOS: **13 pena de muerte** ++: Y el 6 de mayo de ese año, eleva al Parlamento un Proyecto de Ley, *aboliendo* la pena de muerte. EPU201096 **14 castigo:** ...el 41% de la población apoya incondicionalmente este castigo; el 44% aceptaría *abolirlo*... EPE250999 **15 sanción:** Esas sanciones, sin embargo, fueron *abolidas* el jueves por la Corte Constitucional. EME110594 **16 fusilamiento:** La legislatura de Utah está a punto de *abolir* los fusilamientos, con fuertes raíces históricas que conectan con la mayoritaria religión mormónica del estado. LVE160196

D SUSTANTIVOS QUE DENOTAN SOMETIMIENTO, VASALLAJE Y OTRAS FORMAS DE ABUSO E INJUSTICIA: **17 esclavitud ++:** La Revolución Norteamericana no *abolió* la esclavitud. EPE170999 **18 injusticia +:** ...«Si el Estado ha prohibido al individuo la injusticia, es, no porque quiera *abolirla*, sino porque aspira a monopolizarla». EME250396 **19 sumisión:** ...entre cuyas ideas figuraba *abolir* la sumisión a la monarquía británica... LVE030396 **20 servidumbre:** Por supuesto la servidumbre a la verdad no queda *abolida* por el mandamiento del respeto. ABC120595 **21 explotación:** ...quieren *abolir* la explotación laboral de menores y fomentar el sindicalismo mundial. EPE281199 **22 segregación:** ...una vez *abolida* la segregación racial (...), la miseria desaparecerá como por encanto. EME240494 **23 discriminación:** ...una discriminación que (...) mantuvo durante el franquismo y *abolió* en la democracia. EPE260199

E SUSTANTIVOS QUE DESIGNAN DIVERSOS TIPOS DE ORGANIZACIÓN SOCIAL O POLÍTICA: **24 sistema +:** Los años de las guerras, la dependencia de Siria, no han *abolido* este sistema tribal... LVE260896 **25 régimen +:** ...*abolió* el régimen republicano en el año 1941. LVE190795 **26 clase:** El público de Valencia es ejemplarmente democrático y ha *abolido* las clases. EME250795 **27 jerarquía:** ...la saturación informativa ahoga y reduce al silencio lo más importante *aboliendo* toda jerarquía. ABC240492 **28 feudalismo:** ...en Francia, la memorable noche del 4 de agosto de 1789, fue *abolido* el feudalismo y se declaró la igualdad civil. PLG130197

F SUSTANTIVOS QUE DESIGNAN PRÁCTICAS, USOS, TRADICIONES Y CONVENCIONES: **29 costumbre ++:** ¿No existe la menor posibilidad de *abolir* esta costumbre bárbara? ABC201291 **30 tradición:** ...no creo que la cultura española pueda lograr su verdadera plenitud si no recobra la tradición *abolida* en 1939. LVE170696 **31 cultura:** Si una cultura es *abolida*, es como si un color desapareciera del mundo. LVE150396 **32 hábito:** Pero la importancia de Nueva York es excepcional, de ahi que las restricciones sean una importante victoria en la lucha para *abolir* el hábito en los lugares públicos de Estados Unidos. LVE130195 **33 comportamiento:** ...no se puede decir que el mundo moderno haya *abolido* completamente el comportamiento mítico... ABC260692 **34 práctica +:** ...una práctica abominable que en muchos países aún no ha sido *abolida*. INDOC

G SUSTANTIVOS QUE DESIGNAN ACTUACIONES QUE SE CONSIDERAN IMPUESTAS U OBLIGACIONES QUE SE CONTRAEN: **35 servicio militar +:** Así, se *abolió* el servicio militar obligatorio y se está realizando una reorganización y modernización de su estructura. HOY150997 **36 obligación +:** En su programa se propone *abolir* la obligación que tienen todos los médicos de colegiarse para poder ejercer... EME090496 **37 celibato:** La Iglesia anglicana, en cambio, *abolió* el celibato en el siglo XVI para legitimizar el matrimonio del arzobispo de Canterbury Thomas Cranmer. EME220996

H SUSTANTIVOS QUE DESIGNAN DIVERSAS FORMAS DE IMPEDIMENTO, OBSTRUCCIÓN O COERCIÓN: **38 limitación:** ...más de un 64 de los italianos se mostraron contrarios a *abolir* la limitación para instalar grandes superficies y horarios comerciales. EME020895 **39 límite:** ...ha *abolido* el límite de velocidad a 90 kilómetros por hora que estaba en vigor en todas las autopistas del país. LVE220995 **40 prohibición:** ...los dirigentes del MSI presentaban al Parlamento una petición para *abolir* la prohibición... LVE280495 **41 restricción:** La UE obliga a España a *abolir* las restricciones sobre salida de capital. LVE240295 **42 veto:** El Ejecutivo laborista aceptó la sentencia y *abolió*, con efectos inmediatos, el veto a la entrada de homosexuales en las Fuerzas Armadas. EPE030900 **43 barrera:** En los comicios, los centristas fueron víctimas, precisamente, de la barrera que se negaron a *abolir*. EPE150699 **44 interdicción:** Todo eso, y más cosas que cada cual puede extraer (...) de interdicciones *abolidas*... EME181096 **45 denegación –:** Soy más partidario de que la curia no tenga nada que ver con este asunto, y que las aprobaciones o denegaciones oficiales sean *abolidas*... EPE041001

I ALGUNOS SUSTANTIVOS DE NATURALEZA TEMPORAL, ESPECIALMENTE SI DESIGNAN LO YA ACAECIDO: **46 tiempo:** Es un querer *abolir* el tiempo sin olvidar la historia, en este caso sagrada. ABC101293 **47 pasado:** La sociedad guatemalteca (...) se fractura ahora entre quienes imponen la obligación de olvidar y quienes se resisten a *abolir* el pasado... BRE040497 **48 historia:** Cambiar la actividad propia de un cortijo por otra de muy distinta naturaleza, viene a ser como *abolir* tajantemente la historia social en que se enmarca. EPE211299

J SUSTANTIVOS QUE DESIGNAN DIVERSAS FORMAS DE ACUERDO O COMPROMISO: **49 contrato:** ...además de *abolir* expresamente en el sector los contratos a tiempo parcial... LVE290396 **50 acuerdo:** ...lo primero que haría sería *abolir* estos acuerdos y elaborar una legislación que permitiera la igualdad entre los sexos. EME311295 **51 tratado +:** El Gobierno francés ha pedido que el tratado ABM no sea *abolido* de un plumazo... EPE151201 **52 pacto +:** El ala izquierda del PPI *abolió* el pasado sábado (...) el pacto político y electoral... EME160395

K SUSTANTIVOS QUE DESIGNAN DIVERSOS BENEFICIOS, VENTAJAS Y OTRAS DISPOSICIONES FAVORABLES. POR EXTENSIÓN, TAMBIÉN CON OTROS QUE DESIGNAN ACTUACIONES QUE SE PUEDEN INTERPRETAR COMO TRATO DE FAVOR: **53 privilegio +:** El juicio a Giulio Andreotti manifiesta la voluntad del Estado italiano de *abolir* los privilegios de los dirigentes políticos. LVE071095 **54 permiso:** La UE obligará a España a *abolir* el permiso previo para sacar dinero en metálico del país. LVE240295 **55 exención:** Anuncia *abolir* las exenciones fiscales injustas... LVE200996 **56 preferencia:** ...calificó de *diabólica* la campaña (...) para *abolir* las preferencias especiales europeas que impedían que el comercio platanero del Caribe fuera a la quiebra. LHG030597 **57 incentivo:** ...la decisión que adopten los Quince sobre los incentivos a empresas que deberán ser *abolidos* o modificados tendrá que ser aceptada por las naciones o regiones afectadas... EDV040599 **58 subsidio:** ...*abolió* los subsidios a las bibliotecas, una de sus muchas pésimas decisiones. LVE091296 **59 subvención:** ...se niega a *abolir* las subvenciones a los colegios privados... EME031095 **60 descuento:** Si se *abolieran* los descuentos y los regateos tendríamos unos precios más competitivos... LVE151296 **61 distinción:** En el Estado democrático queda *abolida* la distinción entre el individuo y el Estado. ABC260894

L SUSTANTIVOS QUE DESIGNAN ESTADOS CARENCIALES Y SITUACIONES DE ADVERSIDAD: **62 pobreza:** ...se ha producido la bancarrota de la seguridad social sin haber *abolido* la pobreza. LVE041195 **63 hambre:** ¿Está en nuestra mano *abolir* el hambre, la incultura, la injusticia? EME230896 **64 miseria:** La propaganda del antiguo régimen decía que Franco había *abolido* la miseria de las zapatillas de esparto... EME210595

M OTROS SUSTANTIVOS; POSIBLES USOS ESTILÍSTICOS: ...intenta *abolir* la caricatura que existe de los comunistas en el imaginario colectivo. HOY080997; «hay que *abolir* todas estas mezquinas intrigas junto con las elecciones». LVE210596; ...todos nuestros esfuerzos tienden a *abolir* la soledad. ABC311292

▩ Se combina también con: ♦ **a plazo fijo[6], completamente, de raíz[21], por completo[9], totalmente**

☐ Véase también: **abolición (de), derogar, rescindir, revocar.**

a bombo y platillo

loc.adv. ▮ Admite la variante, menos usada, *a bombo y platillos*. Se combina con...

A VERBOS QUE DENOTAN DIFUSIÓN O TRANSMISIÓN DE INFORMACIÓN: **1 anunciar ++:** ...un congreso en el que se anunciaría *a bombo y platillo* que la familia nacionalista se iba a vivir a una misma casa. CAN080101 **2 proclamar ++:** ...algo que la Comisión proclamó *a bombo y platillo* hace diez días pero que ahora no resulta tan claro. EME190895 **3 difundir ++:** Esta noticia fue difundida *a bombo y platillo* en una rueda de prensa... EME200694 **4 propagar +:** ...la prensa falangista lo habría propagado *a bombo y platillo.* LVE190395 **5 pregonar +:** ...ha sido pregonado *a bombo y platillo* su rotundo éxito... LVE161095 **6 presentar:** ...fue presentado *a bombo y platillo* a los medios de comunicación... ABC190595 **7 transmitir:** ...produce rubor el recuerdo de la infame entrevista (...) transmitida *a bombo y platillo* por los telediarios... EPE131099 **8 publicar:** ...para que fuesen publicadas *a bombo y platillo.* LVE020395 **9 airear:** ...aireadas *a bombo y platillo* por asociaciones estadounidenses... EME240796 **10 promulgar:** ...unos carteles enormes promulgan *a bombo y platillo* el «gran» esfuerzo del Ayuntamiento... EPE261201

B VERBOS QUE DESIGNAN OTRAS ACCIONES VERBALES, MÁS FRECUENTEMENTE SI EXPRESAN LA DE PONER ALGO DE MANIFIESTO: **11 afirmar +:** Se afirma *«a bombo y platillo»* que el precio del dinero está en los niveles más bajos de su historia... EME120194 **12 exponer +:** Entre los títulos magistrales (...) expuestos desde ayer *a bombo y platillo* se encuentran piezas conocidas... ABC310395 **13 asegurar:** ...y ante decenas de periodistas aseguró *a bombo y platillo* que el gobierno duplicaría las pensiones más bajas. INDOC **14 declarar:** ...no se equivocó al descalificar (...) la interrupción temporal de la actividad criminal declarada *a bombo y platillo...* EPE030900 **15 señalar:** ...se señala *a bombo y platillo* que jamás el paro se ha reducido en el mes de diciembre. EME160195 **16 aprobar:** La frase corresponde a un ultimátum aprobado *a bombo y platillo* el 27 de abril de 1994. EME250795 **17 decir:** El presidente chino, Jiang Zemin, se lo dijo así ayer, *a bombo y platillo.* EPE101299 **18 remachar –:** Y las emisoras de televisión (...) remacharon el clavo *a bombo y platillo.* LVE250595

C VERBOS QUE DENOTAN INAUGURACIÓN, COMIENZO O ARRANQUE DE ALGO: **19 inaugurar ++:** La muestra se inauguró *a bombo y platillo* hace dos años en el Palacio Grassi... EME021095 **20 estrenar ++:** Esta semana se estrena *a bombo y platillo Blue Chips...* EME150294 **21 lanzar:** La maqueta fue retocada; fue lanzado *a bombo y platillo.* EME081295 **22 comenzar:** ...los conflictos ante los tribunales comenzaban *a bombo y platillo* para luego diluirse como un azucarillo. LVE310196 **23 abrir:** Su ambición ahora, después de abrir *a bombo y platillo* la temporada, es hacerle sombra... EME010596

D VERBOS QUE DESIGNAN DIVERSAS FORMAS DE PONER EN MARCHA ALGUNA COSA O DE INTERVENIR EN ELLA PARA PROVOCARLA: **24 organizar +:** ...organizaron *a bombo y platillo* una conferencia de prensa... EPE250900 **25 movilizar(se):** ¿Qué le pasa a esta sociedad que es capaz de movilizarse *a bombo y platillo* (...)? LVE171195 **26 activar –:** ...*a bombo y platillo* activó por vez primera en su historia el artículo 5... EPE191101 **27 salir –:** ¿Y por qué el Gobierno no sale *a bombo y platillo* apoyando sus cálculos? EME191096

E VERBOS QUE DENOTAN ELOGIO O CONMEMORACIÓN DE ALGO: **28 alabar +:** Se establecieron para ellos mismos un sistema de incompatibilidades alabado *a bombo y platillo* por propios y afines. EME040196 **29 aclamar +:** ...aclaman *a bombo y platillo* las grandes vicisitudes... LVE100394 **30 celebrar:** ...celebran *a bombo y platillo* el doscientos cincuenta aniversario del nacimiento del insigne artista... EME220696 **31 conmemorar:** ...es precisamente el día en el que los norteamericanos conmemoran *a bombo y platillo* la fiesta de su independencia. EME150896

F VERBOS QUE DESIGNAN ALGUNAS ACCIONES DE NATURALEZA COMERCIAL, MÁS FRECUENTEMENTE SI SE RELACIONAN CON LAS TRANSACCIONES ECONÓMICAS: **32 contratar:** ...el comodín carioca contratado *a bombo y platillo* por expreso deseo del portugués. EME280294 **33 fichar:** ...les fichó *a bombo y platillo* en el transcurso de la semana. EME160594 **34 vender(se):** ...la investigación llevada a cabo por el PSOE (...) se ha vendido *a bombo y platillo* como el gran descubrimiento... EME210595 **35 comercializar:** ...existen otras empresas del sector que han comercializado *a bombo y platillo* el mismo producto... EME010896 **36 ofertar:** ...ofertó la enseñanza musical *a bombo y platillo.* EPE160699

G OTROS VERBOS; POSIBLES USOS ESTILÍSTICOS: Y los socialistas les colaron la resurrección *a bombo y platillo* de Naseiro... EME200594; ...ahora exhumado *a bombo y platillo* en una función del circo mundial... EME150896

☐ Véase también: **a los cuatro vientos, de boca en boca.**

abonar

♦ **al contado, a plazos[8], a tiempo, contra reembolso, en cómodos plazos, en compensación, en efectivo, en metálico, gustosamente, puntualmente, religiosamente[2]** ♦ **cuantía, cuota, dinero, gasto, importe, indemnización, multa, pago, sueldo,** *otros sustantivos que designan cantidades*

☐ Véase también: **amortizar, financiar, invertir, liquidar, pagar, saldar.**

abonarse (a)

♦ **club, oferta, publicación, servicio, suscripción**

a borbotones

loc.adv. ▮ Se combina con sustantivos que designan líquidos, más frecuentemente con el sustantivo *sangre*. Usado, en sentido figurado, admite otros que designan diversas cosas que suelen surgir o aparecer en abundancia *(carcajadas, palabrería, erudición)*. También se combina con...

A VERBOS QUE DENOTAN APARICIÓN, BROTE, SALIDA, DERRAMAMIENTO O EBULLICIÓN DE UN LÍQUIDO. POR EXTENSIÓN, SE USAN EN OCASIONES CON SUSTANTIVOS QUE DESIGNAN COSAS NO LÍQUIDAS QUE SE ASIMILAN FIGURADAMENTE A LAS QUE LO SON: **1 fluir** ++: El estrés, aun el de quienes lo controlan, fluye *a borbotones*. EME170795 **2 manar** ++: ...el agua mana *a borbotones* en 17 nuevos puntos de la ciudad. EPE200199 **3 salir** ++: ...la Revista Economist mostraba en la tapa a un trabajador petrolero abriendo un pozo, salía el petróleo *a borbotones*... LTB180900 **4 surgir** ++: La sangre surgía *a borbotones* tiñéndome la camiseta. EME290596 **5 sangrar** ++: «Esa enfermera tan bonita, que lo atienda», pedía un tercero mientras el animal sangraba *a borbotones*. EME040595 **6 brotar** +: Primero, se dejan salpicar por el agua que brota *a borbotones*. EPE121099 **7 correr** +: ...la sangre correrá *a borbotones* en algo así como media hora de cine brutal... LVE130895 **8 hervir** +: La ciudad de Pericles hierve *a borbotones*. EME270594 **9 aparecer:** ...en mi frágil cabecita, aparecían *a borbotones* (...) todas las palabrotas que me sabía... EPE230499 **10 derramar:** La caída de las Torres Gemelas de Nueva York en aquella mañana, envueltas en humo y oleadas de polvo, derramándose *a borbotones* sobre gentes... EPE101001 **11 escaparse:** Ahora, con mayor dosis de madurez y oficio, deja escapar *a borbotones* el arte que atesora. EME090495 **12 sudar:** Sudaron también *a borbotones* don Rafael (...) y don Ángel... EME160694 **13 llorar** –: El Guerruj no aguanta y, desconsolado, rompe a llorar, *a borbotones*, como una Magdalena. EPE300900 **14 bombear** –: Pasó por los 300 en 31,3, por debajo del tiempo que marcó Reynolds en Zúrich. Pero le quedaba el ocaso, la parte donde el músculo bombea ácido láctico *a borbotones*. EPE270899 **15 asomar** –: ...con muchas vidas y muchas muertes dentro que asoman *a borbotones* por los ojos... LVE020296

B VERBOS QUE DENOTAN EXPRESIÓN O COMUNICACIÓN VERBAL. TAMBIÉN CON ALGUNOS QUE DESIGNAN OTRAS FORMAS DE PROPORCIONAR O PRESENTAR ALGO, GENERALMENTE DE FORMA PROFUSA: **16 hablar:** El autor (...) comienza a hablar *a borbotones*. EME210795 **17 escribir:** Lo encontró divertido (hablaba como escribía: *a borbotones*), pero no impresionante. EME131196 **18 decir:** Se sabía muchos versos de memoria, que decía *a borbotones* cuando bebía de más. INDOC **19 derrochar:** Magnífico compositor y eficaz intérprete, Jimmy Cliff derrochó energía *a borbotones* al frente de una banda... LVE200695 **20 prodigar:** Tenía gracia y salero, que prodigaba *a borbotones*. INDOC

C OTROS VERBOS; POSIBLES USOS ESTILÍSTICOS: Kosovo resucita, pero *a borbotones*. EPE141199; Taurina toreó *a borbotones*. EME010796

☐ Véase también: **a chorro(s), a mares, a raudales.**

[abordaje] → **al abordaje**

abordar ♦ **abiertamente**[86], **a cara descubierta**[18], **a la ligera**[5], **brevemente**[16], **coherentemente**[12], **con cautela**[56], **con firmeza, con franqueza**[7], **con intensidad, con rigor, con soltura, decididamente**[20], **de frente, de pasada**[7], **de puntillas**[38], **de refilón**[6], **de soslayo**[10], **directamente, en profundidad, extensamente**[14], **frontalmente**[27], **políticamente, profusamente**[40], **punto por punto**[47], **responsablemente, satisfactoriamente**[24], **seriamente, sin tapujos**[60], **someramente, tangencialmente**[1], **valientemente**[8] ♦ **acuerdo, asunto, cambio, causa, cuestión, debate, estudio, lucha, negociación, obra, problema, proyecto, reforma, reto, situación, tarea, tema**

☐ Véase también: **encarar, hacer frente (a).**

a bordo (de) ♦ **avión, embarcación, nave, vehículo**

abortar ♦ **de raíz**[25] ♦ **aterrizaje, despegue, huelga, iniciativa, operación, plan, proyecto**

a bote pronto *loc.adv./loc.adj.* ▮ No suele emplearse en su sentido literal, salvo cuando se combina con el verbo *rematar (El delantero remató a bote pronto un córner por la izquierda)* y con algunos sustantivos que designan esa misma acción: *volea (Ganó el punto con una volea a bote pronto), disparo, remate.* Con el sentido de 'sobre la marcha' o 'improvisadamente' se combina con...

A VERBOS DE PENSAMIENTO, ESPECIALMENTE SI DESIGNAN EL PROCESO DE VENIR ALGO A LA CONCIENCIA, LA MEMORIA O LA IMAGINACIÓN: **1 ocurrirse** ++: A bote pronto, a uno se le ocurren algunas razones para la insatisfacción española. FDV280301 **2 recordar** +: ...naturalmente tiene ausencias imprevistas –recuerdo dos *a bote pronto*–, inclusiones abusivas, pequeños errores factuales... ABC011295 **3 pensar** +: Así, *a bote pronto*, pensé que hablaba entre líneas de luchas... EME280194 **4 inventar:** ...son una docena de personajes que parecen arrancados de la vida en las aceras neoyorquinas, verídicos o inventados *a bote pronto*... EPE211201

B VERBOS QUE DESIGNAN DIVERSAS MANIFESTACIONES VERBALES, MÁS FRECUENTEMENTE RESPUESTAS O DECLARACIONES: **5 responder** ++: «Desde luego», me responde *a bote pronto*, «estamos en el final de un capítulo». EME310195 **6 decir** +: «Un goya», debió decir alguien *a bote pronto*, quizá con la retina embriagada por la intensa exposición a los goyas auténticos. LVE170396 **7 replicar** +: ...replicó *a bote pronto*: «No es de extrañar que Rubén Darío tenga buena pluma». EME160595 **8 interrumpir:** «Hablaremos de temas culturales, no políticos», se le explica, y él interrumpe *a bote pronto*: «Bueno, si así lo desea...». EME030495 **9 contestar:** ¿Tengo que contestar *a bote pronto*? EME030396 **10 pronunciar:** ...ante el deber de pronunciarnos *a bote pronto* sobre la calidad de una película... EPE260499 **11 preguntar:** Si a una mayoría de ciudadanos de este país se le pregunta *a bote pronto*... LVE070295 **12 manifestar:** «...nadie le reclama nada», manifestó *a bote pronto* (...) cuando se le preguntó ayer por el asunto... EPE091099 **13 adelantar:** Este cronista adelantó *a bote pronto* (...) su acuerdo con la valiente y generosa idea... EPE261001 **14 asegurar:** Un asunto para reflexionar, aunque *a bote pronto* nadie puede asegurar que hubiera sido distinto... FDV050401 **15 apelar:** Así *a bote pronto* apelo a Amando (...) y a Álvaro... EME050695 **16 alertar:** ...alertado *a bote pronto* por la enormidad de la ovación que arrancó el actor... EPE020700

C VERBOS QUE DESIGNAN ACCIONES QUE SUELEN PRESENTARSE COMO REPENTINAS O IMPREVISTAS: **17 reaccionar +:** ...la línea defensiva del Régimen reacciona *a bote pronto*... EME071096 **18 improvisar:** A bote pronto (...) improvisó esta respuesta abundante, contundente... EME270796

D OTROS VERBOS; POSIBLES USOS ESTILÍSTICOS: ...no es fácil vender *a bote pronto* un trabajo insuficientemente documentado. ABC290592; ...de esa rara estirpe que al verlo *a bote pronto* se huele uno (...) que seguirán... EPE151001

E SUSTANTIVOS QUE DESIGNAN DIVERSAS MANIFESTACIONES VERBALES RELACIONADAS CON LOS VERBOS DEL APARTADO *B*: **19 declaración +:** Una declaración «informal», *a bote pronto* y sin convocar a las partes... EME181095 **20 comentario:** Él mismo procuró ayer desandar el camino extraviado: «Un comentario *a bote pronto*». EPE161201 **21 contestación:** Las contestaciones *a bote pronto* que daba el ministro ya no sorprendían a los periodistas. INDOC **22 pregunta:** Le desconcertó con una pregunta *a bote pronto* que no se imaginaba. INDOC **23 descalificación:** ...no caben apriorismos ideológicos ni descalificaciones *a bote pronto*... LVE260295 **24 denuncia:** ...la denuncia *a bote pronto* (...) resultaría validada por un poder del Estado... EPE240399 **25 palabra –:** Duras palabras *a bote pronto* o con segundas que desvelan el estado de ánimo del presidente. EME221295

F EL SUSTANTIVO *REACCIÓN* Y CON OTROS QUE DENOTAN SURGIMIENTO DE ALGUNA COSA: **26 reacción +:** ...tiene un espectacular sentido para la reacción *a bote pronto*, de modo que silenció de golpe el gallinero de los periodistas disidentes con un gesto rotundo... EPD300897 **27 irrupción:** Hasta la apresurada y casi *a bote pronto* irrupción en el citado «boom» de José Donoso (...), Chile carecía de la envergadura narrativa de los otros grandes países del subcontinente. ABC201095 **28 aparición:** Nadie esperaba verlo allí, así que su aparición *a bote pronto* en la rueda de prensa causó gran sorpresa entre... INDOC

G ALGUNOS SUSTANTIVOS QUE DESIGNAN LA ACCIÓN O EL EFECTO DE ANALIZAR ALGUNA COSA: **29 interpretación:** ...criticó ayer las «interpretaciones *a bote pronto*» tras las elecciones catalanas... EME211195 **30 análisis:** En el análisis *a bote pronto* de su obra (...) aseguró ayer... EME261196 **31 juicio:** No me gustan los juicios *a bote pronto*. Prefiero estudiar detenidamente el asunto y... INDOC

abotonar

♦ **del todo, hasta el cuello** ♦ **prenda de vestir**

☐ Véase también: **desabrochar.**

abrasador

adj. ▌Se combina con el sustantivo *calor* y con otros que designan fuentes de calor *(sol, fuego, incendio)*, el clima o fenómenos climáticos diversos *(clima, rayo, viento, aire)*, lugares *(lugar, infierno, desierto, volcán)*, momentos o períodos en los que tienen lugar esos sucesos *(verano, otoño, domingo, día, etapa)*, y otras muchas cosas que pueden provocar una sensación intensa de calor *(líquido, aliento, soplo, vapor, destello)*. También se combina con...

A SUSTANTIVOS QUE DESIGNAN SENSACIONES, SENTIMIENTOS Y EMOCIONES MUY INTENSOS, FRECUENTEMENTE DE CARÁCTER PASIONAL: **1 deseo ++:** Nunca pensó que fuera a sentir un deseo *abrasador* de arrojarse a sus brazos. INDOC **2 impulso:** ...un deseo incontenible, un impulso *abrasador* que nublaba todos sus sentidos... INDOC **3 pasión +:** ...reiteraba periódicamente por escrito la *abrasadora* pasión que sentía por la mujer... EME010594 **4 obsesión:** ...la obsesión *abrasadora* por un existir en el pensamiento de la felicidad... EME240695 **5 odio:** ...el peor odio, el más *abrasador* e insoportable, era el que se inspiraban a sí mismos... EME140195 **6 sentimiento:** Sus sentimientos son *abrasadores* en medio del calor, lo quieren todo o nada y se vengan abrumadoramente unos de otros... EME210295 **7 soledad –:** La soledad que siento es tan *abrasadora* que con gusto me mataría... EME290694

B OTROS SUSTANTIVOS; POSIBLES USOS ESTILÍSTICOS: ...para hacer las páginas de los periódicos más *abrasadoras* de Europa... EME230694; ...el destino final de una locura *abrasadora*. LVE240995; ...la beatitud y las peripecias de los cuerpos *abrasadores* que se juntan... LVE210795

☐ Véase también: **ardiente, candente, tórrido.**

abrazar

♦ **abiertamente, afectuosamente, amorosamente, armoniosamente[14], cariñosamente, con entusiasmo, cordialmente[8], efusivamente[13], fraternalmente, fuertemente[10], intensamente, sin convicción, sin reservas[15]** ♦ **acuerdo, cambio, causa, consigna, credo, creencia, democracia, doctrina, estética, éxito, fe, filosofía, idea, modernidad, ortodoxia, política, postulado, principio, profesión, propuesta, reforma, religión, sistema, solución, suerte, tesis**

☐ Véase también: **acoger.**

abrazo

♦ **afectuoso, apasionado, cálido[28], caluroso, cariñoso, conmovedor, cordial, de compromiso, efusivo[1], emocionado, emotivo, entrañable, formal, fraternal, fuerte, gran(de), intenso, letal, mortal, protocolario, sentido** ♦ **cubrir(se) (de)[4], dar[219], deshacerse (en)[12], dispensar, enviar(le) (a alguien), fundir(se) (en), mandar(le) (a alguien), prodigar[18], recibir, saludar (con)**

☐ Véase también: **apretón de manos, caricia, gesto (de), mimo, saludo.**

a brazo partido

loc.adv./loc.adj. ▌Se combina con...

A VERBOS QUE DENOTAN LUCHA, ENFRENTAMIENTO U OTRAS CLASES DE DISPUTA: **1 luchar ++:** ...era el modo en que las mujeres luchaban *a brazo partido* para que las trataran igual que a los hombres. LNA030792 **2 pelear:** Ganar algo como esto, cuando tienen que pelear *a brazo partido*, sólo lo hace más gratificante. DYM281096 **3 disputar:** ...ni siquiera dos que se disputen el Oscar *a brazo partido*. EME250396 **4 combatir:** ...retrocedían hacia el sur combatiendo *a brazo partido* en varios barrios... EME090396 **5 enfrentar:** ...en donde enfrentaban sus amores y sus convicciones *a brazo partido*... EME040395 **6 competir:** ...compiten *a brazo partido* para conquistar el mercado israelí... EME230694 **7 discutir:** Se ha discutido, podríamos decir, *a brazo partido*, y al final serán sólo tres las orquestas licenciadas... EPE020880 **8 debatir –:** ...seguían debatiendo *a brazo partido* para conseguir un compromiso... EME100594

B EL VERBO *TRABAJAR* Y CON OTROS QUE DENOTAN CREACIÓN, DEFENSA O MANTENIMIENTO DE ALGUNA COSA: **9 defender +**: Ciertos sectores, que defienden *a brazo partido* la existencia de una empresa privada sana... HOY250184 **10 trabajar +**: ...para poner a punto su gigantesco escenario, con 300 personas trabajando *a brazo partido*. EME250996 **11 construir**: ...cincuenta muchachos quieren construir su vida *a brazo partido* con una sociedad que no les facilita las cosas... LVE021196 **12 consolidar**: Y anteriormente *a brazo partido* consolidó una mediana empresa en el sector privado. CAP211295 **13 sostener**: ...ha sostenido, *a brazo partido*, al Estudiantes en las alturas... EME070996

C OTROS VERBOS; POSIBLES USOS ESTILÍSTICOS: Con siete compradores en liza pujando *a brazo partido*... EME091195

D SUSTANTIVOS QUE DESIGNAN LA ACCIÓN DE LUCHAR O DISPUTAR ALGO. SE RELACIONAN CON LOS VERBOS DEL APARTADO *A*: **14 lucha +**: ...se ha arrojado a una interminable lucha *a brazo partido* con la oposición... EPE160599 **15 pelea +**: Y no lo digo por la pelea *a brazo partido* de Martin Amis y su relato... ABC210495 **16 combate**: El partido se convirtió en un combate *a brazo partido* por cada canasta. INDOC **17 competición**: Pronto se verá en la competición más prestigiosa *a brazo partido* contra la fiera: el gusano del cebo. EPE220399 **18 guerra −**: La guerra de los dos Emilios por repartirse el país continúa *a brazo partido*. LVE191096 **19 pugilato −**: Su pugilato con las palabras y las ideas es *a brazo partido*. EPE231201

E OTROS SUSTANTIVOS; POSIBLES USOS ESTILÍSTICOS: Sus relatos son cuentos marginales *a brazo partido* contra la incomprensión y el silencio. EPE121099; La historia de dos vaqueros *a brazo partido* contra un caballo terco... EPE020899

☐ Véase también: **denodadamente**.

abreviadamente ♦ **citar, exponer, expresar, mencionar, presentar, resumir**

abrigar *v.* ▌En el sentido de 'tener, sustentar o albergar', se combina con...

A SUSTANTIVOS QUE DENOTAN ACTITUD POSITIVA HACIA EL FUTURO: **1 esperanza ++**: ...jóvenes futbolistas que permiten *abrigar* esperanzas de un futuro promisorio... LEC130197 **2 ilusión ++**: ...*abriga* muchas ilusiones ante el enfrentamiento con el Real Madrid... LVE310896 **3 expectativa +**: ...sin competir antes con otros centros que *abrigan* iguales expectativas. EOU111296 **4 optimismo**: ...con cautela y sin *abrigar* un optimismo excesivo... ABC250394

B SUSTANTIVOS QUE DENOTAN LO QUE SE DESEA O AQUELLO A LO QUE SE ASPIRA, A MENUDO DE MANERA INTENSA, VEHEMENTE O PERSISTENTE: **5 ambición +**: ...de quien se sospechaba que *abrigaba* ambiciones políticas. EME110194 **6 aspiración**: Los partidos comunistas (...) no *abrigan*, en general, aspiraciones vanas a presentarse solos como una alternativa sólida de gobierno. LVE111295 **7 ideal**: ...toda mi vida he *abrigado* el ideal de una sociedad libre... EME300694 **8 deseo**: ...consiguió cumplir uno de los deseos que *abrigó* desde que abandonó España... EPE131199 **9 sueño**: ...*abrigan* un sueño: que se cancele el sistema de profesores por hora... DYM010996

C SUSTANTIVOS QUE DESIGNAN PLANES, PROYECTOS, OBJETIVOS Y OTRAS NOCIONES INTENCIONALES RELACIONADAS CON EL PROPÓSITO DE ACTUAR: **10 propósito ++**: ...pudieron *abrigar* el propósito de derribar al Antiguo Régimen... ABC041292 **11 intención ++**: ...los líderes políticos que *abrigan* intenciones de manipular... LPN010697 **12 proyecto +**: Confesaba no *abrigar* proyecto alguno para el futuro inmediato. LVE170395 **13 pretensión +**: No pedimos nada del otro mundo y mucho menos *abrigamos* pretensiones desmedidas... CLA211187 **14 plan**: Entre los supuestos planes turbulentos que *abrigan* los sandinistas están dinamitar el Puente de Ochomogo y obstaculizar las principales vías de comunicación del país... ENH140497 **15 objetivo**: ...suelen *abrigar* objetivos tan vagos como distantes... LVE020795 **16 iniciativa**: ...una iniciativa *abrigada* por los productores tradicionales que vulnera, por intervencionista, la libertad de mercado. CAN020201

D ALGUNOS SUSTANTIVOS QUE DESIGNAN VIRTUDES Y OTRAS CUALIDADES HUMANAS QUE PONEN DE MANIFIESTO LAS NOCIONES DESCRITAS EN LOS APARTADOS *A*, *B* Y *C*: **17 voluntad**: ...sobre todo, *abrigamos* la firme voluntad de continuar las actividades. LVE030294 **18 fe**: Abrigaba la fe de hallar una moral «que pueda resistir el desgaste y desgarro de un deseo auténtico». EME270796 **19 espíritu**: Bien es verdad que personajes como el sargento Romerales y su compañera *abrigan* en el fondo el espíritu del policía de barrio... EME110295

E SUSTANTIVOS QUE DENOTAN TEMOR, RECELO Y OTRAS VARIACIONES DE ÁNIMO PROVOCADAS POR LA DESCONFIANZA O LA INCERTIDUMBRE: **20 duda ++**: No debe *abrigar* nadie dudas de que el cambio del sistema... EUV150497 **21 sospecha ++**: Por lo menos hay lugar para *abrigar* esas sospechas. EXC230496 **22 temor +**: Es la confirmación de los temores que ya *abrigábamos*... EME310395 **23 desconfianza +**: ...*abrigan* «bastante desconfianza» hacia el futuro político... EPE190699 **24 recelo**: Si Pedro Schwartz *abrigaba* un soplo de recelo sobre el Gobierno (...), el paquete de medidas económicas lo ha pulverizado. LVE120696 **25 inquietud**: La manera como actuarán estas patrullas camufladas permite *abrigar* ciertas inquietudes sobre las consecuencias imprevisibles... LVE010794

F SUSTANTIVOS QUE DENOTAN CONVENCIMIENTO, CONFIANZA O CONOCIMIENTO SEGURO DE ALGO: **26 convicción +**: Pero ni ese gozo ni esa emoción serían gratificantes si en el corazón no *abrigásemos* la convicción de que tanta aventura tiene un límite... EME260694 **27 convencimiento +**: Abrigué el convencimiento íntimo de su participación, y, además, sabía por la prensa que eran parte del grupo... LVE270696 **28 confianza +**: La modernidad *abrigaba* dentro de sí una firme confianza en el poder... EPE300899 **29 creencia**: ...confesó que *abrigaba* la creencia de que Bush había perdido... CLA171100 **30 certidumbre**: ...los latinoamericanos podemos *abrigar* la certidumbre (...) de ocupar el lugar que nos corresponde junto a nuestros aliados de hoy. EPE011288

G ALGUNOS SUSTANTIVOS QUE DESIGNAN IDEAS O PENSAMIENTOS, ASÍ COMO LAS FORMAS DE EXPRESARLOS

VERBALMENTE: **31** **idea** +: ¿Y quién le ha hecho *abrigar* esa idea? EPE161199 **32** **discurso**: ...se pasó media vida *abrigando* el discurso de sus correligionarios. EME250594 **33** **opinión** +: ...no debería de gozar de privilegios descarados con respecto al abanico de opiniones que *abriga* un sistema democrático. EPE040499

H SUSTANTIVOS QUE DENOTAN ESTÍMULO O APOYO: **34** **estímulo**: ...el inigualable marco que *abriga* todos esos estímulos. EPE071299 **35** **impulso**: Es imposible creer que EZP *abrigue* impulsos democráticos... DYM040796 **36** **aliento** –: Pierre Teilhard *abrigaba* un aliento cosmogónico o cosmomístico que se apoyaba en una cierta perspectiva apasionada de la materia. LVE301096 **37** **ánimo** –: ...canciones para *abrigar* el ánimo y el calor de una hinchada... LVE010396

I SUSTANTIVOS QUE DENOTAN SENTIMIENTO O SENSACIÓN: **38** **sentimiento** ++: ...los sentimientos que *abrigaba* Alfonso XIII para con el futuro dictador... LVE050896 **39** **impresión**: ...*abriga* la impresión de que el Partido Socialista ha hablado muy poco del paro durante la campaña electoral. LVE030396 **40** **sensación**: ...hay que *abrigar* una sensación de crecer y llegar a una nueva clase de individuo, más capaz que el anterior de enfrentarse a las situaciones. LVE291095 **41** **pasión**: Las vísceras *abrigan*, en efecto, mortíferas pasiones raciales, regionales, nacionales... EPE201001

J SUSTANTIVOS QUE DENOTAN HOSTILIDAD O RESENTIMIENTO. TAMBIÉN CON OTROS QUE DESIGNAN ALGUNAS ACCIONES QUE PROVOCAN ESOS RESULTADOS O CONDUCEN A ELLOS: **42** **rencor** +: Abriga hacia su antigua casa y hacia su presidente (...) un rencor inextinguible a causa de su salida del club tras la grave dolencia... EME171295 **43** **hostilidad**: ...cuyos habitantes *abrigan* una tradicional hostilidad a sus vecinos... LVE290696 **44** **tensión**: ...su presidente va a ser de distinto color (...), lo que permite *abrigar* mayores tensiones entre la federación municipal y el Gobierno central. EPE120799 **45** **resquemor**: Entre quienes *abrigan* resquemores, pero no en público... CLA140199 **46** **insidia**: ...a los plebeyos que *abrigan* la insidia de hacerle pupa... EME240194 **47** **venganza**: una hija más abrumada que Hamlet pero sin *abrigar* venganza alguna... EPE310199 **48** **tortura** –: ...la tortura está reprimida de la forma que se indica aunque se *abrigue* en aparatos u organizaciones represivas... EPE141099

[abrigo] → al abrigo (de), de abrigo

abrigo ▮ *(prenda de vestir)* ♦ **apretado, ceñido, cómodo, confortable, elegante, grueso, holgado, incómodo, largo** ♦ **prenda (de)** ♦ **abrochar, apretar(le) (a alguien), arropar(se) (con), ceñir(se), colgar, confeccionar, cruzarse, enfundar(se), estrenar, llevar, lucir, poner(se), quitar(se), sacar, usar, vestir**

▮ *(ayuda)* ♦ **brindar, buscar, dar, encontrar, ofrecer, prestar**

☐ Véase también: **alojamiento, amparo, cobijo, prenda, protección.**

[abrir] → abrir de par en par, abrir fuego, abrir(se), abrirse camino, abrirse paso

abrir de par en par ♦ **acceso, alma, arca, archivo, armario, balcón, brazos, casa, cauce, compuerta, corazón, empresa, estancia, frontera, habitación, institución, mente, mercado, mundo, ojo, piernas, proceso, puerta, pupila, ventana, vivienda**

☐ Véase también: **de par en par.**

abrir fuego ♦ **a discreción², indiscriminadamente**

abrir(se) *v.* ▮ Forma las locuciones verbales *(no) abrir el pico* o *(no) abrir la boca* ('no hablar'), *en un abrir y cerrar de ojos* ('con gran rapidez'), *abrir(se) paso, abrir brecha, abrir(se) camino* ('dar los primeros pasos en algo venciendo las dificultades'), *abrir un paréntesis* ('interrumpir temporalmente'), *abrir la cabeza* ('descalabrar'), *abrir la mano* ('ceder'), *abrir los ojos* ('fijarse') y *abrir los oídos* ('escuchar atentamente'). En el sentido de 'comunicar con el exterior' o 'hacer que deje de estar cerrado' se combina con sustantivos que designan edificaciones o espacios generalmente acotados o delimitados *(habitación, casa)*, cosas que se interpretan como límites *(frontera, barrera, horizonte)*, o que permiten o impiden el paso de algo *(puerta, ventana, persiana, grifo, cerrojo, micrófono)*. Por extensión metonímica, también con otros que designan ciertos fluidos que pasan a través de algún conducto *(agua, luz, gas)*. También se combina con sustantivos que designan posibles contenedores o receptáculos *(botella, caja, sobre, armario, bolsa, cajón)*. En el sentido de 'desplegar' o 'separar de forma incompleta las partes de algo' se combina con sustantivos que designan cosas que pueden presentarse dobladas o plegadas *(libro, navaja, ojo, mano, paraguas, abanico, tijeras)*, que estando juntas se muestran en pares o en grupos *(piernas, brazos, alas, filas, nubes)* o que se componen de elementos desplegables o separables *(pelotón, grupo)*. En el sentido de 'hender' o 'trazar' se combina con sustantivos que designan vías o surcos *(calle, ranura, agujero, zanja, trinchera, herida, ojal, camino)*. En el sentido de 'inaugurar' o 'dar inicio a (la actividad de)' se combina con sustantivos que designan establecimientos o instituciones *(tienda, universidad, embajada, teatro: Han abierto una nueva tienda en la esquina)*. En el sentido de 'iniciar(se)' se combina con sustantivos que designan períodos *(plazo, matrícula, temporada, período: El plazo se abre el 1 de enero)*; en el de 'iniciar(se) con' se combina con sustantivos que designan espectáculos *(espectáculo, número, película, función, concierto, comedia: El espectáculo abre con una exhibición de baile)* y textos *(libro, narración, novela, página, antología)*. También se combina con...

A SUSTANTIVOS QUE DENOTAN CONJUNTO O CÓMPUTO DE INFORMACIONES DIVERSAS, NUMÉRICAS O NO, QUE SE ESPERA VAYAN EN AUMENTO O SE SATISFAGAN PERIÓDICAMENTE: **1** **expediente** +: El CGPJ comunica a Liaño que no le *abrió* un expediente para su separación de la carrera judicial. EDV230101 **2** **cuenta corriente** +: Lo grave es que se *abrió* una cuenta corriente, no una caja de ahorro como corresponde para captar fondos para una campaña de este tipo... CLA020497 **3 marcador +:** Salvador *abrió* el marcador a los seis minutos y Patiño, de pénalti a los 54, aumentó la ventaja. DYM010996 **4 crédito +:** La ley autorizaría al Gobierno para *abrir* créditos adicionales, hacer las adiciones y traslados presupuestales que sean necesarios para su ejecución. ETC040996 **5 tanteo:** Un gol de Sanz, al minuto y medio *abrió* el tanteo, pero Hungría remontó el marcador para que Sanz igualara a dos. LVE280796

B EL SUSTANTIVO *PROCESO* Y CON OTROS QUE DESIGNAN EVENTOS GENERALMENTE REGULADOS POR NORMAS SOCIALES CONOCIDAS: **6 sesión ++:** El valor *abrió* la sesión al alza, sin embargo, pronto se vio influenciado por la trayectoria bajista del índice general. EME040294 **7 curso ++:** ...hubo un tercer año en que por tropiezos en los anteriores no se completó la cuota mínima de cinco alumnos para *abrir* el curso... DYM010996 **8 campaña +:** Abren campaña para cena de gala Pro Centro de Desarrollo Infantil de South Miami Hospital. DLA280697 **9 debate +:** El actual proceso contra Pinochet (...) y *abrió* un debate sobre la validez de la extraterritorialidad de la Justicia. CLA030199 **10 subasta:** Luego, cuando Conatel *abra* la subasta para 3G, por supuesto, que Movilnet está dispuesta a participar. ENV021000 **11 juego:** Todos los sectores suponen que tendrá que *abrir* el juego y avanzar hacia la Alianza. CLA120199 **12 proceso:** En 1983 se le intentó *abrir* otro proceso por traición en el fuero militar... CAP280995 **13 juicio:** El 7 de noviembre de 1921 se *abría* el juicio que toda Francia esperaba. EME031196

C SUSTANTIVOS QUE DENOTAN OPORTUNIDAD O POSIBILIDAD. SE CONSTRUYEN GENERALMENTE EN PLURAL: **14 posibilidad:** El mensaje del sábado *abrió* la posibilidad de negociación. CAP261296 **15 oportunidad:** ...«Se nos *abre* una oportunidad de oro para regenerar la izquierda con el PSOE»... EME050296 **16 opción:** ...al equipo de casa se le *abrió* la opción de un touch down y un tiro que podían darle la victoria. EPE191201 **17 perspectiva:** El proyecto, que *abre* grandes perspectivas biológicas y medioambientales, está preparado para comenzar a partir del próximo mes. CLA091000 **18 esperanza:** ...el técnico *abrió* una esperanza: «Quedamos un poco lejos, pero todavía faltan muchas fechas». CLA231000 **19 expectativa:** El séptimo puesto en la prueba final *abre* expectativas favorables para un año que realmente promete. LNP270297

D SUSTANTIVOS QUE DENOTAN CONJUNTO DE ELEMENTOS ORDENADOS EN SUCESIÓN: **20 lista +:** ...fue vuelto a llamar del Vancouver de Triple A, al *abrirse* las listas para el último mes de la temporada. DYM040996 **21 desfile +:** El Tribunal Superior vasco falla que las mujeres *abran* hoy el desfile del Alarde de Hondarribia... EPE080900 **22 serie:** ...el lanzador cubano Alex Fernández será el encargado de *abrir* la serie de tres partidos frente a los Cardenales de San Luis el martes 15 de abril en el estadio Pro Player. DLA120497 **23 retahíla:** Dos niños disfrazados de vampiros *abrían* una retahíla de dráculas, hombres lobo y otros monstruos. INDOC **24 procesión:** Los nazarenos de Santa Genoveva *abrieron* las procesiones. EPE300399

E SUSTANTIVOS QUE DENOTAN DESEO, GENERALMENTE DE ALIMENTARSE: **25 apetito ++:** Y para ir *abriendo* el apetito, los más golosos pueden encontrar desde este fin de semana en la cartelera... LRE180103 **26 gana:** Marianao Social y El Progreso *abrieron* las ganas de seguir escuchando, sobre todo, porque permitió mostrar a Cachao las habilidades que lo han hecho legendario. ENH120198 **27 deseo:** La visión del escaparate *abrió* el deseo de los chicos, que no hubieran dejado uno solo de aquellos dulces. INDOC

▩ Se combina también con: ♦ **a empujones, a la baja[3], a lo grande[20], armoniosamente[29], a tope, completamente, cronológicamente[15], de par en par, de repente, en falso[9], gentilmente, hacia {el interior/el exterior}, inesperadamente, por completo[62], repetidamente, tangencialmente[24]**

☐ Véase también: **abierto, arrancar, cerrar, comenzar, empezar, inaugurar, iniciar, meterse (a), reabrir.**

abrirse camino ♦ **a codazos, a empujones, a golpes, arrolladoramente, a tientas[18], a tiros, a trancas y barrancas[11], sin dificultades, violentamente**

☐ Véase también: **abrirse paso.**

abrirse paso ♦ **a codazos, a duras penas[7], a empujones[1], a golpes, arrolladoramente[13], a tiros, a trancas y barrancas[12], con fuerza, firmemente, poderosamente[46], sin dificultad**

☐ Véase también: **abrirse camino.**

abrumado ♦ **claramente, manifiestamente, notoriamente, terriblemente, totalmente, visiblemente[13]**

abrumador *adj.* ▮ Admite sustantivos que designan múltiples cosas que pueden afectar al ánimo de las personas *(ciudad, tráfico, ambiente, entorno, realidad, mundo).* También se combina con...

A SUSTANTIVOS QUE DENOTAN PODER, PREPONDERANCIA, CONTROL Y OTRAS NOCIONES ANÁLOGAS RELACIONADAS CON LA PRIMACÍA O LA HEGEMONÍA DE ALGO O DE ALGUIEN: **1 mayoría ++:** La «Ley Helms-Burton», aprobada anteayer por el Senado norteamericano por *abrumadora* mayoría, ha sembrado el estupor en la comunidad internacional. EME070396 **2 dominio ++:** Fue un dominio *abrumador*, pero inocuo, que el Barça acabó pagando. EPD160198 **3 superioridad ++:** La primera, que Betulio González es un real campeón y que su superioridad física y táctica fue *abrumadora.* HOY081178 **4 predominio +:** ...pero las fichas que nos tocaron durante la fecha de la posguerra: bipolaridad mundial (...), *abrumador* predominio económico global de Estados Unidos, no eran fichas tan negras. EXC230496 **5 poder +:** De momento, pese al *abrumador* poder municipal adquirido, el PP tendrá que esperar. LVE020695 **6 poderío:** ...el juego rudo de la política a la mexicana, continúe no obstante el *abrumador* poderío económico del clan Agualeguas... EXC211096 **7 fuerza +:** ...también pretendía utilizar una fuerza *abrumadora* para castigar a un dictador, Slobodan Milosevic... EPE290700 **8 predominancia:** Tráfico, paro, aparcamiento e impuestos son, por este orden y con *abrumadora* predominancia para el primero, los cuatro problemas que más preocupan a Mataró... LVE160595 **9 su-**

premacía: Cuba ya no ejerce una supremacía tan *abrumadora* como en el pasado... ENH150900 **10 hegemonía:** No podremos aspirar a una sociedad cohesionada mientras no cambie la *abrumadora* hegemonía que mantiene el nacionalismo en la sociedad civil. EPE211201 **11 imperialismo:** Estaba a favor de la reforma agraria y, sobre todo, en contra del imperialismo *abrumador*, corruptor y desnaturalizador de Estados Unidos. LVE131296

B SUSTANTIVOS QUE DENOTAN DIFERENCIA O SEPARACIÓN ENTRE PERSONAS O COSAS: **12 diferencia ++:** Apegándose a estos primeros datos, la oposición podría haber ganado por una diferencia *abrumadora* de no ser por la división del partido arnulfista. EPE030599 **13 ventaja ++:** Las ventajas *abrumadoras* de la investigación con embriones humanos la hacen necesaria para la medicina... EPE080799 **14 margen +:** ...y no puede decirse que haya defraudado las expectivas, puesto que el informe de gestión fue ratificado por un margen *abrumador*... LVE111196 **15 distancia:** Y la *abrumadora* distancia que establecen los sondeos sólo aporta desinterés a la campaña. EPE101099

C SUSTANTIVOS QUE DENOTAN ÉXITO, TRIUNFO. TAMBIÉN CON OTROS QUE DESIGNAN DIVERSAS FORMAS DE PROGRESO O INCREMENTO DE ALGUNA MAGNITUD: **16 triunfo ++:** El *abrumador* triunfo de Blair no sólo ha hundido al «toryismo», sino también al socialismo de los viejos laboristas. EPD030597 **17 victoria ++:** La *abrumadora* victoria de Berlusconi representa una nueva derrota para el Partido Democrático de la Izquierda... EME130694 **18 éxito ++:** ¿Es ése el secreto más preciado de su éxito *abrumador* en USA? EME210494 **19 crecimiento:** La generalización del turismo y las vacaciones (...), el crecimiento *abrumador* del tránsito en las vías locales y comarcales. LVE290195 **20 progreso:** ...continuado progreso que alcanza la actuación de la Generalitat, más pequeño en los primeros años *abrumador* después... LVE290195

D SUSTANTIVOS QUE DESIGNAN EL RESULTADO ADVERSO DE ALGO Y, POR EXTENSIÓN, OTRAS NOCIONES RELACIONADAS CON LAS ACTUACIONES EQUIVOCADAS O SUS CONSECUENCIAS: **21 derrota ++:** ...nada condescendiente con un Congreso que se había sometido dócilmente tras la *abrumadora* derrota de sus representantes en las elecciones constituyentes... EPE310899 **22 fracaso +:** En el segundo, cosechó un fracaso *abrumador* que le llevó a vivir en total soledad. EME280594 **23 desacierto:** A estas alturas es evidente que el desacierto de esta interpretación es *abrumador*. LVE060596 **24 decadencia –:** Si un grupo social en *abrumadora* decadencia se niega a ser consciente de ello y encuentra subterfugios para engañarse a sí mismo es que está condenado a la quiebra. LVE030695

E SUSTANTIVOS QUE DESIGNAN CANTIDADES, ASÍ COMO OTRAS NOCIONES MENSURABLES O INHERENTEMENTE CUANTITATIVAS: **25 cantidad ++:** ...la declaración de que hay una *abrumadora* cantidad de información ahí para el que la quiera captar, tiene un deje de ingenuidad militar. EME240695 **26 número ++:** Antes era Occidente el que consideraba justificado protegerse con el escudo nuclear ante el *abrumador* número de carros de combate con que contaban los soviéticos. EME251096 **27 cifra +:** A pesar de estas *abrumadoras* cifras, hay motivos para el «optimismo». EME281196 **28 caudal +:** Es un momento crítico y grandioso, una década en efervescencia, abierta a todas las posibilidades, que el autor analiza y refleja con un caudal *abrumador* de informaciones y datos... ABC310192 **29 lista:** ...esto puede añadir otra serie de exigencias a la ya *abrumadora* lista que los países de Europa Central y del Este tienen que cumplir para poder incorporarse a la UE. EPE101001 **30 nómina:** Es hora de celebrar la excelencia de una nómina *abrumadora* de campeones. EPE111099 **31 catálogo:** ...existe un *abrumador* catálogo de indicios de que Rubio utilizó su condición pública en beneficio de sus intereses particulares. EME180494 **32 porcentaje:** En un porcentaje *abrumador* se trataba de niños indígenas que fueron secuestrados por el Ejército. EPE090800 **33 proporción +:** Algo más: son las mujeres las que en proporción *abrumadora* se allanan a la ligadura. CAP190995 **34 conjunto:** Un conjunto *abrumador* de más de doscientas cincuenta piezas procedentes, además de los principales centros artísticos italianos, de los más importantes museos del mundo. ABC010494 **35 serie –:** David Bade (1970) despliega una *abrumadora* serie de papeles de gran formato cubiertos por dibujos. ABC130195

F SUSTANTIVOS QUE DESIGNAN SIGNOS O SEÑALES QUE PERMITEN DEDUCIR O DEMOSTRAR ALGUNA COSA: **36 prueba ++:** Los dos libros de memorias (...) publicados por el ex juez son una fuente casi inagotable de pruebas *abrumadoras* a favor del Supremo. EPE050700 **37 evidencia +:** Negó las *abrumadoras* evidencias y los testimonios que inculpaban a su jefe. EME240196 **38 indicio +:** ...se ha empeñado en convertir el caso GAL en una cuestión de fe, en la que hay que elegir creer su palabra o aceptar los *abrumadores* indicios y testimonios que demuestran lo contrario. EME190795 **39 testimonio +:** Los *abrumadores* testimonios sobre los hechos de Wenceslas Munyeshyaka venían siendo recogidos desde hacía ocho meses por la revista católica progresista Golias... EME300795

G SUSTANTIVOS QUE DESIGNAN DATOS, INFORMACIONES Y OTROS INDICADORES ANÁLOGOS QUE SE INTERPRETAN COMO TALES, ASÍ COMO ALGUNAS DE LAS FORMAS EN LAS QUE SE PRESENTAN O SE DIFUNDEN: **40 dato ++:** ...ante los *abrumadores* datos que demuestran lo contrario, ha tenido que rectificar... EME230694 **41 resultado +:** ...mientras se ocultan o se deforman las manifestaciones de la mayoría y, por supuesto, el resultado *abrumador* de las votaciones. EME140396 **42 información:** ...como si no existieran diez años de prueba e información *abrumadora*, disponible para todos. EPE100499 **43 informe:** Un *abrumador* informe publicado por «The New York Times» el 18 de marzo analiza los éxitos guerreros de la unidad 731... LVE210395 **44 noticia:** Su muerte reciente aún me parece una ficción, la noticia *abrumadora* de una escena trágica. HOY161296

H SUSTANTIVOS QUE DESIGNAN SITUACIONES ADVERSAS, LACRAS Y ESTADOS DE CARENCIA O CONFLICTO: **45 problema:** El problema se hizo *abrumador* el pasado agosto, al entrar en vigencia un impuesto de 10 por ciento asignado por el Parlamento a tales productos. ENH170297 **46 dificultad:** La dificultad de convertir en libro sapiencial –y de sapiencia ética y metafísica, como revelación de Yahveh– una obra desinhibida (...) era *abrumadora*. ABC130195 **47 crisis:** Crisis *abrumadora* que obligó a la Secretaría de Defensa Nacional a aplicar el plan DN-III en apoyo a la población civil en casos de desastres. LPN211097 **48 desequilibrio:** Después de la casi absoluta sequía musical que vivieron los madrileños en su ciudad a lo largo de varias semanas, pronto se agolparán las convocatorias, siempre con el *abrumador* desequilibrio... ABC081093 **49 miseria:** Pese a la *abrumadora* miseria en la que se debatirá hasta su muerte, París será, como en el «caso» Darío, su ciudad. ABC130392 **50 paro:** En medio del *abrumador* paro juvenil del País Vasco (...), los alumnos de Ingenieros disfrutan de un oasis de empleo envidiable. EPE020499

I SUSTANTIVOS QUE DENOTAN PESO –A MENUDO FIGURADAMENTE–, ASÍ COMO INTERÉS, RELEVANCIA O INFLUENCIA: **51 peso ++:** ...no se han utilizado procedimientos obvios de la guerra como la sorpresa y el peso *abrumador* de una fuerza superior. EPE080599 **52 carga +:** ...la deuda pública se multiplicó por dos y la carga *abrumadora* de los intereses ha vuelto a poner al país al borde de la cesación de pagos. CLA170501 **53 lastre:** El lastre del pasado es literalmente *abrumador*, y resulta mejor actuar como si no existiera. LVE090996 **54 importancia:** ...la dimensión política del conflicto violento –ambos como una causa y remedio potencial– es un factor de importancia *abrumadora* y, sin embargo, menospreciado. EPE210800 **55 influencia +:** Douglas reconoce la *abrumadora* influencia de la televisión en los sistemas democráticos actuales. EME071295 **56 trascendencia –:** No hace mucho una niña anatola revolvía en su memoria para trazar la ruta de ese «caravasar» que significó un trayecto contemplado con *abrumadora* trascendencia y sin par sentido poético. ABC050595

J SUSTANTIVOS QUE DESIGNAN EL CONJUNTO DE INDIVIDUOS QUE ESTÁN PRESENTES EN UN LUGAR O PARTICIPAN EN UN EVENTO, TAMBIÉN CON OTROS QUE EXPRESAN EL PROCESO MISMO DE ACUDIR A ÉL: **57 presencia +:** ...el 99 por ciento de las proyecciones durante 1998 fueron dedicadas a la producción extranjera, con la *abrumadora* presencia del cine estadounidense... EXC140901 **58 asistencia:** ...confesaba su felicidad por la *abrumadora* asistencia de jóvenes. EPE200800 **59 participación:** La participación en las últimas elecciones fue *abrumadora.* INDOC

K SUSTANTIVOS QUE DENOTAN COOPERACIÓN O ADHESIÓN FIRME Y DECIDIDA A ALGUIEN O A ALGO: **60 respaldo +:** ...y no fueron óbice para que la ciudadanía lo eligiera presidente hace apenas seis meses y con *abrumador* respaldo. EOU080297 **61 apoyo +:** Existe un *abrumador* apoyo a una pésima idea. EME260795 **62 ayuda:** Nos dijeron que (...) ganó por su *abrumadora* ayuda internacional... LVE181296 **63 aporte –:** Desde entonces, el aporte intelectual, de la pléyade de poetas y prosistas andaluces a la causa emancipadora y aperturista ha sido *abrumador.* LVE131096

L SUSTANTIVOS QUE DENOTAN REACCIÓN. TAMBIÉN CON OTROS QUE EXPRESAN REPROBACIÓN O DESACUERDO RESPECTO DE OPINIONES O INTERESES, FRECUENTEMENTE CON ALGÚN GRADO DE ENCONO: **64 respuesta +:** La respuesta fue *abrumadora,* casi el 90 de los docentes dijo no. EME170595 **65 rechazo +:** En la reunión que sostuvo con sus adherentes en el Círculo Español, el lunes 14, el rechazo a un acuerdo sin segunda vuelta fue *abrumador.* HOY210497 **66 crítica +:** ...se le tuvo por un pesimista indomable que se proponía reventar el sistema político italiano con unas críticas *abrumadoras* sobre el funcionamiento de las instituciones... LVE250295 **67 ataque:** ...sus volantes se adueñaron de la pelota y se armaron en el toque para desarrollar un ataque *abrumador.* ESH210497

M SUSTANTIVOS QUE DENOTAN RESTRICCIÓN O CONTENCIÓN IMPUESTAS A PERSONAS O COSAS: **68 control:** Lo que está pasando no significa ninguna novedad real, aunque constituya una verdad mediática completamente nueva, que ni siquiera el *abrumador* control de los medios de comunicación ejercido por el PP está ya en condiciones de silenciar. EPE180399 **69 limitación:** Las limitaciones a la competencia son *abrumadoras* y exasperantes. LVE260596 **70 censura:** ...al rechazar los términos de la *abrumadora* censura y repulsa al salinato y todo lo que él representó para el PRI y para el país... EXC230996 **71 cerco –:** El cerco policíaco es *abrumador.* DYM040996

N SUSTANTIVOS QUE DENOTAN PARTICIPACIÓN ACTIVA EN ALGUNA TAREA U OCUPACIÓN. TAMBIÉN CON OTROS QUE DESIGNAN ESAS MISMAS LABORES U OBLIGACIONES: **72 trabajo +:** Bruckner, magnífico maestro, escribe, sin embargo, todo lo que se le ocurre, en un *abrumador* trabajo acumulativo. EME150194 **73 tarea:** Los expertos en pena capital dicen que intentar salvar a McVeigh de la pena de muerte será una tarea *abrumadora.* ENH030697 **74 esfuerzo:** Mientras todos nos derrumbamos por el calor y el *abrumador* esfuerzo de la memoria, Madonna sigue vivaz y fresca como una lechuguita. LVE040296 **75 responsabilidad:** ...en un padre ansioso de que la muerte del recién nacido –que está dispuesto a provocar– lo libre de la *abrumadora* responsabilidad de hacerse cargo del niño anormal. EPE170199

Ñ OTROS SUSTANTIVOS; POSIBLES USOS ESTILÍSTICOS: ...con sus paisajes lustrosos de épocas posteriores habría quedado mejor en las paredes *abrumadoras* del Reina Sofía, siempre muy crueles para la obra de pequeño formato. LVE271095

abrumadoramente *adv.* **I** Se construye en ocasiones con adjetivos *(abrumadoramente deprimente)*, pero lo hace mucho más frecuentemente con verbos. Muchos de ellos tienen sujetos o complementos plurales o colectivos *(La ciudadanía votó abrumadoramente a favor de...; Los turistas prefieren abrumadoramente las costas).* Se combina con...

A VERBOS QUE EXPRESAN LA ACCIÓN DE ALCANZAR UN RESULTADO EN UNA PRUEBA O UNA CONFRONTACIÓN, MÁS FRECUENTEMENTE EL DE SUPERAR A ALGÚN CONTRINCANTE, PERO TAMBIÉN EL DE SALIR DERROTADO: **1 triunfar ++:** Domingo triunfó de nuevo *abrumadoramente,* confirmando que es el mejor Otelo de los últimos tiempos... EPE131201 **2 vencer +:** ...no tanto para ver nuevamente en acción a De la Hoya, el hombre que le venció *abrumadoramente* en septiembre... END031297 **3 ganar +:** El Partido Republicano Democrático y Social (...) ganó *abrumadoramente* esta primera vuelta. EME141096 **4 imponer(se) +:** Hariri parece imponerse *abrumadoramente* en elecciones del Líbano. ENV050900 **5 caer:** Cayó *de forma abrumadora* en el primer partido pero supo mantener la cabeza fría en su cancha. EME010594 **6 perder:** Pero en las elecciones del miércoles perdieron *abrumadoramente* en los cuatro grandes centros urbanos... LVE080495 **7 derrotar:** Derrotó *abrumadoramente* a McGovern en 1972 después de abrirse a China y llegar a acuerdos importantes de desarme con la URSS de Breznev. LVE140195

B VERBOS QUE DENOTAN AUMENTO EN ALGUNA DIMENSIÓN. TAMBIÉN CON OTROS QUE DESIGNAN PROCESOS EN LOS QUE SE MANIFIESTA PRIMACÍA O POSICIÓN AVENTAJADA: **8 destacar +:** ...cerca del 80 de esas subvenciones corresponde a (...): Renfe, Hunosa y RTVE, destacando *abrumadoramente* la aportación a Renfe. LVE230796 **9 predominar +:** En el montaje, no obstante, predomina *abrumadoramente* este segundo aspecto. LVE141196 **10 superar:** Una referencia, la de la suciedad, que sólo es superada, y *de forma abrumadora*, por Badalona. LVE170595 **11 incrementar:** No sólo es que incremente *de forma abrumadora* el número de capullos, sino que, además, se le alborotan a uno las potencias golfas. EPE210399 **12 primar:** Fruto de un sistema económico que prima *abrumadoramente* el corto plazo... ENC140201 **13 desmarcar(se) –:** ...se desmarcó *abrumadoramente* de la opción de un acuerdo con CiU... EPE030799

C VERBOS QUE DESIGNAN LA ACCIÓN DE EJERCER PODER, PREPONDERANCIA O CONTROL SOBRE ALGO O ALGUIEN: **14 controlar +:** El futuro consejo nacional del PSC lleva camino de ser controlado *abrumadoramente* por el aparato del partido. LVE141096 **15 dominar +:** Ya puede el PP hacerse con el Gobierno central y dominar *abrumadoramente* el panorama político en Galicia. EPE170599 **16 dirigir:** La imposición punitiva, por ejemplo, es tentadora porque se dirige *abrumadoramente* contra los «pecadores». LVE040594

D VERBOS QUE DESIGNAN DIVERSAS MANIFESTACIONES VERBALES, MÁS FRECUENTEMENTE SI EXPRESAN UN PUNTO DE VISTA O RATIFICAN ALGUNA COSA: **17 afirmar +:** ...incluso los votantes de partidos nacionalistas afirman *abrumadoramente* esa compatibilidad, ya sean de derechas (78) o de izquierdas (64). EPE111099 **18 certificar +:** Las cifras lo certifican *abrumadoramente.* EPE041199 **19 confirmar +:** «Las investigaciones médicas y criminológicas confirman la hipótesis de manera *abrumadora*», asegura la profesora. EPE120999 **20 expresar +:** ...ya que los exiliados cubanos están expresando *abrumadoramente* su oposición a que se viaje a Cuba con ese motivo. DLA020997 **21 gritar:** Los asistentes al partido gritaron *abrumadoramente* en contra de los cambios que hizo el entrenador. INDOC **22 señalar:** ...pese a que la general por equipos del Tour le señala *abrumadoramente* como líder de la general colectiva. EME170795 **23 opinar –:** ...los votantes del Partido Popular (PP) y de Izquierda Unida (IU) opinan *abrumadoramente* que el PSOE cometerá un error si incluye... EME080196

E VERBOS QUE DESIGNAN LA ACCIÓN DE DECIDIRSE POR UNA OPCIÓN ENTRE VARIAS POSIBLES: **24 elegir ++:** Yuri Meshkov fue elegido *abrumadoramente* en las elecciones presidenciales celebradas en enero de 1994. EME190395 **25 escoger +:** Los dirigentes políticos españoles escogen *abrumadoramente* la costa para pasar sus vacaciones estivales... LVE280796 **26 pronunciar(se) +:** Y la Asamblea de la ONU se pronuncia *abrumadoramente* en contra de las disposiciones norteamericanas contra Cuba. LVE241196 **27 reelegir:** Y no falta quien, tal vez exagerando, recuerda que Nixon, reelegido *abrumadoramente* en 1972 a pesar del Watergate... LVE101196 **28 optar:** ...han optado *abrumadoramente* por el absentismo antes que secundar a unos teóricos líderes... EPE241299 **29 votar:** Los jugadores de la NBA han votado *abrumadoramente* contra la huelga y a favor de su sindicato y del convenio colectivo pactado con la Liga. EME130995

F VERBOS QUE DENOTAN PREFERENCIA, AFICIÓN O PROPENSIÓN HACIA ALGO: **30 preferir +:** Por contra, los electores socialistas y populares prefieren, de forma *abrumadora*, culpar a todas las partes. EME200294 **31 decantar(se) +:** Al acercarse esta vez a las urnas, se decantaron tan *abrumadoramente* a favor del PP que rompieron el equilibrio anterior. LVE221195 **32 inclinar(se):** El electorado del partido republicano se inclina, pero en este caso *abrumadoramente*, por prestar apoyo al Gobierno de CiU. LVE130296

G VERBOS QUE DENOTAN ADHESIÓN O RESPALDO. TAMBIÉN CON ALGUNOS QUE DESIGNAN OTRAS ACCIONES QUE PONEN DE MANIFIESTO CIERTA INCLINACIÓN FAVORABLE HACIA LAS PERSONAS O LAS COSAS: **33 apoyar +:** ...con el respaldo de esas mayorías que, según las encuestas, hoy lo apoyan *abrumadoramente*... ETC150996 **34 respaldar +:** En el condado de Miami-Dade, donde los electores cubanoamericanos respaldan *abrumadoramente* a Bush... ENH001101 **35 favorecer:** ...la votación del martes favoreció *abrumadoramente* la reelección para un tercer mandato de Karl Lehmann... EPE250999 **36 avalar:** Los catalanes avalan *abrumadoramente* (74,3) la gestión de la Generalitat y holgadamente su política española... LVE221095

H VERBOS QUE DESIGNAN LA ACCIÓN DE ACEPTAR, PROBAR O DAR CARTA DE NATURALEZA A ALGUNA COSA: **37 aprobar(se) +:** Una y otra vez, *abrumadoramente*, se aprueban los documentos de la dirección. EME290695 **38 demostrar +:** Su plena y decidida asunción del problema del terrorismo como asunto propio está demostrada *abrumadoramente* desde las instituciones... LVE260495 **39 reconocer:** «Creemos nuestro deber defender la incorporación colectiva e individual al único PSOE, reconocido *abrumadoramente* por el sufragio universal». EPE100977 **40 legitimar:** ...los cincuenta años posteriores la han legitimado *abrumadoramente.* LVE160595

I ALGUNOS VERBOS QUE DESIGNAN EL PROCESO DE VENIR ALGO A LA MEMORIA O AL ENTENDIMIENTO: **41 recordar:** En un país donde las sequías forman parte de penurias seculares, como se recuerda *abrumadoramente* en el libro de Inocencio Font Tullot Historia del clima en España. EME090895 **42 pensar:** Por el contrario, los votantes de PP e IU, de manera *abrumadora*, piensan lo contrario. EME240795

J ALGUNOS VERBOS QUE DENOTAN OPOSICIÓN A ALGO: **43 rechazar +:** El electorado popular rechaza *abrumadoramente* esta fórmula de gobierno para ayuntamientos y comunidades... EME110695 **44 reprobar:** El XXI congreso de ERC reprobó ayer *abrumadoramente* la gestión política y económica del anterior secretario general... LVE241196 **45 descalificar:** Mucho más críticos se muestran los votantes del PP e IU, que descalifican *abrumadoramente* al Gobierno... EME070196

K VERBOS QUE DENOTAN EL PROCESO DE EJERCER ALGUNA COSA PESO O FUERZA SOBRE OTRA: **46 pesar +:** ...una terrible equivocación que pesará *abrumadoramente* sobre sus conciencias durante muchos años. INDOC **47 gravitar:** ...la OTAN, cuyo peso militar gravita *de forma abrumadora* sobre EE. UU., como se ha demostrado en la reciente guerra de Kosovo... EPE291099

L OTROS VERBOS; POSIBLES USOS ESTILÍSTICOS: ...y se vengan *abrumadoramente* unos de otros en medio de zarzas ardientes que no se consumen... EME210295; ...aunque los vecinos que la pueblan *abrumadoramente* en estas noches casi veraniegas... BRE020597

abruptamente *adv.* ■ Se combina con...

A VERBOS QUE DENOTAN CONSECUCIÓN O INTERRUPCIÓN: **1 terminar ++:** Es, en fin, una nostálgica ensoñación que termina *abruptamente* en las escalinatas del restaurante La Rosada. ENH070297 **2 interrumpir ++:** ...la lectura de la ponencia fue *abruptamente* interrumpida por el senador... ETC060996 **3 cerrar +:** Esta respondió afirmativamente, pero cerró *abruptamente* la puerta de una de las piezas. ACP100996 **4 concluir +:** La segunda jornada concluía *abruptamente* un par de horas antes de lo previsto. LNA240692 **5 cortar +:** ...un mes después que éste cortara *abruptamente* el proceso revolucionario iniciado diez años antes... LHG140797 **6 finalizar:** Otras fuentes, mientras tanto, revelaron en la víspera detalles de la discusión que finalizó *abruptamente* cuando... LNP030797 **7 suspender:** ...tan *abruptamente* como fue suspendido, se reanudó el diálogo entre los mineros y el gobierno... LEC270696 **8 acabar:** La amistad con el jefe del cártel de Medellín se acabó *abruptamente* en 1988. SEM240996 **9 zanjar:** Al final, el propio canciller (...) zanjó *abruptamente* la discusión y ordenó que no se hablara más del tema. LVE301295 **10 detener:** ...en el momento en que subía las escaleras fui *abruptamente* detenido por un sujeto que me apuntó en la cabeza con su pistola. HOY231296

B VERBOS QUE DENOTAN SEPARACIÓN, ANULACIÓN O CANCELACIÓN DE ALGO. TAMBIÉN CON OTROS QUE DESIGNAN ALGUNAS FORMAS DE CONFRONTACIÓN: **11 romper +:** No se trata de romper *abruptamente*, de excluir o jubilar a las personalidades del partido. PME070796 **12 separar +:** Muy pocas veces en los últimos veinte años la fuerza del cinismo había separado tan *abruptamente* la impostura de lo oficial de la materialidad de lo tangible. EME020495 **13 retirar +:** El viernes, *abruptamente* retirado de su presidencia... ENH150398 **14 destituir:** Después de ser *abruptamente* destituido por el propio Presidente... HOY191083 **15 descabezar:** El INJ fue descabezado *abruptamente* y mientras la Contraloría General de la República estudia qué pasó... HOY010997 **16 cancelar:** La cobertura en vivo de las celebraciones fue cancelada *abruptamente* sin explicaciones. ENH170297 **17 despedir:** La manera de despedir a Félix ha sido *abrupta*, humillante, muda, vergonzosa... EME291196 **18 eliminar:** Hasta ahora no existía un modelo para estudiar qué ocurre si la droga se elimina *abruptamente*, y esto es lo que ha logrado este grupo. EPD270697 **19 oponerse:** ...que el alcalde use la ciudad como predio político a menudo personalista, oponiéndose hasta *de forma abrupta* a lo que no logra situar en su esfera de influencia... LVE090296 **20 rechazar:** ...el escritor rechaza *abruptamente* cualquier «Big Bang»... ABC190293 **21 colisionar:** Y su estabilidad no puede recomponerse fiándola a la explosión final en que colisionan *abruptamente* los intereses de los tres personajes. EME161195

C ALGUNOS VERBOS DE MOVIMIENTO, A MENUDO USADOS EN SENTIDO FIGURADO, MÁS FRECUENTEMENTE SI EXPRESAN ASCENSO, DESCENSO O AVANCE: **22 caer +:** ...el PIB de Cuba cayó *abruptamente* en el 34 cuando las relaciones comerciales y de créditos que manteníamos con la URSS... GIC093497 **23 descender:** La aeronave de matrícula PNC-130 fue impactada en veinte ocasiones en diferentes partes, lo que la obligó a descender *abruptamente.* ETC040997 **24 subir:** ...la cotización en el mercado negro ha empezado a subir *abruptamente.* LVE111296 **25 bajar:** El termómetro de la ciudad de Miami bajó *abruptamente* y la población sintió el domingo y el lunes las temperaturas más bajas en lo que va del otoño... ENH211097 **26 elevarse:** El resto de la villa todavía yace enterrada bajo el muro de tierra que se eleva *abruptamente* desde el sitio. CLA160797 **27 avanzar:** La dirección musical avanza *abruptamente*, a golpes de un continuo y obsesivo «crescendo»... EME250496 **28 partir:** ...partió *abruptamente* –murió de sobredosis, en el fondo de su piscina– en 1969... LVE020795 **29 entrar:** El túnel a través del cual el pasajero abandona las vías del ferrocarril para entrar *abruptamente* en el azul marino de la costa. LVE070395 **30 salir:** Fue obligado a salir *abruptamente* de la campaña de Clinton, por un escándalo sexual. LTH220797

D VERBOS QUE DENOTAN DESAPARICIÓN, DEVALUACIÓN O PÉRDIDA DE UNA MAGNITUD O UNA PROPIEDAD: **31 desaparecer +:** Pero ocurrió precisamente que la citada regularidad del puntero desapareció *abruptamente* en la última jornada. LPA270492 **32 derrumbarse:** ...los niveles de aprobación del gobierno podrían derrumbarse *abruptamente.* CAP130696 **33 deteriorarse:** La amenaza de limitar la cooperación entre los dos países (...) se produjo al deteriorarse *abruptamente* las relaciones... ENH020397 **34 devaluar:** Repudia la impericia económica de (...) al implicar torpeza por devaluar *abruptamente.* PME020297 **35 reducir(se):** ...el gobierno del presidente (...) declaró que está considerando reducir *abruptamente* su cooperación con Washington en la lucha contra las drogas. ENH020397

E VERBOS QUE DENOTAN SURGIMIENTO O MANIFESTACIÓN. TAMBIÉN CON OTROS QUE DESIGNAN LAS ACCIONES QUE LLEVAN A CABO ESOS EFECTOS: **36 producirse:** La idea de Bayreuth será el comienzo de una tensión que no se produce *de forma abrupta* hasta el abandono del «Festpielehaus» en las representaciones inaugurales... ABC011093 **37 presentarse:** La enfermedad puede presentarse *abruptamente*, cuando se siente debilidad en un brazo o la pierna de un mismo lado. ESH190597 **38 revelarse:** Algunos eran perfectos desconocidos y se han revelado *abruptamente.* EME020195 **39 manifestarse:** Estas paradojas políticas (...) se manifestaron pública y *abruptamente* en el curso de ambos eventos partidarios. HOY081178 **40 despertar:** La independencia de Namibia el pasado 21 de marzo despertó *abruptamente* al sector gallego del sueño de un nuevo orden pesquero internacional... LVG221191 **41 plantear +:** ...han complicado las negociaciones, al plantear *abruptamente* ante la opinión pública y en términos de ultimátum un asunto que se estaba llevando con discreción... EPD170797

F ALGUNOS VERBOS QUE DESIGNAN CAMBIOS O MODIFICACIONES: **42 cambiar +:** Algo cambió *abruptamente* y al compás del almanaque que acelera las definiciones... LNP030497 **43 variar:** Ese clima varió *abruptamente* en dos oportunidades... BRE020597 **44 alterar:** ...establecen unos criterios y, cuando ya están fijados, los alteran *abruptamente,* con el consiguiente desconcierto de... INDOC

G OTROS VERBOS; POSIBLES USOS ESTILÍSTICOS: Pero las pasiones –tiene que ser un asunto pasional– mediatizaron *abruptamente* la capacidad de raciocinio. EUV060499 □ Véase también: **drásticamente, en seco.**

abrupto *adj.* ▮ En el sentido de 'escarpado, de difícil acceso o con una gran pendiente' se combina con sustantivos que designan lugares o territorios *(terreno, región),* así como con otros que expresan accidentes del terreno *(relieve, acantilado, barranco)* o vías *(carretera, camino, senda).* En el sentido de 'áspero, violento, rudo, destemplado' se combina con sustantivos de persona, y también con muchos de los que expresan cambios de estado. Destacan sus combinaciones con...

A SUSTANTIVOS QUE DENOTAN INTERRUPCIÓN O FINAL DE ALGO. TAMBIÉN CON OTROS QUE DESIGNAN LAS ACCIONES QUE PROVOCAN EL CESE O EL TÉRMINO DE ALGÚN ESTADO DE COSAS: **1 final ++:** ...puso *abrupto* final a un mitin oposicionista... DYM040796 **2 corte ++:** ...el corte *abrupto* de los flujos de capital externos... EPU120701 **3 cese:** ...el inopinado, *abrupto* e inoportuno cese de Lozano... EXC081296 **4 cierre:** ...el *abrupto* cierre de los mercados financieros internacionales... CLA040199 **5 fin:** ...la mayoría de los datos procedentes de la economía americana no justifican un fin *abrupto* del largo recorrido ascendente de su bolsa. LVE230795 **6 interrupción +:** ...solicite la convocación inmediata del Consejo Permanente en caso de que se produzcan hechos que ocasionen una interrupción *abrupta* o irregular del proceso político institucional... CAP290597 **7 cancelación +:** La ruptura ha supuesto la cancelación *abrupta* de una serie de conciertos ya firmados... LVE311096 **8 renuncia:** Lo anterior explica que su *abrupta* renuncia a la presidencia de la CDT apareciera como muy extraña ante la opinión pública. HOY050187 **9 eliminación:** La eliminación *abrupta* del tranvía en 1949, y la innecesaria liquidación posterior (...) dejaron el transporte de la capital en manos de los empresarios privados. ETC130297 **10 dimisión:** ...sólo trascienden los muertos notorios, cuya *abrupta* dimisión de la vida deja un vacío público constatable. EME030194 **11 expulsión:** ...el paparazzo también está dando una imagen vívida de su abyecta condición de voleur (...); está divulgando su expulsión *abrupta* de lo civilizado. ENV221297 **12 ruptura:** Desconcierta a la vez el hecho de que (...) aparezca la *abrupta* ruptura con lo esperable, que nos pone en presencia del Lorca que va a venir. ABC100694 **13 marcha:** La *abrupta* marcha del amado aparece allí como la salida de los duendes que se llevan la magia de la casa... ABC060893 **14 encabalgamiento:** ...los encabalgamientos *abruptos* y el ritmo entrecortado se imbrican... ABC100993 **15 aterrizaje:** ...representaban una especie de amortiguadores del *abrupto* aterrizaje forzoso que le toca pilotar, al tener que pasar en un solo ejercicio de casi el 5 a sólo un 3 de déficit. EME210796 **16 despedida:** ...tras esa *abrupta* y, no por esperada, menos dolorosa despedida... ABC070495 **17 retiro:** El consejo de administración del IPS descarta definitivamente un masivo y *abrupto* retiro de los fondos que el Instituto tiene colocados en el sistema bancario... ACP111296 **18 suspensión:** ...lamentó la *abrupta* suspensión por Chávez de una entrevista... EPE091201 **19 separación:** Quien haya leído los Diarios de Max Aub percibirá el continuo desazón de uno de los mayores novelistas de este siglo ante la *abrupta* separación del lector para el que preferentemente escribe. EPE301299

B SUSTANTIVOS QUE DENOTAN INICIO, INGRESO, INTRODUCCIÓN O SURGIMIENTO DE ALGO: **20 principio +:** Tan *abrupto* principio adelanta los aspectos más significativos del cuento. ABC151093 **21 presentación:** ...ha trascendido ya el malestar de algunos ministros por la presentación *abrupta* (...) de un texto que nadie sabe con exactitud cómo y por quién se ha elaborado. EME190996 **22 obertura:** En la *abrupta* «obertura» de Maggie están las claves de una complejidad psicológica resuelta por la actriz con sencilla autoridad. EME221295 **23 irrupción +:** La primera irrupción *abrupta* de periodistas japoneses... CAP090197 **24 explosión:** ...la llamada explosión cámbrica fue más *abrupta* y dramática de lo que habíamos pensado. EPE071199 **25 salida:** ...tomó desprevenidos a los inversionistas fue la *abrupta* salida del grupo colombo-venezolano... ENV201296 **26 descubrimiento:** El paso del candor y la ingenuidad (...) al descubrimiento *abrupto* de una realidad vulgar e hiriente (...) marca la poco gloriosa irrupción en la edad adulta... ABC011295 **27 brote:** ...aires de brote súbito –*abrupto* o tajante incluso–... PME070796 **28 arranque:** El mencionado arranque es muy *abrupto*: Julia está en la cárcel y se encuentra en... EME130496 **29 despertar:** Abrupto despertar tricolor. DYM010996

C SUSTANTIVOS QUE DENOTAN AUMENTO O INCREMENTO: **30 crecimiento +:** ...incidieron en el *abrupto* crecimiento de las estadísticas. GIC072897 **31 aumento:** un mecanismo genérico que permita a cada uno de los miembros levantar barreras comerciales temporales (...) para defenderse contra un aumento *abrupto* de las importaciones de otro miembro... EPE070899 **32 subida:** La *abrupta* subida del dólar (...) no ha inducido al empresariado nacional a cambiar sus deudas en dólares por soles. EXP150492 **33 crecida:** A consecuencia de la crecida *abrupta* del río en 1989... EPE061101 **34 incremento:** ...sospecharon del *abrupto* incremento que mostraron las importaciones... HOY070497 **35 alza:** ...por el alza *abrupta* de las tasas de interés. PME241196 **36 suba:** ...como una *abrupta* suba de las tasas de interés... CLA030397 **37 repunte:** Analistas financieros dijeron que ese *abrupto* repunte obedeció a la intervención de la banca de desarrollo de gobierno mexicano... DYM170796 **38 enriquecimiento:** ...los rumores de su *abrupto* y desmedido enriquecimiento... CLA030497

D SUSTANTIVOS QUE DENOTAN DISMINUCIÓN O PÉRDIDA DE ALGUNA MAGNITUD: **39 caída ++:** Descartan toda posibilidad de una caída *abrupta* de la moneda. DYM281096 **40 descenso:** ...las ventas sufrieron un *abrupto* descenso... CLA030397 **41 bajada:** Nada advierte inminente presencia de bajada *abrupta.* LNP220497 **42 disminución:** Desde 1492 nunca ha habido en Cuba la *abrupta* disminución de los flujos financieros que hacia ella se encauzaban... EME130194 **43 reducción:** El Ministerio de Finanzas explicó que la causa de la *abrupta* reducción del excedente japonés se encuentra en el alza de las importaciones... EPE211299 **44 recesión:** ...un final de la fase expansiva del ciclo en *abrupta* recesión. EPE240999 **45 pérdida:** ...nos encontramos en un camino peligroso lleno de dolores y de sobresaltos: desempleo, *abrupta* pérdida del valor adquisitivo... EXC230996 **46 devaluación:** ...cualquier posibilidad de una devaluación *abrupta* del peso. SEM151096 **47 desaceleración:** ...calificó de *abrupta* desaceleración la que viven las empresas... EPE281101 **48 depreciación:** ...depreciaciones *abruptas* en la cotización peso-dólar. EXC180197 **49 contracción:** ...la *abrupta* contracción de la capacidad importadora... EME130194 **50 baja:** ...o por una baja *abrupta* de las acciones estadounidenses... CLA310199 **51 ajuste:** ...un ajuste *abrupto* en el tipo de cambio... EXC130996

E OTROS SUSTANTIVOS QUE DENOTAN TRANSFORMACIÓN O MODIFICACIÓN: **52 cambio ++:** El *abrupto* cambio de tendencia de los observados hizo crecer un par de décimas el porcentaje final del Sí... BRE100197 **53 alteración:** ...debido a la *abrupta* y profunda alteración del orden económico... ETC110297 **54 modificación:** ...para evitar las modificaciones *abruptas* de las programaciones... EPE051101 **55 transformación:** ...la *abrupta* transformación que sufre la obra en la puesta en escena... EPE290999 **56 sustitución:** ...la *abrupta* sustitución del rito hispánico por el franco... ABC200893 **57 transición:** ...si nos tocan momentos en los cuales se produce un cambio generacional hay que saberlos afrontar, acompasarlos y apoyarlos para que la transición no sea *abrupta*... EPU110601 **58 traslado:** Por el *abrupto* y obligado traslado de local, el acto solidario fue caótico. EPE021287 **59 giro:** ...el *abrupto* giro derechista que dio el mandatario... CLA050297 **60 vaivén –:** ...prefiere el movimiento controlado que ella misma genera desde su paradigma y que, en su primera imagen óptica, produce la impresión de un *abrupto* vaivén. ABC240993 **61 fluctuación –:** Las *abruptas* fluctuaciones del tipo de cambio... EXC081296

F SUSTANTIVOS QUE DESIGNAN OBRA DE CREACIÓN, ASÍ COMO ALGUNAS DE SUS PARTES, SUS CARACTERÍSTICAS DESTACADAS O LOS GÉNEROS A LOS QUE PERTENECEN: **62 libro:** ...«El toreo. Una visión inédita» es un libro tan singular como *abrupto*... ABC110895 **63 relato:** Su relato no llegó de improviso ni fue *abrupto*. EPE060199 **64 prosa:** Así, cuando se refiere en *abrupta* prosa al controvertible, discordante y objetable servicio armamentístico... LVE221296 **65 párrafo:** El texto evita los diálogos y se articula mediante párrafos cortos y *abruptos*. EME070196 **66 monólogo:** Ambos monólogos (...) son *abruptos*, híspidos, violentos. EME040294 **67 tragedia:** ...son aportaciones magníficas para entrar, mediante un circunloquio que se convierte en atajo, en el calibre íntimo, lírico incluso, que el cineasta otorga a estas *abruptas* tragedias... EPD080697 **68 partitura:** ...con la partitura *abrupta* y elemental de un conjuro afrocubano... ABC260595 **69 rock:** Cuando «I should coco» rastrea en las huellas del rock setentón –denso, *abrupto*– suele topar con las sombras del pop de siempre –insustancial y afable–. LVE260695 **70 balada:** Una pieza violenta, agresiva, quizá la más violenta y agresiva de José Luis Alonso de Santos; una *abrupta* y ácida balada del lumpen aniquilado por la droga... EME070996 **71 obra:** La pianista es una obra áspera, *abrupta*, incómoda... EPE261001

G DIVERSOS SUSTANTIVOS QUE EXPRESAN ACCIONES VERBALES. TAMBIÉN CON OTROS QUE DESIGNAN UNIDADES DE INFORMACIÓN Y ACCIONES QUE SE SUELEN REALIZAR VERBALMENTE: **72 advertencia:** ...después de una *abrupta* advertencia del diputado señor Homs, ya tenemos –o ya tienen– una distribución de los 200.000 millones de pesetas sin sorpresa... LVE080696 **73 debate:** Los debates serán *abruptos*, espinosos, interminables. LVE120995 **74 declaración +:** Dijo que Coindreau debe dar una disculpa al cardenal por sus *abruptas* declaraciones. PME250896 **75 descalificación +:** ...la infraideología del miedo y de la descalificación *abrupta*. EME100296 **76 discurso:** ...un sector del PAN rechaza el *abrupto* discurso de Fox, pero aceptó a regañadientes su designación... EPE220999 **77 exordio:** Tan largo y *abrupto* exordio, dicho sea con todos los respetos... EME040395 **78 jerga:** ...escribiendo una originalísima introducción a la filosofía que deja un tanto de lado los grandes nombres y la *abrupta* jerga de los especialistas... EPE040399 **79 lengua:** Escucho su lengua, *abrupta* a veces, musical otras... EME110395 **80 respuesta:** ...le manda callar con *abruptas* e irreverentes respuestas. EPE170599 **81 titular:** ...en Las Ramblas vuelven los síntomas de inestabilidad, la sensación de desorden y la cotidianeidad de los titulares *abruptos* de cada día. EME090195

H SUSTANTIVOS QUE DESIGNAN PROPIEDADES, EN PARTICULAR, CIERTAS FORMAS DE SER O DE ACTUAR: **82 carácter:** ...debe entenderse como un deseo de olvidar su humilde origen y como la consecuencia de un carácter frecuentemente *abrupto*. EME220594 **83 estilo:** ...una mujer de estilo *abrupto* y descarnado a la que Sinéad O'Connor reconoce como su mayor fuente de inspiración. EPE300799 **84 belleza:** ...un cresterío contiguo «de *abrupta* belleza paisajística». EPE010399 **85 seguridad –:** Sus diseños conservaban la *abrupta* seguridad campesina del artista. LVE080695 **86 franqueza –:** La banda irlandesa cambió el idealismo por la más *abrupta* franqueza. ENV090597

I ALGUNOS SUSTANTIVOS DE MOVIMIENTO. TAMBIÉN CON OTROS QUE DESIGNAN ACCIONES QUE SE ASOCIAN CON UN LÍMITE NATURAL O CON EL ENCUENTRO DE ALGÚN OBSTÁCULO: **87 movimiento:** ...no muestra extraña frente a algunos movimientos muy *abruptos* en el terreno de los hábitos culturales... LVE031196 **88 oclusión:** Oclusión intestinal *abrupta*. LTB040901 **89 choque:** ...la aparición de la Epa es como un choque *abrupto* y frío con la realidad... EME180295

J OTROS SUSTANTIVOS; POSIBLES USOS ESTILÍSTICOS: Las dietas severas y *abruptas* pueden afectar... EPE210999; Relieves pluridimensionales configurados (...) que se abren en *abruptas* oquedades hasta dejar al descubierto la pared... ABC120393; ...ir por el mundo con ese muñón *abrupto* y cervical... EME120596

☐ Véase también: **brusco, drástico, escarpado.**

absentismo ♦ **electoral, escolar, laboral, político, popular, profesional** ♦ **causa (de), control (de), grado (de), índice (de), nivel (de), problema (de), tasa (de)** ♦ **atajar, aumentar, censurar, combatir, controlar, evitar, frenar, practicar[75], prevenir, promover, reducir**

☐ Véase también: **deserción.**

absolución ♦ **completo, definitivo, esperado, general, libre, polémico, previsible, total** ♦ **a favor (de), en contra (de)** ♦ **anular, conceder, conseguir, dar[299], decretar, dictar, exigir, facilitar,**

impartir, lograr, merecer, obtener, otorgar, pedir, reclamar, solicitar, tramitar
☐ Véase también: **amnistía, disculpa, perdón.**

absolutorio *adj.* ▮ Se combina con...

A SUSTANTIVOS QUE DENOTAN DECISIÓN O RESOLUCIÓN, GENERALMENTE JUDICIAL: **1 sentencia ++:** Todo ello ha llevado al tribunal a dictar una sentencia *absolutoria.* EME230395 **2 fallo +:** El fallo *absolutorio* fue emitido por Salvaguarda en diciembre de 1995... EUV150996 **3 resolución +:** La resolución *absolutoria* para este periódico se basa fundamentalmente en la probada búsqueda de la veracidad informativa... EME180294 **4 veredicto +:** Los analistas insisten en que este veredicto *absolutorio* no debe utilizarse como arma contra la institución del jurado... EPD160198 **5 providencia:** ...todo lo que se anuncia es una investigación exhaustiva contra un juez al que poco ha de importarle, porque no tiene rostro, pronto tendrán providencia *absolutoria.* EPC211097 **6 condena:** Aun siendo la condena *absolutoria,* era factible la condena del Estado a satisfacer a los perjudicados las indemnizaciones... EME061095 **7 dictamen +:** Las declaraciones y actuaciones más recientes del contralor parecen estár orientadas a procurar que la CSJ modifique el dictamen *absolutorio...* EUV150996 **8 decisión:** Todo indica que entre la decisión *absolutoria* de la Cámara tomada el pasado 14 de mayo y la adoptada ayer por la Procuraduría, hay mucho trecho. EPC190597

B SUSTANTIVOS QUE DESIGNAN JUICIOS, PUNTOS DE VISTA, JUSTIFICACIONES U OTROS CONTENIDOS RELACIONADOS CON LA TOMA DE DECISIONES: **9 criterio +:** El TSJA argumenta además, también como criterio *absolutorio* para la empresa, que no existe la más mínima prueba acreditativa de que el sistema haya sido instalado de forma subrepticia... EPE260900 **10 excusa:** Otro asunto importante, junto a la nueva definición de delito fiscal, es el establecimiento de la excusa *absolutoria.* LVE040395 **11 argumento:** Pero aquí no acaban los argumentos *absolutorios.* EME300496 **12 orden:** ...los dos magistrados que osaron desobeder sus órdenes *absolutorias.* EPE271099 **13 ponencia:** El Gobierno norteamericano criticó la ponencia *absolutoria* en favor del presidente... LVE260596

C LOS SUSTANTIVOS *PROYECTO* Y *PLAN*: **14 proyecto:** El proyecto *absolutorio* de Mogollón, divulgado por el diario *El Tiempo,* también descarta las demás denuncias contra Samper. LVE210596 **15 plan:** El fiscal Alfredo Flores se hartó de echarle las que su mismo nombre indica al acusado, en plan *absolutorio...* EME050395

D SUSTANTIVOS QUE DESIGNAN CIERTOS GESTOS, ASÍ COMO LA ACTITUD QUE SUGIEREN: **16 benevolencia –:** Debió volverse a los chiqueros de no mediar la benevolencia *absolutoria* del usía señor Torrente. EME060696 **17 sonrisa –:** Como hay sonrisas *absolutorias,* le perdoné muchas cosas a Forges al ver su dibujo de Barea con la pancarta... EME140796

absolver (de) *v.* ▮ Admite como objetos directos sustantivos de personas, más frecuentemente si designan a los procesados por algún delito *(acusado, encausado, reo, criminal),* o los que han cometido alguna falta *(pecador, culpable).* Se construye a la vez con complementos de régimen encabezados por la preposición *de.* En estos casos se combina con...

A SUSTANTIVOS QUE DENOTAN INCUMPLIMIENTO, QUEBRANTAMIENTO O TRANSGRESIÓN DE ALGÚN PRINCIPIO LEGAL, MORAL O RELIGIOSO. TAMBIÉN CON OTROS QUE DESIGNAN LA RESPONSABILIDAD DE HABERLOS TRANSGREDIDO: **1 culpa ++:** El juez dispuso *absolver* de culpa y pena a Carlos... ACP061000 **2 delito ++:** Absuelven a excomisionado militar de múltiples delitos. PLG130597 **3 pecado ++:** ...había discretos bultos humanos dispuestos a escuchar (...) y *absolverle* gratis de sus pecados y culpas. LVE041196 **4 cargo +:** ...*absolvió* de los cargos fiscales a los mencionados... ENV201296 **5 falta:** ...venía «a *absolvernos* de muchas faltas y quitarnos muchos escrúpulos». ABC230493 **6 desliz:** ...encendidas conversaciones sobre si hay que condenar o *absolver* el desliz de Hugh Grant. EME030795 **7 iniquidad:** ...la Historia le *absolverá* de tantas iniquidades que ha padecido, y las peores desde sus propias trincheras. EME050296 **8 causa:** Esto no implica que los *absuelvan* de la causa por la muerte del joven de 18 años... CLA061100

B OTROS SUSTANTIVOS QUE DESIGNAN CRÍMENES Y OTROS ACTOS ILÍCITOS O DESHONESTOS, A MENUDO VIOLENTOS Y AGRESIVOS: **9 robo:** ...*absuelve* a un acusado de robo con intimidación... EPE081199 **10 estafa:** ...los más de 100 millones (...) se perdieron en la mala gestión que hicieron sus responsables, a los que se *absuelve* de estafa... LVE010895 **11 abuso:** El Supremo *absuelve* a un acusado de abusos sexuales... EPE090799 **12 atentado:** El fiscal propone *absolver* a dos ex ertzainas de un atentado. EPE040900 **13 tortura:** La Audiencia de Vizcaya *absuelve* de torturas a ocho policías. EPD290497 **14 asesinato:** ...en contra de la sentencia que *absolvió* a Ynestrillas del asesinato de Josu Muguruza. EME030194

C SUSTANTIVOS QUE DESIGNAN DIVERSAS ACCIONES OFENSIVAS U HOSTILES, GENERALMENTE DE CARÁCTER VERBAL: **15 acusación:** ...no impidió que el Supremo (...) *absolviera* al ex mandatario, penalmente, de las mismas acusaciones. DHE121197 **16 amenaza:** ...*absolvió* a la mujer de las supuestas amenazas. LVE301296 **17 injuria:** La sentencia *absuelve* a los periodistas de injurias contra los ex gobernadores... EME210696

D SUSTANTIVOS QUE DENOTAN RESPONSABILIDAD O COMPROMISO CON ALGO: **18 responsabilidad ++:** ...se les *absolvió* de toda responsabilidad en los hechos delictivos. ESP110397 **19 deber +:** Nadie pretende que le *absuelvan* de sus deberes como padre. INDOC **20 obligación:** «...*absolvió* de cualquier obligación indemnizatoria» a la compañía. EME300396

E OTROS SUSTANTIVOS; POSIBLES USOS ESTILÍSTICOS: ...toma al gran dinamitador de tabúes que fue Buñuel para *absolverle* de sombras de corrección política y analizar el deseo... EME260795
☐ Véase también: **disculparse, dispensar, eximir (de), perdonar.**

absorbente *adj.* ▮ En su sentido literal se combina con sustantivos que designan objetos físicos, materias o sustancias *(papel, esponja, trapo, tela, fregona).* En su sentido figurado se construye con sustantivos de persona *(madre, hijo, amante, jefe)* y también con otros que designan diversos resultados de la actividad intelectiva *(idea, pensamiento, preocupación)* o en general creativa *(libro, arte, película)*. Se combina asimismo con...

A SUSTANTIVOS QUE DENOTAN LABOR, TAREA U OCUPACIÓN, A VECES DE CARÁCTER LÚDICO O RECREATIVO: **1 trabajo +:** El trabajo de actor es muy *absorbente*. LVE260595 **2 tarea +:** Una tarea *absorbente*, aunque llena de interrupciones... EPU081101 **3 ocupación:** Una ocupación *absorbente*, ya te digo. LVE130896 **4 actividad:** ...juego como pasión, como actividad *absorbente* y destructora. ABC110394 **5 juego:** ...querría dedicarse a este juego *absorbente* y cerebral... HOY191083 **6 hobby:** ...un hobby muy *absorbente* y amplio, con muchas aristas... ENV070197 **7 viaje –:** ...alguien que esté dando un viaje *absorbente* y en ocasiones difícil. ENH020397

B SUSTANTIVOS QUE DESIGNAN CIERTAS CUALIDADES O FACULTADES HUMANAS RELATIVAS A LA FORMA DE SER O LA APARIENCIA DE LOS INDIVIDUOS: **8 carácter +:** ...mujer de gran actividad laboral y con un carácter *absorbente* y enérgico... LVE081095 **9 personalidad +:** ...una personalidad *absorbente*, imperativa y calculadora... ABC091294 **10 temperamento:** ...de personalidad difícil y temperamento *absorbente*, rígido y poco conciliador. INDOC **11 presencia:** ...la presencia *absorbente* de un padre atribulado pero al mismo tiempo de notable lucidez dentro de sus muy simples y muy humanas actitudes. CLA030797

C SUSTANTIVOS QUE DENOTAN IDEA, ASUNTO O MATERIA: **12 asunto +:** ...dedicarnos sin molestas interrupciones a nuestros *absorbentes* asuntos. EME020896 **13 concepto:** ...cuanto menos palpable es un concepto, más *absorbente* resulta. ABC011093 **14 cuestión:** Ser un padre único es una de las cuestiones más *absorbentes* con las que uno se puede encontrar. EME090694 **15 tema:** ...no voy a decir que sea un tema *absorbente*, pero sí que no se resuelve orillándolo ni negando su existencia. INDOC

D SUSTANTIVOS QUE DESIGNAN DIVERSAS FORMAS DE INCLINACIÓN HACIA ALGUIEN O ALGO, MUY FRECUENTEMENTE INTENSAS O VEHEMENTES: **16 amor +:** ...amenazó con suicidarse por su «*absorbente* amor» hacia la modelo. EME200895 **17 pasión:** Cuando me di cuenta de que se podía hacer investigación básica muy interesante, esto se convirtió en una pasión *absorbente*. EPE120199 **18 fascinación:** ...por la noche yo daba mi propio concierto: mi fascinación fue total, tan *absorbente* que casi se me olvidó que yo tenía que dirigir esa tarde. ABC081295 **19 atención:** La genética de poblaciones requiere del investigador una atención *absorbente*. INDOC

E OTROS SUSTANTIVOS; POSIBLES USOS ESTILÍSTICOS: La escenografía (...) incide en unas geometrías cerradas y *absorbentes*... EPE030899

☐ Véase también: **acaparador**.

absorber *v.* ▮ En el sentido físico de 'atraer' o 'chupar' se combina con sustantivos que designan cosas materiales *(La aspiradora absorbe el polvo)*. Usado figuradamente se suele combinar con complementos directos o indirectos de persona *(El trabajo le absorbe)*. En este sentido admite también como sujetos sustantivos de persona *(Su madre lo absorbía por completo)*, y –más frecuentemente– otros que designan muy diversas aficiones y ocupaciones *(lectura, cine, astronomía, fútbol)*. También se combina con...

A EL SUSTANTIVO *TRABAJO* Y CON OTROS QUE DENOTAN OCUPACIÓN ACTIVA, A MENUDO DE CARÁCTER PROFESIONAL: **1 trabajo ++:** Su trabajo en la diplomacia, la publicidad y el periodismo lo ha *absorbido* mucho. ESH190696 **2 tarea ++:** Su tarea de psiquiatra, su trato con los libros, su patriótica pasión le han *absorbido* por completo... EME081196 **3 actividad ++:** Se piensa que los médicos de familia no investigan, porque están totalmente *absorbidos* por su actividad clínica... EPE130699 **4 ocupación +:** Indica que en México ni siquiera todos los cruzados de Cristo Rey se dedican de lleno a la pastoral castrense. Otras ocupaciones los *absorben*. PME221296 **5 labor +:** ...esta mujer que aún no ha llegado a los cuarenta, universitaria *absorbida* por labores de ama de casa... ABC060392 **6 negocio +:** ...y dedicado por completo a un negocio que le *absorbe* porque representa su sueño. ABC271192 **7 cargo:** ...o el español Javier Solana, al que *absorbe* en estos momentos su cargo al frente de la OTAN, parecen descartados. EPE190399 **8 profesión +:** ...realmente la profesión te *absorbe* tanto que no le das la importancia que se merece. EME070695 **9 carrera:** Su trabajo y su carrera deben *absorberla* siempre, y ningún elemento distractor debe penetrar en su círculo interno de pensamientos. PME250896

B SUSTANTIVOS QUE DENOTAN RESPONSABILIDAD O COMPROMISO CONTRAÍDO. SE CONSTRUYEN GENERALMENTE EN PLURAL: **10 responsabilidad +:** No le compensa tener un cargo tan importante, porque las responsabilidades lo *absorben* excesivamente. INDOC **11 carga +:** Sería mejor que no te dejaras *absorber* por tantas cargas laborales y que te tomaras unos días de descanso. INDOC **12 función +:** ...los que se sientan demasiado *absorbidos* por otras funciones tendrán que devolvernos el acta... EPE151199 **13 exigencia:** Sin embargo, pese a estar *absorbido* en las exigencias tácticas cotidianas del trabajo más difícil que dice haber realizado jamás... EPE101099

C SUSTANTIVOS QUE DESIGNAN SITUACIONES DE CARENCIA, CONFLICTO O CRISIS, Y, POR EXTENSIÓN, ALGUNAS DE LAS SENSACIONES QUE ESOS ESTADOS DESPIERTAN: **14 problema ++:** Karel Capek es un clásico de las letras checas; no es sólo el intelectual *absorbido* por los problemas del hombre contemporáneo... ABC070593 **15 dificultad +:** La administración de Tony Blair está *absorbida* por dificultades de política doméstica... CLA310199 **16 preocupación +:** Atraviésanlas por cualquier parte; no miran; no previenen; deambulan *absorbidos* por sus preocupaciones... HOY201097 **17 presión +:** ...políticos que nunca se dejan *absorber* por la presión de los medios. INDOC **18 crisis:** La crisis política ha *absorbido* completamente la atención de los periodistas desde que... INDOC

D SUSTANTIVOS QUE DESIGNAN LAS CONDICIONES Y CIRCUNSTANCIAS QUE RODEAN O CARACTERIZAN UN LUGAR, UN SUCESO O UN ESTADO DE COSAS. TAMBIÉN CON OTROS QUE EXPRESAN ESOS MISMOS EVENTOS. SE CONSTRUYEN GENERALMENTE EN PLURAL: **19 circunstancia:** Las circunstancias difíciles por las que está pasando *absorben* todo su tiempo libre. INDOC **20 acontecimiento:** Nuestro interés se invierte, y son esos acontecimientos festivos los que *absorben* nuestra atención: estamos para ellos. EPE240899 **21 característica +:** Las particulares características de esta obra de teatro *absorben* toda la dedicación de los escenógrafos que trabajan en ella. INDOC **22 situación +:** ...no puede sustraerse a la «dialéctica absurda y tremenda de un partido que no está dispuesto a dar una baza a nadie (...). Todo está *absorbido* por esta situación», afirmó. LVE150795 **23 ámbito:** Lo cierto es que el ámbito mediático *absorbe* hoy al ámbito judicial. LVE030495

E SUSTANTIVOS QUE DESIGNAN IDEAS Y OTROS RESULTADOS DE LA ACTIVIDAD INTELECTIVA, MÁS FRECUENTEMENTE LOS QUE EXPRESAN LA INTENCIÓN DE ACTUAR O EL PROPÓSITO QUE SE PERSIGUE AL HACERLO: **24 plan +:** El plan de desarrollo empresarial *absorbe* todo su tiempo, así que no creo que le interese este nuevo proyecto. INDOC **25 idea +:** ...los arquitectos parecen *absorbidos* por la idea de que la arquitectura es simplemente el reflejo de una cultura en un momento específico del tiempo. LVE130696 **26 pensamiento +:** Aquel pensamiento *absorbió* la atención de la mesa. LVE010796 **27 propósito:** Los propósitos a los que se dirige esta negociación *absorben* todos los esfuerzos del personal diplomático. INDOC **28 proyecto +:** Concha, que en la actualidad presenta Noches de radio en Onda Cero, afirma estar totalmente *absorbida* por el nuevo proyecto. EME201095 **29 objetivo:** ...ningún objetivo, por lícito que sea, puede *absorber* todas las energías de un foro entre cuyas tareas figuran combatir la miseria o las enfermedades... EPE111101

■ Se combina también con: ♦ **absolutamente, completamente, enteramente, por completo[179], profundamente, totalmente**

abstención ♦ **alto, amplio, electoral, elevado, escaso, fuerte, gran(de), notable, popular** ♦ **causa (de), índice (de), nivel (de), récord (de), voto (de)** ♦ **aprobar (con), aumentar, conseguir, descender, disminuir, fomentar, inclinar(se) (por), justificar, optar (por), practicar[74], promover, propugnar, registrar(se)**

abstinencia ♦ **absoluto, completo, dilatado, largo, parcial, sexual, temporal, total** ♦ **período (de), síndrome (de), síntoma (de)** ♦ **practicar[77], recomendar, seguir**

abstruso *adj.* ▌Admite algunos sustantivos de persona *(hombre, poeta, genio)* y también otros que designan obras o composiciones artísticas *(teatro, poema, música, novela)*. También se combina con...

A SUSTANTIVOS QUE DENOTAN ASUNTO O MATERIA, ESPECIALMENTE SI SE CONSIDERAN CONTROVERTIDOS, DIFÍCILES O POLÉMICOS. POR EXTENSIÓN, TAMBIÉN CON OTROS QUE DESIGNAN CIERTOS ACTOS QUE PONEN DE MANIFIESTO EL CONTRASTE DE IDEAS O PARECERES: **1 problema +:** La mendicidad, de tanto arraigo en la vida española, es un problema *abstruso*, de solución complicada. LVE151195 **2 cuestión +:** Un hombre capaz de construir tesis razonadas sobre cuestiones tan *abstrusas* como el nacionalismo es verdaderamente un tipo de cuidado. LVE290996 **3 asunto +:** ...deliberar en foros ad hoc sobre *abstrusos* asuntos en los que, bien a bien, nadie está de acuerdo. PME070796 **4 tema +:** No te niego que la lógica de Hegel sea interesante, pero es un tema *abstruso* y difícil de analizar empíricamente. INDOC **5 disquisición +:** ...sus *abstrusas* disquisiciones y la manía de leer y la mucha ciencia, «que es otra forma de ignorancia»... ABC110992 **6 polémica:** La polémica madrileña puede parecer *abstrusa*, pues estaba centrada nada menos que en la afirmación de Pujol de que... LVE220596 **7 debate:** ...sintetizan y valoran el mencionado (y muy complejo, y a veces difícil y *abstruso*) debate liberalismo/comunitarismo. LVE290396

B SUSTANTIVOS QUE DESIGNAN DIVERSAS NOCIONES ASOCIADAS CON LAS REALIZACIONES PARTICULARES DE LA LENGUA Y ALGUNOS DE SUS COMPONENTES. POR EXTENSIÓN, TAMBIÉN CON ALGUNOS QUE EXPRESAN OTRAS MANIFESTACIONES VERBALES: **8 lenguaje +:** ...la defensa política del conglomerado etarra merced a un lenguaje intencionadamente impreciso, *abstruso* y equívoco. LRE160103 **9 mensaje +:** Pero el día que tengamos la casa llena de pantallas y de *abstrusos* mensajes de internetófilos lejanos, entonces tendremos que recurrir a aquel mueble antiguo llamado estantería... LVE211295 **10 palabra:** Hoy las palabras de la política son cosas tan *abstrusas* como *suplicatorio, inculpado, auto, juez togado* y otras maravillas... LVE211095 **11 expresión:** Me parece que ni siquiera se había inventado tan elegante y *abstrusa* expresión. EME200396 **12 idioma:** ...*politiquese* (una expresión acuñada por los diarios para definir el idioma *abstruso* e indescifrable de los políticos). LVE291294 **13 neologismo:** Es asombrosa la confusión que viene sembrando entre los lectores (...) el superfluo y *abstruso* neologismo falsar... EPE020689 **14 pregunta:** Yo llevaba un listín de preguntas *abstrusas* sobre el diálogo entre cristianos y marxistas, entonces en boga. EME190496 **15 referencia –:** ...la opacidad de un texto inexplicablemente trufado de *abstrusas* referencias operísticas imposibles de entender por niño alguno... EME270394

C SUSTANTIVOS QUE DESIGNAN DIVERSOS ÁMBITOS, FACETAS Y DISCIPLINAS DEL CONOCIMIENTO, EL PENSAMIENTO O LA EDUCACIÓN. TAMBIÉN CON OTROS QUE EXPRESAN LAS TEORÍAS QUE SOBRE ELLOS SE FORMULAN: **16 materia +:** ...se aplicó en su día con inusitado aprovechamiento a una materia para otros tan *abstrusa* como la gramática histórica... LVE091096 **17 disciplina +:** ...es tema de una de las disciplinas más *abstrusas* y fundamentales de la ciencia matemática. ABC140593 **18 teoría +:** ...capaces de difundir y explicar unas teorías acerca de la naturaleza, muchas veces paradójicas y *abstrusas*, pero siempre atractivas. ABC110992 **19 tesis +:** Javier Hernández consideró al término del trabajo, que su tesis era *abstrusa*. EPE151299 **20 dialéctica:** Lo que interesa a Mamet es que su personaje (...) muestre sus hábitos petulantes, su dialéctica *abstrusa*... LVE130395 **21 psicología:** Basta de psicología *abstrusa*, de violencias refinadas, de efectos apellidados con incongruencia especiales. EME180694 **22 asignatura:** ...una de las asignaturas más enrevesadas y *abstrusas* que ha tenido que estudiar en la carrera. INDOC

D SUSTANTIVOS QUE DESIGNAN IDEAS, RECURSOS Y DIVERSAS FORMAS DE TRAZAR O PROYECTAR UNA ACTUACIÓN: **23 planteamiento:** ...el recurso a la imaginación para el planteamiento de los asuntos aparentemente más *abstrusos*. ABC041292 **24 propuesta:** ...las propuestas en sí eran bastante *abstrusas*, el hecho es que el plan anunciado (...) se quedó más bien en un amago de planecillo. EPE170900 **25 plan:** ...se ha limitado a repetir como un loro su *abstruso*, profuso y difuso plan de saneamiento del Banco. EME120194 **26 fórmula:** ...no nos enteramos de la *abstrusa* fórmula de la «Euroliga». EME231296 **27 camino –:** El partido (...) ha elegido un camino un tanto *abstruso* para censurar esta iniciativa. EPE080799

E SUSTANTIVOS QUE DESIGNAN CARACTERÍSTICAS ESENCIALES O INNATAS DE LAS PERSONAS RELATIVAS A SU FORMA DE SER O DE COMPORTARSE: **28 carácter +:** ...conferían en España un carácter *abstruso* y esotérico a esta trascendental ciencia social. LVE251295 **29 personalidad:** ...ha dejado aparcada su segunda y *abstrusa* personalidad... LVE080596

F OTROS SUSTANTIVOS; POSIBLES USOS ESTILÍSTICOS: Y pusieron a la inocencia empolvada en la escuela al servicio de una *abstrusa* hazaña... EPE160599; Ahí va el hombre arriba y abajo, poniendo parches y sentándose en reuniones *abstrusas*. LVE291195

☐ Véase también: **brusco, drástico, inaccesible, soterrado.**

absurdo ▮ *(adj.)* ♦ **completamente, realmente, sencillamente, totalmente** ♦ **argumento, comentario, conflicto, debate, detalle, error, fallo, humor, juego, mundo, penalti, temor**

▮ *(sust.masc.)* ♦ **absoluto, completo, monumental, tremendo, total** ♦ **bordear[19], constituir, defender, desembocar (en), incurrir, llegar (a), llevar (a), rayar (en)[3], reducir (a), rozar**

☐ Véase también: **disparate, error, locura.**

abuchear ♦ **atronadoramente, bulliciosamente, clamorosamente[14], estrepitosamente, estruendosamente, intensamente, sonoramente, vehementemente**

abucheo ♦ **atronador, clamoroso[35], ensordecedor, estruendoso, fuerte, generalizado, intenso, leve, monumental[3], ruidoso, sonoro, unánime** ♦ **entre** ♦ **conato (de), lluvia (de)[2]** ♦ **acallar[15], ganar(se), merecer(se), prorrumpir (en), provocar, recibir, valer(le) (a alguien)**

a buen recaudo *loc.adv.* ▮ Se combina con...

A VERBOS QUE DESIGNAN LA ACCIÓN DE PONER, COLOCAR O GUARDAR UNA COSA EN ALGÚN SITIO: **1 poner ++:** ...se logró ponerlos *a buen recaudo*, como resultado precisamente de la interacción policía-vecindario. ETC060996 **2 guardar ++:** Todo ello lo guardaron *a buen recaudo* para centrarse en un repertorio compuesto de estándares, blues, instrumentales de carácter íntimo... LVE251096 **3 dejar +:** ...han dejado las tijeras y las cestas *a buen recaudo*... LVE161095 **4 colocar(se):** ...el resto de los miembros del grupo colocaron *a buen recaudo* sus ahorros... EME220594 **5 depositar:** ...tener a sus hijos cuanto más tiempo sea posible fuera de casa y depositados *a buen recaudo* en el almacén escolar. EPE290900 **6 situar:** ...percibió comisiones multimillonarias situadas *a buen recaudo*... LVE250296 **7 meter:** ...procesarlo y meterlo *a buen recaudo* hasta que las dudas que hay sobre él se sustancien... LVE170195 **8 esconder:** ...se encargó de recibirlos en el aeropuerto y de esconderlos en los cuarteles, *a buen recaudo* de la prensa. EPE300900

B VERBOS QUE DESIGNAN EL PROCESO DE UBICARSE, PERMANECER O MANTENERSE ALGO O ALGUIEN EN ALGÚN LUGAR. TAMBIÉN CON OTROS QUE DESIGNAN LAS ACCIONES QUE CONDUCEN A ESAS SITUACIONES: **9 mantener(se) ++:** Pero no siempre es posible mantener *a buen recaudo* la caja de Pandora... EXC110796 **10 encontrarse ++:** Algunos de los décimos premiados el miércoles con el gordo de Navidad se encuentran ya *a buen recaudo*... EPE241299 **11 hallarse ++:** Las cartas de don Miguel se hallan *a buen recaudo*... LVE120495 **12 conservar ++:** Pretendemos conservar *a buen recaudo* los libros más valiosos de la biblioteca. INDOC **13 tener ++:** ...lo que les interesaba era tener *a buen recaudo* la papeleta que les va a endulzar las fiestas. LVE231295 **14 estar ++:** ...no parará hasta que los cuadros estén *a buen recaudo* en un museo... LTB050900 **15 permanecer:** ...las 17.000 cabezas nucleares tácticas y las 12.000 estratégicas permanecieron *a buen recaudo*. LVE050896 **16 quedar:** ...van a quedar *a buen recaudo* en las cárceles francesas... EME240796 **17 reposar:** ...los lugares comunes y la estética del director van a reposar *a buen recaudo*. HOY090996

C OTROS VERBOS; POSIBLES USOS CRUZADOS: El legado musical (...) parece haber llegado *a buen recaudo*. [Cf. *a buen puerto*] LVE040895

☐ Véase también: **a resguardo (de).**

abullonado ♦ **boca, labio, manga, mejilla**

abultadamente ♦ **derrotar, ganar, hinchar, inflar, perder, vencer**

abultado *adj.* ▮ En su sentido literal se combina con sustantivos que designan objetos físicos, muy frecuentemente partes del cuerpo. En su sentido figurado se construye con...

A SUSTANTIVOS QUE DENOTAN CANTIDAD O MAGNITUD, GENERALMENTE MONETARIA: **1 cifra ++:** ...no hizo sino incrementar un poco más las ya *abultadas* cifras de suicidio adolescente de esta ciudad norteamericana... RUM201097 **2 número ++:** ...para llevar a la práctica su objetivo no le faltan, especialmente después del *abultado* número de competencias... CAN250599 **3 cantidad +:** ...consideran poco probable que, a pesar de lo *abultado* de la cantidad, se inicie algún procedimiento... EPE211101 **4 volumen +:** ...ha utilizado unas formas ovoides, con su *abultado* volumen, que semejan cabezas o cerebros que flotan por los cuadros. EPE011199

B SUSTANTIVOS QUE DESIGNAN MAGNITUDES, MUY FRECUENTEMENTE ECONÓMICAS Y A MENUDO RESULTANTES DE CÁLCULOS, TRANSACCIONES Y OTRAS OPERACIONES MATEMÁTICAS O COMERCIALES. POR EXTENSIÓN, TAMBIÉN CON OTROS QUE DESIGNAN ALGUNOS DOCUMENTOS EN LOS QUE SE REFLEJAN: **5 presupuesto ++:** Siempre me causó asombro que las películas patrocinadas por Cine Chile tuviesen tan *abultados* presupuestos. HOY201097 **6 factura +:** Para los maragatos, recibir *abultadas* facturas de gas ya no es novedad. LNP150397 **7 cheque:** Además, España puede jugar, a través de la Unión Europea, con los *abultados* cheques anuales que salen del presupuesto... EME080595 **8 balance:** ...realizó esta operación varias veces con Merrill Lynch para tapar el cada vez más *abultado* balance negativo. HOY240697 **9**

mayoría +: La primera vuelta de la votación parlamentaria registró una *abultada* mayoría de partidarios de erigir el recordatorio... EPE260699 **10 porcentaje +:** ...los extrapartidarios que integraron con su voto el *abultado* porcentaje que lo consagró senador. LNA290692 **11 cálculo:** ...el *abultado* cálculo actual, surgido de su informe anual publicado a finales de diciembre, debe mucho a las donaciones particulares. EPE120199 **12 estadística:** En Alemania, Suecia y Austria las estadísticas sobre el suicidio son incomparablemente más *abultadas* que en las soleadas España e Italia... ENH280497 **13 índice:** ...en lugar de seguir en su trabajo, engrosa ya el *abultado* índice de desocupación de Argentina. PME291296 **14 importe:** En este caso destaca el *abultado* importe del programa. EPE191001 **15 interés:** ...retener los capitales, colocarlos, y cobrar *abultados* intereses. LVE030296 **16 precio:** ...el peligro está en que el importador –es decir, el aparato ministerial que realiza la compra y el proveedor– declaren un precio *abultado*. CAP180196 **17 monto:** ...por considerar que el monto era demasiado *abultado*, se sumó, más tarde, el apoyo que recibió de parte de algunos funcionarios... HOY140797

C SUSTANTIVOS QUE DESIGNAN DEPÓSITOS DE DINERO U OTROS BIENES, ASÍ COMO ALGUNOS DE LOS LUGARES QUE LOS CONTIENEN. TAMBIÉN CON OTROS SUSTANTIVOS QUE EXPRESAN EL CONJUNTO DE BIENES MATERIALES QUE POSEE UNA PERSONA O UNA COMUNIDAD: **18 cuenta ++:** ...dueños de *abultadas* cuentas corrientes, aunque carentes de tiempo para utilizarlas. CAR260597 **19 cartera +:** ...podía vender parte de su *abultada* cartera de bonos y letras del Tesoro estadounidense. ENH300697 **20 billetera:** ...no había mostrado mucho más que una *abultada* billetera hasta su segundo año en la F 1 y luego fue tres veces campeón. CLA220301 **21 chequera:** Sus respectivos jefes de campaña tendrán a su disposición *abultadas* y generosas chequeras. LTB301296 **22 patrimonio:** La investigación pretende esclarecer el origen del *abultado* patrimonio del magistrado. EME070496

D SUSTANTIVOS QUE DESIGNAN EL RESULTADO DE UNA CONFRONTACIÓN, GENERALMENTE DEPORTIVA. TAMBIÉN CON ALGUNOS QUE SE REFIEREN A LA FORMA DE MEDIRLO O COMPUTARLO: **23 resultado ++:** Los otros dos encuentros se jugaron simultáneamente en distintos escenarios y ambos fueron con resultados *abultados*... LNP120597 **24 derrota ++:** Cocodrilos de Caracas tomó desquite de la *abultada* derrota que el sábado le propinó Trotamundos de Carabobo... EUV070497 **25 victoria ++:** ...La selección española de balonmano terminó su preparación para el Mundial de Portugal con una *abultada* victoria sobre... LRE180103 **26 marcador ++:** El *abultado* marcador reflejó en cifras lo que sucedió en el campo de juego... ETC111196 **27 tanteador:** ...una victoria por la mínima por un tanteador más *abultado* también sería favorable a los de Serra Ferrer. FDV150601 **28 tanteo +:** ...que con esta victoria supera el *abultado* tanteo que logró frente a Rusia... EME060995 **29 goleada +:** ...que ha exhibido hasta ahora *abultadas* goleadas aunque ante discretísimos equipos... EPE040899 **30 score –:** ...lo derrotó 11 a 0, por entonces el score más *abultado* de la historia del fútbol profesional. LNP150997 **31 correctivo –:** Rexach no entró en detalles técnicos ni tácticos que justificaran mínimamente tan *abultado* correctivo. LVE190594

E SUSTANTIVOS QUE DENOTAN DIFERENCIA: **32 diferencia ++:** Entre uno y otro existe una *abultada* diferencia: la friolera de 159 millones de billetes verdes. CLA120197 **33 ventaja +:** ...fue que los caribeños no pudieron sacar una ventaja más *abultada* y eso ayudó. EXC040901 **34 diferencial:** Así pareció entenderlo el contrato de futuro a última hora y cerró con un *abultado* diferencial a su favor frente al contado. LVE040395

F SUSTANTIVOS QUE DENOTAN DEUDA O PÉRDIDA, A MENUDO EN REFERENCIA A LAS MAGNITUDES ECONÓMICAS QUE LAS REPRESENTAN: **35 déficit ++:** ...durante las negociaciones del acuerdo para la eliminación del *abultado* déficit fiscal estadounidense para el año 2002. DLA230597 **36 deuda ++:** Pero dichos ingresos apenas alcanzan a saldar los intereses que generan su ya *abultada* deuda... ACP120996 **37 pérdida ++:** ...calmó los ánimos y permitió a las bolsas recuperar posiciones tras una mañana de *abultadas* pérdidas. EPD291097 **38 endeudamiento +:** ...no la corrige por la mejor situación de los países no exportadores de petróleo ni por el *abultado* endeudamiento externo incurrido por el resto. HOY081178 **39 pasivo:** ...a contactos de relevancia para pedir una quita en cuanto a punitorios e intereses del *abultado* pasivo. LNP151097 **40 números rojos:** ...con sus *abultados* números rojos, es ya sólo un recuerdo y que la empresa vuelve a ganar dinero a espuertas. LVE261195

G SUSTANTIVOS QUE DENOTAN GANANCIA O BENEFICIO: **41 ganancia +:** ...el gobierno dejó en manos de particulares los recursos que significan las *abultadas* ganancias que año con año obtiene la empresa. PME241196 **42 beneficio +:** Estos *abultados* beneficios se deben en buena parte a las oscilaciones del cambio de la peseta... LVE200796 **43 premio:** ...unos 451 millones de pesetas repartidos en participaciones en las que el premio más *abultado* fue de 1.500.000 pesetas. LVE231295 **44 recompensa:** El riesgo era alto pero la recompensa *abultada*. LVE060896 **45 ingreso:** ...fueron aprobados mucho antes de la denuncia sobre los misteriosos y *abultados* ingresos del asesor presidencial. CAP290597 **46 salario:** ...una revista mensual dedicada al mundo de los abogados en la que revelaba *abultados* salarios y criticaba la ética de los grandes estudios. CLA290199 **47 anticipo –:** De todas, Alidec es la que presenta los anticipos más *abultados*. HOY140797

H SUSTANTIVOS QUE DESIGNAN CONJUNTOS DE PERSONAS O COSAS: **48 lista +:** ...eliminar de la ya demasiado *abultada* lista de problemas del país al inquilino... EXC110796 **49 nómina +:** Uno de los mayores problemas de esa entidad es la nómina *abultada* tanto de personal médico... LDD040397 **50 paquete:** ...la caída de la DC y el *abultado* paquete de votos «de protesta» son señales poderosas en esa dirección. HOY151297 **51 plantilla +:** A pesar de la costosa inversión realizada por las televisiones en estudios, tecnología y *abultadas* plantillas... EME230296 **52 familia:** ...de la que formaban parte casi todos los compositores de su *abultada* familia... ABC020695 **53 población:** ...cree que la *abultada* población penitenciaria española se debe más a la crisis económica... EME110494 **54 colonia:** ...los ex yugoslavos, que en número de 37 son la colonia más *abultada* si se juntan todas las nuevas nacionalidades balcánicas. DYM010996 **55 grupo:** ...un *abultado* grupo de seguidores porque también se le ve como un inconformista, como un candidato limpio. EPE311099 **56 discografía:** ...bullir creativo que salpica de arte mayúsculo una *abultada* discografía donde la palabra doble o triple no es extraña. LVE181196 **57 bibliografía:** ...aún no se haya advertido en la ya *abultada* bibliografía del último la verdadera identidad de ese «temps menaçant»... ABC140892 **58 antología:** Una *abultada*, y esclarecedora, antología de más del centenar y medio de poetas... LVE070495 **59 temario:** Durante tres días, profesionales de 24 países analizaron mediante un *abultado* temario la situación económica del continente... GIC072597 **60 repertorio:** ...el resto de su cada día más *abultado* repertorio, ninguna compañía les haya tirado el sedal para llevárselas a su cesto... LVE070996

I SUSTANTIVOS QUE DENOTAN PROGRESIÓN ASCENDENTE O DESCENDENTE: **61 crecimiento +:** ...cinco pistas para intentar comprender –no justificar– el *abultado* crecimiento de las cifras lanzadas alegremente por el BCR. CAP270696 **62 aumento +:** Alemania cerró el año con un inesperado y *abultado* aumento del número de desempleados... LVE100196 **63 incremento +:** El consuelo es que este *abultado* incremento, es algo inferior al registrado en el último trimestre del pasado año (52,8). EPE120700 **64 subida:** Los índices españoles se apuntaron ayer la más *abultada* subida de este año... LVE080795 **65 descenso:** ...en las agencias la caída fue del 49,2, con un resultado positivo final de 2.995 millones. Todas las partidas han sufrido en el año *abultados* descensos. EPE151201 **66 rebaja:** En ningún otro lugar de Cataluña sufrió una rebaja porcentual de votos tan *abultada* como en estas ciudades del extinto cinturón rojo. LVE201195 **67 bajada:** ...aunque en números relativos la bajada no es tan *abultada* como la de los alemanes. CAN300101 **68 retroceso –:** Tokio rompió la calma de los últimos días con un *abultado* retroceso del 1,53 en el Nikkei... LVE240295

J SUSTANTIVOS QUE DENOTAN ERROR O DEFECTO: **69 error +:** Y o mucho me equivoco o el tiempo demostrará su *abultado* error de cálculo. EPE130899 **70 fallo:** El Valladolid desarboló totalmente a un Alavés desconocido, con graves errores y fallos demasiado *abultados*. EPE130479 **71 desacierto:** ...al viejo asunto de los fallos, incorrecciones y desaciertos que se introducen en la elaboración del diario, y que provocan quejas y enfados cuando son *abultados* e insistentes. LVE030294 **72 desajuste:** Hay *abultados* e injustificables desajustes en su cronología interna. ABC300493 **73 defecto:** Ahí radica el más *abultado* defecto formal de esta novela ordenada con movimiento cinematográfico... ABC220794 **74 traspié –:** Cuanto más *abultado* sea el traspié de Porto ante De la Rúa, mejores serán sus perspectivas... LNA260692

K OTROS SUSTANTIVOS; POSIBLES USOS CRUZADOS: Pero estos dos ambiciosos proyectos constituyen sólo el aperitivo de la *abultadísima* agenda que ayer presentaron en Madrid... [Cf. *apretada*] EME040795

□ Véase también: **ostensible.**

a bulto *loc.adv.* ▌Es expresión propia de la lengua coloquial. Se combina con...

A VERBOS QUE DENOTAN CÁLCULO O MEDICIÓN: **1 calcular ++:** Como calcularon *a bulto* la longitud, la nueva estantería no cupo en el salón. INDOC **2 tomar medidas:** Las medidas se toman con un metro, no *a bulto*. INDOC **3 elaborar un presupuesto:** El presupuesto de RTVE es «continuista, elaborado *a bulto*, disfuncional...». EPE010684

B EL VERBO *DISPARAR* Y ALGUNOS DE SUS SINÓNIMOS, A MENUDO USADOS EN SENTIDO FIGURADO: **4 disparar +:** ...disparaba *a bulto*, aunque volviera siempre a casa con alguna pieza en el zurrón. LVE190895 **5 tirar +:** En ausencia de un análisis histórico, sociológico, económico o geopolítico sobre las raíces del conflicto (...), se ha optado por tirar *a bulto* contra el socorrido espantajo... EPE230499

C ALGUNOS VERBOS QUE DESIGNAN MANIFESTACIONES VERBALES: **6 decir:** ...que no dijera aquello de «los catalanes», *a bulto*, como hacen muchos de sus colegas... LVE280295 **7 hablar +:** Deberías darte cuenta de que no se puede hablar *a bulto* de cualquier cosa que a uno le pregunten. INDOC **8 señalar:** De modo que señalaré, *a bulto*, lo que más me ha sorprendido... EPE030700

D OTROS VERBOS; POSIBLES USOS ESTILÍSTICOS: ...cuya silueta se delinea *a bulto* y sin pegar las mangas con los hombros. EPE261101; ...otro porcentaje de personas entre las que se te incluye *a bulto*. EME090795

abundancia ♦ **abrumador, asombroso, desmesurado, enorme, excesivo, extraordinario, gran(de), inagotable, infinito, pleno, sorprendente** ♦ **con, en, en medio (de)** ♦ **cuerno (de), época (de), tiempo (de)** ♦ **administrar, colmar (de), exhibir, mostrar, nadar (en), vivir (en)**

□ Véase también: **abundar, cantidad, carestía, caudaloso, riqueza.**

abundantemente *adv.* ▌Se combina con...

A VERBOS QUE DESIGNAN EL PROCESO DE SURGIR O FLUIR UN LÍQUIDO U OTRAS MATERIAS QUE SE LE ASIMILAN FÍSICA O FIGURADAMENTE. TAMBIÉN CON OTROS VERBOS QUE EXPRESAN LA ACCIÓN QUE DESENCADENA ESE PROCESO: **1 sangrar ++:** El mexicano sangró *abundantemente* por una ceja desde el segundo asalto... ENH280797 **2 perder sangre +:** ...tras apuñalarla en una pierna, por la que perdía sangre *abundantemente*, se dio a la fuga. EPE020999 **3 manar +:** La sangre, que manaba *abundantemente* de la cornada, denunció la importancia de la... EPE201001 **4 llover +:** En el resto de poblaciones no llovió tan *abundantemente* pero sí hubo tormentas eléctricas. EPE240799 **5 nevar +:** ...tampoco podría utilizarse en esta época del año, en la que incluso hay probabilidades de que nieve *abundantemente*. EPE160100 **6 brotar:** ...fue apuñalado en la clavícula derecha. La sangre empezó a brotar *abundantemente*. EME160596 **7 correr:** ...hace miles de años corría el agua *abundantemente* por la superficie del planeta rojo. EPE130800 **8 sudar:** Los contables del Tour sudan *abundantemente*, comentó este lunes Liberation. EXC250700 **9 fluir:** Armas del ejército venezolano fluyen *abundantemente* hacia la guerrilla colombiana... EUV120996 **10 verter:** Pues bien, al final se han vertido *abundantemente* y en vano sudores y lágrimas. EME040294 **11 regar:** Es aconsejable regar *abundantemente* cuando chicos, o en periodos de sequía... EPU170701 **12 rociar:** ...rociarlo *abundantemente* de gasolina y prenderle fuego. EME280494 **13 remojar:** ...resistió impertérrita los chaparrones que tan *abundantemente* remojaron a los presentes. EME120394 **14 desbordar:** ...el simbolismo de los poemas sanjuanistas desborda *abundantemente* el amor profano. ABC131291

B VERBOS QUE DENOTAN EXISTENCIA O INCREMENTO DE ALGO: **15 existir:** ...hay que completar la dialéctica cultural con la explicación, con números y porcentajes –que existen *abundantemente* y de origen neutral–... LVE090896 **16 dar(se):** Las coníferas se dan *abundantemente* en la taiga canadiense. INDOC **17 encontrar(se):** ...es un italianismo que se encuentra *abundantemente* en varios poetas de los siglos XVI y XVII... ABC190293 **18 presentar(se):** ...ha podido apreciarse que esta clase de sueños adversos se presenta más *abundantemente* en el medio urbano... EPE010687 **19 extender(se):** ...a la que no faltaba (...) una retórica casi mística *abundantemente* extendida a golpe de publicidad. EPE160401 **20 crecer:** Cuenta la tradición que predicó durante la sequía de 1410 y el manantial que lleva su nombre creció *abundantemente*. EPE130499 **21 sobrar:** ...entre esto y la descomunal presa del Atazar, creo que sobra el agua *abundantemente* para Madrid. EPE080899 **22 producir(se):** Al parecer, este caso se produce *abundantemente*, y hasta la fecha no había forma de evitarlo con la ley en la mano. EPE020284 **23 practicar(se):** Una moda debatida en Barcelona, donde se practica *abundantemente* los fines de semana y algunas noches... LVE270195 **24 realizar(se):** ...la formación cultural está reducida a las llamadas «actividades culturales», que se realizan *abundantemente*. EPE151100 **25 almacenar(se):** ...trabajos del trinque de este tipo y enjundia se almacenan *abundantemente* en las estanterías del depósito... LVE230696 **26 prodigar(se):** La picaresca del PER, la baja por enfermedad o la incapacidad permanente se han prodigado *abundantemente*, sobre todo en el medio rural. EME130796

C VERBOS DE CAMBIO DE ESTADO, ESPECIALMENTE LOS QUE DESIGNAN LA ACCIÓN DE PROPORCIONAR, HACER ADQUIRIR O LOGRAR QUE ALGO O ALGUIEN PASE A ESTAR EN DISPOSICIÓN DE ALGUNA COSA: **27 dotar +:** ...los recursos naturales de que dispone este rico país, tan *abundantemente* dotado por la naturaleza. EXC060197 **28 proporcionar +:** El sistema de mercado proporciona *abundantemente* y de forma eficaz una amplia gama de bienes de producción y de consumo. EME040294 **29 suministrar:** ...se adelantan en algunos meses al consumo de la última sustancia (...), suministrada *abundantemente* por algunos de los 200 carteles colombianos. EPE190600 **30 premiar:** ...el administrador judicial decidió premiar *abundantemente* a los jugadores por el triunfo de Balaídos. EPE010200 **31 financiar:** ...gracias a todos los trabajos históricos –promovidos y *abundantemente* financiados por las agencias americanas, por...–. EME021196 **32 untar:** Se unta *abundantemente* de mantequilla una fuente ovalada que resista al calor y capaz de contener holgadamente el pescado. LVE150395 **33 engrasar:** ...una especie de rampa de lanzamiento mediática, *abundantemente* engrasada por aventurados nuevos ricos. LVE020795 **34 pintar:** Lola se pintaba *abundantemente* para parecer mayor y bailaba alrededor del... LVE170595

D VERBOS QUE DENOTAN CONSUMICIÓN, GENERALMENTE DE ALIMENTOS: **35 comer:** ...comimos *abundantemente*, como siempre que nadie paga. ABC280593 **36 cenar:** Cenó *abundantemente* en la Casa de España y bebió vino de Rioja para celebrar su éxito. LVE140895 **37 beber:** La experiencia (...) ha demostrado que los jóvenes beben *abundantemente* los fines de semana. EPE170299 **38 abrevar:** El cine de aventuras también tiene su tradición y sus subgéneros (...), para lo cual ha abrevado *abundantemente* en la literatura. LPA190492 **39 consumir:** en ese teatro paulista las primeras filas de público se distribuyen en mesas y se consume *abundantemente*. CLA290301 **40 leer:** ...le han regalado (...) un manzano, para que crezca en su jardín y le dé sombra a los libros que, tan *abundantemente*, lee y comenta. EPE080400

E VERBOS QUE DESIGNAN LA ACCIÓN DE USAR ALGO: **41 utilizar +:** Ésa, por ejemplo, fue también la técnica que utilizó *abundantemente* en sus novelas William Faulkner... ABC081191 **42 usar +:** La inducción, tal como lo dijo en la antigüedad Aristóteles (...) y tal como la usa *abundantemente* el Sócrates platónico, es... EUV170498 **43 emplear:** ...técnica antigua pero eficaz que emplea *abundantemente* en todas sus películas. INDOC **44 recurrir:** ...habría que recurrir más *abundantemente* a la observación directa de lo que el niño... ABC271192

F VERBOS QUE DESIGNAN LA ACCIÓN DE EXPRESAR O MANIFESTAR ALGO, GENERALMENTE COMO MEDIOS VERBALES, PERO TAMBIÉN CON OTROS: **45 hablar:** Los que usan la palabra han perdido autoridad. Han perdido poder de legitimación. La ensayista argentina Beatriz Sarlo habla *abundantemente* de eso. BRE241097 **46 escribir:** El terrateniente David Ricardo escribió *abundantemente* contra su intereses de clase. ABC221295 **47 contar:** Ya ha contado *abundantemente* durante la semana que fue en Albacete (...) donde cogió por primera vez una muleta. EPE160400 **48 comentar:** El caso de la liberación de los rehenes (...) ha sido ya comentado *abundantemente*. DLA310597 **49 anunciar:** Después haber anunciado *abundantemente* en sus *spots* de autopromoción el... LVE021096 **50 informar:** ...tienen delegaciones en Barcelona que informan *abundantemente* a toda España sobre todos los aspectos... EME080395 **51 mencionar:** ...las maniobras usadas para financiar a varios partidos políticos: el gaullista no es el único implicado, aunque sí el más *abundantemente* mencionado. EPE220900 **52 citar:** Estas encuestas fueron citadas ayer *abundantemente* en la sesión del Senado. LVE150395 **53 discutir:** ...discutieron *abundantemente* sobre la duración del período presidencial... LHG040197 **54 dialogar:** ...un concepto en el que la parte más visceral y orgánica del artista, la médula, dialoga con la materia libre, espontánea y *abundantemente*. ABC100694 **55 describir:** No ha tenido reparos su autor de lidiar con psicologías *abundantemente* descritas en los tratados históricos: algunas de ellas, objeto de polémica. ABC220592

G VERBOS QUE DESIGNAN LA ACCIÓN DE REPRODUCIR, DIFUNDIR O HACER PÚBLICA ALGUNA COSA: **56 dar propaganda:** ...lo que más necesita la banda armada «es propaganda, y se la damos todos *abundantemente*». EME160296 **57 exhibir:** ...la protagonista exhibió *abundantemente* sus dotes vocales... LVE300695 **58 representar:** Ello es especialmente cierto en «Cabinas amarillas», y sobre todo en las dos series más *abundantemente* representadas en la muestra, la de flores y la que gira en torno a Berlín y a la caída del muro. ABC091092 **59 reproducir:** «Deslumbrado por su escritura, la mayor tentación es reproducirla *abundantemente*: Llenar páginas con citas suyas...». PME241196 **60 filmar:** ...la primera guerra constatada, la mejor y más *abundantemente* filmada en película de nitrato. EME110694 **61 grabar:** Firmemente situada en el repertorio, *abundantemente* grabada y generalmente apreciada, es ésta... EME200494 **62 versionear:** ...la máquina de escribir es la *Mecágrafa* de siempre, también *abundantemente* versioneada en su día... ABC060392 **63 traducir:**

...con seis libros en su haber en menos de diez años, ha sido *abundantemente* traducido y ha vendido más de... ABC020695 **64 reseñar:** El resultado es bien conocido y *abundantemente* reseñado en la prensa... EPE180977 **65 ilustrar:** En este volumen *abundantemente* ilustrado, el arquitecto Ezio Manzini propone... ABC250294

H VERBOS QUE DESIGNAN LA ACCIÓN DE PROBAR ALGO: **66 probar** +: Y la cosa se complica todavía más porque, como han probado *abundantemente* los años noventa, el nacionalismo... EPE150699 **67 demostrar** +: ...el narcotráfico suele permear o penetrar otros grupos delictivos, como lo demuestra *abundantemente* su dilatado historial... LNC160497

I OTROS VERBOS; POSIBLES USOS ESTILÍSTICOS: ...Julio Anguita se sometía a las preguntas de Manuel Campo *abundantemente* pasada la medianoche del jueves... LVE210594; el Barça chutó *abundantemente* pero ni una sola vez acertaron... LVE260296

abundar ♦ **como hongos[11], por todas partes**
☐ Véase también: **extender(se), predominar.**

aburrimiento ♦ **absoluto, atroz, completo, gran(de), mortal, pertinaz[42], profundo, puro, soberano, soporífero, terrible, total, tremendo** ♦ **al filo (de)[14], al margen (de), contra, por** ♦ **cara (de), gesto (de), horas (de), tendencia (a)** ♦ **acabar (con), aliviar, amenizar[13], atenuar, atribuir (a), caer (en), causar, combatir, cundir, disipar(se)[42], entrar[20], evitar, huir (de), hundir(se) (en), invadir (a alguien), llevar (a), matar, mitigar, morir(se) (de), paliar, provocar, sacar (de), sacudir(se)[3], salir (de), sobrellevar, soportar, sumir(se) (en)[31], vencer**
☐ Véase también: **desgana, tedio.**

aburrir(se) ♦ **como una ostra, considerablemente[72], de lo lindo[16], intensamente, mortalmente, profundamente, soberanamente[8]**

abusar (de) *v.* ▮ En el sentido de 'aprovecharse o tratar de manera deshonesta a alguien' se combina con sustantivos de persona, tanto individuales como colectivos *(persona, consumidor, personal, población, ciudadanía)*, más frecuentemente si designan a los más débiles o desfavorecidos *(niño, menor, mujer, minusválido, inmigrante)*. En el sentido de 'usar mal, de forma excesiva o indebida' se combina a menudo con sustantivos que designan bebidas, alimentos u otras sustancias que se consumen *(pasta, sal, grasa, alcohol, café, tabaco, droga)*. También se combina con un gran número de sustantivos que designan recursos posibles en alguna actividad *(abusar de las metáforas, de los primeros planos, del color, de las chicuelinas, de las fórmulas)*, pero destacan especialmente sus combinaciones con...

A SUSTANTIVOS QUE DENOTAN BUENA INTENCIÓN O PREDISPOSICIÓN FAVORABLE HACIA ALGO O ALGUIEN. TAMBIÉN CON ALGUNOS QUE DESIGNAN OTRAS CUALIDADES Y PROPIEDADES, MÁS FRECUENTEMENTE SI ALUDEN AL COMPORTAMIENTO SINCERO, HONESTO O DESINTERESADO DE LAS PERSONAS O AL TRATO ENTRE ELLAS: **1 hospitalidad** +: Otros *abusaron* de la hospitalidad de sus anfitriones y hasta se fueron dejando ingratos recuerdos. CLA300199 **2 buena fe** +: ...se me acercó en busca de información (...), con subrepticias intenciones y *abusando* de la buena fe de una modesta empleada... CAP040997 **3 paciencia** +: Pero no pretendemos *abusar* de la paciencia y de la generosidad de quienes en estos momentos nos dispensan su atención... LDD260697 **4 buena disposición** +: No queremos *abusar* de su hospitalidad ni de su buena disposición al aceptar recibirnos. INDOC **5 confianza** +: ...el acusado no pertenece al rango de quienes defraudan o *abusan* de la confianza que una institución deposita en ellos... DYM040796 **6 buen corazón:** Tendrás que ser fuerte, decidido, para que no *abusen* de tu buen corazón. ENH300697 **7 amabilidad** +: ...uno de esos momentos de nostalgia en el que se cae cuando se ha *abusado* de la amabilidad de los anfitriones... LVE301196 **8 amistad** +: Le acuso de haber usado y *abusado* de la amistad (...) para obtener viajes en avión o vacaciones de lujo pagadas. LVE050395 **9 gentileza** +: No quiero *abusar* de su gentileza, pero el señor (...) ha sido un suertudo. EXC020197 **10 seriedad:** Es primordial y fundamental ser serio en determinados momentos. Pero *abusar* de la seriedad es terrible. EPE051199 **11 esperanza:** ...las empresas están utilizando a los profesionales del diseño para obtener un gran número de proyectos gratis, mediante convocatorias de dudosa seriedad y *abusando* de la esperanza de algunos profesionales... LVE010595 **12 nobleza:** ...pueden existir personas con doble moral que a espaldas de sus compañeros *abusen* de la nobleza o el desconocimiento de algún turista. GIC104297

B SUSTANTIVOS QUE DENOTAN PODER, FUERZA O HEGEMONÍA. TAMBIÉN CON ALGUNOS QUE DESIGNAN INSTRUMENTOS O CAPACIDADES QUE SE ASOCIAN CON ESOS ATRIBUTOS, O PERSONAS QUE OCUPAN CARGOS O POSICIONES DE RELIEVE EN LOS QUE ES HABITUAL EJERCERLOS: **13 poder** ++: El escritor o la escritora deviene –dentro de sistemas dictatoriales– en un ser peligroso para aquellos que *abusan* del poder. PLG300597 **14 autoridad** +: Policías que *abusan* de su autoridad. ENC280301 **15 cargo** +: ...se ha detenido a un servidor del Estado que, *abusando* de su cargo, cometió evidentes delitos de malversación y cohecho... LVE050395 **16 posición** +: En el Ministerio de Economía y en el de Finanzas hay gente que *abusa* de su posición. LVE301295 **17 investidura:** «Pedimos al Presidente que no *abuse* de su investidura; Jaime Paz y los dirigentes del MIR somos inocentes, no existe proceso ni prueba en contra.». LTB100497 **18 fuerza** +: Si no cabe duda de que América ha *abusado* de su fuerza, tampoco la cabe de que Europa se ha acostumbrado demasiado a su debilidad. EPE201201 **19 riqueza:** ...hay cantos en contra de la iglesia porque el hombre consideraba que ella *abusaba* de su riqueza y de su poder. ENV181297 **20 arma:** En parte se ha visto que muchos de ellos son más proclives que los adultos a *abusar* de las armas... SVG210997

C SUSTANTIVOS QUE DENOTAN CANTIDAD ECONÓMICA: **21 dinero:** ...mi concepción personal de la moral me conduce a lamentar que los que *abusaron* del dinero público no fueran sancionados más rápidamente. LVE170495 **22 fondos:** ...comentó que se había *abusado* de los fondos de formación ocupacional con finalidades lucrativas... EPE260399

D SUSTANTIVOS QUE DESIGNAN EL DERECHO O LA JUSTICIA, ASÍ COMO ALGUNAS DE SUS DISPOSICIONES: **23 derecho ++**: ...los jueces afirmaron que se había *abusado* del derecho de expresión. LVE020295 **24 ley +**: El Gobierno se compromete a no *abusar* de la ley... EPE021099 **25 justicia**: ...muchos políticos *abusan* de la Justicia denunciando presuntos delitos para desprestigiar a sus opositores. CLA110199 **26 estatuto**: ...consideran que (...) han *abusado* del estatuto de la zona de seguridad... LVE120795 **27 fuero**: ...antes era frecuente que los diputados, *abusando* del fuero constitucional, se involucraran en balaceras, inclusive en la Cámara. EXC031000

E SUSTANTIVOS QUE DENOTAN PRERROGATIVA, PERMISO O CAPACIDAD PARA ACTUAR. TAMBIÉN CON OTROS SUSTANTIVOS QUE DESIGNAN ESTADOS O SITUACIONES CONSIDERADOS VENTAJOSOS: **28 privilegio +**: La respeto, pero el problema es que la compañera *abusa* de su privilegio de libertad de expresión. PME080996 **29 facultad +**: ...«unos administradores infieles» que *abusaron* de sus facultades en provecho propio y por lucro personal. LVE231195 **30 mayoría +**: Y la crítica que más se repite, expresada de diferentes maneras, es que el Ejecutivo que dirige José María Aznar ha *abusado* de su mayoría absoluta... EPE040800 **31 prebenda**: ...buscando la garantía de que nunca más *abusarán* de sus prebendas. LVE090896 **32 permiso**: Si dices mentiras, *abusas* de los permisos y te pasas por la faja las normas, harás que los demás no la tengan contigo. ETC111196 **33 permisividad**: ...existen muchos establecimientos que han *abusado* de la permisividad de la normativa... LVE241096 **34 libertad**: «Uno siempre tiene que *abusar* de su libertad», dijo Paul Eluard. EME280696 **35 posibilidad +**: Los procesados agotarán los mecanismos de defensa que les concede la ley, aun *abusando* de la posibilidad de introducir recursos... LHG280900

F SUSTANTIVOS QUE DENOTAN TÓPICO O RECURSO FRECUENTE O GASTADO: **36 tópico +**: En tal cometido, sin *abusar* de tópicos ni caer en blasfemas irreverencias, se comprueba la eficacia de un estilo sencillo... ABC271192 **37 recurso +**: El ser humano, durante los últimos cien años, ha *abusado* de los recursos naturales. BYN301197 **38 cliché**: Abusa de los clichés, pero logra que suenen a canción vieja... ABC131291 **39 patrón**: No podrá *abusar* de tamaño patrón y de tal ejemplo... LVE220696

G SUSTANTIVOS QUE DENOTAN ESTRATEGIA O HABILIDAD POCO NATURAL: **40 artificio**: ...tienen el mérito (...) de no *abusar* de artificios extremistas... LVE091194 **41 efectismo**: ...su afición a manipular las historias y a *abusar* de los efectismos visuales. EME150394 **42 efectos especiales**: Sin embargo, el film no se recrea en la violencia y la cámara es sobria, sin *abusar* de los efectos especiales. HOY230287 **43 truco**: ...lo muleteó confiado, mas no torero, *abusando* de los habituales trucos propios de la tauromaquia pegapasista... EPE150900

H SUSTANTIVOS QUE DENOTAN CONSUMO, USO O UTILIZACIÓN DE ALGO: **44 consumo +**: Uno de cada diez españoles *abusa* del consumo de alcohol. EME270996 **45 uso**: ...a quien acusan de mantener una política «autoritaria» y de *abusar* del uso de la fuerza policial para sofocar las protestas sociales. EPE311099 **46 utilización**: Central *abusaba* de la utilización del sector izquierdo de su ataque... CLA211187 **47 empleo**: ...se *abusa* de su empleo, a veces innecesario, y otras veces a dosis incorrectas... LVE281096 **48 aplicación**: Un recurso útil, pero de cuya aplicación se *abusa* una y otra vez como si fuera el único. INDOC

I SUSTANTIVOS QUE DENOTAN CARENCIA DE ALGO: **49 debilidad +**: No obstante, no sería «honesta» si el mediador «utilizase procedimientos con los que buscara enriquecerse a costa de los litigantes o si *abusara* de la debilidad de uno de ellos...». EME110294 **50 flaqueza**: Abusan de su flaqueza. CAP180196 **51 ignorancia**: ...«cuando tenía como 20 años, empecé a darme cuenta de la forma en que los poderosos *abusaban* de la ignorancia de los campesinos». PME020297 **52 desconocimiento**: ...se *abusa* con premeditación del desconocimiento de la materia por parte de la mayoría de votantes. LVE130595

J EL SUSTANTIVO *TIEMPO*: **53 tiempo +**: Gran vanidad asiste al que *abusa* del tiempo de los demás y se proyecta, por medio de leyes, para épocas que no le pertenecen. SEM161000

■ Se combina también con: ♦ **descaradamente**[24], **impunemente**

□ Véase también: **abuso**.

abusivamente *adv.* ■ Se antepone como intensificador a algunos adjetivos calificativos *(exagerado, caro, alto: Ponen unos precios abusivamente altos)*. Más frecuentemente se combina con verbos que denotan consumo, generalmente de bebidas o alimentos *(beber, comer, ingerir, consumir)*, además de con...

A VERBOS QUE DENOTAN EMPLEO, UTILIZACIÓN O APROVECHAMIENTO DE ALGO: **1 utilizar +**: ...y pidió al juzgado que declarara nula la donación de la vivienda, «utilizando *abusivamente* un poder que no le facultaba para efectuar ese acto». EPE021001 **2 usar +**: ...que el apelativo democracia es *abusivamente* usado por todos... EME100495 **3 emplear +**: ...adjudicaba obras para la Guardia Civil de forma directa y discrecional y empleaba *abusivamente* los fondos reservados. LVE280295 **4 aprovechar**: ...aprovechando *abusivamente* las facultades que le habían sido conferidas. EPE021001 **5 aplicar**: «La Policía Municipal y Nacional aplican *abusivamente* la Ley de Extranjería. EME080495 **6 beneficiarse**: Ciertos dirigentes se beneficiaron *abusivamente* de los privilegios propios de su cargo. INDOC

B VERBOS QUE DESIGNAN DIVERSOS ASPECTOS DE LAS TRANSACCIONES ECONÓMICAS. TAMBIÉN CON ALGUNOS QUE SE REFIEREN A LOS PROCESOS QUE EXPERIMENTAN LAS MERCANCÍAS QUE INTERVIENEN EN ELLAS: **7 cobrar ++**: ...en los garajes, en donde todavía se cobra *abusivamente* por pasos –zancadas– de una hora... EPE210399 **8 vender**: ...En aquellos años se abusó de los precios, vendió gente no profesional, se vendió *abusivamente* en subastas... EME090995 **9 encarecer**: ...con el único fin de ganar tiempo, tanto para encarecer *abusivamente* el acceso a la propiedad de un colectivo cada vez menos numeroso... EME220395 **10 subir**: En los dos últimos años el precio de la vivienda ha subido *abusivamente*. INDOC **11 subarrendar**: ...como una empresa privada que «subarrienda *de forma abusiva* a los vendedores ambulantes». EPE211201

C VERBOS QUE DESIGNAN LA ACCIÓN DE COMPORTARSE O ACTUAR EN RELACIÓN CON ALGUNA COSA: **12 ac-**

tuar +: Sin embargo, subrayó que el Gobierno sí actuó *de manera abusiva* repartiendo entre los votantes apartamentos, electrodomésticos, sobres con dinero... LNC240796 **13 proceder:** ...el gobierno estaría procediendo *abusivamente* al presentar los cuarenta y ocho artículos contenidos en la mencionada iniciativa. ETC240996 **14 intervenir:** Porque ésta ha usado de cuanta fuerza y argucia es imaginable para intervenir *abusivamente* en un terreno que, por naturaleza, debe quedar reservado a la autonomía... EPE070299 **15 ejercer:** ...supone prejuzgar que se va a ejercer *de modo abusivo* esa libertad... EME270195 **16 portarse:** ...parecía un contrato justo, pero el casero se portó *abusivamente* y sin escrupulos. INDOC

D VERBOS QUE DENOTAN RETENCIÓN, APROPIACIÓN, RECAUDACIÓN O RECOPILACIÓN DE ALGO: **17 acaparar** +: ...eran unos perfectos desconocidos hasta hace cinco meses; ahora acaparan *abusivamente* portadas y firman autógrafos a dos manos. EME080395 **18 apropiarse:** ...se ha apropiado *abusivamente* de este cambio, identificándose con Cataluña y con todo lo realizado, lo haya hecho quien lo haya hecho. LVE161195 **19 recoger:** Además, no se podrá sugerir en la publicidad que el efecto del medicamento en cuestión está asegurado, ni recoger *«de forma abusiva»* testimonios de curación... EME300195 **20 capturar:** La flota de pesca de bajura española y la francesa están capturando *de forma abusiva* atún rojo en el Mediterráneo... EME140696 **21 cosechar:** En la última semana, Cage ha cosechado *abusivamente* tres de los premios más codiciados para cualquiera actor... EME181295 **22 asimilar:** Sus adversarios le reprochan haber asimilado *abusivamente* Cataluña a su propia persona... EPE010688 **23 absorber:** ...el llamado primer Órgano del Estado absorbe todos los problemas del país; unas veces, legalmente y, otras, *abusivamente* por puro espíritu confrontativo y prepotente... ESH220797

E VERBOS QUE DESIGNAN DIVERSAS FORMAS DE ALTERAR LAS COSAS, A MENUDO CON RESULTADOS INCONVENIENTES O PERJUDICIALES: **24 manipular:** ...el gregarismo, manipulado *de forma abusiva*, se ha hecho enfermo; la sociedad, en consecuencia, está enferma... EPE190900 **25 modificar:** ...para modificar *«de forma abusiva»* un buen número de leyes (hasta 40 han denunciado) sobre materias que nada tienen que ver con la política económica... EPE101199 **26 retocar:** ...al retocar *«abusivamente»* en el Senado, sin atender a los requerimientos de la oposición, todos los proyectos de ley sometidos ayer a votación... EPE211201 **27 prolongar:** ...que únicamente sirven para prolongar *abusivamente* el proceso irreversible de morir. EPE010288 **28 hinchar:** ...cuya presencia en «Nueve meses» ha sido hinchada *abusivamente* por la publicidad... LVE091295 **29 cercenar:** ...sin abandonar sus dispositivos básicos, sin cercenar *abusivamente* –en una alharaca funambulesca– las raíces que le concedieron patente de hombre público. EPE170977 **30 fragmentar:** No acertó, a mi juicio, en los cantes por levante y por granaínas, cuyos tercios fragmenta *abusivamente*, como si cantara a golpes de voz compulsivos. EPE151199

F VERBOS QUE DENOTAN CONTROL, DOMINIO O EJERCICIO DE AUTORIDAD: **31 controlar** +: ...en un mapa audiovisual que el Gobierno pretende controlar *abusivamente* a través de sus empresas amigas. EPD260797 **32 dominar:** ...y disponer garantías para la imparcialidad de las cadenas televisivas, ahora dominadas *abusivamente* por Berlusconi. LVE150195 **33 gobernar:** Lo cual demuestra que se gobernó *abusivamente*, abarcando un tiempo que correspondería a los otros. SEM161000 **34 imponer:** Su conflicto sindical, que tendría que haberse solucionado normalmente (...), se ha impuesto *de forma abusiva* en la plaza pública. LVE271196

G VERBOS QUE DESIGNAN LA ACCIÓN DE REDUCIR, TRATAR O PRESENTAR SUPERFICIALMENTE ALGÚN ASUNTO: **35 generalizar:** Generalizando *abusivamente*, de los ochenta se podría decir que han sido unos años socialmente banales, artísticamente manieristas... ABC200392 **36 simplificar:** ...algunos se apresuraron a relacionar, simplificando *abusivamente*, con lo que en Francia se llamó «école du regard»... ABC091294

☐ Véase también: **abusivo, abuso.**

abusivo *adj.* ▮ Se combina con...

A SUSTANTIVOS QUE DENOTAN PRECIO, TARIFA, CARGA PECUNIARIA Y OTRAS FORMAS EN QUE SE PRESENTAN LAS MAGNITUDES ECONÓMICAS QUE SE ADEUDAN, SE RECIBEN O SE EXIGEN: **1 precio** ++: ...pero los precios que en ellos se cobran son astronómicos y *abusivos*. ETC020188 **2 tarifa** ++: ...no le pongan al pueblo *abusivas* tarifas de electricidad... VIS040997 **3 cantidad** ++: Algunos inmigrantes tuvieron que hipotecar sus propiedades en los países de origen para pagar las cantidades *abusivas* de la realización de los trámites... EME120795 **4 impuesto** ++: ...atempera la vigencia de impuestos injustos o *abusivos*. PME220996 **5 carga** +: ...así como evitar cargas *abusivas* por parte del sector bancario. LVE100795 **6 fiscalidad:** Una fiscalidad *abusiva* daría al traste con este potencial. ABC190692 **7 cambio:** ...o 48 nuevos soles, al cambio *abusivo* de 2.40 por dólar; lo toma o lo deja. CAP160496 **8 interés:** ...la Oficina del Consumidor de Montmeló las remitió al Banco de España al considerar que se cobró un interés *abusivo*. EME100996 **9 comisión:** ...las denunciaron por haberles cobrado comisiones *abusivas*... EPE240900 **10 alquiler:** A muchas les cobran alquileres *abusivos*. LVE200796 **11 factura:** El motivo de la denuncia era la presentación y pase a cobro (...) de facturas a todas luces *abusivas* sobre unos trabajos de pintura... LVE190594 **12 honorario:** ...y que los honorarios de los arquitectos, en general, son *abusivos*. LVE040796 **13 cobro:** ...que ya no tendrán que lidiar con cobros *abusivos* y pérdida de tiempo... PME020297

B SUSTANTIVOS QUE DENOTAN UTILIZACIÓN, CONSUMO O GASTO: **14 uso** ++: El uso *abusivo* de sustancias estupefacientes ilícitas se ha visto largamente incrementado... EOU210696 **15 utilización** ++: Ello se ha originado en su utilización *abusiva* y malversada como instrumento de opresión... HOY250184 **16 consumo** ++: ...su preocupación por el problema que supone el consumo *abusivo* del alcohol... ENC271100 **17 gasto** +: Clos rechaza las críticas de la oposición por el que ésta considera un gasto *abusivo* en publicidad. EPE050499 **18 explotación:** ...nos consideraba una plantación para la explotación *abusiva*... DLA010297 **19 empleo:** ...como castigo al *abusivo* empleo de su música. ABC221191 **20 manejo:** No es justo tener que soportar desconfianza y zozobra frente al manejo *abusivo* del poder. LTB280197 **21 ingesta:** ...las asocia a un estilo de ocio en fines de semana en el que también tiene un papel predominante la ingesta *abusiva* de alcohol. LVE191196

C SUSTANTIVOS QUE DENOTAN ACTUACIÓN, PARTICIPACIÓN ACTIVA EN ALGO. TAMBIÉN CON OTROS QUE DESIGNAN RECURSOS, HÁBITOS O FORMAS DE LLEVAR A CABO ALGUNA ACTIVIDAD: **22** **práctica** +: ...puede haber recurrido a «prácticas *abusivas* de licencia... EXC070901 **23** **ejercicio:** Nos podemos encontrar la figura del ejercicio *abusivo* del derecho y se estudia interponer una denuncia... ESP100501 **24** **actuación:** El motivo del cambio es (...) evitar que se produzcan actuaciones *abusivas.* EDV130301 **25** **intervención:** Es *abusiva* la intervención de elementos subalternos que se excedieron en sus atribuciones y tomaron preso al Presidente de la Asamblea... LTB280197 **26** **proceder:** ...ha explicado que el *abusivo* proceder no tuvo relación con orden superior alguna... LTB280197 **27** **aplicación** +: El frenazo que supone una aplicación *abusiva* de Maastricht... LVE191296 **28** **método:** ...las repatriaciones que, según Haití, eran realizadas con métodos *abusivos.* DED040297 **29** **procedimiento:** Sí, es un procedimiento seguramente anacrónico, poco funcional, *abusivo.* LVE210995 **30** **praxis:** ...pidió al Gobierno que «corte la praxis *abusiva* que en muchos casos se ha dado incluso con la ley actual». LVE180696 **31** **hábito:** Donde se tocan fibras muy sensibles de identidad, hábitos *abusivos...* LVE031295 **32** **moda:** La hoy *abusiva* moda de las secuelas no era moneda corriente... LVE250996

D SUSTANTIVOS QUE DENOTAN ACUERDO O EXPRESAN ALGUNAS DE SUS MANIFESTACIONES. TAMBIÉN CON OTROS QUE DESIGNAN ALGUNAS DE LAS CONDICIONES QUE SUELEN ACOMPAÑAR LAS ACCIONES CONCERTADAS: **33** **condición** ++: Los vecinos consideran *abusivas* las condiciones de Procivesa... LVE060495 **34** **cláusula** ++: ...es habitual que se les imputen cláusulas *abusivas* en los contratos... CLA190197 **35** **acuerdo** +: ...el órgano de administración de cualquier sociedad impusieran acuerdos *abusivos...* LVE140196 **36** **contrato** +: ...estos contratos presentan clarísimas anormalidades que les hacen merecedores de la consideración de *abusivos...* EME030594 **37** **convenio:** ...pretendían que firmáramos un convenio claramente injusto y *abusivo.* INDOC

E SUSTANTIVOS QUE DENOTAN DISPOSICIÓN O RECURSO DE ACTUACIÓN. TAMBIÉN CON ALGUNOS QUE DESIGNAN OTRAS DIRECTRICES ESTIPULADAS O REGLAMENTADAS, A MENUDO DE CARÁCTER COERCITIVO O PUNITIVO: **38** **ley** ++: ...con sus *abusivas* leyes de secretos oficiales... EME200396 **39** **medida** ++: ...después de las *abusivas* medidas económicas tomadas... LVE100596 **40** **norma** +: ...rigen las infundadas, *abusivas* y vejatorias normas de la economía... EPE190700 **41** **sanción:** ...aseguró que las sanciones que impone Agricultura son *abusivas...* LVE220795 **42** **prohibición:** ...cuando se les imponen límites, prohibiciones *abusivas* o discriminatorias... LPN080597 **43** **imposición:** ...sin rechazar la imposición *abusiva* de boicots irracionales... CAP091097

F SUSTANTIVOS QUE DENOTAN COMPORTAMIENTO O ACTITUD, GENERALMENTE EN RELACIÓN CON LOS DEMÁS: **44** **tratamiento** +: ...de denuncias por tratamientos *abusivos* o contrarios a la dignidad... LVE140995 **45** **trato** +: ...muchos dejamos Telmex por el mal servicio y el trato *abusivo...* EXC200700 **46** **comportamiento** +: Convencido de que este comportamiento *abusivo* no era conveniente... ESP150897 **47** **actitud:** ...adoptaron una actitud abiertamente *abusiva* durante la sesión de ayer... EME240295 **48** **conducta:** ...precisa la noción de acoso moral en el trabajo: éste se define como toda conducta *abusiva* (gesto, palabra, comportamiento, actitud...) que atenta... EPE021201 **49** **postura:** ...calificó la postura (...) de «absolutamente intolerable y claramente *abusiva*», porque se está cercenando la relación de la Cámara con la fiscalía... LVE050495 **50** **posición:** ...daría lugar a posiciones *abusivas* por parte de los más poderosos. DYM230796

G SUSTANTIVOS QUE DESIGNAN ALGUNAS FORMAS DE ORGANIZAR LAS TAREAS: **51** **servicios mínimos** +: ...pese a que están cumpliendo «unos servicios mínimos *abusivos,* del 75»... FDV210601 **52** **horario** +: ...las mujeres eran obligadas a trabajar en horarios *abusivos...* DDN030101 **53** **jornada:** El representante sindical vaticina una crisis cuando esas jornadas laborales tan flexibles comiencen a ser *abusivas.* EPE200800

H SUSTANTIVOS QUE DENOTAN INCREMENTO O EXPANSIÓN: **54** **aumento** +: ...con este aumento que considera desproporcionado y *abusivo.* DLA210697 **55** **subida** +: ...son más proclives a las subidas *abusivas* que las ciudades... EPE141201 **56** **incremento** +: ...calificó de «*abusivos*» los incrementos, sobre todo los de los títulos de viaje más utilizados... EVE061295 **57** **ascenso:** ...nadie pone ya en duda que el ascenso de los precios en el último año ha sido *abusivo.* INDOC **58** **expansión:** ...o por la *abusiva* expansión urbana, las casas al interior están a punto de ser demolidas... CAP130700

I SUSTANTIVOS QUE DENOTAN PODER O AUTORIDAD. TAMBIÉN CON OTROS QUE DESIGNAN ALGUNAS DE SUS MANIFESTACIONES, A VECES COERCITIVAS, Y ALGUNAS ORGANIZACIONES QUE LO REPRESENTAN: **59** **poder** +: Es también la radiografía de cómo se ha construido el poder *abusivo* de la DNCD. RUM290997 **60** **control:** ...lo que facilitaría precisamente el control *abusivo* de la información. EME110594 **61** **régimen:** ...la economía ya siente los efectos de la inseguridad jurídica y la desconfianza que genera un régimen *abusivo* y policiaco. EXP210797 **62** **gobierno:** ...llegue a cuestionar con Bork las decisiones fundamentales tomadas en los últimos treinta años en materia de (...) la protección de los derechos individuales ante un gobierno *abusivo.* CLA030797 **63** **empresa:** Denuncian a empresa *abusiva.* PME290996

J LOS SUSTANTIVOS *DERECHO* Y *PRIVILEGIO*: **64** **derecho** +: ...queremos suprimir este derecho de propiedad *abusivo* sobre la empresa... LRE060103 **65** **privilegio** +: La tensión que provoca el ocultamiento de privilegios *abusivos...* EPU041001

K SUSTANTIVOS QUE DESIGNAN DIVERSAS FORMAS DE ACCIÓN HOSTIL, ASÍ COMO ALGUNAS DE SUS MANIFESTACIONES FÍSICAS: **66** **crítica** +: Esto le cuesta críticas, a menudo *abusivas,* pero ya se verá a la larga si Europa puede subsistir... LVE210794 **67** **ataque:** ...por haber sido víctima de un *abusivo* ataque personal de un delincuente... PLG070397 **68** **violencia:** ...encarna la violencia *abusiva* del Estado... DHE121296 **69** **desalojo:** Indicó que si realmente se quiere hacer una justicia social (...) y evitar definitivamente los desalojos *abusivos* de los que fueron víctima... LDD090597 **70** **detención:** ...esa *abusiva* detención no tenía orden de autoridad judicial alguna... LTB280197 **71** **secuestro** –: ...su disconformidad y repudio por el *abusivo* secuestro y paliza posterior propinada... LTB280197

L SUSTANTIVOS QUE DENOTAN REDUCCIÓN O SIMPLIFICACIÓN DE ALGO: **72** **generalización** +: ...radica en el riesgo de caer en generalizaciones *abusivas*. ABC041194 **73 simplificación:** Las recapitulaciones y generalizaciones son necesarias, siempre que no se conviertan en simplificaciones *abusivas*. INDOC

M OTROS SUSTANTIVOS; POSIBLES USOS ESTILÍSTICOS: La cosecha bibliográfica que ha generado el cincuentenario del fin del conflicto resulta casi *abusiva*. LVE270795; ...la acepción que se funda en etimología es la verdadera; las demás, *abusivas*. ABC100694; ...la exploración del petróleo –*abusivo* rival del café–... ENV190197

☐ Véase también: **abusivamente**.

abuso ♦ de autoridad, de confianza, de fuerza, deliberado, de poder, descarado, deshonesto, encubierto, escandaloso, evidente, excesivo, extendido, físico, generalizado, ilegítimo, incontrolado, indignante, infantil, intolerable, laboral, policial, psicológico, sexual, total, vergonzoso ♦ delito (de), objeto (de)[52] ♦ abundar, acusar (de), atajar, aumentar, castigar, cometer, comprobar, condenar, constituir, consumar(se)[8], controlar, crecer, denunciar, disimular, evitar, frenar, incurrir (en), librar(se) (de), ocultar, poner fin (a), prevenir, proliferar, silenciar[30], sufrir, tomar medida(s) (contra), verificar

☐ Véase también: **abusar (de), abusivamente, agresión, atraco, atropello, exceso, injusticia, intemperancia, tropelía.**

[acá] → **de acá para allá**

a caballo ▮ *(a galope)* **♦ montar, viajar,** *otros verbos de movimiento*

▮ *(entre dos cosas)* **♦ andar, estar, nacer, vivir**

acabar ♦ abruptamente[8], a golpes[45], a lo grande[25], a marchas forzadas[16], a medias[2], a patadas, armónicamente[24], como el rosario de la aurora[1], con {buen/mal} pie[11], con éxito[9], de raíz[12], de repente, dignamente[8], gradualmente[28], indefectiblemente[2], inesperadamente, inevitablemente[12], inexorablemente[48], para el arrastre, trágicamente[7]

☐ Véase también: **empezar, finalizar, llegar a su fin.**

acaecer *v.* **▮** Se combina, sobre todo en el lenguaje formal, con sustantivos que denotan hecho o acontecimiento *(suceso, hecho)*, y con otros que designan ciertos eventos de carácter social *(boda, estreno)*. También se combina con...

A SUSTANTIVOS QUE DENOTAN CAMBIO DE ESTADO O CONVERSIÓN DE ALGUNA COSA EN OTRA DIFERENTE: **1 cambio +:** ...también permite establecer los principales cambios *acaecidos* en estos 20 años. EXC211096 **2 modificación +:** ...se corregirían, al menos en parte, las modificaciones *acaecidas* en la redistribución de la renta. EME030296 **3 transformación +:** ...se utiliza para designar el cúmulo de transformaciones *acaecidas* en la cultura occidental, en un periodo largo de tiempo... ABC240395 **4 alteración:** El enfrentamiento ha dado lugar a diversas detenciones y tuvo su continuación en diversas alteraciones del servicio *acaecidas* en la mañana de ayer... LVE160395

B EL SUSTANTIVO *PROBLEMA* Y CON OTROS QUE DESIGNAN SUCESOS O ACONTECIMIENTOS, GENERALMENTE IMPREVISTOS, QUE IMPIDEN O DIFICULTAN EL DESARROLLO DE LAS COSAS: **5 problema:** ...se ha sufrido a través de los problemas *acaecidos* en las elecciones efectuadas con anterioridad... DED301096 **6 incidente:** ...a raíz de los últimos incidentes *acaecidos* el pasado fin de semana. LHG020797 **7 contratiempo:** La prensa local informaba ayer, por otra parte, de un serio contratiempo *acaecido* el pasado domingo... INDOC

C SUSTANTIVOS QUE DENOTAN EQUIVOCACIÓN O DESACIERTO EN DIVERSOS GRADOS: **8 error +:** El susodicho error *acaece* al aseverar que el actual jefe del Gobierno alemán es el más longevo en su cargo... LVE170196 **9 disparate +:** Los múltiples disparates y absurdos que *acaecen* en el mundo económico contrastan con la arrogancia y soberbia de los economistas... EME161195

D SUSTANTIVOS QUE DESIGNAN SITUACIONES O ESTADOS DE INFORTUNIO O ADVERSIDAD, ASÍ COMO ALGUNAS DE SUS CAUSAS O DE SUS CONSECUENCIAS: **10 cataclismo:** ...un extraño cataclismo *acaecido* en un perdido confín de Siberia en 1908, una detonación devastadora de magnitud desconocida hasta entonces... EPE200499 **11 quiebra:** En la tabla anexa se detalla la evolución de las suspensiones y quiebras *acaecidas* en Cataluña durante el pasado quinquenio... LVE030795 **12 infortunio:** Descontados los infortunios *acaecidos*, comenzó un nuevo intento de recuperación. EME050295 **13 calamidad:** Si en España *acaeciese* tamaña calamidad, se encargarían de poner orden las derechas... LVE050695 **14 desgracia:** ...recitó el retablo de «las desgracias *acaecidas* desde el último debate sobre el estado de la Nación»... EME090295 **15 debacle:** Tras la siniestra debacle de los bosques valencianos *acaecida* en el cuatrienio anterior... EPE300899

E SUSTANTIVOS QUE DESIGNAN FENÓMENOS METEOROLÓGICOS CONSIDERADOS AGRESIVOS O DAÑINOS. SE USAN GENERALMENTE EN SENTIDO FIGURADO: **16 tormenta:** ...tal y como sucedió en la «tormenta del siglo» *acaecida* el pasado 21 de septiembre sobre la ciudad de Barcelona. LVE260896 **17 temporal:** Además aprobó ayer las medidas de reparación de los daños causados por las lluvias torrenciales y el temporal *acaecidos* en enero de 1999 en Canarias. EPE100499 **18 tromba:** ...debido a una tromba de agua, *acaecida* en el término municipal de Biescas... EME110896 **19 terremoto:** En este mismo año, a finales del mismo, *acaeció* el terremoto que involucró los años de 1917 y 1918 y que destruyó la Escuela... LHG130297

F OTROS SUSTANTIVOS; POSIBLES USOS ESTILÍSTICOS: La confluencia *acaece* en el fondo de un selvático cañón, entre plegamientos rocosos y cuchillares que nos recuerdan los turolenses Órganos de Montoro. EPE021101

☐ Véase también: **ocurrir.**

a cajas destempladas Véase: **con cajas destempladas**

acallar *v.* **▮** Se construye generalmente con sustantivos en plural. Se combina con sustantivos que expresan sensaciones *(dolor, miedo)* y con otros que designan personas, grupos humanos o instituciones, especialmente si ejercen alguna oposición frente a algo o alguien *(manifestante, detractor, oposición)*. También se combina con...

A EL SUSTANTIVO *VOZ*, ASÍ COMO CON OTROS QUE DESIGNAN ALGUNAS PARTES DEL ORGANISMO QUE PARTICIPAN EN LA EXPRESIÓN VERBAL. SE SUELEN USAR METONÍMICAMENTE EN REFERENCIA A LA CAPACIDAD EXPRESIVA DEL QUE LAS POSEE: **1 voz ++:** Dedicó tantas energías a *acallar* las voces de sus adversarios... FDV260499 **2 boca:** El Atlético enseñó su garantía en Sarrià y *acalló* las bocas después de que el Barcelona les metiera en la mochila todo el peso de la presión. EME190296 **3 labio:** Garganta Profunda tampoco habló de la operación de «dinero para *acallar*» los labios de los acusados. EME240494 **4 lengua:** ...quiso *acallar* las lenguas de doble filo. Sin posturitas atildadas y fotogénicas de pseudopinturería; sin teatros ni aspavientos, se la jugó en el sexto a base de casta. EME190494 **5 garganta:** San Mamés gritaba el gol, pero el ruso Karpin *acalló* las gargantas y salvó a la Real de una derrota segura. EME090195

B SUSTANTIVOS QUE DESIGNAN SONIDOS O RUIDOS, A MENUDO VEHEMENTES Y CON FRECUENCIA REPRESENTATIVOS DE SITUACIONES DE NECESIDAD O DE DENUNCIA, MÁS RARAMENTE DE ALABANZA: **6 grito ++:** En un último esfuerzo por *acallar* los gritos y convencer a la asamblea, Andrade hace una advertencia. PME290996 **7 aplauso +:** ...se *acallaron* los aplausos y nadie dijo nada más excepto dos personas que rompieron a llorar. LVE050696 **8 viva +:** Cuando se *acallaron* los aplausos y los «vivas», el presidente blanco tomó aire y se inclinó levemente hacia delante antes de... EME240494 **9 estruendo +:** Esperó a que se *acallara* el estruendo del repiqueteo y el resonar de la rodela. LVE140596 **10 clamor:** Clinton reiteró su propuesta de una reforma sobre el financiamiento de las campañas con el objetivo de *acallar* el clamor de la existencia de intereses especiales... EXC210197 **11 ruido:** La nueva norma no ha logrado *acallar* el ruido político por la supuesta *venta de votos*. ENH100900 **12 llanto:** Para el fiscal, la canguro actuó con «clara vileza», aumentada por el parentesco, para *acallar* el llanto del bebé. LVE080395 **13 cántico:** ...se realizaron desfiles militares para amedrentar a los senderistas, y se instalaron potentes parlantes para *acallar* los cánticos de los subversivos. CAP300197 **14 canto:** Ellos están a la espera de que alguien escuche sus súplicas para que no se *acalle* el canto de los canarios. EPE010699 **15 abucheo:** Tuvo que aparecer de nuevo Bergkamp para *acallar* los abucheos con que los seguidores holandeses castigaban la falta de ideas... EME300694 **16 sonido:** ...la posibilidad de una intervención militar externa no ha *acallado* el sonido de los morteros en Racak... EPE180199 **17 murmullo:** No podía yo *acallar* mi murmullo escéptico: se va a escapar, el viejo astuto y ladino encontrará el modo de escabullirse. EPE030800 **18 ovación:** Rápido, casi corriendo, lanzándose hacia su silla, para comenzar la música lo antes posibles y *acallar* la ovación de la que siempre ha huido... EME260296 **19 palmas:** El rumor y los movimientos de cabezas son continuos en la sala, y cuando suena «Dixie» todos acompañan con palmas que algunos profesores hacen *acallar*... LVE080295 **20 pateo:** ...intentaron *acallar* los pateos con aplausos. EME200494 **21 pitido:** ...algunos pitidos del público, que *acalló* el teniente de alcalde. EPE210677

C SUSTANTIVOS QUE EXPRESAN CRÍTICA, CENSURA Y OTRAS MANIFESTACIONES DE DISCONFORMIDAD: **22 crítica ++:** Rajoy plantea cinco iniciativas legislativas para *acallar* las críticas al Gobierno. ENC140201 **23 protesta ++:** Pero tampoco me apresuro a suspender una medida sólo para *acallar* una protesta o evitar una crítica. ESP260697 **24 queja +:** Esta acción (...) busca *acallar* las quejas de la opinión pública, convulsionada desde que el canal Frecuencia Latina informó... DHE180797 **25 denuncia +:** ...los diputados del PRI intentaron *acallar* las denuncias que presentó sobre el estado de los desaparecidos políticos... DYM170796 **26 insulto +:** Otro sector del público, avergonzado, intentó *acallar* los insultos con aplausos, pero no siempre lo consiguió. EPD110997 **27 advertencia –:** Pero en un intento desesperado de proteger a la industria cárnica del Reino Unido, el Gobierno británico prefirió cerrar los ojos y, en ocasiones, *acallar* las advertencias de los investigadores. EME240396 **28 amenaza:** El primer reto que deberá afrontar (...) será de orden interno: la recomposición de la unidad (...); *acallar* las amenazas de escisión y cohesionar su propia candidatura... LVE051096 **29 increpación –:** Ortega quería *acallar* así las agrias increpaciones que le han dedicado durante toda la feria. EME010695 **30 reprimenda –:** ...su dedo acusador sobre la cabeza del poeta sandinista Ernesto Cardenal, arrodillado ante el Papa, pero que se pone en pie para *acallar* la reprimenda... EPE050499 **31 reproche –:** Habrá que esperar para comprobar si tan avasalladora presencia juvenil consigue *acallar* de una vez el consabido reproche de que, en este país, el cine lo hacen siempre los mismos. EME210195 **32 acusación –:** ...consiguió que aceptaran un principio de acuerdo para *acallar* las acusaciones públicas. LVE180296 **33 descalificación –:** El ministro de Agricultura intentó *acallar* las descalificaciones públicas de las dos firmas, pero Codorniu rompió el pacto sólo dos días después. LVE180296

D SUSTANTIVOS QUE DENOTAN SOLICITUD: **34 demanda:** Otros queriendo demostrar que es la vía del garrote la indicada para *acallar* las muchas demandas que pueblan el horizonte de un país en crisis... EXC270596 **35 reivindicación:** ...evitar en lo posible el «voto de castigo» por la gestión del Gobierno central y (...) *acallar* la reivindicación de elecciones generales anticipadas. EME120595 **36 súplica:** Rara vez los vecinos de la barriada limítrofe atendieron súplicas que eran *acalladas* a golpes en las hondonadas, con una brutalidad que después certificaban los forenses. EPE040499 **37 petición:** Una razón de peso para *acallar* las peticiones de mayor actividad artística: cuando no hay más dinero, no hay más dinero. ABC270195 **38 exigencia:** El criticismo destierra así la presunción fanática y el orgullo propios de una seguridad moral, que *acallaría* la permanente exigencia de reflexión... ABC030395

E SUSTANTIVOS QUE EXPRESAN SOSPECHA O DUDA, ASÍ COMO DIVERSAS INFORMACIONES INFUNDADAS O POCO FIRMES, MÁS FRECUENTEMENTE SI CIRCULAN ENTRE LA GENTE: **39 rumor ++:** Habría que decir entonces, para *acallar* los rumores, que el mano a mano es una propuesta real, se está buscando formar ese cartel. PME081296 **40 duda ++:** El desempeño del dominicano sirvió para *acallar* cualquier duda sobre su brazo... ENV240700 **41 sospecha +:** La complacencia en el habla de la juventud de hoy no consigue *acallar* la sospecha de una disimulada escasez de vocabulario. ABC161092 **42 suspicacia:** Esta medida (...) busca *acallar* definitivamente rumores y suspicacias sobre la posible injerencia indebida... ETC081196 **43 rumorología:** La alocución del canciller pretendía *acallar* la rumorología veraniega desatada entre sus propias filas... EME120896 **44 habladuría:** ¿Se trataba sólo de *acallar* habladurías o intentaba aminorar la gravedad de su falta...? ABC070593 **45 chismorreo:** No se dieron cuenta de que esto difícilmente podía *acallar* las bromas y los chismorreos... EPE020487 **46 interrogante –:** Pero la unanimidad de estos discursos no es suficiente ya para *acallar* los interrogantes que están surgiendo... EME141295 **47 incertidumbre –:** ...muchos analistas piensan que una elevación del precio del dinero puede *acallar* las incertidumbres que se ciernen... EME280694

F SUSTANTIVOS DE INFORMACIÓN, MÁS FRECUENTEMENTE SI DESIGNAN MENSAJES VERBALES O GÉNEROS DISCURSIVOS: **48 comentario ++:** Ganar la Copa del Rey servirá para *acallar* los comentarios que lanzaron contra él... LVE070895 **49 debate:** Ocho goles tienen un valor balsámico y euforizante para un líder que *acalló* los debates tácticos... EME211096 **50 palabra:** Sus palabras fueron interrumpidas por el portavoz (...), quien trató de *acallarlas*... EPE030799 **51 testimonio:** Y que, para *acallar* sus testimonios, por muy significativa casualidad, algunos de sus interlocutores han muerto asesinados. ESP310197 **52 información:** ...ha manifestado que recibió propuestas económicas de la Peñarroya para que se *acallara* la información sobre Portmán... EPE170977 **53 exclamación:** Alguien chista para *acallar* una exclamación o por ansiedad. BRE070397 **54 confidencia –:** ...con el nuevo nombramiento del general Enrique Rodríguez Galindo (...) se trata de «agradecer servicios prestados o *acallar* ciertas confidencias que a lo mejor este señor puede hacer». EME031095 **55 discusión:** ...su actual emplazamiento no se logró sin que antes se *acallasen* las discusiones que se suscitaron después del terremoto. ABC050293 **56 declaración –:** A la salida de la iglesia, los gritos de los niños corriendo detrás de los caramelos y las golosinas lanzadas al aire *acallaban* las declaraciones del presidente del PP... EME160795 **57 broma –:** No se dieron cuenta de que esto difícilmente podía *acallar* las bromas... EPE020487 **58 expresión –:** ...*acallando* limpiamente cualquier expresión cultural que no pase por la censura de sus grandes medios de difusión. EPE190799 **59 retórica –:** Pero este éxito puede tener corto vuelo dado que las armas de Israel no (...) han podido *acallar* la complementaria retórica belicista... EME110596 **60 informe –:** Ese informe fue *acallado* por los dirigentes, permitiendo que los abusos siguiesen. EME280494 **61 escritura –:** Ello le hace *acallar* sus escrituras en catalán (...) por el hecho de que se nos había impuesto otra lengua. LVE090796

G SUSTANTIVOS QUE DENOTAN INSATISFACCIÓN, DISENSO E INCONVENIENCIA EN DIVERSOS GRADOS. TAMBIÉN CON ALGUNOS QUE EXPRESAN SITUACIONES DE DIFICULTAD O ADVERSIDAD: **62 indignación +:** Y lo más trascendental: lo modélico de esta acción contribuiría a *acallar* la indignación ciudadana. EME200596 **63 disidencia +:** ...de *acallar* la disidencia y la protesta... EUV151096 **64 disensión:** ...en las que la disensión es *acallada* a punta de pistola. ENH140797 **65 discrepancia +:** ...para *acallar* las discrepancias surgidas en este partido... LVE130396 **66 descontento +:** ...la represión gubernamental para *acallar* el descontento... DLA080497 **67 disgusto:** Tampoco han podido *acallar* el disgusto de varios países... EME250594 **68 preocupación:** ...no consiguieron *acallar* la preocupación... EPD300897 **69 reticencia:** ...para *acallar* las fundadas reticencias jacobinas... EPE210700 **70 reparo:** ...los reparos se podrían *acallar* fácilmente en nombre de la libertad de información o del rechazo a cualquier forma de censura. LVE141196 **71 divergencia –:** ...parecía sentirse muy cómodo mientras Piles y Artagotia intentaban *acallar* sus divergencias... EPE130999 **72 insatisfacción –:** Sin embargo, este tipo de amor, lejos de *acallar* su insatisfacción básica, ahonda en las contradicciones íntimas que les ha abocado al fracaso existencial. ABC030492 **73 problema:** ... la tregua de ETA podría estar motivada para *acallar* problemas internos... EDV230796 **74 alarmismo:** Un triunfo que intimide y establezca jerarquías. Y que *acalle* los alarmismos. LVE220996 **75 decepción:** ...han anegado la izquierda de decepciones, mal *acalladas* a base de un reparto dadivoso de cargos entre los militantes... EPE010684 **76 recelo:** ...para *acallar* los recelos que suscitaba su pasado... EME210695

H SUSTANTIVOS QUE DENOTAN ENFRENTAMIENTO O SITUACIÓN HOSTIL O CONTROVERTIDA: **77 polémica ++:** Mientras los preparativos de la boda real se aceleran (...) no termina de *acallar* la polémica en torno del padre de la prometida... CLA200601 **78 pelea:** El riesgo de ser derrotados paradójicamente no ha *acallado* las peleas internas de los populares ibicencos... EPE040499 **79 disputa:** ...debe *acallar* las disputas internas y poner fin a las luchas de poder entre los distintos sectores... EME031096 **80 ataque:** Aplausos y elogios para *acallar* los ataques al vicepresidente. EPE011101 **81 batalla –:** ...su fallecimiento en 1993 *acalló* la batalla que sin duda se hubiera producido para dar paso a las aliviadas necrologías que le dedicaron... EME040395 **82 conflicto –:** Las autoridades de Kinshasa nombran a dos gobernadores militares para *acallar* el conflicto... EME301096 **83 enfrentamiento –:** Fuentes de las Naciones Unidas dudaban ayer sobre la posibilidad de solicitar la intervención de los aviones de la OTAN para *acallar* los enfrentamientos. LVE080595

I EL SUSTANTIVO *CONCIENCIA*. TAMBIÉN CON OTROS QUE DESIGNAN DIVERSAS FACULTADES O CAPACIDADES HUMANAS: **84 conciencia ++:** Con estas brechas económicas, ¿habrá un país para todos los peruanos y los gobernantes soberbios podrán *acallar* sus conciencias? CAP260697 **85 pensamiento:** ...las leyes que Noriega impuso para *acallar* el pensamiento libre no sólo están vigentes sino que se agrega a ellas la caprichosa y mal intencionada interpretación... ESP120697 **86 sufrimiento:** La literatura no puede pasar por encima o *acallar* el sufrimiento. LVE060695 **87 voluntad +:** ...con su «guerra sucia» callejera pretende *acallar* la voluntad democrática del pueblo... LVE211196 **88 ánimo:** Para *acallar* los ánimos y no provocar más crispación... LVE170996 **89 imaginación:** ...el escritor sigue un proceloso y apetecible itinerario, casi mágico, en busca de una verdad que *acalle* la desbocada imaginación de los españoles. EME120596

J SUSTANTIVOS QUE DENOTAN DESEO, EMPEÑO O INICIATIVA: **90 esfuerzo:** ...no puedo *acallar* el esfuerzo del programa que dirijo por mantener atractivo el medio... EPE010884 **91 inquietud:** ...seguirán imponiendo sus criterios de plazo de pago con el beneplácito de un Gobierno, para *acallar* la inquietud social que se generó con la fusión de Pryca y Continente... EPE111199 **92 afán:** ...un afán de precisión que la logorrea continental (...) no logró nunca *acallar.* ABC160793 **93 empuje:** Bastó una jugada del manual de Floro para *acallar* el empuje del equipo... EME220695 **94 aspiración +:** Ellemann-Jensen parecía ser el ganador, hasta que los ofendidos franceses *acallaron* todas las aspiraciones danesas... LVE031295 **95 iniciativa:** ...iniciativas voluntariosas que fueron *acalladas* por la apatía general y las barreras burocráticas. INDOC **96 impetuosidad:** Lanzar una gran ofensiva de represalia para *acallar* la impetuosidad del líder Mohamar Khadafy... ETC110187 **97 ansia:** ...*acalló* las ansias reivindicativas del poderoso sindicato (...), poniendo sobre la mesa un aumento del 4... EME130995 **98 deseo:** Quizás, el triunfo tan contundente, la euforia del nuevo éxito conseguido ante el eterno rival, *acalle* finalmente los deseos de acabar con la tensión... EME090194

K SUSTANTIVOS QUE DESIGNAN ACTOS O SUCESOS DE CIERTA REPERCUSIÓN SOCIAL: **99 manifestación:** ...ha advertido que está dispuesto a decretar un estado de excepción para *acallar* las manifestaciones de protesta social... EPE301101 **100 escándalo +:** Los Juegos continuaron y para *acallar* el escándalo se detuvo, sin pruebas, a un ciudadano inocente... EPE261001 **101 revuelta:** ...ha habido algunas revueltas que, claro, han sido *acalladas.* LVE190895 **102 motín:** ...hasta que disparos procedentes de un carro de combate T-55 aplastaron y *acallaron* el motín... EPE291101

L SUSTANTIVOS QUE DESIGNAN ARMAS O MUNICIONES: **103 arma:** Convenció al IRA para que *acallara* sus armas y ganó una importante proyección internacional cuando Clinton le recibió en EE. UU. este año... LVE010995 **104 cañón:** La amenaza de los bombardeos de la Alianza se fue alejando por la tarde, a medida que los serbios bosnios fueron *acallando* sus cañones. EME240494 **105 disparo:** ...15 días de debate para *acallar* los disparos de ETA que han acabado en ocho días con la vida de un socialista vasco y de un jurista. LVE160296 **106 fusil:** ...finalmente los fusiles se *acallaron* en Centroamérica. EME301296 **107 pólvora:** Acallada la pólvora, la familia de su mujer le refugia en Can Barraquer y le hace pasar por muerto... LVE090996 **108 sable:** ...¿qué deben los españoles a Felipe González para que le sigan votando? (...) haber *acallado* los sables, tranquilizando las sotanas, hecho desaparecer las policías paralelas... EME311096

M OTROS SUSTANTIVOS; POSIBLES USOS ESTILÍSTICOS: ...íntimas mordeduras que el Adriano del Valle más visible trató de *acallar.* EME280295; La especie se difundía cuando terminaban sus actuaciones con bronca –es decir, casi siempre– y se *acallaba* las tardes memorables. EPE210399; ...*acalla* el implacable mar mientras boga en la nave... ABC271291

☐ Véase también: **aliviar, apaciguar, apagar(se), aplacar(se), atemperar, calmar(se), mitigar, silenciar, tranquilizar(se).**

acaloradamente *adv.* ▮ Se combina con...

A EL VERBO *DISCUTIR* Y CON OTROS QUE DENOTAN CONFRONTACIÓN, PORFÍA O DISENSO DE OPINIONES E INTERESES, A MENUDO MANIFESTADOS VERBALMENTE: **1 discutir ++:** De acuerdo con versiones policiales, los dos hombres discutieron *acaloradamente,* hasta que Soto al parecer disparó. LNC120197 **2 debatir +:** ...en una sesión entre rosados y media tarde, cuya duración se debate *acaloradamente* si duró cuatro minutos o quince, se censuró al alcalde y se posesionó a su sucesora. LTB190197 **3 disputar +:** ...un popular plato de las comarcas del Garraf y Baix Penedés cuya paternidad se disputan *acaloradamente* desde hace años las poblaciones de Vilanova i la Geltrú, El Vendrell y Sitges. LVE050296 **4 criticar +:** Los constituyentes más versados en la materia (...) criticaron *acaloradamente* el tema porque supondrá la liquidación del Parlamento... EPE061199 **5 increpar +:** En otro colegio de la calle del Hospital de Valencia los interventores de dos partidos se increparon *acaloradamente.* EPE140699 **6 protestar +:** ...una concentración de 10.000 delegados sindicales (...) protestó *acaloradamente* contra las privatizaciones. EME290796

B OTROS VERBOS QUE DESIGNAN DIVERSAS MANIFESTACIONES VERBALES, ESPECIALMENTE SI SON EXPOSITIVAS O ASEVERATIVAS O SE DIRIGEN A UN DESTINATARIO: **7 hablar:** ...los curiosos les hicieron círculo, porque cuando dos escritores hablan *acaloradamente* siempre se intuye que puede haber noticia... EPE170799 **8 afirmar:** ...un discurso del presidente de la Generalitat, quien afirmó *acaloradamente* que aun siendo un país pequeño, oprimido y derrotado... EPE131299 **9 opinar:** A su vez, el diablo carga de argumentos a los mortales para que opinen *acaloradamente,* a favor o en contra... LVE271096 **10 responder:** El poeta les tuvo que responder *acaloradamente* que esas no eran maneras de acabar con la poesía. INDOC **11 conversar:** ...bebiendo sin demasiada moderación y conversando *acaloradamente* hasta altas horas. INDOC **12 decir:** Esto era completamente absurdo: todo el mundo sabía, dije *acaloradamente,* que el único peligro en el aeropuerto de Sarajevo provenía de los francotiradores... EPE280399 **13 dirigirse:** Mientras tanto, dos distinguidos galeristas parisinos se dirigían *acaloradamente* a los presentes. EME130795 **14 expresar:** ...varios de los asistentes expresaron *acaloradamente* su malestar porque no se consideran representados en la propuesta. EPE160499

C VERBOS QUE DENOTAN DEFENSA, APOYO O ADHESIÓN: **15 defender +:** Unos se decantan a favor de la legalización de las drogas y, para ello, defienden su postura con datos y explicaciones *de forma acalorada.* EME060494 **16 salir en defensa +:** El incomprensible interés de la Junta es evidente (...) porque Chaves sale *acaloradamente* en defensa de proyectos claramente especulativos... EME061196 **17 sumarse –:** González subrayó sus guiños al hacer un encendido elogio de Solana, al que se sumó *acaloradamente* el primer ministro italiano... EME301195

D VERBOS QUE DENOTAN PETICIÓN O SOLICITUD CON DIVERSOS GRADOS DE EXIGENCIA O TENACIDAD: **18 reclamar:** Los jugadores reclamaron penalti *acaloradamente,* aunque sin éxito. INDOC **19 insistir:** A pesar de su contenido (...) insiste, algo *acaloradamente,* en que «Costa Brava» no sea tildada de «comedia lésbica»... LVE240895 **20 pedir:** ...investigar en su entorno a los asesinos de Lasa y Zabala y le pidió *de manera acalorada* que descartara de las pesquisas a Intxaurrondo. EME120495

☐ Véase también: **acalorado, calurosamente.**

acalorado *adj.* ▮ En el sentido de 'que experimenta o hace experimentar una elevación de la temperatura' se combina con sustantivos que designan personas *(Estaba muy acalorada después de subir la cuesta)* y, menos frecuentemente, períodos *(verano, agosto, noche, tarde)*. En el sentido de 'apasionado' o 'enardecido' se combina con...

A SUSTANTIVOS QUE DESIGNAN REUNIONES EN LAS QUE GENERALMENTE SE TOMAN DECISIONES O SE EXPONEN PUNTOS DE VISTA: **1 reunión ++:** Fue una reunión *acalorada* en la que tuve que pedir (...) que no me gritara. ETC060996 **2 sesión ++:** El presidente del congreso ecuatoriano (...) renunció a su cargo durante una *acalorada* sesión... ESP070601 **3 pleno:** Los alquileres del alcalde protagonizan un *acalorado* pleno en Castellón. EPE240699 **4 conferencia:** ...en una breve y *acalorada* conferencia de prensa (...), minimizó la fricción con los saudíes... EPE101101 **5 congreso:** El primer resultado concreto del *acalorado* y tenso congreso democristiano ha sido el cambio del estatuto... EPE200280 **6 asamblea:** Recuerdo que una vez tuve una intervención en una *acalorada* asamblea de estudiantes... ESH120597 **7 convención:** Los periodistas veteranos (...) añorarán las convenciones *acaloradas*, donde la incertidumbre y el debate eran la sal de la vida. LVE260896 **8 junta:** Acalorada junta con el alcalde en el Palacio Municipal... DYM010996 **9 tertulia:** Tomarse algo en el remozado Gran Café, que fue escenario de *acaloradas* tertulias entre pintores, es cita obligada. LVE170996

B SUSTANTIVOS QUE DENOTAN CONFRONTACIÓN, MUY FRECUENTEMENTE VERBAL. TAMBIÉN CON OTROS QUE EXPRESAN INTERCAMBIO O SOSTENIMIENTO DE OPINIONES: **10 discusión ++:** No descarta aún *acaloradas* discusiones de legisladores de uno u otro color... DED010297 **11 debate ++:** El aumento del presupuesto agrícola generó ayer un *acalorado* debate. ENC010301 **12 defensa +:** «No! No es cierto», exclamó Francés, y se lanzó a una *acalorada* defensa de su departamento... ENH180397 **13 conversación +:** Escuchamos una *acalorada* conversación de los vecinos, pero no era posible saber de qué hablaban. INDOC **14 controversia:** Data de 1835 el primer intento u origen de la luz eléctrica, ya que el momento preciso de su invención es el resultado de *acalorada* controversia. ETC040996 **15 disputa:** ...previamente a que sucediera la tragedia se había producido una *acalorada* disputa. EME291295 **16 polémica:** ...los fines benéficos del concierto y el insólito ejemplo de solidaridad (...) dejan en un segundo plano la conveniencia de *acaloradas* polémicas. EME210696 **17 pelea:** Comienza con una *acalorada* pelea entre los dos, que se transforma en reconciliación cuando se comen la pizza que un repartidor lleva hasta su domicilio. EME131095 **18 lucha:** ...anticipa una *acalorada* lucha entre el Ejecutivo y el Legislativo... CLA150197

C SUSTANTIVOS QUE DESIGNAN OTRAS MANIFESTACIONES VERBALES: **19 discurso +:** En un *acalorado* discurso en momentos en los que las palabras imprudentes se podían pagar con la vida... SEM100996 **20 declaración:** ...«son unas declaraciones *acaloradas* y no quiero echar leña al fuego». EME270895 **21 digresión –:** Al evento no se le recuerdan precedentes y, naturalmente, ha suscitado digresiones *acaloradas* entre los aficionados de los equipos. LVE180396 **22 intervención:** Hubo intervenciones *acaloradas* y aplausos y vítores. LVE260595 **23 respuesta:** Este hecho lamentable, que ciertamente podría haberse evitado, motivó una *acalorada* respuesta del embajador. INDOC **24 llamamiento:** ...un nuevo y *acalorado* llamamiento para «cerrar la fase más grave de la corrupción política»... LVE020195

D SUSTANTIVOS QUE DESIGNAN SENTIMIENTOS O EXPRESIONES DE EXALTACIÓN. TAMBIÉN CON ALGUNOS QUE EXPRESAN OTROS ESTADOS DE ÁNIMO INTENSOS, ENCENDIDOS O PASIONALES: **25 arrebato:** Apostar por una de las grandes no es únicamente un acto de *acalorado* arrebato... LVE190594 **26 entusiasmo:** ...el *acalorado* entusiasmo del público compensó con creces una climatología no todo lo agradable que hubiera sido deseable. EPE020699 **27 ardor:** ...participaron con *acalorado* ardor en una fiesta marcada por el dominio escénico... EPE090799 **28 euforia:** ...algo que propuso con *acalorada* euforia Carlos Zayas, presente también en la noche de autos en el domicilio de Sarasola. EME210196 **29 pasión:** Entre ellos dos, más que amistad y comprensión, hay una *acalorada* pasión... ENV020796 **30 energía –:** ...conoce el modo de transformar su aparente frialdad en *acalorada* energía y ya no teme los apretados finales frente a la jugadora española. EME090795 **31 efervescencia –:** ...en esta *acalorada* efervescencia de ideas sobre cómo resolver el conflicto bosnio... EME170795

E OTROS SUSTANTIVOS; POSIBLES USOS ESTILÍSTICOS: ...aprovechando la dispersión y las *acaloradas* distracciones, se hace cualquier revolución... EME160896; ...entre Madrid y La Habana se desarrolla la *acalorada* aventura vital de Mario Rentería en la Cuba castrista de los noventa... ABC300493

☐ Véase también: **acaloradamente, calenturiento, caluroso.**

a cal y canto ♦ **atrancar, cerrar, clausurar, encerrar, sellar**

a cámara lenta *loc.adv./loc.adj.* ▮ Admite la variante, menos usada, *en cámara lenta.* En su sentido literal se combina con sustantivos que denotan imagen o toma cinematográfica *(imagen, escena, secuencia: una secuencia a cámara lenta)*, así como con verbos y sustantivos que designan la acción de rodarlas, emitirlas o visualizarlas *(rodar, filmar, proyectar, ver, filmación, rodaje)*. En su sentido figurado se combina con...

A VERBOS QUE DENOTAN MOVIMIENTO O TRANSCURSO. SE ASOCIAN A ELLOS ALGUNOS VERBOS DE ACAECIMIENTO Y EXISTENCIA: **1 mover(se) ++:** ...los delanteros locales vivieron una mala noche, especialmente Salva, que se movía a *cámara lenta.* EPE221001 **2 pasar:** El gato pasó a *cámara lenta* ante nuestros ojos. INDOC **3 avanzar:** Atraviesa climas conocidos: bares clandestinos y avenidas desiertas como callejones por donde avanza a *cámara lenta* un largo coche... ABC220794 **4 salir:** Los tres jugadores sustituidos en el Real salieron del terreno de juego a *cámara lenta...* EPE120499 **5 transcurrir +:** La jornada transcurrió a *cámara lenta*, se recreó en el paisaje del este francés y se acostó temprano. EME050796 **6 andar:** ...iba a beber con una lentitud exasperante, como si anduviera sobre una nube a *cámara lenta.* LVE071195 **7 atravesar:** ...con los ojos puestos en esa amada que, a *cámara lenta*, atraviesa la pantalla y los ojos del héroe en su último suspiro. EME130496 **8 ascender:** La nave ascendió en *cámara lenta*, majestuosa, hacia un cielo az-

tenso. EUV150497 **9 caer:** Los indecisos surgen cuando comprueban que un manifiesto es (...) un beso a un niño desconocido, una flor cayendo en *cámara lenta.* LVE260595 **10 saltar:** ...un simplón con sombrero, sandalias y zurrón que vaga por ahí y da algunos absurdos saltos en *cámara lenta.* LVE130495 **11 dirigirse:** Una bala, disparada desde una tronera del castillo de los Trastamara, le atravesó la frente. Otra, como un abalorio, se dirigió a mí en *cámara lenta.* EME100695 **12 entrar:** El Juventus entró en el partido a *cámara lenta...* EME040595 **13 llegar:** En *cámara lenta,* el balón llega al aro... y entra. LPN180397 **14 precipitar(se):** La historia de las relaciones entre el Gobierno y CiU se precipita hacia la ruptura, pero a *cámara lenta.* LVE050795 **15 seguir:** Siguió a *cámara lenta* y se golpeó una y otra vez contra el Betis. Incitó la impaciencia del público y favoreció el fútbol contragolpista del Betis. EME190695 **16 fluir:** ...parecía que la guerra (...) fluía a *cámara lenta,* que la mayoría de los grandes militares occidentales que transitaban por Unprofor caían fascinados... EME100595

B VERBOS QUE DENOTAN PERCEPCIÓN VISUAL Y, POR EXTENSIÓN, TAMBIÉN REPRESENTACIÓN, PENSAMIENTO O MEMORIA: **17 recordar +:** El testigo iba recordando *a cámara lenta* los hechos. INDOC **18 visualizar:** ...por primera vez un método experimental permite visualizar en *cámara lenta* la reacción química en tiempo real... EPE201099 **19 observar:** ...el técnico puede (...) observar, a *cámara lenta* (...), los efectos de las elevadas fuerzas que actúan, como resultado de la colisión, sobre el bloque motor o un travesaño... EME140395 **20 concebir:** Un disco concebido e interpretado a *cámara lenta* (...) ha logrado que se repare en él como una de las figuras emergentes con algo original en su propuesta. EPE040699

C OTROS VERBOS DE ACCIÓN, MÁS FRECUENTEMENTE SI EXPRESAN CREACIÓN, EJECUCIÓN O FUNCIONAMIENTO: **21 producir:** La entrevista que ayer sostuvieron (...) supone realmente el último acto de una ruptura que se ha producido a *cámara lenta...* LVE100995 **22 realizar:** ...terminó con un gol que ponía al Kaiserslautern al borde del suicidio, que comenzó a realizarlo a *cámara lenta.* EME191095 **23 participar:** Por eso su metáfora es (...) la de un diabólico actor que interpreta a cámara rápida la escena en la que todos los demás participan a *cámara lenta.* EPE161099 **24 promover:** Un mismo objeto puede ser promovido exagerando el riesgo o también a *cámara lenta...* LVE100495 **25 ejecutar:** ...un pase de pecho larguísimo y ejecutado a *cámara lenta.* EPE130999 **26 funcionar:** Siguió funcionando a *cámara lenta* y se centró un poco más en mantener su ventaja que en aumentarla. FDV030599

D OTROS VERBOS; POSIBLES USOS ESTILÍSTICOS: ...flotan en tiempo de réquiem, o sea, en *cámara lenta.* ENV110497; ...Franz se estaba muriendo a *cámara lenta...* ABC080494; ...como se aplasta en *cámara lenta* la existencia de una mosca. EPE090599

E SUSTANTIVOS DE MOVIMIENTO O TRANSCURSO RELACIONADOS CON LOS VERBOS DEL APARTADO *A*: **27 entrada:** Entrada del líder, futuro presidente le llaman, en directo y a *cámara lenta.* LVE200196 **28 cambio:** El cambio *a cámara lenta.* 14 de noviembre. El Celta ganaba 0-2 en el Bernabéu, y Hiddink decidió retirar a Seedorf. EPE050399 **29 carrera:** Mi carrera ha sido a *cámara lenta,* me ha llevado mi tiempo. LVE180196 **30 paso:** Los pasos que da el Gobierno en esta materia son por lo general a *cámara lenta...* CLA110199 **31 continuación:** Aunque el «Superconductor supercollider» está en el alero, en medios políticos no se espera su abandono sino, al estilo de Clinton, algún tipo de continuación *a cámara lenta.* ABC220193 **32 introducción –:** Introducciones pausadas y a *cámara lenta,* con sigilo, para desembocar en un estruendo tormentoso. Es la seña de identidad de las canciones de Nirvana. EME100294

F SUSTANTIVOS QUE DESIGNAN JUEGOS Y DEPORTES DIVERSOS, ASÍ COMO ALGUNOS DE SUS LANCES, LOS EVENTOS QUE CONSTITUYEN Y ALGUNOS OTROS ELEMENTOS QUE PARTICIPAN EN SU DESARROLLO: **33 toreo:** Como dice Ponce, su toreo fue a *cámara lenta.* EME260594 **34 baloncesto:** ...los guerrilleros de Zeljko Obradovic dejaron sin validez sus argumentaciones victimistas al desplegar un baloncesto rácano y a *cámara lenta...* EME050595 **35 lucha:** ...vio el feo y brutal espectáculo de lucha libre a *cámara lenta* en que se había convertido la Final Four de Zaragoza... EME300995 **36 ballet:** ...cuerpos que con la elegancia de un ballet a *cámara lenta* creaban e inmovilizaban figuras sugestivas... LVE120396 **37 quite:** ...verónicas con buen son, y quite por delantales a *cámara lenta.* EME270996 **38 partido:** El aficionado muy metido en detalles de táctica, en muestras de técnica individual, disfruta (...) de estos partidos a *cámara lenta...* EME091296 **39 equipo –:** ...que ha convertido al Real Madrid en un premioso equipo a *cámara lenta...* EME290796

G SUSTANTIVOS QUE DESIGNAN ACONTECIMIENTOS GENERALMENTE VIOLENTOS. TAMBIÉN OTROS QUE EXPRESAN SENSACIONES, SENTIMIENTOS O ACTITUDES RELACIONADOS CON ELLOS: **40 ametrallamiento:** Bonnie and Clyde mostraba violencia gráfica, nunca antes vista en la pantalla, con el ametrallamiento de los protagonistas en *cámara lenta.* ENH070297 **41 accidente:** Solemos hablar de los accidentes como hechos instantáneos, pero yo me refiero a un accidente en *cámara lenta...* EME210996 **42 asesinato:** ...anunció al mundo entero –gracias a la CNN– el asesinato *a cámara lenta* por parte de ETA de Miguel Ángel Blanco Garrido... EPE180599 **43 genocidio:** ...han apelado al mundo para que acuda en ayuda de los musulmanes bosnios y ponga término a lo que han calificado de «genocidio a *cámara lenta*». EME070294 **44 golpe de Estado:** ...está sufriendo un golpe de Estado incruento y a *cámara lenta...* EME241296 **45 venganza:** Es la lucha interior entre el ser atávico y el civilizado (...), entre la cruel venganza inmediata y la inmisericorde venganza a *cámara lenta...* EME221296 **46 terror:** ...hace unos meses la violencia era «de pistolas y bombas, asesinaba en el acto», mientras que ahora «asistimos a un terror a *cámara lenta*». EPE150399

H OTROS SUSTANTIVOS; POSIBLES USOS ESTILÍSTICOS: Se trata de una banalidad musicada, a *cámara lenta...* EME200195; ...crea la impresión, como a *cámara lenta,* del transcurso inexorable del drama. LVE120895; ...pero en un mundo a *cámara lenta* al que estuvieran adheridos... LVE161195

a cántaros ♦ llover

acantilado ♦ abrupto, alto, escarpado ♦ al borde (de), al pie (de) ♦ caer (por), descolgarse (desde), escalar, lanzar(se) (por/a/desde), precipitarse

a cañonazos ♦ **capturar, cazar, destruir, disolver, echar, enfrentar(se), ensañar(se), expulsar, hundir, luchar, matar moscas, recibir, terminar**

acaparador *adj.* ▮ Admite sustantivos de persona *(niño, marido, madre, alumno)*, otros que designan instituciones o entidades económicas y políticas *(multinacional, compañía, nación, país)*, y también...

A SUSTANTIVOS QUE DENOTAN VOLUNTAD O DETERMINACIÓN DE OBTENER O POSEER ALGO, MUY FRECUENTEMENTE CON GRAN INTENSIDAD O VEHEMENCIA: **1 afán ++**: Pero, ¿qué esconde la estrategia de los generales de Asprocan? A todas luces: un afán *acaparador.* CAN020201 **2 voluntad +**: Eran tiempos, como se ha visto, en que la voluntad *acaparadora* jugó malas pasadas... LVE141195 **3 obsesión +**: Saiz respondía a los ataques recibidos estos días por su supuesta obsesión *acaparadora* con un razonamiento tan natural y válido como la teoría de la competición... EME200995 **4 deseo +**: ...se pueden añadir importaciones desde Túnez y Turquía para equilibrar el posible interés desmedido de hacer negocio a costa de provocar en la demanda un deseo *acaparador.* EME131195 **5 fiebre +**: Una fiebre *acaparadora* ha cundido entre los fumadores, que han querido abastecerse ante la fuerte subida que se les venía encima. EME300796 **6 sed:** La sed *acaparadora* de *Forrest Gump* puede no acabar con dos estatuillas de las grandes. EME270395 **7 ambición +**: ...casi tan difícil como que el pequeño comercio resista la ambición *acaparadora* de las multinacionales. INDOC

B SUSTANTIVOS QUE DESIGNAN CIERTAS APTITUDES O CONDICIONES QUE CAPACITAN PARA LA REALIZACIÓN DE ALGUNA COSA: **8 poder +**: ...son los factores por donde se cuelan los intereses hegemónicos y el poder *acaparador* y avaricioso del dinero. LTB190197 **9 capacidad:** Su capacidad ofensiva en el medio campo es tan *acaparadora* que anula el juego de los demás jugadores... INDOC **10 instinto:** Manejó el juego en el centro del campo gracias a los toques de Jokanovic y el instinto *acaparador* de Prosinecki. EME050695

C ALGUNOS SUSTANTIVOS QUE DENOTAN MOVIMIENTO O DESIGNAN LAS FUERZAS QUE LO PRODUCEN: **11 dinámica:** ...se pretende avanzar más hacia una *acaparadora* dinámica, la del crecimiento sin límites. EPE220599 **12 movimiento:** Nada hay en la coreografía que se acerque al movimiento extrovertido y *acaparador* del espacio, propio e indisoluble de la Viena de Strauss. EME190296

D OTROS SUSTANTIVOS; POSIBLES USOS ESTILÍSTICOS: ...acude a la memoria con desdibujamiento de datos, pero *acaparadora* nitidez visual... LVE040296; Y se rodea de los mejores músicos, los más profesionales, aquellos que le garantizan una buena sección de metales y un ritmo *acaparador.* LVE111096

☐ Véase también: **absorbente**.

acaparar ♦ **abusivamente**[17], **por completo**[162] ♦ **atención, cargo, crítica, dinero, elogio, espacio, interés, mercado, mérito, mirada, poder, portada, premio, protagonismo, tiempo, voto**

☐ Véase también: **acumular, monopolizar**.

a capa y espada *loc.adv./loc.adj.* ▮ Se combina con...

A VERBOS QUE DENOTAN DEFENSA O PROTECCIÓN, A MENUDO DE LO QUE SE PIENSA O SE SOSTIENE: **1 defender ++**: ...sería más razonable que defendiera *a capa y espada* el derecho del 96 de los guatemaltecos a tener acceso siquiera a un teléfono caro. PLG310397 **2 proteger +**: El afortunado sigue escondido y protegido *a capa y espada* por la comunidad de inmigrantes africanos de la población. LVE151194 **3 mantener:** Pero Juan XXIII, primero, y Pablo VI, después, lo mantuvieron en La Habana *a capa y espada...* PME241196

B VERBOS QUE DENOTAN CONFRONTACIÓN: **4 luchar:** Su padre había luchado *a capa y espada* para sacar adelante a los cinco hijos en una posguerra tan dura como la que... INDOC **5 pelear:** Es un asunto por el que voy a seguir peleando *a capa y espada...* INDOC

C ALGUNOS VERBOS QUE DENOTAN SOLICITUD: **6 exigir:** ...señala el sarcasmo que supone el que el PN (...) haya exigido *a capa y espada* incluir en la Constitución garantías para impedir... EME240494 **7 reivindicar:** ...reivindica *a capa y espada* la libertad del creador para interpretar su propia obra. INDOC

D SUSTANTIVOS RELACIONADOS, EN OCASIONES FORMALMENTE, CON LOS VERBOS MENCIONADOS EN LOS APARTADOS *A* Y *B*: **8 defensa +**: ...o los bienintencionados que entonces defendían *a capa y espada* la defensa por parte de Occidente de los derechos humanos... EPE271099 **9 duelo +**: La publicidad y otros accidentes de la vida ajetreada prometían un duelo *a capa y espada,* nunca mejor dicho, entre el veterano y el joven. EPE210599

☐ Véase también: **a muerte, a ultranza**.

a cara de perro *loc.adv./loc.adj.* ▮ Es propia de la lengua coloquial. Se combina con...

A VERBOS QUE DESIGNAN DIVERSAS FORMAS DE ENFRENTAMIENTO, COMPETENCIA O DEBATE ENTRE INDIVIDUOS O GRUPOS: **1 enfrentarse ++**: ...cómo estas dos grandes dinastías (...) se enfrentan *a cara de perro.* LVE150296 **2 luchar +**: Dos equipos (...) que lucharán *a cara de perro* para mantener sus opciones. LVE051195 **3 disputar +**: El primer ministro (...) y el general (...) disputan *a cara de perro* cada parcela de poder... EME250996 **4 competir +**: O sea, que está usted dispuesto a competir *a cara de perro* con el Banco... LVE240795 **5 jugar +**: Jugábamos *a cara de perro* y recuerdo el modo en que nos amaestraba Luis Ignacio Arana, siete veces campeón de España. LRE210103 **6 negociar +**: Aceptaremos el acuerdo siempre que sea legitimable socialmente y negociaremos *a cara de perro* si se quieren dañar los derechos de los más débiles. LVE130796 **7 debatir:** Los cuatro aspirantes (...) debaten *a cara de perro* en las históricas primarias... EPE250999

B OTROS VERBOS; POSIBLES USOS ESTILÍSTICOS: ...alguien que pierde lo que el presidente (...) consiguió *a cara de perro* en Edimburgo... EPE210299; ...hostiles entre sí, mirándose *a cara de perro,* mostrándose los colmillos... EME130594

C SUSTANTIVOS QUE DENOTAN ENFRENTAMIENTO O DISPUTA. TAMBIÉN OTROS QUE DESIGNAN EVENTOS QUE SE ASOCIAN CON ESAS NOCIONES DE FORMA CARACTERÍS-

TICA: **8 enfrentamiento ++:** ...no faltaron los enfrentamientos *a cara de perro* ni las descalificaciones personales. EME030696 **9 debate ++:** Pero lo importante para este grupo es que a puerta abierta se celebre un debate *a cara de perro* (...) contra la política gubernamental basada en el «amiguismo»... EPE150199 **10 campaña +:** Aquella fue una campaña *a cara de perro* (...), según decían las encuestas. LVE261195 **11 batalla:** Jorge no servía para una batalla *a cara de perro* con Pujol; como ahora Alejo no es útil para templar gaitas. LVE290996 **12 disputa:** Las dos semanas de campaña se han caracterizado por la disputa *a cara de perro...* LVE030396 **13 duelo:** La carrera estaba planteada como un duelo *a cara de perro* entre estos dos atletas del espacio de centro. EME300696 **14 encuentro:** ...en un encuentro *a cara de perro*, una auténtica final a pequeña escala... LVE170696 **15 final:** ...entender el partido del domingo, a las 21 horas, como una final *a cara de perro.* FDV120601 **16 partido:** ...se cambian las camisetas sudadas tras un partido *a cara de perro.* EME121196 **17 pelea:** Antes que estirar la pelea *a cara de perro*, prefirió un paréntesis con el fin de desactivar la interna bonaerense... CLA310199 **18 pulso:** Charles (...) lanzaba pulsos *a cara de perro* a Dwight Eisenhower para que la tricolor ondeara antes que otra bandera... EPE230599 **19 contienda:** ...la próxima campaña municipal (...) va a ser una contienda *a cara de perro.* LVE030495 **20 elección:** El «zar» pasó meses «atormentado» pensando si merecía la pena presentarse a unas elecciones *a cara de perro* y de triunfo incierto. EME160696

D OTROS SUSTANTIVOS QUE EXPRESAN LA PARTICIPACIÓN O LA PRESENCIA DE VARIAS PERSONAS EN ALGUNA ACTIVIDAD COMÚN: **21 negociación ++:** ...tras dos días de negociación *a cara de perro* entre los distintos sectores del partido. EME210394 **22 reunión:** Reuniones *a cara de perro*, o con el cuchillo en la boca, son también expresiones comunes en el lenguaje político. EPE230499 **23 coexistencia –:** La crisis entre los socios de la coalición que sustenta el Consell (...) tiene visos de traducirse en cinco meses de coexistencia *a cara de perro.* EPE150199 **24 congreso:** El VI Congreso (...) previsto para enero de 1996, será *a cara de perro.* EME260295 **25 entrevista:** El primer acto precipitado de la voladura controlada dio paso a una entrevista *a cara de perro...* EPE170199

E OTROS SUSTANTIVOS; POSIBLES USOS ESTILÍSTICOS: ...no es lo mismo (...) un traspaso ordenado y riguroso que una entrega *a cara de perro...* EME081295; ...ordene unas cuantas inspecciones *a cara de perro...* EME081096

a cara descubierta *loc.adv./loc.adj.*

▮ Además de con verbos copulativos y semicopulativos *(estar, entrar, quedarse)*, se combina con...

A VERBOS QUE DENOTAN ACTUACIÓN O EJECUCIÓN DE ALGUNA ACTIVIDAD: **1 actuar ++:** Los tres hombres actuaron *a cara descubierta.* CLA120199 **2 participar:** ...ya tiene los avales necesarios para sacudirse de encima la presión mediática (...), en la que han participado *a cara descubierta* sus principales dirigentes... LVE081296 **3 operar:** ...la policía no los detiene, a pesar de operar *a cara descubierta.* EPE171201 **4 cometer un atraco:** ...cometió el atraco *a cara descubierta*, ataviado con lo que parecía una barretina. LVE170795 **5 realizar:** En una acción realizada *a cara descubierta* y sin disparar un tiro... CLA160997 **6 efectuar una operación –:** La vasta operación de enriquecimento, como la califica la fiscalía, se efectuó casi *a cara descubierta...* EPE061099

B VERBOS QUE DENOTAN ENTRADA, SALIDA O APARICIÓN: **7 entrar ++:** Los dos hombres entraron *a cara descubierta* con gafas de sol. EPE300700 **8 salir ++:** ...mientras que salía *a cara descubierta* una persona inocente. EPE040299 **9 irrumpir +:** ...irrumpió en el supermercado *a cara descubierta* sobre las 20.00 horas... EPE030999 **10 presentarse +:** ...y les propusieron su plan: se presentarían *a cara descubierta* en varios países europeos... LVE040896 **11 llegar:** ...llegaron al juzgado al mediodía, esposados y *a cara descubierta.* LNP270297 **12 venir:** «Yo les dije que si querían darme un susto que vinieran *a cara descubierta...* EME070496 **13 comparecer:** ...y hemos comparecido ante los jueces *a cara descubierta.* EPE161299

C VERBOS QUE DESIGNAN ACTUACIONES HOSTILES, AGRESIVAS O VIOLENTAS EN DIVERSAS FORMAS Y GRADOS: **14 atracar +:** ...armados con pistolas atracaron a media mañana de ayer, *a cara descubierta*, una sucursal... EPE221299 **15 robar +:** ...los dos delincuentes robaron, *a cara descubierta*, el supermercado... EME170194 **16 atacar +:** ...porque lo atacó *a cara descubierta* con dos encapuchados... EPE190999 **17 agredir:** ...agredió sexualmente y *a cara descubierta* a una joven de 22 años que acudía a su domicilio... EPE170399 **18 abordar:** ...le abordaron, *a cara descubierta* y armados con pistolas, y se colaron en el piso. LVE090495 **19 disparar:** ...fue uno de los dos sicarios que dispararon *a cara descubierta* contra los cinco hombres... EPE120199 **20 asesinar:** ...asesinar en el centro de la ciudad, a las dos de la tarde del pasado 6 de febrero y *a cara descubierta...* EME310396 **21 saquear:** ...desean seguir saqueando *a cara descubierta* a los indefensos usuarios... ACP271196 **22 romper:** Cuatro jóvenes, *a cara descubierta*, rompieron los cristales blindados... EME190195 **23 destruir:** ...*a cara descubierta* –como él hace siempre las cosas–, destruyó parcialmente un restaurante... EPE120999

D VERBOS QUE DENOTAN MANIFESTACIÓN VERBAL, MÁS FRECUENTEMENTE SI SE REFIERE A LA ACCIÓN DE PRESTAR TESTIMONIO: **24 hablar:** El reportaje (...) afrontó directamente el problema, y lo mismo hicieron sus protagonistas que hablaron *a cara descubierta*, lo que es de agradecer. LVE031296 **25 decir:** ...desfilaba un ejército pacífico de gente corriente, feliz de estar junta y en la calle, diciendo sus verdades *a cara descubierta.* EPE240900 **26 testificar:** El «arrepentido» Buscetta testifica *«a cara descubierta»* contra Andreotti. EME100196 **27 revelar:** ...revelar datos de un sumario; sólo que él lo hizo *a cara descubierta* y no de tapadillo... LVE131096 **28 explicar –:** ...un taxista de Barcelona explicara *a cara descubierta* ante una televisión «lo extrañamente rápido» que se venía consumiendo su tarjeta estos últimos días... EPE291201

E ALGUNOS VERBOS QUE DENOTAN CONFRONTACIÓN: **29 luchar +:** He luchado siempre *a cara descubierta* contra el terrorismo en circunstancias muy difíciles. LVE151095 **30 enfrentarse:** A cara descubierta se han enfrentado estos dos mandarines de la opinión... ABC210593

F VERBOS QUE DENOTAN APOYO O DEFENSA: **31 apoyar:** ...una organización política que apoya *a cara descubierta* al terrorismo... EME240296 **32 ayudar:** ...había nacido con vocación de bobbies ingleses, cercanos, corteses, patrullando solos, sonriendo a niños, ayudando a ancianos, *a* *cara descubierta*: una policía de vecindad. EPE021201 **33 defender +**: ...lucha a diario por defender la libertad, *a cara descubierta* y con la convicción... EPE080900

G OTROS VERBOS; POSIBLES USOS ESTILÍSTICOS: Nadie ríe *a cara descubierta* en Nueva York. EPE071101

H SUSTANTIVOS QUE DENOTAN AGRESIÓN O ACCIÓN HOSTIL CONTRA ALGUIEN O ALGO. SE RELACIONAN GENERALMENTE CON LOS VERBOS DEL APARTADO *C*: **34 atraco +**: Atraco a mano armada y *a cara descubierta* de una oficina... EPE030999 **35 atentado:** ...con el atentado contra dos policías *a cara descubierta* y en el centro de la ciudad. EME240195 **36 ofensiva:** ...como parte de la nueva ofensiva *a cara descubierta* para derrocar a Sadam Hussein... EPE211199

☐ Véase también: **abiertamente, a la cara, a las claras, a pecho descubierto.**

a cara o cruz *loc.adv./loc.adj.* ▌ También se usa *a cara y cruz.* Se combina con...

A VERBOS QUE DENOTAN PARTICIPACIÓN EN UNA APUESTA, UN JUEGO U OTROS TIPOS DE COMPETICIÓN: **1 jugar(se) ++**: ...una ciudad en la que unos y otros os la jugáis *a cara o cruz*... LRE100103 **2 echar ++**: Decidimos echar *a cara o cruz* la decisión y salió cruz, así que perdí yo. INDOC **3 disputar(se) +**: Parecía que el encuentro se disputara *a cara o cruz*, pero la liga apenas había comenzado. INDOC **4 apostar:** Apuesta *a cara o cruz* ante la esfinge. EME060595

B ALGUNOS VERBOS QUE DENOTAN LA ACCIÓN DE DIRIMIR O DAR SOLUCIÓN A ALGÚN ASUNTO: **5 decidir:** Una de las candidaturas que se presenta a las elecciones municipales (...) decidió *a cara o cruz* por qué partido se presentaba. LVE280495 **6 resolver:** Les estaba costando llegar a un acuerdo, y al final terminaron resolviéndolo *a cara o cruz*... INDOC **7 ganar:** Ayer ganó *a cara o cruz*, casi por casualidad, por un penalti dudoso pitado al límite del final del partido. INDOC

C SUSTANTIVOS QUE DESIGNAN FORMAS DIVERSAS DE ENFRENTARSE O COMPETIR: **8 partido ++**: Pero, le decía, es un partido *a cara o cruz*. CLA171100 **9 duelo:** ...Manuela de Madre (PSC) y el sacerdote Lluís Hernández (IC) protagonizarán otro duelo *a cara o cruz*. LVE220495 **10 lucha:** Se trata de una lucha *a cara o cruz*. EPE311099 **11 encuentro:** Pasados los octavos de final, todos los encuentros son *a cara o cruz*. INDOC

D ALGUNOS SUSTANTIVOS QUE DENOTAN PARTICIPACIÓN EN UN JUEGO, A MENUDO DE AZAR: **12 apuesta ++**: ...Graf había ganado una apuesta *a cara o cruz* y el juego crucial, aquel que tuvo dos ganadoras, cayó de su lado en el marcador. EME090795 **13 partida +**: En definitiva, no se trata de echar la partida *a cara o cruz*, sino de acabar con los fiascos... EME201296

E OTROS SUSTANTIVOS; POSIBLES USOS ESTILÍSTICOS: ...cuatro intervenciones quirúrgicas (la última *a cara o cruz* para salvarle la pierna izquierda)... LVE090895

a carcajada limpia Véase: **a carcajadas**

a carcajadas ♦ **reír**

acariciar *v.* ▌ En su sentido físico se combina con sustantivos que designan personas u objetos materiales de cualquier naturaleza *(bebé, cabeza, mascota)*. En su sentido figurado se combina con...

A SUSTANTIVOS QUE DESIGNAN EL RESULTADO FELIZ DE ALGUNA COMPETICIÓN, A MENUDO DEPORTIVA O POLÍTICA. TAMBIÉN CON OTROS QUE EXPRESAN CIERTOS ESTADOS DE RECONOCIMIENTO QUE SUELEN ATRIBUIRSE AL QUE LO OBTIENE: **1 éxito ++**: La 2 ha querido (...) mostrar el verdadero rostro de un artista polémico, que *acarició* el éxito cuando aún era muy joven... EME031295 **2 victoria ++**: Llevan ya años *acariciando* la victoria, ganando etapas... LVE291294 **3 triunfo ++**: ...la izquierda, agrupada en una alianza única, *acariciaba* el triunfo... EPE291199 **4 gloria +**: En los Juegos de Atlanta *acarició* la gloria con sus manos. LVE140896

B SUSTANTIVOS QUE DESIGNAN PREMIOS, TROFEOS Y OTROS RESULTADOS MATERIALES DEL TRIUNFO OBTENIDO EN ALGUNA COMPETICIÓN: **5 título ++**: ...los propios futbolistas señalaron el partido ante el Valladolid como clave para *acariciar* el título. CLA190597 **6 copa +**: El Betis *acaricia* la Copa de la UEFA. EME150595 **7 trofeo +**: El momento de *acariciar* el trofeo que las convertirá en las mejores futbolistas (...) está cada vez más cerca... LNC061000 **8 medalla +**: ...me conformaba con entrar entre las 12 primeras y durante gran parte he *acariciado* una medalla... LVE060895 **9 oro +**: ...aseguran la segunda plaza y *acarician* el oro... EME310796 **10 gol +**: El Deportivo aceleró el ritmo y Makaay *acarició* el gol en un par de ocasiones. EPE101201

C SUSTANTIVOS QUE DESIGNAN AQUELLO QUE SE DESEA O A LO QUE SE ASPIRA: **11 sueño ++**: Esto es un sueño largamente *acariciado* y tuve la suerte de que llegara rápido. CAR120597 **12 objetivo +**: ...el compromiso de vencer es para la Albirroja el camino más directo para *acariciar* el objetivo... ACP050901 **13 ilusión +**: Acariciamos la ilusión de que todas esas esperanzas (...) no sean nunca traicionadas... GIC050396 **14 aspiración:** Un proceso normal (...) parecía de esas aspiraciones largamente *acariciadas* por un gobierno civil... HOY300996 **15 esperanza:** ...permanece como punto de agenda (...), lo que permite *acariciar* esperanzas... EXC110796 **16 deseo:** ...pueden sentir la frustración y *acariciar* el deseo de dejar de escribir. EPE171199 **17 fantasía:** La mente humana *acaricia* improbabilidades, fantasías y futuros temidos o deseados, como sabias estrategias de sobrevivencia. PME291296 **18 expectativa:** Una sensación de alivio –o de contrariedad, según los casos y expectativas *acariciadas*– se apoderó del cuerpo social: estuvimos cerca del desastre. LVE260195 **19 anhelo:** ...supuso (...) la cristalización de un anhelo largamente *acariciado*... CAP030797 **20 meta:** ...reitera la voluntad política para alcanzar las metas democráticas tan largamente *acariciadas*... PME190197

D LOS SUSTANTIVOS *IDEA* Y *POSIBILIDAD*. TAMBIÉN CON OTROS QUE DESIGNAN DIVERSAS FORMAS DE PREPARAR O ANTICIPAR LAS ACCIONES FUTURAS: **21 idea ++**: ...parece ser una vieja idea *acariciada* por allegados y seguidores del líder... LDD041197 **22 posibilidad ++**: ...al mismo tiempo *acarició* la posibilidad de su segunda victoria... LPN070597 **23 proyecto +**: ...la directiva *acaricia* un proyecto para presentar a las grandes empresas de la zona. ENV221297 **24 plan +**: ...no sólo se ha mantenido en pie, sino que sigue *acariciando* planes de futura expansión. LVE140796

E EL SUSTANTIVO *PODER* Y CON OTROS QUE DESIGNAN CARGOS O PUESTOS A LOS QUE SE ATRIBUYE CIERTA RELEVANCIA SOCIAL: **25 poder ++**: ...alguien que antes de *acariciar* el poder ya se preguntaba sobre los límites... LVE061095 **26 liderato:** Mientras Mejía empezaba a *acariciar* el liderato, otros compatriotas suyos afianzaban posiciones... ETC010690 **27 alcaldía:** ...CIU *acaricia* la alcaldía, pero puede haber sorpresa con ERC... LVE170695 **28 gobernación:** ...un PP emergente que acaricia y *acaricia* la gobernación del Estado... LVE160795 **29 cargo +**: ...un cargo que ya está *acariciando* (...), aunque para ello tenga que ganar su partido por mayoría absoluta... EME090495 **30 nombramiento:** ...tras obtener más votos que ningún otro candidato (...), *acarició* de nuevo un nombramiento ministerial que nunca se produjo. ABC040693 **31 candidatura:** ¿Qué pensará esa masa el próximo 10 de junio cuando, impotente, mire cómo, pese a sus deseos, don Abel no podrá *acariciar* la candidatura? LNC061000 **32 nominación:** Justo cuando *acariciaba* la nominación demócrata, fue tiroteado... LVE240195 **33 plaza:** ...desperdiciaron una oportunidad de oro para *acariciar* una plaza en la próxima edición de la Liga Europea... EME200495

F SUSTANTIVOS QUE DENOTAN MAGNITUD, NÚMERO O CANTIDAD, ASÍ COMO LOS BAREMOS QUE LOS MARCAN O LOS DISTINGUE. TAMBIÉN CON OTROS QUE DESIGNAN ALGUNOS RESULTADOS ÓPTIMOS EN EL DEPORTE QUE SE MIDEN EN FUNCIÓN DE ESAS NOCIONES: **34 límite:** ...el año pasado *acarició* el límite del 10 (9,8), consolidándose como tercera fuerza del archipiélago. LVE120595 **35 cifra:** ...*acaricia* cifras que trasladarían su palmarés a una nueva y apasionante esfera... EME010496 **36 nivel:** Los tipos de interés a largo plazo *acariciaron* ayer sus niveles más bajos... LVE040895 **37 récord:** El Milan *acaricia* el récord de las seis Copas de Europa del Real Madrid. EME190495 **38 marca:** ...el valor deportivo de la marca que el alavés *acaricia* es inmenso por arriesgado... EPE280499

G SUSTANTIVOS QUE DENOTAN ACUERDO, ASÍ COMO DIVERSAS MANIFESTACIONES DE LA CONCORDIA: **39 unidad +**: Ha conseguido integrar en su candidatura al sector moderado (...) y *acariciar* una unidad que se logrará... LVE280996 **40 acuerdo +**: ...*acaricia* un acuerdo para hacerse con los terrenos... LVE300696 **41 pacto +**: El pacto se *acaricia* con las manos, y se teme y espera el último coletazo del dragón... EME280496 **42 consenso +**: ...un consenso parlamentario para reformar la sanidad, *acariciado* por el Gobierno... EPD180697 **43 quórum:** ...hasta pasada la medianoche del domingo, *acariciaron* el quórum. EPE200499 **44 solución:** La última solución ha sido *acariciada* durante años (...), pero tiene un grave inconveniente... EPE110699

H SUSTANTIVOS QUE DENOTAN EQUILIBRIO O AUSENCIA DE PERTURBACIÓN: **45 estabilidad:** ...fortaleciendo esa estabilidad que tanto *acarician* nuestros dirigentes. EPE041199 **46 equilibrio:** ...medidas para atajar la inflación y *acariciar* el equilibrio presupuestario. INDOC **47 tranquilidad:** ...el recuerdo de Obaba, su pueblo, su infancia, el lugar ideal para *acariciar* la tranquilidad... ABC080494

I SUSTANTIVOS QUE DESIGNAN OTROS ESTADOS DE COSAS QUE ES POSIBLE PRESENTAR COMO METAS U OBJETIVOS DESEABLES: **48 empate +**: El Barça se crece entonces, presiona insistentemente y *acaricia* el empate. EME010595 **49 clasificación:** Los Fabulosos Pekerboys ganan y ganan y ya *acarician* la clasificación... CLA090199 **50 popularidad:** ...elige papeles con cuidado, lamenta no haber hecho algunos, sueña con otros y *acaricia* la popularidad de su trabajo televisivo. LVE130895 **51 venganza:** Cruyff es su enemigo, lo ha sido siempre, y el presidente empieza a relamerse *acariciando* su venganza. LVE100196 **52 ascenso:** El Lleida mantuvo el tipo, *acarició* el ascenso y dio emoción a un partido... LVE290695 **53 salvación:** La última oportunidad para los locales de *acariciar* la salvación. EME310396 **54 reelección:** Mendoza *acaricia* la reelección. LVE190295 **55 perfección:** Los equipos españoles de balonmano (...) *acarician* la perfección: ganar las cuatro copas. EPE170499

▩ Se combina también con: ♦ **largamente**[14]

☐ Véase también: **atusar, tocar.**

acarrear *v.* ▮ En el sentido físico se combina con sustantivos que denotan carga o designan materias u objetos susceptibles de considerarse como tal *(trigo, arena, tonel)*. En el sentido figurado se combina con...

A SUSTANTIVOS QUE DENOTAN CONSECUENCIA O RESULTADO: **1 consecuencia ++**: Algo parecido ocurriría con el concepto de «secreto», cuya violación puede *acarrear* consecuencias penales. ENV120996 **2 efecto ++**: La erosión del suelo ha sido determinante (...) por los efectos negativos que *acarrea*. PME020297 **3 repercusión +**: ...la escuela unitaria tiene muchas tejas fuera de lugar con la grave repercusión que esto puede *acarrear* en caso de temporal. FDV280301 **4 resultado:** ...se puede dar la paradoja de que unas expectativas más favorables *acarreen* un resultado negativo... LVE251195 **5 secuela:** Este «mal sueño» puede *acarrear* graves secuelas psíquicas... EME120996

B SUSTANTIVOS QUE DESIGNAN PROBLEMAS, ASÍ COMO DIVERSAS SITUACIONES QUE SE CARACTERIZAN POR SU DIFICULTAD O SU INCONVENIENCIA: **6 problema ++**: ...han sacado a relucir los problemas que *acarrea* la diversidad de papeletas... END141100 **7 inconveniente ++**: No podemos parar los colectivos una hora por turno, porque eso *acarrearía* mayores inconvenientes a los usuarios... CLA170497 **8 complicación ++**: ...calificó la neumonía como una «enfermedad muy seria, que puede *acarrear* complicaciones (...). CLA150197 **9 riesgo +**: ...de no saber manipularlas podría *acarrear* riesgos para la salud. ENC001201 **10 peligro +**: ...todo se ha expuesto a pesar de los peligros que eso *acarrea*... EXC140901 **11 crisis:** Con ello se evita el peligro de la pérdida de miles de empleos en los ingenios, lo que *acarrearía* una crisis generalizada... EXC040901 **12 dificultad +**: ...salirse de allí podría *acarrearle* «serias dificultades». DED191296 **13 tensión:** ...el menor crecimiento *acarreará* tensiones adicionales en la reducción del déficit... LVE020396 **14 problemática −**: ...nos «soltó» un discurso que nada tenía que ver con la problemática que los jóvenes venimos *acarreando*... EPE280199 **15 inconveniencia −**: ...*acarreándole* toda clase de inconveniencias y retrasos... EPEANUA98 **16 lío:** ...alguien dijo «¡A las urnas!», él entendió «¡A las armas!» (...). Ya ven qué líos *acarrea* a veces entender mal. EME240695 **17 contratiempo:** ...plantear una historia sucinta de las palmatorias para acabar resaltando cómo su uso descuidado puede *acarrear* graves contratiempos. EPE211099

C SUSTANTIVOS QUE DENOTAN DAÑO FÍSICO O MORAL. TAMBIÉN CON OTROS QUE DESIGNAN DIVERSOS ESTADOS QUE MANIFIESTAN ADVERSIDAD O INFORTUNIO EN GRADOS DIVERSOS: **18 perjuicio ++**: ...su elección como primer mandatario *acarrearía* grandes perjuicios al país... LTB100497 **19 daño ++**: ...«*acarrearán*, con toda seguridad, daños irreversibles al monumento». ENC251200 **20 disgusto +**: Cualquier palabra de más, te puede *acarrear* un grave disgusto. EME151296 **21 mal**: Ocultar la tenencia podría *acarrear* graves males cuando fuera descubierta, lo cual es inevitable. EPE030899 **22 sufrimiento**: ...los sufrimientos que *acarrea* merecen ser tratados... EME280296 **23 desgracia +**: ...no podía comprender cómo «un hijo tan brillante y sabio, que ahora se secará en la cárcel, pudo *acarrear* esta desgracia (...)». LVE101195 **24 dolor**: Todo esto indica de que además de *acarrearle* nuevos dolores de cabeza (...) se está creando una desagradable atmósfera... DLA240297 **25 drama**: La reducción hospitalaria, de 7.600 camas a unas 4.000, *acarrea* tantos o más dramas personales que la reorganización del plan Norte. LVE210196 **26 miseria**: ...el paro sólo *acarrea* miseria. EME060996 **27 desasosiego**: ...tal vez para compensar el desasosiego que le *acarreó* el hecho de contemplar (...) tantas atrocidades... EPE170499 **28 preocupación**: «Creo personalmente que la clonación humana *acarrea* graves preocupaciones»... ENH110198 **29 estrago –**: ...le hizo dudar un buen rato de su capacidad para digerir los estragos que su sola presencia *acarrean*. LVE180896

D SUSTANTIVOS QUE DENOTAN CASTIGO O SANCIÓN, Y CON OTROS QUE DESIGNAN ALGUNAS DE SUS MANIFESTACIONES: **30 multa +**: El incumplimiento de esta ley *acarreaba* una multa de 600 maravedíes. CAN300499 **31 sanción +**: ...confían en que esa descalificación no *acarreará* sanciones comerciales... DLA010397 **32 condena**: Confío en que la publicación de tales datos no *acarree* la condena de la juventud... EPE100699 **33 castigo**: ...aunque eso les pueda *acarrear* durísimos castigos. EPE050700 **34 cárcel**: Y la sola mención de una hipotética autonomía es un tabú que puede *acarrear* la cárcel. EPE010399 **35 detención**: ...la EPO es el dopaje más avanzado que existe, el que *acarreó* detenciones de ciclistas y médicos durante el último Tour... EPE200499 **36 despido**: Los planes de desmantelamiento (...) podrían *acarrear* el despido de un tercio de los 40.000 trabajadores... EME301195 **37 suspensión**: ...podía *acarrear* la suspensión de actividades del mayor productor petrolero del país... LVE031195 **38 destierro**: ...anduvo metido en diversas marañas políticas que le *acarrearon* destierros y detenciones. LVE050195 **39 arresto**: Acosar sexualmente a un subordinado puede *acarrear* arrestos de hasta 24 fines de semana. EME270495 **40 amonestación**: ...le ha *acarreado* una amonestación del Ministerio de Hacienda... EPE230599 **41 procesamiento –**: Esta iniciativa podría *acarrear* el procesamiento de los tres miembros... EME191096

E SUSTANTIVOS QUE DENOTAN GASTO O PÉRDIDA (PRESENTE O FUTURA) DE RECURSOS, MÁS FRECUENTEMENTE ECONÓMICOS: **42 gasto ++**: ...le *acarrea* unos gastos financieros extra... LVE110396 **43 coste ++**: ...irremediablemente le *acarrearía* el coste de aparecer en los medios de comunicación como «imputado»... EME121096 **44 pérdida ++**: las falsificaciones (...) *acarrean* pérdidas de más de 1.000 millones de dólares anuales... EME270295 **45 costo +**: ...descartó que la implementación del proyecto vaya a *acarrear* costo alguno... LNP190397 **46 desembolso**: ...Una novillada sin caballos *acarrea* un desembolso mínimo de tres millones de pesetas. EPE231199 **47 deuda**: ...explicó que las deudas que se *acarrean* ahora han sido generadas hace años... EME280594 **48 endeudamiento**: Ahora correspondió al Grupo Posadas, que venía *acarreando* endeudamiento de corto plazo... EXC190696 **49 inversión**: ...podría *acarrear* una inversión de 340 millones de pesetas y daría trabajo directo a 40 personas... EPE200299 **50 déficit**: Curiosamente, la pista de hielo de la calle Logroño es la única instalación de todas que no *acarrea* déficit. EPE081199 **51 pago**: Estas dos últimas modalidades sí *acarrean* unos pagos de comisión... EPE250399 **52 sangría de dinero**: ...actuaciones desmesuradas de dudosa utilidad que además *acarrean* una sangría de dinero. INDOC **53 peaje –**: No desea (...) que la construcción de nuevas infraestructuras *acarreen* para los ciudadanos peajes... EPE220299

F SUSTANTIVOS QUE DENOTAN GANANCIA, PRINCIPALMENTE ECONÓMICA: **54 beneficio ++**: Estas personas creen que (...) podría *acarrear* beneficios políticos... ENH150398 **55 ventaja +**: Un año después cabe preguntarse si (...) ha *acarreado* alguna ventaja para alguien... EME230196 **56 recompensa**: ...el ajuste estructural *acarrea* recompensas y pérdidas... LPN211097 **57 dinero**: ...le *acarrea* tantos enemigos como dinero. ENC140201 **58 ahorro –**: ...*acarrearía* un ahorro en cuatro años de unos 2.000 millones... LVE040296

G SUSTANTIVOS QUE DESIGNAN BIENES MATERIALES, UNIDADES MONETARIAS Y –POR EXTENSIÓN– CIERTOS OBJETOS MERCANTILES. USO INFRECUENTE: **59 bien –**: ni la monarquía ni la república valían lo que costaron (...); porque la república no podía *acarrear* bienes bastantes, ni la monarquía... HOY190183 **60 peseta –**: ...calcula que cada copia pirata pueden verla entre 15 y 20 personas, lo que *acarreará* unas 50.000 pesetas de pérdidas. EPE011099 **61 dólar –**: ...*acarreó* poco más de 1.25 billones (con doce ceros) de dólares en el mercado de derivados... EXC190900 **62 factura –**: ...pueden suponer un carga excesiva para la Unión y, especialmente, *acarrear* una factura muy costosa para España... EME050795

H SUSTANTIVOS QUE DENOTAN AUMENTO O PROGRESIÓN ASCENDENTE: **63 aumento +**: ...las consecuencias de su demolición van a *acarrear* un aumento de la densidad de población... FDV260499 **64 incremento**: ...el verano *acarrea* un notable incremento en el número de casos... LNP180297 **65 crecimiento**: La situación (...) podría *acarrear* un crecimiento más lento... DLA110198 **66 repunte**: ...existe el temor de que los bajos tipos de interés y el despegue de la producción (...) *acarreen* un repunte de la inflación... EME010896 **67 subida**: ...lo que *acarreará* la subida del nivel del mar... EME190694 **68 mejora**: ...el crecimiento de la actividad (...) ha *acarreado* una mejora de los resultados económicos. EPE221299 **69 mejoría**: ...el crecimiento económico (...) *acarreará* una significativa mejoría de la situación... EME180496

I SUSTANTIVOS QUE DENOTAN DISMINUCIÓN, DETERIORO O PÉRDIDA: **70 reducción**: La experiencia cotidiana (...) *acarrea* una reducción espectacular de la vida interior del ciudadano. EME050495 **71 disminución**: El temor del G-24 se refiere a que la reestructuración pudiera *acarrear* una disminución en el peso de los países en desarrollo... EPE020489 **72 descenso:** ...pudo *acarrear* el descenso del club a la Segunda división B. LVE220895 **73 bajón:** ...la continua sangría de afiliaciones ha *acarreado* (...) un bajón en la ventanilla de ingresos... EME190596 **74 caída:** ...casi todo el mundo se preguntaba si la del 27 de enero de 1994, de contar con similar seguimiento, no *acarrearía* la caída del Gobierno... LVE040195 **75 merma:** ...podría *acarrear* una merma electoral considerable... HOY100397 **76 rebaja:** ...a precios un 30% inferiores a los de las tiendas tradicionales; incluso respecto de los hipermercados *acarrean* rebajas del 6. LVE210595 **77 recorte +:** ...los sindicatos no pueden estar, a priori, a favor de una fusión dado que ésta siempre *acarrea* recortes de personal... EPE120599 **78 hundimiento:** ...la ruptura de la protagonista con su vida anterior en busca de una imposible plenitud que por aspiración a lo absoluto *acarrea* el progresivo hundimiento en el abismo... ABC140593 **79 devaluación:** El ser humano aprecia lo que ya no tiene (...), como si la posesión de algo *acarrease* su devaluación inmediata. ABC111194 **80 desgaste:** En esa situación, aferrarse al puesto sólo *acarreará* desgaste a la organización, según la ejecutiva andaluza. LVE020795

J OTROS SUSTANTIVOS QUE DENOTAN CAMBIO O TRANSFORMACIÓN: **81 cambio ++:** Esta nueva noción podría *acarrear* un cambio de costumbres... CAP060297 **82 alteración:** ...le suministraron un producto que le *acarreó* «gravísimas alteraciones en su salud (...)». EPE141099 **83 modificación:** ...una variación en la estructura del DNA (...) podrá *acarrear* una modificación en la estructura de la proteína... ABC050293 **84 mutación:** ...la salida de esta recesión *acarreará* una mutación radical en el mundo laboral. LVE240695 **85 reforma:** La ley municipal (...) *acarreará* la reforma de la LTH para facilitar el acceso... EPE250299 **86 renovación:** La propuesta (...) *acarrearía* la renovación de los automóviles de más de tres, cuatro o cinco años de antigüedad... EME091095 **87 metamorfosis:** Dicha cúpula conceptual establece lindes o fronteras (...) que *acarrean* metamorfosis saludables. PME210796 **88 sustitución:** Dicho modelo *acarrearía* la sustitución gradual de los Cuerpos y Fuerzas de Seguridad del Estado... EME280695

K SUSTANTIVOS QUE DESIGNAN MANIFESTACIONES DE CONFRONTACIÓN, CONTIENDA, DESAVENENCIA Y OTRAS SITUACIONES CONFLICTIVAS: **89 conflicto +:** ...podría *acarrear* conflictos sociales en estas dos ciudades. EPE221199 **90 crítica +:** ...en ocasiones le *acarreaban* críticas. DLA040397 **91 enfrentamiento:** Esto *acarreará* enfrentamientos entre los dos amigos. EPE020799 **92 animadversión +:** ...su denuncia la *acarreará* la animadversión de mucha gente. EME070195 **93 pelea:** El presupuesto que se destina a la enseñanza también le ha *acarreado* peleas. EME250695 **94 guerra:** ...puede *acarrear* una guerra comercial y proteccionista de vastas consecuencias. EPE160977 **95 batalla –:** ...le *acarrearía* una batalla para tratar de mantenerse en la secretaría general. EPE010999 **96 polémica:** ...siempre despierta expectación y a menudo *acarrea* polémica. EME110695 **97 controversia –:** La puesta en libertad de Clegg ha *acarreado* una fuerte controversia... EME060795

L OTROS SUSTANTIVOS; POSIBLES USOS ESTILÍSTICOS: Por todo ello ningún gesto podía *acarrear* mayor simbolismo... GIC072597; ...un tiempo de banqueros iba *acarreando* sombra sobre nuestras cabezas. EME170596

■ Se combina también con: ♦ **inevitablemente[28], inexorablemente[83], irremisiblemente, necesariamente**
□ Véase también: **derivar(se), desencadenar(se), engendrar, ocasionar.**

acatamiento ♦ **absoluto, alto, debido, escaso, estricto[34], pleno, riguroso, total** ♦ **grado (de), nivel (de)** ♦ **exigir, expresar, mostrar, prometer**
□ Véase también: **obediencia.**

acatar *v.* ▌Admite sustantivos que designan sistemas de gobierno, así como otros que designan personas con autoridad *(monarquía, jefe, líder).* También se combina con...

A SUSTANTIVOS QUE DENOTAN SENTENCIA O RESOLUCIÓN, NORMALMENTE JUDICIAL: **1 resolución ++:** ...avisó a la Corte que no *acatará* ninguna resolución que pueda tomar sobre su actuación... HOY250484 **2 decisión ++:** ...dijo que *acataba* la decisión de sus compañeros, pero se confesó muy mortificado por el desaire sufrido. ENH280797 **3 sentencia ++:** Ese procedimiento no es apto para nosotros, pero obviamente *acataremos* la sentencia... ETC210197 **4 fallo ++:** La cooperativa es la que debe *acatar* el fallo de la Corte. ETC081196 **5 medida +:** «Los comercios que no *acatan* las medidas regulatorias del Código de Salud, son retirados del medio»... ESH180996 **6 dictamen +:** Varios de sus dirigentes advirtieron que no *acatarán* el dictamen del Consejo Nacional si este les es adverso. EME160395 **7 decreto:** Portavoces de los ocho jueces que *acataron* el decreto de emergencia declinaron criticar la dimisión... EPE250899 **8 disposición:** Su delegado declara que en vez de *acatar* las disposiciones de esa dependencia recurre al amparo. DYM240796 **9 auto:** Fuentes oficiales de Educación anunciaron ayer su disposición a *acatar* el nuevo auto del TSXG... FDV280301 **10 determinación:** ...aseguró que *acata* la determinación de la Fiscalía pero no la comparte. ETC060996

B SUSTANTIVOS QUE DENOTAN INSTRUCCIÓN, ORDEN O MANDATO, CON DISTINTOS GRADOS DE FUERZA IMPERATIVA O CONMINATIVA: **11 orden ++:** ...*acató* la orden sin quejarse... DYM281096 **12 mandato +:** ...le anunció la apertura de un expediente disciplinario por no *acatar* un mandato del órgano superior... EPE060799 **13 imposición +:** ...en este grupo se ubican algunos bebedores sociales que por sus características son más temerarios y se resisten a *acatar* la nueva imposición. HOY300996 **14 directriz:** ...deben *acatar* la directriz presidencial de deshacerse de los carros de lujo... LNC010297 **15 consigna:** El croata también *acató* disciplinariamente, aunque con resignación, las consignas llegadas desde el banquillo... EME211096 **16 instrucción:** ...sólo tienen como objetivo *acatar* las instrucciones emanadas de la Federación Internacional de Fútbol Asociado... LEC220796 **17 ultimátum:** Serbios y bosnios *acatan* el ultimátum de la OTAN... EME281295 **18 indicación –:** Una situación semejante se produjo a raíz de la orden de prisión de Juan de Justo, cuando los fiscales de la Audiencia Nacional se negaron a *acatar* las indicaciones verbales... LVE180395 **19 exigencia:** ...los familiares no dudan en *acatar* sus exigencias... EME141196 **20 demanda:** ...no piensa dar marcha atrás ni *acatar* las demandas de la OTAN... EPE220599 **21 petición:** ...expresó sus temores de una posible sanción para Guatemala en caso de no *acatar* la petición de la CIDH... LNC120996 **22 requerimiento:** ...la Administración estatal comprobó que el Ayuntamiento no había *acatado* ese requerimiento... EPE090999

C SUSTANTIVOS QUE DENOTAN COMPROMISO O ACUERDO: **23 acuerdo +:** ...los franceses señalaron que *acatarían* los acuerdos firmados con nuestro país en 1994. LVE180395 **24 pacto +:** «Si no se cumple esta demanda no *acataremos* el pacto»... EME190495 **25 tratado:** El 97 de los residentes en los barrios y suburbios bajo control serbio no se resignan a *acatar* el tratado de Dayton... EME191295 **26 convenio:** Uno de los acuerdos se adoptó en cuanto a la cláusula de descuelgue para las empresas que no puedan *acatar* el convenio... ENC060599 **27 convención:** Dichas convenciones son también Ley de la República y deben ser *acatadas*... ESP210800

D SUSTANTIVOS QUE DENOTAN REGLA, PAUTA, NORMA O DIRECTRIZ. TAMBIÉN CON OTROS QUE DESIGNAN ALGUNAS DE LAS FORMAS EN QUE SE AGRUPAN O SE ARTICULAN ESAS NOCIONES: **28 norma ++:** Según él, las normas de seguridad son *acatadas* completamente... ESH130497 **29 ley ++:** El pueblo, los grupos y las asociaciones no pueden ni deben confiar en que siempre se *acatará* la ley... ESH180996 **30 constitución ++:** Después, cada concejal jurará *acatar* la Constitución y el Estatut. LVE170695 **31 regla +:** ...«mientras vivas en esta casa tendrás que *acatar* mis reglas»... DYM080996 **32 reglamento +:** ...la carta que se le entregó ayer a Coto tenía por objetivo recordarle que debe *acatar* el reglamento interno de la fracción... LNC270596 **33 disciplina +:** ...una de las metas más importantes que tiene (...) es «la exigencia de que los ciudadanos *acaten* la disciplina viaria»... EME210596 **34 régimen:** La familia se comprometió a *acatar* el régimen de visitas... EPE150199 **35 normativa:** ...el Deportivo ha de *acatar* la normativa deportiva y dice que la Federación Española no tiene ningún problema con el club. LVE291296

E SUSTANTIVOS QUE DENOTAN PRECEPTO, PRINCIPIO FIRME U OTRAS NOCIONES ASOCIADAS CON LAS CREENCIAS, LAS CONVICCIONES O LOS RAZONAMIENTOS: **36 dogma +:** ...se trata de someter a examen todas las ideas establecidas que los doctores de toda clase (...) presentan al público como otros tantos dogmas que habría que *acatar* sin discusión. ABC060392 **37 axioma:** Para el gobierno era políticamente arriesgado *acatar* el axioma de los Chicago boys. HOY250184 **38 principio:** Arafat y sus ministros deben *acatar* los principios de la legalidad y de los derechos humanos. EME190996 **39 mandamiento +:** ...admiraron (...) la amabilidad y cortesía que se aunaban con una decidida exigencia de *acatar* los mandamientos cristianos primitivos. PME120197 **40 corán:** ...pidió en Trípoli que se desobedezca a la ONU y se *acate* el Corán. EME300896 **41 celibato −:** Los propios curas *acatan* el celibato porque no tienen más remedio... EME220996 **42 mística −:** Acataba yo entonces la mística de mi generación... EME030995 **43 ideario −:** ...recordar que a nosotros no se nos selecciona por *acatar* idearios o llevar trajes talares... EPE011088

F SUSTANTIVOS QUE DENOTAN VOLUNTAD U ORIENTACIÓN DEL ÁNIMO O EL PENSAMIENTO. TAMBIÉN CON OTROS QUE DESIGNAN ALGUNAS DE LAS FORMAS EN QUE SE MANIFIESTAN ESAS NOCIONES: **44 voluntad ++:** La cuestión es si los operadores *acatarán* la voluntad del G-7... ENH100297 **45 deseo +:** Por tanto, ya sabemos qué es ser renovador: *acatar* los deseos del líder. EME250194 **46 planteamiento:** ...y no tenemos por qué ceder a su voluntad ni *acatar* sus planteamientos en las cuestiones que... INDOC **47 designio +:** ...el partido se debatía en la eterna disyuntiva de *acatar* los designios de Helmut Kohl... EME151295 **48 postura:** ...ya anunció su firme decisión de *acatar* la postura de la dirección de su partido... EME191095 **49 voto:** ...tendrá que *acatar*, como todos, los votos de la mayoría. LVE190196 **50 votación:** ...«la comunidad internacional puede estar tranquila», ya que *acatará* la votación parlamentaria. EPE280399 **51 opinión:** Esa es la cuestión, siempre y cuando se *acate* la opinión de la mayoría. EME280896 **52 iniciativa −:** ...*acatará* toda iniciativa presidencial en tal sentido. LVE030395 **53 orientación −:** ...han destacado por su disciplina en *acatar* las orientaciones del presidente... EPE020886

G SUSTANTIVOS QUE DENOTAN CONDENA O CASTIGO, CONSISTENTE A MENUDO EN LA PÉRDIDA DE LO QUE SE POSEE O LA DENEGACIÓN DE LO QUE SE DESEA OBTENER. TAMBIÉN CON OTROS QUE DESIGNAN ACCIONES QUE SE INTERPRETAN COMO RESOLUCIONES NEGATIVAS ASIMILADAS A ESAS NOCIONES: **54 condena +:** La Comisión Europea pide a los gobiernos que *acaten* las condenas comunitarias... EME060696 **55 sanción +:** «Me duele no jugar el partido, pero no me queda más remedio que *acatar* la sanción»... EPE101099 **56 castigo:** ...los ejemplares de Dolores Aguirre acreditaron poder (...) en el caballo, romanearon con fuerza y *acataron* el castigo imperturbables... EME060694 **57 prohibición +:** ...los usuarios del Metro no *acatan* las prohibiciones de fumar en sus instalaciones. EME260194 **58 ilegalización:** ...Schönborn jamás tuvo la menor intención de *acatar* la ilegalización... EME091195 **59 pena:** ...*acata* (...) las penas impuestas por la Sala Segunda del Tribunal Supremo a varios dirigentes... EPD291097 **60 suspensión:** Lisboa podría optar por *acatar* la suspensión... EPE200799 **61 destitución:** ...declaró que no *acataba* su destitución, calificándola de «ilegal». LVE070895 **62 veto:** Pocos ayuntamientos *acatan* el veto a las campañas institucionales. LVE160495 **63 exclusión:** De la Peña *acata* su exclusión... LVE300995 **64 recorte −:** ...«ha sabido *acatar* con generosidad los recortes presupuestarios (...)». EME070595

H SUSTANTIVOS QUE DENOTAN CONVOCATORIA O LLAMAMIENTO A ACTUAR DE UNA FORMA DETERMINADA, A MENUDO RELACIONADA CON EL ÁMBITO SOCIAL O EL LABORAL. TAMBIÉN CON OTROS QUE EXPRESAN ACUERDOS O DECISIONES TOMADOS EN ESAS CONVOCATORIAS: **65 huelga +:** ...los galenos que *acaten* la huelga serán sancionados en estricta aplicación del Código del Trabajo. LTB201196 **66 paro +:** ...el paro cívico (...) se *acató* disciplinadamente con cierre completo de las actividades públicas y privadas. LTB050497 **67 pronunciamiento:** ...democráticamente debió *acatar* el pronunciamiento casi unánime de los componentes del comité ejecutivo. LEC220796 **68 moción:** Entonces anunciaron su disposición a *acatar* la moción en forma voluntaria. PME250896 **69 llamamiento:** Pero el llamamiento de Chautemps no fue *acatado*... ETC070198 **70 convocatoria:** ...impuso dos juegos de castigo (...) por no *acatar* la convocatoria a la selección nacional. ESH061000 **71 llamada −:** Acató la llamada al orden, pero le sentó mal. EME210496

I SUSTANTIVOS QUE DENOTAN AUTORIDAD O PODER. TAMBIÉN CON OTROS QUE EXPRESAN RELEVANCIA O SUPREMACÍA, A MENUDO EN ALGUNA ESCALA SOCIAL: **72 autoridad +:** Como profesionales debemos *acatar* su autoridad. EPE030499 **73 soberanía:** Es preciso que todos *acaten* la soberanía de las Cortes... EPE280977 **74 poder:** «Los votos son la única fórmula que existe para que los militares *acaten* el poder civil». LVE151195 **75 liderazgo:** Sería además políticamente suicida, pues significaría *acatar* el liderazgo de ETA al frente del nacionalismo. EPE011299 **76 importancia:** Acato obviamente la enorme importancia del «Homo economicus»... LVE140695 **77 jerarquía:** Me arrodillé ante él porque respeto y *acato* su jerarquía. LVE080296 **78 hegemonía:** ...¿por qué hemos de *acatar* la hegemonía lingüística del inglés y el alemán (...)? EPE090199

J SUSTANTIVOS QUE DESIGNAN OTRAS UNIDADES DE INFORMACIÓN Y DIVERSAS FORMAS DE COMUNICACIÓN VERBAL, MÁS FRECUENTEMENTE LAS DE INTENCIÓN ADMONITORIA: **79 discurso:** ...han *acatado* el discurso oficial: a regañadientes o matizándolo con vagos refritos... EPE310199 **80 mensaje:** ...le comunicaron que sólo *acatarían* este mensaje si lo daba como una orden por escrito. EME180395 **81 consejo:** Ni siquiera *acató* un consejo similar de sus abogados. EPD180697 **82 recomendación:** No hay voluntad oficial para *acatar* las recomendaciones... DYM061196 **83 sugerencia:** Habrá que ver si el Gobierno *acata* la sugerencia o mantiene sus planes de enajenación inmediata... LVE010996 **84 máxima:** «Los buenos somos nosotros» (...) y todos han de *acatar* la máxima... EPE090499 **85 propuesta:** Esto significa que *acatan* las propuestas de paz... LVE310895 **86 advertencia:** Los desconocidos *acataron* sus advertencias... LNP120397

K SUSTANTIVOS QUE DENOTAN FUNCIÓN U OBLIGACIÓN: **87 obligación:** Y *acatar* la obligación de retirar pasacalles y carteles. LNA300692 **88 condición:** En el terreno económico predominó la voluntad de *acatar* las condiciones impuestas... EPE010688 **89 papel:** Aunque nunca se llevaron excesivamente bien, Jacqueline *acató* el papel asignado por la matriarca... LVE210594 **90 responsabilidad:** No encontramos razón para que no *acaten* y asuman su responsabilidad... PME150996

L SUSTANTIVOS QUE DENOTAN DESENLACE O RESULTADO, TANTO FAVORABLE COMO DESFAVORABLE: **91 resultado +:** ...se comprometieron a *acatar* los resultados. EUV300696 **92 derrota:** La tarjeta roja dejó al Espanyol en inferioridad, pero jamás renunció a la sorpresa (...), sin *acatar* la derrota... EME061095 **93 victoria:** La oposición *acató* la victoria (...) pero replica ahora que era un «paquete» electoral compuesto de legislativas y municipales. LVE221296 **94 desenlace:** Cualquier desenlace sería legítimo y todos deberemos *acatarlo* en el plano de la legalidad. EME030396 **95 consecuencia:** ...y si alguien ha hecho algo mal, deberá *acatar* las consecuencias. EME070395

M OTROS SUSTANTIVOS; POSIBLES USOS ESTILÍSTICOS: ...quedan aún muchos kilómetros por compartir, mejor dicho: por *acatar*. LVE210295; ...algunos lectores ya no saben cómo juzgar a los personajes de ficción, empeñados en verles como autómatas o seres clónicos, dispuestos a *acatar* una maldad que carece de inteligencia. ABC210292

▩ Se combina también con: ♦ **gustoso**[3] ♦ **al pie de la letra**[27], **a regañadientes**[3], **de buen grado**[13], **democráticamente**[17], **escrupulosamente**[7], **estrictamente**, **gustosamente**, **plenamente**[13], **religiosamente**[10], **rigurosamente**, **sin reservas**[9], **voluntariamente**

☐ Véase también: **aceptar**, **cumplir**, **obedecer**.

acceder (a) ♦ **encantado**, **gustoso**[2] ♦ **amablemente**, **atentamente**, **con gusto**, **de buen grado**, **gentilmente**[12], **gustosamente**[2] ♦ **demanda**, **deseo**, **petición**, **ruego**, **solicitud**, **súplica**

☐ Véase también: **autorizar**, **conceder**.

accesible *adj.* ▮ Con el sentido literal 'que permite el acceso' se construye con sustantivos que designan lugares *(edificio, hospital, puerto, zona)*, a menudo espacios de tránsito *(camino, itinerario, ruta)*. También admite sustantivos que designan datos, informaciones y otros indicadores análogos, así como algunos de los medios y soportes en los que pueden difundirse *(información, programa, dato, red, fichero informático, sistema)*. Con este mismo sentido acepta también otros que expresan algunas nociones abstractas que se consideran objetivos a los que se aspira *(libertad, fama, popularidad, riqueza)*. Con el sentido de 'de acceso o trato fácil' admite sustantivos de persona *(profesor, político, actriz)*. Es muy frecuente que este sentido se cruce con el significado de *asequible* ('fácil de conseguir o de alcanzar'), como en *un rival accesible*; *los equipos más accesibles de la liga*. Con el sentido de 'comprensible, aceptable o asimilable' se combina con sustantivos que designan muy diversos resultados de la actividad cognoscitiva *(idea, pensamiento, reflexión)*, con ciertos nombres de persona *(poeta, pintor, filósofo)* y con gran número de sustantivos que expresan manifestaciones artísticas y culturales, frecuentemente textuales *(texto, obra, libro, novela)*, pero también de otro tipo *(música, escultura, cine, pintura)*. Se combina asimismo con...

A SUSTANTIVOS QUE EXPRESAN DIVERSAS NOCIONES ASOCIADAS CON LAS REALIZACIONES PARTICULARES DE LA LENGUA, SUS PROPIEDADES COMBINATORIAS Y ALGUNOS DE SUS COMPONENTES: **1 lenguaje +:** Con un lenguaje simple y *accesible*, el libro da un salto de 15 mil millones de años... HOY190597 **2 estilo:** Un estilo *accesible*, una estructura clásica, ausencia de elementos que diviertan o entretengan. EPE230299 **3 sintaxis:** En vez de un lenguaje elíptico, emplearon un lenguaje menos oscuro y una sintaxis más *accesible*. LHG140797 **4 vocabulario:** No deben los escritores de literatura infantil usar un vocabulario ralo so pretexto de que sea *accesible* a todo niño... EME110694 **5 término:** ...nos vemos ante la necesidad de responder a esta demanda en términos más eficaces y más *accesibles* al gran público... ABC100492 **6 alemán:** ...está escrito en un alemán *accesible*. LVE220295

B SUSTANTIVOS QUE DESIGNAN INICIATIVAS, METAS Y OTRAS NOCIONES PROSPECTIVAS CERCANAS: **7 objetivo +:** ...no planteamos medidas utópicas, sino objetivos *accesibles* que puedan conquistarse a corto plazo. INDOC **8 propuesta:** ...bailar en la calle no implica rebajar el nivel de los bailarines para hacer su propuesta más *ac-*

cesible al gran público... LVE070795 **9 proyecto:** «El proyecto de Barak es *accesible*», aseguró ayer por la radio el general israelí en la reserva Yossi Peled... EPE230599 **10 opción:** ...ya que el precio prohibitivo de Ganz le convierte en una opción más *accesible.* LVE201196

C SUSTANTIVOS QUE DENOTAN ASUNTO O MATERIA: **11 historia:** Así haces más *accesibles* historias muy densas». EME110395 **12 argumento:** ...desplegando un argumento simple y *accesible* a todos... CAP290896 **13 tema:** ...es el gran tema de la humanidad en todos los siglos y que tiene la ventaja de que, al tiempo que nos divide, nos congrega y nos acerca porque es *accesible* a todos... LVE090195 **14 contenido:** Los contenidos *accesibles* por el usuario en el sitio de Terra Networks dependerán del idioma del usuario... EXC200700 **15 cuestión:** Ha sabido plantear cuestiones centrales en nuestro mundo actual de manera que resulten *accesibles* para un lector medio. ABC291191

D SUSTANTIVOS QUE DENOTAN RESOLUCIÓN O RESULTADO OBTENIDO AL FINAL DE UN PROCESO: **16 resultado:** El gusano de Brenner ha sido un ejemplo de investigación pública y con resultados *accesibles* a todo el mundo. EPE011299 **17 solución:** ...existe «una solución *accesible* y de resolución gradual»... EPE150499 **18 respuesta:** ...preguntas que tienen respuesta, aunque tal vez no sea *accesible* para mí. LVE290396 **19 reacción −:** ...es el combustible de la fusión termonuclear en las reacciones más *accesibles* de deuterio-tritio... ABC031293

E OTROS SUSTANTIVOS; POSIBLES USOS CRUZADOS: «Es el fax personal ideal por su costo *accesible*». [Cf. *asequible*] EXC230996; ...los precios serán mucho más *accesibles*... [Cf. *asequible*] EXC230996; ...reclamaron préstamos *accesibles*... [Cf. *asequible*] LPA290464
☐ Véase también: **asequible**.

acceso ♦ **carnal**[4], **complicado, difícil, dificultoso, directo, exclusivo, expedito, fácil, gratuito, ilimitado, indirecto, libre, limitado, listo (para), permitido, privilegiado, restringido, sencillo** ♦ **camino (de), clave (de), control (de), curso (de), falta (de), puerta (de), ruta (de), vía (de)** ♦ **abrir, aprovechar, autorizar, bloquear, cerrar, conseguir, controlar, cortar**[17], **dar**[49], **denegar**[64], **desaprovechar, desbloquear, entorpecer, facilitar, forzar, ganar, impedir, limitar, lograr, mejorar, negar, negociar**[45], **obstaculizar**[13], **obstruir**[1], **obtener, permitir, prohibir, proveer, reclamar, rehusar, restringir, tener, usar**
☐ Véase también: **acceso (de), autorización, beneplácito, licencia, permiso.**

acceso (de) *sust.* ▮ En su sentido de 'ataque o aparición repentina', se combina con...

A SUSTANTIVOS QUE DESIGNAN ENFERMEDADES O SUS SÍNTOMAS: **1 tos ++:** Silveira se mostraba preocupado por su *acceso* de tos y le dijo: «Estoy bien». DYM061196 **2 fiebre ++:** La gallina, en el momento de morir, tuvo un *acceso* de fiebre. ABC010494 **3 gripe:** ...un fuerte *acceso* de gripe le impidió completar la ceremonia. EME311295 **4 hepatitis:** Tuve un *acceso* de hepatitis y pedí la baja seis meses... LVE120495 **5 taquicardia:** Cada vez que entrego mi tarjeta de crédito sufro un *acceso* de taquicardia. EME040194

B SUSTANTIVOS QUE DENOTAN PERTURBACIÓN O DESORDEN DE LA RAZÓN: **6 locura ++:** ¿Será cierto que Van Gogh se cortó la oreja en un *acceso* de locura producto del ajenjo? EPE060899 **7 demencia:** ...justifica su propia actuación como si de un *acceso* de demencia se tratara. LVE210595

C SUSTANTIVOS QUE DENOTAN IRRITACIÓN O ENOJO EN GRADO ELEVADO, TAMBIÉN CON ALGUNOS QUE DESIGNAN OTROS SENTIMIENTOS O REACCIONES MARCADOS POR EL ARREBATO O LA VIOLENCIA: **8 cólera ++:** ...es comparable a un ligero *acceso* de cólera y la mejoría es muy rápida. ABC240295 **9 celos +:** Porque François ha experimentado desde el primer despertar un violento *acceso* de celos. ABC040895 **10 furia +:** He dicho a zapatazos porque, en un *acceso* de furia, la homicida hirió infinidad de veces a su víctima... LVE101095 **11 furor:** ...el vidriero que viene a reparar una ventana que Víctor rompió de un zapatazo en un solitario *acceso* de furor... EME270295 **12 ira:** Ilusión representada por la misma Pryanka, quien, en un *acceso* de ira que le nubló la sonrisa, dijo... EPE111099 **13 rabia:** ...fruto de un *acceso* de rabia para unos o de un arranque de egocentrismo para otros... EPU170701 **14 agresividad:** Su último *acceso* de agresividad consistió en pedir al gobierno que envíe cuanto antes al Congreso una ley antiterrorismo... EXC180996 **15 energía −:** En el camino hacia el desenlace, Hamlet, en un *acceso* de energía, mata a Polonio, grotesco y cómico a pesar de sí mismo. EUV120996

D SUSTANTIVOS QUE DESIGNAN CIERTAS CUALIDADES Y VALORES, GENERALMENTE HUMANOS, CONSIDERADOS POSITIVOS: **16 lucidez +:** Sí, uno tiene un *acceso* de lucidez en su paseo nocturno, pero enseguida le reclama la cuadrilla para acceder a una nueva ronda de copas. EPE220899 **17 prudencia:** Majorie Mo Mowlam sufre un súbito *acceso* de melancólica prudencia. EPE070299 **18 autocrítica:** En un *acceso* de autocrítica (...) reconoció en la conferencia de prensa el exceso de «institucionalización»... EME100996

E SUSTANTIVOS QUE DENOTAN AFECTO, APRECIO O RESPETO EN DIVERSOS GRADOS: **19 cariño:** La razón no es un repentino *acceso* de cariño. Se trata de que Mendoza siga presidiendo el club blanco hasta la Asamblea Extraordinaria del día 26. EME171195 **20 pasión:** Otra cosa es cuando un hombre, en un *acceso* de pasión y erotismo, le pone a la mujer amada, por unos instantes, un chador. EME010695 **21 ternura:** Son muchos los que, llevados por un aparente *acceso* de ternura, la búsqueda (...) adquieren un cachorro... EPE280899 **22 veneración −:** París no vivía tal *acceso* de veneración desde Woody Allen. LVE071095

F SUSTANTIVOS QUE DESIGNAN DIVERSOS ESTADOS DEL ÁNIMO CARACTERIZADOS POR LA TURBACIÓN, LA CONGOJA, LA INCAPACIDAD DE ACTUAR Y OTROS SENTIMIENTOS ANÁLOGOS. TAMBIÉN CON OTROS QUE DESIGNAN ALGUNOS DE LOS EFECTOS CAUSADOS POR DICHAS SITUACIONES: **23 llanto:** Me respondieron con un *acceso* de llanto mientras estrujaban varias fotos entre sus manos menudas y devotas. EME090895 **24 impotencia:** Cuando las cosas me pueden –y me pueden a menudo– el *acceso* de impotencia se traduce en ronchones por el cuerpo... EME150695 **25 incredulidad:** ...como si de pronto le hubiese sobrevenido un *acceso* de incredulidad, de desvalimiento. EME190896 **26 vergüenza –:** Sufro un irreprimible *acceso* de vergüenza ajena cuando en la sala de espera veo a una pareja... EME120996

G SUSTANTIVOS QUE DESIGNAN DIVERSAS DEMOSTRACIONES EXPANSIVAS DE ALEGRÍA: **27 risa:** Pasmado y boquiabierto, con un *acceso* de risa dolorosa, mis amigos me sacaron... EME160995 **28 entusiasmo:** La súbita ventaja del Madrid provocó un *acceso* de entusiasmo en sus filas y en los aficionados. EPE170699 **29 hilaridad:** ...casi muero atragantado con la comida del AVE, debido a un *acceso* de hilaridad... EME270796

H SUSTANTIVOS QUE DESIGNAN ACTITUDES Y COMPORTAMIENTOS PROVOCADOS GENERALMENTE POR ALGÚN EXCESO EN LA ESTIMACIÓN PROPIA: **30 grandilocuencia:** ...ese hombre que no aceptó la voluptuosidad del barroco, ese *acceso* de grandilocuencia de una raza taciturna... ABC241292 **31 megalomanía:** ...las guerras bancarias que surgieron como consecuencia del *acceso* de megalomanía del ministro... EME250896 **32 engreimiento:** En un nuevo *acceso* de engreimiento o desconcentración, típicos en esta plantilla... EME120394

I OTROS SUSTANTIVOS; POSIBLES USOS CRUZADOS: ...el *acceso* de nervios sufrido por Vidal-Quadras da ocasión para que los suyos le manden... [Cf. *ataque (de)*] EPE091199; El primero de ellos, la corrupción, ha sido como un *acceso* de pus que estallara... [Cf. *absceso*] EME160694

J OTROS SUSTANTIVOS; POSIBLES USOS ESTILÍSTICOS: Dos de ellos los ha perdido, y el otro sólo lo ganó por un *acceso* de conservadurismo, de pérdida de agresividad... EME170595

☐ Véase también: **acceso, arranque (de), arrebato (de), ataque (de).**

accidentado *adj.* ▌Se usa como adjetivo y también como participio del verbo *accidentarse.* En el segundo sentido admite sustantivos que designan personas *(piloto, trabajador)*, vehículos *(coche, avión)* u otros objetos, generalmente a motor *(máquina)*. En el sentido de 'abrupto o con desniveles' se combina con sustantivos que denotan suelo, área o relieve del terreno *(superficie, terreno, cordillera)* o designan el contorno dibujado por ellos *(trazado, perfil)*. En el sentido figurado se combina con muy diversos nombres: sustantivos temporales *(día, fin de semana, año)*, sustantivos que designan espectáculos o eventos *(partido, recital, mitin, reunión)*, así como algunas acciones que tienen lugar en ellos *(actuación, debate)*. También se combina con...

A SUSTANTIVOS QUE DENOTAN VIAJE, TRÁNSITO O DESPLAZAMIENTO Y CON OTROS QUE DESIGNAN ALGUNOS DE LOS LUGARES POR LOS QUE DISCURRE EL CURSO DE ALGO: **1 viaje ++:** ...por medio de la fabulación de sueños, *accidentados* viajes en busca de antiguos manuscritos con textos adivinados... ABC221294 **2 itinerario ++:** Tras un itinerario *accidentado*, el informe ha desaparecido oficialmente, según ha denunciado el abogado Castells ante el Supremo. EME060495 **3 travesía:** Tras borrascosa y *accidentada* travesía, llegaron sin saber cómo, un día de 1620, al puerto de Trujillo... LHG140797 **4 trayectoria:** De ahí, que el éxito de ayer haya compensado a los técnicos de la NASA por esa *accidentada* trayectoria inicial de 3.680 millones de kilómetros... LVE091295 **5 trayecto +:** Marie llega a esta relación sentimental tras un *accidentado* trayecto que ha durado 20 años. LVE221196 **6 recorrido +:** ...la novela de Urbina expone un largo y *accidentado* recorrido por la memoria y la intimidad de su narrador... ABC061192 **7 ruta:** En la *accidentada* ruta hacia la integración tarifaria del transporte público... EPE290799 **8 camino +:** ...un tipo de Jeep de lujo que se emplea habitualmente para trasladarse por lugares de caminos y carreteras *accidentados.* DED021196 **9 vía:** ...a la vez que señaló que en la vía *accidentada* «faltaba probablemente una medida técnica que evitara un posible error humano», medida que no especificó. LVE111096 **10 excursión +:** Después de una excursión ecuatoriana bastante *accidentada* –derrota en Quito y escandaletes mediante–... CLA030397 **11 expedición:** La *accidentada* expedición, con subvención municipal, salió de Getafe el pasado 31 de julio con 50 integrantes (de 20 a 30 años). EPE100899 **12 periplo:** Lo hace después del corto, y también *accidentado*, periplo norteamericano hasta que el paréntesis olímpico de febrero... EPE031201 **13 peregrinación:** Como Don Quijote, o como el Nazarín galdosiano –de inevitable recuerdo en la *accidentada* peregrinación de Carlos y el idiota por la sierra de Guara–... ABC100192

B SUSTANTIVOS QUE DESIGNAN HECHOS, SUCESOS O LANCES GENERALMENTE IMPREVISTOS: **14 peripecia +:** En la primavera, las encuestas le concedían como máximo un 8 por ciento de los votos y muchos dieron por concluida su *accidentada* peripecia. EME181195 **15 aventura +:** ...Monica Lewinsky piensa poner distancia con sus perseguidores de todo tipo y al mismo tiempo comenzar a cosechar los frutos de su *accidentada* aventura. EPE170299 **16 andanza:** ...le bastaron para componer los 140.000 versos que reproducen en décimas las *accidentadas* andanzas de Don Quijote y Sancho Panza. EPE040999 **17 episodio:** Éstos no han sido los únicos episodios *accidentados* del proyecto. EPE030699 **18 incidente:** ...y ya no se separará de ella en los días sucesivos, entre una catarata de *accidentados* incidentes. LVE290895

C EL SUSTANTIVO *VIDA* Y CON OTROS QUE DESIGNAN LO VIVIDO O EXPERIMENTADO A LO LARGO DEL TIEMPO: **19 vida ++:** ...se inclina por Shine, dramón inspirado en la *accidentada* vida del pianista David Helfgott, interpretado en un alarde de virtuosismo... EME301296 **20 historia +:** Pero, hasta hoy, la historia interna del teatro ha sido muy *accidentada.* EPE281201 **21 existencia +:** ...siempre fue una modestísima concentración de inmuebles, de aspecto más bien rústico y existencia muy *accidentada* a lo largo de 86 años... LPN260497 **22 biografía +:** ...hasta terminar el repaso de tan *accidentada* biografía precisamente con la imagen de este extranjero... EPE051099 **23 experiencia:** ...en «Malena es un nombre de tango» la *accidentada* experiencia sentimental de una mujer se desarrolla, en contraste con su hermana melliza... ABC220494

D SUSTANTIVOS QUE DENOTAN APARICIÓN, INICIO O ARRANQUE DE ALGO: **24 comienzo ++:** El gaitero gallego Carlos Núñez ha tenido un *accidentado* comienzo de gira en Argentina para la presentación del álbum Os amores libres. EPE050699 **25 inicio +:** Un *accidentado* inicio en el que se produjeron tres caídas frenó bruscamente el ritmo del pelotón. LVE180995 **26 estreno +:** ...un pase especial de la versión de Lolita de Adrian Lyne, antes de su *accidentado* estreno comercial en Estados Unidos. EPE060199 **27 inauguración +:** ...cuatro años después de su crisis fundacional, tres años después de su *accidentada* inauguración, la Opera de la Bastilla, en París, continúa siendo un «buque fantasma»... ABC170792 **28 debut:** ...será esta su segunda estancia en la ciudad después de su *accidentado* debut en el Liceu, en 1989. LVE070996 **29 presentación:** El sector renovador de ERC formalizó ayer la candidatura de Josep Lluís Carod-Rovira en una *accidentada* presentación. LVE081096 **30 prólogo:** La primera etapa en línea del Tour, tras el *accidentado* prólogo contrarreloj del pasado sábado... LVE030795 **31 origen:** ...demuestra que no se ha aprendido a convivir y competir, tal vez por el origen *accidentado* del presente sistema. ETC040997 **32 prolegómeno:** Después de unos prolegómenos algo más que *accidentados* (la concejalía de Cultura carecía de presupuesto y se dio por hecho que este certamen no se celebraría)... EPE250699

E SUSTANTIVOS QUE DESIGNAN ACCIONES Y PROCESOS DIRIGIDOS A LA REALIZACIÓN DE ALGUNA COSA O LA CONSECUCIÓN DE UNA META: **33 proceso +:** De este modo culmina un largo y *accidentado* proceso en el que tomaron parte los pobladores de Misiones... ACP031001 **34 desarrollo +:** El desarrollo del juego también resultó *accidentado,* habida cuenta que cuatro elementos de Fortín Club... LNP150997 **35 construcción:** La ópera de Sydney estrenará el sábado «La octava maravilla», una producción cuyo libreto se inspira en la *accidentada* construcción de su sede... LVE111095 **36 elaboración:** ...en doble CD que añade rarezas musicales y comentarios hablados sobre su *accidentada* elaboración. EPE070499 **37 evolución:** ...Rushdie (1947) construía una saga familiar que reflejaba la *accidentada* evolución de su gigantesco país. LVE271095 **38 rodaje:** Tras el *accidentado* rodaje de Espartaco (1960), en el que el productor Kirk Douglas introdujo cambios que no lo satisficieron... EPU170701 **39 tramitación:** «La tramitación ha sido *accidentada* y es una ley que se ha explicado muy mal», afirmó Guardans. EPE211201

F OTROS SUSTANTIVOS; POSIBLES USOS ESTILÍSTICOS: Y Valencia un territorio de lizondos, pues cada pueblo, barrio y vecino podrá transcribir su libre y *accidentada* vocalización. LVE300695

☐ Véase también: **tortuoso.**

accidental *adj.* **I** En el sentido de 'provisional' o 'eventual' se combina con sustantivos de persona, individuales o colectivos, más frecuentemente si denotan profesión o cargo *(alcalde, director, comisión).* En el sentido de 'no esencial' admite sustantivos que denotan característica o atributo *(característica, propiedad, cualidad, nota, rasgo).* En el sentido de 'casual' o 'circunstancial' se combina con diversos sustantivos que designan eventos *(incendio, explosión, disparo, unión, captura, pérdida, herida, golpe).* Se combina especialmente con...

A SUSTANTIVOS QUE DENOTAN LA ACCIÓN O EL EFECTO DE PERDER O QUITAR LA VIDA, A VECES CON AGRESIVIDAD O VIOLENCIA. SE USAN EN OCASIONES FIGURADAMENTE: **1 muerte ++:** No cree la versión de la policía de que se trató de una muerte *accidental.* CAR080997 **2 fallecimiento:** ...maquilló debidamente convirtiendo su fallecimiento *accidental* en una muerte heroica... LVE100394 **3 asesinato:** ...se meterá en ese mundo tras vivir el suicidio de un colega y el *accidental* asesinato de su esposa. LVE280296 **4 homicidio:** Las acusaciónes a las que se enfrentan (...) son claras: homicidio *accidental* y negligencia. EME020795 **5 ahogamiento:** ...la autopsia confirmó que falleció por un ahogamiento *accidental.* EME270695 **6 ajusticiamiento:** ...el ajusticiamiento casi *accidental* llevado a cabo por un grupo que se autodenomina Acción Directa Contra las Drogas... EME080196 **7 genocidio –:** ...el genocidio nada *accidental,* sistemático y preparado desde hace meses y años por las fuerzas serbias. EPE210499 **8 linchamiento:** ...un linchamiento moral que tal vez no fuera premeditado, pero tampoco *accidental.* INDOC **9 óbito –:** ...el óbito *accidental* causado por la negligencia del psiquiatra de la actriz... EME080194

B SUSTANTIVOS QUE DENOTAN ENFERMEDAD O DESIGNAN OTRAS ALTERACIONES DE LA SALUD. TAMBIÉN CON OTROS QUE EXPRESAN ALGUNAS DE SUS CAUSAS O SUS CONSECUENCIAS: **10 enfermedad +:** Muerte gratuita y enfermedad *accidental,* así vivimos estos hechos cardinales desde nuestra desmesura y nuestra conciencia desdichada. ABC260393 **11 contagio +:** ...el riesgo de contagio *accidental* tras la utilización se suele evitar tapando la aguja con un capuchón de plástico. LVE250295 **12 intoxicación +:** La OCU dice que la intoxicación por clenbuterol no ha sido *accidental,* sino una «actuación criminal de unos ganaderos desalmados». EME240194 **13 contaminación +:** ...el contenedor constituye una barrera contra la contaminación *accidental* o incontrolada... LVE270695 **14 envenenamiento:** ...otro gran problema cuyos efectos sobre la mortandad de aves son cada vez mayores: el envenenamiento, tanto *accidental* como premeditado. EPE130699 **15 epidemia:** Esta epidemia entre los jóvenes no es *accidental.* LVE240896

C SUSTANTIVOS QUE DESIGNAN LA ACCIÓN O EL EFECTO DE ENCONTRAR ALGO: **16 hallazgo +:** El hallazgo *accidental,* en Zaragoza, de una potente bomba... LVE200795 **17 encuentro ++:** ...ha tranquilizado a Begin afirmando que se trataba de un encuentro *«accidental»* y que el tema de las elecciones anticipadas sólo fue abordado superficialmente. EPE150380 **18 descubrimiento +:** ...la película parte del descubrimiento *accidental* de una carta amorosa... EME090996 **19 tropiezo:** El tropiezo *accidental* con la apasionada divorciada (...) le conduce a un vertiginoso compromiso matrimonial. EME191195

D SUSTANTIVOS QUE DENOTAN INUTILIZACIÓN, ANULACIÓN O DESAPARICIÓN DE ALGUNA COSA. TAMBIÉN CON OTROS QUE DESIGNAN ALGUNAS DE LAS CAUSAS QUE PROVOCAN SU DETERIORO: **20 destrucción ++:** ...aprovechó la destrucción *accidental* de un autobús lleno de civiles el pasado sábado para liberar a los tres soldados... EPE040599 **21 desprendimiento:** Para el magistrado (...), el desprendimiento del voladizo «no fue *accidental* o fortuito»... EME040196 **22 derribo:** Por otra parte, las labores previas de la obra del soterramiento provocaron el derribo *accidental* de un muro exterior de un centro escolar. EPE071199 **23 rotura:** La rotura *accidental* de una tubería secundaria de la red de gas provocó un fuerte escape... LVE191196 **24 corte:** Y las heridas en sus manos, fruto de otro corte *accidental* que se hizo al afeitarse la mañana después. EME261096

E SUSTANTIVOS QUE DESIGNAN DIVERSAS SITUACIONES DE PELIGRO, CONFUSIÓN O ADVERSIDAD: **25 peligro +:**

Cualquier cálculo de los posibles peligros, tanto intencionados como *accidentales*, de todas las armas de destrucción masiva deben tener en cuenta los informes... EPE150399 **26 conflicto +:** ...considera que no se trata de un conflicto *accidental*, sino del conflicto mismo que a nivel nacional se discute hoy... EPE120280 **27 riesgo:** ...nadie oculta que sí existen riesgos *accidentales* que debemos estar dispuestos a correr. INDOC **28 inconveniente:** Aunque es poco probable que los obstáculos naturales en un teatro de operaciones, por sí mismo difícil, suponga algo más que inconvenientes *accidentales*... LVE241295 **29 error:** Sostener en 1977 el carácter esencialmente socialista de la URSS y los países del bloque soviético, pese a sus errores y crímenes *accidentales*, es encerrarse en una contradicción sin salida... EPE090977

F SUSTANTIVOS QUE DENOTAN DETENCIÓN O SUSPENSIÓN DEL DESARROLLO DE UNA ACCIÓN O UN PROCESO: **30 interrupción +:** Tras una interrupción *accidental* en el suministro de la corriente eléctrica, la caldera (...) se puso nuevamente en funcionamiento... EPE070599 **31 cancelación:** Esa explicación podía aceptarse cuando las cancelaciones eran verdaderamente *accidentales* y se producían de uvas a peras. EPE030799 **32 parada:** ...nació en Tarragona y, en una parada *accidental* de su barco en Guayaquil (...), se quedó en Ecuador al enamorarse de Mercedes... LVE080796

G OTROS SUSTANTIVOS; POSIBLES USOS ESTILÍSTICOS: En los primeros años, y fruto de su conocimiento del arte *accidental* y de su estancia en París, desarrolla una obra fuertemente influenciada por el cubismo y el fauvismo. LVE160695; Se vio en Montjuïc el resultado de un fútbol *accidental*, de un bombeo y achique del balón sin solución de continuidad. EPE131299

accidente ♦ **aciago, aparatoso[7], brutal, casero, casual, catastrófico[17], de circulación, deplorable, desafortunado, desgraciado, de trabajo, de tráfico, doloroso, dramático, en cadena[3], espantoso, espectacular, fatal, fatídico, fortuito, frontal[4], funesto[25], grave, imprevisible, laboral, lamentable, leve, ligero, luctuoso, mortal, pavoroso, peligroso, propenso (a)[10], serio[61], sobrecogedor, terrible, trágico, tremendo, violento ♦ a prueba (de), en caso (de) ♦ alcance (de)[7], causa (de), consecuencia (de), riesgo (de), secuela (de)[1], víctima (de) ♦ acarrear, achacar[33], atestiguar, causar, contabilizar(se), convalecer (de), dar lugar (a), desembocar (en), desencadenar(se)[13], evitar, fallecer (en), impedir, morir (de), ocasionar[21], ocurrir[11], originar, padecer, presenciar, prevenir, prever, producir(se), propiciar, protagonizar, provocar, recobrarse (de)[2], registrar(se), ser testigo (de), sobrevenir, sobrevivir (a), sufrir, tener, tener lugar, verse envuelto (en)**

□ Véase también: **altercado, avatar, aventura, controversia, incidente, percance, peripecia, suceso.**

acción ♦ **audaz, aventurado, beligerante[31], calculado, clandestino, comunal[31], concertado, constructivo, controvertido[51], coordinado, curativo[17], decidido, decisivo[10], deliberado, delictivo, denigrante, desinteresado, despreciable, dilatorio, disuasorio[2], drástico[58], execrable[9], expeditivo, fundamentado, generoso, heroico, hostil, humanitario[4], ilícito, imprudente, impulsivo, instintivo, intencionado, irreversible, mezquino, nefando, noble, precipitado, preconcebido, premeditado, preventivo[65], temerario, trepidante ♦ sin perjuicio (de)[1] ♦ campo (de), libertad (de), línea (de) ♦ abortar, aprestarse (a), asumir, bloquear, centralizar, clarificar[31], condenar, coordinar, desarrollar(se), desbaratar[42], dirigir, disuadir (de), ejecutar[9], ejercer, eludir, emprender[26], empujar (a), entorpecer, entrar (en), exhortar (a), frustrar(se), incitar (a), iniciar, instigar, interrumpir, mover (a), obstaculizar, obstruir[10], pasar (a), perpetrar, planear, predisponer, prosperar[40], realizar, repercutir (en algo), sincronizar, tomar[72], transcurrir**

□ Véase también: **actividad, actuación, misión, movimiento, tarea.**

accionar ♦ **aparato, artefacto, bomba, dispositivo, explosivo, máquina, mecanismo, motor, palanca, resorte**

□ Véase también: **manipular.**

ACCIÓN COERCITIVA Véase: COERCIÓN

ACCIÓN CONCERTADA

♦ (SUSTANTIVOS) Véase: **abocar(se) (a)[J], alcance (de)[C], al descubierto[E], alterar[E], alumbrar[D], a pecho descubierto[E], a pique[D], arbitrar[B], arduo[C], asequible[E], astronómico[D], atenerse (a)[D], auspiciar[B], avalar[J], avanzado[C], boicotear[D], cancelar[B], ceñir(se) (a)[I], concertar[B], concitar[C], confidencial[E], congelar[E], consensuar[B], contra reloj[A], culminar[E], dañar[E], de hierro[H], de igual a igual[J], derogar[F], derrumbar(se)[I], desactivar[F], de salón[B], desbaratar[I], desbloquear[C,D], desentrañar[C], desmantelar[B], desmentir[F], desmontar[G], destapar[E], desvelar[K], disentir (de)[B], disolver(se)[D], efímero[G], emanar[C], en aras de[H], encarrilar[B], en exclusiva[J], en firme[B], en punto muerto[A], entablar[B], erosionar[E], establecer[C], extinguir(se)[E], inequívoco[H], infructuoso[E], ligar[B], llevar a buen puerto[A], llevar adelante[C], llevar a la práctica[D], madurar[B], negociar[A], obstaculizar[C], obstruir[F], orquestar[B], perfilar[B], perseverar (en)[I], pilotar[B], prorrogar[C], prosperar[E], reabrir[E], relanzar[B], reñido[I], reventar[A], salir a la luz[E], salomónico[A], saltarse[G], sellar[A], sin condiciones[D], tejer[D], trabar[D], transgredir[E], truncar(se)[F], vigente[B], violar[B], vulnerar[C], zozobrar[B]**

♦ (VERBOS) Véase: **a puerta cerrada[B], cuerpo a cuerpo[B], de igual a igual[D], de palabra[B], en firme[I], mano a mano[B], punto por punto[G], verbalmente[B]**

□ Véase también: ACUERDO; COMPROMISO.

ACCIÓN CONJUNTA Véase: CONJUNCIÓN

ACCIÓN HOSTIL Véase: *AGRESIÓN; CONFRONTACIÓN; SUPRESIÓN, CANCELACIÓN Y ELIMINACIÓN*

ACCIÓN HOSTIL

♦ (ADJETIVOS) Véase: **cariz[F], ola (de)[H]**

♦ (SUSTANTIVOS) Véase: **abanderar[D], abjurar (de)[C], abrigar[J], absolver (de)[C], abusivo[K], acallar[L],**

a cámara lenta[G], a cara descubierta[H], aderezar[B], a destajo[H], a diestro y siniestro[B], a fondo[I], agravar(se)[J], agudizar(se)[E], al abrigo (de)[D], al descubierto[G], amainar[C], a mano armada[C,D], ánimo (de)[B,F], a patadas[B], apechugar (con)[E], aplacar(se)[C], a resguardo (de)[E], arreciar[E], arsenal (de)[C], a sangre fría[C], asomo (de)[C], atemperar[F], avieso[C], azotar[E], beligerante[F], blando[H], bordear[H], canino[B], capear[D], capitanear[A], cejar (en)[D], cernerse[H], ciego[E], cometer[D,E], compensar[A], con alevosía[E], conjurar[G], conmemorar[G], consumar(se)[A], cosechar[G], demoledor[A], de palabra[I], de palabra y obra[C], deponer[C], desactivar[C], desarticular(se)[F], desatar(se)[L], desbaratar[G], descarnado[D], desencadenar(se)[A], desenfrenado[B], desmedido[E], desmesurado[K], despachar[B], despectivo[D], disuasorio[H], drástico[H], dulcificar[F], ejecutar[G], eludir[F], en cadena[F], encarnizado[A], enconado[D,E], enfrascarse (en)[A], en frío[J], engendrar[A], enredar(se) (en)[B], en serie[E,F], enzarzarse (en)[B], estallar[D], estrechar[E], exacerbar[B], execrable[A], expiar[A], feroz[A], férreo[G], flagrante[A], fraguar(se)[E], frenético[H], frontal[B], fulminante[A,B,E], fundamentado[B], granjearse[D], gutural[C], implacable[G,H], impune[C], inapelable[E], incentivar[E], incitar (a)[A], inequívoco[J], infligir[D], infundado[C], intensivo[F], lanzar[F], lluvia (de)[A,B], magnificar[C], mitigar[H], objeto (de)[G,H], obviar[G], ola (de)[B], paliar[J], perseverar (en)[K], persistir (en)[H], pertinaz[I], practicar[H], preconizar[D], predicar[H], prodigar[E], proferir[A], propulsar[D], rayar (en)[E], recaer[M], recalcitrante[E], recobrarse (de)[B], recrudecer(se)[H], rectificar[K], redoblar[E], saborear[D], salpicar[A], sarta (de)[C], severo[B], sin fundamento[D], sin paliativos[H], sin tregua[F], someter(se) (a)[G,H], so pena de[D], tibio[E], tramar[A], urdir[B], vejatorio[D], venial[A], verter[A], vigente[F], visceral[C]

♦ (VERBOS) Véase: **abiertamente[C,J], a cara descubierta[C], a conciencia[J], a coro[F], acremente[A], a destajo[D], a diestro y siniestro[C], a fondo[F], a gritos[C], a la cara[B], a la defensiva[C], a la desesperada[C], al unísono[E], a mano armada[A], a patadas[C,E], a sangre fría[A,B], a todo trance[C], atrozmente[A,B], a voces[C], ciegamente[F], civilizadamente[D], con alevosía[A], concienzudamente[G], con dureza[B], con firmeza[F], con mano dura[D], crudamente[C], decididamente[E], de igual a igual[B], de lo lindo[D], de palabra[A], de palabra y obra[B], de pies a cabeza[C], de plano[D], de raíz[A], descaradamente[H,I], desesperadamente[E], duramente[E,F], enormemente[D], entre líneas[D], equivocadamente[F], frontalmente[D], fulminantemente[A], literalmente[E,G], manifiestamente[D], ostensiblemente[E], peligrosamente[F], profusamente[J], repetidamente[F], severamente[B,D,H], sin ambages[E], sin contemplaciones[B,C], sin piedad[A,B,C,D], sin tregua[B], tenazmente[B], verbalmente[E], vilmente[A,B]**

☐ Véase también: ACTUACIÓN ILEGÍTIMA; AGRESIÓN; CONFLICTO; CONFRONTACIÓN; OPOSICIÓN; SENTIMIENTO HOSTIL; VIOLENCIA.

ACCIÓN ILEGAL Véase: ACTUACIÓN ILEGÍTIMA; DELITO; ENGAÑO; INFRACCIÓN

ACCIÓN ILEGAL O ILEGÍTIMA Véase:

♦ **fraudulento**

♦ **asesinato, corrupción, crimen, delito, desmán, estafa, fraude, infracción, magnicidio, traición, tropelía**

♦ **delinquir, malversar, matar, quebrantar, robar, traicionar, transgredir**

☐ Véase también: *AGRESIÓN; SUPRESIÓN, CANCELACIÓN Y ELIMINACIÓN.*

acechar *v.* ▌ Admite como sujetos sustantivos que designan diversos seres vivos, a menudo animales depredadores *(lobo, halcón, tigre)* y personas o colectivos considerados amenazadores *(enemigo, ejército, cazador, asesino)*. También se combina con sustantivos que designan otras cosas que pueden concebirse como peligrosas o dañinas *(guerra, violencia, recesión, desempleo, depresión, fascismo, tormenta)*. Destacan sus combinaciones con...

A SUSTANTIVOS QUE DENOTAN PELIGRO O DAÑO POTENCIAL: **1 peligro ++:** ...que estén conscientes de los peligros que *acechan* a sus hijos debido al incremento de la tasa de participación de los adolescentes en actividades pandilleras. DLA020997 **2 amenaza ++:** ...sobre todo en esta concreta hora en la que *acechan* en la esquina serias y graves amenazas como la de la pretendida reforma de la ley electoral canaria. LVL190996 **3 riesgo ++:** ...porque si la calle es a veces una jungla peligrosa, para ellas el riesgo *acecha* de forma muy especial. EME210196

B EL SUSTANTIVO *PROBLEMA* Y CON OTROS QUE DESIGNAN SITUACIONES DE CONFLICTO, INCERTIDUMBRE O INFORTUNIO, A MENUDO ASOCIADAS CON IMPEDIMENTOS U OBSTÁCULOS. TAMBIÉN CON OTROS QUE SE REFIEREN A LOS ESTADOS DE COSAS QUE SE ASOCIAN CON ESOS RESULTADOS O CONDUCEN A ELLOS: **4 problema ++:** ...crear en los jóvenes la inquietud por elaborar y desarrollar proyectos en sus comunidades para contribuir con la solución de los problemas que *acechan* a la sociedad... LNC071100 **5 crisis +:** Stepanovic dará otra oportunidad a los más jóvenes en un nuevo intento de escapar a la crisis que *acecha* a su equipo. EME170196 **6 duda ++:** Este verano se ha disipado una duda que me *acechaba* en los últimos años: ¿podrán mis nietos bañarse en la playa...? LVE010995 **7 incertidumbre:** ...las incertidumbres de todo tipo que nos *acechan*... ABC030295 **8 dificultad:** Con todo y las dificultades que *acechan* cualquier familia unida común y corriente (...) nadie ha podido inventar una alternaltiva mejor. LPN200597 **9 conflicto:** Pero la sombra de un conflicto *acecha* ahora a Canópolis. LVE010996 **10 complicación:** ...casi todas las complicaciones que *acechan* a la larga al enfermo se pueden prevenir de forma muy significativa. EME040595

C SUSTANTIVOS QUE DENOTAN MIEDO EN DIVERSOS GRADOS: **11 preocupación:** ...las preocupaciones le *acechan*: desde que su padre ingresó en la cárcel por presunto fraude fiscal... EME280895 **12 miedo +:** ...luchar contra los distintos miedos que le *acechan*. ABC080995 **13 temor +:** El mayor temor que *acecha* ahora a los productores es que el ejemplo cunda como la pólvora... EPE060799 **14 angustia +:** La nada de la muerte, la desolada angustia que *acecha*, el piadoso y maldito olvido, el puñado de polvo... LVE070796 **15 terror:** Sólo en los parques recupera ésta su carácter agreste, sólo en ellos se puede experimentar el terror que *acecha*. EPE050699

D SUSTANTIVOS QUE DESIGNAN MALES. TAMBIÉN CON OTROS QUE EXPRESAN SITUACIONES DE LAS QUE SE ESPERA ALGÚN MAL: **16 mal ++:** Un mal que sigue *acechando*. LNP080497 **17 enfermedad ++:** A los 92 años, que cumplió ayer, varias enfermedades *acechan* al histórico líder comunista. EME230896 **18 muerte ++:** ...escenas cotidianas de gente del pueblo «a quienes la muerte *acecha* y la vida es una lucha constante que deja la piel en carne viva». CAP190996 **19 dolencia:** ...un botiquín para atender las dolencias que *acechan* durante una campaña electoral... EPE020699 **20 maldad:** ...la forma como retrata el lado oscuro del corazón humano, y la maldad que *acecha* en cada uno de nosotros... LVE020696 **21 maldición:** Pero la maldición familiar, por lo que se ve, estaba *acechándola*. EME030796

E SUSTANTIVOS QUE DESIGNAN OTROS MALES, ESPECIALMENTE ACCIDENTES Y SUCESOS DESGRACIADOS O TRÁGICOS QUE ORIGINAN DAÑO EN LAS PERSONAS O LAS COSAS. TAMBIÉN CON OTROS QUE EXPRESAN ALGUNAS DE LAS CONSECUENCIAS DE ESTAS SITUACIONES O LOS ESTADOS QUE LAS CARACTERIZAN: **22 catástrofe +:** ...aún no se percibía la catástrofe que *acechaba* al «Estado del Bienestar» entendido a la manera española. EME180394 **23 tragedia +:** Hoy, después de tres años y con el drama de Zaire en nuestras retinas, nuevamente seguimos advirtiendo de la tragedia que *acecha* a la humanidad. EME251196 **24 desastre:** Cuando se vive en el filo de la navaja, el desastre *acecha* en todo momento. LVE121296 **25 desgracia:** La desgracia *acecha* en cualquier jugada. EPE191299 **26 caos:** Así, se supone que el caos *acecha* en la esquina si no se participa. EME180895 **27 fatalismo:** Todas están enmarcadas en espacios burgueses, ambientadas con costumbres decadentes, *acechadas* por un fatalismo devastador. ABC120894 **28 percance:** El votante, una vez provisto del material sanitario, puede afrontar con seguridad los numerosos percances y siniestros que *acechan* de aquí al 13 de junio. EPE020699 **29 infortunio:** El círculo se cierra «compañero» los hados te abandonan y el infortunio te *acecha*; tu oratoria persuasiva y retórica ya no convence... EME240195

F SUSTANTIVOS QUE DESIGNAN IMÁGENES AMENAZANTES O INQUIETANTES PROPIAS DE LAS FIGURACIONES DE LA IMAGINACIÓN. TAMBIÉN CON OTROS QUE SE REFIEREN A ASUNTOS CUYA NATURALEZA ESTÁ OCULTA O CARECE DE EXPLICACIÓN LÓGICA: **30 fantasma ++:** Y como si los viejos fantasmas nos *acecharan* o vinieran a pasarnos factura... EME031095 **31 sombra ++:** Sin embargo, son las sombras que *acechan* en los bajos fondos de tanto desinhibido comentario sobre la guerra. EPE020799 **32 espectro +:** El espectro del Holocausto *acecha* a los supervivientes hasta el final de sus días. EME270195 **33 misterio +:** Y siguió atendiendo a sus mercancías sin que nadie notase el misterio que *acechaba*, porque todos creían que lo que brillaba en su mirada oriental era esa oscura lámpara... ABC290794

G SUSTANTIVOS QUE DENOTAN IMPULSO, INCLINACIÓN O ESTÍMULO: **34 tentación ++:** En ambos, el juego democrático se convierte a ojos del ciudadano en una farsa trágica y las peores tentaciones *acechan*. EPE231101 **35 fuerza +:** ...cómo en las oscuras esquinas en las que el sexo se ha instalado en la red de redes, *acechan* las fuerzas del mal. EME020495 **36 impulso:** No podemos, (y) no sucumbiremos a los oscuros impulsos que *acechan* desde los rincones más recónditos del alma. EUV210197

H SUSTANTIVOS QUE DESIGNAN SITUACIONES CARENCIALES, ESPECIALMENTE SI PONEN DE MANIFIESTO LA FALTA DE ALIMENTO O DE OTROS ELEMENTOS CONSIDERADOS ESENCIALES PARA LA SUPERVIVENCIA: **37 hambre:** La ONU estima que se precisarían unas 8.000 toneladas mensuales para alimentar a una población a la que *acecha* el hambre. LVE160295 **38 penuria:** Las penurias *acechan* a César Rincón. EME020796 **39 pobreza:** La pobreza *acecha* a la tercera edad. EME280596 **40 miseria:** ...ni siquiera el aleteo siniestro del águila rampante o la sombra funesta de la miseria que nos *acechan*. DHE130797

I SUSTANTIVOS QUE DESIGNAN SENTIMIENTOS O ESTADOS ANÍMICOS, ESPECIALMENTE LOS QUE PRODUCEN TRISTEZA, DISGUSTO O PESAR: **41 aflicción:** ...se agarra con fuerza a lo único que le queda, su marido (...) y sus tres hijos, para huir de la aflicción que le *acecha*. EPE070399 **42 sufrimiento:** ...seres de carne y hueso que, *acechados* por el sufrimiento y la muerte, luchan por vivir en un fiero combate, al que el lector asiste con emoción. ABC131095 **43 amargura:** «No dejéis que me *aceche* la amargura». ABC121193 **44 dolor:** Seamos felices, si podemos realmente, porque en verdad todo dolor *acecha*. LVE140696

J OTROS SUSTANTIVOS; POSIBLES USOS ESTILÍSTICOS: ...desde donde oír el torrente que baja hasta la cala *acechada* por la inmensidad azul del mar. ABC250693; Al dirigirse a su hijo que se aproxima al mundo le dice: «Aquí están *acechándote* las lágrimas» 23. LHG020797

▩ Se combina también con: ♦ **amenazante, impaciente**[3]

[aceite] → **como una mancha de aceite**

aceite ♦ **balsa (de), cambio (de), cucharada (de), mancha (de)** ♦ **calentar, colar, derramar(se), desparramar(se), echar, empapar (algo), extender(se), filtrar, perder, salpicar, verter**

acelerar ♦ **al máximo, a tope**[26]**, bruscamente, considerablemente, gradualmente, notablemente**[15]**, significativamente** ♦ **acuerdo, cambio, coche, crecimiento, desarrollo, marcha, moto, motor, negociación, proceso, proyecto, reforma, trabajo, trámite,** *otros sustantivos que designan vehículos*

acelerón ♦ **brusco**[43]**, final, fuerte, gran(de), impetuoso, repentino, seco, tremendo** ♦ **dar, experimentar, pegar, producir(se), provocar, sufrir**

acendradamente ♦ **arraigado, católico**

acendrado *adj.* ▮ Se combina con...

A SUSTANTIVOS QUE DESIGNAN VIRTUDES, CREENCIAS O POSTURAS IDEOLÓGICAS, POLÍTICAS O DE OTRO TIPO, Y MUY FRECUENTEMENTE CON LOS SUSTANTIVOS *SENTIDO* Y *ESPÍRITU* SEGUIDOS DE UN ADJETIVO O DE UN COM-

PLEMENTO PREPOSICIONAL: **1 espíritu ++:** ...no oculta su *acendrado* espíritu promonárquico y (...) goza de la amistad del Jefe de Gobierno español... EXC050996 **2 sentido ++:** Estos programas llegarán a modificar el gran sentido del ridículo tan *acendrado* entre los españoles... LVE270294 **3 principio +:** Sus *acendrados* principios políticos, militantes, los conjugaba con un respeto extremado a los que opinaban de otra manera. EPE131099 **4 prejuicio +:** ...el poeta decide espolear, en clave de humor, los más *acendrados* prejuicios que anidan en el corazón de las sociedades. CAP100497 **5 catolicismo +:** ...anudó sólidas relaciones con personas y grupos teñidos por un común y *acendrado* catolicismo. EPE290499 **6 superstición:** ...la *acendrada* superstición de los números redondos nos conduce a celebraciones o recordatorios diversos, muchas veces forzados por el azar... EME080495 **7 criterio:** ...ha sabido fundir los valores de cultura españoles con los valores de los demás espacios culturales de la Comunidad, conforme a los criterios europeístas más *acendrados.* EPE011088 **8 visión:** La visión *acendrada* de Seoane se manifiesta con imperiosidad en telas que sin embargo conservan una presencia de rara serenidad... LPA170592 **9 virtud +:** La razón que nos da es bien sencilla: «Resistir a tentaciones muy vehementes exige virtud firme y *acendrada,* y ésta se halla en muy pocos». EME100295 **10 ética:** ...servirá a Tucholsky para exponer (...) el contraste entre cada una de las voluntades individuales (...), vigilantes y de una ética *acendrada...* EME210594 **11 moralidad:** ...obliga a los militantes a asumir cabalmente las normas de la más *acendrada* moralidad pública... EXC220996 **12 religiosidad:** ...Jurista apacible en las formas, su *acendrada* religiosidad y su fidelidad a ideas ultraconservadoras le enfrentan a toda realidad progresista... EPE071199 **13 convicción +:** De *acendradas* convicciones religiosas, no ejerció nunca de Príncipe de los creyentes... EPE080299 **14 calvinismo:** Hijo de un masón reconvertido al más *acendrado* calvinismo, publicó en 1841 «Los héroes y el culto al héroe»... EME031295 **15 individualismo:** ...en un período de *acendrado* e intenso individualismo, se olvidó de sí mismo para hablar de todos nosotros. EPE010687 **16 humanismo:** ...en su *acendrado* humanismo llegó a creer en la arquitectura como único proyecto del universo. EME310394 **17 liberalismo:** ...es uno de los grandes profesionales de la economía que, especialmente, se caracteriza por su *acendrado* liberalismo... LVE281096 **18 machismo:** Y, es posible, que el *acendrado* machismo que preservan muchos mexicanos tenga su inspiración, de alguna manera en la Epístola de Melchor Ocampo... EPE290899 **19 franquismo:** Cómo se llega a producir ese cambio en la burguesía catalana, cómo y por qué se llega a olvidar aquel «*acendrado* franquismo»... EPE260999 **20 conformismo:** ...la situación inicial se exprime hasta sus últimas consecuencias y se baña en un *acendrado* conformismo. LVE100595

B SUSTANTIVOS QUE DENOTAN AFECTO O APEGO A ALGÚN TERRITORIO: **21 provincianismo:** ...es difícil no divisar en el fondo de estas conductas de nuevos ricos un *acendrado* provincianismo... HOY161296 **22 catalanismo:** Trias Fargas escribió esos artículos en excelente prosa castellana (...), compatible con su *acendrado* catalanismo y su sólido poliglotismo. LVE221095 **23 centralismo:** Álava y Navarra no perdieron sus derechos forales ni en el régimen político anterior, caracterizado por su *acendrado* centralismo. LVE301096 **24 españolismo:** Nunca ha creído uno que el *acendrado* españolismo (...) tuviese muchas posibilidades de entendimiento con el separatismo catalán... EME130995 **25 paceñismo:** ...el gregarismo de un gran sector de la población que prefiere un día de asueto a buscarse problemas (...). Y no su *acendrado* paceñismo. LTB030297

C SUSTANTIVOS QUE DESIGNAN A LOS PARTIDARIOS DE ALGUNA IDEOLOGÍA: **26 falangista:** ... el personaje de Sánchez-Mazas (un falangista *acendrado,* pero no de aquí, como D'Ors o Santamarina)... LVE050796 **27 detractor:** ...presididos por los más *acendrados* detractores del presidente. LVE091194 **28 nacionalista:** ...es tan andalucista o galleguista como los más *acendrados* nacionalistas de esas comunidades. LVE091195 **29 militante:** ...fueron los conservadores alemanes y los liberales europeos los más *acendrados* militantes en la campaña... EPE090799 **30 pacifista:** ...un lugar que metía miedo a cualquiera que pensara en él y no digamos si pasaba por los alrededores, lo cual se procuraba evitar por si acaso, incluso por parte de los más *acendrados* pacifistas. EME010796 **31 socialista:** ...hube de darle cuerda en su confesión porque a mayores honduras el hombre no llegaba pese a su condición de *acendrado* socialista. EME120496

D SUSTANTIVOS QUE DENOTAN TRADICIÓN O COSTUMBRE. TAMBIÉN CON OTROS QUE DESIGNAN ALGÚN CONJUNTO DE PAUTAS O COMPORTAMIENTOS COMUNES: **32 tradición +:** ...ha tenido que romper una muy vieja y *acendrada* tradición jurídica... SEM190696 **33 costumbre +:** ...hacerle una entrevista a la hora de empezar su actuación, con desprecio absoluto del público, según *acendrada* costumbre televisiva. LVE310195 **34 hábito:** Es síntoma de un hábito lastimoso y muy *acendrado* en nuestro país, no oír qué dice el otro cuando no gusta... HOY191083 **35 práctica:** ...se trata de una práctica «absolutamente *acendrada* en la tradición del movimiento obrero»... EME020294 **36 cultura:** Pero si llegan esos pactos, que exigen respeto y una *acendrada* cultura de la pluralidad y de la diversidad, serán pactos innobles y difíciles de desenmascarar. EME060396 **37 lengua −:** Las hablas andaluzas (...) es la lengua de Roma tamizada por dos mil años de voluntad romana, *acendrada* en labios castellanos y andaluces. EPE281299

E SUSTANTIVOS QUE DESIGNAN DIVERSOS SENTIMIENTOS Y AFECTOS, SIEMPRE DE NATURALEZA POSITIVA: **38 amor +:** ...sus hermosas virtudes espirituales, entre las cuales sobresalía la más excelsa (...): la del *acendrado* amor filial que practicó con devoción... ETC020188 **39 fervor +:** Pues ya que nos encontramos en pleno manejo perverso del lenguaje para esconder el *acendrado* fervor por la injusticia de algunos... EPE280199 **40 cariño:** ...Se va una magnífica deportista y que abrazó la natación con *acendrado* cariño. EXP010489 **41 fruición:** ...la *acendrada* fruición de estar apiñados hablando de lo mismo en una lengua sagrada por prohibida... EPE030999 **42 empeño:** ...sus principios y preceptos serán plenamente aplicados en la vida nacional, con tanto más *acendrado* empeño cuanto que las inhibiciones acumuladas han sido duraderas. HOY250484 **43 vocación:** ...hablan menos de una *acendrada* vocación democrática que de la incapacidad para pensar y definir metas coherentes. RUM101197 **44 respeto:** ...el Gobierno de Chile reitera su permanente observancia de las normas jurídicas (...) y su *acendrado* respeto a los Tratados vigentes. HOY010278

F OTROS SUSTANTIVOS; POSIBLES USOS ESTILÍSTICOS: ...una composición tan *acendrada* como «Son del sueño»... ABC011093; ...el patrullaje muy *acendrado* en distintas comunidades. EXC270596; ...yo mismo, *acendrado* en busca de mi identidad y mi destino. INF010896

acento ♦ **amable, cálido[42], cerrado, claro, despectivo[5], exagerado, extranjero, fuerte, imperceptible, inconfundible, indudable, leve, ligero, marcado, musical, notable, peculiar, perfecto, pronunciado, ridículo, suave** ♦ **adoptar, adquirir, cambiar, coger, delatar[1], detectar, disimular, exagerar, hablar (con), imitar, pegar(se), percibir, perder, poner (en algo), recaer[91]**

acentuar(se) ♦ **alarmantemente[22], excesivamente, extremadamente, fuertemente, gradualmente, ligeramente, marcadamente, peligrosamente[30], progresivamente** ♦ **atributo, capacidad, conflicto, contradicción, crisis, debilidad, declive, deficiencia, dependencia, desequilibrio, deterioro, diferencia, distancia, división, gesto, importancia, incertidumbre, inclinación, necesidad, pérdida, polémica, presencia, problema, rasgo, separación, síntoma, tendencia, tensión, virtud, vocación**

acepción ♦ **amplio, doble, específico, figurado, literal[3], particular, preciso** ♦ **según** ♦ **definir, deslindar, distinguir, emplear, recoger, tener, usar**

a cepillo ♦ **cortar, rapar, segar**

aceptable ♦ **con matices[31], difícilmente, dudosamente, éticamente, generalmente, humanamente[3], medianamente, mínimamente, moralmente, mutuamente, políticamente, socialmente, suficientemente, técnicamente**

aceptación ♦ **absoluto, a medias, amplio, bueno, complacido, condicionado, condicional[8], con matices[22], con reservas, definitivo, entusiasta, explícito, expreso, firme, general, gentil, gran(de), implícito, impuesto, incondicional[39], inmediato, multitudinario[20], parcial, pleno, previo, provisional, público, rápido, resignado, rotundo, sin condiciones[16], sin reservas[55], sin tapujos[89], social, tácito, total, unánime[3], universal, verbal** ♦ **en señal (de)[35]** ♦ **discurso (de), gesto (de), grado (de), nivel (de)** ♦ **buscar, conseguir, disfrutar (de), ganar(se), gozar (de), lograr, mantener, obtener, perder, recabar, rehusar, supeditar (a algo), tener**

☐ Véase también: **absolución, acceso, aceptar, aprobación, aval, beneplácito, inmunidad, licencia, luz verde, permiso, visa, visado, visto bueno.**

ACEPTACIÓN Véase:

♦ **aceptable, inadmisible**

♦ **acatamiento, aceptación, admisión, autorización, consentimiento, intolerancia, obediencia, reconocimiento, sí, tolerancia**

♦ **acatar, acceder (a), aceptar, acoger, admitir, adoptar, aprobar, conformarse, consentir, cumplir, digerir, obedecer, reconocer, replegar(se), resignarse, tolerar**

☐ Véase también: *AUTORIZACIÓN.*

ACEPTACIÓN

♦ (ADJETIVOS) Véase: **con matices[J]**

♦ (SUSTANTIVOS) Véase: **acogedor[D], adherirse (a)[B], brindar[E], cálido[B], caluroso[A], ciego[F], clamoroso[F], condicional[C], con matices[F], con reservas[G], demoledor[I], de palabra[H], dispensar[B], en señal de[I], gozar (de)[E], incondicional[F], multitudinario[D], recabar[F], sin condiciones[D], sin reservas[H], sin tapujos[M], unánime[A]**

♦ (VERBOS) Véase: **abrumadoramente[H], a la ligera[C], al detalle[H], a medias[G], a pie juntillas[A,B], a rabiar[B], a regañadientes[B], calurosamente[A], categóricamente[A], ciegamente[B], clamorosamente[C], con alborozo[A], con cautela[B], con franqueza[A], con interés[C], con matices[B], con reservas[A], de antemano[G], de buen grado[A], de {mi/tu/su...} puño y letra[B], democráticamente[C], de palabra[D], de plano[E], de pleno[D], deportivamente[A], de primera mano[E], de sobra[D], dignamente[D], entre líneas[F], favorablemente[E], generosamente[E], gentilmente[C], gradualmente[F], gratamente[D], gustosamente[A], gustoso[A], humildemente[A], incondicionalmente[B], largamente[H], manifiestamente[F], ni por asomo[E], plenamente[A], plenamente[N], por aclamación[A], por activa y por pasiva[C,E], por completo[N], por lo bajo[D], por mayoría[B], por un momento[B], punto por punto[F], sinceramente[I], sin condiciones[F], sin paliativos[E], sin pestañear[A,D], sin reservas[B], sin tapujos[E], soberanamente[A], valientemente[D]**

☐ Véase también: RECONOCIMIENTO.

aceptar ♦ **complacido, encantado, gustoso[1]** ♦ **al pie de la letra[22], a medias[38], a pie juntillas[7], a regañadientes[7], ciegamente[6], con franqueza[2], con gusto, con los brazos abiertos, con matices[11], con reservas[2], de antemano[32], de buen grado[1], democráticamente[12], de palabra[25], deportivamente[1], diplomáticamente, estoicamente, fácilmente, generosamente[17], gentilmente[13], gradualmente[50], gustosamente[1], humildemente[2], incondicionalmente[10], ni por asomo[32], plenamente[8], por las buenas, por lo bajo[12], por mayoría[13], por un momento[15], resignadamente, sin ambages[22], sin condiciones[21], sin dudar, sin paliativos[13], sin pestañear[10], sin reservas[10], socialmente, unánimemente, universalmente[1], verbalmente[70], voluntariamente** ♦ **acuerdo, cambio, cargo, condición, consecuencia, contrato, derrota, idea, invitación, ley, oferta, ofrecimiento, papel, propuesta, puesto, realidad, regla, renuncia, reto, situación, solución, sugerencia, trabajo**

☐ Véase también: **aceptación, conformarse.**

acerado *adj.* ▌En el sentido de 'de acero o con sus características', se combinan con sustantivos que designan objetos *(tijeras, hierro, dardo)* y también con adjetivos y sustantivos que denotan color *(azul, gris, brillo).* En su sentido de 'incisivo, duro, hiriente' se combina con...

A SUSTANTIVOS QUE DESIGNAN DIVERSAS MANIFESTACIONES VERBALES, ESPECIALMENTE AQUELLAS EN LAS

QUE SE PRESENTA UN JUICIO NEGATIVO ACERCA DE ALGO O LAS QUE SE DIRIGEN A ALGÚN DESTINATARIO: **1 crítica ++**: ...se percibe el latido de una crítica *acerada* y sutil. LVE100596 **2 reflexión**: ...se vislumbra una *acerada* reflexión sobre las relaciones humanas... LVE030895 **3 verbo**: Sus posiciones se radicalizaron más, mientras su verbo *acerado* llenaba titulares de prensa. EME190996 **4 comentario**: Apoyando sus *acerados* comentarios con números, el comité de redacción intenta demostrar por qué los informativos de Canal 9 se han consolidado... EPE101299 **5 declaración**: ...unas educadas y *aceradas* declaraciones de Ernest Lluch a Josep Cuní han evidenciado hasta qué punto el PSC pende de un hilo. LVE181095 **6 diatriba**: Los socialistas le recibieron de uñas, dolidos por sus *aceradas* diatribas cuando estaba en la oposición... EPE251101 **7 pregunta**: ...se convierte en un político hábil, dicen que encantador de serpientes, que no rehúye en ningún momento la pregunta más *acerada* o impertinente. EME280296 **8 discurso**: Lo grave es que discursos *acerados* y bicéfalos como el de Geminiani serían esgrimidos... EME210795 **9 diálogo**: ...se deja llevar por un efectismo que resta cierta credibilidad a las situaciones planteadas, rebosantes, eso sí, de los *acerados* diálogos que son una de sus marcas de fábrica. LVE100996 **10 invectiva**: Lo mismo me sucede con sus *aceradas* invectivas a escala local. EME280996

B SUSTANTIVOS QUE DESIGNAN LA ACCIÓN O EL EFECTO DE MIRAR O DE EXPRESARSE. POR EXTENSIÓN METONÍMICA, TAMBIÉN CON OTROS QUE EXPRESAN ALGUNOS DE LOS ÓRGANOS QUE INTERVIENEN EN ESAS ACCIONES, ASÍ COMO ALGUNOS DE SUS ELEMENTOS CONSTITUTIVOS: **11 mirada**: ...ojos penetrantes, de mirada *acerada* pero a la vez amable... LVE240295 **12 lengua**: ...uno de esos muchachos de lengua *acerada*... EME020396 **13 voz**: ...su voz, siempre *acerada*, corta el aire como un afiladísimo cuchillo. EPE110700 **14 tono**: ...fue el encargado de cerrar la discusión, (...) en un tono más *acerado*... LVE270395 **15 pupila –**: ...debe tomar distancia de su objeto antes de clavar en él la *acerada* pupila. EPE300899

C EL SUSTANTIVO *IRONÍA* Y CON OTROS QUE DESIGNAN LA FACULTAD DE PERCIBIR O APROXIMARSE A LA REALIDAD CON DISTANCIAMIENTO, HUMOR O MORDACIDAD: **16 ironía +**: ...supera fronteras con un excelente manejo del español y una *acerada* ironía... CAP280900 **17 sátira +**: ...propone una sátira *acerada* sobre las relaciones familiares... LVE031095 **18 humor +**: ...bajo un *acerado* humor, exhibe un discurso político sobre la traición a los ideales de la izquierda tras la caída de los regímenes comunistas... LVE270495 **19 ingenio**: Escrita con agudeza estilística (...), *acerado* ingenio y considerable vis cómica. EME200496 **20 sarcasmo +**: Un *acerado* sarcasmo que hería la sensibilidad de los espectadores. INDOC **21 burla**: La obra constituye una *acerada* burla de las costumbres de su tiempo. INDOC

D SUSTANTIVOS QUE DESIGNAN DIVERSAS FACULTADES, ACTITUDES Y CAPACIDADES INTELECTIVAS O EMOCIONALES DE LAS PERSONAS: **22 sensibilidad +**: ...fotografías que captan con *acerada* sensibilidad el sentido africano del color... ABC011093 **23 inteligencia +**: ...dotada de una temible inteligencia *acerada*... EPE020685 **24 emoción**: De la desolación, que ha destruido todo tipismo, de la carne, que no es guapa ni limpia, extrae Kaurismäki una emoción *acerada*... EME140195 **25 deseo**: ...esa búsqueda de nuestra propia redención en la pureza de los niños que ya no somos (...) y el deseo *acerado* de que ésta se prolongue lo más posible. LVE200296 **26 frialdad**: Le falta esa *acerada* frialdad que da la inteligencia, cínica y desesperada, del Marqués. EME180294 **27 crueldad**: ...la *acerada* crueldad que pueden adquirir las palabras cuando son lanzadas en la distancia ciegamente y como proyectiles... LVE250396

E OTROS SUSTANTIVOS; POSIBLES USOS ESTILÍSTICOS: En los cálidos muslos *acerados* de recorrer la tierra... ABC011093; ...la madre del eral que afila contra el viento *acerado* de las ramas esas puntas de fuego... ABC030192

☐ Véase también: **mordaz**.

acerbo *adj.* ▮ En el sentido literal de 'amargo al gusto', se combina con el sustantivo *sabor* y con otros que designan cosas materiales, a menudo bebidas y otras sustancias *(bebida, cerveza, corteza)*. En el sentido figurado acepta sustantivos de persona, especialmente si se refieren a los oponentes o contrincantes de alguien *(crítico, detractor, enemigo, rival)*. También se combina con sustantivos que designan situaciones aflictivas diversas *(crisis, dolor, enfermedad)*, así como con...

A SUSTANTIVOS QUE DESIGNAN DIVERSOS GRADOS Y FORMAS DE DISENSO O REPROBACIÓN, MUY FRECUENTEMENTE CON MORDACIDAD O VIRULENCIA: **1 crítica ++**: ...recibir una crítica *acerba* sobre la fidelidad del mensaje... CAP051296 **2 oposición**: Cuando presentó su proyecto, tuvo que enfrentarse a la más *acerba* oposición del comité. INDOC **3 acusación**: En tanto que aludido por tan *acerba* acusación (...), creo necesario defenderme de ella. EME290694 **4 invectiva**: Precisamente por su condescendencia con el régimen republicano mereció las invectivas más *acerbas*... LVE160896 **5 censura**: El Superior apunta que «por muy exigente y *acerba* que pueda mostrarse la censura de las resoluciones judiciales»... EPE100399 **6 sátira**: La obra es una *acerba* sátira sobre un tema de actualidad. INDOC

B SUSTANTIVOS QUE DENOTAN LUCHA O ENFRENTAMIENTO. TAMBIÉN CON OTROS QUE DESIGNAN ALGUNAS DE SUS CAUSAS O DE SUS CONSECUENCIAS NATURALES: **7 lucha**: Se produjo una *acerba* lucha por el poder. INDOC **8 disputa –**: Estas *acerbas* disputas producen un fuerte impacto social en la existencia colectiva... EME010795 **9 rivalidad –**: ...salvar su alianza pese a una *acerba* rivalidad personal entre líderes de ambos partidos. LVE270196

C OTROS SUSTANTIVOS; POSIBLES USOS ESTILÍSTICOS: ...reflexiona con serenidad un poco *acerba* sobre cierto dictamen de Spinoza... EPE010600; ...a ambos describiría luego con *acerba* precisión. ABC280292; ¿Seguirá la *acerba* cosecha del frutal? EPE190699

☐ Véase también: **severo**.

acercamiento ♦ **paulatino, peligroso, progresivo, sigiloso, tímido** ♦ **gesto (de), política (de), proceso (de), voluntad (de)** ♦ **buscar, conseguir, contribuir (a), evitar, facilitar, favorecer, frenar, impedir, impulsar, intentar, lograr, obstaculizar, pedir, permitir, producir(se), promover, propiciar, suponer, tender (a)**

acercar(se) ♦ **impaciente[6]** ♦ **a hurtadillas[10], amistosamente, a pasos agigantados[1], a pecho descubierto[4], con cautela[46], considerablemente[91], de puntillas[23], fugazmente[45], gradualmente[61], inesperadamente, inexorablemente[4,11], ni de lejos[1], ni por asomo[14], notablemente, paulatinamente, peligrosamente[1], poco a poco, progresivamente[40], remotamente[27], sigilosamente, violentamente** ♦ **criterio, planteamiento, posición, postura, punto de vista**

☐ Véase también: **aproximar(se), arrimarse.**

a cercén ♦ **cortar**

[acero] → **de acero**

acérrimo *adj.* ▮ Se combina con sustantivos de persona que designan a los partidarios o los defensores de una determinada ideología o filiación *(feminista, comunista, nacionalista, liberal, ecologista)*, a veces relacionada con el mundo del deporte *(culé, madridista)*. También lo hace con otros que designan tendencias, actitudes o movimientos políticos, sociales, culturales o ideológicos *(feudalismo, nacionalismo, individualismo)*. Se combina asimismo con...

A SUSTANTIVOS DE PERSONA QUE DESIGNAN AL QUE APOYA O DEFIENDE ALGO O A ALGUIEN: **1 partidario ++:** ...se ha confesado *acérrimo* partidario de la pancita y ha señalado que la comida refinada le cae mal... CAP160197 **2 defensor +:** Mengelberg fue un *acérrimo* defensor y un gran amigo de Mahler, de quien dirigió en 1920 (...) una integral de sus sinfonías. ABC041292 **3 seguidor +:** No se quieren llamar seguidores *acérrimos* de la señora que fue *premier* doce años porque, además de antieuropeísta, lady Margaret (...) es una reaccionaria. LVE080795 **4 fan:** Al final, se ganaron el derecho a oírle en vivo sólo sus fans *acérrimos*. EME130796 **5 admirador:** ...su atuendo, inspirado en la Sagrada Família, sedujo a Gaultier, admirador *acérrimo* de Gaudí. LVE190896 **6 hincha:** La biografía de Xavier Domingo responde a su personalidad polifacética (...) y era, al mismo tiempo, la del periodista de investigación, el novelista (...) y el *acérrimo* hincha enamorado del Barça. EME140596 **7 forofo:** La sede social del club es la iglesia y el párroco, don Giorgio, presume de ser el más *acérrimo* forofo. EME250296 **8 aficionado:** Como curiosidad y para los *acérrimos* aficionados al subgénero de las películas de karate, ésta es la primera vez que Bruce Lee aparecía en cabecera de cartel. LVE160296 **9 incondicional:** Tras el éxito cosechado por la insufrible pareja Spencer-Hill con *Le llamaban Trinidad*, se reunieron de nuevo para protagonizar esta comedia (...). Sólo destinada a sus más *acérrimos* incondicionales. EPE030700 **10 militante:** Nedeljko Mihanovic, presidente del Parlamento y militante *acérrimo* del HDZ, proclama sin rubor alguno que... EME291095 **11 fanático:** Tan solo a algún fanático *acérrimo* de la iniciativa privada le podría parecer correcta la calificación de arqueólogo norteamericano que Carmen Mariño otorga al ex criador de pollos metido a buscatesoros Mel Fisher. EPE020885 **12 fiel –:** Dadas las circunstancias actuales, dimitir supondría darle facilidades al presidente y a su peligroso –por incondicional– séquito de fieles más *acérrimos*. EPE221199

B SUSTANTIVOS QUE DESIGNAN PERSONAS ENFRENTADAS A ALGO O A ALGUIEN: **13 enemigo ++:** Enemigo *acérrimo* de los «patudos», no soportaba que «lo echaran al trajín» ni que lo tutearan sin tener motivos. HOY190183 **14 adversario +:** Ahora bien, las dos superpotencias podrán ser adversarias *acérrimas*, pero, por eso mismo, necesitan de un diálogo (directo o indirecto) basado en la buena fe. CLA211187 **15 rival:** Su *acérrimo* rival Anatoli Kárpov, de 47, se resiste a su entierro deportivo y va tercero en Dos Hermanas, a falta de cuatro rondas. EPE130499 **16 oponente:** Sus más *acérrimos* oponentes se encontraron ayer con un nuevo argumento para defender esta tesis... EPE221101 **17 competidor:** Lo más curioso de la geometría accionarial de Euskaltel es la convivencia en su seno de dos *acérrimos* competidores: las eléctricas Endesa e Iberdrola. EPE051299 **18 antagonista:** ...Romario fichó por fin ayer por el Vasco de Gama, su club de origen y antagonista *acérrimo* del Flamengo, del que acababa de ser despedido por indisciplina. EPE271199 **19 detractor:** ...consciente de que hasta sus detractores más *acérrimos* lo consideran uno de los maestros de la fotografía contemporánea. ENV260700 **20 crítico:** ...ha conseguido dividir a la audiencia entre seguidores impenitentes –hasta más de cuatro millones– y críticos *acérrimos*. LVE291296 **21 opositor:** Defensor del desarme nuclear, *acérrimo* opositor a la expansión de la OTAN (...), el septuagenario Colby experimentó un vuelco radical en sus últimos años... EME010596

C SUSTANTIVOS QUE DENOTAN DEFENSA O PROTECCIÓN, FRECUENTEMENTE RELACIONADOS CON LOS NOMBRES DE PERSONA MENCIONADOS EN EL APARTADO *A*: **22 defensa:** Pero Rousseau le pone en guardia y le recuerda que su defensa *acérrima* de la ciencia puede llevar a degradar la naturaleza... LVE091195 **23 protección:** Una de las corrientes es esta concepción tradicional del derecho de que su función es evaluar la constitucionalidad de la norma sin evaluar sus efectos. La otra es la protección *acérrima* del más débil. SEM301000 **24 proteccionismo:** Esto rompe un esquema que ha estado vigente más de cincuenta años, como era el proteccionismo más *acérrimo* de la energía. LVE071296

D SUSTANTIVOS QUE DENOTAN OPOSICIÓN O CONDENA. TAMBIÉN CON ALGUNOS QUE DESIGNAN OTROS ESTADOS CONFLICTIVOS, FRECUENTEMENTE RELACIONADOS CON LOS SUSTANTIVOS DEL APARTADO *B* Y CON OTROS QUE EXPRESAN CIERTOS SENTIMIENTOS QUE SE ASOCIAN CON ESAS ACTITUDES: **25 oposición +:** Corría el inicio de la década de los 80 (...) cuando Javier Solana, junto al resto de compañeros de su partido, repetían su más *acérrima* oposición a la OTAN. LVE031295 **26 crítica +:** Tal falta de sintonía con las ideas que imperaban, le reportó bastante incomprensión, críticas *acérrimas*, pérdida de amistades... EME070195 **27 condena:** ...es un *calco* de la derecha del siglo pasado en cuanto al beneficio propio y la condena más *acérrima* a quienes no comulgan con su causa. EPE240599 **28 confrontación:** El jefe de la diplomacia rusa dijo que Rusia y los países occidentales son socios y descartan la *acérrima* confrontación. LVE140995 **29 competencia:** ...«la competencia va a ser más *acérrima* y los inversionistas van aportar las experiencias que tienen de otros mercados...». EUV150497 **30 odio:** El odio *acérrimo* que se profesan (...) y el futuro Mundial de reunificación que deben disputar para acabar con el cisma del ajedrez... EME091296

E OTROS SUSTANTIVOS; POSIBLES USOS ESTILÍSTICOS: Su entendimiento de España, tan *acérrimo* como su catalanismo, le procuró a Serra la enemiga irreconciliable de Pujol... EME130594; Iniciado el verano, los árboles, que tan bien se dan sobre este asfalto, conservan el *acérrimo* verdor primaveral que llegó con la lluvia... EPE280699
☐ Véase también: **incondicional.**

acertadamente ♦ **advertir, argumentar, calificar, concluir, conducir, definir, describir, dirigir, elegir, escribir, evaluar, explicar, exponer, expresar, hablar, indicar, interpretar, juzgar, obrar, opinar, pensar, plantear, prever, reflexionar, resolver, responder, resumir, señalar, solucionar, traducir, valorar,** *otros verbos que denotan enjuiciamiento*
☐ Véase también: **desacertadamente.**

acertado ♦ **plenamente, totalmente** ♦ **cálculo, criterio, decisión, dirección, elección, idea, iniciativa, interpretación, medida, opción, opinión, previsión, pronóstico, propuesta, resolución, respuesta, solución, visión**
☐ Véase también: **atinado.**

acertar ♦ **a medias**[17]**, con exactitud, con precisión, de lleno**[19]**, de plano**[38]**, de pleno**[1]**, fácilmente, ni a la de tres, plenamente**[54]**, por casualidad, por completo**[78] ♦ **adivinanza, análisis, blanco, camino, diagnóstico, disparo, golpe, lanzamiento, lotería, pregunta, pronóstico, quiniela, respuesta, resultado, solución, vaticinio**
☐ Véase también: **atinado, certero, errar.**

acertijo ♦ **difícil, fácil, imposible, indescifrable** ♦ **descifrar**[5]**, plantear, resolver**

achacar *v.* ▮ Suele introducir complementos indirectos *(achacarle algo)* o complementos de régimen introducidos por la preposición *a.* Se combina con sustantivos que denotan estado de cosas, hecho o suceso *(situación, coyuntura, circunstancia, hecho)*, y también con...

A SUSTANTIVOS QUE DESIGNAN LA OBLIGACIÓN DERIVADA DE ALGUNA ACCIÓN INCONVENIENTE. TAMBIÉN CON OTROS QUE EXPRESAN LA ACCIÓN DE PONERLA DE MANIFIESTO: **1 culpa ++:** ...ataque deshonesto al minifundio y a la propiedad social, *achacándoles* la culpa de la crisis productiva... PME291296 **2 responsabilidad ++:** ...reconoció que había estado muy mal, pero *achacó* gran parte de la responsabilidad de su actuación al horrendo comportamiento de sus auxiliares... FDV180599 **3 cargo:** ...empezó por enumerar y *achacarse* los cargos que seguramente se le iban a hacer por ser «reaccionario». EXC050996 **4 imputación:** ...reclama solidaridad y vuelve a negar las imputaciones que se le *achacan* de autor intelectual... PME131096

B SUSTANTIVOS QUE DENOTAN EQUIVOCACIÓN O ACCIÓN DESACERTADA O DESAFORTUNADA, A MENUDO RESULTADO DE LA INCURIA O LA INSENSATEZ: **5 error ++:** ...una actitud política partidaria en la búsqueda simplemente de *achacarles* errores al Gobierno... LDD170797 **6 fallo ++:** Los detractores de (...) le *achacan* fallos técnicos en la instrucción de los sumarios... LVE190295 **7 desacierto +:** ...criticaron ayer fuertemente a la dirigencia del partido rojinegro, a la cual *achacaron* errores y desaciertos que han dividido al partido... LPN171297 **8 negligencia +:** De este modo se ha *achacado* a los celadores una posible negligencia que en realidad no existe... LVE251096 **9 imprudencia:** ...las culpas son compartidas, pese a la imprudencia que pueda *achacárseles* a los conductores. LPA260492

C SUSTANTIVOS QUE DENOTAN DEFICIENCIA O IMPERFECCIÓN, ESPECIALMENTE REFERIDAS A LA FORMA DE SER O COMPORTARSE DE LAS PERSONAS: **10 defecto ++:** A la encuesta del INE se le pueden *achacar* muchos defectos... LVE250295 **11 vicio +:** ...para no incurrir en los vicios que se *achacaron* al anterior apoyo... LVE060396 **12 debilidad:** ...quienes *achacan* la debilidad de la peseta a la exclusiva razón de su debilidad frente al marco... LVE120395 **13 lentitud:** Para eliminar a ese organismo se le *achacó* lentitud en los procesos. CAP030797 **14 ineficiencia −:** Si su respuesta es no, ¿a qué *achaca* su ineficiencia? ESH100797

D SUSTANTIVOS QUE DESIGNAN ACTOS DELICTIVOS O ACCIONES CARACTERIZADAS POR LA VIOLENCIA, LA BRUTALIDAD O LA INJUSTICIA. TAMBIÉN CON OTROS QUE EXPRESAN ESAS MISMAS ACTITUDES: **15 crimen ++:** Balaguer *achacó* los crímenes a «bandas de incontrolados». LVE170896 **16 delito ++:** ...no se puede *achacar* delito alguno al médico, que ejerce su cometido en condiciones muy especiales. EME260995 **17 asesinato:** Es cruel *achacar* el asesinato a un determinado origen o etnia. LVE221194 **18 violación:** ...se le *achacan*, al menos, 80 violaciones, aunque en realidad sólo serán juzgados por 53 agresiones sexuales... EME160996 **19 tortura:** ¿Cuántos crímenes y torturas ha cometido (...) que son inmediatamente *achacados*, sin fundamento, a los «fundamentalistas»? EME020295 **20 crueldad:** Y a propósito de crueldad (...) que con toda razón le *achaca* a la dictadura... HOY050198 **21 atrocidad:** ...porque se nos *achacan* atrocidades cuando tampoco a nosotros se nos publicaba... ABC251194

E SUSTANTIVOS QUE DESIGNAN DIVERSAS FORMAS DE AGRESIÓN, OPOSICIÓN O DESACUERDO: **22 ataque +:** ...*achacó* los ataques al «gran prestigio político» del ministro. EPE050299 **23 crítica +:** ...*achaca* las críticas recibidas a prejuicios por su condición de venezolano. EME120694 **24 desobediencia:** No se le puede *achacar* al director desobediencia porque no ha existido. ENC280301 **25 desentendimiento −:** No creo sin embargo que tal desentendimiento haya de *achacárselo* a ellos sino a mí. ABC011295 **26 falta de entendimiento:** ...*achacó* la falta de entendimiento al hecho de que el partido que gobierna en este municipio no se corresponde con los colores del partido... LVL180796

F SUSTANTIVOS QUE DESIGNAN MUY DIVERSOS SUCESOS, CIRCUNSTANCIAS O ESTADOS DE ADVERSIDAD, DIFICULTAD, CONTRARIEDAD, CARENCIA O INFORTUNIO: **27 mal ++:** ...y al mismo tiempo *achacarle* todo mal a otros (crisis internacional)... LTB210700 **28 daño +:** Por el momento los daños se *achacan* a una gamberrada. DDN050101 **29 problema +:** ...*achacan* los problemas de la compañía a las tendencias del sector... CLA310199 **30 carencia +:** ...también se le *achacan* determinadas carencias y decisiones que no parecen propios de una formación de izquierdas. LVE120595 **31 pobreza:** Esta pobreza en la presentación de las personas y las obras que han conformado el devenir de la sociología, más que *achacárselo* al propio... ABC030192 **32 retraso:** ...lleva un retraso de varios meses que se *achaca*, principalmente, a los problemas surgidos para hacerse con el material necesario para la remodelación. CAN291100 **33 accidente:** Por su parte, los pilotos *achacan* el accidente a un fallo en el freno de una de las ruedas del tren de aterrizaje. LRE290103 **34 derrota:** ...*achacó* la derrota final a un error de marca sobre el chapín... LNC161100 **35 pérdida:** Asimismo *achacó* la pérdida de un escaño al hecho de que a la circunscripción de Barcelona... LVE040396 **36 desgracia:** ...ser ya incapaces de *achacar* nuestras desgracias al capricho de la historia y por haber tenido que afrontar la realidad. LVE100595 **37 incidente:** ...murieron en el incidente ocurrido en un campo de fútbol en el norte de Irak, que Bagdad *achaca* a la explosión de un misil... FDV210601 **38 dificultad:** Hay una tendencia negativa en todos los gobiernos europeos a *achacar* las dificultades económicas a Maastricht. EME061096 **39 obstáculo:** Achacó a los socialistas los obstáculos puestos por la Diputación de Córdoba en la comisión de investigación... EPE050399

G ALGUNOS SUSTANTIVOS QUE DENOTAN DISPOSICIÓN ANÍMICA, VOLUNTAD O INTENCIÓN: **40 actitud +:** Se nos *achacan* actitudes que, muchas veces, se deben sólo a falta de información o a mero descuido. ABC161092 **41 ánimo:** Del mismo modo, se nos *achacaba* un ánimo de revancha y vindicación respecto al pasado, y hemos demostrado que no había tal. EME301296 **42 propósito:** ...le *achaca* el propósito de derribar a los regímenes moderados de Oriente Medio. EME150896

H OTROS SUSTANTIVOS; POSIBLES USOS ESTILÍSTICOS: ...y la «escritura desatada» que le *achacábamos* a este escueto pero nada simple discurso narrativo... ABC311292

achicar *v.* ▮ En el sentido de 'extraer o retirar' se combina con sustantivos que designan líquidos *(Intentaba achicar el agua que inundaba la casa)*. En su sentido de 'disminuir de tamaño, dimensión o duración', se combina con sustantivos que designan objetos, espacios o materias, y muy frecuentemente prendas *(terreno, habitación, pantalón)*. En su sentido figurado se combina con...

A SUSTANTIVOS QUE DENOTAN CARACTERÍSTICA DIFERENCIADORA O SEPARADORA ENTRE PERSONAS O COSAS: **1 diferencia ++:** La actriz de «Hola Papi» (...) empezó a *achicar* diferencias en el Torneo y su confianza está en alza... CLA180497 **2 distancia ++:** Pero esta vez Corinthians no pudo *achicar* esa distancia, ya que Oscar no mostró la acostumbrada efectividad... CLA090597 **3 margen:** ...Economía logró *achicar* el margen de incumplimiento de la meta de ingresos acordada con el Fondo Monetario Internacional... CLA060199 **4 frontera:** ...la manipulación (...) desplaza, *achica*, las fronteras de la libertad. LRE090103

B SUSTANTIVOS QUE DENOTAN CANTIDAD DE DINERO, ESPECIALMENTE SI SE HA DE ABONAR: **5 gasto:** ...remarcó la urgencia de *achicar* el gasto porque Argentina tiene dificultades para conseguir dinero en los mercados internacionales. CLA090701 **6 déficit:** ...el recorte no está motivado por la necesidad de *achicar* el déficit. CLA090701 **7 costo:** No podría pensarse que este negocio puede funcionar con la actual facturación, *achicando* costos y reduciendo personal. LNP060497 **8 deuda:** ...en la esperanza de *achicar* la deuda si prolongan el mandato (...), ningún directivo se quiere marchar. EME271095 **9 tasa:** Una inflación reducida permite *achicar* las tasas de interés... EPE140599 **10 salario:** La idea es reducir horas de trabajo, *achicar* salarios y distribuir los tiempos de fabricación con un esquema completamente distinto. CLA240497 **11 pago –:** ...si se *achican* los pagos, la Argentina tendrá otra vez oxígeno... CLA080501

C SUSTANTIVOS QUE DESIGNAN EL PODER O ALGUNA DE LAS FORMAS EN QUE SE OSTENTA: **12 poder:** ...lanzaron sugerencias pragmáticas para *achicar* el poder del Estado... LTB090197 **13 dominio:** La reforma (...) que había *achicado* el dominio funcional del Estado... CLA160997 **14 gobierno:** Las mutaciones tan radicales ocurridas en el orden ideológico, dirigidas a *achicar* el Gobierno y disminuir el peso de la deuda pública... EUV050996

D ALGUNOS SUSTANTIVOS QUE DENOTAN ÁNIMO O ACTITUD POSITIVA HACIA EL FUTURO: **15 ánimo +:** No hay que *achicar* el ánimo. ABC010592 **16 esperanza:** ...agrandó la ventaja propia y *achicó* las esperanzas ajenas. CLA130199 **17 vida:** No puedo decir lo mismo de los medios de comunicación: a veces *achican* la vida. LPA260492

E OTROS SUSTANTIVOS; POSIBLES USOS ESTILÍSTICOS: ...consiguieron *achicar* los ecos de su formidable actuación en la sala de plenos... LVE260796

☐ Véase también: **estrechar**.

a chorro(s) *loc.adv./loc.adj.* ▮ Se combina con sustantivos que designan líquidos *(agua, sudor, lluvia)*, y también con...

A EL VERBO *SUDAR* Y CON OTROS QUE DENOTAN EXPULSIÓN O DERRAMAMIENTO DE LÍQUIDOS, FLUIDOS U OTRAS MATERIAS QUE PUEDEN ASIMILÁRSELES. SE USAN A VECES EN SENTIDO FIGURADO: **1 sudar ++:** Hay tomas hechas en algún templo evangélico, otras en una iglesia (...), que casi me hicieron sudar *a chorros*. PLG170997 **2 manar:** Se ha derramado, sí, la primera sangre guerracivilista y después manará *a chorros*. EME160595 **3 escurrir:** Ulises pendía de la grúa a más de quince metros de altura. Con el morro abierto (...) y escurriendo agua *a chorros*. EME100294 **4 fluir:** El dinero fluye *a chorros* en su vida, pero Tomba lo ha devuelto multiplicado... LVE270295 **5 derramar:** ...por qué tenían que hacerle a ella tales putadas y no a los heroicos gudaris de la ETA que por entonces que por entonces derramaban sangre *a chorros*. EME011296 **6 escaparse:** ...el aceite se escapa *a chorros* y la reparación llevará cerca de cuatro horas... EME060695 **7 colarse:** Se cuela el agua *a chorros*. LVE270396 **8 llorar:** Qué paz esos «paisajes del placer y de la culpa» (es el título de un ensayo inolvidable de Ignacio Gómez de Liaño) en los que la gente lo pasa la mar de bien llorando *a chorros*. EME090694 **9 llover:** ...mientras llueve *a chorros*, se introduce en un cine de barrio de una capital provinciana para poder dormir un poco... ABC150995 **10 inundar –:** ... llegan también unos cuantos bomberos y se levanta una tapa de la conducción de agua que inunda, *a chorro*, como un río desbordado, parte de la plaza. LVE121296 **11 supurar** –: Los distintos conflictos que durante muchos años habían venido enconándose se han puesto, todos a la vez, a supurar sangre *a chorros.* SEM011096

B OTROS VERBOS QUE DENOTAN SURGIMIENTO O IRRUPCIÓN APLICADOS A LOS LÍQUIDOS, FLUIDOS U OTRAS MAGNITUDES QUE SE LES ASIMILEN FIGURADAMENTE: **12 salir** +: ...un agujero descomunal por donde se le salió *a chorros* la vida... EME140694 **13 surgir:** ...el hontanar donde surge *a chorro* el Pradillo de las entrañas de la roca... EPE110699 **14 soltar** –: Será el mejor homenaje a este hombre cordial y torturado, analfabeto y sabio, cuya voz rota y no siempre afinada soltaba soniquete *a chorros* y jondura sin igual. EPE100999

C VERBOS QUE DENOTAN PÉRDIDA O GASTO: **15 perder** ++: ...y que hemos estado perdiendo tiempo y dinero *a chorros.* LVE310795 **16 gastar:** ...gasolina y seguro de vehículos, electricidad y agua que se gastan *a chorro...* LVE101095 **17 agotar** –: ...se le está agotando el tiempo *a chorros*, pero todavía, tal vez, tiene la oportunidad... LVE210795

D OTROS VERBOS; POSIBLES USOS CRUZADOS: ...al que se veía *a chorros* que le habían prestado un chaquetón de cualquier manera... [Cf. *a la legua*] EME030195

E OTROS VERBOS; POSIBLES USOS ESTILÍSTICOS: Y es que cuando convocaban casi *a chorro* huelgas generales... LVE050295; ...usando *a chorro* un castellano muy peculiar, acelerado y conminatorio. LVE150696
☐ Véase también: **a borbotones, a mares, a raudales.**

aciago *adj.* ▮ Se combina con sustantivos que denotan acontecimiento o suceso *(acontecimiento, peripecia, suceso, incidente)*, más frecuentemente si se consideran intrínsecamente perjudiciales *(crimen, accidente, guerra, batalla)*. Se combina además con sustantivos temporales *(día, semana, mes, año)*, y también con...

A SUSTANTIVOS QUE DESIGNAN EL FUTURO, ASÍ COMO LO QUE SE ESPERA, SE TEME O SE PIENSA QUE VA A SUCEDER: **1 porvenir** ++: ...no los veo con porvenir, y aunque el de Aznar es *aciago* para nosotros, es el único que puede intentarlo. EPE121101 **2 futuro** +: ...la mayoría de ellos tienen como tema el *aciago* futuro laboral. EPE230699 **3 pronóstico** +: ...la escucha de las emisoras de radio y de los canales de televisión confirman ese pronóstico *aciago.* EPD181197 **4 previsión** +: ...hubiese acertado en su rotunda y *aciaga* previsión... EME070694 **5 profecía:** Como en una *aciaga* profecía, el poeta estableció el mismo límite de edad para disfrutar del amor carnal... EME311096 **6 destino** +: Parecía entonces que el destino *aciago* del Atlético se cumpliría. EME290595 **7 sueño:** ...revela sólo una alianza eventual, instante feliz de un sueño *aciago.* LVE140295

B EL SUSTANTIVO *VIDA* Y CON OTROS QUE DENOTAN CURSO O TRAYECTO, SEA VITAL O DE OTRO TIPO. TAMBIÉN CON OTROS QUE EXPRESAN ALGUNOS DE SUS EFECTOS: **8 vida:** ...en sus baldas de cristal se mostrarían (...) las cosas que nos hacen la vida tan espantosamente *aciaga...* EME020394 **9 experiencia:** Esa *aciaga* experiencia (...) ya ha quedado atrás. LVE010694 **10 historia:** Por su testimonio de unos años azarosos en aquella *aciaga* historia de España... ABC220592 **11 viaje:** En su penúltimo y *aciago* viaje a su país desde la clínica donde le trataban el cáncer... EPE171099

C SUSTANTIVOS QUE DENOTAN CONCLUSIÓN O RESOLUCIÓN DE ALGO: **12 consecuencia** +: Al contrario, una crítica a un juez, a un fiscal, puede tener *aciagas* consecuencias. LVE180195 **13 resultado** +: Estos casos suceden prácticamente todos los días y no pocas veces con resultados *aciagos.* EXC040901 **14 solución:** ...una sociedad abierta y plural prefiere que le ofrezcan (...) posibles soluciones, *aciagas* o esperanzadoras. EPE010599

D SUSTANTIVOS QUE DESIGNAN CAPACIDADES MENTALES O INTELECTIVAS, ASÍ COMO ALGUNOS DE SUS EFECTOS NATURALES: **15 memoria:** Y el búnker del cuñado Palomino se erigió en símbolo de un pudrirse en vida de *aciaga* memoria. EME140795 **16 recuerdo:** ...pronostican con inquietud que este verano será tan infernal como aquel de 1972 de *aciago* recuerdo... EME030695 **17 idea:** ...comenzará a cumplirse en el momento en que alguien conciba la *aciaga* idea de internar a Paulo en una institución... EME170695 **18 pensamiento:** ¿Asistimos al final del pensamiento *aciago* con la desaparición de nuestros próximos? EME240695

E ALGUNOS SUSTANTIVOS QUE DESIGNAN SITUACIONES DE DUDA, Y OTRAS MANIFESTACIONES DE LA VACILACIÓN O LA INDETERMINACIÓN ANTE LO QUE SE ELIGE O SE DECIDE: **19 dilema:** Los más ancianos de la localidad recordamos el dilema *aciago* de «cañones o mantequilla»... EPE131101 **20 incertidumbre:** ...al poeta sólo le resta la posibilidad de «musicalizar» la *aciaga* incertidumbre. ABC211094

F OTROS SUSTANTIVOS; POSIBLES USOS ESTILÍSTICOS: ...tan *aciago* este muro de palabras súbitamente heladas cuando más te requiero... ABC030395; Única *aciaga* sombra que pesa (...) sobre el destino patrio... ETC011291
☐ Véase también: **amargo, infausto.**

ácido *adj.* ▮ En el sentido de 'relativo a los ácidos' o 'que posee sus propiedades' se combina con sustantivos que designan diversas entidades, sustancias y procesos químicos, orgánicos o naturales *(molécula, droga, hidrólisis, gas, sudor, fermento, roca, agua, lluvia)*. En el sentido de 'con sabor agrio o avinagrado' acepta los sustantivos *sabor* y *olor*, y los que designan sustancias o materias, a menudo bebidas o alimentos *(vino, caramelo, fruta)*. En el sentido de 'áspero, cáustico o desagradable' admite sustantivos de persona *(mujer, humorista, juez)* y otros que designan diversas unidades y manifestaciones verbales *(palabras, frase, expresión, conversación, declaraciones, debate)*. Con esta interpretación se combina especialmente con...

A SUSTANTIVOS QUE DENOTAN JUICIO, CONSIDERACIÓN U OBSERVACIÓN, MÁS FRECUENTEMENTE SI EXPRESAN RECRIMINACIÓN O CENSURA: **1 crítica** ++: ...ha soportado *ácidas* críticas de un grupo de detractores, que considera que el club morado no puede permitirse el lujo de llenar su planilla de jóvenes. LNC081296 **2 comentario** +: Esta previsión fue motivo de *ácidos* comentarios por parte de Porfirio Muñoz Ledo el mismo día que se dio a conocer el texto... EXC270796 **3 cotilleo:** Releo el *ácido* cotilleo de Kenneth Anger Hollywood Babilonia, catálogo de las barbaries que cometió el puritanismo... EME050795 **4 descalificación:** ...podrán evitar la trampa y no caer en la descalificación global y *ácida* de sus adversarios... EME240495 **5 reproche:** ...y *ácidos* reproches al coordinador general de Izquierda Unida... EPD201097

B EL SUSTANTIVO *HUMOR* Y CON OTROS QUE DENOTAN HUMOR, DIVERSIÓN O BURLA, A MENUDO CON ALGÚN GRADO DE MORDACIDAD: **6 humor ++:** Con el tono corrosivo y el *ácido* humor que el escritor catalán gasta en sus relatos... EDV070201 **7 broma +:** Nada resultó casual, por tanto, y tampoco las bromas, alguna bastante *ácida*, que le dedicó el secretario general... EPE070499 **8 sarcasmo +:** ...dejó correr su sarcasmo más *ácido* al recibir la noticia, y afirmó: «Supongo que la Academia Sueca tendrá sus razones». EPE011099 **9 comicidad +:** Sin embargo, la *ácida* comicidad, el sarcasmo con que el autor adornó la figura del fantoche... LVE230596 **10 sentido del humor +:** Aficionada al cine, a la lectura y a viajar a lugares lejanos, llena su maleta de cosas inútiles, muere por el marisco y se divierte «con el sentido del humor *ácido*, currado». EPE071001 **11 ironía +:** La mujer, dueña de un apellido tradicional en la zona, apela a una *ácida* ironía para reflejar a su gente... CLA231000

C SUSTANTIVOS QUE DESIGNAN OBRAS, COMPOSICIONES O GÉNEROS LITERARIOS, FRECUENTEMENTE DE CARÁCTER CÓMICO O BURLESCO: **12 farsa:** Los esfuerzos de una mujer por reconquistar a su marido a base de potenciar sus encantos en una *ácida* farsa satírica inédita en España. LVE030396 **13 parodia:** ...que es una *ácida* parodia de aquel Álvaro Baeza que todo lo sabía y a todo el mundo conocía. LVE110996 **14 comedia:** Una comedia irregular, bastante *ácida*, con un socarrón tono crítico y unas excelentes interpretaciones. LVE050396 **15 sátira:** Y la novela se erige en una *ácida* sátira de nuestro mundo contemporáneo. LVE100295 **16 novela:** ...versión brillante, pero no por ello menos suave y relajada, de la *ácida* novela de Truman Capote a cargo de Blake Edwards. EME180694

D SUSTANTIVOS QUE DESIGNAN MOVIMIENTOS INSTANTÁNEOS O IMPULSIVOS, OCURRENCIAS, HECHOS O ACTITUDES DE CARÁCTER GENERALMENTE AGUDO O BURLÓN. TAMBIÉN CON OTROS QUE EXPRESAN ALGUNOS DE LOS FACTORES O LOS ADITAMENTOS QUE CONTRIBUYEN A ESE EFECTO INGENIOSO: **17 golpe:** Está claro que se trata de un golpe de efecto psicológico más *ácido* que el yogur. EME100694 **18 chispa:** ...la cadencia de las orquestas latinas y la chispa *ácida* en las letras de sus canciones. EME141196 **19 punto:** Ahí está el punto *ácido*, pesimista y escéptico, a la vez que el optimismo y la ternura. EME170594 **20 toque:** ...se inclinó por la comedia romántica, con ciertos toques *ácidos*, incluso de crítica contra la deshumanizada política de emigración. LVE151095 **21 carga:** Una lectura premiosa y rígida, de la que estuvo ausente la carga *ácida* e irónica del idioma mahleriano... EPE170599

E SUSTANTIVOS QUE DESIGNAN CIERTAS CUALIDADES, FACULTADES O SENTIMIENTOS: **22 sensibilidad:** Sólo la sensibilidad *ácida* y oculta de unos recuerdos bien conservados y de una lucidez bien entrenada... EME270496 **23 ternura:** ...rezuma una intensidad lírica que devuelve la persona del poeta en una *ácida* ternura... EPE180799

F OTROS SUSTANTIVOS; POSIBLES USOS ESTILÍSTICOS: ...sigue produciendo frío *ácido* en la espalda. EME200995; ...practica un rock arquetípicamente americano de crestas *ácidas*... LVE260795

■ Se combina también con: ♦ **corrosivo**

a ciencia cierta *loc.adv.* ▌Se combina con...

A VERBOS QUE DENOTAN POSESIÓN O ADQUISICIÓN DE CONOCIMIENTO: **1 saber ++:** Se habla de cantidades de sumas millonarias pero no se sabe *a ciencia cierta* cuáles son... EOU111296 **2 conocer +:** Aunque parezca increíble, nadie conoce *a ciencia cierta* el origen del nombre *jeep*. LVE011296 **3 averiguar:** ...los desastres suelen ocurrir por la incapacidad de la dirección en averiguar *a ciencia cierta* qué demonios está haciendo ese genio financiero... LVE220696 **4 adivinar –:** ...saldrá disparado de manera caótica en todas direcciones, sin que nadie pueda adivinar *a ciencia cierta* su táctica... LVE220696

B VERBOS QUE DESIGNAN LA ACCIÓN DE AFIRMAR O DAR POR CIERTO ALGO Y, POR EXTENSIÓN, CON ALGUNOS QUE EXPRESAN OTRAS MANIFESTACIONES VERBALES EXPOSITIVAS ANÁLOGAS: **5 afirmar +:** Tampoco nadie puede afirmar *a ciencia cierta* si el abrazo que se dieron (...) es un final feliz... LNA050792 **6 asegurar:** Los médicos no pueden asegurar *a ciencia cierta* cuáles serán. EME070796 **7 decir:** No puedo decirlo *a ciencia cierta*, pero 1.200 no nos las quita nadie... EPE020399 **8 hablar –:** Lo que importa (...) no es culpar a un individuo además, no se hablaría *a ciencia cierta*, pues, ¿acaso mi conducta de entonces me permite señalar? ETC011291

C VERBOS QUE DESIGNAN LA ACCIÓN DE FIJAR O PONER DE MANIFIESTO LOS TÉRMINOS O LOS LÍMITES DE ALGUNA COSA: **9 determinar +:** ...se reunirán con las personas (...) a fin de determinar *a ciencia cierta* cuál fue el problema y solucionarlo... ESH310197 **10 establecer:** Las autoridades no lo han establecido *a ciencia cierta*, pero sospechan que Avila Ruano está emparentado con otra de las cuidadoras... PLG070397 **11 delimitar:** La primera gestión (...) es delimitar *a ciencia cierta* si los que figuran en dicha lista efectuaron realmente las inversiones... LVE220695 **12 fijar:** ...coordenadas que desconocemos y que por el momento no somos capaces de fijar *a ciencia cierta*. INDOC

□ Véase también: **con certeza, fehacientemente**.

acierto ♦ **absoluto, atinado[34], casual, clamoroso, completo, consecutivo, enorme, fortuito, gran(de), importante, indudable, insuperable, notable, parcial, pleno, rotundo, sumo[33], total, tremendo** ♦ **con** ♦ **falta (de)** ♦ **adjudicar(se), apuntar(se), asumir[44], conseguir, constituir, cosechar, magnificar[40], sumar, tener**

□ Véase también: **éxito, logro**.

ácimo ♦ **pan**

[aclamación] → **por aclamación**

aclamación ♦ **apoteósico, caluroso, emotivo, encendido, entusiasta, general, multitudinario, popular, público, sincero, unánime** ♦ **aprobar (por), elegir (por), estallar (en), pedir (por), prorrumpir (en)**

□ Véase también: **vítores, viva**.

aclamar *v.* ❚ En el sentido de 'proclamar' admite sustantivos que designan cargos o puestos *(La aclamaron reina)*. En el sentido de 'vitorear o aplaudir' admite frecuentemente sustantivos de persona, más frecuentemente si designan líderes, artistas, deportistas y otros individuos de renombre *(político, líder, actor, cantante, director, futbolista)*. También se combina con sustantivos que designan obras o composiciones artísticas *(película, drama, ópera, libro, novela)*. Se combina con otros sustantivos, especialmente con...

A SUSTANTIVOS QUE DENOTAN ACTUACIÓN O INTERPRETACIÓN, MUY FRECUENTEMENTE MUSICAL O DRAMÁTICA: **1 actuación +**: ...sus actuaciones también han sido *aclamadas* en eventos internacionales... EME020896 **2 concierto +**: Su particular y original homenaje al Libertador, *Este niño Don Simón*, sirvió para inaugurar el *aclamado* concierto. EUV230996 **3 gira**: Entonces, Mulligan reconstituyó su cuarteto (...), con el que realizó *aclamadas* giras y grabaciones discográficas. LVE220196 **4 recital**: ...un *aclamadísimo* recital que lo ha hecho retornar al instrumento con el que inició su carrera de músico. LVE200895 **5 interpretación +**: ...debe su prestigio internacional a las *aclamadas* interpretaciones del trabajo del alemán... EME190596 **6 show –**: ...un *show aclamado* en varios puntos del planeta como único dentro del género del *music-hall*. LVE040895

B ALGUNOS SUSTANTIVOS QUE DENOTAN EL PROCESO DE MANIFESTARSE ALGUIEN O HACERSE PRESENTE: **7 llegada**: ...las masas *aclaman* la llegada del faraón Zaplanatón I. LVE170396 **8 aparición**: ...«Arkan» y Ceca hicieron una salida triunfal de casa de los padres de ésta. Los rifles automáticos de los «tigres serbios» *aclamaron* su aparición. EME210295 **9 presencia +**: En la zona de St. Louis viven aproximadamente unos 520 mil católicos, que ayer *aclamaban* su presencia con sinceridad. CLA270199 **10 entrada**: El público, puesto en pie, *aclamó* con vítores su entrada en el escenario. INDOC

C SUSTANTIVOS QUE DENOTAN EL EFECTO O EL RENDIMIENTO OBTENIDOS AL FINAL DE ALGÚN PROCESO, MÁS FRECUENTEMENTE SI SE REFIEREN AL RESULTADO FELIZ DE LO QUE SE EMPRENDE: **11 resultado**: ...se habían reunido los líderes del partido en la esperanza de *aclamar* un resultado al estilo de 1931... LVE030695 **12 conquista**: La conquista fue celebrada y *aclamada* por varios minutos por los 45.000 espectadores... ETC111196 **13 triunfo +**: Varios millares de brasileños siguieron con enorme interés la carrera, *aclamaron* al final el triunfo de su compatriota... EPE020181

D SUSTANTIVOS QUE DESIGNAN LANCES DEPORTIVOS O TAURINOS: **14 jugada**: El jugador número uno del mundo recibió un fuerte apoyo de la colonia griega en Melbourne, que no cesó de *aclamar* sus jugadas. LVE190195 **15 faena**: ...*aclamaron* la faena de muleta –bastante vulgarcita por cierto– y consiguieron una oreja. EPE010599 **16 pase**: ...los magistrales pases de tirón con que sacó a los medios al último victorino (...), que hicieron capicúa con un *aclamadísimo* circular... EPD030597

■ Se combina también con: ♦ **a bombo y platillo[29], a los cuatro vientos, bulliciosamente, efusivamente[6]**

aclaración ♦ **breve, cumplido, definitivo, detallado, diplomático, escueto, exhaustivo[23], indispensable, necesario, oficial, oportuno, pequeño, pertinente, pormenorizado, previo, público, puntual, rápido, somero, superfluo** ♦ **auto (de), recurso (de)** ♦ **dar, efectuar, escuchar, esperar, exigir, facilitar, formular, hacer, merecer, obtener, ofrecer, pedir, precisar, publicar, realizar, reclamar, requerir, solicitar**

□ Véase también: **explicación, puntualización.**

aclarar ♦ **con todo lujo de detalles[12], convincentemente[9], debidamente[63], definitivamente, detalladamente[12], por completo[63], públicamente, punto por punto[34], rápidamente, satisfactoriamente[3], suficientemente** ♦ **asunto, caso, causa, confusión, cuestión, duda, enigma, hecho, idea, información, lío, malentendido, misterio, origen, papel, posición, problema, procedencia, relación, situación, sospecha, tema**

□ Véase también: **clarificar, decodificar, esclarecer(se), puntualizar.**

aclimatar(se) (a) *v.* ❚ Se combina con sustantivos que designan las condiciones físicas de algún ambiente *(altura, altitud, temperatura)*. También lo hace con sustantivos de lugar *(terreno, ciudad, residencia)*, así como con...

A SUSTANTIVOS QUE DENOTAN ALTERACIÓN O DESIGNAN LA FUERZA QUE LA IMPONE: **1 cambio +**: Esto es como un hotel donde pueden relajarse y *aclimatarse* a los cambios... EPE060599 **2 modificación +**: No todos se han *aclimatado* con igual facilidad a las modificaciones realizadas en la oficina. INDOC **3 necesidad +**: Otra, la que se abre, comprende, avanza, se *aclimata* a las necesidades nuevas de los nuevos tiempos. EME201296 **4 exigencia**: Sin embargo, el neurocientífico tiene que *aclimatarse* a las exigencias de la computación; solo con ella es posible manipular información tridimensional... ABC241195

B EL SUSTANTIVO *VIDA* Y CON OTROS QUE DENOTAN CONDICIÓN O CIRCUNSTANCIA PROPIAS DE ALGÚN ENTORNO: **5 vida +**: Para las segundas generaciones será mucho más sencillo *aclimatarse* a la vida de esta ciudad... EPE210800 **6 circunstancia +**: Es necesario que el estómago se *aclimate* a esta circunstancia. LVE070696 **7 situación**: La principal (...) fuente de ingresos de los medios de comunicación ha reducido su caudal, y todos deben *aclimatarse* a la nueva situación. EME180294 **8 ambiente**: ...aunque éste sólo ha viajado para ir *aclimatándose* al ambiente del equipo antes de reaparecer... EME110296

C SUSTANTIVOS QUE DESIGNAN CIERTAS CARACTERÍSTICAS O RASGOS DE LA NATURALEZA DE LAS PERSONAS QUE SE TIENEN POR FUNDAMENTALES Y SUELEN CONFERIR UNA MANERA PROPIA Y DISTINTIVA DE MOSTRARSE O COMPORTARSE: **9 carácter**: Con el paso de las semanas el carácter se les fue *aclimatando*; la paciencia se hizo obsoleta y la impaciencia, rutina. CAP160197 **10 estilo**: ...los resultados no son en absoluto incoherentes, y todos se *aclimatan* con naturalidad al estilo haendeliano... ABC240993 **11 personalidad**: No hay manera de que la actriz se amolde a las exigencias del director o se *aclimate* a su personalidad... INDOC

D OTROS SUSTANTIVOS; POSIBLES USOS ESTILÍSTICOS: ...es la jefe de gobierno local que más está haciendo en el mundo para *aclimatar* la paz entre sus gobernados. ETC130996

▩ Se combina también con: ♦ **a las mil maravillas**[19], **plenamente, por completo, sin dificultad, totalmente**

☐ Véase también: **amoldar(se) (a)**.

a cobro revertido ♦ **conferencia, llamada** ♦ **hablar, llamar, telefonear**

acogedor *adj.* ▮ Se combina con sustantivos que designan lugares, generalmente habitados *(ciudad, pueblo, localidad, casa, habitación, local)*. También admite sustantivos que designan personas o grupos humanos *(amigo, anfitrión, gente, público, comunidad, sociedad)* y otros que designan expresiones corporales o verbales a la que se asigna alguna interpretación *(gesto, mirada, sonrisa, palabras, voz)*. Además se combina con...

A SUSTANTIVOS QUE DESIGNAN LAS CONDICIONES Y CIRCUNSTANCIAS QUE RODEAN O CARACTERIZAN ALGÚN ESTADO DE COSAS: **1 ambiente ++:** Cerca se encuentra una casa de aldea, construcción de tipología asturiana de la época medieval, de ambiente *acogedor* y elegante. FDV280301 **2 atmósfera ++:** Esta distribución favorece una atmósfera todo lo *acogedora* que pueda esperarse entre más de 2.000 personas. EPE150299 **3 marco ++:** ...que tuvo en el recinto ajardinado del Gran Casino un marco *acogedor* donde los asistentes pudieron disfrutar de una amena cena al aire libre. LVE090795 **4 clima +:** ...pero cuentan siempre con un número similar de estrellas y un clima familiar algo más *acogedor*. LVE230195 **5 ámbito +:** Ahora el ámbito humano que encontramos es muy *acogedor*, el pueblo mexicano es profundamente solidario, muy hermanable y a mí me ha ayudado mucho. LHG040197 **6 entorno +:** ...a Bakero le resulta atractivo ir a jugar sus últimos años como futbolista a México, porque encuentra un entorno agradable y *acogedor*. PME151296 **7 contexto:** Para su desarrollo requiere un contexto «goxo», entrañable, *acogedor*, de confianza y camaradería... LVE100895 **8 situación:** ...a llevar democracia a Zaire, en donde hay una situación mucho menos *acogedora* que en Haití... DLA140497 **9 panorama –:** Lo peor es que te lo venden como un panorama íntimo y *acogedor*. HOY120597

B SUSTANTIVOS QUE DESIGNAN ALGUNAS CARACTERÍSTICAS ESENCIALES DE LAS PERSONAS, RELATIVAS A SU FORMA DE SER O DE COMPORTARSE. TAMBIÉN CON OTROS QUE DESIGNAN ESE MISMO COMPORTAMIENTO: **10 carácter ++:** ...su carácter jubiloso y *acogedor* y su precisa atención para cualquiera que le pida una información erudita o un consejo pastoral. LVE140196 **11 talante:** ...de un talante tolerante y *acogedor* que le aleja de discriminaciones y exclusivismos. LVE291195 **12 actitud +:** Es la suya una actitud cierta, perenne, generosa, *acogedora*. LVE060895 **13 espíritu +:** ...con actitudes de rechazo poco acordes con el espíritu abierto y *acogedor* de la entidad. EPE080199 **14 comportamiento:** Durante toda nuestra estancia su comportamiento fue amable, *acogedor* y hospitalario. INDOC **15 trato +:** Allá aún se come bien, los dueños de restaurantes y chiringuitos suelen ser nativos y el trato es amable y *acogedor*... EPE040900 **16 disposición:** ...queremos ser receptivos y abiertos, por lo que manifestamos que la empresa tendrá siempre una disposición *acogedora* hacia las iniciativas que... INDOC

C SUSTANTIVOS QUE DENOTAN IMAGEN, APARIENCIA Y OTRAS CARACTERÍSTICAS DE LAS PERSONAS O LAS COSAS RELATIVAS A LA FORMA EN QUE SON PERCIBIDAS POR LOS DEMÁS: **17 imagen +:** Cosas como éstas pueden romper esa imagen *acogedora* y entrañable de Madrid. EME220594 **18 aspecto +:** Con todo su sobresalto de obstáculos y chirimbolos, la Gran Vía ha mantenido siempre un aspecto familiar y *acogedor*. EPE261001 **19 aire +:** El color albero de las paredes le da a aquel edificio un aire tan *acogedor*, tan alegre, que nadie diría que allí hubo en un tiempo dolorosamente cercano una cárcel para mujeres republicanas. EPE301199 **20 toque:** ...ahora estudian introducir instrumentos de cuerda para darle un toque «romántico y *acogedor*». LVE171095 **21 tono +:** Con el tono entusiasta y *acogedor* que lo ha caracterizado siempre... CAR091297 **22 estilo:** Pero son muchos los domicilios en los que Miguel ha dejado el sello de su estilo, que es al tiempo austero y *acogedor*. LVE260395 **23 empaque:** Todo contribuye a dar al volumen un empaque hidalgo y *acogedor* que lo aleja por igual de la vulgaridad y el envaramiento. ABC280795

D SUSTANTIVOS QUE DESIGNAN LA ACCIÓN O EL EFECTO DE RECIBIR A ALGUIEN O ALGO, ASÍ COMO ALGUNAS DE LAS ACTITUDES QUE SE ASOCIAN CON ESAS NOCIONES: **24 recibimiento ++:** Los aficionados depararon un recibimiento *acogedor* a su equipo. INDOC **25 bienvenida:** Después de tanto tiempo sin verlos, no me esperaba una bienvenida tan *acogedora*. INDOC **26 hospitalidad:** ...me ha dispensado, también durante este tiempo, su *acogedora* hospitalidad como colaborador. EPD300597

E ALGUNOS SUSTANTIVOS QUE DESIGNAN LO ACTUAL O LO VENIDERO: **27 realidad +:** Bajo esa apariencia algo inquietante yace una realidad resplandecientemente *acogedora*... EPE150199 **28 presente:** ...de un presente que por lo general no ha sido demasiado *acogedor* en este siglo. ABC230994 **29 futuro:** No se marcha en nombre de un futuro que todos desean en el fondo libre de exclusiones y *acogedor*... LVE180896

F OTROS SUSTANTIVOS; POSIBLES USOS ESTILÍSTICOS: Pero lo dijo lanzándose al *acogedor* vacío de la sandez: sólo las derrotas y otras cosas pésimas pueden carecer de paliativos. EPE021201; Quizá nadie como el pensador rumano Cioran ha buceado en nuestro siglo en las *acogedoras* tinieblas de la amargura y la desesperación. ABC280795

☐ Véase también: **hospitalario**.

acoger ♦ **amistosamente, cálidamente, calurosamente**[3], **campechanamente, cariñosamente, con alborozo**[2], **con cautela**[10], **con entusiasmo, con interés**[13], **con los brazos abiertos, con recelo, con reservas**[1], **cordialmente**[3], **de buen grado**[2], **desinteresadamente, efusivamente**[11], **favorablemente**[20], **generosamente**[19], **gratamente**[22], **incondicionalmente**[11], **negativamente**[15], **sin reservas**[14], **temporalmente, unánimemente** ♦ **idea, iniciativa, medida, persona, plan, planteamiento, programa, proposición, propuesta, proyecto, refugiado, sugerencia**

☐ Véase también: **abrazar**.

acogida ♦ **afectuoso, apoteósico**[23], **bueno, cálido**[5], **caluroso**[4], **cariñoso, clamoroso**[37], **cordial, cortés, desfavorable, distante, efusivo**[8], **emotivo, entrañable, entusiasta, excelente, extraordinario, favorable, frío, gélido, glacial, gran(de), multitudinario**[22], **tibio**[14] ♦ **centro (de)** ♦ **brindar**[46], **dar**[294], **dedicar, dispensar**[11], **tener, tributar**[7]
☐ Véase también: **asilo, ayuda, bienvenida, recepción, recibimiento.**

acometer *v.* ▮ En su sentido de 'atacar con fuerza o de forma impetuosa' elige como sujetos sustantivos que designan seres animados, generalmente vivos *(El batallón acometió al enemigo; El toro acometió al caballo).* En su sentido de 'venir a alguien de forma repentina' se combina con los sustantivos *sueño, pensamiento, imagen, temor, duda, miedo, enfermedad* y otros similares *(Le acometían extraños sueños premonitorios; La enfermedad que acomete a una o varias especies de animales).* En el sentido de 'emprender' elige como complemento directo sustantivos que designan eventos, muy a menudo deportivos *(campeonato, partida)* o asimilados a ellos, y también otros que designan la acción de crear, construir o reformar algo *(saneamiento, alumbrado, urbanización),* así como diversos tipos de obras de creación *(crónica, novela, disco).* Asimismo se combina con...

A SUSTANTIVOS QUE DENOTAN NEGOCIO Y CON OTROS QUE DESIGNAN ACCIONES Y TRANSACCIONES FINANCIERAS O MERCANTILES. TAMBIÉN CON ALGUNOS QUE EXPRESAN OTROS CONCEPTOS RELACIONADOS CON EL INTERCAMBIO ECONÓMICO O LAS INSTITUCIONES EN LAS QUE TIENE LUGAR: **1 negocio ++:** ...esperaban como agua de mayo la rebaja del precio del dinero para (...) *acometer* un nuevo negocio o adquirir una vivienda. EME071096 **2 gasto +:** ...justificó parte del desfase por la urgencia de *acometer* gastos ineludibles. EME310896 **3 mercado +:** ...surge también la iniciativa de Lisboa para *acometer* el mercado español... EPE111101 **4 venta:** ...el Ayuntamiento *acometerá* la venta de las otras casi 3.000 viviendas municipales desperdigadas en otra docena de barrios. EPE230499 **5 compra:** «Por ello, *acometer* la compra de un solar para hacer un centro de la tercera edad o uno cultural o una cancha deportiva es poco menos que prohibitivo», se excusa. EME090595 **6 rebaja:** Ayer, cuatro días después de que el banco emisor *acometiera* su séptima rebaja en un año, todos los grandes bancos (...) anunciaron descensos en los tipos de interés... LVE081096 **7 capitalización:** Esta es la razón por la que ha decidido *acometer* un proceso de capitalización en los mercados. LVE020196

B SUSTANTIVOS QUE DENOTAN ESTUDIO, INDAGACIÓN O EXPERIMENTACIÓN: **8 investigación ++:** También se espera *acometer* la investigación en Suiza sobre la trama de instrumentales relacionadas con Conde y algunos de sus colaboradores. LVE230495 **9 análisis +:** ...el crítico de arte, *acomete* el análisis estructural del Palau Robert, reservándose para sí el elemento aire... LVE140795 **10 experimento +:** ...*acometerán* un experimento sin precedentes, con el que se pretende iluminar zonas oscuras del planeta... ABC220193 **11 diagnóstico –:** Para el desarrollo del proyecto es necesario *acometer* un diagnóstico biogeográfico... EUV091096 **12 pesquisa –:** ...aún no se ha investigado lo que pasó. *Acometer* estas pesquisas es urgente y necesario. EPE310700

C SUSTANTIVOS QUE DENOTAN VIAJE, TRÁNSITO, HUIDA Y OTRAS FORMAS DE DESPLAZAMIENTO, FÍSICO O FIGURADO, MÁS FRECUENTEMENTE SI ESOS PROCESOS SON CONSIDERADOS IMPREVISTOS, ESFORZADOS O EXTRAORDINARIOS: **13 aventura +:** ...*acometerán* aquella aventura en nombre de Dios y el Rey, por la religión y el imperio. ABC110992 **14 viaje +:** ...o repite unos resultados, los de 1995, que a la postre no le permitieron *acometer* viajes de mayor vuelo, o pierde terreno. EPE121299 **15 gira:** ...decidieron *acometer* una gira constituyéndose en trío y editar el álbum Friday Night in San Francisco (1981). EME030796 **16 marcha:** ...son las noches más indicadas para *acometer* esta marcha especial. EPE140700 **17 fuga:** ...los internos contaban con los elementos imprescindibles para *acometer* la fuga: guantes, botas y mochilas. EPE260799 **18 expedición:** Para ello ha tenido que *acometer* unas 30 expediciones a las profundidades de los glaciares que se erigen en la Tierra. EPE191199 **19 cruzada:** ...*acometen* una cruzada contra el tráfico de drogas y la corrupción policial. EPE170899 **20 periplo –:** El Papa peregrino *acomete* esta semana uno de sus periplos más largos... EME120195

D SUSTANTIVOS QUE DESIGNAN ACCIONES O HECHOS QUE REQUIEREN VALOR, RIESGO O ESFUERZO Y QUE GENERALMENTE SE TIENEN POR DIFICULTOSAS O MUY MERITORIAS: **21 hazaña +:** ...se le irán los años despreciando hazañas menores, *acometerá* la hazaña equivocada. ABC291191 **22 proeza +:** ...en apenas una década *acometió* la proeza de transformar a un equipo con residencia habitual en Segunda en todo un campeón... FDV260601 **23 reto +:** Supongamos que es el escritor vasco el personaje persuadido en ese sueño para *acometer* tal reto... ABC080494 **24 desafío +:** ...la rechazó porque no tenía ni ánimo (...) para *acometer* un desafío de esa magnitud. EPE200299 **25 acrobacia:** ...se vale por sí sola para *acometer* las acrobacias de las que hace gala en la televisión. EME070596 **26 misión:** ...actor versátil que por *acometer* las misiones más diversas bien puede ocurrir que no acierte plenamente en ninguna. ABC280292

E SUSTANTIVOS QUE DENOTAN ACUERDO O COMPROMISO ENTRE PERSONAS O ENTIDADES: **27 acuerdo:** ...se ha interpretado como un síntoma claro de la imposibilidad de encontrar caminos de aproximación para *acometer* otros acuerdos mayores. EPE010886 **28 pacto:** ...la propuesta del Gobierno de *acometer* un pacto de Estado sobre la justicia que no acaba de concretarse. EPE160900 **29 compromiso:** Acomete sus compromisos con estricta profesionaliad. EPE110900

F SUSTANTIVOS QUE DENOTAN TÉRMINO, CIERRE O CULMINACIÓN DE UNA ACCIÓN O UN PROCESO: **30 final +:** Mientras se resuelven estos problemas, la autopista A-16 no volverá a ser totalmente cerrada al tráfico para *acometer* el final de las obras de la pata sur. EPE160199 **31 cierre +:** ...el pasado mes de agosto (...) *acometió* el cierre de su empresa... LVE230995 **32 sellado:** ...destinado a *acometer* el sellado definitivo de este vertedero. FDV120601 **33 finalización:** Será posible, además, *acometer* el acondicionamiento del piso alto del claustro barroco, incluyendo la finalización del proceso de restauración... FDV120601

G SUSTANTIVOS QUE DESIGNAN DIVERSAS ACTIVIDADES RELACIONADAS CON LA COMPRENSIÓN Y LA CREACIÓN DE TEXTOS. POR EXTENSIÓN, CON OTROS QUE DESIGNAN ALGUNAS FASES DE ESTOS PROCESOS: **34** **lectura:** ...*acometerá* la lectura y análisis de textos de la dramaturgia contemporánea española. EME050995 **35** **escritura +:** Relata que muy pronto llegó a la conclusión de *acometer* la escritura y *asumir el riesgo*... PME101196 **36** **composición:** ...autor de una extensa y variada obra, en 1987 *acometió* la composición de su primera ópera... ABC010995 **37** **redacción:** La ratificación del protocolo permitirá (...) *acometer* la redacción de los estatutos... LVE271296 **38** **publicación:** ...fijando las condiciones para que algún día pueda *acometerse* la publicación de unas obras completas como el autor merece. ABC121193

H SUSTANTIVOS QUE DENOTAN COMUNICACIÓN O DIÁLOGO Y CON OTROS QUE DESIGNAN EVENTOS RELACIONADOS CON LA EXPOSICIÓN Y EL INTERCAMBIO DE ARGUMENTOS O DE PUNTOS DE VISTA: **39** **rueda de prensa:** Llego con el tiempo justo de *acometer* la rueda de prensa. EPE060399 **40** **comunicación:** ...se ha planteado trabajar con una sola agencia a fin de *acometer* de forma homogénea la comunicación global de la empresa. EME090996 **41** **debate:** ...Europa habrá perdido una oportunidad histórica de *acometer* un debate serio sobre su futuro político... EPE310800

I SUSTANTIVOS QUE DENOTAN INTENCIÓN DE ACTUAR: **42** **propuesta:** La ciudad japonesa, promotora del proyecto, ha decidido, tras la crisis económica, *acometer* la propuesta ganadora en el concurso internacional. EPE250399 **43** **iniciativa:** ...una iniciativa costosa, pero ilusionante, que este gobierno *acometerá* en los próximos dos años. INDOC **44** **plan:** ...y así seguirán las cosas hasta que alguien se atreva a *acometer* un buen plan de reciclado de residuos. INDOC

J OTROS SUSTANTIVOS; POSIBLES USOS ESTILÍSTICOS: ...le permitió rodar con estrellas del gancho de Arnold Schwarzenegger o Robert Redford y en 1989 *acometer* la secuela *Los cazafantasmas II*... LVE040696

■ Se combina también con: ♦ **abiertamente, animosamente, con entusiasmo, frontalmente**[26], **ilusionadamente, sin tapujos, valientemente**

☐ Véase también: **afrontar, arremeter, asaltar, atacar, atracar, encarar**.

acometida ♦ **brioso, frontal, fuerte, furioso** ♦ **a resguardo (de)**[17] ♦ **recibir**

☐ Véase también: **embestida, ímpetu, impulso.**

a comienzo (de) Véase: **a comienzos (de)**

a comienzos (de) ♦ **año, curso, estación del año, mes, semana, temporada,** *otros sustantivos que designan periodos*

acomodado *adj.* **I** Funciona como adjetivo y como participio del verbo *acomodar(se)*. Se combina muy frecuentemente con sustantivos de persona, individuales o colectivos *(mujer, familia, gente)* y con otros que designan movimientos, corrientes o tendencias, principalmente de carácter ideológico *(integracionismo, izquierda, nacionalismo)*. También se construye con sustantivos que denotan espacio o lugar habitado *(zona, barrio, ciudad)*, y con...

A SUSTANTIVOS QUE DESIGNAN EL LUGAR O LA POSICIÓN QUE SE OCUPA O SE ALCANZA, GENERALMENTE EN UNA ORGANIZACIÓN SOCIAL: **1** **posición ++:** ...figuran personas de nombre aristocrático y posición *acomodada*... LHG230197 **2** **clase ++:** ...hubo una extraordinaria comunidad de intereses entre las clases *acomodadas* del país y los ocupantes... LVE291095 **3** **situación +:** ...mantiene una estrecha relación con el vicepresidente (...) y goza de una *acomodada* situación económica... LVE150696 **4** **estatus +:** ... son aquellas personas que disfrutan de un estatus económico más *acomodado* quienes estiman que la corrupción es mayor en la Administración central... EME010594 **5** **nivel +:** ...recurrí a todos mis recuerdos de adolescente para crear a esta mujer de nivel *acomodado*... EME171095 **6** **capa +:** ...sufragada por las capas más *acomodadas* de la sociedad... EPE101099 **7** **élite +:** ...una élite *acomodada* que va a Madrid como grupo de presión... LVE241196 **8** **esfera:** Las costumbres sociales eran variadas (...), lo mismo en las esferas sociales *acomodadas* que en las humildes. ABC090793 **9** **casta:** ...esta práctica se está extendiendo desde las castas más *acomodadas* hasta otras comunidades donde hasta ahora las niñas eran bien acogidas. EME291095

B SUSTANTIVOS QUE DENOTAN ACTITUD O TOMA DE POSICIÓN FRENTE A UN ASUNTO. TAMBIÉN CON ALGUNOS QUE DESIGNAN OTRAS NOCIONES RELACIONADAS CON LA FORMA DE PENSAR, DE ENTENDER O DE JUZGAR LA REALIDAD: **10** **actitud:** ...vienen guardando una actitud *acomodada*, incluso de cierto abandonamiento, como si el haberlo ganado todo les dispensara de tener que justificar su clase y su sueldo. EPE191099 **11** **postura:** ...también cargó ayer contra su ex partido (...) al afirmar que mantiene «una postura *acomodada*». EPE280499 **12** **filosofía +:** Voltaire echa por tierra una filosofía *acomodada* en una razón que permite *contemplar* el sufrimiento al mismo tiempo que... EPE131199

C ALGUNOS SUSTANTIVOS QUE DESIGNAN PROPIEDADES DISTINTIVAS Y ESENCIALES DE LAS PERSONAS QUE DETERMINAN SU MODO DE SER, DE PENSAR O DE COMPORTARSE: **13** **espíritu:** Les indigna el espíritu *acomodado* de ciertos sectores sociales. INDOC **14** **carácter:** El carácter *acomodado* de un gran número de votantes no deja de reflejarse en las elecciones. INDOC **15** **sensibilidad:** ...la sensibilidad *acomodada* falsamente a lo establecido... EUV080996

D EL SUSTANTIVO *VIDA* Y CON OTROS QUE DESIGNAN SU TRANSCURSO, SU ORIGEN Y OTROS ASPECTOS DE SU DESARROLLO: **16** **vida ++:** ...en lugar de llevar una vida *acomodada* (...), tomó el camino difícil. LRE240103 **17** **existencia ++:** El equilibrio de la existencia *acomodada* de Alfonso es sacudido por la tragedia... HOY100297 **18** **origen +:** ...dedicó su vida a conciliar sus orígenes *acomodados*, los de la hija de un editor cuáquero... EME131196 **19** **pasado:** ...parecía necesario declararse marxista, adoptar vestimenta proletaria, abjurar de un pasado burgués y *acomodado*. EPE020599

E OTROS SUSTANTIVOS; POSIBLES USOS ESTILÍSTICOS: Frente al *acomodado* silencio opositor y a las bajadas por el amable tobogán del laisser faire convergente, el proyecto (...) parece el llanero solitario. EPE240299

acompañar ♦ **encantado, gustoso[27]** ♦ **caballerosamente, con gusto, de cerca[28], en persona[29], gentilmente[11], gustosamente, habitualmente, indefectiblemente[21], inevitablemente[6]**

acompasadamente ♦ **avanzar, balancearse, caminar, evolucionar, interpretar, latir, marcar el ritmo, marchar, moverse, repicar, respirar, sonar, tocar,** *otros verbos de movimiento*

acompasado *adj.* ▮ Se construye con los infinitivos nominales *andar (Tenía un andar acompasado y elegante)* y *hablar.* En el argot taurino se combina a menudo con sustantivos que designan pases de muleta *(derechazo, muletazo).* Admite sustantivos de persona, especialmente si designan ejecutantes de música o de baile, sean individuos *(intérprete, bailarín)* o grupos *(ballet, grupo de baile, compañía de danza).* Se combina también con sustantivos que designan instrumentos musicales que se acompañan rítmicamente *(batería y bajo acompasados).* Se combina asimismo con...

A EL SUSTANTIVO *RITMO* Y CON OTROS QUE DESIGNAN ACCIONES O MOVIMIENTOS, ESPECIALMENTE SI SON REGULARES: **1 ritmo ++:** Tocaron los barriles y tambores con fuerza, con ilusión y ritmo poco *acompasado.* EPE200199 **2 marcha +:** Marcha *acompasada* de judíos. LHG210800 **3 paseo +:** Oponía a nuestros potenciales devaneos durante el crepúsculo sus *acompasados* paseos del brazo de su mujer... EPE120800 **4 movimiento +:** Un movimiento *acompasado* con las decisiones de la Reserva Federal... EPE310800 **5 baile +:** Paternalismo y gerencia se daban la mano en un baile *acompasado* en el que tuvieron cabida tanto las furtivas lágrimas como los amagos de intransigencia. LVE271296 **6 paso:** ...prefirió los acuerdos internos (...) al «paso *acompasado* de las instituciones europeas». LVE260995 **7 desfile:** Y el desfile calculadamente *acompasado* (...) consigue en el espectador un efecto de inquietud... LVE111295 **8 latido:** ...los latidos de su corazón ya no eran *acompasados,* sino vertiginosos. INDOC **9 vaivén:** El mareo se lo provocó el vaivén *acompasado* de la lancha que no permitía mantener la mirada fija en ningún lugar... INDOC **10 balanceo:** Me quedé dormido con el balanceo *acompasado* de la mecedora... INDOC

B SUSTANTIVOS QUE DESIGNAN DIVERSAS FORMAS DE EXPRESIÓN MUSICAL, ASÍ COMO ALGUNOS DE SUS COMPONENTES. TAMBIÉN CON OTROS QUE EXPRESAN SONIDOS DIVERSOS, A MENUDO AGRADABLES AL OÍDO: **11 cante +:** «La Macanita» ofreció un cante *acompasado* y alegre en Puebla de Cazalla. EME150796 **12 canto:** La voz monótonamente cadenciosa de la señorita cantora. El *acompasado* canto de los números. EME060395 **13 sonido +:** Los humanos les habían invadido la playa y un sonido *acompasado* de ronquidos hacía eco a la suave brisa marítima. EME240795 **14 son:** Ahí se apercibió el torero de que el toro tenía el son vivo y *acompasado.* EME090695 **15 ruido:** Las astas de seis toros de lidia de entre 520 y 600 kilos avanzando por Pamplona entre el ruido *acompasado* de los cencerros de los cabestros es algo digno de ser visto y oído. EME130795 **16 guitarreo:** Aquí empieza (...) el guitarreo *acompasado* de cinco músicos musculosos... EPE230800 **17 repicar:** La nueva entrega se abre con el *acompasado* repicar de unas campanas del valle navarro de Arruazu. EPE010799 **18 canción:** Counting Crows sabe hacer canciones viscerales, anatómicas, *acompasadas* a los ritmos cardiacos y navegables melódicamente... EME220494 **19 música:** Pollini está en las antípodas de esos pianistas (...) que nos agobian con contrastes exagerados, bien sea en las intensidades o en la propia marcha de la música *acompasada.* EME260295 **20 grito:** Y cuando al terminar la novena de la Inmaculada sus fieles requerían su presencia en un patio interior a grandes y *acompasados* gritos... LVE150196 **21 melodía:** ...inicia el segundo movimiento un adagio no demasiado lento, de melodía *acompasada* y pegadiza. INDOC

C SUSTANTIVOS QUE DENOTAN AUMENTO, INCREMENTO O DESARROLLO: **22 crecimiento +:** ...reclaman un crecimiento sostenible y *acompasado* con la habilitación de zonas verdes... EPE300699 **23 subida +:** ...esto hará que los precios se estabilicen o que, por lo menos, tengan subidas *acompasadas* al índice de precios al consumo... EPE030799 **24 desarrollo:** Ojalá pudiéramos decir que asistimos a un desarrollo *acompasado* al crecimiento de la población. INDOC

D OTROS SUSTANTIVOS; POSIBLES USOS ESTILÍSTICOS: Su destino iba *acompasado* con el tiempo de su gran obsesión: el poder. LVE090196; ...destacó (...) la obra de José Carretero (...) por lo que hay en ella de violenta introspección *acompasada* por una pintura serena... ABC300493

☐ Véase también: **desacompasado.**

a compás (de) Véase: **al compás (de)**

a conciencia *loc.adv.* ▮ Se combina a menudo con verbos de lengua *(decir, interrogar, explayarse, hablar).* Admite muchos otros verbos, especialmente los que designan acciones que tienen fin natural *(pintar un cuadro; arreglar un coche),* pero destacan sus combinaciones con...

A EL VERBO *TRABAJAR* Y CON OTROS QUE DESIGNAN LA ACCIÓN DE PONER ESFUERZO EN ALGUNA COSA: **1 trabajar ++:** Cuatro deben de luchar por no quedar fuera de la selección y esto hace que ellos trabajen *a conciencia,* finalizó. PLG100796 **2 entregar(se) ++:** La alemana, que el año pasado tampoco logró ganar un título en el circuito, se entregó a este objetivo *a conciencia,* sin importarle cometer fallos... EPD280198 **3 empeñar(se) +:** Quizá todo sea producto de este desarme moral y cultural en el que la Junta parece haberse empeñado *a conciencia...* EPE250699

B VERBOS QUE DESIGNAN LA ACCIÓN DE CREAR, REALIZAR O EJECUTAR ALGO: **4 realizar ++:** «Cuando el zurdo Pérez se monta ahí, uno sabe que va a realizar su trabajo *a conciencia*». ENV010997 **5 obrar ++:** Al obrar mal *a conciencia* demuestra que tiene conciencia de lo que está mal. EME061196 **6 efectuar:** En la tarde-noche del 16 de noviembre se lanzan sobre el edificio del Museo dieciséis bengalas, que permiten a los aviones que pasan a continuación efectuar un bombardeo *a conciencia.*

EME220996 **7 ejercer:** ...y soy un objetivo más visible en este momento, cuando tengo responsabilidades de Estado que estoy ejerciendo *a conciencia.* PME131096 **8 elaborar:** ...con el fin de aplicar con firmeza un programa unionista elaborado *a conciencia...* LVE050295 **9 hacer:** ...que hay que hacer las cosas *a conciencia,* observar, saber contar, graduar los efectos... ABC220995 **10 fabricar:** Se han fabricado *a conciencia.* EME270394 **11 labrar:** Ante semejante ofensiva, sólo un agnosticismo labrado *a conciencia* pudo librar a los espectadores de entonar un aleluya... EME220596

C VERBOS QUE DENOTAN PREPARACIÓN O PLANIFICACIÓN DE ALGO: **12 preparar(se) ++:** Carolina no promete nada para Miss Universo, pero viaja muy optimista porque se ha preparado *a conciencia.* ETC160494 **13 planificar ++:** Por eso, la campaña electoral de todos ellos ha sido planificada *a conciencia* teniendo en cuenta esta circunstancia. LVE191195 **14 formar(se) +:** Se formó *a conciencia*: se graduó en estudios internacionales en la Universidad de Georgetown, luego fue a Oxford y después a Yale a estudiar Derecho. EME051196 **15 entrenar(se) +:** En este torneo internacional participarán grandes potencias de este deporte como Corea, Brasil, Estados Unidos, los cuales han entrenado *a conciencia* para este evento de tenis de mesa. ESP260697 **16 ensayar:** Era algo que había ensayado *a conciencia* en los últimos entrenamientos privados. EPE310599 **17 practicar:** Y el engaño duele mucho. Algo que practicaron *a conciencia* estos tres caídos. EME171295

D VERBOS QUE DESIGNAN LA ACCIÓN DE ESTUDIAR ALGO O REFLEXIONAR SOBRE ALGÚN ASUNTO: **18 analizar ++:** Equipos de guerra nuclear, bacteriológica y química (NBQ) del Ejército de Tierra analizaron *a conciencia* los lugares donde iban a ser ubicados los destacamentos españoles... DDN070101 **19 estudiar ++:** El equipo de IBM ha estudiado *a conciencia* las recientes partidas de Kaspárov en Gran Canaria y Linares. EPD030597 **20 examinar +:** Una vez que el terreno ha sido examinado *a conciencia,* los voluntarios trasladan la macabra cosecha del bombazo a la morgue. EME240895 **21 investigar +:** Esto, desde luego, debe ser investigado *a conciencia.* Y si se confirma, impone una decisión que exige mucho coraje. LPH180297 **22 reflexionar:** ...se logró el equilibrio entre un dirigente pragmático (...) y la centenaria formación dispuesta a reflexionar *a conciencia* antes de cualquier cambio. EPE101299 **23 empollar(se):** Le gusta la música y la lectura, pero se «empolla» *a conciencia* los grandes tomos de su futura profesión. EME250695

E VERBOS QUE DENOTAN BÚSQUEDA, VERIFICACIÓN Y OTRAS FORMAS DE INDAGAR EN ALGUNA COSA, PERSEGUIRLA O CERCIORARSE DE ALGUNA INFORMACIÓN SOBRE ELLA: **24 buscar +:** ...entre un programa informativo de radio (...) como es el de José María García y otro que *a conciencia* busca ser tan solo un espectáculo. EME280495 **25 revisar +:** Las pertenencias de J. L. G. B. fueron revisadas *a conciencia.* Entonces, surgió la pista incriminatoria. EPE231101 **26 supervisar:** Estos ejercicios están preparados desde el pasado mayo y ya en su momento fueron supervisados *a conciencia...* EPE080999 **27 comprobar:** ...se lleva a casa la batería del coche, tras comprobar *a conciencia* el sistema eléctrico. EME160294 **28 rebuscar:** Con tantas horas por delante, la gente tuvo tiempo de rebuscar *a conciencia* en la veintena de paradas de ropa... EME100995 **29 rastrear:** Bomberos y policías rastrearon *a conciencia* el edificio en busca de explosivos sin resultado positivo. EPE170977 **30 registrar:** Los once pueblos fueron registrados *a conciencia.* EME270895 **31 cachear:** Hay miedo a que esto vuelva a suceder, por eso se cachea *a conciencia* a todos esos civiles... EPE260199

F VERBOS QUE DENOTAN ELECCIÓN O VALORACIÓN DE ALGO: **32 elegir +:** Carlos Cano eligió *a conciencia* las canciones que cantó: habaneras, tangos, boleros, coplas... EME241295 **33 escoger +:** ...son pocos los que cuentan con datos suficientes para escoger *a conciencia* a los diputados... ENV240700 **34 tomar una decisión:** Creo que hubo una decisión tomada *a conciencia* de probar al Gobierno israelí y presionarle psicológicamente... LVE300996 **35 sopesar:** Esta cuestión debe sopesarse *a conciencia.* LVE180795

G EL VERBO *REÍR(SE)* Y CON OTROS QUE IMPLICAN BURLA: **36 reír(se) +:** La película, por sí sola es suficientemente divertida para saborearla con deleite y reírse *a conciencia.* LVE030895 **37 cachondear(se) +:** Muchos años después de que Adolfo Marsillach se cachondeara *a conciencia* de los muchachos del Opus Dei... EPE170199 **38 parodiar:** ...–o tal vez parodiando *a conciencia*– los grandes gestos de que se supone está hecho el teatro. EPE131099 **39 autoparodiar(se) –:** ...y llega a un puticlub, regido por un proxeneta (Sancho Gracia, que se autoparodia *a conciencia*)... LVE220296

H VERBOS QUE DENOTAN APROVECHAMIENTO: **40 aprovechar ++:** Le quedaba mucho tiempo a Curro y lo aprovechó *a conciencia,* pinchazo tras pinchazo... EME170495 **41 explotar ++:** El filme explota *a conciencia* este miedo latente inconsciente... LVE131195 **42 exprimir ++:** ...Pepín Jiménez no exprimió *a conciencia* las posibilidades del murube primero de Bohórquez que no era un dechado de virtudes... EME140596 **43 beneficiar(se):** ...duramente acusada de aumentar sus rentas y beneficiarse *a conciencia* con el negocio del turismo sexual. GIC091196 **44 utilizar:** ...la misma extraordinaria capacidad organizativa de Cano tuvo que ser utilizada *a conciencia* para «extraditar» voluminosos cargamentos de billetes verdes. RUM031197

I VERBOS QUE DENOTAN AGRESIÓN FÍSICA O VERBAL. TAMBIÉN CON ALGUNOS QUE DESIGNAN OTRAS ACCIONES HOSTILES: **45 golpear ++:** Durante cuatro días, sus agentes golpearon al detenido *a conciencia* (o sea, a falta de ella). EME160995 **46 machacar +:** Las máximas son bien conocidas, pero el protagonista de la película, Carlos (Juan Diego Botto) las machaca *a conciencia.* EME270495 **47 bombardear:** Los aviones japoneses llegaban hasta aquí siguiendo los destellos nocturnos del agua del Yangtzé y nos bombardeaban *a conciencia...* LVE200895 **48 boicotear:** ...y en su visita a España prefirió boicotear *a conciencia* lo que se suponía un viaje de promoción de su nuevo disco. EPE090800

J VERBOS QUE DENOTAN DETERIORO O MALTRATO EN DIVERSOS GRADOS: **49 maltratar:** Los diputados de CiU están sorprendidos por la actuación del Gobierno y del PP hacia ellos (...): «Nos maltratan *a conciencia,* quizá para provocarnos porque creen que si nosotros levantamos la voz...». EPD240997 **50 zurrar:** ...quitaron de en medio durante unos días sin dar noticia de ello a nadie, nada más que para zurrarle *a conciencia...* EME201196 **51 deteriorar:** Lo terrible es que no tengo ningún medio de control sobre lo que está ocurriendo dentro del museo, que están dejando deteriorar *a conciencia.* LVE180395 **52 estropear:** ...así que hasta Santiago Auserón estropea *a conciencia* a favor de la moda caribeña las espléndidas canciones... EPE071199 **53 destripar:** Para empezar, pocos dudan de que el Senado no «destripe» *a conciencia* lo que la Cámara ha aprobado. LVE080495 **54 mutilar:** El Libro Negro sólo salió a la luz tras pasar el filtro de esa implacable censura que mutiló *a conciencia* su contenido e intenciones. EME270195

K VERBOS QUE DENOTAN MODIFICACIÓN: **55 modificar ++:** Modificó *a conciencia* la trama original y la reinterpretó a su manera (con el inestimable auxilio del guionista Jean-Claude Carriere). LVE030596 **56 tergiversar +:** Esa lengua libidinosa, bien podía pertenecer al mismísimo Einstein pero, naturalmente, tergiversado *a conciencia* el célebre retrato del científico. EME190294 **57 tachar +:** ...que en el manuscrito conservado de las interesantísimas apuntaciones se tacharon *a conciencia* varios párrafos... EPE010380 **58 adulterar +:** Lo que soltaron por los chiqueros de la Maestranza olía a podrido, era género adulterado *a conciencia*, objeto de estafa, prueba del delito. EPE150499 **59 manipular:** ...la Diputación General de Aragón manipuló *a conciencia* el informe de Emilio Pérez... EME020996 **60 remozar:** Con la Reunificación se sacó el polvo acumulado y remozó *a conciencia* todo el conjunto. EME131096

L VERBOS QUE DENOTAN CUMPLIMIENTO O INCUMPLIMIENTO DE ALGO: **61 cumplir +:** No hay que recordarle sus deberes porque los cumple *a conciencia.* INDOC **62 vulnerar:** ...Jarmusch utiliza los códigos del western y su amplio repertorio de personajes y situaciones para vulnerarlos *a conciencia.* LVE181096 **63 desobedecer:** No son descuidos ni despistes ni malentendidos; desobedece *a conciencia* a sus padres, a sus maestros y a todo el que le manda cualquier cosa. INDOC

M OTROS VERBOS; POSIBLES USOS ESTILÍSTICOS: ...la música de Davis emerge lavada, aclarada y centrifugada *a conciencia*, impoluta y con su pizca de almidón... EPE151199; ...con un robot que se introduce en el conducto y que va cepillando *«a conciencia»* la parte interna de la instalación. EME020696

☐ Véase también: **concienzudamente.**

aconsejar ♦ **acertadamente, adecuadamente, con buen criterio, con buen sentido, correctamente, desinteresadamente, directamente, encarecidamente[9], enérgicamente, inteligentemente, inútilmente[29], prudentemente, rectamente, sabiamente, sensatamente, seriamente, sinceramente, vivamente[2]**

☐ Véase también: **ayuda, consejo, recomendar, sugerencia, sugerir.**

acontecimiento ♦ **aciago, a lo grande, anecdótico[3], apoteósico, arrollador, catártico, crucial[23], decisivo[27], espectacular, esporádico, feliz, festivo, gran(de), grandioso, grave, histórico, importante, imprevisto, infausto, inminente, insignificante, insólito, irreversible, lamentable, luctuoso, magno, memorable, preocupante, prodigioso, relevante, señalado, trágico, trascendental, verdadero, violento** ♦ **a la altura (de)[3], a la luz (de)[1], a la vista (de)[1], al compás (de)[26], al hilo (de)[16], a tenor (de)[2], en vista (de)** ♦ **absorber[20], acaecer, adulterar[78], agravar(se)[46], auspiciar[22], celebrar, conmemorar[22], conmover (a alguien), constituir, cubrir, dejarse llevar (por)[34], disfrazar[4], encadenarse, enterarse (de), esperar, evocar, fechar, magnificar, narrar, ocurrir[6], organizar, planear, precipitarse, presenciar, producir(se), protagonizar, provocar (algo), recordar, registrar(se), revivir, rodar, suceder, tergiversar[8], vivir**

☐ Véase también: **acto (de), hecho, suceso.**

ACONTECIMIENTO

♦ (SUSTANTIVOS) Véase: **abarrotado[A], abrir(se)[B], a cámara lenta[F], accidentado[B], adulterar[H], aguar(se)[A,B], a la altura (de)[A], a la luz (de)[A], a la vista (de)[A], al compás (de)[D], aleccionador[A], al hilo (de)[C], ambientar(se)[B], anecdótico[A], aparatoso[F], a puerta cerrada[I], asfixiante[C], atenerse (a)[E], a tenor de[A], a título de[C], auspiciar[D], azaroso[D], blando[J], boicotear[B,C], brindar[J], caldear(se)[E], caluroso[H], clamoroso[D], clarificar[B], colmar (de)[K], concurrir[B], conmemorar[D], crucial[C,H], cuajar[B], curativo[G], dantesco[C], de capa caída[B], decisivo[E], dejarse llevar (por)[D], de postín[B], desbrozar[D], descabellado[H], desinflar(se)[E,I], destripar[A], disfrazar[A], disolver(se)[B], empañar(se)[D], enconado[G], enderezar[B], enfrascarse (en)[F], enfriar(se)[H], esclarecer(se)[C], flagrante[E], fleco (de)[D], girar[B], hacer(se) realidad[I], honroso[G], impredecible[E], incontenible[F], jalonar[D], lanzarse (a)[B], lidiar[B], nutrido[A], ocurrir[A], plomizo[A], prodigar[F], redondo[D], revelador[D], revivir[G], rutilante[C], serio[N], tangencial[B], tergiversar[A], tributar[A], zanjar[A,G]**

♦ (VERBOS) Véase: **a lo grande[A], a puerta cerrada[A], cronológicamente[F], efusivamente[E], inexorablemente[D], irremediablemente[H], universalmente[G]**

a contracorriente ♦ **actuar, bracear, escribir, ir, navegar, remar, situar(se), vivir**

a contramano *loc.adv.* ▌Se usa más frecuentemente en el español americano que en el europeo. Se construye con verbos copulativos *(estar)* o semicopulativos *(quedar, ponerse)*, sobre todo aplicados a los sustantivos *dirección, calle, vía, tránsito, circulación* y a otros similares. También se combina con...

A ALGUNOS VERBOS QUE DENOTAN MOVIMIENTO, USADOS EN SENTIDO FÍSICO O EN EL FIGURADO: **1 ir ++:** ...pensaba que iba *a contramano* de lo que era la filosofía del Mercosur... EOU060597 **2 circular +:** ...agredió a uno de ellos por una multa que le aplicó cuando circulaba *a contramano.* LNP220497 **3 atravesar:** ...tuvieron que soportar incomprensiones de todo tipo por atravesar *a contramano* una cultura futbolística a punto de extinguirse... EME010496 **4 meterse:** Controló, giró y se metió *a contramano* por una autopista que sólo un chiflado podía trazar. EME070195

B ALGUNOS VERBOS QUE DESIGNAN EL PROCESO DE SOBREVENIR ALGO A ALGUIEN O LA ACCIÓN DE ENCON-

TRARLO O SORPRENDERLO: **5 coger +**: ...al Ayuntamiento de Sevilla le ha cogido *a contramano* este asunto... EPE160299 **6 pillar +**: ...se da de narices con una estafa legal que le pilla *a contramano*. EME030395

C OTROS VERBOS DE ACCIÓN: **7 hacer**: El Senado no para de hacer cosas *a contramano* de la gente. CLA310501 **8 impulsar**: El Presidente criticó de paso a los legisladores que impulsan su impeachment *a contramano* de lo que piensa el público norteamericano. CLA070199 **9 realizar**: ...cambios que eran necesarios, pero que no debían de haberse realizado *a contramano* de las necesidades de la población. INDOC

D OTROS VERBOS; POSIBLES USOS ESTILÍSTICOS: El problema de esta liga que nace apresurada, contrahecha y *a contramano* de un mínimo sentido común... EME310895

a contrapelo *loc.adv.* ▮ Se combina con...

A VERBOS QUE DENOTAN LA ACCIÓN DE ENCONTRAR, DESCUBRIR O SORPRENDER A ALGUIEN: **1 coger +**: No todos entendieron así la novela en el momento de su aparición, que a algunos pareció coger *a contrapelo*... EPE201099 **2 pillar +**: La noticia pilló *a contrapelo* a los mercados que venían apostando en favor de un recorte... LVE271095

B VERBOS QUE DENOTAN MOVIMIENTO Y CON OTROS QUE DESIGNAN SU INICIO O SU FINAL: **3 ir +**: Pobre del que pretenda ir *a contrapelo*. El mecanismo robotizador se encarga de señalarlo y separarlo de los ciudadanos «normales». LEC020597 **4 venir**: El filósofo español, siempre dispuesto a la argumentación lúcida por muy *a contrapelo* que vengan los tiempos... EME200595 **5 llegar**: La noticia llega *a contrapelo* de los insumisos, que cumplen servicios sustitutorios al igual que los cortos de talla se destinaban a servicios auxiliares. LVE140296 **6 mover(se)**: ...el mercado se movió ayer *a contrapelo* de las señales que emitían las bolsas del exterior... LNP190397 **7 marchar(se)**: Es decir, la grafía indicativa de que se marcha *a contrapelo* de la historia. LTB090297 **8 regresar**: ...cuya única prebenda es salir y regresar *a contrapelo* de los demás mortales. LVE230495 **9 atravesar**: Pues bien, en estos días de cambio histórico que atraviesa nuestro país, *a contrapelo* de los que detentan cualquier tipo de poder, he podido asistir al nacimiento de una nueva Andalucía... EPE010876 **10 seguir**: Ellos apuestan fuerte y Pujol les sigue, aunque sea *a contrapelo* de su trayectoria. EPE131199

C VERBOS QUE DENOTAN INGRESO O INTRODUCCIÓN DE ALGO O ALGUIEN EN UN DETERMINADO LUGAR: **11 introducir**: ...introduce cambios importantes al tratamiento del capital extranjero en la minería, *a contrapelo* del modelo neoliberal... ENH240700 **12 insertar**: ...en doce breves aforismos que inserta *a contrapelo* en medio del discurso... EME080795 **13 meter(se)**: ...el septeto gallego se ha metido *a contrapelo* en la música camerística... EME260394

D ALGUNOS VERBOS DE PENSAMIENTO: **14 pensar**: ...lo que piensa, unas veces a favor, pero, otras, *a contrapelo* de lo que aplauden aquellos... ABC170792 **15 reflexionar**: Y reflexione *a contrapelo* en lo siguiente: ¿en qué se diferencia... EME030695 **16 considerar**: ...que normalmente consideran este tipo de proyectos *a contrapelo* de sus políticas. LPA260492 **17 expresar(se) –**: ...que se expresaban *a contrapelo* de las convenciones sociales de la época. EPE040399

E OTROS VERBOS; POSIBLES USOS ESTILÍSTICOS: Tantos años de votar *a contrapelo*. Ya era hora. EPE010699; Que la Ordenanza sancionada *a contrapelo* de normas constitucionales... CLA030797

a contrapié ♦ **coger (a alguien), ir, pillar (a alguien)[3], salir**

[acopio] → **hacer acopio (de)**

acordar ♦ **de palabra[13], eventualmente, formalmente, por aclamación[3], por mayoría[2], por unanimidad, salomónicamente[11], sin reservas, solemnemente, unánimemente, unilateralmente[14], verbalmente[14]** ♦ **actuación, calendario, cierre, estrategia, fecha, medida, norma, pacto, plan, precio, proyecto, salida, sistema, solución, texto, tregua**

☐ Véase también: **firmar, formalizar, pactar**.

acorde (con) *adj.* ▮ Admite sustantivos de persona *(persona, mujer, equipo, población)* y otros que designan sus características físicas, sus cualidades o su condición social *(edad, sexo, elegancia, grandeza, sensibilidad, alcurnia: Un trato acorde con su alcurnia)*. También admite algunos sustantivos temporales *(acorde con los tiempos; acorde con el momento presente)*, sustantivos que designan lugares *(lugar, región, ciudad, paisaje)*, hechos o situaciones *(suceso, hecho, circunstancia, situación, ambiente, entorno)*, datos o resultados *(número, cifra, estadística, dato, resultado, diagnóstico)*, magnitudes *(volumen, altura, peso, tamaño, profundidad)* y diversos procesos en marcha *(desarrollo, perfeccionamiento, evolución, transcurso, avance, crecimiento)*. Aunque admite otros mucho sustantivos, es de destacar la tendencia muy marcada a combinar este adjetivo con...

A SUSTANTIVOS QUE DESIGNAN CRITERIOS, CONSIGNAS Y OTRAS ESTIPULACIONES REGLADAS: **1 línea ++**: Acorde con su línea cultural que va mucho más allá del momento, está difundiendo una serie... PME210796 **2 política ++**: La actividad se enmarca dentro del programa de reconocimiento a destacados autores dominicanos *acorde* con la nueva política cultural establecida por el Gobierno. DED191096 **3 legislación +**: ...consolidación del trabajo por cuenta propia, que existe *acorde* con la legislación que se ha establecido en ese sentido. GIC104097 **4 normativa +**: Fuentes del ministerio dijeron que su comportamiento ha sido *acorde* con la normativa. EPE120299 **5 ley +**: Mi único negocio que tuve con Raúl Salinas de Gortari fue totalmente limpio, *acorde* con las leyes mexicanas... EXC110796 **6 directriz +**: ...caracterizado por actuar con un criterio personal reflexivo y fundamentado, no siempre *acorde* con las directrices... LVE221295 **7 precepto**: ...será posible realizar un tratamiento de las basuras *acorde* con los preceptos ecológicos. LVE141096 **8 norma +**: ...conocer el plan de ayudas a Seat acordado por el Gobierno español, que siempre había dicho que sería *acorde* con sus normas. EME040595 **9 pauta +**: Hecha la modificación se elaboró una Ley Federal de Telecomunicaciones *acorde* con las nuevas pautas políticas. PME010996

B SUSTANTIVOS QUE DENOTAN NECESIDAD O REQUISITO: **10 necesidad ++:** ...que esté exento de veleidades y frivolidades, en suma, que sea un estadista *acorde* con las necesidades de una sociedad... DHE100297 **11 exigencia ++:** ...la decisión tomada por la dirección en 1996 de comprar la mayor cantidad posible de productos en el país, siempre que éstos tengan la calidad *acorde* con las exigencias de un cinco estrellas... GIC030197 **12 requerimiento:** A su juicio, hay que luchar por un porcentaje *acorde* con los requerimientos de las funciones de los jueces en el marco del presupuesto nacional... ENV020796

C SUSTANTIVOS QUE DENOTAN DESEO, INTERÉS, INTENCIÓN Y OTRAS MANIFESTACIONES DE LO QUE SE PRETENDE CONSEGUIR O ALCANZAR: **13 deseo +:** ...el acercamiento es un gesto de buena voluntad de Interior *acorde* con los deseos de los vascos de acabar con la violencia. LVE010796 **14 interés +:** ...la Ley de Derechos de la Infancia «abordará una definición de la intromisión ilegítima más *acorde* con el interés del menor». EME150294 **15 objetivo +:** ...un nuevo esquema de funcionamiento del grupo público que esté más *acorde* con los objetivos de privatizaciones que tiene establecidos el Gobierno. LVE240596 **16 demanda:** Es una feliz coincidencia que dicho lugar posea condiciones ideales para un cuartel policial con amplia capacidad resolutiva, *acorde* con la demanda vecinal. LEC210297 **17 voluntad +:** ...como en los tiempos del gran proyecto de los hombres de la Organización Nacional, un elemento *acorde* con la voluntad de progreso... LNA100792 **18 aspiración:** ...los esfuerzos democráticos tendentes a dar forma política a otra expresión de España *acorde* con aspiraciones de los pueblos que la integran. LVE150296 **19 finalidad:** Esa actitud, *acorde* con la finalidad de la reforma, pero renuente ante los medios para alcanzarla, plantea serias dudas sobre su voluntad política. EPE281099 **20 meta:** Se buscará mantener la paridad *acorde* con la meta de inflación. ENV100497 **21 ambición:** ...la falta de objetivos claros, de planificación y de estructura administrativa *acorde* con las ambiciones... ESH180397

D SUSTANTIVOS QUE DENOTAN PROBABILIDAD, ESPERANZA, CÁLCULO Y OTRAS NOCIONES DE CARÁCTER PROSPECTIVO: **22 expectativa +:** Concluyo estas reflexiones con la esperanza y el deseo sincero de que, a pesar de los problemas, el Liceo tenga un futuro *acorde* con las expectativas de todos... ABC160793 **23 posibilidad +:** Uno de ellos relacionado con las políticas y las estrategias, lo que nos permitió redefinir una estrategia más *acorde* con las posibilidades que nos daba la escala nacional. CLA100199 **24 pronóstico:** Wall Street parece estar *acorde* con mi pronóstico (...) de que la economía daría una muestra relativamente sólida en el cuarto trimestre... EXC210197 **25 plan:** ...puede suponer un punto importante a la hora de elegir un candidato, más *acorde* con el plan de Ibarreche. LRE280103

E SUSTANTIVOS QUE DENOTAN CREENCIA, FUNDAMENTO O PRINCIPIO RECTOR DE ALGO. TAMBIÉN CON OTROS QUE DESIGNAN CONCEPTOS DE CARÁCTER ARGUMENTATIVO: **26 idea +:** No: este trabajo se ha hecho, en cada una de las etapas de los estudios clásicos, más bien *acorde* con la idea que, en cada momento de la historia ulterior a Grecia, ha primado... LVE030596 **27 creencia +:** ...el tratamiento inicial de todos los menores fue empírico y estuvo a cargo de la misma comunidad, *acorde* con sus creencias, tradiciones y entorno cultural. EPC220597 **28 principio +:** ...desarrollar un proselitismo «dentro de un marco de convivencia y que se observe una conducta *acorde* con los principios democráticos». ACP201096 **29 planteamiento:** ...el cambio de departamento puede derivar en una actuación más decidida y *acorde* con los planteamientos de Presidencia... LVE170696 **30 filosofía:** Méndez argumenta que un pabellón único sería más *acorde* con la filosofía de mostrar Andalucía como un solo producto lleno de alternativas. EPE280199 **31 opinión:** ...os lanzáis a aprovechar esta lamentable situación, en vez de dar cobertura al que ha obrado correctamente y *acorde* con vuestra opinión en contra de la violencia. EDV230101 **32 pensamiento:** ...que reclame a quienes dicen representarla en las cámaras legislativas un comportamiento *acorde* con su pensamiento y su voluntad. ETC081196 **33 axioma:** Esto lo lleva a plantear sus propuestas de solución en el ámbito de la cultura, *acorde* con una especie de axioma de Wendell Berry... PME020297 **34 postulado:** ...el prisma de la riesgosa modernidad, más *acorde* con el postulado de Montesquieu: «La libertad pura es más un estado filosófico que un estado civil». LEC310197

F SUSTANTIVOS QUE DENOTAN MODELO, EJEMPLO O PROTOTIPO. TAMBIÉN CON OTROS QUE DESIGNAN DIVERSAS CONVENCIONES Y PAUTAS DE ACTUACIÓN QUE ES NORMAL SEGUIR O RESPETAR: **35 tradición +:** Una apuesta sincera por un futuro más *acorde* con la tradición que nos ha formado y con la contemporaneidad que debemos formar. ABC031293 **36 modelo +:** ...se ha convertido en una de las formas de la precarización educativa, *acorde* con el modelo socioeconómico vigente. CLA100199 **37 costumbre +:** Por eso pido una sociedad que sea ética y que al mismo tiempo esté *acorde* con las nuevas costumbres que halla en ese momento. DDN070101 **38 canon +:** Muchos trastornos relacionados con la alimentación (...), como la anorexia o la bulimia, se atribuyen a la obsesión por mantener un cuerpo *acorde* con los cánones de la belleza... LVE021296 **39 paradigma:** ...de otros derivaba una visión nada *acorde* con los paradigmas aceptados a los que me he referido. LVE090796 **40 patrón:** ...de ahí la novedad de la reconversión planteada en ZIL, más *acorde* con patrones occidentales. EME090594 **41 sistema:** ...incrementar el ahorro interno y el desarrollo de un mercado de instrumentos de largo plazo *acorde* con el sistema de pensiones. PME070796 **42 parámetro:** ...un proceso apropiado que está *acorde* con los parámetros internacionales. ESH180397

G SUSTANTIVOS QUE DENOTAN EXPERIENCIA O TRAYECTORIA PROFESIONAL O VITAL. TAMBIÉN CON OTROS QUE SE REFIEREN A LA PREPARACIÓN O INSTRUCCIÓN DE LOS INDIVIDUOS: **43 experiencia:** ...porque «la moral católica es *acorde* con la más elevada experiencia moral y con una antropología atenta al ser y a la vocación integral de la persona humana». EME060395 **44 especialización:** ...pero en este asunto se va «muy *acorde* con la especialización de los créditos en el campo». EXC110796 **45 trayectoria:** ...y expresó su apoyo por «su permanente actitud de servicio a la empresa, *acorde* con su trayectoria humana y profesional». EME090996 **46 formación:** ...se dedica a limpiar la prisión de Soto del Real, a la espera de un destino *acorde* con su formación. LVE060596 **47 vivencia:** ...sus referencias a la tradición, unidas a un talante innovador *acorde* con las vivencias de su tiempo. LVE300395 **48 carrera:** La segunda etapa nos ha mostrado una imagen más *acorde* con lo que se entiende que es una de las tres grandes carreras por etapas. EME090996 **49 preparación:** ...se le dice que están dispuestos a «ofrecer un puesto de trabajo *acorde* con su preparación, sus aptitudes y sus limitaciones...». EME220796 **50 cultura:** ...acometer la manera de hacer un centro de educación superior *acorde* con su cultura. EPC220597

H SUSTANTIVOS QUE DENOTAN IMPORTANCIA O TRASCENDENCIA: **51 gravedad +:** «Es una fianza elevada pero la cuantía está *acorde* con la gravedad de los delitos que se imputan a Conde», manifestó. LVE310195 **52 importancia +:** ...su objetivo más inmediato es que Valencia, tercera ciudad de España, tenga un aeropuerto *acorde* con su importancia... EPE041299 **53 magnitud +:** Acorde con la magnitud de la plantilla formada, el espectáculo de esta noche está concebido con la intención de impactar... EME230796 **54 peso +:** Las raciones se pueden preparar con un amplio número de ingredientes, pero éstos deberán guardar un equilibrio *acorde* con el peso y etapa de desarrollo de los animales que las consuman. LNA040792 **55 solemnidad +:** Los ministros vestían de riguroso luto, *acorde* con la solemnidad del acto. INDOC **56 seriedad:** ...suelen sacar a relucir una veta sectaria que, desde luego, no es *acorde* con la seriedad que suele caracterizar a este periódico. INDOC **57 dimensión:** ...lograr un desarrollo armónico de la lengua española como vehículo de comunicación *acorde* con su dimensión histórica y cultural. EUV070497

I SUSTANTIVOS QUE DENOTAN ACUERDO O COMPROMISO: **58 acuerdo:** ...la regulación que ha hecho el Gobierno de la asignatura, a su juicio no *acorde* con los acuerdos suscritos con la Santa Sede. LVE220296 **59 convenio:** ...amparados por el ordenamiento laboral, que está a la par de las legislaciones más avanzadas, *acorde* con los convenios internacionales... LPN281196 **60 pacto:** ...extendiéndola al propio juicio, para que una vez aprobada la nueva legislación *acorde* con el Pacto, se celebre éste de nuevo... EPE230800 **61 tratado:** En *acorde* con los tratados canaleros de 1977, los Llanos de Curundú fue transferido al Gobierno panameño como parte del proceso histórico de reversión. ESP010897 **62 negociación:** ...y que reclamará otro más *acorde* con las negociaciones entabladas en los últimos meses en el seno de la comisión de seguimiento del plan del delta. LVE161295 **63 compromiso:** El PP propone que el presupuesto de la CEE «tenga un volumen *acorde* con los compromisos de solidaridad adquiridos por la Unión»... LVG231191

a coro *loc.adv.* ▌Se combina con...

A VERBOS QUE DESIGNAN LA ACCIÓN DE CANTAR Y OTRAS FORMAS DE EMITIR O TRANSMITIR SONIDOS MELÓDICOS O AJUSTADOS A UN TONO: **1 cantar ++:** Ya tu ves, la ayuda va a llegar, decía el estribillo que cantaban *a coro* los ancianos. ENH030697 **2 entonar +:** Entonaron *a coro* las letras de las canciones de rock... EME210596 **3 interpretar +:** ...se ganaba el sustento interpretando, *a coro* y a capella, canciones folclóricas e himnos religiosos. EPE020800 **4 acompañar:** ...sin apoyo de ningún instrumento musical, entona el himno del partido de pie frente a los delegados, que le acompañan *a coro* en los estribillos. EPE010889

B VERBOS QUE DESIGNAN OTRAS ACCIONES DE CARÁCTER VOCAL, MÁS FRECUENTEMENTE SI SE REALIZAN EN VOZ ALTA: **5 gritar ++:** ¿Entonces tú estas diciendo que él se va a reelegir?, me gritaron *a coro.* RUM290997 **6 jalear +:** ...el estadio jaleaba *a coro* la interminable lista de toques del Celta... EPE110899 **7 exclamar +:** «¡Aleluya!, ¡Aleluya!», han exclamado *a coro* los diputados y los pocos cargos con mando en plaza que quedan... LVE151295 **8 proclamar +:** «Es una unión entre iguales», proclamaron casi *a coro* Botín y Amuchastegui. CLA160199 **9 rezar +:** La gente se pone de pie y reza *a coro.* EME131096 **10 alzar la voz:** ...cuando alzaban la voz *a coro*, el canto se hacía un borrón aunque el técnico de sonido guiri parecía encantado de la vida. EME020796 **11 vociferar:** ...lo que mejor encarna la voluntad popular es lo fuerte que se grite o lo intensamente que se calle, las muchas avenidas que se ocupen en silencio o vociferando *a coro* una consigna. EPE140900

C VERBOS QUE DENOTAN EMISIÓN NO ARTICULADA DE SONIDOS, MÁS FRECUENTEMENTE SI ESTÁN ASOCIADAS CON LA EXPRESIÓN DE SENTIMIENTOS: **12 reírse:** Los pasajeros y las aeromozas se rieron *a coro.* EPE230800 **13 carcajearse:** ...todos *a coro*, se carcajearon en nuestras barbas. Y otro tanto hicieron la mayoría de los medios de comunicación que pretendían medrar... EME290596 **14 llorar:** Los niños de pecho rompen a llorar *a coro*, el anciano asmático busca desesperadamente su pulverizador. EME170496

D VERBOS QUE DENOTAN SOLICITUD O DENUNCIA. TAMBIÉN CON ALGUNOS QUE EXPRESAN MANIFESTACIONES DE DISCONFORMIDAD: **15 pedir:** ...católicos de todas las tendencias piden *a coro* al Santo Padre que utilice «los poderes» que le confiere el Derecho Canónico... EME171196 **16 reclamar:** ...se está reclamando ahora *a coro* la dimisión... EME240395 **17 denunciar:** ...denunció *a coro* la oposición. CLA180497 **18 quejarse:** Los dirigentes vecinales consultados se quejan *a coro* del sistema de drenajes... EUV090796

E OTROS VERBOS QUE DENOTAN DIVERSAS MANIFESTACIONES VERBALES: **19 decir +:** –Sí, sí, dijeron *a coro* los niños, te creemos... LHG120900 **20 responder +:** Como alumnos disciplinados, casi fervorosos, los cuatro respondieron *a coro*: «Sí, nos comprometemos». CLA020401 **21 repetir +:** «Juntos buscaremos la respuesta y la ilusión de un sol que nunca duerme». Lo habían repetido *a coro* los artistas solidarios... LVE011195 **22 replicar:** «Que se cumpla la ley», replican *a coro* los alcaldes... LVE170895 **23 asegurar:** ...Para el que quiere, hace la cola y levanta pasajeros, aseguran *a coro* los taxistas... ECA080792 **24 contestar:** –Por ahí andará –contestan *a coro* las mujeres bajando la cabeza. LVE030196 **25 reconocer:** «Un piso que sirvió de punto de referencia a todos los políticos y sindicalistas que luchaban por la democracia en época de Franco», como reconocen *a coro* varios militantes. EME011296 **26 afirmar:** «Aunque no haya nada firmado, ésa es la idea», afirman *a coro.* EPE021099 **27 recitar:** ...directrices y consignas que memorizaban al pie de la letra y recitaban *a coro.* INDOC **28 leer –:** Una actividad consistía en que aprendieran a leer *a coro* una redacción determinada. EPE021099

F ALGUNOS VERBOS QUE DESIGNAN ACCIONES DE NATURALEZA HOSTIL MEDIANTE PALABRAS O GESTOS

AGRESIVOS O INTIMIDATORIOS: **29 insultar:** Eres un elemento más de la masa amorfa y esa masa lo mismo insulta al árbitro *a coro*, que anima desatadamente a su equipo... EME201096 **30 amenazar:** ...aunque el público amenazase a ambos *a coro* con una proclama repudiable... EME020795

G VERBOS QUE DESIGNAN ACCIONES QUE PONEN DE MANIFIESTO EL APOYO, EL RESPALDO O EL ELOGIO QUE SE DISPENSAN A PERSONAS O COSAS: **31 secundar +:** La propuesta (...), secundada *a coro* por sus ministros, (...) puede incluirse en algún lugar del inventario. LVE180195 **32 ensalzar +:** ...el libro recibió el gran premio de novela de la Academia Francesa, mientras la crítica lo ensalzaba *a coro*. LVE160895 **33 bendecir:** ...para bendecir *a coro* los poderes de la Luna, para llorar de amor y desamor o recordar que el mundo es algo más que sumidero de fracasos. EXC020496 **34 honrar:** ...Occidente (...) honraba *a coro* a Mijaíl Gorbachov como el hombre que lo hizo posible. EPE131199

☐ Véase también: **al unísono**.

acorralar ♦ **a empujones[31], a golpes, a patadas[33]**

acortar *v.* ■ Se construye con sustantivos que designan objetos físicos que poseen longitud *(árbol, calle, río, poste)*, contienen informaciones *(libro, película, texto)* o designan ciertas magnitudes *(número, altura)*. También se combina con...

A SUSTANTIVOS QUE DENOTAN DIFERENCIA O DISTANCIA: **1 distancia ++:** Reaccionó el Bernardos para *acortar* distancias poco antes del descanso... ENC140201 **2 diferencia ++:** ...SIC pudo *acortar* la diferencia al marcar un try Perasso... LPA260492 **3 diferencial +:** ...sentenció que mientras México no *acorte* el diferencial con Estados Unidos en la inflación, continuará devaluándose el peso. EXC180197 **4 ventaja +:** ...García ha *acortado* su ventaja y su ascenso podría convertir la contienda en una de las más peleadas... ESP010601 **5 distanciamiento:** ...mostraba su satisfacción por haberse cumplido ya uno de los objetivos: *acortar* el distanciamiento de los últimos años entre público y galerías. LVE241196

B SUSTANTIVOS QUE DESIGNAN PERÍODOS O PLAZOS, ASÍ COMO OTROS PROCESOS TEMPORALES CONSIDERADOS EN TODA SU EXTENSIÓN. TAMBIÉN CON OTROS QUE EXPRESAN SU TRANSCURSO: **6 período ++:** El trabajo duro y el bajo salario coadyuvaron a *acortar* el periodo de vida. EXC050900 **7 duración ++:** Retrasar su aparición o, al menos, *acortar* la duración de la enfermedad es el objetivo que se han trazado los científicos. EME210996 **8 tiempo ++:** «Si yo sé con certeza qué quiero de un actor, por qué no voy a poder *acortar* los tiempos poniéndolo en práctica»... CLA100297 **9 estancia +:** Por lo pronto, cientos de turistas *acortaban* su estancia o suspendían ayer sus viajes a Egipto... LEC191197 **10 mandato +:** República Dominicana pasó por trance similar al nuestro y lo superó *acortando* el mandato... CAP130700 **11 plazo ++:** ...aseguró ayer que «no se pueden pedir milagros» para *acortar* los plazos en casos como el de la próxima autovía en Zamora. ENC010301 **12 vida +:** Esta idea permanece en la India de nuestros días donde cualquier pérdida de líquido seminal (...) *acorta* la vida del hombre. LPN270197 **13 vacaciones +:** La tendencia es *acortar* las vacaciones y son menos los que veranean más de dos semanas seguidas. EME020896 **14 temporada:** Cada vez es más difícil vivir sólo del turismo, porque las temporadas se *acortan*... LVE230796

C SUSTANTIVOS QUE DENOTAN EXTENSIÓN ESPACIAL. SE USAN A MENUDO FIGURADAMENTE: **15 espacio +:** La cámara del lado izquierdo *acorta* sensiblemente el espacio de la sala. ABC100192 **16 margen:** ...*acortó* el margen de oscilación frenando la continuidad del reajuste. LVE250194 **17 trecho:** Queda para la esperanza el deseo de que entre el dicho y el hecho se *acorten* los trechos. PME290996 **18 tramo:** Todo parece indicar que el trazado que finalmente se construirá es el favorito del Ministerio de Fomento pero con una modificación (...) para *acortar* el tramo... EPE151299

D SUSTANTIVOS QUE DENOTAN CURSO, TRAYECTO O ITINERARIO, ESPECIALMENTE SI ESTÁ CONSTITUIDO POR ETAPAS O ESTADIOS. TAMBIÉN CON OTROS QUE EXPRESAN SERIES Y OTRAS DISPOSICIONES LINEALES DE ELEMENTOS: **19 camino +:** El chico listo comprendió a toda prisa las claves para *acortar* su camino hacia el cómodo trono de los instalados en la industria. EME071296 **20 recorrido ++:** También se han construido variantes que *acortan* el recorrido, como la del Ebro que (...) reduce en 19 kilómetros el tramo. LVE201296 **21 trayecto +:** ...no completó el recorrido previsto de vuelta a los Alcázares y *acortó* su trayecto. EME200395 **22 itinerario +:** Hoy en día el estilo internacional ha *acortado* considerablemente los itinerarios posibles. LVE230796 **23 trayectoria:** Nuestro trópico deteriora muchísimo y *acorta* la trayectoria del deportista. HOY291297 **24 ruta:** ...su inauguración, que permitió *acortar* las rutas marítimas, significó la muerte de la navegación a vela... LVE140395 **25 vida:** Ya nadie pone en duda que el tabaco *acorta* la vida. INDOC **26 tráfico:** Esta carretera (...) *acortaría* el tráfico entre Jinotega y Managua o Jinotega y Corinto para la sacada de los productos. LPN080997 **27 secuencia:** ...una larga secuencia de requisitos que sería conveniente *acortar*. INDOC

E SUSTANTIVOS QUE DENOTAN RECURSO O PLAN DE ACTUACIÓN: **28 trámite +:** Realmente la bomba *acortó* el trámite de la rendición... LVE060895 **29 programa:** La abundancia de visitantes ha *acortado* su programa de los anteriores 6 días... LTB201196 **30 planificación:** «Hay que *acortar* en cinco años la planificación estratégica de los aeropuertos canarios que había previsto AENA»... CAN070599 **31 procedimiento:** La proposición de ley (...) propone con el fin de *acortar* el procedimiento e imputar los gastos... LVE100296

F OTROS SUSTANTIVOS; POSIBLES USOS ESTILÍSTICOS: Es posible que con el correr de los días podamos encontrar otros medios que ayuden a *acortar* este propósito. LTB021296; ...en cualquier caso les obligaron a *acortar* las pruebas. LVE260395

▩ Se combina también con: ♦ **brevemente, considerablemente[30], espectacularmente, ligeramente, mínimamente, notablemente, sustancialmente[4]**

☐ Véase también: **acotar, alargar, atajar, cortar, estrechar, interceptar.**

acoso ♦ **asfixiante[4], constante, despiadado, frenético[20], fuerte, implacable[31], insufrible, obsesivo, periodístico, pertinaz[54], policial, salvaje,**

sexual, sin tregua[26], sofocante[6], tenaz[22], violento ♦ operación (de) ♦ burlar, defenderse (de), escabullirse, escapar (de), esquivar, evitar, experimentar, huir (de), librar(se) (de)[8], padecer, rayar (en)[25], soportar, sortear[38], sufrir[79], zafarse
□ Véase también: **asedio, ataque (de), emboscada.**

acostarse ♦ **a las tantas, boca abajo, boca arriba, con las gallinas, de espalda(s), de lado, pronto, tarde, temprano**

acostumbrarse ♦ **a duras penas, a la fuerza, paulatinamente[50], poco a poco, rápidamente**

acotar *v.* ▌En el sentido de 'poner notas a' se combina con sustantivos que designan textos o sus partes *(texto, párrafo, fragmento)*. En el sentido de 'poner cotas o límites a' se combina con sustantivos que designan representaciones gráficas del terreno *(mapa, croquis)*, y con otros que se refieren a lugares o espacios *(terreno, superficie, zona, área, recinto, calle)*. Admite asimismo sustantivos que denotan materia o contenido *(tema, asunto, cuestión, concepto, idea)*, discurso *(discurso, debate, diálogo, tertulia)*, actividad *(actividad, tarea, labor, trabajo)*, ámbito o marco *(área, sector, campo, ámbito)*, suceso, proceso o acción en curso *(situación, hecho, caso, fenómeno, experiencia, desarrollo, crecimiento, proceso, acción)* y tiempo *(día, tiempo, período)*. Se combina asimismo con...

A SUSTANTIVOS QUE DENOTAN TÉRMINO, FIN O ESPACIO SEPARADOR; TAMBIÉN CON OTROS QUE DESIGNAN PERÍODOS DELIMITADOS O DESTINADOS A ALGUNA FINALIDAD: **1 margen:** ...Las inminentes elecciones en Gran Bretaña, que *acotan* el margen de maniobra del gobierno conservador. CLA120197 **2 plazo:** ...ha reclamado un dispositivo de urgencia para *acotar* los plazos... ENC240101 **3 límite:** ...se mostró partidario de *encontrar un equilibrio* entre un exceso de regulación (...) y un cierto control que permita *acotar* unos límites coherentes. LVE140996 **4 meta:** Acota sus metas. A golpe de humildad, sin perder nunca el rumbo, sigue vivo y con más moral, posiblemente, que el resto de los pasajeros de la zona baja. EPE030599

B SUSTANTIVOS QUE DESIGNAN DIVERSAS CIRCUNSTANCIAS O EVENTOS ADVERSOS, ESPECIALMENTE SI EXPRESAN CONFRONTACIÓN O DISENSO: **5 problema +:** En este caso, el ejecutivo ha *acotado* mejor el problema y las posibilidades de resolverlo... LVE050995 **6 crisis:** ...las autoridades políticas de Estados Unidos dicen querer poner «toda la carne en el asador» para *acotar* la crisis. CLA240199 **7 conflicto:** Era un conflicto *acotado*, de repercusiones controladas. LVE050595 **8 discrepancia:** ...ambos líderes políticos lograron *acotar* las últimas discrepancias importantes. EME210496 **9 fricción:** Eran fricciones que quedaban *acotadas* entre Duran Lleida y Miquel Roca... LVE140696

C SUSTANTIVOS QUE DENOTAN FACULTAD DE MANDO, AUTORIDAD O CONTROL EN DIVERSOS GRADOS. TAMBIÉN CON OTROS QUE DESIGNAN EL PERÍODO EN EL QUE TIENEN LUGAR: **10 poder:** ...*acotar* el poder presidencial y someterlo a las facultades que la Ley le señala expresamente. EXC091196 **11 mandato:** Queremos listas abiertas, que el voto en blanco se corresponda con escaños vacíos, *acotar* los mandatos electorales... EME070695 **12 tiranía:** Pero el problema, en su opinión, no es de producción, sino de «*acotar* la tiranía que ejercen las multinacionales en la distribución». EME170295 **13 hegemonía:** La correlación de fuerzas *acotará*, según las previsiones, la hegemonía... EPE270700

D OTROS SUSTANTIVOS QUE DENOTAN FACULTAD, EN ESPECIAL POSIBILIDAD, APTITUD O LICENCIA PARA ACTUAR: **14 facultad +:** ...la facultad de nombrar y remover libremente fue *acotada* para la designación de procurador. EXC081296 **15 capacidad +:** Es un instrumento temporal, transitorio, pero hay que *acotar* y limitar esas capacidades. EPE070700 **16 potencialidad:** Por ello la potencialidad de nuestro crecimiento se presenta bastante *acotada* para el futuro. BUS040698 **17 competencia:** Asimismo *acotó* las competencias de su compañero de Gabinete. «En materia de política exterior hay una sola voz...». EPE041001

E SUSTANTIVOS QUE DENOTAN DESIGNIO DE LLEVAR ALGO A CABO O PLANIFICACIÓN DE ACCIONES PARA CONSEGUIR UN OBJETIVO. TAMBIÉN CON OTROS QUE DESIGNAN ACCIONES EMPRENDIDAS, EN ESPECIAL LAS DESTINADAS A ALCANZAR ALGÚN CONOCIMIENTO: **18 proyecto:** Por esos mismos días tuvo un principio de materialización el muy *acotado* proyecto de TDH criolla... BRE240498 **19 plan:** ...presentó ayer una proposición no de ley para *acotar* el «plan estratégico de museos»... LVE110395 **20 propuesta:** ...utilizó la tribuna del Club Siglo XXI de Madrid para solemnizar esta propuesta (...) y también para *acotarla*. LVE020796 **21 investigación:** El auto notificado ayer viene a *acotar* las investigaciones de los jueces de la Audiencia Nacional... LVE080696 **22 estudio:** Había que *acotar* el estudio y algunos, lógicamente, se han quedado fuera del tintero... EME030396 **23 análisis:** ...un análisis interesante y bien definido, pero no suficientemente *acotado*. INDOC **24 iniciativa:** ...ha estado siempre detrás de las grandes iniciativas de integración europea –impulsándolas, aunque también tratando de *acotarlas*–... EPE120399

F SUSTANTIVOS DE CARÁCTER PROSPECTIVO QUE DESIGNAN EL DESEO O LA CONFIANZA DE ALCANZAR ALGO: **25 esperanza +:** Con las nuevas reglas, las esperanzas se *acotan*: (...) aconsejando a los padres (...) que no indiquen el país hasta la fase final de su solicitud de idoneidad. EPE171201 **26 expectativa:** ...supo y pudo activar ese paso inicial y pagó el tropiezo de los operadores –incluido él mismo– en las tareas fundamentales de *acotar* expectativas... EXC270796

G OTROS SUSTANTIVOS; POSIBLES USOS ESTILÍSTICOS: ...ser propuestas huecas, sin sustento, que no satisfacen a las mayorías y sólo *acotan* la paja en el ojo ajeno. EXC060197; acota el calado de emociones como la confianza, la seducción, la atracción o la enemistad. EME280594
□ Véase también: **acortar.**

acrecentar(se) ♦ **considerablemente[13], negativamente[20], ostensiblemente** ♦ **beneficio, crisis, deuda, diferencia, esperanza, ganancia, interés, presión, problema, tensión**

acreditado ♦ **debidamente, profesionalmente, suficientemente** ♦ **experiencia, institución, persona, profesional, título, trayectoria**

acreditar ♦ **debidamente[1], documentalmente, fehacientemente[2], indiscutiblemente, irrefutablemente, legalmente, plenamente[B2], por escrito** ♦ **autenticidad, conocimiento, documentación, experiencia, identidad, inocencia, logro, mérito, pago, participación, residencia, saber, título, veracidad**

acreditativo ♦ **carné, certificación, certificado, dato, diploma, documentación, documento, papel, placa, prueba, tarjeta, título**

a crédito *loc.adv./loc.adj.* ▌Se combina con...

A EL VERBO *COMPRAR* Y CON OTROS QUE DESIGNAN LA ACCIÓN DE LOGRAR ALGO O HACERSE DUEÑO DE ELLO: **1 comprar ++:** ...los constructores-políticos pudieron además comprar *a crédito* las reservas territoriales... PME171196 **2 adquirir +:** Los empresarios españoles interesados en invertir en el país vecino podrán adquirir *a crédito* en subasta una parte de esa deuda... EME041296 **3 conseguir:** Es un resultado notable, pero se ha conseguido *a crédito*, más por lo que se espera del presidente que por lo que ya ha hecho. EPE190800

B LOS VERBOS *VENDER* Y *SUMINISTRAR*: **4 vender ++:** Hay que vender más *a crédito* y menos a contado para tener acceso a esos mercados. EXC220996 **5 suministrar:** ...suministramos nuestros productos *a crédito*, con toda clase de facilidades y garantías. INDOC

C VERBOS QUE DESIGNAN OTRAS ACCIONES RELACIONADAS CON LAS TRANSACCIONES COMERCIALES: **6 pagar ++:** ...se debería dar más facilidades de carga, viajar primero y pagar después, o también pagar *a crédito*. LTB170701 **7 financiar +:** En esta tienda te financian *a crédito* todo el material que necesites a buen precio. EME291195 **8 aportar:** Hemos de aportar 1.600 millones, pero lo haremos *a crédito*... LVE111196 **9 dar:** Omar consigue la comida de Marján porque el carnicero de su barrio se lo da *a crédito*. EPE201101 **10 ofrecer:** Suelen ofrecer estos productos *a crédito*, aunque otras (...) son, por el contrario, un modelo editorial de venta de libros directa. LVE070596

D ALGUNOS VERBOS QUE DESIGNAN LA ACCIÓN DE CONSUMIR: **11 realizar un consumo:** Una parte del consumo, el que se realiza *a crédito*, ya parece estar repuntando. LVE160396 **12 consumir –:** ...donde ya nada se adquiere al contado, sino que se compra, se paga y se consume *a crédito*. INDOC

E SUSTANTIVOS QUE DENOTAN LA OBTENCIÓN DE ALGUNA COSA A CAMBIO DE DINERO. SE RELACIONAN CON LOS VERBOS DEL APARTADO *A*: **13 compra ++:** ...declinaron incursionar en el programa de la compra *a crédito* del fertilizante... DYM040796 **14 adquisición:** La adquisición *a crédito* de la mercancía no debería afectar al servicio postventa. INDOC **15 contratación:** ...la contratación *a crédito* de servicios que otras empresas solo ofrecen al contado y con precios abusivos. INDOC

F LOS SUSTANTIVOS *VENTA* Y *SUMINISTRO*: **16 venta ++:** No ilusionarnos con ventas *a crédito* a grandes corporativos que no pagan. EXC070901 **17 suministro:** ...la posibilidad de obtener suministro de gas natural *a crédito* y en condiciones muy favorables. INDOC

G SUSTANTIVOS QUE DENOTAN APORTACIÓN ECONÓMICA, RELACIONADOS CON LOS VERBOS DEL APARTADO *C*: **18 pago ++:** ...dos millones han tenido alguna incidencia en sus pagos *a crédito*... LVE081195 **19 entrega +:** ...iniciará en breve (...) la entrega *a crédito* de vacas preñadas y sementales de raza suizo-americana... DYM040796 **20 inversión:** ...admitió haber perdido 180 millones en inversiones *a crédito*... EPE190199

H OTROS SUSTANTIVOS; POSIBLES USOS ESTILÍSTICOS: Durante la guerra del Golfo los EE. UU. ya hicieron la guerra *a crédito* pues luego pasaron la factura a los aliados. EPE110899; ...no tiene otro sentido que el de unir a todos los humanos civilizados en un mismo destino *a crédito*. EME190196; ...mientras nuestras democracias sigan siendo democracias *a crédito* y grandes factorías de la fabricación de armas... EME090496

acremente *adv.* ▌Se combina con verbos que denotan expresión, manifestación verbal o acto de habla *(decir, expresarse, comentar, calificar, responder, interrogar, exigir)*, y especialmente con...

A VERBOS QUE DESIGNAN ACCIONES VERBALES HOSTILES, GENERALMENTE DE REPROBACIÓN, RECRIMINACIÓN O REPULSA: **1 criticar +:** El matutino deplora unas declaraciones del presidente de la cámara de diputados en las que critica *acremente* a la prensa y dice que siente predisposición contra ese hemiciclo... DED201096 **2 censurar:** ...la sátira ha tenido por objeto el censurar *acremente* o ridiculizar defectos, vicios humanos o hábitos sociales. ABC020493 **3 reprochar:** Es cierto que los sectores fundamentalistas de Israel han reprochado *acremente* a Spielberg su espectacularización hollywoodiana... EME230394 **4 llamar la atención:** ...merecía que le llamaran la atención, pero quizá no tan *acremente*, sino de manera un poco más diplomática. INDOC

B VERBOS QUE DESIGNAN MANIFESTACIONES INCRUENTAS DE ENFRENTAMIENTO O DESAVENENCIA: **5 discrepar:** También aquí (...) se discrepa *acremente* sobre la necesidad de una fuerza multinacional en el este de Zaire. EME201196 **6 enfrentar(se):** Es admirable la celeridad casi meteórica con la que partidos hasta ayer *acremente* enfrentados han llegado a acuerdos para ocupar gobiernos municipales. EPE270699 **7 discutir:** No era necesario que discutiérais tan *acremente* por un asunto tan poco relevante. INDOC

acribillar (a) *v.* ▌Admite la variante *acribillar (con)* y más raramente *acribillar (de)*. Se construye generalmente con sustantivos en plural. En su sentido literal se combina con los que designan disparos y lanzamientos *(balazo, flechazo, tiro)*. En su sentido figurado se combina con...

A EL SUSTANTIVO *PREGUNTA*. TAMBIÉN CON ALGUNOS QUE DESIGNAN CIERTAS EXPRESIONES FORMALES DE ALGÚN CASTIGO: **1 pregunta ++:** La prensa le *acribillaba* con preguntas sobre las divergencias que Irak ha abierto entre Washington y París. LVE060996 **2 moción de censura:** ...desde el mismo momento en que al renovador Joan Romero le *acribillaron* a mociones de censura... EPE101099 **3 tarjeta –:** ...el árbitro *acribilló* a tarjetas al conjunto visitante. LVE080395

B ALGUNOS SUSTANTIVOS QUE DENOTAN INFORMACIÓN: **4 noticia:** Créame que después de estar *acribillado* de noticias políticas... EPE221299 **5 opinión**: ...insólitas razones no dejan de *acribillarnos* con una serie de opiniones que nos hacen suponerlos procedentes... EPE110899

C ALGUNOS SUSTANTIVOS QUE DESIGNAN EFECTOS DE ACCIONES IMPULSIVAS O VIOLENTAS QUE SE ASIMILAN A LOS GOLPES: **6 pintada –**: ...se pueden ver ahora estatuas mutiladas y *acribilladas* a pintadas... EPE080499 **7 flashazo –**: Si los fotógrafos y cámaras de televisión la consideran lo suficientemente importante como para *acribillarla* a flashazos, allá ellos. EME301296 **8 escupitajo –**: ...como era novato le hicieron arrodillarse y lo *acribillaron* a escupitajos. INDOC

▩ Se combina también con: ♦ **a balazos, a sangre fría**[6], **sin pestañear**

acrobáticamente ♦ **agarrar, atrapar, despejar, desviar, girar, moverse, parar, saltar, voltear**

acrobático ♦ **capacidad, exhibición, giro, habilidad, maniobra, movimiento, salto, vuelo**

acta ♦ **arbitral, fehaciente, fundacional, notarial, testimonial** ♦ **aceptar, adulterar**[31], **amañar, aprobar, compulsar, constar (en), extender, firmar, impugnar, levantar, modificar, obrar en poder**[3], **redactar, tergiversar, tomar**

☐ Véase también: **documento, texto.**

actitud ♦ **acogedor**[12], **acomodado**[10], **analítico**[21], **anímico, arbitrario**[21], **arraigado**[20], **a ultranza**[32], **beligerante**[1], **catastrófico**[57], **chulesco, circunspecto**[7], **colaborador, combativo**[7], **condescendiente, conservador, constructivo**[7], **contrario, controvertido**[18], **contumaz**[1], **convincente, crítico, decidido, defensivo**[8], **delicado, delictivo**[3], **deplorable, desafiante, desfavorable, desleal, despectivo**[1], **diáfano**[12], **dialogante, diplomático, discriminatorio**[4], **displicente**[1], **drástico, ecuánime**[17], **ejemplar, execrable, favorable, férreo**[121], **firme, flexible**[2], **humanitario, igualitario**[4], **imprevisible**[19], **imprudente, inadmisible, incalificable, indiferente, insumiso, intachable**[5], **intimidatorio, irónico, irreconciliable**[21], **irreprochable, irresponsable, laxo**[18], **leal, lúdico, modélico, moral, negativo, negligente, noble, numantino**[17], **opuesto, pacífico, permisivo**[14], **personal, perverso, petulante, polémico, positivo, prepotente, presuntuoso, propicio**[28], **provocativo, radical, recalcitrante**[1], **recto, reprobable, reservado, resuelto, retador, rotundo**[36], **sesgado**[25], **severo**[82], **solidario, tenaz**[42], **testimonial**[10], **tibio**[3], **vejatorio**[2], **ventajista, vergonzoso, violento** ♦ **a la vista (de)**[22] ♦ **alcance (de)**[55], **cambio (de)** ♦ **ablandar(se)**[10], **achacar**[40], **adoptar, alimentar, apear(se) (de)**[23], **aprobar, cambiar (de), censurar, clarificar**[14], **conciliar**[9], **condenar, consentir (a alguien), corregir**[26], **cultivar, cundir, defender, denotar**[23], **deponer**[4], **desvelar**[38], **enjuiciar, enmendar**[25], **erradicar**[12], **evidenciar, manifestar, mantener, moldear**[6], **mostrar, observar, persistir (en)**[11], **reafirmar, recriminar (a alguien), rectificar**[16], **reprender, reprobar**[1], **reprochar (a alguien), revelar, tolerar, tomar**[49]

☐ Véase también: **ánimo, carácter, comportamiento, disposición, reacción, talante, temperamento.**

ACTITUD

♦ (ADJETIVOS) Véase: **abiertamente**[P], **fibra**[C], **ola (de)**[G], **verbalmente**[J]

♦ (SUSTANTIVOS) Véase: **ablandar(se)**[B], **absolutorio**[D], **abusar (de)**[A], **abusivo**[F], **acceso (de)**[C,H], **acendrado**[A], **acendrado**[B,D], **achacar**[G], **acogedor**[B], **acomodado**[B], **afilado**[E], **afirmativo**[D], **agravar(se)**[L], **agriar(se)**[A], **a la vista (de)**[F], **alcance (de)**[I], **alimentar(se) (de)**[C], **alterar**[K], **analítico**[C], **ancestral**[L], **apear(se) (de)**[D], **arbitrario**[D], **armarse (de)**[A], **arraigado**[C], **arranque (de)**[B,G], **arrebato (de)**[D], **asomo (de)**[F], **ataque (de)**[C], **atávico**[D,E], **atemperar**[C], **atenerse (a)**[B], **a ultranza**[G], **avanzado**[F], **beligerante**[A], **blando**[A], **bronco**[B], **catastrófico**[I], **centrípeto**[C], **circunspecto**[B], **clarificar**[C], **combatir**[C], **combativo**[B], **concertar**[I], **conciliar**[C], **constructivo**[B], **contumaz**[A], **corregir**[E], **craso**[B], **cultivar**[E,I], **decaer**[A], **decisivo**[C], **defensivo**[B], **de guante blanco**[E], **dejarse llevar (por)**[C], **delatar**[E], **delictivo**[A], **demostración (de)**[H], **denotar**[E], **deponer**[B], **derrochar**[O], **descarnado**[H], **deshinchar(se)**[A], **desvelar**[G], **diáfano**[C], **discriminatorio**[A], **displicente**[A], **dulcificar**[B], **echar**[A], **ecuánime**[C], **enconado**[F], **encrespar(se)**[A], **enmendar**[F], **férreo**[M], **flexible**[A], **guardar**[A], **honroso**[J], **igualitario**[E], **imbuir(se) (de)**[E], **implorar**[B], **imponer**[J], **impredecible**[B], **imprevisible**[D], **intachable**[A], **intempestivo**[F], **irreconciliable**[D], **laxo**[D], **leso**[C], **luminoso**[E], **moldear**[A], **numantino**[C], **ofuscar(se)**[C,D], **perfilar**[G], **permisivo**[B], **perseverar (en)**[F], **persistir (en)**[B], **picar**[A], **plantear**[N], **practicar**[J], **predicar**[G,H], **prejuzgar**[C], **preso (de)**[G], **prodigar**[J], **profundo**[B], **propicio**[E], **rapto (de)**[F], **rayar (en)**[F], **rebosar**[A], **recalcitrante**[A], **redomado**[F], **reprobar**[A], **revestir(se) (de)**[E], **rezumar**[A,B], **robustecer(se)**[H], **rotundo**[D], **saciar**[D], **saludable**[A], **severo**[J], **tenaz**[G], **testimonial**[C], **tibio**[A], **tomar**[H], **vejatorio**[A], **vencer**[K], **visceral**[G]

☐ Véase también: ACTUACIÓN; COMPORTAMIENTO; PERSONALIDAD.

ACTITUD HOSTIL Véase: SENTIMIENTO HOSTIL

ACTITUD PROSPECTIVA Véase: INCLINACIÓN

activamente *adv.* ▮ Se combina con...

A VERBOS QUE DESIGNAN LA ACCIÓN DE TOMAR PARTE EN UNA EMPRESA O LA DE HACER ALGUNA APORTACIÓN A SU DESARROLLO: **1 participar ++**: Pretendemos –dijo– que las distintas asociaciones que puedan estar implicadas (...) tengan información y puedan participar *activamente* en las génesis de los cursos... DDN290499 **2 intervenir ++**: Pero deberá defenderse sola (...), sin que el gobierno ni la oposición intervengan *activamente* (...) en el cambio de las normas de fiscalización... BRE150897 **3 contribuir ++**: ...cuya presencia contribuye *activamente* a impedir la modernización... LNA010792 **4 colaborar ++**: ...programas en los cuales ha colaborado *activamente* la República... ECP140175 **5 cooperar +**: Esperan los vecinos (...) que La Casona coopere más *activamente* con la solución de los problemas... EUV031196

B VERBOS QUE DENOTAN APOYO, IMPULSO O ESTÍMULO: **6 apoyar ++**: ...para que apoyen *activamente* el proyecto de la unión centroamericana... ENH200198 **7 ayudar ++:** ...se declaró dispuesto a ayudar *activamente* a Polonia... EPE011180 **8 respaldar ++:** ...respaldará *activamente* el mantenimiento de las actuales fronteras... EPE150299 **9 defender +:** ...defendió *activamente* la imposición de cuotas de producción. EME230296 **10 promover +:** ...ha promovido *activamente* la participación en sus métodos de transmisión curricular. HOY041196 **11 impulsar +:** ...se mostraron favorables a la creación de tal grupo de trabajo impulsando *activamente* su constitución... EPE011199 **12 potenciar:** ...con este curso, que está dirigido a los responsables de las asociaciones, se pretende potenciar *activamente* el proceso implicación en la vida municipal. ENC120101 **13 alentar:** ...confía a sus dos mejores hombres altos del último decenio para que a uno lo dejen una temporada sin jugar y al otro lo alienten *activamente* a huir al extranjero... EME210394 **14 abogar:** ...abogar *activamente* a favor de los inmigrantes nicaragüenses... DLA030797 **15 apostar:** ...también tiene opciones de ir más allá, planteando nuevas operaciones de conversión de deuda por desarrollo y apostando *activamente* en foros internacionales... EPE310800

C VERBOS QUE DENOTAN COMPROMISO CON ALGUNA CAUSA O ADHESIÓN A ELLA: **16 comprometer(se) ++:** ...las administraciones públicas se comprometan más *activamente*, y con mayores recursos. CAN291100 **17 implicar(se) ++:** ...se implica *activamente* en conseguir que los gerundenses más jóvenes... LVE191296 **18 involucrar(se) +:** ...que se involucre más *activamente* en la resolución de la disputa... CLA260199 **19 militar +:** ...continuará militando *activamente* en el partido... CAN240996 **20 sumar(se) +:** ...el sector campesino se sumará *activamente* a las medidas de presión... LTB250397 **21 integrar(se) +:** Después de la liberación de Segundo Marey Samper, Michel Domínguez se integra *activamente* en la organización... EME190495 **22 incorporar(se) +:** ...Rusia debe incorporarse *activamente* a la cultura mundial y orientarse hacia las normas de vida occidentales... EPE080899 **23 adherir(se):** Uno de cada cinco ciudadanos está adherido *activamente* a alguna religión, ya sea legal o prohibida. LVE220495 **24 vincular(se):** ...estuvo vinculado *activamente* con los partidarios de la República... CLA120199

D VERBOS QUE DENOTAN DESARROLLO DE UNA LABOR O REALIZACIÓN DE UNA TAREA: **25 trabajar ++:** ...habían trabajado *activamente* por lo menos durante veinte años... LVE291296 **26 dedicar(se) +:** ...quiero dedicarme *activamente* a autores como Bruckner, Mahler... LVE170696 **27 ocupar(se) +:** ...se ocupa *activamente* de honrar la memoria de su padre... EPE010600 **28 hacer +:** ...hay dos maneras de defender las pruebas nucleares: haciéndolo *activamente* o evitando que en reuniones clave (...) se trate el tema. EME280995 **29 mover(se):** ...se movió muy *activamente* en reuniones y sentadas... LNA250692 **30 actuar:** ...actuando *activamente* y solicitando la suspensión de determinados programas. EME150294 **31 ejercer:** Este sector apostaba ayer por ejercer *activamente* de oposición interna a la dirección... EME300996

E VERBOS QUE DENOTAN ENFRENTAMIENTO, SEA FÍSICO, VERBAL O DE OTRO TIPO: **32 luchar +:** No basta con luchar *activamente* contra (...) la delincuencia... LRE120103 **33 combatir:** ...cuya familia combatió *activamente* a los castellanos... EPE070399 **34 enfrentar(se):** ...sin enfrentarse *activamente* a los soldados que controlan... LVE040195 **35 discutir:** La determinación de los nuevos precios no es, sin embargo, una medida unilateral de la industria petroquímica, y su puesta en marcha está siendo discutida *activamente*... EUV050996

F VERBOS QUE DENOTAN INDAGACIÓN O DESIGNAN ACTIVIDADES ENCAMINADAS A ENCONTRAR, DESCUBRIR O CONOCER ALGO: **36 buscar:** La definición de desocupado (...). En la Argentina es quien no trabajó en la semana previa a la encuesta y está buscando *activamente* trabajo. CLA170497 **37 investigar:** Las autoridades, que investigan «*activamente*» el crimen... ENH280797 **38 estudiar +:** ...estudiar *activamente* los aspectos positivos de la iniciativa... EPE111279 **39 explorar:** ...podrán explorar y desarrollar más *activamente* otras facetas de la vida igualmente importantes para una completa realización personal... LVE031096

G ALGUNOS VERBOS QUE DESIGNAN ACCIONES GENERALMENTE VERBALES, MÁS FRECUENTEMENTE SI IMPLICAN DISCONFORMIDAD, REPROBACIÓN O DISENSIÓN, O SI TIENEN COMO FINALIDAD EXPONER O DEMANDAR ALGO: **40 responder +:** ...respondemos *activamente* a las necesidades del mercado... EME220394 **41 manifestar +:** ...sólo una pequeña proporción, los radicales islámicos, se ha manifestado *activamente* contra ella. EPE151001 **42 solicitar +:** ...escapó del lugar a bordo de una camioneta Chevrolet pick-up, de color beige, la cual está siendo solicitada *activamente* por las autoridades... EUV070497 **43 protestar +:** Si protestan *de forma activa*, las casas suelen hacer caso a las quejas... EPE060599 **44 discrepar:** ...los comandos (...) que discrepaban *activamente* con las tesis del dirigente... EPD200997 **45 condenar:** Simpatizantes del Ejército Zapatista de Liberación Nacional mexicano recolectan firmas en La Paz y otras ciudades de Bolivia, en un intento por condenar «*activamente*» la matanza... ENH130198 **46 expresar:** ...pide a la sociedad (...) que exprese «*de modo activo* el rechazo a este periódico»... EME050196 **47 explicar:** ...explicar *activamente* por qué el Gobierno actual está gastado... EPE270999

activar ♦ alarma, alerta, aparato, arma, artefacto, bomba, carga explosiva, célula, comando, consumo, crecimiento, detonador, diálogo, dispositivo, economía, explosivo, fuerza, gen, gestión, institución, intercambio, ley, maquinaria, mecanismo, medida, memoria, mercado, plan, polémica, política, proceso, proyectil, recuerdo, resorte, sector, servicio, sistema

actividad ♦ absorbente[4], acompasado, ajetreado[25], atropellado, compulsivo[32], comunal[74], constante, copioso[27], cortar (con), creciente, criminal, delictivo, desbordante, desenfrenado[25], dilatado[13], febril[1], fecundo[15], gran(de), ilícito, improductivo, incesante, incontrolable, infructuoso, intenso, lícito, nuevo, pleno, pletórico (de)[18], preponderante[11], preventivo[66], productivo, pujante, subversivo, vertiginoso, vivaz ♦ cambio (de), cúmulo (de)[41], período (de) ♦ absorber[3], acelerar(se), aminorar, aumentar, concluir, controlar, desarrollar, desatar(se), desencadenar(se), ejercer[1], ejercitar, enfrascar(se), enfrascarse (en)[34], enzarzar(se), estimular, finalizar,

iniciar, interrumpir, modular, paralizar(se), parar, practicar, prolongar, proseguir, ralentizar(se), realizar, redoblar[3], regular, restringir, suspender, terminar

□ Véase también: **acción, faena, labor, tarea, trabajo, trasiego.**

ACTIVIDAD

♦ (SUSTANTIVOS) Véase: **absorbente[A], absorber[A], agarrotar(se)[B], aglutinar[I], agotador[A], ajetreado[A,E], a la altura (de)[E], arrostrar[B], atenazar[C], a tenor de[E], blando[I], cansino[E], compulsivo[F], comunal[H], condensar[D], contra reloj[B], curativo[C], darse (a)[A], de capa caída[B], denegar[I], deparar[E], de salón[C], descollante[B], difundir(se)[J], dilatado[B], distorsionar[H], ejecutar[B,E], ejercer[A], empedernido[C], emprender[F], en equipo[A,B], enfrascarse (en)[D], enrolar(se) (en)[D], esquilmar[D], llevar a buen puerto[C], meter(se) (en)[G], nutrido[A], pletórico (de)[C], preponderante[C], prolijo[F], serenar(se)[E], sesgado[E], socavar[N], surtir efecto[H], zambullir(se) (en)[B]**

♦ (VERBOS) Véase: **al pie de la letra[E], a morir[D], a plena satisfacción[B] a todo tren[E], como (un) loco[E], como un cosaco[B], con fruición[B], con interés[E], contra reloj[E], de memoria[D], de pleno[E], fugazmente[I], limpiamente[I], peligrosamente[I], plácidamente[H], por completo[P], pulcramente[E]**

□ Véase también: ACTUACIÓN; COMPORTAMIENTO; FUNCIONAMIENTO.

ACTIVIDAD ECONÓMICA Véase: ECONOMÍA

[activo] → **en activo, por activa y por pasiva**

acto (de) ♦ **administrativo, a favor[62], asistente (a), caluroso[33], carnal[8], catártico, cívico, conmemorativo, consciente, criminal, cultural, deliberado, delictivo, discrecional[8], electoral, emotivo, espontáneo, execrable, fraudulento, fundacional, ilícito, imprudente, inaugural, informal, instintivo, íntimo, involuntario, memorable, multitudinario, oficial, privado, protocolario, público, reflejo, reivindicativo, religioso, sexual, simbólico, social, solemne, terrorista, vandálico, violento, voluntario ♦ durante, en ♦ amor, apertura, apoyo, celebración, clausura, conmemoración, corrupción, desagravio, desesperación, despedida, enmienda, entrega, firma, gobierno, guerra, homenaje, inauguración, indisciplina, irresponsabilidad, justicia, piratería, presencia, presentación, protesta, repudio, sabotaje, solidaridad, terrorismo, tortura, vandalismo, violencia, voluntad ♦ acudir (a), asistir (a), auspiciar[21], autorizar, boicotear[19], celebrar, censurar, clausurar, cometer, condenar, congregar (a alguien), constituir, consumar(se), culminar, denunciar, desautorizar, deslucir(se), ejecutar, iniciar, interrumpir, intervenir (en), justificar, juzgar, oficiar, organizar, participar (en), presenciar, presidir, prodigar[39], programar, prohibir, protagonizar, realizar, reanudar, retrasar, reunir (a alguien), reventar, sabotear, sumar(se) (a), suspender, tener lugar, transcurrir**

□ Véase también: **acontecimiento, hecho, situación, suceso.**

actor ♦ **brillante, camaleónico, célebre, como la copa de un pino, debutante, de pies a cabeza[42], de raza, de recursos, de registros, de reparto, estelar, excepcional, famoso, flojo, mediocre, notable, oscarizado, pésimo, principal, protagonista, reconocido, secundario, sólido, versátil, veterano ♦ actuar, contratar, despedir, galardonar, homenajear, interpretar (algo), nominar, premiar, protagonizar (algo)**

actuación ♦ **abusivo[24], afortunado, airoso[14], antológico, apoteósico, arbitrario[20], arrollador, brillante, bueno, catastrófico[34], condenable, conjunto, controvertido[8], convincente, correcto, defensivo[11], delictivo, denigrante, deplorable, desafortunado, desastroso, descollante[1], desinteresado, desmedido, desmesurado, destacado, discrecional[7], discreto, disuasorio[7], drástico[59], eficaz, electrizante[8], en directo, en vivo, espléndido, estelar, execrable[8], expeditivo, flojo, formidable, fundamentado, gran(de), ilícito, impecable[1], imprevisible[20], individual, inexcusable, intachable[4], irregular, irreprochable, judicial, libre, magistral, magnífico, malo, mediocre, memorable, meritorio, noble, notable, penoso, pésimo, profesional, público, sesgado[23], sobresaliente, sólido, sublime, testimonial[28], vejatorio[3] ♦ a tenor (de)[30], sin perjuicio (de)[2] ♦ campo (de), marco (de), plan (de), unidad (de) ♦ aclamar[1], aclarar, aplaudir, avalar, bordar[4], centralizar, clarificar[26], condenar, criticar, cuajar[8], cuestionar, culminar, defender, delegar[27], delinear[17], destacar, elogiar, emprender[28], enderezar[29], ensombrecer, frustrar(se), hipotecar[37], impedir, investigar, llevar a cabo, mejorar, ofrecer, perseverar (en)[39], prejuzgar, presenciar, protagonizar, rectificar[24], redondear, refrendar[51], rematar, repetir, reprobar[3], silbar, tener, tipificar**

□ Véase también: **acción, actividad, realización.**

ACTUACIÓN

♦ (SUSTANTIVOS) Véase: **abusivo[C], beligerante[G], casero[E], catastrófico[E], centralizar[C], centrífugo[B], centrípeto[B], clarificar[E], comunal[C], involucrar(se) (en)[B], laxo[E], llevar[C], migratorio[E], proceloso[D], quitar hierro (a)[E], recaer[D], refrendar[H], revalidar[I], sesgado[E], sin perjuicio (de)[A], soterrado[I]**

♦ (VERBOS) Véase: **como un solo hombre[F], con cautela[A], con éxito[E], con firmeza[G], con mano dura[A,C], convincentemente[H], preventivamente[A]**

□ Véase también: ACTITUD; ACTIVIDAD; COMPORTAMIENTO; CONSECUCIÓN; OPERACIÓN; REACCIÓN; REALIZACIÓN.

ACTUACIÓN CONJUNTA Véase: CONJUNCIÓN

ACTUACIÓN FUTURA

♦ (SUSTANTIVOS) Véase: **abdicar (de)[D], abjurar (de)[E], abrigar[C], absolutorio[C], accesible[B], afrontar[B], alterar[D], alumbrar[B], amoldar(se) (a)[F], a pique[A], apremiante[F], apuntalar[D], armar(se)[C], asequible[A], aunar[E], auspiciar[E], avalar[B], avanzado[G], avieso[A], barajar[A,B], blandir[B], bloquear[E], boicotear[F], bosquejar[A], caer como una bomba[B], caer** en saco roto[B], canalizar[I], cancelar[D], concebir[B], concertar[C], confesar[G], congelar[F], consensuar[A], constructivo[C], controvertido[D], crucial[L], cuadrar[B], cuajar[A], culminar[D], cumplir[A], dañar[D], decaer[D], delictivo[D], delinear[A,B], derogar[E], derrumbar(se)[J], desactivar[E], desaforado[H], desbaratar[B], desbloquear[E], desbordar(se)[B], descabellado[A,B], desenfrenado[A], desfigurar[E], desglosar[B], desmantelar[C], desmentir[E], desmontar[D], desorbitado[B], desvanecerse[B], desvelar[I], diáfano[H], difundir(se)[H], distorsionar[I], efectivo[C], ejecutar[A], emitir[C], emprender[E], encarar[B], encarrilar[D], endiablado[E], en firme[C], enfriar(se)[E], enmendar[D], en punto muerto[D], enrevesado[I], enrolar(se) (en)[B], esgrimir[H], establecer[F], filtrar(se)[D], hacer(se) realidad[C], hacer extensivo[I], implantar[D], impracticable[B], integral[G], intensivo[G], irreversible[K], lanzar[G], llamativo[F], llevar a buen puerto[D], llevar adelante[A], llevar a la práctica[A], malograr(se)[A], meter(se) (en)[F], monumental[K], negociar[D], novedoso[D], obstaculizar[E], perentorio[J], perfilar[A], pírrico[C], plantear[E], propulsar[A], pulverizar[C], refrendar[F], relanzar[A], resbaladizo[E], sin fundamento[C], tergiversar[F], torcer(se)[A], tramitar[F], tranquilizador[D], trazar[A], vano[A]

♦ (VERBOS) Véase: a toda costa[A], de antemano[B], detalladamente[I], estratégicamente[C], ordenadamente[G], sin tapujos[H]

□ Véase también: ASPIRACIÓN; INCLINACIÓN; INTENCIÓN; PROPUESTA; PROYECTO.

ACTUACIÓN ILEGÍTIMA

♦ (SUSTANTIVOS) Véase: anidar[I], azotar[E], condonar[C], desactivar[A], desentrañar[C], desglosar[G], desmontar[G], salir a la luz[D], salpicar[A], urdir[A]

♦ (VERBOS) Véase: de palabra y obra[A], vilmente[C]

□ Véase también: ACCIÓN HOSTIL; DELITO; ENGAÑO; INFRACCIÓN; VIOLENCIA.

actual ♦ absolutamente, escasamente, plenamente, rabiosamente, sumamente, totalmente

□ Véase también: **presente**.

actualidad ♦ absoluto, acuciante[39], candente, deportivo, efervescente, efímero[10], fugaz, informativo, internacional, nacional, palpitante[4], pasajero, permanente, pleno, político, rabioso[1], sumo[11], total, tremendo, vivo[67] ♦ al hilo (de)[15], de ♦ ápice (de)[69], barniz (de)[2], tema (de) ♦ acaparar, adquirir, apegarse (a)[30], cobrar[18], gozar (de), perder, poner (de), recobrar, recuperar, retornar, saltar (a), tener

□ Véase también: **moda, modernidad**.

actuar ♦ abusivamente[12], a cara descubierta[1], a ciegas, a derechas, a la contra[6], a la defensiva[1], a la desesperada[41], a la ligera[8], a lo grande[13], al unísono, a medio gas[4], a {mi/tu/su...} aire, a {mis/tus/sus...} anchas[12], a {mis/tus/sus...} espaldas, a tontas y a locas, celosamente, civilizadamente[3], clandestinamente, codo con codo[15], coherentemente, colegiadamente[10], con cautela[1], con conocimiento de causa, con dureza, con energía, con éxito[49], con firmeza, conjuntamente, con mano dura[8], con pies de plomo, consecuentemente, con serenidad, contra reloj[28], convincentemente[41], correctamente, crudamente, cuidadosamente, de {buena/mala} fe, decididamente[23], de paisano, dictatorialmente, dignamente[37], directamente, drásticamente[35], duramente, eficazmente, en consecuencia, en equipo[11], enérgicamente, en legítima defensa, firmemente, generosamente[6], humanamente, ilegalmente, imparcialmente[9], impulsivamente, impunemente, inconscientemente, irracionalmente, limpiamente[13], maliciosamente[26], meritoriamente[6], osadamente, pacíficamente, peligrosamente[44], por cuenta {ajena/propia}, por libre, preventivamente[2], profesionalmente, prudentemente, rápidamente, sigilosamente, sin contemplaciones, sin pensar, solidariamente, unilateralmente[17], violentamente

a cuadros ▮ *(con cuadros)* ♦ prenda de vestir, tejido, tela
▮ *(sorprendido)* ♦ quedarse

[acuarela] → a la acuarela

acuchillar ♦ a sangre fría[7], con premeditación, con saña, fríamente, sin miramientos, violentamente

acuciante *adj.* ▮ Se combina con...

A SUSTANTIVOS QUE DESIGNAN SITUACIONES DE DIFICULTAD, ADVERSIDAD, INCERTIDUMBRE, INTRANQUILIDAD O RIESGO: **1 problema ++**: ...el autor consigue (...) focalizar el interés del lector en los problemas concretos y *acuciantes* (...) de la familia... LPA170592 **2 amenaza +**: Para la comunidad (...) acomodada en el moderno bienestar, el paro no constituye una amenaza *acuciante*. EME171195 **3 desafío:** ...un conflicto que comienza a plantear (...) desafíos más *acuciantes* de los previstos... EPE301001 **4 reto:** Llegar a asimilar estos cambios (...) es un reto *acuciante* para cualquier cultura actual. LVE190295 **5 preocupación:** ...fue miembro de una generación cuyos principales historiadores tuvieron la preocupación *acuciante* de explicar la historia de España... ABC090493 **6 crisis:** ...confirmó su próxima dimisión como consecuencia de la *acuciante* crisis económica... LVE151195 **7 desempleo:** ...paradoja al constatar el *acuciante* desempleo de la zona mientras las fértiles tierras continúan ociosas... ESH120597 **8 desequilibrio:** ...un plan de vivienda para intentar hacer frente a uno de los desequilibrios más *acuciantes* de Barcelona. LVE140695 **9 presión:** La historia es de las que permanecen en las sombras gracias a la *acuciante* presión de los escándalos políticos... EME250694 **10 agobio −**: ...sueña con liberar a su actual conjunto de los *acuciantes* agobios de la promoción... EME130496 **11 contaminación −**: La *acuciante* contaminación de la ciudad (...) se da un respiro. LVE100696

B SUSTANTIVOS QUE DENOTAN FALTA, CARENCIA O NECESIDAD: **12 necesidad ++**: En aquel momento, sólo rondaba mi mente la *acuciante* necesidad de resolver el problema económico... CLA091000 **13 urgencia:** La urgencia en aclarar las dudas sobre la política a aplicar en la lucha contra el paro es aún más *acuciante*... EME030396 **14 hambre:** Sumar parece imperativo para Sainz, pero más *acuciante* es su hambre de victoria. EPE150799 **15 falta +:** En el interior (...) se quejan de la *acuciante* falta de agua... EME180496 **16 demanda +:** ...la demanda de tests es *acuciante* y bastantes doctores recorren las aldeas llevando camuflado el instrumental en furgonetas... EME020495 **17 escasez:** La escasez de medios humanos (...) es más *acuciante* entre los médicos... ENC240599 **18 carencia:** Tropieza con la *acuciante* carencia de agua... EPE040800

C SUSTANTIVOS QUE EXPRESAN MANIFESTACIONES DE ALGUNA INCÓGNITA: **19 cuestión +:** ...la cuestión de cómo hará el gobierno para salir de la grave cuestión se torna *acuciante.* CAP090197 **20 pregunta +:** La pregunta *acuciante* es, ahora, adónde podrá ir la entidad, en medio de proyectos de alta significación económica. LNP270297 **21 incógnita:** ...problemas tan perentorios e incógnitas tan *acuciantes* como la de determinar si se debe o no exculpar a una persona que... INDOC **22 duda +:** Subsiste, sin embargo, siempre *acuciante,* la duda: «¿Qué es lo real?». ABC300793 **23 interrogante:** ...lo hacen respondiendo a los *acuciantes* interrogantes que abisman al adolescente... EPE030800 **24 dilema:** Ideas y valores deberán aflorar para hacer frente a dilemas cada vez más *acuciantes*... EPE050499

D SUSTANTIVOS QUE DENOTAN DESEO, PREFERENCIA O INCLINACIÓN: **25 interés:** ...celebra desde hoy durante tres días la fiesta anual de su órgano oficial, el semanario Avante, con foros dedicados a temas de interés *acuciantes* del mundo actual... GIC090300 **26 deseo +:** Se adivina tal particularidad en su decisión final, impulsada por el deseo *acuciante* de que la verdad triunfe sobre el engaño... ABC140194 **27 prioridad:** ¿Es ésa la más *acuciante* prioridad de la Justicia? EME150294 **28 ansia:** Pero esa ansia de autojustificación parece haberse hecho más *acuciante*... EME100995 **29 pasión −:** ...ha vivido cuatro lustros de páramo sentimental en medio de una confortable tranquilidad, pero ahora se encuentra en el centro mismo de las pasiones *acuciantes.* EME290696

E SUSTANTIVOS QUE DESIGNAN DIVERSAS MANIFESTACIONES DE LO QUE SE ESTÁ OBLIGADO A CUMPLIR O A OBEDECER. TAMBIÉN CON OTROS QUE DESIGNAN FORMAS DE COMPROMISO, ESPECIALMENTE SI SE ASOCIAN CON EL TÉRMINO DE UN PERÍODO EN EL QUE DEBEN SATISFACERSE: **30 deuda ++:** ...han rehecho su imagen malparada por (...) las deudas *acuciantes.* LVE291095 **31 exigencia +:** Permiten (...) satisfacer la exigencia (...) cada vez más *acuciante* en la investigación científica moderna. ABC110895 **32 plazo +:** Los plazos son *acuciantes* y la pacificación de la federación (...) es clave para el futuro... EPE130999 **33 compromiso:** ...la presión que deberá soportar ahora, dada la situación del equipo y los compromisos *acuciantes*... EPE260299 **34 deber +:** ...uno de los deberes más *acuciantes,* en este inicio de siglo (...), consiste en replantear (...) la política internacional... EPE060800 **35 pago:** La fundación invocará una figura jurídica (...) para no tener que hacer frente a los *acuciantes* pagos. EPE281201 **36 imperativo:** ...necesita sangre joven no sólo por razones técnicas o físicas, sino por *acuciante* imperativo psicológico. EME250395 **37 norma:** Queda dicho que se publicó una fe de errores para dar cuenta del nombre del traductor de Grass y con ello se cumplía otra norma genérica y *acuciante* del Libro de estilo... EPE101099 **38 obligación:** ...presionado como todos por la *acuciante* obligación de presentar puntualmente la declaración de la renta. INDOC

F SUSTANTIVOS QUE DESIGNAN LO QUE SE CONSIDERA ACTUAL O INMEDIATO: **39 actualidad +:** ...se agarra a la más *acuciante* actualidad de 1991 (...) para denunciar la quiebra total de los traicionados ideales de antaño. ABC231092 **40 presente:** ...conocer más completamente la realidad de este país, su pasado reciente (...) y su presente más *acuciante*... ABC260595 **41 modernidad:** Para él los versos de March y el idioma en que están escritos son de una modernidad *acuciante* y vigorosa. EPE240699 **42 presencia −:** Pero su paso era firme, el cuerpo presuroso (...) no delataba la presencia *acuciante* de ninguna urgencia física. ABC111194

G SUSTANTIVOS QUE DESIGNAN MENSAJES Y OTRAS MANIFESTACIONES VERBALES O TEXTUALES: **43 mensaje:** ...venía enviando mensajes, cada vez más *acuciantes,* de que, o solucionaban su situación carcelaria y la de sus hombres, o él empezaba a hablar. EME010896 **44 proclama:** El arte vernacular afroamericano del sur con más de 500 piezas precoloniales, desde las primeras litografías hasta las proclamas más *acuciantes* contra la discriminación racial. LVE190796 **45 palabra:** De ahí, también, la radical sensorialidad de la poesía de Alberti, su palabra *«acuciante»*... ABC111292 **46 texto:** El espacio del amor, geografía maldita o pueril, de un deseo imantado siempre por pulsiones de muerte, como en el *acuciante* texto... EME050494 **47 consejo:** Ni has seguido –todavía menos– los consejos *«acuciantes»* de los productores ni has tenido en cuenta los gustos cambiantes del público. EPE100199 **48 llamada:** Es obligada también una *acuciante* llamada al diálogo de todas las fuerzas políticas... EPE030900

H OTROS SUSTANTIVOS; POSIBLES USOS ESTILÍSTICOS: ...habla con la imperturbabilidad sensible del señor distanciado del mundo *acuciante* y falso. EPE250499; ...sus ojos *acuciantes* eran una pregunta: ¿ha sido verdad, ha sido verdad?... EPE250399

☐ Véase también: **apremiante, imperioso, perentorio.**

acuciantemente ♦ **enfrentarse, necesitar, precisar, requerir, urgir**

acuciar *v.* ▮ Se combina con sustantivos que designan personas *(padre, compañero, inspector: Un inspector de Hacienda que le acucia constantemente)* o grupos humanos e instituciones *(fisco, gremio, comisión)* También se combina con...

A SUSTANTIVOS QUE DENOTAN NECESIDAD O FALTA DE ALGO: **1 necesidad ++:** ...una explotación privada está *acuciada* por la necesidad de la eficiencia... LNA270692 **2 escasez +:** Finalmente, esa ha sido la opción elegida por Defensa, *acuciada* por la escasez de buques de escolta... EME090394 **3 falta +:** Cuando los dirigentes de la RDA se vieron *acuciados* por la falta de vivienda... LVE061096 **4 urgencia +:** La Real Sociedad, *acuciada* por las urgencias, buscaba el tránsito apresurado del balón... EPD030697 **5 prisa:** Al margen de la normalidad se puede acudir a estas piezas *acuciado* por la prisa o a pasar ocioso un rato. LVE270295 **6 ausencia:** ...*acuciados* como estaban por la absoluta ausencia de alimentos y medicinas, así como de las más elementales condiciones higiénicas. INDOC **7**

carencia: ...*–acuciada* por las carencias económicas– les exigió un millón y medio de pesetas... EME071295

B SUSTANTIVOS QUE DESIGNAN NECESIDADES HUMANAS, ESTADOS CARENCIALES ESPECÍFICOS O MATERIAS INDISPENSABLES PARA LA SUBSISTENCIA: **8 miseria +:** Convergen en la novela varias historias (...) quienes buscan la complicidad de militares corruptos, de periodistas deshonestos, de un clima social desinteresado, *acuciado* por la miseria. ABC030694 **9 hambre +:** ...los haitianos, *acuciados* por hambre y miseria extrema... DED010297 **10 pobreza:** Sobre todo, en sociedades *acuciadas* por la pobreza, el atraso productivo y la falta de perspectivas económicas de progreso. CLA231000 **11 sueño:** No nos impide que, si nos *acucia* el sueño o la prisa, saltemos párrafos, como si viéramos un vídeo con el mando a distancia en la mano. ABC131291 **12 sed:** En plenas funciones, ya acuden al abrevadero jadeando y mostrando una lengua larga y amoratada, *acuciados* por una sed colosal. EPE070799 **13 sequía:** ...un trasvase (...) que las comunidades murciana y valenciana solicitan, *acuciadas* por la sequía. EME040895

C SUSTANTIVOS QUE DESIGNAN DIFICULTADES, ASÍ COMO DIVERSAS SITUACIONES DE RIESGO O DE ADVERSIDAD: **14 problema +:** Los muchos problemas que *acucian* al Saint Etienne y la negativa de John Toshack (...) han facilitado mucho las cosas... EDV030601 **15 peligro +:** ...*acuciados* por el peligro real, cada vez más palpable, de ser asaltados en medio de la noche. INDOC **16 dificultad +:** ...ya que las dificultades económicas siguen *acuciando* a la entidad monfortina. LVG301091 **17 crisis +:** Acuciada por la crisis económica, en septiembre de 1942 la familia se trasladó a Memphis, en Tennessee. LVE080195 **18 lesión:** ...un equipo (...) *acuciado* por las lesiones y las sanciones. LVE080196 **19 desventura:** ...*acuciados* también por la estrechez y desventura, cometen (...) pequeños delitos para regresar a la cárcel, donde tienen garantizados el sustento y el techo. LVE181196 **20 estrechez:** ...las considerables dificultades por las que atraviesan y las no menos serias estrecheces que les *acucian* desde hace tiempo. INDOC **21 fracaso:** Acuciado por el doble fracaso de Madrid, Aito García Reneses y Juan Montes prepararon algo especial en defensa. LVE220596

D EL SUSTANTIVO *MIEDO* Y CON OTROS QUE DESIGNAN SENTIMIENTOS, ESTADOS O SENSACIONES DE PREOCUPACIÓN, INTRANQUILIDAD O ZOZOBRA EN DIVERSOS GRADOS: **22 miedo +:** Se marcharon *acuciados* por el miedo. La Johannesburgo blanca teme sucumbir ante la gran ola de criminalidad que azota la ciudad. EME231095 **23 temor:** A su juicio, los empresarios vascos están *acuciados* por la prisa y el temor a que se pierda la oportunidad de la paz. EPE271199 **24 angustia:** ...basado en una realidad inmediata, *acuciada* por angustias sociales y existenciales contemporáneas... ABC300994 **25 preocupación:** Desde entonces le ha *acuciado* siempre la preocupación por conseguir que sus versos no transmitan algo ya vivido... ABC301294 **26 tensión:** El complejo cárnico entero aguanta la respiración, *acuciado* por la máxima tensión, esperando por la bendición de los sacerdotes sanitarios de la Unión Europea, que entreabrirá la puerta de los cielos... EPU041001 **27 estrés:** Telefílmica intriga psicológica montada a costa de los problemas de una mujer *acuciada* por el estrés y el cansancio. EPE010399 **28 nervios:** El popular actor no pudo ocultar los nervios que, dijo, le *acuciaban* casi desde que recibió la noticia... EPE120699 **29 insomnio:** Acuciado por el insomnio, escribe el dietario que ha de servir de referencia... LVE240395

E SUSTANTIVOS QUE DENOTAN DESEO, INTERÉS O APETENCIA DE ALGUNA COSA: **30 deseo +:** ...la Unión Ciclista Internacional (UCI), *acuciada* por el deseo de limpiar el deporte más ensuciado por las noticias de dopaje, se convirtió hace unos meses en... EPE261101 **31 gana:** Sigue asimismo el ántropos, el ser humano, *acuciado* por las ganas de ganar (...): «Ser más y no ser menos, ésa es la cuestión». EME300595 **32 ambición:** Vasari fue, qué duda cabe, un hombre, un artista, *acuciado* por la ambición y un gusto desmedido por el dinero. LVE120296 **33 curiosidad:** ...aunque la mayoría de los espectadores no sientan necesidad de saber quién es Michel, Salinas o Abelardo, y si le *acucia* la curiosidad se lo pregunta al hincha vecino. LVE170795

F SUSTANTIVOS QUE DESIGNAN ORDENES, REQUERIMIENTOS Y OTRAS FORMAS DE ACCIÓN COERCITIVA, COACTIVA O PUNITIVA: **34 demanda +:** Acuciados por las demandas de sus vecinos, las corporaciones locales también se vuelcan en servicios sociales o en iniciativas para fomentar el empleo... EME150595 **35 exigencia +:** ...a industria, que ha reducido en un tercio el uso de agua, *acuciada* por las exigencias medioambientales. EPE070699 **36 imperativo:** Los chinos *acuciados* por un imperativo cultural ya instalado en su cerebro (...) por el que «deben de tener un hijo varón», abandonan millones de niñas en la calle. EME241095 **37 amenaza:** Montanelli acusa a Berlusconi de dar el salto a la política en una huida hacia adelante, *acuciado* por su endeudamiento y por las amenazas de la legislación antimonopolio... EME250394 **38 presión +:** ...Salcedo recién lo convocó a declarar seis meses después, *acuciado* por la presión de la prensa. LNP150997 **39 encargo –:** Archivé también esta idea, *acuciado* por algún encargo seductor, y me olvidé de ella. EPE100900 **40 embargo:** ...el régimen iraquí, *acuciado* por el embargo internacional, ha sofocado más que nunca con mano de hierro cualquier veleidad que pueda suponer una defección... LVE160695 **41 sanción:** ...envuelto en problemas y enfrentamientos internos y *acuciado* por las lesiones y las sanciones. LVE080196

G SUSTANTIVOS QUE DENOTAN OBLIGACIÓN. TAMBIÉN CON OTROS QUE DESIGNAN CANTIDADES QUE HAN DE SER SATISFECHAS, ASÍ COMO LA ACCIÓN MISMA DE SATISFACERLAS: **42 compromiso +:** ...empezando por el temor de algunos a que, *acuciados* por compromisos de reducir el déficit público... LVE140595 **43 obligación:** El mensaje resulta un tanto arriesgado en un club *acuciado* por las mayores obligaciones. EME180494 **44 requisito:** ¿Es, tal vez, un modo de recuperar protagonismo dentro de su propio partido, *acuciado* por los requisitos de Maastricht y los Presupuestos? EME061096 **45 deuda +:** La Cooperativa Algodonera Cordobesa cerró sus puertas el pasado 23 de diciembre *acuciada* por las deudas. EPE130899 **46 endeudamiento +:** Sanz y adláteres, *acuciados* por el endeudamiento angustioso, prescinden de todo lo demás. EME190294 **47 déficit +:** ...las comunidades autónomas, *acuciadas* por el endeudamiento y por la obligación... EPD290797 **48 impuesto:** Acuciados por los impuestos y por el fisco, ningún francés se atreve ya a hacer alarde de su dinero. LVE080595 **49 pago:** ...para aliviar su tensión de tesorería, *acuciada* por el pago a corto plazo de cerca de 2.000 millones de pesetas en deudas a jugadores y empleados. EME140695 **50 cuantía –:** El Tesoro, *acuciado* por la elevada cuantía de los vencimientos a los que debe de enfrentarse... LVE190195

H SUSTANTIVOS QUE DENOTAN TIEMPO. TAMBIÉN CON OTROS QUE DESIGNAN PROPIEDADES Y PROCESOS RELATIVOS A SU TRANSCURSO O SU PROXIMIDAD, ASÍ COMO CIERTAS FORMAS DE MEDIRLO O REPRESENTARLO: **51 plazo:** Acuciado por el plazo fijado exigido por el Ayuntamiento para presentar los contratos... EPE040899 **52 calendario +:** El Mallorca defenderá el liderato *acuciado* por un calendario muy exigente... EPE160199 **53 actualidad:** Pero los ponentes y el auditorio, *acuciados* por la actualidad del diálogo de paz entre Israel y Palestina, no perdieron un minuto para entrar en materia. EPE111199 **54 cercanía:** ...parece que no se sienten *acuciados* por la cercanía de la cita olímpica; veremos si tenían motivos para actuar con esa confianza. INDOC **55 inminencia:** Acuciados por la inminencia de un aniversario, amigos periodistas me urgen a escribir unas líneas en torno a un tema impreciso. EME250694 **56 presente:** En 1989, cuando el presente *acucia* más, más presente que nunca, Handke piensa en una máquina pasada, residuo de un tiempo pasado. ABC241292 **57 paso del tiempo:** En septiembre, *acuciados* por el paso del tiempo, pedimos 60 millones para este año... EPE271001

I SUSTANTIVOS QUE DESIGNAN PREGUNTAS, ALTERNATIVAS Y OTRAS MANIFESTACIONES DE LAS INCÓGNITAS O DE OPCIONES MÚLTIPLES ANTE LAS QUE DEBE DECIDIRSE: **58 cuestión +:** Si va a servir o no de argumento en un país *acuciado* por cuestiones más urgentes. EPE051199 **59 interrogante +:** ...los avicultores que viven permanentemente *acuciados* por numerosos interrogantes... LTB020197 **60 pregunta +:** ...el portavoz del Gobierno (...) *acuciado* por las preguntas de los informadores... EPE011084 **61 duda +:** Considero probable que cuando tengan ante sí (...) la obra (...) «Cómo morimos. Reflexiones sobre el último capítulo de la vida», les ocurra lo que a mí y se pregunten, *acuciados* por la duda: ¿está mi ánimo en condiciones favorables para leer este libro? LVE140795 **62 dilema:** Este es el dilema que *acucia* a Eusko Alkartasuna, el partido que nació, hace 13 años, de una escisión del PNV... EPE221199

J EL SUSTANTIVO *ENCUESTA* Y CON OTROS QUE DESIGNAN RESULTADOS, GENERALMENTE NUMÉRICOS, DE ALGUNA ACCIÓN O ALGÚN ESTADO DE COSAS: **63 encuesta +:** Acuciado por las últimas encuestas (...) el presidente Clinton se ha lanzado a hacer campaña populista... EME210896 **64 marcador:** El Celta cedió un poco la iniciativa ante el empuje del Deportivo, *acuciado* por el marcador... EPE011001 **65 resultado:** ...presentó el lunes suspensión de pagos en los juzgados de la ciudad, *acuciada*, al parecer, por los nefastos resultados económicos... EPE310399 **66 diferencia –:** En torno al fichaje del argentino (...) ayer se *acuciaron* las diferencias existentes... LVE250795

☐ Véase también: **urgir**.

acudir (a) ♦ **diligente, impaciente[5], presuroso, raudo, solícito** ♦ **a la desesperada[7], a mansalva, a pecho descubierto[6], ávidamente[18], como moscas, de buen grado[27], de incógnito[5], en ayuda (de alguien), en masa, en oleadas, en persona[2], en son de paz[4], en tropel, escalonadamente, expresamente, humildemente[11], masivamente, multitudinariamente, religiosamente[8], sin falta** ♦ **evento, lugar**

☐ Véase también: **asistir (a), personarse (en), presenciar**.

a cuenta ♦ **comprar, correr (algo), dar, dejar, depositar, entregar, pagar, recibir**

[acuerdo] → **de acuerdo**

acuerdo ♦ **abusivo[35], acorde (con)[58], amistoso, beneficioso, bilateral, con matices[24], de colaboración, de cooperación, definitivo, de intenciones, de palabra[38], de paz, ecuánime[2], efímero[33], electoral, en firme[8], equitativo[36], estratégico, expreso, final, firme, honroso[34], inequívoco[47], insatisfactorio, jugoso[19], legítimo, migratorio[35], mutuo, oficial, político, precario[57], provisional, puntual, recíproco, reticente (a), salomónico[7], satisfactorio, sin efecto, sin reservas[56], soterrado[45], unánime[1], vigente[15]** ♦ **a pique[18]** ♦ **al abrigo (de)[5], a la vista (de)[16], al borde (de)[24], con arreglo (a)[42], en el marco (de), sin perjuicio (de)[17]** ♦ **alcance (de)[14], fleco (de)[2], términos (de)** ♦ **abolir[50], acariciar[40], acatar[23], aceptar, acometer[27], adherirse (a)[8], adoptar, alcanzar, alterar[21], ampliar, anunciar, apalabrar, apoyar, apuntalar[13], arbitrar[11], armar(se)[38], asumir[64], atenerse (a)[26], auspiciar[13], avalar[57], blindar[2], bloquear[12], boicotear[25], burlar[36], caber[7], cancelar[4], centralizar, ceñir(se) (a)[50], cocinar(se)[1], concertar[7], concitar[13], concretar, conculcar[19], congelar[29], consensuar[5], constar (en), contraer[9], contravenir[19], cuajar[20], culminar[24], cumplimentar, cumplir[68], dañar[26], derogar[43], derrumbar(se)[44], desbaratar[56], desbloquear[10], desdecirse (de)[9], desmantelar[36], desmentir[31], desobedecer[22], desvanecerse[61], desvelar[64], disentir (de)[12], emanar[17], encajar, encarrilar[8], entablar[10], esgrimir[43], establecer, extinguir(se)[21], faltar (a)[5], finiquitar, firmar[1], forjar[10], formalizar, fortalecer, fraguar(se)[1], gozar (de)[64], hacer(se) realidad[48], impugnar[3], incumplir[22], infringir[13], involucrar(se) (en)[22], legalizar, ligar[5], llegar (a), llevar a buen puerto[4], llevar adelante[25], llevar a la práctica[19], llevar a término[16], lograr, madurar[5], negar[41], negociar[1], obstaculizar[17], obstruir[31], perfilar[10], pergeñar[14], pilotar[7], pisotear[36], plantear, propiciar, prorrogar[17], prosperar[34], quebrantar[15], quebrar(se)[21], ratificar, reabrir[34], recabar[37], refrendar[12], rescindir[3], respaldar, respetar, revalidar[52], reventar[2], revocar[39], robustecer(se)[8], romper, saltarse[49], sellar[1], socavar[78], surgir, suscribir, tergiversar[36], tomar[68], tramitar[47], transgredir[35], truncar(se)[41], urdir[47], urgir[11], vencer[86], violar[24], vislumbrar[16], vulnerar[20], zanjar[46]**

☐ Véase también: **acordar, alianza, compromiso, concertar, convenio, firma, negociación, pactar, pacto, tratado, unanimidad**.

ACUERDO Véase:

♦ **acuerdo, alianza, compromiso, consenso, contrato, convenio, desacuerdo, firma, negociación, negocio, pacto, tratado, unanimidad**

♦ **acordar, concertar, pactar**

☐ Véase también: *SOLUCIÓN Y REPARACIÓN*.

ACUERDO

♦ (SUSTANTIVOS) Véase: **abocar(se) (a)[J], abolir[J], abusivo[D], acariciar[G], acatar[C], acometer[E], acorde (con)[I], adherirse (a)[B], al abrigo (de)[A], al borde (de)[D], alcance (de)[C], a pique[D], apuntalar[C], arbitrar[B], blandir[B], blindar[A], bloquear[C], boicotear[D], burlar[F], caber[B], cancelar[A], ceñir(se) (a)[I], cocinar(se)[A], con arreglo a[F], conceder[K], concertar[B], concitar[C], conculcar[C], condicional[E], congelar[E], con matices[G], con reservas[G], consensuar[B], consumar(se)[D], contra reloj[A], contravenir[C], coyuntural[E], cuajar[D], culminar[E], dañar[E], de palabra[H], derogar[F], desactivar[F], desbloquear[C], desdecirse (de)[B], desmantelar[H], desobedecer[C], desvanecerse[J], efímero[G], entablar[B], esgrimir[G], faltar (a)[A], férreo[L], fértil[C], firmar[A], fleco (de)[A], forjar[B], formular[K], fraguar(se)[A], hacer(se) realidad[D], homologar[C], honroso[D], igualitario[D], impugnar[A], incitar (a)[F], incondicional[E], inconfesable[I], incumplir[C], inequívoco[H], infringir[B], involucrar(se) (en)[C], ligar[B], llevar a buen puerto[B], llevar adelante[C], llevar a la práctica[D], madurar[B], manifestación (de)[C], negar[F], negociar[A], obstaculizar[C], obstruir[F], obviar[E], orquestar[G], ostensible[M], perfecto[B], perfilar[B], pergeñar[C], persistir (en)[K], pilotar[B], pisotear[I], por los pelos[F], precario[H], propenso (a)[D], propulsar[E], prorrogar[C], prosperar[E], quebradizo[E], quebrantar[C], quebrar(se)[D], reabrir[E], recabar[E], refrendar[C], reinar[A], relanzar[B], reponer[B], rescindir[A], revalidar[H], reventar[A], revocar[H], robustecer(se)[A], saltarse[G], sellar[A], sin perjuicio (de)[F], soterrado[G], trabar[D], tramitar[G], transgredir[E], truncar(se)[F], unánime[A], urdir[E], urgir[B], vencer[P], vulnerar[C]**

♦ (VERBOS) Véase: **a pie juntillas[C], con matices[C], en líneas generales[A], plenamente[A,D], salomónicamente[B], venir (en)[C], verbalmente[B]**

☐ Véase también: ACCIÓN CONCERTADA; RESOLUCIÓN.

a cuerpo ♦ **ir, pasear, salir**

a cuerpo de rey *loc.adv./loc.adj.* ▌Se combina con...

A VERBOS QUE DENOTAN ATENCIÓN Y TRATO: **1 tratar ++:** Los cubanos le trataron *a cuerpo de rey*, con gastos pagados... EPE150800 **2 mantener:** ...mantenemos *a cuerpo de rey* a nuestros administradores... LVE230995 **3 atender:** ...invitó a su jefe a Miami y lo atendió *a cuerpo de rey...* ETC070497 **4 criar:** ...el animal ha sido criado *a cuerpo de rey...* LVE230995

B EL VERBO *VIVIR* Y –POR EXTENSIÓN– OTROS QUE DESIGNAN PERMANENCIA: **5 vivir ++:** ...es considerado un ídolo en Japón, donde vive *a cuerpo de rey.* EPU120701 **6 pasar:** Con este cuento pasa unos días *a cuerpo de rey...* EME030396 **7 permanecer:** ...lo llevaron al Hilton, donde permaneció *a cuerpo de rey* casi una semana. INDOC

C OTROS VERBOS; POSIBLES USOS CRUZADOS: ...adláteres que se benefician *a cuerpo de rey...* [Cf. *a manos llenas*] LVE071296

D ALGUNOS SUSTANTIVOS TEMPORALES: **8 día:** Cinco días *a cuerpo de rey* comiendo ostras, langostas y cocos. LVE310894 **9 semana:** ...toda una semana *a cuerpo de rey.* No te quejarás. INDOC

☐ Véase también: **plácidamente, ricamente.**

a cuestas *loc.adv./loc.adj.* ▌Generalmente se construye con los verbos *traer* y *llevar* o en combinación con la preposición *con.* Se combina con sustantivos que designan cargas, pesos o diversos objetos que se consideran pesados *(con la maleta a cuestas; llevar la guitarra a cuestas).* En su sentido figurado se combina con sustantivos que designan enfermedades o dolencias, así como sus síntomas o sus efectos *(enfermedad, parálisis, molestia, dolor, artritis: Cinco años ya con esta artritis a cuestas).* También se combina con...

A EL SUSTANTIVO *CRUZ* Y –POR EXTENSIÓN– CON OTROS QUE DESIGNAN ESTADOS DE ADVERSIDAD O INFORTUNIO EN DIVERSAS FORMAS Y GRADOS: **1 cruz ++:** ...encaró el debate con la cruz *a cuestas* del caso Cesid y de las nuevas revelaciones sobre los GAL... LVE280795 **2 derrota:** Jesús Marrufo salió con la derrota *a cuestas.* DYM010996 **3 problema:** Pero ellos siguen viviendo, y siguen con su problema *a cuestas.* EME270494 **4 fatalidad:** Las palabras del ministro Palermo parecen tener una fatalidad *a cuestas*: son siempre preliminares. CAP200397 **5 crisis:** Con la crisis *a cuestas* Andalucía, tópico escenario de la Semana Santa, ha vivido estos días de «pasión», su particular calvario. EME030494 **6 conflicto:** ...el eurofuncionario de turno no hace el esfuerzo exigible por entender a un pueblo con un conflicto histórico *a cuestas...* EPE300399 **7 avería:** ...un Mercedes con muchos kilómetros y un par de averías graves *a cuestas...* LVE090696 **8 resaca –:** Con la resaca *a cuestas*, hubo día (y noche), de playa en Formentera... LVE220695

B SUSTANTIVOS QUE DESIGNAN PERÍODOS, CON FRECUENCIA ASOCIADOS A LA TRAYECTORIA PERSONAL DE LOS INDIVIDUOS: **9 año +:** La señora, con sus años *a cuestas* persiguió a los policías casi dos cuadras y no pudo más. CAP091097 **10 legislatura:** Hay muchos concejales que llevan muchas legislaturas *a cuestas*, que están cansados... EME130295 **11 pasado:** En el fútbol no puedes vivir con el pasado *a cuestas*, ni para lo bueno ni para lo malo.. LVE050195 **12 biografía:** Usted, como cada cual, va por la vida con su biografía *a cuestas...* EME231096 **13 historial:** ...con todo su historial *a cuestas*, todavía han de sentar plaza europea para gozar de tan privilegiadas tutelas. EPE031099 **14 vejez:** Hay solitarios (...) con muertes anónimas, con amores clandestinos y con la vejez *a cuestas.* LVE160996

C SUSTANTIVOS QUE DESIGNAN EL CÚMULO DE CONOCIMIENTOS O VIVENCIAS QUE SE ADQUIEREN A LO LARGO DE UN PERÍODO GENERALMENTE LARGO: **15 experiencia +:** Pasado los 30, experiencia *a cuestas*, se divierte mirando fijo, sonriendo con amplitud y hablando. LPA050592 **16 veteranía:** ...con la veteranía *a cuestas* y el orgullo de ser la segunda actriz con más experiencia de la escena. EME100696 **17 bagaje:** ...con un exitoso bagaje *a cuestas* en su condición de compositor, (...) debutó profesionalmente como cantante. CLA070497 **18 vivencia:** Tiene 33 años y mil indeseables vivencias *a cuestas* pero se niega a ceder el poder... EME220694 **19 oficio –:** Una periodista de televisión con mucho oficio *a cuestas* exhibió, de pronto, reflejos... EME100296

D SUSTANTIVOS QUE DESIGNAN DIVERSOS ESTADOS CARENCIALES: **20 hambre:** Son gente como Malouk Armand, un camerunés de 24 años que, con el hambre *a cuestas*, atravesó Chad, Nigeria, Níger, Argelia y Marruecos... EPE080899 **21 desempleo:** Sin embargo, el desafío se asume con un 24 de desempleo *a cuestas*. EME260695 **22 penuria:** Y así como Uruguay anda con sus penurias *a cuestas*, los demás también exhiben sus dificultades. CLA080797

E SUSTANTIVOS QUE DESIGNAN ESTADOS ANÍMICOS RELACIONADOS GENERALMENTE CON LA INCERTIDUMBRE O LA INQUIETUD: **23 preocupación:** ...debieron aprender a existir con la preocupación *a cuestas*, pues diariamente sus vidas y sus bienes físicos se ven amenazados por el talud de tierra... ENV180497 **24 miedo:** En el ruedo te sientes mucho más que huérfano: solo. Solo, con tu miedo *a cuestas*. EME051195 **25 nostalgia:** ...sus poemas no necesitaban música, él mismo, con sus nostalgias *a cuestas*, le daba el ritmo con su lectura. EPE130900 **26 angustia:** Houria Ben Makhlouf vive con la angustia *a cuestas*. Y no es la única. EME030495 **27 trauma:** Con este trauma personal *a cuestas*, ella se lanza a la lucha política... EPE071001

F OTROS SUSTANTIVOS; POSIBLES USOS ESTILÍSTICOS: Recién cumplidos los cincuenta años y con todos sus éxitos internacionales *a cuestas*... LVE100894; ...los sevillanos, con el esfuerzo de Burdeos *a cuestas*, no se desencantaron con el punto obtenido finalmente. EME271195

acumulación ♦ **abigarrado[8], desmedido, desmesurado, elevado, excesivo, fuerte, gran(de)** ♦ **por** ♦ **problema (de), sistema (de)** ♦ **darse, evitar, generarse, producirse, propiciar, provocar**

acumular ♦ **desordenadamente, gradualmente, progresivamente[18], sin medida** ♦ **basura, capital, cargo, dato, deuda, dinero, energía, estrés, éxito, experiencia, fortuna, fracaso, fuerza, información, mérito, pérdida, poder, premio, presión, punto, riqueza, título, trabajo, ventaja**

☐ Véase también: **acaparar, monopolizar.**

acuñar *v.* **I** Se combina con...

A SUSTANTIVOS QUE DESIGNAN PIEZAS METÁLICAS, EN PARTICULAR MONEDAS, ASÍ COMO LAS MATERIAS DE QUE ESTÁN HECHAS. POR EXTENSIÓN, TAMBIÉN CON OTROS SUSTANTIVOS QUE DESIGNAN UNIDADES MONETARIAS: **1 moneda ++:** ...las monedas provenientes de la casa de moneda *acuñadas* en oro, plata, bronce y níquel. EXC211096 **2 plata:** ...por lo cual acordó que se *acuñaran* fuertes sumas de plata con el busto de Carrera. LHG080497 **3 peseta:** ...poseía una coleción de pesetas impresionante. Desde las primeras o *acuñadas*, a las impresas –sobre papel o cartulina–... LVE130196 **4 argentino:** Entre ellas, se destacaban el Argentino de Oro, *acuñado* por el país desde 1881 y hasta 1889... LNA270692 **5 escudo:** El Ayuntamiento franquista de Barcelona *acuñó* escudos con las cuatro barras en 1956. LVE120196 **6 medalla:** ...el Ayuntamiento de Barcelona *acuñó* unas medallas conmemorativas de la inauguración de un monumento a Josep Anselm Clavé... LVE120196 **7 llave –:** ...debieron violar 12 cerraduras de seguridad, de triple combinación, cuyas llaves –*acuñadas* en la Casa de Moneda– se encuentran depositadas en... CLA030797 **8 pieza:** ...la gran cantidad de denominaciones que los ecuatorianos han dado a esas piezas que, quién lo dijera, están *acuñadas* en México... EXC190900 **9 pin –:** ...la iniciativa de La Vanguardia de *acuñar* 300.000 ejemplares de un pin que reproduce el logotivo oficial del Liceu... LVE270294 **10 billete –:** El Banco de España pone hoy en circulación el nuevo billete de 10.000 pesetas *acuñado* por la Fábrica Nacional de la Moneda y Timbre. LVE200795

B SUSTANTIVOS QUE DESIGNAN EXPRESIONES VERBALES O TEXTUALES, A MENUDO DENOMINATIVAS, DE MUY DIVERSA NATURALEZA. TAMBIÉN CON OTROS QUE EXPRESAN ALGUNOS DE SUS CONTENIDOS: **11 palabra +:** pero la palabra Ecologia solo apareció *acuñada* en el siglo XIX, por el biólogo alemán Haeckel. LTB021296 **12 nombre +:** Juegos ignífugos: éste es el impronunciable nombre *acuñado* para este tipo de atracciones infantiles. LVE060996 **13 expresión ++:** Esa expresión se ha *acuñado* en el pasado nacional para hacer referencia a situaciones en las que... LTB020297 **14 frase +:** ...Adams, secretario de Estado, *acuñó* la frase famosa de *la fruta madura*. DLA120397 **15 eslogan +:** ...ha *acuñado* el eslogan de la *mutación* para definir la transformación del partido... LVE191296 **16 denominación +:** ...en su primera novela *acuñó* para su ciudad diversas denominaciones... PME150996 **17 máxima +:** Desde esa época *acuñó* la máxima que siempre ha manifestado... CAR091297 **18 aforismo:** ...*acuñó* el aforismo político conocido como el más cínico hasta entonces... ESP110397 **19 perla:** Y ya nos documentará en algún próximo artículo esa perla terminológica *acuñada* al final del escrito... LVE060296 **20 dicho:** ...un concierto más bien breve, que hizo bueno el dicho *acuñado* por Gracián... LVE161296 **21 metáfora:** Una bonita metáfora *acuñada* por los llamados post-estructuralistas franceses. HOY110897 **22 término +:** ...relatos como Amirbar evidencian claramente el sentido de término *acuñado*... LEC051297 **23 terminología +:** Aunque Fernando Ledesma, ministro de Justicia y promotor de la reforma, rechaza la terminología *acuñada* en la Prensa... EPE010400 **24 neologismo +:** Es para evitarlo que terminaron por *acuñar* el neologismo *fémenimasculin*. LVE231095 **25 sentencia:** Como aquella sentencia que varias décadas atrás *acuñaron* los educadores y terapeutas... CLA120397 **26 lenguaje:** ...desearían haber *acuñado* el presuntuoso lenguaje nuevo de Dinero... EPU170701 **27 oración –:** Quiero recordarles la oración que *acuñé*, cuando presidí la comisión de la Feria de Integración Internacional Peruano-Ecuatoriana... EXP011091 **28 etiqueta:** ...este estado de Nueva Inglaterra, en el que *acuñó* en 1992 su etiqueta favorita... LVE190296 **29 motivo:** Mientras tanto, la FNMT sigue *acuñando* motivos diferentes en las monedas. EPEANUA98 **30 formulación:** ...en la razón, que es, según la vieja formulación *provisional* que *acuñé* hace exactamente medio siglo, «la aprehensión de la realidad en su conexión». DLA190497 **31 definición:** ...una obra (...) que llevó al novelista Jay McInerney a *acuñar* una definición que se acerca a la perfección. CLA070197 **32 insulto:** ...insulto que *acuñó* la población India para despreciar a la policía colonial que servía al imperio británico... LVE220296 **33 apelativo:** El apelativo *escuela de Londres* lo *acuñó* R.B. Kitaj. LVE170296 **34 mote:** Allí se *acuñó* el mote *cipayos* para dirigirse a los ertzainas... LVE220296 **35 lema:** Gracias a su meyba y a su ley se *acuñaría* el lema: «Con Fraga, hasta la braga». LVE250396 **36 eufemismo:** Eso es tan cierto que hasta se ha *acuñado* el eufemismo de interdependencia... LPN171297 **37 canción –:** ...el grupo británico ganador de 1976 había *acuñado* una canción que triunfó como pocas: «Save your kisses for me». LVE070595 **38 refrán:** ...los refranes tardan en *acuñarse* mucho más tiempo que las monedas. INDOC **39 sambenito:** ...un sambenito que le colgaron nada más llegar al pueblo, al parecer *acuñado* por el hijo del alcalde... INDOC **40 argot:** El Gabinete «Juppé II», según el argot *acuñado* ayer, es la plasmación política del giro económico dado por el presidente Chirac... LVE081195 **41 patente:** ...le ganó por nocaut en el segundo a Alberto Coman, en Villa Rosario, la «patria chica», que ya le *acuñó* la patente de ídolo. CLA240497 **42 mensaje:** ...se *acuña* el mensaje de que «Jesús es la salvación verdadera»... EXC060197 **43 descripción:** Los observadores internacionales *acuñaron* la pintoresca descripción de las elecciones como «en general libres, pero no equitativas». LVE070795 **44 excusa –:** ...aún se sigue con la idea de la gobernabilidad, excusa bien *acuñada* para justificar lo injustificable... LVE140396 **45 broma –:** Muy fácil es la broma que han *acuñado* sus compañeros de partido respecto a las palabras «cuento contigo»... LVE160896

C SUSTANTIVOS QUE DESIGNAN NOCIONES REPETIDAS O ESTABLECIDAS, Y POR ELLO CONOCIDAS O ARQUETÍPICAS. TAMBIÉN CON OTROS QUE EXPRESAN RECURSOS DIVERSOS QUE DAN FORMA A LO QUE SE TIENE POR CIERTO O REPRESENTATIVO, ASÍ COMO A LO QUE SE DICTAMINA O SE GENERALIZA: **46 estereotipo +:** La aparición de un estereotipo lingüístico literalmente *acuñado* (por ejemplo, «alguna solución tendrá que haber»... EPE020285 **47 fórmula +:** ...regresó a la fórmula *acuñada* durante el franquismo, permitiendo de nuevo a los jueces acordar la prisión preventiva... LVE030295 **48 generalización:** Por eso, cada vez que se *acuña* una generalización, aparecen las contradicciones. ESP031100 **49 consigna:** ...a las pocas semanas de haber nosotros asumido la Presidencia de la República, *acuñaron* esta consigna... LDD260697 **50 tópico +:** ...más allá y al margen, a ser posible, de los tópicos *acuñados* por el tiempo. LVE201296 **51 tradición:** ...los jesuitas continúan la tradición de su fundador Ignacio de Loyola *acuñada* en la célebre fórmula «contemplativos en la acción». DHE121197 **52 axioma:** ...se desprenden unos cuantos axiomas políticos que, *acuñados* para situaciones históricas del pasado, poco o nada tienen que ver con la realidad... EPE301280 **53 lugar común:** ...por sus dueños, por sus fanáticos, por su estadio, por su uniforme, por los lugares comunes que han *acuñado*, pero sobre todo por sus triunfos. PME201096 **54 mito:** Un mito, como un lema heráldico, si es grande, no lo *acuña* sino la fe. EPE021084 **55 símbolo:** Y los símbolos se *acuñan* según las exigencias de cada época o momento. LVE160595 **56 leyenda:** La lectura de sus leyendas permite conocer la ciudad en que se *acuñaron* y los personajes importantes del momento. LVE110296 **57 doctrina:** ...ha *acuñado* la doctrina jurídica italiana el concepto de «función suplente». LVE010695 **58 estándar:** ...un torso que se acerca mucho más a los estándares de la belleza masculina *acuñados* por Hollywood. LVE301095 **59 código:** ...el sentimiento patriótico, el miedo, la comicidad, el romanticismo, tienen ya sus códigos sonoros *acuñados*. LPA190492 **60 verdad –:** Pero los armenios expresaron musicalmente, sabiéndolo o no, aquella verdad *acuñada* por el refrán... LVE100895

D SUSTANTIVOS QUE DESIGNAN EL CONJUNTO DE RASGOS PECULIARES QUE CARACTERIZAN O DISTINGUEN LAS COSAS O LAS PERSONAS: **61 imagen +:** Fue él quien *acuñó* la imagen del alcalde práctico, que potencia su gestión con los hechos. HOY170397 **62 estilo +:** Con los Gigantes, equipo que dirigió entre 1983 y 1990, Parcells *acuñó* un estilo de juego que los cronistas llamaron Billy Ball... PME190197 **63 perfil:** Jospin, sin ser un hombre «providencial» como lo era Jacques Delors, *acuñó* un perfil de buen gestor... LVE050295 **64 sello:** La compañía Disney ha *acuñado* un sello, una estética propia que sirve como denominación de origen y garantía de calidad de sus productos. LVE230296

E OTROS SUSTANTIVOS ABSTRACTOS, MÁS FRECUENTEMENTE SI DESIGNAN PENSAMIENTOS E INVENCIONES, PERO TAMBIÉN CONCEPTOS FILOSÓFICOS, POLÍTICOS O CULTURALES: **65 concepto +:** El concepto de autopista de información («information superhighway») fue *acuñado* por el vicepresidente de los Estados Unidos, Al Gore... CAP300197 **66 idea +:** Para eso, esperan concretar una idea *acuñada* en una ya más que gastada consigna para estos casos... LEC060597 **67 forma:** Esa situación obliga a emitir y apelar a la inflación: la forma *acuñada* por el Estado para financiarse cuando no le alcanzan sus recursos genuinos. LNP061097 **68 propuesta:** ...la añosa dicotomía weberiana entre una «ética de la convicción» (que permitió *acuñar* propuestas política y electoralmente muy rentables) y una «ética de la responsabilidad»... LVE220394 **69 tesis:** ...Gianni Vattimo, el pensador turinés que *acuñó* la tesis sobre el «pensamiento débil»... LVE180396 **70 teoría:** Una ironía agria de la «teoría del dominó» *acuñada* por el presidente Eisenhower... LVE300495 **71 distinción:** ...aquella distinción que Umberto Eco *acuñó* entre los apocalípticos y los integrados. LVE200695 **72 versión:** ...insistió en que la versión del Ave Azul denunciado en los dos últimos meses es apócrifa y se *acuñó* a fin de atribuir una imagen de violencia al PAN. EXC091196 **73 solución:** ...esa inexorable realidad nos revela que las soluciones *acuñadas*, para situaciones económico-sociales de otro tiempo... EPE021084 **74 hallazgo:** ...el hallazgo quedó *acuñado* para siempre. Con esa expresión se designa la forma que tienen de pintar el mundo algunos... EPE021286 **75 ideología:** ...de esta forma se realizará la ideología revolucionaria autárquica juche *acuñada* por su padre. EPD091097 **76 democracia:** ...hasta principios de la década de los 80, cuando las democracias recientemente *acuñadas* de la región erigieron límites constitucionales sobre la reelección. EXC300896 **77 nacionalismo:** ...el fundador del PNV *acuñó* un nacionalismo de corte étnico –del que se ha declarado heredero Arzalluz–... LVE291096 **78 situación –:** El actor evita que el personaje roce el ridículo por culpa de las inverosímiles situaciones *acuñadas* por unos guionistas que... LVE281295

F OTROS SUSTANTIVOS POSIBLES USOS ESTILÍSTICOS: El Betis de Lorenzo Serra Ferrer ha *acuñado* a golpe de talonario un buen número de estrellas. LVE100996; Tranquilizó el esférico, lo entregó seguro, no se desesperó y *acuñó* llegadas importantes en un par de cabezazos... LNP190397; Porque algunos confunden el universo *acuñado* por Allen a lo largo de una filmografía ejemplar con pavorosas, abominables películas... LVE200795

acusación ♦ **abierto, absurdo, afilado[5], agrio, atinado, calumnioso, certero[38], concreto, descabellado[33], desmesurado[65], difamatorio, duro, en cadena[51], encubierto, enérgico, envenenado, específico, explícito, formal, fundado[29], fundamentado[8], gratuito, grave, ignominioso, implícito, infundado[9], injurioso, irrefutable[9], malévolo, malicioso, mordaz[9], ofensivo, particular, penal, pintoresco, recíproco, refutable, serio, severo[28], sin fundamento[1], soterrado[26], tácito, tremendo, vejatorio** ♦ **bajo** ♦ **catarata (de), caudal (de), cúmulo (de)[58], lluvia (de)[21], objeto (de)[61], ola (de)[23], sarta (de)[26]** ♦ **afrontar[27], arreciar[3], avalar, basar(se) (en algo), cruzar(se), defenderse (de), desbaratar, desdecirse (de)[5], desestimar, desglosar[26], desmentir, desmontar[29], despejar(se)[60], desviar[44], difundir(se)[108], efectuar, encarar, enfrentarse (a), enzarzarse (en)[15], eximir (de)[11], exonerar (de), formalizar, formular[22], hacer, hacer extensivo[23], hacer frente (a), imputar[13], interponer, involucrar (a alguien), lanzar[6], levantar[24], librar(se) (de), negar[25], obviar[35], pesar (sobre alguien), presentar, proferir[1], prorrumpir (en), prosperar[23], rebatir[26], recaer[92], rechazar, recrudecer(se)[61], rectificar[54], referir(se) (a algo), refutar[18], reiterar, responder (a), retirar, salir al paso (de)[13], sobreseer[8], sustentar(se) (en algo), tomarse a pecho, verter[2]**

☐ Véase también: **atribución, imputación, recriminación.**

ACUSACIÓN

♦ (SUSTANTIVOS) Véase: **achacar[A], afilado[A], aplacar(se)[D], corroborar[E], corroer[C], decretar[F], deducir[D], descabellado[G], desmontar[F], desviar[F], difundir(se)[D], dilucidar[J], eludir[F], en firme[A], enzarzarse (en)[B], esparcir[D], eximir (de)[B], formular[D], imputar[B], infundado[C], limpio (de)[B], negar[C], perseverar (en)[K], prejuzgar[B], prosperar[C], rebatir[D], rectificar[K], refutar[D], salir al paso (de)[B], salpicar[F], severo[D], sin fundamento[A], sobreseer[B], soslayar[F], sustentar[F]**

♦ (VERBOS) Véase: **a gritos[C], a diestro y siniestro[E], a la ligera[F], seriamente[F], sin ambages[E], visceralmente[A]**

☐ Véase también: CRÍTICA; OPOSICIÓN.

acusadamente *adv.* ▮ Se construye con adjetivos calificativos con el sentido de *muy* o *marcadamente (La natalidad del país es acusadamente alta).* También se combina con...

A VERBOS QUE DESIGNAN LA ACCIÓN O EL PROCESO DE RESALTAR O HACER PATENTE O NOTORIA ALGUNA COSA: **1 destacar:** ...cifras que destacan *acusadamente*, más aún si se las compara con las que se preveían. INDOC **2 contrastar:** Esta tasa de actividad contrasta *de forma acusada* con la que registran los universitarios que sí expresan un fuerte deseo por incorporarse al mercado laboral. LVE160995 **3 marcar:** La personalidad arrolladora de Chirac hace prever que marcará *acusadamente* el mandato. LVE170595 **4 perfilar:** ...y su espíritu gruñón y tajante perfilan aún mas *acusadamente* esa primera imagen equivocada de su profesión. EPE130399

B VERBOS QUE DENOTAN CAÍDA O REDUCCIÓN: **5 descender +:** Dicha hormona es, a diferencia de las demás, la que más *acusadamente* desciende con el paso del tiempo... EME210396 **6 caer:** En el mercado de deuda pública del Estado, los tipos marginales han ido cayendo *de forma acusada* en las semanas transcurridas desde la anterior adjudicación de la Generalitat... LVE171196 **7 disminuir:** Este año el número de alumnos matriculados ha disminuido *acusadamente.* INDOC

C VERBOS QUE DENOTAN DETERIORO: **8 degradar(se):** Los citados partidos han degradado *acusadamente* la democracia en Cataluña. LVE091195 **9 erosionar:** El hecho de ser una de las pocas sociedades en pérdida dentro del Ibex 35 ha erosionado la cotización de la papelera de forma *acusada.* LVE211196 **10 envejecer:** El filósofo Ortega era por entonces un hombre *acusadamente* envejecido... LVE170695 **11 desgastar(se):** ...si el gobierno no se hubiera desgastado tan *acusadamente*, se hubiera mantenido un contacto más fluido con la sociedad... INDOC

☐ Véase también: **notablemente, ostensiblemente.**

acusado *adj.* ▮ Se combina con el sustantivo *rasgo* y con algunos que designan ciertas características que destacan el modo de ser de las personas *(valor, personalidad, sentido del humor, puritanismo).* Asimismo, se combina con algunos sustantivos que designan estados generalmente accidentales de las personas o de las cosas, por lo general negativos *(cansancio, malestar, deterioro).* Se combina además con...

A SUSTANTIVOS QUE DENOTAN CRISIS, DIFICULTAD, DESCENSO, REDUCCIÓN O DETERIORO DE ALGO, FRECUENTEMENTE EN EL ÁMBITO ECONÓMICO, PERO TAMBIÉN EN OTROS: **1 descenso ++:** Únicamente el año 91 registró un *acusado* descenso en la cifra de visitantes... ABC120293 **2 caída +:** Transforma la línea tradicional del cuadro en *acusadas* caídas y brazos; inunda sus piezas de grises y azules... ABC011093 **3 desaceleración +:** La economía de Estados Unidos ha registrado una *acusada* desaceleración en el tercer trimestre del año al crecer un 2,2 por ciento en ritmo interanual... LVE311096 **4 retroceso +:** Tan *acusado* retroceso se debe al progresivo aumento de los gastos fiscales... EME130295 **5 recesión +:** ...la recesión que ha vivido la industria del automóvil durante el pasado año ha sido la más *acusada* de los últimos 20 ejercicios. EME110194 **6 retraso +:** ...afronta ahora su primer año seco desde 1995 con un *acusado* retraso en las obras hidráulicas. EPE050999 **7 recorte +:** ¿No cree que un recorte *acusado* de la inversión pública en el presupuesto del próximo año (...) puede afectar al crecimiento económico? LVE140796 **8 reducción +:** ...supone la reducción más *acusada* registrada en cerca de dos meses. EME251096 **9 desgaste +:** Pero finalmente se ha llegado a una situación de desgaste muy *acusado* del Gobierno central... LVE180795 **10 deterioro +:** Estado de deterioro muy *acusado* de los graderíos inferiores. EME191096 **11 pérdida +:** Igualmente, la pérdida de empleo es más *acusada* en los sectores productivos que en los de servicios... EME180594 **12 crisis:** La propia organización por el Estado de tantos conciertos, en épocas de crisis *acusadas*, debe dar paso a la meditación. ABC081093 **13 empeoramiento:** ...hoy hay que esperar un empeoramiento *acusado* del tiempo... EPE090280 **14 endeudamiento:** ...el *acusado* endeudamiento local (40.000 millones de débitos contraídos con la banca)... EPE160399 **15 desertización:** ...ni juzgó a fondo la tragedia de la desertización, más *acusada* en zonas castellanas y aragonesas (...) ni se preparó bien la lección. EME130596

B SUSTANTIVOS QUE DENOTAN ASCENSO, AMPLIACIÓN O MEJORÍA, CON FRECUENCIA REFERIDOS TAMBIÉN AL ÁMBITO ECONÓMICO: **16 subida +:** Entonces, excluido ya el denominado «efecto euro» y la *acusada* subida de precios que de él se ha derivado, el sector volverá a la normalidad. EPE301001 **17 aumento +:** ...también constató un aumento *acusado* de la demanda de plazas. EPE150499 **18 incremento +:** El incremento más *acusado* se registrará en la zona de Benicàssim y Oropesa... EPE140799 **19 recuperación +:** ...observó una *acusada* recuperación que le permitió cerrar la jornada con un retroceso «tan solo» del 6,26. EME110195 **20 expansión +:** Claro está, en gran medida la *acusada* expansión del comercio mundial se ha debido a la eliminación a lo largo de los años de barreras proteccionistas... EME020595 **21 mejora +:** ...la mejora de precios en los títulos españoles de Deuda ha sido más *acusada* que en el caso de los bonos alemanes. LVE310396 **22 mejoría +:** ...la mejoría más *acusada* desde hace más de un año en este indicador parcial de la industria. LVE101096 **23 apreciación:** ...se apostaba por una apreciación de las bolsas europeas, más *acusada* en el caso de las *periféricas* como la española. LVE090495

C SUSTANTIVOS QUE DENOTAN CAMBIO O EVOLUCIÓN: **24 cambio +:** La campaña Abierto por vacaciones que realizó la pinacoteca durante el mes de agosto ha significado el cambio de tendencia en la afluencia de público más *acusado*... EPE050199 **25 proceso +:** ...el libro insiste asimismo en el *acusado* proceso de modernización y profesionalización que ha experimentado el CESID... ABC240295 **26 rotación:** El volumen de contratación crece a gran ritmo (...) aunque la *acusada* rotación del mercado hace que sólo una parte de éstos vayan a incrementar el empleo neto de la economía. EME311296 **27 alteración:** ...tuvo que ser atendido en el hospital de Puigcerdà a causa de su *acusada* alteración nerviosa. EPE050199 **28 evolución:** No cabe aquí comentar pormenorizadamente la evolución más o menos *acusada* que (...) se percibe en las obras... ABC090695 **29 trasvase:** En la primera porque sólo un *acusado* trasvase de CiU puede permitir al PP superar (...) los excelentes resultados de 1993... LVE280196 **30 corrimiento:** El más llamativo es el *acusado* corrimiento del electorado hacia la derecha. EME190495

D SUSTANTIVOS QUE DENOTAN AUSENCIA O CARENCIA: **31 déficit +:** ...afirmaron que buscarán sus propias soluciones para paliar el *acusado* déficit fiscal. LVE210796 **32 falta +:** Este toro, que tuvo una *acusada* falta de fuerza, perdió las manos sobre todo en los remates. EME310595 **33 ausencia +:** Posiblemente, la más *acusada* sea la ausencia de operaciones de naturaleza hostil... EPD201097 **34 escasez +:** El consejero de Agricultura (...) reconoce que la *acusada* escasez de lluvias está teniendo un fuerte impacto en el campo andaluz... EPE060899

E SUSTANTIVOS QUE DENOTAN INCLINACIÓN HACIA ALGO: **35 tendencia ++:** ...«hay una *acusada* tendencia a convertirme en líder, en querer que capitanee cosas sin que yo lo quiera.». LVE231196 **36 propensión +:** ...una persona que muestre una *acusada* propensión a perder oportunidades de salir adelante sólo tendrá interés cuando se revele cuál es el origen de esa propensión... EPE011199 **37 vocación +:** ...es un joven periodista de nuestra época con un notable conocimiento de la vida de los barrios barceloneses y una *acusada* vocación por la información local. LVE191296 **38 gusto:** ...su labor como director se ha caracterizado las más de las veces por un *acusado* gusto por los contrastes... ABC161092 **39 predisposición +:** La defensa del Mallorca resistió con orden las embestidas del Chelsea, aunque con la predisposición cada vez más *acusada* de echarse atrás. EPE230499 **40 inclinación +:** ...reveló desde muy joven una *acusada* inclinación a la música y tuvo la fortuna de tener como maestro a... INDOC **41 sesgo:** ...otro periodo de Gobierno socialista «con un núcleo duro, con un sesgo neoliberal muy *acusado*, no nos acercaría a lo que defiende el sindicato». EME290395 **42 querencia:** Todos reservones, con *acusadísimas* querencias a tablas, no admitían ningún tipo de faena preciosista. EPE150580

F SUSTANTIVOS QUE DENOTAN PREEMINENCIA O HEGEMONÍA EN ALGUNA SITUACIÓN. TAMBIÉN CON OTROS QUE EXPRESAN MAGNITUDES EN REFERENCIA AL ALTO GRADO EN QUE SE APLICAN: **43 protagonismo ++:** Situado pronto en los centros de poder, actuó en ellos con *acusado* protagonismo... ABC290592 **44 relevancia:** La relevancia de los coches pequeños en España es todavía más *acusada*... LVE050596 **45 prevalencia:** La prevalencia femenina en otro de los sectores más golpeados por el desempleo, el de menores de 25 años, fue también muy *acusada* en febrero. EPE030399 **46 intensidad:** ...la intensidad de la recuperación empresarial está siendo especialmente *acusada* en las industrias manufactureras... LVE031294 **47 volumen:** ...su pintura había ido despojándose y concentrándose en elementos mínimos, de volumen cada vez más *acusado*. ABC200195 **48 densidad:** ...relato de una profunda depresión pergeñado con aguda introspección psicológica y *acusada* densidad intelectual. ABC100395

G SUSTANTIVOS QUE DENOTAN SIMILITUD, DIVERGENCIA O CONTRASTE: **49 diferencia ++:** Las diferencias más *acusadas* se registran en las categorías de mayor cualificación... EPE020488 **50 contraste +:** Una obra de orden más conceptual e ideológico cuya objetivación formal plantea un *acusado* contraste... ABC071094 **51 desproporción +:** En los doce últimos meses existe una desproporción bastante más *acusada*... LVE271296 **52 desnivel +:** ...consideró reconfortante el recorrido pese a sus *acusados* desniveles. EME290495 **53 desigualdad +:** Existen desigualdades territoriales muy *acusadas*... EPE021001 **54 desequilibrio:** La teórica igualdad dio paso al desequilibrio más *acusado*. EME090194 **55 rivalidad:** Se trata de otra de las grandes citas de la batalla sindical, que en el País Vasco alcanza una especial significación por la *acusada* rivalidad... EPE070199 **56 antagonismo:** ...mantienen un *acusado* antagonismo con los dos sindicatos de ámbito estatal. EPE150499 **57 claroscuro:** ...en fin, un ciego cantor, de *acusado* claroscuro. ABC140194 **58 coincidencia:** Por encima de todo, la coincidencia del discurso independentista de PNV y EA con el de ETA-HB es mucho más *acusada* hoy... EPE241299 **59 afinidad:** Pero pocas veces esta afinidad es tan *acusada* como la existente entre el clavecinista holandés Bob van Asperen, nacido en Amsterdam en 1947, y el clave. ABC210593 **60 uniformidad:** Aquella mezcla de libertad y de armonía (...) es otro de los caracteres que dan (...) una uniformidad *acu-*

sada a la obra... ABC290995 **61 equilibrio:** ...dispondrá de dos hombres de su confianza, los doctores Joan Clos y Xavier Casas, dos médicos dotados de un *acusado* sentido del equilibrio... LVE221196 **62 diferencialidad –:** También se comprometen a «reconocer y defender como suyas las pecularidades de las comunidades españolas que manifiestan una diferencialidad más *acusada*»... EME250595

H SUSTANTIVOS QUE DENOTAN INTERVENCIÓN O PARTICIPACIÓN EN ALGO. TAMBIÉN CON OTROS QUE EXPRESAN LA CONCURRENCIA DE VARIOS ELEMENTOS O LA RELACIÓN QUE SE ESTABLECE ENTRE ELLOS: **63 intervención:** ...su repertorio se amplía con una más *acusada* intervención del espacio vacío en unas formas también más expresionistas... ABC201291 **64 presencia +:** En ella se advertía ya la presencia *acusada* de ciertos rasgos de estilo que conferían a la autora un perfil singular... ABC050393 **65 participación:** La escasa participación es aún más *acusada* en los centros públicos que en los concertados... EPE200499 **66 mezcla:** ¿Está usted de acuerdo en que los estilos musicales están muriendo y en que la mezcla resulta cada vez más *acusada*? LVE251295 **67 concentración:** ...la concentración de nuestros paisanos es tan *acusada* que sus paseos marítimos parecen barriadas de la capital. EPE140899 **68 vinculación:** La *acusada* vinculación al lugar, la reflexión sobre una nueva... EPEANUA98 **69 variedad:** ...Europa presenta una variedad muy *acusada* entre sus pabellones que poseen una unidad que no tiene que ver con el idioma arquitectónico, sino con la tecnología. ABC240492 **70 simbiosis –:** En los primeros tiempos la simbiosis entre un Ayuntamiento socialista, el de Barcelona, y un Gobierno socialista no era muy *acusada*. LVE161096

I SUSTANTIVOS QUE DENOTAN INFLUENCIA: **71 influencia +:** También se cita (...) la *acusada* influencia de mensajes de tipo conservacionista... FDV180601 **72 incidencia +:** La incidencia del desempleo sigue siendo más *acusada* entre las mujeres. EPE060299 **73 repercusión +:** Se hizo especial hincapié en que la mejora tendría una *acusada* repercusión en las condiciones laborales, pero al pasar los meses comprobamos que... INDOC **74 presión:** ...la presión era más *acusada* «y era casi un pecado ser empresario». LVE230696

J ALGUNOS SUSTANTIVOS QUE DESIGNAN LO QUE SE EXPERIMENTA O SE PERCIBE: **75 sentimiento:** La gente tiene ese sentimiento más *acusado* que yo y por eso quiero ganar. EPD011197 **76 sensación:** ...la mortalidad infantil, la marginación económica y una *acusada* sensación de desesperanza van en aumento. EME080995 **77 impresión:** Esta impresión es todavía más *acusada* en este modelo, debido al mencionado incremento de las prestaciones. EME120396 **78 percepción:** Teníamos esa percepción y, ahora, tras las elecciones municipales, es más *acusada*. EME150695

K ALGUNOS SUSTANTIVOS QUE DESIGNAN FENÓMENOS CLIMÁTICOS O METEOROLÓGICOS: **79 nubosidad +:** Nubosidad de evolución diurna, más *acusada* en los sistemas montañosos y proximidades. EPE100379 **80 borrasca:** Tenemos una borrasca débil al noroeste de Galicia, pero muy *acusada* en niveles altos... EPE021987 **81 polución:** ...la falta de previsión para combatir una polución cada vez más *acusada*... EPE120999 **82 sequía:** ...coincidieron con una *acusada* sequía en el País Vasco... EPE250199 **83 calor:** En el sur el calor seguirá siendo muy *acusado*. LVE250795

L OTROS SUSTANTIVOS: POSIBLES USOS ESTILÍSTICOS: Amengual mueve sus personajes, con más acierto cuanto más *acusada* es la caricatura. EME200895

☐ Véase también: **acusar, ostensible.**

acusadoramente ♦ **apuntar, mirar, señalar**

acusar *v.* ▌En el sentido de 'imputar' se combina con sustantivos que designan personas, agrupaciones o instituciones *(Acusar al entrenador de los malos resultados del equipo)*; en el de 'notificar' se combina con el sustantivo *recibo*. En el sentido de 'manifestar o reflejar' se combina con sustantivos que designan características –físicas o psíquicas– de las personas *(fortaleza, veteranía, sosería)*, así como con otros que expresan actitudes, emociones y estados de ánimo *(refinamiento, temor, nervios)*. Se combina a menudo con sustantivos que designan alteraciones de la salud *(dolor, resaca, achaque)* o golpes, interpretados física o figuradamente *(golpe, varapalo, mazazo, impacto: La bolsa acusó el impacto de la crisis)*. Además se combina con...

A SUSTANTIVOS QUE DESIGNAN EL EFECTO NEGATIVO PRODUCIDO POR EL DESARROLLO DE UNA DETERMINADA ACTIVIDAD, ESPECIALMENTE EL CANSANCIO O EL ESFUERZO. POR EXTENSIÓN, CON OTROS QUE DESIGNAN LA ACTIVIDAD MISMA: **1 cansancio ++:** ...las saltadoras, aún con saltos de gran nivel, *acusaron* el cansancio tanto del día anterior como del alto volumen de entrenamientos... CAN170599 **2 fatiga ++:** Pero *acusaba* la fatiga de una larguísima epopeya. LVE040295 **3 esfuerzo ++:** El equipo no *acusó* el esfuerzo y, además, los hombres de refresco lograron dos tantos. LRE060103 **4 presión +:** Pero el cúmulo de circunstancias adversas fue ayer excesivo para un equipo que empieza a *acusar* la presión de estar ubicado tan arriba. LVE271195 **5 desgaste +:** En los 30 primeros minutos el Portland no pudo frenar el ritmo endiablado del Ademar, que luego *acusó* el desgaste. EPE301201 **6 desfallecimiento:** ...cuando quiso seguir el incomparable ritmo del italiano y *acusó* un desfallecimiento físico sin consecuencias graves. LVE190796 **7 pájara:** El Barcelona *acusó* su primera pájara a partir del segundo minuto. EME270295 **8 ayuno:** ...que iniciaron hace 16 días una huelga de hambre comenzaron ayer a *acusar* el prolongado ayuno... EPE181199 **9 saturación –:** ...los mercados internacionales *acusaron* una sensible saturación... LVE071096 **10 exceso –:** Si la idea se lleva a cabo debería fijarse un calendario racional para que los jugadores no *acusen* el exceso de partidos. EPE050199

B SUSTANTIVOS QUE DENOTAN CRISIS, DIFICULTAD, DESCENSO, REDUCCIÓN O DETERIORO. TAMBIÉN CON ALGUNOS QUE EXPRESAN OTRAS MANIFESTACIONES DE ALGÚN RESULTADO ADVERSO: **11 crisis ++:** La compañía francesa, que ha *acusado* notablemente la crisis que afecta a la industria del automóvil en toda Europa... EME120194 **12 dificultad ++:** Dos triples consecutivos del alero de Carmona terminaron de destrozar a un líder que *acusó* en exceso las dificultades que tuvieron sus dos bases... EME061195 **13 descenso ++:** Errático, Agassi parece haber *acusado* su descenso de tres escalones esta semana en el «ranking» de la Asociación de Tenistas Profesionales. DYM240796 **14 retroceso** +: ...sobre todo, a la producción industrial, que ya *acusa* un retroceso de la demanda extranjera... LVE030895 **15 deterioro** +: ...y la atención, dependientes de una vigilia limpia y fresca, *acusan* un deterioro creciente. ABC120393 **16 bache:** Es cierto que el líder está *acusando* el bache lógico de un equipo que durante toda la temporada... LVE110396 **17 derrota** +: ...no tiene otra opción que la del triunfo después de las dos derrotas que *acusó* en la ronda final... LEC160397 **18 recesión:** ...y los propios diseñadores *acusan* una clara recesión, con fuertes descensos en la facturación. EPE171201 **19 desaceleración:** ...estamos ante una buena noticia para la economía internacional, que estaba *acusando* la desaceleración registrada en la mayor parte de los países europeos... LVE301095 **20 disminución:** ...mientras la producción en las granjas de estas comarcas *acusa* una leve disminución como corresponde a este periodo. LVE290795 **21 merma:** ...fue víctima de un glioblastoma en el lóbulo temporal derecho sin que *acusara* merma alguna en su actividad musical. ABC230793 **22 retraso:** Su costa norte *acusa* un retraso en relación con el norte de Europa y la costa sur en relación con la del norte. LVE100395

C SUSTANTIVOS QUE DENOTAN ASCENSO, INCREMENTO O MEJORÍA: **23 aumento** ++: Alemania *acusó* un fuerte aumento del paro en dicembre... LVE110195 **24 alza:** Entre las variaciones, Tabacalera volvió a mostrarse floja, los bancos estuvieron desiguales y los eléctricos *acusaron* la fuerte alza de la víspera. LVE271095 **25 subida** +: ...en los primeros meses del año los precios *acusaron* muy desfavorablemente la subida en un punto del IVA... LVE140196 **26 avance:** En los comicios federales de 1994, cuando la elección de Ernesto Zedillo, la oposición *acusó* un avance notable... PME210796 **27 crecimiento:** Prácticamente el único item de la institución que *acusó* un crecimiento por debajo de la media, fue la concesión de créditos... EUV120996 **28 incremento** +: Chrysler ha apostado por un salto importante hacia adelante para el Neon, mejorando todos los apartados que podrían haber *acusado* el incremento de potencia. LVE190596 **29 acumulación:** Segunda derrota consecutiva del TDK, que en sus últimos compromisos ha *acusado* la acumulación de partidos. LVE151296 **30 recuperación** +: Con el dólar *acusaba* la recuperación final de la moneda americana y tras abrir en 131,80, cerraba por encima de 132,65. LVE040295 **31 mejora** +: En relación a los datos del comercio exterior de octubre, todos los sectores productivos *acusaron* la mejora de las exportaciones... EPE301299 **32 mejoría** +: Anteayer los facultativos le retiraron la mascarilla de oxígeno que le permitía respirar al *acusar* una notable mejoría. DED310197

D OTROS SUSTANTIVOS QUE DENOTAN CAMBIO: **33 cambio** +: ...aunque quizá la temporada anterior *acusé* el cambio de equipo y la aclimatación a una nueva ciudad y a su ambiente. EME030696 **34 evolución** +: ...todos ellos *acusan* una evolución alcista a niveles muy superiores a los de ese aumento del 0,7. EPE100780

E SUSTANTIVOS QUE DENOTAN AUSENCIA O NECESIDAD: **35 ausencia** +: El Girona *acusó* la ausencia del lesionado Sekunda. EPE151001 **36 falta** +: El hispanofrancés *acusó* la falta de ritmo y por su banda llegaron los dos primeros goles locales... LVE231296 **37 carencia** +: ...la propuesta del equipo universitario se ajustó a la falta de condiciones físicas que *acusaron* las carencias del poco trabajo que tiene el grupo de jóvenes jugadores... VEN230899 **38 necesidad** +: ...allí donde el juego se mezclaba con la elegancia y el paisaje *acusaba* la necesidad de una presencia femenina. LVE060996 **39 escasez:** Un cuento de vampiros moderno, ambientado en San Francisco, que *acusa* escasez de ideas a pesar de tener un buen arranque. LVE280495 **40 vacío:** Y la Intendencia Metropolitana *acusa* un vacío legal para sancionar a los responsables del colapso... LEC120696

F SUSTANTIVOS QUE DENOTAN RUPTURA, DESAPARICIÓN, PÉRDIDA Y OTRAS MANIFESTACIONES DEL CESE DE ALGÚN ESTADO DE COSAS: **41 pérdida** +: ...en un momento en el que la Bolsa española está *acusando* fuertes pérdidas y en el que los tipos de interés se mantienen obstinadamente altos... EME170494 **42 desaparición:** ...pierden oyentes (...) Onda Cero (133.000, 41 menos) –que *acusa* la desaparición de la revista de tarde que conducía Julia Otero–... EPE101299 **43 retirada:** ...afirma que sigue siendo un excelente negocio, pero se jibariza, se cuece y concentra en su propio jugo y *acusará* pronto la retirada de Luis Valls... LVE230795 **44 fragmentación:** ...pero en Estados Unidos, la high school ha ido *acusando* una violenta fragmentación entre los deportistas, los empollones, los pijos... EPE030599 **45 escisión:** Iniciativa per Catalunya (IC) *acusa* la escisión de Izquierda Unida (IU)... EPD101197

G SUSTANTIVOS QUE DENOTAN DIFERENCIA O DESIGUALDAD: **46 diferencia** +: También se han instalado unos nuevos asientos (...) que *acusan* la diferencia de la dinámica de la sala cuando está vacía o llena de público. ABC010592 **47 desequilibrio** +: Así, lo que había comenzado briosamente va perdiendo poco a poco aliento e interés, y la construcción *acusa* ciertos desequilibrios... ABC190692 **48 desfase** +: El mercado está *acusando* el desfase económico respecto a EE. UU., espejo en el que siempre se ha mirado el Reino Unido. EME020394 **49 desventaja** +: ...forzaran el cuarto o el quinto partido, en los que su conjunto podría *acusar* la desventaja del desgaste físico... EME270594 **50 desigualdad:** ...De la Mora anatomiza la política de su país con el advenimiento de la República para mostrar la desigualdad de clases que *acusaba* el Estado español... EME220194 **51 desajuste:** Acusa, de una parte, un desajuste entre los objetivos y los resultados de la política de vivienda... EPE050877 **52 inferioridad:** El Barça, con dos goles, de Kluivert y Luis Enrique, y otro de Guardiola, anuló al Sparta que *acusó* su inferioridad numérica. EPE091299

H SUSTANTIVOS QUE DENOTAN EFECTO O INFLUENCIA: **53 efecto** ++: En efecto, las empresas empiezan a *acusar* los efectos de esta plaga. EME100396 **54 consecuencia** +: Los que más *acusan* las consecuencias de los cambios en el mercado de trabajo son los más jóvenes... LVE190296 **55 influencia** ++: ...es uno de los más fieles seguidores de las corrientes impresionistas, *acusando* la influencia de Pisarro en el realismo paisajístico de sus telas... ABC110394 **56 influjo** +: ...con un reflexivo ensayo que *acusa* un revelador y marcado influjo de Ortega. ABC231092 **57 repercusión:** ...al no haber *acusado* las repercusiones del presunto caso de corrupción en la Diputación provincial... EPE140699

I SUSTANTIVOS QUE DENOTAN ERROR, IMPRECISIÓN O FALTA DE EXPERIENCIA O EFICIENCIA: **58 fallo** +: ...*acusó* una serie de pequeños fallos que obligaron al fabricante a llamar a todos los clientes para revisar sus coches y retrasar seis meses su comercialización en Europa. EME050195 **59 error +:** ...no salvan del naufragio una producción que también *acusa* un evidente error de casting... LVE240596 **60 inexperiencia +:** ...pero *acusaron* su inexperiencia olímpica en los encuentros ante Alemania y China, respectivamente. LTB250900 **61 confusión:** Durante la primera mitad, el conjunto griego *acusó* confusión en ataque... EME190996 **62 desliz:** ...buscan mantener una fachada de «izquierda» *acusando* los deslices y excesos de sus aliados políticos... LTB200197 **63 laguna:** Las relaciones (...) han sufrido un grave déficit y *acusan* lagunas que afectan al epicentro mismo de la trama... LVE160195

J SUSTANTIVOS QUE DENOTAN DATOS O MEDICIONES: **64 resultado +:** ...un equipo que podía *acusar* el mal resultado en el Campeonato de Europa... LVE110396 **65 índice:** ...una buena parte de los gobiernos latinoamericanos *acusan* hoy índices de aprobación bajísimos. CAP190995 **66 sondeo:** El franco *acusó* el sondeo que pone a Jacques Chirac por delante de Edouard Balladur... LVE030395 **67 metraje:** Premios aparte, la verdad es que la película *acusa* un excesivo metraje... LVE040196 **68 récord:** ...*acusó* un récord en la cantidad de pasajeros transportados de acuerdo con los guarismos de los últimos 25 años... CLA030797 **69 cifra:** A pesar de ello, el dólar apenas *acusó* estas cifras, mejores de las previstas por los analistas... LVE200495

K OTROS SUSTANTIVOS; POSIBLES USOS ESTILÍSTICOS: La creación del poeta de Guatemala, más bien *acusa* los destellos del genio que las manifestaciones del talento cotidiano. LHG280897

▩ Se combina también con: ♦ **a diestro y siniestro[60], a gritos[12], a la defensiva[13], a la ligera[42], a voces[13], cobardemente, con dureza[3], desfavorablemente[5], en falso[27], falsamente, infundadamente, injustificadamente, inútilmente[22], justificadamente, notablemente[7], ostensiblemente[25], palpablemente, repetidamente[25], rotundamente, sin ambages[35], sin contemplaciones[37], sin fundamento, sin miramientos, sin pruebas, sin tapujos[42]**

□ Véase también: **acusado, delatar, imputar.**

adaptación

♦ **adecuado, ajustado, cinematográfico, cómodo, cuidadoso, difícil, excelente, fácil, fiel, gradual, lento, libre, literal[22], llevadero, mediocre, necesario, obligado, paulatino, perfecto[14], profundo, progresivo, rápido, sistemático, teatral** ♦ **capacidad (de), falta (de), nivel (de), período (de), poder (de), problema (de), proceso (de)** ♦ **censurar, conseguir, facilitar, garantizar, hacer, impedir, lograr, promover, propiciar, realizar, revisar, someter(se) (a)**

□ Véase también: **adaptar(se) (a), ajuste, amoldar(se) (a).**

adaptar(se) (a)

♦ **al pie de la letra[13], cómodamente, como un guante, con dificultad, de buen grado[10], de golpe, fielmente, gradualmente[44], paulatinamente[48], perfectamente, plenamente[43], poco a poco, progresivamente, rápidamente, sin dificultad** ♦ **altura, ambiente, calendario, cambio, capacidad, circunstancia, clima, condición, demanda, estilo, exigencia, fluctuación, forma, función, gusto, horario, lugar, medio, mentalidad, mercado, modo, movimiento, necesidad, norma, normativa, presupuesto, realidad, regla, sistema, situación, sociedad, técnica, tiempo, trabajo, vida**

□ Véase también: **adaptación, ajustar(se) (a).**

adecentar

v. ▮ Se combina con sustantivos que designan lugares y espacios *(calle, casa, ciudad, edificio, ría, terreno, plaza, aparcamiento, barrio, jardín, instalación)*, así como algunas de sus partes o sus componentes *(sala, habitación, fachada, rincón, margen)*. Se usa también con ciertos sustantivos de persona *(adecentar al niño)*, así como con algunos que designan prendas *(pantalón, chaqueta)*, muebles u otros objetos físicos *(mesa, armario)*. Admite además otros que designan actuaciones que se consideran habituales o extendidas *(costumbre, hábito, vida pública)*. Asimismo se combina con...

A EL SUSTANTIVO *IMAGEN* Y CON OTROS QUE HACEN REFERENCIA AL ASPECTO EXTERNO DE LAS PERSONAS O LAS COSAS. TAMBIÉN CON OTROS QUE DESIGNAN ALGUNAS PARTES DEL CUERPO: **1 imagen +:** La Real *adecentó* su imagen y la presión le reportó algún beneficio... EPE231299 **2 aspecto +:** De mármol blanquísimo, presenta ahora un aspecto lustroso y *adecentado*, tras haber recibido un nuevo tratamiento. EPE311201 **3 figura:** ...los dos restauradores que *adecentaban* la figura de la Virgen, y que por el momento quieren seguir en el anonimato. EPE040299 **4 cara:** ...la convierte en capital de la arqueología industrial y en polo de atracción turística, y ha empezado a *adecentar* su cara, la entrada a la ciudad... LVE060696 **5 barba:** ...el único cambio que accedió a aplicar en su vida (...) fue *adecentarse* algo su pelirroja barba. EPE070999

B SUSTANTIVOS QUE DESIGNAN ORGANIZACIONES O INSTITUCIONES: **6 partido:** Para empezar, se les exige que *adecenten* los propios partidos. EME200194 **7 administración:** ...podrían desacreditar cualquier acción de las actuales autoridades por *adecentar* la administración pública. DED290896 **8 política:** Bien le hacía falta a nuestra política nacional que la *adecenteran* un poco. INDOC **9 institución:** ...ha amenazado con proponer (...) la revocación de todos los consejeros con el objeto de *adecentar* la institución... EPE061199 **10 justicia:** ...indicó que debe *adecentarse* la justicia para que en el país no haya impunidad... LDD300697 **11 democracia:** Sólo un agua violenta, portadora de clásicos y verdades, de fuerza verde y cielo litográfico, puede *adecentar* esta democracia... EME290196 **12 empresa:** La directiva obliga a los desguaces a *adecentar* sus empresas. DDN030101

C EL SUSTANTIVO *RESULTADO* Y CON OTROS QUE DESIGNAN RESULTADOS GRAVES, FALLIDOS O POCO PROPICIOS: **13 derrota:** Sólo el retorno de Sabonis cerca del descanso permitió (...) *adecentar* su derrota en el intermedio (38-42). LVE130395 **14 fracaso:** Los dos últimos partidos (...) sólo sirvieron para que Estados Unidos *adecentara* su fracaso. EME271195 **15 debacle:** ...hacía y deshacía a su antojo, sin encontrar aliados que le permitieran *adecentar* la debacle. EME041295 **16 caída:** El orgullo de Nacho Rodríguez *adecentó* la caída de los malagueños.

EME021095 **17 descenso:** El conjunto riojano sólo buscará *adecentar* su descenso a Segunda División. EME140595 **18 resultado:** Pero a Víctor le cayó un rebote dentro del área, resolvió con oficio ante el portero y *adecentó* el resultado. EPE151299

D ALGUNOS SUSTANTIVOS QUE EXPRESAN HECHOS O INFORMACIONES FALTOS DE DECORO O PROPIEDAD: **19 inmoralidad:** ...dirige la campaña para *adecentar* las inmoralidades y groserías de la industria del entretenimiento y el espectáculo... EPE090899 **20 grosería –:** Trató de *adecentar* su grosería natural, pero solo consiguió disimularla bajo una empalagosa capa de engolamiento. INDOC

E SUSTANTIVOS QUE DESIGNAN MAGNITUDES CUANTITATIVAS, ASÍ COMO ALGUNAS FORMAS DE MEDIRLAS O PRESENTARLAS: **21 tasa:** ...han dejado de poner las tasas que recaudan de verdad. Hemos *adecentado* las tasas. LVE290996 **22 estadística:** ...con la excepción (...) de Perasovic, cuyas estadísticas se *adecentaron* merced a los tiros libres. EPE260499 **23 cifra:** ...cifras casi impresentables que alguien debería ocuparse de *adecentar*. INDOC **24 número:** El último cuarto del encuentro fue una acelerada carrera de los blancos por *adecentar* los números que mostrarán los almanaques. EPE080301

F SUSTANTIVOS QUE DESIGNAN OBRAS, MÁS FRECUENTEMENTE ARTÍSTICAS, ASÍ COMO OTROS RESULTADOS DE LA CREACIÓN O LA INDAGACIÓN: **25 obra:** Faltan por traer sillas, por *adecentar* obras... EME240996 **26 texto:** ...el mundo aún sigue necesitando unos cuantos tipos que sean capaces de *adecentar* un texto escrito... EPE300599 **27 cartel:** ...está dispuesto a todo con tal de *adecentar* su cartel electoral ante citas sociales que antes o después llegarán. LVE301195 **28 pintura:** ...se han limitado a trasladar unos cuadros de una sala a otra, *adecentar* un poco las pinturas... EME280396 **29 novela:** ...los jóvenes narradores se atienen a una fórmula de novela decimonónica más o menos *adecentada*... EME090494 **30 biografía:** ...como si la veracidad del mérito ajeno dependiera del que aprovecha la ocasión para *adecentar* su propia biografía. EPE030199 **31 proyecto –:** El calderazo es la única esperanza de *adecentar* y darle seriedad al proyecto de privatización. EUV030996

G OTROS SUSTANTIVOS; POSIBLES USOS ESTILÍSTICOS: ...el honor del cine de este país (...) tuvo que ser *adecentado* desde Francia... EPE090999; Cuiden, pues, los toreros de *adecentar* su bagaje técnico más que de *adecentar* las astas de los toros, cosa que hacen a diario. EME230494; ...sólo es un buen periodista televisivo que hace fluir la verdad desnuda, *adecentada* por el humo de su pipa. EME230494

☐ Véase también: **aderezar, lavar.**

ADECUACIÓN

♦ (SUSTANTIVOS) Véase: **ápice (de)[I], arrogarse[H], avalar[K], barniz (de)[B], dirimir[I], estricto[L], negar[I], plantear[D], refrendar[B], velar (por)[F]**

♦ (VERBOS) Véase: **a machamartillo[D], a medida[F], de sobra[C], plenamente[D], por completo[N], por lo bajo[B]**

ADECUACIÓN Y CORRECCIÓN Véase:

♦ **acertado, agraciado, airoso, ajustado, atinado, boyante, consumado, de precisión, de raza, ecuánime, ejemplar, favorable, fulgurante, halagüeño, legal, legítimo, presto (a), propicio, recto, reparador, rutilante, salomónico**

♦ **acertadamente, a ciencia cierta, acompasadamente, a juego, a las mil maravillas, al dedillo, al detalle, al milímetro, a {mis/tus/sus...} anchas, a ojos cerrados, a partes iguales, a pedir de boca, a plena satisfacción, a pleno rendimiento, aplicadamente, a rajatabla, atinadamente, a tocateja, civilizadamente, con consideración, con decoro, con éxito, con propiedad, cumplidamente, debidamente, de buena tinta, de buen grado, de corrido, de ley, de lleno, desahogadamente, en bandeja, en buena lid, formalmente, impecablemente, matemáticamente, pacientemente, por las buenas, puntualmente, sobre ruedas**

♦ **al corriente (de)**

♦ **acierto, autenticidad, compostura, conveniencia, corrección, cortesía, cumplimiento, discreción, educación, eficacia, justicia, legalidad, legitimidad, modales**

♦ **acertar, ajustar(se) (a), bordar, comportarse, cumplir**

☐ Véase también: *DETALLE Y PRECISIÓN; INADECUACIÓN E INCORRECCIÓN.*

a dedo *loc.adv./loc.adj.* ▮ Es una locución propia de la lengua conversacional. En su sentido de 'en autoestop' se combina con verbos que denotan desplazamiento *(viajar, ir, recorrer: Se ha recorrido a dedo la mitad del país)*. En el sentido de 'arbitraria o autoritariamente', se combina con...

A VERBOS QUE EXPRESAN LA DESIGNACIÓN O LA ELECCIÓN DE ALGUIEN PARA QUE DESEMPEÑE ALGUNA FUNCIÓN: **1 nombrar ++:** Asimismo, desmiente que las asesorías hayan sido nombradas *a dedo*. CAP100797 **2 designar ++:** «Nunca fui designado *a dedo* en la Corte Superior»... CAP290801 **3 contratar:** El 75 del personal del Patronato de Servicios se contrató *«a dedo»*... EME180495 **4 fichar:** Rodrigo había sido fichado *a dedo* por el concejal de Sanidad... EPE210900 **5 escoger:** Son los escogidos *«a dedo»* entre un centenar de alumnos... HOY110784 **6 elegir:** ...queremos candidatos elegidos en internas abiertas y no *a dedo*. CLA100297 **7 seleccionar:** ...fueron seleccionados, unos *a dedo* y otros en un sorteo, por sus superiores para dar la cara por estos hechos ante la Justicia. EME011195 **8 nominar:** ...iniciar negociaciones para democratizar la estructura de gobierno del Distrito Federal, capital mexicana cuyo alcalde sigue siendo nominado *a dedo*. LVE180195 **9 destinar –:** ...los funcionarios destinados *a dedo* en comisión de servicio consolidarán los complementos salariales... EPE100399

B VERBOS QUE DENOTAN ADJUDICACIÓN, CONCESIÓN O DONACIÓN DE ALGO, GENERALMENTE BIENES, PRIVILEGIOS, BENEFICIOS U HONORES: **10 adjudicar ++:** ...«se han adjudicado plazas *a dedo*». LRE160103 **11 conceder +:** ...García Candau, director de TVE, concedió *a dedo* cerca de 600 millones... EME020296 **12 otorgar +:** ...negó que se hubiera otorgado *a dedo* la licitación para elaborar pasaportes. ENV110797 **13 asignar:** Serra prefiere asignar *a dedo* los grandes negocios... EME230594 **14 dar:** El ex conseller, al que se le acusa de dar obras *a dedo*, reiteró que su chalet está valorado en... LVE290696 **15 repartir +:**

Urbanismo repartió *«a dedo»* las parcelas. EME121095 **16 premiar:** ...no hubo jurado que debatiera nada; los galardonados fueron premiados *a dedo.* INDOC **17 regalar** –: Puestos regalados *a dedo.* EME040296

C VERBOS QUE DESIGNAN OTRAS FORMAS DE MANIFESTAR EL EJERCICIO DEL PODER O LA AUTORIDAD: **18 imponer:** ...«imponía *a dedo»* las constructoras y los arquitectos... EME230494 **19 controlar:** ¿Quién controla todo *a dedo*? EPE210299 **20 delegar:** ...la delegó *«a dedo»* a la empresa del hijo del presidente de la Cámara... EME050996 **21 encargar:** ...baraja propuestas que van desde encargar *a dedo* el proyecto hasta hacer un refrito con las ideas presentadas. EME070996 **22 degradar:** También *a dedo*, Cruyff degradó el año pasado a Amor, segundo capitán del equipo, para sustituirle por Popescu. LVE191196 **23 favorecer:** ...una de las empresas favorecidas *«a dedo»*... EME250494

D SUSTANTIVOS QUE DENOTAN DESIGNACIÓN O ELECCIÓN, FORMALMENTE RELACIONADOS CON LOS VERBOS DEL APARTADO *A*: **24 nombramiento** +: ...de modo que (...) desaparezcan los nombramientos *«a dedo»* de cargos políticos. EPE060499 **25 designación** +: Ambos anunciaron esta semana que saldrían a dar pelea ante lo que calificaron como «designaciones *a dedo»*... CLA250199 **26 contratación** +: ...clase «enaltecida» por los privilegios del contrabando, la exención impositiva, las contrataciones *a dedo*, la ausencia absoluta de competencia. ACP061000 **27 contrato:** ...respaldó a Delia Da Silva al desmentir también la versión según la cual ésta habría adjudicado contratos *a dedo*... ENV110797 **28 fichaje:** ...fue el impulsor del fichaje *a dedo* como asesor de la funeraria del abogado José Ignacio Rodrigo... EPE190900 **29 elección** +: ...comentó que la determinación de los cocaleros es una protesta a la elección *«a dedo»* de ciertos personajes desconocidos para la región. LTB010497 **30 selección:** ...sin más derecho por nuestra parte que al cabreo ante tan descarada «selección *a dedo»*. FDV030599

E SUSTANTIVOS QUE DENOTAN ADJUDICACIÓN O CONCESIÓN, RELACIONADOS CON LOS VERBOS DEL APARTADO *B*: **31 adjudicación** +: ...y en el mes de abril fueron 470 las adjudicaciones *«a dedo»*... EME080394 **32 concesión** +: ...cuántos empresarios hay en este país «que tengan que hacer sus negocios gracias a las concesiones *a dedo* de un gobierno». EME030394

F SUSTANTIVOS QUE DENOTAN CARGO O EMPLEO. TAMBIÉN CON OTROS QUE DESIGNAN, POR EXTENSIÓN, LAS PERSONAS QUE LOS DESEMPEÑAN: **33 cargo:** ...lo mejor que puede hacer es presentarse a unas elecciones y no aceptar un cargo *a dedo.* LRE180103 **34 plaza:** Surgían así más plazas *a dedo*, en lugar de por méritos, que sería lo ético y profesionalmente correcto. EME100996 **35 puesto:** ...prebendas familiares, privilegios arbitrarios, puestos *a dedo* y todas las variedades imaginables de la corrupción. INDOC

G OTROS SUSTANTIVOS; POSIBLES USOS ESTILÍSTICOS: ...les recuerdo que la televisión digital no es la televisión *a dedo*... LVE100996; El PSOE criticó esta subida *a dedo* y pidió un informe al secretario municipal. EPE031199

adelantar(se) (a) ♦ acontecimiento, dato, decisión, época, hecho, ley, plan, previsión, problema, rumor, tiempo

□ Véase también: **anticipar(se) (a), ascender, aumentar, avanzar, crecer, prever, programar, subir.**

[adelante] → llevar adelante

adelanto ♦ breve, científico, considerable, electoral, eventual, gran(de), hipotético, horario, imparable, inesperado, moderado, neto, palpable, paulatino, pequeño, perceptible, posible, progresivo, significativo, sistemático, sobre lo previsto, sorprendente, sostenido, sustancial, sustancioso, técnico, tecnológico, tímido, último ♦ como, con, en concepto (de) ♦ pago (de), solicitud (de), tiempo (de) ♦ anunciar, cobrar, constituir, dar (a algo), descartar, forzar, hacer, justificar, llevar, ofrecer, pedir, plantear, producir(se), propiciar, provocar, reclamar

□ Véase también: **anticipación, atraso, demora, retraso.**

a demonios ♦ oler, saber

adentrarse (en) *v.* ■ Se combina con sustantivos que designan lugares, especialmente si son amplios, profundos, intrincados o desconocidos *(bosque, mar, túnel, mente, país, calles)*. También admite la combinación con sustantivos que denotan periodo de tiempo *(verano, siglo)* o etapa vital *(vejez, madurez)* con el sentido de 'avanzar en su curso'. Acepta asimismo muy diversos sustantivos, entre los que destacan aquellos que designan cosas que pueden ser objeto de aproximación intelectual, reflexión o estudio, como obras o creaciones artísticas *(novela, película, pintura)*, disciplinas o campos del saber *(geometría, filosofía, genética, química, informática)* o períodos históricos *(pasado, época, antigüedad)*. También se combina con...

A SUSTANTIVOS QUE DESIGNAN ACCIONES INTELECTIVAS ENCAMINADAS A LA COMPRENSIÓN DE ALGO O LA ADQUISICIÓN DE ALGÚN CONOCIMIENTO. TAMBIÉN CON OTROS QUE EXPRESAN EL CONTENIDO MISMO DE LAS MATERIAS QUE SON OBJETO DE ESAS INDAGACIONES: **1 estudio** ++: ...el autor se sometió a los rituales necesarios y pertinentes para *adentrarse* en el estudio de estos duendes demoníacos... EME220696 **2 análisis** ++: Tras afirmar que sería muy difícil *adentrarse* en un análisis exhaustivo sobre asentamiento de extranjeros... EPE010284 **3 pensamiento** +: ...la intencionalidad de verosimilitud histórica del autor le hace *adentrarse* en el pensamiento de la protagonista... ABC070194 **4 reflexión** +: ...el voluminoso catálogo permite *adentrarse* perfectamente en estas y otras reflexiones... ABC240792 **5 investigación:** Se *adentra* hoy en investigaciones que han de permitir la prevención de sus efectos negativos. LVE160895 **6 examen:** ...Muñoz Rojas no ha hecho sino *adentrarse* en el examen acendrado de su experiencia íntima... EPE080699 **7 lectura** +: ...constituye una guía insustituible para *adentrarse* en la lectura de un poeta sin parangón entre sus coetáneos... ABC150995 **8 conocimiento:** ...personas que cuentan con una formación básica en catequesis y desean *adentrarse* en el conocimiento de la doctrina católica... DYM040996 **9 significado:** ...se *adentra* en su significado y lo incorpora a nuestro ser. PME271096 **10 idea:**

Sólo me interesan las que fomentan, sugieren o se *adentran* en una idea. ABC101293 **11 conjetura:** Otros lectores se *adentran* en conjeturas y preguntan si la omisión guarda relación con... LVE221296 **12 especulación:** Para *adentrarse* en estas complejas, fascinantes, especulaciones hay un auxiliar evidente: la lectura del libro... PME190197

B SUSTANTIVOS QUE DESIGNAN COSAS ENREDADAS, CONFUSAS, ESCONDIDAS, RESERVADAS, OSCURAS O INACCESIBLES AL ENTENDIMIENTO. SE USAN CON FRECUENCIA METAFÓRICAMENTE: **13 entresijo +:** ...quiso *adentrarse* en los entresijos de otra mafia, la colombiana, a través de la historia de un adolescente... LVE121096 **14 vericueto +:** ...constituye una excelente guía de lectura que nos *adentra* en los vericuetos de una vida y nos lleva por sus itinerarios... ABC031195 **15 laberinto +:** No se ha de cortar el hilo de la historia, ése que permite *adentrarse* en el laberinto del futuro. ABC181194 **16 maraña:** Habrá que *adentrarse* otra vez en la maraña política para poder resolver este escándalo. INDOC **17 recoveco:** ...ese esfuerzo por *adentrarse* en los recovecos que la mirada del habitante de esas regiones apenas puede vislumbrar. ABC011295 **18 misterio +:** Al igual que Tintín en una de sus aventuras acabó *adentrándose* en los misterios de los mayas... LVE100896 **19 secreto:** El desafío es importante, ya que supone reciclar empleados, *adentrarles* en los secretos del aluminio... LVE070196 **20 sombra:** Acto seguido, se *adentra* en las sombras de Potestad, de Eduardo Pavlovsky... EPE160900

C SUSTANTIVOS QUE DESIGNAN DIVERSOS ASPECTOS DE LA NATURALEZA PSÍQUICA DE LOS INDIVIDUOS. TAMBIÉN CON OTROS QUE SE REFIEREN A LA PARTE MÁS RESERVADA DE SU CARÁCTER O DE SU VIDA: **21 personalidad:** ...traspasa la barrera de aureola del personaje y se *adentra* en la personalidad de una mujer... EPE141099 **22 psicología:** ...la problemática no nace de las estructuras sociales ni se *adentra* en una psicología estudiada y plausible... LVE160395 **23 intimidad:** ...situar los acontecimientos con una gran exactitud cronológica, y *adentrarse* en la intimidad del personaje... LVE050595 **24 interioridad:** En ambas muestras el esfuerzo consiste en *adentrarse* en la interioridad de la persona... LVE310596

D ALGUNOS SUSTANTIVOS QUE DESIGNAN SITUACIONES DE DIFICULTAD, ADVERSIDAD, CONTRARIEDAD O CONFRONTACIÓN: **25 problema:** ...la obra nos *adentra* en el problema todavía irresuelto de la mecánica de producción retratística del pintor [Velázquez] en su taller del Alcázar madrileño. LVE241095 **26 problemática:** El otro libro que me hizo *adentrarme* en la problemática de Guatemala... EXC230996 **27 crisis:** ...también va *adentrándose* en la crisis de toda la sociedad chilena. HOY250184 **28 conflicto:** ...se *adentra* en el conflicto nicaragüense a través de unos corresponsales de guerra... EPE300199 **29 disputa:** A la hora de *adentrarse* en las disputas entre funcionarios y las autoridades del Ministerio... HOY230697

■ Se combina también con: ♦ **abisalmente, poco a poco, profundamente**[3], **progresivamente**

□ Véase también: **aventurarse (en), iniciar(se) (en), introducir(se) (en).**

adepto ♦ **declarado, entusiasta, exaltado, fervoroso**[21], **incondicional** ♦ **acumular, atraer, buscar, captar, conquistar, conseguir, contar (con), declararse, encontrar, ganar, granjearse**[33], **hacer, perder, reclutar, tener**

□ Véase también: **adicto (a), admirador, forofo, hincha, partidario, seguidor.**

a derechas ♦ **actuar, comportar(se), conducir(se), dar, entender, escuchar, hacer, interpretar, oír, responder, sacar, salir, ver,** *otros verbos que designan procesos que tienen fin natural*

aderezar *v.* ■ En el sentido físico de 'condimentar' o 'añadir algún ingrediente a' se combina con sustantivos que designan alimentos, platos y bebidas *(carne, ensalada, vino)*. En el sentido de 'componer o adornar' se combina con sustantivos que designan textos *(texto, historia, obra, canción, novela, cuento)* o algunos de sus elementos constitutivos *(capítulo, fragmento, información, trama, argumento)*. También se combina con sustantivos que designan eventos, especialmente de carácter artístico *(espectáculo, montaje)* y ciertos períodos *(día, tiempo, tarde)*. Se combina asimismo con...

A SUSTANTIVOS QUE DESIGNAN EL RESULTADO O EL DESENLACE, AFORTUNADO O NO, DE UNA ACCIÓN O DE UN PROCESO: **1 derrota:** Si la derrota (...) es *aderezada* con una «humillación» parecida a la del 5-0... EME040294 **2 fracaso:** ...el fracaso del Madrid en Europa, *aderezado* con el empate en Anoeta. EME250396 **3 triunfo:** ...sellaron un triunfo *aderezado* por los pinchazos de Barça y Español. LVE211295 **4 victoria:** ...certificar una victoria que se vio *aderezada* con dos goles más... EME250995 **5 logro:** Y todos estos logros, *aderezados* con «la desconfianza hacia los conservadores»... LVE220296 **6 desenlace:** ...dejar todo servido para el drama y la emoción que *aderezarían* el desenlace. LVE010794 **7 solución −:** ...no es una solución correcta ni *aderezada* la de incluir en una misma sede... EPE080799

B SUSTANTIVOS QUE DENOTAN CONFRONTACIÓN O DESIGNAN DIVERSAS FORMAS DE ACCIÓN HOSTIL CONTRA LAS PERSONAS O LAS COSAS. POR EXTENSIÓN, TAMBIÉN CON OTROS QUE DESIGNAN CIERTOS EVENTOS DEPORTIVOS QUE SUELEN CARACTERIZARSE POR ESOS RASGOS: **8 enfrentamiento:** El enfrentamiento viene *aderezado* por la enemistad personal que existe entre los dos... FDV210601 **9 batalla:** La batalla, pues, persiste en toda regla, *aderezada* no sólo por el eco del debate sino, también, por la estela dejada por... LVE240595 **10 lucha:** ...los ingredientes que *aderecen* la lucha contra el desempleo. LVE161295 **11 pugna:** ...suspense general que *aderezó* la reñida pugna entre Pujol y Pasqual Maragall. EPE191099 **12 eliminatoria:** La eliminatoria, además, está *aderezada* con el posible desquite... EPE050299 **13 amenaza:** ¿Cómo es posible que un personaje público (...) se permita referirse de forma despectivo al tono de la piel (...) para *aderezar* con ello, además, amenazas de violencia inaudita? EME250495 **14 acusación:** Ahora que el escritor ha muerto, vuelve a difundirse la acusación, *aderezada* esta vez con la pimienta de la supuesta intervención... EPE181199 **15 liza −:** Ella *adereza* la liza con nueve canciones. LVE160495

C SUSTANTIVOS QUE DESIGNAN DIVERSAS MANIFESTACIONES VERBALES, MÁS FRECUENTEMENTE EXPOSITIVAS

O DISCURSIVAS: **16 discurso** +: ...*aderezará* su discurso con palabrejas que apelan a la geometría de la razón. EPE200999 **17 diálogo** +: ...protagonizaron un nuevo diálogo (...) *aderezado* con su típica tanda de descalificaciones mutuas. ENC280499 **18 intervención** +: ...su intervención la *aderezó* con un ataque a las «estrategias de victimismo». EPE250799 **19 afirmación:** Aquella afirmación fue *aderezada* con adjetivos que acompañaban a la memoria que revive. EPE250299 **20 explicación:** Acto seguido aparecerá en pantalla un torrente de imágenes, acompañado por una explicación *aderezada* con música. EME020395 **21 testimonio:** ...Vincent Pérez sirve de hilo conductor a una treintena de testimonios, *aderezados* con escenas de películas... EPE180599 **22 sugerencia:** Y para *aderezar* las sugerencias, Barcelona cantada por Monserrat Caballé y Freddy Mercury... EPE270599

D SUSTANTIVOS QUE DESIGNAN EL CONJUNTO DE CONDICIONES O CIRCUNSTANCIAS QUE SE PRESENTAN A LA VISTA, RODEAN O CARACTERIZAN UN LUGAR, UN SUCESO O UN ESTADO DE COSAS: **23 ambiente:** ...un ambiente rural bien captado y *aderezado* con toques de comicidad. LVE160996 **24 situación:** ...se *aderezan* estas situaciones triunfalistas con semejantes definiciones. EPE291101 **25 clima:** ...clima inquietante (...) *aderezado* con toques macabros y hasta surrealistas. LVE170796 **26 entorno:** ...un entorno peor, bien *aderezado* por el deterioro de los principales mercados internacionales... LVE080695 **27 panorama:** Todo un panorama, como se ve, bien *aderezado* de inestabilidad... LVE120195

E OTROS SUSTANTIVOS; POSIBLES USOS ESTILÍSTICOS: ...*aderezó* los goles de unos y otros con tarjetas y malas caras. EME130394

■ Se combina también con: ♦ **convenientemente, debidamente**[69]**, oportunamente, suficientemente**

☐ Véase también: **adecentar, aliviar.**

a destajo *loc.adv./loc.adj.* ▮ Aunque admite los sentidos 'por una cantidad ajustada', 'con empeño o esfuerzo' y 'de manera indiscriminada o excesiva', a menudo se cruzan en las mismas combinaciones. Se construye con sustantivos de persona, más frecuentemente si designan profesiones u ocupaciones *(trabajador, traductor)*, así como con otros que designan disciplinas artísticas o deportivas *(cine, fútbol, toros)*. Se combina con un gran número de verbos que designan actividades (en el sentido de eventos sin fin natural), y especialmente con...

A VERBOS QUE DENOTAN LA ACCIÓN DE TRABAJAR, ASÍ COMO LA DE PONER ESFUERZO O EMPEÑO EN ALGUNA COSA: **1 trabajar** ++: Los soldados del contingente alemán de la OTAN trabajan *a destajo* colocando nuevas tiendas... FDV030599 **2 faenar** +: ...no los vamos a encontrar tras tantos siglos faenando *a destajo* por los siete mares... EME170495 **3 luchar** +: No puede brillar pero lucha *a destajo*. Su trabajo es imprescindible. EME011296 **4 currar** +: ...los columnistas tendremos que currar *a destajo*. EME070194 **5 laborar:** ...los del equipo Euskadi laboran –aún sin premio–, *a destajo*. EME120996 **6 ganarse el pan:** ...de los muchos jugadores que se ganan el pan *a destajo* como trotamundos... EPE070800 **7 bregar:** Paco Alcalde bregó *a destajo*. La presidencia no sabía qué hacer ni cuándo cambiar los tercios. EME270896

B VERBOS QUE DESIGNAN ACTIVIDADES VERBALES: **8 predicar:** Los intelectuales, contentos de volver a ser reconocidos como tales, predican *a destajo*... EPE110499 **9 decir:** ...no tenga un mísero portavoz que les diga lo guapos que son aunque sea *a destajo*... LVE270695 **10 anunciar:** ...cuando el concierto venía anunciándose *a destajo* desde hacia meses. LVE290395 **11 parlotear** –: ...para parlotear *a destajo* con un vocabulario de unas 130 palabras. LVE160295 **12 vociferar** –: ...y despistar vociferando *a destajo* cada vez que alguien pone en duda... EPE271299

C VERBOS QUE DENOTAN PRODUCCIÓN O CREACIÓN: **13 producir** +: ...más interesado en producir *a destajo* que en cuidar la calidad del producto. EPE160199 **14 construir** +: Aquí se construye *a destajo*, mientras la población sufre carencias de servicios públicos... EPE010899 **15 gestar:** Entre tanto, el antedicho Villalba sigue gestando sociedades *a destajo*. LVE110296 **16 criar** –: ...Hacen que las perras críen *a destajo* y que se queden embarazadas continuamente... EPE280699

D VERBOS QUE DENOTAN AGRESIÓN FÍSICA GRAVE. TAMBIÉN CON ALGUNOS QUE DESIGNAN OTRAS FORMAS DE ACCIÓN HOSTIL CONTRA LAS PERSONAS O LAS COSAS: **17 masacrar** +: ...mientras sigue quemando y masacrando *a destajo*... EPE101099 **18 asesinar:** No prestó la mínima cooperación a sus hermanos socialistas españoles cuando ETA asesinaba *a destajo*... LVE191195 **19 contaminar:** Contamina *a destajo*, casi hasta lo irrespirable, perfumando el territorio de un acre olor a carbón... EPE141199 **20 mutilar:** ...mientras las películas americanas quedan mutiladas *a destajo* en cualquier lugar... EME180296 **21 robar:** ...por la impunidad de quienes robaron *a destajo* las arcas públicas... EPE030700 **22 expropiar:** ...al traspaso de poderes se expropiara legalmente *a destajo*. EME160995 **23 falsificar:** Cayó el comunismo y la Europa del Este, a las puertas de Alemania, falsifica *a destajo*. LVE190196 **24 azotar** –: Hombre cruelísimo –se ha dicho–, que azotaba *a destajo* y por manadas. HOY030397

E ALGUNOS VERBOS QUE DESIGNAN ACTIVIDADES MERCANTILES: **25 vender** +: ...huida hacia adelante que ha llevado al Gobierno a vender *a destajo* diversas participaciones públicas en los últimos meses. EME201295 **26 cobrar** +: Y lo suyo era pegar derechazos. Como si los cobraran *a destajo*. EPE070299

F OTROS VERBOS; POSIBLES USOS ESTILÍSTICOS: ...que la vorágine reguladora ha vomitado *a destajo* durante los últimos años... LVE260596; ...por el hábito anglosajón de sonreír *a destajo*... LVE300796

G SUSTANTIVOS QUE DENOTAN TRABAJO O EMPEÑO, RELACIONADOS FORMALMENTE CON LOS VERBOS DEL APARTADO *A*: **27 trabajo** ++: El trabajo de Luccin y José Ignacio fue *a destajo*, pero Catanha apenas apareció... LRE120103 **28 lucha** +: Una lucha *a destajo*: sin horarios, sin mirar cómo baja la cuenta del banco. EME040296 **29 faena:** No nos podemos ir de vacaciones porque en agosto tenemos faena *a destajo*. INDOC **30 empleo:** Se esperaba encontrar empleo *a destajo* y se ha vuelto a su país tras dos años en el paro. INDOC

H SUSTANTIVOS QUE DENOTAN ACCIÓN LESIVA PARA LAS PERSONAS O LAS COSAS, FRECUENTEMENTE RELACIONADOS CON LOS VERBOS DEL APARTADO *D*: **31 violencia:** Acción y violencia *a destajo*. LVE240295 **32 robo:** ...permitía el robo *a destajo*, empobreció a la mayoría y delinquió impune... EPE230700 **33 asesinato:** Locos que buscan aún el puro corazón de las revoluciones entre los asesinatos *a destajo*. EME080995

I SUSTANTIVOS QUE DESIGNAN ACTIVIDADES MERCANTILES, FRECUENTEMENTE RELACIONADOS CON LOS VERBOS DEL APARTADO *E*: **34 venta:** Se fundamenta en las ventas *a destajo* de camisetas, gorras... EME021196 **35 privatización:** ...privatizaciones *a destajo* para hacer liquidez, pero sin tocar los mecanismos más sensibles... EPE180499

J OTROS SUSTANTIVOS; POSIBLES USOS ESTILÍSTICOS: Sin embargo la apelación al patriotismo como justificación de cigüeñas *a destajo* ha sido esgrimida de nuevo. LVE310196

☐ Véase también: **a discreción, a espuertas, a mansalva.**

adeudar ♦ dinero

adherirse (a)

v. **I** En su sentido físico se combina con sustantivos que designan cosas materiales *(Este pegamento no se adhiere bien a la madera)*. En su sentido figurado acepta sustantivos de persona, individuales o colectivos *(adherirse al presidente, a un partido, a una agrupación)*, sustantivos que designan creencias y doctrinas políticas, religiosas o culturales *(socialismo, cristianismo, surrealismo)*, sustantivos que denotan postura o punto de vista *(opinión, posición, postura, punto de vista)*, especialmente si se ponen de manifiesto *(palabras, declaración, manifestación, testimonio)*, sustantivos que denotan propuesta o reclamación *(reivindicación, moción, propuesta, petición, sugerencia)* y sustantivos que designan diversos eventos públicos, más frecuentemente si tienen carácter de reivindicación, recuerdo, tributo o afirmación personal o colectiva *(homenaje, conmemoración, manifestación, celebración, acto)*. También se combina con...

A SUSTANTIVOS QUE DENOTAN CREENCIA, DOCTRINA O CONCEPCIÓN TEÓRICA O IDEOLÓGICA: **1 ideología +:** ...enviando al paredón a cuantos resultaran apenas sospechosos de no *adherir* a la ideología oficial. LNP061097 **2 causa +:** Tengo varias firmas, pero necesito más; apelo a quien quiera *adherirse* a nuestra causa por el bien de todas. LVE190596 **3 creencia +:** ...he oído repetidas denuncias al islam por no *adherirse* a las creencias y valores occidentales. EPE171101 **4 ideal:** «Los dirigentes de los países miembros de la Unión Europea sólo *adhieren* en palabras a los grandes ideales europeos», expresó. CLA170297 **5 doctrina:** ...aclaró que «el perverso (...) no es colorado y no se *adhiere* a la doctrina del partido; es un oportunista...». ENH100900 **6 teoría:** ...se había *adherido*, al menos en parte, a la teoría elitista de la democracia... ABC110992 **7 fe:** ...los misioneros dedican más tiempo a ayudar a los indígenas a sobrevivir que a luchar para que se *adhieran* a la fe cristiana. INDOC

B SUSTANTIVOS QUE DENOTAN ACEPTACIÓN O ADMISIÓN DE ALGO. TAMBIÉN CON OTROS QUE DESIGNAN DIVERSAS MANIFESTACIONES DE LA CONVERGENCIA DE PENSAMIENTOS O VOLUNTADES: **8 acuerdo +:** ...solamente se ha comprometido a *adherirse* al acuerdo antes de que finalice este año. EME150596 **9 unión:** ...las dos cámaras aprobaron por unanimidad *adherirse* a la unión que forman Rusia y Bielorrusia. EPE130499 **10 contrato:** ...el resto de los concesionarios deberán *adherirse* a este contrato con anterioridad a su inicio de operaciones. EXC250700 **11 alianza:** ...aunque Suecia no se *adhiera* a esta alianza, tampoco debe bloquear la cooperación entre la UEO y los demás países de la Unión Europea que así lo deseen. LVE170995 **12 aprobación:** Incluso el consejo provisional del banco ha declarado que se *adherirá* a la aprobación de dicha acción... EME260394 **13 convenio:** La Argentina adoptó el uso horario 4 en 1920, al *adherir* al convenio de Washington de 1884. CLA120601 **14 consenso:** Ese añadido en la resolución permitiría a CC *adherirse* al consenso. LVE131196

C SUSTANTIVOS QUE DENOTAN REGLA O COMPENDIO DE ESTAS: **15 regla:** Lo que ocurre alrededor del deporte (...) no escapa a esta realidad, más allá de que quienes forman parte de la actividad *adhieran* o no a esas reglas del juego. LEC050697 **16 norma:** ...pidió que (...) el país se *adhiera* a las normas de Basilea para evitar las transacciones de dinero ilícito. LNC101096 **17 normativa:** A veces uno tiene ganas de *adherirse* a la normativa aprobada... LVE250996 **18 directriz:** ....los principales países de la Europa comunitaria se *adherirían* a las directrices norteamericanas respecto de la Unión Soviética. EPE090280

D SUSTANTIVOS QUE DENOTAN TENDENCIA O INCLINACIÓN. TAMBIÉN CON OTROS QUE DESIGNAN RASGOS CARACTERÍSTICOS DE ALGUNA COSA, A MENUDO CON REPERCUSIÓN SOCIAL CIRCUNSTANCIAL O TRANSITORIA: **19 tendencia +:** ...buena parte de los integrantes que *adherían* a tendencias políticas de izquierda –o sus familiares o conocidos– comenzó a sufrir persecuciones y hostigamiento. HOY200197 **20 estilo:** Tener cierta experiencia de estudio que yo no tenía y *adherirme* en cierto modo a un estilo o un formato de thriller... EME190294 **21 orientación:** ...el declive de la organización terrorista fue percibido con inquietud por algunos mandatarios del nacionalismo moderado *adheridos* a la orientación hegemónica en el aparato... EPE020799 **22 moda +:** ...lamentó que se haya *adherido* a la moda de quitar enjarres, y enjuició... PME101196 **23 línea +:** Su director se *adhiere* a la línea de pensamiento imperante entre los expertos... HOY081297 **24 corriente +:** La asamblea se *adhiere* a las corrientes contra la pena de muerte y la tortura. LVE070595 **25 estética:** Y es seguro que unos y otros lectores acaben proclamando la maestría literaria del autor, aunque no se *adhieran* con fervor a su estética. ABC211094

E SUSTANTIVOS QUE DESIGNAN SENTIMIENTOS DE PENA O AFLICCIÓN EN DIVERSOS GRADOS: **26 dolor ++:** Ni qué decir tiene que nos *adherimos* al dolor de su familia y amigos... EME170296 **27 duelo:** ...cuya comisión directiva dispuso *adherir* al duelo y acompañar a sus familiares en este duro trance. LNP220497 **28 sufrimiento:** ...elaboró ayer un comunicado para *adherirse* al sufrimiento de la familia Segura y condenar el terrible suceso. EME300995 **29 desencanto –:** La mejor canción (...) se *adhiere* al oleaje del desencanto con un certero acompañamiento musical. EPE010380

F SUSTANTIVOS QUE DESIGNAN DIVERSOS TIPOS DE TEXTO, MÁS FRECUENTEMENTE SI DOCUMENTAN ALGO O EXPRESAN PÚBLICAMENTE UNA OPINIÓN SOBRE ALGUNA

CUESTIÓN DE IMPORTANCIA: **30 artículo +:** Me permito *adherirme* al artículo que publicó en La Vanguardia Lluís Permanyer... LVE120495 **31 manifiesto +:** Los miembros del claustro del I.E.S. Severo Ochoa de Elche se *adhieren* al manifiesto a favor de la libertad de expresión... EPE120199 **32 comunicado +:** Cerca de 200 escritores y autores valencianos se han *adherido* a un comunicado público en el que critican la decisión del conseller de Cultura... LVE191195 **33 alegato:** ...decidió no *adherirse* al alegato de la fiscalía. EPE110399 **34 acta:** España tiene intención de *adherirse* al acta de Contadora. EPE011084 **35 apelación:** ...sorprendió a la audiencia al *adherirse* a la apelación... EOU210696 **36 carta:** Me *adhiero* absolutamente a la carta publicada en esta sección en fecha 5/II/96... LVE140296

G SUSTANTIVOS QUE DESIGNAN DIVERSAS MANIFESTACIONES DE LA INTENCIÓN DE ACTUAR: **37 proyecto +:** ...mucha gente (...) nos llama y nos escribe para *adherirse* al proyecto. EME230196 **38 plan +:** Quienes se *adhieran* al plan en agosto recibirán el pago de la primera parcialidad y del resto en el mismo mes. DYM230796 **39 intento:** ...los inevitables negocios personales *adheridos* como lapas a todo intento de separar la verdad de la mentira. EME310196

H SUSTANTIVOS QUE DESIGNAN MEDIOS, RECURSOS O FORMAS DE ORGANIZAR ALGO: **40 fórmula +:** Aproximadamente la mitad de las firmas aceptan esta fórmula cuando el consumidor la solicita, aunque no estén *adheridos* a ella. EPE210699 **41 estrategia +:** Si bien se negoció que no hubiese armas nucleares en España, el Gobierno adoptó la curiosa política de *adherirse* a las estrategias nucleares de la OTAN y la UEO... EME090296 **42 operación:** ...han querido *adherirse* a esta operación punitiva llevada a cabo unilateralmente por los norteamericanos. LVE040996 **43 orden:** ...la división interna de la sociedad israelí entre los que se *adhieren* al orden civil del Estado y los que se guían por las normas divinas es muy profunda. EME130396 **44 estructura:** Más fuerte y *adherida* a estructuras más profundas que evitan el balanceo. EME050696

I SUSTANTIVOS QUE DESIGNAN HÁBITOS DE COMPORTAMIENTO QUE ALUDEN A LA EXPERIENCIA O AL TIEMPO VIVIDO: **45 tradición +:** Una traducción siempre suma, se *adhiere* a una tradición a la que debe tener en cuenta, y nunca resta. EPE200299 **46 costumbre:** ...una sana costumbre a la que me *adhiero* con todo gusto. INDOC **47 práctica:** ...el chat es hoy en día una práctica, solitaria en apariencia, a la que se *adhieren* entusiastas millares de quinceañeros en todo el mundo. INDOC **48 hábito:** Carlos Menem –que en ocasiones *adhiere* a ese hábito– se enfrentó esta vez a los refinados platos elaborados por el chef francés más famoso del Río de La Plata... ECA170792

J OTROS SUSTANTIVOS; POSIBLES USOS CRUZADOS: Los brasileños, que jugarán mañana el último encuentro ante la anfitriona Uruguay, aburrieron a las ovejas americanas y a las que estaban *adheridas* de frío en las gradas –menos de la mitad del aforo–. [Cf. *aterir*] EME220795

K OTROS SUSTANTIVOS; POSIBLES USOS ESTILÍSTICOS: ...se me ha quedado *adherido* a las neuronas un piropo... EPE120699; Hay que *adherirse* al pollo y que éste sustituya a las chuletas... EME300694

▩ Se combina también con: ♦ **con (todo) gusto, con matices[5], con reservas, gustosamente, plenamente[3], por completo, sin discusión, sin reservas**

□ Véase también: **animar, anotar(se), apoyar(se), enarbolar, incorporar(se), inscribir(se), jalear, sumarse (a), suscribir, suscribirse (a), unir(se).**

adhesión ♦ **condicional, desinteresado, ferviente[26], fervoroso[7], firme, incondicional[1], inquebrantable[1], leal, libre, multitudinario[13], pleno, unánime[12]** ♦ **a favor (de)** ♦ **acto (de), acuerdo (de), contrato (de), manifestación (de)[21], muestra (de), principio (de), proceso (de), prueba (de), tratado (de)** ♦ **captar, concitar[6], conquistar, conseguir, formalizar, granjearse[12], negociar, procurar(se), provocar, recabar[15], testimoniar[4]**

□ Véase también: **adulación, agasajo, alabanza, apoyo, elogio, fervor, fidelidad, homenaje, lealtad.**

ADHESIÓN Véase:

♦ **adicto (a)**

♦ **adepto, adhesión, apoyo, culto, defensor, devoción, devoto, fervor, fidelidad, forofo, hincha, lealtad, partidario, seguidor**

♦ **adherirse a, animar, apoyar(se), impulsar, incentivar, incorporar(se), jalear, meterse en el bolsillo, secundar, sumar, suscribirse (a), unir(se)**

ADHESIÓN

♦ (ADJETIVOS) Véase: **férreamente[H]**

♦ (SUSTANTIVOS) Véase: **abrumador[K], acendrado[B,C], acérrimo[A], aglutinar[F], a muerte[G], aplastante[H], apreciable[F], ardiente[A], aunar[B], aventajado[B], caluroso[C], cándido[D], captar[H], ciego[B,C], colmar (de)[B], concitar[B,G], conservar[G], cosechar[E], decisivo[M], decrecer[C], demostración (de)[D], desaforado[M], desorbitado[D], desvanecerse[J], efectivo[B], efusivo[C], ejercer[H], empedernido[B], enarbolar[E], encendido[D], en firme[G], expresión (de)[A], férreo[D], ferviente[B,D], fervoroso[A,B,C,D], gozar (de)[B], granjearse[A,C,E], humanitario[B], inapreciable[D], incentivar[D], incondicional[A], inequívoco[G], inmerecido[B], inquebrantable[A], integral[L], jurar[D], manifestación (de)[C], multitudinario[C], nutrido[D], objeto (de)[A], pertinaz[E], prodigar[B], profesar[G,H], quebrar(se)[E], rampante[D], recabar[B], revalidar[K], rotundo[J], sin ambages[K], sin condiciones[B], sin reservas[G], sobrado (de)[I], tenaz[E], testimonial[D], testimoniar[A], tibio[C], tributar[B], unánime[B], vehemente[B], venirse abajo[F]**

♦ (VERBOS) Véase: **abiertamente[N], abrumadoramente[G], acaloradamente[C], activamente[C], al unísono[F], a machamartillo[A], a morir[B], a muerte[C], a pie juntillas[C], a rabiar[C], ardientemente[B], a todo trance[B], calurosamente[C], con matices[A], con reservas[F], de buen grado[C], decididamente[A,F], decisivamente[C], de pleno[D], descaradamente[C], de todo corazón[E], enérgicamente[B], en firme[J], en masa[A], enormemente[A], fervientemente[B], generosamente[A], hasta el cuello[A], heroicamente[F], inclinarse (a)[B], insistentemente[E], largamente[H], lealmente[A], manifiestamente[F], ostensiblemente[L], plenamente[A], por completo[M], por mayoría[D], rotundamente[F], severamente[H], sin ambages[D], sinceramente[E], sin condiciones[H], sin paliativos[B], sin reservas[A,E], verbalmente[G], vigorosamente[B], vivamente[F]**

□ Véase también: APOYO; PARTICIPACIÓN.

adicción ♦ **auténtico, contagioso[21], creciente, desenfrenado, destructivo, enfermizo, fuerte, grave, inconfesable, irresistible, morboso, pernicioso, serio, severo** ♦ **grado (de), período (de), problema (de)** ♦ **abandonar, acabar (con), adquirir, alimentar, atajar, aumentar, caer (en), causar, combatir[40], confesar[44], controlar, convertirse (en), crear, curar, dejar, desarrollar, erradicar, fomentar, frenar, generar, luchar (contra), producir, provocar, recuperar(se) (de), salir (de), sucumbir, sufrir, superar, tener, tratar, vencer**

☐ Véase también: **droga**.

adicto (a) ♦ **alcohol, bebida, comida, droga, internet, juego, lectura, tabaco, teléfono, televisión, trabajo**

☐ Véase también: **adepto, forofo, hincha, partidario, seguidor**.

a diestro y siniestro *loc.adv.* ▮ Se combina con...

A VERBOS QUE DENOTAN REPARTO, ENTREGA O DISTRIBUCIÓN DE ALGO, A MENUDO EN ACCIONES QUE IMPLICAN CIERTA HOSTILIDAD O ARBITRARIEDAD: **1 repartir ++:** ...de los años setenta que repartían palos *a diestro y siniestro*... EPE241101 **2 dar ++:** ...que se dedicase a dar sablazos *a diestro y siniestro*... ABC011295 **3 distribuir +:** Ricardo Sáenz de Ynestrillas, hijo de unos de los golpistas del 23 de febrero de 1981, distribuyó sus críticas *a diestro y siniestro*... LVE201195 **4 adjudicar:** ...adjudicaría «concubinatos» *a diestro y siniestro*. LVE291196 **5 conceder:** Lo más grave es que se conceden licencias *a diestro y siniestro*. EME280496 **6 proporcionar:** ...proporcionándole argumentos *a diestro y siniestro*... LVE180895 **7 regalar:** La alemana –extraño en ella– dio saltitos de alegría y se puso a regalar raquetas *a diestro y siniestro*... EME100995 **8 prodigar:** Normalmente lo llevan escrito en la cara, o en el traje, o en las miradas de control que prodigan *a diestro y siniestro*. EME100694 **9 aplicar –:** ...término (...) que se ha aplicado *a diestro y siniestro* por parte de la prensa... LVE261096 **10 dispersar:** ...cantidades de espermatozoides que dispersan (...) *a diestro y siniestro*. LVE140595

B VERBOS QUE DENOTAN LANZAMIENTO (A MENUDO HOSTIL, PERO NO NECESARIAMENTE). TAMBIÉN CON OTROS QUE DESIGNAN, POR EXTENSIÓN, CIERTAS MANIFESTACIONES VERBALES DE TONO AGRESIVO: **11 disparar ++:** Entraron al local y empezaron a disparar *a diestro y siniestro* contra la mesa... LVE260596 **12 lanzar +:** ...lanzando ataques *a diestro y siniestro*, acusando... EPE170900 **13 tirar:** ...sólo se ocupaba de defenderse, tirando gañafones *a diestro y siniestro*. EME210996 **14 insultar:** Ayer, el vicesecretario (...) se dedicó a insultar *a diestro y siniestro*. EME060495 **15 propinar:** ...y que propinaba palos *a diestro y siniestro* a las administraciones públicas... LVE300796 **16 soltar:** ...soltando coces como una vulgar acémila *a diestro y siniestro*. LVE300996 **17 gritar:** Su líder les insufla más ánimo que los segundones. Los parlamentarios (...) gritaron *a diestro y siniestro*. EME300695 **18 vociferar:** En la víspera de la primera partida, Rustam vociferó *a diestro y siniestro* pidiendo que no hubiese partidas aplazadas. EME070696 **19 protestar:** ...empezó a protestar *a diestro y siniestro* porque según las reglas cada empate debe ser consultado con el capitán del equipo... EME250996 **20 despacharse:** Haro aprovecha para despacharse a gusto *a diestro y siniestro*. EME270496

C VERBOS QUE DESIGNAN OTRAS ACCIONES DE NATURALEZA HOSTIL: **21 matar:** ...psicópata evadido de un presidio que va matando *a diestro y siniestro*. LVE220896 **22 pegar:** Varios padres de los jóvenes heridos anunciaron ayer que presentarían denuncia (...) por pegar *a diestro y siniestro*, sin discriminación. LVE021095 **23 atacar:** ...huestes enormes de jovenzuelos atacando *a diestro y siniestro*. EME310196 **24 arremeter:** ...estaba dispuesto a no dejar títere con cabeza, y arremetió *a diestro y siniestro*. EME300594 **25 atizar:** «Nada es santo. Nada es sagrado. Poco es respetable». Bajo esta máxima atiza *a diestro y siniestro*... EPE201099 **26 golpear:** Los policías, con el piloto automático activado, golpeaban a los informadores *a diestro y siniestro*. EME030596 **27 clavar:** ...una afilada daga que clavaba *a diestro y siniestro*... INDOC **28 sacudir:** Pero la sed no es exclusiva del sur; en los últimos 13 años la sequía ha sacudido *a diestro y siniestro*... EME200296 **29 robar:** ...un hombre que acaba de salir de la cárcel se dedica a robar *a diestro y siniestro*... EPE080399 **30 arrancar:** Me cuesta trabajo imaginar a un maníaco arrancando auriculares y teléfonos *a diestro y siniestro*. EPE100379 **31 destruir:** Las razones son obvias: destruyen economías *a diestro y siniestro*... EPE100299 **32 disolver:** ...empuñó en plan Moisés el telefonino para proferir aquellas auténticas tablas de la ley que cayeron disolviendo *a diestro y siniestro*... EPE040999 **33 atizar:** ...atizando mamporros al personal *a diestro y siniestro*. INDOC **34 asesinar:** ...arrasando pueblos y asesinando *a diestro y siniestro*. INDOC **35 saquear:** ...también los hay que se dedican a saquear *a diestro y siniestro*. EME180396 **36 fumigar:** ...las hazañas de ese dudoso héroe, Braddock, especializado, como su innegable modelo Rambo, en fumigar (...) *a diestro y siniestro*. LVE210196 **37 desoír –:** ...fue directamente a la editorial (...), siguiendo instrucciones expresas del autor y desoyendo ofertas millonarias *a diestro y siniestro*. LVE221096 **38 blandir –:** ...enloquecido asaltante que poco antes blandía su espada *a diestro y siniestro*. EPE291199

D OTROS VERBOS DE LENGUA EN MANIFESTACIONES VERBALES O GESTUALES DISTINTAS DE LAS SEÑALADAS EN EL APARTADO *B*, MÁS FRECUENTEMENTE SI SON EXPANSIVAS Y TIENEN UN DESTINATARIO, EXPLÍCITO O IMPLÍCITO: **39 saludar +:** ...saludando con la cabeza *a diestro y siniestro*. LVE181296 **40 pedir +:** ...de poco sirven las buenas intenciones o pedir ayudas *a diestro y siniestro*. LVE021096 **41 hablar:** El cantante, aprovechando su estancia en su país, habla *a diestro y siniestro*... EPD270697 **42 afirmar:** ...según había afirmado ella *a diestro y siniestro* en una de esas exclusivas a las que nos tenía acostumbrados, ha decidido poner punto y final a su matrimonio. EPE051001 **43 parlotear:** El catalán parloteó *a diestro y siniestro*. EME050596 **44 advertir:** El secretario general advirtió ayer *a diestro y siniestro* que las medidas que se iban a tomar serían insuficientes. INDOC **45 declarar:** ...como declara *a diestro y siniestro* el presidente polaco... EPE120399 **46 prometer:** ...prometió *a diestro y siniestro* asegurar la gobernabilidad del Estado en el curso de la presidencia europea... LVE140795 **47 realizar entrevistas:** Los agentes encargados del caso realizaron entrevistas *a diestro y siniestro* con empleados de establecimientos de ocio y bebidas del distrito. EME281296 **48 firmar autógrafos:** ...ni para firmar autógrafos *a diestro y siniestro* (aunque alguno cayó)... EME060194 **49 interrogar:** Sin embargo, nuestra sociedad, que tanto se interroga sobre ello, aun *a diestro y siniestro...* LVE220996 **50 vitorear:** A saber, que allí terminamos todos en pie de baile, vitoreando *a diestro y siniestro...* LVE210795 **51 sonreír:** ...sonreían *a diestro y siniestro*, encantados por haber roto el tabú. LVE151194 **52 aplaudir:** ...mientras un borracho –el único personaje feliz presente frente al legislativo– aplaudía *a diestro y siniestro.* EME240496 **53 invitar:** ...se le podía ver por los bares invitando a las consumiciones *a diestro y siniestro.* EME230696 **54 repetir:** No sé quién es el premiado, repitió *a diestro y siniestro.* EME270896 **55 silbar:** ...oigo silbar *a diestro y siniestro* expresiones de este pelaje... EME290196 **56 reivindicar:** ...no dejó pasar la ocasión para reivindicar *a diestro y siniestro* un esfuerzo colectivo... EPE150899

E VERBOS QUE DENOTAN RECRIMINACIÓN, CENSURA O SANCIÓN: **57 multar +:** ...las decenas de agentes que parsimoniosamente recorren las calles multando *a diestro y siniestro.* ENH180397 **58 expulsar:** El partido, de por sí tenso, quedó más enrarecido cuando el pésimo Prados García se calentó y comenzó a expulsar *a diestro y siniestro.* EME200596 **59 denunciar:** Denunciando *a diestro y siniestro*, el documento ha acabado siendo firmado... EME230295 **60 acusar +:** ...se defiende acusando *a diestro y siniestro* sin dar cuenta de los actos que se le imputan... LVE020495 **61 sermonear:** ...la Administración de nuestro país, tan dada a sermonear *a diestro y siniestro...* EPE170599 **62 reñir:** ...sus airadas salidas de tono riñendo al personal *a diestro y siniestro...* EPE201099 **63 imputar:** ...imputando *a diestro y siniestro* a sus ex compañeros de Interior... LVE280596 **64 sancionar:** ...desde que al comité de competición le ha dado por sancionar clubes de fútbol *a diestro y siniestro.* INDOC **65 condenar:** Aparecen justicieros por todas partes condenando personas *a diestro y siniestro.* LVE010794 **66 tiznar –:** Este asturiano se bajó a las galerías de la política para tiznar *a diestro y siniestro...* LVE050596

☐ Véase también: **a discreción**.

adiós ♦ **afectuoso, cálido, caluroso, definitivo, efusivo, emotivo, largo, multitudinario[25], postrero, simbólico, triste, último** ♦ **dar[288], decir, dedicar, tributar**

☐ Véase también: **buenas noches, despedida, despedir(se), saludar.**

a discreción *loc.adv./loc.adj.* ▮ En el sentido de 'al arbitrio o buen juicio (de alguien)', se combina frecuentemente con algunos verbos semicopulativos y sus variantes causativas *(dejar, quedar).* En el sentido de 'sin tasa ni limitación' se combina con sustantivos que designan sustancias o materias, más frecuentemente alimentos, bebidas *(cerveza, vino, queso, chocolate, jamón)* y otras cosas que pueden repartirse para ser usadas o consumidas *(gasolina, regalos, ayudas).* Se combina también con...

A VERBOS QUE DENOTAN DISPARO, A VECES USADOS FIGURADAMENTE. POR EXTENSIÓN, TAMBIÉN CON OTROS QUE DESIGNAN LA ACCIÓN DE LANZAR UN BALÓN CON LOS PIES: **1 disparar ++:** ...un grupo de hombres armados disparó *a discreción* en contra de un autobús... LHG140797 **2 abrir fuego:** ...los oficiales les dieron orden de abrir fuego *a discreción* en cuanto se dieron cuenta que el coche no se detenía en el control. EME070194 **3 fusilar:** El tableteo de flashes le persiguió mientras entraba en el hemiciclo, y cuando tomó asiento en su escaño fue fusilado *a discreción...* EPE170900 **4 atacar:** ...muy molesto por que el BNG le hubiese acusado de «preparar un pucherazo» con el voto de los emigrantes, atacó *a discreción* al grupo... EPD291097 **5 rematar:** ...los rechaces terminaran siempre en poder del Málaga, que remató *a discreción...* EPE170900 **6 chutar:** Una de las instrucciones en el fútbol es chutar *a discreción* a los porteros suplentes. EME091196

B VERBOS QUE DESIGNAN LA ACCIÓN DE GOLPEAR Y OTRAS FORMAS DE AGRESIÓN FÍSICA: **7 golpear:** ...golpearon *a discreción* a los hinchas madridistas. EME290396 **8 pegar:** ...el welter junior César Leiva le estaba pegando *a discreción* a Rolando Soria. CLA120197 **9 propinar:** ...ni Dios le quita o la resarce de las hostias que le ha propinado *a discreción.* EPE181199

C VERBOS QUE DENOTAN EMPLEO, USO O MANEJO DE ALGO: **10 usar:** Duran es el único que disfruta en CiU de cierta libertad de palabra. En el pasado reciente la ha usado *a discreción* y con acierto. EPE250999 **11 utilizar:** ...dispone de un fondo de 10.000 millones de dólares como «reserva de guerra» para utilizar *a discreción.* LRE270103 **12 manejar:** ...un recurso que suele manejar *a discreción* para escabullir sus responsabilidades políticas actuales. EPE111199 **13 manipular:** ...los ciudadanos debemos exigir a los políticos que se aten las manos firmemente en materia de pensiones; es decir, que dejen de manipularlas *a discreción...* EPE130899 **14 emplear:** Otro argumento empleado *a discreción* (...) fue la comparación de la normativa de contrataciones... LVE210695

D SUSTANTIVOS QUE DESIGNAN LA ACCIÓN DE DISPARAR CON ARMA DE FUEGO Y, POR EXTENSIÓN, OTRAS FORMAS DE AGRESIÓN MEDIANTE GOLPES O LANZAMIENTOS: **15 fuego ++:** Hubo fuego *a discreción*: contra Scharping y contra sus rivales, especialmente contra Schroeder. LVE151195 **16 disparo:** El técnico del Atlético, Claudio Ranieri, seguramente, animará a los suyos a ejercitar disparos *a discreción...* EPE301099 **17 puñetazo:** ...le oprimió el pecho con una rodilla y comenzó a sacudirle puñetazos *a discreción* en la cara. EPE090899

E SUSTANTIVOS QUE DESIGNAN MAGNITUDES O CANTIDADES, MÁS FRECUENTEMENTE ECONÓMICAS. TAMBIÉN CON ALGUNOS QUE EXPRESAN LA ACCIÓN DE SATISFACERLAS: **18 dinero:** En esta campaña contamos con todo tipo de medios. La consigna es: «Dinero *a discreción*». INDOC **19 tasa:** Tasas *a discreción.* Comparten cartel las tasas de nueva creación y otras que actualizan su precio. EME290996 **20 pago:** ...todavía se observan prácticas y actitudes poco ortodoxas en función del peso relativo de los canales de comercialización (pagos *a discreción* de la gran superficie más allá de los 90 días...). EPE261099 **21 subvención –:** ...con su interminable goteo de recalificaciones urbanas, caciquismos arbitrarios y subvenciones *a discreción.* EPE080399

F OTROS SUSTANTIVOS; POSIBLES USOS ESTILÍSTICOS: Mujeres desnudas desfilan por la pantalla, sexo *a dis-*

creción. EPE021299: Hubo brillo *a discreción,* metalizados sutiles y terciopelo negro texturado... EPE100299

□ Véase también: **a destajo, a diestro y siniestro.**

a disposición (de algo/de alguien) ♦ **encontrar(se), pasar, poner, quedar, seguir, tener (algo/a alguien)**

a distancia ♦ **amor, compra, educación, mando, venta** ♦ **accionar, controlar, dirigir, enviar, escuchar, estudiar, lanzar, manipular, mantener(se), mirar, observar, trabajar, ver**

adivinar ♦ **a grandes rasgos[35], a lo lejos[7], a ojos cerrados, entre líneas[2]** ♦ **camino, desenlace, deseo, final, forma, futuro, identidad, intención, lugar, modo, nombre, pensamiento, porvenir, pregunta, respuesta, resultado, secreto**

□ Véase también: **acertar, acertijo, acierto, conocer, pregunta, preguntar, saber.**

a divinis ♦ **suspender**

ADJUDICACIÓN Véase: *ENTREGA, ATRIBUCIÓN Y ADJUDICACIÓN*

ADJUDICACIÓN

♦ (SUSTANTIVOS) Véase: **a dedo[E], agilizar[K], discrecional[F], recaer[E], rescindir[B], revocar[B]**

♦ (VERBOS) Véase: **a dedo[B], copiosamente[D], de sobra[B], en exclusiva[F], incondicionalmente[D], maliciosamente[H], por mayoría[E]**

adjudicar ♦ **a boleo, a dedo[10], a la baja[29], arbitrariamente, de antemano[30], directamente, irregularmente, personalmente, provisionalmente, temporalmente** ♦ **ayuda, compra, contrato, empresa, gestión, licencia, obra, plaza, proyecto, servicio, trabajo, vivienda**

□ Véase también: **aportar, asignar, dar, entregar, prestar, subrogar.**

administración ♦ **burocrático, casero[35], central, civil, comunal[2], delicado, eficaz, farragoso[6], ineficaz, lento, minucioso, público, puntual, racional, riguroso** ♦ **asumir, centralizar[13], conducir, controlar, desmembrar(se)[22], encargar(se) (de), gestionar, llevar[14], ocuparse (de)**

administrar ▮ *(gestionar)* ♦ **adecuadamente, bien, conjuntamente, con mano de hierro[9], correctamente, desastrosamente, eficazmente, eficientemente, férreamente[3], mal, personalmente, puntualmente, sabiamente** ♦ **bien, capital, dinero, empresa, esfuerzo, espacio, finca, fondo, herencia, información, institución, justicia, poder, presupuesto, recurso, sector, tiempo, ventaja** ▮ *(dar)* ♦ **en {grandes/pequeñas} dosis, en vena, por vía oral, racionalmente** ♦ **bautismo, medicamento, medicina, sacramento**

□ Véase también: **gestión, gestionar.**

admiración ♦ **ciego[7], declarado, desbordante[45], desmedido[70], desmesurado[40], devoto, digno (de), encendido[17], enorme, entusiasta, especial, exacerbado, ferviente[30], fervoroso, franco, general, gran(de), incondicional[12], inconfesado, incontenible, inmerecido, máximo, merecido, mutuo, oculto, profundo[17], rendido, reverencial, secreto, sincero, sin reservas[50], total, tremendo, unánime[18], vivo** ♦ **muestra (de), objeto (de)[4]** ♦ **captar[41], causar, colmar (de), concitar[39], confesar[47], conquistar(se), crecer, declarar, demostrar, despertar[26], disfrutar (de), expresar, ganarse, gozar (de)[10], granjearse[4], infundir[33], inspirar[43], manifestar, merecer, mirar (con), mostrar, ocultar, producir, profesar[58], provocar, rendir, sentir[6], suscitar, testimoniar[7], tributar[14]**

□ Véase también: **adoración, asombro, devoción, fascinación, sorpresa.**

admirador ♦ **absoluto, ciego, confeso, declarado, devoto, empedernido[9], entusiasta, fanático, ferviente[8], fervoroso[20], fiel, gran(de), incondicional, profundo, rendido, secreto, sincero**

□ Véase también: **forofo, hincha, partidario, seguidor.**

admirar ♦ **absolutamente, ciegamente, extraordinariamente, fervientemente[11], fervorosamente, incondicionalmente[27], mucho, profundamente[31], rendidamente, sinceramente[29], sin reservas[3], sumamente, visceralmente**

admirativo ♦ **actitud, afecto, asombro, comentario, descripción, elogio, entonación, expresión, frase, gesto, respuesta, signo, tono, voz**

admisión ♦ **condicional[9], definitivo, pendiente (de), provisional** ♦ **a concurso, a trámite** ♦ **auto (de), criterio (de), derecho (de), examen (de), plazo (de), proceso (de), sala (de), sistema (de)** ♦ **aceptar, conceder, considerar, decidir, denegar[62], estudiar, justificar, pedir, rechazar, solicitar**

ADMISIÓN Véase: *ACEPTACIÓN*

ADMISIÓN Véase: ACEPTACIÓN; FAVOR

admitir ♦ **abiertamente[10], a concurso, alegremente, a medias[39], a regañadientes[6], con franqueza[1], con matices[10], con reservas[7], de antemano[33], de {buena/mala} gana, de buen grado[5], de plano[30], explícitamente, humildemente[4], implícitamente, incondicionalmente[12], lisa y llanamente[12], ni por asomo[33], sin ambages[20], sin dudar, sin pestañear[11], sin rechistar, sin reservas[13], sin tapujos[55], tácitamente, unánimemente, universalmente[2], veladamente** ♦ **autoría, cambio, compromiso, culpa, culpabilidad, defecto, derrota, desconocimiento, dolor, equivocación, error, existencia, fracaso, ignorancia, intención, límite, malestar, miedo, necesidad, participación, pasión, plan, posibilidad, relación, responsabilidad, verdad,** *otros sustantivos que designan sentimientos*

□ Véase también: **aceptación, admitir a trámite, confesar, reconocer.**

admitir a trámite ♦ **alegación, demanda, denuncia, escrito, moción, petición, propuesta,**

queja, querella, recurso, recusación, solicitud, *otros sustantivos que designan documentos relativos a acciones judiciales*
☐ Véase también: **admitir**.

ad náuseam ♦ **aparecer, insistir, mostrar, recordar, repetir**

a domicilio *loc.adv./loc.adj.* ▌Se combina con sustantivos que designan artículos de consumo *(pizza, flores)*. Se combina también con...

A VERBOS QUE DESIGNAN LA ACCIÓN DE SUPERAR O DERROTAR AL CONTRARIO EN UN ENFRENTAMIENTO DEPORTIVO O, CON MENOR FRECUENCIA, LA DE ENFRENTARSE A ÉL O LA DE RESULTAR DERROTADO: **1 ganar** ++: La selección paraguaya Sub-20 de fútbol ganó hoy *a domicilio*... LTB111296 **2 vencer** ++: El Beti Ona perdió mientras que el Touring venció *a domicilio*... EDV130301 **3 derrotar** ++: ...derrotó *a domicilio* al Fuente Umbría Almogarén... CAN070599 **4 golear** ++: El Deportivo no tuvo ningún problema para golear *a domicilio* al Salamanca. LVE280196 **5 imponerse** ++: Tenerife alejó un poco del sueño de la UEFA al Valladolid, tras imponerse *a domicilio*... PLG100397 **6 empatar** +: ...el Wüstenrot Salzburg empató *a domicilio*... LPH131100 **7 vapulear** +: Baste recordar que a los Monarchs se les vapuleó *a domicilio* en la última victoria de los Dragons... LVE210595 **8 enfrentarse:** El equipo español de tenis femenino se enfrentará, *a domicilio*, a Bélgica... LVE010996 **9 perder:** ...el Cafetería Manhattan perdió *a domicilio* por 65-54 contra la SD Laciana... ENC010201

B VERBOS QUE DENOTAN SUMINISTRO, DISTRIBUCIÓN, ADQUISICIÓN O RECEPCIÓN DE PRODUCTOS: **10 vender** ++: ...perfumes franceses falsificados que se vendían *a domicilio* y en peluquerías... LVE010696 **11 entregar** +: ...tiene una oferta de mil productos que le entregarán *a domicilio* en 48 horas. LVE130495 **12 enviar** +: ...la Dirección General Impositiva no podrá cumplir con el trámite de enviar *a domicilio* las boletas de pago. CLA120199 **13 servir** +: ...es cada vez más abundante la red de empresas dedicadas a servir *a domicilio*... LVE261195 **14 repartir** +: ...aquel muchacho de 14 años que repartía *a domicilio* en su bicicleta los medicamentos de una farmacia local. EME180695 **15 recibir** +: Nueva fórmula para comprar un cerdo de Jabugo y recibir *a domicilio* sabrosos embutidos a mejor precio... EME151296 **16 ofrecer:** ...la Policía ha aconsejado que este producto no se compre en mercadillos ambulantes ni que se adquiera si es ofrecido *a domicilio*... EME170496 **17 distribuir:** La normativa autoriza a las empresas de mensajería a distribuir *a domicilio* fármacos para enfermos crónicos... EPE280499 **18 adquirir:** La boletería puede adquirirse en las taquillas (...) o *a domicilio*... ETC040996

C OTROS VERBOS DE ACCIÓN, RELACIONADOS GENERALMENTE CON LA ACTIVIDAD LABORAL, Y EN PARTICULAR CON LA PRESTACIÓN DE SERVICIOS: **19 atender** +: Una enfermera holandesa que atendía *a domicilio* a ancianos dementes... LVE140995 **20 trabajar:** ...la institución sólo cuenta con 56 recolectoras para trabajar *a domicilio*... LPN150697

D SUSTANTIVOS QUE DESIGNAN EL RESULTADO DE UNA COMPETICIÓN DEPORTIVA O, POR EXTENSIÓN, ALGUNAS FORMAS DE COMPUTARLO. SE RELACIONAN GENERALMENTE CON LOS VERBOS DEL APARTADO *A*: **21 victoria** ++: También valió su peso en oro el gol al Rayo Vallecano del defensa argentino Mauricio Pochettino, que significó la victoria *a domicilio*... EUV070497 **22 triunfo** ++: ...los Cachorros de Chicago se encaminaron a un triunfo *a domicilio* ante los Gigantes de San Francisco... DYM240796 **23 derrota** +: Lo dicho, los Reyes habrán dejado carbón a los rojiblancos que suman una nueva derrota *a domicilio*. LRE060103 **24 empate** +: Con su empate *a domicilio*, el América se mantiene a 12 puntos de su nuevo escolta... PLG130197 **25 goleada** +: ...goleada *a domicilio* del Muñopedro en un campo difícil... ENC140201 **26 paliza:** ...propinaron una buena paliza *a domicilio* a los Seattle Supersonics... LVE110696 **27 resultado:** ...supone para el equipo de Toni Cruz afianzarse en los puestos de liguilla de ascenso pero además demostrar que el equipo también puede obtener importantes resultados *a domicilio*. CAN150101 **28 punto:** Si los de Antic consiguiesen los triunfos de casa y un punto *a domicilio*... LVE030596

E SUSTANTIVOS QUE DENOTAN VENTA, ADQUISICIÓN O DISTRIBUCIÓN, RELACIONADOS GENERALMENTE CON LOS VERBOS DEL APARTADO *B*: **29 venta** ++: La firma se dedica a la venta *a domicilio* de menaje y libros de cocina. LVE271195 **30 reparto** ++: ...se recordó que el conflicto fue motivado por el reparto *a domicilio* de las tortillerías... DYM061196 **31 entrega** +: ...preferirá los barrios privados y el delivery, esto es, la entrega *a domicilio*. CLA310199 **32 distribución** +: Las empresas de distribución *a domicilio* de comida preparada están sometidas (...) a un control específico... LVE060796 **33 compra** +: ...se espera que aumente las ventas como ya ocurrió con el servicio de entrega de las compras *a domicilio*... EPE021299 **34 envío:** La Hacienda navarra inicia el envío *a domicilio* de toda la información fiscal. EPE120499 **35 pedido:** La transferencia se hace en el día y a partir de ahí el comercio envía el pedido *a domicilio*. CLA020401

F SUSTANTIVOS QUE DESIGNAN ACTIVIDADES LABORALES Y SERVICIOS, EN ESPECIAL LOS DE ATENCIÓN O ASISTENCIA. POR EXTENSIÓN, CON OTROS QUE DESIGNAN ALGUNOS ESTABLECIMIENTOS QUE LOS OFRECEN: **36 ayuda** ++: ...«poniendo en marcha los recursos necesarios», tales como el de la ayuda *a domicilio*... LRE190103 **37 atención** ++: ...lleva años reclamando recursos de atención y rehabilitación, como (...) atención *a domicilio*... DDN030101 **38 visita** ++: ...entra el servicio en funcionamiento, y las visitas *a domicilio*. CAN080101 **39 servicio** ++: Díaz explica que esas oportunidades se dan en los servicios *a domicilio* para atender médica y sicológicamente a los pacientes... ETC111196 **40 asistencia** +: La asistencia *a domicilio* de la Diputación no llegará a los casi 2.000 usuarios potenciales... ENC120101 **41 clase:** La vida de una mujer acosada por la soledad y el alcoholismo, dedicada a dar clases *a domicilio*... LVE140396 **42 trabajo:** Otro asunto es el trabajo *a domicilio*. EPE220399 **43 banca:** ...ha entrado en el negocio de la banca *a domicilio*... LVE190495 **44 librería** –: Una empresa madrileña pone en marcha la librería *a domicilio*. EME100996

G SUSTANTIVOS QUE DENOTAN CONSULTA O DESIGNAN OTRAS ACCIONES VERBALES ENCAMINADAS A RECABAR INFORMACIÓN: **45 encuesta** +: ...fue realizado a finales del año pasado según una encuesta *a domicilio*... LVE120295 **46 entrevista:** ...a través de 1.200 entrevistas *a domicilio* en grandes ciudades... EME130696 **47 pregunta:** La encuesta (...) es una de las más fiables dado el método seguido -preguntas *a domicilio*-... LVE160495 **48 consulta:** El usuario paga por casi todos los servicios o prestaciones, consultas al especialista y *a domicilio*... LVE200296

H SUSTANTIVOS QUE DESIGNAN DIVERSAS PROFESIONES RELACIONADAS CON LA VENTA Y LA DISTRIBUCIÓN DE PRODUCTOS O LA PRESTACIÓN DE SERVICIOS: **49 vendedor** +: Los vendedores *a domicilio* deberán entregar facturas con su dirección... LNC281296 **50 repartidor** +: En este local, a finales de 1994, buscaban repartidores *a domicilio*. LVE151195 **51 profesor:** ...no tomaron en cuenta la creciente influencia de medios como la televisión, que en opinión de los sociólogos se ha constituido en un verdadero «profesor *a domicilio*». LTB040397 **52 limpiador:** Bajo las balas de ETA han caído policías y ertzainas, (...) compradores de supermercado o limpiadoras *a domicilio*. LVE270195 **53 cobrador:** La ANSES advirtió también que no dispone de gestores ni cobradores *a domicilio*. CLA091000 **54 cocinero:** Cocineros *a domicilio*. LVE030895 **55 predicador** –: Le inspira lo que conoce mejor: el portero de su casa, (...), el predicador *a domicilio*... EME010795

I OTROS SUSTANTIVOS; POSIBLES USOS CRUZADOS: ...se dispone el arresto *a domicilio* del administrador... [Cf. *domiciliario*] LVE080196

J OTROS SUSTANTIVOS; POSIBLES USOS ESTILÍSTICOS: ...contra quienes no estamos de acuerdo con la leperada *a domicilio* y a todo color... EXC060197

adoptar ♦ **abruptamente, a la ligera[19], cautelarmente[28], colegiadamente[3], gradualmente[48], por mayoría, por unanimidad, provisionalmente, unánimemente** ♦ **actitud, acuerdo, conclusión, conducta, criterio, decisión, determinación, estrategia, gesto, medida, modelo, modificación, niño, pacto, política, pose, posición, postura, propuesta, punto de vista, reforma, resolución, sanción, solución**
□ Véase también: **decidir, ejercer, emprender, tomar**.

adoptivo ♦ **familia, hermano, hijo, madre, padre, patria, pueblo, tierra**

adoración ♦ **apasionado, ardiente, auténtico, ciego, desmedido, devoto, encendido, fanático, ferviente, fervoroso, incondicional[16], inconfesable, verdadero, vivo** ♦ **objeto (de)[6]** ♦ **despertar, mostrar, profesar[54], rendir, sentir[18]**
□ Véase también: **admiración, devoción**.

adornar ♦ **ampulosamente, excesivamente, ligeramente, lujosamente, profusamente[7], ricamente[3]** ♦ **argumentación, discurso, explicación, historia, lugar, narración, objeto, persona, programa, relato, teoría,** *otros sustantivos que designan manifestaciones verbales o textuales*

adorno ♦ **alusivo, apropiado, barroco, bello, cosmético, delicado, discreto, excesivo, floral, innecesario, insignificante, inspirado, llamativo, lleno (de), luminoso, mero, navideño, pequeño, primoroso, profuso, prolijo, puro, recargado, retórico, sobrante, sobrecargado, sofisticado, suntuoso, superficial, superfluo, taurino, trivial, vano** ♦ **como, de** ♦ **exceso (de), objeto (de)** ♦ **colgar, despojar(se) (de), estar (de), exhibir, inundar (con), llenar (de), llevar, lucir, necesitar, poner, revestir (de), servir (de)**
□ Véase también: **decoración**.

ADORNO
♦ (SUSTANTIVOS) Véase: **parco (en)[C]**
♦ (VERBOS) Véase: **profusamente[B], ricamente[A,B]**

adquirir *v.* **I** Se combina con sustantivos que designan bienes materiales *(adquirir una nueva vivienda, un traje)* y enfermedades, a menudo graves y contagiosas *(adquirir el sida, la gripe asiática)*. También se combina con...

A SUSTANTIVOS QUE DENOTAN NOTORIEDAD, NOMBRADÍA, PREEMINENCIA Y OTRAS FORMAS DE APRECIO O RECONOCIMIENTO SOCIAL: **1 fama** ++: Y respecto a la fama que ha *adquirido* luego de su grandiosa gesta con el equipo de la Florida, el pelotero afirmó... EPC051197 **2 notoriedad** +: ...un acontecimiento que estremece a todo un barrilete (barrio), cuyo nombre *adquiere* notoriedad sobre todo por la cualificación de su machada... LPN051297 **3 popularidad** +: ...como si la popularidad, la lucha en favor de las comunidades se *adquiriese* por abolengo familiar... LPH260696 **4 prestigio** ++: ...había *adquirido* un prestigio y un desenvolvimiento espectacular... ESH090497 **5 credibilidad:** ...el tema amerita que la confianza y la credibilidad sea *adquirida* con resultados y a pulso... VIS200397 **6 reputación:** ...Londres va *adquiriendo* cada vez más reputación por sus innovadores edificios... EUV031196 **7 respetabilidad:** Por lo técnico y por los actores que se eligen, *adquirió* una respetabilidad que no tenía. CLA220301 **8 reconocimiento:** LUS fue fundada por De Andrade y Olivera en La Plata, en 1984, año en que *adquirió* el reconocimiento legal y la personería jurídica que aún hoy mantiene. ECA190792 **9 respeto:** De lo contrario así es como se va perdiendo la importancia, respeto y prestigio *adquirido* a través de los años... ESH130497 **10 renombre:** Desde ese entonces, Mónaco *adquirió* más renombre, pero a la vez, con la llegada de Carolina, Alberto y Estefanía, la familia Grimaldi se convirtió en... ETC150996 **11 consideración:** ...el sentido de la vida *adquiere* consideraciones equivalentes a su posición social... EXC210197

B SUSTANTIVOS QUE DENOTAN OBLIGACIÓN CONTRAÍDA: **12 deuda** ++: «Esta administración no ha *adquirido* deudas», comentó Reyes. BYN071297 **13 compromiso** ++: Los segundos dijeron que respetaban así un compromiso *adquirido* con los dirigentes sindicales. LEC020796 **14 responsabilidad** ++: ...tiene millones y nuevos amigos, pero también ha *adquirido* una responsabilidad nueva... DLA281097 **15 obligación** ++: Los contingentes de importación son parte de las obligaciones *adquiridas* por los países que negociaron... LNC240796

C SUSTANTIVOS QUE DENOTAN COSTUMBRE O HÁBITO: **16 costumbre** ++: ...tanto Castro como el Ché Guevara y otros antiguos guerrilleros habían *adquirido* la costumbre en la Sierra Maestra de fumar respetables cantidades de puros. ENH020397 **17 hábito** ++: Preventivamente, el objetivo es que las personas *adquieran* hábitos de conductas de salud... ENV260700 **18 vicio** +: ...aquellos que a partir de los 20 años no fuman, es poca la probabilidad que tienen de *adquirir* el vicio, en el caso concreto del cigarrillo. ACP230996

D SUSTANTIVOS QUE DENOTAN CONOCIMIENTO, INFORMACIÓN O SABER. TAMBIÉN CON OTROS QUE DESIGNAN ALGUNAS MANIFESTACIONES DE ESOS CONCEPTOS, ESPECIALMENTE SUS UNIDADES O SUS CONTENIDOS: **19 conocimiento** ++: ...como si no quisiera de ninguna manera que lo tachasen de haber *adquirido* conocimientos superiores a los del vecino. INF010896 **20 experiencia** ++: La experiencia *adquirida* durante los ocho años de trabajo como párroco... VIS230197 **21 conciencia** ++: Creo que la DC ha *adquirido* una conciencia aguda de la existencia de un líder en el PS-PPD... CAR120597 **22 cultura** ++: «Si cultura es todo aquello que nos ayuda a mejorar, entonces, cuando aprendemos costumbres de otros países, estamos *adquiriendo* cultura.». END031297 **23 formación** +: Además, cualquiera puede verificar que un egresado del ciclo secundario dista de haber *adquirido* una formación convincente. LNP030797 **24 preparación** +: ...el Centro Ceremonial Otomí en México, donde *adquirió* una de las mejores preparaciones físicas y anímicas de su carrera... EXC250700 **25 información** +: ...desde la asociación queremos luchar para que no se piense que las amas de casa somos un grupo de marujas. Nos gusta informarnos, y *adquirir* información. ENC060599 **26 sabiduría**: Adquirió una sabiduría, un concepto profundo, rebelde, estremecido y gracioso de la vida. LEC190198 **27 idea**: Como podemos ver, nada falta para que el lector culto no especialista *adquiera* una idea cabal de lo que supuso la cultura griega... ABC230994 **28 vocabulario** +: Para entonces, la mayoría de las personas *adquirió* un vocabulario de 100.000 palabras. CLA030199 **29 bagaje** +: El mismo bagaje *adquirido* trabajando en una empresa de las dimensiones y características... LEC051297 **30 educación**: En el caso de las clases populares, la posibilidad de que los muchachos *adquieran* una mejor educación se aleja... ETC011291

E SUSTANTIVOS QUE DENOTAN HABILIDAD, PROFESIONALIDAD, CAPACIDAD O SEGURIDAD EN DIVERSAS ACTIVIDADES: **31 capacidad** ++: Consignó que para evitar la arbitrariedad «los mismos medios deberían procurar que la población *adquiera* capacidad crítica...». LPA260592 **32 destreza** ++: Gracias al gesto un alumno *adquiere* la destreza necesaria para saber cómo se pone un preservativo... EME040795 **33 habilidad** +: ...cuanto más tarde se empieza más difícil es *adquirir* la habilidad y los reflejos necesarios para la conducción. EME230696 **34 competencia** +: ¿Y desde cuándo los tribunales chilenos han *adquirido* la competencia para determinar qué o quiénes son una iglesia? HOY270197 **35 soltura** ++: Acostumbrado ya al papel de candidato en permanente campaña, Fujimori ha *adquirido* con el correr del tiempo soltura y dominio de escena. CAP160496 **36 versatilidad** +: ...propician que el bailarín *adquiera* versatilidad y fluidez en sus movimientos. GIC051797 **37 seguridad** ++: Creímos que con la Consulta Popular de mayo el Ejecutivo *adquiría* la seguridad necesaria para gobernar... VIS210997 **38 confianza** ++: ...el tema amerita que la confianza y la credibilidad sea *adquirida* con resultados y a pulso... VIS200397 **39 eficacia** –: ...la inversión pública en el desarrollo social *adquiere* eficacia en el presente y proyección hacia el futuro. CLA231000 **40 elocuencia**: Estas palabras *adquirieron* una siniestra elocuencia, porque ese día había sido asesinado por un comando... CLA111000 **41 talento**: Wilpon reconoció que el potencial para *adquirir* talento internacional a menor precio... ENH110198 **42 fluidez**: ...sin que se avizorara manera alguna de tomar su marca mientras *adquirían* sorprendente fluidez los encuentros... LNP030497 **43 práctica** +: Cumple el objetivo de *adquirir* práctica quirúrgica, y se inicia en la fisiopatología hepática. ABC030295 **44 oficio**: En esta carrera lo fundamental es *adquirir* oficio, y éste difícilmente se coge en plazas de mucha responsabilidad... EME240895

F SUSTANTIVOS QUE DESIGNAN DERECHOS O FACULTADES: **45 derecho** ++: Según Ponce, cuando el buque Peskamar-15 *adquirió* el derecho a portar la bandera hondureña... LPH280896 **46 ciudadanía**: ...supuestamente éste había *adquirido* la ciudadanía estadounidense. LNC190297 **47 nacionalidad**: ...en 1969 *adquirió* la nacionalidad estadounidense. EPC211097 **48 libertad**: ...se le tramitarán sus expedientes para que sean liberados o *adquieran* la libertad condicional. DED210197 **49 autonomía**: Se trata de una comisión legislativa que ha *adquirido* autonomía... EXC210197 **50 independencia**: ...fueron *adquiriendo* su independencia, han tenido menos tiempo. GIC020697 **51 legitimidad** +: Lamentablemente los insurgentes han *adquirido* una legitimidad política... SEM201097 **52 inmunidad** +: Asimismo, la vacuna oral (...) está contraindicada en los niños y niñas con inmunidad deficiente ya sea natural o *adquirida.* LDD300697

G SUSTANTIVOS QUE DENOTAN RELEVANCIA, PROMINENCIA, CONSIDERACIÓN O VALOR EN DIVERSAS FORMAS Y GRADOS: **53 importancia** ++: ...*adquiere* importancia si se considera que las recomendaciones del encuentro no fueron consideradas... LPN011297 **54 relevancia** +: ...la transmisión heterosexual fue del 17 por ciento, *adquiriendo* especial relevancia en mujeres... LDD301097 **55 interés** ++: ...el «proyecto educativo» *adquiere* particular interés, porque cumplimenta varios requisitos que posibilitan lograr ese objetivo general. LNP151297 **56 peso** +: Adquirirán mayor peso no solo las presiones del norte de Chile por una articulación que le garantice... LTB050900 **57 relieve** +: Las palabras de Brea (...) *adquieren* un especial relieve. LPA190492 **58 trascendencia** +: «La visita del reverendo Vecchi a su ciudad natal *adquirió* particular trascendencia para el pueblo...». LNP080497 **59 valor** +: En ambos subgéneros de la aventura la música juega un papel de primer orden, hasta el extremo de *adquirir* valor de código. LPA190492 **60 gravedad**: ...al margen de la gravedad que este problema ha *adquirido* en otras naciones. LEC220796 **61 auge**: Como lo hemos dicho otras veces, el auge *adquirido* por las comunicaciones, especialmente las aéreas, ha hecho el milagro... LPA130592 **62 grandeza**: Un trabajo que *adquiere* nobleza y grandeza sin iguales cuando se destina al entendimiento de los hombres divididos en naciones, países... ETC020188 **63 protagonismo**: ...la Ucedé, lejos de *adquirir* protagonismo junto al PJ lo perdió mezclada entre la media docena de agrupaciones que se agregaron más tarde al frente. LNA240692

H SUSTANTIVOS QUE DESIGNAN DIVERSAS FORMAS DE DOMINIO O PREPONDERANCIA: **64 control** ++: ...si *adquiere* el control de Movilnet, Telefónica podrá operar antes del lapso previsto por el contrato. ENV051000 **65 dominio** +: ...compró el 60% de las acciones y *adquirió* el dominio absoluto de la empresa. INDOC **66 autoridad:** ...aquel que sea favorecido con una sentencia que *adquiera* la autoridad de cosa juzgada, no podrá ser retenido... DED130996

I SUSTANTIVOS QUE DENOTAN POTENCIA O PODER: **67 fuerza** ++: ...los equipos del lado oeste han *adquirido* aun más fuerza que la que ostentaron durante la temporada pasada. ESP001101 **68 poder** ++: Entre más poder *adquiere*, más superficial y vano se va tornando. ESP090897 **69 impulso** +: Contra lo que podría haber esperado éste, el debate –que estaba tomando cuerpo– *adquiere* ahora nuevo impulso y picante condimento. CAP091097 **70 vigor:** El racismo, desde sus diversas vertientes, ha *adquirido* un inusitado vigor... LTB041000 **71 energía:** «La empresa privada no está interesada en la forma o en el modo de *adquirir* esta nueva energía eléctrica»... LTH131197

J SUSTANTIVOS QUE DENOTAN SIGNIFICADO. TAMBIÉN CON OTROS QUE DESIGNAN DIVERSOS RASGOS IDENTIFICATIVOS, PROPIOS O CARACTERÍSTICOS DE LAS PERSONAS O LAS COSAS: **72 sentido** ++: ...la pequeña historia de Barón Biza *adquiere* su sentido definitivo cuando es el artista... ECA120792 **73 significado** ++: Testimonio exento de sectarismo que explica por qué la privatización está *adquiriendo* un significado negativo en las encuestas. CAP270397 **74 identidad** +: ...no solo ocupar lugar, sino construir su historia y *adquirir* su identidad... ETC010798 **75 personalidad** +: ...después del proceso de teshuvá, el individuo se regenera y *adquiere* una nueva personalidad, totalmente diferente. EUV230996 **76 entidad:** ...el hueso una anécdota que, tomando de aquí y allá (desde el esperpento al más tradicional cine de aventuras) *adquiere* entidad propia. CLA030797 **77 voz:** ...esta región ha *adquirido* una voz propia y respetada que no tenía. EME070595

K SUSTANTIVOS QUE DESIGNAN CUALIDADES DE LA MATERIA O PROPIEDADES FÍSICAS DE LAS COSAS. SE INTERPRETAN EN EL SENTIDO LITERAL O EN EL FIGURADO: **78 forma** ++: Bottke y sus colegas afirman que fue así como Eros *adquirió* su forma alargada. CLA300199 **79 espesor** +: ...para después, agolpándose sobre el sí mismo del pintor, *adquirir* su espesor o su diafanidad propias... ABC050393 **80 masa** +: Se supone que los otros bosones *adquieren* masa cuando se rompe la simetría... ABC100395 **81 consistencia** +: ...para entonces el hormigón *adquiriría* una consistencia no completa, pero sí aceptable para el paso automotor. ACP201000 **82 resistencia** +: ...cabe la posibilidad de que aparezcan virus de la gripe mutantes que *adquieran* resistencia al fármaco. ABC070194 **83 volumen** +: ...sólo compraba el mismo volumen que *adquirió* en meses anteriores... DYM240796 **84 corporeidad:** ...las obras se separan de la pared y *adquieren* un peso y una especie de corporeidad que dialoga de manera diferente con la imagen. LVE080196 **85 cuerpo:** Viejo relato que *adquiere* nuevo cuerpo. Rappeneau narró una historia sencilla que adquiere complejidad con su espectacular desarrollo. ENV120197 **86 intensidad:** Ambos propósitos *adquieren* intensidad precisamente en momentos en que los medios de prensa ejercen una gravitación muy grande en la vida colectiva... ECA150792 **87 dureza:** En 1985 la pugna con Chinchón *adquirió* más dureza y la orden profesional condenó al ministro... HOY180886 **88 firmeza:** Así la sentencia del TSJ *adquiere* firmeza. ENC130599

▩ Se combina también con: ♦ **a crédito[2], a granel[1], al contado, al por mayor, a partes iguales[25], a plazos[5], de golpe, en exclusiva[14], progresivamente[19], sorpresivamente**

□ Véase también: **tomar**.

adquisición ♦ **a crédito[14], al contado, a plazos[14], difícil, nuevo, progresivo, próximo, reciente, último, valioso** ♦ **anunciar, cerrar, concretar, culminar, dificultar, efectuar, facilitar, favorecer, financiar, formalizar, llevar a cabo, negociar, obstaculizar, realizar, subvencionar**

ADQUISICIÓN

♦ (SUSTANTIVOS) Véase: **a crédito[E], a domicilio[E], agilizar[B], lanzarse (a)[A]**

♦ (VERBOS) Véase: **abusivamente[D], a crédito[A], a domicilio[B], a espuertas[A], a granel[A], a partes iguales[E], en exclusiva[C], fuertemente[I], hasta las cejas[G], limpiamente[H], por completo[R], por los pelos[D], progresivamente[C]**

□ Véase también: CONSECUCIÓN.

ADQUISICIÓN Y CONSECUCIÓN Véase:

♦ **definitivamente, por completo**

♦ **adquisición, compra, consecución, descubrimiento, éxito, hallazgo, invento, logro, récord, recuperación, rescate, victoria**

♦ **adquirir, alcanzar, apurar, armarse (de), arrogarse, atrapar, capturar, clasificarse, coger, completar, comprar, consumirse (de), coronar, curar(se), dar (en), dar(le) (a), ganar, labrar(se), llegar, llenar, lograr, obtener, perpetrar, pillar, recobrar, recoger, reconquistar, recuperar(se), reflotar, rematar, rendir, reponer, resarcir(se) (de), rescatar**

adquisitivo ♦ **afán, capacidad, medio, nivel, poder, recurso, valor**

aducir *v.* ▮ Admite sustantivos que denotan cualquier noción que pueda presentarse como causa de otra *(Adujo un resfriado para no estar presente en la reunión; Aducía su amor por la libertad como razón para no casarse).* Sin embargo, destacan especialmente las combinaciones de este verbo con algunos sustantivos, entre ellos los...

A SUSTANTIVOS QUE DESIGNAN LA RAZÓN QUE SE PRESENTA PARA LA DEMOSTRACIÓN O LA JUSTIFICACIÓN DE ALGO: **1 razón** ++: ...y no podemos, en México, convertirnos en refugio de delincuentes que *aduciendo* razones de carácter político cometan crímenes contra ciudadanos de cualquier otro país del mundo. DYM120996 **2 argumento** ++: Durante este tiempo no ha podido *aducirse* argumento alguno que justificara la invasión y la ocupación llevadas a cabo por Marruecos. EME101195 **3 prueba** +: Pero si Roldán *aduce* pruebas, al PNV no le temblará el pulso a la hora de exigir responsabilidades políticas. EME130395 **4 motivo** +: ...abandonó al no conseguir la cartera de Asuntos Exteriores que se le había prometido, pero el autor *aduce* motivos de mayor calado político. ABC040693 **5 pretexto +:** El pretexto *aducido*, el papel de estos personajes en la estrategia de pacificación, es absolutamente inconsistente. CAP211295 **6 excusa:** La excusa *aducida* por la empresa –que se han hecho muchas otras excursiones como ésa y nunca había pasado nada– es absurda. EME240496 **7 causa:** Las causas *aducidas* en el expediente son que la productividad es muy baja y que la plantilla está sobredimensionada. EME060796

B SUSTANTIVOS QUE DESIGNAN INFORMACIONES QUE SE SUELEN CONSIDERAR ILUSTRATIVAS O PROBATORIAS. TAMBIÉN CON OTROS QUE EXPRESAN DIVERSAS UNIDADES VERBALES O TEXTUALES QUE ADMITEN ESOS USOS: **8 ejemplo ++:** ...en donde proclama la vigencia de su pensamiento cincuenta años anterior, *aduciendo* el ejemplo reciente de Etiopía... ABC011295 **9 testimonio +:** ...pero lo que no es correcto es sembrar la duda al respecto *aduciendo* el testimonio de un desequilibrado falangista que pretendió que los norteamericanos le mataron... LVE210795 **10 texto +:** Me he acordado bastantes veces en los últimos años de su sátira al ver *aducidos* textos de Eliot, Cavafis, Cátulo o Saint John Perse en libros que para nada los recordaban, ni de lejos. ABC280892 **11 dato:** Los datos de la historia lingüística sólo se *aducen* para apoyar los propósitos del autor. ABC280292 **12 párrafo –:** Por ejemplo: en la página 26, Serra *aduce* un párrafo de Schorer, y en ninguna parte del diccionario se nos dice que ese párrafo procede del libro «William Blake: The Politics of Vision», de M. Schorer. ABC180693

C SUSTANTIVOS QUE DENOTAN CARENCIA, NECESIDAD, OBSTÁCULO O DIFICULTAD: **13 problema +:** En este caso, el presunto agredido –que tiene dieciséis años– no quiso presentar denuncia alguna contra el central *aduciendo* problemas familiares. EME210196 **14 dificultad +:** ...explica el retraso de ocho meses (...) *aduciendo* la dificultad de la remodelación del Palacio de Villahermosa... ABC151191 **15 necesidad +:** ...el lunes pasado Antena 3 no quiso suscribir como contrato vinculante, *aduciendo* la necesidad de contar con mayor tiempo para analizarlo. EME300896 **16 falta +:** Teconsa ha rescindido el contrato por «finalización de obra» a los trabajadores adscritos a la construcción de estos pisos, *aduciendo* la falta de materiales que han sido retirados por los subcontratas... EME060194 **17 riesgo:** ...puede igualmente interrumpir su embarazo *aduciendo* riesgos psíquicos para la madre. EME090895 **18 deficiencia:** Las deficiencias en investigación y desarrollo se *aducen* con frecuencia como un freno al progreso económico de España... ABC110895 **19 irregularidad:** ...el Perú es ahora un país en el que se corre el riesgo de que en 10 años le anulen la compra *aduciendo* alguna irregularidad en un expediente que ha quedado en los archivos del Estado. CAP170797

▩ Se combina también con: ♦ **a favor[19], como justificación, como prueba, convincentemente, en contra**

☐ Véase también: **esgrimir**.

adulación ♦ **abrumador, artificioso, continuo, envuelto (en), excesivo, fácil, falso, frívolo, hipócrita, interesado, lacayo, mojigato, permanente, propenso (a), puro, servil, sistemático, sutil, untuoso, vano, velado, vil** ♦ **acostumbrarse (a), bordear, caer (en), colmar (de), detestar, prodigar, rayar (en), recibir, sucumbir (a)**

☐ Véase también: **agasajo, alabanza, cortesía, elogio, halago, homenaje, piropo.**

adulteración ♦ **alimentario, disimulado, escandaloso, fraudulento, frecuente, gran(de), intolerable, peligroso, perverso, presunto, sistemático, solapado, supuesto** ♦ **sin** ♦ **grado (de), porcentaje (de), proceso (de), prueba (de)** ♦ **acusar (de), atajar, combatir, demostrar, denunciar, descubrir, impedir, provocar, sufrir, tramar**

☐ Véase también: **tergiversar.**

adulterar *v.* ▮ En el sentido de 'viciar o alterar' se combina con sustantivos que designan sustancias *(vino, gasolina, heroína, alimento, café, azúcar, leche, carne)*. En sentido figurado admite sustantivos que designan materias o disciplinas *(adulterar la historia)*, así como obras de creación *(adulterar una película)* en referencia a su contenido. Admite otros muchos sustantivos, pero destacan especialmente sus combinaciones con...

A EL SUSTANTIVO *SUSTANCIA* Y CON OTROS QUE DENOTAN PRODUCTO, INGREDIENTE O MEZCLA: **1 sustancia ++:** ...hasta conseguir pillar pagando más por sustancias *adulteradas*. EPE231001 **2 producto ++:** ...los productos *adulterados* no se fabrican en el país... ESH180996 **3 mercancía:** ...dar una mercancía *adulterada* que se paga, y se cobra, a millón... EME130796 **4 ingrediente:** Los ingredientes del cóctel no son peligrosos (...) pero pueden convertirse en dañinos si se *adulteran*... LVE060896 **5 elemento:** Ellos eliminaron, tenían que hacerlo para poder introducir como introdujeron elementos *adulterados*. GIC060496 **6 mixtura:** ...en la nueva política exterior impera así el más crudo realismo, pero disfrazado de internacionalismo humanitario. Y a tan *adulterada* mixtura se le llama nihilismo. EPE120699

B SUSTANTIVOS QUE DESIGNAN LA ACCIÓN O EL EFECTO DE COMPETIR, TANTO EN DEPORTES COMO EN CONTIENDAS POLÍTICAS. TAMBIÉN CON OTROS QUE EXPRESAN ALGUNOS DE LOS COMPONENTES O LOS ELEMENTOS CONSTITUTIVOS DE ESAS NOCIONES: **7 competición +:** ...estima que así no se *adultera* la competición pese a que, por ejemplo, el Atlético podría ser ya campeón antes de recibir al Albacete... EME140596 **8 partido:** El partido ya comenzó *adulterado* por esta situación. EME021095 **9 liga:** Pensar que una competición así puede *adulterar* la Liga es una exageración. LVE160495 **10 elección +:** En las primeras y *adulteradas* elecciones presidenciales... EME051295 **11 comicios:** ...continúa la cooperación con Guinea, aunque con «tirón de orejas» para Obiang por no *adulterar* los comicios... EME131095 **12 plebiscito:** El plebiscito que se intenta llevar a cabo está siendo *adulterado* y manipulado... EME101195 **13 juego:** El juego se volvió turbio, *adulterado* por las urgencias de unos y los nervios de otros. EME280695 **14 carrera:** Todo esto es absurdo. Las carreras serán *adulteradas* y los mejores corredores, penalizados. EME181095 **15 contienda:** ...el Racing reclamó con justicia el papel de protagonista de una contienda *adulterada* por el arbitraje... EPE010299 **16 eliminatoria:** Con el partido y la eliminatoria *adulterados*, el Atlético fue frenando los ímpetus iniciales de su rival y consiguió el primer gol en el minuto 24... LVE170196

C SUSTANTIVOS DE INFORMACIÓN. TAMBIÉN CON OTROS QUE DENOTAN DIVERSAS UNIDADES DEL LENGUAJE Y EL PENSAMIENTO: **17 debate +**: El vicepresidente del Gobierno (...) acusó ayer al PP de *adulterar* el debate político al sustituir las propuestas alternativas por «el improperio y la descalificación»... LVE030295 **18 información +**: ...Si (...) hubiera sido engañada por la fuente *adulterando* información, la periodista tiene un grado de responsabilidad por haber sido sorprendida en su buena fe... LTB230197 **19 mensaje +**: ...ha *adulterado* el mensaje de Jesús. EME160594 **20 contenido:** ...se corre el riesgo de confundir los términos, desatender las formas y *adulterar* los contenidos de un creador... ABC140292 **21 palabra:** Viciamos y *adulteramos* las palabras en el ámbito de lo público... EPE220299 **22 lenguaje +**: Aunque no fuere así, no es justificable, desde ningún punto de vista, que otra lengua se interfiera, mezcle y *adultere* a nuestro propio lenguaje. ESH130497 **23 idioma:** ¿Por qué *adulterar* nuestro idioma y crear una especie de ensalada lingüística...? EPE020888 **24 habla:** Entretanto, si no *adulteran* su propio habla (...) les sucederá lo que al famoso (...) monsieur de la Palice, que hablaba en prosa sin saberlo. LVE080596 **25 texto:** ... no se decidieron (...) a realizar una edición corta por suscripción para atender las demandas de los casanovistas, que eran conscientes de estar trabajando sobre un texto muy *adulterado*. EME060294 **26 término:** ...«recuperación de los términos socialista e, incluso, socialdemocracia», ambos *adulterados*... EME070795 **27 relato:** La retransmisión de las deliberaciones en ligero diferido, pero *adulterando* el relato de las jugadas en beneficio del propio locutor, además de ser inaceptable... EPE220799 **28 manifestación:** Para que la inconformidad y sus manifestaciones se *adulteren* (...) se necesita (...) que a cada barrunto de descontento, se levanta impresionante y masiva campaña de desinformación... EXC300896 **29 razonamiento:** Me refería al obispo de San Sebastián (...) de cuyas homilías y pastorales cabe extraer todo un cuerpo de doctrina con razonamientos que me parecen *adulterados*... LVE051295 **30 idea:** Logró que las ideas de Einstein llegaran al gran público sin necesidad de *adulterarlas*. LVE060395

D SUSTANTIVOS QUE DESIGNAN DATOS Y DOCUMENTOS DIVERSOS, FRECUENTEMENTE DE CARÁCTER PÚBLICO U OFICIAL, ASÍ COMO –POR EXTENSIÓN– LAS FORMAS EN LAS QUE SE REGISTRAN O SE ACREDITAN: **31 acta +**: ...habrían pagado a la empleada para que *adulterara* las respectivas actas. LNP030797 **32 censo:** El líder saharaui acusa a la ONU de colaborar con Marruecos para *adulterar* el censo del referéndum. EME160195 **33 documentación:** Tenemos identificados los pilotos del vuelo y a las autoridades migratorias uruguayas con el fin de ver si también se *adulteraron* documentaciones... LNP210797 **34 documento:** Dos de los custodios de la casa matriz de Cadeca en La Habana *adulteraron* los documentos de recepción del dinero... ENH020397 **35 prueba:** Para evitar que Jorge *adulterara* las pruebas, saqué varias copias... CAR260597 **36 hoja:** Para mediados de enero se tendrá el resultado de dicho trabajo, que será enviado a la justicia ordinaria tal como se había hecho con las hojas *adulteradas* de inscripciones... ACP111296 **37 pasaporte:** ...comprobó que cuatro jugadores empleados por México contra Guatemala eran mayores de la edad límite y sus pasaportes habían sido *adulterados*... ETC010798 **38 cédula:** ...la cédula de identidad ostensiblemente falsa, que presente signos de haber sido *adulterada*... ACP110996 **39 estadística:** Por mucho que se adobe el discurso y se *adulteren* las estadísticas... EME020195 **40 número:** ...y de *adulterar* el número de serie de la pistola... LNP220497 **41 parte:** ...parecía un calco del *adulterado* parte de guerra que informó sobre la muerte de Emiliano Zapata... EME120496 **42 fecha:** Una empresa italiana que *adulteró* la fecha de elaboración de sus productos... HOY180886 **43 billete:** ...los billetes de 100 dólares *adulterados* no estaban terminados. CLA110497 **44 peso:** ...permitía a los delincuentes *adulterar* millones y millones de pesos sin que se notara a simple vista la diferencia entre los billetes buenos y las reproducciones. SEM010897 **45 planilla:** No resulta tan fácil *adulterar* una planilla sin que nadie se entere. LNP030797 **46 boleta:** Las únicas boletas que sabemos fueron las *adulteradas* fuerons por el FDLE. ENH130198

E SUSTANTIVOS QUE DESIGNAN LA NATURALEZA ESENCIAL O PARTICULAR DE ALGO, ASÍ COMO ALGUNAS DE SUS PARTES, SUS FUNCIONES, SUS CARACTERÍSTICAS O SUS COMPONENTES FUNDAMENTALES: **47 esencia ++**: ...ha *adulterado* la esencia del mensaje de Jesús. EME160594 **48 espíritu ++**: Pues porque no quiero *adulterar* mi espíritu, mi alma, mi corazón, mi mente con gente que lo único que pretende es que sea como un muñequillo... LVE180695 **49 naturaleza +**: Exigirles beneficio monetario inmediato y directo es *adulterar* su propia naturaleza y provocar (...) una pérdida sideral en el conjunto de la sociedad. HOY191083 **50 cualidad:** Este procedimiento *adultera* sin remedio las cualidades excepcionales... EME131195 **51 color:** ...después de *adulterarles* su color original... ENV010997 **52 figura:** Nótese que la figura de «El Decapitador» está *adulterada*. CAP161097 **53 línea:** A partir de ahora cabe esperar que, sin *adulterar* su centenaria línea informativa u opinante, determinados asuntos se sosieguen... EPE160999 **54 sentido:** Cualquier ingrediente extraño a la letra deformaría y *adulteraría* su sentido auténtico y original. ABC131291 **55 función:** ...el fiscal general no tardaría en contagiarse, *adulterar* su función y ejercer, mediante órdenes e instrucciones destempladas, una superioridad desatinada... EME080495 **56 uso:** Ha impuesto también al Ejecutivo insular que garantice a sus herederos que el día de mañana no se *adulterará* el uso de este espacio. EPE270299 **57 valor:** ... el nuñismo *adulteró* los valores intangibles de la entidad para centrarse en una posteridad de superávit y patrimonio... EPE180700 **58 visión:** ...el Romanticismo (...) es algo que pervive (...), al mantenimiento de una visión de la naturaleza sin corromper. La visión, como tantas cosas de nuestro mundo, se ha *adulterado*... ABC241292 **59 posición:** ...campaña hipócrita y deshonesta del Gobierno de UCD para echar tierra sobre la discusión del Estatuto de Centros Docentes y *adulterar* las posiciones del PSOE y PCE... EPE090280 **60 jerarquía –**: ...*adulteraba* un tanto las jerarquías. EME130896 **61 cargo –**: ...*adulterando* los cargos de recepción y sorteo... LNP270297

F SUSTANTIVOS DE SIGNIFICACIÓN INTENCIONAL. TAMBIÉN CON OTROS QUE DESIGNAN PROGRAMAS, MODELOS U OTRAS NOCIONES PROSPECTIVAS QUE EXPRESAN LO QUE SE PRETENDE CONSEGUIR O LA VÍA QUE SE

SIGUE EN SU PROSECUCIÓN: **62 voluntad:** ...sin imposiciones terroristas que puedan *adulterar* esa voluntad... EPE020380 **63 objetivo:** Un intento de *adulterar* los objetivos de la comisión. EME081195 **64 aspiración:** ...*adulteran* las más nobles aspiraciones del ser humano... ABC031195 **65 gusto:** Nunca quise *adulterar* mi gusto para que pudiera encajar en unos ciertos parámetros económicos. LVE220295 **66 proyecto:** ...cuántos proyectos quedaron *adulterados* o disminuidos por la indignante miopía... EPE020684 **67 apuesta:** ...los que se venden a las mafias de Malasia e Indochina para *adulterar* las apuestas... LVE161296 **68 programa:** ...quien pretende actuar en política tiene que aceptar, le guste o no, las reglas del juego y, tal aceptación es factible sin necesidad de *adulterar* el programa. EME140396 **69 mecanismo:** ...*adulteró* el mecanismo legalmente establecido para la contratación pública... EME280596 **70 camino:** ...está amanerando y *adulterando* los caminos abiertos por Hammet o Chandler. ABC181292 **71 modelo:** ...la consejería va a *adulterar* el modelo A hasta convertirlo en algo similar al B. EPE010599

G SUSTANTIVOS QUE DESIGNAN LO PRESENTE O LO CIRCUNDANTE. TAMBIÉN CON OTROS QUE EXPRESAN DIVERSOS VALORES, PERSONALES O COLECTIVOS, QUE SE CONSIDERAN ESTIMABLES O DIGNOS DE PROTECCIÓN: **72 realidad +:** ...en los libros donde se *adulteran* las realidades que se enseñan. LVE220895 **73 regla:** Y ese afán de beneficio podría llegar a *adulterar* las reglas de lo que (...) es un deporte basado en el juego limpio. EME281296 **74 convivencia +:** ¿cómo modificar la *adulterada* convivencia? LVE281296 **75 justicia:** ...y la justicia: siendo que ésta de manera específica no sea *adulterada*... LPN270197 **76 pureza +:** ...las publicaciones no persiguen más que su beneficio y no les importa *adulterar* la pureza... EPD210497 **77 libertad:** ...en nombre de una mentirosa y *adulterada* libertad de creación... EME191196

H ALGUNOS SUSTANTIVOS QUE DENOTAN PROCESOS O EVENTOS, MÁS FRECUENTEMENTE PERCIBIDOS EN SU TRANSCURSO: **78 acontecimiento +:** Lo cierto es que el acontecimiento más importante de la Humanidad (...) está siendo *adulterado*, transformado... INF010896 **79 proceso:** Ahora el proceso está *adulterado* y el pueblo aterrado... EME120495 **80 desarrollo:** El error de Mikkelsen, además de causar un grave quebranto a los rumanos, ha *adulterado* el desarrollo final del grupo B... LVE170696 **81 actuación:** Pero las palabras y las actuaciones se vician y se *adulteran* cuando los comicios autonómicos y locales esperan en la próxima esquina. EPE220299

I OTROS SUSTANTIVOS; POSIBLES USOS ESTILÍSTICOS: ...*adulteran* y hurtan en muy gran medida la necesaria atención a los asuntos específicos... EPE260199

▩ Se combina también con: ♦ **a conciencia**[58], **intencionadamente, maliciosamente**

adulterio ♦ **flagrante**[9]**, impune, premeditado** ♦ **en caso (de)** ♦ **delito (de), prueba (de), querella (por), sospecha (de)** ♦ **acusar (de), arrastrar (a), caer (en), cometer, comprobar, condenar, conducir (a), confesar, consumar(se), despenalizar, empujar (a), exculpar (de), incitar (a), inculpar (de), inducir (a), ocultar, perpetrar, sorprender (en), vivir (en)**

a duras penas *loc.adv.* ▮ Se combina con verbos que designan acciones que tienen fin natural *(barrer el suelo; leer el periódico; organizar la retirada; capturar una presa; ponerse los pantalones; aprobar el curso)*, y también con otros que denotan logro o consecución *(lograr, conseguir, escapar, ganar, clasificarse, divisar)*. Acepta asimismo otros verbos que denotan posibilidad de alcanzar algo *(poder, ser capaz de)* o intento de lograrlo *(tratar de, procurar, intentar)*, todos ellos en construcciones de infinitivo: *A duras penas pudo controlar las lágrimas*. Entre los numerosos verbos que esta locución admite destacan especialmente sus combinaciones con...

A VERBOS QUE DESIGNAN LA ACCIÓN O EL PROCESO DE ALCANZAR UN LÍMITE, SOBREPASARLO, VENCER UNA DIFICULTAD O ACERCARSE A ALGÚN OBJETIVO: **1 llegar +:** Esta situación, de «austeridad absoluta», permitiría llegar *a duras penas* al próximo año hidrológico... EPE020799 **2 sobrepasar +:** ...la proporción de películas españolas presentes en las pantallas sobrepasó *a duras penas* el 7 por ciento... EME190196 **3 superar +:** Los americanos superaron *a duras penas* el vacío existencial... EME131095 **4 alcanzar +:** ...la tasa de participación en Gran Bretaña alcanzó *a duras penas* el 30. EPE130199 **5 empatar +:** ...Empató ayer *a duras penas* en Vallecas y ya está a once puntos del líder... EME050296 **6 igualar +:** Seguidamente (...) igualó *a duras penas* 1-1 con Costa Rica... ENH250697 **7 abrirse paso +:** Los tulipanes se abren paso *a duras penas* entre las corregüelas y los cardos. EPE080499 **8 rozar:** Lo mismo puede desgravar por hijos quien percibe 20 millones de pesetas que quien roza *a duras penas* el millón y medio de ingresos. EME260695 **9 bordear:** ...Reynaldo Bringas (...) calcula que a fin de año *a duras penas* este stock bordeará los US$ 100 millones. CAP070900 **10 salvar +:** A estas alturas del campeonato figura a seis puntos del Barça, después de salvarse *a duras penas* de la catástrofe frente al Villarreal. EPE041101 **11 vencer:** El Estudiantes acude a León (...) al que venció *a duras penas* en el Palacio de los Deportes el pasado jueves. EME100494 **12 derrotar:** ...el Internazionale derrotó *a duras penas* al Brescia 2-1 en la primera jornada del torneo de fútbol de Italia. ENV010997 **13 imponerse:** ...Italia se impuso *a duras penas* 1-0 a Australia... ENH210900 **14 sortear +:** ...las ancianas sortean *a duras penas* baches y excrementos. EPE271299

B VERBOS QUE DENOTAN LA ACCIÓN DE EJERCER CONTROL SOBRE ALGO, MÁS FRECUENTEMENTE LO QUE TIENDE A ESCAPARSE DE LA VOLUNTAD PROPIA: **15 contener ++:** Conteniendo *a duras penas* su ira, Abdel Rajman Zuabi preguntó a Tayar si no le parecía absurda esa disposición. EME110394 **16 dominar ++:** La última noche de su breve estancia, a las tres de la madrugada, dominando *a duras penas* el vaivén de la euforia... EPE250299 **17 reprimir ++:** ...tal contestación provocó una previsible hilaridad (reprimida *a duras penas*) en los miembros de la orquesta. PME220996 **18 controlar ++:** «¿En qué tipo de sociedad vivimos?», se pregunta Ruth, hermana de Rubén, controlando *a duras penas* su ira. EME040596 **19 domeñar:** Nadie sabía en Madrid que (...) se domeñaba *a duras penas* la irritabilidad... EPE130899 **20 detener:** ...el Madrid atravesó por un periodo frenético de desestabilización que sólo fue detenido *a duras penas* por la excelente trayectoria del equipo... EPE061299 **21 retener:** ...un fuerte impulso *a duras penas* retenido... INDOC

C VERBOS QUE DENOTAN RESISTENCIA ANTE ALGO, GENERALMENTE UNA SITUACIÓN ADVERSA. TAMBIÉN CON OTROS QUE DESIGNAN LA ACCIÓN DE MANTENER O PRESERVAR EN SU CONDICIÓN ALGÚN ESTADO DE COSAS: **22 defender(se) +**: Lo asaltaron y le dieron una tremenda paliza, de la que *a duras penas* se defendió. INDOC **23 mantener +**: El franco mantenía *a duras penas* su cambio del día anterior. LVE241096 **24 resistir +**: Por delante, Delgado resistía *a duras penas* y Montoya flaqueaba demasiado. EME010594 **25 resguardar(se)**: ...una moneda no demasiado fuerte, que *a duras penas* puede resguardarse ante los embates del dólar y el yen. INDOC **26 sostener(se) +**: ...se sostenía *a duras penas* en la Liga ACB y oteaba en el horizonte europeo a un Real Madrid que parecía invencible. EME220494 **27 aguantar +**: ...al poco de iniciar el primer ascenso a la Bailadora sólo el belga aguantó *a duras penas* su tirón. EME150895 **28 conservar +**: ...uno se encuentra con una inmensa sala que (...) que *a duras penas* conserva una dignidad que se mantiene, precisamente, por la fuerza de su decadencia. EPE051199 **29 sobrellevar**: ...la bala le había atravesado el muslo, la herida seguía sangrando y, anque hacía esfuerzos, *a duras penas* sobrellevaba el dolor. INDOC **30 soportar +**: Mientras su maltrecho cuerpecito de niña soporta *a duras penas* los terribles envites de la quimioterapia... EME191195 **31 guardar**: Un secreto que *a duras penas* se guardaba en el pasado... EME020495 **32 preservar**: ...no han podido llevar a este equipo a gran cosa más que, *a duras penas*, preservar su imabitilidad. EPE300900 **33 sujetar(se)**: ...han tenido que sujetarse *a duras penas* a los restos del naufragio, e incluso administrarlos en los casos más dramáticos. HOY141096

D VERBOS QUE DENOTAN OCULTACIÓN O ENCUBRIMIENTO DE ALGO: **34 disimular +**: ...los cuerpos disimulan *a duras penas* su largo cansancio. EME250896 **35 encubrir**: ...el disfraz de una independencia de criterio que *a duras penas* encubre una agresividad virulenta. EPE310599 **36 esconder**: El balón se esconde *a duras penas* entre líneas y a la menor ocasión se arroja en vertical de un sincero pelotazo. EPE220399 **37 ocultar**: Tales alardes ocultan *a duras penas* que no todo lo que reluce en Bayreuth es oro. EME250795 **38 recubrir**: Aunque Jenks aboga por llamar a lo postmoderno el clasicismo de la modernidad, la solución, aunque amplia, recubre *a duras penas* la excesivamente variada realidad. ABC200195 **39 tapar**: ...un enorme par de gafas negras que *a duras penas* le tapaban las enormes ojeras que se dibujaban en su rostro. INDOC

E VERBOS QUE DESIGNAN EL PROCESO DE VIVIR O EL ESTADO DE PERMANECER VIVO: **40 vivir +**: Viven *a duras penas* de la venta ambulante... EPE200399 **41 existir**: La inmensa mayoría de las páginas que se visitan en Internet están en ese idioma y el castellano existe muy *a duras penas* y contra viento y marea. EME150596 **42 subsistir +**: No se puede tolerar que después de estar luchando para que los restaurantes puedan seguir subsistiendo *a duras penas*... LVE121096 **43 malvivir**: El Barcelona ganó, pero a un equipo sin alma, que malvive *a duras penas* en la fauna ACB... EME151296 **44 sobrevivir**: ...sobrevivimos *a duras penas* entre la desidia, la trampa y el discurso. EUV031196

F OTROS VERBOS QUE DENOTAN EL PROCESO DE LLEGAR ALGO A SU TÉRMINO O LA ACCIÓN QUE LO DESENCADENA, MÁS FRECUENTEMENTE SI SE DA SOLUCIÓN A UNA SITUACIÓN CONFLICTIVA, SE SATISFACE ALGÚN REQUISITO, SE RETORNA A UNA SITUACIÓN DESEABLE O SE OBTIENE DE OTRAS FORMAS ALGÚN FINAL SATISFACTORIO EN ALGÚN ESTADO DE COSAS: **45 concluir +**: El madrileño logró concluir *a duras penas* la primera etapa... EME130596 **46 aprobar +**: ...el presupuesto presentado por el director-gerente para el próximo año había sido aprobado *a duras penas*... EME120294 **47 terminar**: Aún ni me imaginaba que tendría que esperar dos años para poder terminarla *a duras penas*. HOY201097 **48 resolver**: ...los congresos, por sí mismos, sólo resuelven *a duras penas* el reparto de poder... EPE210699 **49 cumplir**: La Feria Internacional del Libro de Francfort cumplió *a duras penas* con una de las premisas de la casa: cada edición debe ser algo mayor que la anterior. EME101095 **50 recuperar(se) +**: Miguel Indurain iba al lado de Alex Zülle, que se había caído dos veces bajando el Cormet de Roselend y se recuperaba *a duras penas*. EME070796 **51 recomponer**: Los médicos han conseguido *a duras penas* recomponerle el estómago. EME020694 **52 rehacer**: ...*a duras penas* rehacen de forma muy precaria su vida, formando un campamento de refugiados. EPE180699 **53 reponerse**: En un país que *a duras penas* se repone de una crisis económica... LVE231295 **54 sobreponerse**: Los Juegos se van sobreponiendo *a duras penas* a la onda expansiva. EME290796

☐ Véase también: **a trancas y barrancas**.

adversario ♦ **acérrimo[14], a muerte[28], antiguo, asequible[16], claro, correoso, curtido, declarado, difícil, duro, encarnizado[38], enconado[59], eterno, fácil, feroz, gran(de), imprevisible, irreconciliable[3], mortal, principal, tenaz, tradicional** ♦ **arremeter (contra), batir, derribar, derrotar, doblegar, eliminar, enfrentar(se) (a), exterminar, granjearse, luchar (contra), vencer, zafarse (de)**

☐ Véase también: **enemigo, enemistad.**

adversidad ♦ **amargo, angustioso, claro, cruel, extremo, insalvable, profundo, terrible** ♦ **ante, a prueba (de)[1], contra, en, pese (a)** ♦ **abatirse (sobre algo/sobre alguien), afrontar, crecerse (ante), desfallecer (ante), encarar, enfrentar(se) (a), hacer frente (a), hacerse fuerte (ante), hundir(se) (en), luchar (contra), padecer, plantar cara (a), remontar[10], resistir, sobrellevar, sobreponerse (a)[2], sobrevenir, soportar, sortear[31], sufrir, superar, vencer[4]**

☐ Véase también: **aflicción, crisis, dificultad.**

ADVERSIDAD Véase: *DIFICULTAD Y ADVERSIDAD; INCERTIDUMBRE*

ADVERSIDAD

♦ (SUSTANTIVOS) Véase: **abatir(se)[A], abocar(se) (a)[D], abolir[L], abrumador[H], acaecer[B,D], a cámara lenta[G], acarrear[C], acechar[B,D,E], achacar[F], acotar[B], acuciante[A], acuciar[C], a cuestas[A], aflorar[G], afrontar[E], agravar(se)[G], agudizar(se)[D], ahuyentar[B], airear[B], al abrigo (de)[E], al borde (de)[B], alcance (de)[A], al filo (de)[A], aliviar[B,D], amainar[B], aminorar[C], amortiguar[E], ancestral[H], anclar[F], anecdótico[E], aparatoso[B], apechugar (con)[C,D], a prueba**

(de)[A], arreciar[F], arrostrar[C], asaltar[F], asumir[E], atávico[C], a tenor de[F], atravesar[B], augurar[C], avecinarse[A], avivar[G], azotar[D,F], bregar[B], brotar[G], caer como una bomba[C], capear[B], capitalizar[I], carcomer[D], catastrófico[B], cernerse[C], cerrar los ojos (ante)[C], colmar (de)[I], combatir[D,E], concurrir[F], confluir[D], conjurar[E], conmemorar[G], consumar(se)[B], contagioso[D], corregir[D], corroer[E], coyuntural[A], cúmulo (de)[B], dantesco[D], decisivo[K], decrecer[G], derivar(se)[C], desactivar[D], desatar(se)[K], descarnado[I], desencadenar(se)[A], desentenderse (de)[A], desglosar[G], desmontar[I], desolador[H], diagnosticar[B], digerir[D], disipar(se)[E], efímero[L], emanar[H], embargar[B], en cadena[A,F], en cadena[G], encajar[B,F], engendrar[B], enjugar[E], enmendar[C], en punto muerto[G], erradicar[A], estrepitoso[A], extinguir(se)[F], extirpar[A,B], fermentar(se)[B], flagrante[C,D], fleco (de)[C], fraguar(se)[C], galopante[A,B,C], humanitario[D], hundir(se) (en)[A,C], imparable[D], imprevisible[H], incontenible[G], incubar[A], inexorable[C], integral[N], intrincado[B], invitar (a)[B], irreparable[B], irreversible[C], lidiar[D], mayúsculo[D], mitigar[D], nimio[C], ocasionar[C], ocurrir[B], paliar[D], pasajero[D], persistir (en)[A], pertinaz[H], pilotar[D], planear[C], pozo (de)[C], preconizar[F], proceloso[C], profundo[Q], propenso (a)[B], purgar[F], quitar hierro (a)[C], rampante[B], reavivar[B], recaer[J], recobrarse (de)[A], recrudecer(se)[F], remitir[E], remontar[A,B], revivir[D], salpicar[C], secuela (de)[B,D,E], sembrar[J], serenar(se)[C], serio[D,N], severo[H], silenciar[G], sin paliativos[J], sobreponerse (a)[A], so pena de[D], sortear[E], soterrado[E], sufragar[D], sufrir[J], suplir[C], tejer[I], tenaz[I], traspasar[C], vencer[A], venir de lejos[A], vislumbrar[I], zanjar[D]
♦ (VERBOS) Véase: **estrepitosamente**[A]
☐ Véase también: AFLICCIÓN; CONFLICTO; DIFICULTAD; ENFERMEDAD; LACRA; OBSTÁCULO.

adverso ♦ ambiente, circunstancia, clima, condición, consecuencia, contexto, crítica, destino, efecto, expectativa, factor, fallo, fortuna, informe, marcador, opinión, perspectiva, posición, pronóstico, reacción, resultado, situación, suerte, tiempo

advertencia ♦ categórico, claro, duro, equívoco, inequívoco, oportuno, provechoso, providencial, serio[11], severo[35], tácito, tajante, taxativo, útil, valioso ♦ toque (de)[4] ♦ atender, caer en el vacío, caer en saco roto[2], desatender[19], desobedecer[34], desoír[2], difundir, emitir[31], enviar, expresar, formular[40], hacer, hacer caso (de), ignorar, lanzar[44], olvidar, pregonar, recibir, reiterar, seguir, servir (de), surtir efecto[14], transmitir
☐ Véase también: **ultimátum**.

ADVERTENCIA
♦ (SUSTANTIVOS) Véase: **acatar**[J], **atinado**[G], **caer en saco roto**[A], **certero**[E], **condicional**[D], **dar**[O], **desobedecer**[F], **desoír**[A], **emanar**[E], **emitir**[E], **formular**[G], **lanzar**[I], **perentorio**[E], **preventivo**[F], **serio**[B], **surtir efecto**[C], **toque (de)**[A]
♦ (VERBOS) Véase: **alarmantemente**[D], **duramente**[F], **reiteradamente**[B], **repetidamente**[E], **seriamente**[G], **verbalmente**[D]

advertir (de) ♦ amenazadoramente, a simple vista, a tiempo, con antelación, con tiempo, de antemano[14], encarecidamente[10], machaconamente[25], reiteradamente[9], repetidamente[23], seriamente[45], verbalmente[29] ♦ consecuencia, error, existencia, gravedad, necesidad, peligro, problema, riesgo

a empujones *loc.adv.* ▌ Admite la variante *a empujón limpio.* Se combina con...

A VERBOS QUE DENOTAN AVANCE, INGRESO Y OTRAS FORMAS DE MOVIMIENTO: **1 abrir(se) paso ++:** ...se abrieron paso *a empujones* para poder acceder... EME010396 **2 salir:** ...presa de un ataque de histeria, consigue salir *a empujones* del coche... EME060394 **3 entrar:** ...y la hizo entrar *a empujones* al cuarto de lujo... ESP041000 **4 avanzar:** ...Uruguay se dedicó a presionar en el medio campo y avanzó casi *a empujones.* EPE150799 **5 ir:** ...su vida amorosa y su carrera como actriz van *a empujones.* EPE020286 **6 mover(se):** ...el asno ni *a empujones* ni a palo se movió... GIC030897 **7 venir:** Ahora vendrá *a empujones* la promoción mediática de estos chavales, de estos personajes anónimos hace apenas un mes... EPE250499 **8 acelerar:** ...la gente de seguridad se vio en el derecho no sólo de contener a la turba multa, sino, además, de acelerar *a empujones* el desalojo... EME301195 **9 andar:** La democracia es o no es, y no anda *a empujones* como un coche averiado. EME250294 **10 subir:** ...me siento ahora como en medio del escenario, pero subido *a empujones.* LVE230495 **11 bajar:** Este es el Espartaco que mientras quiera no lo bajan de ahí ni *a empujones.* EME040494 **12 alejar(se):** La gente al ver el artilugio se aleja *a empujones...* EME260596 **13 correr:** ...me refiero a esto de tener que salir corriendo *a empujones* entre el públicoo para que un actor muy simbólico no te abrase con una tea... EPE191199 **14 llegar −:** Las bandas casi nunca fueron habilitadas y Holanda perdió paciencia para seguir tocando. Se precipitó y quiso llegar *a empujones.* EME110696 **15 abandonar −:** ...concluyó que trece años después de su llegada al poder, González puede abandonarlo puede abandonarlo por la puerta de atrás y *a empujones.* LVE210995

B VERBOS QUE DENOTAN APARTAMIENTO O EXPULSIÓN DE ALGUIEN O ALGO: **16 echar ++:** Domínguez, fuera de sí al ver que la fiesta se convertía en funeral, trató de echarlas *a empujones.* HOY291297 **17 sacar ++:** ...se enojó y lo sacó *a empujones* del círculo... DYM230796 **18 apartar +:** ...algunos de los agentes se encararon con parte de los informadores, a quienes apartaron *a empujones* e intentaron arrebatar las cámaras. EPE080700 **19 expulsar +:** ...los manifestantes fueron expulsados *a empujones...* EME170295 **20 retirar:** ...retiraron *a empujones* a cada uno de los vecinos que recordaban, indignados, los tiempos de la dictadura. EPE050399 **21 desalojar:** ...varios policías los desalojaron *a empujones.* EPE021985 **22 despachar −:** ...metidos en autobuses y despachados *a empujones* hacia el río... EME150895 **23 separar:** Los condenados abordaron por la espalda a la pareja, y, *a empujones,* los separaron, cayendo los dos al suelo. EME111295

C VERBOS QUE DENOTAN CONDUCCIÓN, GENERALMENTE DE PERSONAS. TAMBIÉN CON OTROS QUE DESIGNAN ACCIONES DE NATURALEZA COERCITIVA O IMPOSITIVA: **24 llevar ++:** ...es detenido por ambulantes y llevado *a em-*

pujones al hospital. PME150996 **25 meter +:** A ella la agarró del pelo y la metió *a empujones* y a gritos. LHG100697 **26 obligar +:** ...la obligó, *a empujones*, a salir del automóvil. EME021095 **27 esposar:** A empujones y con forcejeos, Gómez fue esposado y quedó ingresado en las dependencias. EPE110999 **28 introducir:** ...fueron introducidos *a empujones* en el coche oficial... EME040396 **29 levantar:** A empujones, nos levanta para pasar al asiento libre que hay a mi lado. EPE011099 **30 desplazar:** La masa humana se desplazará, casi por inercia y *a empujones*, de un centro festero a otro. EPE210699 **31 acorralar –:** ...a diferencia de lo que suele ocurrir en mi país, donde los periodistas me acorralan *a empujones*... EME210494

D VERBOS QUE DESIGNAN EL INICIO DE ALGUNA ACCIÓN O ALGÚN PROCESO, A MENUDO VIOLENTOS: **32 enzarzar(se):** ...propinaba un fuerte empujón al periodista con el que luego se enzarzó *a empujones*. LVE190696 **33 liar(se):** ...sus miembros se liaron *a empujones* en medio de gritos... EPE201099 **34 emprender:** ...la emprendieron *a empujones* y patadas con los periodistas... EPE090799 **35 empezar:** ...es asqueroso tener que empezar todos los días *a empujones* en un vagón en el que te estrujan... EPE280399 **36 arrancar:** ...ha calificado de «tragicómico» que (...) muchos agentes tengan que arrancar *a empujones* sus vehículos... EME160995

E VERBOS QUE DESIGNAN LA CONSECUCIÓN DE ALGÚN OBJETIVO: **37 alcanzar:** A empujones, ignorando a quienes no le tragan o le llaman al orden, el candidato cowboy alcanzó la cima... EPE260999 **38 conseguir:** Obviamente, procede bajarle, y únicamente se consigue *a empujones*. EPE030899 **39 resolver:** ...entregar constantemente la pelota en el poste a un jugador como Barkley y esperar que resuelva *a empujones* en el uno contra uno. EPE021199 **40 cruzar:** ...hay una ruptura en ese tiempo, una frontera que crucé *a empujones*. EPE220899 **41 ganar –:** ...le quiso ganar la posición a Karpin *a empujones*. EPD201097

F OTROS VERBOS; POSIBLES USOS ESTILÍSTICOS: ...«poblanchón manchego» que se urbanizaba *a empujones*. ABC301294

☐ Véase también: **a golpes, a palos, a patadas**.

a empujón limpio Véase: **a empujones**

aeronave Véase: **avión**

a escape *loc.adv.* ▌Se combina con...

A VERBOS DE MOVIMIENTO, ESPECIALMENTE SI DENOTAN SALIDA O HUIDA: **1 salir ++:** ...se incorporó de un salto y salió *a escape*. ABC170295 **2 marcharse +:** ...y marcharse *a escape* sin ni siquiera pernoctar... LVE020795 **3 huir:** No les importa que huyan *a escape* de su vecindad los sectores «intermedios». EME070296 **4 largarse:** ...recibió la cantidad estipulada y se largó *a escape*. LVE290195 **5 abandonar:** ...está siendo «su» año en el país de Oz, tres décadas después de abandonarlo *a escape* en un desairado vuelo sin retorno. LVE191195 **6 llevar:** ...se la llevaron *a escape* a una clínica. LVE030295 **7 traer:** ...coges los papeles que te he dicho, los metes en el coche y me los traes *a escape*. INDOC

B OTROS VERBOS; POSIBLES USOS ESTILÍSTICOS: ...en vez de ponerse a trabajar *a escape* para encontrar a los culpables... EME280495

a escote ♦ cantidad, pago, reparto ♦ abonar, comprar, costear, pagar, repartir, sufragar

a espada ♦ combate, duelo, lucha ♦ batir(se), luchar, pasar

a espuertas *loc.adv.* ▌Se combina frecuentemente con el sustantivo *dinero* y con otros sustantivos que designan diversas virtudes y cualidades personales de los individuos *(valor, imaginación, intuición)*. Además se combina con...

A VERBOS QUE DENOTAN GANANCIA O TENENCIA DE DINERO, Y –POR EXTENSIÓN– TAMBIÉN DE OTROS BIENES: **1 ganar ++:** Me alegro mucho de que gane dinero *a espuertas*. EME081095 **2 tener ++:** Tenía dinero *a espuertas* (...) y triunfaba en los negocios gracias a un telar... LVE040296 **3 haber +:** Como siempre que Weston se sube a un escenario, hubo oro *a espuertas*. LVE190795 **4 entrar +:** El dinero entraba *a espuertas* y el país no sabía qué hacer con él. LVE241295 **5 llevar(se) +:** ...señores que se llevan el dinero *a espuertas* haciendo chanchullos de miles de maneras. EME260394 **6 arramblar:** Y esto ha sido la golfería de arramblar con el dinero *a espuertas*. EME161095 **7 granjear:** Su afán innovador le está granjeando galardones *a espuertas*... EPE130999 **8 llegar:** Mientras los dineros del Gobierno central llegaban *a espuertas*... LVE200595 **9 poseer:** En estos tiempos depende también de su visión, algo que el alemán Manfred Woerner poseía *a espuertas*. LVE241095 **10 llover:** El Gobierno balear (...) hace llover el dinero *a espuertas*, no hay tregua publicitaria para el ciudadano... EPE270399 **11 disponer –:** Dispusimos de dinero *a espuertas*. Dinero irrastreable. No lo declaramos a Hacienda, es cierto. EME290595

B VERBOS QUE DENOTAN USO, ENTREGA, GASTO O CIRCULACIÓN DE DINERO, Y POR EXTENSIÓN DE OTROS BIENES: **12 gastar ++:** ...las autoridades municipales han gastado dinero *a espuertas*. LVE210196 **13 correr ++:** No hay duda de que el dinero corrió *a espuertas*... ETC020188 **14 perder +:** Hacia 1968, la empresa perdía dinero *a espuertas*. LVE180296 **15 repartir +:** De ese mismo dinero que se repartían *a espuertas* los mejores. EME160594 **16 dar +:** Sus composiciones siguen dando dinero *a espuertas*... EME091295 **17 derrochar:** Crek y Nubla están en sazón creativa, derrochando energía y riesgo *a espuertas*. LVE021095 **18 consumir:** ...viaja de aquí para allá a cuenta de los fondos reservados y consume champagne y caviar *a espuertas*... EME200295 **19 invertir:** ...un «hermano» –la RFA– dispuesto a invertir dinero *a espuertas* para financiar su recuperación. LVE091194 **20 mover:** ...se ve a los equipos de televisión mover dinero *a espuertas*... EME031295 **21 ofrecer:** ...ofreció dinero *a espuertas* para la reconstrucción del teatro. EME050294 **22 regalar:** El «recién llegado», el legendario Magic Johnson regaló *a espuertas* su sonrisa profidén acompañado de su mujer. EME130296 **23 fluir +:** ...en Kosovo el dinero fluirá *a espuertas*, a tenor de lo prometido en el último día de la cumbre... EPE210699 **24 vender –:** ...allí estaba para contárnoslo el amigo Pérez Reverte antes de dedicarse, afortunado él, a vender libros *a espuertas*. EME220495 **25 salir:** ...dejando, sin embargo, que salgan *a espuertas* residuos tóxicos muy contaminantes... EPE041299 **26 utilizar:** ...utilizando *a espuertas* el dinero público en subvenciones y contrataciones discrecionales... EPE241199 **27 escapar:** Y a perder tiempo, como su portero César, que lo dejó escapar *a espuertas*. EPE260999 **28 escupir** –: ...¿en qué es pública nuestra televisión pública? Publicidad la escupe *a espuertas*... EPE241099

C OTROS VERBOS; POSIBLES USOS ESTILÍSTICOS: ...si bien Ramón se lee muy poco hoy día, por no decir casi nada, sí se admira, y *a espuertas*, a los ramonianos. EME130496; ...decenas de pediatras lo prescriben *a espuertas*... EME310396

☐ Véase también: **a destajo, a raudales.**

AFÁN Véase: ACTUACIÓN FUTURA; ASPIRACIÓN; ESFUERZO; INTENCIÓN; PROYECTO; TRABAJO

afanarse ♦ **en vano, intensamente[39], inútilmente[7]**

afán (de) ♦ **acaparador[1], aleccionador[23], arraigado[57], ciego[35], claro, crítico, decidido, desaforado[53], descomunal, desenfrenado[5], desesperado, desmedido[11], desmesurado[28], especial, extraño, ferviente[38], inconfesable, incontenible, insaciable[13], irrefrenable[17], irreprimible, loable, manifiesto, marcado, obstinado, puro, tremendo, vano[7], vehemente[2]** ♦ **con** ♦ **aventura, búsqueda, conocimiento, experimentación, justicia, libertad, lucro, novedad, originalidad, perfección, poder, protagonismo, riqueza, servicio, superación, supervivencia, triunfo, venganza, victoria** ♦ **anidar (en alguien), caer en el vacío, cejar (en)[4], colmar[7], contagiar, cundir[52], dedicar[6], dejarse llevar (por)[26], desistir (de), destinar, perseverar (en), persistir (en)[20], poner, saciar, satisfacer**

☐ Véase también: **afanarse, afanosamente, ánimo (de), deseo, esfuerzo, intención.**

afanosamente ♦ **aplicarse, buscar, dedicarse (a algo), disponer, esforzarse, limpiar, ocuparse (de algo), ordenar, trabajar**

a favor *loc.adv./loc.adj.* ▮ Se usa con complemento *(a favor del gobierno)* o sin él *(Llevan dos goles a favor)*. Admite sustantivos que designan individuos u organizaciones, en particular si se caracterizan por sostener puntos de vista o defender algo o a alguien *(periodista, emisora, ONG, asociación: una asociación a favor de la igualdad de derechos)*. Acepta también sustantivos que designan diversos lances deportivos o su cómputo *(gol, tanteo, marcador, falta, penalti, saque de esquina)*. Asimismo se combina con...

A VERBOS QUE DENOTAN INCLINACIÓN FAVORABLE O APOYO, GENERALMENTE DECIDIDO, A UNA OPCIÓN: **1 votar** ++: ...el senador (...) al votar *a favor* del artículo sostuvo que resulta muy grave para la mujer el hecho de no poder concebir, y respetar sus derechos... EDU180599 **2 decantarse** ++: ...se decanta para ello *a favor* de proceder al desguace de barcos... FDV120601 **3 inclinarse** ++: La contienda presidencial (...) se inclinó el martes de nuevo *a favor* del candidato del Partido Demócrata... ENH141100 **4 romper una lanza** +: ...ha roto también una lanza *a favor* de los magistrados anticorrupción. LVE151196 **5 posicionar(se)**: ...para que la institución de Gasteiz se posicione *a favor* del proceso. EPE131199 **6 tomar partido** +: ...tomaron partido *a favor* de la reelección del actual presidente... LVE200896

B VERBOS QUE DENOTAN MANIFESTACIÓN O SOSTENIMIENTO DE OPINIONES O PUNTOS DE VISTA: **7 pronunciarse** ++: ...se pronunció *a favor* de eliminar la subestación. DLA080597 **8 manifestarse** ++: ...se manifestó *a favor* de que se establezcan «cupos de importación»... CLA200199 **9 mostrarse** ++: ...se había mostrado *a favor* de asesinar al industrial... EDV230796 **10 declararse** +: ...todos los días se declaran *a favor* de las instituciones... DYM240796 **11 expresarse**: ...además se han expresado *a favor* de esa inclusión el presidente y el secretario general... EME020296 **12 definirse**: Se define *a favor* de la República del XVIII en contra del Imperio, pero usted sabe que los orígenes de aquella República no eran puros... EME030194

C VERBOS QUE DENOTAN DECISIÓN O DICTAMEN: **13 fallar** ++: Si la Cámara de los Lores falla *a favor* de la inmunidad... CLA190199 **14 dictaminar** ++: La Comisión (...) dictaminó ayer *a favor* de la aprobación inicial del plan... ENC280301 **15 decidir** ++: Con el título de campeón del mundo de rallyes decidido *a favor* del finlandés... EME141096 **16 resolver** ++: Los tribunales han resuelto *a favor* de indemnizar a algunas de las familias... EME020295 **17 terciar**: ...participó activamente (...) en la polémica entre la poesía entendida como comunicación y la poesía entendida como conocimiento, terciando *a favor* de esta última. ABC170993

D VERBOS QUE DESIGNAN LA ACCIÓN DE EXPONER O ACUMULAR RAZONES O ARGUMENTOS PARA DEMOSTRAR ALGO: **18 argumentar** ++: Para argumentar *a favor* de su aceptación social... BRE020597 **19 aducir** +: Si no se modifica el requerimiento (...), aducen los activistas *a favor* de los minusválidos... ENH170297 **20 argüir** +: ...es una historia resuelta con sabia congruencia (...), lo que arguye *a favor* de una fecunda carrera literaria. ABC091294 **21 alegar**: Alega *a favor* de (...) que no comunicó nada al Gobierno... EME041095 **22 abundar**: Todos estos datos abundan *a favor* de esa tendencia clara... ABC260293

E VERBOS QUE DESIGNAN OTROS TIPOS DE MANIFESTACIÓN VERBAL: **23 hablar** ++: Primero, traté de hablar *a favor* de los derechos humanos universales... CLA230199 **24 escribir** +: ...tienen colaboradores que escriben *a favor* de la causa israelí... EXC170901 **25 gritar**: Los manifestantes (...) gritaron *a favor* de (...) y contra la Policía. EME120295

F ALGUNOS VERBOS QUE DENOTAN PARTICIPACIÓN, ACTUACIÓN O INTERVENCIÓN EN ALGO, A MENUDO ESFORZADA: **26 intervenir** ++: La Cámara de Comercio (...) intervino *a favor* de sus asociados... DYM240796 **27 luchar** ++: ...formó un batallón (...) que luchó *a favor* de... EME010596 **28 operar** +: ...el beneficio de la duda siempre opera *a favor* del inculpado... EME180196 **29 trabajar**: ...trabajar *a favor* de la inversión extranjera hacia México. DYM240796 **30 conspirar**: El mal estado del campo de juego y el sofocante calor conspiraron *a favor* de un pobre espectáculo. CLA250199

G OTROS VERBOS; POSIBLES USOS ESTILÍSTICOS: ...esta referencia se amortigua *a favor* de la fundamental, la de las «Metamorfosis» de Ovidio... ABC311292

H SUSTANTIVOS QUE DENOTAN INCLINACIÓN FAVORABLE O APOYO DECIDIDO A UNA OPCIÓN. SE RELACIONAN

CON LOS VERBOS DEL APARTADO *A*: **31 voto** ++: ...resultado contundente: 174 votos *a favor* y solo cinco en contra. CLA240497 **32 apuesta** +: ...hizo una arriesgada apuesta *a favor* de la acción militar... EPE050999 **33 votación** +: ...puede decidir la votación *a favor* de alguien. EME020294

I SUSTANTIVOS QUE DESIGNAN COMUNICADOS, MANIFIESTOS U OTROS TIPOS DE TEXTOS EN LOS QUE SE APOYAN O SE DEFIENDEN PUNTOS DE VISTA, ASÍ COMO ALGUNOS DE LOS MEDIOS MATERIALES QUE PERMITEN EXPRESARLOS: **34 alegato** ++: ...hay un alegato *a favor* del amor (...), de la amistad y de la vida «clara y sencilla» y un rechazo de la ambición. EME300995 **35 llamamiento** ++: ...hizo ayer un llamamiento *a favor* del «establecimiento de una democracia islámica»... ENC240599 **36 proclama** +: Una proclama *a favor* del inglés como idioma oficial (...) y poco más. EME260396 **37 firma** +: ...ha recogido más de 5.000 firmas *a favor* de... EDV270499 **38 comunicado** +: ...publicaron un comunicado *a favor* de... ABC310792 **39 manifiesto:** ...leyó un manifiesto *a favor* de (...) la independencia de la poesía. EME220596 **40 carta:** ...nuestra ya habitual carta *a favor* o en contra de la libertad de horarios. EME220194 **41 consigna** +: ...más de 2 mil personas que se unieron para lanzar consignas *a favor* de la paz... EUV271096 **42 propaganda** +: Creando un clima de presión sicológica, la prensa cubana mantuvo una andanada de propaganda *a favor* del voto. ENH120198 **43 pintada:** La policía municipal explica que los manifestantes descendieron (...), realizando pintadas *a favor* de la insumisión... LVE111195

J SUSTANTIVOS QUE DENOTAN CAUSA O RAZÓN JUSTIFICATIVA, FRECUENTEMENTE RELACIONADOS CON LOS VERBOS DEL APARTADO *D*: **44 argumento** ++: ...dieron argumentos *a favor* de despojar del fuero al magistrado... ESH100797 **45 argumentación** +: Y en la argumentación *a favor* del nuevo contrato estable... LVE230295 **46 razón** +: ...para sopesar las razones *a favor* y en contra de la certificación de México... DLA010397 **47 motivo:** Podríamos aducir mil motivos *a favor* de la inmigración... ENC010301 **48 punto:** ...dicha ambigüedad es uno de los puntos *a favor* de un producto para nada desdeñable... CLA160199

K SUSTANTIVOS QUE DESIGNAN DIVERSAS FORMAS DE DIRIMIR O DAR RESOLUCIÓN A UN ASUNTO, FRECUENTEMENTE EN EL ÁMBITO JUDICIAL. SE RELACIONAN CON LOS VERBOS DEL APARTADO *C*: **49 sentencia** ++: ...existen más de 20 sentencias *a favor* del concello... FDV210601 **50 fallo** ++: Ratificaron un fallo *a favor* de una procesada... ECA090792 **51 resolución** ++: ...esperaba una resolución *a favor* de Elorriaga... EXC080696 **52 decisión** +: Dijo que una decisión *a favor* de su administración municipal establecería una «jurisprudencia»... END141100 **53 dictamen:** Por el dictamen *a favor* de la aprobación, el diputado Félix Torres indicó que se trata de un convenio que beneficiará a los sectores más necesitados... ACP191296

L SUSTANTIVOS QUE DENOTAN LABOR O INTERVENCIÓN ACTIVA EN ALGO. SE RELACIONAN FRECUENTEMENTE CON LOS VERBOS DEL APARTADO *F*. TAMBIÉN CON OTROS QUE DESIGNAN EVENTOS EN LOS QUE SE HACEN PÚBLICOS MANIFIESTOS O PROCLAMAS: **54 lucha** ++: ...ya ha ocurrido ahora con el vertedero de Garraf y la férrea lucha *a favor* del cierre... LVE010996 **55 esfuerzo** +: ...critican a los galeristas su escasa dedicación a la promoción y difusión de su trabajo, mientras que éstos aseguran que (...) siguen sosteniendo sus esfuerzos *a favor* del artista. ABC030295 **56 trabajo** +: ...les pidió seguir adelante en su trabajo *a favor* del prójimo. DYM240796 **57 campaña** +: ...les encantan los perros o los gatos y tienen varios de ellos o difunden campañas *a favor* de los animales... ESH300197 **58 actividad:** También participó en actividades *a favor* de la revolución cubana. LVE020596 **59 activismo:** ...activismo *a favor* de los intentos de Taiwan de ser readmitido en la ONU... PLG100197 **60 intervención** +: La Bolsa de Londres se benefició también de la intervención *a favor* del dólar... LVE010695 **61 gesto:** ...ha interpretado como contrario a sus intereses lo que yo entiendo que sólo se puede interpretar como un gesto *a favor* suyo... LVE050295 **62 acto** +: ... Él quería conquistar el Kailas, monte del Himalaya tibetano, como «un acto *a favor* de la paz y la ecología»... FDV120601 **63 concentración:** ...al final de la concentración semanal que celebran (...) *a favor* de la libertad... LVE010895

M SUSTANTIVOS QUE DENOTAN ACTITUD O POSICIONAMIENTO FRENTE A ALGO. TAMBIÉN CON OTROS QUE DENOTAN JUICIO O INTERPRETACIÓN DE ALGUNA COSA: **64 postura** ++: ...cambió de una postura *a favor* de Taiwan a una *a favor* de Pekín... ENH210497 **65 posición** +: ...no tienen una posición *a favor* de ninguno de los dos dirigentes. EPC060996 **66 punto de vista:** Mantenía siempre un punto de vista *a favor* de los necesitados. INDOC **67 conciencia:** ...recuperación de una conciencia colectiva *a favor* de políticas de progreso... EPE280699 **68 estado de opinión:** ...los periodistas han venido pulsando el estado de opinión en las últimas semanas, que está sin duda *a favor* de que... INDOC **69 opinión** +: Especialmente significativa es la opinión *a favor* del maestro... LVE040295 **70 consideración:** Entre las consideraciones *a favor* destaca la necesidad de evitar que el enfriamiento económico... ENC300301 **71 crítica:** Fascinante para unos, inaceptable para otros, con críticas *a favor* o en contra. ABC220592 **72 tendencia:** Una tendencia *a favor* de la reducción del número de diputados... LTH240997

N OTROS SUSTANTIVOS QUE DESIGNAN DIVERSAS MANIFESTACIONES VERBALES, ORALES O ESCRITAS, RELACIONADOS CON LOS VERBOS DEL APARTADO *E*: **73 manifestación** +: ...no hicimos ninguna manifestación *a favor* de los huelguistas. EME071095 **74 declaración** +: Estas declaraciones *a favor* y en contra de la propuesta oficial... CLA230199 **75 testimonio** +: ...que exista un testimonio *a favor* o en contra de él (...) es algo que uniformemente nuestros tribunales dicen que no corresponde. ACP311000 **76 palabra:** ...en referencia a sus palabras *a favor* de la política laboral... EPE131199 **77 grito:** Los jóvenes profirieron gritos *a favor* de la libertad... EME250395 **78 leyenda:** ...una pintada con la leyenda (...) y otras *a favor* de la independencia... EPE311201

afección ♦ **bronquial, cardíaco, contagioso, crónico, doloroso, estomacal, fuerte, grave, gripal, intestinal, leve, ligero, nervioso, pulmonar, renal, respiratorio, serio** ♦ **alcance (de)[25], grado (de), riesgo (de)** ♦ **contagiarse (de), contraer, padecer, provocar, sufrir, superar**

afectar ♦ **claramente, considerablemente[78], de cerca[37], decisivamente[12], de lleno, de pleno[25],**

desfavorablemente[2], directamente, especialmente, favorablemente[11], físicamente, fuertemente[24], gravemente[24], indefectiblemente[19], indirectamente, inmediatamente, intensamente, levemente, negativamente[1], notablemente[2], ostensiblemente[21], parcialmente, pasajeramente, peligrosamente[41], personalmente, poderosamente[6], positivamente, profundamente[74], proporcionalmente, psicológicamente, relativamente, sensiblemente, seriamente[2], severamente[35], significativamente, sustancialmente[45], tangencialmente, temporalmente, visiblemente
□ Véase también: **incidir, influir.**

afecto ♦ cálido[17], caluroso[17], desmedido[27], duradero, efusivo[32], enorme, entrañable, especial, falto (de), gran(de), hondo[15], incondicional[20], lleno (de), maternal, mutuo, particular, personal, profundo[15], sincero, tremendo ♦ demostración (de)[12], expresión (de)[2], falta (de), gesto (de), muestra (de), palabra (de), prueba (de) ♦ agradecer, albergar, alimentar(se) (de)[30], anidar (en alguien), cobrar, colmar (de)[20], concitar[30], conquistar[17], corresponder (a), dar[22], demostrar, depositar[12], disfrutar (de), expresar, exteriorizar, ganar(se), gozar (de), granjearse[8], guardar (a alguien), inspirar[24], llenar (de), manifestar, mostrar, necesitar, prodigar, profesar[45], recibir, sentir[5], tener (a alguien), testimoniar[6], tomar[55]
□ Véase también: **amistad, amor, cariño, estima, sentimiento, ternura.**

AFECTO
♦ (SUSTANTIVOS) Véase: absorbente[D], acceso (de)[E], acendrado[E], afianzar(se)[E], agriar(se)[D], ahogar(se)[C], alimentar(se) (de)[F], alterar[D], amortiguar[I], a pique[C], ardiente[B], arrebato (de)[C], brindar[D], brotar[B], cálido[C], carnal[B], colmar (de)[D], concitar[E], conquistar[C], cubrir(se) (de)[A], cultivar[B], dejarse llevar (por)[L], demostración (de)[C], derramar[F], desaforado[G], desenfrenado[C], deshacerse (en)[B], desmedido[C,H], desmesurado[E], desorbitado[D], despertar[D], destapar[G], desvanecerse[H], dilapidar[G], dispensar[D], efímero[F], efusivo[A,F], empañar(se)[G], engendrar[E], enrarecer(se)[B], enredar(se) (en)[C], en señal de[D], entablar[A], estrechar[F], estrecho[F], estricto[G], expresión (de)[A], faltar (a)[C], ferviente[D], fervoroso[B], filtrar(se)[E], fluir[E], fugaz[E], fulgurante[I], granjearse[A,C], guardar[J], hondo[B], implorar[B], incondicional[C], inconfesable[D], infundir[G], inquebrantable[G], inspirar[E], involucrar(se) (en)[E], irradiar[B], jurar[D], lanzar[C], letal[E], llevadero[D], objeto (de)[A], palpitante[D], palpitar[A], platónico[A,B], prodigar[C,D], profesar[G], profundo[B], quebrantar[F], quebrar(se)[C], reavivar[D], rebosante (de)[B], robustecer(se)[A], sembrar[I], sentir[A], sonreír[B], testimoniar[B], trabar[A], traspasar[E], tributar[B], turbulento[C], unánime[C], venir de lejos[D]
♦ (VERBOS) Véase: a morir[A], a rabiar[C], ciegamente[D], como (un) loco[D], con todas {mis/tus/sus...} fuerzas[C], de todo corazón[C], efusivamente[C], incondicionalmente[F], infinitamente[B], maliciosamente[D], sinceramente[B,F], universalmente[B]
□ Véase también: INCLINACIÓN; SENTIMIENTO.

afectuosamente ♦ abrazar, apodar, besar, despedir, felicitar, llamar, recibir, responder, saludar, tratar
□ Véase también: **amablemente.**

afeitar(se) ♦ cuidadosamente, en seco, pulcramente[4] ♦ axila, barba, bigote, cabeza, cara, patilla, perilla, pierna, rostro, vello, *otros sustantivos que designan partes del cuerpo*

aferrarse (a) *v.* ■ En su sentido figurado se combina con sustantivos de persona *(familia, hijo, amigo)*. También con otros que denotan información *(dato, cifra, resultado, estadística)*, idea o parecer *(idea, convicción, principio, creencia, opinión)* o bien designan corrientes e ideologías de diverso signo *(idealismo, marxismo, romanticismo, catolicismo)*. También se combina con otros muchos sustantivos que designan lo que puede ser considerado valioso o importante en la vida de una persona *(trabajo, dinero, hogar, amor, Dios)* y especialmente con...

A SUSTANTIVOS QUE DENOTAN FACULTAD DE MANDO, AUTORIDAD, POSICIÓN, FUNCIÓN, DERECHO O PRERROGATIVA, CON FRECUENCIA EN REFERENCIAS METONÍMICAS: **1 poder ++:** ...grupos (...) que se *aferran* al poder y se oponen a la democratización del país. DYM040796 **2 cargo ++:** ...demuestran que no quieren la alternancia; se *aferran* a los cargos y son discriminatorios... ACP060197 **3 privilegio +:** ...se *aferraban* a sus privilegios para mantener el ejercicio de la política... EUV010996 **4 puesto:** Era la gran ilusión de su vida y se *aferra* al puesto a pesar de la situación tan precaria del club... LRE290103 **5 sillón:** ...*aferrarse* al sillón de ministro... EME100996 **6 silla:** ...aprovechó un interinato para *aferrarse* a la silla de ese organismo, elevó a rango estatuario su ambicioso afán de manipular a los afiliados. PME090297 **7 poltrona:** ...en contra de lo que proclamó, se *aferra* a la poltrona de palacio... EME220995

B SUSTANTIVOS QUE DENOTAN PRECEPTO, RESOLUCIÓN O ESTIPULACIÓN LEGAL O FORMALMENTE ESTABLECIDA: **8 ley +:** ...se *aferran* a las leyes de la naturaleza como algo intocable... ABC030792 **9 letra +:** ...se *aferra* a la letra del Tratado de Utrecht. EME160596 **10 norma:** Todo manejado con soltura, sin *aferrarse* jamás a la norma. LVE240295 **11 fallo:** La estrategia de los abogados que manejan el tema dentro del Gobierno es sencilla. Dicen que se van a *aferrar* a los fallos favorables que hasta ahora lograron. CLA140297 **12 sentencia:** ...se *aferran* a la sentencia judicial que le es favorable. FDV150601

C SUSTANTIVOS QUE DENOTAN CONDUCTA O ACTITUD ARRAIGADA O SANCIONADA POR EL USO: **13 tradición +:** ...críticas que (...) recibe por parte del sector más *aferrado* a la tradición... LVE280396 **14 costumbre:** ...gente vital y apasionada, *aferrada* a costumbres muy particulares... EPU041001 **15 rutina:** La mayoría de los personajes se *aferran* al orden y a la rutina y a la disciplina, hasta que algo insólito altera el equilibrio. LVE151196

D ALGUNOS SUSTANTIVOS QUE DESIGNAN LO YA VIVIDO O ACONTECIDO, ASÍ COMO SU EVOCACIÓN: **16 pasado ++:** ...políticos (...) de viejo cuño que no lo entienden y se *aferran* a su pasado... EXC020197 **17 recuerdo ++:**

...se *aferraban* a los recuerdos que les dejó un tiempo de rosas. CLA070497 **18 memoria:** ...volviendo una y otra vez sobre esa vivencia (...), *aferrándose* a la memoria... ABC290794

E SUSTANTIVOS QUE DESIGNAN LO QUE SE EXPERIMENTA O SE PERCIBE EN EL MOMENTO PRESENTE: **19 vida +:** ...se *aferra* a la vida y al poder como el elixir de su existencia. RUM250897 **20 presente +:** ...Castañeda afirma que esa falta de referentes sólidos del pasado y del futuro hacen que los jóvenes se *aferren* al presente. ETC130996 **21 realidad +:** Pero el alcalde (...) se *aferra* a la realidad: «enterrar la línea es económicamente inviable». LVE020595 **22 situación:** ...todo amenaza con deteriorarse por culpa de los grupos más conservadores de Chile, que se *aferran* a una situación política propia de la fuerza. LVE250995 **23 actualidad:** Aferrados a la actualidad (...), sentimos miedo de romper amarras... ABC291295

F SUSTANTIVOS QUE DESIGNAN LO QUE SE DESEA CONSEGUIR O SE ESPERA QUE SUCEDA: **24 esperanza ++:** El presidente del Gobierno se *aferra* a una esperanza: que la investigación reúna las pruebas de una «conspiración»... LVE230695 **25 ilusión:** Manolo Fernández (...), *aferrado* a la ilusión, espera que el campo se llene esta vez. EME040395 **26 interés:** ...un grupo obstinado en *aferrarse* a sus intereses. RUM280797 **27 posibilidad:** ...se *aferró* a esta posibilidad como a un clavo ardiendo y dieron luz verde a un plan experimental de envasado y pasteurización. FDV020101 **28 hipótesis:** La familia (...) se *aferra* a la primera de las hipótesis... LVE110996 **29 destino –:** El equipo (...) se ha *aferrado* al destino de luchar por la Liga... EME060395

G OTROS SUSTANTIVOS; POSIBLES USOS ESTILÍSTICOS: ...ella todavía se *aferra* a su burbuja infantil. LVE180695; El vecino del Norte, mientras tanto, sigue *aferrado* al culto de... CLA200297

▩ Se combina también con: ♦ **como último recurso, con fuerza, con uñas y dientes[4], desesperadamente[22], firmemente, tenazmente[2]**

affaire ♦ **apasionado, de juventud, de verano, efímero, famoso, fugaz, secreto, sonado** ♦ **confesar, descubrir(se), destapar, desvelar, mantener, revelar, salir a la luz, salpicar (a alguien), saltar a la luz, tener**

afianzar(se) *v.* ▮ En su sentido físico se combina con sustantivos que designan edificaciones *(casa, torre)*. En su sentido figurado se combina con sustantivos que denotan manifestación verbal *(palabra, expresión)*. También se combina con los sustantivos *creencia, convicción, principio, opinión, punto de vista* y con otros que expresan lo que se sostiene o se sustenta. Lo hace asimismo con...

A SUSTANTIVOS QUE DESIGNAN EL LUGAR O EL CARGO QUE SE OCUPA, GENERALMENTE EN UN ESCALAFÓN O UNA JERARQUÍA. TAMBIÉN CON OTROS QUE EXPRESAN EL DESARROLLO DE UNA ACTIVIDAD GENERALMENTE PROFESIONAL: **1 posición ++:** ...se había puesto en el primer lugar, y con el paso de los días *afianzó* su posición... ETC150996 **2 puesto +:** ...pero a falta de 20 kilómetros me sentí entero y confiado de poder lograr *afianzar* mi puesto como líder... LNC110497 **3 cargo +:** Han *afianzado* sus cargos blindándolos y subiéndose el sueldo nada más ocuparlos. INDOC **4 presencia:** ...benevolencia hacia los religiosos y fieles católicos en ese país y también para *afianzar* la presencia de la Iglesia. CLA120397 **5 situación:** ...los consumidores prefieren *afianzar* su situación antes que lanzarse a una alegría prematura. LVE161196 **6 carrera:** ...llega después de su mejor oportunidad, hasta el momento, para *afianzar* su carrera americana. LVE260295 **7 trabajo:** ...programas para que el acceso a la cultura sea constante y se *afiance* el trabajo artístico... ETC111196 **8 clasificación:** Con el último resultado, *afianza* su clasificación en el torneo y mejora sus aspiraciones al título. INDOC

B SUSTANTIVOS QUE DENOTAN PODER, MANDO O PREPONDERANCIA O EXPRESAN ALGUNAS DE SUS MANIFESTACIONES FORMALES. TAMBIÉN CON OTROS QUE DESIGNAN ATRIBUTOS RELACIONADOS CON LA PRIMACÍA Y CON EL RECONOCIMIENTO DE QUE GOZAN LOS QUE TRIUNFAN EN ALGUNA ACTIVIDAD: **9 poder ++:** ...se vio acusado de esquivar las leyes para *afianzar* su poder. EPD210497 **10 liderato +:** La etapa vio una nueva victoria del austriaco (...) que *afianza* así su liderato entre las motos... LVE050195 **11 liderazgo +:** ...*afianzó* su liderazgo entre los encestadores al promediar 26,5 por desafío... ENV110497 **12 popularidad +:** A fin de *afianzar* su popularidad y asegurar triunfos en las urnas... VIS060297 **13 supremacía +:** ...los Empacadores *afianzaron* su supremacía histórica sobre los demás equipos de la NFL. PME190197 **14 autoridad +:** ...lo que *afianza* la autoridad moral del Partido ante nuestro pueblo. GIC062097 **15 soberanía +:** ...buscan servir a la sociedad, mantener en la ley la estabilidad y *afianzar* soberanía e identidad. EXC230996 **16 título:** ...se ubicó tercero, consiguiendo los puntos que necesitaba para *afianzar* el título de ruta en el ranking. ESH260896 **17 prestigio +:** ...dio la imagen de estar decidido a *afianzar* el prestigio del país... LVE300196 **18 control:** ...en la Selección de Costa Rica se buscará *afianzar* el control de la mediacancha. LNC061000 **19 dominio:** ...en su esencia persigue *afianzar* el dominio y control de Estado Unidos... GIC031097 **20 hegemonía:** ...se *afianza* la hegemonía samperista en el Ejecutivo. EPC090996

C SUSTANTIVOS QUE DESIGNAN PROYECTOS, PLANES Y OTRAS NOCIONES RELACIONADAS CON LA INTENCIÓN DE ACTUAR: **21 voluntad +:** ...*afianzaba* su voluntad de «mantener los parámetros básicos» de la política económica. EPE151101 **22 pretensión +:** El conjunto nacional ganó su cuarto encuentro consecutivo, *afianzó* sus pretensiones y el trayecto a Francia'98 asoma definitivamente despejado. LNP210797 **23 aspiración +:** ...con estos cinco puntos de diferencia se *afianzan* sus aspiraciones al título de campeón de liga. INDOC **24 expectativa:** Las lluvias de los últimos días *afianzan* las expectativas de la cosecha de cereal. ENC060599 **25 plan:** ...para *afianzar* el plan de lucha contra el fraude fiscal, financiero y social. LVE290495 **26 esperanza:** Colombia ganó 1-0 y *afianzó* sus esperanzas de clasificarse. ENH280797 **27 candidatura +:** El gobernador bonaerense asoma tan impotente para *afianzar* su candidatura... CLA100199

D SUSTANTIVOS QUE DESIGNAN FACULTADES, APTITUDES O RASGOS QUE CONFIEREN CARÁCTER DISTINTIVO A LAS PERSONAS Y A MENUDO CONDICIONAN SU FORMA DE

SER, DE ACTUAR O DE MOSTRARSE: **28 carácter ++:** Los indios raptan a sus dos hijos y es en la desesperación cuando se *afianza* el carácter vitalista de Tristao... ABC300994 **29 personalidad ++:** ...lo que conviene a (...) es *afianzar* su personalidad como grupo político diferenciado. EME230695 **30 vocación:** ...para *afianzar* la vocación de aproximación de ambas administraciones... CAP090197 **31 capacidad:** ...es igualmente importante para Centroamérica, *afianzar* su capacidad negociadora... ESH061000

E SUSTANTIVOS QUE DESIGNAN VÍNCULOS O COMPROMISOS ENTRE PERSONAS O ENTIDADES, FRECUENTEMENTE DE CARÁCTER AFECTIVO: **32 relación +:** Nunca hubo un roce y la relación se *afianzó* porque seguimos juntos muchos años... CLA250501 **33 lazo:** ...*afianzar* los lazos del alumno con su propia realidad humana y existencial... VEN250899 **34 vínculo:** ...el objetivo de las compañías que las instalan es *afianzar* su vínculo... CLA120601 **35 amistad:** ...se estableció entre nosotros una amistad que se *afianzaba* en la medida en que íbamos hablando de más y más libros. HOY161296 **36 matrimonio:** El Madrid *afianzó* su matrimonio con la fortuna dos minutos después... EME200395 **37 unión:** ...con la esperanza de que *afiancen* la unión de Irlanda del Norte con Gran Bretaña. ENH130198

F ALGUNOS SUSTANTIVOS QUE DESIGNAN SISTEMAS O INSTITUCIONES, ASÍ COMO ALGUNOS DE LOS MECANISMOS QUE LOS SUSTENTAN: **38 mercado +:** ...*afianza* el mercado cubano y la confianza en su recuperación económica. GIC121996 **39 economía:** ...traspasó el poder de los nobles a una burguesía hambrienta de *afianzar* su economía. LTB201196 **40 democracia +:** ...tenemos que preparar a los alumnos para la crítica, como una manera de *afianzar* la democracia... LNP150397 **41 sistema +:** ...a fin de *afianzar* el sistema de la cooperación para la búsqueda de posibles focos... EPC121197 **42 empresa:** ...una empresa sólida y competitiva que se *afianza* entre las más punteras del sector. INDOC **43 gobierno:** ...el Gobierno se ha *afianzado* en el poder lo suficiente como para acceder a la liberación... LVE130795 **44 programa −:** Las dos temporadas siguientes (...) *afianza* su programa. EPE060900 **45 política:** ...permitirá al casi seguro primer ministro electo, Costas Simitis, *afianzar* su política con un cambio... EME230996 **46 institución:** ...nuestro gobierno trabajará para *afianzar* las instituciones en la vida política. INDOC

G ALGUNOS SUSTANTIVOS QUE DENOTAN DESARROLLO O ALTERACIÓN DE ALGUNA COSA: **47 proceso +:** ...para poder *afianzar* el proceso de modernización. PME120197 **48 cambio +:** 1992 tiene que ser el año crucial, en el cual *afiancemos* este cambio formidable... LPA020592 **49 transformación:** ...que consolide y *afiance* las grandes transformaciones previas. LNA290692

H SUSTANTIVOS QUE DESIGNAN PRINCIPIOS, ESTADOS O VALORES, QUE SE TIENEN POR ESENCIALES O BENEFICIOSOS: **50 estabilidad +:** ...reclutar los apoyos indispensables, tanto cívicos como militares, para *afianzar* la estabilidad de su gobierno. LNA020792 **51 paz +:** ...se está despejando el camino para *afianzar* la paz definitiva en Nicaragua... DLA020597 **52 fe +:** Pero es en el exilio mexicano donde se *afianzó* su fe velazqueña. ABC051193 **53 libertad:** ...no saldremos de nuestra antigua rutina y no *afianzaremos* la libertad de pensamiento. EXC080696 **54 justicia:** ...tan necesario como *afianzar* la libertad y la justicia en una sociedad que ha soportado un largo régimen autoritario y... INDOC **55 justeza:** ...la propuesta presidencial *afianza* aun más la indiscutible validez y justeza de nuestros planteamientos... DLA100297 **56 solidaridad:** ¿Acaso no ha luchado para amenguarla, para despertar el celo cristiano, para *afianzar* la solidaridad? CAP280995

I SUSTANTIVOS QUE DESIGNAN MUY DIVERSOS RASGOS O CARACTERÍSTICAS QUE DISTINGUEN LAS OBRAS O LOS MOVIMIENTOS ARTÍSTICOS, POLÍTICOS O CULTURALES. TAMBIÉN CON ALGUNOS QUE EXPRESAN ESOS MISMOS MOVIMIENTOS: **57 estilo +:** ...confirma nuestra impresión de que esta pintora *afianza* su estilo... ABC100694 **58 temática +:** ...contribuyeron para que el pincel de Garavito *afianzara* la temática... LHG010397 **59 corriente:** ...el hiperrealismo no es precisamente la corriente más *afianzada* en la postura moderna. INDOC **60 arte:** ...una creciente difusión de este arte, que creo está *afianzándose*, de forma progresiva... ABC030694 **61 obra:** En la década del cuarenta y siguientes se *afianzaron* la obra y la reputación de Calder. ABC180992

J SUSTANTIVOS QUE DESIGNAN LA ACCIÓN O EL EFECTO DE REFLEXIONAR SOBRE UNA MATERIA. TAMBIÉN CON OTROS QUE EXPRESAN ALGUNAS DE LAS FORMAS EN QUE SE PRESENTAN LAS IDEAS, LOS RAZONAMIENTOS O LOS CÁLCULOS, MÁS FRECUENTEMENTE SI SE CARACTERIZAN POR SER INSEGUROS: **62 hipótesis +:** La captura de un narcoterrorista (...) *afianzó* la hipótesis de que el atentado fue autoría de las FARC. LRE180103 **63 idea +:** Seguimos trabajando en *afianzar* la idea, es lógico y lo más probable que el jugador vaya encontrándose con mayor soltura... ESH180996 **64 tesis +:** ...para *afianzar* su tesis de que existe una operación conspirativa. LVE141195 **65 concepto:** Lo pueden hacer con jornadas lúdicas, deportivas, recreativas o pedagógicas que permitan a la comunidad educativa *afianzar* el concepto de la paz... ETC040996 **66 posibilidad +:** ...se *afianza* la posibilidad de una producción americana mediana... LVE060796 **67 suposición:** ...una suposición que parecía disparatada, pero que se *afianza* con el descubrimiento de... INDOC

K SUSTANTIVOS QUE DESIGNAN USOS, TRADICIONES O CONVENCIONES QUE SE ASOCIAN CON EL CARÁCTER DISTINTIVO DE LAS PERSONAS O LAS COMUNIDADES. TAMBIÉN CON ALGUNOS QUE DESIGNAN SUS BASES O SUS FUNDAMENTOS: **68 costumbre +:** ...*afianzó* entre nosotros la costumbre de componer óperas a la italiana. ABC190894 **69 tradición:** ...el Salón del Diseño de Moda es un buen acercamiento para lograr *afianzar* esta tradición... ETC160494 **70 identidad:** Ayer se clausuró en Madrid el primer Foro Nacional para Secretarias de Presidencias y Direcciones Generales (...) destinado a *afianzar* la identidad de esta profesión. EME261195 **71 cultura:** ...refuerzan el vigor de la tradición, *afianzan* una cultura pedagógica... PME131096 **72 raíz −:** ...superando los obstáculos que colocan en su camino quienes buscan los medios para *afianzar* sus raíces... ESP150897

L OTROS SUSTANTIVOS; POSIBLES USOS CRUZADOS: Apretó sus dientes, se *afianzó* a la manivela de su bicicleta... [Cf. *aferrar*] LNC110497

M OTROS SUSTANTIVOS; POSIBLES USOS ESTILÍSTICOS: ...el compromiso adquirido (...) de *afianzar* una transparencia en la relación obrero-patronal... EXC270796

▩ Se combina también con: ♦ **con seguridad, firmemente**

☐ Véase también: **fortalecer(se), robustecer(se).**

afición ♦ **arraigado[23], claro, compulsivo[18], creciente, desaforado[79], desmedido[15], desmesurado, entusiasta, extraordinario, inconfesable, inveterado, predilecto, viejo** ♦ **abandonar, adquirir, apegarse (a), arraigar, coger (a algo), confesar[40], crecer, cultivar[5], decrecer[32], desarrollar, ejercitar, entrar[7], heredar, mantener, perder, practicar[34], prender (en alguien), sentir[23], tener, tomar, venir(le) (a alguien)**

☐ Véase también: **aficionado, deseo, intención**.

aficionado ♦ **ciego, declarado, empedernido[10], ferviente[17], incondicional, insaciable**

afilado *adj.* ▌En el sentido físico se combina con sustantivos que designan diversos objetos que presentan filo o punta, muy especialmente armas o instrumentos *(navaja, hacha, espada, abrecartas, espuela, lápiz)*. También se combina con sustantivos que designan este mismo filo, borde o punta *(arista, canto, extremo)*. Asimismo se combina con sustantivos que designan objetos (a menudo partes del cuerpo de un animal) que presentan las características de los mencionados anteriormente *(cuerno, pico, garra, colmillo)*. Se aplica también a sustantivos que designan algunas partes del cuerpo humano *(nariz, dedo, cara, pómulo)* o bien su contorno *(silueta, perfil)*, así como, aunque más raramente, a los sustantivos de persona. En su sentido figurado admite sustantivos que designan expresiones o manifestaciones verbales o textuales, a veces usados metonímicamente *(lenguaje, verbo, lengua, escritura, pluma, palabra, frase, comentario)*, así como obras o géneros *(poesía, prosa, ensayo, comedia)*. Se combina además con...

A SUSTANTIVOS QUE DENOTAN CENSURA O DESIGNAN MANIFESTACIONES VERBALES O TEXTUALES DE CARÁCTER AGRESIVO U HOSTIL: **1 crítica +:** ...sigue imbatible en la entrevista con garra, la crítica *afilada* y la cantidad de publicidad. EME270195 **2 denuncia +:** ...emitieron una mordaz y *afilada* denuncia contra la Autoridad Palestina... EPE041299 **3 invectiva:** ...tan encendido como las *afiladas* invectivas que lanza de vez en cuando desde su columna periodística. INDOC **4 diatriba:** ...violentos insultos y *afiladas* diatribas que tienen más de injuria que de ingenio. INDOC **5 acusación:** ...se cruzan un escritor pro serbio y un periodista anti serbio (...) para intercambiar *afiladas* acusaciones cercanas al insulto... EME130696

B SUSTANTIVOS QUE DENOTAN BURLA O HUMOR, GENERALMENTE MALICIOSO O INTENCIONADO. TAMBIÉN CON OTROS QUE DESIGNAN ALGUNAS DE SUS MANIFESTACIONES: **6 ironía ++:** Los premios literarios (...) no se libran de la *afilada* ironía de Moret... LVE070395 **7 burla:** ...practica la ironía aguda y la burla ingeniosa, *afilada* y mordaz. INDOC **8 sarcasmo:** ...después de observar durante toda una mañana el ajetreo urbano de La Seu en la terraza de un café, disparó a quien quiso oírle uno de sus *afilados* sarcasmos... LVE130495 **9 sátira:** Una *afilada* y dura sátira moral. LVE130596 **10 humor:** Rosenthal intercala en ese realismo crudo dosis de un humor *afilado* y desafiante. LVE040395

C EL SUSTANTIVO *INGENIO*. TAMBIÉN CON OTROS SUSTANTIVOS QUE DESIGNAN FACULTADES PERCEPTIVAS, MÁS FRECUENTEMENTE LA CAPACIDAD DE CAPTAR LA REALIDAD O EL ENTORNO: **11 ingenio +:** ...la imagen de un venezolano de voz aguda e ingenio *afilado* que se ha convertido en uno de los iconos más recurrentes... CAN020201 **12 sensibilidad:** Entre sus propias composiciones hay piezas de sensibilidad *afilada* como «Llueve en Madrid» o «Está bien»... EME190396 **13 percepción:** Su *afilada* percepción puede descubrir cualquier objeto, sepultado hasta una profundidad de treinta metros. LVE280696 **14 dotes de observación:** Y con una extraordinaria economía expresiva y *afiladas* dotes de observación da cuenta del paso del tiempo... LVE130596 **15 ojo:** ...no tiene la perspicacia ni el *afilado* ojo entomológico de Altman... LVE110396 **16 sentido:** Calparsoro se revela como un director con *afilado* sentido del espacio... LVE021296

D ALGUNOS SUSTANTIVOS QUE DENOTAN CONCEPTO O ASUNTO: **17 argumento:** Aquí se quiere saber para cuándo hemos de tener las urnas limpitas y los argumentos *afilados*. LVE070795 **18 tema –:** No me gusta pulir demasiado mis temas, me gusta que sean *afilados*. EPE260899 **19 idea –:** Con todo ello, uno sale de la exposición con una idea *afilada* sobre la coyuntura presente del realismo en España... ABC010494

E SUSTANTIVOS QUE DESIGNAN DIVERSAS ACTITUDES O SENTIMIENTOS NEGATIVOS, GENERALMENTE DE ANIMADVERSIÓN O MALEVOLENCIA: **20 odio:** Tras meses de expulsiones, brutalidades y bombardeos, los odios están *afilados*. EPE240699 **21 agresividad:** ...funciona a rotundas sacudidas, flanqueado por un equipo de *afilada* agresividad... LVE021196 **22 maldad –:** Sentí en aquel instante que la *afilada* maldad del estilete se disolvía en mis tripas... EPE081101 **23 orgullo –:** ...«Redondo, con el orgullo *afilado*, se desenvuelve mejor». EME030995

F OTROS SUSTANTIVOS; POSIBLES USOS ESTILÍSTICOS: El sector fundamentalista no ha amnistiado aún la estructura geométrica y la *afilada* vestimenta... EME310795; Llega el turno de *els segadors* empuñando sus *afiladas* miserias y ganas de comer... LVE010796

☐ Véase también: **punzante**.

afinadamente ♦ **cantar, corear, entonar, interpretar, tocar**

a final (de) Véase: **a finales (de)**

a finales (de) ♦ **año, estación (del año), mes, semana, siglo, temporada,** *otros sustantivos que designan periodos*

☐ Véase también: **a principios (de)**.

afinar *v.* ▌Con el sentido de 'precisar con la mayor exactitud' o 'perfeccionar' se combina con...

A SUSTANTIVOS QUE DENOTAN PERICIA O TINO. TAMBIÉN CON OTROS QUE DESIGNAN ALGUNAS ACCIONES EN LAS QUE SE REQUIERE: **1 puntería ++:** ...les urge acercarse a una distancia capaz de que el piloto *afine* su puntería visualmente. BYN161197 **2 mira:** ...salió con la mira *afinada* y con cinco anotaciones se erigió en el artífice de la victoria... DYM061196 **3 golpe:** Olazábal ha regresado de Japón tras aclarar uno de los problemas que desde hace varias temporadas le han estado impidiendo, según sus declaraciones, lograr *afinar* sus golpes: los palos. EME100294 **4 lanzamiento:** Si no *afinan* los lanzamientos, seguirán fallando más y más triples, y adiós a las semifinales. INDOC

B SUSTANTIVOS QUE DESIGNAN RECURSOS Y OTRAS FORMAS EN QUE SE PRESENTA LA PLANIFICACIÓN DE LAS ACTUACIONES PARA LA REALIZACIÓN DE UNA TAREA O LA CONSECUCIÓN DE UN OBJETIVO: **5 estrategia ++:** ...los partidos *afinan* su estrategia, que en el caso del PSE se ha endurecido por el comportamiento político del... EPE210900 **6 programa +:** ...se intercambiaron propósitos, se *afinaron* programas y se proveyeron recursos... EPE291101 **7 propuesta +:** ...han *afinado* su propuesta sobre el proceso de paz que previamente habían definido en un borrador... EPE200199 **8 técnica +:** Aún había que *afinar* mucho la técnica para que el doblaje barcelonés tuviera el prestigio internacional que alcanzaría más tarde. LVE120395 **9 criterio +:** ...permanentemente se *afinan* los criterios de evaluación de las carreras y de la marcha de las instituciones. HOY270197 **10 iniciativa:** ...los miembros de este colectivo se reunieron (...) para *afinar* cuatro iniciativas legislativas... CAP130700 **11 proyecto:** Los alcaldes de Hendaya, Irún y Hondarribia *afinan* su proyecto unificador. EPE060399 **12 táctica:** ...*afinan* tácticas de su preparación en el gimnasio del Centro Nacional de Alto Rendimiento... EXC250700 **13 fórmula:** Se *afinan* fórmulas para definir conducción del próximo Parlamento. CAP130700

C SUSTANTIVOS QUE DESIGNAN LAS FACULTADES DE SENTIR O PERCIBIR, ASÍ COMO SU APLICACIÓN A ALGUNA COSA: **14 sensibilidad:** ...su mayor interés radica en transmitir una sensibilidad *afinada* y un exquisito aroma cultural. LVE200296 **15 atención:** Es como un aviso para navegantes, para que frente a «L'hora dels adéus» *afinen* su atención... LVE010595 **16 sentido +:** Qué le digo, cómo abrirle los ojos, para que *afine* sus sentidos. LVE220995 **17 oído +:** ...tuvieron que *afinar* el oído para reconocer golpes de batería y riffs familiares. EME060795 **18 olfato:** Los tributaristas *afinan* el olfato. LNP130397

D SUSTANTIVOS QUE DESIGNAN OTRAS FACULTADES, EN ESPECIAL LAS RELACIONADAS A LA INTELECCIÓN, EL RAZONAMIENTO O LA INVENCIÓN. TAMBIÉN CON OTROS QUE EXPRESAN ACCIONES EN LAS QUE SE EJERCITAN, ASÍ COMO ALGUNOS DE SUS EFECTOS: **19 diagnóstico +:** ...negaron que estos síntomas pongan en evidencia de manera inequívoca la existencia de problemas cardiacos, ni siquiera la urgencia en *afinar* el diagnóstico con la realización de pruebas específicas... LVE011096 **20 competencia:** Sin embargo, dijo que apoyaría un posible plan si su objetivo es *afinar* algunas competencias del Gobierno. LNC161100 **21 conocimiento:** ...se compromete a establecer vínculos con la Universidad de Texas, en donde trabaja, para «*afinar* los conocimientos». ENV170197 **22 inteligencia:** La democracia se ayuda a sí misma *afinando* su inteligencia frente al terrorismo. EME010796 **23 ingenio:** ...tendrá que *afinar* su ingenio para aguantar los embates de alcaldesa... LRE020203 **24 ironía:** El propio autor glosaría este fenómeno con su *afinada* ironía, y con su acento de creativo estoicismo. LVE230295 **25 argumento:** Además, el *coach* cuscatleco espera que el equipo muestre más movilidad técnica, de modo que se *afinen* los argumentos del juego de conjunto. ESH180996 **26 cálculo:** Los cálculos más *afinados* han demostrado que el cometa debe de haberse roto casi exactamente en el momento de su máxima aproximación a Júpiter... ABC150794

E OTROS SUSTANTIVOS; POSIBLES USOS CRUZADOS: ...en una de las españas donde nace la Inquisición y se *afinan* las guadañas. [Cf. *afilar*] LVE250295

F OTROS SUSTANTIVOS; POSIBLES USOS ESTILÍSTICOS: En el cuarto set, los dos *afinaron* más sus raquetas. LVE110995

afincarse (en)

♦ **ciudad, lugar, país, región, territorio**

a fin (de)

Véase: **a finales (de)**

afinidad

♦ **acusado[59], cercano, cierto, claro, cultural, elevado, escaso, especial, estético, estrecho[57], evidente, gran(de), ideológico, intelectual, intenso, leve, marcado, notorio, personal, político, profundo[24], remoto, rotundo, vago** ♦ **falta (de), grado (de)** ♦ **afianzar, apreciarse, buscar, encontrar, establecer, guardar, identificar, mostrar, presentar (con algo), sentir, subrayar, tener**

☐ Véase también: **parecido, similitud.**

afirmación

♦ **absurdo, acertado, a la ligera, arriesgado, aventurado, categórico, cauteloso, certero, coherente, concluyente[28], contundente, curioso, de pasada, descabellado, desencaminado, detallado, disparatado, encaminado, equivocado, fuera de {contexto/tono/lugar}, fundamentado, gratuito, improvisado, incendiario, incontrovertible[3], inequívoco, infundado, inoportuno, irrebatible[4], lapidario, libre, meditado, ocioso, oportuno, polémico, precipitado, preciso, prematuro, prudente, rebatible, revelador, rotundo, sensato, sin fundamento[25], sin reservas[62], sólido, tajante[13], taxativo[14], terrible, tibio** ♦ **al hilo (de)[12]** ♦ **aceptar, aderezar[19], apostillar, apuntalar[1], avalar, circular[18], compartir, confirmar, constituir, contradecir, corroborar, desacreditar, descontextualizar, desdecirse (de)[3], desmentir, disentir (de), estar de acuerdo (con), expresar, extender(se), formular, fundamentar, hacer, hacer(se) realidad, justificar, lanzar, llevar a la práctica[36], manifestar, matizar, negar[35], objetar, poner en contexto, probar, proferir, publicar, puntualizar, razonar, rebatir[1], recalcar, rechazar, recordar, refrendar, refutar, reiterar, remachar[13], respaldar, retractar(se) (de), salir al paso (de)[4], sustentar, verter[14]**

☐ Véase también: **asentimiento, sí.**

afirmar

♦ **abiertamente[34], a bombo y platillo[11], abrumadoramente[17], acaloradamente[8], a ciencia cierta[5], a coro[26], a los cuatro vientos[25], al unísono[23], categóricamente[1], coherentemente[6], con cautela[37], con certeza[4], concluyentemente, con reservas[13], con rotundidad[3], contundentemente, descaradamente, de un tirón[7], dogmáticamente, enérgicamente[12], enfáticamente, equivocadamente, expresamente[9], falsamente, fehacientemente, libremente, lisa y llanamente[3], literalmente, pomposamente[11], por activa y por pasiva[4],**

precipitadamente, reiteradamente, repetidamente[1], rotundamente[1], sin ambages[15], sin fundamento, sin ningún género de dudas, sin paliativos, sin pestañear[15], sin reservas[29], sin rodeo(s), sin tapujos[3], tajantemente, taxativamente
□ Véase también: **abjurar (de), asegurar, aseverar, sostener(se).**

afirmativamente *adv.* ▮ se combina con...

A ALGUNOS VERBOS DE LENGUA, MÁS FRECUENTEMENTE SI DESIGNAN ACTOS VERBALES DIRIGIDOS A ALGÚN DESTINATARIO: **1 contestar ++:** ...el directivo contestó *afirmativamente*, aunque dijo no recordar detalles del caso... ACP170996 **2 responder ++:** La torre lo llamó para confirmar el pasaje y el Fokker respondió *afirmativamente*. CAP041297 **3 pronunciar(se) +:** Oídos los deberes y derechos derivados del matrimonio, los contribuyentes se pronunciaron *afirmativamente*... EUV170498 **4 asentir:** El hijo asiente *afirmativamente*. LVE180894 **5 expresar(se):** La verdad debe expresarse espontánea y *afirmativamente*, sin adornos... SEM291297 **6 informar –:** El diputado (...) quiso saber si el monasterio era, en su totalidad, propiedad de las citadas monjas, a lo que el presidente (...) informó *afirmativamente*. EPE280977

B VERBOS QUE DESIGNAN DIVERSAS FORMAS DE EXPRESAR UNA OPINIÓN O UN JUICIO: **7 votar +:** ...pero la mayoría se inclina por votar *afirmativamente* por la extradición. ETC211096 **8 opinar:** ...opina *afirmativamente* después de haber vivido un reciente caso que tuvo como protagonista a un compañero... LVE290195 **9 considerar –:** De considerarlo *afirmativamente* (...) podría ser expulsado e incluso enviado a España. EPE010886

C VERBOS QUE DESIGNAN LA ACCIÓN DE MOVER LA CABEZA, INTERPRETADA COMO GESTO DE ASENTIMIENTO: **10 mover la cabeza +:** ...movía la cabeza *afirmativamente* y articulaba balbuceos ininteligibles... INDOC **11 menear la cabeza:** Oleada de aprobación, murmullo de indignación, una marea de cabellos grises menea la cabeza *afirmativamente*. EME171295 **12 cabecear:** Cabeceo *afirmativamente* pensando en todas esas veces en que he regresado a casa con los pies fríos y la cabeza caliente. EPE210900 **13 inclinar la cabeza:** Inclinan la cabeza *afirmativamente* cuando salen de la cara del toro... EME240995

D ALGUNOS VERBOS QUE DENOTAN CAMBIO O DESARROLLO: **14 transformar(se) –:** Pero América Latina se está transformando y se está transformando *afirmativamente*. HOY230996 **15 evolucionar –:** ...pero la sociedad latinoamericana ha evolucionado muy *afirmativamente*... HOY230996

afirmativo *adj.* ▮ Admite sustantivos que designan diversas unidades verbales *(proposición, oración, palabra, partícula, adverbio)*, o ciertas manifestaciones declarativas *(pronunciamiento, manifestación, declaración, testimonio, exposición)*. También lo hace con otros que denotan opinión o criterio *(opinión, posición, postura, parecer, criterio)* o expresan actuaciones *(acto, acción, hecho, actuación)*. Asimismo se combina con...

A SUSTANTIVOS QUE DESIGNAN LA ACCIÓN O EL EFECTO DE RESPONDER: **1 respuesta ++:** La respuesta *afirmativa* no lo amilanó... BRE050997 **2 contestación +:** ...tras preguntar (...) si se ratificaba en su afirmación y obtener una contestación *afirmativa*, anunció que su partido «tomará las medidas pertinentes». EME150694

B SUSTANTIVOS QUE DESIGNAN OTROS EFECTOS Y RESULTADOS, MÁS FRECUENTEMENTE LOS RELATIVOS A LAS CONSULTAS ELECTORALES: **3 voto ++:** ...el tal senador confesó que no estaba muy enterado del tema. Sin embargo, dio su voto *afirmativo*. ACP061000 **4 resultado +:** Si el resultado es *afirmativo*, el número oficial de muertes a causa del consumo de alcohol metílico ascendería a 122. ESH021100 **5 votación:** no descartan una votación *afirmativa* a la gestión del equipo de Redondo. EME080494 **6 plebiscito –:** ¿O se habla más bien del plebiscito *afirmativo* con que las poblaciones gallega, vasca y catalana proyectaron sus estatutos de autonomía en la República? EME101096

C SUSTANTIVOS QUE DESIGNAN GESTOS, SIGNOS O MOVIMIENTOS QUE SE EMPLEAN PARA EXPRESAR O COMUNICAR ALGUNA COSA: **7 movimiento:** Esa preocupación fue compartida por los restantes miembros de la mesa con sendos movimientos *afirmativos* de cabeza... HOY250484 **8 cabeceo:** ...mostraba su asentimiento con elocuentes cabeceos *afirmativos*. EPE150999 **9 cabezada:** ...sí se preocupa por la entonación de un *sí*, (...), o por la velocidad en que debe dar una cabezada *afirmativa*. EPE191001 **10 gesto:** ...junto con un gesto *afirmativo*, él me preguntó también, si yo era hija de la señora que había muerto en un tranvía en Nueva Orleans. DLA060397 **11 señal +:** ...hizo una señal *afirmativa* a los periodistas a la salida de un almuerzo en un restaurante... ENH100900 **12 signo +:** Sin embargo, minutos antes del inicio, el árbitro (...) inspeccionó el campo y salió de él haciendo signos *afirmativos* con la cabeza. EPE100199 **13 sonrisa:** Le pregunté si quería llegar a un acuerdo y él respondió con una sonrisa *afirmativa*. EME100694

D SUSTANTIVOS QUE DESIGNAN DIVERSAS CAPACIDADES O FACULTADES DE LAS PERSONAS, ESPECIALMENTE SI SE RELACIONAN CON SU FORMA DE SER: **14 actitud:** Esta ha de validarse mediante actitudes *afirmativas* en pro del país en cuestión. LVE100395 **15 ánimo:** ...va obteniendo lecciones negativas, pero las recibe con un ánimo *afirmativo*... EME080696 **16 carácter:** ...el carácter *afirmativo* del sacrificio, la plenitud a la que puede dar acceso la renuncia. EPE250999 **17 talante:** ...estando siempre a punto para roer con su resentimiento todo aquello que tiene un talante *afirmativo*. LVE210395 **18 voluntad:** ...demuestra en el consenso constitucional su voluntad reconciliadora y *afirmativa*... EPE280199

aflicción ♦ **gran(de), hondo, profundo, sentido, sincero, visible** ♦ **aliviar[12], ampliar, embargar[8], sentir**
□ Véase también: **adversidad, melancolía, morriña, nostalgia, pena, sensación, sentimiento, tristeza.**

AFLICCIÓN
♦ (ADJETIVOS) Véase: **visiblemente[B]**
♦ (SUSTANTIVOS) Véase: **abatir(se)[D], abismal[F], abocar(se) (a)[D], acceso (de)[F], acechar[I], adherirse (a)[E], agravar(se)[H], agridulce[E], agudizar(se)[F], ahogar(se)[B], ahuyentar[F], aliviar[C], amargo[H], amortiguar[J], apechugar (con)[D], apoderar(se)[A], arrebato**

(de)[E], ataque (de)[G], brotar[C], capitalizar[G], carcomer[F], cargar (con)[F], causar[B,D], ciego (de)[C], colmar (de)[H], compensar[G], confesar[I], conjurar[H], corroer[B], cundir[A], dar[H], decretar[I], derramar[E], desfogar[B], deshacerse (en)[D], diluir(se)[J], disipar(se)[G], embargar[A,B], engendrar[I], enjugar[D], en señal de[B], entrar[B], estallar (en)[A], expresión (de)[B], hondo[A], incubar[C], insondable[C], inspirar[D], irreversible[F], lastimero[B], letal[D], llevadero[C], mayúsculo[F], mitigar[C], monumental[B], ocasionar[F], paliar[F], pasajero[F], pozo (de)[C], preso (de)[C], profundo[A], punzante[B], ráfaga (de)[F], rebosar[E], reinar[E], reponerse (de)[B], sacudir(se)[B], sardónico[D], sembrar[F], sentir[E], serenar(se)[C], sin paliativos[J], teñir (de)[B], testimoniar[F], transmitir[F], traslucir(se)[F], traspasar[E], unánime[L], vano[D], vencer[B]

♦ (VERBOS) Véase: **desconsoladamente[A], en carne propia[A], en el alma[A], profundamente[F], seriamente[A], sinceramente[C]**

☐ Véase también: SENTIMIENTO; SUFRIMIENTO.

aflojar *v.* ▮ En el sentido de 'disminuir la presión o la tirantez de' puede ser transitivo *(aflojar las riendas)*, intransitivo *(El viento aflojó)* o pronominal *(Se me aflojó el cinturón)*. Se combina con sustantivos que designan cosas que suelen estar sometidas a tensión *(hilo, nudo, músculo, lazo, atadura, rienda, tuerca)*, entre los que figuran algunos otros que designan prendas de vestir *(cinturón, pañuelo, chaleco)*. Se combina con el sustantivo *lengua* en la locución coloquial *aflojar la lengua* ('confesar'). En el sentido de 'entregar o dar', también de uso coloquial, forma la expresión lexicalizada *aflojar la mosca* y admite otros sustantivos que designan el dinero o ciertas cantidades monetarias *(dinero, pasta)*, así como –por extensión metonímica– el lugar en que se guarda *(billetera, bolsillo: Afloja el bolsillo e invítanos a unas cervezas)*. También se usa coloquialmente la expresión *aflojar la mano* en el sentido de 'soltar el dinero'. En el sentido, más general, de 'perder, o hacer perder, la fuerza, la tensión o la intensidad' se combina con sustantivos que designan fenómenos meteorológicos, climáticos o ambientales *(calor, viento)*, así como con...

A SUSTANTIVOS QUE DENOTAN FUERZA EJERCIDA SOBRE ALGO: **1 presión ++**: ...los ingresos adicionales ocasionados por la guerra del golfo Pérsico los cuales *aflojaron* la presión y disciplina fiscal... EUV151096 **2 tensión +**: ...la estimación superaba los pronósticos privados y las tensiones se *aflojaron*. CLA020497

B OTROS SUSTANTIVOS QUE DENOTAN FUERZA, MÁS FRECUENTEMENTE SI SE REFIEREN A LA ENERGÍA O EL VIGOR PUESTOS EN ALGUNA COSA: **3 fuerza +**: No hay bromas ni fiestas que le quiten los pucheros y *aflojen* la fuerza con que se ha encajado en el cuerpo de mamá. EME041095 **4 ímpetu +**: Sin embargo, ¿bastan esos microbios (...) para *aflojarle* el ímpetu de penetrar en la verdad? EME130896 **5 entusiasmo**: Cuando el amor se enfría, el entusiasmo se *afloja* y la dedicación se retrae. BRE130697 **6 intensidad**: ...empiezan el curso con ganas, pero luego *aflojan* la intensidad que ponen en el estudio y acaban... INDOC

C SUSTANTIVOS QUE DENOTAN MOVIMIENTO REGULAR O CONTINUO: **7 ritmo ++**: No se ha *aflojado* nunca el ritmo, pese a las dificultades evidentes y a la falta de una sede donde se pueda trabajar a gusto. EME150194 **8 marcha +**: Pero en montaña los corredores se desperdigan, *aflojan* su marcha, se acercan a las cunetas y arcenes. EME210896 **9 paso +**: ...resulta indispensable no *aflojar* el paso a fin de que alcancemos el desarrollo sostenido que anhelamos. EXC230996 **10 pulso**: De momento, se mantienen, pero si los soltamos... no se qué va a pasar. Ayer los estadounidenses no los soltaron del todo, pero *aflojaron* considerablemente el pulso. EME010495

D SUSTANTIVOS QUE DESIGNAN DIVERSAS FORMAS DE COERCIÓN, COACCIÓN O IMPOSICIÓN. TAMBIÉN CON OTROS QUE EXPRESAN ALGUNOS DE LOS ATRIBUTOS QUE LAS DISTINGUEN: **11 vigilancia +**: Aquí y allá, cuando la vigilancia *afloja*, salen a relucir algunas páginas web... EPE010299 **12 control +**: ...existe el peligro de que cualquier efecto positivo que surja de la visita en el futuro se vea reducido poco a poco por un gobierno que no tiene intenciones de *aflojar* su control. ENH190198 **13 exigencia +**: Lo progresista es aumentar las becas y promover la igualdad de oportunidades, no *aflojar* la exigencia... EPE190199 **14 disciplina +**: ...quiere que sus curas sean un dechado de virtudes humanas y espirituales, pero sin *aflojar* lo más mínimo la férrea disciplina sacerdotal... EME031196 **15 rigidez**: ...se verá obligado a revisar su política de marco-fuerte y *aflojar* un poco la rigidez de su política monetaria para reactivar la actividad. LVE091295

E SUSTANTIVOS QUE DESIGNAN MANIFESTACIONES DE LO QUE OBSTACULIZA O IMPIDE EL DESARROLLO DE ALGO: **16 bloqueo**: La Unión Europea comienza a *aflojar* el bloqueo sobre el ganado vacuno británico... EME040696 **17 cerco**: Tratan de *aflojar* el cerco en torno al presidente, último y principal responsable político de la corrupción. EME170494 **18 asedio**: Pero Mladic ha *aflojado* el asedio de Gorazde, no presiona en Sarajevo. LVE300795

F ALGUNOS SUSTANTIVOS QUE DENOTAN UNIDAD O RELACIÓN ESTRECHA ENTRE VARIAS PARTES: **19 unidad**: ...es necesario ir *aflojando* la unidad de acción, por no decir ir rompiéndola. EME130294 **20 alianza**: ...tienen el poder (...) de alterar el punto de vista de la opinión pública más belicosa y de *aflojar* de paso las alianzas más aparentemente firmes. EPE211001 **21 vínculo**: Era sabido en los medios sociales donde se desenvolvía la familia, que los vínculos entre sus miembros se habían *aflojado* notablemente. DYM230796

G SUSTANTIVOS QUE DESIGNAN DIVERSAS MAGNITUDES ECONÓMICAS: **22 tipo +**: Se *aflojaron* los tipos y se dejó suelta la cantidad de dinero, que ha subido en general muy por encima de lo que sería deseable. EPE010277 **23 moneda**: ...a los turistas se les clava como una alfiler en el corazón y se sienten mal, culpables probablemente, y entonces *aflojan* unas monedas providenciales. EME020795 **24 peseta**: El que decidió darse una vuelta el sábado por el centro de la ciudad se encontró, sin *aflojar* una peseta... EPE121101

H OTROS SUSTANTIVOS; POSIBLES USOS ESTILÍSTICOS: –Y de esos tipos que recorren el mundo en sus veleros, los transmundistas, ¿pasan muchos por aquí? Al marinero se le *afloja* una sonrisa irónica. LVE070896

aflorar *v.* ▌Se construye a menudo en complementos encabezados por la preposición *a* y formados con un número no muy amplio de sustantivos *(aflorar algo a la superficie, a la luz, a la vista, a la memoria, a la conciencia, al recuerdo, a los labios, a la opinión pública).* En su sentido literal admite como sujetos sustantivos que designan sustancias y materias, generalmente líquidas *(sangre, agua, lágrima)* o viscosas *(petróleo, fango)*, además de un gran número de objetos físicos que pueden aparecer sumergidos u ocultos. En sentido figurado admite sustantivos de persona *(Afloró el artista que llevaba dentro).* También se combina con muchos de los que designan informaciones *(noticia, dato, comentario, idea, palabra, pregunta, información, cifra, historia, rumor).* Admite asimismo un gran número de sustantivos abstractos *(verdad, contenido, significado, interpretación)*, pero destacan especialmente sus combinaciones con...

A SUSTANTIVOS QUE DENOTAN SENTIMIENTO O SENSACIÓN: **1 sentimiento** +: ...y una promiscuidad que hace *aflorar* sentimientos e instintos prohibidos en agresiones verbales... PME031196 **2 sentir:** ...*un sentir latente* que aflora en el fin del milenio... EME230396 **3 emoción** +: El protocolo funcionó correctamente, pero no impidió que las emociones personales *afloraran* con fuerza propia. EPE040799 **4 sensación** +: La sensación de error de cálculo por parte del presidente ha vuelto a *aflorar* en círculos convergentes. EPE280199

B SUSTANTIVOS QUE DESIGNAN SENTIMIENTOS INTENSOS DE INCLINACIÓN, ANIMADVERSIÓN O DESEO HACIA ALGUIEN O ALGO: **5 ansia** +: ...cuando oye que los Reyes están llegando a la sala, sus ansias *afloran* y con grandes aspavientos le dice a su amiga que ella está a punto de recibir un juguete. EME050194 **6 pasión** +: Afloraba su pasión no ya por la poesía, el relato o la novela, sino por la escritura... LVE210796 **7 deseo** +: ...consigue que *afloren* al mismo tiempo deseos escondidos durante las estaciones ordinarias y falsos anhelos producto del interés mercantil del voto. EPE060399 **8 anhelo** +: ...y ciertos representantes del expresionismo abstracto (...) en los que *afloraría* de nuevo un indefinido anhelo religioso. ABC070194 **9 odio** +: El odio que *afloraba* ya nada tenía que ver con rivalidad futbolística. EPE180500 **10 inquina:** Abundan los recelos. Crecen las desconfianzas. *Afloran* las inquinas. Mala simiente para la convivencia democrática. LVE180895 **11 rencor:** Pero en su escrito *aflora* este rencor, esta ira contenida y aparece lleno de anécdotas personales, políticamente irrelevantes... EPE190799 **12 ira:** Menem dejó *aflorar* su ira contra Alfonsín... LNP190297 **13 enojo:** «No soy una ganadera que afile los cuernos a sus toros. Como están, salen al ruedo», declara, a la vez que deja *aflorar* una punta de enojo. EPE080699 **14 agresividad:** El primer ministro canadiense (...) ha perdido la compostura y ha dejado *aflorar* una agresividad física hasta ahora desconocida públicamente. EME170296

C SUSTANTIVOS QUE EXPRESAN OTROS SENTIMIENTOS Y ALGUNAS DE SUS MANIFESTACIONES, MÁS FRECUENTEMENTE SI DENOTAN INTRANQUILIDAD, INCERTIDUMBRE, DESCONFIANZA O INSATISFACCIÓN: **15 duda** ++: ...también con algunos problemas de rendimiento que *afloran* ciertas dudas sobre el futuro rendimiento en la parte culminante del evento. EUV271096 **16 sospecha** +: ...las sospechas sobre la presunta colaboración del narcotráfico en la campaña de Ernesto Samper (...) vuelven a *aflorar*... LVE100895 **17 reserva:** ...en la reunión del Govern de la Generalitat celebrada el martes ya *afloraron* reservas similares pero también en ambos casos quedó ratificado el respaldo nacionalista al Gobierno. LVE120395 **18 recelo** +: Los recelos entre croatas y musulmanes *afloran* tanto en el terreno político como en el militar. LVE221095 **19 miedo** +: El ruido de un pájaro al chocar contra una de las vidrieras había *aflorado* el miedo que atenaza los corazones de estas gentes... EME170395 **20 temor:** ...con el fin de que *afloren* sus temores y sospechas ante lo ocurrido y se entremezclen con los recuerdos de su pasado. ABC050393 **21 preocupación** +: En varios ayuntamientos ha *aflorado* la preocupación por este fenómeno, que todavía no se ha detenido. LVE230595 **22 inquietud:** Entre cuentos y recuerdos de sus odiseas (...) *aflora* la inquietud de revivir la experiencia del intercambio... ENV110796 **23 nervios** +: ...los nervios *afloraron* y terminaron por traicionar la intención de hacer fútbol de los locales. LNC070497 **24 nerviosismo:** ...hasta que al final *afloró* el nerviosismo contenido durante tantas horas soportando a la enfermera, y le soltó una salida de tono que en otras circunstancias nunca... INDOC **25 tristeza:** Medio siglo después de la tragedia, (...) las tristezas de antaño *afloran*, y no sólo entre marinos. EPE270800 **26 insatisfacción:** Y *aflora* entonces esa insatisfacción completa que invade todos los aposentos de su realidad. ABC171195 **27 descontento** +: El descontento europeo *afloró* la semana pasada con una parte de los Quince declarándose partidaria de repensar su estrategia hacia Milosevic... EPE150700

D SUSTANTIVOS QUE DESIGNAN LO QUE SE HA VIVIDO O EXPERIMENTADO: **28 recuerdo** ++: ...*afloran* sus recuerdos del sudeste asiático donde había nacido y pasado su infancia y adolescencia... ABC140795 **29 vivencia** +: La vivencia que queda en el inconsciente *aflora* en cada cuadro. LVE191095 **30 experiencia** +: ...intensas experiencias aparentemente olvidadas que *afloran* a la conciencia atraídas por el recuerdo de... INDOC **31 tradición** +: La mejor tradición barroca –unida a esa línea juanramoniana– *aflora* en la mayoría de estos textos... ABC070795

E SUSTANTIVOS QUE DESIGNAN EL ORIGEN O EL EFECTO DE ALGO. TAMBIÉN CON OTROS QUE EXPRESAN LAS MUESTRAS QUE QUEDAN DE SU PERMANENCIA: **32 resultado** +: Y estos resultados *afloran* con fuerza pese a que una mayoría de los perceptores (...) entendió el mensaje que quería transmitir el gobierno. LNC270596 **33 causa** +: ...paquetes, irresponsables, sin temple, sin preparación física y una larga lista de posibles causas *afloran*... SVG171097 **34 raíz** +: ...sería la raíz de la división que *aflora* después del debate... EPE110999 **35 consecuencia:** ...deja el Ministerio de Agricultura con una renta agraria en caída libre y una PAC menos comunitaria, financieramente infradotada (...), cuando todavía no han *aflorado* todas las consecuencias de su gestión. EPE030599 **36 resto:** Los restos *afloraron* a la superficie hace dos años, durante las extracciones de áridos... EPE150399 **37 residuo:** El centro, que trabaja con información confidencial, no tiene la misión de hacer *aflorar* los residuos no declarados. LVE080695 **38 huella:** Existe, no obstante, una constante referencia geométrica, una huella que *aflora* imprevisible. ABC160695 **39 rastro:** De vez en cuando, *afloran* rastros de su estirpe guerrera y combativa. EME010595 **40 señal:** Hasta edades más tardías no *afloran* las señales que deja un pasado traumático. INDOC

F SUSTANTIVOS QUE DESIGNAN DIVERSAS FORMAS DE INESTABILIDAD, DISENSO, DIVERGENCIA O CONFRONTACIÓN, MÁS FRECUENTEMENTE SI SE ENTIENDE QUE SON LARVADAS: **41 tensión ++:** Sólo al final ha *aflorado* la tensión, cuando se ha cortado el grupo. EPE140900 **42 fricción +:** Tales fricciones *afloraron* sin que el árbitro se decidiera a poner coto al juego brusco. LNC161100 **43 diferencia +:** En poco tiempo, sin embargo, *afloraron* diferencias entre los dos... SEM151096 **44 división:** En el almuerzo (...) fuentes comunitarias esperan que *aflore* una división en el Ecofin en torno al futuro de las monedas débiles de la UE. EME231095 **45 discrepancia:** En el primer reto ya *afloran* discrepancias y, en el segundo, el debate apenas se ha iniciado. EME220196 **46 conflicto +:** ...un estado castigado por la historia dentro de una zona donde los conflictos *afloran.* LVE070795 **47 disputa +:** ...en una reunión del consejo nacional en la que no *afloraron* las disputas internas. LVE080196 **48 enfrentamiento:** ...el diálogo paritario sería menos armónico que hasta el presente y tal vez *afloraría* el enfrentamiento social. LVE121295 **49 crítica +:** No hace mucho comenzaron a *aflorar* las críticas. EPE240900

G SUSTANTIVOS QUE DESIGNAN DIVERSAS MANIFESTACIONES DE LO QUE SE CONSIDERA DIFÍCIL, EQUIVOCADO, INCONVENIENTE O ADVERSO: **50 problema +:** Afloró nuevamente el problema del otorgamiento de visas a ciudadanos de Taiwan... ETC170797 **51 dificultad:** Todos se han reforzado en la medida de sus posibilidades, aunque las dificultades ya están *aflorando.* LVE010995 **52 irregularidad:** Al reconstruir las cuentas han *aflorado* irregularidades, incompatibilidades y supuesta corrupción y amiguismo local. EPE240499 **53 defecto:** ...les va dando consejos para pulir los defectos que van *aflorando* con el paso de los kilómetros. LVE240995 **54 escándalo +:** ...tuvieron que dar explicaciones pintorescas cuando *afloraron* los escándalos que les incumbieron. EME220995 **55 crisis +:** Con la rapidez con que todo sucedió en el 98, casi tan rápido como *afloró* la crisis llegó su desenlace. CLA030199 **56 contradicción +:** En tres meses ha permitido que *afloren* las contradicciones de un partido con ansia de poder pero indefinido aún en muchos temas de la sociedad civil. LVE031095

H EL SUSTANTIVO *DINERO* Y OTROS QUE DESIGNAN MUCHAS DE LAS FORMAS EN QUE SE PRESENTAN LAS MAGNITUDES ECONÓMICAS, ASÍ COMO ALGUNOS DE LOS PROCESOS EN LOS QUE PARTICIPAN DE MANERA CARACTERÍSTICA: **57 dinero ++:** Desde el sector se atribuye el crecimiento del consumo (...) a que la entrada en vigor del euro está haciendo *aflorar* dinero negro en negocios inmobiliarios. EPE210699 **58 déficit +:** Los mercados financieros recibieron ayer (...) el anuncio de que el Gobierno *aflorará* un déficit de 700.000 millones de pesetas de los últimos años. LVE270796 **59 plusvalía:** Desde 1990 se han vendido 70.000 metros cuadrados de patrimonio alquilado, lo que ha permitido *aflorar* plusvalías generadas en años de prudente gestión. EME110795 **60 pérdida:** ...encargó la valoración de activos para *aflorar* las pérdidas y un plan estratégico para redefinir el futuro de la compañía. LVE260396 **61 deuda +:** Una iniciativa que, además, permitiría *aflorar* deudas tributarias que permanecen ocultas al incrementarse los datos sobre identificación de los arrendadores. EME200296 **62 activo:** La actualización de balances sólo ha tenido como objetivo eliminar el efecto de la inflación (...), descartando la posibilidad de *aflorar* activos ocultos o cancelar pasivos ficticios. EME240696 **63 beneficio +:** Estas ventas teóricas permitirán al FMI *aflorar* beneficios contables de unos 5.000 millones de dólares... EPE280999 **64 ganancia:** La última fase del negocio de la droga consiste en *aflorar* las ingentes ganancias. LVE201196

I SUSTANTIVOS QUE DESIGNAN CUALIDADES, RASGOS Y ATRIBUTOS DE LAS PERSONAS, A MENUDO ARRAIGADOS, QUE SUELEN DETERMINAR SU MODO DE SER, DE PENSAR O DE COMPORTARSE: **65 subconsciente ++:** ...la escritura automática en la que el subconsciente *aflora* en los trazos que impregnan la página. LPN130397 **66 personalidad ++:** Y al fin, cuando menos se espera, *aflora* la personalidad. ABC010592 **67 talento +:** Pero a pesar que en sus funciones *afloran* el talento de trapecistas, malabaristas... LTB111001 **68 cualidad:** Fue una conversación distendida, de las que le permiten *aflorar* su cualidad más oculta... LVE110596 **69 valor +:** ...los símbolos esenciales de los valores humanos, y que, cuando estos valores *afloran* confusos, o no son respetados, busquen el camino para distinguirlos... HOY250484 **70 prejuicio +:** Los prejuicios tribales *afloran* por toda la obra. LVE280495 **71 sensibilidad +:** En La Maestranza *aflora* la sensibilidad del torero. EME210495 **72 creatividad:** La creatividad es correosa y acaba *aflorando* también en terrenos menos abonados... EPE190199 **73 carácter +:** Se trata de una introspección donde *aflora* el carácter errático que llevamos dentro. CAN300101 **74 actitud:** ...busca escudar la intención política bajo la neutralidad de la ficción, *aflora* una actitud hipócrita y melindrera. PME210796 **75 temperamento +:** En ese instante fue cuando *afloró* el temperamento polémico y fogoso de... LPA290492 **76 talante:** Ahora vuelve a *aflorar* un talante imperativo en las relaciones comerciales internacionales que... EPE110399 **77 instinto +:** La lucha por la posesión de la gran mansión que han ido decorando se establece sin cuartel y hace *aflorar* todos sus instintos violentos hasta la apoteosis final. LVE090596 **78 impulso:** Impulso que *aflora* bajo distintos aspectos en las artes de nuestro momento actual, por ejemplo, en los «collages» de Manuel Rufo... ABC020695

▩ Se combina también con: ♦ **con fuerza, repentinamente, sorpresivamente, vigorosamente**[17] ♦ **a la superficie**

☐ Véase también: **emanar.**

a flor de piel *loc.adv./loc.adj.* ▮ Se combina con...

A SUSTANTIVOS QUE DESIGNAN DIVERSOS ESTADOS DE INTRANQUILIDAD, EXCITACIÓN O INCERTIDUMBRE: **1 nervios ++:** ...cargaron a los pasajeros, los cuales viajaron con los nervios *a flor de piel.* EPU041001 **2 tensión ++:** Con la tensión *a flor de piel,* cualquier crítica (...), por velada o suave que ésta sea... LVE241195 **3 nerviosismo +:** ...las suspicacias y el nerviosismo estén *a flor de piel* en un deporte... LVE211096 **4 ansiedad:** Faltan quince jornadas para que se baje el telón (...) y la ansiedad ya está *a flor de piel.* EME190296

B SUSTANTIVOS QUE DESIGNAN LA FACULTAD DE SENTIR O PERCIBIR ALGO, A VECES EN GRADO EXTREMO: **5 sensibilidad ++:** ...la exaltada vitalidad, la frescura y la sensibilidad *a flor de piel*... ABC190393 **6 sentido +:** ...para realizar cualquier labor creativa, tienes que estar con los sentidos *a flor de piel*... LRE110103 **7 sensación:** La intensidad de lo real y el cosquilleo de las sensaciones *a flor de piel*... EPE280999 **8 susceptibilidad +:** Los diplomáticos temen herir la susceptibilidad, *a flor de piel*, del Gobierno... EPE011085 **9 hipersensibilidad:** ...la hipersensibilidad en torno a la mujer es altísima y está muy *a flor de piel*. EPE091201

C OTROS SUSTANTIVOS QUE DESIGNAN FACULTADES ANÍMICAS O EMOCIONALES: **10 emoción ++:** ...nos conmueve con su asombrosa humanidad, con su emoción *a flor de piel*. ABC030694 **11 sentimiento +:** Le estremecía el melodrama, los sentimientos *a flor de piel* que sólo la ópera transmite. EPD201097 **12 ánimo:** Lo cierto es que el equipo rojiblanco se presenta (...) con el ánimo *a flor de piel*. EME290195 **13 emotividad:** ...es una mujer muy frágil, con una emotividad *a flor de piel*... EME270895

D SUSTANTIVOS QUE DENOTAN IRRITACIÓN O AVERSIÓN. TAMBIÉN CON OTROS QUE DESIGNAN ALGUNAS MANIFESTACIONES DE ESOS SENTIMIENTOS: **14 odio:** La falta de bondad nos inquietó menos: también nuestro odio estaba *a flor de piel*. EME150496 **15 indignación:** Saben que no hay mejor momento para dar tralla que cuando aflora esa indignación tan *a flor de piel*, tan propia de los españoles. EPE240900 **16 agresividad:** Es posible que los programadores y pedagogos hayan pensado que esta agresividad *a flor de piel* que acumulan es muy positiva para que sus cachorros entren rápidamente en acción... EME030296 **17 irritación:** Siempre con malos modos, el ceño fruncido, el ánimo predispuesto en contra de todos y la irritación *a flor de piel*. INDOC

E ALGUNOS SUSTANTIVOS QUE DESIGNAN PROPIEDADES O ESTADOS RELATIVOS AL DESEO SEXUAL O SUS MANIFESTACIONES: **18 deseo:** 0.30 Cine. «El deseo *a flor de piel*». Una joven escocesa que estudia en París regresa a casa por el verano. EPE210700 **19 pasión:** Con (...) pasiones *a flor de piel* Barbara Stanwyck hace una de sus grandes creaciones. LVE210996 **20 erotismo:** ...la energía de nuestro erotismo, *a flor de piel*. EPE030800 **21 sexualidad:** ...trato distante ocultaba una sexualidad *a flor de piel*... EME210394 **22 sensualidad:** ...escrito con la sensualidad *a flor de piel*. CAR131097

F SUSTANTIVOS QUE DESIGNAN GESTOS Y EFECTOS DE ALGUNAS ACCIONES CORPORALES, EN PARTICULAR SI ESTÁN ASOCIADOS CON LA MANIFESTACIÓN DE ESTADOS ANÍMICOS: **23 sonrisa:** ...andar siempre con las sonrisas *a flor de piel*. HOY141096 **24 llanto:** Hoy, el llanto está *a flor de piel*. LVE110695 **25 lágrima:** ...persona cultivada que no tiene los nervios ni las lágrimas *a flor de piel*... EME160195

G SUSTANTIVOS QUE DESIGNAN OTRAS EMOCIONES: **26 miedo:** El miedo, profundo o *a flor de piel*, gravitaba sobre nuestras vidas. Estaba ahí en forma de un suceso inesperado que podía sobrevivir en cualquier momento. EME070594 **27 temor:** Esta inseguridad, esta desconfianza atávica, hace que (...) nos presentemos con la ceja levantada, el temor *a flor de piel* en espera de la reprobación... EXC270596 **28 alegría:** Desenfadado y con la alegría *a flor de piel*, contó que hace dos semanas concluyó su más reciente película «Carne trémula». GIC340997 **29 dolor:** ...unas 10.000 personas, con el ánimo crispado y el dolor *a flor de piel*, se manifestaron pacíficamente por las calles de Alcorcón para protestar por el asesinato de... EME270595

H ALGUNOS SUSTANTIVOS QUE DESIGNAN CUALIDADES, MÁS FRECUENTEMENTE APLICADAS A LAS OBRAS DE CREACIÓN O A SUS AUTORES: **30 lirismo:** ...sensaciones poderosas y lirismo *a flor de piel*. EME050595 **31 teatralidad:** El saxofonista de Koniek, provisto de una teatralidad *a flor de piel*... LVE011095 **32 talento –:** ...para sentir la fuerza y el talento *a flor de piel* no hace falta título. EPE180799

I OTROS SUSTANTIVOS; POSIBLES USOS ESTILÍSTICOS: ...apenas estamos saliendo de un Dios *a flor de piel*, a una experiencia posmoderna... ETC070497; ...más allá de la «españolada» colorista y chillona de un folclorismo *a flor de piel*. EME230396

J VERBOS DE PERCEPCIÓN: **33 sentir ++:** ...el diálogo entre la pantalla y la sala es tan ágil y tan vivo que se siente *a flor de piel*... EPE041101 **34 percibir:** El temor se percibe *a flor de piel* ante el hecho de que a determinadas horas... ACP071100 **35 notar:** En el Real los nervios se notaron *a flor de piel*... EPE080299

afluencia ♦ **arrollador, bajo, copioso**[41]**, crecido, creciente, destacado, discreto, enorme, escaso, gran(de), impetuoso, importante, incesante, incontenible, intenso, masivo, máximo, moderado, multitudinario**[7]**, notable, previsible, progresivo, torrencial** ♦ **falta (de), zona (de)** ♦ **aumentar, concitar, crecer, decrecer**[67]**, disminuir, esperar, evitar, experimentar(se), incentivar, prever, provocar, reducir, registrar(se)**

☐ Véase también: **circulación, flujo, movimiento, tráfico, tránsito.**

afluir ♦ **a raudales**[10]**, en cantidad, masivamente, multitudinariamente, regularmente**

☐ Véase también: **fluir, manar, salir.**

a fondo *loc.adv./loc.adj.* ▮ Se combina con un gran número de verbos y con varios sustantivos. Destacan los verbos que denotan control o influencia *(controlar, influir, dominar)* y –en menor medida– presencia de sentimientos *(sentir, amar, querer)*. También se combina con verbos que denotan anulación, supresión o cancelación de algo *(eliminar, destruir, enterrar, romper)*, con verbos que denotan distinción o indistinción *(distinguir, diferenciar, mezclar)* y también con los...

A VERBOS QUE DENOTAN EXPLORACIÓN O ANÁLISIS: **1 analizar ++:** ...habría que analizar *a fondo* las cifras optimistas que maneja el sector oficial para determinar qué tan reales son. DYM170796 **2 tratar ++:** ...el tema de las tasas así como el de la reforma de la LRU fue tratado *a fondo* en las jornadas... EME080694 **3 estudiar ++:** Las ofertas serán «estudiadas *a fondo*, porque las empresas deben demostrar capacidad para financiar las inversiones»... CLA120397 **4 investigar ++:** Sayonara se pregunta si realmente se investigaron *a fondo* los llamados telefónicos que entregaban pistas de su paradero... CAR080997

B VERBOS QUE DENOTAN LA ACCIÓN DE ABRIR, MOSTRAR O PONER DE MANIFIESTO ALGUNA COSA: **5 liberalizar** +: ...garantizar una adecuada competitividad, liberalizar *a fondo* la economía y crear nuevas oportunidades. LVE020196 **6 abrir:** ...suprimiendo barreras y aranceles y abriendo *a fondo* el mercado del comercio exterior. INDOC **7 esclarecer:** ...convierte en escasamente sincero el deseo de esclarecer *a fondo* la guerra sucia contra ETA. LVE011295 **8 mostrar:** ...brillante y agudas páginas en las que muestra *a fondo* los entresijos de una sociedad fuertemente estamental que... INDOC

C VERBOS DE LENGUA, MÁS FRECUENTEMENTE SI DENOTAN EXPLICACIÓN, EXPOSICIÓN DE ALGO, ASÍ COMO DISCUSIÓN O DIÁLOGO SOBRE ALGÚN ASUNTO: **9 discutir** ++: Se espera que el día de la próxima reunión extraordinaria se discutan *a fondo* las recomendaciones... END081097 **10 debatir** ++: ...un productor discográfico y dos jóvenes con la suficiente experiencia como para debatir *a fondo* sobre la cara social del rock. LNP150397 **11 explicar** ++: ...llegarían funcionarios del gobierno estatal para explicar *a fondo* el funcionamiento del nuevo programa. DYM240796 **12 conversar** +: No hemos conversado *a fondo* todavía; lo vamos hacer en esta ocasión, pero me imagino que sí. HOY230297 **13 exponer:** ...una narración seria y acongojante que expusiera *a fondo* las tribulaciones de una honesta mujer... EME091196 **14 comentar:** En la Sección de Educación del próximo domingo se comentará *a fondo* cada una de estas intervenciones. ETC180497 **15 contar:** ...pero contaba las cosas muy por encima, aunque nosotros le pedíamos que lo hiciera *a fondo.* INDOC **16 informar:** ...la capacidad de inversión de sus clientes para, de este modo, poderles informar más *a fondo* de los riesgos a los que se están exponiendo. EPE100899

D VERBOS QUE DENOTAN PARTICIPACIÓN ACTIVA EN ALGUNA TAREA. TAMBIÉN CON OTROS QUE DENOTAN ESFUERZO VOLUNTARIOSO, INICIATIVA O COMPROMISO FIRME EN RELACIÓN CON LO QUE SE EMPRENDE: **17 trabajar:** ...Fomento trabaja *a fondo* en un paquete de medidas, y por parte de Iberia ya se ha anunciado la reducción de vuelos... EDV270499 **18 emplearse** ++: La zaga tudelana, en la foto frente al Huarte, se tuvo que emplear *a fondo.* DDN290499 **19 preparar(se)** +: El británico, un hombre de moral frágil, se había preparado *a fondo* mentalmente para poder resistir la presión de Schumacher. EME040696 **20 comprometer(se)** +: ...parecen ser una dupla que ya está acostumbrada a trabajar duro y a comprometerse *a fondo* con sus desafíos. CAR101197 **21 aplicarse** +: lo aconsejable es que el gobierno se aplique *a fondo,* modernice y moralice cuanto antes sus mecanismos recaudadores y... DED221096 **22 implicarse** +: ...que se está preparando para las presidenciales, se implica *a fondo* y repite, una y otra vez, que no se desviará de su política... EME051295 **23 entrenarse** +: Ayer anunció que abandona este deporte y el jueves por la tarde se entrenó *a fondo* con los Bulls durante dos largas horas. EME110395 **24 encarar:** Este problema fue encarado *a fondo* por South African Airways, y resuelto con la creación de la Clase Dorada... HOY250484 **25 acometer:** ...acometió *a fondo* la reforma interna de la cancillería, y ha hecho cumplir las leyes que regulan la carrera diplomática. ETC020188

E VERBOS QUE DENOTAN AVANCE O INGRESO. TAMBIÉN CON ALGUNOS QUE DESIGNAN OTRAS FORMAS DE MOVIMIENTO INCEPTIVO. SE USAN MUY FRECUENTEMENTE EN SENTIDO FIGURADO: **26 ir** ++: El ministro de Justicia está dispuesto a ir *a fondo* y tratará de convencer a los senadores de la conveniencia de sacar la ley cuanto antes. CLA160797 **27 entrar** ++: Pero los problemas continuarán mientras no se entre *a fondo* en la cuestión fundamental... ABC200392 **28 meter(se)** +: ...mientras el gobierno no quiere meterse *a fondo* en el entramado de los grupos de presión... INDOC **29 llegar** +: ...la parte visible o aparente de encuestas interesadas, sin llegar *a fondo* a los sentimientos más íntimos del pueblo. EUV080197 **30 lanzarse** +: ...se lanzó ayer *a fondo* en contra del actual presidente del organismo... EXC210197 **31 avanzar:** Habría que avanzar *a fondo* en reformas profundas. LVE111096

F VERBOS QUE DENOTAN AGRESIÓN O CONFRONTACIÓN CON DIVERSOS GRADOS DE ANIMOSIDAD: **32 atacar** +: ...aunque cargado de voluntad y esperanza se empeña en quedarse en lo puntual, sin atacar *a fondo* lo estructural. ENV090597 **33 criticar** +: No en vano en ellas se criticaba *a fondo* la Alemania de Hitler... LVE190594 **34 combatir** +: Si los poderes públicos quieren combatir *a fondo* la corrupción y erradicarla... LPN060597 **35 arremeter** +: ...introducen remiendos contemporizados en lugar de arremeter *a fondo* contra las prácticas... INDOC

G VERBOS QUE DENOTAN MODIFICACIÓN EN EL ESTADO DE ALGO, GENERALMENTE PARA MEJORARLO: **36 transformar** +: ...de afianzar una «transparencia en la relación obrero-patronal», forma parte del principio para transformarla *a fondo.* EXC270796 **37 reformar** +: Y aún está por ver si conseguirá convencer a los alemanes de que tienen que reformar *a fondo* su sistema económico y social. EPE091299 **38 reestructurar** +: ...la competencia global se ha traducido en la necesidad de reestructurar *a fondo* las unidades productivas... EXC211096 **39 reorganizar** +: Debería luego reorganizar *a fondo* su gabinete y su equipo más cercano de colaboración... DHE290197 **40 restaurar** +: Como lo augura la anunciada intervención del patrimonio de la Generalitat para restaurar *a fondo* esta joya de nuestra historia. LVE090695

H VERBOS QUE DENOTAN LA ACCIÓN DE ELIMINAR LA SUCIEDAD DE DIVERSAS FORMAS. SE USAN MUY A MENUDO EN SENTIDO FIGURADO: **41 limpiar** ++: En estos comicios deben crearse las condiciones para hacer limpieza *a fondo* del Estado. EME260595 **42 lavar** ++: Y él (...) tiene que lavarse *a fondo* sus manchas de mugre, de soborno y de sangre. EME100496 **43 fregar** +: ...las lluvias dejaban los campos empapados, rellenaban estanques y riachuelos, baldeaban los torrentes, fregaban *a fondo* el asfalto grasiento... EPE211099 **44 barrer** +: ...una corrupción institucional que ha sido tolerada o encubierta, y no barrida *a fondo* de la escena política. INDOC

I SUSTANTIVOS QUE DENOTAN DEBATE O DISCUSIÓN. TAMBIÉN CON ALGUNOS QUE DESIGNAN OTRAS FORMAS DE CONFRONTACIÓN RELACIONADAS CON LAS QUE EXPRESAN LOS VERBOS DE LOS APARTADOS *C* Y *F*: **45 discusión** ++: El veterano periodista George Volsky ofrece una discusión *a fondo* de temas del momento. ENH110297 **46 debate** ++: Tiene que haber un debate *a fondo* en el Parlamento y no en la tele... EME080295 **47 lucha** +: Eso debe exigir Velázquez: una lucha *a fondo* contra los maleantes de cualquier especie... EXC180996 **48 diálogo:** Es pronto todavía para pronunciarse, ya que hemos de explotar el diálogo *a fondo.* LVE250396 **49 ataque:** ...puede iniciarse el ataque *a fondo* contra la corrupción institucionalizada... DYM040796 **50 combate:** Combate *a fondo* contra la delincuencia en Guatemala... EXC040901

J SUSTANTIVOS QUE DENOTAN MODIFICACIÓN EN EL ESTADO DE LAS PERSONAS O LAS COSAS, MÁS FRECUENTEMENTE SI SE ENTIENDE QUE SUPONE ALGUNA MEJORA. SE RELACIONAN CON LOS VERBOS DEL APARTADO *G*: **51 reforma ++:** Coinciden en que permitirá reducir las deudas con Hacienda y fomentará el desarrollo. Recomiendan una reforma tributaria *a fondo.* DYM040796 **52 reorganización +:** ...sufrirá una reorganización *a fondo,* en la que se incluye, entre otras cosas, el pago de mejores sueldos a profesores... EXC020197 **53 replanteamiento +:** Buscaría un replanteamiento *a fondo* de las bases de cómo se desarrollan las relaciones norte-sur... ETC070497 **54 transformación +:** ...puede suponer el fermento para que con el transcurso del tiempo vaya cuajando la transformación *a fondo* de las estructuras olímpicas... EPE111299 **55 reestructuración +:** ...aumentan los rumores de una inminente reestructuración *a fondo* del centro. EPD181197 **56 reparación:** Por este motivo, la carretera exigiría una reparación *a fondo...* ENC140201

K SUSTANTIVOS QUE DENOTAN ASEO U ORDEN, RELACIONADOS CON LOS VERBOS DEL APARTADO *H*: **57 limpieza +:** ...su fuerte lenguaje y su fama como jefe del KGB obraron milagros, aunque no se produjo una limpieza *a fondo.* HOY180385 **58 arreglo:** El propósito fue alcanzar un arreglo más *a fondo* con los mexicanos. DYM040796

☐ Véase también: **hasta el tuétano, intensamente, profundamente.**

a fondo perdido *loc.adv./loc.adj.*

▮ Se construye con sustantivos que designan cantidades de dinero *(un millón a fondo perdido; cien euros a fondo perdido).* También se combina con...

A SUSTANTIVOS QUE DENOTAN SUBVENCIÓN O AYUDA, GENERALMENTE DE CARÁCTER ECONÓMICO: **1 subvención ++:** ...concederá subvenciones *a fondo perdido* del diez por ciento de los gastos de inversión. FDV120601 **2 ayuda ++:** ...y ofrecemos a las empresas que se establezcan en Asturias ayudas *a fondo perdido...* LRE030203 **3 aportación +:** ...se requiere una aportación *a fondo perdido* del 50 de la inversión... LVE100995 **4 donativo:** Berrocal lo proclama, con apabullante reiteración, como si se tratara de un donativo *a fondo perdido...* EPE301280

B SUSTANTIVOS QUE DESIGNAN OPERACIONES ECONÓMICAS, GENERALMENTE BANCARIAS: **5 inversión +:** ...supone una inversión *a fondo perdido* de diez millones... LVE050795 **6 financiación +:** ...expresó su confianza en que la Comunidad y el Ministerio «continúen en la línea de conceder el 30% de financiación *a fondo perdido...* EME160196 **7 préstamo +:** ...pueden convertirse en préstamos *a fondo perdido* si Seat cumple sus compromisos. EME020695 **8 crédito +:** ...recibió un crédito *a fondo perdido* de 6,9 millones de Valyser. LVE071295 **9 cheque:** ...para los próximos tres años distribuidos entre cheques *a fondo perdido...* EME291195 **10 entrada −:** A esta cantidad hay que añadir una entrada *a fondo perdido,* los uniformes y los libros. EPE150999

C OTROS SUSTANTIVOS; POSIBLES USOS ESTILÍSTICOS: ...que tantos editores sean tan mecenas a la vez y *a fondo perdido.* ABC030792

D VERBOS QUE DESIGNAN OPERACIONES ECONÓMICAS: **11 financiar +:** ...considere que los españoles tienen que financiar *a fondo perdido* su creación. EPE010489 **12 invertir +:** ...invertidos *a fondo perdido* por los concursantes deseosos de conseguir el encargo... LVE110996 **13 subvencionar:** Este programa subvenciona *a fondo perdido* proyectos respaldados por un inversor... EME191096 **14 aportar:** ...han sido aportados, *a fondo perdido,* por las administraciones autonómica y estatal... EPE150399 **15 cofinanciar:** El estudio fue terminado hace algunas semanas y cofinanciado *a fondo perdido* por... EPE200499

E OTROS VERBOS; POSIBLES USOS ESTILÍSTICOS: Como los Vladimiro y Estragón de Beckett, esperamos *«a fondo perdido».* ABC291295

afortunado

♦ acontecimiento, camino, ejemplo, ganador, golpe, hecho, persona, remate, suceso, *otros sustantivos de evento*

afrenta (a)

♦ claro, doloroso, grave, imperdonable, semejante, terrible, tremendo, verdadero ♦ ciudadanía, derecho, dignidad, honor, libertad, memoria, paz, seguridad ♦ considerar, constituir, devolver, infligir[37], lavar[21], perdonar, sufrir, vengar

☐ Véase también: **castigo, oprobio.**

afrontar *v.*

▮ Se combina con sustantivos que designan eventos, más frecuentemente si se entiende que suponen alguna dificultad *(campeonato, reforma, conferencia, partido, reunión, cambio).* También se combina con los sustantivos *tarea, trabajo, labor* y con otros que designan lo que puede interpretarse como encargo u obligación *(afrontar un libro, una película, un programa).* Acepta sustantivos temporales *(afrontar el año, la temporada, el semestre)* y otros muchos. Destacan especialmente sus combinaciones con...

A SUSTANTIVOS QUE DESIGNAN SITUACIONES DE CONFLICTO, DIFICULTAD, RIESGO O IMPEDIMENTO: **1 problema ++:** Señaló que los problemas puntuales por los que atraviesa el campo deben ser *afrontados,* no solamente por el presidente de turno, sino por todo el Estado paraguayo... ACP081296 **2 crisis ++:** El 1 de mayo fue para los sindicatos de Perú una jornada de reflexión sobre la crisis que *afrontan,* según dijo el secretario... PLG020597 **3 conflicto +:** Nuevas iniciativas para *afrontar* el conflicto. LEC191197 **4 riesgo +:** «No se puede incurrir en delitos que violen la Ley, hacerlo significa *afrontar* riesgos y entre esos peligros está la cárcel», advirtió. LTB021296 **5 peligro +:** La economía brasileña mejora, pero todavía *afronta* peligros. DYM080996 **6 inconveniente +:** Nadal tiene que *afrontar* un inconveniente real: es escasamente conocido fuera de Girona... EME220895 **7 obstáculo +:** Pero también deberá *afrontar* el obstáculo que supondrá, con toda probabilidad, convertirse desde mañana mismo en un objetivo a batir... LRE090103 **8 escollo:** Brasil *afronta* hoy el penúltimo escollo en su intento por lograr la primera Copa América fuera de su país... LEC260697

B SUSTANTIVOS QUE DESIGNAN OTRAS METAS Y OBLIGACIONES DIFÍCILES O ARRIESGADAS: **9 reto ++:** ...un programa del Instituto de la Familia (IDEFA) que contribuye a la formación de padres, capacitándolos para *afrontar* el reto de criar niños responsables. RUM201097 **10 desafío +:** «Sugar» Ray Leonard, uno de los grandes pugilistas de este siglo, *afrontará* hoy el desafío de un nuevo y polémico retorno... LNP010397 **11 compromiso +:** ...el encuentro con el Melgar permitirá a su equipo mantener un ritmo de competición necesario para *afrontar* los compromisos de la Copa Libertadores. LTB020297 **12 prueba +:** También creo que estoy corriendo mucho mejor, tengo más confianza para *afrontar* una prueba... EPC051197

C EL SUSTANTIVO *VIDA* Y CON OTROS QUE DESIGNAN EL CURSO VITAL, SUS ÉPOCAS, SUS FASES O SUS CIRCUNSTANCIAS: **13 vida +:** ...hasta que no termina la última fiesta del último pueblo no te pones el chip y *afrontas* la vida en serio. EME050995 **14 momento +:** Entre ellas la víctima, que cumplió en abril 18 años y que *afrontaba* el momento de volver a ver a su agresor entre lagrimas. EPE270599 **15 etapa +:** ...cuerpo técnico y directivos han comenzado a elaborar los planes inmediatos para *afrontar* dicha etapa del certamen. ACP311000 **16 día a día +:** Sólo por eso, merece la pena el empeño de *afrontar* el día a día. ENC210301 **17 tesitura +:** La Confederación Hidrográfica del Guadalquivir *afronta* la tesitura de atender las necesidades de dos millones de personas... LVE110895

D EL SUSTANTIVO *FUTURO* Y CON OTROS QUE DESIGNAN LO QUE ESTÁ POR LLEGAR: **18 futuro ++:** ¿El rugby argentino cómo debe *afrontar* el futuro? CLA170297 **19 destino +:** En cuanto a los seísmos, todos saben que deben *afrontar* su destino con prevención tecnológica... LVE190196 **20 porvenir:** ...entonces se vio alimentada por el deseo de todos, grandes y pequeños, de superar la mala racha y *afrontar* un mejor porvenir. ABC030993

E ALGUNOS SUSTANTIVOS QUE EXPRESAN MALES. TAMBIÉN CON ALGUNOS QUE DESIGNAN OTROS ESTADOS O SITUACIONES QUE PROVOCAN CONTRARIEDAD O AFLICCIÓN: **21 enfermedad +:** «Está *afrontando* la enfermedad con gran entereza (...)», añadió. EME200594 **22 desgracia +:** Pero no queda otro remedio que *afrontar* esta desgracia. CLA280601 **23 mal:** Quieren un Gobierno estable, que sea capaz de *afrontar* los males económicos que padece el país: déficit público, desempleo e inflación. EME220695 **24 muerte +:** Hasta que, en el capítulo tercero, se *afronta* la muerte de la madre... ABC040992

F SUSTANTIVOS QUE DESIGNAN DIVERSAS ACCIONES QUE SE EMPRENDEN PARA JUZGAR, REPROBAR O CONDENAR A ALGUIEN. TAMBIÉN CON ALGUNOS QUE DESIGNAN SUS EFECTOS: **25 juicio +:** Una es que el general Pinochet tendrá que *afrontar* el juicio de la historia. HOY140497 **26 proceso +:** «Queremos impulsar una reorganización partidaria para *afrontar* el proceso electoral legislativo provincial», adelantó. CLA300199 **27 acusación +:** Esta compañía, cuyo presidente ha dimitido, podría ser sancionada e incluso *afrontar* acusaciones criminales... DLA040497 **28 sanción +:** Ahora, con su socio en Panamá, el aún congresista deberá *afrontar*, más allá del escarnio público, las sanciones que dentro y fuera del hemiciclo lo aguardan. CAP280900 **29 expulsión:** Diez días después de su estreno, «Gran hermano» *afronta* hoy la primera expulsión de uno de sus 12 participantes. ENC280301

G SUSTANTIVOS QUE DESIGNAN DIVERSOS CONCEPTOS ECONÓMICOS, MÁS FRECUENTEMENTE SI EXPRESAN CONSUMO, DISMINUCIÓN O PÉRDIDA DE ALGUNA CANTIDAD: **30 gasto +:** ...los escolares logran reunir sus pequeñas sumas ahorradas que les permiten *afrontar* los gastos correspondientes al mes de diciembre... ESP050597 **31 costo +:** ...dado que no soy una persona con recursos ni mecanismos para poder *afrontar* los costos. ETC170797 **32 pago +:** La Diputación realiza una aportación inicial de cinco millones de pesetas, con la finalidad de *afrontar* el pago del proyecto que encargó... FDV260601 **33 déficit +:** ...el gobierno *afronta* otra vez un déficit fiscal de 2.8 por ciento, provocado principalmente por las ampliaciones... LHG141100 **34 deuda +:** Crown Leasing, Nippon Total Finance y Nippon Credit Assunrance *afrontan* deudas por 14.600 millones de dólares. CLA020497

■ Se combina también con: ♦ **abiertamente[89], animosamente, a pecho descubierto[11], cara a cara[17], con ánimo, con cautela[53], con decisión, con entusiasmo, con éxito[22], con firmeza[28], con franqueza[8], con valor, decididamente[21], de raíz[46], heroicamente[18], sin tapujos[64], sin titubear, unilateralmente[20], valientemente[1]**

□ Véase también: **acometer, encarar, hacer frente (a)**.

a fuego lento ♦ **asar, calentar, cocer, cocinar, guisar, hervir, preparar, rehogar, saltear, sofreír**

a fuerza (de) *loc.prep.* ▮ Se construye con infinitivos *(a fuerza de beber vino, de trabajar, de escribir)*, más frecuentemente si este designa alguna acción reiterada *(a fuerza de repetir, de insistir, de dar la lata)*. Se combina asimismo con sustantivos contables en plural o no contables en singular. Destacan entre ellos los que designan cualidades humanas *(imaginación, simpatía, sensibilidad)*, instrumentos de alguna agresión *(golpes, bombas, palos)* y muy diversas formas de expresar una solicitud, una reclamación o una queja *(gritos, bocinazos, cartas, peticiones, ruegos, presión)*. También acepta otros que designan diversos medios susceptibles de ser usados para obtener algo *(regalos, besos, bombones)*. Admite también sustantivos que designan periodos *(años, siglos)*, y otros que expresan diversos resultados de la experiencia, más frecuentemente negativos *(decepciones, desengaños, disgustos, sinsabores)*. Se combina asimismo con...

A SUSTANTIVOS QUE DENOTAN TRABAJO O APLICACIÓN A ALGUNA TAREA: **1 trabajo:** ...rompen cadenas y se hacen libres *a fuerza* de trabajo. CAP270397 **2 estudio +:** Estamos ante un capítulo de la historia (...) desarrollado *a fuerza* de estudio y polémica. ABC021294

B SUSTANTIVOS QUE DENOTAN EMPEÑO O ESFUERZO PUESTOS EN ALGUNA COSA: **3 tesón ++:** ...España asistía a la agonía del franquismo a la espera de lograr que el avance hacia un régimen de libertades se produjera *a fuerza* de tesón y voluntad... EDV270499 **4 voluntad ++:** ...fue rehaciendo su destino *a fuerza* de voluntad, coraje, talento y constancia. DLA281097 **5 coraje ++:** ...ese hombre, *a fuerza* de coraje, inteligencia y voluntad, acabará saliendo del agujero negro de las cárceles... EPE200800 **6 sacrificio ++:** A fuerza de sacrificio y de largas horas de trabajo, Rodríguez llegó a ser una importante conocedora e integrante de la política local. ENH140497 **7**

tenacidad +: ...dicta nuevos trabajos o corrige los ya escritos, *a fuerza* de tenacidad. ABC200392 **8 insistencia:** ...pude recobrar el maravilloso placer de vibrar con ella, recuperado el interés que *a fuerza* de insistencias se había desvanecido. ABC190393 **9 constancia:** Puede que hayan deducido, *a fuerza* de constancia, que en múltiples ocasiones son mejores o más entretenidos los anuncios... LVE160695 **10 esfuerzo:** ...tiene el aspecto inequívoco de los hombres que se han hecho a sí mismos *a fuerza* de voluntad y esfuerzo. LVE091296 **11 fatiga –:** De natural yo no tenía nada, todo lo conseguía *a fuerza* de fatiga y paciencia. ABC291191

C SUSTANTIVOS QUE DESIGNAN LO QUE SE PRACTICA REPETIDAMENTE O LO QUE SE PRUEBA, SE EXPERIMENTA O SE ASIMILA COMO PROPIO: **12 costumbre +:** ...*a fuerza* de la costumbre, se han convertido en unas magas para zafarse... ETC150996 **13 experiencia +:** como si (...) necesitara hacerse realista *a fuerza* de experiencias vitales. ABC090493 **14 vivencia:** ...tengo otras cosas por fuera que son las que realmente valen. Esto lo entendí *a fuerza* de vivencias. PME221296 **15 rutina:** Viven y dejan vivir en un equilibrio alcanzado *a fuerza* de rutina. CLA270199

D SUSTANTIVOS QUE DESIGNAN CUALIDADES HUMANAS, MÁS FRECUENTEMENTE SI SE RELACIONAN CON LA CAPACIDAD O LA INTELIGENCIA: **16 talento +:** ...para eso sólo pueden tirar de sus propias experiencias (...) o imaginar *a fuerza* de talento. LVE051196 **17 habilidad:** ...*a fuerza* de habilidad y de buena voluntad, ha permitido a su país, en estos últimos meses, evitar lo peor. LVE311295 **18 maestría:** ...ganado *a fuerza* de maestría, sensibilidad y talento, es lo importante. ABC161092

E OTROS SUSTANTIVOS; POSIBLES USOS ESTILÍSTICOS: ¿Podría el Viejo Mundo hacerse más joven y regenerar sus células *a fuerza* de batutas? ABC120894

a gallete Véase: **al gallete**

agarrar ♦ al vuelo[10], con firmeza, férreamente[31], firmemente, fuerte, fuertemente[8]
☐ Véase también: **coger, sujetar, sujeto (a).**

agarrotar(se) *v.* ▌En el sentido de 'inmovilizar(se)' se combina con sustantivos que designan partes móviles del cuerpo *(pierna, dedo, mano, músculo).* Admite también sustantivos de persona *(Estoy agarrotado)*, más frecuentemente si designan individuos o grupos que se relacionan con el deporte *(jugador, delantero, equipo).* Se combina asimismo con...

A SUSTANTIVOS QUE DESIGNAN VALORES, CONVICCIONES O PRINCIPIOS QUE SE SUELEN SUSTENTAR CON SEGURIDAD O FIRMEZA: **1 idea +:** ¡Pobres comunistas! Acusados de asesinos, hechos a la fuerza hijos de Stalin, fueron ellos los asesinados en todo el mundo: en su propio país, por sus jefes (...), que inmovilizaron, *agarrotaron* la idea; y por sus enemigos. EPE110899 **2 ideología:** En comparación con esta variedad nuestras ideologías, doctrinas y creencias parecen *agarrotadas* por gazmoñerías. EME170695 **3 doctrina:** Con el paso del tiempo, las doctrinas pierden elasticidad, se *agarrotan* y se convierten en dogmas inamovibles. INDOC **4 creencia:** ...creencias políticas que alimentaron nuestra juventud y hoy se nos muestran rígidas, *agarrotadas*, impermeables. INDOC

B SUSTANTIVOS QUE DESIGNAN DIVERSAS ACTIVIDADES DE CARÁCTER ARTÍSTICO O DEPORTIVO: **5 toreo:** Poseedor de un toreo *agarrotado*, descompuesto, arrugado de planta y muy abierto de compás, derrochó una expresión tosca del arte. EPE300700 **6 pintura:** ...El Greco era considerado un pintor extravagante (...) que rompió con las rigideces desabridas y secas de Rafael que *agarrotaban* la pintura española del siglo XVI. LVE221296 **7 fútbol:** El fútbol más *agarrotado* del Celta soportó bien las penetraciones incisivas del rival... EME220196 **8 motociclismo:** Después de muchos años *agarrotado*, el motociclismo recupera el aliento en la Comunidad Valenciana. EPE031299

C SUSTANTIVOS QUE DESIGNAN ENTIDADES U ORGANISMOS CON CAPACIDAD PARA REGIR O DIRIGIR. TAMBIÉN CON ALGUNOS QUE DESIGNAN INSTITUCIONES DIVERSAS: **9 gobierno +:** ...no reconsiderará el apoyo al Gobierno aunque le pide «reacciones con reflejos democráticos (...) y que no esté tan *agarrotado*». LVE060195 **10 ejecutivo:** Por otra parte, estos tres días de negociaciones entre el Gobierno y CiU revelan que el Ejecutivo sigue *agarrotado.* LVE040594 **11 institución:** Si este país no estuviera tan traumatizado por el pasado y no tuviera unas instituciones políticas tan *agarrotadas*... LVE200195 **12 nación:** ...las baldas de los supermercados clarean a medida que el bloqueo de combustible *agarrota* a la nación. EPE140900 **13 empresa:** ...una empresa que hace unos años era puntera y que ahora apenas exporta, no se expande y permanece *agarrotada* contemplando la actividad de la competencia. INDOC

D OTROS SUSTANTIVOS; POSIBLES USOS ESTILÍSTICOS: ...a eclosión mundial de este servicio que se auguraba para este año puede verse *agarrotada* por la carencia de un sistema estándar para líneas analógicas. ABC280593

agasajo ♦ enorme, gentil, gran(de) ♦ en honor (de) ♦ asistir (a), colmar (de)[7], dispensar, obsequiar (con), ofrecer, organizar, prodigar, recibir (con), rodear (de)
☐ Véase también: **adulación, halago, piropo.**

agenda ♦ agotador[38], ajetreado[1], apretado[2], frenético[40], intenso, lleno, nutrido[1], recargado, repleto, secreto, vacío ♦ problema (de) ♦ amoldar(se) (a)[34], apuntar (en), consultar, definir, desahogar, establecer, figurar (en), modificar, ordenar, organizar, revisar

[agigantado] → **a pasos agigantados**

agilidad ♦ admirable, argumentativo, asombroso, brillante, burocrático, carente (de), circense, conceptual, dramático, escaso, especial, extraordinario, falto (de), felino, fílmico, físico, gran(de), impresionante, increíble, lingüístico, literario, lleno (de), mental, narrativo, necesario, notable, organizativo, periodístico, poderoso, portentoso, procesal, prodigioso, sorprendente, suficiente, sumo[58], técnico, tremendo, verbal, vibrante ♦ con, sin ♦ dar (a algo), demostrar, desplegar, dotar (de), escribir (con), faltar, favorecer, ganar, imprimir (a algo), mostrar, mover(se) (con), necesitar, perder, perjudicar, quitar

(a algo), responder (con), restar (a algo), revelar, saltar (con), tener

☐ Véase también: **soltura**.

agilizar *v.* ▮ Se combina con un gran número de sustantivos que designan eventos *(agilizar la reunión, la mudanza, el viaje, la reparación, la reforma)*. Destacan especialmente sus combinaciones con los sustantivos *proceso, desarrollo* y con otros que presentan los eventos en curso o en marcha. También son de resaltar sus combinaciones con...

A SUSTANTIVOS QUE DENOTAN TRÁMITE O PROCEDIMIENTO Y CON OTROS QUE DESIGNAN EL CONJUNTO DE ESTADIOS QUE COMPONEN ALGÚN PROCESO DE CIERTA COMPLEJIDAD FORMAL: **1 trámite ++**: ...las autoridades de la administración se abstuvieron de *agilizar* el trámite de los períodos vacacionales... LHG140797 **2 tramitación ++**: Eso ha permitido *agilizar* toda la tramitación necesaria y se estima que a más tardar el miércoles 17 de este mes estará disponible... EUV090796 **3 procedimiento ++**: También se optimizarán los recursos de informática para *agilizar* estos procedimientos. ENV100497 **4 gestión ++**: El Padre Silva viajaba ayer rumbo a Centroamérica, para intentar *agilizar* las gestiones que le permitan traer... FDV180599 **5 dispositivo:** ...adoptar nuevos mecanismos de seguridad que eviten accidentes de este tipo y emplaza a las autoridades de la Generalitat a extremar y *agilizar* los dispositivos de inspección y prevención. LVE230196 **6 paso +**: El Gobierno considera fundamental *agilizar* el paso de suelo urbanizable... EPE210299 **7 burocracia:** El único favor del Alto Comisionado fue *agilizar* la burocracia. EPE310800 **8 preparativo:** ...subrayó que para efectos de *agilizar* los preparativos, el CSE ha puesto como plazo la primera semana de julio... LPN030597 **9 diligencia:** ...un grupo de senadores que incluso buscaron promover un acuerdo, no para que *agilizáramos* las diligencias... LEC060497

B SUSTANTIVOS QUE DENOTAN EL PROCESO DE ENTREGAR O RECIBIR DINERO: **10 cobro ++**: El Gobierno aprobará antes de fin de año una serie de reformas legislativas para *agilizar* el cobro de los impagados y reducir la fuerte morosidad que sufren las empresas. LVE251096 **11 pago ++**: Costa destacó que se hará un esfuerzo por *agilizar* el pago de las devoluciones... LVE250596 **12 recaudación:** El Parlamento rebaja a la mitad las sanciones por fraude fiscal para *agilizar* la recaudación. LVE060795

C SUSTANTIVOS QUE DESIGNAN DIVERSAS FORMAS DE COMUNICACIÓN VERBAL, FRECUENTEMENTE DESTINADAS A ALCANZAR UN ACUERDO: **13 negociación ++**: ...los ministros de Economía acordaron *agilizar* las negociaciones a fin de alcanzar acuerdos «lo más pronto posible». DLA280697 **14 comunicación +**: Este acuerdo prevé la creación de un sistema informático para *agilizar* las comunicaciones entre agentes de aduanas... LVE030195 **15 diálogo +**: ...«si bien crea, aparentemente, alguna turbación en el interior del partido, puede *agilizar* un diálogo más abierto con el exterior». EXP150492 **16 charla:** ...cuando el profesor utiliza el ordenador en clase *agiliza* bastante su charla. EPE261101 **17 conversación:** ...para colocar bombas inofensivas en el Canal de Panamá con el fin de *agilizar* las conversaciones sobre el tratado de entrega de la zona del canal. SEM010897 **18 discusión:** ...para exigir que se *agilizara* la discusión de la Convención Colectiva que contiene 91 clausulas... ESP220597

D SUSTANTIVOS QUE DENOTAN CIRCULACIÓN O TRÁNSITO. TAMBIÉN CON ALGUNOS QUE DESIGNAN OTRAS FORMAS DE MOVIMIENTO, SUS FASES Y ALGUNAS DE SUS CARACTERÍSTICAS DISTINTIVAS: **19 tráfico ++**: Es decir, los vecinos saben que allí está programado que pase una avenida que tiene por objeto *agilizar* el tráfico vehicular. LEC200396 **20 circulación +**: ...hay que *agilizar* la circulación entre las carreras 7 y 5, trayecto angosto que es muy congestionado... ETC280497 **21 tránsito +**: ...luego se harán la señalización y los paraderos de buses para *agilizar* el tránsito en las zonas céntricas... ETC240996 **22 ritmo +**: ...en esta ocasión, por ejemplo, no hubo tertulia y sí más entrevistas (cuatro en total) a fin de *agilizar* el ritmo. LVE140296 **23 traslado:** La depuradora está cerca del hospital, lo que *agilizó* el traslado de los heridos y el tratamiento de urgencia. EPE071099 **24 salida:** Fue necesario adoptar una serie de medidas de urgencia, entre ellas, *agilizar* las salidas de los vuelos con destino a aeropuertos que cierran por la noche... EPE220699 **25 movimiento:** ...permite optimizar los escasos recursos humanos que existen para las revisiones en terreno y *agilizar* el movimiento de cargas en los terminales aduaneros. HOY070497 **26 acceso:** ...también puede ser utilizado para *agilizar* el acceso a los archivos que usamos con mayor frecuencia. EXP150492 **27 transporte:** ...este es un régimen que está orientado a facilitar y *agilizar* el transporte de las mercancías por carretera... EUV230996

E SUSTANTIVOS QUE DENOTAN RESOLUCIÓN O DESENLACE DE ALGO. TAMBIÉN CON OTROS QUE DESIGNAN ALGUNAS DE SUS MANIFESTACIONES FORMALES U OFICIALES: **28 decisión +**: Corbacho pidió a la delegada que intercediera ante el ministerio para *agilizar* la decisión final sobre el antiguo cuartel. LVE160796 **29 firma +**: Conviene a México *agilizar* la firma de Acuerdos de Promoción y Protección Recíproca a las Inversiones con Alemania... EXC050996 **30 respuesta +**: El gobierno mexicano debe *agilizar* su respuesta a este conflicto... EXC130996 **31 solución +**: En abril se tratará de *agilizar* la solución de los vehículos impagados... EME240394 **32 aprobación +**: ...ha existido unanimidad en todos los grupos de la cámara de buscar un nuevo sistema que permita *agilizar* la aprobación de las cuentas de la Generalitat. LVE260796 **33 resolución +**: Pese a la declarada voluntad del gobierno de solucionar los pedidos de indulto, sería pertinente *agilizar* las resoluciones de las mismas. CAP161097 **34 desenlace:** ...dijo a su llegada al aeropuerto de Palma que el «gol de oro» *agiliza* el desenlace de un partido y evita el desgaste físico de los jugadores. LVE020796 **35 dictamen:** Le compete al mismo Presidente de la República *agilizar* el dictamen. ESH111000 **36 esclarecimiento −**: ...para fomentar que los gobiernos *agilicen* el esclarecimiento de esas muertes. END231097

F OTROS SUSTANTIVOS QUE DENOTAN TÉRMINO O CANCELACIÓN, MÁS FRECUENTEMENTE DE ACUERDOS CONTRACTUALES: **37 despido ++**: ...cree urgente *agilizar* el despido para incentivar los contratos fijos. LVE210295 **38 finalización:** ...instó a los alcaldes populares de la comarca a que *agilicen* la finalización de las obras del embalse. EPE280899 **39 eliminación:** ...y si las autoridades correspondientes no *agilizan* la eliminación total de la piratería... LTH021297 **40 desalojo:** La marcha se convocó también para «reivindicar que los juzgados *agilicen* los desalojos de las chabolas adosadas...». EME130996 **41 divorcio:** El PP se opone a las propuestas de la oposición para *agilizar* el divorcio... EPE111201 **42 expulsión:** ...con dos leyes contra el trabajo clandestino y para *agilizar* las expulsiones... LVE031096 **43 extradición:** ...él se ha comprometido a *agilizar* la extradición de los etarras que aún viven allí. EPE171001

G SUSTANTIVOS QUE DENOTAN ACTIVIDAD LABORAL O PRODUCTIVA: **44 trabajo:** Se requieren más de 10 bombas para *agilizar* los trabajos. DYM240796 **45 obra:** ...ha anunciado en repetidas ocasiones medidas de presión para conseguir que se *agilice* la obra. LVE230796 **46 ejecución +:** ...emprendió una ofensiva para *agilizar* la ejecución presupuestal de obras públicas... DLA260297 **47 labor:** ...tanto la posibilidad de reducir sus costos, como la de *agilizar* la labor de selección en un 66... EXC170901 **48 construcción:** ...se mostró en su reunión del pasado martes partidaria de *agilizar* la construcción de la nueva pista... EPE080599

H SUSTANTIVOS QUE DENOTAN ANÁLISIS, INVESTIGACIÓN O EXPLORACIÓN DE ALGO. TAMBIÉN CON OTROS QUE DESIGNAN LOS PROCESOS OFICIALES EN LOS QUE SE LLEVAN A EFECTO ESAS ACTUACIONES: **49 investigación ++:** En una de las pancartas se pedía la intervención del presidente Ernesto Zedillo ante el gobierno estadounidense para que se *agilizaran* las investigaciones. DYM120996 **50 juicio ++:** Las autoridades judiciales analizan la posibilidad de recurrir a sus pares del vecino país para *agilizar* el juicio, actualmente paralizado por falta de fondos. ACP170996 **51 revisión +:** Fuentes dijo que se debería *agilizar* la revisión de los procesos judiciales de internos. ETC100497 **52 estudio:** En un intento por *agilizar* su estudio... ETC060996 **53 indagación:** ...aunque la intervención de nuevos intérpretes ha permitido *agilizar* las indagaciones. EME060194 **54 examen:** ...no pone más medios humanos y materiales para *agilizar* los exámenes de la sangre de los donantes. EME110396 **55 inspección:** Su reducción obligará a *agilizar* la inspección tributaria... EPE130299 **56 pesquisa:** Ayer, la fiscalía pidió la entrada y registro en el banco para *agilizar* las pesquisas. LVE270196 **57 búsqueda:** ...como fórmula para eludir el azote del paro y *agilizar* la búsqueda de trabajo. LVE031096 **58 cálculo:** ...pues hoy en día nuestro país cuenta con sistemas computarizados que *agilizan* los cálculos y operaciones matemáticas. EXP120997

I SUSTANTIVOS QUE DENOTAN PRESTACIÓN DE SERVICIOS, NEGOCIO, TRANSACCIÓN Y OTRAS OPERACIONES COMERCIALES: **59 atención +:** La compañía ha decidido replantear sus procesos con el objetivo de *agilizar* la atención al cliente. LVE280996 **60 servicio +:** La flota provincial de ambulancias adopta un sistema de localización para *agilizar* el servicio... ENC251200 **61 venta +:** ...las vendedoras de los peajes se adelantarán para *agilizar* la venta y le pondrán un distintivo al carro... ETC311096 **62 negocio:** Pero ayer se supo que en cuanto a los cambios en la Ley de Defensa de la Competencia se tratará de *agilizar* negocios que se consideran demorados... CLA020401 **63 comercio:** ...el proceso de integración en base a mercados comunes posibilita la superación de controversias y permite *agilizar* el comercio entre las naciones... LTB201196 **64 inversión:** ...medida que permitirá *agilizar* la inversión, los contratos y facilitar el traslado de presupuesto. EPE280199

J SUSTANTIVOS QUE DENOTAN ESTRUCTURA, ORGANIZACIÓN, INSTITUCIÓN O SISTEMA. TAMBIÉN CON OTROS QUE HACEN REFERENCIA A PLANES DE ACTUACIÓN: **65 proyecto +:** ...que no se hagan más estudios y se *agilicen* los proyectos de desarrollo que ya están encima de la mesa... LVE241196 **66 sistema +:** Asimismo, también se ha solicitado con anterioridad que nuestras leyes fiscales sean más claras, y que se *agilice* el sistema tributario. DYM281096 **67 mecanismo +:** En el encuentro, los países buscarán *agilizar* los mecanismos que les permitan... LNC010297 **68 justicia +:** El Ejecutivo quiere extender la mediación en los litigios para *agilizar* la justicia. EPE271099 **69 mercado +:** Esto nos permitirá *agilizar* el mercado de cargas. LVE270895 **70 maquinaria:** ...le ha anotado en la agenda y ha dado instrucción explícita de que se *agilice* la maquinaria del Estado. LVE040796 **71 organización:** Un intento de *agilizar* su organización alejándola de la pesada máquina burocrática de la Administración... LVE060896 **72 estructura:** La OTAN plantea *agilizar* la estructura de mandos para facilitar los ataques a los serbios. LVE260795 **73 plan:** ...los vanos intentos de *agilizar* el plan hidrológico nacional. INDOC

K SUSTANTIVOS QUE DENOTAN SUMINISTRO, ENTREGA O CONCESIÓN DE ALGO: **74 entrega +:** ...promueve la aprobación de una ley en el Congreso para *agilizar* la entrega de títulos de propiedad... DLA120497 **75 devolución +:** A lo único que se comprometió Roque fue a *agilizar* la devolución del IVA a los exportadores. CLA290199 **76 concesión +:** Los arquitectos piden que se *agilice* la concesión de licencias. EME121095 **77 otorgamiento −:** ...le tenía que dar parte de su comisión como agradecimiento por la gentileza que había tenido al *agilizar* el otorgamiento el contrato. HOY231296 **78 suministro:** ...se propone con ello incrementar su servicio posventa y *agilizar* el suministro de recambios... LVE020795 **79 distribución:** ...muchos días se hace necesaria la presencia de la policía local para *agilizar* la distribución del tráfico. LVE111096 **80 cesión:** ...«en lugar de perder el tiempo en usos partidistas de esta grave carencia municipal se *agilice* la cesión de los terrenos convenidos»... EPE230299

▩ Se combina también con: ♦ **considerablemente**[59], **ligeramente**, **notablemente**[19], **tremendamente**

agitación ♦ **constante, continuo, creciente, febril, frenético, gran(de), permanente, pleno, tremendo, violento** ♦ **clima (de), exceso (de), momento (de), motivo (de)** ♦ **apaciguar**[28], **atemperar, calmar, controlar, desencadenar(se), evitar, mitigar, moderar, provocar, rayar (en)**[9], **sofocar, templar**

☐ Véase también: **agitado, aglomeración, agolpar(se)**.

agitado ♦ **agua, día, existencia, historia, jornada, movimiento, mundo, período, programa, respiración, reunión, ritmo, semana, sesión, trayectoria, vida,** ***sustantivos temporales***

aglomeración ♦ **apabullante, creciente, desmedido, enorme, gran(de), previsible** ♦ **crear(se), deshacer(se), evitar, formar(se), ocasionar**[44], **provocar**

☐ Véase también: **agitación, agolpar(se)**.

aglutinar *v.* ▌En su sentido físico, se combina con sustantivos que designan cosas materiales, más frecuentemente ciertos preparados farmacéuticos que contienen grasas o resinas. En su sentido figurado se usa frecuentemente con sustantivos en plural *(aglutinar voluntades)*, coordinados *(aglutinar serenidad, realismo y efectividad)*, colectivos *(aglutinar al grupo)* o no contables *(aglutinar la información)*. En esta interpretación se combina con...

A SUSTANTIVOS QUE DENOTAN AGRUPACIÓN, ENTIDAD O COLECTIVO, GENERALMENTE CON ALGUNA FUNCIÓN POLÍTICA O SOCIAL: **1 partido ++**: ...una gran Alianza Nacional Democrática que logró *aglutinar* diversos partidos... DLA140497 **2 asociación:** Las distintas asociaciones *aglutinadas* en la Plataforma... EPE310800 **3 grupo ++**: ...no pudo *aglutinar* a los diferentes grupos dentro de la colectividad... END141100 **4 población ++**: Avturjanov *aglutinaba* a la población descontenta con la política... EME100196 **5 mayoría +**: ...que *aglutinan* a la mayoría de los hondureños... LTH291197 **6 organización +**: La demostración fue encabezada por el Frente de Defensa de los Intereses del Pueblo de Moquegua, que *aglutina* a organizaciones de bases como maestros... ENH001101 **7 oposición ++**: ...una importantísima función social: *aglutinó* la oposición a la dictadura... EPD110997 **8 gente ++**: Aglutina a gente de lo más variopinta: desde prejubilados e informáticos... EPE221199 **9 colectivo +**: La Plataforma Cordobesa por CajaSur, que *aglutina* a colectivos ciudadanos de la ciudad, reunió a más de 7.000 cordobeses... EPE011299 **10 empresa +**: ...que *aglutina* a las más importantes empresas privadas... DLA060297 **11 generación +**: ...la casualidad de una época *aglutinó* a una generación dispersa... ABC270893 **12 sociedad:** ...se conmemora el primer aniversario de la Convención Nacional Zapatista, intento fallido del EZLN por *aglutinar* a la sociedad civil mexicana. LVE090695 **13 equipo +**: ...la falta de un líder que *aglutine* a un equipo como tantos... EME080696 **14 formación:** ...es uno de los animadores del denominado Grupo de Rechazo, que *aglutina* a 10 formaciones que se oponen al liderazgo de Arafat... EPE210799 **15 sindicato:** La CNTS, que *aglutina* al principal sindicato de trabajadores... LNC190297 **16 público:** El Semanal (...) es la revista de fin de semana que *aglutina* más público. EPE121201 **17 coalición +**: ...su propio partido, en torno al cual se *aglutina* la coalición gubernamental... LVE111096 **18 entidad:** ...según los datos facilitados ayer por la asociación Inverco, que *aglutina* a las entidades de inversión colectiva. EPE151299 **19 agrupación:** «Círculo Espiral», otro colectivo que se suma a la plataforma Representantes del colectivo «Círculo Espiral», que *aglutina* a varias agrupaciones nacionalistas... FDV120601

B EL SUSTANTIVO *VOLUNTAD*, ASÍ COMO CON OTROS QUE DENOTAN DESEO, INCLINACIÓN O INTENCIÓN FIRME. TAMBIÉN CON SUSTANTIVOS QUE SIGNIFICAN VIGOR, EMPEÑO O ÁNIMO PUESTOS EN ALGUNA COSA. SE USAN A MENUDO METONÍMICAMENTE POR ALUSIÓN A LAS PERSONAS QUE LOS MANIFIESTAN: **20 voluntad ++**: ...las discusiones del jurado internacional, heterogéneo como pocas veces, múltiple en sus lenguas y en sus procedencias, sin una figura clave, a priori, capaz de *aglutinar* voluntades. LVE200295 **21 fuerza ++**: Pero yo creo que el estancamiento, el crecimiento anémico de una economía, la frustración (...) deben ser un elemento suficiente para *aglutinar* las fuerzas. ACP150996 **22 apoyo ++**: ...capaz de *aglutinar* el apoyo de los árabes ante los persas. EPU041001 **23 esfuerzo ++**: ...que permita no solamente *aglutinar* todos los esfuerzos institucionales y personales sino también la asignación, por parte del gobierno central, de un presupuesto suficiente... LTB090297 **24 interés +**: ...capaces de *aglutinar* el interés de la mayor parte de sus afiliados... EME170496 **25 ilusión:** Porque está harto de no encontrar un proyecto que *aglutine* la ilusión de la ciudad. LVE291196 **26 anhelo –**: ...en torno a él se *aglutinan* los mejores anhelos de cambio. EME080895

C SUSTANTIVOS QUE DENOTAN TENDENCIA, RAMA, VERTIENTE O CORRIENTE, GENERALMENTE POLÍTICA, CULTURAL O IDEOLÓGICA. POR EXTENSIÓN, TAMBIÉN CON OTROS QUE DESIGNAN LAS IDEAS QUE SUSTENTAN O DEFIENDEN LOS INDIVIDUOS QUE SE INSCRIBEN EN ELLAS: **27 tendencia ++**: ...por ello puede *aglutinar* a todas las tendencias. EPE091001 **28 corriente ++**: ...una publicación que *aglutinaría* numerosas corrientes «inconformistas», políticas... ABC081093 **29 sector ++**: En la DC pocas veces (...) se habían *aglutinado* sectores... HOY030297 **30 izquierda ++**: ...la vertebración de un proyecto que *aglutine* la izquierda catalana. LVE160596 **31 movimiento +**: ...comenzó a *aglutinar* un movimiento político que podría ser su plataforma... EME040494 **32 sensibilidad +**: Con un objetivo claro: *aglutinar* las sensibilidades enfrentadas del partido... EPE281201 **33 derecha +**: ...que intentó por dos veces *aglutinar* a la derecha democrática... LVE061295 **34 facción +**: En lo político, su misión básica será *aglutinar* al mayor número posible de facciones... EPE171001 **35 familia +**: ...el encargo de *aglutinar* a las distintas familias y pacificar el partido... CAN300499 **36 centro:** ...han conseguido *aglutinar* al centro con la clara opción de ejercer de bisagra... LVE270394 **37 nacionalismo:** ...por no haber logrado *aglutinar* en una sola fuerza a todo el nacionalismo... LVE060395 **38 anarquismo:** ...pertenece «al anarquismo histórico catalán», *aglutinado* en torno al colectivo... EPE141099

D SUSTANTIVOS QUE DENOTAN OPINIÓN, POSICIÓN O PUNTO DE VISTA. TAMBIÉN CON OTROS QUE DESIGNAN ALGUNAS DE LAS FORMAS EN QUE ESTAS NOCIONES SE MANIFIESTAN: **39 opinión ++**: El trabajo (...) «*aglutinará* las opiniones de todos los ámbitos sociales y los datos técnicos de los expertos sobre el modelo de ciudad que tenemos...». LVE271296 **40 voto ++**: ...un candidato panista que pueda *aglutinar* los cinco votos internos... PLG080796 **41 voz +**: ...*aglutinando* bajo su sello las numerosas y discordantes voces de la modernidad. EPE180699 **42 postura:** ...la Plataforma del Guadalquivir, que *aglutina* estas posturas... EPE051199 **43 intención:** Aglutina una intención de voto del 29, muy por delante del 17 que se pronuncia a favor del comunista Guennadi Ziugánov... EPE051199 **44 punto de vista:** Estas dos últimas versiones (...) *aglutinan* dos nuevos e interesantes puntos de vista de los técnicos de la marca de Stuttgart. EME160196 **45 crítica:** ...ha querido *aglutinar* todas las críticas para que éstas no pasaran de Alicante a Valencia. EPE020599

E SUSTANTIVOS QUE DENOTAN SOLICITUD, PLAN DE ACTUACIÓN Y OTRAS NOCIONES INTENCIONALES. TAMBIÉN CON ALGUNOS QUE DESIGNAN LAS FORMAS EN QUE SE ARTICULA O SE INTENTA LLEVAR A LA PRÁCTICA LO QUE

SE DESEA O SE RECLAMA: **46 demanda:** El siguiente escalón lo configura el Laguna 2.0, que previsiblemente *aglutinará* la mayor demanda de esta nueva gama... EME250194 **47 reivindicación:** ...suele *aglutinar* las reivindicaciones femeninas y se reúne de vez en cuando con un grupo de mujeres para lamentarse de su falta de poder. EME080394 **48 proyecto +:** ...es la persona que mejor *aglutina* el proyecto de ERC... LVE180796 **49 programa:** ...el organismo que *aglutina* todos los programas de armas. EME190396 **50 propuesta:** Atlantida fue el nombre adoptado por el colectivo de artistas que en 1980 *aglutinó* gran parte de las propuestas plásticas... ABC170792 **51 alternativa:** ...Nadal dejó constancia de su voluntad de *aglutinar* una alternativa clara... LVE171096 **52 iniciativa:** El nuevo liderazgo ha de generar confianza, crédito moral y capacidad para *aglutinar* las mejores iniciativas... EPE210700

F SUSTANTIVOS DE PERSONA QUE DESIGNAN AL QUE APOYA O DEFIENDE POSICIONES, IDEAS, IDEOLOGÍAS, O LAS INSTITUCIONES E INDIVIDUOS QUE LAS REPRESENTAN: **53 seguidor +:** ...lograron *aglutinar* una cantidad considerable de seguidores, y se convirtieron en la delegación más numerosa. PLG020597 **54 partidario +:** Encabeza la delegación enviada a Bonn por el Grupo de Roma, que *aglutina* a los partidarios del antiguo monarca. EPE041201 **55 afiliado +:** ...llegaron a *aglutinar* a casi medio millón de afiliados. LHG140797 **56 votante +:** ...si el oficialismo lograra *aglutinar* a todos sus votantes detrás de un solo candidato, la elección presidencial se perfilaría muy reñida. CLA100199 **57 militante +:** ...el hombre que intentó *aglutinar* a militantes de la organización... EME180296

G OTROS SUSTANTIVOS DE PERSONA, ESPECIALMENTE SI EL TÉRMINO QUE LOS DESIGNA ALUDE A SU ACTIVIDAD O SU FILIACIÓN: **58 profesional +:** ...las siglas MBM, que *aglutina* a los siguientes profesionales... ABC300493 **59 trabajador +:** El sector de construcción (...) *aglutina* a un total de 5.800 trabajadores... ENC140201 **60 empresario +:** ...que *aglutina* a los empresarios de prensa... LNC020497 **61 artista +:** El grupo *aglutinaba* a artistas tan dispares como... ABC200594 **62 intelectual +:** ...reclaman la memoria del 27-E, impulsados por la denominada Plataforma Cívica, que *aglutina* a intelectuales... EME160195 **63 delegado:** ... los socialistas vascos alcanzaron listas de integración en las tres provincias vascas, *aglutinando* a delegados de los tres sectores. EME240194

H SUSTANTIVOS QUE DESIGNAN MEDIOS, RECURSOS O CAPACIDADES: **64 poder +:** Jiang Zemin *aglutina* el poder institucional: presidente del país, secretario del partido y presidente de la Comisión Central Militar... LVE280395 **65 competencia +:** ...Aubry ha dirigido con pulso firme un gigantesco ministerio que *aglutina* las competencias sobre el trabajo... EPE300700 **66 servicio:** ...un edificio que *aglutine* los servicios centrales municipales... EPE300799 **67 función:** ...siguen cuestionando la propia necesidad de la creación de una empresa municipal de obras, que *aglutine* funciones, competencias y trabajadores... EPE281099 **68 recurso:** ...oficina que *aglutinará*, centralizará y coordinará los recursos de que dispone la delegación de... INDOC

I SUSTANTIVOS QUE DENOTAN ACTIVIDAD O TRABAJO. TAMBIÉN CON OTROS QUE DESIGNAN ALGUNOS DE SUS EFECTOS NATURALES: **69 actividad:** En torno a la compañía brasileña se han *aglutinado* casi en exclusiva la actividad de AESA Cádiz en los tres últimos años. EPE150199 **70 actuación:** ...encontrar la fórmula de restauración adecuada que «*aglutinara* las diferentes actuaciones arquitectónicas...». LVE110295 **71 trabajo:** Actualmente, este prestigioso centro *aglutina* el trabajo de unas 2.700 personas, de las que 1.100 son investigadores. ABC290995 **72 producción:** ...las tres empresas, que *aglutinan* el 100 de la producción... EME150595 **73 acción:** ...respondieron un total de 1.436 jóvenes militantes o simpatizantes del grupo nazi Bases Autónomas que *aglutina* la acción radical violenta... EME301095 **74 inversión:** El Ejecutivo foral aprobó ayer un Plan de viviendas bioclimáticas que prevé *aglutinar* una inversión de 38.000 millones... EPE120199

J ALGUNOS SUSTANTIVOS DE INFORMACIÓN. TAMBIÉN CON OTROS QUE DESIGNAN EL CONJUNTO DE LO QUE SE CONOCE: **75 información:** Esta oficina, señaló, podría prestar ayuda a los países que lo necesiten, *aglutinando* toda la información al respecto... EDV141200 **76 conocimiento:** ...surgió la idea de *aglutinar* mis conocimientos de bricolaje con mi oficio de realizador. EME310396 **77 cultura:** ...la necesidad de crear un espacio que *aglutinara* la cultura... EPE200599 **78 saber:** ...se dan cita en el Restaurante El Rincón, de Ayora, que *aglutina* todos los saberes culinarios del término. EPE190899

K OTROS SUSTANTIVOS; POSIBLES USOS ESTILÍSTICOS: Aquella irrupción de finales de los cincuenta, *aglutinada* en parte por el grupo... EME070195

☐ Véase también: **aunar**.

agobio

♦ **asfixiante, atenazante, cotidiano, económico, enorme, escaso, lleno (de), persistente, sofocante[1], terrible, tremendo** ♦ **bajo, en medio (de)** ♦ **sensación (de)** ♦ **aliviar, atenuar, evitar, experimentar, huir (de), librar(se) (de), mitigar, padecer, paliar, pasar, producir, quitarse de encima, remitir, salir (de), sentir, sufrir, superar**

☐ Véase también: **ansiedad, estrés**.

agolpar(se)

♦ **emoción, idea, impresión, pensamiento, persona, recuerdo, sensación, sentimiento**

a golpe (de)

♦ **atentado, bomba, cincel, decreto, denuncia, dossier, escándalo, huelga, pico, piqueta, querella, reglamento, riñón, sable, sentencia, silbato, talón, talonario, tambor, teléfono, teletipo, titular, vista, voto**

☐ Véase también: **golpe (de)**.

a golpes

loc.adv./loc.adj. ▮ Se combina con...

A VERBOS QUE DENOTAN LUCHA O ENFRENTAMIENTO, ESPECIALMENTE SI DESIGNAN LA ACCIÓN DE INICIARLOS O EMPRENDERLOS: **1 enzarzarse ++:** ...se enzarzaron *a golpes* ante la protesta por la mala atención que prestó el centro sanitario a la madre... LVE260295 **2 liarse ++:** ...se efectuó un baile (...), en el que empezaron a liarse *a golpes* dos personas. DYM040996 **3 emprenderla ++:** Tenía que hacer tal hazaña con mucho sigilo por temor de que la víctima advirtiera la maniobra y la emprendiera *a golpes*. LHG230197 **4 enfrentarse ++:** ...se enfrentaron *a golpes* y la pelea tuvo un fatal desenlace. LNP180297 **5**

pelear: Se conocen, se aman, deciden tener un niño, se casan, se pelean *a golpes*, tienen el bebé que ella no quiere y se separan. EME101196 **6 trenzarse:** ...movió a un grupo a proponer el levantamiento de la medida, lo que motivó que varios se trenzaran *a golpes*. CLA280297 **7 agarrarse:** Como compañero, los problemas que tuve con los otros fue porque no corrían, porque no peleaban, y me llegué a agarrar *a golpes* con varios de ellos... PME171196

B VERBOS QUE DESIGNAN EL PROCESO DE MORIR O LA ACCIÓN DE CAUSAR LA MUERTE: **8 asesinar ++:** ...dictó sentencia de 25 años de prisión para el ciudadano (...) quien asesinó *a golpes* a su esposa... VEN190899 **9 matar ++:** Tras discutir por diferencias en un juego de truco, un hombre mató *a golpes* al encargado de una cantina... EPU110601 **10 rematar:** ...recibió un disparo en el costado y después fue rematado *a golpes* con un bate de béisbol. FDV210601 **11 morir:** Su cadáver se encontró dos días después de morir supuestamente *a golpes* en la habitación... EPE170299 **12 fallecer:** Fermín Canales falleció *a golpes* de martillo mientras dormía... EME260395 **13 exterminar –:** ...en el caso de las vacas locas o los pollos belgas o los cerdos españoles, exterminados a tiros y *a golpes*, y a veces enterrados en vida en fosas comunes... EPE271099

C VERBOS QUE DENOTAN AGRESIÓN FÍSICA O MOVIMIENTO IMPETUOSO CONTRA ALGUIEN O ALGO: **14 moler +:** ...lo había exhortado para que «apretara a Cabezas» significando supuestamente que lo moliera *a golpes*. ENH250697 **15 agredir:** ...los extorsionaba, les robaba y los agredía *a golpes*. CLA120601 **16 atacar:** La víctima atacó *a golpes* al procesado y después de amenazar de muerte a su mujer y a sus hijos esgrimió un revólver. LNP220497 **17 forrar:** Los guardas jurado no encontraron otra fórmula para persuadirles que forrarles *a golpes*. EME240895 **18 ensañarse:** El policía se ensañó *a golpes* con el taxista en la puerta de un bar y en presencia de varias personas, que negaron que el conductor estuviera bebido. EME030596 **19 arremeter:** Medio centenar de «cabezas rapadas» irrumpieron en la madrugada del sábado al domingo en el Bairro Alto de Lisboa y arremetió *a golpes* contra todos los negros que encontraron a su paso. EME130695

D VERBOS QUE DESIGNAN LA ACCIÓN DE DESTRUIR, DETERIORAR O ANIQUILAR ALGO: **20 romper +:** ...fueron detenidos en la estación de Metro de Laguna acusados de romper *a golpes* la nariz de un joven que estaba en compañía de unos amigos. EME180795 **21 destrozar +:** ...aclaró el homicidio de un encargado de cantina que fue encontrado con el cráneo destrozado *a golpes* contra el piso. EPU110601 **22 reventar:** ...se desplomó, y ya en el suelo, (...) le reventó la cabeza *a golpes*. LVE111196 **23 machacar:** Lo que más le gusta a la gente es contemplar a Silvia Marsó (la mala) y a Anita (la buena) machacándose *a golpes*. LRE250103 **24 destruir:** ...las obras (...) basadas en la práctica inexistencia de los planos originales, quemados en 1936 al inicio de la Guerra Civil. También entonces fueron destruidas *a golpes* las maquetas. LVE070595 **25 fracturar:** El asesino le fracturó el cráneo *a golpes*. CLA110197 **26 aplastar:** ...duda, en su delirio, si aquel sabor amargo es el de la sangre o el del amor. El rey manda aplastar a aquella mujer *a golpes*... EME251095 **27 derribar:** Los ladrones llegaron en un enorme camión, derribaron *a golpes* la puerta más grande, utilizaron una grúa hidráulica y se largaron con tres vagonetas de bronce... EME130594 **28 desmontar:** ...tras lanzar el micrófono por los suelos, se disponía a desmontar *a golpes* el tinglado. LVE090495 **29 despedazar –:** Se da por tranquilamente aceptado, en fin, que el más noble y leal y amoroso e inocente de los animales (...) pueda legítimamente ser quemado vivo o despedazado *a golpes*... EXC220996

E VERBOS QUE DESIGNAN OTRAS FORMAS DE ACCIÓN HOSTIL CONTRA LAS PERSONAS, MÁS FRECUENTEMENTE SI IMPLICAN PRESIÓN, COERCIÓN, CASTIGO O CONSTRICCIÓN DE SU LIBERTAD: **30 imponer:** Y fue esa misma intransigencia de pretender imponer *a golpes* las ideas liberales, lo que empujó (...) a emitir el decreto... LHG080497 **31 intimidar:** ...desde que asumió el cargo de dirigente estatal (...), la práctica de intimidar *a golpes* a dirigentes de otras agrupaciones o a trabajadores es muy común... DYM230796 **32 obligar:** ...le obligaron *a golpes* a firmar el documento en el que se comprometía a... INDOC **33 castigar:** ...contactaba con prostitutas, las violaba y luego las castigaba *a golpes*. LVE020995 **34 reducir:** Redujeron *a golpes* a los efectivos de la Guardia Civil y al escribano y los encerraron en el mismo depósito... ECP140175 **35 perseguir:** ...los trabajadores árabes de los restaurantes que le dieron renombre al barrio eran perseguidos *a golpes* y sus casas incendiadas... CLA111000 **36 silenciar:** Y es que el medio centenar de pensionistas que habita este pueblo aún recuerda cómo los guardas de la finca silenciaron *a golpes* las protestas de un pastor del lugar. EME280796

F VERBOS QUE DESIGNAN LA ACCIÓN DE CAMBIAR O HACER CAMBIAR DE LUGAR A PERSONAS O COSAS: **37 echar ++:** ...observó que unos individuos intentaban echar del local, *a golpes*, a unos chicos. EME080496 **38 sacar:** Les sacaron *a golpes* del primer sueño. EME210394 **39 llevar:** ...después de una trifulca en una discoteca de ese barrio periférico de Nueva York, la policía se llevó *a golpes* al inmigrante haitiano... EPE240599 **40 conducir:** ...son interceptados por 10 vehículos y conducidos *a golpes* a comisaría, donde se les endosa el secuestro de una mujer. EPE110699 **41 meter +:** La metieron *a golpes* en la furgoneta blanca. EME011095 **42 subir +:** Posteriormente les quitaron las vendas de los ojos y los subieron *a golpes* al camión, donde siguieron pegándoles, según sus esposas. EME100194 **43 desalojar:** En Mostar, la Policía croata, respaldada por civiles enfurecidos amenaza con desalojar *a golpes* a los «retornados»... EME130996 **44 disolver +:** ...ha convocado para hoy una nueva manifestación de sus partidarios, después de que la policía militar disolviese *a golpes* y con tiros al aire una marcha el pasado miércoles. EPD300597

G VERBOS QUE DESIGNAN LA FINALIZACIÓN O LA RESOLUCIÓN DE ALGO: **45 acabar +:** Por eso a muchos valencianos no les extrañó que el miércoles, después del partido, los dos acabaran *a golpes* y presentando sendas denuncias en la comisaría. LVE230296 **46 terminar:** Muchas veces las discusiones sobre el derecho a ocupar los departamentos terminaban *a golpes*. HOY250184 **47 resolver:** Carmina volvió a ser la causa de la disputa, que se resolvió *a golpes* y con unos moratones en la cara de Aurora. EME151095 **48 dirimir:** ...las diferencias entre el delegado del Gobierno (...) y un militante del PSOE (...) se dirimieron *a golpes* durante la noche del 28-M. EME010695

H VERBOS QUE DESIGNAN LA ACCIÓN DE INSTRUIR O EL PROCESO DE APRENDER: **49 aprender ++:** ...señaló que

(...) «la democracia, como todo en la vida, se aprende *a golpes*». LVE071195 **50 educar:** «Sólo hemos oído frecuentes palizas que le daba a Tyson (un perro raza rottweiler), al que ha educado *a golpes*», comentó un vecino. EPE271101 **51 criar:** Mientras su madre se ganaba la vida limpiando casas, su abuela la crió *a golpes*. EME220996 **52 escarmentar:** Algunas veces, cuando éstos los detienen intentan escarmentarlos *a golpes*. EME121095

I SUSTANTIVOS QUE DESIGNAN EL PROCESO DE MORIR O LA ACCIÓN DE CAUSAR LA MUERTE POR DIVERSOS MEDIOS: **53 asesinato +:** A la muerte de Hernández se sumó también el asesinato *a golpes* de Zaida... LNC281296 **54 muerte +:** ...denunció el pasado viernes a su compañero, de 39 años, como presunto autor de la muerte *a golpes* del industrial... CAN170599 **55 homicidio:** ...iba a recuperar la libertad en siete meses al cumplir dos tercios de su condena de once años de prisión por el homicidio *a golpes* de su esposa... EME100195 **56 linchamiento –:** ...permanecieron impasibles ante el linchamiento, *a golpes*, del joven David. EME231095

☐ Véase también: **a empujones, a palos, a patadas, a tiros, golpe (de).**

agonía ♦ **angustioso, atroz, auténtico, cruel, desgarrador, doloroso, espantoso, eterno, horripilante, imparable[38], inacabable, infernal, infinito, innecesario, interminable, largo, lento, mortificante, patético, penoso, personal, pleno, profundo, prolongado, puro, sobrecogedor, terrible** ♦ **durante, en** ♦ **días (de), estado (de), final (de), proceso (de), situación (de), trance (de)** ♦ **acortar, afligir, alargar, aliviar, asistir (a), atenuar, contemplar, mitigar, padecer, paliar, pasar (por), presenciar, prolongar(se), prorrogar, proseguir, sobrellevar, sumir(se) (en), vivir**

☐ Véase también: **final, muerte.**

agostar(se) ♦ **belleza, campo, flor, hermosura, idea, juventud, plan, planta, prado, proyecto, sembrado**

☐ Véase también: **ajar(se), avinagrar(se), deteriorar(se), esquilmar.**

agotador *adj.* **I** Se combina con sustantivos que designan períodos temporales *(jornada, año, semana, día: He tenido un día agotador)* y muy diversos eventos o actos *(fiesta, boda, ceremonia, recital, concierto)*. Admite también sustantivos de persona *(jefe, mujer, niño: Este niño es agotador)*. Se combina con otros muchos sustantivos, pero especialmente con...

A SUSTANTIVOS QUE DENOTAN ACTIVIDAD FÍSICA O INTELECTUAL, MÁS FRECUENTEMENTE SI TIENE CARÁCTER LABORAL O SE LLEVA A CABO POR ADIESTRAMIENTO: **1 trabajo ++:** ...estaba bastante maltratada por el trabajo *agotador* del restaurante... ESP100101 **2 tarea ++:** Miami puede terminar la *agotadora* tarea de tener que planificar con cinco años de adelanto... ENH050597 **3 campaña ++:** ...iniciaron ayer la larga y *agotadora* campaña proselitista que culminará con las elecciones del 5 de noviembre. EUV030996 **4 labor +:** ...destaca asimismo la *agotadora* labor realizada por el autor, recuperando artículos y textos... LVE091295 **5 ejercicio +:** El repaso de la obra de Koestler es un *agotador* ejercicio de gimnasia intelectual. EPE100199 **6 práctica +:** ...sacrificadas y *agotadoras* prácticas durante la semana en busca de un mejor nivel de juego... ACP221096 **7 entrenamiento +:** ...dirigió un *agotador* entrenamiento de más de dos horas... EME281296 **8 actividad:** Asegura que «es una actividad en sí misma que resulta tan *agotadora* como desempeñar un trabajo». EME030496 **9 profesión:** No se puede decir (...) que sea una profesión más *agotadora* o estresante que otras... LVE161296

B SUSTANTIVOS QUE DENOTAN EMPEÑO O DEDICACIÓN TENAZ PUESTOS EN UNA ACTIVIDAD: **10 esfuerzo ++:** ...un calendario que requiere esfuerzos *agotadores* cada tres días. EME140494 **11 lucha:** ...abandona su *agotadora* lucha política en solitario. LRE130103 **12 entrega:** ...negocia con su vicio personal poniendo desmedida pasión y *agotadora* entrega. LVE260896

C ALGUNOS SUSTANTIVOS QUE DENOTAN VIVENCIA, CURSO VITAL O MODO DE VIVIR: **13 experiencia:** ...la verdad es que se trata de una experiencia *agotadora* que me lleva las veinticuatro horas. LVE220396 **14 vida:** ...los problemas continúan y prueban que la vida a bordo debe ser particularmente *agotadora*. EPC050797 **15 existencia:** Entregado a una *«agotadora»* existencia presidida por el culto al ocio... EME060895

D SUSTANTIVOS QUE DENOTAN TRAYECTO O DESPLAZAMIENTO: **16 viaje ++:** ...el canciller tiene por delante un *agotador* viaje de diez días por Asia... LVE051195 **17 gira +:** ...un año de trabajo significa dar alrededor de 130 conciertos recorriendo el mundo de punta a punta en *agotadoras* giras. EPE090899 **18 visita +:** La salud del Papa, de 76 años, ha sido motivo de preocupación, particularmente durante la *agotadora* visita... EUV230996 **19 recorrido:** ...concluirá mañana su *agotador* recorrido de 460 kilómetros por la región andina... DYM120996 **20 itinerario:** Como siempre, el itinerario del Papa será repleto y *agotador*. LVE300695

E SUSTANTIVOS QUE DENOTAN REUNIÓN DE PERSONAS PARA TRATAR UN ASUNTO, ASÍ COMO EL PROPIO INTERCAMBIO DE IDEAS U OPINIONES QUE EN ELLA TIENE LUGAR: **21 sesión ++:** Las vacaciones de verano son una magnífica ocasión para iniciarse en un tipo de actividades diferentes a las *agotadoras* sesiones escolares... LVE050696 **22 reunión +:** ...tuvo fuerzas suficientes para escribir a mano una carta de seis folios que entregó a su hermano en una *agotadora* reunión de siete horas... EPE310199 **23 negociación +:** La acción fue precedida de horas de *agotadoras* negociaciones por radio... EME220995 **24 debate +:** ...tras casi nueve horas de *agotador* y reiterativo debate, Sáenz respiró tranquilo cuando quedó aprobado el plan de saneamiento. LVE270394 **25 discusión +:** ...la única manera de evitar que le desfonden a uno el equipaje (...) y le hagan perder medio día en discusiones *agotadoras*, es echar mano de la cartera... EME011196 **26 deliberación:** ...el jurado llegó finalmente a un veredicto tras una *agotadora* deliberación. INDOC **27 entrevista:** El lunes por la noche el presidente de Bosnia Alija Izetbegovic había mantenido dos *agotadoras* entrevistas con el general británico... LVE190795

F SUSTANTIVOS QUE DENOTAN CONFRONTACIÓN, GENERALMENTE DE CARÁCTER BÉLICO O DEPORTIVO: **28 encuentro +:** Pero la competición en la NBA es muy larga, con viajes de por medio y encuentros *agotadores*. ENH071100 **29 batalla +:** ...acaba de ganar una crucial y *agotadora* batalla. LVE060796 **30 guerra +:** ...libró conscientemente una *agotadora* guerra de desgaste... ABC261193 **31 partido +:** A Jordan le esperan más de 100 *agotadores* partidos que le llevarán a un nuevo título. EPE140199 **32 partida:** No vean ustedes lo que supone culminar una partida *agotadora* con un órdago en el hoyo de las agujas. EME120796 **33 choque:** Tras un *agotador* choque seguido de la habitual ronda de penaltis, Alemania apeó a Inglaterra de la final de la Eurocopa. LVE270696 **34 torneo:** Fue un torneo *agotador*, en la prueba de tres días participaron 45 jinetes. ESH190597 **35 competencia:** La *agotadora* competencia de 42 kilómetros para mujeres se desarrolla este domingo... EXC270796

G SUSTANTIVOS QUE DENOTAN ORGANIZACIÓN O PROGRAMACIÓN TEMPORAL DE ALGUNA ACTIVIDAD: **36 calendario +:** ...el Ballet de Cuba afronta un *agotador* calendario de actuaciones en Madrid... EPE140800 **37 horario:** Se necesitaba atraer y retener a oficiales de valía, leales a prueba de bomba y capaces de soportar horarios *agotadores*... LVE250695 **38 agenda:** Pese a su *agotadora* agenda (...) Pons sigue con los ojos puestos en el Teatro Real madrileño. EME300996

H ALGUNOS SUSTANTIVOS QUE DENOTAN LA ACCIÓN DE ESPERAR: **39 espera +:** ...cómo normalmente una subasta dura tres horas o más, la espera a veces se hace *agotadora*... LPA270492 **40 antesala –:** ...un hombre que, después de nueve años de antesala *agotadora*, se aproxima a la cámara de gas. LVE300994

I OTROS SUSTANTIVOS; POSIBLES USOS ESTILÍSTICOS: ...hay consenso francamente generalizado en cuanto a los grandes certámenes que mezclan en *agotadora* coctelera cultural teatro, música, danza, cine, artes plásticas y literatura. LVE020396

agotamiento ♦ extenuador, progresivo, puro, terrible, visible ♦ al borde (de) ♦ muestra (de), nivel (de), señal (de), signo (de), síntoma (de) ♦ acusar, combatir, desfallecer (de), entrar[18], evitar, exteriorizar, generar, manifestar(se), mostrar, producir, reflejar(se), resistir, soportar, traslucir(se)[42], vencer[47]
☐ Véase también: **cansancio, fatiga.**

agotar(se) *v.* **I** En el sentido de 'cansar(se)' se combina con sustantivos que designan personas *(Se agota al subir las escaleras)*. En el de 'gastar(se), consumir(se) completamente' se construye generalmente con sustantivos contables en plural *(Se agotan las ideas)* o no contables en singular *(Se agota la gasolina)*, aunque acepta sustantivos contables en singular interpretados genéricamente *(El producto se ha agotado en todas las tiendas)*. Se combina con sustantivos que designan recursos muy diversos, sean materiales o no *(aire, tiempo, petróleo, sueldo, pintura, capital, dinero, oxígeno, crédito, aceite, cera)*, así como contenidos *(tema, materia, argumento, significado)*, períodos *(día, semana, verano)* y gran número de productos que se venden o se adquieren *(existencias, producto, bebidas, material)*. Se combina a menudo con sustantivos que designan entradas o plazas para disfrutar de espectáculos o servicios *(entrada, boleto, billete, localidad)* y con otros que se refieren a los ejemplares o las copias de lo que se publica o se difunde *(edición, ejemplar, disco, libro)*. Acepta asimismo sustantivos que designan organizaciones o instituciones *(régimen, gobierno, dirección)*. Destacan especialmente sus combinaciones con los sustantivos *recurso* y *medio*, y también con...

A SUSTANTIVOS QUE DENOTAN POSIBILIDAD, ALTERNATIVA Y OTRAS FORMAS DE PRESENTARSE LAS CONTINGENCIAS FAVORABLES: **1 posibilidad ++:** «...*agotar* todas las posibilidades de negociación que puedan evitar el conflicto...». EME041296 **2 opción +:** ...*agotar* las opciones de conseguir una mejor ubicación para la próxima campaña... ENC240101 **3 alternativa +:** ...buscar diversas alternativas y *agotarlas* todas hasta solucionar el problema. DYM240796 **4 carta:** Los mediadores habían *agotado* sus cartas. BRE250497 **5 oportunidad:** Se habían *agotado* las oportunidades más ventajosas. EME080194

B SUSTANTIVOS QUE DESIGNAN PROCEDIMIENTOS, PASOS, ESTADIOS O MODOS DE ACTUAR, A MENUDO EN MATERIAS DE NATURALEZA OFICIAL: **6 vía ++:** ...el Gobierno no *ha agotado* la vía del diálogo... ETC180497 **7 procedimiento +:** ...*agotaremos* los procedimientos legales. SVG100697 **8 instancia +:** ...acordaron *agotar* todas las instancias posibles para reanudar el diálogo... DYM040996 **9 trámite +:** ...*agotados* los trámites judiciales, estamos preparados para practicar la exhumación... PLG120796 **10 método +:** ...contempla (...) el castigo (...) solamente cuando se han *agotado* los «métodos convencionales». EME160694 **11 sistema:** ...el sistema educativo ha *agotado* su oferta formativa... EPE120399 **12 cauce +:** ...no se han *agotado* los cauces de negociación. EME030194 **13 acción legal:** ...se están *agotando* las acciones legales en este caso... SVG100697 **14 actuación:** ...deben *agotarse* las actuaciones judiciales... EPE120599 **15 medida +:** ...parece haber *agotado* todas las medidas posibles para contener el gasto... LVE110696 **16 forma:** Los sindicatos anuncian que se han *agotado* las formas legales de la huelga... EME041296

C SUSTANTIVOS QUE DESIGNAN CUALIDADES HUMANAS: **17 paciencia ++:** Estos incidentes *agotaron* la paciencia de los ciudadanos. EME150295 **18 resistencia:** ...fueron el catalizador que dio circulación y venta a la revista cuando su resistencia económica estaba a punto de *agotarse*. EPE081101 **19 esperanza +:** Se *agotan* las esperanzas de encontrar con vida a los dos submarinistas... EME040496 **20 credibilidad +:** ...una oportunidad única de recuperar nuestra *agotada* credibilidad... EME170895 **21 calma +:** La paciencia y la calma se *agotan*. EME180895 **22 serenidad:** A veces se *agota* la serenidad de los funcionarios... CLA170497 **23 imaginación:** La generación que hizo la transición estaría *agotando* la imaginación... LVE030395 **24 creatividad:** Se le ha *agotado* la creatividad y tiene que escribir uno de esos cuentos... EPE020800 **25 encanto:** ...se le *agota* el encanto de su personaje, mezcla de Rambo y Harpo Marx... LVE141095 **26 cariño:** ...temen que se haya *agotado* el cariño. EPE061199

D SUSTANTIVOS QUE DENOTAN ENERGÍA O SE REFIEREN A ALGUNAS DE LAS FORMAS EN QUE SE PRESENTA: **27 energía +:** ...entrenamientos que *agotan* la energía de los futbolistas... EME140896 **28 fuerza +:** ...una campaña electoral en la que está dispuesto a *agotar* sus fuerzas. EPE250799 **29 poder +:** ...un poder que se *agota* por días. EME191195 **30 impulso:** ...insistió ayer en que el «impulso reformista» del PP no se *agota* con estos ocho acuerdos nacionales. EPE090300

E SUSTANTIVOS QUE DENOTAN ATRIBUCIÓN, FACULTAD PARA ACTUAR U OBLIGACIÓN CONTRAÍDA: 31 competencia: ...*agotaron* su competencia, en virtud de que los recursos... ENV060297 **32 responsabilidad:** ...ahí se *agotaron* las responsabilidades de (...), que sigue en Filipinas. EPE170999 **33 facultad:** Ambos se han convertido en exponentes del orgullo de un club que entiende que su responsabilidad acaba allí donde las facultades o la voluntad de sacrificio de sus palistas se *agotan.* EPE061299 **34 obligación:** ...las obligaciones de la Administración en relación con la ejecución de las sentencias no se *agotan* con el cumplimiento estricto de las resoluciones judiciales... EPE060499 **35 capacidad:** ...que las autonomías no puedan *agotar* al máximo o al mínimo su capacidad para modular el IRPF que les será cedido... EPD190996

F SUSTANTIVOS QUE DESIGNAN IDEAS, ARGUMENTOS Y OTRAS FORMAS DE MANIFESTARSE LA ACTIVIDAD INTELECTIVA: 36 idea +: La coalición (...) ha *agotado* sus ideas, con frecuentes contradicciones... LVE091195 **37 criterio +:** ...se *agotó* el criterio y se volvió a viejos vicios. EME231296 **38 pensamiento +:** ...lo realmente *agotado* es el pensamiento de izquierdas... EME060294 **39 teoría:** Agotada la teoría, el único método fiable... EPE280199 **40 hipótesis:** Vamos a *agotar* todas las hipótesis y líneas de investigación... EXC081296 **41 planteamiento:** ...unos planteamientos que, tras nueve libros, parecen lejos de estar *agotados.* LVE041096 **42 argumento +:** Cuando se han acabado las palabras, cuando se han *agotado* los argumentos... EME260995 **43 razón:** ...el que ha terminado de hablar, el que ha *agotado* la razón... EPE070499 **44 explicación:** A nadie debe extrañar que se abra paso la sospecha de que la incompetencia no *agota* las explicaciones de tamaña dejación. EPE270101

G SUSTANTIVOS DE NATURALEZA PROSPECTIVA, MÁS FRECUENTEMENTE INDAGATIVA O INTENCIONAL: 45 objetivo: ...se ha *agotado* el objetivo para el que se dieron los permisos. EPE130199 **46 proyecto +:** ...el mismo partido, que ha *agotado* ya su proyecto y carece de ideas frescas. EPE040499 **47 análisis +:** ...hay que *agotar* el análisis de todas las opciones posibles... LVE090295 **48 previsión:** ...no se han *agotado* las previsiones estatutarias... EPE230699 **49 investigación:** Su intención (...) es *agotar* la investigación... EME080695 **50 cálculo:** Al sector del automóvil se le ha *agotado* el tiempo de los estudios, los cálculos, las consideraciones objetivas y demás causas de demora. EME021195

H SUSTANTIVOS QUE DESIGNAN DIVERSAS MANIFESTACIONES VERBALES O TEXTUALES, ESPECIALMENTE LAS QUE EXPRESAN DECLARACIONES O SOLICITUDES: 51 discurso ++: ...considera *agotado* el discurso de la coalición... EPE180900 **52 palabra +:** ...no se le *agotan* las palabras para definir la carrera del Real Madrid... EME230195 **53 debate +:** ...*agotado* el debate acerca del grado de protagonismo de sus distintos actores... LVE110196 **54 declaración +:** ...no *agotar* las declaraciones ministeriales... EXC081296 **55 comentario +:** Los comentarios de elogio en torno a la actuación (...) en el Tour no se *agotan.* LVE170795 **56 conversación:** Después de que se *agotaron* las conversaciones... HOY010278 **57 disculpa:** ...tiene en la mano una disculpa que ya empieza a *agotarse...* EPE080899 **58 pregunta:** Los chicos y chicas de su edad ya han *agotado* las preguntas y, como sus mayores, prefieren olvidar. LVE171295 **59 protesta:** ...la protesta se medio *agotaba* en huelgas y enfrentamientos... EME080195

I SUSTANTIVOS QUE DENOTAN SITUACIÓN ADVERSA: 60 problema +: Pero esa explicación, por justa que sea, no *agota* el problema. EME250395 **61 polémica:** Para el Ejecutivo es importante que la polémica se *agote* antes de fin de año... EPE101199 **62 conflicto:** ...el conflicto profundísimo no se *agota* en esa necesaria reducción de lo trascentente... EME061195 **63 necesidad:** Y no porque les falte carisma, con Franco, Felipe y Pujol, los españoles hemos *agotado* esta necesidad. EME220395 **64 problemática:** ...sin la menor pretensión de *agotar* la problemática correspondiente. EPE090499

■ Se combina también con: ♦ **alarmantemente**[18], **a ojos vista, progresivamente**

□ Véase también: **apurar, gastar, inagotable.**

agraciado *adj.* ▮ Alterna los usos adjetivales con los participiales. En el sentido de 'premiado' se combina con sustantivos de persona *(la dependienta agraciada con el premio gordo)*, con sustantivos que designan poblaciones o lugares habitados *(localidad, ciudad)*, instituciones u organizaciones *(institución, empresa)* y obras o creaciones *(película, libro, pieza)*. Asimismo se combina con...

A SUSTANTIVOS QUE DENOTAN NÚMERO O BOLETO ACREDITADO PARA UN SORTEO, GENERALMENTE DE LOTERÍA. TAMBIÉN CON OTROS QUE DESIGNAN ALGUNAS DE SUS PARTES O LAS FORMAS EN QUE SE PRESENTAN: 1 número ++: El número *agraciado* es el 71.415. EDV130301 **2 décimo ++:** La propia lotera confirmó que no reservó para ella ningún décimo *agraciado*, aunque mostró su alegría porque el premio le tocó a un amigo de la familia. LRE070103 **3 billete ++:** ...se entregarán otros 28 premios de 125 millones de pesetas para una sola fracción de los billetes *agraciados* con el primer premio. LVE050196 **4 boleto ++:** «Mañana repetimos», comentaron con socarronería, ya que el boleto *agraciado* también participa en el sorteo de hoy. EPE200299 **5 participación ++:** ...ha pedido la apertura de juicio oral contra él por haber aceptado participaciones *agraciadas* con el segundo premio de la lotería de Navidad. LVE310596 **6 terminación:** El cero ha sido la terminación más *agraciada* en las 88 ediciones que desde 1908 se han celebrado de la lotería del Niño, seguida del 9. LVE050196 **7 combinación:** La combinación *agraciada* fue 6, 8, 23, 29, 34 y 45... INDOC **8 cupón:** Los cupones *agraciados* fueron repartidos por el vendedor José... EDV300101

▮ En el sentido de 'bello o bien parecido' se combina con sustantivos de persona *(mujer, hombre, actor)*. También lo hace con...

B SUSTANTIVOS QUE DENOTAN CONSTITUCIÓN CORPORAL, APARIENCIA O ASPECTO EXTERNO DE UNA PERSONA, MÁS FRECUENTEMENTE SI SE REFIEREN AL SEMBLANTE O A ALGUNA DE SUS PARTES: 9 físico ++: Busca Terenci Moix a través de aquella figura femenina exaltar la belleza, fruto no sólo del *agraciado* físico de la hermana de Napoleón, sino de su apasionado amor a la vida... ABC091294 **10 rostro ++:** Poseía una figura menuda, elegante y armoniosa de movimientos; un rostro *agraciado* y unos ojos llenos de vivacidad... ABC120293 **11 cara +:** La madre Naturaleza la dotó de una cara poco *agraciada* y de un cuerpo más bien rectilíneo. EME280196 **12 imagen +:** Nos consta que desde la antigüedad las mujeres utilizan afeites y otros ungüentos a fin de ofrecer una imagen *agraciada* y de enmascarar determinados defectos. EPE030199 **13 aspecto +:** Han conseguido triunfar en el glamouroso mundo de la moda, donde hasta ahora lo feo era prohibido, jugando con su aspecto poco *agraciado.* EME160696 **14 rasgo +:** ...las obras de Muncunill (...) son rasgos fisonómicos *agraciados.* LVE140196 **15 sonrisa:** Los causantes de esa sonrisa poco *agraciada* eran los dientes incisivos superiores, demasiado pequeños... EME261195

C SUSTANTIVOS QUE DENOTAN DENOMINACIÓN O APELATIVO: **16 nombre +:** ...Miraflores de la Sierra llevó hasta el siglo XVII el poco *agraciado* nombre de Porquerizas. EPE280299 **17 título:** ¿Qué es de una crónica con un título poco *agraciado*? Ya pueden imaginárselo. EPE150299

D OTROS SUSTANTIVOS; POSIBLES USOS ESTILÍSTICOS: ...tenía una pinta mayormente guapetona, una verruga *agraciada* en la cara... EME070796

agradecer ♦ **calurosamente[8], cordialmente[12], de antemano[25], de todo corazón[1], efusivamente[16], elocuentemente[27], en el alma[5], enormemente[2], eternamente, generosamente[27], infinitamente[8], personalmente, profundamente[39], prolijamente[13], públicamente, sinceramente, vivamente[26]**
☐ Véase también: **gracias, gratitud.**

agradecimiento ♦ **afectuoso, caluroso[14], cordial, efusivo[15], especial, eterno, infinito, inmenso, profundo, público, sentido, sincero, solemne, vivo** ♦ **en señal (de)[28]** ♦ **carta (de), discurso (de), gesto (de), motivo (de), muestra (de), palabra (de), prueba (de), señal (de)** ♦ **corresponder (a), deshacerse (en)[8], expresar, exteriorizar, hacer constar, hacer extensivo[12], manifestar, mostrar, recibir, suscitar, testimoniar[14], transmitir, tributar[17]**
☐ Véase también: **agradecer, gracias, gratitud.**

agrado ♦ **gran(de), sumo[3]** ♦ **con** ♦ **aceptar (con), acoger (con), expresar, manifestar, mostrar, recibir (con), recordar (con), ver (con)**
☐ Véase también: **gusto, placer, satisfacción.**

agrandarse ♦ **a ojos vista[31], a pasos agigantados, considerablemente, ostensiblemente**

a grandes líneas Véase: **a grandes rasgos, a grandes trazos, en líneas generales, vagamente**

a grandes rasgos *loc.adv.* ▮ Admite la variante *a grandes trazos.* Se construye a menudo seguido de pausas *(Estas son, a grandes rasgos, las razones de...)* o al principio de un período para indicar que el conjunto de la información que se presenta ha sido resumida por el que habla. Se construye frecuentemente con verbos de lengua que denotan examen o análisis de algo *(abordar, revisar, estudiar, interpretar, analizar, examinar).* También se combina con...

A EL VERBO *EXPLICAR* Y CON OTROS QUE DENOTAN LA ACCIÓN DE PRESENTAR LAS CARACTERÍSTICAS DE ALGO CON DIVERSOS GRADOS DE PRECISIÓN: **1 explicar ++:** ...explicó *a grandes rasgos* la propuesta... EME180495 **2 describir +:** Uno de los compromisos se puede describir *a grandes rasgos* con la imagen... EPE091199 **3 definir +:** ¿Cómo definiría *a grandes rasgos* a su selección? EME160694 **4 detallar:** Un informe (...) detallaba *a grandes rasgos* la estructura de la organización... EPE130800 **5 concretar:** ...los planes y programas (...) *a grandes rasgos,* se concretan en el plan de reestructuración... EPE110780 **6 narrar +:** ...con este pequeño volumen, en el que Strathern (escritor) narra *a grandes rasgos* la vida de este científico singular. EPE050599 **7 relatar:** ...compareció en una multitudinaria rueda de prensa en la que relató *a grandes rasgos* las operaciones llevadas a cabo por las autoridades... LVE010395 **8 contar:** A grandes rasgos, «Blues de la reserva» cuenta la historia de tres jóvenes indios y su imposible sueño de... LVE050196 **9 desvelar:** «No podía ser de otra forma, teniendo en cuenta el actual contexto geopolítico» según los organizadores, cuyo recorrido fue desvelado ayer *a grandes rasgos.* EME290494

B VERBOS QUE DESIGNAN LA ACCIÓN DE DELINEAR O DIBUJAR ALGO, INTERPRETADOS FIGURADAMENTE EN EL SENTIDO QUE CORRESPONDE A LOS VERBOS DEL GRUPO ANTERIOR: **10 trazar +:** ...trazó *a grandes rasgos* los objetivos de su recién creado departamento... EME180594 **11 dibujar +:** ...dibujó *a grandes rasgos* sus planes liberalizadores... EME271096 **12 diseñar +:** «El conflicto de Kosovo da la oportunidad» de diseñarlo *a grandes rasgos.* EPE040699 **13 perfilar:** ...el director general perfiló ayer *a grandes rasgos* el plan de cobertura de las próximas elecciones municipales, autonómicas y europeas... EPE280499 **14 pincelar –:** Vila-San-Juan pincela *a grandes rasgos* la formación de Alfonso XIII... ABC080494 **15 esbozar:** ...una serie de medidas, urgentes según él, que apenas si esbozó *a grandes rasgos.* INDOC

C VERBOS QUE DENOTAN RESUMEN O SÍNTESIS: **16 resumir ++:** Esta frase resume, *a grandes rasgos,* la política de la no violencia de «Mahatma» (alma grande), Gandhi, artífice de la independencia de India... LVE040196 **17 sintetizar +:** ...*a grandes rasgos* sintetiza la cultura alemana de este siglo que se obstina en negar su fracaso ante la ascensión y derrota del fascismo. LVE240395

D ALGUNOS VERBOS QUE DENOTAN LA ACCIÓN DE ESTABLECER VÍNCULOS DE AFINIDAD O PARENTESCO ENTRE LAS PERSONAS O LAS COSAS. TAMBIÉN CON OTROS QUE EXPRESAN EL ESTADO QUE CORRESPONDE A ESA PROXIMIDAD: **18 coincidir ++:** Mas y Clos coincidieron *a grandes rasgos* sobre la necesidad de ampliar el puerto... LVE291196 **19 tener en común:** A grandes rasgos, ambos programas tienen mucho en común. EPE180101 **20 emparentar:** ...le emparenta *a grandes rasgos* con Miguel Delibes... EME230396 **21 identificarse:** ...un tejido social heterogéneo identificado *a grandes rasgos* como una revista de signo progresista. EPE201199

E VERBOS QUE DENOTAN COMPRENSIÓN, PERCEPCIÓN O CONOCIMIENTO: **22 entender +:** ...estereotipo de lo que hoy por hoy podemos entender *a grandes rasgos* como Pop... ABC190595 **23 saber +:** ...le conviene saber *a grandes rasgos* cuáles son los indicadores... EME300696 **24 conocer +:** ...puede servir para conocer *a grandes rasgos* algunos de los asuntos que tendrán que manejarse... DED230996 **25 comprender:** ...esperan también de ellos que comprendan *a grandes rasgos* el argumento de un cuento... EPE130499 **26 vislumbrar:** ...fascinante desde lo poco que, *a grandes rasgos*, un aficionado normal al arte haya podido vislumbrar. ABC240792 **27 captar:** ...una realidad compleja que la película solo logra captar *a grandes rasgos*. INDOC **28 apreciar:** A grandes rasgos, es lo que aprecia el Observatorio Vasco de Drogodependencias. EPE280199 **29 ver:** Vemos *a grandes rasgos* este mismo fenómeno en la Rusia de hoy. LVE190594 **30 reconocer:** Así, pues, en este apretado resumen hemos de limitarnos a reconocer, aunque *a grandes rasgos*, las exposiciones... ABC030192

F VERBOS QUE DENOTAN PRONÓSTICO O ESTIMACIÓN SOBRE LO FUTURO O LO DESCONOCIDO: **31 predecir +:** Es cierto que el CI permite predecir el rendimiento académico y/o profesional, pero *a grandes rasgos*. EME260295 **32 calcular +:** ...calculó *a grandes rasgos* que la financiación por privatizaciones aportaría unos recursos de medio billón... EPD181197 **33 prever:** A grandes rasgos, se prevé que las obras puedan durar unos cinco años. EPE180599 **34 aventurar:** Quedaría un elemento más en este panorama sindical que, *a grandes rasgos*, he tratado de aventurar para 1981. EPE171280 **35 adivinar:** ...eso puede adivinarse *a grandes rasgos* en una confrontación tan multitudinaria como es la feria... EME050294

☐ Véase también: **de pasada, en líneas generales, vagamente.**

a grandes trazos Véase: **a grandes rasgos**

a granel *loc.adv./loc.adj.* ▮ Se combina con sustantivos de materia *(vino, aceite)* y con verbos que toman generalmente como complementos sustantivos que designan nociones que pueden ser consideradas mercancía, en particular con...

A VERBOS QUE DENOTAN ADQUISICIÓN U OBTENCIÓN DE ALGO, MÁS FRECUENTEMENTE SI FORMA PARTE DE ALGUNA TRANSFERENCIA COMERCIAL O SE ASOCIA FIGURADAMENTE CON ELLA: **1 adquirir ++:** Estas multinacionales adquieren el aceite español *a granel*... LVE070196 **2 comprar ++:** ...por lo cual les resulta más comprar el producto *a granel* para después envasarlo. DYM040796 **3 recibir:** ...estuvieron los presos políticos recibiendo golpes al por mayor, bayonetazos *a granel*, disparos de rifles... DLA140497 **4 ganar:** ...ganó premios *a granel* y tiene millones de fieles espectadores. CLA070197

B VERBOS QUE DENOTAN DISTRIBUCIÓN O TRANSPORTE. TAMBIÉN CON OTROS QUE DESIGNAN DIVERSAS FORMAS DE SUMINISTRO O MOVIMIENTO, APLICADAS A LAS MERCANCÍAS: **5 repartir +:** ...un puñado de damiselas que conocieron a más de un hombre y repartieron «huachos» casi *a granel*. HOY190597 **6 transportar +:** Más recientemente se ha observado una tendencia a transportar *a granel* miles de millones de dólares en efectivo... EXC230496 **7 distribuir +:** ...hay muchísimas empresas que distribuyen vino, vinagre, leche y otros líquidos *a granel*... EPE150399 **8 servir:** Todo servido *a granel*, en barriles, por tratarse de la especialidad de aceituna casera. EPE011199 **9 suministrar:** Junto con los anoréxicos (...) eran suministrados *a granel*... PME131096 **10 descargar:** ...una zona para descargar productos volátiles *a granel*. LVE151196 **11 vender +:** También se vende *a granel* a feriantes, distribuidores, mayoristas y a la industria... EPU081101 **12 enviar:** La industria rusa enviaba ácido *a granel* desde la península de Kola... LVE291095 **13 exportar:** Sin embargo, en 1993 ello ya fue posible y desde entonces se exporta *a granel* hacia Canadá. HOY230996 **14 entregar:** ...en tanto que el tipo C se fija en 45,2 pesetas para el entregado *a granel* y 48,1 pesetas el servido en estación de servicio. EME190895 **15 pasar –:** ...miles de millones de dólares en efectivo pasan *a granel* por la frontera... EXC230496

C VERBOS QUE DENOTAN GASTO O CONSUMO: **16 despilfarrar:** ...mientras la Generalitat y otras autonomías despilfarran *a granel*... EME280796 **17 producir:** Es preciso puntualizar que los billetes nunca fueron divisas extranjeras sino «zaireños», producidos *a granel*. EME031196 **18 usar:** ...se usa en garrafas para consumo doméstico y *a granel* en las petroquímicas. CLA170297

D VERBOS QUE DENOTAN APARICIÓN O SURGIMIENTO DE ALGO. TAMBIÉN CON OTROS QUE DESIGNAN LAS ACCIONES QUE CAUSAN ESOS PROCESOS: **19 provocar:** ...provoca odios *a granel* y existen personas que nada más citarlo se encienden como los viejos llamadores. LVE030395 **20 levantar:** Sin duda, el apoyo de CiU al Gobierno de Madrid ha levantado comentarios y ampollas *a granel* en España... LVE070995 **21 suscitar:** Los fantasmas del pasado desfilan en la imaginación de los franceses con este juicio, que ha suscitado exageraciones *a granel*. EPE140299 **22 afluir:** ...es incapaz de acceder a los brillantes productos que afluyen *a granel* por la frontera norte. EME140295 **23 surgir:** Pero a la hora de proponer, de favorecer una idea positiva o adherirse a un programa concreto, el sí colectivo es débil y surgen *a granel* los peros. DHE121197 **24 sacar:** ...la venta del vino que se saca al mercado *a granel* ha caído... DDN090101 **25 lanzar –:** Mi hermano no es muy emotivo, y de pronto comienza a lanzarme elogios *a granel*. DYM281096 **26 caer –:** Lo aconsejable, cuando caen *a granel* las bombas (...) es meterse en un sólido bloque de pisos... EME210195

E OTROS VERBOS; POSIBLES USOS ESTILÍSTICOS: El promotor de la «ley del talión» que recibió su pequeña porción de la dura medicina que, supuestamente, ellos aplicaban *a granel*... EME180295; La literatura del siglo de oro relata acosos *a granel*: Calderón, Lope, Quevedo, Fernando de Rojas. LVE100295; ...bandas armadas que no vacilan en asesinar *a granel*. EPE230499

agravante ▮ *(adj.)* ♦ **circunstancia, factor, hecho**

▮ *(sust.amb.)* ♦ **con** ♦ **añadir, aplicar, apreciar, concurrir[15], considerar, darse, existir, tener**

agravar(se) *v.* ▮ Admite sustantivos de persona *(El taxista se agravó)*, más frecuentemente si designan individuos enfermos o heridos *(enfermo, paciente, lesionado)*. También acepta sustantivos que designan diversas dolencias o enfermedades *(lesión, herida, catarro, alergia)* y otros que se refieren a fenómenos metereológicos o climáticos considerados adversos *(tormenta, inundación, sequía)*. Asimismo se combina con...

A SUSTANTIVOS QUE DESIGNAN PROBLEMAS O SITUACIONES CONSIDERADAS COMPLICADAS, DIFICULTOSAS O AMENAZANTES EN DIVERSOS GRADOS: **1 problema ++:** ...no sólo no resuelve el paro, sino, más bien, *agrava* los problemas económicos y sociales... CAP030797 **2 crisis ++:** ...la creciente ausencia de fuentes ocupacionales por la inseguridad de inversiones privadas y públicas *agravará* la crisis en las poblaciones rurales... LTB130297 **3 dificultad ++:** ...leyes Helms-Burton, para *agravar* las dificultades del país, para promover el descontento... GIC041497 **4 caos +:** En medio de la violencia, llegaron efectivos policiales que al usar gases lacrimógenos para aplacar los ánimos *agravaron* el caos. ENH140797 **5 riesgo +:** Si sabemos que hay un riesgo en medicina estando en las mejores condiciones, no se puede *agravar* ese riesgo permitiendo anestesia en menores condiciones... LTB050900 **6 peligro +:** En este mismo sentido, la ausencia de una normativa específica (...) ha *agravado* el peligro de estas instalaciones. LVE140296 **7 complicación +:** ...*agrava* las complicaciones de la enfermedad y puede desencadenar convulsiones. EXC211096 **8 preocupación:** Una preocupación que se ha *agravado* al conocerse que en el informe del laboratorio (...) «se establece el uso...». EME060395 **9 problemática:** «En este momento lo urgente es la reanimación de la economía porque la recesión sólo *agravará* la problemática fiscal», señaló César... ETC280497

B SUSTANTIVOS QUE DENOTAN CONFLICTO. TAMBIÉN CON OTROS QUE DESIGNAN ENFRENTAMIENTOS VERBALES O FÍSICOS: **10 conflicto ++:** Se *agravó* el conflicto de los centros psiquiátricos. EOU090497 **11 guerra +:** Nuevos ataques a la flota *agravan* la guerra del fletán. LVE070495 **12 enfrentamiento +:** La nota del Vaticano imputaba además al Ejecutivo (...) el haber *agravado* el enfrentamiento entre estas dos minorías, tradicionalmente aliadas... EPE251199 **13 ataque:** Fechado en octubre de este año, el documento expone que, desde marzo de 1995, se *agravaron* los ataques del grupo paramilitar... PME241196 **14 polémica:** Las negociaciones de Caixa Catalunya para adquirir el Atlántico *agravan* la polémica. EME180396 **15 lucha:** El cese del jefe del PCCh en Pekín *agrava* la lucha para suceder a Deng. LVE290495 **16 batalla:** De esta forma, se *agrava* la batalla por vender este producto fuera de las farmacias, como determina la legislación actual. EME280595 **17 combate:** Los combates se *agravaron* el domingo, cuando fue asesinado el periodista estadounidense... CLA120199 **18 pelea:** ...subrayó que la enfermedad de Yeltsin y su futura operación al corazón han *agravado* «la pelea de perros debajo de la alfombra»... EDV210996 **19 rencilla:** Las rencillas se *agravaron* la primavera pasada cuando EE. UU. envió dos portaaviones a las costas de Taiwán... EME251196

C SUSTANTIVOS QUE DENOTAN FALTA, ESCASEZ, CARENCIA Y OTROS ESTADOS DE NECESIDAD: **20 falta +:** Las cenas de fin de año *agravan* la falta de camareros en Girona. EPE041299 **21 déficit +:** ...sólo renunciarían a sus derechos previa compensación económica que *agravaría* el déficit público. LVE231096 **22 debilidad +:** El nuevo mínimo de la lira *agravó* la debilidad de las demás divisas europeas ante el marco. LVE160395 **23 pérdida:** A las transmisiones de partidos (...) hay que añadir ahora las de la Liga de Campeones (...), lo que *agravará* las pérdidas. EPE280899 **24 paro:** Así el hambre no asolará los pueblos y cesarán los éxodos rurales hacia la ciudad, *agravando* el paro, la degradación. LVE050696 **25 carencia:** Una situación que, en su opinión, *agrava* la carencia de policías que sufre desde hace años la jefatura valenciana. EPE070499 **26 escasez:** Los ciudadanos, cada vez más alarmados, se aprovisionan de forma masiva de alimentos y combustible, actitud que *agrava* la escasez de carburantes. EPE130900 **27 miseria:** «Esta lucha de clases, como camino hacia una sociedad sin clases, es un mito opuesto a las reformas, que *agrava* la miseria y las injusticias». EPE011084 **28 desempleo:** ...tratar que el desempleo no se *agrave* más allá de lo que inevitablemente tiene que suceder. CLA030199 **29 hambruna:** La escasez de lluvias y la caída de los precios agrícolas amenazan con *agravar* la hambruna. EPE101001

D OTROS SUSTANTIVOS QUE DENOTAN AUSENCIA, MÁS FRECUENTEMENTE DE EQUIDAD O DE JUSTICIA: **30 desequilibrio ++:** ...un proceso de crecimiento sostenido y estable que, por ende, permitiese reducir el paro, sin *agravar* el desequilibrio exterior. LVE270394 **31 injusticia ++:** El incremento del desempleo, problema regional, ha *agravado* la injusticia. ENH140497 **32 desigualdad +:** No obstante, añade Castañeda, «la liberalización *agrava* la desigualdad y exacerba el resentimiento entre los pobres». LVE100395 **33 marginalidad:** ...el único proceso de sustitución de importaciones exitoso de América Latina, que, como contrapartida, *agravó* la marginalidad y acentuó el desempleo... ECA120792

E SUSTANTIVOS QUE DENOTAN CONSECUENCIA O EFECTO, MÁS FRECUENTEMENTE SI SON NEGATIVOS: **34 consecuencia ++:** El hecho de que no llevase puesto casco alguno no hizo sino *agravar* las consecuencias del golpe. EME101095 **35 efecto ++:** ...un viento de los estratos más altos de la atmósfera, sopló con inédito vigor y *agravó* el efecto causado por los agentes contaminantes... ENV051000 **36 secuela +:** ...sin reparar en que si el artilugio funcionaba aún iban a *agravarse* más las secuelas de la pertinaz sequía... EPE160800 **37 repercusión +:** De este modo, la política monetaria ha *agravado* las repercusiones negativas para la inversión y el empleo... EPE080199 **38 resultado:** El PSOE, que propone medidas alternativas, cree que el nuevo plan *agravará* los resultados obtenidos hasta ahora... EPE040399

F SUSTANTIVOS ABSTRACTOS QUE DENOTAN ASUNTO, SITUACIÓN O ESTADO DE COSAS. TAMBIÉN CON OTROS QUE DESIGNAN ALGUNOS DE SUS FACTORES CONCOMITANTES: **39 situación ++:** ¿Por qué se ha *agravado* tanto la situación de Cuba? ABC020994 **40 estado ++:** ...no sólo emponzoñan la capital de España, sino que *agravan* el estado de más de 200.000 enfermos de las vías respiratorias... EME040795 **41 circunstancia:** El frío y la humedad pueden alterar la carga de la batería, circunstancia que se *agrava* durante el invierno... EME100695 **42 panorama:** ...para *agravar* el panorama, la desaceleración se acentúa en los mercados mundiales... LTB021001 **43 asunto +:** La destrucción de la región y la muerte de decenas de miles de civiles no ha hecho sino *agravar* el asunto... LVE040296 **44 cuestión +:** Esta es una cuestión que se *agrava* progresivamente conforme se prolonga la falta. EME150494 **45 tema:** El tema se *agrava* de cara a una hipotética unión monetaria... EME071096

G SUSTANTIVOS QUE DESIGNAN ACONTECIMIENTOS, MÁS FRECUENTEMENTE DE CARÁCTER ADVERSO: **46** **acontecimiento ++:** El domingo nos comunicamos con la Secretaría de Gobernación para exponer cómo se *agravaban* los acontecimientos. EME220295 **47** **suceso:** El suceso se *agravó* cuando la Policía Nacional impidió a golpes de porra que (...) se acercara a éste para tratar de ayudarle. EME130895 **48** **incidente:** ...aquel primer incidente se vio *agravado* el pasado mes de julio, con otro desprendimiento, aunque ninguno de los dos accidentes se saldó con heridos. LVE051096 **49** **desastre:** En fin, un desastre, *agravado* por la intervención de las cuadrillas. EME140995 **50** **tragedia:** ...acabar con la guerra de Bosnia, prolongan la tragedia y ayudan a que se *agrave*. EME200795 **51** **drama:** El escándalo de la financiación de su partido y el papel de Kohl *agrava* el drama. EPE090700

H SUSTANTIVOS QUE DESIGNAN SENTIMIENTOS O SENSACIONES, MÁS FRECUENTEMENTE EL SUFRIMIENTO, LA DESAZÓN Y OTRAS IMPRESIONES NEGATIVAS: **52** **dolor +:** Este sistema evaluativo (...) pretende identificar los factores psicológicos que *agravan* el dolor en un momento dado. EME160596 **53** **pena +:** Pero si la cantidad es de «notoria importancia», se aplica el artículo 369.3, que *agrava* las penas de 9 a 13 años y medio de prisión. EPE091101 **54** **sufrimiento +:** Dijo que, por el contrario, ésas podían *agravar* los sufrimientos psíquicos de las víctimas... EPE240999 **55** **sentimiento:** ...pero ha contribuido también a *agravar* el sentimiento anticatalán existente en los sectores de españolismo más hirsuto... LVE100895 **56** **sensación:** ...los acontecimientos de estos mismos días (...) *agravan* la sensación de que ETA sigue ahí... EPE201099 **57** **malestar:** La comparecencia del director (...) *agravó* ayer el *malestar* de CCOO y UGT... EPE130799

I SUSTANTIVOS QUE DENOTAN DIFERENCIA O DISTINCIÓN, MÁS FRECUENTEMENTE SI DA LUGAR A ALGUNA SEPARACIÓN ENTRE PERSONAS O COSAS: **58** **diferencia ++:** Se descartó la primera para evitar precisamente que el Congreso la considerase un desafío, que *agravaba* la diferencia sin resolverla. EUV061196 **59** **división ++:** La ruptura entre ellos no hace más que *agravar* la división de la DC. CLA060597 **60** **discriminación +:** La protesta (...) «continúa y *agrava* la discriminación económica de los funcionarios docentes»... EPE021180 **61** **distancia:** Internet *agrava* la distancia entre ricos y pobres. EPE120799 **62** **separación:** Se ha *agravado* la separación por el empobrecimiento de las sociedades meridionales... LVE241195 **63** **divergencia:** ...el endeudamiento feroz del sector público que *agrava* la divergencia con Europa... LVE020295

J SUSTANTIVOS QUE DESIGNAN ACCIONES O ACTITUDES AGRESIVAS, VIOLENTAS, DELICTIVAS O COERCITIVAS: **64** **violencia ++:** Este factor, junto a la erradicación de los cultivos de coca (...) han contribuido a *agravar* la violencia... EUV150996 **65** **coacción ++:** Y por eso le dictó el procesamiento por coacción *agravada*. CLA060597 **66** **tensión ++:** También señaló que no se descartarían, en caso de *agravarse* la tensión, sabotajes y actos terroristas. EME090496 **67** **presión +:** ...sobreoferta monetaria, que *agravará* la presión a la distorsión de nuestras tasas de interés. EUV080197 **68** **terrorismo +:** ...sentenciada en 1996 en Lima como culpable de terrorismo *agravado* o traición a la patria. EPE290800 **69** **hostilidad:** El pecado de los ex comunistas, que *agrava* la hostilidad hacia ellos, es que nunca se arrepintieron... LVE210796 **70** **delito:** ...multa de 2.400 millones de pesetas por tráfico de droga, delito *agravado* por su «posición preeminente dentro del grupo». EPE051099 **71** **homicidio:** El tribunal le declaró autor responsable de los delitos de homicidio, *agravado* por alevosía, privación ilegítima de la libertad, torturas y robos. LVE130895 **72** **robo:** Su nombre es Johnny Cachay Gómez, sentenciado por robo *agravado*. EXP090497 **73** **agresividad:** ...aulas especiales para niños cuya agresividad se ve *agravada* por el consumo de alcohol. EPE150499 **74** **gamberrismo –:** ...eso no evitó que terminase entre rejas, acusado de «gamberrismo *agravado*»... EPE090799

K SUSTANTIVOS QUE DENOTAN DUDA O INCÓGNITA. TAMBIÉN CON ALGUNOS QUE DESIGNAN OTRAS MANIFESTACIONES DE LA INDETERMINACIÓN: **75** **incertidumbre:** La crisis mexicana *agravaba* la incertidumbre que rodea al dólar... LVE170295 **76** **duda:** El rendimiento de la primera vuelta *agravó* las dudas que dejó en la pasada Liga... EPE290599 **77** **sospecha +:** Una escasa apuesta por la vivienda barata cuyas consecuencias *agrava* ahora la sospecha de un fraude. EPE090700 **78** **dilema:** El dilema (...) atormenta a más de una conciencia, dilema que se verá *agravado* cuando el judío abandona el ghetto... EPE310877

L EL SUSTANTIVO *RESPONSABILIDAD*. TAMBIÉN CON OTROS QUE DENOTAN POSTURA ANTE UN HECHO O UNA CIRCUNSTANCIA: **79** **responsabilidad ++:** Y como para proceder a algunas de estas renovaciones se necesitan dos tercios de los votos de la Cámara es evidente que se *agrava* la responsabilidad que sobre la cuestión tienen socialistas y populares. EME060494 **80** **posición ++:** No obstante, el agresor habría dejado caer una frase que ha contribuido a *agravar* la posición procesal de ambos... LVE010295 **81** **actitud:** ...hayan vulnerado este principio y la ley, pues aceptaron los décimos e incluso los repartieron entre los trabajadores, lo que *agrava* su actitud. LVE090196

M SUSTANTIVOS QUE DENOTAN PENA O CASTIGO: **82** **sanción ++:** ...dijo que se tomarán represalias contra intereses estadounidenses si Washington *agrava* las sanciones. CLA150197 **83** **condena ++:** El acta del nuevo consejo es una copia del acta del primer consejo: cambian las condenas, *agravadas*. EPE210299 **84** **castigo +:** Agravar castigos o perseguir opiniones es una solución que en vez de ir a la raíz del conflicto deambula por sus ramas... EME020396 **85** **sentencia:** ...descarta la acusación de asesinato frustrado, lo que, obviamente, habría *agravado* considerablemente la sentencia. LVE040796 **86** **cargo –:** Y *agravó* los cargos por estafa. LVE151194

N SUSTANTIVOS QUE DENOTAN ERROR O DEFECTO: **87** **error +:** La sospecha de que el PNV ha preferido explotar el victimismo a buscar un acuerdo no exculpa, sino *agrava*, el error. EPE041001 **88** **defecto +:** Generalmente, los ataques cardiacos suelen producirse cuando un gran esfuerzo físico *agrava* algún defecto congénito de corazón que ya padecía el atleta en cuestión. EME110796 **89** **deficiencia:** ...lo que implica unas deficiencias de mantenimiento de infraestructuras básicas que *agravan* el problema presupuestario del Ayuntamiento. LVE060896 **90** **tara:** Ya empiezan a proliferar los concursos de guapos, con lo cual mi tara genética se ha *agravado*: también me encantan. EME191196

Ñ OTROS SUSTANTIVOS; POSIBLES USOS ESTILÍSTICOS: Pero las negociaciones abiertas en Bruselas pueden *agra-*

var el regusto amargo que ha dejado el apresamiento del «Estai». EME170395; Desde la muerte de Puig Antich arrastra el asma, pura reliquia psicosomática que se *agravó* con las elecciones del 77... LVE030195

▩ Se combina también con: ♦ **alarmantemente[19], a ojos vista[8], a pasos agigantados[26], considerablemente[69], día a día, inevitablemente, notablemente, peligrosamente, por momentos, progresivamente**

□ Véase también: **grave**.

agravio ♦ **comparativo, evidente, excusable, fuerte, imperdonable, indeleble, inexcusable, inmenso, irreparable, manifiesto, ostensible[80], perdonable, serio, severo** ♦ **cúmulo (de)[31], sensación (de), sentimiento (de), situación (de)** ♦ **causar[38], cometer[46], compensar[5], constituir, corregir, crear, deshacer, evitar, infligir[34], ocasionar[8], paliar, persistir (en), producir, remediar, reparar, representar, soportar, subsanar, sufrir, suponer**

□ Véase también: **infamia, injuria, insulto**.

agredir ♦ **a cara descubierta[17], a patadas[13], brutalmente, de palabra[1], de palabra y obra[5], directamente, físicamente, impunemente, moralmente, psicológicamente, reiteradamente[13], sexualmente, sin contemplaciones[22], sin escrúpulos, verbalmente[36], vilmente[8], violentamente**

□ Véase también: **injuriar, insultar, maltratar, ofender**.

agresión ♦ **alevoso, a palos, a punta de {navaja/pistola...}, a tiros, atroz, bárbaro, brutal, condenable, cruel, de palabra[47], desmedido[37], desmesurado[66], despiadado, encubierto, feroz, físico, flagrante[4], grave, impune[14], injusto, intolerable, involuntario, monstruoso, personal, presunto, salvaje, sexual, solapado, soterrado, supuesto, traicionero, tremendo, verbal, vil, violento** ♦ **en caso (de)** ♦ **alcance (de)[28], conato (de), delito (de), denuncia (de/por), intento (de), objeto (de)[47], víctima (de)** ♦ **acusar (de), arreciar[35], condenar, contrarrestar, denunciar, descubrir, evitar, fraguar(se)[36], frustrar, imputar[7], inducir (a)[11], infligir[41], llevar a cabo, maquinar[6], neutralizar, padecer, persistir (en)[43], producir, provocar, recibir, repeler, replicar, reponerse (de)[17], reprobar, someter(se) (a)[50], sufrir[76], urdir[20]**

AGRESIÓN Véase:

♦ **ofensivo**

♦ **abuso, acoso, amenaza, agresión, asalto (a/de), asedio, asesinato, asesino, ataque (de), atentado, atraco, atrocidad, atropello, bombardeo, emboscada, fechoría, homicidio, infamia, injuria, injusticia, magnicidio, masacre, matanza, ofensa (a), ofensiva, opresión, refriega, represalia, represión, terrorismo, tropelía, varapalo, violación, violencia**

♦ **abrir fuego, agredir, amenazar, aplastar, asesinar, atentar (contra), exterminar, golpear, herir, injuriar, insultar, maltratar, masacrar, matar, mutilar, ofender, provocación, regañar, reprender**

□ Véase también: *ACCIÓN ILEGAL O ILEGÍTIMA; ARMA; CONFRONTACIÓN; DAÑO Y PERJUICIO; GOLPE Y MOVIMIENTO IMPULSIVO; RIESGO.*

AGRESIÓN

♦ (ADJETIVOS) Véase: **cariz[F]**

♦ (SUSTANTIVOS) Véase: **absolver (de)[B], a cámara lenta[G], a cara descubierta[H], accidental[A], a destajo[H], afilado[A], a golpes[I], agudizar(se)[E], al descubierto[G], aparatoso[H], a resguardo (de)[E], arreciar[D,E], arrostrar[D], a sangre fría[C], blando[H], capitanear[A], cejar (en)[D], cerrar los ojos (ante)[B], con alevosía[E], conjurar[G], conmemorar[G], cubrir(se) (de)[B], cúmulo (de)[C], demoledor[A], de palabra[I], desaforado[D], desarticular(se)[F], dulcificar[F], encajar[A], encarar[D], en masa[F], en masa[I], enzarzarse (en)[C], flagrante[A], fraguar(se)[E], frenético[H], frontal[B], fulminante[A,E], granjearse[D], gutural[C], impune[C,I], imputar[A], infligir[D], inhumano[G], inmerecido[F], intensivo[F], lanzar[F], lanzarse (a)[D], lluvia (de)[A], lluvia (de)[B,G], objeto (de)[G], ostensible[F], paliar[J], persistir (en)[H], pertinaz[I], practicar[H], prodigar[E], proferir[A], propenso (a)[A], punzante[C], ráfaga (de)[B], rayar (en)[E], recaer[M], recrudecer(se)[B], relanzar[E], remachar[D], reponerse (de)[C], sarta (de)[C], silenciar[E], sin paliativos[H], sufrir[K], urdir[B], visceral[C]**

♦ (VERBOS) Véase: **a bocajarro[A], a cara descubierta[C], a conciencia[I], a destajo[D], a diestro y siniestro[C], a golpes[B,C], a patadas[B], a sangre fría[B], atrozmente[A], ciegamente[F], con alevosía[A], con dureza[B], de lo lindo[D], de palabra[A], de plano[D], de raíz[E], duramente[E], en masa[C], fulminantemente[A], ligeramente[E], limpiamente[G], literalmente[E], manifiestamente[D], peligrosamente[F], reiteradamente[C], severamente[D], sin contemplaciones[B,C], sin piedad[A], sin tregua[B], vilmente[A]**

□ Véase también: ACCIÓN HOSTIL; CONFLICTO; CONFRONTACIÓN; OPOSICIÓN; VIOLENCIA.

agresividad ♦ **acusado, brutal, considerable, creciente, cruel, declarado, desaforado[28], enorme, escaso, gran(de), manifiesto, notable, notorio, palpable, patente, salvaje, sin límite, soterrado, sumo[91], tremendo** ♦ **con** ♦ **clima (de), dosis (de), falta (de), grado (de), muestra (de)** ♦ **acumular, albergar, apaciguar, aplacar(se)[33], atemperar, aumentar, calmar(se), contrarrestar, controlar, descargar[4], desfogar[4], engendrar[2], exhibir, exteriorizar, frenar, manifestar, mitigar, mostrar, producir, proteger (contra), provocar, reducir, reprimir, templar**

□ Véase también: **amenaza, animadversión, aversión, hostilidad, rechazo**.

agriar(se) *v.* ▮ En sentido literal admite sustantivos que designan sustancias o alimentos, generalmente líquidos *(leche, vino, suero, jugo)*. En sentido figurado se combina con...

A SUSTANTIVOS QUE DESIGNAN MANIFESTACIONES DE LA FORMA DE SER O DE LA DISPOSICIÓN ANÍMICA DE LAS PERSONAS: **1 carácter ++:** La delgadez no le ha *agriado* el carácter. Ni mucho menos. LRE100103 **2 humor +:** Así que, fríamente, antes de que las preocupaciones le *agriaran* el humor, decidió poner fin a sus días. LVE281096 **3 ánimo:** Su ánimo se ha *agriado* con el paso del tiempo. EME120396 **4 espíritu:** ...no han *agriado* el espíritu andaluz de este jiennense que, además de ópera, entonará en el programa radiofónico canciones... EPE080199

B SUSTANTIVOS QUE DESIGNAN MANIFESTACIONES FÍSICAS O REACCIONES CORPORALES A LAS QUE SE CONCEDE CIERTO VALOR COMUNICATIVO: **5 expresión ++:** ...y no puedo evitar en la *agriada* expresión de mi careto una renovada mueca de asco... EME011195 **6 gesto:** En la mesa principal, a los gobernadores del PAN se les *agrió* el gesto. DYM240796 **7 sonrisa:** ...sabe que han quedado atrás los tiempos en los que podía quedar bien con todos. Se le ha *agriado* la sonrisa. EPE180999

C SUSTANTIVOS QUE DENOTAN CONVERSACIÓN O INTERCAMBIO DE IDEAS U OPINIONES, MÁS FRECUENTEMENTE SI ES POLÉMICO O ESTÁ DIRIGIDO A ALCANZAR UN ACUERDO O CERRAR UN TRATO: **8 debate +:** ...en un momento en el que las agresiones dialécticas entre populares y socialistas han *agriado* el debate político. LVE290196 **9 discusión:** Ella debió llegar al hogar con la aurora, él le reprochó la tardanza (...) y la discusión se fue *agriando* hasta llegar a las manos... LVE010295 **10 disputa:** Pero se *agriaron* hasta tal punto sus disputas filológicas con Pompeu Fabra, que mosén Alcover rompió con Barcelona... LVE260696 **11 negociación:** Ahora, la reciente declaración unilateral de Pekín (...) está *agriando* las negociaciones finales... EPE100199

D SUSTANTIVOS QUE DENOTAN TRATO O VÍNCULO ENTRE PERSONAS: **12 relación +:** La acción china es la más reciente dentro de una serie de disputas que han *agriado* las relaciones entre Beijing y Washington... ETC111196 **13 amor –:** Y muestra que ese amor puede *agriarse* y volverse pernicioso, hasta el punto de que los más religiosos se convierten en el tipo de personas que antes les aterrorizaban. EPE211199

E OTROS SUSTANTIVOS; POSIBLES USOS CRUZADOS: Lástima que un «poli» de paisano viniera a *agriarme* la fiesta. [Cf. *aguar*] LVE110896

F OTROS SUSTANTIVOS; POSIBLES USOS ESTILÍSTICOS: ...sino silencios como la copa de un pino, mutismos elocuentes y *agriados* que se te clavan en el ánimo como una nana viajera. EME140694

agridulce *adj.* **I** En su sentido físico se combina con el sustantivo *sabor* y con otros que designan alimentos *(cerdo, pollo, salsa).* En su sentido figurado, admite sustantivos temporales *(jornada, día),* así como otros que designan ciertos eventos *(fiesta, espectáculo, celebración, aniversario, bienvenida).* También se combina con...

A EL SUSTANTIVO *SABOR* Y CON OTROS QUE DENOTAN SENSACIÓN O EXPERIENCIA. TAMBIÉN CON ALGUNOS QUE DESIGNAN LAS IMPRESIONES DEJADAS POR ALGO EN EL ÁNIMO O EN LOS SENTIDOS: **1 sabor ++:** En medio del júbilo que significa para el país el hecho de que los uniformados vuelvan a sus casas, las negociaciones para su liberación, sin embargo, le dejaron a muchos un sabor *agridulce* en la boca. SEM190696 **2 recuerdo ++:** Quizá tenga en mente algunas de las fechas de su gira estadounidense, de la que el grupo guarda un recuerdo *agridulce.* EME010696 **3 sensación ++:** ...aseguraba que tenía una sensación *«agridulce»* puesto que el Gobierno francés no ha llevado a cabo las pertinentes obras para mejorar las carreteras de su vertiente... LRE180103 **4 regusto +:** Pero al finalizar el relato, queda un regusto *agridulce* a cruel divertimento divino. ABC060893 **5 poso +:** De todos modos, y aún con la alegría de haber podido celebrar estas señaladas fechas del modo en que lo hacen en su país, a la colonia ecuatoriana le ha quedado un poso *agridulce.* DDN070101 **6 experiencia +:** ...arrastra una experiencia *agridulce* en el Parma italiano, adonde llegó con la vitola de ser uno de los mejores centrales del continente. LVE261196 **7 imagen:** En la memoria del aficionado azulgrana, sobre todo azulgrana, permanecerá (...) una imagen *agridulce,* ambigua, tan lejana del aplauso sin reparos como de la condena sin redención. EME100195

B SUSTANTIVOS QUE DENOTAN ÉXITO O, MÁS RARAMENTE, FRACASO. TAMBIÉN CON OTROS QUE DESIGNAN ALGUNAS DE SUS MANIFESTACIONES EN CONCURSOS, JUEGOS O COMPETICIONES: **8 victoria ++:** Victoria *agridulce* del (...) en Lleida al perder la mayoría absoluta pese a haber ganado votos. LVE300595 **9 triunfo +:** En la madrugada del jueves al viernes hora española, Ivanisevic vivió un triunfo *agridulce* en los cuartos de final... EME070996 **10 éxito:** Yo diría que tuvo un éxito *agridulce.* EPE090699 **11 premio:** ...victoria sobre Francia y el tercer puesto del Campeonato de Europa Sub 21 convertido en un premio *agridulce...* EME210494 **12 goleada:** Dinamarca, superada en el grupo D por Portugal y Croacia, se despidió de la Eurocopa con una goleada *agridulce* ante Turquía (3-0)... LVE200696 **13 derrota:** ...recuerda el presidente de la federación española, Alejandro Blanco, el primero en abrazarle tras la derrota *agridulce.* LVE220796

C SUSTANTIVOS QUE DENOTAN DESENLACE O RESULTADO DE ALGO. TAMBIÉN CON OTROS QUE DESIGNAN ALGUNAS ACCIONES QUE SE ASOCIAN GENERALMENTE CON EL TÉRMINO DE UN ESTADO DE COSAS: **14 desenlace ++:** Resulta complicado etiquetar a Peter Weir, un director que acostumbra a dar sorpresas, creador de esta pesadilla con desenlace *agridulce.* EME300494 **15 final ++:** ...la capital de Somalia y una de las misiones de la ONU más destacadas de los 90 con final *agridulce...* LVE131095 **16 resultado +:** ...dijo que era un resultado *«agridulce»* y que estaba «inquieto»... EME260694 **17 balance +:** ...el II Festival Internacional de Benicassim pasó la página del viernes con un balance *agridulce...* EME040896 **18 veredicto:** ...ha terminado y deja un veredicto *agridulce* que sólo remarca las profundas divisiones raciales... LVE041095 **19 conclusión:** Esa es la *agridulce* conclusión del informe preliminar del muy ortodoxo Fondo Monetario Internacional... EPE180700 **20 despedida:** Por eso, la despedida del curso resulta *agridulce* para la tripulación oriotarra. EPE270999

D SUSTANTIVOS QUE DESIGNAN MANIFESTACIONES VERBALES O TEXTUALES DE MUY DIVERSA NATURALEZA: **21 crítica +:** ...dejemos las bromas de mal gusto, por muy disfrazadas de *agridulce* crítica que aparezcan... EPE190999 **22 felicitación:** ...no tenían por más que elevar una felicitación *«agridulce»* por el acuerdo alcanzado... EME240394 **23 explicación:** ...adelanta una *agridulce* explicación de la infidelidad de la hija. ABC100192 **24 confesión:** ...propone una confesión *agridulce* que supura opinión no sólo sobre su experiencia... EPE010499 **25 testimonio:** ...impregnada del *agridulce* testimonio humano signado por el propio Marsillach al final del relato. EME221095 **26 palabra:** ...unas palabras *agridulces,* cotidianas y desesperanzadas que exponen las contradicciones... LVE150195 **27 página:** ...retratado por Gaya en una página *agridulce* de su magistral diario... ABC231092

E SUSTANTIVOS QUE DESIGNAN SENTIMIENTOS, ESPECIALMENTE SI SE RELACIONAN CON LA NOSTALGIA, LA DESAZÓN Y OTRAS FORMAS DE PESADUMBRE: **28 melancolía:** ...un cusqueño expatriado al que espoleaban una *agridulce* melancolía y esa ansiedad de escribidor... EPE281001 **29 nostalgia:** La impecable mezcla de *agridulce* nostalgia –de paraíso perdido– que caracterizaba a «Aquellos maravillosos años»... LVE090895 **30 tristeza:** ...al mismo tiempo que una *agridulce* tristeza ante un pasado (reciente o pasado) imposible y perdido... EME230396 **31 dolor:** Aparecen en estas páginas un dolor *agridulce*, la ironía despiadada... EME040596 **32 sentimiento:** Tendré seguramente el mismo sentimiento *agridulce* que tuve en la noche de las elecciones... LVE260296 **33 sentimentalidad –:** ...no es la complicación de un cadáver, sino la *agridulce* sentimentalidad de cuatro personajes... EME110296

F SUSTANTIVOS QUE DESIGNAN ALGUNOS RASGOS DEL ESTILO O DEL MODO DE SER PARTICULAR DE LAS PERSONAS O LAS COSAS. TAMBIÉN CON OTROS QUE ALUDEN A LA FORMA PECULIAR DE EXPRESAR ALGO: **34 visión +:** Una visión *agridulce* de las relaciones humanas debida al director de «Dulce libertad»... LVE190995 **35 tono +:** ...sorprende por su delicioso tono *agridulce* y se deja leer de una tanda. ESH120996 **36 ironía +:** ...y está escrito con una ironía *agridulce*, estimulada por un tierno sentido del humor. EME160995 **37 humor:** ...no muy lejano al sarcasmo y a cierto humor *agridulce* y pesimista. ABC310792 **38 estilo:** ...música de los judíos del este europeo, un estilo *agridulce* asociado con la diáspora. EPE131001 **39 deje:** ...reflexiona sobre su creación más conocida, lo hace con un deje *agridulce*. EPE070299

G SUSTANTIVOS QUE DIVERSOS GESTOS DE LA EXPRESIÓN FACIAL: **40 sonrisa +:** Algunos humoristas –Faemino y Cansado (los más excéntricos) o Angel Garó (el más «artista»)– me provocan una sonrisa *agridulce*. EME010394 **41 mirada:** «Paisaje desde mi bañera» merece ser leída como novela sin grandes aspiraciones literarias, relato de humor que se explaya en una mirada *agridulce* sobre las miserias... ABC210593 **42 mueca:** Sin embargo, Martín esboza una mueca *agridulce*: Hemos vencido a Barcelona, Joventut y Real Madrid en la ACB. EME130294 **43 rictus:** El día después todos se habrán quedado con un rictus *agridulce* a lo Modigliani. EME080296

a grito limpio Véase: **a gritos**

☐ Véase también: **grito**.

a grito pelado Véase: **a gritos**

☐ Véase también: **grito**.

a gritos *loc.adv.* ▮ Admite algunas variantes *(a grito limpio, a grito pelado, a voz en grito)*. Se construye a menudo con verbos de lengua, más frecuentemente enunciativos o declarativos *(hablar, decir, proclamar, declarar)*. También se combina con...

A VERBOS QUE DENOTAN SOLICITUD, REQUERIMIENTO O REIVINDICACIÓN CON DIVERSOS GRADOS DE INTENSIDAD, URGENCIA O FORMALIDAD: **1 pedir ++:** Hace tiempo dije que llegaríamos a pedir *a gritos* el silencio... ABC220193 **2 reclamar ++:** Representa la moralidad y la antipolítica, lo que la gente está reclamando *a gritos*. ETC070497 **3 exigir +:** ...exigían *a gritos* la renuncia del Director y subdirectores de la institución. LHG140797 **4 demandar:** Los guardianes se concentraron desde temprana hora en un patio y demandaron *a gritos* el pago de sus dineros. ETC020188 **5 reivindicar:** ...la prosa de Ángeles Mastretta saca el máximo partido de lo cotidiano, reivindica *a gritos* y a susurros la intensidad de la emoción... LVE200996 **6 ordenar:** Hay hombres que ordenan *a gritos* a su mujer que les traiga un café. CAN070301 **7 clamar:** Cientos de alumnos y docentes se manifestaron y declararon en huelga la pasada semana para clamar *a gritos* una solución. EPE160299 **8 solicitar:** ...ataviado con el 10 de Pantic y un habano de inmensas proporciones, le solicitaba *a gritos* el fichaje de Del Piero. LVE280596 **9 manifestarse:** Llevan dos días concentrados, manifestando *a gritos* su rabia, y sin embargo no han recobrado aún la calma. EME110496

B VERBOS QUE DENOTAN CONFRONTACIÓN, FRECUENTEMENTE VERBAL: **10 discutir +:** Un día que regresó temprano a la casa, comenzó a discutir *a gritos* con mamá. LHG100697 **11 enfrentarse +:** ...se enfrentó *a gritos* con los servicios de seguridad israelíes. LVE271096

C VERBOS QUE DENOTAN DESACUERDO O REPROBACIÓN. TAMBIÉN CON OTROS QUE DESIGNAN ALGUNAS MANIFESTACIONES VERBALES QUE EXPRESAN DISCONFORMIDAD CON AGRESIVIDAD O ENCONO: **12 acusar +:** ¡Me acusó *a gritos* de haber renegado! ABC270594 **13 abuchear:** Esos representantes fueron abucheados *a gritos* de «¡vendidos, traidores!». EPE121199 **14 insultar:** ...los dos individuos comenzaron a insultarse *a gritos*... EME290194 **15 increpar:** La madre del alcalde censurado increpó *a gritos* a los ediles... EPE061099 **16 reprochar:** La verdad es que en mi mente existia un sentimiento de arrepentimiento que reprochaba *a gritos* mi actitud cobarde... DYM210197 **17 recriminar:** ...salvó las desinteligencias de sus defensas a los que recriminó *a gritos*. ETC111196

D ALGUNOS VERBOS QUE DENOTAN INICIO O SUSPENSIÓN DE UNA ACTIVIDAD, A MENUDO DE FORMA IMPETUOSA O INESPERADA: **18 irrumpir +:** Un grupo de vecinos irrumpió en la sala *a gritos*... LVE101296 **19 arrancarse:** ...Lola Flores se arrancó *a gritos*, peor o mejor modulados, para zafarse para siempre del espectro de la miseria. LVE210595 **20 interrumpir +:** ...en esa ocasión se especializaron en interrumpir *a gritos* por dos veces el ritual de la eucaristía... DLA020997

E OTROS VERBOS; POSIBLES USOS ESTILÍSTICOS: Eso es enamorarnos *a gritos* y susurros. LVE151196

☐ Véase también: **a voces, a voz en grito, grito (de).**

[agua] → como agua de mayo, como el agua, como un jarro de agua fría

agua ♦ a chorro(s), agitado, a raudales, cálido, cenagoso, claro, cristalino, curativo, fecal, fétido, freático, hediondo, infecto, insalubre, límpido, limpio, lleno (de), mineral, nítido, pantanoso, potable, proceloso, salino, sano, somero[1], sucio, tibio, torrencial, turbio, turbulento ♦ al cuello[1] ♦

a prueba (de) ♦ gota (de), marca (de), vapor (de) ♦ absorber, achicar, afluir, almacenar, apaciguar[11], bañar(se) (en), beber, brotar, bucear (en), caer, canalizar, circular, contener, correr, derramar, derrochar, desembocar, deslizarse, dilapidar, diluir (en), discurrir, disolver (en), dosificar, echar, encauzar, estancar(se), flotar (en), fluir, hundir(se) (en), infiltrarse, ingerir, llenar (de), malgastar, manar, rebosar, recoger, sacar, sorber, succionar, surcar, surgir, tragar, verter, volver a su cauce, zambullir(se) (en)

☐ Véase también: **calar(se), empapar(se), hielo, mojar(se), zambullir(se) (en).**

AGUA

♦ (SUSTANTIVOS) Véase: **al cuello[A], somero[A], zambullir(se) (en)[A]**

aguantar ♦ a duras penas[27], a la fuerza, a pie firme[1], a pulso[10], con dificultad, con firmeza[24], contra viento y marea[23], de buen grado[8], estoicamente, pacientemente, perfectamente, sin pestañear[1], temporalmente[32] ♦ broma, calor, chaparrón, crítica, deseo, empuje, frío, fuerza, inclemencia, lágrima, llanto, mirada, peso, presión, reproche, respiración, resultado, risa, ritmo, situación, tensión, tiempo, tipo

☐ Véase también: **aguante, resignarse, resistir(se) (a), soportar, sufrimiento.**

aguante ♦ admirable, asombroso, ejemplar, extraordinario, físico ♦ capacidad (de) ♦ acabárse(le) (a alguien), mantener, prolongar, quebrar(se)[3], tener

☐ Véase también: **resistencia.**

aguardar ♦ confiado, expectante, impaciente[2], intranquilo, nervioso ♦ ansiosamente, con ansiedad, con cautela, con interés[17], esperanzadamente, pacientemente, pasivamente, tranquilamente

☐ Véase también: **esperar.**

aguar(se) *v.* ▮ En el sentido de 'mezclar(se) con agua' se combina con sustantivos que designan materias líquidas *(vino, leche, licor, café)* o semiliquidas *(pintura, consomé)*. En el sentido de 'frustrar(se)' se combina con...

A SUSTANTIVOS QUE DESIGNAN SUCESOS DE APERTURA O DE CELEBRACIÓN, ASÍ COMO OTROS EVENTOS DE CARÁCTER FESTIVO O LÚDICO: **1 fiesta ++:** ...a ambas se les *aguó* la fiesta con la cancelación de la visa al presidente... SEM160796 **2 sorpresa +:** Todos mantienen el secreto para no *aguar* la sorpresa que le tienen preparada. INDOC **3 celebración +:** ...una banda de seis o siete jóvenes (...) que le *aguaron* la celebración... LVE260795 **4 festival:** Resulta por ello muy difícil nadar contra corriente *aguando* este festival... EPE131199 **5 nochevieja:** El efecto 2000 amenaza con *aguar* la próxima Nochevieja en Rusia. EPE070799 **6 boda:** ...la cruda realidad me ha *aguado* hasta las bodas de la Jurado y su José... LVE210295 **7 debut:** ...su ex equipo se encargó de *aguarle* el debut... EPE011199 **8 homenaje:** ...la genial, y ya entonces muy anciana, pintora copió un dibujo inca y el homenaje se *aguó* del todo. EPE131199 **9 festín:** Jordi Picasso *aguó* el festín cuando la mayorala estaba a punto de ser nombrada ministra... LVE081296 **10 juerga:** ...Rinus Michels recuerda cómo *aguó* alguna juerga de sus jugadores. LVE280996 **11 festejo:** La enfermedad de Kohl y el asesinato de Isaac Rabin amenazaron con *aguar* el festejo europeo... EME061195 **12 inauguración:** La lluvia estuvo en un tris de *aguar* la inauguración... LVE270696 **13 carnaval:** ...fue suficiente para *aguar* el carnaval y acallar los tamboriles... LEC220796 **14 función:** ...aquel «¡Viva el Yiyo!» que, sin duda involuntariamente, *aguó* la función. EPE310800

B SUSTANTIVOS QUE DESIGNAN OTROS ACONTECIMIENTOS PÚBLICOS DE LOS QUE CABE ESPERAR UN RESULTADO FELIZ: **15 encuentro +:** Los incidentes violentos del domingo *aguaron* el encuentro entre los dos equipos. INDOC **16 debate +:** El debate preelectoral (...) quedó *aguado* por la ausencia de... LVE310395 **17 acto:** También *aguó* los actos... LVE230996

C SUSTANTIVOS QUE DESIGNAN PROYECTOS O ESTIMACIONES: **18 iniciativa +:** ...han conseguido *aguar* la iniciativa fiscal de Bruselas. EME110595 **19 propuesta:** ...lo más probable es que (...) no acepte la propuesta (...); la negativa de la DC bastaría para *aguarla.* HOY020697 **20 cálculo +:** La votación de Gladys Marín, muy por sobre la media comunista, *aguó* esos cálculos... HOY151297 **21 programa:** ...iban a sitiar la Municipalidad para demostrar sus fuerzas (...). Sin embargo, el resultado *aguó* el programa. ACP271196 **22 pronóstico:** ...le *aguó* el pronóstico y dejó las cosas como estaban antes de empezar la jornada. LVE180396

D SUSTANTIVOS QUE DESIGNAN OTRAS MANIFESTACIONES DE LO QUE SE ANHELA O SE ESPERA CONSEGUIR: **23 ilusión:** Pero la ilusión se *aguó* pronto. Se me ocurrió bañarla y, como era de cartón, se estropeó. EPE031099 **24 aspiración +:** ...podría *aguar* las aspiraciones de de Melero, quien incluso presentó hace tres semanas un documento político... HOY130197 **25 esperanza:** Horas más tarde, los países exportadores decidieron mantener los recortes de producción y *aguaron* un tanto esas esperanzas. EPE230999 **26 deseo:** Una lesión en el tobillo le *aguó* los vivos deseos que tenía de participar en los Juegos Olímpicos. INDOC **27 expectativa:** ...protestas (...) que han *aguado* las expectativas financieras del Ubrique Industrial, que por lo visto confiaba en lanzar un plan... EPE210299 **28 posibilidad −:** También está la eventual postulación al Senado del diputado Alejandro García-Huidobro por la Sexta Región, quien podría *aguar* las posibilidades de su colega... HOY090697

E SUSTANTIVOS QUE DESIGNAN EL RESULTADO FAVORABLE DE ALGUNA COSA: **29 triunfo ++:** Injustamente, dicen cercanos a Pérez, se *aguó* el «triunfo» del ministro. HOY101197 **30 victoria:** ...estuvo a punto de *aguarle* la victoria... LVE270996 **31 logro:** ...para no *aguar* uno de los pocos logros efectivos de las Naciones Unidas... LVE070795

F SUSTANTIVOS QUE DESIGNAN ESTADOS DE ÁNIMO PLACENTEROS: **32 alegría +:** ...un intento (...) de *aguar* la alegría (...) durante la fiesta mayor de su calendario... EME140795 **33 optimismo +:** Verwoerd, al que sin duda molestaría este «espiritu», tal vez habría intentado *aguar* el optimismo... EPE140299 **34 júbilo:** ...el júbilo del presidente surcoreano (...) puede ser *aguado* por los sindicatos y los manifestantes. EPE201000 **35 disfrute:** La apertura de una investigación judicial contra el primer ministro (...) viene a *aguar* el disfrute de lo conseguido. LVE011296 **36 euforia:** ...hizo todo lo posible por *aguar* la euforia en las gradas, pero se topó con la mejor defensa de la Liga. EPE240599

G ALGUNOS SUSTANTIVOS TEMPORALES: **37 día +:** Fue un Sevilla pueril, por inocente, el que permitió que el Madrid *aguara* el día del debut de Roberto... EME181196 **38 noche +:** Uno (...) está por *aguarles* la noche con palabras de desengaño y luz ceniza pero, naturalmente, no se atreve... EME220895 **39 fin de semana +:** Los acontecimientos dramáticos del jueves nos *aguaron* a todos el fin de semana. INDOC **40 mañana:** Tras el intervalo (...) trató de *aguar* la mañana a los sevillistas. EPE140699 **41 momento:** No sólo no *aguó* el momento estelar de su «enemiga» (...), sino que ésta salió del apuro rehabilitada y equiparada con el escritor angloindio... EME161095 **42 adolescencia –:** ...todos los que me *aguaron* la adolescencia presentándome el sexo como pecado, culpa y una antesala del infierno. LVE100195

H OTROS SUSTANTIVOS; POSIBLES USOS ESTILÍSTICOS: Un historial envidiable (...) se *aguó* a su paso por la NBA. LVE291296; Sin embargo su rechazo de la violencia quedó muy *aguado*... EME130296

☐ Véase también: **malograr(se)**.

agudizar(se) *v.* ▮ En su sentido de 'afinar(se)' se combina con sustantivos que designan sentidos y algunas de sus funciones características *(sentido, vista, oído)*. También se combina con...

A SUSTANTIVOS QUE DESIGNAN FACULTADES HUMANAS DE NATURALEZA COGNITIVA O INTELECTIVA, ASÍ COMO ALGUNOS DE LOS ÁMBITOS A LOS QUE SE APLICAN DE MANERA NATURAL: **1 imaginación +:** ...los gestores estamos obligados a *agudizar* la imaginación... EME180194 **2 ingenio +:** Los venezolanos *agudizan* su ingenio para sobrevivir a la escasez... LRE150103 **3 capacidad +:** ...ayuda a las personas a *agudizar* su capacidad crítica, a reflexionar... ABC240295 **4 talento:** ...podrían verlos en otros idiomas y aunque posiblemente no les resultasen tan graciosos les servirían para *agudizar* su talento lingüístico. LVE090396 **5 inteligencia:** Acá tenemos que *agudizar* la inteligencia y buscar una solución. LNP030497 **6 entendimiento:** Creo que hay que serenarse, *agudizar* el entendimiento y poner en los museos aquello que se lo merezca. EME050395 **7 mente:** Si profundizamos (...) y *agudizamos* la mente observadora y crítica, podríamos llegar a la deducción de que tal publicidad fue obra de Zedillo y Madrazo... DYM240796

▮ En su sentido de 'agravarse' se combina con sustantivos que designan enfermedades y dolencias *(bronquitis, tuberculosis, sordera, locura)*, así como sus efectos *(lesión, disfunción, síntoma, isquemia)*. También lo hace con sustantivos que designan fenómenos meteorológicos o climáticos susceptibles de ocasionar daño *(sequía, tormenta)*. Se combina asimismo con...

B EL SUSTANTIVO *DOLOR* Y CON OTROS QUE DESIGNAN SENSACIONES FÍSICAS O ANÍMICAS: **8 dolor ++:** ...los dolores que sentía Manfred, lejos de ser controlados, se *agudizaron*. GIC101496 **9 tensión ++:** Una estrategia que sirvió para *agudizar* las tensiones existentes entre Galeano y la Defensoría Oficial. CLA210199 **10 presión +:** Mientras se *agudiza* la presión, el Gobernador y prominentes funcionarios de su gobierno pretenden restarle importancia a la polémica... END201097 **11 sufrimiento:** El sufrimiento se *agudizó* en el último encuentro, porque Croacia jugó muy mal... LVE290695 **12 malestar:** En el sector público, por el contrario, se *agudiza* el malestar, debido al desmontaje de un patrón de funcionamiento... EUV160796 **13 molestia:** Agregan fuentes del PN que la molestia se *agudizó* al ver cómo crecía el entendimiento. HOY110784

C SUSTANTIVOS QUE DENOTAN DIFERENCIA, ASÍ COMO FALTA DE ACUERDO, CONGRUENCIA O ENTENDIMIENTO: **14 diferencia ++:** ...esta fórmula tiene un efecto redistributivo en el sentido de que no perpetua o *agudiza* las diferencias de ingresos familiares... HOY250184 **15 contradicción ++:** ...insistió en que actualmente sectores de la izquierda revolucionaria pudieron estar pensando en *agudizar* las contradicciones. DED191296 **16 desigualdad +:** ...un modelo económico de ajuste que *agudizaba* las desigualdades internas... LPH311000 **17 desavenencia:** Años de mala administración (...) no sólo le han privado de su autoridad en la región, sino que también han *agudizado* las desavenencias económicas... EPE280800 **18 discrepancia +:** Esta discrepancia, que se *agudiza* en momentos cruciales de la historia... LVE261095 **19 desacuerdo:** Se *agudiza* el desacuerdo político sobre la autoridad audiovisual. EPE110399 **20 contraste:** ...la debilidad del dólar ha *agudizado* el contraste entre el poderío político y económico... LVE060395 **21 grieta:** El asunto de las escuchas ha *agudizado* las grietas entre el Gobierno y... EME190695 **22 divorcio:** ...los divorcios se sucedían cada tres por dos, *agudizándose* en los ochenta... EME111196 **23 ruptura:** La familia Moskat o el pueblo de Jampol ejemplarizan en su seno todas las turbulentas rupturas (...), *agudizadas* en un medio especialmente sensible... EPE310877 **24 desencuentro –:** Las elecciones municipales, con la presencia de conflictos latentes en los niveles locales de la coalición, pueden *agudizar* un insólito desencuentro. LVE140696

D SUSTANTIVOS QUE DENOTAN PROBLEMA, DIFICULTAD O CARENCIA. TAMBIÉN CON ALGUNOS QUE DESIGNAN OTROS ESTADOS Y SITUACIONES DE ADVERSIDAD: **25 crisis ++:** ...*agudizando* una crisis económica cuyas consecuencias... ESH151100 **26 problema +:** ...desde hace aproximadamente 10 años se ha venido *agudizando* el problema de la tensión en las pruebas de admisión por falta de cupos en los colegios... ETC070497 **27 dificultad +:** ...el narcotráfico y la guerrilla *agudizaron* las dificultades para el abastecimiento... ETC160494 **28 falta +:** Esa situación contribuyó a *agudizar* la falta de liquidez de los gobiernos... DYM240796 **29 escasez +:** ...podría *agudizarse* la escasez de este importante elemento para la vida humana... EXC020197 **30 reticencia:** La red de información de la titulación es deficiente, lo que (...) *agudiza* sus reticencias a participar en el Departamento. EPE031199 **31 incidente:** Los incidentes se *agudizaron* y extendieron por numerosas calles... EDV270499 **32 problemática:** La problemática del sector se va a *agudizar* en los próximos días porque no vamos a permitir que nos quieran quitar la tierra vía embargos... ESH180996 **33 inconveniente:** Estos inconvenientes se *agudizan* en las viviendas antiguas, ellas de techos altos, que obligan para su limpieza el empleo de escaleras de tijera... LVE010596 **34 miseria:** ...se han *agudizado* el hambre y la miseria. GIC051997 **35 paro:** ...el paro juvenil en Euskadi (...) está más *agudizado* en Álava... EPE311099 **36 recesión:** ...una profunda recesión que se *agudizará* más en meses venideros. LVE030695

E SUSTANTIVOS QUE DENOTAN AGRESIÓN U OTRAS FORMAS DE ACCIÓN COERCITIVA, VIOLENTA U HOSTIL CONTRA LAS PERSONAS O LAS COSAS: **37 ataque:** ...*agudizando* los ataques a los importadores de automóviles... RUM290997 **38 represión:** Agregó que el EPR surgió por «la explotación, la miseria, y la represión que se *agudizan*» y que puede actuar en la capital mexicana. LVE300896 **39 bloqueo:** ...la aplicación de la Ley (...) que *agudiza* el bloqueo económico a Cuba. EPC040996 **40 cerco:** El cerco se le ha *agudizado*. Su cabeza le hace ver que quienes le apoyan (...) están perdiendo la guerra de la obstrucción del Poder Judicial. EME280996 **41 arremetida:** La arremetida contra el presidente (...) se *agudizó* ayer entre manifestaciones populares en las calles de Bogotá... EME310196 **42 injerencia –:** ...se dio un paso más hacia la entrega del petróleo nacional a empresas del extranjero; se *agudizó* la injerencia externa en asuntos internos... EXC211096

F EL SUSTANTIVO *SENTIMIENTO* Y CON OTROS QUE DESIGNAN MUY DIVERSOS SENTIMIENTOS Y SENSACIONES, MÁS FRECUENTEMENTE SI SE RELACIONAN CON LA FALTA DE SERENIDAD, ESTABILIDAD O CONFIANZA: **43 sentimiento ++:** Este sentimiento se *agudiza* aún más por el hecho de que Jordan hasta hace unas semanas era el director deportivo del equipo. EPE221001 **44 sensación ++:** El silencio *agudiza* la sensación de impotencia. EME090194 **45 desconfianza +:** Los últimos acontecimientos (...) han *agudizado* la desconfianza de Washington... EPE051201 **46 nerviosismo:** Anticipada su firma para paliar la incertidumbre que había *agudizado* el nerviosismo en el mercado cambiario... PME031196 **47 desesperación:** ...amenaza con prolongar por largo tiempo el amarre de la flota comunitaria y *agudizar* todavía más la desesperación de los pescadores españoles... LVE190695 **48 desengaño:** El diálogo (...) se establece desde una perspectiva de *agudizado* desengaño y connota en sí mismo esa erosión padecida. ABC040693 **49 angustia:** Un impenetrable muro de oscuridad *agudizó* la angustia. ENC060599 **50 nostalgia:** Seis años largos después de la caída del Muro, a muchos ciudadanos del «otro lado» parece *agudizárseles* la nostalgia. EME011196 **51 sorpresa:** ...razón que ha *agudizado* aún más la sorpresa que ayer dio el banco al mantenerse al margen de este movimiento bajista de tipos de interés oficiales. LVE240896

G SUSTANTIVOS QUE DENOTAN INCERTIDUMBRE EN DIVERSAS FORMAS Y GRADOS: **52 duda +:** Aquel partido acabó con silbidos de la desesperada afición belga y *agudizó* las dudas sobre las cualidades de Paul... EME270395 **53 temor +:** ...la reunión del Consejo Supremo de la Defensa de Serbia en Belgrado (...) no hizo ayer más que *agudizar* esos temores. LVE300795 **54 incertidumbre:** ...si se *agudiza* la incertidumbre política que vive el país, la economía sí se verá afectada... EXP210797 **55 inestabilidad:** ...su permanencia como presidente está *agudizando* la inestabilidad política... EME220795 **56 preocupación:** Una sucesión de delitos y de casos de pretendida justicia por mano propia volvió a *agudizar* la preocupación... CLA100199 **57 inquietud:** Esa inquietud se ha *agudizado* con el reciente fallo de la Tercera Sala de la Corte Suprema que desautorizó al juez de Parral... CAR010997 **58 dilema:** El estallido de la guerra civil en 1969 *agudiza* el dilema del poeta entre la vida contemplativa y la premura de la acción política... LVE061095 **59 dubitación –:** Todos los errores y dubitaciones (...) se han *agudizado* en los dos últimos días. LVE050895

H SUSTANTIVOS QUE DENOTAN RIESGO O DESIGNAN SITUACIONES QUE LO CONLLEVAN: **60 riesgo ++:** ...se *agudizará* el riesgo de promover el clientelismo, la manipulación... CLA030497 **61 peligro +:** El verdadero peligro para su seguridad y permanencia se *agudiza*... EME190995 **62 alarma:** La alarma se *agudizó* cuando un grupo de intelectuales firmó un serio «Llamamiento pro-candidatura de Coluche». HOY070181 **63 emergencia –:** ...si la emergencia se *agudizara*, si las existencias se agotaran... ETC110297

I OTROS SUSTANTIVOS; POSIBLES USOS ESTILÍSTICOS: ...*agudizaba* un perfil que tendía hacia delante como el de un galgo... LVE020195

▩ Se combina también con: ♦ **alarmantemente[20], a ojos vista, día a día, notablemente, por momentos**

agudo ♦ **aguja, alarido, apostilla, ataque, caso, chillido, crisis, crítica, dolor, enfermedad, espina, fase, fiebre, filo, frase, grito, idea, ingenio, mente, nota, observación, olfato, palabra, pensamiento, perspicacia, problema, punta, puñal, reacción, rechazo, reflexión, registro, respuesta, rima, sagacidad, sensibilidad, sentido, sonido, tono, voz,** *otros sustantivos que designan manifestaciones verbales o textuales*

aguileño ♦ **imagen, nariz, perfil, rostro**

aguja ♦ **acerado, afilado, calado, corto, de coser, delgado, de reloj, desechable, ferroviario, fino, gótico, hipodérmico, largo, magnético, punzante, romo** ♦ **cambio (de), grosor (de), ojo (de), punción (con), tacón (de), vino (de)** ♦ **atravesar (algo), clavar, enhebrar, ensartar, esterilizar, infectar(se), introducir, meter, penetrar (en algo), perforar (algo), pinchar, utilizar**

agujero ♦ **contable, diminuto, económico, enorme, financiero, hondo, inmobiliario, insondable[10], lleno (de), negro, patrimonial, pequeño, presupuestario, profundo, sin fondo, tenebroso** ♦ **a través (de)** ♦ **abrir, agrandar, cavar, cerrar, colarse (por), colmar[17], cubrir, descubrir(se), excavar, hacer, horadar, hurgar (en), llenar, obstruir, obturar, ocultar, practicar, salir (de), socavar (algo), taladrar, tapar, taponar**

☐ Véase también: **bache, foso, hueco, orificio.**

a gusto ♦ **cantar, despachar, encontrarse, explayarse, llover, mostrarse, moverse, pasear, quedarse, reírse, sentirse, trabajar, vivir**

aguzar *v.* **I** Se combina con sustantivos que designan objetos físicos susceptibles de ser afilados, como *punta de flecha, diente, bisturí*. En otras interpretaciones de este verbo, se combina con...

A SUSTANTIVOS QUE DESIGNAN ALGUNOS SENTIDOS, ASÍ COMO DIVERSAS MANIFESTACIONES DE SU EJERCICIO. TAMBIÉN CON OTROS QUE SE REFIEREN A CIERTAS PARTES DEL ORGANISMO QUE INTERVIENEN EN LA PERCEPCIÓN O DESIGNAN LAS MISMAS IMPRESIONES PERCIBIDAS: **1 oído ++**: ...supo que ya no tendría que *aguzar* el oído y ponerse en tensión al sentir pasos en el andén... LVE281096 **2 sentido ++**: Una sensibilidad, por cierto, de escritor, es decir, de persona que *aguza* los sentidos a la hora de observar... LVE310596 **3 vista +**: ...me tengo que encaramar al armario, subir una silla, empinarme y *aguzar* la vista para verlos –contestó la viejecita. LVE231296 **4 mirada +**: ...la expresión se ha ido descarnando cada vez más para *aguzar* la mirada. ABC240395 **5 visión**: ...*aguza* su visión sobre la actividad económica en América Latina. EUV080996 **6 pupila**: ...vigilando que la mirada del artista –la pupila bien *aguzada*– esté presente con su propio lenguaje... EME100296 **7 sensación**: Una actriz impresionante en todos los terrenos interpretativos, pero cuyo esbozo aguileño *aguzaba* aún más las sensaciones del remordimiento, la pena y la angustia. EME180995

B SUSTANTIVOS QUE DENOTAN ENTENDIMIENTO, MEMORIA O ATENCIÓN. TAMBIÉN CON ALGUNOS QUE DESIGNAN OTRAS FACULTADES Y CAPACIDADES INTELECTIVAS O COGNITIVAS DE LAS PERSONAS: **8 ingenio ++**: El fracaso en la lucha contra la evasión (...) *aguzaron* el ingenio de los técnicos de Economía. CLA090597 **9 inteligencia**: Era una mezcla de la desfachatez social (...) y la fría inteligencia *aguzada* en la elitista universidad femenina... EME080695 **10 habilidad –**: ...era un combate directo que te ponía las pilas y te *aguzaba* la habilidad, la convicción y el ingenio. EME091295 **11 atención**: Conocí a un hombre –agregó– que después de haber vivido treinta años con su mujer Cormery *aguzó* la atención. ABC021294 **12 instinto +**: Sus diez años en la clandestinidad han *aguzado* su instinto para moverse... EME081296 **13 memoria**: ...la aurora *aguza* la memoria del río y oleadas de helechos gigantes se mecen... ABC100694 **14 capacidad**: ...muchas de las marcas y modelos que (...) nos pone ante los ojos *aguzando* la capacidad del recuerdo... ABC100993 **15 inventiva**: El Viernes Negro *aguzó* la inventiva del venezolano, expresó el coordinador general del Foro Internacional... EUV170498 **16 imaginación**: ...los temibles e inquisidores rombos que pretendían enviarte a la cama *aguzaban* tu imaginación... EME100795 **17 introspección**: ...Vallejo consigue *aguzar* la introspección a la par que concibe la más apta panoplia de recursos... ABC130392

C OTROS SUSTANTIVOS; POSIBLES USOS ESTILÍSTICOS: ...rapaces con orejas de escrutar la noche incestuosa y orejudos de *aguzar* medias verdades... EME130595; Que el vértigo se *aguzará* más y se hará más irrespirable. EME070495; ...la precisión del lenguaje *aguza* el significado de los hechos. LVE170995

ahogadamente ♦ **respirar, responder, subsistir, vivir**

ahogar(se) *v.* ▮ En su sentido literal de 'quitar (o perder) la vida por falta de respiración' se combina con sustantivos que designan personas *(Una joven se ahogó ayer en la playa)*. En su sentido figurado de 'sofocar o reprimir' se combina con sustantivos que designan personas o grupos humanos *(ahogar a la población, a los ciudadanos, a la comunidad)*, así como con otros que designan lugares, organizaciones o instituciones *(ahogar un país, la escuela, la democracia, la ciudad, una empresa)*. También se combina con...

A LOS SUSTANTIVOS *VOZ* Y *GRITO*, EMPLEADOS A VECES EN SENTIDO FIGURADO. TAMBIÉN CON OTROS QUE DESIGNAN DIVERSAS MANIFESTACIONES DE LOS SONIDOS HUMANOS –GENERALMENTE NO ARTICULADOS–, ASÍ COMO DE LA ACCIÓN O EL EFECTO DE RESPIRAR: **1 voz ++**: ...optó finalmente por cerrar filas y *ahogar* voces críticas, tras varias semanas de constante vapuleo contra la estrategia electoral de la dirección... EME230694 **2 grito ++**: ...un sentimiento devastador de culpabilidad *ahoga* su grito de rechazo ya inútil. LVE011295 **3 sonido +**: La fuerte lluvia que caía y el ruido formado por los motores de los coches detenidos *ahogó* el sonido de las detonaciones. EME191296 **4 ruido**: ...ya no se escuchan (...) las campanadas; las *ahoga* el ruido urbano. EME060394 **5 risa**: ...ha llegado el momento de las risas *ahogadas* para no despertar a mis padres... ABC110394 **6 carcajada**: Mucho miedo hace falta para *ahogar* la carcajada. EPE171299 **7 ladrido**: Sólo se escuchaban los ladridos *ahogados* de la perra... CLA270199 **8 gemido**: ...el gemido *ahogado* que deja escapar cuando yace moribundo se asemeja, creo, al aria trágica de una ópera... EME261195 **9 jadeo**: ...antes de recibir el mallot y los besos de rigor, intentó contestar a las preguntas de los periodistas, lo que hizo *ahogando* algunos jadeos, más que naturales después de un esfuerzo de 200 kilómetros. INDOC **10 resuello**: ...es truco de melancolía para que el tiempo vuelva con soga y ésta reduzca el cuerpo y el espíritu al resuello *ahogado* de un nudo en la garganta. EME130594 **11 respiración +**: Intentaba explicar lo ocurrido con respiración *ahogada* y entrecortada. INDOC

B EL SUSTANTIVO *LLANTO* Y CON OTROS QUE DESIGNAN LAS FORMAS EN QUE SE MANIFIESTA. TAMBIÉN CON ALGUNOS QUE SE REFIEREN A LA AFLICCIÓN O LA PESADUMBRE QUE SE EXPRESAN A TRAVÉS DEL LLANTO: **12 llanto +**: Ante este negro mar se escucha el llanto *ahogado* de los pescadores. INDOC **13 lágrima +**: ...decenas de secretos admiradores de Jackie agolpados ante su casa *ahogaron* las lágrimas. EME210594 **14 sollozo +**: ...no pudo evitar que al final la voz se le quebrara en un sollozo *ahogado*. EME190695 **15 dolor +**: Una quiebra que se corresponde con el estado de desmoronamiento moral en el que se encuentra este individuo que *ahoga* su dolor entre bocanadas de opio... EME231095 **16 pena ++**: ...le afecta tanto que necesita *ahogar* sus penas en alcohol. EPE061001 **17 tristeza**: Ahogar mi tristeza en tus ojos grises. EME310196 **18 lamento +**: La persecución estalla en un vértigo de (...) oleajes hirsutos y lamentos *ahogados*. EPE050699

C EL SUSTANTIVO *SENTIMIENTO* Y CON OTROS QUE DESIGNAN DIVERSOS SENTIMIENTOS POSITIVOS, MÁS FRECUENTEMENTE DE ALEGRÍA O DE FELICIDAD: **19 sentimiento +**: Sólo el ruido y la timidez pudieron *ahogar* mis sentimientos y mi voz. EME100496 **20 afecto**: ...la figura de Bruto (...) se nos muestra como un república austero, un noble carácter que antepone el bien de la patria a sus afectos y sabe *ahogarlos* en su propio pecho. EUV120996 **21 alegría +:** Hay que escuchar el silencio del trueno, ser tormenta para el collar que *ahoga* la alegría, dejar caer los pasos mientras los ojos se escapan. ABC201291 **22 felicidad +:** Bajo esta superficie cuántas raíces *ahogan* su felicidad. ABC050692 **23 dicha:** ...cuando las dichas de antes se han *ahogado* en la decepción de la rutina (...), viaja con su marido a los lugares americanos de su infancia en Villahermosa. ABC280194 **24 entusiasmo:** El grito (...) rompe con la serenidad del arte renacentista italiano, sin que la tragedia *ahogue* el entusiasmo del placer... LHG190397

D SUSTANTIVOS QUE DESIGNAN DIVERSAS FORMAS DE CONFRONTACIÓN, INSURRECCIÓN O PROTESTA: **25 lucha +:** Sólo puede enarbolar la bandera de la democracia si se olvidan las innumerables luchas por la democracia *ahogadas* en la sangre y la cooptación. PME190197 **26 protesta +:** Los estallidos de las bombas *ahogaron* las protestas políticas y Milosevic (...) desató sobre ella la represión... EPE090900 **27 revolución:** ...cuando descubran que, por fin, el país más poderoso del mundo *ahoga* la última revolución, lo sentirán de verdad. EME301196 **28 rebelión:** El Ejército Rojo, mandado por Trotski y Tujachevski, *ahoga* en sangre la rebelión de la base naval de Kronstadt el 18 de marzo de 1921. EME170396 **29 levantamiento:** ...el levantamiento de la población en algunos barrios de la capital fue *ahogado* en sangre por el ejército... INDOC **30 discusión +:** ...la fuerza de la campaña «general» *ahogará* la discusión de las cuestiones autonómicas... EME281295 **31 debate +:** La discusión sobre el reparto de cargos puede *ahogar* el debate político en un partido que necesita, como agua de mayo, definirse política y estratégicamente... LVE071196 **32 confrontación:** Una cosa es que nos tratemos con buenos modales y con la sonrisa en los labios y otra, muy distinta e, incluso, indeseable, es que *ahoguemos* las necesarias confrontaciones... EME061096

E SUSTANTIVOS QUE DENOTAN IMPULSO O INTENCIÓN DE ACTUAR. TAMBIÉN CON OTROS QUE DESIGNAN LO QUE SE PRETENDE ALCANZAR O CONSEGUIR: **33 impulso +:** ...en la educación formal se observa la tendencia al desarrollo heterogéneo, (...) *ahogando* cualquier impulso o inquietud de innovación. EXC060197 **34 aspiración +:** La figura de Alfaro sobresalió con espectaculares intervenciones para *ahogar* las aspiraciones goleadoras de los canadienses. LNC070497 **35 iniciativa +:** ...no buscamos un gigantismo estatal que interfiere y termina *ahogando* las iniciativas creadoras del sector privado. HOY250184 **36 estímulo:** El poeta ovetense publicó en 1992 su más reciente poemario, «Deixis en fantasma». Desde entonces, un mar de dudas *ahoga* su estímulo. DYM061196 **37 anhelo:** ...el hombre siente como que este anhelo de trascender se lo *ahogan* entre tantas solicitaciones de las cosas. HOY070181 **38 pretensión:** Dos de las versiones actualizan la tragedia de Shakespeare, pero el excesivo diseño *ahoga* sus pretensiones innovadoras. LVE241095 **39 sueño:** La represión, brutal, *ahogó* el sueño... EME080996 **40 proyecto +:** ...consolidar la unidad institucional de ese proyecto de país *ahogado* por la guerra. CLA170497 **41 expectativa:** ...los nubarrones monetarios pueden *ahogar* las expectativas de normalidad. ABC021092 **42 pulsión −:** Se vive una atmósfera casi irrespirable (...) donde únicamente hay mujeres, que han tenido que *ahogar* sus pulsiones... ABC190393

F SUSTANTIVOS QUE DESIGNAN DIVERSAS NOCIONES QUE SE TIENEN POR FUNDAMENTALES, MÁS FRECUENTEMENTE SI SE CONCIBEN EN CURSO O AFECTAN AL DESARROLLO ESENCIAL DE LAS PERSONAS O LAS COMUNIDADES: **43 progreso +:** Juntas pueden propiciar la reflexión y el debate, *ahogar* el progreso de la civilización o hacerlo avanzar... LVE020696 **44 libertad +:** ...para imponer sus ideas y para *ahogar* la libertad de quienes no las comparten. EPE261201 **45 conciencia +:** ...tanta sangre, que está *ahogando* la conciencia moral de nuestro pueblo, envileciendo la convivencia. LVG221191 **46 ideal:** ...cómo las responsabilidades cotidianas *ahogaron* aquellos ideales. LVG301091 **47 vida:** ...la intromisión de intereses políticos y técnicos está *ahogando* la vida de esta institución convirtiéndola en caduca y obsoleta. LVE140396 **48 civilización:** La metrópolis industrial ha sido una aglomeración moldeada por fuerzas que escapan a su control, acabando por *ahogar* la civilización en vez de fomentarla... ABC210495 **49 economía +:** ...una deuda externa que *ahoga* la economía, frena el desarrollo... EPE190699 **50 comercio +:** ...ni las lunas rotas, ni las cerraduras selladas consiguieron *ahogar* al comercio y las pequeñas industrias. FDV030701 **51 actividad privada:** ...las nuevas normas bancarias están *ahogando* a la actividad privada... LTB041000

G OTROS SUSTANTIVOS; POSIBLES USOS ESTILÍSTICOS: ...*ahogados* los aires guadarrameños por el vaho caliente que exhala el río... ABC031293; ...su matrimonio desdichado, su vejez *ahogada* en ensueños. ABC161294

▩ Se combina también con: ♦ **económicamente, en alcohol, en angustia, en la garganta, en lágrimas, en los labios, en pensamientos, en sangre, en silencio**

☐ Véase también: **reprimir**.

a hombros ♦ **cargar, coger, conducir, llevar, portar, sacar, salir, transportar**

ahondar (en) *v.* ▮ En su sentido de 'llegar hondo' o 'profundizar' se combina con sustantivos que designan lugares *(río)*, y especialmente terrenos *(terreno, tierra, bancal, parcela)*, agujeros, oquedades o cavidades *(agujero, fosa, pozo)* y materias o sustancias *(agua, barro, lava)*. En su sentido figurado se combina con sustantivos que denotan efecto *(consecuencia, repercusión, efecto)*, o designan textos, ideas y diversas manifestaciones verbales *(explicación, pregunta, editorial, libro, respuesta, comentario)*, así como datos o resultados de algo *(dato, cifra, resultado, diagnóstico)*. También se combina a menudo con otros que designan personas destacadas o representativas *(figura, personaje)*, así como con...

A SUSTANTIVOS QUE DENOTAN INDAGACIÓN: **1 estudio ++:** ...tantos colegas que pueden llegar a confundir lo que es *ahondar* en el estudio con lo que supone distancia y muro entre su trabajo y el resto de los mortales... ABC170492 **2 investigación +:** ...crea un laboratorio dedicado a esta especialidad para *ahondar* en sus investigaciones. LVG181200 **3 análisis +:** Desgraciadamente, la policía preventiva no puede hacer este trabajo porque no tiene capacidad científica para *ahondar* en el análisis... PME260197 **4 examen:** ...un análisis profundo que *ahonda* en el examen de los problemas que acucian a la economía... INDOC **5 búsqueda:** En la última parte de su larga trayectoria profesional, *ahondó* en la búsqueda de nuevas formas de expresión artística. INDOC

B SUSTANTIVOS QUE DESIGNAN SITUACIONES O ESTADOS DIFÍCILES O CONFLICTIVOS: **6 problema ++:** ...cualquier persona interesada en *ahondar* en los problemas centrales de nuestra sociedad y de nuestro tiempo. EME130595 **7 conflicto ++:** La cuestión central, sin embargo, sigue en pie: ¿qué razón ha tenido para *ahondar* el conflicto? HOY260597 **8 crisis ++:** Otro de sus objetivos fue no *ahondar* en las crisis internas de algunas federaciones como Asturias y Valencia. EPE240700

C SUSTANTIVOS QUE DENOTAN CONFRONTACIÓN, FRECUENTEMENTE DE IDEAS, POSTURAS O PUNTOS DE VISTA: **9 polémica +:** Pujol pidió a la ejecutiva de su partido que no *ahondase* en la polémica con Unió y evitase hacer declaraciones hasta conocer cuál será su postura. LVE111296 **10 enfrentamiento:** El reelegido secretario general afirma que intentar la síntesis sería *ahondar* en el enfrentamiento. LVE210196 **11 discusión:** Pese a estas palabras, el alcalde se mostró conciliador y no quiso *ahondar* en la discusión que enfrenta al Ayuntamiento y los socialistas con la Generalitat y CiU. LVE250295 **12 controversia:** ...una consulta popular para legitimar su mandato ha provocado gran rechazo en Colombia, *ahondando* la controversia nacional sobre su permanencia en el poder. LVE260196

D SUSTANTIVOS QUE DENOTAN DISPARIDAD ENTRE PERSONAS O COSAS. TAMBIÉN CON OTROS QUE EXPRESAN LA ACCIÓN DE ESTABLECERLA: **13 diferencia ++:** No es fácil *ahondar* en las diferencias de escritura musical entre una sonata de Haydn y un estudio de Scriabin... EPE140299 **14 desequilibrio +:** ...al condenar a quienes no quieren democracia, *ahondan* en desequilibrios financieros, apuntan a la violencia... EXC080696 **15 desigualdad +:** ...y subrayaba que las actuales estructuras de comercio mundial *ahondan* en la desigualdad entre los países ricos y pobres... EPD190996 **16 discrepancia:** Los primeros intentos de retocar la Carta *ahondaron* las discrepancias que existían... EME250496 **17 divergencia:** La posición absentista en el referéndum sobre la OTAN, cuando los dos primeros citados preconizaban el sí *ahondó* las divergencias. EPE021286 **18 distinción +:** ...las estrategias y las irresponsabilidades encaminadas a mantener y *ahondar* la distinción entre un catalán y un catalán-catalán son las peores para el futuro de Cataluña. EPE230199

E SUSTANTIVOS QUE DESIGNAN IDEAS, PENSAMIENTOS Y OTROS RESULTADOS DE LA ACTIVIDAD COGNOSCITIVA. TAMBIÉN CON OTROS QUE HACEN REFERENCIA A LAS CAPACIDADES COGNITIVAS O INTELECTIVAS QUE LES CORRESPONDE: **19 idea +:** ...en una frase de Miserias de la vida conyugal (...) *ahonda* en esta idea relacionándola con su propio trabajo... ETC160494 **20 conocimiento +:** Se trata, pues, de una obra de indudable interés para *ahondar* en el conocimiento de uno de los autores que más han influido en posteriores modos narrativos... ABC030792 **21 concepto +:** Con todo, lo que verdaderamente le interesa a Becker es *ahondar* en el concepto de felicidad. EPE101099 **22 memoria +:** De ahí la importancia de *ahondar* en la memoria individual y en esa Memoria colectiva donde se manifiesta esplendorosamente el espíritu que constituye lo humano. ABC140795 **23 pensamiento:** Bernard-Henry Lévy *ahonda* en el pensamiento de Sartre para entender las contradicciones del siglo XX. EDV070201 **24 recuerdo:** ...ofrecerá al público la posibilidad de *ahondar* en sus recuerdos y recuperar las sensaciones que dejaron en ellos... EPD300897 **25 tesis:** ...habla de batallas hacia el socialismo como futuro para la humanidad y *ahonda* en la tesis de la crisis del capitalismo. EPE020489

F SUSTANTIVOS QUE DENOTAN ORIGEN, EXPLICACIÓN O CAUSA PRIMIGENIA DE ALGO: **26 raíz ++:** ...siempre tan difícil de delimitar cuando se *ahonda* en las raíces de cada ser humano. EME030695 **27 causa ++:** Tratando de *ahondar* en las causas del paro desearíamos empezar nuestra reflexión de hoy preguntándonos... LVE300595 **28 razón ++:** A mí se me antoja que, tras el acierto genial del Concierto de Aranjuez, Rodrigo se enfrascó en *ahondar* en las razones de todo ello... EPE070799 **29 origen ++:** Se pretende *ahondar* en sus orígenes y ponerla en contraste con otras manifestaciones. ABC271095 **30 explicación:** ...intentos bienintencionados de *ahondar* en la explicación de un hecho que a todos se nos escapa. INDOC **31 justificación:** Tendrá sus justificaciones, no lo dudo, pero no me corresponde a mí *ahondar* en ellas. INDOC **32 motivo ++:** ...sin atreverse a *ahondar* en los motivos, que llevó a su compañero de Unió Democrática, Jordi Casas, a aplaudir la intervención de Olabarria como una forma de crítica al portavoz de Jordi Pujol. EME080395 **33 fundamento:** ...si se *ahonda* en los fundamentos de la pintura realista contemporánea se encontraría en la clásica. ABC240295

G SUSTANTIVOS QUE DESIGNAN CARACTERÍSTICAS, RASGOS O PORMENORES QUE SE DESTACAN EN LA CONSIDERACIÓN DE ALGUNA COSA Y PERMITEN OBSERVARLA, ANALIZARLA O ABORDARLA: **34 aspecto +:** Todo lo contrario: lo aconsejable y sensato es *ahondar* en los aspectos que nos conducen al punto o puntos de convergencia. LHG141100 **35 faceta +:** Para *ahondar* en su faceta divulgativa, el ciclo de conferencias y mesas redondas está abierto a todos los alumnos, que reciben un certificado de asistencia. EPE071099 **36 detalle +:** El jefe de la regional del RIT, Oswaldo Rodríguez, no quiso *ahondar* en detalles. LPH110996 **37 lado:** Baremboin y Kupfer prefirieron *ahondar* en el lado trágico de la creación wagneriana... ABC020994 **38 clave:** Ganan espacio los teclados electrónicos de origen japonés y siguen *ahondando* en una de las claves del humor universal, la palabra. EPE061199 **39 característica:** He estudiado mucho su música y la amistad con Ravi Shankar me ha permitido *ahondar* más todavía en sus características y peculiaridades. EME270195 **40 rasgo:** ...más que pertenecer al tipo de intérpretes versátiles a ultranza, tan pronto comediantes como trágicos, se distinguen por haber *ahondado* en sus propios rasgos y estilo. EME250395 **41 pormenor:** No es momento para *ahondar* en los pormenores de una larga disputa que... INDOC

H SUSTANTIVOS QUE DESIGNAN PROPIEDADES DISTINTIVAS Y ESENCIALES DE LAS PERSONAS O LAS COSAS QUE DETERMINAN SU MODO DE SER, DE PENSAR O DE COMPORTARSE: **42 personalidad +:** ...ha sido *ahondar* en la personalidad del expatriado, sugerir su radical soledad en medio del bullicio londinense... ABC010794 **43 condición +:** ...y su coraje a la hora de *ahondar* en su doble condición de mujer y artista. LVE160296 **44 esencia +:** Quizá la posibilidad que me ofrecía de *ahondar* en la esencia de aquello que el cine fue como arte popular. EPE041201 **45 naturaleza +:** ...Meseguer comenzó a *ahondar* en la naturaleza del género gramatical y a intentar entender la forma como la lengua codifica el sexo... ABC240295 **46 alma +:** Pero llegó un momento en que el pintor *ahondando* en el alma de su tierra que podía sentir más objetivamente desde su situación cosmopolita, tropezó con la tauromaquia. ABC060392 **47 carácter +:** El autor *ahonda* en el carácter demócrata del rey, contrario a la pena de muerte, conocedor de sus limitaciones... LVE070795 **48 identidad:** Se trata de un encuentro que intenta *ahondar* en la identidad europea y en la recuperación conjunta del patrimonio de una civilización... EPE021985 **49 característica:** ...por poco que se *ahonde* en las características comunes de todos los materiales fitocromáticos, se descubre que... INDOC **50 forma de ser:** ...un estudio sociológico que analiza la cultura de los pueblos mediterráneos y *ahonda* en su forma de ser y de vivir. INDOC

I EL SUSTANTIVO *VIDA* Y CON OTROS QUE DESIGNAN PERÍODOS. TAMBIÉN CON ALGUNOS QUE EXPRESAN OTRAS MANIFESTACIONES DE LO QUE SE HA CONOCIDO O EXPERIMENTADO: **51 vida:** En el próximo número de Mate Amargo *ahondaremos* en la vida de Mumia, y en la realidad del pueblo negro de aquel país. MAU031096 **52 realidad +:** ...Joaquín Sáenz es consciente de que cuanto más logra *ahondar* en esa realidad que le rodea, mayores serán el alcance, la universalidad de su pintura. ABC110394 **53 historia +:** Ahora han realizado la simbiosis y tratan, usando música canaria, de *ahondar* en la historia de Latinoamérica... EPE150380 **54 pasado +:** Dicen los psicoanalistas que *ahondar* en el pasado es a la vez penoso y liberador. INDOC **55 experiencia:** Tengo delante un dibujo acuarelado de Miguel Condé (Pittsburgh, Pennsylvania, 1939), dibujo que me incita a *ahondar* en la experiencia de ver y pensar su obra. ABC310395 **56 tiempo:** Alguien que pone su palabra al servicio de la tribu para *ahondar* mejor en su tiempo. EME160396 **57 época:** Y cerca ya del centenario del desastre del 98 crece el deseo histórico-nostálgico de *ahondar* en una época que sigue fascinándonos. LVE100596 **58 vivencia:** No acaban aquí las disposiciones para *ahondar* en una vivencia intimista cuyo sentido veremos luego. EME180596

J SUSTANTIVOS QUE DESIGNAN SITUACIONES O ESTADOS CARENCIALES: **59 necesidad +:** El consumismo nos lleva a satisfacer nuevas necesidades, pero no nos permite *ahondar* en ellas. INDOC **60 miseria:** El Mallorca *ahondó* en las miserias azulgrana. EPE291199 **61 precariedad:** ...por el contrario, se continúa *ahondando* en la precariedad y la rotación, reduciendo sensiblemente la protección social de los desempleados. EME140995 **62 pobreza:** ...agravan las tensiones sociales y los conflictos, *ahondando* la pobreza de vastos sectores de la población. DYM201297 **63 carencia:** En este punto, el portavoz popular enumeró hasta 13 factores que *ahondan* en las carencias de la comunidad... EPE270599 **64 deficiencia:** Le maniató con su empeño en la presión y *ahondó* en las deficiencias técnicas de un equipo... EME040296 **65 penuria:** Este «descuido» no hace sino *ahondar* aún más la penuria de nuestra industria... EME230995

K SUSTANTIVOS QUE DENOTAN PUNTO DE VISTA O ACTITUD QUE SE ADOPTA ANTE ALGUNA CUESTIÓN: **66 visión +:** ...y en los que ha seguido *ahondando* en su visión nada melodramática, del holocausto. ABC130594 **67 planteamiento +:** Ambas *ahondan* en planteamientos conceptuales, crítico-sociales y personales motivos. LVE220396 **68 postura:** Mariano Jaquotot *ahondó* en esta postura. EME080394 **69 interpretación +:** Barjola siempre ha *ahondado* en la interpretación picassiana de la corrida... ABC260293 **70 opinión +:** Ramón Barce *ahonda* en estas opiniones: «Para que los compositores pudiéramos vivir de nuestras obras tendría que existir una demanda enorme de música culta...». ABC301092 **71 perspectiva:** Este estudio *ahonda* en una nueva perspectiva del tema. INDOC **72 decisión –:** ...con lo que se *ahonda* en la decisión de mantener al Parlamento alejado de la realidad del país. LVE150295

L OTROS SUSTANTIVOS; POSIBLES USOS ESTILÍSTICOS: ...que nos aparta de las ideas y *ahonda* el vacío de racionalidad de nuestra vida política. EPE110299; A partir de 1933-34, Dix se volcó en una pintura que tomaba motivos bíblicos o cristianos para seguir *ahondando* en sus fantasmas de siempre. ABC291191

a horcajadas ♦ cabalgar, montar, sentarse, subirse

☐ Véase también: **a la grupa**.

ahorrar ♦ agua, coste, dedicación, detalle, dinero, energía, esfuerzo, espacio, gasto, medio, papel, problema, sacrificio, tiempo, *sustantivos de materia*

☐ Véase también: **ahorro, defensa, escatimar, mantenimiento, recortar, regatear.**

ahorro ♦ considerable, discreto, doméstico, escaso, exiguo, forzoso, importante, interno, modesto, privado, público, sustancioso ♦ cuenta (de), medida (de), plan (de), sistema (de) ♦ administrar, aumentar, canalizar[61], confiar, conllevar, contabilizar, contribuir (a), depositar, dilapidar, esfumarse, estimular, favorecer, fomentar, gastar, guardar, impedir, incentivar, invertir, materializarse, permitir, registrar(se), reportar, representar

☐ Véase también: **defensa, gasto, mantenimiento.**

a humo de paja(s) ♦ decir, hablar, pronunciar

a hurtadillas *loc.adv.* ▮ Admite verbos que designan muy diversas acciones *(fumar, leer, escribir, visitar, construir)*, pero se combina más frecuentemente con...

A VERBOS QUE DENOTAN PERCEPCIÓN VISUAL: **1 mirar +:** Volvió a comer, aunque de vez en cuando miraba *a hurtadillas* al mayor. EME240895 **2 observar +:** Pero yo vi que el doctor le observaba *a hurtadillas*. EME190895 **3 ver:** ...la chica puede ver *a hurtadillas* al chico antes del matrimonio. EPE301001 **4 otear –:** Narcís Serra, con una peluca rubia, siguió el acto (...) y con el vicepresidente oteaban *a hurtadillas* la ceremonia... EME150594

B VERBOS QUE DESIGNAN LA ACCIÓN DE SALIR DE UN LUGAR: **5 huir ++:** El caos era monumental, así que pensó que no le quedaba otra que huir *a hurtadillas*.

INDOC **6 salir +:** El anciano, con el petate a la espalda, salió *a hurtadillas* del asilo... EPE301101 **7 escapar +:** ...se escapó *a hurtadillas* a la despensa y se cayó de la banqueta... EME150494

C VERBOS QUE DENOTAN LLEGADA, ACERCAMIENTO O APARICIÓN: **8 venir +:** ¿Están protegiendo «nuestro» patrimonio de los «enemigos de la esencia española» que pueden venir *a hurtadillas*...? EME010495 **9 llegar +:** Y hubimos de llegar *a hurtadillas* a la lectura de *La Regenta*... LVE270195 **10 acercarse +:** Cada vez que el Real Madrid se toma un respiro, se acerca *a hurtadillas* en el marcador. EME070194 **11 entrar +:** Cuando todos estaban dormidos, entró *a hurtadillas* en el dormitorio. INDOC **12 colarse:** El proyecto sigue dando el portazo a quienes intentan colarse *a hurtadillas* en España... EPE121199 **13 meterse +:** ¿Por qué, por otro lado, se arriesga el adolescente «muletilla», metiéndose *a hurtadillas* en un corral para torear solo bajo la Luna...? CAP280897

D OTROS VERBOS DE MOVIMIENTO QUE DENOTAN DESPLAZAMIENTO, A VECES EN SENTIDO FIGURADO: **14 avanzar +:** Tess avanzó *a hurtadillas* como un gato, pisando caracoles por aquella profusión vegetal... EME140594 **15 recorrer:** El escenario ha sido elocuente: miles de camiones fantasma que recorren *a hurtadillas* las carreteras de la Comunidad... EPE190599 **16 pasar:** Mientras tanto, apellidos extranjeros tan ilusionantes (...) pasan por el campeonato *a hurtadillas*... EPE221299 **17 pulular –:** Esta gente suele pulular por los cercados *a hurtadillas*. EPE250999

ahuyentar *v.* ■ Acepta sustantivos de persona, tanto individuales *(ahuyentar a los visitantes)* como colectivos *(ahuyentar a la población)*, especialmente si el que habla entiende que esas personas constituyen una amenaza *(enemigo, maleante, asesino, turista)*. También admite sustantivos que designan animales, más frecuentemente si son considerados dañinos o molestos *(pájaro, ganado, lobo, mosca, cucaracha)*, y diversos sustantivos que designan sensaciones que se consideran penosas o inconvenientes *(frío, hambre, dolor)*. Admite otros muchos sustantivos, pero destacan sus combinaciones con...

A SUSTANTIVOS QUE DENOTAN AMENAZA O RIESGO: **1 peligro ++:** El descenso progresivo del nivel de los ríos *ahuyentó* ayer el peligro de desbordamiento... LVE191196 **2 amenaza +:** ...una oferta de compromiso con la que zanjar las actuales negociaciones salariales y *ahuyentar* la amenaza de huelga. LRE070103 **3 riesgo +:** El acuerdo final ha sido prudente y la reunión ha cumplido los objetivos (...), imprescindible para *ahuyentar* los riesgos... EPE161101

B SUSTANTIVOS QUE DENOTAN DAÑO, DESGRACIA Y OTRAS FORMAS DE INFORTUNIO: **4 mal +:** «Era una canción sobre la necesidad de seguir cantando para *ahuyentar* los males», aclara divertido el padre adoptivo. EPE171099 **5 muerte:** Aunque, en realidad, callando sólo había logrado adormecer la muerte, sin *ahuyentarla*... ABC210495 **6 enfermedad +:** No por nada, sino para *ahuyentar* esa enfermedad llamada rutina, muy del norte... EME160895 **7 locura:** ...han sobrevivido al accidente para integrarse en la vida cotidiana, para *ahuyentar* el vértigo y la locura de sus castigados corazón y cerebro. EME300494 **8 maleficio:** ...no lo celebra de manera especial, acaso para *ahuyentar* el maleficio que cayó sobre él en sus bodas de plata, cuando andaba perdido y sin identidad. EME210795

C SUSTANTIVOS QUE DESIGNAN SERES IRREALES, A MENUDO PRODUCTO DE LAS FIGURACIONES DE LA IMAGINACIÓN, QUE SE CONSIDERAN AMENAZANTES O QUE INSPIRAN TEMOR. SE USAN MUY FRECUENTEMENTE EN SENTIDO FIGURADO: **9 fantasma ++:** Porque no podía estampar en el arco de Morales el gol que *ahuyenta* los fantasmas, el gol que trajera la calma... CLA030797 **10 espíritu ++:** ...se iniciaba el sagrado ritual de la Cohoba, un sahumerio dirigido a *ahuyentar* a los espíritus del mal. GIC122296 **11 demonio ++:** ...han apostado por la Unión Europea (UE) para alcanzar un ansiado desarrollo económico y *ahuyentar* demonios históricos que les trajeron graves crisis en el pasado. LVE170795 **12 sombra ++:** ...y también, espero, se habrán *ahuyentado* las sombras perniciosas de la sospecha. PME031196 **13 espectro +:** ...confiaba en los comicios del domingo para afianzarse y *ahuyentar* definitivamente el espectro de Vidal-Quadras... EPE170699 **14 diablo +:** Y la risa, como el ajo, *ahuyenta* al diablo. EME020695 **15 mengue:** ...buena cosa sería hacer un sahumerio en mitad de la plaza quemando romero de la sierra, como hacen los gitanos en las casas nuevas para *ahuyentar* los mengues... EME210494

1D SUSTANTIVOS QUE DENOTAN TEMOR, VERGÜENZA O APRENSIÓN EN DIVERSOS GRADOS: **16 temor ++:** ...indica que las bases de la actividad son sólidas y *ahuyenta* el temor que tenían algunos a una posible recesión. LVE281095 **17 miedo ++:** Se trata de *ahuyentar* el miedo, desactivando a la Justicia y a la Prensa... EME030695 **18 pánico:** Me limito a dejarlo y, a medida que se va acortando el tiempo, *ahuyento* el pánico y comienza el proceso... EME200496 **19 terror:** Se escribe siempre para *ahuyentar* los terrores de la soledad y de la muerte... EPE181101 **20 sonrojo:** Al parecer, su sentido práctico ha decidido (...) dotarla de odiosa seriedad, credibilidad, rigor, un tono que *ahuyente* el sonrojo de cualquier espectador alfabetizado. EME040394 **21 vértigo:** ...han sobrevivido al accidente para integrarse en la vida cotidiana, para *ahuyentar* el vértigo y la locura de sus castigados corazón y cerebro. EME300494

E SUSTANTIVOS QUE DENOTAN FALTA DE CERTEZA O SEGURIDAD. TAMBIÉN CON OTROS QUE DESIGNAN PENSAMIENTOS QUE PRESENTAN ESOS RASGOS: **22 duda +:** Sólo el tiempo *ahuyentará* las dudas de los que no le han votado. LVE280396 **23 sospecha +:** ...han reivindicado la necesidad de un gesto enérgico que *ahuyente* la sospecha de connivencia del poder político con las irregularidades del Cesid. LVE160695 **24 recelo:** Colom se esfuerza en *ahuyentar* el recelo del empresariado hacia el independentismo. LVE201095 **25 incertidumbre:** Anoche, en el segundo tiempo, la goleada *ahuyentó* toda incertidumbre. EME141196 **26 conjetura:** La directiva del Valencia reunió el jueves por la noche a los pesos pesados de la plantilla (...) para *ahuyentar* cualquier conjetura... EPE201199

F SUSTANTIVOS QUE DESIGNAN SENTIMIENTOS O ESTADOS EMOCIONALES MÁS FRECUENTEMENTE DE AFLICCIÓN: **27 soledad +:** ...sólo una mujer amiga o enamorada conjura y *ahuyenta* la soledad de un hombre...

EME080694 **28 tristeza** +: Trataba de *ahuyentar* la tristeza con el apoyo de sus amigos. INDOC **29 melancolía:** Mas para no dar la vida por conclusa y *ahuyentar* la melancolía es menester que aún nos quede algo por hacer de la que hemos creído ser nuestra misión en este mundo. EPE151099 **30 pena** +: Las penas se *ahuyentan* con taconeos, levantamientos de falda, plantes y arrebatos. EPE010599 **31 vacío:** El temblor del vivir en arte, es *ahuyentar* el vacío y buscar el último reflejo de la luz desconocida. EME280195 **32 desencanto:** En la cuesta de La Iberia (...) pequeños remolinos de palabras *ahuyentaban* el desencanto. EME280194 **33 aburrimiento:** ...puede ser para algunos más efectivo que un fármaco a la hora de *ahuyentar* el spleen, el aburrimiento o cualquier otro de los males... EPE120199

G SUSTANTIVOS QUE DESIGNAN EL DINERO, ASÍ COMO DIVERSAS ACTIVIDADES, INSTITUCIONES Y AGRUPACIONES COMERCIALES O FINANCIERAS QUE CONTRIBUYEN A PRODUCIRLO O A PROPORCIONARLO: **34 inversión** ++: ...son los factores principales para *ahuyentar* la inversión extranjera directa en el país... LPH131100 **35 empresa** +: ...el lavado del dinero afecta grandemente la economía nacional, encareciendo precios, impulsando el proceso inflacionario, *ahuyentando* la empresa privada legítima... LTH220797 **36 capital** +: ...el temor de que las medidas judiciales que se están tomando *ahuyentan* el capital extranjero. LPA130592 **37 comercio:** El pequeño comercio era *ahuyentado* por los extorsionadores. INDOC

H OTROS SUSTANTIVOS; POSIBLES USOS ESTILÍSTICOS: ...se atreve con todo, *ahuyentados* ya los viejos sinfonismos y en una onda fresca y diferente. LVE270495

☐ Véase también: **sacudir(se).**

airado *adj.* ▮ Se construye frecuentemente con sustantivos que designan personas o grupos humanos *(ciudadano, hincha, electorado, sociedad)*. También acepta otros que designan diversos tipos de textos, especialmente si tienen difusión pública y expresan opiniones *(comunicado, carta, novela)*, así como otros que designan unidades y manifestaciones verbales o textuales sumamente variadas *(palabras, expresión, frase, comentario, declaración, discurso)*. Asimismo se combina con sustantivos que designan rasgos de la expresión *(tono, voz, gesto, ademán)*, y también con...

A SUSTANTIVOS QUE DENOTAN ACCIÓN OPUESTA, GENERALMENTE VERBAL, PROVOCADA POR UN ESTÍMULO: **1 reacción** ++: Pero más allá de las *airadas* reacciones de funcionarios tanto de Colombia como de Estados Unidos... SEM210197 **2 respuesta** ++: Las autoridades se limitaron a señalar que la misma sería reiniciada a las 11 horas, lo que provocó la *airada* respuesta de algunas personas... LHG190397 **3 contestación** +: ...que vinieron a ser una *airada* contestación a la literatura social y testimonial que predominaba en aquellas fechas... EME150194 **4 réplica:** Más tardó el polemista obispo en soltar sus voces que en suscitar réplicas *airadas*, ignorantes, preocupadas, recelosas, en su contra. PME271096 **5 negativa:** Propuso a su familia cambiar de casa y de ciudad y obtuvo, como era lógico, una *airada* negativa. INDOC

B OTROS SUSTANTIVOS QUE DENOTAN CENSURA, REPROBACIÓN, DISCONFORMIDAD U OFENSA, GENERALMENTE DE CARÁCTER VERBAL: **6 crítica** ++: Las críticas más *airadas* han partido del Frente Democrático de la Liberación de Palestina (FDLP)... EPE120900 **7 condena** +: Hace 2500 años estos desheredados fueron el tema de *airadas* condenas de los Profetas de Israel. DHE290197 **8 protesta** +: Esto motivó la *airada* protesta del Procurador del ministerio de Transportes, que pidió al Tribunal que el acusado se limite a responder las preguntas. CAP211295 **9 denuncia** +: Cuando se lo oí decir escribí a una sección de denuncias (a veces muy *airadas*) con que cuenta ese programa. EPE220699 **10 descalificación:** ...ridículo desde la descalificación *airada* e inútil desde el disfraz iniciático de la fría argumentación técnica. EME150796 **11 insulto:** ...situación que generó *airados* reclamos, insultos, empujones y acusaciones que al final fueron superadas. LPH310197

C SUSTANTIVOS QUE DENOTAN CONFRONTACIÓN U OPOSICIÓN, TANTO VERBAL COMO FÍSICA: **12 enfrentamiento** ++: ...provocó un largo y *airado* enfrentamiento que ha acabado en los tribunales. EPE201299 **13 discusión** +: La pareja rompió tras una *airada* discusión en la que supuestamente Jorge la abofeteó. EPE251101 **14 debate:** El debate que precedió a los retiros fue *airado*. HOY110784 **15 oposición:** ...cuya segunda entrega fue emitida anoche en el Reino Unido con la *airada* oposición del Gobierno de Pekín. EME100196 **16 revuelta:** ...enviado por Alfonso el Magnánimo para sofocar la *airada* revuelta iniciada por los payeses... LVE310796 **17 rifirrafe:** ...hubo de pedir prudencia ante el tono de las palabras de sus señorías, lo que le valió un *airado* rifirrafe con González... EPE231001

D OTROS SUSTANTIVOS; POSIBLES USOS ESTILÍSTICOS: ...donde suena un rumor de sangre *airada* y hay un oscuro llanto que no suena. ABC140593; Áspero, terrible: el de un mutilado al que un carnicero le dejó sólo una *airada* pulgada de maltrecho pene.. EPE211201

aire ♦ **abrasador, acogedor[19], acondicionado, agobiante, apacible, aristocrático, asfixiante, cálido, chulesco, circunspecto[5], clásico, denso, displicente[2], enrarecido, envolvente, fresco, frío, glacial, indudable, inequívoco[15], infecto, irrespirable, libre, nuevo, peculiar, popular, puro, saludable, sofocante, sombrío, tonificante, viciado, vivificante** ♦ **bocanada (de), bolsa (de), brizna (de), capa (de), conducto (de), corriente (de), golpe (de)[23], masa (de), soplo (de)[1]** ♦ **circular, conservar, contaminar, cortar, dar[92], dejar (en), desprender, difundirse, elevar(se) (por), enrarecer(se)[1], envolver (algo/a alguien), espirar, estallar (en), exhalar, expeler, expulsar, faltar, flotar (en), hacer, impregnar, imprimir[2], infundir[38], inhalar, inspirar, insuflar, polucionar(se), purificar, quedar (en), refrescar, remover, respirar, salir, soltar, tener, tomar, viciarse**

☐ Véase también: **inhalar, jadear, respiración, respirar, respiro, suspirar, volar.**

AIRE

♦ (SUSTANTIVOS) Véase: **arrasador[A], enrarecer(se)[A], entrecortar(se)[B], infundir[H], soplo (de)[A]**

♦ (VERBOS) Véase: **a todo pulmón[B]**

airear *v.* ▮ En su sentido de 'poner al aire o ventilar' se combina con sustantivos que designan personas *(Voy a airearme un poco)*, lugares o recintos cerrados *(habitación, cuarto, bodega)*, tejidos *(sábana, ropa, calcetín)* u otras cosas que pueden precisar ventilación *(líquido, vino, pie, cuerpo)*. En su sentido de 'dar publicidad a algo' se combina frecuentemente con sustantivos que designan aspectos de la vida personal que se suelen considerar privados *(relación, romance, intimidad)*. También admite sustantivos que designan diversos estados de aflicción *(sufrimiento, dolor, malestar)* y otros que denotan información o dato *(noticia, información, dato, resultado, declaración)*. Se combina asimismo con...

A SUSTANTIVOS QUE DENOTAN ASUNTO O MATERIA, O DESIGNAN LAS CONDICIONES O CIRCUNSTANCIAS QUE LOS RODEAN: **1 asunto ++:** Pero *airear* el asunto del narcotráfico amenaza a la seguridad nacional... CAP031096 **2 caso ++:** ...no necesitan sacar más casos de corrupción, sino que les basta con *airear* los ya conocidos. LVE070196 **3 hecho ++:** ...la prensa ha *aireado* con más saña los hechos. DLA281097 **4 tema +:** El periodista ofreció la noticia a la ABC, «pero me dijeron que ahora no era el momento». Él no opinaba lo mismo y decidió *airear* el tema. LVE091196 **5 cuestión +:** Los toreros, en sus nuevas asociaciones y sindicatos, van a levantar la voz para *airear* esta cuestión. EPE110977 **6 detalle ++:** ...si el diario sensacionalista (...) no hubiese *aireado* los detalles de la inesperada separación. EME100396 **7 situación:** ...se siga *aireando* ante la opinión pública internacional la patética situación de sus orfanatos. EME110196

B SUSTANTIVOS QUE DESIGNAN SITUACIONES O ESTADOS PROBLEMÁTICOS O CONFLICTIVOS: **8 problema +:** ...ninguna compañía desea *airear* sus problemas de crédito... EXC250700 **9 escándalo ++:** ...se *airean* escándalos que, si se analizan, no corresponden a corredores en activo en el ejercicio de su profesión. EME110494 **10 conflicto +:** ...dos personas de su Gobierno han *aireado* los conflictos en los medios de comunicación... LVE230694 **11 crisis +:** ...tan interesadamente *aireada* «crisis de las humanidades»... ABC020493 **12 incidente +:** ...su padre (...) que *aireó* el incidente... EPE120900 **13 rencilla:** ...estas fechas electorales no son las más indicadas para *airear* semejantes rencillas. EPE100699 **14 polémica +:** ...en medio de una fuerte polémica popular *aireada* por los medios de comunicación... LVE180896

C SUSTANTIVOS QUE DESIGNAN DIVERSOS GRADOS Y FORMAS DE MANIFESTAR DISENSO ACERCA DE OPINIONES E INTERESES, ASÍ COMO ALGUNOS SENTIMIENTOS DE INSATISFACCIÓN O DESAGRADO QUE SUELEN ASOCIÁRSELES: **15 diferencia ++:** Los representantes (...) evitarán *airear* sus diferencias, que ayer reconocieron que son profundas. EME230695 **16 discrepancia ++:** Tras las numerosas críticas de los eurodiputados por *airear* sus discrepancias... EPE251001 **17 desavenencia +:** ...un desafortunado matrimonio, cuyas desavenencias se han *aireado* en público... LVE211295 **18 desacuerdo +:** ...comenzó a *airear* sus desacuerdos con el alcalde. LVE221196 **19 disconformidad:** ...con la prohibición tajante de *airear* su disconformidad con las suplencias. EPE290199 **20 descontento +:** ...ha indicado una fuente de la Casa Blanca para describir el ambiente de «impasse», a pesar de que oficialmente todo el mundo *airee* su descontento. LVE090696

D SUSTANTIVOS QUE DENOTAN PUNTOS DE VISTA. TAMBIÉN CON OTROS QUE DESIGNAN LA ACCIÓN O EL EFECTO DE PENSAR SOBRE ALGUNA MATERIA, ASÍ COMO ALGUNAS DE LAS FORMAS DE PRESENTAR LOS RAZONAMIENTOS: **21 opinión +:** ...*airean* opiniones mucho más estridentemente nacionalistas... ABC020793 **22 idea:** ...han descubierto que la *aireada* idea del presidente regional encerraba más complicaciones técnicas de las esperadas. EPE300899 **23 teoría:** ...enlaza con la *aireada* teoría de la conspiración: todos los arrepentidos únicamente han recuperado la memoria en aquello que les interesa... LVE221095 **24 tesis:** ...se trató de *airear* la tesis de que el terrorismo de Estado... EME110995 **25 criterio:** ...hubiera querido expresar públicamente el criterio ahora *aireado* en Norteamérica, pronunciándose por la legalización de las drogas. EPE010688 **26 hipótesis:** El embrollo (...) debe ser inefable cuando se *airean* semejantes hipótesis. EPE200599

E SUSTANTIVOS QUE DENOTAN ENGAÑO O MANIPULACIÓN DE ALGO. TAMBIÉN CON OTROS QUE DESIGNAN INFORMACIONES OCULTAS, ASÍ COMO DIVERSAS ACCIONES QUE PUEDEN CONSIDERARSE REPROBABLES, MÁS FRECUENTEMENTE SI SON SOTERRADAS O ENCUBIERTAS: **27 trapos sucios ++:** El escándalo estalló el pasado enero y *aireó* los trapos sucios de sobra conocidos en el mercado de antes. EPE240900 **28 secreto +:** ...está leyendo el texto con gran interés para cerciorarse de que, en efecto, no hay secretos de Estado *aireados*. EPE260901 **29 chanchullo +:** ...el lío giró entre su anterior editor, Quaderns Crema, y el nuevo, Columna; el escritor (...) que *aireó* el presunto chanchullo... LVE090195 **30 triquiñuela +:** ...triquiñuelas, trampeos y tejemanejes *aireados* con pelos, apellidos y señales... EPE070399 **31 tejemaneje ++:** La prensa *aireó* durante semanas los tejemanejes del magnate. INDOC **32 filtración:** La filtración del borrador, *aireada* ayer por la mañana en diversos foros... LVE021096

F SUSTANTIVOS QUE DESIGNAN DIVERSAS NOCIONES PROSPECTIVAS QUE MANIFIESTAN LA INTENCIÓN O LA VOLUNTAD DE ACTUAR: **33 deseo +:** ...le rogaría que sea más explícito en el momento de *airear* un deseo de esa naturaleza... EDV110101 **34 pretensión +:** ...ha *aireado* sus pretensiones... LVE300696 **35 intención +:** ...hubiera *aireado* su intención de claudicar el día 30 del próximo mes... LVE240195 **36 plan +:** El principio del desencuentro llegó al *airearse* el plan de stock options (...) a los directivos... EPE020700 **37 propuesta:** La ley también invalida una de las propuestas *aireadas* en los últimos días... EPE240800

G SUSTANTIVOS QUE DENOTAN LOGRO O RESULTADO EXITOSO. TAMBIÉN CON OTROS QUE DESIGNAN DIVERSAS FORMAS DE RECONOCIMIENTO POR HABERLOS OBTENIDO, ASÍ COMO CIERTAS CUALIDADES Y ESTADOS QUE ADQUIERE GENERALMENTE EL QUE TRIUNFA EN ALGUNA ACTIVIDAD: **38 beneficio +:** La enorme confusión sobre los *aireados* beneficios (...) de las restricciones al libre comercio... LVE280595 **39 logro +:** A la vista del panorama, (...) se limitó a *airear* los logros del Gobierno... EPE260599 **40 premio:** Mi error fue demorar esa reforma. En cualquier caso, ahora puedo llevarla a cabo, y lo hago con la idea de abrir y *airear* el premio. LVE290895 **41 éxito +:** ...un éxito verdadero (...) ni se *airea* ni sirve para que la obra se toque más... ABC010995 **42 victoria:** El futbolista aguantó con resignación las posteriores muestras con las que el entrenador trató de *airear* su victoria... EPD040797

H OTROS SUSTANTIVOS; POSIBLES USOS ESTILÍSTICOS: En este sentido, las muy *aireadas* lágrimas regias de estos días... EPE040899; ...azuzando la amenaza exterior: *aireando* el fantasma del enemigo... EPE200599

▩ Se combina también con: ♦ **a bombo y platillo**[9]**, a diestro y siniestro, a los cuatro vientos**[19]**, ampliamente, sin tapujos**[34]

☐ Véase también: **difundir(se), esparcir, exhibir, salir a la luz.**

aire(s) (de) ♦ **admiración, alegría, armonía, autenticidad, bonanza, cambio, clasicismo, comedia, complicidad, confianza, derrota, desaprobación, despiste, dignidad, displicencia, distinción, drama, época, esperanza, excentricidad, experiencia, familia, fiesta, formalidad, frescura, frivolidad, gloria, grandeza, gravedad, importancia, improvisación, incredulidad, ingenuidad, inocencia, integridad, libertad, marginalidad, misterio, moderación, modernidad, modernización, normalidad, novedad, oportunidad, optimismo, paternalismo, permanencia, preocupación, protagonismo, provisionalidad, regeneración, renovación, resignación, revancha, satisfacción, seriedad, soberbia, solemnidad, suficiencia, superioridad, tragedia, tranquilidad, trascendencia, tristeza, triunfalismo, venganza, victoria**

airosamente ♦ **bailar, concluir, escapar, librar(se), mover(se), resolver, responder, salir (de algo), solucionar, terminar, triunfar**

airoso *adj.* ▮ En el sentido de 'con mucho aire' acepta sustantivos que denotan tiempo *(día)*, lugar *(estepa)* o designan ciertos fenómenos meteorológicos *(brisa)*. En el sentido de 'garboso, gallardo o con gracia' admite muy diversos sustantivos, como los que designan algunos objetos *(capa)*, animales *(corcel)*, personas *(capitán)* y partes del cuerpo *(torso)*, pero se combina más frecuentemente con sustantivos e infinitivos nominales que designan movimientos que pueden considerarse elegantes *(abaniqueo, danza, caminar, trote, andar, ondear)*. En el sentido de 'con éxito' se combina especialmente con...

A VERBOS QUE DESIGNAN EL PROCESO DE CONCLUIR FAVORABLEMENTE UNA SITUACIÓN, A MENUDO DIFÍCIL O CONFLICTIVA: **1 salir ++**: ...con el apoyo de sus catorce compañeros de directiva y de todo el conglomerado social de la misma, saldrá *airoso* en esta tarea. EDV300101 **2 pasar un examen +**: ...comenzaron a prepararse en la noche del sábado al domingo, a fuego lento, para que estuviesen en su punto justo (...) y pasar *airosos* «el examen» de los comensales... FDV260499 **3 concluir**: ...un difícil tercer ejercicio que concluyo *airoso*, incluso con brillantez. INDOC **4 acabar**: ...castigada por los pronósticos y de nuevo como presunta víctima, acabó *airosa* con un repertorio conocido... EME060694

B ALGUNOS VERBOS DE MOVIMIENTO QUE DENOTAN DESPLAZAMIENTO O TOMA DE DIRECCIÓN. SE EMPLEAN MUY FRECUENTEMENTE EN SENTIDO FIGURADO: **5 retirar(se)**: ...se retiró *airoso* tras haber mantenido (...) la estabilidad de la economía... EPE271099 **6 ir(se)**: La palabra «Maracanazo» abunda en los diarios para aludir a esta nueva victoria de los «Millonarios» argentinos, que el 22 de agosto pasado también se fueron *airosos*... ESP031100 **7 retornar**: El líder de la Liga ACB no está obligado a ganar, pero le vendría de perlas retornar *airoso* a Madrid... EME071295

C SUSTANTIVOS QUE DENOTAN CONCLUSIÓN, RESULTADO O RESOLUCIÓN FAVORABLE DE UNA SITUACIÓN. SE RELACIONAN GENERALMENTE CON LOS VERBOS DEL APARTADO *A*: **8 salida ++**: Si esta hipótesis se confirmase, se buscaría una salida *airosa* para el dirigente catalán. LVE300896 **9 solución +**: ...le ha herido profundamente, después de negociar durante años una solución más *airosa* que la declaración de bancarrota. EME210595 **10 resultado +**: Entre los bancos, fue de los pocos que logró un resultado algo más *airoso*. LVE031095 **11 final +**: Pero algunos socialistas comprenden que aunque el secretario general tenga un final *airoso*... EME051096 **12 desenlace**: ...Todo apunta a un desenlace poco *airoso* para una notable carrera política. LVE071295

D SUSTANTIVOS QUE DESIGNAN FUNCIÓN EJERCIDA. TAMBIÉN CON OTROS QUE DENOTAN DESEMPEÑO O EJECUCIÓN DE ACCIONES O FUNCIONES: **13 papel +**: El Gobierno está jugando en este conflicto un papel poco *airoso*. EPD300697 **14 actuación +**: ...tuvo una *airosa* actuación en 1988 y garantizaría apoyos extrapartido... ENV190597 **15 realización**: ...una poco *airosa* realización de un otrora prometedor cineasta independiente. LVE190196

aislado ♦ **actitud, caso, ejemplo, exponente, fenómeno, hecho, momento, muestra, obra, palabra, presencia, referencia, representante, situación, uso**

aislamiento ♦ **absoluto, acústico, amargo, creciente, cultural, definitivo, deliberado, de siglos, diplomático, eterno, geográfico, hermético, humillante, impuesto, internacional, monacal, permanente, personal, político, profundo, prolongado, riguroso, social, térmico, total, voluntario** ♦ **celda (de), peligro (de), período (de), política (de), sensación (de), situación (de), tendencia (a)** ♦ **abocar (a), condenar (a), contribuir (a), evitar, favorecer, mantener (en), relegar (a), rescatar (de), romper, salir (de), salvar (de), sufrir**[85]**, sumir(se) (en)**[20]

☐ Véase también: **exclusión, soledad.**

ajar(se) *v.* ▮ Admite sustantivos de persona *(María se había ajado con los años)*. Se construye más frecuentemente con otros que designan flores, plantas o algunos de sus elementos *(flor, planta, árbol, pétalo, hoja)*. También acepta sustantivos que designan ciertos materiales o los objetos fabricados con ellos *(tela, papel, ropa, cortina, foto)*. Se combina asimismo con...

A SUSTANTIVOS QUE DESIGNAN CIERTAS CUALIDADES FÍSICAS DE LAS PERSONAS O LAS COSAS: **1 belleza ++**: Liban el néctar de las flores sin *ajar* su belleza o quitarles su perfume. DYM210197 **2 lozanía +**: Su lozanía, aún viva en el recuerdo de todos, se fue *ajando* con el paso del tiempo. INDOC

B SUSTANTIVOS QUE DESIGNAN EL CUERPO HUMANO, ALGUNAS DE SUS PARTES, MUY ESPECIALMENTE LA CARA Y EL CUTIS: **3 rostro ++:** ...aparece un rostro *ajado*, de forzada resistencia al implacable paso del tiempo... EME130295 **4 piel +:** El martes, en el programa de Jesús Hermida y ante la *ajada* piel bronceada de Ramón Mendoza... EME280995 **5 cara:** Ayer se dio un repaso a la cara *ajada* ante el Oviedo. Fue una tarde en la que se rompieron algunos moldes... EME100495 **6 semblante:** ...cada día eran más las cansinas figuras que se veían desaparecer entre los árboles, más toscos y *ajados* semblantes que asomaban entre los huecos de los edificios... ABC011093 **7 cutis:** ...una joven semítica, de cutis prematuramente *ajado* a causa del clima seco y frío de la Alta Galilea. EME221296 **8 figura:** ...apareció ante nosotros una figura alta, delgada, noble pero *ajada* por una vida de dolor y de miseria. INDOC

C SUSTANTIVOS QUE DESIGNAN SENTIMIENTOS RELACIONADOS CON EL DESEO DE LOGRAR ALGO O LA CONFIANZA EN ALCANZARLO. TAMBIÉN CON OTROS QUE DESIGNAN CIERTOS ÓRGANOS QUE SE ASOCIAN A LA CAPACIDAD DE SENTIR: **9 ilusión:** ...se inaugura hoy martes la tercera conferencia económica de los países del África del Norte y de Oriente Medio, surgida de las ilusiones ya *ajadas* del proceso de paz regional. LVE121196 **10 corazón:** ...con cada lágrima tuya se le va un trozo de corazón *ajado*. EME091096 **11 esperanza:** Se le *ajaron* las esperanzas al conocer la noticia. INDOC

D ALGUNOS SUSTANTIVOS QUE DENOTAN ESPLENDOR O SUNTUOSIDAD. TAMBIÉN CON OTROS QUE DESIGNAN DIVERSOS ELEMENTOS QUE SE INTERPRETAN METONÍMICAMENTE EN ESE MISMO SENTIDO: **12 lujo:** Pero es también la pringue y el enanismo espiritual que ronronean bajo el lujo, *ajado* a veces, y la lujuria bruta y sólo zoológica de aquellas criaturas, lo que le interesa herir... ABC071094 **13 lentejuela:** ...se erige el respetable déspota seductor llamado Estado: sus crímenes, su sordidez, su brillo mentiroso de *ajada* lentejuela. EME251196 **14 magnificencia:** ...pululan en ambientes recargados de lujosa decadencia, de harapiento esplendor, de magnificencia *ajada*, de bellezas insólitas... ABC180294 **15 oropel:** De esa Barcelona de mitos de oropel *ajado*, recreada por la imaginación febril de un adolescente, trata *Las bailarinas muertas*. LVE051196

E ALGUNOS SUSTANTIVOS VERBALES, MÁS FRECUENTEMENTE SI DESIGNAN LO QUE SE NARRA O LA FORMA EN QUE SE EXPRESA ALGO: **16 cuento:** Los títulos adquiridos (...) no le parecen más que historias cargantes, sucia cochambre, lamentables cuentos *ajados* de viejos... ABC270594 **17 historia:** ...en su representación de protagonistas inverosímiles de una historia *ajada*, se comportan con educada discreción... EME141095 **18 retórica:** Y veo con hastío los tipos esperpénticos (el agente que llegó en calzoncillos, el general con su *ajada* retórica de conquistador, el político que envejeció entre moquetas y mentiras). EPE191299

F OTROS SUSTANTIVOS; POSIBLES USOS ESTILÍSTICOS: ¿Hemos olvidado a Materlinck (1862-1949), con su premio Nobel y todo, por la brumosa y *ajada* carga de obras (...)? ABC241292; Impregna los detalles y el conjunto un aroma evanescente de desviada sensualidad y *ajado* desaliento. ABC211094

☐ Véase también: **agostar(se), erosionar, marchitarse, pudrirse.**

[ajeno] → por cuenta {ajena/propia}

ajeno ♦ absolutamente, completamente, deliberadamente, esencialmente, por completo[197], prácticamente, radicalmente, totalmente

ajetreado *adj.*

I Admite sustantivos de persona *(un oficinista ajetreado)*, sustantivos que designan lugares *(lugar, casa, ciudad, oficina)* y también sustantivos temporales *(día, semana, verano, vacaciones)*. Además se combina con...

A SUSTANTIVOS QUE DESIGNAN EL CONJUNTO DE ACTIVIDADES QUE SE HAN DE REALIZAR. TAMBIÉN CON OTROS QUE EXPRESAN LOS PERÍODOS EN LOS QUE TIENEN LUGAR DICHAS ACTUACIONES: **1 agenda ++:** Hasta el momento, Solana ha aprovechado la *ajetreada* agenda que le impone la presidencia europea... LVE051195 **2 jornada +:** Tampoco las fuerzas de seguridad, que ayer tuvieron una *ajetreadísima* jornada junto a los bomberos y los servicios de emergencia... EPE281299 **3 calendario:** El proyecto surgió de forma espontánea y significó un contrapunto al *ajetreado* calendario de Barenboim... EME010696 **4 campaña:** «Por más que nos propongamos lo contrario, sabemos que será una campaña movidita, *ajetreada* y en la que algunas veces saltarán chispas». EME190495 **5 pretemporada:** La *ajetreada* pretemporada del Campeonato de España de Superturismos (CET) ha dejado huella... EME190596 **6 temporada:** El piloto catalán pondrá hoy el punto final definitivo a una *ajetreada* temporada... LVE101196

B SUSTANTIVOS QUE DENOTAN CURSO VITAL O PROFESIONAL. TAMBIÉN CON OTROS QUE DESIGNAN SU DESCRIPCIÓN O EXPOSICIÓN, ASÍ COMO ALGUNOS DE LOS ELEMENTOS QUE LA CONFIGURAN: **7 vida ++:** ...que estaba cansada de la *ajetreada* vida de tenista profesional... EUV031196 **8 biografía +:** ...es un fiel reflejo de su *ajetreada* biografía, en un caso singular de simbiosis entre obra y vida. ABC060392 **9 trayectoria +:** Luis Miguel Dominguín, por la *ajetreada* trayectoria del protagonista, no podía ser un libro de toros. EME200495 **10 historia:** ...y se ha encontrado con una de las peores épocas en la *ajetreada* historia del teatro de ópera. LVE290195 **11 episodio:** ...libro de muy peculiar concepción que refería las andanzas de algunos españoles en los *ajetreados* episodios de la Revolución Francesa. EME040596 **12 existencia:** Todo se desencadena por azar en la *ajetreada* existencia de un pluriempleado periodista que compagina sus labores familiares en el cuidado de sus dos hijas... ABC220794 **13 carrera:** ...sobre la *ajetreada* carrera de una drag que intenta ganarse la vida como música en clubs como Squeezebox. EME240696 **14 hagiografía –:** Attenborough (Gandhi) nos lo cuenta en feliz y *ajetreada* hagiografía. EPE101199

C SUSTANTIVOS QUE DENOTAN MOVIMIENTO O DESPLAZAMIENTO. TAMBIÉN CON OTROS QUE DESIGNAN ALGUNOS DE SUS COMPONENTES Y SUS CIRCUNSTANCIAS. SE EMPLEAN MUY FRECUENTEMENTE EN SENTIDO FIGURADO: **15 movimiento +:** Con un paseo por sus alrededores, el visitante puede respirar el *ajetreado* movimiento que se desarrollaba en su interior hace 250 años. EPE100499 **16 ritmo +:** ...hizo ayer un alto en su *ajetreado* ritmo ante la cámara para presentar Vértigo, espacio impulsado por los productores de cine... EPE250999 **17 vaivén +:** Por eso un lector de comedia sólo percibe de ellas su *ajetreado* vaivén. EPE180977 **18 vuelta:** La *ajetreada* vuelta de Atenas. LVE210594 **19 gira +:** Las andanzas iniciáticas de un joven cantante durante una *ajetreada* gira por Oriente Medio... LVE010995 **20 viaje +:** El *ajetreado* viaje comenzó de modo inesperado para los jóvenes y para los responsables de los centros de acogida. EPE020800 **21 aventura:** ...quizás para hacerse perdonar la *ajetreada* aventura nocturna por las calles de Roma. EME310795

D SUSTANTIVOS QUE DESIGNAN EVENTOS O SITUACIONES QUE REQUIEREN LA PARTICIPACIÓN O LA PRESENCIA DE VARIAS PERSONAS, GENERALMENTE PARA TRATAR O DEBATIR ALGÚN ASUNTO: **22 reunión +:** Las conclusiones de esa *ajetreada* reunión fueron concretas. CLA220199 **23 asamblea +:** ...que el Gobierno bosnio había decidido en una *ajetreada* asamblea que duró hasta la madrugada de ayer disolver la municipalidad... LVE130396 **24 sesión +:** El Congreso brasileño vivió ayer una sesión *ajetreada*. EPD040997

E SUSTANTIVOS QUE DESIGNAN LA REALIZACIÓN O EL DESARROLLO DE UNA TAREA: **25 actividad ++:** ...y el mundo empresarial que sigue inmerso en la *ajetreada* actividad mercantil de esta ciudad en ebullición. EME290495 **26 proceso ++:** Luego viene el *ajetreado* proceso de embotellado. EME060394 **27 trabajo:** Controlar a todos los alumnos durante la excursión no era un pasatiempo, sino un *ajetreado* trabajo. INDOC

F OTROS SUSTANTIVOS; POSIBLES USOS ESTILÍSTICOS: ...y desenterramientos en Ubeda, en su traslado furtivo a Segovia (primavera de 1593, y véase capítulo 19, primera parte del Quijote), en sus *ajetreados* sepulcros sucesivos. ABC131291

☐ Véase también: **enloquecido**.

ajetreo ♦ agotador, bullicioso, constante, continuo, diario, febril[7], frenético[2], imparable, inmerso (en), intenso, pleno, tremendo, vertiginoso[53] ♦ en medio (de), entre ♦ crecer, descansar (de), disminuir, escapar (de), huir (de), llevar, oír, salir (de)

☐ Véase también: **trasiego, vorágine**.

ajo ♦ con ♦ cabeza (de), diente (de) ♦ echar, freír, machacar, pelar

a juego ♦ decorar, ir, llevar, pintar, poner(se), vestir

ajustadamente *adv.* **▮** Se combina con algunos adjetivos, especialmente si denotan exactitud *(preciso, puntual, exacto)* y también con...

A VERBOS QUE DESIGNAN LA ACCIÓN DE TRIUNFAR EN ALGUNA COMPETICIÓN DEPORTIVA Y –MÁS RARAMENTE– TAMBIÉN LA DE FRACASAR EN ELLA: **1 ganar +:** Con un gol prematuro convertido por Montenegro, el equipo de Pekerman le ganó *ajustadamente* a Chile. CLA240199 **2 vencer +:** ...complacieron a su fanaticada y lograron vencer *ajustadamente* a Powerade por tablero de 79 por 77... ESP260697 **3 superar +:** El Athletic superó *ajustadamente* a una Real Sociedad voluntariosa, aunque ineficaz. INDOC **4 imponerse +:** Johnny Hernández se impuso *ajustadamente* en la prueba de 80 metros planos. EUV170498 **5 derrotar +:** ...tras más de cuatro horas de deliberaciones, fue derrotado *ajustadamente* por 16 a 15 en la votación que decidió continuar con la huelga. LNP280897 **6 caer:** En cambio, Franco Squillari cayó *ajustadamente* ante el marroquí Karim Alami por 6-2, 6-7 y 7-5.. CLA080199 **7 perder:** González –aunque muy *ajustadamente*– ha perdido y debe ceder los trastos a Aznar, por más que les duela en el bolsillo y en el alma. EME070396

B VERBOS QUE DESIGNAN LA ACCIÓN DE DESCRIBIR O REPRESENTAR ALGO, MÁS FRECUENTEMENTE SI ATIENDE A LOS DETALLES Y SI SE REALIZA CON MEDIOS VERBALES O GRÁFICOS: **8 perfilar:** Añadiré que los personajes más *ajustadamente* perfilados de la novela son los femeninos... ABC260293 **9 dibujar:** El ritmo de la conversación, la afabilidad casi cómplice, su recurso a la anécdota o las gesticulaciones que se advierten en el texto dibujan *ajustadamente* al personaje... LVE291196 **10 reflejar:** ...pocas veces reflejan tan *ajustadamente* la naturaleza del régimen como lo ocurrido con Husein Kamel, el padre del pequeño Alí. EME120996 **11 resumir:** ...el brasileño ofreció una serie generosa de canciones que resumieron *ajustadamente* la historia del género... LNP211097 **12 traducir:** ...guitarrista del grupo Su Ta Gar (expresión que literalmente significa «fuego y llamas» pero que podría ser traducida más *ajustadamente* por «al rojo vivo»)... EME010496 **13 narrar:** El autor narra *ajustadamente* la evolución histórica de la población y su entorno. INDOC

C ALGUNOS VERBOS DE JUICIO: **14 valorar +:** Por supuesto que es pronto para valorar *ajustadamente* el famoso paquete de medidas económicas que a bombo grande y platillo sonoro vendió el Gobierno... EPE130800 **15 apreciar +:** Las referencias arqueológicas permiten apreciar más *ajustadamente* el valor de esas piezas, su procedencia geográfica y su inserción en una perspectiva sincrónica y diacrónica... LNA040792 **16 juzgar:** No me veo capaz de juzgar *ajustadamente* o con ecuanimidad esa clase de conductas. INDOC **17 reconocer:** ...el amor es el único sistema que (...) sigue todavia como la más acreditada opción para ser *ajustadamente* reconocido. EPE011087

ajustado ♦ apreciación, calendario, cantidad, decisión, descripción, diferencia, juicio, narración, nivel, precio, programa, resultado, resumen, retrato, ropa, triunfo, valoración, ventaja, victoria, visión

ajustar(se) ♦ a la baja[34], al alza, al milímetro, al pie de la letra, a rajatabla[8], como anillo al dedo, en líneas generales[9], escrupulosamente[5], exactamente, perfectamente, plenamente[42], por completo[133] ♦ balance, baremo, beneficio, cuenta, diferencia, hora, ingreso, margen, nivel, pérdida, presupuesto

ajustar(se) (a) ♦ cálculo, calendario, cambio, canon, característica, circunstancia, condición,

contrato, coste, criterio, decisión, demanda, deseo, directriz, disposición, doctrina, edad, especificación, exigencia, expectativa, hecho, horario, interés, legalidad, legislación, letra, ley, límite, lógica, medida, molde, necesidad, norma, normativa, pauta, perfil, perspectiva, petición, plazo, posibilidad, previsión, principio, realidad, tiempo

ajuste ♦ **a la baja**[58]**, al alza, brusco, de cuentas, drástico**[12]**, económico, estructural, fiscal, forzoso, fuerte, inevitable, integral**[24]**, necesario, presupuestario, profundo**[109]**, radical, salarial, severo**[43] ♦ **medidas (de), período (de), plan (de), proceso (de), programa (de)** ♦ **aplicar, efectuar, lograr, perseverar (en)**[50]**, practicar, realizar, solicitar**
☐ Véase también: **adaptación, adaptar(se) (a), ajustar(se) (a), amoldar(se) (a), reajuste**.

a la acuarela ♦ **copiar, pintar, retratar**

a la altura (de) *loc.prep.* ▮ Se construye frecuentemente con los verbos *estar, quedar(se)* y *poner(se)*. En el sentido físico se combina con sustantivos que designan objetos materiales *(a la altura de esta valla)*. En el sentido figurado admite sustantivos de persona *(a la altura de nuestro presidente)*. También se combina con...

A SUSTANTIVOS QUE DENOTAN CIRCUNSTANCIA O ESTADO DE COSAS: **1 circunstancia** ++: Y para eso, hay que estar *a la altura* de las circunstancias. CLA231000 **2 situación** +: Cataluña y España han sabido estar más *a la altura* de las situaciones complejas... LVE130396 **3 acontecimiento** +: La multitud, solemne, silenciosa, les prodigó una despedida *a la altura* de este acontecimiento inédito... GIC104197 **4 ocasión** +: Y no es que Sevilla no estuviera *a la altura* de la ocasión, más bien todo lo contrario... LRE270103

B SUSTANTIVOS QUE DESIGNAN LO QUE SE ESPERA O SE DESEA OBTENER, A MENUDO VIVAMENTE. SE CONSTRUYEN CASI SIEMPRE EN PLURAL: **5 expectativa** ++: La perfomance de Malanca estuvo *a la altura* de las expectativas, se vendieron 12 obras entre 38.000 y 4.500 dólares. LNA220692 **6 exigencia** +: ...espero que ahora estemos *a la altura* de las exigencias actuales. DYM281096 **7 ambición** +: «Es un edificio *a la altura* de las ambiciones de este país»... EME300395 **8 expectación:** Según la prensa, no estuvo *a la altura* de la expectación suscitada. EPE300900 **9 esperanza:** ...una eficaz acción de gobierno que está *a la altura* de las esperanzas de los ciudadanos. INDOC **10 demanda:** Para estar *a la altura* de la demanda laboral, es necesaria la formación práctica y continua dentro de su ámbito profesional... EME030396 **11 aspiración:** ...México y Estados Unidos comparten una relación de largo plazo, que importa preservar (...) para que fructifique en una convivencia *a la altura* de las aspiraciones de nuestros pueblos. EXC090596

C SUSTANTIVOS QUE DESIGNAN SITUACIONES FORZOSAS U OBLIGADAS, ASÍ COMO LAS ACTITUDES QUE LES CORRESPONDEN: **12 responsabilidad** ++: Entre nosotros no pueden ocupar un puesto en la vanguardia quienes no estén *a la altura* de sus responsabilidades. GIC062097 **13 deber** +: También lo que sobre todo me importa es que sepamos estar *a la altura* de nuestro deber... EME070295 **14 obligación** +: ...nos ganaremos a pulso el descrédito por no estar *a la altura* de las obligaciones de unos guardianes del Patrimonio de la Humanidad. EPE020499 **15 necesidad** +: Sin embargo, los resultados no estuvieron *a la altura* de las necesidades ni los gestores contaron con el decidido e imprescindible apoyo de las instituciones públicas... LVE050396 **16 compromiso:** «Creo que el Parlamento tendrá el suficiente sentido de responsabilidad como para estar *a la altura* de su compromiso con los electores españoles.». EPE270977

D SUSTANTIVOS QUE DENOTAN PRESTIGIO O RECONOCIMIENTO. TAMBIÉN CON OTROS QUE EXPRESAN SITUACIONES DE PREEMINENCIA QUE LO CONLLEVAN, ASÍ COMO CIERTAS CUALIDADES, MÁS FRECUENTEMENTE SI ESTÁN ENTRE LAS QUE DESIGNAN FORMAS DE CONSIDERACIÓN SOCIAL: **17 prestigio** ++: Los tres protagonistas están *a la altura* de su prestigio. LVE180996 **18 reputación** ++: Me parecía que mi escritura no estaba *a la altura* de mi reputación. EME120796 **19 talento** +: ...las obras expuestas no están *a la altura* de su talento. ABC090793 **20 fama** +: La orquesta estuvo *a la altura* de su fama... LVE090596 **21 categoría** +: Un sitio *a la altura* de la categoría del torneo. ETC081196 **22 mérito** +: ...desempeñan cargos que no están *a la altura* de sus méritos. LVE040895 **23 renombre:** Y desde la verdad y la belleza se mostrarán los dos artistas no ya *a la altura* de su renombre, sino por encima de su propia fama. EPE201199 **24 leyenda:** ...su vida está *a la altura* de su leyenda y su imagen sigue siendo venerada en las «villas miseria» de Argentina junto a la Virgen de Luján. EME100296 **25 mito:** ...cuenta, al menos, con la voluntad de tratar de poner su espectáculo en directo *a la altura* de los de sus mitos. EPE290499

E SUSTANTIVOS QUE DENOTAN SITUACIÓN ADVERSA, MÁS FRECUENTEMENTE SI ES VENIDERA: **26 desafío** ++: ...los políticos actuales no están *a la altura* de los desafíos del siglo XXI. EPE091199 **27 reto** +: ...requieren nuevas respuestas *a la altura* de los nuevos retos. EPE230699 **28 crisis:** ...supo estar *a la altura* de la crisis internacional que había surgido. INDOC

F ALGUNOS SUSTANTIVOS TEMPORALES: **29 tiempo** ++: ...es necesario «promover una educación cívica *a la altura* de nuestro tiempo»... ENC130599 **30 etapa histórica:** ...de una decisión tan trascendental como estas que está *a la altura* de la etapa histórica que vive nuestro país. INDOC **31 momento** +: A sus agraciados cuarenta años, la magnética sensualidad de la actriz vuelve a estar *a la altura* de sus mejores momentos... EME250395

a la baja *loc.adv./loc.adj.* ▮ Se usa muy a menudo con verbos copulativos o semicopulativos *(estar, seguir, permanecer, mantenerse, seguir, continuar)*, aplicados generalmente a acciones, cotizaciones, valores y otras magnitudes económicas, pero también a otras nociones que se evalúan en relación con algún estado de cosas previo. Destacan especialmente sus combinaciones con...

A VERBOS QUE DESIGNAN OPERACIONES COMERCIALES, GENERALMENTE BURSÁTILES. TAMBIÉN CON OTROS QUE EXPRESAN LA ACCIÓN DE INICIAR O TERMINAR ALGO, APLICADOS A ESTAS MISMAS OPERACIONES: **1 cerrar** ++:

La bolsa de Montevideo cerró *a la baja* la semana de operaciones... DLA280697 **2 cotizar ++:** ...las razones de esta medida son la cotización *a la baja* de las gasolinas en los mercados internacionales y la recuperación del euro frente al dólar. DDN030101 **3 abrir ++:** ...no afectarán a los mercados bursátiles que abrieron hoy por segundo día consecutivo *a la baja.* DLA281097 **4 operar +:** A la baja operaron únicamente comunicaciones y transportes... EXC090596 **5 terminar:** Los precios a futuro de productos de petróleo y del crudo ligero dulce terminaron *a la baja* en el mercado de Nueva York... EXC050996 **6 comenzar:** ...fueron las animadoras de la sesión bursátil de Madrid, que comenzó *a la baja* y que terminó con importantes ganancias... EXC031000 **7 jugar:** ...la necesidad de cubrir posiciones de quienes jugaban *a la baja* durante la semana pasada... LVE211195

B VERBOS QUE DENOTAN MOVIMIENTO, GENERALMENTE EVOLUTIVO, ASÍ COMO DESARROLLO O PROPENSIÓN HACIA ALGO: **8 tender +:** ...el precio del petróleo tiende estructuralmente *a la baja*, por una sobreoferta generalizada. ECA120792 **9 evolucionar +:** El crédito al sector agrícola y a la construcción, contrariamente, evolucionó *a la baja.* DLA120397 **10 moverse +:** Las divisas interbancarias se movieron *a la baja* desde el inicio de la jornada. EXC020496 **11 ir +:** El dólar nuevamente se fue *a la baja* en medio de un mercado cambiario donde los agentes se anticipan ya a un nuevo descenso en los réditos primarios. EXC230496 **12 andar +:** El cine norteamericano parece andar *a la baja* en lo referente a ideas y buenos guiones. LVE310896 **13 deslizar(se):** El euro se desliza algo *a la baja* y el BCE asegura su apoyo a la corona. EPE290900 **14 orientar(se):** ...las malas perspectivas para el sector de la construcción, a raíz de los resultados de uno de los primeros grupos del país, orientaron la bolsa *a la baja...* LVE120995 **15 inclinar(se):** Al final, y todavía con numerosas dudas, los mercados europeos se inclinaron abiertamente *a la baja...* EPE131101 **16 reaccionar +:** La reacción de Wall Street no fue hoy optimista y reaccionó *a la baja* al comienzo de la sesión... DLA110497 **17 tirar −:** ...y los valores tecnológicos tiraron *a la baja* del parqué madrileño... CAN291100 **18 flexionar:** El euro flexionó *a la baja* tan sólo una centésima. EPE011000 **19 caer:** ...las industrias lácteas dejan caer demasiado *a la baja* el precio de la leche y de que se está produciendo leche... EPE040700 **20 precipitarse:** El mercado abrió con tendencia al alza pero fue perdiendo impulso hasta invertir el rumbo y precipitarse *a la baja* en las últimas horas de la sesión. ENH110297

C VERBOS QUE DESIGNAN VARIOS ASPECTOS DE LOS PROCESOS NEGOCIADORES, ASÍ COMO DIVERSOS TIPOS DE ACTUACIONES ECONÓMICAS O COMERCIALES, A MENUDO TRANSACCIONES: **21 comprar +:** De cualquier manera, siguen ingresando capitales extranjeros al corro, dijeron operadores de la Bolsa, y están aprovechando pues compran *a la baja.* EUV091096 **22 vender +:** Los bancos, las compañías constructoras y las casas de bolsa, todas las cuales obtuvieron beneficios sustanciales del gobierno, se venden *a la baja.* EXC120197 **23 apostar:** Pero, a la hora de la verdad, la cautela y la inercia seguían apostando *a la baja* en el corto plazo. LVE140595 **24 presionar:** ...está produciendo unos cuantos centenares de miles de barriles diarios por encima de esa cuota y contribuye directamente de esa forma a presionar *a la baja* los precios del crudo... EUV160796 **25 empujar:** ...anunció ayer haber logrado peores resultados económicos de lo esperado por Wall Street, lo que empujó *a la baja* la bolsa neoyorquina. END141100 **26 pujar +:** ...en lugar de pujar al alza, lo hicieron *a la baja*, hasta adjudicarle el valor de cero pesetas... EPE160599 **27 negociar:** ...indicaron en un reciente informe que un número de los llamados créditos de explosión, aquéllos que se han negociado *a la baja* dramáticamente en los últimos tiempos... EXC200700 **28 especular:** Y apostando a que por estas razones el dólar va a bajar muchos operadores estuvieron especulando *a la baja.* SEM061100 **29 adjudicar:** Una gigantesca viñeta de «comic» en tres tintas de Roy Lichtenstein (...) se adjudicó *a la baja* por 1.815.000 (207,27 millones de pesetas). ABC271192

D VERBOS QUE DENOTAN CAMBIO O ALTERACIÓN DE ALGO: **30 revisar ++:** ...hay que revisar *a la baja* la previsión de crecimiento para este año, y por tanto, la creación de empleo... ENC300301 **31 retocar:** ...han caído bastante más que los tipos a corto, por lo que no sería extraño que el Banco de España retocara estos últimos *a la baja.* LVE031096 **32 modificar +:** ...el partido gobernante modificó *a la baja* las cifras de preferencias a su favor en fecha muy cercana a los comicios... PME190197 **33 mover +:** En los próximos meses algunos promotores se van a ver obligados, incluso, a mover *a la baja* los precios de las viviendas. EME050896 **34 ajustar +:** Recién en estos últimos días, los precios de la media res en gancho empiezan a ajustarse *a la baja.* EPU110601 **35 corregir +:** Se quería dar tiempo así para corregir *a la baja* el efecto que los nuevos valores catastrales tienen en diversos impuestos. LVE100596 **36 reajustar:** Con los últimos acontecimientos la proyección fue reajustada *a la baja...* CAP270901 **37 replantearse:** Ahora, la dura realidad, obligará a replantearse *a la baja* esta posibilidad. EME160195 **38 arrastrar:** Las autoridades de Taipei, por su parte, intentaban calmar los mercados financieros, arrastrados *a la baja* por la guerra verbal que desataron las palabras de... EPE150799 **39 impulsar:** ...el fortalecimiento del marco frente a la divisa estadounidense impulsó *a la baja* las cotizaciones... LVE220995 **40 acotar:** ...el índice que recoge los 35 valores más líquidos del mercado continuo parece oscilar en un campo acotado *a la baja* en los 3.250 puntos. LVE081195

E VERBOS QUE DENOTAN CÁLCULO: **41 calcular ++:** Pero ya entonces el interventor del Ayuntamiento alertó de que el precio se había calculado *a la baja.* EPE021099 **42 estimar +:** La inflación se estima alrededor de 1,3% en este mes, *a la baja* respecto de 1,4% esperado para julio... EXC070896 **43 hacer cuentas:** A partir de ahora, los franceses harán sus cuentas *a la baja*, pero al menos no se sentirán tan pobres como lo haría Turquia si en algún momento se adhiere al euro. EPE220801 **44 valorar:** ...pero valoró *a la baja* las expectativas del PP y ERC. LVE020695

F OTROS VERBOS; POSIBLES USOS ESTILÍSTICOS: ...celebradas las elecciones autonómicas y desalojados los nacionalistas del poder en Euskadi completar *«a la baja»* el Estatuto de Gernika. ENH010201; ...anuncie que va a actuar *a la baja* sobre un artículo cuyo precio sube. ENC280499

G SUSTANTIVOS QUE DENOTAN MOVIMIENTO O INCLINACIÓN HACIA ALGO. SE RELACIONAN GENERALMENTE CON LOS VERBOS DEL APARTADO *B*: **45 tendencia ++:**

...la Secretaría destaca que la tendencia *a la baja* ha sido casi uniforme en las cinco repúblicas. LHG141100 **46 orientación:** ...provocó ayer una alteración de las cotizaciones, que mostraron una clara orientación *a la baja*, con la excepción de Nueva York. LVE070395 **47 movimiento ++:** ...garantizarle al país que cualquier movimiento *a la baja* en el mercado internacional de los carburantes, será transferido... DED180197 **48 evolución +:** ...ha mostrado una moderada evolución *a la baja* en los últimos meses... EDV030601 **49 cambio:** ...dejarían de recibir la protección que supone un tipo de cambio *a la baja*... EME141295 **50 desviación +:** ...la mejora de las cuentas supuso una desviación *a la baja* de 1.214.252 millones sobre lo presupuestado... EPE050699 **51 crecimiento:** Con las perspectivas de crecimiento *a la baja* y el precio del petróleo más controlado no es de esperar que el Banco Central Europeo... EPE151200 **52 deslizamiento:** ...resistió bastante bien a medida que se iba confirmando el rechazo danés a incorporarse a la eurozona, pero no pudo evitar un ligero deslizamiento *a la baja* cuando... EPE290900 **53 inflexión:** Esta inflexión *a la baja* fue marcada ya el pasado día 15 en Nueva York en la subasta de otro Picasso... EPE011289 **54 inflación:** ...habrán completado cinco años consecutivos de inflación *a la baja*, y otros tantos de crecimiento económico. CLA070397 **55 caída:** De nada sirvieron las explicaciones de los analistas que ligaron la caída *a la baja* en el valor de las acciones de Teléfonos de México... EXC250700 **56 goteo +:** Una semana más ha continuado el goteo *a la baja* aunque con fluctuaciones muy pequeñas. ENC300301

H SUSTANTIVOS QUE DENOTAN MODIFICACIÓN, GENERALMENTE RELACIONADOS CON LOS VERBOS DEL APARTADO *D*: **57 revisión ++:** La ligera revisión *a la baja* del PIB para los tres últimos meses... DLA230397 **58 ajuste ++:** Este ajuste *a la baja* del inmueble supone que (...) deberá pagar a la institución provincial una diferencia de 105,9 millones... ENC240101 **59 corrección ++:** El mercado de deuda y de renta variable americanos se tomaban un respiro tras las correcciones *a la baja* del viernes. LVE090796 **60 retoque:** ...la próxima subasta de letras a un año tendrá que recoger ya este descenso a incluso apostar por un ligero retoque adicional *a la baja*. LVE131096 **61 modificación:** Las bolsas han recogido esta modificación *a la baja* de las expectativas de tipos con nuevos máximos históricos en el Dow Jones... LVE191195 **62 reforma:** La reforma del cheque británico *a la baja* será una de las batallas de Berlín. EPE220399 **63 remodelación:** ...posteriormente decidió retirarse del proyecto y provocó una remodelación *a la baja* del diseño original de la clínica. EPE060999

I SUSTANTIVOS QUE DENOTAN CÁLCULO: **64 cálculo +:** «Y luego diréis que somos cinco o seis», coreaban los estudiantes en respuesta a los cálculos *a la baja* que hace el Ministerio de Educación sobre el número de manifestantes... EPE151101 **65 estimación +:** Sin embargo, esta es una estimación *a la baja*, ya que no se han tenido en cuenta muchas otras dolencias como el cáncer de laringe. EPE180501 **66 previsión:** Realizando previsiones *a la baja*, se podría presionar a los sindicatos para contener los salarios. LRE190103

J SUSTANTIVOS QUE DENOTAN OPERACIONES E INTERCAMBIOS, MUY A MENUDO COMERCIALES O ECONÓMICAS. TAMBIÉN CON OTROS QUE EXPRESAN LOS PROCESOS QUE INTERVIENEN EN ESAS ACTUACIONES. SE RELACIONAN GENERALMENTE CON LOS VERBOS DEL APARTADO *A* Y *C*: **67 apertura +:** La apertura *a la baja* de Wall Street arrastró a las bolsas españolas y a los demás parqués europeos... DDN030101 **68 cierre +:** El cierre *a la baja* no sorprendió, y para hoy martes, se espera un repunte... EXC230496 **69 juego:** El juego *a la baja* es, a veces, más difícil de entender. Se trata de vender unos dólares, por ejemplo, que no se tienen, a un plazo determinado. LVE090395 **70 presión:** Los consultados estiman que hoy la tendencia será similar con más vendedores que compradores pero sin altas presiones *a la baja*. ETC040996 **71 negociación:** ...KAS insistía en que era un error plantear una negociación política abandonando la lucha armada porque sólo se lograría una negociación *a la baja*. EME030194 **72 licitación:** El problema es que las licitaciones de las plazas cada vez se hacen más *a la baja*. EPE031299 **73 oferta:** ...se puntuaban más las ofertas que estaban *a la baja* que aquellas que iban al alza de la expresada media aritmética. EPE110101 **74 igualación:** ...la política del «café para todos», en el sentido de propiciar la igualación de las comunidades autónomas *a la baja*. LVE140194

K SUSTANTIVOS QUE DESIGNAN CANTIDADES Y MAGNITUDES, CASI SIEMPRE ECONÓMICAS: **75 tipo de interés ++:** ...el consejo asesor recomienda mantener una política monetaria estable, con tipos de interés *a la baja*... LVE100394 **76 cotización ++:** ...las razones de esta medida son la cotización *a la baja* de las gasolinas en los mercados internacionales y la recuperación del euro frente al dólar. DDN030101 **77 precio ++:** ...podrán entrar al juego otros operadores mundiales, en un escenario de libre mercado y precios *a la baja*. CLA100297 **78 acción:** Entre los títulos negociados, hubo 1.281 acciones al alza contra 1.027 *a la baja* y 755 sin cambios. EME221195 **79 tasa:** La tasa de interés bancaria ponderada sigue *a la baja*, situándose en 19.74 por ciento... LHG141100 **80 deuda:** Además de Dinamarca, Luxemburgo e Irlanda (con una deuda *a la baja* pero todavía del 85 del PIB) cumplen los criterios... LVE040696 **81 salario:** ...el Gobierno pretende dejar a las pymes sin convenio par «promover las relaciones individuales y llevar los salarios *a la baja*». EPE070601 **82 tarifa +:** ...política de flexibilización de precios y que ajustarán sus tarifas *a la baja*. EME151296

L OTROS SUSTANTIVOS; POSIBLES USOS ESTILÍSTICOS: Dentro del ya considerado «rally» *a la baja* por los inversionistas... EXC020496; Vidas paralelas *a la baja*, América y Cruz Azul presentan ahora casi los mismos números... PME171196

□ Véase también: **en alza, por lo bajo.**

alabanza ♦ **cálido, cumplido, digno (de), efusivo, encendido, excelso, gran(de), incondicional, público, sincero, solemne, unánime** ♦ **entre** ♦ **canto (de), coro (de), letanía (de), objeto (de), ola (de), palabras (de), retahíla (de)** ♦ **acaparar, ahorrar, cantar, colmar (de)[9], copar, cosechar[9], cubrir(se) (de)[8], dedicar (a alguien), deshacerse (en)[3], dirigir (a alguien), dispensar, escatimar, escuchar, explayarse (en), lanzar, llenar (de), oír, prodigar, rendir, tributar, verter**

□ Véase también: **adulación, agasajo, elogio, homenaje, mérito.**

alabar ♦ **a bombo y platillo**[28]**, cumplidamente, desmesuradamente, efusivamente, excesivamente, profusamente, públicamente, sinceramente, sin reparos**

☐ Véase también: **elogiar**.

a la bartola ♦ **echarse, tumbarse**

al abordaje ♦ **entrar, lanzar(se), saltar, tomar**

a la brasa ♦ **asar, cocinar, hacer, preparar**

al abrigo (de) *loc.prep.* ▮ En su sentido de 'bajo la protección o al amparo de' se combina con sustantivos que designan lugares al aire libre, accidentes geográficos o elementos de la naturaleza *(playa, montaña, valle, roca, cueva, intemperie, árbol)*, con otros que se refieren a edificaciones *(muralla, pared)* y a muy diversos elementos que pueden servir como elemento protector de personas o cosas. Se combina a menudo con los sustantivos *oscuridad, noche, sombras* y con otros que expresan la ausencia de luz o de claridad. Admite asimismo sustantivos de persona, individuales o colectivos *(al abrigo del juez, del tribunal, de la multitud, del público, de su familia)*, y otros que designan muy diversas instituciones, corporaciones y formas organizadas de gobierno *(empresa, universidad, dictadura, régimen)*. También se combina con...

A SUSTANTIVOS QUE DESIGNAN NORMAS, CONVENIOS Y OTRAS DISPOSICIONES Y ESTIPULACIONES: **1 ley ++:** Lo cierto es que *al abrigo* de la ley nacieron interesantes publicaciones... LVE240396 **2 norma:** ...*al abrigo* de una norma –la de la prórroga– no pensada para el fin... EME281095 **3 reglamentación:** Toyota podría volver *al abrigo* de la reglamentación... EME231195 **4 artículo:** Al abrigo del último artículo de (...) sobre Cuba y Fidel Castro... EME191196 **5 acuerdo:** ...las licencias otorgadas a barcos pesqueros españoles, *al abrigo* del acuerdo bilateral... EPE030181 **6 reglamento:** ...la suspensión de las funciones que este diputado tomó *al abrigo* del reglamento, concretamente en virtud del artículo... INDOC

B SUSTANTIVOS QUE DENOTAN SITUACIÓN PROPICIA O AUSENCIA DE CONTROL, PERO TAMBIÉN LAS NOCIONES OPUESTAS SI SE INTERPRETA QUE FUERZAN O CONDICIONAN LA VOLUNTAD DE ACTUAR: **7 libertad:** ...su conducta antisocial y sus reiterados actos criminales *al abrigo* de la libertad de cultos... LVE311095 **8 necesidad:** Gente *al abrigo* de la necesidad, misántropos, que llevan una vida misógina y que descubren que su soledad es invivible. EME030396 **9 impunidad:** ...amordazaba profesionales incómodos sin más ley que su arbitrio y *al abrigo* de la impunidad que otorgaba la mayoría absoluta. EPE110399 **10 coyuntura:** ...ganaban influencias y se enriquecían con muy poco esfuerzo *al abrigo* de la coyuntura económica que favorecía burbujas inmobiliarias y pelotazos financieros... INDOC

☐ Véase también: **al calor (de)**.

▮ En el sentido de 'a salvo o a cubierto de, libre de', se combina con sustantivos que designan fenómenos meteorológicos y climáticos *(viento, lluvia, helada, huracán)*, cosas lanzadas o emitidas *(radiación, fuego, golpes, balas, cañonazos, flechas)*, y muy diversos fenómenos que pueden conllevar riesgo. También se combina con sustantivos que designan movimientos o corrientes cuando se consideran peligrosas a juicio del que habla *(al abrigo del nacionalismo, del expansionismo, del conservadurismo, del izquierdismo)*, así como con...

C SUSTANTIVOS QUE DENOTAN CAMBIO, MOVIMIENTO O INCLINACIÓN HACIA ALGO, ESPECIALMENTE SI SE ENTIENDE QUE ES CIRCUNSTANCIAL O POCO FIRME: **11 cambio +:** Pero, naturalmente, tampoco está *al abrigo* de los cambios de coyuntura económica, y con la crisis que coincidió con el final de los Juegos Olímpicos Barcelona también padeció la recesión. LVE091095 **12 inestabilidad:** Una Europa central estable podría satisfacer todos los intereses que tiene Alemania, incluido el de estar *al abrigo* de la inestabilidad rusa. LVE110695 **13 oscilación:** Habida cuenta del imperialismo del dólar y de la fuerza del marco, la moneda única puede dar una oportunidad a países como Francia, al quedar *al abrigo* de las oscilaciones del dólar... LVE240196 **14 moda +:** ...ofreciendo (...) solidez, tenacidad y continuidad, *al abrigo* de las modas y las grandes cifras... LVE200195 **15 capricho +:** ...es provisional y no está *al abrigo* de los caprichos del Kremlin. EPE210599 **16 avatar +:** Casi el 90% del dinero de los fondos se encuentra, en estos momentos, *al abrigo* de los avatares de las turbulencias monetarias y de los mercados. LVE040695 **17 fluctuación +:** El euro, al establecer las bases de un marco macroeconómico saludable dentro de la Unión al poner a las economías nacionales *al abrigo* de las fluctuaciones de las monedas ajenas, constituirá a no dudarlo un instrumento... EPEANUA98 **18 tendencia:** Una larga trayectoria, personal como pocas, libre de los gustos del momento y *al abrigo* de las tendencias comerciales que tan servilmente siguen otros... INDOC

D SUSTANTIVOS QUE DESIGNAN ACCIONES AMENAZANTES U HOSTILES. TAMBIÉN CON ALGUNOS QUE EXPRESAN OTRAS QUE NO LO SON INHERENTEMENTE, PERO QUE ES HABITUAL INTERPRETAR EN ESE SENTIDO: **19 mirada ++:** ...desde los ministerios de Exteriores de sus respectivos países y, también, desde lugares más discretos, en los que las transacciones y los compromisos quedan *al abrigo* de las miradas curiosas. EPE131099 **20 acechanza:** La guerrilla se refugió en la selva, *al abrigo* de toda acechanza. INDOC **21 crítica +:** ...al intervenir con sus fuerzas terrestres permanecía *al abrigo* de las críticas occidentales. LVE040996 **22 amenaza:** ...tan sólo una semana después de los graves incidentes de Estambul, en los que se puso de manifiesto cómo el régimen laico de Ankara tampoco está *al abrigo* de la amenaza integrista. LVE220395 **23 ataque:** ...desembocará en la creación de un grupo petrolero francés situado casi al mismo nivel que los primeros mundiales y colocado *al abrigo* de los ataques exteriores. EPE070799

E SUSTANTIVOS QUE DESIGNAN ACONTECIMIENTOS O ESTADOS DE AFLICCIÓN O ADVERSIDAD, ESPECIALMENTE SI SE CONSIDERAN PELIGROSOS: **24 crisis +:** Pero no es seguro que esté más *al abrigo* de crisis mayores si Francia moderniza... LVE150695 **25 peligro +:** ...sobre todo cuando el ser prudente no es garantía de que uno pueda quedar *al abrigo* de los numerosos peligros que... INDOC

26 mal +: ...hasta el presente, se han considerado *al abrigo* del mal de nuestro tiempo. EPE150580 **27 escándalo +:** ...comprometer a quienes se creían *al abrigo* del escándalo. LVE091194 **28 violencia:** ...ya no existe ningún lugar *al abrigo* de la violencia. LVE220495 **29 horror:** ...podrían desencadenar un movimiento de pánico en las sociedades europeas y del mundo en general, porque nadie estaría *al abrigo* de esos horrores. EPE111001 **30 abuso:** ...poniéndolos en lo posible constitucionalmente *al abrigo* de abusos de medios de opinión. EPE070199 **31 conflicto:** ...le permitió estar *al abrigo* de los conflictos desatados en todo su alrededor... EME110295

a la cabeza *loc.adv.* ▮ La expresión *venir a la cabeza* se combina con *idea, recuerdo, anécdota* y otros muchos sustantivos que designan lo que puede pensarse o recordarse. La expresión *subírsele a alguien a la cabeza* se combina, en su sentido físico, con los sustantivos *calor, sangre* y con varios que designan bebidas generalmente alcohólicas *(vino, licor)*. En su sentido figurado admite sustantivos de persona *(Los alumnos se le subían a la cabeza)* y también otros que designan méritos, cargos o posiciones destacadas *(inteligencia, presidencia, notaría)*. Acepta asimismo otros que expresan el resultado feliz de algo *(éxito, triunfo, victoria, mayoría absoluta)*, así como algunos estados subsiguientes a su consecución *(fama, gloria, notoriedad)* o relacionados con diversas situaciones halagüeñas *(satisfacción, alegría, euforia)*. La expresión exhortativa *duro y a la cabeza* se emplea para animar a atacar a alguien. En el sentido de 'delante, en primer lugar o al mando' se combina frecuentemente con el verbo *estar* y además con...

A VERBOS QUE DENOTAN UBICACIÓN. TAMBIÉN CON ALGUNOS VERBOS DE MOVIMIENTO QUE SE ASIMILAN A ELLOS: **1 colocar(se) ++:** ...logró colocarse *a la cabeza* del segmento... EXC170901 **2 situar(se) ++:** ...se sitúa *a la cabeza* de las administraciones públicas... DDN090101 **poner(se) ++:** De esa forma se entiende que el primer mandatario se pone *a la cabeza* de las solicitudes... ECA190792 **4 ir ++:** Que no obste, porque vamos *a la cabeza*... EPE221199 **5 marchar ++:** Dimensionados los presupuestos que cada nación iberoamericana destina a su potenciamiento militar, (...) Chile marcha *a la cabeza* de esa política... LTB010497 **6 encontrarse ++:** Los socios europeos se encuentran *a la cabeza* del desempleo, mientras EE. UU. genera subempleo... EME150394 **7 hallarse +:** ...nuestra situación se halla *a la cabeza* de los países semidesarrollados... ABC260595 **8 ubicarse:** «Queremos ubicarnos *a la cabeza* del pelotón y ganar carreras lo antes posible»... CLA210199 **9 establecerse:** ...cuando el país estaba estableciéndose *a la cabeza* de industrias como la automotriz... ENH250697 **10 posicionar(se):** ...posicionarse *a la cabeza* del mercado de las telecomunicaciones. HOY091296 **11 figurar +:** Entre los gobernadores díscolos figura *a la cabeza* Itamar Franco (el ex presidente que ahora comanda Minas Gerais). CLA070199

B VERBOS QUE DENOTAN CONTINUIDAD O PERMANENCIA: **12 seguir +:** Siempre creyeron que (...) seguiría *a la cabeza* del partido... DLA210697 **13 mantenerse +:** ...ella reveló en esta entrevista con Caras que se mantendrá *a la cabeza*... CAR221297 **14 continuar:** ...continúa *a la cabeza* en el mercado de base de datos... EXC250901

a la cara *loc.adv.* ▮ Admite sustantivos que designan golpes *(bofetada, puñetazo)* en construcciones no verbales. La locución *a la cara* se distingue de la frase preposicional *a la cara*, que suele modificar a los verbos que denotan lanzamiento *(arrojar un alegato a la cara de los espectadores; disparar un tiro a la cara de alguien)*, pero puede formar parte de ciertas locuciones verbales *(echarse a la cara; tirarse los trastos a la cara)*. La locución *a la cara* se combina con...

A VERBOS QUE DESIGNAN MANIFESTACIONES VERBALES DECLARATIVAS O INTERROGATIVAS: **1 decir ++:** «Eso no es capaz de decírmelo *a la cara*», agregó. EME040296 **2 hablar:** ...a mí me gusta que me hable claro y *a la cara*... LVE070696 **3 preguntar:** Añadía que le gustaría «hablar» con uno de los asesinos y preguntarle *a la cara* si merece la pena lo que hacen. EME121295 **4 cuestionar:** ...son capaces de emitir opiniones contrarias a las suyas, de cuestionarles *a la cara* sus métodos de entrenamiento... EPE260699

B ALGUNOS VERBOS QUE DESIGNAN ACCIONES VERBALES HOSTILES: **5 insultar +:** Yo no voy a ser tan estúpido como para insultar al árbitro *a la cara*. EME020496 **6 espetar +:** ...lo primero que le espetó *a la cara* cuando se encontraron, fue un rotundo... EME180194

C ALGUNOS VERBOS QUE DESIGNAN LA EXPRESIÓN DE SONIDOS DIRIGIDOS HACIA UN INTERLOCUTOR: **7 gritar:** ...harto de oír las tonterías con que sus aduladores pretendían halagarlo, les gritó *a la cara*... EME180395 **8 chillar:** A falta de poder chillar (no parece su estilo) *a la cara* de muchos su aversión... EME170496 **9 reírse:** ...y tanto políticos como funcionarios y también los tribunales franceses se le ríen *a la cara*. LVE040395

D ALGUNOS VERBOS DE PERCEPCIÓN: **10 mirar +:** Evitan mirarse *a la cara*, uno y otro encerrados en su propio monólogo. EME200294 **11 ver:** Borrell quiere ver a Aznar *a la cara* y transmitirle sus preocupaciones. EPE120199 **12 contemplar:** ...todos podamos contemplar la violencia terrorista *a la cara*... EPD260797

E OTROS VERBOS; POSIBLES USOS ESTILÍSTICOS: ...esta realidad que empieza ya a soplarnos *a la cara*... LVE101195; Tarde o temprano «la jarana sale *a la cara*». LNC171296 ☐ Véase también: **abiertamente, a cara descubierta, a las claras, a pecho descubierto, sin tapujos.**

a la contra *loc.adv.* ▮ En su sentido de 'al contraataque' se combina con verbos de movimiento aplicados frecuentemente al ámbito del deporte *(salir, correr)*, así como con diversos verbos y sustantivos que denotan juego o competición *(jugar, pelear, juego, carrera)*. En su sentido de 'en actitud contraria' se combina con verbos de lengua, especialmente si denotan respuesta o defensa de una idea *(responder, argumentar)*, así como con sustantivos que designan ciertos tipos de texto *(un discurso a la contra)*. También se combina con...

A VERBOS QUE DENOTAN UBICACIÓN O MOVIMIENTO. TAMBIÉN CON OTROS QUE EXPRESAN ACTITUD O TOMA

DE POSTURA FRENTE A ALGO O A ALGUIEN: **1 ir ++:** «Vamos *a la contra* del resto de Europa». ABC250992 **2 ponerse +:** Decir lo indecible, ponerse *a la contra*, reírse del mundo, apostar por las minorías, hacer higa de la gente... EME071096 **3 mantenerse +:** El australiano, en efecto, suele mantenerse *a la contra* ante Ferrero, dejándole la iniciativa... EPE171101 **4 votar +:** Los que votan a favor y los que votan *a la contra.* LVE060296 **5 posicionarse:** Algunos ya se posicionaron inmediatamente *a la contra* e incluso llegaron a acelerar, por su cuenta y riesgo, otras operaciones... EPE010399

B EL VERBO *ACTUAR* Y CON OTROS VERBOS QUE DENOTAN ACTIVIDAD: **6 actuar ++:** ...una tesis de autoodio y que propone diluirnos en una entidad superior, o la de los que actúan *a la contra.* EPE310199 **7 maniobrar +:** Jaro no pasó muchos apuros y, por contra, el Betis, encontró espacios para maniobrar *a la contra.* EME120695 **8 reaccionar:** A las preguntas de qué opinaba sobre la ola de repulsas (...) contra sus declaraciones racistas, Gil reaccionó *a la contra...* LVE270495 **9 hacer campaña –:** ...el PP le está haciendo *a la contra* la campaña electoral... EME250294

C ALGUNOS SUSTANTIVOS QUE DESIGNAN DIVERSAS FORMAS DE ACTUACIÓN O RESOLUCIÓN. SE RELACIONAN GENERALMENTE CON LOS VERBOS DE LOS APARTADOS *A* Y *B*: **10 voto +:** A los conservadores porque no se beneficiarán del «voto *a la contra*» que tuvieron en 1996... EPE141299 **11 decisión:** Le hicieron tomar una decisión *a la contra*, algo que nunco pudo perdonar. INDOC **12 reacción:** ...lo ha vuelto a conseguir: escándalo, con reacciones –*a la contra*– para todos los gustos. LVE250995

D OTROS SUSTANTIVOS; POSIBLES USOS ESTILÍSTICOS: Formas de muerte en vida. Suicidios *a la contra.* EME011095

ala (de) ♦ **amplio, ancho, espacioso** ♦ **ángel, ave, avión, castillo, coalición, edificio, fachada, ilusión, insecto, libertad, pájaro, palacio, partido, sombrero** ♦ **abarcar, abrir, ahuecar, batir, cerrar, desplegar, estirar, extender, plegar, recoger**

a la defensiva *loc.adv.* ▌Se combina con verbos que denotan lucha, más frecuentemente si se refieren a una competición deportiva *(luchar, pelear, enfrentarse).* También lo hace con varios sustantivos (relacionados con esos verbos) que designan eventos *(juego, pelea, guerra)* o personas *(jugador, equipo, rival).* Admite además verbos de movimiento *(salir, correr, ir, moverse)* o estado *(estar, mantenerse, permanecer)*, sea aplicados a las actividades deportivas mencionadas o a otro tipo de situaciones. Se combina asimismo con...

A ALGUNOS VERBOS QUE DESIGNAN FORMAS DE COMPORTARSE: **1 actuar ++:** Se trata de una etapa fundamental que marcará el desarrollo del Tour, decidirá quién podrá actuar *a la defensiva...* LVE300695 **2 mostrarse +:** Era un hombre muy cordial, aunque a veces se mostraba *a la defensiva* con los desconocidos. ABC160493 **3 reaccionar +:** Es altamente probable, opina, que las Fuerzas Armadas reaccionen *a la defensiva...* HOY010997 **4 comportarse:** El soriano, además, parecía comportarse *a la defensiva* frente a la prensa... EME050896

B VERBOS QUE DENOTAN UBICACIÓN O TOMA DE POSICIÓN: **5 ponerse +:** ...la Asociación se pone *a la defensiva...* HOY180886 **6 situarse:** ...situándose *a la defensiva*, intentaban organizarse... EXP011091 **7 colocar(se):** ...no se coloca *a la defensiva* para justificar la presencia de su hija en el programa... EME080996 **8 posicionarse:** La falta de acuerdo en los temas de empleo también ha provocado que los sindicatos se hayan posicionado *a la defensiva...* EPE010699 **9 encontrarse:** ...se encontraban *a la defensiva* ante la campaña... EPE110499 **10 hallarse:** El pensamiento democrático se halla allí siempre *a la defensiva...* EPE291101 **11 verse:** Lo he visto muy *a la defensiva...* EME280995 **12 pasar:** ...el piloto español pasaba *a la defensiva.* EME250195

C ALGUNOS VERBOS QUE DENOTAN ACCIÓN VERBAL DE CARÁCTER HOSTIL: **13 acusar:** Los independentistas, *a la defensiva*, acusan a Ottawa.. LVE071095 **14 increpar +:** ¿No se criticaban también los puestos que ocupaban los jugadores?, increpó *a la defensiva.* EPE070299

D OTROS TIPOS DE MANIFESTACIONES VERBALES, MÁS FRECUENTEMENTE SI SE DIRIGEN A ALGÚN DESTINATARIO: **15 dirigirse:** ...más que contestarle la pregunta, se dirigió a él *a la defensiva* y le dijo que... INDOC **16 replicar:** ...el técnico le replicó *a la defensiva* acusándole de que se le habían pagado en La Masia muchas comidas y muchas libretas. EPE210399 **17 responder +:** ...«No tengo ya nada que demostrar», respondió *a la defensiva* a las preguntas que le formuló una periodista... EPE230499

E OTROS VERBOS; POSIBLES USOS ESTILÍSTICOS: ...brilló también *a la defensiva*, cometiendo sólo un error... ENH030697; ...*a la defensiva* cazó a Rubén Amaro en la tercera almohadilla. DED260996

a la deriva *loc.adv./loc.adj.* ▌En su sentido literal de 'a merced de la corriente o el viento' se combina con verbos que designan diversas actividades relacionadas con la marinería *(navegar, flotar, remar)*, así como con sustantivos que designan embarcaciones *(balsa, barca, velero).* En el sentido figurado de 'sin dirección o sin propósito fijos' se construye con verbos copulativos o semicopulativos *(estar, quedar, permanecer, hallarse, encontrarse, seguir, continuar)* aplicados a un gran número de entidades concretas y abstractas. También se combina con...

A VERBOS DE MOVIMIENTO, ESPECIALMENTE SI DENOTAN AVANCE O PROGRESIÓN: **1 ir ++:** Mientras se discutía el precio del salvamento, un buque panameño iba *a la deriva* hacia la costa. LVG221191 **2 avanzar:** ...el petrolero avanzó *a la deriva* hasta encallar a unos 20 metros de distancia de la orilla. EME130395 **3 andar +:** ...el cuadro rojo andaba *a la deriva* y con apenas ocho o nueve jugadores firmados... ENV110797 **4 marchar:** ...el liberalismo marcha *a la deriva*, y (...) está requiriendo acertados timonazos. ETC140175 **5 caminar:** ...no es extraño que la mayoría de los hombres caminen *a la deriva.* ABC140795 **6 recorrer:** El cadáver fue retenido (...) tras recorrer una decena de metros *a la deriva.* LVE230995

B VERBOS QUE DENOTAN MOVIMIENTO SIN DESTINO FIJO: **7 errar ++:** En esa época, una tormenta de meteoritos que erraban *a la deriva* por el sistema solar bombardeaba los planetas sin tregua. LVE190594

8 deambular +: Todavía deambulan, *a la deriva*, los locos que no tienen recursos para tratarse... CLA060199 **9 vagar ++:** ...unos témpanos de hielo que vagan *a la deriva* en el mar de Wedell. EME020395 **10 pulular –:** Los demás son diversas especies de insectos que pululan *a la deriva*. EPE171201

C VERBOS QUE DENOTAN LA ACCIÓN DE MOVER, GUIAR O TRASLADAR ALGO O A ALGUIEN: **11 llevar:** Las luchas intestinas llevan *a la deriva* a los conservadores lusos. LVE260996 **12 mover(se) +:** Cientos de mini icebergs se movían *a la deriva* sobre la corriente. EME120296 **13 conducir:** ...el carruaje no se gobernaba, sino que malamente se administraba. Se conducía *a la deriva*. HOY191083 **14 desplazar:** Agitados por el impulso de las olas, los cuerpos sin alma se desplazaban *a la deriva*... EME210695

D ALGUNOS VERBOS QUE DENOTAN ABANDONO O DESAMPARO: **15 dejar +:** ...abandonó los entrenamientos y dejó *a la deriva* el equipo... SEM311296 **16 abandonar:** ...capaz por igual de alcanzar un destino o de abandonarse *a la deriva*. ABC180394

E VERBOS QUE DESIGNAN LA FINALIZACIÓN O EL TÉRMINO DE UNA ACCIÓN O UN PROCESO: **17 terminar:** ...teme que el proyecto termine *a la deriva* hundiéndose en las ambiciones del director. EME241196 **18 acabar:** La nave acabó *a la deriva*, lo que obligó a la Armada australiana a organizar una carísima operación de salvamento. LVE090195

F OTROS VERBOS; POSIBLES USOS ESTILÍSTICOS: ...recorrieron casi un kilómetro (...) ardiendo *a la deriva*... EPE141299

☐ Véase también: **sin rumbo**.

a la desbandada Véase: **en desbandada**

a la desesperada *loc.adv./loc.adj.* ▮ Se combina con...

A VERBOS DE MOVIMIENTO, MÁS FRECUENTEMENTE SI DESIGNAN LA ACCIÓN DE SALIR, LA DE SACAR ALGO O LA DE ESCAPAR DE UN LUGAR, A MENUDO REALIZADAS DE MANERA IMPULSIVA, DECIDIDA O IMPETUOSA: **1 ir +:** ...quiere morir matando y va *a la desesperada*, por lo que ya han empezado a preparar... EME100895 **2 salir +:** ...impactó con su rodilla en la cabeza de Antonioli, que salió *a la desesperada*. EPE251001 **3 huir +:** ...hace nueve días huyeron *a la desesperada* a través de los montes. EME210795 **4 escapar +:** Durante el saqueo, los habitantes escaparon *a la desesperada*. INDOC **5 lanzar(se) +:** El Deportivo se lanzó *a la desesperada* y al final salvó los muebles... EME250995 **6 llegar:** El Barça se encontró anoche en Estocolmo con un triunfo que mereció, pero que le llegó de forma casi furtiva, *a la desesperada*. EPE150999 **7 acudir:** Ayer mismo lo demostró bien (...) que *–a la desesperada*, como está– acudió a un acto... EME250595 **8 subir:** Subía a la red *a la desesperada*, incluso con segundos saques... LVE020994 **9 bajar:** Por eso han bajado, contra marea y *a la desesperada*, los tipos de interés. EME040394 **10 sacar:** Parecía que Atlético y Sevilla hubieran decidido sacar a esas horas, *a la desesperada*, las ganas de gol... LVE021095 **11 mover:** ...movió el banquillo *a la desesperada* para enderezar el partido. LVE251196 **12 volcarse:** El Málaga se volcó *a la desesperada*. EPE010399 **13 tirarse +:** A la desesperada se tiró sobre el contacto y de un tirón desconectó todo el sistema eléctrico. EME230796 **14 abandonar:** Al darse cuenta de la presencia de la Policía, los muchachos abandonaron *a la desesperada* el automóvil... EME170496 **15 hacer un movimiento:** ...hizo un movimiento *a la desesperada* dando un ultimátum de 24 horas... EME290795

B VERBOS QUE DENOTAN INTENTO, MÁS FRECUENTEMENTE DE ENCONTRAR, ACCEDER, ALCANZAR O ACOGERSE A ALGO O ALGUIEN: **16 intentar ++:** ...el presidente intentó *a la desesperada* algún tipo de acuerdo nacional... EPE211201 **17 buscar ++:** ...buscando el gol *a la desesperada* en los primeros minutos... EPE051001 **18 recurrir +:** ...que recurrir de nuevo *a la desesperada* al incremento de la presión fiscal... EME160495 **19 tratar +:** ...no descartan que (...) trate *a la desesperada* de crear una sensación de caos e inestabilidad general. EME131195 **20 optar:** ...optan *a la desesperada* por echar el máximo posible de humo... EME050696 **21 perseguir:** ...una solución de última hora que los negociadores perseguían *a la desesperada*. INDOC **22 encomendarse:** A la desesperada, el Deportivo se encomendó a las genialidades de Djalminha. EPE140899

C EL VERBO *JUGAR*. TAMBIÉN CON OTROS QUE EXPRESAN ATAQUE, DEFENSA U OTRAS FORMAS DE CONFRONTACIÓN: **23 jugar ++:** Porque jugó *a la desesperada* con sus delanteros y no tuvo calma... EPC220597 **24 atacar +:** ...aunque el Celta atacó *a la desesperada*... EME060395 **25 luchar +:** En tanto, en Crimea se lucha *a la desesperada*... LHG040197 **26 defenderse +:** ...se defendían con coraje, pero *a la desesperada* provocando numerosas pérdidas... EME090195 **27 competir:** ...y grupos de comunicación compiten *a la desesperada* por la audiencia. LVE250396 **28 enfrentarse +:** La Luna de Valencia de Bronce ha ido a parar al coreano Lee In-Kyun por su corto Jip Haing, que cuenta cómo un cura se enfrenta *a la desesperada*... EPE270699 **29 encarar:** Cuando Vitor Baia lo encaró *a la desesperada*, Poborsky marcó un golazo de bandera... LVE240696 **30 disparar:** ...disparó *a la desesperada* y sin ningún acierto 33 misiles... EPE280599 **31 atracar:** ...gentes sin profesionalidad alguna, que atracaban *a la desesperada*, con acciones de alto riesgo. LVE201296 **32 pelear:** ...saben que no tienen ninguna opción, pero pelean *a la desesperada* como si tuvieran la victoria al alcance de la mano. INDOC

D VERBOS QUE DENOTAN LA ACCIÓN DE IMPEDIR ALGO. TAMBIÉN CON OTROS QUE EXPRESAN LA ACCIÓN DE EXPULSAR, SEPARAR, ANULAR O DESTRUIR ALGUNA COSA CON EL PROPÓSITO DE EVITAR UN MAL: **33 evitar +:** ...tratando de evitar *a la desesperada* que las llamas lleguen hasta arriba. EME180295 **34 impedir +:** ...tratan de impedir *a la desesperada* que el tinglado se derrumbe. EME080195 **35 desbaratar +:** ...dos controles sublimes que Molina desbarató *a la desesperada*... EPE210499 **36 conjurar +:** ...recorre España tratando de conjurar sus propios fantasmas *a la desesperada*. EME250296 **37 desalojar:** ...las desalojaron *a la desesperada* y se fueron con lo puesto. EME050296 **38 quemar:** Los socialistas están quemando *a la desesperada* los últimos cartuchos... EPE210899 **39 cortar +:** ...tuvo que cortar *a la desesperada* una internada peligrosísima... LVE020696 **40 fumigar:** ...los Servicios de Desinfección municipales, los únicos a los que ya, tal como están las cosas, compete actuar fumigando *a la desesperada*. EME041195

E EL VERBO *ACTUAR* Y CON OTROS QUE DESIGNAN DIVERSAS ACTUACIONES, MÁS FRECUENTEMENTE SI SE ENCAMINAN A RESOLVER ALGUNA DIFICULTAD: **41 actuar** ++: ...la Policía ha tenido que actuar *a la desesperada*, ante la falta de pistas. EME200194 **42 tomar medidas** +: ...indican la debilidad del Gobierno al «tomar medidas *a la desesperada*». EME220995 **43 hacer concesiones:** ...pueda sentirse tentado de hacer concesiones *a la desesperada* para salvar el diálogo... EPE020489 **44 ofrecer:** El Ministerio de Interior, *a la desesperada*, ofreció una recompensa... EME290995 **45 efectuar cambios:** Bastaron los cambios efectuados *a la desesperada* (...) para disfrutar de cada jugador... EME280396 **46 recuperar:** Cadalora intentó así recuperar *a la desesperada* el mejor tiempo. EME150996 **47 reflotar:** ...y que, *a la desesperada* y en este fin de régimen que nos ocupa, intentan reflotar. EME270294

F SUSTANTIVOS QUE DENOTAN INTENTO O CONSECUCIÓN EXITOSA DE ALGO. VARIOS DE ELLOS ESTÁN RELACIONADOS CON LOS VERBOS DEL APARTADO *B*: **48 intento** ++: ...es un nuevo intento, casi *a la desesperada*, de despertar la conciencia política del país... EPE090900 **49 búsqueda:** ...la búsqueda *a la desesperada* del Gobierno de un partido con el que pactar... LVE040795 **50 esfuerzo:** ...han emprendido un esfuerzo *a la desesperada* para que los terroristas se limiten... LVE241296 **51 triunfo:** Sainz, un triunfo *a la desesperada*. EME231095 **52 victoria:** ...antes de buscar una victoria *a la desesperada*. LVE111196

G SUSTANTIVOS DE MOVIMIENTO, A MENUDO RELACIONADOS CON LOS VERBOS DEL APARTADO *A*: **53 huida** +: Y cuando el toro inició una huida *a la desesperada*, Enrique lo persiguió... EME260795 **54 salida** +: ...se produzca un contraataque o una salida *a la desesperada*... EPE191101 **55 desalojo:** Es decir el desalojo *a la desesperada* que las SS obligaron a realizar.. EME280195 **56 viaje:** ...un viaje *a la desesperada* para atajar la moción de censura contra el jefe. EPE221099

H OTROS SUSTANTIVOS; POSIBLES USOS ESTILÍSTICOS: ...una campaña electoral *a la desesperada* con el fin de mantenerse en el poder... EME290495; ...en una reunión *a la desesperada*, no logró convencer... EME120695; Desembocando finalmente en el rugido *a la desesperada* del pesado dinosaurio... EME250396

a la francesa ♦ despedir(se), marchar(se)

a lágrima viva ♦ implorar, llorar

a la grupa ♦ cabalgar, montar, sentarse

☐ Véase también: **a horcajadas**.

a la legua *loc.adv.*

▮ Alterna a veces con *a una legua* y con *a cien leguas*, de uso menos frecuente. Se combina con...

A VERBOS QUE DENOTAN PERCEPCIÓN, GENERALMENTE VISUAL: **1 ver** ++: ...no tiene voluntad alguna de pagar y eso se ve *a la legua*, nos han tomado el pelo. LVE190295 **2 notar** +: Porque *a la legua* se nota, no pocas veces, que nuestras críticas y denuncias, queriendo ser justicieras, muestran demasiado la rabia... ACP061000

B VERBOS QUE DENOTAN RECONOCIMIENTO O IDENTIFICACIÓN: **3 distinguir:** Aquellos libros de color violeta sí que eran bonitos. Los distinguías *a la legua*. EPE111199 **4 reconocer:** El rasgo más característico de los cuadros recientes de Gallego, aquel que nos permite reconocerlos *a la legua*, es su textura lacada, como de espejo. ABC220592 **5 identificar:** ...le recuerdo que el Ex de la Benemérita, si no ario, es tirando a agitanado; entre chinos se le identifica *a la legua*. EME060694 **6 conocer:** ...le habrían conocido *a la legua* como un intelectual arquetípico. EME271295

C OTROS VERBOS; POSIBLES USOS CRUZADOS: Se confirma que tiene amante, pensaba Miranda, pero salta *a la legua* que es una mujer honesta. [Cf. *a la vista*] EME080896

a la ligera *loc.adv.*

▮ Admite un gran número de verbos, pero se percibe una tendencia clara a combinar preferentemente esta locución con los que designan acciones que producen un cambio de estado y que generalmente se llevan a cabo con atención, esmero o cuidado *(traducir, clasificar, revisar)*. Se combina asimismo con los verbos de creación *(componer, fabricar)* y con...

A LOS VERBOS *TOMAR* Y *TRATAR*. TAMBIÉN CON OTROS QUE DENOTAN ANÁLISIS O TOMA EN CONSIDERACIÓN DE ALGÚN ASUNTO: **1 tomar** ++: ...la predicción de un terremoto es demasiado arriesgada para que alguien la tome *a la ligera*. ETC011287 **2 tratar** ++: ...un tema (...) que no puede ser tratado *a la ligera*. POS180699 **3 estudiar** +: Cualquier psiquiatra que estudie, aunque sea *a la ligera*, el caso (...) se da cuenta de que se trata de un paranoico agresivo. PME151296 **4 analizar** +: ...cuando las cuestiones importantes se analizan *a la ligera*, se cometen errores tan serios como este. INDOC **5 abordar** +: ...el tema de la retroactividad no puede ser abordado *a la ligera*... ETC060996 **6 despachar:** ...cirugías plásticas que dejaron al paciente peor que antes y urgencias despachadas demasiado *a la ligera*. EPE170999 **7 tocar:** En él les aclararían muchos aspectos que ustedes tocan muy *a la ligera*. Por ejemplo, en el tema de horarios... EPE160199

B VERBOS QUE DENOTAN ACTIVIDAD, MÁS FRECUENTEMENTE PUESTA EN EJECUCIÓN DE ALGO O DISPOSICIÓN DE ALGUNA COSA PARA ALGUNA FINALIDAD: **8 actuar** ++: ...acusa a su vicesecretario general de haber actuado demasiado *a la ligera*. EME120194 **9 hacer** +: ...mientras otros han hecho las cosas *a la ligera* su club ha puesto en marcha la futura Fundació... LVE170694 **10 realizar** +: Esta organización considera que estos cierres no se pueden realizar «*a la ligera*»... FDV030701 **11 reaccionar** +: ...reaccionó *a la ligera* sin tener en cuenta las vidas que están en peligro. EPE020889 **12 trabajar** +: Denunciar una negligencia sirve para que algunos médicos no trabajen tan *a la ligera*... EPE170999 **13 obrar** +: En este asunto, obrar *a la ligera* puede tener consecuencias muy negativas. INDOC **14 proceder** +: ...si en lugar de proceder *a la ligera* se hubiera analizado las posibles consecuencias de la decisión... INDOC **15 elaborar:** ...no se puede decir que haya sido elaborado *a la ligera*... EPE270499 **16 formular:** ...las propuestas de su partido «no se formulan *a la ligera*»... EPE100599 **17 ir:** ...tenemos que ir con calma y no *a la ligera*... ESP190597 **18 articular** −: ...no es cosa, ciertamente, de articular *a la ligera* el futuro régimen de adopción de niños. EME050394

C VERBOS QUE DENOTAN LA ACCIÓN DE HACER EFECTIVAS DECISIONES, OPCIONES Y OTRAS MEDIDAS QUE

EXIGEN CIERTA RESPONSABILIDAD EN QUIEN LAS TOMA: **19 adoptar** +: No se puede adoptar una decisión así *a la ligera*. EME280896 **20 decidir** +: Decidió dejar aquel trabajo un poco *a la ligera*, y luego se arrepintió. INDOC **21 asumir:** «No asumimos riesgos *a la ligera*», afirma Fernando Castelló, el empresario que dirige la octava firma láctea del país... LVE111195 **22 firmar:** ...le preocupa la posibilidad de que un compromiso «firmado *a la ligera*» abra boquetes en la seguridad... EME100294

D VERBOS QUE DESIGNAN DIVERSAS MANIFESTACIONES COMUNICATIVAS, FRECUENTEMENTE VERBALES: **23 hablar** ++: ...no puede hablar *a la ligera* defendiendo esa secta de autollamados periodistas. LPN300197 **24 decir** +: ...no se puede decir *a la ligera* que ha sido obligada o vendida... EPE081299 **25 escribir** +: ...no se puede escribir *a la ligera* y a lo que que salga... HOY100297 **26 comentar:** Mi propósito es el de comentar, muy *a la ligera* porque en estos días no es fácil concentrarse sobre materias complejas, el antecedente de los regalos... ETC110187 **27 soltar:** El compromiso electoral no se ha soltado ni mucho menos *a la ligera*... EME240196 **28 lanzar datos:** ...permite asentar (...) la biografía del poeta sobre datos seguros, corrigiendo otros lanzados *a la ligera*. LVE011296 **29 emitir juicios** –: Siento que su periódico emita juicios de valor *a la ligera*... EME240795

E VERBOS QUE DENOTAN INTERPRETACIÓN, JUICIO O PRONÓSTICO. TAMBIÉN CON ALGUNOS QUE DESIGNAN OTRAS ACCIONES QUE REQUIEREN CAPACIDADES INTELECTIVAS SIMILARES: **30 opinar** +: ...no me gusta opinar *a la ligera*. ABC110992 **31 juzgar** +: ¿Por qué me has juzgado *a la ligera* y sin conocerme? EME200995 **32 interpretar** +: ...han advertido (...) del peligro de interpretar *a la ligera* los resultados de experimentos... EPE181199 **33 vaticinar:** ...se atrevía a vaticinar tan *a la ligera* sobre el futuro inmediato del Barça... LVE300696 **34 revisar:** ...después de haber revisado, aunque *a la ligera*, diez siglos de historia... ABC280292 **35 leer:** Ahora confiesa que «sólo había leído la Constitución *a la ligera*»... HOY110784 **36 pensar:** Las empresas no piensan tan *a la ligera* y se toman el problema muy en serio. EME280796

F VERBOS QUE DESIGNAN INFRACCIONES Y DIVERSAS ACCIONES HOSTILES, ESPECIALMENTE LAS QUE EXPRESAN EXCLUSIÓN O DESACREDITACIÓN DE ALGUIEN O ALGO. TAMBIÉN CON ALGUNOS QUE DESIGNAN OTRAS FORMAS DE DESESTIMACIÓN O MENOSPRECIO: **37 descartar** +: ...eludir la acción de la justicia no es una eventualidad que pueda descartarse *a la ligera*. LVE280795 **38 desestimar** +: ...la teoría de la fusión fría no puede desestimarse tan *a la ligera* como se pensó en un principio. ABC170993 **39 saltarse:** Si el Parlamento (...) destituía a Yeltsin por saltarse *a la ligera* la Constitución, él sería designado ¡jefe del Estado! EME270294 **40 eliminar:** ...el juicio por jurado (...) no puede ser eliminado *a la ligera* en los delitos de fraude. EME210196 **41 descalificar:** ...candidatos (...) atribuyéndose méritos fantasmagóricos y descalificando *a la ligera* el trabajo hecho... EPE170699 **42 acusar:** ...se acusa *a la ligera* (...) a quienes de manera objetiva y moderada critican actos claramente punibles... ABC170792

G VERBOS QUE DENOTAN EMPLEO, UTILIZACIÓN O CONSUMO: **43 usar** +: Nunca usada *a la ligera* en la caseta del escuadrón de Joe Torre, «equipo» siempre tuvo un significado familiar. DYM281096 **44 utilizar** +: ...no es adverbio que debamos utilizar *a la ligera* si queremos ser consecuentes con nosotros mismos... EME200496 **45 gastar** +: ...cómo se han gastado *a la ligera* más de 5.000 millones... EPE140599 **46 servirse:** ...lamento que muchos de mis compañeros se hayan servido de ese recurso, generalmente *a la ligera* o con alguna mala fe. EME160696

a la luz (de)

loc.prep. ▮ En su sentido literal se combina con sustantivos que designan cuerpos celestes u otras fuentes que irradian luz *(sol, luna, vela, linterna, fuego)*. Es frecuente la locución *a la luz del día* para indicar que algo se hace sin ocultarse o de forma no clandestina. En sentido figurado se combina con sustantivos que designan textos de carácter documental, oficial, jurídico o religioso a los que se reconoce autoridad o prestigio *(informe, documento, ley, constitución, Evangelio, Escrituras)* y con sustantivos que designan ideologías, doctrinas o corrientes políticas, religiosas o culturales *(marxismo, humanismo, cristianismo)*. También se combina, a menudo en construcciones con sustantivos en plural, con...

A SUSTANTIVOS QUE DENOTAN EVENTO O ESTADO DE COSAS, MÁS FRECUENTEMENTE SI SE CONSIDERA PRÓXIMO, PRESENTE O CIRCUNDANTE: **1 acontecimiento** ++: Pero lo que ocurrió después, leído *a la luz* de los acontecimientos actuales, cobra importancia. CAP220900 **2 hecho** ++: Es hora, entonces, de que el gobierno de ese país restablezca sus vínculos oficiales con la Santa Sede, sobre todo *a la luz* del hecho de que el pueblo mexicano es en su inmensa mayoría católico. LPA160592 **3 situación:** A la luz de esta situación, la interpretación que la versión final de la ley arrancó a la izquierda y a la derecha del espectro político parece equivocada. DYM281096 **4 realidad:** A la luz de la realidad, las Fuerzas Armadas siguen siendo una institución que es prácticamente impermeable al escrutinio del sector civil. PME151296 **5 suceso:** A la luz de estos trágicos sucesos, han arreciado las críticas contra la falta de atención que el Estado dedica... EME090394 **6 caso:** Leclair adelantó que en la reunión «se examinará la clonación de genes *a la luz* del caso de la oveja, que puede tener un gran impacto». CLA280297

B EL SUSTANTIVO *INVESTIGACIÓN* Y OTROS QUE DESIGNAN DIVERSAS MANERAS DE CONSEGUIR INFORMACIÓN. TAMBIÉN CON ALGUNOS QUE EXPRESAN LOS RESULTADOS DE CÁLCULOS E INDAGACIONES DIRIGIDOS A OBTENERLA: **7 investigación** ++: Todo parece indicar lo contrario, *a la luz* de las investigaciones de Falcón. ENV180497 **8 análisis** +: Proponer las directrices (...) y su realización *a la luz* del análisis de las teorías sociológicas actuales es responsabilidad de la clase dirigente. HOY281283 **9 estadística:** ...*a la luz* de las estadísticas, desde que se inició la Era Maturana solo una vez, en cinco enfrentamientos, los australes han salido victoriosos. ETC010996 **10 sondeo:** A la luz de los sondeos de opinión, el sí está prácticamente empatado con el no, cuando antes de la consulta sueca iba 19 puntos por debajo. LVE151194 **11 encuesta** +: Pero, *a la luz* de la encuesta, sí parece que mantenga viva la llama de un consenso que se sustenta en la inexistencia de alternativas. LVE010694 **12 escrutinio** –: ...el resultado es el Libro del año (...), seguido de nueve títulos más que conforman, *a la luz* de un honrado escrutinio, el panorama más interesante... EME211296 **13 medición –:** ...*a la luz* de mediciones hechas (...), advertimos que cuando sale otra vez el Sol en la Antártida (...) el ozono tiende a desaparecer rápidamente. EXC170901

C SUSTANTIVOS QUE DESIGNAN DATOS, INFORMACIONES CUANTITATIVAS Y OTROS INDICADORES ANÁLOGOS, A MENUDO RESULTADO DE ALGUNA DEMOSTRACIÓN: **14 dato ++:** ...Redondo volvió a la carga contra los errores que a su juicio ha cometido el Gobierno, (...) juzgándole sobre todo *a la luz* del dato terrible del desempleo. LVE080494 **15 cifra +:** A la luz de las cifras, el sueño del crecimiento acelerado en la región adquiere pues volátil consistencia. CAP160197 **16 evidencia:** Pero, *a la luz* de la evidencia científica que se fue acumulando, el protocolo original ha sido enmendado en varias ocasiones... EXC070901 **17 prueba:** Por supuesto, otra instancia será la que, *a la luz* de las pruebas y los testimonios que se presenten en el juicio, decida el destino de los encausados... LVE210596

D EL SUSTANTIVO *RESULTADO* Y OTROS QUE DESIGNAN LO QUE SE ENCUENTRA, SE LOGRA O SE CONCLUYE: **18 resultado ++:** ...los democristianos se volverán a reunir en cónclave extraordinario para debatir, *a la luz* del resultado de las elecciones generales, una ponencia de estrategia. EPE241299 **19 avance +:** El ministro británico de Asuntos Exteriores, Douglas Hurd, manifestó ayer que esta medida se produce «*a la luz* de los avances obtenidos en el proceso de paz de Oriente Medio...». EME280594 **20 conclusión:** ...se reserva la potestad de retirar en el futuro algunos de los aspectos del recurso *a la luz* de las conclusiones que deriven de la negociación del concierto económico... LVE120996 **21 descubrimiento:** La Tierra y sus compañeros en la familia del Sol, incluidos cometas y asteroides, se abordan uno por uno *a la luz* de los más recientes descubrimientos... EPE210499 **22 hallazgo:** ...no sabemos si un tema de estas características se podía haber abordado de no haber sido *a la luz* de los hallazgos del pensamiento jungiano. ABC241195 **23 revelación –:** A la luz de estas revelaciones no han faltado voces pidiendo la ilegalización del Partido Socialdemócrata. LVE250196

E SUSTANTIVOS QUE DESIGNAN EL CONJUNTO DE SUCESOS, HECHOS O SABERES QUE SUELEN CARACTERIZAR EL CURSO DE LOS ACONTECIMIENTOS Y SE TIENEN EN CUENTA PARA ESTABLECER JUICIOS SOBRE EL FUTURO. TAMBIÉN CON OTROS QUE SE REFIEREN A LOS PERÍODOS A LOS QUE ESAS INFORMACIONES CORRESPONDEN: **24 experiencia ++:** Pero también hemos podido apreciar otra característica que parece una novedad *a la luz* de la experiencia pasada... LHG040197 **25 historia +:** Hoy *a la luz* de la historia puede verse que, sus raíces no eran lo suficientemente profundas como para sostenerlas, y que el hambre y la desesperación no atienden razones técnicas. LHG130297 **26 antecedente:** A la luz de los antecedentes, sin embargo, puede deducirse que no será sencilla la armonía de pensamiento en este terreno. CLA310199 **27 tradición:** ...el hombre obra *a la luz* de una tradición que le orienta en el mundo y le proporciona criterios de interpretación. ABC090695 **28 conocimiento +:** ...y esto es cuanto se puede asegurar *a la luz* de los conocimientos actuales. INDOC **29 pasado –:** En un diálogo con dos conocidos periodistas Duby reflexiona sobre el presente *a la luz* del pasado. EME171295

F SUSTANTIVOS QUE DENOTAN PUNTO DE VISTA, TOMA DE PARTIDO Y OTRAS NOCIONES ASOCIADAS CON LAS ACTITUDES, GENERALMENTE PARTICULARES, FRENTE A LAS COSAS: **30 perspectiva:** Fue una decisión acertada que «debe ser juzgada *a la luz* de la perspectiva de entonces». EME310795 **31 enfoque:** La principal lectura de la actitud de Uruguay frente a las exigencias de los terroristas peruanos debe ser hecha *a la luz* de un enfoque sistémico de las Relaciones Internacionales. LTB020197 **32 interpretación:** A la luz de esa insólita interpretación, toda la estructura de los derechos subjetivos consagrados por la Constitución aparecería vacía de sentido. LNA090792 **33 posicionamiento:** A la luz de su posicionamiento, parecen errores todos los hallazgos acertados. INDOC **34 criterio:** Dijo que *a la luz* de un criterio jurídico severo, «lo primero que debe contemplarse es el castigo para quienes han incurrido en la violación de las leyes». ETC011291 **35 postura:** A la luz de esas posturas irreconciliables, Bruton decidió forzar la situación. LVE141296 **36 concepción:** A la luz de la concepción mecanicista (...), la medicina clásica no comprende las razones por las cuales el cuerpo enferma. LTB010497 **37 consideración:** La resolución de la regente puede comprenderse tan solo *a la luz* de dos consideraciones... LPA100592 **38 opinión:** A la luz de estas opiniones de los expertos, la Comisión Europea adoptará una decisión acorde con esas opiniones. LVE200696

G SUSTANTIVOS QUE DESIGNAN DIVERSAS MANIFESTACIONES VERBALES BASADAS EN LA EXPOSICIÓN O EL RECONOCIMIENTO DE ALGO: **39 declaración +:** El magistrado entendió (...) que Montero pudo tener conocimiento de las malas prácticas imputadas a Maeso. *A la luz* de su declaración, no fue así. EPE081099 **40 confesión:** No hace falta ser catedrático de Derecho Canónico para dictaminar que, *a la luz* de las últimas confesiones del príncipe y de la princesa, estamos ante un matrimonio nulo. LVE301295 **41 testimonio –:** Paula Amor publica sus memorias a los 88 años, «Nomeolvides», escritas *a la luz* de un testimonio religioso. PME140796

H SUSTANTIVOS QUE DESIGNAN EL EFECTO DE REFLEXIONAR SOBRE UNA MATERIA. TAMBIÉN CON OTROS QUE SE REFIEREN A SUS FUNDAMENTOS Y A ALGUNAS FORMAS DE PRESENTAR LOS RAZONAMIENTOS OBTENIDOS: **42 teoría:** Es como si, *a la luz* de las teorías psicoanalíticas últimas, lo que desee el pintor sea suministrar orden y fijeza al mundo... ABC310395 **43 reflexión:** ...*a la luz* de las reflexiones anteriores, examinamos lo que ha sucedido en el mundo occidental industrializado a lo largo del último medio siglo... LVE090595 **44 razonamiento:** A la luz del razonamiento actual, ¿qué se puede pensar de una vestimenta que deja al aire la barriga, despreciando olímpicamente la lógica climática? EME050696 **45 idea:** El Instituto del Ciudadano es una asociación creada específicamente para contribuir a la formación de la conciencia ciudadana *a la luz* de las ideas liberales... CAP030895 **46 lógica:** El infierno son los otros en la medida en que cada personaje lleva dentro un infierno activo y personal, aunque indescifrado *a la luz* de la lógica naturalista. EME210195

I SUSTANTIVOS QUE DENOTAN IDEA, CREENCIA, TENDENCIA DE PENSAMIENTO O PRINCIPIO SUSTENTADOR O

RECTOR DE ALGO: **47** **doctrina:** Ello quedó patentizado durante un seminario que acaba de organizar la Casa San José Obrero, una agrupación que promueve debates de actualidad *a la luz* de la doctrina cristiana. CLA231000 **48** **ideología:** ...en su libro «Siete ensayos de interpretación de la realidad peruana», allá por los años 20, analiza la realidad de su país *a la luz* de la ideología marxista. EME090495 **49** **corriente:** Afirmar que de los ascensores nacieron los rascacielos no resiste el más mínimo análisis *a la luz* de la nueva corriente de pensamiento del constructivismo radical. LVE090996 **50** **principio:** El alto organismo «cuestionaba seriamente» el proyecto *a la luz* del «principio de igualdad (de oportunidades) y cohesión (territorial)»... EPE260699

J OTROS SUSTANTIVOS; POSIBLES USOS ESTILÍSTICOS: Discutir este tema, pero sobre todo discutirlo *a la luz* de Hegel y Marx, intentar una fundamentación del conocimiento histórico de los procesos económicos... EUV091096; ...los rumores (...) fueron in crescendo, *a la luz* de varios almuerzos *sociales* del general Pinochet con miembros del MAN... HOY110784

al alza → **a la baja**

alambicado ♦ **adorno, argumento, construcción, ejercicio, estructura, explicación, expresión, forma, historia, juego, lenguaje, manera, narración, prosa, receta, respuesta, solución, trama,** *sustantivos que designan manifestaciones verbales*

a la medida (de) *loc.prep.* ∎ Se combina con sustantivos que designan personas *(mujer, ciudadano, cliente, profesional)*, y también grupos humanos o comunidades *(empresa, equipo, familia, país)*. Admite asimismo algunos sustantivos temporales *(tiempo, día, época, siglo, era)*. También se combina con otros muchos sustantivos, frecuentemente usados en plural, y en especial con...

A SUSTANTIVOS QUE DENOTAN INCLINACIÓN FAVORABLE DEL ÁNIMO HACIA LAS PERSONAS O LAS COSAS, A MENUDO DE FORMA VEHEMENTE: **1** **interés ++:** ...para obligarlos a una decisión rápida *a la medida* del interés norteamericano... GIC060496 **2** **deseo ++:** ...permiten a la imaginación del espectador prestarles carne y sabor *a la medida* de su deseo. ABC120393 **3** **ambición:** ...Khadafy parece haber hallado en el Chad una región *a la medida* de sus ambiciones. ETC110187 **4** **preferencia:** ...más de 20 salas para que el espectador pueda elegir la película *a la medida* de sus preferencias. INDOC **5** **pasión:** ...le engañan quienes simulan complots *a la medida* de sus turbias pasiones... EME140796 **6** **aspiración:** ...será una exclusiva hecha *a la medida* de las aspiraciones políticas o financieras del «amigo» famoso. LVE040695 **7** **capricho:** Lo que hemos visto es que los últimos gobiernos hacen las leyes *a la medida* de sus caprichos o de sus intereses... PME201096

B EL SUSTANTIVO *POSIBILIDAD*. TAMBIÉN CON OTROS QUE DESIGNAN DIVERSAS APTITUDES O FACULTADES: **8** **posibilidad ++:** Naturalmente, Bob Wilson se ha fabricado un «Hamlet» *a la medida* de sus posibilidades actorales. LVE220695 **9** **capacidad +:** Todos disfrutaban *a la medida* de su capacidad y eso es bueno. EME250795 **10** **cualidad:** ...de un tiempo a esta parte necesitan un renacimiento *a la medida* de sus considerables cualidades interpretativas. LVE190296 **11** **talento:** De un taxista (excelente Andrés Pajares, como siempre que encuentra un papel *a la medida* de su talento)... EPD250996

C EL SUSTANTIVO *NECESIDAD* Y CON OTROS QUE DENOTAN PETICIÓN IMPERIOSA: **12** **necesidad ++:** ...un traje hecho *a la medida* de la necesidad de Folch Hubieral de salir del embrollo lo mejor posible. RUM171197 **13** **exigencia:** ...cuenta con un personaje que, según se anticipa, fue hecho *a la medida* de sus exigencias. CLA120379 **14** **requerimiento:** Una de las principales preocupaciones de Epson –comentó– es ofrecer equipos que estén hechos *a la medida* de los requerimientos del consumidor. EXC011001 **15** **demanda:** La escuela serviría para proporcionar formación profesional *a la medida* de la demanda de las empresas... LVE280296

D ALGUNOS SUSTANTIVOS QUE DESIGNAN SITUACIONES PROBLEMÁTICAS O CONFLICTIVAS: **16** **problema:** Una ecología renovada *a la medida* de nuestros problemas. EME231196 **17** **conflicto:** La comisión servirá, según fuentes de Educación, para crear soluciones *a la medida* de cada conflicto. EME010596 **18** **crisis:** El Real Madrid hizo ayer a Zoran Vekic (...) una oferta *a la medida* de la crisis económica blanca. EME050795 **19** **trauma:** Schröder abordó complejos de los alemanes a la hora de participar en una acción militar y trató de dar argumentos *a la medida* de los traumas del pasado. EPE130499

E SUSTANTIVOS QUE DESIGNAN IDEAS O PUNTOS DE VISTA: **20** **idea:** ...incluido el Barrio Cívico, hecho *a la medida* de las ideas imperantes: funcionalismo y aversión a los ornamentos sin utilidad. HOY201097 **21** **visión:** ...conclusiones *a la medida* de la visión europea de Estados Unidos... LVE190295 **22** **convicción:** ...elaborado *a la medida* de nuestras convicciones religiosas o morales, en las que desaparezca todo aquello que no nos gusta. EME100295

F ALGUNOS SUSTANTIVOS QUE DESIGNAN USOS, HÁBITOS O CONVENCIONES ESTABLECIDAS: **23** **tradición:** He ahí un compositor y vocalista *a la medida* de la tradición campera americana y su encuentro con el pop y el rock. EME210494 **24** **costumbre:** Montesquieu nos advirtió (...) que las leyes son un traje que debe ajustarse *a la medida* de las costumbres. EME020496

G OTROS SUSTANTIVOS; POSIBLES USOS ESTILÍSTICOS: ...ciertos lectores se quejaron del sarcasmo excedente que rezumaban las historias de veranos *a la medida* de mis malas digestiones. EPE280799

☐ Véase también: **a medida**.

a la moda ♦ **prenda, ropa, traje, vestido** ♦ **andar, ir, vestir**

al amor (de) ♦ **chimenea, fuego, hoguera, lumbre**

☐ Véase también: **al calor (de)**.

al amparo (de) ♦ **acuerdo, artículo, constitución, decreto, emergencia, legislación, ley, luz, noche, norma, normativa, oscuridad, programa, público, reforma, tratado**

a la pata coja ♦ andar, correr, ir, saltar, *otros verbos de movimiento*

a lápiz ♦ colorear, dibujar, esbozar, escribir, hacer un dibujo, ilustrar, marcar, pintar, trazar
☐ Véase también: **lápiz**.

alarde ♦ auténtico, desmedido, extraordinario, gran(de), increíble, monumental[71], ostentoso, suntuoso, verdadero, vistoso

alargar ♦ artificialmente, considerablemente[60], desmesuradamente, desproporcionadamente, espectacularmente, eternamente, exageradamente, gradualmente, incomprensiblemente, indefinidamente, inesperadamente, innecesariamente, notablemente, paulatinamente, sine díe
☐ Véase también: **acortar, aplazamiento, aplazar, demora, expandir(se), posponer, prolongar, retrasar(se), retraso**.

alarido ♦ de dolor, descomunal, desgarrador, ensordecedor, fantasmal[28], inhumano, terrible, tremendo ♦ acallar, dar, escuchar, estallar (en), lanzar, pegar[10], prorrumpir (en)

alarma ▮ *(inquietud)* ♦ apremiante, ciudadano, considerable, falso, fundado[20], general, generalizado, gran(de), grave, incontrolable, infundado, injustificado, innecesario, justificado, mundial, público, sin fundamento[31], social ♦ en señal (de)[39] ♦ luz (de), motivo (de), señal (de), signo (de), toque (de)[1], voz (de) ♦ atenuar, causar[21], crear, cundir[15], dar[191], declararse, decretar[45], desatar(se)[28], desencadenar, desoír, despertar[10], difundir, disparar(se), emitir, estallar[20], extender(se), generar, intensificar(se), mitigar[15], propagar(se), provocar, remitir[29], sembrar[57], suscitar ▮ *(dispositivo de seguridad)* ♦ sistema (de) ♦ activar, conectar, desactivar[39], encender(se), estropear(se), funcionar, saltar, sonar
☐ Véase también: **alerta**.

alarmante ♦ acontecimiento, aumento, caída, cálculo, cantidad, cifra, crecimiento, dato, descenso, deterioro, disminución, extensión, frecuencia, incremento, muestra, noticia, pérdida, problema, proliferación, prueba, ritmo, rumor, señal, síntoma, situación, suceso, velocidad

alarmantemente *adv.* ▮ Se combina con algunos adjetivos calificativos, más frecuentemente de naturaleza física *(alto, grande, elevado, largo, bajo, pequeño, escaso, corto)* y en construcciones con verbos copulativos o semicopulativos *(parecer, resultar, hallarse, permanecer)*, como en *Los niveles de producción resultaban alarmantemente bajos.* Admite gran número de verbos, puesto que son muchas las acciones ante las que puede sentirse alarmado el que habla *(Las flores se van marchitando alarmantemente)*, pero destacan especialmente las combinaciones de este adverbio con los verbos de cambio de estado, y en particular con...

A VERBOS QUE DENOTAN AUMENTO O PROLIFERACIÓN: **1 aumentar** ++: ...empezó su estudio, singular en el tiempo en que lo realizó, cuando las tasas de divorcio aumentaban *alarmantemente...* ENH030697 **2 crecer** ++: ...verá crecer *alarmantemente* su población y, además, hacinarse en las grandes urbes. EME120694 **3 incrementar(se)** +: La inestabilidad cambiaria se ha incrementado *alarmantemente*, hasta el punto de que dos países miembros (Italia y Gran Bretaña) se vieron obligados a abandonar el Sistema Monetario Europeo (SME)... EME081295 **4 elevar(se)** +: ...la crisis de 1994 ha elevado *«alarmantemente»* los índices de criminalidad en la capital mexicana. PME260197 **5 multiplicar(se)** +: Las acciones de los «skin heads», se han multiplicado *alarmantemente.* EME290196 **6 subir** +: El monto cercano a los 10 mil millones de dólares, es menos de un tercio de la deuda total que, como la fiebre en casos graves, sube *alarmantemente.* CAP010896 **7 doblar:** Pero 10 años después, los casos se han doblado *de forma alarmante.* EPE271299 **8 desarrollar(se):** El sida que contrajo en 1987 se había desarrollado *alarmantemente* y su deterioro físico fue espectacular. EME131195 **9 proliferar** +: En los últimos años han proliferado *de un modo alarmante* los anuncios publicitarios cuyo mensaje no consiste sino en elevar a la categoría de virtud todo tipo de conductas incívicas... EPE081199

B VERBOS QUE DENOTAN DESCENSO O DISMINUCIÓN: **10 disminuir** ++: ...asistimos, como todos los años, al espectáculo del problema del agua, cuyos niveles de embalse disminuyen *alarmantemente* en casi todo el país, con un panorama muy grave de restricciones en la mitad Sur. EME090895 **11 bajar** ++: De momento, los índices de popularidad del estamento, salvo la Reina, continúan bajando *alarmantemente*, hasta el punto de que muchos británicos se preguntan para qué sirve la monarquía. EME050396 **12 descender** +: ...la captura de pescado azul ha descendido *alarmantemente* y es necesario acotarla. LVE270996 **13 menguar:** El pequeño ahorrador ha visto menguar *de forma alarmante* sus intereses... EME060294 **14 decrecer** +: ...ha decrecido *de modo alarmante* la investigación básica y las ediciones solventes de textos. ABC040992 **15 reducir** +: El Ayuntamiento (...) vio cómo se reducía *alarmantemente* la actividad económica... LVE040395 **16 decaer:** En la base, el número y la calidad de los postulantes a las escuelas militares ha decaído *alarmantemente* en los últimos años. CAP030895 **17 caer** +: En los centros públicos, sin embargo, cae *alarmantemente* en un solo año el número de estudiantes que escogieron aprender doctrina católica. LRE220103 **18 agotar(se)** +: ...inicié una charla sobre naderías cuyas posibilidades se agotaban ya *alarmantemente* cuando vi el cielo abierto... EPE050800

C VERBOS QUE DENOTAN INCREMENTO DE LA INTENSIDAD O LA GRAVEDAD DE ALGUNA COSA: **19 agravar(se)** +: El paro en España es un mal endémico, que en los últimos años se ha agravado *alarmantemente.* EME160595 **20 agudizar(se)** +: En 1995, el problema se agudizó de manera *alarmante.* EXC110796 **21 recrudecerse:** ...después de que el Departamento de Estado manifestara públicamente su disgusto por las acciones israelíes, que se han recrudecido *de forma alarmante* en la última semana... EPE241001 **22 acentuar(se)** +: ...en el último año el ritmo de destrucción se ha acentuado *de forma alarmante.* LVE081295

D VERBOS QUE DENOTAN AVISO O ANUNCIO, MUY FRECUENTEMENTE DE UN MAL O UN PELIGRO. PREDOMINAN EN ESTOS CONTEXTOS LAS PERÍFRASIS CON LOS SUSTANTIVOS *FORMA, MODO* Y *MANERA*: **23 anunciar:** De forma alarmante, se anunció a los trabajadores que si la planta de amoníaco no se ponía en marcha en breve, la empresa habría de cerrar tarde o temprano. EPE110977 **24 amenazar +:** ...arremetía contra el Sindicato Unificado de Policía (SUP) por denunciar unos hechos que amenazan *de modo alarmante* con acabar en historia tenebrosa... EME230796 **25 alertar +:** Ellos alertaban de manera *alarmante* en relación al hecho de que el nivel de precipitaciones que se predecían durante este invierno iban a ser muy fuertes en las cabeceras del río Orinoco. EUV090796

E OTROS VERBOS QUE DENOTAN LA ACCIÓN DE SEÑALAR ALGO O LLAMAR LA ATENCIÓN ACERCA DE UN ASUNTO: **26 apuntar:** Ya puede adelantarse que en las reflexiones del profesor Barea (...) apunta *de forma alarmante* el crecimiento del volumen de la deuda pública... LVE210996 **27 indicar:** La nula receptividad de la opinión publicada y de los partidos españoles de ámbito general –PP, PSOE, IU– a esta propuesta de Pujol indica *de manera alarmante* que la sordera política genera el círculo vicioso de un centralismo miope y miedoso... EME031196

alarmar(se) ♦ **con razón, considerablemente, demasiado, en exceso, excesivamente, injustificadamente, justificadamente, seriamente**[4]

a las claras *loc.adv.* ▮ Se combina con verbos que designan la acción de expresar algo o ponerlo de manifiesto *(hablar, decir, contar, definir, subrayar, confesar, expresar)*. También se combina con...

A VERBOS DE QUE DENOTAN DEMOSTRACIÓN O COMPROBACIÓN DE ALGO: **1 demostrar ++:** El hermoso título original (...) demostraba *a las claras* que el propósito del texto era rendir un homenaje de admiración al lenguaje insuperable del poeta... HOY150997 **2 mostrar ++:** El público, con verdadera expectación, llenaba la sala y mostró *a las claras* su entusiasmo. EME171096 **3 revelar +:** Lo revela *a las claras* que los dos personajes más favorablemente considerados sean el Rey y Adolfo Suárez. EME191195 **4 confirmar:** Ahora, certificada la muerte política del ya ex primer secretario Rocard, se confirma *a las claras* una cosa: el Partido Socialista mira a Delors. EME210694 **5 despejar:** Se agradece que benéficos periodistas nos lo despejen así, *a las claras* y a todo color, en el proscenio de la tele. LVE150295 **6 evidenciar:** ...el juego de recursos exhibidos evidenciaron *a las claras* que la teatralidad surgía desde el foso con una fuerza arrolladora... EPE090700 **7 enseñar:** Por lo que es al mismo tiempo la primera generación que nos enseña *a las claras* cuál será la condición del hombre y de la mujer frente al trabajo... LVE060794 **8 ejemplificar –:** La Ruta Bética Romana (...) ejemplifica *a las claras* las líneas de trabajo de este grupo de localidades. EPE270499

B VERBOS DE PERCEPCIÓN. TAMBIÉN CON OTROS QUE DESIGNAN EL PROCESO DE HACERSE NOTAR, RESALTAR O SER PERCIBIDO. SE USAN A MENUDO EN SENTIDO FIGURADO: **9 percibir +:** Esto que digo, unido a la gran flexibilidad fílmica de su lenguaje narrativo, se percibe bien *a las claras* en la primera de las historias... ABC140795 **10 ver +:** ...y en otras podemos ver *a las claras* la intención de violar lo establecido. GIC101496 **11 oír:** Por todo el barrio se oían bien *a las claras* las quejas de los vecinos. INDOC **12 dejar ver +:** Blondel dejó ver *a las claras* que su sindicato pretende una negociación no sólo sobre los conflictos en curso... EME121295 **13 notar(se) +:** Figuran entre los mejores investigadores de Europa y se les nota *a las claras* la excitación intelectual que les proporciona enfundarse la bata blanca y ponerse a trabajar. EPE020299 **14 distinguir(se) +:** Argullol habla y distingue *a las claras* entre el comunicador (quizás con quien quiere identificarse el Nobel egipcio) y el educador. EME091196 **15 reflejar(se) +:** Rostros distendidos reflejaron *a las claras* que el equipo cumplió una tarea satisfactoria, salvando con buena nota el único partido... EOU291000 **16 transparentar(se):** ...si bien en un género narrativo menor –por las dimensiones, no por las exigencias–, transparenta *a las claras* muchas preocupaciones artísticas y humanas... ABC280593 **17 traslucir(se):** Las maleducadas maneras del alcalde de Marbella traslucen bien *a las claras* su nerviosismo frente a la Justicia... EME111096

☐ Véase también: **abiertamente, a cara descubierta, a la cara, a pecho descubierto, sin tapujos.**

a las mil maravillas *loc.adv.* ▮ Se construye con diversos verbos que denotan ejecución o realización de alguna cosa *(realizar, cumplir)*, especialmente si se trata de una actividad creativa o artística *(cantar, escribir, actuar, tocar, pintar)*. También se combina con otros muchos verbos, entre los que destacan los...

A VERBOS QUE DENOTAN DESARROLLO O RESULTADO DE UNA ACCIÓN O UN PROCESO: **1 funcionar ++:** ...un fenomenal pero desordenado crecimiento que funcionó *a las mil maravillas*... SEM061100 **2 ir ++:** Todo fue *a las mil maravillas*, sólo que desde que Luis Enrique anotó el gol... EPE300999 **3 salir ++:** ...aunque para compensar les ha salido *a las mil maravillas* lo de la OTAN. EME151196 **4 marchar +:** Para los priistas, todo marcha *«a las mil maravillas»*. PME031196 **5 resultar +:** La celebración del aniversario resultó *a las mil maravillas*. INDOC **6 desarrollarse:** No hubo ningún problema y la negociación se desarrolló *a las mil maravillas*. INDOC

B VERBOS QUE DENOTAN ENTENDIMIENTO O COMPENETRACIÓN: **7 llevarse ++:** Alberto Fujimori ha hecho esfuerzos muy claros por demostrar que los triunviros (Alberto, Vladimiro y Nicolás de Bari) se llevan *a las mil maravillas*. CAP080597 **8 entenderse ++:** ...aquel patio de Monipodio era un extraño remanso de paz, en el que todos se entendían *a las mil maravillas* y se respetaban... LRE190103 **9 congeniar ++:** ..., pero, frente a lo que se podría esperar, congenió con la nueva dirección del partido *a las mil maravillas*. INDOC **10 conectar +:** ...siempre conectaron *a las mil maravillas* con los gestores de estos casi omnipotentes fondos. EPE270700 **11 compenetrarse ++:** ...tenía un director de orquesta con el que se compenetraba *a las mil maravillas*. EPE061199

C OTROS VERBOS QUE DENOTAN INTEGRACIÓN, COINCIDENCIA, ARMONÍA Y OTRAS FORMAS DE AJUSTARSE LAS COSAS O LAS PERSONAS A LO QUE SE ESPERA IMPLÍCITAMENTE DE ELLAS: **12 encajar +:** ...cuyo estilo encaja *a las mil maravillas* en el programa... LVE211196 **13**

casar +: ...un cierto regusto a glam-rock en los riffs de guitarra, que casaba *a las mil maravillas* con los destellos... LVE311096 **14 sentar** +: ...en un papel que le sentaba *a las mil maravillas* a su desbordado temperamento... LVE030796 **15 integrarse:** ...y que se ha integrado *a las mil maravillas* en las nuevas exigencias deportivas... EPE290999 **16 cuadrar** +: Adjetivo que cuadra *a las mil maravillas* con el espectáculo de hipocresía... EME230396 **17 ir** +: ...un papel que le va *a las mil maravillas* tanto vocal como teatralmente. ABC220794 **18 conjugar:** ...donde se conjugan *a las mil maravillas* los jóvenes de la cantera y figuras estelares... LVE221095 **19 aclimatarse:** ...se aclimató *a las mil maravillas* en nuestras lagunas y ríos parameros. VEN210899 **20 pegar:** ...donde Keanu pega *a las mil maravillas* con la guapa dulcísima Aitana Sánchez-Gijón. EME031095

D VERBOS QUE DENOTAN CONOCIMIENTO DE ALGO. TAMBIÉN CON OTROS QUE DESIGNAN DIVERSOS GRADOS DE DESTREZA O DESENVOLTURA EN LA REALIZACIÓN DE UNA ACTIVIDAD O EN EL MANEJO DE UN ASUNTO: **21 conocer** +: ...tendrá en Troon, lugar que conoce *a las mil maravillas*, su gran oportunidad. ETC170797 **22 manejar** +: O manejan *a las mil maravillas* el arte de la hipocresía... EPE220999 **23 dominar** +: Un pintor que ciertamente domina *a las mil maravillas* el negro –y el blanco–... ABC300994 **24 defenderse** +: Un futuro lleno de acción en el que Bruce Willis se defiende *a las mil maravillas*. EPE120399 **25 desenvolverse** +: ...en este inolvidable filme en el que Burt Lancaster se desenvuelve *a las mil maravillas*. EPE290399

E VERBOS QUE DENOTAN PERCEPCIÓN, REPRODUCCIÓN O DEMOSTRACIÓN DE ALGO: **26 transmitir:** Sabía transmitir *a las mil maravillas* sus ideas tal y como las sentía... ABC160695 **27 reflejar:** ...tres discos que reflejan *a las mil maravillas* tres vertientes interpretativas... EPE111080 **28 mostrar** +: ...muestra *a las mil maravillas* la diferencia entre el mercado del arte de París y el de Londres. EME090594 **29 plasmar** +: La escena es ordinaria, pero sin embargo plasma *a las mil maravillas* de la realidad hindú. EME150596 **30 captar** +: El abbé Pierre ha captado *a las mil maravillas* los signos de los tiempos. EME050294 **31 comprender** +: Pero quien ha comprendido todo *a las mil maravillas* y sabe que a los visitantes... EME301196

a la sombra (de algo/de alguien) ♦

acampar, aprender, cobijar(se), crecer, desarrollar(se), dormir, formar(se), hacer carrera, hacer fortuna, instalar(se), maniobrar, marcar (temperatura), medrar, nacer, pasar tiempo, pasear, poner(se), prosperar, quedar(se), sentar(se), surgir, trabajar, tumbar(se), vivir

a la vista (de)

loc.prep. ■ Admite como complemento sustantivos que designan personas o grupos humanos *(padre, juez, cliente, gobierno, país)*, así como otros que designan textos *(documento, libro, texto, carta, informe)*, dibujos o gráficos *(mapa, dibujo, gráfico, figura, plano)* y otras formas de representar la información *(La decisión que se tomó a la vista de los informes conocidos)*. También se combina con...

A SUSTANTIVOS QUE DESIGNAN EVENTOS, SUCESOS O SITUACIONES, PRESENTES O NO, QUE SE CONSIDERAN CONOCIDAS O EXPERIMENTADAS: **1 acontecimiento** ++: Dados los temas de que trata este libro, su edición (...) ha sido extraordinariamente oportuna, *a la vista* de los recientes acontecimientos. ABC210194 **2 hecho** +: A la vista de los hechos, al analizar el proyecto de ley, el término del subsidio del dos por ciento ya no aparece como un volador de luces... LEC110997 **3 experiencia:** A la vista de la experiencia se desea evitar ese incremento de costes... ABC240295

B SUSTANTIVOS QUE DESIGNAN DATOS, INFORMACIONES Y OTROS INDICADORES ANÁLOGOS: **4 dato** ++: Los beneficios de los bancos y de las cajas mejoran en el tercer trimestre, *a la vista* de los datos hechos públicos... LVE211095 **5 estadística** +: Estos expertos han llegado a la conclusión de que, *a la vista* de estas estadísticas (...), la UE debe declarar a la hepatitis C como un problema prioritario de salud pública. ABC101195 **6 información** +: A la vista de esta información, coincidimos con las hipótesis de Chapela y Lizón... ABC220494 **7 ejemplo** +: Parece que el Gobierno no está muy dispuesto a fomentar la conciencia ecológica entre los ciudadanos, *a la vista* del ejemplo dado por el BOE. EME260796

C SUSTANTIVOS QUE DENOTAN EFECTO: **8 resultado** ++: ...la alianza (...), *a la vista* de los resultados, (...) resultó más perjudicial que beneficiosa. ECA010792 **9 consecuencia** +: ...calificó los decretos presidenciales (...) de «hipócritas y, *a la vista* de sus consecuencias, también una burla». LVE140795 **10 efecto:** ...aconsejaría una preocupación pública por el fomento y animación de ese espíritu (...) *a la vista* del beneficioso efecto que ha producido... ABC120293

D SUSTANTIVOS QUE DESIGNAN ACCIONES, TRÁMITES, DILIGENCIAS O DECISIONES, MUY FRECUENTEMENTE DE NATURALEZA OFICIAL, QUE RESULTAN NECESARIOS PARA EMITIR JUICIOS O EMPRENDER ALGUNA ACTUACIÓN: **11 sentencia** +: A la vista de la sentencia, (...) indicó que estudia la posibilidad de plantear una querella criminal... DDN290499 **12 decisión** +: ...*a la vista* de las primeras decisiones de su gobierno, (...) su victoria en precario (...) ha terminado por arrojarle «a los pies de los caballos del continuismo». EXC300896 **13 auto** +: ...*a la vista* del auto de la propia Fiscalía, existen indicios de que (...) puede haber incurrido en hechos delictivos... ENC060201 **14 diligencia** +: ...*a la vista* de las numerosas diligencias practicadas, no ha quedado mínimamente acreditada la comisión de infracción punible alguna. FDV160601 **15 investigación** +: ...*a la vista* de la investigación llevada a cabo por su juzgado y el resultado de la autopsia, se trata de un caso «clarísimo» de suicidio. EME050895 **16 acuerdo:** ...anunció ayer que no piensa dimitir *a la vista* del acuerdo con los rebeldes. EUV030996 **17 resolución:** ...considera que la decisión supone un agravio para el club, *a la vista* de las resoluciones diferentes tomadas en otros casos. EPE091099

E SUSTANTIVOS QUE DENOTAN JUICIO. TAMBIÉN CON OTROS QUE EXPRESAN LA MANIFESTACIÓN O EL SOSTENIMIENTO DE ALGUNA INFORMACIÓN: **18 consideración** +: Los valores pueden variar mucho *a la vista* de estas consideraciones. ABC110294 **19 alegación** +: ...las soluciones técnicas apuntadas no convencen a todo el mundo, *a la vista* de las alegaciones presentadas. LVE250696 **20 declaración:** A la vista de estas declaraciones (...) declaró que «por este camino acabaremos mal». EME010695 **21 propuesta:** A la vista de esas propuestas y de las alegaciones de los vecinos (...) se llevará a pleno la revisión... ENC060599

F SUSTANTIVOS QUE DESIGNAN MODOS DE SER O DE COMPORTARSE: **22 actitud:** Hay quienes dicen que la ciudad es hostil. (...) *A la vista* de algunas actitudes, es cierto. LNA230692 **23 conducta:** ...la trapacería, *a la vista* de la conducta británica en ese país en el siglo XIX. BRE070397 **24 comportamiento:** ...no estoy sorprendido, *a la vista* del comportamiento al final del partido... LVE080295

G EL SUSTANTIVO *SITUACIÓN* Y CON OTROS QUE DESIGNAN DE DIVERSA MANERA LO QUE SE PRESENTA A LA VISTA O A LA EXPERIENCIA, ASÍ COMO ALGUNOS DE LOS FACTORES QUE SUELEN CARACTERIZARLO: **25 situación +:** A la vista de su situación laboral y de las condiciones en que viven, lo sorprendente es que haya quien se sorprenda. LVE091095 **26 circunstancia +:** Las medidas precedentes fueron complementadas, *a la vista* de las circunstancias, con una prohibición total de las inversiones en Serbia... EDV270499 **27 condición +:** Así que se les asignó el sector económico del gabinete, un ala sumamente explosiva *a la vista* de las condiciones en que quedó el país... HOY250484 **28 panorama +:** A la vista de este vasto panorama erudito, se entiende la conveniencia de completar el trabajo con los otros cien volúmenes que quedan por examinar. ABC040394 **29 realidad:** A la vista de la realidad (...) habría de tomarse la decisión de disolver las Cámaras. EME270795 **30 mundo:** A la vista de un mundo cada vez con menos barreras (...) avanzan la posibilidad de que la enorme aventura (...) de la Humanidad esté alcanzando su quizá último y definitivo capítulo. ABC070495 **31 posibilidad:** A la vista de estas posibilidades, el capítulo continúa por los vericuetos de las interrogantes... ABC181292

H SUSTANTIVOS QUE DESIGNAN SITUACIONES O ESTADOS DE CONFLICTO O DE ADVERSIDAD: **32 dificultad +:** ...está dispuesta a construir un nuevo centro espacial en su territorio, *a la vista* de las dificultades que han surgido en las negociaciones... ABC180394 **33 problema +:** No puede extrañar esta derivación (...) *a la vista* del problema de la deuda externa... HOY050187 **34 riesgo +:** A la vista de los riesgos, la decisión de entrar en el tentador camino de la aspirina cotidiana debe tener en cuenta otros factores de riesgo. ABC061095 **35 peligro +:** La Sala señala que *a la vista* del peligro «no cabe sino considerar contraria a derecho la resolución...». EPD090797 **36 conflicto:** Los nacionalistas quieren iniciar maniobras de alejamiento del PP, *a la vista* de los conflictos en el Gobierno regional... CAN111200 **37 desequilibrio:** A la vista de estos desequilibrios se puede hablar de dos grietas en la casa común. ENC140201

I OTROS SUSTANTIVOS; POSIBLES USOS ESTILÍSTICOS: ...han decidido ahogarse en las aguas bajas de las viejas mañas, *a la vista* de las playas nuevas de la democracia. PME011296

al azar ♦ abrir, adjudicar, asignar, decidir, dejar, descubrir, disparar, elegir, escoger, escuchar, evolucionar, extraer, ocurrir, realizar, seleccionar, suceder, tomar, trazar

alba ♦ despertar, despuntar, rayar

☐ Véase también: **amanecer, día.**

al baño (de) María ♦ calentar, cocer, cocinar, hervir, preparar

albergar *v.*

I Aplicado a sustantivos que designan lugares o espacios, elige como complemento directo otros que designan edificios, dependencias, empresas, instituciones y otras muchas realidades que requieren alguna sede *(albergar un laboratorio, una biblioteca, un museo, un almacén, un comedor, una editorial, una universidad, una fábrica)*. Admite asimismo sustantivos que designan lo que se contiene en esos espacios, más frecuentemente si se considera valioso *(albergar libros, tesoros, restos arqueológicos, una colección de pintura, un rico patrimonio)*. Se combina también con sustantivos que designan eventos *(conferencia, exposición, reunión, acto, festival, congreso, juegos: La ciudad de Atlanta albergó unos Juegos Olímpicos)* y personas *(Un hotel que puede albergar hasta 500 huéspedes)*, más frecuentemente si designan a los que están necesitados de cobijo *(albergar refugiados, heridos, reclusos, mendigos, desposeídos)*. También se combina con...

A SUSTANTIVOS DE SIGNIFICACIÓN INTENCIONAL, MÁS FRECUENTEMENTE SI DESIGNAN LO QUE SE PRETENDE OBTENER O ALCANZAR: **1 esperanza ++:** ...Eliseo Vargas, jefe de fracción del Partido Unidad Socialcristiana (PUSC), *alberga* la esperanza de que el TLC se apruebe el lunes entrante. LNC061000 **2 deseo:** La mayoría de los 17.500 espectadores (...) *albergaban* el deseo de clausurar la natación con otra victoria sobre EE. UU. en el relevo masculino. EPE240900 **3 expectativa:** ...ha hecho *albergar* expectativas a la coalición de una respuesta parecida en estos comicios legislativos. EME090296 **4 ilusión:** Su juventud les hace *albergar* ilusiones de cielos olímpicos, de gloria inmaterial. ABC020493 **5 propósito:** Es un propósito modesto, pero el único que ahora puede *albergar.* LVE260695 **6 interés:** Sin embargo, Ciscar asegura que en su ánimo sólo *alberga* el interés por agrupar el partido con ánimo constructivo. EPE190899 **7 tentación:** ...existe el riesgo de que el futuro adjudicatario (...) pueda *albergar* la tentación de quedarse únicamente con los centros productivos más rentables del grupo. LVE270595 **8 intención:** Más de la mitad *alberga* la intención de quedarse a vivir en España para siempre. EPE070299 **9 aspiración:** ...sólo *alberga* la aspiración de no recibir escandalosas goleadas ante sus poderosos adversarios. EME040996 **10 ensueño –:** La mujer *alberga* más ensueño y vivacidad, aunque también pueda alcanzar un grado de invasora excitación poco justificable. LVE241095

B SUSTANTIVOS QUE DESIGNAN ESTADOS Y SENSACIONES DE INCERTIDUMBRE O DE INQUIETUD: **11 duda ++:** Schwarzkopf *alberga* serias dudas de que pueda realizarse una invasión a Irak de la forma tan sencilla y rápida como muchos creen. LRE290103 **12 sospecha ++:** ...que, según las informaciones publicadas, permiten *albergar* fuertes sospechas sobre favoritismo hacia una empresa determinada. LVE091194 **13 sombra +:** El corazón *alberga* muchas sombras... EME171295 **14 incógnita:** ...la versión facilitada hasta la fecha sobre el lugar y circunstancias en las que el pequeño desapareció (...) *alberga* numerosas incógnitas... EME041196 **15 misterio:** Aunque sobre la magna obra aeroportuaria las malas lenguas repiten en voz baja que *alberga* cierto misterio... LVE080996 **16 temor:** Para estos vecinos se trata de una calificación llena de incertidumbre que hace *albergar* serios temores a una posible especulación urbanística... EME150595 **17 miedo:** Entre sus seguidores y la demanda del sector, el orfebre no *alberga* ningún miedo respecto a la buena salud de su oficio. EPE241199 **18 inquietud:** El Valencia aún no tiene equipo definido, y la pretemporada no ha hecho sino *albergar* la inquietud en la grada del viejo Mestalla. EME310895 **19 angustia:** ...deberán *albergar* su angustia infinita en un único cuarto alquilado, y empacar todos sus bienes terrenales en varias onerosas cajas y maletas. ABC230994

C LOS SUSTANTIVOS *SENSACIÓN* Y *SENTIMIENTO*. TAMBIÉN CON OTROS QUE EXPRESAN ENCONO CONTRA ALGUIEN O ALGO: **20 sentimiento:** En cuanto a su carrera de guionista, tiene nueve películas y dos premios de la Academia de Cine, pero, curiosamente, *alberga* sentimientos encontrados respecto a esta faceta... EME121096 **21 sensación:** El profesor y crítico de arte italiano no *alberga* sensaciones especialmente optimistas de cara al futuro... EME221196 **22 odio:** ...aseguró no *albergar* «ningún tipo de odio» hacia la formación en la que militó durante algunos años. EPE200199 **23 aversión:** ...un comportamiento solo explicable por la tremenda aversión que *albergan* íntimamente contra ellos. INDOC

D OTROS SUSTANTIVOS; POSIBLES USOS ESTILÍSTICOS: El objetivo es encontrar meteoritos aún más jóvenes que demuestren que el planeta rojo todavía hoy *alberga* vida. EME011196; Para *albergar* una ausencia. EPE010499

al bies ♦ cortar, coser, pespuntear

al borde (de) *loc.prep.* ▌Elige como complementos sustantivos que designan lugares *(al borde del río)* y objetos materiales *(al borde de la mesa)*, a menudo interpretados en sentido figurado *(abismo, sepultura, precipicio, cárcel)*. Usado también en sentido figurado se combina con sustantivos temporales *(edad, medianoche, época)*, y con otros que designan eventos o acontecimientos de carácter social *(semifinal, elección, congreso)*. Además se combina con...

A SUSTANTIVOS QUE DESIGNAN PROCESOS O ESTADOS EXTREMOS DE NATURALEZA FÍSICA O PATOLÓGICA, A MENUDO INTERPRETADOS FIGURADAMENTE: **1 locura ++:** Mi hija de 18 años me tiene muy preocupada y *al borde* de la locura. ENH120297 **2 ataque de nervios ++:** El primer episodio que produjo alboroto en la clínica y puso a la enfermera *al borde* de un ataque de nervios fue el viernes a la noche... LNP160497 **3 histeria +:** Más o menos a las seis de la tarde yo llamo a Claudia al despacho y noto que está casi *al borde* de la histeria... VIS061197 **4 paranoia +:** Y además Dylan está (y estará siempre) *al borde* de la paranoia radical, insoportable. EME021096 **5 delirio:** ...con la búsqueda del director desaparecido, y aún en su tratamiento poético –*al borde* de delirio con la música del famoso grupo Madredeus– es muy inquietante... PME241196 **6 soponcio:** Pálido y *al borde* de un soponcio, mientras el toro hacía siniestros juegos malabares con el cuerpo... EME210796 **7 rabia:** Cerca de mí hay susurros, voces que llegan y se alejan, confesiones *al borde* de la rabia, lamentos cargados de aspereza. EME040796

B SUSTANTIVOS QUE DESIGNAN CRISIS, CONFLICTOS Y OTRAS NOCIONES QUE SE INTERPRETAN COMO RIESGOS PERSONALES O COLECTIVOS: **8 crisis ++:** Eso después de que el Banco estuvo *al borde* de la crisis en 1993. SEM210197 **9 desesperación +:** ...y no sólo en la capital, sino en varias ciudades de Chile, nos tiene *al borde* de la desesperación y el ahogo. HOY280797 **10 desastre +:** ...Hall aseguró que Corea del Norte se encuentra *al borde* de un «desastre de proporciones gigantescas». CLA090497 **11 miseria:** ...edificio sin agua potable, donde circulan también artistas geniales y *al borde* de la miseria. ETC210197 **12 ruina:** Lo aguardaban deudas de millones de pesos y la mayoría de los clubes *al borde* de la ruina. HOY110784 **13 catástrofe:** Por otra parte, vivíamos permanentemente *al borde* de la catástrofe. ABC180394 **14 pánico:** Estamos entonces, *al borde* de un pánico que puede llegar a arrastrarnos a esquemas ya superados en la historia. ECA010792 **15 hecatombe:** ...brotaron frases de admiración para el pueblo que no se amilanó a pesar de estar *al borde* de una hecatombe nuclear. GIC062497

C SUSTANTIVOS QUE DESIGNAN EL FINAL DE ALGUNA SITUACIÓN. TAMBIÉN CON OTROS QUE EXPRESAN LA DIVISIÓN, LA ANULACIÓN O LA DEVALUACIÓN DE ALGÚN ESTADO DE COSAS: **16 extinción:** Aunque la destrucción del hábitat es la principal causa que ha puesto *al borde* de la extinción a los animales... PLG080796 **17 disolución:** ...James y Catherine Ballard pueden amarse *al borde* de la disolución. HOY270197 **18 ruptura:** ...antagonizó al fiscal del Distrito, al procurador y puso *al borde* de la ruptura las relaciones entre República Dominicana y Colombia... RUM061097 **19 eliminación:** ...tuvo que emplearse a fondo durante tres horas y 49 minutos, e incluso estuvo *al borde* de la eliminación... DYM010996 **20 derrota:** Cuatro años después, *al borde* de la derrota, Hitler soñó asestar un golpe idéntico que obligara a pactar la paz a los aliados occidentales. HOY180385 **21 retirada:** Una grave lesión en su espalda, ya tocada por otro percance anterior, puso en 1991 a Joe Montana *al borde* de la retirada y le dejó fuera del equipo durante largo tiempo... LVE190495 **22 desaparición:** Después de sufrir consecutivos golpes en los últimos doce meses que lo pusieron *al borde* de su desaparición... EPC121197 **23 cierre:** Izquierda Unida considera que la incineradora de Valdemingómez «está *al borde* de su cierre definitivo» tras el recurso presentado por la Fiscalía de Madrid... EME080196

D SUSTANTIVOS QUE DESIGNAN DIVERSOS ESTADIOS O SITUACIONES CONSIDERADOS DESEABLES. TAMBIÉN CON OTROS QUE EXPRESAN EL PROCESO DE CULMINARLOS: **24 acuerdo:** «Seguimos teniendo mucho trabajo por hacer en el terreno político y diplomático antes de que podamos decir que estamos *al borde* de un acuerdo». ENC060599 **25 cambio:** Como monje budista, me preocupa, por supuesto, el problema de que un país que es la patria de casi un cuarto de toda la población del mundo esté *al borde* de un cambio épico, lo lleve a cabo pacíficamente. EME100396 **26 promoción:** ...el Superdepor, convertido en una gris medianía; el Athletic y el Sevilla, *al borde* de la promoción de descenso; Pizzi, máximo goleador. EME270596 **27 felicidad:** ...es el momento de dar a la vida humana una dimensión científica que la colocará *al borde* de la suma felicidad... EME050194 **28 gloria:** No se escondió, marcó el gol que abrió el marcador y le hicieron el penalti que puso a su equipo *al borde* de la gloria. EME101196 **29 cumbre:** ...¿por qué una estrella *al borde* de la cumbre decide asumir, ante el estupor de Hollywood, la dirección de sus películas?... EPD080697

E OTROS SUSTANTIVOS; POSIBLES USOS CRUZADOS: ...acoge las basuras de la ciudad de Barcelona y de gran parte de su conurbación se encuentra *al borde* de su capacidad. [Cf. *al límite de*] LVE030996

F OTROS SUSTANTIVOS; POSIBLES USOS ESTILÍSTICOS: Una mujer *al borde* del silencio, al que se niega; al borde de la desesperación, al borde del fracaso, al borde de la sequía. EME100695; ...que se haya quedado tan *al borde* de su memoria íntima y profunda –que no factual– como el título promete. ABC280292; ...un negocio de equipos de seguridad y comunicaciones, que pudo poner al país *al borde* de un gigantesco plan de espionaje electrónico... SEM011297

☐ Véase también: **al filo (de).**

alboroto ♦ **alegre, auténtico, descomunal, enorme, ensordecedor, escaso, estremecedor, estruendoso, extraordinario, generalizado, gran(de), impresionante, incesante, infernal, pequeño, popular, reinante[17], tremendo, verdadero** ♦ **durante, en medio (de)** ♦ **acallar, apaciguarse, armar(se)[6], causar, cesar, desatar, desatarse, desencadenar(se), escuchar, formar, generar, levantar(se), mitigar, montar, oír, organizar, producir, provocar, sofocar, surgir**

☐ Véase también: **barullo, bronca, cisco, desorden, estrépito, follón, gresca, guirigay, jaleo, jolgorio, lío, revuelo, ruido, sonido, trifulca, tumulto.**

alborozadamente ♦ **celebrar, chillar, festejar, gritar, reír, saludar**

[alborozo] → **con alborozo**

alcaldía ♦ **en bandeja[25]** ♦ **a cargo (de), al frente (de)** ♦ **aspiración (a), aspirante (a), candidato (a), candidatura (a), contienda (por), elección (a/de), tenencia (de)** ♦ **abandonar, alcanzar, arrebatar, aspirar (a), competir (por), conseguir, dirigir, disputar, ejercer, ganar, llegar (a), ocupar, perder, presentarse (a), recaer[43], renovar, revalidar[2], votar (para)**

al calor (de) *loc.prep.* ▮ En su sentido físico se combina con sustantivos que designan objetos o lugares que producen calor o de los que emana fuego *(llama, hoguera, vela, estufa)*. En su sentido figurado de 'al amparo de o con la ayuda de' se combina con sustantivos de persona, más frecuentemente si connotan alguna relación afectiva *(familia, amigo, maestro)*. También admite algunos sustantivos que designan acciones o sensaciones en las que intervienen partes del cuerpo *(tacto, roce, beso)*, sustantivos que designan eventos *(juego, acto, exposición, competición)*, tendencias, pensamientos o ideologías *(tendencia, idea, feminismo, catalanismo)*, manifestaciones musicales *(música, jazz, canción)* y ciertas nociones temporales *(noche, vida)*. Asimismo se combina con...

A EL SUSTANTIVO *HOGAR*. TAMBIÉN CON SUSTANTIVOS QUE DESIGNAN INCLINACIONES, ACCIONES O ACTITUDES POSITIVAS O FAVORABLES EN FAVOR DE ALGUIEN: **1 hogar ++:** Al calor del hogar podrán disfrutar ustedes este fin de semana de una magnífica película de acción. INDOC **2 amor:** ...se han impresionado kilómetros de microcassettes en interminables entrevistas *al calor* del amor en cualquier bar. ABC270893 **3 solidaridad:** ...miles de firmas, apoyos y contribuciones obtenidos *al calor* de la solidaridad de los vecinos. INDOC **4 protección:** Esta línea de pensamiento, de carácter neomercantilista, olvida, a mi entender, que *al calor* de la protección surgen únicamente gigantes con pies de barro... EPE120999 **5 ayuda:** ...han provocado la aparición de propietarios de fincas agrarias que especulan *al calor* de las ayudas de Bruselas. EPE020699 **6 apoyo:** La Bolsa de Madrid subió 0,97 puntos *al calor* del apoyo institucional... EME200195

B EL SUSTANTIVO *RUMOR* Y CON OTROS SUSTANTIVOS QUE DENOTAN INFORMACIÓN O NOTICIA: **7 rumor:** ...mejoró sus habituales cifras de negociación *al calor* de los rumores surgidos... LVE111096 **8 noticia:** ...mejoró otras ocho pesetas *al calor* de las noticias que se han difundido estos días sobre su dividendo... LVE270196 **9 información:** ...frenó a última hora su descenso, *al calor* de las informaciones sobre el acuerdo comercial entre EE. UU. LVE290695 **10 exclusiva:** ...el amor puede resucitar *al calor* de cualquier exclusiva. LVE280196

C SUSTANTIVOS QUE DENOTAN ENFRENTAMIENTO O CONFLICTO, MÁS FRECUENTEMENTE SI LA DESAVENENCIA SE EXPRESA VERBALMENTE: **11 debate ++:** Y *al calor* de los debates ¿el club seguirá siendo una carta exclusivamente con *méritos teóricos*? HOY281283 **12 discusión +:** Y *al calor* de la discusión surgen cifras que uno estaba habituado a escuchar en la Guatemala de los gobiernos militares... LHG091100 **13 disputa +:** ...*al calor* de la disputa por el Archivo Histórico, se elevó el tono de la conversación con el Gobierno. LVE260695 **14 polémica ++:** Una exigencia surgida *al calor* de la polémica por el presunto ocultamiento de datos... EPE040700 **15 guerra:** ...los jugosos beneficios que produce la venta de armas que se lleva a cabo *al calor* de la guerra. INDOC **16 conflicto:** ...aunque algunas organizaciones llevan años en la zona, muchas otras han llegado *al calor* del conflicto y aseguran que existe una gran posibilidad de que los proyectos se solapen. EPE071101 **17 confrontación:** Al calor de esa confrontación, cobraba fuerza el Partido Socialista de Andalucía... LVE200296 **18 riña:** ...mató a dos jóvenes *al calor* de una riña bien regada de alcohol. EPE071199 **19 combate:** Nacida *al calor* del combate político, pero penetrada de una intensa y sencilla poesía... ABC080794 **20 batalla:** ...evocar al hermano de tantas luchas es como tantear la historia de lazos que se forjaron *al calor* de muchas batallas... GIC072897

D SUSTANTIVOS QUE DENOTAN AUMENTO O MEJORÍA, A MENUDO APLICADOS A MAGNITUDES ECONÓMICAS: **21 subida:** Y, *al calor* de la subida del dólar, los grandes fondos americanos y japoneses están entrando en la Bolsa española. EME190196 **22 recuperación:** En abril de 1995, estos precios crecían a ritmo del 5,6, *al calor* de la recuperación económica. LVE150596 **23 crecimiento:** Por eso no es de extrañar que, *al calor* del crecimiento económico, proliferen las prácticas de corrupción... EME040696 **24 aumento:** Estas tensiones han permitido en el último decenio, *al calor* del aumento del peso de la información económica, un rápido crecimiento de los gabinetes... LVE230695 **25 auge:** La pintura modernista del Círculo del Liceo es la oportunidad de contemplar una colección de arte creada *al calor* del auge de una burguesía... ABC250394 **26 incremento:** ...las actividades de los primeros especuladores surgidos *al calor* del incremento de la construcción de viviendas... ABC171293

E EL SUSTANTIVO *CAMPAÑA* Y CON ALGUNOS SUSTANTIVOS QUE DENOTAN PROYECTO O EMPRESA EN MARCHA: **27 campaña +:** También los partidos políticos, *al calor* de la campaña electoral, han dedicado «piropos» a la habilidad negociadora del ministro... EME250595 **28 plan:** Pero ese proyecto, alumbrado *al calor* del plan de hoteles olímpico, fracasó. LVE141195 **29 iniciativa:** ...una idea interesante, pero fallida, como tantas otras surgidas *al calor* de las iniciativas políticas que aquellos años emprendieron los... INDOC **30 proyecto:** ...han de nacer *al calor* de los proyectos de regadío del Genil-Cabra-Fuente-Palmera. EPE050178

F SUSTANTIVOS QUE EXPRESAN LA CONFIANZA PUESTA EN EL FUTURO O LA POSIBILIDAD DE QUE ALGO SUCEDA: **31 expectativa:** El dólar, que se había fortalecido *al calor* de las expectativas de bajada de tipos, se vio ligeramente debilitado. LVE301195 **32 perspectiva:** Al calor de las perspectivas de entrada de un nuevo Gobierno que devuelva la estabilidad al país, los inversores extranjeros se están lanzando a tomar posiciones. EME130995 **33 posibilidad:** ...sigue recuperando terreno *al calor* de la posibilidad de que, finalmente, sea la empresa española la que se adjudique la portuguesa... EME051196 **34 esperanza:** ...invirtieron de buena fe sus ahorros *al calor* de las esperanzas, casi seguridades, que tan ilustre empresa les ofrecía. INDOC **35 fe:** ...largas colas de penitentes que solo es posible explicar *al calor* de una fe ciega que fija plazos y fechas a la misericordia divina. INDOC

G EL SUSTANTIVO *RESULTADO* Y CON OTROS SUSTANTIVOS QUE DESIGNAN EL FINAL FELIZ DE ALGO O EL ESTADO QUE ALCANZA EL QUE LO OBTIENE: **36 resultado:** ...cambiaron ayer de manos *al calor* de los buenos resultados anunciados ayer. LVE290296 **37 éxito:** Al calor del éxito de personajes como Charlie Chan, en 1938 nació para la pantalla el detective oriental creado años antes por Hugh Wiley. EPE240299 **38 victoria:** ...rumores surgidos *al calor* de la rápida victoria del ejército croata en la reconquista de Krajina... LVE150895 **39 fama:** Al calor de la fama de los participantes en Gran Hermano, miles de personas se presentaron al casting de El bus en Holanda. EPE240700

H SUSTANTIVOS QUE DENOTAN CAMBIO: **40 revolución:** ...experimentó, *al calor* de la revolución portuguesa de 1974, un rápido proceso de toma de conciencia política... EPE100999 **41 cambio:** Al calor del cambio tecnológico de las dos últimas décadas, no sólo se han producido fuertes modificaciones de los hábitos sociológicos y culturales. EME060996 **42 transformación:** Mientras esto ocurre, *al calor* de la evidente transformación actual, se colapsa el sistema de distribución económica... GIC083297

I SUSTANTIVOS QUE DENOTAN DINERO O BENEFICIO ECONÓMICO. TAMBIÉN CON OTROS QUE DESIGNAN DIVERSAS FORMAS EN QUE SE MANIFIESTAN LAS MAGNITUDES MONETARIAS: **43 dinero +:** Son incendios silenciosos, sin humo ni llama, que se propagan en forma de chalés *al calor* del dinero fácil de la construcción. EPE221099 **44 dividendo:** El Banco Zaragozano, *al calor* del dividendo de 1995 y de posibles cambios accionariales, subió un 3,9... LVE251095 **45 beneficio +:** Las inmobiliarias están reflejando muy buenos resultados en estas últimas sesiones, *al calor* de los beneficios que podrían derivarse de la reciente normativa fiscal. LVE230696 **46 pago:** Las acciones se han beneficiado en estos últimos días de ligeras ganancias *al calor* del pago de este nuevo dividendo trimestral... LVE061096 **47 subvención:** ...abundan los proyectos oportunistas, nacidos *al calor* de la subvención oficial... ABC030192

J OTROS SUSTANTIVOS; POSIBLES USOS ESTILÍSTICOS: ...*al calor* de una garbanzada con sus buenos chorizos, habrían puesto a los trincones del COI como sólo Arguiñano pone sus platos: rico, rico, rico. EPE290199
☐ Véase también: **al abrigo (de), al amor (de)**.

alcance (de) *sust.* **I** En el sentido de 'trascendencia o consecuencia de' se combina con sustantivos que designan lo que sucede o tiene lugar *(suceso, acontecimiento, hecho, acto, situación)* o se considera presente o real *(situación, realidad)*, y también con otros que designan manifestaciones verbales o textuales, así como muy diversas unidades de información *(noticia, declaración, palabra, documento, libro, frase)*. Se combina asimismo con...

A SUSTANTIVOS QUE DESIGNAN SITUACIONES O ESTADOS DE ADVERSIDAD, DIFICULTAD O INFORTUNIO: **1 problema ++:** Pero ayer fue el propio CSN el que dejó claro el *alcance* del problema... EME030394 **2 crisis ++:** ...mantuvieron (...) una reunión de urgencia para analizar el *alcance* de la crisis. EPE051201 **3 conflicto +:** Los decanos de todos los colegios de Arquitectura estuvieron reunidos ayer durante casi todo el día «examinando el *alcance* del conflicto». EPE020286 **4 tragedia:** El presidente estadounidense no aclaró el *alcance* de la tragedia ni apuntó a ningún grupo en especial... EME260696 **5 siniestro:** ...llegó a La Paz (...) para conocer el *alcance* del siniestro. EPE020285 **6 catástrofe:** ...entiende con claridad las dimensiones y el *alcance* de esta catástrofe... EPE060199 **7 accidente:** ...se suspendió durante breves instantes la operatividad del mismo hasta que se comprobó el auténtico *alcance* del accidente. EPE011087

B SUSTANTIVOS QUE DENOTAN RESULTADO O CONCLUSIÓN DE ALGO, GENERALMENTE VINCULADO A ALGUNA TOMA DE POSTURA: **8 decisión ++:** El *alcance* de esta decisión podría ser enorme. EME220496 **9 resolución:** Fuentes del Supremo valoraron anoche como «muy considerable» el *alcance* de la resolución, ya que también echa por tierra algunas sentencias del Constitucional... EPE190800 **10 sentencia:** ...ha pedido la comparecencia del consejero (...) para explicar el *alcance* de la sentencia... EPE201199 **11 fallo:** el pleno que hoy celebrará el Consejo

General del Poder Judicial estudiará el *alcance* del fallo de la sentencia. EPE031199 **12 victoria:** Aún es pronto para valorar en sus justos términos el *alcance* de esta victoria electoral. INDOC **13 resultado:** «Es una revolución pacífica, una ruptura colosal», aseguraba un portavoz de la presidencia para juzgar el *alcance* del resultado de las elecciones. EPE211299

C SUSTANTIVOS QUE DENOTAN ACCIÓN CONCERTADA. TAMBIÉN CON OTROS QUE DESIGNAN SUS EFECTOS NATURALES: **14 acuerdo ++:** El comité que agrupa a los sindicatos de RTVE exigió ayer que se aclare el *alcance* del acuerdo... EME220696 **15 pacto +:** ¿Tardaremos en conocer el verdadero *alcance* de los pactos...? EME300496 **16 alianza:** Pere Sampol (...) evita comentar el *alcance* de estas alianzas extremas. EPE141199 **17 tratado:** ...el *alcance* del tratado de extradición. EME260796 **18 convenio:** Fueron larguísimas las sentadas, pero el convenio se abultó en páginas y *alcance*. ABC150193 **19 negociación:** En la nota (...) se limita (...) el *alcance* de la negociación en torno al Convenio... EPE150900

D EL SUSTANTIVO *DAÑO* Y CON OTROS QUE DESIGNAN DIVERSOS RESULTADOS DE ALGUNA ACCIÓN DE CARÁCTER HOSTIL. POR EXTENSIÓN, CON OTROS QUE DESIGNAN ESA MISMA ACCIÓN: **20 daño ++:** ...importa saber ciertos datos para aquilatar el *alcance* del daño. LVE191296 **21 lesión ++:** ...sometido ayer a una resonancia magnética para comprobar el *alcance* de la lesión... EME150895 **22 dolencia +:** ...se someterá hoy a una prueba en Madrid para dictaminar el *alcance* de la dolencia. EME210996 **23 molestia:** La interrupción en el proceso (...) ha provocado que los servicios médicos del club se planteen hacer unas pruebas en la rodilla derecha del jugador para conocer el *alcance* de las molestias que sufre. EME270196 **24 sufrimiento:** ... los servicios médicos del club se planteen hacer unas pruebas en la rodilla derecha del jugador para conocer el *alcance* del sufrimiento (el daño de los otros es el más grande misterio)... EME070594 **25 afección:** ...pruebas médicas complementarias que determinarán el *alcance* exacto de la afección coronaria. LVE170996 **26 desperfecto:** Se sabe que resultó dañada en los ataques pero se ignora el *alcance* de los desperfectos. EME060594 **27 amenaza:** El *alcance* de la amenaza que supone el agroterrorismo sigue siendo discutido... EPE230999 **28 agresión:** El ministro de Asuntos Exteriores iraquí, Naji Sabri, declaró que Estados Unidos y Gran Bretaña intentaban ampliar el *alcance* de su agresión contra Irak... EPE111001

E SUSTANTIVOS QUE DENOTAN INTERVENCIÓN ACTIVA EN ALGÚN ASUNTO, MÁS FRECUENTEMENTE SI SE REALIZA EN APOYO DE PERSONAS O COSAS: **29 ayuda ++:** ...sin precisar el *alcance* de la ayuda prestada desde su cargo oficial. EPE070299 **30 medida ++:** ...el *alcance* de las medidas a adoptar para conseguir el saneamiento de la filial española dependerá de la «disponibilidad» del Gobierno... EME020694 **31 colaboración +:** «El *alcance* de esa colaboración lo dirá el tiempo». EME200596 **32 participación +:** Se estaría sustituyendo el interés global del ciudadano con el interés privado o particular de quienes hayan podido participar en los mismos hechos delictivos, para que no se conozca el *alcance* de dicha participación... EME131095 **33 actuación:** ...con una cuantificación (...) del *alcance* de la actuación del sector público. EPE200280 **34 acción:** ...intentarían ponerse fuera del *alcance* de la acción de la Justicia. EME030896 **35 cooperación:** ...España se comprometería a colaborar en el desarrollo de Cabo Verde, sin que de momento se conozca el *alcance* de esta cooperación. EPE010285 **36 intervención +:** ...serán los tribunales de Justicia los que deberán determinar, «en su momento y con la intervención del fiscal, cuál es el *alcance* de esa intervención». EME050395 **37 apoyo +:** ¿Puede concretar usted el *alcance* de dicho apoyo y en qué consistió el respaldo? EME260795

F SUSTANTIVOS QUE DENOTAN PLAN O PROYECTO: **38 proyecto +:** ...la aparición de nuevas tecnologías (...) ha cambiado el *alcance* del proyecto... ABC011093 **39 plan +:** Modifiquen el *alcance* del plan de manera selectiva a un usuario o grupo de usuarios, en especial en base al sexo, la edad o cualquier otra cuestión... CLA080797 **40 propuesta +:** El eventual *alcance* de estas propuestas de resolución se equipara así con el propio de la cuestión de confianza... EME180494 **41 iniciativa +:** ...recibirá hoy en Barcelona información de primera mano sobre el *alcance* de la iniciativa (...) en materia de financiación autonómica. EPE030599

G SUSTANTIVOS QUE DENOTAN CAMBIO: **42 cambio ++:** ...logró, por contra, explicar a las bases de la izquierda abertzale el *alcance* de los cambios en la linea política. EME081295 **43 reforma ++:** «Por el momento, no puedo decir cuál va a ser el *alcance* de las reformas, pero será significativo», aseguró Jian. EME191195 **44 remodelación:** ...rehusó ofrecer datos concretos sobre el *alcance* de la remodelación... LVE280695 **45 mutación:** El primer paso del consorcio europeo será identificar qué genes están implicados en las mismas y, en la medida de lo posible, determinar el *alcance* de las mutaciones genéticas. EPE020699 **46 movimiento:** La situación en Islamabad y en otras ciudades de Pakistán era anoche muy confusa y se desconocia el *alcance* exacto del movimiento de tropas... EPE131099 **47 modificación:** ...el informe se ha construido sin conocer el *alcance* de las modificaciones legislativas... EPE070700 **48 transformación:** ...tras pasar veinte años desde que se introdujeron los primeros cambios en la producción de literatura infantil en favor de la mujer, el *alcance* real de estas transformaciones ha sido suficiente. EME050294 **49 canje:** El ministro agendó para hoy una teleconferencia con inversores, para explicar el *alcance* del canje de los bonos de la deuda... CLA040501

H SUSTANTIVOS QUE DENOTAN INVESTIGACIÓN, ESTUDIO O CONOCIMIENTO DE ALGO, A MENUDO CONSTRUIDOS EN PLURAL: **50 investigación ++:** Este año se decidió por tanto actualizar y ampliar los objetivos iniciales para que se ajustasen al nuevo *alcance* de la investigación... ABC011093 **51 pesquisa:** Guariniello ha intentado conectarlas con la toma de productos dopantes, pero aún se desconoce el *alcance* de sus pesquisas. EPE150699 **52 estudio:** ...se hicieron eco del *alcance* de este estudio del doctor Iribarren, cuya importancia fundamental radica en que pone fin a una larga controversia sobre los riesgos del colesterol... ABC180693 **53 conocimiento:** Esta postura fue reforzada por los acontecimientos sociales y políticos cargados de ideología y que nunca entendieron el *alcance* del conocimiento científico. ABC290794 **54 educación:** ...lejos de cumplir con un propósito que se antoja incluso obvio como el de ampliar el *alcance* de la educación media superior, superior y de posgrado, la ha reducido. EXC091196

I SUSTANTIVOS QUE DENOTAN FORMA DE PENSAR O COMPORTARSE: **55 actitud** +: El incidente llegó a conocimiento de la Comisión contra la Violencia, pero no pudo en primera instancia examinar el *alcance* de la actitud del ex ministro... EPE040399 **56 conducta** +: ...la motivación a menudo no ha sido la falsificación como tal sino tomar atajos en la búsqueda de una conclusión (...). El *alcance* de la mala conducta científica no está claro. EPE170399 **57 posición** +: ...hay una clave a despejar para conocer el *alcance* de la posición española: el planteamiento o no de lo que el tribunal llama «excepción preliminar». EPE210999 **58 reacción:** El pánico de altura en Wall Street es muy grande, lo que provocó fuertes recogidas de beneficios (...). Por el momento se desconoce el *alcance* de esta reacción técnica. EME200595

J SUSTANTIVOS QUE DENOTAN TAREA, GENERALMENTE ENCOMENDADA. TAMBIÉN CON OTROS QUE DESIGNAN DIVERSAS FORMAS DE OBLIGACIÓN PERSONAL ANTE ALGÚN ESTADO DE COSAS: **59 misión** ++: Fuentes de la ONU y de los Gobiernos de París y Londres explicaron ayer el *alcance* de la misión encomendada al contingente franco-británico. LVE240795 **60 responsabilidad** ++: Los grupos políticos que integran la comisión de investigación del caso Roldán están de acuerdo en los hechos, pero discrepan en el *alcance* de las responsabilidades políticas. LVE010694 **61 compromiso:** Ellas fijaron el tipo de objetivos a alcanzar, cuántos debían obtenerse, qué cantidad de aviones se necesitaban, cuál era el *alcance* del compromiso general. EPE250599 **62 obligación:** La discusión se centra en este momento en precisar el *alcance* de la obligación que se pretende establecer... EPE191001 **63 deber:** ¿Somos conscientes de cuál es la actitud racional hacia esos problemas ajenos? ¿Sabemos cuál es el *alcance* de los deberes de solidaridad? EPE020285 **64 competencia:** Se discute acaloradamente el *alcance* de la competencia del Congreso... CLA090497 **65 tarea:** ...discrepancias de fondo sobre el *alcance* de la tarea que hay que realizar... LVE221194 **66 trabajo** +: La comisión (...) consideró que no era necesario pedir un dictamen jurídico sobre el *alcance* de sus trabajos. EME251095

K SUSTANTIVOS QUE DESIGNAN ACCIONES O SITUACIONES CONSIDERADAS DELICTIVAS, ILÍCITAS, INMORALES O IRREGULARES EN DIVERSOS GRADOS: **67 fraude** +: Pero resulta tan preocupante el *alcance* del fraude que cabe la posibilidad de que haya que adelantar la fecha. EME120295 **68 falsificación:** ...EFAL deberá entregar un un informe sobre el *alcance* de la falsificación de firmas, estimadas por el momento en unas 50. EPE100299 **69 estafa:** ...no ha podido determinar aún el *alcance* de la estafa... EPE040599 **70 escándalo:** ...cerraron ayer la comisión parlamentaria que ha investigado las ayudas de la UE al cultivo de lino limitando el *alcance* del escándalo a un reproche «estético»... EPE300799 **71 corrupción:** ...podrá comprobar sobre el terreno (...) el *alcance* de la corrupción para que vea que no hubo exageración sino más bien prudencia y discreción. EME230595 **72 traición:** No parece demasiado, vista la profundidad de la herida y el *alcance* de la traición a la generosidad de las buenas gentes. EPE260599 **73 trampa:** ...empieza a darse cuenta de los riesgos que corre y del *alcance* de la trampa (...) en la que él mismo se metió. EME300395 **74 conspiración:** ...no dejó claro, sin embargo, el *alcance* de esta conspiración. EME110495

▩ Se combina también con: ♦ **amplio, considerable, corto, escaso, exiguo, extenso, ilimitado, impredecible**[3]**, largo, limitado, parco, vasto**[17] ♦ **abarcar, calcular, calibrar**[20]**, captar**[11]**, considerar, determinar, estimar, evaluar, juzgar, pronosticar, sopesar**[22]**, valorar, vislumbrar**[34]

□ Véase también: **importancia, trascendencia, valor.**

alcanzar

alcanzar ♦ **a duras penas**[4]**, a toda costa**[28]**, a trancas y barrancas**[25]**, con éxito**[32]**, contra viento y marea**[30]**, de lleno**[16]**, democráticamente**[28]**, de pleno**[26]**, de refilón**[11]**, de un día para otro**[21]**, en equipo**[19]**, felizmente, fugazmente**[22]**, gravemente**[38]**, mortalmente, ni de lejos**[4]**, por los pelos**[7]**, remotamente**[25] ♦ **conocimiento, cota, éxito, felicidad, fin, futuro, ideal, madurez, marca, meta, nivel, objetivo, propósito, sueño**

al cero

al cero ♦ **cortar (el pelo), dejar (el pelo), rapar (la cabeza)**

alcohol

alcohol ♦ **a raudales, concentrado, empapado (de), puro** ♦ **en** ♦ **consumo (de), efectos (de), exceso (de)** ♦ **abusar (de), beber, consumir, destilar, expender, ingerir, mezclar, prohibir, rebajar, subirse a la cabeza (a alguien)**

al compás (de)

al compás (de) *loc.adv./loc.prep.* ▮ Se combina con el sustantivo *música*, con sustantivos que designan instrumentos musicales *(guitarra, tambor)*, bailes o ritmos *(vals, chotis)* y composiciones musicales diversas *(canción, bulería, saeta, bolero)*. Aunque menos frecuentemente, se combina a veces con otros que designan obras literarias o alguno de sus componentes *(al compás de la novela; al compás del verso)*. También admite sustantivos que denotan movimientos *(vaivén, traqueteo, movimiento)* o diversos períodos o procesos *(tiempo, legislatura, desarrollo, evolución)*. Se combina asimismo con...

A SUSTANTIVOS QUE DESIGNAN DATOS, RESULTADOS U OTROS TIPOS DE INFORMACIONES QUE SUELEN CARACTERIZARSE POR SU NOVEDAD: **1 indicador:** Wall Street ha jugado esta semana al yoyó, *al compás* de los diferentes indicadores económicos que se iban publicando. LVE020795 **2 noticia:** La inversión extranjera actuaba *al compás* de una y otra noticia, provocando ascensos y descensos en nuestras cotizaciones bursátiles... LVE190295 **3 novedad:** ...*al compás* de la siempre bienvenida novedad... LVE031195 **4 dato:** Todo ello *al compás* de los datos publicados sobre la economía de Estados Unidos... LVE040996 **5 resultado:** ...sobre todo en fútbol, donde se pasa del triunfalismo al derrotismo y lo que ayer se condena después se exalta *al compás* de un resultado favorable. CLA080797 **6 gol** –: Al compás de los goles de Jairo Castillo, Colombia sumó otros tres puntos... LTB050900

B SUSTANTIVOS QUE DESIGNAN DIVERSAS MANIFESTACIONES COMUNICATIVAS, FRECUENTEMENTE DE CARÁCTER DECLARATIVO O EXPOSITIVO: **7 rumor:** ...mejoraron posiciones *al compás* de rumores de que se pagará algo más por sus acciones... LVE211196 **8 mensaje:** Y se nota en su intervención televisiva: imágenes de clip y sonido rap que va *al compás* de un mensaje verde... EME130495 **9 comentario:** A su lado, en grupos que se hacían y deshacían *al compás* de los comentarios, un Miquel Roca afable y distendido, capaz de reírse de su propia sombra... LVE220995 **10 declaración:** es probable que nuestros sentimientos y análisis hayan sufrido diversos vaivenes *al compás* de declaraciones y actuaciones políticas... EPE300199 **11 discurso:** También la televisión evolucionaba *al compás* de los discursos de la Navidad: del blanco y negro al color, de los canales públicos a los privados. EME221295 **12 explicación:** Al compás de las explicaciones del primero de ellos, surgieron las precisioness sobre el protagonismo de Menem en la campaña. CLA120297 **13 respuesta:** Al filo de las preguntas y *al compás* de las respuestas (...) introduce páginas y fragmentos de la obra onettiana... EME180295 **14 anuncio:** ...fiestas navideñas que avanzan *al compás* de los anuncios de la televisión. INDOC **15 insulto –:** ...al fin y al cabo, de la bandera (...) que estaban ondeando *al compás* de sus insultos no prendía ningún fascio. EPE211299

C SUSTANTIVOS QUE DESIGNAN PROCESOS, OPERACIONES Y ACTIVIDADES DE CARÁCTER GENERALMENTE FINANCIERO O MERCANTIL QUE PERSIGUEN LA OBTENCIÓN DE BENEFICIOS. POR EXTENSIÓN, CON OTROS QUE DESIGNAN DIVERSAS MAGNITUDES ECONÓMICAS QUE INTERVIENEN EN ESAS ACTUACIONES: **16 especulación:** ...mejoró posiciones *al compás* de nuevas especulaciones sobre retoques en los tipos de interés... LVE140995 **17 subida:** Por un lado, las compras se animaron *al compás* de la subida de Wall Street, pero, por otro, los inversores se mostraban prudentes... LVE020796 **18 precio:** ...la inflación se mueve *al compás* de los precios de los componentes más volátiles, sin que exista una politica antiinflacionista digna de tal nombre. EPE151101 **19 cotización:** ...sigue moviéndose *al compás* de la cotización del dólar. LVE160395 **20 dinero:** Las veintipico salas comerciales (...), que se han abierto *al compás* de dineros frescos y plenos de expectativas, han estrenado, apenas, unas 140 películas. BRE100197 **21 deuda:** Al compás de la peseta y la Deuda. LVE190195 **22 mejora:** Los bonos Brady de Argentina y Venezuela continuaron mejorando *al compás* de la mejora en los títulos norteamericanos... CLA160997 **23 recuperación:** Las compras se reanimaron *al compás* de la recuperación que vivió ayer la cotización del dólar. LVE010596 **24 reducción:** ...el establecimiento de un tipo máximo del 40 se efectuaría *al compás* de la reducción del déficit presupuestario. EME270296 **25 caída:** ...*al compás* de la gran caída general de las cotizaciones, la acción de La Seda se ha situado en 324 pesetas, su actual precio. EPE041001

D SUSTANTIVOS QUE DESIGNAN SUCESOS O EVENTOS, MÁS FRECUENTEMENTE SI SON SEÑALADOS: **26 acontecimiento +:** ...permite apreciar la evolución de este arte *al compás* de los acontecimientos políticos, los cambios acaecidos en la sociedad, sus formas de vida y sus gustos. LVE111095 **27 cambio:** ...hábitos y costumbres que se van transformando *al compás* de los cambios políticos. INDOC **28 conquista:** ...las invasiones anglosajonas introdujeron el *viejo inglés* que, *al compás* de la conquista, se extendió rápidamente. LVE080595

E ALGUNOS SUSTANTIVOS QUE DESIGNAN INSTRUCCIONES O DISPOSICIONES: **29 directriz:** ...hileras de tractores evolucionando *al compás* de las directrices emitidas por el Gran Líder... LVE140595 **30 consigna:** ...se agitaban *al compás* de las consignas cantadas en inglés... CLA170199 **31 orden:** ...las cotizaciones van bajando *al compás* de las órdenes de venta. INDOC

F OTROS SUSTANTIVOS; POSIBLES USOS ESTILÍSTICOS: ...fragmentos de granito que van derrumbándose *al compás* de las esperanzas maragallianas... EPE150199

al contado ♦ abonar, cobrar, comprar, pagar

al corriente (de) ♦ acontecimiento, cambio, hecho, noticia, novedad, pago, situación ♦ encontrar(se), estar, mantener(se), poner (algo/a alguien), seguir, tener (algo/a alguien)

al cuello *loc.adv.* ▌Se construye a menudo con los verbos *tener* y *llevar* y con grupos preposicionales encabezados por la preposición *con (con una cinta al cuello).* En su sentido literal se combina con sustantivos que designan objetos físicos, especialmente aquellos que se lucen *(collar, cadena, pañuelo)* o se conceden como premio o trofeo *(medalla, corona).* En su sentido figurado (aproximadamente, 'en situación de riesgo o de peligro'), se combina con...

A EL SUSTANTIVO *AGUA* Y ALGUNOS OTROS QUE DESIGNAN MATERIAS O SUSTANCIAS. SE INTERPRETAN MUY FRECUENTEMENTE EN SENTIDO FIGURADO: **1 agua ++:** ...ya con el agua *al cuello* e intentando salvar el periódico en medio de grandes dificultades... SEM241197 **2 mierda:** Tendrían que haberlos controlado desde su nacimiento y ahora están con la mierda *al cuello* y no saben cómo combatirlos. EME260295 **3 estiércol:** Por lo que quizás sea conveniente que las cosas se pongan peor –el estiércol nos llegue *al cuello*– para darnos cuenta de la ciénaga en que todos estamos sumidos. EME100195

B EL SUSTANTIVO *CUERDA* Y CON OTROS QUE DESIGNAN OBJETOS QUE OPRIMEN O AMENAZAN. TAMBIÉN SE INTERPRETAN MUY FRECUENTEMENTE EN SENTIDO FIGURADO: **4 cuerda ++:** Fue esa jugada la que sirvió para atar la cuerda *al cuello* del equipo. INDOC **5 soga ++:** No se había cumplido el primer minuto de juego y los uruguayos ya tenían la soga *al cuello.* ENH170297 **6 navaja:** Atacó el revés de Graf y tuvo a la alemana con la navaja *al cuello.* EME090696 **7 lastre:** ...110 escaños (...) hubieran sido una estupenda plataforma de despegue, 140 (...) serán un pesado lastre anudado *al cuello.* EME280196

al dedillo *loc.adv.* ▌Se combina con...

A VERBOS QUE DENOTAN ADQUISICIÓN Y REPRODUCCIÓN DE INFORMACIONES DIVERSAS: **1 conocer ++:** ...porque ellos conocían *al dedillo* las superficies sobre las que se iban a celebrar las competencias... ETC111196 **2 saber ++:** ...que sabe *al dedillo* los apellidos y parentescos de los más pitucos. DHE130797 **3 aprender +:** Con la técnica aprendida *al dedillo* y el asesoramiento del eficiente equipo que le rodea, el presidente (...) ha sabido meterse en el bolsillo a aquéllos que acudían a escucharle. EME030396 **4 dominar:** Y sin esperar los enumera con la celeridad de quien domina algo *al dedillo.* GIC104197 **5 describir –:** Después describió a los suyos *al dedillo* lo que había leído sobre el cometa... EME250396 **6**

narrar –: El testimonio que García Damborenea prestó ante el magistrado fue casi narrado *al dedillo* en la rueda de prensa... LVE210795 **7 repetir:** Los dos candidatos repitieron *al dedillo* sus bazas. LVE181096

B OTROS VERBOS; POSIBLES USOS CRUZADOS: A Gimnasia el plan (presionar, anticipar) le salió *al dedillo*... [Cf. *a la perfección*] LNP060497; El holandés quiere llevar la renovación *al dedillo*... [Cf. *a rajatabla*] LVE230495; ...papel que le viene *al dedillo* a Patrick Stewart... [Cf. *al pelo*] LTB180900; La idea parecía encajar *al dedillo*... [Cf. *como anillo al dedo*] LVE030796; ...basó su conferencia de ayer, casi *al dedillo*, en los mismos planteamientos jurídicos expuestos por Enric Argullol en su informe de 1996. [Cf. *al milímetro*] EPE020399; ...que ha imitado *al dedillo* las voces de... [Cf. *a la perfección*] EME280995; ...coincide casi *al dedillo* con el aniversario número 50... [Cf. *al milímetro*] EUV150497; Se trata de acepciones que cuadran todas ellas *al dedillo*... [Cf. *al milímetro*] EME090695; ...dispuestos a seguir *al dedillo* las instrucciones de dos folletos... [Cf. *al pie de la letra*] EME280496; ...cumplieron *al dedillo* esta orden... [Cf. *al pie de la letra*] EME251195; ...ha dado muestras de falta de autoridad, de depender *al dedillo* de las instrucciones... [Cf. *estrictamente*] EME091296

☐ Véase también: **al pie de la letra, de carrerilla, de corrido, de memoria, literalmente.**

al descubierto *loc.adv.*

▮ Se construye muy frecuentemente con los verbos *estar, quedar, dejar, salir* y *poner*. Se combina con los sustantivos *cuenta (corriente), operación (bancaria)* y con otros que designan magnitudes económicas *(un millón al descubierto)*. En el sentido de 'sin resguardo', admite diversos sustantivos que designan objetos y superficies *(pared, pintura)*, muy frecuentemente restos *(vestigio, huella, resto)*. En su sentido figurado admite sustantivos que designan personas o grupos humanos *(asesino, político, organización, mafia)*. También se combina con...

A SUSTANTIVOS QUE DENOTAN DESEO O INCLINACIÓN VEHEMENTE HACIA ALGO. TAMBIÉN CON OTROS QUE DESIGNAN ALGUNAS DE LAS FORMAS DE INTENTAR OBTENERLO: **1 intención** ++: Y no conformes, quedan *al descubierto* vuestras intenciones al lanzaros desde el Parlamento dejando a un lado las consideraciones violentas... EDV230101 **2 interés:** Pero, los giros asumidos en los discursos oficiales, donde directamente se ataca a sistemas económicos específicos, dejan *al descubierto* el interés de la ortodoxia por proponer una salida alterna a la marxista. EUV170498 **3 plan** +: ...pusieron *al descubierto* el plan de la mafia para atentar contra el embajador de Estados Unidos... ETC190597 **4 estrategia:** Yáñez añadió que «una vez que se ha puesto *al descubierto* su estrategia como conspiración y como trama...». EME280995 **5 propósito:** Quizá el máximo logro sea poner *al descubierto* propósitos deliberados de un Dalí inédito... LVE280696 **6 aspiración:** ...gracias a la cual quedan *al descubierto* las verdaderas aspiraciones y sueños de esa generación del 68 que ha llenado de *yuppies* el mundo... ABC170192

B SUSTANTIVOS QUE DESIGNAN DIVERSOS ESTADOS CARENCIALES: **7 carencia** ++: ...este tipo de alertas dejan *al descubierto* las muchas carencias que tenemos todos en cuanto al tipo de actuaciones. LRE120103 **8 falta** ++: ...el tembladeral que genera la devaluación brasileña deja *al descubierto* la falta de oportunidad... CLA170199 **9 escasez** +: Esta pequeña lesión de Orlando deja *al descubierto* la escasez de delanteros que tiene Las Palmas... CAN250996 **10 pobreza:** ...lo que en realidad pondría *al descubierto* cierta pobreza imaginativa es que hubiera una excesiva propensión a la «novela de siempre»... ABC231092 **11 miseria:** La historia (...) dejaba *al descubierto* las miserias de una sociedad supuestamente idílica y siempre convencional. ABC140795

C SUSTANTIVOS QUE DENOTAN ERROR O IRREGULARIDAD: **12 deficiencia** +: El desmoronamiento de la Unión Soviética ha puesto *al descubierto* todas las deficiencias de un sistema... ABC210292 **13 defecto** +: El Unicaja volvió a poner *al descubierto* todos los defectos del equipo de Aíto. LVE281296 **14 fallo** +: Los hombres de Raúl Lozano se mostraron ayer como un equipo compacto y rápidamente dejaron *al descubierto* los fallos de sus adversarios. LVE030696 **15 anomalía** +: Estas anomalías quedaron *al descubierto* ayer cuando se comprobó que Gabriel Lorenzo (...) llamó por teléfono a la policía... LNP050297

D SUSTANTIVOS QUE DENOTAN FALTA DE CAPACIDAD, TALENTO, ENTEREZA, HONRADEZ, SEGURIDAD U OTRAS PROPIEDADES ANÁLOGAS DE LAS PERSONAS, Y EN OCASIONES DE LAS COSAS, QUE SE CONSIDERAN DE CIERTA IMPORTANCIA: **16 debilidad** +: La última ofensiva de la guerrilla deja *al descubierto* las debilidades del Ejército para enfrentar una guerra abierta contra la subversión. SEM110297 **17 injusticia** +: Para demostrar la parcialidad de la sentencia, Piñerúa Ordaz, en su columna del domingo, pone *al descubierto* tal injusticia... ENV270696 **18 bajeza:** ...utiliza la sátira como recurso literario mediante el que dejar *al descubierto* bajezas e intereses personales. ABC240792 **19 flaqueza:** Con diez hombres, el Betis puso completamente *al descubierto* las flaquezas del Madrid, que ha perdido completamente las fuerzas en estos finales de la temporada. EPE020580 **20 fragilidad:** De confirmarse, la denuncia del Ejército bosnio (...) pone *al descubierto* la fragilidad de la ONU en Bosnia... EME040795 **21 vulnerabilidad:** ...con cualquier problema que tenga la aerolínea queda *al descubierto* la vulnerabilidad de la economía del sur de la Florida. ETC110297 **22 incompetencia:** ...esa supuesta ignorancia no hace otra cosa que poner *al descubierto* la incompetencia e ineptitud gubernamental en la dirección y control de un organismo nacido para proteger al Estado... LVE220695 **23 incapacidad:** ...ha puesto también *al descubierto* la incapacidad del Gobierno catalán para tomar medidas preventivas... EPE161201 **24 mediocridad:** ...no sólo quedó *al descubierto* la mediocridad tan generalizada del producto sino que pudieron ser al fin reconocidos los auténticos valores... ABC010995 **25 mezquindad:** A menudo, operaciones policiales relacionadas con la investigación de estos delitos ponen *al descubierto* mezquindades difícilmente imaginables... LVE240396

E SUSTANTIVOS QUE DESIGNAN ACTIVIDADES QUE SE SUELEN LLEVAR A CABO DE FORMA ENCUBIERTA Y CON PROPÓSITOS NO SIEMPRE HONESTOS: **26 trama** ++: ...se pone *al descubierto* la trama de chantajes urdida por el ex banquero para tratar de eludir la acción de la justicia. LVE250696 **27 operación** ++: La cinta puso *al descubierto* la operación urdida por Belloch para que Amedo y Domínguez salieran de la cárcel en silencio. EME161095 **28 complot:** ...unas cuantas pesquisas policiales y el complot no tardó en quedar *al descubierto.* INDOC **29 maniobra +:** ...se encargó de arreglar con Paolini los pasos que debía seguir para poder poner *al descubierto* las maniobras de contrabando e incriminar a Branca. CLA050397

F SUSTANTIVOS QUE DESIGNAN LO QUE ES CONTRARIO A LA VERDAD. TAMBIÉN CON OTROS QUE EXPRESAN ACTUACIONES O ACTITUDES QUE MANIFIESTAN FINGIMIENTO O SIMULACIÓN: **30 engaño ++:** Pero un mes después, queda *al descubierto* el engaño. EME030196 **31 mentira ++:** Declara que quedan *al descubierto* las «reiteradas mentiras del anterior alcalde»... FDV280301 **32 fraude +:** El fraude queda *al descubierto.* Los romanos han robado la pócima gala. EPE021088 **33 manipulación +:** ...puso *al descubierto* las innumerables maniobras y manipulaciones perpetradas en el otorgamiento de créditos riesgosos... ACP191296 **34 falsedad:** Se trata, en resumen, de dejar *al descubierto* las falsedades e hipocresías de una sociedad viciada. ABC220995 **35 hipocresía:** Aranguren, además, puso *al descubierto* la hipocresía de tanto conservador, la doblez de tanto reaccionario, la necesidad de que este país cambie de hábitos. EME180496 **36 falacia:** Por primera vez se deja *al descubierto* la falacia sexual en una comunidad reprimida, como se repetirá años más tarde en «Las brujas de Eastwich». ABC271095 **37 truco +:** Allí, en aquellas páginas de un extraordinario interés histórico, literario y psicológico, estaban *al descubierto* los trucos del poder, en todas sus modalidades... ABC200392 **38 ficción:** La ficción de un triunfo en la Cordillera del Cóndor quedó nuevamente *al descubierto* en el desfile del domingo pasado. CAP030895

G SUSTANTIVOS QUE DESIGNAN DIVERSAS FORMAS DE AGRESIÓN Y ACTUACIÓN HOSTIL, GENERALMENTE CONTRA LAS PERSONAS: **39 crimen +:** ...sufrió una crisis de conciencia, acusó del asesinato y el emparedamiento a todos los suyos, y dejó *al descubierto* el crimen de familia, la sangrienta conspiración. EME150295 **40 asesinato:** El asesinato quedó *al descubierto* gracias a la habilidad investigadora de la policía. INDOC **41 tortura:** ...reveló el enriquecimiento ilícito del superasesor Vlaimiro Montesinos y dejó *al descubierto* la tortura y asesinato de agentes de inteligencia a manos de sus propios compañeros... CLA160797 **42 abuso:** A todas luces quedan *al descubierto* el despojo de nuestro terreno y el abuso de los servidores públicos, que sólo lucran con sus puestos... EXC090596

H OTROS SUSTANTIVOS QUE DESIGNAN DELITOS O PRÁCTICAS ILÍCITAS: **43 corrupción +:** ...le cabe el mérito de haber rasgado el velo y dejado *al descubierto* la corrupción oficial. EME080895 **44 delito +:** ...me he visto en la necesidad de acudir a tu persona para nuevamente poner *al descubierto* otro delito gravísimo... EUV170498 **45 malversación:** El documento elaborado por la Contraloría General dejó *al descubierto* malversaciones que superan los mil millones de guaraníes... ACP280901 **46 estafa:** Esta sórdida experiencia la han vivido varios lectores de La Vanguardia que han contribuido a poner *al descubierto* una estafa practicada por gentes que no conocen la palabra escrúpulos. LVE280595 **47 negocio criminal:** ...las redes a las que pertenecen no podrán saber, desde el primer momento, quién es la persona que ha puesto *al descubierto* su negocio criminal. LVE150295

I SUSTANTIVOS QUE DESIGNAN LO QUE SE TIENE POR RESERVADO, ENCUBIERTO O PRIVADO. TAMBIÉN CON OTROS QUE EXPRESAN LA ACCIÓN O EL EFECTO DE REVELARLO O DARLO A CONOCER: **48 secreto ++:** Por eso disfrazó «A corazón abierto» como un trabajo de investigación que pondría *al descubierto* los secretos del mundo rosa. LRE010203 **49 intimidad +:** La semana pasada, la revista publicó las manifestaciones (...) que ponían *al descubierto* las intimidades de la pareja. EME070396 **50 revelación:** ...realizó una profunda investigación que dejó *al descubierto* revelaciones incómodas... ESP260601 **51 confidencia:** En una conversación privada quedaron *al descubierto* ciertas confidencias que resultaron esenciales para el desarrollo de la investigación. INDOC

J SUSTANTIVOS QUE DESIGNAN ESTADOS CONFLICTIVOS, SEAN MANIFIESTOS O LARVADOS: **52 pugna:** Este hecho pone *al descubierto* pugnas por el liderazgo campesino, que hacen peligrar la frágil y aparente unidad campesina. LTB080197 **53 conflicto:** Los conflictos puestos *al descubierto* en 1997 son registros que se otorgaron hace mucho, cuando no existía mayor conocimiento en el área. ENV221297 **54 lucha:** La destitución de los «disidentes» de la Ejecutiva de UGT ha dejado *al descubierto* la lucha por la Secretaría General... EME200295 **55 tensión:** El infructuoso intento de presentar una candidatura única (...) dejó *al descubierto* las tensiones existentes en el bloque oficialista... EPE021180

K ALGUNOS SUSTANTIVOS QUE DESIGNAN DATOS, NOTICIAS Y OTROS CONCEPTOS QUE EXPRESAN LO QUE SE TIENE POR CIERTO: **56 información +:** ...han puesto en peligro la seguridad del Estado al dejar *al descubierto* información extraordinariamente sensible... LVE041095 **57 verdad:** ...los sucintos modelos de la doctora Grajal pondrán *al descubierto* otras verdades. EME050895 **58 realidad:** El valor esencial del libro no está sólo en que pone *al descubierto* la realidad peruana actual... EME180295

L OTROS SUSTANTIVOS; POSIBLES USOS ESTILÍSTICOS: Ironías de la historia: juntas, lado a lado, la ciudadela y la carpa, la protección y la intemperie, la acumulación y el despojamiento desnudo, la utopía de Maastricht y la antiutopía que Río dejó *al descubierto.* LNA260692; Y de nuevo nos encontramos con otra alma femenina cuyos repliegues, donde anidan los más íntimos afanes e insatisfacciones, quedan *al descubierto* por medio de una introspección psicológica... ABC280194

al descuido ♦ **hurto, robo, sustracción** ♦ **apoderarse, caer, hurtar, quitar, robar, sustraer, vestir**

al detalle *loc.adv.* ▌ En el sentido de 'al por menor' se combina con sustantivos que designan intercambios comerciales *(venta, compra, operación, comercio)*, así como las personas que los realizan *(vendedor, comerciante)*, o diversos elementos que participan en ellos *(precio)*. También se combina con verbos que denotan transacción de bienes *(vender, comprar)*. Se combina con...

A VERBOS QUE DENOTAN OBSERVACIÓN, EXAMEN O ANÁLISIS: **1 examinar ++:** La discusión abierta sobre las concesiones de obra a la empresa Movilma no concluirá hasta que (...) no hayan podido examinar *al detalle* los expedientes de adjudicación de obras... LVE040696 **2 es-**

tudiar ++: La Corporación municipal estudiará *al detalle* las diversas propuestas, con el fin de elegir la que origine menos trastornos medioambientales... ENC271100 **3 analizar ++**: Allí ha reunido a un equipo experimentado y capaz, preparado para captar y analizar *al detalle* los estados de opinión... EME210896 **4 calcular +**: Bancos y cajas aseguran que todo ha sido calculado *al detalle* para evitar el caos que supondrá la entrada del euro vaticinado por los más pesimistas. EPE261201 **5 calibrar +**: ...y calibran *al detalle* los gestos necesarios para ablandar la posición negociadora... EME090396 **6 diseccionar:** Tres días han tardado los expertos del PP en diseccionar *al detalle* los resultados del 28-M. EME010695

B VERBOS QUE DENOTAN DESCRIPCIÓN O MENCIÓN DE ALGUNA COSA, CASI SIEMPRE DE FORMA PRECISA O CARENTE DE VAGUEDAD: **7 describir +**: ...y ello aún sin poder describir *al detalle* la calificación jurídica que permitiría la práctica de tal diligencia. EME230895 **8 especificar +**: Este aspecto ha sido especificado *al detalle* tras constatar los técnicos de la UE que una mayoría abrumadora de pasajeros no reclama... EPE171099 **9 concretar +**: Los promotores no han concretado *al detalle* el número de viviendas, que oscilaría entre 45 y 50. LVE240696 **10 precisar +**: ...quien a continuación precisó *al detalle* los gastos e ingresos de 1998. EPE180399 **11 indicar:** En los tres días anotados en la documentación por los activistas se indica *al detalle* las calles por las que avanza el convoy policial... EPE161001 **12 desglosar:** ...esos 131.000 millones que Ruiz-Gallardón anunció ya no son sólo retórica, sino que aparecen desglosados *al detalle*. EPE130199 **13 aclarar:** ...explicaciones confusas, contradictorias y enmarañadas que es necesario aclarar *al detalle*. INDOC **14 anotar:** ...reveló a un precoz literato que anotaba *al detalle* sus vivencias, impresiones y obsesiones. LVE140795 **15 poner –**: ...con acuerdo en los principios filosóficos y fuertes discrepancias a la hora de poner todo eso *al detalle* y con cifras. EME100996

C VERBOS QUE DENOTAN PERCEPCIÓN, MUY FRECUENTEMENTE VISUAL. TAMBIÉN CON OTROS QUE EXPRESAN CONTROL, SUPERVISIÓN O VERIFICACIÓN: **16 observar +**: Puede que, arrastrado por su pasión, observe *al detalle* el estado de la clasificación, para recrearse o para preocuparse. EPE210299 **17 seguir ++**: Los principales medios (...) han anunciado una programación especial para seguir *al detalle* la jornada y el recuento de votos. ENH071100 **18 ver:** El encargado de la empresa visitó el herbario para ver *al detalle* la diferencia entre una planta y otra. EPE151299 **19 mirar:** Se están mirando al microscopio electrónico papeles, tintas, encuadernaciones y albaranes de transporte, vamos, todo *al detalle*. EME290594 **20 revisar +**: ...y revisan *al detalle* los requisitos que les catalogan como no residentes españoles. EME230696 **21 repasar +**: ...comprende tres párrafos que son repasados *al detalle* por dirigentes de los tres partidos. EDV040599 **22 cuidar +**: El directivo incluye un importante motivo añadido de atracción: «Existe mucha seguridad y las instalaciones se cuidan *al detalle*». EPE190499 **23 controlar +**: ...para detectar posibles irregularidades en las declaraciones fiscales, ya que es una manera de tener controlados *al detalle* la mayor parte de los gastos. EME230495 **24 gestionar –**: La selección española pasó con éxito en Córdoba otra página del libro de ruta que Lolo Sainz gestiona *al detalle* para alcanzar la meta del Europeo 97 el próximo verano... EME181296

D VERBOS QUE DENOTAN DISPOSICIÓN, ESTABLECIMIENTO U ORGANIZACIÓN DE ALGUNA COSA PARA UN FIN DETERMINADO: **25 planificar ++**: ...tras planificar su doble fuga *al detalle*, cayeron sin que en la Sierra de Collserola sonara un solo tiro. EPE181101 **26 planear ++**: Es un hombre que planea *al detalle* todas sus operaciones: cuando acudió a la famosa entrevista con Berlusconi... LVE110695 **27 preparar ++**: ...ha podido preparar *al detalle* esta cita complicada en la que los ciclistas deberán realizar quince vueltas a un circuito... LVE071096 **28 programar +**: Además de programarse *al detalle*, el plan debe ensayarse mediante simulacros. LVE070295 **29 prever +**: ...ya que «están previstos *al detalle* todos los conceptos de promoción, imagen, limpieza y circulación, para que esta zona sea un espacio atractivo y el motor del relanzamiento comercial». LVE031296 **30 diseñar:** ...y serán las encargadas de diseñar *al detalle*, mediante convenios con las universidades, el nuevo CCP... EPE081001 **31 confeccionar:** Juan Navarro Baldeweg tiene ocho meses para confeccionar el proyecto *al detalle*... EPE290700 **32 fijar:** ...que fija *al detalle* sus vivencias, impresiones y obsesiones. LVE140795 **33 pergeñar –**: «Carne Picada» estaba pergeñada *al detalle* para que los alemanes se tragaran el anzuelo. EME031196

E VERBOS QUE DENOTAN POSESIÓN DE CONOCIMIENTO: **34 conocer ++**: No conozco *al detalle* lo de Túnez, pero siempre existirá suficiente presión de la comunidad internacional. CAP280900 **35 saber +**: Saber tan *al detalle* los mecanismos íntimos que facilitan el que el microorganismo infecte a su objetivo quizá sirva para obtener fármacos nuevos... EME200696

F VERBOS QUE DENOTAN PLASMACIÓN, REPRESENTACIÓN O REPRODUCCIÓN DE ALGO, MÁS FRECUENTEMENTE A PARTIR DE UN MODELO PREVIO: **36 reproducir +**: ...ilustrado por dieciocho cuadros comentados y reproducidos *al detalle*, de los siglos XVI al XX... EME130796 **37 copiar +**: Un material esencial para copiar *al detalle* los billetes de 10 y 50 euros, objetivo de los copistas, al menos en esta etapa inicial. EPE270299 **38 retratar:** ...pero que demuestra la sensibilidad del actor para retratar *al detalle* conflictos de cariz intimista. LVE071195 **39 reflejar +**: ...donde quedará reflejado *al detalle* su perfil laboral, su experiencia profesional y toda su formación. EPE270799 **40 representar:** Aunque la biografía profesional está representada *al detalle* en esta muestra... ABC250394 **41 recrear +**: Estas dos espadas se suman a las dos gigantescas existentes en una plaza central de Bagdad, esgrimidas por unas manos que recrean *al detalle* las de Sadam Husein. EME211095 **42 ilustrar:** Podría decirse que el ascetismo de «Sculpture and Red Rocks» (...) ilustra *al detalle* los desolados paisajes del no menos universal poeta británico Thomas Stearns Elliot... ABC260894

G VERBOS QUE DESIGNAN ACCIONES O PROCESOS CUYO FIN ES LA RENOVACIÓN, REPARACIÓN O RECUPERACIÓN DE ALGO PERDIDO O DETERIORADO: **43 reconstruir +**: Cuando se reconstruyan *al detalle* las cuarenta y ocho horas –y los quince días– anteriores a la intervención de Banesto van a saltar chispas. EME030194 **44 restaurar:** Una vez que todos los restos descubiertos hayan sido catalogados, restaurados y analizados *al detalle*... EME141196 **45 recuperar:** Hoy ambos espacios han sido reconvertidos y habilitados para nuevas funciones, recuperando *al detalle*, y en ocasiones mejorando, su acabado y espíritu originales. LVE140696 **46 reescribir:** Retomó la historia de Jacob y la reescribió *al detalle*, con un lenguaje elegante y exigente que ha sabido mantener el traductor, Joan Parra. EPE160800 **47 revivir:** ...como si hubieran revivido su propio horror *al detalle* y lo hubiesen desvelado ante extraños. EPE061299

H VERBOS QUE DENOTAN ACATAMIENTO O CUMPLIMIENTO DE NORMAS, OBLIGACIONES O PRINCIPIOS: **48 cumplir:** ...que cuidó que la agenda de la señora Thatcher se cumpliera *al detalle*... LVE030195 **49 respetar:** ...y les prometió que se respetará *al detalle* el calendario para su admisión en el club europeo antes de que comience la revisión del tratado de Maastricht. EME310396

I OTROS VERBOS; POSIBLES USOS ESTILÍSTICOS: Pero no me negará que el cine ha servido, entre otras cosas, para mitificar *al detalle* esa mirada de dura que tanta fama le ha dado. LVE121096

☐ Véase también: **con detalle**.

al día ♦ **estar, llevar (algo), mantener(se), poner(se), seguir, tener, vivir**

aleatorio ♦ **acumulación, captación, casuística, clasificación, combinación, conjunto, control, distribución, elección, ensayo, estudio, factor, fluctuación, grabación, inspección, llamada, método, muestra, muestreo, número, ordenación, procedimiento, proceso, prueba, puntuación, recogida, reparto, repaso, resultado, revisión, selección, sistema, variante**

aleccionador *adj.* ▮ Se combina con sustantivos que designan informaciones, especialmente manifestaciones verbales o comunicativas *(pregunta, diálogo, palabra, explicación, testimonio, mensaje)* y con otros que se refieren a diversas obras a las que corresponde algún contenido, sea verbal o de otro tipo *(lectura, cuento, libro, pintura, cuadro, película, teatro)*. Se combina asimismo con los sustantivos *caso, hecho, acción, situación, suceso, oportunidad* y con otros análogos. Admite asimismo sustantivos temporales *(período, año, siglo)*. También se combina con...

A SUSTANTIVOS QUE DESIGNAN LO QUE SE HA VIVIDO O EXPERIMENTADO: **1 experiencia ++:** La última experiencia parece haber resultado tan *aleccionadora*, que en Argentina no resultará fácil resucitar el mito... HOY281283 **2 historia:** La imagen del «telón de acero» que cerraba el paso hacia el este de Europa (...) tiene su historia *aleccionadora*. LVE020396 **3 vivencia:** Así es como la experiencia negativa no se acalla y es por tanto retenida por la sociedad como vivencia *aleccionadora*... EME170294 **4 pasado:** Una vez más el pasado es *aleccionador*. EME200595

B SUSTANTIVOS QUE DESIGNAN LO QUE SE PRESENTA A LA VISTA, A MENUDO FIGURADAMENTE: **5 espectáculo +:** ...una campaña de moralización cuyo primer objetivo fue acabar con el poco *aleccionador* espectáculo de dirigentes comunistas gastando el dinero a manos llenas. EPE010889 **6 exposición:** Exposición *aleccionadora* para quienes aman y para quienes desconfían de la nueva pintura. ABC031293 **7 panorama +:** El panorama de América Latina es *aleccionador* en Perú, donde al triunfalismo gubernamental se sumó la intolerancia del Presidente... EXC180197

C SUSTANTIVOS QUE DENOTAN DATO O RESULTADO: **8 resultado +:** El resultado es intenso, *aleccionador* e inquietante. ABC200195 **9 efecto +:** ...una drástica subida de los tipos de interés, que tuvo un efecto inmediato y *aleccionador* sobre los inversores. INDOC **10 fracaso:** Un fracaso puede llegar a ser más *aleccionador* que un triunfo. INDOC **11 final:** ...obligaba a que todas las historias de robos y crímenes tuvieran un final moralmente *aleccionador*. GIC122096

D EL SUSTANTIVO *EJEMPLO* Y CON OTROS QUE DESIGNAN SIGNOS O SEÑALES QUE PERMITEN ILUSTRAR O DEMOSTRAR ALGUNA COSA: **12 ejemplo ++:** El trabajo honesto, todos saben de sobra, da derechos a la dignidad, constituye un ejemplo *aleccionador* en un medio social... LTB200197 **13 evidencia:** Pero, ¿cuán amplios son los datos que conocemos? Las evidencias son *aleccionadoras* en todas partes. INF010896 **14 prueba:** Es una prueba concluyente, además de *aleccionadora*, de que las coaliciones electorales no se pueden improvisar. INDOC

E SUSTANTIVOS QUE DESIGNAN RASGOS Y OTRAS CUALIDADES QUE CONFIEREN CARACTERÍSTICAS PARTICULARES Y DISTINTIVAS A LAS PERSONAS O LAS COSAS: **15 tono:** Tal vez radique en esta circunstancia el tono, no paternalista, sino decididamente *aleccionador* con que Zuloaga avisa y previene... ABC250394 **16 estilo:** El resultado conseguido llega a combinar, con acierto, estilos bien distintos, *aleccionadores* de una elogiable actividad a tener muy en cuenta. ABC261193 **17 carácter:** La película tiene un carácter *aleccionador* y moralizante... INDOC **18 sentido:** Hay sanciones que se espera tengan un sentido *aleccionador*, pero hay que tomar en cuenta el ímpetu de la juventud... HOY250385 **19 tufillo –:** Comedia social de tufillo *aleccionador* demasiado intenso. LVE250495

F SUSTANTIVOS QUE DENOTAN VOLUNTAD DE LLEVAR A CABO ALGUNA COSA: **20 propósito +:** ...casi todas las comedias de costumbres encierran algún propósito *aleccionador*. INDOC **21 pretensión:** ...no es de extrañar que quieran premiar relatos con pretensiones *aleccionadoras*. LVE300395 **22 intención:** ...los Caprichos –la primera de las series de estampas concebidas como un todo, como obra completa (...) y provista de una evidente intención crítica y *aleccionadora*–... EME110194 **23 afán:** El afán de búsqueda y renovación de Picasso fue *aleccionador* para casi todos los pintores de la segunda mitad del siglo XX. INDOC

G SUSTANTIVOS QUE DESIGNAN EL RESULTADO QUE SE OBTIENE DEL CONOCIMIENTO O EL ANÁLISIS DE ALGO: **24 lección:** Y la posible semifinal europea de Tel Aviv se viste bruscamente de colores indecisos (...). Una *aleccionadora* lección para los unos y para los otros. EME060394 **25 enseñanza +:** No nos cansaremos de aplaudir las *aleccionadoras* experiencias y enseñanzas dejadas por algunos proyectos realizados... LTB200197 **26 moraleja +:** ...película viva e interesante, sino fuera por la *aleccionadora* moraleja que quiere transmitir al espectador. INDOC

H OTROS SUSTANTIVOS; POSIBLES USOS ESTILÍSTICOS: ...una historia tópica de abogado que asesina a su mujer con la ayuda de su amante, resuelta con una pirueta del destino pretendidamente *aleccionadora*. LVE270895

alegación ♦ a favor, consistente, convincente, débil, en contra, endeble, en falso, firme, frágil, fundado, fundamentado, inconsistente, infundado, inobjetable, insostenible, irrebatible, objetable, rebatible, sólido, sostenible ♦ a la vista (de)[19] ♦ aceptar, admitir, apoyarse (en algo), argumentar, basarse (en algo), defender, desestimar, desmontar[10], exponer, formular[52], fundamentar (sobre algo), interponer, mantener, plantear, presentar, rebatir, rechazar, refutar, sostener, sustentarse (en algo/sobre algo)
☐ Véase también: **aducir, alusión, comentario, defensa, mención.**

alegar ♦ a favor[21], en contra, en falso[26] ♦ argumento, causa, circunstancia agravante, circunstancia atenuante, desconocimiento, ignorancia, indefensión, inocencia, motivo, problema, prueba

alegato ♦ a favor[34], apasionado, claro, contundente, convincente, duro, encendido, en contra, final, firme, fundado, infundado, rotundo, severo, tremendo, valiente ♦ formular[53], lanzar

alegrarse ♦ de todo corazón[12], de verdad, en el alma, enormemente, infinitamente[5], notablemente, sinceramente[14], un montón, vivamente

alegre ♦ asombrosamente, como unas castañuelas[1], felizmente, sumamente

alegría ♦ a raudales[39], borracho (de)[6], comprensible, contagioso, desbordante[1], desmedido[33], desmesurado[51], efímero[11], enorme, escaso, exultante (de), fugaz[46], generalizado, gozoso, gran(de), incontenible, indescriptible, infinito, inmenso, interior, irrefrenable, lleno (de), palpable, pletórico (de)[26], profundo, rebosante (de)[1], sumo[82] ♦ con, en señal (de)[25] ♦ arranque (de)[47], cara (de), demostración (de)[50], derroche (de), expresión (de)[33], grito (de), lágrima (de), manifestación (de), momento (de), motivo (de), toque (de) ♦ aguar(se)[32], ahogar(se)[21], apoderar(se)[31], brincar (de), brotar[16], causar[45], colmar (de)[2], compartir, constituir, contagiar, contener, cundir[34], dar[333], dar saltos (de), demostrar, deparar (a alguien), derrochar[1], desatar(se)[19], desbordar(se)[16], destapar[32], desvanecerse[54], devolver(le) (a alguien), dibujar(se), diluir(se)[34], disimular, embargar[22], empañar(se)[15], esconder, estallar (de)[1], experimentar, expresar, exteriorizar, extinguir(se)[41], insuflar, inundar (de), invadir (a alguien), inyectar, irradiar[4], llenar (de), llevar (a algo/a alguien), llorar (de), manifestar, mostrar, perder[27], prevalecer, provocar, rebosar[3], recobrar, recuperar, reflejar, reinar[16], representar, reventar (de)[8], rezumar[12], saborear[33], saltar (de), sembrar, sentir, suscitar, tener, teñir (de)[1], transmitir[11], traslucir(se)[59], truncar(se)[46], verter[48], vibrar (de)
☐ Véase también: **alborozadamente, alegrarse, alegre, dicha, euforia, felicidad, júbilo.**

ALEGRÍA
♦ (ADJETIVOS) Véase: **como unas castañuelas[A]**
♦ (SUSTANTIVOS) Véase: **acceso (de)[G], aguar(se)[F], ahogar(se)[C], amargo[F], apoderar(se)[E], arranque (de)[H], arrebato (de)[F], arrojar[I], brotar[C], celestial[B], colmar (de)[A], cundir[E], demostración (de)[J], desatar(se)[D], desmedido[D], despertar[D], destapar[G], destilar[D], desvanecerse[H], efímero[B], empañar(se)[C], enfriar(se)[A], en señal de[E], estallar (de)[A,C], expresión (de)[E], extinguir(se)[H], frenético[K], fugaz[G], pletórico (de)[F], rapto (de)[C], rebosante (de)[A], reinar[B], saborear[F], sumo[M], teñir (de)[A], transmitir[C], truncar(se)[G], unánime[K]**
♦ (VERBOS) Véase: **efusivamente[E], sinceramente[D]**
☐ Véase también: EXALTACIÓN; EXCITACIÓN; PLACER; SATISFACCIÓN.

alejamiento ♦ abrupto, cautelar[20], claro, creciente, definitivo, deliberado, evidente, forzado, inevitable, inminente, ostensible[61], paulatino, progresivo, temporal, voluntario ♦ medidas (de), período (de), proceso (de) ♦ conseguir, consumar(se)[50], decretar, evitar, producir(se), provocar
☐ Véase también: **alejar(se).**

alejar(se) ♦ a pasos agigantados[2], cautelarmente, considerablemente[93], en mucho[12], gradualmente[35], paulatinamente, poco a poco, por completo[84], progresivamente[38], temporalmente[17] ♦ amenaza, crisis, duda, fantasma, felicidad, inquietud, lugar, miedo, ocasión, oportunidad, peligro, posibilidad, preocupación, problema, riesgo, sentimiento, sospecha, sueño, temor, tristeza

alentar ♦ acuerdo, apoyo, conflicto, confrontación, creación, curiosidad, debate, desarrollo, diálogo, enfrentamiento, esperanza, ilusión, iniciativa, inversión, objeción, participación, proceso, protesta, sospecha

alerta ♦ extremo, general, preventivo[40], rojo ♦ en señal (de)[38] ♦ estado (de), grito (de), luz (de), señal (de), situación (de), toque (de)[2], voz (de) ♦ activar, dar[192], declarar, declararse, decretar[44], desactivar[38], extremar, intensificar, mantener(se) (en), permanecer (en), poner(se) (en), seguir (en)
☐ Véase también: **alarma.**

[alevosía] → **con alevosía**

alfabéticamente *adv.* ▮ Admite algunos verbos de indagación *(buscar alfabéticamente un dato)*, pero se combina más frecuentemente con...

A VERBOS QUE DENOTAN ORDENACIÓN O DESIGNAN OTRAS FORMAS DE DISPONER SISTEMÁTICAMENTE LAS INFORMACIONES: **1 ordenar ++**: ...incluye el vocabulario del pandillero: unas mil quinientas palabras ordenadas *alfabéticamente* y clasificadas de acuerdo con su categoría gramatical... LPN051297 **2 clasificar +**: Aquí los títulos están ordenados (...) por temas y dentro de ellos clasificados *alfabéticamente.* EME140396 **3 catalogar**: ...García de la Fuente analiza, catalogándolos *alfabéticamente*, los vocablos berceanos que tienen correspondencia directa con la Biblia latina. ABC170792 **4 organizar:**

...el autor lo ha organizado *alfabéticamente* en castellano en una lista que comprende todas las películas... EME220696 **5 colocar:** He colocado *alfabéticamente* los libros en la estantería. INDOC **6 disponer:** Todas y cada una de las fichas del archivo están dispuestas *alfabéticamente*. INDOC **7 recoger:** Concebido como libro diccionario, este volumen recoge *alfabéticamente* los nombres políticos de estos últimos veinte años. EME031295 **8 enumerar:** ...un improvisado muro de homenaje a las víctimas en el que se enumeran *alfabéticamente* sus 87 países de origen... EPE011201

□ Véase también: **cronológicamente**.

alfabético ♦ **búsqueda, catálogo, disposición, enumeración, índice, lista, orden, ordenación, relación**

[alfiler] → **ni un alfiler**

al filo (de) *loc.prep.* ▮ Forma la locución *al filo de lo imposible.* Se combina con sustantivos que denotan tiempo, frecuentemente expresiones de la hora *(medianoche, cuatro y media, milenio)*, y también con sustantivos que designan eventos a los que se concede cierta importancia *(presentación, elección, intervención)*. Admite ocasionalmente sustantivos que denotan expresan tipos de mensajes o textos, así como algunos de sus componentes o sus soportes *(obra, narración, frase, página)*. También se combina con...

A SUSTANTIVOS QUE DENOTAN SITUACIÓN O CIRCUNSTANCIA PELIGROSA O ADVERSA, A MENUDO DE FORMA METAFÓRICA: **1 abismo +:** Estamos justo *al filo* del abismo, si no estamos ya en el descenso. EXP011091 **2 precipicio +:** Empédocles, releído por Hölderlin, *al filo* del precipicio de la locura, sueña con revocar la historia de la creación... ABC010592 **3 crisis +:** Los siete días de paro de transporte en la capital colocaron *al filo* de una crisis económica al comercio formal... ESP140601 **4 bancarrota +:** Al filo de la bancarrota. El líder de Fuerza Italia considera que el país se encuentra a un paso de la «bancarrota»... EME270394 **5 miseria:** Los personajes: insobornables activistas de izquierda arrinconados por ambiciosos políticos profesionales, parados de exiguo subsidio, pensionistas *al filo* de la miseria, marginados y mendigos. EPE150499 **6 riesgo:** Un amplio colectivo de conductores circula *al filo* del riesgo rebasando consciente o inconscientemente el umbral de la velocidad adecuada. LVE050695 **7 desastre:** Tuvo que superar una eliminatoria contra el Kaiserslautern, que primero se puso en franquía con un 2-0 en el Camp Nou y después estuvo *al filo* del desastre... EPE080399 **8 fracaso:** Durante dos horas y media, el acuerdo estuvo *al filo* del fracaso... HOY140797 **9 muerte:** Tras la aparente simplicidad de una novela negra (...) podemos advertir una tragicomedia, la farsa de un hombre traicionado, *al filo* de la muerte. ABC021092 **10 infierno –:** ...se ha atrevido, al fin, a confesar a tumba abierta su gran verdad, la que le ha mantenido *al filo* del infierno desde hace 13 años. EME070196 **11 marginalidad:** ...una crónica agridulce del cotidiano discurrir de una serie de personajes, todos ellos *al filo* de la marginalidad... LVE260996

B SUSTANTIVOS QUE DESIGNAN ESTADOS MENTALES O ANÍMICOS, GENERALMENTE NEGATIVOS: **12 locura +:** El autor pasa por alto las circunstancias e insiste en la desesperación del protagonista, en su conciencia de hallarse *al filo* de la locura. ABC060893 **13 melancolía:** ...los elementos de una confesión personal, lejos de cualquier exhibicionismo, siempre *al filo* de la melancolía pero sin caer nunca en el melodrama... ABC291191 **14 aburrimiento:** La del bromista Rotenstein es, por decirlo así, una broma un tanto pesada, *al filo* del aburrimiento... LVE170995 **15 paranoia:** ...una reacción violenta que mostraba una fuerte suspicacia, casi *al filo* de la paranoia. INDOC

C SUSTANTIVOS QUE DESIGNAN LA LEY Y DIVERSAS DIRECTRICES ESTIPULADAS Y REGLAMENTADAS. POR EXTENSIÓN, TAMBIÉN CON OTROS QUE EXPRESAN LA CONDICIÓN DE AJUSTARSE A ELLA O LA DE EXCEDER A SUS LÍMITES: **16 ley +:** ...aclaró al juez que había sido una declaración irónica, y le explicó que la lucha antiterrorista a veces se desarrolla *al filo* de la ley. LVE121096 **17 norma:** Esta dificultad, según el poeta, la padecen con mayor intensidad personas, como Rui, que viven *al filo* de la norma. EME020596 **18 reglamento:** ...utilizó todo tipo de métodos, algunos *al filo* del reglamento y otros decididamente ilegales... CLA190199 **19 legalidad:** Tras varios años trabajando *al filo* de la legalidad, el sector ha recibido con satisfacción la llegada de la ley. EME051095 **20 ilegalidad –:** Son astutos, pacientes, arriesgados y actúan siempre *al filo* de la ilegalidad. EME190495

D LOS SUSTANTIVOS *NOTICIA* Y *ACTUALIDAD*: **21 noticia ++:** A pesar de asumir su condición de modesto, el Mérida quiere estar *al filo* de la noticia. EME010496 **22 actualidad:** ...no es un libro más, adocenado y vulgar, del ya frecuente género de los escritos *al filo* de la actualidad por políticos y periodistas... LVE230196

E OTROS SUSTANTIVOS; POSIBLES USOS ESTILÍSTICOS: ...intenta entablar un diálogo con el padre muerto durante su infancia *al filo* de «tropismos» constantes... EME230396; ...el mercado de trabajo y el mercado bursátil seguían siendo expresivos de una economía *al filo* del recalentamiento. EPE010799

□ Véase también: **al borde (de), al hilo (de)**.

al gallete ♦ **beber**

al garete ♦ **enviar, ir(se), mandar**

álgido *adj.* ▮ En el sentido de 'culminante o crítico', se combina con...

A EL SUSTANTIVO *PUNTO*. TAMBIÉN CON VARIOS SUSTANTIVOS QUE DESIGNAN INSTANTES O PERÍODOS: **1 punto ++:** Las vistas alcanzaron un punto *álgido* cuando Laboy dijo que las sucursales de Pueblo eran sometidas a una rigurosa inspección... END201097 **2 momento ++:** El hecho de que una tutela pueda intervenir en asuntos de orden público es supremamente riesgoso para el país, más en los *álgidos* momentos que estamos viviendo... ETC130996 **3 instante +:** ...en los instantes *álgidos* de la independenciaa y consecuente partición de Pakistán, Mountbatten se cuadra como una escultura majestuosa... ABC071094 **4 época +:** El central del Real Madrid ha gustado siempre al histórico club transalpino, desde su época *álgida* en la Quinta del Buitre. EME310596 **5 año +:** Los gestores del BBV parecen haber estado invirtiendo masivamente en los años *álgidos* del ciclo inmobiliario... EME110795 **6 mes +:** En los meses *álgidos* y dramáticos de la crisis... EME281296 **7 fase +:** ...la investigación (...) en torno a lo que se ha venido en denominar «la trama Intelhorce» está a punto de alcanzar su fase más *álgida*. EME110995 **8 jornada:** ...después de una jornada *álgida*. EME251095 **9 etapa:** ...ha puesto una condición: que le acompañe el preparador físico José Angel Franganillo, colaborador suyo en la etapa *álgida* del Deportivo. EME230196 **10 período:** ...el período *álgido* de nuestra «edad conflictiva». ABC031293 **11 tiempo:** Consagró Iradier, con estos viajes, las posesiones españolas en el golfo de Guinea, coincidiendo con los tiempos *álgidos* del colonialismo europeo... ABC150794 **12 ciclo:** ...dan a entender que asumen la idea alemana de que el 3 de déficit público sólo será una cifra de referencia permitida en épocas bajas del ciclo económico, ya que cuando éste sea *álgido*... LVE021095

B SUSTANTIVOS QUE DENOTAN MATERIA O ASUNTO, PARTICULARMENTE SI SE TRATA DE UNA SITUACIÓN PROBLEMÁTICA O POLÉMICA: **13 tema +:** ...la artillería pesada de los periódicos rivales le apuntaban cuestionando los resultados de las notas sobre un tema por demás *álgido* y complejo. LTB201196 **14 problema +:** ...precisamente el ingente esfuerzo realizado para conciliar y solucionar lo más razonablemente posible el *álgido* problema de la deuda interna... ACP141196 **15 debate:** El debate en torno a la evacuación de Hebrón resultó todavía más *álgido*... EME020596 **16 disputa:** Un gran mérito del libro de Cervantes es el de mostrar (...) el lugar crucial que se le daba tanto en las discusiones sobre religiones no cristianas como en las *álgidas* disputas en torno a cómo combatirlas. ABC021294 **17 apuro:** Pasados los apuros más *álgidos* del sureste asiático, Rusia o Brasil, las buenas intenciones reformistas se han quedado en sólo eso. EPE191299 **18 contrapunto:** De grana y oro iba el matador de Alicante, que puso el contrapunto *álgido* y sublime del toreo de siempre... EME150896

C SUSTANTIVOS QUE DESIGNAN SECCIONES O ÁREAS: **19 sector:** ...no parece que en estos últimos años el independentismo a palo seco haya crecido entre catalanes y vascos, para citar los sectores *álgidos*... LVE011195 **20 tramo:** La prensa estadounidense califica de hecho sin precedentes que un inquilino de la Casa Blanca «desaparezca» del país en el tramo *álgido* de las legislativas. LVE241094 **21 zona:** Se trata de un establecimiento de ámbito moderno situado en una zona *álgida* de Girona... LVE280595 **22 nivel:** El problema de las carteras vencidas llegó a niveles *álgidos* y el crédito prácticamente se desplomó... EXC300896

D OTROS SUSTANTIVOS; POSIBLES USOS CRUZADOS: ...no hubiera experimentado tan *álgido* crecimiento. [Cf. *vertiginoso*] EME230494; El equipo no está *álgido*. [Cf. *en plena forma*] EME191196; ...el patrimonio en juego es *álgido* y vital: el agua. [Cf. *primordial*] LTB050497

☐ Véase también: **crucial**.

[algodón] → entre algodones

al hilo (de)

loc.prep. ▮ Aunque es uso poco frecuente, con el sentido de 'al filo de' o 'muy poco antes o después de' se combina con algunos sustantivos de tiempo *(medianoche, madrugada, las doce)*. Con el sentido de 'a propósito de' o 'en relación con' se combina a menudo con sustantivos que denotan trabajo o actuación *(actuación, acción, realización, trabajo)*, decisión o acuerdo *(decisión, resolución, acuerdo, aprobación)*, plan *(plan, proyecto, programa)*, evento, más frecuentemente reunión *(reunión, encuentro, evento, congreso)*, y también con otros que designan diversos textos *(documento, comunicado, informe, nota, carta)*. Además se combina con...

A SUSTANTIVOS QUE DENOTAN CONVERSACIÓN O DEBATE. TAMBIÉN CON ALGUNOS QUE DESIGNAN OTRAS FORMAS DE INTERCAMBIO DE OPINIONES O INFORMACIONES: **1 conversación ++:** Al hilo de las conversaciones, entrevistadora y entrevistado van tejiendo una poderosa red de sugerentes referencias... ABC151093 **2 debate +:** ...a favor de que (...) anunciara el adelanto de las elecciones *al hilo* del debate de política general en el Parlamento... EPE230900 **3 polémica +:** Al hilo de la polémica suscitada, (...) lamentó que «(...) estén imponiéndonos su agenda...». LVE201096 **4 entrevista:** Al hilo de su entrevista (...) se le preguntó (...) por los pactos... EPE170799 **5 controversia:** ...*al hilo* de la controversia creada por la Carta del Consejo (...) sostiene «...se cumple con creces». EPE190999 **6 discusión:** Al hilo de esta discusión, los ministros de la UE aceptaron la necesidad de recortar capturas al haber especies en peligro... EME151096

B SUSTANTIVOS QUE DESIGNAN OTRAS MANIFESTACIONES VERBALES O COMUNICATIVAS, MÁS FRECUENTEMENTE SI EXPRESAN OPINIONES O PUNTOS DE VISTA: **7 pregunta +:** Quería hacer alguna reflexión *al hilo* de esta pregunta, como simple ciudadano. LVE150195 **8 palabra +:** ...sin olvidar las huellas de una canción de Milanés, *al hilo* de las palabras de Allende («Yo volveré a Valencia en primavera/ y morderé esa fruta en pleno día»). ABC281094 **9 discurso:** Además, «todo escritor es un crítico frustrado», comentó socarrón *al hilo* del discurso de Ferrero... EME091196 **10 declaración +:** ...indicó *al hilo* de estas declaraciones que el Gobierno estadounidense no ofrecerá ninguna nueva concesión a Corea del Norte... LRE090103 **11 opinión:** ...*al hilo* de sus opiniones y orientaciones, van configurando diversas lecciones en forma de sesiones sobre el misterio del arte de la narración. LVE131296 **12 afirmación:** Al hilo de esta afirmación, concluye que «es imposible que en el Ministerio del Interior se organizasen secuestros y asesinatos...». LVE040995 **13 comentario:** ...indicó *al hilo* de estos comentarios que «es una pena que (...) no se pueda mantener esta situación por falta de medios humanos». EME311296 **14 explicación:** Al hilo de esta explicación, recordó su reciente intervención en el Senado... LVE120495

C EL SUSTANTIVO *ACTUALIDAD* Y CON OTROS QUE SE REFIEREN A EVENTOS O ESTADOS DE COSAS, CASI SIEMPRE PRESENTES, INMEDIATOS O RECIENTES: **15 actualidad ++:** Los programas en directo se hacen *al hilo* de la actualidad... LVE250195 **16 acontecimiento ++:** ...construye su «comentario» como una crónica *al hilo* de los acontecimientos. ABC230695 **17 situación:** Viene este preámbulo *al hilo* de mi situación actual. LVE180795 **18 incidente:** Esta decisión (...) fue anunciada ayer en un comunicado de prensa difundido *al hilo* de un incidente ocurrido... LVE250295 **19 caso:** ...esta proposición no de ley surge *al hilo* de casos recientes de abusos sexuales... EME271196

D SUSTANTIVOS QUE DENOTAN PENSAMIENTO O REFLEXIÓN. TAMBIÉN CON ALGUNOS QUE DESIGNAN OTROS RESULTADOS, VERBALES O NO, DE LA ACTIVIDAD MENTAL: **20 pensamiento +:** ...comentarios jugosos que iba desgranando *al hilo* de sus pensamientos. INDOC **21 reflexión +:** Aquí y allá, *al hilo* de la reflexión filosófica, el autor deja caer sus recuerdos del Madrid de los años treinta. ABC040693 **22 interpretación +:** ...*al hilo* de una interpretación jurídica tan defendible como la contraria, se ha movilizado el fiscal general... EME090495 **23 consideración:** Al hilo de las consideraciones que acabo de transcribir, esta semana se ha hecho público un acontecimiento revelador. LVE030995 **24 idea:** ...declaró *al hilo* de esta idea: «El resultado es muy importante porque hay que enmarcarlo en el contexto de que Barcelona es la capital de Cataluña». EPE150599

E SUSTANTIVOS QUE DENOTAN BÚSQUEDA O ANÁLISIS DE ALGO. TAMBIÉN CON OTROS QUE EXPRESAN EL RESULTADO DE ESAS INDAGACIONES: **25 investigación +:** ...*al hilo* de las investigaciones realizadas (...) se detectó el posible fraude ahora confirmado. LVG231191 **26 pesquisa:** El sumario fue reabierto (...) para que se investigue su financiación *al hilo* de las pesquisas que se realizan en otros sumarios... EME020995 **27 estudio:** ...creo que es oportuno un puesta al día de su situación *al hilo* de este estudio... LVE080796

F SUSTANTIVOS QUE DESIGNAN OTRAS UNIDADES DE INFORMACIÓN: **28 información +:** La intervención (...) se produjo *al hilo* de una información del diario... EPE061199 **29 noticia +:** Estas reflexiones surgen *al hilo* de dos noticias recientes que me parecen muy significativas... LVE170696 **30 historia:** Al hilo de esa historia (...) se queda con «la capacidad de ensoñación de las personas». LVE311096 **31 dato:** Al hilo de estos datos, se están lanzando las campanas al vuelo... LVE090195 **32 resultado:** ...efectuó esta reflexión *al hilo* de los resultados de un sondeo... LVE101095 **33 cifra:** Al hilo de estas cifras (...) alerta sobre la delicada situación financiera del ente... EPE301299

G SUSTANTIVOS QUE DENOTAN PROCESO EN CURSO. TAMBIÉN CON OTROS QUE EXPRESAN ALGUNA MODIFICACIÓN EN EL ESTADO DE LAS PERSONAS O LAS COSAS, MÁS FRECUENTEMENTE SI IMPLICAN PROGRESO O MEJORÍA: **34 cambio +:** ...la idea misma de un festival ha ido evolucionando *al hilo* de los cambios producidos en nuestra sociedad. ABC190692 **35 proceso +:** ...los jueces (...) son conscientes del daño que hacen a la justicia y a la democracia *al hilo* de este proceso en el que varios han delinquido. EPD040997 **36 desarrollo:** Marx redactó «Las luchas de clases en Francia de 1848 a 1850» y «El dieciocho brumario de Luis Bonaparte» (...) casi *al hilo* de su desarrollo... ABC311292 **37 evolución:** ...*al hilo* de la evolución darwiniana, adjudica a los genes un protagonismo esencial en el devenir de las especies. EME050395 **38 transición:** ...analiza la historia del periódico y su impacto social *al hilo* de la transición política española. EPE031299

H OTROS SUSTANTIVOS; POSIBLES USOS ESTILÍSTICOS: Al hilo del aliento poético que Lluís Pasqual busca, indaga y revela en cada acto de creación... EME010496; ...*al hilo* de nuestro cazaballenas, me inclino a jugar con otros personajes... EME010795

☐ Véase también: **al filo (de).**

aliado ♦ **antiguo, circunstancial, clave, de conveniencia, electoral, firme, incondicional, militar, natural, político, principal, sincero, tradicional**

alianza ♦ **bilateral, coyuntural[22], cultural, débil, económico, electoral, endeble, en vigor, estratégico, estrecho[41], férreo[113], firme, formal, frágil, incondicional[34], militar, multilateral, oculto, oficial, opositor, perfecto[4], perpetuo, político, productivo, secreto, sólido, temporal** ♦ **en punto muerto[9]** ♦ **miembro (de), política (de)** ♦ **adherirse (a)[11], armar(se)[39], blindar[4], buscar, cimentar[7], concertar[9], concretar(se), conformar, consensuar, consolidar, constituir, consumar(se)[60], cuajar[18], desestabilizar, deshacer(se), desmantelar[37], desmentir[33], enredar(se) (en)[17], entablar[4], establecer[19], estrechar[34], firmar[4], fomentar, forjar[11], formalizar, formar, formar parte (de), fortalecer, fraguar(se)[5], instaurar[34], llevar a cabo, mantener, participar (en), perfilar[11], perseguir, promover, realizar, rescindir, revalidar[53], romper, sellar[4], socavar[71], suscribir, tejer[18], trabar[16], venirse (abajo), violar**

☐ Véase también: **compromiso, convenio, pacto.**

aliento ▮ *(respiración)* ♦ **enrarecido, fétido, jadeante, mal(o), repulsivo, último** ♦ **cobrar, cortar[50], echar, entrecortar(se)[7], exhalar, faltar, oler, perder[21], recobrar, recuperar, tomar**

▮ *(estímulo, energía)* ♦ **caluroso, estimulante** ♦ **mensaje (de), palabras (de), soplo (de)[3]** ♦ **dar[32], imprimir[13], insuflar[2], transmitir**

☐ Véase también: **adhesión, apoyo, ayuda, estímulo, hálito (de), impulso, soplo (de).**

aligerar *v.* ▮ Se combina con sustantivos que designan lugares y objetos físicos *(aligerar un coche)*, así como ciertas materias *(aligerar el vino)*. Conforma las expresiones lexicalizadas *aligerar el bolsillo* (aproximadamente, 'gastar dinero') y *aligerar la conciencia* ('descargarla, a menudo como resultado de alguna confesión'). Se combina también con sustantivos que designan textos y diversos productos de la expresión verbal, generalmente artística *(narración, relato, pasaje, discurso, novela: Una novela demasiado larga y densa; habría que aligerarla un poco)* y también con otros que designan cuanto permite describir o representar algo *(película, partitura, disco, escultura, friso)*. Se combina asimismo con...

A SUSTANTIVOS QUE DENOTAN CARGA O PESO, FRECUENTEMENTE EN SENTIDO METAFÓRICO. TAMBIÉN CON OTROS QUE DESIGNAN LA FUERZA QUE EJERCEN, FÍSICA O FIGURADAMENTE, SOBRE ALGO: **1 carga ++:** Y en los intereses que tiene que pagar el gobierno para captar financiamiento en pesos hay una reducción importante que *aligera* la carga de todos. EXC211096 **2 peso ++:** ...se comprometió a llevar a cabo el «impulso autonómico» *aligerando* «el peso de la Administración Central en las comunidades históricas». EME120294 **3 presión ++:** La Cosa Nostra decidió atentar contra valiosos tesoros del país a fin de que el Estado *aligerara* la presión sobre la mafia. LVE011296 **4 lastre:** Además, la enfermería comienza a *aligerar* lastre y jugadores básicos como Luis Enrique vuelven a entrar en las convocatorias. EME190294 **5 sobrecarga +:** El pase del Generalísimo a la sanidad pública *aligeraría* la sobrecarga asistencial que soporta el Clínico... EPE131101 **6 bagaje:** Aligerar el bagaje ideológico de algunos principios ajenos al socialismo que se han ido añadiendo al albur de las circunstancias... EME180394 **7 equipaje +:** El nivel 330 pesa mucho y es mejor que el Indice General *aligere* su equipaje. EME260196 **8 tensión +:** ...una que otra tonada para *aligerar* la tensión que se acumula en la fase final de preparación de un nuevo disco. ENV110796

B SUSTANTIVOS QUE DESIGNAN MAGNITUDES ECONÓMICAS QUE SE INTERPRETAN FIGURADAMENTE COMO CARGAS: **9 deuda ++:** Por consiguiente, es fundamental *aligerar* la deuda para *aligerar* la epidemia. EPE020700 **10 déficit +:** ...una bajada de los mismos, debe amortiguar la pesada carga financiera y *aligerar* el déficit público. LVE110896 **11 coste +:** Por eso, hemos decidido acordar medidas que sirven para *aligerar* los costes... EME260496 **12 factura:** Pero existen algunos pequeños trucos que le ayudarán a *aligerar* la factura de la boda. EME240396 **13 presupuesto:** Congelar los sueldos de los servidores públicos *aligera* el presupuesto... LVE101096 **14 impuesto:** Balladur en el campo económico anunció una reforma fiscal para «simplificar y *aligerar*» el impuesto sobre la renta... LVE140295 **15 gasto:** ...millones de pesetas, lo que contribuye a *aligerar* sus gastos financieros y, por tanto, a mejorar el déficit final. LVE261096

C SUSTANTIVOS QUE DENOTAN LABOR. TAMBIÉN CON OTROS QUE DESIGNAN EL CONJUNTO DE TAREAS QUE SE ASOCIAN CON EL CURSO DE ALGÚN PROCESO: **16 trabajo +:** ...utilizó robots para separar e identificar fragmentos de ADN de forma automática para *aligerar* el trabajo rutinario de los biólogos... EME051095 **17 trámite +:** ...en muchos casos fueron agrupadas por lotes para *aligerar* un trámite que de otra forma se convertiría en una interminable tortura... EPE141299 **18 tramitación +:** Modificaciones de derecho procesal, con reformas de la Ley de Enjuiciamiento Criminal para *aligerar* la tramitación de los juicios. EPD300997 **19 proceso +:** De todas formas se anda trabajando en base a tratar de *aligerar* el proceso de entrega. EUV060499 **20 procedimiento:** Vamos a hacer todo lo que esté en nuestra mano para *aligerar* los procedimientos penales que tienen que ver con el delito fiscal. EME270395 **21 gestión:** Esta central haría llegar los productos a cada librería, *aligerando* así su gestión. LVE170296 **22 labor:** ...visitó las regiones afectadas y declaró (...) que en cuestión de horas se formaría una comisión para *aligerar* las labores de rescate... LVE200895 **23 tarea +:** ...la cocaína se utiliza en trabajos que requieren un sobreesfuerzo intelectual, la heroína es útil para *aligerar* las tareas físicas... EME290594

D SUSTANTIVOS QUE DENOTAN CIRCULACIÓN Y OTROS TIPOS DE MOVIMIENTO. TAMBIÉN CON OTROS QUE DESIGNAN LA CADENCIA QUE LOS CARACTERIZA: **24 tráfico +:** ...los camiones y autobuses disponen de rebajas en los peajes, lo que ha permitido *aligerar* el tráfico en la nacional. EPE280299 **25 tránsito +:** El canal de Vehículos de Alta Ocupación, VAO, para *aligerar* el tránsito en la autopista Prados del Este... EUV070497 **26 circulación +:** En este último punto, la cercanía de la M-40 y la construcción de un paso subterráneo han *aligerado* la circulación. EME180396 **27 paso ++:** En la distancia se ven dos jóvenes de unos veinte años de edad que *aligeran* el paso tras haber logrado cruzar a Nuevo México. EME200795 **28 tranco –:** ...se le escapa un trotecillo, y se da azotes en las nalgas, para *aligerar* el tranco. EPE020685

E SUSTANTIVOS QUE DENOTAN ESTRUCTURA. TAMBIÉN CON ALGUNOS QUE DESIGNAN OTRAS FORMAS DE PRESENTARSE ALGÚN CONJUNTO ORDENADO DE ELEMENTOS, ASÍ COMO LAS MISMAS UNIDADES COMPUESTAS ASÍ CONSTITUIDAS: **29 estructura ++:** Otro aspecto destacado del debate ha sido el referido a la necesidad de reformar el marco institucional para *aligerar* las estructuras de la política administrativa. EME170494 **30 plantilla ++:** ...esta entidad está llevando a cabo «una regulación de empleo encubierta» y una «reconversión fraudulenta» para *aligerar* la plantilla. LVE150596 **31 sistema:** ...Europa está necesitada de reformas orientadas a simplificar y *aligerar* esos sistemas... EME140996 **32 programación:** ...La intención de esta edición es redefinir los espacios y los escenarios, así como *aligerar* una programación que no deseábamos... EPE180799 **33 organización:** Por otro lado, hemos *aligerado* también la organización. EPEANUA98 **34 conjunto:** ...unas molduras que cortan horizontalmente todos los parámetros, contribuyen a *aligerar* el conjunto del estribo. EPE110999 **35 lista:** ...pero insistieron a cambio en la necesidad de *aligerar* la lista de productos prohibidos. EPE020288 **36 agenda:** La agenda de la conferencia intergubernamental va a estar sobrecargada, pero no parece fácil *aligerarla*... LVE180695 **37 burocracia:** Los nicaragüenses le quedaron eternamente agradecidos por pedir a su Gobierno que *aligere* en lo posible la interminable burocracia de este país. EME190295

F SUSTANTIVOS QUE DENOTAN CASTIGO O IMPOSICIÓN. TAMBIÉN CON ALGUNOS QUE DESIGNAN OTRAS MEDIDAS DE CARÁCTER COERCITIVO O RESTRICTIVO: **38 restricción +:** Pero la concesión brasileña, este miércoles, de *aligerar* esas restricciones... DLA040497 **39 sanción +:** El año pasado, la ONU *aligeró* las sanciones al permitir a los ciudadanos de Serbia y Montenegro participar... LVE160295 **40 condena +:** Esos intereses son los que, según todas las evidencias, están empujando para *aligerar* las condenas que necesariamente caerán sobre Raúl... PME090297 **41 castigo +:** ...el bloqueo comercial es un castigo demasiado duro que había que pensar en *aligerar* progresivamente. INDOC **42 obligación:** Aligeró las obligaciones excesivas del Estado propietario –pero no impidió las privatizaciones entre compadres...–. EPE261199 **43 tutela:** ...da la impresión de estar dispuesto a *aligerar* su tutela sobre Líbano... EPE050900 **44 intervencionismo:** Y dio como receta original la de «*aligerar* el intervencionismo estatal», ya que, dijo, «si el Gobierno devuelve el poder a los individuos, al final la ley acaba extirpando a los corruptos». EPE271001 **45 embargo:** La comunidad internacional premió a Milosevic *aligerando* el embargo decretado por las Naciones Unidas... LVE010995 **46 bloqueo:** ...han decidido *aligerar* el bloqueo de los territorios a causa del creciente deterioro económico de los palestinos. LVE170796 **47 cautiverio:** ...ingresadas a la residencia como regalo a los rehenes para que pudieran *aligerar* el cautiverio. CLA240497 **48 veto –:** ...Bruselas pretende *aligerar* el veto de exportar que desde el 27 de marzo pesa sobre la carne y los productos derivados del vacuno... LVE090596

G SUSTANTIVOS QUE DENOTAN DIFICULTAD U OBSTÁCULO: **49 inconveniente:** Debido a todo ello, el Gobierno alemán está dispuesto a *aligerar* los inconvenientes de las leyes en vigor... ABC081093 **50 problema:** Un segundo aeropuerto en Madrid puede *aligerar* los problemas de Barajas. LVE041296 **51 obstáculo:** ...los medios hablan de un proyecto en marcha para endurecer las penas y *aligerar* los obstáculos legales en la lucha contra los violentos. DLA250797 **52 cuesta:** ...en aquella aula se respiraba un frescor que se llevaban los asistentes, para *aligerarles* la empinada cuesta hacia un parco almuerzo. ABC221191

H SUSTANTIVOS QUE DESIGNAN ESTADOS DE ADVERSIDAD O DE AFLICCIÓN, MÁS FRECUENTEMENTE SI SON ANÍMICOS Y SE RELACIONAN CON LA INCERTIDUMBRE, LA DESAZÓN O EL SUFRIMIENTO: **53 dolor +:** Las manipulaciones suaves en la cara *aligeran* el dolor de cabeza... LVE270896 **54 preocupación +:** Esta preocupación puede verse, no obstante, *aligerada* por el aumento de las inversiones... ABC060195 **55 sentimiento:** ...pueden llevar a hacernos creer que nos hallamos ante el relato ligero de sentimientos asimismo *aligerados* de la nueva generación argentina. LVE030596 **56 desesperación:** ...no hizo otra cosa que tratar de *aligerar* su desesperación central a través de la literatura... EME290696 **57 nervios:** ...tampoco muchas porque se improvisaron diversas charlas y tertulias para *aligerar* unos nervios a flor de piel. LVE270296 **58 incertidumbre:** ...ya que *aligerará* las incertidumbres sobre los tipos de cambio... EME160995 **59 aburrimiento:** A lo mejor tampoco se ríe, pero se toma como una broma que produce una leve sonrisa, *aligera* el aburrimiento... LVE240895

I SUSTANTIVOS QUE DESIGNAN DIVERSAS PROPIEDADES Y CARACTERÍSTICAS DE LAS PERSONAS O LAS COSAS QUE SE INTERPRETAN COMO INADECUADAS O EXCESIVAS EN RELACIÓN CON ALGÚN PROPÓSITO: **60 seriedad:** ...contradicción que se repetía en su rostro, cuya seriedad era *aligerada* por sus ojos un poco guiñados... ABC090695 **61 densidad:** ...no consiguen *aligerar* la excesiva densidad discursiva de la propuesta que parte, tal vez, de un error de enfoque. LVE130795 **62 dureza:** La nueva situación creada por la tregua de ETA ofrece un marco favorable para *aligerar* esa dureza sin vulnerar la legalidad. EPE050199 **63 aridez:** ...junto a la solvencia científica hay como un intento de *aligerar* la aridez de la materia con la amenidad expositiva... EPE260199 **64 pesantez:** El Gobierno ha proclamado que no piensa *aligerarme* de la ominosa pesantez y que me deja sumido en los cojines con el dedo flojo... LVE290996 **65 virulencia:** ...aunque sólo es la mirada crítica la que *aligera* su virulencia... EPE020888 **66 sordidez:** «¡Gol de Españaaa!», que iluminó los corazones y *aligeró* la sordidez ambiental. EPE020686

J SUSTANTIVOS QUE DESIGNAN OTROS RASGOS O CARACTERÍSTICAS DE LAS COSAS, MÁS FRECUENTEMENTE SI SON MANIFIESTOS: **67 tono +:** ...más algunos fragmentos prosificados, puede que para *aligerar* el tono salmódico del verso. EME091196 **68 tinte:** Ello, con ser encomiable, apenas *aligeró* de tintes sombríos una tarde tenebrosa, cuya mala sombra comenzó en el reconocimiento. EME240595 **69 connotación:** Un patriotismo constitucional *aligerado* de connotaciones polémicas... EPE191101 **70 aspecto:** En particular, ha *aligerado* el aspecto opresivo que algunos habían apreciado en el claustro. EPE171099

K OTROS SUSTANTIVOS; POSIBLES USOS ESTILÍSTICOS: Con el permiso, cambio de tonada para *aligerar* mis neuronas. LVE200795

☐ Véase también: **aliviar, aminorar.**

alijo (de) ♦ **arma, cocaína, contrabando, dinero negro, droga, explosivo, hachís, joya, tabaco**

alimentar *v.* **I** Se combina con sustantivos que designan seres vivos *(niño, animal, planta).* También lo hace con los sustantivos *fuego, luz* y con otros que designan fuentes de energía. Admite asimismo sustantivos que designan máquinas o dispositivos que requieren alguna fuente externa para funcionar apropiadamente *(ordenador, batería, circuito),* y otros que designan organizaciones, agrupaciones o instituciones, generalmente comerciales, que tienen alguna presencia en la sociedad *(alimentar el mercado, el sector, los departamentos de producción).* En el sentido de 'fomentar', se combina con sustantivos que designan ciertas actitudes que es posible atribuir a los individuos, más frecuentemente si hacen referencia a la excesiva afirmación de su personalidad o sus intereses *(alimentar el ego, la vanidad, la soberbia).* También se combina con...

A SUSTANTIVOS QUE DENOTAN ACTITUD POSITIVA HACIA EL FUTURO, MÁS FRECUENTEMENTE SI EXPRESAN LO QUE SE DESEA O AQUELLO A LO QUE SE ASPIRA DE MANERA VEHEMENTE O PERSISTENTE: **1 esperanza ++:** Con 3-0 aún *alimentaba* alguna esperanza, pero con el 4-0 ya no había nada que hacer. LVE190594 **2 expectativa ++:** ...*alimentan* las expectativas de otros candidatos a ocupar el sillón de Fernando de la Rúa. CLA190199 **3 ilusión +:** A los visitantes el punto les venía bien para seguir *alimentando* la ilusión de la UEFA. CLA280199 **4 deseo +:** Esta contradicción, difícil de explicar y mucho más de entender, es un combustible que *alimenta* los deseos de rebelión de las clases medias y de los trabajadores en general. EUV210197 **5 gana:** Lo único que nos queda es seguir adelante, ya que los resultados positivos siempre van *alimentando* las ganas de seguir avanzando en cualquier competencia. LEC060597 **6 ambición:** ...esos mismos caminos casi enmoquetados de los que se sirvieron Crepaldi y Aiarzaguena para *alimentar* su ambición de triunfo, sirvieron para que... EME120996 **7 aspiración:** ...con ello *alimenta* sus aspiraciones de éxito en este Europeo... EME260596 **8 sueño +:** Aparte de *alimentar* sus sueños de «grandeur», Francia apuesta por seguir controlando al continente negro por motivos económicos. EME110796 **9 anhelo:** Llevaba *alimentando* su anhelo desde los siete años, cuando juró a sus padres, humildes trabajadores del campo, que iba a ser jugador. EPE031199 **10 propósito:** Para no *alimentar* propósitos comerciales, el científico estadounidense Richard Seed anunció que se iba a clonar a sí mismo. CLA220199 **11 pasión:** Este último ha puesto en guardia a los «camaradas y ciudadanos» contra todo argumento susceptible de *alimentar* la pasión nacionalista en la apertura de la campaña electoral. EPE020289 **12 augurio −:** La llegada del parte de víctimas *alimenta* los sombríos augurios de los más escépticos. EME280595

B SUSTANTIVOS QUE DENOTAN CONFRONTACIÓN DE OPINIONES O INTERESES. TAMBIÉN CON ALGUNOS QUE

DESIGNAN LAS MANIFESTACIONES FORMALES DE ESE DESACUERDO Y CON OTROS QUE EXPRESAN ACTITUD HOSTIL ANTE ALGO: **13** **polémica** ++: No deseo *alimentar* una polémica que no existe. EME180996 **14** **discusión** +: El desempeño de los argentinos en las últimas olimpíadas *alimentó* la discusión sobre si el Estado debe destinar recursos al desarrollo de deportistas de alto rendimiento o a la actividad física comunitaria. CLA091000 **15** **controversia** +: El propio Chávez *alimentó* la controversia cuando, en la rueda de prensa previa dijo... SEM301000 **16** **discrepancia** +: La política de Ankara *alimenta* las discrepancias entre la Comisión Europea y el Parlamento Europeo... LVE151096 **17** **debate** +: La fiebre aftosa *alimenta* debate sobre agricultura intensiva en Europa. EPU040301 **18** **diálogo** +: Conviene subrayar una dificultad suplementaria que, sin duda, *alimentaría* el diálogo en estas conversaciones... EPE210677 **19** **amenaza:** ...la política que tenía para la zona la comunidad internacional (...) era (según se piensa en Kigali) la de mantener y *alimentar* la amenaza... LVE091296 **20** **discordia:** Pero ocurre que el conflicto número uno de la zona, el más intratable y el que más ha *alimentado* la discordia interior y exterior (...) parece hoy, claramente, en vías de superación. LVE210196 **21** **protesta:** Agustín Moreno afirmó que se dirigirán a los parlamentarios y a otras fuerzas sindicales para *alimentar* la protesta. LVE230796 **22** **oposición:** Las expectativas sociales que entonces generó *alimentan* ahora la oposición sindical contra la reforma del sistema de la Seguridad Social. LVE251195 **23** **querella:** El maximalismo del Partido Comunista y la moderación del Partido Socialista, elementos que están *alimentando* las querellas entre los dos grandes de la izquierda... EPE130977

C SUSTANTIVOS QUE DENOTAN ENFRENTAMIENTO EN DIVERSOS GRADOS, MUY FRECUENTEMENTE CON AGRESIVIDAD O VIOLENCIA. POR EXTENSIÓN, TAMBIÉN CON OTROS QUE EXPRESAN SUBLEVACIÓN O LEVANTAMIENTO: **24** **enfrentamiento** +: ...las Fuerzas de Seguridad pierden el tiempo (...) y dan argumentos a quienes *alimentan* el enfrentamiento Euskadi-Estado. EME050194 **25** **confrontación:** ...recomendó a los socialistas que no sigan *alimentando* «la confrontación territorial»... LVE231196 **26** **pelea:** La Junta utiliza esas medidas como escudo para *alimentar* una pelea con el Gobierno ahora que no es socialista. EPE230299 **27** **batalla:** «La sangre de Amadou *alimentará* la batalla por la justicia de todos los pueblos del mundo», dijo Kaidiadou Diallo, la madre de la víctima. EPE020499 **28** **combate:** Todo vale, con tal de *alimentar* el feroz combate cotidiano por protagonizar la actualidad política. LVE080395 **29** **guerra:** No es pues la prensa escrita la que *alimenta* la guerra interna sino la prepotencia de la Comisión Ejecutiva. CAP280897 **30** **lucha:** María Lavalle sirvió a sus comensales anoche, en el teatro María Guerrero de Madrid, un auténtico banquete de música para *alimentar* la lucha contra el hambre. EPE191099 **31** **rebelión:** Y la del Vaticano, que intenta sacar de Chiapas al obispo de San Cristóbal de las Casas, Samuel Ruiz, acusado de *alimentar* la rebelión contra el Evangelio. EME040194 **32** **revolución:** ...habla de dos posiciones enfrentadas en el Pacto Andino: la de aquellos políticos que *alimentan* la revolución frente a los regímenes nacionalistas (...), y la de aquellos otros que... EPE111080

D SUSTANTIVOS QUE DESIGNAN OTRAS SITUACIONES O ESTADOS DE CONFLICTO Y CRISIS, ASÍ COMO ALGUNOS DE LOS HECHOS QUE SUELEN CARACTERIZARLOS: **33** **problema** +: La difusa delimitación de algunas competencias y el solapamiento de agentes sobre el territorio contribuyen a *alimentar* estos problemas. EPE311099 **34** **conflicto** +: ...al apostar por quienes *alimentan* el conflicto sobre la lengua y en Cataluña difícilmente puede hablar de prestigio. LVE280296 **35** **escándalo** +: ...los socialistas, además, siguen siendo los que *alimentan* el escándalo público... LVE010796 **36** **crisis** +: Actitudes cesaristas como la del presidente del Gobierno son precisamente las que *alimentan* la crisis de credibilidad de las instituciones... EME220194 **37** **violencia** +: Cada día que pasa sin que Jericó y Gaza sean autónomos *alimenta* la violencia de los extremistas de una y otra parte... LVE270294 **38** **caos:** ...concluye que quienes critican sus fórmulas y formulismos relativos a los Derechos Históricos no hacen otra cosa que descalificar proyectos democráticos y *alimentar* el caos. EPE250199

E ALGUNOS SUSTANTIVOS QUE DESIGNAN TEXTOS Y DIVERSAS MANIFESTACIONES VERBALES O COMUNICATIVAS, ASÍ COMO ALGUNOS DE SUS SOPORTES: **39** **discurso** +: ...siete áreas codirigidas por representantes de las dos fuerzas y coordinadas por Raúl Alfonsín, que irá *alimentando* el discurso de campaña en su tramo decisivo. LNP040997 **40** **comentario:** Pese a la derrota y al escándalo, Víctor Fernández no quiso *alimentar* los comentarios de unos y otros. EME300996 **41** **relato:** Lo que *alimenta* este relato testimonial, escrito en principio para un único destinatario, es el largo y asendereado viaje que el viejo cascarón mandado por el capitán Anderson rinde entre 1814 y 1815 para llegar a Australia... ABC250992 **42** **página:** Las selvas; los paisajes lejanos, exóticos, han *alimentado* las páginas de tantas narraciones de aventura. LVE201196 **43** **novela:** Esgrimió consejos, desveló secretos, el trigo y el agua que *alimentan* sus novelas. EPE301001 **44** **drama:** La isla-volcán es el principal personaje de la mítica película de Roberto Rossellini, el medio natural y el marco social que *alimentan* el drama. EME010995

F SUSTANTIVOS QUE DENOTAN DUDA O INCERTIDUMBRE. TAMBIÉN CON ALGUNOS QUE DESIGNAN OTRAS NOCIONES QUE EXPRESAN LO QUE SE CREE O SE SUPONE CIERTO O POSIBLE, A MENUDO A PARTIR DE DATOS INCOMPLETOS O NO VERIFICADOS: **45** **duda** ++: Dos hechos –extremos ambos, aunque por razones diametralmente opuestas– dan cuenta de las razones que hay para *alimentar* esa duda. EME091296 **46** **incógnita** +: ...Vera no ha perdido ocasión tampoco para *alimentar* la incógnita y, sobre todo, sembrar la duda de que el resurgir del «caso GAL» es una conspiración política. EME040295 **47** **sospecha** +: Un nuevo doble asesinato ha vuelto a *alimentar* la sospecha de que las mafias internacionales operan de forma creciente en la Costa del Sol, con base en Marbella. LVE091096 **48** **rumor** +: ...sufre de alienación y *alimenta* el rumor como si fuera una verdad. EXC190696 **49** **incertidumbre:** ...declaraciones desafortunadas e inoportunas que no hacen sino incrementar la zozobra y *alimentar* la incertidumbre de los que... INDOC **50** **conjetura:** El año pasado descubrí un libro extraordinario que volvió a *alimentar* mis conjeturas, cuando ya las creía perdidas... EPE141099 **51** **suposición** +: Sobre todo se recrimina la pasividad de la policía la noche del atentado, actuación que ha *alimentado* las suposiciones de una implicación de las fuerzas de seguridad en el asesinato. LVE280296 **52 elucubración:** Un control policial a las presuntas vinculaciones de algunos partidos con el narcotráfico, sin resolver las cuestiones sociales de fondo, significaría *alimentar* esas elucubraciones de trasfondo nihilista. LTB030297 **53 suspicacia +:** No he hablado con él y no hablaré hasta después de las elecciones para no *alimentar* suspicacias. EPE010699 **54 especulación:** El líder del PSC pidió que «no nos hagáis anticipar cosas ni *alimentar* especulaciones»... LVE080494

G SUSTANTIVOS QUE DENOTAN CREENCIA O CONVICCIÓN O DESIGNAN LO QUE SE SUSTENTA CON SEGURIDAD O FIRMEZA. TAMBIÉN CON OTROS QUE EXPRESAN CIERTAS MANIFESTACIONES DE LA RELIGIOSIDAD: **55 creencia ++:** ...no es más que una «maniobra encubridora que *alimentaba* la creencia de que los fondos llegaban al destino pactado...». LVE091096 **56 convicción ++:** Algunos milagros electorales (por milagros, fenómenos raros y excepcionales) *alimentan* esta convicción. LVE050995 **57 fe ++:** Y si con lo que ustedes hacen *alimentan* esa fe en otros, entonces no se sabe lo que vale lo que han hecho. GIC010197 **58 culto:** En los años después de su muerte, en 1957, los biógrafos que *alimentan* el culto a Bogey lo han convertido en un santo del cine... CLA230199 **59 devoción ++:** Se sentía muy culpable. Esa culpa *alimentaba* su devoción. EPE130699 **60 veneración:** ...su meteórico ascenso al estrellato (...) y, por supuesto, la muerte de Jonh Lennon conservan un punto de misterio que ha *alimentado* la veneración... EPE040900

H SUSTANTIVOS QUE DESIGNAN LAS CREENCIAS, COSTUMBRES, INFORMACIONES O ACTITUDES QUE SUELE COMPARTIR UNA COMUNIDAD, Y A MENUDO LA VINCULAN CON SU PASADO: **61 memoria +:** El arte más efímero, el teatro, es el más necesitado de soportes que *alimenten* su memoria. EME190696 **62 tradición +:** ...pero no sólo *alimentaron* la tradición oral; desde hace dos siglos, escritores de prestigio han venido... ABC190293 **63 cultura:** ¿Tiene la Universidad que ser una escuela de formar profesionales o, al mismo tiempo, transmitir cultura y fomentar, propagar y *alimentar* una cultura moral? ABC051193 **64 mito:** Supo torear al régimen, que consentía sus veleidades izquierdistas a cambio de que *alimentara* el mito y llenara el tendido. EME090596 **65 tópico:** Hay devoradoras que *alimentan* el tópico de la mujer pantera. CAN070301 **66 leyenda:** La pequeña de las hermanas californianas *alimenta* así su leyenda. LRE260103

I SUSTANTIVOS QUE DESIGNAN FACULTADES O CAPACIDADES HUMANAS RELACIONADAS CON LOS SENTIMIENTOS Y LA INTELECCIÓN. TAMBIÉN CON OTROS QUE DESIGNAN PARTES DEL CUERPO QUE SE INTERPRETAN METONÍMICAMENTE EN ESE MISMO SENTIDO: **67 espíritu +:** El cine no sólo ha *alimentado* mi espíritu sino también mi cuerpo: me ha dado de comer componiendo crónicas, haciendo guiones... EME180295 **68 alma:** ...sigue siendo el hombre de lo más preclaro a la hora de dirigir esos cocidos domésticos semanales que tanto nos *alimentan* el alma. LVE311295 **69 moral:** «Compañero Tito, por la mañana hay que hacer cantar a los compañeros, para *alimentar* su moral revolucionaria». CAP260697 **70 mente:** Son cosas que *alimentan* la mente, el alma y el espíritu, no el estómago. EME080194 **71 razón:** El uso fresco y oportuno de los instrumentos del pensamiento y de las ideas, dejando que la pasión *alimente* una razón todavía joven. LVE221194 **72 cerebro:** ...el cerebro se *alimenta* con cualquier idea pero el estómago no. EME010594

J SUSTANTIVOS QUE DESIGNAN EL EFECTO DE PENSAR O REFLEXIONAR SOBRE ALGUNA MATERIA. TAMBIÉN CON OTROS QUE EXPRESAN ALGUNAS DE LAS FORMAS DE PRESENTAR ESOS RAZONAMIENTOS: **73 idea +:** Además de esta lista de candidatos, hay otros datos que *alimentan* la idea del éxodo. CLA120601 **74 reflexión:** Por eso, sin partidismos políticos, porque ése no es su papel, intenta la Cátedra *alimentar* una reflexión de la que pueden aprovecharse los agentes sociales en la vida cotidiana. ABC021294 **75 hipótesis:** La policía cree que Manuel, que sí tenía antecedentes por peleas callejeras, sufría trastornos mentales, un dato que podría *alimentar* la hipótesis del suicidio. EPE051101 **76 tesis:** Y considera que su silencio *alimenta* las tesis especulativas sobre la impotencia de los estados para controlar la libre circulación de capitales. LVE200395 **77 argumento:** En la entrevista, se lee entre líneas el intento del DEP de justificar las acciones terroristas del PKK, *alimentando* el argumento de que es el brazo político de esta banda terrorista. EME170594 **78 concepto:** El detalle sirve para *alimentar* un concepto: en todo el torneo, cuando Argentina se lo propuso fue devastador. CLA090701 **79 teoría:** Decisiones como éstas han *alimentado* la teoría de que los más pobres –proporcionalmente, las personas que más dinero gastan en lotería– están financiando los pasatiempos elitistas de los más ricos. EME241295

K SUSTANTIVOS DE CARÁCTER PROSPECTIVO QUE DESIGNAN MEDIOS, RECURSOS Y DIVERSAS FORMAS DE ORGANIZAR LAS INTENCIONES DE ACTUAR: **80 plan:** La determinación del nuevo ministro, Laurens Jan Brinkhorst, de mantener, con concesiones, los planes restrictivos (...) está *alimentando* los planes de fuga de los ganaderos del país. EPE300699 **81 estrategia:** Ese error *alimenta* toda una estrategia que da resultados sumamente diferentes a los supuestos. PME020297 **82 proyecto:** ...continúan siendo el núcleo conceptual que *alimenta* el proyecto del Plan Hidrológico Nacional del ministro Borrell. EME010895 **83 planificación:** ...la impunidad de los asesinos y los genocidas es el combustible que *alimenta* la planificación de nuevas masacres. EPE060499 **84 programación –:** ...ha preparado un banquillo de profesionales «todoterreno» que *alimenta* la programación televisiva emitida desde Madrid... EME090996

L SUSTANTIVOS QUE DENOTAN CAMBIO DE ESTADO, MÁS FRECUENTEMENTE EVOLUCIÓN, INCREMENTO O PROLIFERACIÓN: **85 desarrollo +:** El resumen sería la falta de potencial para generar recursos propios que puedan *alimentar* el desarrollo futuro. EPE050778 **86 aumento +:** Confemetal considera que la práctica habitual de asegurar subidas salariales por encima de la inflación (...) *alimenta* el aumento de la inflación. EME120395 **87 crecimiento +:** Dentro de los países la miseria *alimentaba* el crecimiento del movimiento obrero antisistema y de los partidos marxistas... EUV150497 **88 cambio +:** Pero el mayor crecimiento de las exportaciones y el turismo no es suficiente para *alimentar* un cambio sustantivo de la evolución, pues existen otros muchos rasgos negativos. EME100694 **89 proceso +:** La música moderna de Senegal ha tenido tres vértices centrales que han *alimentado* el proceso de su evolución. EME240795 **90 incremento:** La cuestión que se plantean los estados mayores es si esta austeridad presupuestaria tendrá como «efecto perverso» el *alimentar* el incremento de voto en favor del... LVE250695 **91 proliferación:** Pero desmontar los acuerdos de control de armamentos existentes sin reemplazarlos por otros puede *alimentar* la proliferación de armas de destrucción masiva. EPE171201 **92 subida:** Turquía corre el riesgo de entrar en una espiral de subida de precios que *alimente* otra de salarios. EPE240201

alimentar(se) (de) *v.* ▮ También se construye con la preposición *con.* Se suele combinar con sustantivos contables en plural o no contables en singular. En el sentido de 'proporcionar(se) alimento', se combina con sustantivos que denotan comida, bebida y –en general– todo lo que puede ser ingerido *(pan, agua, leche, carne, chocolate).* En su sentido figurado se combina con otros que designan diversas fuentes de energía *(electricidad, corriente, gas, gasolina, troncos).* También acepta otros muchos que designan manifestaciones de las capacidades intelectivas o afectivas *(pensamientos, sentimientos, conceptos, actitudes),* expresiones artísticas de muy diversa naturaleza *(versos, pintura, cine),* unidades de información *(datos, noticias)* y otras muchas nociones. Destacan las combinaciones de este verbo con...

A SUSTANTIVOS QUE DESIGNAN EL EFECTO DE TRAER ALGO A LA MEMORIA, HABERLO EXPERIMENTADO O DESEAR ALCANZARLO. TAMBIÉN CON OTROS QUE EXPRESAN LOS SENTIMIENTOS QUE SE ASOCIAN CON LA REMEMORACIÓN DE ALGO: **1 recuerdo ++:** (...) Beuys no desarrolló una obra que se basa en el análisis del arte, sino que se *alimenta* de recuerdos propios y vivencias cruciales... EME130394 **2 nostalgia ++:** Esta poesía última no nos propone casi nada nuevo: se *alimenta* de una nostalgia temporalista y de un ensimismamiento narcisista... EME040295 **3 vivencia:** ...Semprún dice que necesitaba un yo de la narración que se hubiera *alimentado* de su vivencia... EME180596 **4 experiencia +:** Se *alimenta* de las experiencias artísticas, aprovecha un lenguaje vigoroso y destaca el tratamiento cinematográfico elaborado. EME170196 **5 sueño +:** Vivimos en una sociedad que no nos ofrece otra opción que *alimentarnos* de los sueños. INDOC **6 deseo +:** Sucede que el impulso que mueve al Moretti empresario y al Moretti cineasta se *alimenta* de un mismo y poderoso deseo de cine... INDOC **7 memoria:** ...un escritor se *alimenta* de su memoria y vive de esos posos acumulados. LVE190495

B SUSTANTIVOS QUE DESIGNAN LO YA SUCEDIDO. TAMBIÉN CON OTROS QUE EXPRESAN HECHOS Y COSTUMBRES QUE SE CONSIDERAN ACEPTADOS O ASUMIDOS GENERALMENTE POR ALGUNA COMUNIDAD: **8 tradición:** Se *alimenta* de una tradición fronteriza y fecunda y ha añadido mayor mestizaje a su comunidad cultural... EME220495 **9 mito +:** Su surrealismo se *alimenta* de mitos y ritos. LVE011196 **10 historia:** El principal acontecimiento se *alimenta* de su propia historia, de su propio elixir. EME020395 **11 pasado +:** Pero lo que está claro es que no podemos toda la vida estar *alimentándonos* de un pasado incierto. INDOC **12 leyenda +:** ...una tradición aún viva que se *alimenta* de las más antiguas leyendas germánicas. INDOC

C SUSTANTIVOS QUE DENOTAN ACTITUDES O SENTIMIENTOS DE HOSTILIDAD: **13 odio ++:** Se trata de la firma de una periodista no sólo partidista, sino algo peor: una periodista *alimentada* de un odio evidente y consciente por todo lo serbio. EME100196 **14 aversión:** ...tan intenso e irracional como la cólera que le mueve y el odio y la aversión de los que se *alimenta.* INDOC **15 insolidaridad:** Y recordar que el odio o la animadversión contra los extranjeros se *alimenta* de la intolerancia y la insolidaridad, que el racismo y la xenofobia son el caldo de cultivo del fascismo. EME070694 **16 intolerancia:** Un radicalismo fanático e irracional que se *alimenta* de la intolerancia y la intransigencia. INDOC

D SUSTANTIVOS QUE DESIGNAN SENTIMIENTOS PROVOCADOS POR LA FALTA DE SEGURIDAD, CONFORMIDAD O CONFIANZA: **17 miedo:** ...como los locos, que comulgan con el frío de las selvas y se *alimentan* del miedo y de la muerte. EME241295 **18 inquietud:** Su contenido se *alimenta* de aquella inquietud tan extendida en la inmediata posguerra por la reciente confrontación bélica y sus trágicas consecuencias. ABC100694 **19 inseguridad:** ...la seguridad pública se *alimenta* de la inseguridad privada que pretende combatir. EPE120280 **20 insatisfacción:** Las manifestaciones y las protestas se han *alimentado* de un clima de insatisfacción popular. INDOC **21 estupor:** Su alegría también se *alimenta* del desconcierto, el estupor y la pobreza múltiple de su vecino. EME180995 **22 recelo:** ...una reacción hasta cierto punto natural, provocada por una situación que se *alimentaba* de recelos y sospechas. INDOC

E SUSTANTIVOS QUE DESIGNAN ALGUNAS CUALIDADES HUMANAS RELATIVAS AL EMPEÑO O EL ESFUERZO DE LAS PERSONAS, ASÍ COMO A SU CAPACIDAD DE RESOLUCIÓN O DE ACTUACIÓN: **23 entusiasmo:** Estos miles de jueces imparciales serán cada vez más imparciales, porque se *alimentan* de su ruido, de su entusiasmo... EPE100199 **24 coraje:** La furia callada de la injusticia preside así una cinta *alimentada* de coraje. EPE031199 **25 valor:** ...tan difícil como averiguar de dónde sale el valor y el coraje del que estas personas se *alimentan.* INDOC **26 poder:** ...se *alimenta* del poder de Internet para difundir su mensaje entre los países ricos y pobres. EPE081099 **27 fuerza:** Se *alimentaba* de alguna rara fuerza interior. INDOC

F SUSTANTIVOS QUE DENOTAN AYUDA O PROTECCIÓN. TAMBIÉN CON OTROS QUE DESIGNAN DIVERSOS SENTIMIENTOS POSITIVOS MANIFESTADOS HACIA LOS DEMÁS: **28 respeto:** Este es uno de sus frutos: un liderazgo que se *alimenta* del respeto constitucional y la solidaridad humana. LTB170701 **29 cariño:** Lange aumenta la distancia con la industria con frases como «prefiero *alimentarme* del cariño de mi familia que del éxito del cine». EME040695 **30 afecto:** Es una relación conflictiva, pero intensa, que se *alimenta* del afecto que se tienen mutuamente. INDOC **31 ayuda:** El Athletic se *alimentó* de la cooperación, de las ayudas, de la mirada al horizonte. EME150196

G SUSTANTIVOS QUE DESIGNAN GESTOS O ACCIONES CORPORALES A LAS QUE SE ASIGNA ALGUNA INTERPRETACIÓN. TAMBIÉN CON OTROS QUE EXPRESAN ALGUNOS DE SUS EFECTOS NATURALES: **32 mirada:** ...la manera de atacar la puesta en escena, de dirigir a los actores y, en definitiva, de narrar se *alimenta* de la mirada virgen de un hombre empeñado en desnudar cada gesto. EPE240699 **33 risa:** ...aquellos días en los que, bajo los chiringuitos de caña, se *alimentaban* del mar y de las risas. EME300795 **34 voz:** Madrid es una ciudad que se *alimenta* de sus voces. LVE160296 **35 suspiro:** ...me *alimentaba* de suspiros, bebía la lluvia, dormía en la luna y las estrellas cantaban para mí... EME170196 **36 lágrima:** Según parece, uno de los numerosos parásitos que desplazan los rinocerontes se *alimenta* de sus lágrimas. EPE020299

alimento ♦ **ácido, a discreción, agridulce, apetitoso, básico, caduco, casero, ciego (de), de primera necesidad, espiritual, exquisito, frugal, imprescindible, jugoso, perecedero, principal, saludable, vital** ♦ **falta (de)** ♦ **abastecer (de), acumular, aderezar, adulterar, agriar(se), aliñar, atiborrar(se) (de), brindar[49], caducar, calentar, carecer (de), cocer, cocinar, comer, condimentar, congelar, corromperse, dar, descomponerse, desperdiciar, devorar, dispensar, distribuir, dosificar, enfriar(se), engullir, guisar, hacer acopio (de), ingerir, lavar, llenar(se) (de), necesitar, ofrecer, paladear, picar, privar (de), probar, procurar, proveer (de), racionar, rebanar, saborear, salpimentar, servir, servir (de), sofreír, surtir (de), tomar**

☐ Véase también: **bocado, comida, pan.**

ALIMENTO Véase:

♦ **frugal, pantagruélico, suculento, voraz**

♦ **alimento, ayuno, bebida, comida, fruta, manjar, sustento, zumo**

♦ **beber, comer, desayunar, devorar, ingerir, mamar, merendar, pacer**

ALIMENTO

♦ (SUSTANTIVOS) Véase: **casero[B], celestial[C], compulsivo[B], saborear[A]**

♦ (VERBOS) Véase: **como un cosaco[A], debidamente[J], en frío[B], vorazmente[A]**

☐ Véase también: INGESTIÓN.

alinearse ♦ **claramente, decididamente[39], incondicionalmente[8], inequívocamente, ordenadamente[3], provisionalmente, públicamente, temporalmente, visiblemente**

aliñar ♦ **alimento, discurso, ensalada, plato, texto, toro**

alisar ♦ **arruga, camino, obstáculo, pliegue, superficie, tela, terreno**

aliviar *v.* ▮ Alterna los complementos directos con los de régimen *(aliviar a alguien una molestia/aliviar a alguien de una molestia).* En el sentido de 'confortar' o 'descargar' se combina con el sustantivo *conciencia*, y también con sustantivos de persona, individuales o colectivos *(La pastilla me alivió un poco; Deberían aliviar a los damnificados; La ayuda humanitaria alivió a la población).* Este sentido se aproxima al de 'aligerar o mitigar', en el que el verbo se combina con sustantivos que denotan dolencia, afección o menoscabo físico, y con otros que designan algunos de sus efectos en el organismo *(enfermedad, síndrome, síntoma, cansancio).* También acepta, en este mismo sentido, sustantivos que designan condiciones meteorológicas o ambientales, muy a menudo sofocantes *(sequía, bochorno, calor, ardor).* En el sentido de 'dejar que un líquido salga' se combina con sustantivos que designan el depósito que lo contiene *(embalse, presa, cisterna, vientre).* En la lengua conversacional forma la locución *aliviar a alguien el bolsillo* ('robarle'). También se combina con...

A SUSTANTIVOS QUE DENOTAN CARGA O PESO O DESIGNAN OTRAS FUERZAS SIMILARES, MUY FRECUENTEMENTE INTERPRETADAS EN SENTIDO FIGURADO: **1 carga ++:** Indicó que el propósito fundamental de esas acciones consiste en *aliviar* la carga financiera fiscal de las empresas... EXC210197 **2 peso +:** ...se beneficien de su próxima decisión para *aliviar* el peso de la deuda de los países más pobres... ENH280497 **3 presión ++:** ...es momento de impulsar una estrategia de negociación del pago de la deuda interna, a fin de *aliviar* la presión sobre el gasto público... SVG170397 **4 tensión ++:** ...aunque sabe lo importante que es conocer los resultados del proceso para *aliviar* tensiones, no para efectos legales. LTH221097

B SUSTANTIVOS QUE DESIGNAN DIVERSOS ESTADOS Y CIRCUNSTANCIAS ADVERSOS, GRAVOSOS, AGOBIANTES O DIFÍCILES DE SOBRELLEVAR: **5 problema ++:** Los recursos propios permitirán *aliviar* problemas de infraestructura y administrativos... LTB061100 **6 penalidad +:** ...responsable directo del tema, debería hacer algo más eficaz para *aliviar* las penalidades de los sufridos ciudadanos, sean automovilistas o peatones. LVE040895 **7 mal +:** ...la misión del médico es la de un profesional que aplica un mal menor para *aliviar* otro mucho mayor. EME300996

C SUSTANTIVOS QUE DESIGNAN PADECIMIENTOS, SENTIMIENTOS AFLICTIVOS Y OTRAS PERTURBACIONES DEL ÁNIMO QUE SE LES ASIMILAN: **8 sufrimiento +:** ...prometió a una delegación del Congreso estudiar las opciones a su alcance para *aliviar* el sufrimiento de los nicaragüenses... DLA280697 **9 dolor +:** ...el médico colombiano usó el cloruro de potasio, la morfina y el válium adecuadamente en su interés único de *aliviar* dolor y sufrimiento de su paciente. ETC120697 **10 pena +:** La vimos en la inescrutable India y en la atormentada Bosnia, aquí y allá, tratando de *aliviar* penas de otros. ETC040997 **11 padecimiento +:** ...pero a pesar de todo, con estas ayudas se *alivia* el padecimiento de los que menos tienen. EME020594 **12 aflicción:** ...tiene en su mano la oportunidad de sellar la paz con la comunidad universitaria y *aliviar* sus aflicciones económicas. EPE070299 **13 melancolía:** ...en el Nueva York de los años 60 para *aliviar* la melancolía gris del viejo paisaje urbano industrial... LVE070895 **14 angustia:** Todos esperan con impaciencia que una respuesta de la Comunidad *alivie* su angustia y su cansancio. EPE160800 **15 ansiedad:** La «compulsión» es una actividad que, aunque sin sentido, *alivia* la ansiedad. RUM040897 **16 temor:** Analistas políticos señalan que la reunión de Dole con los parlamentarios está diseñada para *aliviar* los temores de... EUV120996 **17 culpa:** ...termina basada en la necesidad de *aliviar* nuestra propia culpa sobre nuestra propia prosperidad. INF010896 **18 calvario:** ...una medida sobre todo humanitaria a fin de *aliviar* el calvario de la población iraquí... LVE111296

D SUSTANTIVOS QUE DESIGNAN ESTADOS CARENCIALES, MÁS FRECUENTEMENTE SI LO QUE FALTA SE CONSIDERA ESENCIAL PARA EL INDIVIDUO: **19 deficiencia +:** ...consideran que el nuevo equipamiento *aliviará* una deficiencia que padece la ciudad. LVE210796 **20 escasez +:** Dijo que la decisión se tomaba para *aliviar* la escasez producida por los daños que causaron los recientes huracanes en ese país. DED041296 **21 necesidad +:** ...la necesidad de disponer urgentemente de recursos para *aliviar* las necesidades de los damnificados. GIC111796 **22 miseria +:** ...van consumiendo su existencia o tratando de montar uno para *aliviar* la miseria circundante. LVE140896 **23 pobreza +:** La SRI dice que el turismo puede *aliviar* la pobreza. LDD010797 **24 crisis +:** ...pero todavía no es suficiente para *aliviar* la crisis que afecta a los mexicanos... DYM010996 **25 carencia:** ...vienen a *aliviar* la tradicional carencia de actividad sinfónica en Andalucía. ABC230994 **26 soledad:** ...los científicos construyen el primer niño robot capaz de amar, para *aliviar* la soledad de las parejas sin hijos. EPU041001 **27 sed:** ...Canarias *alivia* su sed milenaria gracias a una cultura acostumbrada a cuidar el agua como si fuera oro. EME030995 **28 hambre:** ...y otros entretenimientos como arreglar el coche, ir al cine o *aliviar* el hambre con un bocadillo. LVE180495

E SUSTANTIVOS QUE DENOTAN CONSECUENCIA O REPERCUSIÓN: **29 consecuencia +:** ...con la esperanza de que, en calidad de asesor jurídico (...), *aliviaría* las consecuencias que tendrán los otros delitos... DLA210497 **30 efecto +:** ...ha tenido que afinar estrategias para *aliviar* en alguna medida el efecto perverso de la inflación... ETC170796 **31 impacto +:** ...esta operación de emergencia es la primera realizada por el BM para ayudar a *aliviar* el impacto económico de una epidemia. EPU041001

F SUSTANTIVOS QUE DESIGNAN OPERACIONES ECONÓMICAS, MÁS FRECUENTEMENTE SI SE RELACIONAN CON LA ENTREGA DE CIERTAS CANTIDADES O CON LA OBLIGACIÓN DE DESEMBOLSARLAS. TAMBIÉN CON OTROS QUE DESIGNAN LAS CANTIDADES QUE HAN DE SATISFACERSE O EL ESTADO FINANCIERO DEL QUE LAS ABONA: **32 deuda ++:** Luego de haber quitado el cuerpo en las negociaciones que llevaba el Perú para *aliviar* la deuda... CAP300197 **33 pago +:** ...el Gobierno obtendría del BID financiamiento concesional para *aliviar* el pago de deuda... LPH240696 **34 coste +:** ...el grupo decidió *aliviar* a los británicos del coste de su reconstrucción. EME250896 **35 gasto:** ...cuya doble filosofía es *aliviar* el gasto público de los estados y reducir la inmigración ilegal... LVE220396 **36 impuesto:** Porque se les *alivió* el impuesto directo, pero se les castigó con los indirectos. ETC140175 **37 fiscalidad:** Se mantiene, en todo caso, la voluntad de adoptar medidas específicas «que *alivien* la fiscalidad en favor del ahorro y la inversión». LVE060596 **38 economía:** Lo versátil de la propuesta y su filosofía, además del valioso *alivio* a las economías más deprimidas... CAP120701 **39 finanzas:** ...la cesión de suelo urbanizado no era utilizada para cubrir esos déficits sino para *«aliviar»* las finanzas locales. LVE110696 **40 endeudamiento:** ...con sus socios de centro-izquierda para intentar *aliviar* un endeudamiento que duplica al del resto de sus socios. EPE280999

G ALGUNOS SUSTANTIVOS QUE DESIGNAN LA ACCIÓN DE OPONER OBSTÁCULOS A ALGO O LA DE PRESENTAR ALGÚN IMPEDIMENTO PARA ACTUAR: **41 bloqueo +:** ...las autoridades militares de Israel han decidido adoptar algunas medidas para *aliviar* el bloqueo impuesto a los territorios árabes. LVE061096 **42 embargo +:** La ONU debate un plan que *alivia* el embargo a Irak. CLA150199 **43 cerco:** Puede que un bombardeo de las baterías serbias *alivie* el cerco de Sarajevo pero tenga graves repercusiones sobre los contingentes de cascos azules... EME080294 **44 asedio:** A la vez la maniobra contra la capital intenta *aliviar* el asedio a Juárez. PME070796

H SUSTANTIVOS QUE DENOTAN FLUJO, ACUMULACIÓN O AGLOMERACIÓN, ESPECIALMENTE DE VEHÍCULOS, PERO TAMBIÉN DE OTRAS COSAS QUE SE AGRUPAN EN UN LUGAR O SIGUEN JUNTAS ALGÚN CURSO: **45 congestión +:** Queda por ver si cumplirá la promesa de que *aliviará* la congestión del tráfico. ENH050597 **46 circulación +:** ...han anunciado que el trazado de la nueva carretera que rodea El Cairo y *alivia* su circulación no atravesará la zona de las pirámides. LVE060495 **47 tránsito +:** Además, los beneficios de la obra (que tiene un costo de 30 millones de pesos) van desde el *alivio* del tránsito en Paso de los Libres-Uruguayana... CLA070497 **48 tráfico +:** El nuevo puente contribuirá a *aliviar* el tráfico interno de la ciudad. LVE080195 **49 atasco +:** ...la victoria aragonesa *aliviaría* el atasco existente en esa zona de la tabla... EME200494 **50 saturación:** ...no hay dinero para *aliviar* la saturación sanitaria o las deficiencias constructivas aparecidas en el hospital... LVE210196 **51 hacinamiento:** ...la dictadura solía aprovechar esos magnos acontecimientos para *aliviar* el hacinamiento carcelario... EPE271099

I SUSTANTIVOS QUE DENOTAN ACTIVIDAD LABORAL: **52 labor:** ...los esfuerzos para fabricar cañas que *aliviaran* la labor en el corte de caña, la recogida de café y tabaco. GIC020197 **53 tarea:** Se *alivia* la tarea de los jueces pero permite todo tipo de arbitrariedades. CLA080199 **54 trabajo:** «Continuamos con el compromiso de establecer mecanismos para *aliviar* el trabajo pendiente...». DHE071097

J OTROS SUSTANTIVOS; POSIBLES USOS ESTILÍSTICOS: ...alegra la ironía y en la que el humor, lejos de *aliviar* la crítica, es siempre el dardo que con elegancia ahonda y hiere... EPE231001

▩ Se combina también con: ♦ **considerablemente[88], en cierta medida, temporalmente[37]**

☐ Véase también: **acallar, aderezar, aligerar, apaciguar, apagar(se), aplacar(se), arreglar, atemperar, calmar(se), enderezar, mejorar, mitigar, paliar, solucionar(se), solventar, tranquilizar(se).**

alivio ♦ **auténtico, balsámico, breve, cierto, claro, confortante, considerable, económico, efímero[17], fiscal, fugaz[47], gran(de), imperceptible, importante, inmediato, inmenso, ligero, moderado, momentáneo, notable, plácido, profundo, psicológico, rápido, reconfortante, relajante, relativo, sensible, significativo, sustancial, transitorio, tremendo, verdadero** ♦ **con, para** ♦ **gesto (de), sensación (de), sentimiento (de), signo (de), suspiro (de)** ♦ **acoger (con), brindar, buscar, causar, comprobar (con), dispensar, encontrar (en algo), experimentar, hallar (en algo), obtener,**

ofrecer, proporcionar, recibir (con), reportar, representar, sentir, servir (de), suponer, tener
□ Véase también: **consuelo, mejora, remedio, satisfacción.**

[allá] → **de acá para allá, por un quítame allá esas pajas**

allanar *v.* ▌En el sentido de 'entrar sin permiso en' se combina con los sustantivos *casa, finca, morada* y con otros que designan propiedades y bienes inmuebles. En el sentido de 'dejar llano' se combina con sustantivos que designan rutas, vías y otras superficies *(A ver si allanan un poco esta carretera).* En su sentido figurado se combina con...

A LOS SUSTANTIVOS *CAMINO, TERRENO* Y CON OTROS QUE DESIGNAN ESPACIOS FÍSICOS QUE SE INTERPRETAN COMO VÍAS, CURSOS O TRAYECTOS: **1 camino ++:** Dijo que la cumbre «*allanará* el camino para que la sociedad civil también se una...». DED030896 **2 terreno ++:** ...intenta *allanar* el terreno para que el relevo en la presidencia... EPE101101 **3 vía:** ...la tardanza en *allanar* las vías legales para la suscripción de un nuevo tratado... RUM250897 **4 trayecto:** ...el desvío de esfuerzos oficiales hacia otro par de candidatos hubiera *allanado* el trayecto... CLA100199 **5 ruta:** Watts mantiene que su mayor número de asignaturas y su reconocimiento internacional *allanarán* la ruta académica. EPE250900 **6 itinerario:** No le dará al pedal del tándem (...) pero, cada jornada, le *allanará* el itinerario Vicent Garcés, con una avanzadilla de expertos en el terreno... EPE120499 **7 andadura:** ...ha *allanado* su andadura hacia el que sería su noveno título de Liga. EME060596 **8 carrera:** El catedrático de Historia del Arte de la Universidad de Sevilla Vicente Lleó resaltó ayer la importancia de este grupo que *allanó* la carrera del pintor. EPE101199 **9 proceso:** La Generalitat del PP es sensible a este problema y, en la medida que puede, *allana* estos procesos. EPE030199 **10 peripecia –:** Pero lo cierto es que las peripecias judiciales de José Ignacio López Arriortúa, lejos de *allanarse*, parecen complicarse cada día que pasa... LVE141296

B SUSTANTIVOS QUE DENOTAN PROBLEMA O IMPEDIMENTO: **11 dificultad:** Es preciso, dijo, *allanar* dificultades en cuanto al mercadeo y la promoción, la calidad y la transportación... GIC072697 **12 obstáculo +:** El presidente (...) *allanará* los obstáculos para optar por un segundo mandato. EUV031196 **13 problema:** ...la misión de los dos emisarios del Gobierno es *allanar* los problemas jurídicos o policiales... EPE110699 **14 escollo:** El proyecto de autonomía para Gaza y Jericó conlleva un sinfín de escollos por *allanar.* LVE270294 **15 traba:** ...con las autoridades chilenas para *allanar* cualquier posible traba a la operación... EPE230199 **16 resistencia:** ...las pruebas que el autor aporta acerca de cómo el comportamiento de ambas viejas reproducía una realidad (...) *allanan,* me parece, cualquier resistencia opuesta a creer lo que... ABC300493

C SUSTANTIVOS QUE DENOTAN DIFERENCIA O DISCREPANCIA. TAMBIÉN CON OTROS QUE DESIGNAN DIVERSAS FORMAS DE DEBATE O CONFRONTACIÓN, GENERALMENTE VERBAL, ASOCIADAS CON ESTAS SITUACIONES: **17 diferencia +:** Saludo de dos potencias que buscan *allanar* diferencias. CAP161097 **18 divergencia:** ...el tiempo necesario para *allanar* las divergencias constitucionales... LVE140494 **19 polémica:** Tal confirmación *allana* una vieja polémica. ABC020695 **20 discusión:** Para el legislador esta figura *allanaría* una gran discusión filosófica... ECA030792 **21 conflicto:** El propio Maragall *allanó* los posibles conflictos y contradicciones con la federación... EPE260799 **22 negociación:** Los contactos se han intensificado en los últimos días (...), pero antes hay que despejar incógnitas para *allanar* la negociación. EPE060299 **23 conversación –:** Su previa reunión (...) ha *allanado* estas conversaciones entre los dos decanos de los gobiernos... LVE040896 **24 pugna –:** ...el alto valor que *allana* la pugna y rehúye la intolerancia. CAP261296

D SUSTANTIVOS QUE DESIGNAN EL RESULTADO O EL TÉRMINO DE UN PROCESO, MÁS FRECUENTEMENTE SI ES FELIZ: **25 victoria:** ...la reacción murciana murió en un instante y *allanó* la victoria de los locales. EME230195 **26 triunfo:** ...el resto de los rivales han *allanado* el aparentemente fácil triunfo de Lartigue. EME160195 **27 solución:** ...la reunión de este fin de semana puede (...) que tienda un puente entre el país, sus instituciones y los residentes en el exterior que se interesan en *allanar* la solución de la crisis. EME230494 **28 esclarecimiento –:** Dijo que la disposición del Fiscal General de la República está siendo acatada (...) para *allanar* el esclarecimiento de no pocos procesos... LHG300497

E OTROS SUSTANTIVOS; POSIBLES USOS ESTILÍSTICOS: ...quiso *allanar* el reloj hasta la llegada de los líderes... EPE070399; ...y de un instrumento de *allanar* déspotas –la guillotina–. EME151295; ...quien ha *allanado* su posible singularidad creadora para captar lectores a granel. EPE091099

al límite ♦ **apurar, arriesgar, encontrarse, forzar, jugar, llegar, llevar, mantener(se), correr, poner(se), rodar, situar(se), vivir**

[alma] → **como alma que lleva el diablo, en cuerpo y alma, en el alma, ni un alma**

alma (de) ♦ **bondadoso, cándido**[9]**, caritativo, delicado, descarriado, en pena, gemelo, generoso, gran(de), inmaculado, noble, piadoso, puro** ♦ **empresa, entidad, equipo, fiesta, generación, grupo, nación, organización, pueblo, revolución, sociedad** ♦ **ahondar (en)**[46]**, alimentar**[68]**, apiadarse (de), atenazar**[14]**, captar**[15]**, colmar**[37]**, descarriarse, desnudar, entregar, interpretar, llegar (a), llevar (en), partir(le) (a alguien), percibir, poner (en algo), purgar, purificar, recorrer, sacar (de), salir (de), sentir (en), serenar(se)**[7]**, tener, vender**
□ Véase también: **espíritu (de).**

al milímetro ♦ **ajustarse, calcular, coincidir, conocer, controlar, copiar, cumplir, estudiar, medir, planificar, preparar, reflejar, reproducir, revisar, saber**

a lo grande *loc.adv.* ▌Se construye con sustantivos que designan acciones o eventos que se relacionan de forma característica con diversas manifestaciones expansivas de las personas, especialmente si se realizan en grupo *(cena, fiesta, espectáculo)*, a menudo para festejar algo o con motivo de algún acontecimiento señalado *(celebración, triunfo, despedida, debut)*. También acepta el sustantivo *vida*, así como diversos nombres que es habitual asociar con el esparcimiento personal o colectivo *(vacaciones, baile, viaje)*. Asimismo se combina con...

A EL VERBO *CELEBRAR* Y OTROS QUE DESIGNAN LA ACCIÓN DE CELEBRAR ALGO O LA DE AGASAJAR A ALGUIEN: **1 celebrar ++:** Además, cada vez es más habitual celebrar «*a lo grande*» las comuniones, los bautizos y las bodas. EME221296 **2 festejar ++:** Ya tiene 57 y el hotel MGM se los festeja *a lo grande* en el Studio Ballroom. CLA210199 **3 homenajear:** El arte flamenco gaditano homenajea *a lo grande* al cantaor Chano Lobato. EPE200599 **4 conmemorar:** Para conmemorar *a lo grande* el 50 aniversario de la victoria en la Segunda Guerra Mundial, los rusos están sacando a la luz toda la «flor y nata» artística... EME280295

B EL VERBO *VIVIR* Y CON OTROS QUE DESIGNAN EL PROCESO DE ENTRETENERSE O DE OCUPAR EL TIEMPO EN ALGO PLACENTERO: **5 vivir +:** Quiere vivir *a lo grande* como el super ciudadano que se cree que es. DLA220497 **6 pasar(lo) +:** Se aceleró el Madrid y Rivers se lo pasó *a lo grande* al contragolpe... EPE171299 **7 disfrutar +:** ...tiene derecho a disfrutar *a lo grande* este título. LVE030695 **8 divertir(se):** «Me divertí *a lo grande*», le dice a una chica que lo arrastra a un club de moda. EPE020286

C VERBOS QUE DESIGNAN EL RESULTADO FELIZ DE ALGUNA EMPRESA, MÁS FRECUENTEMENTE EN EL MUNDO DEL DEPORTE O EL ESPECTÁCULO. POR EXTENSIÓN, CON OTROS QUE DESIGNAN LAS ACCIONES EN LAS QUE SE MANIFIESTA EL DESPLIEGUE DE FACULTADES AL QUE SE HACE REFERENCIA: **9 triunfar ++:** En la localidad manchega triunfó *a lo grande*. EME140595 **10 ganar ++:** El técnico le puso eso que se necesita para ganar *a lo grande* y a los grandes. LEC031097 **11 vencer +:** Decenas de veces salió Indurain a esos cortes. No se perdió ni uno, y al final salió él, venciendo *a lo grande*. EME210796 **12 jugar +:** Wanderers consiguió lo que necesitaba y después jugó *a lo grande*. EPU060901 **13 actuar +:** Sabía por dónde se movía y actuó *a lo grande*: con unas palancas, que dejó abandonadas, arrancó, sí, arranco, la caja fuerte... LVE110196 **14 conquistar +:** ...conquistó *a lo grande* el torneo más importante en tierra batida. EME120695

D VERBOS QUE DESIGNAN LA ACCIÓN DE DISPONER U ORGANIZAR UN ASUNTO O UNA TAREA: **15 montar ++:** Ni en América se lo montan tan *a lo grande*. EME050796 **16 preparar +:** ...Berlusconi prepara *a lo grande* la primera «convención» del partido Fuerza Italia... EME050294 **17 organizar +:** Para destacar aún más su figura, organizó una «Semana Aeronáutica» *a lo grande*... LTB310397

E VERBOS QUE DENOTAN INICIO DE ALGO: **18 empezar +:** La fiesta empezó *a lo grande*. EME100995 **19 arrancar +:** Aguila arrancó *a lo grande*. Tapándole la salida a Firpo con gran despliegue de marca en el medio campo... ESH210497 **20 abrir +:** La retrospectiva se abrirá *a lo grande*, con la proyección de «Garras humanas»... LVE011095 **21 comenzar:** La temporada deportiva comienza *a lo grande*. EPE040999 **22 iniciar:** El nuevo Real Madrid inició ayer la temporada 96-97 *a lo grande*. EME240796 **23 lanzarse:** ...se ha lanzado, *a lo grande*, al mundo de la cosmética. EME291095

F EL VERBO *DESPEDIR* Y CON OTROS QUE DENOTAN EL FIN O LA RESOLUCIÓN DE UNA ACCIÓN O UN PROCESO: **24 despedir +:** Los deportivistas quieren despedir a Arsenio *a lo grande* y quitarse de encima esa sensación de equipo que falla en los momentos grandes. LVE240695 **25 acabar +:** Ha acabado *a lo grande*. EPE310800 **26 terminar +:** El líder terminó *a lo grande* su brillante trayectoria liguera... EME080495 **27 cerrar +:** Un mitin que será, de hecho, con el que (...) cerrará *a lo grande* su campaña... LVE161195 **28 culminar:** El triple duelo gallego culminó *a lo grande*, con un partido que no fue nada del otro mundo en el aspecto estrictamente futbolístico... EPE040299

G VERBOS QUE DESIGNAN LA ACCIÓN DE DAR A CONOCER ALGUNA COSA PÚBLICAMENTE, A VECES CON FINES COMERCIALES: **29 anunciar +:** Mientras se aguarda con impaciencia la aparición de Ronaldo, habrá tiempo para regocijarse con otras cosas, porque el partido se puede anunciar *a lo grande*. EME261096 **30 presentar:** Esta es la primera ocasión en que la música del gnaua se presenta *a lo grande* en un foro hispano. EME070795 **31 debutar:** Debutó *a lo grande*, en el infierno de Galatasaray, en la Liga de Campeones, y su progresión fue meteórica. LVE071295 **32 estrenar:** Se estrenó *a lo grande* goleando en campo ajeno y con el liderato en el bolsillo. EPE110900

H VERBOS QUE DENOTAN LA ACCIÓN DE DAR FORMA EN LA MENTE O EN LA IMAGINACIÓN A UNA IDEA O UN CONCEPTO: **33 pensar:** Él siempre me decía que se tiene que pensar *a lo grande*, cuando uno quiere lograr objetivos grandes.. LTB250900 **34 imaginar:** ...mundos de ficción que imaginaba con todos los detalles, *a lo grande*, como si los productores españoles fueran los de Hollywood. INDOC **35 soñar:** Por lo tanto, desde niño soñaba *a lo grande*. Por ejemplo, con ser recibido como jefe del Estado italiano en la Casa Blanca. EME200496 **36 concebir:** Esta ópera fue un encargo del Palais Garnier de París (...) y fue concebida *a lo grande*. EPE040599 **37 inventar –:** En México, donde, *a lo grande*, se inventó la mordida, que ahora parece imitar la Europa del sur... LVE210594

I OTROS VERBOS; POSIBLES USOS ESTILÍSTICOS: Madrid no daba el cante como Pujol, pero cuando Madrid las pía, las pía *a lo grande*. EME010695; ...aquellos aprendices de ciclistas que en el Tour 2000 han florecido *a lo grande* no dormían... EPE240700; Sólo eran migas de pan con miel, pero ellos ponían cara de estar chutándose *a lo grande*. LVE210794

al oído ♦ **cantar, confesar, contar, cuchichear, decir, gritar, hablar, murmurar, musitar, preguntar, repetir, soplar, susurrar**

alojamiento ♦ **acogedor, confortable, espacioso, sobrio** ♦ **gastos (de), oferta (de), problema (de)** ♦ **brindar[41], buscar, conseguir, dar[11], encontrar, facilitar, incluir, ofrecer, preparar, procurar, proporcionar, proveer** abrigo, amparo, cobijo

a lo lejos *loc.adv.* ▌Se usa muy frecuentemente en oraciones pasivas reflejas *(Se divisan a lo lejos las torres de la catedral)*. Se combina con...

A VERBOS QUE DENOTAN PERCEPCIÓN, GENERALMENTE VISUAL Y A VECES POCO PRECISA: **1 ver** ++: Vi *a lo lejos* un coche aparcado en doble fila, sin luces, cuando estuve cerca vi que era de la Policía Municipal... EME230195 **2 divisar** ++: Es algo así como la costa que el náufrago divisa *a lo lejos* cuando ya no le quedan esperanzas. EUV010996 **3 distinguir** ++: A lo lejos se distinguen dos grupos de agentes que apuntan con sus armas hacia el suelo, donde se encuentran los dos detenidos. EME140195 **4 observar** +: Alguien calificó esta noche de «surrealista» cuando observó, *a lo lejos*, desfilar dos inmensas manos que no parecían tener dueño. EPE140299 **5 mirar:** Al caminar miraba *a lo lejos* y hablaba muy bajo, como la gente de su pueblo de Jalisco. EME100296 **6 contemplar:** ...esta madrugada he abierto los ojos y he contemplado las luces del valle y, *a lo lejos*, el grupo de rascacielos del Downtown. EPE180399 **7 adivinar** +: A lo lejos, tras la bruma, podía adivinarse la playa de turbantes que intuyó Villalón. EME290595 **8 intuir:** Lo cuenta tranquilo, en su casa de Collserola, allí desde donde se ve la torre Foster y el Tibidabo y Barcelona se intuye *a lo lejos*. LVE130895 **9 atisbar** +: ...la persona que la llevaba en su silla de ruedas atisbó *a lo lejos* un sospechoso tumulto en la esquina de la Via Augusta con la calle de Vallmajor... EPE181099 **10 vislumbrar** +: Su sorpresa fue mayúscula al vislumbrar *a lo lejos* el tono marfil del conjunto que doña Sofía escogió para la ocasión. EPE081099

B VERBOS QUE DESIGNAN LA ACCIÓN O EL PROCESO DE HACERSE ALGO NÍTIDO, MOSTRARSE O PRESENTARSE A LA VISTA: **11 aparecer** ++: Tras ser arrastrado en el interior de su coche más de un kilómetro, vio como aparecían, *a lo lejos*, unas manos entre el barro. EME110895 **12 perfilar(se)** ++: Cuando la silueta de un coche se perfila *a lo lejos*, el «chulo» que las acompaña y «protege» se esconde entre los árboles... EME050296 **13 anunciar(se):** Al quinto día se anunció tierra *a lo lejos*, a babor. EME050895 **14 presentar(se):** ...*a lo lejos* se presenta un problema de adulteración de documento, pero es por la vía de la excepción. LEC130197 **15 desplegar(se):** La Maliciosa desplegaba *a lo lejos* su majestuosa soberbia de montaña asesina... EME100895 **16 dominar:** A lo lejos domina el horizonte una torre de vigilancia de acero. EME290195 **17 despuntar:** Por este siniestro camino se ve despuntar, *a lo lejos*, un posible desenlace para Kosovo... EPE100599

C VERBOS QUE DENOTAN EMISIÓN O IRRADIACIÓN DE LUZ O DE ALGUNA COSA QUE SE LE ASIMILE: **18 brillar** ++: A lo lejos brillan las luces de Puente Nacional y Barbosa, y, más arriba, las de Vélez y Guavatá. ETC110297 **19 reflejar** +: ...*a lo lejos*, el frío azul del mar refleja la pena en él, tan cerca y a la vez tan lejos... EME301096 **20 relumbrar:** Fuera hacía un viento frío que venía del Guadarrama y, *a lo lejos*, relumbraban las luces de una ciudad alegre y confiada... EME270695

D VERBOS QUE DENOTAN PÉRDIDA DE NITIDEZ O DEBILITAMIENTO EN LA PERCEPCIÓN O LA MANIFESTACIÓN DE ALGO: **21 perderse** ++: Nuestros oídos y ojos están acostumbrados a (...) perderse *a lo lejos* por entre los mismos enjambres de calles atosigadas... MAU210900 **22 difuminarse** ++: ...una estrella fugaz surca el cielo, sobre la multitud, para caer al otro lado, difuminada entre los edificios, *a lo lejos*. EPE170499 **23 disiparse** ++: ...*A lo lejos* se disipan las nubes... EME021196 **24 confundirse** +: ...me doy cuenta de que es mentira que en Madrid no haya mar si desde mi azotea se confunde *a lo lejos* con el cielo... EPE090799 **25 desaparecer** +: «Las luces rojas de los coches desaparecen *a lo lejos* como gotas de sangre». EPE280900 **26 debilitarse** +: ...los ladridos de los perros fueron debilitándose *a lo lejos*, pero la gran señora no lograba conciliar el sueño. EPE300599

E VERBOS QUE DENOTAN PERCEPCIÓN AUDITIVA: **27 oír** ++: A lo lejos se oían los sones de la Marcha Fúnebre de Chopin... EME141296 **28 escuchar** +: A lo lejos se escuchaban chasquidos que, según las leyendas, eran de la Siguanaba... ESH300197

F VERBOS QUE DENOTAN EMISIÓN DE SONIDOS NO VERBALES, MUY FRECUENTEMENTE INTENSOS: **29 sonar** ++: Voces que sonaban *a lo lejos*, rasgando el aire, que se iban acercando. ABC270594 **30 retumbar** +: Entre tanto, *a lo lejos* siguen retumbando las detonaciones. ETC040996 **31 resonar** +: ...en una pista solitaria en la que resonaban *a lo lejos* los aplausos que saludaban el éxito de Bruguera ante Jim Courier... EME180796 **32 aullar:** ...no faltó la recitación (...), mientras un perro aullaba, *a lo lejos*, llorando las ausencias. HOY250484 **33 bramar:** «Si este tipo se dedicara en cuerpo y alma a los «covers» arrasaría en gasolineras y áreas de servicio», bramó *a lo lejos* un malicioso. LVE230295 **34 rugir:** Aquí se palpa el ajetreo característico de las ciudades de primera línea del frente con el ir y venir de enfermeras, coches, soldados y heridos. Los cañones rugen *a lo lejos*. EME130995 **35 aplaudir** −: Mientras extendía sus brazos hacia los presos que le aplaudían *a lo lejos*, el Pontífice les exhortó a abrir el corazón... LVE100296

G ALGUNOS VERBOS DE MOVIMIENTO, MÁS FRECUENTEMENTE SI DENOTAN ACERCAMIENTO O APROXIMACIÓN: **36 aproximar(se):** Un tonto cuando ve, *a lo lejos*, aproximarse un bulto negro, piensa: será un moscardón... EME151296 **37 avanzar:** Las calles están vacías, un par de coches avanzan lentamente *a lo lejos*... EPE020499 **38 venir** −: Una tarde, en un paseo por el rompeolas, camino del faro, vieron venir *a lo lejos* un hombre joven. LVE020696

H VERBOS QUE DENOTAN UBICACIÓN O LOCALIZACIÓN: **39 quedar** +: A lo lejos queda la ciudad de ladrillo y cemento, rosa y gris, con sus cúbicos bloques y torres de viviendas. ABC030395 **40 ubicar(se):** A lo lejos se ubica, con el 7 de las preferencias, el Partido Demócrata Progresista (PDP). CLA160997

I OTROS VERBOS; POSIBLES USOS ESTILÍSTICOS: No recordar, maldita memoria, sino creer *a lo lejos* que aún habían días... ABC070593

al óleo ♦ pintar, retratar

a los cuatro vientos *loc.adv.* ▮ Se combina con...

A VERBOS QUE DESIGNAN LA ACCIÓN DE ANUNCIAR O DAR A CONOCER ALGO: **1 anunciar** ++: ...alguno de sus próximos proyectos (...) ya ha anunciado *a los cuatro vientos*... ABC220995 **2 declarar** ++: ...luego declaró *a los cuatro vientos* que había «intrigantes» en La Moneda... CAR040897 **3 exponer** ++: ...la vida cultural «democratizada», expuesta *a los cuatro vientos* de la libertad. CAP130700 **4 mostrar** +: ...se penetra irreverentemente en la mayor intimidad para mostrar *a los cuatro vientos* las correspondencias personales... ABC081093 **5 publicar +:** ...también es un hecho constatado, aunque no publicado *a los cuatro vientos*... EPE170799 **6 contar:** Dice un proverbio zen que cuando un hombre ama realmente a una mujer tiene que probarlo contándolo *a los cuatro vientos.* HOY100297 **7 transmitir:** ...comprobarán y transmitirán *a los cuatro vientos* que el cubano se siente presionado por el bloqueo de EE. UU. EME060696 **8 revelar:** ...no es de Justicia revelar *a los cuatro vientos* que hoy es 12 de enero... EME120196 **9 profetizar –:** ...haber profetizado *a los cuatro vientos* informativos que «los partidos comunistas no tienen razón de ser...». EPE020686

B VERBOS QUE DESIGNAN ACCIONES VERBALES QUE SE EMITEN LEVANTANDO CONSIDERABLEMENTE LA VOZ, O –POR EXTENSIÓN– DE MANERA OSTENSIBLE O SOLEMNE: **10 pregonar ++:** Es aquel profesional que se desvive pregonando *a los cuatro vientos* que es egresado de reputadas universidades... ESP160697 **11 proclamar ++:** Esta verdad debe ser proclamada *a los cuatro vientos.* DED191096 **12 gritar +:** Todos sus pobladores cerraron filas (...) para (...) gritar *a los cuatro vientos* su hastío con la violencia. EPC040996 **13 clamar:** ...se podrá decir, escribir y clamar *a los cuatro vientos* que a uno le pirriaría que este país no fuera un país... EME080795 **14 vocear +:** Unos resultados que (...) han sido voceados *a los cuatro vientos* y han causado pánicos infundados... EPE261201 **15 alardear:** ...mientras que los provocadores pueden alardear *a los cuatro vientos* de su virilidad (...) los «divertidos» (...) sólo se preocupan por dejar claro que no se toman nada en serio... ABC151191 **16 exteriorizar:** No debe ser gratuita esa imagen de Kiko (...) exteriorizando *a los cuatro vientos* su alegría... EME270596

C VERBOS QUE DESIGNAN LA ACCIÓN DE DAR ALCANCE O EXTENSIÓN A LAS INFORMACIONES: **17 difundir ++:** ...debiendo emprender la tarea de engrandecer y difundir su obra *a los cuatro vientos*... ABC070495 **18 propagar ++:** ...ha propagado *a los cuatro vientos* (...) que todo es una maniobra... LRE010203 **19 airear +:** ...parecen airear sus asuntos *a los cuatro vientos* pero (...) no hacen otra cosa que cruzarse entre sí crípticos mensajes... ABC030395 **20 divulgar +:** ...divulgó *a los cuatro vientos* los encantos de la ciudad de la Alhambra... EME250395 **21 expandir:** ...se hacen resoluciones y resoluciones que se firman, se jalean y se expanden *a los cuatro vientos*... LVE181096 **22 extender:** ...llegó a transformar sus tierras en un auténtico vergel cuya fama se extendió *a los cuatro vientos*... EPE081201 **23 esparcir:** ...apuestan a lo mismo que antes, (...) a la «renuncia de Zedillo», a la crisis constitucional, al derrumbe de las murallas por efecto de las las trompetas que esparcen rumores *a los cuatro vientos.* PME070796 **24 lanzar:** ...lanzaron *a los cuatro vientos*: «queremos invertir en Venezuela...». ENV060297

D OTROS VERBOS QUE DESIGNAN MANIFESTACIONES VERBALES O COMUNICATIVAS: **25 afirmar +:** ...siempre queda el recurso (...) de afirmar *a los cuatro vientos*: «¡Yo no soy esa!», o «ese». LVE280196 **26 decir +:** No es frecuente que a uno le dejen decirlo así, *a los cuatro vientos.* EME080194 **27 comentar:** Toda la villa conocía el tema, porque lo comentaron *a los cuatro vientos*... CLA180497 **28 aclarar –:** El furor ha obligado a las autoridades municipales a aclarar *a los cuatro vientos* que todo esto es voluntario... EPE240199 **29 criticar:** ...la precaria situación en que se encuentra nuestro sistema judicial, criticado *a los cuatro vientos* por todos los sectores... PLG220197 **30 negar –:** ...instruyó a su aparato propagandístico para que negara *a los cuatro vientos* que (...) había dado un ultimátum... EPE261199 **31 denunciar:** Era mucho más fácil para los funcionarios estadounidenses denunciar *a los cuatro vientos* el narcotráfico en Colombia... SEM160796

E OTROS VERBOS; POSIBLES USOS ESTILÍSTICOS: A los cuatro vientos (...) renovó su vocación pacífica... ETC020188; «Mi ciclo en el Mónaco ha terminado», decía poco antes de la Eurocopa, vendiéndose *a los cuatro vientos.* EPE030700

□ Véase también: **a bombo y platillo, de boca en boca.**

al pastel ♦ pintar

al peso ♦ calcular, comprar, vender

al piano ♦ acompañar, interpretar, sentarse, tocar

al pie de la letra *loc.adv./loc.adj.* ▮ Se combina con...

A VERBOS QUE DENOTAN CONOCIMIENTO O ADQUISICIÓN DE INFORMACIÓN. TAMBIÉN CON OTROS QUE ALUDEN A LA FORMA DE PRESENTARLA: **1 entender ++:** La metáfora, en este caso, puede entenderse *al pie de la letra*... EPE240699 **2 creer ++:** Los acuerdos son irreversibles y le creí *al pie de la letra.* DLA180497 **3 captar:** ...captaron *al pie de la letra* los mensajes revolucionarios... EME290696 **4 leer:** ...no creo que sea tan extremadamente difícil dar un discurso como para tener que leerlo *al pie de la letra*... LVE270996 **5 aprender:** Los aplicados discípulos manchegos aprendieron *al pie de la letra* la lección... EME060596 **6 conocer +:** Se me ocurre que hay dirigentes que se deben conocer *al pie de la letra* el artículo 14 de nuestra Constitución... EME250594 **7 saber:** Ya no es la referencia de lo que hay que saber *al pie de la letra* tanto como una herramienta pedagógica más en la que apoyar las clases. EPE111099 **8 recordar:** Pero todavía oigo su risa y su voz un poco ronca decirme tantas y tantas cosas (...). Algunas todavía las recuerdo *al pie de la letra.* EME121195 **9 recoger:** ...un diario que recoge *al pie de la letra* las expresiones de Hafez Al Asad... EME140996

B VERBOS QUE DENOTAN INTERPRETACIÓN O REPRESENTACIÓN DE ALGO: **10 tomar ++:** Al finalizar el encuentro, Corach tomó *al pie de la letra* la sugerencia del Presidente. CLA180497 **11 interpretar ++:** Luego recogió la composición de Política Lingüística sobre las multinacionales y el doblaje, y la interpretó *al pie de la letra.* EPE061099 **12 traducir ++:** Todo sucede como si el prejuicio del universalismo del músico se tradujese *al pie de la letra*... EME140195 **13 adaptar +:** ...cuando se adaptan *al pie de la letra* «normalmente son un fracaso, porque son mera ilustración del libro, y eso no funciona». EPE181299 **14 representar:** ...representó *al pie de la letra* el guión que (...) le escribió el lunes durante su visita a Madrid. EPE120399

C VERBOS QUE DESIGNAN LA ACCIÓN DE COPIAR ALGO: **15 copiar +:** No se trata de copiar *al pie de la letra* el modelo. EME020996 **16 reproducir +**: ...pisos «camuflados», sin un solo distintivo externo, en los que un grupo de hermanos (...) intenta reproducir *al pie de la letra* la vida familiar. EME070496 **17 calcar**: ...calcó prácticamente *al pie de la letra* las normas de la legión francesa... EME290195 **18 repetir +**: ...está diciendo una obviedad que podemos repetir *al pie de la letra* los demás españoles. EME210294

D VERBOS QUE DENOTAN ACEPTACIÓN O CUMPLIMIENTO, GENERALMENTE DE UNA ORDEN, UNA DIRECTRIZ O ALGUNA OTRA PAUTA DE CONDUCTA. TAMBIÉN CON OTROS QUE EXPRESAN EL PROCESO DE AJUSTARSE A ELLAS: **19 seguir ++**: Los espectadores seguían *al pie de la letra* las normas de un público agradecido... EME240496 **20 cumplir ++**: Las fábricas y negocios cumplían *al pie de la letra* las directrices de los planificadores gubernamentales... ESH060497 **21 respetar +**: No hay improvisación, hay un esquema a respetar *al pie de la letra*. CLA200297 **22 aceptar +**: Hemos llegado a aceptar *al pie de la letra* que nuestra forma de vida es la norma universal. EPE171101 **23 observar +**: El aspirante a novelista que realmente quiera promocionarse debe observar *al pie de la letra* (...) el siguiente decálogo... LVE070395 **24 obedecer**: Lo peor es que (...) está obedeciendo su mismo ejemplo *al pie de la letra*... EPE220399 **25 ceñirse +**: Significa también que se ciñe *al pie de la letra* al marco laboral impuesto por el gobierno chileno... HOY070181 **26 satisfacer**: ...hará «más difícil que una masa suficiente de países satisfaga *al pie de la letra* (...) el conjunto de los requisitos de convergencia»... LVE110796 **27 acatar**: Economía no tiene entre sus planes acatar *al pie de la letra* la ley que permitió vender este paquete. CLA210199 **28 corresponder −**: Según el mandatario la cancelación de su visa corresponde *al pie de la letra* a las instrucciones de un memorando... EPC160796

E VERBOS QUE DESIGNAN LA ACCIÓN DE APLICAR O PONER EN PRÁCTICA ALGUNA COSA. TAMBIÉN CON OTROS QUE DESIGNAN CIERTOS EFECTOS NATURALES DE ESAS ACCIONES: **29 aplicar ++**: ...¿los gobernantes de Seúl aplicaron *al pie de la letra* las recomendaciones del FMI?... CAP190996 **30 ejecutar**: ...tomó ayer un imaginario Manual del buen golpista y lo ejecutó *al pie de la letra*... EME260796 **31 llevar**: Los alemanes han manifestado repetidamente que la aplicación de esos criterios se llevará *al pie de la letra*. LVE041295 **32 ejercer**: Mejor así porque Toribio ejerce *al pie de la letra* la «independencia de criterio»... LVE091196 **33 vivir −**: ...se fue armando de definiciones que algún día le permitirían rebelarse contra una forma de vida vivida *al pie de la letra*... ABC050595 **34 salir −**: ...confío (...) en que todo salga *al pie de la letra* como usted me ha comentado por teléfono. EME290995

F VERBOS QUE DESIGNAN DIVERSAS MANIFESTACIONES VERBALES O COMUNICATIVAS, GENERALMENTE DESCRIPTIVAS O EXPOSITIVAS: **35 contar +**: De todas formas, nosotros no pretendemos contar la historia *al pie de la letra*... EPE120900 **36 decir**: ...«los jugadores hicieron todo lo que les dije *al pie de la letra*». LVE181196 **37 citar**: ...¿sabía que le citaba casi *al pie de la letra*?... ABC051193 **38 responder**: Sin embargo, aquel que es interrogado debe aparentar responder *al pie de la letra* a la pregunta, no a su intención. EPE181299 **39 recitar**: Apostado en una tarima (...) recitó *al pie de la letra* el mensaje a la nación... EME020795 **40 retratar**: Sobre su cine, indica que lo que plasma en la pantalla sale de sus vivencias personales, pero que no las retrata *al pie de la letra*... DYM010996 **41 difundir**: Marta, buena amiga, no ha querido difundir *al pie de la letra* su contenido. EME210496

G OTROS VERBOS; POSIBLES USOS ESTILÍSTICOS: La opción está en que gobiernen los mejores (...) o que los pueblos gocen de la democracia *al pie de la letra*... LVE200295; ...pueden pagar el precio de haber querido defender *al pie de la letra* el dogma monetarista del Tratado de Maastricht. EME110694

H SUSTANTIVOS QUE DENOTAN ADQUISICIÓN, INTERPRETACIÓN O ADAPTACIÓN DE INFORMACIONES DIVERSAS: **42 interpretación**: La interpretación *al pie de la letra* del mandato de Ifor se muestra ineficaz e inapropiada. EME210396 **43 lectura**: El director teatral planteó la obra como un sueño de Despina (...), lo que le permitía escaparse de una lectura realista *al pie de la letra*. EPE101201 **44 recreación**: El que espere una recreación *al pie de la letra* de la ópera de Offenbach no se va a encontrar cómodo. EPE120799

I SUSTANTIVOS QUE DENOTAN CUMPLIMIENTO, GENERALMENTE DE UNA ORDEN, CONSIGNA O PAUTA. SE ASOCIAN MORFOLÓGICAMENTE CON LOS VERBOS DE LOS APARTADOS *D* Y *E*: **45 cumplimiento**: Esto quiere decir, explicó, que no se exigirá un cumplimiento *al pie de la letra* de los cuatro criterios. LVE060996 **46 aplicación**: ...en aplicación *al pie de la letra* de la disposición (...) de hablar «hasta el amanecer», (...) había esperado hasta «el último día» para alcanzar un pacto. EPE311201

J OTROS SUSTANTIVOS; POSIBLES USOS ESTILÍSTICOS: Una crisis entre los tres poderes del Estado. Una crisis de Estado, *al pie de la letra*. EME081195; La juerga puede ser, en efecto, inaudita, *al pie de la letra*, lo nunca oído, o hace mucho tiempo oído... EPE031299

□ Véase también: **al dedillo, a rajatabla, de carrerilla, de corrido, de memoria, literalmente.**

al pie del cañón ♦ **aguantar, estar, pasar tiempo, permanecer, seguir, trabajar**

al por mayor ♦ **banca, comercio, distribución, mercado, precio, tienda, vendedor, venta** ♦ **comprar, distribuir, importar, vender**

alquiler ♦ **abusivo[10], alto, astronómico[13], bajo, desmesurado, injusto, justo** ♦ **contrato (de), empresa (de), gastos (de), piso (de), vehículo (de), vivienda (de/en)** ♦ **abonar, ceder (en), concertar, deber, pagar, poner (en), prorrogar[25], rebajar[16]**

□ Véase también: **compra, venta.**

al raso ♦ **dormir, pasar la noche, pernoctar**

al resguardo (de) Véase: **a resguardo (de)**

al retortero ♦ **andar, traer**

al rojo vivo ♦ **crisis, discusión, disputa, emoción, enfrentamiento, pelea, polémica, tensión** ♦ **calentar, estar, poner(se)**

al son (de) ♦ **acorde, banda, campanada, canción, claxon, dictado, gaita, grito, marcha, me-**

lodía, música, orquesta, palabra, ritmo, ruido, tambor, trompeta, *sustantivos que designan formas e instrumentos musicales* ♦ **bailar, desfilar, marchar, menear(se), mover(se)**

al soslayo ♦ **fijarse, mirar, observar**

alta ♦ **definitivo, hospitalario, inmediato, médico, provisional, voluntario** ♦ **conceder, conseguir, dar**[48]**, firmar, obtener, pedir, posponer, prescribir, recibir, solicitar, tramitar**

☐ Véase también: **baja.**

altanero ♦ **actitud, aire, carácter, desprecio, frase, gesto, mirada, persona, postura, sonrisa, tono**

☐ Véase también: **soberbia.**

alteración ♦ **abrupto**[53]**, acusado**[27]**, ambiental, brusco**[2]**, genético, grave, hondo, impredecible**[17]**, imprevisto, leve, notable, pequeño, profundo**[110]**, psíquico, relevante, repentino, severo, sistemático, súbito, sustancial** ♦ **manifestación (de)**[11] ♦ **causar, constituir, corregir, experimentar, operarse, presentar, prever, producir(se), representar, sufrir**[10]**, suponer**

☐ Véase también: **cambio, modificación, oscilación, transformación, transición, trastorno, variación.**

alterar *v.* **I** Se combina con una gran número de sustantivos. Destacan los que designan materias *(vino, oxígeno, agua)*, magnitudes o propiedades de las cosas *(forma, color, peso, altura, velocidad, valor, importancia, tamaño)*, condiciones meteorológicas o medioambientales *(clima, atmósfera, ecosistema)*, documentos escritos o manifestaciones comunicativas *(texto, documento, declaración)*, datos estadísticos y otras magnitudes cuantitativas *(estadística, presupuesto, precio, baremo, tasa)*. Se combina además con sustantivos que designan personas *(No me alteres; Cualquier cosa le altera)* y, especialmente, con los que expresan el resultado de algo *(resultado, decisión, efecto, conclusión)*. También se combina con otros muchos sustantivos, pero destacan especialmente los...

A SUSTANTIVOS QUE DESIGNAN EL SER DE LAS COSAS, AQUELLO QUE LAS DEFINE O CONSTITUYE SU BASE O SU FUNDAMENTO: **1 esencia** ++: ...las licencias poéticas (...) no *alteran* la esencia de los hechos ni su verdad. EME160494 **2 espíritu** ++: ...sin *alterar* el espíritu de una ley que, a su juicio, roza la inconstitucionalidad. LVG301091 **3 carácter** +: ...la pregunta no tendía a *alterar* el carácter plurinominal de la representación actual... DHE130797 **4 naturaleza** +: El Festival ha superado numerosas situaciones de crisis (...) sin *alterar* su naturaleza. ABC310792 **5 modo de ser:** ...demasiado viejo como para que las circunstancias cambiantes de la vida moderna *alteraran* su modo de ser. INDOC

B SUSTANTIVOS QUE DENOTAN SIGNIFICADO O INTERPRETACIÓN: **6 sentido** ++: ...se coló un error que *altera* el sentido de uno de los párrafos... PME291296 **7 significado** ++: Llevan razón, pero hay veces que deberían *alterar* el significado de esa frase a nuestro favor. EME170796 **8 interpretación** +: ...una cuestión (...) que *altera* la interpretación de las cosas... EPE080899 **9 significación:** ...su significación no se ha *alterado*, el tiempo no ha inmutado su poesía y ha mantenido un profundo sentido de humanismo... ESH190597

C SUSTANTIVOS QUE DESIGNAN ALGÚN SISTEMA O LAS PARTES QUE LO CONSTITUYEN: **10 sistema** ++: Esto implicaría una ordenación del entorno que llegaría hasta el Museo Thyssen y *alterar* el sistema vial de toda la zona. ABC171195 **11 esquema** +: ...una activación de la política penitenciaria podría *alterar* este esquema... EPE140299 **12 patrón** +: ...cualquier factor que *altere* el patrón conductual normal del niño... EXC180996 **13 modelo** +: ...advirtió a sus socios nacionalistas que no se dejen llevar por cantos de sirena que puedan *alterar* el modelo actual. EPE030599 **14 estructura** +: ...novela (...) corregida después, sin *alterar* su estructura original... ABC200392

D SUSTANTIVOS QUE EXPRESAN EL DESIGNIO DE LLEVAR ALGO A CABO. TAMBIÉN SE COMBINA CON OTROS QUE DESIGNAN JUICIOS ACERCA DEL FUTURO: **15 plan** ++: La sorpresiva llegada (...) *alteró* sin duda los planes que tenían... ACP150996 **16 programa** ++: El cantante pidió disculpas al público por verse obligado a *alterar* el programa. EME060195 **17 proyecto** +: Las opciones de éxito (...) en su intento de *alterar* el proyecto (...) son casi nulas. EPE231099 **18 objetivo** +: Los jugadores pueden añadir nuevos aspectos al juego, trasladarlo de lugar y de ambiente, incluso *alterar* los objetivos de su personaje... EME080694 **19 previsión** +: ...la intervención de hoy (...) puede *alterar* sustancialmente esas previsiones. DLA260297 **20 pronóstico** +: ...ni los incidentes que hubo con deportistas que abandonaron el país, la patria y la bandera, ni los resultados aparentemente adversos *alteran* los pronósticos. EME160796

E SUSTANTIVOS QUE DENOTAN PACTO, OBLIGACIÓN O RESOLUCIÓN CONJUNTA. TAMBIÉN ACEPTA OTROS QUE SE REFIEREN A ALGUNOS DE SUS ASPECTOS CONSTITUTIVOS: **21 acuerdo** +: ...el derecho de *alterar* un acuerdo (...) entre Gran Bretaña y España. CLA280199 **22 compromiso** +: ...puede *alterar* los compromisos (...) establecidos en el contrato... EME060195 **23 condición** +: ...han *alterado* las condiciones de conservación de unas obras de arte... ABC270893 **24 término** ++: ...los datos de la recaudación (...) pudieron *alterar* los términos del acuerdo. CLA040501

F SUSTANTIVOS QUE DENOTAN PRECEPTO O CÓDIGO: **25 ley** +: Los esfuerzos (...) de *alterar* esta ley en alguna forma, encontrarán fuerte resistencia... DLA150497 **26 regla** ++: ...cumplirá sus compromisos, sin *alterar* la regla sagrada de la convertibilidad. CLA080199 **27 norma** +: ...se intenta *alterar* la norma sancionada por el Congreso... CLA080197

G SUSTANTIVOS QUE DENOTAN ESTRUCTURA ORDENADA SEGÚN LOS CONCEPTOS DE SUPERIORIDAD E INFERIORIDAD. TAMBIÉN ADMITE OTROS QUE DESIGNAN EL PUESTO QUE SE OCUPA EN ELLA: **28 estatus** +: ...jamás se *alterará* el estatus de la ciudad santa... EPE160599 **29 jerarquía:** ...no van a *alterar* la jerarquía preliminar que los avales habían establecido. EME160195 **30 hegemonía:** Una de las pocas casitas naranjas que *alteran* la hegemonía del blanco en este rincón del continente de la esperanza cobija a seis chicos argentinos. LNP150397

H SUSTANTIVOS QUE EXPRESAN EL CONJUNTO DE LAS CIRCUNSTANCIAS QUE CARACTERIZAN ALGÚN ENTORNO. TAMBIÉN CON OTROS QUE DESIGNAN ESE MISMO ÁMBITO CIRCUNDANTE: **31 situación** ++: ...los pensionistas actuales no verían *alterada* su situación. EME080296 **32 entorno** ++: Sobre el proyecto (...) tiene la objeción de que *altera* el entorno... ABC130893 **33 ambiente** ++: ...situaciones que *alteren* el ambiente o que generen violencia. LVE051296 **34 clima** ++: ...unas políticas económicas que pueden *alterar* el clima social del país. LVE060796 **35 cuadro:** Ni siquiera la cercanía de un evento (...) pudo *alterar* este cuadro de cortesía y control... HOY230996 **36 marco:** Y lo normal es que si se trata de *alterar* un marco de relaciones laborales tan arduamente consensuado, quienes representan los intereses de una parte negocien con... EME300194 **37 escenario:** ...si hay indicios de delito intencional (...), el juez crea que se va a *alterar* el escenario probatorio; procede la detención. CAP220900 **38 contexto:** En ninguno de los seis países descertificados se han producido cambios de gobierno notorios ni se ha *alterado* de modo categórico el contexto original... ETC150996

I SUSTANTIVOS QUE DESIGNAN ESTADOS DE ARMONÍA O AUSENCIA DE PERTURBACIÓN: **39 equilibrio** ++: ...dicha provocación (...) «*altera* el equilibrio de los nacionalistas». EME110494 **40 orden** ++: ordené al general Juan Peirano y a la blindada tomar posiciones en caso de *alterarse* el orden. CAP131197 **41 paz** ++: ...considerar que *alterarían* la paz profesional dentro del sector. EME030895 **42 calma** ++: Un gran estrépito *alteró* la calma de aquel mediodía cretácico. EPE260999 **43 tranquilidad** ++: ...apenas *alteró* la tranquilidad de la ceremonia de clausura... EME100995 **44 estabilidad** +: Afirmó que el sector zona franca ve con preocupación cualquier tipo de actividad que *altere* la estabilidad del país. LDD301097 **45 normalidad** +: Sólo retenciones puntuales *alteran* la normalidad en las carreteras... EPE010899 **46 rutina** +: Su gesto *alteró* la rutina de este tipo de pruebas rápidas... EPE010899 **47 tregua:** ...declaraciones que *alteren* la tregua política... DED191096

J SUSTANTIVOS QUE DENOTAN TRAYECTO, PROCESO O VÍA. TAMBIÉN CON OTROS QUE EXPRESAN LA EVOLUCIÓN DE LO QUE POR ELLA DISCURRE: **48 desarrollo** ++: La lluvia *alteró* el desarrollo de la carrera. EME010496 **49 curso** ++: ...todas las circunstancias que *alteran* el curso de su desarrollo... EME080394 **50 vida** +: ...ni parecen *alterar* sus vidas o su comportamiento. ABC260293 **51 proceso** ++: ...una plaga de lepidópteros que ha visto *alterado* su proceso reproductivo... EME130696 **52 ritmo** +: Creen los físicos que es imposible observar los kuantos sin modificar sus inercias, sin *alterar* sus ritmos y funciones. EME070194 **53 ruta:** ...*alteró* su ruta para aterrizar previamente en La Rioja... LNA240692 **54 recorrido:** ...hay que decirles que ha venido transformándose con el paso del tiempo, incluyendo nuevas compañías, *alterando* recorridos y modificando sus ordenanzas. EPE171199 **55 existencia:** Pocas tragedias peores que un secuestro para *alterar* la existencia de una persona. EME140595

K SUSTANTIVOS QUE DENOTAN LÍNEA DE ACTUACIÓN: **56 comportamiento** ++: El accidente de Cage demostró que se podía *alterar* el comportamiento humano cuando se alteraban los lóbulos frontales del cerebro. EME031096 **57 conducta** ++: ...nada nuevo que pudiese *alterar* la conducta de nuestro mercado bursátil. LVE020696 **58 política** +: ...un cambio de Gobierno (...) no *alteraría* la política exterior... EME100495 **59 actitud:** ...no *alterará* la actitud seguida hasta ahora para extender permisos de residencia... EPE020286

L SUSTANTIVOS QUE DENOTAN FUNCIONAMIENTO, ESPECIALMENTE EL CORPORAL. TAMBIÉN CON OTROS QUE EXPRESAN LA CONDICIÓN DE AJUSTARSE ESTE A PAUTAS NORMALES: **60 funcionamiento** +: ...*alterar* el normal funcionamiento del hospital. EME160296 **61 metabolismo** +: ...sustancia (...) que *altere* el metabolismo de los animales. EPE230199 **62 salud** +: ...*alterar* la salud aún en mayor medida de lo que el humo del tabaco lo venía haciendo. EPE060999 **63 constantes vitales:** ...un anestésico que no *alteraba* las constantes vitales... LVE181096

M SUSTANTIVOS QUE DENOTAN ESTADO MENTAL, ANÍMICO O EMOCIONAL. TAMBIÉN CON OTROS QUE EXPRESAN SUS MANIFESTACIONES EXTERNAS: **64 nervios** ++: No parece que ello *alterara* sus nervios, pero sí le privó de unos minutos de calentamiento sobre la lona del Georgia Dome. EME230796 **65 ánimo** ++: La negativa (...) contribuyó a *alterar* los ánimos de los vecinos... EME250396 **66 humor:** No estamos heridos por la triple derrota ante el Deportivo. Eso no ha *alterado* nuestro humor. EME300895 **67 creencia:** ...creencias firmes, sólidas y arraigadas que nada en el mundo podría *alterar*. INDOC

N SUSTANTIVOS QUE DENOTAN CAPACIDAD O FACULTAD, MÁS FRECUENTEMENTE SI SE RELACIONAN CON EL RACIOCINIO, LA COGNICIÓN O LA PERCEPCIÓN: **68 conciencia** +: ...se les ha hecho consentir que esta forma de poderío es superior a toda otra manera de triunfo, entonces se ha *alterado* la conciencia del bien y del mal... LTB021296 **69 facultad** +: ...tuviera *alteradas* sus facultades mentales o su voluntad. CAN090201 **70 percepción:** La experiencia de una larga vida *alteró* sin duda su percepción de la realidad. ENH071100 **71 entendimiento:** Ocultar eventos ciertos y mostrar lo que fabrica la ficción *altera* el entendimiento. EPE310700

Ñ SUSTANTIVOS QUE DENOTAN RELACIÓN ENTRE PARTES: **72 relación** ++: ...*alterar* la relación convencional entre el espectador y el escenario. ABC280495 **73 convivencia** +: ...nada *alterará* la convivencia ciudadana. EDV110101 **74 amistad:** ...eso no *altera* nuestra vieja amistad. LVE041195 **75 vínculo:** ...incidente aislado que no debe *alterar* los fuertes vínculos que han unido siempre a nuestros dos países. INDOC

▩ Se combina también con: ♦ **bruscamente, considerablemente[58], de arriba abajo[7], decisivamente[27], desfavorablemente, de un día para otro[12], drásticamente[2], favorablemente, irrevocablemente[21], negativamente[23], por completo[177], profundamente[20], radicalmente[5], seriamente[38], sustancialmente[35]**

☐ Véase también: **cambiar, modificar, tergiversar, trastornar, variar.**

altercado ♦ **desagradable, duro, fuerte, grave, imprevisto, leve, pequeño, serio, violento** ♦ **mantener, motivar, ocasionar, ocurrir[18], originar(se),**

presenciar, producir(se), protagonizar, provocar, tener lugar
☐ Véase también: **batalla, combate, confrontación, contienda, guerra, pelea, riña.**

alternativa ♦ bueno, claro, ilusionante[3], interesante, novedoso[35], nuevo, posible, probable, remoto, último, único, válido, ventajoso[7], viable ♦ como ♦ abanico (de)[2] ♦ agotar(se)[3], anclar[32], aunar[21], buscar, calibrar, constituir, construir, contemplar, convertir (en), dar[150], debatirse (entre), decantarse (por), derivar(se)[35], descartar, desechar, dilucidar[35], disponer (de), dudar (entre), elegir, encontrar, enjuiciar, escoger, estudiar, excluir, existir, juzgar, ofrecer, optar (por/entre), plantear[35], ponderar, presentar, proponer, quedar(le) (a alguien), rechazar, sopesar[14], tener, tomar, trazar[21], vislumbrar[44]
☐ Véase también: **opción.**

alternativo ♦ acceso, camino, circuito, concepto, criterio, cultivo, desarrollo, destino, discurso, empleo, escenario, espacio, estrategia, grupo, itinerario, lista, mecanismo, medicina, medio, método, modelo, movimiento, música, oferta, opción, paradigma, plan, posibilidad, procedimiento, producto, programa, propuesta, proyecto, recurso, ruta, salida, sistema, solución, texto, trabajo, tratamiento, trazado, universo, uso, vía

altibajo ♦ brusco[10], constante, continuo, fuerte, gran(de), imprevisto, leve, ligero, lleno (de), pequeño, pronunciado ♦ con, sin ♦ experimentar, mostrar, padecer, presentar, producir(se), sufrir, tener

[alto] → alto el fuego, por lo alto, por todo lo alto

alto ▮ *(adj.)* ♦ alarmantemente, desmesuradamente, excesivamente, moderadamente, suficientemente, sumamente ♦ aceptación, arancel, autoridad, calidad, calificación, cámara, capacidad, cargo, cifra, cilindrada, clase, comité, competición, concepto, consumo, costo, costura, cota, cotización, cualificación, cuota, demanda, densidad, dirección, directivo, dirigente, distinción, ejecutivo, esfera, espíritu, estima, fiebre, frecuencia, funcionario, grado, hora, impuesto, índice, inflación, ingreso, instancia, intensidad, jerarquía, lugar, magistratura, mando, mar, marea, mérito, mira, nivel, número, oficial, organismo, órgano, participación, personalidad, poder, porcentaje, precio, presión, prestación, prioridad, promedio, puesto, punto, rango, rendimiento, rentabilidad, responsabilidad, riesgo, salario, seguridad, significado, sociedad, sueldo, tarifa, tasa, tecnología, temperatura, tensión, tribunal, valor, velocidad, voltaje, volumen, voz, vuelo
▮ *(adv.)* ♦ apuntar, hablar, llegar, subir, tirar, volar
▮ *(sust.masc.)* ♦ en el camino ♦ dar (a alguien), hacer
☐ Véase también: **bajo.**

alto el fuego ♦ condicional, definitivo, efectivo, frágil, incondicional[46], provisional, temporal ♦ acordar, alcanzar, cesar, conseguir, consolidar, cumplir, declarar, decretar[48], establecer, firmar, infringir, lograr, negociar, pactar, proclamar, proponer, prorrogar[23], respetar, romper, suscribir, violar[52]
☐ Véase también: **armisticio, tregua.**

al tuntún ♦ afirmar, colocar, contestar, decidir, decir, declarar, elegir, escoger, escribir, hablar, nombrar, preguntar, señalar

[altura] → a la altura (de)

altura ♦ acorde (con), aproximado[13], asombroso, colosal, considerable, corto, desmedido, escaso, exacto, excesivo, extraordinario, gran(de), impresionante, insuficiente, respetable, suficiente, tremendo ♦ en función (de) ♦ diferencia (de) ♦ acercar(se) (a), alcanzar, averiguar, bajar (de), calcular, corregir, decidir, determinar, elevarse (a), estar (a), ganar, llegar (a), mantener, medir, modificar, nivelar, pasar, precisar, rebajar, rebasar, sobrepasar, subir (a), tener, tomar[7]
☐ Véase también: **amplitud (de), dimensión, elevación, estatura, hondura, longitud, profundidad, tamaño.**

alud (de) Véase: **avalancha (de)**

aludir ♦ abiertamente[14], de pasada[2], específicamente, explícitamente, expresamente[1], insistentemente, manifiestamente[14], reiteradamente, repetidamente[16], someramente, tangencialmente[11]
☐ Véase también: **alusión, mencionar, referir(se).**

alumbrar *v.* ▮ En su sentido de 'sacar a la luz, dar a luz, crear o dar existencia a' se combina con sustantivos que designan criaturas *(Alumbró un hermoso niño)* y otros muchos resultados de la acción de crear, más frecuentemente si se aplica al dominio del arte *(creación, disco, poema, ensayo, libro).* También se combina con otros que designan unidades verbales o textuales *(declaración, diálogo),* más frecuentemente de naturaleza normativa *(reglamento, ley, norma, constitución).* Asimismo se combina con...

A EL SUSTANTIVO *IDEA* Y CON OTROS QUE DESIGNAN DIVERSOS RESULTADOS DE LA ACTIVIDAD COGNOSCITIVA, MÁS FRECUENTEMENTE SI ESTÁ RELACIONADA CON EL RAZONAMIENTO O LA ARGUMENTACIÓN: **1 idea +:** El régimen serbio (...) *alumbró* la idea de una «Gran Serbia»... CLA070197 **2 pensamiento +:** ...su talento filosófico que (...) *alumbra* el pensamiento caótico de este siglo. LVE081196 **3 concepto:** ...la escritura juega de continuo con las palabras, pero busca *alumbrar* conceptos. ABC201192 **4 reflexión:** Pero sin necesidad alguna de echar en falta las dramáticas circunstancias (...) que *alumbraron* la reflexión histórica... EPE260299 **5 argumento –:** ...grupo de artistas cuya irrupción *alumbró* los argumentos de la vanguardia... EME070195 **6 conocimiento –:** ...el conocimiento *alumbrado* se plasma en diseño de nuevos productos... EXC270596

B EL SUSTANTIVO *PROYECTO* Y CON OTROS QUE DESIGNAN DIRECTRICES DE ACCIÓN FUTURA. TAMBIÉN CON OTROS QUE EXPRESAN EL RESULTADO DE EXAMINAR O INVESTIGAR ALGUNA COSA: **7 proyecto +:** El titular de la Filarmónica de Berlín (...) *alumbró* un proyecto soberbio... EME160995 **8 estudio:** ...trece años de labor intelectual han *alumbrado* otros tantos estudios filológicos de calidad contrastada. ABC180394 **9 plan:** ...existían los medios y el optimismo para *alumbrar* un plan más ambicioso... EPE190399 **10 análisis:** Los más *alumbrados* análisis de la sentencia del Tribunal de Conflictos coinciden en señalar la pobreza argumental con que se justifica la resolución adoptada... EME100196 **11 estrategia –:** ...si la Conferencia *alumbra* una estrategia incómoda con sus planteamientos... EPE111001

C SUSTANTIVOS QUE DESIGNAN DIVERSAS FORMAS DE ORGANIZACIÓN O DISPOSICIÓN: **12 sistema:** ...perturbar el régimen plural que tiene que *alumbrar* nuestro sistema constitucional. EPE290699 **13 orden:** Se trata de *alumbrar* un nuevo orden jurídico global que acabe con la impunidad... EPE061001 **14 modelo:** ...subcomisión parlamentaria encargada de *alumbrar* un modelo de radio y televisión estatal... EPE141299 **15 reorganización –:** El presidente se ha comprometido a *alumbrar* hoy una reorganización de altos cargos... EPE290999

D SUSTANTIVOS QUE DENOTAN RESOLUCIÓN. TAMBIÉN CON OTROS QUE DESIGNAN DIVERSOS RESULTADOS DE LAS ACCIONES CONCERTADAS: **16 tratado:** ...son los supervivientes de la generación que *alumbró* el tratado de Maastricht. LVE150995 **17 acuerdo:** ...está a punto de *alumbrar* un acuerdo para evitar las internas. CLA170497 **18 pacto:** Este documento (...) condujo a las conversaciones (...) que *alumbraron* el Pacto... EPE020999 **19 convenio:** El Ayuntamiento de Málaga ha sido incapaz de *alumbrar* en un año dos convenios colectivos que afectan a casi 3.000 trabajadores. EPE290799 **20 consenso:** Será ese nuevo Consejo de Administración el que deberá *alumbrar* el consenso sobre el nuevo director general. EPE161299 **21 resolución:** La segunda esperanza era que (...) *alumbrase* una dirección y unas resoluciones que hicieran posible (...) la recomposición del pacto tripartito. EPE080800 **22 negociación –:** ...sin que se pueda *alumbrar* aún la negociación propiamente dicha. EPE230999

E SUSTANTIVOS QUE DESIGNAN DIVERSOS SENTIMIENTOS O SENSACIONES, MÁS FRECUENTEMENTE SI SE RELACIONAN CON LOS AFECTOS O LAS ASPIRACIONES: **23 esperanza +:** Su cierre alcista ha permitido *alumbrar* esperanzas para su eventual continuidad... LVE030896 **24 deseo:** ...lleva consigo la pretensión de que al ver sus trabajos el público disfrute tanto que se se *alumbre* el deseo en él de poseer cualquiera de sus piezas... ABC221294 **25 pasión:** La guerra de los medios de comunicación sobre los documentos del Cesid *alumbró* ayer pasiones en... LVE181296 **26 amor:** El bajista (...) y su chica (...) *alumbraron* el amor más loco y turbulento de la historia de la música. EME140296

F OTROS SUSTANTIVOS; POSIBLES USOS ESTILÍSTICOS: ...infinitas horas de reuniones (...) *alumbraron* un caldo de cerebro recalentado... EME280294

☐ Véase también: **dar a luz**.

alumno ♦ **adelantado, antiguo, aplicado, avanzado, aventajado¹, avezado, avispado, brillante, descollante, destacado, disciplinado, díscolo, distinguido, externo, holgazán, indisciplinado, insubordinado, inteligente, interno, metódico, oficial, presencial, prometedor, rezagado, trabajador, vago, voluntarioso** ♦ **acceso (de), afluencia (de), asistencia (de), atención (a/de), contingente (de), educación (de), formación (de), ingreso (de)** ♦ **admitir, adoctrinar, aleccionar, aplazar, aprender (algo), aprobar, atender, cursar (algo), dar clase (a), doctorar(se), educar, egresar, emular (a alguien), enseñar, estudiar, formar, graduar(se), ingresar, licenciar(se), matricular(se), pasar, reprobar, suspender, tener, tener clase (con alguien)**

☐ Véase también: **aprendiz, maestro**.

al unísono *loc.adv.* ■ Se combina con verbos que se predican de grupos, más frecuentemente si denotan movimiento o cambio de lugar o posición *(mover, girar, levantarse)*, percepción o experiencia emocional *(sentir, vibrar)*, así como actuación o realización de una actividad *(actuar, trabajar, funcionar, cultivar)*. Admite otros muchos verbos, pero se combina especialmente con...

A VERBOS QUE DENOTAN EMISIÓN DE SONIDO, CON FRECUENCIA VOCAL, AUNQUE NO FORZOSAMENTE ARTICULADO, Y GENERALMENTE DE VOLUMEN ELEVADO: **1 gritar ++:** Un grupo de estudiantes grita *al unísono*, saltándose las consignas: «Vallecas no perdona». EME161096 **2 exclamar ++:** «¡Poveda!», exclamaron los dos *al unísono*. LVE151196 **3 clamar +:** «¡Óscar, Óscar!», clamó *al unísono* por dos veces el Camp Nou. EPE010299 **4 corear +:** «Sí se pudo, sí se pudo...», coreaban *al unísono* y sin cesar la gente que se arremolinó en la turística avenida... EPU081101 **5 entonar +:** Por eso los candidatos de la oposición entonaron ayer *al unísono* el «no va más»... EPE150499 **6 cantar +:** ...concluyó su actuación cantando *al unísono* con su madre el aria *Oh mio babbino caro*... LVE240495 **7 silbar:** La lengua silba *al unísono* con el espíritu. EME221095 **8 reír:** La televisión nos uniforma, opinando y riendo *al unísono* (incluso hay coros de risas, induciéndonos a estar al tanto). LVE151095 **9 bramar:** Legal, pero inmoral, bramó *al unísono* la republicana Francia. LVE160395 **10 ulular:** ...publicaciones, pantallas y neuronas en general ululamos *al unísono* sus fantasmadas. EPD041097 **11 jalear:** ...todos jaleando *al unísono* la coplilla pachanguera que hace las veces de himno electoral. EME200296 **12 tocar:** ...las agrupaciones participantes tocaron *al unísono* el pasodoble *Puenteareas* y el himno gallego. FDV260499 **13 tronar:** Amigo y Sánchez tronaron *al unísono* para redimir el uno a las almas cristianas y el otro a los jornaleros. EME190395

B VERBOS QUE DESIGNAN MANIFESTACIONES VERBALES O COMUNICATIVAS, GENERALMENTE CON LA INTENCIÓN DE DAR A CONOCER PÚBLICAMENTE IDEAS, HECHOS O INTENCIONES, O LA DE RATIFICAR O ENFATIZAR ALGÚN MENSAJE: **14 anunciar ++:** ...todas las cadenas de televisión anunciaron *al unísono* que el conservador Chirac era el nuevo presidente de Francia... EME080595 **15 proclamar +:** Cuantos se han adentrado en ese estudio proclaman *al unísono* que es la poesía más difícil del Siglo de Oro. ABC131291 **16 reiterar:** ...contrapusieron este modelo al de la izquierda, «que desvertebra la identidad nacional», según recoge el documento de Convergència y reiteraron *al unísono* todos los oradores. EPE220499 **17 insistir:** ...insistieron *al unísono* en que la ex ministra Loyola de Palacio, el portavoz del Gobierno, Josep Piqué, y el presidente del Gobierno, José María Aznar, deben tomar ejemplo de Borrell. EPE160599 **18 recalcar:** ...este trabajo (...) del que ambos músicos, *al unísono* o por separado, recalcan «es más duro y más maduro». LVE090695 **19 declarar:** ...congresistas amigos del proyecto declararon, *al unísono*, que se trataba de un gran avance... ETC081196 **20 manifestar:** ...los congregados manifestaban *al unísono* un orgullo nacional desconcertante para nosotros. LVE091196 **21 confesar:** Un equipo distinto al de hace diez años pero igualmente homogéneo que confiesa *al unísono* que «se lo pasan muy bien». LVE200196 **22 señalar:** Tanto Roma, como Rojas, casi *al unísono* señalaron que «es muy importante en las divisiones inferiores que...». LNP030797 **23 afirmar:** Luis, Pedro y Santiago afirman *al unísono*: «Como borregos. La Policía Municipal nos trató como animales». EME260695 **24 sostener:** ...debería servir para sostener *al unísono* «que España es un país donde merece la pena invertir (...)». LVE170195 **25 publicar:** Después de que la Prensa británica haya publicado *al unísono* que la intervención militar contra Irak comenzará a mediados de marzo, el titular de Defensa desmintió que... LRE030203 **26 explicar:** Nosotros siempre hemos podido enseñar nuestras obras en China y en todo el mundo y nos han entendido, explican *al unísono* estas dos personas que forman un mismo artista. EPE300699

C VERBOS QUE DENOTAN RESPUESTA, REACCIÓN Y OTRAS ACTUACIONES EN LAS QUE SE DA RESOLUCIÓN O TÉRMINO A INCÓGNITAS, CONFLICTOS Y DIVERSAS SITUACIONES DE INDETERMINACIÓN: **27 responder +:** ...todos responden *al unísono*: es falso. LVE170694 **28 contestar +:** Cuando preguntó cuánto costaba un corte de pelo, cuatro empleados le contestaron *al unísono* que 1.500 pesos... HOY041196 **29 decidir:** La compenetración fue tal que ambos decidieron *al unísono* cambiar de apéndice nasal... EME010896 **30 sentenciar:** «La hora del gran Gobierno se ha terminado», han sentenciado *al unísono* los republicanos y el presidente Clinton. EME061196 **31 concluir:** ...«él en esas cosas no repara», concluyen casi *al unísono* su jefe de prensa y su concejal de Hacienda... EPE050199 **32 replicar:** ...fue denunciada con dureza desde las filas socialistas y replicada *al unísono* por el resto de los candidatos. LVE170595 **33 reaccionar:** Las instituciones y partidos políticos de Navarra reaccionaron ayer *al unísono* en contra del proyecto... EPE260199 **34 resolver:** ...este intento de resolver *al unísono* constituye para ellos un reto de final imprevisible. LVE010895 **35 establecer –:** Ahora, en una sala establecida en *lo joven* y casi *al unísono* en el MEAC, exhibe su investigación en marcha... ABC100192

D VERBOS QUE DENOTAN JUICIO ACERCA DE ALGO O ALGUIEN. TAMBIÉN CON OTROS QUE EXPRESAN LA APRECIACIÓN QUE SE HACE DEL SENTIDO, LA CAUSA O EL FIN DE UN ASUNTO: **36 opinar:** Es cierto que esta semana seis institutos alemanes han opinado *al unísono* que la UE se ve abocada a flexibilizar los criterios de convergencia... LVE291095 **37 aclamar:** ...ha obtenido un éxito muy destacado y ha sido aclamada *al unísono* por la crítica y el público. INDOC **38 estimar:** ...cuyos indudables méritos artísticos y creativos supo estimar *al unísono* el jurado. INDOC **39 valorar:** ...ha sido acogida con entusiasmo por el público y la crítica especializada, que han valorado *al unísono* el esfuerzo de los organizadores y la calidad de los intérpretes... LVE250996 **40 pensar –:** «¡Nos han timado!», pensaron *al unísono* Andrés, su madre y Ausi... EME230194 **41 definir –:** ...el cuarteto lo define *al unísono* como «un disco fresco, contundente y con rabia, un disco rabioso de verdad». EPE160999

E VERBOS QUE DENOTAN ACTUACIÓN HOSTIL, VERBAL O NO, CONTRA ALGUIEN O ALGO, MÁS FRECUENTEMENTE SI EXPRESAN CENSURA, REPULSA O AGRESIÓN: **42 criticar +:** ...critican *al unísono* al Gobierno por marginar a la ciudadanía en algo tan primario como la alimentación. EPE180299 **43 condenar +:** Los representantes de ambos Gobiernos superaron ayer sus diferencias de los últimos días para condenar *al unísono* el atentado... EME150796 **44 atacar:** En Inglaterra, por ejemplo, cualquier intento de vulnerar las libertades individuales provoca una reacción social que no admite discrepancias y hace que políticos, periodistas y jueces ataquen *al unísono* el peligro que acecha. LVE141095 **45 golpear:** ...las cacerolas golpeadas *al unísono* por unos 2.000 estudiantes que se oponen a la Ley Orgánica de Universidades (LOU) del PP. EPE101101 **46 denunciar:** El problema es Felipe González, según denuncian *al unísono* los portavoces del curioso proyecto... LVE020795 **47 despotricar:** ...nos hace a todos despotricar, *al unísono*, contra la gente rica, la gente guapa, el lujo, el refinamiento o la exquisitez. EME290494 **48 arremeter:** ...el espectáculo de tanto lobo disfrazado de cordero, de tamaña jauría arremetiendo *al unísono* contra un hombre solo. EME181095 **49 rechazar:** La propuesta catalana fue rechazada *al unísono* por PSOE e IU, descontentos con los términos *transitorio* y *orientativo*. EPE290999 **50 repeler:** ...han dejado de lado sus rencillas internas para repeler *al unísono* la intolerable agresión del enemigo exterior. LVE220696 **51 agredir:** ...como si la prensa se hubiera puesto de acuerdo en agredir *al unísono* a todos los políticos que... INDOC

F VERBOS QUE DESIGNAN ACCIONES DE DIVERSA ÍNDOLE DESTINADAS A FAVORECER O BENEFICIAR A ALGUIEN O A ALGO: **52 defender +:** Las tres asociaciones representativas de la empresa familiar valenciana defenderán *al unísono* en su primer congreso autonómico (...) la generalización de las exenciones del impuesto de sucesiones. EPE061099 **53 apoyar +:** La única posibilidad (...) es que todos los grupos de la oposición apoyen *al unísono* alguna de las enmiendas. EPE221299 **54 respaldar +:** Clinton y Kohl respaldan *al unísono* al presidente de Rusia y la ampliación hacia el Este de la OTAN. EME100295 **55 impulsar +:** ...hampones, tahúres y pícaros impulsados *al unísono* por el mismo resorte: el afán de encontrar un tesoro oculto en el subsuelo de Madrid. ABC030792 **56 abogar:** Chirac y Musharraf abogaron ayer *al unísono* por una solución política a la crisis... EPE081101 **57 privilegiar:** ...en la agricultura, donde, privilegiando, *al unísono*, el productivismo y las macroexplotaciones, se han enfrentado sólo por sus diferentes sistemas de ayuda a la producción... EPE111299

G VERBOS QUE DENOTAN APARICIÓN, PROGRESIÓN O DESARROLLO DE ALGO: **58 surgir:** De pronto, de centenares de miles de voces surge *al unísono* un murmullo

que parece resonar por todo el ámbito de la pradera: «They are off!!». LVE030696 **59 evolucionar:** ...hemos de comprobar que las economías de los Estados miembros no evolucionan *al unísono*... EPE220399 **60 avanzar +:** Los atacantes avanzan *al unísono* desde el norte, sur, este y oeste... EME240795 **61 marchar +:** ...hay veces que la voluntad y el corazón no marchan *al unísono*... EME290996 **62 crecer:** Cuando todos crecen, pero no *al unísono*. LVE070195 **63 florecer:** ...ambas florecieron *al unísono*: Rabat, como fortaleza de los combatientes del Yihad (Guerra Santa), y Sevilla, bulliciosa y prospera, marcando con su espíritu a todos los que en ella moraron... EPE131099 **64 brotar:** ¿Se imagina alguien un campo de patatas programadas para brotar todas *al unísono* y que no echen brotes luego, cuando se almacenan? EPE230699
☐ Véase también: **a coro**.

alusión ♦ atinado[19], claro, constante, directo, discreto, especial, explícito, expreso, firme, genérico, gratuito, implícito, indirecto, indiscreto, leve, obvio, ofensivo, personal, puntual, somero[72], tangencial, velado ♦ en ♦ añadir, decir (en), deslizar(se), destacar, explicar (en), formular, hacer, merecer, obviar[29], personalizar, rebatir, replicar (a), verter[20]
☐ Véase también: **denominación, indirecta, mención**.

alusivo *adj.* ▮ Se combina con sustantivos que designan diversos objetos físicos, especialmente aquellos que sirven de soporte a imágenes, símbolos o mensajes verbales *(pancarta, cartel, bandera, película, programa)*. Admite también ocasionalmente sustantivos que designan ciertos eventos, generalmente públicos *(acto, exposición, espectáculo)*. Se combina asimismo con...

A SUSTANTIVOS QUE DESIGNAN MENSAJES, TEXTOS O COMPOSICIONES DE NATURALEZA VERBAL, ASÍ COMO ALGUNAS DE SUS PARTES O SUS COMPONENTES: **1 frase ++:** Cascos, bastante emocionado, sólo entonó una frase *alusiva* a la sangría que ha vivido el PP en Asturias. EPE250599 **2 comentario +:** Los únicos comentarios *alusivos* al estado de salud real del presidente ruso proceden (...) de miembros de su propio entorno. LVE040896 **3 discurso +:** Las obras también poseen un discurso *alusivo* a diferentes sentimientos, estados emocionales e inquietudes del ser humano. EPE011099 **4 artículo +:** Allí se pueden adquirir artículos *alusivos* al juego ciencia. ETC111196 **5 canción +:** ...se desplazaron a la finca propiedad de José Agustín Goytisolo (...), quien entonó una canción *alusiva* a la opresión del obrero por el capital (...). EME090295 **6 letra +:** ...Teófila Madroñal, sargento de la Primera Brigada de Choque, cantaba letras *alusivas* a líderes y a batallas perdidas. EPE040499 **7 párrafo:** Más interesante todavía es un párrafo *alusivo* a las reglas de conducta relativas a las relaciones interpersonales... CAP200397 **8 estribillo:** Para el día 15, desde las 15:00, se tendrá una marcha por la salud, una caminata con carteles, pancartas y estribillos *alusivos* a un vivir con sanos hábitos... ACP050901 **9 copla:** Acto seguido, Elisa Serna entonó algunas coplas *alusivas* a la defensa de Madrid. EME081196 **10 poema:** Las cajas van acompañadas por 12 poemas *alusivos* de Paz, de los cuales nueve son inéditos. EPE191099

B SUSTANTIVOS QUE DESIGNAN REPRESENTACIONES VISUALES O SUS SOPORTES GRÁFICOS: **11 dibujo +:** Las paredes de la escuela Cristo Rey están llenas de slogans y dibujos *alusivos* al tema. ENV090597 **12 imagen +:** Cada uno de los intérpretes ha realizado un videoclip que acompaña con imágenes *alusivas*... CLA110197 **13 cuadro +:** ...han restaurado la memoria de Beneixida mediante cuadros secuenciales *alusivos* a diferentes protagonistas de la historia del arte. EPE281299 **14 fotografía:** Din Matamoro presenta (...) algunos de sus cuadros recientes la mayoría de los cuales combinan texto e imagen y van acompañados (...) de pequeñas fotografías, *alusivas* a playas... ABC030395 **15 figura:** En la exposición hay varios croquis y dibujos de Picasso con figuras *alusivas* al pintor... LVE211296 **16 pintura:** ...Gino Rubert presenta tres vídeos, los primeros que ha realizado el artista, y una gran pintura *alusiva* al tema general. EPE090199 **17 lámina:** ...la vitrina de la galería fue transformada por un almacén de tierra caliente, con ventiladores pintados y láminas *alusivas* al trópico para ambientarlo todo. ETC150497 **18 bosquejo:** En todo caso, en forma de bosquejo *alusivo* a cosas muy concretas. LTB130901

C OTROS SUSTANTIVOS; POSIBLES USOS ESTILÍSTICOS: Y de esta manera «contrapuesta» Barnatán ha pasado de la levedad *alusiva* de su paisaje a la contundencia de los nuevos cuadros florales y bodegones... ABC210495; ...no resulta extraño que comparara el placer intelectual con el sexual, definiendo a aquél como una súbita descarga de emociones *alusivas*... EPE171280

aluvión (de) ♦ aviso, carta, comentario, crítica, dato, elogio, gente, imagen, información, inmigrante, insulto, llamada, novedad, oferta, petición, protesta, queja, refugiado, viajero, visita
☐ Véase también: **avalancha (de)**.

al vacío ♦ conservar, embotellar, empaquetar, envasar

al vapor ♦ calentar, cocer, cocinar, guisar, hervir

al vuelo *loc.adv./loc.adj.* ▮ Forma parte de las locuciones verbales *echar las campanas al vuelo* y *lanzar las campanas al vuelo*. Aunque admite verbos que designan diversas acciones que pueden llevarse a cabo suspendido en el aire *(Despejó al vuelo el balón con los puños; El pelícano se tragó el pescado al vuelo)*, se combina más frecuentemente con...

A VERBOS QUE DENOTAN APREHENSIÓN Y –POR EXTENSIÓN– PERCEPCIÓN O CAPTACIÓN DE ALGO: **1 coger ++:** ...frases cogidas *al vuelo*, pedazos de madera y metal, frascos de... ABC040394 **2 recoger ++:** ...proposiciones salvadoras que no hay tiempo de recoger ni *al vuelo*; réplicas y contrarréplicas, síntesis y balances... VEN260899 **3 cazar ++:** ...no tiene más entretenimiento que intentar cazar su melancolía *al vuelo* con ese vaivén con que se mueven los... LVE290296 **4 pescar +:** Chillida pescó la sugerencia *al vuelo*: «Si me está usted proponiendo que...». EPE080701 **5 captar +:** El Centro de Iniciativas Turísticas de Marbella (CIT) ha captado el mensaje *al vuelo*. EPE031099 **6 atrapar +:** ...maneja el lazo de crin para atrapar goles *al vuelo.* EPE161099 **7 interceptar +:** Algunas afirmaciones interceptadas *al vuelo* dan una idea de que... EPE110899 **8 pillar +:** ...habrá gente que se conforme con entender un 15 de lo que he querido decir, y otros pillarán *al vuelo* más cosas que las que yo creo decir... EPD240997 **9 tomar:** ...según mis notas, tomadas *al vuelo* del teléfono, entre pasillos, carreras, gritos... EME160995 **10 agarrar +:** Dámaso Alonso agarró la mentira *al vuelo* y le contestó al joven... EPE161299 **11 comprender:** Comprendía *al vuelo* las situaciones, si estaban bien o mal... ABC251194 **12 reconocer:** ¿Cómo sabe que no se disfraza? Al pájaro se lo reconoce *al vuelo.* CLA150197 **13 alcanzar:** ...toda palabra ansía desdecirse / para alcanzar *al vuelo* sus raíces. ABC131095 **14 entender:** El niño quedó conforme. Entendió *al vuelo* que el nombre Parra estaba... HOY250484 **15 escuchar:** La amenaza que habían escuchado *al vuelo,* cuando aparcaron en aquella zona reservada... EME290196

B VERBOS QUE DENOTAN LANZAMIENTO: **16 lanzar +:** ...el micro esquiva al orador, la mesilla lanza confeti *al vuelo* y un chirimiri impertinente obliga al conferenciante... EPE010899 **17 tirar:** ...tuvo la suerte de esquivar unas tijeras que le tiraron *al vuelo.* EPE070400 **18 echar:** La cuestión contenía todos los ingredientes para echar la mente *al vuelo* en una gran diversidad de temas trascendentes... LVE101195

C VERBOS QUE DENOTAN SURGIMIENTO O APARICIÓN: **19 surgir:** Como ideas surgidas *al vuelo,* se comenta la posibilidad de organizar un... EME010296 **20 suscitar:** ...y mejor si se suscitan *al vuelo* los vilanos del humor y la comicidad. LVE120795 **21 pasar:** ...estuvo mirando cada mosca que pasaba *al vuelo* toda la tarde. EME080896

D ALGUNOS VERBOS QUE DENOTAN EMISIÓN O PRODUCCIÓN DE INFORMACIONES VERBALES: **22 soltar +:** El cantaor jerezano la suelta como *al vuelo,* sin darse importancia. Quizá por eso, es la frase que... EPE261000 **23 decir +:** Bastó que Ignasi Riera dijera *al vuelo* una sola palabra llave («Garzón») para que... LVE310196 **24 mencionar +:** Mencionó *al vuelo* algunos nombres porque no recordaba toda la lista. INDOC **25 comentar:** ...las noticias se desgranan con pausa al socaire de la gente que entra, sale y comenta *al vuelo.* EPE170499 **26 escribir:** ...un par de estrofas escritas *al vuelo* fue todo lo que hizo Claudio. HOY070797

E OTROS VERBOS, MÁS FRECUENTEMENTE SI DESIGNAN LA DECISIÓN O LA DETERMINACIÓN DE HACER USO DE LO QUE SE PRESENTA DE FORMA INMEDIATA: **27 aprovechar +:** ...aprovechó la ocasión *al vuelo* para destacar el «apoyo y la credibilidad» que... EME031296 **28 decidir:** No puedes meditarlo. Tendrás que decidirlo *al vuelo.* INDOC **29 aceptar:** Fischer aceptó *al vuelo* la oferta norteamericana de entablar un diálogo en... EPE040201 **30 determinar:** Un observador adiestrado podría determinar *al vuelo* si un sujeto estudió en... HOY151297

F ALGUNOS SUSTANTIVOS QUE DENOTAN INFORMACIÓN TOMADA O PRESENTADA GENERALMENTE DE FORMA CIRCUNSTANCIAL: **31 nota +:** ...recuerdos de lugares y personajes del viejo Santiago: notas *al vuelo* donde se suceden episodios de la cultura y... HOY080997 **32 apunte +:** No era propiamente un informe, sino un conjunto de apuntes *al vuelo.* INDOC **33 anotación:** La contraposición entre una poesía de corte más narrativo, entre la meditación, y el esbozo lírico (...) se resuelve aquí en favor del apunte, de la anotación *al vuelo.* LVE300994

G OTROS SUSTANTIVOS, MÁS FRECUENTEMENTE SI DESIGNAN COSAS LIGERAS: **34 capa:** Estudiantinas insomnes reiteran las endechas a la señora morena entre cintas multicolores y capas *al vuelo.* PME221296 **35 falda:** ...convertidas en blancas flores por mor de sus faldas *al vuelo* en un mareante rodar y rodar... LVE091196 **36 bandera:** ...himnos, fanfarrias, desfiles, banderas *al vuelo.* INDOC

[alza] → **en alza**

alza ♦ **acentuado, apreciable, arancelario, bursátil, considerable, desorbitado, discreto, escandaloso, espectacular, fuerte, generalizado, irrefrenable, leve, ligero, meteórico, moderado, modesto, notable, preocupante, progresivo, pronunciado, repentino, salarial, sensible, significativo, sostenido, sustancial, tímido, uniforme** ♦ **al, en** ♦ **valor (en)** ♦ **acumular, anotar(se)[13], apuntar, compensar, contener, detener, evitar, frenar, generar, impedir, marcar[39], percibir(se), prever, producir(se), provocar, recoger, reflejar, registrar(se), representar, suponer, tener**

☐ Véase también: **ascensión, ascenso, auge, aumento, elevación, subida.**

[alzado] → **a mano alzada**

alzar(se) ♦ **de puntillas[36], en armas, en brazos, en volandas** ♦ **cabeza, hombro, mirada, telón, vista, voz**

☐ Véase también: **ascender, elevar(se), subir.**

amabilidad ♦ **cordial, debido, desinteresado, escaso, espontáneo, exquisito, extraordinario, extremo, gran(de), infinito, inusitado, obsequioso, proverbial, sospechoso, sumo[42]** ♦ **con** ♦ **falta (de), gesto (de)** ♦ **abusar (de)[7], agradecer, derrochar[87], deshacerse (en)[17], dispensar, irradiar[12], mostrar, prodigar, rebosar, respirar, rezumar, tener**

☐ Véase también: **amistad, cordialidad, cortesía, generosidad, gentileza.**

AMABILIDAD Véase: CORTESÍA

amablemente ♦ **acceder, aclarar, acompañar, aconsejar, acudir, atender, ayudar, brindarse, ceder, charlar, contestar, corregir, dar, decir, departir, desaconsejar, despedir, dirigirse, enviar, esperar, explicar, facilitar, inclinarse, indicar, informar, invitar, llevar, mirar, mostrar, negarse, ofrecer(se), ordenar, pedir, preguntar, prestarse, proponer, proporcionar, rechazar, regañar, remitir, reprochar, responder, retratar, rogar, saludar, señalar, sugerir, tratar**

☐ Véase también: **afectuosamente.**

a machamartillo *loc.adv./loc.adj.* **▮** También se escribe *a macha martillo.* Se combina con sustantivos de persona que designan al que profesa creencias religiosas *(católico, creyente),* así como al que sigue doctrinas o tendencias políticas, culturales o de otro tipo *(nacionalista, europeísta, republicano)*. También se combina con...

A VERBOS QUE DENOTAN MANTENIMIENTO O DEFENSA DE UNA POSICIÓN: **1 defender +:** Me parece que sólo tiene cuatro ideas en la cabeza, y las defiende *a machamartillo*. EME160696 **2 creer +:** ...son principios en los que cree «a rajatabla, *a machamartillo* y hasta la muerte». EPE080999 **3 mantener:** ...mal negociador es el que mantiene *a machamartillo* su punto de vista y no cede un ápice ante el contrario. INDOC **4 sostener:** Es probable que, según sostiene Cruyff *a machamartillo*, Busquets sea portero apto para el Barça. LVE200395

B VERBOS QUE DENOTAN REITERACIÓN: **5 repetir +:** ...cuyos dogmas nos repite *a machamartillo* incesantemente. LVE280195 **6 insistir:** No hace falta que insistas *a machamartillo* que no te ha gustado. LVE200395

C VERBOS QUE DESIGNAN ACCIONES EN LAS QUE SE EJERCE AUTORIDAD O CONTROL: **7 imponer:** ...la misma credibilidad (increíble) que la de aquellos que quisieron imponernos *a machamartillo*... EME101096 **8 exigir:** ...es lo que exigen *a machamartillo* los insumisos que no aceptan ni la trampa técnica del camuflaje. EME220296 **9 dirigir:** ...la Representación Permanente de España ante la UE en Bruselas, dirigida *a machamartillo* por los embajadores... EME241295

D VERBOS QUE DENOTAN PUESTA EN PRÁCTICA O ACTUACIÓN CONFORME A UNA PAUTA: **10 aplicar:** Las reformas (...) son de mayor calado y redactadas para aplicarse *a machamartillo*. EPE250499 **11 seguir:** ...era el planteamiento a seguir *a machamartillo* hasta el final. EME070196

E OTROS VERBOS; POSIBLES USOS ESTILÍSTICOS: Mientras el vocalista Bart Davenport ennegrecía *a machamartillo* el «Down home girl»... LVE040495

F SUSTANTIVOS QUE DENOTAN APOYO O CREENCIA, RELACIONADOS CON LOS VERBOS DEL APARTADO *A*: **12 defensa +:** El director cree necesaria «una defensa *a machamartillo* de la industria europea». EME230295 **13 creencia:** ...un punto intermedio entre el relativismo absoluto y las creencias *a machamartillo* en unos pocos principios que... INDOC

amagar *v.* ▮ Se combina con sustantivos que designan manifestaciones verbales, más frecuentemente si son hostiles *(crítica, reconvención)*. Asimismo se combina con...

A SUSTANTIVOS QUE DESIGNAN CIERTOS MOVIMIENTOS EXPRESIVOS DEL CUERPO HUMANO, A VECES INTERPRETADOS FIGURADAMENTE: **1 mueca +:** Entretanto, Quintero sólo mira y *amaga* una mueca. LVE020296 **2 gesto +:** ...a la táctica de disimulo que practican en estos momentos las diversas facciones de la gran derecha nacional: la del PSOE *amaga* gestos de un cierto izquierdismo... EME140395 **3 sonrisa:** Se descubre el rostro, levanta la cabeza y *amaga* una sonrisa. EPE300700 **4 guiño:** ...miró a la cámara y *amagó* un guiño que nadie supo interpretar. INDOC

B SUSTANTIVOS QUE DENOTAN GOLPE O ACCIÓN LESIVA: **5 golpe +:** Si poseen esa información, que dejen de *amagar* ya el golpe, que cesen en el goteo de rumores o filtraciones a medias por medio de sus voceros. LVE021095 **6 revés:** ...se marchaban de la cara del toro contoneando el cuerpo como si acabaran de recrear algo grandioso o *amagándole* reveses como si se hubiesen quedado con las ganas de darle de bofetadas. EPE110700 **7 estacazo:** O sea que tras dejarlo humillado y molido, se iba de la fosca cara con petulante andar y le *amagaba* un estacazo... EPE110999 **8 trallazo:** En el clímax de la tensión, Jones hace primero una mueca de desánimo y luego el gesto desesperado de *amagarle* un trallazo a la muñeca. EPE031099

C ALGUNOS SUSTANTIVOS QUE DESIGNAN LANCES DEPORTIVOS: **9 avance:** Lo hemos visto muchas veces: Occidente adelanta la punta del pie, *amagando* un avance. EME100294 **10 desmarque:** Y el «Buitre» que la quiere, que *amaga* el desmarque a la espera de ese balón de Laudrup que le permita la cita a solas con el guardameta. EME160695 **11 centro:** Chiesa *amaga* el centro desde la derecha, pero pica el balón, por encima de Molina, al palo contrario. EPE070499 **12 pase:** Hizo ver como que *amagaba* el pase con la mirada para soltar la pelota hacia Rivaldo, tal que fuera Michael Laudrup. EPE260900 **13 triple:** A 40 segundos, Ferrán *amaga* un triple, tira cómodo desde cinco metros y vuelve a fallar. EME220494

D ALGUNOS SUSTANTIVOS QUE DENOTAN ENFRENTAMIENTO O CONFLICTO: **14 discusión:** Repárese, además, que la tantas veces *amagada* discusión sobre la derecha y la izquierda no ha pasado de sugerencias o repeticiones... EME030296 **15 guerra:** Cabe señalar que TV3 ya emitió en «30 minuts» el reportaje «La guerra *amagada*», de la BBC, que obtuvo aquí una Ninfa de Plata. LVE180295 **16 riña:** CiU se ha conformado con *amagar* la riña y no dar en el clavo para provocar un verdadero vuelco político. EME190995

E SUSTANTIVOS QUE DENOTAN TÉRMINO O CESE, Y –POR EXTENSIÓN– DECLIVE O CAÍDA DE ALGO O ALGUIEN: **17 final:** Hemos cumplido 10 años de crisis sin que *amague* su final en parte alguna. EPE010684 **18 caída:** Los mercados de valores volvieron a *amagar* una caída importante en esta última sesión... EPE011099 **19 derrocamiento:** A su alrededor, buen número de pretendientes arma revuelos y *amaga* derrocamientos, pero todos acaban chocando con sus propias dudas. EPE311099 **20 dimisión –:** Población, sin embargo, salió del consejo sin *amagar* la dimisión que pedía el PSOE ni entregar el listado. EPE260499

F OTROS SUSTANTIVOS; POSIBLES USOS ESTILÍSTICOS: ...entre los oscuros naranjos que *amagan* la reluciente joya de sus frutos. LVE270696

amago (de) ♦ **abucheo, acercamiento, agresión, amenaza, angina de pecho, asalto, ataque, batalla, cambio, combate, confusión, crisis, debate, depresión, derrame, desmayo, dimisión, disculpa, discusión, enfrentamiento, golpe, guerra, huelga, huida, infarto, insurrección, levantamiento, motín, mueca, pelea, protesta, reacción, rebelión, rechazo, recuperación, respuesta, retirada, ruptura, sonrisa, suicidio, susto**

amainar *v.* ▮ En su sentido de 'bajar' se combina con el sustantivo *vela* y con otros sustantivos que designan objetos que son izados. En su sentido de 'moderar su fuerza o intensidad' se combina con...

A SUSTANTIVOS QUE DESIGNAN FENÓMENOS ATMOSFÉRICOS, GENERALMENTE DE CARÁCTER ADVERSO. SE USAN A MENUDO EN SENTIDO FIGURADO: **1 temporal** ++: ...esperando a que *amaine* el temporal y acabe imponiéndose la lógica del mercado. EME080395 **2 vendaval** ++: ...pese a que *amainó* el vendaval, una niña de dos años muy grave en Alcalá de Henares (Madrid) por la caída de una maceta. EPE291299 **3 tormenta** ++: Empieza a *amainar* la tormenta política en que se ha visto inmersa la joven presidenta de la Cámara de Diputados... LVE150295 **4 tempestad** ++: La tempestad monetaria *amaina*. LVE290195 **5 lluvia** +: ...las intensas lluvias de estos días *amainaría* el fin de semana. INDOC **6 precipitación:** ...*amainadas* las precipitaciones de primera hora de la noche... LVE240696

B SUSTANTIVOS QUE DESIGNAN CIRCUNSTANCIAS ADVERSAS O AMENAZANTES: **7 problema:** Los sindicatos creen que si la Jefatura cumple el compromiso el problema puede ir *amainando*. EME300594 **8 crisis:** ...la crisis institucional española que no sólo no mejoró o *amainó* con el relevo en el Gobierno... EME140996 **9 peligro:** No parecía que el peligro de la guerra fuera a *amainar* con la firma de los acuerdos. INDOC **10 riesgo:** ...la vigilancia policial es mayor, pero el riesgo de un atentado no *amaina*. INDOC

C SUSTANTIVOS QUE DENOTAN ENFRENTAMIENTO VERBAL O FÍSICO. TAMBIÉN CON ALGUNOS QUE DESIGNAN OTRAS SITUACIONES QUE EXPRESAN CONFLICTO EN DIVERSAS FORMAS Y GRADOS: **11 discusión:** ...intentó reducir los recelos y *amainar* la persistente discusión... LVE220595 **12 combate:** Y cada vez que *amainan* los combates el país sigue su marcha... SEM240996 **13 protesta** +: Negociando puede ganar tiempo, el suficiente para que la protesta *amaine*. LVE101295 **14 debate:** ...no logró consumar hasta el penútimo día hábil pese a la visita a la ciudad del mismísimo secretario general, Javier Arenas, para templar gaitas y *amainar* el debate. EPE120699 **15 polémica:** A pesar de la homilía, que iniciaba una campaña de ayuda al Zaire, la polémica no *amainaba* en el pueblo. EME191196 **16 escándalo:** Pensábamos que quería ganar tiempo a la espera de que *amainasen* los escándalos. EME250395 **17 lucha:** ...entramos inevitablemente en un nuevo paréntesis en el que no hay que esperar que la lucha política *amaine*, sino todo lo contrario. LVE050495 **18 violencia:** Lejos de *amainar* ante la presión social (...) la violencia doméstica sigue ofreciendo cifras cada vez más elevadas. EPE040299 **19 acoso:** Lejos de *amainar*, el acoso al presidente colombiano parece recrudecerse. EME090895 **20 bombardeo:** ...estaban agazapados a la espera de que *amainara* el bombardeo... EME170195

D SUSTANTIVOS QUE DESIGNAN DIVERSOS SENTIMIENTOS Y ESTADO ANÍMICOS DE SIGNO NEGATIVO, MÁS FRECUENTEMENTE SI EXPRESAN TEMOR, AFLICCIÓN O IRRITACIÓN EXTREMA: **21 miedo:** El miedo había *amainado* tras la muerte del célebre narcotraficante... EPE041199 **22 desolación:** Mi desolación *amaina*. Sus palabras son música, clamor, brisa fresca que desvanecen mi agonía. ABC121193 **23 tensión** +: La tensión precongresual lejos de *amainar* se tradujo en tres candidatos a la secretaría general... EPE200999 **24 crispación:** ...reina el «¡basta ya!» ante tanta crítica y tanta «crispación», que no *amaina* aunque se hayan celebrado ya las elecciones... EME290396 **25 furor:** ...puede que sea sólo un movimiento táctico a la espera de que el furor antiterrorista *amaine*... EPE251001 **26 ira:** ...contribuyó a *amainar* las iras de los calzados... ABC131291 **27 dolor:** Mi amigo se metió a las malas y exigió que lo atendieran; de hecho, una enfermera jefe le aplicó una inyección que *amainó* muy poco su dolor... ETC210197

E SUSTANTIVOS QUE DENOTAN INCLINACIÓN FAVORABLE DEL ÁNIMO HACIA ALGUNA ACCIÓN FUTURA. TAMBIÉN CON OTROS QUE DESIGNAN DIVERSAS FORMAS DE MANIFESTARSE EL IMPULSO O LA INTENCIÓN DE ACTUAR: **28 interés:** Ya empieza a *amainar* el enorme interés que ha despertado en el gran público la historia de la transición, contada en todos sus detalles por Victoria Prego... LVE041295 **29 deseo:** ...un permanente deseo de notoriedad que no parecía *amainar* con los años. INDOC **30 ánimo:** Y en el momento en que Jordi Pujol ratificó la convocatoria novembrina, se diría que los ánimos han *amainado*... LVE011095 **31 vigor:** el paso a dos que se considera «caballo de batalla» ineludible en las presentaciones del bailarín (...), ahora con un vigor *amainado* por la experiencia... EME050895

F SUSTANTIVOS QUE DENOTAN CONFUSIÓN O AGITACIÓN, GENERALMENTE PROVOCADAS: **32 tumulto:** Dado que no *amainaba* el tumulto organizado por los periodistas (...), el piloto anunció a la torre de control que se había producido un motín a bordo. EPE021285 **33 ajetreo:** Las partidas solían tener lugar cuando el ajetreo del campo de batalla *amainaba*. EME031196 **34 caos:** ...para cuando se restablezca la calma, *amaine* el caos y se recupere la normalidad. INDOC

G SUSTANTIVOS QUE DENOTAN DIRECCIÓN O TENDENCIA, MÁS FRECUENTEMENTE SI SE APLICA A GUSTOS U OPINIONES: **35 tendencia:** ...esa moda o tendencia no ha *amainado*, sino que va en aumento (...), se ha llegado al punto en que los herederos o descendientes de cualesquiera víctimas del pasado exigen... EPE250199 **36 moda:** Hay ciertas modas, que por obsoletas que parezcan, no *amainan* nunca. INDOC **37 corriente:** ...hasta que no *amaine* la corriente de internautas que se han lanzado a ojear la Enciclopedia, los lectores sólo podrán leer el primer párrafo de los artículos. EPE211099

H OTROS SUSTANTIVOS; POSIBLES USOS ESTILÍSTICOS: ...no piensa *amainar* el plumaje al primer ruido. ESH141100; ...*amainó* un tanto la marcha en el segundo set. EME040896

☐ Véase también: **dulcificar, mitigar, remitir, sosegar(se)**.

a mamporros Véase: **a golpes, a palos, a patadas, a tiros**

a mandíbula batiente ♦ reír

amanecer ♦ áureo, bello, centelleante, democrático, deslumbrante, dorado, esperanzador, espléndido, esplendoroso, gris, hermoso, nublado, nuevo, político, radiante, reluciente, relumbrante, renacentista, resplandeciente, rosado, tímido, triste ♦ al, antes (de), después (de), hasta ♦ claridad (de), luz (de) ♦ alumbrar, clarear, despuntar, iluminar, llegar, presenciar, ver

☐ Véase también: **alba**.

a mano ♦ **coser, decorar, dibujar, escribir, fabricar, hacer, labrar, lavar, pintar, restaurar**
☐ Véase también: **a máquina, de {mi/tu/su...} puño y letra.**

a mano alzada *loc.adv./loc.adj.* ▮ En el sentido de 'con la mano, sin ayuda de otro instrumento' se combina con sustantivos que designan obras gráficas o algunos de sus elementos *(plano, dibujo, boceto, diseño, pintura, croquis, línea, trazo, perspectiva, escritura, rotulado)*, así como con los verbos que designan las acciones de las que resultan esas representaciones *(dibujar, pintar, trazar, diseñar, escribir)*. También se combina con...

A SUSTANTIVOS QUE DESIGNAN LA ACCIÓN DE DECIDIR, ASÍ COMO ALGUNAS DE LAS FORMAS EN LOS QUE SE MANIFIESTAN LAS DECISIONES: **1 votación ++:** ...da como válida la votación *a mano alzada* realizada en la citada sesión plenaria... CAN070599 **2 voto +:** ...y, con un voto *a mano alzada*, todos los asistentes aprobaron el documento... EPE271001 **3 decisión:** ...no puede haber democracia hasta que se supriman las decisiones *a mano alzada*... EME250795

B VERBOS QUE DENOTAN ELECCIÓN O TOMA DE POSTURA FAVORABLE O CONTRARIA A ALGUNA ACCIÓN: **4 votar ++:** ...posteriormente, ante la conferencia, que la votará *a mano alzada*. LVE220795 **5 aprobar +:** ...enviado por el Congreso y que anoche fue aprobado *a mano alzada* por el Senado. LVE141195 **6 rechazar:** Los delegados las rechazaron a puerta cerrada, *a mano alzada* y sin haberlas podido leer. EPE170900 **7 inclinarse –:** Los trabajadores, *a mano alzada*, se inclinaron mayoritariamente por esta actitud... EPE010487 **8 expresar el voto:** ...tras haber expresado *a mano alzada* su voto de confianza al Gobierno... EPE020886

C OTROS VERBOS; POSIBLES USOS ESTILÍSTICOS: ...el Soviet Supremo ratificó la denuncia del tratado de 1922, fundamento legal de la URSS. *A mano alzada* disolvió la Unión Soviética. BRE100197; ...los mismos que se disputan *a mano alzada* un Matisse o un Picasso... EME130396
☐ Véase también: **decidir, votar.**

a mano armada *loc.adv./loc.adj.* ▮ Se combina con verbos y sustantivos que denotan lucha o enfrentamiento *(luchar, combatir, enfrentarse, defender, lucha, enfrentamiento, levantamiento)*, así como con...

A VERBOS QUE DENOTAN ROBO, ESPECIALMENTE SI SE LLEVA A CABO CON VIOLENCIA. TAMBIÉN CON ALGUNOS QUE DESIGNAN OTRAS ACTIVIDADES QUE SE LLEVAN A CABO CONTRA LA INTEGRIDAD DE LAS PERSONAS O CONTRA SUS BIENES: **1 atracar ++:** ...junto con otro hombre, atracaba *a mano armada* un «pub» de la avenida de Oporto... EME190494 **2 robar +:** ...y un ratero al que habían cogido robando *a mano armada*. HOY180886 **3 asaltar +:** Las mujeres están acusadas de haber asaltado, el viernes pasado, *a mano armada*, el restaurante... ESH241000 **4 secuestrar:** ...después de que el vehículo fuese secuestrado *a mano armada* por un hombre encapuchado. EME140895

B ALGUNOS VERBOS QUE DENOTAN ENTRADA O INGRESO: **5 entrar:** ...para lo cual no dudaban en entrar *a mano armada* en lo que alguien denominó la cacharrería de la historia. EPE011199 **6 irrumpir:** ...irrumpieron en un restaurante *a mano armada* y asaltaron a todos los clientes. INDOC

C SUSTANTIVOS QUE DENOTAN ROBO, AGRESIÓN Y OTRAS FORMAS DE ACTUACIÓN VIOLENTA. SE RELACIONAN CON LOS VERBOS DEL APARTADO *A*: **7 atraco ++:** ...como consecuencia de los atracos *a mano armada* perpetrados por el hampa... ENV170197 **8 robo ++:** ...fue aprehendido dos veces por el delito de robo *a mano armada*... PLG140397 **9 asalto +:** ...que robaban automóviles y cometían asaltos *a mano armada* en negocios y residencias. GIC114697 **10 agresión:** ...incomprensiblemente tolerante con las constantes agresiones *a mano armada*... EME281095 **11 ataque:** ...70 mil robos, 26 mil ataques *a mano armada*, sin contar 425 asaltos a bancos. HOY250184 **12 crimen:** ...como misión perseguir «los crímenes violentos o *a mano armada*... EPE110999

D SUSTANTIVOS DE PERSONA QUE DESIGNAN AL QUE PERPETRA UN ROBO O UNA AGRESIÓN VIOLENTA. SE RELACIONAN CON LOS VERBOS DEL APARTADO *A* Y LOS SUSTANTIVOS DEL APARTADO *C*: **13 ladrón:** Mobley, ladrón y asesino *a mano armada*, es una mala persona. EME260395 **14 atracador:** En la «próspera y pacífica» Singapur, se condena a muerte a los traficantes de droga y atracadores *a mano armada*... EME140494 **15 asesino:** ...un asesino *a mano armada* contra el que se acumulan un gran número de cargos... INDOC **16 asaltante:** ...acusado por la policía belga de ser un asesino por encargo y asaltante *a mano armada*... CLA050297

a manos llenas *loc.adv.* ▮ Se combina con el verbo *tener*, y también con...

A VERBOS QUE DENOTAN GASTO O PÉRDIDA DE ALGO, MÁS FRECUENTEMENTE POR IMPRUDENCIA O POR EXCESO: **1 derrochar ++:** Convulsiones religiosas y etílicas, felicidad derrochada *a manos llenas*, desgracias tejidas sobre picardías, complicidades... PME070796 **2 gastar ++:** Un día entendí porque esos señores, que gastaban *a manos llenas*, terminaron por convertirse en la plaga de nuestro reinado de belleza. SEM131100 **3 dilapidar +:** ...invirtiendo en proyectos ruinosos y dilapidando *a manos llenas* el dinero público. INDOC **4 tirar:** Apoteosis en la que, según las crónicas, apenas aparece o no aparece ¡nada menos que Tarradellas!, la más burda propaganda totalitaria tirando *a manos llenas* el dinero público. EME090396

B VERBOS QUE DENOTAN REPARTO, ENTREGA O DISTRIBUCIÓN DE ALGO, A MENUDO IMPRUDENTES O EXCESIVAS: **5 repartir ++:** Los jefes máximos de una administración que (...) repartió *a manos llenas* divisas para los importadores y contrabandistas... ENV170197 **6 dar +:** El autor (...) nos da *a manos llenas* un lenguaje florido y conceptuoso, con galanuras de estilo bellas y más bien afectadas. ABC150995 **7 regalar:** Pablo regaló hospitales, canchas de futbol, terrenos, casas, parques, empleos, dinero en efectivo *a manos llenas*... PME201096 **8 regar –:** Riegan el dinero *a manos llenas* pero el que se mete con ellos sabe que tiene la vida en peligro... DLA210497 **9 compartir:** Se centró en el presente y en esa intimidad que ahora comparte *a manos llenas*. EPE230299 **10 distribuir:** ...la palabra justa y la confortabilidad de un humanismo distribuido *a manos llenas.* LVE231295 **11 derramar:** Oliva también derramó *a manos llenas* el acanto, las hojas de salón y la yedra. LVE231195 **12 aportar –:** ...donde asevera que «un niño pregunta qué es la hierba, aportándomela *a manos llenas*»... LVE240896

C VERBOS QUE DENOTAN GANANCIA U OBTENCIÓN DE ALGO: **13 ganar +:** Lo que nos ha hecho ganar un novelista *a manos llenas*, desde luego, un ensayista penetrante, lúcido, amargo... ABC250294 **14 llevar(se) +:** Aquí no se trata de partidos ni de ideologías políticas; aquí de lo que siempre se ha tratado es de llevárselo *a manos llenas* y cuanto antes mejor. EME190494 **15 recibir:** ...insistió calificando a ese tipo de personas de «avasalladoras, temibles, que lo han recibido *a manos llenas* todo y siguen exigiendo más aún...». EME170696 **16 pillar:** Se atreve a denunciar (...) el corrimiento de muchos intelectuales hacia la órbita del PP ascendente para seguir pillando *a manos llenas* cuando se produzca el cambio político. EME091195 **17 recoger:** Ortega Cano, ocho años menor que ella, empieza a despuntar bajo el sol justiciero de las plazas de España, a la vez que Rocío recoge triunfos *a manos llenas*... EME190295

D OTROS VERBOS; POSIBLES USOS ESTILÍSTICOS: Un torrente de pasión cuyo principal e insoslayable objetivo era, primero, vivir *a manos llenas* y, después, vivir hasta los restos. ABC251194; Está Tana, que pinta *a manos llenas.* Cuando acaba con el folio sigue con el mantel. EPE290999

a mansalva ♦ **acudir, atacar, disparar, ir, robar, venir,** *otros verbos de movimiento*
□ Véase también: **a destajo**.

a manta ♦ **caer agua, llover**

amañar *v.* ■ Se combina con sustantivos que designan eventos de carácter social en los que tiene lugar alguna competición *(concurso, certamen, juego, partido, oposición, subasta, combate)*, una elección *(votación, elección, asamblea, comicios)*, o se produce un dictamen *(juicio, proceso, vista)*. También acepta sustantivos que designan diversos tipos de texto *(documento, informe)*, especialmente si en ellos se presenta el resultado de una investigación o un examen *(encuesta, sondeo, fallo)*. También lo hace –por extensión– con otros que expresan esos mismos procesos *(interpretación, análisis, estudio)*. Se combina asimismo con...

A SUSTANTIVOS QUE DESIGNAN DATOS O RESULTADOS, A MENUDO PROBATORIOS O CONCLUYENTES, ASÍ COMO ALGUNAS DE LAS FORMAS EN QUE SE PRESENTAN: **1 resultado ++:** La Policía exhibió (...) los resultados *amañados* de las pruebas de parafina hecha a una de las víctimas para confirmar su mentira. VIS040997 **2 dato +:** El Gobierno prorruso de Grozny *amañó* los datos sobre la participación para alcanzar el 50 por ciento necesario... LVE170696 **3 prueba +:** ...alegaba en el recurso que durante el juicio se utilizaron pruebas *amañadas.* LVE160995 **4 factura:** También afirma que esas compras nunca llegaron a su destino, se *amañaron* las facturas, en algunos casos con el consentimiento de los proveedores... EPE210599 **5 diagnóstico:** ...el diagnóstico sobre el estado de la presa se hizo público, pero había sido descaradamente *amañado.* INDOC **6 argumento:** Sus argumentos son las más de las veces falaces y *amañados.* Estos rábulas están cada día más atribulados por sus tropelías, aunque también más descarados. LVE030396 **7 empate:** ...se le sugirió la posibilidad de un empate *amañado* entre su equipo y Bulgaria para apear a España de los cuartos de final. LVE180696

B EL SUSTANTIVO *DECISIÓN* Y CON OTROS QUE COMPORTAN DECISIONES O RESOLUCIONES EN DIVERSAS ÁREAS, ASÍ COMO ALGUNAS DE LAS FORMAS EN LAS QUE SE MANIFIESTAN: **8 decisión +:** ...la cómoda, *amañada* y repetida decisión de los grupitos que han logrado colocarse en la cumbre de los partidos... ESP190597 **9 voto:** Sí, no hay que entristecerse, las rebajas de El Corte Inglés siguen existiendo (...) y el espíritu de Cánovas continúa *amañando* votos. EME200495 **10 adjudicación:** ...participó en la subasta y protestó por una adjudicación que le pareció *amañada.* PME201096 **11 concesión:** ¿Se puede *amañar* la concesión de un Oscar? Influencias y dinero hacen que la votación no sea honesta. EME250395 **12 solución:** ...parece inevitable, aun cuando se intentara una solución *amañada* como las que se han solido negociar... DLA250697

C SUSTANTIVOS QUE DESIGNAN EL TRIUNFO O ALGUNOS DE LOS ATRIBUTOS QUE LO CARACTERIZAN: **13 premio +:** ...si a uno le dan un premio *amañado* (...) puede sacar la sota de bastos a pasear y poner orden en la república de las letras... ABC280593 **14 trofeo:** ...un trofeo que antes se ganaba por méritos objetivos y que ahora está *amañado* y sometido a intereses comerciales. INDOC **15 triunfo:** Triunfo *amañado* de Carlos Sainz siguiendo las órdenes de la escudería... EME261095 **16 victoria:** ...no vamos a decir que esta victoria haya sido *amañada*, pero tampoco ha sido demasiada limpia. INDOC

D SUSTANTIVOS QUE DESIGNAN ACTIVIDADES POLÍTICAS, COMERCIALES O DE OTRO TIPO, QUE HAN DE REGIRSE POR ALGUNA NORMA: **17 contratación:** Se las han arreglado para *amañar* con el alcalde la contratación de nuevos proyectos urbanísticos. INDOC **18 compra:** ...la corrupción ha echado sus reales en todos los niveles (...), en las compras y licitaciones *amañadas*... ESH190597 **19 licitación:** ...ganó el concurso de adjudicación de la obra de forma irregular, según el escrito del fiscal, que acusa al gobierno (...) de haber *amañado* la licitación. LVE150696 **20 exportación:** La historia se repite, como en los tiempos de Franco con aquellos créditos de exportación *amañada*, de los telares sin lanzadera. EME280196 **21 negociación:** ...enfatizó que está de acuerdo con los procesos de privatización, pero no con negociaciones presuntamente *amañadas.* EUV061196

E SUSTANTIVOS QUE DESIGNAN EL VALOR COMERCIAL DE ALGO: **22 precio ++:** ...la justicia británica no considera que *amañar* precios sea delito suficiente como para entregarlo a los tribunales norteamericanos. EPE211101 **23 sobreprecio:** ...no aportan otra habilidad sino la de *amañar* a menudo sobreprecios e incluso necesidades ficticias para crear una demanda que les permita a ellos repartirse el botín... EME290196

F OTROS SUSTANTIVOS; POSIBLES USOS CRUZADOS: ...lo consideraba uno de los autores de falsificar un acta electoral en la que resultaba elegido delegado y en la que se había *amañado* la firma del representante de la empresa. [Cf. *falsificar*] EME250195

G OTROS SUSTANTIVOS; POSIBLES USOS ESTILÍSTICOS: ...un viejo piano, muebles, camas y baúles le recuerdan al viajero que allí se *amañó* el tiempo. ETC130297

☐ Véase también: **engañar.**

a máquina ♦ **copiar, coser, escribir, fabricar, hacer, lavar, pasar**

☐ Véase también: **a mano.**

amar ♦ **apasionadamente, ardientemente, ciegamente**[17]**, como (un) loco**[24]**, con locura, con pasión, con todas {mis/tus/sus...} fuerzas**[8]**, desesperadamente**[9]**, de todo corazón**[15]**, enardecidamente, eternamente, fervorosamente, fogosamente, hondamente, incondicionalmente**[28]**, infinitamente**[9]**, intensamente**[12]**, locamente, platónicamente, profundamente**[28]**, realmente, sinceramente**[5]**, vivamente**[31]

a marchas forzadas *loc.adv.* ▌En su sentido literal, y a veces también en el figurado, se combina con verbos de movimiento, especialmente los que denotan desplazamiento *(moverse, ir, avanzar, alejarse, acercarse, desplazarse, caminar, regresar)* o continuación de algo *(seguir, continuar, proseguir)*. Admite múltiples verbos de cambio de estado, así como otros que designan acciones que han de culminar o concluir por su propia naturaleza *(comer algo a marchas forzadas; limpiar la casa a marchas forzadas)*. Destacan especialmente las combinaciones de esta locución con...

A EL VERBO *TRABAJAR* Y CON OTROS VERBOS QUE DENOTAN CREACIÓN O ELABORACIÓN DE ALGUNA COSA: **1 trabajar ++:** ...lo que obliga a trabajar *a marchas forzadas* para tener todo listo el próximo sábado. DYM061196 **2 construir ++:** Como no se están construyendo *a marchas forzadas* escuelas de ingenieros... EPE040599 **3 componer +:** En ese verdadero rompecabezas orgánico que (...) debe componer *a marchas forzadas...* EME180596 **4 inventar +:** ...un país que tiene que inventar *a marchas forzadas* fórmulas para integrar dentro de unas pautas comunes a las más variadas gentes y culturas. EPE241101 **5 hacer:** Inició una presión sin cuartel en el último cuarto de hora, pero lo hizo *a marchas forzadas* y de forma infructuosa. EME160996 **6 configurar(se):** ...el nuevo esquema económico que se configura *a marchas forzadas* en el mundo... LVE210996 **7 elaborar:** Una unanimidad inesperada en torno a un proyecto elaborado *a marchas forzadas...* EME120495 **8 establecer:** ...Brasilia también desconfía del interés de EE. UU. (...) de establecer *a marchas forzadas* un área de libre comercio... EPD160198 **9 traducir:** ...traducido *a marchas forzadas* por funcionarios del Kremlin al grupo de periodistas españoles... EME080995

B VERBOS QUE DENOTAN ORGANIZACIÓN O DISPOSICIÓN DE ALGO: **10 preparar ++:** ...va a preparar *a marchas forzadas* una campaña... EPE050299 **11 poner orden +:** Intentaron por todos los medios, pero infructuosamente, poner orden *a marchas forzadas* en la sala. INDOC **12 organizar +:** Las compañías aseguradoras, a través de su patronal, Unespa, están organizando *a marchas forzadas* una agencia... LVE250695 **13 distribuir +:** ...su casa de discos ha aprovechado el «tirón comercial» del suicidio de su marido para distribuirlo *a marchas forzadas.* EME140494 **14 estructurar:** ...el nuevo modelo de sociedad que se está estructurando *a marchas forzadas.* EPE040877

C VERBOS QUE DESIGNAN LA CONSECUCIÓN DE UNA ACCIÓN O UN PROCESO, ASÍ COMO LA ELIMINACIÓN O LA DESAPARICIÓN DE ALGO: **15 terminar ++:** En cualquier caso, ellos consiguieron su objetivo: que se hablase de una película, terminada *a marchas forzadas* para participar en el festival... EME040295 **16 acabar(se) ++:** ...ahora se está acabando *a marchas forzadas* para poder iniciar el curso el próximo lunes... EPD300997 **17 rematar ++:** ...los operarios remataban, *a marchas forzadas,* las obras del parque... EME150594 **18 ultimar ++:** El Gobierno ultima *a marchas forzadas* la reforma del Centro Superior de Información de la Defensa (CESID)... EME070795 **19 cerrar ++:** ...RTVE intenta cerrar *a marchas forzadas* un acuerdo a muchas bandas que parece prendido por alfileres. EME130996 **20 eliminar +:** Las ex repúblicas soviéticas están eliminando *a marchas forzadas* uno de los elementos clave... LVE270395 **21 desaparecer:** Pero la formación clásica y el asentamiento histórico están desapareciendo *a marchas forzadas...* LVE230495 **22 diluirse:** han emitido un comunicado en el que se oponen al proyecto de construcción de un escudo antimisiles, una idea (...) que se diluye *a marchas forzadas.* EPE200700 **23 evaporarse:** Uno de los factores que suelen influir en el comprador de un vehículo para decidirse por el diesel en lugar de la gasolina (...) se está «evaporando» *a marchas forzadas.* ENC121200 **24 completar:** EE. UU. completa *a marchas forzadas* su Embajada en Moscú... EPD300997

D VERBOS QUE DESIGNAN LA ACCIÓN DE MODIFICAR O DESARROLLAR ALGUNA COSA, GENERALMENTE AUMENTANDO SU TAMAÑO O MEJORANDO ALGUNAS DE SUS CARACTERÍSTICAS: **25 cambiar ++:** Las relaciones laborales están cambiando *a marchas forzadas...* EME031195 **26 mejorar ++:** ...el técnico italiano tendrá que mejorar su dotes pedagógicas *a marchas forzadas...* EME250896 **27 aumentar ++:** De ahí que esté aumentando *a marchas forzadas* el desconcierto entre los fieles y los sacerdotes de la diócesis madrileña. EME180494 **28 crecer +:** Se construyeron centenares de edificios para darles cobijo y la ciudad creció *a marchas forzadas...* LVE150994 **29 perfeccionar:** Está perfeccionando *a marchas forzadas* el hindi, la lengua nacional. EME100696 **30 amplificar:** ...la tendencia a la concentración de los resortes de poder (...) se acelera y amplifica *a marchas forzadas.* EME060294 **31 incorporar:** A marchas forzadas intentamos incorporar gente joven y en este sentido hicimos algún fichaje que ustedes (los periodistas) no comprendieron. LVE100295 **32 evolucionar:** «Lo cierto es que se encuentra muy sola y ha tenido que evolucionar *a marchas forzadas* y muchas veces contra sí misma...». EME181095 **33 incrementar:** ...«lejos de reducir la deuda del Ayuntamiento la está incrementando *a marchas forzadas*». EPE211199

E VERBOS QUE DENOTAN EMPEORAMIENTO, REDUCCIÓN O PÉRDIDA DE ALGUNA PROPIEDAD O ALGÚN ESTADO DE COSAS QUE SE CONSIDERAN ESTIMABLES: **34 empeorar ++:** «La situación en Colombia se está empeorando *a marchas forzadas*»... EPE290899 **35 adelgazar:** Se pasó la vida adelgazando *a marchas forzadas* y nunca dejó de estar redondo... EME030294 **36 menguar:** Los demógrafos sueñan con el «crecimiento cero» porque, en realidad, la población mengua *a marchas forzadas.* EME051195 **37 degradar(se):** Las relaciones con la RKO y Howard Hugues se fueron degradando *a marchas forzadas.* EME010995 **38 deteriorar(se):** ...el patrimonio existente de la constructora se está deteriorando *a marchas forzadas...* EME040996 **39 devaluar(se):** ...la presidencia se está devaluando *a marchas forzadas...* EME140896 **40 disminuir:** La presencia del fuel en los activos de generación eléctrica está disminuyendo *a marchas forzadas...* EPE131299 **41 reducir(se):** ...los consumos se están reduciendo *a marchas forzadas.* LVE170995 **42 envejecer:** La población ha envejecido *a marchas forzadas...* EME120795

F ALGUNOS VERBOS QUE DENOTAN RECUPERACIÓN, MÁS FRECUENTEMENTE SI HACE REFERENCIA A LA SALUD Y AL BIENESTAR: **43 curar +:** ...intenta curar *a marchas forzadas* su catarro... EME240394 **44 recuperar(se):** El canterano ha tenido que recuperarse *a marchas forzadas...* CAN241100

a mares *loc.adv.* ▮ Se combina con...

A VERBOS QUE DESIGNAN LA ACCIÓN DE CAER LA LLUVIA: **1 llover ++:** Llueve *a mares* en Le Mans. EME080595 **2 descargar la lluvia:** ...disfruta con esa clase de tiempo y, a pesar de la lluvia que descargaba *a mares,* a las 11.30 en punto de ayer abandonó el palacio... EPE210199

B OTROS VERBOS QUE DESIGNAN LA ACCIÓN DE FLUIR, DERRAMARSE O ESPARCIRSE ALGO: **3 sudar ++:** Un entusiasmo que Manolo García se encargaba de elevar, si es que hacía falta, yendo de un lado al otro del escenario y sudando *a mares...* LVE140995 **4 llorar ++:** El día que murió La Lupe, (...) Manolo lloró *a mares.* EUV210197 **5 caer el agua:** «Tampoco era eso», habrán pensado en estos días muchos agricultores andaluces mientras veían caer el agua *a mares...* EME281296 **6 chorrear:** ...nos dejó chorreando baba *a mares.* LVE080795 **7 salpicar:** ...se proyectaron secuencias de su carrera y la pantalla salpicaba vigor *a mares.* LVE270396 **8 fluir:** Cielo encapotado y agua que fluía *a mares* fueron la utilería natural de la presentación del *plan de acción inmediata...* ENV010796 **9 correr:** Esta particular sangre azul corría *a mares* por los pasillos del XIII Salón Internacional del Club de Gourmets... EPE180499 **10 destilar:** Claro que la adrenalina que ayer destiló *a mares* en el Santa Laura (...) ahora sólo le sirvió para rescatar un empate. LEC060497

C OTROS VERBOS; POSIBLES USOS CRUZADOS: El dinero entrará *a mares...* [Cf. *a espuertas*] EME110296; Y errores hubo ayer *a mares.* [Cf. *a patadas; a cientos*] EPE100599
☐ Véase también: **a borbotones, a chorro(s), a raudales.**

amargamente ♦ **arrepentirse, comentar, confesar, declarar, describir, descubrir, discutir, lamentarse, llorar, padecer, protestar, quejar(se), recordar, referirse, retratar, sollozar, soportar, sufrir**

amargar (a alguien) ♦ **cena, cita, comida, descanso, día, estreno, existencia, éxito, fiesta, mes, momento, placer, posibilidad, reconocimiento, recuerdo, reunión, satisfacción, suceso, sueño, vida,** *otros sustantivos de evento, otros sustantivos que designan períodos*

amargo *adj.* ▮ Se construye con sustantivos que designan cosas materiales, más frecuentemente comidas o bebidas *(verdura, pastel, vino).* También se combina con sustantivos temporales *(momento, hora, navidad, aniversario, vacación, día: el día más amargo de su vida)* y, en ocasiones, también con nombres de persona *(crítico, filósofo, escritor).* Además se combina con...

A SUSTANTIVOS QUE DENOTAN SENSACIÓN, ESPECIALMENTE LA QUE SE PERCIBE A TRAVÉS DEL GUSTO. SE EMPLEAN MUY FRECUENTEMENTE EN SENTIDO FIGURADO: **1 sabor ++:** Esos errores (...) fueron las claves de una derrota que al final dejó un sabor muy *amargo.* EDV230996 **2 gusto ++:** Pero todos volvieron a sentir el gusto *amargo* de la frustración. CLA171100 **3 regusto ++:** ...no ha logrado en ningún momento superar el regusto *amargo* por las limitaciones de la realidad... HOY200197 **4 sensación +:** Tengo una sensación *amarga,* porque perder no le gusta a nadie... CLA131100

B SUSTANTIVOS QUE DENOTAN TRAYECTORIA, FÍSICA O FIGURADA. TAMBIÉN CON OTROS QUE DESIGNAN LOS SUCESOS, VIVENCIAS O CIRCUNSTANCIAS QUE SE PRODUCEN A LO LARGO DE ALGÚN CURSO DE ACONTECIMIENTOS: **5 experiencia ++:** Hemos tenido una experiencia muy *amarga* y todavía se sienten los efectos psicológicos en el empresario... DYM040796 **6 trago ++:** ...la «entrega» anticipada en los brazos del líder del PS-PPD constituye un trago *amargo.* HOY140497 **7 episodio:** ...Si todos queremos que el baloncesto español vaya hacia arriba, más vale que vayamos olvidando episodios *amargos* ya pasados... LVE200695 **8 vida:** ...«Tu trabajo, metafóricamente, se sitúa entre las piernas de Dietrich y las vidas *amargas* de los emigrantes recolectores de patatas». EME160596 **9 existencia +:** He empezado a verlo todo como una invención del hombre para hacer menos *amarga* su existencia. EME110996 **10 circunstancia +:** En tan *amarga* circunstancia lamenta la traición de su partido, es abandonada por su amante y se queda sometida al severo cerco de un hijo... ABC101293 **11 camino:** ...«el comienzo de una solución que traerá luz al oscuro y *amargo* camino por el que están pasando miles de kosovares». EPE200599 **12 peripecia:** Su título se refiere al espacio londinense en que termina la *amarga* peripecia de la narradora y protagonista. ABC130195 **13 vivencia:** En cada cuaderno se intensifican gradualmente las vivencias *amargas.* ABC140593

C SUSTANTIVOS QUE DESIGNAN LO QUE SE PERCIBE, SE VIVE O SE CONOCE CON SEGURIDAD: **14 realidad ++:** La *amarga* realidad es que la ley vigente ampara a los depredadores. ESH190597 **15 verdad:** Y estoy seguro que gozó de esta verdad *amarga,* incluso después de su muerte. EME200296 **16 certidumbre:** Millones de mexicanos que integran las mayorías silenciosas afirman en *amarga* certidumbre que las primicias del rescate todavía no han llegado a sus bolsillos. PME020297 **17 certeza +:** Es ésta, en todo caso, la certeza *amarga* que le deja a uno, después de leerlo, el último libro de Carlos Alberto Montaner. SEM290497 **18 constatación +:** ...muchos ancianos tienen que enfrentarse a la *amarga* constatación de que son vistos poco menos que como estorbos. ABC171195 **19 convencimiento:** José Saramago se ocupa del compromiso moral de los escritores (...), desde el *amargo* convencimiento de que la literatura es incapaz de transformar socialmente el mundo. ABC170993

D SUSTANTIVOS QUE DESIGNAN TEXTOS, ASÍ COMO DIVERSAS MANIFESTACIONES VERBALES O COMUNICATIVAS: **20** **descripción** +: ...constituye un retrato vivo de esas gentes y una *amarga* descripción de su forma de vivir. INDOC **21** **historia** +: Hogan lleva a la pantalla la historia *amarga* y dulce de una mujer. ETC040996 **22** **relato** +: El relato más *amargo* corresponde a Ramiro de Maeztu, asesinado en los primeros momentos de la guerra civil. EPE250299 **23** **crónica** +: La «reentré» de este año tiene crespones negros, orlas de luto en la crónica *amarga* de los sucesos. EME050995 **24** **noticia** +: Son tan *amargas* las noticias reales, empezando por el nuevo, absurdo e indecente asesinato de ETA... EPE180700 **25** **declaración**: Y, con respecto a la *amarga* declaración de Frota, Castello Branco anticipó que la crisis no podía darse por superada. HOY191083 **26** **cuento**: Es, en cierto modo, un *amargo* cuento de Navidad, en el que el joven protagonista (...) es víctima de un desengaño amoroso. ABC281094 **27** **canción**: En 1994 también llegó el segundo de larga duración, «Entresemana», un disco con canciones *amargas*, verdaderas... EME130196 **28** **dictamen** –: Todo ello en busca del cumplimiento del *amargo* dictamen de Aristófanes... ABC201095

E SUSTANTIVOS QUE DENOTAN RECUERDO O EVOCACIÓN: **29** **recuerdo** ++: La táctica de lady Di fue fingir que el entrevistador le arrancaba (...) algún que otro recuerdo *amargo*. EME211195 **30** **memoria**: No sólo significa que Alemania quiere borrar sus *amargas* memorias de la guerra sino que quiere participar activamente en la construcción de la paz... LVE010595 **31** **remembranza**: Allí estaban los temas explorados por el caudillo fílmico, Fernando de Fuentes: la *amarga* remembranza de la Revolución... RUM061097 **32** **recordatorio**: La herencia de la «glasnost» y de la «perestroika» es un *amargo* recordatorio de lo que ha dejado de existir... EXC100900

F SUSTANTIVOS QUE DESIGNAN DIVERSAS MANIFESTACIONES DE ALEGRÍA Y HUMOR, ASÍ COMO LOS GESTOS CON QUE SE EXPRESAN: **33** **humor** +: ...está decidido a buscarse un piso compartido con otras personas en una situación parecida a la suya. Relata su día a día con un humor *amargo*. EPE210399 **34** **ironía** +: «Lo único que ambiciono ahora es mantenerme joven en la otra vida», sentenciaba con *amarga* ironía. EME270196 **35** **risa**: ...Ríe de los asuntos humanos, porque no puede remediarlos, y por eso su risa es *amarga*. EUV091096 **36** **gesto**: Algunos de los diputados (...) parecían dispuestos a dar su aprobación ayer, pero con un gesto *amargo*. EPE210199 **37** **sonrisa**: Yo sé –dijo con una *amarga* sonrisa al comenzar la sesión– que no está siendo una experiencia fácil para ninguno de ustedes. EME280895 **38** **rictus**: El avión de la Fuerza Aérea, y el disgusto contenido, le pusieron un rictus *amargo* en el rostro. CLA240497

G SUSTANTIVOS QUE DESIGNAN MANIFESTACIONES DE DISENSO Y OPOSICIÓN O REPROBACIÓN EN DIVERSOS GRADOS: **39** **reproche** ++: Si tuviera que escoger el reproche más *amargo* y recurrente, sin vacilar señalaría precisamente el cuestionamiento final de Reyes... PLG100796 **40** **queja** ++: Queja *amarga* de quien conoce la situación que atraviesa la inversión. EUV031196 **41** **crítica** +: Han sido ocho años de desconfianza y de crítica *amarga* pero ya no tiene marcha atrás. EME230195 **42** **rechazo**: ...«En la lucha final» (1991) y «La buena letra» (1992), más intimista en su desahogo de las propias ilusiones derrotadas, pero un *amargo* rechazo implícito del tiempo presente. ABC231092 **43** **recriminación**: El primero es el clima de enervamiento que nuevamente ha invadido a la clase política, un ambiente de hoscas y *amargas* recriminaciones entre las partes envueltas... HOY231296

H SUSTANTIVOS QUE DESIGNAN ESTADOS, SENTIMIENTOS Y REACCIONES DIVERSAS, MÁS FRECUENTEMENTE DE TRISTEZA, DOLOR, DECEPCIÓN O AÑORANZA: **44** **desengaño** ++: ...Lorenzo, su «chavala» Anita y su hijo Lorencito de pocos meses vuelven a tomar el portante tras *amargos* desengaños... ABC100395 **45** **decepción** ++: La que se esperaba gran fiesta del boxeo alemán terminó en *amarga* decepción y escándalo barriobajero. LVE111295 **46** **pena** +: Es una *amarga* pena sin compasión... ABC130392 **47** **melancolía**: ...sus personajes se crecen fuera de cualquier trazo maniqueo para comunicar no sólo repulsión y desprecio, sino también compasión y una melancolía *amarga*... ABC120595 **48** **llanto** ++: ...Yolanda Saldívar, arrepentida ahora ante el llanto *amargo* de miles de admiradores huérfanos. EME020495 **49** **sufrimiento**: Porque ese ha sido el nido de *amargos* sufrimientos... EXP020797 **50** **nostalgia**: «Yo ya hice las maletas una vez» dice con la nostalgia *amarga* del «pied noir». EME180695 **51** **tristeza**: Frente al directo dinamismo de «La caza» en el número titulado «Septiembre» y la gracia, tan rusa, de «Troika» para «Noviembre» (...) encontramos la *amarga* tristeza del «Canto de otoño»... ABC160994 **52** **frustración** +: Existe un grave riesgo (...) de que su reinado pueda terminar en una *amarga* frustración. LVE190595

I EL SUSTANTIVO *FRUTO* Y CON OTROS QUE DENOTAN PRODUCTO, RESULTADO O DESENLACE DE UNA ACCIÓN O UN PROCESO: **53** **fruto** +: La mezquindad en el elogio de lo cercano (...) es fruto *amargo* de la inseguridad y de la cobardía. EME091296 **54** **victoria** +: Y esta historia la habían podido vender algunos con aquello de que si fue una victoria *amarga* o una dulce derrota. EXC300896 **55** **derrota** ++: El Congreso sufrió en las pasadas elecciones la más *amarga* derrota electoral de su historia... LVE290596 **56** **final**: Una identidad que hay que recuperar superando este final tan *amargo*. EME010895 **57** **resultado**: Un resultado *amargo* para un golazo soberbio como el que marcó Ronaldo. LVE160996 **58** **empate**: El empate fue *amargo* para los locales después de dominar durante casi todo el partido. DLA141097 **59** **triunfo**: ...el triunfo no pudo ser más *amargo* porque sólo un error individual fue el causante de la eliminación. EME030194 **60** **desenlace** +: El desenlace no pudo ser más *amargo*: cuatro muertos y tres heridos graves. INDOC

J SUSTANTIVOS QUE DESIGNAN MEDICAMENTOS O PREPARADOS CURATIVOS, MÁS FRECUENTEMENTE USADOS EN SENTIDO FIGURADO: **61** **medicina** ++: La *amarga* medicina aplicada por Bildt provocó, como suele suceder frecuentemente en estos casos, su derrota en las urnas... LVE190396 **62** **remedio** +: Están los trabajadores en su derecho de hacer un paro (...), como está el paciente en el suyo de no tomarse los remedios *amargos* que el médico le prescribe. ETC110297 **63** **jarabe**: Quizá el olvido sea necesario, como un supositorio, como un jarabe *amargo*; pero conociendo su fuerza, el hombre busca restañarlo... EPE210499 **64** **píldora**: Ciertamente la austeridad es una píldora *amarga*. Sin embargo, qué tan amarga llegue a ser, sólo se puede juzgar moralmente al compararse con las consecuencias de la falta de desarrollo... ECA190792 **65**

pócima: Además, a Aznar no le va mal que Pujol trague alguna pócima *amarga.* LVE011295

K SUSTANTIVOS QUE DENOTAN CONOCIMIENTO DE ALGO. TAMBIÉN CON OTROS QUE DESIGNAN ALGUNOS DE LOS PROCESOS INTELECTIVOS QUE CONDUCEN A SU ADQUISICIÓN: **66 lección ++:** La *amarga* lección parece aprendida. EPD101197 **67 enseñanza ++:** Amargas enseñanzas ha dejado la crisis mexicana. EXC230996 **68 reflexión ++:** ...«Los marrajos» propone una *amarga* reflexión sobre la naturaleza humana... ABC050393 **69 saber:** En ellas, amor, anhelo, saber *amargo* de la belleza que se escapa. EME010796 **70 aprendizaje:** Pero el aprendizaje, aunque *amargo*, ha sido sin duda positivo. LVE260696

L OTROS SUSTANTIVOS; POSIBLES USOS ESTILÍSTICOS: ...remató sus pertenencias y con un equipaje *amargo* regresó a Colombia. ETC010690; El alba es dolorosa, toda luna es cruel, y *amargo* todo sol. ABC081191

☐ Véase también: **aciago.**

amargura ♦ **enorme, gran(de), hondo, infinito, inmenso, insondable, lleno (de), profundo, tremendo** ♦ **con, sin** ♦ **camino (de), dosis (de), gesto (de), poso (de), pozo (de)[23], punto (de), rictus (de)** ♦ **acechar[43], causar, compensar, confesar[56], derrochar[99], descargar, destilar[21], experimentar, expresar, exteriorizar, hundir(se) (en), invadir (a alguien), llorar (de), ocultar, producir, rebosar[24], reflejar, rezumar, saborear[8], sentir, soportar, sufrir, sumir(se) (en), teñir (de)[8], traslucir(se)[39], vivir (en)**

amarrar ♦ **acuerdo, asunto, cabo, embarcación, flota, negocio, oportunidad, pacto, resultado, trato, victoria**

amarra(s) ♦ **cortar, echar, largar, recoger, romper, soltar**

amasar *v.* ▮ Se construye con sustantivos no contables en singular o contables en plural. En su sentido físico se combina con sustantivos que designan materias generalmente porosas *(harina, tierra, adobe, pan, cemento, barro, yeso).* En su sentido figurado, en el que se acerca a 'acumular', se combina ocasionalmente con algunos sustantivos que designan textos *(documentos, informes)*, pero lo hace más frecuentemente con...

A EL SUSTANTIVO *FORTUNA* Y CON OTROS QUE DENOTAN HACIENDA O PODER: **1 fortuna ++:** ...para *amasar* fortunas producto de las privatizaciones de compañías estatales. ESP031100 **2 poder +:** ...ídolos de una élite con una única obsesión: *amasar* poder. EPD160497 **3 riqueza +:** Con un sorprendente olfato para los negocios, *amasó* su riqueza en pocos años... EME251096 **4 patrimonio +:** ...*amasó* un patrimonio millonario con negocios variopintos... LVE221194 **5 beneficio +:** Como responsable de la agencia vivió el boom financiero de final de los ochenta, lo que le permitió *amasar* pingües beneficios... EPE201099 **6 emporio:** Mientras tanto, «El Perro» fue *amasando* un verdadero emporio económico. EME101196

B SUSTANTIVOS QUE DENOTAN RESULTADO, FAVORABLE O ADVERSO, DE ALGUNOS EVENTOS DEPORTIVOS. TAMBIÉN CON OTROS QUE DESIGNAN DIVERSAS FORMAS DE COMPUTARLOS: **7 derrota +:** Las derrotas están siempre *amasadas* con bilis y melancolía, y ayer por la mañana (...) ya sabía que echará de menos el peso de la púrpura. LVE040596 **8 desastre:** ...partido tras partido y semana tras semana van *amasando* desastre tras desastre. INDOC **9 ventaja:** Italia había *amasado* ya en el descanso una ventaja preocupante... LVE030795 **10 punto:** El grupo de Mané se ha instalado en un estado de confianza desde el cual ve crecer su renta de puntos *amasados* con justicia o sin ella. EPE191101 **11 récord:** ...en la pasada campaña invernal, fue incluido en la rotación ponceña y *amasó* un récord de 0-4 con 5.74 de efectividad en 26.2 episodios. END041197

C ALGUNOS SUSTANTIVOS QUE DESIGNAN CUALIDADES, FACULTADES, DERECHOS O DIVERSOS ESTADOS DE COSAS QUE SE CONSIDERAN ASPIRACIONES NATURALES. USO INFRECUENTE: **12 derecho –:** El primer blanco de sus críticas fue el «derecho de injerencia», *amasado* con «la verdad del más fuerte». EPE231099 **13 fraternidad –:** ...y fraternidad *amasadas* con penumbra, alcohol y humo... EPE180199 **14 justicia –:** Por ello estoy en desacuerdo con la unánime condena que suscita su propuesta de acceder a una república, previo barrido de la monarquía, para *amasar* más justicia y democracia. LVE190996 **15 esperanza –:** ...un dirigente que ha dilapidado el capital de esperanza que *amasó* cuando se desmoronaba el imperio soviético. EPE150899 **16 sueño –:** ...allí donde *amasan* su sueño los Pekerman Boys... CLA030297

D OTROS SUSTANTIVOS; POSIBLES USOS ESTILÍSTICOS: ...tanto el escultor como el arquitecto *amasan* y modelan luz y sombra. LVE060896; Ninguno cuidó el balón, ni tuvo calma suficiente para ir *amasando* el fútbol. EME141096

[ambages] → **sin ambages**

ambición ♦ **acorde (con)[21], ciego[34], ciego (de)[7], compulsivo[20], desaforado[52], desbocado, desbordado, descabellado[14], desenfrenado[2], desmedido[13], desmesurado[32], desorbitado[7], desordenado, desproporcionado, desprovisto (de), disparatado, enfermizo, enorme, extremo, gran(de), honesto, ilegítimo, inconfesado, inequívoco[38], infinito, innoble, insaciable[7], irrefrenable, irreprimible, legítimo, mezquino, natural, obsesivo, oculto, ofensivo, patológico, personal, preso (de)[45], sano, sobrado (de)[20], sumo, supremo, tremendo, voraz** ♦ **a la altura (de)[7], a la medida (de)[3], con, sin** ♦ **exceso (de), falta (de), rasgo (de)** ♦ **abrigar[5], alcanzar, alimentar[6], anidar[44], atemperar[17], ceder, cegar(se) (por), cimentar, colmar[8], dejarse llevar (por)[25], depositar[7], disfrazar[19], dominar (a alguien), encubrir, entreverse, frenar, hacer(se) realidad[35], inculcar[16], latir (en algo/en alguien), legitimar, liberar, lograr, luchar (por), moderar, recortar, renunciar (a), saciar[11], satisfacer, templar, transmitir[28], traslucir(se)[5]**

☐ Véase también: **afán (de), deseo.**

ambientar(se) *v.* ▮ Se construye a menudo con complementos encabezados por la preposición *en (una historia ambientada en la antigua Roma).* Usado como transitivo o pronominal, elige sustantivos que designan eventos sociales o actos públicos, más frecuentemente de carácter artístico *(fiesta, espectáculo, baile, certamen)* y también con otros que expresan los ámbitos físicos donde se desarrolla la vida humana *(salón, bar, calle)*. Se combina también con sustantivos que designan obras de creación literarias, cinematográficas, teatrales, televisivas, musicales o pictóricas *(novela, comedia, serie, retrato, canción)*, y sus partes o componentes *(capítulo, episodio, escena: La escena se ambienta en un castillo medieval)*. Admite asimismo sustantivos que designan el marco de una representación *(escenario, escenografía)*. Se combina además con...

A SUSTANTIVOS QUE DENOTAN RELACIÓN DE ACONTECIMIENTOS O ESTRUCTURA NARRATIVA, ESPECIALMENTE SI SIGUE ALGÚN CURSO O SIRVE DE BASE A UNA OBRA EN LA QUE SE DESCRIBE ALGO: **1 historia ++:** ...al poner en imágenes esta historia *ambientada* en el mundillo teatral de Broadway. LVE190996 **2 trama ++:** ...aprovecha una sencilla trama *ambientada* en una ciudad de provincia belga... LVE290995 **3 argumento +:** El argumento, *ambientado* en una pequeña localidad de Nueva Inglaterra... LVE210895 **4 intriga:** Una intriga *ambientada* en un hospital, basada en una novela de Robin Cook... LVE310196 **5 relato:** El escritor dublinés Roddy Doyle concibió en 1987 «The Commitments», un relato *ambientado* en un barrio del norte de su ciudad... LVE121196 **6 guión:** Ayer estuvo en Madrid Vizinczey, para tratar de un acontecimiento singular como es el rodaje (...) de esta historia (...). Un guión *ambientado* en la guerra civil española. LVE021295 **7 acción:** La acción está *ambientada* en el barrio popular lisboeta de la Alfama y se centra en la desaparición de una caja... LVE300596

B SUSTANTIVOS QUE DENOTAN HECHO O SUCESIÓN DE ELLOS, FRECUENTEMENTE DE CARÁCTER EXCEPCIONAL O AZAROSO: **8 andanza +:** El rodaje de la obra de Delibes comenzó a finales del pasado mes de julio en escenarios rurales de Palencia y Valladolid, donde se *ambientan* la vida y las andanzas de «El Ratero» y el «Nini». EME230896 **9 hazaña +:** Como suele ocurrir en los filmes de Bond, sus hazañas estarán *ambientadas* en distintos paisajes del mundo... CLA070497 **10 aventura:** Aventuras *ambientadas* en la guerra de secesión, con William Holden dando vida a un conductor de ganado. EPE170899 **11 suceso:** ...los sucesos referidos están *ambientados* a principios de este siglo... ABC201291 **12 odisea:** Su particular odisea se *ambienta* en lugares conocidos... INDOC

AMBIENTE Véase: CLIMA; ENTORNO

ambiente (de) ♦ **abigarrado[19], abrumador, acogedor[1], acorde (con), adecuado, agobiante, agradable, amistoso, asfixiante[17], bronco[20], buen(o), bullicioso, caldeado, cálido[1], calmado, caluroso[29], cerrado, confortable, constructivo[26], contaminado, cordial, delicado, desapacible, desenfadado, desolador[18], distendido, emocional, enrarecido, especial, familiar, fantasmal[11], febril, festivo, flexible[27], hostil, idílico, idóneo, imperante, infernal, inhumano[10], íntimo, irrespirable, mal(o), malsano, natural, permisivo[20], popular, precario[6], propicio[10], reinante[33], rutinario, saludable, sano, social, sofocante, sombrío, sosegado, tenso, tranquilizador[4], tranquilo** ♦ **en** ♦ **amistad, armonía, calma, camaradería, comprensión, confianza, confrontación, cordialidad, crisis, crispación, desconfianza, diálogo, enfrentamiento, equilibrio, escepticismo, estabilidad, expectación, fiesta, hostilidad, incertidumbre, informalidad, intranquilidad, libertad, naturalidad, nerviosismo, normalidad, opresión, optimismo, paz, pesimismo, preocupación, recogimiento, respeto, revancha, tensión, tranquilidad, unidad, violencia** ♦ **aclimatar(se) (a)[8], aderezar[23], alborotar, alterar[33], amoldar(se) (a)[4], caldear(se)[1], calmar(se)[2], cargar, circunscribirse (a), conocer, contaminar, crear, degradar(se), despejar(se), disfrutar (de), distender(se), encrespar(se)[2], enfriar(se)[7], enrarecer(se)[2], envolver (algo), evocar, flotar (en), frecuentar, impregnar, notar(se) (en), orear, palpar(se) (en), percibir(se) (en), preservar, proteger, pulsar, purificar, recrear, refrescar, respirarse, revolotear (en), serenar(se)[1], sosegar(se)[11], sumergirse (en), tensar[18]**
☐ Véase también: **ámbito, atmósfera, entorno, marco.**

ambigüedad ♦ **absoluto, aparente, calculado, deliberado, equívoco, extremo, intencionado, lleno (de), manifiesto, misterioso, palmario, subrepticio, sutil** ♦ **fruto (de)** ♦ **acabar (con), andarse (con)[19], constituir, crear, criticar, cultivar[37], despejar, destapar, dilucidar, eliminar, engendrar, entrañar, evidenciar, evitar, explicar, implicar, mantener, mostrar, presentar, prestarse (a), rehuir, revelar, teñir (de)[23]**
☐ Véase también: **confusión.**

ámbito ♦ **acogedor[5], adecuado, circundante, delicado, estricto, extenso, ilimitado, inabarcable, íntimo, limitado, particular, personal, privado, propicio[13], público, reducido, restringido, vasto** ♦ **dentro (de)** ♦ **abarcar, acotar, atenerse (a), ceñirse (a), circunscribirse (a), delimitar, entrar (en), escapar (de), insertar (en), invadir, limitar, marcar, rebasar[12], reducir(se) (a), sobrepasar, superar, transgredir[25], trascender**
☐ Véase también: **ambiente (de), atmósfera, entorno, marco.**

ÁMBITO
♦ (ADJETIVOS) Véase: **cariz[G]**
♦ (SUSTANTIVOS) Véase: **escarbar (en)[C], vulnerar[B]**

ambulante ♦ **circo, comercio, cómico, escuela, espectáculo, feria, hospital, mercadillo, mercado, músico, puesto, teatro, vendedor, venta, vida**

a media asta ♦ **bandera, pabellón** ♦ **izar, ondear**

a medias *loc.adv./loc.adj.* ▌Se combina con verbos que designan acciones que tienen fin natural *(leer un libro a medias; pintar a medias un cuadro; preparar a medias un examen)* y con muchos de los que expresan la realización de una actividad *(hacer, ejecutar, estudiar).* Se construye a menudo con verbos y sustantivos que denotan información o transmisión de información *(comunicar, informar, información, rumor, filtración),* generalmente por vía verbal *(decir, contar, anunciar, comunicar, respuesta, explicación).* También se combina con sustantivos que designan textos u obras de creación *(una novela a medias; una película a medias),* así como con el sustantivo *verdad (Solo dice verdades a medias).* También destacan, entre otras posibles, sus combinaciones, con...

A VERBOS QUE DENOTAN CESE, INTERRUPCIÓN O ABANDONO DE UNA ACTIVIDAD O UN PROCESO: **1 dejar** ++: ...pero se van del poder dejando *a medias,* sólo *a medias,* la obra de justicia, igualdad y reparto que de ellos se esperaba. EME240396 **2 acabar** +: En todo caso fue una guerra mal concluida o acabada *a medias...* LVE080996 **3 quedarse** +: ...la rémora no tenía sobrantes con los que alimentarse, y el Sargento tampoco los ofreció. Vaya, la noche se quedó *a medias.* EPE090399 **4 terminar** +: ...el debate del 92 empezó mal y terminó *a medias,* lo importante –explica el escritor– es que la cuestión del Descubrimiento quedó planteada ante la Humanidad. EME210295 **5 cerrar:** La ministra de Cultura, Carmen Alborch, ha cerrado sólo *a medias* la operación Picasso. LVE160296 **6 desentenderse:** El destino le ha deparado la cruel ironía de tener que desentenderse *a medias* (...) de unos papeles por los que clamó a gritos desde la oposición. LVE290596 **7 retirarse:** Decidí retirarme, pero sólo *a medias,* temía desaparecer de su vista por completo... LVE051196 **8 renunciar:** Adolfo Calero: renuncia *a medias.* HOY230287

B VERBOS QUE DENOTAN IMPEDIMENTO: **9 impedir:** ...el gobierno logró impedir el avance de la inflación, pero solo *a medias.* INDOC **10 retrasar:** ...proporciona al poeta la posibilidad de una estrategia que retrasa o enmascara *a medias* (...) el reconocimiento de lo esencial. ABC111292 **11 evitar:** Sólo la movilización ciudadana está evitando *a medias* que el Plan de Reforma Interior termine cargándose el casco antiguo... EPE100379 **12 bloquear:** ...igualó el marcador a los 69, añadiendo de cabeza una pelota que bloqueó *a medias* Butrón... EXP201097 **13 contener:** El ambiente logrado es de gran intensidad emocional y de violencia sólo *a medias* contenida... EPE010689

C VERBOS QUE DENOTAN LOGRO O CONSECUCIÓN DE UN OBJETIVO: **14 conseguir** ++: ...el objetivo de Francesco Rutelli ha sido liberar a la ciudad de la tiranía del coche. Lo ha conseguido sólo *a medias.* EPE130800 **15 cumplir** ++: En lo que se refiere a la producción, se están cumpliendo *a medias* los objetivos por falta de componentes. EME250694 **16 lograr** ++: Lo logró *a medias*: salió una boda discretamente concurrida, discretamente vigilada... EME201096 **17 acertar:** En la actualidad se sabe que Da Vinci sólo acertó *a medias.* Porque es cierto que los depósitos de placas de colesterol o ateromas en las arterias es lenta (...), pero... HOY250484 **18 obtener:** ...lo único que han obtenido es «cuatro carteles, un prospecto mal hecho, una directora *a medias* y nada de dinero». EPE180199

D OTROS VERBOS QUE DESIGNAN LA ACCIÓN O EL PROCESO DE SURTIR ALGO EFECTO, REALIZAR SU FUNCIÓN O ALCANZAR EL FIN PARA EL QUE ESTÁ DESTINADO: **19 surtir efecto** +: El gesto de las potencias occidentales ha surtido efecto *a medias,* sin embargo. LVE250795 **20 funcionar** +: Si un trabajo tiene un gran lanzamiento, pero el disco no es bueno, funciona *a medias.* LVE290695 **21 tener éxito** +: A pesar de todo, el golpe tuvo éxito sólo *a medias.* Ramfis Trujillo, hijo del dictador, dejó su vida de playboy en París y sustituyó a su padre... EPE100900 **22 satisfacer** +: La respuesta (...) satisface *a medias*: quizás muchos de los libros ahora expuestos vayan a parar a donde van los libros malditos. LVE300995 **23 convencer** +: ...la anterior producción de esta ópera convenció sólo *a medias* en este cometido. LVE260795 **24 complacer:** Esta era la mejor manera de complacer *a medias* la petición que vienen haciendo el gremio y los ambientalistas... HOY180897 **25 consolidarse:** ...la situación electoral ya estaría *a medias* consolidada con los resultados de las municipales pasadas... HOY061097

E VERBOS QUE DESIGNAN LA ACCIÓN O EL PROCESO DE VENCER: **26 superar** +: La ratificación de trazado del tramo trasnacional Perpiñán-Figueres se hará antes de fin de año. El otro escollo de la cumbre se superó *a medias.* LVE061196 **27 solucionar** +: ...todo parece indicar que el problema sólo se solucionó *a medias...* DYM040796 **28 arreglar** +: ¿Está arreglado del todo el problema del convenio o solo *a medias?* INDOC **29 corregir** +: En tiempos de Antonio Machado el poeta decía que España despreciaba cuánto ignoraba. Hoy puede corregirse la cita, pero sólo *a medias.* LVE300396 **30 resolver:** Fue tres veces al caballo y, ágil de cuello y listo, presentó dificultades que Esplá sólo resolvió *a medias.* EME051096 **31 solventar:** Pero la cuestión es que ese pacto solventa sólo *a medias* el problema de la Seguridad Social... LVE211296 **32 cicatrizar:** Parece que los años han cicatrizado *a medias* la honda herida, pero Gabriela jamás podrá deshacerse de las negras sombras. LHG100697

F VERBOS QUE DESIGNAN LA ACCIÓN DE CUBRIR U OCUPAR UN ESPACIO. TAMBIÉN CON OTROS QUE EXPRESAN EL ESTADO QUE LES CORRESPONDE: **33 cubrir** +: ...los cuatro hombres, todos con lentes oscuros y pañuelos que cubrían *a medias* sus rostros, ingresaron a la entidad... EUV070497 **34 llenar** +: También hoy ha llenado *a medias* el estadio: parados, cojos, estudiantes y simples varones adultos. EME151195 **35 rellenar:** A mediados de la década continúa con el estudio de las esculturas blandas, rellenas *a medias* para controlar los niveles de flaccidez... LVE091095 **36 sepultar:** En el cerro Esperanza, no obstante, tres casas vieron sus patios *a medias* sepultados por un gran desprendimiento de material. LEC190597

G VERBOS QUE DESIGNAN LA ACCIÓN DE ADMITIR, VALIDAR O DAR POR CIERTO ALGO: **37 creer** +: La afición lo creyó *a medias,* pero no abandonó la plaza hasta que no vio botar al alcalde... EME280596 **38 aceptar** +: El Ejecutivo acepta *a medias* la crítica. EPE150700 **39 admitir:** ...el entrenador admitió *a medias* un incidente en el aeropuerto de Asunción... EPE140799 **40 confirmar:** Aún no dijeron con qué cadena se aliarán. Y además confirmaron, pero *a medias,* el pacto con Citibank. CLA030397 **41 ratificar:** Moreira ratificado *a medias.* DHE051197 **42 reconocer:** ...el coordinador de los servicios secretos acabó reconociendo *a medias* que (...) la fiscalía muniquesa ya le había hablado del asunto. LVE300495 **43 confesar:** ...no tienen la más zorra idea de que el medio siglo de

González Ruano, otro ilustre desconocido, sólo se confesara *a medias.* LVE100295

H VERBOS QUE DENOTAN PERCEPCIÓN O CONOCIMIENTO DE ALGO. TAMBIÉN CON ALGUNOS QUE DESIGNAN ACTIVIDADES INTELECTIVAS O INDAGATIVAS Y ACCIONES NECESARIAS PARA ADQUIRIR O INTERPRETAR EL CONOCIMIENTO: **44 entender +:** ...tal vez la ambición de esta obra sea entendida *a medias* o tildada de frívola... LVE150995 **45 conocer:** Todo esto era conocido *a medias* por el comisario de la Brigada de Lanús, Miguel Garello, y por eso no pudo preguntarle con detalle. CLA090597 **46 saber:** Quizá consuele saber, *a medias*, que no existe el crimen perfecto. ENV270696 **47 analizar:** En buena medida hay que atribuir esta desproporción a dos causas, como ha sido dicho, y analizado *a medias*, hasta la saciedad... LVE070696 **48 estudiar:** Si en lugar de estudiar *a medias* el proyecto, lo hubieran analizado concienzudamente... INDOC **49 recordar:** ...pide información sobre una poesía catalana que, al parecer, sólo recuerda *a medias*... LVE220396

I VERBOS DE CREACIÓN. TAMBIÉN CON OTROS QUE DENOTAN CAMBIO DE ESTADO O MODIFICACIÓN DE UN ESTADO DE COSAS, MÁS FRECUENTEMENTE PARA MEJORARLAS: **50 construir +:** Mitos construidos *a medias* por un entorno que temía por un futuro sin su líder carismático... LVE151195 **51 reformar:** En los últimos años mucho se ha hablado del sistema educativo del país, se lo ha reformado *a medias* y se lo sigue cuestionando... LTB020297 **52 suavizar:** ...iniciaron ayer un embate contra el Gobierno que pudo ser suavizado *a medias* por la Alianza... CLA280601 **53 reconstruir:** ...convulsionados por su afán de reconstruir (*a medias*, o boca abajo, para ser más precisos) una cotidianidad... ABC131291

J SUSTANTIVOS QUE DENOTAN ACTIVIDAD O LABOR: **54 trabajo:** ...lo único que hemos visto es un trabajo *a medias*, en un estado más que provisional. EPE061299 **55 tarea +:** ...dicen que el gobierno está haciendo la tarea *a medias* puesto que a la par con el proyecto de reforma debió presentar una propuesta para tratar de controlar el gasto público... SEM091000 **56 labor:** Como era viernes y estábamos cansados nos dejaron ir con la labor *a medias*. INDOC **57 negocio:** La empresa, un negocio *a medias* entre una multinacional de la alimentación y dos familias españolas, ha invertido 325 millones... EME291296

K SUSTANTIVOS QUE DENOTAN ADMISIÓN, ACEPTACIÓN, CONOCIMIENTO O ANÁLISIS. SE RELACIONAN CON LOS VERBOS DE LOS APARTADOS *G* Y *H*: **58 confesión:** El resultado es una abundante galería de obsesiones tamizadas (...), de confesiones *a medias* o por entero, de juegos... ABC161294 **59 comprensión:** ...un análisis más bien superficial que manifiesta una comprensión parcial, *a medias*, de la verdadera envergadura de... INDOC **60 confirmación:** ...la esperada confirmación de la noticia se produce, pues, solo *a medias* porque aún no hemos podido averiguar si... INDOC

L SUSTANTIVOS QUE DESIGNAN LA ACCIÓN DE ALCANZAR, IMPEDIR O DAR POR TERMINADO ALGÚN ESTADO DE COSAS. SE RELACIONAN CON LOS VERBOS DE LOS APARTADOS *A*, *B* Y *C*: **61 logro:** ...logros políticos que lo son solo *a medias*. INDOC **62 bloqueo:** ...un bloqueo a la venta de armas que no es total, sino solo *a medias*. INDOC **63 despedida:** Será ésta una despedida *a medias*, porque la maquinaria alucinante de la memoria mantiene la vigencia de las imágenes... HOY161296 **64 abandono:** Se trata, por el momento, de un abandono *a medias*: «He dicho y repito que nací y moriré liguista»... LVE120295

M SUSTANTIVOS QUE DENOTAN CAMBIO DE ESTADO, EN PARTICULAR, EVOLUCIÓN O MEJORA. SE RELACIONAN CON LOS VERBOS DEL APARTADO *I*: **65 reforma +:** Los países con sistema capitalista y reforma agraria *a medias* son básicamente los países en desarrollo... ETC040996 **66 renovación +:** Una renovación *a medias*: del patio de butacas de un cine de época... LVE081095 **67 progreso:** También resaltó las contradicciones de un progreso *a medias* y enfatizó que el hombre, en algunas cosas, todavía es el de las cavernas. LNP080497 **68 arreglo:** ...la liberación del ICE es conveniente pero «es un arreglo muy *a medias*». LNC120996 **69 revolución:** Revolución *a medias*, porque la decapitación de estrellas (...) no traía consigo la promoción de una nueva generación de jugadores... LVE040795 **70 cambio:** Cambios *a medias* para un sistema comicial caduco. ENV190197 **71 rectificación:** Ahora, desde abril de este año, al ver fracasado totalmente su programa, ha intentado una rectificación *a medias*. HOY230996

N SUSTANTIVOS QUE DENOTAN SOLUCIÓN, DESENLACE O CULMINACIÓN FELIZ DE ALGO. SE RELACIONAN CON LOS VERBOS DE LOS APARTADOS *C*, *D* Y *E*: **72 solución +:** En la Fuerza Aérea reconocen que es una solución *a medias*... CLA190197 **73 éxito +:** Hasta ahora la historia de la conquista de Marte ha sido la historia de algunos éxitos *a medias* y de muchos fracasos rotundos. ABC030993 **74 victoria:** ...la victoria de la democracia sobre las dictaduras es sólo una victoria *a medias*. ABC300793

Ñ ALGUNOS ADJETIVOS: **75 esperanzador:** ...cumple ya un año y medio de existencia con un balance sólo *a medias* esperanzador. LVE210796 **76 veraz:** «Algunas denuncias son veraces, otras lo son *a medias* y otras no tienen sentido»... CLA111000 **77 falso:** ...parece un infundio, pero la información es falsa solo *a medias*. INDOC

a medida *loc.adv./loc.adj.* ▮ También se dice *a la medida* y puede construirse con un adjetivo posesivo: *a {mi/tu/su...} medida*. En sentido literal, *a medida* se combina principalmente con sustantivos que designan prendas de vestir *(traje, vestido, camisa, zapato, sombrero)*, establecimientos en los que se fabrican o adquieren *(camisería, sastrería)* y con verbos que expresan la acción de confeccionarlos o emplearlos *(cortar, coser, vestir)*. Asimismo, se combina con sustantivos que designan otros productos y objetos relacionados con el mobiliario *(mueble, sofá, cama)*, el transporte *(vehículo, coche)*, el alojamiento *(casa, piso)*, la alimentación *(dieta, alimentación)* o la medicina *(fármaco, dosis)*, entre otros bienes y servicios. La locución puede combinarse con múltiples sustantivos que designan otras cosas que pueden adaptarse o adecuarse expresamente a las necesidades de una persona *(ordenador, jardín, foto)*. En sentido figurado se combina con sustantivos de persona, individuales o colectivos *(rival, mujer, equipo, gobierno)*, con otros que designan obras *(discurso, texto, biografía)* y con algunos que denotan ocupación o puesto de trabajo *(empleo, cargo)*. También se combina con...

A SUSTANTIVOS QUE DENOTAN TAREA O ACTIVIDAD, MÁS FRECUENTEMENTE SI SE RELACIONA CON LA CREACIÓN DE ALGO, SU APLICACIÓN O SU UTILIZACIÓN POR LOS DEMÁS. TAMBIÉN CON OTROS QUE DESIGNAN EL RESULTADO DE ESAS ACTIVIDADES: **1 servicio ++:** ...son comunicaciones de voz, datos y vídeo con bases de datos centralizadas que permiten servicios *a medida* de las compañías. DLA180497 **2 solución ++:** ...es una oferta integrada de servicios, desde el diseño de soluciones *a medida*, hasta su implantación definitiva. LVE061195 **3 confección +:** Se trasladó a Barcelona, donde montó su propia tienda y se dedicó a la confección *a medida*. LVE010796 **4 operación +:** La entidad de ahorro informó que este acuerdo incluye la financiación de «stocks», venta a plazos, leasing (alquiler con opción a compra) y otras operaciones *a medida*... EME100296 **5 configuración +:** Como son máquinas de alto rendimiento, hay que hacerse la configuración *a medida*. EME101196 **6 tratamiento:** Lograr (...) un tratamiento *a medida* de cada paciente. Lo cual exige, en primer lugar, un planteamiento multidisciplinar de la oncología... EPE260499 **7 trabajo:** Además de su sede central en Elgoibar, sus cinco delegaciones en España y su centro en Cuba, Unceta cuenta con otras dos empresas que realizan trabajos *a medida* para los clientes. EPE111099

B SUSTANTIVOS QUE DESIGNAN DIVERSOS CONTENIDOS REGULADOS O AJUSTADOS A NORMAS O DIRECTRICES. TAMBIÉN CON OTROS QUE EXPRESAN LAS FORMAS DE DISPONER ALGUNA ACTIVIDAD: **8 ley:** Una ley *a medida* del Vaticano. EPE301101 **9 reglamento:** Jordi Pujol jugó anoche en campo propio y con reglamento *a medida*. EPE021099 **10 sistema:** Generalmente armamos un sistema *a medida* de la necesidad del cliente... CLA240199 **11 modelo:** ...el Gobierno no está dispuesto a realizar un modelo financiero *a medida* de cada comunidad... EME210796 **12 plan +:** Pero también se crearán nuevos profesionales de alta cualificación que diseñarán planes *a medida* para que los ancianos tengan la mejor calidad de vida posible. EPE190599 **13 programa +:** ...busca su identidad, mientras mi empresa hace programas *a medida*. EME090695

C ALGUNOS SUSTANTIVOS QUE DESIGNAN OTRAS ACTIVIDADES QUE PUEDEN SER PREVISTAS O REGULADAS, MÁS FRECUENTEMENTE SI SE RELACIONAN CON EL ESPARCIMIENTO O EL APRENDIZAJE: **14 vacaciones +:** La campaña, única en Europa, consiste en pasear fotografías de Cataluña por las carreteras y autopistas (...). «Vacaciones *a medida*» es el lema. LVE300495 **15 viaje +:** ...agencia especializada en montar viajes *a medida*, para gente acostumbrada a moverse por el mundo... LVE281295 **16 curso:** ...la prueba de febrero sólo puede beneficiar a las privadas que quieran organizar un curso *a medida*... EPE150999

D VERBOS QUE DENOTAN CREACIÓN, REALIZACIÓN, ELABORACIÓN O ADAPTACIÓN DE ALGO: **17 hacer ++:** ...todo ha sido hecho *a medida*. EME080394 **18 fabricar ++:** ...los tejidos podrán fabricarse *a medida*, en lugar de trasladarse de un cuerpo a otro... EME110196 **19 diseñar ++:** ...reemplazará al Bonte 2027, diseñado *a medida* de las AFJP locales... CLA120199 **20 crear +:** ...la plaza se ha creado *a medida* del ex funcionario público... EPE260199 **21 confeccionar +:** ...mediante un sofisticado sistema informático de corte, confecciona *a medida* cada traje nupcial. LVE220795 **22 elaborar +:** ...incluye sólo los programas concebidos para ser comercializados masivamente (...), pero no los que se elaboran *«a medida»* para aplicaciones concretas... LVE270495 **23 componer:** La mayor parte de estos años de trabajo los he invertido en una de mis habilidades: componer para otros *a medida*. LVE230696 **24 configurar:** ...la elaboración de periódicos electrónicos que pueden ser configurados *a medida* por los lectores individuales... EME131095 **25 adecuar:** ...sería posible adecuar el local *«a medida»*. LVE200996 **26 ajustar:** ...admitió, en todo caso, la dificultad de conseguir aprobar una normativa que se ajuste *a medida* a las necesidades e intereses prioritarios para España... EPD030697 **27 montar:** Encargaron las piezas a los mejores especialistas y se lo montaron *a medida*, como un auténtico prototipo. EME180796

E VERBOS QUE DESIGNAN LA ACCIÓN DE PEDIR ALGO O LA DE PONERLO A DISPOSICIÓN DE LOS DEMÁS: **28 encargar +:** ...la mayoría suele encargarlas *a medida* en establecimientos especializados... EME181296 **29 ofrecer:** ...ofrece *a medida* del cliente el software y la instalación de máquinas de medición compleja. EPE111099 **30 proporcionar:** ...soluciones específicas que nuestro establecimiento proporciona *a medida*, en función de las necesidades de nuestra distinguida clientela. INDOC

F VERBOS SEMICOPULATIVOS QUE DENOTAN EL HECHO DE ADECUARSE, ACOMODARSE O SER APROPIADA U OPORTUNA ALGUNA COSA: **31 quedar +:** Y es una lástima porque con un nombre tan auténtico, el mostacho le quedaba *a medida*. EME290795 **32 ir +:** ...varias mujeres entregaron al presidente dos pantalones (...). Le iban que ni *a medida*. EME190595 **33 venir:** ...tanto a él como a Alejandro Gómez y a Abel Antón la distancia les venía *a medida*. EME020196 **34 caer:** Sostener que alguien vive en otro planeta, para graficar, de manera vulgar, una situación inadmisible, parece caer *a medida* a las entidades financieras responsables del financiamiento a través de tarjetas de crédito. LNP280897

☐ Véase también: **a la medida (de)**.

a medio gas

a medio gas *loc.adv./loc.adj.* ▮ Es propio de la lengua conversacional. En sentido literal se combina con los sustantivos *motor, máquina, acelerador* y con otros que designan artefactos, mecanismos y maquinarias *(un motor a medio gas)*. En sentido figurado admite verbos que denotan juego u otras prácticas propias del deporte, de la escena o de otros ámbitos *(jugar, torear, entrenarse, actuar, interpretar)*. También acepta sustantivos de persona, especialmente si designan a los que practican estas actividades *(jugador, rival, equipo: Con un rival a medio gas, el Deportivo lo tuvo fácil)*. También se combina con los verbos *estar, quedarse, encontrarse* y *llevar* (el último con complemento de tiempo), así como con verbos que denotan continuación *(continuar, seguir, mantener)*. Asimismo se combina con...

A VERBOS QUE DENOTAN REALIZACIÓN O DESARROLLO DE UNA ACTIVIDAD, A MENUDO EN REFERENCIA AL DESEMPEÑO DE LA FUNCIÓN PARA LA QUE ALGO HA SIDO CONCEBIDO: **1 funcionar ++:** Ahora el puerto funciona *a medio gas* y los barcos apenas permanecen en los espigones... HOY250385 **2 trabajar +:** ...obliga a trabajar *a medio gas* a los ingenios durante los primeros días de la semana... DLA060397 **3 operar +:** Después de un mes, se irán añadiendo rutas aérea hacia todo Estados Unidos, pero incluso entonces el aeropuerto operará sólo *a medio gas*. EPE031001 **4 actuar:** Eso era el Barça en su conjunto: estaba plantado como exige el guión, pero actuaba *a medio gas*. EPE031099

B VERBOS DE MOVIMIENTO, CON DESPLAZAMIENTO O SIN ÉL: **5 ir ++:** ...el Gobierno va *a medio gas* por el embargo de tiempo y por la presión a que está sometido... LVE260295 **6 atravesar:** ...son los más interesados en que su alianza (...) atraviese ese ciclo *a medio gas* y sin estridencias para no ahuyentar a sus votantes más moderados. EPE130299 **7 correr:** ...admitió haber corrido *a medio gas* y pendiente de otra carrera que iba a disputar esa misma tarde. DDN050599 **8 circular:** Dos tercios de los alemanes circularán *a medio gas* durante este verano, mientras el resto de los conductores podrá pisar el acelerador como si tal cosa. EME190695

C VERBOS QUE DENOTAN APARICIÓN O INICIO DE ALGO: **9 arrancar:** La Fira de Teatre al Carrer de Tàrrega arranca *a medio gas*. EPE110999 **10 salir:** Ayer, el Deportivo salió como siempre, *a medio gas*... EPE110199 **11 comenzar:** CiU comenzó su campaña en Barcelona *a medio gas*. LVE250595 **12 estrenar:** El Parlamento (...) se estrenó *a medio gas* y anunció comisión de investigación. EME160494 **13 nacer:** La nueva autoridad única del transporte nace *a medio gas*. LVE011196 **14 empezar:** Tras la reanudación, el Joventut volvió a empezar *a medio gas*... EME150594

D OTROS VERBOS; POSIBLES USOS ESTILÍSTICOS: Después del toque de queda nocturno, la ciudad se desperezó ayer *a medio gas*. EME190194; El Madrid se recrea *a medio gas* ante un rival muy disminuido. LVE280896

amenaza ♦ **acuciante[2], apremiante[35], auténtico, claro, condicional[10], constante, continuo, de bomba, de despido, de lluvia, de muerte, descarado, directo, disuasorio[36], encubierto, falso, fuerte, grave, imparable[25], impredecible[31], indirecto, inequívoco[60], inminente, latente, nuevo, permanente, posible, potencial, principal, real, remoto, serio[10], sutil, telefónico, terrible, terrorista, velado, verbal, verdadero** ♦ **a resguardo (de)[3], bajo, con, frente (a), mediante** ♦ **alcance (de)[27], asomo (de)[13], lluvia (de)[22], objeto (de)[17]** ♦ **acechar[2], acuciar[37], ahuyentar[2], alejar, alertar (de), alimentar[19], arreciar[39], atisbar[2], blandir[13], captar[33], cernerse[1], cobrar fuerza[34], conjurar[2], constituir, cumplir[16], defenderse (de), desvanecerse[24], detectar[35], detener, difuminar(se)[77], disipar(se)[26], eludir[9], encarar[20], enfrentar(se) (a), exacerbar[10], formular[43], hacer(se) realidad[59], lanzar[41], magnificar[18], neutralizar, planear[20], plegarse (a)[9], producir(se), proferir[3], recibir, recrudecer(se)[60], redoblar[24], representar, responder (a), salir al paso (de)[28], sufrir[78], suponer, surtir efecto[15], teñir (de)[17], verter[6], vislumbrar, vivir (bajo)**

□ Véase también: **agresión, agresividad, amenazar, animadversión, peligro, provocación, reto, riesgo (de).**

AMENAZA Véase: *RIESGO*

AMENAZA Véase: COERCIÓN; RIESGO

amenazadoramente ♦ **acosar, advertir, apuntar, avanzar, gruñir, mirar, salir, señalar**

amenazar ♦ **abiertamente[26], alarmantemente[24], constantemente, de muerte, de palabra[3], descaradamente[38], directamente, duramente[42], físicamente, gravemente, literalmente[30], peligrosamente[34], públicamente, reiteradamente[8], repetidamente[28], seriamente[46], severamente[13], subrepticiamente, veladamente, verbalmente[26]**

amenizar *v.* ▌ Admite sustantivos de persona *(Una banda de música amenizó a los asistentes).* También se combina con sustantivos temporales, así como con otros que denotan evento o reunión de carácter social o designan los lugares donde se celebran *(fiesta, local, velada: Una orquestina amenizó la velada).* También se combina con...

A SUSTANTIVOS QUE DENOTAN ACTIVIDAD O LABOR QUE POR LO GENERAL RESULTA PESADA, ÁRIDA, DESAGRADABLE O REQUIERE ALGÚN ESFUERZO: **1 trabajo:** Les habían puesto música ambiental para *amenizarles* un poco el trabajo. INDOC **2 tarea:** Conoció la figura de los lectores de prensa y novelas que *amenizaban* la monótona, maquinal tarea de hacer habanos... EPE200999 **3 actividad:** Jugart 97 también tiene una fauna de personajes simpáticos que recorren las instalaciones del festival para *amenizar* las actividades. EME311296 **4 entrenamiento:** Desde luego, no tiene la patente de *amenizar* un entrenamiento con música porque otros técnicos ya lo habían hecho anteriormente. EME130696 **5 estudio:** ...por las tardes, dos horas de estudio, solo *amenizadas* de vez en cuando por las anécdotas que contaba el padre Federico. INDOC **6 contienda −:** Más todavía si en medio del campo de batalla, el / la mariscal doña Angel Pavlovski *ameniza* y dirige la contienda. LVE260695

B SUSTANTIVOS QUE DENOTAN RECORRIDO O CURSO, ENTRE ELLOS EL DE LA PROPIA VIDA: **7 viaje ++:** Entre otros sofisticados detalles, la nave consta de aire acondicionado y de un potente equipo de sonido con el que *amenizar* los viajes. EME270796 **8 trayecto +:** Durante el viaje Chaves se despojó de su timidez y cantó con los mariachis que *amenizaban* el trayecto. EPE200799 **9 trayectoria:** Diversos cuadros e imágenes interrelacionados a través de las fechas, los viajes y los países *amenizan* la trayectoria biográfica del escritor. EME070594 **10 periplo:** ...de un periplo *amenizado* por el grupo teatral Karraka, que pondrá en escena una pantomima gastronómico-cinematográfico operística... ABC140892 **11 andanza:** Por vez primera, la música y las canciones salen a la calle y *amenizan* las andanzas de tres marinos de permiso durante 24 horas en Nueva York. LVE290195 **12 existencia:** Las visitas ocasionales de tía Gertrudis era lo único que *amenizaba* su monótona existencia. INDOC

C ALGUNOS SUSTANTIVOS QUE DESIGNAN ESTADOS ANÍMICOS RELACIONADOS CON LA FALTA DE INTERÉS, DE APETENCIA O DE ENERGÍA: **13 aburrimiento:** Al final, hasta hubo penalti para *amenizar* tanto aburrimiento y se demostró que el problema arbitral será también esta temporada uno de los inagotables temas de acalorada tertulia. LVE090896 **14 tedio:** Se nos presentan con naturalidad y hondura, sin pretender asustarnos con lo sublime ni *amenizar* nuestro tedio con lo pintoresco... ABC160695

amigablemente Véase: **amistosamente**

amigo ♦ admirado, antiguo, apreciado, buen(o), cercano, común, de ley, de toda la vida, entrañable, excelente, fiel, frecuente, gran(de), incondicional, indiscutible, inseparable, íntimo, leal, mal(o), personal, querido, verdadero, viejo ♦ con ♦ círculo (de), grupo (de), pandilla (de) ♦ acudir (a), atesorar, compenetrarse (con), congeniar (con), conservar, contar (con), frecuentar, granjearse[31], guardar, hacer, intimar (con), perder, reconciliarse (con), reunir, tener

□ Véase también: **afecto, amistad, amor, enemigo, pariente.**

aminorar *v.* ▮ Se combina con gran número de sustantivos que designan estados de adversidad, más frecuentemente si son carenciales y de cierta importancia *(hambre, pobreza, delincuencia, desempleo, marginación, desigualdad, violencia, enfermedad).* Acepta asimismo otros que expresan el grado o el nivel extremos en que esas situaciones se presentan *(gravedad, importancia, seriedad).* También se combina con sustantivos que designan diversos sentimientos y emociones, más frecuentemente si se relacionan con la responsabilidad *(vergüenza, culpa),* la falta de seguridad, de tranquilidad o de confianza *(crispación, miedo, malestar, inquietud, preocupación, depresión, angustia, ansiedad)* o el hecho mismo de experimentar esas sensaciones *(sufrimiento, padecimiento, dolor).* Se combina asimismo con sustantivos que denotan la acción o el efecto de oponerse a algo *(rechazo, resistencia, oposición).* También se combina con...

A SUSTANTIVOS QUE DENOTAN EFECTO O CONSECUENCIA: **1 efecto ++:** ...demuestra que un buen esfuerzo *aminora* los efectos de plagas y climas adversos como el que estamos sufriendo en este invierno. GIC041497 **2 impacto +:** Aunque no se daría marcha atrás en la ley de bienestar social, los legisladores podrían otorgar asistencia especial para *aminorar* el impacto de los recortes. ENH090297 **3 consecuencia +:** ...lo único que hacen es contribuir a *aminorar* las consecuencias del accidente, pero no alejan el accidente en sí. EPD270897 **4 influencia:** Lejos de *aminorar* su influencia, las milicias populares han llevado ahora su peculiar guerra hasta la misma capital del Estado, Bogotá. EME150695 **5 resultado −:** ...un ejemplo de las oportunidades de negocio que se están explorando para *aminorar* los resultados negativos... LVE090996

B SUSTANTIVOS QUE DENOTAN RAPIDEZ O EXPRESAN LA CADENCIA DE ALGÚN MOVIMIENTO ACOMPASADO: **6 velocidad ++:** El conductor del tren, que se encontraba *aminorando* la velocidad al llegar a la estación, no pudo evitar el impacto... EME040195 **7 ritmo ++:** ...su prosa es perfectamente barroca, mucho más abocada a lo abstracto que en sus obras anteriores, casi conceptista, hasta el punto de *aminorar* el ritmo narrativo peligrosamente. ABC310792 **8 marcha ++:** El tren *aminoraba* la marcha en ese momento y terminó por detenerse en una pequeña estación miserable. ABC021294 **9 paso +:** Paseantes que *aminoraban* el paso, periodistas apresurados, y vecinos pegados a los cristales de sus casas. EME140396

C SUSTANTIVOS QUE DESIGNAN PROBLEMAS Y DIFICULTADES, ASÍ COMO DIVERSAS SITUACIONES DE INFORTUNIO, SEA REAL O PREVISTO: **10 tensión +:** Por todo ello, la actitud de Unió ha sido la de guardar silencio en público y tratar, entre bastidores, de *aminorar* la tensión latente... LVE160295 **11 problema +:** Amezcua agregó que la asociación no coincide con la visión de evitar el surgimiento de nuevos desarrollos inmobiliarios en esta capital, para *aminorar* el problema del agua... EXC031000 **12 riesgo +:** Es de esperar que el cuidado científico que ahora domina en esas tareas *aminore* los riesgos futuros. ABC221093 **13 presión +:** ...algunos sostienen la conveniencia de permitir el juego gobierno-oposición, como una manera de *aminorar* la presión social y facilitar un cierto grado de convivencia... HOY070181 **14 dificultad:** ...una ayuda que no será suficiente, pero que contribuirá a *aminorar* parcialmente las dificultades por las que pasa la población. INDOC **15 desgracia:** ...hubo una actitud omisiva de dejación por la Administración (...) al no haberse adoptado las medidas precisas, si no para evitar la desgracia, sí para *aminorarla.* LVE060795 **16 crisis:** Los intereses partidistas –y las posibles complicidades– se sitúan ante la crisis, ya tratando de *aminorarla* –taparla incluso– o de explotarla. EME100594 **17 peligro:** En todos los regímenes libres del mundo se elimina o se *aminora* el peligro de su malversación... HOY250184

D SUSTANTIVOS QUE DESIGNAN DIVERSAS MAGNITUDES CUANTITATIVAS: **18 cantidad +:** La intención del municipio es *aminorar* la cantidad de desplazamientos infructuosos de las salidas de la grúa municipal, que representan el 30% del total. EPE290999 **19 volumen:** ...han conseguido *aminorar* el volumen de los rescates. EME100495 **20 número:** El número de profesores de cada especialidad pertenecientes a un mismo centro que obtengan destino en el nuevo no podrá superar el número de plazas *aminoradas* en su plantilla de origen. CAN250599 **21 cifra:** Las devoluciones solicitadas a Hacienda este año por los declarantes ascienden a 892.264 millones de pesetas, cifra que habitualmente se ve *aminorada* una vez que la Agencia Tributaria comprueba los datos declarados. EME041196 **22 coeficiente:** La reforma de 1994 pretendía facilitar a las empresas los ajustes de plantilla y *aminorar* ese coeficiente de temporalidad... LVE310396 **23 grado:** Reducir la inversión pública *aminora* el grado de formación bruta de capital del conjunto del país... LVE180795 **24 nivel:** También *aminora* el nivel de emisión de metales pesados. EME190796

E SUSTANTIVOS QUE DENOTAN MAGNITUD ECONÓMICA. TAMBIÉN CON OTROS QUE DESIGNAN DIVERSOS RESULTADOS DE ALGUNA ACTIVIDAD COMERCIAL QUE SE PRESENTAN CUANTITATIVAMENTE: **25 déficit ++:** ...dijo que la principal obligación del partido que llegue al poder será reducir el gasto público, para así *aminorar* el déficit. EME021295 **26 deuda ++:** Me encomienda también racionalizar gastos, optimizar ingresos, *aminorar* deuda. EME070796 **27 gasto +:** Esto permitiría *aminorar* los gastos corrientes y dejaría margen para aumentar la inversión pública a un ritmo del 10%... EPE110199 **28 pérdida ++:**

No obstante, a última hora el mercado daba muestras de mayor fortaleza (...), lo que permitió *aminorar* las pérdidas... LVE080896 **29 coste +:** ...una serie de ventajas que *aminoraran* el coste económico que supone presentarse a los distintos certámenes literarios... EPE290499 **30 costo:** Hasta las grandes aerolíneas se integran para *aminorar* costos y extender más las rutas. ENV270696 **31 pago:** El jefe de los apagafuegos (...) descubrió que varios de los comerciantes afectados tenían alterados los medidores de energía eléctrica, para *aminorar* sus pagos por ese servicio. LPN060597 **32 ingreso:** Si por mantener a ultranza la fiscalidad no conseguimos reactivar la demanda interna, caen las ventas de coches, *aminorando* los ingresos por recaudación... EME070795 **33 inversión:** Hay una explicación: al *aminorar* la inversión social, la pobreza aumentó. LVE130395 **34 inflación:** Hay que sanear la economía. Hay que reducir el déficit. Hay que *aminorar* la inflación. EME190394 **35 tasa:** El proceso de nuevas aperturas responde a la intención del aeropuerto de aumentar sus ingresos mediante la actividad comercial (...) para poder *aminorar* las tasas... LVE021195 **36 impuesto:** ...deja tras de sí bolsas de miseria y está condenado a acentuar los impuestos de los pobres y a *aminorar* los de los ricos. ABC151191 **37 tarifa –:** En la radio podrá *aminorar* las tarifas de publicidad todo lo que quiera... EME301296 **38 subvención –:** El Estado evita así que los «número rojos» aparezcan en el déficit de caja y *aminora* artificialmente las subvenciones... EME161095 **39 salario –:** Ello no implica que haya que *aminorar* también el salario, sino sólo que el porcentaje de crecimiento de los salarios reales sea inferior que el de la productividad... EME030296

F SUSTANTIVOS QUE DENOTAN DAÑO O DETERIORO. TAMBIÉN CON ALGUNOS QUE DESIGNAN DIVERSOS PROCESOS DEGRADATIVOS CUYOS RESULTADOS PRODUCEN ESOS EFECTOS: **40 daño ++:** ...en aquellos lugares donde nos pareció más adecuado abovedar (...) se va a hacer porque permite *aminorar* los daños... LEC200396 **41 perjuicio +:** ...los sistemas de amortiguación y protección de los nuevos modelos (...) han conseguido *aminorar* los perjuicios para los pies. EME030496 **42 deterioro +:** El diagnóstico precoz de la enfermedad es fundamental para *aminorar* el progresivo deterioro que ocasiona esta patología... LVE260896 **43 envejecimiento +:** Me dijo que usara esta crema para *aminorar* el envejecimiento de la piel. INDOC **44 erosión +:** La erosión puede ser *aminorada* con las nuevas técnicas protectoras de espacios ambientales. INDOC **45 destrucción:** ...aunque la destrucción de empleo se ha *aminorado*, los puestos de trabajo se han reducido en un 2,4%. EME060795 **46 quebranto:** En este sentido, Fernández-Armesto recalcó que la labor de la CNMV en esta crisis *«aminoró»* los quebrantos a los pequeños inversores... EPE300699 **47 escozor:** Con estos cuidados momentáneos, el escozor *aminorará* y la pomada actuará incluso reduciendo la inflamación. LVE030896

G SUSTANTIVOS QUE DENOTAN DIFERENCIA O SEPARACIÓN: **48 diferencia +:** El Teucro iniciaba la segunda mitad (...) con cuatro tantos de ventaja, lo que hacía presagiar que el Chapela saldría a por todas para *aminorar* la diferencia en el marcador. FDV280301 **49 distancia +:** Víctor y Peternac intentaron *aminorar* distancias, pero Baia fue fichado para dar más consistencia defensiva al equipo y lo consigue en cada partido. EME191196 **50 ventaja +:** Partido a partido, el equipo iba *aminorando* la ventaja con sus más directos competidores. INDOC **51 desventaja:** Tras un parcial de 11-0, el Joventut *aminoró* su desventaja a un solo punto (42-43) en el descanso. EME150196 **52 margen:** ...lo que pretendía (...) era precisamente lo que ha sucedido, es decir, provocar la reacción de Pedro Solbes (...) *aminorando* el margen de maniobra de un futuro Gobierno del Partido Popular sobre el banco público. EME041195 **53 desajuste:** Ocurre, sin embargo, que la única forma realista de restablecer la disciplina presupuestaria o al menos *aminorar* sus desajustes es recortar, reducir gastos. LVE230696

H SUSTANTIVOS QUE DENOTAN INCREMENTO: **54 crecimiento +:** El primero, gamma-tocotrienol, *aminora* el crecimiento de las células en la leucemia y el cáncer de pecho. EPE230599 **55 aumento:** Se echan en falta medidas urgentes para *aminorar* el aumento de accidentes laborales. INDOC **56 incremento:** ...una decisión política que no va a conseguir *aminorar* el incremento de la drogodependencia. INDOC **57 escalada:** La escalada de sanciones y tensiones entre Washington y Bogotá no *aminora*. LVE140796

I ALGUNOS SUSTANTIVOS QUE DENOTAN CASTIGO: **58 pena +:** Un abogado quiso saber si los candidatos creían que una persona que delinque bajo los efectos del alcohol tiene derecho a que se *aminore* su pena. LVE170996 **59 sanción:** ...anticipa una estrategia defensiva que tenderá a *aminorar* la sanción a la que se enfrenta Guardiola... EPE291101 **60 castigo:** ...y por tanto el comité de competición no *aminorará* el justo castigo al que se ha hecho merecedor el delantero. INDOC

J OTROS SUSTANTIVOS; POSIBLES USOS CRUZADOS: En ese marco, señaló que existen acciones importantes como la apertura del hospital de Catavi, el apoyo a las cooperativas, la reactivación de la producción minera y muchos otros aspectos tendientes a *aminorar* la situación de pobreza de la región occidental del país. [Cf. *aliviar*] LTB020197

K OTROS SUSTANTIVOS: POSIBLES USOS ESTILÍSTICOS: Lo de las «novelas de poetas», plaga a la que ya tenemos que resignarnos, si bien enriquece los procedimientos expresivos de nuestra prosa, falsifica los de la narratividad por lo general, la *aminora*... ABC220995; Luego sobrevendrá el desengaño, que le lleva a *aminorar* ascéticamente la «dulzura emponzoñada» del retoricismo anterior... ABC240395

▩ Se combina también con: ♦ **considerablemente[27], de improviso, paulatinamente, poco a poco, repentinamente**

☐ Véase también: **aligerar, decrecer.**

amistad ♦ **antiguo, arraigado, bonito, breve, bueno, cercano, corto, de ley, duradero, efímero[35], entrañable, epistolar, especial, estrecho[29], eterno, fiel, firme, franco, fraternal, fuerte, gran(de), hermoso, hondo, incondicional[13], indisoluble, inquebrantable[31], intenso, interesado, íntimo, largo, leal, peligroso, permanente, personal, profundo[16], sano, sincero, sólido, tormentoso, verdadero, viejo, vivo** ♦ **a pique[16]** ♦ **en aras (de)[5], en señal (de)[20]** ♦ **demostración (de)[13], expresión (de)[3], gesto (de), lazo (de), pacto (de), prueba (de), relación (de), sentimiento**

(de), señal (de), vínculo (de) ♦ abusar (de)[8], afianzar(se)[35], arraigar (en alguien), brindar[29], brotar, cimentar[3], conquistar, conservar, cuajar[21], cultivar[1], depositar (en alguien), descuidar, deshacer(se), desvanecerse[50], diluirse, dispensar, empañar(se)[44], enfriar(se)[15], enrarecer(se)[8], entablar[2], enturbiar(se), establecer, estrechar[24], exaltar, faltar (a)[13], fluir[21], forjar[4], fortalecer(se)[3], fraguar(se)[6], gozar (de), granjearse[5], honrar (a alguien), iniciar, intensificar, interrumpir, involucrar(se) (en)[33], jurar[17], labrar(se), mantener, minar, nacer, negar, ofrecer, perder, proclamar, profesar[47], prometer, quebrantar[30], quebrar(se)[13], recuperar, reforzar, reinar, renegar (de)[17], robustecer(se)[5], romper(se), sellar[11], trabar[1], traicionar, unir (a alguien), venir de lejos[17]

☐ Véase también: **adversario, afecto, amigo, amor, congeniar, enemigo, enemistad, idilio, relación, romance.**

amistosamente ♦ **advertir, charlar, compartir, comportarse, conversar, departir, despedir, hablar, ofrecer, recibir, recriminar, reprochar, resolver, reunir(se), saludar, separarse, terminar, tratar**

amistoso ♦ **actitud, acuerdo, arreglo, carácter, consejo, diálogo, encuentro, gesto, juego, lazo, pacto, palmada, partido, recibimiento, relación, saludo, solución, tono, trato, vía**

a {mis/tus/sus...} anchas *loc.adv.* ▮ Se construye a menudo con verbos copulativos o semicopulativos *(estar, encontrarse, hallarse, sentirse)*. También se combina con...

A VERBOS QUE DESIGNAN DIVERSAS FORMAS DE EJERCER DOMINIO, CONTROL O HEGEMONÍA SOBRE ALGO. TAMBIÉN CON ALGUNOS QUE EXPRESAN OTRAS NOCIONES ANÁLOGAS QUE SE REALIZAN DESDE ALGUNA POSICIÓN DE LIBERTAD O DE SUPERIORIDAD: **1 campar ++:** ...ya que contribuirá a que «las mafias no campen *a sus anchas*, como al parecer hacen en este momento». LRE280103 **2 campear +:** En lo político, el PRI campeaba *a sus anchas*, solo, parado sobre el control de los caciques regionales. PME131096 **3 controlar +:** ...no pasó del empate ante el Celta, que controló *a sus anchas* el partido y que al final reparó su mala puntería... EPE101201 **4 gobernar +:** ...quiere contar con una mayoría suficiente que le permita gobernar *a sus anchas*... LVE230296 **5 reinar +:** ...lo acompañaron como en los viejos tiempos en que Chayanne reinaba *a sus anchas* en el pentagrama juvenil. END231097 **6 dominar:** ...gracias al acierto ofensivo de Iván de la Peña, que dominó *a sus anchas* el terreno central. LVE120395 **7 mandar:** ...un pequeño reducto de la administración en el que se movía con soltura y mandaba *a sus anchas*. INDOC **8 manejar +:** Y lo que pretendió ser un chiste transgresor, se transformó en una situación que Menem (...) manejó *a sus anchas*... CLA240497 **9 legislar −:** Legisla *a sus anchas* esas «reglas de la casa de la sidra» la contundente autoridad de un cineasta de genio... EPE080999 **10 patronear −:** ...la evidente caída del PP en las principales ciudades de Galicia, donde patronea *a sus anchas* el fundador del partido Manuel Fraga... EPE150699 **11 patrullar −:** ...y que patrullan la ciudad *a sus anchas* ante la pasividad del Ejército y la policía indonesios. EPE100599

B VERBOS QUE DESIGNAN LA ACCIÓN DE LLEVAR A CABO UNA ACTIVIDAD O LA DE PARTICIPAR: **12 actuar +:** Según narra Sella, cualquier día y a las cinco de la tarde, sin ni siquiera refugiarse en la oscuridad, los contrabandistas actuaban *a sus anchas*. EME040296 **13 operar:** ...Rossini, liberado de la historia y sus criaturas, puede operar *a sus anchas* desplegando lo único que le importa, la música. EME230296 **14 maniobrar:** Alexis y Sabas dejaron de maniobrar *a sus anchas* y el Atlético se adueñó completamente del encuentro... LVE041295 **15 intervenir:** Y aún hay más, otras voces que intervienen *a sus anchas* por las páginas de este intrigante y extraño diario. ABC280495

C VERBOS QUE DENOTAN MOVIMIENTO, DESPLAZAMIENTO O RECORRIDO POR ALGÚN LUGAR, A MENUDO SIN RUMBO O DESTINO FIJOS: **16 mover(se) ++:** Los rebeldes se mueven *a sus anchas* por una república bajo teórico control del ejército ruso. LVE270895 **17 recorrer ++:** ...alrededor de seis botes permanentes de agua recorren *a sus anchas* la calle, dejando a su paso olores desagradables... ENV180497 **18 pasear +:** ...un millón trecientas mil personal ha visto a los tiburones paseando *a sus anchas* por el inmenso aquárium del Zoo de Madrid. EME230596 **19 deambular +:** Al anochecer de ese aciago día, hay 8.000 holandeses deambulando *a sus anchas* por una ciudad desertizada de naturales... EPE020599 **20 circular:** Muchos ciudadanos serbios están muy deprimidos viendo cómo circulan *a sus anchas* los vehículos militares (de Ifor)... LVE231295 **21 correr:** En esta nueva finca, los perros corren *a sus anchas* desde las nueve de la mañana hasta las seis de la tarde... LVE010996 **22 andar:** Durante cinco días, todo aquel que lo desea puede andar *a sus anchas* por entre una multitud de ofertas... LVE250695 **23 caminar:** ...y deja que el contemplador se sorprenda con cada nuevo invento, que camine *a sus anchas* por los plásticos de sus «juguetes»... ABC241293 **24 cabalgar −:** ...la derecha cabalga *a sus anchas* y concentra a todos los niveles mucho más poder de lo que justifica el número de sus votantes. EPD300597 **25 navegar −:** El ex vicepresidente navega *a sus anchas* por aguas conceptuales y económicas. LVE210196 **26 volar −:** Para hacer que el país, abandonando los saltitos gallináceos, vuele finalmente *a sus anchas*. EPE050599

D VERBOS QUE DENOTAN ASENTAMIENTO, ACOMODO O PERMANENCIA, TANTO EN UN ESPACIO FÍSICO COMO EN UN ESTADO O UNA SITUACIÓN: **27 instalarse +:** Pulcinella, por ejemplo, se ha instalado *a sus anchas* en Nápoles y de ahí no hay quien le mueva. EPE311001 **28 acampar +:** La caja ha sido destapada y sus trabajos acampan *a sus anchas*, por fin, en Madrid. LRE300103 **29 acomodarse:** ...sirven al bibliotecario de cada lugar para que acomode *a sus anchas* historias versadas en esos «graves misterios»... ABC060195 **30 permanecer:** Las que no consiguen recuperarse permanecen *a sus anchas* en el espacio que se ha diseñado para ellas. EPE240299

E VERBOS QUE DENOTAN CRECIMIENTO, EXPANSIÓN, DESARROLLO O EXTENSIÓN DE ALGO: **31 extender(se) +:** Su desaparición dejó el campo libre para que las Lamas se extendieran *a sus anchas*. CAP270901 **32 expandir(se):**

Es tu espacio, y por él me expando *a mis anchas*, formando un binomio, ganas de vivir y sentir. EME060995 **33 desarrollar(se):** ...sirve para una línea satírica, en la que la iconoclastia de los Marx se desarrolla *a sus anchas*. LVE140196 **34 desenvolverse:** ...se desenvuelve *a sus anchas* en esta parodia de las películas de héroes de capa y espada. LVE290795 **35 desparramar(se):** ...y Nadal actuó de libre, donde realmente desparrama *a sus anchas* todo su físico. EME200396 **36 desplegar(se):** Y un verdadero movimiento de tropas (...) se despliega *a sus anchas* por las propias urbanizaciones de clase media... EME040595

F VERBOS QUE DENOTAN EXPRESIÓN VERBAL, MÁS FRECUENTEMENTE SI ESTA SE LLEVA A CABO SIN RESTRICCIONES O DE FORMA DILATADA: **37 explayarse +:** También manejó Yurkievich un gran número de manuscritos y su ingente correspondencia, ésa en la que el autor de «Los Reyes» se explayaba *a sus anchas*... LRE130103 **38 despacharse +:** Y su abogado defensor se ha despachado *a sus anchas*: que si no tiene formación intelectual, ni siquiera capacidad... EPE281199 **39 expresar(se):** Con el ojo que todo lo ve del helicóptero de la Policía sobrevolando sus cabezas, Angel, Ana y Maribel se expresaban *a sus anchas*... EME110496 **40 hablar:** Bajo el aura protectora del Dios baptista y con la ayuda simultánea de una traductora, habló *a sus anchas* el comandante. EME241095 **41 dialogar –:** ...donde sensación, símbolo y forma pueden dialogar *a sus anchas* con el espectador. EPE160900

G EL VERBO *DISFRUTAR*. TAMBIÉN CON OTROS QUE DESIGNAN ACCIONES PLACENTERAS Y DIVERSAS ACTUACIONES RELACIONADAS CON EL OCIO, LA DIVERSIÓN Y OTRAS FORMAS DE EXPANSIÓN: **42 disfrutar ++:** ...pudieron disfrutar *a sus anchas* de las atracciones sin tener que sufrir colas. LVE210495 **43 jugar +:** El gol hizo jugar al equipo local *a sus anchas*. EME070494 **44 descansar:** Tras una jornada agotadora, ha sido un alivio poder descansar *a mis anchas* en casa. INDOC **45 reír(se):** ...quienes también tendrán la posibilidad de contemplar los rodajes en directo y reírse *a sus anchas*. EME200196 **46 bailar:** «Un lugar donde bailar *a tus anchas* sin que un montón de críos remilgados se rían a tus espaldas», dice una de las asiduas. EME011096 **47 cantar:** ...prácticamente todos los cantantes están en absoluta plenitud vocal y cantan *a sus anchas*, con verdadera delectación. ABC210593 **48 comer:** ...en el barrio cairota de Mohandasín, donde los pobres pueden comer *a sus anchas*. EPE291001 **49 pastar:** ...fue con su padre, José, al monte donde pastan *a sus anchas* los caballos y las yeguas de la familia... EME221195

H OTROS VERBOS; POSIBLES USOS ESTILÍSTICOS: ...para poder así apalear *a sus anchas* a los musulmanes radicales y dejar a Ariel Sharon las manos libres... EPE141001; Pensé que aprovechando la fiesta, y su recién soltería, se habría ido a ligar *a sus anchas* a la zona nacional, por Cánovas y alrededores, o a la avenida de Aragón. EPE100899

amnesia ♦ **absoluto, aparente, colectivo, deliberado, forzoso, histórico, interesado, parcial, profundo, repentino, total** ♦ **ataque (de), ejercicio (de), problema (de), síntoma (de)** ♦ **causar (a alguien), combatir, luchar (contra), padecer, producir, provocar, sobrevenir (a alguien), sufrir, tener**

amnistía ♦ **absoluto, amplio, condicional, económico, fiscal, general, incondicional, internacional, político, total** ♦ **conceder**[49]**, declarar, decretar**[26]**, demandar, denegar**[44]**, firmar**[21]**, gozar (de)**[53]**, otorgar, pedir, proclamar, reclamar**
☐ Véase también: **absolución, disculpa, indulto, perdón.**

a moco tendido ♦ **llorar**

amoldar(se) (a) *v.* ▮ Se combina con sustantivos que designan objetos físicos, frecuentemente el cuerpo o algunas de sus partes *(cuerpo, tobillo, cuello, pie: Tienes que acostumbrarte a estos zapatos hasta que se te amolden al pie)*, pero también con otros muchos que designan cosas materiales con volumen y forma reconocibles. En ese mismo sentido se construye con sustantivos que designan espacios, frecuentemente vacíos o susceptibles de contener algo *(hueco, cavidad, mano, habitación, vasija)*, así como lugares que deben ser ocupados *(ciudad, oficina, casa)*. Se combina a menudo con sustantivos que designan magnitudes económicas con las que ha de operarse *(sueldo, precio, presupuesto: El coche es precioso, pero no se amolda a mi presupuesto)*, así como con...

A EL SUSTANTIVO *CIRCUNSTANCIA* Y CON OTROS QUE DESIGNAN LO PRESENTE, REAL, CIRCUNDANTE O REPRESENTATIVO DE ALGÚN ENTORNO VITAL, SOCIAL O CULTURAL: **1 circunstancia ++:** La ausencia del as hizo cambiar a Rinus Michels el esquema y el espíritu del equipo, para *amoldarlo* a la nueva circunstancia. EPE310877 **2 situación ++:** No he tenido necesidad de *amoldarme* a la situación... HOY250484 **3 realidad ++:** El deporte español tiene que *amoldarse* a esa realidad. EME161096 **4 ambiente +:** ...*amoldando* voces oídas al ambiente en que vive y que de muchas formas el dicho ambiente las modifica y determina. INF010896 **5 sociedad +:** «Empieza a vivir los días que le quedan (...) con la pretensión de *amoldarse* a la sociedad de aquella época». EME070694 **6 cultura:** El Pontífice polaco les pidió que construyan (...) una civilización que se *amolde* perfectamente a las culturas y tradiciones antiguas de todo el continente asiático. EME130195 **7 corriente:** ...la música del Sur se iría *amoldando* a nuevas corrientes y abriéndose a las más variadas influencias. EME241295

B ALGUNOS SUSTANTIVOS TEMPORALES: **8 tiempo +:** Dole podría ser el padre de Clinton y la edad ha sido usada como argumento de campaña. Clinton se *amolda* a los tiempos que corren. LVE031196 **9 época +:** A mí me parece bien que la monarquía británica quiera *amoldarse* a la época actual. LVE230896 **10 etapa:** Los órganos de administración y gestión de Repsol se *amoldaron* ayer a la nueva etapa iniciada bajo la presidencia de Alfonso Cortina... LVE240796

C SUSTANTIVOS QUE DENOTAN REQUISITO O LIMITACIÓN: **11 necesidad ++:** ...la ciudad está dividida en cuatro zonas, para *amoldarse* a las necesidades de cada área. EPE101299 **12 condición +:** Luego, claro, a cada toro hay que darle la distancia que pida, y *amoldarte* a sus condiciones. EME170595 **13 dificultad +:** Mi juego ha madurado, se ha ido *amoldando* a las dificultades del circuito... EME271195 **14 condicionamiento:** Todo depende de la capacidad del PP para *amoldarse* a los condicionamientos fijados por el voto popular. EME050396

D SUSTANTIVOS QUE DENOTAN RASGO O CARACTERÍSTICA, A MENUDO NOTORIOS, DISTINTIVOS O REPRESENTATIVOS DE ALGO: **15 característica ++**: ...es un mediofondista y la distancia y el recorrido no se *amoldan* a sus características. LVE231196 **16 espíritu ++**: Sin embargo, la nueva creación de Chrysler debía *amoldarse* al espíritu de comienzos de los noventa. EME280996 **17 cualidad +**: Dos programas informáticos pueden ayudarle a elegir la opción que mejor se *amolde* a sus cualidades... EME030396 **18 estilo +**: Quizá contra Argentina, el próximo miércoles, la alineación de España se *amolde* a otro estilo. EPE151199

E SUSTANTIVOS QUE DENOTAN ORDEN, PRECEPTO O DIRECTRIZ: **19 regla +**: Los que deberán *amoldarse* a las nuevas reglas del juego son los políticos. EME230196 **20 norma +**: La ministra sostiene que sólo se pretende *amoldar* a las normas de la UE. EME250896 **21 normativa**: ...un procedimiento de urgencia que no se *amolda* del todo a la normativa vigente. INDOC **22 ley**: ...nuestro trabajo no hace más que *amoldar* las normativas de Río Gallegos a esta ley... CLA250199 **23 medida**: ...no parece lógico tener que *amoldarse* a las medidas del Alcotest sólo porque los menores cuando beben pierden motricidad y capacidad de reacción... HOY300996 **24 canon**: A veces coincide con hechos y fechas, nombres y lugares, y se *amolda*, ejemplarmente, a los cánones del libro memorialista... ABC140795 **25 mandato**: ...tarde o temprano terminan *amoldándose* a los mandatos inapelables de los verdaderos dueños del poder. EPE151199

F SUSTANTIVOS QUE DENOTAN PLAN DE ACTUACIÓN. TAMBIÉN CON OTROS QUE DESIGNAN DIVERSAS FORMAS DE ORGANIZAR LA ACTIVIDAD PRESENTE O FUTURA: **26 sistema +**: ...su carácter poco –o nada– se *amoldó* al sistema de producción allí imperante... LVE180195 **27 modelo +**: ...ésta ha sido la política del «melting pot» estadounidense respecto a la inmigración europea, la cual debía *amoldarse* al modelo anglosajón protestante. EPE290799 **28 planteamiento +**: Lejos de *amoldarse* a los planteamientos del nuevo técnico madridista, el delantero chileno tiene prácticamente decidido su continuidad... EME140694 **29 programa +**: ...la coalición que lidera Julio Anguita apoyará las medidas que se *amolden* a su programa electoral. EME020795 **30 estrategia**: España deberá *amoldarse* a la estrategia de Francia y Alemania. LVE010694 **31 prototipo**: ...es un descendiente directo de los patriarcas de Neguri, aunque ni (...) el joven empresario se *amolde* al prototipo de adinerado representante de la burguesía local, ni... EME171196 **32 régimen**: ...Bianchi le dirá que no lo tendrá en cuenta y que deberá *amoldarse* al régimen de entrenamientos que ordena el cuerpo técnico. CLA250199 **33 calendario**: El equipo es americano, pero se *amolda* al calendario europeo. EPE240800 **34 agenda**: ...las parejas tuvieron que ir *amoldándose* a la agenda que se iba preparando... EPE301001

G SUSTANTIVOS QUE DENOTAN IDEA, PUNTO DE VISTA O FORMA DE PENSAR O COMPORTARSE. TAMBIÉN CON OTROS QUE DESIGNAN ALGUNOS FUNDAMENTOS DE ESAS NOCIONES: **35 idea +**: «Lucharon para que el TNC se *amoldase* a sus ideas, sus manías y sus intereses, y lo consiguieron». EPE271099 **36 principio**: ...la mejor baza del PSOE era su secretario general, y todo lo demás debía *amoldarse* a este principio básico. EME291096 **37 creencia**: ...comparten techo con los Cristos, las imágenes de Santos que los cubanos se han encargado de *amoldar* a sus creencias... EME170494 **38 pensamiento**: Es un técnico muy motivador, que se *amolda* perfectamente a los pensamientos de sus dirigidos. LNP190397 **39 opinión**: ...Günter Grass subrayaba la imposibilidad de desentenderse de la desertización cultural y amenaza de autoexterminio a menos que el escritor optara por *amoldarse* a la opinión imperante... EPE011099 **40 gusto**: No se *amoldó* al gusto de los Médicis, repatriados como duques en 1530... ABC120894 **41 estereotipo**: ...¿O tendremos que *amoldarnos* al nuevo estereotipo de «chica mala»...? EME250396 **42 lógica**: Tuve, pues, que *amoldarme* a una lógica que tenía muy poco que ver con aquella en la que me habían educado. LVE130596

H SUSTANTIVOS QUE DENOTAN SOLICITUD, INCLINACIÓN HACIA ALGO O VOLUNTAD DE OBTENERLO: **43 deseo ++**: ...«no puede pretender que todos nos *amoldemos* a sus deseos»... EME140796 **44 exigencia +**: ...habían solicitado cinco años más para *amoldarse* a las exigencias de la directiva... EPE211299 **45 aspiración**: Un partido que ha ido *amoldándose* a las demandas y aspiraciones de la sociedad a la que sirve. EPE070699 **46 interés**: Las estadísticas se *amoldaban* a intereses particulares. LVE020396 **47 demanda +**: Dado que el capital ahora puede evitar a los Estados, que gravan impuestos y regulan, los Gobiernos se *amoldan* a sus demandas. EPE150700

I SUSTANTIVOS QUE DENOTAN PRÁCTICA O COMPORTAMIENTO REPETIDOS A LO LARGO DEL TIEMPO O SANCIONADOS POR EL USO: **48 hábito +**: ...libros encuadernados en piel y de distintos tamaños, que se *amolden* a las manos y los hábitos del lector tras muchas lecturas. EPE050800 **49 costumbre ++**: Si vas a vivir en otro país, lo natural es que intentes *amoldarte* a sus costumbres. INDOC **50 manía**: Estamos hartos de tener que *amoldarnos* constantemente a sus manías. INDOC **51 tradición**: ...supo *amoldarse* a las salvajes tradiciones de la política local y a las sutilezas de Washington. ABC150794

J SUSTANTIVOS QUE DENOTAN FUNCIÓN, LABOR O PAPEL QUE CORRESPONDE A UNA PERSONA O UNA COSA: **52 tarea +**: Los presentadores tendrán que *amoldarse* a una tarea añadida, que será la labor comercial. EPE210599 **53 papel +**: La realidad es mucho más compleja y África no se *amolda* a este papel ecológicamente beatífico... EME091196 **54 cometido**: Se quiere gente brillante (...), con unas condiciones subjetivas que faciliten la relación y la capacidad de *amoldarse* a cualquier cometido. EME030396 **55 profesión**: Cuando era joven el sacrificio era mayor. Tenía que *amoldarme* a esta profesión, cambiar mi vida. LVE240795 **56 puesto**: ...los abogados se mantienen como la inveterada profesión que se *amolda* a cualquier puesto directivo. EME030396

K OTROS SUSTANTIVOS; POSIBLES USOS ESTILÍSTICOS: La palabra casualidad se *amolda* perfectamente al nacimiento del vínculo Pacífico-fútbol. CLA070199

☐ Véase también: **aclimatar(se) (a), adaptación, adaptar(se) (a), ajustar(se) (a), ajuste.**

amonestación ♦ **amistoso, benévolo, cariñoso, de palabra, doble, duro, fuerte, leve, ligero, por escrito, reiterado, riguroso, serio[54], severo[29]** ♦ **acumulación (de), tarjeta (de)** ♦ **costar(le) (a alguien), hacer, lanzar, recibir, responder (a)**

☐ Véase también: **amonestar, castigo, reprimenda.**

amonestar ♦ con dureza[5], con firmeza[8], firmemente, por escrito, seriamente, severamente[15], verbalmente[27]
□ Véase también: **recriminar, regañar, reprender.**

[amor] → al amor (de)

amor ♦ abrasador, absoluto, absorbente[16], acendrado[38], antiguo, apasionado, ardiente[9], ardoroso, arrebatador, brujo, cándido, candoroso, carnal[15], ciego[6], ciego (de)[19], contrariado, correspondido, cortés, cristiano, declarado, de{mi/tu...} vida, desaforado[38], desenfrenado[12], desmedido[25], desmesurado[34], duradero, efímero[27], encendido[23], enorme, eterno, exacerbado, exaltado, feliz, fervoroso, filial, fogoso, fraternal, fugaz, fulgurante[62], furtivo, genuino, gran(de), hondo[16], imperecedero, imposible, incondicional[18], inconfesable[15], inquebrantable[32], irrefrenable[26], juvenil, maternal, mutuo, obsesivo, otoñal, perdurable, platónico[1], profundo[14], propio, puro, secreto, sin barrera(s), sincero, súbito, tempestuoso, tierno, tormentoso, tremendo, turbulento[8], vehemente, verdadero ♦ al calor (de)[2], con, por ♦ acto (de), arrebato (de)[17], carta (de), declaración (de), demostración (de)[14], escena (de), expresión (de)[4], fruto (de), fuerza (de), historia (de), manifestación (de), objeto (de)[7], poema (de), relación (de) ♦ albergar, alimentar(se) (de), anidar (en alguien), arraigar (en alguien), avivar[25], brindar[28], brotar[7], buscar, compartir, confesar[42], conquistar(se), cultivar[9], dar[25], declarar (a alguien), dejarse llevar (por)[20], depositar[13], derramar[21], derrochar[10], desbordar(se)[24], despertar[31], destilar, desvanecerse[48], difundir(se)[114], disfrutar (de), dispensar, embargar (a alguien), encontrar, engendrar[32], enredar(se) (en)[16], entrar (a alguien), experimentar, expresar, fluir[22], gozar (de), granjearse, henchir(se) (de)[11], imbuir, inculcar[5], infundir[35], inundar (de), irradiar[10], jurar[14], latir, manifestar, morir (de), mover (algo/a alguien), nacer (de), negar, otorgar (a algo/a alguien), palpitar[1], poner (en algo), predicar[28], prodigar[26], profesar[44], renunciar (a), reverdecer[1], rezumar[14], sellar, sembrar[63], sentir[1], subyugar (a alguien), surgir, tener
□ Véase también: **afecto, amistad, cariño, idilio, romance, ternura.**

AMOR Véase: AFECTO; SENTIMIENTO

[amore] → gratis et amore

a morir *loc.adv.* ▮ Se combina con...

A VERBOS QUE DENOTAN AMOR O AFECTO, Y –MENOS FRECUENTEMENTE– LAS NOCIONES OPUESTAS: **1 querer ++:** ...la ex pareja en la que explicaban que se quieren *a morir...* EPE110499 **2 amar:** Dijo que haría lo que fuera por ella porque la ama *a morir.* INDOC **3 desear:** No se separan ni un segundo porque se desean *a morir.* INDOC **4 odiar:** Se odian *a morir*, pero, ciegos, ahí siguen juntos, con su verja y su piscina. LVE260795 **5 detestar:** Ni siquiera se saludaron; dicen que se detestan *a morir.* INDOC

B VERBOS QUE DENOTAN SOSTENIMIENTO DE ALGO (GENERALMENTE IDEAS O POSTURAS), ASÍ COMO ENFRENTAMIENTO O PUGNA EN DIVERSOS GRADOS: **6 defender +:** Uno puede llegar a ser lo que se proponga si no se deja dominar por el ambiente que le rodea, tiene la suficiente confianza en sus ideas y las defiende *a morir.* LVE221096 **7 luchar:** ...a pesar de verse obligado a jugar el partido con sólo siete hombres, luchó *a morir* para defender sus siempre escasas ventajas... LVE021095 **8 darse de palos –:** Darse de palos *a morir* es ley y síntoma de empresas triunfantes, hasta llegar a la solución final que es el monopolio... LVE170296

C VERBOS QUE DESIGNAN ALGUNAS MANIFESTACIONES EXPANSIVAS DEL ÁNIMO, ASÍ COMO LOS GESTOS CON QUE SE EXPRESAN: **9 divertir(se):** Martín, por favor (agregaba luego) no me cuentes esas cosas a mí, me divierten *a morir...* EME160695 **10 reír(se):** Pero Roberto se dio cuenta de que aunque la gente se reía *a morir*, el programa usaba mal el humor. HOY191083 **11 aplaudir:** No obstante, el público que abarrotaba el Palau de la Música Catalana aplaudió *a morir...* LVE221196

D ALGUNOS VERBOS QUE DESIGNAN ACCIONES ESFORZADAS, A MENUDO RELACIONADAS CON LA PRÁCTICA DEPORTIVA: **12 jugar:** ...la actual plantilla azulgrana demostró ayer que «va a jugar *a morir* para ganar esta Liga». LVE300996 **13 entrenar:** En cambio, acá –en el Vilas Racket, donde trabajó ayer– entreno fuerte, entreno *a morir.* CLA090597 **14 presionar:** ...sus centrocampistas, en el que sólo Caminero se tomó unas pequeñas vacaciones. El resto presionó *a morir.* LVE310396

E ALGUNOS ADJETIVOS CALIFICATIVOS QUE DESIGNAN CUALIDADES POSITIVAS DE LAS PERSONAS: **15 guapo:** ...estaba guapa *a morir*, vestida o medio desnuda por Versace, repleta de agujeros e imperdibles. LVE100394 **16 simpático –:** Los italianos son otra cosa: simpáticos *a morir*, siempre se han olvidado algo. LVE050596 **17 chic –:** ...chic *a morir* en su traje de terciopelo negro, con dos espectaculares clips... EME310196

a morro ♦ beber, ingerir

amortiguar *v.* ▮ Acepta muy diversos sustantivos pero destacan los que designan el efecto negativo causado por una acción, un proceso o una deficiencia *(bache, rozamiento, enfermedad)*, los que denotan fuerza ejercida *(fuerza, peso, carga)* y los que expresan diversas clases de efecto inmaterial *(influencia, influjo, tendencia)*. Asimismo se combina con...

A SUSTANTIVOS QUE DENOTAN GOLPE, IMPACTO O ACOMETIDA. TAMBIÉN CON OTROS QUE DESIGNAN ACCIONES VIOLENTAS QUE OCASIONAN ALGÚN DAÑO: **1 golpe ++:** La caja *amortiguó* el golpe contra el piso. CLA030397 **2 daño ++:** ...pasa por la restauración de las vidrieras y el estudio para *amortiguar* los daños que causan el humo de las velas y los excrementos de gaviotas. LVE040595 **3 caída ++:** Quedan descartadas otras posibilidades, como que la cuerda que *amortigua* la caída cediera por el impacto... FDV280301 **4 choque ++:** ...certificó que el ataúd fue arrojado en dos paracaídas, para *amortiguar* el choque... EPE030699 **5 impacto ++:** ...la reducción de los impuestos, aplicada recientemente, ayudará a *amortiguar* el impacto de la desaceleración económica, acotó. EXC070901 **6 disparo:** Los soldados avanzan casa por casa y se escuchan disparos *amortiguados* por la distancia. EME160196 **7 embate:** Con el fin de *amortiguar* los embates de la crisis económica y apoyar la modernización, el Banco Nacional de Comercio Interior apoyará a 10.000 farmacias del país... DYM040796 **8 tiro:** ...los tiros quedaron *amortiguados* por la música que sonaba en distintos puntos de la localidad. EPE020899 **9 rebote:** ...*amortiguará* en el futuro el rebote excesivo del sonido de los instrumentos de percusión y metal, que tapan en ciertos momentos a la cuerda y al solista. EPE230399

B SUSTANTIVOS QUE DENOTAN SONIDO O RUIDO, MÁS FRECUENTEMENTE SI RESULTAN DESAGRADABLES O MOLESTOS: **10 sonido ++:** ...los técnicos tuvieron que instalar unas cortinas, previstas ya en el sistema diseñado por el arquitecto Rafael Moneo, para *amortiguar* el sonido. EPE310399 **11 ruido ++:** En esta fase se instalan también teléfonos, el nuevo sistema de climatización, la megafonía y material fonoabsorvente para *amortiguar* el ruido causado por el paso del tren. LVE020296 **12 estruendo ++:** También la niebla que *amortigua* el estruendo ciudadano y hace resonar nuestros pasos por la noche, callejeando hacia la modesta pensión. EPE290999 **13 grito ++:** Los gritos se *amortiguaban* gracias a la anchura del muro. INDOC **14 alarido +:** ...la enfermera cierra bien la puerta para *amortiguar* futuros alaridos... EPE101101 **15 música:** ...la música que les llega –*amortiguada* pero cierta– acompaña a un estado de serenidad y de esperanza... ABC150794 **16 voz:** ...la esperanza de salida, por muy pequeña que fuese, era suficiente para *amortiguar* la voz. EPE161201 **17 clamor:** Y ahora, *amortiguado* ya el clamor de la Prensa (...), bueno será, puesto que se avecina un decisivo congreso de sus huestes, reconsiderar serenamente el caso... EPE020287 **18 melodía:** ...el señor González, como la chica de Tahití, toca la caracola, suelta una melodía *amortiguada* y venial... EME070995 **19 explosión +:** Asimismo, la televisión aseguró que una explosión *amortiguada* se registró en un centro comercial de Atlanta. EXC270796 **20 chapoteo:** ...se sentían los palmeos de los abrazos, casi chapoteos, *amortiguados* por la ropa de abrigo. EPE251099

C OTROS SUSTANTIVOS QUE DESIGNAN DIVERSAS SENSACIONES O PERCEPCIONES DETECTADAS POR LOS SENTIDOS: **21 sabor:** ...orfebrería pop que hace bandera del «easy listening» *amortiguando* el sabor añejo con elevadas dosis de lirismo. LVE241195 **22 luz:** ...la abundancia de obras de formato reducido y las grandes dimensiones del espacio *amortiguaban* la luz, la convertían en excesivamente monótona. ABC011295 **23 olor:** Sólo *amortiguaba* el olor apestoso con ese aire que viene del Guadarrama. EME040294 **24 calor:** La tranquilidad, por no decir la tristeza que se abate sobre esta polvorienta ciudad donde ya el calor apenas el calor apenas es *amortiguado* por el río Nilo (...), no invita a la población al entusiasmo. EME180396 **25 hedor:** «Guajeros», embozados para *amortiguar* el hedor insoportable que lo domina todo, y zopilotes se abalanzan sobre los restos... EME290196 **26 luminosidad:** «Los cirujanos operamos sobre campos verde-oscuros que *amortiguan* cualquier luminosidad en exceso». LPN300197 **27 tacto:** ...una ligera capa de barniz que *amortiguaba* el tacto rugoso de la superficie. INDOC **28 color:** Sus colores, aunque claros y *amortiguados*, apuntan hacia la luz y el brillo metálico. EPE160999

D SUSTANTIVOS QUE DESIGNAN LO QUE RESULTA O SE DERIVA DE ALGO: **29 efecto ++:** En una palabra, los despidos han *amortiguado* el efecto del encarecimiento de los precios industriales. EME240195 **30 consecuencia ++:** ...hizo especial hincapié en el esfuerzo realizado desde el gobierno local por *amortiguar* las consecuencias que tuvo para la ciudad la crisis de la vid. EPE040499 **31 repercusión +:** ...el ambiente relativamente más favorable que reina en nuestra bolsa permitió *amortiguar* la repercusión de las ondas procedentes de allende el Atlántico. LVE140796 **32 secuela:** Se sometió a diversos tratamientos que no *amortiguaron* las graves secuelas de su accidente. INDOC **33 resultado:** El resultado adverso quedó en parte *amortiguado* con el gol del honor, conseguido en los últimos minutos. INDOC

E SUSTANTIVOS QUE DENOTAN CRISIS, CONFLICTO O RESULTADO ADVERSO. TAMBIÉN CON OTROS QUE DESIGNAN ALGUNAS DE SUS CAUSAS O DE SUS CONSECUENCIAS NATURALES: **34 crisis +:** El endurecimiento de las posiciones, a principios de la semana, motivó la intervención (...), en procura de *amortiguar* la crisis interna... BRE050997 **35 problema:** Un año y medio antes de la cita barcelonesa, las críticas cesaron y los problemas se *amortiguaron* mucho. LVE290495 **36 conflicto:** Lo más importante es que estos países estarán así más anclados a un sistema de estabilidad política que sirve para resolver y *amortiguar* tensiones y conflictos. EPE140399 **37 polémica:** Esta operación dejaría un hueco libre y, además, *amortiguaría* la polémica suscitada... EME180196 **38 revés:** ...la implantación de un sistema de seguridad social a escala nacional que *amortigüe* los reveses propios de la transición... EPE260999 **39 fracaso +:** Le reprocha el exceso de exitismo con que rodearon los días previos a la interna y que no les permitió *amortiguar* el fracaso... CLA310199 **40 mal:** ...harían mucho más si dedicasen su vida a la lucha contra el poder, en vez de dedicarse a *amortiguar* los males que éste engendra. EME131296 **41 tragedia:** En Ruanda la presencia militar francesa *amortiguó* un poco la tragedia. LVE060495

F SUSTANTIVOS QUE DESIGNAN SITUACIONES O ESTADOS DE CARENCIA O ESCASEZ: **42 falta +:** ...necesitaba conseguir ingresos por vías alternativas para *amortiguar* la falta de rentabilidad de la entidad en su negocio de intermediación típico. EME090494 **43 hambre:** Era agua que calma la sed, pan que *amortigua* el hambre y pañuelo secalágrimas. EPE090299 **44 pérdida:** ...el repunte del mercado suramericano *amortiguó* las pérdidas de la Bolsa española... EPE041201 **45 laguna:** Mantener todos los servicios policiales en la calle, pero *amortiguando* al máximo las lagunas de seguridad que ETA ha aprovechado en su escalada... EPE291101 **46 mono:** ... les trae hoy San Sebastián, el día 22 a Madrid y el 23 a Barcelona y publicar «Load», un disco con el que los fans de Metallica *amortiguan* su «mono». EME180996 **47 insuficiencia:** ...el espectacular incremento en el número de cotizantes está permitiendo *amortiguar* las insuficiencias financieras de la Seguridad Social... LVE030796 **48 sequía:** ...de lo que se trata es de fomentar la escritura de textos dramáticos para *amortiguar* la tremenda sequía que hay... EPE221099 **49 escasez:** Este organismo de derecho público es utilizado por la Administración para *amortiguar* la escasez o el exceso de oferta de aceite de oliva en cada campaña. EME281096 **50 carencia:** De esta forma, se conseguirá *amortiguar* las actuales carencias de acceso del recinto franco de Cádiz... EPE160599

G SUSTANTIVOS QUE DENOTAN REACCIÓN. TAMBIÉN CON OTROS QUE DESIGNAN DIVERSOS GRADOS Y FORMAS DE MANIFESTAR REPROBACIÓN O DESACUERDO RESPECTO DE OPINIONES O INTERESES: **51 queja +:** ...el volumen de la televisión en aquella casa estaba tan alto que *amortiguaba* las quejas del pequeño. LVE200795 **52 protesta +:** ...las protestas contra la guerra en Chechenia por parte de la sociedad rusa quedaron *amortiguadas*... LVE020195 **53 respuesta:** ...ha constatado que los ratones tienen una respuesta más retrasada y *amortiguada* que los normales ante la aplicación de estímulos dolorosos. EPE070499 **54 crítica +:** Los festejos del Año Nuevo *amortiguaron* las críticas políticas y de la Iglesia al asalto militar. LVE020195

H SUSTANTIVOS QUE DENOTAN GASTO, REDUCCIÓN O DESCENSO, MUY FRECUENTEMENTE DE ALGUNA MAGNITUD ECONÓMICA: **55 gasto +:** Aparte, hay un compromiso de las administraciones de buscar recursos en el sector privado para *amortiguar* el gasto público. LVE290195 **56 coste +:** Estas convulsiones van a suceder, se trata de ver si podemos o no *amortiguar* los costes. LVE310894 **57 factura:** O podemos dejar (...) que el encarecimiento de los productos energéticos frene su demanda y *amortigüe* así la factura petrolera del país. EPE140900 **58 inversión +:** ...quiero aprovechar estas fiestas para arrancar y *amortiguar* parte de la inversión, porque quiero que sea un local abierto de forma permanente los fines de semana. EME151295 **59 recorte:** Los logros en la cuota láctea, el vacuno y los cereales supondrán *un colchón* que *amortiguará* parcialmente unos hipotéticos recortes de las ayudas comunitarias... EPE130399 **60 recesión:** ...sin margen monetario para devaluar y recuperar competitividad, ni recursos fiscales para *amortiguar* las recesiones... LVE191096

I SUSTANTIVOS QUE DESIGNAN SENSACIONES, INCLINACIONES O SENTIMIENTOS FAVORABLES HACIA ALGO O ALGUIEN, A MENUDO INTENSOS: **61 amor:** ...amor que sólo puede finalizar con la muerte, «amor fou» que ellos intentan *amortiguar* u olvidar a lo largo del tiempo... EME220595 **62 pasión +:** Los culebrones no andan desencaminados, pero ahí la pasión siempre queda *amortiguada*... EME210494 **63 deseo:** Este grave accidente *amortiguó* durante un tiempo su deseo de aventuras. INDOC **64 propensión:** ...una fuerte medicación que no logró desterrar su propensión a las drogas, pero al menos la *amortiguó* un poco. INDOC

J SUSTANTIVOS QUE DENOTAN TEMOR, INTRANQUILIDAD, CRISPACIÓN, PESAR Y OTRAS VARIACIONES DEL ÁNIMO CONSIDERADAS INCONVENIENTES, PERJUDICIALES O DOLOROSAS: **65 temor +:** Algo *amortigua* los temores de la iniciativa privada... ESH180397 **66 terror:** Los constructores adquieren mayor confianza en las normas legales y se *amortigua* el «terror» hacia las posibles dilaciones para continuar las obras. EPE021180 **67 ira +:** ...para *amortiguar* la ira del terrateniente, el apuesto comerciante se ofrece para hacerse pasar por su marido. LVE270995 **68 dolor +:** ...debía inyectarlo para *amortiguar* el dolor y para que pudiera jugar... EPU041001 **69 angustia +:** Depende (...) de los bombones para *amortiguar* la angustia o de la televisión para soportar la monotonía. ABC251194 **70 tristeza:** La presencia de un perrito juguetón o de un micho insinuante apagan la ansiedad, *amortiguan* la tristeza... LVE211295 **71 irritación:** Lo que por ahí llaman «la irritación de Madrid» a él le llega *amortiguada*. EME090495 **72 indignación +:** Luchetti utiliza la comedia sin que el humor *amortigüe* la indignación ni la gravedad de su reflexión... EME220394 **73 sufrimiento +:** Predican un nuevo «orden justo» en el que la solidaridad entre los iguales *amortiguará* el sufrimiento de los más pobres. EME261295 **74 pena +:** Escritores hubo que *amortiguaron* hambrunas y penas entre paredes donde también les alcanzó la inspiración. ABC280292

K SUSTANTIVOS QUE DESIGNAN DIVERSOS GRADOS Y FORMAS DE MOVIMIENTO, DE VARIACIÓN O DE CAMBIO: **75 avance +:** ...han salido a defender sus feudos para *amortiguar* el avance de los populares. EME280595 **76 deslizamiento:** Los deslizamientos de rocas hubieran sido *amortiguados* por la vegetación arbórea. EPE281299 **77 oscilación:** ...la flexibilidad de producción, capaz de *amortiguar* hasta oscilaciones de venta de entre tres y cinco millones de unidades... EME230194 **78 movimiento:** ...se puede ir desde medidas muy simples, como es reforzar la estructura, hasta medidas muy sofisticadas, que pueden *amortiguar* el movimiento transferido por el suelo al edificio. LVE220195 **79 flujo:** Sólo el incremento y la liberalización del comercio exterior con el este de Europa y el norte de África pueden *amortiguar* unos flujos inmigratorios... LVE170296 **80 variación:** La cobertura vegetal *amortigua* las variaciones de la temperatura y humedad... EPU041001

amortizar *v.*

I Se combina con sustantivos que designan bienes, muebles o inmuebles *(ropa, vivienda, automóvil, ordenador, instalaciones)*, así como recursos humanos o acciones que suponen cierto desembolso y de las que se espera obtener un beneficio o una utilidad *(operación, inversión)*. Se combina asimismo con...

A SUSTANTIVOS QUE DENOTAN CANTIDAD ECONÓMICA QUE SE DEBE REINTEGRAR: **1 deuda ++:** ...el despacho de las finanzas públicas entregará al BCV un pago especial de 150 millardos, el cual servirá para *amortizar* la deuda existente. ENV060297 **2 crédito +:** ...si la capacidad de pago del interesado alcanza para *amortizar* el crédito bancario... DYM090996 **3 préstamo +:** ...el primer préstamo (...) deberá ser *amortizado* por el prestatario... LHG230197 **4 acreencia:** ...0,75% del Producto Interno Bruto (PIB) para ir *amortizando* parte de las acreencias de la República... ENV090597 **5 endeudamiento:** Otras alternativas son el traspaso (...) o la simple y llana dotación presupuestaria para *amortizar* el endeudamiento. EPE210800

B SUSTANTIVOS QUE DESIGNAN CANTIDADES ECONÓMICAS EMPLEADAS PARA LA OBTENCIÓN O PRODUCCIÓN DE ALGO. TAMBIÉN CON OTROS QUE EXPRESAN EL EFECTO MATERIAL –GENERALMENTE MONETARIO– DE APLICAR BIENES O RECURSOS A SU CONSECUCIÓN: **6 inversión ++:** ...a obtener beneficios de su negocio y a *amortizar* su inversión... EME160696 **7 coste ++:** Bienvenida la readaptación televisiva de mitos, si sirve para su divulgación nacional y si logra *amortizar* su coste... LVE250194

8 gasto ++: Las previsiones del Gobierno son obtener 3.000 toneladas de TCB, con cuya venta se pretenden *amortizar* los gastos de transporte. EPE090399 **9 capital ++:** ...los dos siguientes ya se *amortiza* el capital prestado junto a los intereses restantes... LVE210794

C SUSTANTIVOS QUE DESIGNAN OTRAS MAGNITUDES QUE SE PONEN EN JUEGO PARA LA CONSECUCIÓN DE ALGUNA COSA: **10 esfuerzo +:** Las compañías tratan de *amortizar* su esfuerzo económico, su tiempo. CAN220101 **11 tiempo:** Tardo años en concluir un álbum y para *amortizar* ese tiempo y esfuerzo es preciso venderlo bien... LVE290195

D SUSTANTIVOS QUE DENOTAN PUESTO DE TRABAJO: **12 plaza +:** ...propuso (...) reformas para potenciar la economía productiva: *amortizar* las plazas de funcionarios de la Administración central... LVE240196 **13 puesto +:** ...un trabajador no desea jubilarse a los 65 años y su empresa desea *amortizar* su puesto de trabajo. LVE120295

E OTROS SUSTANTIVOS; POSIBLES USOS CRUZADOS: ...las palabras (...) tampoco consiguieron *amortizar* el golpe. [Cf. *amortiguar*] LVE230995

F OTROS SUSTANTIVOS; POSIBLES USOS ESTILÍSTICOS: A falta de nieve (...). Hay que *amortizar* el estío. LVE050896; Un futuro que no pasa por el discurso político de la izquierda *amortizada*. LVE240596; Europa entera es una anciana *amortizada* ofendida por la obscena franqueza de la juventud tercermundista. LVE151295

☐ Véase también: **abonar, invertir, pagar, saldar.**

[amparo] → **al amparo (de)**

amparo ♦ **humanitario, maternal, protector, providencial, seguro** ♦ **acción (de), demanda (de), juicio (de), petición (de), recurso (de), solicitud (de)** ♦ **brindar, buscar, conceder[37], dar[21], denegar[51], dispensar, encontrar, implorar[10], negar, ofrecer, otorgar, pedir, prestar, recabar, recibir, solicitar**

☐ Véase también: **alojamiento, apoyo, asilo, asistencia, ayuda, cobijo, protección, refugio.**

ampliamente ♦ **favorable, mayoritario, participativo, rentable, satisfactorio** ♦ **abarcar, aceptar, airear, aludir, analizar, aventajar, beneficiar, circular, citar, coincidir, comentar, compensar, concordar, conocer, crecer, criticar, cuestionar, cumplir, debatir, dedicarse, demostrar, derrotar, desarrollar, desbordar, desplegar, destacar, difundir, discutir, divulgar, documentar, dominar, dotar, exceder, explicar, extenderse, ganar, golear, informar, investigar, justificar, mejorar, participar, rebasar, rechazar, referirse (a), respaldar, resumir, sobrepasar, superar, trascender, tratar, triunfar, usar, utilizar, vencer**

ampliar ♦ **a lo ancho, a lo largo, a pasos agigantados[17], considerablemente[4], cualitativamente, decisivamente[30], desmesuradamente, enormemente, gradualmente[2], largamente[8], ligeramente[8], parcialmente, poco a poco, progresivamente[3]** ♦ **campo (de acción), cantidad, capacidad, cifra, cobertura, comercio, conocimiento, diferencia, espacio, horizonte, información, límite, margen, negocio, número, objetivo, oferta, participación, plazo, presencia, relación, repertorio, servicio, territorio, tiempo, ventaja**

amplitud (de) ♦ **conveniente, desproporcionado, escaso, extenso, extraordinario, gran(de), ilimitado, imponente, inabarcable, inconmensurable, infinito, inmenso, inusitado, máximo, necesario, significativo, suficiente, tremendo** ♦ **con** ♦ **campo, ciencia, cobertura, conciencia, conocimiento, crisis, criterio, distribución, espacio, espíritu, estilo, falta (de), género, gusto, horario, horizonte, idea, información, interés, medida, meta, mira, movimiento, objetivo, oferta, onda, planteamiento, posibilidad, recurso, red, registro, señal, técnica, tema, tendencia, territorio, victoria, vocabulario, zancada** ♦ **alcanzar, dar (a algo), dar idea (de), ganar, necesitar, recortar, restar, tener**

☐ Véase también: **dimensión, hondura, longitud, magnitud, profundidad, tamaño.**

ampolla ♦ **abrir, levantar[29], provocar, reventar, romper**

a muerte *loc.adv./loc.adj.* ▮ La preposición *a* que introduce esta locución no se debe confundir con la que encabezan los complementos de régimen de los verbos *condenar, sentenciar*, etc. Se combina con...

A VERBOS QUE DENOTAN CONFRONTACIÓN CON DIVERSOS GRADOS DE HOSTILIDAD O VIOLENCIA: **1 luchar ++:** Demostramos que podemos ganar en Sevilla y lucharemos *a muerte* para repetirlo y pasar la eliminatoria. EDV040599 **2 enfrentarse +:** Paramilitares y guerrilleros se enfrentan *a muerte* en el Putumayo por el control del área... SEM091000 **3 pelear +:** Vamos a pelear *a muerte* porque queremos ganar el cupo a la Copa Libertadores. ETC011291 **4 disputar:** Humphrey Bogart decía que «El halcón maltés», la figura que se disputaban *a muerte* un grupo de facinerosos, estaba hecha del material de los sueños. EPE140900 **5 atacar:** ...32 camiones volquetes, tres góndolas y varias palas mecánicas atacaron *a muerte* los botaderos... LPN150697 **6 batirse:** ...siguen entrenando a la juventud en la jurisprudencia o en las especulaciones filosóficas, para que luego se batan *a muerte* por los puestos públicos. ETC240996 **7 reñir:** ...esa derecha era conservadora, sí, pero reñida *a muerte* con el liberalismo... CAP030797

B ALGUNOS VERBOS QUE DENOTAN AVERSIÓN O RECHAZO: **8 odiar ++:** Las mujeres reflexionan y actúan, se vuelven indispensables, odian *a muerte* o aman con desesperación... HOY070181 **9 detestar:** A su alrededor, un padre al que detesta (literalmente *a muerte*), sobre todo después del sospechoso suicidio de su madre... LVE280596

C VERBOS QUE DENOTAN APOYO O DISPOSICIÓN FAVORABLE HACIA ALGO O ALGUIEN: **10 defender ++:** ...señaló también que trabaja para el Elche «y lo defenderé *a muerte* mientras esté aquí». FDV120601 **11 respetar:** Respeto *a muerte* la mística de Estudiantes. CLA190197 **12 apoyar:** Y, para finalizar, «apoyar *a muerte* a los medios de comunicación afines». EPD300697 **13 animar:** Aunque el pabellón de Ciudad Jardín siguió animando *a muerte* al Unicaja, los catalanes administraron su ventaja... LVE060596

D LOS VERBOS *SALIR* E *IR*: **14 salir +:** ...así que me parece normal que salgan *a muerte* a intentar vencer a la Real. EDV141200 **15 ir +:** Eso sí, vamos a ir *a muerte* por conseguir nuestro sueño y más jugando en casa. EME240596

E OTROS VERBOS; POSIBLES USOS ESTILÍSTICOS: Los gallos cantaron *a muerte* cuando la noche era tan profunda como el lodo amenazante a cada paso. LVE090896; Creo *a muerte* en el achique. Pero en algunos partidos nos costó caro. CLA160199

F SUSTANTIVOS QUE DENOTAN CONFRONTACIÓN CON DIVERSOS GRADOS DE HOSTILIDAD O VIOLENCIA. SE RELACIONAN GENERALMENTE CON LOS VERBOS DEL APARTADO *A*: **16 batalla +:** Somos testigos de la batalla *a muerte* que libran entre sí los que políticamente se llaman del centro o derecha. ESH130297 **17 lucha +:** En la ciudad de las colinas, la lucha es *a muerte* ya que hay fuerte competencia por la alcaldía... LPH200696 **18 enfrentamiento:** ...motivo de discusiones o enfrentamientos *a muerte* entre los partidarios del más libre intercambio... LNA270692 **19 discusión +:** Mi infancia son recuerdos de un asiento trasero de un coche, de las discusiones *a muerte* con mis hermanos por ver a quién le tocaba la ventanilla. EPE120900 **20 guerra:** Este ha causado, para bien o para mal, una guerra *a muerte* que ha motivado discusiones de todos los ángulos. END081097 **21 duelo +:** Hoy, que se juega en San Mamés ese duelo *a muerte* entre hermanos que supone un Athletic-Real Sociedad... LRE020203

G SUSTANTIVOS QUE DENOTAN DEFENSA, AMPARO O CUIDADO. SE RELACIONAN CON LOS VERBOS DEL APARTADO *C*: **22 defensa:** Ni siquiera una defensa *a muerte* ponía en evidencia el ataque orensano... EME020594 **23 protección:** Protección *a muerte*. ETC020190

H SUSTANTIVOS DE PERSONA RELACIONADOS CON LAS NOCIONES DE OPOSICIÓN U HOSTILIDAD DESCRITAS EN LOS APARTADOS *A* Y *B*: **24 enemigo +:** Los veía como enemigos *a muerte*, pero ahora comprendo que (...) unos y otros luchábamos por el bien de Nicaragua... LVE141096 **25 luchador:** Para convertir a un perro en un luchador *a muerte* sin motivo (...) los someten a todo tipo de torturas. LVE241196 **26 opositor:** Que se dialogue, que haya abrazos de paz, sonrisas y camaradería entre opositores *a muerte*, es, a un mismo tiempo, necesario y descabellado. SEM131100 **27 detractor:** ...tiene menos vocación exculpatoria de lo que querrían sus detractores y adversarios *a muerte*. EME270995 **28 adversario:** ...antes buenos amigos y hoy adversarios *a muerte*. EME270995

I OTROS SUSTANTIVOS; POSIBLES USOS ESTILÍSTICOS: Conscientes de ello, los fieles funcionarios reafirman su inquebrantable compromiso *a muerte* con el socialismo... LVE140595

☐ Véase también: **a capa y espada, a ultranza, incondicionalmente.**

analfabetismo ♦ **completo, funcional, galopante, parcial, rampante[14], tercermundista** ♦ **bolsa (de), índice (de), lacra (de), nivel (de), tasa (de)** ♦ **abatir, aumentar, bordear, combatir, crecer, decrecer, descender, disminuir, erradicar, luchar (contra), reducir**

análisis ♦ **acertado, agudo, ajustado, apasionado, atento, atinado[36], breve, brillante, burdo, certero[1], comparativo, completo, concienzudo, concluyente[17], confidencial[30], crítico, cualitativo[21], cuidadoso, de campo[7], demoledor[19], depurado, descarnado[8], desenfocado, detallado, detenido, documentado, elemental, en profundidad, enrevesado[44], esclarecedor, exhaustivo[1], fallido, farragoso[26], fecundo[13], fiable, formal, fundado[17], fundamentado[3], hondo, implacable[67], incompleto, interesado, jugoso[27], lúcido, maniqueo, meticuloso, metódico, minucioso[2], mordaz[28], objetivo, ocular[3], parcial, pausado, penetrante[8], pormenorizado, profundo[111], prolijo[23], propicio[41], retrospectivo, revelador[35], riguroso[1], rotundo[42], sereno, sesgado, severo[94], sistemático, somero[3], subjetivo, sucinto[4], sugestivo, superficial, susceptible (de), sustancioso, tendencioso, veraz** ♦ **a la luz (de)[8], a tenor (de)[26]** ♦ **capacidad (de), método (de), motivo (de), objeto (de)[23], resultado (de), técnica (de), trabajo (de)** ♦ **abocar(se) (a)[40], abordar, acometer[9], adentrarse (en)[2], agotar(se)[47], ahondar (en)[3], avalar[25], cuestionar, defender, delatar[43], depurar, desprenderse (de), disentir (de)[3], elaborar, enfocar, exponer, invitar (a)[16], llevar a cabo, ofrecer, persistir (en)[25], plantear, practicar[6], publicar, realizar, resistir, retomar, someter(se) (a)[3], sustanciar, trazar[37], verificar**

☐ Véase también: **analizar, buscar, búsqueda, estudiar, estudio, examen, interpretación, pesquisa, rastreo.**

ANÁLISIS Véase: *INDAGACIÓN*

ANÁLISIS Véase: INDAGACIÓN

analítico *adj.* **I** Se combina con sustantivos de persona *(periodista, escritor, intérprete)*, así como con otros que designan determinadas disciplinas relacionadas con la interpretación o la representación de la realidad *(filosofía, geometría, dibujo)*. Acepta asimismo otros que se refieren a los instrumentos que intervienen en su aplicación *(bisturí, filtro, lupa)*. También se combina con...

A SUSTANTIVOS QUE DENOTAN ANÁLISIS O EXAMEN DE ALGO. TAMBIÉN OTROS QUE EXPRESAN LOS RESULTADOS O LOS INSTRUMENTOS DE ALGÚN PROCESO CREATIVO: **1 prueba +:** Al ponerse en contacto con el equipo médico que efectuó las pruebas *analíticas*, les han comentado que fue personal... CAN250599 **2 estudio +:** Si repasamos nuestra historia y hacemos un estudio *analítico* de aquellos episodios... LTB141296 **3 control:** Además, se han comprometido a efectuar un control *analítico* diario durante el verano... LVE150695 **4 método +:** La detección electroquímica de sustancias (...) se viene utilizando como método *analítico* desde hace varias décadas. ABC090793 **5 obra:** Obra fría, *analítica*, intensamente crítica sin rozar lo paródico... EPE021288 **6 lectura:** Claudio Abbado (...) realizó una lectura meticulosa, *analítica*, de una claridad meridiana, lírica, jugando muy bien con los detalles...

EPE280399 **7 proceso:** Un Estudio de Impacto Ambiental es un proceso *analítico* que se usa en la planificación del desarrollo. PLG100197 **8 procedimiento:** ...las técnicas espectroscópicas, la automatización de los procedimientos *analíticos* y de síntesis, etcétera... ABC210593 **9 índice:** Un detallado índice *analítico* facilita la búsqueda de los asuntos que interesen al lector... ABC061192 **10 sistema:** El sistema *analítico* es parecido al de las pruebas de embarazo. EPE220899 **11 juicio:** Abundan las afirmaciones rotundas e incuestionables, como es propio de los juicios *analíticos*, carentes de todo tipo de información. LVE250296

B SUSTANTIVOS QUE DESIGNAN FACULTADES COGNITIVAS Y ALGUNOS DE SUS EFECTOS. TAMBIÉN CON OTROS QUE SE REFIEREN AL ÓRGANO AL QUE CORRESPONDEN: **12 pensamiento ++:** ...unos medios de comunicación que han encontrado la sorprendente forma de sustituir el pensamiento *analítico* por una especie de sincretismo... HOY041196 **13 mente ++:** Pero su mente *analítica* y su afán de prevenirse contra la condición humana le instan a querer indagar detrás de todo... ABC110895 **14 capacidad +:** Las razones de este desempeño son las capacidades *analíticas* y emocionales de estas personas... SEM301000 **15 inteligencia:** ...observar su dinamismo y deber de mejorarla, aplicándole los instrumentos desprevenidos de la inteligencia *analítica.* ETC020190 **16 razón:** Así pues, parece ser que cuando la razón *analítica* enciende la luz, su amante la musa se esfuma. EPE140499 **17 cerebro:** Lo segundo, su cerebro *analítico* y frío, que no se ve pero se intuye detrás de sus gafas de montura invisible. EME240195 **18 ingenio:** «la mala lengua» no es propia de la malversación intelectual sino del ingenio *analítico...* ABC061291

C SUSTANTIVOS QUE DESIGNAN OTRAS FACULTADES, MÁS FRECUENTEMENTE SI ALUDEN A LA DISPOSICIÓN QUE SE TIENE HACIA ALGO O AL MODO DE SER O DE ACTUAR: **19 espíritu ++:** Es responsabilidad de los medios trasladar la realidad con espíritu *analítico* pero con objetividad. PLG130597 **20 carácter +:** ...su lenta incardinación en la Barcelona burguesa son alta literatura pero también páginas de carácter *analítico* muy serias en todos los sentidos... LVE251096 **21 actitud +:** ...se envuelve después con entusiasmo, pero a la vez con actitud *analítica*, en el proceso de su transformación. HOY090697

D SUSTANTIVOS QUE DESIGNAN EL ÁNGULO DESDE EL QUE SE EXAMINA O SE INTERPRETA ALGO. TAMBIÉN CON OTROS QUE EXPRESAN LA CAPACIDAD PERCEPTIVA NECESARIA PARA HACERLO: **22 visión +:** La revista (...) ofrece como novedad una visión *analítica* del cine de todos los tiempos, no ligada exclusivamente a la actualidad. LVE311295 **23 perspectiva +:** Lo que convierte a este libro en una referencia imprescindible es el rigor que se mantiene en la articulación de las perspectivas *analíticas* de carácter teórico y empírico... LVE111096 **24 punto de vista +:** Lo razonable sería, desde un punto de vista *analítico*, que ese espacio fuese ocupado por fuerzas... HOY050597 **25 planteamiento:** ...además, se estudian planteamientos *analíticos* de carácter empírico o puramente etnográfico... EPE120280 **26 criterio +:** ...se pone en cuestión la solvencia y criterio *analítico* del crítico de arte de su diario... EME300596 **27 enfoque:** Su estructura responde a tres criterios: preferir el enfoque histórico antes que el *analítico*, actualizar la temática... ABC071094

E SUSTANTIVOS QUE DESIGNAN CUALIDADES HUMANAS, MÁS FRECUENTEMENTE SI SE RELACIONAN CON LA EXACTITUD O LA EXHAUSTIVIDAD: **28 rigor ++:** Fue capaz de combinar rigor *analítico* con una creatividad notable para comprender y escudriñar en los problemas económicos de la región. HOY050586 **29 precisión:** ...las argumenta con desenvoltura, precisión *analítica* y, lo que es aún más valioso, independencia de criterio. LVE020695 **30 frialdad:** ...una excesiva frialdad *analítica* consecuencia de que ella, según confiesa, es una «intimidad consciente de sí misma»... EME250596 **31 profundidad:** ...intrascendentes anécdotas del día en que el firmante en cuestión conoció a Bowles (...) ausente de profundidad *analítica.* ABC130893

F OTROS SUSTANTIVOS; POSIBLES USOS ESTILÍSTICOS: ...a diferencia de otros artistas (...), Klee «excava trincheras *analíticas* de una veta a otra, construyendo un laberinto que parece infinito». ABC121193; Yo sigo prefiriendo las versiones antiguas y muy vienesas (...), aunque saboreo con paladar *analítico* las que acabo de escuchar. ABC290193

analizar ♦ **a conciencia[18], a fondo[1], a grandes líneas, a grandes rasgos, a grandes trazos, a la ligera[4], al detalle[3], a medias[47], ampliamente, atentamente[11], brevemente[11], científicamente[2], coherentemente[11], con cautela[19], concienzudamente[10], con detalle[1], con lupa, con todo lujo de detalles, cuidadosamente, de arriba abajo[13], debidamente[53], de cabo a rabo, de cerca[32], de refilón[7], detalladamente[1], documentalmente, en frío[11], en profundidad, enteramente, escrupulosamente, exhaustivamente[11], extensamente[17], fríamente, meticulosamente, objetivamente, palmo a palmo[5], pausadamente, por activa y por pasiva[55], por completo, por encima, por extenso, pormenorizadamente, profundamente[64], profusamente[46], punto por punto[40], rigurosamente, someramente, superficialmente**
☐ Véase también: **aquilatar, barajar, buscar, considerar, estudiar, examinar, investigar, tratar.**

anarquía ♦ **absoluto, caótico, gran(de), pleno, total** ♦ **situación (de)** ♦ **cundir, evitar, extenderse, imperar, reinar, sembrar**
☐ Véase también: **caos, desconcierto, desorden, jaleo.**

ancestral *adj.* ▮ Se combina con un gran número de sustantivos, pero destacan especialmente sus combinaciones con...

A SUSTANTIVOS QUE DENOTAN COSTUMBRE O TRADICIÓN. TAMBIÉN CON OTROS QUE DESIGNAN CONTENIDOS ASUMIDOS O COMPARTIDOS, ASÍ COMO DIVERSAS NOCIONES RELATIVAS AL ACERVO CULTURAL DE UNA COMUNIDAD: **1 costumbre ++:** ...el film se introduce en un ambiente exótico, contrasta costumbres *ancestrales* y una incipiente modernidad, bromea sobre el teatro, la realidad y la ficción. EPU041001 **2 tradición ++:** De una forma simplista ha sido visto como un lugar de montañas agrestes, poblado por guerreros indómitos, aferrados a tradiciones *ancestrales* y vinculados por estrictos códigos de honor. EME290996 **3 cultura +:** El islamismo radical pretende también debilitar el islam tradicional, el que forma parte de la historia y de la cultura *ancestral* de Marruecos... LVE300696 **4 folklore:** ...sólo ve bueno el nacionalismo vasco que reivindica el fútbol o un folklore que llaman *ancestral*. EME140995 **5 mito:** Pero, tras la anécdota de los últimos meses de esos cosacos situados ya tan lejos de sus tierras natales, se perciben los mitos *ancestrales*... ABC210194 **6 mitología:** Y para conseguirlo, ni la *ancestral* mitología del valor viril y de la agresividad masculina, ni la milenaria educación de la pasividad y el pudor femeninos... EME170595 **7 leyenda:** ¿Más allá de esa temática muy definida que se nutre de las leyendas *ancestrales* de la cultura zapoteca? EPE210800 **8 hábito:** El agricultor español es hoy, pese a la pervivencia de clichés ideológicos y hábitos *ancestrales*, más ilustrado... EPE020486 **9 rutina –:** ¿Podrían encontrarse estas cualidades entre quienes se someten durante años a jefes encasillados en una rutina docente *ancestral* y que esperan como premio la tan ansiada plaza de titular de Universidad? EME120796

B SUSTANTIVOS QUE DESIGNAN EL PASADO, EL ORIGEN DE ALGO O LO QUE SE TRANSMITE Y PERMANECE A TRAVÉS DEL TIEMPO: **10 raíz ++:** En nuestros países, la pobreza y la desigualdad son problemas con raíces *ancestrales* y manifestaciones muy antiguas. EXC091196 **11 origen +:** La espiral de violencia que estalló hace un año no fue, pues, solamente la actualización de una guerra tribal de orígenes *ancestrales*, sino una caza ciega de los fantasmas de un colonialismo... EME180495 **12 pasado:** ...no evitó nunca que fluyesen de sus lápices, tizas, pinceles o de sus manos referencias a un pasado *ancestral*. ABC301092 **13 historia:** En África negra, la comunicación y la transmisión del saber y de la historia *ancestral* de un pueblo están muy vinculados a señales acústicas a través de tambores. EPE081299 **14 antecedente:** Los antecedentes del senderismo en Cataluña son *ancestrales* y provienen de la práctica de colocar marcas en los caminos... LVE210594 **15 herencia:** Un universo donde la culpa, como herencia *ancestral* del hombre, es la sustancia que da forma al personaje. DHE050297 **16 legado:** Fusiona su legado *ancestral* (pertenece a la etnia Yoruba), con la educación de gimnasta y bailarina recibida en Francia hasta los años sesenta... EME241095 **17 reliquia:** ...es posible tropezarse aquí con reliquias *ancestrales*, verbigracia, el ridículo orgullo machista de cualquier torero tras haber martirizado al animal de turno... EPE300399 **18 recuerdo:** Será un vago recuerdo *ancestral* de la Ley del Talión, progresista y civilizada en sus tiempos... EME260495 **19 rezago –:** ...éste es el comienzo de un cambio, de una nueva etapa en la que se trabajará con el propósito de abatir rezagos *ancestrales* del Estado. DYM210197

C SUSTANTIVOS QUE DENOTAN CULTO O CREENCIA. TAMBIÉN CON OTROS QUE DESIGNAN ALGUNAS DE LAS FORMAS EN QUE SE PRACTICA O SE MANIFIESTA O LAS DIVINIDADES A LAS QUE SE DIRIGE: **20 rito ++:** ...una pequeña comunidad norteamericana se dispone a celebrar, siguiendo ritos *ancestrales*, el acontecimiento más importante del año... ABC061291 **21 culto +:** Al contrario, muy serios lo referían, pues era aquél un pueblo que tenía a gala rendir culto *ancestral* a todo lo enigmático, inmaterial y misterioso. ABC200594 **22 ritual:** Se festeja un verano más a los elementos, cuyo mudable carácter puede hacerles amables o terribles, como si de un *ancestral* ritual pagano se tratase. EME110896 **23 creencia:** No llegan al centenar en toda España, pero siguen fieles a sus propias costumbres y creencias *ancestrales*. EPE200699 **24 religión:** ...y en el tramo final del filme deja entrever una rendija de esperanza (a la que llegamos por la vía del misticismo y la religión *ancestral*)... LVE210395 **25 fe:** Nuestra fe *ancestral* –ortodoxa– está desconcertada por la semilla de las sectas diabólicas. EME010796 **26 dios:** Los campesinos en su desesperación imploraban perdón a la Pachamama (madre tierra), porque creían que estos era un castigo del supremo hacedor y los dioses *ancestrales*. LTB210700 **27 fiesta:** San Fermín, una semana donde hombres y mujeres alternan con el vino y los toros, una fiesta *ancestral* que forma ya parte de la personalidad de los navarros. EME060796 **28 celebración:** Desde el aggiornado festival de Lago Puelo, que incluye carreras de kayak y un rally; hasta las *ancestrales* celebraciones en honor de la Pachamama... CLA150197 **29 ceremonia:** Los brujos celebraron una ceremonia *ancestral* en la que invocaron a todos los dioses y espíritus benefactores para bendecir a la selección del altiplano. EME250694 **30 superstición:** Segundo, porque es casi imposible recordar la lista infinita de supersticiones *ancestrales* cuando se está tan lejos de casa. EME010295 **31 superchería –:** Aunque, con el auge que están tomando en el fin del milenio las supersticiones milenarias y las supercherías *ancestrales*, también podría ser el resultado del experimento final de un curso de vudú... EPE300699

D SUSTANTIVOS QUE DESIGNAN MANIFESTACIONES ARTÍSTICAS. TAMBIÉN CON OTROS QUE EXPRESAN ALGUNOS DE SUS RASGOS O SUS COMPONENTES: **32 arte:** El arte *ancestral* de Papúa es extraordinariamente expresivo e intenso... LVE081295 **33 música:** Durante el ritual un grupo de nativos tocaban músicas *ancestrales*, a cuyo ritmo se movían otros. INDOC **34 danza:** La danza *ancestral* de once países se exhibió en el festival de folklore de Portugalete... EPE010884 **35 canto:** La banda sonora del documental era un canto *ancestral* hindú. INDOC **36 ritmo:** En suma, es evidente que Ruiz lleva en las venas fluidos antillanos que le dan grandes facilidades para los ritmos digamos *ancestrales*... LVE270795 **37 pintura:** ...y no mencionan, por ejemplo, la pintura *ancestral* pigmea, donde unas manchas de leopardo conviven con corrientes de río y con estrellas... LVE191295 **38 poética:** La obra de Rojas apela a los sentidos, nos hace recuperar el regusto por la imagen pintada (...), en suma, una poética *ancestral*. LHG280297 **39 teatro:** ...que se retorna decididamente a un teatro simple, mágico y *ancestral*, de fascinación por el movimiento, la danza... EME040696 **40 arquitectura:** ...dos soberbios conos de casi cuatro metros de altura nos remiten a una arquitectura *ancestral*, totémica. ABC090493

E SUSTANTIVOS QUE DESIGNAN EL CONOCIMIENTO Y DIVERSAS FORMAS EN QUE SE MANIFIESTA SU ADQUISICIÓN, SU POSESIÓN O SU DESARROLLO: **41 sabiduría +:** Defender esta sabiduría *ancestral* supone un fenómeno de resistencia a la mundalización. EPE091099 **42 conocimiento +:** ...el maestro Sosa aporta *ancestral* conocimiento en el arte amasador. CAP030497 **43 saber +:** De la parafernalia de la revolución cultural (más cercana a Warhol que al arte popular) al saber más atávico y *ancestral* sobre los grillos. ABC090695 **44 técnica:** Los vecinos elaboraban carbón de roble con técnicas *ancestrales*. EPE030299 **45 ciencia:** Miles de magos, astrólogos y videntes se han movilizado en Italia, meca europea «de lo oculto», para exigir el reconocimiento profesional e institucional de su ciencia *ancestral.* EME170496 **46 filosofía:** ...el cunfucianismo es una filosofía *ancestral* china, basada en la valoración del esfuerzo personal y la sinceridad de las relaciones humanas. EME050695

F SUSTANTIVOS QUE DENOTAN NORMA O CONJUNTO DE NORMAS, EXPLÍCITAS O TÁCITAS POR LAS QUE GENERALMENTE SE RIGE UNA COMUNIDAD: **47 derecho +:** De la autonomía ha oído hablar, pero ¿qué tiene que ver eso con los derechos *ancestrales* de su tribu?. EME230795 **48 ley:** ...uno y otro piden la misma pena, la *ancestral* ley del perpetuo silencio para su acérrimo e irreconciliable adversario. LVE251296 **49 código:** Por último, Koraichi y Belhakia se valen en sus obras de la simbología y la utilización de códigos *ancestrales.* ABC160493 **50 regla:** La conquista de un territorio presupone la conciencia de las reglas *ancestrales* que han forjado ese territorio. LVE090896 **51 precepto:** ...es difícil entender que en el primer puerto de Chile no se siga al pie de la letra un precepto *ancestral*: cuando un buque encalla y está en peligro de naufragio, el capitán es el último en desembarcar. HOY250385 **52 normativa:** ...asegura no poseer competencias en la materia ni voluntad de violentar una normativa eclesiástica *ancestral.* EME220696 **53 reglamento:** Se esgrimirá que son reglamentos *ancestrales* los que marcan el solemne paso de las visitas guiadas de los afortunados varones... EME230696 **54 tabú:** ...quiere someter todavía más a las mujeres, sobre las que ya pesan los tabúes *ancestrales* y la autoridad paterna o marital. EME210194 **55 prohibición:** ...los poderosos suelen saltárselo a la torera y se ríen de los demás, que somos esclavos de *ancestrales* y estúpidas prohibiciones. EPE010489

G SUSTANTIVOS QUE DESIGNAN PASIONES, INSTINTOS O SENTIMIENTOS, MÁS FRECUENTEMENTE SI MANIFIESTAN INCLINACIÓN O RECHAZO INTENSO A ALGO: **56 miedo +:** Eran los servicios donde los practicantes rehuíamos acudir por el miedo *ancestral* al contagio. ESH100797 **57 temor:** Y todo esto pulsando oscuros temores *ancestrales* en pugna con el anhelo de paz... ABC180693 **58 terror:** Los seres humanos guardamos un terror *ancestral* heredado de nuestros lejanísimos antecesores (mamíferos primitivos) que convivieron con los dinosaurios. EPE230599 **59 fobia:** La política va muy rápida y las cosas no deben hacerse por fobias *ancestrales* o por el recuerdo de un acontecimiento determinado. LVE150595 **60 pasión:** Pero es también un foro en el que se subliman las pasiones más *ancestrales* de la tribu. LVE030895 **61 instinto:** La fábula de la decadencia, con nobles de instintos *ancestrales* y fina sangre, sangre podrida en su pureza exquisita... ABC070892 **62 odio +:** Ancestrales odios entre grupos religiosos, étnicos, nacionalistas hacen imposible la paz. ABC141094 **63 obsesión:** ...la imposibilidad de olvidar y la inaplazable necesidad de ajustar cuentas con las obsesiones *ancestrales.* EME230996 **64 prejuicio:** El pensamiento, el arte, la música europeos rescatan contenidos locales, tradiciones vernáculas, reavivan como nunca los sueños de la tierra y la memoria étnica con sus riquezas y prejuicios *ancestrales...* LNA260692

H SUSTANTIVOS QUE DESIGNAN DIFICULTADES, MALAS CONDICIONES DE VIDA, LACRAS SOCIALES Y OTRAS CONDICIONES ADVERSAS. TAMBIÉN CON OTROS QUE EXPRESAN EL EFECTO DE DIVERSAS ACCIONES COERCITIVAS: **65 atraso +:** Las circunstancias particulares de un *ancestral* atraso en la región obligaron a actuar siempre con especial prudencia y cuidado. EME050194 **66 pobreza:** ...es necesario evitar el enfrentamiento étnico y religioso, que encuentra un campo de cultivo en la pobreza *ancestral* que se padece en los pueblos del norte de África. LVE270295 **67 miseria:** El origen del conflicto: la miseria *ancestral* de las comunidades rurales. PME070796 **68 problema:** Sabemos que la pobreza y la desigualdad son problemas *ancestrales,* acumulados a lo largo de varios siglos... EUV151096 **69 injusticia:** Sin embargo, en esta realidad hay también niveles, estratos, injusticias *ancestrales,* colonialismos internos. PME131096 **70 marginación:** Supo despertar el orgullo andaluz, presentarse como el liberador de la *ancestral* marginación y reavivar los viejos sueños... EME010396 **71 opresión:** ...abandona el tono naif para ofrecernos un tratado filosófico y estético sobre la historia reciente de Sudáfrica y la *ancestral* opresión, discriminación y humillación que ha sufrido y sufre la raza negra... EME190595 **72 servidumbre:** ...mientras el hombre ruso bebe y derrama en casa, pasivo e inerte, las lágrimas de su *ancestral* servidumbre. LVE050295 **73 sometimiento:** Son indicios, semillas que anuncian la posibilidad de una regeneración humana y de una rebelión imprevisible contra el sometimiento *ancestral.* EME191096

I SUSTANTIVOS QUE DENOTAN ENFRENTAMIENTO O CONFLICTO. TAMBIÉN CON OTROS QUE EXPRESAN LAS ACTITUDES QUE CARACTERIZAN A LOS INVOLUCRADOS EN ALGUNA DISPUTA: **74 rivalidad +:** ...intervenir en los Balcanes siempre ha llevado a Occidente a un cenagal de rivalidades *ancestrales* y envenenadas que hacen imposible el entendimiento. EPE160499 **75 enemistad:** Sus casas son de piedra y adobe, tiene un pilón, un San Roque (...) y una enemistad *ancestral* con el pueblo de al lado... EME230696 **76 antagonismo:** O esta otra, gráfica metáfora de los *ancestrales* antagonismos hombre-mujer... EPE151199 **77 lucha:** Se habla de una sociedad marcada por la lucha *ancestral* por la tierra... EPE121199 **78 disputa:** Fuera a causa de la ofuscación despechada de un marido engañado, por un ajuste de cuentas vinculado al contrabando o a consecuencia de una de esas *ancestrales* disputas de lindes y mugas que enfrentan a vecinos... EPE021199 **79 pugna:** ...el terreno físico en el que se diriman *ancestrales* pugnas de dominación y venganza. EPE090699 **80 divergencia:** Hasta ahora, lo habitual era que esas conversaciones se prolongasen durante varios meses, dadas las *ancestrales* divergencias que existen entre flamencos y francófonos. LVE180695 **81 duelo:** Antes de que comience el duelo *ancestral* entre la resignada mediocridad del patético Real Madrid... EME100194 **82 pelea –:** Comunarios piden el cese de peleas *ancestrales.* LTB201196 **83 litigio –:** La otra línea de investigación, secundaria por el momento, se centra en el *ancestral* litigio sobre la propiedad de la magnífica finca... LVE020895 **84 pleito –:** La Mesta –palabra que quiere decir mezcla– procede de un *ancestral* pleito entre agricultores y ganaderos... EPE051101 **85 querella –:** Una implosión que nos devuelve todas las querellas *ancestrales.* LVE280596 **86 contencioso –:** Renfe y la Administración regional mantenían un contencioso *ancestral,* (...) sobre el número de viajes que se realizan en la red de cercanías... EPE080299

J SUSTANTIVOS QUE DENOTAN AGRUPACIÓN HUMANA. TAMBIÉN CON OTROS QUE DESIGNAN LOS LUGARES EN LOS QUE HABITAN, ASÍ COMO EL CONJUNTO DE SU CULTURA: **87 civilización ++:** Será la primera vez que los italianos vean una muestra exclusivamente dedicada a la *ancestral* civilización mesoamericana... PME101196 **88 sociedad +:** ...es una comedia negrísima, entre la carcajada y el horror, que ofrece el claroscuro de una sociedad hipócrita, sórdida, *ancestral*, falsamente moderna y objetivamente cruel. LVE160295 **89 pueblo +:** ...sus actuaciones en el teatro y en las series televisivas tienen un éxito arrollador en un pueblo *ancestral* cultivador de la ironía y poco devoto del humor visual. LVE211095 **90 comunidad:** ...es la razón esencial de su conocimiento de la vida, es el suelo que las ata a la vida, que las une al mundo invisible y al mundo visible, que las une con la comunidad *ancestral* de hombres y dioses... PME020297 **91 tribu:** ...líneas en zigzag o arabescos repetitivos, alusiones a diferentes culturas, desde arquitecturas orientales a flechas de tribus *ancestrales*. LVE050295 **92 reino:** El levantamiento de los banyamulenges es una arriesgada maniobra, cuyo objetivo es restablecer el dominio tutsi sobre parte de su reino *ancestral*. EME301096 **93 población:** Los campesinos señalan una clara tendencia hacia la reducción de las poblaciones actuales con respecto a las *ancestrales*. VEN240899

K SUSTANTIVOS QUE SE REFIEREN A SIGNOS O CÓDIGOS DE COMUNICACIÓN, MUY FRECUENTEMENTE DE CARÁCTER LINGÜÍSTICO. TAMBIÉN CON OTROS QUE DESIGNAN DIVERSAS MANIFESTACIONES VERBALES: **94 idioma:** ...ama a Inglaterra –como lo haría después–, pero no por el sonido opaco de su idioma *ancestral* ni por la música más que discutible del galés... ABC301092 **95 lengua:** ...porque este trabajo, sin una representación de las lenguas *ancestrales*, no tendría sentido... ACP311000 **96 lenguaje:** ...las enormes hileras de ADN que contienen, cifrada en un *ancestral* lenguaje químico, la información que nos distingue de un perro o de un paramecio... EPE021299 **97 alfabeto:** ...lo mismo que en ese otro alfabeto *ancestral* que une a padres e hijos con los vínculos de una sagrada afectividad. ABC140194 **98 dialecto:** Estructuras rítmicas y melódicas tradicionales cantadas en dialectos *ancestrales*. EPE130899 **99 maldición:** Propone una historia de maldiciones *ancestrales* a través de una secta hindú de adoradores de la diosa Kali. LVE220395 **100 signo –:** ...el mismo que en busca de signos *ancestrales* visitó cerca de 15 shabonos y puso a los yanomami a pintar sobre papel... ENV240700 **101 símbolo:** No vi a mi amado (...), símbolo *ancestral* y entrañable de esa aristocracia sevillana que festejaba su supremo día de gloria. EME190395 **102 simbología:** ...la persona a la que las circunstancias –o los apus si queremos llevar la simbología *ancestral* a nuevos límites– han colocado a la cabeza de esta gesta cívica. EPE270700

L SUSTANTIVOS QUE DESIGNAN PRÁCTICAS Y ACTITUDES, PERSONALES O COMUNITARIAS, DERIVADAS GENERALMENTE DE UNA DETERMINADA VISIÓN DE LA REALIDAD O UNA INTERPRETACIÓN DE LA SOCIEDAD: **103 machismo:** Y es que la cifra vergonzosa y sonrojante es un indicador del machismo *ancestral* de siete suelas que habita entre nosotros... EPE150299 **104 nacionalismo:** Es la eterna lucha de Rusia entre una europeización cíclica y un nacionalismo *ancestral*. LVE231095 **105 patriotismo:** Sin embargo (...) no pudieron erradicar ni suprimir su patriotismo *ancestral*. LPN010997 **106 jacobinismo:** Aislado y observado como un peón del *ancestral* jacobinismo del Ministerio de Obras Públicas, el autodidacta de Piera reemprendió los planes de Ponsa... LVE170995 **107 municipalismo –:** ...y otra con toda la carga simbólica del nacionalismo (soberanía, territorialidad, municipalismo *ancestral*) que se concreta en esa asamblea de corte constitutivo... EPE020299

M OTROS SUSTANTIVOS; POSIBLES USOS ESTILÍSTICOS: Por la tarde, dicen, a la hora que otros años la gran pepona mágica y buena, de rictus *ancestral*, zarpaba de Portugalete, tocaba este año marea baja e imposible. EME200895; ...con el paso del tiempo y el empuje de la modernidad se ha ido quedando tierra adentro, manteniendo, no obstante, su sabor comercial, su luz *ancestral* y medieval. CAN300499

[ancho] → a {mis/tus/sus...} **anchas, manga ancha**

ancho ♦ **conciencia, espacio, lugar, manga, mano, mundo, sonrisa**

ancla ♦ **echar, lanzar, levar, soltar, tirar**

anclar *v.* ▮ En su sentido literal se combina con sustantivos que designan embarcaciones *(El buque ancló en la ensenada)* y también con otros, construidos en complementos preposicionales, que denotan lugar *(anclar el barco en la bahía)* En su sentido figurado se construye con la preposición *en* en complementos que denotan tiempo *(anclarse en el pasado; anclados en el momento presente)*; también con sustantivos que denotan creencia, corriente de pensamiento o postulado *(ideología, realismo, concepto, ideal, marxismo, creencia: Siguen anclados en creencias de otro tiempo)*. Se combina además con sustantivos que designan diversas actitudes *(anclado en la autoridad de los ancestros)*. También se combina con...

A SUSTANTIVOS QUE DESIGNAN LO QUE SE CONSIDERA ARRAIGADO, ASUMIDO O ASIMILADO EN ALGUNA COMUNIDAD: **1 tradición ++:** «El grito silencioso» sitúa la narración en el momento histórico en el que el Japón feudal, una sociedad *anclada* en la tradición (...), pasa a convertirse en consumista. ABC050595 **2 raíz ++:** ...la música de Compay Segundo se *ancla* en las raíces más profundas de la música cubana... EPE280699 **3 cultura +:** Este sentimiento está *anclado* en la cultura popular, pero también se trasluce en la prensa e incluso en la actuación del Gobierno. EPE161201 **4 rito:** EL toro, símbolo mítico de resonancias telúricas y raigambre *anclada* en ritos cretenses, siempre ha sido tema propicio a las letras hispanas. ABC250394 **5 tópico:** ...*anclado* en el tópico y la sencillez, intentó ayer minimizar el posible peligro. EME170296 **6 canon:** Todos ellos parecen extraídos de un cuadro del realismo soviético, *anclados* en los cánones estéticos del desaparecido socialismo oficial. EME171295 **7 folklore:** ...musicalmente *anclada* en el folklore uruguayo. LVE061296 **8 mito:** El cine fantasioso (...) *anclado* en mitos religiosos y en pasajes de cintas históricas, convocó a protagonistas de la cultura. EPE140899 **9 leyenda:** ...una referencia iconográfica de arraigo intemporal, *anclada* en la leyenda. ABC140795 **10 mitología:** La crianza de Fátima vio la luz en el estrecho de Gibraltar, una sonada encrucijada del mundo, *anclada* en la mitología clásica... LVE050795 **11 uso:** ...rompió con un flamenco machista, *anclado* en usos de principios de siglo. EME180596

B SUSTANTIVOS QUE DESIGNAN LA MENTE O ALGUNAS DE SUS FACULTADES. TAMBIÉN CON OTROS QUE EXPRESAN CIERTOS EFECTOS DE LA ACTIVIDAD MENTAL, ESPECIALMENTE DE LA MEMORIA: **12 memoria ++:** ...conciben la narración como transformación artística de peripecias ficcionales, como extensión ficcionalizada de la propia vida (...) y de las vivencias más tenazmente *ancladas* en la memoria. ABC110394 **13 pensamiento ++:** La obra resulta excesivamente *anclada* en el pensamiento... INDOC **14 olvido:** Parecen tiempos *anclados* en el olvido. Quiero recuperarlos porque, si bien el marxismo como estructura ha desaparecido, la sonrisa de Marx permanece. LVE230895 **15 recuerdo:** Algunas películas cómicas mudas están a punto de cumplir cien años y, sin embargo, generación tras generación se *anclan* en el recuerdo... EME180596 **16 mente:** El recuerdo más antiguo *anclado* en su mente es un paseo es un paseo en una bicicleta de tres ruedas y el olor de la luz de carburo. LVE120896

C SUSTANTIVOS QUE DESIGNAN RECURSOS, MEDIANTE LOS QUE SE EXPRESA, SE DISPONE O SE ORGANIZA ALGUNA COSA: **17 esquema:** ...no imprimió demasiada juventud a la historia, narrativamente *anclada* en esquemas algo pasados de moda. LVE110995 **18 sistema:** ...puede llevar hacia la modernización o a seguir *anclado* en un sistema autoritario. EPE260799 **19 estructura:** ...la abogacía no puede seguir *anclada* en las estructuras de hace 15 o 20 años... EPE230999 **20 molde:** ...lo que en la musicología española –*anclada* aún en los viejos moldes positivistas– no es muy frecuente. ABC290995 **21 modelo:** ...no quedarnos *anclados* en un modelo diseñado en otras circunstancias... EME140796 **22 fórmula:** No estamos *anclados* en viejas fórmulas. Sabemos perfectamente que en la construcción de grandes espacios políticos hace falta el concurso de muchas energías... LVE300896 **23 receta:** ...en ningún caso se puede aceptar que los problemas estén en vías de solución, tanto más cuanto que continuamos *anclados* en las mismas recetas. EME120194 **24 entramado –:** ...pese a *anclarse* en el actual entramado jurídico-político... EPE201299

D SUSTANTIVOS QUE DENOTAN CIFRA O CANTIDAD: **25 cifra:** La inflación subyacente se colocó en junio en el 2,5, lo que supone que lleva cuatro meses *anclada* en esa elevada cifra. EPE140799 **26 cantidad:** Tras la implantación del euro (...) quedó *anclada* en una cantidad fija... EPE120199 **27 dato:** ...es la historia de un americano *anclado* en los datos estadísticos y la teoría de la casuística... EME040694 **28 número:** La cuenta de resultados siguió *anclada* en los números rojos... LVE250995 **29 índice:** Mientras la desocupación parece *anclada* en un trágico índice del 20%... LNP080397 **30 punto:** ...y cuando Obradovic lo enviaba al banco (...) seguía *anclado* en sus 14 puntos de medio partido antes. LVE100595 **31 cota:** CiU se *ancló* en una cota electoral por encima del millón doscientos mil sufragios... LVE081196

E SUSTANTIVOS QUE DESIGNAN ESTADOS DE COSAS ENTRE LOS QUE SE ELIGE. TAMBIÉN CON OTROS QUE EXPRESAN DISYUNTIVAS Y OTROS CONCEPTOS BINARIOS: **32 alternativa +:** El dirigente de (...) agregó que socialistas y populares están *anclados* en alternativas del pasado... EPE130999 **33 opción:** No *anclaremos* nuestra política en opciones trasnochadas. Por el contrario, nuestro partido... INDOC **34 separación:** ...propuso *anclar* la nueva etapa en la separación de la paz de los proyectos políticos diferenciados. EPE230900 **35 dicotomía:** Si esto no se hace, seguiremos *anclados* en la perversa dicotomía que tantas veces hemos criticado... EME110696 **36 binomio:** El mandato de González ha servido para equilibrar la posición española, *anclada* en el binomio franco-alemán... LVE150196 **37 dualidad:** Los políticos obsoletos siguen *anclados* en la dualidad amigo-enemigo y en unas pocas ideas guía... EPE180599 **38 oposición:** ...y permanecen *anclados* en una oposición ideológica que hoy está ya superada. INDOC

F SUSTANTIVOS QUE DENOTAN PROBLEMA O DEFICIENCIA. TAMBIÉN CON OTROS QUE DESIGNAN ENFRENTAMIENTOS Y OTRAS SITUACIONES HOSTILES, ADVERSAS O INCONVENIENTES: **39 problema:** El desarrollo rural estará cada vez más *anclado* a un conjunto de problemas horizontales... LVE130395 **40 lucha:** ...quieren ser protagonistas en la gestión de la crisis y reflotar a un partido *anclado* en luchas internas. EPE140999 **41 confrontación:** ...nos muestra planteamientos tan solo *anclados* en la confrontación en un país en el que resulta difícil... LVE150195 **42 violencia:** ...le falta solidez para unos personajes demasiado *anclados* en la violencia. LVE150395 **43 polémica:** ...vivimos *anclados* en la polémica entre el modernismo y el «noucentisme». LVE310396 **44 rechazo:** Escriben mucho (...) y con moralina *anclada* en un asumible rechazo de la incitación al gasto en los niños... EME240496 **45 avasallamiento:** Y es que la cultura cívica española sigue *anclada* en el avasallamiento como forma de expresión... EPE100700 **46 corrupción:** Hartos de sostener económica y administrativamente a una isla *anclada* en la corrupción y en una violencia secular... EPE090599 **47 deficiencia –:** Europa está obligando a cambiar (...) a sectores económicos *anclados* en deficiencias... LVE130695

G SUSTANTIVOS QUE DESIGNAN EMOCIONES O SENSACIONES, MÁS FRECUENTEMENTE SI SON NEGATIVAS O SE TIENEN POR TALES: **48 sensación:** Tengo cincuenta y tres años, y es muy difícil acordarme de mi pasado, *anclarme* en sensaciones y emociones de otro tiempo. LVE170895 **49 emoción:** De la primera abstracción de esta etapa pasa pronto a una figuración historicista que *ancla* el argumento (...) sólo en la ligerísima emoción de la veladura... EME150695 **50 soledad:** Aquí la novela glosada se titula «Heartbeat» y trata del encuentro entre una embarazada con problemas matrimoniales y un divorciado *anclado* en la soledad... LVE130396 **51 nostalgia:** Me parece mejor olvidar lo que ocurre con el norte de Africa, cuyos pabellones están *anclados* en la nostalgia. ABC240492

H OTROS SUSTANTIVOS; POSIBLES USOS ESTILÍSTICOS: Y arribaré al fin, mi barquito insignificante *anclará* en su pupila. EME110996

andadura ♦ artístico, breve, corto, fecundo[33], intenso, largo, nuevo, político, profesional ♦ a lo largo (de) ♦ arrancar, comenzar, continuar, culminar, empezar, iniciar, jalonar[15], proseguir, seguir, terminar

andamiaje ♦ alambicado, artificial, complejo, conceptual, enrevesado, ficticio, intrincado, sólido ♦ construir, desmontar[4], montar, urdir

andanza ♦ **accidentado**[16], **nuevo** ♦ **compañero (de)** ♦ **comenzar, contar, continuar, describir, narrar, recoger, recrear, referir, relatar, seguir, volver (a)**

andar ▮ *(sust.masc.)* ♦ **acompasado, cansino**[3], **erguido, errante, fantasmal**[23], **firme, marcial, parsimonioso, pausado, vivaz, vivo**
▮ *(v.)* ♦ **a caballo, a cámara lenta**[6], **a duras penas, a empujones**[9], **a la baja**[12], **a la deriva**[3], **al retortero, a {mi/tu/su...} aire, a paso de tortuga, a pie juntillas, a salto de mata, a tientas**[8], **a trancas y barrancas**[2], **como (un) loco, con cautela**[44], **con cuidado, con ojo, con pies de plomo, de arriba abajo**[17], **de boca en boca**[3], **de cabeza, de incógnito**[21], **de la ceca a la meca, de puntillas**[2], **sin rumbo**[3], **tranquilamente** ♦ **echar(se) (a)**[9]
☐ Véase también: **andarse (con)**.

andarse (con) *v.* ▮ Se combina con nombres contables en plural o no contables en singular, y especialmente con...

A SUSTANTIVOS QUE DENOTAN PRUDENCIA, PRECAUCIÓN O VIGILANCIA: **1 ojo ++**: En el campo de la obra gráfica hay que *andarse* con ojo... EPE190199 **2 cuidado ++**: ...con los descubrimientos de la ciencia hay que *andarse* con cuidado... HOY281096 **3 tiento +**: Es ahora, por lo tanto, cuando hay que *andarse* con mayor tiento y cuidado, abriendo el ojo y desparramando la vista... LVL190996 **4 tacto**: ...con China hay que *andarse* con tacto, sobre todo cuando tiene las cartas en su mano... EPE120401 **5 pies de plomo +**: La Administración debe *andarse* con pies de plomo y no lanzar globos sonda. EPD030697 **6 reserva**: ...está dispuesto a dejarse engañar, a correr ese riesgo infinitas veces antes que recelar o *andarse* con reservas... ABC170694 **7 vista**: Pero ojo, que se *anden* con vista los que manden, los que mandan ya, y los que siguen mandando siempre. EME110596

B SUSTANTIVOS QUE DENOTAN VUELTA ALREDEDOR DE ALGO Y, FIGURADAMENTE, FALTA DE CONCRECIÓN O EXPLICITUD: **8 rodeo ++**: Los patrocinadores de la enmienda de limitación de impuestos no se *andan* con rodeos sobre sus motivos. ENH140497 **9 circunloquio +**: ...no se *anduvo* con circunloquios y le espetó a su amigo: «Quiero decirte que voy a dimitir...». EME051195 **10 vuelta**: La ministra no se *anduvo* con vueltas: *Si esto no es golpismo, ¿qué intenciones tiene Ruckauf?*, se preguntó... CLA231000 **11 revolera**: No hay que *andarse* con revoleras y pinturerías con los miuras porque te pueden partir el corazón... EME110694 **12 preámbulo**: Pero López no se *andaba* con preámbulos ni, desde luego, tenía maldita la gracia. EME150196 **13 meandro –**: ..pertenece a la clase dominante y no se *anda* con meandros retóricos entre la servidumbre. LVE080896

C SUSTANTIVOS QUE DENOTAN FALTA DE CLARIDAD Y TRANSPARENCIA. TAMBIÉN CON OTROS QUE EXPRESAN EL EXCESO DE RESERVA, DETALLE O ESCRÚPULO EN RELACIÓN CON ALGO: **14 tapujo ++**: ...no se *anduvo* con tapujos para señalar la responsabilidad que según él tienen los medios de prensa... LHG130297 **15 contemplación ++**: ...no se *andaban* con contemplaciones a la hora de apartar a quienes les estorbaban en su cometido. LVE050396 **16 remilgo ++**: La conferencia episcopal no se ha *andado* con remilgos a la hora de enjuiciar actuaciones... LVE301195 **17 medias tintas ++**: Las cosas o son o no son y no hay que *andarse* con medias tintas... EME090494 **18 tiquismiquis +**: David no se *anduvo* con tiquismiquis semánticos. EME110694 **19 ambigüedad +**: Por ejemplo, China no se *anda* con ambigüedades y acusó a Washington de utilizar esas acciones para... EXC050996 **20 matiz +**: ...hacen números sin contar para nada contigo. Y encima no se *andan* con matices. EME090795 **21 monserga +**: ...los señores políticos de derechas no se *andan* con monsergas... EME220296 **22 paños tibios**: El Ministerio de Economía no quiere *andarse* con paños tibios a la hora de sancionar a las empresas generadoras de energía eléctrica. ESH111000 **23 paños calientes**: ...tampoco se puede *andar* uno con paños calientes a la hora de juzgar la malversación que se ha hecho... EPE171099 **24 eufemismo**: Una vergüenza, vamos, para qué *andarse* con eufemismos. EME270595 **25 formulismo**: Los eslavos no se *andan* con formulismos. LVE020896 **26 distingo**: «Lo que no se puede hacer es *andarse* con distingos de trato, cuando todos están enchironados por lo mismo». EME190795

D SUSTANTIVOS QUE DESIGNAN DIVERSAS CUALIDADES POSITIVAS RELACIONADAS CON LA CONSIDERACIÓN, LA PRUDENCIA, LA PRECISIÓN Y OTRAS FORMAS DE PROCEDER ADECUADAMENTE EN RELACIÓN CON ALGO, PERO QUE –USADOS EN PLURAL– SE ASOCIAN CON EL EXCESO DE DIPLOMACIA O DE DISIMULO: **27 miramiento ++**: ...no se *anda* con miramientos a la hora de considerarse responsable de crear un rock nacional. ENH210900 **28 sutileza +**: ...no se *anduvo* con tantas sutilezas: «Esto es un grupo mafioso», sentenció... LVE100796 **29 exquisitez +**: El utilitarismo y la prisa no se *andan* con exquisiteces: al pan, pan y al vino, vino. EPE200999 **30 delicadeza**: Cuando el trigo está cubierto de escarcha, es una tontería *andarse* con delicadezas... EPE160700 **31 finura**: El alcalde en cuestión (...) no se *anda* con las finuras poéticas de su jefe. EPE280299 **32 ironía**: ...no se *anduvo* con ironías: «Es más de lo mismo, porque se trata de un Gobierno de derechas que...». EME051196 **33 diplomacia**: Los minoritarios o diferentes no se *andan* con diplomacias verbales. EPE211099 **34 modestia**: ...no se *andan* con modestias innecesarias al asegurar que el joyero se ha beneficiado de la publicidad. EPE210701

E SUSTANTIVOS QUE DESIGNAN LO QUE CARECE DE SENTIDO O DE IMPORTANCIA. TAMBIÉN CON OTROS QUE EXPRESAN AQUELLO QUE SOLO SE HACE COMO ENTRETENIMIENTO O PARA DESVIAR LA ATENCIÓN DE OTROS ASUNTOS: **35 tontería ++**: ...una de las cantantes más serias y rigurosas de nuestra época no iba a *andarse* con tonterías a última hora. ABC081093 **36 bobada +**: Más vale que la Sony no se *ande* con bobadas... ABC081295 **37 broma +**: ...por ahí no se *andan* con bromas, como si la vida fuera toda ella una novela negra. ABC140795 **38 tontada**: ...para lanzar un «speech» de autohomenaje, y de paso pedir otro trabajo, que no están las cosas para *andarse* con tontadas. EME021196 **39 juego**: ...las grandes multinacionales no pueden *andarse* con juegos como el de premiar a bandas casi desconocidas. EME010394 **40 truco**: Los que no se *andaron* con trucos y se valieron sólo de su voz fueron... EME160696

F SUSTANTIVOS, CON FRECUENCIA USADOS IDIOMÁTICAMENTE, QUE DESIGNAN COSAS MENUDAS Y, POR EX-

TENSIÓN, INSIGNIFICANTES: **41 pequeñez ++:** El presidente Husein no se ha *andado* con pequeñeces. EPE011288 **42 chiquita ++:** Fernández-Cuesta no se *anduvo* con chiquitas ayer en el Parlamento. EPD091097 **43 chica:** ...arremete en forma contra los líderes de RN. La Toyita no se *anda* con chicas. CAR040897 **44 zarandaja +:** El alcalde de El Ejido durante los tres últimos mandatos (...) no se *anda* con zarandajas política o moralmente correctas. EPE080200

G OTROS SUSTANTIVOS QUE –USADOS EN PLURAL– SE ASOCIAN CON LO QUE SE CONSIDERA DEMASIADO ARRIESGADO, COMPLEJO, SUTIL O INCONCRETO: **45 aventura:** ...la poesía en castellano, euskera, gallego y catalán no se *anda* con aventuras milenaristas. EPE141299 **46 profundidad:** El resultado más aparente reside en la hibridez (atractiva, pero desconcertante) de sus películas. Hollywood nunca se ha *andado* con profundidades. EME270496 **47 doctrina:** ...es ridículo *andarse* con doctrinas políticas o filosóficas, con estrategias a largo plazo... LVE050795 **48 ideal:** ¡Como para *andarse* con ideales románticos! Y es que la esencial diferencia entre el 14-D y el 27-E, es que aquella huelga se hizo en plenas «vacas gordas». EME280194 **49 sentimentalismo:** Gil no se *anduvo* con sentimentalismos. EPE080500 **50 esteticismo –:** Me parece una indecencia *andarse* con esteticismos y gramatiquerías cuando lo que está en juego es... EME140194

H OTROS SUSTANTIVOS; POSIBLES USOS ESTILÍSTICOS: Deighton no tiene porqué *andarse* con prisas. LVE130996; ...creo que González no tiene que *andarse* con advertencias ni amenazas. EME240594; Parece lo obligado, sin *andarse* con más consultas. ABC220494

▩ Se combina también con: ♦ **por las ramas**

☐ Véase también: **andar, venir (con).**

andrajosamente ♦ **vestir**

anécdota ♦ **cómico, curioso, divertido, gracioso, inédito, insólito, interesante, inverosímil, jugoso, mero, pequeño, personal, puro, revelador**[21]**, simpático, simple, verídico, verosímil** ♦ **a título (de)**[8] ♦ **categoría (de), rosario (de), serie (de), sinfín (de)** ♦ **circular, colmar (de)**[54]**, contar, ensartar, evocar, hilvanar**[2]**, jalonar (con), narrar, protagonizar, recopilar, recordar, referir, relatar, revivir**[42]**, salpicar (de), traer a colación, venir a cuento (de algo)**

☐ Véase también: **comentario, información, texto.**

anecdótico *adj.* ▮ Acepta sustantivos de persona *(personaje, sujeto)*, sustantivos que designan diversas creaciones y géneros discursivos o artísticos, sobre todo literarios *(artículo, libro, poema, carta, cuadro, pintura)*. Acepta a menudo otros que designan manifestaciones verbales de carácter circunstancial *(comentario, observación, inciso, nota)*. Asimismo se combina con...

A SUSTANTIVOS QUE DESIGNAN HECHOS O ACONTECIMIENTOS, ASÍ COMO LAS CONDICIONES O LAS CIRCUNSTANCIAS QUE LOS RODEAN O LOS CARACTERIZAN: **1 hecho ++:** El partido con Maipú, ya antes, era lo más parecido a un hecho meramente *anecdótico*. LPA250592 **2 asunto +:** Son citas imposibles, todas con su corolario mediático. Asuntos *anecdóticos* si no fueran tan serios. EPE250299 **3 acontecimiento +:** En este montaje se narran acontecimientos históricos y *anecdóticos* a partir de la historia del Museo Nacional de Bogotá. ETC130996 **4 caso +:** Incluso hay casos *anecdóticos* que inciden en el gasto, como, por ejemplo, la gran cantidad de fármacos que se expiden en Cataluña a no residentes... LVE300396 **5 episodio +:** ...que podrían hacer parecer a los bombardeos norteamericanos sobre Irak del pasado diciembre como episodios casi *anecdóticos*. CLA090199 **6 circunstancia:** Piqué calificó este hecho como «una circunstancia meramente *anecdótica*»... EPE040999 **7 situación:** Los niños pequeños se sienten fascinados por las grandes panorámicas llenas de personajes y de situaciones *anecdóticas*... LVE111096

B EL SUSTANTIVO *DETALLE* Y CON OTROS QUE DESIGNAN CARACTERÍSTICAS, RASGOS O PORMENORES QUE SE DESTACAN EN LA CONSIDERACIÓN DE ALGUNA COSA Y PERMITEN OBSERVARLA, ANALIZARLA O ABORDARLA: **8 detalle ++:** Así, los detalles *anecdóticos* de la pintura desaparecieron para él, quedando sólo su estructura con una composición en torbellino... ABC160493 **9 rasgo +:** ...elimina de las ciudades los rasgos *anecdóticos* que puedan hacerlas fácilmente reconocibles. ABC260293 **10 faceta:** ...ha vuelto a exponer en la ciudad que muestra en la calle algunas de sus esculturas públicas, una faceta ésta que no es *anecdótica* en su trabajo... ABC280593 **11 aspecto +:** El episodio, si se le toma en su aspecto puramente *anecdótico*, podría parecer una españolada clásica, el viejo orgullo castellano que sembró en nuestras tierras a un Alonso Andrea de Ledesma. EUV080996 **12 evidencia:** ...la evidencia *anecdótica* acumulada en supermercados, quioscos de prensa (...) (donde empieza a ser habitual encontrarse con precios «extraños» en pesetas...). EPE311201

C SUSTANTIVOS QUE DESIGNAN DATOS, INFORMACIONES Y OTROS INDICADORES ANÁLOGOS, ASÍ COMO ALGUNAS DE LAS FORMAS DE OBTENERLOS: **13 dato ++:** El ruidoso desfile de los metalúrgicos (...) dejó como saldo algunos datos más que *anecdóticos*. LNA260692 **14 información:** ...aporta una extraordinaria información casi *anecdótica*, desde las cuatro perspectivas recomendadas por August Boeck. ABC260393 **15 noticia:** ...es una miscelánea de noticias, muchas *anecdóticas*, sobre la vida diaria entre 1529 y 1880. EPE211299 **16 cifra +:** Puede parecer una cifra *anecdótica*, pero tiene importancia tanto científica como económica. LVE100595 **17 encuesta:** Hubo votos a favor de ambos (alguno más a favor de Herreros, pero la encuesta era puramente *anecdótica*)... EME090996 **18 referencia:** Si esta última aseveración se entiende en su sentido más amplio, sin referencias *anecdóticas* o imitativas... PME150996

D ALGUNOS SUSTANTIVOS TEMPORALES. TAMBIÉN CON OTROS QUE DESIGNAN HECHOS VIVIDOS, EVOCACIONES O VICISITUDES DIVERSAS: **19 momento:** Lo peor ya pasó, por eso revive algunos momentos del último partido con Olimpia como *anecdóticos*. LNP160497 **20 instante:** ...y puede, por ejemplo, recoger instantes más o menos *anecdóticos* de la acción escrita... EME230494 **21 fecha:** Pero no cayó el ánimo, y ahí está de nuevo el hombre, que finge que se detuvo en 1928, pero es tan solo una fecha *anecdótica*. LVE071195 **22 experiencia:** Había noticia de experiencias *anecdóticas* –como el diario de Cocteau sobre la intoxicación del opio–... EME210996 **23 vivencia:**

Así, desde lo cotidiano, desde la vivencia acaso *anecdótica*, cada poema busca el significado profundo... EME070594 **24 recuerdo +:** Una primera lectura puede presentarlo como una sarta de recuerdos *anecdóticos* –este o aquel viaje, aquella lectura o amistad–... ABC080995 **25 peripecia:** ...un estilo unitario, medido y metódico, al servicio no tanto de la *anecdótica* peripecia, sino de la diafanidad del mensaje clásico... EME300396 **26 avatar –:** Y ahí mismo se acaba todo, con o sin *anecdóticos* avatares judiciales. EME160995

E SUSTANTIVOS QUE DENOTAN ERROR, EQUIVOCACIÓN O RESULTADO ADVERSO DE ALGO. TAMBIÉN CON ALGUNOS QUE EXPRESAN DESGRACIA O INFORTUNIO EN DIVERSOS GRADOS: **27 patinazo:** He ahí la clave de que a partir de algunos patinazos de índole *anecdótica* fruto de la bisoñez... EME101196 **28 fallo:** Pero al no ser ésa una razón técnica se esgrimen fallos casi *anecdóticos* (comparados con Estambul, por ejemplo)... EPE290800 **29 traspié:** ...todo, desde los más graves problemas de Estado hasta los más *anecdóticos* traspiés... EME190694 **30 derrota:** En su criterio, la derrota es *anecdótica* frente al hecho «histórico» de que haya resultado aprobada la Ley de Enjuiciamiento Civil... EPE240999 **31 calamidad –:** ...que hasta la hierba del Camp Nou se negó a crecer, entre otras calamidades menos *anecdóticas*. LVE230895

F SUSTANTIVOS QUE DENOTAN CAUSA O CONSECUENCIA: **32 razón:** La razón no es únicamente *anecdótica*; Electroele era un juguete infantil con el que todos los chicos de la escuela de ingenieros de telecomunicaciones habían jugado... LVE070296 **33 motivo +:** ...y no sólo por mero afán coleccionista, sino por motivos menos *anecdóticos*. EPE060999 **34 consecuencia:** ...ha tenido sólo una consecuencia *anecdótica*: modificar el mercado del pescado. LVE090996

G OTROS SUSTANTIVOS; POSIBLES USOS ESTILÍSTICOS: El que su sustituto se llame Liberal no deja de ser una *anecdótica* pirueta de la historia... EME300196; ...de simultáneos nudos *anecdóticos* que se le escapan de las manos al propio escritor. EME220194

anegar(se) *v.* ■ Se combina con sustantivos que designan lugares *(anegarse una calle, la tierra, el pueblo, una vivienda)*, cosas que se cultivan *(anegarse los arrozales, los campos, los cultivos)*, y en general lo que puede contener o recibir líquidos *(anegarse los ojos, un motor)*. Usado como transitivo suele construirse con sujetos que designan líquidos *(sangre, lágrima, alcohol, agua: Las aguas anegaron los campos)*, o diversas formas en que aparecen o se acumulan *(lluvia, tormenta, marea)*. Muchos de estos sustantivos aparecen en complementos preposicionales construidos con las preposiciones *en (Se presentó en la comisaría anegada en lágrimas)* o *de (Toda la casa estaba anegada de agua)*. Admite sustantivos que designan otras sustancias, muy a menudo densas, pastosas, compactas o asimiladas a ellas *(lodo, barro, fango, porquería, basura)*, y –aunque más raramente– también otros que se refieren a materias no sólidas *(pulmones anegados de humo; una ciudad anegada en niebla)*. Se combina asimismo con...

A EL SUSTANTIVO *LLANTO*, TAMBIÉN CON OTROS QUE DESIGNAN SENTIMIENTOS NEGATIVOS, MÁS FRECUENTEMENTE SI SON AFLICTIVOS O MUESTRAN ANIMADVERSIÓN HACIA ALGO O ALGUIEN: **1 llanto +:** Se despidió de ellas con los ojos *anegados* en un llanto incontenible. INDOC **2 tristeza:** Es, como aquélla, una historia de gran, extrema crueldad, comprometidísima y *anegada* de tristeza, pero totalmente creíble. EPE010901 **3 desencanto:** «Necesito una oportunidad», dice Patricia del Pozo desde unos bellos ojos *anegados* en desencanto. EME291195 **4 cólera:** El mito aquel del *niño colombiano* que nos *anegó* de cólera se cayó como un edificio. ENV181297 **5 odio:** Nadie debiera esperar que el llamamiento de este viejo luchador nacionalista cambie de un día para otro los sentimientos de unas sociedades *anegadas* de odio y resentimiento. EPE011100 **6 tedio:** A mí me parece que la televisión refleja el tedio que *anega* a los continentes. LVE181296

B SUSTANTIVOS QUE DESIGNAN ESTADOS DE INCERTIDUMBRE: **7 confusión:** ...cree que clarificar la situación es mejor para la recuperación que *anegarse* cada día más en la confusión. LVE150995 **8 duda:** Se le veía en un constante sinvivir, perdida en una zozobra permanente y *anegada* en dudas sobre todo lo imaginable. INDOC

C OTROS SUSTANTIVOS; POSIBLES USOS ESTILÍSTICOS: ...se ha abierto una discusión política de cierto interés que viene a redimir modestamente ese largo periodo de desgobierno, *anegado* en las vergonzantes estrategias electoralistas que... EPE081299

anexionar(se) ♦ **bloque, país, parte, pueblo, región, territorio, zona**

angelical ♦ **aire, aspecto, cara, gesto, mirada, rostro, sonrisa, visión, voz**

anguloso ♦ **arista, facción, forma, piedra, rasgo, roca, rostro**

angustia ♦ **asfixiante[48], comprensible, económico, existencial, hondo, insondable, insoportable, irracional, libre (de), lleno (de), preso (de)[11], profundo[10], prolongado, punzante[6], soterrado[40], terrible, tremendo, vital** ♦ **al borde (de), con, sin** ♦ **ataque (de)[4], clima (de), crisis (de), estado (de), expresión (de)[13], gesto (de), grito (de), horas (de), momentos (de), motivo (de), pozo (de)[18], rictus (de), sensación (de), sentimiento (de)** ♦ **acechar[14], acosar (a alguien), acuciar[24], aliviar[14], amortiguar[69], aplacar(se)[13], apoderar(se)[13], apoderarse (de alguien), asaltar (a alguien), asediar (a alguien), atenazar (a alguien), azotar (a alguien), calmar, carcomer[40], causar[15], combatir, contener, controlar, corroer[8], crecer, desatar(se)[31], desbordar(se), despejar(se)[14], disimular, disipar(se)[39], disminuir, distraer, dominar, embargar[6], entrar (a alguien), experimentar, exteriorizar, generar, hundir(se) (en)[50], invadir (a alguien), librar(se) (de), mitigar[13], ocasionar, padecer, palpitar[8], pasar, producir, provocar, reprimir, rezumar, sentir, sobreponerse (a), sufrir, sumir(se) (en), superar, tener, venir (a alguien), vivir**

□ Véase también: **aflicción, desesperación, pena, sentimiento.**

anhelar ♦ **ardientemente[2], ávidamente[7], fervientemente[4], intensamente, íntimamente, largamente[17], profundamente, secretamente, vehementemente, visceralmente**
□ Véase también: **desear, querer.**

anhelo ♦ **ardiente[6], asequible, común, gran(de), inalcanzable[7], inasequible, inconfesable[3], inequívoco[39], intenso, irreprimible, justo, legítimo, obstinado, oculto, profundo[47], soñado, vehemente[3], viejo, vivo** ♦ **manifestación (de)[27]** ♦ **abrigar, aflorar[8], ahogar(se)[37], albergar, alcanzar, alimentar[9], canalizar[38], colmar, concitar[36], confesar[30], consumar(se), converger[17], cumplir(se), depositar[8], hacer(se) realidad[23], latir, manifestar, ocultar, palpitar, perseguir, reforzar, renovar, saciar, satisfacer, transmitir, truncar**
□ Véase también: **deseo.**

anidar *v.* ▌Se combina con sustantivos que designan aves *(gaviota, cigüeña, flamenco, halcón)*. Lo hace también con otros que designan ciertos microorganismos *(virus, bacteria, óvulo)*, sustancias orgánicas *(grasa, hidrato de carbono)* y diversos tipos de vegetación susceptibles de agruparse *(árbol, flor, olivo)*. Acepta asimismo sustantivos de persona individuales o colectivos, más frecuentemente si encierran una carga desestimativa *(pícaro, tramposo, camarilla, clan: una aparente asociación cultural en la que anida un clan de mafiosos)*. Además, se combina con...

A SUSTANTIVOS QUE DENOTAN FACTOR O CAUSA ORIGINARIA DE ALGO: **1 motivo:** ...supo prever los motivos que hoy *anidan* en la voraz pretensión de asegurarle... ECA030792 **2 raíz:** ...en la que tan distintas etapas de su irregular trayectoria (...) en todas ellas *anida* una profunda raíz española. ABC100295 **3 germen:** Pero bajo esa luz deslumbrante había una tierra donde *anidaba* el germen del descontento... LVE150995 **4 semilla:** ...no ha hecho sino abonar la semilla más siniestra que *anida* en el alma española... EME230296

B ALGUNOS SUSTANTIVOS QUE DENOTAN DOCTRINA O IDEOLOGÍA: **5 fundamentalismo:** El fundamentalismo, si duda había, también *anida* entre el judaísmo. EPE160299 **6 individualismo:** Ese individualismo heroico que *anida* en el alma venezolana... EME110294 **7 antisemitismo:** La capital donde el antisemitismo *anidó* y generó una de sus variantes más repugnantes. EME250295

C SUSTANTIVOS QUE DESIGNAN SENTIMIENTOS Y ACTITUDES QUE MANIFIESTAN AVERSIÓN, IRRITACIÓN, MALA VOLUNTAD U HOSTILIDAD EN DIVERSOS GRADOS: **8 envidia ++:** La envidia *anida* en mi corazón como una tenia o solitaria cuya voracidad no deja en él raspa de nobleza. EME080394 **9 odio ++:** ...cuya violencia es la expresión del odio oscuro que *anida* en sus estómagos vacíos... ESH120996 **10 avaricia:** ...encuentra la ayuda del Dante para desarrollar su idea de la avaricia y cómo *anida* ésta en el corazón de los que son y se creen famosos. EME260394 **11 codicia +:** El mero sonido de su nombre provoca mayor flujo sanguíneo en la oscura zona del cerebro donde *anida* la codicia... ABC030295 **12 resentimiento +:** ...la crítica se torna ortodoxia igualmente radical, en la que con frecuencia *anidan* fuertes dosis de intolerancia y resentimiento. EPE300899 **13 rencor +:** Este episodio (...) ilustra mejor que muchas historias el miedo, el rencor y hasta el cinismo que podían *anidar* en el espíritu de... INDOC **14 despecho:** ...la cuestión no pasa por el recuento de votos sino por el despecho que *anida* en muchos corazones... LNA010792 **15 rabia +:** ...es la rabia que *anida* la espera... RUM040897 **16 sentimiento de venganza:** ...la Legión no puede convertirse en refugio de personas en las que *anide* el sentimiento de venganza. EME170396 **17 maldad:** ...la desnudez de esas vuestras almas donde *anidan* todas las maldades. LHG190700 **18 crueldad:** ...galería de crueldades cotidianas que *anidan* en esa cárcel de almas que algunos llaman ciudad. LVE100295 **19 revanchismo –:** De este modo, el revanchismo comenzó a *anidar*... EME050594

D SUSTANTIVOS QUE DESIGNAN DIVERSOS ESTADOS ANÍMICOS RELACIONADOS CON EL BIENESTAR, LA SATISFACCIÓN O LOS SENTIMIENTOS OPUESTOS A ESTAS NOCIONES: **20 melancolía:** ...estados del alma en los que *anida* (...) la melancolía transmitida con materia pictórica que incita a su descubrimiento con las manos. ABC221295 **21 frustración +:** Una mezcla de desconfianza y frustración, que ha *anidado* en el corazón de muchos ciudadanos... LVE290195 **22 placer:** Hablar de humores es hablar de humedades, y en las humedades *anidan* determinados placeres, así en plural. LVE010895

E SUSTANTIVOS QUE DENOTAN DUDA O RECELO. TAMBIÉN CON OTROS QUE EXPRESAN ESTADOS Y ACTITUDES DE INCERTIDUMBRE O DE FALTA DE CLARIDAD: **23 duda +:** Pero el resultado determinará el destino final de la alegría, y por ahí *anidan* las dudas de los hinchas locales... CLA100199 **24 sospecha +:** Al menos respecto al primero, razones no faltaban para *anidar* la sospecha... EME221095 **25 confusión:** Y manos a la obra, la «conjura», como Torre de Babel en donde *anida* la confusión... EME250695 **26 suspicacia:** ...la suspicacia desmoralizante que *anida* en la opinión pública. LVE190495 **27 desconcierto:** Pasó lo que pasó y pasa, y *anidó* el desconcierto entre los militantes con convicciones, entre viejos socialistas honestos. EPE270999 **28 misterio:** ...ante el misterio que *anida* en los lugares aparentemente más normales, ante la belleza de la luz. ABC100395

F SUSTANTIVOS QUE DESIGNAN EVOCACIONES DE LO SUCEDIDO: **29 recuerdo +:** ...allí donde *anidan* los recuerdos, deben de guardarse miles de historias, de datos y de imágenes. EME111095 **30 vivencia:** Hablando desde el corazón, en el que nacen y *anidan* recuerdos y vivencias. ENC300301

G SUSTANTIVOS QUE DENOTAN CONFLICTO, DEFICIENCIA Y OTROS ESTADOS DE DIFICULTAD O ADVERSIDAD: **31 problema:** Egibar dejó entrever que el problema de fondo que *anida* tras este contencioso no se resolverá de forma inmediata... EME150996 **32 error:** Pero no es menos cierto que, bajo el paraguas democrático, *anidan* también los errores... LVE150495 **33 conflicto:** No hay país que pueda desarrollarse armónicamente cuando dentro de sí *anidan* conflictos y tensiones graves en torno a la distribución de la riqueza y del poder. HOY230996 **34 escándalo:** ...está dispuesto a combatir contra la avalancha de reclamaciones que arrecia contra la socialdemocracia por «ineficaz gestión económica» y por «*anidar* escándalos políticos». EME250195 **35 peligro:** ...«allí donde *anida* el peligro, crece también la salvación». ABC300695 **36 crisis:** ...bajo la adulación *anida* la crisis y a principios de los 80 el mito que rodeó a la familia real durante el último siglo empezó a desvanecerse. LVE220896 **37 defecto:** Sin embargo, debajo de la sorpresa *anidan* algunos defectos que pesan sobre el equipo italiano desde hace tiempo. EPE100999 **38 anomalía –:** Me pregunto cuál será la anomalía que *anida* en su mente nacionalista... EPE230700

H SUSTANTIVOS QUE DENOTAN INTENCIÓN, PROPÓSITO, TENDENCIA O VOLUNTAD DIRIGIDA A LA CONSECUCIÓN DE ALGO: **39 voluntad +:** ...el documento es una muestra de la nueva voluntad que *anida* en la sociedad vasca... EME090495 **40 deseo +:** ...el íntimo deseo que *anida* en el fondo del fondo del corazón... LVE210295 **41 propósito:** En su trabajo artístico, que pretende mostrar en una exposición denominada «Huellas del tránsito», *anida* también un propósito terapéutico. EPE140499 **42 intención:** Se da por supuesto que en el Barcelona y el Real Madrid *anida* la intención de presentarse en la final. EPE021084 **43 esperanza:** ...donde *anidan* las esperanzas sin futuro, las aflicciones y los anhelos imposibles... HOY041196 **44 ambición:** ...ser la ambición intelectual que *anide* en cada cual... EPEANUA98 **45 aspiración:** ...limitadas al círculo de la familia o de los amigos, *anida* la aspiración de la felicidad. EME021295 **46 vocación:** ...esas catacumbas del ser donde *anida* una vocación de irracionalidad destructiva... EPE141001 **47 pretensión:** Pero no es en las religiones en donde se *anidan* estas pretensiones sólida y abundantemente. PME120197 **48 inclinación:** ...hasta en la modernidad, ya superada, de los Estados *aniden* viejas inclinaciones nacionalistas. DDN290499 **49 interés:** El peligro de que se *aniden* en nuestros corazones intereses distintos al del noble servicio a la paz... PME291296 **50 anhelo:** ...tampoco es descartable que *aniden* en él malsanos anhelos de ajustes de cuentas. LVE140796 **51 preocupación:** ...dicen conocer las preocupaciones que *anidaban* en los últimos tiempos en la mente de esta adolescente... EME130695

I SUSTANTIVOS QUE DESIGNAN DIVERSAS ACTIVIDADES PERJUDICIALES, LESIVAS O INCONVENIENTES, Y A MENUDO CONTRARIAS A LA LEGALIDAD O LA MORAL: **52 delito:** Entre los billones de pesetas del fútbol *anida* también la desidia, el delito y la improvisación. LVE201096 **53 corrupción +:** La corrupción *anida* en sectores vitales de la Administración Pública. EME200696 **54 fraude +:** Pero no es menos cierto que, bajo el paraguas democrático, *anidan* también los errores, los fraudes, los miedos y los odios de ciudadanos fácilmente manipulables. LVE150495 **55 vicio:** Viene esto a cuento de que en las selecciones inferiores (...) parece *anidar* buena parte de los vicios... EME310795 **56 intriga:** ¿Es cuestión de asegurar la defensa de Europa o de precaverse de intrigas contra Francia que *anidan* en parte en la misma Europa...? LVE060895 **57 conspiración:** ...la cadena NBC saca partido a las paranoias de invasión marciana, secretismo oficial y conspiración antiamericana que *anidan* en las cabezas de algunos norteamericanos. EME220996 **58 conjura:** ...pero desasosegante para el responsable del baloncesto el saber que tras todo ello *anidan* otras conjuras... EME010495 **59 violencia:** La violencia *anida* en cada mandíbula, en cada pestaña. EME301296

J SUSTANTIVOS QUE DENOTAN MIEDO EN DIVERSOS GRADOS: **60 miedo:** Sus miedos ya no *anidan* ni en el recuerdo. GIC060596 **61 terror +:** ...ya por el contundente terror que *anida* en ciertas imágenes de su filmografía... LVE020795 **62 temor +:** El temor sólo *anida* en la imaginación de un mal que se avecina. EME240495 **63 horror:** Criminal de guerra es, así, un calificativo pobre para definir el horror que *anida* en los soldados... EME010995 **64 pánico:** Y el pánico *anida* sobre todo en la ignorancia. EPE161001

K OTROS SUSTANTIVOS; POSIBLES USOS ESTILÍSTICOS: Si la bestia humana *anida* entre nosotros hay que domesticarla y desarmarla. LVE150396

[anillo] → **como anillo al dedo**

animación ♦ **agitado, cinematográfico, continuo, cultural, desbordante, febril[34], frenético, incesante, infantil, veraniego, vivo** ♦ **cine (de), grupo (de), película (de), programa (de), serie (de), técnica (de)** ♦ **contagiar, crecer, decaer[9], disfrutar (de), hervir (de), presenciar, rebosar (de)**

☐ Véase también: **ajetreo, ritmo, trasiego.**

animadamente ♦ **bailar, charlar, conversar, departir, gesticular, hablar, moverse, reír**

☐ Véase también: **animosamente.**

animadversión ♦ **brutal, claro, creciente, despiadado, especial, evidente, feroz, franco, fuerte, general, injustificado, intenso, mutuo, ostensible, particular, patente, personal, profundo[34], soterrado, tradicional, verdadero, viejo, violento, visceral[9]** ♦ **muestra (de), sentimiento (de)** ♦ **acarrear[92], acrecentar, causar[37], concitar[17], consumir (a alguien), crear, crecer, demostrar, despertar (en alguien), encontrar, estallar, exteriorizar, ganarse, generar, granjearse[22], levantar, manifestar, neutralizar, ocultar, percibir, producir, provocar, sentir, suscitar**

☐ Véase también: **agresividad, antagonismo, antipatía, aversión, odio, rechazo, tirria.**

[animal] → **como un animal**

animal ♦ **brioso, dócil, doméstico, indomable, indómito, político, salvaje, voraz** ♦ **abandonar, abatir, adiestrar, ahuyentar, capturar, cuidar, domesticar, sacrificar, tener**

animar ♦ **a muerte[13], a tope[35], como (un) loco[4], enormemente[18], insistentemente[23], vivamente[4]** ♦ **ambiente, banquete, celebración, consumo, conversación, debate, fiesta, juego, mercado, partido, persona, reunión** ♦ *otros sustantivos de evento*

☐ Véase también: **apoyar(se), ayudar, favorecer, impulsar, jalear.**

anímicamente ♦ **afectar, crecer, derrumbar(se), desmoronar(se), encontrarse {bien/mal}, hundir(se), prepararse, recuperarse, reforzar, rehacerse, remontar, restablecerse, venirse (abajo)**

anímico ♦ **actitud, altibajo, bache, bajón, caída, cambio, cansancio, condición, depresión, dispo-**

sición, estado, fortaleza, fuerza, momento, problema, recuperación, situación, valor

[ánimo] → sin ánimo (de)

ánimo ♦ a flor de piel[12], apagado, beligerante[6], buen(o), candente[27], combativo[4], constructivo[9], decaído, encendido[22], exacerbado, inagotable, pletórico (de)[10], propicio[25], sosegado ♦ con, sin ♦ cambio (de), estado (de), inyección (de)[11] ♦ ablandar(se)[6], acallar[88], achicar[15], acrecentar, agitar, agriar(se)[3], alterar[65], amainar[30], apaciguar[14], apagar, apelar (a), aplacar(se)[2], atemperar[1], azuzar, calar (en), caldear(se)[4], calmar(se)[6], cobrar[7], conmover, crispar(se), cundir[35], dar[29], decaer[1], decrecer[35], derrumbar(se)[61], desbordar(se), deshinchar(se)[1], desinflar(se)[3], despertar[74], devolver (a alguien), disponer, distender, dulcificar[11], elevar, enardecer(se)[1], encender, encoger(se), encrespar(se)[1], enervar, enfriar(se)[1], exacerbar, exaltar(se), flaquear, fortalecer(se)[22], galvanizar[5], hundir, imbuir(se) (de)[2], impartir[32], impregnar, imprimir[11], incentivar[23], inculcar, inflamar, influir (en), infundir[7], insuflar[4], levantar, mantener, mermar, minar[22], pacificar, perturbar, pesar (sobre alguien), prender[14], purgar, quebrar(se)[5], reavivar(se), recobrar, renovar, robustecer(se)[32], serenar(se)[6], sobrecoger, socavar[49], soliviantar, sosegar(se)[1], sublevar, templar, tener (para algo), tensar[15], transmitir[7], trastornar, turbar

☐ Véase también: **actitud, ánimo (de), animosamente, disposición, espíritu (de), mentalidad, moral, sensación, sentimiento, talante.**

ánimo (de) *sust.* ▌Se construye con oraciones de infinitivo *(Actuó con ánimo de mejorar la situación)*. Acepta verbos que denotan acción hostil en diversos grados y formas, y más frecuentemente los que expresan manifestaciones verbales ofensivas o críticas en contextos negativos *(censurar, insultar, criticar, descalificar, ofender: Y, sin ánimo de ofender, tengo que decir que...)*. También se combina, generalmente en construcciones sin artículo, con...

A SUSTANTIVOS QUE DENOTAN PROVECHO O MEDRO MATERIAL: **1 lucro ++:** El 90 por ciento de los secuestros que se realizan en América Latina son con *ánimo* de lucro. BYN121097 **2 beneficio:** «Se trata de una empresa creada sin *ánimo* de beneficio y con la intención de devolver a la sociedad una parte de lo que nos está dando»... LVE091096 **3 ganancia:** ...la especulación, los atracos, el *ánimo* de ganancias rápidas y espectaculares hundieron a la bolsa mexicana... PME070796 **4 enriquecimiento:** ...idearon engañarlo y quedarse con parte del dinero que portaba en la riñonera, guiados por un *ánimo* de «enriquecimiento» personal... EPE270199

B SUSTANTIVOS QUE DESIGNAN EL RESARCIMIENTO DE UN DAÑO O UN AGRAVIO RECIBIDO: **5 venganza ++:** El *ánimo* de venganza estará presente hoy en el pensamiento de los jugadores de la selección de Bolivia... ETC120697 **6 revancha ++:** Y otro, el Serpa que asusta al establecimiento, el populista de izquierda, con *ánimo* de revancha social. SEM250696 **7 desquite +:** ...tiene poco que ver con un análisis serio y sosegado de la misma y bastante con la angustia y *ánimo* de desquite de un ministro... EME191195

C DIVERSOS SUSTANTIVOS QUE DENOTAN AYUDA O CONTRIBUCIÓN SOLIDARIA A UNA TAREA O CAUSA COMÚN. TAMBIÉN CON OTROS QUE DENOTAN ARMONÍA, ENTENDIMIENTO, CONCORDIA Y OTRAS MANIFESTACIONES DE LA AUSENCIA DE CONFRONTACIÓN: **8 colaboración:** Desde el primer momento, nos percatamos de que no existía la voluntad ni el *ánimo* de colaboración del inculpado... CAR230697 **9 cooperación:** Ante ello, González volvió a mostrar ayer un *ánimo* de cooperación, desde la convicción... LVE290396 **10 conciliación:** En un *ánimo* de conciliación, nos proponemos sostener nuevas audiencias de este tipo ante la Junta Federal... PME011296 **11 convivencia:** Con *ánimo* de convivencia comunitaria se prepara ya el Congreso Eucarístico... DYM230796 **12 diálogo:** El otro día no más lo decía –me parece que el Presidente– tiene *ánimo* de diálogo. HOY250484 **13 respeto –:** ...el Gobierno, «guiado por un *ánimo* de respeto a la potestad tributaria del País Vasco y ante la finalización de los plazos legales, se ha visto en la necesidad de...». LVE120996 **14 paz –:** Dentro del *ánimo* de paz, exteriorizado por los promotores del movimiento huelguístico, su interés estaría en contribuir al buen éxito de esta patriótica tarea. ETC110297

D SUSTANTIVOS QUE DENOTAN ÉXITO, ESPECIALMENTE FRENTE A UN RIVAL. TAMBIÉN CON OTROS QUE EXPRESAN ALGUNAS DE LAS FORMAS EN LAS QUE SE MANIFIESTA LA SUPERIORIDAD: **15 victoria +:** El día después de la batalla de Praga Los radicales contra la globalización inician su retirada con *ánimo* de victoria frente al Banco Mundial. EPE280900 **16 triunfo:** Las primeras proyecciones televisivas daban como ganador a Toledo en la primera vuelta y había un *ánimo* de triunfo. CAP220900 **17 conquista +:** En cambio, mi personaje en «¡Muere, mi vida!» no tiene *ánimo* de conquista, no tiene que probarse nada, simplemente quiere pasarlo bien... LVE010695 **18 imposición –:** ...sus convicciones profundas, afirmadas con la sobria autenticidad de lo vivido y sentido, sin *ánimo* de imposiciones espurias. ABC150794

E SUSTANTIVOS QUE DESIGNAN ESTADOS DE PROMINENCIA O CONOCIMIENTO PÚBLICO: **19 protagonismo ++:** Irrumpe casi de puntillas, vestida toda de blanco, sin maquillar y sin *ánimo* de protagonismo. EME040796 **20 notoriedad +:** No hay nadie sin *ánimo* de notoriedad o falsa modestia que conozca el caso mejor que yo... EXC050996 **21 publicidad:** ...y sin ningún *ánimo* de publicidad para mi empresa, me gustaría señalar que nuestros productos son... INDOC **22 exhibición:** Y si sus actuaciones fuera de nuestras fronteras son múltiples y por lo general anónimas, o sin ningún *ánimo* de exhibición personal, igualmente rezuman discreción sus habituales colaboraciones a la vida social barcelonesa. LVE090396

F SUSTANTIVOS QUE DESIGNAN MANIFESTACIONES DE CONTROVERSIA O DESACUERDO. TAMBIÉN CON OTROS QUE EXPRESAN DIVERSAS FORMAS DE CENSURA U HOSTILIDAD VERBAL: **23 crítica ++:** Todo ello sin *ánimo* de crítica. FDV020101 **24 discusión +:** Escribo esta carta sin ningún *ánimo* de polémica o discusión. EPE090699 **25 ofensa +:** Y, sin *ánimo* de ofensa para nadie, ¡qué pocas veces se ha examinado con serenidad desapasionada el fondo de la cuestión! EPE050576 **26 polémica +:** El lector no debe pensar, por lo dicho hasta aquí, que éste sea un libro con *ánimo* de polémica. EME270694 **27 sarcasmo:** Aquí la cuestión estriba en diagnosticar (...) la españolización de la situación española, dicho sea sin el más mínimo *ánimo* de ofensa o sarcasmo ni, por supuesto, de tremendismo. LVE091194 **28 provocación +:** No hay obscenidad alguna, pero sí *ánimo* de provocación, de chanza, en esta conversación entrecortada y silenciosa que hemos tenido. ABC050393

G OTROS SUSTANTIVOS; POSIBLES USOS ESTILÍSTICOS: Con *ánimo* de «lobby», la Asociación de Ferias del Mediterráneo está constituida por las quince principales instituciones feriales mediterráneas... LVE271195; Sin el menor *ánimo* de hipérbole, era como si el poder político decretara un día que no podían circular los coches a partir de una determinada cilindrada. LVE260796

☐ Véase también: **afán (de), ánimo, espíritu (de).**

animosamente ♦ **abordar, acometer, afrontar, charlar, conversar, debatir, departir, emprender, enfrentarse, esforzarse**

☐ Véase también: **animadamente, ánimo.**

aniñado ♦ **aire, aspecto, cara, cuerpo, expresión, gesto, rostro**

aniquilar ♦ **brutalmente, definitivamente, de raíz**[16]**, impunemente, por completo, sin contemplaciones, totalmente, violentamente**

☐ Véase también: **anular, cancelar, invalidar, suprimir.**

aniversario ♦ **feliz, festivo, histórico, memorable, nuevo, señalado** ♦ **con motivo (de)** ♦ **fiesta (de)** ♦ **celebrar, conmemorar**[1]**, festejar, recordar, revivir**

☐ Véase también: **cumpleaños, efeméride, fecha, onomástica, tiempo.**

anomalía ♦ **aparente, apreciable, claro, congénito**[2]**, grave, imperceptible, imperdonable, importante, inapreciable, leve, manifiesto, notable, notorio, ostensible**[28]**, palpable, patente, perdonable, serio, supuesto** ♦ **al descubierto**[15] ♦ **advertir, apreciar(se), arreglar, atribuir (a algo), causar, cometer**[11]**, corregir**[13]**, denunciar, descubrir, destapar**[9]**, detectar**[12]**, eliminar, encontrar, evidenciar(se), experimentar, hallar, localizar, observar, ocasionar, ocurrir, poner de manifiesto, presentar, producir(se), rectificar, registrar(se), reparar, representar, resolver, revelar, sacar a la luz, salir a la luz**[54]**, solucionar, solventar, subsanar**[7]**, sufrir, surgir**

☐ Véase también: **avería, defecto, equivocación, error, fallo, gazapo, imperfección, irregularidad, patinazo.**

anonimato ♦ **absoluto, completo, estricto, riguroso, total** ♦ **en** ♦ **abocar (a), condenar (a), conservar, diluirse (en), disfrutar (de), emerger (de), encerrar(se) (en), escapar (de), garantizar, gozar (de), guardar**[37]**, mantener(se) (en), pedir, permanecer (en), preferir, preservar, quedar (en), relegar (a), rescatar (de), respetar, sacar (de), salir (de)**

☐ Véase también: **desconocimiento, incógnita, misterio, ocultar(se) (a), secreto.**

anotación ▮ *(nota)* ♦ **al vuelo**[33]**, de {mi/tu/su...} puño y letra**[14]**, en sucio, final, minucioso, personal, rápido** ♦ **añadir, borrar, copiar, efectuar, hacer, realizar, transcribir**
▮ *(tanto)* ♦ **promedio (de)** ♦ **conseguir, marcar, remolcar, sumar, totalizar**

☐ Véase también: **apunte, indicación, nota.**

anotar(se) *v.* ▮ Con el sentido de 'vencer, ganar' o 'marcar' acepta sustantivos que designan competiciones deportivas *(liga, torneo, campeonato, partido, vuelta ciclista)*, así como las partes en las que se dividen *(set, manga, etapa, juego, ensayo, sprint)* o los tantos que se disputan en ellas *(punto, tanto, gol, canasta)*. Con este sentido, o con el más general de 'triunfar o conseguir algo, haciéndolo valer como propio', también se combina con...

A SUSTANTIVOS QUE DENOTAN RESULTADO EXITOSO, ESPECIALMENTE EN EL ENFRENTAMIENTO DEPORTIVO CON UN RIVAL: **1 victoria ++:** El partido puede ser decisivo en caso de que nos *anotemos* la victoria... CAN300499 **2 triunfo ++:** ...volvió a *anotarse* un triunfo de etapa en el Giro de Italia... CAN250599 **3 éxito +:** Además, se *anotó* sendos éxitos con «Así son las cosas» y «Del Trocadero al Pasapoga»... ENV170197

B SUSTANTIVOS QUE DESIGNAN EL PREMIO CON EL QUE SE RECONOCE EL TRIUNFO EN ALGUNA COMPETICIÓN: **4 título:** ...*anotó* el primer título del año para el tenis español. EPE290399 **5 medalla:** La Federación Gallega se *anotó* la primera medalla de plata... FDV280301 **6 copa:** El equipo italiano se *anotó* finalmente la copa. INDOC

C SUSTANTIVOS QUE DENOTAN MARCA O REGISTRO DEL NIVEL CONSEGUIDO EN UNA ACTIVIDAD, FRECUENTEMENTE DEPORTIVA: **7 récord:** McGrady *anotó* un récord personal de 32 puntos y recobró 12 rebotes en su debut con su nuevo equipo. ESP031100 **8 registro:** ...los Capgrossos de Mataró se *anotaron* un registro histórico... EPE260799

D SUSTANTIVOS QUE DENOTAN ASCENSO, AUMENTO, PROGRESO O BENEFICIO, MÁS FRECUENTEMENTE EN EL ÁMBITO ECONÓMICO: **9 subida ++:** El Ibex 35 se *anotó* una subida del 3,16 que disminuye las pérdidas anuales al 6,22. EPE181201 **10 avance:** Los índices (...) se *anotaron* un discreto avance. LVE011295 **11 ganancia +:** El ibex-35 conseguía un máximo anual después de *anotarse* una ganancia de 84,55 puntos. LVE080795 **12 ascenso:** Queda, finalmente, *anotar* el ascenso registrado por el Partido Comunista... EPE130479 **13 alza:** El Dax se *anotó* un alza del 0,39%, en un mercado que no acogió nada bien la debilidad del dólar ante el marco... LVE061295 **14 mejora:** Se refuerza la recuperación del sector eléctrico, con Sevillana y Endesa *anotando* mejoras sustanciales y un activo negocio en Iberdrola... LVE040695 **15 recuperación:** Las cotizaciones de (...) se *anotaron* una recuperación del 1,07%... EPE231099 **16 revalorización:** Se *anotó* una nueva revalorización y una excelente actividad, destacando en ambos segmentos Iberdrola... LVE140995 **17 plusvalía:** ...también se convierten en accionsitas de Vodafone y se *anotan* unas importantes plusvalías latentes. EPE170700

E SUSTANTIVOS QUE DENOTAN DESCENSO, DISMINUCIÓN O PÉRDIDA, MÁS FRECUENTEMENTE REFERIDOS A LA ECONOMÍA: **18 descenso ++:** Las acciones *anotaron* un descenso del 0,9% en líderes, como balance general de 10 alzas, 16 bajas y 19 papeles sin cambios... CLA030797 **19 caída +:** Además de los rubros mencionados, *anotaron* caídas las ventas totales de artículos electrónicos... LEC310197 **20 pérdida:** Tabacalera dio ayer uno de sus giros sorpresa y se *anotó* una pérdida de 120 pesetas... LVE040596 **21 recorte:** Por último, en Extremadura, y a finales de la semana pasada, también se *anotó* un nuevo recorte de 7 céntimos de euro por kilo... LRE130103

F OTROS SUSTANTIVOS; POSIBLES USOS ESTILÍSTICOS: ...se *anotaban* 141 diputados con un 37,4% de los votos... EME040396

■ Se combina también con: ♦ **al detalle[14], al margen, al vuelo, a vuelapluma, de {mi/tu/su...} puño y letra[3], en sucio, escrupulosamente[32], pulcramente[13], punto por punto[46], sobre la marcha**

□ Véase también: **anunciar, apuntar, indicar, inscribir(se), tomar nota.**

ansia (de) ♦ **acuciante[28], amoroso, comprador, creativo, desaforado[54], desenfrenado[4], desmedido[22], desmesurado[29], escondido, fuerte, goleador, gran(de), imperioso[17], inagotable, incontrolable, inflamado, insaciable[9], insatisfecho, irrefrenable[16], justiciero, lleno (de), preso (de), vehemente[4], verdadero, viajero, vivo** ♦ **con** ♦ **amor, conquista, dominio, eternidad, fama, justicia, libertad, notoriedad, paz, perfección, poder, protagonismo, pureza, renovación, revancha, superación, triunfo, venganza, victoria** ♦ **acentuar, acrecentar, aflorar[5], alimentar, aplacar(se)[24], apoderar(se)[37], calmar(se)[28], carcomer, colmar[9], complacer, concitar[35], controlar, corroer, crecer, dejarse llevar (por), depositar[9], desatar(se)[26], desfogar[8], desinflar(se)[9], despertarse, enfriar(se)[41], entrar (a alguien), esperar (con), invadir (a alguien), mitigar[16], renovar, saciar[10], satisfacer, sentir, sumir(se) (en), venir (a alguien)**

□ Véase también: **avidez, codicia, deseo.**

ansiedad ♦ **auténtico, creciente, gran(de), intenso, lleno (de), mortificante, preso (de)[3], profundo, verdadero, vivo** ♦ **con** ♦ **ataque (de)[3], clima (de), crisis (de), estado (de), expresión (de)[22], nivel (de), problema (de), síntoma (de), trastorno (de)** ♦ **acosar (a alguien), aguardar (con), aliviar[15], apaciguar[26], aplacar(se)[7], asaltar (a alguien), atemperar, atenazar (a alguien), atenuar, aumentar, calmar, contener, controlar, crear, dar[344], detectar[49], devorar (a alguien), disfrazar[46], disminuir, esperar (con), experimentar, exteriorizar, invadir (a alguien), mitigar, paliar[75], producir, reprimir, sentir, sufrir, templar, tener, vencer**

□ Véase también: **agobio, estrés.**

antagonismo ♦ **abierto, acerbo, acusado[56], declarado, encarnizado, enconado, feroz, fuerte, larvado, oculto, profundo, radical, secular, solapado, soterrado, tremendo, virulento** ♦ **alimentar, avivar(se), buscar, crear, declarar(se), desatar(se), desencadenar(se), desenterrar, despertar, disolver, emerger, enterrar, erradicar, generar, reavivar(se), salir a la luz, soterrar, suavizar, superar, suscitar, zanjar**

□ Véase también: **animadversión, antipatía, oposición, rivalidad.**

antecedente ♦ **académico, criminal, delictivo[7], familiar, indirecto, inmediato, innumerable, irrefutable, judicial, numeroso, penal, remoto, valioso, violento** ♦ **a juzgar (por), a la luz (de)[26], con, sin** ♦ **buscar, conocer, establecer, existir, ignorar, mencionar, poner (en), recopilar, referir, registrar, remontar(se) (a), retroceder (a), reunir, tener**

□ Véase también: **memoria, pasado, precedente.**

[antelación] → **con antelación**

[antemano] → **de antemano**

antena ▮ *(emisión)* ♦ **estar (en), llevar (en), poner (en), sacar (a), salir (a), seguir (en)** ▮ *(instrumento)* ♦ **activar, conectar, funcionar, instalar, orientar**

anticipación ♦ **asombroso, calculado, cauteloso, enorme, gran(de), hábil, pequeño, precavido, prudente, raro, receloso, riguroso, sagaz** ♦ **con** ♦ **capacidad (de), poder (de), tiempo (de)** ♦ **actuar (con), decidir (con), determinar (con), exigir, pedir, planear (con), prever (con), solicitar**

□ Véase también: **adelanto, con antelación, previsión.**

anticipar(se) (a) ♦ **certeramente, excesivamente, ligeramente** ♦ **acontecimiento, cambio, circunstancia, deseo, futuro, hecho, petición, problema, ruego, situación**

□ Véase también: **adelantar(se) (a), imprevisto, prever, programar.**

antigüedad ♦ **cierto, clásico, desconocido, escaso, gran(de), lejano, remoto, suficiente, sumo, venerable** ♦ **en el cargo, en el escalafón, en el puesto, en la carrera, en la empresa** ♦ **a efectos (de), por, por orden (de)** ♦ **años (de)** ♦ **acumular, atribuir (a algo), averiguar, calcular, cobrar, determinar, ostentar[24], perder, poseer, remontarse (a), tener**

□ Véase también: **pasado.**

antipatía ♦ **acusado, declarado, especial, fuerte, general, hondo, irreprimible, mutuo, notorio, ostensible, patente, profundo[33], recíproco, solapado, soterrado, vehemente, visceral[4], visible** ♦ **aflorar, avivar[41], declarar, desatar, desencadenar, despertar[56], destilar, exteriorizar, ganar(se), granjearse[17], manifestar, ocultar (a alguien), producir (a alguien), profesar[71], provocar, reprimir, sentir, transmitir**

□ Véase también: **animadversión, aversión, odio, rechazo.**

anudar ♦ corbata, cordón, cuerda, lazo, soga
☐ Véase también: **atar, unión**.

anulación ♦ definitivo, indebido, inmediato, matrimonial, parcial, posible, provisional, reciente, temporal, total ♦ conceder, conseguir, declarar, denunciar, exigir, gestionar, impugnar[17], justificar, lograr, obtener, pedir, reclamar, revocar, solicitar, tramitar[15]
☐ Véase también: **abolición (de), incautación, rechazo, sobreseimiento**.

ANULACIÓN Véase: *SUPRESIÓN, CANCELACIÓN Y ELIMINACIÓN*

ANULACIÓN Véase: SUPRESIÓN

anular ♦ accidentalmente, a última hora, definitivamente, de plano[12], de un día para otro[28], eventualmente, integramente, momentáneamente, por completo[31], provisionalmente, temporalmente[12], totalmente, unilateralmente[10] ♦ actuación, acuerdo, cita, comicios, concurso, condena, contrato, convenio, decisión, decreto, demanda, elección, etapa, evento, fallo, gol, intento, juicio, matrimonio, operación, petición, proceso, respuesta, resultado, sentencia, tanto, venta, viaje, visita, votación, voto
☐ Véase también: **invalidar**.

anunciar ♦ abiertamente, a bombo y platillo[1], a grito pelado, a lo grande[29], a lo lejos[13], a los cuatro vientos[1], al unísono[14], a toda plana[5], a todo pulmón[15], atropelladamente[4], a voces[1], con alborozo[6], de antemano[13], definitivamente, detalladamente[23], enfáticamente, finalmente, formalmente, inesperadamente, inminentemente, largamente[35], oficialmente, pomposamente[12], por activa y por pasiva[5], por escrito, próximamente, públicamente, repetidamente[2], sin rodeo(s), solemnemente, unilateralmente, verbalmente[11] ♦ acuerdo, apertura, aumento, boda, compromiso, dato, decisión, dimisión, evento, fallo, fecha, fin, incorporación, intención, llegada, medida, noticia, resultado, retirada, salida, sentencia ♦ tener el gusto (de), tener el placer (de), *otros sustantivos que designan eventos e informaciones*
☐ Véase también: **anotar(se), avisar, comunicar, confirmar, declarar(se), indicar, informar, notificar, predecir, revelar**.

anuncio ♦ a toda plana[13], de prensa, esperado, formal, importante, incitante, inesperado, intempestivo[41], luminoso[4], oficial, pegadizo[31], periodístico, persistente, publicitario, público, radiofónico, reciente, reiterado, repetitivo, solemne, sorpresivo, sugerente, televisivo, vejatorio[23] ♦ aparecer, caer como una bomba[4], confirmar, crear, difundir(se)[10], diseñar, escribir, esperar, formular[41], hacer, hacer(se) realidad[64], hacer público, idear, insertar, intercalar, leer, llevar a la práctica[35], poner, prohibir, publicar
☐ Véase también: **aviso, comunicado, predicción, profecía**.

anzuelo ♦ electoral, engañoso, periodístico, político, provocador, publicitario, seductor, sutil, tentador ♦ arrojar, atrapar (con/en), caer (en), colocar, echar, lanzar, liberar (de), morder, picar (en), sucumbir (a), sumergir(se), tender, tirar, tragar(se)
☐ Véase también: **cebo, celada, trampa**.

año ♦ aciago, a cuestas[9], álgido[5], arrollador, bisiesto, buen(o), crucial[3], difícil, duro, entrante, llevadero, nuevo, pasado, próspero, próximo, sabático, saliente, venidero ♦ a comienzo(s) (de), a final(es) (de), a lo largo (de), a mediados (de), a primeros (de), a principio(s) (de), durante ♦ fin (de), final (de) ♦ abrir, augurar, datar (de), deparar, discurrir, empezar, estrenar, jalonar[20], pasar, revivir[3], terminar, transcurrir
☐ Véase también: **día, fecha, mes, tiempo**.

añoranza ♦ contenido, desconsolado, emotivo, gran(de), inevitable, lleno (de), nostálgico, perdido, sentimental, sutil, verdadero ♦ con ♦ ahogar, albergar, asaltar (a alguien), despertar[68], entrar (a alguien), invadir (a alguien), mostrar, provocar, recordar (con), sentir, suscitar, tener, transmitir, venir (a alguien)
☐ Véase también: **melancolía, morriña, nostalgia**.

a ojo *loc.adv./loc.adj.* ▌Acepta numerosos verbos que designan gran número de acciones que pueden realizarse sin precisión ni cálculo previo *(comprar, vender, disparar, elegir, enfocar, aparcar)*. Especialmente se combina con...

A VERBOS QUE DENOTAN CÁLCULO, CÓMPUTO O COMPROBACIÓN DE MEDIDAS, MAGNITUDES Y DIVERSOS ESTADOS DE COSAS: **1 calcular ++**: «Al menos, un 25 por ciento menos que el año pasado», calcula *a ojo* el propietario de un restaurante... LVE230796 **2 medir +**: ...no nos enteramos de que estamos midiendo *a ojo* porque nos fallan los instrumentos de medida. EME201296 **3 calibrar:** Parece que han calibrado *a ojo* el grosor de esa pieza metálica. INDOC **4 comprobar:** Cuando la temperatura llegaba a 1.000 grados (lo que se comprobaba *a ojo*, por el resplandor que se veía desde arriba)... EPE301099 **5 contar +:** Había millar y medio de personas, contando *a ojo*. EME060595 **6 pesar:** Pesaban el pescado *a ojo* y le ponían un precio aproximado, con derecho a regatear. INDOC **7 computar –:** ...cálculos que fueron presentados como exactos, pero que habían sido computados *a ojo*. INDOC

B VERBOS QUE DENOTAN ENJUICIAMIENTO, CONSIDERACIÓN O VALORACIÓN DE ALGUNA COSA: **8 intuir +:** ...sólo *a ojo* (...) puede uno intuir que la historia del centro ha sido una mina de novelas... EME200594 **9 estimar:** Se estimaron *a ojo* los daños producidos por el temporal. INDOC **10 apreciar:** Rechaza de plano las calificaciones de escritor didáctico y moralista que suelen otorgarse al belmontino, o la de pesimista, cuando *a ojo* se aprecia que escribe para formar hombres... ABC030993 **11 valorar:** Valoraron *a ojo* sus necesidades futuras. INDOC **12 comparar:** ...las huellas digitales continúan comparándose *a ojo* ya que los archivos aún no se informatizaron... CLA060199

C OTROS VERBOS; POSIBLES USOS ESTILÍSTICOS: ...aprobaban o negaban *a ojo* la entrada de los habitantes del asentamiento. EPE040999

D SUSTANTIVOS QUE DENOTAN CÁLCULO, CÓMPUTO O VALORACIÓN, RELACIONADOS CON LOS VERBOS DE LOS APARTADOS *A* Y *B*: **13 cálculo +:** Uno supone que este cálculo *a ojo* es también reflejo de la caja, pero no. LVE230796 **14 recuento:** ...3.500 millones de espectadores (conforme al recuento habitual de estos casos *a ojo*...). EPE210899 **15 estimación:** Acompáñame a aquella cima y te haré una estimación *a ojo*. EPE290700 **16 apreciación:** Mediante una apreciación *a ojo* valoraron los daños en la casa. INDOC

☐ Véase también: **a ojo de buen cubero**.

a ojo de buen cubero ♦ apuntar, calcular

☐ Véase también: **a ojo**.

a ojos cerrados ♦ aceptar, adivinar, aprobar, calcular, creer, firmar, reconocer

a ojos vista *loc.adv.* ▌Admite la variante *a ojos vistas*. Se usa a veces en sentido literal *(A ojos vista, parecen vehículos militares; A ojos vistas, apenas se distinguen)*, pero se emplea mucho más a menudo en el sentido figurado. En este sentido admite varios verbos que denotan percepción, pero mucho más frecuentemente prominencia de la cosa percibida: *notarse, percibirse, palparse, destacar, resaltar, captarse, saltar*. Se combina también con adjetivos que pertenecen a este mismo grupo *(perceptible)* y con adjetivos y verbos que denotan evaluación de algo, a menudo comparativos *(Está mejor a ojos vista; Es un proyecto insuficiente a ojos vista; La teoría falla a ojos vista)*. Destacan asimismo las combinaciones de esta locución con...

A VERBOS QUE DENOTAN DISMINUCIÓN DE ALGUNA MAGNITUD: **1 disminuir +:** la influencia de (...) disminuye *a ojos vista*. EPE130801 **2 reducir(se) +:** ...ese mercado, que se reduce de año en año *a ojos vistas*... ETC211096 **3 decrecer +:** El ritmo de Johnson decreció *a ojos vista*, pero no lo suficiente como para perder el control... EPE270899 **4 encoger:** ...cómo diablos podemos otorgarle crédito alguno a sus dictámenes sobre la huerta que se encoge *a ojos vista*... EPE071199 **5 achicarse:** Tras (...) autoerigirse en la tilde ecoizquierda de Maragall, observa cómo su espacio se achica *a ojos vista*. EPE300999 **6 caer:** El nivel de vida de la población caía *a ojos vista*. ABC040693 **7 adelgazar:** No sé qué le pasa, pero la muchacha adelgaza *a ojos vista*. INDOC

B VERBOS QUE DENOTAN PÉRDIDA O DETERIORO DE ALGO: **8 agravarse ++:** ...la situación se agrava *a ojos vista*, el dinero más asustadizo comienza a... EPE060899 **9 deteriorarse +:** ...contrasta patéticamente con una realidad que se deteriora *a ojos vistas*. EPE290301 **10 empeorar +:** A partir de aquí, la pista empeora *a ojos vistas* y, tras rebasar unos esplendorosos trigales... EPE060899 **11 descomponerse +:** Una carne que se descompone *a ojos vista*, y que está en el origen de este terrible grito... ABC070292 **12 desmoronarse:** Se desmoronan *a ojos vista* las protestas de inocencia de Manuel Prado... EME141195 **13 desinflarse:** ...el Madrid tenía tiempo y porque el Valencia se desinflaba *a ojos vista*. EPE041099 **14 desvalorizarse:** ...a medida que la garantía de Eltsin se va desvalorizando *a ojos vista*. LVE170195 **15 desmejorar:** ...van transcurriendo los días y el enfermo languidece, desmejora *a ojos vista* y cada día que pasa presenta un aspecto... LVE150196 **16 desangrarse:** ...los peligros políticos de un ejército que se está desangrando *a ojos vistas*... LVE091096 **17 desertizarse:** En un país que se desertiza *a ojos vista*, y donde algunas de sus regiones más... LVE091096 **18 consumirse:** Julio se consume *a ojos vista* y no aparece *Verano azul* ni por La 2. LVE230796 **19 cuartearse:** Este paisaje, sin embargo, se cuartea *a ojos vistas*. EPE260999 **20 perder:** ...España está perdiendo competitividad *a ojos vista*. EME140295 **21 pudrirse:** El vanidoso en el poder se pudre *a ojos vista* como una fruta madura. LVE240495 **22 resquebrajarse:** ...y un frío ambiental que se resquebrajaba *a ojos vista*. LVE250795 **23 hundirse:** La referencia de Johnson desapareció como una centella. Canal le vio tan lejos que se hundió *a ojos vista*. EPE240899 **24 declinar:** Durante los últimos años, su papel habia declinado *a ojos vista*. EPE160400

C VERBOS QUE DENOTAN INCREMENTO, AVANCE O MEJORA: **25 progresar ++:** ...y todos estamos de acuerdo en que estás progresando *a ojos vista*. ¿Quién fuera tú –te pregunto– que puedes vivir y... PME271096 **26 aumentar:** Desigualdades que (...) no son tan amplias entre nosotros como en Estados Unidos, pero que están aumentando *a ojos vistas*. EPE041100 **27 beneficiarse:** ...un segmento minoritario pero amplio se beneficia *a ojos vista*. ENV190597 **28 crecer:** «Crece *a ojos vistas* y trabaja muchísimo», dice. EME300696 **29 engordar:** Mientras, el patrimonio familiar engorda *a ojos vista*. EME270895 **30 consolidarse:** ...la imagen del PSOE se diluye mientras la del PP y la de Aznar se consolidan *a ojos vista*. EPE250499 **31 agrandarse:** Que esa sima se agranda *a ojos vistas* es una evidencia, pero tal vez... EPE010499 **32 recuperarse:** ...atravesó una profunda y dilatada recesión, se está recuperando *a ojos vista*, lo que implica buenas perspectivas para... LVE090495 **33 acrecentarse:** La importancia de Makelele se acrecienta *a ojos vista*. El Madrid... LVE090495 **34 avanzar:** El desmantelamiento de las instituciones avanza *a ojos vista* y Chávez declaró que... EPE290799 **35 acelerar(se):** Estas ventas masivas, que aceleraron *a ojos vista* el agujero de Gescartera, comenzaron en... EPE290799 **36 afianzar(se):** ...la atmósfera del festival se esté afianzando *a ojos vista*. LVE120895

D OTROS VERBOS DE CAMBIO: **37 cambiar:** ...nada permanece estático, siempre parece estar cambiando *a ojos vista*, en dirección a... ABC201291 **38 transformar:** ...y lo van transformando *a ojos vista* en una colección de cromos. EPE220399 **39 convertir:** ...y una plantilla venida de acá y de allá que se está convirtiendo *a ojos vista* en un equipo coordinado y que funciona... EME211096 **40 endurecerse:** La plana mayor del PP está endureciendo *a ojos vista* el tono de sus críticas a González... EME230195

apaciguar *v.* ▌Se construye frecuentemente con sustantivos que designan personas, animales o fuerzas naturales. También se combina con...

A SUSTANTIVOS QUE DESIGNAN SITUACIONES CONFLICTIVAS, SEAN DE NATURALEZA VIOLENTA, CONTROVERTIDA O POLÉMICA: **1 conflicto ++:** ...puede jugar un papel decisivo para *apaciguar* el conflicto. LVE280395

2 polémica ++: Quizá esto contribuya a *apaciguar* la polémica de si los italianos descubrieron América. EPE020487 **3 tensión +:** En efecto, China intentó ayer *apaciguar* la tensión frente al mar de Taiwan... LVE150396 **4 discusión +:** ...intentó *apaciguar* la discusión, pero no lo consiguió. EPE190399 **5 discordia:** ...el tiempo se le ha ido en intentar *apaciguar* las discordias creadas caprichosamente... LVE150195 **6 disputa:** La dirección del PSOE *apacigua* las disputas por las listas en Málaga y Jaén. EPE130399 **7 enfrentamiento:** ...ya que el enfrentamiento con el presidente iraquí Saddam Hussein parecía haberse *apaciguado.* LVE180996 **8 diferencia:** Su disparo, bajo las piernas de Molina, *apaciguó* la diferencia. EME180896 **9 problema:** ...la gente pasa un momento bueno frente al televisor o al borde de la carretera, y se olvida de todos sus problemas. Tiene la función de *apaciguar* los problemas. EME290695 **10 rebelión:** Con la otra mano solicitará más ayuda para *apaciguar* la rebelión de las masas islamistas. EPE121001

B SUSTANTIVOS QUE DESIGNAN ELEMENTOS O FENÓMENOS NATURALES QUE SE ASOCIAN CON SITUACIONES DE AGITACIÓN O DE INESTABILIDAD. SE USAN MUY FRECUENTEMENTE EN SENTIDO FIGURADO: **11 agua +:** ...ha preferido no responderle para *apaciguar* las aguas ante el inminente inicio de la Eurocopa... EME080696 **12 tormenta:** Las declaraciones (...) *apaciguaron* la tormenta monetaria... LVE090395 **13 borrasca:** ...el Presidente logró *apaciguar* la borrasca que se desató en el Congreso... DLA050497

C EL SUSTANTIVO *ÁNIMO.* TAMBIÉN CON SUSTANTIVOS QUE DENOTAN DISGUSTO O IRRITACIÓN, A MENUDO MANIFESTADOS DE FORMA EXALTADA O TUMULTUOSA: **14 ánimo ++:** Rafael Rey trata de *apaciguar* los ánimos en gesto entre ecuménico y desesperanzado. CAP190995 **15 ira +:** El policía fue detenido y será juzgado cuanto antes para *apaciguar* la ira de los trabajadores de la empresa de transportes. EME140296 **16 descontento:** ...sostiene que es mejor cambiar a Hermoza para *apaciguar* el descontento de la oficialidad. CAP280995 **17 indignación:** ...tratará de *apaciguar* la indignación expresada por los países aliados... LVE170896 **18 cólera:** En cambio, nada parece *apaciguar* la cólera de los habitantes... EME030196 **19 crispación:** ...no era otra cosa que intentar *apaciguar* la crispación sociopolítico-judicial... LVE120996 **20 furia +:** Clinton, como una medida para *apaciguar* la furia de la UE, México y Canadá, pospuso por seis meses la aplicación del título tercero de dicha ley... EXC181296

D SUSTANTIVOS QUE DENOTAN TEMOR O INTRANQUILIDAD. TAMBIÉN CON OTROS QUE DESIGNAN VARIACIONES DEL ÁNIMO PROVOCADAS GENERALMENTE POR LA INCERTIDUMBRE: **21 inquietud +:** Queriendo *apaciguar* inquietudes y transmitir un mensaje más optimista... EME120496 **22 temor +:** Las autoridades gubernamentales tampoco colaboraron para *apaciguar* los ánimos y el temor. LVE030294 **23 preocupación:** ...tratando de *apaciguar* la preocupación que el anuncio de cierre... EPE180399 **24 miedo:** Ni las llamadas a la tranquilidad del Gobierno bosnio musulmán (...), ni las del mismísimo secretario de Estado de EE. UU., Warren Christopher han conseguido *apaciguar* el miedo de la población. EME220296 **25 desasosiego:** ...el precio del barril en $12.85, contribuyó a *apaciguar* el desasosiego general. ENH150198 **26 ansiedad:** ...pueda contribuir en gran medida a *apaciguar* el grado de ansiedad que estas pacientes han sufrido... ABC070194 **27 nervios:** Simeone *apaciguó* los nervios y Kiko inicio la fiesta. EME260596 **28 agitación:** Sólo quería besarla un poco, brevemente, sólo una vez. Tan solo para *apaciguar* la agitación que me torturaba... EPE220800 **29 impaciencia:** Durante un tiempo, su esposa, Penélope, pudo *apaciguar* la impaciencia de los pretendientes... LVE190995

E SUSTANTIVOS QUE DESIGNAN GRADOS Y FORMAS DE MANIFESTAR REPROBACIÓN O DESACUERDO RESPECTO DE OPINIONES O INTERESES: **30 crítica ++:** En un esfuerzo por *apaciguar* las críticas contra la globalización... ENV240700 **31 protesta +:** El capitalismo, (...) *apacigua* la protesta crítica pues si tenemos todas las ansias satisfechas... EME200796 **32 condena:** Rojo decidió *apaciguar* la condena solitaria de Milosevic... EPE310199 **33 reclamación:** Para *apaciguar* las reclamaciones portuguesas... LVE101195

F SUSTANTIVOS QUE DESIGNAN SENSACIONES O SENTIMIENTOS, MÁS FRECUENTEMENTE LOS QUE EXPRESAN EL DESEO VIVO DE SATISFACER ALGUNA NECESIDAD: **34 sed ++:** Ahí están los refrescantes datos para *apaciguar* la sed de los amantes de las estadísticas... EME020196 **35 pasión +:** Prefiero cometer estos errores que *apaciguar* mis pasiones. LVE220796 **36 hambre +:** ...es una actitud tan inteligente como intentar *apaciguar* el hambre de un león ofreciéndole una buena menestra de verduras. EPE301199

G SUSTANTIVOS QUE DENOTAN DUDA O DESCONFIANZA: **37 recelo:** ...hay que buscar una fórmula para *apaciguar* esos recelos que algunos alimentan. EME300895 **38 duda:** Sin embargo, Mordehai no *apaciguó* la duda que inquieta a muchos ciudadanos... EME020996 **39 sospecha:** ...las sesiones se abrieron a la prensa como parte de un esfuerzo (...) por *apaciguar* las sospechas sobre sus métodos de recaudación de fondos. ENH280497

H OTROS SUSTANTIVOS; POSIBLES USOS ESTILÍSTICOS: ...y que las lágrimas de los hijos de Montse, visibles las del uno, las del otro no, *apaciguaban* la herida del tiempo. EPE081101

☐ Véase también: **acallar, aliviar, apagar(se), aplacar(se), atemperar, calmar(se), disminuir, dulcificar, mitigar, rebajar, reducir(se), sosegar(se), tranquilizar(se).**

apagar(se) *v.* ▮ En el sentido de 'desconectar(se) o interrumpir(se) el funcionamiento de' se combina con sustantivos que designan aparatos o dispositivos eléctricos *(televisor, bombilla, radio, lámpara).* En el de 'extinguir(se)' se combina frecuentemente con los sustantivos *fuego, llama, incendio, ardor, vela* y otros análogos. También admite sustantivos que designan el sonido o alguna de sus propiedades *(sonido, voz, tono, timbre),* el color, o alguna de las suyas *(color, tono, matiz, cromatismo, tonalidad),* así como el sustantivo *sed.* Se combina asimismo con sustantivos que designan eventos de carácter social *(fiesta, partido: El partido resultó apagado)* y con otros que designan períodos *(siglo, año, otoño, tarde).* También se combina con...

A SUSTANTIVOS QUE DESIGNAN EL ÉXITO O SU RECONOCIMIENTO, ASÍ COMO CIERTAS CUALIDADES Y ESTADOS QUE ADQUIERE GENERALMENTE EL QUE TRIUNFA EN

ALGUNA ACTIVIDAD. SE ASIMILAN A ELLOS ALGUNOS SUSTANTIVOS QUE DESIGNAN CIERTOS ASTROS: **1 fama ++:** Allí volvió, con la cámara al hombro, para rodar su primer y magistral docudrama (...) que le dio una fama que jamás se *apagará*. EME220795 **2 éxito ++:** ...su nueva película, «Guantanamera», que llega cuando aún no se ha *apagado* el éxito de «Fresa y chocolate»... LVE290895 **3 estrella ++:** Salvo un despistado turista holandés que en el avión lo confundió con una *apagada* estrella de cine... GIC080896 **4 estrellato:** Hasta tres veces seguidas machacó la canasta azulgrana para reivindicar un estrellato hasta entonces un tanto *apagado*. EPE110999 **5 esplendor:** Cuando la ciudad vio *apagar* su esplendor mercantil y naviero... EME300795

B SUSTANTIVOS QUE DENOTAN DOMINIO O SUPREMACÍA, ASÍ COMO CIERTAS ACTITUDES QUE SE ASOCIAN CON ESOS ESTADOS: **6 dominio:** Kidd era el amo de las dos zonas y mantenía alejado de sus dominios a un Arlauckas *apagado*... EME061195 **7 triunfalismo:** El paso a la moneda única ha sido un salto cualitativo de una envergadura que, *apagados* los triunfalismos del año nuevo, produce vértigos. EPE210399 **8 preponderancia –:** ...los cantantes debieron superar el inconveniente de intervenir detrás de la orquesta, lo que *apagó* su preponderancia. LVE200595

C ALGUNOS SUSTANTIVOS QUE DESIGNAN LA PRESENCIA O LA HUELLA DE UN HECHO EN EL ÁNIMO O EN LA MEMORIA DE ALGUIEN: **9 recuerdo +:** Lejos de *apagar* los recuerdos, el paso de los años ha ido exacerbando los deseos de saber qué fue lo que ocurrió exactamente aquella tarde... EPD041097 **10 estela:** El cansancio acumulado por el tremendo viaje desde Turquía y la incursión de (...) entre líneas fueron poco a poco *apagando* la estela deportivista. EME231095

D SUSTANTIVOS QUE DENOTAN AGRESIÓN VERBAL, DISCUSIÓN O INTERCAMBIO DE ARGUMENTOS O PUNTOS DE VISTA, MÁS FRECUENTEMENTE SI MANIFIESTAN DISENSO: **11 conversación ++:** ...se *apagan* las conversaciones por causa de arte, reinan la paz, el «dolce far niente». ABC190894 **12 debate +:** Perfil bajo, debate *apagado*, tono apesadumbrado en las intervenciones... EME250696 **13 crítica:** Incluso se *apagaron* las críticas por el «continuismo» que representaría el nuevo gabinete... HOY250385 **14 reproche:** Si se *apagan* los reproches y se da paso los intereses generales y los particulares... EME110396 **15 controversia:** Unos cuantos aplausos saludando su entrada en la conferencia de prensa no eran suficientes para *apagar* la controversia desatada por una película que en su país (...) ha sido tachada de partidista... EME210296 **16 polémica:** El auge no *apaga* la polémica que suscitan: a las críticas sindicales se suman las del consejero de Economía... EPE240599

E ALGUNOS SUSTANTIVOS QUE DESIGNAN SITUACIONES DE DIFICULTAD, CRISIS O ADVERSIDAD: **17 conflicto:** Está considerado un caballero, especialista en *apagar* conflictos. LVE211096 **18 problema –:** ...*apaga* los problemas de una plantilla llena de internacionales y en plena agitación por las distintas reivindicaciones. EME281096 **19 tensión:** ...le harán falta todas sus habilidades diplomáticas para *apagar* la tensión que se ha creado entre los trabajadores y la empresa. INDOC

F SUSTANTIVOS QUE DESIGNAN SENTIMIENTOS DE INDIGNACIÓN, MÁS FRECUENTEMENTE SI SON EXALTADOS: **20 odio:** ...con el vano deseo de calmar los ánimos y lograr *apagar* el odio que les impide actuar racionalmente. INDOC **21 furia:** Los asesinatos y disturbios de la víspera de la gran fiesta protestante no lograron *apagar* la furia (...) por el veto a sus marchas tradicionales. EPE130700 **22 rabia:** Para *apagar* su rabias, su miedo, se cobijarán en la teatralización. LVE140395 **23 ira:** Las iras retumban, explotan o se *apagan* en silencio. EPE011099

G SUSTANTIVOS QUE DESIGNAN SENTIMIENTOS DE ENTUSIASMO O EXCITACIÓN INTENSOS Y VEHEMENTES, ASÍ COMO ALGUNAS DE SUS MANIFESTACIONES EXTERNAS: **24 exaltación:** Apenas se *apaga* la exaltación patriótica de la unidad nacional... ABC171195 **25 euforia:** La extraordinaria lentitud del recuento de los votos en Indonesia está *apagando* la euforia de las primeras horas y poniendo nerviosos a los partidos. EPE100699 **26 fervor:** El fervor se *apaga* entre los paquistaníes que habían ido a luchar a Afganistán. EPE171101 **27 clamor:** Los ecos del récord del británico *apagaron* un tanto los clamores de los 100 metros... EME080895

H SUSTANTIVOS QUE DESIGNAN CAPACIDADES, CUALIDADES O VIRTUDES, ESPECIALMENTE LAS QUE EXPRESAN VIGOR, EMPUJE O DINAMISMO, PERO TAMBIÉN OTRAS QUE SE MANIFIESTAN CON INTENSIDAD: **28 valor:** Como un día despejado: las palabras son demasiado explícitas, *apagan* el valor de una luz tenue. ABC271291 **29 belleza:** Y todavía existe la danza circular de las bahianas (...) que son bellezas que no se *apagan*. EME020395 **30 fuerza:** ...se la llevó con crueldad mientras las fuerzas se *apagaban* y ella se aferraba a una toalla resistiéndose a la parca. LVE291294 **31 ímpetu:** Pese a enterarse de que Castro no asistiría a un acto masivo, en el PC los ímpetus no se *apagaron*. HOY181196 **32 firmeza:** ...el pesimismo de la razón no debe *apagar* el optimismo, la firmeza, de la voluntad. EPE130999 **33 resistencia:** Se trata de una evidencia más de que (...) no duda en exterminar a la población civil para *apagar* toda resistencia... EPE180199

I ALGUNOS SUSTANTIVOS QUE DESIGNAN INSTITUCIONES, PRÁCTICAS Y MAGNITUDES COMERCIALES O MERCANTILES, MÁS FRECUENTEMENTE SI ESTÁN SUJETAS A OSCILACIÓN ECONÓMICA: **34 mercado +:** Es una de las etapas de mayor actividad en este mercado, bastante *apagado* en los últimos meses. LVE180695 **35 consumo +:** ...pretenden, precisamente, detraer dinero de las manos del público para *apagar* el consumo privado. EPE020289 **36 inflación:** «Van echando cubos de agua para *apagar* la inflación, pero resulta que se van a resfriar las empresas». LVE030295

J OTROS SUSTANTIVOS; POSIBLES USOS ESTILÍSTICOS: Las balas rojas se *apagaron* por los elevados costes del equipo de competición, y otra marca catalana tomó el relevo, Bultaco. EPE251099

▩ Se combina también con: ♦ **irremediablemente, por completo**[15]

☐ Véase también: **acallar, aliviar, apaciguar, aplacar(se), atemperar, calmar(se), destripar, disolver(se), extinguir(se), mitigar, mortecino, tranquilizar(se).**

a palos ♦ **agresión** ♦ **echar, expulsar, liarse, matar, moler, reventar, sacar, terminar,** *otros verbos que denotan agresión*

☐ Véase también: **a empujones, a golpes, a patadas.**

aparatoso *adj.* ▮ Se construye con múltiples sustantivos que designan objetos físicos, aunque destacan proporcionalmente los que se refieren a prendas o complementos de vestir *(sombrero, abrigo, tacones)*, otras cosas que se pueden interpretar como accesorios *(adorno, disfraz, vendaje)* y también ciertos artefactos *(vehículo, reloj)*. Asimismo se combina con...

A SUSTANTIVOS QUE DENOTAN DESCENSO, HUNDIMIENTO O DESFALLECIMIENTO. SE LES ASIMILAN LOS QUE DESIGNAN EL RESULTADO ADVERSO DE ALGUNA COSA: **1 caída** ++: La *aparatosa* caída del joven (...) retumbó en la mente de los 22 jugadores... CAN050201 **2 derrumbe** ++: El marco alemán reflejó ayer un sólido comportamiento, especialmente reflejado en una envidiable fortaleza frente al dólar, que sufrió un *aparatoso* derrumbe la noche del jueves en EE. UU. LVE210195 **3 derrota** ++: ...dejaron entrever que el partido procederá a una clarificación a puerta cerrada de las responsabilidades y errores que condujeron a la *aparatosa* derrota. EPE150700 **4 fracaso** +: ...esta lujosa producción es un *aparatoso* fracaso tanto en lo artístico como en lo propiamente coréutico... EPE171101 **5 desmayo:** Y el *aparatoso* desmayo en la Navidad de 1995. Juan Pablo II tiene 76 años. LVE131096 **6 desplome** +: El resultado del *aparatoso* desplome, además de las víctimas, fue un repentino atasco... EPE170799

B OTROS SUSTANTIVOS QUE DESIGNAN ACCIDENTES U OTROS PERCANCES. TAMBIÉN CON ALGUNOS SUSTANTIVOS QUE DESIGNAN LOS AGENTES QUE LOS PROVOCAN: **7 accidente** ++: Dos rastras y un autobús que cubre la ruta San Pedro Sula con Antonio, Cortés, provocaron un *aparatoso* accidente automovilístico... LTH291197 **8 cogida** ++: La *aparatosa* cogida se produjo en el sexto toro de la segunda corrida... EPD090797 **9 incendio** ++: ...la obra maestra de Zurbarán (...) se quemó en un *aparatoso* incendio... ABC220193 **10 choque** ++: ...un fallo humano provocó el *aparatoso* choque del metro. LVE111096 **11 percance** +: El rejoneador Pablo Hermoso de Mendoza sufrió un *aparatoso* percance en un festival en Valencia... EME230596 **12 fuego** +: En la extinción del *aparatoso* fuego participaron dos vehículos... EME150695 **13 revolcón:** Ya tienen nombre de guerra: «plastiqueros». Son un peligro. Se estrellan contra los árboles y las piedras, sufren *aparatosos* revolcones... EME140496 **14 incidente:** El incidente, que según los Bomberos fue «muy *aparatoso*»... EPE071099 **15 naufragio:** Todo este, ahora, *aparatoso* naufragio de la honradez pública tiene su prehistoria y su Antiguo Testamento en la temprana denuncia del, a la sazón, concejal socialista por Madrid... EME180494 **16 siniestro:** ... se registró también en la mañana de ayer otro *aparatoso* siniestro al chocar frontalmente dos turismos. EPE301099 **17 golpe:** Trece personas acabaron hospitalizadas tras el *aparatoso* golpe... EPE060499 **18 cornada:** ...sufre en Venezuela una grave y *aparatosa* cornada. EPE230999

C SUSTANTIVOS QUE DESIGNAN DIVERSAS LESIONES, MÁS FRECUENTEMENTE LAS PRODUCIDAS POR DESGARRO O ROTURA. TAMBIÉN CON OTROS QUE EXPRESAN LOS DAÑOS MATERIALES QUE SE PERCIBEN EN LAS COSAS Y OTROS EFECTOS NEGATIVOS DE ALGUNA ACCIÓN PERJUDICIAL: **19 herida:** La herida, aunque *aparatosa*, no necesitó ningún punto de sutura... EPE281299 **20 lesión:** ...comenzó con una *aparatosa* lesión de mandíbula su andadura verdiblanca. EPE020399 **21 raja:** Un fallo mecánico, en cambio, suele dejar *aparatosas* rajas en el fuselaje. LVE200796 **22 corte:** El campeón de España tuvo que ser evacuado en ambulancia hasta la residencia sanitaria de Bellvitge un *aparatoso* corte en su ceja izquierda... LVE170695 **23 fractura:** Sufrió una *aparatosa* fractura en la mano... EME280795 **24 destrozo:** ...todo quedó en el susto y en los *aparatosos* destrozos en el vestido. EME020896 **25 secuela** –: Aparatosa, deslucida y algo confusa secuela del «Hellraiser», de Clive Barker. LVE260895

D SUSTANTIVOS QUE DESIGNAN LA DISPOSICIÓN Y COORDINACIÓN DE EFECTIVOS HUMANOS Y MATERIALES. TAMBIÉN CON OTROS QUE EXPRESAN LAS ACCIONES QUE LLEVAN A CABO: **26 despliegue** ++: De otra manera no se explica todo ese *aparatoso* despliegue informativo. PME220996 **27 movilización** ++: Con una *aparatosa* movilización policial, las autoridades alemanas habían tratado de evitar cualquier tipo de sorpresa. EPE210799 **28 redada** +: Ahora el señor alcalde de Barcelona a través de la Guardia Urbana ha procedido a realizar una *aparatosa* redada... EME100495 **29 operación:** En contraste, una *aparatosa* operación de mercadotecnia de su compañía de discos, que hace pensar, más que nunca, en un producto industrial por encima de la obra de un artista. EPE200900 **30 operativo** +: ...con repentinos y *aparatosos* operativos de persecución (...), aparecen por todas partes en busca de grupos armados... PME080996 **31 dispositivo:** La policía organizó un *aparatoso* dispositivo como si de una peligrosa operación antiterrorista se tratara... LVE280395

E SUSTANTIVOS QUE DESIGNAN MOVIMIENTOS CORPORALES, MÁS FRECUENTEMENTE DEL ROSTRO Y LAS MANOS, CON LOS QUE SE INTENTA EXPRESAR ALGO, A MENUDO DE FORMA EXAGERADA O LLAMATIVA: **32 gesto** ++: ...dominaba el arte del chismorreo mediante gestos *aparatosos* y gruñidos elocuentes. EPE210399 **33 gesticulación** +: Sus hermanos mayores de la edad romántica (...) sobrecargaban la poesía con el peso de todas las añadiduras: vidas terribles, escándalos, *aparatosas* gesticulaciones... ABC271095 **34 aspaviento** ++: El presidente está obligado a jugar fuerte todas las cartas (...) Eso explica los *aparatosos* aspavientos yugoslavos en vísperas de elecciones... LVE090995

F SUSTANTIVOS QUE DESIGNAN EVENTOS DE CARÁCTER GENERALMENTE PÚBLICO. TAMBIÉN CON OTROS QUE EXPRESAN ALGUNOS DE LOS ELEMENTOS TÉCNICOS Y ARTÍSTICOS QUE LOS HACEN POSIBLES, ESPECIALMENTE LOS RELATIVOS A SU MANIFESTACIÓN O SU PUESTA EN ESCENA: **35 espectáculo** +: ...para capitalizar el éxito de espectáculos tan *aparatosos* como horteras... EPE010885 **36 montaje** +: El atractivo de un montaje *aparatoso* o el nombre de una estrella de moda cautivan siempre a una parte del público. INDOC **37 escenografía** +: ...ya que más allá de la *aparatosa* y magnífica escenografía, poco más transmite este conjunto, que parece cerrado y complacido en sí mismo.... ABC090695 **38 estreno:** Fue un estreno un tanto *aparatoso*, pues el presidente regional se vio cortado por dos veces en el uso de la palabra... EME061095 **39 circo:** Lo más preocupante es que el director de este *aparatoso* circo de naderías esté convencido del mensaje moral que pretende vender. EME280194 **40 show:** Con estas producciones no pueden competir ni fútbol, ni películas, ni shows *aparatosos.* EME270496 **41 escenificación:** Acabamos de asistir a una escenificación bien *aparatosa* de esa difícil relación... EME191196 **42 interpretación:** ...sus *aparatosas* interpretaciones de los pasos modernos. ABC150995 **43 iluminación:** El destino ha culminado en su desagravio, agraviando de paso a los Bayeu (...), mientras que los de Goya gozan de una iluminación *aparatosa.* ABC210795 **44 efectos especiales +:** ...para evitar que (...) fuera una colección de *aparatosos* efectos especiales. LVE080796 **45 exhibición +:** ...una sección de metales y una *aparatosa* exhibición de la percusión... EME220296

G SUSTANTIVOS QUE DENOTAN PROYECTO O INICIATIVA: **46 proyecto:** Su idea (...) no comparable con otros proyectos más *aparatosos.* ABC040294 **47 plan:** Otros cromosomas alterados quizá sean únicamente fantasiosos, como es el caso (...) del cromosoma que le sobra sin duda al *aparatoso* y sandunguero Plan de Infraestructuras... EME060394 **48 propuesta:** La *aparatosa* propuesta (...) ha conseguido tensionar al máximo el escenario político... EME210694

H SUSTANTIVOS QUE DESIGNAN AGRESIONES FÍSICAS, A VECES GRAVES, CONTRA LAS PERSONAS O LAS COSAS: **49 ataque:** ...el satélite Soho puede ver que el Sol tiene ataques agresivos y muy *aparatosos...* EME030696 **50 atentado:** Sin funeral solemne, el *aparatoso* atentado frustrado contra Aznar, cerca de su casa en Madrid, no va a cambiar el rumbo de la historia política de España... EME210495 **51 invasión:** Lo súbito de la invasión la ha hecho aún más *aparatosa.* EME180595

I SUSTANTIVOS QUE DESIGNAN SITUACIONES DE CONFLICTO O DESORDEN: **52 violencia:** ...no ignora que esa violencia *aparatosa* y escandalizante estaba muy de moda... EPE290399 **53 caos:** Un *aparatoso* caos organizativo, consecuencia del bardal jurídico en que han convertido la enseñanza... EPE051001 **54 crisis:** ...la *aparatosa* crisis de los balseros, reabrió los mercados campesinos. LVE190695 **55 colapso +:** ...se debería ocupar más de la circulación de cada día en lugar de hacer declaraciones cada vez que hay un colapso *aparatoso* en la ciudad. LVE151096 **56 escándalo:** ...la eclosión de *aparatosos* escándalos (...) llevó al principal partido de la oposición... LVE190296

☐ Véase también: **clamoroso, estrepitoso, estridente, farragoso.**

aparcar ♦ cómodamente, con dificultad, correctamente, definitivamente, en batería, en doble fila, en fila, en hilera, ilegalmente, indebidamente, libremente, momentáneamente, sin problema, tranquilamente ♦ asunto, crisis, debate, desavenencia, diferencia, discusión, estudio, historia, idea, ley, normativa, problema, proyecto, rencilla, sueño, tema, vehículo

aparecer ♦ ileso, intacto[21], sano y salvo[8] ♦ accidentalmente, a lo lejos[11], a pecho descubierto[3], a raudales[11], brevemente[1], como por encanto[4], como una exhalación[9], de incógnito[2], de pasada[25], de pronto, de punta en blanco, de puntillas[19], de refilón[17], de repente, destacadamente, en carne y hueso[1], en persona[4], entre líneas[31], fugazmente[1], ineludiblemente, inesperadamente, inevitablemente[21], momentáneamente, ni por asomo[25], nítidamente, nuevamente, oficialmente, originalmente, por generación espontánea, por sorpresa, profusamente[35], progresivamente, públicamente, repentinamente, sin avisar, tangencialmente[23], tímidamente ♦ ni un alma

☐ Véase también: **desaparecer, despuntar, manifestar(se).**

aparición ♦ apoteósico[18], breve, brusco[69], celestial, constante, en cadena, en escena, eventual, fantasmal[18], fortuito, fugaz[1], fulgurante[6], inesperado, inminente, intempestivo[15], mágico, memorable, misterioso, oportuno, previsible, progresivo, próximo, público, reciente, repentino, repetido, simultáneo, sobrenatural, sorpresivo, súbito, último ♦ a raíz (de) ♦ fecha (de), momento (de), orden (de) ♦ aclamar[8], celebrar, comunicar, denunciar, dosificar[19], esperar, evitar, favorecer, frenar, hacer, impedir, presenciar, prevenir, prodigar[66], propiciar, provocar, recordar, retrasar

☐ Véase también: **nacimiento, presencia, surgimiento.**

APARICIÓN Véase:

♦ por arte de magia

♦ aparición, brote (de), formación, manifestación, nacimiento

♦ afluir, alzar(se), aparecer, arrancar, asomar, asomarse (a/por), brotar, emerger, entrar, florecer, fluir, germinar, invadir (algo/a alguien), liar(se), manar, manifestar(se), mostrar(se), plantear, prorrumpir (en), resurgir, salir, sobrevenir, soltar, surgir

☐ Véase también: *INICIO; OCULTACIÓN; PRESENCIA.*

APARICIÓN

♦ (SUSTANTIVOS) Véase: **a bote pronto[F], abrupto[B], aclamar[B], a pelo[E], apoteósico[C], brusco[I], dosificar[F], declinar[H], fugaz[A], fulgurante[B], fulminante[F], intempestivo[C], irresistible[D], vislumbrar[D]**

♦ (VERBOS) Véase: **a bocajarro[C], a borbotones[A], abruptamente[E], abundantemente[A], a cara descubierta[B], a chorro(s)[B], a granel[D], a hurtadillas[C], a lo grande[G], a lo lejos[B], al unísono[G], al vuelo[C], a medio gas[C], a pecho descubierto[A], a raudales[B], arrolladoramente[B], a todo tren[G], brevemente[A], comercialmente[A], como hongos[A], como por encanto[A], como una exhalación[B], con reservas[E], de cero[A], de incógnito[A], de pasada[F], de puntillas[B], de refilón[D], de soslayo[C], dignamente[H], en carne y hueso[A], entre líneas[E], fugazmente[A], indefectiblemente[B], inevitablemente[D], intacto[E], irremediablemente[H], manifiestamente[B], ni por asomo[D], profusamente[F], sano y salvo[B], sin tapujos[C], tangencialmente[D], vigorosamente[C]**

☐ Véase también: DEMOSTRACIÓN; EXISTENCIA; PRESENCIA.

apariencia ♦ adulterado, cándido[2], cuidado, delicado, diferente, engañoso, extraño, extravagante, falso, fantasmal, formal, frágil[1], impecable, inequívoco[15], mero, peculiar, puro, simple ♦

en ♦ alterar, camuflarse (tras)[1], conferir (a algo/ a alguien), confundir, cubrir, dar[93], dejarse llevar (por)[1], delatar[30], desconfiar (de), desvelar[30], disfrazar, falsear, guardar, mantener, mejorar, modificar, recuperar, revestir(se) (de)[29]
☐ Véase también: **aparición, aspecto, fisonomía, manifestación (de), porte, presencia.**

APARIENCIA Véase: ASPECTO EXTERNO

apartar(se) ♦ abiertamente[95], a empujones[18], a tiempo, bruscamente, considerablemente, definitivamente, del camino (de alguien), deliberadamente, discretamente, formalmente, gradualmente, plenamente[71], por completo[88], provisionalmente, rápidamente, suavemente, temporalmente[18], totalmente, unilateralmente
☐ Véase también: **rehusar.**

a partes iguales *loc.adv.* ▌Se combina con sustantivos que designan el resultado de mezclar cosas, generalmente sustancias o productos *(solución, aleación, combinado, infusión, combinación),* como en *una mezcla de arena y cemento a partes iguales.* También lo hace con otros que designan la acción o el resultado de repartir o dividir algo *(reparto, distribución, aportación, división),* y también la acción o el efecto de aportar una cantidad *(pago, financiación, retribución).* Se combina asimismo con...

A VERBOS QUE DESIGNAN LA ACCIÓN DE FRACCIONAR O SEPARAR ALGUNA COSA EN DOS O MÁS UNIDADES. TAMBIÉN CON OTROS QUE SE REFIEREN AL PROCESO DE PARTICIPAR EN LO QUE SE REPARTE: **1 dividir ++:** ...los croatas insisten en dividir *a partes iguales* las funciones en el seno de la federación. LVE050196 **2 separar ++:** Separaron sus posesiones *a partes iguales.* INDOC **3 compartir +:** ...una pérdida del 13 por ciento (compartida *a partes iguales* entre sacerdotes diocesanos y religiosos). LVE031196 **4 fraccionar:** ...una extensa hacienda que fue finalmente fraccionada, aunque *a partes iguales.* INDOC

B VERBOS QUE DESIGNAN LA ACCIÓN DE DISTRIBUIR UNA COSA ENTRE VARIOS, ASÍ COMO –POR EXTENSIÓN– LA DE SUMINISTRARLA O HACERLA LLEGAR A OTROS: **5 repartir ++:** ...los socios de la cofradía se reparten casi *a partes iguales* entre los de aquí y los de los otros tres ayuntamientos. FDV200201 **6 distribuir ++:** Los vocales se distribuirán *a partes iguales* a razón de cinco por cada una... LVE190595 **7 aportar:** ...que aportarán *a partes iguales* el gobierno estatal y el productor. DYM080996 **8 proporcionar:** Me proporcionan, *a partes iguales,* tanto melancolía como escepticismo. EME130594 **9 contribuir:** Un buen eslogan editorial al que contribuyeron *a partes iguales* los presentadores y los autores... EPE211099

C EL VERBO *PARTICIPAR* Y CON OTROS QUE DENOTAN EL HECHO DE FORMAR ALGO PARTE DE ALGUNA COSA O SER ELEMENTO CONSTITUTIVO DE ELLA: **10 participar ++:** ...en el que participan *a partes iguales* Pigmalión, la Sociedad General de Autores... EPE290800 **11 constituir ++:** ...sociedad estatal constituida *a partes iguales* por el Estado y el Ayuntamiento... LVE260696 **12 formar ++:** Esta asamblea estará formada *a partes iguales* por actuales diputados y representantes... EME231196 **13 intervenir +:** En la coreografía de estas piezas han intervenido *a partes iguales* el joven De Juan... EPE210899 **14 componer +:** ...su gabinete lo compondrán hombres y mujeres *a partes iguales...* EPE291199 **15 integrar:** ...integrada *a partes iguales* por electos del Parlamento y por representantes... EME080296 **16 fundar –:** Y he tenido muchas ocasiones de asombrarme por sus excepcionales estrategias didácticas, fundadas en saber y entusiasmo *a partes iguales.* EPE300399 **17 asociar(se):** ...en la que actualmente está asociada –*a partes iguales*– con la estadounidense Qualcomm. LEC020597

D VERBOS QUE DENOTAN CONTRIBUCIÓN ECONÓMICA, MUY FRECUENTEMENTE PARA SATISFACER UN GASTO, UN COSTE O UNA DEUDA: **18 financiar +:** ...la revisión del plan será financiada *a partes iguales* entre el Ministerio de Agricultura... CAN241100 **19 pagar:** ...la factura que pagarán *a partes iguales* el Consistorio y la Comunidad de Madrid... EPE070800 **20 sufragar:** ...sufragar *a partes iguales* el coste de la iluminación navideña... LVE191195 **21 costear +:** La iniciativa, que será costeada *a partes iguales* entre el gobierno andaluz y el Ayuntamiento... EPE161199 **22 avalar:** ...un grupo de empresas avaladas *a partes iguales* por los Gobiernos... EPE150899 **23 cofinanciar:** Cofinanciado *a partes iguales* por los tres países, el programa de investigaciones se refiere principalmente a tres dominios tecnológicos fundamentales... ABC200594 **24 invertir:** Esta librería virtual, en la que Bertelsmann y Planeta invertirán *a partes iguales* un total de 4.000 millones de pesetas... EPE020799

E VERBOS QUE DENOTAN OBTENCIÓN O RECEPCIÓN DE ALGO, A MENUDO DE ALGUNA MAGNITUD ECONÓMICA: **25 adquirir +:** ...adquieren *a partes iguales* el 100% del capital de Avasa y la operación... EPE200900 **26 cobrar +:** ...la empresa vendedora y el Govern cobraron 40 millones *a partes iguales.* EME300796 **27 tomar:** ...explicarón que tomarían, *a partes iguales,* un 66% de las acciones... EME020296 **28 obtener:** Otra novedad de la cartelera también procede del festival de Sitges, donde concursó y obtuvo aceptación y rechazo *a partes iguales.* LVE181096 **29 ganar:** ...«Acción mutante» que, tras su estreno, se ganó *a partes iguales* legiones de convencidos defensores y de... LVE210695

F VERBOS QUE DENOTAN ADOPCIÓN O CUMPLIMIENTO DE TAREAS, CARGAS O RESPONSABILIDADES: **30 asumir +:** ...asumieron *a partes iguales* una inversión que finalmente ha superado... EPD041097 **31 responsabilizar(se):** ...que hombres y mujeres se responsabilicen *a partes iguales* de la familia... EPE090599 **32 encargar(se):** ...la mala gestión y la crisis, *a partes iguales,* se encargaron de dejar obsoleto... EME160795

G VERBOS QUE DENOTAN MEZCLA O CONJUNCIÓN DE COSAS: **33 mezclar ++:** ...en el que se mezclan, *a partes iguales,* la consistencia del miedo y la fragilidad de la certeza. ABC301092 **34 combinar(se) ++:** ...Felipe Sánchez ha reconstruido la sonoridad de la época en fascinantes arreglos que combinan, *a partes iguales,* fantasía instrumental y pasión investigadora. EPE160700 **35 barajar:** «Aquí nadie discute la jefatura de Sadam Husein», aseguran en el interior del país los iraquíes (...), mientras barajan *a partes iguales* el culto a la personalidad y los últimos datos... EPE020800

H OTROS VERBOS; POSIBLES USOS ESTILÍSTICOS: ...los temas que irán aflorando a lo largo del filme *a partes iguales.* EPE160899

a paso de tortuga ♦ **andar, avanzar, caminar, crecer, ir, marchar, moverse**

a pasos agigantados *loc.adv./loc.adj.* ▮ Se combina con algunos sustantivos derivados de verbos de cambio *(crecimiento, avance, mejora, desarrollo, incremento)*, más frecuentemente si se relacionan morfológicamente con los verbos que la locución admite. Entre estos destacan particularmente las combinaciones con...

A VERBOS DE MOVIMIENTO QUE DENOTAN APROXIMACIÓN O ALEJAMIENTO DE UN PUNTO, SEA FÍSICO O INMATERIAL: **1 acercar(se)** ++: ...se está afirmando día a día y su reaparición se acerca *a pasos agigantados.* EXP150492 **2 alejar(se)** +: En Nueva York se aleja *a pasos agigantados* el fantasma de la delincuencia... EPE060299 **3 ganar terreno** +: ...la exasperación, la impotencia y el desánimo ganan terreno *a pasos agigantados* en la policía... EPE070299 **4 aproximar(se)** +: ...el comienzo de la guerra contra Irak parece aproximarse *a pasos agigantados...* LRE010203 **5 desviar(se):** ...una catastrófica política económica que nos desvía *a pasos agigantados* de las previsiones del propio gobierno. INDOC

B OTROS VERBOS DE MOVIMIENTO QUE DENOTAN DESPLAZAMIENTO O RECORRIDO: **6 avanzar** ++: ...es ya todo un hombre y su carrera ha ido avanzando *a pasos agigantados...* EXP010297 **7 caminar** +: La economía caminaba *a pasos agigantados* hacia el boom que comenzaría al año siguiente... HOY230287 **8 recorrer** +: ...que recorre *a pasos agigantados* las muestras estéticas más prominentes... ECA150792 **9 ir:** Nuestra ciudad va hacia delante *a pasos agigantados.* LVE010895 **10 marchar:** ...la privatización de los servicios en Colombia marcha *a pasos agigantados...* PME131096 **11 trasladar(se):** La siniestralidad de tráfico se traslada *a pasos agigantados* desde la carretera... EPE111001

C VERBOS QUE DENOTAN DESARROLLO FAVORABLE: **12 progresar** ++: Son las letras y los números, la educación, en definitiva, los que hacen progresar *a pasos agigantados* a las mujeres...el mundo. LVE300895 **13 mejorar** ++: El ciclismo mejoraba *a pasos agigantados* su imagen social y su aceptación popular... EME070496 **14 prosperar** +: ...los récords en las carreras de mediofondo y fondo siguen prosperando *a pasos agigantados...* EME261095

D VERBOS QUE DENOTAN AUMENTO, INCREMENTO O PROLIFERACIÓN: **15 crecer** ++: ...su aparición en el mercado brasileño, que crece *a pasos agigantados.* CLA111000 **16 aumentar** +: ...de absorber una demanda que además aumenta *a pasos agigantados.* ABC181292 **17 ampliar:** Las diferencias se fueron ampliando *a pasos agigantados* según pasaban los minutos... EME141096 **18 extender(se)** +: La ola del fundamentalismo islámico se extiende *a pasos agigantados* por este país... EME180795 **19 subir:** ...mientras suben *a pasos agigantados* entre la población (...) esos valores, laicos también si se quiere... EPE210999

E VERBOS QUE DENOTAN PÉRDIDA, DESCENSO O EMPEORAMIENTO: **20 perder** ++: ...pierde peso *a pasos agigantados* en Europa y quien paga eso son los ciudadanos... FDV280301 **21 disminuir** ++: ...el peso de los salarios y los sueldos en la renta familiar sigue disminuyendo *a pasos agigantados.* LVE060896 **22 decrecer** +: La población de la capital de España decrece *a pasos agigantados...* EME211296 **23 envejecer:** Con estas premisas, no es extraño que el barrio envejezca *a pasos agigantados.* EME141096 **24 deteriorar(se)** +: ...de que esta elevada calidad se está deteriorando *a pasos agigantados...* EPE120700 **25 erosionar(se)** +: El dogma del desarrollo, del progreso indefinido (...) empezó a erosionarse hace años, *a pasos agigantados...* EPE151001 **26 agravar(se)** +: ...el índice de siniestralidad entre empleados fijos y temporales se ha ido agravando *a pasos agigantados.* EPE200800 **27 complicar(se):** El Tour se complica *a pasos agigantados* pero nadie ha perdido la ilusión. EME110796 **28 retroceder:** El bubi retrocede *a pasos agigantados* y el fang –y no lo dicen solamente los viejos puristas–... EPE201001 **29 acortar(se):** Las diferencias entre el hombre y la máquina se acortan *a pasos agigantados.* EME290296

F VERBOS QUE DENOTAN CAMBIO O EVOLUCIÓN: **30 cambiar** +: La sociedad, en general, está cambiando *a pasos agigantados.* FDV050401 **31 evolucionar** +: ...la técnica del automóvil evoluciona *a pasos agigantados* gracias a las carreras automovilísticas. EME230595 **32 convertirse:** ...que se convierte *a pasos agigantados* en el tercer cinturón de Barcelona... EPE180599 **33 volverse:** Me estoy volviendo ateo *a pasos agigantados.* EPE270699

G VERBOS DE CAUSACIÓN FORMADOS CON LOS SUFIJOS *-IZAR* E *-IFICAR*. LA BASE SOBRE LA QUE SE FORMAN DESIGNA GENERALMENTE LOS ESTADOS QUE SE CREAN O EN LOS QUE SE DESEMBOCA: **34 modernizar** +: ...ver que los tiempos cambiaban pero ahora se ha modernizado *a pasos agigantados.* LVE270796 **35 industrializar** +: ...una sociedad predominantemente urbana, que se está industrializando *a pasos agigantados...* LVE281195 **36 tecnificar:** En un mundo que se tecnifica *a pasos agigantados* y en el que los sentimientos desaparecen sepultados de una manera brutal bajo los ruidos de moda... EPE191199 **37 globalizar:** Estamos en un mundo que se globaliza *a pasos agigantados...* PME151296 **38 deshumanizar:** La medicina se deshumaniza *a pasos agigantados.* LVE080796 **39 federalizar** –: El socialismo español se está federalizando *a pasos agigantados...* EME120494 **40 infantilizar** –: Los estudiantes se están infantilizando *a pasos agigantados.* EPE101099 **41 masculinizar** –: Pero me estoy masculinizando *a pasos agigantados*, me está saliendo pelo donde nunca pensé... EPE060800

H VERBOS QUE DESIGNAN EL PROCESO DE TERMINAR ALGO SU EXISTENCIA: **42 desaparecer:** ...seguir pensando en aquello que ya va desapareciendo *a pasos agigantados...* ABC200195 **43 extinguir(se):** Con los radicales su andadura política se extingue *a pasos agigantados.* EPE301299 **44 morir(se)** –: Los viejos discos de vinilo (...) siguen muriendo *a pasos agigantados* víctimas de... LVE210594

I OTROS VERBOS; POSIBLES USOS ESTILÍSTICOS: ...la noche se asombraba *a pasos agigantados.* LHG120900; Miró estaba feliz, ganando peso, por cierto, y soltando timidez *a pasos agigantados.* LVE130695

a patada limpia Véase: **a patadas**

a patadas *loc.adv.* ▮ Es locución propia de la lengua coloquial. Con el sentido de 'en abundancia' se combina (generalmente en construcciones predicativas formadas con *haber, encontrar, ver* u otros verbos) con sustantivos no contables en singular o contables en plural: *Había gente a patadas por la calle; Esas cosas las encuentras a patadas en cualquier tienda.* En su sentido literal 'con golpes de pie' admite gran número de acciones físicas *(llamar a la puerta; meter algo en un sitio; clavar).* Este sentido alterna con otro no necesariamente físico ('con grave desconsideración'); el verbo *tratar* admite ambos sentidos. Se obtienen otras combinaciones en las que alternan ambos, con preferencia del sentido estrictamente físico. Se combina asimismo con...

A VERBOS QUE DESIGNAN LA ACCIÓN DE APARTAR, ARROJAR O DESALOJAR A ALGUIEN DE UN LUGAR: **1 echar** ++: ...nos vaciló y nos echó casi *a patadas* diciendo que nos fuéramos al Juzgado. FDV030701 **2 expulsar** ++: Muchos más que la actuación desaprensiva de quienes los expulsan *a patadas.* EME310796 **3 sacar** +: Estoy a punto de tomar una foto pero me advierten que si lo hago me sacan *a patadas.* CAP270397 **4 despedir:** Lo habitual (...) es empaquetar al sujeto en un avión a empellones o conducirlo hasta la mitad del puente sobre el río Mekong y y despedirlo *a patadas* para que trote rápido hacia la orilla tailandesa. EME050395 **5 deportar:** ...siete desgobernaron más de diez años, nueve se declararon vitalicios o emperadores al estilo de Nerón o Tiberio y 29 fueron asesinados o deportados *a patadas.* EPE051299

B OTROS VERBOS QUE DENOTAN AGRESIÓN O ATAQUE, GENERALMENTE CON HOSTILIDAD O VIOLENCIA: **6 liar(se)** ++: El partido finalizó en una batalla campal en la que Maradona y Goikoetxea, entre otros, se liaron *a patadas.* EME070196 **7 emprenderla** ++: ...la emprendió ayer *a patadas* contra los cristales de la sala blindada de la Audiencia Nacional... EPD200997 **8 correr:** Los corre *a patadas* en el trasero subido a lomos de las últimas encuestas que le dan al PSOE más de 4 puntos por encima del PP. EME151096 **9 arremeter:** El pobre Corcuera también arremetía *a patadas* contra ese artículo 18 y la inviolabilidad del domicilio. EME130695 **10 golpear:** ...le han golpeado *a patadas,* tirado por el suelo... LVE101296 **11 lesionar:** ...mordieron a un policía en una mano y a otro le lesionaron *a patadas.* EME191196 **12 atacar:** Meses atrás atacó *a patadas* a dos ancianos conductores que habían obstaculizado su auto... CLA160199 **13 agredir:** ...una docena de personas agrediendo *a patadas* y puñetazos al sospechoso... EPE140700 **14 arrear** –: «Por última vez», le implora el militar «o te vienes por las buenas o te arreo *a patadas*». EME030895 **15 moler:** ...lo primero que se hace es molerle *a patadas* en la boca y en el vientre. EME250695 **16 brear:** Por no hablar de las palizas de discoteca, que al pobre Javilo, casi hermano mío, lo brearon *a patadas...* EME070995

C VERBOS QUE DESIGNAN LA ACCIÓN DE CAUSAR DETERIORO EN ALGO O LA DE PROVOCAR SU INUTILIZACIÓN EN DIVERSOS GRADOS Y FORMAS: **17 destrozar** ++: ...que se resistió y destrozó *a patadas* dos puertas del coche patrulla. EPE200799 **18 destruir** ++: ...unos cuadritos que estaban allí colgados, los tiró al suelo y los destruyó *a patadas.* LHG100697 **19 romper** +: Un día mi madre me regaló un tren eléctrico y el tío me lo rompió *a patadas.* EPE200999 **20 machacar:** ...que machacan *a patadas* a sus protegidas pululan por las calles... EME190596 **21 reventar:** ...espejos retrovisores reventados *a patadas,* destrozos en nuestros portales... EME190694 **22 partir:** «Estuve más de un mes con la pierna escayolada porque me la partió *a patadas*». EME100496 **23 abollar:** ...abollaron *a patadas* las puertas de un patrullero y rompieron los vidrios de otro... CLA120199 **24 desencajar:** ...en el vehículo policial, llegando a desencajar *a patadas* la puerta trasera derecha. EME180295

D VERBOS QUE DESIGNAN LA ACCIÓN DE HACER CAER O ECHAR ABAJO ALGO O A ALGUIEN: **25 derribar** ++: Pero los drogodependientes derribaron *a patadas* ambas estructuras. EPE181201 **26 tumbar** ++: ...cerró con picaporte, pero, Teodosio tumbó la puerta *a patadas...* ESP010497 **27 tirar** ++: ...tiraron *a patadas* la puerta del mando del «Rainbow Warrior II»... EME120795 **28 abatir** –: ...y abatieron *a patadas* cada silla de madera de la platea... EPE251001

E VERBOS QUE DESIGNAN LA ACCIÓN DE DAR MUERTE A UNA PERSONA: **29 matar** +: ...un trastornado mató *a patadas* a un transeúnte... LVE190995 **30 asesinar** +: Dos «tironeros» asesinan *a patadas* a un hombre de 61 años... EME200294 **31 liquidar:** A uno de ellos lo liquidó *a patadas,* lo cual es un chiste macabro en un mundo en el que se trabaja con las manos. EPE061299 **32 quitar la vida:** Cuatro energúmenos ultras le quitaron la vida *a patadas.* EME221095

F VERBOS QUE DESIGNAN OTRAS ACCIONES HOSTILES, GENERALMENTE COERCITIVAS O PUNITIVAS: **33 acorralar:** ...cuando el joven quiso escapar, los tres vigilantes lo acorralaron *a patadas...* EPE181299 **34 arrinconar:** ...que se arrincone *a patadas* los ámbitos generalmente ineficaces... EME160696 **35 detener:** ...más de 700 adeptos fueron detenidos *«a patadas»* por agentes de la Policía... EDV030601 **36 meter en la cárcel:** ...como para meterle en la cárcel casi *a patadas,* igual que si la policía le hubiera cazado con su víctima... LVE280295 **37 reducir:** ...hasta que la policía los redujo *a patadas.* EPE301099

G OTROS VERBOS; POSIBLES USOS ESTILÍSTICOS: ...no para de festejar *a patadas* el día de la Asunción... EME190495

☐ Véase también: **a empujones, a golpes, a palos.**

apatía ♦ **aparente, creciente, general, inversor, notable, total** ♦ **estado (de), sensación (de)** ♦ **combatir, contrarrestar, dejarse llevar (por)[49], entrar[15], exteriorizar, generar, postrar(se) (en), provocar, recuperar(se) (de), romper, sacudir(se)[4], salir (de), sentir, sufrir, superar, vencer, venir (a alguien)**

☐ Véase también: **desinterés, indiferencia, modorra, pereza, sueño.**

apear(se) (de) *v.* ▮ En su sentido literal de 'bajarse o descender', se combina con sustantivos que designan animales *(caballo, mula),* carruajes *(carro, calesa, carroza)* u otro tipo de vehículos de superficie *(autobús, coche, taxi, tren).* En su sentido de 'eliminar o quedar eliminado', se combina con sustantivos que designan competiciones o eventos, generalmente de carácter deportivo *(competición, liga, torneo, concurso). Apearse del* *burro* es una locución verbal coloquial que significa 'reconocer un error propio'. El verbo *apear(se)* se usa frecuentemente en la interpretación figurada de 'abandonar' o 'hacer abandonar'. Con este sentido se combina con...

A SUSTANTIVOS QUE DENOTAN CARGO, POSICIÓN O DIGNIDAD. TAMBIÉN CON OTROS QUE EXPRESAN LA CAPACIDAD DE ACCIÓN O EL PRESTIGIO QUE SUELE ASOCIARSE A ESAS ATRIBUCIONES: **1 cargo ++:** ...están a punto de ser *apeados* de sus cargos... EME060195 **2 poder ++:** Ya sabemos que es muy duro *apearse* del poder... EME060195 **3 presidencia +:** ...lo que ha hecho es permitir que el resto de la dirección le *apee* de la presidencia. EPE030599 **4 puesto +:** ...tramaron una conspiración para *apearle* de su puesto... EPE100799 **5 dirección +:** ...fue *apeado* de la dirección en medio de un virulento enfrentamiento interno... LVE200196 **6 privilegio:** La gente sabe que la situación necesita un correctivo, pero se siente estafada y, sobre todo, no desea *apearse* de ningún privilegio. LVE101295 **7 posición:** China, no obstante, no se ha *apeado* de su posición... EPE150599 **8 condición:** Disputa la final contra Yugoslavia sin *apearse* de su condición de gran favorito... EME030896

B OTROS SUSTANTIVOS DE LUGAR, ESPECIALMENTE SI DESIGNAN CIERTA ALTURA, EN REFERENCIA A UNA POSICIÓN EN ALGUNA JERARQUÍA. POR EXTENSIÓN, CON ALGUNOS QUE DESIGNAN OTRAS POSICIONES QUE SE CONSIDERAN DE PRIVILEGIO: **9 podio ++:** ...es tal la distancia que saca a sus seguidores que difícilmente va a ser *apeada* del podio en mucho tiempo. EME110896 **10 pedestal ++:** El resultado extremo (...) es que la historia de la ciencia acaba por confundirse con la antropología cultural, la ciencia misma queda *apeada* de su pedestal... EPE181199 **11 candidatura ++:** ...el comité de listas del partido le *apeaba* de la candidatura argumentando razones políticas. EPE010599 **12 lista +:** ...llegaron a afirmar que todos los miembros de la lista electoral habían decidido *«apearse»* de ella. EME020495 **13 sitio +:** ...la plataforma No Nos Resignamos insiste con un buen número de conciertos que buscan *apear* de su sitio al alcalde... EPE310599 **14 cima:** Quien no se *apea* de la cima es el Zaragoza... EPE201299

C SUSTANTIVOS QUE DENOTAN CREENCIA O CONVICCIÓN. TAMBIÉN CON ALGUNOS QUE DESIGNAN OTRAS MANIFESTACIONES DE LO QUE SE SUSTENTA O SE PERSIGUE CON SEGURIDAD O FIRMEZA: **15 convicción +:** Sin querer *apearle* de sus convicciones hay que decir que en las urnas han pesado más los deméritos ajenos. EME290595 **16 creencia +:** ...no parece dispuesto a *apearse* de sus creencias. EPE041201 **17 principio:** No se *apea* de algunos principios de identidad y no se aleja del realismo. LVE080395 **18 propuesta:** ...no se *apea* de su propuesta; por el momento. EPE061099 **19 objetivo:** ...quiso lanzar un mensaje conciliador (...), pero lo acompañó de otro de firmeza al no *apearse* de su objetivo... LVE151296 **20 proyecto:** ...sin poner en peligro los preciados puestos de trabajo que acarrearía *apearse* del proyecto. EME070796 **21 postulado:** El sector minoritario (...) no se *apea* de sus postulados... EPE200599 **22 planteamiento:** Para él no habrá inicialmente pastel si no se *apea* de sus planteamientos políticos... LVE141295

D SUSTANTIVOS QUE DENOTAN ACTITUD, COMPORTAMIENTO O TOMA DE POSICIÓN FRENTE A ALGO O A ALGUIEN: **23 actitud ++:** Eso no significa que vamos a *apearnos* de nuestra actitud crítica... ACP071100 **24 lucha:** ...se vio *apeado* de la lucha por el título por un accidente de carretera... EME230195 **25 postura:** Aunque las críticas han sido masivas, no se han *apeado* de su postura intransigente. INDOC

E OTROS SUSTANTIVOS; POSIBLES USOS ESTILÍSTICOS: En este libro encontramos (...) los poemas ineludibles, aquéllos sin cuya presencia nos *apearíamos* en marcha del volumen. ABC041194

a pecho descubierto *loc.adv./loc.adj.* ■ Se combina con...

A VERBOS QUE DESIGNAN LA ACCIÓN O EL PROCESO DE MOSTRARSE ALGUIEN O HACERSE PRESENTE EN ALGÚN LUGAR. TAMBIÉN CON ALGUNOS VERBOS DE MOVIMIENTO QUE SE ASIMILAN A ESTOS: **1 salir ++:** ...García sale *a pecho descubierto*, habla con amor y con respeto incluso de lo que no respeta ni ama... EME141296 **2 ir ++:** Él hizo su opción: ir *a pecho descubierto* por la calle, porque no tenía nada que ocultar. EME250195 **3 aparecer +:** En la portada, Burgos aparece *a pecho descubierto*, con sus largas melenas y un llamativo tatuaje en ambos brazos. EPE241199 **4 acercarse +:** Un agente se le acercó *a pecho descubierto*, le habló y le desarmó sin necesidad de dispararle, lo que demuestra que no era peligroso. EPE260199 **5 entrar +:** Frente a ellos, la tesis de Carlos (...) es que España debe entrar *a pecho descubierto*. LVE290296 **6 acudir:** Hace exactamente diez días acudió por última vez *a pecho descubierto* a visitar los siete asentamientos de Hebrón. EPE181001 **7 caminar:** Caminó, *a pecho descubierto*, en un acto suicida, y al toparse con el autobús le disparó todas las balas de su cargador... EPE051101

B VERBOS QUE DESIGNAN LA ACCIÓN DE HACER FRENTE A ALGO O A ALGUIEN. TAMBIÉN CON OTROS QUE DENOTAN CONFRONTACIÓN O DESAFÍO: **8 luchar ++:** Los reservas han vuelto y casi toda la «culpa» debe cargarse en el debe de un servidor, única persona que ha luchado *a pecho descubierto* por que esto sucediera. EPE310877 **9 pelear ++:** Los africanos, fieles a su combativo carácter, pelearon *a pecho descubierto*, pero su suerte estaba echada hace días. EXC250900 **10 enfrentarse +:** Una muestra de esto último la dio durante el 11 de setiembre de 1985, en que se enfrentó *a pecho descubierto* a grupos de manifestantes... EME070795 **11 afrontar +:** El muy cobardica, en vez de afrontar a Garzón *a pecho descubierto*, se ha escudado en sus privilegios de diputado... EME070195 **12 desafiar:** ...cuando encabezaba el sindicato Solidaridad y desafiaba *a pecho descubierto* al régimen comunista. EME031195 **13 encararse:** ...sus gestos y frases más célebres, desde el encararse *a pecho descubierto* con manifestantes que le increpaban hasta el famoso «la calle es mía»... EPD201097

C VERBOS QUE DESIGNAN LA ACCIÓN DE VENCER: **14 ganar −:** (...) ganó *a pecho descubierto* las elecciones... LVE210396 **15 vencer −:** Al fin y al cabo había vencido «al invencible» y lo había hecho *«a pecho descubierto»*. LVE100396

D OTROS VERBOS; POSIBLES USOS ESTILÍSTICOS: Consiste en demostrar la «hombría» y capacidad para desempeñar el puesto, encajando *a pecho descubierto* un fuerte puñetazo... EME270294

E SUSTANTIVOS QUE DENOTAN CONFRONTACIÓN, A MENUDO BÉLICA. POR EXTENSIÓN, TAMBIÉN CON OTROS QUE DENOTAN DISCUSIÓN O DESIGNAN DIVERSAS FORMAS DE INTERCAMBIAR OPINIONES O PUNTOS DE VISTA. SE RELACIONAN CON LOS VERBOS DEL APARTADO *B*: **16 lucha +:** Los últimos 40 kilómetros fueron ya una lucha *a pecho descubierto* entre el ruso... ENC130599 **17 debate +:** ...insiste en que lo mejor es un debate *«a pecho descubierto»* sobre la sucesión... EPE251199 **18 batalla:** Poco más tarde, da inicio una batalla *a pecho descubierto* contra cualquier amago de compostura. EPE010999 **19 guerra:** La fría crueldad del aparato del Estado respaldándolos, a diferencia de una guerra civil *a pecho descubierto* como en Sudán... EPE200699 **20 negociación:** Muchos ciudadanos deseamos que una negociación *a pecho descubierto* rebase la investidura de un nuevo presidente. EME100496

F SUSTANTIVOS QUE DENOTAN VICTORIA. SE RELACIONAN CON LOS VERBOS DEL APARTADO *C*: **21 triunfo:** ...el triunfo electoral «ha sido *a pecho descubierto*, con coraje, esfuerzo y trabajo, sin ningún apoyo». LVE070396 **22 victoria:** ...la suya ha sido una victoria completa, y *a pecho descubierto*, sobre toda clase de adversidades. INDOC

G OTROS SUSTANTIVOS; POSIBLES USOS ESTILÍSTICOS: Las que no se han llevado nunca, se llevan ni se llevarán son las caras *a pecho descubierto*. EME200296

☐ Véase también: **abiertamente, a cara descubierta, a las claras.**

apechugar (con) *v.*

▮ Es propio de la lengua coloquial. Se combina con sustantivos de persona individuales y colectivos *(alcalde, jefe, grupo: Lleva quince años apechugando con el mismo jefe)*. Asimismo se combina con...

A SUSTANTIVOS QUE DESIGNAN EL ALCANCE O LA REPERCUSIÓN DE ALGO: **1 consecuencia ++:** Si permito que me adapten, he de *apechugar* con las consecuencias. LVE140195 **2 resultado +:** ...debe encabezar las listas (...) en las generales y *«apechugar»* con el resultado. EME280995 **3 efecto:** ...aunque no se quiera hay que pagar por ellos –*apechugar* con sus efectos secundarios– como si se los quisiera... LVE040696

B SUSTANTIVOS QUE DESIGNAN LA OBLIGACIÓN O EL PESO QUE RECAE SOBRE ALGUIEN: **4 responsabilidad ++:** ...no está dispuesta a que su marido *apechugue* con responsabilidades que no le corresponden. EME280196 **5 carga:** ...fue el más reacio a *apechugar* con la carga del apellido y la larga sombra de sus padres. LVE290195

C SUSTANTIVOS QUE DESIGNAN ESTADOS CONFLICTIVOS O ADVERSOS: **6 error ++:** Es el público quien regula, el que elige y quien *apechuga* con sus errores. LVE040595 **7 desastre:** ...es mejor no apostar por ninguna fórmula, para no tener que *apechugar* luego con el desastre. EME260696 **8 crisis:** En esta legislatura, le ha tocado *apechugar* con varias crisis de gobierno. EPE120599 **9 escándalo:** Pero no ha sido así y el Gobierno tiene que *apechugar* ahora con los escándalos... LVE100394 **10 conflicto:** No se puede pedir (...) que (...) sea el gendarme de la Tierra que *apechugue* con los conflictos locales... EME091196

D SUSTANTIVOS QUE DESIGNAN ESTADOS ANÍMICOS O –MÁS RARAMENTE– FÍSICOS DE CARÁCTER AFLICTIVO: **11 disgusto:** ...han tenido que *apechugar* con tantos disgustos en los últimos meses que nada más humano que su deseo de disfrutar de una victoria. EME110895 **12 pena:** Eso, que no diga nada y *apechugue* con sus penas que son bien claras. EME121195 **13 desconsuelo:** ...la perturbadora indefensión de una hija que, a lo largo de 40 años, deberá *apechugar* con desconsuelos propios y ajenos convierten esta novela en... EPE110599 **14 soledad:** Pienso que si usted, por carácter, no puede mantener una relación con una persona y no existe una causal de nulidad válida, uno tiene que *apechugar* con su soledad... CAR290997 **15 malestar:** Pero no ha sido así y el Gobierno tiene que *apechugar* ahora con los escándalos y el malestar... LVE100394 **16 dolor:** ahora que todo ha pasado, deberá *apechugar* con el dolor de su pérdida. INDOC **17 hambre:** La mujer *apechugando* con el hambre, las humedades y las caminatas con la ropa mojada ha sido izada a la literatura por poetas, novelistas y hasta ensayistas y periodistas. LVE110596

E SUSTANTIVOS QUE DENOTAN DISCONFORMIDAD O REPROBACIÓN. TAMBIÉN CON ALGUNOS QUE DESIGNAN DIVERSAS MANIFESTACIONES DE HOSTILIDAD VERBAL: **18 crítica:** no le quedaba más remedio que *apechugar* con las críticas por sus comentarios irresponsables. INDOC **19 protesta:** ...hubo de *apechugar* con un rosario de protestas y la sesión no pudo levantarse hasta las cuatro de la tarde. LVE020795 **20 amenaza:** el alcalde tuvo que *apechugar* con las amenazas de los vecinos. EME061096 **21 insulto:** ...los árbitros principales, los 48 jueces de línea de la División de Honor *apechugan* con insultos, amenazas y hasta agresiones físicas. EME061096 **22 sambenito:** ...jugaban hombres (...) que *apechugan* con el sambenito de perder gran cantidad de balones. LVE060596

☐ Véase también: **asumir, cargar (con).**

a pedazos *loc.adv.*

▮ Se combina con...

A EL VERBO *CAERSE* Y CON OTROS QUE DESIGNAN EL PROCESO DE CAERSE, DETERIORARSE O PERDER ALGO SU INTEGRIDAD. TAMBIÉN CON OTROS QUE DESIGNAN LAS ACCIONES QUE PROVOCAN ESOS PROCESOS: **1 caerse ++:** ...la reactivación económica de un país que se cae *a pedazos* y que ya no aguanta más esta situación. MAU210900 **2 derrumbarse +:** ...el país se derrumba *a pedazos*, y la guerrilla ataca a diestra y siniestra... EPC051197 **3 romper(se) +:** ...permitir el deterioro progresivo de Romário y romper *a pedazos* el vestuario con una guerra... LVE030495 **4 desplomarse +:** El Partido Popular de Elche se desploma *a pedazos*. EPE220699 **5 deshacer(se) +:** Tengo la esperanza de que los sectores democráticos y renovadores del Congreso colombiano (...) sean capaces de detener esa hecatombe. Colombia, en fin, parece deshacerse *a pedazos*. ETC060996 **6 desmenuzar(se):** Mientras, las candidatas a tan dudosa gloria asumían su papel de solomillo de primera, prestándose a que la cámara las desmenuzara *a pedazos*... CAN241100 **7 desmoronarse:** Lo que sucede es que desconfiamos de quienes lo organizan, gestores ineficaces e insolventes de un día a día que se desmorona *a pedazos*. ABC030694 **8 desmigajarse:** ...un centro urbano que se desmigaja *a pedazos* sepultando a pobres estudiantes bajo los escombros. EPE230699

B OTROS VERBOS; POSIBLES USOS ESTILÍSTICOS: Los analistas están divididos: unos creen que el Gobierno debe atender a los elenos, pues la paz no se pude negociar *a pedazos.* EPE010699; Ahora está despatarrado entre el poder ejecutivo y el judicial, y puede que no tarde en morir *a pedazos* como Santa Engracia, amarrada a caballos opuestos. EME140594

☐ Véase también: **a trozos.**

a pedir de boca ♦ **desarrollarse, funcionar, marchar, resultar, salir**

apegarse (a) *v.* ▮ Se combina con sustantivos que designan lugares, objetos o personas *(tierra, silla, familia: Se siente muy apegado a su tierra).* También se combina con...

A SUSTANTIVOS QUE DESIGNAN CONTENIDOS ESTIPULADOS O REGLADOS: **1 ley:** En cuanto a las empresas hondureñas que no se han querido *apegar* a la ley, Núñez aseguró que éstas fueron procesadas por la Fiscalía General. LTH021297 **2 norma:** ...que por tanto debía *apegarse* a las normas del debido proceso y a los méritos jurídicos. HOY280797 **3 derecho:** Si se *apegara* a derecho ya le hubiera revocado los permisos que obtuvo de manera irregular. DYM210197 **4 constitución:** ...hemos de culminar la negociación, que nos lleve a que ellos desistan de la vía violenta para reivindicar sus demandas, que se *apeguen* a la Constitución... LVE250196 **5 regla:** ...*apegarse* a las reglas del juego significa, en primer lugar, conquistar la confianza de los inversores financieros... LPN130397 **6 estatuto:** Lo malo es seguir con viejos clichés porque eso desnaturaliza una carrera *apegada* a un estatuto en el que ya no creen ni los propios fiscales. LVE151196 **7 artículo:** ...la participación del Ejército en la búsqueda de los miembros del EPR es legítima, porque se *apega* al artículo 2 de la Ley de Armas. EXC110796 **8 reglamento:** ...apoyó la instalación de casinos «en el país siempre y cuando se *apeguen* a un reglamento especial». ESH190297 **9 legislación:** ...el trabajo policial enmarcado en la Constitución y las leyes de la nación, porque entre más se *apegue* a la legislación, menos se equivoca el hombre. LTH221097

B SUSTANTIVOS QUE DESIGNAN DIVERSOS ASPECTOS DEL ACERVO DE UNA COMUNIDAD, MUY ESPECIALMENTE SU ORIGEN O LOS USOS ASENTADOS QUE SE TRANSMITEN HISTÓRICAMENTE. TAMBIÉN CON OTROS SUSTANTIVOS QUE EXPRESAN LO QUE SE HA VIVIDO O EXPERIMENTADO PERSONALMENTE: **10 tradición ++:** Nebrija, contrariamente a lo que se venía practicando por parte de otros lexicógrafos que siguieron *apegados* a la tradición... ABC140892 **11 costumbre ++:** Y Sevilla, observó Palancar, es una ciudad muy *apegada* a sus costumbres. EPE030299 **12 cultura +:** En cambio, los dos príncipes hijos del fallecido monarca, Mohamed y Rachid, se les considera más *apegados* a la cultura y realidad del país. EPE240799 **13 raíz ++:** De caso sociológico habría que calificar la afición de los españoles a una música tan *apegada* a las raíces de los afroamericanos. EPE300599 **14 pasado +:** «Florencia es una ciudad culturalmente bella –continúa Germano Celant– pero está adormilada, demasiado *apegada* al propio pasado». EME140996 **15 memoria:** Se *apega*, además, a la memoria como sólo consiguen las narraciones mágicas, aquellas que tienen que ver con lo más irreal. EPE151201 **16 experiencia:** ...técnicos de baloncesto menos *apegados* a la experiencia y a los valores establecidos. EME231295 **17 biografía:** «Me di cuenta de que me quedaban muchas cosas por contar y decidí seguir adelante, *apegada* a mi propia biografía cronológica». EME070594

C SUSTANTIVOS QUE DENOTAN CONCEPTO O FUNDAMENTO IDEOLÓGICO O MORAL DE ALGO. TAMBIÉN CON OTROS QUE DESIGNAN EL CONJUNTO ORGANIZADO DE ESOS VALORES EN FORMA DE SISTEMA O DOCTRINA: **18 idea ++:** ...los mismos Kissinger y Albright, el primero *apegado* a la idea de la «realpolitik» bismarckiana... LVE131296 **19 principio +:** ...están tan sólidamente *apegados* a nuestros principios de la doctrina social... LEC020796 **20 valor +:** ...dejó enseñanzas morales: «Vivió su existencia *apegado* a los valores en que creía». HOY190183 **21 religión +:** El caso de marras tiene por protagonista a una joven pareja fuertemente *apegada* a la religión y a la fe... LVE120795 **22 noción:** ...la de doctrina más limitativa en cuanto a su uso y, para decirlo todo, la más visceralmente *apegada* a la noción de «guerra imposible». EME040995 **23 concepción:** ...un estilo de juego que se ajusta más a sus necesidades y que acabó con el equipo gallego, también *apegado* a esa concepción. EME290195 **24 filosofía:** ...los accionistas de Banco Mexicano y los de Santander, *apegándose* a su filosofía de negocios. DYM040996 **25 ética:** Por el contrario, en nuestro trópico, como señalé hace un tiempo, nos *apegábamos* a la ética laboral del negrito del batey... LNC120996 **26 tesis:** ...entre los adversarios del presidente más *apegados* a la tesis de la «cirrosis política terminal». LVE150795 **27 teoría:** ...se especializa en análisis *apegados* a las teorías de Jung. ENV190197

D EL SUSTANTIVO *VIDA* Y CON OTROS QUE DESIGNAN LO CIERTO O LO PRESENTE: **28 vida ++:** Es una cuestión de «etiquetas que en el fondo son ridículas. Sea como sea, me interesa mucho la literatura *apegada* a la vida». EME020396 **29 realidad ++:** ...las cuales evalúan la correcta velocidad en la transmisión de datos creando un ambiente más *apegado* a la realidad... EXC070901 **30 actualidad +:** Los estudiosos de la España moderna también viven *apegados* a la actualidad, en especial la lingüística... EPD110997 **31 verdad +:** ...no tienen ningún sustento legal, no están *apegadas* a la verdad y son «sólo sentimentalismos». DYM040796

E OTROS SUSTANTIVOS; POSIBLES USOS ESTILÍSTICOS: ...eternamente *apegado* a su tic de tocarse la corbata cada vez que surgía un problema... EME041196; Se requieren aquí lecturas «al sesgo», menos *apegadas* a la epidermis del texto... ABC170792

apego (a) ♦ **creciente, desmedido, estricto[38], evidente, excesivo, incondicional, irresistible, notorio, nulo, profundo, suficiente** ♦ **cargo, costumbre, falta (de), grado (de), hábito, legalidad, ley, libertad, poder, principio, puesto, raíz, realidad, regla, tierra, tradición, verdad, vida** ♦ **conservar, declarar, demostrar, mantener, mostrar, sentir, tener** inclinación, interés, predisposición, propensión, tendencia

apelación ♦ **constante, continuo, directo, especial** ♦ **recurso (de), tribunal (de), vista (de)** ♦ **aceptar, aceptar a trámite, adherirse (a)[35], anunciar, denegar, emprender, estudiar, hacer, llevar adelante, perder[41], presentar, prosperar[21],**

rechazar, resolver, retirar, revocar[33], tramitar[13] llamada, llamamiento

APELACIÓN Véase: LLAMAMIENTO; ORDEN

apelar ♦ **desesperadamente, directamente, expresamente[15], formalmente, insistentemente[19], manifiestamente, personalmente, sustancialmente, vehementemente** ♦ **decisión, fallo, resolución, resultado, sanción, sentencia, veredicto**
☐ Véase también: **apelar (a), llamar.**

apelar (a) ♦ **ánimo, autoridad, conciencia, convicción, ética, experiencia, justicia, ley, memoria, moral, prudencia, racionalidad, razón, responsabilidad, sensatez, sensibilidad, sentido común, sentimiento, solidaridad, tribunal, verdad**
☐ Véase también: **apelar.**

apelativo ♦ **adecuado, cariñoso, coloquial, común, curioso, despectivo[12], familiar, hiriente, popular, respetuoso, singular, vulgar** ♦ **aplicar(le) (a alguien), asignar, atribuir(le) (a alguien), cuadrar[5], encajar (a alguien), endosar[9], ganar(se), llamar (por), merecer, ostentar, quitar(se), rechazar, recibir, tener, usar**
☐ Véase también: **apodo, denominación, mote, sambenito, título.**

apellido ♦ **artístico, compuesto, común, con tradición, de abolengo, de alcurnia, falso, familiar, ilustre, noble, original, rimbombante[6], sonoro, verdadero** ♦ **adoptar, cambiar(se), conservar[50], dar(le) (a alguien), ensuciar[10], hacer honor (a), honrar, llevar, perder, perpetuar, pronunciar, usar**
☐ Véase también: **nombre.**

a pelo *loc.adv./loc.adj.* ▮ Con el sentido de 'sin silla de montar' se combina con los verbos *cabalgar* y *montar*. Con el sentido de 'sin ropa', propio de la lengua conversacional, admite algunos verbos de movimiento *(ir, salir)*. Con el verbo *venir* adquiere el sentido de 'muy oportunamente o a propósito' *(Esta cita viene a pelo con el tema que discutimos)*, aunque en este sentido se emplea con más frecuencia la locución *al pelo*. Con el sentido de 'sin protección o defensa' se combina con verbos que denotan enfrentamiento *(enfrentarse, luchar, pelear)*. También se combina con...

A VERBOS QUE DESIGNAN LA ACCIÓN DE CANTAR O INTERPRETAR MÚSICA, ASÍ COMO ALGUNAS ACTIVIDADES RELACIONADAS CON ELLA: **1** cantar ++: ...se tomó el trabajo de iniciar cantando *a pelo* y «quedito» buena parte del repertorio... EME220796 **2** interpretar: Pasaron de micros, y *a pelo* el cantaor interpretó cantes con maestría... EPE050700 **3** actuar: ...le impidió contar con las bases pregrabadas y le obligó a actuar *a pelo* con sus guitarras acústicas. LVE190396 **4** grabar: Aquel trabajo, grabado *a pelo* con las guitarras excepcionales de tocaores... EPE230999 **5** rasguear –: ...sin el corsé de una discreta guitarra rasgueada *a pelo*... EME291296 **6** afinar –: ...afinó *a pelo* sus guitarras y terminó, antes de los bises... EME090596

B VERBOS QUE DESIGNAN LA ACCIÓN DE EXPONER ALGO A LA VISTA O EL PROCESO DE HACERSE PRESENTE ALGUIEN O ALGO: **7** mostrar: Los nuevos anuncios mostraban, *a pelo*, accidentes de tráfico y sus consecuencias inmediatas. EME170495 **8** exhibir: ...también fue sorprendida en aguas baleares exhibiendo *a pelo* su metro noventa de body... EME080896 **9** presentarse: Sobre el escenario, sin embargo, se presentó también *a pelo*, pero no de pectorales... EME171296

C VERBOS QUE DENOTAN LA ACCIÓN DE SACAR O SEPARAR ALGUNA COSA DE SU LUGAR: **10** arrancar: ...y lo primero que hace nuestro héroe es arrancarse el diente *a pelo*, sin anestesia. EPE230199 **11** extraer: ...y los médicos insisten en que un riñón extraído «*a pelo*» no tiene un uso claro. EME220396

D OTROS VERBOS; POSIBLES USOS ESTILÍSTICOS: ...que había estado a punto de ser enterrada *a pelo*. EME170294

E SUSTANTIVOS QUE DENOTAN PUESTA EN ESCENA: **12** interpretación: Lo suyo era la interpretación *a pelo*, aunque también hizo sus pinitos como compositor. EME221095 **13** lectura –: ...como hice yo aquella tarde con una lectura *a pelo* de sus poemas. EME220596

apencar (con) ♦ **carga, consecuencia, problema**
☐ Véase también: **cargar (con).**

apertura ♦ **a la baja[67], al alza, breve, comercial, de mercado, diario, económico, inminente, oficial, político, próximo, reciente** ♦ **acto (de), fecha (de), jornada (de), proceso (de)** ♦ **anunciar, autorizar, conceder, decretar[34], denegar[60], esperar, facilitar, iniciar, llegar, llevar a cabo, negociar, posponer, realizar, reclamar, solicitar**
☐ Véase también: **entrada, inauguración, ingreso, inicio.**

apesadumbrado ♦ **enormemente, especialmente, notablemente, profundamente, sumamente, totalmente, visiblemente[16]**

a peso de oro ♦ **cobrar, comprar, pagar, vender**

apetencia ♦ **creciente, cultural, económico, extraño, gastronómico, insaciable, irracional, literario, político, profesional, sexual** ♦ **aumentar, colmar[10], controlar, despertar, disminuir, moderar, ocultar, refrenar, saciar[9], satisfacer, sentir**
☐ Véase también: **apetito, deseo, gana(s).**

apetito ♦ **buen(o), carnal[17], desaforado[59], desenfrenado[6], desmedido, desmesurado[31], desordenado, gran(de), impaciente, inagotable, incansable, incontenible, incontrolable, incontrolado, insaciable[6], insano, irrefrenable[4], irreprimible, natural, sexual, tremendo, voraz** ♦ **falta (de), pérdida (de), sensación (de)** ♦ **abrir(se)[25], aliviar, apaciguar, aplacar(se)[29], aumentar, avivar[32], calmar, colmar, controlar, desatar(se)[27], despertar[47], disminuir, estimular, inhibir, mitigar, per-**

der, quitar, recuperar, regular, reprimir, saciar³, satisfacer, tener
☐ Véase también: **deseo, gana(s), hambre.**

apetitoso ♦ **bocado, comida, futuro, lectura, manjar, menú, mercado, obra, oferta, pastel, película, persona, platillo, plato, premio, programa, propuesta, proyecto,** *sustantivos que designan alimentos*

ápice (de) *sust.cuantif.* ▮ Se construye a veces con sustantivos concretos *(tierra, terreno)*, pero mucho más frecuentemente con sustantivos abstractos no contables en singular y en contextos negativos o irreales. Admite un gran número de sustantivos, pero destacan especialmente sus combinaciones con...

A SUSTANTIVOS QUE DENOTAN CLARIDAD MENTAL O BUEN JUICIO: **1 cordura ++:** Con su respuesta demostró no tener ni un *ápice* de cordura. INDOC **2 sentido común +:** Si tuvieses un *ápice* de sentido común, no cometerías esa locura. INDOC **3 lucidez +:** ...arruinó su prestigio y dignidad sin por ello perder un *ápice* de lucidez. EPE140799 **4 lógica:** Hasta el deporte y el puritanismo americano tienen un *ápice* de lógica razonable capaz de acercar a un periodista del norte a las preocupaciones de otro mediterráneo. EPE130299

B SUSTANTIVOS QUE DENOTAN EMOCIÓN O ESTADO DE ÁNIMO: **5 emoción:** ...no consiguió transmitir ni un *ápice* de la emoción acumulada en aquel lugar histórico... EPE300800 **6 pasión:** ...la expresión de las emociones no rebaja un *ápice* su pasión por el club. EPE230700 **7 arrepentimiento:** El millonario Goulding, sin embargo, no muestra un *ápice* de arrepentimiento... EME200695 **8 entusiasmo:** Ahora bien, que las cosas se le pongan tan difíciles no le hace perder ni un *ápice* del entusiasmo que pone en ellas... EME271196 **9 amor:** ...tú la has estado ofreciendo desde 1968 sin perder un *ápice* del apego y el amor por tu tierra, sin ceder ni un palmo a la vuelta atrás hacia la vieja España sorda a su diversidad... EPE230900 **10 miedo:** ¿Se va a la NBA, al Taugrés... al Barcelona? Por ahora, nadie (ni el club vitoriano) tiene derechos sobre él. Joven, sin un *ápice* de miedo... EME161296 **11 nerviosismo:** Sin un *ápice* de nerviosismo, ni un atisbo de acusar la presión de sus perseguidores, el equipo de Antic se mostró sereno y cerebral... EME050596 **12 duda:** «Es un juego de eliminatorias y hay que encararlo con las mejores de las seriedades», advirtió Javier Aguirre sin un *ápice* de duda. EXC040901 **13 rencor:** ...suelta la frase sin *ápice* de rencor, con franca resignación... LVE020996 **14 resentimiento:** ...humillado y todo, el muchacho no tiene un *ápice* de resentimiento... CLA290301

C SUSTANTIVOS QUE DENOTAN BONDAD, DIGNIDAD, HONESTIDAD O BONHOMÍA. TAMBIÉN CON ALGUNOS QUE DESIGNAN OTRAS CUALIDADES DE LAS PERSONAS RELATIVAS A LA CORRECCIÓN DE SU COMPORTAMIENTO: **15 honestidad +:** Sin convicciones (...) y sin un *ápice* de honestidad desde que falseara su currículo con presuntos títulos de ingeniero y economista. LVE120795 **16 dignidad +:** Si después de aclarar todo le queda un *ápice* de dignidad, que renuncie. EME150195 **17 responsabilidad:** ...sólo ha podido eructar poemas de remordimiento (y) emotivas expresiones de solidaridad (...) sin un *ápice* de responsabilidad por el destino material de nuestro pueblo... RUM171197 **18 honradez:** ...para sí quisieran tener (...) un *ápice* de la honradez, la dignidad humana y el talante y comportamiento ético... EME200895 **19 santidad:** ...es metafísicamente imposible que haya resguardado un *ápice* de santidad inmaculada tras haber colaborado larga y estrechamente con... EME110996 **20 modestia:** Sin *ápice* de modestia, la Consejería de Asuntos Sociales se ufana de ello como un mérito propio, aunque desde IU se lamente que el origen obedezca «a una guerra mediática». EPE271299 **21 honor:** No, no dejaré que nadie me quite un *ápice* de honor. LVE051195 **22 integridad:** ...temió que hubiera un error para sentirse luego aceptada por un mundo opuesto a su Islandia natal, donde nadie cede un *ápice* de su integridad. EPE140700 **23 corrección:** ...sin perder por ello ni un *ápice* de su ajustada corrección estilística. ABC240395 **24 decoro:** Si tuviese un *ápice* de decoro, hace tiempo que habría dimitido. INDOC **25 pundonor:** Si tuviera un *ápice* de pundonor, el presidente (...) debería pedir perdón... EME110296

D SUSTANTIVOS QUE DESIGNAN OTRAS CUALIDADES HUMANAS RELATIVAS AL TRATO DISPENSADO A LOS DEMÁS, ESPECIALMENTE SI ES DESPRENDIDO: **26 generosidad +:** No se han volcado con las ciudades gobernadas por el PP, no han tenido un *ápice* de generosidad. EPE050699 **27 respeto +:** Desde estas acogedoras columnas he de pedir a Gregorio Morán (...) un *ápice* de respeto para aquellas leyes que no nos gustan... LVE131296 **28 compasión +:** ...ha invertido demasiado dinero como para mostrar un *ápice* de compasión... EME180896 **29 solidaridad:** ...son incapaces de mostrar un *ápice* de solidaridad humana con sus semejantes... ESH021100 **30 humanidad:** Porque Miguel ha podido perder algo en ese difícil camino de los cinco Tours de Francia, pero no ha perdido un *ápice* de su humanidad. EME260696 **31 magnanimidad:** ...es imposible rastrear por parte alguna un *ápice* de magnanimidad en la victoria. EPE160399 **32 conmiseración:** ...esta mujer desvalida por la que no sentía ni un *ápice* de conmiseración... INF010896

E SUSTANTIVOS QUE DENOTAN CAPACIDAD HUMANA, ESPECIALMENTE LA INTELECTIVA, LA SENSITIVA O LA CREATIVA: **33 capacidad +:** Pero sí que parece claro que las angustias existenciales derivadas del caso no han mermado un *ápice* su capacidad creadora... EME040395 **34 concentración:** Pero enfrente el Madrid pareció carecer de un *ápice* de concentración y de frescura mental... EME061195 **35 imaginación +:** Ni un *ápice* de imaginación, de renovación. La actitud crítica del actor badalonés ahora más popular no sorprende a quienes conocen su trayectoria. LVE110596 **36 talento +:** ...no le ha hecho perder ni un *ápice* de su talento como estratega. EPE260199 **37 genio:** El hecho de que florezcan ediciones discográficas de la obra mahleriana medianas, excelentes y hasta excelsas, no resta un *ápice* del genio creador del músico. EME080795 **38 ingenio:** ...sin perder jamás un *ápice* de ingenio, fuerza e intención, destila en todas un talento narrativo... ABC170492 **39 sensibilidad:** Cualquiera que tenga un *ápice* de sensibilidad puede comprender el dolor... EPE120799 **40 creatividad:** El pintor Alberto Donaire está convencido de ello y lo ha dispuesto todo para demostrarlo, para que no se desperdicie ni un *ápice* de creatividad. EPE210499 **41 genialidad:** La peculiaridad de los personajes de Jarnés (...) reside en que el antiheroísmo de Juan Sánchez no tiene ni un *ápice* de la genialidad del clásico hidalgo. EME140996 **42 inteligencia:** ...a sus 36 años no ha perdido un *ápice* de inteligencia para gestionar... EPE110199

F SUSTANTIVOS QUE DESIGNAN ATRIBUTOS, ESPECIALMENTE LOS RELATIVOS A LA CAPACIDAD DE EJERCER ALGÚN DOMINIO: **43 poder +:** ...pero no ha perdido un *ápice* de su poder, intacto está su dominio de lo frívolo... CAP180196 **44 atribución +:** Pero el líder del Kremlin, hospitalizado y todo, dejó muy claro que no cederá ni un *ápice* de sus atribuciones. EPE310199 **45 autoridad:** ...se negó de forma rotunda a ceder un *ápice* de autoridad sobre el control de sus fronteras. EPD180697

G SUSTANTIVOS QUE DENOTAN IMPORTANCIA O VALOR. TAMBIÉN CON OTROS QUE DENOTAN RELEVANCIA, MÉRITO Y OTROS RASGOS QUE PONEN DE MANIFIESTO LA FORMA EN QUE DESTACA ALGO O ALGUIEN: **46 valor ++:** Sin pretender restar un *ápice* de valor a sus generalmente pertinentes reflexiones... EPE151101 **47 importancia +:** Antic no le resta un *ápice* de importancia al choque. EME071196 **48 mérito +:** ...triunfador de la final sin que ello le quite un *ápice* de mérito a su compañero... EDV130301 **49 gravedad:** ...aunque eso no quita un *ápice* de gravedad a tales crímenes. LVE211096 **50 interés +:** Eso no resta un *ápice* de interés al libro. ABC261193 **51 calidad +:** ...la plantilla deportivista es tan amplia, que juegue quien juegue, el conjunto no pierde un *ápice* de calidad. EPE261101 **52 grandeza:** El público no puede hacer nada para añadirle un *ápice* de grandeza... EME291095

H SUSTANTIVOS QUE DESIGNAN OTROS RASGOS PROMINENTES DE LAS PERSONAS O LAS COSAS, MUY FRECUENTEMENTE LOS RELACIONADOS CON SU ATRACTIVO, SU NOTORIEDAD Y CON OTRAS PROPIEDADES QUE ATAÑEN A LA FORMA EN QUE LOS DEMÁS LAS PERCIBEN: **53 encanto +:** ...esa mujer a la que la madurez no le ha restado un *ápice* de encanto. LVE210296 **54 protagonismo +:** ...pensó que la mejor ayuda al candidato era no restarle anoche ni un *ápice* de protagonismo... LVE240196 **55 elegancia:** Con este sencillo complemento, el coche no pierde un *ápice* de elegancia... LVE090696 **56 carisma:** ...con sus arrugas no perdió ni un *ápice* de su carisma. LVE050395 **57 personalidad:** ...la han modernizado sin quitarle un *ápice* de su personalidad. LVE270995 **58 esplendor:** Vuelven los tranvías, y al ferrocarril le espera su *ápice* de esplendor. EME230195 **59 gracia:** ...ahora, que ya cuenta con más recursos, podría sacrificar de vez en cuando sin perder un *ápice* de su gracia. EME121095 **60 atractivo:** ...que no merma ni un *ápice* su magnético atractivo. EME180795 **61 espectacularidad:** ...los caminantes pueden acortar la marcha sin que pierda un *ápice* de su espectacularidad. EPE150900 **62 originalidad:** ...su humor no ha perdido ni un *ápice* de originalidad ni frescura. ABC050894 **63 chispa:** ...se arrastre por el campo sin un *ápice* de chispa y toneladas de mezquindad futbolística. EPE150299

I SUSTANTIVOS QUE DESIGNAN LA PROPIEDAD DE ESTAR ALGO CONFORME CON LA REALIDAD O EL ENTENDIMIENTO. TAMBIÉN CON OTROS QUE EXPRESAN LA CONDICIÓN DE SER ALGO ADECUADO, CORRECTO O AUTÉNTICO: **64 verdad ++:** ...pero lamentablemente no resta un *ápice* de verdad a los argumentos. EPE290399 **65 legitimidad ++:** La cuestión, entonces, estriba en garantizar el juego limpio a la hora del relevo gubernamental sin restar un *ápice* de legitimidad al resultado... EME011195 **66 sentido +:** ...piensa que los clubs no han perdido ni un *ápice* de su sentido. LVE070895 **67 veracidad:** Su testimonio no tenía ni un *ápice* de veracidad. INDOC **68 validez +:** ...no quitan ni un *ápice* de validez a los buenos estudios regionales o de caso. ABC040992 **69 actualidad +:** ...primera edición inglesa es de 1985 y que no ha perdido un *ápice* de actualidad... ABC260894 **70 credibilidad +:** ...lo que ante sus seguidores no ha restado un *ápice* de credibilidad al cuarteto... EPE090299 **71 verosimilitud +:** ...tampoco resta un *ápice* de verosimilitud, pues si sólo pudiera tirar piedras quien está libre de culpa... EPE290399 **72 claridad +:** Una repetición de calificativos que no le quita un *ápice* de claridad... EPE310199 **73 autenticidad:** Su estilo musical es innovador sin perder ni un *ápice* de autenticidad. INDOC

J SUSTANTIVOS QUE DENOTAN VIGOR, FORTALEZA, ENERGÍA O RIGOR: **74 energía:** Sin perder un *ápice* de energía y su habitual buen humor... EPE250700 **75 fortaleza:** El camino lo había abierto Gabriel Aresti, con notables dificultades sin perder un *ápice* de fortaleza en su producción. EPE200399 **76 fuerza:** ...una obra que no ha perdido ni un *ápice* de su fuerza... ABC100192 **77 potencia:** A pesar de tener muchas ideas en la cabeza, Roces, De Gortari y Rousset nunca llegaron al *ápice* de su potencia intelectual. EXC180996 **78 vigor:** ...pues el impersonal Neilson (que aquí hizo su debut) no posee ni un *ápice* de su vigor... LVE220296 **79 bravura:** Sin un *ápice* de bravura. EME070996 **80 vitalidad:** ...sin que logren restarle un *ápice* de vitalidad y de vigencia... ABC051193 **81 dureza:** No por anunciada y más que sabida perdió un *ápice* de dureza la decisión... EPD110997 **82 severidad:** ...un placer contenido, serio y mezclado con un *ápice* de severidad. LVE170996

K SUSTANTIVOS QUE DESIGNAN VICIOS Y OTRAS PROPIEDADES O CARACTERÍSTICAS DE LAS PERSONAS O SUS OBRAS QUE SE CONSIDERAN NOCIVAS, INCONVENIENTES O PERJUDICIALES EN MUY DIVERSAS FORMAS Y GRADOS: **83 malicia +:** ...y uno imagina, con un *ápice* de malicia, que Fellini... EPE011201 **84 vanidad +:** ...quiero que cuando conozca a una persona sin *ápice* de vanidad, de soberbia o de orgullo... PME190197 **85 arrogancia:** «Si quisiéramos, ya estaríamos haciendo el Sónar en el Palau Sant Jordi, pero no es ésta su filosofía», dicen sin un *ápice* de arrogancia. EPE150699 **86 crueldad:** Por ingenioso y celebrado que sea un insulto, ¿no hay en él siempre un *ápice* de crueldad? ABC120595 **87 acritud:** La particularidad de esta fiesta hace que los tomatazos, lanzados sin *ápice* de acritud, aunque de forma contundente, no hayan ocasionado heridos de gravedad. EPE260899 **88 picardía:** ...ha perdido velocidad, pero ni un *ápice* de picardía. EME211096 **89 ambición:** El ex ministro tiene cualidades sobradas y, al parecer, no ha perdido un *ápice* de sus ambiciones... EPE110499 **90 cinismo:** En sus fotos encontramos tensión, gravedad, muerte y enfermedad, la enfermedad del abandono y del amor, la belleza e incluso el humor. Todo sin un *ápice* de cinismo. EME060796 **91 pedantería:** Fuerte, campechano, dicharachero, sin un *ápice* de pedantería... LVE090695 **92 autoritarismo:** Ahora, éstos o sus herederos, sin perder un *ápice* de autoritarismo... EPE271201

L SUSTANTIVOS QUE DESIGNAN LA ACEPTACIÓN O EL RECONOCIMIENTO DE QUE PUEDEN GOZAR LAS PERSONAS O LAS COSAS. TAMBIÉN CON OTROS QUE EXPRESAN EL RESULTADO FELIZ DE LO QUE SE EMPRENDE: **93 fama** +: Sin que éste pierda un *ápice* de su merecida fama, otros grandes artistas... ABC031195 **94 prestigio** +: ...la marca de sobrevivir sin perder un *ápice* de su prestigio. CAR210797 **95 gloria:** ...no ha perdido ni un *ápice* de gloria, sino que ha incrementado aún más su presencia social... EME171095 **96 éxito:** ...no están dispuestos a regalar a (...) ni un *ápice* del éxito político alcanzado. EME101096 **97 popularidad** +: ...no había perdido un *ápice* de su popularidad por el asunto de su hija... EME140196

M SUSTANTIVOS QUE DESIGNAN OTRAS CARACTERÍSTICAS, ESPECIALMENTE LAS QUE SE ASOCIAN CON GÉNEROS, MOVIMIENTOS, TENDENCIAS O CLASIFICACIONES: **98 lirismo:** ....versos arrebatados que no han perdido un *ápice* de su lirismo. INDOC **99 romanticismo:** ...poner un *ápice* de romanticismo en el vestíbulo de un periódico. EPE020499 **100 chovinismo:** ...dicho de pasada y sin *ápice* de chovinismo, es una de las señas de identidad política... EPE310399 **101 clasicismo:** ...una obra que guarda todavía *ápices* de clasicismo sobre la partitura de Stravinsky. LVE060795

a pie ♦ **acceder, caminar, cruzar, desplazar(se), huir, ir, llegar, recorrer, salir,** *otros verbos de movimiento*

a pie firme *loc.adv.* ▮ Se combina con...

A VERBOS QUE DESIGNAN LA ACCIÓN DE ACEPTAR O TOLERAR ALGO CON RESIGNACIÓN O LA DE PERMANECER UN ESTADO O UN LUGAR CON CONSTANCIA, ENTEREZA O PERSEVERANCIA: **1 aguantar** ++: ...obsequiar con ellas a quienes aguantaron *a pie firme* el diluvio universal que descargó sobre el Camp Nou. LVE230996 **2 soportar** +: Con el correr de los rounds, el ritmo del argentino decayó, pero soportó *a pie firme* los tímidos embates de Miranda. LPA110592 **3 esperar** +: ...llevaba cuatro horas esperando *a pie firme*... EME280494 **4 resistir:** Castro había resistido *a pie firme* la defunción política de sus amigos vecinales... ABC260393 **5 defender:** Sacudiéndose su timidez, Suárez defendió su política cambiaria *a pie firme,* capeando las intervenciones... CAP190995 **6 sostener:** ...la obra realizada con sacrificios en casi cuatro décadas y los valores que sostenemos, *a pie firme*, frente al gran imperio... GIC083397

B VERBOS QUE DENOTAN ENFRENTAMIENTO O CONFRONTACIÓN: **7 luchar:** Lucha a mi lado *a pie firme.* Tengo la suerte de tener a la mejor mujer del mundo. LNP010497 **8 batirse:** Con este fin, Tony Blair y sus tropas (...) se han batido *a pie firme* en el XXI Congreso de la Internacional Socialista... EPE271199 **9 enfrentarse:** Se enfrentó *a pie firme* con toda clase de calamidades. INDOC

C OTROS VERBOS; POSIBLES USOS ESTILÍSTICOS: Pero *a pie firme* te vas a bajar a un «Vip's» para saborear mi prólogo haciéndote el garrón... EME291195; Se lee *a pie firme* si no se dispone de un banco, silla o taburete. LVE070295

a pie juntillas *loc.adv.* ▮ También se dice *a pie juntillo* y *a pies juntillas.* En su sentido literal ('con los pies juntos') se combina con el verbo *saltar.* En el sentido figurado ('sin duda' o 'sin discusión') se combina con...

A VERBOS QUE DESIGNAN EL PROCESO O EL ESTADO DE CONSIDERAR CIERTA ALGUNA COSA O TENER CONFIANZA EN ELLA: **1 creer** ++: ...Sheila reía, porque el buaycito creería *a pie juntillas* que ella era señorita, cuando había conocido todo un ejército de mansitos que habían dado cuenta de ella. ESP260601 **2 tomar** +: ...los resultados del trabajo no deberían tomarse *a pie juntillas.* EME141295 **3 confiar:** ...es la situación de todos los que (...) confiaron *a pie juntillas* en el plan... CLA310199

B VERBOS QUE DENOTAN SEGUIMIENTO O ACATAMIENTO DE ÓRDENES, PAUTAS U OTRAS COSAS SUJETAS A REGULACIÓN. TAMBIÉN CON OTROS QUE EXPRESAN LA PUESTA EN PRÁCTICA DE ALGUNOS DE ESOS CONTENIDOS: **4 seguir** +: ...universidades y empresas mineras siguen *a pie juntillas* los resultados de las muestras del agua... CAR140497 **5 cumplir** +: ...es una persona que *a pie juntillas* cumple denodadamente las instrucciones de su jefe... PME221296 **6 obedecer** +: No se trata de disciplinados ciudadanos dispuestos a obedecer *a pies juntillas* las consignas... EME260296

C VERBOS QUE DESIGNAN LA ACCIÓN DE MANIFESTAR ACUERDO, RESPETO O ADHESIÓN A ALGUNA COSA: **7 aceptar** ++: El seductor relato de Vasari de la gloria de los Médicis, con todas sus exageraciones, se acepta aún *a pie juntillas.* ABC100492 **8 suscribir** +: No podemos suscribir *a pie juntillas* la tesis... ENV110797 **9 respetar** +: Aunque la dirección del PSOE respete *a pies juntillas* la voluntad de su secretario general... LVE301095 **10 compartir:** ...suele sostener, aunque no todos lo compartan *a pies juntillas,* que una cosa es ser racional y otra ser moral. EME080694 **11 admitir:** No podemos admitir *a pie juntillas* la imposición de nuevas restricciones... INDOC **12 comulgar:** Si se comulga *a pies juntillas,* tanto mejor; si no, da francamente igual, porque... EPE230999

D VERBOS QUE DENOTAN REMEDO O IMITACIÓN: **13 copiar:** ...concursos, animados por locutores que copian *a pies juntillas* el infernal ritmo de O Globo. EME280194 **14 repetir:** ...lo leen y repiten *a pies juntillas* algunos predicadores... VIS061197

E VERBOS QUE DESIGNAN LA ACCIÓN DE PONER ALGO DE MANIFIESTO DE FORMA SEGURA Y ROTUNDA. USO INFRECUENTE: **15 demostrar** –: ...demuestra *a pies juntillas* que Fairbanks trabajaba por y para sí mismo... LVE170795 **16 garantizar** –: ...en política no se puede garantizar *a pies juntillas* cualquier cosa. EPE230299 **17 confirmar** –: ...los lúgubres augurios se confirmaron *a pies juntillas* desde que Chris y su presente banda se plantaron en el escenario del Chic. LVE290995 **18 aseverar:** ...ni siquiera creemos que el Ministerio del Interior lo pueda aseverar *a pies juntillas.* EPE091101

F OTROS VERBOS; POSIBLES USOS ESTILÍSTICOS: La esclava del machista leyendo poesía se quemó las rejas y ya sólo le miraba *a pies juntillas.* EME270496; ...caer *a pies juntillas* en la fascinación por ese misterioso territorio, el desierto sahariano... ABC050393; ...la intención de voto (...) no había calado *a pie juntillas* en sus huestes. EPE240700

☐ Véase también: **a rajatabla.**

a pierna suelta ♦ **descansar, dormir**

a pique *loc.adv.* ▮ Se construye generalmente con los verbos *irse* y *echar*. En sentido literal, *irse a pique* y *echar a pique* se combinan con sustantivos que designan embarcaciones *(barco, navío, buque, yate, flota)* o su contenido *(cargamento, mercancía)*. En sentido figurado, admite sustantivos individuales de persona, sobre todo en la lengua conversacional *(Te vas a ir a pique si sigues así)*, pero se construye más frecuentemente con los que designan grupos u organizaciones *(país, equipo, gobierno, provincia, judicatura)*. Admite numerosos sustantivos que designan el trabajo o el empeño puesto en algo *(trabajo, esfuerzo, afán: Todo nuestro trabajo se ha ido a pique)*, así como la acción orientada a alguna finalidad *(misión, búsqueda, investigación, huelga, reforma)*. Se combina asimismo con...

A SUSTANTIVOS QUE DESIGNAN PROYECTOS, PLANES Y OTRAS NOCIONES DE CARÁCTER PROSPECTIVO, MÁS FRECUENTEMENTE SI EXPRESAN LO QUE SE ANTICIPA, SE ADIVINA O SE PRETENDE CONSEGUIR: **1 proyecto ++:** ...evitar que se vaya *a pique* un proyecto de interés para la ciudad. LVE210596 **2 pronóstico +:** Pero los pronósticos se fueron *a pique* junto con los principales exponentes... CLA210199 **3 cálculo +:** Los cálculos que he hecho para las vacaciones de este verano se me han ido *a pique*. INDOC **4 sueño:** ¿Se van *a pique* los sueños? GIC111796 **5 plan:** ...Richard Hollbrooke, el artífice de Dayton, acusó de nuevo a los aliados europeos de echar *a pique* el plan de paz con su indiferencia. EME190596 **6 idea:** Al final la brillante idea se fue *a pique*... ABC170694

B SUSTANTIVOS QUE DESIGNAN ACTIVIDADES EMPRESARIALES, COMERCIALES O ECONÓMICAS, ASÍ COMO LAS ENTIDADES, LAS INSTITUCIONES O LAS ORGANIZACIONES QUE LAS GESTIONAN: **7 economía ++:** ...una economía que se va *a pique* y la peor cosecha en muchos años... CLA160199 **8 mercado +:** En septiembre 17 los mercados estadunidenses abrirán y se irán *a pique*. EXC170901 **9 negocio +:** ...después de que un socio le engañara y sus negocios se fueran *a pique*. LVE190594 **10 empresa +:** Y de paso exige daños y perjuicios, alegando que su empresa «se ha ido *a pique*». EPE151201 **11 fábrica +:** La fábrica comenzó a irse *a pique* con la apertura económica. ETC030297 **12 restaurante:** ...el restaurante se fue *a pique* y mi familia, que no pudo regularizar su estancia... LVE111196 **13 industria:** La industria catalana se iba *a pique* porque sólo fabricaba motos de montaña... LVE230395 **14 editorial:** ...la incipiente editorial se vino *a pique* y dejaron a la deriva el libro... PME131096

C EL SUSTANTIVO *RELACIÓN* Y CON OTROS QUE DESIGNAN VÍNCULOS AFECTIVOS ENTRE PERSONAS: **15 relación ++:** La relación con su marido se fue *a pique* a causa de todas esas desavenencias. INDOC **16 amistad:** Es una pena que echéis *a pique* vuestra amistad por esa tontería. INDOC **17 matrimonio +:** ...cuyo matrimonio fue *a pique* cuando el marido pasó de ser un modesto graduado a líder internacional. EME150795

D SUSTANTIVOS QUE DENOTAN ACUERDO O NEGOCIACIÓN Y OTRAS FORMAS DE ACCIÓN CONCERTADA: **18 acuerdo +:** ...cuando los protestantes echaron *a pique* los similares acuerdos de Sunningdale. EPE100999 **19 proceso de paz +:** ...los palestinos están cada día más convencidos de que el proceso de paz se va *a pique* casi seis años después de la conferencia de Madrid... EPD210597 **20 negociación +:** Lo que debe turbar a los estrategas reunidos en Bruselas es la eventualidad de que las bombas echen *a pique* las embrionarias negociaciones de paz. EME120995 **21 contrato:** ...pensaron que su contrato se iría *a pique* tras el escándalo protagonizado... LVE121296 **22 arreglo:** ...Alemania echó *a pique* el arreglo por culpa de unos tomates... EME081195 **23 promesa –:** ...por promesas de la cantera que al final se han ido *a pique*... EPE091201

E OTROS SUSTANTIVOS; POSIBLES USOS ESTILÍSTICOS: Ella y nosotros. Nuestro mundo naufragó. Se fue *a pique* aun su memoria. EME190796; ...se ha ido *a pique* también gran parte del orgullo residual de Rusia. EPE220800

aplacar(se) *v.* ▮ En su sentido físico o material se combina con sustantivos que designan fenómenos meteorológicos o condiciones atmosféricas *(clima, calor, frío, temperatura, tormenta)*, a veces interpretados figuradamente *(aplacar la tormenta política)*. También lo hace con otros que designan el fuego o sus manifestaciones *(fuego, incendio, llamas)*. Se combina además con sustantivos de persona, tanto individuales como colectivos *(soldado, dictador, enemigo, pueblo: Un dictador difícil de aplacar)*, así como con otros que denotan dolor, molestia o enfermedad *(dolor, picor, fiebre, dolencia, enfermedad)*. También se combina con...

A SUSTANTIVOS QUE DESIGNAN DIVERSOS SENTIMIENTOS, SENSACIONES Y ESTADOS DE ÁNIMO DE SIGNO NEGATIVO, EN ESPECIAL LOS REFERIDOS A LA EXCITACIÓN NERVIOSA, EL ENOJO, LA AVERSIÓN Y EL DESASOSIEGO. TAMBIÉN CON OTROS QUE EXPRESAN ALGUNAS DE SUS MANIFESTACIONES EXTERNAS: **1 nervios ++:** ...pero el aplastante triunfo (5-1) sirvió para *aplacar* los nervios en todos los rincones del club. EME010496 **2 ánimo ++:** En medio de la violencia, llegaron efectivos policiales que al usar gases lacrimógenos para *aplacar* los ánimos agravaron el caos. ENH140797 **3 ira ++:** Pero esas medidas no lograron *aplacar* las iras populares ni detener el proceso hacia su salida del poder en Ecuador. SEM110297 **4 cólera +:** Antes de partir, Kabera *aplacó* su cólera, tratando de contener las lágrimas. EME020595 **5 enfado:** Inmediatamente se sentó a mi lado y para *aplacar* mi enfado me ofreció frutas de su cesto. EME100695 **6 rabia +:** ...está intentando *aplacar* la rabia de árabes y musulmanes respecto a la guerra en Afganistán. EPE271101 **7 ansiedad:** ...para *aplacar* la ansiedad que sufren muchos de los pacientes en el transcurso de la terapia. EME051296 **8 crispación +:** En un intento por *aplacar* la crispación provocada en las filas de los reformistas... EME201295 **9 enojo:** ...repartir equitativamente razones y excusas y, sobre todo, para *aplacar* el enojo del lector impaciente. LVE041196 **10 indignación:** La indignación de Pujol se *aplaca* cuando el equipo de Vilarasau accede a rescatar algunos de sus «proyectos nacionales». EME140496 **11 inquietud:** ...en un intento de *aplacar* la inquietud social que ha despertado el proyecto... EPE250999 **12 excitación:** ...vendrá a consolarme y a prestarme ayuda *aplacando* mi excitación nerviosa. EPE060999 **13 angustia:** Aplaca su angustia consolándose con la fantasmagoría de esgrimir un teléfono portátil junto al mar. EME190896 **14 descon-**

tento +: ...es una petición formulada para *aplacar* el descontento que aflorará el próximo domingo durante la reunión del Consejo Nacional... EME090396 **15 disgusto:** Dicen que ni el posterior Premio Nobel que recibió en Estocolmo ha *aplacado* su disgusto por el extravío de los calzones... EPE191299 **16 cabreo:** El tanto del brasileño, autor también del primero, no *aplacó* el cabreo de Robson... EME130996 **17 odio:** Las muertes «elegidas» de ETA no son ya estratégicas (como las de las guerras), ni tampoco son de las que, una vez cumplidas, *aplacan* el odio, la ira, la rabia. EPE150700 **18 rencor:** No obstante, dos décadas no han sido suficientes para *aplacar* antiguos rencores. EME120795 **19 sollozo:** El volumen de la televisión *aplacó* en ocasiones los sollozos del pequeño que se repitieron constantemente durante dos días. LVE110796 **20 sufrimiento:** ...para colmar sus ansias de infinito; para que deje la gobernación del Estado; para *aplacar* sus sufrimientos. EME170594 **21 estrés:** Lo que más buscan los ciudadanos es un poco de mesura con la que *aplacar* el estrés... EME021096

B SUSTANTIVOS QUE DENOTAN NECESIDAD FÍSICA, DESEO VIVO O APETENCIA, A MENUDO VEHEMENTE: **22 sed ++:** ...Fuengirola logró mediante perforaciones y recursos varios la obtención de agua suficiente para *aplacar* la sed de sus 50.000 habitantes... LVE110895 **23 hambre ++:** Atienza señaló que la pesca es un «recurso más para *aplacar* el hambre en el mundo»... EME221095 **24 ansia +:** Para *aplacar* las ansias de los forofos de las grandes motos, BMW será la marca de referencia. EPE231099 **25 ímpetu ++:** El Deportivo *aplaca* el ímpetu del líder. EME150195 **26 pasión ++:** ...sólo regresa al orden cuando la pasión ha sido *aplacada* por el desengaño de que todo ha sido sueño. EME200796 **27 deseo +:** ...terminaron de *aplacar* los deseos verdiblancos, que fueron perdiendo definitivamente el tono hasta el final del partido. EME071295 **28 ardor ++:** El motivo: *aplacar* los ardores propios de la juventud y, sobre todo, de esa sangre africana tan caliente. EME090696 **29 apetito +:** ...para *aplacar* el apetito con unas pastas, sustitutivas del almuerzo... EPE110699 **30 ambición:** ...porque es un mundo incapaz de satisfacer los anhelos, las expectativas de cada cual o de *aplacar* las ambiciones. EPE120700 **31 fogosidad +:** ¿El calor excita o *aplaca* la fogosidad? EME190896

C SUSTANTIVOS QUE DESIGNAN ACTITUDES VIOLENTAS U HOSTILES, ASÍ COMO OTRAS QUE SE CARACTERIZAN POR LA ESPECIAL EXCITACIÓN DEL ÁNIMO: **32 violencia +:** ...a Gandhi, que quiso con su ejemplo *aplacar* la violencia en su país y acabó siendo víctima del fanatismo... CAN241100 **33 agresividad +:** ...desde *aplacar* la agresividad de los milicianos en los controles a conseguir alojamiento en una aldea... EME110895 **34 belicosidad:** A veces, estallan trifulcas entre los agentes y los colonos, cuando los primeros intentan *aplacar* la belicosidad de sus «protegidos». EME080394 **35 crueldad:** ...el sentido del humor que despliega, necesario, según el biógrafo, «para *aplacar* la crueldad de algunos de los acontecimientos que se cuentan». EME200996 **36 hostilidad:** Para *aplacar* la hostilidad de sus señorías, Boris Yeltsin ha ordenado a su primer ministro, Viktor Chernomirdin... EME291196 **37 presión:** El gobierno del país aceptó las resoluciones internacionales para *aplacar* la presión de la opinión pública a la que se veía sometido. INDOC

D SUSTANTIVOS QUE DESIGNAN MANIFESTACIONES DE DISCONFORMIDAD, FRECUENTEMENTE DE NATURALEZA VERBAL: **38 crítica ++:** Pero la victoria fue difícil y tuvo ribetes de dramatismo hasta el último minuto y sin duda no *aplacará* las críticas contra el rendimiento de la selección tica. ENH120597 **39 protesta ++:** El gobierno Juppé está dispuesto a concederles el dinero que piden para *aplacar* su protesta. EME101295 **40 acusación:** Con evasivas, Antic intentó *aplacar* las acusaciones que lo señalan como responsable del frustrado regreso de Futre. EPD160198 **41 queja:** Flores quería así *aplacar* las quejas de los representantes regionales por la falta de coordinación de estos primeros días. EPE211001

E SUSTANTIVOS QUE DENOTAN PROBLEMA, DIFICULTAD O DESEQUILIBRIO: **42 crisis +:** ...y que tenía razón cuando sostuvo que el debate no ha servido para *aplacar* la crisis política... EME160295 **43 tensión +:** La designación de la presidente interina logró *aplacar* la tensión. CLA100297 **44 problema −:** Cuando Federico Pérez fue prefecto de Pichincha se intentó *aplacar* el problema mediante un convenio... BYN071297 **45 problemática −:** ...donde anunciaron avances significativos en las negociaciones para *aplacar* la problemática de los habitantes de ambos países... LPH250297 **46 conflicto:** ...necesitará poner en juego sus dotes diplomáticas para *aplacar* el grave conflicto que se ha suscitado con motivo de... INDOC **47 diferencia −:** Podría dar pasos para que Chipre entrara en la UE o intentar *aplacar* diferencias turco-griegas... LVE220996

F SUSTANTIVOS QUE DESIGNAN SITUACIONES DE CONTROVERSIA, GENERALMENTE VIVA: **48 discusión +:** La aprobación legislativa de la llamada ley de Punto Final no *aplaca* la discusión sobre el tema de los derechos humanos, pero lo pone en segundo plano. HOY230287 **49 polémica +:** El primer ministro, John Major, intervino más tarde para *aplacar* la polémica que las palabras de su ministra habían desencadenado. EME301096 **50 escándalo +:** ...unas declaraciones en ese sentido de Johnson, quien después dijo haberlas hecho para ver si el escándalo se *aplacaba* de esa forma. LVG301091 **51 controversia:** ...han tratado de *aplacar* la controversia reiterando que es una medida para extranjeros... EPE161101

G SUSTANTIVOS QUE DESIGNAN SITUACIONES DE OPOSICIÓN O ENFRENTAMIENTO, ASÍ COMO ALGUNOS DE SUS RESULTADOS NEGATIVOS: **52 revuelta +:** Aquella revuelta vergonzante se *aplacó* y no ha habido desde entonces incidentes del relieve. EDV070201 **53 rebelión +:** El meollo de la cuestión era el ordenancismo militar aplicado a *aplacar* la rebelión tropical de los carajos. EME260196 **54 rechazo:** ...por razones diversas parece haberse *aplacado* el rechazo social por la violencia gratuita... EPE221099 **55 derrota −:** ...cuando aún no se *aplacan* las derrotas sufridas en las urnas... HOY291297 **56 motín:** Clemente salta en apoyo de Arsenio para *aplacar* el motín del Deportivo. LVE180195 **57 conflicto:** Evidentemente, espero los conflictos, pero mi intención es *aplacarlos*, porque lo que yo muestro es la realidad y no hay nada malo en enseñar esas cosas. EME121195 **58 batalla:** La gran escapada *aplacó* la batalla que se esperaba en el grupo. EME040694 **59 enfrentamiento:** El enfrentamiento magistrados-Gobierno no se *aplaca*, tras las duras críticas del fiscal de «Manos Limpias»... ENV190597 **60 guerra:** La reunión que ayer mantuvo la presidencia federal no sirvió para *aplacar* la guerra interna abierta en la federación de izquierdas. LVE090196 **61 bronca:** Ellos creyeron que podrían *aplacar* la bronca social con la presentación inmediata del programa de vivienda popular... DHE100297

H SUSTANTIVOS QUE DENOTAN TEMOR, INCERTIDUMBRE O SOSPECHA. TAMBIÉN CON OTROS QUE SE REFIEREN A LOS AGENTES QUE PROVOCAN HABITUALMENTE ESAS SENSACIONES: **62 sospecha** +: Un atenuante que puede servir para *aplacar* las sospechas que inquietan a la opinión pública... EME131195 **63 temor** +: «Calculo que lo que planeaban es algo semejante a los incidentes con antrax en EE. UU.», dijo Michael Yardley, experto en terrorismo, con la intención de *aplacar* temores mayores. LRE090103 **64 preocupación:** La explicación oficial no ha servido sin embargo para *aplacar* la preocupación por la existencia a la sombra de la NRO... EME310196 **65 incertidumbre:** ...para intentar *aplacar* la incertidumbre que invade por estos días a los habitantes de las islas. CLA280199 **66 duda:** ...que necesita un buen arranque en el caucus de Iowa y la primaria de New Hampshire (12 y 20 de febrero) para *aplacar* unas dudas que no disipa... LVE310196 **67 miedo:** La gente exigía soluciones inmediatas, un «valium» para *aplacar* no sólo el miedo al hombre-bomba... EME310596 **68 pánico:** Con el fin de *aplacar* el pánico entre los civiles bosnios, el viernes se alcanzó un acuerdo que prorrogará durante 45 días... EME040296 **69 fantasma:** ...que ha vencido en siete etapas de la Vuelta a España y en cinco del Tour, se estrenaba en el Giro de Italia, *aplacando* además los fantasmas propios... EME010694 **70 desconfianza** –: Pero la mejoría de la divisa contribuyó a *aplacar* las desconfianzas, incluso si se tienen aún moderadas cautelas... LVE110495

☐ Véase también: **acallar, aliviar, apaciguar, apagar(se), atemperar, calmar(se), mitigar, tranquilizar(se).**

a placer ♦ **cabecear, controlar, dominar, golear, jugar, marcar, rematar,** *otros verbos que designan actividades deportivas*

aplastante *adj.* **I** En el sentido de 'abrumador, definitivo' se combina con...

A EL SUSTANTIVO *RESULTADO*, ASÍ COMO CON OTROS QUE DESIGNAN LAS FORMAS EN QUE SE MANIFIESTA EL FINAL –FELIZ O DESAFORTUNADO– DE ALGUNA ACTUACIÓN: **1 resultado** ++: ...fue nombrado ayer secretario de organización (...), con un resultado *aplastante* de los miembros del Consell Nacional... LVE290196 **2 victoria** ++: ...la victoria *aplastante* del FIS en las municipales del 90 (...) obligó a frenar el proceso de democratización. ECA050792 **3 triunfo** ++: ...conectaron jonrones en la primera entrada para darle a los Indios de Cleveland un *aplastante* triunfo de 20-4... ENH020397 **4 derrota** ++: ...negó ayer que la *aplastante* derrota (...) fuera a comprometer el futuro... LNA300692 **5 goleada** +: ...*seguirá* dirigiendo al conjunto local, a pesar de la *aplastante* goleada sufrida el pasado domingo... ESH111000 **6 éxito** +: ...el éxito más *aplastante* de la temporada... ABC140795 **7 fracaso:** Nada tan deprimente como una victoria anunciada convertida en un fracaso *aplastante*. LVE190594 **8 balance:** ...ha venido manteniendo una abrumadora superioridad (...), al punto de mostrar un balance casi *aplastante*... EPE200280

B SUSTANTIVOS QUE DENOTAN SUPERIORIDAD: **9 mayoría** ++: ...la ley (...), aprobada el martes en el Senado por una *aplastante* mayoría. INF010896 **10 superioridad** ++: ...la superioridad del fútbol argentino es *aplastante*. LEC030497 **11 ventaja** ++: A partir de ahí podremos establecer el juicio (...) de si existe ventaja o no y si ésta ha sido *aplastante* o pírrica. FDV070201 **12 predominio** +: ...comenzaron los gobiernos civiles (...), con predominio *aplastante* de la confederación... ENV110797 **13 hegemonía** +: ...parece la alternativa más sólida para discutir la *aplastante* hegemonía que el Atlético está demostrando en esta Liga. LVE290196

C SUSTANTIVOS QUE DENOTAN FUERZA O DESIGNAN OTROS RASGOS Y ATRIBUTOS CARACTERÍSTICOS DE LA SUPREMACÍA O LA AUTORIDAD: **14 fuerza** ++: ...responde a un problema esencialmente político con una *aplastante* fuerza militar... LVE160196 **15 dominio** ++: El dominio de las distribuidoras norteamericanas es *aplastante*... PME271096 **16 poderío** +: La exhibición del *aplastante* poderío militar... LVE180895 **17 presión** +: A través de una presión *aplastante* (...) desarmó al Atlético... EPE270699 **18 poder:** Nadie (...) podrá imaginar en qué consistía (...) el *aplastante* poder comunista... LVE141295

D SUSTANTIVOS ABSTRACTOS QUE DESIGNAN LA CONDICIÓN DE SER CORRECTA O APROPIADA ALGUNA ARGUMENTACIÓN. TAMBIÉN CON OTROS QUE SE REFIEREN A ESE MISMO RAZONAMIENTO O A LAS PRUEBAS QUE LO JUSTIFICAN: **19 lógica** ++: ...la debe quitar (...) el organismo internacional, eso es de una lógica *aplastante*. LNC230197 **20 coherencia** +: Para el jugador moscovita, este silencio temporal responde a una coherencia *aplastante*... EME300395 **21 razonamiento** +: ...nos conduce a un razonamiento cuanto menos preocupante, por lo *aplastante* y estremecedor... EPE301299 **22 evidencia** +: ...sólo cede cuando las evidencias son *aplastantes*... EUV300696 **23 documentación** +: ...no hay aquí tópicos al uso, sino una documentación *aplastante*... ABC100694 **24 argumento** +: ...la presencia de las máximas autoridades representativas del Estado añade un argumento *aplastante*. LVE271096 **25 testimonio** +: A pesar de los testimonios *aplastantes*, los jurados decidieron (...) la absolución del joven... ENH090397

E SUSTANTIVOS QUE DENOTAN PESO O ROTUNDIDAD, Y –POR EXTENSIÓN–, RELEVANCIA O SIGNIFICACIÓN: **26 peso** ++: Está el *aplastante* peso del mercado: Clinton ya ha anunciado que en el año 2005, el de las Américas será el mayor mercado... LVE171294 **27 importancia:** A lo mejor tiene que ver con esta importancia *aplastante* que han tomado los medios de comunicación... LVE171294 **28 solidez:** ...una prosa rotunda, contundente, de *aplastante* solidez. INDOC

F SUSTANTIVOS QUE DENOTAN EFECTIVIDAD O GARANTÍA EN EL CUMPLIMIENTO DE ALGO: **29 seguridad** +: Balanchine tenía esa seguridad *aplastante* en su trabajo, acaso sabiendo lo que trascendería su elegante manera de transgredir. EPE170700 **30 eficacia** +: ...Makaay (...) exhibió una eficacia *aplastante*. EPE230899 **31 firmeza:** Demostró en su intervención temple, seguridad y una *aplastante* firmeza. INDOC

G SUSTANTIVOS QUE DENOTAN ACCIÓN CONTRARIA A ALGO: **32 respuesta:** ...les puedo decir que me quedé loco con lo *aplastante* de las respuestas recibidas. EUV070497 **33 rechazo:** El *aplastante* rechazo al terrorismo (...) se sigue combinando con la apuesta por vías de solución dialogadas... LVE300396 **34 reacción:** El comentario no era tan incisivo como para suscitar esa *aplastante* reacción. INDOC

H SUSTANTIVOS QUE DENOTAN COLABORACIÓN O AYUDA. TAMBIÉN CON OTROS QUE DESIGNAN DIVERSAS ACTIVIDADES EN LAS QUE PARTICIPAN GRUPOS HUMANOS CON LA INTENCIÓN DE LOGRAR ALGÚN OBJETIVO COMÚN: **35 apoyo ++**: ...está narrando, con un apoyo documental *aplastante* y exhaustivo, la historia de la revolución soviética... ABC290193 **36 respaldo +**: ...una vez rechazadas la mayor parte de las enmiendas críticas (...), obtuvieron un respaldo *aplastante*. LVE201295 **37 participación**: ...Engonga aseguró que se necesitarán varios días para tener los resultados oficiales, pero no dudó en avanzar una participación *aplastante*. EPE080399 **38 movilización**: Seguro que si fuese Brasil, Corea o Somalia quien iniciara actividades de este tipo, la movilización en su contra sería *aplastante*. LVE040795 **39 huelga**: ...la huelga no fue *aplastante*, no llegó a los niveles de los anteriores paros... EPE220599

□ Véase también: **demoledor**.

aplastar ♦ **con contundencia, con efectividad, literalmente[20], militarmente, sin concesiones, sin contemplaciones[30], sin remilgos, violentamente** ♦ **acusación, derecho, disidencia, insurrección, libertad, oposición, protesta, rebelión, resistencia, rival**

aplaudir ♦ **a rabiar[1], arrolladoramente[15], atronadoramente, bulliciosamente, calurosamente[6], clamorosamente[11], colectivamente, como (un) loco[3], con entusiasmo, con ganas, con todas {mis/tus/sus...} fuerzas, deportivamente[11], discretamente, efusivamente[2], entusiasmadamente, fervorosamente, fuertemente, intensamente, largamente[39], merecidamente, profusamente[69], públicamente, sin entusiasmo, sin ganas, sin reservas[2], sin tapujos[67], vivamente[24]** ♦ **acción, actuación, decisión, discurso, esfuerzo, gol, idea, iniciativa, intención, labor, medida, programa, resolución, victoria** ♦ **romper (a)[7]**

□ Véase también: **ovacionar**.

aplauso ♦ **apagado, apoteósico[25], atronador, bullicioso, cálido[11], caluroso[9], cerrado, clamoroso[5], cortés, corto, de compromiso, desmedido[74], digno (de), dilatado, diplomático, discreto, efusivo[10], emocionado, emotivo, encendido, enfervorizado, ensordecedor, entrañable, entusiasta, escaso, especial, espontáneo, estruendoso, fácil, ferviente[27], fervoroso[6], final, frenético[42], fuerte, general, gran(de), incondicional, inmerecido[8], intenso, largo, ligero, masivo, merecido, multitudinario[26], nutrido[24], parco (en)[7], popular, prolongado, sincero, sonoro, sostenido, tibio[11], tímido, tremendo, unánime[15], vivo** ♦ **entre** ♦ **andanada (de), lluvia (de)[31], salva (de)** ♦ **acallar[7], acaparar, arrancar, colmar (de)[12], conseguir, cosechar[12], dedicar (a alguien), denegar, desatar(se)[45], desencadenar(se)[28], deshacerse (en)[4], dispensar, encajar[22], estallar (en)[4], ganar(se), gozar (de)[13], granjearse[54], llevarse, merecer, obtener, oír, pedir, prodigar[10], prorrumpir (en), provocar, recibir, regatear[9], rendir, resonar, sonar, sumar(se) (a), suscitar, tributar[21], valer**

□ Véase también: **ovación, silbido**.

aplazamiento ♦ **breve, cautelar, eventual, indefinido, inesperado, inevitable, nuevo, oportuno, posible, provisional, temporal** ♦ **petición (de), solicitud (de)** ♦ **aceptar, anular, anunciar, aprobar, conceder[46], conseguir, decretar, denegar[23], exigir, fijar, forzar, imponer, impugnar[18], justificar, llevar a cabo, llevar a efecto, lograr, motivar, obligar (a), oponer(se) (a), pedir, proponer, provocar, rechazar, revocar[36], solicitar**

□ Véase también: **demora, retraso**.

aplazar ♦ **cautelarmente[11], ilimitadamente, indefinidamente, largamente[36], ocasionalmente, preventivamente, provisionalmente, temporalmente[3]** ♦ **acto, aplicación, aprobación, cita, debate, decisión, elección, encuentro, entrada, fecha, juicio, negociación, pago, resolución, reunión, viaje, vista, votación,** *otros sustantivos de evento* alargar, posponer, retrasar(se)

a plazo fijo *loc.adv./loc.adj.* ▮ Admite sustantivos que denotan dinero *(dinero, capital, fondo)* o designan diversos bienes y servicios bancarios o mercantiles *(depósito, cuenta, letra, crédito, hipoteca, venta, pago, contrato)*. Admite asimismo verbos que denotan posesión o permanencia *(tener, guardar, mantener, conservar: El dinero que mantiene a plazo fijo...)*. También se combina con...

A VERBOS QUE DENOTAN DEPÓSITO O INGRESO ECONÓMICO: **1 depositar ++**: Los 17 millones de libras (...) le van a significar, si los deposita *a plazo fijo* en un banco, una renta de medio millón de libras anuales... LVE130796 **2 ingresar ++**: ...anunció (...) su decisión de ingresar los 6.023 millones *a plazo fijo* en una entidad bancaria durante un año. EME050694 **3 imponer +**: ...ha bloqueado los cerca de 400 millones de pesetas que (...) habían impuesto *a plazo fijo*... EME210696 **4 poner +**: Lo que se provoca con esto es que si un señor tiene mil millones de pesetas, los ponga en un banco *a plazo fijo* en lugar de invertirlos. ABC140495 **5 dejar**: ...se habría podido obtener dejándolo en un banco *a plazo fijo*... EME121196

B VERBOS QUE DENOTAN ELIMINACIÓN, SUSPENSIÓN O REEMPLAZO: **6 abolir**: ...es jurídicamente imposible abolirlo ahora o *a plazo fijo*, salvo si se reforma el Tratado... EPE090299 **7 retirar**: La presión forzó (...) a retirar su propuesta, aunque *a plazo fijo*... EPE280999 **8 suprimir**: Han decidido suprimir *a plazo fijo* derechos que se consideraban conquistas irrenunciables. INDOC **9 sustituir**: ...han conducido (...) a la pérdida de autoridad del primer ministro (...), al que todo el mundo da por sustituido *a plazo fijo*... LVE201295

C OTROS VERBOS; POSIBLES USOS ESTILÍSTICOS: ...explotarlo antes de que (...) se lo coman, *a plazo fijo*, los leones... EME301095

D ALGUNOS SUSTANTIVOS QUE DENOTAN COMPROMISO: **10 compromiso +**: Nosotros (...) somos un partido de palabra y tenemos un compromiso *a plazo fijo.* EME290595 **11 promesa:** Ya ha hecho varias promesas *a plazo fijo*, aunque habrá que ver si las cumple. INDOC

E EL SUSTANTIVO *CADUCIDAD* Y CON OTROS QUE DENOTAN ELIMINACIÓN, CANCELACIÓN O FINALIZACIÓN DE UN ESTADO DE COSAS: **12 caducidad** +: ...atribuía a Convergència i Unió (CiU) una caducidad *a plazo fijo* y concebía su propio futuro sin ataduras de coalición... EPE241299 **13 supresión:** Para Mariano Rubio es necesario distinguir entre procesos estructurales y en ellos incluye la supresión *a plazo fijo* de los coeficientes... EPE010289 **14 quiebra:** ...el sistema camina hacia la quiebra *a plazo fijo*, víctima de un desequilibrio... EME270995 **15 cierre:** ...no aceptarán hablar de cierre del carbón *a plazo fijo.* EME021196 **16 muerte:** La pena de muerte es buen asunto para fantasías, la muerte *a plazo fijo*, la muerte, la oscura maravilla... ABC141094 **17 retirada:** ...paliar el desastre que hoy representa el anuncio (...) de retirada *a plazo fijo.* LVE291196

F OTROS SUSTANTIVOS; POSIBLES USOS ESTILÍSTICOS: ...fechas en las que el consumismo y la alegría *a plazo fijo* vienen ordenadas por el calendario... EPE201201; La de Falla es una tragedia *a plazo fijo*, hay pocas situaciones dramáticas pero muy intensas... EME240396

a plazos *loc.adv./loc.adj.* ▌Se combina con...

A VERBOS QUE DESIGNAN DIVERSAS TRANSACCIONES COMERCIALES Y FINANCIERAS, ASÍ COMO ALGUNAS DE LAS ACCIONES QUE INTERVIENEN EN ESOS PROCESOS: **1 comprar** ++: ...por un abrigo de visón que se había comprado *a plazos* el año pasado. EPE141101 **2 pagar** ++: Conozca las mejores ofertas para darse un capricho y pagarlo *a plazos.* LRE260103 **3 financiar** ++: ...abusó de la deuda interna, financiada *a plazos* cada vez más cortos... CLA310199 **4 cobrar** +: ...estos costes derivados de tener que cobrar *a plazos* tan largos. LVE091196 **5 adquirir** +: ...esos compradores adquieren su coche *a plazos...* EME040394 **6 vender** +: ...los exportadores argentinos y del Mercosur podrán vender sus productos *a plazos...* CLA030497 **7 saldar:** ...propone en cambio que la deuda se salde *a plazos*, gradualmente. LVE271196 **8 abonar:** ... el método consiste en pagar la carretera como se paga un piso: (...) no desembolsar dinero a la constructora hasta que la obra esté concluida, y además abonarla *a plazos*, en varios años. EME091296 **9 prestar:** ...estableciendo como prioridad prestar dinero *a plazos...* EPE010686 **10 fiar** –: Aquí ya no se fía *a plazos.* Probablemente, la medida aun siendo la más acertada o al menos la más inteligente, no satisfaga ni a unos ni a otros. LVE190695

B SUSTANTIVOS QUE DESIGNAN TRANSACCIONES COMERCIALES, ASÍ COMO ALGUNAS DE LAS ACCIONES QUE INTERVIENEN EN ESOS PROCESOS. SE RELACIONAN CON LOS VERBOS DEL APARTADO *A*: **11 compra** ++: ...la pareja rota está llena de deudas –compra de un piso y de electrodomésticos *a plazos*–... EPE261101 **12 venta** ++: ...por lo que su venta *a plazos* no resuelve los problemas de raíz... ENC010301 **13 pago** ++: ...permitirá el pago *a plazos* de las multas de tráfico acumuladas. LVE271296 **14 adquisición:** Los usuarios finales, individuos, verán incrementado su costo en las adquisiciones *a plazos...* LNA290692 **15 financiación:** Es decir que quedan excluidos de la misma los que corresponden a financiación *a plazos.* EME251095 **16 cobro:** ...precisó que «dado el calendario de vencimiento de los cobros *a plazos*, sin interés (...), determina un valor actual de enajenación...». EME080695 **17 desembolso:** La entidad que preside Emilio Botín recibió un primer pago, que no ha querido desvelar, quedando el resto para su desembolso *a plazos.* EPD240997

C SUSTANTIVOS QUE DENOTAN CANTIDAD ECONÓMICA, MÁS FRECUENTEMENTE AQUELLA QUE SE ADEUDA O SE RECIBE EN PRÉSTAMO: **18 préstamo** ++: Así, tendríamos al alcance importantes préstamos blandos y *a plazos* extraflexibles para aplicarlos en inversiones sobre infraestructuras... LDD030797 **19 deuda:** El diagnóstico es que la Argentina tiene vencimientos de deuda *a plazos* más largos... CLA061100 **20 crédito:** Las autoridades brasileñas solamente admiten el financiamiento de compras mayores a esos topes con créditos *a plazos* mayores al año... DLA250797 **21 depósito:** ...se pagará a aquellas personas cuyas sumas de depósito de ahorro, más los depósitos *a plazos*, no excedan los... ESH100797 **22 ingreso:** ...los ingresos netos del Estado por el proceso de privatización ascienden a US$ 4,500 millones, e ingresos *a plazos* por el mismo concepto que totalizan... CAP031096

D ALGUNOS SUSTANTIVOS QUE DESIGNAN DE FORMAS DIVERSAS LA CONCLUSIÓN DE UN PROCESO. USO INFRECUENTE: **23 rendición:** ...y el hecho de que el entreguismo o una rendición *a plazos*, estaban incomprensiblemente... DLA160497 **24 retirada:** Damasco exige a Israel la retirada total y no *a plazos* del Golán. LVE130395 **25 dimisión:** Y no se resuelve con las dimisiones *a plazos* que se ha inventado... EPE160399

E OTROS SUSTANTIVOS; POSIBLES USOS ESTILÍSTICOS: ...un socialismo *a plazos*, comprendiendo al mismo tiempo que el poder... EME060394; ...y hasta ese capricho *a plazos* con el que habías decidido rendirte un merecido homenaje. EME230596; La *certificación* o no de buena conducta por parte de Washington es una vieja guerra (...), enmascarada ahora en una especie de soberanía *a plazos...* GIC031197

a plena satisfacción *loc.adv./loc.adj.* ▌Admite diversos verbos de acción *(cantar, jugar, escribir, enseñar)*, pero se combina más frecuentemente con los que designan la de dirigir o gobernar *(dirigir, gestionar, gobernar, controlar)*, o la de exponer o demostrar alguna cosa *(explicar, aclarar, presentar, probar, demostrar).* También se combina con...

A VERBOS QUE DENOTAN LA ACCIÓN DE CUMPLIR O LLEVAR A CABO UNA TAREA O UNA OBLIGACIÓN: **1 cumplir** ++: Y, así, cumplió su tarea *a plena satisfacción* de los gobernantes... LVE190594 **2 rendir** +: ...demostró que cuando está en buenas manos rinde *a plena satisfacción.* EPE310700 **3 responder** +: ...demostraron disciplina y respondieron *a plena satisfacción.* EPE091199 **4 desempeñar** +: ...que le permite desempeñar la temida «cabaletta» de «la pira» *a plena satisfacción* del público... LVE270295 **5 ocupar:** el grupo editor destaca que el nuevo redactor jefe ha ocupado *a plena satisfacción* los puestos de responsabilidad que... INDOC

B VERBOS QUE DENOTAN LA ACCIÓN DE REALIZAR UNA ACTIVIDAD O PONER EN FUNCIONAMIENTO UNA OPERACIÓN. TAMBIÉN CON OTROS QUE DESIGNAN EL PRO-

CESO DE ESTAR ALGO EN MARCHA O EN FUNCIONAMIENTO: **6 trabajar ++:** ...trabaja *a plena satisfacción* –«como una empleada más»– en el departamento de artes plásticas de la entidad... LVE100595 **7 realizar un trabajo ++:** ...subrayó que realizaban su trabajo *a plena satisfacción* de la Corona. LVE030495 **8 funcionar ++:** ...la guardería infantil de tres años que funcionaba desde 1994 *a plena satisfacción* de padres y madres. EPE080699 **9 ejecutar:** ...el proceso de restauración de la obra, ejecutado a finales de 1996 *«a plena satisfacción»*. EPE220499 **10 aplicar:** ...están aplicando de manera uniforme y *a plena satisfacción* la legislación sobre el tema... EPE230899 **11 practicar:** Los sacerdotes manifiestan, además, su desconcierto, toda vez que la penitencia y absolución comunitaria las vienen practicando desde años y *a plena satisfacción* de sus feligreses. EPE100499 **12 desarrollar:** ...la empresa francesa Alsthom, precisamente la que desarrolla *a plena satisfacción* la primera ruta ferroviaria de la gran velocidad... FDV280301

C VERBOS QUE DESIGNAN LA ACCIÓN DE CONCLUIR UNA TAREA, A MENUDO VENCIENDO ALGUNA DIFICULTAD: **13 resolver +:** ...el doctor sufrió un infarto, que, por fortuna, se resolvió *a plena satisfacción*. LVE061195 **14 superar +:** ...para el traspaso del jugador al conjunto de Sarri..., que superó *a plena satisfacción* el reconocimiento médico al que se sometió por la mañana. LVE300796 **15 solucionar +:** Consiguieron solucionar *a plena satisfacción* los pequeños problemas burocráticos que se habían presentado. INDOC **16 concluir +:** ...han concluido *a plena satisfacción* la inspección reglamentaria del Banco... LVE221095 **17 pasar una prueba +:** ...el almirante Sinegato me notificó que había pasado la prueba *a plena satisfacción* del Comité de Evaluación...EPE300801. EPE300801 **18 terminar +:** ...aquellos becarios que terminaban *a plena satisfacción* su etapa formativa... EPE151001 **19 ultimar:** ...la negociación está prácticamente ultimada, y a satisfacción, *a plena satisfacción* de CiU... EME190496

D ALGUNOS SUSTANTIVOS, MÁS FRECUENTEMENTE SI SE RELACIONAN CON LOS VERBOS DEL APARTADO *C*: **20 final:** ...para que todo lo que se haga tenga un final feliz y *a plena satisfacción* de todos... LVE260395 **21 respuesta:** Fue una respuesta escueta, pero precisa y firme, *a plena satisfacción* de todos los presentes. INDOC

a pleno pulmón Véase: **a todo pulmón**

a pleno rendimiento ♦ empresa, fábrica, jugador ♦ encontrar(se), funcionar, jugar, mantener(se), marchar, operar, trabajar, utilizar

☐ Véase también: **a tope**.

aplicación ♦ abusivo[27], adecuado, al pie de la letra[46], a rajatabla[18], correcto, difícil, discrecional[15], efectivo[37], estricto[35], eventual, indiscriminado, inmediato, literal[20], nuevo, oportuno, permanente, pleno, posible, riguroso ♦ congelar[44], cumplir, decidir, decretar, diferir, estudiar, evitar, facilitar, favorecer, frenar, impedir, iniciar, interrumpir, llevar a cabo, llevar adelante, pedir, prohibir, recomendar, solicitar, suspender, urgir[19], velar (por)[2]

☐ Véase también: **cumplimiento, ejecución, función, funcionamiento, implantación, realización, rendimiento, uso.**

APLICACIÓN Véase: *USO Y APLICACIÓN*

aplicadamente ♦ copiar, dedicarse, dibujar, escribir, esforzarse, estudiar, leer, preparar, repasar, trabajar

aplicar ♦ alegremente, al pie de la letra[29], a rajatabla[11], a ultranza, automáticamente, conjuntamente, consecuentemente, constructivamente, correctamente, cuidadosamente, escrupulosamente[11], estrictamente, exclusivamente, exhaustivamente, férreamente[4], fielmente, gradualmente[39], imparcialmente[12], incondicionalmente, independientemente, inmediatamente, literalmente[49], mecánicamente, meticulosamente, miméticamente[13], ojo por ojo[4], parcialmente, perfectamente, preventivamente, profusamente[17], progresivamente[34], provisionalmente, punto por punto, rápidamente, retroactivamente, rigurosamente, sin restricciones, sistemáticamente ♦ barniz, castigo, cláusula, conocimiento, descuento, fuerza, impuesto, justicia, ley, mano izquierda, medicina, medida, método, norma, pena, pintura, plan, política, pomada, programa, proyecto, reforma, remedio, sanción, sistema, solución, técnica, tortura, tratamiento

☐ Véase también: **aplicarse, emplear, poner en práctica, usar.**

aplicarse ♦ a conciencia, afanosamente, a fondo[21], concienzudamente[26], con entusiasmo, con fruición[17], en cuerpo y alma, esmeradamente, sin reservas

☐ Véase también: **aplicar.**

[aplomo] → **con aplomo**

aplomo ♦ asombroso, considerable, extraordinario, gran(de), inalterable, incuestionable, indudable, necesario, singular, sorprendente, tremendo ♦ con ♦ imagen (de) ♦ actuar (con), conservar, demostrar, derrochar[27], faltar(le) (a alguien), infundir(le) (a alguien), inspirar, mantener, mostrar, perder, recobrar, recuperar, transmitir

☐ Véase también: **calma, serenidad, tranquilidad.**

apocalíptico ♦ acento, aire, anuncio, conclusión, discurso, espíritu, final, futuro, imagen, lenguaje, mensaje, profecía, resonancia, secta, sentimiento, sermón, tono, visión, *sustantivos que designan manifestaciones verbales*

apoderar(se) *v.* ▮ Se construye con la preposición *de*. Admite sujetos de persona *(Los ladrones se apoderaron de varios objetos de valor)*, pero también muy diversos sustantivos abstractos, entre los que se perciben ciertas tendencias claras. Se combina especialmente con...

A SUSTANTIVOS QUE DESIGNAN DIVERSOS ESTADOS DE AFLICCIÓN, MÁS FRECUENTEMENTE LOS RELATIVOS A LA AUSENCIA DE SEGURIDAD, CERTEZA, SERENIDAD, ILUSIÓN O CONFIANZA. TAMBIÉN CON OTROS QUE EXPRE-

SAN SUS MANIFESTACIONES EXTERNAS: **1 pánico ++:** El pánico se ha *apoderado* de los pueblos del sur del Líbano tras el ataque aéreo perpetrado el jueves por Israel... EME040694 **2 temor +:** Aún no sabían que estaban respirando fosgeno, pero el temor se *apoderó* de los ocupantes del vehículo. EME200495 **3 duda +:** También se atrevió con el «cinc de nou amb folre» y la duda se *apoderó* de la plaza. EPE310899 **4 histeria +:** La histeria se *apoderó* de los más de 200 trabajadores del Instituto de Educación de Colima cuando una grieta de dos metros surcó el inmueble. EME101095 **5 nerviosismo +:** El nerviosismo se *apoderó* entonces de los responsables de la convocatoria, que no encontraban respuestas para lo que era obvio. LVE091296 **6 preocupación +:** La preocupación se *apoderó* de la madriguera y la piel se les heló a los aficionados occidentales cuando Norman estrelló una pelota en la barda central... LPN260497 **7 desesperación +:** La desesperación se *apoderó* del Real Maya. LPH030397 **8 tristeza +:** La tristeza se *apoderó* de la delegación nacional patrocinada por Malta Cervunión... ETC060996 **9 pesimismo +:** Poco a poco, el pesimismo fue *apoderándose* de la sociedad británica. EME270595 **10 decepción:** La decepción se *apoderó* ayer de la localidad leridana de Sort (Pallars Sobirà)... EPE231299 **11 desesperanza:** ...la desesperanza se está *apoderando* de todos y cada uno de sus rincones... EME160194 **12 consternación:** ...la consternación se *apoderó* del pelotón en cuanto se hizo oficial la noticia. EPE160599 **13 angustia +:** ...la angustia se *apodera* de muchas de estas personas, ya que pierden la confianza en sus movimientos y piensan que pueden sufrir otro percance. ABC111194 **14 llanto:** Ayer el llanto se *apoderó* del puerto de Manta en Ecuador. ETC251096

B SUSTANTIVOS QUE DESIGNAN SENTIMIENTOS O ACTITUDES DE IRRITACIÓN, ANIMADVERSIÓN U HOSTILIDAD: **15 rabia +:** Una rabia fría se *apodera* de ese tenebroso luchador. LHG040197 **16 odio:** ...el odio está en las miradas y pugna por *apoderarse* de la calle... EME040895 **17 envidia:** ...la envidia se *apoderó* de ella al asistir al espectacular retorno de la estadounidense Monica Seles... EME260296 **18 perversidad −:** El mérito del Semprún (...) es haberse liberado de la perversidad del comunismo, que se *apoderó* de su espíritu tal que el diablo de algunas beatas... LVE060996 **19 violencia:** En la calle, la violencia se *apoderaba* de Buenos Aires... EPE211201

C SUSTANTIVOS QUE DENOTAN FALTA DE CORDURA. TAMBIÉN CON OTROS QUE DESIGNAN DIVERSAS ALTERACIONES O TRASTORNOS DE LA RAZÓN: **20 locura ++:** La locura se ha *apoderado* de una isla de unos 100.000 habitantes... EPE281101 **21 demencia +:** ...la paranoia y la demencia más absoluta se ha *apoderado* de la política museística del Ayuntamiento de Barcelona. LVE080296 **22 obsesión +:** Una obsesión se *apoderó* de él: ganar en Sydney, ganar en Sydney. EPE210900 **23 delirio:** El delirio por Vermeer (1632-1675) se ha *apoderado*, incluso, de los panaderos holandeses... EME280296 **24 fiebre +:** ...la fiebre consumista que se ha *apoderado* de las navidades no ha acabado con estos sentimientos. LVE191296 **25 psicosis +:** La psicosis se ha *apoderado* asimismo de los miles de pacientes que en los últimos meses han pasado por transfusiones de sangre. EME240496 **26 paranoia:** La paranoia se *apoderó* de muchos de los heridos después del atentado. INDOC

D ALGUNOS SUSTANTIVOS QUE DESIGNAN ESTADOS O SENSACIONES FÍSICAS RELACIONADAS CON EL AGOTAMIENTO Y LA NECESIDAD DE DESCANSO: **27 sueño ++:** El sueño comienza a *apoderarse* de los más viejos. EME110394 **28 cansancio ++:** El cansancio se *apoderó* de los de Trapattoni mientras que Luis dio entrada a Vlaovic. LVE250996 **29 letargo:** A veces el letargo se *apoderaba* del auditorio. Parecía que un encantador de serpientes los adormilaba. EXC220996 **30 somnolencia:** Entonces el estado de somnolencia que comenzó a *apoderarse* de las graderías (...) iba de la mano del anestesiado juego del dueño de casa... LEC280297

E SUSTANTIVOS QUE DESIGNAN SENTIMIENTOS DE DICHA O SATISFACCIÓN, A MENUDO INTENSOS: **31 alegría +:** Y la indescriptible alegría que se *apoderó* tanto de don Juan Carlos como de la reina Federica cuando vieron (...) que el recién nacido era el esperado varón, el ansiado heredero. EME081296 **32 optimismo:** El optimismo se *apoderó* de la familia bética porque ven que es posible ganarle a este rival... EPD300897 **33 triunfalismo:** El triunfalismo puede *apoderarse* de todos los frentes gubernamentales... CAP250497 **34 emoción +:** Durante la presentación de los ejemplares, la emoción se *apoderó* de los asistentes. ESH120597 **35 felicidad:** Una felicidad de pularda se *apodera* de las sonrisas de sus protagonistas. EME201296 **36 euforia +:** La euforia se *apoderó* de los inversores y el sector bancario avanzó un 10,24... EPE210899

F SUSTANTIVOS QUE DENOTAN PROPENSIÓN O INCLINACIÓN HACIA ALGO, FRECUENTEMENTE DE GRAN INTENSIDAD: **37 ansia +:** ...no bastaba a satisfacer el ansia de libertad, de «normalidad» siquiera, que se había *apoderado* de los españoles... EME020196 **38 deseo +:** Se ha *apoderado* de nosotros un deseo insaciable de estrechar a nuestros legítimos hermanos... LHG190700 **39 ilusión:** La ilusión se *apoderó* de los aficionados cuando Luna anotó el tanto que servía a su equipo para acortar distancias. EME220196 **40 pasión:** La pasión unionista fue *apoderándose* de él. ESH180996 **41 ideal:** ...ese ideal de perfección se fue *apoderando* de la conciencia hasta alcanzar proporciones desorbitadas... EPE060800

G OTROS SUSTANTIVOS; POSIBLES USOS ESTILÍSTICOS: ...sus esfuerzos caen en saco roto y se extravían cuando de ellos se *apodera* una cursilería extrema propia del culebrón de moda. LTB050900

apodo ♦ **afectivo, artístico, cariñoso, despectivo[11], digno, familiar, honorífico, insigne, insultante, logrado, oportuno, peculiar, profesional, ridículo, viejo** ♦ **cargar (con)[6], colgar (a alguien), conocer (a alguien) (por/con), cuadrar(le) (a alguien), emplear, ganar(se), llevar, poner(le) (a alguien), utilizar**

☐ Véase también: **apelativo, denominación, mote, sambenito.**

apogeo ♦ **brillante, completo, deslumbrante, efímero, fugaz, gran(de), mayor, momentáneo, pleno, rápido, resplandeciente** ♦ **en, en todo {mi/tu/su...}** ♦ **momento (de)** ♦ **alcanzar, cobrar, conseguir, encontrar(se) (en), entrar (en), llegar (a), llevar (a), recuperar, vivir**

☐ Véase también: **esplendor.**

aportación ♦ **a fondo perdido[3], breve, constructivo, creativo, decisivo[75], desinteresado,**

destacado, de valor[20], discreto, económico, encomiable, esencial, esforzado, estimable, extraordinario, fundamental, gran(de), impagable[4], importante, imprescindible, indiscutible, indudable, inestimable, interesado, interesante, loable, mínimo, modesto, necesario, notable, novedoso, original, particular, principal, reconocido, relevante, simbólico, sustancioso, testimonial, trascendental, útil, valioso ♦ brindar, constituir, destacar, hacer, interesar, llevar a cabo, magnificar[49], ofrecer, realizar, recabar[27], recibir, representar, solicitar, sostener(se) (con), suponer

☐ Véase también: **ayuda, contribución, entrega**.

aportar ♦ **a partes iguales[7], económicamente, en la medida de {mis/tus/sus...} posibilidades, por igual, sabiamente ♦ conocimiento, cultura, dato, detalle, dinero, experiencia, fondo, garantía, grano de arena, idea, información, iniciativa, medio, plan, propuesta, prueba, recurso, saber, solución,** *otros sustantivos que designan informaciones*

☐ Véase también: **adjudicar, dar, entregar**.

apostar ♦ **abiertamente, acertadamente, arriesgadamente, audazmente, a ultranza, claramente, con firmeza[12], con valentía, decididamente[2], decisivamente[24], deliberadamente, descaradamente[13], directamente, enérgicamente, en firme[38], equivocadamente[21], explícitamente, firmemente, fuertemente[33], impetuosamente, peligrosamente[39], rotundamente[37], sin remilgos, sin reservas[7], vehementemente, vigorosamente[13]**

☐ Véase también: **jugar, jugar(se)**.

apoteósicamente ♦ **cerrar, clausurar, concluir, finalizar, ganar, presentar(se), regresar, rematar, triunfar, vencer, volver**

apoteósico *adj.* ▮ Se construye con sustantivos que designan espectáculos, así como diversos eventos, sean públicos *(concierto, desfile, ópera, partido, gira, mitin, recital, corrida)* o no *(boda, fiesta, cena, juerga)*. También se combina con sustantivos que designan la forma de participar en ellos las personas que los protagonizan *(actuación, representación, interpretación)*. Admite asimismo sustantivos que denotan momento o período *(tarde, día, fecha, instante, momento, minuto)*, y otros muchos que designan cosas que pueden interpretarse como resultados del esfuerzo personal *(película, pastel, libro, cuadro, gol)*. Admite otros muchos sustantivos, pero se combina especialmente con...

A SUSTANTIVOS QUE DENOTAN CIERRE, FINAL O PUNTO CULMINANTE DE ALGO, GENERALMENTE UN EVENTO O UN ESPECTÁCULO: **1 final ++:** Luego, en el *apoteósico* final (...), los instrumentos de viento sonaron con clara intensidad... DLA010397 **2 broche +:** El broche de la feria de San Mateo, de Valladolid, no pudo ser más *apoteósico*. EME250995 **3 cierre +:** La Semana de Cine Fantástico y de Terror de San Sebastián ha tenido un cierre *apoteósico* de su décima edición... EPE161199 **4 clausura +:** Tendremos, pues, una clausura *apoteósica* que cerrará una de las quincenas más amplias y brillantes... EPE050999 **5 remate +:** Se emplea en tiempos medios y baladas de acústica, con remates *apoteósicos* de voz y luz. EME020496 **6 clímax:** Lapido reserva las densas joyas del repertorio de 091 para el final del concierto y los bises. Lo que garantiza, naturalmente, un clímax *apoteósico*... EPE190699

B SUSTANTIVOS QUE DESIGNAN RESULTADOS, MÁS FRECUENTEMENTE SI SON FELICES Y SE OBTIENEN EN ALGUNA COMPETICIÓN. TAMBIÉN CON OTROS QUE EXPRESAN EL ESTADO QUE ALCANZA A MENUDO EL QUE TRIUNFA EN ALGUNA ACTIVIDAD: **7 éxito ++:** ...cultivó la ranchera de la mano de Juan Gabriel con un éxito *apoteósico*. ENH071100 **8 triunfo ++:** ...dejaron a un lado la objetividad para celebrar el *apoteósico* triunfo... ETC150497 **9 victoria ++:** Una victoria *apoteósica* o una derrota humillante podrían desencadenar reacciones más incontrolables. LVE080396 **10 resultado +:** Utilizaba para ello como punto de partida la renta de los años posteriores a la guerra civil, lo cual le permitía obtener resultados *apoteósicos*. EME030896 **11 fama:** ...pasó casi de repente del absoluto anonimato a la fama más *apoteósica*. INDOC **12 consagración:** La gloria –no una consagración *apoteósica* (...)– llegó, cuán tardía, muy al final de su existencia. ABC221295

C SUSTANTIVOS QUE DENOTAN ENTRADA, RETORNO, APARICIÓN Y OTRAS FORMAS EN LAS QUE SE MANIFIESTA LA PRESENCIA DE ALGO O ALGUIEN: **13 entrada +:** La última de sus entradas *apoteósicas* en campaña la protagonizó ayer... EPE191001 **14 vuelta +:** Wild Wood supuso la vuelta *apoteósica* de un músico que parece estar vacunado frente a las malas críticas ... EME171095 **15 llegada +:** Si (...) había soñado con una llegada *apoteósica* al poder, habrá ya comprobado lo arduo y complejo que le va a resultar gobernar. EME130496 **16 regreso +:** Su regreso a España fue *apoteósico*... EME060296 **17 retorno:** ...tuvo un retorno *apoteósico* en los «play-off» de la NBA... LVE300495 **18 aparición:** La primera aparición (...) ante los periodistas y los militantes fue *apoteósica*. LVE040396

D SUSTANTIVOS QUE DESIGNAN LA ACCIÓN O EL EFECTO DE RECIBIR, DESPEDIR U HONRAR A ALGUIEN: **19 recibimiento ++:** Posteriormente, ya en el último tercio del siglo, hemos de apuntar el *apoteósico* recibimiento a Alfonso XII... LVE310894 **20 despedida ++:** ...el domingo le dedicó una despedida *apoteósica* al final de su interpretación... LVE160595 **21 homenaje:** El Camp Nou se rindió a Cruyff en marzo en un homenaje *apoteósico*... EPE290499 **22 bienvenida:** Todo parece indicar que el pueblo panameño, le brindará una *apoteósica* bienvenida a los «Campeones Mundiales»... ESP210800 **23 acogida:** La acogida a ambos fue *apoteósica*, radiante y pura como la luz de Asturias. LVE140494

E SUSTANTIVOS QUE DESIGNAN DEMOSTRACIONES DE ADMIRACIÓN O RECONOCIMIENTO: **24 ovación +:** ...tras un «estamos aquí porque *semos* solidarios», recibió una *apoteósica* ovación. EME061195 **25 aplauso +:** ...el primero que habló en el escenario fue Víctor Manuel con un «Bona nit Barcelona», que provocó un *apoteósico* aplauso del público. LVE100996 **26 elogio +:** En cambio, en el ruedo, alcanza elogios *apoteósicos* por su trabajo como torero. ETC140175

☐ Véase también: **culminante**.

apoyar(se) ♦ abiertamente[102], abrumadoramente[33], a cara descubierta[31], activamente[6], al unísono[53], a muerte[12], a rabiar[8], ardientemente[7], a regañadientes[20], a toda cosa, a tope[36], a ultranza[6], calurosamente[15], ciegamente[9], con cautela[76], con firmeza[10], con matices[1], con reservas[3], considerablemente[83], con todas {mis/tus/sus...} fuerzas[13], contra viento y marea[7], de antemano, decididamente[1], decisivamente[23], de palabra[22], descaradamente[12], desinteresadamente, de todo corazón[33], económicamente, electoralmente, en cuerpo y alma, enérgicamente[11], en masa[2], enormemente[5], fervientemente[7], firmemente, fuertemente[32], generosamente[4], incondicionalmente[1], lealmente[2], manifiestamente[35], mayoritariamente, mentalmente, mutuamente, ostensiblemente[68], plenamente[39], por activa y por pasiva[41], psicológicamente, recíprocamente, rotundamente[36], sinceramente[28], sin condiciones[27], sin paliativos[11], sin reservas[1], sin tapujos[65], tibiamente, verbalmente[65], vigorosamente[12]

□ Véase también: **animar, ayudar, favorecer, hincar, impulsar, incentivar, jalear, potenciar, promocionar, promover, propiciar, respaldar, secundar.**

apoyo ♦ abrumador[61], aéreo, anímico, aplastante[35], apreciable[28], cálido[9], caluroso[15], ciego[12], clamoroso[38], colectivo, condicionado, condicional[6], con matices[20], constante, decidido, decisivo, desaforado[75], desbordante[39], desinteresado, desmedido[71], directo, discreto, económico, educativo, efectivo[11], eficaz, estimable, estratégico, férreo[72], ferviente[34], fervoroso[8], fiel, firme, fundamental, generoso, humanitario, impagable[5], importante, inapreciable[16], incondicional[7], indudable, inequívoco[42], inestimable, inquebrantable[2], integral[52], intensivo[20], intenso, interesado, leal, multitudinario[14], necesario, notable, nutrido[25], ocasional, pequeño, permanente, profesional, psicológico, puntual, rotundo[77], sin condiciones[6], sin paliativos[70], sin reservas[47], tangencial[44], tenaz[35], testimonial[19], tibio[10], unánime[10], vehemente[5] ♦ con, en señal (de)[19], sin ♦ alcance (de)[37], demostración (de)[21], elemento (de), expresión (de)[1], falta (de), manifestación (de)[15], muestra (de), prueba (de), punto (de) ♦ aglutinar[22], agradecer, brindar[1], buscar, canalizar[7], conceder[39], concitar[5], congelar[53], conquistar(se), constituir, contar (con), cosechar[28], dar[3], declinar[39], demandar, denegar, desvanecerse[62], disfrutar (de), dispensar[16], ejercer[55], gozar (de), granjearse[2], hacer extensivo[25], incrementar, intensificar, lograr, merecer, necesitar, negar[68], ofrecer, perder, prestar, prorrogar[31], recabar[11], rechazar, recibir, reclamar, retirar, revalidar[67], servir (de), solicitar, tener, testimoniar[1], venirse abajo[25]

□ Véase también: **aliento, amparo, asesoramiento, asilo, asistencia, ayuda, cobijo, difusión, estímulo, impulso, protección, refuerzo, respaldo, seguimiento.**

APOYO Véase: *AYUDA; PARTICIPACIÓN E INTERVENCIÓN*

APOYO

♦ (SUSTANTIVOS) Véase: abrigar[H], abrumador[K], acérrimo[A,C], a favor[I,H], aglutinar[B], a machamartillo[F], a mano alzada[A], aplastante[H], a ultranza[D], calibrar[L], cálido[C], caluroso[C], ciego[C], clamoroso[F], concitar[B], condicional[C], con matices[E], con reservas[G], cosechar[E,H], dar[A], declinar[I], demostración (de)[D], denegar[G], despertar[E], dispensar[C], efectivo[B], efusivo[C], ejercer[H], encendido[D], en firme[G], en señal de[D], equitativo[G], erigir(se)[D], formular[J], manifestación (de)[C], multitudinario[C], nutrido[D], penetrante[D], recabar[B], revalidar[F,K], robustecer(se)[A], rotundo[J], sin ambages[K], sin condiciones[B], sin perjuicio (de)[G], sin reservas[G], sobrado (de)[I], tangencial[H], tenaz[E], testimonial[D], testimoniar[A], tibio[C], tributar[C], unánime[B], vehemente[B]

♦ (VERBOS) Véase: abiertamente[M], abrumadoramente[G], acaloradamente[C], a cara descubierta[F], a coro[G], activamente[B], a favor[A], al unísono[F], a machamartillo[A], a muerte[C], a rabiar[C], ardientemente[B], a regañadientes[E], a todo trance[B], a tope[F], a ultranza[A], calurosamente[C], ciegamente[C], como un solo hombre[B], con cautela[K], con firmeza[B], con matices[A], con reservas[A], con rotundidad[C], considerablemente[J], con todas {mis/tus/sus...} fuerzas[D], de buen grado[C], decididamente[A], decisivamente[C], de palabra[C], de pleno[D], descaradamente[C], de todo corazón[E], dignamente[F], encarecidamente[C], enérgicamente[B], en firme[J], en masa[A], enormemente[A], estratégicamente[E], maliciosamente[F], manifiestamente[F], notablemente[B], ostensiblemente[L], peligrosamente[G], por activa y por pasiva[E], por mayoría[D], punto por punto[G], repetidamente[B], rotundamente[F], sin ambages[D], sinceramente[E], sin condiciones[H], sin paliativos[B], sin reservas[A], sin tapujos[G], sustancialmente[G], vagamente[G], verbalmente[G], vigorosamente[B], vivamente[A]

□ Véase también: ADHESIÓN; IMPLICACIÓN; PARTICIPACIÓN.

apreciable *adj.* ▌En el sentido de 'digno de ser estimado' se construye muy frecuentemente con sustantivos de persona, especialmente si designan profesiones u ocupaciones *(escritor, cineasta, escultor)* y con otros que expresan diversas virtudes *(sensibilidad, destreza, profesionalidad, madurez)*. Se combina además con sustantivos que designan obras de diverso tipo *(película, tesis, cuarteto, novela)*, magnitudes *(suma, cantidad, altura, profundidad, sueldo)* y otras muchas realidades. Con el significado, próximo a este, de 'susceptible de ser captado o percibido por su magnitud' se combina a menudo con nombres que designan incidentes o acontecimientos considerados dañinos, inconvenientes o reprobables *(desastre, terremoto, incidente)*. También se combina con...

A SUSTANTIVOS QUE DENOTAN CAMBIO DE ESTADO, PROCESO O MODIFICACIÓN DE UN ESTADO DE COSAS: **1** cambio ++: Desde su toma de posesión el nuevo presidente ha introducido, también, *apreciables* y desconcertantes cambios en los planes paramilitares elaborados. DLA160497 **2** variación ++: En ambos casos no existe variación *apreciable* en el consumo. EME210696 **3** desarrollo +: Al contrario, ha sido la artífice de un desarrollo más que *apreciable* del sector en España y empieza a pesar a nivel internacional. LVE140295 **4 evolución** +: ¿Existe una evolución *apreciable* en los postulados ideológicos del PNV, o su siglo de vida puede reducirse a ese movimiento pendular? EPE251199 **5 giro**: No obstante, Joseba Egibar quita trascendencia a ese *apreciable* giro estratégico... EPE070299

B OTROS SUSTANTIVOS QUE DENOTAN CAMBIO DE ESTADO, EN PARTICULAR AUMENTO, PROLIFERACIÓN, DISMINUCIÓN O DESCENSO: **6 aumento** +: ...a pesar del *apreciable* aumento del empleo, los gastos familiares crecieron en el segundo trimestre... LVE290795 **7 descenso** +: ...apenas se han registrado descensos *apreciables* en la fase final de comercialización. LVE191295 **8 incremento** +: ...las elevadas disposiciones de préstamos sindicados que se están llevando a cabo se reflejaron en un *apreciable* incremento de la demanda de fondos. LVE241096 **9 crecimiento** +: ...la industria mantiene todavía un crecimiento *apreciable*... LVE270196 **10 merma**: Inmuebles que (...) fueron expresamente adquiridos por la Universidad para sustituirlos –sin merma *apreciable* de los espacios ajardinados– por una dotación adecuada al servicio de la investigación... EPE030799 **11 recorte** +: Esta sensación ha dominado la escena monetaria durante estos últimos días, consolidando la impresión de que cabe esperar un recorte *apreciable* de los tipos de interés... LVE180296 **12 reducción** +: ...anunció que es previsible una reducción *apreciable* de los beneficios con respecto a 1994... EME041295 **13 suba**: Las empresas «líderes» marcaron una disminución en promedio del 0,90 y el balance de precios fue de 10 alzas y 16 bajas. *Apreciable* suba en Bonos Externos. CLA030797

C SUSTANTIVOS QUE DESIGNAN EL PRODUCTO O EL RENDIMIENTO OBTENIDOS AL FINAL DE ALGÚN PROCESO, MÁS FRECUENTEMENTE SI SE REFIEREN AL RESULTADO FELIZ DE LO QUE SE EMPRENDE: **14 resultado** +: Esa iniciativa no ha producido resultados *apreciables*. EPE271001 **15 fruto** +: Cheb Mami está dejando sus granitos de arena en todo ello y sus diez años de duro trabajo en Francia comienzan a darle frutos *apreciables*. LVE280795 **16 beneficio** +: Con todo, el INI tiene un total de 21 empresas que dan beneficios *apreciables*... EPE010487 **17 logro**: El logro obtenido en conjunto es *apreciable* en nuestro panorama bibliográfico. ABC110394 **18 éxito**: En la época de su aparición en el mercado español tuvo un éxito *apreciable*, debido a que significaba la etapa intermedia entre la motocicleta y el verdadero automóvil. EME210395 **19 victoria**: En cualquier caso, existe la impresión de que Roca ha logrado anotarse una *apreciable* victoria en la batalla de imagen... LVE240595

D SUSTANTIVOS QUE DENOTAN INCONVENIENTE O CONTRARIEDAD. TAMBIÉN CON ALGUNOS QUE DESIGNAN NOCIONES RELACIONADAS QUE EXPRESAN DESACIERTO O DEFICIENCIA: **20 problema** +: ...puede ser desestabilizador, tocar un campo tan peligroso y complicado como el lingüístico (...) ahora que no había problemas *apreciables*. LVE131195 **21 dificultad**: ...no estaba en buena forma y eso se notó «en la primera y popular aria, con *apreciable* dificultad». EME301095 **22 error** +: No hubo distracciones, ni errores *apreciables*, como no fuera la dificultad de Seedorf para superar a David por el costado derecho. EPE220399 **23 fallo**: ...es popular, populista, listo como el hambre y el último bastión de las mayorías absolutas. No le veo fallos *apreciables*. EME250795

E SUSTANTIVOS QUE DENOTAN VARIEDAD, DIVERGENCIA O DESACUERDO EN DIVERSOS GRADOS. TAMBIÉN CON ALGUNOS QUE DESIGNAN LAS ACCIONES QUE PRODUCEN ESOS RESULTADOS: **24 diferencia** ++: Lo interesante de estas opiniones es que revela una diferencia *apreciable* entre la actitud norteamericana y de las potencias europeas. EPE130800 **25 discrepancia** +: En la mayoría de las democracias occidentales, la política se ha transformado en un mercado cautivo, copado por unos pocos partidos, sin discrepancias *apreciables* en sus discursos... EME200996 **26 diversidad**: ...lo que la exposición parece pretender mostrar, sobre todo, es su diversidad y *apreciable* profundidad histórica. ABC080494 **27 ruptura**: La principal ruptura *apreciable* está fijada por el comercialismo... PME210796

F SUSTANTIVOS QUE DENOTAN AYUDA, ADHESIÓN, INFLUENCIA O CONTRIBUCIÓN A ALGO EN DIVERSOS GRADOS: **28 apoyo** +: ...especialmente en el caso de las municipales, en las que IC-V conserva un *apreciable* apoyo electoral... EPE211199 **29 influencia** +: ...sacó como conclusión en su última evaluación científica periódica a gran escala sobre el cambio climático que hay una «influencia humana *apreciable*» en el clima global. EPE140799 **30 respaldo**: «incuantificable, pero *apreciable* respaldo político y diplomático...». EPE210677 **31 auxilio** –: Dos libros recientes de Francisco Cabrillo pueden servirnos de muy *apreciable* auxilio en este empeño... ABC250992

G SUSTANTIVOS QUE DESIGNAN DATOS, MEDIDAS Y OTROS INDICADORES ANÁLOGOS: **32 signo** +: ...el Celta no dio signos *apreciables* de querer igualar el marcador. LVE011296 **33 grado** +: La sociedad catalana es tranquila, equilibrada, estable y presenta un grado *apreciable* de felicidad colectiva. EPE040899 **34 magnitud**: En Castelldefels fueron varios los focos de incendio, aunque ninguno llegó a tener una magnitud *apreciable*. LVE230694 **35 dosis** +: Su victoria de ayer sobre el Tenerife fue justa y merecida, pero estuvo acompañada por una *apreciable* dosis de suerte. EME100495 **36 porcentaje** +: Este reprocesamiento de crudo para consumo exterior permitió a las refinerías españolas mantener un porcentaje *apreciable* de ocupación... EPE020284 **37 medida**: ...su función como forjadores de la nueva generación ha experimentado un sensible deterioro, en medida *apreciable*... LPH170996 **38 índice**: ...estos documentales (...) aseguran, no obstante, *apreciables* índices de audiencia entre un público muy fiel a esta clase de ofertas. LVE160195

☐ Véase también: **ostensible**.

apreciablemente ♦ **inferior, superior** ♦ **alterar, ascender, aumentar, cambiar, descender, disminuir, incrementarse, modificar, progresar, reducir(se), subir**

☐ Véase también: **ostensiblemente**.

apreciación ▮ *(juicio)* ♦ **acertado, agudo, certero, contundente, correcto, discrepante, discreto, ecuánime, equivocado, erróneo, general, global, imparcial, incorrecto, lúcido, nítido, objetivo, oportuno, parcial, particular, personal, primero, sesgado, simple, subjetivo, sutil, tendencioso, último** ♦ **diferencia (de), error (de)** ♦ **confirmar,**

contrastar, corroborar[15], faltar, hacer, refutar, suscribir, verter[18]
▌ *(incremento)* ♦ **a ojo, aproximado, bursátil, constante, contundente, discreto, económico, exagerado, excesivo, fuerte, general, justo, leve, ligero, notable, progresivo, rápido, reciente** ♦ **margen (de), potencial (de)** ♦ **detener, evitar, frenar, generar, presentar, producir(se), registrar, suponer**
☐ Véase también: **valoración**.

apreciar(se) ▌ *(valorar)* ♦ **ajustadamente[15], en mucho[24], en su justa medida, profundamente[36], tremendamente**
▌ *(incrementar su valor)* ♦ **enormemente** ♦ **acción, moneda, valor bursátil**
▌ *(percibir)* ♦ **a lo lejos, a simple vista, claramente, con claridad, con nitidez, de cerca[11], ligeramente[59], nítidamente[6], perfectamente**
☐ Véase también: **notar(se), percibir**.

aprecio ♦ **creciente, desmedido, digno (de), elevado, enorme, escaso, especial, excesivo, general, gran(de), incondicional[14], innegable, leal, mutuo, profundo[21], sincero, singular** ♦ **coger, conquistar(se), disfrutar (de), disimular, ganar(se), gozar (de), granjearse, guardar (a alguien), manifestar, mantener, merecer, mostrar, recibir, sentir[4], tener (a algo/a alguien)**
☐ Véase también: **simpatía, veneración**.

a precio (de) ♦ **coste, fábrica, ganga, liquidación, mercado, ocasión, oro, saldo**

apremiante *adj.* ▌ Se construye muy frecuentemente con sustantivos que denotan situación, estado circunstancial o elemento concomitante *(situación, circunstancia, coyuntura, contexto, atmósfera, factor)*, así como asunto o materia *(tema, asunto, cuestión, caso)*. También se combina con...

A SUSTANTIVOS QUE DENOTAN FALTA, CARENCIA O NECESIDAD: **1 necesidad ++**: ...dar respuesta a las necesidades más *apremiantes* de estos colombianos. EPC190597 **2 carencia +**: ...soluciones para las carencias del pueblo, cada día más *apremiantes*. EXC090596 **3 urgencia +**: ...dinero público necesario para solventar las urgencias más *apremiantes*. LVE100596 **4 escasez**: ...angustiados y desasistidos ante la *apremiante* escasez de alimentos y medicinas. INDOC **5 falta**: ...la carencia de viviendas dignas, la *apremiante* falta de alimento, la miseria... ABC260293 **6 vacío**: ...un vacío de sistema económico es mucho más *apremiante*... EME280696

B SUSTANTIVOS QUE DENOTAN PROBLEMA O DIFICULTAD: **7 problema +**: La deuda interna es considerado el problema más *apremiante* del país. LNC271196 **8 dificultad**: ...la vida tendía a superar casi de forma automática dificultades antes *apremiantes*. EPE211001 **9 desafío**: ...enfrentarse a los *apremiantes* desafíos que tiene planteados la ciencia española. EPE030299 **10 reto**: ...se enfrenta a un reto político igualmente *apremiante*... LVE140796 **11 riesgo**: Ahora, cuando los riesgos coyunturales son menos *apremiantes*, podemos volver a levantar la cabeza y mirar el paisaje que se extiende ante nosotros. EPE230799 **12 dilema**: Se trata, en fin, del cada día más *apremiante* dilema que hoy afronta la prensa del mundo entero de definir hasta dónde llega la vida privada de los personajes públicos. ETC040997

C SUSTANTIVOS QUE DENOTAN DEBER U OBLIGACIÓN. TAMBIÉN CON ALGUNOS QUE DESIGNAN OTRAS FORMAS DE COMPROMISO: **13 tarea ++**: Reuniones, charlas, diálogo (...) se han convertido estos días en tarea *apremiante*... EPE311099 **14 obligación +**: Una obligación que se hace *apremiante* desde el mismo momento... LVE071195 **15 misión**: ...soslayan su misión más *apremiante*: dulcificar en lo posible la derrota electoral... EPE160599 **16 trabajo**: ...se trata de trabajos *apremiantes*, y, en algunos casos, incluso imprescindibles... EPE021199 **17 deber**: ...recordar a los diferentes poderes del Estado (...) el *apremiante* deber de moderación... LVE311295 **18 cometido**: El presidente Eduardo Zaplana comparece (...) sin otro cometido más *apremiante* que el de contarnos fil per randa todo cuanto del mismo sabe. EPE021299 **19 imperativo**: ...como si dar a conocer sus capacidades fuera el imperativo más *apremiante*. LVE180295

D SUSTANTIVOS QUE DESIGNAN MANIFESTACIONES VERBALES O COMUNICATIVAS EN LAS QUE SE APELA A LAS PERSONAS CON ALGUNA FINALIDAD: **20 llamamiento ++**: ...realizaron un *apremiante* llamamiento a sus secuestradores... LVE030695 **21 llamada ++**: Pero recordaréis que toda travesía de la prueba es una llamada *apremiante* a la conversión y a la santidad... EDV230996 **22 petición ++**: En medio de la polémica (...) reiteró su petición «*apremiante*» a ETA para que renuncie a la violencia... LVE301195 **23 demanda +**: ...responder «a la demanda cada vez más *apremiante*» de las poblaciones interesadas... LVE300895 **24 pregunta +**: Ahora la pregunta es mucho más seria y *apremiante*. CAP030497 **25 reclamo**: ...no había hablado del *apremiante* reclamo de la Iglesia para que en Italia se implante una «paridad escolar»... CLA090199 **26 llamado +**: Y en esta VI Jornada Misionera Nacional el llamado *apremiante* es a la evangelización... EUV091096 **27 ruego +**: No hace falta decir que encontraba a la mayoría de los académicos aburridos, a menudo indiferentes a los problemas de una gente cuyos ruegos *apremiantes* ella había comprobado... EME080496 **28 requerimiento**: ...obras de infraestructura que actualmente son requerimientos *apremiantes*... LNP150397 **29 exigencia +**: Pero, como la exigencia del rearme (...) era *apremiante*... EPD250897 **30 queja**: ...la sensación de callejón sin salida a las *apremiantes* quejas de un pueblo... EPE271001

E OTROS SUSTANTIVOS QUE DESIGNAN INSTRUCCIONES, CONSIGNAS Y DIVERSAS ACTUACIONES DE TIPO DIRECTIVO: **31 orden +**: El ministro obraba con celeridad y enviaba a sus subordinados órdenes *apremiantes*. INDOC **32 instrucción +**: ...son miembros de esta profesión los que compran la producción de los paparazzi, cuando no los incitan a llevarlas a cabo, o no mandan con instrucciones *apremiantes* a sus cronistas y fotógrafos. LNP040997 **33 resolución**: Cuando tantas y tan *apremiantes* resoluciones están por tomar... LVE020696 **34 contraorden**: Es jueves y Trillo escucha de labios de Aznar la *apremiante* contraorden: Hay que parar todo... EME280496 **35 amenaza**: ...los rígidos planes bélicos alemanes exigían atacar Francia primero, para derrotarla antes de liquidar la amenaza menos *apremiante* de los ejércitos rusos... ABC130195 **36 consejo −**: ...tampoco consiguen despojar al fútbol de los tonos alegres y primaverales que le dan los que juegan bien, los que ponen la pelota contra el piso a pesar de sus *apremiantes* consejos aéreos. EME090996

F SUSTANTIVOS QUE DENOTAN INCLINACIÓN HACIA ALGO. TAMBIÉN CON OTROS QUE EXPRESAN CAUSA O FINALIDAD: **37 interés** ++: Aclaró, que sólo justifica una sesión extraordinaria tras unas elecciones, el que «haya un interés *apremiante* del pueblo». END141100 **38 preocupación** +: El asesinato de periodistas es una de las preocupaciones más *apremiantes*... ENH150398 **39 objetivo** +: ...se reúnen los presidentes americanos (...) con el *apremiante* objetivo de aprender a «dominar la Tierra» sin violar sus propios derechos ni agotarla hasta su inutilización. LTB071296 **40 causa:** Pero la razón de lo que dice tiene causas mucho más concretas y *apremiantes*. LVE290195 **41 finalidad:** La finalidad más *apremiante*, por tanto, es la de liberar la potencialidad... EME250694 **42 móvil:** La disminuida recaudación hacendaria (...) es el *apremiante* móvil que obliga a a la Secretaría de Hacienda a rigidizar sus acciones. DYM080996 **43 razón:** ¿Cómo se había atrevido a venir a mi casa (...) sino por una razón grave y *apremiante*? EME191195 **44 sueño:** Su sueño más *apremiante* es impartir un diplomado de literatura en lenguas indígenas. PME081296

G SUSTANTIVOS TEMPORALES. TAMBIÉN CON OTROS QUE DESIGNAN LO QUE SE CONSIDERA ACTUAL, INMEDIATO O INEVITABLE: **45 realidad** ++: ...deja volar su imaginación (...) sobre la *apremiante* y sobrecogedora realidad. EXP011091 **46 calendario** +: ...un tratado que no incluirá un calendario *apremiante* de desarme nuclear... LVE300796 **47 plazo** +: Dentro de los plazos *apremiantes*, los protagonistas (...) están obligados... PME120197 **48 tiempo:** En este punto el tiempo es *apremiante*. SEM280197 **49 presente:** ...vivimos instalados en un presente *apremiante*... EPE060899

H SUSTANTIVOS QUE DENOTAN TRANSFORMACIÓN, MUY FRECUENTEMENTE CONCEBIDA CON INTENCIÓN DE MEJORAR ALGUNA COSA: **50 reforma** +: ...se ha venido proclamando que una de las reformas más *apremiantes*... LVE030795 **51 transformación** +: Su actitud (...) hace *apremiante* una transformación radical... EME140694 **52 cambio:** ...ha de preparar el camino para la superación del pujolismo en 1999, para hacer inevitable, *apremiante*, necesario, el cambio. LVE300896 **53 modernización:** ...parte de la *apremiante* modernización del más alto organismo del Estado. LHG210800 **54 renovación:** Pero nadie en el PSOE ignora que, cara a la *apremiante* renovación y regeneración, les ha ocurrido lo peor... EME080396

I OTROS SUSTANTIVOS; POSIBLES USOS ESTILÍSTICOS: ...buitres leonados que avistaban mi *apremiante* carroña... EPE181299; ...la *apremiante* moda de los «deconstruccionistas»... ABC160793; ...como una *apremiante* locomotora que remolca una ristra de capítulos... EPE240799

□ Véase también: **acuciante, imperioso, perentorio.**

apremiantemente ♦ **demandar, exigir, necesitar, requerir, solicitar**

aprender ♦ **a conciencia, a golpes[49], al dedillo[3], al pie de la letra[5], a trancas y barrancas, de cabo a rabo, de carrerilla[16], de corrido, de memoria[3], de oídas[3], de pe a pa, letra por letra, palabra por palabra, punto por punto[61]** ♦ **canción, clave, fórmula, idioma, lección, oficio, regla, tema, truco,** *otros sustantivos que designan informaciones*

aprendiz ♦ **adelantado, aplicado, avanzado, aventajado[3], avispado, disciplinado, díscolo, excelente, indisciplinado, inteligente, joven, metódico, modesto, rezagado, talentoso, voluntarioso** ♦ **como, de** ♦ **condición (de), contrato (de), escuela (de)** ♦ **adiestrar, aleccionar, contratar, convertir(se) (en), formar, instruir, trabajar (de)**

□ Véase también: **alumno, bisoño, discípulo.**

aprendizaje ♦ **abierto, arduo[52], atormentado, completo, concienzudo, costoso, difícil, duro, esmerado, exhaustivo, fácil, improductivo, individual, infructuoso, intenso, laborioso, largo, lento, mutuo, necesario, parcial, rápido, sostenido, técnico** ♦ **años (de), capacidad (de), clases (de), contrato (de), curso (de), fase (de), manual (de), nivel (de), período (de), problema (de), proceso (de), programa (de), sistema (de)** ♦ **asimilar, consolidar, dificultar, eliminar, empezar, extraer, facilitar, favorecer, garantizar, iniciar, mejorar, necesitar, promover, realizar, recibir**

□ Véase también: **conocimiento, enseñanza, magisterio.**

apretadamente ♦ **caer, ganar, superar, triunfar, vencer**

apretado *adj.* ▮ En su sentido de 'apurado, difícil' se combina con el sustantivo *situación* y con otros que denotan coyuntura o situación circunstancial, especialmente si es crítica *(lance, trance)*. Referido generalmente a personas y con el sentido de 'justo, escaso, necesitado', se construye con verbos copulativos *(estar)* o semicopulativos *(andar, ir)* y seguido de un complemento encabezado por la preposición *de* que suele aludir al tiempo o a diversos recursos *(ir apretado de tiempo, andar apretado de dinero)*. En su sentido físico de 'comprimido, concentrado, denso' se combina a menudo con sustantivos que designan escritos o algunos de sus elementos *(letra, línea, párrafo, página, texto)*. Admite también sustantivos de información, especialmente los que denotan exposición o presentación de algo *(descripción, crónica, discurso)*, con frecuencia en forma de compendio o sumario *(síntesis, resumen)*. Se combina asimismo con sustantivos temporales *(jornada, día: He tenido un día muy apretado)* y también con...

A SUSTANTIVOS QUE DENOTAN PLANIFICACIÓN O DISTRIBUCIÓN TEMPORAL DE LAS ACTIVIDADES. TAMBIÉN CON ALGUNOS QUE DESIGNAN ESOS MISMOS EVENTOS O EL CONJUNTO PROGRAMADO DE ELLOS: **1 programa** ++: ...Gaspar y Baltasar pudieran cumplir con el *«apretado»* programa que tuvieron durante la jornada. DDN070101 **2 agenda** ++: ...hizo un alto en su *apretada* agenda para llegar hasta América del Sur. CAR290997 **3 calendario** ++: Ha estado también de por medio el *apretado* calendario impuesto por la Constituyente. ETC011291

4 horario +: Como tenemos tantas asignaturas y los horarios están tan *apretados*, pues eso, que nos ponen exámenes los fines de semana. EME181296 **5 campaña:** Para el presidente Boris Yeltsin no es un paso en su *apretada* campaña electoral, sino un importante salto cualitativo... EME280596 **6 plan:** ...la visita, inesperada, ha tenido que ser encajada con dificultades dentro del *apretado* plan de desplazamientos al extranjero del presidente del Gobierno. EME011196 **7 curso:** Se trata de la primera vez que Teresa Berganza dicta un curso *apretado*, pero bien estructurado, acerca del qué y el cómo del arte de cantar... EPE290799 **8 planificación:** ...sometido, como los demás candidatos, a la *apretada* planificación que decidan los jefes de campaña. INDOC

B SUSTANTIVOS QUE DESIGNAN CONJUNTOS DE COSAS ENTRECRUZADAS, ENREDADAS O ENREVESADAS: 9 entramado +: En este *apretado* entramado de la moda parece no existir ni un solo hueco en el que quepa un alfiler más. LVE010796 **10 trama +:** ...en la trama urbana más *apretada* de acontecimientos desde los finales del XIX (...), Berlín es la ciudad europea con mayor vocación de arquitecturas... EME250695 **11 urdimbre:** En muchos casos los retazos de la memoria personal (...) conforman una *apretada* urdimbre con circunstancias históricas o con fenómenos sociales. BRE160597

C SUSTANTIVOS QUE DENOTAN CURSO O ITINERARIO: 12 trayectoria: Aunque parezca imposible, en esta *apretada* trayectoria todavía hay que hacer hueco a sus dos principales actividades... EPE131199 **13 recorrido:** En un recorrido *apretadísimo*, el cuarteto se embarcó en un proyecto que tiene visos de levantar las expectativas artísticas de cada uno de ellos... EME100896 **14 periplo:** ...los veraneantes se cansan de sus *apretados* periplos turísticos... EPE270899 **15 gira:** El presidente norteamericano buscó un hueco en su *apretada* gira europea... LVE031295 **16 visita:** ...el escritor ha podido realizar estos días una *apretada* visita turística a Madrid, ciudad que ya conocía. EME301095

D OTROS SUSTANTIVOS; POSIBLES USOS ESTILÍSTICOS: Cada uno llevaba *apretada* en la mano la ilusión de ser alguna vez gente de tierra solamente. ABC140495

▌ En el sentido de 'estrecho, ajustado' se combina con...

E SUSTANTIVOS QUE DENOTAN LÍMITE O ESPACIO, A MENUDO ACOTADO O PREVISTO PARA ALGUNA ACTUACIÓN: 17 margen ++: Si los pronósticos de los conocedores no fallan, cualquiera de los dos ganará por un margen *apretado*. HOY240697 **18 plazo ++:** Ante esta situación y dado el *apretado* plazo (...) se ha decidido sustituir el espectáculo de Carles Santos por el bailarín Nacho Duato. LVE191095 **19 cerco:** Las expresiones (...) contienen la esperanza de abrir una brecha en el *apretado* cerco que el gobierno ha levantado en torno a diversas publicaciones. HOY250484 **20 marco:** ...en el *apretado* marco de nuestra ciudad alcanzó encumbradas satisfacciones, como la intendencia municipal, que en estos días ejerce. ABC160994 **21 barrera:** Es habitual que una *apretada* barrera de cogotes cierre el paso a turistas y novatos. LVE240495

F SUSTANTIVOS QUE DENOTAN FINAL, RESULTADO, GENERALMENTE FAVORABLE, O DIFERENCIA ENTRE DOS MAGNITUDES QUE LO COMPUTAN: 22 final ++: ...los malagueños ofrecieron una imagen sólida y cayeron en un final *apretado* que resolvió el factor fortuna... EME071295 **23 resultado ++:** El *apretado* resultado de la votación del domingo anima a los independentistas a confiar en un definitivo referéndum. LVE051195 **24 triunfo +:** El equipo de Olavarría consiguió un *apretado* triunfo en Sunchales... CLA231000 **25 victoria +:** ...un asunto que fue clave para que el SPD obtuviera una *apretada* victoria en las elecciones generales de septiembre. LRE020203 **26 derrota:** Era el triunfo histórico o la derrota *apretada*. Su pie derecho no falló y hoy festeja toda una provincia. LNA250692 **27 desenlace:** ...un desenlace tan *apretado* que permitió a los perdedores pedir inmediatamente un nuevo recuento de los votos... LVE261195 **28 llegada:** No empezaron bien, pero terminaron la prueba en sexta posición, después de una *apretadísima* llegada en busca de algún metal. EME040896 **29 ventaja +:** Los sondeos dan a Chirac una *apretada* ventaja. LVE070595

G ALGUNOS SUSTANTIVOS QUE DESIGNAN FORMAS DE COMPUTAR O PRESENTAR LOS RESULTADOS DE LAS COMPETICIONES, GENERALMENTE ELECTORALES O DEPORTIVAS: 30 marcador ++: En el quinto y decisivo partido de la serie tampoco hubo un marcador *apretado*... EME220596 **31 escrutinio +:** Después de un *apretado* escrutinio, un 50,6% de federalistas canadienses ganó el referéndum a un 49,4% de independentistas. LVE011195 **32 votación +:** ...Major ha vuelto a sobrevivir a una *apretada* votación en la Cámara de los Comunes. LVE030395 **33 clasificación:** La Liga ACB consume a partir de hoy cuatro jornadas entre este fin de semana y el próximo, que pueden dar un vuelco en su *apretada* clasificación... EME220396

H SUSTANTIVOS QUE DENOTAN CONFRONTACIÓN O COMPETENCIA: 34 batalla +: ...no participaron para nada y en nada de la *apretada* e interesante batalla de estos dos equipos. EME280294 **35 contienda +:** En lo que será una de las más *apretadas* contiendas políticas de la historia mexicana (...), la cultura juega un papel secundario, de trámite. PME190197 **36 disputa +:** El resto son incógnitas y el futuro gobierno de la Diputación de Álava se revela como la de más calado político entre todas ellas, dada la *apretada* disputa entre la coalición PNV-EA y el PP. EPE130699 **37 revancha +:** Rusia se tomó una *apretada* revancha de todas las derrotas sufridas ante España en los últimos años... EPE010399 **38 lucha:** La disparidad entre los primeros resultados parciales y las estimaciones no permite predecir el resultado de una extremadamente *apretada* lucha... LVE201195 **39 pugna:** La votación realizada entre 51 especialistas de todo el continente abrió una *apretada* pugna... LVE241296 **40 duelo:** ...lo consiguió en una espléndida carrera en la que mantuvo un *apretado* duelo con las dos hermanas Franco... LVE290296 **41 competición:** Se trata de una competición muy *apretada* en la que resulta aventurado prever quién será el ganador. INDOC

apretar ♦ con fuerza, de lo lindo, firmemente, fuertemente, intensamente, seriamente ♦ acelerador, botón, calor, clavija, cuerda, freno, gatillo, interruptor, manivela, nudo, paso, ritmo, tecla, tornillo, tuerca, *sustantivos que designan prendas de vestir* presionar, pulsar, tocar

apretón de manos ♦ afectuoso, agradecido, cálido[32], caluroso, cordial, cortés, diplomático, efusivo[4], estrecho, firme, formal, frío, fuerte, histórico, largo, protocolario, simbólico, simple, tenso, tímido ♦ dar(se), negar, producir(se), recibir

aprieto ♦ auténtico, colosal, engorroso, grave, insuperable, pasajero, serio[4], verdadero ♦ encontrarse (en), estar (en), meter(se) (en)[13], pasar (por), poner (en), salir (de), superar, ver(se) (en), verse envuelto (en)
□ Véase también: **apuro, dificultad.**

a principio (de) Véase: **a principios (de)**

a principios (de) ♦ año, curso, estación del año, mes, semana, temporada, *otros sustantivos que designan períodos*
□ Véase también: **a finales (de).**

aprobación ♦ definitivo, de la ley, del presupuesto, del proyecto, expreso, final, firme, general, implícito, inicial, inmediato, inminente, irrevocable, legislativo, mayoritario, necesario, oficial, oficioso, parcial, pendiente (de), posible, previo, provisional, rápido, reciente, revocable, total, unánime[2], virtual ♦ a la espera (de), con, en señal (de)[34] ♦ falta (de), gesto (de), muestra (de), nota (de), señal (de) ♦ adherirse (a)[12], agilizar[32], asignar, buscar, conceder, condicionar, congelar[45], conquistar, conseguir, dar[40], denegar[17], desbloquear[21], esperar, firmar, gozar (de)[31], granjearse, impedir, impugnar[37], impulsar, lograr, merecer, negar[79], obstaculizar, obtener, otorgar, pedir, presentar, propiciar, proponer, rechazar, refrendar, requerir, retrasar, revocar, sellar, solicitar, someter (a), supeditar, tener, urgir[21]
□ Véase también: **absolución, acceso, aceptación, aval, beneplácito, conformidad, inmunidad, licencia, luz verde, permiso, visa, visado, visto bueno.**

aprobar ♦ abrumadoramente[37], a duras penas[46], a mano alzada[5], con matices[12], con reservas[4], definitivamente, democráticamente[15], ilegalmente, mayoritariamente, por aclamación[1], por asentimiento, por la mínima, por los pelos[9], por mayoría[12], por unanimidad, sin paliativos[14], sin reservas[12], unánimemente, urgentemente, verbalmente[69] ♦ acuerdo, disposición, documento, examen, iniciativa, ley, lista, medida, moción, norma, presupuesto, programa, propuesta, proyecto, prueba, reforma, resolución, *sustantivos que designan eventos*
□ Véase también: **aceptar.**

apropiarse ♦ abusivamente[18], descaradamente, deslealmente, en exclusiva[15], ilegalmente, ilegítimamente, indebidamente, por completo, presuntamente, sin escrúpulos, valientemente, vilmente
□ Véase también: **arrogarse, quitar(se), robar.**

aprovechamiento ♦ absoluto, académico, adecuado, buen(o), comercial, conveniente, correcto, deliberado, económico, eficaz, energético, escolar, extraordinario, fraudulento, ilegal, ilícito, incesante, indebido, industrial, integral, inteligente, intensivo[17], legítimo, máximo, mejor, oportuno, óptimo, personal, pleno, político, puro, razonable, sostenible, total, urbanístico ♦ plan (de), sistema (de) ♦ buscar, conseguir, favorecer, lograr, mejorar, obtener
□ Véase también: **beneficio, lucro, provecho, uso.**

aprovechar ♦ a conciencia[40], adecuadamente, al máximo, apropiadamente, comercialmente[13], convenientemente, económicamente, electoralmente, en lo posible, en su justa medida, intensamente[27], oportunamente, plenamente, ventajosamente[9], vilmente[13] ♦ beneficio, cambio, capacidad, circunstancia, condición, contacto, coyuntura, cualidad, error, espacio, experiencia, información, infraestructura, libertad, momento, ocasión, oportunidad, recurso, salida, situación, superioridad, tiempo, velocidad, ventaja, viaje
□ Véase también: **beneficiar(se).**

[aproximación] → **por aproximación**

aproximación ♦ acertado, ajustado, analítico, atinado, atractivo, biográfico, bueno, burdo, cauteloso, certero, claro, crítico, difícil, excelente, fallido, fructífero, gradual, histórico, impreciso, lento, libre, literario, mero, nuevo, particular, personal, preciso, primero, progresivo, rápido, riguroso, sesgado, simple, sugestivo, superficial, tosco ♦ por ♦ gesto (de), intento (de), maniobra (de), política (de), voluntad (de) ♦ aventurar, basar(se) (en), buscar, efectuar, emprender, ensayar, facilitar, iniciar, intentar, propiciar, realizar

APROXIMACIÓN
♦ (SUSTANTIVOS) Véase: **estrecho[I]**
♦ (VERBOS) Véase: **a pasos agigantados[A], casero[F], en carne y hueso[C], gradualmente[H], literalmente[J], miméticamente[C], ni de lejos[A], ni por asomo[B], peligrosamente[A], remotamente[E]**
□ Véase también: MOVIMIENTO.

aproximado *adj.* ▮ Se construye con sustantivos que designan cosas cuantificables o medibles *(aforo, déficit, caudal, producción, temperatura)*, seguido de un complemento preposicional que especifica la cantidad o la medida de que se trata *(un aforo aproximado de 100 personas)*. Destacan especialmente sus combinaciones con...

A SUSTANTIVOS QUE DENOTAN DURACIÓN O DESIGNAN DIVERSAS UNIDADES TEMPORALES: **1 duración ++:** ...tendrá una duración *aproximada* de noventa minutos... ETC190597 **2 plazo +:** ...podrá volver a montar en la bicicleta en el plazo *aproximado* de un mes. ENV050900 **3 tiempo +:** ...es elaborado a mano, en un tiempo *aproximado* de 15 horas. EXC250700 **4 período +:** ...un período *aproximado* de dos meses de observación diaria... ETC070497 **5 fecha +:** ...para dirigirse al averiado módulo Spektr el 17 de julio, o en una fecha *aproximada.* EPC080797

6 lapso: ...cuenta con un lapso *aproximado* de dos semanas para dar a conocer su veredicto... ENV120996

B SUSTANTIVOS QUE DESIGNAN OTRAS MAGNITUDES FÍSICAS: **7 distancia +:** ...tiene una distancia *aproximada* de 848 millas... ENH110997 **8 longitud +:** ...tiene una longitud *aproximada* de 30 kilómetros entre Palín y Escuintla. LHG130297 **9 extensión +:** ...camino (...) que tiene una extensión *aproximada* de 180 kilómetros. LTB080497 **10 superficie +:** ...terreno de una superficie *aproximada* de 29 hectáreas... ESP150897 **11 capacidad +:** ...una lancha (...) con capacidad *aproximada* para seis u ocho personas. GIC092600 **12 peso +:** Veintiún paquetes (...) cada uno con un peso *aproximado* de nueve libras... ESH090497 **13 altura +:** ...los mantiene fijos a una altura *aproximada* de 200 m. EUV060499 **14 velocidad +:** El nivel es 10,700 y velocidad *aproximada* 280. CAP141196 **15 medida +:** Se les califica de tarjetas postales cuando sus medidas *aproximadas* son 30,22. LVE021296 **16 tamaño +:** ...tres páginas de un tamaño *aproximado* al de un folio. ABC310395 **17 volumen +:** ...el envío mensual de contenedores, con volumen *aproximado* de 160,000 libras... DYM230796

C SUSTANTIVOS QUE DENOTAN SUMA O CANTIDAD, MUY FRECUENTEMENTE ECONÓMICA, PERO TAMBIÉN SI RESULTA DE OTROS CÓMPUTOS: **18 cantidad +:** ...el monto del convenio asciende en quetzales a la cantidad *aproximada* de 336 millones... LHG220597 **19 cifra +:** ...cuya multiplicación arroja una cifra *aproximada* a los ocho millones de pesos. LNP160497 **20 monto +:** ...un monto *aproximado* de tres mil 50 millones de dólares. DED010297 **21 presupuesto +:** ...tiene un presupuesto *aproximado* de 1.800 millones de pesetas. EME270195 **22 suma +:** ...recibirá una suma *aproximada* de 3.000 millones de pesetas... EME140796 **23 capital +:** El coordinador (...) tiene un capital *aproximado* de 70 mil pesos... HOY180886 **24 número +:** El número *aproximado* de empleados (...) será de cinco o seis personas... EME090696 **25 saldo +:** ...43.000 muertes (...), saldo *aproximado* hasta el año 2000. GIC083297 **26 porcentaje +:** ...se hubiera averiguado qué porcentaje *aproximado* de alcohol... EME110394 **27 cartera −:** ...una cartera agropecuaria *aproximada* a 55 mil millones de pesos. EXC110796

D SUSTANTIVOS QUE DENOTAN VALOR O PRECIO: **28 precio +:** ...venderla por un precio *aproximado* de 80 millones de pesetas. EME131096 **29 importe +:** ...movimientos dinerarios por un importe *aproximado* de 12.000 millones de pesetas... LVE070795 **30 valor +:** El valor *aproximado* de las prendas intervenidas se estima en 4,5 millones de pesetas. ENC251200 **31 coste +:** El acondicionamiento de este suelo tiene un coste *aproximado* de mil millones de pesetas... EME120395 **32 costo +:** El costo *aproximado* del proyecto es de unos 200 millones de dólares... ACP071100 **33 tarifa +:** ...anunciándose para España una tarifa *aproximada* de 3.300.000 pesetas... LVE101295 **34 tasa:** Con una tasa de crecimiento anual *aproximada* del orden del dos... LVE280595

E SUSTANTIVOS QUE DENOTAN CÓMPUTO O ESTIMACIÓN: **35 cálculo ++:** ...hizo un cálculo *aproximado* para conocer a cuánto podrían ascender los ingresos... ABC260293 **36 medición:** ...de trescientos metros de altura, pero es solo una medición *aproximada*. INDOC **37 estimación +:** ...tendrán una estimación *aproximada* de la densidad del asteroide... CLA300199 **38 evaluación:** ...una evaluación *aproximada*, realizada a partir de las estimaciones... LVE260795 **39 conclusión:** ...legó a conclusiones muy *aproximadas* de lo que ocurría en realidad... LVE230396

F SUSTANTIVOS QUE DENOTAN INVERSIÓN O GASTO: **40 inversión ++:** La inversión *aproximada* de esta campaña... EME170395 **41 gasto:** ...los gastos *aproximados* (...) serán de unos 2.400 millones de pesetas. EME300694 **42 aporte:** ...van a hacer un aporte *aproximado* de 300 millones de bolívares. ENV010997 **43 desembolso:** ...un desembolso *aproximado* a los 150 millones de soles. ECP140175

G SUSTANTIVOS QUE DENOTAN PROMEDIO, ASÍ COMO ESPACIO O FRACCIÓN ACOTADOS: **44 cuota +:** ...una cuota *aproximada* del 50 por ciento del mercado. LVE041096 **45 promedio +:** Esto supone un promedio *aproximado* de 1.5 restaurantes por semana. CAP200901 **46 media +:** ...se atienden al año una media *aproximada* de 120 casos con esta dolencia renal... EME180295 **47 marco:** ...se dibuja un marco *aproximado* de lo que deberá ser Cataluña... LVE020395 **48 margen:** ...concedía un margen *aproximado* del 8 sobre Lertxundi. EME090694 **49 franja:** ...una franja *aproximada* del orden de los 78 kms... CAP180196

H SUSTANTIVOS QUE DESIGNAN EL RESULTADO MATERIAL DE OBTENER, VENDER O FACTURAR ALGO, O EL DE REALIZAR OTRAS OPERACIONES ECONÓMICAS O COMERCIALES: **50 beneficio +:** ...tiene anualmente unos beneficios *aproximados* de 2.800 millones... EPE011199 **51 ganancia +:** ...supone una ganancia *aproximada* de 1,34 puntos porcentuales. LVE230195 **52 ingreso:** ...produjeron unos ingresos *aproximados* de 62 millones de pesetas... EPD040997 **53 facturación:** ...una facturación *aproximada* de 4.000 millones de euros. EPE240399 **54 recaudación:** Esto supuso una recaudación *aproximada* de 11,5 millones de pesetas... LVE120995 **55 venta:** ...acabará el ejercicio con unas ventas *aproximadas* de 450.000 millones... EME080596 **56 indemnización:** ...estipula una indemnización *aproximada* de 31 millones de pesetas... LVE200996

I SUSTANTIVOS QUE DENOTAN AUMENTO O DISMINUCIÓN DE UNA MAGNITUD: **57 aumento +:** La medida, que significará un aumento *aproximado* de 16.500 millones anuales... EPE011180 **58 caída +:** ...una caída *aproximada* de un 30 por ciento en el número de espectadores... LVE121094 **59 crecimiento:** ...un crecimiento *aproximado* del 50 por ciento... LVE300195 **60 pérdida:** ...supone unas pérdidas *aproximadas* de 500.000 millones de pesetas al año... EPE190199 **61 subida:** ...una subida *aproximada* del 20% del (...) impuesto de vehículos. LVE231196 **62 alza:** ...habría registrado un alza *aproximada* de un 8%. LVE271195 **63 avance:** Las obras de construcción (...) tienen al presente un avance *aproximado* del 45 por ciento... LTB041296 **64 incremento:** ...esto representa un incremento *aproximado* de 700 mil quintales... PLG300597 **65 disminución:** ...registra una disminución *aproximada* del 40 por ciento... ETC190597 **66 descenso:** ...un descenso *aproximado* de 2.000 millones de pesetas... LVE090696 **67 bajada:** ...fuertes pérdidas en la bolsa con una bajada *aproximada* de punto y medio por cotización. INDOC

J SUSTANTIVOS QUE DESIGNAN INFORMACIONES O SU CONTENIDO, MÁS FRECUENTEMENTE SI SE DIRIGEN A LA COMPRENSIÓN O LA ILUSTRACIÓN DE ALGUNA COSA: **68**

idea +: ...nadie (...) tiene hoy una idea *aproximada* sobre a cuánto ascienden estas deudas. EME120596 **69 conocimiento +:** ...el conocimiento exacto o *aproximado* de los factores actuantes. ETC010690 **70 traducción +:** «Locos de amor», o «Loco para amar», que sería la traducción más *aproximada* de «Fool for love»... EME260295 **71 información +:** ...tener una información lo más *aproximada* posible sobre el inventario del ciervo colorado... LNA260692 **72 definición +:** ...tendríamos una definición muy *aproximada* del actual nacionalismo... EPE060499 **73 ejemplo +:** ...una filosofía (...) de la que tenemos un ejemplo bastante *aproximado* en... LVE220796 **74 respuesta:** Cien títulos podrían dar una respuesta *aproximada*. LVE091295 **75 informe +:** ...un informe *aproximado* acerca de la duración... LVE310196

aproximar(se)

♦ **a lo lejos[36], a pasos agigantados[4], cautamente, con cautela, con precaución, directamente, fatalmente, gradualmente[63], humildemente, inexorablemente[2], lentamente, ni de lejos[3], ni por asomo[16], peligrosamente[2], poco a poco, progresivamente, sigilosamente**

☐ Véase también: **acercar(se), arrimarse.**

a prueba (de)

loc.prep. ▮ Se construye frecuentemente con sustantivos sin artículo, en plural si son contables *(a prueba de bombas)*, y en singular si son no contables *(a prueba de fuego)*. Admite sustantivos que designan diversas formas de ataque, agresión o fuerza externa de cierta importancia *(golpe, ataque, accidente, incendio, bomba, bala, agua, fuego, terremoto: un rascacielos a prueba de terremotos)*. También admite sustantivos de persona, especialmente si se asocian con alguna amenaza o algún peligro *(a prueba de ladrones, de niños)*. Además se combina con...

A SUSTANTIVOS QUE DESIGNAN PROBLEMAS, DIFICULTADES Y OTRAS SITUACIONES CARENCIALES, ADVERSAS O CONFLICTIVAS: **1 adversidad:** La montaña, a su vez, le ha forjado un carácter tenaz, con un marcado espíritu competitivo, *a prueba* de aludes y adversidades. LVE120395 **2 dificultad:** Con unos medios más que modestos y un entusiasmo *a prueba* de las más complejas dificultades, se formó un espacio y un equipo humano... ABC300695 **3 escándalo:** ...han demostrado no ser un club de amigos, sino un partido fuerte. Y también tener un líder con credibilidad *a prueba* de escándalos. LVE050396 **4 crisis:** La transición mexicana más importante en casi un siglo ha sido blindada *a prueba* de crisis con créditos totales que suman 26.440 millones de dólares... EPE110700 **5 estrés:** Asegura que veranea donde le gustaría vivir, pues la residencia, situada sobre una pequeña colina, tiene vista al mar y una tranquilidad *a prueba* de estrés. LVE210896 **6 problema:** Su tenacidad, su esfuerzo *a prueba* de problemas, dificultades y penurias ha conseguido un cierto carácter de continuidad, ya de años, para su compañía... ABC120692 **7 enfermedad:** ...dice que después de dos años de vivir en África esta *a prueba* de enfermedades tropicales. INDOC **8 cansancio –:** ...tienen una preparación física *a prueba* de cansancio y a prueba de sacrificio. LVE080295 **9 desaliento –:** La presión del Atlético fue organizada y persistente, *a prueba* de desalientos. EME220296

B SUSTANTIVOS QUE DENOTAN ERROR O IMPERFECCIÓN: **10 error +:** De todas maneras reconoció que «una redacción no está *a prueba* de errores»... EME030295 **11 fallo +:** No hay ningún laboratorio, por muy controlado y seguro que sea, que esté *a prueba* de fallos. EPE061001 **12 falla:** Para finalizar apunta la empresa de servidores que los sistemas de servidores *a prueba* de fallas, atacan las causas principales de caída de sistemas y perdida de datos... EXC011001

C SUSTANTIVOS QUE DESIGNAN DIVERSAS FORMAS DE ENGAÑO O MANIPULACIÓN. TAMBIÉN CON OTROS QUE EXPRESAN ALGUNAS DE LAS MANIOBRAS O ESTRATAGEMAS QUE SE EMPLEAN AL INTENTARLOS: **13 engaño:** Yo, en concreto, procuro en toda circunstancia ser decente, justo, tolerante y comprensible pero, al mismo tiempo, íntegro y *a prueba* de engaño. EME090795 **14 falsificación:** Son los australianos, cuyo dólar no puede decirse que tenga una circulación mundial masiva, quienes tienen los billetes más *a prueba* de falsificaciones que existen. EME120295 **15 trampa:** La competición tiene un reglamento *a prueba* de trampas. INDOC **16 fraude:** También es claro que no existe ninguno *a prueba* de fraude. EOU120297 **17 infidelidad:** ...Sue Ellen conserva en alcohol su amor *a prueba* de infidelidades y la inocencia de Bobby se ha convertido en estupidez senil. EME181196 **18 artificio –:** ...el quinteto (...) se recreó durante dos horas en un montaje escenográfico superlativo amparado en un repertorio lleno de canciones *a prueba* de artificios... EME030796 **19 manipulación:** ...asegurarse de que (...) se hacen registros de laboratorio *a prueba* de manipulación y de que existen procedimientos para examinar las denuncias de fraude... EPE170399

D ALGUNOS SUSTANTIVOS QUE DESIGNAN LA IMPRESIÓN REPENTINA QUE PROVOCA LO INESPERADO O LO EXTRAORDINARIO: **20 sobresalto:** Si tienen el corazón *a prueba* de sobresaltos, pasen a Tele 5... EME080996 **21 susto:** Por decirlo más claro, aumentó su contención defensiva para estar *a prueba* de sustos. LVE230495 **22 sorpresa:** Su prolongada convalecencia parece destinada a garantizar una buena forma *a prueba* de sorpresas, con vistas a la campaña presidencial de 1996. LVE171295

E ALGUNOS SUSTANTIVOS QUE DENOTAN OPOSICIÓN, DISCONFORMIDAD O RECHAZO. USO INFRECUENTE: **23 rechazo –:** Los cinco meses invertidos en la elaboración y negociación del decreto con los agentes sociales han hecho del mismo un instrumento de empleo «magnifico», *a prueba* de cualquier rechazo. EPE240199 **24 refutación –:** Como nunca, asegura legalidad, *a prueba* de toda refutación, en los comicios. EXC270796 **25 protesta –:** ...a lo sumo algún comentario irritado, que suele expresarse en voz baja para no excitar la sensibilidad del conductor, aunque haya que suponerles curados de espanto y *a prueba* de protestas. EPE221001

F OTROS SUSTANTIVOS; POSIBLES USOS ESTILÍSTICOS: ...contratos profesionales, de cinco años de duración generalmente, *a prueba* de caprichos de políticos o de elecciones, pues el cargo se conserva incluso si cambia el partido en el poder. ABC140194; Por el contrario, el candidato republicano ha mostrado un optimismo *a prueba* de encuestas... EME051196; Gálvez tiene un amor propio *a prueba* de vacilaciones o rutinas... EPE050799

▩ Se combina también con: ♦ **construir, estar, poner, seguir**

aptitud

♦ **admirable, asombroso, escaso, excelente, extraordinario, gran(de), innato, notable,**

portentoso, prodigioso, singular, sorprendente, temprano ♦ falta (de), prueba (de) ♦ adquirir, carecer (de), demostrar, mostrar, poseer, reunir, revelar, tener, valorar

☐ Véase también: **capacidad.**

a puerta cerrada *loc.adv./loc.adj.* ▌Se combina con...

A VERBOS QUE DESIGNAN LA ACCIÓN DE TENER LUGAR UN EVENTO, MÁS FRECUENTEMENTE UNA REUNIÓN: **1 celebrar ++:** Para analizar este caso, el TAD celebró el miércoles una audiencia *a puerta cerrada* de casi cinco horas... LHG280900 **2 reunirse ++:** Durante su tradicional conferencia de los lunes y luego de reunirse *a puerta cerrada* con los legisladores cetemistas... EXC020496

B VERBOS QUE DESIGNAN ACCIONES O PROCESOS DE INTERCAMBIO DE OPINIONES, IDEAS E INTERESES ENTRE PERSONAS O ENTIDADES: **3 discutir ++:** ...se discuten *a puerta cerrada* modificaciones tan grandes al sistema electoral que (...) se puede hablar de un nuevo sistema. ESH210497 **4 debatir +:** Israelíes y palestinos debaten *a puerta cerrada* en Erez la retirada militar... LVE081096 **5 negociar +:** ...durante dos semanas se negoció *a puerta cerrada* en Lusaka. EPE080799 **6 pactar:** Las candidaturas al Ayuntamiento y la Comunidad se están pactando en clave interna, *a puerta cerrada*, a base de microacuerdos... EME200195 **7 deliberar:** ...se inician las actividades con una reunión técnica y durante los dos días siguientes deliberarán, *a puerta cerrada*, los titulares o los delegados... LDD030997

C VERBOS QUE DESIGNAN DIVERSAS MANIFESTACIONES VERBALES EXPOSITIVAS O DECLARATIVAS, MÁS FRECUENTEMENTE SI SE REALIZAN ANTE ALGUIEN CON AUTORIDAD O A PETICIÓN DE OTROS. TAMBIÉN CON ALGUNOS VERBOS QUE EXPRESAN LA ACCIÓN DE PRESENTARSE O ACUDIR A REALIZAR ESAS ACTUACIONES: **8 declarar ++:** ...otros dos testigos comenzarán a declarar el lunes próximo *a puerta cerrada*... CLA290199 **9 testificar +:** ...testificó *a puerta cerrada*, esta vez sobre la autoría intelectual de los atentados terroristas del 11 de septiembre. EPE081001 **10 responder +:** También acordó pedir que un representante de Hacienda acuda (...) para responder, *a puerta cerrada*, a las preguntas de los diputados. EPD080597 **11 comparecer +:** Los secretarios generales (...), tras comparecer *a puerta cerrada* en la subcomisión parlamentaria... LVE081096 **12 intervenir:** ...un individuo de aplastante vulgaridad conocido como Nikita Kruschov intervenía *a puerta cerrada* ante el XX Congreso del Partido Comunista... LVE020396 **13 hablar:** ...inmediatamente después de hablar *a puerta cerrada* con los diputados de su grupo parlamentario. EME210695 **14 informar:** ...que informarán hoy mismo *a puerta cerrada* sobre las escuchas ilegales del CESID... EME150695 **15 comunicar:** ...desvelar el fondo de la cuestión, que sí comunicó *a puerta cerrada* en la Comisión... EME160695 **16 pronunciar:** ...una versión resumida del discurso que pronunció, *a puerta cerrada*, ante los congresistas... EME050796 **17 exponer:** Ambos aspirantes formalizaron ayer sus candidaturas a la secretaría general del partido exponiendo, durante una hora y *a puerta cerrada*, sus líneas programáticas... EME290694

D EL VERBO *JUGAR* Y CON OTROS QUE DESIGNAN LA ACCIÓN DE COMPETIR EN ALGÚN DEPORTE: **18 jugar ++:** «Ahora juego *a puerta cerrada*, sólo para la televisión». PME221296 **19 competir:** Durante ese tiempo, los puntistas se entrenaban y competían *a puerta cerrada*, con apuestas de por medio... EPE170999 **20 disputar –:** El equipo (...) disputará el jueves un amistoso *a puerta cerrada* con la Selección argentina... CLA190199

E VERBOS QUE DESIGNAN LA ACCIÓN DE TRABAJAR O LA DE PONER EMPEÑO EN ALGO, MÁS FRECUENTEMENTE EN EL ADIESTRAMIENTO DEPORTIVO: **21 entrenar ++:** Selección ecuatoriana se entrena desde ayer *a puerta cerrada*. LTB080197 **22 trabajar +:** ...ahora se trabaja *a puerta cerrada*, con otro en esa América adonde irá en busca de arreglos... EME130294 **23 ejercitar:** Además, los búlgaros se ejercitaron *a puerta cerrada*, en un intento por reservar las bazas tácticas... EME090696 **24 ensayar:** El táctico lo ensayaron *a puerta cerrada* por la tarde en el estadio Olímpico, donde se jugará el partido. EPE150999

F VERBOS QUE DESIGNAN LA ACCIÓN DE RESOLVER, ENJUICIAR O DETERMINAR ALGÚN ASUNTO, GENERALMENTE OFICIAL: **25 decidir:** Un ex Secretario del Interior decidió *a puerta cerrada* que Hindley debía permanecer tras las rejas indefinidamente. EME201295 **26 resolver:** El PNV presentó ayer un informe sobre cada uno de los reclusos a la ponencia creada para resolver *a puerta cerrada* las peticiones que se dirijan a la Comisión... EME160394 **27 votar:** En la asamblea que se celebrará el próximo miércoles en Térmens (Noguera), *a puerta cerrada*, los ganaderos votarán la propuesta... EPE300199 **28 elegir:** Elegido, *a puerta cerrada*, como primer ministro de China en febrero de 1976... EPE161280 **29 juzgar:** El procesado, que reside en Andorra, fue juzgado ayer *a puerta cerrada*. LVE240295 **30 gobernar –:** Está decidido a seguir gobernando *a puerta cerrada* (los periodistas parecían personajes de Sartre), porque el infierno son los otros... EME060594

G VERBOS QUE DENOTAN INDAGACIÓN Y ANÁLISIS: **31 preguntar:** ...estoy a favor de que se pregunte sobre la intimidad aunque eso sea sin público y *a puerta cerrada*. LVE020696 **32 examinar:** Así propone como posibilidad que se examinen «*a puerta cerrada* o in camera»... EME101196 **33 estudiar:** ...entre las que figura la solicitud de que tres magistrados estudien *a puerta cerrada* esos documentos secretos. EME201296 **34 revisar:** ...pedir que los polémicos «papeles del CESID» sean revisados por ellos «*a puerta cerrada*» (lo que se denomina «in camera»)... EME091196

H OTROS VERBOS; POSIBLES USOS ESTILÍSTICOS: Michael Schumacher sentaba cabeza en pleno verano de 1995, *a puerta cerrada* –por exigencias de las exclusivas– y con felicitación expresa del canciller Kohl. EME020696

I SUSTANTIVOS QUE DESIGNAN EVENTOS QUE REQUIEREN LA PARTICIPACIÓN DE VARIAS PERSONAS PARA TRATAR ALGÚN ASUNTO: **35 reunión ++:** ...sostuvo una reunión *a puerta cerrada* y después se fue, «no sabemos a dónde, ni con quién». DYM040996 **36 encuentro ++:** El encuentro *a puerta cerrada* se prolongó por espacio de 35 minutos... LVE260595 **37 sesión ++:** Durante los tres días de sesiones *a puerta cerrada*, los participantes analizarán cinco leyes modelo... LPH131100 **38 consejo +:** Eso sólo puede surgir después de unas elecciones por sufragio universal, no, desde luego, únicamente de decisiones de un Consejo de jefes de gobierno *a puerta cerrada* e improvisando. EPE180399 **39 congreso +**: ...en ningún caso admitirán que la comparecencia de Belloch se produzca ante la Comisión de Secretos Oficiales del Congreso *a puerta cerrada*, tal y como parece que es la intención... EME260495 **40 comisión +**: ...sí es partidario de someterse al control parlamentario en las comisiones *a puerta cerrada* con los diputados elegidos para esta actividad. EME260194 **41 asamblea**: Los pescadores celebraron una asamblea *a puerta cerrada* en la lonja de Algeciras... LVE270595 **42 pleno**: Esta decisión del Parlamento (...) fue tomada por el pleno *a puerta cerrada* con los votos a favor... EME010495 **43 concilio**: Y tampoco favorece este objetivo el propio funcionamiento del concilio *a puerta cerrada*... LVE190395 **44 junta**: Junta *a puerta cerrada*. Las filtraciones de cuanto se trató en la última y tormentosa reunión... EPE101299 **45 seminario**: ...haciendo gala de su anglofilia, y de cuyos seminarios *a puerta cerrada* han salido programas electorales, revistas de nuevo pensamiento y hasta estrategias nacionales. EPE050999 **46 debate +**: El debate *a puerta cerrada* fue apoyado por el PSOE bajo el argumento de que la discusión pública podría afectar a la «honorabilidad» de la concejal... EME010396 **47 deliberación +**: Los 100 senadores continuaron ayer sus deliberaciones *a puerta cerrada*. EPE110299 **48 conversación +**: Ambos presidentes iniciaron las primeras conversaciones «*a puerta cerrada*» en busca de vías de solución... LTB050497 **49 diálogo +**: Resistencia y gobierno sandinista reanudaron diálogo *a puerta cerrada*. EUV170498 **50 mesa de trabajo**: Después, se reunieron en mesas de trabajo *a puerta cerrada*; hoy presentarán resultados concretos. EPE250700 **51 negociación**: Sin embargo, a pesar de la larga negociación *a puerta cerrada* en la base militar americana de Ohio, no parece que vayan a ser reos Karadzic y Mladic del Tribunal de La Haya. LVE251195 **52 tertulia**: Después que habían hecho todo eso acá, en esas largas tertulias de Montreal, *a puertas cerradas*, yo me temo que lo que ocurrió... GIC060496 **53 coloquio**: El coloquio continuó *a puerta cerrada*, mientras degustaba con los cursillistas un bufé frío. EME200195 **54 charla**: ...hayan tenido tiempo también para cargar (en charlas *a puerta cerrada*) contra el Estado del bienestar europeo y alabar los salarios chinos. LVE090696

J SUSTANTIVOS QUE DESIGNAN DIVERSAS MANIFESTACIONES VERBALES EXPOSITIVAS O DECLARATIVAS, DIRIGIDAS GENERALMENTE A UN DESTINATARIO. TAMBIÉN CON OTROS QUE EXPRESAN LA ACCIÓN DE ACUDIR A REALIZARLAS. SE RELACIONAN A MENUDO FORMALMENTE CON LOS VERBOS DEL APARTADO *C*: **55 comparecencia ++**: ...nunca solicitó que su comparecencia fuera *a puerta cerrada* y que, supuestamente, el juez Rojas Fernández tampoco había informado sobre una petición semejante. LNC051196 **56 declaración ++**: «Tras dos horas de declaración *a puerta cerrada*», destaca el rotativo neoyorquino... EME230795 **57 discusión +**: ...para una discusión *a puerta cerrada* sostenida con la Comisión de Cultura en la Cámara de Diputados... PME011296 **58 intervención**: ...el papel de máximo portavoz del guerrismo y aprovechó su intervención *a puerta cerrada* en el congreso socialista para lanzar un discurso durísimo... EPE220700 **59 testimonio**: ...fueron promovidas las hijas del mismo acusado que tuvieron que rendir testimonio *a puerta cerrada*, a petición del Ministerio Público... VEN190899 **60 ponencia**: La de la FMM fue la más densa de las cuatro ponencias que se debatieron ayer en el foro, otra vez *a puerta cerrada*. EPE241199 **61 explicación −**: La oposición parlamentaria no se conforma con las explicaciones *a puerta cerrada* que el presidente se ha comprometido a dar ante la Comisión de Secretos Oficiales. EME210995

K SUSTANTIVOS QUE DESIGNAN ACTOS O ACTUACIONES DE CARÁCTER OFICIAL, GENERALMENTE JURÍDICO, EN LOS QUE SE INTENTA ESCLARECER Y DIRIMIR UN ASUNTO: **62 vista ++**: El juicio del caso Arny está sufriendo todos los males de las vistas *a puerta cerrada*. EPD181197 **63 interrogatorio +**: Por razones de seguridad no se ha informado del lugar donde se reúnen, y sus deliberaciones e interrogatorios serán *a puerta cerrada*. LVE111195 **64 juicio**: Junto a Saro-Wiwa fueron ahorcados otros ocho activistas, después de un juicio *a puerta cerrada*. EME111295 **65 investigación**: Después de una investigación *a puerta cerrada*, celebrada con asesores del Instituto Nacional de la Salud... INDOC **66 examen**: El pleno del Congreso empezó con el examen *a puerta cerrada* de la situación de compatibilidad o no de algunos diputados. EPE140599

L ALGUNOS SUSTANTIVOS QUE DENOTAN EVENTO DEPORTIVO: **67 partido**: La UEFA sancionó inicialmente al Madrid la pasada temporada con dos partidos *a puerta cerrada*... EPE021987 **68 enfrentamiento**: He intentado en esta novela multiplicar los obstáculos literarios e intenté hacer algo muy difícil: un enfrentamiento *a puerta cerrada*... EPE231099

M SUSTANTIVOS QUE DENOTAN ADIESTRAMIENTO EN ALGUNA ACTIVIDAD. SE RELACIONAN GENERALMENTE CON LOS VERBOS DEL APARTADO *E*: **69 entrenamiento ++**: Luego del entrenamiento *a puerta cerrada* en el estadio Azul... EXC000901 **70 ensayo**: Por parte del Madrid, Helguera se quedó fuera de la alineación de presuntos titulares en el ensayo *a puerta cerrada* del viernes. EPE041101 **71 prueba**: ...el tribunal optó por realizar las pruebas *a puerta cerrada*. LVE210495

N SUSTANTIVOS QUE DENOTAN DECISIÓN O RESOLUCIÓN. SE RELACIONAN FRECUENTEMENTE CON LOS VERBOS DEL APARTADO *F*: **72 decisión +**: La juez expulsó de la sala a la única periodista presente en el acto, leyó su decisión *a puerta cerrada* y prohibió la revelación de la sentencia... EPE301101 **73 resolución +**: ...se ha decidido invitar a los periodistas, de modo que las resoluciones dejarán de ser *a puerta cerrada*. INDOC **74 votación +**: La votación, que se produjo con papeleta, en urna y *a puerta cerrada*, registró el resultado de 204 votos... EME241195 **75 veredicto**: Los senadores de EE. UU. preparan *a puerta cerrada* su veredicto en el juicio al presidente Clinton. EPE100299

Ñ OTROS SUSTANTIVOS; POSIBLES USOS ESTILÍSTICOS: Por si fuera poco, casi toda su oratoria *a puerta cerrada* trascendió en directo a los periodistas por un fallo técnico... EPE031199

apuesta ♦ **a cara o cruz[12], a favor[32], arriesgado, atrevido, audaz, aventurado, claro, comprometido, decidido, de futuro, difícil, en firme[24], firme, fuerte, gran(de), ilusionante, nuevo, ofensivo, osado, personal, radical, seguro, sin ambages[59],**

sincero, sin reservas[51], sólido, temerario, valiente ♦ aceptar, asumir, doblar, entrañar, ganar, hacer, lanzar, mejorar, perder, plantear, realizar, retirar

☐ Véase también: **juego, jugada, puja.**

a pulso *loc.adv.* ▌En el sentido físico de 'sin apoyar el brazo, manteniéndolo solo en el aire' se combina con verbos y sustantivos que designan la acción o el efecto de dibujar *(dibujar, trazar, dibujo, trazado).* También se combina con...

A VERBOS QUE DENOTAN ELEVACIÓN O LEVANTAMIENTO DE ALGUNA COSA. TAMBIÉN CON OTROS QUE DESIGNAN ACCIONES QUE IMPLICAN EL TRASLADO DE ALGO A UNA POSICIÓN SUPERIOR A LA QUE OCUPA: **1 subir ++:** ...no tiene la pinta de poder correr cinco millas diarias o de poder subir *a pulso* la cuerda. EME140895 **2 levantar ++:** Este será el principio de un amor triste (...) y que si bien la protagonista intentará levantar *a pulso* y con su mejor voluntad, desembocará en la tragedia y la muerte. ABC150995 **3 elevar +:** ...para, cubo a cubo y *a pulso* desde una soga, elevar el agua de un pozo comunal... EME160195 **4 izar:** ...el siniestro espectáculo de los peones tratando de izar *a pulso*, de rabo y cuernos... EME260895 **5 trepar +:** El tío de la niña, con ella a la espalda, consiguió trepar *a pulso* los 20 metros del pozo. EPE300599 **6 escalar +:** ...llegan con las manos vacías a EE. UU. y escalan *a pulso* hasta la cúspide. EPE241099 **7 sacar:** ...conducen los camellos y sacan *a pulso* el agua de los pozos... EPE030899

B VERBOS QUE DESIGNAN LA ACCIÓN DE SUJETAR, SOPORTAR O SOSTENER UN PESO. SE USAN A VECES EN SENTIDO FIGURADO: **8 coger +:** ...«he cogido, con ayuda de otra persona, a muertos que pesaban hasta 130 kilos. Y *a pulso*», apostilla. EME280696 **9 cargar +:** ...200 kilogramos de bomba desactivada que Blanch cargó *a pulso* y se llevó en remolque... EPE030499 **10 aguantar +:** Una creencia no se aguanta *a pulso*. Por eso es ridículo el juicio: «Todos estamos de acuerdo, pero no sabemos en qué». EPE130799 **11 sostener:** La imagen de «La comunidad» es sostenida *a pulso*, minuto a minuto, durante casi dos horas... EPE220900 **12 mantener:** Porque no se trataba en sostener piedras (...), sino grandes bolsas, que luego debían mantener *a pulso*, con los brazos en cruz, el mayor tiempo posible. EPE280299

C VERBOS QUE DENOTAN TRANSPORTE O CAMBIO DE UBICACIÓN: **13 llevar +:** Era capaz de sembrar dos hectáreas de patatas llevando casi *a pulso* la máquina. EPE240199 **14 mover:** ...tienes que mover *a pulso* a una persona que no puede hacerlo por sí misma... EME061295 **15 arrastrar:** ...se montan sobre los troncos, e incluso se animan a arrastrarlos *a pulso*, evitando el uso de cualquier otro medio para acarrear... EPE091299

▌En el sentido figurado de 'sin ayuda, sólo con el propio esfuerzo' se combina con verbos que designan la acción de llevar a cabo alguna tarea o la de poner esfuerzo en ella *(hacer, trabajar, realizar, construir).* También se combina con...

D VERBOS QUE DESIGNAN LA CONSECUCIÓN DE ALGÚN OBJETIVO, ESPECIALMENTE SI SE CONSIDERA MERITORIO: **16 ganar ++:** ...como el más valioso, galardón que se ganó *a pulso* con mística y profesionalismo. EUV090796 **17 labrar +:** ...un camino signado por la esperanza, labrada *a pulso* por un pueblo... CAP280995 **18 conseguir +:** ...todo lo ha conseguido *a pulso* desde aquel puesto de última viola... ABC290494 **19 lograr +:** ...la emoción de un ascenso logrado *a pulso* y plagado de dificultades. EPE010799 **20 adquirir:** ...que la confianza y la credibilidad sea adquirida con resultados y *a pulso*... VIS200397 **21 cosechar:** ...los reproches para Figo y Giovanni, cosechados *a pulso* en ambos casos... LVE231296 **22 forjar(se):** ...el gran especulador se ha forjado *a pulso* su reputación como filántropo... LVE300396

E OTROS VERBOS; POSIBLES USOS ESTILÍSTICOS: ...en esa afición convertida en oficio, esa que ha mamado *a pulso* toda su vida... EPE160899; Fue una venganza calculada fríamente, *a pulso*. EPE170899; El poeta escribe *a pulso*. EXC080696

a punta de {navaja/pistola} ♦ **agresión, asalto, atraco, robo, secuestro ♦ agredir, asaltar, atracar, capturar, detener, irrumpir, robar, secuestrar, tomar**

apuntalar *v.* ▌En su sentido literal se combina con sustantivos que designan diversos tipos de construcciones, así como algunos de sus componentes *(puente, edificio, pared, cimientos).* En sentido figurado se combina con sustantivos de persona, especialmente si designan cargos de alguna responsabilidad *(presidente, jefe, consejero, ministro: un ministro apuntalado por la prensa adicta)*, así como con otros que designan organizaciones, instituciones o regímenes *(estado, administración, equipo, sociedad, empresa, régimen, democracia).* Se usa *apuntalarse* en Costa Rica en el sentido de 'tomar un refrigerio'. Se combina ocasionalmente *apuntalar* con sustantivos que designan acciones o gestiones llevadas a cabo por personas, grupos u organizaciones *(tarea, labor, trabajo, gestión, coordinación, renovación)*, y también con otros que designan informaciones diversas *(dato, cifra, información)* o en general lo que se considera cierto, real o probado *(verdad, realidad, hecho).* Admite asimismo algunos sustantivos que expresan lo que se desea o se pretende conseguir *(esperanza, ilusión, aspiración, sueño)*, pero destacan más su combinaciones con...

A SUSTANTIVOS QUE DESIGNAN UNIDADES VERBALES O COMUNICATIVAS, ASÍ COMO ALGUNOS DE SUS CONTENIDOS, ESPECIALMENTE SI EXPRESAN LA ACCIÓN O EL EFECTO DE SOSTENER UNA IDEA O UN ARGUMENTO: **1 afirmación +:** ...testificó que se había usado fertilizantes, cuando, en realidad, ningún residuo encontrado en la escena del crimen *apuntalaba* científicamente esa afirmación. CLA170497 **2 cuestión:** ...*apuntalamos* la cuestión con nuestra atención y perseverancia en la escapada de Futuroscope. EPE250799 **3 discurso:** Para *apuntalar* su discurso, citó lo que su partido considera un incumplimiento grave de los acuerdos de 1996... EPE230699 **4 opinión:** Que los de caballería (...) están en la cuarta planta esperando un resultado más firme sobre el que *apuntalar* sus opiniones. EPE140699 **5 argumento:** Shakespeare acudió al loco siempre que le hizo falta para *apuntalar* el argumento del relato. EME220495 **6 comentario:** Román

Carlos (...) *apuntaló* los comentarios de Ríos e indicó que es una total locura, ridícula y fuera de lógica la pretendida ley... SVG170397 **7 propuesta:** La situación de bonanza económica (...) fue el argumento que empleó la parlamentaria socialista para *apuntalar* su propuesta de crear un fondo económico. EPE300999

B SUSTANTIVOS QUE DESIGNAN OTRAS INFORMACIONES, EN PARTICULAR LAS QUE EXPRESAN EL EFECTO DE REFLEXIONAR SOBRE UNA MATERIA, ASÍ COMO ALGUNAS DE LAS FORMAS DE PRESENTAR LOS RAZONAMIENTOS OBTENIDOS: **8 idea +:** No alcanza con declamar promesas, sino que los industriales tienen que desplegar una artillería de acciones para *apuntalar* sus ideas de crecimiento. CLA040501 **9 teoría +:** Días atrás, esta teoría se *apuntaló* aún más con nuevos hallazgos obtenidos también por el satélite COBE de la NASA Madrid. ABC150193 **10 tesis +:** Américo Castro vivió con pasión enorme este segundo tramo de su vida intelectual, consagrado a *apuntalar* y a perfilar su tesis en dos nuevas versiones de su obra... ABC280892 **11 conclusión:** Para *apuntalar* esa conclusión puso como ejemplo una expresión anglosajona: «Podemos tirar el agua sucia de la bañera con el niño dentro». EME070594 **12 planteamiento:** Aseguró que los informativos de la cadena estatal son los más «plurales», «objetivos» y «creíbles» porque son los más vistos. En este planteamiento fue *apuntalado* por los diputados del PP. EPE010799

C SUSTANTIVOS QUE DESIGNAN DIVERSAS FORMAS DE ACUERDO O COMPROMISO ENTRE PERSONAS O ENTIDADES: **13 acuerdo +:** Para acabar de *apuntalar* el acuerdo se creó un grupo de trabajo... LVE160395 **14 pacto +:** Los catalanes no están preocupados por el estancamiento del proyecto a pesar de que sea «vital» para *apuntalar* el pacto... EME120795 **15 consenso:** Ni estos compromisos ni la inclusión de Ricardo Peralta en la dirección parlamentaria *apuntalaron* el consenso. EME130396 **16 convergencia:** ...cada peseta de ahorro es una peseta que se salva del gasto de hoy para *apuntalar* el crecimiento, la convergencia y, sobre todo, el empleo de mañana. EPE021101 **17 alianza:** ...había que desautorizarle para *apuntalar* la alianza que le permite gobernar. LVE100896

D SUSTANTIVOS QUE DESIGNAN DIVERSAS FORMAS DE PROYECTAR Y PLANIFICAR UNA ACCIÓN O UNA OPERACIÓN. TAMBIÉN CON OTROS QUE EXPRESAN ALGUNOS DE SUS ASPECTOS ESENCIALES: **18 plan +:** ...es postulado como vicepresidente del general Romeo Lucas García con el fin de *apuntalar* el plan mencionado, dentro de una plataforma denominada «Frente Amplio». LHG140797 **19 estrategia +:** «Esperábamos un informe más agresivo, incluso subversivo, que pudiese dinamizar y *apuntalar* la estrategia gubernamental». ABC241293 **20 objetivo:** Y para *apuntalar* ese objetivo nada mejor que la tesis que aparece en el informe redactado por un consejo de 33 expertos... EPE110199 **21 clave:** Para conseguirlo ha de poner sobre la mesa sus dotes y *apuntalar* las claves que hagan posible la refundación de una España en la que ha de caber todo tal cual es. EME030496 **22 coartada –:** Un espectáculo que debería hacer recapacitar a Pujol, que ha *apuntalado* esta coartada con el argumento de una estabilidad política y económica... EME070395

E SUSTANTIVOS QUE DENOTAN EL RESULTADO FELIZ DE UNA ACCIÓN O UN PROCESO, MUY FRECUENTEMENTE UNA COMPETICIÓN DEPORTIVA: **23 victoria:** Al conocerse por la megafonía el gol de Nadal en el Nou Camp, el Deportivo redobló sus esfuerzos y se lanzó al ataque para *apuntalar* su victoria. EME280595 **24 éxito:** ...estos tres personajes no eran necesarios para «*apuntalar* el éxito». EME120996 **25 triunfo:** La estupenda labor de Gillespie (5 triples) *apuntaló* el triunfo verde. CLA231000 **26 título –:** La tarde de ayer, *apuntalando* el título del Joventut de hace un año, acaba con una historia negra que caminó entre el drama y la derrota continúa. EME140495

F EL SUSTANTIVO *ECONOMÍA* Y CON OTROS QUE DESIGNAN ALGUNAS ACTIVIDADES MERCANTILES O COMERCIALES, ASÍ COMO LAS MAGNITUDES ECONÓMICAS QUE INTERVIENEN EN ELLAS: **27 economía ++:** ...«se ha puesto en el camino de la recuperación y, con ello, ha contribuido a *apuntalar* la economía latinoamericana en su conjunto». PME120197 **28 precio ++:** En su intento por *apuntalar* los precios del crudo (...), el cartel petrolero ha acordado tres recortes... EPE240999 **29 inversión +:** ...esperamos firmar un contrato programa sobre la base de un plan económico-financiero que permita *apuntalar* esta inversión especial... LVE080796 **30 balance +:** El balance del grupo aumentó un 8,1, *apuntalado* por la inversión crediticia, y alcanzó los 588.806 millones de pesetas. EPE130199 **31 gasto +:** ...«la continuidad de un clima de negocios positivo deberá *apuntalar* el gasto privado de tal forma que...». EXC200700 **32 beneficio:** ...utilizaron su imagen durante años para *apuntalar* pingües beneficios de tener «las manos manchadas de sangre». DLA020997 **33 cotización:** El buen resultado del déficit comercial de noviembre (...) y casi un 10 inferior al registrado en los once primeros meses de 1995 sirvieron para *apuntalar* la cotización del dólar. LVE080296 **34 divisa:** El Banco Central de Canadá gastó otros 83 millones de dólares (unos 11.000 millones de pesetas) para *apuntalar* la divisa mexicana. EME100195 **35 cifra –:** Pero llegó un momento en que aun esa cifra fue imposible de *apuntalar.* CLA110199

G SUSTANTIVOS QUE DESIGNAN DIVERSAS FORMAS DE ORGANIZACIÓN O DISPOSICIÓN: **36 jerarquía +:** Así, el original quiso *apuntalar* a las primeras de cambio su jerarquía ante su supuesta réplica. EPE081201 **37 estructura:** Ha *apuntalado* la estructura de su departamento: una respuesta política, como lo son todas las suyas. LVE061196 **38 orden:** ...la izquierda europea (...) tiene salida a condición de no levantar murallas doctrinales en nombre de la pureza marxista, que sólo servirían para *apuntalar* el orden establecido. EPE020580 **39 trama –:** Desde ese allí en cuya maleza se deshace la trama que *apuntala* nuestras vidas... EME010796

H OTROS SUSTANTIVOS; POSIBLES USOS ESTILÍSTICOS: Derecha, pez martillo, escualo que bien podría *apuntalar* una buena cena. CAP290597; A partir de ese momento se aferró a sus vaqueros –previo paso por un gimnasio para *apuntalarse* bien las nalgas–, a unas gafas oscuras y a unos botines de marca. EME191296

■ Se combina también con: ♦ **decisivamente**[40], **firmemente**

apuntar ▮ *(señalar)* ♦ **abiertamente**[16], **al margen, claramente, correctamente, directamente, entre líneas**[19], **legítimamente, previamente, vagamente** ♦ **camino, causa, comentario, dato,**

error, idea, necesidad, nombre, observación, posibilidad, precisión, problema, solución, tema ▮ *(orientar)* ♦ **alto** ♦ **arma, indicio, mirada, vista**
☐ Véase también: **anotar(se), mirar, tomar nota.**

apunte ♦ **al vuelo[32], a vuelapluma, breve, crítico, curioso, de campo[14], del natural, descuidado, final, fugaz, improvisado, leve, ligero, mero, ocasional, pequeño, rápido, sencillo** ♦ **añadir, coger, esbozar, tomar[42], trazar**
☐ Véase también: **anotación, indicación, nota.**

apuntillar *v.* ▮ Se combina generalmente con sustantivos que designan reses *(toro, vaquilla)*. Por extensión metafórica lo hace asimismo con sustantivos de persona, individuales o colectivos *(juez, gobierno, ministro, equipo)*, y también con...

A OTROS SUSTANTIVOS QUE DENOTAN PERSONA, MÁS FRECUENTEMENTE SI DESIGNAN AQUEL AL QUE SE ENFRENTA ALGUIEN EN ALGUNA COMPETICIÓN: **1 oponente:** Además, Craioveanu, en una acción servida por De Pedro, pasó de *apuntillar* a un oponente que continuaba encerrado en su parcela sin avergonzarse de ello. EME250396 **2 rival:** ...una crono individual de casi treinta kilómetros y en la que *apuntilló* a sus más directos rivales... LVE130596 **3 enemigo:** Los aleros del equipo rival no tuvieron remilgos en *apuntillar* a su tradicional enemigo desde los laterales... INDOC **4 opositor:** ...una satisfacción, lo diga Luyk o no, por *apuntillar* al eterno opositor y, de paso, por vengar pasadas desdichas. EME240294 **5 campeón:** Corney Thompson *apuntilló* al campeón de Europa en la última jugada del partido... EME120295 **6 oposición:** Fueron estos políticos los que *apuntillaron* a la oposición en un pleno que pasará a los anales de la historia. INDOC **7 meta:** Un golazo acelerado con un puntito de pausa al *apuntillar* al meta del equipo vallisoletano. EPE271101

B SUSTANTIVOS QUE DENOTAN TRIUNFO: **8 triunfo:** Pero me hizo ver que yo no tenía ninguna posibilidad de *apuntillar* el triunfo de mi señor. EME230795 **9 victoria:** Tras otros dos avisos de Monchu –que jugó en lugar del sancionado Davor Suker–, el Sevilla *apuntilló* su victoria gracias a un gol logrado por Marcos en el minuto 66. EME210294

C ALGUNOS SUSTANTIVOS QUE DENOTAN FORMA DE ORGANIZACIÓN: **10 sistema:** ...el sistema sanitario es un desastre y en los legendarios astilleros de Gdansk, donde nació Solidaridad y fue *apuntillado* el sistema comunista, se va a instalar una discoteca... EPD080697 **11 andamiaje –:** ...así como nuevos sobresaltos promovidos desde fuera y encaminados a *apuntillar* el andamiaje sobre el que se sostiene el Gobierno. LVE250695

D OTROS SUSTANTIVOS; POSIBLES USOS ESTILÍSTICOS: Cuando fue ideada por Sabatini, acababan de popularizarse los descubrimientos de Pompeya y Herculano, hallazgos que romanizaron la arquitectura, *apuntillando* de paso el declinante arte barroco. EPE280800; Quizá algún día los que tenemos responsabilidades asociativas, políticas o sociales nos avergoncemos suficientemente y nos *apuntille* nuestro pundonor. EPE180699

a punto ♦ **dispositivo, instalación, maquinaria, mecanismo, motor, recurso, vehículo** ♦ **estar, mantener, poner**

a punto de nieve ♦ **batir, montar**

apurar ♦ **al límite, al máximo, hasta el final** ♦ **bebida, copa, fecha, negociación, plazo, posibilidad, ritmo, tiempo, trámite, vaso, velocidad,** *otros sustantivos temporales*
☐ Véase también: **agotar(se).**

apuro ♦ **económico, grave, insalvable, insuperable, momentáneo, pasajero, serio** ♦ **con, en, en caso (de), sin** ♦ **momento (de)** ♦ **dar[348], encontrar(se) (en), estar (en), librar(se) (de)[34], meter(se) (en)[15], pasar, poner (en), sacar (de), salir (de), salvar, sufrir, superar, tener, ver(se) (en)**
☐ Véase también: **aprieto, dificultad.**

aquejar ♦ **dolencia, dolor, enfermedad, infección, mal, problema**

a quemarropa *loc.adv.* ▮ En su sentido de 'desde muy cerca' se combina con verbos que designan la acción de disparar o la de causar la muerte *(disparar, acribillar, matar)*, y también con varios sustantivos que expresan el efecto de esas acciones *(disparo, tiro, asesinato)*. En su sentido de 'de modo brusco o demasiado directo', se combina con...

A VERBOS QUE DENOTAN PREGUNTA O PETICIÓN. TAMBIÉN CON ALGUNOS QUE DESIGNAN OTRAS ACCIONES VERBALES QUE SE DIRIGEN A ALGUIEN: **1 preguntar ++:** ...le pregunté *a quemarropa* si aceptaría ser fiscal general... EME110996 **2 pedir:** Sin tiempo que perder, *a quemarropa* pedimos al ilustre viajero su opinión... DYM080996 **3 soltar:** Cuando le solté *a quemarropa* que se pudieran conocer sus bienes, endureció el rostro... PME220996 **4 espetar:** ...poniéndole una mano en el hombro, le espetó *a quemarropa*: -Ya sé que hay en España un individuo dedicado a predicar el cristianismo... EME161196

B OTROS VERBOS; POSIBLES USOS ESTILÍSTICOS: Palpar la herida. Entrar. Mirar *a quemarropa*. EME231196; ... la revelación Móner, procesando a Barrionuevo *a quemarropa* y por sorpresa. EME070296
☐ Véase también: **a bocajarro, a sangre fría.**

aquilatar ♦ **acuerdo, coste, experiencia, información, juego, juicio, lenguaje, mérito, obra, oferta, peso, posibilidad, precio, principio, valor, ventaja, virtud**
☐ Véase también: **analizar, calcular, enjuiciar, examinar, medir, validar, valorar.**

[ara] → **en aras (de)**

a rabiar *loc.adv.* ▮ La expresión coloquial *estar a rabiar* se utiliza con el sentido de 'estar muy enfadado o exasperado'. Con el sentido de 'con exceso' o 'abundantemente' la locución se combina en la lengua coloquial con algunos adjetivos, generalmente de persona, que designan cualidades, sean positivas *(guapo, bueno, elegante)* o negativas *(malo, feo, tonto)*. Se combina asimismo, también en la lengua conversacional, con...

A VERBOS QUE DESIGNAN DIVERSAS REACCIONES ENTUSIASTAS QUE CONSTITUYEN MUESTRAS DE APROBACIÓN O ADMIRACIÓN: **1 aplaudir ++:** La platea aplaude *a rabiar.* CLA040199 **2 ovacionar +:** Y el público estrenista, mayoritariamente de la profesión, ovaciona *a rabiar.* EME220194 **3 vitorear:** Mientras, los aficionados civilizados, siempre mayoría, le vitoreaban *a rabiar.* LVE130596 **4 festejar –:** ...la vieja derecha de levita (...), está triunfante, deglutiendo Ferrero Rocher y festejando *a rabiar* el penoso espectáculo. EPE221199

B EL VERBO *GUSTAR* Y CON OTROS QUE DENOTAN APRECIO O COMPLACENCIA POR ALGO: **5 gustar +:** Es algo que desearía hacer porque es un compositor que me gusta *a rabiar.* LVE221296 **6 encantar:** ...le encanta el cante flamenco *a rabiar.* EPE020199 **7 disfrutar +:** ...disfrutó *a rabiar* con la goleada. LVE211096

C VERBOS QUE DESIGNAN OTRAS FORMAS DE INCLINACIÓN FAVORABLE HACIA LAS PERSONAS O LAS COSAS: **8 apoyar +:** ...volvieron a criticar ayer que la derecha política (...) «la haya apoyado *a rabiar*». EME250194 **9 defender +:** Offspring lo defienden *a rabiar* el domingo en La Riviera, el mismo día que varias bandas neoyorquinas de ska clásico se reúnen en Suristán. EPE040199 **10 querer:** Mi familia, Belén [su novia]... me quieren *a rabiar...*, pero mi estado de ánimo con el toro no es el más apropiado... EPE230499

D VERBOS QUE DENOTAN AVERSIÓN: **11 odiar:** ...un hombre y una mujer se odiaban *a rabiar* pero tú sabías que acabarían casándose... EPE021001 **12 detestar:** Detesto *a rabiar* esta comida, pero ya ves que me la como. INDOC

E OTROS VERBOS; POSIBLES USOS ESTILÍSTICOS: No rebosó *a rabiar* la plaza ante la presencia del emblemático Mark Knopfler... EME270796

☐ Véase también: **como (un) loco, horrores.**

[arado] → como un arado

a rajatabla *loc.adv./loc.adj.* ▌Se combina con...

A VERBOS QUE DENOTAN CUMPLIMIENTO, ACEPTACIÓN O SEGUIMIENTO DE ÓRDENES, CONSIGNAS, PAUTAS Y OTRAS DISPOSICIONES O ESTIPULACIONES QUE SE LES ASIMILAN: **1 cumplir ++:** ...una empresa que lucra con la venta de abonos de aparcamiento hace cumplir la ley *a rajatabla.* ACP120996 **2 seguir +:** ...nunca me creí que estaba en determinada onda y debía seguirla *a rajatabla.* LNP150397 **3 llevar +:** ...lleva tan *a rajatabla* esta máxima que incluso se niega a explicar cuál ha sido su voto en el reciente referéndum... LVE051295 **4 respetar +:** Pero es de esperar también que esta facultad sea llevada a cabo respetando *a rajatabla* el marco constitucional de investigación... CLA090497 **5 mantener +:** Características que (...) mantiene *a rajatabla* desde hace un tiempo para su equipo. LPA110592 **6 observar +:** La disciplina de partido se observó *a rajatabla...* EME140996 **7 tomar:** ...un pacto de no agresión que (...) se está tomando *a rajatabla*, al menos por ahora... EME040596 **8 ajustarse:** ...el Tesoro, con mentalidad miope, se ajusta *a rajatabla* a la necesidad de endeudamiento del ejercicio en curso... EME300594 **9 acatar:** ...siempre me quedé con la duda de que la culpa fue mía por no fiarme del retrovisor y acatar *a rajatabla* la ley del semáforo. EPE290699 **10 guiarse –:** Me he guiado *a rajatabla* por un principio que dice la constitución de la Unesco... EPE241099

B VERBOS QUE DENOTAN APLICACIÓN, IMPOSICIÓN O PUESTA EN PRÁCTICA DE ALGUNA MEDIDA: **11 aplicar +:** Nos duele mucho que decenas de miles de uruguayos (...) se tengan que ir para otros países del mundo, producto de políticas económicas aplicadas *a rajatabla.* MAU210900 **12 imponer +:** La yucaza que se ha tratado de imponer *a rajatabla* es un regalo demasiado conocido como para dejarlo pasar impunemente. CAP181297 **13 exigir:** ...se da por hecho que los Quince no exigirán *a rajatabla* el cumplimiento de los criterios... EME260896 **14 controlar:** Un ejemplo claro de ello lo tenemos en que ahora se pretende controlar *a rajatabla* las miserias que reciben los parados... EME180796 **15 administrar:** Nosotros la administramos *a rajatabla* y ahora nos echan el muerto. EME050895 **16 adoptar –:** El régimen de (...) en su forcejeo con los islamistas acaba de adoptar una decisión *a rajatabla* al ordenar la clausura de la sede principal de la cofradía de los Hermanos Musulmanes... LVE271195 **17 ejecutar:** ...suele traer un discurso minuciosamente estudiado, que ejecuta en cada actuación *a rajatabla.* LVE010495

C OTROS VERBOS; POSIBLES USOS CRUZADOS: Pero Menem le creyó *a rajatabla.* [Cf. *a pie juntillas*] CLA090597; ...la exigencia alemana de que los criterios de convergencia se interpreten *a rajatabla.* [Cf. *literalmente*] LVE030596; ...es la que ayer cerró filas junto a Stange y que lo defendió *a rajatabla* mientras el general resistía una petición presidencial. [Cf. *a capa y espada*] HOY231296; Pero descalificar *a rajatabla* a todos los falangistas por el mero hecho de haberlo sido es una acusación insostenible, es una insensatez. [Cf. *de un plumazo*] LVE170995

D OTROS VERBOS; POSIBLES USOS ESTILÍSTICOS: De nada servirá tampoco que los bancos (...) decidan cobrar a los deudores *a rajatabla*, embargando sus propiedades... EXC110796; De tal manera que, entre las muchas mortificaciones (...) quizá no destacaba la que impedía, *a rajatabla*, que cualquier pie de mujer hollase el recinto. EME220696

E SUSTANTIVOS QUE DESIGNAN LAS NOCIONES EXPRESADAS POR LOS VERBOS DE LOS APARTADOS *A* Y *B* (CUMPLIMIENTO O SEGUIMIENTO DE UNA ORDEN O CONSIGNA). GENERALMENTE SE DERIVAN DE DICHOS VERBOS: **18 aplicación ++:** ...la aplicación *a rajatabla* de las leyes de oferta y demanda, no puede tener como resultado otra cosa que salarios más bajos... CLA990109 **19 cumplimiento +:** El cumplimiento *a rajatabla* del horario marcado no era ninguna tontería... LVE270295 **20 mantenimiento:** ...amparado en la contundencia de Iván Campo y en el mantenimiento *a rajatabla* de un sistema con cuatro hombres atrás y dos centrocampistas... EME040196 **21 seguimiento +:** Se mira a Estados Unidos y el «milagro» de la creación de empleos, pero un seguimiento *a rajatabla* del modelo norteamericano... LVE040295 **22 disciplina:** ...impregnada de puritanismo católico y de los valores de la disciplina *a rajatabla.* EPD201097 **23 continuidad –:** Sin olvidar que el juego de las telenovelas es la continuidad *a rajatabla...* CAP141196

F SUSTANTIVOS QUE DESIGNAN OTRAS ACCIONES QUE SE CONSIDERAN RADICALES: **24 oposición:** ...los ejes de la oposición *a rajatabla* contra el régimen Roldós-Hurtado eran los partidos... VIS061197 **25 privatización:** Su dogma está basado (...) en las privatizaciones *a rajatabla* y en el Estado-abuelita. LTB281196 **26 protesta:** ...si ERC desea seguir con su actual electorado, entre joven y de protesta *a rajatabla*, no puede pactar que el caso Movilma... LVE280996

☐ Véase también: **al pie de la letra, a pie juntillas, religiosamente.**

arañar *v.* ▮ En su sentido de 'herir con las uñas o algo punzante' se combina con sustantivos que designan personas, animales o partes de su cuerpo *(El gato me arañó; Ella le arañó la cara)*. En su sentido de 'rayar' admite sustantivos que designan diversos objetos, más frecuentemente si se trata de superficies lisas *(pared, suelo, cristal, coche)*. En el sentido de 'conseguir poco a poco y con esfuerzo' se construye con sustantivos contables en plural o no contables en singular. Acepta sustantivos temporales que por lo general designan períodos cortos *(segundo, décima, minuto, tiempo: Arañó un par de segundos en cada vuelta y llegó vencedor a la meta)*, sustantivos que expresan otras unidades de medida, más frecuentemente pequeñas magnitudes *(gramo, centímetro)*, así como sustantivos que designan cantidades monetarias *(moneda, euro, céntimo)*. Se combina asimismo con...

A SUSTANTIVOS QUE DESIGNAN NIVELES, ESTADIOS, PUNTOS Y OTRAS NOCIONES SUJETAS A CÓMPUTO, GENERALMENTE EN LA ACTIVIDAD POLÍTICA O EN LA DEPORTIVA: **1 voto ++:** ...con la esperanza de que su presencia en Moscú *arañe* los votos de la victoria. EPU120701 **2 posición +:** Juntos o por separado, con la complicidad de otros amigos (...) *arañan* posiciones en dirección a la cumbre. EME220296 **3 escaño:** Consciente de que ha de *arañar* algunos escaños en nuestra comunidad para garantizarse la continuidad en la Moncloa... EPE201299 **4 puesto:** Ahora lleva tres semanas sin perder y su victoria sobre el cuadro de Vitoria podría ponerle otra vez en situación de *arañar* algún puesto de arriba. EPE200280

B SUSTANTIVOS QUE DENOTAN RESULTADO VICTORIOSO. TAMBIÉN CON ALGUNOS QUE DESIGNAN LOS PREMIOS QUE LO MATERIALIZAN: **5 victoria +:** El conjunto (...) intentará *arañar* una victoria que le devuelva a la lucha por la permanencia. LRE260103 **6 galardón +:** Pero este filme argentino (...), cuyo guión es sencillamente espléndido, podría *arañar* otro galardón. LVE280996 **7 premio:** ...debió ponerse pesadísimo con tal de *arañar* un premio para su compatriota... LVE210596 **8 triunfo:** Los Pumas fueron menos que los Springboks, pero *arañaron* el triunfo. CLA131100 **9 medalla:** ...tanto el equipo masculino como el femenino pueden *arañar* otra vez medallas... EPE061099

C OTROS SUSTANTIVOS QUE DENOTAN RESULTADO DE UNA COMPETICIÓN, ESPECIALMENTE EL QUE DESTACA SOBRE OTROS: **10 récord:** ...lo cierto es que el capítulo *arañó* récords de audiencia y fue seguido en (...) unos 30 millones de hogares. CLA070197 **11 marca:** El domingo Dong, quien tiene 17 años, *arañó* la marca mundial de los 10.000 al cronometrar 30:38.09... END231097 **12 resultado:** España *arañó* el resultado en los tres partidos que jugó, y casi nada más. EME220696

D SUSTANTIVOS QUE DENOTAN DIFERENCIA O SITUACIÓN FAVORABLE. TAMBIÉN CON ALGUNOS QUE EXPRESAN RÉDITOS Y OTRAS MAGNITUDES ECONÓMICAS OBTENIDAS EN ALGUNA OPERACIÓN: **13 diferencia +:** ...también mejoró de forma sustancial aunque no logró *arañar* la diferencia que aún la separa de las 3.000 pesetas. LVE110996 **14 margen:** Se trata de *arañar* márgenes centesimales en cada operación... LVE090395 **15 ventaja:** Durante algunas vueltas, (...) fue *arañando* la ventaja de su rival... EME100495 **16 ganancia:** ...los propios intermediarios aprovechan estos rápidos cambios de humor de los mercados para intentar *arañar* unas pequeñas ganancias. EPE091001 **17 beneficio:** 600 millones de beneficios, a los que en realidad deberían sumarse los 250 que *arañó* de la curiosa operación... EPE040899

E SUSTANTIVOS QUE DESIGNAN PERSONAS, MÁS FRECUENTEMENTE SI FORMAN PARTE DE ALGÚN CÓMPUTO: **18 delegado:** El sector guerrista intentará *«arañar»* el mayor número posible de delegados... EME210194 **19 diputado:** ...en los días que restan de campaña intentará *arañar* los diputados que puedan faltarle... EME260296 **20 cliente:** ...ya retiene más del 25% del mercado y sigue *arañando* clientes a los dos principales productores... RUM250897 **21 audiencia:** ...llegó cuando se ponían en marcha las privadas, que pronto empezaron a *arañar* audiencia a TVE. LVE120596 **22 telespectador:** ...enfrascados en una guerra de audiencias en la que todo vale para *arañar* unos pocos telespectadores más. INDOC

F OTROS SUSTANTIVOS; POSIBLES USOS CRUZADOS: Según los gasolineros, las restantes petroleras que operan en Madrid imitan a Repsol: *arañan* más el bolsillo del conductor en la capital. [Cf. *rascar(se)*] EPE060999

G OTROS SUSTANTIVOS; POSIBLES USOS ESTILÍSTICOS: Lleva un pañuelo anudado al cuello para evitar que el frío *arañe* la pureza de su voz de soprano. EME030396; Venezuela consiguió un inolvidable empate 2 a 2 frente a Brasil y *arañó* el milagro de un triunfo histórico. CLA050297

a ras (de) ♦ **calle, suelo, tierra**

a rastras ♦ **acabar, conducir, entrar, ir, llevar, mover, retirar, sacar, salir, traer, transportar**

a raudales *loc.adv./loc.adj.* ▮ Se aplica generalmente a sustantivos no contables, materiales o inmateriales, a menudo construidos con verbos que designan las formas en que se manifiestan. Se combina con sustantivos que designan líquidos o fluidos *(agua, sudor, alcohol)* y también con...

A EL VERBO *CORRER* Y CON VARIOS VERBOS QUE EXPRESAN EL PROCESO DE SEGUIR SU CURSO UN FLUIDO O ALGUNA OTRA MATERIA QUE SE LE ASIMILE: **1 correr ++:** La adrenalina corrió *a raudales* bajo la luz plateada del estadio olímpico. EXC270796 **2 desbordar(se):** Su pianismo sonaba exquisito, cuando no preciosista, sus fraseos denotaban su gran capacidad técnica, y sus improvisaciones desbordaban inteligencia y sensibilidad *a raudales*. EME110396 **3 caer +:** Ayer el agua caía *a raudales* y hubo que suspender las clases... LVE151096 **4 fluir +:** Por las venas de García Lorca fluye *a raudales* la sangre andaluza que le inspira sucesivos romances... HOY180886 **5 llover +:** ...llovía *a raudales* y, pese a ello, se celebró la corrida. EPE180599 **6 bajar:** ...el agua bajaba *a raudales* desde calles más altas. CLA170397 **7 circular:** Está después el champán, que ayer circuló *a raudales*. EME080595 **8 llorar –:** Un poco antes había besado a su embarazada mujer (...), mientras (...) lloraba *a raudales*. EME240795

B VERBOS QUE DENOTAN SURGIMIENTO O APARICIÓN, APLICADOS ESPECIALMENTE A LAS NOCIONES MENCIONADAS EN EL APARTADO *A*: **9 llegar +:** Cavafis ha ido llegándonos poco a poco y en gotas o *a raudales*... ABC031195 **10 afluir:** ...la ayuda económica occidental afluirá *a raudales* para impulsar la transformación... EME021195 **11 aparecer:** El oro y la plata que aparecieron *a raudales* desde las entrañas de América... LVE050695 **12 entrar:** ...el capital especulativo sigue entrando *a raudales*. SEM151096 **13 manar:** ...esa interesante iglesia con espadaña de Zárate, donde no hay que olvidar su conjunto de fuente, abrevadero y lavadero del que mana agua fresca *a raudales*. EPE050699 **14 acudir –:** ...el público acudirá *a raudales* a ver la comedia... LVE060794

C VERBOS QUE DESIGNAN LA ACCIÓN DE CONSUMIR O GASTAR ALGO, MÁS FRECUENTEMENTE DE FORMA IMPRUDENTE O EXCESIVA: **15 derrochar ++:** ...la imaginación y el gasto se derrochan *a raudales* en los platós... EME100596 **16 perder +:** A la sazón, la empresa atravesaba una situación difícil y perdía dinero *a raudales*. LVE261195 **17 desperdiciar:** Lástima que se vean malogrados por una narración tan débil. Eslava desperdicia su talento *a raudales*. ABC271095

D VERBOS QUE DENOTAN APORTACIÓN, ENTREGA U OBTENCIÓN DE ALGO: **18 aportar:** ...venía aportando dinero *a raudales* a los clubes... EME281296 **19 dejar:** ...cultura fue lo único que le dejó, pero *a raudales*, su primer marido... EME241196 **20 donar:** Esa sencillez que bebe de las limitaciones y las debilidades, pero que se dona entera y *a raudales*. DHE180797 **21 echar:** Pero también hubo quien le echó imaginación *a raudales*. LVE180296 **22 entregar:** ...los dineros que de manera irresponsable y *a raudales* entregaron los regímenes... ESH230497 **23 regalar:** ...una noche que cerca del amanecer regaló lluvia *a raudales*... EPE010899 **24 soltar –:** Ha dejado que sea una hablantina cascada la que suelte *a raudales* su secreto. ABC100694

E SUSTANTIVOS QUE DESIGNAN DIVERSAS CUALIDADES DE LAS PERSONAS, ESPECIALMENTE SI HACEN REFERENCIA A SU CREATIVIDAD, SU ATRACTIVO O SU ACTITUD POSITIVA HACIA LOS DEMÁS: **25 ingenio +:** ...defensa de granito, contraataques fulminantes e ingenio *a raudales* en el ataque estático. EPE080699 **26 simpatía +:** ...le sobra carisma, simpatía *a raudales* y calidad musical... EME130596 **27 talento:** ...reinó en la conversación el humor agudo y el talento *a raudales*. EME280895 **28 naturalidad:** Entre carcajadas, bromas y naturalidad *a raudales*, David (...) sólo alcanzaba a repetir: «Es que no me lo creo». EPE190800 **29 creatividad:** Hoy más que nunca podemos decir que esta antesala de la cocina que son los carpaccios, los tartares (...) delatan la creatividad *a raudales*, don del punto y profesionalidad de un cocinero. EPE120999 **30 paciencia:** Pelillos a la mar, que para eso hay madera de boj y paciencia *a raudales* en cada columnista. ABC300793 **31 pureza:** Grieg era, exactamente, eso: belleza sin contaminar, pureza, ternura, lirismo *a raudales*... ABC040693

F EL SUSTANTIVO *EMOCIÓN* Y CON OTROS QUE DESIGNAN DIVERSOS SENTIMIENTOS, SENSACIONES Y ESTADOS DE ÁNIMO: **32 emoción +:** Emoción *a raudales* entre los jugadores de la UC tras la victoria. LEC110797 **33 humor:** ...una comedia romántica urbana con pequeños conflictos personales y humor *a raudales*... EME220194 **34 inspiración:** ...lo que la ha hecho perdurable: inspiración *a raudales*, gracia contagiosa... ABC111292 **35 melancolía:** En «Broken China» hay melancolía *a raudales*... EME271096 **36 felicidad:** ...en el hospital reina un clima de felicidad y buenas intenciones *a raudales*. LVE071296 **37 entusiasmo:** Humor y entusiasmo *a raudales*. EPE261101 **38 nostalgia:** Nostalgia *a raudales* en Montjuic. El espíritu olímpico ardió de nuevo anoche en Barcelona. LVE171096 **39 alegría:** Mucha juerga, mucha manzanilla, mucho taquito de jamón y sevillanas hasta reventar. Alegría *a raudales*, que diría un cursi. EME080594 **40 nerviosismo:** ...hizo una exhibición de imprecisión en el pase, de nerviosismo *a raudales*... EME231096

G SUSTANTIVOS QUE DESIGNAN DIVERSAS FORMAS DE ESPARCIMIENTO O ENTRETENIMIENTO, ASÍ COMO OTRAS ACTIVIDADES EXPANSIVAS QUE SE LES ASIMILAN: **41 espectáculo:** Y para despedir el año, ritmo supersónico. Espectáculo *a raudales*. EPE311299 **42 baile:** Habrá fiesta por todo lo alto, baile y champán *a raudales*. EME140796 **43 rock –:** ...riffs poderosos (...), algún detalle metálico y rock poderoso *a raudales*. EPE301199

H OTROS SUSTANTIVOS; POSIBLES USOS ESTILÍSTICOS: Y el de Huelva, raza *a raudales*, quiso acallar las lenguas de doble filo. EME190494; ...necesitaba (...) dieciocho minutos para anotar su primera canasta. Lucha, entrega y voluntad *a raudales*. EME240395

☐ Véase también: **a borbotones, a chorro(s), a espuertas, a mares.**

a raya ♦ llevar, mantener, poner, tener

a rayas ♦ camisa, corbata, pantalón, pijama, tela, traje, *otros sustantivos que designan prendas de vestir*

a rayos ♦ oler, saber, sonar

arbitrar *v.* ▮ En el sentido de 'ejercer de árbitro de' se combina con sustantivos que denotan evento o competición de carácter deportivo *(partido, torneo, eliminatoria, encuentro)*. Asimismo se combina con...

A SUSTANTIVOS QUE DENOTAN CONFRONTACIÓN O CONFLICTO: **1 disputa +:** ...es una organización planeada para facilitar el comercio, y no para *arbitrar* disputas de política exterior. DLA140497 **2 conflicto +:** ¿Quién podría *arbitrar* los inescapables conflictos entre el poder político y los medios de comunicación? ETC111196 **3 enfrentamiento +:** ...actuaba como un auténtico juez, ya que *arbitraba* cualquier enfrentamiento o problema... EME210395 **4 confrontación:** Juan Suárez ha sido designado para *arbitrar* la confrontación. CAN070599 **5 pelea:** ...su suculenta poltrona, desde la que puede *arbitrar* las peleas a puñetazos de los honorables diputados. EME150295 **6 duelo:** El duelo vasco *arbitrado* por los madridistas: he aquí una oferta muy atractiva en el sinfín de torneos veraniegos. LVE110896 **7 debate:** ...la presidencia española debe *arbitrar* el debate sobre si dicha decisión se posterga al curso del ejercicio 98... EME010795 **8 contencioso:** De su desenlace final dependerá la credibilidad de las autoridades supranacionales europeas para *arbitrar* contenciosos similares. EPE190699 **9 careo:** Hoy, en Lille, el juez Patrick Keil interrogará al presidente de la UCI, Hein Verbruggen, y *arbitrará* un careo entre Richard Virenque, Willy Voet y Bruno Roussel. EPE100599 **10 lucha:** ...un organismo oficial, pero independiente, al que compete *arbitrar* las luchas entre empresarios y trabajadores. INDOC

I En el sentido de 'alcanzar, favorecer o poner en funcionamiento' se combina con...

B SUSTANTIVOS QUE DENOTAN ACUERDO O DECISIÓN. TAMBIÉN CON ALGUNOS QUE EXPRESAN EL PROCESO DE INTENTAR ALCANZARLOS: **11 acuerdo +:** El nuevo secretario de Organización del aparato central (...), hizo lo que pudo para *arbitrar* un acuerdo entre «guerristas» y «renovadores». EME160594 **12 pacto +:** No es un problema de partidos el que debe afrontar España, sino un difícil cambio de mentalidad social y económica que no se podrá hacer nunca si de por medio no se *arbitra* algún pacto de Estado. LVE210996 **13 negociación:** Diversos ministros, incluidos los principales «enemigos» de España en esta guerra, criticaron duramente el estado (...) en el que Pangalos pretendía *arbitrar* las negociaciones. EME100394 **14 convenio:** Asimismo, se solicita que se *arbitren* los convenios de reciprocidad necesarios entre universidades para intercambiar profesores y recursos. LVE290396 **15 decisión:** ¿Es posible *arbitrar* decisiones correctas sin tomar nota de las inquietudes de los afectados? LVE090596 **16 laudo:** ...agotar el plazo de consulta, que es de un mes, para que la Dirección General de Trabajo *arbitre* un laudo. EME141195 **17 consenso:** Los resultados del pasado 28 de mayo han obligado a los populares a buscar la mayoría absoluta *arbitrando* el consenso con el PAR. LVE270695

C SUSTANTIVOS QUE DENOTAN SOLUCIÓN: **18 solución +:** Nadie duda de que Lionel Jospin, que tiene intención de *arbitrar* la solución definitiva antes de que finalice el año, desplegará toda su prudencia... EPE230399 **19 remedio:** Todo esto, en mayor o menor grado, está aconteciendo en España y, si no se *arbitra* el remedio adecuado, el resultado final puede ser impredecible e imprevisible. EME091095 **20 salida:** ...se podría *arbitrar* una salida para que los actuales accionistas no tengan que renunciar a su derecho preferente de suscripción. LVE020294

D SUSTANTIVOS QUE DENOTAN SISTEMA, RECURSO, ESTRATEGIA O PAUTA A SEGUIR: **21 sistema ++:** Por otra parte, el presidente de CEOE (...) se mostró partidario de *arbitrar* un sistema mixto de pensiones... EME080394 **22 mecanismo ++:** El Ministerio del Interior es el encargado de administrarlo y puede *arbitrar* los mecanismos de fiscalización que considere adecuados. CLA220199 **23 medida ++:** Sobre la base de ese documento, el máximo organismo del deporte ecuatoriano (...) será el que *arbitre* las medidas más adecuadas y ajustadas a derecho... DHE030997 **24 disposición +:** Este sistema (...) evita los graves errores de improvisación y centralización excesiva registrados al *arbitrar* las disposiciones de emergencia para Canarias. EPE050778 **25 procedimiento +:** La puesta en marcha de los nuevos Institutos (...) ha obligado a la Consejería de Educación, Cultura y Deportes a *arbitrar* un procedimiento de urgencia... CAN250599 **26 recurso +:** El gravamen al endeudamiento y a las importaciones persigue el triple objeto de encarecer el tipo de cambio, desalentar el ingreso de divisas y *arbitrar* recursos fiscales. ETC210197 **27 plan:** ...les escuchó y, días después, empezó a *arbitrar* un plan para conocer si Madrid es o no una ciudad para el transporte sobre dos ruedas. EPE110800 **28 fórmula +:** Alarma, sobre todo, que no se hayan *arbitrado* fórmulas, ayudas o soluciones que permitieran a la sala ponerse al día... EME100395 **29 esquema:** El ministro se ha comprometido a que si durante el periodo transitorio de adaptación se observan dificultades (...), se *arbitrará* un nuevo esquema para equilibrar posibles desajustes. EME171296 **30 modelo:** Por ello, en 1997, año que prescribe el actual acuerdo, es necesario que se *arbitre* un modelo con base real. LVE210996 **31 programa:** La importancia de la ayuda (...) puede ser un precedente para *arbitrar* futuros programas de ayuda al resto del sistema... EPD181197 **32 estrategia:** Pero o bien se dice que es un arma sucia en manos de la oposición o se *arbitran* determinadas estrategias para minimizarla, contextualizarla y, al final, justificarla. EME250594 **33 orden:** Y así continuará en tanto no se *arbitre* un nuevo orden a escala mundial que vuelva a conjugarlas. LVE050395 **34 plataforma:** Para corregir esa distorsión y evitar crisis catastróficas en la cotización, es necesario y urgente que (...) se *arbitre* una plataforma de contratación específica para los valores más especulativos... EPE131299

E SUSTANTIVOS QUE DENOTAN LEY O NORMA: **35 ley +:** Las leyes procesales vienen *arbitrando* desde hace décadas procedimientos alternativos de jurisdicción extraterritorial... EPE130900 **36 norma +:** Se comprometía (...) a *arbitrar* «normas para el rescate de los bienes comunales». EME140196 **37 regla:** ...nos cuentan que en el mundo de los espías no se han *arbitrado* unas reglas de juego mínimamente democráticas. EME290995 **38 reglamentación:** Lo cierto es que la nueva reglamentación *arbitrada* por el Ayuntamiento de Barcelona condena a los camioneros a recorrer algunos de los tramos más saturados de la red viaria metropolitana. LVE101296

F SUSTANTIVOS QUE DENOTAN CANTIDAD ECONÓMICA. TAMBIÉN CON OTROS QUE DESIGNAN NOCIONES ASOCIADAS CON SU CÓMPUTO O SU GESTIÓN: **39 presupuesto:** ...la «modernización» del Prado generó un justificado optimismo social, sobre todo cuando rápidamente se *arbitró* un presupuesto extraordinario para acometer la dotación de una nueva cubierta... EPE021201 **40 partida:** ...los destrozos del terremoto hacen necesario *arbitrar* una partida especial que cubra los primeros gastos. INDOC **41 precio:** ...fecha en la que los gasóleos quedaron excluidos del régimen de precios máximos *arbitrados* por el Ministerio de Industria. LVE200896 **42 crédito:** Cada una de estas aportaciones iba acompañada de una estimación de su coste económico (...), para lo que podría ser necesario *arbitrar* un crédito extraordinario. EPE101001 **43 subvención:** Tanto es así, que ya está previsto el coste de la parada, y ya se han *arbitrado* las subvenciones precisas. EPE260999 **44 ingreso:** El Gobierno financió entonces el exceso de gasto con un aumento de la deuda sin *arbitrar* nuevos ingresos... LVE040996 **45 incentivo:** Los incentivos fiscales a la empresas *arbitrados* por las Haciendas vascas siguen bajo el punto de mira de los tribunales y de la Comisión Europea. EPE170699

G OTROS SUSTANTIVOS; POSIBLES USOS ESTILÍSTICOS: Un loco narcisista y con complejo de dictador bananero *arbitraba* el gran circo. EME140394; De hecho, para esta familia habría que *arbitrar* una pequeña residencia para ellos solos. LVE030695

arbitrario *adj.* ▮ Se combina con sustantivos que designan personas *(un juez arbitrario)* o textos *(texto, frase, discurso)*. También lo hace con sustantivos que designan magnitudes y operaciones económicas *(precio, descuento, recorte, gasto, presupuesto)*, así como con otros que designan acciones delictivas u hostiles *(homicidio, asesinato, atentado, violencia)*. Se combina con otros muchos sustantivos, especialmente con...

A SUSTANTIVOS QUE DENOTAN RESOLUCIÓN, A MENUDO DE CARÁCTER OFICIAL. TAMBIÉN CON OTROS QUE DESIGNAN MEDIDAS O RECURSOS, MUCHAS VECES DE FUERZA: **1 decisión ++**: La nueva legislación que entrará en vigor en Guanajuato es una decisión *arbitraria* destinada a violar los derechos y la libertad de la mujer. EPE100800 **2 medida:** «Como primer punto plantearé un recurso de aclaración y ampliación, para luego apelar pues estoy convencido que el incrementar las tarifas por consumo del servicio, es una medida *arbitraria* e ilegal». PLG090497 **3 disposición +**: ...el dinero ha sido manejado de acuerdo a los deseos de las personas que nos gobiernan, a través de disposiciones *arbitrarias*, cambiantes e impredecibles... LHG280900 **4 sentencia +**: Una sentencia injusta y *arbitraria* contra «El Triangle». EME300695 **5 resolución +**: A la autoridad o funcionario público que, a sabiendas de su injusticia, dictare una resolución *arbitraria* en un asunto administrativo se le castigará con la pena de inhabilitación... EME091195 **6 imposición:** Otros se enriquecieron con los sobornos, inversiones comerciales y la rapiña, en especial mediante la imposición *arbitraria* de tarifas al paso de productos comerciales por las zonas bajo su control. EPE021001

B SUSTANTIVOS QUE DESIGNAN SANCIONES O DIVERSAS ACCIONES PUNITIVAS, COERCITIVAS O DE CONTROL: **7 detención ++**: Con detenciones *arbitrarias* y torturas, las Fuerzas de Seguridad protegen a terratenientes y ganaderos que imponen a los indígenas –el 30% de la población de Chiapas– una explotación despiadada. EME040194 **8 ejecución:** ...las ejecuciones *arbitrarias* [de los serbios] se transformaron en un fenómeno generalizado al comenzar la ofensiva aérea de la OTAN contra la República Federal de Yugoslavia... EPE071299 **9 restricción +**: Al decreto (...) se unió ayer la dimisión de Yevgueni Nazdratenko, gobernador de la región de Primorie (...), especialmente castigada por las restricciones *arbitrarias* de suministro energético. FDV070201 **10 castigo:** ...mandos del Ejército que se niegan a que éste siga siendo un instrumento para la represión, y que reclaman (...) cese de castigos *arbitrarios*, educación, etcétera. PME020297 **11 arresto:** Los arrestos *arbitrarios*, la inutilidad del recurso de amparo, la tortura y la brutalidad siguen vigentes en la práctica... PME271096 **12 prisión:** La prisión del general Liber Seregni me parece *arbitraria* e inhumana. HOY250184 **13 sanción:** Los atentados a los derechos de los detenidos se manifiestan, entre otros, por la deficiencia de los cuidados médicos y de las condiciones sanitarias y por sanciones *arbitrarias*. EME230695

C EL SUSTANTIVO *PODER* Y CON OTROS QUE DESIGNAN LOS CÓDIGOS O LAS DISPOSICIONES QUE REGULAN EL EJERCICIO DE LA AUTORIDAD: **14 poder ++**: El Kremlin, habitado por los fantasmas del poder *arbitrario*, sigue teniendo, en sus corredores, los viejos cráneos, las viejas osamentas, de la amenaza del golpe de Estado. EXC211096 **15 orden +**: «Ni la Fiscalía es un cuartel, ni las órdenes que se dan pueden ser *arbitrarias*, ni la dependencia jerárquica exige al fiscal una actuación de obediencia ciega». EME110996 **16 ley +**: Era una ley *arbitraria*, pero se aprobó. LVE050596 **17 norma:** La prohibición taxativa de circular o estacionarse en los arcenes de las vías de circulación no es una norma *arbitraria* del Código de Circulación, sino que obedece a razones prácticas del bien común. EPE200900

D SUSTANTIVOS QUE DENOTAN MODO DE COMPORTARSE O CONDUCIRSE: **18 política +**: ...el electorado que es el pueblo de México ya se cansó de imposiciones, de la política *arbitraria* y totalitaria del «dedazo»... EXC210197 **19 comportamiento +**: «Cualesquiera que fueran sus motivos –añade el fallo–, hubo un comportamiento *arbitrario* y absolutamente injustificado.». LVE050796 **20 actuación +**: También se aprobó un reglamento para los concursos de provisión de plazas de interinos y asociados que evite posibles actuaciones *arbitrarias* por parte de los departamentos. ENC280301 **21 actitud +**: Ninguna de estas actitudes *arbitrarias* sería posible si no fuese por el respaldo automático que obtiene de la mayoría parlamentaria. CAP211295 **22 conducta:** Un gobernante producto de elecciones correctas bien puede observar una conducta *arbitraria* o llena de disparates... DLA110297

E SUSTANTIVOS QUE DENOTAN ELECCIÓN. TAMBIÉN CON OTROS QUE EXPRESAN LA ESCISIÓN O LA SEPARACIÓN DE UNA PARTE DE ALGO CON RESPECTO A UN TODO: **23 selección +**: Concebida básicamente para acoger conceptos enciclopédicos y nombres propios (...) no excluye el léxico académico, sino que efectúa una selección *arbitraria* de vocablos. ABC030492 **24 elección +**: Por una parte, el traslado individualizado no implica un «acercamiento selectivo» que algunos le reprochan presentándolo como una práctica basada en la elección *arbitraria* o coactiva de sus beneficiarios. EME120696 **25 división +**: Nos ha llenado de asombro la *arbitraria* división de departamentos que se ha impuesto en los institutos de bachillerato sin contar con la aprobación de la mayoría del profesorado. LVE060796 **26 exclusión +**: Al parecer era hora ya de que cesaran las exclusiones *arbitrarias* y bochornosas contra un pequeño país que ha defendido con gran dignidad, en lucha solitaria y heroica, su derecho a existir. GIC114497 **27 expulsión:** «Nuestra expulsión fue *arbitraria* y se debe a la actitud del PRI con respecto a la Iglesia», dijo el padre Izal a Efe en la escala que hizo en Miami antes de tomar el avión con destino a Madrid. EME240695 **28 separación:** ...no caigamos en la trampa de la división insidiosa y maniquea entre los buenos de la película, que son los escritores, y los villanos, que son los gramáticos. Tal separación es delirante y *arbitraria*. ETC180497

F SUSTANTIVOS QUE DENOTAN CONEXIÓN O TRATO ENTRE PERSONAS O COSAS: **29 relación:** El gobierno, precisamente por carecer de una política universitaria, tiene una relación un poco *arbitraria* con la universidad, que se presta a un conjunto de malentendidos y desencuentros. CAP290597 **30** **vínculo:** ...vínculos que no son *arbitrarios* ni casuales, sino fruto de una estrecha y antigua colaboración. INDOC **31** **correspondencia:** Se suele aceptar que existe una correspondencia *arbitraria* entre el significante y el significado. INDOC

G SUSTANTIVOS QUE DENOTAN USO, MANEJO O APLICACIÓN DE ALGO. TAMBIÉN CON OTROS QUE EXPRESAN EL PROCESO DE ENCONTRARSE ALGO EN MARCHA O EN ACTIVIDAD: **32** **empleo +:** ...una política sin concesiones caracterizada por el empleo abusivo y *arbitrario* de los recursos que ofrece al poder. INDOC **33** **uso +:** La manipulación de los procesos electorales se puede producir de muchas maneras. Una de ellas es destruyendo a los posibles adversarios, con el uso abusivo y *arbitrario* del poder. CAP171096 **34** **manejo +:** Además, cuando uno va a los tribunales, y ve esas colas sólo para subir por los ascensores, la ausencia de baños, el manejo tan *arbitrario* de todo, uno se siente en la edad media, con la inquisición encima, en vez de la Justicia. ENV180497 **35** **utilización:** Según la sentencia, la acción que llevó al alcalde al banquillo de los acusados constituye «un ejemplo paradigmático de utilización *arbitraria* de la justicia». EPE200299 **36** **funcionamiento −:** Los testigos empezaron a comparecer ayer y ello reveló algún caso de funcionamiento *arbitrario* de la justicia... LVE070495

H SUSTANTIVOS QUE DESIGNAN JUICIOS Y RESULTADOS DIVERSOS DE LA ACTIVIDAD INTELECTIVA, ESPECIALMENTE LOS QUE DENOTAN OPINIÓN O RAZONAMIENTO, ASÍ COMO DESARROLLO, JUSTIFICACIÓN O INTERPRETACIÓN DE INFORMACIONES: **37** **criterio ++:** ...el juzgado que dirige Moreiras «ha demostrado criterios *arbitrarios* en casos de delincuencia económica de cuello blanco, al iniciar actuaciones que nunca ha concluido». LVE131095 **38** **razón +:** Únicas razones *arbitrarias* para meterlos en el mismo saco crítico. LVE260595 **39** **opinión +:** «Las armas y las letras» no es, sin embargo, un libro despreciable, aunque no pocas de sus *arbitrarias* opiniones sí lo son... ABC290494 **40** **conjetura:** Por supuesto, que estamos nadando en un mar de conjeturas más o menos serias o lo que es lo mismo, más o menos *arbitrarias*. LNP130497 **41** **argumentación:** Aunque alguna base de su argumentación resulte *arbitraria*... LVE261096 **42** **formulación:** ...la Historia (...) impide que se hable sobre el pasado sin tener en cuenta los resultados de la investigación empírica, so pena de hacer pura metafísica pseudo-histórica o formulaciones *arbitrarias* e indemostrables. EPE170800 **43** **interpretación:** Olmedo reivindicó una ley contra los malos tratos que no deje margen a la interpretación *arbitraria* de jueces y fiscales. EPE081099

I SUSTANTIVOS QUE EXPRESAN DIVERSOS TIPOS DE DESIGNACIÓN LINGÜÍSTICA: **44** **nombre +:** Todo nombre es *arbitrario*, pero los nombres no se improvisan. LVE121196 **45** **título:** ...crea y delimita la Provincia Marbán del Departamento del Beni que es el único título incierto y *arbitrario* que ostenta el Beni para justificar sus pretensiones territoriales... LTB141296 **46** **definición:** ...un terreno muy resbaladizo, en el plano intelectual, como es el de intentar formular una definición no *arbitraria* de fascismo... LVE070295

J OTROS SUSTANTIVOS; POSIBLES USOS ESTILÍSTICOS: La ruptura y la novedad de sus normas expresivas no tan solo en el léxico, sino sobre todo en la sintaxis, el tono coloquial, la estructura de los poemas como un árbol *arbitrario* y engañosamente destartalada –*Trilce*– nos orientan hacia lo radical: la calidad del alma que busca una nueva expresión. ABC130392

árbitro ♦ **conciliador, ecuánime, equitativo, imparcial, indulgente, insobornable, internacional, neutral, objetivo, parcial, partidista, polémico, político, sesgado, tendencioso** ♦ **papel (de)** ♦ **amonestar (a alguien), comprar, decidir (algo), decretar (algo), designar, dirigir (algo), ejercer (de), expulsar (a alguien), hacer (de), insultar, mediar (entre alguien), nombrar, pitar (un partido), sancionar (a alguien), sentenciar (algo), sobornar, terciar, venderse**

árbol ♦ **añoso, centenario, enhiesto, exuberante, frondoso, frutal, genealógico** ♦ **copa (de), hilera (de), raíz (de), rama (de), sombra (de)** ♦ **abatir, abonar, ajar(se), alzarse, arrancar, bajar (de), brotar, caer, colgar(se) (a/de), cortar, crecer, derribar, encaramarse (a), erguirse, florecer, morir, pender (de), plantar, podar, rebrotar, recoger (de), reverdecer, secar(se), subir (a), talar, trepar (a), tumbar**

arca ♦ **abarrotar, buscar (en), disminuir, engrosar[41], esquilmar[10], llenar, meter (en), nutrir, sacar, vaciar**

archivo ♦ **abarrotado, bien provisto, completo, de datos, de documentación, documental, exhaustivo, fotográfico, gráfico, histórico, nutrido, personal, policial** ♦ **fondo (de), foto (de), imagen (de)** ♦ **borrar** *(fichero informático)*, **bucear (en)[14], buscar (en), centralizar[24], conservar, consultar, contener (algo), descargar** *(fichero informático)*, **ejecutar** *(fichero informático)*, **engrosar[69], escarbar (en), guardar(se) (en), investigar (en), organizar**

arco ♦ **certero, detector, flojo, parlamentario, presto, tenso** ♦ **tiro (con)** ♦ **abrir, armar, cargar, destensar, disparar, enarcar, estirar, tensar**

arco iris ♦ **deslumbrante, espectacular, evanescente, fulgurante, gigantesco, gran(de), inmenso, mágico, resplandeciente** ♦ **color (de), extremo (de)** ♦ **aparecer, contemplar, cruzar, cubrir (algo), desaparecer, descubrir, dibujar(se), divisar, formar(se), nacer, palidecer, salir, surgir, ver**

arder ♦ **de deseo, de ganas, en el infierno, poderosamente, por completo[14], por los cuatro costados, sin control, sin remedio, vivamente[34]**

☐ Véase también: **ardor, flamear, fuego**.

ardiente *adj.* **▌** Forma parte de las locuciones nominales *capilla ardiente* y *cámara ardiente*. En su sentido de 'encendido' o 'intenso' admite sustantivos que denotan color *(color, tonalidad)* y otros que designan realidades que pueden adquirir una coloración similar a la del fuego *(alba,* *nube, clavel).* En el sentido de 'que arde o abrasa' se combina con el sustantivo *calor* y con otros que designan cosas que lo causan en diversas formas, especialmente *clima, sol, fuego, viento, desierto, arena, bebida, vapor, fiebre, sed, día.* En su sentido figurado de 'fervoroso, apasionado o vehemente' acepta sustantivos de persona, más frecuentemente si designan a los amantes o a los seguidores u oponentes de algo o alguien *(defensor, admirador, feminista, opositor, oponente, crítico).* Se construye también con sustantivos que denotan ideología o tendencia *(humanismo, nacionalismo, catolicismo)* y con otros que denotan expresión o manifestación verbal *(verbo, palabra, página, crónica, oda, verso).* Admite también el sustantivo *fe,* así como...

A SUSTANTIVOS DE SIGNIFICACIÓN INTENCIONAL, ESPECIALMENTE LOS QUE DENOTAN ASPIRACIÓN, TENDENCIA O INCLINACIÓN HACIA ALGO, A MENUDO ACUSADA. TAMBIÉN CON OTROS QUE DESIGNAN LA DETERMINACIÓN DE CONSEGUIRLO O LA CONFIANZA EN QUE PODRÁ ALCANZARSE: **1 deseo ++:** ...expresaron con su voto en estas elecciones su deseo *ardiente* y urgente de pasar la hoja de la historia... EME290394 **2 voluntad:** La estatua de la Justicia se sube las faldas y enseña su *ardiente* voluntad de herir... EME280295 **3 pasión:** ...actúa Cybill Shepherd, que interpreta a una mujer de *ardientes* pasiones. EME170695 **4 fervor:** ...el buque se muestra como lugar privilegiado para un estudioso (...) también por el *ardiente* fervor patriótico... ABC100694 **5 interés:** Estaba lleno de entusiasmo y mostraba un *ardiente* interés por todo lo nuevo que aprendía. INDOC **6 anhelo:** El anhelo *ardiente* de Walt Whitman era abrir las almas con sus palabras... ABC270392 **7 avidez:** ...escrutando las imágenes con la *ardiente* avidez del que se ha pasado años imaginándolas. INDOC **8 obsesión:** ...la historia de una obsesión *ardiente,* pasional y llena de excesos... LVE090696

B SUSTANTIVOS QUE DENOTAN SENTIMIENTO, MUY FRECUENTEMENTE DE CARÁCTER AMOROSO. TAMBIÉN CON OTROS QUE DESIGNAN LAS RELACIONES SENTIMENTALES O AFECTIVAS: **9 amor ++:** ...todos los participantes compartíamos un *ardiente* amor por la música clásica... EPE030899 **10 sentimiento +:** ...sosteniendo que de un frío texto legal bien pueden emanar los más *ardientes* sentimientos. EME120295 **11 relación:** Una era para él; la otra, para (...) la mujer con la que mantenía una *ardiente* relación. EPE190399 **12 romance:** La resonancia de este *ardiente* romance –según lo definen algunos medios porque se descubrió en las doradas playas caribeñas– estriba también en que... CLA190197

C SUSTANTIVOS QUE DESIGNAN GESTOS. TAMBIÉN CON OTROS QUE SE REFIEREN A CIERTOS PLACERES, ASÍ COMO A LAS PARTES DEL CUERPO QUE INTERVIENEN HABITUALMENTE EN LA MANIFESTACIÓN DE LOS AFECTOS O LAS PASIONES: **13 mirada +:** ...tan provisional que casi podría haberse desintegrado bajo la *ardiente* mirada de... ABC201095 **14 labio +:** ...me faltan los bracitos y los menudos y *ardientes* labios llenos de ternura y de delicias. LVE031296 **15 ojo:** ...reparando en el aspecto feroz de una cara, todavía desafiante, la mirada de cuyos ojos *ardientes* (...) fue a fijarse... EPE051099 **16 sexo:** Precipitarse a afirmar que en el idioma que me ha tocado utilizar no existen los sentimientos cálidos, el sexo *ardiente* (...) sería una osadía quizá imperdonable. EME010696

D SUSTANTIVOS QUE DESIGNAN DIVERSAS ACCIONES DE NATURALEZA COMUNICATIVA O VERBAL, MÁS FRECUENTEMENTE SI EXPRESAN APOYO, RUEGO, EXHORTACIÓN O APELACIÓN: **17 defensa +:** ...hará una *ardiente* defensa de la capital murciana, alegando que... EME050996 **18 llamamiento:** ...para lanzar un *ardiente* llamamiento a favor de la democracia en aquel país. ABC100993 **19 proclama:** ...daban al aire su proclama *ardiente.* LHG100697 **20 súplica:** ...el Pontífice leyó una *ardiente* súplica al Espíritu Santo para que done la paz... CLA190597 **21 sugerencia –:** ...esa atmósfera oscura y húmeda, de violencia visceral y sugerencias *ardientes* que retrataba Tennessee Williams en su obra. ABC170792

E SUSTANTIVOS QUE DENOTAN DISPUTA, MUY FRECUENTEMENTE DE CARÁCTER VERBAL: **22 controversia:** ...debe cerrar algunas de las controversias más *ardientes* que han rodeado a las más tempranas especies del linaje humano. ABC080494 **23 polémica:** ...tomaron esta decisión pese a la *ardiente* polémica suscitada por la recomendación... EPE150800 **24 batalla:** Adicionalmente, Sánchez, quien se asoció con Trinidad luego de una *ardiente* batalla verbal con Maldonado, aparentemente considera que. END081097 **25 pelea:** ...mantuvieron una pelea *ardiente,* con dos competiciones paralelas... EME260396

F SUSTANTIVOS QUE DENOTAN FORMA DE SER. TAMBIÉN CON OTROS QUE DESIGNAN DIVERSOS ASPECTOS ESENCIALES DE LA NATURALEZA ANÍMICA DE LAS PERSONAS: **26 carácter +:** ...alerta sobre la generalización de estereotipos culturales nórdicos, que minan el *ardiente* carácter mediterráneo. EPE040199 **27 corazón +:** ...si la Naturaleza os ha otorgado un corazón *ardiente* adivinaréis el estrago que aquel espectáculo... EME060294 **28 alma:** Asturiano como Riego, liberal y escritor, tenía (...) un alma *ardiente* y un espíritu exaltado. EME120295 **29 espíritu:** El ideal que propone la Academia Olímpica Internacional, manteniendo vivo el espíritu clásico, es el siguiente: (...) Un espíritu *ardiente* en un cuerpo bien entrenado. LVE010796 **30 sangre:** ...la maldición de la sangre *ardiente* del indio Rodrigo y los secretos, perversiones y tabúes que salpican la historia... EME291195

G SUSTANTIVOS QUE DESIGNAN FACULTADES O CAPACIDADES HUMANAS, ESPECIALMENTE LAS CREATIVAS: **31 fantasía:** ...y a su fulgor sereno se despierta la *ardiente* fantasía, de locuras y amor en sus desvelos... ABC081093 **32 ingenio:** ...Los estudios de la ciencia (...) no cuadran a ingenios vivos, *ardientes* y de imaginación fogosa... ABC050595 **33 mente:** ...aquellas historias que mantenían su mente en pie, *ardiente,* viva... ABC300994 **34 razón –:** Y es tan cierto como que, apenas despuntado el tiempo de la razón *ardiente,* Arthur Rimbaud (1854-1891) anticipó... EPE300800 **35 memoria –:** ...grandes márgenes blancos, grandes márgenes de silencio en los que la memoria *ardiente* se consume... ABC151295

H SUSTANTIVOS QUE DENOTAN ENERGÍA, VIGOR O POTENCIA: **36 brío:** ...que en la pelea se descubre mejor el brío *ardiente* del valeroso pecho... ABC100492 **37 fuerza:** De esta manera, su *ardiente* fuerza se pierde en una vaga inmensidad. EME240695 **38 ímpetu:** ...impulsado por su idealismo y también por los *ardientes* ímpetus de la adolescencia. INDOC

I OTROS SUSTANTIVOS; POSIBLES USOS ESTILÍSTICOS:

Con esa gaita *ardiente*, como ha escrito Antón Reixa, con fuelle de humanidad internacional. EPE280700

☐ Véase también: **abrasador, ardientemente, incandescente.**

ardientemente *adv.* ▮ Admite algunos adjetivos, especialmente los que caracterizan a los seguidores de ideologías, movimientos, religiones o creencias *(ardientemente nacionalista, católico)*. Se combina con los verbos *amar*, *besar* y con otros que ponen de manifiesto la exaltación amorosa o pasional; también con los verbos que denotan contienda, tanto física como verbal *(pelear, luchar, combatir, discutir, debatir)*. Además se combina con...

A VERBOS QUE DENOTAN ASPIRACIÓN O INCLINACIÓN HACIA ALGO. TAMBIÉN CON OTROS QUE DESIGNAN LA VOLUNTAD DE OBTENERLO O LA ACCIÓN DE PROCURARLO: **1 desear ++:** ...y podamos ver realizadas las aspiraciones de justicia de y paz que *ardientemente* deseamos en el inicio de este nuevo año. LRE060103 **2 anhelar +:** Anhela *ardientemente* volver a su hogar y estar con sus seres queridos. INDOC **3 esperar:** Esperamos *ardientemente* que nos expliquen a los murcianos cómo se aderezan estas situaciones triunfalistas con semejantes definiciones. EPE291101 **4 querer –:** ...esa imagen de renovación del PP, *ardientemente* querida por su dirección nacional... EPE041099 **5 buscar:** Pues, lo cierto es que esta explotación es algo que *ardientemente* buscan (casi todos ellos son ilegales)... EPE310199

B VERBOS QUE DENOTAN APOYO, COMPROMISO, ADHESIÓN Y OTRAS FORMAS DE MANIFESTAR PUNTOS DE VISTA FAVORABLES A ALGO. TAMBIÉN CON ALGUNOS QUE DESIGNAN LAS ACTUACIONES QUE HACEN EFECTIVAS ESAS INCLINACIONES: **6 defender +:** ...los tres miembros del jurado que más *ardientemente* defendieron sus posiciones fueron el director italiano Nanni Moretti, su colega británico Mike Leigh y el escritor norteamericano Paul Auster. CLA190597 **7 apoyar:** Los empresarios apoyaban *ardientemente* las medidas del gobierno. INDOC **8 abogar:** A pesar de abogar *ardientemente* por el establecimiento de ese nuevo orden económico internacional, el informe de Unicef reconoce que (...) la desigualdad económica entre éstos y los países ricos se ampliará aún más. EPE171280 **9 cultivar:** Como todos sus jóvenes miembros, siente la atracción del Cubismo, tan *ardientemente* cultivado por Picasso y Gris... ABC180895 **10 militar:** ...estaría en algún sitio y militaría *ardientemente*, un suponer, en Justicia Democrática, si es tan progresista de pata negra como dicen. EME241196 **11 adoptar una ideología:** Ni tampoco es casualidad que en todas las épocas la gente que más *ardientemente* ha adoptado la ideología de progreso... EPE080599

C VERBOS QUE DESIGNAN ALGUNAS MANIFESTACIONES VERBALES O COMUNICATIVAS, ESPECIALMENTE LAS QUE EXPRESAN ALOCUCIONES O SOLICITUDES, A MENUDO PÚBLICAS: **12 pronunciarse:** ...contra las que se pronunció *ardientemente* durante, por ejemplo, la campaña electoral. EPE020999 **13 proclamar +:** Deseaba *ardientemente* proclamar su amor por ella, escribir su nombre en los anales de la posteridad... EME021196 **14 pedir:** Tras expresar su preocupación por el anuncio de ETA, le pidió *ardientemente* que «rectifique». EPE031299 **15 solicitar:** ...en una entrevista *ardientemente* solicitada y prudentemente denegada. LVE210696

D VERBOS QUE DENOTAN CENSURA, DISCONFORMIDAD U OPOSICIÓN A ALGO, A MENUDO EXPRESADAS VERBALMENTE: **16 criticar:** ...ha sido criticado no sólo por los extraños, es decir, por el PSOE muy *ardientemente*... EPE121099 **17 denunciar:** ...una columna periodística en la que denunciaba *ardientemente* el dopaje... EPE260799 **18 protestar:** ...una decisión arbitral a todas luces injusta que fue *ardientemente* protestada por los jugadores y los aficionados. INDOC **19 desmentir:** ...incluso se afirmaba fervorosamente una especie antaño desmentida *ardientemente*: si España quería ingresar en el club económico era inexcusable que asumiese determinadas cargas... EPE010286

☐ Véase también: **ardiente.**

ardor ♦ **acalorado[27], adolescente, ansioso, asfixiante, corporal, creciente, de estómago, encendido, estival, estomacal, gástrico, guerrero, intenso, juvenil, marcial, sexual, tropical, vivo** ♦ **con** ♦ **falta (de), sensación (de)** ♦ **aliviar, apagar, aplacar(se)[28], atemperar[9], calmar, crecer, dar, defender (con), encender(se), enfriar(se)[42], entrar (a alguien), inflamarse (de), mitigar[61], poner (en algo), producir, sentir, templar**

☐ Véase también: **arder, entusiasmo, fervor, fuego, pasión.**

arduamente *adv.* ▮ Admite muy diversos verbos que designan acciones cuya realización o cumplimiento puede requerir esfuerzo o presentar dificultades *(esforzarse, entrenar, pensar, estudiar)*, pero más frecuentemente se combina con...

A VERBOS QUE DENOTAN DESEMPEÑO DE UNA ACTIVIDAD LABORAL O PARTICIPACIÓN ACTIVA EN ALGUNA TAREA. TAMBIÉN CON OTROS QUE DESIGNAN DIVERSAS ACCIONES ENCAMINADAS A LA CONSECUCIÓN DE UN FIN: **1 trabajar ++:** Indicó que para tal efecto, incluso hasta altas horas de la noche, el personal de Alumbrado Público Municipal trabajó *arduamente*. LTB131296 **2 colaborar:** En su estadía en la república de Costa Rica, colaboró *arduamente* con los italianos... LHG260700 **3 preparar +:** ...la IV Conferencia Mundial sobre la Mujer, *arduamente* preparada por Naciones Unidas desde hace varios años. CAP190995 **4 buscar:** Esta estatuilla era *arduamente* buscada desde hace treinta años por tratarse de uno de los símbolos más significativos de la era dorada de Hollywood... EME080195 **5 negociar:** El acto fue negociado *arduamente*. El Gobierno se oponía a mostrar las lacras sociales... LVE100296 **6 consensuar:** Y lo normal es que si se trata de alterar un marco de relaciones laborales tan *arduamente* consensuado, quienes representan los intereses de una parte negocien con quienes representan los intereses de la otra... EME300194

B VERBOS QUE DENOTAN ENFRENTAMIENTO O LUCHA, A MENUDO CONTRA DIFICULTADES U OBSTÁCULOS: **7 luchar ++:** ...a pesar de que muchas personas luchan *arduamente* contra los kilos extras (...), los logros son limitados. ETC070198 **8 disputar +:** ...en la mayoría de los partidos los cupos son *arduamente* disputados y la sola idea de que uno quede vacío suscita arduas rencillas internas. HOY140797 **9 pelear +:** José Antonio Camacho descartó que «mis jugadores se hayan mostrado conformistas en algunas fases del juego, ya que pelearon *ardua-*

mente los 90 minutos de juego sin descanso». LVE231095 **10 pugnar:** ...nada menos que seis ciudades pugnaron *arduamente* para obtener los Juegos de 1992. LVE110796 **11 competir +:** Los algodones del oriente y las sedas chinas comenzaron a competir *arduamente* con los modelitos no tan monos (...) extraídos de las ovejas europeas. HOY081178 **12 discutir:** ...un tema *arduamente* discutido por los diferentes sectores políticos de Canelones... EPU060901 **13 debatir:** También a ese propósito remite Vallejo, cuya obra es en más de su mitad de transmisión póstuma y *arduamente* debatida, a Quevedo. ABC130392

C VERBOS QUE DENOTAN CONSECUCIÓN O LOGRO: **14 conquistar:** Escena difícil de creer, la de los agresores bajando de las posiciones *arduamente* conquistadas en zonas con más de un metro de nieve... EPE030699 **15 alcanzar:** ...pero el perder la semifinal le ha impedido convalidar el brillante resultado de esta temporada, tan *arduamente* alcanzado. INDOC

D OTROS VERBOS; POSIBLES USOS CRUZADOS: Inaugurada el domingo con «Las afinidades electivas», la adaptación (...) de los hermanos Taviani de una novela de Goethe sobre pasiones amorosas *arduamente* reprimidas... [Cf. *duramente*] LVE081096

arduo *adj.* ▮ Se combina con sustantivos temporales (*jornada, etapa, semana, temporada, año*), así como con otros que designan obras, especialmente las de carácter intelectual o artístico (*novela, película, sinfonía*). También se combina con...

A SUSTANTIVOS QUE DENOTAN TAREA, OCUPACIÓN O COMETIDO, MÁS FRECUENTEMENTE SI SON FORZOSOS O IMPUESTOS: **1 tarea ++:** Sin duda, la tarea es *ardua* y está en la educación la principal responsabilidad. VEN200899 **2 trabajo ++:** ...y si demora su divulgación es por el *arduo* trabajo de recolección que demanda... EXP120997 **3 labor +:** ...el sueldo que reciben del ayuntamiento por su «*ardua*, afanosa e inconmensurable labor»... FDV160601 **4 empresa +:** ...no alcanzaron a prefigurar el éxito que lograrían en esa *ardua* empresa. CAP270397 **5 gestión:** Las *arduas* e improductivas gestiones para obtener una licencia de exportación... EPE031201 **6 misión:** ...tiene la *ardua* misión de dar emoción a la Liga más larga... LVE280196 **7 cometido:** Biografiar a Foucault es sin duda un *arduo* cometido. ABC220592 **8 actividad:** ...han perdido luego de una *ardua* actividad oficial en lo local y en lo internacional... EPU081101 **9 ejercicio:** Tan prolongados e íntimos debates convertirán convertirán la lectura en un ejercicio, a menudo, exageradamente *arduo*. ABC151295 **10 obligación:** ...aunque solo sea para cumplir la *ardua* obligación de ir al trabajo cada mañana. INDOC **11 deber:** ...se aplica rigurosamente al cumplimiento de un *arduo* deber. ABC160695

B SUSTANTIVOS QUE DENOTAN ESFUERZO O AFÁN: **12 esfuerzo ++:** Tras *arduos* esfuerzos se consigue fabricar como modelo básico de prótesis... ABC160695 **13 empeño +:** John Dos Passos se impuso el *arduo* empeño de documentar la historia del dominio... LVE140196 **14 tenacidad:** ...con la inalterable firmeza, el tesón y la *ardua* tenacidad que siempre había puesto en su trabajo. INDOC **15 tesón:** ...del sistema cultural que con *arduo* tesón habían contribuido a fundar. LVE220995

C SUSTANTIVOS QUE DENOTAN INTERCAMBIO VERBAL, A MENUDO CONFLICTIVO Y FRECUENTEMENTE ENCAMINADO A LA BÚSQUEDA DE ALGÚN ACUERDO. TAMBIÉN CON OTROS QUE DESIGNAN CIERTOS ACTOS EN LOS QUE SE PRODUCEN NEGOCIACIONES, INTERCAMBIOS Y OTRAS ACTUACIONES CONCERTADAS: **16 discusión ++:** La *ardua* discusión en la Cámara de Diputados la semana pasada... DYM111197 **17 polémica ++:** Ardua polémica entre industriales farmacéuticos y comisión de fijación por los precios de las medicinas. VIS030497 **18 controversia +:** ...como corolario de una *ardua* y espinosa controversia que mantuvo en los últimos días... LPA300492 **19 negociación ++:** Tras *arduas* negociaciones, que duraron hasta las seis de la mañana de ayer domingo... ESP160697 **20 debate +:** ...el proyecto de ley del nuevo Código Penal, tras un *arduo* debate en plenaria. ACP191296 **21 diálogo +:** ...las primeras versiones sobre un diálogo *arduo* y prolongado. CAP090197 **22 deliberación:** Sumidos en *arduas* deliberaciones acerca de si cerraban la barraca o no... LVE230696 **23 acuerdo:** ...que esperar a las 3 de la tarde de ayer para que fraguase el *arduo* acuerdo. EME291195 **24 sesión:** El Congreso inicia una *ardua* sesión. ENH141100 **25 votación –:** El 16 de octubre de 1978, después de seis *arduas* y difíciles votaciones... DYM240796

D OTROS SUSTANTIVOS QUE DENOTAN CONFRONTACIÓN O CONFLICTO: **26 lucha +:** ...sobre la lucha que tenemos que librar, *ardua* y dura, y, además, larga. GIC041497 **27 batalla +:** La jornada inaugural, consumida por una *ardua* batalla procedimental... EDV230101 **28 competencia +:** ...en los principales lugares, es difícil porque la competencia es *ardua*. EPC110797 **29 disputa:** ...se decidió luego de una *ardua* disputa de ventajas y desventajas... LNP150397 **30 pugna:** Mi padre, gran honor, me concedió el privilegio de dar la señal de apertura y ellos se enfrascaron en una *ardua* y animada pugna. CAP170797

E SUSTANTIVOS QUE DENOTAN PROCESO, CURSO O TRAYECTO. TAMBIÉN CON OTROS QUE DESIGNAN ALGUNOS DE SUS ESTADIOS: **31 camino +:** ...demostró que el camino emprendido iba a ser muy *arduo*... EPE021201 **32 proceso +:** Despues de un *arduo* proceso de estructuración el Consejo Mexicano de Comercio Exterior (COMCE) realizó la presentación de su «Portal de Negocios Electrónicos en Internet»... EXC000901 **33 trámite:** La operación ha culminado a comienzos del presente mes, mediante el rescate de la marca Yanko, que pendía de los *arduos* trámites judiciales de la quiebra... LVE271096 **34 itinerario:** ...pero su itinerario hacia ella es *arduo*, lleno de trampas... ENC240599 **35 travesía:** ...se quedaron tan impresionados después (...) de leer «Hacia el Polo», el relato de la *ardua* travesía de fondo a través de Groenlandia de Fridtjof Nansen, que... EPE071201 **36 carrera:** ...servirle en la *ardua* carrera hacia la primera magistratura. CAP280897 **37 viaje:** Este *arduo* viaje, en el que descubrió que los icebergs... LVE050395 **38 navegación:** ...se sirve del episodio homérico de la navegación *ardua* de Ulises en el estrecho de Messina... LVE060695

F SUSTANTIVOS QUE DENOTAN PROBLEMA O DIFICULTAD: **39 problema ++:** ...en torno a los derechos humanos y a los *arduos* problemas sociales... DHE051197 **40 cuestión +:** ...una superación extrema de las *arduas* cuestiones que le planteaban. ABC130392 **41 reto:** ...representaba un *arduo* reto porque la exasperación del color desbordaba cualquier atisbo... LVE070696 **42 desafío:** ...es claro que a los españoles se nos plantean *arduos* desafíos. EPE170499

G SUSTANTIVOS QUE DENOTAN SOLUCIÓN. TAMBIÉN CON OTROS QUE DESIGNAN DIVERSAS FORMAS DE DAR SATISFACCIÓN A ALGÚN ESTADO PROBLEMÁTICO: **43 solución** +: Pero la solución aparece todavía lejana, *ardua* y compleja. LVE310895 **44 consecución:** ...en el ejercicio de una maestría de *ardua* consecución son capaces de intensificar al máximo el esquematismo del que hablo... ABC201192 **45 decisión:** ...indicó que Major había dado pruebas de valentía al tomar decisiones *arduas* que implicaban impopularidad a corto plazo. EME060595 **46 respuesta** –: ¿Mafia o estupidez? Quede la *ardua* respuesta para aquellos que vendrán después de nosotros. LVE090996

H SUSTANTIVOS QUE DENOTAN INVESTIGACIÓN: **47 investigación** +: ...mis dos años de *ardua* investigación en el caso me condujeron al verdadero culpable y al total desciframiento de los hechos... HOY081178 **48 pesquisa:** En breve, América Televisión estrenará «La captura del siglo», miniserie de impacto que novela las *arduas* pesquisas del Grupo Especial de Inteligencia... CAP010896 **49 búsqueda** +: Sus cuerpos fueron encontrados después de una *ardua* búsqueda... LTB061100

I ALGUNOS SUSTANTIVOS QUE DENOTAN INTERPRETACIÓN, PERCEPCIÓN INTELECTIVA O ADQUISICIÓN DE CONOCIMIENTO: **50 lectura** +: ...la que aborda este volumen cuya lectura resultará *ardua* también. ABC130195 **51 interpretación:** ...y abocadas a *arduas* interpretaciones por los profesionales del derecho... EME191296 **52 aprendizaje** +: ...desde su presente situación de privilegio rememora el *arduo* aprendizaje en el estudio... ABC221294

J OTROS SUSTANTIVOS; POSIBLES USOS ESTILÍSTICOS: ...la del «fuego interior, *arduo* y discreto». PME190197; ...siempre aprovechó para la broma fácil el *arduo* perfil del arequipeño polemista. CAP120697; Este ideal, aunque *arduo*, no es tan lejano de la constatación... LVE131196

área ♦ circundante, colindante, contiguo, determinante, diáfano, extenso, fronterizo, gran(de), limitado, limítrofe, reducido, restringido ♦ dentro (de), fuera (de) ♦ abarcar, acceder (a), acotar, bordear, circundar, circunscribir(se) (a), delimitar, demarcar, entrar (en/a), establecer, extenderse, habitar, invadir, llegar (a), marcar, medir, minar, ocupar, rodear, salir (de)
☐ Véase también: **espacio, lugar, zona.**

a rebosar ♦ lleno ♦ aforo, almacén, mercado, plato, recinto, vaso ♦ encontrar(se), estar, llenar, *otros sustantivos de lugar*
☐ Véase también: **a reventar.**

a regañadientes *loc.adv.* ▮ Admite un gran número de verbos que designan acciones intencionales *(explicar, esperar, trabajar, comer, leer, vender, casarse, disparar)*. Sin embargo, se percibe una tendencia marcada a combinar esta locución con...

A VERBOS QUE DENOTAN CUMPLIMIENTO O ACATAMIENTO DE UNA ORDEN: **1 obedecer** ++: ...«¡Que cese el barullo!» y los alumnos otoñales le obedecen *a regañadientes*... EME190196 **2 someterse:** ...sé que es un sacrificio al que la mayoría de los adolescentes con los dientes torcidos se somete *a regañadientes* y con agradecimiento. ENH300697 **3 acatar:** Sus órdenes fueron acatadas, aunque *a regañadientes*, por Don Hewitt y Mike Wallace. EPE281199

B VERBOS DE LENGUA QUE DENOTAN ADMISIÓN O ACEPTACIÓN DE UNA OBLIGACIÓN O UNA RESPONSABILIDAD: **4 confesar** ++: Ghaus (...) confesó casi *a regañadientes* que su Gobierno no ha sido todavía reconocido diplomáticamente por nación alguna... EME071096 **5 reconocer** ++: Nicolás Lúcar ha reconocido *a regañadientes* que existe una irrestricta libertad de expresión... CAP030797 **6 admitir** ++: «Si tengo que hablar con él lo haré», admitió *a regañadientes*... EDV141200 **7 aceptar** ++: Tal acuerdo fue aceptado *a regañadientes* por la FIFA y varios países clasificados... HOY250484 **8 asumir:** Todo sugiere que se trata de un papel asumido *a regañadientes*... EME100194 **9 consentir** +: Su protagonista, el ex comunista jefe de Gobierno, (...) ha consentido *a regañadientes* irse de vacaciones... LVE301295 **10 conformarse:** Los alumnos tuvieron que conformarse, aunque *a regañadientes*, con solo diez minutos de descanso. INDOC

C VERBOS QUE DENOTAN CONCESIÓN O AUTORIZACIÓN DE ALGO. TAMBIÉN CON ALGUNOS QUE EXPRESAN OTRAS FORMAS DE OTORGAR LICENCIA O BENEPLÁCITO A ALGUNA COSA: **11 conceder** +: En cambio en Arganda sólo hubo una, y aun esa, concedida *a regañadientes*. EPE070999 **12 autorizar:** ...reunión celebrada legalmente y debidamente autorizada –aunque *a regañadientes*– por el señor gobernador. INDOC **13 satisfacer:** Tras satisfacer, *a regañadientes*, la tasa municipal, el hombre (...) invitó a su perro (...) a que hiciese sus necesidades donde mejor considerara. LVE150396 **14 aprobar:** Las bases de CDC aprobaron *a regañadientes* el pacto con el PP... LVE131096

D VERBOS QUE DENOTAN DISCULPA: **15 disculpar:** La excitación de Javier Solana, pidiendo prudencia y disculpando *a regañadientes* a Belloch, era reveladora. EME030395 **16 pedir perdón** +: Japón pide perdón *a regañadientes*. EME160895 **17 perdonar** +: Parece que le perdonó, aunque *a regañadientes* y sin demasiada convicción. INDOC

E VERBOS QUE DESIGNAN DIVERSAS FORMAS DE APOYO O ADHESIÓN: **18 seguir:** La derecha siguió su juego *a regañadientes* porque se conseguía casi lo mismo sólo que por otros mecanismos. LVE210796 **19 secundar:** ...el Gobierno de Aznar secundó *a regañadientes* la iniciativa del PSOE... EPE111101 **20 apoyar:** La propuesta de recurso fue apoyada *a regañadientes* por Izquierda Unida... EPE110399

F VERBOS QUE DENOTAN SALIDA O ABANDONO DE ALGO. TAMBIÉN CON OTROS QUE EXPRESAN DESPEDIDA: **21 decir adiós** +: A regañadientes, ayer dijo adiós a la presidencia de Cepsa. LVE280396 **22 abandonar** +: ...los altos cargos abandonaron *a regañadientes* el escenario del que se querían apropiar... EPE140800 **23 retirarse** +: ...dejaron completamente solo a Valéry Giscard d'Estaing, que tuvo que retirarse, aunque *a regañadientes*. EPE020486 **24 dimitir:** ...aquellos líderes comunistas (...) habían obligado a Erich Honecker a dimitir *a regañadientes*. EPE071199 **25 replegarse:** ...el mando militar serbio bosnio se replegó *a regañadientes* y contra la opinión de Mladic. EME160795

G VERBOS QUE DENOTAN ENTREGA, SUMINISTRO Y OTRAS FORMAS DE CONTRIBUCIÓN A ALGO: **26** **dar ++:** La mayoría republicana del Senado dio el pasado mes, *a regañadientes*, apoyo a la decisión de Clinton de bombardear Yugoslavia... EPE050599 **27** **entregar +:** Después, *a regañadientes*, entregó su arma a la «Armija»... EME190795 **28** **prestar +:** Sin embargo, si de algo vale mi aportación al partido no la prestaré *a regañadientes*. EME261295 **29** **suministrar:** Se pusieron otra vez en marcha gracias a un crédito de 40 millones de dólares suministrado *a regañadientes* por KIO. LVE031295

H OTROS VERBOS; POSIBLES USOS ESTILÍSTICOS: El toro se tragaba *a regañadientes* y como una purga los pases de Senda. EME130396

arena ♦ **ardiente, enterrado (en), fino, movedizo, sepultado (en)** ♦ **banco (de), grano (de), reloj (de), saco (de), tormenta (de)** ♦ **echar, extraer, filtrar(se), ocultar (algo), remover**

a renglón seguido ♦ **aclarar, admitir, advertir, afirmar, agregar, añadir, contestar, decir, demostrar, matizar, mencionar, nombrar, pedir, preguntar, reconocer, recordar, señalar, sostener, subrayar,** *verbos de lengua*

a resguardo (de) *loc.prep.* ▮ Admite la variante *al resguardo de* y se combina con numerosos sustantivos que se asocian con peligros o amenazas. Destacan entre ellos los que designan armas o proyectiles *(bomba, bala, torpedo, ametralladora, cañón)*, fenómenos meteorológicos y climáticos, o alguno de los factores que los determinan *(lluvia, viento, tormenta, inundación, erosión, olas)*, algunos empleados figuradamente. También se construye a menudo con los sustantivos *poder, autoridad* y con otros que designan las organizaciones o las instituciones que los ejercen *(gobierno, policía, prensa, justicia)*, sus normas *(ley, decreto, norma)*, o sus actitudes *(decisión, voluntad, criterio)*. Admite asimismo sustantivos que designan personas *(delincuente, alborotador, enemigo)* o grupos humanos *(guerrilla, banda)*. Se construye también con numerosos nombres que designan acciones violentas o delictivas *(guerra, lucha, bombardeo, robo, estafa)*, y en general males o perjuicios *(mal, enfermedad, daño, accidente, fatalidad)*. Se combina asimismo con...

A SUSTANTIVOS QUE DENOTAN RIESGO: **1** **peligro ++:** ...de fronteras para dentro, no parece estar tan *a resguardo* de graves peligros. LVE160696 **2** **riesgo +:** ...un sistema electoral muy favorable a que los partidos quedasen *a resguardo* de riesgos de fragmentación... EPE090999 **3** **amenaza:** Solo pidió al juez que le permitiera estar *a resguardo* de las amenazas de su marido. INDOC

B SUSTANTIVOS QUE DESIGNAN SITUACIONES O ESTADOS CARACTERIZADOS POR LA INESTABILIDAD O EL CAMBIO FRECUENTE: **4** **vaivén +:** ...garantizaban un crecimiento sostenido, *al resguardo* de los vaivenes de las recesiones de otros tiempos. EPE051201 **5** **vicisitud:** ...han evadido sus capitales para ponerlos *a resguardo* de las vicisitudes del proceso español en marcha. EPE030877 **6** **veleidad:** ...el referente de centroizquierda queda *a resguardo* de las veleidades exageradamente protagonistas de sus más relevantes líderes. CAN250599 **7** **imprevisto:** ...pide una política proteccionista que los ponga *a resguardo* de los imprevistos. EPE111099 **8** **contingencia:** ...puso a los tres hijos habidos con la marquesa (...) *a resguardo* de cualquier contingencia... EME131195

C ALGUNOS SUSTANTIVOS QUE DENOTAN AGITACIÓN O AJETREO. TAMBIÉN CON OTROS QUE DESIGNAN ALGUNOS DE LOS GESTOS, LAS ACCIONES O LAS SENSACIONES QUE SUELEN ASOCIARSE CON ESAS SITUACIONES DE INESTABILIDAD: **9** **estrés:** ...permanece *a resguardo* del estrés y la ansiedad propia de las grandes ciudades. EPE080199 **10** **bullicio:** ...acudían los jóvenes enamorados para intercambiar su cariño, amparados por la oscuridad y *a resguardo* del bullicio de la calle del Comerç. EPE280499 **11** **apretujón:** Los jugadores estuvieron *a resguardo* de los apretujones... CLA030797

D SUSTANTIVOS QUE DENOTAN FIJACIÓN DE LA VISTA Y, POR EXTENSIÓN, INTERÉS POR CONOCER ALGUNA COSA. TAMBIÉN CON OTROS QUE DESIGNAN CIERTOS INSTRUMENTOS QUE PARTICIPAN TÍPICAMENTE EN LA ACCIÓN DE REGISTRAR ALGO, DESTACARLO O SACARLO A LA LUZ: **12** **mirada +:** El lugar elegido, en las inmensas llanuras de Asia Central, estaba *a resguardo* de las indiscretas miradas... ABC180394 **13** **curiosidad +:** ...los entresijos contables (...), que éste ha mantenido siempre *a resguardo* de la curiosidad ajena. LVE150996 **14** **cámara:** ...parece querer vivir *al resguardo* de cámaras alborotadoras y ojos indiscretos. EPE200999 **15** **foco:** ...siempre ha intentado mantenerse *a resguardo* de los focos para que no se notasen sus debilidades... EPE110199

E SUSTANTIVOS QUE DENOTAN AGRESIÓN Y OTRAS FORMAS DE ACCIÓN HOSTIL: **16** **ataque +:** ...una cómoda presidencia de una empresa pública, en cuya poltrona se sentirá *a resguardo* de los ataques de la prensa. INDOC **17** **acometida:** ...donde ni siquiera se siente *a resguardo* de las feroces acometidas de las críticas de siempre. INDOC **18** **crítica:** Que la Prensa no esté, a la vista de algunos de sus fallos, *al resguardo* de toda crítica... EME290494 **19** **embate:** Nos sentamos cerca del mar, en la baranda de cemento, pero *a resguardo* de sus embates. EPE060899

☐ Véase también: **a buen recaudo**.

a resultas (de) ♦ **accidente, caída, colisión, decisión, declaración, enfermedad, esfuerzo, explosión, golpe, guerra, herida, impresión, investigación, polémica, promesa**

a reventar ♦ **lleno** ♦ **bar, ciudad, hotel, plaza,** *otros sustantivos de lugar* ♦ **llenar**

☐ Véase también: **a rebosar**.

arguсia ♦ **astuto, contable, desleal, dilatorio, electoral, formal, ingenuo, intelectual, jurídico, legal, malintencionado, mero, parlamentario, procedimental, puro, reglamentario, simple, táctico, técnico, ventajista** ♦ **acudir (a), buscar, desbaratar[5], emplear, fracasar, inventar, invocar, montar, planear, surtir efecto[4], triunfar, urdir, usar, utilizar**

☐ Véase también: **artimaña, engaño, estrategia, maniobra, trampa, truco**.

argüir ♦ a favor[20], con destreza, convincentemente, en contra, fundadamente argumentar, razonar

argumentación ♦ a favor[45], arbitrario[41], claro, coherente, concluyente[33], consistente, convincente, débil, detallado, en contra, endeble, exhaustivo[33], extenso, firme, fundado, insuficiente, irrefutable[8], minucioso, pormenorizado, profuso, rotundo, sencillo, sólido, sutil ♦ línea (de) ♦ aceptar, afianzar, apoyar, apuntalar, basar, cimentar, construir, cuestionar, desarmar, desarrollar, desbaratar, desestimar, desmontar[12], echar por tierra, esgrimir, fundamentar, plantear, precisar, presentar, rebatir[3], rechazar, reforzar, refutar, remachar[10], seguir, sostener, sustentar[25], utilizar
□ Véase también: **pensamiento, razonamiento, teoría.**

ARGUMENTACIÓN
♦ (SUSTANTIVOS) Véase: **a favor[J], alimentar[J], aplastante[D], armar(se)[D], capcioso[B], concluyente[F], demoledor[B], desmontar[B], desoír[J], exhaustivo[D], inexpugnable[B], manido[G], oponer[B], peregrino[A], permisivo[D], rebatir[A], remachar[B]**
♦ (VERBOS) Véase: **abiertamente[B], a favor[D], convincentemente[A], detalladamente[B], en falso[I], prolijamente[B], sinceramente[A]**

argumentar ♦ a favor[18], claramente, coherentemente[10], constitucionalmente, contundentemente, convincentemente[3], débilmente, detalladamente[11], en contra, en defensa, en falso[29], extensamente[3], fundadamente, libremente, por extenso, profusamente[45], prolijamente[10], públicamente, razonablemente, rotundamente, seriamente, suficientemente, técnicamente ♦ acusación, afirmación, ausencia, condena, crítica, decisión, fallo, hipótesis, idea, ignorancia, inocencia, juicio, motivo, negativa, opinión, oposición, petición, posición, propuesta, razón, rechazo, sentencia, tesis
□ Véase también: **argüir, razonar, rebatir.**

argumento ♦ absolutorio[11], a favor[44], afilado[17], agudo, alambicado, aplastante[24], avieso[20], básico, capcioso[6], certero[25], complejo, concluyente[32], conductor, consistente, contundente, convincente, cuestionable, débil, decisivo[23], defendible, demoledor[7], de peso[2], descabellado[28], deshilvanado, disuasorio, en contra, endeble, enmarañado, enrevesado[37], falaz, férreo[51], flojo, fuerte, fundado[11], fundamentado[5], impecable[18], inapelable[7], inconsistente, incontestable, incuestionable, indefendible, inextricable[32], insostenible, inválido, irrebatible[1], irrefutable[3], legal, lineal, manido[41], oficial, peregrino[1], poderoso, principal, probatorio, rebatible, refutable, retorcido, rotundo[41], sencillo, sobrado (de)[14], socorrido, sólido, somero[81], trillado[17], valedero[2], válido, verdadero, viejo ♦ en bandeja[16] ♦ aceptar, aducir[2], agotar(se)[42], alegar, amañar[6], ambientar(se)[3], aplicar, apoyar(se) (en), apuntalar[5], armar, armarse (de)[14], atenerse (a)[12], basar(se) (en algo), blandir[3], captar[26], cimentar[55], construir, contar, creer, cuestionar, dar, defender, derrumbar(se)[35], desarbolar, desarticular(se)[31], desbaratar[21], descalificar, descartar, desmontar[9], desoír[72], destripar[2], destruir, escudarse (en), esgrimir[5], exponer, hilvanar[16], invalidar, objetar, oponer[9], parafrasear, presentar, pulverizar[40], rebatir[2], rechazar, refutar[1], remachar[6], resumir, retorcer, seguir, servir (de/como), sopesar[28], sustentar(se) (en algo), sustentar[31], tejer[12], tergiversar[13], trazar, trenzar, urdir[42], usar, utilizar, valerse (de), versar (sobre algo)
□ Véase también: **demostración (de), ejemplo, prueba, testimonio.**

ARGUMENTO
♦ (SUSTANTIVOS) Véase: **absolutorio[B], aducir[A], agotar(se)[F], ambientar(se)[A], crucial[B], de peso[A], descabellado[F], destripar[A], discurrir[E], enrevesado[E], irrisorio[C], primar[F], pulverizar[E], refutar[A], tejer[C], trillado[B], valedero[A]**
□ Véase también: CRITERIO; INTERPRETACIÓN; JUICIO; RAZÓN.

arista ♦ acusado, afilado, cortante, lleno (de), romo ♦ afilar, limar[2], pulir, sobresalir
□ Véase también: **punta.**

arma ♦ arrojadizo, atómico, automático, biológico, blanco, casero, contundente, convencional, de asalto, de caza, de combate, de destrucción masiva, de doble filo, defensivo, de fogueo, de fuego, de guerra, de {largo/corto} alcance, de mujer, de precisión, de presión, de repetición, de seducción, destructor, disuasorio, efectivo, eficaz, expeditivo, fulminante, homicida, letal, ligero, mortal, mortífero, nuclear, ofensivo, pesado, poderoso, político, químico, secreto ♦ al calor (de) ♦ alijo (de), arsenal (de), calibre (de), contrabando (de), control (de), herida (de), impacto (de), posesión (de), tenencia (de), tráfico (de), venta (de) ♦ acallar[103], accionar, amenazar (con), aprestar, apuntar (con), blandir, calibrar, callar, cargar, decomisar, deponer[1], desenfundar, desplegar, dirigir (contra algo/contra alguien), disparar, disponer, empuñar, enarbolar, encañonar (con), entregar, esgrimir, guardar, incautar, llevar, manejar, manipular, pertrechar(se) (de), portar, presentar, proveer(se) (de), rendir, sacar, traficar (con), usar, utilizar, vender
□ Véase también: **bomba, cuchillo, espada, fusil, hacha, navaja, pistola, puñal, sable.**

ARMA Véase:
♦ a punta de {navaja/pistola}
♦ arma, bomba, cuchillo, dardo, espada, fusil, hacha, navaja, pistola, puñal, sable
♦ empuñar
□ Véase también: *AGRESIÓN*.

ARMA
♦ (SUSTANTIVOS) Véase: **acallar[L], deponer[A], malgastar[F], silenciar[F]**
□ Véase también: INSTRUMENTO.

[armado] → **a mano armada**

armario ♦ **abarrotado, empotrado, lleno, metálico, vacío** ♦ **dentro (de)** ♦ **fondo (de)** ♦ **abrir, cerrar, desordenar, esconder(se) (en), forrar, forzar, guardar (en), llenar, meter(se) (en), ordenar, organizar, sacar (de), salir (de), vaciar, vestir**

armar(se) *v.* ▮ En su sentido de 'suministrar(se) armas' se construye con diversos sustantivos de persona, individuales o colectivos *(soldado, policía, hombre, tropa, guerrilla)*. Con el sentido de 'preparar para disparar' se combina con sustantivos que designan armas *(armar el arco, la ballesta)*. En su sentido de 'construir mediante la unión de varias piezas' admite sustantivos que designan muy diversos objetos, especialmente si están formados por varias partes o elementos que deben ensamblarse para constituir una unidad *(escenario, choza, tienda de campaña, muñeco, rompecabezas)*. En su sentido de 'organizar, promover' se combina con sustantivos que designan eventos de carácter social, frecuentemente festivos *(exposición, fiesta, espectáculo, partido, show)* o actividades que generalmente se emprenden en grupo *(viaje, expedición, manifestación, taller)*. También se combina con...

A SUSTANTIVOS QUE DESIGNAN SITUACIONES DE CONFUSIÓN O DESORDEN, MUY FRECUENTEMENTE AGITADAS, ESTRUENDOSAS O TUMULTUOSAS. ES USO PROPIO DE LA LENGUA COLOQUIAL: **1 lío ++:** Se *armó* el lío y Paquito no perdió la compostura en ningún instante. EME220996 **2 follón ++:** Pero fue tal la respuesta a la convocatoria que se *armó* el follón. LVE171294 **3 escándalo ++:** ...entre 30 y 50 personas detenidas por encontrarles robando, emborrachándose, *armando* escándalo... DHE290197 **4 ruido ++:** Pero es una compensación por las horas de emisión que le dan a tantos «borregos» que, más que balar, sólo *arman* ruido. LRE170103 **5 barullo ++:** No son, por supuesto, la mayoría del vecindario, pero saben *armar* barullo. EME180896 **6 alboroto +:** «Pudimos», dijo, «haber *armado* más alboroto, pero no lo hicimos». EPE161280 **7 disturbio +:** En la Grand Place de Bruselas, hinchas franceses y vieneses *armaron* disturbios... LVE090596 **8 jaleo +:** En ningún país, por ejemplo, podría haberse *armado* un jaleo equivalente al aquí acontecido... BRE020597 **9 griterío:** Samper ha negado repetidamente tales acusaciones y las alegaciones de Botero *armaron* un griterío para que Samper dimitiera. LVE010296 **10 confusión:** Ellos, los locales, sólo filtran datos para *armar* una gran confusión. LPA030592 **11 revuelo +:** Tres antimilitaristas que atacaron un cuartel sólo querían «*armar* revuelo». EPE120599 **12 trifulca +:** ...habían marcado en el libro de ruta la hoja donde se especifica el recorrido de ayer, destacándolo como un trazado ideal para *armar* la trifulca. EME130796 **13 jarana:** Habríase hecho cruces la tropa que acudía allí a *armar* jarana, a reclamar a gritos el destape de las artistas y a sobarlas en la penumbra de los palcos. LVE121094 **14 quilombo:** Si hago mal los deberes se *arma* el quilombo. CLA120197

B SUSTANTIVOS QUE DESIGNAN SITUACIONES DE CONFRONTACIÓN O ENFRENTAMIENTO, FRECUENTEMENTE CON AGRESIVIDAD O VIOLENCIA: **15 discusión:** El yerno y la suegra *armaron* discusión, llegaron a las manos... LVE210596 **16 bronca +:** Hacía tiempo que había dejado de *armar* broncas en los bares de la zona. EME140196 **17 guerra:** ...no se ve cómo hoy podría *armarse* una guerra civil como aquella en que nacimos o crecimos. LVE060395 **18 revolución:** Muy bien, ya seguiremos hablando y, seguramente, te acordás general que se quedó inconclusa nuestra consulta, tenemos que *armar* toda la revolución del 2 y 3 de febrero. ACP191296 **19 conflicto +:** Si las propuestas son sólo ideas para un debate, perfecto, pero si se imponen, se va a *armar* un conflicto muy serio. LVE280996 **20 lucha:** Más que *armar* una lucha entre los partidos políticos y los ciudadanos, lo que todos deseamos es una justicia más transparente... ENV110797 **21 contragolpe –:** Mientras unos sudaban interpretando un papel desconocido, los otros se aplicaban en recordar cómo se *arma* un contragolpe cuando el físico no acompaña... EPE240599

C SUSTANTIVOS QUE DESIGNAN DIVERSAS FORMAS DE PROYECTAR, PLANIFICAR U ORGANIZAR UNA ACTUACIÓN, EN OCASIONES CON FINALIDAD SECRETA U HOSTIL. TAMBIÉN CON OTROS QUE DESIGNAN ESAS MISMAS OPERACIONES: **22 conspiración +:** ...vecinos del sector *armaron* una especie de conspiración del silencio para «proteger» al nuevo millonario... LNP040297 **23 plan +:** En esta tarea, que según dijo se definió después de *armar* el plan maestro, Tompkins adelantó que en las próximas semanas nuevamente hará una presentación... LEC140597 **24 complot:** ...fue señalado por múltiples actores políticos como responsable de algo sucio (...): que si le pidió la renuncia (...), que si *armó* el complot para el asesinato, que si lo sabe todo. PME201096 **25 estrategia:** Y *armó* una estrategia de discreción y verdades a medias que desorientó a sus primeras amistades. CLA131100 **26 estratagema:** «El gobierno quiere *armar* una estratagema para intentar desaparecernos y mandarnos a la clandestinidad, pero no lo lograrán». EXC110796 **27 proyecto:** A partir de ahí fue como se *armó* el proyecto. EME050294 **28 boicot:** ...nos veremos forzados a *armar* un boicot internacional a su industria de turismo. CAP030797 **29 campaña:** No es lo mismo conseguir votos en Bogotá y *armar* una campaña con pirinola... ETC070497 **30 planteo:** Todo parece indicar que Córdoba *armará* esta noche un planteo con marcas personales, apostando a lo que puedan resolver Palermo y el juvenil Romeo. CLA110497 **31 defensa:** Brindisi *armó* una defensa de tres y Mané una de cinco, el centro del campo se pobló con cinco espanyolistas y cuatro alaveses. EPE310599

D SUSTANTIVOS QUE DESIGNAN TEXTOS, ASÍ COMO DIVERSAS MANIFESTACIONES VERBALES: **32 alegato:** ...los acusa de *armar* un alegato que se parece a «una novela policial barata». CLA130199 **33 discurso:** Tríada que supone un regreso a las fuentes del peronismo, adonde ha sabido recurrir Chávez para *armar* su discurso. CLA170199 **34 texto:** ...un texto complejo, rico y bien *armado*, en el que su autor expone con contundencia... INDOC **35 denuncia:** En uno de ellos, se sospecha que *«armaron»* una denuncia para extorsionar a un comerciante. CLA280297 **36 diálogo –:** Comentaré algunas de las posiciones que mantienen los actores del libro, aglutinándolas temáticamente para *armar* un diálogo entre ellos. PME290996

E SUSTANTIVOS QUE DENOTAN RESOLUCIÓN O COMPROMISO ENTRE PERSONAS O ENTIDADES: **37 pacto:** ...necesitó emplear todas sus dotes diplomáticas, pero logró *armar* felizmente el tan deseado pacto institucional. INDOC **38 acuerdo:** Uno de sus hombres, Jorge Concha, se comunicó el domingo con dirigentes de RN para manifestar el interés de su colectividad en *armar* un acuerdo bilateral. LEC220796 **39 alianza:** Descartó (...) que por lo pronto se puedan proporcionar nombres de grupos o individuos con los que se pueden *armar* las alianzas político-electorales... EXC220996

F SUSTANTIVOS QUE DESIGNAN COSAS CONSTITUIDAS POR LA CONJUNCIÓN O LA ARTICULACIÓN DE VARIAS PARTES. TAMBIÉN CON OTROS QUE EXPRESAN ESAS MISMAS FORMAS DE ORGANIZACIÓN: **40 estructura ++:** Y jamás consigue *armar* una estructura que ordene la confusión. EME291095 **41 organización +:** ...se *armó* una organización y procedimientos para defraudar al fisco. VIS030497 **42 red:** El proyecto se llama Globalización Solidaria, propone *armar* una red e intercambiar información a nivel mundial y participa junto a otros 65 países. CLA180199 **43 organigrama:** Mientras tanto el sabueso que se encontraba en Medellín había logrado *armar* un organigrama de las personas con las cuales (...) mantenía comunicación. SEM011297 **44 trama +:** La Policía Judicial tuvo casi una semana para *armar* esta trama e intentar implicarnos en hechos violentos. EXC110796 **45 entramado +:** ...el entrenador no puso el grito en el cielo por las ausencias y prefirió poner su energía en *armar* el entramado ofensivo de su equipo... LNP120397

G OTROS SUSTANTIVOS; POSIBLES USOS ESTILÍSTICOS: «Amo *armar* personajes como el de 'Muñeca Brava'», dijo casi sin respirar. EPU120701; Pero *armar* o construir una región, transformarla de un objeto de administración a un sujeto de desarrollo no es una tarea que pueda hacerse desde afuera y desde arriba... HOY250385

■ Se combina también con: ♦ **de pies a cabeza**[11], **hasta las cejas**[29], **por completo**

armarse (de) *v.* **I** En su sentido de 'proveerse (de)' se combina con sustantivos que designan armas *(pistola, cuchillo, puñal, ballesta, fusil)* y, por extensión, con otros designan objetos diversos que pueden asimilarse a ellas en alguna circunstancia *(escoba, bolígrafo, piedra, micrófono, destornillador)*. También se combina con sustantivos que designan informaciones o recursos muy diversos *(armarse de documentación, bibliografía, materiales, datos)*, pero destacan especialmente sus combinaciones con...

A EL SUSTANTIVO *PACIENCIA* Y CON OTROS QUE EXPRESAN INDULGENCIA, CAPACIDAD DE COMPRENSIÓN Y OTRAS DISPOSICIONES O ACTITUDES FAVORABLES A ALGO O ALGUIEN: **1 paciencia ++:** En la espesura de la niebla hay que guardar quietud y *armarse* de paciencia para deleitarse... ETC170797 **2 buena fe +:** Muchos buscaron el objetivo *armados* de la mayor buena fe... EXC100900 **3 benevolencia:** Y eso acentúa su carácter de espíritus positivos, (...) imbuidos de espíritu naif y *armados* de benevolencia. LVE070595 **4 estoicismo:** En contra, el proveedor o acreedor defraudado tendrá que (...) *armarse* de estoicismo y dejar transcurrir los meses... LVE020996

B SUSTANTIVOS QUE EXPRESAN LA VOLUNTAD DE LLEVAR A CABO ALGUNA COSA. TAMBIÉN CON OTROS QUE SE REFIEREN AL EMPEÑO O EL ARROJO QUE SE PONE EN LO QUE SE EMPRENDE: **5 valor ++:** Los pioneros del cable se *arman* de valor e ingenio para transmitir sus inquietudes personales y los sucesos ocurridos en el pueblo. PLG170997 **6 voluntad +:** Rodeado por un angustiado equipo que pensaba que podía morir en cualquier momento, Troisi se *armó* de voluntad (...) para afrontar su último desafío... EME291095 **7 ganas:** El Molinero estuvo animoso, decidido y *armado* de ganas, pero no templado. EME280895 **8 fuerza de voluntad:** ...pide que el episodio aleccione para «*armarnos* de fuerzas de voluntad que impida su entronización definitiva en la vida de los dominicanos». DED310197 **9 coraje:** ...más *armado* de coraje que de juego y conducido por un Raúl sensacional, se resistió con dignidad a la derrota. EPE010300 **10 valentía:** Irureta, a quien tantas veces se tacha de apocado, se *armó* de valentía y acertó con un planteamiento táctico excelente. EPE311099 **11 tesón:** Vestido con uniforme de faena, Saturnino encaró la pendiente con la mejor de las disposiciones y *armado* de tesón y capacidad de sufrimiento. EPE030999 **12 moral:** Pero, en vez de titubear o lamentarse, se *armó* de «moral y horas extra» y se volcó en clasificar los documentos y velar por su conservación. EPE160900

C SUSTANTIVOS QUE DESIGNAN NOCIONES QUE ES POSIBLE USAR PARA SUSTENTAR JUICIOS O ARGUMENTACIONES: **13 razón +:** En plena presentación de candidaturas para las elecciones locales y europeas, el feminismo de la Unión Europea se *arma* de razones, normas y leyes para conquistar el poder. EPE100599 **14 argumento +:** ...se han *armado* de argumentos jurídicos para justificar la procedencia de la moción de censura... EPE190299 **15 palabra:** Profeta *armado* de palabras, (...) es un hombre mucho más frágil, clásico y titubeante de lo que él mismo finge creer. ABC201192 **16 principio:** ....como enfrentamiento entre una clase de comerciantes a gran escala y propietarios industriales *armados* de los principios de igualdad política y libertad económica... ABC090493

D SUSTANTIVOS QUE DESIGNAN OTRAS CUALIDADES HUMANAS QUE PUEDEN INTERPRETARSE COMO RECURSOS APROPIADOS PARA ALGUNA ACTUACIÓN: **17 ironía:** David Shrigley se *arma* de ironía «para denunciar el maltrato de los seres humanos al medio ambiente». EPE170301 **18 lucidez:** Y sigue *armado* de lucidez y valor político Guerra, tanto tiempo «el malo de la película», cuando estima suavemente que... EME211196 **19 inteligencia:** Educado por los jesuitas, (...) estaba *armado* de una inteligencia lógica que casi –digo casi– disfrazaba la pasión enmascarada de sus sentimientos. EME201000 **20 patriotismo:** El caudillo castrista recomendó a los nuevos embajadores «salir *armados* de patriotismo y a decir la verdad» sobre la crisis actual por la que atraviesa el país. LRE090103

E OTROS SUSTANTIVOS; POSIBLES USOS ESTILÍSTICOS: Sin dibujo, *armado* de color, explora las posibilidades de un paisaje que parece anegado de sol. ABC160695

armazón ♦ **argumental, argumentativo, conceptual, considerable, consistente, constitucional, contundente, defensivo, doctrinal, dramático, endeble, enorme, escénico, férreo, físico, frágil, ideológico, institucional, intelectual, literario, metálico, pesado, poético, político, robusto,**

táctico, teórico, vertebrado ♦ apoyar(se), constituir, desmontar[6], edificar, erigir, levantar, montar, reforzar, romper, sostener(se), sustentar (algo), tramar

armisticio ♦ **aceptar, acordar, concertar, decretar[49], denunciar, exigir, firmar, negociar, pedir, prorrogar[24], supervisar, terminar (en), vigilar**
☐ Véase también: **alto el fuego, tregua.**

armonía ♦ **absoluto, apacible, aparente, bueno, completo, duradero, extraño, falso, familiar, gran(de), imperante, imperturbable, inalterable, interior, lleno (de), perfecto[15], plácido, pleno, prolongado, reinante[24], total ♦ en, en aras (de)[4] ♦ ambiente (de), clima (de), falta (de), vida (en) ♦ alcanzar, alterar, amenazar, buscar, conseguir, conservar, convivir (en), dar[136], imperar, irradiar[26], lograr, mantener, perder, perturbar, preservar, presidir (algo), recuperar, reinar[9], restablecer, romper, trastocar, turbar, vivir (en)**
☐ Véase también: **bienestar, calma, paz, serenidad, sosiego, tranquilidad, tregua.**

ARMONÍA Véase: *CALMA*

armónicamente *adv.* ▌Se construye generalmente con sustantivos que designan grupos. Acepta diversos verbos que designan acciones que pueden realizarse de forma concertada *(trabajar, actuar, realizar, moverse, marchar, bailar, cantar)*, pero destacan especialmente sus combinaciones con...

A VERBOS QUE DENOTAN UNIÓN, CONEXIÓN, MEZCLA O COMPOSICIÓN DE UN CONJUNTO A PARTIR DE DIVERSOS ELEMENTOS: **1 integrar(se)** ++: Es imposible inventar algo nuevo en la comedia pero se precisa mucho talento para pillar de tantos sitios e integrarlo *armónicamente* en tu historia. EME011295 **2 fundir(se)** +: El drama y el humor y con ellos la tragicomedia de la vida en el mejor sentido de la expresión se funden *armónicamente* y sin fisuras. LVE200696 **3 combinar(se)** +: En el grupo se combinan *armónicamente* nombres de todas las edades y diferentes tendencias. ABC230793 **4 conjugar(se)** +: ...nunca será la fuerza el recurso recomendable ni conveniente para conjugar *armónicamente* los derechos de los más con la paz nacional. ESP200697 **5 confluir** +: ...la vana ilusión y el más absoluto profesionalismo confluyen *de manera armónica.* PME290996 **6 convivir** +: Se trata de un hospedaje en donde el viajero aprende a convivir *de manera armónica* con la exuberante flora y fauna de la tierra de los taironas... ETC100497 **7 relacionar(se)**: En el decálogo ecologista el primero de los mandamientos para «volverse a relacionar *de forma armónica* con la naturaleza» es consumir lo necesario. EME060294 **8 complementar(se)**: ...los materiales, sus combinaciones, se complementan *armónicamente.* ABC261193 **9 coordinar(se)**: ...se guió por lo que apunta una ley secundaria, la Ley de los Servidores Públicos, que debía coordinarse *de manera armónica* con lo establecido en la Constitución. PME250896 **10 ensamblar(se)**: ...un particular sentido de la trascendencia que se ensamblaba *armónicamente* con ese uso kantiano de la razón... EPE031201 **11 enlazar(se)**: ...una extensión en la que los edificios estarían dispuestos en una trama cuadrangular similar a la del Eixample, y que enlazaría *armónicamente* con polígonos industriales, zonas agrícolas... LVE280796 **12 unificar(se)**: ...persiguen la Teoría Final, un marco teórico donde las cuatro fuerzas de la Naturaleza estén *armónicamente* unificadas. ABC100395

B VERBOS QUE DENOTAN DISPOSICIÓN, ORGANIZACIÓN, CONFIGURACIÓN Y OTRAS FORMAS DE PRESENTARSE U ORDENARSE LAS COSAS: **13 disponer(se)** ++: ...las celebridades con quien cualquiera podía tropezar, no actuaban como piezas dispuestas *armónicamente* para su contemplación... EME110596 **14 ordenar**: Y para que ese gusto en el mirar se produzca, es necesario que la lectura se ordene *de manera armónica...* ABC271291 **15 distribuir(se)**: Cerca de mil quinientos investigadores, *armónicamente* distribuidos en una docena de edificios vanguardistas, trabajan ahora en el nuevo Centro de Investigación de Glaxo-Wellcome... ABC280495 **16 colocar(se)**: En ocasiones se comportaba como un histérico, con el deseo vehemente de mantener todo colocado *armónicamente.* INDOC **17 extender(se)**: ...nos pone en comunión con lo que es el arte de pintar, con la calidad que se desprende del hecho de saber extender línea, materia y color *armónicamente* sobre el plano. ABC140593

C VERBOS QUE DENOTAN FUNCIONAMIENTO, EVOLUCIÓN Y OTRAS FORMAS DE SEGUIR ALGUNA COSA UN PROCESO: **18 funcionar**: ...se comienza a plantear la posibilidad de construir un mundo civilizado en que pasión y razón funcionen *de modo armónico.* EME100296 **19 desarrollarse**: No hay país que pueda desarrollarse *armónicamente* cuando dentro de sí anidan conflictos y tensiones graves... HOY230996 **20 progresar**: ...unas relaciones basadas en los libertades de las personas y de los grupos, orientadas a pactar la organización de la convivencia para progresar *armónicamente...* LVE140795 **21 crecer**: La Seu es una ciudad que ha crecido *armónicamente...* EPE070699

D VERBOS QUE DESIGNAN LA ACCIÓN O EL PROCESO DE FINALIZAR ALGUNA COSA, A MENUDO DE FORMA SATISFACTORIA: **22 resolver** +: Toda constitución federal debe resolver *de modo armónico* la difícil tensión entre autonomía y unidad. EPE120700 **23 solucionar**: ...expresó su ferviente deseo de que el conflicto de la ley orgánica del Poder Judicial se solucione *de modo armónico* y favorable a la independencia de la justicia. EPE010600 **24 acabar**: ...hay un acuerdo para derribar dicho edificio y acabar *de forma armónica* la manzana del Banco de España. EPE240799
☐ Véase también: **armoniosamente.**

armoniosamente *adv.* ▌Se combina con...

A VERBOS QUE DENOTAN UNIÓN DE VARIAS COSAS EN UNA SOLA: **1 unir** +: ...a los reclamos provenientes del lobby anticubano une *armoniosamente* estos otros para mantener el úkase... GIC072597 **2 mezclar** +: Los parroquianos también se mezclan *armoniosamente* en el restaurante La Ventana. EPE211199 **3 integrar** ++: ...inmutable, inasible, pero al mismo tiempo *armoniosamente* integrado a su entorno. CAP261296 **4 converger** ++: ...tales medios, así como los tradicionales, deberán converger *de manera armoniosa* para mantener la buena salud del deporte y del olimpismo. EPE061200 **5 fundir:** Entre los diversos caminos que pueden ser elegidos hoy para expresarse en pintura, (...) ha elegido uno (...) que funde *armoniosamente* tradición y contemporaneidad... ABC150193 **6 sumar:** La tarea de los gobiernos como el esfuerzo de las generaciones, debe sumarse *armoniosamente* en el tiempo de una nación. ENV010997 **7 agrupar:** ...una serie de recipientes *armoniosamente* agrupados y realizados con una pincelada briosa y decidida. ABC070292

B VERBOS QUE DENOTAN CONCORDANCIA O CORRESPONDENCIA. TAMBIÉN CON ALGUNOS QUE DESIGNAN OTRAS FORMAS DE RELACIÓN AJUSTADA O PROPORCIONADA ENTRE DOS O MÁS PERSONAS O COSAS: **8 combinar(se) ++:** ...su cocina y sus fabulosos restaurantes, que combinan *armoniosamente* mariscos, vegetales, frutas y especias... ENH150398 **9 coordinar(se) ++:** ...no haciéndose su enseñanza a expensas de la literatura, la filosofía o las artes y la música sino *armoniosamente* coordinada con ellas. ABC050595 **10 convivir ++:** ...la sobriedad de un Juan Bravo impertérrito al paso del tiempo convive *armoniosamente* con los vehículos, las señales de tráfico y el tráfago... ABC260692 **11 casar +:** ...se funden mansamente en estas composiciones con los motivos cristianos de la polifonía española de los siglo XVI y XVII y la italiana del XVIII. Casan *armoniosamente.* EPE171299 **12 conciliar(se):** ...una amplia gama de personalidades, que concilian *armoniosamente* la individualidad con el patrón de la Escuela... GIC062497 **13 conjugar(se):** ...las defecciones de la derecha y de la izquierda se conjugan *armoniosamente.* EME090995 **14 abrazar(se):** ...unas narraciones (...) en las que humor e inquietud de pensamiento se conjugan y abrazan *armoniosamente.* LVE200195 **15 relacionar(se):** ...un concierto en el que Aragall no acertaba a relacionarse *armoniosamente* con los micrófonos: se los comía, literalmente. EPE170700 **16 acompasar(se):** Allí, *armoniosamente*, se acompasarán los movimientos del agua en los surtidores luminosos con las melodías musicales... LVE151096 **17 encajar +:** Un personaje cuyo tono ácrata, cultura renacentista y escepticismo vital encajan *armoniosamente* con el universo propio de quien... LVE281196 **18 confluir:** ...su libro de ensayos más espléndido y en el que más *armoniosamente* confluyen conocimiento, sensibilidad, inteligencia crítica y analítica e intuición creadora... LVE120595 **19 coexistir:** ...en la carta vienen coexistiendo *de forma armoniosa* los más excelsos productos tal cual y los guisos y asados tradicionales con las ofertas de la cosecha propia del cocinero... EPE270699

C VERBOS QUE DENOTAN ORDENAMIENTO O DISTRIBUCIÓN: **20 encauzar +:** ...puede ser, si no controlado rígidamente, al menos encauzado *armoniosamente* por algunas personas... ABC240395 **21 ordenar:** ...esa vieja conversación donde el sobresalto y la paz ordenan *armoniosamente* sus colores... ABC311292 **22 dividir:** Se dividieron *armoniosamente* el trabajo: Stein vivía como un genio, y Alice resolvía todos los problemas domésticos... ABC280194 **23 repartir:** Los cuatro hermanos se repartieron *armoniosamente* la herencia. INDOC **24 distribuir:** ...destaca sin duda su técnica pictórica, y en especial su asombrosa capacidad para distribuir *armoniosamente* los colores. INDOC

D VERBOS QUE DESIGNAN LA ACCIÓN DE DAR SOLUCIÓN A UN PROBLEMA O A UNA SITUACIÓN CONFLICTIVA: **25 resolver +:** Sin alterar sus principales elementos, se han resuelto *armoniosamente* ciertas carencias. EPE270599 **26 solucionar +:** ...en el difícil microcosmo familiar, donde los conflictos se puedan solucionar creativa y *armoniosamente.* ENH100900 **27 recomponer:** ...siempre y cuando no se exploten selvas y bosques de forma tal que la naturaleza pueda recomponer *armoniosamente* sus ciclos evolutivos. LNP151097 **28 buscar el equilibrio:** ...busca el equilibrio *de una forma armoniosa* cuando se trata de asuntos de vital importancia. ENH100900

E VERBOS DE MOVIMIENTO, A MENUDO FIGURADO Y MÁS FRECUENTEMENTE SI SE PRODUCE HACIA EL EXTERIOR, HACIA ADELANTE O DE FORMA REITERADA. TAMBIÉN CON ALGUNOS VERBOS DE SIGNIFICACIÓN INCEPTIVA QUE SE LES ASIMILAN: **29 abrir(se) +:** Los términos del paisaje, muy complejos en su aparente sencillez (...) se abren *armoniosamente* hacia fondos naturales... ABC220794 **30 crecer +:** ...mira hacia adelante en dos direcciones, una es ampliar el abastecimiento de agua, siempre escaso en la zona. Y otra es crecer *armoniosamente.* VIS161097 **31 brotar:** Brotaron *armoniosamente* ordenados desde las gargantas de los miembros del coro... EPE171299 **32 avanzar:** Los nazarenos avanzaban *armoniosamente* en dos filas paralelas. INDOC **33 ascender:** Armoniosamente, las casas ascienden por la ladera resguardadas tras dos kilómetros de murallas y 14 torres. EME260896 **34 mecer:** Meció Encabo el capote muy *armoniosamente*: los lances por el lado derecho fueron especialmente enjundiosos. EME281096 **35 girar:** ...era un cielo en que la creación entera volvía a encontrarse y giraba *armoniosamente* en torno del trono de Dios. LVE270596 **36 mover:** Movía el abanico *armoniosamente*, como si estuviera marcando el compás. INDOC

F VERBOS QUE DESIGNAN LA ACCIÓN DE SONAR O DE HACER SONAR ALGUNA COSA: **37 vibrar +:** ...Cataluña –sigo copiando el texto– vibraba más *armoniosamente* que la inercia de Castilla... EPE150380 **38 sonar +:** El coro no sonaba muy *armoniosamente*, parecía poco conjuntado. INDOC **39 entonar:** ...si entonaban *armoniosamente* las notas musicales, les daban cita para el primer ensayo. ENV221297 **40 cantar:** No te preocupes. Ni siquiera los Tres Tenores cantan siempre *armoniosamente.* INDOC

G ALGUNOS VERBOS DE CREACIÓN, GENERALMENTE ARTÍSTICA: **41 modelar:** ...nos presenta unas ánforas modeladas *armoniosamente* con sugerentes líneas que... ABC190894 **42 decorar:** ...vamos a emprender una actuación que consiste en decorar toda la parte frontal del Parterre *de una forma armoniosa.* EPE111299 **43 dibujar:** No es que el chico dibujara tan *armoniosamente* como Miguel Ángel, pero lo hacía con trazo firme y vigoroso. INDOC **44 construir:** Es uno de los arquitectos que más *armoniosamente* construye sus edificios. INDOC

H OTROS VERBOS; POSIBLES USOS ESTILÍSTICOS: ...el impuesto de sociedades, que debería gravar *de forma armoniosa* los beneficios de las empresas... EPE221199

I ALGUNOS ADJETIVOS RELACIONADOS FORMALMENTE CON LOS VERBOS DEL APARTADO *A*: **45 junto:** ...es posible que diferentes culturas y religiones estén juntas *armoniosamente.* EPE120499 **46 asociado:** ...ha puesto especial empeño en que el crecimiento verde discurra asociado *de manera armoniosa* con el desarrollo urbanístico de la urbe. EPE120699

☐ Véase también: **armónicamente.**

aroma ♦ **ácido, agradable, arrebatador, característico, cargado (de), cautivador, delicado, dulce, embriagador, envolvente, especial, estimulante, exótico, fragante, fuerte, humeante, incitante, inconfundible, inequívoco, intenso, irresistible, particular, penetrante, seductor, suave, subyugante, tenue, vago** ♦ **aspirar, concentrar(se), despedir, desprender(se), emanar, emitir, empapar (algo), envolver (algo/a alguien), exhalar, expandir(se), extender(se), impregnar (de), inhalar, llegar(le) (a alguien), llenar (algo), notar, oler, percibir, perder, producir, recuperar, seducir (a alguien), sentir, traer**

□ Véase también: **olor, perfume**.

arquear ♦ **excesivamente, levemente, ligeramente**[39] ♦ **brazo, ceja, pierna,** *otros sustantivos que designan ciertas partes del cuerpo*

□ Véase también: **enarcar**.

arquetipo ♦ **característico, consabido, difundido, establecido, representativo, universal** ♦ **acabar (con), considerar (algo/a alguien), constituir, encarnar, erigir(se) (en), representar, romper, simbolizar**

arraigado *adj.* ▮ Admite complementos preposicionales encabezados por las preposiciones *en* y *entre*. Acepta a veces sustantivos de persona *(un personaje arraigado en esta comunidad)* y algunos que designan sucesos que se repiten *(una fiesta arraigada, una celebración arraigada)*. Se combina más frecuentemente con sustantivos que designan sentimientos y afectos *(sentimiento, emoción, amor, cariño)*, y también con...

A SUSTANTIVOS QUE DENOTAN COSTUMBRE O TRADICIÓN. TAMBIÉN CON OTROS QUE DESIGNAN ALGUNAS DE SUS MANIFESTACIONES: **1 costumbre** ++: El financiero tiene una *arraigada* costumbre de acomodar a sus intereses los pagos a profesionales a su servicio... EPE080699 **2 tradición** ++: El rompe con una tradición muy *arraigada* en la Cristiandad medieval. ABC060392 **3 cultura** ++: ...una nación antigua con una historia y una cultura *arraigadas*. EME220294 **4 práctica** ++: El rezo del rosario es ya una práctica *arraigada* en muchas familias... DYM230796 **5 hábito** +: Es un *arraigado* hábito criollo presentar balances con pérdida o al filo de la navaja. CAP060297 **6 convención** +: ...apartándose de *arraigadas* convenciones, Marina no duda en procurar un fundamento natural a su ética «proyectiva»... ABC030295 **7 uso** +: La juez considera que la dádiva de los décimos, independientemente del azar, sólo se puede considerar como un uso social muy *arraigado* en las fechas navideñas. LVE050396 **8 tendencia:** No mezclarse los unos con los otros, ni socialmente, ni políticamente, ni sexualmente, es una vieja y *arraigada* tendencia anglosajona... LVE200395 **9 folclor:** ...alternando instrumentos de la música 'culta' con otros del más *arraigado* folclor de su país. SEM091000

B EL SUSTANTIVO *IDEA* Y CON OTROS QUE DESIGNAN LAS QUE SE ELABORAN, SE SOSTIENEN O SE CONSIDERAN CORRECTAS. TAMBIÉN CON OTROS QUE DESIGNAN EL CONJUNTO QUE COMPONEN ESOS JUICIOS: **10 idea** ++: ...reafirmarse en una de sus ideas más *arraigadas*... EPE200699 **11 principio** ++: ...no podía actuar en contra de sus principios más *arraigados*... EPE280199 **12 convicción** +: En un país de *arraigadas* convicciones católicas... EPE121001 **13 creencia** +: ...llevaban una *arraigada* creencia en la universalidad de todas las religiones «paganas»... ABC021294 **14 doctrina** +: El PNV, quizá por su *arraigada* doctrina de que el fin justifica los medios, se resiste a admitir la más reiterada lección que... EPE070299 **15 pensamiento:** ...pensamiento, hondamente *arraigado* en una concepción apasionadamente vivida de la cultura... ABC220592 **16 criterio:** ...siguiendo un criterio *arraigado* en la jurisprudencia, no todo acto libidinoso (...) debe considerarse como delito de prostitución. EPE230799 **17 teoría:** ...una vieja teoría *arraigada* ya durante la I Guerra Mundial... EPE051101 **18 opinión:** ...una de las opiniones más *arraigadas* en el mercado literario español es que el cuento se vende mal. EPE051099 **19 moral:** ...una sociedad carente de una *arraigada* moral civil, que ha terminado por identificar su código moral con el Código Penal. EPE090799

C SUSTANTIVOS QUE DENOTAN ACTITUD O FORMA DE COMPORTARSE ANTE ALGO: **20 punto de vista:** ...un punto de vista quizá no muy democrático, pero hondamente *arraigado* en esta sociedad. INDOC **21 posición:** ...línea jurisdiccional (...) empañada de posiciones y convicciones *arraigadas* desde hace varios años... EPE170399 **22 actitud** ++: ...tienen una actitud decididamente *arraigada* a sus vivencias... EPE100299 **23 comportamiento** +: ...comportamientos profundamente *arraigados* en todos los estratos sociales. CAN070301 **24 conducta** +: Deberán erradicarse conductas muy *arraigadas* en los policías y deberá también ponerse a prueba la eficacia de las medidas adoptadas. CLA060199 **25 talante:** De *arraigado* talante conservador, (...) ha incitado a los electores a que votasen por el centroizquierda... LVE040596

D SUSTANTIVOS QUE DESIGNAN DIVERSAS FORMAS DE ORGANIZACIÓN, GENERALMENTE SOCIAL: **26 institución** ++: ...una de las instituciones más *arraigadas* y populares en las islas. EME230496 **27 sistema** +: El uso de la sala para la grabación de discos, el taller de diseño (...) y un muy *arraigado* sistema de venta de abonos son las principales razones de este superávit. EPE140999 **28 estructura** +: El Donosti, que ha sido históricamente, junto con el Madrid, la columna principal de ETA, fue evolucionando con el tiempo hacia esta compleja estructura *arraigada* en Guipúzcoa. EPE110399 **29 entidad** +: En Córdoba se ha instalado la creencia de que la normativa va a provocar, en la práctica, la desaparación de CajaSur, una entidad muy *arraigada* en esta provincia. EPE301199 **30 sector:** Los amantes de los animales, sector muy *arraigado* y cada vez más mayoritario... EPE180799

E SUSTANTIVOS QUE DESIGNAN PROPIEDADES O CARACTERÍSTICAS, MÁS FRECUENTEMENTE SI SE CONSIDERAN FUNDAMENTALES, DISTINTIVAS O DEFINITORIAS DE LAS PERSONAS O LAS COSAS. TAMBIÉN CON OTROS QUE EXPRESAN ALGUNOS RASGOS QUE LAS PONEN DE MANIFIESTO: **31 carácter** +: Las fiestas de la Constitución y de la Inmaculada tienen un carácter simbólico muy *arraigado*... EME111295 **32 carisma** +: Jill Dando (...) era el ejemplo más perfecto de la english rose: rubia, sonriente, simpática, apropiadamente modosa, con un carisma *arraigado* en la normalidad. EPE020599 **33 característica** +:

El conformismo y la tolerancia son dos características muy *arraigadas* en los egipcios... EME301195 **34 identidad +:** ...los estadistas olvidan, al redactar los pactos, los odios inveterados, las identidades *arraigadas,* las afinidades y las divergencias... ABC050595 **35 seña +:** ...el abandono de señas tan *arraigadas* como la presencia en la Internacional Democristiana... EPE241099 **36 personalidad:** La *arraigada* personalidad, la vasta cultura humanística e histórica (...) fueron elementos claves de la continuidad del período de prosperidad iniciado en la Restauración. ABC230695 **37 esencia:** ...modernidad europea empapada en nuestras más *arraigadas* esencias ibéricas... EME110296 **38 virtud +:** ...la tacañería es una virtud *arraigada* en el pueblo... LVE290696

F SUSTANTIVOS QUE DESIGNAN DIVERSAS FORMAS DE RECHAZO, AVERSIÓN O PREDISPOSICIÓN EN CONTRA DE ALGO O DE ALGUIEN. TAMBIÉN CON OTROS QUE EXPRESAN ALGUNAS DE SUS MANIFESTACIONES: **39 prejuicio ++:** Es difícil luchar contra prejuicios tan *arraigados.* INDOC **40 tabú +:** Lo que se pretende con estas críticas, de escasa consistencia técnica, es resucitar el *arraigado* tabú inspirado en la tradición judeo cristiana... EME160696 **41 intolerancia +:** La intolerancia, mucho más *arraigada* que en los momentos más férreos... ABC170492 **42 discriminación +:** ...situaciones de discriminación tan *arraigadas,* no bastan las declaraciones de principios. EPE051201 **43 desconfianza:** La desconfianza está muy *arraigada* e inspira la mayor parte de las opiniones que estos días aguardan la rendición política de cuentas... EME150394 **44 aversión:** ...le ha correspondido la tarea de organizar los Proms cuando cumplen 101 años, una labor comprometida dada la *arraigada* aversión (...) al cambio... EME210796 **45 odio +:** ¿No teme que, de algún modo, las nuevas generaciones de palestinos y judíos tengan el odio *arraigado* en sus mentes...? CAR140497 **46 fobia:** ...una fobia tan *arraigada* como difícil de reconocer. EME250896 **47 hostilidad:** La suerte del proceso de paz parece residir otra vez en la capacidad de ambos enemigos históricos (...) para conceder una tregua a su *arraigada* desconfianza y hostilidad. EPE291199

G SUSTANTIVOS QUE DESIGNAN SENTIMIENTOS PROVOCADOS POR LA INCERTIDUMBRE: **48 preocupación +:** ...responden a una preocupación muy *arraigada* en la conciencia del señor vicepresidente. EPE070299 **49 temor +:** La desconfianza es el sentimiento generalizado y el incendio sólo ha aumentado los más *arraigados* temores de los vecinos. ABC040294 **50 miedo +:** lex es, como lo fue Buñuel, un moralista de raza, capaz de bromear con sus fantasmas (...) exorcizar sus miedos más *arraigados...* EME191095

H SUSTANTIVOS DE SIGNIFICACIÓN PROSPECTIVA QUE DENOTAN TENDENCIA O INCLINACIÓN DEL ÁNIMO HACIA ALGO, A MENUDO LO QUE SE PRETENDE CONSEGUIR. TAMBIÉN CON OTROS QUE EXPRESAN LA MANIFESTACIÓN ORGANIZADA DE LA INTENCIÓN DE ACTUAR: **51 impulso +:** ...la expresión de un impulso musical *arraigado* en la isla. ABC101195 **52 ilusión +:** Participan de una ilusión colectiva, *arraigada* en la comunidad desde hace siglos. INDOC **53 sueño:** ...un sueño (...) muy *arraigado* en las clases medias... EME260296 **54 expectativa:** ...saltar por los aires muchas de nuestras más *arraigadas* expectativas... EPE150199 **55 aspiración:** Una de las aspiraciones más *arraigadas* (...) es tener vivienda propia. EME300194 **56 deseo +:** Como el anunciante trata de conectar con los más *arraigados* deseos de los consumidores, los anuncios de cada época rezuman la ideología predominante en ese exacto momento. EME110395 **57 afán:** Imagínese si un buen día este *arraigado* afán se declarase derecho público. EPE300800 **58 proyecto –:** Abandonó la prisión el Miércoles Santo con un proyecto profundamente *arraigado.* EME070496 **59 afición:** ...inculcar la afición a la música a quien no la tenga muy *arraigada.* LVE201296

I ALGUNOS SUSTANTIVOS QUE DENOTAN ACTIVIDAD O SUS EFECTOS: **60 acción:** Este tipo de acciones están *arraigadas* en ciertas clases sociales. INDOC **61 acto:** Uno de los actos reflejos más *arraigados* en la conducta humana... EPE230399 **62 actividad:** Pueden estar seguros todos los conductores de vehículos (...) de que la ley les permite a ellos y a sus familias seguir disfrutando de una actividad tan *arraigada* en nuestra sociedad... LVE270995

▩ Se combina también con: ♦ **acendradamente, históricamente, hondamente, profundamente, socialmente**

☐ Véase también: **arraigar, inveterado.**

arraigar ♦ **excesivamente, firmemente, fuertemente[5], históricamente, hondamente, plenamente, profundamente[7], socialmente, sólidamente, tradicionalmente** ♦ **actitud, concepto, convicción, costumbre, creencia, cultura, hábito, idea, medida, opinión, pensamiento, práctica, prejuicio, religión, sistema, teoría, tradición, uso, virtud**

☐ Véase también: **arraigado, asentarse.**

arrancar ▮ *(desgajar, hacer salir)* ♦ **de cuajo, de las manos, de raíz[2]** ♦ **árbol, cepa, clavo, espina, muela, planta, raíz, vicio, viña**
▮ *(poner en marcha)* ♦ **bruscamente, a lo grande[19], a medio gas[9], con {buen/mal} pie[7], de cero[5]** ♦ **automóvil, campaña, campeonato, dispositivo, economía, empresa, máquina, mecanismo, motor, plan, proyecto, vehículo**
▮ *(obtener de alguien)* ♦ **acuerdo, aplauso, compromiso, concesión, dato, declaración, derecho, elogio, información, lágrima, mejora, ovación, promesa, punto, secreto, sonrisa, suspiro**

☐ Véase también: **arranque (de), comenzar, empezar, inaugurar, iniciar.**

arranque (de) *sust.* ▮ En el sentido de 'acción o efecto de arrancar' se combina con sustantivos que designan maquinarias *(motor, máquina, maquinaria, sierra eléctrica),* vehículos que las contienen *(motocicleta, avión, automóvil),* eventos a los que se atribuye cierta importancia, especialmente si han de seguir un curso prefijado *(negociación, partido, cumbre, campaña)* o se asocian con un periodo o una serie establecida de acontecimientos *(temporada, elecciones, liga, campeonato, torneo).* También acepta otros que designan organizaciones o empresas *(empresa, compañía, fábrica),* planes, iniciativas, proyectos y muy diversos sistemas de gestión, gobierno u organización. En el sentido de 'manifestación viva, impetuosa o repentina', se combina con el sustantivo *emoción*, así como con...

A SUSTANTIVOS QUE DESIGNAN SENTIMIENTOS DE IRA, IRRITACIÓN, EXACERBACIÓN O RECELO EN DIVERSOS GRADOS. TAMBIÉN CON OTROS QUE EXPRESAN ALGUNAS DE SUS MANIFESTACIONES EXTERNAS: **1** **cólera ++:** Después de un leve *arranque* de cólera, donde sólo faltó acusar a El Diario de Hoy de conspirar en su contra... ESH111000 **2** **ira +:** ...asustada de sí misma, de sus *arranques* de ira, de su manera de echar a perder las cosas... PME150996 **3** **locura +:** ...antes de que en *arranque* de locura le quebrara el cuerpo a alguien, decidió largarse de su querida Zacapa por un tiempo. LHG010397 **4** **rabia:** ...blandiendo el hacha y la serpiente en un *arranque* de rabia y de dureza sólo concebible dentro de la etnia... EME300196 **5** **indignación:** El mío fue un *arranque* de indignación. No hay derecho a que se cuelen errores de esta naturaleza en unos exámenes... EPE240699 **6** **celos ++:** La confusión por un par de boletos para asistir a la inauguración de una discoteca en Mazatenango y un *arranque* de celos desmedidos... PLG120497 **7** **furia:** ...dio muerte a golpes al vidente y a la mujer en un *arranque* de furia. EPU041001 **8** **malhumor:** ...Katharine Hepburn «aguantó» todos los *arranques* de malhumor de Spencer Tracy... LVE130295 **9** **violencia:** Con todo, Ashley aún justifica los *arranques* de violencia de la actriz... EME160495 **10** **brutalidad:** ...el aspecto menos difundido de la imagen fílmica de Valentino, sus *arranques* de brutalidad. EME060595

B SUSTANTIVOS QUE DESIGNAN DIVERSAS EXPRESIONES DE LA AUTOESTIMA, A MENUDO EXACERBADA: **11** **orgullo:** Seguro que algún forofo televisivo, en un *arranque* de orgullo patrio, tiró anoche de videoteca... EME180694 **12** **vanidad:** Pocos se han tolerado un *arranque* de vanidad, una simple chulería, una mueca de confianza. EPE080999 **13** **soberbia:** ¿Acaso no fue un regalo de dioses que la diva Concha Piquer, en un *arranque* de soberbia se negara a doblar la voz de Sara Montiel en «El último cuplé»?. EME230194 **14** **egocentrismo –:** En el verano de 1989, fruto de un acceso de rabia para unos o de un *arranque* de egocentrismo para otros, nació el «premio Sacher»... EPU170701

C SUSTANTIVOS QUE DESIGNAN CUALIDADES HUMANAS CONSIDERADAS POSITIVAS, ESPECIALMENTE LAS RELACIONADAS CON LA HONESTIDAD, LA MODERACIÓN O EL DESPRENDIMIENTO PERSONAL: **15** **generosidad ++:** En un *arranque* de generosidad de Inravisión, pasa a las 11:00 a.m. ETC011287 **16** **sinceridad ++:** ...en un *arranque* de sinceridad aseguró que por el peso específico de las dos ausencias... FDV260599 **17** **franqueza:** En un *arranque* de franqueza, el representante federal de la Florida John Mica se lamentó hace poco... ENH170297 **18** **compasión:** En un *arranque* de compasión, extrajo el dardo a su padre y le colocó una almohada bajo la cabeza... EME080294 **19** **solidaridad:** O como los miles de jóvenes médicos en paro que aguardan un *arranque* de solidaridad y justicia... EME121296 **20** **moderación:** Desconocido *arranque* de modestia, pudor, moderación o prudencia en un jugador que hasta la fecha nunca había temblado... EPE040999 **21** **sensatez:** «Si el realizador es, además, un tipo genial, mejor que mejor», concluye en un *arranque* de sensatez y optimismo. EPE191001 **22** **humildad:** Mijail, quizá enternecido por el detalle, tuvo un *arranque* de humildad... EME120594 **23** **modestia:** En un *arranque* de modestia, el autor considera que esa cifra «es un fenómeno sociológico a estudiar». LVE120696 **24** **confianza –:** Tal vez porque estos se mofaron de él cuando, en un *arranque* de confianza, les explicó sus sentimientos... LVE040495

D SUSTANTIVOS QUE DESIGNAN DIVERSAS MANIFESTACIONES DE LA CLARIVIDENCIA, LA FUERZA CREADORA Y OTRAS EXPRESIONES DE LOS IMPULSOS SINGULARES: **25** **genio +:** Pero, en un *arranque* de genio, Rubén Navarro empató el partido... LRE160103 **26** **genialidad:** ...y entonces Extremadura, en un *arranque* de genialidad, decide explotar y comercializar lo que tiene. EME310596 **27** **inspiración:** Pero el «profeta de la ira», en un *arranque* de inspiración divina, supo darle la vuelta a la tortilla. EME221095 **28** **lucidez +:** Josep Antón Duran i Lleida señaló el pasado veinticinco de julio en una *arranque* de lucidez admirable las notorias fragilidades de la doctrina nacionalista... EME280896

E SUSTANTIVOS QUE DENOTAN ARROJO, INTREPIDEZ Y OTRAS CUALIDADES RELATIVAS AL ESFUERZO O LA PORFÍA QUE SE PONE EN LO QUE SE EMPRENDE: **29** **valentía +:** A la espera de un golpe de suerte, de un *arranque* de valentía, observa cómo su pupilo recibe una monumental paliza... EME060395 **30** **valor +:** En un *arranque* de valor y desesperación, se trasladó al puesto de la PNC y puso el aviso. ESH240397 **31** **coraje:** Pisó el acelerador, intimidó a su rival en un *arranque* de coraje y dispuso de varias ocasiones. EPE150399 **32** **audacia:** En un *arranque* de audacia, el recién llegado Tarantino, que con su película anterior se había metido en el bolsillo a crítica y público, hace realidad sus fantasías... EME240296 **33** **gallardía:** Aquel *arranque* de gallardía telefónica le proporcionó una épica de cuaderno escolar, de patio carcelario. EME250696 **34** **casta:** ...los *arranques* de casta del Atlético y Correa empezaron a hacerle daño. EPE180299 **35** **bravura:** Todo una traición a la tradición de la Real; todo un *arranque* de bravura. EPE061199

F SUSTANTIVOS QUE DENOTAN FUERZA, POTENCIA O INTENSIDAD: **36** **fuerza +:** Un ritmo que en sus discos y actuaciones muestra *arranques* de fuerza... EPE260899 **37** **potencia +:** ...hasta que Karpin, en un *arranque* de genio y de potencia, inició una jugada... EPE250499 **38** **intensidad:** ...comenzaron arrebujando al público que la llenaba para luego sacudirlo con un matizado *arranque* de intensidad. EPE260999 **39** **energía:** ...un estribillo que envidiarían las mejores bandas de pop y a continuación un *arranque* de energía punk que no desmerecería ni en los mismísimos Clash. LVE031294 **40** **pasión:** En el concierto del pasado miércoles no observamos imaginación ni mucho menos el duende del *arranque* de pasión... LVE140194

G SUSTANTIVOS QUE DESIGNAN ACTITUDES O SENTIMIENTOS RELACIONADOS CON EL APEGO A UNA POSICIÓN IDEOLÓGICA, VITAL O DE OTRO TIPO. TAMBIÉN CON ALGUNOS QUE DESIGNAN SUS MANIFESTACIONES FORMALES: **41** **patriotismo:** Miles de salvadoreños fueron expulsados en un *arranque* de patriotismo de las autoridades hondureñas... LVE310195 **42** **nacionalismo:** Si acaso, un último *arranque* de nacionalismo gratuito... EME260396 **43** **romanticismo:** A veces llega la paz y en un *arranque* de romanticismo, atraviesa el escenario un espléndido velero. EME260896 **44** **realismo:** «Las cosas son así y hay que aceptarlas», dice El Tato en un *arranque* de realismo, «que no de resignación». EPE010699 **45 lirismo:** Aunque sin *arranques* de lirismo ni comparaciones con Ulises y los Titanes ni citas de Spinoza y de Nietzsche... EPE241201

H SUSTANTIVOS QUE DENOTAN ALEGRÍA, GENERALMENTE EXALTADA: **46 euforia:** Al principio tuve un *arranque* de euforia, de actividad. PLG300597 **47 alegría:** La tragedia se desató repentinamente: en un *arranque* de alegría, el niño corrió hacia su madre. HOY110784 **48 júbilo:** Ni los ujieres de la casa pudieron reprimir algún que otro *arranque* de júbilo y vacilón meneo de caderas. LVE261096

I OTROS SUSTANTIVOS; POSIBLES USOS CRUZADOS: Espero que no tenga un *arranque* de nervios y que me grite: «Usted está loca, váyase de aquí». [Cf. *ataque (de)*] EPE160900

J OTROS SUSTANTIVOS; POSIBLES USOS ESTILÍSTICOS: ...«El traductor de Blumemberg» tiene un curioso *arranque* de irrealidad soportada por una realidad de fondo... ABC011093

■ Se combina también con: ♦ **accidentado, apagado, arrollador[23], brillante, brioso, brusco, bueno, codificado, compulsivo[31], difícil, eléctrico, espectacular, esplendoroso, excelente, exitoso, explosivo, flojo, forzoso, frenético, fuerte, fulgurante[10], fulminante, impecable, impresionante, imprevisto, impulsivo, inicial, pésimo, progresivo, prometedor, repentino, sorprendente, súbito, trepidante, visceral[35]** ♦ **motor (de), punto (de), sistema (de)** ♦ **aprovechar, desencadenar(se), dificultar, facilitar, impedir, iniciar, permitir, tener**

□ Véase también: **acceso (de), arrancar, arrebato (de), ataque (de), inicio, pronto, reacción, salida, surgimiento**.

arrasador *adj.* ▮ Admite sustantivos de persona *(un delantero arrasador)*, a menudo colectivos *(ejército, equipo)*, y con muchos que designan cosas que se pueden interpretar como fuerzas expansivas. Destacan especialmente sus combinaciones con...

A DIVERSOS SUSTANTIVOS QUE DESIGNAN CORRIENTES DE AIRE, A VECES INTERPRETADOS FIGURADAMENTE: **1 viento +:** Los jardineros estarían rezando porque los *arrasadores* vientos de cuaresma fueran benignos... ABC290995 **2 ciclón:** Gari Kaspárov llegó como un ciclón *arrasador.* EME211296 **3 huracán:** Ni las amenazas de un *arrasador* huracán hace poco menos de diez días –que al final sólo quedó en falsa alarma– han sido motivo... LVE200796 **4 vendaval:** Michael Jackson pasó esta semana por Zaragoza con la rapidez de una estrella fugaz pero con la fuerza de un vendaval *arrasador.* LVE290996

B SUSTANTIVOS QUE DESIGNAN EL ÉXITO O SUS MANIFESTACIONES, MÁS FRECUENTEMENTE SI AFECTAN AL RECONOCIMIENTO PÚBLICO, A LA RECEPCIÓN OBTENIDA Y A OTRAS FORMAS EN QUE SE EVALÚAN O SE COMPUTAN LOS RESULTADOS DE ESAS ACTUACIONES: **5 victoria ++:** Mario Vargas Llosa prácticamente no ha contestado el teléfono y ha rehuido a los periodistas desde que Fujimori logró su *arrasadora* victoria en las elecciones peruanas. LVE190495 **6 triunfo ++:** Tampoco obtuvieron espacio en primera página en ninguno de los periódicos que ayer dieron cuenta en Venezuela del triunfo *arrasador* de Chávez... EPE270799 **7 éxito ++:** ...un espectáculo que comparte con Ariel Ramírez y que tuvo un éxito *arrasador* cuando se presentó por primera vez en Madrid... CLA200297 **8 mayoría absoluta +:** Un año después de otorgar el 62 por ciento de los electores ovetenses a Gabino de Lorenzo la mayoría absoluta más *arrasadora* entre las grandes capitales... LVE070796 **9 audiencia:** El programa es líder de su franja horaria con una audiencia *arrasadora.* INDOC **10 auge:** Sin embargo, y por paradoja, esa variedad se ha visto encorsetada por el auge *arrasador* de un puñado de exitosos subgéneros... EME191195 **11 fama:** ...cuyos versos, sin embargo, que gozaron de una fama *arrasadora* en su época, siguen leyéndose con placer. ABC300695 **12 popularidad:** Y su popularidad *arrasadora* puede resultar en esto más un lastre que una ayuda. EPE070899

C SUSTANTIVOS QUE DESIGNAN MUY DIVERSOS OBJETOS DE CONSUMO O DE INFORMACIÓN DE LAS QUE CABE ESPERAR EL ÉXITO. TAMBIÉN CON OTROS QUE EXPRESAN CIERTOS EVENTOS PÚBLICOS QUE SE ASOCIAN CON EL MUNDO DEL ESPECTÁCULO: **13 estreno +:** ...la espectacular epopeya futurista de Costner ha tenido un estreno *arrasador* en las pantallas norteamericanas. LVE080895 **14 debut:** ...no les sentaron bien las presiones de la fama, que llegó de sopetón con Definitely Maybe, el debú *arrasador.* EME180996 **15 largometraje:** Apenas diez años separan sus cortos de sus actuales largometrajes *arrasadores* de taquillas. EPE091199 **16 película:** Las conclusiones de los Globos de 1996, con miras a los Oscar, es que no hay ninguna película *arrasadora...* LVE230196 **17 historia de amor:** Malena es un nombre de tango comprende la *arrasadora* historia de amor adolescente con el primo Fernando... EME291195 **18 sencillo –:** ...Els Pets pondrán en escena Bondia, uno de sus sencillos más *arrasadores...* EPE280699

D EL SUSTANTIVO *PASO* Y OTROS QUE DENOTAN MOVIMIENTO, FÍSICO O FIGURADO, GENERALMENTE PROGRESIVO: **19 paso:** ...la globalización neoliberal, en parada técnica, recuperará su paso *arrasador...* EPE291201 **20 avance +:** Capturado éste, Benjamin dio una lección magistral sobre el avance *arrasador* de dos peones unidos. EPD011197 **21 ciclo –:** Un ciclo *arrasador.* El padre sufre desde afuera. El duelo Graf-Hingis sirve para revitalizar al circuito femenino... CLA050297 **22 marcha:** Todo ello dota a su persona de un atractivo suplementario. El atractivo de lo pintoresco triunfante, de lo insólito en marcha *arrasadora.* EME100895 **23 movimiento –:** ...insistieron en la pintura cabal y verdadera de los personajes de aquel movimiento *arrasador* que fue la larga lucha contra España. PME291296

E SUSTANTIVOS QUE DESIGNAN DIVERSOS RASGOS SOBRESALIENTES DE LAS PERSONAS O LAS COSAS, MÁS FRECUENTEMENTE SI SE RELACIONAN CON EL ÍMPETU, LA ENERGÍA Y OTRAS FORMAS EN QUE PUEDE MANIFESTARSE LA CAPACIDAD DE MOVERSE, PORFIAR, IMPULSAR O ATRAER: **24 fuerza ++:** ...pero por esas mismas fechas otros títulos de ciencia-ficción descollaron con *arrasadora* fuerza y postulados ingeniosos. LVE011095 **25 personalidad +:** ...está ligada a la proyección internacional de su música y de su *arrasadora* personalidad. LVE261096 **26 pasión +:** ...del amor, concebido como pasión totalizante y *arrasadora*, y de las pulsiones entre hombres y mujeres. EME230396 **27 atracción:** Después de la *arrasa-*

dora atracción que suele caracterizar a sus presentaciones, la lógica y final inquietud es si nota la diferencia... LPA060592 **28** **corazón** –: Una apariencia sencilla que encierra un corazón mortal y *arrasador*... EME220996 **29** **estilo:** Un estilo *arrasador* para el cine, el flamenco y la televisión. EME170595 **30** **energía:** La de sus canciones, un pulsante y minimalista hard-funk cuya *arrasadora* energía se te hinca por la planta de los pies... LVE130795 **31** **vena populista** –: ...fue derrotado por otro político tan derechista como él, pero dotado de *arrasadora* vena populista. EME170196 **32** **impulso:** Hubo exceso de metal, es cierto, pero hubo también aquel impulso *arrasador* que hace única a la Heroica. EPE250299 **33** **obstinación** –: ...se quieren las cosas con oscura pasión, con violencia sorda, con obstinación *arrasadora*... LVE280295

F LOS SUSTANTIVOS *FUEGO* E *INCENDIO* Y OTROS QUE PUEDEN ASOCIARSE FIGURADAMENTE CON ELLOS POR SUS POSIBLES EFECTOS EXPANSIVOS O DEVASTADORES: **34** **incendio** ++: ...y así sucesivamente, chispazos aislados, pero cuya frecuencia y creciente intensidad pueden ser el anuncio del incendio *arrasador*. LVE181095 **35** **fuego** +: Centenares de hectáreas fueron pasto de un fuego *arrasador*. INDOC **36** **clima político:** Que en la cúpula del Estado no se produzca la menor erosión, sino que desde allí además se emitan grandes mensajes positivos, pese al *arrasador* clima político de los últimos años... LVE310595 **37** **cataclismo:** ...me sentí fulminado por un cataclismo del alma tan intenso y *arrasador* que apenas si logré eludir... EPE150701 **38** **fiebre iconoclasta:** ...y consiste, en el primer caso, en dar rienda suelta a una fiebre iconoclasta *arrasadora* de toda piedra que se identifica con los símbolos de opresión... EPE260599

G SUSTANTIVOS QUE DENOTAN EFECTO: **39** **efecto:** A nadie se le escapa el posible efecto *arrasador* que pueda derivarse de esta tendencia. EPE140201 **40** **resultado:** El resultado de la operación fue artísticamente irresistible y comercialmente *arrasador*. LVE040995 **41** **daño:** ...me pregunto por un modo de paliar este daño tan *arrasador* y tan frecuente, si las autoridades, incluso la opinión pública, le prestan la atención necesaria... EPE050899

H SUSTANTIVOS QUE DENOTAN INCLINACIÓN O PROPENSIÓN: **42** **vocación:** ...arrojando nueva luz sobre sus humildes orígenes y los principios de una vocación *arrasadora* que le convirtió en un asombroso testigo... ABC021294 **43** **tendencia:** ...Schmidt discutió varias tendencias *arrasadoras* para Internet... EXC211096 **44** **moda:** ...era difícil sustraerse a entrar en un sector del mercado cuando la moda *arrasadora* era invertir en este. INDOC **45** **corriente:** ...verdaderamente preocupados por la *arrasadora* corriente de ventas y la debilidad de la iniciativa inversora. INDOC

I OTROS SUSTANTIVOS; POSIBLES USOS ESTILÍSTICOS: Se habían encontrado con una sorpresa *arrasadora*: una traducción de la celebérrima «Lisístrata» de Aristófanes... LVE150196; ...utilizaban armamento pesado, no sólo tanques y piezas de artillería sino también sus *arrasadoras* lanzaderas múltiples de misiles... EME030496

☐ Véase también: **arrollador.**

arrasar

♦ **de cabo a rabo, de punta a punta, electoralmente, enteramente, en {una competición/un campeonato}, por completo**[16]**, sistemáticamente, totalmente** ♦ **bosque, campo, ciudad, cultivo, poblado, superficie, territorio,** *otros sustantivos de lugar*

☐ Véase también: **asolar, destruir, ganar, triunfar, vencer.**

arrastradamente

♦ **vivir**

arrastrar

♦ **conscientemente, definitivamente, fácilmente, inevitablemente**[29]**, inexorablemente**[17]**, irremediablemente, negativamente**[4] ♦ **cadáver, carga, cuerpo, defecto, deficiencia, deuda, enfermedad, equivocación, error, fallo, lacra, lastre, pérdida, polémica, problema, voto**

arrastrar(se)

♦ **como un animal, como un gusano, humildemente, por los suelos**

arrear

♦ **con todas {mis/tus/sus...} fuerzas, de lo lindo**[18]**, fuertemente, sin contemplaciones, sin miramientos** ♦ **manotazo, palo, patada, pisotón, puntapié, puñetazo,** *otros sustantivos que designan golpes*

☐ Véase también: **asestar, emprender(la) (a), endosar, lanzar, propinar, sacudir(se), soltar.**

arrebatar

♦ **drásticamente, inesperadamente, sin miramientos, trágicamente**[18] ♦ **alcaldía, alegría, cargo, control, derecho, deseo, esperanza, gana, ilusión, iniciativa, liderazgo, mercado, papel, persona, poder, posesión, posibilidad, presidencia, protagonismo, puesto, sueño, título, victoria, vida, voto**

☐ Véase también: **robar.**

arrebato (de)

sust. ▮ Se combina con...

A SUSTANTIVOS QUE DENOTAN ENFADO, IRRITACIÓN Y OTROS SENTIMIENTOS EXACERBADOS: **1** **cólera** ++: ...en efecto, la sopa se había quemado, pero no justificaba el *arrebato* de cólera de la señora. LVE180796 **2** **ira** ++: Caro le costó su *arrebato* de ira a Marco Polo... HOY191083 **3** **violencia** ++: Pero tampoco rechazan de plano que las 54 puñaladas fueran el resultado de un *arrebato* de violencia pasional. EPE191299 **4** **furia** +: FMA remata la escena con *arrebato* de furia. CAP200397 **5** **indignación** +: Los exabruptos verbales son comprensibles en un *arrebato* de indignación que cualquiera puede tener. LTB100497 **6** **rabia** +: Cuando asesinaron a José Ignacio, tuve un *arrebato* de rabia y pensé que alguien tenía que dar la cara en mi casa. EDV110101 **7** **desesperación** +: Alguien, tal vez en un inconsciente *arrebato* de desesperación, había querido borrar las huellas de su existencia. EME091195 **8** **enojo:** «Amfitrió» es un espectáculo cálido, muy bien ritmado y muy bien puntuado por los *arrebatos* de enojo y pasión que unos jóvenes intérpretes viven con absoluta entrega. LVE291195 **9** **odio:** Quizás ahora ya no queda más alternativa que dejar que unos y otros se rindan a sus *arrebatos* de odio y destrucción... EPE171201 **10** **impotencia:** Y un respeto imponente para Mariano Jiménez que se cortó la coleta en un *arrebato* de rabia o de impotencia. EME100495

B SUSTANTIVOS QUE DESIGNAN DIVERSAS ALTERACIONES PSÍQUICAS DE LAS PERSONAS, MÁS FRECUENTE-

MENTE SI AFECTAN A SU CAPACIDAD DE RAZONAR COHERENTEMENTE: **11 locura ++:** Todo indica que se trató de un *arrebato* de locura de un hombre que tenía perturbadas las facultades mentales... EME100696 **12 celos ++:** El agresor confesó a la Guardia Civil que había actuado en un *arrebato* de celos. EPE180700 **13 delirio:** Primer *arrebato* de delirio: bosque de aplausos y puños en alto, señal del «Black Power». EME080595 **14 histeria:** ...le confesó en un *arrebato* de histeria que mantenía relaciones con el presidente... EME220896 **15 esquizofrenia:** ...hay punki rock, tecno-melódico (...), baladas intimistas o *arrebatos* de esquizofrenia popera. EPE140499

C SUSTANTIVOS QUE DENOTAN AFECTO O INCLINACIÓN EN GRADO ELEVADO, ASÍ COMO CON OTROS QUE DESIGNAN ALGUNAS DE SUS MANIFESTACIONES: **16 pasión ++:** ...es un hombre que medita acerca de la escena que transcurre con una mezcla de humor, resignación y *arrebatos* de pasión. CLA030199 **17 amor +:** ...fue un *arrebato* de amor propio más que de sentimiento. EPE050499 **18 ternura:** Sólo vio a una mujer dormida en la arena, contó que le había tocado el pelo en un *arrebato* de ternura... EME100896

D SUSTANTIVOS QUE DENOTAN VANAGLORIA Y OTRAS EXPRESIONES DE LA AUTOESTIMA. TAMBIÉN CON ALGUNOS QUE DESIGNAN CIERTAS FORMAS DE ABUSO O TRATO DESHONESTO: **19 orgullo:** ...se permitió, en uno de sus característicos *arrebatos* de orgullo, recordar a sus detractores que el Phocea es el más grande yate de recreo francés... EME300694 **20 vanidad:** Hasta que le sobrevino un *arrebato* de vanidad, se creyó el rey del mambo... LVE231095 **21 prepotencia:** ...ha procurado (...) soportar con resignación sus *arrebatos* de prepotencia. LVE110596 **22 divismo:** Lo probó todo: *arrebatos* de divismo, actitudes extremas, lealtades sospechosas, virajes estridentes. EME011095 **23 protagonismo:** Ha habido *arrebatos* de protagonismo como los de Joan Gaspart y sus abluciones fluviales en Londres y marinas en el Bogatell... LVE300495

E SUSTANTIVOS QUE DENOTAN PENA O TRISTEZA: **24 melancolía:** ...a principios de los ochenta estranguló a su mujer no en un *arrebato* de melancolía sino en un *arrebato de* lucidez. EME220695 **25 nostalgia:** Fue tal el *arrebato* de nostalgia que, una vez en casa, acabé desempolvando viejos discos de vinilo... EPE070399 **26 tristeza:** ...es seria, tímida y sufre *arrebatos* de tristeza, según confiesa. EPE030599

F SUSTANTIVOS QUE DESIGNAN ESTADOS DE JÚBILO O EXALTACIÓN, ASÍ COMO OTRAS ACTITUDES QUE REFLEJAN SATISFACCIÓN O REACCIÓN POSITIVA ANTE LOS ACONTECIMIENTOS: **27 entusiasmo:** ...en un *arrebato* de entusiasmo le dedicó toda una sala del citado Sofidú. EME250295 **28 felicidad:** Ni siquiera Escaich aprovechó su *arrebato* de felicidad para dedicarle una actuación tan decisiva... LVE060295 **29 euforia:** ...preparar un dispositivo especial en torno a Neptuno, no vaya a ser que nos mutilen al dios cualquier noche de éstas en un *arrebato* de euforia incontenible. EME161095 **30 optimismo:** En un *arrebato* de optimismo, pensaba en la suerte que tenemos en Cataluña, donde el debate político todavía parece posible. EPE150399

G SUSTANTIVOS QUE DESIGNAN DIVERSAS CUALIDADES INTELECTIVAS DE LAS PERSONAS, MÁS FRECUENTEMENTE SI SE RELACIONAN CON SU INGENIO O SU TALENTO. TAMBIÉN CON OTROS QUE EXPRESAN ALGUNOS DE LOS COMPORTAMIENTOS QUE LAS MANIFIESTAN: **31 creatividad:** ¿Surgió la vida animal sólo una vez en la historia, en un irrepetible y repentino *arrebato* de creatividad evolutiva? EPE190399 **32 originalidad:** Víctima de un *arrebato* de originalidad impropia (...), me fui el pasado fin de semana a tomarme un breve descanso a Alicante. EME230494 **33 lucidez:** Figuremos que, en un *arrebato* de lucidez de alguien de su entorno, ironiza con la prensa sobre los chapuceros españolismos en que incurre aquel documento... LVE090395

H SUSTANTIVOS QUE DESIGNAN CIERTAS VIRTUDES, MÁS FRECUENTEMENTE LAS RELACIONADAS CON LA CORRECCIÓN EN LA FORMA DE ACTUAR. TAMBIÉN CON ALGUNOS QUE EXPRESAN LOS COMPORTAMIENTOS QUE LAS PONEN DE MANIFIESTO: **34 sinceridad +:** Puede que Vidal-Quadras conociera que su suerte estaba echada y se lanzó a la piscina en un *arrebato* de sinceridad. LVE080896 **35 dignidad:** Pero vuelvo a respetar a esa mujer cuando, en un *arrebato* de dignidad, abandona el agradecido papel de víctima... EME081295 **36 honestidad:** Cualquiera que fuera la razón del momentáneo *arrebato* de honestidad (...), ni en Corfú ni en Madrid, en las últimas 48 horas, se ha producido tan inquietante petición. EME280694 **37 modestia:** «Bueno», dijo en uno de sus pocos *arrebatos* de modestia. EPE010999 **38 civismo:** En un insólito *arrebato* de civismo, evitó manchar la placa conmemorativa de la inauguración del centro por los Reyes de España. EPE080299 **39 purismo:** Pedimos a los políticos, en un *arrebato* de purismo que jamás nos exigimos a nosotros mismos, que sean totalmente sinceros, radicales, absolutos. EME220995

I OTROS SUSTANTIVOS; POSIBLES USOS ESTILÍSTICOS: ...en un «*arrebato* de ocio» al cambiar el programa que me encontraba viendo (...) tropecé con un programa... LEC020796

▩ Se combina también con: ♦ **espontáneo, impulsivo, incontrolable, instantáneo, instintivo, intempestivo, irrefrenable[11], irresistible[4], repentino, súbito** ♦ **apaciguar, aplacar, calmar, ceder (a), sucumbir (a), templar**

☐ Véase también: **acceso (de), arranque (de), ataque (de), pronto, reacción.**

arreciar *v.* **I** Se combina con sustantivos que designan fenómenos meteorológicos y climáticos, algunos de ellos empleados como representantes de situaciones conflictivas *(lluvia, calor, granizo, tormenta, tempestad, aguacero, vendaval, viento, temporal: El temporal arreciaba y el puerto aún estaba lejos).* También se combina con...

A SUSTANTIVOS QUE DESIGNAN DIVERSAS FORMAS DE DESACUERDO, DISCONFORMIDAD O RECHAZO: **1 crítica ++:** Comenzaban los tiempos en que *arreciaron* las críticas, mientras crecía el reconocimiento de los más jóvenes. LNA060792 **2 protesta ++:** ...se formó un alboroto considerable y *arreciaron* las protestas por la desconsideración del empleado... EPU201096 **3 acusación +:** La dirigencia sandinista ha *arreciado* las acusaciones contra el mandatario... ENH110198 **4 queja:** Llamativamente la noticia de la detención llega justo cuando *arrecian* las quejas de vecinos... CLA230199 **5 reproche:** También desde Izquierda Unida *arreciaron* los reproches (...) por sus declaraciones en Jerusalén. EPE271299 **6 condena:** Arrecian en todo el mundo las condenas a Francia por reanudar sus ensayos nucleares... EME140795 **7 denuncia:** ...nada dijo cuando *arreciaban* las denuncias contra Alemán por enriquecimiento ilícito... EPE061101

B SUSTANTIVOS QUE DESIGNAN SONIDOS, ARTICULADOS O NO, GENERALMENTE INTERPRETADOS COMO MANIFESTACIÓN DE OPOSICIÓN, PERO EN OCASIONES TAMBIÉN DE APROBACIÓN O DE DIVERSOS SENTIMIENTOS: **8 grito +:** Mientras la tensión sigue en la sala, *arrecian* los gritos de los celtistas fuera. LVE170895 **9 pitido:** Al cuarto de hora ya *arreciaban* los pitidos. LVE030396 **10 silbido:** ...cada vez que el primer edil quería hablar *arreciaban* los silbidos... EME280596 **11 griterío:** Y luego, cuando el griterío *arrecia* y los banderilleros van a clavar, saca el pañuelo verde. EME130394 **12 fragor:** Mientras *arrecia* el fragor mediático de las protestas alemanas y el eje París-Berlín se orienta en contra de la reivindicación de Madrid... EPE190501 **13 gemido:** En el salón, los gemidos *arreciaban*, se apresuraban, se multiplicaban. EME050896 **14 carcajada:** ...las carcajadas *arrecian* sobre todo cuando algunos de los múltiples asesinos que animan la película mata o tortura a alguien sin darle importancia... LVE230895 **15 voz:** ...sobre todo hoy más que nunca, cuando *arrecian* las voces que culpan a los nacionalistas de todos los males. EME040494 **16 aplauso +:** ...los aplausos *arreciaron* ante la presencia de Ángeles Martín y Fernando Conde y se multiplicaron con la breve aparición de Miguel Narros. EPE061000 **17 ovación:** Las ovaciones *arreciaron* cuando ellos dos salieron a saludar. EPE070300 **18 cántico:** El obispo de Kikwit, sotana blanca y estola morada, les recibe con evidente gesto de dolor. Los cánticos y los gritos *arrecian.* EME250595 **19 viva:** ...*arreciaban* los vivas a la banda terrorista y, posteriormente, también se cantaba, puño en alto, la misma canción. EME221096

C SUSTANTIVOS QUE DESIGNAN OTRAS MANIFESTACIONES VERBALES O COMUNICATIVAS, EN ESPECIAL SI SE CONSIDERAN INFUNDADAS O INCONVENIENTES: **20 rumor ++:** Cuando los rumores de dimisión de Fraga comenzaron a *arreciar*, a última hora de la tarde... EPE021286 **21 comentario +:** Estos comentarios *arreciaron* cuando, a finales de octubre, fue el ministro de Hacienda... EPE060301 **22 comidilla:** Pero la cosa no quedó ahí, y tras un paréntesis de aparente tranquilidad, *arreciaron* de nuevo las comidillas. EME040896 **23 consigna:** Las consignas contra los medios de comunicación *arreciaron* al término de la manifestación... EME260395 **24 pregunta:** Por ello, cuando comenzaron a *arreciar* las críticas y las preguntas respecto de las razones del gobierno para aceptar el ascenso... HOY101197

D SUSTANTIVOS QUE DESIGNAN DIVERSAS FORMAS DE CONFRONTACIÓN Y ENFRENTAMIENTO, A MENUDO AGRESIVAS O VIOLENTAS: **25 enfrentamiento ++:** Cuando *arreciaron* los enfrentamientos, el Comité Internacional de la Cruz Roja solicitó una tregua... SEM151096 **26 guerra:** Arrecia la guerra entre astrólogos y astrónomos por el nuevo signo del Zodiaco. EME230195 **27 batalla:** Me cuentan que alrededor de la Puerta de Sión la batalla *arrecia* todavía. EPE180799 **28 combate +:** Arrecian los combates en Kabul. LVE180295 **29 lucha:** La lucha *arreció* hasta llegar incluso al cuerpo a cuerpo. LVE170796 **30 pugna:** Arrecia la pugna por la izquierda. LVE200595

E SUSTANTIVOS QUE DESIGNAN DIVERSAS FORMAS DE HOSTIGAMIENTO, COACCIÓN Y AGRESIÓN FÍSICA O VERBAL: **31 presión ++:** Pero a partir de ahí todo se dislocó y *arreciaron* las presiones del entorno. LVE211296 **32 ataque +:** Se agudiza pugna por la pesca de anchoveta y *arrecian* ataques al ministro Boggiano, pero éste sigue firme. CAP080597 **33 acoso:** Arrecia el acoso del PSOE contra Garzón. EME010895 **34 persecución:** Las persecuciones y violencia contra los periodistas han *arreciado*, y se encaminan esfuerzos para controlar a los medios. RUM031197 **35 agresión:** ...ha *arreciado* su agresión ideológica, política y diplomática... GIC072997 **36 intimidación:** Las amenazas e intimidaciones *arreciaron* luego del asesinato del reportero José Luis Cabezas. CLA120297 **37 boicot:** Shell mantiene su plan para hundir en el mar una plataforma petrolera y el boicot *arrecia.* LVE200695 **38 insulto +:** Cuando la caravana arrancó desde el centro de Prizren, *arreciaron* los insultos. EPE150699 **39 amenaza +:** Arrecian las amenazas de muerte contra distintos políticos vascos. EME270295

F SUSTANTIVOS QUE DESIGNAN ESTADOS DE ADVERSIDAD. TAMBIÉN CON OTROS QUE SE REFIEREN A ALGUNOS HECHOS Y CIRCUNSTANCIAS QUE LOS PROVOCAN: **40 polémica ++:** Arrecia la polémica por el regalo de décimos de lotería a consistorios del Baix Llobregat. LVE301295 **41 violencia +:** ...en los últimos días ha *arreciado* la violencia guerrillera en Colombia... EUV150996 **42 controversia +:** ...la absolución (...) hizo que *arreciara* la controversia. DYM010996 **43 conflicto:** ...no es extraño que en otoño vuelva a *arreciar* un conflicto entre el poder Ejecutivo y la oposición «intransigente». EME020795 **44 crisis:** Para Sicilia, la actitud del consejo queriendo imponer su criterio contra la opinión pública ha ayudado a que la crisis *arrecie.* CAN170599 **45 peligro:** Es más, cuando el peligro *arrecia*, los propios soldados hacen estas diligencias. EME050696 **46 tensión:** Arrecia la tensión entre París y Canberra por las pruebas nucleares. LVE020895 **47 problema:** En los últimos meses han *arreciado* los problemas dentro de la coalición... LVE110896 **48 dificultad:** Desde el pasado verano *arrecian* las dificultades y el desplome de las cuentas de resultados. LVE070196 **49 escándalo:** Las declaraciones de Salinas se producen cuando *arrecia* el escándalo propiciado por Raúl. EME051295 **50 competencia:** Ahora que se han abierto las fronteras y *arrecia* la competencia... LVE220996

G SUSTANTIVOS QUE DESIGNAN ESTADOS DE MALESTAR O DE INCERTIDUMBRE: **51 duda +:** En el mercado de valores *arrecian* las dudas sobre el futuro inmediato... EPE221101 **52 sospecha:** ...*arrecian* las sospechas sobre los anteriores equipos de Interior. LVE240195 **53 descontento +:** ...*arrecia* el descontento social ante las consecuencias de las medidas de ajuste. LVE160395 **54 malestar:** Arreció el malestar con levantamientos estudiantiles relativamente violentos... VIS230197 **55 disgusto:** ...*arrecia* la incomodidad y disgusto de los gobiernos de los países miembros de la Unión Europea (UE). LVE031095 **56 incomodidad:** arrecia la incomodidad y disgusto de los gobiernos de los países miembros de la Unión Europea (UE). LVE031095

arreglar ♦ a medias[28], amistosamente, definitivamente, del todo, de palabra[15], de un día para otro[2], en parte, fácilmente, internamente, ofi-

cialmente, pacíficamente, perfectamente, por completo, provisionalmente, temporalmente[36], verbalmente ♦ asunto, avería, conflicto, cuenta, desaguisado, desperfecto, diferencia, entuerto, fallo, problema, relación, situación, vida

☐ Véase también: **arrojar luz (sobre), solucionar(se), solventar.**

[arreglo] → **con arreglo (a)**

arreglo ♦ **amistoso, apropiado, casero[41], decoroso, de cuentas, definitivo, difícil, económico, eventual, fácil, familiar, global, imprescindible, indispensable, judicial, justo, manual, masivo, necesario, pacífico, permanente, político, provisional, razonable, satisfactorio, temporal, urgente, ventajoso ♦ acordar, alcanzar, apalabrar, buscar, cobrar, conseguir, consensuar, encontrar, intentar, llegar (a), lograr, necesitar, precisar, propiciar, proponer, realizar, requerir, tener**

☐ Véase también: **reparación, solución.**

ARREGLO Véase: ACCIÓN CONCERTADA; ACUERDO; REMEDIO; RESOLUCIÓN

arremangarse Véase: **remangar(se)**

arremeter ♦ **a golpes[19], a patadas[9], a puñetazos, bruscamente, con dureza[14], cruelmente, decididamente[28], directamente, duramente[35], firmemente, frontalmente[22], indirectamente, intensamente, públicamente, sin contemplaciones[31], sin miramientos, sin pensarlo dos veces, sin piedad, sin pudor, sistemáticamente, vehementemente, verbalmente[40], violentamente**

☐ Véase también: **asaltar, atacar.**

arrepentimiento ♦ **de todo corazón, espontáneo, expreso, falso, firme, franco, general, inmediato, limpio, pleno, profundo, sincero, sólido, total, veraz ♦ bajo el peso (de) ♦ actitud (de), acto (de), ápice (de)[7], atenuante (de), falta (de), gesto (de), muestra (de), palabras (de), señal (de), signos (de) ♦ aparentar, confesar, declarar, demostrar, entrar (a alguien), entregarse (a), evidenciar, exhortar (a), expresar, exteriorizar, fingir, hacer público, manifestar, mostrar, pedir, prometer, sentir, venir (a alguien)**

☐ Véase también: **perdón, sentimiento.**

arrepentirse ♦ **de todo corazón[6], honestamente, intensamente, profundamente, públicamente, sinceramente, verdaderamente, visiblemente**

☐ Véase también: **pedir perdón.**

arresto ♦ **breve, cautelar[24], disciplinario, domiciliario, inmediato, militar, preventivo[2], prolongado, provisional, repentino, temporal ♦ bajo, so pena (de)[7] ♦ operación (de), orden (de), pena (de), situación (de) ♦ anunciar, aplicar, castigar (con), cumplir, decretar[16], dictar, efectuar, impedir, imponer, impugnar, interrumpir, justificar, levantar, ordenar, pedir, permanecer (en), practicar[11], prolongar, propiciar, solicitar**

arriar *v.* ▮ Se combina con el sustantivo *vela* y con otros que designan las velas o los palos que las sujetan, así como el conjunto de estos utensilios *(velamen, aparejo, mesana)*. También se combina con...

A SUSTANTIVOS QUE DESIGNAN INSIGNIAS, CARTELES Y OTROS SOPORTES QUE PERMITEN HACER VISIBLE UNA SEÑAL, UN SÍMBOLO O LA MANIFESTACIÓN VERBAL O GRÁFICA DE ALGO: **1 bandera ++**: Los cabecillas de los manifestantes intentaron negociar con la policía para que les permitieran *arriar* la bandera alemana de la embajada, pero fueron rechazados. EUV150497 **2 pabellón +**: ...pero también exigiría que se me investigara, al menos fiscalmente, para no tener que *arriar* mi pabellón ante un deslenguado por desesperado que se encuentre. EME170694 **3 enseña +**: Y la actual enseña, la más efímera de la historia de Barcelona, será *arriada* muy discretamente. LVE211296 **4 estandarte:** ...y restaurantes que se inauguran de una forma harto curiosa *arriando* el estandarte de una cocina con personalidad. EPE160899 **5 símbolo:** Si la derecha empieza a *arriar* sus símbolos, razón tiene Fraga cuando se encrespa por la tele y se pone levantisco... EPE180977 **6 pancarta:** ...optó a pesar de todos los pesares por no *arriar* su enorme pancarta con la leyenda de «Aúpa Miguel, vamos a por el sexto». LVE180796

B SUSTANTIVOS QUE DENOTAN EMBARCACIÓN, POR LO GENERAL DE PEQUEÑAS DIMENSIONES: **7 bote:** ...el capitán del «Titánic» recorría la cubierta cuando ya estaban *arriados* los botes... EME120494 **8 lancha:** ...un buque mercante libio, que *arrió* cinco lanchas de ataque... ETC010690

C OTROS SUSTANTIVOS; POSIBLES USOS ESTILÍSTICOS: ...*arriando* a una juventud que ondeó orgullosa los colores de su partido. RUM010997; ...se soltaron la lengua y la *arriaron* contra nosotros a riatazos verbales. EPE300999; ...debe *arriar* la prepotencia, dirigirse a la nación, contar la verdad de las mentiras... EME100195

[arriba] → **como gato panza arriba, de arriba abajo, patas arriba**

arriesgarse ♦ **absurdamente, a tontas y a locas, continuamente, excesivamente, imprudentemente, innecesariamente, inútilmente[8], peligrosamente, sin justificación, sin ton ni son, tontamente**

☐ Véase también: **acercar(se), aproximar(se), arrimarse, inseguridad, peligro, poner en riesgo, riesgo (de).**

arrimarse ♦ **al sol que más calienta, gradualmente, paulatinamente, peligrosamente[4], poco a poco, prudentemente**

arrogancia ♦ **altanero, atrevido, ciego, desdeñoso, despectivo[4], despreciativo, extremo, henchido, inflado (de), lleno (de), orgulloso, petulante, pomposo, prepotente, pretencioso, profundo, supino[27], vano ♦ con ♦ acto (de), ápice (de)[85], gesto (de), tono (de) ♦ demostrar, desplegar, destilar, desvanecerse, esconder, exhibir, exteriorizar, infundir, mostrar, perder, rayar (en), sentir, soportar**

☐ Véase también: **orgullo, satisfacción, sentimiento, vanidad.**

arrogarse *v.* ▮ Se combina con...

A SUSTANTIVOS QUE DENOTAN DERECHO O PRERROGATIVA: **1 derecho** ++: Pero que haya gente que se *arrogue* el derecho de matar a otros porque tienen una opinión diferente, eso no. BUS031096 **2 privilegio** +: ...sin que ninguna se *arrogue* el privilegio de darle al prójimo un soberano peñazo. EME151296 **3 prerrogativa** +: ...no deja dudas sobre la intención de la convención de ejercer hasta el final las prerrogativas del poder absoluto que se ha *arrogado.* EPE130899 **4 garantía** –: La medida constituye una garantía que se *arroga* la Generalitat para poder embargar el casino... EPE290999

B SUSTANTIVOS QUE DENOTAN FUNCIÓN, FACULTAD O CAPACIDAD DE ACTUAR. TAMBIÉN CON OTROS QUE DESIGNAN ALGUNAS FORMAS DE EJERCERLA: **5 papel** ++: ...esa película de vaqueros en la que Bush se *arroga* el papel de bueno y honorable «sheriff». LRE010203 **6 función** ++: No solamente porque el Alto Tribunal se *arrogó* la función de censor oficial... LNA110792 **7 competencia** ++: ...que la potestad de elegir a los miembros de su plantilla es sólo suya y nadie, ni la administración, puede *arrogarse* esa competencia. FDV030701 **8 atribución** ++: ...no sería correcto concluir que por ello se está *arrogando* atribuciones de las instituciones públicas... PME250896 **9 facultad** +: El juez niega, por otra parte, que él haya querido *arrogarse* la facultad de desclasificar unos documentos... LVE031195 **10 potestad**: Sospechamos que esta huelga ha sido resuelta por una minoría que en cierta medida se *arroga* potestades que no tiene... EOU291000 **11 capacidad**: No es posible que un país se *arrogue* la capacidad de castigar a otros países o a individuos de terceros países. EME310596 **12 decisión**: Pero ha dejado muy claro que, en este caso, el juez Garzón se había *arrogado* una decisión que correspondía al tribunal. LVE161195 **13 responsabilidad** +: ...el artefacto de transporte al que *arrogó* la responsabilidad de revolucionar las comunicaciones del futuro. EPE061201 **14 obligación**: Aunque el Estado llegue a *arrogarse* la obligación de asistir a los enfermos mentales... EME071095 **15 misión**: ...me dan miedo las gentes que se *arrogan* la misión de salvadores... EME290694 **16 tarea**: Habrá que coincidir que el *arrogarse* tareas que no le corresponde, resulta, estéticamente reprochable y políticamente nefasto. DHE130797 **17 rol**: ...olvidándose del contenido de los famosos papeles, se *arrogaba* el rol de periódico ejemplar... EME181296 **18 servicio** –: ...le acusan de haberse *arrogado* «en exclusiva un servicio a la comunidad que, secuestrado, se convierte en poder y, por ende, en prepotente y, por tanto, antievangélico». EME240895

C SUSTANTIVOS QUE DENOTAN DENOMINACIÓN, CLASE Y OTROS ATRIBUTOS QUE EXPRESAN LA PERTENENCIA A UN CONJUNTO O UNA JERARQUÍA: **19 título** +: ...un medio para sobrevivir en una especie de selva en la que cada cual, *arrogándose* el título de hablar en nombre de grupos... BRE241097 **20 condición** +: Pero el fútbol, que se *arroga* la condición de primer deporte mundial, concede situaciones intolerables. EPE151101 **21 calificativo** +: No puede ni *arrogarse* el calificativo de «vasco», pues la gran mayoría del pueblo vasco rechaza estos métodos salvajes. EXP170797 **22 nombre**: El Vaticano temía que pudieran *arrogarse* el nombre de familia parejas no casadas, parejas de homosexuales, etcétera. LVE120995 **23 categoría** –: Que se *arroguen* una categoría ideológica y descalifiquen la del socio no sólo resulta molesto, sino que es un planteamiento falso. LVE091196

D SUSTANTIVOS QUE DENOTAN PODER O AUTORIDAD. TAMBIÉN CON OTROS QUE EXPRESAN CIERTAS ATRIBUCIONES QUE SE LES ASOCIAN: **24 poder** ++: Y no se podrá pretender que hayan sido los magistrados quienes se han *arrogado* el poder mediante artero golpe de Estado... EDV030601 **25 autoridad** +: ...y pronunciar frases célebres acogiéndose al mecanismo impersonal de la autoridad que se *arrogan.* EME170296 **26 control** +: Si añadimos que el pleno de la Sala Segunda del Supremo se *arroga* todo el control del procedimiento con el riesgo de «contaminación»... EME140995 **27 jurisdicción**: ...fue uno de los promotores que forzaron la decisión canadiense de *arrogarse* la jurisdicción pesquera de las 200 millas marinas... EME170495 **28 jefatura**: Aunque Musharraf se *arroga* la jefatura del Gobierno, mantiene al presidente, Rafiq Tarar, en su puesto. EPE151099

E SUSTANTIVOS QUE DENOTAN SUPREMACÍA U OTRO PAPEL PROMINENTE EN ALGÚN ÁMBITO: **29 representación** ++: ...y por ende la mayor posibilidad de articular un discurso alternativo y *arrogarse* la representación de la mayoría abandonada. EUV210197 **30 representatividad** +: ...y no de un movimiento seudorevolucionario que trate de *arrogarse* una representatividad que no tiene... ENC300301 **31 protagonismo** +: Maragall, siempre opuesto a que un gremio profesional se *arrogue* demasiado protagonismo... LVE210996 **32 liderazgo**: ...carecen de «grandeza ideológica que autorice a América para *arrogarse* el liderazgo de la humanidad. EME180596 **33 primacía**: Por una parte, una conjura de la generación del 27 que ha querido *arrogarse* la primacía de la modernidad. LVE290696

F SUSTANTIVOS QUE DESIGNAN EL RESULTADO FELIZ DE ALGUNA EMPRESA. TAMBIÉN CON OTROS QUE EXPRESAN LAS ATRIBUCIONES DEL QUE LO OBTIENEN O SE ESPERA QUE LO OBTENGA: **34 mérito** +: Se reconoció satisfecho Villar y no dudó en *arrogarse* buena parte del mérito. EPE260800 **35 triunfo**: De hecho, Lavín se *arrogó* solo su gran triunfo, restándole así gran parte del mérito a su colectividad. HOY281096 **36 éxito**: No obstante, Pujol se *arrogó* el «éxito político de CiU» tras el nuevo sistema de financiación pactado con el PP... EME091096 **37 victoria**: ...no hay duda de que se precipitó al *arrogarse* la victoria tan anticipadamente, como demostró el recuento final de los votos. INDOC **38 prestigio** –: No existe ni a nivel individual ni institucional, por mucho de que algunos se *arroguen* prestigios y victorias, donde no hay más que mediocridad. LTB230197

G SUSTANTIVOS QUE DENOTAN PROPIEDAD, AUTORÍA Y OTRAS MANIFESTACIONES DE LA CONDICIÓN –LEGÍTIMA O NO– DE POSEER ALGUNA COSA. POR EXTENSIÓN, TAMBIÉN CON OTROS QUE DESIGNAN LA COSA POSEÍDA: **39 propiedad** +: ...entre los cuales figura el de que nadie puede *arrogarse* la propiedad de otro ser humano. EPE040900 **40 posesión** +: ...en la que el máximo organismo ciclista internacional se *arrogaba* la posesión de los derechos universales sobre la sangre de los ciclistas... EPE250599 **41 paternidad** +: Detallo con documentos, porque otros se quisieron *arrogar* la paternidad de ese gesto... ACP071100 **42 autoría**: El Ejército Republicano Irlandés (IRA) se *arrogó* la autoría de las dos explosiones registradas en la noche de ayer... EME250496 **43 exclusiva:** A estas alturas de la historia no podemos *arrogarnos* la exclusiva de la humanización ni vale la nostalgia sin más. EME180195 **44 titularidad:** ...una guerra declarada entre España y el colectivo que se *arroga* la titularidad soberana del País Vasco... EME010696 **45 monopolio:** ...lo que hace es dar la razón a nuestro manifiesto, *arrogarse* el monopolio de la fe católica y excluirnos a nosotros de ella por no ser nacionalistas. EPE290699 **46 dominio:** Algunos interpretaron el gesto como una bajada de pantalones, para mantener su hegemonía, en unos dominios que se *arroga* la derecha... EPE310599

H SUSTANTIVOS QUE DESIGNAN LA CONDICIÓN DE SER ALGO CIERTO, AUTÉNTICO O AJUSTADO A LA LÓGICA: **47 verdad +:** ...esperaban los resultados definitivos de los análisis que estaba efectuando el Instituto Nacional de Toxicología para *arrogarse* la verdad. EME140496 **48 razón:** Louis van Gaal se *arrogó* la razón frente a la grada. EPE010299 **49 validez:** ...una revelación de origen local, incardinada en una etnia o una cultura particular, se *arroga* validez universal en cuanto criterio final y único de verdad. EME250295

I OTROS SUSTANTIVOS; POSIBLES USOS ESTILÍSTICOS: Tal sería el furor báquico que Miró seguramente se *arrogaba* al gritar: ¡Abajo el Mediterráneo! en el banquete iconoclasta a Sant-Pol Roux. EPE290977

☐ Véase también: **apropiarse.**

arrojadizo ♦ **arma, objeto, piedra**

arrojar *v.* **I** En el sentido de 'lanzar, echar, expulsar' se combina con sustantivos que designan seres materiales *(arrojar una piedra, una bomba, la pelota)* o sustancias *(arrojar agua, alcohol, lava, basura)*. Por extensión de significado, se aplica también esta interpretación a ciertas manifestaciones verbales que se dirigen a algún destinatario *(arrojar a alguien una pregunta, un insulto)*. En la lengua conversacional forma la locución verbal *arrojar la toalla* ('abandonar un proyecto'). En el sentido de 'mostrar, presentar' o 'hacer patente' forma la locución *arrojar luz* ('aclarar') y se combina asimismo con...

A SUSTANTIVOS QUE DESIGNAN EL RESULTADO DE EXAMINAR ALGUNA COSA, A MENUDO PROBLEMÁTICA: **1 balance ++:** ...el maratón de contactos que lo lleva de un diálogo a otro con todos los sectores, va *arrojando* un balance favorable. CLA220301 **2 resultado ++:** El balance de una reforma necesaria y de una clausura inconveniente no *arroja* un resultado positivo. EXP150492 **3 conclusión ++:** ...los diferentes estudios, impulsados por diferentes instituciones, *arrojan* conclusiones diametralmente opuestas. ABC311293 **4 solución:** La ampliación de Barajas y la provisional habilitación de Torrejón pueden *arrojar* soluciones a corto plazo... LVE151296

B SUSTANTIVOS QUE DESIGNAN DATOS Y OTRAS NOCIONES CUANTITATIVAS, FRECUENTEMENTE DE NATURALEZA ECONÓMICA: **5 saldo ++:** En lo que va del año el balance *arroja* un saldo de US$ 265.9 millones... CAP091097 **6 cifra ++:** La visión ofrecida ayer por los carniceros alaveses *arroja* cifras aún más pesimistas. EDV300101 **7 porcentaje ++:** No pueden decir otro tanto muchos representantes de la enorme producción literaria quebequense, que desde 1960 *arroja* un importante porcentaje de escritoras. LPA100592 **8 tasa:** El incremento del PIB en este periodo se sitúa en el 2,2%, lo que *arroja* una tasa de crecimiento para los nueve primeros meses del año del 2,07%. EME271296 **9 índice +:** Así, durante 1998 llegaron a Euskadi 26 nuevos magistrados y se marcharon 11, lo que *arroja* un índice de movilidad del 40%... EPE020999 **10 diferencia:** ...minuciosos estudios internacionales han *arrojado* diferencias radicales en cuanto a los éxitos dependiendo del estado anímico. CAR241197 **11 punto:** ...el conjunto de Valdano terminó *arrojando* dos puntos de forma canalla y con muchas pruebas para juzgarlo culpable. EME291095 **12 dato:** ...los antecedentes del sumario *arrojaban* datos que hacían presumir su responsabilidad penal. HOY180886 **13 estadística:** El resumen de la última jornada del Balón 3 «La Nueva Provincia» *arrojó* las siguientes estadísticas en las cinco categorías previstas... LNP110297

C SUSTANTIVOS QUE DENOTAN INCREMENTO DE ALGUNA MAGNITUD, A MENUDO ECONÓMICA. TAMBIÉN CON OTROS QUE EXPRESAN SU SUFRIMIENTO O SU MANIFESTACIÓN: **14 beneficio ++:** ...el valor en Bolsa del grupo es de 750.000 millones de pesetas, una cifra considerada por algunos expertos como excesivamente baja para un grupo que *arroja* unos beneficios de 100.000 millones... LVE130396 **15 superávit ++:** Sin embargo, hay que destacar que en lo que va del año el balance global *arroja* un superávit de 57.515 millones de guaraníes... ACP230996 **16 incremento ++:** ...ya que *arrojarían* un incremento de 31% de las exportaciones argentinas, contra un aumento del 21% de las importaciones desde Brasil. CLA180497 **17 ventaja +:** La última encuesta (...) *arroja* una ventaja de más de tres puntos... EME200594 **18 subida +:** Los empleados de la Bolsa de Zurich (Suiza) festejan (...) la informatización de los paneles que *arrojan* las subidas y bajadas de la bolsa. LVE030896 **19 ingreso:** El capítulo dedicado a Madrid *arroja* unos ingresos generados de 81.268 millones de pesetas... LVE011296 **20 ganancia:** Ningún teatro del mundo, ni la Scala de Milán, *arroja* ganancias. EUV010996 **21 ascenso −:** El análisis interanual *arroja* un ascenso de la ocupación del 4,4%... EPE130899 **22 alza −:** Iguales reacciones se originaron en el sector empresarial porque el índice de precios mayoristas *arrojaría* un alza del orden del 4 por ciento... CLA211187

D SUSTANTIVOS QUE DENOTAN DISMINUCIÓN, ESCASEZ O PÉRDIDA DE ALGUNA MAGNITUD, A MENUDO ECONÓMICA: **23 déficit ++:** ...un saldo negativo de 71,3 millones que, descontados los 64,3 millones de superávit corriente, *arroja* el déficit de siete millones de pesos. LNP040997 **24 pérdida ++:** El índice de tipo de cambio real (...) *arroja* una pérdida de competitividad del 6,4% en los dos últimos años... CLA240199 **25 deuda +:** La empresa *arroja* unas deudas a largo y corto plazo de 119.780 millones de pesetas... LVE150396 **26 descenso:** La revisión del dato del PIB del tercer trimestre *arrojó* un descenso del 1,1%, frente al 0,4% que perdía como estimación previa. EPE011201 **27 gasto:** El mantenimiento de todo este impresionante complejo *arroja* un gasto superior a los 5.475 millones de pesetas anuales... LVE140296

E SUSTANTIVOS QUE DESIGNAN MUESTRAS O SEÑALES QUE PERMITEN CONOCER, DEDUCIR O PROBAR ALGUNA COSA. SE USAN MUY FRECUENTEMENTE EN SENTIDO FI-

GURADO: **28 sombra +**: ...pero esto *arroja* una sombra de cinismo sobre todo el proceso. DLA080397 **29 síntoma +**: Desde siempre fue acosado por jaquecas, tremendas pesadillas y periodos depresivos, que en 1921 *arrojaron* los primeros síntomas de una enfermedad mental heredada de su madre... LVE221196 **30 pista +**: ...será hasta el lunes que brinden más detalles, los cuales *arrojarían* más pistas para la captura del grupo. LNC081296 **31 señal +**: Si sólo lo oculta quiere decir que la realidad está latente y nos *arroja*, de vez en cuando, señales de su presencia, que llevan a interrogarnos. EPE141199 **32 signo +**: No reveló si ya había muerto cuando la policía tomó por asalto la casa flotante y tampoco dijo si las pruebas médicas *arrojaron* signos de que padecía del SIDA. ENH280797 **33 indicio**: Ingredientes que *arrojan* serios indicios de tráfico de influencias y de la existencia de favores mutuos. EME130295 **34 clave**: La reciente afirmación de Francisco Umbral, «el escritor siempre es carroña para otro escritor», *arroja* más de una clave sobre el talante de su prosa... LVE311095 **35 pronóstico**: ...una de las pocas que *arrojan* un pronóstico incierto. LVE240595 **36 muestra**: Ramón Mendoza *arrojó* las mejores muestras de tranquilidad y sinceridad... EME080595

F SUSTANTIVOS QUE DESIGNAN EL RESULTADO FELIZ DE LO QUE SE EMPRENDE: **37 victoria**: El escrutinio de los votos observados *arrojó* una amplia victoria del Sí. BRE100197 **38 éxito**: ...intentó afrontar ese retraso crónico con otros planes de choque que sólo *arrojaron* un éxito momentáneo. LVE150696 **39 logro**: ...el balance de su gestión *arroja* también importantes logros. EPE021180

G SUSTANTIVOS QUE DENOTAN DUDA O RECELO: **40 duda ++**: Además, otro de los elementos que *arrojan* dudas sobre la versión de Paolini es que (...) el excombatiente fue citado a declarar precisamente en esa causa de contrabando... CLA280297 **41 sospecha +**: Ambos encuentran un placer especial en *arrojar* sospechas sobre él... EME281096 **42 incertidumbre**: La ruptura del pacto entre los dos colosos *arroja* una gran incertidumbre al futuro de las telecomunicaciones... EME250294 **43 inseguridad −**: La inseguridad que *arroja* la construcción del gasoducto magrebí (...) añade nuevas dudas... EME090694

H SUSTANTIVOS QUE DESIGNAN LO QUE SE CONOCE CON SEGURIDAD: **44 evidencia**: El ministro en visita Manuel Silva Ibáñez ha advertido públicamente que si esos informes periciales no *arrojan* nuevas evidencias tendrá que cerrar el sumario y sobreseer la causa. CAR241197 **45 certeza**: ...con el lamentable propósito de ir *arrojando* sobre la opinión pública la certeza de que Franch está ahí... EPE050599 **46 realidad**: Mientras, el secretario general (...) prefirió no hacer hipótesis hasta conocer la realidad que *arrojen* las urnas. EPE080699

I SUSTANTIVOS QUE DESIGNAN LO QUE SE CONSIDERA NUEVO O INESPERADO, Y A MENUDO SATISFACTORIO: **47 sorpresa +**: En realidad, la jornada no *arrojó* sorpresas. EPE110900 **48 alegría**: La única etapa pirenaica del Tour *arroja* dos grandes alegrías... EPE110700 **49 novedad**: Con todo, y de acuerdo a los comentarios recogidos dentro del oficialismo, el encuentro no *arrojó* novedades doctrinarias... ECA080792

J ALGUNOS SUSTANTIVOS QUE DESIGNAN CARACTERÍSTICAS O RASGOS QUE SE DESTACAN EN LA CONSIDERACIÓN DE ALGUNA COSA: **50 perfil +**: En conjunto, el panorama postelectoral *arroja* un perfil ampliamente homologable con el de otros países europeos... LVE050396 **51 aspecto**: ...allí se expondrán todos los informes técnicos que han *arrojado* diversos aspectos irregulares en los trabajos realizados... VEN210899

K SUSTANTIVOS QUE DENOTAN INCLINACIÓN FAVORABLE O ACTITUD POSITIVA Y CONFIADA HACIA ALGO, GENERALMENTE LO QUE HA DE SUCEDER: **52 esperanza**: Las declaraciones de las asociaciones judiciales, la iniciativa del fiscal y el propio desmarque del ministro Belloch *arrojan* la esperanza de que se están empezando a poner las cosas en su sitio... EME070195 **53 interés**: En esta Vuelta medio muerta por los hachazos de Rominger, las etapas llanas *arrojan* interés sólo en el último kilómetro. EME080594 **54 expectativa**: La desaceleración de los precios industriales, un mes más, vuelve a *arrojar* expectativas positivas de cara a la moderación del IPC... LVE110796 **55 perspectiva**: Todas las cuestiones planteadas por el Instituto proceden de un análisis de la situación del litoral valenciano que *arroja* perspectivas poco halagüeñas. EPE071299

L OTROS SUSTANTIVOS; POSIBLES USOS ESTILÍSTICOS: Tenían que estar cubiertas, encerradas y, siempre que fuera necesario, apaleadas para prevenir que se *arrojase* más pecado a la sociedad. EPE111001

■ Se combina también con: ♦ **desdeñosamente, despectivamente, inevitablemente, inexorablemente**

□ Véase también: **arrojar luz (sobre)**.

arrojar luz (sobre) ♦ **asunto, caso, conflicto, crimen, problema, situación, tema**

□ Véase también: **arreglar, arrojar, solucionar(se), solventar**.

arrojarse ♦ **al agua, a las llamas, al mar, a los brazos (de alguien), a los pies (de alguien), al suelo, al vacío, de cabeza, en cuerpo y alma, en manos (de algo/de alguien), sin miedo, sobre (algo/alguien)**

□ Véase también: **echar(se) (a), esforzarse, lanzarse (a), tirarse, volcar(se)**.

arrojo ♦ **admirable, encomiable, extraordinario, gran(de), indudable, intelectual, lleno (de), político, verdadero** ♦ con ♦ **afrontar (con), armarse (de), demostrar, derrochar[15], desplegar, destacar, echar (a algo), exhibir, faltar(le) (a alguien), hacer gala (de), infundir, lucir, mostrar, pedir (a alguien), perder, recompensar, revelar, tener**

□ Véase también: **valentía**.

arrollador *adj.* ■ Se combina con sustantivos de persona *(delantero, cantante, actor, equipo)* y con sustantivos temporales *(año, futuro, temporada)*. También lo hace con otros que designan obras, géneros, actuaciones o acontecimientos, generalmente artísticos, en referencia a su contenido *(película, poesía, baile, espectáculo)*. Acepta otros muchos sustantivos, pero destacan especialmente sus combinaciones con...

A SUSTANTIVOS QUE DENOTAN RESULTADO, GENERALMENTE FAVORABLE O FELIZ DE ALGO. TAMBIÉN CON

OTROS QUE DESIGNAN DIVERSAS NOCIONES QUE SE ASOCIAN CON LA SUPREMACÍA, LA HEGEMONÍA Y OTRAS SITUACIONES DE PRIVILEGIO QUE SUELE ALCANZAR EL QUE TRIUNFA O DESTACA EN ALGUNA ACTIVIDAD: **1 victoria ++**: ...el Partido Laborista de Gran Bretaña alcanzó una *arrolladora* victoria electoral tras 18 años de gobierno conservador. ENH030697 **2 triunfo ++**: ...Rómulo Betancourt obtuvo un triunfo *arrollador* en las elecciones de 1958. EUV120996 **3 éxito ++**: Su *arrollador* éxito propició una secuela al año siguiente, por la cual la Whoopi cobró la respetable cifra de unos ocho millones de dólares. LVE240996 **4 mayoría +**: Bill Clinton sancionó ayer con su firma el proyecto de ley de reforma de las telecomunicaciones, aprobado recientemente en el Congreso por una mayoría *arrolladora*. EME090296 **5 resultado**: Y si a esa magnífica base le añades, como es el caso, un bajista de auténtica calidad instrumental y vocal, el resultado es *arrollador*. EPE020688 **6 dominio**: Los esfuerzos de Vidor se concentraron en que Jennifer Jones infundiese al personaje el atractivo que hiciese creíble su *arrollador* dominio sobre los hombres. LVE010596 **7 influencia**: La influencia *arrolladora* de la televisión ha transformado los diarios. LVE080495 **8 liderazgo**: El liderazgo *arrollador* no es sinónimo de eficacia. EME050596

B SUSTANTIVOS QUE DENOTAN AVANCE, ATAQUE Y OTRAS ACCIONES RELACIONADAS CON EL MOVIMIENTO PROGRESIVO. SE USAN A MENUDO EN SENTIDO FIGURADO: **9 paso +**: Los Marlins han comenzado la temporada de 1997 a un paso *arrollador*... DLA120497 **10 avance +**: Paralelamente a la toma de Knin, el ejército croata prosiguió con su *arrollador* avance en Krajina. LVE060895 **11 remontada**: Ese fue el resumen de la *arrolladora* remontada estadounidense para recuperar la Ryder Cup en el bostoniano campo de Brookline. EPE280999 **12 expansión**: Esta *arrolladora* expansión tuvo su punto de partida en el Teatro Olimpia de París, la noche del 25 de marzo de 1896. ABC111292 **13 marcha**: ...las películas norteamericanas continúan su marcha *arrolladora*, acaparando el 80 por ciento de la producción cinematográfica mundial. LRE130103 **14 proceso**: Hiddink será la próxima víctima de este *arrollador* proceso de fagocitación. EPE230299 **15 ofensiva**: Arrolladora ofensiva de la facción kurda apoyada por Saddam. LVE090996 **16 invasión**: ...le acosa el mismo proceso que a mí: la invasión *arrolladora* de nuestra realidad inmediata. EPE171280

C EL SUSTANTIVO *FUERZA* Y OTROS QUE DENOTAN VEHEMENCIA O ÍMPETU EN DIVERSAS FORMAS Y GRADOS: **17 fuerza ++**: ...Graf anuló por completo toda la fuerza *arrolladora* e impulsiva de la tenista suiza. EUV080996 **18 ímpetu +**: Las ideas filosóficas en que está inspirada son las mismas que hoy se están imponiendo en el mundo con ímpetu *arrollador*. LNA080792 **19 empuje +**: Una a una fueron sucumbiendo ante su *arrollador* empuje, impotentes para desembarazarse del ciclón que se les venía encima. EME270796 **20 potencia**: Salió con el torso desnudo dispuesto a invocar al mismísimo diablo con una *arrolladora* potencia física. EME140796 **21 presión**: ...la presión sobre estas lenguas se hizo *arrolladora* de tal modo que, a comienzos del siglo XX, unas habían desaparecido y otras parecían en vías de extinción. LVE080595 **22 poderío**: ...se arrancaba por bulerías con un poderío tan *arrollador* que hasta al guitarrista le costaba seguir su ritmo. INDOC

D SUSTANTIVOS QUE DENOTAN INICIO, DIRECCIÓN, TRAYECTORIA U OTROS ASPECTOS O COMPONENTES DEL MOVIMIENTO: **23 arranque ++**: Tras un arranque *arrollador*, Ronaldo parece haber ido diluyéndose y el juego del equipo sigue mostrándose excesivamente dubitativo... LVE251196 **24 principio +**: ...Alejandro Amenábar ha tenido un principio temprano y *arrollador* en el séptimo arte: acaba de terminar el rodaje de Tesis... EME051195 **25 debut +**: No es para menos, puesto que su debut tras la cámara ha sido *arrollador*... EME290196 **26 crecimiento**: Se trata de un crecimiento tan *arrollador* que incluso da miedo a los políticos locales, que quieren ponerle un límite. EPE030199 **27 ritmo**: Se basa en combatir las llamas antes que alcancen un ritmo *arrollador*. CLA080199 **28 tendencia**: El actual plan general de desarrollo hasta el año 2010 para ese «ejemplo de ciudad comunista» está ya pagando su tributo a esa tendencia *arrolladora*... HOY180385

E SUSTANTIVOS QUE DESIGNAN VIRTUDES, CUALIDADES Y OTROS RASGOS SOBRESALIENTES DE LAS PERSONAS O DE SUS OBRAS, MÁS FRECUENTEMENTE SI CARACTERIZAN SU CAPACIDAD DE ACCIÓN, SU PERSONALIDAD O SU EFECTO SOBRE LOS DEMÁS: **29 popularidad**: Su popularidad era *arrolladora*. Lola ganaba 1.200.000 por película, y hubo años en los que llegó a rodar tres. EME170595 **30 simpatía**: Sorprende la jovialidad, la *arrolladora* simpatía de un hombre espantado por la demencia y depredación de la que son capaces sus semejantes. EPE231201 **31 carisma**: Su carisma es tan *arrollador* que invita a pensar por qué y dónde se ha perdido la capacidad de fascinación en las nuevas generaciones. EPE190199 **32 talento**: Para perpetrar el crimen, reunió a unos cuantos amigos supuestamente dotados de un talento *arrollador*, entre los cuales me hallaba yo. EME020896 **33 seguridad**: Se notaba un hombre seguro, acostumbrado a imponerse con su seguridad *arrolladora*, y me dio risa verlo con el gesto fruncido, pensando a prisa para reponerse de la sorpresa. EME150896 **34 vitalidad**: Como siempre me dio la impresión de una vitalidad *arrolladora*. EME300196 **35 autenticidad –**: La autenticidad *arrolladora* de este veterano rasta de cuarenta y siete años impactó entre la audiencia como no lo había conseguido nadie a lo largo de la noche. LVE200695 **36 creatividad**: Veinticinco años de precocidad insultante, de creatividad *arrolladora*, de ambición sin límites. EME050296

F SUSTANTIVOS QUE DESIGNAN SENSACIONES Y REACCIONES HUMANAS, MÁS FRECUENTEMENTE INTENSAS O ENCENDIDAS Y A MENUDO PROVOCADAS POR ALGÚN IMPULSO: **37 emoción +**: Los muletazos mandones, canónicos, sinceros, profundos, vaciados en la trastienda de la cadera, tuvieron fuerza y emoción *arrolladora*. EME050996 **38 reacción +**: Sin embargo la reacción del equipo español fue *arrolladora* en el segundo periodo... LVE200196 **39 aplauso**: La primera oratoria se descolgó con unos aplausos *arrolladores* que aparecieron a destiempo, antes del adagio. LVE271196 **40 pasión**: A pesar de todo, entre ellos había una pasión *arrolladora* que, tras su primer divorcio, volvió a reunirlos en 1973. EME260295 **41 furia +**: Saltaban a la arena los novillos con furia *arrolladora* y acudían como balas a los cites que les hacían los peones desde el burladero. EPE080999 **42 euforia**: ...no pudieron resistir explotar de la euforia *arrolladora* y la satisfacción que les produjo este ajuste de cuentas ansiado con pasión durante años. EPE160199 **43 entusiasmo:** Quizás Toscanini no hubiese estado de acuerdo, pero el entusiasmo de la gente era *arrollador.* EME080396

G OTROS SUSTANTIVOS; POSIBLES USOS ESTILÍSTICOS: Un perfume *arrollador* indica que el partido socialista ha roto su tradición oligárquica... EME210394; Hingins volvió a jugar un tenis *arrollador.* EME241196

☐ Véase también: **arrasador.**

arrolladoramente *adv.* ▌Se combina con...

A VERBOS QUE DESIGNAN LA OBTENCIÓN DEL TRIUNFO O LA SUPREMACÍA EN ALGUNA COMPETICIÓN, FRECUENTEMENTE DEPORTIVA. TAMBIÉN CON OTROS QUE DESIGNAN DIVERSAS FORMAS DE CONSEGUIR EL ÉXITO EN ALGUNA EMPRESA: 1 ganar ++: Quizá ya no tan *arrolladoramente* como antes, pero sigue ganando. PME131096 **2 vencer +:** ...no tiene ya la frescura ni el gancho (...) de aquel joven ambicioso que venció *arrolladoramente* a la UCD en 1982. EME210896 **3 superar:** El Barcelona (...) superó *de forma arrolladora* al Murcia... LVE300996 **4 derrotar:** ...Occhetto (...) dimitió el día después de las elecciones al Parlamento Europeo, tras haber sido derrotado *de forma arrolladora* por el «premier» Silvio Berlusconi... EME290694 **5 adjudicarse:** Ese día se adjudicó en Flushing Meadows su primer título del Grand Slam, y lo hizo *de forma arrolladora.* EXC190900 **6 imponerse:** ...se impone *arrolladoramente* en 6 de las 9 provincias sudafricanas y se confirma como claro ganador de los comicios generales. EME030594 **7 dominar:** Dominaron *de forma arrolladora* al equipo local a lo largo de todo el segundo tiempo. INDOC

B VERBOS QUE DENOTAN COMIENZO, ENTRADA O APARICIÓN. TAMBIÉN CON OTROS QUE DESIGNAN ALGUNAS FORMAS DE MOVIMIENTO PROGRESIVO: 8 comenzar +: Corretja (...) hizo un derroche extraordinario de fuerza física y golpes precisos de revés, su mejor arma durante todo el partido, que comenzó *de manera arrolladora.* EME020996 **9 irrumpir +:** Cuando los periodistas conocieron la noticia, irrumpieron *arrolladoramente* en la sala de prensa. INDOC **10 iniciar:** Los leoneses iniciaron el encuentro *de forma arrolladora...* LVE131096 **11 entrar:** El reconocimiento de la marca es la cuestión que se plantea Marc Serra, director de marketing de Zeta Multimedia, compañía que entró *arrolladoramente* en el mercado del CD-ROM... EME291295 **12 avanzar +:** ...el fundamentalismo islámico avanza *arrolladoramente* en Asia y el norte de África con la sharia en una mano y el mando del tanque en la otra... EME290996 **13 abrirse paso +:** Lo que ocurre es que frente a esta doctrina de la inocencia, es la de la indecencia la que se abre paso *arrolladoramente* en la conciencia ciudadana. EME070595

C ALGUNOS VERBOS QUE DENOTAN ESTIMACIÓN O VALORACIÓN POSITIVA DE ALGO. TAMBIÉN CON OTROS QUE DESIGNAN ALGUNAS MANIFESTACIONES EXPANSIVAS DE ESOS JUICIOS: 14 admirar: Isabel Preysler ha sido y es *arrolladoramente* admirada sin que nadie sepa por qué. LVE160295 **15 aplaudir +:** Sus fans le aplaudían *arrolladoramente* con solo verlo pisar el escenario. INDOC

arrostrar *v.* ▌Se combina con...

A SUSTANTIVOS QUE DENOTAN PROXIMIDAD O CONTINGENCIA DE ALGÚN DAÑO: 1 riesgo ++: ...la izquierda quiere que el Parlamento dé una respuesta legal (...) a la situación de muchas mujeres obligadas a recurrir al aborto por razones extremas (...) y que *arrostran*, por ello, el riesgo de procesos judiciales... EPE031001 **2 peligro ++:** ...no hubo una sola causa justa del pueblo nicaragüense que ella no abanderara o apoyara, sin parar mientes en los peligros que fuera necesario *arrostrar...* LPN300597 **3 desafío:** ...en 1994 equilibró sus cuentas *arrostrando* el (...) desafío de permanecer ocho años sin variar el precio de venta... EME011295 **4 amenaza:** A espiar y chivarse nunca se obliga a nadie, a no ser con chantajes y amenazas que (...) uno siempre puede rechazar o desafiar o *arrostrar.* EPE260699

B SUSTANTIVOS QUE DESIGNAN TAREAS O ACTIVIDADES, A VECES FORZOSAS: 5 prueba: ...muchacha que *arrostra* las mismas difíciles pruebas que los concursantes... LVE210796 **6 empresa:** Ella es (...) una de las pocas mujeres que se han atrevido a *arrostrar* la empresa. ABC130195 **7 tarea:** ...si *arrostra* la tarea no traicionará jamás su fidelidad al arte de torear. EPE210399 **8 compromiso:** ...el compromiso que sus responsables *arrostran* es considerable... ABC291093

C SUSTANTIVOS QUE DESIGNAN ESTADOS DE ADVERSIDAD O AFLICCIÓN EN LOS QUE SE RECONOCEN DIVERSOS GRADOS DE GRAVEDAD: 9 dificultad: ...decidió, por la voluntad mayoritaria de sus gentes, *arrostrar* las dificultades (...) de la defensa de su soberanía y su independencia. GIC051697 **10 problema:** Y van a tener que *arrostrar* problemas (...) y el enfado de los sindicatos... EME010596 **11 crisis:** Recordemos las crisis diplomáticas que tuvo que *arrostrar* Francia en este periodo... LVE220295 **12 enfermedad:** ...un sentimiento de rabia que le permitirá *arrostrar* la enfermedad sin sucumbir a la tristeza y el miedo. EME191096 **13 tempestad:** ...supo emitir un mensaje de Gobierno existente y con voluntad de *arrostrar* la tempestad y encarar los problemas... EME130594 **14 naufragio:** ...miles de inmigrantes sin papeles que *arrostran* la muerte o el naufragio a bordo de las pateras. EPE121299 **15 drama:** Gervasio es un parado de 57 años que *arrostra* su drama con 40. EME110296 **16 inclemencia:** La cafetería no es un remanso de paz, pero ofrece una pausa que es de agradecer antes de (...) *arrostrar* las inclemencias y discordancias de la jungla cotidiana... EPE071299 **17 desgaste:** Si bien Barrionuevo quedó excluido de cualquier responsabilidad en el «affaire», este almeriense (...) debió *arrostrar* el desgaste que el caso conllevaba. EME050594 **18 impopularidad:** ...un grado de impopularidad en el pelotón que el líder del Mapei-Clas no desea *arrostrar* por razones de convivencia. EME050594 **19 muerte:** ...miles de inmigrantes sin papeles que *arrostran* la muerte o el naufragio a bordo de las pateras. EPE121299 **20 ridículo:** Y, sin embargo, (...) ha *arrostrado* el mayor ridículo que sobre un fiscal general pueda verterse... EME020896

D SUSTANTIVOS QUE EXPRESAN ACCIONES Y ACTITUDES AGRESIVAS U HOSTILES: 21 crítica: ...respeto al máximo las actuaciones del juez Gómez de Liaño y del fiscal Santos, que ya bastantes críticas e incomprensiones están *arrostrando...* EME020696 **22 chantaje:** A espiar y chivarse nunca se obliga a nadie, a no ser con chantajes y amenazas que (...) uno siempre puede rechazar o desafiar o *arrostrar.* EPE260699 **23 forcejeo:** En esta finca comenzó (...) a construir su residencia (...) sin disponer de licencia de obras y *arrostrando* un permanente forcejeo con el Ayuntamiento. EPE020399 **24 exilio:** ...«el Ovejo» no venía del miserable exilio francés que como hijo de republicano tuvo que *arrostrar* en la posguerra... EME210496 **25 incomprensión:** ...*arrostrando* durante años la incomprensión, el rechazo y hasta la burla de sus propios compañeros. INDOC **26 hipocresía:** ...siguen algunos viejos cronistas aferrándose a un sueño de juventud y *arrostrando* (...) la estulticia y la hipocresía que tanto han dañado la credibilidad de este deporte. EME160996 **27 sospecha:** La vasta operación de enriquecimento (...) se efectuó casi a cara descubierta y a plena luz del día, *arrostrando* (...) las fundadas sospechas de todos los grupos de la oposición... EPE061099 **28 ira:** Y un árbitro que lo decide *arrostrando* muchas veces las iras de la afición... LVE180596 **29 rechazo:** ...subvenir al prójimo en sus derechos supone el peligro de (...) *arrostrar* el rechazo social o la marginación en el grupo al que se pertenece. EPE280799

E EL SUSTANTIVO *CONSECUENCIA*, Y CON OTROS QUE EXPRESAN LO QUE SE SIGUE DE ALGUNA ACCIÓN O ALGÚN ESTADO DE COSAS: **30 consecuencia +:** ...su existencia se encuentra a merced de los rápidos cambios de la suerte, es imprevisible, e irremediable, como el tiempo; sólo le queda *arrostrar* las consecuencias. ABC030192 **31 coletazo:** ...el impecable y arriesgado (...) análisis de la etapa socialista cuyos últimos coletazos todavía *arrostra* la nación. ABC060594 **32 efecto:** Pero si ha tomado este camino, tendrá que *arrostrar* los efectos políticos correspondientes... EME071295 **33 responsabilidad:** ...contestó una tía suya, expectante y dispuesta a *arrostrar* las eventuales responsabilidades. LVE190896 **34 represalia:** ...durante más de cien años han luchado por los principios democráticos, (...) *arrostrando* represalias, cárcel, exilio... EME030495

F OTROS SUSTANTIVOS; POSIBLES USOS ESTILÍSTICOS: ...estaba preparado para *arrostrar* la entrevista de su vida, de la que nunca creyó que saldría derrotado. ABC300994; Que a estas alturas del viaje, y después de la poca decencia *arrostrada* hace dos meses... EME041096; Aunque su sitio lógico para *arrostrar* a los enemigos hubiera sido las Brigadas Internacionales, fue a parar, en cambio, a las milicias del POUM... EME231196

arruga ♦ inoportuno, lleno (de), marcado, pequeño, prematuro, profundo ♦ alisar, aparecer, desaparecer, difuminar, disimular, eliminar, estirar, ocultar, planchar, plisar, quitar, salir, tener

arruinar ♦ absolutamente, para siempre, paulatinamente, por completo[17], sin remedio, totalmente ♦ campaña, campo, carrera, cosecha, cultivo, día, economía, empeño, empresa, esperanza, estrategia, experimento, fiesta, futuro, imagen, inversión, negociación, país, persona, plan, posibilidad, prestigio, proceso, proyecto, relación, sistema, solución, terreno, trabajo, viaje, vida

arrumaco ♦ cariñoso, continuo, tierno ♦ dedicar, deshacerse (en)[13], hacer (a alguien), llenar (de), prodigar(se) (en)

☐ Véase también: **abrazo, caricia, gesto (de), mimo.**

arsenal (de) *sust.* ▮ Se construye con adjetivos de relación, más frecuentemente los que están vinculados con la guerra, la defensa u otras formas de intervención activa *(un arsenal militar, atómico, nuclear, humano, médico, terapéutico)*. Se construye asimismo, en complementos preposicionales introducidos por la preposición *de*, con sustantivos que designan armas *(arma, bomba, proyectil: El arsenal de bombas que lanzaron sobre la población...)*, instrumentos y artefactos diversos *(instrumento, aparato, herramienta)*, y recursos sanitarios *(fármaco, comprimido, medicamento)*. También se combina con...

A SUSTANTIVOS QUE DESIGNAN INFORMACIONES DIVERSAS, ASÍ COMO, POR EXTENSIÓN, SUS SOPORTES GRÁFICOS O DE OTRO TIPO: **1 información ++:** Rehumanizar el *arsenal* de información con que ahora contamos es precisamente el desafío de nuestro tiempo... EXC181296 **2 dato ++:** Este libro aporta un ingente *arsenal* de datos... ABC050692 **3 fuente +:** Fruto de sus pesquisas por parajes históricos es el amplio *arsenal* de fuentes bibliográficas que maneja en este volumen. ABC250294 **4 documento +:** Un *arsenal* de documentos (...). La referencia de la juez Aguiló Berenguer (...) hace alusión a los múltiples documentos aportados en el ejercicio de la defensa. EPD201097 **5 referencia:** Es el lenguaje de un narrador lector que ya no puede ir por el mundo sin que le asalten un *arsenal* de referencias del universo literario... EUV271096 **6 testimonio:** Don Marcelino Menéndez y Pelayo reunió en su «Horacio en España» un *arsenal* de testimonios que lo prueban. ABC271192 **7 libro:** Kanfach pretende mejorar con este *arsenal* de libros el nivel cultural de la gran mayoría de los inmigrantes de origen islámico... EPE090299 **8 historia:** Encargada del servicio de asistencia social y maternidad de Santa Cristina desde hace más de doce años (...) tiene en su memoria un *arsenal* de historias. EPE110780

B SUSTANTIVOS QUE DESIGNAN MEDIOS DISPONIBLES, RECURSOS O POSIBILIDADES DE ACTUAR: **9 recurso ++:** El argentino no defraudó y exhibió un *arsenal* de recursos propios no sólo de un goleador, sino de un jugador total. EPE010399 **10 procedimiento:** Cortázar destruye el orden novelesco tradicional mediante un *arsenal* de procedimientos... EME071296 **11 posibilidad:** ...forman parte del *arsenal* de posibilidades que durante varios agotadores meses pasaron por sus ojos. CAP250497 **12 medida:** El *arsenal* de 155 medidas construido por Bayrou previa concertación con centrales sindicales... EME180594 **13 oportunidad:** Begiristain acaparó el *arsenal* de oportunidades azulgranas. EME030495 **14 método:** Hay un gran *arsenal* de métodos para proteger a nuestros compatriotas... EME190495 **15 argucia:** Estudiantes trató de aplicar un tratamiento de choque. Desempolvó su *arsenal* de argucias tácticas... EPE090599 **16 ocurrencia –:** También descolló el saxofonista baritono Scott Robinson, armado de un *arsenal* de ocurrencias nada convencionales en el zurrón. LVE140796

C SUSTANTIVOS QUE DESIGNAN IDEAS Y RAZONAMIENTOS QUE SE PUEDEN USAR EN SITUACIONES DE CONTROVERSIA VERBAL. TAMBIÉN CON OTROS QUE DESIGNAN EXPRESIONES DE ANIMADVERSIÓN O DISCONFORMIDAD, POR LO GENERAL MANIFESTADAS VERBALMENTE: **17 tópico ++:** ...profiriendo todo el *arsenal* de tópicos disponibles sobre la «paz» y la «sociedad multiétnica». EME020196 **18 idea +:** En cuanto al *arsenal* de las ideas y las propuestas, entre el pacto del Majestic y la utópica cosoberanía, hoy por hoy... EPE190699 **19 concepto:** ...en el terreno de la política y de los medios de opinión pública se sigue manejando el herrumbroso *arsenal* de conceptos del antifranquismo... EPE301280 **20 consejo:** ...produjo hasta cinco libros más; alguno de ellos un auténtico *arsenal* de consejos sobre el liderazgo... EME270494 **21 argumento:** Pobre debe estar el *arsenal* de argumentos a favor de los objetivos ideológicos de su organización. EPE251199 **22 respuesta:** ...como en los años 20, amenaza resolverse con el *arsenal* de respuestas demoledoras provistas por Carl Schmitt... EME120594 **23 retórica:** ...tal vez no sería absurdo recorrer al *arsenal* de la retórica reaccionaria (que localizó el economista Albert O. Hirschmann) para disuadir... LVE280596 **24 insulto:** ...la gracia y el salero de los andaluces brilló como nunca, lo mismo en el variado *arsenal* de insultos empleados por los contendientes, como en el ingenio mostrado en los anuncios... LVE200296 **25 queja:** ...distribuye (...) un milimétrico *arsenal* de razonadas quejas, un sabrosísimo catálogo de educados insultos y un sinfín de apelativos... ABC300493 **26 crítica:** La actitud también aumenta el *arsenal* de críticas a la injerencia excesiva del FMI en Brasil. EPE090299

D OTROS NOMBRES ABSTRACTOS, MÁS FRECUENTEMENTE SI DESIGNAN ESTADOS DEL ÁNIMO, DE LA MENTE O DE LA VOLUNTAD: **27 recuerdo +:** ...todos los días han producido un auténtico *arsenal* de recuerdos y aventuras infantiles. LVE150896 **28 pasión:** Dan la impresión de que resumen en él su *arsenal* completo de pasiones. EME210496 **29 emoción:** El miedo es un arma que los partidos sacan del *arsenal* de las emociones cuando se acercan elecciones. LVE290196 **30 imaginación:** ...lo mejor que pueden brindarnos es todo el *arsenal* de imaginación y fantasía que tienen adentro... CLA230199 **31 intención:** ...el partido del Gobierno no tiene más cohesión que el pegamento del poder, sin un *arsenal* común de intenciones... EPE020580

E OTROS SUSTANTIVOS; POSIBLES USOS ESTILÍSTICOS: ...espoleado por la savia fresca del joven saxofonista Joshua Redman, se sacó de la chistera un *arsenal* de solos vertiginosos... LVE150595; La justicia penal mira hacia el escaparate de las ilusiones, y allí encuentra un *arsenal* de institutos que le hace guiños de complicidad... CLA190597; El *arsenal* de posibles sanciones con que cuenta la administración Clinton es variado y contundente. SEM160796

[arte] → **por arte de magia**

arte ▮ *(disciplina)* ♦ **abigarrado[24], absorbente, actual, ancestral[32], antiguo, clásico, conceptual, contemporáneo, decadente, desfasado, genuino, hermético[23], minimalista, moderno, original, popular, sublime, vanguardista** ♦ **crítico (de), exposición (de), feria (de), galería (de), museo (de), objeto (de), obra (de), subasta (de)** ♦ **apreciar, coleccionar, crear, cultivar, dedicar(se) (a), devaluar(se), difundir(se)[92], ejercitarse (en), estudiar, exponer, incentivar, practicar, promover, revalorizar(se), valorar, vincular(se) (a)**

▮ *(destreza)* ♦ **incomparable, innato, natural** ♦ **apreciar, atesorar[19], demostrar, derrochar, desplegar, desprender, exhibir, rezumar[34], tener, valorar**

ARTE

♦ (SUSTANTIVOS) Véase: **abigarrado[C], aclamar[A], afianzar(se)[I], a flor de piel[H], agarrotar(se)[B], ancestral[D], cuajar[B], de salón[A], desbordante[J], despuntar[D], difundir(se)[M], en aras de[I], engrosar[G], hermético[D], irrisorio[D], palpitar[D], pisotear[H], prodigar[G], rimbombante[D]**

artefacto ♦ **artesanal, casero, eléctrico, explosivo, incendiario, industrial, ingenioso, mecánico, potente, retórico, rudimentario, teórico** ♦ **accionar, arrojar, colocar, construir, desactivar, descubrir, detonar, encontrar, estallar, explosionar, explotar, fabricar, hallar, lanzar, manipular, montar**

□ Véase también: **dispositivo, instrumento.**

arteria ♦ **abrir, atravesar, bloquear, circular (por), cortar, irrigar (algo), obstruir, obturar, perforar, recorrer, seccionar, tapar, taponar**

□ Véase también: **curso, tubería, túnel, vena.**

articulación ♦ **armónico, estatal, exitoso, ideológico, íntimo, normativo, ordenado, organizado, político, rítmico, sintáctico, social, territorial, textual** ♦ **en torno (a algo)** ♦ **dolor (de), forma (de), línea (de), modelo (de), problema (de)** ♦ **afectar (a), atrofiar(se), bloquear(se), desencajar(se), destruir, doler, entrelazar(se), implantar, impulsar, inmovilizar(se), lesionar(se), localizar(se) (en), romper(se), torcer(se)**

articular ▮ *(pronunciar)* ♦ **a trancas y barrancas, claramente, con claridad, con dificultad, confusamente, guturalmente, nítidamente** ♦ **discurso, expresión, frase, idea, mensaje, palabra, pensamiento, respuesta**

▮ *(organizar)* ♦ **a duras penas, coherentemente[16], ideológicamente, legalmente, ordenadamente, políticamente, rápidamente, razonadamente, sólidamente** ♦ **alternativa, ideología, mecanismo, medida, negociación, oposición, pacto, pensamiento, plan, política, programa, propuesta, proyecto, sistema, solución, trama**

□ Véase también: **balbucear, mascullar, pronunciar.**

artículo ▮ *(texto)* ♦ **alusivo[4], amplio, atinado, a toda plana, breve, crítico, de opinión, detallado, divertido, documentado, encendido, erudito, extenso, farragoso, feroz, interesante, irónico, laudatorio, magistral, memorable, mordaz, ofensivo, periodístico, provocativo, punzante, sagaz, sugerente, vitriólico** ♦ **recopilación (de), selección (de)** ♦ **abreviar, adherirse (a)[30], aparecer, comentar, componer, dedicar (a algo), difundir(se)[23], disentir (de), editar, escribir, ilustrar, incluir, insertar, leer, publicar, recoger, recopilar, resumir, reunir, revisar, sacar, suscribir, titular, traducir**

▮ *(de ley)* ♦ **en vigor, taxativo[2], vigente[13]** ♦ **al abrigo (de)[4], al amparo (de), conforme (a), en**

función (de) ♦ abolir[3], acogerse (a), anular, aplicar, aprobar, conculcar[4], contemplar (algo), contravenir[6], cumplir, derogar[2], desarrollar, desobedecer, disponer (algo), enmendar, esgrimir, establecer, estipular, impugnar[29], incumplir[7], infringir[3], modificar, prever (algo), promulgar, quebrantar[7], ratificar, reformar, reproducir, revocar, subrogar, transgredir, violar[16], vulnerar[5] ▌ *(mercancía)* **♦ asequible, competitivo[25], defectuoso, de lujo, de ocasión, de {primera/segunda} mano, de primera necesidad, en oferta, rebajado ♦ boicotear[43], comerciar (con), comprar, deteriorar(se), enviar, exportar, importar, rebajar, vender, versar (sobre algo)**

□ Véase también: **ley.**

artífice (de) **♦ acuerdo, captura, conciliación, destino, estabilidad, éxito, independencia, iniciativa, logro, mejora, obra, operación, pacificación, paz, plan, política, proceso, recuperación, reforma, reorganización, revolución, transformación, triunfo, unidad, victoria**

artimaña **♦ diabólico, electoral, engañoso, enrevesado, hábil, ingenioso, jurídico, legal, malo, maquiavélico, político, procesal, puro, retorcido, retórico, sucio, sutil, viejo ♦ con, mediante ♦ sinfín (de), todo tipo (de) ♦ acudir (a), denunciar, desbaratar, descubrir, emplear, fracasar, hacer uso (de), idear, maquinar, planear, recurrir (a), surtir efecto[5], tramar, urdir[10], usar, utilizar, valer(se) (de)**

□ Véase también: **argucia, engaño, estrategia, maniobra, trampa, truco.**

artista **♦ abstracto, admirado, adulado, afamado, aficionado, brillante, célebre, clásico, completo, comprometido, conceptual, conocido, consagrado, consumado, contemporáneo, cotizado, creativo, curtido, de culto, de pies a cabeza[39], de {primera/segunda} fila, de raza, de relumbrón, desconocido, destacado, de talento, de talla {mundial/internacional}, de vanguardia, ejemplar, eminente, eximio, exitoso, experimental, famoso, fecundo, fulgurante[57], genial, genuino, glorioso, gráfico, gran(de), invitado, laureado, legendario, mediocre, mítico, moderno, modesto, nombrado, novel, participante, plástico, polifacético, popular, preeminente, prestigioso, profesional, prolífico, querido, reconocido, renombrado, representativo, reputado, significado, singular, vanguardista, verdadero, virtuoso ♦ admirar, aplaudir, consagrar(se) (como), convertir(se) (en), crear (algo), ejercer (de), forjar(se), homenajear, influir (en), presentar**

□ Véase también: **músico.**

asaltar *v.* ▌ En su sentido físico se construye con complementos de persona *(Lo asaltaron en el metro)* y con otros que designan vehículos *(tren, furgón)* y sobre todo lugares generalmente protegidos o fortificados *(asaltar una fortaleza, un castillo, las murallas, la ciudad, una casa).* En su sentido figurado (aproximadamente, 'sobrevenir o aparecer repentinamente en el ánimo de alguien') se combina también con complementos de persona, pero se construye con sujetos que designan sentimientos *(emoción, sentimiento, sensación),* más frecuentemente si expresan estados anímicos de aflicción *(nostalgia, pena, tristeza, apatía, congoja: Le asaltaba una pena incontenible).* Se combina asimismo con...

A SUSTANTIVOS QUE DENOTAN INCERTIDUMBRE, FALTA DE SEGURIDAD EN EL CONOCIMIENTO DE LAS COSAS O RECELO E INDETERMINACIÓN ANTE LA NECESIDAD DE ACTUAR. TAMBIÉN CON OTROS QUE EXPRESAN ALGUNAS MANIFESTACIONES DE ESOS CONCEPTOS: **1 duda ++:** En una nueva lectura de la ley y su antecedente inmediato, a los abogados consultados les *asaltó* una duda. EXC270596 **2 sospecha ++:** Y lo peor de todo es que al final el lector termina sin conocer al destinatario y le *asalta* una sospecha. ABC050595 **3 interrogante +:** En lo técnico nos *asalta* un interrogante: ¿cómo se explica que con su probada experiencia no explote Nina todas las posibilidades de la microfonía? LVE120296 **4 pregunta +:** En plena beatitud, a Huxley le *asalta* una pregunta: ¿Qué pasa con los seres humanos? ABC130195 **5 dilema +:** Y es que la conciencia de no pocos ciudadanos, incluidos los gaullistas, se ve de nuevo *asaltada* por un mismo y antiguo dilema clave. LVE250296 **6 incertidumbre:** A la espera de las vacaciones, la única incertidumbre que le *asalta* es la de si el próximo año jugará con su equipo en Europa. EPE180699 **7 indecisión:** Ahora, en la víspera del primer partido mundialista, le *asalta* la indecisión sobre el rendimiento de Roberto Baggio... EME180694 **8 desconcierto:** Esta noche, a las ocho, nos podremos unir a este casi medio millar de supervivientes que vinieron a gastar su juventud en tierra extraña, aunque a la salida vuelva a *asaltarnos* el desconcierto. EME051196 **9 escrúpulo:** Cualquier escrúpulo que pudiera *asaltar* al «Number One» –no hay que excluir la hipótesis– se lo disipa al punto el «Number Two»... EME140195 **10 misterio:** Estoy sentado a mi mesa, con mi papel y mis plumas, y de pronto me *asalta* el misterio del universo. EPE031101 **11 curiosidad:** Me *asalta* la curiosidad de saber de dónde sale una teoría semejante, y tan falsa, sobre los maestros. LVE080494

B ALGUNOS SUSTANTIVOS QUE DESIGNAN INFORMACIONES, ACTOS Y OTROS RESULTADOS DEL EJERCICIO DE LA RAZÓN, ESPECIALMENTE LOS DE CARÁCTER ESPECULATIVO: **12 idea ++:** ...a quien un día lo *asaltó* la idea de compartir esas experiencias vividas durante sus caminatas. ETC111196 **13 pensamiento ++:** De pronto le *asaltó* un pensamiento que lo sacudió incluso físicamente. ABC021294 **14 consideración:** Me *asaltan* las siguientes consideraciones: 1. Si en la fecha mencionada el euro no es una moneda de curso legal... EPE221201

C SUSTANTIVOS QUE DENOTAN REPRESENTACIÓN O RECREACIÓN MENTAL DE PERSONAS, COSAS O SITUACIONES: **15 imagen ++:** ...y de forma inmediata nos *asalta* la imagen televisiva y patética del vicepresidente del Gobierno y del ministro de Defensa dando explicaciones en rueda de prensa... EME170695 **16 recuerdo ++:** Paso muchos ratos contemplándolos y los ayudo con gran cariño, pues lo mismo me *asalta* un grato recuerdo de usted y de la altura de miras de su literatura. LVE120395 **17 visión +:** En medio de la gloria del mediodía inmóvil (...)

te *asaltará* la visión de miles de agonizantes en la orilla del mar... EPE230700 **18 espectro:** ...cuando de pronto le *asalta*, en un cambio de rasante, el espectro de un conductor que cruza la vida contra corriente. EME311095 **19 encarnación –:** Verdaguer vivía en el lujo con los marqueses, de administrador de caridades, pero por todas partes le *asaltaban* encarnaciones de lo maligno. LVE250595

D SUSTANTIVOS QUE DENOTAN INTUICIÓN ACERCA DE LO QUE VA A SUCEDER: 20 corazonada +: Releyendo el imbécil anuncio del Viceministerio me *asalta* una corazonada... SEM110297 **21 presentimiento +:** ...vi que la firma no era de Manuel, me *asaltó* el presentimiento de que estaba muerto. PME201096

E SUSTANTIVOS QUE DESIGNAN DIVERSAS FORMAS DE TURBACIÓN, INQUIETUD O APRENSIÓN: 22 preocupación +: De paso expusieron la preocupación que les *asalta* y que tiene que ver con «el incremento del acoso policial» a las mujeres. EPE180599 **23 miedo:** Y de pronto –dice– me *asalta* el miedo, que parece que me va a quitar la vida. ABC050692 **24 obsesión:** A los publicistas y a los profesores que nos ocupamos de lo político, nos *asalta*, a cada uno, la correspondiente y bienpensante obsesión a favor o en contra de algunos procedimientos... EPE031199 **25 neura:** Me tranquilizo, van a sobrar dineros (públicos y privados) e iniciativas y trabajo para reconstruir el Liceo. No obstante, me *asalta* una nueva neura. EME080294

F SUSTANTIVOS QUE DESIGNAN CIRCUNSTANCIAS, ESTADOS O SUCESOS ADVERSOS O INFORTUNADOS EN DIVERSOS GRADOS: 26 problema +: A las mujeres de entonces les *asaltaban* los mismos problemas que a las de ahora: que el dinero decide sobre sus vidas, sobre el amor... EME160296 **27 crisis:** ...destacó que ese satisfactorio itinerario mercosuriano se vio *asaltado* por la crisis del «tequila» en México, que cubrió de preocupación a las economías latinoamericanas. EPU041001 **28 tragedia:** La tragedia *asalta* tan hermosa perspectiva, pero la muerte violenta de Youcef ha de ser la última. LVE140796 **29 catástrofe:** Algo hay que hacer para prever las catástrofes genéticas que pueden *asaltarnos* en el momento más impensable... EPE240699 **30 drama:** ...nos vemos de pronto *asaltados* por el drama bravío que supone siempre una reconversión en el sector de la construcción naval. EME130795 **31 polémica:** Una fuerte polémica *asalta* ahora las tripas de esta familia de científicos: ¿cuál es y dónde está el europeo más antiguo? EME100995

G SUSTANTIVOS QUE DESIGNAN DIVERSAS MANIFESTACIONES CORPORALES DE UN SENTIMIENTO O UNA SENSACIÓN: 32 nervios +: A dos kilómetros y medio los nervios le *asaltan* definitivamente a Casagrande. EPE111099 **33 lágrima +:** Las lágrimas estuvieron a punto de *asaltar* su rostro durante su emocionado discurso. EME240796 **34 sonrojo:** ...pero deberían impedir al menos el repetido sonrojo que nos *asalta* a algunos al escuchar las impunes barbaridades e irritantes estulticias de tanto comentarista deportivo. EME031195 **35 náusea:** Cambio de película antes de que me *asalte* la náusea y pongo en el vídeo una ficción de las buenas... EME280795 **36 sarpullido:** Al final de esta preciosa película vuelvo a oír esa jodida voz y siento que me vuelve a *asaltar* el sarpullido... EME240996 **37 expresión de pasmo:** ...mientras trato de imaginar la expresión de pasmo que me *asaltaría* si al entrar en el dormitorio viera a un caco faenando en mi quincalla. EME270696 **38 síndrome –:** Y fue entonces, a poco de sentarnos, cuando me *asaltó* un casi desconocido síndrome vertiginoso. ABC250992

H ALGUNOS SUSTANTIVOS QUE DESIGNAN IMPRESIONES PERCIBIDAS A TRAVÉS DE LOS SENTIDOS: 39 olor: Así podría comenzar todas las mañanas mis cartas, cuando lo primero que me *asalta* es el olor a almendras amargas, el olor de los amores contrariados que dejan sabor agridulce y que van matando poco a poco. EME150295 **40 sabor:** ...carecen de ese decoro de aquél que sabe o que puede interesar a los demás y, sobre todo, a sí mismo de esa sinfonía de voces, ecos, olores y sabores que *asaltan* al memorialista cuando decide contar su vida. EME290495 **41 voz:** Al entrar en la habitación, me *asaltó* su voz imperiosa preguntándome dónde había estado. INDOC

I OTROS SUSTANTIVOS; POSIBLES USOS ESTILÍSTICOS: Seguiré escribiendo los poemas que me *asalten*. EME101296

▩ Se combina también con: ♦ **a cara descubierta, a mano armada**[3]**, a punta de {navaja/pistola}, a tiros, inesperadamente, por sorpresa, repentinamente**

□ Véase también: **arremeter, asalto (a/de), atacar, atracar.**

asalto (a/de)

♦ **a cara descubierta, a mano armada**[9]**, bárbaro, brutal, definitivo, espectacular, fallido, final, frustrado, nuevo, policial, salvaje, sangriento, sorpresivo, violento, virulento** ♦ **banco, bastión, castillo, cima, ciudad, conciencia, cota, cuartel, enclave, fortaleza, furgón, institución, intento (de), lógica, mercado, muralla, operación (de), poder, presidencia, privacidad, propiedad, razón, sede, tienda, tren, tropas (de), verdad** ♦ **abortar, consumar, dirigir, emprender**[21]**, evitar, fracasar, frustrar(se), iniciar, intentar, lanzar**[28]**, llevar a cabo, organizar, perpetrar, planear, preparar, producir(se), protagonizar, resistir, soportar, sufrir, tener éxito, tomar (por)**

□ Véase también: **asaltar, ataque (de).**

a salto de mata

♦ **actuar, andar, buscarse la vida, ir, trabajar, vivir**

asamblea

♦ **acalorado**[6]**, ajetreado**[23]**, anual, clandestino, crucial**[54]**, estudiantil, extraordinario, general, legislativo, local, masivo, ordinario, paritario**[20]**, plenario, polémico, vecinal** ♦ **en** ♦ **pleno (de)** ♦ **acordar (algo), amañar, aprobar (algo), asistir (a), auspiciar**[12]**, boicotear**[14]**, celebrar, constituir, convocar, culminar**[27]**, discurrir**[9]**, disolver, impugnar, intervenir (en), monopolizar, presidir, realizar, reunir, reunirse (en), sesionar**

□ Véase también: **congreso, mitin, reunión.**

a sangre fría

loc.adv./loc.adj. ▮ Se combina con...

A VERBOS QUE DENOTAN LA ACCIÓN DE MATAR A ALGUIEN O LA DE ATENTAR GRAVEMENTE CONTRA SU VIDA: 1 asesinar ++: Asesinaron *a sangre fría* a un almacenero. CLA100199 **2 matar ++:** De joven vio cómo los republicanos mataban *a sangre fría* a diez trabajadores protestantes... LVE010996 **3 ejecutar** +: ...uno de los atracadores se bajó del vehículo y ejecutó *a sangre fría* a las dos mujeres. EME191296 **4 disparar** +: A sangre fría dispararon sus FAL matando a 16 y ocho resultaron heridos. ETC010798 **5 ametrallar** +: ...se lanzó a correr a través del parque de la Viña tras ametrallar *a sangre fría* a los primeros agentes... EME290694 **6 acribillar** +: ...acribillaron *a sangre fría* a varios cientos de soldados croatas hechos prisioneros. LVE170995 **7 acuchillar** +: Acuchillaron a mi padre *a sangre fría*. EME100694 **8 rematar:** ...según algunas versiones, fueron rematados *a sangre fría*, sin haber sido juzgados y condenados... LVE090195 **9 ajusticiar:** A Dalton lo ajusticiaron *a sangre fría* y en ese mismo volcán sus propios compañeros... EPE090399 **10 degollar:** ...cuatro rehenes, todos ellos guardias de la prisión, fueron degollados *a sangre fría*. LVE230295 **11 tirotear:** El ertzaina tiroteado *a sangre fría* da cuenta de esa brutalidad. EPD141097 **12 fusilar:** ...fusilaron *a sangre fría* (...) a unos dos mil soldados croatas que habían hecho prisioneros de guerra. LVE071195

B OTROS VERBOS QUE DESIGNAN DIVERSAS FORMAS DE AGRESIÓN Y ACTUACIÓN VIOLENTA, GENERALMENTE CONTRA LAS PERSONAS: **13 golpear** +: Asaltó el banco y golpeó *a sangre fría* al vigilante. INDOC **14 violar:** Algunos de los científicos (...) creen que el factor biológico es determinante en los individuos que matan o violan *a sangre fría*... EPE161199 **15 amputar:** ...como consecuencia de un accidente de trabajo, le fue amputada una pierna *a sangre fría*... EPE110977 **16 pegar:** Pegaron a mi hermano *a sangre fría* porque sí, porque estaban borrachos, porque era extranjero. EME040596

C SUSTANTIVOS QUE DESIGNAN LA ACCIÓN DE CAUSAR LA MUERTE, GENERALMENTE DE FORMA VIOLENTA, O LA DE LLEVAR A CABO ALGUNA AGRESIÓN GRAVE O ALGUNA OTRA ACTUACIÓN DE MÁXIMA HOSTILIDAD. TAMBIÉN CON OTROS QUE DESIGNAN ALGUNOS EFECTOS NATURALES DE ESAS ACTUACIONES. MUCHOS DE ELLOS SE RELACIONAN MORFOLÓGICAMENTE CON LOS VERBOS DE LOS APARTADOS *A* Y *B*: **17 asesinato** ++: Pero hay algo que los diferencia con otros chicos de esa edad: están acusados de un asesinato *a sangre fría*. CLA120199 **18 ejecución** +: La violenta reacción de los asaltantes se vinculó desde un principio al consumo de cocaína (...), lo que explicaría la ejecución *a sangre fría*... EPU060901 **19 matanza:** ...tuvo la responsabilidad (...) de las matanzas *a sangre fría* de refugiados palestinos en los campos de Sabra y Chatila... EDV070201 **20 muerte:** La mentira, la traición y la muerte *a sangre fría* son moneda común... LVE060395 **21 homicidio:** Escalofría, sin duda, el tono gélido de la primera ministra ante el homicidio policial *a sangre fría*. EME290995 **22 agresión:** Sorprende que alguien capaz de dos agresiones *a sangre fría* como las relatadas por la sentencia no opusiera la más mínima resistencia un día después... LVE091296 **23 duelo** –: Relato de un duelo *a sangre fría*. EME190295 **24 magnicidio** –: Un tribunal de Tel Aviv declaró ayer culpable de asesinato al ultrarreligioso (...) por el magnicidio que *a sangre fría* y premeditadamente realizó en la persona del primer ministro... LVE280396

☐ Véase también: **a bocajarro, a quemarropa.**

a sangre y fuego ♦ **arrasar, castigar, combatir, conquistar, destruir, entrar, imponer, instaurar, invadir, marcar, perseguir, recuperar, reprimir, saquear, sofocar, tomar**

ascender ♦ **automáticamente, clamorosamente[19], como la espuma[6], directamente, económicamente, espectacularmente, gradualmente, lentamente, ligeramente, meteóricamente, paulatinamente, peligrosamente, penosamente, políticamente, profesionalmente, progresivamente, rápidamente, socialmente, sorpresivamente, vertiginosamente** ♦ **cantidad, grado, nivel, posición, puesto**

☐ Véase también: **alzar(se), aumentar, elevar(se), encarecer, repuntar, subir.**

ascensión ♦ **apabullante, asombroso, claro, costoso, duro, empinado, espectacular, evitable, final, frenético, fuerte, fulgurante[17], gran(de), imparable[8], impresionante, increíble, inesperado, inminente, irresistible[21], laborioso, lento, ligero, meteórico, mítico, peligroso, penoso, político, precipitado, profesional, progresivo, rápido, social, temerario, trepidante, vertiginoso[13]** ♦ **a la cabeza (de algo), a la cima, al gobierno, a los cielos, al poder** ♦ **inicio (de), intento (de), vía (de)** ♦ **acelerar, atacar, comenzar, continuar, culminar, efectuar, emprender, evitar, experimentar, facilitar, fracasar, frenar, intentar, obstaculizar, permitir, producir(se), propiciar, realizar, truncar(se)**

☐ Véase también: **agravante, alza, ascenso, auge, aumento, avance, crecimiento, encarecimiento, incremento, levantamiento, mejora, proliferación, subida.**

ascenso ♦ **ansiado, brusco[17], considerable, constante, continuado, directo, económico, espectacular, esperado, frenético[58], fuerte, fulgurante[16], fulminante[42], gradual, imparable[6], importante, incontenible[9], inesperado, ininterrumpido, inminente, irrefrenable[36], irresistible[22], lento, ligero, meteórico, moderado, notable, paralelo, paulatino, peligroso, penoso, pleno, político, previsible, profesional, progresivo, pronunciado, rápido, reciente, repentino, rutilante[4], sensible, social, sostenido, suave, temerario, térmico, trepidante, uniforme, vertiginoso[8]** ♦ **fase (de), promoción (de), zona (de)** ♦ **acelerar(se), alcanzar, atacar, augurar[47], buscar, confirmar, conseguir, consumar, continuar, detener, efectuar, emprender, evitar, experimentar, frenar, impedir, impulsar, iniciar, intentar, interrumpir, ir (en), lograr, merecer, obstaculizar, obstruir, propiciar, provocar, registrar, seguir (en), truncar(se)[29]**

☐ Véase también: **agravante, alza, auge, aumento, avance, crecimiento, encarecimiento, escalada (de), incremento, mejora, proliferación, subida.**

ASCENSO

♦ (SUSTANTIVOS) Véase: **abultado[I], acarrear[H], acompasado[C], acusado[B], acusar[C], al calor (de)[D], al compás (de)[C], brusco[B], cortar[D], cualitativo[B], desinflar(se)[C], desmedido[A], digerir[E], drástico[C], exiguo[F], lineal[A], llamativo[E], marcar[F], ostensible[A], paliar[H], palpable[E], pasajero[I], rampante[A], rutilante[B]**

♦ (VERBOS) Véase: **alarmantemente**[A], **como la espuma**[A], **considerablemente**[A], **escalonadamente**[A], **ligeramente**[A], **ostensiblemente**[B], **paulatinamente**[B], **peligrosamente**[B]
☐ Véase también: INCREMENTO; MOVIMIENTO.

ASCENSO, INCREMENTO Y AVANCE Véase:
♦ **alza, apogeo, ascensión, ascenso, auge, aumento, avance, crecimiento, curso, elevación, encarecimiento, escalada (de), incremento, levantamiento, mejora, mejoría, progresión, progreso, proliferación, subida**
♦ **abrirse camino, abrirse paso, alzar(se), ascender, aumentar, avanzar, crecer, crecerse (ante), elevar(se), encarecer, incrementar(se), repuntar, subir**
☐ Véase también: *EXTENSIÓN.*

asco ♦ **auténtico, incontenible, infinito, insoportable, profundo**[36]**, tremendo, verdadero, visceral** ♦ **cara (de), gesto (de), sensación (de)** ♦ **aguantar, causar (a alguien), contener, dar**[361]**, despertar, hacer (a algo), morirse (de), producir, provocar (a alguien), reprimir, sentir, soportar, tener (a algo/a alguien)**
☐ Véase también: **aversión, repelús.**

asedio ♦ **asfixiante, brutal, constante, duro, implacable**[33]**, insufrible, intenso, largo, permanente, prolongado, tenaz** ♦ **clima (de), situación (de)** ♦ **aguantar, burlar, comenzar, dirigir, escapar (de), evitar, huir (de), levantar, librar(se) (de)**[9]**, mantener, poner fin (a), resistir, romper, salir (de), someter (a), soportar, sufrir**[72]**, vivir**
☐ Véase también: **acoso, ataque (de), cerco, emboscada.**

asegurar ▮ *(afirmar, prometer)* ♦ **abiertamente**[35]**, bajo palabra, categóricamente**[2]**, con certeza**[3]**, con firmeza**[14]**, con rotundidad**[19]**, de antemano**[17]**, enérgicamente**[13]**, jurídicamente, legalmente, por completo**[171]**, prácticamente, rotundamente**[2]**, sin ningún género de dudas, sin paliativos, sin pestañear**[17]**, tajantemente** ♦ **acceso, bienestar, calidad, clasificación, conquista, continuidad, crecimiento, cumplimiento, desarrollo, empleo, estabilidad, éxito, futuro, libertad, llegada, logro, participación, paz, permanencia, resultado, solución, suministro, triunfo, victoria** ▮ *(contratar un seguro)* ♦ **a terceros, a todo riesgo**
☐ Véase también: **afirmar, aseverar.**

asemejarse ♦ **enormemente, ligeramente, peligrosamente**[7]**, poderosamente**[34]**, progresivamente, vagamente**
☐ Véase también: **parecer(se), semejanza.**

asentarse ♦ **cómodamente, definitivamente, en un territorio, firmemente, paulatinamente**[49]**, plácidamente**[18]**, plenamente**
☐ Véase también: **arraigar.**

asentimiento ♦ **firme, general, generalizado, implícito, mayoritario, público, unánime**[4] ♦ **por gesto (de)** ♦ **aprobar (por), dar (a algo/a alguien), manifestar, mostrar, obtener, provocar**

asequible *adj.* ▮ En el sentido de 'que se puede comprar o pagar' se combina con sustantivos que designan objetos materiales *(casa, libro, coche)*, así como eventos que se pueden interpretar como beneficios o servicios *(viaje, vacaciones)*. También se construye con sustantivos que designan cantidades o magnitudes económicas *(precio, tarifa, coste, gasto)*. Los textos muestran numerosos cruces con *accesible*, al que suplanta en gran número de contextos que suelen censurarse normativamente. Así, se usa *asequible* en el sentido de 'de trato llano y amable' combinado con sustantivos de persona *(persona, compañero, jefe)*. También se usa, por efecto del mismo cruce, en el sentido de 'fácil de comprender', combinado con sustantivos que denotan unidades lingüísticas *(idioma, metáfora, lengua)*, especialmente textos *(novela, poema, discurso)* y –en general– objetos de información *(canción, película)*. Este último sentido se extiende metonímicamente a los sustantivos que designan creadores o artistas en construcciones igualmente censuradas normativamente *(un escritor asequible; un poeta asequible)*. En el sentido de 'que puede conseguirse, alcanzarse o vencerse' se combina con...

A SUSTANTIVOS QUE DESIGNAN DE DIVERSA MANERA LO QUE SE DESEA O AQUELLO A LO QUE SE ASPIRA. TAMBIÉN CON OTROS QUE EXPRESAN EL AFÁN O EL EMPEÑO QUE SE PONE EN EL INTENTO DE ALCANZARLO: **1 reto** +: La próxima semana iniciará su preparación de cara a Wimbledon, un reto más *asequible* para sus aptitudes tenísticas. EME310595 **2 objetivo** +: ...en estos momentos el jugador es un objetivo *asequible*, ya que su cláusula de rescisión está cifrada en 250 millones de pesetas. LVE070995 **3 meta** +: ...no esforzarse si no es por metas *asequibles*, no sacrificarse si no es en nombre de monigotes populares... LVE060695 **4 desafío** +: El desafío pareció *asequible* a los montañeros, que iniciaron el ascenso con energía y determinación. INDOC **5 logro** +: Un logro *asequible* en caso de resultar subcampeón... EME020395 **6 esfuerzo** +: ...se encontrará en el umbral del cumplimiento de los objetivos de convergencia, por lo que «se nos exige un esfuerzo adicional *asequible*». LVE280396 **7 solución** +: ...aunque fueran también mínimas, de soluciones *asequibles*, pactadas y graduales. EME310795 **8 récord** +: ...el récord de Powell (8,95) pareció *asequible* para usted, casi inevitable. EME090296 **9 deseo** +: El deseo resultaba *asequible* a ojos del niño pero imposible para sus padres. INDOC **10 empeño:** Debe ganar en Dinamarca al modesto Aalborg, un empeño más que *asequible*... EME041295

B SUSTANTIVOS QUE DENOTAN ENFRENTAMIENTO O COMPETICIÓN, GENERALMENTE DE CARÁCTER DEPORTIVO. POR EXTENSIÓN, TAMBIÉN CON ALGUNOS SUSTANTIVOS DE PERSONA, INDIVIDUALES O COLECTIVOS, MÁS FRECUENTEMENTE SI DESIGNAN LA PERSONA O EL GRUPO DE PERSONAS CON LAS QUE ALGUIEN SE ENFRENTA: **11 partido** +: A favor de los intereses barcelonistas juegan dos partidos *asequibles* en casa... LVE020595 **12 rival** +: Una derrota ante Suiza, rival *asequible*, podría acabar con el proyecto de Clemente. LVE010794 **13 choque:** Noruega, actual líder, tiene otro choque *asequible* ante Luxemburgo, en tanto que la Repúblicas Checa y Bielorrusia medirán sus fuerzas en Praga. EME290395 **14 equipo:** Las escasas noticias que se filtran desde Magdeburgo hablan de un equipo *asequible.* EPE011086 **15 enemigo:** Con el grupo bastante definido, ambos equipos andan buscando un enemigo *asequible* en los cuartos de final. EME161096 **16 adversario:** Solamente Albert Costa parece tener un adversario *asequible,* el alemán Bernd Karbacher. LVE020695

C LOS SUSTANTIVOS *TRABAJO* Y *TAREA*, ASÍ COMO CON OTROS QUE DESIGNAN DIVERSOS RECURSOS NECESARIOS O CONVENIENTES PARA ANALIZAR ALGO, OBTENER UN RESULTADO O LLEVAR ADELANTE ALGUNA EMPRESA: **17 tarea:** Una tarea, en principio, *asequible* para «el noi de Seva». EPE241099 **18 trabajo:** Mientras en Europa no se deje espacio para un mercado de trabajo *asequible* a las personas no cualificadas, el paro seguirá siendo elevado. LVE030696 **19 tratamiento:** ...pendiente de alcanzar un acuerdo con la Administración para que diera «un tratamiento *asequible* a esa deuda». EME080995 **20 técnica +:** ...creadas para la ocasión y con inmejorables técnicas de animación, económicamente *asequibles* para la televisión». EME220196 **21 tecnología +:** ...(para lo cual acabaremos disponiendo de tecnología relativamente sencilla y económicamente *asequible* para que pueda ser utilizada de forma rutinaria... ABC021294 **22 sistema +:** La segunda premisa indispensable es que este sistema sea *asequible* a todos los ciudadanos... LVE030795 **23 mecanismo +:** ...en caso de incumplimiento, disponer de un mecanismo rápido y *asequible* de ver compensados los perjuicios que le pueda provocar. LVE241196 **24 método:** ...lo hicieron por el método del ahorcamiento, el más *asequible* para los presos. EPE150199 **25 modalidad:** El esquí de fondo es, además de un excelente ejercicio físico, una modalidad más *asequible.* LVE281196

D SUSTANTIVOS QUE DENOTAN OCASIÓN O CIRCUNSTANCIA FAVORABLE: **26 posibilidad +:** Sin salir de Italia, el Gobierno transalpino ofrece posibilidades más *asequibles* para su bolsillo... EME131096 **27 oportunidad:** ...se pretende dar una oportunidad *asequible* para quienes quieran iniciarse en el automovilismo deportivo. EME150294 **28 alternativa:** ...los impulsores del proyecto, financiado por la Comisión Interministerial de Ciencia y Tecnología y el Inserso, se propusieron ofrecer una alternativa más *asequible.* EPE270699 **29 opción:** En automóviles familiares de tipo medio existen, desde luego, opciones mucho más *asequibles.* INDOC

E SUSTANTIVOS QUE DESIGNAN EL RESULTADO FELIZ DE UNA ACCIÓN CONCERTADA O LA OBLIGACIÓN QUE COMPROMETE A LOS QUE LO ALCANZAN: **30 pacto +:** Lo ideal para Aznar sería cuadrar el círculo de su proyecto con un pacto *«asequible»* o no demasiado costoso... EME160496 **31 compromiso +:** ...quiere consolidar su sólida posición en esta jornada, aprovechando su *asequible* compromiso en casa. LVE100396 **32 consenso –:** ...aunque fuentes de ambos partidos reconocen que en este caso el consenso es más *asequible.* EME100496

☐ Véase también: **accesible.**

asesinar ♦ **a cara descubierta[20], a golpes[8], alevosamente, a patadas[30], a puñaladas, a quemarropa, a sangre fría[1], a tiros, atrozmente[6], brutalmente, cobardemente, con alevosía[3], cruelmente, de un tiro, en frío, en masa[10], fríamente, impunemente, misteriosamente, salvajemente, sin contemplaciones[6], sin escrúpulos, sin pestañear, sin piedad[8], trágicamente, vilmente[1]**

☐ Véase también: **eliminar, exterminar, herir, masacrar, matar.**

asesinato ♦ **abominable, accidental[3], a destajo[33], a golpes[53], al descubierto[40], alevoso, a quemarropa, a sangre fría[17], atroz, bárbaro, brutal, con alevosía[19], cruel, culpable (de), deliberado, despiadado, en cadena[30], en frío[35], en masa[22], en serie[25], espantoso, execrable[4], feroz, horrendo, horrible, impune[2], intencionado, irresoluble[27], masivo, misterioso, monstruoso, pavoroso, premeditado, salvaje, terrible, trágico, vil** ♦ **autor (de), cómplice (de), condena (por), delito (de), intento (de), móvil (de), ola (de)[14], pista (de), tentativa (de)** ♦ **absolver (de)[14], aclarar, acusar (de), atribuir (a alguien), cometer[37], condenar, confesar[11], consumar(se)[5], denunciar, descubrir, desentrañar, ejecutar, encubrir, esclarecer, evitar, fracasar, frustrar(se), impedir, investigar, maquinar, ordenar, organizar, participar (en), perpetrar, planear, preparar, presenciar, producir(se), reconocer, resolver, silenciar[26]**

☐ Véase también: **aberración, crimen, delito, fallecimiento, homicidio, magnicidio, masacre, matanza, muerte.**

asesino ▮ *(adj.)* ♦ **impulso, instinto, mirada** ▮ *(sust.)* ♦ **a sueldo, brutal, confeso, convicto, cruel, desalmado, despiadado, despótico, en masa[39], en serie[29], feroz, inicuo, peligroso, presunto, psicópata, reincidente, sádico, sin escrúpulos, solitario, supuesto, verdadero** ♦ **ajusticiar, apresar, arrestar, buscar, capturar, condenar, confesar, culpar, dar (con), defender, descubrir, detener, encontrar, encubrir, enjuiciar, entregar(se), exculpar, inculpar, indultar, interrogar, juzgar, perseguir, prender, procesar, reconocer**

asesoramiento ♦ **completo, debido, directo, eficaz, empresarial, externo, fiscal, gratuito, jurídico, laboral, legal, médico, necesario, profesional, técnico, valioso** ♦ **centro (de), labor (de), servicio (de)** ♦ **brindar[12], buscar, contar (con), dar, necesitar, obtener, ofrecer, pedir, prestar, recabar, recibir, requerir, solicitar**

☐ Véase también: **aliento, apoyo, ayuda.**

asestar ♦ **bofetada, bofetón, cuchillada, navajazo, puntapié, puñalada, revés,** *otros sustantivos que designan golpes*

☐ Véase también: **arrear, emprender(la) (a), lanzar, propinar, sacudir(se), soltar.**

aseveración ♦ **agudo, breve, categórico, contundente, duro, enérgico, falso, firme, literal, polémico, rotundo, sensato, solemne, tajante** ♦ **aclarar, argumentar, confirmar, criticar, desmentir, enjuiciar, fundamentar, hacer, juzgar, man-**

tener, matizar, publicar, recalcar, rechazar, recoger, reforzar, refutar, remachar[14], reproducir, subrayar, suscribir, verificar

aseverar ♦ **categóricamente[3], con firmeza[18], contundentemente, enérgicamente, eufemísticamente, firmemente, literalmente, rotundamente, sin tapujos, tajantemente, taxativamente, textualmente**

☐ Véase también: **afirmar, asegurar.**

asfixiante *adj.* ▌ En su sentido físico ('que dificulta o impide la respiración') admite sustantivos que designan diversos agentes, entre ellos fluidos y gases *(humo, gas)*, enfermedades *(asma, tos)*, factores ambientales o climáticos *(clima, atmósfera, sol, aire, calor, ardor, temperatura)*, el olor *(olor, aroma, peste)*, diversos instrumentos *(soga, velo)*, lugares *(habitación, casa, calabozo, jaula)* y algunas acciones *(abrazo)*. En su sentido figurado acepta gran número de sustantivos, pero destacan los que designan personas, grupos humanos y organizaciones *(padre, jefe, empresa, sociedad, grupo)*, así como obras artísticas o algunos de sus elementos constitutivos, más frecuentemente si en ellas se describe algún estado de cosas *(obra, novela, película, historia, argumento, relato, melodrama)*. Se combina asimismo con sustantivos que designan espacios no necesariamente cerrados *(mundo, ciudad, camino)* y con otros que designan períodos de muy diversa duración *(vida, hora, fase, día)*. También se combina con...

A SUSTANTIVOS QUE DESIGNAN LA ACCIÓN O EL EFECTO DE CARGAR O COMPRIMIR ALGO. TAMBIÉN CON OTROS QUE EXPRESAN LA FUERZA QUE EJERCEN LAS COSAS O QUE SE EJERCE CONTRA ALGO O ALGUIEN, A VECES DE FORMA COERCITIVA: **1 presión ++:** ...la presión *asfixiante* de su rival le resultó un acertijo indescifrable. CLA250199 **2 peso +:** ...una estirpe de poetas y científicos aplastada por el peso *asfixiante* de una España... EPE240299 **3 carga:** ...tratando de soportar la *asfixiante* carga cotidiana que lleva encima cualquier alto ejecutivo en un puesto de responsabilidad. INDOC **4 acoso:** ...una fase de acoso nuevamente *asfixiante* del equipo inglés. EPE201099 **5 control:** ...un lento cambio (...) que ha sido muy difícil realizar por el *asfixiante* control del poder... EME200196 **6 defensa:** ...una defensa *asfixiante* por parte de hombres más altos y rápidos que él. EME200196 **7 tensión +:** En síntesis, una tensión *asfixiante* que aprieta cada vez más al político en campaña. EPE020686 **8 vigilancia:** ...sometido durante meses a un control estricto y a una *asfixiante* vigilancia. INDOC **9 opresión:** Desde el comienzo de la segunta intifada, Israel ha ejerció una opresión *asfixiante* sobre la población palestina. INDOC **10 bloqueo:** ...el productor propuso a TVE la rescisión del contrato ante el *asfixiante* bloqueo financiero y la amenaza de quiebra... EPE151201

B SUSTANTIVOS QUE DESIGNAN COSAS QUE RODEAN, ENVUELVEN O ENCIERRAN ALGO, MUY FRECUENTEMENTE USADOS EN SENTIDO FIGURADO: **11 red +:** ...esas figuras simbólicas llegan a constituir una red *asfixiante* que estruja la nada... ABC250895 **12 círculo +:** ...extraña en el *asfixiante* círculo que cerraban las estrategias académicas. EME090396 **13 maraña:** Es cifra reveladora de la maraña burocrática *asfixiante* en la que nos desenvolvemos... EXC300896 **14 cerco +:** ...cree haber abierto una brecha en el *asfixiante* cerco al que está sometido... LVE010694 **15 cinturón +:** ...lo que se lleva hoy en Oviedo, una ciudad de servicios y clases medias, no es el equilibrio, sino la desmesura: (...) desde un auditorio hasta la eliminación del cinturón *asfixiante* de vías férreas. EPE070699 **16 cápsula –:** ...estamos ya saliendo de la cápsula *asfixiante* del gran debate parlamentario... EME220494

C SUSTANTIVOS QUE DESIGNAN EL ESTADO (GENERALMENTE ACTUAL) DE LOS ACONTECIMIENTOS, ASÍ COMO EL CONJUNTO DE LAS CIRCUNSTANCIAS O LOS FACTORES CIRCUNDANTES QUE CARACTERIZAN ALGÚN ENTORNO FÍSICO O SOCIAL: **17 ambiente ++:** Una muerte misteriosa, una rica herencia inesperada, el ambiente *asfixiante* de un pueblecito meridionalhan servido a José Manuel Ruiz de ingredientes básicos para construir esta novela... ABC041194 **18 realidad ++:** Huida de la *asfixiante* realidad latinoamericana, sórdida mezcla de opresión política, injusticia e intolerancia moral. ABC230493 **19 atmósfera +:** En el escenario, la música y la luz contribuyen a crear una atmósfera *asfixiante* e inquietante, a expresar la violencia brutal y descarnada a la que se ven sometidos sus protagonistas. EPE100199 **20 clima +:** Este es el clima *asfixiante* de la campaña electoral. CLA080501 **21 ámbito:** ...un narrador que observa, describe, juzga, imagina, proyecta y se evade, en suma, del ámbito *asfixiante* del local cerrado merced a la constante actividad de su imaginación. ABC291191 **22 situación +:** ...para dar un poco de aire a la *asfixiante* situación por la que atraviesan... LRE270103 **23 estado:** Y, llamativamente, la sociedad civil, el resto de la gente, permanecemos en un estado de aletargamiento *asfixiante*... ACP030701 **24 panorama:** Mikimoto define como *asfixiante* el panorama comunicativo catalán. LVE280895 **25 marco:** Intento, en este sentido, salir del marco *asfixiante* de las tradiciones universitarias académicas, en las que se mantiene el postmodernismo... EME191096

D EL SUSTANTIVO *PODER* Y CON OTROS QUE DESIGNAN DIVERSAS ESTRUCTURAS ORGANIZATIVAS, A MENUDO SOCIALES O POLÍTICAS: **26 poder ++:** ...un poder político hegemónico y *asfixiante*... EME300996 **27 política +:** La razón primordial: una enérgica y *asfixiante* política recesiva... EXC110796 **28 burocracia +:** ...la *asfixiante* burocracia y la corrupción que derribó a la vieja guardia política. EME140996 **29 esquema:** ...su fútbol, alejado de un esquema programado y *asfixiante*. EME220694 **30 estructura:** Una estructura de libertad interna, entendida como no dominación, no como una estructura burocrática *asfixiante*. EPE181201 **31 sistema:** García Lorca, pues, critica y denuncia el sistema *asfixiante* y cerrado en el que vive... LVE200995 **32 hegemonía:** La hegemonía de la etnia fang se ha convertido en *asfixiante*, mientras los bohobes (bubis), ndowes y kombes permanecen segregados del poder y de las decisiones... EPE020880 **33 dictadura:** Moncunill relata que Palau-sator se había convertido en una especie de oasis en el contexto de una *asfixiante* dictadura... LVE210596 **34 régimen:** Provocó una masiva incorporación de jóvenes militantes que encontraban en el PCE una vía de actuación frente a un régimen *asfixiante*. EME210495

E SUSTANTIVOS QUE DESIGNAN TENDENCIAS, CORRIENTES O PUNTOS DE VISTA, A MENUDO SOCIALES, IDEOLÓGICOS, RELIGIOSOS O POLÍTICOS: **35 ideología**+: ...las frustraciones de un pueblo que durante décadas tuvo que plegarse a una ideología *asfixiante* contra la que arremete el novelista... ABC260692 **36 visión:** De este modo, se dejó sin impugnar la reaccionaria y *asfixiante* visión unitaria de España que el franquismo impuso como la históricamente real. ABC240694 **37 religión:** No es verdad que el Islam sea una religión más *asfixiante* que las demás. EME280195 **38 academicismo:** ...dejando atrás los obsoletos y *asfixiantes* academicismos que presidieron la década anterior... EPE281099 **39 reglamentarismo:** ...informalizar la economía legal, emancipándola del reglamentarismo *asfixiante*... CAP080198 **40 ritualismo:** Tiene los problemas de cualquiera otra en occidente: demora, ritualismo *asfixiante*... EPE250499 **41 nacionalismo:** Tras calificar el nacionalismo de «reduccionista y *asfixiante* que agobia y te quiere ahogar», aseguró que... LVE240395

F SUSTANTIVOS QUE DESIGNAN DIVERSAS OBLIGACIONES ECONÓMICAS, MÁS FRECUENTEMENTE SI EXPRESAN LA ACCIÓN DE EJERCER UN PESO O UNA CARGA SOBRE ALGUIEN: **42 deuda** ++: ...buscar soluciones concretas para la *asfixiante* deuda que nos agobia... EXC080696 **43 carga fiscal:** ...gravar con cargas fiscales tan *asfixiantes* al coleccionista... ABC201095 **44 impuesto:** ...ni los *asfixiantes* impuestos municipales, ni el ínfimo presupuesto para cultura... LVE170195 **45 interés:** Concedían préstamos hipotecarios a un interés *asfixiante*, casi de usrero. INDOC **46 tasa de interés:** ...volvieron a poner el grito en el cielo por las *asfixiantes* tasas de interés y varios de sus voceros reclamaron a viva voz una devaluación del real del 15... CLA170199

G EL SUSTANTIVO *SENSACIÓN* Y CON OTROS QUE DESIGNAN SENTIMIENTOS O EMOCIONES INTENSAS, MÁS FRECUENTEMENTE SI ESTÁN PROVOCADOS POR LA CARENCIA DE ALGO O EL DESEO VEHEMENTE DE ALCANZARLO: **47 sensación** +: ...Nigeria expresa hoy esta *asfixiante* sensación de bloqueo en la que vive gran parte del continente negro. LVE141095 **48 angustia** +: En ellas, también, la *asfixiante* angustia de escribirlo. Imperativo moral, aun a sabiendas de para cuán poco sirve tallar la primordial dignidad de las palabras. EME010796 **49 nostalgia:** Viena es por excelencia la ciudad de la nostalgia de las glorias pasadas. Y su nostalgia es *asfixiante*. EPE290800 **50 sed:** Cada otoño es más seco que el anterior y cada verano la sed de las tierras y las gargantas, más *asfixiante*. EME130895 **51 desazón** –: ...llora por dentro con *asfixiante* desazón, una especie de locura desierta. EME130495

H SUSTANTIVOS QUE DESIGNAN EL LÍMITE ALCANZADO POR ALGUNA MAGNITUD: **52 límite:** ...estamos alcanzando límites *asfixiantes* que hipotecarán nuestro bienestar... EPU081101 **53 cota:** Sus portavoces reconocen que la presión fiscal ha alcanzado cotas *asfixiantes*. LVE031196 **54 nivel:** ...la deuda externa (...) ha alcanzado niveles *asfixiantes*... EXP010489 **55 proporción:** ...encarecerían la sanidad pública en una proporción seguramente *asfixiante*. EPE091101

I OTROS SUSTANTIVOS; POSIBLES USOS ESTILÍSTICOS: ...omnipresentes y *asfixiantes* fauna y flora políticas... EPE080899; Mikhalkov vuelve a resucitar en Sol mentiroso una de sus obsesiones más legítimas y razonadas: un monstruo depredador y *asfixiante* llamado estalinismo. EME220594

□ Véase también: **sofocante**.

asiático ♦ lujo

asiduo

asiduo *adj.* ▌Se combina con sustantivos de persona, a menudo en construcciones atributivas y con complementos encabezados por las preposiciones *a* y *de (Era muy asiduo al fútbol; Soy asiduo habitual de los conciertos)*. Admite usos sustantivos, también con esas dos preposiciones: *Los asiduos de este parque* (o *a este parque*); *Era un asiduo de las reuniones y las tertulias*. Acepta numerosos sustantivos de persona, muchos de los cuales designan profesiones u ocupaciones diversas *(un alpinista asiduo del Himalaya; un socio asiduo de este club)*. Destacan especialmente sus combinaciones con...

A SUSTANTIVOS DE PERSONA, INDIVIDUALES O COLECTIVOS, QUE DESIGNAN AL QUE VISITA UN LUGAR, SE MUEVE EN ÉL O SE DESPLAZA CON FRECUENCIA PARA LLEVAR A CABO UNA MISMA ACTIVIDAD: **1 cliente** ++: ...trabajan con un pequeño margen y tienen sus clientes *asiduos*... ESH120597 **2 clientela** +: La *asidua* clientela de este café de artistas... LVE241295 **3 viajero** +: ...uno de los pasajeros de esta «guagua», *asiduo* viajero por esta ruta... EME240594 **4 visitante** +: ...un empresario de California que se convirtió en *asiduo* visitante de la Casa Blanca... DLA080397 **5 comprador:** Comprador *asiduo* de las librerías de viejo –a las que asiste desde niño–... PME171196 **6 veraneante:** ...la presunta presencia de centenares de miles de escandinavos, *asiduos* veraneantes o invernantes en España... EPE120101 **7 dominguero:** ...he sido su hincha en mi lejana adolescencia, cuando acudía a verle jugar en el estadio metropolitano, lo mismo que don Juan de Borbón, de pantalón corto, *asiduo* dominguero y devoto sin duda... LVE140494 **8 asistente:** A finales de 1898 muchos de los asistentes *asiduos* al café Burello solían decir que Agnelli tenía razón... LPA030592 **9 frecuentador:** ...Francesco Cossiga, que es un frecuentador *asiduo* de los simposios dedicados a Cicerón. LVE200995 **10 acompañante:** Óscar Marín es acompañante *asiduo* de Montserrat Caballé en sus recitales... LRE200103 **11 compañero:** Junto a Manuel Díaz «El Cordobés» –*asiduo* compañero de cartel este verano–... EME140796 **12 caminante** –: Con motivo de esta celebración, dedicada este año al *asiduo* caminante y fundador de la Institución... EME230796 **13 paseante** –: ...el escritor debe ser asimismo *asiduo* paseante de «la plazuela intelectual...». EPE200799

B SUSTANTIVOS QUE DESIGNAN AL QUE TOMA PARTE EN ALGUNA ACTIVIDAD: **14 practicante** ++: ...en prisión tampoco hace deporte como antaño, *asiduo* practicante de footing... EME260295 **15 colaborador** ++: ...además de que es *asidua* colaboradora de periódicos y revistas culturales... EXC200700 **16 usuario** +: ...doctor en Geografía e Historia y usuario *asiduo* de la Biblioteca desde hace muchos años... ABC100192 **17 participante:** ...es una *asidua* participante del Mundial de raid rally... CLA040199

C OTROS SUSTANTIVOS DE PERSONA QUE DESIGNAN AL QUE SE OCUPA CON REGULARIDAD DE ALGUNA COSA, MÁS FRECUENTEMENTE SI LA ACTIVIDAD QUE LA

CARACTERIZA PROPORCIONA INFORMACIÓN AL QUE LA EJERCE: **18 lector** ++: ...se considera *asiduo* lector de los libros del jeque Yasin... LRE260103 **19 oyente** +: Yo era *asiduo* oyente del programa, necesitado, entre otras, de las raciones de talento crítico... EPE090899 **20 espectador** +: ...aficionada a los toros, era *asidua* espectadora en el palco real de la madrileña plaza... EPE030100 **21 telespectador:** La lectura de la referida columna evidencia que su autor es *asiduo* telespectador de nuestro canal... CAP150198 **22 protagonista:** El Arsenal se había convertido en un histórico empeñado en desaparecer de las páginas deportivas y en figurar como *asiduo* protagonista en las secciones de sucesos. EME021296 **23 seguidor:** Soy *asiduo* seguidor del telediario de TV3... LVE200995 **24 coleccionista:** ...ha ahuyentado de distinta forma a los coleccionistas *asiduos* a los certámenes internacionales de arte. ABC140292 **25 elector** –: ...me decía un *asiduo* elector del PP antes de escuchar a Cascos. EME031096 **26 atacante** –: ...un *asiduo* atacante del PP y colaborador del PSOE. EME030495

D SUSTANTIVOS DE ACCIÓN QUE DENOTAN INTERVENCIÓN ACTIVA EN ALGO: **27 participación** ++: La participación *asidua* del actor en trabajos comediográficos... LVE250196 **28 colaboración** ++: ...establecimos una colaboración *asidua* que duró hasta el final de su carrera... HOY250484 **29 seguimiento:** ...la emisión responsable del voto en conciencia y el seguimiento *asiduo* y continuado de la gestión de quienes resulten elegidos. LVE290495 **30 movilización:** Nada puede extrañarnos, en consecuencia, que tan calamitoso estado sea el motor de las más *asiduas*, nutridas y dinámicas movilizaciones sociales. EPE120500 **31 dedicación:** La dedicación *«asidua»* y «esforzada» en la realización de más de 300 óleos de paisajes y retratos... EME081296 **32 cultivo:** ...sin desconocer por ello su cultivo *asiduo* de otras modalidades literarias... ABC270392 **33 ocupación:** ...lo que junto a la fotografía publicitaria en la dirección del servicio fotográfico de «L'Illustration» fueron sus más *asiduas* ocupaciones. ABC280495

E SUSTANTIVOS QUE DESIGNAN LA ACCIÓN O EL EFECTO DE ACUDIR A UN SITIO O ESTAR PRESENTE EN ÉL. TAMBIÉN CON OTROS QUE EXPRESAN LA ACCIÓN DE ENTRAR EN RELACIÓN CON ALGUIEN O LA CONDICIÓN DE ESTAR PRÓXIMO A LAS PERSONAS DESDE EL PUNTO DE VISTA FÍSICO O AFECTIVO: **34 asistencia** ++: ...eludió ayer precisar si su asistencia será eventual o *asidua*. EPE030601 **35 concurrencia** +: ...se dedicó a desmentir la *asidua* concurrencia de personas a su vivienda... LNP030497 **36 presencia** +: Ahí estaba de nuevo Mr. Coppeland, un bluesman de *asidua* presencia en nuestro país... EPE010687 **37 visita** +: Ha presidido uno de los mandatos más turbulentos de la democracia municipal en Alicante, con sobresaltos, *asiduas visitas* a los juzgados e investigaciones sin precedentes de la gestión pública y empresarial. EPE060699 **38 contacto** +: ...la ACA viene manteniendo un contacto *asiduo* con los transportistas de carga... EPU040301 **39 compañía:** ...gozó de la *asidua* compañía presidencial y hasta se hospedó varias semanas en Palacio de Gobierno. CAP190995 **40 amistad:** El privilegio de disfrutar de la amistad *asidua* del Nobel Severo Ochoa desde hace muchos años... ABC220193

F OTROS SUSTANTIVOS; POSIBLES USOS ESTILÍSTICOS: ...incluso se ganó el respeto personal de su *asidua* adversaria, Margaret Thatcher... LVE110196

asiento ♦ **abatible, cómodo, confortable, delantero, disponible, eyectable, incómodo, libre, mullido, ocupado, posterior, practicable, reclinable, trasero** ♦ **abandonar, abatir(se), acomodar(se) (en), apoltronarse (en), ceder (a alguien), compartir, conseguir, encontrar, hundir(se), levantar(se) (de), obtener, ocupar, ofrecer, perder, postrarse (en), quedar(se) (en), reclinarse (en), recostarse (en), reservar, sentar(se) (en), servir (de), tener, tomar**

☐ Véase también: **trono.**

ASIGNACIÓN Véase: ADJUDICACIÓN

asignar ♦ **adecuadamente, a dedo[13], cabalmente, correctamente, eficientemente, en exclusiva[28], equitativamente, injustamente, irregularmente, justamente, proporcionalmente** ♦ **cantidad, cargo, cometido, compromiso, deber, dinero, encargo, función, gasto, nombre, obligación, papel, plaza, premio, presupuesto, prioridad, puesto, recurso, responsabilidad, sueldo, tarea, valor**

☐ Véase también: **acogida, amparo, apoyo, asistencia, ayuda, cobijo, protección.**

asignatura ♦ **difícil, duro, obligatorio, optativo, pendiente, troncal** ♦ **examen (de)** ♦ **aprobar, cambiar (de), cursar, elegir, enseñar, estudiar, examinarse (de), impartir, matricularse (en), ofertar, pasar, quedar (a alguien), superar, suspender**

asilo ♦ **humanitario, político** ♦ **derecho (de), ley (de), petición (de), política (de), solicitud (de)** ♦ **brindar, buscar, conceder[36], conseguir, dar, denegar[27], encontrar, negar, obtener, ofrecer, otorgar, pedir, recibir, solicitar**

asimétricamente ♦ **colocar, disponer, distribuir, ordenar, repartir, situar**

a simple vista ♦ **distinguible, elemental, evidente, fácil, inexplicable, ininteligible, invisible, perceptible, sencillo, visible** ♦ **advertir, apreciar, contemplar, detectar, diferenciar, distinguir, evaluar, identificar, juzgar, notar, observar, parecer, percibir, presentar, resaltar, ver**

asistencia ▮ *(público asistente)* ♦ **abrumador[58], destacado, escaso, multitudinario[4], nutrido[18], pobre** ♦ **decrecer[69]**

▮ *(presencia)* ♦ **asiduo[34], libre, masivo, nutrido[18]** ♦ **cancelar[23], comprometer, confirmar, declinar[31], delegar[32], esperar, garantizar, rogar, suspender**

▮ *(ayuda)* ♦ **a domicilio[40], curativo[28], domiciliario, generoso, humanitario[12], inestimable, integral[53], intensivo[22], médico, precario[46], preventivo[51], sanitario, social, técnico** ♦ **falta (de), programa (de), servicio (de)** ♦ **brindar[2], congelar[52], contar (con), dar[13], denegar[55], dispensar, facilitar, negar, negociar[24], ofrecer, pedir, prestar, proporcionar, recabar, recibir, reclamar, retirar, solicitar**

☐ Véase también: **amparo, apoyo, asilo, ayuda, cobijo, protección.**

asistir (a) ♦ ansioso, gustoso, impaciente[4], impasible, nervioso ♦ a regañadientes, de gala, en persona[1], en primera línea[11], expresamente, masivamente, multitudinariamente, periódicamente, personalmente, puntualmente, religiosamente[7], voluntariamente ♦ acto, boda, ceremonia, cita, conferencia, encuentro, misa, mitin, reunión, *otros sustantivos de evento* ♦ ni un alma
☐ Véase también: **acudir (a), frecuentar, personarse (en), presenciar.**

asma ♦ ataque (de), brote (de), crisis (de), problema (de), síntoma (de) ♦ combatir, desarrollar, padecer, provocar, sufrir, tener

asociación ♦ amistoso, clandestino, cultural, de igual a igual[46], deportivo, estrecho[45], fuerte, hermético, heterogéneo, homogéneo, humanitario, ilegal, ilícito, incondicional[5], legal, libre, nuevo, político ♦ contrato (de), derecho (de), libertad (de), miembro (de) ♦ adherirse (a), afiliarse (a), aglutinar[2], apuntar(se) (a), borrar(se) (de), buscar, constituir, crear, desintegrar(se), disgregar(se), encabezar, establecer, fomentar, formar, formar parte (de), fundar, hacer(se) (de), impulsar, integrar(se), legalizar, militar (en), organizar, sumarse (a)
☐ Véase también: **alianza, empresa, organización, unión.**

asociar(se) ♦ amistosamente, a partes iguales[17], comercialmente[32], directamente, eficazmente, espontáneamente, estrechamente[9], explícitamente, indisolublemente, inexplicablemente, inseparablemente, íntimamente, libremente, naturalmente, políticamente

asolar ♦ atrozmente, brutalmente, cruelmente, impunemente, terriblemente, totalmente, violentamente ♦ campo, ciudad, lugar, país, territorio, zona
☐ Véase también: **arrasar, destruir.**

asomar ♦ claramente, de pasada[26], de puntillas[20], entre líneas[32], fugazmente[2], levemente, ligeramente, momentáneamente, tímidamente ♦ cabeza, deseo, esperanza, idea, indicio, indignación, intención, interés, lágrima, mentira, nariz, peligro, pensamiento, posibilidad, preocupación, queja, resultado, rostro, sentimiento, sol, solución, talento, tensión, verdad

asomar(se) (a) ♦ abismo, agujero, balcón, calle, conciencia, corredor, escenario, futuro, galería, historia, labio, mercado, mundo, naturaleza, nuevo siglo, ojo, página, pantalla, patio, periódico, pozo, publicación, puerta, realidad, revista, sociedad, teatro, televisión, valle, ventana, *otros sustantivos de lugar*
☐ Véase también: **emerger.**

asombro ♦ absoluto, auténtico, cierto, descomunal, especial, extraordinario, general, gran(de), increíble, mayúsculo[10], mudo (de), tremendo, verdadero ♦ con, en medio (de), entre ♦ capacidad (de), cara (de), gesto (de), mirada (de), motivo (de), sensación (de) ♦ aumentar, caber[13], causar, confesar[63], dejarse llevar (por)[80], despertar[20], disimular, experimentar, expresar, exteriorizar, fingir, generar, inspirar[42], invadir (a alguien), manifestar, mirar (con), mostrar, no salir (de), observar (con), ocultar, producir, provocar, sentir, suscitar, ver (con)
☐ Véase también: **admiración, estupor, fascinación, perplejidad, sorpresa.**

[asomo] → **ni por asomo**

asomo (de) *sust.cuantif.* ▌Se usa generalmente en contextos negativos *(sin asomo de...)* o irreales *(si existe algún asomo de...)*. Acepta algunos sustantivos que designan gestos *(un asomo de sonrisa)*, pero se combina más frecuentemente con los que expresan cualidades y actitudes *(inteligencia, nobleza, piedad, ironía, rigor, independencia)*, vicios o defectos *(cinismo, racismo, impudor, ligereza)*, así como emociones y sentimientos *(envidia, odio, desprecio, disgusto, deseo, euforia, tristeza, alegría)*. Destacan especialmente sus combinaciones con...

A SUSTANTIVOS QUE DESIGNAN MANIFESTACIONES DE INCREDULIDAD O INCERTIDUMBRE: **1 duda ++**: Según ella, sin el menor *asomo* de duda, el asesinato de Luis Donaldo Colosio fue un crimen de Estado que se fraguó en las más altas esferas del poder. EXC020496 **2 preocupación +**: ...tuvo que pedir un tiempo muerto porque se había llegado al 67-60, pero los tiros libres alejaron cualquier *asomo* de preocupación. LVE200195 **3 sospecha:** ...viene marcado por su propia vocación de ineludible necesidad, y por un rigor en su concepción que rechaza todo *asomo* de sospecha sobrevenida. ABC090793 **4 temor:** ...aquel hombre con traje de luces que, de frente y sin *asomo* de temor, clavaba los ojos en un toro de más de 500 kilos. EPE060800

B SUSTANTIVOS QUE DESIGNAN SENTIMIENTOS Y ACTITUDES RELATIVOS A LA VALORACIÓN MORAL DE LAS OBLIGACIONES CONTRAÍDAS. TAMBIÉN CON OTROS QUE EXPRESAN ALGUNAS DE SUS MANIFESTACIONES EXTERNAS: **5 culpabilidad +**: Lo hacen con toda la desfachatez del mundo, sin un mínimo *asomo* de culpabilidad... EPE210199 **6 culpa:** ...con absoluta calma y frialdad, y también con total cinismo, sin que se pudiera atisbar el menor *asomo* de culpa en su rostro. INDOC **7 remordimiento +**: Sin un *asomo* de remordimiento, los últimos soldados israelíes abandonaron ayer la franja de Gaza. EME190594 **8 arrepentimiento +**: Con igual desparpajo que energía, con tibias protestas de ingenuidad aunque sin *asomo* de arrepentimiento (...), invitaba repetidamente al lector a... EPE200299 **9 moralidad:** ...comienzan las intrigas y los manipuleos, sin *asomo* de moralidad, para lograr por otros caminos, ajenos a la voluntad popular, lo que les fue vedado en las urnas. LPH310197 **10 rubor:** Pero ¿de qué entorno urbano estamos hablando para despreciar sin *asomo* de rubor el trabajo de un arquitecto genial...? EPE161099

C SUSTANTIVOS QUE DESIGNAN MANIFESTACIONES DE HOSTILIDAD O DE RIESGO: **11 crítica ++**: El tono del libro se puede sugerir con la descripción de una manifestación contra el dictador mientras se hallaba aún en el poder, en lo que se suprimió todo *asomo* de crítica. ABC201192 **12 reproche +:** Comentario idéntico al que harán, sin *asomo* de reproche, sus admiradores. LVE020796 **13 amenaza:** ...adecuada reacción, que hubiera debido ser, frente a cualquier *asomo* de amenaza o evidencia de ilegítima posesión de secretos de Estado y documentos reservados, la inmediata detención de la trama de chantajistas y sustractores... LVE220995 **14 peligro:** Sólo Javi y alguna que otra escaramuza de Urzaiz, llevaron algún *asomo* de peligro a la puerta del Leganés. LVE301195 **15 coacción:** ...en un referéndum libre y limpio, celebrado sin ningún *asomo* de coacción o violencia en el entorno, una propuesta o solución independentista no prosperaría... EPE190900

D SUSTANTIVOS QUE DENOTAN AUSENCIA DE HOMOGENEIDAD, CONJUNCIÓN O ENTENDIMIENTO: **16 división +:** Hay materias en que los militares no tienen ningún *asomo* de división; hay otras en que pueden alinearse con algunos de los civiles presentes. HOY010997 **17 discriminación +:** ...que todos los operadores, presentes y futuros, en el sector de la televisión digital, sean tratados sin el menor *asomo* de discriminación, de hecho o de derecho, directa o indirecta. EPD091097 **18 discrepancia +:** Respecto a esto último hay un par de cartas importantes sobre Elliot y Proust, y el *asomo* de una discrepancia entre los corresponsales sobre lo que uno y otro habrían aportado a la conciencia moderna del hombre. EPE120599 **19 conflicto:** No se recuerda ni un solo *asomo* de conflicto en el vestuario desde que se hizo cargo del equipo. EME280694 **20 confrontación:** Súmese a esto el *asomo* de confrontación que se vislumbra entre la Suprema Corte de Justicia y el Procurador General de la República, por una sentencia del alto tribunal que no ha sido del agrado de... LDD250997

E SUSTANTIVOS QUE DESIGNAN TRATO DE FAVOR: **21 favoritismo:** Respecto a la advertencia de Villapalos de que no hay dinero, objetó: «Yo creo que sí hay algo, y la lista en cuestión se ha confeccionado sin *asomo* de favoritismo». EPE260399 **22 corporativismo:** ...ante el peligro de cualquier *asomo* de corporativismo en la afiliación y participación de los trabajadores en estos sistemas de ahorro... EXC070896 **23 clientelismo:** ...con objetividad y en función de los propios méritos, sin *asomo* alguno de clientelismo político ni de irregularidades semejantes. INDOC

F SUSTANTIVOS QUE DESIGNAN ACTITUDES O MANIFESTACIONES ROTUNDAS, POMPOSAS O POCO NATURALES, MÁS FRECUENTEMENTE SI ESTÁN EN RELACIÓN CON LA VALORACIÓN EXAGERADA DE LOS MÉRITOS O LAS ACCIONES: **24 dogmatismo:** Ni un *asomo* de dogmatismo ni de ferocidad inquisitorial. ABC020994 **25 triunfalismo:** Después, con Clinton camino de Tokio, le tocó a su portavoz reducir cualquier *asomo* de triunfalismo... EPE210700 **26 divismo:** En el escenario es una estrella, pero cuando cae el telón prefiere disfrutar la vida con calma, sin *asomo* de divismo. EPE030100 **27 altivez:** A pesar de todo, en Milanello no había ayer el menor *asomo* de altivez, y ni siquiera se escuchaban las inevitables apelaciones al peso de la historia. EPE130301 **28 artificiosidad:** Con ser el suyo un recital cálido y naturalmente acústico, sin *asomo* de artificiosidad, se echó de menos algo de picante en la condimentación de las canciones. LVE230296 **29 grandeza:** Se desprende, pues, de ahí, que el menor *asomo* de grandeza anda ausente por completo de su oferta sonora. LVE170596 **30 petulancia:** Puedo asegurar, sin *asomo* de petulancia alguna, que la estimo como el trabajo más arduo que realicé en mi entera vida profesional. ABC270893 **31 pedantería:** Ese paisajismo entre naturalista y objetivado, fluido y sentimental, pudoroso del origen y el saber, evita todo peligro patriotero y cualquier *asomo* de pedantería en las Canciones y danzas... EPE280877 **32 soberbia:** Con la mayor tranquilidad de conciencia, de que afortunadamente gozo, con la mayor lealtad para conmigo mismo te aseguro que no tengo que acusarme en lo que he hecho del menor *asomo* de soberbia. ABC240192 **33 vanidad:** «Queríamos dar un abrazo a estos amigos y supongo que para ellos tendrá una rentabilidad comercial», añadió sin tapujos, con naturalidad y sin *asomo* de vanidad alguna. EPE230799 **34 orgullo:** Dice que no hay *asomo* de orgullo en su actitud. INDOC

a sorbos *loc.adv.* ▮ Se combina con...

A VERBOS QUE DENOTAN INGESTIÓN, GENERALMENTE DE LÍQUIDOS: **1 beber ++:** «La Caja China» se sirve, pues, en taza; se bebe *a sorbos* y se degusta en trazos. ABC170993 **2 tragar(se):** Es una bebida tan fuerte que hay que tragarla *a sorbos*. INDOC **3 tomar:** Todos con harto disimulo vamos tomándolo *a sorbos* mínimos para no escaldarnos la lengua. EME270296

B VERBOS QUE DENOTAN LA ACCIÓN DE GOZAR DE ALGUNA COSA: **4 disfrutar:** Hay que disfrutar de la vida *a sorbos*, con calma y sin sobresaltos... INDOC **5 paladear:** ...un vino de crianza que debe paladearse *a sorbos*. INDOC **6 vivir:** Cuando se vive *a sorbos* de gracia, todo en la vida es dádiva inesperada. EME150195

C OTROS VERBOS; POSIBLES USOS ESTILÍSTICOS: Un hombre rico, un millonario norteamericano como éste, se deja intuir, descubre su currículo extraordinario *a sorbos* de café y agua, cerca de sus olivos privados, esculturas vivas de cinco siglos de tortura de sed, sol y tierra escasa. EPE270899; ...sirvió al menos para levantar el velo al pacto (...), explicitarlo, darle carta de naturaleza y, aunque sea *a sorbos* y a plazos, decir ante el Parlamento: señores, esto hay. EME150295

☐ Véase también: **a tragos**.

aspaviento

♦ **aparatoso**[34], **continuado, enorme, gran(de), ostensible, repentino** ♦ **con, sin** ♦ **hacer, realizar**

☐ Véase también: **gesto (de)**.

aspecto

♦ **abandonado, acogedor**[18], **agraciado**[13], **agradable, anecdótico**[11], **anodino, antiguo, apesadumbrado, atractivo, beatífico**[2], **buen(o), cándido**[5], **cansino**[11], **cariacontecido, cómico, concreto, contagioso**[22], **crítico, crucial**[28], **cualitativo**[16], **cultural, curioso, decaído, decisivo**[34], **delicado, deplorable, desaliñado, desastrado, descuidado, desolador**[6], **destacado, diferenciador, económico, engañoso, esencial, exterior, extraño, físico, frágil**[2], **frívolo, general, humano, impecable, impoluto, importante, inequívoco**[14], **inmaculado, interesante, intimidatorio, irreconocible,** lamentable, lastimoso, llamativo[2], mágico, misterioso, moderno, natural, nimio[2], polémico, político, pulcro, quebradizo[21], radiante, renovado, revelador[12], ruinoso, sagrado, saludable[1], sencillo, sensible, severo[90], siniestro, sobrio, tangencial[17], visible ♦ abordar, acentuar, adecentar[2], ahondar (en)[34], aligerar[70], alterar, analizar, atañer[5], camuflarse (tras)[3], clarificar[42], conferir (a algo/a alguien), conjugar[2], conocer, considerar, cuidar, dar (a algo/a alguien), delatar[29], describir, descubrir, destacar, desvelar[41], estudiar, imprimir[5], llamar la atención, llevar, mencionar, mudar (de), obviar[11], presentar, reflejar, revestir, salir a la luz[42], señalar, tener, tomar[13], tratar

□ Véase también: **apariencia, faceta (de), factor (de), pinta, porte.**

ASPECTO

♦ (SUSTANTIVOS) Véase: ablandar(se)[D], ácido[D], aflorar[I], agridulce[F], ahondar (en)[G], aligerar[J], amoldar(se) (a)[D], anecdótico[B], ápice (de)[H], arraigado[E], arrojar[J], bosquejar[B], camaleónico[C], captar[D], clarificar[H], confluir[A], conjugar[A], crucial[D], cualitativo[D], cúmulo (de)[E], dantesco[B], dar[H], decisivo[F], delatar[D], denotar[C], de peso[B], descomponer(se)[A], desencajar(se)[A], desolador[A], desvelar[H], de valor[E], diagnosticar[D], difuminar(se)[F], dilucidar[H], diluir(se)[I], discordante[A], dominante[A], exuberante[B], flaco[B], forjar[C], imprimir[A], inculcar[C], insignificante[C], insuflar[D], limar[D], llamativo[A], nimio[A], obviar[C], parco (en)[C], perfilar[D], revelador[B], robustecer(se)[E], salir a la luz[F], tangencial[D], tomar[B], visceral[G], vivaz[A]

□ Véase también: ASPECTO EXTERNO; ASUNTO; PARTE.

ASPECTO EXTERNO

♦ (SUSTANTIVOS) Véase: acogedor[C], adecentar[A], agraciado[B], ajar(se)[B], beatífico[A], camaleónico[D], camuflarse (tras)[A], cándido[A], cansino[B], circunspecto[B], contagioso[E], descomponer(se)[C], desvelar[F], dominante[C], efímero[D], ensuciar[A], febril[I], frágil[A], hermético[E], inequívoco[C], lastimero[E], llamativo[A], quebradizo[D], severo[J], tomar[B], vivaz[A]

□ Véase también: ATUENDO; CUERPO; GESTO; IMAGEN; PRESENCIA.

aspereza ♦ antiguo, evidente, mínimo, personal ♦ con ♦ limar[1], presentar, suavizar

aspiración ♦ acorde (con)[18], ciudadano, claro, colectivo, creciente, democrático, desmedido, fuerte, fundado[35], gran(de), humano, igualitario[33], inconfesable[4], individual, indudable, inequívoco[37], íntimo, justo, juvenil, legítimo, máximo, noble, oculto, político, popular, presidencial, preso (de)[43], profesional, profundo[49], secreto, sincero, utópico, vano[6], verdadero, viejo ♦ a la altura (de)[11], a la medida (de)[6], con, sin ♦ abdicar (de)[27], acallar[94], acariciar[14], aguar(se)[24], ahogar(se)[34], albergar[9], alcanzar, alimentar[7], anidar (en alguien), avalar[11], bloquear[25], canalizar[34], colmar[4], conciliar[2], conocer, conservar[43], consumar(se), contentar, converger[18], coronar, cuajar, cumplir[12], decaer[66], defraudar[9], depositar[10], desbaratar[28], desinflar(se)[7], desmoronar(se)[17], destapar, desvanecerse[5], desvelar, disfrazar[20], encauzar, favorecer, frenar, frustrar(se), hacer(se) realidad[19], limitar, malograr(se)[2], mantener, perdurar, persistir (en)[31], ratificar, reflejar, renunciar (a), respetar, retirar, saciar[6], sacrificar, satisfacer, sobrepasar[37], tener, truncar(se)[4]

□ Véase también: **deseo, ideal, ilusión, intención, quimera, utopía.**

ASPIRACIÓN

♦ (SUSTANTIVOS) Véase: abdicar (de)[D], abrigar[B], acallar[J], acaparador[A], acariciar[C], acorde (con)[C], acotar[F], acuciante[D], acuciar[E], adulterar[F], aguar(se)[D], ahogar(se)[E], airear[F], a la altura (de)[B], a la medida (de)[A], albergar[A], al descubierto[A], alimentar(se) (de)[A], alimentar[A], anidar[H], ardiente[A], arraigado[H], asequible[A], astronómico[F], atávico[E], avalar[B], batir[B], bloquear[E], brotar[E], canalizar[E], capitalizar[E], carnal[B], cartesiano[D], cejar (en)[A], ciego (de)[B], clarificar[I], cobrar fuerza[D], colmar[A], compulsivo[D], concebir[C], conceder[A], conciliar[A], concitar[F], confesar[F], confluir[C], conjugar[B], conservar[E], contagioso[C], converger[C], corroer[D], coyuntural[D], crucial[L], culminar[D], cumplir[A,B], cúmulo (de)[J], decaer[K], defraudar[B], delictivo[D], deponer[D], depositar[B], desaforado[H,I], desbaratar[D], descabellado[B], desenfrenado[A], desinflar(se)[B], desmedido[B], desmesurado[D], desmoronar(se)[D], desoír[F], desvanecerse[A], detectar[E], difuminar(se)[E], dilapidar[F], disolver(se)[F], encarar[B], enderezar[G], enfriar(se)[E], entrar[A], ferviente[A], firmar[F], flexible[E], forjar[D,E], formular[I], fortalecer(se)[G], fundado[F], guardar[L], hacer(se) realidad[A,B], henchir(se) (de)[B], hipotecar[A], humanitario[E], igualitario[G,H], ilusionante[A], imperioso[E], inalcanzable[A,B], incentivar[C], inconfesable[B], incontenible[A], inculcar[D], incumplir[H], inequívoco[F], inyección (de)[B], irradiar[A], irreconciliable[I], irrefrenable[A], irrenunciable[B,C], levantar[L], llevar a buen puerto[F], llevar a la práctica[B], madurar[H], malograr(se)[A], manifestación (de)[D], mundanal[B], peregrino[G], perentorio[J], perseverar (en)[D], persistir (en)[E], pisar[C], pisotear[D], plantear[F], plegarse (a)[C], preso (de)[F], primar[B], profundo[F], quebrar(se)[B], rabioso[B], reavivar[C], rebajar[F], rebasar[D], revalidar[G], reverdecer[E], saciar[B], saludable[B], serio[L], sobrepasar[F], tenaz[F], transmitir[G], truncar(se)[A], usurpar[E], vano[A], vehemente[A], vivo[C]

♦ (VERBOS) Véase: ardientemente[A], a todo trance[D], ávidamente[B], con fruición[D], con todas {mis/tus/sus...} fuerzas[C], descaradamente[B], de todo corazón[C], impaciente[D], inútilmente[A,C], largamente[C], ni por asomo[F], vivamente[B]

□ Véase también: ACTUACIÓN FUTURA; INCLINACIÓN; INTENCIÓN; PROPUESTA; PROYECTO.

[asta] → a media asta

asta ♦ afilado, amenazador, puntiagudo, punzante, romo ♦ herida (por)

astro ♦ célebre, cuajado (de), de la canción, de la pantalla, del cine, deportivo, errante, escrito

(en), eterno, fulgurante, futbolístico, internacional, joven, lejano, luminoso, popular, rutilante, solitario ♦ influencia (de), influjo (de) ♦ actuar, alumbrar, anunciar (algo), augurar (algo), brillar, decir (algo), detectar, distinguir, elevar(se), emitir luz, interpretar, leer (en), lucir, observar, orbitar, ponerse, triunfar

☐ Véase también: **estrella, figura.**

astronómico *adj.* ▌Con el sentido de 'excesivo, enorme o desmesurado', se combina con...

A SUSTANTIVOS QUE DESIGNAN CANTIDADES, NOCIONES MENSURABLES Y OTROS CONCEPTOS INHERENTEMENTE CUANTITATIVOS. TAMBIÉN CON OTROS QUE HACEN REFERENCIA A LOS DOCUMENTOS EN LOS QUE SE ESTIPULAN: **1 cantidad ++**: ...cuyo adeudo externo es verdaderamente una cantidad *astronómica.* DYM010996 **2 cifra ++**: Hasta hace un mes, 20 de las 31 empresas concesionarias debían cifras *astronómicas* a la Junaeb por este concepto. HOY140797 **3 suma ++**: Se estima que el sector eléctrico nacional necesita (...) la *astronómica* suma de 3 mil millones de dólares... LDD110797 **4 indemnización +**: ...que ya han mostrado su malestar por la *astronómica* indemnización. EME210494 **5 gasto +**: Los detractores centran su recelo en los *astronómicos* gastos estimados. LVE251096 **6 precio +**: ...pero los precios que en ellos se cobran son *astronómicos* y abusivos. ETC020188 **7 coste +**: ...el *astronómico* coste que supone la Deuda pública no será menor... LVE200895 **8 oferta**: Lleva ocho meses guardando celosamente los nombres, renunciando a ofertas *astronómicas*... EME060594 **9 cuenta**: ...a la que hace pagar una cuenta *astronómica* en un restaurante... EME080395 **10 factura**: ¿Es justo que los socios comunitarios de Gran Bretaña paguen parte de esta *astronómica* factura? EME250396 **11 sueldo**: Entre 1990 y 1992 el gobierno de (...) acusó a los parlamentarios de ganar sueldos *astronómicos*... CAP290597 **12 presupuesto**: Así puede ocurrir cualquier cosa, como que se haya asignado al Auditorio un presupuesto *astronómico* para actividades musicales... ABC090994 **13 alquiler**: Afirma que mientras se invierten miles de millones en edificios que no se ocupan, se pagan alquileres *astronómicos.* EME260194 **14 multa**: ...a él no le costó nada y a la actriz le ha valido condena judicial a pagar la multa *astronómica* de nueve millones de dólares... EME130394 **15 inversión**: ...justificar las *astronómicas* inversiones que el Estado hizo y sigue haciendo en la isla de La Cartuja. EME291095 **16 porcentaje**: Si bien la inflación está bajo control tras la drástica reducción desde los porcentajes *astronómicos* de finales de los años ochenta... EPE271099 **17 talón –**: El talón más *astronómico* del fútbol español es mucho talón. EME070796

B SUSTANTIVOS QUE DENOTAN DISMINUCIÓN, ESCASEZ O PÉRDIDA, MUY FRECUENTEMENTE DE MAGNITUDES ECONÓMICAS. TAMBIÉN CON OTROS QUE DESIGNAN LAS CANTIDADES QUE LAS EXPRESAN: **18 deuda ++**: A nadie parece inquietarle el pasado reciente ni las *astronómicas* deudas que pusieron a la entidad contra las cuerdas. LVE220396 **19 pérdida ++**: No solamente perdió prestigio internacional sino también en materia económica hubo pérdidas *astronómicas*... DLA160497 **20 endeudamiento +**: ...aparte del profundo temor con que se mira el *astronómico* endeudamiento del Tercer Mundo, especialmente América Latina. HOY110784 **21 déficit +**: El *astronómico* déficit presupuestario de Estados Unidos en el año fiscal... ETC011291 **22 números rojos –**: Los clientes de la industria energética nuclear soportan unos *astronómicos* «números rojos». EME200294

C SUSTANTIVOS QUE DENOTAN INCREMENTO O BENEFICIO, MUY FRECUENTEMENTE DE CARÁCTER ECONÓMICO: **23 ganancia ++**: Las ganancias de Telecom y Telefónica fueron *astronómicas* desde 1990. CLA100297 **24 beneficio +**: La operación en la que se fraguó la entrada de los Albertos en el capital del Banco Central le reportó unos beneficios *astronómicos.* EME131096 **25 crecimiento**: Es la carestía de los inmuebles lo que ha propiciado el *astronómico* crecimiento de los precios de los pisos... EME140696 **26 aumento**: ...director artístico Mortier exige un *astronómico* aumento de sueldo. EME041195 **27 subida**: «Una subida *astronómica*», denunciaban algunos al opinar sobre la subida salarial que reivindican los médicos. EME110595 **28 rentabilidad**: ...imposición de precios monopólicos, rentabilidad *astronómica* posibilitada por regímenes promocionales y protección infinita... ECA140792

D SUSTANTIVOS QUE DESIGNAN CONTRATOS Y OTRAS OPERACIONES O CONVENIOS ENTRE PERSONAS O ENTIDADES: **29 fichaje +**: ...los modestos se estrellan contra las empalizadas de los cuatro potentes equipos de fichajes *astronómicos.* EME021296 **30 negocio**: ...recibe un 88,22% de las plusvalías de este *astronómico* negocio de la cocaína. EPE190700 **31 contrato**: ...podrá renegociar a la baja sin ningún reparo los contratos *astronómicos* firmados con los clubes. EME301296

E SUSTANTIVOS QUE DENOTAN ELEVACIÓN O ALTITUD Y, POR EXTENSIÓN, LÍMITE, GENERALMENTE SUPERIOR, DE ALGUNA ESCALA. SE APLICAN MUY FRECUENTEMENTE A MAGNITUDES ECONÓMICAS: **32 cota +**: ...sigue normal pese a que sus calibres superiores se han situado en cotas *astronómicas*... LVE300995 **33 nivel**: ...acude a la emisión de bonos para captar recursos que incrementan la deuda pública estadounidense a niveles también *astronómicos.* ETC011291 **34 altura**: ...quién ignora que esa legislación penal es la que determina la subida del precio de la mercancía a alturas *astronómicas*... EPE010688

F SUSTANTIVOS QUE DESIGNAN PLANES, PROPÓSITOS Y OTRAS INTENCIONES: **35 aspiración**: ...limitar las a menudo *astronómicas* aspiraciones económicas de las estrellas de la ópera... EME081096 **36 proyecto**: ...me contó en Barcelona su proyecto *astronómico* de publicar por primera vez en español la obra completa de Simenon... EME290795 **37 programa**: ...el Parlamento alemán se negaba a dar su aprobación a un *astronómico* programa militar... EME221096 **38 pretensión**: ...se descolgó con unas *astronómicas* pretensiones económicas... EME240695

☐ Véase también: **desmedido, desmesurado, desorbitado, exorbitante.**

[astucia] → **con astucia**

astucia ♦ **asombroso, calculado, considerable, de gato viejo, de zorro, diabólico, extraordinario, felino, fino, increíble, innato, inteligente, inusitado, lleno (de), maquiavélico, político, probado, prodigioso, raro, retorcido, sorprendente, sumo, supremo, sutil ♦ con ♦ dosis (de), juego (de) ♦**

demostrar, desplegar, evidenciar, exhibir, hacer gala (de), mostrar, poner en juego, revelar, tener, utilizar, valerse (de)

astuto ♦ **calculadamente, como un zorro, sumamente** ♦ **estrategia, fórmula, gesto, jugada, maniobra, mirada, persona, plan, procedimiento, sonrisa, táctica, trama, zorro**

asumir *v.* ▌Se combina con sustantivos que designan informaciones, expresadas o no verbalmente *(asumir las palabras de alegría, sus ideas, una propuesta)*. También se combina con...

A SUSTANTIVOS QUE DENOTAN PESO Y –POR EXTENSIÓN– OBLIGACIÓN O COMPROMISO CON LAS TAREAS Y LOS DEBERES ASIGNADOS, MÁS FRECUENTEMENTE SI ESTOS SE CONSIDERAN DUROS O TRABAJOSOS: **1 responsabilidad ++:** Cara conocida: Manuel Vara Ochoa *asume* responsabilidad de dar nuevo impulso al sector. CAP180196 **2 compromiso +:** ¿Acaso para no *asumir* un compromiso que le impida posponer el diálogo como estrategia propagandística? EXC270596 **3 deber ++:** ...los primeros que llegan deben *asumir* el deber cívico y patriótico de convertirse en vocales. HOY151297 **4 carga +:** ...los intelectuales deben llevar a los obreros la conciencia de su misión revolucionaria y *asumir* la carga de la revolución. LPN011297 **5 peso +:** Representamos al fútbol más importante del mundo, y debemos *asumir* el peso de lo que eso conlleva, y no sólo los honores de lo que significa. LVE100696 **6 autoría +:** ...publicó ayer un comunicado anónimo en el que se *asume* la autoría de los diversos ataques que se han venido produciendo contra entidades colaboradoras... LVE150796 **7 culpa +:** ...realizó ayer un ejercicio de autocrítica, al *asumir* la culpa de lo sucedido en Almendralejo y reconocer la gravedad de los errores cometidos. EDV040599

B SUSTANTIVOS QUE DENOTAN PODER, DIRECCIÓN O DOMINIO, A VECES MEDIANTE REFERENCIAS METONÍMICAS: **8 control ++:** Desde que *asumieron* el control de Kabul, los talibanes impusieron la ley islámica a la población. EUV151096 **9 poder +:** El derechista Arnoldo Alemán *asumió* el poder en Nicaragua. CLA110197 **10 mando +:** ...terminó con el compromiso de *asumir* el mando, con un documento aprobado por el 95 por ciento de los delegados. EUV271096 **11 gobierno:** No obstante ello, al *asumir* gobiernos municipales está ayudando, al menos... EXC020197 **12 soberanía:** ...desmantelará la Asamblea elegida el pasado domingo en Hong Kong cuando *asuma* la plena soberanía de la colonia británica, en 1997, a la vista de los resultados habidos. LVE190995 **13 riendas:** ...tuvo que convocar a elecciones 60 días después de haber *asumido* las riendas de la Corte Suprema... CAP120701

C SUSTANTIVOS QUE DENOTAN POSICIÓN EN ALGUNA JERARQUÍA. TAMBIÉN CON OTROS QUE DESIGNAN ALGUNAS DE LAS ATRIBUCIONES QUE CORRESPONDEN AL QUE LA OCUPA: **14 cargo +:** Dos parlamentarios más se preparan para *asumir* cargos en el Ejecutivo. PLG130197 **15 titularidad +:** Es que la tradición indica que el segundo es quien *asume* la titularidad. HOY170397 **16 papel +:** El licenciado Ingaramo *asume* el papel de defensor de la política oficial. LNA100792 **17 función:** ...debía *asumir* las funciones de decano subrogante y Nahum, quien se desempeñó como director de la Escuela de Derecho, *asumiría* funciones de vicedecano titular. LEC060597

D EL SUSTANTIVO *CONSECUENCIA* Y CON OTROS QUE EXPRESAN EL RESULTADO O EL EFECTO DE UNA ACCIÓN O UN PROCESO, MÁS FRECUENTEMENTE SI ES ADVERSO: **18 consecuencia ++:** ...el trabajador no tiene porqué *asumir* las consecuencias de la indebida actuación de la entidad para la cual labora. ETC100497 **19 pérdida +:** ...huirá de expresiones y maneras que puedan ser utilizadas como un ejemplo de que no ha *asumido* la pérdida de la mayoría absoluta en las elecciones... LVE131295 **20 muerte:** ...viene a confirmar la preocupación del escritor por la enfermedad, «la epidemia», y la muerte, *asumida* con estoicismo. ABC230793 **21 efecto +:** ...la historia literaria se escriba sin tonos arrebatados ni excluyentes, *asumiendo* los efectos que hubo de tener la conflictiva convivencia secular de tres pueblos. ABC300493 **22 daño:** ...la incapacidad de los fumadores de *asumir* el daño demostrado que pueden producir en los otros, además de en sí mismos. LVE200795 **23 derrota +:** Sólo que allí el protagonista acababa por *asumir* su derrota y su insignificancia... LVE170195

E SUSTANTIVOS QUE DESIGNAN OTROS ESTADOS DE DIFICULTAD O DE ADVERSIDAD, MÁS FRECUENTEMENTE SI SON PROVOCADOS POR UN PELIGRO PRÓXIMO O UN ENFRENTAMIENTO: **24 reto +:** Colombia *asume* el reto ante Ecuador de conservar liderato en las eliminatorias. EUV091096 **25 desafío +:** Así llegué a la íntima convicción de que debía *asumir* el desafío que se me ponía por delante. HOY090697 **26 riesgo +:** ¿Eres de las personas que *asumen* los riesgos como tales o prefieres evitarlos o disfrazarlos? EXP011091 **27 problema:** ¿Por qué cree que los partidos políticos no *asumen* el problema? CLA070397 **28 dificultad:** ...en la vida hay que *asumir* las dificultades que comporta la investidura de autoridad... LVE180596 **29 inconveniente +:** La ciudad –añadía el alcalde– ha demostrado de manera suficiente su capacidad para entender y *asumir* los inconvenientes de las obras... LVE010595 **30 conflicto:** Conyngham apuesta por una literatura que, sin caer en el panfletismo, *asuma* los conflictos y les dé voz... ABC240792 **31 discrepancia:** Dentro del hermanamiento con IC, las discrepancias hay que *asumirlas* con normalidad. LVE301096 **32 confrontación:** ...para consolidar su precandidatura presidencial en la interna justicialista parece definitivamente dirigida a *asumir* una confrontación abierta... CLA120199

F EL SUSTANTIVO *COSTE* Y CON OTROS QUE DESIGNAN ALGUNA CANTIDAD, GENERALMENTE ECONÓMICA, QUE DEBE SATISFACERSE: **33 coste ++:** El gobierno de Guatemala *asume* el coste de un 30 por ciento de esa cifra... LNC230197 **34 monto +:** ...la República no recibió los pagarés ni documentos justificativos básicos para recuperar los montos *asumidos* en 1986. ENV020796 **35 crédito:** ...el Tesoro General de la Nación, el Gobierno central y la Municipalidad de Cochabamba no quieren *asumir* el crédito español aduciendo problemas de tipo jurídico y legal. LTB080497 **36 cuota:** ...se ha tardado tanto en firmar los correspondientes convenios, (...) para que *asuman* su cuota de responsabilidad y acepten la devolución de quienes emigren sin visado. EDV230101 **37 deuda:** Lo malo para los potenciales propietarios alternativos es que al comprarlas tendrán que *asumir* deudas que se extienden por muchos años... HOY250184

G EL SUSTANTIVO *CONDICIÓN* Y CON OTROS QUE DESIGNAN EL ESTADO EN QUE SE PRESENTA ALGUNA COSA O

LOS RASGOS QUE LA CARACTERIZAN. TAMBIÉN CON OTROS QUE EXPRESAN ESE MISMO ESTADO DE COSAS: **38 condición** ++: ...las constituciones políticas y leyes electorales locales para *asumir* la condición de candidatos a diputados locales o presidentes municipales. EXC230996 **39 situación** +: ...están dispuestos a dar urgencia a lo que el Ejecutivo determine que corresponde, para que el gobierno *asuma* esta situación... LEC220497 **40 circunstancia:** «...el desbloqueo de la situación exige *asumir* las circunstancias políticas y hoy el jefe del Gobierno no está en condiciones de desempeñar su función». EME170695 **41 factor:** Algunos expertos van más allá y consideran que el diseño, siempre que *asuma* el factor de funcionalidad del producto... LVE141296 **42 panorama:** Sin tiempo casi para *asumir* el nuevo panorama municipal... EPE080799

H SUSTANTIVOS QUE DENOTAN RESULTADO FAVORABLE DE UNA ACCIÓN O UN PROCESO. POR EXTENSIÓN, CON OTROS QUE DESIGNAN EL RECONOCIMIENTO QUE ADQUIERE GENERALMENTE EL QUE TRIUNFA EN ALGUNA ACTIVIDAD O LOS ATRIBUTOS QUE LE PERMITEN ALCANZARLO: **43 logro:** El barniz de Broadway y el interés social bastan para que se *asuma* como logro escénico lo que no son más que erráticos balbuceos. LVE230694 **44 acierto:** Paradojas de la vida política, a la hora del balance tiene que *asumir* los aciertos y lastres del Servicio Andaluz de Salud... EPE311299 **45 éxito:** Los guerristas se han apresurado ya a dejar claro que serán los renovadores los que tendrán que *asumir* el éxito o el fracaso de las próximas elecciones... EME080495 **46 victoria:** La corriente crítica Izquierda Socialista (IS) se manifestó en contra de la dirección porque «no ha *asumido*» la victoria de (...) en las elecciones primarias. EPE130499 **47 gloria:** Al menos en su tiempo, cuando *asumieron* la gloria de su época. PME271096 **48 mérito:** El triunfo *asume* mayor mérito por cuanto el plantel que orienta Horacio Seguí jugó sin extranjeros. LNP050397

I SUSTANTIVOS QUE DESIGNAN DIVERSAS ACCIONES PUNITIVAS O SUS EFECTOS: **49 castigo** +: ...«porque cuando ya se ha gobernado y se pierde se tiene que *asumir* el castigo del electorado». LRE050203 **50 condena:** ...para resolver el momento y la forma que *asumirá* la condena por la profanación de la tumba de Juan Perón. CLA030797 **51 penitencia:** Comienza siendo una vocación irreprimible y acaba siendo una penitencia *asumida*. EME190294 **52 sanción:** ...pidió ayer disculpas públicas, *asumió* la sanción que pueda recibir de los dirigentes del club... LVE201295 **53 pena:** La sentencia *asume* las penas solicitadas en el juicio... EME190595

J SUSTANTIVOS QUE DENOTAN SOLICITUD O REQUERIMIENTO CON DIVERSOS GRADOS DE APREMIO O FORMALIDAD: **54 exigencia** ++: ...el mundo sigue existiendo en términos más o menos similares, la profundización de los afectos en quien *asume* la exigencia (autoexigencia) del cambio personal... LEC160397 **55 reclamación** +: De momento, el titular de la cartera de Justicia no ha *asumido* estas reclamaciones. EME280796 **56 reivindicación** +: Otros 30 ó 40 directores *asumen* sus reivindicaciones ante la Xunta, pero han decidido mantenerse en sus puestos por causas diversas. FDV260599 **57 petición:** La Sala de lo Contencioso-administrativo del Superior ha *asumido* las peticiones del demandante... EPE040599 **58 encargo:** El 9 de junio debe *asumir* su encargo el nuevo líder máximo de la iniciativa privada mexicana... EUV060499 **59 demanda:** ...los partidos tienen el compromiso de *asumir* las demandas ciudadanas y convertirlas en proyectos de gobierno. EXC120197

K SUSTANTIVOS QUE DESIGNAN DIVERSOS CONTENIDOS ESTIPULADOS, REGLAMENTADOS O PACTADOS QUE DEBEN OBSERVARSE U OBEDECERSE, MÁS FRECUENTEMENTE SI SE DIRIGEN A RESOLVER UN CONFLICTO: **60 ley:** ...recoge las quejas nacionalistas por el frenazo y el recorte de competencias ya *asumidas* mediante leyes de bases. LVE260396 **61 medida:** El presidente de la Feepc advirtió que si el gobierno no *asume* medidas concretas y de impacto inmediato... LTB250700 **62 pacto:** El PSOE *asume* posibles pactos poselectorales con el PP vasco, pero sin frente antinacionalista. EPE270499 **63 convenio:** Fomento *asume* el convenio tripartito sobre el AVE a Madrid. EPE230499 **64 acuerdo:** «A pesar de su carácter orientativo es mi voluntad y la de mi grupo político *asumir* este acuerdo». EPE151299 **65 regulación:** ...tienen capacidad y han ido *asumiendo* la regulación en su territorio la fijación de la cuantía... LRE190103 **66 resolución:** ...tomando como base las resoluciones *asumidas* en ocasión de la Cumbre hemisférica sobre este tema que se efectuó en Santa Cruz... LTB050497 **67 dictamen:** Ayer renegó de ellos: «Hemos dimitido porque nos comprometimos a *asumir* el dictamen». EPE170399

L ALGUNOS SUSTANTIVOS QUE DENOTAN CAMBIO DE ESTADO O MODIFICACIÓN, ESPECIALMENTE SI SUPONE INCREMENTO O MEJORÍA: **68 cambio** ++: El nuevo decano de Medicina *asume* el cambio de métodos pedagógicos. EPE150399 **69 aumento:** ...el Ejecutivo Nacional debe *asumir* esos aumentos por la vía de créditos adicionales y advirtió que de no ser así... ENV060297 **70 reforma:** Por eso nosotros hemos *asumido* la reforma y modernización del Estado... RUM010997

▩ Se combina también con: ♦ **complacido, encantado, gustoso**[9] ♦ **a partes iguales**[30], **a regañadientes**[8], **de buen grado**[6], **deportivamente**[4], **dignamente**[23], **gradualmente**[49], **gustosamente**[4], **humildemente**[3], **plenamente**[16], **por completo**[131], **sin condiciones**[20], **sin reservas**[11], **sin tapujos**[56], **valientemente**[19], **voluntariamente**

☐ Véase también: **apechugar (con), cargar (con), encajar, llevar sobre {los hombros/las espaldas/la conciencia}**.

asunto ♦ **absorbente**[12], **abstruso**[3], **anecdótico**[2], **arduo, banal, candente**[14], **central, clamoroso**[26], **clave, confidencial**[41], **controvertido**[26], **cotidiano, coyuntural, crucial**[12], **curioso, decisivo**[30], **de consideración, delicado, destacado, engorroso, enigmático, enmarañado, enrevesado, escabroso, espinoso, execrable, farragoso, importante, insoslayable, interesante, manido, misterioso, novedoso, original, oscuro, pantanoso, peliagudo, polémico, primordial, privado, proceloso, propio, público, resbaladizo**[12], **sucio, tangencial**[6], **trascendental, trillado**[16], **trivial, turbio, vidrioso** ♦ **sobre ruedas** ♦ **fondo (de)** ♦ **abarcar, abordar, acotar, adentrarse (en), afrontar, agravar(se)**[43], **airear**[1], **atañer**[1], **bordear**[35], **bucear (en), cambiar (de), ceñir(se) (a)**[8], **clarificar**[21], **concernir (a alguien), conducir (a algo), contar, debatir, dejar, deliberar (sobre), desbloquear**[27], **desbrozar**[27],

describir, desenfocar, desentenderse (de), desentrañar, despachar[11], dirimir, discutir, dominar, encarar, encarrilar[1], encauzar, enderezar[16], entrar (en), escarbar (en), esclarecer(se)[19], estallar[29], estudiar, explayar(se) (en), extrapolar, hablar (de), hurgar (en), implicar(se) (en), incumbir (a alguien), inmiscuirse (en), involucrar(se) (en), llevar, obviar, orillar, plantear, quitar hierro (a)[1], reabrir[4], remover, resolver, retomar, salpicar (a alguien), soslayar, terciar (en), tergiversar[7], tratar, venir de lejos, ventilar, zanjar[2]

☐ Véase también: **cuestión, historia, materia, tema**.

ASUNTO

♦ (SUSTANTIVOS) Véase: **absorbente[C], abstruso[A,C], accesible[C], afilado[D], agravar(se)[G], airear[A], álgido[B], apaciguar[D], atañer[A], bordear[J], candente[C], ceñir(se) (a)[B], clarificar[D], confidencial[F], controvertido[E], crucial[B], desbloquear[F], despachar[C], encarrilar[A], entre[B], irrisorio[B], palpitante[A], peregrino[K], planear[D], quitar hierro (a)[A], reabrir[A], resbaladizo[B], revestir(se) (de)[A], tangencial[B], tergiversar[A], trillado[B], zanjar[A]**

atacar ♦ **abiertamente[81], a cara descubierta[16], a discreción[4], a fondo[32], a la desesperada[24], al unísono[44], a punta de {navaja/pistola...}, brutalmente, ciegamente[22], civilizadamente[18], cobardemente, con alevosía[2], con decisión, con dureza[12], con firmeza[30], con paciencia, conscientemente, constantemente, con valentía, crudamente[21], decididamente[29], de raíz[34], descaradamente[42], directamente, duramente[34], eficazmente, en oleadas, en tromba, estructuralmente, ferozmente, frontalmente[20], impunemente, militarmente, por escrito, punto por punto[33], rápidamente, severamente[40], sexualmente, sin miedo, sin miramientos, sin piedad[1], sin rodeos, sin tregua[7], sistemáticamente, verbalmente[37], vilmente[5], violentamente**

☐ Véase también: **acometer, arremeter, asaltar, atracar**.

atadura ♦ **libre (de)** ♦ **cortar[7], desprender(se) (de), librar(se) (de), rechazar, romper, soltar, tener, zafarse (de)**

☐ Véase también: **lazo, nexo, unión**.

atajar ♦ **a tiempo, definitivamente, de raíz[23], de un día para otro[36], directamente, eficazmente, fulminantemente, por completo[34]** ♦ **asunto, caos, conflicto, corrupción, crecimiento, crisis, cuestión, debate, déficit, enfermedad, escándalo, mal, paro, paso, polémica, práctica, problema, rumor, síntoma, situación, tema, terrorismo, vicio, violencia**

☐ Véase también: **acortar, cortar, interceptar**.

atañer *v.* ▮ Se construye con complementos indirectos de persona o cosa. Se combina con gran número de sustantivos, pero especialmente con...

A SUSTANTIVOS ABSTRACTOS QUE DENOTAN ASUNTO, MATERIA O CUESTIÓN: **1 asunto ++:** Nunca he hablado de asuntos que *atañan* a algún miembro de mi familia con nadie del gobierno, porque no lo considero correcto. CAR040897 **2 cuestión ++:** La diferencia obedece a puntos de vista encontrados sobre cuestiones que *atañen* a la realidad del país... EXC190696 **3 tema +:** ...y arrojar un poco de luz sobre algunos de los temas que *atañen* al sector artístico. ABC201095 **4 caso:** Por eso en el caso que nos *atañe*, –añade King– tenemos que esperar que la República Dominicana acepte extraditar a estos dos nacionales. RUM031197 **5 aspecto:** ...ambos intercambiaron opiniones sobre diferentes aspectos que *atañen* a las dos naciones. ECP140175 **6 circunstancia:** ...se resistió a opinar sobre las circunstancias que *atañen* a una empresa totalmente privada... EPE010599 **7 hecho:** En los incidentes del día 11 se produjo un hecho reprobable que *atañe* tanto a los manifestantes como a los carabineros. HOY160996 **8 fenómeno:** El fenómeno, que tanto preocupa a las jerarquías, pues *atañe* asimismo a los partidos políticos... LVE220395 **9 elemento –:** ...porque estaban en juego elementos que *atañen* a la seguridad del país, no a la suya como Ejecutivo. LVE270995

B SUSTANTIVOS QUE DENOTAN PROBLEMA O SITUACIÓN CONFLICTIVA: **10 problema ++:** Aún creo que el teatro debe seguir preocupándose de los problemas que nos *atañen* a todos. CLA310199 **11 polémica:** La polémica no me *atañe* porque al final todos estaremos igual de beneficiados. LVE261096 **12 conflicto:** ...ha tratado de solucionar el grave conflicto internacional que *atañe* a Oriente Medio... LRE050203 **13 crisis:** Confiemos en que la crisis económica mundial no les *ataña*, como ha ocurrido, y barrunté que así sucedería... ABC290193 **14 bache –:** Se trata de un bache que *atañe* a todo el municipio porque somos muchos los que vivimos del turismo y hay que buscar una solución... FDV030701 **15 miseria:** Esta es una historia de la miseria, de una indigencia que es la peor porque *atañe* a los niños. ABC240694

C SUSTANTIVOS QUE DENOTAN DECISIÓN O RESOLUCIÓN, A MENUDO FIRME O RADICAL: **16 decisión +:** ...desde el cual se toman decisiones que *atañen* solo al Ejecutivo. DHE130797 **17 medida +:** ...la aplicación de un conjunto de medidas que *atañen* a toda la sociedad para prevenir más que castigar el delito. GIC072897 **18 resolución +:** ...del resultado de esos informes dependen las resoluciones judiciales que *atañen* a imputados y víctimas. EPE160899 **19 sentencia:** La sentencia de Francfort no *atañe* a las investigaciones que desde 1993 ocupan a la Fiscalía de Darmstadt... EME311096 **20 prohibición +:** La única prohibición *atañe* a que un telespectador no puede abonarse a los encuentros de casa de un equipo... LVE250996 **21 destitución:** ...les hizo ver que la destitución de un director *atañe* a todos los miembros de la agrupación... DYM111197

D SUSTANTIVOS QUE DENOTAN DEBER O RESPONSABILIDAD. TAMBIÉN CON OTROS QUE EXPRESAN LA ACTIVIDAD EN LA QUE SE EJERCEN: **22 responsabilidad +:** Responsabilidad social que *atañe*, evidentemente, a la honestidad intelectual de los propios científicos... ABC250693 **23 obligación +:** Esta obligación *atañe* no sólo a médicos y enfermeros, sino también a farmacéuticos. LVE310395 **24 compromiso:** ...que estuviera obligado a cumplir un compromiso que sólo *atañe* al funcionamiento interno del partido. EPE310199 **25 competencia:** ...rechazaron la moción al considerar que las competencias afectadas son locales y que no *atañen* al Ejecutivo autónomo. EPE221099 **26 función:** ...que lleva a término el poder público para velar por la voluntad del fundador. Esta función *atañe* a la Generalitat. LVE281095

E SUSTANTIVOS QUE DESIGNAN INFORMACIONES DE NATURALEZA VERBAL O COMUNICATIVA: **27 pregunta +:** ...sino que incluso hizo preguntas que *atañían* a otras menores, por lo que el tribunal de la sección décima le recordó que acusación pública, como madre, sólo hay una. LVE100394 **28 declaración:** ...decidirá en las próximas horas qué hacer con las declaraciones de Luis Roldán que no *atañen* directamente a los dos sumarios... LVE090395 **29 aseveración:** ...con el objeto de aclarar algunas aseveraciones incorrectas que *atañen* a nuestra agrupación, Teatro de la Rendija... PME140796 **30 referencia:** No hay más contexto que el encerrado en el texto, ni más referencias que las que *atañen* al afán de ella por recomponerse... ABC020695 **31 alusión:** La alusión al carácter progresivamente civilizado del país *atañe* (...) a la evolución de las fuerzas políticas. LVE220996 **32 rumor:** ...y la debilidad del franco francés, aquejado por rumores que *atañen* a la estabilidad del actual Gobierno... LVE060896

F SUSTANTIVOS QUE DESIGNAN DIVERSOS TIPOS DE CAMBIO O MODIFICACIÓN: **33 reforma:** La reforma *atañe* a 220 hectáreas e incluye 7.800 viviendas. LVE041296 **34 cambio:** ...de todos los cambios que *atañen* al museo de arte contemporáneo la transformación más crucial ha sido la elevación del cambio en sí mismo al estado de principio constituyente. EPE190199 **35 transformación:** ...un conjunto significativo de transformaciones que *atañen* a la vida política, económica y civil de los ciudadanos europeos. LVE151296 **36 modificación:** En su interior las modificaciones *atañen* al diseño del volante y a la tapicería de los asientos. EME180496 **37 remodelación:** ...ha procedido a una completa remodelación del modelo Carina E, que *atañe* a su estética, a su mecánica y a los elementos de seguridad... EME270296 **38 mejora:** Las mejoras necesarias *atañen* a las deterioradas torres metálicas, más que a las cabinas, que habían sido reformadas. LVE030295 **39 restauración:** Cuando una restauración lleva años y *atañe* a un edificio desmesurado y complejo, debe ser muy difícil resistirse a dejar la impronta personal. ABC240295

G SUSTANTIVOS QUE DESIGNAN NORMAS, A MENUDO JURÍDICAS. TAMBIÉN CON OTROS QUE DESIGNAN LOS PROCESOS EN LOS QUE SE APLICAN: **40 ley:** ...la mencionada Ley de Secretos Oficiales *atañe* a la Seguridad del Estado... EME171095 **41 artículo:** ...la más importante se refiere al artículo 149 de ese código, que *atañe* a cónyuges separados o divorciados. LVE281295 **42 enmienda:** Otra de las enmiendas firmadas por ambos grupos *atañe* a las inversiones en los centros docentes. LVE031294 **43 proceso judicial:** ...y en relación al proceso judicial que *atañe* a D. José María Elosua Sánchez... EME290394 **44 litigio:** ...un litigio que incumbe exclusivamente al derecho deportivo y que por lo tanto *atañe* solamente a la competencia de las instancias de su federación... LVE241296

H SUSTANTIVOS ABSTRACTOS QUE DESIGNAN JUICIOS Y OTRAS UNIDADES Y RESULTADOS DE LA ACTIVIDAD INTELECTIVA, MÁS FRECUENTEMENTE SI SON DE NATURALEZA ARGUMENTATIVA: **45 concepto:** ...en realidad, el arrabalero es sólo la almoneda de sinónimos para conceptos que *atañen* a la delincuencia y a los interlocutores de ella... ABC180394 **46 idea:** ...en unas actitudes e ideas que *atañen* más a «la filosofía vital» del drama que a su carácter... LVE240995 **47 consideración +:** ...a consideraciones ideológicas que *atañen* al núcleo mismo del consenso existente sobre los fundamentos de la sociedad... LVE261196 **48 principio:** Sin embargo, eso viola principios fundamentales de Derecho, principalmente los que *atañen* a las garantías del acusado. ESH040397 **49 axioma:** ...el terrible axioma de «ser libre en una democracia equivale a ser responsable» –¡ele, la grasia!– no *atañe* al siempre objetable territorio de la disciplina de partido... EME250896

I OTROS SUSTANTIVOS; POSIBLES USOS ESTILÍSTICOS: ...expresa solapadamente algún miedo que le *atañe*, quizás el miedo a la condena. LVE220394; El galardón *atañe* a la globalidad del diseño periodístico del diario... LVE050396

▩ Se combina también con: ♦ **de cerca[39], directamente, en cierta medida, estrechamente[19], indirectamente, personalmente**

☐ Véase también: **incumbir.**

ataque (de) *sust.* ▮ Se combina con sustantivos que designan ciertas enfermedades o sus síntomas *(asma, tos, epilepsia, amnesia, apendicitis)*. También se combina con...

A SUSTANTIVOS QUE DESIGNAN ESTADOS DE ÁNIMO TENSOS O DESASOSEGADOS: **1 nervios ++:** Algunos casi lloraban pensando que se perderían la final, y otros estaban al borde de un *ataque* de nervios. FDV030701 **2 histeria ++:** Es evidente que ni la inflación ni el tipo de cambio ni las tasas de interés han sufrido *ataques* de histeria a causa de la llamada guerrilla mexicana. EXC180996 **3 ansiedad ++:** Entre los 90 síntomas diferentes asociados con el consumo de aspartame que señala el informe se encuentran (...) *ataques* de ansiedad, vértigo, pérdida de memoria y dolor articular. EXC211096 **4 angustia +:** Presa de un *ataque* de angustia, busco en los bolsillos del pijama: nada. EPE300399 **5 desesperación:** Presa de un *ataque* de desesperación salió a la escalera gritando y avisando a los vecinos. INDOC

B SUSTANTIVOS QUE DENOTAN IRRITACIÓN O INDIGNACIÓN, MÁS FRECUENTEMENTE INTENSAS: **6 ira ++:** «Haz callar a los pájaros», le ordena a su mujer, presa de un *ataque* de ira. LNA110792 **7 cólera ++:** Sus parientes lo niegan y señalan que Manuel sufrió un *ataque* de cólera. EME250596 **8 furia +:** En febrero de 1995 la Audiencia de Madrid lo condenaba a pagar 100.000 pesetas de multa por destrozar un coche durante un *ataque* de furia. EME030895 **9 rabia:** Un humillante 6-3 dio paso a un *ataque* de rabia... EME240195 **10 soberbia:** ...no se arriesga a tirar su legado a la basura por un capricho o un *ataque* de soberbia. EPE301201

C SUSTANTIVOS QUE DENOTAN RECELO Y OTROS SENTIMIENTOS Y ACTITUDES HOSTILES: **11 celos ++:** ...en un *ataque* de celos, ha anulado la boda, que estaba prevista, según el diario, para el 14 de febrero en Malta. LRE120103 **12 agresividad:** ...una enfermedad mental que produce *ataques* de agresividad incontrolada... EPE050799 **13 envidia:** ...la gratificante idea de relatar a su vecina las gangas conseguidas en las rebajas y llevarla a un *ataque* de envidia que no superará hasta las próximas rebajas de agosto. EME140196

D SUSTANTIVOS QUE DESIGNAN OTRAS ALTERACIONES PSÍQUICAS O ANÍMICAS, MÁS FRECUENTEMENTE SI SON EXALTADAS O AFECTAN A LA CAPACIDAD DE RAZONAR. POR EXTENSIÓN, CON OTROS QUE EXPRESAN CIERTAS ACTITUDES QUE LAS CONLLEVAN: **14 locura** ++: «Ha tenido que ser algún *ataque* de locura porque si no, no se entiende lo que ha pasado», comentó. ENC120101 **15 paranoia** +: Y probablemente le dio un *ataque* de paranoia al pensar que su propia conexión cubana hubiera sido la responsable. LVE271295 **16 enajenación:** ...sólo puede interpretarse como un desafío o un *ataque* de enajenación mental transitorio. EME170496 **17 mesianismo:** En la interminable recta final de su discurso, (...) sufrió un *ataque* de mesianismo. EME171095 **18 chovinismo** –: ...los tres mozos italianos que se veían afectados de un fugaz *ataque* de chovinismo. EME210294

E SUSTANTIVOS QUE DENOTAN MIEDO EN DIVERSOS GRADOS: **19 pánico** ++: El problema viene, justamente, por el lado del personaje de Chandler, que sufre un *ataque* de pánico. CLA280601 **20 miedo:** El modesto Compostela provoca un *ataque* de miedo en el seno del Real Madrid. LVE081095 **21 canguelo:** Una señora, en pleno *ataque* de canguelo, coge mi mano en vez de la mano de su marido, que está al lado. EPE020899 **22 claustrofobia:** De verdad, llegado un momento me entró un *ataque* de claustrofobia. LVE151296

F SUSTANTIVOS QUE DESIGNAN VIRTUDES Y OTRAS CUALIDADES, MÁS FRECUENTEMENTE SI SE REFIEREN AL COMPORTAMIENTO ÉTICO DE LOS INDIVIDUOS O A LA CLARIDAD DE JUICIO: **23 lucidez** +: Quería el paraíso absoluto y en un *ataque* de lucidez se dio cuenta de que no lo conseguiría nunca y se retiró. LVE011296 **24 sensatez:** Ataque de sensatez en quienes se quedaron en casa. EME130494 **25 sinceridad:** En un *ataque* de sinceridad, me purgaría a mí mismo. LVE151296 **26 dignidad:** Si hubieran renunciado, a lo mejor habrían representado un *ataque* de dignidad a la profesión. EME091095 **27 honestidad:** ...relata los infortunios de un publicista víctima de un *ataque* de honestidad. EPE230699 **28 piedad:** No se conoce el caso de (...) un envenenamiento intelectual que provocara *ataques* de piedad en los banqueros. EPE020799 **29 moderación:** «No haremos catastrofismo», dice (...) proclive a los excesos analíticos en un súbito *ataque* de moderación. EME190494 **30 responsabilidad:** No obstante, confío en que éstos tengan «un *ataque* de responsabilidad e inspiración y cambien»... EME050396 **31 filantropía** –: Me parto de risa al observar el *ataque* de filantropía de las televisiones cuando llega la Navidad. EME080194

G SUSTANTIVOS QUE DENOTAN PENA O TRISTEZA, ASÍ COMO ALGUNA DE SUS MANIFESTACIONES EXTERNAS: **32 nostalgia:** Tal vez sea un corto *ataque* de nostalgia. HOY250385 **33 melancolía:** Desde Japón, con cero grados de temperatura y bajo *ataques* de melancolía con sabor a seviche y cerveza... CAP180196 **34 tristeza:** Fue un *ataque* de tristeza peligroso el que le atrapó en los 20 minutos finales y pudo resultar fatal. EPE170599 **35 llanto:** Lejos quedaban las noches sin dormir, la fiebre que no se sabía a qué achacar, los *ataques* de llanto. EME190896

H SUSTANTIVOS QUE DESIGNAN OTRAS RESPUESTAS FÍSICAS ANTE ESTÍMULOS O MOTIVACIONES VARIADAS: **36 risa** ++: Tal proceder fue notado por los demás medios, y causó así esporádicos *ataques* de risa de aquellos que notaron el incidente. ESH040797 **37 rubor:** No respondí, pero me dio un *ataque* de rubor y puse cara de sociólogo, porque a los sociólogos, supongo, les interesan las tonterías de la radio para extraer conclusiones sobre la audiencia. EPE211001

I OTROS SUSTANTIVOS; POSIBLES USOS ESTILÍSTICOS: Espero que no piensen que he sufrido un *ataque* de novelería artística cuando les confíe lo que he imaginado... ABC290995

■ Se combina también con: ♦ **abusivo[67], aéreo, a fondo[49], alevoso, a mano armada[11], audaz, avieso[13], bárbaro, brutal, cardíaco, cerebral, certero, constante, continuo, cruento, decisivo[64], definitivo, demoledor[1], desaforado[15], desenfrenado[9], desmedido[36], despiadado, directo, disuasorio[35], efectivo[51], encarnizado[7], enconado[34], en profundidad, feroz, frenético[36], frontal[5], fuerte, fulgurante[53], fulminante[24], impune[13], incendiario, inesperado, infructuoso, inmerecido[21], intensivo[24], letal, militar, mortífero, ofensivo, personal, preventivo[68], punzante[9], salvaje, sangriento, sanguinario, sin fundamento[21], sin paliativos[44], sorpresivo, soterrado[6], súbito, terrorista, tibio[21], vandálico, vehemente[15], verbal, vil, violento, vírico, virulento, visceral[15]** ♦ **al borde (de)[2], a resguardo (de)[16]** ♦ **amago (de), blanco (de), línea (de), lluvia (de)[16], objeto (de)[44], ola (de)[10], poder (de), riesgo (de), víctima (de)** ♦ **abortar, achacar[22], acometer, agravar(se)[13], aprestarse (para), arreciar[32], cejar (en)[18], condenar, continuar, contrarrestar, desarticular(se)[39], desbaratar[44], desencadenar(se)[1], detener, dulcificar[30], emprender[23], encabezar, encarar[23], escapar (de), esquivar, evitar, fraguar(se)[34], frenar, frustrar(se), impedir, infligir[30], instigar (a), involucrar(se) (en)[7], lanzar[25], lanzarse (a)[16], librar(se) (de), llevar a término[11], mitigar[49], neutralizar, paralizar, perpetrar, persistir (en)[41], practicar[53], preparar, prodigar[32], producir(se), provocar, realizar, rechazar, recrudecer(se)[16], redoblar[20], relanzar[22], repeler, repetir, replicar, resistir, responder (a), sofocar[19], someter(se) (a)[49], sucumbir (a), sufrir[71], urdir[21]**

□ Véase también: **acceso (de), acoso, agresión, arranque (de), arrebato (de), asalto (a/de), asedio, atentado, emboscada, escalofrío, infamia, injuria, ofensa (a), ofensiva, patatús, rapto (de).**

[atar] → de atar

atar

♦ **(en) corto, con fuerza, de pies y manos, fuertemente[1], suficientemente** ♦ **acuerdo, cabo, compromiso, cordón, cuerda, fleco, futuro, negociación, operación**

□ Véase también: **anudar, ligar, unir(se).**

atasco

♦ **automovilístico, burocrático, circulatorio, constante, de la circulación, descomunal, desesperante, de tráfico, diario, enorme, frecuente, fuerte, gigantesco, gran(de), grave, habitual, importante, inexplicable, inmenso, interminable, judicial, kilométrico, lleno (de), monumental[40], pequeño, permanente, previsible, re-**

pentino, temido, tremendo ♦ horas (de), kilómetros (de), riesgo (de) ♦ en caso (de) ♦ ahorrar(se), aliviar[49]**, atravesar, aumentar, bloquear (algo/a alguien), causar, combatir, crear(se), crecer, descongestionar(se), deshacer(se), despejar, disolver, eliminar, encontrar, evitar, formar(se), generar(se), impedir, librar(se) (de), motivar, ocasionar**[45]**, organizar, padecer, producir, provocar, reducir, registrar, resolver, sacar (de), salir(se) (de), solucionar, soportar, sufrir, superar, tener**
☐ Véase también: **detención, estancamiento.**

atávico *adj.* ▌Se combina con sustantivos que designan personas *(enemigo, político)*, así como ciertas tendencias o ideologías *(conservadurismo, izquierdismo)*. También se combina con...

A SUSTANTIVOS QUE DENOTAN SENSACIÓN DE MIEDO EN DIVERSOS GRADOS: **1 miedo ++:** Esta visión (...) es recurrente en el Hollywood de las «pop-corn movies» pues lo que ellas manejan son miedos *atávicos* y emociones primarias. CAP280897 **2 terror:** La única pesadilla que parece asustar a casi todos por igual son las mujeres que se enrollan con facilidad: es el terror *atávico* del «quién entiende a las mujeres». HOY050597 **3 temor:** ...con el fin de que los viajeros del metro estrechemos relaciones y superemos por fin ese *atávico* temor «a ser tocados»... EPE190800 **4 pavor:** ...el pavor *atávico* aún no ha calado en esta generación, y por segundo día consecutivo los chicos supieron atraer a su fe y a su lucha a otros veteranos... EME280695

B SUSTANTIVOS QUE DESIGNAN USOS, CREENCIAS, PRECEPTOS Y PRÁCTICAS, A MENUDO HABITUALES, ASENTADAS O ARRAIGADAS: **5 rito ++:** Según queramos, será (...) un catálogo de ritos *atávicos* o un soliloquio musitado en tinieblas. ABC280892 **6 ritual:** ...lo que (...) desean es cumplir un ritual *atávico* de las sociedades occidentales: salir de compras... EXP011091 **7 costumbre:** ...se ha rebelado contra la obediencia paterna y contra una *atávica* costumbre de su país... EPE081099 **8 moda:** ¿Por qué todavía hoy está de moda (moda *atávica* por otra parte) coser el himen en clínicas japonesas bajo el más riguroso sigilo para que el marido japonés crea que la fruta «no está picoteada»? EME090696 **9 creencia:** ...había edificado su campaña basándose en ciertas creencias *atávicas*, mitad folclore, mitad ocultismo. EME160596 **10 tabú:** ...el *atávico* tabú del incesto es transgredido osadamente por una familia de la alta sociedad. LVE230696 **11 precepto:** Suprimido este precepto *atávico* –herencia de la legislación franquista–... EME031095 **12 norma:** Quienes pensaban que esta *atávica* norma podría desaparecer (...) se llevaron un gran chasco... EPE190999 **13 uso:** ...pastores y caseros seguían utilizando para beber la leche y diversos caldos conchas de grandes moluscos rememorando y renovando así su *atávico* uso. EPE170199 **14 ceremonia:** Estaría bien que los perros, nuestros perros (...) dispusieran de mejores instalaciones para oficiar la *atávica* ceremonia de expulsión de las heces... EPE160599 **15 aquelarre:** ...la razón no cabe, nunca pudo entrar, en los *atávicos* aquelarres de la violencia. EME160995 **16 corrida:** Los de aquí vienen siguiendo la estela de *atávicas* corridas y guitarras flamencas que conforman el tópico español. LVE290896 **17 partido –:** Fue un partido de fútbol *atávico*, de los que hacen época... LVE270696

C SUSTANTIVOS QUE DESIGNAN MALES, LACRAS, ERRORES Y DIVERSAS SITUACIONES, ACTITUDES O ESTADOS DE COSAS QUE SE SUELEN TENER POR PERNICIOSOS O PERJUDICIALES: **18 mal +:** El mal *atávico* de este país es la envidia. LVE050195 **19 violencia:** Abunda en temas, motivos, ideas recurrentes como la imaginación del desastre, la violencia *atávica*, el colapso social... LVE240395 **20 vicio +:** Otra, de cambio, de limpieza de los vicios *atávicos* del partido y del área de gobierno. LVE050395 **21 barbaridad:** ...no le voy a chafar nada a doña Gema, ni darle esa *atávica* barbaridad de una cencerrada... EME211096 **22 barbarismo:** Renacen aquellos barbarismos *atávicos* que amenazan con arruinar la herencia moderna de la sociedad civil. ABC250693 **23 beligerancia:** El político demócrata tiene que andar listo para taponar esa beligerancia *atávica*. EPE170999 **24 discriminación:** ...pero las represalias sutiles o las discriminaciones *atávicas* siguen pesando en las relaciones diarias. EPE030900 **25 racismo:** El primer racismo, el más *atávico* y sanguinario, es el que vivimos los europeos a la vuelta de la esquina... EME210394 **26 misoginia:** Dicha sustancia despierta la *atávica* misoginia y es aprovechada para implantar en el mundo una «natalidad discriminatoria» y un control de la población... ABC140593 **27 machismo:** ...se concentraron ayer en el patio para guardar minuto de silencio y condenar el «machismo *atávico*» del crimen. EPE130299 **28 defecto +:** ...unos defectos *atávicos* de mentalidad y de educación (...) en el plano de las relaciones personales... LVE141196 **29 desdicha:** ...ha unido este año a sus *atávicas* desdichas un capítulo especial... EPE200599 **30 incompetencia:** ...los ocupantes de 400 vehículos atrapados en su interior vivieron una legítima odisea, las inclemencias meteorológicas y las incompetencias *atávicas*. EPE060199 **31 carencia:** ...manifestaciones de protesta en algunas poblaciones (...) que aducen su *atávica* carencia de agua para resistirse a un nuevo recorte. LVE050895 **32 falta:** Ella achaca el problema de la saturación del tráfico aéreo en Barajas a la *atávica* falta de previsión de los españoles. EPE140299 **33 retraso +:** El retraso *atávico* que en materia de infraestructura viaria padecía España ha quedado atrás. LVE030895 **34 retroceso:** Un retroceso *atávico* a los orígenes de la Humanidad con sus instintos caníbales. EME270296 **35 rémora:** A las rémoras *atávicas* se agregan algunos obstáculos propios de la modernidad... EXC270796 **36 sequía –:** ...esa comunidad viene sufriendo una sequía *atávica* que impide el desarrollo agrícola de su población. LVE050895 **37 disputa –:** Las causas de tan horrenda masacre se buscaron (...) en *atávicas* disputas por las lindes de unas tierras... ABC160994 **38 enfermedad –:** El caso de los fondos reservados es una manifestación circunstancial de una grave enfermedad *atávica*, que invita al enriquecimiento... EME100895

D SUSTANTIVOS QUE DESIGNAN ACTITUDES PREVENTIVAS HACIA PERSONAS O COSAS: **39 prejuicio +:** Tras el personaje de Betsy Blair (...) se esconde una feroz crítica de los *atávicos* prejuicios de una sociedad cerrada... LVE040396 **40 desconfianza:** Esta inseguridad, esta desconfianza *atávica*, hace que (...) nos presentemos con la ceja levantada, el temor a flor de piel en espera de la reprobación... EXC270596 **41 reticencia:** Las *atávicas* reticencias euroescépticas (...) que mantuvieron en el pasado algunos sectores conservadores parecen haberse desvanecido. LVE040596 **42 suspicacia:** ...han intentado desentrañar las causas de la ignorancia, la suspicacia y la desconfianza *atávicas*... LVE291295 **43 prevención:** ...se ha desvanecido por arte de birlibirloque la *atávica* prevención (...) ante la llegada al poder de los depositarios de las esencias... EME070796

E SUSTANTIVOS QUE DENOTAN REACCIÓN, FUERZA MOTRIZ, INCLINACIÓN O DISPOSICIÓN A ACTUAR: 44 instinto +: Ha aprendido a valorar el «sentido colectivo» de los asiáticos frente al individualismo occidental y a descubrir el *atávico* instinto de cazador... EPE180800 **45 impulso:** ...fieles a un *atávico* impulso, varios de los más ilustres han tomado expresamente partido... EME210495 **46 pulsión:** Esa dinámica ha hecho posible el abandono de pulsiones *atávicas* como el canibalismo... LVE151196 **47 tendencia:** Pesan todavía tendencias *atávicas* a entregarse en manos del gobernante padre todopoderoso. LVE170195 **48 atracción:** A ellos está unido, en cambio, por la arena apelmazada que dejan las bajamares en las playas, la hierba jugosa y fresca en la que arrojarse sin miedo y el desdén, si no una *atávica* atracción, hacia los peores elementos atmosféricos. EME090795 **49 actitud:** Nos ha costado mucho (...) para permitir ahora que por estas actitudes primarias y *atávicas*, podamos dar un paso atrás... EME150995 **50 planteamiento:** Los planteamientos políticos (...) son primarios, incluso *atávicos*... LVE140796 **51 disposición:** ...su *atávica* disposición a aceptar como normal lo que simplemente se había hecho habitual. EME280595 **52 preferencia:** Con una sospecha de *atávica* preferencia, si acaso, por los malos, que son los que mandan. LVE280895 **53 propensión:** ...mientras permanezca viva la *atávica* propensión de los aldeanos a obedecer ciegamente al cacique del pueblo... INDOC **54 inercia +:** De lo que se trata es de romper esa inercia *atávica* que pretende condenar al silencio a los que piensan distinto... LVE141195 **55 reacción:** Y más reacciones *atávicas* como la de Salamanca. En donde el pobre don Gonzalo Torrente Ballester perdió los papeles de tal manera que olvidó que... LVE060495 **56 resorte:** ...riega los resortes más *atávicos* de unos votantes a los que, en lugar de halagar, sermonea. EPE091099

F SUSTANTIVOS QUE DESIGNAN SENTIMIENTOS, A MENUDO INTENSOS O PASIONALES: 57 sentimiento +: ...sustituir a los *atávicos* y no menos irracionales sentimientos de animadversión y hostilidad hacia el vecino... EPE081201 **58 deseo:** Hoy como no es de buen gusto (...) reimplantar la pena de muerte, se embosca el *atávico* deseo, exigiendo el cumplimiento íntegro de las sentencias... EME021095 **59 amor:** P.- Almodóvar, ¿su amor a los guisos no será algo *atávico*? R.- Sí, me viene del origen manchego, pero es casi una afición idealizada, cada vez los como menos. EME150896 **60 pasión:** La fantasía de que el hombre dejado a su suerte se basta convierte los fracasos en exaltación de las bajas pasiones *atávicas*. EPE030900 **61 ardor:** ...nos reprochaba tener un «*atávico* ardor justiciero» que, según él, nos ha llevado a «preferir la búsqueda de responsables antes que la de desaparecidos». EME140896 **62 fervor:** Y su mayordomo (un intimidatorio cocodrilo) se lanza al agua con un fervor *atávico*. EPE250799 **63 cabreo:** Al jugar ambos dos gastaban cara de cabreo *atávico*, cara de damo de Elche cabreado... EPE030899 **64 odio +:** ...hay un odio real, vitando, *atávico*, que nos sitúa en un guerracivilismo latente a nivel verbal. EME230296 **65 rencor:** ...habríamos de ser capaces de tejer una red de alianzas (...) para, alejando afanes de protagonismo, rencores *atávicos*, reivindicaciones emocionales y sublimaciones idealistas, podamos... EPE210999 **66 altanería:** ...haciendo gala, como era de esperar, de su arrogancia, su tradiconal orgullo y de clase y su *atávica* altanería. INDOC **67 inquietud:** ...vestidos de mercenario, aplacan una inquietud *atávica*, que sólo pica si se rasca, en ojeos de perdiz, monterías, aguardos, recechos y berreas. EPE161099 **68 orgullo:** El pulso (...) parece diseñado a la medida para alimentar el orgullo más *atávico* de las bases de ambos dirigentes. LVE271196 **69 aspiración:** ...tras la callada actitud (...) que espera que el Gobierno le caiga como fruta madura se esconde esa *atávica* aspiración de los políticos españoles... EME310395

G SUSTANTIVOS QUE DESIGNAN RELACIÓN O VÍNCULO ENTRE PERSONAS O COSAS, ASÍ COMO OPOSICIÓN O CONFRONTACIÓN ENTRE ELLAS: 70 oposición +: ...una oposición *atávica* a que Cataluña sea reconocida con plenitud en el resto del Estado. EME210395 **71 relación +:** La relación de los cerros con los muertos es *atávica*. HOY010997 **72 vínculo:** ...trata de desentrañar los vínculos *atávicos* que unen a sus gentes con el lugar. LVE170495 **73 pugna:** De entrada, Estados Unidos decide quedarse en Europa, mientras que en 1919 se marchó, abandonando a los europeos a sus pugnas *atávicas*. LVE120996 **74 división:** ...en Irlanda las divisiones son «religiosas y *atávicas*». LVE210495

H SUSTANTIVOS QUE DESIGNAN ESPACIOS, LUGARES O ÁMBITOS: 75 mundo: ...una relación primaria, gestual y elementalmente afectiva con ese mundo inferior y *atávico* de los irracionales. EPE011085 **76 universo:** El mundo moderno y el *atávico* universo del bosque se avecinan en su obra... EME180596 **77 espacio:** Por eso el Romanticismo representa un conflicto «entre la melancolía del yo solitario y la necesidad de una vuelta hacia espacios *atávicos*...». ABC250895 **78 caverna:** ...la *atávica* caverna antivalenciana, genuflexa y provinciana. LVE130596 **79 refugio:** El racismo, como el integrismo religioso, es el refugio *atávico* de una sociedad desesperanzada, atemorizada. EME270295

I SUSTANTIVOS TEMPORALES, MÁS FRECUENTEMENTE SI ALUDEN AL ORIGEN DE ALGO O LOS VESTIGIOS QUE DEJA: 80 herencia +: ...un pueblo cruel por naturaleza, por genética locura (...) o *atávica* herencia... LVE070696 **81 pasado +:** Cada noche de verano tiene para los cómicos algo de encuentro con un pasado *atávico*. EME100895 **82 tiempo:** Son piezas breves y conocidas (...) que en los sonidos refinados y al mismo tiempo *atávicos* de la guitarra encuentran una novedosa dimensión expresiva. HOY300996 **83 raíz +:** ...confluyen también en el nuevo libro: el culturalismo, la ironía y el humor así como las raíces *atávicas*... ABC250992 **84 fuente:** Ello no quería decir, sin embargo, que hubieran desaparecido *atávicas* fuentes de conflicto... EME080195

J OTROS SUSTANTIVOS; POSIBLES USOS ESTILÍSTICOS: ...el voto del miedo no es sino el tirón *atávico* de la seguridad... EPE100379; Son desnudos fuertes, muy carnales y *atávicos*, en los cuales el canon de belleza evidentemente ha dejado paso a otras cualidades entre las que destaca la propia personalidad y fuerza de cada personaje. ABC260293; Allí, en Europa, en donde el pudor tampoco está de moda, imagino que se debe a una *atávica* concreción del tiempo... EME031096

atemorizado ♦ **aparentemente, completamente, excesivamente, ostensiblemente, totalmente, visiblemente**[17] ♦ **escapar, estar, gritar, huir, mostrarse, sentirse, tener (a alguien), vivir**

atemperar *v.* ▮ Admite sustantivos que designan sensaciones térmicas *(frío, calor)*. También se combina con sustantivos de persona *(atemperar a los hinchas enfurecidos)*, así como con...

A SUSTANTIVOS QUE DENOTAN FORMA DE SER, REACCIONAR O COMPORTARSE: **1 ánimo ++:** ...especies de bálsamos a los que se atribuye la inexistente capacidad de *atemperar* los ánimos y apagar los fuegos. HOY181196 **2 carácter ++:** El presidente (...) está entrenándose para jugar a la defensiva y *atemperar* su crispado carácter. EME051096 **3 espíritu:** Una sopa de puerros, una tortilla de patatas y un solomillo *atemperaron* su espíritu de derrotado en el partido de golf. EME120696

B SUSTANTIVOS QUE DESIGNAN SENTIMIENTOS VEHEMENTES, APASIONADOS, IMPETUOSOS O PORFIADOS, ASÍ COMO ALGUNAS DE SUS MANIFESTACIONES EXTERNAS: **4 entusiasmo ++:** Está por ver si esta decisión no *atempera* el entusiasmo de los británicos, que en un 70 por ciento se muestran favorables al proyecto según las encuestas. LRE260103 **5 euforia +:** Atemperada la euforia por el éxito electoral del 28 de mayo, los socialistas barceloneses se enfrentan a un doble dilema... LVE240695 **6 ímpetu +:** ...el tiempo se encargará de suplir fácilmente pues no le faltan capacidad ni ganas, sobre todo si *atempera* su ímpetu primerizo... EPE130699 **7 pasión +:** Estoy hablando, no de frigidez, sino de pasión *atemperada.* LVE121296 **8 devoción:** La perspectiva (...) es liberal, opuesta a toda forma de colectivismo, estatalismo y socialismo, pero *atemperada* la devoción al mercado... ABC031293 **9 ardor:** Y esta posición ha *atemperado* los ardores guerreros de Belgrado. LVE030595 **10 fervor:** El Gobierno sudanés ha rebatido estos cargos, pero no ha hecho nada por apaciguar a Mubarak ni *atemperar* el fervor bélico que demuestran los egipcios. EME010795 **11 fogosidad:** Cansado, decepcionado, acabado quizá, y *atemperada* crepuscularmente su fogosidad republicana... EME150195 **12 vehemencia:** Pero en esta ocasión la flema del escritor veterano *atempera* la vehemencia del artista adolescente. EME010795 **13 afán:** Dicho de otro modo: o el honorable *atempera* su afán reivindicativo o el presidente (...) no tendrá más remedio que renunciar a formar Gobierno... EME210496 **14 fuerza:** ...un marcado coloquialismo modula y *atempera* la fuerza lírica del poema. LVE011196 **15 impulso −:** Otra verdad de a puño es ésta: la crisis desatada por el terrorismo ha *atemperado* los impulsos aislacionistas de la administración Bush... CAP041001 **16 presión:** La posición del líder de CiU intenta *atemperar* la fuerte presión de un sector de la dirección... LVE060396

C SUSTANTIVOS QUE DESIGNAN OTRAS ACTITUDES O CARACTERÍSTICAS DE LOS INDIVIDUOS EN CUANTO QUE SE CONSIDERAN EXALTADAS, DESMEDIDAS O EXAGERADAS: **17 ambición:** Quizá por ello o quizá porque entiende que le va a faltar competición para llegar en su mejor momento, esta vez la ambición de Yago está *atemperada.* EPE140900 **18 orgullo:** Creo que convendría, para darle autenticidad completa a la buena marcha de España, *atemperar* un legítimo orgullo con el conocimiento de algunas realidades insospechadas. EPE250899 **19 impaciencia:** Pero, de ser así, está por ver si CiU está dispuesta a pasar por el socio incordiante para distraer la atención, o a *atemperar* su impaciencia para no tensar la cuerda. LVE201196 **20 mordacidad:** En el turno de réplica, Borrell *atemperó* su mordacidad y ofreció diversas alternativas al proyecto presupuestario del Gobierno. EME231096 **21 ínfulas:** Atemperadas las ínfulas adolescentes, De la Peña no juega ahora por razones estrictamente deportivas. EME181196

D SUSTANTIVOS QUE DENOTAN IRA EN DIVERSOS GRADOS. TAMBIÉN CON OTROS QUE DESIGNAN CIERTAS ACTITUDES QUE LA SUELEN MANIFESTAR: **22 ira ++:** Al terrorismo hay que vencerle con la ley en la mano, pero para *atemperar* las iras del Estado todas las bridas son pocas. LVE100195 **23 cólera ++:** ...un día se pronuncie por boicotear productos marroquíes o franceses y otro trate de *atemperar* la cólera de los agricultores. LVE180595 **24 enojo +:** Para *atemperar* su enojo la convidé a una cena de salmón con caviar para acabar descubriendo que lo que la fascina es la tortilla de patatas. EME250395 **25 irritación +:** Sólo sirvió para *atemperar* la irritación de la hinchada, que acudió en mayor número del previsto y reaccionó con entusiasmo tras el primer gol. EPE170699 **26 irascibilidad +:** ...el mecanismo propuesto sea útil para que los choferes de los colectivos *atemperen* su irascibilidad característica... LNA010792 **27 rabia +:** ...encarna perfectamente la virilidad de Rob Roy, su fuerza y su rabia, *atemperada* con ternura y sensualidad... EME270595 **28 furia +:** ...en los poemas épicos de Hesíodo la furia divina contra los humanos sólo se *atempera* ante la necesidad de conservar con vida a quienes ofrecen dádivas... EPE121299 **29 enfado:** En fin, que hemos de hablar con los estudiantes en la puerta del centro, aguantando el relente y *atemperando* el enfado. LVE170296 **30 enervamiento:** Pero esta circunstancia (...) no alcanza a *atemperar* el enervamiento con que se ha dado comienzo a la fulminante campaña para abril. HOY100397 **31 rencor:** Y no faltará, porque el tiempo *atempera* los rencores pero también los significados... BRE020597 **32 brusquedad:** Esta brusquedad se *atempera* con la imagen romántica de los viejos tranvías, las regatas, la tamborrada... EPE270999

E ALGUNOS SUSTANTIVOS QUE DESIGNAN ACTITUDES RADICALES. POR EXTENSIÓN, TAMBIÉN CON OTROS QUE DESIGNAN MOVIMIENTOS, TENDENCIAS O IDEOLOGÍAS QUE EN OPINIÓN DEL QUE HABLA PUDIERAN CARACTERIZARSE POR MANIFESTARLAS: **33 radicalismo:** Daniel Ortega, candidato del Frente Sandinista, y Arnoldo Alemán, de Alianza Liberal, *atemperaron* su radicalismo para presentar su mejor cara de moderación. LVE181096 **34 fanatismo:** Aunque su vehemencia y fanatismo se han *atemperado* en las últimas temporadas, para la eternidad han quedado imágenes impactantes... EPE300399 **35 fundamentalismo:** Pero en otras páginas este fundamentalismo ideológico se *atempera*, y al tiempo que se reconoce el «papel fecundo»... ABC240295 **36 liberalismo:** Por un lado, los predicadores citados vienen cantando, explícita o implícitamente, las virtudes del retorno a casa, del camino de en medio, del liberalismo *atemperado*...

EME200695 **37 nacionalismo:** En todos los sentidos será mucho más práctico *atemperar* el nacionalismo de sus socios que demonizarlo. EME250896

F SUSTANTIVOS QUE DESIGNAN DIVERSAS MANIFESTACIONES DE HOSTILIDAD, DESAVENENCIA Y OTRAS FORMAS DE CONFLICTO: **38 crítica ++:** ...una opción más cercana a la dirección de la cadena, de crítica *atemperada* y talante menos reivindicativo. EPE181299 **39 polémica +:** ...considerando insuficientes unas declaraciones de la consellera, en las que intentó *atemperar* la polémica... LVE270495 **40 debate:** Pizarro insistió ayer en que el PSOE va a «impulsar» el diálogo (...) para *atemperar* el debate. EPE060399 **41 conflicto:** De un tiempo a esta parte vivimos un verdadero conflicto de poderes que el cambio de gobierno no ha *atemperado.* LVE130996 **42 disputa:** La herencia de la autovía del Leizarán, inaugurada en mayo de 1995, *atemperó* las disputas políticas... EPE270599 **43 contienda:** No está hecho el equipo para *atemperar*, enfriar la contienda, marcar el tempo, porque carece de jugadores... EPE100900 **44 protesta:** Se firman en Los Pinos, los suscriben los membretes empresariales, obreros y campesinos, (...) se firman en fin de semana con el propósito evidente de *atemperar* protestas... DYM061196 **45 embestida:** Los toros le punteaban constantemente la muleta, y ni la muñeca ni el pulso de Jesús Pérez lograban *atemperar* sus embestidas. EME050695 **46 guerra –:** Codorniu hizo ayer caso omiso de las recomendaciones (...) de *atemperar* la guerra del cava... EME170296 **47 riña –:** Las riñas violentas de nuestras pandillas las *atemperaba* el encuentro fortuito en la tierra quemada de cualquier pedrusco tiznado... ABC110895

G SUSTANTIVOS QUE DESIGNAN DIVERSAS MANIFESTACIONES DE LA INTRANQUILIDAD O EL DESASOSIEGO: **48 tensión +:** Luego, la tensión tiende a *atemperarse*, a la vista de que rara vez el trago es tan indigesto como lo pintan. EPE220699 **49 nervios +:** Esto le servirá de lección para *atemperar* sus nervios. EPE171099 **50 inquietud:** Arafat ha tratado de *atemperar* la inquietud de los habitantes, prometiendo que la ciudad donde nació Jesús, conservará su cariz turístico y de relativa prosperidad. EME221295

H SUSTANTIVOS QUE DENOTAN CONSECUENCIA DE UN HECHO O UN PROCESO: **51 efecto +:** Junto con la exigencia de llevar adelante políticas capaces de *atemperar* los crudos efectos del empobrecimiento, la falta de techo y de futuro... CLA170501 **52 consecuencia:** ...intentarán primero neutralizarla en su seguimiento, y después *atemperar* sus consecuencias políticas. EME040194 **53 impacto:** ...un procedimiento que, además de intentar *atemperar* con no poco cinismo el impacto político de la pérdida del Canciller, refleja las tensiones... CAP170797 **54 influencia:** ...esquema de poder conveniente para *atemperar* una excesiva influencia política en la actuación de las cajas de ahorros. LVE250695

I SUSTANTIVOS QUE DESIGNAN DIVERSAS MANIFESTACIONES VERBALES: **55 declaración:** ...hizo que los gobiernos árabes que participaban en la coalición antiiraquí moderaran sus actividades y *atemperaran* sus declaraciones públicas. ABC020793 **56 advertencia:** ...ya se encargará la primera de estas formaciones de *atemperar* las advertencias de la segunda... LVE130695 **57 discurso:** Hombre vehemente y firme, ha *atemperado* en los últimos tiempos su discurso radical. LVE230595 **58 palabra:** ...sus levantiscas huestes recompensaron las *atemperadas* palabras de Trillo con salva de oreja y vuelta al ruedo. LVE280396

J OTROS SUSTANTIVOS; POSIBLES USOS ESTILÍSTICOS: ...combinó celebraciones y penitencias, siendo estas últimas tan extremadas que han *atemperado* los gozos que nos aprestábamos a disfrutar en estos días... LVE300495; Atempere los espasmos de la bilis y responda con la tranquilidad que se espera de un presidente... LVE090295; No en vano, a sus pies, se extendía el mayor panorama gastronómico que puede darse en esta ciudad de las mil dietas y los mil pecados de gula *atemperados* por el bicarbonato y el agua de Vichy. LVE210795

□ Véase también: **acallar, aliviar, apaciguar, apagar(se), aplacar(se), calmar(se), dulcificar, magnificar, mitigar, sosegar(se), tranquilizar(se).**

atenazar *v.* **I** En su sentido literal de 'sujetar con tenazas o de manera similar' se combina con sustantivos que designan personas o cosas materiales. En su sentido figurado, más frecuente, admite frecuentemente como sujetos los sustantivos *miedo, angustia, terror* y otros que designan sensaciones potencialmente inmovilizadoras. Como complemento se combina con sustantivos que designan personas o colectivos, y también con...

A SUSTANTIVOS QUE DESIGNAN SENTIMIENTOS Y SENSACIONES, ASÍ COMO DIVERSAS FACULTADES Y CAPACIDADES HUMANAS: **1 libertad +:** ...durante diez años más *atenazó* la libertad de su hijo, hasta el punto de que éste llegara a profesarle un «odio ígneo»... ABC260393 **2 ánimo +:** ...en un constante sinvivir, con el ánimo *atenazado* y la capacidad de actuar y discurrir suspendida por... INDOC **3 sentimiento:** ...pueden desplegarse plenamente los buenos sentimientos, antes *atenazados* por el combate... EPE100699 **4 voluntad +:** ...constantes presiones que embotan los sentidos y *atenazan* la voluntad. INDOC **5 subjetividad:** ...es a la vez una reflexión sobre el desamparo del hombre moderno en la aldea global de la comunicación y el espectáculo que conforman el fin de siglo y los espejismos que rodean y *atenazan* la subjetividad. EME070195 **6 naturalidad:** Las tres piezas reclaman (...) naturalidad y distinción no *atenazadas* por la complejidad... ABC161092 **7 espontaneidad:** ...decenas de focos, cámaras y luces que cohíben a cualquiera y *atenazan* su espontaneidad. INDOC **8 liderazgo:** ...Anguita e IU siguen enredados en disputas internas como la que *atenaza* el liderazgo andaluz de la coalición. EME240496 **9 talento:** ...los nervios (...) *atenazaron* el talento de jugadores consagrados... EME020795

B SUSTANTIVOS QUE DESIGNAN PARTES, ELEMENTOS, ASPECTOS O COMPONENTES DEL SER HUMANO QUE REPRESENTAN SENTIMIENTOS, SENSACIONES O CAPACIDADES: **10 nervios +:** Las dos preguntas son las que *atenazan* los nervios al común de los mortales. EPE040199 **11 corazón:** ...se echó las manos al pecho, como queriendo arrancarse una garra que le *atenazaba* el corazón... ESP150597 **12 cabeza:** ...pidió a los ediles que «las viejas ideas no les *atenacen* ni la cabeza ni el corazón». EME300494 **13 lengua:** Se le *atenazó* la lengua al principio del recital y apenas sí podía articular. INDOC **14 alma:** ...el contraste con estas esculturas es tan grande como el que *atenaza* el alma de quienes visitan (...) el Museo del Egipto antiguo... ABC100395 **15 neurona:** ...Soledad Fernández, que *atenaza* las neuronas del «Método del oro»... ABC310792 **16 conciencia:** ...esta sed mítica de algo fundamental y fenomenal que *atenaza* la conciencia catalana, que la impulsa a obrar sin tregua... LVE240796 **17 memoria:** La importancia *atenazaba* la memoria y la terrible verdad, mucho más clara que otras veces, me impedía cualquier evocación... ABC221191 **18 espíritu:** ...escapar a los demonios que le persiguen y que *atenazan* su espíritu creativo... LVE240795 **19 voz:** ...uno de los compañeros, con la voz *atenazada* por la emoción, recordaba los detalles del último adiós... LVE161195

C SUSTANTIVOS QUE DESIGNAN ACTIVIDADES PÚBLICAS DE LAS QUE CABE ESPERAR CIERTO DINAMISMO, ASÍ COMO ALGUNAS INSTITUCIONES QUE LAS REPRESENTAN: **20 economía ++:** ...la recesión (...) *atenazó* la economía española... LVE121195 **21 mercado ++:** ...la bolsa tendrá que esperar (...) para que se despejen las incertidumbres que *atenazan* los mercados. FDV020101 **22 industria:** La crisis que *atenaza* a la industria aérea se extiende. EPE051001 **23 bolsa:** Pero, pese al mayor optimismo, la Bolsa sigue *atenazada* por muchas incertidumbres. EME220396 **24 política +:** Es raro que la recupere si no sabe romper con la inercia actual que *atenaza* a la política... LVE130895

D SUSTANTIVOS QUE DESIGNAN MEDIOS Y RECURSOS DESTINADOS A EXPRESARSE INDIVIDUAL O COLECTIVAMENTE. TAMBIÉN CON OTROS QUE SE REFIEREN A ALGUNAS MANIFESTACIONES DE ESAS FORMAS DE EXPRESIÓN O COMUNICACIÓN: **25 prensa +:** ...el intento de fijar precios monopolísticamente (...), dogal que *atenaza* la Prensa... ABC100295 **26 medio de comunicación +:** ...*atenaza* a sus opiniones públicas y medios de comunicación. EPE071101 **27 foro:** ...se combinan para producir una nueva angustia que *atenaza* a los foros internacionales... EME071096 **28 televisión:** En una televisión *atenazada* por el miedo a las novedades (...) no hay lugar para las experiencias... LVE240895 **29 prosa:** La prosa de Borges, tan suelta y expresiva, aparece aquí *atenazada* e irreconocible. ABC250992 **30 opinión:** ...*atenaza* a sus opiniones públicas y medios de comunicación. EPE071101 **31 periódico:** ...como cuando los periódicos estaban *atenazados* por las disposiciones oficiales del Ministerio de Información. INDOC

E DIVERSOS SUSTANTIVOS QUE DENOTAN MOVIMIENTO, CURSO O PROCESO EN MARCHA: **32 progreso +:** ...se reunirán (...) para buscar soluciones a los problemas que *atenazan* el progreso económico internacional. EME140695 **33 desarrollo +:** ...un proyecto (...) que *atenaza* el desarrollo del país. LVE280495 **34 movimiento:** El Real Madrid estudia una emisión de bonos por valor de 5.000 millones de pesetas para (...) paliar de esta forma la crisis financiera que *atenaza* sus movimientos... EME190194 **35 desenvolvimiento:** ...*atenazan* de modo excesivo y perjudican el normal desenvolvimiento de las cosas. EPE051001 **36 vida:** El artista no debe apoderarse de la realidad ni *atenazar* la vida; debe limitarse a escucharla. ABC291295 **37 tráfico:** El estacionamiento incorrecto (...) es uno de los grandes males que *atenaza* al tráfico en la ciudad. EPE110199 **38 transporte:** ...resolver los caos que *atenazan* los transportes en este país. EPE180799 **39 carrera:** No dejan que la nostalgia *atenace* sus carreras. EPE121099 **40 circulación:** Y ese aplazamiento (...) *atenazó* la circulación renovadora de las élites... EUV120996 **41 trabajo:** Y es ese sentimiento de la Naturaleza, lo que en verdad *atenaza* el trabajo (...) dentro de un mismo cauce... ABC210194

[atención] → llamar la atención

atención

♦ **a domicilio[37], constante, continuo, creciente, curativo[31], debido, delicado, desmedido[19], desmesurado[37], digno (de), domiciliario, escaso, escrupuloso, especial, específico, extremo, gran(de), intensivo[21], minucioso, particular, perentorio[51], personalizado, precario[45], preferente, preventivo[60], primario, psicológico, sanitario, singular, solícito, somero[14], sumo[17], telefónico, total** ♦ **con** ♦ **falta (de), foco (de), llamada (de), objeto (de)[8], toque (de)[3]** ♦ **acaparar, agilizar[59], atraer, atrapar, aumentar, brindar[4], captar[39], centrar, colmar (de), conceder[28], concentrar, concitar[1], conseguir, controlar, copar[15], cubrir(se) (de)[1], dar[18], decaer[15], dedicar[4], deshacerse (en)[10], despertar[1], desplazar[2], desviar[20], detener, dispensar[9], distraer, exigir, extremar, fijar, llamar, mantener, merecer, mirar (con), monopolizar, otorgar, polarizar, poner (en algo), prestar (a algo), prodigar[12], recabar[18], recibir, reclamar, redundar (en)[32], retirar, seguir (con), solicitar**

☐ Véase también: **atentamente, control, cortesía, cuidado, esmero, miramiento, ojo, precaución, prudencia, tiento, tutela, vigilancia.**

ATENCIÓN

♦ (SUSTANTIVOS) Véase: **absorbente[D], a domicilio[F], andarse (con)[A], brindar[A], burlar[A], concitar[A], curativo[E], desmantelar[F], despertar[A], desplazar[A], desviar[C], dilatado[B], dispensar[A], disuasorio[H], equitativo[H], estrechar[E], estrecho[E], estricto[B], exhaustivo[C], eximir (de)[E], férreo[D], impartir[F], integral[B], intensivo[E], objeto (de)[B], paliar[L], preventivo[I], prodigar[B], sumo[C], velar (por)[B]**

♦ (VERBOS) Véase: **a cuerpo de rey[A], a domicilio[C], al detalle[C], celosamente[A], con interés[A], de cerca[E], en primera línea[A], estrechamente[C], férreamente[B], fuertemente[H], gentilmente[B], intensamente[I], lealmente[D], sin ambages[D]**

☐ Véase también: CONTROL; FAVOR; PERCEPCIÓN.

ATENCIÓN Y CUIDADO Véase:

♦ **desprevenido**

♦ **con pies de plomo**

♦ **amparo, atención, cobijo, control, cuidado, custodia, esmero, miramiento, ojo, precaución, prevención, protección, prudencia, tutela, vigilancia**

♦ **adecentar, atender, comprobar, controlar, cuidar, cumplir, custodiar, descuidar, encargar(se), ocupar(se), pasar revista (a), proteger, respetar, verificar, vigilar**

☐ Véase también: ***ATENCIÓN Y VIGILANCIA; DETALLE Y PRECISIÓN; MANTENIMIENTO, PROTECCIÓN Y RESISTENCIA.***

ATENCIÓN Y VIGILANCIA Véase:
♦ **atención, control, cuidado, custodia, esmero, inspección, marcaje, miramiento, ojo, pies de plomo, precaución, presión, prevención, prudencia, revisión, revista, tutela, vigilancia**
♦ **atender, controlar, cuidar, encargar(se), guiar, inspeccionar, observar, ocupar(se), pasar revista (a), supervisar, vigilar**
☐ Véase también: *ATENCIÓN Y CUIDADO.*

atender ♦ **complacido, encantado, gustoso[28], solícito** ♦ **adecuadamente, a domicilio[19], como es debido, concienzudamente[15], con gusto, con los cinco sentidos, cordialmente[6], correctamente, cortésmente, debidamente, de inmediato, de pasada[10], directamente, económicamente, eficientemente, en persona[28], especialmente, exclusivamente, fielmente, fríamente, fundamentalmente, gentilmente[10], gustosamente, inmediatamente, parcialmente, personalmente, prioritariamente, punto por punto[52], puntualmente, rápidamente, regularmente, responsablemente, simultáneamente, telefónicamente** ♦ **asunto, carencia, caso, cliente, compromiso, cuestión, demanda, denuncia, emergencia, enfermo, explicación, gasto, llamada, necesidad, obligación, persona, petición, problema, público, queja, reclamo, reivindicación, requerimiento, salud, servicio, situación, solicitud, urgencia**
☐ Véase también: **controlar, cuidar, cumplir, encargar(se), escuchar, observar, ocupar(se), preocupar(se), respetar, vigilar.**

atenerse (a) *v.* ▮ Se combina con...

A SUSTANTIVOS QUE DENOTAN NORMA, REGLA O DISPOSICIÓN. TAMBIÉN CON OTROS QUE DESIGNAN EL CONJUNTO DE ELLAS O LA CONDICIÓN QUE LAS CARACTERIZA: **1 ley ++:** El dato es clave, pues si los lores se *atienen* a la ley británica... CLA230199 **2 norma ++:** ...dijo que hay que *atenerse* a las normas del funcionamiento democrático. ENH130297 **3 regla ++:** El único cosmopolita que se *atuvo* a las reglas fue... CAP060297 **4 legalidad +:** ...debería *atenerse* a la legalidad como se ha hecho en otras comunidades... EPE180499 **5 derecho +:** ...se *atendrá* al derecho y buscará todos los instrumentos jurídicos contra la ley. DYM010996 **6 legislación:** ...los asegurados se *atendrán* a la legislación del país... LNC190297 **7 precepto:** ...nos *atendremos* al precepto de la Biblia que dice que a los hombres los juzgarán o los conocerán por sus hechos. GIC080896 **8 normativa:** ...se *atiene* a la normativa vigente del Plan General de Madrid. ABC100993

B SUSTANTIVOS QUE DENOTAN RAZÓN, CRITERIO O PRINCIPIO DE ACTUACIÓN: **9 principio ++:** ...se *atiene* a los principios de sus relaciones con Pekín. DLA240297 **10 criterio ++:** ...para *atenerse* a los criterios de convergencia para la unión económica... LVE020795 **11 razón ++:** ...un oyente o lector concienzudo querrá *atenerse* a las razones que dan todos. EME111195 **12 argumento +:** ...siendo los Estados Unidos los que se inclinarían por una solución pragmática que no se *atuviera* a los argumentos históricos y jurídicos del pasado. CAP161097 **13 concepto +:** El autor, por ejemplo, dice que va a *atenerse* al concepto tradicional de «palabra»... ABC061192 **14 espíritu +:** Hay que *atenerse* al espíritu del acuerdo... LVE020294 **15 teoría:** De *atenernos* a la teoría desestabilizadora, estaríamos frente a un golpe de las viejas estructuras políticas y económicas de México por impedir cierta apertura democrática... LVE300994 **16 tesis:** La resolución de la Sala (...) se *atiene* a la tesis planteada por el letrado... ENC300301 **17 directriz +:** ...se *atienen* a las directrices de la UE en los últimos años. LVE271196 **18 dictado +:** Entonces Le Carré decide *atenerse* al dictado de los acontecimientos. LVE170395 **19 actitud:** Y si hay que *atenerse* a su actitud de ayer, queda Compay Segundo para rato. EPE241199 **20 hipótesis:** ...no se puede desarrollar una argumentación si uno no se *atiene* a sus propias hipótesis. INDOC

C SUSTANTIVOS QUE DENOTAN PETICIÓN O EXIGENCIA: **21 orden ++:** Se *atuvo* a las órdenes de tres civiles que estaban por encima de él... EME250596 **22 condición +:** Para la composición del grupo se *atuvo* a las condiciones de la rendición. ABC201192 **23 exigencia +:** ...se *atendrán* a las exigencias de la Unión Europea. ENV060297 **24 recomendación:** Si no fuera así, con Alicia en el país de la maravillas, habría que *atenerse* a recomendaciones del gato de Cheeshire, cuya sonrisa era lo último que se desvanecía... EXC000901

D SUSTANTIVOS QUE DENOTAN DECISIÓN, GENERALMENTE ACORDADA. TAMBIÉN CON OTROS QUE DESIGNAN ALGUNOS EFECTOS NATURALES DE LAS ACCIONES CONCERTADAS: **25 dictamen:** ...el principal argumento para no *atenerse* a su dictamen. EPE301099 **26 acuerdo ++:** ...tiene la responsabilidad de *atenerse* a los acuerdos para salvar un proyecto... DYM061196 **27 decisión ++:** Debemos aceptar y *atenernos* a sus decisiones. EXC031000 **28 compromiso +:** Si todos nos *atuviésemos* seriamente a los compromisos contraídos... HOY030397 **29 pacto +:** ...su club se *atendrá* al pacto suscrito recientemente en Ginebra... LVE220296 **30 resolución +:** ...los acusadores se *atuvieron* a las resoluciones de los tribunales... HOY140497 **31 convenio:** ...su procesamiento no se *atiene* a los convenios internacionales... LVE260695 **32 contrato:** ...vender libremente sus derechos sin *atenerse* al contrato vigente. LVE310896

E SUSTANTIVOS QUE DESIGNAN DIVERSOS ESTADOS DE COSAS CONSIDERADOS PRESENTES, REALES O AUTÉNTICOS. TAMBIÉN CON OTROS QUE EXPRESAN ALGUNAS DE LAS CIRCUNSTANCIAS QUE LOS ACOMPAÑAN O SE SIGUEN DE ELLOS: **33 realidad ++:** ...que quiere *atenerse* a la realidad... ABC070593 **34 hecho ++:** Cordial y realista, se *atiene* a los hechos. LVE051196 **35 consecuencia ++:** ...el autor de la publicación deberá *atenerse* a las consecuencias legales de sus actos... LNA110792 **36 verdad +:** ...han comprobado a través de muchos detalles que se *atiene* a la verdad. EME170696 **37 experiencia +:** Núñez se *atiene* a la experiencia del año pasado. EPE301199 **38 circunstancia +:** ...las concreciones jurídicas que se derivan de él han de *atenerse* a las circunstancias de lugar y tiempo. LVE261095 **39 situación:** Cada participante (entre dos y seis, por lo general) adopta el papel de un personaje, que debe *atenerse* a las situaciones, dirigidas por un árbitro... LVE171295

F EL SUSTANTIVO *CONTENIDO*, ASÍ COMO CON OTROS QUE DESIGNAN MANIFESTACIONES VERBALES, EN REFERENCIA A LA INFORMACIÓN QUE CONTIENEN: **40 con-**

tenido ++: ...una traducción (...) que evita errores (...) porque se *atiene* al contenido original... LVE251096 **41 letra +:** ...Marruecos se *atiene* estrictamente al espíritu y a la letra de los acuerdos... EPE150580 **42 declaración +:** La derrota de Avelino Porto parece destinada, al menos en estas primeras horas, a tener más efectos nocivos (...), si uno se *atiene* a ciertas declaraciones. ECA010792 **43 palabra +:** Y se *atienen* a las palabras del representante comercial... CLA080501 **44 mensaje:** ...recoge en 38 páginas los mensajes (...) a los que deberán *atenerse* todos los candidatos... LVE030296 **45 explicación:** Sin embargo, a ese respecto debo decirle que el Gobierno marroquí se siente satisfecho y se *atiene* a las explicaciones que nos fueron dadas... EPE150580 **46 enunciado:** ...cada uno hizo lo que le vino en gana sin *atenerse* al enunciado genérico. LVE171196

G SUSTANTIVOS QUE DENOTAN MÉTODO O PAUTA DE ACTUACIÓN: **47 guión +:** ...se *atuvo* al guión de los informes que ya ha elaborado el Tribunal de Cuentas... LVE080494 **48 código +:** ...para *atenerse* a un código comunicativo más accesible, lleno de propósitos morales... ABC240395 **49 método:** ...debe *atenerse* a los métodos que las leyes (...) contemplan para repeler esas actitudes. ETC180497 **50 programa +:** Dijo que ha sido autocrítico y que el candidato debe *atenerse* a un programa... EUV160796 **51 pauta:** Hasta los presuntamente más distantes del criticado caso de doña Pilar Rahola y don Vicente González Lizondo (...) se *atuvieron* a la pauta versallesca... EME210494 **52 modelo:** ...ha optado por seguir el modelo de conducta al que se *atuvo* el propio González en 1982 con respecto a la UCD y al mismo Calvo Sotelo. EME130194 **53 patrón:** ...cuya conducta no logra *atenerse* a un patrón de credibilidad definido... EXC090596 **54 metodología:** Sus críticas despectivas para filósofos y teólogos, por no *atenerse* a una metodología... LVE060395 **55 canon:** ...el impulso de la lectura no se *atiene* a cánones orientales ni occidentales... ABC260393 **56 estándar –:** ...que se *atuvieran* en sus vidas a los estándares morales que profesan... LVE230395

H SUSTANTIVOS QUE DENOTAN PLAN O ESTRATEGIA: **57 estrategia +:** ...debe *atenerse* a la «estrategia de alianzas» marcada por los resultados... LVE160996 **58 plan +:** ...una autobiografía se *atiene* a un plan y un fin... ABC220494 **59 orientación:** ...deben *atenerse* a las orientaciones y decisiones de los órganos de dirección... LVE120195 **60 política:** Tenemos una clara política pacífica (...) y a ella nos *atendremos*... LVE110396 **61 línea:** ...la medida (...) se *atiene* a las líneas directrices fijadas por la Unión Europea... EPE041001

I SUSTANTIVOS QUE DENOTAN FUNCIÓN U OBJETIVO. TAMBIÉN CON OTROS QUE DESIGNAN ACTUACIONES FORZADAS O SUJETAS A CIERTA RESPONSABILIDAD: **62 misión +:** La actitud de las autoridades (...) no se *atiene* a la misión que tienen encomendada... EME310595 **63 fin +:** ...no se *atiene* ni a la legalidad ni a los fines que justifican la actuación administrativa. LVE101196 **64 objetivo +:** La región se *atuvo* a sus objetivos durante la crisis de su divisa... LVE011296 **65 función +:** ...los poderes públicos debían *atenerse* a la función de garantizar la paz civil... EPE011089 **66 obligación:** ...los signatarios del acuerdo de paz han de *atenerse* a sus obligaciones... LVE061296 **67 papel:** ¿O viven superficialmente papeles a los que se *atienen*? EUV100297

J SUSTANTIVOS QUE DENOTAN PLAZO O DISTRIBUCIÓN TEMPORAL DE ALGO, ESPECIALMENTE SI ESTÁ PREFIJADA: **68 fecha +:** Sin embargo, nuestro calendario no se *atiene* a esas fechas. EPE241299 **69 calendario +:** ...deben *atenerse* al calendario oficial de verificación. EXC020197 **70 plazo +:** ...deberá encarar en 1992 esta perspectiva, si pretende *atenerse* a los plazos. LVG301091 **71 cronología:** ...sabe que no basta con *atenerse* a la cronología y los hechos... ABC060893

K SUSTANTIVOS QUE DESIGNAN MAGNITUDES ECONÓMICAS ESTABLECIDAS O ESTIPULADAS: **72 presupuesto +:** Tenemos que limitar nuestras actividades y *atenernos* al presupuesto... ABC031195 **73 precio +:** ...podría ser cierto de *atenernos* al precio medio por metro cuadrado... EME090595 **74 valor +:** Atenerse al valor venal significa que se indemnizará de acuerdo a la tasación... EME280295

L SUSTANTIVOS QUE DESIGNAN DATOS O RESULTADOS: **75 información +:** Ello obliga a la Secretaría a *atenerse* (...) a la información que le proporcionan... LNA230692 **76 dato +:** ...se *atiene* a los datos fidedignos que de ella se extrae. LVE061296 **77 cifra +:** ...se *atuvo* a las cifras publicadas al referirse al recorte en el ejercicio de este año... EME220596 **78 resultado +:** ...el candidato se *atendría* a ese resultado más la votación de los votos del extranjero. ENH141100 **79 número:** Debería *atenerse* más estrictamente a los números de las facturas. INDOC **80 estadística:** ...en sus decisiones la Junta se *atiene* a las estadísticas de costos... DLA210697 **81 indicador –:** ...proporcionar al gobierno municipal unos indicadores a que *atenerse*. LVE060696

M SUSTANTIVOS QUE DENOTAN ACTIVIDAD FRECUENTE: **82 costumbre +:** ...una tradicional costumbre a la que no hay más remedio que *atenerse*. INDOC **83 tradición:** Primo Levi se lo decía a Giulio Einaudi: hay que *atenerse* a una tradición moral, no política... ABC221294 **84 práctica +:** ...se *atiene* a la práctica del fabordón, más acorde con la época. ABC080193 **85 uso +:** ...organizar análisis que se *atienen* a los usos lingüísticos... ABC030492

N OTROS SUSTANTIVOS; POSIBLES USOS ESTILÍSTICOS: ...han tenido que *atenerse* a esta pintura descarnada... ENH110198; No se *atienen* a ninguna cautela porque no la precisan. ABC151295; ...le gusta (...) *atenerse* también al misterio que guarda el progreso de su discurso. ABC060594

▩ Se combina también con: ♦ **escrupulosamente⁴, estrictamente, literalmente**

☐ Véase también: **ceñir(se) (a)**.

a tenor (de) *loc.prep.* ▌Se construye frecuentemente con grupos nominales encabezados por *lo* en los que se hace referencia a la experiencia generalmente inmediata *(a tenor de lo que se dice en la calle; a tenor de lo visto; a tenor de lo que se oye)*. Se combina también con sustantivos que designan manifestaciones verbales o comunicativas, especialmente si se refieren a la expresión de opiniones *(declaración, comentario, manifestación)* o al diálogo *(discusión, conversación, debate)*. Admite sustantivos que designan diversos textos de carácter informativo *(informe, escrito, documentación)*, legal o normativo *(ley, norma, disposición)* y varios sustantivos abstractos que designan alguna toma de postura *(decisión, propuesta, iniciativa)*. Admite otros muchos sustantivos, pero destacan especialmente su combinaciones con...

A SUSTANTIVOS QUE DESIGNAN OTRAS INFORMACIONES, MÁS FRECUENTEMENTE ACONTECIMIENTOS QUE SE PRODUCEN O SE HAN PRODUCIDO RECIENTEMENTE. SE CONSTRUYEN A MENUDO EN PLURAL: **1 circunstancia ++**: ...*a tenor* de las circunstancias, puede estar seguro de que nada va a cambiar. LVE241296 **2 acontecimiento ++**: Sin embargo, *a tenor* de los acontecimientos, los ceses no han sido más que una maniobra política... EME070795 **3 situación ++**: A tenor de la situación que estamos viviendo, consideramos que sería de gran ayuda la colaboración... INDOC **4 hecho +**: A tenor de estos hechos, la Dirección General de Farmacia procedió (...) a retirar un modelo de dichos implantes... LRE160103 **5 noticia:** A tenor de esta noticia y de otras análogas (...) cabe preguntarse por qué en España no se asume la responsabilidad de dimitir. EME051295

B SUSTANTIVOS QUE DENOTAN JUICIO, VALORACIÓN O ANÁLISIS. TAMBIÉN CON OTROS QUE DESIGNAN EL CONJUNTO DE IDEAS ESTABLECIDAS SIGUIENDO CIERTOS PRINCIPIOS: **6 estimación +**: A tenor de esta estimación, el consumo privado (...) se halla ahora próximo al estancamiento. LVE080795 **7 consideración:** El reciente adiós madridista a la Liga de Campeones es un arma de doble filo, *a tenor* de las consideraciones del entrenador guipuzcoano. EME240396 **8 interpretación:** A tenor de la interpretación del artículo, están exentos de responsabilidad. INDOC **9 criterio:** Y esa opción era la confección de las candidaturas a las Cortes Valencianas, que Romero quiso hilar *a tenor* de los criterios que juzgó más eficaces... EPE280399 **10 juicio:** ...*a tenor* de sus juicios parecía más bien un enólogo. EPE180199 **11 valoración:** Los interventores Francisco Javier Escobosa, Antonio Moreno y Javier Jara consideran en su informe que, *a tenor* de su valoración, la empresa puede continuar... EME030896 **12 hipótesis:** La patronal francesa, *a tenor* de esta hipótesis, teme que la moneda única «tuviera como efecto paradójico el consagrar una unión franco-marco»... LVE220396 **13 teoría:** A tenor de su teoría, sin duda basada en la personalidad de quien durante muchos años fue su jefe, esta actitud expresa amabilidad... EPE170900 **14 ideología –**: ...lo más que hacen es divertirse con ciertos lances (...), *a tenor* de la ideología o de los intereses de cada uno. EME130296

C SUSTANTIVOS QUE DESIGNAN DATOS, INFORMACIONES, RESULTADOS Y OTROS INDICADORES ANÁLOGOS QUE SE INTERPRETAN COMO TALES: **15 resultado ++**: ...parece inclinarse por aumentar los tipos de interés(...), *a tenor* de los resultados del último informe... DLA080597 **16 dato ++**: Su celebración parece plenamente justificada *a tenor* de los datos revelados... LVE140696 **17 cifra ++**: La evolución de las exportaciones de mercancías, *a tenor* de las cifras de aduanas, es excelente... LVE021196 **18 prueba +**: ...no dijo la verdad, *a tenor* de las pruebas... EME140696 **19 indicio +**: Un sacrificio que a muchos (...) les parece excesivo *a tenor* de los indicios apuntados hasta el momento. EME210796 **20 factor:** La erosión de Chirac es particularmente grave *a tenor* de varios factores. LVE250995 **21 índice:** ¿Han de planificar sus emisiones *a tenor* de unos índices cuantitativos de audiencia, que no cualitativos? ABC280495 **22 indicador:** La distancia que media entre dos generaciones es amplísima, *a tenor* de sólo dos indicadores... LVE290895

D SUSTANTIVOS QUE DESIGNAN EL RESULTADO DE ADQUIRIR, PROCESAR O ESTUDIAR ALGUNA INFORMACIÓN: **23 encuesta +**: Y *a tenor* de las encuestas, la propuesta de más de lo mismo no parece entusiasmar a los norteamericanos. EPE130800 **24 sondeo:** ...han llevado una estrategia menos ruidosa que en comicios anteriores, pero más efectiva, *a tenor* de los sondeos publicados... EME110694 **25 estudio:** ...circulaban diariamente en el año 1997, *a tenor* de los estudios de Aucat, 31.157 vehículos. EPE200599 **26 análisis:** A tenor de los análisis oficiales, el gasóleo de dicha estación presentaba un alto contenido de agua. EPE120999 **27 investigación:** ...ha quedado prácticamente descartada, *a tenor* de las investigaciones realizadas... LVE141295 **28 cálculo +**: A tenor de los cálculos del vecindario son 6.000 los vecinos que cotidianamente lo atraviesan... EPE010876 **29 estadística:** A tenor de las estadísticas, (...) están, pues, de enhorabuena. LVE040896

E ALGUNOS SUSTANTIVOS QUE DENOTAN ACTIVIDAD O FORMA DE ACTUAR. TAMBIÉN CON OTROS QUE DESIGNAN ALGUNAS DE LAS ACTITUDES CON LAS QUE SE ABORDA O EJERCE: **30 actuación +**: ...*a tenor* de las actuaciones en curso (...) se puede determinar la prescripción o no de las declaraciones... EME210494 **31 conducta:** ...*a tenor* de las variadas conductas que el nuevo Código Penal tipifica... LVE271196 **32 comportamiento:** Eso de que el Estado somos todos no está claro *a tenor* de algunos comportamientos. EME030194 **33 participación:** A tenor de la participación en el concurso, el futuro de la ópera está más que asegurado. ABC201095 **34 intervención:** A tenor de la intervención (...), la situación no deja de tener una tendencia al blanco esperanza... LVE220396 **35 reacción:** A tenor de las reacciones de la oposición, las elecciones municipales presentaron serios indicios de fraude... LVE180995

F SUSTANTIVOS QUE DESIGNAN SITUACIONES O ESTADOS DE CONTRARIEDAD, CONFLICTO O CARENCIA. SE CONSTRUYEN GENERALMENTE EN PLURAL: **36 necesidad +**: A tenor de las necesidades (...), la ayuda se ha destinado a la edición y en otros casos a la promoción. EPE060199 **37 ausencia:** ...*a tenor* de la ausencia de oportunidades, todo quedó en el intento... EME190296 **38 crisis:** ...las conversaciones (...) parecían incluso enterradas, *a tenor* de la profunda crisis económico-financiera... EME120595 **39 crítica:** ...la obra se retiró al cabo de una semana, *a tenor* de las fuertes críticas recibidas. INDOC

G OTROS SUSTANTIVOS; POSIBLES USOS ESTILÍSTICOS: Una elección muy acertada la de estos dos integrantes de Big Chief, *a tenor* de la miga que tuvo el concierto. LVE261196; Asesinado el Rey, gran conmoción, confusión, dolor, honras fúnebres *a tenor* de la pompa debida... EME120895

atentado ♦ abominable, atroz, brutal, criminal, cruento, demoledor, espeluznante, execrable[5], fallido, flagrante[3], frustrado, grave, incalificable, macabro, monstruoso, mortal, mortífero, repugnante, sangriento, sanguinario, siniestro, suicida, terrible, terrorista, tremendo, vil, violento ♦ causas (de), intento (de), objeto (de)[46], ola (de)[11],

secuelas (de) ♦ abortar, atribuir (a alguien), cometer[31], condenar, confesar[13], consumar(se)[3], denunciar, desbaratar[43], efectuar, ejecutar[40], esclarecer, frustrar(se), impedir, imputar[6], investigar, llevar a cabo, maquinar, ocurrir, organizar, participar (en), perpetrar, planear, preparar, prodigar[33], producir(se), realizar, reivindicar, reprobar, sufrir, tener lugar, tramar, urdir[23]

☐ Véase también: **agresión, asesinato, atropello, crimen, delito, tropelía.**

atentamente

atentamente *adv.* ▮ En el sentido de 'con la atención puesta en lo que se hace', se combina con...

A VERBOS QUE DESIGNAN LA APLICACIÓN DE LA VISTA, EL OÍDO O EL ENTENDIMIENTO A ALGÚN ASUNTO: **1 observar ++:** El marcador de punta será observado *atentamente* hasta último momento por el cuerpo médico... LNP130397 **2 escuchar ++:** ...escuchó *atentamente* el mensaje (...), pero evidentemente no estuvo de acuerdo con algunos de los párrafos... ACP120996 **3 mirar:** ...su modo de estar en la pintura (...) y seducir a quien mire *atentamente* uno de sus cuadros. ABC151295 **4 contemplar:** Imposible saberlo (...) tras contemplar *atentamente* este microcosmos, como si fuera nuestro vecino. ABC091092 **5 fijarse +:** ...cabría fijarse *atentamente* en la modificación de sus conductas... EUV030996 **6 espiar −:** ...de pronto se ve espiando *atentamente* el trasiego con que ellos y ellas viven... ABC191193 **7 oír:** Conviene oírle *atentamente* porque tales jefaturas concretan los instrumentos de poder... LVE120995 **8 escudriñar:** ...un estratega (...) escudriñaba *atentamente* a Fox, estudiaba sus modales... EXC070901 **9 ver:** Para ejercer ese derecho con responsabilidad, estuve viendo *atentamente* por televisión el aniversario sandinista. LPN240797 **10 visionar −:** ...dijo haber visionado *atentamente* 14 videos de Giovanni «porque no me fío de los entrenadores». LVE190696

B VERBOS QUE DENOTAN EXAMEN, INTERPRETACIÓN O ENJUICIAMIENTO DE ALGO: **11 analizar ++:** ...márgenes de interpretación que deben ser analizados muy *atentamente.* LVE171096 **12 considerar ++:** ...la importancia que Bolívar daba a la vigencia de la justicia en la sociedad, lo llevaba a considerar muy *atentamente* la condición de los jueces... EUV060499 **13 examinar ++:** ...vamos a examinar *atentamente* si todavía podemos dar un nuevo paso... LVE121295 **14 leer ++:** ...contestó con un comunicado –publicado ayer– que es necesario leer *atentamente.* LNA120792 **15 releer +:** Ya releído *atentamente* el conjunto de los documentos, una voz de alerta en mi conciencia me hizo detenerme... ENV240700 **16 estudiar +:** ...estudiaré *atentamente* la lista de candidatos y me pronunciaré entonces si sigo... LVE300994 **17 indagar:** ...todo el mundo indagaría *atentamente* si el ex fiscal tenía las manos limpias. LVE050196 **18 repasar:** ...repasamos *atentamente* los rasgos... EPE290399 **19 revisar:** Uno, serio, introvertido, reflexivo, que revisa *atentamente* las últimas visiones del periodo cubista... ABC311292 **20 valorar:** ...en el resto de España todo lo que sucede en Cataluña se «valora *atentamente*»... LVE100995

C VERBOS QUE DENOTAN VIGILANCIA, PROTECCIÓN O SEGUIMIENTO DE ALGO: **21 vigilar ++:** ...un especialista vigila *atentamente* al paciente auxiliado de un moderno equipo... GIC080896 **22 cuidar:** Cuida *atentamente* propiedades y todo lo doméstico. ENH140797 **23 tutelar:** Otros 17 ediles (...) tutelarán *atentamente* su gestión. LVE270695 **24 seguir +:** Y esto no sólo se ha hecho carne en los peldaños superiores del Gobierno sino que, además, es seguido *atentamente* por los operadores económicos... ECA190792

D VERBOS QUE DENOTAN REGISTRO DE INFORMACIÓN: **25 registrar:** ...registró *atentamente* las tragedias a su alrededor... EPE061001 **26 tomar nota +:** «Seguí ocupándote del caso», dicen que fue la orden dada. Y Conde tomó nota *atentamente.* CLA030497 **27 apuntar:** Ah!, el placer de verse rodeado de periodistas apuntando *atentamente* cada una de tus palabras y leerlas, al día siguiente, negro sobre blanco, reproducidas en los periódicos. LVE101195

☐ Véase también: **atención.**

▮ En el sentido de 'con amabilidad o cortesía', se usa como fórmula protocolaria de despedida en las cartas. Se combina asimismo con muchos verbos que designan acciones dirigidas a algún destinatario, pero especialmente con los que denotan ofrecimiento *(ofrecer, invitar, ceder),* así como con los que expresan la realización o la puesta en práctica de algún servicio o la manifestación de alguna deferencia *(servir, ocuparse, hacerse cargo).* También se combina con...

E VERBOS QUE DENOTAN SALUDO O DESPEDIDA: **28 despedirse ++:** Se despide *atentamente* de Ud., felicitándolo por la excelente sección cultural... HOY191083 **29 saludar ++:** La Embajada de Colombia saluda *atentamente* a la Honorable Secretaría de Estado de Relaciones Exteriores... RUM250897

F VERBOS QUE DENOTAN PETICIÓN O SOLICITUD CON DIVERSOS GRADOS DE RESPETO O CORTESÍA: **30 solicitar ++:** ...aprovecho la presente para solicitarle *atentamente* que (...) se haga del conocimiento de la opinión pública lo siguiente... PME250896 **31 rogar +:** Le ruego *atentamente* publicar esta carta. PME210796 **32 suplicar:** Le suplico *atentamente* se sirva publicar (...) la siguiente carta... EXC170896

G VERBOS QUE DESIGNAN OTRAS MANERAS DE MANIFESTAR INFORMACIONES VERBALES DIRIGIDAS A OTROS: **33 dirigirse:** ...*atentamente* nos dirigimos a usted, por el respeto que nos merece... SVG110597 **34 contestar:** La premura del tiempo (...) no le impidió contestar *atentamente* a algunas preguntas... LVE191196 **35 comunicar:** ...*atentamente* les comunicamos que su suscripción ha sido renovada. INDOC **36 informar:** Atentamente les informo que el predio al cual ustedes se refieren no ha sido cedido al Distrito Capital. ETC111196

☐ Véase también: **fijamente.**

atentar (contra)

atentar (contra) Véase: **atentatorio (contra)**

atentatorio (contra)

atentatorio (contra) *adj.* ▮ Admite las variantes menos usadas *atentatorio a (atentatorio a la moral)* y *atentatorio de (atentatorio de la ley).* Se combina con...

A SUSTANTIVOS QUE DENOTAN HONRADEZ O RECTITUD EN LA FORMA DE OBRAR. TAMBIÉN CON OTROS QUE EXPRESAN LA CONSIDERACIÓN O LA ESTIMA QUE SE TIENE DE LOS DEMÁS: **1 dignidad ++:** Dicha campaña nos parece insultante y *atentatoria* contra la dignidad de las mujeres... EPE030199 **2 honor** +: ...sino por un cúmulo de expresiones y actuaciones *atentatorias* contra mi honor... EME280196 **3 integridad** +: ...derecho que tienen los menores a que no se les implique en comportamientos *atentatorios* contra la integridad de las personas... EPE271199 **4 prestigio** +: ...una serie de conductas (...) que considero gravemente *atentatorias* contra mi honor y prestigio profesional... EPE231299 **5 imagen** +: ...la modificación de un anuncio (...) por considerarlo «insultante y *atentatorio* contra la imagen de la mujer». EPE160399

B SUSTANTIVOS QUE DENOTAN LIBERTAD O AUTONOMÍA DE ACTUACIÓN: **6 independencia** +: ...estas declaraciones, por considerarlas *atentatorias* a la independencia del poder judicial... LVE150295 **7 soberanía** +: ...al considerarla *atentatoria* contra la soberanía de los pueblos... EXC080696 **8 libertad** +: ...la obligación para todo profesional universitario, de colegiarse (...) es *atentatoria* contra su libertad. ESH230497 **9 autonomía:** ...condenó la carga policial por inaceptable, desproporcionada y *atentatoria* contra la autonomía universitaria. EPE190199

C SUSTANTIVOS QUE DESIGNAN DERECHOS, ASÍ COMO OTRAS IDEAS FUNDAMENTALES QUE RIGEN EL PENSAMIENTO O LA CONDUCTA: **10 derecho** ++: ...comportó una discriminación *atentatoria* contra el derecho a la libertad sindical... EPE050499 **11 moral** ++: Se le acusó de un comportamiento *atentatorio* contra la moral pública. INDOC **12 principio** +: ...consideraba la iniciativa vasca «auténticamente *atentatoria* contra el principio de igualdad entre las comunidades españolas». EME130996 **13 fundamento** +: ...tiene efectos profundamente antidemocráticos primero e, incluso, más allá, *atentatorios* contra los fundamentos de la integración política. LVE260395 **14 valor** +: ...sostiene políticas claramente *atentatorias* contra los valores democráticos y contra la estabilidad balcánica. EPE151199 **15 ética:** ...existían indicios racionales de que su conducta pudiera ser *atentatoria* contra la ética... EME140494

D SUSTANTIVOS QUE DESIGNAN EXPRESIONES DE LA PRIVACIDAD: **16 intimidad** +: ...la prueba se obtuvo ilícitamente, mediante un procedimiento *atentatorio* a la intimidad... EPE230399 **17 vida privada:** ...cualquier artículo o fotografía *atentatoria* a su vida privada y a su derecho a la imagen será... LVE140996

E SUSTANTIVOS QUE DENOTAN NORMA O USO: **18 ley:** ...condena cualquier actuación policial *atentatoria* de la Ley y los Derechos Humanos... EME280495 **19 constitución:** ...al considerar un acuerdo de esa naturaleza no sólo innecesario, sino *atentatorio* contra la Constitución... EXC040901 **20 regla:** ...vulnera varios artículos de la Constitución Nacional y es *atentatorio* de las reglas básicas del derecho económico... EUV300696 **21 costumbre:** Ideado para engullir (...) los hechos *atentatorios* a las buenas costumbres. EPE050178

F SUSTANTIVOS QUE DESIGNAN SISTEMAS DE GOBIERNO ESTABLECIDOS O ACEPTADOS, ASÍ COMO LAS INSTITUCIONES QUE LOS EJERCEN: **22 estado:** ...y por algo tan *atentatorio* contra el Estado de Derecho como los GAL. EME050695 **23 democracia:** ...formada en democracia, no puedo participar en lo que considero *atentatorio* a ella. EPE250899 **24 parlamento:** ...una nota leída en el telediario de ayer a mediodía, que el representante comunista consideró gravemente *atentatoria* contra el Parlamento. EPE150580

G SUSTANTIVOS QUE DESIGNAN DIVERSOS BIENES O SERVICIOS, PERSONALES O COLECTIVOS, MÁS FRECUENTEMENTE LOS RELATIVOS AL BIENESTAR O LA PROSPERIDAD DE LOS INDIVIDUOS: **25 salud:** ...demostrar flexibilidad en la negociación (...) para impedir aumentos *atentatorios* contra la buena salud del sector... EME120196 **26 sanidad:** ...las distintas políticas desarrolladas por el Gobierno (...) *atentatorias* contra la sanidad... EPE040699 **27 educación:** La propuesta de ese partido es *atentatoria* contra la educación pública. INDOC **28 bienestar:** ...volvió a pronunciarse en contra de ella como *atentatoria* del bienestar de los pueblos caribeños... GIC010197 **29 seguridad:** Ha sido una medida desafortunada y *atentatoria* contra la seguridad de los motoristas... LVE260796

☐ Véase también: **ofender**.

atenuante ▮ *(adj.)* ♦ **acción, causa, circunstancia, factor**
▮ *(sust.fem.)* ♦ **grave, moral, serio** ♦ **admitir, alegar, aplicar, apreciar, concurrir**[16]**, confluir, considerar, encontrar, exponer, incluir, presentar(se), reconocer, servir (de), solicitar, tener en cuenta**

☐ Véase también: **apaciguar, calmar(se), disminuir, rebajar, reducir(se).**

aterrizaje ♦ **accidentado, brusco, de emergencia, forzoso, imprevisto, inesperado, peligroso, perfecto, puntual, sin problemas, suave** ♦ **campo (de), maniobra (de), operación (de), pista (de), sistema (de), tren (de), zona (de)** ♦ **confirmar, conseguir, controlar, dirigir, efectuar, facilitar, forzar, hacer, impedir, iniciar, interrumpir, llevar a cabo, permitir, preparar(se) (para), prohibir, provocar, realizar, suspender**

aterrizar ♦ **sano y salvo**[13] ♦ **bruscamente, con dificultades, de emergencia, forzosamente, inesperadamente, perfectamente, sin problemas, suavemente** ♦ **aeronave, avión**

☐ Véase también: **despegar.**

atesorar *v.* ▮ Se construye generalmente con sustantivos contables en plural o no contables en singular. Se combina con sustantivos que designan magnitudes económicas u otros bienes materiales *(bienes, dinero, riqueza, ahorro, fortuna, capital, botín, ganancia)*. También admite otros que designan diversas pertenencias de las personas que pueden considerarse valiosas *(obra, manuscrito, documento, partitura, cuadro, joya)*. Se combina asimismo con algunos sustantivos de persona *(amigo)*, y también con...

A SUSTANTIVOS QUE DESIGNAN LA CULMINACIÓN FELIZ DE ALGO, Y ALGUNAS FORMAS DE TESTIMONIARLA, MEDIRLA O REPRESENTARLA: **1 victoria:** Bruguer y Cáceres *atesoran* siete victorias y ocho derrotas. EPE181299 **2 título:** España *atesora* 24 títulos mundiales... EPE311099 **3 premio:** Su pluma es tan afilada como a veces su dedo acusador y *atesora* premios periodísticos y diversos libros con su firma. LVE251196 **4 éxito:** ...los éxitos *atesorados* por el otrora entrenador milanista, el propio Sacchi, suenan ahora a música celestial a oídos de los «tiffosi». EME230694 **5 punto:** ...los mensajes estadísticos acerca del crecimiento de la feria aburren a las piedras, mientras sigue *atesorando* puntos como certamen «antiliterario». EME101095

B SUSTANTIVOS QUE DENOTAN FAMA, PRESTIGIO Y OTRAS MANIFESTACIONES DEL RECONOCIMIENTO: **6 fama +:** ...*atesora* una bien lograda «fama» en este país gracias al puñetazo que atizó hace algún tiempo a un diputado «enemigo»... EME091196 **7 prestigio:** ...Maragall *atesora* un prestigio importante, que trasciende en mucho las fronteras del socialismo. EME251196 **8 reputación:** ...Manfredi ha empezado a escribir novelas sobre el Mediterráneo antiguo (...) después de *atesorar* una alta reputación científica. LVE100495 **9 popularidad:** ...años de giras, conciertos y recitales, en los que *atesoró* un notable popularidad. INDOC

C SUSTANTIVOS QUE DENOTAN INFORMACIÓN, A MENUDO OCULTA O NO PATENTE. TAMBIÉN CON OTROS QUE DESIGNAN ALGUNA DE LAS FORMAS EN QUE SE CONSERVA EN LA CONCIENCIA: **10 información +:** Se trata de un impulso de rodearse de iconografía dinosauriana de cualquier género y de *atesorar* información sobre su apariencia, tamaño... EPE230599 **11 secreto ++:** ...Moscú sigue *atesorando* la mayoría de sus secretos. EME090795 **12 recuerdo ++:** La mujer *atesora* recuerdos de su país de origen en forma de libros y de viejos periódicos. EME161196 **13 dato:** ...no se han encontrado pruebas concluyentes de las actividades de espionaje de Mata-Hari a pesar de la gran cantidad de datos sobre sus movimientos, contactos y pertenencias *atesorados* por el MI5... EPE280199 **14 memoria:** Se exhibe con otras 93 esculturas más (...) en una de las seis salas donde se *atesora* la memoria del ideal clásico de belleza... EPE280900 **15 misterio:** Madrid *atesora* dos misterios. EPE240899

D SUSTANTIVOS QUE DESIGNAN FACULTADES O HABILIDADES, ESPECIALMENTE LAS DE CARÁCTER INTELECTIVO O CREATIVO. TAMBIÉN CON OTROS QUE DESIGNAN ALGUNOS LOGROS QUE SE OBTIENEN AL APLICARLAS: **16 calidad ++:** ...sus jugadores *atesoran* una calidad individual que acaba siempre por ofrecer ingenio y fútbol con mayúsculas. EME230795 **17 mérito ++:** Aunque ambos se distingan por el esfuerzo y el sacrificio en un club que suele priorizar lo exquisito, hoy ellos *atesoran* un gran mérito... CLA250501 **18 talento ++:** De todos es sabido que Lediakhov no está muy dispuesto a ofrecer cada semana el mucho talento que *atesora*... EME240396 **19 arte:** Es diestro que *atesora* buen arte, cumplió sus gestas y si ahora tiene más tablas que Borrás es por mor de la veteranía. EPE220599 **20 clase:** El colombiano quiso corresponder la confianza que Valdano había depositado en él y destiló algunas gotas de la clase que *atesora*. EME250895 **21 virtud +:** ...Vicente Barrera demostraba al público de Madrid que *atesora* la virtud del temple... EPE210599 **22 capacidad:** La capacidad de humillación que *atesoramos* los españoles debe ser infinita... EME070395 **23 técnica:** Y el baile corrió a cargo de Eva Layerbabuena, joven que *atesora* técnica y fuerza. EME170594 **24 sabiduría:** Excelentes actrices, prescinden de cuanta sabiduría han *atesorado* en tantos años de profesión para sacar adelante esa marcianada que no hace reír ni a las hienas... EME171095 **25 sapiencia:** ...la enorme sapiencia que *atesora* le permitió concluir con absoluta rotundidad que los autores de aquello eran simplemente «unos mierdas». EPE010700 **26 originalidad:** También añoro las actuaciones en directo y en baretos pequeñitos y queribles de este hombre que *atesora* gracia, originalidad, agilidad mental... EME190696

E SUSTANTIVOS QUE DESIGNAN OTRAS VIRTUDES, MÁS FRECUENTEMENTE LAS RELACIONADAS CON LA AMABILIDAD, LA SENCILLEZ O LA BONHOMÍA: **27 humanidad:** ...pero, sobre todo, resaltando toda la fantasía, gracia, humanidad, y amor que *atesoran* sus páginas. ABC071094 **28 llaneza:** Y su técnica y estilo, ajustados a sus formas tradicionales, *atesoran* llaneza, naturalidad, espontaneidad y gusto por la palabra desusada. ABC130893 **29 mansedumbre:** No se puede *atesorar* más mansedumbre, menos fuerza e, incluso menos «desatino», que tuvieron los toros de Montalvo. EME290895 **30 ternura:** Ahora los versos, salidos del fondo de su alma, me dan a conocer al desnudo con toda verdad la fe profunda y la ternura que *atesoraba*. ABC090493 **31 bondad:** Acción e intriga en una cinta que *atesora* las bondades de un guión con muchas posibilidades. EPE221099 **32 naturalidad:** La actriz *atesora* una sencillez y una naturalidad bastante infrecuentes en el mundo del cine. INDOC

F SUSTANTIVOS QUE DENOTAN EXPERIENCIA ACUMULADA O TRAYECTORIA VITAL O PROFESIONAL. TAMBIÉN CON OTROS QUE EXPRESAN ALGUNAS FORMAS DE MEDIR O COMPUTAR ESOS MÉRITOS: **33 experiencia ++:** ...el jefe del Ejecutivo aseguró que, frente a ese cansancio, *atesora* la gran experiencia acumulada durante todos estos años de actividad política... EME070196 **34 trayectoria +:** El equipo verdiblanco *atesora* una trayectoria europea inmaculada: cuatro partidos, cuatro victorias. EME061195 **35 bagaje:** Jáuregui *atesora* ya un amplio bagaje tanto en la política vasca como en la nacional. EPE231201 **36 carrera:** ...Pepe *atesora* una sólida carrera como tocaor de acompañamiento. EME101295 **37 oficio:** Tuvo Ponce dos toros boyantes que aún parecieron más pues *atesora* oficio sobrado para encelar las embestidas más renuentes. EPE250499 **38 palmarés:** Ahora Barrufet (...) *atesora* un palmarés que supera los 50 títulos. EPE270900 **39 tablas:** Sus hombres *atesoran* tablas y experiencia con la que ya ayer comenzaron a tapar sus actuales carencias, más acusadas que en el pasado. EME020395

G OTROS SUSTANTIVOS; POSIBLES USOS ESTILÍSTICOS: En total, *atesora* la nada despreciable condena de 176 años, dos meses y 14 días. EME140695; El lago *atesora* bajo sus aguas los vestigios de un poblado del neolítico, de unos 7.000 años de antigüedad. LVE170895

☐ Véase también: **guardar**.

atiborrar(se) (de) ♦ agua, alimento, bebida, comida, dulce, éxito, lectura, medicamento, palabra, pastilla, problema

☐ Véase también: **henchir(se) (de), inflar, llenar, reventar (de).**

a tiempo {completo/parcial} ♦ contratación, contrato, dedicación, empleo, jornada, ocupación, profesión, trabajador, trabajo ♦ alquilar, contratar, dedicarse, estar empleado, trabajar

a tientas *loc.adv.* ▌Se combina con verbos que denotan la acción de asir algo o percibirlo mediante el tacto *(palpar, tocar, coger, tomar, agarrar)*. También se combina frecuentemente con el sustantivo *búsqueda*, así como con...

A VERBOS QUE DENOTAN BÚSQUEDA O HALLAZGO: **1 buscar ++:** ...busca casi *a tientas* una política a base de partidos -en plural-... LPA040592 **2 registrar:** Registró *a tientas* la vivienda, repleta de trastos. EPE240600 **3 descubrir:** ...estos nuevos hijos de Cuba que hemos tenido que *a tientas* descubrir nuestras raíces... DLA270197 **4 encontrar:** Busqué por la habitación oscura, y *a tientas* encontré las llaves. INDOC **5 toparse:** Y luego sube a casa y se topa *a tientas* con la cama... ABC160793

B VERBOS DE MOVIMIENTO QUE DENOTAN AVANCE O RECORRIDO A TRAVÉS DE UN ESPACIO. TAMBIÉN CON OTROS QUE DESIGNAN LA ACCIÓN DE CONDUCIR A ALGUIEN A TRAVÉS DE ÉL: **6 ir ++:** «El humo nos cegaba y nos obligaba a ir *a tientas*». LVE200796 **7 avanzar +:** Quizá no estemos condenados a avanzar siempre *a tientas* en la oscuridad. ABC011093 **8 andar +:** ...a mí me gustaba andar *a tientas*, sólo guiado por mis manos o en todo caso por mis pies... ABC230493 **9 caminar +:** Esto otro es caminar *a tientas* y con dudas permanentes. HOY101197 **10 mover(se) +:** ...otro ciudadano, moviéndose *a tientas* por las más tenebrosas cloacas de la ciudad... EME270296 **11 atravesar +:** ...atravesar *a tientas* el espejo de Alicia, despertar de la pesadilla diaria... EME240795 **12 circular:** ...forman un pasillo inverosímil por el que casi *a tientas* circulan los ciclistas... EME210896 **13 guiar(se):** Cuando el ruido cesó, se fue guiando *a tientas*. EME010995

C OTROS VERBOS QUE DESIGNAN VARIAS FORMAS DE MOVIMIENTO DIRECCIONAL: **14 entrar:** No es exactamente ése el pie de los que entran en el año *a tientas*... EPE030199 **15 meterse:** Luego se metieron en unos vestuarios, todavía *a tientas*, en busca de nuevas víctimas. LVE200796 **16 internarse:** ...las columnas del Ejército se internan en las zonas prácticamente *a tientas*... SEM110297 **17 salir:** Salieron *a tientas* de la habitación, cegados por el humo. INDOC **18 abrirse camino +:** ...los tipos espirituales no se abren camino *a tientas* hasta llegar al gobierno de Estados Unidos. EPE100800 **19 bajar:** Nos deslumbra la luz del mediodía y *a tientas* bajamos los escalones de piedra. EPE170400

D OTROS VERBOS; POSIBLES USOS ESTILÍSTICOS: Javier Marías escribe *a tientas*, con brújula, para adivinar. ABC171293; ...se cerraron tras la tarta, y yo, *a tientas*, escuchando encendidos vítores... EPE290899; ...más allá de lo oscuro que, *a tientas*, se reía al unirse los cuerpos... ABC011093

atinadamente ♦ **analizar, argumentar, calcular, contestar, decidir, definir, describir, elegir, escoger, escribir, expresar, obrar, razonar, responder, retratar, señalar**
☐ Véase también: **atinado**.

atinado *adj.* ▌Admite sustantivos de persona, en especial si designan individuos o grupos que desempeñan actividades en las que es habitual tomar decisiones *(juez, crítico, árbitro, tribunal, junta, comisión)*. Estos sustantivos aparecen muy frecuentemente en construcciones atributivas *(El árbitro estuvo atinado durante todo el encuentro; El tribunal no pudo estar más atinado al dictar sentencia)*. También se combina con sustantivos que designan obras en las que se expresan opiniones o puntos de vista sobre cualquier asunto *(libro, artículo, prólogo, escrito, composición, película)*, así como con los que se refieren a algunos de sus componentes *(título, verso, capítulo)*. Se combina asimismo con...

A SUSTANTIVOS QUE DENOTAN REFLEXIÓN, OPINIÓN O JUICIO DE VALOR. TAMBIÉN CON OTROS QUE EXPRESAN ALGUNOS DE SUS FUNDAMENTOS: **1 reflexión ++:** ...no sé si todos están dispuestos a escuchar y tener en cuenta sus *atinadas* reflexiones... LVE080396 **2 consideración +:** ...pautan el libro *atinadísimas* consideraciones sobre católicos y marxistas o sobre el papel del intelectual y el Estado... LVE030596 **3 juicio +:** ...probó sus conocimientos deportivos en *atinados* juicios. ABC050393 **4 opinión +:** Pláceme destacar las siempre *atinadas* opiniones de su columnista... LVE081095 **5 criterio +:** ...el *atinado* criterio de actualización de acentos, puntuación... ABC220494 **6 visión:** ...cuenta con media docena de secuencias presididas por el más saludable humor absurdo y ofrece una *atinada* visión de nuestra época... LVE050996 **7 posición:** ...creo mucho más *atinada* la posición del ministerio fiscal que la del juez. LVE081296 **8 percepción:** ...la percepción *atinada* de la realidad se convierte en difícil. EPE061001 **9 razón:** Esas *atinadas* razones no justifican (...) la frecuencia con que el autor se cierra las puertas de la fabulación... EME161196 **10 valoración:** Habrá que esperar al libreto completo para una valoración *atinada*. EPD091097

B SUSTANTIVOS QUE DESIGNAN DIVERSAS MANIFESTACIONES VERBALES O COMUNICATIVAS, MÁS FRECUENTEMENTE SI EXPRESAN ALUSIONES, COMENTARIOS O AFIRMACIONES: **11 comentario ++:** ...sus *atinados* comentarios sobre la poesía borgeana... ABC030792 **12 observación +:** ...se entremezcla con soltura un amplio caudal informativo con *atinadas* observaciones... ABC290995 **13 declaración:** ...se ha especializado en declaraciones poco *atinadas*. EME270395 **14 explicación +:** Decir que se trata de una confrontación entre partidos políticos no parece una explicación *atinada*. INDOC **15 intervención:** ...pero las *atinadas* intervenciones de Alexandro (...) lo impidieron. EXC100900 **16 precisión:** ...hizo luego un par de precisiones que no resultaron del todo *atinadas*. INDOC **17 respuesta +:** «¿Y usted cree que realmente pierden fuerza?» fue la *atinada* pregunta-respuesta del entrenador. EME220694 **18 referencia:** ...hace frecuentes y *atinadas* referencias a la transición española... ABC220494 **19 alusión:** Aun cuandohay muy *atinadas* alusiones al hecho americano, con toda intención se circunscribe a la España metropolitana. EPE280877 **20 nombre:** La nueva ley recibe de esta forma un *atinado* nombre... EPE210599 **21 réplica:** La réplica más *atinada* partió del marido de la edil. EPE120699 **22 nota:** ...encontramos en ella una pulcra estructura, unas notas *atinadas* y una introducción sobria... ABC151191

C SUSTANTIVOS QUE DENOTAN DECISIÓN O RESOLUCIÓN Y OTRAS FORMAS DAR FIN A UN ESTADO DE COSAS. TAMBIÉN CON OTROS QUE EXPRESAN ALGUNOS DE SUS CONTENIDOS: **23 solución +:** ...y lamentamos por tanto que no haya podido darse al problema una solución más *atinada.* INDOC **24 decisión +:** No pudo ser más *atinada* su decisión. EME030596 **25 resolución:** Acatamos, desde luego, la resolución del tribunal, pero no nos parece *atinada.* INDOC **26 conclusión:** ...una conclusión, que es *atinada* cuando se parte de presupuestos ciertos... EPE050699 **27 medida:** Muy *atinadas*, también, las medidas sobre tributación del ahorro... LVE270696 **28 sentencia:** ...una sentencia discutida por algunos, pero en general *atinada* para la mayoría. INDOC

D SUSTANTIVOS QUE DESIGNAN HECHOS O DICHOS QUE ES NORMAL CONSIDERAR INGENIOSOS O BURLESCOS: **29 parodia +:** ...de cuyo estilo literario se hace una *atinada* parodia... EME020396 **30 broma:** ...la obra se mofa del teatro contemporáneo, con bromas *atinadas* y de gusto exquisito. EPE220999 **31 imitación:** ...introduce, por fortuna, *atinadas* imitaciones de cantantes famosos. EPE171280 **32 chascarrillo:** Su voz no es una perla pero le sirve para hilvanar algunos chascarrillos *atinados.* EME260696

E SUSTANTIVOS QUE DENOTAN DESTREZA O DESIGNAN ALGUNOS DE SUS RESULTADOS NATURALES. TAMBIÉN CON ALGUNOS QUE SE REFIEREN A ACCIONES QUE LA REQUIEREN: **33 puntería +:** ...sostuvo a los colegiales con su fantástica dirección y *atinada* puntería... EME051195 **34 acierto:** El acierto del investigador al reenfocar el manido tema (...) me parece muy *atinado.* ABC020493 **35 remate −:** ...rompió la salida del portero con un remate *atinado* y mortal. EME221295

F SUSTANTIVOS QUE DESIGNAN ACTIVIDADES INDAGATIVAS O DESCRIPTIVAS QUE SUELEN CONDUCIR A ALGÚN JUICIO: **36 análisis +:** Son *atinados* sus análisis de la corrupción política... ABC281094 **37 definición +:** En un cierto nivel, esta definición es *atinada.* EPE020489 **38 diagnóstico +:** Hay allí un diagnóstico *atinado*, aunque hiperbólico, de nuestra cultura... EPE080399 **39 descripción +:** Algún día intentaré llegar al fondo de tan *atinada* descripción. EPE180799 **40 exégesis:** ¿Es *atinada* esta exégesis o interpretación? EME280694 **41 estudio:** Atinado y válido el estudio, manejable y presidido por una lograda voluntad divulgativa... EME040395 **42 interpretación:** El crítico realiza una *acertada* interpretación de la obra del fotógrafo. INDOC **43 lectura:** Ojalá los dirigentes (...) hagan una lectura *atinada* de esta reflexión. LVE190695

G SUSTANTIVOS QUE DENOTAN SUGERENCIA, GUÍA O INDICACIÓN: **44 sugerencia +:** ...varias de sus *atinadas* sugerencias todavía están por realizarse en nuestro país. EPE120999 **45 consejo:** ...termina con un *atinado* consejo: «Atemperar los viejos ismos con mayor dosis de patriotismo»... LVE170395 **46 advertencia:** La advertencia podría ser *atinada*, desde una cierta perspectiva. LVE260695 **47 propuesta:** ...una serie de propuestas que podríamos considerar *atinadas* en su concepto general... EXC020496 **48 indicación −:** ...siguió con precisión las *atinadas* indicaciones de la partitura. EPE240599

☐ Véase también: **acertado, acertar, atinadamente, certero, desacertado.**

ATINGENCIA

♦ (VERBOS) Véase: **de cerca[G], estrechamente[D], sustancialmente[F]**

ATINGENCIA Y CORRESPONDENCIA Véase:

♦ **al soslayo, de lleno, de pleno, de refilón, de soslayo, ligeramente, por completo, tangencialmente**

♦ **afectar, corresponder, incumbir, tocar**

☐ Véase también: *INFLUENCIA, EFECTO Y CONSECUENCIA; RELACIÓN.*

atiplado ♦ **sonido, timbre, tono, voz**

a tiro de piedra Véase: **a (un) tiro de piedra**

a tiro limpio Véase: **a tiros**

a tiros ♦ **agresión, asalto, atraco, huida, robo, secuestro** ♦ **abatir, acribillar, asaltar, asesinar, atacar, enfrentar(se), entrar, freír, liarse, matar, morir, resolver, robar, salir, secuestrar,** *otros verbos que denotan agresión*

☐ Véase también: **a golpes.**

atisbar *v.* ▮ Con el sentido de 'vislumbrar o conjeturar por indicios' se combina con gran número de sustantivos, pero destacan especialmente sus combinaciones con...

A SUSTANTIVOS QUE DENOTAN RIESGO O DESIGNAN CIERTAS IMÁGENES QUE LO CONLLEVAN: **1 peligro ++:** ...la tienda gremialista empezó a tirar lazos hacia RN, *atisbando* el peligro de una soledad... LEC220796 **2 amenaza:** ...el Bundesbank no *atisba* amenaza alguna de recesión... LVE151295 **3 fantasma −:** Y, al final del túnel, *atisba* González sus fantasmas: putrefacción (...), purgatorio judicial... EME100295

B SUSTANTIVOS QUE DENOTAN DESENLACE O TÉRMINO DE UN PROCESO, MÁS FRECUENTEMENTE SI SE PONE FIN A ALGUNA SITUACIÓN DE AFLICCIÓN O INFORTUNIO. TAMBIÉN CON OTROS QUE SE ASOCIAN CON LOS RESULTADOS DESEABLES DE LOS PROCESOS INCIERTOS: **4 salida ++:** ...la huelga en Iberia y Aviaco sin que se *atisbe* una salida al conflicto. EME061195 **5 final ++:** ...la unidad de acción de todas las fuerzas democráticas puede *atisbarse* el final de esta pesadilla. LVE220196 **6 solución ++:** El problema está en la segunda fase, en la que tiene que empezar ya a *atisbarse* una solución... EPE061101 **7 luz +:** ...entró ayer en su noveno día, sin que se *atisbe* la luz al final del túnel. EME271296 **8 remedio:** De momento, lo constatable es que algunas poblaciones del litoral ya pasan sed y se *atisba* el remedio... EPE250799 **9 desenlace:** ...unas primeras declaraciones que ya permitían *atisbar* el desenlace: «Será muy hermoso ser entrenador del Real Madrid, pero no lo soy todavía; hay que ver como está todo.». LVE230196 **10 paz:** Se *atisba* la paz en Kosovo. Es la mejor noticia del año para los europeos. EPE140599 **11 meta:** ...jamás he estado en lugar alguno sin desear estar en otro sitio; *atisbo* una meta cualquiera, me abalanzo de cabeza a ella... EME041196 **12 techo −:** La nueva estrella guipuzcoana (...) ratifica que esta casa camina con paso firme, no *atisbándose* aún el techo donde puede llegar. EPE121299

C SUSTANTIVOS QUE DESIGNAN LO QUE ESTÁ POR VENIR: **13 futuro +:** ...toda indagación sobre ella permite *atisbar* nuestro futuro y tal vez precavernos contra él. ABC031293 **14 porvenir:** Una gran parte de la juventud está en baja forma, sin ilusiones, como si no *atisbara* un porvenir hermoso. LVE190795 **15 destino:** ...intentaré (...) escrutar el cielo para *atisbar* alguno de estos destinos... EME150194

D SUSTANTIVOS QUE DESIGNAN SEÑALES, RASGOS O ELEMENTOS QUE ANUNCIAN O PONEN DE MANIFIESTO LO QUE PUEDE SUCEDER O YA ESTÁ SUCEDIENDO: **16 indicio +:** ...puedo *atisbar* ciertos indicios de este deseo en el pueblo vasco... LVE291096 **17 signo +:** ...no se *atisban* signos estimulantes de recuperación... LVE150195 **18 síntoma:** ...declaraciones como ésta tendrán que hacerse en breve respecto a otras personas sobre las que, como en el caso de Dorado y Bayo, se *atisban* síntomas de culpabilidad. EME210596 **19 vislumbre:** Vislumbres del mundo renacentista se *atisban* ya en ficciones... LVE060996 **20 detalle:** ...la serie abunda más en el ternurismo y los buenos sentimientos que en una visión realista de esas cuestiones, aunque de vez en cuando se *atisban* detalles de humor crítico... LVE090895

E SUSTANTIVOS QUE DESIGNAN AQUELLO A LO QUE SE ASPIRA, SE DESEA EMPRENDER O SE ENTIENDE QUE PUEDE SUCEDER: **21 posibilidad ++:** Francisco considera «lamentable» que no se *atisbe* la posibilidad de solucionar en breve el conflicto... LVE180796 **22 esperanza:** ...resquicios por los que se *atisbe* una esperanza de regeneración. LVE200996 **23 intención:** No sólo respaldó la presencia de IU en la conferencia de Elkarri, sino que dijo que su formación acudirá allí donde pueda *atisbarse* una intención de dialogar. LVE160595 **24 objetivo:** El secretario general de esa formación, Josep Albert Mestre, *atisba* un objetivo más ambicioso... EPE280699

F SUSTANTIVOS QUE DENOTAN CAMBIO DE ESTADO, MÁS FRECUENTEMENTE PROGRESIVO Y MUCHAS VECES RELATIVO AL INCREMENTO O LA MEJORA DE ALGUNA SITUACIÓN: **25 cambio:** En opinión del viceconsejero, «se *atisba* claramente un cambio de filosofía educativa». EDV030601 **26 recuperación:** ...si no se *atisba* esa recuperación que algunos ven en el horizonte... EPE261101 **27 giro:** ...permiten *atisbar* en 1959 un cierto giro en la escritura... ABC040294 **28 evolución:** ...sólo se *atisba* una evolución negativa en el empleo agrícola... EPE261299 **29 mejora:** ...los ciudadanos no *atisban* mejora en el valor y el manejo monetarios. PME031196 **30 comienzo:** Eso hizo David a falta de unos 22 kilómetros, cuando *atisbaba* el comienzo de un puerto de tercera. EPE170799 **31 inicio:** ...quiso *atisbar* en este partido el inicio de la tranquilidad para el Real Madrid... EME191095 **32 crecimiento:** ...o antídoto al crecimiento (...) de la intolerancia (...) que me pareció *atisbar* en aquel paisaje... LVE161096 **33 disminución:** ...si bien se *atisba* una disminución real de la pobreza... LVE141295 **34 acercamiento:** ...se *atisba* un acercamiento del PNV al Gobierno del PP. EPE160999

G OTROS SUSTANTIVOS; POSIBLES USOS ESTILÍSTICOS: ¿Y no le está pasando esto al PP desde que *atisbaron* poder? EME180696

▩ Se combina también con: ♦ **a lo lejos**[9], **vagamente**[4]

☐ Véase también: **vislumbrar.**

atisbo (de) ♦ **arrepentimiento, calidad, cordura, crítica, discrepancia, duda, emoción, esperanza, felicidad, imaginación, independencia, innovación, intención, interés, ironía, oposición, optimismo, originalidad, peligro, pensamiento, polémica, pudor, reacción, realidad, recuperación, sorpresa, tristeza, trivialidad, vida**

a título (de) *loc.prep.* ▮ Se construye con sustantivos que designan cargos, funciones u ocupaciones *(artista, observador, primer ministro, rey, secretario)*, así como con otros que designan muy diversas manifestaciones verbales o textuales *(apostilla, prólogo, comentario)*. También se combina con...

A SUSTANTIVOS QUE DESIGNAN FORMAS DE ACLARAR O HACER EXPLÍCITA O MANIFIESTA ALGUNA INFORMACIÓN: **1 ejemplo ++:** A título de ejemplo y sin querer olvidar otros, el relator especial cita los casos de los degollados... HOY230287 **2 ilustración:** Mencionaré tres *a título* de ilustración y hasta de caricatura. LVE220394 **3 muestra:** Valgan algunos *a título* de muestra: el Teatro Principal de Almagro (1865), el Teatro Rojas de Toledo (1878)... ABC271192

B SUSTANTIVOS QUE DESIGNAN LO QUE SE FORMULA, SE PRESENTA O SE REALIZA CON EL OBJETIVO DE COMPROBAR O DEMOSTRAR ALGO: **4 prueba +:** A finales de julio, el Ayuntamiento ha de decidir si esta experiencia, realizada *a título* de prueba, se oficializará... LVE030796 **5 ensayo +:** En un momento dado, los senadores harían una votación *a título* de ensayo para ver si existe una mayoría de dos tercios a favor de la destitución de Clinton. EPE050199 **6 hipótesis +:** A título de hipótesis, sugirió que la contaminación atmosférica es uno de los factores que contribuyen al recrudecimiento de la enfermedad. LVE070395

C ALGUNOS SUSTANTIVOS QUE DESIGNAN HECHOS O SUCESOS POCO IMPORTANTES, A VECES INTEGRADOS EN ALGÚN CONJUNTO MAYOR: **7 curiosidad ++:** A título de curiosidad quiero registrar aquí la venta por Christie's de cuatro pequeños trabajos infantiles de Picasso... ABC201192 **8 anécdota ++:** A título de anécdota le diré que me ha ocurrido a veces asistir a actos públicos en los que se habla de mi trabajo y de mi vida... LVE060595

D SUSTANTIVOS QUE DENOTAN CONSEJO O PROPOSICIÓN: **9 sugerencia:** Se proponen 11 modificaciones en el texto conciliar, ocho de carácter obligatorio y tres *a título* de sugerencia. LVE070696 **10 recomendación:** Doce diputados estudiarán (...) elaborar un dictamen que se elevará *a título* de recomendación al Gobierno. EME020394

E SUSTANTIVOS QUE DENOTAN CONCESIÓN, RETRIBUCIÓN O LEGADO, MUY FRECUENTEMENTE DE CARÁCTER ECONÓMICO: **11 donación:** La ley mantiene un par de pequeñas limitaciones: hasta los 21 seguirá sin ser posible el obsequiar bienes recibidos *a título* de herencia, donación o regalo, así como tampoco el joven podrá salir de garante. CLA030797 **12 gratificación:** O a lo mejor lo piden, también, pero sólo unas toneladas para repartirlas en Navidad entre los altos cargos del Gobierno y del PSOE, *a título* de gratificación. EME120394 **13 recompensa:** El consejo lo formaban personas designadas por los cuatro bancos, casi siempre *a título* de recompensa o complemento pecuniario de otros cometidos. LVE210595 **14 herencia:** La ley mantiene un par de pequeñas limitaciones: hasta los 21 seguirá sin ser posible el obsequiar bienes recibidos *a título* de herencia, donación o regalo, así como tampoco el joven podrá salir de garante. CLA030797 **15 adjudicación:** «...transmite en pleno dominio *a título* de adjudicación la finca de este número al socio (...) por el precio...». EME250295 **16 compensación:** Si un artista se había reservado fechas (...) y luego, por un motivo u otro, algunas de ellas se cancelan es frecuente que, *a título* de compensación, se le ofrezca un recital. EPE030599 **17 préstamo:** Según precisa la sentencia, Cejudo, al recibir el dinero depositado por un cliente para efectuar tales adquisiciones, se lo entregaba *a título* de préstamo sin interés a Gómez Bretaña. LVG221191 **18 anticipo:** El magistrado considera condición «sine qua non», una dotación, *a título* de anticipo y con carácter recuperable, que dinamice la vida económica de dicha sociedad... EME050594 **19 adelanto:** Los pensionistas han recibido, *a título* de adelanto, 350 rublos (algo más de 2.000 pesetas), una cantidad que a veces puede marcar la distancia entre el hambre y la supervivencia. EPE061299

F OTROS SUSTANTIVOS; POSIBLES USOS ESTILÍSTICOS: Y ese sitio defensivo sería para muchos la cabeza de Barrionuevo *a título* de cortafuegos. EME010895; ...en su caso contiene toda la necesaria seriedad, más una pizca de contención y de prudencia *a título* de sal: ayer viernes, 22, contó en la Plaza Pública que está repasando los diez puntos del papeleo PP-CiU. EME230396

atizar *v.* **I** En el sentido de 'asestar' se combina con sustantivos que designan golpes, más frecuentemente si se dan con alguna parte del cuerpo *(golpe, bofetada, puñetazo, cabezazo, patada, puntapié)*. En el sentido de 'avivar' se combina con el sustantivo *fuego* y con otros que designan cosas en estado de combustión, así como algunos de sus residuos *(hoguera, llama, ascua)*. En su sentido figurado se combina con sustantivos que designan tendencias ideológicas, filosóficas, culturales o políticas si el que habla las considera inadecuadas *(nacionalismo, integrismo, jacobinismo, neokantismo)*. Además se combina con...

A SUSTANTIVOS QUE DESIGNAN SENTIMIENTOS DE AVERSIÓN, HOSTILIDAD E IRRITACIÓN: **1 odio +:** Y, desde otro espectro, se *atiza* el odio y la venganza. LVE210495 **2 rencor:** ...cursó instrucciones a TVE para que sacara siempre al candidato hablando en catalán, sirviéndose deshonestamente de la barrera idiomática para *atizar* los rencores, prejuicios y recelos... EME040394 **3 resentimiento:** ...*atiza* los resentimientos de los perjudicados con los cambios y deja que Eltsin se desgaste. LVE210196 **4 incomprensión:** ...la incomprensión hacia la realidad (...) es *atizada* por algunos medios de comunicación... LVE091194 **5 prejuicio:** ...la barrera idiomática para *atizar* los rencores, prejuicios y recelos... EME040394 **6 ira:** ...actitudes que no hacen sino *atizar* la ira y el rencor durante tanto tiempo contenidos. INDOC **7 encono:** Ni el ejército ni la guerrilla, responsables ambos de innumerables violaciones contra los derechos humanos; ni la iglesia, que en muchas ocasiones *atizó* el encono... EME291296 **8 crispación:** ...le acusó de *atizar* la crispación de la vida política. LVE270396 **9 cólera:** La continuación de la detención de Abu Marzuk *atizará* la cólera árabe y musulmana contra los políticos norteamericanos... LVE290795 **10 irritación:** ...de este modo sólo se *atizaría* la ya desmesurada irritación de la capital. PME190197 **11 xenofobia:** Esta forma de *atizar* la xenofobia da idea del desconcierto... EME130796 **12 furor:** ...el furor (...) *atizado* por la guerra religiosa se cobró trescientas mil vidas... CLA170497

B SUSTANTIVOS QUE DENOTAN MIEDO O PREOCUPACIÓN EN DIVERSOS GRADOS. TAMBIÉN CON OTROS QUE DESIGNAN ALGUNAS DE LAS REACCIONES QUE LOS MANIFIESTAN: **13 temor:** Los dos extremismos, el palestino y el israelí *atizan* estos temores. LVE030396 **14 miedo:** La pregunta sin respuesta fácil que ve más incertidumbre añadida con los miedos *atizados* por el fin del segundo milenio... EME191096 **15 preocupación:** La noticia, que pretende acallar los insistentes rumores sobre la precaria salud del Pontífice, no ha hecho sino *atizar* la preocupación... EME150996 **16 terror:** A veces el terror es espontáneo, otras *atizado* y utilizado por los brujos de la tribu. LVE290895 **17 alarmismo:** En lugar de *atizar* el alarmismo y convocar actos de reafirmación... EPE160799 **18 histeria:** El objetivo de ese «informe» es evidente: calentar la situación en el país, *atizar* la histeria... EME120696

C SUSTANTIVOS QUE DENOTAN LUCHA O CONFRONTACIÓN EN DIVERSOS GRADOS: **19 conflicto +:** ...las potencias que *atizaron* el conflicto no se enterarán de este gesto humanitario... EME290594 **20 enfrentamiento +:** No le vamos a dar el gusto ni al régimen, ni a los intereses extranjeros que quieren ver una insurgencia debilitada por disputas internas, motivo por el cual *atizan* este enfrentamiento. SEM301000 **21 guerra:** Si para mantenerse en el poder antes había que *atizar* una guerra... LVE021195 **22 lucha:** Será determinante para vivir una Navidad tranquila o para *atizar* nuevas luchas de poder. EME201295 **23 contienda:** Coincide la celebración del 20 aniversario del fin de la guerra de Vietnam con el libro (...), en el que dice que Kennedy, Johnson, él mismo, se equivocaron *atizando* aquella contienda. LVE060595 **24 rencilla:** ...después de años de *atizar* las rencillas internas y de devorar a sus hijos... EME010496 **25 contencioso:** Este gesto que podría *atizar* el contencioso franco-americano, tiene lugar en un momento en que el Gobierno francés vuelve a intentar que... LVE281296 **26 confrontación:** ...el Ejecutivo maneja millonarias partidas presupuestarias para financiar programas como el telenoticiero Avances, utilizado para *atizar* la confrontación social. PLG090497 **27 violencia:** India afirma que cualquier progreso está ineludiblemente vinculado a que sus vecinos dejen de *atizar* la violencia. EPE290599 **28 polarización:** ...se convertiría en un evento que *atizaría* aún más la polarización del país. SEM210197 **29 riña:** ...para *atizar* una riña entre vecinos envidiosos... EME161096

D OTROS SUSTANTIVOS QUE DENOTAN DISPUTA O CONTROVERSIA, GENERALMENTE VERBAL. TAMBIÉN CON ALGUNOS QUE DESIGNAN OTRAS SITUACIONES DE DESAVENENCIA: **30 polémica ++:** Los asturianos Australian Blonde y los madrileños Dover *atizan* la polémica del idioma... EPE250900 **31 controversia +:** El hallazgo de los osarios de Talpiot *atizó* la controversia entre los teólogos ortodoxos y los pensadores iconoclastas. EME070496 **32 discordia:** No resuelve la discordia sino que la *atiza*. LVE260395 **33 discusión:** ...ejerció de moderador «sui generis», ya que *atizó* la discusión más que otra cosa. LVE130795 **34 disensión:** ...sabe *atizar* las disensiones (...) para tratar de dominar a su propia comunidad... LVE040996 **35 disputa:** China y Taiwan *atizaron* en los últimos días su disputa por conquistar o preservar estratégicas relaciones diplomáticas y comerciales en Centroamérica. PLG310397 **36 debate +:** ...trató de restar importancia a la propuesta (...), pero ha *atizado* el debate. CAP091097 **37 divergencia:** ...ha sabido *atizar* las divergencias entre las organizaciones... LVE260495 **38 división +:** ...para quienes persistan en fraguar una sublevación o *atizar* la división... EXC270596 **39 contradicción:** ...se lo pasó en grande *atizando* contradicciones, engranando choques... LVE100395 **40 diferencia:** Aparte, el oficialismo *atiza* las diferencias existentes... EXC230996

E SUSTANTIVOS QUE DESIGNAN SITUACIONES PROBLEMÁTICAS O ADVERSAS, ASÍ COMO DIVERSOS ESTADOS DE CRISIS O DE CONFLICTO: **41 crisis:** ...la crisis se ensombrece por momentos, *atizada* por la retórica belicista... EPE271201 **42 escándalo:** ...han traspasado ese problema a sus rivales del PP, *atizando* el escándalo de las subvenciones europeas al cultivo del lino... EPE140699 **43 tensión:** ...de alguna manera, *atiza* la tensión política, aun a pesar de la indudable buena voluntad de este Gobierno... EME050696 **44 confusión:** Es un guirigay que (...) está *atizando* la confusión. EPE221001 **45 caos:** Lo peor sería que un partido, para tratar de salvarse, contribuyera a *atizar* el caos. EME111195 **46 problema –:** ... algún grupito de estudiantes se dedican a *atizar* el menor problema a fin de paralizar los estudios. EUV170498 **47 tormenta –:** El Barcelona se encontró con un rápido gol del Sporting en contra nada más comenzar en el Nou Camp, lo que *atizaba* la ya de por sí virulenta tormenta azulgrana. EME060295

F SUSTANTIVOS QUE DESIGNAN COSAS INCIERTAS, IMAGINARIAS O POCO FUNDAMENTADAS: **48 rumor:** ...su semblante, pálido y demacrado, no hizo más que *atizar* los rumores... EME020196 **49 fantasma:** Estos comentarios siempre *atizan* el fantasma de un aumento del IVA... LVE041196 **50 sospecha:** ...enturbia la debida comunicación y *atiza* las sospechas y malentendidos... LVE300696 **51 cábala:** ...cábalas y conspiraciones, convenientemente *atizadas* desde ambos frentes. LVE121195 **52 habladuría:** ...noticias sin fundamento que solo sirven para despertar incertidumbres y *atizar* habladurías y rumores. INDOC **53 duda:** Y Gustavo Villoldo, el hombre que asegura enterró al Che, tiene más información para *atizar* las dudas. CAP091097

G SUSTANTIVOS QUE DESIGNAN SENTIMIENTOS O EMOCIONES, A MENUDO INTENSOS: **54 emoción:** Biserka, a quien traduce el entrenador Zeljko Obradovic, acaba de *atizar* aún más la fuerte emoción del colectivo. EME100395 **55 fervor:** ...como esos políticos expertos en hacer proclamas demagógicas y en *atizar* el fervor popular. INDOC **56 sentimiento:** ...suele *atizar* los sentimientos populares más chauvinistas y conservadores. EPEANUA98 **57 pasión:** ...siguen provocando polémicas y *atizando* pasiones. PME120197 **58 euforia:** Abusa de las serias amenazas (...) para *atizar* la euforia patriótica... EPE250399

H OTROS SUSTANTIVOS; POSIBLES USOS ESTILÍSTICOS: Es decir, *atizando* la debilidad del sistema mientras se fortalece la subversión. SEM011096

▩ Se combina también con: ♦ **a diestro y siniestro[25], con todas {mis/tus/sus...}, fuertemente, sin contemplaciones, sin piedad[4]**

atmósfera ▮ *(ambiente)* ♦ **acogedor[2], adecuado, adverso, agitado, agobiante, agradable, apacible, armonioso, asfixiante[19], caldeado, cálido[2], cerrado, confortable, constructivo[24], de buen entendimiento, de consenso, de cooperación, denso, desolador[19], de trabajo, distendido, enrarecido, envolvente, envuelto (en), especial, hogareño, hostil, ideal, irrespirable, lúgubre, misterioso, placentero, positivo, propicio[14], raro, represivo, sereno, serio, tenebroso, tenso, tranquilo, turbio, viciado** ♦ **en medio (de)** ♦ **alterar, caldear(se)[3], conseguir, construir, cortar, crear, degradar(se), enfriar(se)[10], enrarecer(se)[3], evocar, flotar (en), imbuir(se) (de)[3], impregnar, lograr, mantener,mejorar, necesitar, originar, palpar(se) (en), percibir, recrear, respirar(se), sumergirse (en), viciar(se)**

▮ *(capa atmosférica)* ♦ **solar, terráqueo, terrestre** ♦ **atravesar, contaminar, dañar, despejar(se), limpiar, polucionar, purificar, viciar(se)**

☐ Véase también: **ambiente (de), ámbito, entorno.**

ATMÓSFERA Véase: CLIMA; ENTORNO

ATMOSFÉRICOS, FENÓMENOS ~ Véase: CLIMA

a tocateja ♦ **abonar, comprar, pagar**

a toda costa *loc.adv./loc.adj.* ▮ Se emplea muy frecuentemente en oraciones subordinadas finales *(Para obtener a toda costa...)*, así como en subordinadas sustantivas de infinitivo introducidas por verbos de voluntad, intención y otras nociones modales *(desear obtener a toda costa*; *tratar de obtener a toda costa)*. También se combina con verbos auxiliares en las perífrasis de obligación *(Tenemos que obtener a toda costa...)*, en los sujetos y los complementos oracionales de otros predicados modales *(Es preciso obtener a toda costa...*; *Se hace necesario obtener a toda costa...*; *Sus enormes ganas de obtener a toda costa...)* y en las construcciones futuras *(Obtendremos a toda costa...)*. Se combina asimismo con...

A VERBOS QUE DENOTAN VOLUNTAD, DESEO Y OTRAS NOCIONES PROSPECTIVAS E INTENCIONALES: **1 querer +:** Mi padre quería *a toda costa* una Constitución moderna que diera acceso al pueblo a las responsabilidades políticas. LVE050896 **2 desear +:** ...se consideran los «ocupantes históricos» de la isla y desean la independencia *a toda costa*... EPE010684 **3 buscar +:** La Administración busca *a toda costa* una mayor participación del capital privado en estas inversiones. EME190896 **4 perseguir +:** ¿Cómo se explica que en estos momentos en que se persigue el éxito *a toda costa* y se respeta poco el talento...? LVE031195 **5 intentar +:** ...cuando tenemos al frente a un enemigo que intenta destruirnos *a toda costa*. EUV170498 **6 tratar:** ...permiten adivinar los estímulos de una autenticidad que el personaje público trató de ocultar *a toda costa*. LVE290396 **7 empeñarse +:** ...acusaron a la Corte de estar empeñada en torpedear *a toda costa* al actual gobierno. SEM301000 **8 ir +:** ...atribuyen a los panistas un carácter pragmático y de ir *a toda costa* por el poder... DYM210197 **9 necesitar +:** Necesitamos las victorias *a toda costa*. PLG180197

B VERBOS QUE DENOTAN LA ACCIÓN DE IMPEDIR O DIFICULTAR ALGO. SUELEN USARSE EN CONTEXTOS PROSPECTIVOS O INTENCIONALES: **10 evitar ++:** ...para evitar *a toda costa* el triunfo de Castro el cual (...) sería la muerte de nuestra república, tal y como hasta aquel entonces la habíamos conocido... DLA030297 **11 impedir ++:**

Fue la necesidad de impedir *a toda costa* la división del ejército y a ser derrotados... CLA091000 **12 eludir +:** ...está dispuesto a hacer concesiones para poder formar gobierno y eludir *a toda costa* nuevas elecciones. LVE060396 **13 entorpecer +:** ...la moda parece ser entorpecer *a toda costa* las adopciones... EPE270199

C VERBOS QUE DENOTAN DEFENSA, PROTECCIÓN O MANTENIMIENTO DE ALGO, MÁS FRECUENTEMENTE SI SE USAN EN CONTEXTOS PROSPECTIVOS O MODALES: **14 mantener ++:** ...quieren mantener *a toda costa* la misión de defender sus monedas nacionales... LVE170395 **15 conservar ++:** La plaza Xemáa el Fnaá es un lugar único en el mundo que hay que conservar *a toda costa.* EPD300697 **16 resistir ++:** ...los que prefieren rendirse y los que han decidido resistir *a toda costa.* EPE161201 **17 defender ++:** Hay que defender *a toda costa* el derecho a no ser despedidos. EPE171101 **18 preservar ++:** ...el objetivo central consistía en preservar *a toda costa* la mayoría de empleos posibles y la planta productiva en general... EXC120197 **19 retener ++:** ...tratan de retener *a toda costa* a los vacacionistas en sus hoteles... DYM281096 **20 salvar ++:** El hecho de que la poesía no sea un arte popular no invalida que haya que salvarla *a toda costa...* LVE061095 **21 proteger +:** ...tenemos el deber moral de proteger *a toda costa* la Asistencia Social. EME280896 **22 salvaguardar +:** ...puede consistir en salvaguardar *a toda costa* los recursos naturales... ENC280301

D VERBOS QUE DENOTAN CONSECUCIÓN DE ALGO, A MENUDO TRAS VENCER CIERTAS DIFICULTADES. SE USAN CASI SIEMPRE EN CONTEXTOS PROSPECTIVOS Y MODALES: **23 conseguir ++:** De ahí la necesidad de conseguir *a toda costa* los proyectos ahora en el aire. EPE050699 **24 ganar ++:** ...su partido (...) quiere ganar *a toda costa,* utilizando incluso métodos gangsteriles. PME131096 **25 vencer +:** En algunas etapas (...) quiso vencer *a toda costa* su incapacidad para vivir el amor de pareja... LVE221196 **26 lograr +:** ...lograr *a toda costa* la sincronía de palabras y movimiento labial... LVE120395 **27 obtener +:** ...buscaban obtener audiencia *a toda costa* y no una rentabilidad publicitaria... EME191096 **28 alcanzar +:** ...el intento de recuperar una tranquilidad deportiva que se pretende alcanzar *a toda costa.* LVE091295 **29 recuperar +:** Los médicos ingleses tratan de recuperar *a toda costa* al autor del tanto agónico en la ida... EPE210499 **30 hacerse:** ...tememos que tales sonrisas pueden limitarse a constituir un uso del cinismo para hacerse con el poder *a toda costa...* LVE110396 **31 conquistar:** Es muy claro que se ha esforzado para conquistar el éxito *a toda costa.* INDOC **32 satisfacer:** ...con tal insistencia que su madre, que le atendía, decidió satisfacerle *a toda costa.* ABC030993

E SUSTANTIVOS DE SIGNIFICACIÓN INTENCIONAL O MODAL. SE RELACIONAN CON LOS VERBOS DEL APARTADO *A*: **33 voluntad:** Ni la euforia por el euro ni la voluntad de demostrar su independencia *a toda costa...* EPE020199 **34 ganas:** Se le veía (...) ganas de triunfar *a toda costa...* EME220795 **35 obcecación:** ...llevó demasiado lejos su obcecación por permanecer en el poder *a toda costa...* EME271195 **36 afán:** ...por su propio afán de beneficio *a toda costa* desprecia el vínculo... EPE200699 **37 deseo:** El deseo del Gobierno de apartar a Garzón *a toda costa* del caso. EME310395 **38 interés:** Creen que el todavía alcalde tiene lo que Montilla definió como un inexplicable interés en seguir en el cargo *a toda costa...* EPE230299

F SUSTANTIVOS QUE DESIGNAN LA ACCIÓN DE EVITAR O IMPEDIR ALGO. SE RELACIONAN CON LOS VERBOS DEL APARTADO *B*: **39 bloqueo:** ...cualquier cosa con tal de lograr el bloqueo *a toda costa* de una medida tan perjudicial para los intereses del sector. INDOC **40 evitación −:** ...detalles cotidianos de exagerada búsqueda de la comodidad, de evitación *a toda costa* de problemas, que denotan cierto espíritu decadente. LVE130196

G SUSTANTIVOS QUE DENOTAN MANTENIMIENTO O PROTECCIÓN DE ALGO. SE RELACIONAN CON LOS VERBOS DEL APARTADO *C*: **41 mantenimiento:** ...lo que lleva al mantenimiento *a toda costa* de la estructura organizativa... LVE271195 **42 resistencia:** ...porque demuestra, por parte del presidente del Gobierno, «una resistencia *a toda costa*» y un mantenimiento en el poder... LVE070995 **43 salvaguarda:** ...tan evidente como la salvaguarda *a toda costa* de los intereses inmobiliarios de unas pocas empresas por encima del interés general. INDOC **44 protección:** Ustedes saben bien que ocupa un lugar preeminente en mi programa la protección *a toda costa* del medio ambiente en una zona tan degradada como... INDOC

☐ Véase también: **a todo trance**.

a toda máquina *loc.adv.* ▌Forma parte de la locución *¡Avante a toda máquina!* Admite numerosos verbos que designan acciones que tienen fin natural *(leer un texto a toda máquina; comerse el almuerzo a toda máquina; redactar unas líneas a toda máquina)*, pero destacan especialmente sus combinaciones con...

A VERBOS DE MOVIMIENTO, EN ESPECIAL SI DENOTAN AVANCE O DESPLAZAMIENTO A LO LARGO DE ALGÚN RECORRIDO: **1 ir ++:** Las obras del tren de alta velocidad entre Madrid y Barcelona van *a toda máquina.* EPE271099 **2 avanzar ++:** ...no está claro cuál sería el impacto ya que el proyecto avanza *a toda máquina...* END231097 **3 marchar +:** ...la colonización cultural que ya marcha *a toda máquina.* ETC060996 **4 salir +:** Y salimos *a toda máquina,* con tres patrulleras detrás. LVE140395 **5 huir +:** Al avistar la llegada de una patrullera del SVA, las naves intentaron infructuosamente huir *a toda máquina.* LVE210996 **6 dirigirse ++:** ...se dirigió *a toda máquina* hacia los buques alemanes para cortarles el paso. EME190596 **7 navegar +:** La fundación navega *a toda máquina* pilotada con acierto por su presidente... LVE220596 **8 circular:** Rusia es un inmenso tren que circula *a toda máquina* hacia un destino desconocido. EPE060199 **9 venir:** Ojalá no sea la luz de un tren que viene *a toda máquina* para sorprendernos caminando sobre la vía. LTB020197 **10 regresar:** Ahora regresa *a toda máquina...* EPE180900 **11 pasar:** ...los otros prototipos pasaban *a toda máquina.* EME070594 **12 seguir:** La carrera política de Oriol (...) sigue *a toda máquina.* LVE200596 **13 dar marcha atrás:** ...el líder de Forza Italia ha dado marcha atrás *a toda máquina* y ha hecho saber que está dispuesto a aceptar -aunque sea de mala gana- todos los acuerdos adoptados en la mesa de negociaciones ... LVE220795 **14 enfilar:** Se trata del pesquero STM-17, matriculado en Vladivostok, cuyo capitán, Serguéi Stepánov, se negó a detenerse y enfiló *a toda máquina* hacia Japón. EPE230201

B VERBOS QUE DESIGNAN ACTIVIDADES, ESPECIALMENTE LAS QUE PONEN DE MANIFIESTO EL FUNCIONAMIENTO

O EL RENDIMIENTO DE ALGO O ALGUIEN, Y LAS QUE SUELEN REQUERIR ALGÚN ESFUERZO AL QUE LAS REALIZA: **15 funcionar ++:** Y ya a esa hora, la usina había empezado a funcionar *a toda máquina.* CLA040501 **16 trabajar ++:** Pero su familia estará aquí y trabajando *a toda máquina.* ENH001101 **17 jugar:** Agassi sale con instinto asesino, jugando *a toda máquina*, como en otra dimensión. EME040896 **18 entrenarse:** ...llevan unos meses preparando la final y entrenándose *a toda máquina.* INDOC

C VERBOS QUE DESIGNAN LA ACCIÓN DE PONER ALGO EN MARCHA. TAMBIÉN CON OTROS QUE EXPRESAN LA ACCIÓN DE ESFORZARSE PARA LOGRAR QUE ALGO TENGA LUGAR: **19 forzar:** ...un esfuerzo negociador sin precedentes para intentar forzar *a toda máquina* un pacto... EME240496 **20 impulsar:** El poco tiempo disponible obligaba a impulsar *a toda máquina* los contactos con el fin de alcanzar un acuerdo dentro del plazo. INDOC **21 lanzar la carrera:** No se trataba de lanzar la carrera *a toda máquina.* Se trataba de cuidar los intereses de El Guerruj sin ningún margen para el error. EPE300900

D OTROS VERBOS; POSIBLES USOS ESTILÍSTICOS: El precandidato a gobernador bonaerense de la UCR Enrique *Japonés* García salió a ofrecer cargos electivos *a toda máquina.* CLA310199

E SUSTANTIVOS QUE DENOTAN MOVIMIENTO. SE RELACIONAN CON LOS VERBOS DEL APARTADO *A*: **22 salida:** Realizó una salida impetuosa, fulgurante, *a toda máquina.* Lástima a la segunda vuelta... INDOC **23 irrupción:** ...está, además, la irrupción *a toda máquina* de EH en la actividad parlamentaria, su compromiso de apoyo al Gobierno Ibarretxe hasta el año 2003 y su decisión de... EPE230599 **24 marcha:** La locomotora estadounidense sigue su marcha *a toda máquina*, en un periodo de expansión económica que ha entrado ya en su noveno año consecutivo. EPE260699

F SUSTANTIVOS QUE DESIGNAN VEHÍCULOS Y MAQUINARIAS: **25 barco:** ...un sistema de transparencia y participación de los trabajadores que ha convertido la empresa en un barco *a toda máquina.* EPE150399 **26 tren:** Ojalá no sea la luz de un tren que viene *a toda máquina* para sorprendernos caminando sobre la vía. LTB020197 **27 locomotora:** ¿Será que ya nadie cree en las utopías que mantenían al mundo como locomotora *a toda máquina*? VEN230899 **28 caldera:** La película está quemando los dólares como una caldera *a toda máquina.* EME241196 **29 motor:** ...no pudieron ser identificados y lograron huir con los motores *a toda máquina.* EPE050300

G OTROS SUSTANTIVOS; POSIBLES USOS ESTILÍSTICOS: Con la demanda interna *a toda máquina*, la lentitud de las reformas estructurales liberalizadoras de la economía y la última crisis del petróleo... EPE180100

☐ Véase también: **a toda pastilla, a toda velocidad, a todo volumen.**

a toda pastilla *loc.adv./loc.adj.* ▌Es locución propia de la lengua coloquial. Con el sentido de 'a toda velocidad' o 'a pleno rendimiento' admite muy diversos verbos de acción *(jugar, funcionar, trabajar, conducir, empezar, seguir, preparar, cambiar)*, pero se combina especialmente con...

A VERBOS DE MOVIMIENTO, MÁS FRECUENTEMENTE SI DESIGNAN LA ACCIÓN DE SALIR O MOVERSE DESDE UN PUNTO: **1 ir ++:** ¿Es que le gusta ir *a toda pastilla*? Si no, no me explico cómo no dijo a su chófer que fuera más despacio. LVE040896 **2 escapar ++:** Los atracadores escaparon *a toda pastilla.* INDOC **3 salir:** Con el radiador reventado dieron marcha atrás y salieron *a toda pastilla.* EME120194 **4 bajar:** Sube al coche, baja *a toda pastilla* por el túnel del Puymorens (...) y recorre la irregular autopista de Manresa hasta Barcelona. LVE090296 **5 llevar:** Lo que de verdad me da miedo es el taxista que me lleva *a toda pastilla* por la autopista hasta el aeropuerto. EME260394 **6 adelantar:** Mola adelantar *a toda pastilla*, aunque haya prohibición expresa con doble raya amarilla. EME250394 **7 correr:** ...sale corriendo *a toda pastilla* (...) y grita con entusiasmo: «¡Al ladrón!». EME030194

B VERBOS QUE DENOTAN PERCEPCIÓN O EMISIÓN DE SONIDOS: **8 sonar +:** Desde el radiocasete que llevan, suena *a toda pastilla* un tema heavy, sutil cual coz de mula... EME110896 **9 poner música +:** ...pone música salsa *a toda pastilla* para repetir sus ejercicios de aerobic. EPE060799 **10 escuchar:** El dueño (...) sintoniza y escucha *a toda pastilla* Ràdio Associació de Catalunya... LVE260995 **11 tronar −:** ...motocompresores tronando *a toda pastilla* como anticipo de la siembra de miles de farolas al caer de cada tarde. EPE270699

C SUSTANTIVOS QUE DENOTAN MÚSICA O SONIDO Y, POR EXTENSIÓN METONÍMICA, CON OTROS QUE DESIGNAN LOS OBJETOS QUE LOS EMITEN, LAS MAGNITUDES QUE LOS MIDEN O LAS FORMAS EN LAS QUE SE EXPRESAN. SE RELACIONAN GENERALMENTE CON LOS VERBOS DEL APARTADO *B*: **12 música +:** ...el televisor gigantesco retransmite un encuentro deportivo mientras la música, *a toda pastilla*, domina la noche. EME221095 **13 radio:** ...las doce y media de la noche y, como siempre, las ventanas abiertas de par en par y la radio *a toda pastilla.* INDOC **14 altavoz:** Tenían unos altavoces *a toda pastilla* dando vivas... LVE130296 **15 decibelio:** Después ya empieza con sus canciones de éxito, (...) el decibelio *a toda pastilla* y la voz siempre en el mismo tono... EPE080700 **16 sirena:** ...me parece una vergüenza que cada vez que salen los coches patrulla de allí lo hagan con las sirenas *a toda pastilla*, sea la hora que sea... EME050594 **17 televisor:** En Costa Polvoranca se sustituye el televisor enchufado a todas horas, y *a toda pastilla*, en el saloncito del domicilio familiar, por el infecto ruido del bakalao... EME240595 **18 walkman:** Lélia (...) camina delante de mí a tres metros de distancia. «Walkman» *a toda pastilla*, conquistadora y fragilísima. EME130595 **19 folclore −:** ...coros y danzas, demostración sindical, folclore *a toda pastilla...* EME190694

☐ Véase también: **a toda máquina, a toda velocidad, a todo volumen, a tope.**

a toda plana *loc.adv./loc.adj.* ▌Se combina con...

A VERBOS QUE DESIGNAN LA ACCIÓN DE PUBLICAR O EDITAR ALGO. TAMBIÉN CON ALGUNOS QUE EXPRESAN OTRAS FORMAS DE PRESENTAR O TRANSMITIR LA INFORMACIÓN A TRAVÉS DE UN MEDIO ESCRITO: **1 publicar ++:** ...el comprador de la última página del milanés *Corriere della Sera* para publicar, *a toda plana*, una encendida declaración de amor. LVE260895 **2 imprimir ++:** El Daily Mail optó por imprimir *a toda plana* la exclamación «¡Marcha atrás!»... EPE041199 **3 titular:** Han llegado, en efecto, los dioses del estadio, como titulaba *a toda plana* L'Equipe... LVE290796 **4 editar:** Sucedió lo que podía temerse: se editó en portada y *a toda plana.* EME060494

B OTROS VERBOS QUE DESIGNAN LA ACCIÓN DE EXPONER O MANIFESTAR ALGUNA INFORMACIÓN, MÁS FRECUENTEMENTE SI SE DESTACA O SE ENFATIZA LO QUE SE COMUNICA: **5 anunciar +:** ...existe un club (...) con los suficientes recursos financieros como para anunciarse *a toda plana* en los medios de comunicación... EME121296 **6 proclamar +:** «¡Rendición!», proclamó *a toda plana* el rotativo... EPE300999 **7 asegurar:** Lo aseguraba *a toda plana* el semanario The Observer... EPE150299 **8 destacar +:** ...el «frenazo de los precios mientras el paro se dispara» que destaca *a toda plana* la primera de Diario 16... EME150296 **9 señalar:** ...señalaba ayer *a toda plana* que EE. UU. se está preparando para enviar tropas al norte de Irak. LVE231096 **10 exponer:** Fue el diario liberal The Guardian el que expuso *a toda plana* los casos mas recientes... EPE020399 **11 escribir:** «Tierra de España», escribe *a toda plana* sobre el título del cotidiano... EME070694

C SUSTANTIVOS QUE DESIGNAN DIVERSOS CONTENIDOS Y COMPONENTES DE LA INFORMACIÓN Y LA EDICIÓN PERIODÍSTICA: **12 titular ++:** ...frases rotundas que pudieran convertirse al día siguiente en titulares *a toda plana.* LVE110195 **13 anuncio +:** ...se atreven a pedir dinero para la reconstrucción del Liceo mediante anuncios *a toda plana...* ABC040294 **14 fotografía:** Las portadas en huecograbado de La Vanguardia, con fotografías *a toda plana,* fueron las impulsoras del fotoperiodismo en España. LVE170995 **15 reportaje +:** El periódico despliega un reportaje *a toda plana* sobre el suceso. INDOC **16 mensaje –:** Leyendo los mensajes *a toda plana* que la patronal publicaba asiduamente... LVE131195

a todas luces ♦ **desproporcionado, difícil, elevado, escaso, evidente, exagerado, excesivo, ilegal, imposible, imprescindible, improbable, inaceptable, inadmisible, incompatible, incomprensible, inexplicable, injustificado, injusto, innecesario, insatisfactorio, insuficiente, inverosímil, inviable, irreal, ridículo**

a toda vela ♦ **avanzar, dirigirse, huir, navegar, surcar,** *otros verbos de movimiento*

a toda velocidad ♦ **abandonar, acercarse, aparecer, arrancar, aterrizar, avanzar, caer, caminar, circular, conducir, correr, cruzar, entrar, escapar, explicar, funcionar, hablar, huir, ir, marchar, pasar, salir, trabajar, venir, volver,** *verbos de acción, verbos de movimiento*

□ Véase también: **a toda máquina, a toda pastilla, a todo trapo, a todo tren.**

a todo pulmón *loc.adv./loc.adj.* ▮ Admite la variante *a pleno pulmón.* Se combina con el sustantivo *grito* y también con...

A VERBOS QUE DENOTAN EMISIÓN DE SONIDOS HUMANOS, ARTICULADOS O NO: **1 gritar ++:** La multitud de jóvenes gritaba *a todo pulmón* el nombre de su ídolo... END201097 **2 cantar ++:** ...y como siempre fue reconfortante escuchar cantada *a todo pulmón* la letra completa de La Chalana... LHG020797 **3 chillar +:** Aterradas, vomitando, chillando *a pleno pulmón,* blancas de miedo. EME100895 **4 llorar +:** ...porque el niño lloraba *a pleno pulmón* mientras empapábamos camisetas... EME311295 **5 entonar:** ...es un acto puramente ritual: él entona, a capella y *a pleno pulmón...* RUM250897 **6 corear:** ...podrán corear *a pleno pulmón* el grito que más les gusta... EME190196 **7 lanzar una carcajada:** ...hace un alto en el camino y lanza una carcajada *a pleno pulmón.* DLA080597 **8 proferir –:** La crítica fue proferida *a pleno pulmón* y con virulenta saña. DLA080597

B VERBOS QUE DESIGNAN LA ACCIÓN DE EXPULSAR O INHALAR AIRE LOS SERES HUMANOS. SE USA A MENUDO EN SENTIDO FIGURADO: **9 respirar ++:** ...en el momento en que el positivismo respira *a todo pulmón,* se despierta el misticismo y comienzan... ABC221295 **10 suspirar:** ...hizo sus morisquetas y suspiró *a todo pulmón.* EPE170899 **11 aspirar:** Más que ver el mar, aspiró *a pleno pulmón* su brisa. LVE281095 **12 silbar:** Expectantes, hinchas del Bayern en su mayoría, silbaron *a todo pulmón* para consolarse ante el fiasco. EPE050800 **13 inflar:** ...al que habían prendido una bola de cristal blanda y la inflaban *a pleno pulmón* y la torneaban con tenazas... EPE220899

C ALGUNOS VERBOS DE LENGUA: **14 repetir:** «¡El pueblo votó y Cárdenas ganó!», fue la consigna repetida *a todo pulmón* y hasta la madrugada... DHE080797 **15 anunciar:** ...coger nuevos bríos tras sus dos amagos de infarto y anunciar *a pleno pulmón* su candidatura a las presidenciales... EME051195 **16 hablar –:** ...invierte el tiempo de la cena en caminar por la acera y hablar solo *a pleno pulmón.* EPE150801 **17 decir –:** ...los que en aquel entonces decían que hay que derechizar el centro hoy dicen *a pleno pulmón* que hay que centrar la derecha... EPE020686 **18 arrancarse –:** Un invitado (...) se arrancó por libre, y *a todo pulmón,* con la canción... EPE051100

D ALGUNOS VERBOS QUE DENOTAN EL PROCESO DE EXPERIMENTAR O EXTERIORIZAR CIERTAS SENSACIONES, MÁS FRECUENTEMENTE LAS PROVOCADAS POR ACCIONES O ESTADOS DE NATURALEZA EXPANSIVA: **19 disfrutar +:** Dos músicos así, sentados junto al teclado y disfrutando *a pleno pulmón* de la música... ABC090493 **20 vivir:** «Yo escribía, pintaba, claveteaba, pegaba y vivía *a pleno pulmón* el mundo de Berlín». LVE070495 **21 experimentar:** Al fin tuvo ocasión de experimentar *a pleno pulmón* las sensaciones que tanto tiempo había anhelado. INDOC **22 descubrir una experiencia:** ...libre y sin trabas, es una experiencia que descubre ahora *a pleno pulmón.* EPE011199 **23 festejar –:** ...conecta hacia el fondo de su arco, para luego festejar *a todo pulmón* en la malla junto al público sureño... SVG170397

E OTROS VERBOS; POSIBLES USOS ESTILÍSTICOS: ...a formar parte de un grupúsculo izquierdista radical, donde milita *a pleno pulmón* contra el franquismo... ABC170492; La Riviera se llenó con un público entregado, feliz de ratificar *a pleno pulmón* esos nuevos textos. EPE291199

a todo riesgo ♦ **póliza, seguro** ♦ **asegurar**

a todo trance *loc.adv.* ▮ Se construye frecuentemente en entornos modales: *hay que..., debemos..., es necesario...,* con verbos en futuro *(combatiremos, conseguiré)* y con otros que expresan diversas nociones prospectivas y modales similares a estas *(procurar, pretender)*. Destacan especialmente sus combinaciones con...

A VERBOS QUE DESIGNAN LA ACCIÓN DE IMPEDIR O DE EVITAR ALGUNA COSA: **1 evitar ++:** ...el mal que se pretendía evitar *a todo trance* y a cualquier precio era el incremento de poder del PP. EME290695 **2 impedir +:** ...en esa materia deben extremarse las precauciones y las medidas protectoras, para impedir *a todo trance* que prospere esa absurda manifestación de inseguridad. ETC011287 **3 rehuir:** Si no se entiende así, será por un problema político (...) que trataremos de rehuir *a todo trance*. EPE200899

B VERBOS QUE DESIGNAN LA ACCIÓN DE DEFENDER O PROTEGER ALGO O ALGUIEN: **4 mantener +:** Los norteamericanos vieron muy bien que debía mantenerse *a todo trance* la condena por crímenes de guerra... LVE251195 **5 resistir(se) +:** ...preocupados únicamente en resistir *a todo trance* y en acosar a cualquier precio. LVE111095 **6 proteger:** Proteger la cuenta de resultados *a todo trance* puede producir a veces estas aberraciones. EPE220199 **7 preservar:** ...empeñada en preservar *a todo trance* la vinculación tomista de la fe con la razón como soporte de una noción de cristiandad... EPE010400 **8 defender +:** Hay que revelarle a tiempo a esa juventud estudiosa cómo la vieja democracia (...), es la democracia de ellos y defendida *a todo trance*... EUV170498 **9 perpetuar:** ...al movimiento retrógrado de quienes quieren perpetuar el oscurantismo político *a todo trance*. ABC140292 **10 conservar:** ...logros que ha costado tanto tiempo alcanzar y que es imprescindible conservar *a todo trance*. INDOC **11 perdurar:** Cada vez hay más españoles convencidos de que la obsesión por perdurar *a todo trance* está convirtiendo a nuestros gobernantes (...) en la quintaesencia de la inmoralidad. EME070595

C ALGUNOS VERBOS QUE DESIGNAN ACCIONES VIOLENTAS O RADICALES CONTRA PERSONAS O COSAS: **12 destruir:** ¡Hay que destruir el PSOE *a todo trance*! EME210295 **13 erosionar:** A todo trance había que erosionar las seguridades excesivas del oyente... EME120895 **14 combatir:** ...la necesidad de combatirla *a todo trance* para que no se produzca el derrocamiento de la feroz tiranía... DLA180497 **15 descalificar:** ...cuyas declaraciones se examinaban por algunos medios sometiéndolas al microscopio electrónico para buscar cómo descalificarlas *a todo trance*. EPE200401

D VERBOS DE NATURALEZA INTENCIONAL: **16 querer +:** Repsol quiere *a todo trance* crear un gran grupo energético... EPE131199 **17 desear:** También sucede al contrario, que la fuente desea *a todo trance* que su información se difunda... LVE150696 **18 buscar +:** Por eso busca *a todo trance* una salida honrosa. EME120295 **19 tratar +:** Así hay quien trata de resultar comercial *a todo trance*, quien intenta acumular su talento en un instante... EPE020580

☐ Véase también: **a toda costa.**

a todo trapo ♦ **arrancar, correr, entrar, huir, salir,** *otros verbos de movimiento*

☐ Véase también: **a toda velocidad.**

a todo tren *loc.adv./loc.adj.* ▮ Es locución propia de la lengua conversacional. Con el sentido de 'con lujo o sin reparar en gastos' se combina con...

A EL VERBO *VIVIR* Y CON ALGUNOS OTROS QUE DENOTAN TRANSCURSO TEMPORAL: **1 vivir ++:** ...y de haber vivido *a todo tren* sin preocuparse de rellenar sus «inagotables» arcas... EME091195 **2 pasar unos días:** Más, al contrario, en él se va pensando en pasar unos días *a todo tren*. EME280196

B OTROS VERBOS; POSIBLES USOS ESTILÍSTICOS: ...en sus enormes propiedades decoradas *a todo tren*... EME180896

C ALGUNOS SUSTANTIVOS QUE DENOTAN TRASLADO O DESPLAZAMIENTO: **3 viaje:** ...a sus abultadísimas facturas de viajes *–a todo tren–* en un cargo «doméstico»... LVE081196 **4 gira:** ...celebró su ascenso a Segunda B con una gira *a todo tren* por Venezuela... EME110296

D OTROS SUSTANTIVOS: **5 diversión:** La noche de Madrid ofrece algo más que copas y diversión *a todo tren*. EME051295

▮ Con el sentido de 'a máxima potencia o velocidad' o 'a pleno rendimiento' se combina con...

E ALGUNOS VERBOS QUE DESIGNAN LA ACCIÓN DE ESTAR ALGO O ALGUIEN EN ACTIVIDAD: **6 trabajar:** ...trabajan *a todo tren* para mentener los despachos a los territorios más dañados... GIC111796 **7 funcionar:** Ayer el «súper» de los estupefacientes funcionó *a todo tren*. EME180996

F VERBOS DE MOVIMIENTO, MÁS FRECUENTEMENTE SI DENOTAN TRASLADO O DESPLAZAMIENTO: **8 salir:** ...me avisaron del accidente y salí *a todo tren* para el hospital. INDOC **9 recorrer:** ...recorren la ciudad *a todo tren* con sus patines y mojan con aspersores a los viandantes... EME280796 **10 moverse:** Mientras Alemania se ha movido *a todo tren* por el centro de la autopista... EME190696 **11 venir:** ...pero viene *a todo tren* para hacer su entrada en la estación Electoral. EME060595 **12 salir:** El Atlético, que era favorito, salió a ganar *a todo tren*. EME171096

G VERBOS QUE DENOTAN INICIO O IRRUPCIÓN Y, MENOS FRECUENTEMENTE, FINALIZACIÓN DE UNA ACCIÓN O UN PROCESO: **13 comenzar:** ...que ha comenzado la temporada *a todo tren*, se le borró la sonrisa... EPE141001 **14 reanudar:** Las tareas de rescate se interrumpieron anteayer (...) y se reanudaron el viernes *a todo tren*. EME290495 **15 abrir:** La K-fever está aquí, abriéndose camino *a todo tren* en las frenéticas noches neoyorquinas... EME121195 **16 terminar:** ...que terminó *a todo tren* el partido contra el Scavolini. EME281296

H OTROS VERBOS; POSIBLES USOS ESTILÍSTICOS: ...que Telefónica negociaba *a todo tren* tanto con WorldCom como con BT. EPO020700

☐ Véase también: **a toda velocidad, a tope.**

a todo volumen ♦ **música, radio, sonido, televisión, tocadiscos** ♦ **cantar, decir, entonar, poner (la radio/la televisión), reproducir, sonar**

☐ Véase también: **a toda máquina, a toda pastilla.**

atolladero ♦ **conducir (a), encontrarse (en), estar (en), meter(se) (en)[10], resolver, sacar (de), salir (de), solucionar, verse (en)**

atónito ♦ **espectador, gesto, mirada, ojo, semblante, testigo, vista** ♦ **asistir, contemplar, des-**

cubrir, escuchar, mirar, observar, preguntar, responder

a tope *loc.adv.* ▮ Es expresión propia de la lengua conversacional. En su sentido de 'hasta el punto máximo o el grado extremo a que se llega' se combina con los verbos *llenar, rellenar, abrir, cerrar, apretar, ajustar, atornillar* y con otros que designan acciones que tienen fin natural y desembocan en estados. También se combina, especialmente en construcciones predicativas, con sustantivos que designan espacios, recintos o lugares de tránsito *(nevera, discoteca, carretera)*. Con estos sustantivos, *a tope* suele admitir la paráfrasis *hasta los topes*. En su sentido figurado de 'al máximo, a pleno rendimiento' se combina, también en construcciones predicativas, con sustantivos de persona *(jugador, niño, defensa: El defensa central está hoy a tope)* y con algunos sustantivos que designan ciertas magnitudes y capacidades expansivas *(volumen, diversión, ganas, ilusión)*. Se combina asimismo con...

A VERBOS QUE DENOTAN CONFRONTACIÓN: **1 luchar +:** Hemos luchado *a tope* y hemos hecho lo que hemos podido. LVE231195 **2 pelear:** ...estoy dolido por la situación, pero con la tranquilidad y la conciencia tranquila de haber peleado *a tope*... DDN290499 **3 disputar:** El francés (...) es el primero en señalar que «nunca antes he disputado *a tope* una etapa de estas características...». LVE190695

B OTROS VERBOS DE ACTIVIDAD, ESPECIALMENTE CON LOS QUE EXPRESAN LA ACCIÓN DE PONER EMPEÑO O AFÁN EN LO QUE HACE: **4 trabajar ++:** Son ellos los que tienen que trabajar *a tope*. EDV110101 **5 funcionar ++:** ...las instituciones se indignan y ponen a funcionar *a tope* todos sus medios contra los terroristas... CAN141200 **6 ir ++:** No puedes ir *a tope* porque en los últimos repechos te pueden faltar las fuerzas. LVE041095 **7 jugar +:** Es un equipo que juega siempre *a tope*... EME130595 **8 entrenar:** ...me entreno *a tope* para que el entrenador esté contento... LRE070103 **9 esforzarse +:** El que quiera ganar va a tener que esforzarse *a tope*. DDN030101 **10 entregarse +:** ...decisivo, carismático, entregado *a tope* en los partidos y los entrenamientos. LVE230595 **11 actuar:** ...actuaremos *a tope* para jugar nuestras oportunidades. LVE190596 **12 rendir +:** Utilizó muy bien todos sus recursos y sus tres extranjeros rindieron *a tope*. EME230296 **13 ejercitarse:** ...se ejercitó *a tope* y luchará con Pizzi y Julio Salinas por un puesto en el ataque. LVE260395 **14 participar:** ...intentaremos divertirnos todo lo que podamos participando *a tope* en las fiestas. EPE110899

C VERBOS QUE DENOTAN INICIO, CONTINUACIÓN O FINALIZACIÓN DE UNA ACTIVIDAD O UN ACONTECIMIENTO, FRECUENTEMENTE DEPORTIVO: **15 salir ++:** ...saldremos *a tope* para intentar que el partido no se alargue demasiado. EDV110101 **16 empezar:** La contrarreloj es para empezar *a tope* y terminar *a tope*. EME090795 **17 aguantar:** ...no todos creen en Mansell, o al menos en que pueda aguantar *a tope* un Mundial entero. LVE121296 **18 continuar:** He de tener la mente fría y pensar si quiero continuar en la marcha *a tope* o no. LVE270796 **19 llegar:** Se trata de quemar etapas para llegar *a tope* al Mundial... EME090694

D EL VERBO *CORRER* Y CON OTROS QUE DESIGNAN MOVIMIENTOS Y ACCIONES RELATIVAS A LA CONDUCCIÓN DE UN VEHÍCULO: **20 correr +:** Saldré a correr *a tope*, sin pensar en cuántos se clasifican. EPE210899 **21 rodar:** Es difícil rodar *a tope* cuando ya te llevan medio minuto... LVE010896 **22 tirar:** ...hemos decidido que debíamos tirar *a tope* porque el pelotón venía muy fuerte por detrás. EME020594 **23 pedalear:** ...ha dicho que llega a 180-185 pulsaciones por minuto cuando pedalea *a tope*. LVE151095 **24 esprintar:** ...opté por no arriesgar y «sprintar» *a tope* para intentar ganar la etapa... LVE010595 **25 descender:** A veces se acercan a mí corredores que me piden que no suba muy rápido y luego son los mismos que descienden *a tope*. LVE200795 **26 acelerar:** ...aceleraba *a tope*, se subía a las aceras, derrapaba, circulaba en dirección contraria... EME030396 **27 abrir gas:** ...abrieron gas *a tope* con un furgón por la calle... LVE080295 **28 frenar:** Ahí se frena *a tope* y a veces la moto se levanta de atrás. EME100596 **29 conducir:** ...salen de la discoteca bien entonados y conducen *a tope* por la autopista, así que no es extraño que tengan tantos accidentes. INDOC **30 pisar el acelerador:** ...aflojaba en las curvas, pero en las rectas pisaba el acelerador *a tope*. INDOC

E EL VERBO *VIVIR* Y CON OTROS QUE DENOTAN GOCE VITAL O ANÍMICO: **31 vivir ++:** Quiero vivir esta ocasión *a tope*. LNC240796 **32 divertirse +:** ...los coches suelen ir llenos de chicos y chicas dispuestos a divertirse *a tope*... EME060395 **33 disfrutar +:** Ahora lo disfrutamos *a tope*, lo pasamos fenomenal. ENC060201 **34 vibrar +:** ...Karnisovas puso el 74-73. El Palau vibraba *a tope*. LVE040396

F VERBOS QUE DESIGNAN LA ACCIÓN DE MOSTRAR ADHESIÓN A ALGO O A ALGUIEN: **35 animar +:** ...han insistido en la necesidad de que el público llene el Blaugrana y les anime *a tope*. LVE270495 **36 apoyar +:** ...el partido los apoyará *a tope* porque son sus candidatos. EPE300399 **37 ayudar –:** ...necesitamos a toda la gente dispuesta a ayudar al equipo *a tope* y a dar todo el respaldo a los jugadores. LVE100296

☐ Véase también: **a pleno rendimiento, a toda pastilla, a todo tren, hasta las cejas.**

a toro pasado ♦ **actuar, adivinar, anunciar, confirmar, decir, descubrir, enterar(se), hablar, hacer, justificar, llegar, objetar, opinar, reaccionar, reconocer**

atracar ▮ *(fondear)* ♦ **embarcación**
▮ *(asaltar)* ♦ **a cara descubierta**[14], **a mano armada**[1], **a punta de {navaja/pistola...}, violentamente** ♦ **banco, establecimiento, negocio, persona, sucursal, tienda, tren,** *sustantivos que designan establecimientos*
☐ Véase también: **asaltar, atacar.**

atracción ♦ **compulsivo**[19], **enorme, escaso, especial, fascinante, fatal, físico, fuerte, gran(de), importante, incontrolable, intenso, irrefrenable**[25], **irremediable, irresistible**[12], **magnético, mutuo, natural, nuevo, obsesivo, particular, poderoso, potente, principal, profundo**[46], **sexual, singular, subyugante, tentador** ♦ **capacidad (de), centro (de), falta (de), foco (de), fuerza (de), grado (de), motivo (de), poder (de), polo (de),**

punto (de) ♦ confesar, conservar, dejarse llevar (por), despertar, ejercer[15], escapar (a/de), existir, experimentar, perder, provocar, reavivar[34], segregar, sentir[22], sucumbir (a), suscitar, sustraer(se) (de/a)[8]
☐ Véase también: **efecto, fascinación, influencia, influjo, magnetismo.**

ATRACCIÓN
♦ (SUSTANTIVOS) Véase: **acechar[G], atávico[E], carnal[B], compulsivo[D], concitar[A], confesar[H], contumaz[C], cultivar[B], derramar[H], destilar[K], gozar (de)[C], inconfesable[F], irresistible[B,C], letal[E], profundo[F], reavivar[D], rendirse (a/ante)[B], residir (en)[I], rutilante[F], saciar[C], sentir[C]**
♦ (VERBOS) Véase: **fuertemente[D], poderosamente[A,F], profundamente[J], vagamente[D]**
☐ Véase también: INFLUENCIA.

atraco ♦ a cara descubierta[34], a mano armada[7], a plena luz, brutal, callejero, chapucero, detenido (por), espectacular, frustrado, incruento, perfecto, sangriento, violento ♦ intento (de) ♦ móvil (de) ♦ atribuir (a alguien), cometer[34], condenar, consumar, denunciar, detener, efectuar, esclarecer, evitar, frustrar(se), impedir, imputar[4], investigar, llevar a cabo, organizar, perpetrar, planear, producir(se), protagonizar, realizar, resistirse (a), sufrir
☐ Véase también: **abuso, agresión, atractivo, atropello, encanto, influjo, injusticia, robo, tropelía.**

atractivo ▮ *(adj.)* **♦ engañosamente, especialmente, extraordinariamente, falsamente, particularmente, realmente, suficientemente, sumamente, tremendamente, visualmente ♦ cantidad, crecimiento, idea, información, lugar, oferta, opción, persona, precio, programa, recurso, selección, suma, tema, trabajo**
▮ *(sust.masc.)* **♦ adicional, asombroso, cautivador, comercial, deslumbrante, enorme, especial, evidente, fascinante, gran(de), indudable, intenso, irresistible[10], lleno (de), magnético, notable, penetrante, poderoso, potente, principal, seductor, singular, sumo, turístico ♦ cautivar (a alguien), conocer, conservar, desprender, eclipsar(se), ejercer (sobre alguien), gozar (de)[15], incrementar, intensificar, irradiar, ofrecer, perder, realzar, rendirse (a/ante)[7], residir (en)[46], restar (a algo/a alguien), revestir, tener**
☐ Véase también: **atracción, efecto, influencia, simpatía.**

atraer ♦ fuertemente[19], inexorablemente[14], irresistiblemente, mágicamente, magnéticamente, paulatinamente, poderosamente[4], profundamente[70], suficientemente, turísticamente ♦ atención, cliente, curiosidad, deseo, dinero, interés, inversión, mirada, persona, público, turismo, turista, visitante, voto
☐ Véase también: **cautivar, llamar la atención.**

a tragos ♦ beber, sorber, tomar
☐ Véase también: **a sorbos.**

atrancar(se) ♦ desagüe, economía, escotilla, palabra, puerta, salida, ventana
☐ Véase también: **detener(se), frenar, paralizar, parar(se).**

a trancas y barrancas *loc.adv.* **▮** Es propia de la lengua conversacional. Admite muy diversos verbos, pero destacan los que denotan movimiento con límite inicial o final *(llegar, salir, entrar, atravesar)*, inicio, consecución o finalización de alguna actividad *(empezar, iniciar, terminar, acabar, llevar a cabo)* y otros muchos que designan acciones que requieren algún esfuerzo o la superación de alguna dificultad *(aprender, traducir, leer, modernizar, celebrar, aceptar)*. También se combina con...

A EL VERBO *IR* Y CON OTROS QUE DENOTAN MOVIMIENTO O TRANSCURSO, FÍSICO, EXISTENCIAL O DE OTRO TIPO: **1 ir ++:** ...sería conveniente hacerlo con una amplia mayoría porque si no se iría *«a trancas y barrancas»*. EME040695 **2 andar +:** Mientras tanto anda *a trancas y barrancas* en el cole y no le gusta nada eso de que todos los días le manden deberes. EME011195 **3 discurrir:** Así, *a trancas y barrancas*, con creciente nerviosismo e incómodo, tanto por parte del músico como del público, fue discurriendo un concierto... LVE151096 **4 vivir:** Desde entonces, siempre vivió *a trancas y barrancas*, pese a algunos notables éxitos en el sector de la aeronáutica civil. LVE160396

B VERBOS QUE DENOTAN MANTENIMIENTO O PERSISTENCIA DE ALGO: **5 funcionar:** Este grupo de especialistas (...) se creó hace un año y medio dentro del cuerpo de bomberos y ha funcionado (...) *a trancas y barrancas*... EPE070499 **6 seguir ++:** Canal Plus ha seguido, *a trancas y barrancas*, el proyecto de formación de elites cultas... EME180294 **7 permanecer:** Unos chavales han abandonado la escuela sin título y otros permanecen en ella aunque *a trancas y barrancas*. EPE181099 **8 mantenerse:** ...los atletas (...) han logrado mantener *a trancas y barrancas* el espíritu olímpico. LVE060896

C VERBOS QUE DENOTAN AVANCE O DESARROLLO FAVORABLE DE ALGO, MÁS FRECUENTEMENTE SI SE LLEVA ADELANTE VENCIENDO ALGUNA RESISTENCIA: **9 avanzar ++:** ...está claro que la mujer va consiguiendo avanzar *a trancas y barrancas* en casi todos los terrenos. EME080394 **10 progresar +:** ...este país iba a ser un país normal, un país como los demás, progresando *a trancas y barrancas* en el conjunto de los países de Europa. LVE280695 **11 abrirse camino ++:** A trancas y barrancas el carromato del Estado de Derecho sigue abriéndose camino, sorteando trabajosamente los múltiples obstáculos... EME101196 **12 abrirse paso ++:** A trancas y barrancas se abrieron paso entre la multitud. INDOC **13 desarrollarse:** ...no existe alternativa a las negociaciones que, *a trancas y barrancas*, se desarrollan... LVE060295 **14 desenvolverse:** Así se desenvuelven, con mayor o menor fortuna, *a trancas y barrancas*, los parados españoles que más valor le echan a la vida. EME200394

D VERBOS QUE DENOTAN SUPERACIÓN DE UNA DIFICULTAD O UNA SITUACIÓN ADVERSA: **15 superar +:** ...Es la pregunta que se hace el pelotón ciclista internacional tras el abandono, después de superar *a trancas y ba-*

rrancas. EME210996 **16 remontar +:** Comenzó la escalada en los últimos lugares, pero *a trancas y barrancas* fue remontando posiciones. INDOC **17 sobreponerse +:** Pepín Liria estuvo lidiador y logró sobreponerse, *a trancas y barrancas*, a la aspereza del bicho. EME300895 **18 sobrevivir:** ...llevamos muchos años de esta España que *a trancas y barrancas* sobrevive a marejadas y naufragios... EME190395 **19 salir adelante +:** La familia sale adelante *a trancas y barrancas*, gracias a la caridad de algunos vecinos. EME190795 **20 sacar adelante +:** ...que vaya diseñando desde ya la temporada 1996-97. La actual la hubo de sacar adelante *a trancas y barrancas*... ABC061095 **21 enderezar(se):** El mercado cambió de signo, la química mundial entró en una fase alcista y, *a trancas y barrancas*, Ercros enderezó sus cuentas. LVE031295 **22 normalizarse:** ...*a trancas y barrancas*, este país se está normalizando. EPE041199

E OTROS VERBOS QUE DENOTAN OBTENCIÓN, RESOLUCIÓN O LOGRO DE ALGUNA COSA: **23 conseguir ++:** González quería ser presidente de Europa por seis meses y lo ha conseguido, *a trancas y barrancas*. EME161295 **24 lograr ++:** ...los grupos citados nacen en torno a un profesor y unas clases, a unas asociaciones de carácter cultural que, *a trancas y barrancas*, han logrado hacerse con alumnos y taquilla... ABC170792 **25 alcanzar:** Si ésta es su actual vocación es posible que *a trancas y barrancas*, con un inmenso costo para el país, logre alcanzar esa meta. EME050795 **26 solventar:** ...graves déficit en servicios e infraestructuras –solventados *a trancas y barrancas* en los 80–. LVE170495 **27 cumplir:** A mi juicio, tales condiciones van a seguirse cumpliendo, *a trancas y barrancas*... LVE020795

F VERBOS QUE DESIGNAN LA ACCIÓN DE VENCER A UN ADVERSARIO EN UN ENFRENTAMIENTO O UNA COMPETICIÓN: **28 ganar +:** ...un referéndum ganado *a trancas y barrancas* por las dudas de Almería... EME290296 **29 derrotar:** El líder del Partido Popular, que *a trancas y barrancas* ha derrotado por fin a su adversario socialista... EME180396

G VERBOS QUE DENOTAN CREACIÓN O ELABORACIÓN DE ALGUNA COSA: **30 crear +:** ...Romero y Felipe Alcaraz utilizaron los viejos recursos del aparato comunista para crear, *a trancas y barrancas*, las «condiciones objetivas» de un asalto al poder. EME290796 **31 construir +:** Europa ha construido *a trancas y barrancas* una esfera del bienestar... EPE110699 **32 edificar:** Entonces, *a trancas y barrancas*, estábamos edificando algo y llevábamos en la solapa el altruismo como ahora el lazo azul. EME010396 **33 trazar –:** ...se encarnó en la sociedad una reconversión sin proyecto de futuro que, *a trancas y barrancas*, ha trazado una nueva vinculación de Argentina con el mundo. EPE221099

H OTROS VERBOS; POSIBLES USOS ESTILÍSTICOS: ...*a trancas y barrancas* no desfallece en su propósito de sacar adelante las negociaciones de paz. LVE070695

☐ Véase también: **a duras penas.**

atrapar ♦ **al vuelo[6], con las manos en la masa, in fraganti[4], por los pelos** ♦ **atención, balón, futuro, liderato, mirada, ocasión, oportunidad, persona, sueño, victoria, voto**

☐ Véase también: **capturar, coger, pillar, pillar (a alguien).**

a trasmano ♦ **coger, pillar (a alguien)[16], quedar**

atraso ▮ *(retraso)* ♦ **alarmante, ancestral[65], considerable, cultural, estructural, excesivo, histórico, importante, largo, leve, menstrual, notorio, peligroso, político, profundo, recurrente, secular, significativo, social, tecnológico, tradicional, tremendo** ♦ **causa (de), horas (de)** ♦ **acarrear, acentuar, arrastrar, aumentar, causar, combatir, compensar, comprender, conllevar, corregir, demostrar, evitar, experimentar, explicar, generar, incurrir (en), justificar, lamentar, llevar, mitigar, ocasionar[54], padecer, paliar, presentar, producir, provocar, reconocer,recuperar, reducir, reflejar, regularizar, remontar[19], sacar (de), salir (de), solventar, sufrir, superar, vencer**

▮ *(deuda)* ♦ **acumulado, cambiario, congelado, cuantioso, económico, pendiente, salarial** ♦ **por** ♦ **abonar, acumular, cobrar, devengar, liquidar, pagar**

☐ Véase también: **adelanto, demora, retraso.**

atravesar *v.* ▮ Admite la variante *atravesar por*, más usada en América. Empleado en sentido físico, su complemento designan espacios *(plaza, calle, bosque, ciudad, desierto)* o seres materiales *(cuerpo, muro, agua, animal)*. Cuando se emplea en sentido figurado se combina con...

A SUSTANTIVOS TEMPORALES: **1 momento ++:** ...cuando el dinero tenía poder adquisitivo y la economía *atravesaba* por un momento de bonanza... DYM090996 **2 época +:** ...una de las cosas más simbólicas de esta época por la que *atravesamos* es que el hombre se convierte en factor fundamental... GIC010297 **3 período +:** En un momento en que la educación está *atravesando* un período conflictivo... LNP280897 **4 ciclo +:** ...se hacen harto evidentes con el ciclo inflacionario que *atraviesa* la economía mexicana... EXC020496 **5 etapa ++:** ...por su edad, *atraviesan* una etapa de especial plasticidad... PME190197 **6 fase +:** ...no tendrán muchas oportunidades de *atravesar* éxitosamente la durísima primera fase aquella. DHE050297 **7 proceso +:** ...el país ha *atravesado* por un proceso en el que se ha aprendido que hay canales y sistemas democráticos... ESH280297 **8 temporada:** ...no *atravieso* una temporada en la que pueda desdeñar un trabajo... LVE290896 **9 año:** Según su propio relato, *atravesó* más de veinte años entre los efectos del LSD... EME171295 **10 minuto –:** Después del 0-1, el equipo de Antic *atravesó* ocho minutos jugosos. EME040196

B SUSTANTIVOS QUE DESIGNAN PROBLEMAS, DIFICULTADES Y OTROS ESTADOS ADVERSOS. SE USAN MUY FRECUENTEMENTE EN PLURAL: **11 crisis ++:** ...en un momento en que Ecuador *atraviesa* una profunda crisis de valores... EUV100297 **12 problema ++:** ...están en operación 128, que en general *atraviesan* problemas financieros a causa de las alzas... DYM040796 **13 dificultad +:** ...compartir con ellos las tremendas dificultades que estaba *atravesando* con lo fregado de esta situación. LPN030297 **14 bache:** Tres títulos ha obtenido desde 1987, y aunque *atraviesa* por un bache en su juego... ETC170797 **15 peripecia:** ...una especie de amable conmiseración ante las leves peripecias humanas por las que la autora-personaje *atraviesa.* ABC221191 **16 contradicción** +: ...el bloque soviético se desintegró como resultado de las múltiples contradicciones que lo *atravesaban...* EXC211096 **17 depresión:** ...están muy preocupados por la salud de Elena, quien está *atravesando* una profunda depresión... EME101295 **18 avatar:** ...obligada por los avatares que ha *atravesado* la economía del país por la desaparición del campo socialista de Europa... GIC104297 **19 vicisitud:** Ante las serias vicisitudes que *atraviesan* centenares de familias... ACP271096 **20 penuria:** ...gran parte de la población vallisoletana *atravesaba* verdaderas penurias económicas y sociales. ENC010124 **21 peligro:** ...se produjo en un momento en el que la empresa está *atravesando* serios peligros... LVG301091 **22 anquilosamiento:** ...la música española está *atravesando* por un anquilosamiento de formas y ritmos. EME070996 **23 síndrome:** El último síndrome de confusión que puede *atravesar* una democracia es que la democracia misma... LVE271095 **24 tensión:** ...dada la actual tensión que *atraviesa* la vida política, el debate se celebre... EME180195 **25 vaivén:** A partir de ese electrizante prólogo, mis sensaciones van a *atravesar* todo tipo de peligrosos vaivenes... EME030395

C SUSTANTIVOS DE SIGNIFICACIÓN ABSTRACTA QUE DESIGNAN ESTADOS TRANSITORIOS O SITUACIONES TEMPORALES, FRECUENTEMENTE MODIFICADOS POR ADJETIVOS QUE DENOTAN DIFICULTAD: **26 situación** ++: Pero por el momento, el convenio de pago está *atravesando* una situación de dificultades debido a diferentes causas... LDD040397 **27 circunstancia** +: ...obligado por las circunstancias que *atraviesa* el país. EXP011091 **28 estado** +: ...por el delicado estado de salud que *atraviesa* su padre. EXP010297 **29 condición** +: ...en las condiciones complejas tanto técnicas como económicas por las cuales *atraviesa* la empresa... LPN260497 **30 racha:** ...una victoria de 6-1 sobre los Yanquis, que *atraviesan* por su peor racha en la campaña, en Nueva York. DYM230796 **31 clima:** ...han sido generados por el clima de la violencia, delincuencia y secuestros que está *atravesando* Guatemala. PLG080796 **32 sensación:** ...aludió también a la sensación de «tranquilidad y normalidad» por la que *atraviesa* España. EME210996

D OTROS SUSTANTIVOS; POSIBLES USOS ESTILÍSTICOS: Atraviesa la soledad como los trenes de la noche... ABC140194; Radio Europa Libre y Radio Libertad han *atravesado* varias reorganizaciones y almacenado... ABC120393; Conseguir *atravesar* la algarabía visual y descubrir la belleza... ENV221297

▩ Se combina también con: ♦ **a tientas**[11], **como una exhalación**[4], **de arriba abajo**[16], **de cabo a rabo, de extremo a extremo, de punta a punta**[3], **fugazmente**[15], **limpiamente**[19], **por completo**

☐ Véase también: **pasar (por).**

atrevimiento ♦ **arriesgado, audaz, de {mi/tu/su...} parte, descabellado, desmesurado, enorme, extremo, gran(de), imprudente, insensato, juvenil, literario, lleno (de), personal, pictórico, semejante, sorprendente, sumo, supino, talentoso, temerario, tremendo** ♦ **con** ♦ **aire (de), colmo (de), dosis (de), ejercicio (de), prueba (de), punto (de)** ♦ **castigar, cometer, contagiar, demostrar, exhibir, faltar(le) (a alguien), mostrar, perdonar, permitir, revelar, tener**

☐ Véase también: **osadía.**

atribución ♦ **actual, amplio, exclusivo, exiguo, falso, fidedigno, gratuito, injustificable, nuevo, personal** ♦ **en uso (de)** ♦ **abuso (de), sistema (de)** ♦ **abusar (de), acaparar, acordar, adecuar, ampliar, anular, arrogarse**[8]**, asumir, ceñirse (a), conseguir, dar**[171]**, desempeñar, determinar, ejercer, exceder, invadir, limitar, mantener, otorgar, pedir, perder, propasarse (en), recortar, tener, tomar(se), usurpar**[13]

☐ Véase también: **acusación, cargo, imputación, prerrogativa, privilegio, título.**

ATRIBUCIÓN Véase: *ENTREGA, ATRIBUCIÓN Y ADJUDICACIÓN*

ATRIBUCIÓN

♦ (SUSTANTIVOS) Véase: **agotar(se)**[E]**, cuadrar**[A]**, desviar**[F]**, discrecional**[G]**, efímero**[I]**, inmerecido**[G]

♦ (VERBOS) Véase: **en falso**[H]**, equivocadamente**[D]**, sin ambages**[F]

☐ Véase también: ADJUDICACIÓN; CRITERIO; FUNCIÓN; POSICIÓN.

atribuir ♦ **acertadamente, casualmente, con certeza**[17]**, despectivamente, directamente, en exclusiva, equivocadamente**[17]**, específicamente, exclusivamente, expresamente, falsamente, formalmente, gratuitamente, indirectamente, injustificadamente, justificadamente, maliciosamente**[52]**, oficialmente, parcialmente, sin pruebas** ♦ **acción, atentado, aumento, autoría, cambio, carencia, competencia, consecuencia, crisis, delito, demora, diferencia, evolución, éxito, fracaso, función, gasto, idea, información, iniciativa, mérito, ocurrencia, origen, pensamiento, polémica, problema, responsabilidad, valor, victoria**

☐ Véase también: **asignar, conceder.**

ATRIBUTO Véase: ATRIBUCIÓN; CAPACIDAD; FACULTAD; FUNCIÓN

atrocidad ♦ **bárbaro, cruel, enorme, fatal, gran(de), grave, horrible, increíble, terrible, verdadero** ♦ **cúmulo (de)**[12]**, lista (de), serie (de)** ♦ **cometer**[48]**, condenar, denunciar, encubrir, evitar, investigar, justificar, mostrar, ocultar, perpetrar, presenciar, producir(se), registrar, relatar, sufrir, tolerar, verificar**

atropelladamente *adv.* ▮ Admite múltiples verbos que designan acciones que tienen fin natural *(pintar atropelladamente un cuadro; preparar atropelladamente un informe)*, pero se percibe una tendencia clara a combinarlo preferentemente con algunas clases de verbos, especialmente con...

A VERBOS QUE DENOTAN ENUNCIACIÓN O EXPOSICIÓN VERBAL DE ALGO: **1 hablar** ++: La segunda de las Pilares es más vehemente, seca y zaína, y habla *atropelladamente* a Sampedro... EME171196 **2 contar** +: ...al descubrirse en el regazo de su hermana mayor se pone a contarle *atropelladamente* lo que acaba de soñar... EPE120999 **3 leer** +: Al llegar a la narración del martirio de Santa

Cecilia, el joven copista, algo *atropelladamente*, leyó... ABC221191 **4 anunciar +:** Era tal su nerviosismo que anunció *atropelladamente* el premio y confundió el nombre del ganador. INDOC **5 decir:** «La bomba ha sido para él», dice *atropelladamente*. EME230495 **6 explicar +:** «El *clubbing* (ir de clubes) es nuestra vía de escape», se explica *atropelladamente* Richard. EME170494 **7 exponer:** Al exponer tan *atropelladamente* su propuesta, la mayor parte del auditorio no la entendió. INDOC **8 expresarse +:** El ex recluta, un joven que no ha terminado su educación primaria y que se expresa *atropelladamente*... EME010295 **9 señalar:** «Y esta novela es un canto a la libertad y el amor», señaló *atropelladamente*... EME061196

B VERBOS QUE DENOTAN MOVIMIENTO, ESPECIALMENTE EL QUE SE REALIZA A LO LARGO DE UN TRAYECTO O UN RECORRIDO: **10 salir +:** Las mujeres salen *atropelladamente* con sus hijos en los brazos. EPE021180 **11 moverse +:** ...el ritmo se confunde con el caos circulatorio en el que todos hablan y se mueven *atropelladamente*. LVE281296 **12 entrar +:** Entras *atropelladamente* y casi corriendo a tu cuarto para que no te vean... CAN150101 **13 recorrer:** El grupo venía recorriendo *atropelladamente* el mercado. EME010694 **14 caminar:** La acera es bulliciosa, poblada por un gentío que suele caminar *atropelladamente* con rumbo incierto. EME241095 **15 huir:** Las familias huían *atropelladamente* con lo poco que habían podido recuperar de sus hogares. INDOC **16 ir:** Van *atropelladamente* hacia las últimas posiciones que tratarán de defender. EPE010876 **17 marchar:** ...México (...) está marchando *atropelladamente* hacia inéditos escenarios de inestabilidad. LVE270394

C OTROS VERBOS; POSIBLES USOS ESTILÍSTICOS: No será bueno si de forma *atropellada* dañamos seriamente el servicio público. EME160596

atropello ♦ **brutal, colosal, deliberado, descomunal, desgraciado, fatal, flagrante, grave, horrible, impune, inadmisible, intolerable, lamentable, legal, mortal, múltiple, terrible, verbal, verdadero, violento** ♦ **en caso (de)** ♦ **intento (de), peligro (de), riesgo (de)** ♦ **causar, cometer[43], consumar(se), denunciar, encubrir, evitar, ocurrir, permitir, perpetrar, prevenir, producir(se), provocar, reparar, subsanar, sufrir**
☐ Véase también: **abuso, agresión, atentado, atraco, injusticia, tropelía.**

atrozmente *adv.* ▮ En su sentido de 'cruelmente o inhumanamente' se combina con múltiples verbos de acción, pero destacan especialmente los...

A VERBOS QUE DESIGNAN DIVERSAS FORMAS DE AGRESIÓN Y ACTUACIÓN VIOLENTA, MUY FRECUENTEMENTE CONTRA LAS PERSONAS: **1 apuñalar:** ...fue golpeada, violada y *atrozmente* apuñalada. INDOC **2 mutilar:** ...se quedan otra vez desolados con sus yonquis transparentes, sus vagabundos aferrados al vino de tetra-brik, (...) sus árboles mutilados *atrozmente* por las podas municipales... EME280594 **3 quemar:** A todos éstos se suma el caso de Carmen (...), estudiante de Ingeniería, quemada *atrozmente*... HOY180886 **4 machacar:** Únicamente hay que concienciarse de que este año el terrón estaba lleno, y recordar que en Val Louron el sol machacaba *de manera atroz*... EME210796

B VERBOS QUE DENOTAN LA ACCIÓN DE QUITAR LA VIDA O EL PROCESO DE PERDERLA: **5 morir +:** Eduardo II, después de guerras y conspiraciones, muere *atrozmente* a manos de un verdugo... EME110796 **6 asesinar +:** Más de 150 personas han sido *atrozmente* asesinadas este pasado fin de semana en dos localidades del norte de Sierra Leona... LVE101296 **7 liquidar:** Todos se preguntan en Florencia quién es el verdadero «monstruo» que durante 17 años liquidó de forma *atroz* a parejas de turistas... EME140296 **8 perder la vida:** Trece civiles, quizás más, perdieron la vida de forma *atroz* en Grozny, muertos por los blindados rusos o quemados vivos cuando intentaban huir, alguno rematado a bayonetazos. LVE170796
☐ Véase también: **mortalmente.**

a trozos ♦ **caer(se), componer, cortar, dividir, leer, reconstruir, ver**
☐ Véase también: **a pedazos.**

ATUENDO
♦ (VERBOS) Véase: **de arriba abajo[D], de pies a cabeza[A], hasta las cejas[F], informalmente[A], pulcramente[A], ricamente[A]**

atusar ♦ **barba, bigote, corbata, melena, pelo**
☐ Véase también: **acariciar, tocar.**

audiencia ▮ *(cita)* ♦ **breve, preliminar, privado, público** ♦ **fecha (de)** ♦ **cancelar, celebrar, conceder, concertar, convocar, fijar, organizar, pedir, posponer, postergar, recibir (en), solicitar, suspender**
▮ *(público)* ♦ **bullicioso, concurrido, fiel, gran(de), máximo, nutrido** ♦ **cuota (de), índice (de), récord (de), resultado (de)** ♦ **aburrir(se), aglutinar, aumentar, buscar, captar, cosechar[50], crecer, decrecer[66], descender, disminuir, divertir(se), encandilar(se), entretener(se), ganar, incrementar(se), medir, perder, tener**
☐ Véase también: **público.**

auditar ♦ **anualmente, internamente, minuciosamente, periódicamente, puntualmente** ♦ **banco, contabilidad, cuenta, empresa, finanzas, gestión, obra**
☐ Véase también: **auditoría, inspeccionar, investigar.**

auditoría ♦ **externo, interno, minucioso[6], rutinario** ♦ **informe (de), resultado (de), servicio (de)** ♦ **efectuar, hacer, obtener, ordenar, pedir, practicar[2], presentar, realizar, solicitar, someter(se) (a)[20]**

auditorio ▮ *(audiencia o público)* ♦ **entusiasta, selecto** ♦ **patas arriba[2]** ♦ **caldear(se)[30], cautivar, ganarse, seducir, sorprender, volcar(se)**
▮ *(edificio)* ♦ **de nueva planta, sinfónico** ♦ **construir, remozar**
☐ Véase también: **público.**

auge ♦ **claro, considerable, coyuntural[12], efímero[4], enorme, espectacular, fuerte, gran(de), imparable[9], importante, incontrolable, insólito, llamativo, notable, notorio, pasajero, pleno,**

tremendo ♦ momentos (de) ♦ adquirir[61], augurar[43], cobrar, conseguir, consolidar(se), continuar (en), contrarrestar, experimentar, frenar, ganar, mantener, propiciar, tener, tomar[3], vivir
☐ Véase también: **alza, ascensión, ascenso, avance, incremento, subida.**

augurar *v.* ▌Se suele construir con complemento directo e indirecto, más frecuentemente si el primero va acompañado de adjetivos calificativos *(Auguramos a este alumno un futuro brillante)*. Acepta sustantivos que designan unidades temporales *(año, temporada, período, era, trimestre)*, eventos o sus resultados *(cosecha, caza, regreso)*, y estados episódicos diversos *(estancia, vejez)*, pero destacan especialmente sus combinaciones con...

A EL SUSTANTIVO *FUTURO* Y CON OTROS QUE DESIGNAN LO QUE SE ANTICIPA O SE PREVÉ: **1 futuro ++:** Se *auguraba* un brillante futuro para este deporte... EME070496 **2 porvenir +:** ...*auguró* un porvenir repleto de éxitos para la jugadora... EME121196 **3 pronóstico +:** ...hacen *augurar* un «pronóstico sombrío» para el futuro... EME191095 **4 perspectiva +:** ...un ambiente muy animado que permite *augurar* perspectivas razonablemente optimistas. LVE090995 **5 destino +:** ...hay quienes le *auguran* destinos más altos. EME021295

B SUSTANTIVOS QUE DESIGNAN BENEFICIOS. TAMBIÉN CON OTROS QUE EXPRESAN LA CULMINACIÓN FELIZ DE ALGO O LAS CIRCUNSTANCIAS FAVORABLES QUE LA ACOMPAÑAN: **6 éxito ++:** ...no se les *augura* un éxito rutilante... EPD090197 **7 victoria ++:** Los sondeos *auguran* una victoria de (...) en los comicios... EPE111099 **8 ventaja +:** ...*auguró* todo tipo de ventajas con la llegada de la nueva moneda... EPD290497 **9 triunfo +:** ...todo ello puede *augurar* un triunfo del PRD... EPEANUA98 **10 suerte:** Derramar el ron antes de beberlo es una costumbre cubana que *augura* buena suerte. EPE200799 **11 logro:** En el ejercicio fiscal que ahora corre, la evolución de la empresa discurre prósperamente y *augura* el logro de nuevos récords. LVE210196 **12 gloria:** ... han pretendido con su esperpéntico «El semáforo» hacer real aquella profecía de McLuhan que *auguraba* diez minutos de reconocimiento y de gloria para cualquier ciudadano anónimo... EME301095 **13 prosperidad:** ...la aparición y despegue de las llamadas economías emergentes parecían *augurar* esa prosperidad ininterrumpida. LVE240795 **14 bonanza:** ...no permite *augurar* muchas bonanzas en el proceso privatizador. EME311096 **15 beneficio:** ...ovejas que *auguran* grandes beneficios a la industria ganadera. LVE080396

C SUSTANTIVOS QUE DESIGNAN DAÑOS Y ESTADOS DE DIFICULTAD O INFORTUNIO, ASÍ COMO ALGUNAS SITUACIONES O CONSECUENCIAS NEGATIVAS QUE SE SIGUEN DE ELLOS: **16 problema +:** El texto entregado por los expertos *augura* problemas para la ex ministra... EPE230799 **17 dificultad +:** ...la tradicional búsqueda de un chivo expiatorio externo de los males internos y la alta propensión de republicanos y demócratas por igual a emplear el chantaje (...) *auguran* graves dificultades para el país... ETC150996 **18 catástrofe +:** Unos hablan de guerras y muertes de personalidades, otros *auguran* catástrofes... ETC020190 **19 muerte +:** ...*augurar* la muerte de las enciclopedias y diccionarios en papel impreso... LVE090395 **20 fracaso +:** ...su inexperiencia en materia penal *augura* un nuevo fracaso. PME150996 **21 desastre:** Los productores de Rioja *auguran* «un desastre» si la uva sube más que en 1998. EPE220999 **22 crisis:** ...*augurando* una crisis futura para nuestro sistema democrático. LEC020796 **23 debacle:** Los sondeos *auguraban* una debacle demócrata en el Congreso... LVE091194 **24 caos:** Los usuarios *auguran* un caos con las próximas movilizaciones... FDV260601 **25 complicación:** Más allá, las 12 lenguas de los candidatos a ingresar en la Unión Europea *auguran* complicaciones casi irresolubles. EPE090700

D SUSTANTIVOS QUE DESIGNAN OTROS ESTADOS CONFLICTIVOS. DESTACAN ENTRE ELLOS LOS QUE DENOTAN CONTROVERSIA O ENFRENTAMIENTO, TANTO FÍSICOS COMO VERBALES, EN DIVERSAS FORMAS Y GRADOS: **26 enfrentamiento +:** La falta de una estructura política *augura* un enfrentamiento entre las facciones... LVE120295 **27 debate +:** ...el financiamiento de las campañas electorales *augura* un debate que será tan técnico como prolongado... HOY260597 **28 conflicto:** La comunidad (...) *augura* conflictos entre los propios agricultores... EPE090499 **29 polémica:** El cuarto documento (...) *augura* nuevas polémicas... LVE050395 **30 batalla:** Se *augura* una batalla de grandes proporciones. PME291296 **31 combate:** Algunos observadores militares *auguran* fuertes combates en esta zona en un futuro, unos para mantener el corredor y los otros para estrangularlo. EME150594 **32 discusión:** ...declaraciones contrapuestas (...) que *auguran* unas discusiones largas y tensas. LVE030695 **33 lucha:** Se *augura* una cerrada lucha del piloto madrileño con Makinen, McRae y Auriol. EPE190499 **34 guerra:** No *augura* más guerras civiles en España porque «no hay otro Franco». EPD040797 **35 protesta:** Auguran protestas en visita de presidente Luso. DLA060997

E ALGUNOS SUSTANTIVOS QUE DENOTAN CAMBIO O MODIFICACIÓN: **36 cambio ++:** Los expertos *auguran* un cambio en la estructura sanitaria del país... EME300596 **37 renovación:** ...el presidente *auguró* una renovación «muy, muy profunda» en el congreso... EPE010299 **38 transformación:** Auguró su transformación en un «organismo paralelo»... EPE290199 **39 modificación:** ...el ministro de Economía y Hacienda *auguró* ciertas modificaciones marginales... EPE011086

F SUSTANTIVOS QUE DENOTAN AVANCE, PROGRESO Y OTROS PROCESOS EXPANSIVOS: **40 crecimiento +:** ...*augura* un crecimiento del 3% para este año. EME200195 **41 incremento +:** ...*augura* un incremento de las enfermedades asociadas al calor... EXC140901 **42 recuperación +:** El G-7 *augura* la recuperación de la economía mundial a pesar del impacto de... EPE071001 **43 auge +:** Si bien la presencia publicitaria en Internet se encuentra aún en fase experimental, los expertos *auguran* un auge espectacular. DYM090996 **44 mejora +:** ...se ha producido un repunte que *augura* una mejora del mercado exterior. EPE290699 **45 expansión:** Los analistas *auguran* expansión a medio plazo y fuerte competencia en un futuro más lejano. LVE050796 **46 aumento:** ...*augura* un aumento de las desigualdades entre las mujeres en función de su capacitación laboral. EPE120499 **47 ascenso:** Aunque los sondeos le *auguran* un espectacular ascenso... LVE260995 **48 avance:** ...un contexto político que no *augura* avances para la constitución de una mesa por la paz. EPE040900 **49 progreso:** Aunque los hallazgos aún no han fructificado en avances clínicos, *auguran* grandes progresos en varios campos. LVE081096

G SUSTANTIVOS QUE DENOTAN DESCENSO, RETROCESO Y OTROS PROCESOS REGRESIVOS: **50 descenso** +: ...los analistas de Wall Street habían *augurado* un descenso que situaría las ventas en 727.000 unidades anuales. DLA040397 **51 caída** +: Francia, país para el que los expertos *auguran* una caída de actividad, se encontró ayer con la estupenda noticia de que el desempleo bajó en diciembre un 1,5. EPE300199 **52 recorte** +: ...*auguró* recortes drásticos de plantillas en el sector. LVE271196 **53 reducción** +: ...rectores que *auguraban* una reducción inmediata de las competencias... LVE270696 **54 desgaste**: ...la tertulia de la Cope se cebaba con la boda (...) y le *auguraba* un desgaste por la polémica que ha suscitado... LVE181096 **55 enfriamiento**: ...la economía estadounidense, para la que este año se *augura* un enfriamiento... EDV300101 **56 debilitamiento**: ...las previsiones de los expertos que *auguraban* un debilitamiento de la capa de ozono... LVE081295 **57 rebaja**: ...*augura* una rebaja de medio punto en los tipos de interés... EME130396

H ALGUNOS SUSTANTIVOS QUE DENOTAN CONTINUIDAD O PERMANENCIA: **58 continuidad** +: ...parece *augurar* la continuidad del surrealismo. ABC290794 **59 mantenimiento**: ...*augura* el mantenimiento de una fuerte expansión durante otros dos años. LVE290495 **60 permanencia**: ...el impulso de su lanzamiento *augura* una larga permanencia en el cartel. LVE211295 **61 estabilidad**: ...una masiva protesta que lo que menos *augura* es estabilidad en el tiempo por venir. EPE120900 **62 continuación**: Es una tónica propia de este periodo, por lo que se *augura* su continuidad, en línea moderada. LVE220795

I SUSTANTIVOS QUE DESIGNAN EL FINAL O LA RESOLUCIÓN DE ALGO: **63 solución** +: La negativa de Marsillach (...) pone en entredicho tanto a Gil Albors como a los diligentes redactores de informes, y *augura* una solución problemática a un conflicto... EPE290999 **64 fin** +: ...*augura* el fin de la política «reaccionaria»... EPE151001 **65 final** +: ...nada *augura* un final inminente dado que quienes tienen el poder de matar lo ejercen con decisión... EME140294 **66 salida**: ...*auguraban* una salida de la crisis... HOY010278 **67 resolución**: ...los nuevos recortes no *auguran* una rápida resolución. LVE050696

☐ Véase también: **auspiciar**.

augurio ♦ **buen(o), catastrófico**[54]**, enigmático, excelente, fallido, fúnebre, funesto**[15]**, inmejorable, lúgubre, mal(o), negativo, negro, pésimo, sombrío** ♦ **acertar, cernerse**[48]**, confirmar, constituir, contradecir, corregir, cumplir(se), dejar, enviar, equivocarse (en), lanzar, presagiar, pronosticar, superar, traer**

☐ Véase también: **cálculo, intuición, presagio, presentimiento, previsión, profecía, pronóstico**.

aullido ♦ **amenazador, aterrador, de dolor, desgarrador, ensordecedor, escalofriante, extraño, inquietante, lastimero**[19]**, paralizante, prolongado, terrorífico, tremendo** ♦ **acallar, arrancar, dar**[314]**, escuchar, lanzar, oír, pegar, proferir, resonar**

☐ Véase también: **chillido, grito (de), sonido**.

a ultranza *loc.adv./loc.adj.* **I** Se combina con sustantivos y adjetivos de persona, más frecuentemente si se refieren a los individuos por la ideología que los caracteriza *(pacifista, nacionalista, liberal, patriota, conservador)* o por su actitud esforzada en relación con la consecución de algo *(luchador, defensor, partidario, soñador)*. También acepta sustantivos que designan ideologías o corrientes de pensamiento *(liberalismo, humanismo, conservadurismo, pacifismo)*, actitudes personales *(individualismo, relativismo, subjetivismo)* y tendencias sociales, políticas o económicas *(electoralismo, desarrollismo, competitividad, globalización, proteccionismo, clientelismo, privatización)*. Se combina asimismo con...

A VERBOS QUE DENOTAN CUIDADO, IMPULSO, PROTECCIÓN Y OTRAS FORMAS DE ACCIÓN FAVORABLE EN RELACIÓN CON ALGUIEN O ALGO: **1 defender** ++: Su cabeza está llena de imágenes que lo marcan (...) y valores que, ya lo ha demostrado, es capaz de defender *a ultranza*. HOY161296 **2 mantener** ++: Aquí en el yate, cuando ocupamos un lugar lo mantenemos *a ultranza*, porque después es muy difícil encontrar otro... GIC121996 **3 promover** +: El fiscal considera que las autoridades del municipio han promovido *a ultranza* la instalación y mantenimiento del campo de golf... EPE161001 **4 conservar**: ...se conserva *a ultranza* el poder único del aparato partidista-militar, el desconocimiento de los derechos humanos... LRE220103 **5 proteger**: ...proteger *a ultranza* a la mujer y perjudicar *a ultranza* al hombre. EPE180999 **6 apoyar**: CiU y PP apoyan *a ultranza* la propuesta municipal de que los nuevos parkings sean de iniciativa privada. LVE010794

B VERBOS QUE DENOTAN EMPEÑO O PERSEVERANCIA EN ALGUNA COSA: **7 proseguir** +: Ante la necesaria reducción del déficit público sería un contrasentido proseguir *a ultranza* con la política de autovías del gobierno anterior. LVE150596 **8 continuar** +: ...un frente de ministros ultraconservadores y radicales religiosos que propugnan continuar *a ultranza* con la ocupación. EPE261001 **9 seguir** +: Se ha intentado relanzar de diferentes maneras, intentando seguir *a ultranza* las corrientes y las modas. ABC040693 **10 resistir**: No estamos en política para resistir *a ultranza*, pegarnos al sillón y llevárnoslo a casa... LVE210795 **11 persistir**: ...únicamente desea persistir *a ultranza* en su conducta autoritaria, centralista y burocrática. EPE280977

C ALGUNOS VERBOS QUE DESIGNAN ACCIONES, A MENUDO VERBALES, EN LAS QUE SE EXPRESAN VIVAMENTE PENSAMIENTOS, OPINIONES O NECESIDADES: **12 proclamar** +: ...mientras una mayoría de los militantes proclama *a ultranza* los valores del pacifismo, la ecología y la democracia de base. EPE161101 **13 reclamar**: ...se niegan a respetar el alto el fuego, reclaman *a ultranza* proseguir con la Intifada... EPE291001 **14 exigir**: No hay negociación cuando uno de los dos bandos exige *a ultranza* que se acepten sus deseos. INDOC **15 responder**: Es ahí donde debemos responder *a ultranza* defendiendo nuestro estilo... EME200495 **16 negar**: Más que una soberbia, es protección a sí mismo negar *a ultranza* el error... EPE100799

D SUSTANTIVOS QUE DENOTAN DEFENSA O APOYO, RELACIONADOS CON LOS VERBOS DEL APARTADO *A*: **17 defensa** ++: ...sugiere que el baluarte inexpugnable del gobierno es la defensa *a ultranza* de la privatización de las comidas escolares. BRE061198 **18 protección +:** ...consiste en la protección *a ultranza* de un juez con independencia de lo que haga. EME151095 **19 mantenimiento +:** No tiene sentido, a mi juicio, el mantenimiento *a ultranza* de líneas de tráfico aéreo absolutamente deficitarias en el ámbito nacional que pueden ser servidas por otros medios de transporte alternativo. EPE021180 **20 justificación:** Por favor, no quiero que se me interprete mal, no es una justificación *a ultranza* de cualquier resultado o actitud... EPE240899

E SUSTANTIVOS QUE DENOTAN OPOSICIÓN A ALGO: **21 oposición +:** ...ni compartió ni entendió la oposición *a ultranza* en horas de angustia y de tremendas dificultades... ETC010690 **22 resistencia:** Lo importante para los adalides de la resistencia *a ultranza* es saciar el hambre de hoy sin prever el hambre de mañana. LVE061095 **23 negativa:** En esos careos el ex ministro se limitó a mantener una negativa *a ultranza...* EME250196 **24 rechazo:** ...el principal partido del país (casi el único que merece ese nombre) respondería al nombramiento de Putin con un rechazo *a ultranza* en la Duma. EPE150899

F SUSTANTIVOS QUE EXPRESAN DIVERSAS FORMAS DE CONFLICTO Y ACCIÓN HOSTIL: **25 enfrentamiento +:** Era otro clima político caracterizado por el enfrentamiento *a ultranza.* LVE141295 **26 lucha +:** Se prevé, por ello, una lucha *a ultranza* por el poder dentro del partido único... EPE040877 **27 guerra:** ...la opinión nacional no quiere una guerra *a ultranza* contra nadie; quiere una solución negociada. EPE100700 **28 represión +:** El apunte sobre la réplica de Negrín es algo oscuro, pero sugiere una preferencia por la represión *a ultranza...* EPE110499 **29 castigo:** ...buscar salidas distintas de la del castigo *a ultranza* contra los delitos de narcotráfico. ETC020190 **30 prohibición:** ...el único que defiende la prohibición *a ultranza* es Buchanan. EME250296

G ALGUNOS SUSTANTIVOS QUE DENOTAN ACTITUD O TOMA DE POSICIÓN FRENTE A ALGO O A ALGUIEN: **31 postura +:** Para quienes sostienen una postura formalista *a ultranza...* LPA240492 **32 actitud +:** ...siempre ha mantenido la misma actitud: optimismo *a ultranza.* EPE221099 **33 posición:** Ha habido bastantes leyes, pero el país ha avanzado poco, por la posición defensiva *a ultranza* del Gobierno. EME070196

H OTROS SUSTANTIVOS; POSIBLES USOS ESTILÍSTICOS: ...otros parámetros que no sean la supuesta «pasión», el «fuego» *a ultranza*, la «genialidad» a priori... ABC301294
☐ Véase también: **a capa y espada, a muerte, incondicionalmente.**

aumentar ♦ **alarmantemente**[1], **a marchas forzadas**[27], **a pasos agigantados**[16], **apreciablemente, como la espuma**[4], **considerablemente**[1], **copiosamente**[14], **cualitativamente, decisivamente**[32], **desmesuradamente, desproporcionadamente, dramáticamente, drásticamente**[17], **en mucho**[6], **enormemente, escalonadamente**[3], **espectacularmente, excesivamente, gradualmente**[1], **inexorablemente**[36], **inmensamente, intensamente, ligeramente**[1], **manifiestamente, notablemente, ostensiblemente**[11], **paulatinamente**[16], **poderosamente**[28], **progresivamente**[1], **rápidamente, significativamente, sin límite, sustancialmente**[20], **visiblemente** ♦ **adversidad, alarma, apoyo, ayuda, beneficio, calidad, cantidad, capacidad, cifra, colaboración, competitividad, condena, confusión, conocimiento, consumo, control, cuota, déficit, dificultad, disponibilidad, edad, eficiencia, empleo, esfuerzo, éxito, expectativa, exportación, ganancia, gasto, gravedad, impuesto, ingreso, motivación, nivel, número, oferta, participación, pena, popularidad, posibilidad, potencia, precio, presión, prestigio, presupuesto, producción, productividad, recaudación, rendimiento, reserva, riesgo, ritmo, salario, solicitud, sueldo, tamaño, tarifa, tasa, temperatura, valor, velocidad, venta, ventaja**
☐ Véase también: **ascender, crecer, disminuir, extender(se), incrementar(se), multiplicar(se), proliferar.**

aumento ♦ **abrupto**[31], **abultado**[62], **abusivo**[54], **acusado**[17], **apreciable**[6], **aproximado**[57], **astronómico**[26], **brusco**[12], **considerable, constante, creciente, cualitativo**[11], **decisivo**[6], **desaforado**[33], **desmedido**[1], **desmesurado**[1], **desorbitado**[2], **drástico**[15], **efectivo**[59], **equitativo**[42], **espectacular, exiguo**[26], **exorbitante**[5], **frenético**[55], **fuerte, galopante**[39], **general, gradual, gran(de), imparable**[1], **importante, incesante, inesperado, lento, leve, ligero, lineal**[6], **moderado, notable, notorio, nuevo, ostensible**[6], **palpable**[23], **paulatino, progresivo, pronunciado, proporcional**[1], **rampante**[1], **rápido, raquítico, salarial, sensible, significativo, sistemático, sostenido, sustancial, testimonial**[44], **uniforme, vertiginoso**[14] ♦ **al calor (de)**[24], **con posibilidad (de)**[7], **en** ♦ **acarrear**[63], **acusar**[23], **alimentar**[86], **aminorar**[55], **anunciar, aplicar, aprobar, avecinarse**[40], **conllevar, conseguir, continuar (en), detectar**[38], **detener, entrañar, esperar, evitar, exigir, experimentar, favorecer, frenar(se), implicar, incentivar**[3], **ir (en), marcar**[32], **negociar**[32], **neutralizar, ocasionar**[57], **pedir, permitir, presentar, prever, propiciar, proponer, propulsar**[7], **provocar, realizar, recaer**[85], **recibir, redundar (en)**[6], **registrar(se), representar, revelar, seguir (en), significar (algo), sufrir**[17], **suponer**
☐ Véase también: **alza, ascensión, ascenso, auge, disminución, extensión, incremento, prórroga, subida.**

AUMENTO Véase: INCREMENTO

aunar *v.* ▮ Se construye frecuentemente con complementos en plural *(aunar esfuerzos)*, coordinados *(Aunar constancia e inteligencia es la clave del éxito; Los nuevos planes de estudio aúnan historia, lingüística, literatura y traducción)*

y, menos frecuentemente, colectivos *(aunar a la derecha, al electorado, a toda la oposición)*. Se combina con gran número de sustantivos, más frecuentemente abstractos. Destacan especialmente sus combinaciones con...

A SUSTANTIVOS QUE DENOTAN TRABAJO O AFÁN PUESTOS EN ALGUNA COSA: **1 esfuerzo ++:** «Las partes se comprometen a *aunar* esfuerzos para que este proceso culmine a más tardar el 30 de mayo de 1998»... ENH200198

2 fuerza ++: En ese empeño organizó en marzo de 1997 un almuerzo para *aunar* fuerzas contra congresistas opuestos a la política aislacionista de EE. UU. GIC093697 **3 trabajo:** ...«Nos enseñó a *aunar* trabajo, vocación e ilusión...». LVE190595 **4 impulso:** ...una tarea necesariamente colectiva que solo se podrá llevar a cabo *aunando* impulsos y voluntades. INDOC **5 sacrificio:** En Huelva este «deporte» ha logrado *aunar* voluntades y sacrificios. EME280895

B SUSTANTIVOS QUE DENOTAN INTERÉS O INCLINACIÓN, CON FRECUENCIA VEHEMENTE, HACIA ALGUNA COSA: 6 voluntad ++: También está en juego la capacidad de las personas para *aunar* voluntades. HOY201097 **7 interés ++:** ...la implantación de un nuevo acuerdo *ha aunado* intereses, independientemente de los acuerdos individuales formalizados con unos y otro canal. LVE170596 **8 ilusión +:** ...se demostró que es posible *aunar* voluntades, ilusiones y esfuerzos con el noble fin de atraer la atención hacia una zona... ABC241292 **9 iniciativa +:** El congreso busca *aunar* las iniciativas que apoyan la candidatura del cantante para el premio Nobel de la Paz... EME110194 **10 inquietud +:** ...ha sido capaz de *aunar* las inquietudes de los estudiantes, académicos y funcionarios universitarios tras un mismo objetivo: el cambio. CAR230697 **11 deseo:** ...casi tan difícil como *aunar* tantos deseos dispares y tantos intereses encontrados. INDOC

C SUSTANTIVOS QUE DENOTAN PRINCIPIO DE ACTUACIÓN O POSTURA TOMADA EN RELACIÓN CON ALGO. TAMBIÉN CON OTROS QUE EXPRESAN LAS FORMAS EN LAS QUE ESAS ACTITUDES SE ORGANIZAN: 12 criterio ++: Tan justo reclamo va más allá de *aunar* criterios y acciones en favor de frenar el avance de la deforestación... GIC083397 **13 postura ++:** ...los partidos democráticos también tienen una responsabilidad a la hora de tratar de *aunar* posturas. EME221296 **14 punto de vista +:** Francia y Alemania han creado, así, una comisión de trabajo conjunta y *han aunado* puntos de vista con miras al Consejo Europeo de Corfú... LVE010694 **15 posición:** Será mejor tratar de *aunar* posiciones que estar a la greña. EME040395 **16 voz:** Falta saber ahora cuál es la capacidad real del líder moderado de *aunar* las voces de las distintas facciones albanokosovares... EPE060599 **17 razón:** La intervención de los abogados (...) tenía como objetivos reforzar los argumentos jurídicos de cada club y *aunar* sus razones en cuanto a que los dos equipos han cumplido la ley. EME100895

D SUSTANTIVOS QUE DENOTAN TENDENCIA, ÁMBITO Y OTRAS FORMAS DE CLASIFICAR O ENCUADRAR PERSONAS O COSAS. TAMBIÉN CON ALGUNOS QUE EXPRESAN LAS FORMAS EN QUE SE PRESENTA AQUELLO POR LO QUE SE OPTA, MÁS FRECUENTEMENTE EN LOS ÁMBITOS POLÍTICOS Y SOCIALES: 18 corriente +: ...el candidato del Movimiento Socialista Panhelénico (Pasok) sintetizó su campaña en un acto que quiso *aunar* la corriente fiel a Papandreu y los renovadores. LVE220996 **19 tendencia +:** Si a esto *aunamos* la tendencia que tenemos de no escatimar gastos en nuestros difuntos, los niveles pueden ser excesivos. ESH210497 **20 opción +:** ...tratar de *aunar* ambas opciones, la de una concepción artesana de la información y la redacción unida a una utilización de los medios técnicos... LVE150495 **21 alternativa +:** Más problemático fue el *aunar* alternativas. LVE090696 **22 voto +:** ...los partidos tradicionales arrinconarán diferencias y *aunarán* votos para impedir el triunfo del adversario común. EPE281099 **23 candidatura:** Se trata de *aunar* en una sola las candidaturas cuyo perfil ideológico se mueve en el centro izquierda... EME090496 **24 sector:** ...esperamos que esta muestra sea el primer paso para *aunar* un sector tan poco favorecido dentro del mundo universitario. EME220694 **25 ámbito:** ...una idea que pretende *aunar* dos ámbitos tan tradicionalmente separados como el deporte y la literatura. EME260496

E SUSTANTIVOS QUE DENOTAN MEDIO O META: 26 recurso +: ...tienen previsto mantener una reunión con el fin de *aunar* sus recursos en el concurso que en su día convoque la institución municipal. ENC300301 **27 estrategia +:** El objetivo de este encuentro es de pactar un calendario entre las dos formaciones de izquierda para intentar *aunar* estrategias de oposición al Ejecutivo. EME260796 **28 medio:** En esa acción deberían *aunarse* no sólo los medios propios de la Comunidad en cuanto tal, sino también los de los Estados miembros... EPE080499 **29 objetivo +:** Gobernar no es una tarea fácil y *aunar* esos dos objetivos será difícil. LVE150996 **30 meta:** Aunar distintas metas en una misma etapa resulta complicado. INDOC

F SUSTANTIVOS QUE DENOTAN CUALIDAD O RASGO, A MENUDO NOTABLE: 31 virtud +: ¿Hay que *aunar* virtud y fortuna para triunfar? EME191195 **32 valor:** Las dos tienen que aprender cada una de la otra, deben prescindir de lo negativo y *aunar* los valores positivos. EPE300799 **33 cualidad:** ...la narrativa de Saramago *auna* las cualidades líricas y épicas señaladas en su día por Figueiredo... EME150696 **34 característica:** Eran hombres de apellidos, fortuna y posición social honrosa que *aunaban* en su persona dos características: su pertenencia al Santo Oficio y la delincuencia. EPE010999

G SUSTANTIVOS QUE DENOTAN FUNCIÓN O POSICIÓN EN ALGUNA JERARQUÍA: 35 función +: Aunaron distintas funciones porque no tenían mucho presupuesto. INDOC **36 cargo:** Preguntado acerca de la circunstancia de *aunar* dos cargos (...), Guitart respondió: «Cuando acepté la presidencia del patronato del MNAC lo hice con la convicción de que había un plazo para mi presencia en el Departamento de Cultura». LVE110196 **37 responsabilidad:** ...coinciden en que de los tres posibles candidatos hoy en liza (...) sólo Borrell podría *aunar* ambas responsabilidades... LVE300695

☐ Véase también: **aglutinar, sumar.**

a (un) tiro de piedra ♦ **dejar (algo/a alguien), encontrarse, estar, localizarse, poner (algo/a alguien), quedar, situar(se), trabajar, vivir**

a uña de caballo ♦ **escapar, huir, ir, pasar, salir**

[aurora] → **como el rosario de la aurora**

ausencia ♦ **acusado[33], breve, clamoroso[15], continuado, deliberado, desdichado, dilatado[36], doloroso, eterno, flagrante[16], implacable, importante, injustificado, insoportable, involuntario, irreemplazable, justificado, lamentable, largo, notorio, obligado, ostensible[21], perturbador,**

previsible, prolongado, razonable, repetido, visible ♦ en ♦ años (de) ♦ acusar[35], colmar[15], compensar[32], comprobar, cubrir, delatar[47], destacar, disculpar, evocar, excusar, explicar, justificar, lamentar, llenar, mitigar[36], notar(se), ocultar, paliar[10], permitir, quitar hierro (a)[17], sobrellevar, sorprender, subsanar[25], suplir[3]
☐ Véase también: **absentismo, abstención, abstinencia, carencia, escasez, falta, laguna, omisión, silencio, vacío.**

AUSENCIA
♦ (ADJETIVOS) Véase: **por completo[W], tristemente[B], virtualmente[I]**
♦ (SUSTANTIVOS) Véase: **abismal[F], acusado[D], acusar[E], agravar(se)[D], clamoroso[C], colmar[B], compensar[F], conjurar[I], dilatado[D], flagrante[B], hermético[C], insondable[E], jurar[E], paliar[B,L], profundo[L], quitar hierro (a)[D], subsanar[C], suplir[A], tropezar(se) (con)[D]**
♦ (VERBOS) Véase: **por completo[K,C], por los pelos[A], por poco[C], por un momento[A]**
☐ Véase también: CARENCIA.

AUSENCIA Y CARENCIA Véase:
♦ **absentismo, abstención, abstinencia, analfabetismo, ausencia, carencia, carestía, crisis, déficit, escasez, fallo, falta, impaciencia, inconstitucionalidad, inseguridad, lacra, laguna, omisión, reposo, sequía, silencio, vacío**
♦ **callar(se), carecer, desconocer**
☐ Véase también: *DEJACIÓN; ERROR.*

auspiciar *v.* ▌En el sentido de 'anunciar o predecir' se combina con algunos sustantivos temporales *(futuro, mañana)*. También lo hace con otros que designan ciertos procesos relativos al curso natural seguido por las personas o las cosas *(trayectoria, carrera, desarrollo, vida, proceso)* o sus resultados *(éxito, fracaso)*. En el sentido de 'patrocinar o favorecer' se construye con sustantivos que designan personas *(candidato, artista)*, diversos actos sociales, culturales o artísticos *(exposición, muestra, festival, ciclo, jornada, ceremonia)*, o diversas manifestaciones creativas o emprendedoras de los individuos *(obra, novela, publicación: La Caja de Ahorros auspicia la publicación de la nueva novela de...)*. También admite otros muchos sustantivos, pero destacan especialmente sus combinaciones con...

A SUSTANTIVOS QUE DENOTAN ENCUENTRO O DESIGNAN DIVERSAS FORMAS DE REUNIRSE LAS PERSONAS PARA ANALIZAR, DEBATIR O TRATAR ALGÚN ASUNTO: **1 encuentro ++:** ...ha *auspiciado* varios encuentros de autoridades en la sede... LDD250997 **2 reunión:** ...explicarán los alcances de la legislación (...) en una reunión *auspiciada* por William... ECP140175 **3 seminario +:** Considera oportuno y esclarecedor el reciente seminario *auspiciado* por la Asociación de Jóvenes Empresarios... DED221096 **4 conferencia +:** ...dictó anoche una conferencia titulada *Historia, literatura y política*, aquí en Santo Domingo, *auspiciada* por el club de prensa... DED061196 **5 congreso +:** Después de muchos años, los congresos de los partidos políticos son *auspiciados* por marcas comerciales... CLA240199 **6 simposio +:** ...desarrollará un simposio *auspiciado* por el Ministerio de Gobierno. BYN091197 **7 curso +:** ...*auspicia* cursos de capacitación en manejo de fondos bibliotecarios... LTB210700 **8 foro +:** Por medio de la Embajada de Canadá, se *auspició* un foro en la capital guatemalteca... INF010896 **9 debate +:** Actualmente, la sociedad canaria está asistiendo a un debate *auspiciado* por los medios de comunicación... LVL240797 **10 cumbre:** ...será sede de la Cumbre Internacional de Educación, *auspiciada* por la UNESCO... EXC180996 **11 asamblea:** ...la gran asamblea tradicional *auspiciada* por Naciones Unidas... EPE081101

B SUSTANTIVOS QUE DESIGNAN ACCIONES CONCERTADAS O SUS RESULTADOS: **12 negociación:** ...*auspicia* la negociación colectiva sin la representación sindical... ENH150900 **13 acuerdo +:** ...un acuerdo suscripto por 46 países y *auspiciado* por las Naciones Unidas... CLA020199 **14 pacto:** El pacto, *auspiciado* por Naciones Unidas, entrará en vigor el próximo miércoles. EME180394 **15 complot:** Parece tratarse de un complot *auspiciado* por la CIA... ABC010592

C SUSTANTIVOS QUE DESIGNAN DIVERSAS FORMAS DE COMPETICIÓN: **16 concurso:** ...el Tercer Concurso de Historieta Juvenil, concurso *auspiciado* por el diario El Comercio... CAP280995 **17 torneo:** ...*auspicia* el torneo que se juega en la ciudad de Río de Janeiro. LEC190198 **18 premio:** El premio Quevedos (...) está *auspiciado* por la Fundación de la Universidad de Alcalá de Henares... ENC121200 **19 certamen:** Se trata de un certamen *auspiciado* por las prestigiosas escuelas... LVE150895

D OTROS SUSTANTIVOS QUE DENOTAN SUCESO O ACTIVIDAD: **20 evento:** El evento es *auspiciado* por la UNAH, la Universidad Pedagógica Nacional (UPN) *Francisco Morazán*... LTH300997 **21 acto:** ...el Ministerio de Educación y Cultura (...) *auspicia* muchos de los actos menos convencionales. BRE071197 **22 acontecimiento:** ...su preocupación por el desarrollo de la juventud, que ponía de manifiesto *auspiciando* acontecimientos deportivos y culturales... LNP010397

E SUSTANTIVOS QUE DESIGNAN DIVERSAS FORMAS DE ORGANIZAR LA INTENCIÓN DE ACTUAR: **23 proyecto +:** ...un proyecto realizado por el músico Pablo Ugarte y el poeta Ricardo Hogge, *auspiciado* por el Fondart... HOY100297 **24 programa:** ...*auspicia* un programa de becas a estudiantes universitarios hispanos. END050198 **25 iniciativa:** ...una iniciativa que será financiada por el proyecto europeo Vinnest y *auspiciada* por el Cabildo de Gran Canaria. CAN020201 **26 plan:** ...consideran urgente que el Gobierno *auspicie* un plan de siembra de productos de ciclo corto... LDD250997 **27 reforma:** ...estimó que la reforma de salud *auspiciada* por el gobierno está en quiebra económica... END050198 **28 medida:** Las primeras medidas *auspiciadas* por el nuevo mandatario respondían a las necesidades perentorias de su país... GIC091196 **29 método:** ...gracias a los modernos métodos de construcción que *auspicia* actualmente el colegio de arquitectos. INDOC

F EL SUSTANTIVO *MOVILIZACIÓN* Y CON OTROS QUE DESIGNAN DIVERSAS ACTUACIONES DE CARÁCTER REIVINDICATIVO: **30 movilización +:** Movilizaciones campesinas *auspiciadas* por las Farc. ETC110297 **31 paro +:** ...el paro cívico que se cumplirá mañana, *auspiciado* por un amplio abanico de grupos gremios, movimientos y partidos. DHE050297 **32** huelga: ...representada por la Coordinadora de Organizaciones Populares, Choferiles y Sindicales que *auspicia* la huelga. RUM171197 **33** revuelta: ¿Tenía informaciones de que se tramaba una revuelta, *auspiciada* por la CIA, para derrocarlo? EUV120996

G SUSTANTIVOS QUE DESIGNAN ACCIONES INDAGATIVAS: **34** estudio +: ...según un estudio *auspiciado* por Naciones Unidas (...), la capa de ozono que protege la Tierra podría haber sufrido una reducción del tres por ciento... LVG221191 **35** investigación +: La investigación, *auspiciada* por la Organización Mundial de la Salud y realizada en once países... EME020594 **36** encuesta: La encuesta *auspiciada* por Latinobarómetro 96 preguntó a los encuestados cómo definirían sus sentimientos... RUM040897 **37** consulta: ...*auspician* una consulta popular (...) para hacer viable la propuesta. LEC190198

H OTROS SUSTANTIVOS; POSIBLES USOS ESTILÍSTICOS: ...la Reina de Saba y Salomón *auspiciaron* risas sin fin... PME201096; La similitud fonética en lengua española de los términos así como la abismal diferencia de significado *auspicia* la tentación de intentar un juego definitorio... PME131096; Puede asimismo *auspiciar* un gozo meramente hedónico... PME260197

☐ Véase también: **augurar**.

austeramente ♦ **comer, comprar, gastar, vestir, vivir**

austeridad ♦ **artístico, creador, económico, espartano, estricto, extremo, fiscal, literario, monacal, necesario, presupuestario, riguroso, salarial, severo[46], sumo ♦ ambiente (de), ejemplo (de), espíritu (de), medida (de), período (de), plan (de), política (de), programa (de), régimen (de), tiempo (de) ♦ acompañar (a alguien), adoptar, exigir (a alguien), imperar, implantar, imponer, observar, pedir**

☐ Véase también: **sencillez**.

autenticidad ♦ **dudoso, genuino, innegable, real, verdadero ♦ certificado (de), falta (de), garantía (de), sello (de) ♦ asegurar, avalar[61], certificar, cobrar[46], comprobar, confirmar, corroborar[3], cuestionar, dar, demostrar, determinar, establecer, faltar, ganar, garantizar, negar[7], perder, poner en duda, probar, tener dudas (sobre), verificar**

☐ Véase también: **legalidad, legitimidad**.

autentificar ♦ **billete, cita, contrato, copia, cuadro, documento, firma, imagen, manuscrito, pintura, testimonio, traducción,** *otros sustantivos que designan documentos, otros sustantivos que designan obras*

☐ Véase también: **enjuiciar, validar**.

auto ♦ *(resolución judicial)* **cautelar[41], en firme, judicial ♦ a la vista (de)[13] ♦ acatar[9], aceptar, alegar, apelar, concluir, conocer, decretar[41], dictar, emitir, firmar, impugnar[7], publicar, rectificar[38], recurrir, revisar, revocar[3]**

autobús ♦ **abarrotado, de ida y vuelta, discrecional, en marcha, escolar, municipal, público, puntual, urbano ♦ a bordo (de), en ♦ billete (de), carril (de), horario (de), línea (de), parada (de) ♦ aparcar, apear(se) (de), asaltar, bajar(se) (de), chocar, coger, colisionar, derrapar, esperar, ir (en), llegar, parar, pasar, perder, pillar[36], retrasarse, subir (a), tomar, trasladar(se) (en), viajar (en), volcar**

autóctono ♦ **acento, animal, carácter, cine, cocina, costumbre, creación, cultura, deporte, empresa, especie, fauna, flora, idioma, industria, lengua, marca, mercado, música, planta, población, producción, producto, pueblo, raza, ritmo, tradición, uso, variedad, vegetación, versión**

autoestima ♦ **alto, bajo, escaso, gran(de), verdadero ♦ por los suelos ♦ crisis (de), curso (de), ejercicio (de), grado (de), nivel (de), problema (de) ♦ afectar (a), alcanzar, aumentar, bajar, carecer (de), consolidar, dañar, desarrollar, descender, disminuir, elevar, estimular, faltar(le) (a alguien), fomentar, fortalecer(se)[23], ganar, levantar, mejorar, mermar, minar[9], perder, potenciar, recobrar, recuperar, reforzar, repercutir (en), rescatar, subir**

autonomía ♦ **absoluto, amplio, completo, económico, financiero, fiscal, funcional, laboral, libre, municipal, parcial, personal, pleno, político, relativo, suficiente, total ♦ con ♦ estatuto (de), grado (de) ♦ adquirir[49], alcanzar, ceder, coartar, conceder[24], conferir, conquistar[26], conseguir, cuestionar, dar[116], defender, desposeer (de), ejercer[13], establecer, garantizar, lograr, luchar (por), necesitar, ofrecer, operar (con), otorgar, pedir, perder, poseer, privar (de), recortar, recuperar, respetar, restringir, socavar[45], tener, transferir, violar**

☐ Véase también: **independencia, libertad**.

AUTONOMÍA Véase: LIBERTAD

autopista ♦ **cargado, de pago, de peaje, gratuito, moderno, saturado, vacío ♦ peaje (de), red (de), tráfico (por), tramo (de) ♦ abandonar, abarrotar(se), acceder (a), atascar(se), bloquear, circular (por), coger, colapsar(se), congestionar(se)[3], construir, cortar, despejar(se), desviar(se), enfilar, inaugurar, obstruir(se), salir (a/por/de), tomar, trazar**

autor ♦ **anónimo, celebrado, célebre, confeso, conocido, consumado, cotizado, desconocido, destacado, difundido, distinguido, famoso, frustrado, incomprendido, indirecto, intelectual, laureado, literario, material, polifacético, predilecto, prestigioso, presunto, prolífico, reconocido, renombrado, reputado, respetado, supuesto, teatral, universal, verdadero ♦ derechos (de), identidad (de), obra (de) ♦ abuchear, aplaudir, averiguar, citar, criticar, descalificar, descubrir, destapar, determinar, enjuiciar, homenajear, premiar, recordar**

autoría ♦ **compartido, exclusivo, falso, indiscutible, intelectual, material, presunto, supuesto,**

verdadero ♦ problema (de) ♦ admitir, arrogarse[42], asumir[6], atribuir(le) (a alguien), avalar, compartir, comprobar, comunicar, confesar[2], confirmar(se), conocer, demostrar, desconocer, descubrir, determinar, esclarecer(se)[43], imputar[17], indicar, investigar, probar, reclamar, reconocer, reivindicar
☐ Véase también: **paternidad.**

autoridad ♦ absoluto, académico, claro, comunal[3], deportivo, en {mi/tu/su...} campo, gran(de), ilegítimo, inamovible, inapelable[26], indiscutido, inflexible, innegable, internacional, legítimo, monolítico, moral, permisivo, público, reconocido, sanitario, supremo, tiránico, total, vacilante ♦ a resguardo (de), con, sin ♦ ápice (de)[45], demostración (de)[9], falta (de), medida (de), principio (de), prueba (de) ♦ abusar (de)[14], acatar[68], adquirir[66], afianzar(se)[14], afirmar, alzarse (contra), arrogarse[25], asumir, burlar[44], carecer (de), centralizar[2], combatir, conceder[67], conmocionar(se), contar (con), cuestionar, dañar[8], decretar (algo), defender, delegar[14], desafiar (a), desobedecer, detentar, devaluar(se)[5], dictaminar (algo), dimanar, disponer (algo), dotar (de), ejercer[27], emanar (de), erosionar[13], faltar, gozar (de)[52], imponer[1], investir (de), minar, negar[86], perder[33], reafirmar, recabar (de), recaer[27], refrendar[1], rendirse (a/ante), resistirse (a), respetar, restablecer, revelarse (contra), revestir(se) (de)[17], robustecer(se)[10], socavar[7], someter(se) (a), subordinarse (a), tener
☐ Véase también: **capacidad, control, gobierno, imperio, jefatura, mando, poder, potestad.**

AUTORIDAD
♦ (SUSTANTIVOS) Véase: acatar[I], acotar[C], adquirir[H], aferrarse (a)[A], ápice (de)[F], aplastante[C], arbitrario[C], arrogarse[D], blando[D], blindar[E], burlar[H], centralizar[A], cimentar[D], conceder[N], conservar[B], delegar[C], demostración (de)[B], derrumbar(se)[B], desarticular(se)[E], desmembrar(se)[F], desmoronar(se)[A], efímero[I], emanar[D], erosionar[C], exorbitante[D], férreo[A,Q], frágil[F], gozar (de)[G], hipotecar[E], implacable[B,O], imponer[A], inapelable[F], integral[M], llevar[A], ostentar[A], perder[E], plegarse (a)[E], recaer[C], refrendar[A], revestir(se) (de)[D], sin menoscabo (de)[B], traspasar[B], usurpar[A]
♦ (VERBOS) Véase: abusivamente[F], a dedo[C], a machamartillo[C], con mano de hierro[A], con mano dura[A], con mano férrea[A], con mano firme[A], dignamente[K], férreamente[A], holgadamente[B], palmo a palmo[D]
☐ Véase también: COERCIÓN; CONTROL; FACULTAD; FUERZA; PERSONALIDAD; PODER.

autoritario ♦ cariz[43] ♦ actitud, carácter, decisión, democracia, espíritu, estado, estilo, gobernante, gobierno, idea, imposición, método, modelo, orden, padre, persona, política, práctica, presidente, profesor, régimen, sector, sistema, talante, tendencia, tradición, voz

autorización ♦ administrativo, definitivo, explícito, expreso, fehaciente[30], firme, implícito, judicial, legal, necesario, oficial, pendiente (de), pertinente, pleno, preceptivo, previo, tácito, válido ♦ con, sin ♦ falta (de) ♦ cancelar, carecer (de), conceder[18], conseguir, contar (con), cumplimentar, dar[39], denegar[15], dispensar, exigir, expedir, extender, faltar(le) (a alguien), gestionar, gozar (de)[34], hacer extensivo, lograr, necesitar, negar[78], obtener, otorgar, pedir, perder, precisar, presentar, recabar[42], recibir, rellenar, requerir, retirar, revocar, solicitar, supeditar (a alguien), tener, tramitar
☐ Véase también: **absolución, acceso (de), aprobación, aval, beneplácito, carta blanca, consentimiento, inmunidad, licencia, luz verde, permiso, visa, visado, visto bueno.**

AUTORIZACIÓN Véase:
♦ absolución, acceso, aprobación, autorización, aval, beneplácito, carta blanca, certificado, contraseña, licencia, luz verde, permiso, recibo, visa, visado, visto bueno
♦ acceder (a), admitir, autorizar, dar luz verde (a)
☐ Véase también: *ACEPTACIÓN.*

AUTORIZACIÓN
♦ (SUSTANTIVOS) Véase: abusar (de)[E], conceder[D], dar[D], denegar[B], fehaciente[F], gozar (de)[E], impugnar[E], negar[O], prorrogar[A], recabar[F], rescindir[A], revalidar[H], revocar[B], vencer[O]
♦ (VERBOS) Véase: a regañadientes[C], cautelarmente[H], con reservas[D], debidamente[D], expresamente[D], gustoso[A], plenamente[N], por mayoría[B]

autorizar ♦ cautelarmente[31], debidamente[30], definitivamente, excepcionalmente, exclusivamente, expresamente[18], ex profeso, finalmente, judicialmente, oficialmente, plenamente[81], por escrito, preceptivamente, previamente, verbalmente[66] ♦ acceso, ampliación, apertura, ayuda, cambio, celebración, construcción, creación, entrada, envío, extradición, firma, instalación, investigación, obra, operación, pago, presencia, proceso, publicación, salida, traslado, uso, venta
☐ Véase también: **acceder (a), aceptar, admitir, conceder.**

auxilio ♦ espontáneo, explícito, expreso, firme, implícito, precario, providencial, tácito ♦ en, en busca (de) ♦ grito (de), llamada (de), petición (de) ♦ acudir (en), brindar, buscar, dar[6], demandar, denegar[47], dispensar, implorar[2], ir (en), necesitar, negar, obtener, ofrecer, otorgar, pedir, prestar, proporcionar, recabar, recibir, reclamar, salir (en), solicitar, suplicar, urgir, venir (en)
☐ Véase también: **ayuda, socorro.**

aval ♦ académico, bancario, condicional, económico, financiero, firme, incondicional, político ♦ buscar, conceder[11], conseguir, contar (con), denegar, depositar, dispensar, exigir, expedir, extender, faltar (a alguien), necesitar, obtener, otorgar, pedir, presentar, proveer, reclamar, renovar, requerir, retirar, revocar, solicitar, tener, validar[8]
☐ Véase también: **autorización, permiso.**

avalancha (de) *sust.* ▮ Se construye con sustantivos contables en plural *(una avalancha de informaciones)* y con no contables en singular *(una avalancha de información)*. En su sentido físico se combina con los sustantivos *nieve, lluvia, hielo, lodo, barro, piedras, rocas, escombros, ladrillos, tierra* y con otros que designan materias u objetos que se pueden desplazar, desprender, derrumbar o precipitar. Se combina asimismo con nombres de persona, más frecuentemente si designan individuos que se desplazan *(turista, viajero, peregrino, inmigrante, refugiado, visitante)*, o acuden a algún lugar *(votante, curioso, paciente, cliente, comprador, periodista, voluntario)*. También se combina con gran número de sustantivos que designan manifestaciones verbales *(rumores, declaraciones, palabras)* y otros objetos de información *(libros, películas, publicaciones, periódicos, telegramas)*. Se combina además con algunos sustantivos que designan sensaciones o emociones vivas *(una avalancha de imaginación, de alegría, de entusiasmo, de interés, de pasión)*. Destacan especialmente sus combinaciones con...

A SUSTANTIVOS QUE DESIGNAN MANIFESTACIONES DE DISCONFORMIDAD, ASÍ COMO ALGUNAS ACCIONES OFICIALES O ADMINISTRATIVAS A LAS QUE SUELEN DAR LUGAR: **1 crítica** ++: Ante la *avalancha* de críticas desde todos los sectores de la sociedad... ENC001201 **2 denuncia** ++: Ante la *avalancha* de denuncias de exrehenes y militares sobre ejecuciones sumarias las críticas se multiplican en el mundo. BRE020597 **3 queja** ++: ...ante la *avalancha* de quejas de los consumidores ante lo que consideraban prácticas abusivas de la banca en este terreno. LVE231096 **4 protesta** ++: La reacción del primer ministro, Isaac Rabin, ante la *avalancha* de protestas, ha sido la más peculiar. EME100595 **5 insulto** +: ...le han costado al ex dirigente del PSOE una *avalancha* de insultos y descalificaciones del Gobierno... EME290995 **6 descalificación** +: ...aguantar con un cierto grado de sosiego esta *avalancha* de descalificaciones y de infamias... LVE190795 **7 reproche** +: Al final, ante la *avalancha* de reproches, el alcalde... EPE300500 **8 reclamación** +: El gobierno se enfrenta ahora a la posibilidad de una *avalancha* de reclamaciones. EME160194 **9 interpelación:** Una *avalancha* de interpelaciones parlamentarias y un serio golpe al endeble Gobierno italiano que preside Cossiga... EPE020380 **10 imputación:** Saavedra se defendió ayer con vehemencia de la *avalancha* de imputaciones y procesos de intención... LVE290395 **11 reprobación:** Teme una nueva *avalancha* de reprobaciones individuales. EPE130199 **12 recriminación:** ...son otra vertiente de la *avalancha* de recriminaciones a las que se ve enfrentado el... EPE110901 **13 enmienda:** Confortados por los resultados de los referendos, Fini prepara una *avalancha* de enmiendas... LVE140695 **14 pleito:** ...por si las moscas; entendiendo por moscas una posible *avalancha* de pleitos similares. LVE061296 **15 litigio:** Las empresas esperan una *avalancha* de litigios internacionales. EPE290199 **16 querella:** Las compañías discográficas sostienen lo contrario. Ante la *avalancha* de querellas... EPE070900 **17 sentencia:** ...traerá también una auténtica *avalancha* de sentencias y resoluciones de recursos... EME250596

B SUSTANTIVOS QUE DESIGNAN SOLICITUDES, OFRECIMIENTOS Y DIVERSAS FORMAS DE CONVOCATORIA: **18 petición** ++: ...a conceder nuevos permisos de trabajo, lo que ha provocado una *avalancha* de «peticiones». LRE220103 **19 pedido** ++: Un tecnicismo curioso («After market support») frente a esta *avalancha* de pedidos... CAP270696 **20 llamada** ++: La difusión de la noticia sobre la caída produjo ayer una *avalancha* de llamadas telefónicas... END191197 **21 solicitud** ++: ...luego de que se empezó a «sospechar» por la *avalancha* de solicitudes, sostuvo Teresita Menéndez... BYN110198 **22 oferta:** Durante años hemos sufrido el bombardeo televisivo y la *avalancha* de ofertas comerciales por correo. EME241196 **23 promesa** +: ...iniciaba su andadura con una *avalancha* de promesas y buenos propósitos... EPE010499 **24 orden:** ...provocaron una importante *avalancha* de órdenes compradoras... EPE270401 **25 demanda:** ...y apuntó como prueba de la vigencia de esta ideología la *avalancha* de demandas de ingreso... DYM080996 **26 reclamo:** ...se teme una *avalancha* de reclamos ante la organización... EPE061299 **27 convocatoria:** A la *avalancha* de convocatorias musicales, desatada con torrencial fuerza en la segunda decena de este mes, le suceden unas noches de paz... ABC241293

C SUSTANTIVOS QUE DESIGNAN LO QUE SE CONSIDERA NUEVO O SE PRESENTA COMO TAL: **28 novedad** ++: ...queda sofocado bajo la *avalancha* de novedades del mes... EPU060901 **29 noticia** ++: En estos días de *avalancha* de noticias con intoxicaciones informativas... EME060696 **30 revelación:** La *avalancha* de revelaciones que en los últimos días... EPE110801 **31 innovación:** ...desencadenó una *avalancha* de innovaciones donde cada cambio... EPE071201 **32 titular:** ...en estas condiciones, la *avalancha* de titulares negativos –en todas partes descienden de forma sustancial–... LVE220595 **33 iniciativa:** ...ha provocado en Potes (Cantabria) una sabrosa *avalancha* de iniciativas para satisfacer al visitante. EPE071000 **34 propuesta:** ...no se vea como algo partidista surgido como reacción a la *avalancha* de propuestas del PP. EPE010300

▩ Se combina también con: ♦ **migratorio**[6], **multitudinario** ♦ **acarrear, contener**

☐ Véase también: **aluvión (de), cascada (de), caudal (de), marea (de), ola (de), ráfaga (de), torrente (de), tromba (de).**

avalar *v.* ▮ Admite un gran número de sustantivos que designan muy diversas nociones, en particular circunstancias o estado de cosas *(situación, condición, estado, estatus)*, acontecimientos *(hecho, espectáculo, exposición)* y acciones *(comportamiento, acción, participación)*. También se combina con sustantivos que designan personas *(aspirante, sustituto, candidato)*, obras, generalmente de creación *(película, novela, partitura)*, y actitudes, tendencias o movimientos *(optimismo, surrealismo, voluntarismo)*. Lo hace a menudo con sustantivos que designan documentos o informaciones *(informe, palabras, declaración, testimonio)* y cantidades de dinero que se adeudan o se entregan *(crédito, préstamo, fianza)*. Se combina especialmente con...

A SUSTANTIVOS QUE DESIGNAN DIVERSOS RESULTADOS DE LA ACTIVIDAD COGNOSCITIVA, MÁS FRECUENTEMENTE SI SE TRATA DE RAZONAMIENTOS O ARGUMENTA-

CIONES: **1 tesis ++:** ¿Cuáles son hoy las pruebas más contundentes que *avalan* su tesis (...)? CAR210797 **2 teoría ++:** ...se llegaría a la conclusión de que ninguno de los protagonistas, salvo Gloria Gaitán, *avala* la teoría de que Roa Sierra haya sido un títere de la CIA. SEM161000 **3 idea:** El Mundo aporta hoy un testimonio de primera mano que *avala* esa idea y pone en evidencia las mentiras del Ejército federal. EME190196 **4 hipótesis +:** El rumor *avala* una hipótesis no considerada por la mayoría de la Corte: alguien imprimió las papeletas «truchas» y las repartió buscando un voto consciente de rechazo al plebiscito... BRE201296

B SUSTANTIVOS DE CARÁCTER PROSPECTIVO QUE DESIGNAN PLANES, PROYECTOS Y OTRAS DIRECTRICES DE ACCIÓN FUTURA. TAMBIÉN CON OTROS QUE DESIGNAN LO QUE SE PRETENDE CONSEGUIR O AQUELLO A LO QUE SE ASPIRA: **5 proyecto +:** ...se había comprometido a las Fuerzas Armadas y sus regalías para que, a cambio de contratos petroleros se financien o *avalen* proyectos fuera del presupuesto nacional. VIS210997 **6 plan +:** ...lo mejor para *avalar* el plan de saneamiento del actual equipo gestor sería que la cotización se aproximara lo más posible a ese precio. EME020294 **7 estrategia +:** ...lamentablemente, no se extienden al tiempo de hoy ni alcanzan para *avalar* la estrategia económica. BRE020597 **8 iniciativa +:** El popular Federico Trillo argumentó ayer en conferencia de prensa que su grupo había *avalado* la iniciativa parlamentaria por el carácter «excepcional» del hecho. EME300196 **9 pretensión:** Difícilmente ese resultado podrá *avalar* la pretensión de la Cancillería de salir del status de «caso especial». HOY230287 **10 intención:** Todos estos datos *avalan* la intención del Real Madrid de jugar a la contra. EPE130299 **11 aspiración:** ...hay optimismo de lo que pueda realizar la «Roja» chica en su segunda incursión mundialista a este nivel. Su campaña previa *avala* esas aspiraciones. LEC110997 **12 objetivo:** Este objetivo viene *avalado* por la composición del capital accionarial, dominado por los nueve periodistas fundadores. EME170295 **13 programa:** ...las críticas quedaban difuminadas en una colectividad que en su día *avaló* el programa. LVE060396 **14 propuesta:** ...su Asociación no estaba dispuesta a *avalar* ninguna propuesta de financiación... EME270695 **15 opción:** ...han denunciado, por otra parte, presiones de la dirección del partido a los militantes para que no *avalen* la opción del ex alcaldable... LVE160695

C EL SUSTANTIVO *EXPERIENCIA* Y CON OTROS QUE DENOTAN CURSO, TENDENCIA, RUMBO O EVOLUCIÓN, GENERALMENTE APLICADOS A LAS PERSONAS: **16 experiencia ++:** ...cree que sólo deben ser los hospitales con unidades docentes los que puedan *avalar* la experiencia laboral que requiere el proyecto de real decreto. EPE120699 **17 trayectoria +:** Veinticuatro años *avalan* ya la trayectoria artística de Manu Dibango, desde que en 1972 debutara discográficamente con O Bosso. EME291096 **18 carrera +:** También destaca la presencia de Anita Morris, cuya carrera está *avalada* por excelentes interpretaciones en musicales de Broadway. EME211095 **19 dirección:** El 90,2% de los votos emitidos *avaló* la dirección de renovación y consenso, con una media de edad de 42,8 años (40 en el caso de los secretarios con cartera), confeccionada por José Luis Rodríguez Zapatero. EPE240700 **20 continuidad:** La directiva se mantiene en la posición de *avalar* la continuidad de Stoichkov. EME200695

D SUSTANTIVOS QUE DESIGNAN LA ACCIÓN O EL EFECTO DE LLEVAR A CABO ALGUNA INDAGACIÓN. TAMBIÉN CON ALGUNOS QUE EXPRESAN OTROS TIPOS DE LABOR, MÁS FRECUENTEMENTE SI YA HA SIDO REALIZADA: **21 estudio +:** En noviembre, el Plan *avaló* dos estudios sobre cannabinoides sintéticos, con propiedades parecidas a las del hachís, pero que no generan la misma dependencia. EPE021299 **22 trabajo +:** Los últimos resultados *avalan* el trabajo del nuevo técnico... EPE021099 **23 investigación +:** ...*avala* la investigación interna a un agente por delinquir en el barrio chino. EPE240499 **24 sugerencia:** No aportó, empero, pruebas que *avalen* su sugerencia. DYM170796 **25 análisis:** Manuel Atencia *avaló* el análisis del presidente, pero, respecto al respaldo a la ley, puso un límite. EPE120299 **26 interpretación:** En su opinión, hay una ausencia total de normas que *avalen* esa interpretación de la mayoría... BRE201296 **27 tarea:** ...auguró que este tipo de «chinitas en el camino» no le impedirán continuar con una tarea *avalada* por la mayoría absoluta que obtuvo en las últimas elecciones autonómicas, en junio de 1999. EPE040800 **28 práctica:** El informe Landau –juez del Tribunal Supremo israelí– *avala* la práctica de la tortura por la policía israelí. EME290996

E SUSTANTIVOS QUE DESIGNAN OPCIONES, PROPUESTAS O MANIFESTACIONES PÚBLICAS DE PERSONAS O INFORMACIONES: **29 candidatura ++:** Tanto Ciscar como Lerma impulsaron una recogida de firmas para *avalar* una candidatura alternativa a la de Antoni Asunción, aunque apenas consiguieron reunir entre 120 y 140, insuficientes para tal objetivo. EPE190999 **30 presentación:** El Ministerio de Industria, que *avaló* la presentación del expediente de rescisión de 5.000 contratos en el grupo, incluidos todos los de Cádiz y Sevilla, rebajó ayer el excedente a 4.200. EME210995 **31 ofrecimiento:** Frente al malestar surgido entre las autoridades salteñas, desde la Nación se aclaró que no se *avalaba* tal ofrecimiento. CLA170297

F SUSTANTIVOS QUE DENOTAN PETICIÓN O REQUERIMIENTO, FRECUENTEMENTE DE LO QUE SE CONSIDERA UN DERECHO: **32 petición ++:** ...recurrirá al defensor del Pueblo cuando se apruebe el texto, para que presente un recurso de inconstitucionalidad, y pedirá firmas que *avalen* esa petición. LVG231191 **33 solicitud ++:** «Siempre nos trató de mala manera, por eso se juntaron firmas que *avalaran* la solicitud de renuncia.». LNP290497 **34 reivindicación +:** La reivindicación –*avalada* por los mayoristas del puerto, los detallistas y la Cofradía de Pescadores– es rechazada de plano por la Consejería... EPE051099 **35 demanda +:** ...la Coordinadora se propone recoger unas 100.000 firmas para *avalar* su demanda. EME230195

G SUSTANTIVOS QUE DESIGNAN CUALIDADES INTELECTIVAS O MORALES DE LAS PERSONAS Y A VECES DE LAS INSTITUCIONES, MÁS FRECUENTEMENTE SI SE RELACIONAN CON SUS APTITUDES O SU HONESTIDAD: **36 capacidad +:** ...en sus respectivas selecciones siempre juegan un paso más adelante que en su club, circunstancia que *avalaría* la capacidad ofensiva de los equipos azulgrana. EPE080599 **37 inocencia +:** Ambos están encarcelados desde 1991 en la prisión barcelonesa de Brians y aseguran que desde que se dictaron esas sentencias han aparecido nuevos datos que *avalan* su inocencia. EPE210999 **38 credulidad:** Es más: su credulidad se *avalaba* al observar cómo en caso de duda se contentaba con expresar sencillamente su creencia... EME200696 **39 confianza:** La lista de convocados por Louis Van Gaal *avala* la confianza barcelonista: Guardiola, Rivaldo, Kluivert y Luis Enrique –lesionado– guardarán descanso. EPE040299 **40 honradez:** ...cohonestó una actividad fraudulenta y delictiva del nada menos que gobernador del Banco de España, defendiéndole de palabra, *avalando* su honradez... EME060494 **41 lealtad:** ...el líder socialista rechazó con vehemencia esos argumentos y puso ejemplos para *avalar* su demostrada lealtad para servir a los intereses de España. EPE171201 **42 bondad:** No podemos, pues, *avalar* la bondad del ingenio que facilitará visiones, hasta ahora ignoradas, de las acometidas, quiebros y amagos de las astas. LVE220596

H SUSTANTIVOS QUE DENOTAN CRÍTICA, DESAPROBACIÓN, RECHAZO Y OTRAS FORMAS DE EXPRESAR DESACUERDO O DESCONTENTO: **43 denuncia +:** La Fiscalía indica que «no existen indicios ni pruebas que puedan *avalar* una denuncia por actividad delictiva». EME310394 **44 moción de censura +:** Nacionalistas y socialistas presentarán mañana en el registro del Ayuntamiento la moción de censura *avalada* por la firma de sus 12 concejales. EPD170797 **45 crítica +:** Para *avalar* esta crítica, Menéndez explica que entre el 4 de septiembre y el 15 de octubre el precio del crudo ha descendido 7,4 pesetas por litro, mientras que el gasóleo lo ha hecho sólo 2 pesetas por litro. EPE211001 **46 negativa:** El Supremo anula el fallo de la Audiencia Nacional que *avaló* la negativa de Justicia a pagar. EPE040699 **47 queja:** Por su parte, Castro puso dos ejemplos, «con datos reales», para *avalar* sus quejas. EME170194 **48 protesta:** Las asociociaciones de ciudadanos han *avalado* las protestas contra la especulación y la arbitrariedad municipal. INDOC

I SUSTANTIVOS QUE DESIGNAN EL RESULTADO FELIZ DE ALGO. TAMBIÉN CON OTROS QUE EXPRESAN DIVERSAS FORMAS DE RECONOCIMIENTO, MÁS FRECUENTEMENTE EN FORMA DE PREMIO O RECOMPENSA. POR EXTENSIÓN, CON OTROS QUE DESIGNAN CIERTAS CUALIDADES Y ESTADOS QUE ADQUIERE GENERALMENTE EL QUE DESTACA EN ALGUNA ACTIVIDAD: **49 éxito ++:** Ocho mil entradas vendidas hasta las tres de la madrugada del domingo y la previsión de llegar a las once mil al finalizar el certamen (...) son los datos que *avalan* el éxito de la Fira. LVE090996 **50 prestigio +:** ...sólidos conocimientos artísticos y una personalidad multifacética *avalan* el creciente prestigio de Pino... LNA020792 **51 premio +:** El mundo del cine *avala* el premio Fernando Rey. EME100996 **52 mérito +:** ...sirve sólo para *avalar* públicamente, una vez más, sus viejos méritos ya profusa –y merecidamente– recompensados desde hace años. EPE230299 **53 triunfo:** La OSCE *avala* el triunfo opositor en Belgrado y las grandes urbes serbias. LVE281296 **54 victoria:** Algunas pistas, sin embargo, *avalarían* una victoria rojiblanca... EPE191299 **55 fama:** ...numerosos premios internacionales que *avalan* su fama como fotógrafo. INDOC

J SUSTANTIVOS QUE DENOTAN ACUERDO, COMPROMISO Y OTROS RESULTADOS DE LAS ACCIONES CONCERTADAS ENTRE PERSONAS O ENTIDADES: **56 pacto ++:** Todos los partidos pasarán su reválida, y los votos *avalarán* o no el pacto de gobierno de izquierdas surgido de la moción de censura del 7 de enero de 1992. LVE030495 **57 acuerdo ++:** Esta sentencia *avala* el acuerdo que habían alcanzado la dirección de Deutsche Bank y CC OO... EPE220799 **58 compromiso ++:** El grupo, que *avala* sus compromisos con 80.000 millones de pesetas, creará 1.000 empleos directos. EPE251199 **59 trato:** ...un trato público y anterior, aceptado por el presidente César Gaviria para la entrega de Pablo Escobar y *avalado* por la Constituyente del 91. SEM241197 **60 alianza:** La eventual alianza entre las dos formaciones mayoritarias es *avalada* por sus futuros electores. LVE221095

K SUSTANTIVOS QUE DESIGNAN CARACTERÍSTICAS O CUALIDADES, EN ESPECIAL LAS QUE PONEN DE RELIEVE LA CONDICIÓN DE SER ALGO CORRECTO, ADECUADO O CONFORME A SU NATURALEZA: **61 autenticidad ++:** La Concejalía de Cultura dispone ya de los informes que *avalan* su autenticidad... EME130496 **62 calidad ++:** Siete oscars *avalan* la calidad de este clásico del cine que narra los problemas de adaptación de tres ex combatientes... EPE170700 **63 legalidad:** La Sala de lo Contencioso-Administrativo del Tribunal Supremo ha vuelto a *avalar* la legalidad del acuerdo... FDV200201 **64 legitimidad +:** Telefónica, por su parte, asegura que sus servicios jurídicos *avalan* la legitimidad de este negocio. EME220396

L SUSTANTIVOS QUE DESIGNAN DATOS Y OTROS RESULTADOS O INDICADORES ANÁLOGOS QUE SE INTERPRETAN COMO TALES. TAMBIÉN CON OTROS QUE EXPRESAN ALGUNAS DE LAS FORMAS EN LAS QUE SE MANIFIESTAN O SE DIFUNDEN: **65 resultado +:** ...de momento se mostró cauteloso pero más tarde *avaló* los resultados. EXC211096 **66 dato +:** La Policía Municipal exhibió ayer un estudio comparativo que *avala* estos datos. EPE110999 **67 cifra +:** «*Avala* nuestras cifras y es compatible con ellas», afirma la subdirectora general... EPE050800 **68 conclusión:** Otro dato *avala* esta conclusión: el número de trabajos con más de 50 citaciones se duplicó del 5 al 10 por 100. ABC280593 **69 cuestionario –:** ...el cuestionario de preguntas viene *avalado* por GICA (Grupo de Investigación sobre Conflictos en las aulas)... EPE280699

M SUSTANTIVOS QUE DENOTAN JUICIO, OPINIÓN O TOMA DE PARTIDO, A MENUDO PARTICULARES: **70 postura +:** El jefe de gobierno porteño pensaba jugar con un candidato identificado con su gestión al frente de los legisladores locales, si la Corte *avalaba* su postura de anticipar esos comicios. CLA090597 **71 impresión +:** El cónsul general en Moscú, Melitón Cardona, *avala* esta impresión con datos concretos. EPE050499 **72 opinión +:** ...no comparte ni *avala* –a menos que lo haga constar expresamente– la opinión de los artículos que llevan firma de autor. PLG100796 **73 punto de vista:** Este punto de vista queda *avalado*, entre otros, por la postura del Foment del Treball... LVE210495

N SUSTANTIVOS QUE DESIGNAN LEYES, DERECHOS, RECURSOS DE ACTUACIÓN Y OTRAS DIRECTRICES ESTIPULADAS O REGLAMENTADAS: **74 política ++:** UGT y CCOO *avalan* la política de Industria para la minería del carbón. EME020895 **75 ley +:** ...un fallo en el cual se *avaló* la ley aprobatoria de un tratado para prevenir y sancionar actos de terrorismo... ETC110297 **76 decreto +:** ...están dispuestos a *avalar* el decreto que bendijo el incremento tarifario... CLA140297 **77 medida +:** El Gobierno quiso prohibir el acto «ante posibles incidentes» pero ningún juez *avaló* la medida. EME250396 **78 decisión +:** Para *avalar* la decisión del alcalde de recurrir contra el decreto autonómico, el Ayuntamiento cuenta con un informe que un equipo jurídico privado... EPE270499 **79** **disposición:** ...el Consejo Ejecutivo Nacional (COENA), *avaló* la disposición de la bancada legislativa de desconocer a Orlando Arévalo como un diputado arenero. ESH241000 **80** **derecho:** ...consideraba que no había razones legales que *avalasen* el derecho a la enseñanza en lengua materna solamente hasta los 7 años, y pedía que se extendiese desde los 3 hasta los 14 años. LVE150596 **81** **orden:** ...por orden directa del ministro, *avalada* más tarde por el presidente del gobierno. INDOC

Ñ SUSTANTIVOS QUE DENOTAN NECESIDAD O INCLINACIÓN HACIA ALGO O ALGUIEN. TAMBIÉN CON OTROS QUE EXPRESAN EL EMPEÑO CON QUE SE PERSIGUE: **82** **necesidad** ++: Las cifras *avalan* la necesidad no sólo de que los programas empiecen a los 45 años, sino también de que... EPE020800 **83** **interés** ++: Los múltiples precedentes existentes en otros países sobre esta cuestión *avalan* el interés del caso. LVE271096 **84** **lucha:** La justicia ha *avalado* la lucha que en 1990 protagonizaron los tocoginecólogos catalanes para conseguir una mejor retribución de las entidades privadas y las mutuas. LVE241295 **85** **esfuerzo** +: Una vez arriba, las vistas sobre Sierra Nevada y las serranías cercanas *avalan* el esfuerzo. EPE090199 **86** **afán:** Los expertos *avalan* el afán coleccionista de este bibliófilo, puesto que rastreaba las librerías en busca de ediciones cuidadas y selectas. EPE150599

O SUSTANTIVOS QUE DESIGNAN LO QUE SE CREE O SE SUPONE CIERTO, DESEABLE O POSIBLE, A MENUDO A PARTIR DE DATOS INCOMPLETOS O INSEGUROS: **87** **sospecha** ++: ...carecían de indicios que *avalaran* sus sospechas iniciales... RUM040897 **88** **posibilidad** +: ...las tendencias que se observan en los indicadores *avalan* la posibilidad de una continuidad de este proceso... LVE111195 **89** **suposición:** ...no se han realizado estudios sicológicos o siquiátricos que *avalen* tal suposición. ACP170996 **90** **conjetura:** Tal conjetura está *avalada* por los contundentes detalles del atuendo de las últimas encuestas... EME060694

P SUSTANTIVOS QUE DENOTAN CAMBIO DE ESTADO, MÁS FRECUENTEMENTE SI IMPLICA PROGRESO, MEJORA O INCREMENTO DE ALGUNA MAGNITUD: **91** **reforma** +: Educación asegura que el informe *«avala»* su reforma. EPE051201 **92** **cambio** +: No había un solo dato nuevo que *avalara* un cambio tan drástico en el criterio del juez. EME131095 **93** **mejora:** Otros datos *avalan* la mejora económica. EPE010799 **94** **renovación:** Los resultados *avalan* de momento la renovación emprendida por Benítez... EPE310199 **95** **crecimiento:** Los primeros índices de ventas de hierro y cemento ya *avalan* ese crecimiento. LNP110297 **96** **subida:** El Tribunal Constitucional ha *avalado* la subida de pensiones no contributivas aprobada por la Junta de Andalucía... EPE250799 **97** **incremento:** La protesta (...) se dirigió también contra Comisiones por haber *avalado* ese incremento (igual a la inflación prevista) para el 2000. EPE221099 **98** **restauración** –: Dudaron de su criterio los conservadores del museo y el director que *avaló* la restauración terminó por hallar una pragmática y salomónica salida al conflicto: la firma no se ha borrado, sino que ha sido nuevamente velada. EPE310399

▩ Se combina también con: ♦ **a partes iguales[22], cumplidamente, incondicionalmente[24], satisfactoriamente, suficientemente**

☐ Véase también: **garantizar.**

avance ♦ **acompasado, a pasos agigantados, arrasador[20], arrollador[10], buen(o), caótico, científico, constante, desacompasado, desmedido[9], desorganizado, efectivo[60], enorme, escaso, fulminante[44], gradual, gran(de), imparable[4], imperceptible, implacable[76], importante, incontenible[7], indudable, industrial, inevitable, inexorable[5], ininterrumpido, insignificante[29], insuficiente, irrefrenable[35], irremediable, irresistible[23], lento, ligero, militar, moderado, notable, ostensible[3], preocupante, profesional, progresivo, proporcional[4], rápido, significativo, sostenido, tecnológico, tímido, último, vertiginoso[12]** ♦ **a la luz (de)[19]** ♦ **acelerar, afianzar(se), amortiguar[75], atajar, augurar[48], bloquear[3], conseguir, constituir, contener, controlar, cortar[26], detener, entorpecer, estimular, evaluar, frenar, impedir, incrementar, lograr, obstaculizar[2], obstruir, permitir, producir(se), propiciar, ralentizar, registrar(se), representar, suponer, tener, verificar, vislumbrar[74]**

☐ Véase también: **ascensión, ascenso, auge, curso, incremento, mejora, progresión, progreso, retroceso, subida.**

AVANCE Véase: *ASCENSO, INCREMENTO Y AVANCE; EXTENSIÓN*

AVANCE Véase: PENETRACIÓN; PROGRESIÓN

avanzado *adj.* ▮ Aparece generalmente modificado por cuantificadores de grado *(muy, más, tan, considerablemente)*. En su sentido de 'adelantado o próximo al final' se combina con sustantivos temporales *(El mes de mayo está muy avanzado)*. También lo hace con el sustantivo *proceso* y con otros que designan procesos de muy diversa naturaleza *(enfermedad, carrera, investigación)* o cosas sujetas a un desarrollo lineal *(libro, película, programa: Llegas tarde; la película ya está muy avanzada)*. También se combina con...

A EL SUSTANTIVO *EDAD* Y CON OTROS QUE DESIGNAN ALGUNOS PERÍODOS DEL CICLO VITAL: **1** **edad** ++: Aquella situación no era la más idónea para un centro de acoge a personas de *avanzada* edad. EDV300101 **2** **vejez:** ...aguardando a la propia muerte o por lo menos a la vejez *avanzada*, con este conjunto de treinta y seis ensayos, el primero de los cuales presta su título al volumen. ABC181292

B SUSTANTIVOS QUE DENOTAN GRADO EN UNA ESCALA O ESTADIO EN EL DESARROLLO DE UNA ACCIÓN O UN PROCESO: **3** **fase** ++: En los laboratorios mundiales existen otras drogas en fase *avanzada* de investigación. ETC011291 **4** **estado** ++: ...aclara que algunas de ellas no podrían ser vendidas al sector privado por su *avanzado* estado de deterioro. DED230996 **5** **estadio** ++: «Los pacientes que tratamos se encontraban en un estadio muy *avanzado* y no esperábamos, en consecuencia, curarlos a todos». DLA140497 **6** **nivel** ++: la propuesta de Marín plantea reforzar la cooperación entre la UE y México en programas de nivel *avanzado* como acciones piloto en materia de medio ambiente... LVE090295 **7** **grado** +: ...la aparición del nuevo grupo armado en el revuelto mundo del poder mexicano y la reacción que ha producido (...)

son indicadores del grado *avanzado* de descomposición del subsistema político... DYM040796 **8 etapa +:** ...allí se pone de manifiesto lo que es una etapa *avanzada* del futuro conflicto en todo el territorio nacional. ENV170996 **9 momento:** ...«personas con una enorme madurez personal, que estén en un momento *avanzado* de su carrera profesional, que hayan vivido muchas cosas y que sepan matizar y modular». EME300895 **10 punto:** Por supuesto, que en algún punto más *avanzado* de mi carrera me sentí seducido por la idea de ser famoso, pero es algo que te dura cinco minutos. ENH070297

C SUSTANTIVOS QUE DENOTAN INTERCAMBIO DE OPINIONES O INTERESES, MÁS FRECUENTEMENTE SI SU FIN ES LOGRAR UN PACTO U OTRO TIPO DE BENEFICIO MUTUO: **11 negociación +:** La segunda es completar la (ya *avanzada*) negociación entre Kabul e Islamabad, orientada por las Naciones Unidas. CLA211187 **12 conversación +:** las conversaciones para lograr el acuerdo están muy *avanzadas*. INDOC **13 acuerdo +:** ...patronal y sindicatos tienen muy *avanzado* un acuerdo sobre despidos, salario y reforma de convenios. LVE241096 **14 diálogo:** El *avanzado* estado en que se encontraba el diálogo y ahora suspendido temporalmente... LNC051196

■ En su sentido de 'novedoso, audaz, moderno o destacado' se combina con sustantivos que designan personas, organizaciones o modos de vida *(alumno, sociedad, civilización)*, con otros que designan espacios o lugares de muy diversa configuración o dimensión *(mundo, país, ciudad)*, así como con algunos que designan tendencias o corrientes ideológicas *(democracia, nacionalismo, vanguardia)*. Se combina además con sustantivos que designan materiales o dispositivos, generalmente de cierta complejidad técnica *(aparato, ordenador, teléfono, televisor)*. También se combina con...

D SUSTANTIVOS QUE DENOTAN MODO, MÉTODO DE EJECUTAR ALGO O PROCEDIMIENTO APLICADO PARA HACER FUNCIONAR ALGUNA COSA. TAMBIÉN CON ALGUNOS QUE DESIGNAN EL CONJUNTO DE ESOS MEDIOS: **15 tecnología ++:** ...quienes tendrán una estancia de tres meses en plantas siderúrgicas de *avanzada* tecnología en ese país de Europa. ECP140175 **16 técnica ++:** Avanzada técnica de «mínimo acceso» para afecciones dolorosas del hombro. GIC030197 **17 sistema ++:** Como es natural este sistema tan *avanzado*, es muy recomendable para humedecer ciertas telas cuyas arrugas son muy difíciles de quitar... LDD040397 **18 recurso:** ...ha sido posible gracias al empleo de los recursos más *avanzados*. INDOC **19 procedimiento:** Aunque para estos 50.000 el procedimiento se encuentra más *avanzado*, el objetivo es embargar hasta 120.000 coches. EPE160299 **20 método +:** ...hay nuevas detenciones de personas que utilicen este *avanzado* método. LRE150103 **21 medida:** Una medida que en Francia e Italia está mucho más *avanzada*. EPE210899 **22 forma:** ...he sido solamente un trabajador que he defendido al cooperativismo como forma social *avanzada*. EME091195

E EL SUSTANTIVO *IDEA* Y CON OTROS QUE DESIGNAN ESTADOS MENTALES, ASÍ COMO DIVERSOS RESULTADOS DE LA ACTIVIDAD INTELECTIVA O COGNOSCITIVA, MÁS FRECUENTEMENTE SI ESTÁN RELACIONADOS CON EL RAZONAMIENTO O LA ARGUMENTACIÓN: **23 idea +:** ...son capaces de admirar al público por unos contornos audaces, unas líneas suaves o una idea *avanzada*. LVE170396 **24 teoría +:** ...otro físico del mismo instituto que utiliza una teoría *avanzada* denominada la teoría de cuerdas... EPE291299 **25 mentalidad +:** ...esa figura y la de las provincias son conceptos que han de producir alergia a cualquier mentalidad *avanzada*... LVE091096 **26 conocimiento:** ...demuestra ya un *avanzado* conocimiento de la jerga de los delincuentes. EME180896

F SUSTANTIVOS QUE DENOTAN ACTITUD O TOMA DE POSICIÓN RESPECTO A UN ASUNTO: **27 posición +:** Así se explica que el país tenga la posición más *avanzada* en materia de eutanasia. EPE311099 **28 postura:** «¿Por qué los ataques a la Iglesia, si su postura coincide con la más *avanzada* de aquellos que defienden los derechos de la mujer?». EME120795 **29 criterio:** ...se ríe del criterio *avanzado* sobre la preocupación existente por los posibles recortes sociales. EME060795 **30 punto de vista:** ...joven, dinámico, emprendedor y con puntos de vista *avanzados* sobre la empresa moderna. INDOC

G SUSTANTIVOS QUE DESIGNAN PROYECTOS Y OTRAS NOCIONES PROSPECTIVAS RELATIVAS A LA ORGANIZACIÓN DE LA INTENCIÓN DE ACTUAR: **31 proyecto +:** «Madrid será la primera ciudad europea en acoger este novedoso y *avanzado* proyecto». LRE120103 **32 plan:** Cuando tuvieron un plan muy *avanzado* se plantearon por qué no llamar a las partes, por qué no ofrecerles el plan. EME041295 **33 propuesta:** «No estamos ante una cuestión de alternativa, sino de alternancia», (...), que calificó incluso de «más *avanzada*» la propuesta de (...) en materia de contratación... EME290395

H EL SUSTANTIVO *SERVICIO* Y CON OTROS QUE DESIGNAN DIVERSOS MEDIOS QUE POSIBILITAN SU REALIZACIÓN: **34 servicio +:** La incertidumbre climatológica sufrida estos dos años de infarto hizo instalar un *avanzado* servicio meteorológico... LVE100296 **35 línea:** ...prestándole una continua atención a las obras de los compositores coetáneos y en la línea más *avanzada*, es decir, a la auténtica vanguardia. ABC011093 **36 red:** Se trata de la red más *avanzada* del mundo en estos momentos. LVE191096 **37 infraestructura:** «Es la primera vez que se desmonta una organización íntegramente española y con una infraestructura técnica tan *avanzada*». EPE030699

I SUSTANTIVOS QUE DESIGNAN UNIDADES DOCENTES Y DIVERSOS ACTOS Y PROCESOS DE COMPRENSIÓN O INTELECCIÓN DE ALGUNA MATERIA: **38 curso +:** ...se procedió al acto de clausura y egreso de la trigésima séptima promoción del curso *avanzado*... LTB071296 **39 estudio +:** Sin embargo, otras de las iniciativas, que están en un *avanzado* estudio, no podrán ser aprobadas hasta después de verano... EME230796 **40 formación +:** ...éste es un nivel de formación *avanzada* que incluye la formación inicial de un investigador. EPE150699 **41 lección:** ...un humilde profesor que cada siete días impartía gratuitamente lecciones *avanzadas* del imprevisible juego del once contra once. EME261295 **42 enseñanza:** ...comprometerlos por los mejores mexicanos representativos (...) para que sean realidad (...) enseñanza *avanzada* para los hijos y distribución más equitativa de la riqueza. EXC060197

J SUSTANTIVOS QUE DESIGNAN DIVERSOS CONTENIDOS ESTIPULADOS O REGLAMENTADOS: **43 ley:** ...su objetivo «es conseguir una ley *avanzada* dentro del marco de competencias del Gobierno regional». EPE281101 **44 normativa:** La *avanzada* normativa, (...) no sólo no ha disminuido la siniestralidad laboral, sino que no ha evitado su aumento imparable. EPE091099 **45 legislación:** De esta forma, aseguró el titular de Economía, España contará con la legislación más *avanzada* de Europa en esta materia. LRE230103 **46 constitución:** Era una Constitución muy *avanzada* para su época. LVE050896 **47 norma:** En nuestra empresa aplicamos las normas de control más *avanzadas*. INDOC

K SUSTANTIVOS QUE DENOTAN ENTIDAD, ORGANIZACIÓN O CORPORACIÓN: **48 organización +:** La única alternativa es hacer predicciones con (...) la organización más *avanzada* en el estudio de estas perturbaciones, y los registros de años anteriores... ENV110796 **49 empresa:** Cada investigador en una empresa *avanzada* necesita un enorme apoyo de servicios. LVE100394 **50 fábrica:** Otra faceta de esta *avanzada* fábrica de El Burgo del Ebro es la notable reducción de agua que han logrado los ingenieros... ABC151093

☐ Véase también: **aventajado.**

avanzar ♦ **abruptamente[27], a cámara lenta[3], acompasadamente, a fondo[31], a hurtadillas[14], a la deriva[2], a lo lejos[37], al unísono[60], a ojos vista[34], a paso de tortuga, a pasos agigantados[6], armoniosamente[32], arrolladoramente[12], a tientas[7], a toda máquina[2], a trancas y barrancas[9], caóticamente, científicamente, con buen ritmo, con cautela[45], con firmeza[41], con fluidez[7], conjuntamente, con paso firme, considerablemente[43], decididamente[12], decisivamente[34], desacompasadamente, desordenadamente, dignamente[51], electoralmente, en fila, enormemente, en tropel, espectacularmente, firmemente, gradualmente[10], imparablemente, inexorablemente[1], irrefrenablemente, irremediablemente[22], lentamente, ligeramente[4], ordenadamente[28], paulatinamente[21], pesadamente[8], poderosamente[45], procesalmente, profesionalmente, progresivamente, prudentemente, rápidamente, significativamente, sin demora, sin dilaciones, sin rumbo, sin tregua, tímidamente, vertiginosamente, viento en popa** ♦ **grado, nivel, posición, puesto**

☐ Véase también: **mejorar, progresar.**

[avaricia] → con avaricia

avaricia ♦ **acaparador, cicatero, desmedido, desmesurado, dominante, empresarial, enfermizo, incontenible, insaciable, irrefrenable, político, proverbial, puro, recaudatorio, voraz** ♦ **con, por** ♦ **atemperar, denunciar, disfrazar, escapar (a), excitar, mover (a alguien), provocar, rezumar, saciar**

☐ Véase también: **codicia.**

avatar ♦ **amoroso, artístico, de la vida, del destino, deportivo, histórico, impredecible[23], literario, político, profesional** ♦ **narrar, padecer, recrear, relatar, repasar, seguir, sobrellevar, soportar, sufrir**

☐ Véase también: **accidente, aventura, circunstancia, coyuntura, incidente, peripecia.**

ave ♦ **aletear, elevarse, gorjear, picar, picotear, planear, posarse, revolotear, sobrevolar, volar**

avecinarse *v.* ▌Se combina muy frecuentemente con sustantivos que designan fenómenos meteorológicos o climáticos *(tormenta, temporal, borrasca, calor, sequía, ciclón, diluvio)*. También admite sustantivos que designan momentos o periodos *(futuro, día, otoño, fecha)*, más frecuentemente si se consideran inconvenientes o adversos *(Se avecinaba la fecha fatídica)*. Acepta sustantivos que designan sucesos, tanto si son nombres deverbales *(llegada, estreno, dimisión, incorporación)*, como si no lo son *(boda, juicio, festival, ceremonia)*. Se combina asimismo con...

A SUSTANTIVOS QUE DENOTAN CRISIS, DESGRACIA O SITUACIÓN CALAMITOSA. TAMBIÉN CON OTROS QUE DESIGNAN MÚLTIPLES SITUACIONES O ESTADOS DE COSAS CONSIDERADOS ADVERSOS: **1 crisis +:** Se *avecina* una crisis institucional. HOY230287 **2 catástrofe +:** «Todos sabíamos que se *avecinaba* una catástrofe y, sin embargo, la ayuda está llegando con varios días de retraso»... EPE060499 **3 desastre:** Afirma con energía: «Yo no quiero contribuir en el desastre que se *avecina*». EME150195 **4 fracaso:** Guerra se ha dado cuenta de que se *avecina* un fracaso inevitable. EME270394 **5 complicación:** Al entrenador holandés se le *avecina* ahora una complicación más para el partido del domingo en Oviedo... LVE130495 **6 dificultad:** Su vida sirve también de advertencia sobre las dificultades que se *avecinan* una vez que EE. UU. emprenda su guerra contra el terrorismo. EPE071001 **7 peligro:** Martín Seco responde a problemas acuciantes y señala peligros que se *avecinan*. EME141095 **8 tragedia:** El líder comprendió que la tragedia se *avecinaba* y recuperó su espíritu espartano tras esa acción. EME280496 **9 escándalo:** Se *avecinan* grandes escándalos. EPE260800 **10 ruina:** Y al tiempo que la gente toma medidas con su modesta economía, trata de expresar su disconformidad con la ruina que se *avecina*. EME200394 **11 caos:** Como dice un portavoz de la CIA, que es la que realmente conoce la magnitud del caos que se *avecina*, encerrémonos en casa... EPE301199 **12 hecatombe:** Periódicamente, alguien lanza la alarma y presenta ante el mundo los datos de la hecatombe que se *avecina*. EPE030900 **13 horror:** No existe fuerza social, política o cultural del centro hacia la izquierda que no esté movilizada para detener el horror que se *avecina*. LRE050203 **14 infierno:** La mayoría de los veleros estaban luchando con el temporal cuando Bargués oteaba el infierno que se le *avecinaba*. EPE061099 **15 lío:** Javier Clemente destapó la caja de los truenos y desveló el lío que se *avecina* ante la inminente llegada de Ramón Mendoza al retiro de Bloomingdale... EME140694

B SUSTANTIVOS QUE DESIGNAN SITUACIONES DE CONFRONTACIÓN FÍSICA O VERBAL: **16 lucha:** ...lo que se *avecina* dentro de la DC es una lucha verdaderamente dura por el poder interno... HOY091296 **17 pugna:** ...no es extraño que Feliciano Mayoral (...) haya calificado la pugna que se *avecina* como «la carrera olímpica más difícil de la historia». LRE260103 **18 guerra:** Las de la Guerra del Golfo le pueden servir para la guerra que se *avecina*... LRE130103 **19 conflicto:** Se *avecinan* conflictos como el de la pesca en la UE. EPE171299 **20 confrontación:** ...es en este territorio en el que se *avecina* la gran confrontación con los sindicatos. EME210796 **21 enfrentamiento:** Pero hay otros mucho más concretos y que perfilan el tipo de enfrentamientos que se nos *avecinan.* LVE260895 **22 cruzada:** ...se permite darle un pequeño consejo a Benítez en la cruzada que se le *avecina*... CAR091297 **23 ofensiva:** En palabras de Díez Usabiaga, se *avecina* una ofensiva que trasladará el contenido del pacto a «todas las instancias y lugares». EPE220899 **24 discusión:** La primera discusión que se *avecina* es quién sustentará la Presidencia de la «comisión GAL». EME201095 **25 debate:** Las parlamentarias del PSOE reclaman rigor (...) en el debate que se *avecina.* EME070795 **26 protesta:** ...estas manifestaciones populares son interpretadas como el germen de mayores protestas populares obreras que se *avecinan* en demanda de salarios. EPE020287 **27 crítica:** Desconocía la crítica que se *avecinaba.* EPE030999 **28 ataque:** ...se generaría una nueva situación política, «con una izquierda fuerte y con capacidad para frenar los ataques que se *avecinan* en los próximos meses contra los trabajadores». EME050694 **29 fuego cruzado –:** ...puede entusiasmarle instalarse en el vértice del fuego cruzado que se *avecina* entre los dos capos citados... EPE010499

C SUSTANTIVOS QUE DENOTAN CAMBIO: **30 cambio ++:** Se *avecinan* cambios importantes en la dirección de las escuelas públicas. EME200995 **31 reforma:** Sin la reforma que se *avecina,* no lograremos un pleno funcionamiento de nuestra democracia. EXC180996 **32 transformación:** Casas hablará con ellos de la vida pública española, de las transformaciones que se *avecinan* en Europa, etc. EME241296 **33 reajuste:** El consumo privado no tira, y se *avecinan* reajustes en cascada de las previsiones de resultados efectuadas por muchas empresas y sectores... EME140995 **34 revolución:** Voces autorizadas se preguntan qué es lo que pintarán los médicos en esta revolución que se *avecina.* EME250595 **35 transición:** ...esto es apenas el aperitivo del gran reto nacional de la segunda transición que se *avecina*... EME061195 **36 traslado:** Los propios trabajadores de la empresa química, 18 en la actualidad, ignoran todavía si lo que se les *avecina* es un cierre o un traslado de la factoría. LVE061196 **37 reconversión:** ...la reconversión de la oferta comercial e incluso industrial que se *avecina* podría ser tremenda. LVE141095 **38 reestructuración:** Otro de los motivos que llevó ayer a la Bolsa a batir récords fue la reestructuración que se le *avecina* al sector eléctrico... EME070696

D SUSTANTIVOS QUE DENOTAN AUMENTO, INCREMENTO, CRECIMIENTO O PROLIFERACIÓN DE ALGO: **39 crecimiento:** Los crecimientos menores de la economía que se *avecinan* (...) están planteando problemas de adaptación a unas entidades financieras... EPE160299 **40 aumento:** Y una de las cosas que se nos *avecina* es el aumento de casos de sida. EME240294 **41 ampliación:** Y todos los afectados por la tercera pista y por las ampliaciones que se *avecinan,* que abran bien los ojos. EPE110799 **42 desarrollo:** Tres hombres clave en el desarrollo que se *avecinaba.* EME270895 **43 subida:** ...se pregunta cómo podrá sacar adelante su economía doméstica con las subidas de precios que se *avecinan.* EME061096 **44 despliegue:** Supongo que el despliegue en televisión, radio y periódicos sobre la boda de la infanta Elena, más el que se *avecina* en revistas del corazón, serán... EME190395 **45 boom:** ...serán clave en el nuevo «boom» que se *avecina* en las telecomunicaciones. LVE230796 **46 escalada –:** ...las reservas del carburante no serán suficientes para cubrir la gran demanda que se *avecina* en los meses de invierno. ENH100900 **47 repunte –:** En las páginas de Economía se incluyen ejemplos prácticos para estar preparado ante el repunte que se *avecina.* EME070195

E SUSTANTIVOS QUE DENOTAN DISMINUCIÓN, DETERIORO O EMPEORAMIENTO DE ALGUNA MAGNITUD: **48 descenso:** ...paliaría las consecuencias negativas de la segura derrota y del más que probable descenso de votos que se les *avecina* en estos comicios. EME170296 **49 pérdida:** ...deben hacer reflexionar al seleccionador sobre la pérdida de interés que se *avecina* la próxima temporada, antes de la fase final del torneo. LVE070695 **50 descomposición:** Lo que se le *avecina* a Milosevic es una descomposición de su Gobierno. EPE060699 **51 merma:** ...a la vista de la merma de cosechas que se *avecinaba,* la Confederación de Cooperativas Agrarias de España solicitó al Ministerio de Agricultura que iniciara las gestiones oportunas... EME011095 **52 recorte:** Respecto al mantenimiento del poder adquisitivo de las pensiones, ELA cree que se *avecina* un recorte... EDV230796 **53 escasez:** ...la única forma de aliviar esa escasez que se *avecina* es la de que las naciones emprendan una estrecha cooperación energética... EPE130478 **54 restricción –:** Netanyahu intenta compensar al movimiento colono por las restricciones y trabas que se le *avecinan*... EPE200699

F SUSTANTIVOS QUE DENOTAN FINAL: **55 final:** El final que se *avecinaba* representaría, de hecho, una situación ventajosa para España... ABC170395 **56 conclusión:** El mismo Netanyahu precisó que el encuentro sólo tendrá lugar cuando se *avecine* la conclusión de un acuerdo sobre Hebrón. EUV151096 **57 cierre:** Por mucha protesta que lideren, a estos trabajadores se les *avecina* un inevitable cierre de la empresa. INDOC **58 ocaso:** Cumplía 68 años, se *avecinaba* el ocaso de su reinado... EME221296 **59 crepúsculo:** Se trata, en definitiva, de una moda muy a tono con el doble crepúsculo que se *avecina.* LVE020196 **60 recta final:** Progresivamente se equilibra el equipo que se vio en las primeras fechas y se supera un bache intermedio; ahora todo es positivo cuando se *avecina* la recta final. EPC211097

G OTROS SUSTANTIVOS; POSIBLES USOS ESTILÍSTICOS: El señor González, frente al bigote atómico que se *avecina,* ha decidido que lo bonito, lo polinésico, lo fotogénico es tocar, tocarse, tocarnos la caracola. EME070995; Y este segundo impacto es menos importante que la ferretería de clavos que se le *avecina*... SVG110597

▩ Se combina también con: ♦ **inevitablemente, inexorablemente**[3]**, irremediablemente**

aventajado *adj.* ▮ Acepta diversos sustantivos de persona que designan profesionales u otros individuos que desempeñan una función o llevan a cabo una actividad *(maestro, atleta, ministro, equipo).* Admite asimismo, a veces en referencias metonímicas, diversos sustantivos que designan cualidades humanas, físicas o mentales, más frecuentemente si se tienen por positivas *(estatura, altura, inteligencia, cerebro).* Son más frecuentes sus combinaciones con...

A SUSTANTIVOS QUE DESIGNAN PERSONAS QUE SIGUEN UN PROCESO DE FORMACIÓN O APRENDIZAJE, MUY FRE-

CUENTEMENTE DE CARÁCTER ACADÉMICO: **1 alumno** ++: ...había sido en su infancia y juventud un alumno *aventajado*, número uno de todas sus promociones según sus biógrafos... EPE241001 **2 discípulo** ++: En su dominio de la pantomima resplandece la técnica de un *aventajado* discípulo de Lecocq. LVE061195 **3 aprendiz** +: ...ya que el joven piloto canadiense está en su primera temporada de Fórmula 1 y es un aprendiz –aunque bastante *aventajado*–. EME010796 **4 pupilo** +: ...el pupilo más *aventajado* de la factoría de campeones de Ricardo Sánchez Atocha demostraría ante los transalpinos... EME030195 **5 estudiante** +: ...ya que Ana Mariscal era entonces una *aventajada* estudiante de Ciencias Exactas. EME280395 **6 escolar**: ...los escolares más *aventajados* continúan haciendo guardia y marcando el paso junto al obelisco de la victoria en Minsk... LVE251196 **7 universitario**: ...promueve la incorporación de los universitarios más *aventajados* a los altos estudios europeos. EPE301299

B SUSTANTIVOS DE PERSONA QUE DESIGNAN EL PARTIDARIO O DEFENSOR DE ALGO, MÁS FRECUENTEMENTE PERSONAS, IDEAS O CREENCIAS: **8 seguidor** +: Y son también *aventajados* seguidores del mensaje del campeón que sólo cuatro años antes jugó en ese mismo tablero... EPE250899 **9 adepto** –: Siendo tanto Crispell como Fernández *aventajados* adeptos de la escuela filosófico-musical de Cecil Taylor... LVE021295 **10 patriota** –: ...solía decir cuando los más *aventajados* patriotas jovencitos del pueblo montaban una bronca por las calles... EPE190800

C SUSTANTIVOS QUE DENOTAN EMPLAZAMIENTO O SITUACIÓN QUE SE OCUPA, FRECUENTEMENTE DENTRO DE UNA ESCALA O UNA CLASIFICACIÓN: **11 posición** ++: Buscaba una *aventajada* posición para no perder de vista la figura frágil, diminuta, de la reina madre. EPE050800 **12 puesto** +: Su capacidad organizativa y su talento le condujo a los puestos más *aventajados* del grupo empresarial. INDOC **13 lugar**: Y dentro de esa literatura, el género del cuento ocupa un lugar *aventajado*. EME160494

☐ Véase también: **avanzado**.

aventajar ♦ **ampliamente, claramente, cómodamente, considerablemente, en mucho, holgadamente**[11]**, largamente, ligeramente**[25]**, nítidamente**[54]**, por poco**[12]**, sobradamente**

aventura ♦ **accidentado**[15]**, apasionante, arriesgado, audaz, auténtico, azaroso**[26]**, descabellado**[36]**, difícil, disparatado, envuelto (en), fantástico, fugaz**[41]**, ilusionante**[57]**, incierto, inesperado, infausto**[6]**, inquietante, intenso, maravilloso, osado, peligroso, personal, sin sentido, suicida, temerario, trepidante ♦ en busca (de) ♦ compañero (de), espíritu (de), novela (de), relato (de) ♦ acometer**[13]**, arrojarse (a), buscar, concurrir, correr, describir, embarcarse (en), emprender**[4]**, empujar (a), encarar**[21]**, enrolar(se) (en)**[16]**, evocar, experimentar, involucrar(se) (en)**[34]**, lanzarse (a)**[10]**, narrar, participar (en), partir (a), protagonizar, recrear, revivir**[36]**, tener, tomar parte (en), vivir**

☐ Véase también: **accidente, avatar, incidente, peripecia**.

aventuradamente ♦ **lanzarse**

☐ Véase también: **peligrosamente**.

aventurar *v.* ▮ Se construye a menudo con oraciones subordinadas sustantivas *(Aventuró ingenuamente que el triunfo sería fácil)*. Además se combina con...

A SUSTANTIVOS QUE DENOTAN HIPÓTESIS, OPINIÓN O PUNTO DE VISTA, MÁS FRECUENTEMENTE SI SON INSEGUROS O POCO FUNDADOS: **1 hipótesis** ++: Ni siquiera la UDI, que *aventuró* la hipótesis de que más importante que la falsedad del video es el combate contra el narcotráfico, ha defendido a Cuadra... HOY030297 **2 juicio** ++: ...no queremos *aventurar* o apresurar juicios sobre determinados intelectuales... PME250896 **3 conjetura** +: ...se permitió *aventurar* conjeturas sobre los cambios de gobierno y sus nuevos titulares. LVE270696 **4 teoría** +: Los más maliciosos se atrevieron a *aventurar* la teoría de que la CNMV... EME201296 **5 opinión** +: Preferiría no *aventurar* una opinión, porque como ya le dije no he pensado mucho en esto. CLA090497 **6 especulación**: ...una excusa para realizar beneficios y *aventurar* algunas especulaciones... LVE011095 **7 reflexión**: ...pero prefería meter la cabeza en los hombros una vez por segundo a *aventurar* reflexiones vagas... ABC290794 **8 postura**: ...le hace en ocasiones *aventurar* posturas que luego ha de rectificar... ABC200392 **9 posición**: ...lo que permite *aventurar* su posición como aliado favorito en el futuro gobierno. LVE200395

B SUSTANTIVOS QUE DESIGNAN ESTIMACIONES SOBRE LO QUE HA DE SUCEDER. TAMBIÉN CON OTROS QUE SE REFIEREN –POR EXTENSIÓN– A ESE MISMO FUTURO: **10 pronóstico** ++: ...han señalado que es difícil *aventurar* un pronóstico para las próximas horas... LEC130197 **11 posibilidad** ++: ...incluso *aventura* la posibilidad de que los náufragos sobrevivieran algún tiempo... EME131096 **12 futuro** +: ...a la hora de *aventurar* su futuro artístico, también lo tiene claro... EME141096 **13 predicción**: ...arriesga predicciones *aventuradas* cundo lo habitual es un silencio miedoso... ABC181292 **14 vaticinio**: Pero sería imposible *aventurar* vaticinio alguno sin antes preguntarse... SEM061100

C SUSTANTIVOS QUE DENOTAN RESULTADO O TÉRMINO DE ALGO. TAMBIÉN CON OTROS QUE DESIGNAN ALGUNOS DE SUS EFECTOS ESPERABLES: **15 resultado** +: Hasta último momento, las encuestas no permitieron *aventurar* resultados. ENH071100 **16 respuesta** +: Y al plantear preguntas y *aventurar* respuestas con las que construimos ciencia... PME020297 **17 conclusión** +: ...es posible *aventurar* dos conclusiones a modo de «resumen de lo publicado»... LVE170195 **18 final** +: Muchos *aventuraron* un final poco feliz al Harlem Jazz Club. LVE240495 **19 fin**: Besymenski no necesitó de esta prueba para *aventurar* el fin del viaje. EME090495 **20 consecuencia**: En este caso, la tormenta monetaria estaría servida de nuevo y sus consecuencias no son fáciles de *aventurar*. LVE130196 **21 desenlace**: ...*aventurar* un desenlace fatal no sólo perjudica, según la Policía, la investigación... EME160495 **22 triunfo** –: ...su ventaja permite *aventurar* un triunfo en este trofeo... LVE190596

D SUSTANTIVOS QUE DESIGNAN DATOS, RESULTADOS Y OTRAS MAGNITUDES ANÁLOGAS DE NATURALEZA CUANTITATIVA: **23 dato** +: Se habla de unos 35.000 millones invertidos, pero es más bien *aventurar* datos. EPU170701 **24 cifra** +: Eduardo Frei se declaró tranquilo, pero no quiso *aventurar* cifras. HOY271097 **25 fecha** +: ...la dirección prefiere no *aventurar* una fecha de iniciación del servicio. FDV150601 **26 cantidad:** Hemos hecho un cálculo muy aproximado, pero todavía no queremos *aventurar* cantidades. INDOC

E EL SUSTANTIVO *EXPLICACIÓN* Y CON OTROS QUE DESIGNAN MANIFESTACIONES VERBALES O COMUNICATIVAS RELATIVAS A LA DESCRIPCIÓN O LA EXPLICACIÓN DE ALGUNA COSA: **27 explicación +:** ...y *aventuran* una explicación analizando su progresivo encandilamiento... HOY280497 **28 excusa:** ...se atreve a *aventurar* excusas, tales como «yo no sabía que eso no se podía hacer... EUV091096 **29 comentario:** ...debería pensar un poco más las cosas y no *aventurar* tan absurdos y alarmistas comentarios... PME221296 **30 manifestación:** Para tan *aventurada* manifestación se basaban en el hecho de que... ESP160101

F SUSTANTIVOS QUE DENOTAN CÁLCULO O VALORACIÓN DE ALGO: **31 balance:** ...permite *aventurar* un balance sin pérdidas ni ganancias. LVE140395 **32 evaluación:** ...*aventuró* una evaluación calificando al festival «Copenhague 96»... PME221296 **33 estimación:** El ministro no quiso *aventurar* una estimación aproximada de los daños causados por la tragedia. INDOC **34 valoración:** ...eludió ayer *aventurar* valoración alguna sobre la actuación de este militante... EPE290499 **35 diagnóstico:** El verbo de Jünger *aventura* un diagnóstico del eterno combate... ABC240395

▩ Se combina también con: ♦ **a grandes rasgos**[34]

☐ Véase también: **aventurarse (en).**

aventurarse (en) ♦ **análisis, área, búsqueda, campo, ciencia, ciudad, construcción, deporte, desierto, diagnóstico, dificultad, disertación, ejercicio, empresa, espacio, estudio, exploración, filmografía, futuro, hipótesis, historia, literatura, lo desconocido, mar, misión, mundo, negocio, oleaje, país, película, peligro, periódico, período, política, profesión, pronóstico, proyecto, recorrido, relato, riesgo, selva, tarea, tema, terreno, territorio, tiempo, torneo, viaje, vida, zona**

☐ Véase también: **adentrarse (en), aventurar.**

avería ♦ **de importancia, extraño, grave, importante, inesperado, inoportuno, irreparable**[5]**, leve, momentáneo, serio, sin importancia** ♦ **en caso (de)** ♦ **servicio (de)** ♦ **arreglar, causar, corregir, detectar**[23]**, diagnosticar**[2]**, localizar, presentar(se), producir(se), provocar, registrar(se), reparar, resolver, solventar, subsanar**[6]**, sufrir**[31]**, surgir, tener**

☐ Véase también: **anomalía, defecto, equivocación, error, fallo, gazapo.**

aversión ♦ **característico, claro, congénito, conocido, contumaz**[8]**, desmedido, extraño, gran(de), hondo, incontenible, incontrolable, irreprimible, peculiar, personal, profundo**[35]**, radical, soterrado, tradicional, tremendo, verdadero, visceral**[3]**, vivo** ♦ **causar (a alguien), compartir, confesar, contener, despertar (en alguien), disimular, engendrar (en alguien), infundir (en alguien), inspirar (a alguien), manifestar, mostrar, ocultar, producir (a alguien), provocar (a alguien), sentir**[26]**, suscitar (en alguien), tener**

☐ Véase también: **agresividad, animadversión, antipatía, hostilidad, odio, rechazo, repelús, tirria.**

AVERSIÓN Véase: RECHAZO; SENTIMIENTO HOSTIL

avezado ♦ **alumno, comerciante, crítico, escritor, investigador, lector, pescador, piloto, profesional, taxista,** *otros sustantivos de persona que designan ocupaciones o profesiones*

ávidamente *adv.* ▮ Se combina con...

A VERBOS QUE DENOTAN CONSUMO –GENERALMENTE DE ALIMENTOS, PERO TAMBIÉN DE INFORMACIÓN O DE OTRAS MATERIAS–, EN OCASIONES REALIZADO DE FORMA RÁPIDA O DESORDENADA. SE EMPLEAN MUY FRECUENTEMENTE EN SENTIDO FIGURADO: **1 devorar ++:** ...otros camareros clónicos y otros comensales que devoran *ávidamente* fuentes de arroz tres delicias. EME120494 **2 consumir +:** ...una permanente migración de sonidos que se consumen *ávidamente*, y que son olvidados después... EPE011199 **3 beber:** Un soldado bebiendo *ávidamente* de un bote de Coca-Cola. EME280596 **4 absorber:** Después comenzaron a llegarle otras cosas y él era como una esponja que todo lo absorbía *ávidamente.* EPE100799 **5 comer:** Los niños comían *ávidamente* mientras los monitores les miraban con envidia. INDOC

B VERBOS QUE DENOTAN ANHELO O ASPIRACIÓN, A MENUDO INTENSOS O VEHEMENTES: **6 desear +:** ...buscando el infinito en párrafos *ávidamente* deseados que me deslumbraran... EME200496 **7 anhelar:** Y no pasa un minuto de sus vidas sin que anhelen o gocen *ávidamente*... EME091296 **8 soñar:** Soñaba *ávidamente* con los días de vacaciones que le habían prometido. INDOC

C VERBOS QUE DENOTAN BÚSQUEDA: **9 perseguir +:** ...para adecuarla a los fines de taquilla perseguidos *ávidamente* por los Grandes Estudios. PME171196 **10 seguir +:** El antihumanismo estructuralista francés –*ávidamente* seguido por la juventud de los años sesenta–... LVE311295 **11 buscar:** El Partido Conservador muestra una imagen de estabilidad que no es real, a la vez que busca *ávidamente* refrescar sus energías y su cara electoral... HOY081178

D ALGUNOS VERBOS DE MOVIMIENTO INCOATIVO, Y CON OTROS –ASIMILADOS A ELLOS–, QUE DESIGNAN LA ACCIÓN DE INTRODUCIRSE EN ALGUNA ACTIVIDAD O MOSTRAR UNA MARCADA INCLINACIÓN HACIA ELLA: **12 lanzarse +:** El ser humano, exaltado por la rapidez y la mudanza y el ansia de ubicuidad, se lanza *ávidamente* en brazos de la muerte. EME150896 **13 volcarse:** La atención del sujeto se vuelca *ávidamente* hacia su interior (risas inmotivadas)... EME190395 **14 interesarse:** Se interesaron *ávidamente* por los que parecían nuevos descubrimientos... INDOC **15 emprender:** ...una empresa arriesgada, casi una aventura económica, que emprendió *ávidamente* con el mismo entusiasmo con el que... INDOC **16 sumergirse:** Al salir me detuve en un bar y abrí el libro que llevaba conmigo: me sumergí *ávidamente* en la lectura... EPE081099 **17 disponerse:** Aquella tarde de fin de año, cuando cientos de espectadores se disponían *ávidamente* a ver un resumen de los *mejores* momentos del programa... EPE211299 **18 acudir:** Llevado por los automatismos de mi oficio, he acudido *ávidamente* al libro... ABC030993

E ALGUNOS VERBOS QUE DESIGNAN LA ACCIÓN DE INTENTAR OBTENER INFORMACIÓN SENSORIALMENTE: **19 leer +:** Vincent, que tenía entonces veintidós años, leía *ávidamente* y amaba la literatura. ABC250394 **20 escuchar:** ...rodeado de muchachos de ambos sexos que escuchan *ávidamente* como si el abuelo les contara un cuento... EPE031101 **21 mirar:** La vieja criada traía los quesos que Malan miraba *ávidamente* con el rabillo del ojo. ABC021294

F ALGUNOS VERBOS QUE DESIGNAN OPERACIONES COMERCIALES O FINANCIERAS: **22 comprar ++:** ...una lista de docenas de artículos que compran *ávidamente* los turistas en las tiendas de souvenirs. EME280895 **23 vender +:** Pero este mallorquín vende *ávidamente* sus tierras y casas a los germánicos... LVE060996 **24 explotar:** ...en Pensilvania, explotaban *ávidamente* concesiones de tamaño microscópico antes de que su vecino hiciera lo propio. ABC041292 **25 comercializar:** Además, los «X-adictos» pueden adquirir camisetas, pósters y gorras con el logotipo de la serie que la Fox, *ávidamente*, se ha encargado de comercializar. LVE250695

G EL VERBO *VIVIR* Y CON OTROS QUE DESIGNAN DE DIVERSA MANERA EL PROCESO DE PRESENTAR ALGO A LA VISTA, EL DE EXPERIMENTARLO O EL DE TRAERLO A LA MEMORIA: **26 vivir:** Los pequeños tiranos viven el hoy *ávidamente*. EME291195 **27 presenciar:** Esa evocación transformó mi asombro en una curiosidad comparable a la vivida cuando presencié *ávidamente* la película en el cine... ABC011295 **28 revivir:** ...y desde esa posición de invalidez, la lanza a revivir *ávidamente* su paso por este mundo. LVE190595

☐ Véase también: **avidez**.

a vida o muerte ♦ **batalla, combate, duelo, lucha, operación, partido, pelea** ♦ **apostar, batallar, combatir, enfrentarse, jugar, luchar, operar, pelear, retar,** *otros sustantivos que designan enfrentamientos*

[avidez] → **con avidez**

avidez ♦ **desmedido, desmesurado**[30]**, gran(de), incontenible, insaciable**[8]**, terco** ♦ **con** ♦ **atemperar, calmar, mitigar, saciar, satisfacer, templar**

☐ Véase también: **ansia (de), ávidamente, codicia, deseo**.

avieso *adj.* ▮ Admite sustantivos de persona *(gente, mujer)*, y –ocasionalmente– también algunos que designan obras *(composición, guión)* o piezas de información *(noticia, comentario, información)*. Se combina más frecuentemente con...

A EL SUSTANTIVO *MIRADA* Y CON OTROS QUE DESIGNAN LO QUE SE DESEA O SE INTENTA CONSEGUIR: **1 mirada ++:** Los guiños de complicidad se convirtieron ayer en miradas *aviesas*. LVE180596 **2 intención ++:** El descenso a la vulgaridad tiene pues la agravante que no sólo esconde la falta total de ideologías a proponer sino la *aviesa* intención de esconder una realidad lacerante... LTB100497 **3 propósito:** ...acciones vandálicas con el *avieso* propósito de desestabilizar a cualquier gobierno... LPN260497 **4 pretensión:** ...tiene *aviesas* pretensiones de realismo, lanza continuamente mensajes subliminales... EME010996 **5 objetivo:** ...ha desatado una intensa campaña con el *avieso* objetivo de arrinconar... DLA110497 **6 finalidad:** ...la ley no sólo castiga al autor, sino también, por extensión, a todo aquel que contribuye de manera eficiente al logro de la *aviesa* finalidad... PME210796 **7 designio –:** ...en otro automóvil lo seguía por la Massachusetts Avenue con el designio *avieso* y vil de culpar a la Junta Militar de gobierno de tan nefasto crimen... HOY081178

B SUSTANTIVOS QUE DESIGNAN DIVERSAS FORMAS DE ORGANIZAR LA INTENCIÓN DE ACTUAR, EN OCASIONES GUIADAS POR LA ASTUCIA O LA OCULTACIÓN: **8 estrategia +:** Mientras algunos altos responsables del PP opinan que todo se debe a una *aviesa* estrategia política... EME100296 **9 método:** La errada manera de tratar a un colega, utilizando métodos *aviesos*... LTB150197 **10 manipulación:** ...sus *aviesas*, siniestras manipulaciones en los márgenes de la legalidad... EPE071201 **11 intriga:** El general ha asegurado que todo es una «intriga perversa y *aviesa*». EPD300897 **12 truco:** Consiguió llegar a la dirección gracias a un truco, no por conocido menos *avieso*. Se trataba de... INDOC

C SUSTANTIVOS QUE DESIGNAN DIVERSAS ACTUACIONES HOSTILES DIRIGIDAS EN CONTRA DE ALGUIEN: **13 ataque +:** Y luego, tras el *avieso* ataque a Pearl Harbour... LVE040295 **14 venganza:** ...la violencia a viva voz, de falsos testimonios y venganzas *aviesas*. EXC190696 **15 traición:** Hechos cotidianos y pasiones mediocres de gente anónima se convirtieron en grandes hazañas o *aviesas* traicionesa causa de aquella terrible prueba. EPE070299 **16 crítica:** Todo ello no justifica la crítica *aviesa*, desbocada y destructiva que practican, de nuevo... LVE050396

D SUSTANTIVOS QUE DENOTAN INTERPRETACIÓN O DESIGNAN DIVERSOS JUICIOS DE NATURALEZA ARGUMENTATIVA: **17 interpretación +:** Una interpretación *aviesa* de la intención de sus palabras... EPE090999 **18 lectura:** Mi buen amigo salía al paso de algunas perversiones obsesivas que padecen algunos nacionalistas, especializados en una lectura *aviesa* de la Constitución... EPE260199 **19 teoría:** Y lo justificamos con *aviesas* teorías que nos sirven para marcar distancias y potenciar el ego. LVE050196 **20 argumento:** De poco le sirvió intentar justificar su incalificable conducta con *aviesos* argumentos. INDOC

E SUSTANTIVOS QUE DESIGNAN DIVERSOS ACTOS VERBALES DE NATURALEZA DIRECTIVA: **21 invitación +:** ...las maneras de eludir la invitación *aviesa* de los bazaristas... EPE020999 **22 pregunta +:** La preguntita *aviesa* se paseó ayer entre las opiniones de los tertulianos... LVE250596 **23 afirmación:** ...y luego intentó calumniarnos con *aviesas* afirmaciones. INDOC **24 propuesta:** No es este cronista quien debe dar los premios, es obvio, pero de serlo incluiría ya esta *aviesa* y provocadora propuesta entre las máximas favoritas. EPE101099 **25 aseveración –:** No faltan, sin embargo, aseveraciones tan *aviesas* como falsas... EPE020285

☐ Véase también: **viperino**.

avinagrar(se) ♦ **cara, carácter, semblante, talante, vino**

☐ Véase también: **agostar(se), deteriorar(se)**.

avión ♦ **a bordo (de), en, por** ♦ **aterrizar, bajar (de), capotar, derribar, despegar, estrellar(se),**

fletar, perder, pilotar, planear, subir(se) (a), tomar, viajar (en), volar

avisar ♦ **anticipadamente, a tiempo, con antelación, con discreción, con tiempo, de antemano[15], inmediatamente, oficialmente, oportunamente, previamente, puntualmente, telefónicamente, urgentemente**

☐ Véase también: **anunciar, predecir.**

aviso ♦ **a tiempo, certero[39], claro, discreto, inoportuno, insistente, oficial, oportuno, preventivo[37], previo, providencial, reiterado, serio, tajante, telefónico, último, urgente** ♦ **sistema (de), toque (de)[5]** ♦ **atender, caer en saco roto[6], dar[190], desatender[23], desoír[6], difundir, dirigir (a alguien), emitir[30], enviar (a alguien), ignorar, lanzar[43], llegar (a alguien), pasar (a alguien), poner, recibir, transmitir**

☐ Véase también: **anuncio, predicción, profecía.**

avistar ♦ **a duras penas, a lo lejos, borrosamente, claramente, en el horizonte, en la lejanía, en lontananza, perfectamente, vagamente**

☐ Véase también: **divisar.**

avivar *v.* ▮ Se combina con...

A EL SUSTANTIVO *FUEGO* Y CON OTROS QUE DESIGNAN COSAS EN ESTADO DE COMBUSTIÓN, ASÍ COMO SUS RESIDUOS. SE USAN A MENUDO EN SENTIDO FIGURADO: **1 fuego ++:** El trabajo de los bomberos se hizo muy difícil por las ráfagas de viento que *avivaban* el fuego. CLA030297 **2 rescoldo +:** A lo largo de la madrugada se incorporaron en labores de apoyo tres compañías, doscientos soldados del Ejército de Tierra, que quedaron como retén para impedir que se *avivaran* los rescoldos. LVE280795 **3 brasa +:** ¿No cree que *ha avivado* más las brasas con su propuesta de un nuevo pacto fiscal? LVE031196 **4 incendio:** Los fuertes vientos que soplaban ayer *avivaron* el incendio que se declaró el pasado lunes, por causas aún desconocidas, en el sur de California... LVE231096 **5 llama +:** El fuerte viento reinante en la zona en el momento en que se produjo el incendió, contribuyó a *avivar* las llamas... EME180494

B SUSTANTIVOS QUE DENOTAN POLÉMICA O DISPUTA, GENERALMENTE VERBAL. TAMBIÉN CON ALGUNOS QUE DESIGNAN OTRAS SITUACIONES DE DESAVENENCIA O DISCONFORMIDAD: **6 polémica ++:** Esta medida *avivará* la polémica que mantiene esta Comunidad Autonóma, con su presidente Bono a la cabeza, frente al Gobierno central... EME250995 **7 debate ++:** Resumen de cuatro días que han *avivado* el debate sobre la situación de la justicia española. LVE151095 **8 discusión +:** ...dos estudios publicados en el último número del Nature Genetics contribuirán sin duda a *avivar* más la discusión sobre el problema. EME030196 **9 crítica:** La difícil situación que vivió Guayaquil, *avivó* las críticas en contra del alcalde Febres-Cordero... VIS030497 **10 controversia:** Esto *avivó* la controversia entre sectores oficialistas y de oposición que encontraron en el fallo del tribunal argumentos a favor y en contra de la reelección del actual jefe de Estado... EUV100297 **11 desavenencia:** ...se enfrentarán en las próximas elecciones por la alcaldía de Sevilla, un hecho que *aviva* las desavenencias mostradas ayer por el andalucista. EPE150199 **12 discrepancia:** Además, la censura ha *avivado* las discrepancias dentro del PSdeG de Orense... EME170396 **13 protesta:** Este esbozo de reforma fiscal, tras el aumento impositivo registrado desde la victoria del presidente Jacques Chirac, amenaza con *avivar* las protestas. LVE280995 **14 diferencia:** ...la necesidad de incrementar el diálogo, los puntos de encuentro y fomentar lo que a todos nos une en lugar de *avivar* nuestras diferencias. EPE140700

C SUSTANTIVOS QUE DENOTAN OPOSICIÓN O ENFRENTAMIENTO EN DIVERSOS GRADOS: **15 enfrentamiento +:** Las rivalidades históricas y la proximidad de los comicios sindicales *avivan* el enfrentamiento sindical en el seno de las empresas. LVE040594 **16 guerra +:** Diez asesinatos idénticos (...) *avivan* una guerra orquestada por comandos enviados desde Vietnam, en lucha por el mercado negro tabaquero. EME160596 **17 oposición +:** Se *aviva* la oposición a una junta con muchos frentes abiertos. EPE211299 **18 lucha:** La apertura del Nuovo Piccolo *aviva* la lucha política por el control del teatro milanés. EPD280198 **19 conflicto:** Acusan a las compañías exportadoras de plátanos de controlar y *avivar* el conflicto. EME200596 **20 disputa:** La resistencia del consejero (...) a rendir cuentas a la oposición sobre las condiciones del contrato no ha hecho más que *avivar* la disputa... EPE290599 **21 pugna:** La anticoncepción y la sexualidad de las mujeres *avivaron* la pugna entre los Estados confesionales y los liberales... EME070995 **22 batalla:** Stephen Gomersal (...) ha *avivado* la batalla del euro... EPE050700

D LOS SUSTANTIVOS *SENTIMIENTO* Y *EMOCIÓN*, ASÍ COMO CON OTROS QUE DENOTAN DESEO VIVO, INTERÉS, SOLICITUD Y OTRAS FORMAS DE INCLINACIÓN, A MENUDO VEHEMENTE, HACIA LAS PERSONAS O LAS COSAS: **23 interés ++:** Estas tendencias han *avivado* el interés de médicos y farmacéuticos por investigar las causas del trastorno... LVE170895 **24 sentimiento +:** ¿Esta medida de fuerza de Moscú sobre Chechenia, hará más sumisas a las otras repúblicas miembros de la Federación, o por el contrario *avivará* los sentimientos independentistas en ellas? EME150195 **25 amor +:** ...las infidelidades de cualquier miembro, o de ambos, de una pareja, son la sal y la pimienta que *aviva* el amor pasional, el amor intermitente... EME300796 **26 pasión +:** El Liceu aspira a tener más peso internacional, a presentar más producciones originales y de mayor envergadura, pero también a ser más popular y *avivar* la pasión por la ópera. LVE290195 **27 deseo +:** La convulsión que ha sufrido UGT, en un grave momento político para los socialistas, ha *avivado* los deseos de tranquilidad en las bases de la organización. EME010595 **28 demanda +:** ...estadunidense y otras *avivaban* la demanda de juguetes, partes eléctricas y otros productos de fabricación china. EXC200700 **29 curiosidad +:** Descubrimientos como estos *avivaron* la curiosidad de Ballard, que ha buscado instrumentos y financiación para regresar a la zona en una expedición más ambiciosa. LVE190295 **30 emoción:** Tal hecho *aviva* emociones dispares: la lengua fatigosa de un Unamuno ya anciano; la fina entonación que despliega Pedro Salinas... LVE210696 **31 entusiasmo:** ...los maestros no consiguen *avivar* el entusiasmo de los jóvenes por la lectura. INDOC **32 apetito:** En tercero, la perspectiva de la revisión, en el 2001, de las modalidades del monopolio de los casinos (...) *aviva* los apetitos y lleva a todos a tomar posiciones. EPE141299 **33 petición** –: La inminencia de las campañas electorales *avivan* en estos días la petición de cuentas y el interés por los programas... EPE250599

E SUSTANTIVOS QUE DESIGNAN SENTIMIENTOS DE FRUSTRACIÓN O INCOMODIDAD EN DIVERSOS GRADOS: **34 desesperación:** Tres casos recientes de compatriotas nicaragüenses, *avivaron* el temor y la desesperación entre la comunidad nicaragüense... LPN030597 **35 insatisfacción:** ...disgusta a Pujol –que lo juzga inoportuno como mínimo– y *aviva* la insatisfacción de la coalición por la lentitud del Gobierno... LVE130695 **36 descontento:** ...eludió utilizar esta polémica expresión para evitar *avivar* el descontento de la izquierda laicista... LVE230996 **37 frustración:** ...no servirá sino para *avivar* la frustración ciudadana y el desprestigio de la Cámara. EME190694

F SUSTANTIVOS QUE DENOTAN ENCONO Y OTROS SENTIMIENTOS HOSTILES HACIA ALGUIEN O ALGO: **38 resentimiento +:** Manifestó Roca que *avivar* los resentimientos históricos puede ser rentable electoralmente... EME120594 **39 odio +:** La muerte de Rabin *aviva* el odio entre ambos sectores. LVE061195 **40 rencor +:** Ya en el 2008 podríamos hablar de Carrasco i Formiguera sin *avivar* rencores ni apasionamientos. LVE020695 **41 antipatía:** Ambos han fortalecido, si cabe, su cartel de máximos favoritos al título y ambos han *avivado* su mutua antipatía... EPD250996 **42 crispación:** Asimismo, expresó la posibilidad de que la presencia de la flota norteamericana en la zona solamente sirva para *avivar* la crispación. EME130396

G SUSTANTIVOS QUE DESIGNAN SITUACIONES PROBLEMÁTICAS, PELIGROSAS O ARRIESGADAS: **43 crisis +:** El número 3 de IU en Madrid *aviva* la crisis interna de la coalición. LRE150103 **44 malestar:** Aunque la plataforma ha intentado no *avivar* el malestar reinante entre los vecinos desde que Núñez arremetió verbalmente contra ellos... EPE031199 **45 escándalo:** La revelación *aviva* una serie de escándalos, intrigas y conspiraciones que han mantenido en jaque al gobierno mexicano durante tres años. ENH170297 **46 tragedia:** ...ha presentado en carta abierta su dimisión, porque no quiere estar sentado en la Academia junto a intelectuales que *avivaron* esta tragedia. EME200995 **47 dolor:** Tal vez referirme a la muerte de mi marido, porque en estas fechas parece que vuelve a *avivarse* el dolor, un dolor indescriptible... EME240494 **48 embrollo:** Confusa la situación, las palabras de Chávez *avivaron* el embrollo nacional... EPE050899 **49 peligro:** ...se va a resistir a bajar significativamente los tipos de interés para no *avivar* aún más el peligro de la inflación en los próximos meses. EME150596

H SUSTANTIVOS QUE DESIGNAN SENTIMIENTOS DE INSEGURIDAD O APRENSIÓN, ASÍ COMO ALGUNOS DE LOS FACTORES QUE LOS PROVOCAN: **50 temor ++:** Esta situación ha *avivado* los temores de que el odio entre tutsis y hutus (...) pueda extenderse a toda la zona de los Grandes Lagos del África central. LVE221096 **51 duda +:** ...*avivaron* las dudas sobre sus confidencias y sobre la culpabilidad de las dos personas a las que denunció. LVE140494 **52 sospecha:** ...*avivaron* las sospechas de los policías que leyeron a Mardini la orden de detención en la que se le acusaba de pertenecer a Al Qaeda... EPE091201 **53 fantasma:** ...los discursos que intentaban buscar enfrentamientos territoriales, enfrentamientos entre las dos Españas o *avivar* fantasmas del pasado, han sido rechazados por los españoles... LVE020695 **54 desconfianza:** Sin embargo, el FMI insiste en profundizar en la reforma laboral y en revisar las pensiones, lo que puede *avivar* la desconfianza. LVE210196 **55 recelo:** La reunión de Sharon con un jefe palestino *aviva* el recelo del ministro de Exteriores. EPD300697 **56 miedo:** ...mientras que entre los perdedores de la globalización se *avivaría* el miedo al terrorismo y a lo extranjero... EPE191001 **57 inquietud:** Y, por ende, se *aviva* la inquietud de los ciudadanos ante la evidencia de un Estado que no ha sabido hacerse respetar. LVE200995 **58 preocupación:** Dos cuestiones han *avivado* la preocupación de los estudiantes de Empresariales: la previsión de un recorte de las plazas que las universidades barcelonesas... LVE130396 **59 nerviosismo:** ...al afirmar que se debería de imponer algún tipo de regulación en el flujo de los capitales, *avivó* el nerviosismo en los mercados financieros. EME100395

I SUSTANTIVOS QUE DENOTAN ACTITUD FAVORABLE HACIA EL FUTURO: **60 esperanza +:** ...mágicos sonidos que me proporcionan la visión de un horizonte, luminoso y bello, que *aviva* toda esperanza. ABC061291 **61 expectativa +:** ...convirtió la andadura del líder en un calvario que contribuyó asimismo a *avivar* las expectativas del sector más veterano y reacio al relevo. EPE280399 **62 optimismo:** ...estas nietas como que obligan a redoblar el esfuerzo y también *avivan* el optimismo... LHG290597 **63 confianza:** La guerra fue una experiencia que traumatizó a muchos cineastas, desde Frank Capra y Stevens a John Huston y que sin embargo, sirvió a Ford para *avivar* la confianza en sí mismo. EPE091201

J SUSTANTIVOS QUE DESIGNAN DIVERSAS FACULTADES DE LAS PERSONAS RELACIONADAS CON LA CREATIVIDAD O EL INGENIO: **64 fantasía +:** Los juguetes tienen que despertar la imaginación, *avivar* la fantasía. DDN090101 **65 imaginación +:** Con la frondosidad que *aviva* la imaginación mexicana y relumbra en su arte popular –doscientas piezas– se concierta la sobriedad de la pintura... ABC230695 **66 ingenio +:** Las ruedas de prensa que ofrece Capello antes de los encuentros son planas y *avivan* el ingenio de los informadores. EME241196 **67 inteligencia:** Ciertamente Troeschel abre puertas a la sonrisa, *aviva* la inteligencia con sus imágenes, lo que es un valor suficiente de su arte... ABC030792 **68 inspiración:** Un monumento del barroco en el que la inspiración del autor se vio *avivada* por las viejas palabras de la liturgia latina. EME011295

K SUSTANTIVOS QUE DESIGNAN LA MEMORIA O LO QUE EN ELLA SE DEPOSITA: **69 recuerdo +:** Músicas que me *avivaron* el recuerdo del amigo muy querido, del hermano en afanes juveniles, José María Valverde. EME090696 **70 memoria +:** ...no intentaba burlarse de las víctimas del holocausto nazi, sino *avivar* la memoria de los crímenes de la humanidad y criticar la condición humana en general, común a víctimas y verdugos. LVE280195

L EL SUSTANTIVO *RITMO* Y CON OTROS QUE EXPRESAN LA CADENCIA CON QUE SE DESARROLLA UN MOVIMIENTO O UN DESPLAZAMIENTO: **71 ritmo ++:** En el 34, Fiz se decidió a tomar protagonismo y *avivó* el ritmo. LVE130895 **72 trote:** Y dicho esto, Aziz atizó dos buenos vergajazos directamente en la panza de Jil, quien *avivó* el trote alejándose de las murallas hacia la Medina. EPE290899 **73 paso +:** Me estremecí de miedo, apreté con fuerza el enclenque brazo de mi hermano y *avivé* el paso. ABC091294 **74 marcha:** Pero en el kilómetro 20, donde se inició el ascenso al puerto de Confrides –1ª categoría–, el pelotón *avivó* su marcha. EME200295

M OTROS SUSTANTIVOS; POSIBLES USOS ESTILÍSTICOS: Las barreras comerciales han sido gradualmente reducidas desde que entró en vigor el TNLC en 1994, *avivando* el auge en el comercio en todo el continente. EXC200700
☐ Véase también: **recrudecer(se)**.

a voces *loc.adv./loc.adj.* ▮ Se combina frecuentemente con el sustantivo *secreto* en la locución nominal *secreto a voces*. También admite los sustantivos *pregunta*, *grito* y *petición*. Se combina asimismo con varios verbos de lengua *(hablar, decir, expresar, preguntar, responder, gritar, llamar, confesar)*, y especialmente con...

A VERBOS QUE DENOTAN ENUNCIACIÓN O DECLARACIÓN, MÁS FRECUENTEMENTE SI SE LLEVA A CABO DE FORMA PÚBLICA O ABIERTA: **1 anunciar +:** ...está anunciado *a voces* lo que enseguida habría de hacerse realidad... ABC131095 **2 comunicar +:** ...los familiares de los presos acceden al patio del centro sanitario para «comunicar» *a voces* con sus deudos encarcelados. EME160196 **3 proclamar +:** ...muchos años de enseñanza y ese origen obrero que siempre ha proclamado *a voces*... LVE151295 **4 pregonar +:** Como se encargó de pregonar *a voces* el presidente del Atlético de Madrid, (...) «hoy somos todos del Barça». LVE190594 **5 divulgar:** Nada hay ya de pie, salvo el secreto oficial divulgado *a voces*. EME111295

B VERBOS QUE DENOTAN SOLICITUD O RECLAMO, CON VARIOS GRADOS DE URGENCIA O CORTESÍA: **6 pedir +:** ...un material utilísimo para poder poner un poco de orden en la edición de una obra que lo está pidiendo *a voces*... ABC030295 **7 clamar +:** ...la lectura de este voluminoso texto no es suficiente, pues clama *a voces* (...) su puesta en escena... ABC271291 **8 reclamar +:** ...un Marx que vuelve (...) y que reclama *a voces* una nueva «Internacional». ABC220995 **9 exigir:** Creo que ya es hora de que la capital de España tenga un teatro de ópera que se merece y como el público está exigiendo *a voces*. ABC140892 **10 suplicar:** «Tráemelo todo», suplica una niña *a voces*... EPE060199

C VERBOS QUE DESIGNAN ACCIONES DE CARÁCTER HOSTIL, GENERALMENTE VERBALES: **11 increpar +:** ...un osado escritor, cuyo nombre me voy a callar, le increpó *a voces*: «¿Por qué no escribes ahora *Por quién doblan las campanas*?». EME070796 **12 insultar +:** ...no era raro el día en que (...) recriminaba e insultaba *a voces* a su compañero. EME220495 **13 acusar:** En la otra se sientan los acusadores públicos, llamados así porque acusan *a voces* delante de todo el mundo... EME290695 **14 culpar:** ...se culpa *a voces* a los mandos de la Legión de haber incitado a los soldados... LVE130396

D VERBOS QUE DESIGNAN LA ACCIÓN DE MOSTRAR O PRESENTAR ALGO: **15 exponer:** Expuso *a voces*, y sin demasiados remilgos, sus puntos de vista sobre la cuestión. INDOC **16 señalar:** Cuando el Aston Villa perdió por 3-0 en casa contra el Chelsea la pasada semana, Collymore señaló de nuevo *a voces* a los defensas. EPE280399

E OTROS VERBOS; POSIBLES USOS ESTILÍSTICOS: Pero el silencio también encubre *a voces* una forma de villanía. EME150194
☐ Véase también: **a gritos, a voz en grito**.

a voleo ♦ **caer, contestar, decir, disparar, distribuir, lanzar, repartir**

a voz en grito ♦ **cantar, conversar, corregir, decir, denunciar, hablar, pedir, preguntar, reclamar, repetir,** *otros verbos de lengua*
☐ Véase también: **a gritos, a voces**.

a vuelapluma *loc.adv./loc.adj.* ▮ También se escribe *a vuela pluma*. Se construye con sustantivos, usados frecuentemente en plural, que designan escritos breves *(apunte, nota, resumen, anotación)*. Admite asimismo otros que designan opiniones o puntos de vista *(comentario, reflexión)*, así como otras formas de narrar o presentar algo *(descripción, cita)*. Además se combina con...

A VERBOS QUE DESIGNAN LA ACCIÓN DE ESCRIBIR: **1 escribir ++:** Me sorprende, en la lista escrita *a vuelapluma*, la gran cantidad de diccionarios que han reclamado (...) mi colaboración. ABC311292 **2 redactar:** Redactada casi *a vuelapluma*, (...) es una de esas novelitas Talgo, ideales para leer en un trayecto... LVE120196

B VERBOS QUE DESIGNAN DIVERSAS MANIFESTACIONES VERBALES O COMUNICATIVAS, ESPECIALMENTE LAS QUE EXPONEN ALGUNA INFORMACIÓN O PONEN DE MANIFIESTO ALGUNA COSA: **3 decir +:** ...advierto que digo todo esto un tanto *a vuelapluma*... ABC220193 **4 expresar:** ...Apollinaire escribía y se expresaba, con frecuencia, *a vuelapluma*... ABC070292 **5 exponer:** Expondré *a vuelapluma* algunos de ellos, sin mayores pretensiones. ABC090493 **6 describir:** ...pido perdón por mi intento de describir, *a vuelapluma*, su figura... ABC190293 **7 destacar:** Destaquemos aquí *a vuela pluma*, algunas de ellas... ABC090994 **8 citar:** A vuela pluma, citemos al minimalista Carl André, al «transvanguardista» Francesco Clemente... ABC120293 **9 enumerar:** ...al enumerar *a vuela pluma* los diferentes aspectos de la actividad creadora de Susan Sontag, me dejaba algo fundamental en el tintero. EME170695

C ALGUNOS VERBOS DE CREACIÓN, Y CON OTROS QUE DESIGNAN LA ACCIÓN DE PROYECTAR O IDEAR ALGUNA COSA DE MANERA POCO PRECISA: **10 trazar:** ...trazó *a vuela pluma* la parte posterior, precisamente donde ahora estamos excavando. EPE030699 **11 esbozar:** A vuelapluma podríamos esbozar algunas ideas sobre el momento actual del Proceso de Paz... EPE020800 **12 componer:** Compuso *a vuelapluma* la musiquilla publicitaria, pero el anuncio funcionó bien. INDOC

D VERBOS QUE DENOTAN EL PROCESO DE VENIR ALGO A LA MEMORIA O AL ENTENDIMIENTO: **13 recordar:** A vuela pluma recuerdo, por ejemplo, el monumental ensayo de Grigori Svirski sobre la resistencia literaria en la Unión Soviética... ABC070194 **14 ocurrirse:** ...entre otras medidas que se me ocurren *a vuelapluma*, beneficiaría que su conocimiento fuera confiado a una comisión especial... EPD250996 **15 hilar recuerdos:** Así que el libro, escrito con un estilo ligero y desmañado, hilando *a vuelapluma* recuerdos que vienen y se van, es más un breviario... ABC170192

[ayuda] → **en ayuda (de alguien)**

ayuda ♦ **a domicilio[36], a fondo perdido[2], anónimo, bondadoso, callado, condicional, decisivo[73], desinteresado, de valor[21], discreto, domiciliario, económico, efectivo[13], ejemplar, encomiable, espiritual, espontáneo, extraordinario, financiero, firme, generoso, humanitario[13], impagable[2], importante, ímprobo, inapreciable[17], incondicional, inestimable, ingente[27], inmenso, integral[51], intensivo[19], material, meritorio, mutuo, pequeño, precioso, preventivo[61], profesional, providencial, psicológico, puntual, raquítico, sacrificado, simbólico, unánime[14], urgente, valioso** ♦ **con, en busca (de), sin, sin perjuicio (de)[21]** ♦ **alcance (de)[29], grito (de), inyección (de)[21]** ♦ **brindar[3], buscar, canalizar[1], conceder[8], congelar[51], conseguir, cortar[39], dar[1], declinar[38], demandar, denegar[46], derogar[24], dirigir, disfrutar (de), dispensar[17], dosificar, encauzar, enviar, escatimar, esperar, faltar, gozar (de), implorar[1], interrumpir, invocar, magnificar[47], mendigar, necesitar, negociar[23], ofrecer, pedir, prestar, procurar(se), proporcionar, recabar[12], recibir, reclamar, requerir, retirar, solicitar, sufragar[6], tener, urgir[23], volcarse (en)**

AYUDA Véase:

♦ **acogida, aliento, alojamiento, amparo, aportación, apoyo, asesoramiento, asilo, asistencia, auxilio, ayuda, beca, cobijo, consejo, consuelo, contrapartida, contribución, cooperación, entrega, favor, ofrecimiento, pista, prestación (de), protección, recomendación, respaldo, servicio, socorro, solidaridad, subsidio, subvención, sugerencia**

♦ **aconsejar, animar, apoyar(se), asistir (a), ayudar, brindar, colaborar, contribuir, cooperar, empeñar(se), emplearse, esforzarse, facilitar, favorecer, impulsar, ofrecer(se), potenciar, prestar(se), promocionar, promover, propiciar, propulsar, proteger, recomendar, respaldar, servir, subvencionar, sugerir, volcar(se)**

☐ Véase también: *FUERZA; MANTENIMIENTO, PROTECCIÓN Y RESISTENCIA; PARTICIPACIÓN E INTERVENCIÓN.*

AYUDA

♦ (SUSTANTIVOS) Véase: **abrumador[K], a fondo perdido[A], alcance (de)[E], alimentar(se) (de)[F], ánimo (de)[C], apreciable[F], a título de[D], brindar[A], canalizar[A], conceder[C,G], concitar[B], congelar[J], con matices[E], cortar[H], crucial[J], curativo[E], dar[A], decisivo[M], declinar[I], de igual a igual[K], denegar[G], derogar[D], desviar[E], de valor[D], dispensar[C], echar[M], efectivo[B], emanar[E], en señal de[D], estrechar[H], estrecho[H], expresión (de)[A], fervoroso[B], flaco[A], fleco (de)[B], hacer extensivo[E], humanitario[B], impagable[A], implorar[A], inapreciable[D], incentivar[D], incondicional[B], inequívoco[G], integral[L], intensivo[E], inyección (de)[D], magnificar[G], negar[M], negociar[E], nutrido[D], preventivo[I], prorrogar[E], recabar[B,C], sin paliativos[K], sin perjuicio (de)[G], sopesar[I], sufragar[B], sumo[F], urgir[E]**

♦ (VERBOS) Véase: **abiertamente[M], a cara descubierta[F], activamente[B], a fondo perdido[D], a tope[F], ciegamente[C], con fruición[C], considerablemente[J], de buen grado[C], de palabra[C], de todo corazón[E], encarecidamente[B], enérgicamente[F], fehacientemente[H], fervientemente[B], fuertemente[G], generosamente[A,F], gentilmente[A,B], gustoso[C], horrores[D], humildemente[B], inclinarse (a)[B], incondicionalmente[A], intensamente[G], inútilmente[G], lealmente[A], notablemente[B], plenamente[C], poderosamente[B,E], sano y salvo[A], sobradamente[B]**

☐ Véase también: ADHESIÓN; APOYO; IMPLICACIÓN; OFRECIMIENTO; PARTICIPACIÓN.

ayudar ♦ **encantado, gustoso[22]** ♦ **abiertamente[101], activamente[7], amablemente, caballerosamente, cariñosamente, caritativamente, ciegamente[10], condescendientemente, con gusto, considerablemente[85], de buen grado, decididamente[9], decisivamente[20], de palabra[23], desinteresadamente, de todo corazón[34], económicamente, electoralmente, enormemente[4], extraordinariamente, financieramente, generosamente[1], gentilmente[9], gustosamente, incondicionalmente[4], inestimablemente, inmensamente, inútilmente[31], lealmente[4], materialmente, verdaderamente, voluntariamente**

☐ Véase también: **fortuna, suerte.**

ayuno ♦ **absoluto, consagrado (a), cuaresmático, ejemplar, escrupuloso, estricto, forzoso, inflexible, llevadero, obligado, prolongado, religioso, rígido, riguroso, saludable, severo, voluntario** ♦ **en** ♦ **período (de), ruptura (de), tiempo (de)** ♦ **abandonar, acabar, cesar, comenzar, cumplir, iniciar, interrumpir, levantar, mantener(se) (en), observar, practicar, prescribir, resistir, romper, someter (a), soportar, suspender**

[azar] → **al azar**

azar ♦ **adverso, caprichoso, ciego, del destino, fatídico, favorable, funesto[22], imprevisible, incierto, mero, misterioso, propicio[18], providencial, puro** ♦ **en brazos (de), por** ♦ **fruto (de)** ♦ **dejar (a), desafiar, favorecer, sonreír[4], tentar**

☐ Véase también: **casualidad, suerte.**

AZAR

♦ (SUSTANTIVOS) Véase: **accidentado[B], acometer[C], colmar (de)[K], concurrir[B], declinar[A], deparar[B], desentenderse (de)[D], enderezar[H], funesto[D], golpe (de)[B], infausto[B], inmerecido[C], lanzarse (a)[B], ligar[A], propicio[C], sonreír[A], torcer(se)[C], tropezar(se) (con)[B], truncar(se)[E]**

☐ Véase también: PRONÓSTICO.

azaroso *adj.* ▮ Se combina con algunos sustantivos temporales *(tiempo, etapa, año)*, y también con...

A SUSTANTIVOS QUE DENOTAN DESPLAZAMIENTO, ASÍ COMO RECORRIDO O TRAYECTO DE CIERTA LONGITUD O DURACIÓN. SE USAN A VECES EN SENTIDO FIGURADO: **1 viaje** ++: ...un hombre que (...) realizó un *azaroso* viaje por lo que hoy es Marruecos... LVE261096 **2 camino** ++: ...debido a los importantes problemas (...) y al *azaroso* camino seguido... ABC280795 **3 itinerario** +: ...el filme describe el *azaroso* itinerario cotidiano de un matrimonio... LVE210594 **4 huida** +: ...la *azarosa* huida final del protagonista con la otra mujer (...) no cuenta con credibilidad suficiente... ABC241292 **5 vuelo** +: Telefilme de acción e intriga cuyo protagonista, en vísperas de su paternidad, deberá emprender un vuelo en avión que resultará bastante *azaroso*. LVE110495 **6 trayectoria**: Tanto el director como los protagonistas, Angela Molina y Manuel Bandera, repiten en esta secuela rodada en Argentina y vagamente inspirada en la *azarosa* trayectoria del mítico cantante... LVE020395 **7 paseo**: Empezando este *azaroso* paseo nos encontramos en la galería... ABC100295 **8 carrera**: ...este cuadro siguió una *azarosa* carrera hasta ser adquirido por Mazarino... ABC230493 **9 caminar**: Aparecían exhibiendo su cuerpo menudo, su cornamenta desbaratada y su *azaroso* caminar... EPE010999 **10 recorrido**: ...un *azaroso* recorrido del cadáver desde el lugar del fallecimiento... EME080195 **11 ruta**: ...tiene medios para desestabilizar la región y convertir la ruta sur del crudo y el gas en tan *azarosa* como la norte... EPE201199 **12 periplo**: Después de un *azaroso* periplo por Bosnia oriental... EME160795 **13 singladura** –: ...todos los puertos son seguros tan pronto como se rinde en ellos la más *azarosa* y difícil singladura. EME240496

B SUSTANTIVOS QUE DENOTAN ESPACIO O LUGAR. SE USAN MÁS FRECUENTEMENTE EN SENTIDO FIGURADO: **14 mundo** +: En un mundo tan fragmentario y tan *azaroso*, ni siquiera los inmuebles más enormes se asientan con rotundidad sobre sus cimientos. EPE261099 **15 terreno**: Esa comunión rebasaba los límites de la razón taurina para invadir los terrenos *azarosos* de la mística. EME230896 **16 tierra** –: ...el hospital era una *azarosa* tierra de nadie agitada por el llanto... EPE301299 **17 medio** –: ...el animal vive en un medio *azaroso*, selector... EPE111080 **18 alrededor** –: Todo ello trasládenlo (...) a los alrededores *azarosos* de San Sebastián... ABC290995

C SUSTANTIVOS QUE DENOTAN TIEMPO TRANSCURRIDO. TAMBIÉN CON OTROS QUE EXPRESAN LA SUCESIÓN DE ACONTECIMIENTOS QUE TIENEN LUGAR A LO LARGO DE LA EXISTENCIA O DE ALGUNA DE SUS ETAPAS: **19 vida** ++: ...una Constitución que tiene una vida «breve y *azarosa*»... DLA270197 **20 existencia** ++: El ex ariete barcelonista (...) deleitó una vez más al Camp Nou y demostró que los avatares de su *azarosa* existencia... LVE081195 **21 historia** ++: La torre tiene una *azarosa* historia. LVE180895 **22 biografía** +: Reconstruir su *azarosa* biografía supone un apasionante rompecabezas. LVE130196 **23 acontecer**: La interpretación de la música barroca carece de tradición en España. Si en algunas catedrales y centros religiosos llegó a tenerla, se perdió con el *azaroso* acontecer decimonónico. EPE180977 **24 currículum** –: ...cuyo *azaroso* currículum entra (...) en el mundo de la droga... EME100496 **25 juventud**: ... la obra Flaubert (como decíamos, en nuestra *azarosa* juventud, el pensamiento Mao Zedong) es exactamente el punto de convergencia... EPE161280

D SUSTANTIVOS QUE DESIGNAN HECHOS O SUCESOS, ESPECIALMENTE SI SON DE CARÁCTER IMPREVISTO, CONTINGENTE, EXTRAÑO O DESGRACIADO: **26 aventura** ++: ...se embarcó en otra aventura, sin duda bastante más agitada y *azarosa*. CAR040897 **27 peripecia** ++: ...narra las *azarosas* peripecias de una partida de maquis... ABC130195 **28 hecho** +: También es evidente que la existencia previa de traducciones alemanas –un hecho a menudo *azaroso* (...)– ha podido determinar inicialmente el interés por algunos autores frente a otros. ABC210795 **29 episodio**: ...ha historiado parte de ese viaje y de los *azarosos* episodios de la conservación... LVE171295 **30 suceso**: Quedan siempre zonas en penumbra, hechos de sentido enigmático, sucesos que se nos antojan *azarosos*... ABC240295 **31 accidente**: Fue el paro una forma de protesta, de protesta civilizada. Ahí debe concluir. Prolongarlo o ver de conservarlo en cámara de oxígeno podría prestarse a *azarosos* accidentes... ETC130297

E ALGUNOS SUSTANTIVOS QUE DENOTAN PROCESO, EVOLUCIÓN O CAMBIO: **32 proceso** +: Un largo, *azaroso* y complejo proceso de aprendizaje... GIC062097 **33 cambio**: ...distintas etapas y *azarosos* cambios de gobierno... EME080594 **34 devenir**: Hay piezas en apariencia mínimas en las que apenas un trazo es capaz de sugerir todo ese devenir viajero y *azaroso* del zepelín o el submarino. LVE240395 **35 transición**: ...ocho años de *azarosa* transición a la democracia... EPE251199

F SUSTANTIVOS DE CARÁCTER PROSPECTIVO QUE DESIGNAN EL DESTINO O LAS CIRCUNSTANCIAS IMPREVISTAS QUE LO DETERMINAN: **36 destino** +: Confuso y *azaroso* ha sido el destino del equipo... EPE010999 **37 casualidad**: ...esas *azarosas* casualidades (...) que campan por todo el relato... EME200496 **38 suerte**: Un debate encrespado por el problema de la inmigración e inflamado por el terrorismo integrista que ata a Francia a la suerte *azarosa* de su antiguo territorio norteafricano. LVE221095 **39 fortuna**: ...hay al menos una tienda de gafas de sol, feliz iniciativa que quizá tenga éxito; un lotero distribuye el espejismo de la *azarosa* fortuna. EPE080399 **40 futuro**: ...es un monarca inquietante y de *azaroso* futuro. EME020195 **41 pronóstico**: No es un pronóstico *azaroso*: es el cronograma del Gobierno. EME060295 **42 porvenir**: ...desvincularse a tiempo del *azaroso* porvenir que aguarda al Gobierno de Menem a la hora de mantener bajo control la inflación y el déficit fiscal... LVE280895

G SUSTANTIVOS QUE DENOTAN TAREA, PROFESIÓN U OCUPACIÓN: **43 faena** +: El primero de García Poveda traía peligro por el sentido que desarrolló en el transcurso de la *azarosa* faena. EPE120999 **44 tarea**: ...fundamentación realista de la ética, tarea que me parece muy *azarosa*. ABC221295 **45 trabajo**: ...hacen del trabajo de promotor de conciertos uno de los más *azarosos*... EPE091099 **46 profesión**: Pocas profesiones hay ahora mismo tan (...) *azarosas* como la de los joyeros. EPE090700 **47 ejercicio**: ...puede parecer un ejercicio *azaroso* y arriesgado. PME031196 **48 empresa** –: El éxito de aquella *azarosa* empresa les ha animado a continuar... LVE241296 **49 construcción** –: Las «casas del comandante», llamadas así porque, al parecer, las promovió un comandante del Ejército, tuvieron una construcción *azarosa*, rayando la ilegalidad... LVE181195

H SUSTANTIVOS QUE DENOTAN RELACIÓN, CONVERGENCIA O PARTICIPACIÓN CONJUNTA DE VARIOS ELEMENTOS

EN LA EXISTENCIA DE ALGÚN ESTADO DE COSAS: **50 cúmulo:** ...no contiene sino un *azaroso* cúmulo de fragmentos... ABC100792 **51 mezcolanza:** ...«una *azarosa* mezcolanza acientífica de opiniones individuales». ABC240395 **52 mezcla:** Debido a una mezcla *azarosa* de circunstancias, la empresa logró salir de la crisis. INDOC **53 serie:** ...su protagonista vive una *azarosa* serie de peripecias... EME060394 **54 confluencia:** ...resulta, por su *azarosa* confluencia de voluntades, necesariamente caótica... EPE150299 **55 participación:** ...los «grandes» tienen una participación en los beneficios menos *azarosa*. LVE260595 **56 reunión:** La reunión univitelina de estos dos estudios (...) no es *azarosa*... ABC030395 **57 conjunción:** Se produjo una *azarosa* conjunción astral. EPE020700 **58 relación:** ...la relación de la medicina y la televisión ha sido *azarosa* y peligrosa. LVE050296 **59 diálogo:** Bécquer habló de la extraña imagen de una flor junto a un volcán (...) para simbolizar la cercanía de la duda y la ilusión, el diálogo *azaroso* de la esperanza y el escepticismo. EPE090199 **60 negociación:** ...el Jurado llega a su veredicto tras una *azarosa* negociación... EME290996 **61 encuentro –:** El encuentro *azaroso* da pie a un matrimonio, fracasado, por supuesto. EME080395 **62 masa –:** Vísceras, educación, economía, aspecto físico, sistema de valores, éxito o fracaso, componen una *azarosa* masa que dirigida por lo psicológico y canalizada por la ideología crean a ese carroñero... LVE100195 **63 rivalidad –:** ...la *azarosa* rivalidad entre (...) la Democracia Cristiana y (...) el partido extinto... EPE050599 **64 armonía –:** ...la *azarosa* armonía de las arpas colgadas al viento... ABC290794

I OTROS SUSTANTIVOS; POSIBLES USOS ESTILÍSTICOS: ...mundo físico de ciertos campos magnéticos y su neutra y *azarosa* belleza. ABC170993; ...para que volvamos a percatarnos de la *azarosa* fragilidad humana. EME090896

azotar *v.* **I** En el sentido de 'producir daños o destrozos' se combina con sustantivos que designan enfermedades, más frecuentemente las propagadas en forma de epidemia *(cólera, sida)*, catástrofes o plagas naturales, así como los animales que pueden ocasionar estas últimas *(terremoto, cataclismo, langosta: Un terrible terremoto ha azotado la región)*. También admite otros que se refieren a sistemas de pensamiento o de gobierno, junto con las personas o los grupos que intervienen en ellos *(tiranía, capitalismo, guerrilla, bandolero: Una cuadrilla de bandoleros azotaba la comarca)*. También se combina con...

A SUSTANTIVOS QUE DESIGNAN FENÓMENOS METEOROLÓGICOS O CLIMÁTICOS, MÁS FRECUENTEMENTE SI LOS CAUSA EL AGUA, EL VIENTO O EL CALOR: **1 temporal ++:** ...socorrer a los damnificados del temporal que *azotó* a la zona Norte del país. ACP271096 **2 tormenta ++:** Una tormenta que durante unas dos horas *azotó* a Tegucigalpa la noche del martes... LNC101096 **3 sequía +:** ...no tiene la culpa de la sequía que nos *azota*. RUM061097 **4 viento:** La lluvia, el viento y la nieve *azotaron* a la población... HOY110784 **5 ola de frío:** La ola de frío que *azota* Europa y Estados Unidos cobró ayer dos nuevas víctimas en Francia... EUV080197 **6 lluvia:** ...el río Cusmapa sobrepasó su nivel normal, tras las fuertes lluvias que *azotaron* la zona. ESH061000 **7 nieve:** Se han librado del frío, la lluvia y la nieve que *azotan* a media España. EME171295 **8 huracán:** ...el huracán Bertha, que *azotó* el este del Caribe. PLG100796 **9 tornado:** ...los techos de otras cien fueron dañados por un tornado que *azotó* un pequeño poblado campesino... LPH050996 **10 ola de calor:** Cinco personas han muerto (...) a causa de la ola de calor que *azota* buena parte de Europa... LVE140696

B SUSTANTIVOS QUE DESIGNAN DIVERSAS CONDICIONES ATMOSFÉRICAS, ASÍ COMO LOS TIPOS DE ENERGÍA QUE LAS CARACTERIZAN, LAS FUENTES DE LAS QUE PROCEDEN Y LAS MAGNITUDES QUE ALCANZAN: **11 clima:** ...una relación entre el anormal clima que hace unos días ha estado *azotando* los países del hemisferio norte y las pruebas nucleares del sur del océano Pacífico. LVE260296 **12 temperatura:** Teníamos que aprovechar la alta temperatura que aunque *azotó* para los dos, ellos la sentían más. ETC070497 **13 frío:** Ninguno de los equipos se soltaba, quizás influidos por el frío semipolar que *azotó* Mar del Plata. CLA140199 **14 calor:** El calor *azota* el zoo de Valencia. LVE250696 **15 sol:** ...cuando el sol *azotaba* la mañana... EME020795

C SUSTANTIVOS QUE DESIGNAN PERÍODOS QUE SE CARACTERIZAN POR LOS FENÓMENOS Y LAS CONDICIONES MENCIONADAS EN LOS APARTADOS *A* Y *B*: **16 invierno:** La caída de un puente (...) y 172 familias damnificadas dejó el desbordamiento de por lo menos cinco ríos y dos quebradas a causa del intenso invierno que *azota* a Bahía Solano. ETC010798 **17 verano:** Hacía 21 años no se registraba un verano de la intensidad del que hoy *azota* a la capital... ETC180497 **18 estación:** La fuerte estación invernal sigue *azotando* el Litoral ecuatoriano... DHE121197

D SUSTANTIVOS QUE DESIGNAN ESTADOS CARENCIALES, EN PARTICULAR LOS RELATIVOS A LA CARENCIA DE BIENES, CONDICIONES, SERVICIOS U OTROS ESTADOS DE COSAS QUE SE TIENEN POR NECESARIOS: **19 hambre +:** ...llamando a terminar con el hambre que *azota* a varias zonas del mundo. DHE070197 **20 marginación +:** Los hechos ocurrieron hacia las cinco de la madrugada en (...) una zona *azotada* por la marginación. EPE020499 **21 miseria:** Mientras tanto, el hambre y la miseria siguen *azotando* a nuestros congéneres. EPE100780 **22 pobreza:** ...la pobreza *azota* al ciudadano y no puede ser de otra forma si no hay fuentes de trabajo. SVG170397 **23 escasez:** ...la desertización que amenaza a la comunidad de Castilla-La Mancha, una de las más *azotadas* por la escasez de agua. EME160895 **24 necesidad:** Caracas tan *azotada* por la necesidad y el miedo debe tener gente que la represente bien. ENV120197 **25 hambruna:** ...fijaron el objetivo de acabar con las hambrunas que desgraciadamente aún *azotan* el planeta. DYM281096 **26 analfabetismo:** Los altos índices de analfabetismo *azotan* el continente africano... LVE140896 **27 desigualdad:** ...insistiendo en las desigualdades que *azotan* al mundo occidental... EME120395 **28 incertidumbre –:** ...esta vez, cuando la incertidumbre *azota* al Brasil, no parece que vaya a tomar ninguna medida. CLA200199

E SUSTANTIVOS QUE DESIGNAN OTRAS LACRAS, EN ESPECIAL DIVERSOS SUCESOS CONFLICTIVOS, A MENUDO VIOLENTOS, QUE SE CONSIDERAN GRAVEMENTE PERJUDICIALES: **29 violencia +:** ...otros sitios *azotados* por la violencia asesina (...) demuestran el fracaso de la palabra... EPU060901 **30 guerra +:** El país, *azotado* por guerras y calamidades... DLA120597 **31 combate:** ...la zona este de

Zaire, *azotada* desde hace días por los combates entre el Ejército zaireño y la guerrilla... LVE301096 **32 conflicto:** ...el enquistamiento del conflicto que hasta ahora ha *azotado* al metro de Barcelona... LVE280495 **33 delincuencia:** A un año del paro empresarial que se llevó a cabo en Usulután como protesta por la incontrolable delincuencia que *azota* al departamento... ESH190297 **34 atentado:** ...mantendría los controles policiales debido a la oleada de atentados que *azotó* París. LVE100296 **35 corrupción:** ...la corrupción que se ha convertido en sistema de gobierno que *azota* y denigra a Ecuador. LNC070297 **36 narcotráfico:** ...las naciones europeas, que también están siendo *azotadas* por el narcotráfico... EME300196 **37 xenofobia:** ...mostrar a las nuevas generaciones los graves errores del pasado, sobre todo en vista de los brotes de racismo y xenofobia que siguen *azotando* al país. LVE101196 **38 dopaje –:** ...el ciclismo, debido a su dureza, ha estado especialmente *azotado* desde sus comienzos por el dopaje... EPD180796

F OTROS SUSTANTIVOS QUE DESIGNAN CALAMIDADES, DESGRACIAS Y OTRAS SITUACIONES DE ADVERSIDAD, AFLICCIÓN O INFORTUNIO: **39 plaga ++:** ...una revisión crítica de las consabidas plagas que *azotan* a las modernas sociedades... ABC210593 **40 crisis ++:** ...la profunda crisis económica política y social que *azota* al Perú... CAP080198 **41 tragedia:** ...la tragedia más característica de las que *azotan* las sociedades desarrolladas... ABC240295 **42 calamidad:** El país, *azotado* por guerras y calamidades, registró un crecimiento del 5% en su Producto Interno Bruto... DLA120597 **43 problema:** ...los graves problemas que *azotan* al Tercer Mundo (...) no se ven en este país. GIC104097 **44 lacra:** ...instó al Gobierno a trabajar para erradicar esta clase de lacra social que *azota* al país... CLA030797 **45 mal:** Según la comisión, esas políticas son el origen de los males que *azotan* a los pueblos nativos. PME081296 **46 desgracia:** En medio de la guerra y de las balas, del despeñadero por el que andamos, de las desgracias que nos *azotan*... ETC060996 **47 dificultad:** Ante las dificultades que *azotan* la zona (...) no pudo conectar ayer con el premiado. EPE300499

G SUSTANTIVOS QUE DESIGNAN SERES, NO NECESARIAMENTE REALES, A LOS QUE SE ATRIBUYE LA CAPACIDAD DE CAUSAR MALES O DAÑOS: **48 fantasma:** ...para que permanecieran en el pueblo y no se vean *azotados* por el fantasma de la emigración. EME120494 **49 demonio:** ...el vaticinio de que los demonios familiares volverán a apoderarse de la Alemania unida (...) y desde ella *azotarán* a toda Europa. ABC161092 **50 espíritu –:** ...la evidencia de que un espíritu maléfico ronda entre los colombianos y *azota* casi todas las regiones del país. ETC010796

H OTROS SUSTANTIVOS; POSIBLES USOS ESTILÍSTICOS: Es una de las escasas bocanadas de aire puro que transpira ese mueble que *azota* nuestras vidas. EME220996; Diálogos absurdos y memos *azotan* cada poco la narración... EME210195

B b

bache ♦ hondo, profundo ♦ amortiguar, atravesar[14], caer (en), esquivar, meter(se) (en), remontar[6], salir (de), sortear[21], sumir(se) (en)[4]
☐ Véase también: **agujero, foso, hueco, orificio.**

bagaje ♦ a cuestas[17], amplio, cultural, dilatado, económico, educativo, enorme, envidiable, escaso, extenso, inmenso, parco, preciado, profesional, rico, vasto ♦ adquirir[29], aligerar[6], apartar, aportar, atesorar[35], cargar (con)[16], incrementar, tener
☐ Véase también: **equipaje, maleta.**

bailar ♦ agarrado, suelto ♦ al compás, animadamente, con soltura, de lo lindo[5], desenfrenadamente

baile ♦ acompasado[5], agarrado, animado, bullicioso, concurrido, de gala, de salón[1], desenfrenado[23], frenético[7], lento, movido, rápido, suelto, vivo ♦ al compás (de) ♦ asistir (a), celebrar

baja ▮ *(cese)* ♦ cautelar[18], fulminante[6], laboral, ostensible[25] ♦ acuciar, causar, conceder, dar, denegar, expedir, experimentar, incentivar, infligir[45], obtener, pedir, solicitar, ser, tramitar
▮ *(pérdida humana)* ♦ incontable, innumerable, numeroso
☐ Véase también: **alta.**

bajada ♦ abrupto[41], abultado[67], alarmante, brusco[22], considerable, drástico[8], en picado, escalonado, gradual, ligero, lineal[11], moderado, ostensible, paulatino, progresivo, pronunciado, vertiginoso ♦ acelerar(se), acusar, amortiguar, experimentar, frenar, incentivar, producir(se), provocar, remitir[47]
☐ Véase también: **bajón (de), caída, descenso, pendiente.**

bajar ♦ abruptamente[25], alarmantemente[11], considerablemente[16], drásticamente[24], electoralmente, en picado, escalonadamente[7], gradualmente[16], ligeramente[12], ostensiblemente[2], paulatinamente[5], progresivamente[11]
☐ Véase también: **descender, disminuir, reducir(se).**

[bajo] → a la baja, bajo cuerda, bajo fianza, bajo juramento, bajo llave, bajo ningún concepto, bajo palabra, bajo pena (de), bajo sospecha, por lo bajo

bajo ▮ *(adj.)* ♦ alarmantemente, considerablemente, notablemente, ostensiblemente
▮ *(adv.)* ♦ caer, cantar, hablar, volar
☐ Véase también: **alto.**

bajo cuerda ♦ apoyar, ayudar, cobrar, conceder, difundir, financiar, maniobrar, mantener, negociar, pagar, promover, regularizar

bajo fianza ♦ libertad ♦ dejar libre, liberar, poner en libertad, salir

bajo juramento ♦ declaración, testimonio ♦ declarar, mentir, responder, testificar

bajo llave ♦ cerrar, custodiar, encerrar, esconder, guardar, mantener, poner

bajón (de) ♦ brusco, inesperado, repentino ♦ ánimo, tensión ♦ dar, experimentar, pegar[18], sobreponer(se) (a), sufrir, tener, venir (a alguien)

bajo ningún concepto ♦ aceptar, admitir, ceder, consentir, hacer, justificar, modificar, perder, permanecer, permitir, tolerar

bajo palabra ♦ libertad ♦ asegurar, conceder, declarar, liberar

bajo pena (de) Véase: **so pena (de)**

bajo sospecha ♦ arrestar (a alguien), colocar (algo/a alguien), declarar, detener (a alguien), encarcelar (a alguien), encontrar(se), estar, hallar(se), mantener (algo/a alguien), poner (algo/a alguien), retener (a alguien), seguir, sentir(se)

[bala] → como las balas, como una bala

bala ♦ certero ♦ a prueba (de), a resguardo (de) ♦ herida (de) ♦ agotar, dirigir, disparar, errar, recibir
☐ Véase también: **balazo, disparo, tiro.**

balance ♦ agridulce[17], ajustado, catastrófico[7], certero[8], concluyente[11], cualitativo[24], demoledor[25], de pagos, desolador[22], detallado, económico, equilibrado, escueto, favorable, final, halagüeño[18], negativo, nivelado, positivo, preciso, provisional, somero[42], terrible, trágico ♦ apuntalar[30], arrojar[1], confeccionar, desglosar[20], dilu-

cidar[32], elaborar, enmendar[20], establecer[58], maquillar, nivelar, obtener, preparar, presentar, pronosticar, publicar, trazar[38]
□ Véase también: **inventario, recuento, resultado, saldo (de).**

balanceo ♦ acompasado[10], continuo, grácil, ligero, suave

balanza ▮ *(báscula)* ♦ de precisión ♦ contrapesar, decantar(se), desequilibrar(se), desnivelar(se), equilibrar, inclinar(se), nivelar(se)
▮ *(justicia)* ♦ ecuánime[29], justo, vacilante
▮ *(registro)* ♦ de pagos
□ Véase también: **baremo, calibrar, medir, nivel.**

balazo ♦ certero ♦ acribillar (a), freír (a), recibir
□ Véase también: **bala, disparo, tiro.**

balbucear ♦ a duras penas, con dificultad, entrecortadamente
□ Véase también: **articular.**

[balde] → en balde

baldío ▮ *(infértil)* ♦ campo, predio, solar, terreno, territorio, tierra, *otros sustantivos de lugar*
▮ *(inútil)* ♦ esfuerzo, intento, tentativa
□ Véase también: **inutilidad, inútilmente, utilidad.**

balón ♦ endemoniado, endiablado, en profundidad, fácil, imparable ♦ botar, desinflar(se), dirigir, golpear, hinchar, inflar, lanzar, llevar, malgastar[18], peinar, perder, pinchar, reventar
□ Véase también: **pelota.**

bancarrota ♦ completo, total ♦ al filo (de)[4], en ♦ caer (en), consumar(se)[31]
□ Véase también: **crisis, déficit.**

banco (de) ♦ órgano, pez, sangre, semen

banda ♦ ancho, estrecho[7], mafioso, proscrito, sonoro, terrorista ♦ articular, capitanear, comandar, componer, desarticular(se)[14], desbaratar, desintegrar(se), desmantelar[25], desmembrar(se)[17], disgregar(se), encabezar, escindir(se), formar, fortalecer, fragmentar(se), liderar, montar, organizar
□ Véase también: **conjunto, grupo, mafia.**

bandada (de) ♦ ave, pájaro

[bandeja] → en bandeja

bandera ♦ emblemático, identificativo, ondulante, patrio, representativo ♦ al viento, a media asta ♦ agitar, arriar[1], blandir[1], enarbolar[1], esgrimir[1], flamear, honrar, izar, jurar[1], ondear, ondular
□ Véase también: **enseña, estandarte, insignia, pabellón.**

bando ▮ *(norma)* ♦ dictar, hacer público, promulgar, publicar
▮ *(facción)* ♦ antagónico, beligerante[21], contrapuesto, contrario, dispar, equidistante, enemigo, irreconciliable[12], opuesto, rival ♦ distanciar(se), encarar(se), enfrentar(se), equilibrar(se), oponer(se) (a), pertenecer (a), rivalizar
□ Véase también: **lado, texto.**

banquete ♦ abundante, copioso, de boda, de gala, exquisito, fastuoso, generoso, opíparo, opulento, pantagruélico, soberbio, suculento ♦ asistir (a), celebrar, dar, invitar (a), obsequiar (con), ofrecer
□ Véase también: **celebración, comida.**

[baño] → al baño (de) María

baño (de) ♦ aplauso, espuma, masa, multitud, oro, plata, sal, sangre ♦ dar[263], pegar[30], recibir, tomar, zambullir(se) (en)[2]
□ Véase también: **ducha.**

barajar *v.* ▮ Con el sentido de 'considerar o tener en cuenta' se construye generalmente con complementos en plural *(La empresa baraja nombres de varios candidatos).* Se combina con...

A SUSTANTIVOS QUE DENOTAN POSIBILIDAD, ALTERNATIVA Y OTRAS NOCIONES DE SIGNIFICACIÓN PROSPECTIVA: **1 posibilidad ++:** ...anunció que *baraja* la posibilidad de expulsar a los directores y maestros de escuelas públicas que se plegaron a la huelga. LRE120103 **2 hipótesis ++:** Días después, cuando su cuerpo fue hallado sin vida (...) miembros de la Subregión del Callao *barajaron* una primera hipótesis. CAP030797 **3 opción ++:** Otra de las opciones *barajadas* por Pebsa es el traslado de personal a Cerca Grande. LVG301091 **4 expectativa:** Las expectativas que se *barajan* tienden a considerar que su resultado potenciará el alza... LVE240296

B SUSTANTIVOS QUE DESIGNAN DIVERSAS UNIDADES DEL PENSAMIENTO, MÁS FRECUENTEMENTE SI SE RELACIONAN CON LA INTENCIÓN ORGANIZADA DE ACTUAR: **5 propuesta +:** ...lo somete ahora a la previsión de inflación de 1996 del 2,6, después de *barajar* propuestas mucho más flexibles. EME050896 **6 idea +:** Se han escrito infinidad de informes que, con matices, *barajan* todas esas ideas. LVE030696 **7 teoría:** Una teoría *barajada* con frecuencia como fuerza motivadora de este «salto»' literal es la de un brusco cambio en las condiciones meteorológicas. ABC080494 **8 plan:** ...en fuentes políticas vascas conocedoras de los planes que a tal efecto se *barajan* en el Ministerio de Justicia. LVE030294 **9 proyecto:** Uno de los proyectos *barajados* por Sanz pasaría por dotar a Madrid y Barça del porcentaje más elevado. EME021096 **10 tesis −:** La tesis que se *baraja* es que uno o varios mantuvieron contactos con mercenarios de origen francés... LVE010495

C SUSTANTIVOS QUE DENOTAN DATO O RESULTADO: **11 cifra ++:** Es imperdonable además *barajar* cifras erróneas, la información hablaba de 200 millones de pesetas... EME151096 **12 dato +:** La campaña de entrega de remolacha se prolongará hasta el mes de marzo, según los datos que *barajan* la industria Azucarera Ebro y las organizaciones agrarias. ENC120101 **13 resultado:** Según los resultados preliminares *barajados* ayer, la coalición República y las fuerzas institucionales han obtenido la mayoría de los 190 escaños... LVE070795 **14 fecha +:** Si hay elecciones se *barajan* las fechas del 28 de marzo o el 25 de abril. CLA170199 **15 número –:** Los responsables del acto *barajaron* varios números de posibles asistentes. INDOC

D EL SUSTANTIVO *NOMBRE* Y CON OTROS QUE DESIGNAN PERSONAS, ESPECIALMENTE EN SU RELACIÓN CON LA POSIBILIDAD DE DESEMPEÑAR ALGUNA FUNCIÓN: **16 nombre ++:** Pero antes de esa lista, desde que el día 12 el presidente de la República ordenara la remoción de Pablo Chapa Bezanilla del caso, otros nombres se *barajaron*... DYM010996 **17 candidato:** Aunque dijo desconocer qué candidatos se *barajan* para la junta directiva... END141100 **18 fichaje:** Rekarte no quiso entrar a valorar los fichajes que se *barajan* para reforzar la plantilla. EDV191200 **19 persona:** En cuanto a la sucesión, las personas que se *barajan* (Javier Solana y José Borrell) están bien, pero yo creo que debería añadirse el nombre de Ramón Jáuregui. EME040995

E OTROS SUSTANTIVOS; POSIBLES USOS ESTILÍSTICOS: María Ponsoda, de Benimantell (La Marina Baixa), *baraja* entre el recuerdo y la muerte múltiples siluetas compuestas en puzzles... EPE290399; Los estrategas de la maniobra *barajan* ahora apaños como la carismática santidad laica... EPE290399

☐ Véase también: **analizar, considerar, estudiar.**

barba ♦ **abundante, cano, cerrado, cuidado, de chivo, de {días/semanas...}, denso, erizado, escaso, hirsuto, poblado, ralo** ♦ **afeitar, apurar, atusar, crecer, mesar, peinar, rasurar, recortar**

☐ Véase también: **barbilla, bigote.**

barbaridad ♦ **cúmulo (de)[13], sarta (de)[13], serie (de)** ♦ **cometer[16], condenar, corregir, denunciar, incurrir (en)**

☐ Véase también: **absurdo, disparate, locura.**

bárbaro *adv.* ▮ En la lengua conversacional se construye (sobre todo, en algunos países americanos) como atributo o complemento predicativo de...

A ALGUNOS VERBOS QUE DENOTAN SENSACIÓN EXPERIMENTADA: **1 pasar(lo) ++:** Compensada por una pequeña maldad: cuando les llega la caída a los peores, me lo paso *bárbaro*. EPE100499 **2 sentirse:** En esa casa, que la construí yo, nos sentimos *bárbaro*. CLA240199

B ALGUNOS VERBOS QUE DENOTAN COMPORTAMIENTO O ACTITUD EN RELACIÓN CON LOS DEMÁS: **3 portarse:** De lo que no me puedo quejar es de la gente, que se porta *bárbaro* conmigo. CLA280199 **4 llevarse:** Como Penélope, la chilena se lleva *bárbaro* con las agujas. CLA120601

C ALGUNOS VERBOS QUE DENOTAN MOVIMIENTO, USADOS A MENUDO COMO AUXILIARES SEMICOPULATIVOS, Y CON VERBOS QUE DENOTAN INICIO DE ALGUNA ACTIVIDAD: **5 venir ++:** Eso a mí me viene *bárbaro* porque tengo más tiempo libre. CLA050199 **6 ir:** Empecé a trabajar con Miguel del Sel cuando volví de la temporada y la verdad es que en ese tiempo me iba *bárbaro*... CLA070197 **7 andar:** Anduvo *bárbaro* en los amistosos, convirtió media docena de goles y querían extenderle su contrato un par de años más. CLA280199 **8 empezar:** Nuestro equipo empezó *bárbaro* el partido, pero al final no logramos vencer. INDOC

D ALGUNOS VERBOS QUE DENOTAN ACTIVIDAD: **9 funcionar:** El primer año funcionaron *bárbaro*, basándose en un muy poderoso drive, e incluso psicológicamente rendían a pleno... CLA030797 **10 trabajar:** El técnico, Pedro Marchetta, demostró su optimismo y dijo: «Estamos trabajando *bárbaro*». CLA210199

E EL VERBO *JUGAR* Y CON OTROS QUE DESIGNAN DIVERSOS LANCES DEPORTIVOS: **11 jugar:** El «jugamos *bárbaro*, presidente», ya no colaba. EME070196 **12 marcar:** Y teniendo jugadores como Paz o como Berizzo, que se adaptan muy bien y marcan *bárbaro*... CLA140297 **13 empalmar –:** «Pero esta vez la empalmé *bárbaro* y se clavó arriba», explica el Mago. CLA120297 **14 definir –:** A los 40, Ameli y Muñiz se equivocaron en la salida, Pineda lo buscó a Silvani y el Cuqui definió *bárbaro* sobre la salida de España. CLA300197

barbilla ♦ **respingón** ♦ **afeitar(se), alzar, bajar, levantar, subir**

☐ Véase también: **barba, bigote.**

barco ♦ **a bordo (de)** ♦ **abordar, amarrar, atracar, avistar, balancear(se), botar, capotar, cargar, descargar, encallar, enrolar(se) (en), escorarse, fondear, maniobrar, naufragar, navegar, partir, tripular, varar(se), zarpar, zozobrar**

☐ Véase también: **buque, embarcación, navío.**

baremo ♦ **alterar, aplicar, bajar, establecer[59], fijar, rebajar, subir**

☐ Véase también: **balanza, calibrar, medir, nivel.**

barniz (de) *sust.* ▮ Admite muy diversos nombres abstractos, pero se percibe cierta tendencia a combinarlo con los sustantivos *cultura*, *educación*, *ilustración* y con otros semejantes, así como con los sustantivos de persona que se relacionan con ellos *(intelectual, ilustrado, erudito)*. También se combina con...

A SUSTANTIVOS QUE DENOTAN ACTUALIDAD, RENOVACIÓN, PROGRESO O TENDENCIA AL PERFECCIONAMIENTO; POR EXTENSIÓN, TAMBIÉN CON EL SUSTANTIVO *FUTURO*: **1 modernidad +:** ...el diseño ha sido un poco como la niña mimada, que en cierta medida ha dado un *barniz* de modernidad a su imagen. EME210395 **2 actualidad +:** Un álbum donde vuelven a sus raíces hard rock pero con un *barniz* de actualidad que no les hace caer en la reiteración. INDOC **3 originalidad:** ...anuncia casi todo lo esencial de lo más rico, inteligente y con más brillante *barniz* de originalidad del juego... EPE221201 **4 modernismo:** ...Isabel II ha decidido cortar por lo sano y tomar medidas urgentes para lustrar su deslucida corona con un *barniz* de modernismo reformador. EME200896 **5 prosperidad:** ...peseta y tipos de interés absurdamente altos para que (...) nos diesen un *barniz* de engañosa prosperidad, a la vez que desaparecía el escaso tejido productivo... EME070795 **6 realidad:** Es imaginativo, pero vive en las nubes. Necesita un *barniz* de realidad... INDOC **7 futuro:** El segundo trabajo en solitario de la envalentonada y precoz islandesa confirma que elabora su abanico de matices con madera de presente y *barniz* de futuro. LVE100795

B SUSTANTIVOS QUE DENOTAN ADECUACIÓN A LO QUE SE CONSIDERA CORRECTO, JUSTO, APROPIADO O PRECISO: **8** **legitimidad** +: ...creía él que servía para prestar un *barniz* de legitimidad a la Corona impuesta por el dictador. EME290996 **9** **legalidad**: ...un «espectáculo» con el que las autoridades chinas han querido dar un *barniz* de legalidad a la decisión política... EME311096 **10** **licitud**: ...ser solucionadas mediante fórmulas a medias que los cubran con un delgado *barniz* de licitud. EOU221098 **11** **legitimación**: ...un *barniz* de legitimación democrática a una votación exclusivamente corporativa... INDOC **12** **moralidad**: ...se han encargado de teñir malévolamente ese mensaje con un escurridizo *barniz* de moralidad. EME130294 **13** **responsabilidad**: ...pagará caro esa «esquizofrenia de haber facilitado al PNV en Madrid el *barniz* de la responsabilidad y la gobernabilidad». EPE110199 **14** **asepsia**: ...y todo ello con un impecable *barniz* de asepsia «anglosajona» y sin un solo adjetivo chocante. EME070696 **15** **eficiencia**: El presidente del Congreso (...) está empeñado en darle a su mandato un *barniz* de eficiencia que borre despropósitos... CAP030797

C OTROS SUSTANTIVOS; POSIBLES USOS ESTILÍSTICOS: Y todo ello tocado con un *barniz* de ese tipo de ingenua belleza menor que llamamos lo bonito... EPE020287; ...era un tipo valiente, cauteloso, capaz de medir los riesgos, envuelto siempre en un *barniz* de entusiasmo... EPE211101; ...textos sabrosos, perspicaces e irónicos ocultos bajo el *barniz* de supuesta intrascendencia de la serie B... LVE050896

■ Se combina también con: ♦ **indeleble** ♦ **capa (de), mano (de)** ♦ **dar, necesitar, precisar, recibir**

□ Véase también: **pincelada**.

[barranca] → **a trancas y barrancas**

barranco ♦ **abrupto, hondo, profundo**

barrer ♦ **a fondo[44], electoralmente, palmo a palmo[7], para casa, por completo** ♦ **adversario, enemigo, oposición**

[barrera] → **sin barrera(s)**

barrera ♦ **aduanero, comercial, discriminatorio[21], disuasorio[42], divisorio, férreo[93], frágil, inexpugnable, infranqueable, insalvable[17], insuperable, separador** ♦ **abatir, abolir[43], abrir(se), alzar(se), bajar, burlar[31], cruzar, derribar, derrumbar(se)[58], desmantelar, difuminar(se)[6], erigir, franquear, levantar[1], oponer[1], pasar, pulverizar[18], rebasar[2], romper, saltarse[1], salvar, sobrepasar[16], sortear[1], superar, suprimir, traspasar, trazar[48], tropezar(se) (con)[3]**

□ Véase también: **cerco, dificultad, frontera, limitación, límite, muralla, muro, obstáculo, pared**.

barrio ♦ **acogedor, alejado, apartado, bullicioso, céntrico, con solera, deshabitado, hacinado, humilde, marginal, nuevo, populoso, residencial, solitario, tranquilo** ♦ **en** ♦ **afincarse (en), asentarse (en), frecuentar, habitar, mudarse (a), pasear (por), residir (en), visitar, vivir (en)**

barro ♦ **entre[8]** ♦ **chapotear (en), hundir(se) (en), moldear, sumir(se) (en)**

□ Véase también: **lodo**.

barrote ♦ **limar**

[bartola] → **a la bartola**

barullo ♦ **descomunal, enorme, infernal[21], reinante[14], tremendo** ♦ **armar(se)[5], formar(se), liar(se), montar(se), organizar(se)**

□ Véase también: **alboroto, bronca, desorden, estrépito, lío, revuelo, ruido, trifulca, tumulto**.

base ♦ **consistente, de comparación, desequilibrado, documental, endeble, equilibrado, estable, férreo, firme, imponible** *(magnitud económica)*, **inconsistente, inestable, inseguro, seguro, sólido** ♦ **agrietar(se), cimentar, constituir, descansar (sobre), erosionar, establecer[39], fijar, minar, poner, quebrar(se)[49], robustecer(se)[17], romper, sentar, socavar[2], subyacer, tambalearse, temblar**

□ Véase también: **cimiento, esencia, fundamento**.

BASE Véase: CONTENIDO; CRITERIO; ESENCIA; FUNDAMENTO; PRINCIPIO

base de datos ♦ **bucear (en)[20], buscar (en), crear, extraer (de), guardar (en), ordenar, organizar**

basura ♦ **denso, disperso, hediondo, mugriento, nauseabundo** ♦ **entre[35]** ♦ **acumular(se), amontonar(se), arrojar, concentrar, desparramar(se), diseminar, escarbar (en)[11], esparcir, llenar (de), rebuscar (en), reciclar, salir a la luz[1], salpicar, verter**

□ Véase también: **escombro, inmundicia, porquería, suciedad**.

batacazo ♦ **brutal, de órdago, descomunal, de tomo y lomo, monumental[55]** ♦ **darse, librar(se) (de), reponerse (de)[21]**

[batalla] → **de batalla**

batalla ♦ **a cara de perro[11], aéreo, agotador[29], a muerte[16], a pecho descubierto[18], apretado[34], ardiente[24], arduo[27], atroz, campal, controvertido[37], cruento, cuerpo a cuerpo[19], dantesco, decisivo, de igual a igual[34], descompensado, desequilibrado, desesperado, desigual, despiadado, desproporcionado, diplomático, disputado, encarnizado[5], enconado[5], épico, equilibrado, feroz[8], fulgurante[54], implacable[40], intestino, legal, político, presto (a)[3], reñido[2], sangriento, sanguinario, sin cuartel, sin tregua[24], soterrado[2], terrestre, verbal** ♦ **en punto muerto[28]** ♦ **aprestarse (a), augurar[30], avivar[22], dar[265], desatar(se)[51], desencadenar(se), dilucidar[12], dirimir[11], emprender[18], enfrascarse (en)[3], entablar[23], enzarzarse**

(en)[1], establecer[48], estallar[10], ganar, involucrar(se) (en)[6], lanzarse (a)[18], librar(se)[1], participar (en), perder[42], persistir (en)[50], plantear, prepararse (para), presentar, recrudecer(se)[4], sentenciar, sostener, terciar (en)[12], tomar parte (en), zanjar[22]

□ Véase también: **altercado, bronca, combate, confrontación, contienda, guerra, lucha, pelea, riña**.

batallar ♦ **denodadamente, encarnizadamente, en primera línea[2], esforzadamente, sin descanso**

□ Véase también: **batir(se), combatir, luchar**.

batería ♦ **de {corta/larga} duración** ♦ **borne (de)** ♦ **agotar(se), alimentar, cargar, gastar, quedarse (sin), recargar, reponer, sulfatarse**

batería (de) ♦ **acusación, argumento, consejo, crítica, dato, declaración, demanda, enmienda, indicador, iniciativa, medida, pregunta, proposición, propuesta, prueba, recurso, reforma**

[batiente] → **a mandíbula batiente**

batir *v.* ■ Forma la locución verbal *batirse el cobre* ('trabajar duro por algo o alguien; poner mucho interés en alguna cosa'), propia de la lengua coloquial. En su sentido de 'golpear' se combina con sustantivos que designan edificaciones u obras de albañilería *(puerta, muro, pared)*, así como espacios o lugares *(costa, litoral, playa: Las olas baten la playa)*. En su sentido de 'mover algo con fuerza', se combina con sustantivos que designan ciertos objetos físicos *(palo, aspa, arco, sombrero)* y partes móviles del cuerpo humano o animal *(palmas, brazo, ala)*. En su sentido de 'remover para que se disuelva', se combina con sustantivos que designan sustancias, generalmente alimentos líquidos o espesos *(huevo, clara, mantequilla, miel)*. En su sentido de 'superar o sobrepasar', se combina con sustantivos que designan personas *(enemigo, rival, adversario)*, y también con otros que expresan el lugar en que se marca un tanto en el terreno de juego *(portería, meta, marco)*. Asimismo se combina con...

A SUSTANTIVOS QUE DESIGNAN UN RESULTADO COMPUTADO O MEDIDO, A MENUDO EXTREMO Y ESPECIALMENTE SI SE PRODUCE EN EL EJERCICIO DE UN DEPORTE: **1 récord** ++: ...la producción industrial *batió* su récord de crecimiento en setiembre. BRE311097 **2 marca** ++: Australia, en la posta combinada 4x100 (Radley, Rogers, Huegilly Klim), marcó 3m30s66 y *batió* su marca de 3m30s91. CLA180497 **3 plusmarca** ++: Por tercera ocasión *batió* la plusmarca mundial de los 400 m libres en 3.40.59. EXC190900 **4 máximo:** ...ni tan siquiera impidió que Wall Street *batiera* su máximo histórico el viernes. LVE051195 **5 registro** ++: Se espera que en los 100 metros libres, Sánchez reedite su buena marca mundial y *bata* el registro bolivariano en esa modalidad. DHE241097 **6 mínimo:** En Londres, el dólar *batió* el mínimo histórico establecido horas antes en Tokio (92,70 yenes), forzando las intervenciones del Banco de Japón hasta situarlo en 93,3 yenes al cierre. LVE070395 **7 tiempo:** A cinco minutos del final, el alemán salió a la pista y, en una actuación magistral, no sólo *batió* el tiempo de Hill, sino que lo hizo en lo que parecía imposible, rebajarlo medio segundo. LVE190596

B ALGUNOS SUSTANTIVOS QUE DESIGNAN LO QUE SE CREE POSIBLE O SE PRETENDE CONSEGUIR: **8 expectativa** +: La alta asistencia, confiesa María Josefina Bilbao, *batió* todas las expectativas. HOY281283 **9 objetivo:** ...el Partido Popular tomó nota y se concentró en *batir* ese objetivo. EPE210599

C SUSTANTIVOS QUE DESIGNAN CIFRAS, CANTIDADES Y MAGNITUDES DIVERSAS. POR EXTENSIÓN, CON OTROS QUE DESIGNAN DIVERSAS OPERACIONES COMERCIALES: **10 índice** +: Siguiendo con los autores introducidos por De Caralt en España, hay que incluir a uno que *batió* índices de popularidad como el británico Cecil Roberts... LVE170694 **11 cifra:** A pesar de *batir* un año más la cifra de entrada de turistas, el ritmo de crecimiento se ha ralentizado y en 2002 fue del 3,3 por ciento. LRE310103 **12 precio:** Su máximo anual e histórico está en las 20.000 pesetas, y no sería descartable un nuevo intento de *batir* este precio. LVE020995 **13 valor:** Recuerdo de El Havre *batió* el mayor valor logrado con anterioridad por una obra del pintor malagueño... EPE021287 **14 oferta:** También se consiguió *batir* la oferta de la factoría de Dagenham... EME101095 **15 venta:** ...que si se van a *batir* las ventas de la anterior, que si hoy la cosa está floja. EME150696 **16 guarismo** −: Los eibarreses *baten* guarismos y, valga como dato, que sólo han perdido tres partidos de los trece que han disputado fuera de Ipurua. EDV130301

D SUSTANTIVOS QUE DENOTAN PUNTO O LÍMITE, GENERALMENTE DE ALTURA PERO TAMBIÉN DE OTRAS ESCALAS: **17 cota:** Ayer el Indice General *batió* una nueva cota histórica: 372,37 puntos. EME130696 **18 nivel:** ...hace un mes el Dow Jones *batió* por primera vez el nivel de los 4.000 puntos. LVE250395 **19 tope:** Con 3:29.05 *batió* su tope personal y se convirtió en el segundo hombre de todos los tiempos, superando los 3:29.46 de su legendario compatriota Said Aouita... EME240896

E SUSTANTIVOS QUE DENOTAN IMPEDIMENTO U OBSTÁCULO: **20 obstáculo:** ...son para los socialistas la única vía para *batir* los dos obstáculos a los que se enfrentan en estas elecciones: la abstención y la fuga de votos a IU-IC. LVE260595 **21 barrera:** Berzin afirma que *batir* la barrera de los 53 kilómetros por hora (actualmente el tope está en manos de Obree, con 52,713) está a su alcance. EME010694

▩ En su sentido de 'mezclar', se combina también con: **a punto de nieve**. En su sentido de 'ganar', se combina también con: **convincentemente[36], limpiamente[5]**

batir(se) ♦ **a espada, con bravura, cuerpo a cuerpo[8], de igual a igual[17], en duelo, en toda la línea, heroicamente[12], valientemente**

batuta ♦ **llevar[2], tener**

□ Véase también: **control, dirección, timón (de)**.

bautismo ♦ **sacramento (de)** ♦ **administrar, celebrar, impartir, recibir**

baza ♦ **crucial, decisivo[20], final, último** ♦ **desperdiciar, dilapidar[5], gastar, jugar, malgastar**

[be] → ce por be

beatíficamente ♦ contemplar, dormir, mirar, sonreír

☐ Véase también: **plácidamente**.

beatífico *adj.* ▌Se combina con sustantivos que designan personas *(Era un personaje beatífico)*. También se combina con...

A SUSTANTIVOS QUE DENOTAN EXPRESIÓN, GESTO Y OTROS RASGOS DE LA APARIENCIA: **1 sonrisa ++:** ...con una sonrisa *beatífica* en una rueda de prensa... LVE101196 **2 aspecto ++:** ...bajo cuyo *beatífico* aspecto se esconde uno de los más sinuosos y temibles villanos... LVE090596 **3 expresión:** ...tenía la expresión *beatífica* y embobada... EME051095 **4 aire:** ...si veo su aire manso y *beatífico* también a mí me cuesta escribirlo... EME250294 **5 apariencia:** Otra cosa, claro está, es lo que escondan bajo su *beatífica* apariencia. EPE160399 **6 aureola –:** ...las aureolas *beatíficas* del santoral pintado. EME191096 **7 tono –:** ...en tono *beatífico* y en una actitud casi mística... EME230495 **8 forma –:** ...acabó tan irritado por la *beatífica* forma... EPE300699

B SUSTANTIVOS QUE DESIGNAN SENSACIONES, ESPECIALMENTE LAS ASOCIADAS A LA PERCEPCIÓN VISUAL: **9 visión +:** ...la salvación, la visión *beatífica*, las oraciones a la Virgen. ABC260393 **10 contemplación +:** ...en el camino hacia la contemplación *beatífica*... ABC290995 **11 sensación:** Confortado por la *beatífica* sensación... DYM210197

C SUSTANTIVOS QUE DESIGNAN PROPIEDADES Y ESTADOS FÍSICOS O ANÍMICOS HABITUALMENTE ASOCIADOS CON LA AUSENCIA DE PERTURBACIÓN: **12 felicidad:** ...Kane estaba jugando tan tranquilo, cuando vinieron a cogerlo y a separarlo de su madre y de la felicidad *beatífica* de su juego de niño. EME080495 **13 serenidad:** ...Molina es pedagógico como un cura escolapio, y transmite una serenidad *beatífica*... LVE040695 **14 tranquilidad:** Mi casa es fresca, mi calle es fresca (...), y ahora se respira en ella una tranquilidad *beatífica*. EME020995 **15 placidez:** ...mientras está vivo, le ocupa por entero un dinamismo que le moviliza constantemente, incluso en el descanso, en la placidez *beatífica* o la apatía del simple estar. ABC291191 **16 candidez –:** Pero cuando uno sabe que los dirigentes de las Farc pertenecen a ese partido (...), resulta de una candidez *beatífica* creer en la objetividad de dicha ONG. SEM190198 **17 gozo –:** Si no era el cielo, sí ha sido, al menos, un anticipo para la feligresía popular, reverberante de *beatífico* gozo y exaltación. EPE260999 **18 relajo –:** ...un *beatífico* relajo suministrado sin receta y sin riesgo de perniciosos efectos secundarios. LVE090495

D OTROS SUSTANTIVOS; POSIBLES USOS ESTILÍSTICOS: ...protagonizaba las únicas protestas de la *beatífica* ceremonia de los Oscar... EPE190399; ...unas gotas/de sonriente coña *beatífica*... ABC080794; Su actitud ante este *beatífico* desbordamiento de promesas... ABC090994

☐ Véase también: **idílico**.

bebé ♦ adoptar, amamantar, criar, dar a luz, educar, engendrar, malcriar, parir, tener

bebedor ♦ compulsivo, empedernido[3]

beber ♦ abusivamente, al gallete, a morro, a sorbos[1], a tragos, como (un) loco, como un cosaco[1], con moderación, copiosamente[10], de un sorbo, de un tirón[14], de un trago, entre horas, insistentemente, moderadamente, sin moderación ♦ dar (a)[11], dar (de)[1], echar (de)

☐ Véase también: **comer, ingerir, mamar, pacer, pastar**.

bebida ♦ alcohólico, amargo, borracho (de), ciego (de), dulce, estimulante, fuerte, ligero, suave, tonificante ♦ abastecer (de), dar(le) (a), darse (a)[1], degustar, derramar, escanciar, expender, mezclar, paladear, racionar, rebajar, saborear, servir, surtir (de), verter

☐ Véase también: **beber, borracho (de), sorbo, trago**.

beca ♦ en concepto (de) ♦ conceder[6], denegar[53], disfrutar (de), necesitar, obtener, pedir, solicitar, sufragar[5]

beligerante *adj.* ▌Se combina con sustantivos que designan personas *(hombre, político, dirigente, aliado, enemigo)* o grupos humanos, a menudo organizados como entidad o asociación *(sociedad, grupo, gobierno, organización, partido, ejército, país, mundo)*. Asimismo se combina con sustantivos que designan movimientos ideológicos o sociales *(integrismo, franquismo)* y con otros que designan textos *(libro, panfleto, editorial)* u otros objetos de información *(película, reportaje)*. También se combina con...

A SUSTANTIVOS QUE DENOTAN ACTITUD O TOMA DE POSICIÓN FRENTE A ALGO O A ALGUIEN: **1 actitud ++:** ...se mezclan sus reacciones frente a (...) la actitud *beligerante* de los jóvenes universitarios... ENV121296 **2 postura ++:** La postura *beligerante* que asumieron los representantes... ENV110497 **3 posición ++:** ...la posición *beligerante* de los deudores hipotecarios. EUV060499 **4 línea:** ...la línea *beligerante* que la población (...) reclamaba... CAP041001 **5 papel:** ...un presidente (...) asumiendo un papel *beligerante* con toda la ciudad... EPD200997

B ALGUNOS SUSTANTIVOS QUE DESIGNAN CUALIDADES ESENCIALES O RASGOS DE LAS PERSONAS, RELATIVOS PRINCIPALMENTE A SU VOLUNTAD O A SU TEMPERAMENTO: **6 ánimo +:** ...rechaza cualquier ánimo *beligerante* tras la guerra de declaraciones... EME220495 **7 carácter +:** ...una persona de un carácter *beligerante*, que no se esconde. EME151196 **8 espíritu +:** ...no todos comparten el espíritu *beligerante* de los que se proclaman herederos... EPE180977 **9 voluntad:** ...era de sobra conocida la prepotencia, (...) y la voluntad *beligerante*... EXC140901

C SUSTANTIVOS QUE DESIGNAN RASGOS CARACTERÍSTICOS DE LA FORMA DE PERCIBIR O EXPRESAR ALGUNA COSA: **10 tono ++:** ...no puede hablar en ese tono *beligerante* mientras ocupe el mando... HOY050198 **11 sentido:** ...decisiones (...) interpretadas en sentido *beligerante*... LVE130196 **12 imagen:** ...sacó ayer la imagen más *beligerante* de Rusia. LVE191296 **13 fondo –:** Su fondo nada *beligerante* provocó el enfado... LVE170495

D SUSTANTIVOS QUE DESIGNAN DIVERSAS MANIFESTACIONES VERBALES O COMUNICATIVAS, MÁS FRECUENTEMENTE DE CARÁCTER DISCURSIVO O DECLARATIVO: **14**

discurso ++: ...llegó el presidente (...) cargado de un *beligerante* discurso... CAP280995 **15** manifestación +: ...manifestaciones *beligerantes* en contra del Ejecutivo... LVE110795 **16** comunicado: ...*beligerante* comunicado difundido ayer por la agencia... LVE160396 **17** declaración: Hasta ayer se había cuidado de no hacer declaraciones *beligerantes*. EME091096 **18** consejo: ...más eficaces que los consejos más adversos y *beligerantes*... FDV050401

E SUSTANTIVOS QUE DENOTAN FRACCIÓN, SECCIÓN O PARTE DE UN CONJUNTO, MÁS FRECUENTEMENTE APLICADAS A GRUPOS HUMANOS QUE COMPARTEN O DEFIENDEN IDEAS O INTERESES: **19** parte ++: ...negociaciones de paz entre las tres partes *beligerantes*. EME020194 **20** fuerza ++: ...buscan ser reconocidos como fuerza *beligerante*... CLA210199 **21** bando ++: ...fuego de metralleta entre los bandos *beligerantes*... EXP011091 **22** sector +: ...la empresa del sector más *beligerante* ante el pacto... EME191095 **23** frente +: ...ha montado uno de los frentes más *beligerantes* contra Sergio... EPE150399

F SUSTANTIVOS QUE DESIGNAN DIVERSAS FORMAS DE REACCIÓN O ACTUACIÓN HOSTIL: **24** oposición ++: ...se encontrará con una oposición *beligerante*... EPE210999 **25** respuesta +: ...una respuesta *beligerante* (...) por parte de los jueces... EPE190999 **26** reacción +: Paul Wolfowitz (...) es uno de los que han defendido una reacción más *beligerante* por parte de Norteamérica... EPE211001 **27** lucha +: ...siempre ha proclamado la lucha *beligerante* contra el gobierno... ENH170497 **28** defensa: ...su *beligerante* defensa del escritor teatral... ABC250895 **29** rechazo: Si a esto se añade el hecho reciente de un acuerdo para la financiación autonómica de quince comunidades, con rechazo *beligerante* de las autonomías... LVE031196 **30** presión: ...la dura presión *beligerante* que ejercen los extremistas... LVE220895

G SUSTANTIVOS QUE DENOTAN HECHO, ACCIÓN O ACTUACIÓN: **31** acción +: ...motivaron la acción *beligerante* (...) contra un restaurante... EPE161099 **32** acto: ...parece un acto *beligerante* enviar seis aviones (...) para bombardear. EPE290599 **33** actuación: La actuación de (...) en el debate (...) ha sido abiertamente *beligerante*. LVE170395

H OTROS SUSTANTIVOS; POSIBLES USOS ESTILÍSTICOS: ...rosas sin púas y aplausos *beligerantes*. LVE130195

▩ Se combina también con: ♦ **abiertamente[118], a todas luces, declaradamente**

☐ Véase también: **combativo.**

belleza ♦ **angelical, arrebatador, asombroso, cándido[6], candoroso, cautivador, cegador[22], delicado, desbordante[17], deslumbrante, despampanante, efímero[20], embriagador, espectacular, excelso, exuberante[18], incomparable, indescriptible, inenarrable, inigualable, interior, irresistible, llamativo[5], portentoso[15], radiante, resplandeciente, rutilante[28], sereno, subyugante, sumo** ♦ **ajar(se)[1], apagar(se)[29], derrochar, destilar[58], eclipsarse, encandilar° (a alguien), extasiar (a alguien), inundar (algo), irradiar[16], llenar (algo), magnificar[34], marchitarse, perder(se), prendarse (de), realzar, revestir(se) (de)[10], seducir (a alguien)**

☐ Véase también: **frescura, hermosura, lozanía.**

bendición ♦ **apostólico, papal, paternal, solemne** ♦ **colmar (de)[26], conceder, dar (a alguien), derramar[1], dispensar, echar[75], otorgar, prodigar(se) (en), recibir**

[bendito] → **como un bendito**

beneficiar(se) ♦ **abusivamente[6], a conciencia[43], claramente, considerablemente[86], descaradamente[18], desproporcionadamente, económicamente, enormemente[7], ilegalmente, ilegítimamente, notablemente[11]**

☐ Véase también: **aprovechar, beneficio.**

beneficio ♦ **abultado[42], alto, apreciable[16], aproximado[50], astronómico[24], copioso[8], cuantioso, desmedido, desmesurado[13], discreto, económico, escaso, exiguo, incalculable, incontable, inestimable, ingente[13], inmenso, insignificante, irrisorio, jugoso, magno, moderado, módico, notable, nulo, ostensible[9], pingüe[1], suculento, sustancioso** ♦ **en aras (de)[45]** ♦ **acarrear[54], airear[38], amasar[5], arrojar[14], aumentar, blanquear[2], calcular, canalizar[13], capitalizar, conceder[27], contabilizar, cosechar[37], dar[216], decaer[60], decrecer[23], dedicar[19], derivar(se)[4], disminuir, engrosar[49], esfumarse, evaporar(se), materializar, menguar, mermar, obtener, ocasionar[58], perder, ponderar, producir, rebajar[22], recaer[18], redundar (en)[1], reportar, restringir, revertir (en)[1], revocar[42], saldar(se) (con), sopesar[2], tener**

☐ Véase también: **aprovechamiento, ganancia, lucro, provecho, rentabilidad, uso.**

BENEFICIO

♦ (SUSTANTIVOS) Véase: **abolir[K], abultado[G], acarrear[F], al calor (de)[I], amasar[A], ánimo (de)[A], anotar(se)[D], apreciable[C], aproximado[H], arañar[D], arrojar[C], astronómico[C], augurar[B], blanquear[A], canalizar[B], competitivo[E], comunal[E], conceder[F], congelar[A], copioso[B], cosechar[F], dar[Q], derogar[D], en aras de[B,G], engrosar[E], exorbitante[B], inconfesable[J], jugoso[A], mayúsculo[H], ocasionar[H], pingüe[A], pírrico[B], recaer[B], redundar (en)[A], revertir (en)[A], revocar[I]**

♦ (VERBOS) Véase: **a conciencia[H], a espuertas[A], comercialmente[B], con creces[E], descaradamente[D], enormemente[B]**

☐ Véase también: CANTIDAD; PATRIMONIO.

beneplácito ♦ **unánime[8]** ♦ **contar (con), dar, gozar (de), recibir**

☐ Véase también: **acceso, autorización, carta blanca, licencia, permiso.**

benigno *adj.* ▮ Acepta sustantivos de persona, más frecuentemente si se refieren a quien posee poder o autoridad *(magistrado, juez, profesor, soberano, madre).* También se combina con sustantivos que designan fenómenos meteorológicos o climáticos *(clima, calor, tiempo, frío, temperatura),* enfermedades o dolencias *(dolor, tumor, cáncer, síndrome, virus, enfermedad, infección)* y manifestaciones verbales *(comentario, alusión).* Acepta asimismo sustantivos temporales *(verano, agosto, enero, año, semana).* También se combina con...

A SUSTANTIVOS QUE DENOTAN JUICIO DE VALOR O PUNTO DE VISTA: **1** **opinión** +: La opinión hubiera sido más *benigna* si un grupo europeo hubiera fracasado... INDOC **2** **crítica** +: ...ha hecho que el PCF tenga una crítica mucho más *benigna* respecto al presidente Chirac y su gobierno... LVE280895 **3** **juicio**: Es una sociedad descrispada con juicios más *benignos* frente a todo: políticos, instituciones... LVE260795 **4** **calificativo**: «Decepcionante» es el calificativo más *benigno* que se puede aplicar al mano a mano entre Joselito y Enrique Ponce... EME220594 **5** **óptica**: Desde la *benigna* óptica del presidente del Gobierno, todo tiene su explicación. EME070995

B SUSTANTIVOS QUE DENOTAN SANCIÓN: **6** **castigo** +: ...destierro de Madrid y dos años de reclusión en un convento, castigo relativamente *benigno* si tenemos en cuenta la justicia de la época y la gravedad de los cargos. ABC070292 **7** **sanción** +: ...antes la conducta era *típica*, es decir, se le podía aplicar el castigo, pero, ahora ya no lo es y (...) la sanción más *benigna* es no hacer nada. LNC071100 **8** **pena** +: Se le dejó preso pese a haber cumplido la pena que, a decir verdad, fue muy *benigna*. RUM201097 **9** **escarmiento** –: Un portavoz de la publicación se negó a comentar el escarmiento, que, comparado con otros recientes castigos ordenados también por el Tesoro en abril, es bastante *benigno*. EPE230599

C SUSTANTIVOS QUE DESIGNAN EL FUTURO O ALGUNAS ESTIMACIONES SOBRE ÉL: **10** **pronóstico** +: «El pronóstico, en cualquier caso, es *benigno*», puntualizó ayer su secretaria... EME120294 **11** **destino**: Desde su puesto en la historia de la música, el gran Gaetano resulta, cada vez que el destino *benigno* nos presenta alguna de sus obras, de una apabullante modernidad. EME210394 **12** **futuro**: ...de tal manera que el ser una escritora era más que un oficio, un sueño que muchas añoraban, esperanzadas en un futuro más pródigo y *benigno*. PLG070397 **13** **propósito**: Yo pienso que es el estado máximo del ser humano, donde todo es bello, donde todo tiene un propósito *benigno* y paciente, donde todo se sufre y se soporta. CAR140497

D LOS SUSTANTIVOS *CAMBIO* Y *EVOLUCIÓN*: **14** **cambio**: El tiempo ha experimentado un cambio *benigno*, por fin. INDOC **15** **evolución**: ...su evolución es impredecible y con frecuencia relativamente *benigna*. ABC120393

E SUSTANTIVOS QUE DENOTAN CÓDIGO NORMATIVO: **16** **ley** +: Sin embargo, otros analistas consideran que una eventual derogación no tendría efectos jurídicos pues regiría el principio de la ley más *benigna*. EME280495 **17** **normativa**: ...menoscaba la libre competencia empresarial en la medida en que las entidades sujetas a la normativa foral más *benigna* soportan un coste de uso de capital menor... EPE220499 **18** **legislación**: (Léase legislaciones *benignas* para el capital, salarios bajos, facilidades de instalación, etcétera.). LVE160995

berenjenal ♦ **complicado, enrevesado, intrincado** ♦ **librar(se) (de), meter(se) (en)[7], salir (de)**
☐ Véase también: **anarquía, caos, desorden, embrollo, enredo, follón, jaleo, lío, maraña, pitote.**

besar ♦ **afectuosamente, apasionadamente, ardientemente, cariñosamente, efusivamente[14], fríamente**

beso ♦ **apasionado, ardiente, ardoroso, arrebatado, cariñoso, de compromiso, efusivo[2], fogoso, frío, furtivo, impetuoso, maternal, voluptuoso** ♦ **arrancar (a alguien), cubrir(se) (de)[3], deshacerse (en)[14], fundir(se) (en), lanzar[13], llenar (de), plantar (a alguien), recibir, soltar (a alguien)**
☐ Véase también: **abrazo, apretón de manos, gesto (de).**

bibliografía ♦ **abultado[57], abundante, actualizado, copioso[29], escaso, ingente[60], nutrido** ♦ **entre[34]** ♦ **bucear (en)[21], consultar, engrosar[67], zambullir(se) (en)**
☐ Véase también: **filmografía.**

biblioteca ♦ **acudir (a), bucear (en)[16], consultar, crear, inaugurar, visitar**

bien ▮ *(correctamente)* ♦ **francamente, prácticamente**
▮ *(posesión)* ♦ **de primera necesidad** ♦ **adquirir, adueñarse (de), apropiarse (de), atesorar, ceder, codiciar, confiscar, custodiar, despojar (de), desposeer (de), dilapidar, disfrutar (de), enajenar, expropiar, gozar (de), heredar, hipotecar, inventariar, legar, poseer, requisar, restituir, subrogar, sustraer, usurpar**
▮ *(acción buena)* ♦ **encarnar, hacer, perseguir, personificar**

bienestar ♦ **atentatorio (contra)[28], cómodo, efímero, fugaz, placentero, plácido** ♦ **en aras (de)[14]** ♦ **estado (de)** ♦ **amenazar, aspirar (a), disfrutar (de), gozar (de)[59], hipotecar[43], perder, perseguir, procurar (a alguien), truncar(se)[48], velar (por)**
☐ Véase también: **armonía, calma, paz, quietud, serenidad, sosiego, tranquilidad, tregua.**

bienvenida ♦ **acogedor[25], apoteósico[22], cálido[7], caluroso[1], cariñoso, cordial, efusivo[6], entusiasta, frío, multitudinario[24], tibio[15]** ♦ **en señal (de)[31]** ♦ **gesto (de)** ♦ **dar[292], dispensar[13], hacer extensivo[13]**
☐ Véase también: **acogida, actitud, ayuda, recepción, recibimiento.**

[bies] → **al bies**

bigote ♦ **cano, poblado, retorcido** ♦ **afeitar, atusar, crecer, mesar, peinar, recortar**

billete ♦ **agraciado[3], de ida y vuelta[16], premiado** ♦ **fajo (de), lluvia (de)[40]** ♦ **agotar(se), circular, dispensar, emitir, expender, validar[5]**

biografía ♦ **accidentado[22], ajetreado[8], azaroso[22], denso, dilatado[6], fecundo[36], nutrido, tormentoso** ♦ **empañar(se)[35], escribir, jalonar[17], trazar**

BIOGRAFÍA Véase: CURSO

bisoño ♦ **militar, persona, soldado**
☐ Véase también: **aprendiz, nuevo.**

bizantino *adj.* ▮ En el sentido de 'complicado o sin utilidad', se combina con...

A SUSTANTIVOS QUE DENOTAN CONFRONTACIÓN O PRESENCIA DE DIVERSIDAD DE OPCIONES. TAMBIÉN CON OTROS QUE DESIGNAN ALGUNAS REACCIONES QUE SE ASOCIAN CON ESAS MISMAS DIVERGENCIAS: **1 discusión ++:** ...cree que se trata de una discusión *bizantina.* ENV120197 **2 cuestión ++:** ...más allá de las cuestiones *bizantinas* sobre la calidad... LVE091295 **3 debate +:** ...aunque este parece ser un debate *bizantino*... LPH240596 **4 polémica:** ...para encontrar un precedente de polémica *bizantina.* EME281296 **5 enfrentamiento:** ...han evidenciado enfrentamientos *bizantinos* entre clanes... LVE020796 **6 controversia:** ...se ríe de nuestras instituciones enzarzadas en controversias *bizantinas*... LVE040896 **7 pelea –:** ...la pelea *bizantina* por los símbolos no le apasiona. LVE130796 **8 pugna –:** ...la transformación de los debates en incomprensibles pugnas *bizantinas* para los iniciados. EPE020977 **9 diferencia –:** Las diferencias entre los distintos grupos que la componen parecen a simple vista *bizantinas*... EPE050680

B OTROS SUSTANTIVOS; POSIBLES USOS ESTILÍSTICOS: ...no voy a darle la tabarra *bizantina*... EME211195; ...la flecha *bizantina* le suscitaría la sorpresa. LVE020395; Pero mi afición por la taxonomía no me llevará a tan *bizantina* separación de las aguas. EUV271096

[blanco] → **carta blanca, de guante blanco, de punta en blanco, en blanco**

blanco ▮ *(adj.)* ♦ **como la cera, como la nieve, como un muerto, inmaculado**
▮ *(sust.masc.)* ♦ **certero, difícil, fácil, infalible, perfecto, seguro** ♦ **acertar, apuntar (a), dar (en), errar, fallar, tirar (a)**

blandir *v.* ▮ En el sentido físico de 'mover amenazadoramente agitando en la mano' se combina con sustantivos que designan armas *(espada, hacha, cuchillo, puñal)* y, por extensión, otros objetos físicos que podrían asimilarse a ellas en algún uso *(muleta, tenedor, micrófono)*. En su sentido figurado, se combina con...

A SUSTANTIVOS QUE DESIGNAN SÍMBOLOS O INSIGNIAS: **1 bandera +:** Los miembros del Club de Fumadores *blanden* la bandera de las buenas relaciones con los no fumadores... EME010696 **2 estandarte:** ...la izquierda permanece muda, en lugar de *blandir* el estandarte de la sostenibilidad... LVE240596

B EL SUSTANTIVO *ARGUMENTO* Y CON OTROS SUSTANTIVOS DE INFORMACIÓN QUE DESIGNAN DIVERSAS NOCIONES SUSCEPTIBLES DE SER DEBATIDAS O RAZONADAS: **3 argumento ++:** ...*blandía* el argumento de los problemas morales derivados de las drogas... LTB131296 **4 propuesta:** ...se ha desestimado finalmente la propuesta *blandida* inicialmente de realizar un cine de combate... LVE150395 **5 programa:** ...*blandió* el programa (...) para atacar al líder... EME010694 **6 acuerdo –:** Además, ya se ha dicho que (...) no debe *blandir* los acuerdos (...) como si fueran un dogma. LVE290996

C OTROS SUSTANTIVOS DE NATURALEZA VERBAL: **7 lema +:** ...iba a abordar la carrera presidencial *blandiendo* el lema de «la unión de izquierdas»... EME140395 **8 término:** ...tiende a recordárselo, *blandiendo* el término como una maza... EME170895 **9 palabra:** ...el partido que quería dejar de ser la oposición, *blandiendo* las palabras de una justicia... EPE040800 **10 nombre:** También por aquí ha sido costumbre inveterada *blandir* el nombre (...) como coartada... EPE111101 **11 eslogan:** Allí, centenares de seguidores le esperaban *blandiendo* eslóganes de protesta contra su encarcelamiento. EPE290399 **12 lenguaje –:** Una canción que impulse a volar, *blandir* y compartir su lenguaje... LHG240697

D SUSTANTIVOS QUE DENOTAN AMENAZA, RIESGO Y OTRAS NOCIONES ASOCIADAS CON LA INCERTIDUMBRE: **13 amenaza ++:** Blandiendo la amenaza de poner a un civil al frente de la institución... CLA170397 **14 peligro:** ...*blande* el peligro comunista para ser reelegido en Ucrania. EPE141199 **15 inseguridad –:** Los segregacionistas *blandieron* (...) la inseguridad (...) como elemento crucial de su reclamo de separación... EME200294

E SUSTANTIVOS QUE DESIGNAN DIVERSAS NOCIONES DE NATURALEZA JURÍDICA: **16 estatuto:** ...los (...) estatutos que (...) *blande* para expulsar a todo el que no coincide con él. EPD110997 **17 ley:** ...respondieron (...) clausurando el periódico, *blandiendo* una ley anacrónica... EME080395 **18 artículo:** ...*blandirá* en su defensa el artículo 115 de la Constitución... EME170995 **19 justicia –:** Eso no excluye algunos «servicios» extra en los que, *blandiendo* la justicia como espada, se verán implicados otros sujetos. EME020396

F OTROS SUSTANTIVOS; POSIBLES USOS ESTILÍSTICOS: ...tras asesinar (...), *blande* una sonrisa impávida. LVE230196; Y el jefe del Ejército, (...) *blande* el uniforme como credencial de ciudadanía... EDV130301; Lo hizo con un ejército regular modernizado y *blandiendo* la causa de la recuperación de un territorio... LVE070895

☐ Véase también: **abanderar, empuñar, enarbolar.**

blando *adj.* ▮ Se combina con sustantivos que designan objetos materiales o sustancias *(La mantequilla está demasiado blanda)*. En el sentido figurado, en el que no califica la consistencia física de algo, se combina con el sustantivo *droga*, así como con...

A SUSTANTIVOS QUE DENOTAN ÍNDOLE, ASPECTO AL QUE ATIENDE ALGO O ENFOQUE DESDE EL QUE SE EXAMINA: **1 carácter +:** Era un hombre inteligente, piadoso y bien intencionado, pero de carácter *blando.* INDOC **2 actitud:** ...el oficialismo conservador no quiere quedar comprometido con una «actitud *blanda*»... CLA120197 **3 posición:** ...se acerca a las posiciones *blandas* dentro de una política internacional orientada a distanciarse de Alemania y acercarse a Francia e Inglaterra... LVE210696 **4 postura:** ...han criticado a Cuevas por haber adoptado (...) una postura «excesivamente *blanda*». EME201096 **5 punto de vista:** ...ha ratificado sus puntos de vista *blandos* para con el régimen... EPE010489 **6 criterio:** ...los criterios para multar son bastante más *blandos*... LVE040396

B SUSTANTIVOS QUE DENOTAN NORMA, LEY O SENTENCIA. TAMBIÉN CON OTROS QUE DESIGNAN LAS INSTITUCIONES DE LAS QUE EMANAN: **7 ley +:** ...la nueva ley, dicen, es una de las más *«blandas»*... EME120395 **8 legislación:** ...se trata más de un despiste propio de una legislación *blanda*... EPE060199 **9 código:** ...han abandonado la idea de que se trataba de un Código *«blando»*... EME250596 **10 norma:** ...la norma «es demasiado rígida», mientras que el resto consideran «que debería rebajarse y ser un poco más *blanda*»... EME301296 **11 condena:** ...considera «demasiado *blanda*» la condena impuesta. EME260194 **12 sentencia:** ...habían solicitado una sentencia *«blanda»* para los encausados. EME110795 **13 pena:** ...quejas por considerar que la pena (...) es *blanda* por la gravedad de los hechos. LVE060796 **14 sanción:** ...las «sanciones serán *blandas*», porque esta ley está perjudicando... EME131096 **15 veredicto:** ...un recurso presentado por la Fiscalía General contra el veredicto, considerado demasiado *blando*... EPE160299 **16 justicia:** Pocos delincuentes temen al castigo de la justicia porque saben que o es muy *blanda*... PME150996

C SUSTANTIVOS QUE DENOTAN TENDENCIA U ORIENTACIÓN. TAMBIÉN CON OTROS QUE DESIGNAN LA FRACCIÓN O EL SEGMENTO DEL CONJUNTO DE PERSONAS QUE LA SIGUE: **17 sector:** ...el sector *«blando»*, encarnado por el primer ministro Viktor Chernomirdin. EME230196 **18 línea +:** ...encarna para un buen sector de la opinión una línea *blanda* frente al fenómeno... SEM201097 **19 núcleo:** El núcleo duro o el *blando* de la junta de accionistas... EPE191199 **20 tendencia:** Entre las tendencias *blandas*, una religión que no es del todo una religión... EPE251101 **21 vía:** ...propone una vía *blanda* de acceso al problema... EPE150900 **22 rama –:** ...le veía como un surrealista místico, de la rama *blanda*. EME111196 **23 ala –:** ...mientras que los del ala *blanda* estiman que deben ser juzgados, sentenciados... EPE050799

D SUSTANTIVOS DE PERSONA, INDIVIDUALES O COLECTIVOS, QUE DESIGNAN A QUIEN EJERCE AUTORIDAD O PODER. SE RELACIONAN A MENUDO CON LOS SUSTANTIVOS DE LOS APARTADOS *B* Y *G*: **24 político:** ...borrar de un batacazo su fama de político *blando* y condescendiente. EME050996 **25 presidente:** ...no con Aslán Masjádov, presidente demasiado *blando*... EPE190800 **26 dirigente:** HB iniciaba la renovación de su Mesa Nacional, que condujo a un fortalecimiento del núcleo de dirigentes (...) y a la salida de dirigentes *«blandos»*... EME171295 **27 militar:** ...la voz del rumor (boatos) sostuvo muchas veces que había una enconada lucha entre los militares «duros» y los *«blandos»*. HOY191083 **28 ministro:** ...el *blando* ministro Esguerra, el incalificable presidente... SEM011096 **29 jefe:** ...y criticando a sus jefes por demasiado *blandos*. LVE010996 **30 directivo:** Para algunos es sólo un directivo *blando*, burócrata e indeciso... EME131195 **31 gobierno:** Me parece mal que cuando (...) hacen manifestaciones en las calles, el gobierno sea *blando* con ellos... LEC060597

E SUSTANTIVOS DE PERSONA, GENERALMENTE INDIVIDUALES, QUE DESIGNAN A QUIEN MANTIENE RIVALIDAD CON ALGUIEN O SE LE ENFRENTA: **32 enemigo:** Tanto que con los enemigos que tuvo hoy, *blandos*... EME130496 **33 rival:** ...pese a que se había conseguido ante un rival *blando*... EPE221001 **34 contendiente:** Pero Arretxe fue ayer un contendiente *blando*, incrédulo y apenas capaz de recuperar el recuerdo de sus atributos... EPE230599 **35 oposición:** ...de cara al otoño o seguirá siendo una oposición *blanda*? EME020996

F OTROS SUSTANTIVOS DE PERSONA, MÁS FRECUENTEMENTE SI SU DENOMINACIÓN SE RELACIONA CON LA CREACIÓN ARTÍSTICA O LA PRÁCTICA DEPORTIVA: **36 cantante:** ...mayormente vocalistas pop y cantantes *blandos* de salsa. EPE080800 **37 poeta:** ...poetas presumidos y *blandos*... EPE271199 **38 actor:** ...fue durante mucho tiempo un actor *blando*, falso, sin fuerza... EME180296 **39 creador:** ...los creadores esperanzados y los desesperados, los más *«blandos»*... ABC180895 **40 torero:** Toros duros y toreros *blandos*. EME140595 **41 portero:** Indeciso en las salidas, *blando*, nervioso, el portero vivió un tormento. EPE271099 **42 jugador:** ...por ser un jugador *blando* y sin carácter... EPE150899 **43 equipo:** ...ha dejado de ser el equipo *blando*, de mucho toque pero poco carácter... LVE111196

G SUSTANTIVOS QUE DENOTAN SISTEMA DE GOBIERNO, DOCTRINA O TENDENCIA POLÍTICA: **44 política +:** ...una política monetaria más *blanda* tendría consecuencias... CLA100199 **45 democracia:** ...los problemas de una «democracia *blanda* y liberal»... EME151295 **46 ideología:** ...por eso que se conoce como las «ideologías *blandas*». EME300196 **47 derecha:** Pero la derecha *blanda* también empieza a recortar... LVE190896 **48 totalitarismo:** La estrategia y la táctica empleadas en esa ofensiva aparentemente pacífica, cuando en realidad se la pudiera tildar de «totalitarismo *blando*», debería merecer el estudio de los especialistas... ENV180497 **49 dictadura:** ...error que viene también después de una dictadura *blanda* y «democrática»... EME280395 **50 socialismo:** ...un socialismo *blando* de derechas... EPE130499

H SUSTANTIVOS QUE DENOTAN VIOLENCIA O DESIGNAN DIVERSAS FORMAS DE HOSTILIDAD HACIA LAS PERSONAS O LAS COSAS: **51 agresión:** ...estaríamos ante una agresión *blanda*... EPE271099 **52 ataque:** ...en su ataque más bien *blando* a los demás... EME180295 **53 golpe de Estado:** ...un golpe de Estado *blando* para desalojar del poder a la UCD... LVE250296 **54 revolución:** ...recorrió las escasas profundidades de las revoluciones *blandas* del 68... EPE210800 **55 extorsión –:** De la extorsión *blanda* de Filesa intentaron aprovecharse... LVE221095 **56 represalia –:** ...la represalia más *blanda* que se puso sobre la mesa. EME021096

I SUSTANTIVOS QUE DENOTAN ACTIVIDAD DEPORTIVA O DESIGNAN DIVERSOS LANCES CARACTERÍSTICOS DE ALGÚN DEPORTE: **57 juego:** ...estuvo dominado por el juego *blando* y el cortado revés de su adversario. LVE230196 **58 deporte:** ...alimenta las críticas a este deporte *«blando»*, que dicen sus enemigos. EME130295 **59 fútbol:** ...al exquisito, aunque *blando*, fútbol del media punta Werner... EPE010487 **60 tenis:** ...una hora y tres cuartos de tenis *blando*, ingenuo... EME050995 **61 partido:** ...en un partido *blando* y nefasto que (...) acabó sin ningún vencedor. EME290494 **62 despeje:** ...el despeje *blando* de Bodart dejó franco... EME300395 **63 rechace:** ...un saque de esquina con un rechace *blando*... EPE151199 **64 pase:** ...un incomprensible y *blando* pase atrás de Aguilera... EPE070499

J SUSTANTIVOS DE DESIGNAN ANIMALES DE LIDIA Y, POR EXTENSIÓN, ESPECTÁCULOS O FESTEJOS TAURINOS: **65 toro +:** El tercer toro, *blando* y manso en el caballo, dictó su ley. EPE210800 **66 novillo:** ...como el novillo era muy *blando* y pequeñito... EME030895 **67 res:** A su segunda res, sumamente *blanda*... EPE060800 **68 sobrero –:** Sobrero de Antonio Pérez (...), *blando*, enrazado y con complicaciones. EME170594 **69 corrida –:** Viento, lluvia y corrida *blanda*... EME150796 **70 encierro –:** Encierro *blando* y sin clase de Alcurrucén... EME060895

K SUSTANTIVOS QUE DESIGNAN CREACIONES ARTÍSTICAS DE MUY DIVERSA ÍNDOLE, ESPECIALMENTE GÉNEROS Y ESTILOS: **71 música:** La música de este sexteto es jovial y *blandita*... EME140394 **72 canción:** Lo común a todas las canciones es que siendo un poco *blandas*... EPE010380 **73 disco:** ...el más *blando* (...) antirrocanrolero (y antiblusero) disco... EXC070901 **74 pop:** ...un pop que algunos consideraban algo *blando*... EPE181199 **75 película:** ...la película de Nava puede resultar *blanda* en algunos pasajes... LVE051095 **76 filme:** Blando filme sobre el idilio entre una carterista y un diplomático. LVE040995 **77 comedia:** Comedia dramática, *blanda* y predecible... LVE060995 **78 drama:** Mediocre, *blando* drama bélico ambientado en la guerra civil... LVE120795 **79 guión:** ...las deficiencias de un guión demasiado *blandito*. EPE031099 **80 narración:** ...una narración demasiado *blanda*. LVE040896

L SUSTANTIVOS QUE DENOTAN CANTIDAD ECONÓMICA, TRANSACCIÓN COMERCIAL Y OTRAS NOCIONES HABITUALMENTE ASOCIADAS A LA ACTIVIDAD FINANCIERA: **81 crédito ++:** ...los auxilios financieros, por la vía de créditos *blandos*. ENV010796 **82 peaje +:** ...habrán estipulado un peaje *blando* en la B-30 exclusivo para los camiones... LVE101296 **83 tarifa +:** ...bien comunicado y con tarifas muy *blandas*. EDV040599 **84 préstamo:** ...la UE y el BID prometieron asistencias y préstamos *blandos*... PLG220197 **85 interés +:** ...las solicitudes de préstamos con intereses *blandos* al sector privado... LDD110797 **86 financiación –:** ...se comprometía a una financiación *«blanda»* de los 30.000 millones... EME010296 **87 moneda –:** ¿Y las ventajas de una moneda *blanda* que llene las playas... LVE090495

M SUSTANTIVOS QUE DENOTAN SISTEMA O ÁREA DE CONOCIMIENTO. TAMBIÉN CON OTROS QUE DESIGNAN ALGUNAS DE SUS UNIDADES: **88 ciencia:** Las ciencias *blandas*, antropológicas, no podían dejar de tomar... ABC170192 **89 psicología:** Se acabaron los prototipos de psicología *blanda* tan previsibles como... EPE051099 **90 ecología:** ...desde la ecología *«blanda»*, superficial o medioambientalista... ABC010794 **91 ética:** ...no es sino una ética *blanda* y permisiva, poco autoexigente. EME120394 **92 pensamiento:** ...el pensamiento *blando* de la baja modernidad. EPE190299

N SUSTANTIVOS QUE DESIGNAN DIVERSAS FORMAS DE EXPRESIÓN VERBAL: **93 discurso:** Su discurso es *blando*, exhibicionista y amanerado. EME040595 **94 mensaje:** ...su mensaje puede haber sido «demasiado *blando* para frenar el frente... LVE050396 **95 comunicado:** ...un comunicado que algunos miembros del propio Consejo calificaron de «excesivamente *blando*». EME261295 **96 pregunta:** ...y que le sometieron a preguntas *blandas*. EPE010688 **97 término –:** ...hablando en términos *blandos*, mal comprendida... EME261196 **98 palabra –:** ...por palabras más *blandas*, del tipo «cáspita»... EPE150399 **99 diálogo –:** ...que te la cuela por las orejas con unos diálogos *blandos*... EME140295 **100 interrogatorio:** ...un interrogatorio *«blando»* y hecho a la medida del presidente... LVE110195

Ñ SUSTANTIVOS QUE DESIGNAN DIVERSAS MANIFESTACIONES ASOCIADAS AL ESTÍMULO SEXUAL: **101 pornografía:** ...éxitos de Hollywood y filmes de pornografía *blanda*... EME050696 **102 erotismo:** ...un modelo de erotismo *blando*, descafeinado... EPE290699 **103 sexo:** ...con visualización explícita de sexo *«blando»*... LVE070495 **104 lascivia –:** ...seducción, *blanda* lascivia y felino delicado... EME291295 **105 picardía –:** ...temía caer en el pozo negro de la picardía *blanda*... EME030194

O OTROS SUSTANTIVOS; POSIBLES USOS ESTILÍSTICOS: ...nos vemos condenados a una ceguera *blanda* y gris. EME210796; ...un reguero de humo *blando* de su cigarro. EME260394; ...por el silencio espeso y *blando* que nos rodea... ABC290193

☐ Véase también: **frágil, quebradizo.**

blanquear *v.* ■ En el sentido de 'poner blanca una cosa' se combina con sustantivos que designan objetos físicos, más frecuentemente edificaciones o algunas de sus partes. En el sentido de 'hacer aparecer como legal, correcto o apropiado' se combina con sustantivos que designan lo que puede ser interpretado como mercancía *(joya, vehículo, computadora)*, con otros que designan acciones delictivas *(robo, crimen, genocidio)* y especialmente con...

A SUSTANTIVOS QUE DESIGNAN MAGNITUDES ECONÓMICAS, TANTO OBTENIDAS COMO GASTADAS O PERDIDAS: **1 dinero ++:** El testigo principal, Marocco, declara que el arzobispo Carles *blanqueó* dinero. EME021195 **2 beneficio ++:** La policía y la fiscalía antidroga han desarticulado la red más importante dedicada a *blanquear* los beneficios del narcotráfico. LVE131296 **3 ganancia +:** Una nueva práctica para *blanquear* las ganancias que no se pueden declarar son las facturas de trabajo a domicilio... EPE220399 **4 ingreso +:** ...intenta robar dinero a una mafia mexicana dedicada a *blanquear* ingresos procedentes de negocios ilegales... EME170995 **5 fondo +:** ...está acusado por la policía francesa de *blanquear* fondos para inyectar 140 millones en Funespaña... EPE190900 **6 capital +:** El informe policial considera que uno de los sistemas más utilizados para *blanquear* capitales es mediante el pago de indemnizaciones... EME221095 **7 pérdida:** Se hizo necesario *blanquear* las pérdidas sufridas por la aplicación de las medidas. INDOC **8 gasto:** Blanqueaban los gastos electorales con inversiones ficticias. INDOC **9 botín:** ...es una organización «incipiente» cuya misión es *blanquear* el botín procedente del narcotráfico. EPE260899 **10 dividendo:** ...los dividendos por la venta de prisioneros y el bandolerismo se ingresan en bancos extranjeros o se *blanquean* en negocios inmobiliarios. EME251096 **11 percepción:** Residencial Menorquina, Copcan (...) y Europe Capital (...) fueron creadas al amparo de un plan trazado por Jorge Esparza con el objeto de *blanquear* las percepciones de comisiones ilícitamente obtenidas... EME081295 **12 comisión:** Las comisiones recibidas fueron *blanqueadas* previamente en una cuenta interpuesta en el Banco de Bilbao AG de Zurich... EME110294 **13 sobresueldo:** Rodríguez Colorado *blanqueó* su «sobresueldo» a través de pagarés del Tesoro y de cheques bancarios. EME160796

B SUSTANTIVOS QUE DESIGNAN EL CONJUNTO DE LO QUE SE POSEE O SE GESTIONA: **14 patrimonio +:** ...algunos asesores impositivos aconsejaban a los contribuyentes adquirir boletas de compra de Bonos Externos para *blanquear* patrimonios... CLA030797 **15 economía +:** Las medidas bancarias para *blanquear* la economía son calificadas de corto plazo... EPE131201 **16 bien +:** Fue condenado por *blanquear* los bienes que poseía gracias al tráfico de drogas. INDOC **17 fortuna:** Los jefes de la mafia rusa afincados en Marbella utilizan un complejo itinerario para *blanquear* sus fortunas procedentes de los casinos... EPE130999 **18 riqueza –:** Es imposible que hayan podido *blanquear* todas las riquezas obtenidas con el tráfico de droga a Estados Unidos. EPE161099

C EL SUSTANTIVO *NEGOCIO* Y CON OTROS QUE DESIGNAN DIVERSAS ACTUACIONES MERCANTILES, ASÍ COMO LO QUE SE COMPRA, SE VENDE O SE TRANSPORTA COMO PARTE DE ALGUNA ACTIVIDAD ECONÓMICA: **19 negocio +:** ...el cartel de la droga de Cali utilizaba un banco panameño para *blanquear* sus negocios... EPD270897 **20 producción +:** Lo que hizo ayer la organización fue sólo *blanquear* la producción que ya estaba en el mercado. EPE110900 **21 especulación:** Así lo demuestra el hecho de que el cronograma de reducción de aportes encierra una especulación nunca *blanqueada* por los funcionarios... CLA070199 **22 venta:** El contribuyente que quiera *blanquear* ventas negras puede hacer un alquiler ficticio de bonos... CLA030797 **23 actividad:** Seguramente, se creará una cooperativa, para *blanquear* la actividad. LNP210797 **24 comercio:** Algunos productos se adquieren sin aranceles, para *blanquear* el comercio. INDOC **25 compra:** Se intentó *blanquear* la compra de computadores que se adquirían con cheques sin fondos. INDOC **26 materia prima:** ...que los auditores comprueben que no se *blanquea* como madera certificada materia prima dudosa. EPE151199

D SUSTANTIVOS QUE DENOTAN IMAGEN O APARIENCIA PÚBLICA DE UNA PERSONA O UNA INSTITUCIÓN, Y CON OTROS QUE DESIGNAN ALGUNOS DE LOS RASGOS QUE LA PUEDEN CARACTERIZAR: **27 imagen ++:** Para muchos, estos años de democracia han ayudado a *blanquear* la imagen del general Pinochet. CAR090697 **28 fachada ++:** ...ha puesto en evidencia a un régimen que, según la oposición, sólo quería *blanquear* su fachada. EPE160499 **29 figura +:** El sueco Jan Troel (...) ha sido el encargado de *blanquear* (...) la figura de este personaje fundamental... EME310896 **30 cara:** A su juicio puede responder a una «estrategia política para *blanquear* la cara de la memoria negra y sucia» del franquismo. FDV150601 **31 sepulcro:** Pero Jesús, a sus malintencionados adversarios, les califica de sepulcros *blanqueados* llenos de podredumbre... LVE050595 **32 honorabilidad:** El recurso masivo a los tribunales como método para *blanquear* la honorabilidad de unos servidores públicos (...) sería un retroceso político... EPE130399 **33 biografía:** Pero eso no *blanquea* ninguna biografía, ni personal ni colectiva... EME201195 **34 identidad –:** ...a través de contratos perfectamente en regla, *«blanquean»* su auténtica identidad antes de abandonar España. EME190896

E SUSTANTIVOS QUE DESIGNAN LA RESPONSABILIDAD, ASÍ COMO ALGUNAS DE SUS MANIFESTACIONES: **35 responsabilidad +:** ...la dictadura salazarista conocía perfectamente la procedencia del oro y critican el intento de *blanquear* las responsabilidades del citado régimen portugués. EPE050899 **36 conciencia +:** ...es la conciencia de un atormentado, *blanqueada* en el encubrimiento de Mitterrand. EME030596 **37 obligación:** Por lo tanto, con ese pago sí quedan *blanqueadas* las obligaciones laborales del empleador anteriores al registro. CLA120397

F OTROS SUSTANTIVOS ABSTRACTOS: **38 experiencia:** ...las piscinas que se alzan como lugares consagrados a *blanquear* la experiencia oscura de la cotidianidad. EPE220700 **39 verdad +:** Se trataba de saber la verdad o de *blanquearla* en la lejía del olvido. LVE180295 **40 cultura +:** El orden moral *blanquea* nuestra cultura. LVE190896 **41 relación –:** ...el senador nacional Eduardo Bauzá formalizó ayer la presentación del proyecto de ley para *blanquear* la relación laboral del trabajo doméstico. LNP120397

G OTROS SUSTANTIVOS; POSIBLES USOS ESTILÍSTICOS: **42 autopista:** ...había quedado en suspenso después que el Excalibur *blanqueara* la autopista de llamados de la plana mayor menemista... LNP040997

blindaje ♦ **defensivo, económico, electromagnético, financiero, hermético**[5]**, judicial, político, protector** ♦ **a prueba de (algo)** ♦ **atravesar, debilitar, levantar, perforar, reforzar, reventar, saltarse, suprimir**

blindar *v.* ■ Con el sentido de 'proteger exteriormente, por lo general con planchas metálicas' se combina con sustantivos que designan vehículos *(coche, tren, furgón)*, espacios o lugares *(cabina, cuarto, casa, recinto)* y otros objetos materiales *(puerta, caja, cristal, cable)*. En el sentido más general de 'proteger físicamente' se combina a menudo con nombres de lugar *(frontera, espacio aéreo)*, así como con sustantivos que designan dispositivos, programas y transmisiones informáticas *(ordenador, programa, red, acceso, correo electrónico)*. También en el sentido de 'proteger' se combina con...

A EL SUSTANTIVO *CONTRATO* Y –POR EXTENSIÓN– CON OTROS SUSTANTIVOS QUE DENOTAN EL RESULTADO DE ALGUNA ACCIÓN CONCERTADA: **1 contrato ++:** ...con la que el Barcelona quisiera *blindar* el contrato de su mejor futbolista. LVE010596 **2 acuerdo:** Su confianza no es tanta que no les haya llevado a *blindar* el acuerdo logrado entre ambas fuerzas. EPE270399 **3 pacto:** No fue ni es un pacto *blindado*, pero los resultados que ha comportado para la sociedad... EPE220699 **4 alianza:** ...a medir las consecuencias de su alianza *blindada* con los cómplices... EPE110800

B ALGUNOS SUSTANTIVOS DE PERSONA QUE DESIGNAN GENERALMENTE PROFESIONES O PUESTOS DE CIERTA RELEVANCIA: **5 jugador:** ...mejorar económicamente su contrato para poder *blindar* al jugador con una cláusula... LVE030896 **6 equipo:** Con la intención de *blindar* al equipo, Toshack alineó a tres centrales... EPE280299 **7 directivo:** ...*blinda* a sus directivos contra las posibles pérdidas de valor de las acciones. EPE091199 **8 gestor:** ...los gestores de TVE (así estén asegurados y *blindados*)... EME030296 **9 magistrado –:** ...unos magistrados *blindados* contra los medios de comunicación... EPE071199 **10 monarca –:** ...para *blindar* al Monarca de las miserias de las economías. LVE231195

C SUSTANTIVOS QUE DENOTAN CANTIDAD ECONÓMICA (GENERALMENTE PERCIBIDA O DEPOSITADA), ASÍ COMO CON OTROS QUE DESIGNAN DIVERSAS ACTIVIDADES COMERCIALES: **11 sueldo:** ...de los cargos que ocupan y de los sueldos que se *blindaron*... LVE061196 **12 crédito:** El crédito hipotecario variable de la entidad sitúa su interés en el 7,40 (...) mientras que los mixtos y *blindados...* LVE240196 **13 cuenta:** ...qué cantidad de dinero se escondió en cuentas *blindadas* y en qué medida fue robado... LVE150996 **14 fondo:** ...con otras actuaciones anteriores, como la de *blindar* el Fondo de Reserva de la Seguridad Social... LRE040203 **15 presupuesto:** ...sólo una Ley de Financiación puede *«blindar»* los presupuestos de Educación... EME011296 **16 inversión:** La UE decide *«blindar»* sus inversiones en Cuba... EME250796 **17 economía:** ...hay que adoptar medidas para *blindar* la economía europea... EPE070900 **18 negocio:** ...sino ampliar y *blindar* para siempre el gran negocio de la televisión de pago... EME301296 **19 privatización –:** ...de *blindar* las privatizaciones del Banco de Venezuela... EUV010996

D SUSTANTIVOS QUE DENOTAN CARGO O POSICIÓN, GENERALMENTE POLÍTICOS: **20 puesto:** ...*blinda* su puesto en la cúpula del PP balear entrando en la candidatura... LVE061096 **21 escaño –:** Opción «san Antón»: que otro se lleve las bofetadas, y él pueda conservar su escañito *blindado* y la Secretaría General del partido. EME051295 **22 presidencia –:** ...le solucionó la vida a cambio de que Casaus le *blindara* la presidencia. EPE120699

E SUSTANTIVOS QUE DESIGNAN ENTIDADES Y ORGANIZACIONES QUE LLEVAN A CABO ACTIVIDADES ECONÓMICAS COMO LAS QUE SE MENCIONAN EN EL APARTADO *C*: **23 banco:** ...fue la primera en solicitar el cambio de estatutos, se convierte en un banco *blindado...* EPE011089 **24 compañía:** ...sino a *blindar* la compañía para ganar el tiempo necesario para reflotarla de nuevo. LVE150396 **25 empresa:** ...están estudiando la posibilidad de *«blindar»* las dos empresas creando dos grupos... EME260296 **26 entidad:** Primero, con medidas en los estatutos para *blindar* la entidad de *asaltos* indeseados. LVE051196 **27 institución:** En todo el proceso el Gobierno foral ha mantenido el carácter paccionado con el Estado de los estatutos de Caja Navarra, que permite *blindar* a la institución contra los intentos de democratización... EPE121199

F OTROS SUSTANTIVOS QUE DESIGNAN ORGANIZACIONES, INSTITUCIONES O CONJUNTOS DE PERSONAS, MÁS FRECUENTEMENTE SI SE DISTINGUEN POR SU AUTORIDAD O SU INFLUENCIA. TAMBIÉN CON OTROS QUE DESIGNAN ALGUNAS CARACTERÍSTICAS LEGALES O POLÍTICAS QUE SE LES ATRIBUYEN: **28 gobierno:** Los socialistas son conscientes de que la moción constructiva *blinda* al Gobierno... EPE171001 **29 régimen:** ...que quitarle la careta al régimen para *blindarlo* con leyes dictatoriales. EME020996 **30 poder:** Políticamente, sólo habrán conseguido ustedes *blindar* al poder. EME070295 **31 democracia:** Pero la democracia necesita tiempo para irse *blindando.* LVE230695 **32 oligarquía:** ...en la *blindada* oligarquía que nuestros partidos políticos se han otorgado a sí mismos. EME090594 **33 hegemonía –:** ...perderá así la hegemonía que ha mantenido *blindada* desde que accedió... EME290195 **34 impunidad –:** ...quisieran *blindar* su impunidad a costa de hacer un grave chantaje al Estado. LVE210695

G SUSTANTIVOS QUE DESIGNAN DISPOSICIONES LEGALES: **35 estatuto:** ...logró cambiar los estatutos, *blindados* de modo notable a las posibilidades... LVE020696 **36 ley:** ...el hombre que quería *«blindar»* la ley de presupuestos... LVE150195 **37 constitución:** ...la Constitución está *blindada* y sería pena inútil intentar su reforma. EPE070399

H OTROS SUSTANTIVOS; POSIBLES USOS ESTILÍSTICOS: ...va a reaparecer como el arcángel *blindado* del Bundesbank... EME290694; ...trata de lidiar con el sarcasmo *blindado* del cineasta cincuentón. LVE060996; ...pero se atuvieron a una *blindada* discreción sobre su conversación con el rey. CLA300197

bloquear *v.* ■ Se combina con sustantivos que designan lugares, sobre todo vías *(camino, paso, acceso, tubería, autopista, calle, arteria)*, lo que circula por ellas *(transeúnte, tráfico, petróleo, sangre)*, mecanismos *(motor, coche, ordenador, teclado)* y servicios *(línea telefónica, correo)*. También se combina con sustantivos de persona *(El exceso de trabajo me bloquea)*, con sustantivos que designan cantidades monetarias *(millón, porcentaje)* y ciertos eventos, más frecuentemente reuniones en las que se persigue algún objetivo *(asamblea, reunión, cumbre)*. También se combina con...

A SUSTANTIVOS QUE DENOTAN CAMBIO DE ESTADO O MODIFICACIÓN, MÁS FRECUENTEMENTE SI SUPONEN DESARROLLO O MEJORA DE ALGO: **1 reforma ++:** ...plantearon una crítica conjunta por la falta de política del Ministerio de Educación, al que acusaron de *bloquear* las reformas... EPD091097 **2 cambio +:** El partido gubernamental PRI ha *bloqueado* el cambio democrático al rechazar los acuerdos... LVE051296 **3 avance:** ...esta vacuna había creado, por primera vez, anticuerpos suficientemente activos como para *bloquear* el avance del virus... CLA150199 **4 progreso:** ...y por casi un siglo ha *bloqueado* el progreso de la ciencia. LNP010497 **5 evolución:** ...no fueron más que el epílogo de un caso histórico y político que *bloqueó* la evolución de Italia... LVE020595

B SUSTANTIVOS QUE DESIGNAN DIVERSAS FORMAS DE SOLICITAR ALGO, A MENUDO EN EL ÁMBITO JUDICIAL O EN EL POLÍTICO: **6 petición ++:** ...el PRI ha establecido una política de *bloquear* todas las peticiones que ha hecho la oposición... DYM240796 **7 solicitud ++:** ...el (...) todavía intentó *bloquear* nuestra solicitud de ingreso metiendo una solicitud propia, de última hora. PME150996 **8 pedido:** El oficialismo *bloqueó* anoche en Diputados un pedido opositor de interpelación al ministro... CLA030797 **9 demanda:** La mayoría republicana del Congreso, fiel al lobby de los fabricantes, hará lo posible por *bloquear* la demanda. EPE240999 **10 requerimiento –:** Desde el servicio jurídico, dirigido por Alonso Ureba, se *bloqueaban* requerimientos a clientes... EPE071001

C SUSTANTIVOS QUE DESIGNAN DIVERSAS FORMAS DE DIRIMIR O DAR RESOLUCIÓN O FINAL SATISFACTORIO A LAS SITUACIONES: **11 decisión +:** ...en el seno de la UE, donde España *bloqueó* la decisión de impulsar la política europea de asilo... LVE060296 **12 acuerdo +:** Pero, desafortundamente, no faltaron acciones cuyo objetivo evidente era *bloquear* un acuerdo... EXC180197 **13 salida +:** Son los vocales más ultramontanos los que han *bloqueado* una salida digna al caso... LVE220396 **14 medida:** ...la decisión de un tribunal inferior, que había *bloqueado* la medida, conocida como Propuesta 209... ENH090497 **15 solución:** ...insistió en que no es óbice para *bloquear* la solución a uno de los temas más graves e injustos de nuestro país. LVE281196 **16 pacto:** ...a nadie le sorprende que el pacto suscrito por todos los partidos democráticos esté actualmente *bloqueado.* LVE271195

D SUSTANTIVOS QUE DENOTAN SUPRESIÓN DE ALGO, DESAPARICIÓN O ALEJAMIENTO DE UN LUGAR O UNA POSICIÓN. POR EXTENSIÓN, CON OTROS QUE DENOTAN FRACASO Y FINAL INSATISFACTORIO: **17 retirada ++:** ...consumar una redada masiva de soldados españoles, *bloqueando* su retirada. EME240595 **18 huida:** ...las tropas de Sfor *bloquearon* su huida con tres blindados... EPE211299 **19 fuga:** Cuando los coches de Policía pudieron *bloquear* su fuga, la mujer salió del coche... EME021095 **20 expulsión:** No extraña, en estas circunstancias, que (...) *bloqueara* la expulsión de 16 guardias condenados por torturas. EME041196 **21 exportación:** ...cuando los pescadores también *bloquearon* las exportaciones. EME230995 **22 cese:** ...la minoría más conservadora *bloquea* el cese de (...) en el poder judicial. EME220396 **23 destitución:** ...el oficialismo *bloquee* la destitución del concejal prófugo... CLA160797 **24 derrota –:** Ofensiva de las tabacaleras de EE. UU. para *bloquear* su gran derrota judicial. EPE090799

E SUSTANTIVOS QUE DESIGNAN AQUELLO A LO QUE SE ASPIRA O QUE SE DESEA OBTENER. POR EXTENSIÓN, CON OTROS QUE DESIGNAN POSIBILIDADES O PERSPECTIVAS FUTURAS. SE CONSTRUYEN GENERALMENTE EN PLURAL: **25 aspiración +:** ...ha *bloqueado* la aspiración del ministro de utilizar la provincia como trampolín político... LVE080795 **26 objetivo:** Este objetivo podría haberse *bloqueado* tras el gol que la ejecutiva conservadora metió en su propia portería... EPE070599 **27 propósito:** Pero su propósito fue *bloqueado* por sectores conservadores del exilio cubano... ENH240700 **28 intento:** Algunos diputados (...) han anunciado que *bloquearán* cualquier intento... LHG190397 **29 expectativa:** Los nervios han *bloqueado* las expectativas de un equipo que parece haber entrado en barrena. EME210394 **30 iniciativa:** ...dan por seguro que esta nueva mayoría les permitirá *bloquear* cualquier iniciativa de gestión... EDV110101 **31 horizonte:** ...luce vencido, aplastado por la pobreza extrema, con todos los horizontes *bloqueados*. EUV050996 **32 pretensión:** ...*bloquea* la pretensión de (...) de aumentar el sueldo a los diputados. LVE190696

F SUSTANTIVOS QUE DESIGNAN DIVERSAS FACULTADES Y CAPACIDADES COGNITIVAS O INTELECTIVAS; POR EXTENSIÓN, TAMBIÉN CON OTROS QUE DESIGNAN PARTES DEL CUERPO QUE SE INTERPRETAN METONÍMICAMENTE EN ESE MISMO SENTIDO: **33 mente ++:** ...noto que se te *bloquea* la mente, no puedes pensar en otra cosa. EME100694 **34 conocimiento:** ...sus aliados puedan aplicar una mayoría mecánica que *bloquee* el conocimiento de temas sensibles. EPE190399 **35 memoria +:** Cancelar la historia, *bloquear* la memoria es una forma terrible de abandonar nuestros valores... LHG290597 **36 entendimiento:** ...derribó el muro sicológico que *bloqueara* el entendimiento y los contactos humanos... HOY081178 **37 creatividad:** ...veíamos que la imposición del estreno (...) *bloqueaba* la creatividad del grupo. LVE170796 **38 cabeza:** Cuando oí «Belle Epoque» mi cabeza estaba *bloqueada* como una olla a presión. EME230394

G SUSTANTIVOS QUE DENOTAN OCASIÓN O POSIBILIDAD DE LOGRAR ALGUNA COSA. SE EMPLEAN FRECUENTEMENTE EN PLURAL: **39 posibilidad +:** ...pero el canciller *bloqueó* esa posibilidad cuando cruzó el Río de la Plata para aclararle a Uruguay que... CLA080199 **40 alternativa:** El último atentado *ha bloqueado* cualquier alternativa de diálogo con el gobierno. INDOC **41 opción:** ...ha participado en una conjura internacional para *bloquear* la opción integracionista en Indonesia. EPE030999

H OTROS SUSTANTIVOS; POSIBLES USOS ESTILÍSTICOS: ...una coartada para *bloquear* la parálisis de la vida política española. EME300695

▩ Se combina también con: ♦ **a medias[12], por completo[33], temporalmente[4], totalmente**

□ Véase también: **obstaculizar, obstruir.**

bloqueo ♦ **estricto[18], férreo[59], implacable, infranqueable, riguroso, total** ♦ **aflojar[16], aliviar[41], decretar[20], ejercer, implantar, levantar[10], recrudecer(se)[18], someter (a), superar**

bobada ♦ **como una casa, como una catedral, como un piano, de campeonato, descomunal, monumental, soberano** ♦ **sarta (de)[16]** ♦ **andarse (con)[36], decir, dejar caer, lanzar, soltar**

□ Véase también: **disparate, estupidez, idiotez, imbecilidad, majadería, perogrullada, tontería.**

[boca] → **a pedir de boca, como boca de lobo, con la boca {chica/pequeña}, de boca en boca**

bocado ♦ **dar, tomar**

[bocajarro] → **a bocajarro**

bocanada (de) ♦ **aire, humo, oxígeno**

bochorno ♦ **mayúsculo[46], monumental, tremendo** ♦ **experimentar, pasar**

□ Véase también: **calor, temperatura.**

boda ♦ **civil, familiar, íntimo, religioso, solemne, sonado** ♦ **aniversario (de), día (de), noche (de), nulidad (de), preparativos (de)** ♦ **anular, anunciar, asistir (a), celebrar, consumar, efectuar(se), festejar, fijar, tener lugar**

□ Véase también: **matrimonio, nupcias.**

bofetada ♦ **monumental[56], sonoro** ♦ **atizar, dar, endosar, estampar, largar, pegar, plantar, propinar**

□ Véase también: **golpe (de), guantazo, puñetazo, revés, tortazo.**

boicot ♦ **absoluto, duro, estricto, recalcitrante[26], unánime[37]** ♦ **campaña (de), intento (de), llamamiento (de)** ♦ **amenazar (con), anunciar, arreciar[37], convocar, declarar, ejercer, emprender, escapar (a), fracasar, poner en práctica, practicar, saltarse, seguir, tener éxito**

boicotear *v.* ▮ Admite como complemento sustantivos de persona individuales y colectivos, más frecuentemente si designan a los responsables de alguna actividad relevante *(presidente, diputado, director, junta, comisión, gobierno)*. También se combina con sustantivos que designan organizaciones políticas *(organismo, partido, congreso, institución)* o empresariales *(empresa, firma, multinacional)*. Asimismo se combina con...

A SUSTANTIVOS QUE DESIGNAN PROCESOS RELACIONADOS CON LA CONFRONTACIÓN ELECTORAL: **1 elección ++:** ...instamos a los exiliados a que llamen por teléfono a sus familiares en Cuba para que *boicoteen* estas elecciones... DLA110198 **2 comicios ++:** La derecha sudafricana *boicotea* los comicios pese a las enmiendas... EME220294 **3 escrutinio ++:** Los principales partidos de la oposición aliados a los islamistas habían pedido que se *boicoteara* el escrutinio. LVE181195 **4 campaña ++:** El secretario general dijo que los vazquistas «sabotearon y *boicotearon*» la campaña electoral socialista... EME250194 **5 mitin ++:** Los hechos ocurrieron la noche del viernes, cuando una treintena de jóvenes pretendió *boicotear* un mitin del PP en Cornellà. EPE080399 **6 votación +:** La votación del Parlamento fue *boicoteada* por la mayoría de los diputados liberales y nacionalistas. EME290194 **7 referéndum +:** Socialistas y nacionalistas, que *boicotearon* el último referéndum constitucional de hace tres años, pidieron para la consulta de ayer el voto afirmativo a sus militantes. LVE160995 **8 plebiscito +:** La existencia de estas fronteras llevó ayer a la mayoría rusófona de la autoproclamada República del Transdniester a *boicotear* el plebiscito... EME070394 **9 consulta:** En segundo término, los separatistas, que no se rinden, *boicotearon* la consulta electoral. EME191295 **10 voto:** El Partido Socialdemócrata (centroderecha) y el derechista Partido Popular *boicotearon* el voto. LVE040596

B SUSTANTIVOS QUE DESIGNAN EVENTOS QUE REQUIEREN LA PARTICIPACIÓN DE VARIAS PERSONAS PARA DEBATIR ALGÚN ASUNTO: **11 reunión ++:** Ello contrastó con las denuncias del régimen castrista sobre un supuesto activismo norteamericano para *boicotear* la reunión. EPE161199 **12 cumbre ++:** Seis ministros israelíes dimiten para *boicotear* la cumbre de Barak y Arafat en Camp David... EPE100700 **13 sesión ++:** ...los parlamentarios de la federalista Liga Norte decidieron *boicotear* las sesiones del Parlamento... LVE170596 **14 asamblea ++:** Los miembros del sector renovador *boicotean* la asamblea malagueña. EME270694 **15 congreso +:** El PI niega que tenga «colomins» en ERC para actuar como submarinos para *boicotear* el 21 congreso republicano... LVE151196 **16 debate +:** El PP *boicotea* los debates electorales de Canal Sur por sentirse marginado. EPE300499 **17 comparecencia +:** Aunque la oposición *boicotee* la comparecencia de Belloch, él no acudirá mañana al pleno. EME041095 **18 cita:** Los seguidores del presidente de Chechenia y líder rebelde (...) se proponen *boicotear* esa cita con las urnas por considerar que no será democrática... LVE051295

C SUSTANTIVOS QUE DESIGNAN ACTOS O EVENTOS, GENERALMENTE CONVOCATORIAS DE CARÁCTER PÚBLICO, Y MÁS FRECUENTEMENTE SI EN ELLAS SE SUELE FESTEJAR O REMEMORAR ALGUNA COSA. POR EXTENSIÓN, CON OTROS QUE DESIGNAN ACTOS SOCIALES EN LOS QUE SE RECIBE O SE AGASAJA A ALGUIEN: **19 acto ++:** Durante la lectura del pregón, varias decenas de cooperativistas (...) intentaron *boicotear* el acto con silbatos. EME140594 **20 visita ++:** ...los obispos protestantes han amenazado con *boicotear* la visita del Papa si se le permite predicar en la catedral real de este país. EUV060499 **21 celebración +:** Su incapacidad para pactar el futuro (...) les ha obligado a *boicotear* su celebración. EME050995 **22 recepción +:** Greenpeace pidió a los dirigentes del país que *boicoteen* la recepción del 14 de julio en la embajada francesa... LVE110795 **23 conmemoración:** Los dos polos (...) se dieron sorprendentemente la mano a la hora de *boicotear* una conmemoración que pretendía ser unitaria... LVE120996 **24 acontecimiento:** Los estudiantes de Medicina seguirán *boicoteando* los actos públicos y los acontecimientos deportivos vestidos con sus batas blancas. EME150195

D EL SUSTANTIVO *ACUERDO* Y CON OTROS QUE DESIGNAN DIVERSOS ASPECTOS DE LOS PROCESOS NEGOCIADORES O LA OBTENCIÓN DEL CONSENSO QUE SE ASOCIA CON ELLOS: **25 acuerdo ++:** Los dos sindicatos amenazan con *boicotear* el acuerdo que se firme... EME160695 **26 negociación ++:** El vicepresidente de esta asociación (...) negó que el colectivo vecinal «*boicotee*» la negociación con la Comunidad de Madrid. EME240294 **27 conversación +:** El Gobierno de Bosnia *boicotea* las conversaciones de paz de Nueva York. LVE250995 **28 entrevista:** Los independentistas chechenos amenazaron ayer con *boicotear* la entrevista del presidente Eltsin con su líder... LVE270596 **29 entendimiento –:** Fuentes nacionalistas consideran precisamente que la obsesión del PP en *boicotear* el entendimiento entre el Gobierno y CiU es lo que explica la estrategia popular contra CiU. LVE010794

E SUSTANTIVOS QUE DENOTAN DISERTACIÓN ORAL O DESIGNAN DIVERSAS ACTIVIDADES DE CARÁCTER VERBAL QUE SE REALIZAN EN PÚBLICO: **30 discurso ++:** ...amenazaron brevemente con *boicotear* el discurso presidencial si la oposición no cedía en esos intentos. ENV010997 **31 conferencia ++:** Chile *boicotea* una conferencia de Defensa en Madrid. EPE210999 **32 charla:** Un grupo de castristas *boicotea* en Barcelona una charla de Cabrera Infante. LVE060696 **33 lectura:** Los diputados sandinistas (...) *boicotearon* la lectura del informe a la nación... ENH110198

F ALGUNOS SUSTANTIVOS DE CARÁCTER PROSPECTIVO QUE DESIGNAN DIRECTRICES DE ACCIÓN FUTURA: **34 iniciativa ++:** A su juicio, los nacionalistas «*boicotean*» las iniciativas en curso en la Cámara por medio de su presidente Atutxa. EDV070201 **35 proyecto ++:** ...los correligionarios de Chirac *boicotearon* el proyecto de ley. EPE120900 **36 plan ++:** Para *boicotear* el plan de la secta, se organizó en el comando central de la policía israelí un equipo interdisciplinario... CLA050199

G SUSTANTIVOS QUE DESIGNAN LEYES Y OTROS CONTENIDOS ESTIPULADOS O REGLAMENTADOS: **37 ley +:** Denunciaron que les cerraron las puertas y *boicotearon* la ley de capacitación laboral. ACP071100 **38 constitución +:** Los croatas han *boicoteado* la constitución del nuevo ayuntamiento con la excusa de que habría que repetir las elecciones en un colegio... EME050896 **39 resolución +:** ...en los últimos meses habían venido acusando a la Autoridad Palestina de *boicotear* sus resoluciones... EPE131099 **40 orden:** Lo que más me impresionó fue la reacción de la gente, que se dio cuenta del peligro pero actuó con calma (...) sin *boicotear* las órdenes. LVE050295 **41 norma:** Es una norma injusta y arbitraria que merece ser *boicoteada*. INDOC

H SUSTANTIVOS QUE DENOTAN PRODUCTO O MERCANCÍA O DESIGNAN DIVERSAS TRANSACCIONES DE NATURALEZA COMERCIAL: **42 producto ++:** Las organizaciones agrarias amenazan con *boicotear* productos y comercios del país vecino. LVE220495 **43 artículo +:** Teme que el poderoso grupo de presión (...) *boicotee* los restantes artículos dietéticos que componen la gama del coloso suizo. LVE101196 **44 importación +:** La primera reacción fue *boicotear* la importación de productos del país vecino. INDOC **45 venta:** Si *boicotean* la venta de petróleo, el alza de los precios será inminente. INDOC

I SUSTANTIVOS QUE DENOTAN PARTICIPACIÓN ACTIVA EN UNA TAREA U OCUPACIÓN, A MENUDO DE FORMA TENAZ. TAMBIÉN CON OTROS QUE DESIGNAN EL CURSO QUE ESAS LABORES SIGUEN: **46 trabajo:** ...hubo jugadores que ayudaron a *boicotear* el trabajo de Bilardo... CLA070197 **47 labor:** La defensa optó por abstenerse de llamarla a declarar en el juicio, para que no *boicoteara* su labor. EME300795 **48 proceso ++:** El partido indígena Yatama, que había amenazado con una rebelión, pidió a las comunidades miskitas que *boicotearan* el proceso... LPH061100 **49 esfuerzo:** ...los hechos *boicotean* esos esfuerzos (tal como se ha visto con la retirada de los pastunes en Bonn). EPE101201 **50 actividad:** Explica que si el Ayuntamiento no atiende las reivindicaciones la enviará a *boicotear* la actividad de la escuela... EPE200999

J SUSTANTIVOS QUE DESIGNAN OTROS EVENTOS, GENERALMENTE COMPETICIONES DEPORTIVAS: **51 competición +:** ...los atletas han amenazado con *boicotear* la alta competición si no se entregaban premios en metálico a los vencedores y fijos de salida al resto de participantes. LVE260795 **52 torneo +:** Este descalabro da la razón a Corretja, Ferrero y Costa, que *boicotearon* el torneo como protesta por no haber sido nombrados cabezas de serie... EPE030700 **53 campeonato +:** El presidente de la Agrupación de las Apas de Mos, José Campo, acusó ayer al gobierno local de *«boicotear»* el campeonato de futbito de este colectivo... FDV280301 **54 partido:** Los jugadores *boicotearán* el partido del domingo si no se les confirman sus contratos. INDOC

□ Véase también: **desbaratar.**

boina ♦ **ajustar(se), calar(se), encajar, poner(se), quitar(se)**

boleto ♦ **agraciado[4], de ida y vuelta[18], premiado** ♦ **cobrar, comprar, validar[4]**

□ Véase también: **entrada, tique.**

bolsa ♦ *(mercado de valores)* **atenazar[22], caer, derrumbar(se)[2], hundirse, invertir (en), jugar (en), repuntar, sacar (a), salir (a), salir a flote**

bolsa (de) **I** *(conjunto)* ♦ **abstención, acción** *(economía)*, **aire, comercio, delincuencia, dinero negro, empleo, estudio, fraude, indeciso, marginación, miseria, objetor, paro, persona, pobreza, resistencia, sorpresa, suelo, trabajo, valores, vivienda, votante**

I *(saco)* ♦ **compra, deporte, equipaje, mano, viaje**

[bolsillo] → **meterse en el bolsillo**

bolsillo ♦ **desahogado, flaco[10], roto** ♦ **aligerar, engrosar[42], hurgar (en), ir a parar (a), llenar(se), rascarse, rebañar[3], sangrar**

[bomba] → **caer como una bomba, como una bomba**

bomba ♦ **atómico, casero, contra (algo/alguien), convencional, de neutrones, de relojería, de tiempo, hidráulico, informativo, lacrimógeno, nuclear, potente** ♦ **a prueba (de), a resguardo (de)** ♦ **efecto (de), estallido (de), explosión (de)** ♦ **accionar, activar, arrojar, caer, camuflar, colocar, desactivar, desmontar, destruir (algo), detectar, estallar, explosionar, explotar, fallar, montar, poner**

bombardeo ♦ **aéreo, apabullante, artillero, constante, continuo, de anuncios, de imágenes, de información, demoledor[4], de noticias, de preguntas, fuerte, implacable, incesante, indiscriminado, infernal, informativo, intensivo[25], intenso, masivo, mediático, potente, propagandístico, publicitario, represivo, selectivo, sin tregua, sistemático, televisivo** ♦ **a resguardo (de), bajo** ♦ **exponerse (a), guarecerse (de), huir (de), lanzar[27], proceder (a), proseguir, reanudar(se), recrudecer(se)[15], redoblar, reprobar, someter (a), sufrir**

bombear ♦ **agua, sangre,** *otros sustantivos que designan líquidos*

bombilla ♦ **apagar(se), encender(se), fundir(se)**

[bombo] → **a bombo y platillo**

bondad ♦ **absoluto, infinito** ♦ **atesorar[31], confiar (en), creer (en), demostrar, derramar, derrochar[94], encarnar, irradiar, mostrar, personificar, ponderar, predicar[38], respirar, resplandecer, tener**

□ Véase también: **amabilidad, calidad, cordialidad, simpatía, virtud.**

[boquilla] → **de boquilla**

[borbotón] → **a borbotones**

bordar *v.* **I** En su sentido literal, 'hacer bordados', admite sustantivos que designan materiales y objetos muy diversos *(seda, cuero, tela, pañuelo, cortina, estandarte)*, así como lo que en ellos se representa *(Había bordado una mariposa con punto de cruz)*. Su sentido figurado, 'hacer algo con extremada perfección', es más propio de la lengua conversacional. Acepta sustantivos que designan muy diversas obras de creación, especialmente los trabajos que resultan del esfuerzo personal o alguno de sus elementos constitutivos *(verso, soneto, crónica, aria, texto, discurso, sonata, tema, tango, comienzo, réplica)*. Admite muy frecuentemente los que designan actividades cuya ejecución exige una destreza especial *(fútbol, toreo, cante)* y también otros que designan eventos donde estas actividades se ejercitan *(partido, concierto, festival, encuentro: La Juve ha bordado un partido espectacular)*. Se combina asimismo con...

A SUSTANTIVOS QUE DESIGNAN LO QUE EL ACTOR REPRESENTA. TAMBIÉN CON OTROS QUE EXPRESAN MUY

DIVERSAS FORMAS DE REPRESENTACIÓN O ACTUACIÓN: **1 papel ++:** Por enésima vez, Humphrey Bogart vuelve a *bordar* su papel. EPE241101 **2 personaje ++:** ...y Maura, como nos tiene acostumbrados, *borda* su personaje de hermana un poco alocada, siempre de viaje... EPE021101 **3 interpretación ++:** Su sabiduría, su saber hacer, hizo de aquel tipo un personaje relevante por el que Fernando *bordó* su interpretación. EME120394 **4 actuación ++:** ...la rubia ex modelo de piernas inmensas Bridgette Wilson, que *borda* su actuación de mujer rencorosa. EPE040700 **5 escenificación:** ...sus maestros, los músicos que dan soporte a una escenificación *bordada* en la que ningún lugar común queda sin atender. EPE030699 **6 escena:** ...con alguna de esas escenas que *borda*, en que las masas no se mueven, sino que se debaten en el más pantanoso horror... LVE270195 **7 monólogo:** ...y hasta se *bordó* un monólogo a medida, con «La peste», de Camus. LVE240996 **8 performance:** ...que pese a *bordar* su «performance» tuvieron que comprobar la escasa asistencia de público... LVE020295 **9 aparición:** Silvia Munt, al igual que en La pasión turca, *borda* su breve aparición. EME190295 **10 imitación:** Todos tendríamos entonces un amigo, vecino o conocido que *bordaría* una imitación de Chiquito... LVE230495 **11 caricatura:** Steve Martin *borda* la caricatura con un personaje secundario, Mr. Schmendiman... LVE211295 **12 encarnación –:** ...y «Seven» (1996), donde *borda* su encarnación del psicópata de turno. LVE270396

B SUSTANTIVOS QUE DENOTAN TAREA. TAMBIÉN CON OTROS QUE DESIGNAN DIVERSAS ACTIVIDADES O PROCESOS FÍSICOS O INTELECTIVOS QUE SE CONSIDERAN VÁLIDOS PARA DEMOSTRAR CONOCIMIENTOS, CAPACIDADES O HABILIDADES EN ALGUNA MATERIA: **13 prueba:** ...en la final del IV Campeonato de España de Sumilleres, el último de los celebrados hasta la fecha, quedó tercero tras *bordar* las pruebas mas difíciles... EPE060699 **14 examen:** Salió muy contento del examen, porque dijo que lo había *bordado.* INDOC **15 trabajo:** Han simbiotizado a sus músicos y se ha conseguido una exquisita banda potente y delicada, muy artistas. Todos ellos *bordan* su trabajo. EPE110999 **16 estudio:** Sobre un casi mítico texto de David Mamet, Hoffman y Franz (...) *bordan* un perfecto y absorbente estudio de caracteres. EPE051099 **17 selectividad:** Para eso no sólo hay que tener buena media de los estudios anteriores sino que hay que *bordar* la selectividad. EME210695 **18 reflexión:** ...y con la otra *borda* una reflexión implacable sobre la barbarie humana en su más abyecta expresión, el desprecio absoluto por la vida de un semejante. EPE030699

C SUSTANTIVOS QUE DESIGNAN LANCES DEPORTIVOS O TAURINOS, ASÍ COMO EL ESPECTÁCULO O EL JUEGO AL QUE CORRESPONDEN: **19 jugada ++:** Los suplentes del TDK se entrenaron a placer, *bordando* numerosas jugadas de fantasía... LVE110596 **20 faena ++:** ...el diestro vallisoletano Roberto Domínguez cosechó ayer uno de los mejores triunfos de su vida tras *bordar* la faena... ENC300301 **21 pase +:** En el primero, noble con clase y con las fuerzas justas *bordó* tres o cuatro pases en otras tandas de redondos. EME021095 **22 asistencia:** ...quien *bordó* la asistencia del argentino driblando a un defensa y colocando el balón en la escuadra... EPE221199 **23 centro:** ...el portugués *bordó* un preciso centro desde la derecha rumbo a Luis Enrique, que cabeceó cruzado. EPE100199 **24 natural:** Bordó el natural en algunos momentos, templó algunos redondos y esculpió el pase de pecho. EME140796 **25 juego:** El Barcelona *bordó* su juego y desarboló al Panathinaikos alcanzando la máxima diferencia en el minuto 17 (36-19). EME260996

[borde] → al borde (de)

bordear

bordear *v.* ▮ En el sentido de 'ir por el borde de' se combina con sustantivos que designan objetos o espacios que se pueden rodear o delimitar *(costa, lago, mesa, isla, finca, municipio).* En el sentido de 'aproximarse a' acepta sustantivos que designan números o cantidades, más frecuentemente sumas de dinero *(La cantidad estafada bordeaba el millón de euros)* o edades *(No era muy joven: bordeaba los cuarenta).* Se combina además con sustantivos que designan etapas vitales que se tienen por limítrofes *(bordear la ancianidad, la jubilación)* o acontecimientos de gravedad extrema *(bordear el suicidio, la muerte).* Se combina asimismo con...

A SUSTANTIVOS QUE DESIGNAN LÍMITES, CONTORNOS Y OTROS ESPACIOS LONGITUDINALES. SE USAN GENERALMENTE EN SENTIDO FIGURADO: **1 límite ++:** La inversión realizada durante los últimos tres años le permitió a este municipio (...) dar solución a un problema que ya *bordeaba* los límites de la indigencia... EPC190597 **2 frontera +:** Tal decisión supuso un reconocimiento del escaso control que ejerce en las siete agencias tribales que *bordean* la frontera con Afganistán en la provincia de la Frontera Noroccidental. EPE051101 **3 línea +:** «El espectáculo *bordea* la línea que separa el humor del mal gusto», dijo ayer el director de la compañía... EPE200599 **4 orilla:** ...recuerdan tanto a los tan conocidos que *bordean* las orillas del Sena... LVE250796 **5 margen –:** ...quienes piensan que Rillón se sobrepasó en sus límites, ya que habría *bordeado* el margen de la injuria... CAR290997

B ALGUNOS SUSTANTIVOS QUE DESIGNAN DIRECTRICES ESTIPULADAS O REGLAMENTADAS, ASÍ COMO SUS ELEMENTOS CONSTITUTIVOS O LAS FORMAS EN QUE SE MANIFIESTAN O SE RECOPILAN: **6 legalidad ++:** ...en la lucha contra el terrorismo a veces se *bordea* la legalidad. LVE060395 **7 ley +:** La necesidad de obtener recursos para mantener su gran maquinaria burocrática y propagandística ha llevado a las formaciones políticas a *bordear* la ley... EME280696 **8 código:** ...cuando vuelva hará la misma gobernación oportunista, *bordeando* o traspasando el Código Penal. EME030596

C SUSTANTIVOS QUE DESIGNAN DIVERSAS NOCIONES QUE EXPRESAN LO QUE SE APARTA DE LA LEY O LA NORMA, MÁS FRECUENTEMENTE SI CONSTITUYE UN DELITO: **9 ilegalidad ++:** Las propias agencias de financiación sugieren la creación de asociaciones o fundaciones que faciliten la gestión, pero que, las más de las veces, parece que, al menos, *bordean* la ilegalidad. ABC140593 **10 delincuencia +:** Chukri *bordea* la delincuencia, coquetea con la amoralidad, le tienta dejarse arrastrar por el pesimismo de los desheredados que nada tienen que perder. LVE120196 **11 inconstitucionalidad +:** Este punto está levantando fuertes críticas ya que *bordea* la inconstitucionalidad. EME240596 **12 criminalidad:** Las actitudes agresivas mafiosas de este personaje *bordean* la criminalidad. INDOC

D SUSTANTIVOS QUE DESIGNAN DIVERSOS GRADOS Y FORMAS DE ALTERACIÓN O DESEQUILIBRIO PSÍQUICO QUE CABE INTERPRETAR COMO EXTREMAS: **13 locura ++:** Si el Dow Jones (...) vive esta década lo que Alan Greenspan llama una «exhuberancia irracional», lo de su hermano menor *bordea* la locura. EPE271199 **14 histeria +:** Sin embargo, durante el transcurso del juicio, el comportamiento de ambos fue radicalmente opuesto: la viuda *bordeó* la histeria con sus estridentes gritos... HOY070181 **15 angustia:** Mi situación en Monte es muy mala y *bordea* la angustia, en la que no acepto entrar... ABC050393 **16 alienación:** Sin embargo, de entre todas sus rebeldías, muchas de las cuales expresan un extrañamiento que *bordea* la alienación, hay una que afecta el corazón de la sociedad chilena. HOY271097

E ALGUNOS SUSTANTIVOS QUE DESIGNAN SITUACIONES O HECHOS INDESEADOS, EMBARAZOSOS O EXTRAVAGANTES QUE FRECUENTEMENTE PROVOCAN VERGÜENZA O ESTUPEFACCIÓN: **17 ridículo +:** Apoyándose en formulaciones náhuatls, por ejemplo, *bordea* el ridículo en versos como... ABC280593 **18 escándalo +:** Los ejemplos no están elegidos al azar; todos terminaron en alguna derrota y, cuando menos, *bordearon* el escándalo. CLA160199 **19 absurdo +:** La situación es tan ridícula que *bordea* el absurdo. INDOC

F SUSTANTIVOS QUE DESIGNAN ACTITUDES O CARACTERÍSTICAS, A MENUDO CONSIDERADAS COMO DEFECTOS, RELACIONADAS CON LA AFECTACIÓN, LA PRETENCIOSIDAD O LA INELEGANCIA: **20 cursilería +:** Y en otras ocasiones el «pastiche» expresivo *bordea* la cursilería, como cuando se habla de la «muralla craneal»... ABC081191 **21 conceptuosidad:** Algo, y aún bastante, hay aquí de esto, con el riesgo asumido de *bordear* a veces la conceptuosidad. ABC220794 **22 prosaísmo:** Munárriz sabe bien que en el nivel de escritura coloquial se *bordea* con facilidad el prosaísmo. ABC010794 **23 sentenciosidad −:** Alterna el descenso a los infiernos de la degradación humana, de marcado carácter expresionista, con rasgos estilísticos que *bordean* la sentenciosidad... ABC190595

G SUSTANTIVOS QUE DENOTAN PELIGRO O DESIGNAN DIVERSOS ELEMENTOS O CIRCUNSTANCIAS QUE PUEDEN OCASIONAR UN DAÑO: **24 peligro:** Su blandenguería es estratégica, no tiene nada que ver con la sutileza a la hora de *bordear* el peligro. EME180594 **25 riesgo:** ...es un empeño difícil e ingrato, que *bordea* el riesgo de quedarse en *arte patética* televisiva... LVE110296 **26 abismo:** Existieron mentes lúcidas que se dieron cuenta de que se *bordeaba* el abismo y que, de haber tenido más influencia o decisión, podían haber introducido un cambio de rumbo... LVE180796

H SUSTANTIVOS QUE DESIGNAN DIVERSAS FORMAS DE AGRAVIO Y OTRAS MANIFESTACIONES DE HOSTILIDAD, GENERALMENTE VERBAL: **27 insulto +:** ¿Le molesta que los parlamentarios *bordeen* el insulto en las refriegas dialécticas? EPE120699 **28 injuria +:** El punto, sin embargo, es que su columna *bordea* la injuria hacia esas personas. CAR290997 **29 indelicadeza:** ...todo está en sus imágenes más sugerido que concretado, aunque *bordee* la indelicadeza... ABC250693 **30 descortesía:** Por otra parte, sus respuestas, secas y cortantes *bordearon* la descortesía en varias ocasiones... INDOC

I SUSTANTIVOS QUE DESIGNAN OTRAS SITUACIONES O ESTADOS DE CONFLICTO O DIFICULTAD: **31 problema +:** En ese sentido bien; *bordeó* los problemas de los partidos y también su propia posición frente a la tolda verde, aunque debo decir que fue muy generoso conmigo. ENV190197 **32 crisis:** El Presidente *bordea* la crisis. LNA020792 **33 conflicto:** Algo habrá que hacer, porque esto se está poniendo imposible y hay momentos en que *bordea* el conflicto de orden público. EME050694 **34 obstáculo:** Me recuerda a las orugas procesionarias, que van en fila y al llegar a un obstáculo no se les ocurre *bordearlo* y quedan allí hasta que mueren. EME250295

J SUSTANTIVOS QUE DENOTAN ASUNTO O MATERIA: **35 asunto +:** De la Vega *bordeó* el asunto del que el pleno esperaba alguna reacción y se fue por la vía de reconocer al ex presidente... EXC230996 **36 tema:** ...lo fortalecieron más que debilitarlo en su implacable defensa de los derechos humanos, hasta *bordear* el difícil tema de la violencia terrorista que lo obligó a asumir posiciones radicales... EXC230496 **37 noticia:** Se refirió a varios temas, contestó algunas preguntas *bordeando* la noticia, contó algunas anécdotas y escuchó planteamientos sobre el trabajo diario. EUV300696

■ Se combina también con: ♦ **peligrosamente**[5]

□ Véase también: **orilla (de), orillar, rozar, vadear.**

[bordo] → **a bordo (de)**

borrachera ♦ **como un piano, de campeonato**[9], **de órdago, descomunal, monumental** ♦ **resaca (de), secuela (de)** ♦ **agarrar(se), coger(se), pillar**[26]

borracho (de) *adj.* ▌Se construye con sustantivos que designan líquidos, más frecuentemente bebidas alcohólicas *(vino, cerveza, whisky, anís, coñac, licor)*. En su sentido figurado admite múltiples sustantivos que designan actividades, generalmente recreativas *(borrachos de fútbol, de cine, de baile, de lectura, de viajes)*. También se combina con sustantivos que designan diversos productos de la actividad cognoscitiva o intelectiva *(borracho de ideas, de recuerdos, de imágenes)*, y especialmente con...

A SUSTANTIVOS QUE DESIGNAN EL RESULTADO FELIZ DE ALGUNA EMPRESA, MÁS FRECUENTEMENTE SI ES COMPETITIVA: **1 éxito +:** Algo *borrachos* de éxito, a los jefes de Cannes les gusta soñar que ejercen el papel de dioses... EPE240599 **2 triunfo +:** Está feliz, *borracho* de triunfo y saciado de «calimocho». EME260596 **3 victoria +:** ...y regar el cadáver simbólico del enemigo ante una tribu en éxtasis, *borracha* de victoria... EME050695 **4 mayoría absoluta:** Está tan *borracho* de mayoría absoluta (...) que... EPE240501 **5 gloria:** ...el marcador ya era suficientemente redondo y elocuente para un Barcelona *borracho* de gloria y saciado en su venganza... EME090194

B SUSTANTIVOS QUE DESIGNAN SENSACIONES GENERALMENTE PLACENTERAS: **6 alegría +:** Como el ganso a punto de cocina, *borracho* de alegría y empachado de mundo y escritura. EME180596 **7 felicidad:** «Me siento absolutamente feliz, casi *borracho* de felicidad, porque nunca había pensado que podía sentir lo que he sentido estos días», explicó a modo de confesión. LVE181196 **8 satisfacción:** Estaba *borracho* de satisfacción porque la apuesta había sido fuerte. ABC221295 **9 júbilo +:** ...forzaron sus pulmones abrazados con Carlos Bianchi, *borrachos* de júbilo y entonando canciones exageradas. EPE291100 **10 euforia:** El pitido final del árbitro hizo estallar a los hinchas, *borrachos* de euforia por el triunfo. INDOC **11 saudade –:** Primero escribía poesía, una poesía que tenía la sensibilidad de su tiempo, el de usted y de él, y sin embargo aquellas oraciones estaban *borrachas* de «saudade», melancolía antigua. EME121196

C ALGUNOS SUSTANTIVOS QUE SE ASOCIAN CON SENSACIONES INTENSAS QUE SE CONSIDERAN CAPACES DE PROVOCAR EXALTACIÓN O ARREBATO EN DIVERSAS FORMAS Y GRADOS: **12 poder ++:** ...se fueron a celebrarlo a Linares, hartos de copas, *borrachos* de poder y con empacho del dulce pastel de la derrota, y ahora están, uno a uno, recibiendo las notas. EME070796 **13 tensión:** ...también hay quien –*borracho* de la tensión y de aguardiente– se atreve con un cantecito, con una gracia. EPE130300 **14 adrenalina:** Los cientos de chavales apiñados tras los abanderados del RACC juran con los ojos que morirían por ser el tipo rubio del mono rodeado de azafatas *borracho* de adrenalina y velocidad. LVE130495 **15 hedonismo:** Toda una suerte de imágenes *borrachas* de hedonismo y plasticidad en las que un mago deambulaba por el piso 139 de un rascacielos con capitán marino incluido. EME270596 **16 libertad:** Cuando regresé a España, después de cuarenta años, y los vi a todos *borrachos* de libertad, sentí... EPE030181

D OTROS SUSTANTIVOS; POSIBLES USOS ESTILÍSTICOS: Los triunfadores (...) emprendieron el saqueo minucioso de un país *borracho* de la especulación profetizada por... EME220995; Ercilla quiere combinar en su poema la historia y la imaginación. Cuando escribió, *borracho* de realidad... EPE020380; ...ambos planetas *borrachos* de océanos, surcados de ríos y, posiblemente, ambos repletos de vida. EPE190800

▩ Se combina también con: ♦ **perdido** ♦ **como una cuba, completamente, ligeramente**

borrar ♦ **del mapa, de raíz**[14]**, por completo**[5] ♦ **cicatriz, herida, idea, recuerdo**

borrasca ♦ **débil, financiero, fuerte, intenso, moderado, político, potente, térmico, veraniego** ♦ **afectar (a algo), amenazar, anunciar(se), arreciar, avecinarse, centrar(se), debilitar(se), desatar(se), escampar, levantar(se), remitir**[3]

☐ Véase también: **lluvia (de), tempestad, temporal, tormenta (de), vendaval.**

borrascoso ♦ **día, discusión, panorama, pasado, período, pronóstico, tiempo,** *otros sustantivos temporales*

borrosamente ♦ **delimitar, distinguir(se), divisar(se), intuir, percibir, recordar, ver**

borroso *adj.* **I** Se combina con sustantivos que denotan imagen, dibujo o representación de algo *(imagen, foto, fotocopia)*, así como algunos de sus componentes *(pincelada, nota, trazo)*. También con otros que designan las cosas representadas, así como diversos escritos o algunas de sus partes *(anotación, línea, letra, frase, palabra)*. Forma la expresión nominal *lógica borrosa*. También se combina con...

A SUSTANTIVOS QUE DENOTAN LÍMITE, BORDE Y OTRAS NOCIONES QUE PUEDEN INTERPRETARSE COMO TALES: **1 frontera ++:** ...no sólo no estaba organizada en un Estado, sino que sus fronteras eran *borrosas*... EPE310799 **2 límite ++:** Así como lo dificultan los límites *borrosos* (entre Tragedia o Drama) de algunas de sus creaciones, lo cual entraba más aún la tarea. EUV120996 **3 franja:** Es aquel tipo que si compra el periódico no quiere ver ni una sola hoja doblada ni que haya una franja *borrosa* o manchada, aunque pueda leerse perfectamente. LHG040197 **4 linde:** Para empezar, lo que se agrupa bajo el marbete de *literatura infantil* constituye un campo de lindes *borrosas*... ABC140292 **5 línea:** Es una línea muy *borrosa*, y está enmarcada por la relación con el poder. BRE100197 **6 confín:** No se trata de una observación ociosa –aun aceptando que la llamada «novela intelectual» tiene confines muy *borrosos*–, y es inevitable recordarla... ABC180895

B SUSTANTIVOS QUE DESIGNAN LA ACCIÓN O EL EFECTO DE PERCIBIR ALGO VISUALMENTE, O EL DE INTENTAR HACERLO: **7 visión ++:** ...esta semana tuvo un problema ocular que le provoca una visión *borrosa*. CLA110197 **8 vista:** Los síntomas son dolores de cabeza y cuello, vista *borrosa* y dificultades en el lenguaje. EPE080599 **9 mirada +:** Yo me limité a dejarme arrastrar, con la mirada *borrosa* y todo desenfocado a mi alrededor. EPE140999

C SUSTANTIVOS QUE DESIGNAN LA ACCIÓN O EL EFECTO DE RECORDAR O IMAGINAR, ASÍ COMO ALGUNAS DE LAS FACULTADES QUE HACEN POSIBLES ESTOS ACTOS: **10 recuerdo ++:** Desde entonces sólo han pasado cinco años, pero la crisis es ya un recuerdo *borroso* en esta empresa... EPE250199 **11 sueño +:** ...la madre tiene un sueño *borroso* e intuye que alguno de sus retoños, nada menos que siete –todos varones–, sufrirá un grave percance. LVE230695 **12 ensoñación +:** ...los personajes no logran afirmar su perfil, permaneciendo en una *borrosa* ensoñación... ABC310192 **13 memoria +:** Su memoria flotaba perdida, *borrosa*, semiolvidada, oculta detrás de sublimes películas que parecen no tener fecha de origen ni de caducidad. EPE221299

D SUSTANTIVOS QUE DENOTAN REPRESENTACIÓN MENTAL DE ALGO Y CON OTROS QUE DESIGNAN CIERTAS CAPACIDADES COGNOSCITIVAS ASOCIADAS CON ELLAS: **14 concepto +:** Esto parece que cambia y que su concepto de lo latino deja de ser *borroso*. LVE200896 **15 idea +:** ...dan una idea *borrosa*, cuando no distorsionada, del funcionamiento del cerebro. EME090596 **16 conocimiento:** Lo que sé sobre el lugar de su encuentro es una mezcla de mis conocimientos, por un lado *borrosos* y por otro sumamente precisos... ABC021092

E SUSTANTIVOS QUE DESIGNAN DIVERSAS UNIDADES DEL SIGNIFICADO Y LA INFORMACIÓN: **17 significación +:** ...los individuos tienen que hacer un esfuerzo para enfrentarse con significaciones *borrosas*... EME110196 **18 significado +:** Me llama la atención el significado *borroso* con que utiliza las expresiones *liberal* y *liberalismo*... ABC070892 **19 referencia +:** La sociedad ya ha demostrado su alarmante indiferencia ante la sangre en la cercana Chechenia, y Bosnia sólo es una referencia *borrosa* en su universo apático e inercial. LVE010995 **20 contenido +:** El contenido de sus palabras era evanescente, difuso, *borroso*... INDOC **21 testimonio:** Signos caligráficos que surcan en horizontal la materia, no como adorno, sino como escritura, *borroso* testimonio de la memoria... LVE041096

F ALGUNOS SUSTANTIVOS TEMPORALES: **22 presente:** Cierto que la literatura ha sobrevivido al holocausto, pero el viejo país vive aún dividido y receloso entre la herencia del pasado y el *borroso* presente. LVE300994 **23 época:** ...en realidad, lo que se mitifica en sí es una época *borrosa* de la vida... EME061096

G OTROS SUSTANTIVOS; POSIBLES USOS ESTILÍSTICOS: El mestizaje es más *borroso* en las esculturas de bronce y aluminio del colombiano Germán Botero (1946), referentes al mundo artesanal indígena. ABC030395; ...se incluyen el permiso a sus mínimos accionistas para vociferar y el *borroso* préstamo a su ex director para ir a una ampliación de capital a otros vedada... EME110494

bosque ♦ **agreste, denso, enmarañado, espeso, extenso, exuberante, frondoso, impenetrable, intrincado[5], oscuro, tupido, vasto, virgen** ♦ **adentrarse (en), aventurarse (en), calcinar(se), explorar, internarse (en), penetrar (en), perderse (en), reverdecer, talar**

bosquejar *v.* ▮ Se combina con...

A SUSTANTIVOS QUE DESIGNAN PLANES PARA LA REALIZACIÓN DE ALGO O LA CONSECUCIÓN DE ALGÚN OBJETIVO. TAMBIÉN CON OTROS QUE DESIGNAN MANIFESTACIONES MÁS ABSTRACTAS DEL PENSAMIENTO DESTINADAS A EXPLICAR O RESOLVER ALGUNA COSA: **1 plan ++:** Había *bosquejado* un hermoso plan por el cual 19 escuadrones de caza se trasladarían a toda prisa al Oeste de Europa cuando llegase dicho momento. EME030694 **2 proyecto +:** ...esa fe en el sentido del libro que le hizo *bosquejar* un proyecto, perseguirlo y construirlo durante quince años... ABC240694 **3 estrategia +:** La estrategia del secretario de Estado norteamericano para el caso rodesiano, *bosquejada* durante la gira que acaba de realizar por siete países del África... EPE050576 **4 teoría +:** ...*bosqueja* en el libro que hoy presentamos una sugestiva teoría del teatro medieval español... ABC310792 **5 idea:** La idea estaba apenas *bosquejada*, pero fue tomando forma poco a poco. INDOC

B SUSTANTIVOS QUE DENOTAN LÍNEA O TRAZO GRÁFICO, CON FRECUENCIA ENTENDIDOS EN SENTIDO FIGURADO: **6 rasgo +:** Luego *bosqueja* los rasgos de su poética, así como su realización artística. ABC190393 **7 trazo:** Por eso importa proponer diseños de círculos redondos, *bosquejar* los trazos de una sociedad en la que realmente puedan florecer los mínimos elementales de justicia... EPE120800 **8 pincelada:** A veces puede *bosquejar* sorprendentes pinceladas de raro ingenuismo... ABC230695

C SUSTANTIVOS QUE DENOTAN REPRESENTACIÓN PICTÓRICA, MÁS FRECUENTEMENTE INTERPRETADOS EN SENTIDO FIGURADO: **9 retrato:** El planteamiento es perfectamente legítimo, porque de lo que se trata no es de componer una autobiografía (...) sino de *bosquejar* un autorretrato. ABC170295 **10 cuadro:** En prosa muy erudita, el investigador *bosqueja* un cuadro de gran dinamismo, en el que los más diversos vectores se demuestran obedientes a una sutil ley de coherencia. ABC220794

D ALGUNOS SUSTANTIVOS QUE DESIGNAN EL ESPACIO QUE SE PRESENTA A LA VISTA, Y, FIGURADAMENTE, LO QUE SE SOMETE A LA CONSIDERACIÓN O EL ANÁLISIS: **11 paisaje:** Obra estructurada en torno a tres voces que alternan una serie de discontinuos monólogos, (...) *bosqueja* el paisaje interior... EME270796 **12 panorama:** En la veintena de páginas que lo componen, *bosqueja* el investigador el panorama historiográfico castellano de la época... ABC210593

E SUSTANTIVOS QUE DENOTAN PERSONA, MÁS FRECUENTEMENTE SI DESIGNAN CARACTERES, RASGOS O TIPOS HUMANOS, REALES O DE FICCIÓN: **13 personalidad:** ...en el esbozo biográfico que encabeza su estudio, *bosqueja* su personalidad con trazos convincentes. ABC141094 **14 figura:** Aquí se nos *bosqueja* la figura de un escritor –de un hombre– en perpetua búsqueda... ABC080794 **15 personaje:** ...y fue también el dechado sobre el que *bosquejó* el escritor el personaje de Floriana en «La primera República». ABC121193

F ALGUNAS MANIFESTACIONES VERBALES O TEXTUALES, MÁS FRECUENTEMENTE SI SON DE CARÁCTER NARRATIVO O DESCRIPTIVO: **16 relato:** El autor (...) había empezado a *bosquejar* este relato cuando, hace más de cuarenta años, hubo de exiliarse de su Paraguay natal. ABC091092 **17 historia:** Hay cuentos con hallazgos originales en su desarrollo –así ocurre con «A la hora en que cierran los bares», que *bosqueja* una historia casi unamuniana–... ABC151093 **18 biografía:** Así se *bosqueja* la biografía de Azorín, su contexto socio-literario, su perfil de escritor y su itinerario creativo. ABC140194 **19 epopeya –:** El investigador *bosqueja* la epopeya del culto aristócrata en su pragmatismo tenaz, su dinamismo... ABC030993 **20 semblanza:** Bosquejaré una apresurada semblanza de nuestro patrocinador. INDOC

☐ Véase también: **delinear, perfilar, pergeñar, trazar.**

botar ▮ *(echar al agua)* ♦ **embarcación**
▮ *(rebotar)* ♦ **balón, pelota**
▮ *(expulsar)* ♦ **persona**

[bote] → **a bote pronto, de bote en bote**

bote ▮ *(embarcación)* ♦ **arriar[7], atracar, descargar, izar, naufragar, navegar, zarpar, zozobrar**
▮ *(salto)* ♦ **dar, pegar[3]**

botín ♦ **cuantioso, de guerra, exiguo, jugoso[5], militar, millonario, rico, sustancioso** ♦ **aprehender, ascender (a algo), atesorar, capturar, conseguir, engrosar, hacerse (con), llenar, lograr, obtener, repartir, sustraer**

☐ Véase también: **beneficio, ganancia, robo.**

botón ▮ *(mecánico o eléctrico)* ♦ **apretar, pulsar, tocar**
▮ *(de prenda)* ♦ **de muestra** ♦ **coser, descoser, despegar(se), pegar**

boyante *adj.* ▮ En el sentido de 'que acomete bien' se aplica a *toro, buey* y a otros sustantivos que designan animales astados. En el sentido de 'creciente en fortuna o felicidad', se combina con...

A SUSTANTIVOS QUE DESIGNAN ENTIDADES U ORGANIZACIONES DEDICADAS A ACTIVIDADES EMPRESARIALES, INDUSTRIALES O MERCANTILES. POR EXTENSIÓN, TAMBIÉN CON OTROS QUE DESIGNAN LOS LUGARES EN LOS QUE SE REALIZAN ESTAS ACTIVIDADES: **1 empresa ++:** ...un monopolio en pérdidas de una empresa *boyante*. EPE240900 **2 negocio ++:** ...su gran red de pubs, sus tiendas de vinos y su *boyante* negocio de helados... EME280394 **3 industria ++:** ...alimentan una *boyante* industria editorial en Francia. LVE140596 **4 sector +:** ...y a otros sectores *boyantes* de la economía... SEM301000 **5 fábrica:** ...la que fuera en su día *boyante* fábrica de armas... EPE190800 **6 compañía:** ...es una compañía *boyante*, que ha dado beneficios en los últimos años y que está bien dimensionada. LVE240296 **7 institución:** Los directivos de tan *boyante* institución bancaria... INDOC **8 multinacional:** ...una de las más *boyantes* multinacionales del petróleo. INDOC **9 firma:** ...heredaron un negocio modesto y lo convirtieron en una firma *boyante*... EPE210699 **10 holding:** Pero el *boyante* y activo «holding» tiene un serio defecto... EME230395

B SUSTANTIVOS QUE DESIGNAN DIVERSAS ACTIVIDADES COMERCIALES O MERCANTILES A LAS QUE SE REFIERE EL APARTADO *A*, ASÍ COMO LOS REGÍMENES O LOS MARCOS ECONÓMICOS EN LOS QUE SE PRODUCEN: **11 economía ++:** Con una economía de Estados Unidos *boyante*, el comercio exterior de México... EXC000901 **12 consumo ++:** ...la persistencia de un consumo poco *boyante* que motiva algún retraso... LVE100695 **13 mercado +:** ...ampliar la competencia en el mercado *boyante* de la telefonía móvil... EPE090900 **14 demanda:** ...altas cotizaciones pese a una demanda interna no muy *boyante*... LVE200796 **15 venta:** ...cuando las ventas no son tan *boyantes*, los diseñadores están optando... LVE160296 **16 comercio:** Tampoco el comercio exterior ha sido *boyante*. LVE060796 **17 bolsa:** ...este dinero ha aterrizado en la *boyante* bolsa de Johannesburgo... EME080496 **18 tráfico −:** Pero un tráfico de drogas soterrado y cada vez más *boyante*... EME170494 **19 contrabando −:** ...un *boyante* contrabando y tráfico de esclavos... EPE020599

C EL SUSTANTIVO *RESULTADO* Y CON OTROS QUE DESIGNAN CANTIDADES DE DINERO O DE OTROS BIENES, DATOS Y OTROS INDICADORES QUE SE OBTIENEN DE LAS ACTIVIDADES ECONÓMICAS: **20 resultado +:** ...las buenas ventas realizadas, que contrastan con los poco *boyantes* resultados de años anteriores... LVE140296 **21 fortuna:** ...la base de muchas de las fortunas actualmente muy *boyantes*. EME210796 **22 finanzas:** ...cuyas finanzas no andan nada *boyantes*, como demuestra la petición de un crédito... LVE121096 **23 presupuesto:** Alimentar a todas sus criaturas le exige un presupuesto *boyante*... EPE180399 **24 sueldo:** Nuestros sueldos no son *boyantes* y todo es fruto del ahorro. EME060294 **25 recaudación:** ...no lograba unos aplausos tan cálidos ni una recaudación tan *boyante*. LVE161296 **26 cuenta:** ...a revisar los saldos de su cuenta corriente, no muy *boyante* al parecer. EME151296 **27 PIB:** Con permiso de que tengamos un PIB *boyante*, un déficit público exiguo... EPE170999 **28 caja:** ...sería de suponer que la caja debe estar ahora *boyante* en el distrito. CAP150198 **29 porcentaje:** ...con un porcentaje no muy *boyante*... EPE140700 **30 cifra:** ...presentó unas *boyantes* cifras sobre el tráfico de mercancías... EPE130399 **31 estadística −:** ...no es tan buena como invitan a pensar las *boyantes* estadísticas macroeconómicas... EPE150399

D EL SUSTANTIVO *PAÍS* Y CON OTROS QUE DESIGNAN POBLACIONES O CONJUNTOS DE HABITANTES CON ALGÚN TIPO DE ORGANIZACIÓN ADMINISTRATIVA: **32 país +:** ...es uno de los países más *boyantes* del globo, con mayores niveles de reservas de divisas... EME030196 **33 nación:** ...seguirá siendo una nación rica y *boyante* o se precipitará en el insondable abismo... EME150295 **34 ciudad:** ...no es una ciudad tan *boyante* y tiene dificultades objetivas para atraer clientes. EPE301101 **35 municipio:** ...nuestro municipio se había convertido (...) en el más rico de España y uno de los más *boyantes* de toda la UE. EPE201099 **36 provincia:** ...en beneficio de provincias y ciudades *boyantes*... LVE300696 **37 enclave −:** ...este *boyante* enclave turístico de Andalucía pretende ofrecer... EPE281299

E SUSTANTIVOS DE PERSONA, MÁS FRECUENTEMENTE SI DESIGNAN PROPIETARIOS, DIRECTIVOS Y OTRAS OCUPACIONES PROPIAS DE LA ACTIVIDAD EMPRESARIAL: **38 empresario ++:** ...le preguntamos a uno de los más *boyantes* empresarios de la zona... EME081296 **39 constructor:** ...y acabó como *boyante* constructor... EME100594 **40 patrocinador:** ...han aportado en casi un 90 sus ricos miembros y *boyantes* patrocinadores... EME300594 **41 naviero:** ...le convirtieron en apenas diez años en uno de los navieros más *boyantes*... EME080996 **42 patrón −:** ...patrón *boyante* y lúcido, ejerciese su autoridad moral... EPE070399

F SUSTANTIVOS QUE DESIGNAN ESTADOS DE COSAS QUE SE PUEDEN DESCRIBIR O VALORAR, ASÍ COMO CIERTOS PERÍODOS: **43 situación ++:** La situación no es *boyante*, aún se nota demasiado la influencia de las grandes superficies. ENC280499 **44 momento +:** ...vivimos un momento especialmente *boyante* para la música celta. EME161095 **45 época +:** ...fue construido en 1967, en la época más *boyante* de la URSS. LVE301095 **46 coyuntura +:** ...reconoce que hereda una coyuntura económica *boyante*... EPE260899 **47 ejercicio:** Para compensar unos ejercicios *boyantes* con otros que no lo fueran... EPE181099 **48 año:** ...vivió en primera persona los años más *boyantes* de la selección... EME100696 **49 etapa +:** La etapa más *boyante* de creación de riqueza en la primera potencia mundial. EPE011101 **50 trimestre −:** En Europa, el cuarto trimestre no ha sido *boyante*... EPE010399

G SUSTANTIVOS QUE DENOTAN MOVIMIENTO DE AVANCE O PROGRESIÓN, UTILIZADOS GENERALMENTE EN SENTIDO FIGURADO: **51 marcha:** Dada la marcha poco *boyante* del primer equipo, busca otros argumentos. LVE040296 **52 carrera:** ...pueden surgir nuevas dudas sobre su *boyante* carrera empresarial... EME100996 **53 rumbo +:** Si la economía no mantiene el rumbo *boyante*, el recurso de relajarse ante el déficit será grande. LVE061196 **54 progreso:** ...la testificación que significa (...) la existencia de una molesta prueba: el *boyante* progreso económico de un disidente... EME200396

H OTROS SUSTANTIVOS; POSIBLES USOS ESTILÍSTICOS: ...un *boyante* populismo que mezcla sin rubor resentimiento e hipocresía... EPE191299; ...unas donaciones un poco más cuando no eran *boyantes*... LVE270696; ...la *boyante* sobrevivencia del caciquismo residual... EPD201097

[brasa] → **a la brasa**

brasa ♦ **incandescente, vivo** ♦ **apagar, avivar³, esparcir**
□ Véase también: **fuego, llama**.

bravamente ♦ **batirse, combatir, defender, enfrentarse, luchar, pelear,** *otros verbos que denotan confrontación*

bravo *adj.* ▌Con el sentido de 'salvaje o difícil de domesticar' admite sustantivos que designan animales, frecuentemente los astados *(toro, res, novillo)*, pero también los de otros tipos. Por extensión metonímica admite también sustantivos que designan la variedad o la clase a la que pertenecen *(casta, raza)*, así como los espectáculos en los que intervienen *(corrida, encierro)*. Con el sentido de 'embravecido' se aplica a los sustantivos que designan el mar o alguno de sus elementos *(mar, olas, aguas)*. Con los sentidos de 'colérico', 'violento', 'de genio' o 'valiente' acepta sustantivos de persona tanto individuales como colectivos, más frecuentemente los que designan a los contendientes de una guerra o una batalla *(guerrero, soldado, ejército)*, de una competición deportiva *(jugador, corredor, equipo)* o de cualquier confrontación *(luchador)*. También se combina con...

A SUSTANTIVOS QUE DENOTAN FUERZA, ÍMPETU, VEHEMENCIA O TESÓN: **1 potencia:** La cosa se recuperó en el final, desarrollado con *brava* potencia. EME240194 **2 furia:** Toda su furia *brava* la descargó sobre el esbelto cuerpo... EME020795 **3 pasión:** ...una pasión *brava*, explosiva y visceral contra la que se estrella una y otra vez... EME060895 **4 firmeza:** ...es una persona (...) que posee una *brava* firmeza ante la adversidad. EPE021001

B SUSTANTIVOS QUE DENOTAN ENFRENTAMIENTO O COMBATE: **5 lucha:** La DC vive algunos de los peores días de su historia: se trate de simples *réplicas*, como dicen algunos, o del comienzo de una *brava* lucha interna, como creen otros... HOY120597 **6 batalla:** Antín nunca dio la sensación de poder inmiscuirse en la lucha por las tres primera plazas, aunque libró una *brava* batalla... EME280394 **7 pelea:** ...se había dejado la vida en su *brava* pelea... EPE020686 **8 reyerta –:** ...las reyertas familiares más *bravas* encontraron arreglo. EPE060699

C OTROS SUSTANTIVOS; POSIBLES USOS ESTILÍSTICOS: ...elevando al arte su humanidad, su seriedad y su *brava* pureza. ABC270392; ...éste es un desafío *bravo*, que no es fácil... EME230295

[brazo] → **a brazo partido, con los brazos abiertos, de brazos cruzados, en brazos (de), en {mis/tus/sus...} brazos**

brazo ♦ **agarrotado, armado, corto, débil, enclenque, en cruz, endeble, escuálido, escuchimizado, esmirriado, fornido, fuerte, largo, mecánico, membrudo, musculoso, poderoso, político, potente, raquítico, robusto, trabajado, velludo, vigoroso** ♦ **abrir, agitar, alargar, alzar, apoyar, caer (en), cerrar, cruzar, cruzarse (de), dañar(se), dislocar(se), doblar, encoger, estirar, extender, flexionar, fracturar(se), lesionar(se), levantar, mover, partir(se), romper(se), torcer(se)**
□ Véase también: **hombro, pierna**.

brecha ♦ **infranqueable, insalvable¹⁰** ♦ **abrir(se), cerrar(se)**

bregar *v.* ▌En el sentido de 'trabajar mucho y con esfuerzo' se combina, seguido generalmente por la preposición *en*, con el sustantivo *tarea* y con otros que denotan trabajo o designan ámbitos laborales muy diversos *(política, mercado, economía, cultura, trabajo, labor, enseñanza: Llevo muchos años bregando en la enseñanza)*, actuaciones que requieren esfuerzo o porfía *(defensa, lucha, búsqueda, persecución)*, así como ciertos lugares *(país, terreno)*. En el sentido de 'enfrentarse a una dificultad y luchar para superarla' se construye generalmente con la preposición *con*. En este sentido se combina con sustantivos que designan personas o colectivos *(alumnos, funcionarios, profesorado, funcionariado)*, instituciones *(institución, administración, autoridad, parlamento, ayuntamiento, diputación, Industria, Hacienda)* y sus formas de organización *(ley, norma, burocracia, disposición)*. En este segundo sentido se admiten asimismo múltiples sustantivos que designan cosas que, a juicio del hablante, pueden interpretarse como trabas o impedimentos en el desempeño de alguna actividad *(tráfico, profesión, mundo)*. Se combina también con...

A SUSTANTIVOS QUE DENOTAN PROBLEMA O DIFICULTAD. TAMBIÉN CON ALGUNOS QUE DESIGNAN OTRAS SITUACIONES ADVERSAS: **1 problema ++:** ...concibieron la filosofía como un método para *bregar* con los más dolorosos problemas... ABC150995 **2 crisis ++:** No es para menos porque el subgobernador *brega* con la crisis de bancos... EME170494 **3 dificultad +:** ...hacía seis años que *bregaba* con las dificultades... HOY081178 **4 hueso:** ...tres años en el cargo *bregando* con ese hueso duro de roer... CAP180196 **5 embrollo:** ...optaron por la vía política, y no la militar, para *bregar* con el embrollo checheno. EPE200399

B EL SUSTANTIVO *ENFERMEDAD* Y CON OTROS QUE DESIGNAN ALTERACIONES DE LA SALUD Y DIVERSAS SITUACIONES GRAVES –INDIVIDUALES O COLECTIVAS– DE CARENCIA O DE INFORTUNIO: **6 enfermedad +:** Las familias que han tenido que *bregar* con esta enfermedad saben lo terrible que es... EPE070399 **7 cáncer:** ...Esta pregunta, que los médicos que *bregan* con el cáncer en los servicios de oncología llevan años formulándose... EPE260499 **8 alcoholismo:** ...tuvo que *bregar* a fondo con el alcoholismo... LVE050396 **9 muerte:** ...Toda la gran literatura occidental es un largo *bregar* con la muerte. EME170296 **10 miseria:** ...lo cambió por el sobresalto continuo que representa *bregar* a diario con la miseria... LVE221296 **11 hambre:** ...murió anteayer después de haber dedicado gran parte de su vida a *bregar* contra el hambre y la miseria... EME300195 **12 droga:** ...un secretario de Estado que *brega* con drogas... RUM150997 **13 delincuencia:** ...lleva casi 20 años *bregando* con la delincuencia internacional de guante blanco. EPE150899 **14 catástrofe:** ...hay que *bregar* con las mil y una catástrofes que surgen a cada minuto... EME010495

C SUSTANTIVOS QUE DESIGNAN DIVERSAS ACTIVIDADES Y ACTUACIONES QUE REQUIEREN ESFUERZO, A MENUDO

CONTINUADO. ALGUNOS DE ELLOS SE USAN TAMBIÉN CON LA PREPOSICIÓN *EN*, COMO SE SEÑALÓ ARRIBA: **15 trabajo +**: ...estoy *bregando* con un trabajo ímprobo... ABC090493 **16 labor +**: ...el 80 de las jóvenes campesinas que *briegan* con animales, huertos, sembrados y labores domésticas... EME080395 **17 prueba**: ...son las dos pruebas con las que Els Pets han tenido que *bregar* en este año. EPE241299 **18 asignatura**: Tuve magníficos profesores, que *bregaban* con las asignaturas... EPE100599 **19 campaña –**: ...se *bregó* con la campaña con la escasa ayuda de su padre... EPE160699

D OTROS SUSTANTIVOS; POSIBLES USOS ESTILÍSTICOS: Definitivamente más duro es *bregar* con los tiempos muertos... EPE300399; ...tendrían que *bregar* con los reales cortes de mangas... EPE080299

■ Se combina también con: ♦ **contra viento y marea**[13]

□ Véase también: **dedicar(se), empeñar(se), esforzarse, trabajar, volcar(se).**

brevedad Véase: **brevemente**

BREVEDAD Y SIMPLIFICACIÓN Véase:
♦ **sumarial**
♦ **esquemáticamente, sumariamente**
♦ **resumen, sencillez, simplificación, sumario**
♦ **esbozar, resumir, simplificar**

brevemente *adv.* ■ Se combina con verbos que designan actividades, en el sentido de acciones que se caracterizan por no tener fin natural *(trabajar brevemente en un sitio; conversar brevemente sobre un asunto; sonreír brevemente; vivir brevemente fuera del país; brillar brevemente en la oscuridad; hablar brevemente de un problema)*. También admite verbos que designan estados *(permanecer brevemente en un puesto; poseer brevemente un bien; formar parte brevemente de una agrupación)*, así como verbos de acción y de proceso cuando su estado resultante posee duración *(descansar brevemente; detenerse brevemente; reunirse brevemente con los periodistas; pasar brevemente a otro asunto)*. Se combina especialmente con los...

A VERBOS QUE DENOTAN APARICIÓN, SURGIMIENTO O MANIFESTACIÓN DE ALGO: **1 aparecer**: ...aparecen *brevemente* en algunos relatos del libro. BRE241097 **2 encontrar +**: ...esposa, a la que tuve el placer de encontrar *brevemente* en una tienda de vinos... EPE031099 **3 comparecer +**: ...compareció *brevemente* ante los medios de comunicación... EME160496 **4 recalar**: ...una parte del total habría recalado *brevemente* en la cuenta... EME110294 **5 florecer**: ...florece *brevemente* el puro placer visual. ABC090994

B VERBOS QUE DESIGNAN LA ACCIÓN DE IMPEDIR EL CURSO DE ALGUNA COSA: **6 interrumpir +**: La reunión se interrumpió *brevemente* cuando... CLA270199 **7 detener +**: ...fueron detenidos *brevemente* por la Policía... EME150795 **8 retener**: ...fue retenido *brevemente* en Vic... EPE090899 **9 bloquear**: Los pescadores bloquearon *brevemente* varios puertos... ENH210900 **10 impedir**: ...el policía impidió *brevemente* el paso del vehículo... LVE141296

C VERBOS QUE DENOTAN ANÁLISIS, CONSIDERACIÓN, ENFOQUE O INTERPRETACIÓN DE ALGO: **11 analizar ++**: ...analicemos *brevemente* cómo funciona: el problema del transporte urbano es esencialmente un problema derivado de los elevados precios del petróleo y de la libertad de competencia... LHG040900 **12 examinar +**: ...habían examinado *brevemente* las 15 propuestas... EPE111199 **13 considerar +**: Tras considerar *brevemente* la situación, el hombre nos dejó pasar... EPE040499 **14 observar**: ...los diputados observaron *brevemente* el proceso de tratamiento que se le da a la basura y recorrieron el terreno. DYM210197 **15 tratar +**: Propongo tratar *brevemente* las restantes cuestiones. EPE091099 **16 abordar +**: ...abordar *brevemente* el problema del traspaso... LVE281196 **17 tocar**: ...paso a tocar, *brevemente*, el tema de la comparación... EPE020880

D VERBOS QUE DESIGNAN LA ACCIÓN DE MOSTRAR, MENCIONAR O RESALTAR ALGUNA COSA: **18 referir(se) ++**: Los efectos de la Ley (...), nos referiremos *brevemente* a ella después, los venimos sintiendo... GIC070696 **19 señalar +**: ...señaló *brevemente* lo que señalamos con anterioridad... DYM061196 **20 mencionar +**: ...es preciso enfrentar los retos *brevemente* mencionados aquí. EME091196 **21 citar +**: Es inevitable citar, *brevemente*, la trayectoria de este hombre... ABC311293 **22 indicar**: El gobernador (...) indicó *brevemente* lo que sucedió en la reunión... DYM090996 **23 resaltar**: ...querría resaltar *brevemente* dos componentes semióticos... EME070596 **24 destacar**: ...destacar *brevemente* el avance que significa... EPE110399 **25 aludir**: ...ayer aludió *brevemente* (...) a esta polémica... EME050294

E VERBOS QUE DESIGNAN LA ACCIÓN DE RESUMIR ALGO: **26 resumir ++**: ...resumió *brevemente*, en una conferencia de prensa, los temas generales... EPE101080 **27 sintetizar +**: ...quisiera sintetizarle *brevemente* dos aspectos del fallo... HOY100397 **28 compendiar**: Empecemos por compendiar *brevemente* la clase de ayer. INDOC **29 recapitular**: Primero recapituló *brevemente* la historia... EME260195

F VERBOS QUE DESIGNAN LA ACCIÓN DE TRAER A LA MENTE ALGUNA COSA: **30 recordar ++**: Recordemos *brevemente* su tesis. EPE020799 **31 reflexionar +**: ...reflexionar *brevemente* en torno a las diferencias entre estilos... ABC071094 **32 evocar**: ...yo evoqué *brevemente* la visita estival que en 1974... ABC111292 **33 pensar**: Pienso *brevemente* en «Estudios australes»... ABC210892 **34 meditar**: ...meditó *brevemente* y planteó esa sola pregunta... EME260195 **35 recapacitar**: ...recapacitemos *brevemente* sobre lo que se va... EME271295

G VERBOS QUE DESIGNAN LA ACCIÓN DE PONER UNA COSA EN TELA DE JUICIO: **36 cuestionar**: ...cuestionó *brevemente* a la testigo sobre el proyecto... EXC020496 **37 debatir**: ...la cuestión económica se debatió *brevemente*... EPE280199 **38 polemizar**: ...sus interlocutores, con quienes polemizó *brevemente*... EME090294 **39 discutir**: ...tras discutir *brevemente*, me dijo con irritación... EPE250199

brillar ♦ **a lo lejos**[18], **con fuerza, con intensidad, en la oscuridad, esplendorosamente, intensamente**[1], **intermitentemente, vivamente**

brillo ♦ **cegador**[3], **centelleante, deslumbrante, esplendoroso, febril**[56], **irisado, mortecino, res-**

plandeciente, rutilante[27]**, tornasolado, vivo ♦ cobrar**[25]**, dar, despedir, destellar, eclipsar(se), emanar, emitir, irradiar**

□ Véase también: **chispa (de), destello (de), fulgor, halo (de), luz, resplandor.**

brinco ♦ dar, pegar[5]

□ Véase también: **giro, pirueta, salto.**

brindar *v.* ▮ Usado como intransitivo se construye con la preposición *por* o la locución *a la salud de* seguidas de múltiples complementos nominales. Se usa como transitivo en el sentido de 'dedicar expresamente a alguien' y se combina con sustantivos que denotan triunfo, resultado feliz o logro, generalmente en un deporte *(triunfo, victoria, éxito, premio, gol)* u otro espectáculo *(faena, toro)*. En el sentido de 'proporcionar, ofrecer o poner a disposición' acepta sustantivos que denotan información *(datos, información, detalle, mensaje, noticia)* y otros que designan muy diversas cosas consideradas beneficiosas para alguien *(oferta, beneficio, dinero, trabajo, tiempo: Le agradezco mucho que me brinde usted su tiempo)*. Se combina asimismo con...

A SUSTANTIVOS QUE DENOTAN APOYO, ATENCIÓN, SOLUCIÓN O AYUDA, O DESIGNAN DIVERSAS ACCIONES REALIZADAS A FAVOR O EN BENEFICIO DE ALGUIEN: **1 apoyo ++:** El Consulado también ha *brindado* apoyo incondicional a las fraternidades y organizaciones guatemaltecas en Los Angeles... PLG020597 **2 asistencia ++:** ...para *brindar* una asistencia inmediata tanto a los seropositivos como a los enfermos de SIDA. GIC041297 **3 ayuda ++:** ...desde ayer instalaron una mesa en el shopping del Sol, con el objeto de *brindar* ayuda e información al elector. ACP141196 **4 atención ++:** La Policía de Menores alberga a los niños de la calle, *brindándoles* atención y cuidados, hasta que el juez de menores les dé un destino. EME121095 **5 cobertura +:** El ministro de salud, Eduardo Interiano, manifestó que está consciente de que para *brindar* completa cobertura y mayor calidad de atención, las unidades necesitan laboratorios. ESH210497 **6 protección +:** ...estima que los serbios tienen derecho a quejarse de la protección que les *brinda* la Kfor... EPE260900 **7 servicio +:** ...los buses suburbanos, que están pensados para *brindar* un servicio hacia y desde el Área Metropolitana... MAU210900 **8 colaboración +:** Este empresario vasco anima –y *brinda* su colaboración– a las empresas a cruzar medio mundo para aprovecharse del nuevo aperturismo. LVE191096 **9 cooperación +:** Es una visita importante dada la naturaleza de la cooperación que el Gobierno del Japón le *brinda* a nuestro país en todos los niveles. LNC070297 **10 solución +:** La situación del agro uruguayo se agrava y el gobierno no *brinda* soluciones a los reclamos de las Gremiales Agropecuarias. LRU020899 **11 respaldo:** ...y que sólo *brinde* su respaldo en las cuestiones más decisivas para permitir la acción gubernamental... LVE230695 **12 asesoramiento:** Asimismo, *brinda* asesoramiento técnico a firmas y expositores que visitan el país por primera vez... GIC104297 **13 préstamo:** ...es la primera institución financiera que *brinda* préstamos personales a un tipo de interés inferior al 10 por ciento... LVE030696

B SUSTANTIVOS QUE DENOTAN OPCIÓN FAVORABLE EN DIVERSAS FORMAS Y GRADOS. TAMBIÉN CON OTROS QUE DESIGNAN ALGUNOS DE SUS CONTENIDOS: **14 oportunidad ++:** ...porque la vida nos *brinda* la oportunidad de corregir nuestros errores. CAN150101 **15 posibilidad ++:** Sus defensores alegan que las posibilidades que la biotecnología *brinda* a este tipo de alimentos... POS180699 **16 ventaja +:** ...pero falta que en un futuro nos *brinden* las ventajas que tienen las instituciones crediticias, como no pagar impuestos... DYM230796 **17 facilidad +:** Estas facilidades para la entrada al país serán *brindadas* a ciudadanos de origen cubano... GIC114497 **18 opción +:** ...se les *brindan* más opciones a los espectadores para ver las películas del Festival... PME250896 **19 ocasión +:** Este dramaturgo *brinda* a los espectadores la ocasión de conversar con personas que han tenido una relación forzosa con los ovnis. EPE061101 **20 libertad:** Ergo, las políticas económicas que *brindan* una mayor libertad para las empresas, promueven la aparición de empresarios... LPA030592 **21 horizonte –:** La oferta de su principal adversario de repensar el marco institucional conforme a los nuevos tiempos le *brindaba* un horizonte atractivo. EPE221199

C SUSTANTIVOS QUE DENOTAN SEGURIDAD, FIRMEZA O ESTABILIDAD: **22 seguridad ++:** ...de rodear las viviendas con rejas, y colocarlas en puertas y ventanas con el propósito de *brindar* alguna seguridad a sus ocupantes. ACP071100 **23 garantía +:** ...así como de *brindar* algún tipo de garantía a las empresas que se vean afectadas de manera adicional... SEM151096 **24 impunidad +:** ...al no dar curso a nuestra denuncia e investigar lo conducente, está *brindando* impunidad a los posibles responsables... PME081296 **25 certidumbre +:** ...con esquemas tributarios que beneficien la actividad empresarial y *brinden* mayor certidumbre a la inversión... EXC210197 **26 estabilidad:** ...pidió prudencia para *brindar* la estabilidad necesaria al país y buscar la solución de los problemas sociales y económicos. ACP071100 **27 seguro –:** ...al *brindar* un seguro de desempleo los trabajadores presionarán a sus empleadores para ser regularizados. CLA080501

D SUSTANTIVOS QUE DENOTAN AMOR O AFECTO, O DESIGNAN OTROS SENTIMIENTOS POSITIVOS HACIA LAS PERSONAS, ASÍ COMO LOS GESTOS CON LOS QUE SE MANIFIESTAN: **28 amor ++:** Para tu cumpleaños pensaba ofrecerte todo mi amor, pero prefiero *brindártelo* día a día... EME140695 **29 amistad ++:** ...sólo pueden llevarse a cabo con la misma lealtad que exigimos a quienes ejercen el liderazgo o nos *brindan* su amistad. LVE170696 **30 cariño +:** Por ejemplo, le sería casi imposible poder compartir tiempo, *brindar* cariño. CAP190995 **31 calor +:** Pero el Camp Nou le cuidó con mimo, miró hacia otro lado cuando era menester, no quiso enterarse de sus fallos y le *brindó* calor cuando insinuaba, más que hacía, alguna genialidad. LVE231095 **32 esperanza +:** «No se trata de hablar del problema, sino de que todos nos juntemos y *brindemos* un halo de esperanza a las vidas trágicas», señaló el cantante. EPE101099 **33 comprensión +:** Y si las mujeres, aun viéndose rechazadas o ridiculizadas, se empeñan en acudir para *brindarle* más «cariño» y «comprensión»... EME130394 **34 confianza +:** ...eso fue posible gracias al apoyo y confianza que me *brindó* el gerente que, sin aval alguno, me abrió las puertas... EXC211096 **35 credibilidad:** ...en el debate parlamentario sobre el escándalo al *brindar* una credibilidad de principio al alegato autoexculpatorio del Gobierno. DDN050599 **36 consuelo +:** ...y siente agradecimiento a quienes (las prostitutas) le *brindaron* consuelo y tranquilidad sexual cuando los necesitaba. EPE011101 **37 solidaridad:** ...saben que cuentan con el apoyo del pueblo y del magisterio independiente que (...) les han *brindado* su solidaridad. PME271096 **38 saludo:** ...quien le *brindará* el saludo por su brillante participación en el acoplamiento del «Atlantis» y la estación orbital rusa MIR. EXP210797 **39 abrazo:** ...contra un país que, aunque atraviesa por una situación muy difícil, *brinda* su amistoso abrazo a los jóvenes del mundo. GIC083197

E SUSTANTIVOS QUE DENOTAN ALOJAMIENTO, ACOGIDA O TRATO FAVORABLE. TAMBIÉN CON ALGUNOS QUE DESIGNAN CIERTAS REALIZACIONES MATERIALES DE ESAS NOCIONES: **40 hospitalidad ++:** El representante mexicano dijo que su país siempre *brindará* hospitalidad a los perseguidos políticos. EUV060499 **41 alojamiento +:** ...en cuanto se entreabrieron las fronteras y la «Cité Universitaire» *brindó* alojamiento en la capital más culta y más cara del mundo. ABC130594 **42 casa +:** «Un escritor americano residente en Barcelona nos *brindó* su casa y decidimos venirnos a esta ciudad», declara Naranjo... LVE270895 **43 recepción +:** Nunca olvidaré la recepción que en 1926 los argentinos les *brindaron* a los españoles que llegaron en el hidroavión Plus Ultra. CLA170297 **44 trato +:** Argentina también solicitará a Washington que se le *brinde* un trato preferencial en el marco del Tratado de Libre Comercio... EPE050399 **45 recibimiento:** El pueblo de la capital, en representación de la población del país, *brindará* un respetuoso, cálido y masivo recibimiento al distinguido visitante... GIC030198 **46 acogida:** El Pontífice agradeció al presidente rumano (...) y al pueblo rumano la entusiasta acogida que le *brindaron* en esta tierra. FDV100599

F SUSTANTIVOS QUE DESIGNAN DE MUY DIVERSAS FORMAS LO ÚTIL, CONVENIENTE O NECESARIO PARA LOGRAR UN FIN. SE EMPLEAN MUY FRECUENTEMENTE EN PLURAL: **47 medio +:** ...Clinton prometió hacer «todo lo posible por *brindarles* los medios para que tengan éxito en su empeño»... ENH020397 **48 recurso +:** En materia de emergencia social, se han *brindado* los recursos para transitar por la difícil situación que atraviesa la ciudad. LNP010497 **49 alimento:** ...en que los agricultores cocinaban en el campo los alimentos que éste les *brindaba* en cada estación del año. LVE270596 **50 vía:** ...resulta un despropósito *brindar* una vía de solución sedicente democrática a un desastre... EPE141299 **51 mecanismo:** ...a la promulgación de una ley que les *brinde* mecanismos coercitivos para reprimir... ENV010796

G EL SUSTANTIVO *HOMENAJE* Y CON OTROS QUE DESIGNAN ACTOS, GESTOS O SENTIMIENTOS DE RESPETO O ADMIRACIÓN: **52 homenaje ++:** ...sus compañeros europeos, amigos y fans *brindaron* emotivos homenajes al guitarrista de Liverpool... EPE011201 **53 tributo +:** En este choque de estrellas se le *brindó* un tributo a los 50 mejores jugadores de todos los tiempos. DLA100297 **54 ovación +:** Las palabras que éste dirigió al plenario fueron acompañadas de una de las ovaciones más cálidas *brindadas* durante todo el cónclave. LRE200103 **55 honor:** En horas de la mañana se *brindarán* honores de bienvenida al presidente Clinton en las instalaciones del Museo de Arte Moderno... LPN080597 **56 reconocimiento:** Pero entre sus casi trescientas obras se encuentran títulos que le han *brindado* reconocimiento popular. EPE271101

H SUSTANTIVOS QUE DENOTAN ALOCUCIÓN O MANIFESTACIÓN VERBAL DIRIGIDA A ALGUIEN, ESPECIALMENTE SI ES DE CARÁCTER PÚBLICO: **57 palabra +:** ...en persona, en directo y en diferido, en grupo y en solitario, *brindo* estas palabras a los brigadistas internacionales de cuando entonces, que han vuelto a visitarnos... EME031196 **58 declaración +:** ...alegó que no podría *brindar* declaraciones sobre el tema porque no es vocero oficial de la empresa... ESP120597 **59 conferencia de prensa:** Sin embargo, durante la conferencia de prensa que *brindó* por la tarde, Cavallo dio un versión diferente. CLA310501 **60 respuesta +:** Que nadie espere que allí le *brinden* respuestas a los graves interrogantes o refugio seguro. ABC051193 **61 charla:** Sólo un político aliancista quedaba por hablar a esta altura en los salones de la Bolsa de Comercio metropolitana, adonde concurrieron para *brindar* una charla. LNP211097 **62 explicación:** ...convocaba al ministro Tróccoli a *brindar* explicaciones en una sesión secreta... CLA030797 **63 rueda de prensa:** ...se *brindaría* una rueda de prensa que tenía por único objeto el de anunciar (...) el aplazamiento de la pelea revancha. CLA090497 **64 sermón −:** ...nos *brinda* un sermón elemental de feminismo que se comunica muy bien al público con juegos de recursos de lenguaje... LVE140494

I SUSTANTIVOS QUE DESIGNAN DIVERSAS ACCIONES Y PROCESOS DE FORMACIÓN Y ADIESTRAMIENTO, ESPECIALMENTE DE LAS CAPACIDADES INTELECTUALES O MORALES, ASÍ COMO ALGUNOS DE LOS ELEMENTOS QUE PARTICIPAN EN SU DESARROLLO: **65 educación +:** ...porque su familia, venida a menos, no puede *brindarle* una educación adecuada... HOY171197 **66 instrucción +:** ...le *brinda* instrucciones a su hijo de cómo abrirse en la inicial en el corrin y robo de bases. ESP050297 **67 entrenamiento:** ...organización no lucrativa que *brinda* entrenamiento y trabajo a personas que como la joven presentan algún tipo de incapacitación mental... ENH250697 **68 formación:** ...y amplíe sus programas académicos «más allá de la formación básica que se *brinda* en la actualidad»... PME220996 **69 lección:** La situación de Venezuela ofrece lecciones que la historia ya nos *brindó* en otras ocasiones. LRE180103

J EL SUSTANTIVO *ESPECTÁCULO* Y CON OTROS QUE DESIGNAN EVENTOS O ACTUACIONES PÚBLICOS, MUY FRECUENTEMENTE DE CARÁCTER ARTÍSTICO. GENERALMENTE SE CONSTRUYEN MODIFICADOS POR UN ADJETIVO QUE LOS CALIFICA POSITIVAMENTE: **70 espectáculo +:** ...ambas exposiciones nos *brindan* el refinado espectáculo de su cultura, permitiéndonos hacer una idea del paso de un período a otro... ABC021294 **71 actuación:** La selección española quiso demostrar ayer que no se le ha olvidado jugar a baloncesto y *brindó* una buena actuación ante la croata. LVE250695 **72 exhibición:** Sampras, el máximo favorito, *brindó* una exhibición increíble, con un tenis de alto vuelo... CLA190197 **73 interpretación:** Diez años más tarde recibía un Goya de Honor y en 1988 aún *brindó* otra gran interpretación en «El mar y el tiempo», de Fernando Fernán Gómez. LVE100696 **74 recital:** ...mientras la Caballé *brindaba* un recital al aire libre en la plaza de la Catedral... LVE140494

▩ Se combina también con: ♦ **generosamente**[10], **gustosamente**[6]

☐ Véase también: **dispensar**.

brío ♦ nuevo, renovado ♦ con ♦ cobrar[5], insuflar[10], tener
□ Véase también: **empuje, fuerza, ímpetu, impulso.**

brizna (de) ♦ aire, esperanza, fantasía, felicidad, hierba, paja, polvo, sentido común, talento, verdad, viento

broche ♦ admirable, apoteósico[2], brillante, de oro, distinguido, extraordinario, final, magnífico, perfecto ♦ cerrar (con), poner (a algo), terminar (con)

broma ♦ ácido[7], burdo, de buen gusto, de dudoso gusto, de mal gusto, despiadado, divertido, festivo, hilarante, hiriente, ingenioso, inocuo, irrespetuoso, ligero, mordaz, pesado ♦ blanco (de), objeto (de)[81] ♦ aguantar, andarse (con)[37], encajar[16], gastar (a alguien), soportar, sufrir, tolerar
□ Véase también: **burla, chiste, novatada.**

bronca ♦ descomunal, mayúsculo[21], monumental[1], tremendo ♦ armar(se)[16], caer (a alguien), descargar[11], echar[67], endosar[6], enzarzarse (en)[13], estallar[24], liar(se), librar(se) (de)[30], llevar(se), pegar[19], soltar (a alguien)
□ Véase también: **alboroto, batalla, desorden, estrépito, lío, lucha, pelea, riña, ruido, tumulto.**

bronco *adj.* ▌En su sentido de 'vidrioso, quebradizo o poco dúctil' se combina con sustantivos que designan metales. En su sentido de 'áspero, desagradable, hosco o agresivo' admite sustantivos que denotan sonido, voz o instrumento musical *(ruido, murmullo, voz, tos, trompeta)*; este sentido se extiende a los sustantivos de persona, individuales o colectivos *(hombre, jefe, equipo, conjunto)*, a otros que designan algunos animales *(caballo, toro)* y a los que expresan diversas unidades y manifestaciones verbales *(lenguaje, palabras, expresión, discurso, respuesta, mensaje)*. Se combina especialmente con...

A SUSTANTIVOS QUE DENOTAN CONFRONTACIÓN O ENFRENTAMIENTO, FRECUENTEMENTE VERBAL, O DESIGNAN ALGUNAS DE LAS ACTIVIDADES O LOS EVENTOS (A MENUDO REUNIONES) EN LOS QUE SUELE DARSE. POR EXTENSIÓN, CON OTROS QUE EXPRESAN EL ESTADO ANÍMICO QUE CARACTERIZA ESAS SITUACIONES: **1 debate ++:** En un *bronco* debate, en el que no faltaron las descalificaciones personales... EPE141099 **2 partido ++:** ...golearon y resolvieron para los manchegos un partido *bronco* y de escasa calidad. EME160996 **3 juego ++:** Además, el encuentro se enturbió con un juego *bronco* y marrullero. EME031295 **4 discusión +:** Se ha escuchado el diálogo, una *bronca* discusión, entre un padre y su hija, un bofetón y finalmente unos pasos de pies descalzos. EPE160700 **5 enfrentamiento +:** La segunda y última jornada del debate de investidura se centró ayer en un fuerte y *bronco* enfrentamiento... EPE080799 **6 duelo +:** Desde luego, el parlamentarismo moderno no nació de las atildadas charlas de un salón rococó, sino más bien de los *broncos* duelos verbales de la Revolución francesa... EPE101299 **7 sesión:** ...la complicada, *bronca* y alborotada sesión de ayer no convenció a nadie. EPE161101 **8 pleno:** Lejos de la imagen de los plenos *broncos* que suceden a cada atentado, la mayoría de los presentes cuidó las formas. EPE091101 **9 cabreo:** Cayó un aviso sobre los espectadores en fuga, sobre los cabreos homéricos y *broncos* de los acomodadores... EME010695

B SUSTANTIVOS QUE DESIGNAN PROPIEDADES DISTINTIVAS Y ESENCIALES DE LAS PERSONAS QUE DETERMINAN SU MODO DE SER, DE PENSAR O DE COMPORTARSE: **10 estilo:** Creo que a pesar de ser un estilo *bronco* y brusco, tiene mucha riqueza. ABC030295 **11 carácter:** La enseñanza histórica verdadera no nos remite a nuestro carácter *bronco*, sino a la fragilidad de la democracia en términos generales. EPE010499 **12 talante:** Su ruda bonhomía, su talante *bronco*, no deben inducir a error... EME100594 **13 manera:** Una manera *bronca* y gráfica de alejarse del contencioso fratricida de los socialistas valencianos... EPE120999 **14 genio:** ...ya se sabe que tiene el genio *bronco* y vivo y que a veces se le desmanda la vertiente sanguínea e iracunda... EPE100379 **15 perfil:** El perfil «*bronco*, claro y directo» de Diego Fernández de Cevallos se torna más intenso... DYM210197 **16 temperamento:** Con añoranza tal vez de la furia y el ruido de la pasada legislatura, algunos espectadores embanderados con el PP y de *bronco* temperamento han comenzado a silbar... EPD250996

C SUSTANTIVOS QUE DESIGNAN EL CONJUNTO DE CONDICIONES O CIRCUNSTANCIAS QUE RODEAN O CARACTERIZAN UN LUGAR, UN SUCESO O UN ENTORNO: **17 escenario:** El «*bronco* escenario de la Historia», la iniciación a la poesía (...) conforman a un personaje lírico... ABC251194 **18 situación:** ...Nello tornaba *bronca* la situación. CAP270397 **19 clima:** ...la sesión parlamentaria, salvo algunos momentos de relajación y humor, transcurrió en un clima *bronco* y tenso. EPE281099 **20 ambiente:** El ex presidente calificó el ambiente anterior a las elecciones de «*bronco* y duro»... LVE150596 **21 panorama:** En este *bronco* panorama, la imagen rubia y mórbida de Cristina Sánchez es una incógnita... EME120396 **22 paisaje:** Su clima es duro y su paisaje *bronco*. EME250296

brotar *v.* ▌Se combina con sustantivos que designan plantas *(flor, árbol, mata)* o algunas de sus partes *(hoja, cepa, capullo)*, con otros que designan fluidos o líquidos *(agua, sangre, lágrima, petróleo)* y con el sustantivo *vida*, usado en sentido físico o en el figurado. Se combina frecuentemente con el sustantivo *palabra*, y con otros que designan muy diversas manifestaciones verbales *(frase, diálogo, expresión, chiste, maldición, insulto)*, a menudo artísticas *(poema, verso, soneto, novela)*. También se combina con...

A EL SUSTANTIVO *IDEA* Y CON OTROS QUE DESIGNAN DIVERSOS RESULTADOS DE LA ACTIVIDAD COGNOSCITIVA O INTELECTIVA: **1 idea ++:** De la materia, la realidad espacial convertida en forma demandante, *brotarán* las ideas. LVE210596 **2 pensamiento +:** ...el pensamiento *brota* de los elementos específicamente artísticos: la imagen, el ritmo, la expresividad fónica. ABC210593 **3 conocimiento:** Esto es, al bajar la información y usarla, se pueden cruzar las diferentes bases de datos y hacer *brotar* nuevo conocimiento que antes no existía. EXC270596 **4 saber:** ...fuente de la que *brotarían* los saberes que dieron origen a nuestra cultura... ABC090493 **5 principio:** ...de nuestra gloriosa historia *brotaron* y brotan los principios emancipadores por cuya victoria han luchado sucesivas generaciones. GIC104097 **6 reflexión −:** ...porque es rara la página donde no *brota* una sugerencia, una idea aprovechable o novedosa, una reflexión para tener en cuenta. ABC180895

B SUSTANTIVOS QUE DESIGNAN SENTIMIENTOS INTENSOS DIRIGIDOS GENERALMENTE HACIA LAS PERSONAS O LAS COSAS, MÁS FRECUENTEMENTE SI SON DE INCLINACIÓN O RECHAZO. TAMBIÉN CON OTROS QUE DESIGNAN SENSACIONES Y ALGUNAS DE LAS FORMAS EN QUE SE MANIFIESTAN: **7 amor +:** El amor *brota* inesperadamente e ilumina la vida, y la hunde en la desesperación cuando se pierde. LVE251296 **8 pasión:** Y piensan que de ahí ya no puede *brotar* Justicia, sino sólo humanas pasiones. EME051296 **9 emoción:** Están labrados por la emoción que sólo *brota* de lo íntimo, de lo personal, de lo vivencial. EUV080996 **10 sensación:** ...las sensaciones que *brotan* desde lo más profundo y se ramifican, se proyectan al exterior a través del acero y del hierro. ABC170792 **11 sentimiento:** Entre los múltiples sentimientos que *brotan* ahora en mi corazón, quiero espumar al menos tres... EPE160900 **12 gesto:** Mientras la escuchaban, de la cara de los Izquierdo no *brotó* ni un gesto, ni una mueca. EME260194 **13 cariño:** Con el roce vienen familiaridades, *brotan* cariños que matan y surgen penosos sobreentendidos incentivadores del despecho. LVE040695 **14 deseo:** ¡Cuán extraña suena a oídos modernos la idea de que la lujuria –el deseo sexual que *brota* en nosotros tan involuntario como la saliva– es en sí misma perversa! ABC090793 **15 odio:** ...en la celebración del cambio y el festinar de la transición permitimos que *broten* los odios idiotas del repudio ciego a la otredad. EXC091196

C SUSTANTIVOS QUE DESIGNAN OTROS SENTIMIENTOS, ESPECIALMENTE ESTADOS DE ÁNIMO EN LOS QUE SE EXPERIMENTA, PLACER O PESADUMBRE EN DIVERSAS FORMAS Y GRADOS: **16 alegría +:** Y es que no pudo contener la nueva Miss World Venezuela el estallido de alegría que le *brotaba* de los más hondo... EUV080996 **17 humor:** ...un humor que actúa por contraste, que *brota* de unos comportamientos o de unas palabras aparentemente cotidianas... LVE291096 **18 felicidad:** Son cosas muertas de las que no puede *brotar* felicidad posible. EME160396 **19 nostalgia:** De ahí *brota* esa paradójica nostalgia, que se convierte en activo principio estético. ABC050894 **20 tristeza:** Quizá sea el recuerdo del recuerdo el que haga *brotar* la tristeza y ésta, finalmente, acabe inundándolo todo: lo que es y lo que fue. EPE241299

D SUSTANTIVOS QUE DENOTAN DUDA O TEMOR: **21 duda +:** Pero al empezar a desmenuzarla empiezan a *brotar* las dudas sobre cada uno de sus supuestos. LEC010796 **22 pregunta +:** La Palabra remite a Cristo, para que a él se dirijan las preguntas que *brotan* del corazón humano frente al misterio de la vida y de la muerte. DYM040996 **23 temor:** Hubo evocaciones de la tragedia sísmica de 1985 y *brotó* el temor de pasar la noche en construcciones en zonas de alto riesgo... EXC120197 **24 miedo:** Ahora el miedo *brota* junto al quemado amor de los desdenes sigilosos... ABC050692 **25 fantasma:** La Biblia políticamente correcta hizo *brotar* de nuevo el fantasma del revisionismo. LVE230296

E SUSTANTIVOS QUE DENOTAN ESPERANZA O EXPECTATIVA: **26 esperanza +:** Se está dilapidando la esperanza que *brotó* en Euskadi y en toda España. EPE110499 **27 ilusión +:** Las conversaciones de paz hicieron *brotar* la ilusión de que la terrible contienda terminaría pronto. INDOC **28 sueño:** Divino tiempo de la niñez, donde no se percibe que se gasta la vida, y el alba y el crepúsculo son el mismo punto por donde *brotan* los sueños. LHG120900

F SUSTANTIVOS QUE DESIGNAN SONIDOS, AISLADOS O EN COMBINACIÓN, QUE SE ASOCIAN HABITUALMENTE CON SENSACIONES O SENTIMIENTOS: **29 voz +:** ...y en lugar de fuego *brotó* la tipluda voz del hombrecito que se ha pasado la vida arrastrando el lápiz... EXC011196 **30 grito +:** Su grito *brotó* como una reafirmación de placer. EPE061299 **31 sonido:** Todas esas imágenes del horror y de la guerra sin piedad me privan de las palabras porque de mi garganta no puede *brotar* sonido alguno... EPE260599 **32 música +:** El Aramis, que en el muelle parecía mucho más grande que en Panamá. De las portillas *brotaba* música. EME090895 **33 eco:** ...y cuando alguno de los antologados está todavía casi inédito, a esa escritura le están *brotando* ecos por doquier. ABC050293 **34 cántico:** El exitoso cántico mosaico *brota* después de que los israelitas se sacudieran trabajosamente a los egipcios. LVE230596 **35 ruido:** Un ruido en sordina, de taladros mecánicos y de oraciones del Corán, *brota* del subsuelo de Jerusalén. EME101096 **36 melodía:** Su valor musical es innegable, sobre todo en el primero y tercer actos, con sus melodías que *brotan* de manera incontenible. ABC070892 **37 risa:** ...esa risita, sí, que le *brotó* del alma fea porque había estado ahí siempre escondida... LRE060103

G ALGUNOS SUSTANTIVOS QUE DESIGNAN SITUACIONES ADVERSAS, GENERALMENTE IMPREVISTAS: **38 enfermedad:** La versión humana de la enfermedad, CJE, puede tardar en *brotar* diez años o más... LVE071295 **39 problema:** Sus problemas, *brotados* de la gigantesca deuda externa, no difieren en mucho de los que sufre el resto de los países latinoamericanos. EPE010489 **40 escándalo:** ...la constante amenaza de que vuelvan a *brotar* nuevos escándalos en la prensa... EME050795

H SUSTANTIVOS QUE DESIGNAN DIVERSAS MANIFESTACIONES DE CONFRONTACIÓN O DESACUERDO, GENERALMENTE VERBALES: **41 crítica:** De esa vinculación «mentira-muerte» *brota* la crítica social patente en «Dialéctica de las sombras». ABC081295 **42 protesta:** También en Alemania *brotaba* este fin de semana la protesta y en España comenzaba lo que se presagia como un otoño caliente de agricultores y camioneros. EPE170900 **43 discordia:** ...cuando *brotó* la chispa de la discordia: ¿Qué pasaría este año con la Semana de las Setas, que coincidía, además, con la celebración de su quince aniversario? LVE031195 **44 resistencia:** Cuando la lista de bondad empieza a concretarse, *brotarán*, sin duda, las discusiones, las resistencias. EME180694 **45 polémica:** A aquel choque de opiniones le ha seguido la reciente polémica del Kursaal, que *brotó* la semana pasada... EPE221099 **46 discusión:** Los ánimos estaban tan caldeados que enseguida *brotaron* virulentas discusiones. INDOC **47 debate:** ...saltó una chispa de magia y *brotó* un debate del que ha nacido una red cultural nueva, que es no alienación frente al todo, por ser guerrilla. EME260495

▩ Se combina también con: ♦ **a borbotones[6], como hongos[2], espontáneamente, por generación espontánea**

☐ Véase también: **brote (de), despuntar, emanar, germinar.**

brote (de) ♦ **agudo, aislado, bacteriano, epidémico, incipiente, infeccioso, mortal, racista, tímido, violento** ♦ **cólera, descontento, entusiasmo, esperanza, fiebre, genialidad, hepatitis, indisciplina, inflación, inspiración, insubordinación, legionela, odio, orgullo, origen (de), pasión, peste, racismo, rebeldía, resistencia, violencia, xenofobia,** *otros sustantivos que designan estados de adversidad, otros sustantivos que designan sentimientos* ♦ **aparecer, causar, controlar, descubrir, detectar, frenar, prevenir, sofocar[35], surgir**

☐ Véase también: **brotar, semilla (de).**

[bruces] → **darse de bruces (contra)**

[bruja] → **caza de brujas**

bruñir ♦ **metal**

☐ Véase también: **limpiar.**

bruscamente ♦ **abandonar, acabar, acelerar, adelantar, alterar, anunciar, apartar, arrancar, aterrizar, bajar, bloquear, caer, cambiar, cancelar, cerrar, cesar, chocar, cortar, dar la espalda, descender, despertar, desplomarse, detener, devolver, dirigir, elevar, entrar, frenar, girar, gritar, interrumpir, lanzar, levantarse, modificar, parar, pedir, quebrar(se), rectificar, reducir, retirar, revisar, romper(se), salir, sobrevenir, terminar, tratar, truncar(se), virar, zanjar**

brusco *adj.* ▮ Admite sustantivos de persona *(No seas tan brusco)*, sustantivos que denotan forma de ser o actuar *(carácter, comportamiento, actitud, talante, maneras, modales)*, sustantivos que designan unidades verbales *(palabra, lenguaje, expresión, frase)*, y otros que designan ciertas prácticas caracterizadas por su dinamismo, a menudo deportivas *(fútbol, juego, jugada, ejercicio)*. Se combina asimismo con...

A SUSTANTIVOS QUE DENOTAN CAMBIO, REFORMA O MODIFICACIÓN. TAMBIÉN CON OTROS QUE DESIGNAN DIVERSOS ESTADOS SUCESIVOS DE ALTERNANCIA: **1 cambio** ++: Anoche, inesperadamente, un *brusco* cambio del viento hizo que el incendio que afecta desde hace varios días al sur del país, se instalara a las puertas de la ciudad. CLA280199 **2 alteración** ++: ...el pueblo se opuso violentamente a esa *brusca* alteración gubernativa y exigió el respeto a las leyes y a la naciente democracia. LTB210700 **3 variación** ++: Estas acíclicas etapas de auge inundaron de dólares al mercado cambiario y causaron *bruscas* variaciones a los agregados monetarios. EPC080797 **4 transformación:** ...una novela en la que, bajo el caos aparente (...) y sus *bruscas* transformaciones, aparece firme y consistente un edificio pacientemente construido... EPE180977 **5 reforma:** ...la Administración demócrata de Bill Clinton ha optado esta semana por aprobar una *brusca* reforma del Estado de bienestar... EME040896 **6 mutación:** La *brusca* mutación se ha producido por una confluencia de factores. EPD170797 **7 fluctuación:** ...las fluctuaciones de las políticas económicas son muy *bruscas*. PLG220696 **8 oscilación:** ...ofrecen un precio mínimo previamente establecido que evitará *bruscas* oscilaciones en el mercado. FDV280301 **9 vaivén:** Las indecisas temperaturas son, además, responsables de *bruscos* vaivenes en el ánimo de los ciudadanos... HOY101197 **10 altibajo** +: El Banco Central de Venezuela (...) es el único responsable de *bruscos* altibajos del mercado cambiario. DLA060397 **11 corrección:** La *brusca* corrección ha originado una reacción social de amplio alcance. LVE141295

B SUSTANTIVOS QUE DENOTAN AUMENTO O ASCENSO: **12 aumento** ++: Los siete hombres aprisionados el 12 de noviembre por un *brusco* aumento del nivel de las aguas están en buen estado de salud. EPE221199 **13 subida** ++: Endesa volvió (...) a la zona de pérdidas tras la *brusca* subida de los tipos de interés a largo plazo. LVE120396 **14 incremento** +: Otras aerolíneas se prepararon para un *brusco* incremento de la demanda. ENH120297 **15 crecimiento:** Los fabricantes de neumáticos se están viendo desbordados por el *brusco* crecimiento de la demanda de automóviles... EME110395 **16 ascensión:** La *brusca* ascensión de la moneda estadounidense determinará en Europa una fuerte subida de los precios del petróleo... EPE161280 **17 ascenso:** La gran sorpresa ha sido el *brusco* ascenso del antirruso y ultranacionalista Movimiento Popular de Letonia... LVE031095 **18 elevación:** La *brusca* elevación de los niveles de adrenalina y noradrenalina (...) puede romper las placas de aterosclerosis que hay en su interior. EME191296 **19 alza:** ...no habrá forma de parar las devaluaciones sucesivas, ni siquiera con una alza *brusca* de las tasas de interés... CLA190199

C SUSTANTIVOS QUE DENOTAN DISMINUCIÓN O DESCENSO: **20 caída** ++: El austral tuvo una *brusca* caída frente al dólar esta semana... EXP010489 **21 descenso** ++: La caída del consumo no significa necesariamente un descenso *brusco* de los valores nutritivos del venezolano... EUV031196 **22 bajada** ++: Esta situación está motivada por la *brusca* bajada de audiencia en el periodo estival. EME260795 **23 disminución:** ...el estrés que les produce se pone de manifiesto en una *brusca* disminución del glucógeno hepático... EPE220299 **24 reducción:** Una *brusca* reducción del nivel de vida ha sido el primer efecto de la introducción del mercado... LVE150995 **25 baja:** Los metales preciosos terminaron con una *brusca* baja este viernes. EXC220996 **26 derrumbe:** Alarmas ululando, un *brusco* derrumbe de piedras y una pequeña nube de humo blanco colgada del cielo. EPE070499 **27 recorte** −: Pujol rechaza un recorte *brusco* del tipo máximo de la renta... LVE090296 **28 rebaja** −: ...se procedió a una *brusca* rebaja de los tipos de interés para sacar a sus economías de la recesión. EME010294

D SUSTANTIVOS QUE DENOTAN MOVIMIENTO, Y A MENUDO CAMBIO RÁPIDO DE DIRECCIÓN: **29 movimiento** ++: Se caracterizan por movimientos *bruscos* y muy fluctuantes. EPD220796 **30 giro** ++: Pero el *brusco* giro económico provocó una fuerte subida de la inflación... LVE090196 **31 maniobra** ++: El camionero hizo una *brusca* maniobra y evitó el choque. CLA150197 **32 viraje** +: El piloto de la aeronave pudo controlar el *brusco* viraje y evitó una tragedia... LNC281296 **33 volantazo** +: El problema es que, desde un punto de vista político, este *brusco* volantazo acrecienta el desconcierto... EME061096 **34**

vuelco +: El mercado de la telefonía fija ha sufrido un *brusco* vuelco desde la entrada de la competencia. EPE090899 **35 quiebro +**: ...«fue mayoritario por centrista, pero ahora, tras firmar el Pacto de Estella, se ha radicalizado, dando un *brusco* quiebro a su propia trayectoria». EPE300999

E SUSTANTIVOS QUE DENOTAN DETENCIÓN O VARIACIÓN REPENTINA DE LA VELOCIDAD: **36 frenazo ++**: Cardona considera que el progreso científico ha sido notable, pero advierte del peligro que supondría un frenazo *brusco* en su financiación... ABC190293 **37 frenada ++**: Si somos capaces de emprenderla a las trompadas por una frenada *brusca*, ¿por qué no somos capaces de encarar a esos abusadores? CLA050199 **38 desaceleración ++**: Una *brusca* desaceleración de esta economía acarrearía un grave problema a escala mundial... EPE021089 **39 parón**: La creciente ascensión de los Ferrari sufrió un *brusco* parón en este Gran Premio de Francia... LVE030795 **40 paralización**: El comercio con Argelia (...) sufrió una *brusca* paralización en 1983 al renegociarse el contrato de suministro de gas natural... EPE010487 **41 detención**: ...los rehenes están sometidos a temperaturas glaciales debido a una *brusca* detención de los motores por causas desconocidas. EPE311299 **42 aceleración**: ...hay que estar atento en no provocar aceleraciones *bruscas* que podría desestabilizar el coche. EME040795 **43 acelerón**: El guarda aseguró a la policía que escuchó a las cinco y media de la madrugada un golpe fuerte y de inmediato un acelerón *bruscó*. EPE231199

F SUSTANTIVOS QUE DENOTAN DIVISIÓN, CORTE O RUPTURA: **44 corte ++**: El planteamiento y el desarrollo de «Pertinaz sequía» (...) merecían un final auténtico y no un corte *brusco* y apresurado. ABC100395 **45 interrupción ++**: La Guerra Civil supuso la *brusca* interrupción de un proceso de aprendizaje que el propio pintor definiría años después como largo y lleno de pruebas. EPE050199 **46 ruptura +**: ...el progresivo deterioro de relaciones culminó a finales de junio en una *brusca* ruptura. LVE110796 **47 rotura**: El infarto suele ser consecuencia de la rotura *brusca* de una placa de ateroma en una de las arterias coronarias. EME120195 **48 quiebra**: Consecuencia de una *brusca* quiebra mundial entre la demanda y la oferta (...) colocó la cotización de la tonelada, en los seis últimos meses, al nivel del año 1990, uno de los más altos. EME140795 **49 separación**: ...se conforma el continuum del reino animal, donde no hay separaciones *bruscas* entre unas especies y otros. EPE031099 **50 escisión**: Eran las marcadas diferencias de formación y temperamento entre estos dos hombres (...) las que determinaron el fracaso del partido (...) y de su *brusca* escisión el año pasado. EPE050778

G EL SUSTANTIVO *GESTO* Y CON OTROS QUE DESIGNAN ACCIONES Y MOVIMIENTOS CORPORALES, A MENUDO RÁPIDOS O REPENTINOS: **51 gesto ++**: Con un gesto *brusco* corre la cortina. ABC180294 **52 ademán**: El Mondrian que yo conocí era gentil, educado, de ademán apacible, muy raramente hostil o *brusco*. ABC040294 **53 abrazo**: Pero casi no hay región española que Zuloaga no haya acariciado con los *bruscos* abrazos de sus pinceles. ABC271095 **54 brinco**: El problema es que si no se hacen las cosas a tiempo y suavemente, después el brinco es más *brusco* y causa incertidumbre e inestabilidad. PME201096 **55 pirueta**: El «buga» respondió haciendo una *brusca* pirueta. EME300396 **56 cabezada −**: En el asiento de al lado, la inspectora Hernault dio una *brusca* cabezada. EME190896

H SUSTANTIVOS QUE DENOTAN GOLPE, CHOQUE, ENCUENTRO VIOLENTO O MOVIMIENTO IMPULSIVO O IMPETUOSO: **57 golpe +**: Uno y otro se enzarzan en un intercambio de gestos, golpes *bruscos* de los brazos que cortan el aire con rotundidad de carnicero. EPE290999 **58 choque +**: Pero cuando la tensión es mayor que la fuerza de las rocas, se produce un choque *brusco* al moverse las placas. EME290595 **59 sacudida +**: En 12 años ha demostrado su incapacidad no sólo para construir una economía sana (...), sino que ni siquiera sirvió para evitar las sacudidas *bruscas*. LVE140195 **60 empujón +**: La marca sueca ha desarrollado un propulsor cuya característica principal (...) evita los empujones *bruscos* característicos de este tipo de mecánicas. LVE220195 **61 chapuzón**: las experiencias de ambos (...) son ficticias por más que estén presentadas como un *brusco* chapuzón en la doliente realidad. ABC161092 **62 encontronazo +**: Fue un encontronazo *brusco*. EPE160700 **63 tirón**: ...revisa con un tirón *brusco* las cuerdas que aseguran su carga y reemprende su trayecto. EPE010400 **64 embestida**: Claro que al frente tuvo a un torero que aguantó las *bruscas* y peligrosas embestidas... DHE130198 **65 remezón**: ...acaba de sufrir un *brusco* remezón que hace años veía venir: cumplió 40. HOY260597 **66 zarpazo −**: De un zarpazo tan *brusco* como irónico, la prosa de Vicent nos arroja de bruces a la esencia misma de su libro... ABC230493 **67 vapuleo −**: Gustavo Villapalos es un hombre muy dado a las subidas y bajadas de kilos, a los *bruscos* vapuleos físicos. EME071195 **68 zapatillazo −**: Manzanares dejó alguna gotita de su suave tauromaquia, eso sí, aglutinada de *bruscos* zapatillazos para llamar la atención... EPE110499

I SUSTANTIVOS QUE DENOTAN APARICIÓN, INICIO O SURGIMIENTO DE ALGO, O DESIGNAN ALGUNAS DE LAS ACCIONES QUE LLEVAN A CABO ESOS PROCESOS: **69 aparición**: La hospitalización se debió a la aparición *brusca* de un cuadro de edema agudo de pulmón... ABC261193 **70 irrupción**: La irrupción *brusca* de dos parejas de grises empañó un tanto la beatífica visión... EPE010876 **71 surgimiento**: ...acudir al médico ante cualquier surgimiento *brusco* de fiebres... LDD070597 **72 apertura**: ...una pérdida creciente de legitimidad como consecuencia del daño social que ocasionó la apertura *brusca* de sus economías... EPE280699 **73 arranque**: ...el arranque del motor constitucional no ha sido demasiado *brusco* ni ruidoso. EPE280877 **74 arrancada**: Nunca se me ha dado bien el Naranco, un puerto corto con arrancadas *bruscas*. LVE200996 **75 eclosión −**: ...el fascismo (...) tuvo una gestación lenta que no es preciso entender para explicar tan *brusca* eclosión. EME200394 **76 rebrote −**: Iliushin achacó el *brusco* rebrote de la enfermedad a las intensas negociaciones... EME271095

J SUSTANTIVOS QUE DENOTAN TÉRMINO O DESAPARICIÓN: **77 desenlace**: Algo semejante ocurre en el cuento «Señoritas en sepia» (...), cuyo desolador y *brusco* desenlace provoca en el narrador algunas cavilaciones... ABC011295 **78 final**: Se cree que alguna de las invasiones mauritanas de esos tiempos puso un *brusco* final a este emporio inexplicable. EPE270599 **79 desaparición**: Su *brusca* desaparición hubiera suscitado más de un comentario... LVE011195 **80 supresión**: Difícilmente puede ser aceptable una supresión *brusca* de la ayuda al consumo... EME160594 **81 cese:** Me refiero al *brusco* e inesperado cese de la venta de su diario... EME120396 **82 cierre:** ...evitar en la medida de lo posible el impacto social y político que supondría un cierre *brusco* de todas ellas y los consiguientes despidos. LVE190596 **83 conclusión:** Es difícil seguir su discurso; en un momento inesperado da un salto y apunta una conclusión *brusca* y violenta. EME261296 **84 clausura –:** ...hacen que la entrada de aire sea seguida por la *brusca* clausura de la glotis... BUS040698

K SUSTANTIVOS QUE DESIGNAN DIVERSOS PROCESOS DE EMPEORAMIENTO O DETERIORO: **85 empeoramiento:** ...en febrero registraron un *brusco* empeoramiento debido a las fuertes salidas de capitales. LVE220495 **86 agravamiento:** Brusco agravamiento de la tensión entre los dos países tras las explosiones en Damasco. LVE170696 **87 deterioro:** Los rusos han suspendido temporalmente el acuerdo militar (...) después del *brusco* deterioro de la situación... EME101095 **88 debilitamiento:** Con ese *brusco* debilitamiento, la moción de Ferrada fue finalmente rechazada por 53 votos contra 31. HOY150997 **89 devaluación:** ...los socios del Mercosur (...) podrán negociar e implementar las compensaciones necesarias, después de la *brusca* devaluación brasileña. CLA310199 **90 regresión:** Pero que conste que en nuestra *brusca* y textil regresión a la infancia no había ni sombra de sarcasmo... EME101295 **91 recaída:** Tras una leve mejoría que apuntaba a una pronta recuperación, la paciente ha sufrido una *brusca* recaída. EPE210199 **92 deflación:** ...la política económica del Gobierno ha permitido una regulación efectiva de la demanda global, impidiendo tanto crecimientos demasiado rápidos como deflaciones *bruscas*. LVE260395

L SUSTANTIVOS QUE DENOTAN MOVIMIENTO O DESPLAZAMIENTO, EMPLEADOS GENERALMENTE EN SENTIDO FIGURADO COMO REPRESENTACIÓN DEL PASO DE UNA SITUACIÓN A OTRA: **93 salto ++:** Su coreografía mostraba una asombrosa suavidad en sus *bruscos* saltos de ritmo... ABC120293 **94 transición:** Empieza a vislumbrarse que la transición tan *brusca* entre el comunismo ortodoxo y la democracia liberal se ha hecho con precipitación y con excesos. LVE080696 **95 paso:** ...el estudio constata que un paso *brusco* desde el actual sistema de reparto a uno privado es «imposible». EME140396 **96 tránsito:** Los Juegos Olímpicos de 1992 significaron el *brusco* tránsito a una etapa depresiva de la que aún no hemos salido. LVE241295 **97 desplazamiento:** ...el camión efectuó un *brusco* desplazamiento hacia atrás... EPE111199

M SUSTANTIVOS QUE DESIGNAN LA ACCIÓN O LA DECISIÓN DE ABANDONAR O HACER ABANDONAR UNA ACTIVIDAD, MÁS FRECUENTEMENTE SI ES PROFESIONAL: **98 dimisión:** La *brusca* dimisión de Alasdair Milne ha provocado indignación en las filas de la oposición, que acusa al Gobierno de injerencia. EPE020287 **99 destitución:** Ahora, con la *brusca* destitución de Cruyff, se ha cerrado este ciclo. LVE190596 **100 renuncia:** El presidente de Estados Unidos (...) volvió ayer a la difícil tarea de encontrar un nuevo jefe del Pentágono, después de la *brusca* renuncia de Bobby Inman.. EME200194 **101 jubilación:** ...«la *brusca* jubilación del ministro de Defensa soviético (...) debería servir de ejemplo para los dirigentes norteamericanos». EPE010687

N SUSTANTIVOS QUE DESIGNAN DIVERSAS FIGURAS RETÓRICAS ASOCIADAS A MENUDO CON EL CAMBIO, LA RUPTURA O LA AUSENCIA DE INFORMACIÓN, ASÍ COMO OTRAS NOCIONES GRAMATICALES RELACIONADAS CON ELLAS: **102 encabalgamiento +:** ...en su manera de expresar la historia general, la personal, tan conflictiva, quebradiza (junto a los paréntesis, meandros rápidos, el oleaje de los *bruscos* encabalgamientos, las reiteraciones o estribillos). ABC070292 **103 elipsis:** Probablemente sobran algunas elipsis temporales demasiado *bruscas*... ABC290193 **104 analepsis:** ...relata su británico fracaso conyugal, con frecuentes analepsis y prolepsis a veces demasiado *bruscas*... ABC191193 **105 prolepsis:** En su descripción abundan tanto las prolepsis *bruscas* que dificultan la comprensión. INDOC **106 ironía –:** ...un oficial de policía completamente calvo y dotado de una *brusca* ironía. EME230194 **107 neologismo –:** Un áspero flujo verbal, como de filo mellado, incómodo por momentos, entretejido de neologismos *bruscos* (...) posibilitan paradójicamente el equilibrio de un raro y luminoso linaje poético. ABC130392

Ñ OTROS SUSTANTIVOS; POSIBLES USOS ESTILÍSTICOS: No captaremos la *brusca* delicadeza de las esculturas de Isamu Noguchi si no sabemos traducir cada una a ese lenguaje contemplativo... ABC150494; Browning indicó la metáfora en un adverbio (...) («Sobre el *brusco* esplendor sangriento que el día en alejándose lanza como una maldición.»). ABC250992; ...se abren resquicios para que se instale una cotidianeidad, a veces *brusca*, a veces divertida... ABC171293

☐ Véase también: **abrupto, abstruso, drástico, repentino**.

bruto ♦ **como una mula, como un arado, considerablemente, sumamente** ♦ **fuerza**

bucear (en) *v.* **I** En el sentido de 'nadar (bajo)' admite sustantivos que designan masas o acumulaciones de agua *(agua, mar, océano, lago, piscina)*. En el sentido de 'investigar o explorar' se combina con sustantivos de tiempo, especialmente si designan períodos dilatados o históricos *(época, siglo, edad, período, tiempo, reinado)*, con sustantivos que designan artes o disciplinas científicas o humanísticas, así como muy diversas creaciones e informaciones que pertenecen a esos dominios *(matemáticas, filosofía, arte, música, novela, sinfonía, libro)*. Se combina asimismo con...

A SUSTANTIVOS QUE DESIGNAN EL TIEMPO PASADO Y, POR EXTENSIÓN, AQUELLO QUE ES ORIGEN O PRINCIPIO DE ALGO: **1 pasado ++:** ...los obliga a *bucear* en un pasado no todo lo transparente que uno podía imaginarse. CLA160199 **2 historia ++:** Dice Ynduráin que Galdós *bucea* en la historia próxima de nuestro país para hacer inteligible desde ella su presente. ABC080794 **3 origen +:** ...si queremos enraizarla en los principios y las propias convicciones, no habrá más remedio que *bucear* en el origen mismo de este concepto político... LVE070695 **4 raíz +:** Con más de setenta años, el norteamericano Weston se ha pasado la vida viajando por África para *bucear* en la raíz de la música negra. EPE150399 **5 tradición:** Los comentarios (...) salpican un programa que *bucea* en la tradición consagrada del rock, las efemérides y la música independiente española. EME041096

B SUSTANTIVOS QUE DESIGNAN LA RECREACIÓN DEL PASADO, FRECUENTEMENTE PERSONAL. POR EXTENSIÓN,

CON OTROS QUE DESIGNAN LA FACULTAD QUE LA PERMITE, EL CONJUNTO DE LO VIVIDO, EL CURSO DE LA EXISTENCIA INDIVIDUAL O ALGUNAS DE SUS ETAPAS: **6 memoria** ++: Esta producción, que *bucea* en la memoria colectiva española de la década de los sesenta... EPE201101 **7 recuerdo** +: ...*bucea* en el primer recuerdo de una mujer y profundiza en la manifiesta falsedad de esos primeros recuerdos, casi siempre inducidos o falseados. EPE061099 **8 trauma**: Otra película que *bucea* en el trauma de la guerra de Vietnam, según una novela de Bobbie Ann Mason... LVE260196 **9 experiencia**: He *buceado* en mi experiencia personal, pero sin buscar emociones concretas... LVE130495 **10 vivencia**: La segunda producción nacional (...) con formato de thriller, *bucea* en las vivencias políticas y sentimentales de la guerra y posguerra española... LVE190996 **11 biografía**: Al tiempo que empecé a leerle, me dediqué a *bucear* en su biografía. EPE221299 **12 vida**: Por eso, se piensa que quizá *buceando* en la vida y en las relaciones del fotógrafo se pueda encontrar la punta del ovillo... CLA170297 **13 infancia**: Tras un arranque más o menos prometedor, la cinta *bucea* en la infancia del psicópata más famoso de la historia del cine... LVE081095

C SUSTANTIVOS QUE DESIGNAN CONJUNTOS DE INFORMACIONES, MÁS FRECUENTEMENTE SI CONTIENEN DATOS O DOCUMENTOS SOBRE LO YA ACAECIDO. TAMBIÉN CON OTROS QUE DESIGNAN LOS LUGARES DONDE SE HALLA O SE RECOPILA ESA INFORMACIÓN: **14 archivo** ++: ...columnista de El País al que descubrió una noche de otoño cuando *buceaba* en el archivo del diario Informaciones. EME070796 **15 hemeroteca** ++: Durante nueve meses, este profesional de la radio ha *buceado* en hemerotecas y ha hablado con gente que vivió la guerra civil y la posguerra. EPE020999 **16 biblioteca** ++: ...el estudiante no sólo tiene que atender al material físico que llega a su casa sino que debe *bucear* por las bibliotecas de otras universidades... EME070296 **17 internet** ++: ...enseñar al periodista tradicional a *bucear* en Internet para sacarle el mayor partido posible... EPE191101 **18 fondo documental**: En busca de las primeras pruebas, los arqueólogos *bucearon* en numerosos fondos documentales españoles y británicos... ABC261193 **19 documentación** +: ...tras *bucear* en la documentación municipal, ha encontrado siete sanciones a locales de ocio... EPE180299 **20 base de datos** +: ...Alemania *bucea* en bases de datos privados en busca de terroristas islámicos. EPE021001 **21 bibliografía** +: Para averiguarlos, el autor ha tenido que *bucear* en una copiosa bibliografía que le sirve de base, y en la que funda datos sin gratuidad. ABC070892 **22 red** +: En el shopping Los Gallegos hay un lugar para chatear y *bucear* en la Red. CLA100199 **23 fuente**: Grande es el archivo de TVE, sin duda, pero al parecer se *bucea* en las mismas fuentes... LVE110795 **24 expediente**: ...es fruto del trabajo de casi dos años durante los cuales los autores del estudio han *buceado* en los expedientes carcelarios... EME301195 **25 anales**: ...habría que *bucear* en los anales de Hollywood para encontrar una disputa tan anodina a falta de dos meses para los Oscar. EME230195 **26 documento**: De este modo, no dudan, por ejemplo, en *bucear* entre documentos de 1496 del Ayuntamiento... EPE041199 **27 ordenador** −: ...inmediatamente le contesta un chico, *buceando* en el ordenador en su lugar de trabajo. EPE201099

D SUSTANTIVOS QUE DESIGNAN LAS PARTES INTERIORES O ESENCIALES DE ALGO O DE ALGUIEN: **28 interior** +: Y, sobre todo, la dificultad de la novela autobiográfica es que te exige coherencia y *bucear* mucho en el interior de ti mismo y eso siempre es complicado. EDV210996 **29 corazón** +: He querido *bucear* en el corazón de estas mujeres y ver a través de ellas el coste emocional que significó la guerra. EPE231001 **30 entraña**: ...de nada habrá servido el impulso de este europeo, que ya tiene a Alemania e Inglaterra *buceando* en sus entrañas. EPE010700 **31 entresijo**: Buceando en los entresijos del asunto se ha descubierto que éste envió a su amada diecisiete claveles rojos... LRE310103 **32 entretela**: Se curtió como analista financiero y *buceó* en las entretelas del mercado bursátil... EPE260700 **33 esencia**: Unamuno busca la síntesis de la palabra, *bucea* en la esencia, utiliza símbolos y mitos y construye un mundo propio de acción. EME021195 **34 fundamento**: ...a la vez que anticipa el «boom» de la sexualidad, *bucea* en los fundamentos científicos de la creación humana y rompe los principios estéticos tradicionales. ABC081093 **35 intimidad** −: Como el falso ginecólogo-seductor que, hasta ser desenmascarado, *buceó* en la intimidad de numerosas mujeres. EME171095

E SUSTANTIVOS QUE DESIGNAN LUGARES DE DIFÍCIL ACCESO, USADOS A MENUDO EN SENTIDO FIGURADO, ASÍ COMO OTRAS NOCIONES ABSTRACTAS QUE SE ASOCIAN CON LO OCULTO O LO INTRINCADO: **36 profundidad** ++: ...esa capacidad intangible que le permite *bucear* en la profundidad oscura de las notas musicales... EME150594 **37 abismo**: Una película imprescindible que *bucea* en los abismos del terror... EPE261101 **38 fondo**: El misticismo busca la plenitud de lo humano, y encuentra el hombre esencial *buceando* en el fondo de su corazón. ABC160994 **39 secreto**: Las razones del fracaso o el triunfo son a menudo misteriosas en el ámbito del cine, aunque a posteriori parezca fácil *bucear* en el secreto de la reacción del público. EPE011284 **40 misterio**: ...*bucea* en el misterio de este personaje, desaparecido en el año 1956... LVE250996 **41 oscuridad**: ...cuanto menos habría que refrescarlo con nuevas aportaciones, ensanchando esa realidad, ampliándola, *buceando* más y más en las oscuridades de nuestras mentes. EME090494 **42 sombra**: ...el creador que *bucea* en las sombras y, sin embargo, se manifiesta con frecuencia en plena lucidez. ABC041194 **43 recodo**: Ha sido esencial para entender la evolución del jazz latino creando su marca al *bucear* en los recodos de la tradición... EME210496 **44 recoveco**: El club podría acudir a Magistratura y *bucear* en los recovecos de unos contratos muy particulares... EME150194 **45 rincón** −: Y es que los empleados (...) acaban participando en una «ciberchارla» o *buceando* en los rincones más insospechados... EME050296 **46 meandro** −: ...desafío de un congreso que deberá *bucear* por los meandros de un futuro incierto... EME180196 **47 tabú** −: ...está dispuesta a iniciar una investigación antropológica que le permita *bucear* en el tabú de la chuleta a través de los tiempos y encontrar su posible origen. EPE190699

F ALGUNOS SUSTANTIVOS QUE DESIGNAN PROPIEDADES O FACULTADES DISTINTIVAS O ESENCIALES DE LAS PERSONAS QUE DETERMINAN SU MODO DE SER, DE PENSAR O DE COMPORTARSE: **48 personalidad** +: ...son retratos psicológicos en los que Quintero *bucea* tanto en la personalidad de los personajes como en los signos externos que los hacen inconfundibles. ABC091294 **49 psicología:** Tal es la lección de una película irregular, pero que *bucea* con inteligencia en la psicología femenina. LVE130495 **50 conciencia:** ...el escritor juzga preciso detenerse para *bucear* en su conciencia y exhibirla. ABC210495 **51 identidad:** ...al que apenas reconocemos cuando nos enfrentamos a él, nos asalta cuando intentamos *bucear* en nuestra identidad. ABC050894 **52 pensamiento:** ¿Por qué, en vez de conjurar a este desaparecido, hay que referirse continuamente a él o *bucear* en su pensamiento para intentar descubrir lo que se avecina?... EME260394 **53 razonamiento:** Admonición lo suficientemente grave como para invitarnos a *bucear* en sus razonamientos. LVE020695 **54 inconsciente:** ...un relato «de emociones enfermizas» con el que la escritora de El Sur vuelve a *bucear* en el inconsciente. EDV300101 **55 subconsciente +:** Su habilidad para *bucear* en el subconsciente paranoide de esta sociedad... EME051195

G SUSTANTIVOS QUE DENOTAN SUCIEDAD O DESPERDICIO. TAMBIÉN CON OTROS QUE DESIGNAN LO QUE SE CONSIDERA DE POCA CALIDAD O VALOR. AUNQUE ADMITEN USOS LITERALES, SE EMPLEAN MUY FRECUENTEMENTE EN SENTIDO FIGURADO: **56 suciedad:** ...creo apropiado acercarnos sin prejuicios a las obras de esos hombres que *bucearon* en la suciedad del alma propia y de la ajena... LVE160595 **57 mierda:** A los informativos de televisión, y a sus sucedáneos, los infames y sensacionalistas programas especializados en *bucear* complacientemente en la mierda... EME120696 **58 mediocridad –:** El Valencia, en suma, se estaba trabajando el triunfo mientras el PSV seguía sin inmutar el plan trazado por su entrenador: *bucear* en la mediocridad. EPE041199

H OTROS SUSTANTIVOS; POSIBLES USOS ESTILÍSTICOS: Buceando en su piel descubrimos que no queríamos hacer un cerdo naturalista... EME160294; ...*bucea* en los placeres de la vida bordeando a veces lo «políticamente correcto». EPE180299; ...una bailarina de discoteca que *bucea* en el silencio mientras espera a que Berto la quiera... EPE120199

[buen] → **a buen recaudo, a ojo de buen cubero, buen día, buen gusto, buen humor, con {buen/mal} pie, de buen grado, llegar a buen puerto, llevar a buen puerto, llevar a buen término**
☐ Véase también: **[bueno].**

buena fe ♦ **con** ♦ **abusar (de)**[2]**, actuar (con), armarse (de)**[2]**, obrar (con)**

buenas noches ♦ **dar**[287]**, recibir**
☐ Véase también: **adiós, buenas tardes, buenos días, cortesía, despedir(se), saludar.**

buenas tardes ♦ **dar**[286]**, recibir**
☐ Véase también: **adiós, buenas noches, buenos días, cortesía, despedir(se), saludar.**

buena vida ♦ **abandonarse (a), darse (a)**[5]**, disfrutar (de), gozar (de)**

buen día Véase: **buenos días**

buen gusto ♦ **con** ♦ **prueba (de)** ♦ **demostrar, derrochar**[66]**, ofender**[12]**, tener**

buen humor ♦ **con** ♦ **actuar (con), hacer gala (de), reinar**[17]**, tener**

[bueno] → **buena fe, buenas noches, buenas tardes, buena vida, buenos días, de buena fe, de buena tinta, en buena lid, por las buenas, visto bueno**
☐ Véase también: **[buen].**

buenos días ♦ **dar**[285]**, recibir**
☐ Véase también: **adiós, buenas noches, buenas tardes, cortesía, despedir(se), saludar.**

bullir (de) ♦ **espectador, gente, público, visitante**
☐ Véase también: **burbujeante, hervir.**

bulo ♦ **correr(se), desmentir**[8]**, difundir(se), extender(se)**
☐ Véase también: **embuste, falacia, falsedad, habladuría, mentira, patraña, rumor.**

[bulto] → **a bulto, de bulto**

bulto ♦ **enorme, gran(de), grueso, ligero, liviano, manejable, pesado, voluminoso** ♦ **acarrear, cargar (con), consignar, enviar (a alguien), facturar, mandar (a alguien), traer, transportar**
☐ Véase también: **cuerpo.**

buque ♦ **atracar, enrolar(se) (en), hundir(se), naufragar, zarpar, zozobrar**

burbujeante ♦ **bebida, carácter, personalidad, risa**

burla ♦ **afilado**[7]**, cruel, descarado, despiadado, hilarante, hiriente, jocoso, procaz, sardónico**[10] ♦ **blanco (de), demostración (de)**[28]**, gesto (de), objeto (de)**[80] ♦ **aguantar, encajar, hacer, recaer**[95]**, soportar, sufrir, tolerar**
☐ Véase también: **broma, engaño, parodia.**

BURLA
♦ (SUSTANTIVOS) Véase: **derrochar**[0]**, digerir**[I]**, disfrazar**[B]**, displicente**[D]
♦ (VERBOS) Véase: **descaradamente**[E]
☐ Véase también: CRÍTICA.

burlar *v.* ▮ En el sentido de 'frustrar' admite diversos sustantivos que denotan esperanza o ilusión por algo o alguien *(confianza, esperanza, anhelo, expectativa).* En el sentido de 'esquivar o eludir' se combina con sustantivos de persona *(policía, enemigo, perseguidor, vigilante)*, y también con...

A SUSTANTIVOS QUE DENOTAN CONTROL, SUPERVISIÓN O PROTECCIÓN: **1 control ++:** Debió penetrar en el estadio cuando todavía no se había cerrado la verja de seguridad en torno al edificio, y después *burlar* varios controles de seguridad... LNC240796 **2 vigilancia ++:** Burlada la *vigilancia*, y desde un sitio todavía desconocido, Marzouka decidió hablar y embarrar a medio mundo.

RUM061097 **3 seguridad ++:** Es la segunda vez en un mes que *burlan* la seguridad del Gobierno de EE. UU. EME200996 **4 custodia:** Sin embargo, tras lograr *burlar* la férrea custodia (...), un incidente inesperado truncó sus planes. EME290796 **5 inspección:** El hecho de que Gescartera lograra *burlar* las inspecciones de la CNMV cuando era sociedad de cartera... EPE231001

B SUSTANTIVOS QUE DENOTAN RESTRICCIÓN O CONTENCIÓN IMPUESTAS A PERSONAS O COSAS Y, MENOS FRECUENTEMENTE, PRETENSIÓN O REQUERIMIENTO IMPERIOSO: **6 censura ++:** Una radio democrática serbia *burla* la censura a través de Internet. LVE091296 **7 prohibición +:** La directiva del Estrella Roja *burló* esta prohibición pintando rayas en las gradas de los fondos detrás de la portería. LVE011196 **8 veto +:** Cuarenta entidades piensan *burlar* el veto municipal y han convocado el remojón para el próximo domingo a las 17.00 horas en el bulevar de Peña Gorbea. EPE130799 **9 restricción +:** ...se habían abierto casi medio millón en la última semana para *burlar* la restricción a no sacar más 250 pesos a la semana. EPE121201 **10 limitación +:** Los testaferros pueden *burlar* las limitaciones accionariales. EME220396 **11 constreñimiento:** ...con esta solución homérica fundió dos estratagemas, el anonimato y la seudonimia, reiteradamente utilizadas por las mujeres, y no sólo por ellas, para *burlar* los constreñimientos del sistema literario y social que padecían. ABC081093 **12 condición:** Habrá que ver si la reforma no es una artimaña para *burlar* las condiciones establecidas en aquella ocasión. EME160596 **13 exigencia:** ...de qué manera, se *burlan* las exigencias establecidas por costumbres y tradiciones en los llamados ritos de paso... EPE010580 **14 ultimátum –:** Sobre el campo de operaciones, es evidente que Karadzic trató de *burlar* este ultimátum con las mismas artimañas que le sirvieron para evadirse de muchos otros anteriores. EME060995

C SUSTANTIVOS QUE DESIGNAN LEYES Y OTRAS DIRECTRICES ESTIPULADAS O REGLAMENTADAS, ASÍ COMO ALGUNOS DE SUS ELEMENTOS CONSTITUTIVOS Y LAS FORMAS EN QUE SE PRESENTAN O SE AGRUPAN: **15 ley ++:** El gran deporte nacional es pasarse de vivo, *burlar* la ley, salirse con la suya... ESH170497 **16 norma ++:** ...denuncia que la instrucción de su causa correspondió al Juzgado número 7 de esa ciudad al haber *burlado* las normas de reparto la Fiscalía Anticorrupción y el juzgado. EPE060899 **17 medida ++:** Pese a eso, siguen siendo miles los que a diario continúan *burlando* las medidas migratorias para ingresar a ese país, esperanzados en un futuro mejor en tierras extrañas. ENH200198 **18 justicia ++:** Así, el problema no es tanto los diputados que *burlan* la justicia con la inmunidad, un fenómeno real, sino la posibilidad de *comprar* decisiones políticas. LVE061195 **19 principio +:** ...una fórmula que permite *burlar* el principio teórico de respeto a las minorías que se aplica en el PSC. LVE280996 **20 legalidad +:** Está, para empezar, el descrédito que para el Estado acarrea la evidencia de que él mismo *burló* la legalidad y recurrió al terrorismo cuando lo tuvo a bien. EME120995 **21 regla +:** Desde que Marinetti puso en libertad a las palabras sobre la página de un libro, aquéllas y éste no han dejado ni un solo año de *burlar* todas las reglas. ABC081295 **22 normativa +:** La momia (...) fue introducida en España haciéndola pasar por un bacalao seco para *burlar* la normativa de la época sobre importaciones... LVE240396 **23 precepto +:** Si aceptaban su propuesta, *burlarían* uno de los preceptos más fundamentales de la ética periodística. EME300695 **24 disposición:** Dice que se hace necesario adoptar posiciones de absoluta intransigencia ante todo aquello que signifique *burlar* las disposiciones legales vigentes de la República. ESH260896 **25 directriz:** Los últimos ataques a Zepa y Srbrenica, *burlando* las directrices de las Naciones Unidas, habían confirmado la sensación de que nadie era capaz de detener a los milicianos de Radovan Karadzic. LVE070895 **26 regulación:** ...no podrá funcionar bien, porque los mercados son capaces de encontrar vías alternativas para *burlar* su regulación. EPE301201

D SUSTANTIVOS QUE DESIGNAN DIVERSAS FORMAS DE LÍMITE O CONTORNO Y, POR EXTENSIÓN, OBSTÁCULO O IMPEDIMENTO. SE EMPLEAN FRECUENTEMENTE EN SENTIDO FIGURADO: **27 cerco ++:** Según el periódico, el ex asesor logró *burlar* el cerco con la ayuda de quince miembros de su seguridad personal. CLA120601 **28 frontera +:** Todos ellos formarían parte del alud de 500.000 refugiados que intentó *burlar* la frontera... EPE241099 **29 obstáculo +:** Era aún adolescente y soñaba con poder *burlar* los obstáculos que, desde muy pequeño, le presentaba la vida. EME221095 **30 valla:** ...una valla de protección, pero pequeña y fácil de *burlar*. INDOC **31 barrera +:** A pocos kilómetros, una flotilla de barcos que pretendía protestar por la presencia de Castro en la Gran Manzana no logró *burlar* la barrera de los guardacostas. EME231095

E SUSTANTIVOS QUE DESIGNAN DIVERSAS FORMAS DE ORGANIZACIÓN U ORDENACIÓN: **32 sistema +:** Este hombre, natural de Manchester, había *burlado* todos los sistemas de seguridad y de control antes de embarcar... EME310396 **33 régimen:** El régimen, *burlado* una vez más, desahoga contra los oficiales de Carabineros su rabia... EPE020977 **34 registro:** ...detectó ya la presencia de aficionados holandeses, que al parecer habían conseguido *burlar* los registros... EPE281099

F SUSTANTIVOS QUE DENOTAN DETERMINACIÓN O RESOLUCIÓN Y, POR EXTENSIÓN, PACTO O COMPROMISO ENTRE PERSONAS O ENTIDADES: **35 decisión +:** Es indudable que el juez al decretar el *segundo* secreto de las actuaciones *burló* la decisión de la Audiencia... EPE161099 **36 acuerdo +:** Según el rotativo, el libro se presentará como un compendio de consejos para las madres trabajadoras, en un intento de *burlar* los acuerdos de confidencialidad... EME070596 **37 fallo:** La nueva ley de datos crea un censo para quienes deseen recibir publicidad. PSOE y NI acusan al PP de *burlar* el fallo del Constitucional. EPE011099 **38 sentencia:** La nueva ley, que deroga a la vigente, de 1992, recurrida ante el Tribunal Constitucional, suscitó las críticas del PSOE y Nueva Izquierda (NI), que acusaron al PP de querer *burlar* la futura sentencia. EPE011099 **39 compromiso:** ...ha pasado muchas horas buscando el modo de eludir la calificación de terrorismo para así *burlar* los compromisos internacionales suscritos por su propio Estado. LVE070296 **40 contrato:** ...«debe haber un examen más exhaustivo» en la gestión (...), de forma que se analice la viabilidad de los proyectos con los precios contratados puesto que los modificados posteriores «*burlan*» los contratos. EPE230399

G EL SUSTANTIVO *DESTINO* Y CON OTROS QUE DENOTAN ESTIMACIÓN SOBRE ACONTECIMIENTOS FUTUROS: **41**

destino +: Y el tercer hombre fue Luis, que, viviendo en Madrid, está ya *burlando* al destino de un horrible panteón en la montaña de Montjuïc. EPE010599 **42 pronóstico:** Oviedo y Valencia *burlaron* los pronósticos pero acabaron empatados igual. EPE110199 **43 previsión:** ...ha acusado al Gobierno de «*burlar* las previsiones legales y los intereses de los contribuyentes»... EME230194

H SUSTANTIVOS QUE DENOTAN PODER, DOMINIO O SUPREMACÍA: **44 autoridad ++:** El antiguo dirigente etarra no sólo *burló* a las autoridades francesas, sino que humilló a uno de los cuerpos de elite de su policía... ENH141100 **45 hegemonía:** La ministra de Cultura, Shulamit Aloni, ha intentado *burlar* la hegemonía del Rabinato... EME050196 **46 potestad:** Se usa y abusa de esta ley de acompañamiento para *burlar* la potestad legislativa de la Cámara... EPE080799 **47 soberanía:** ...se propone aplicarlas un Gobierno que tiene a gala *burlar* la soberanía nacional. EME040295

I OTROS SUSTANTIVOS; POSIBLES USOS ESTILÍSTICOS: ...tenemos que evitar que la posibilidad de regular autónomamente impuestos (...) suponga una capacidad de *burlar* la realidad de cada contribuyente con su Hacienda. EME110696; ...ha pasado a ser un auténtico héroe que logró *burlar* la crueldad del nazismo salvando a los judíos que trabajaban para él. EME030496; No obstante, se ha atrevido en todos esos géneros buscando *burlar* su más arcaico sueño... EME150194

☐ Véase también: **capear.**

burlar(se) ♦ **con gracia, con ingenio, con sorna, cruelmente, descaradamente[25], despiadadamente**

burocracia ♦ **anquilosado, asfixiante[28], desesperante, dilatorio, exasperante, farragoso[9], inmerso (en), insalvable, insufrible** ♦ **ahogar(se) (en), burlar, dar (contra), estrellarse (contra), soportar, sortear[12], tropezar (con)**

☐ Véase también: **documentación, formulario, impreso, instancia, papeleo, tramitación, trámite.**

[burro] → **como un burro, ni tres en un burro**

buscar ♦ **a conciencia[24], activamente[36], afanosamente, a la desesperada[17], ardientemente[5], arduamente[4], a tientas[1], a toda costa[3], a todo trance[18], ávidamente[11], como (un) loco, con ahínco, con fruición[31], con interés[18], descaradamente[7], desesperadamente[3], en balde, esforzadamente, esperanzadamente, exhaustivamente[1], febrilmente[2], incansablemente[2], insistentemente[31], intensamente[50], inútilmente[4], largamente[15], minuciosamente, ordenadamente, porfiadamente, sin éxito, sin tregua[11], tenazmente[36]**

☐ Véase también: **cachear, desear, inspeccionar, interesar(se), perseguir, rastrear.**

búsqueda ♦ **afanoso, a la desesperada[49], arduo[49], a tientas, concienzudo, denodado[14], desaforado[42], desencaminado, desenfrenado[17], efectivo[34], encaminado, esforzado, exhaustivo[11], febril[21], frenético[11], fructífero, infructuoso[1], insaciable[12], instintivo[18], intensivo[5], intenso, inútil, laborioso, meticuloso, minucioso[11], obsesivo, obstinado, persistente, porfiado, profundo[116], tenaz[26], vehemente[53]** ♦ **abandonar, abordar, acometer, agilizar[57], ahondar (en)[5], avanzar, cejar (en)[24], centrar, culminar[3], deparar[12], empeñarse (en), emprender[53], enzarzarse (en)[32], estrechar[19], intensificar, lanzar, lanzarse (a)[1], llevar a cabo, llevar a término[19], ordenar, organizar, perseverar (en)[16], proseguir, prosperar**

☐ Véase también: **análisis, chequeo, estudio, inspección, persecución, pesquisa, rastreo, seguimiento.**

C c

cabalgar ♦ a horcajadas, a pelo

caballero ♦ de pies a cabeza[30]

caballerosamente ♦ acceder, acompañar, actuar, ayudar, ceder, comportarse, tratar

[caballo] → a caballo, a uña de caballo

caballo ▮ *(animal)* ♦ a galope, al trote ♦ a la grupa (de), a lomos (de), sobre ♦ manada (de) ♦ abrevar, adiestrar, apear(se) (de), criar, desbocar(se), descoyuntar(se), domar, fustigar, galopar, montar, piafar, relinchar, reventar, subir(se) (a)

▮ *(droga)* ♦ aficionar(se) (a), inyectar(se), meterse, pillar[32]

▮ *(fuerza motriz)* ♦ de fuerza, de potencia

☐ Véase también: **heroína.**

cabalmente ♦ aceptar, ajustar(se), asumir, comprender, cumplir, decir, definir, desempeñar, encajar, entender, informar, interpretar, reflejar, representar, valorar

cabello ♦ abultado, alborotado, cano, castaño, desaliñado, despeinado, encrespado, ensortijado, espeso, frágil, lacio, plateado, revuelto, rizado, rubio, seco, sedoso, suelto, tupido ♦ alisar, arreglar(se), atusar, cardar, cortar, crecer, desenredar, domar, encanecer(se), encresparse, enredar(se) (en), ensortijarse, erizar(se), mesar, peinar, perder, recortar, rizar(se), soltar(se), teñir

☐ Véase también: **melena, pelo.**

caber *v.* ▮ En su sentido de 'ser posible' se combina con infinitivos *(Cabe suponer que...; Cabe añadir que...; Cabe lamentar que...)* y también con gran número de sustantivos, especialmente con...

A SUSTANTIVOS QUE DENOTAN FALTA DE CERTEZA. TAMBIÉN CON OTROS QUE DESIGNAN ACCIONES O SITUACIONES QUE LA CONLLEVAN: **1 duda ++:** Aunque no *cabe* duda de que esto es cierto... ABC030993 **2 sospecha ++:** ...de los que no *cabe* sospecha de que hayan sido víctimas del famoso timo del pecado original. EPE300800 **3 pregunta +:** Aquí también *cabe* la pregunta de si la prescripción por encubrimiento no alcanzará al general Miná en caso de no actuar la fiscalía. CLA170497 **4 cuestión:** Cabe una tercera cuestión. ABC160994 **5 posibilidad ++:** Ahora que *cabe* la posibilidad que se apruebe la Ley de Cuotas. CAP030797 **6 hipótesis −:** También *cabe* la hipótesis posible de que el presidente del Gobierno se pueda acomodar a los días que yo he apuntado. EPE211299

B SUSTANTIVOS QUE DENOTAN RESOLUCIÓN, A MENUDO CONCERTADA. TAMBIÉN CON OTROS QUE DESIGNAN RECURSOS O MEDIDAS DESTINADOS A DAR SALIDA A ALGÚN ESTADO DE COSAS CONFLICTIVO: **7 acuerdo ++:** «no *cabe* acuerdo si no se respetan las leyes internacionales y se restablece la legalidad internacional...». LVE080495 **8 pacto ++:** Y con él no *cabe* pacto alguno, ni ha cabido nunca... EME240295 **9 salida:** La desgracia consiste, justamente, en que no *cabe* una salida negociada. EPD170797 **10 conclusión:** Después de leer todo el reportaje sólo *cabe* una conclusión... LVE050796 **11 remedio +:** ...en la que hasta el más intenso de los sentimientos es tan perecedero como un telediario, no *cabe* otro remedio que contener el aliento mientras los dados ruedan sobre la mesa. EME030396 **12 solución +:** Claro que *cabe* otra solución, la que parecen insinuar todos aquellos que hablan de sosiego, de pactos y de sentido común... EME030295

C SUSTANTIVOS QUE DESIGNAN DIVERSOS SENTIMIENTOS Y SENSACIONES, MÁS FRECUENTEMENTE DE SATISFACCIÓN, SORPRESA O ACTITUD FAVORABLE HACIA ALGO: **13 asombro ++:** En esta legislatura de infarto, en la que la vida política ha discurrido al compás de los escándalos, ya no *cabe* el asombro. LVE190795 **14 sorpresa ++:** ...ha condenado la «sorpresa» como el equivalente a una oprobiosa contestación, un universo donde sólo *cabe* la sorpresa programada. EME170695 **15 esperanza +:** ...para formar gobierno, indicó que «*cabe* la esperanza de que los populares apoyen el contrato estable». LVE090396 **16 satisfacción:** ...me *cabe* la satisfacción de haber definido, al menos, posibles soluciones para solventar los más urgentes... FDV050401 **17 honestidad:** No *cabe* honestidad mayor, aunque también se sabe que con los buenos sentimientos no se hace buena literatura. ABC241195 **18 honor +:** Me *cabe* el honor de haber colaborado al descubrimiento de este ejemplar. ABC311292 **19 respeto:** Si la decisión responde a razones personales sólo *cabe* respeto. LVE291196 **20 responsabilidad:** Ahí le *cabe* responsabilidad al gobierno. CAR090697 **21 amor −:** Aquí, por lo tanto, *cabe* el amor –siempre crispado y tenso–, la pasión y la poesía... ABC291191

D SUSTANTIVOS QUE DENOTAN INFORMACIÓN, GENERALMENTE VERBAL: **22 comentario ++:** Por lo tanto no *cabe* comentario al respecto y menos a quienes no les afecta. ENC280301 **23 diálogo +:** No *cabe* diálogo ni negociación con el terror. CAP230197 **24 respuesta:** Ante tamaña pregunta *cabe* una respuesta cínica y chapucera, pensada sólo para ganar votos: vamos a aumentar los puestos de trabajo. ABC170295 **25 expresión –**: Como es natural, los canales criollos los retransmiten embelesados, creando versiones locales, corregidas y empeoradas, si *cabe* la expresión. ENV190197

E OTROS SUSTANTIVOS; POSIBLES USOS ESTILÍSTICOS: ...su teoría de lo inefable, de lo místico, de lo que no puede ser dicho y sobre lo que sólo *cabe* el silencio. ABC010592

■ Se combina también con: ♦ **de sobra, holgadamente[17], por los pelos**

[cabeza] → **a la cabeza, de cabeza, de pies a cabeza, mover la cabeza, pasar(le) por la cabeza (a alguien), quebradero de cabeza, quitar(se) de la cabeza**

cabezada ♦ **echar[52]**

cabeza (de) ♦ **bien amueblado, calculador, calenturiento, calmado, cuadrado, cuadriculado, delicado, desequilibrado, despejado, distraído, duro, enajenado, enorme, erguido, espléndido, frío, inteligente, lleno de pájaros, loco, lúcido, mal amueblado, pensante, principal, privilegiado, rector, responsable, sabio, sensato, sereno, sobrio, visible** ♦ **bien (de), mal (de)** ♦ **con, de, en** ♦ **clasificación, empresa, equipo, familia, ganado, gobierno, hogar, lista, nación, partido, playa, proyecto, puente, serie** ♦ **abrir(se), afectar (a), agachar, alzar, apoyar, arrancar, asomar, bajar, cubrir, descubrir(se), despejar, elevar, erguir, esconder, funcionar(le) (a alguien), girar, inclinar, levantar, mover, partir(le) (a alguien), pasar (por), perder, planear (sobre), reclinar, recostar, reposar, rodar, romper(se), rondar (por), seguir (en), sentar, subirse (a), sumergir, tener (para algo), usar, venir (a), volar(le) (a alguien)**

□ Véase también: **de cabeza, mollera, seso.**

cabezazo ♦ **a bocajarro[30], ajustado, a quemarropa, certero, de emboquillada, exacto, fuerte, impecable, perfecto, potente, preciso, soberbio** ♦ **atizar, conectar, dar(se), desviar, endilgar, meter, pegar, propinar, recibir**

cabida ♦ **dar[60], tener**

□ Véase también: **opción, oportunidad.**

[cabo] → **de cabo a rabo**

[cabra] → **como una cabra**

cabreo ♦ **de campeonato[12], de mucho cuidado, integral[66], mayúsculo[17], monumental[76], supino[20]** ♦ **agarrar(se), aplacar(se)[16], coger(se), entrar[25], llevar (encima), pillar[14]**

□ Véase también: **enfado, enojo.**

cachear ♦ **de arriba abajo, de pies a cabeza[19], integramente**

□ Véase también: **peinar, rastrear.**

cacheo ♦ **completo, humillante, indiscriminado, personal, policial, rutinario, selectivo** ♦ **efectuar, librar(se) (de), llevar a cabo, practicar[13], proceder (a), realizar, someter(se) (a)**

cadáver ♦ **amortajar, desenterrar, enterrar, exhumar, incinerar, profanar[9], sepultar, velar, yacer**

□ Véase también: **muerto.**

[cadena] → **en cadena**

cadena (de) ♦ **enorme, esclavizante, gigantesco, grueso, inmovilizador, insoportable, interminable, largo, ligero, perpetuo, pesado** ♦ **accidente, acierto, choque (en), error, eslabón (de), fallo, fracaso, noticia, pago, radio, televisión, uso (de), victoria** ♦ **aferrar (con), amarrar (con), arrastrar, atar (con), coger, cortar, emitir (algo), formar, liberar(se) (de), llevar, mantener, necesitar, oír, poner(se), romper, sintonizar, soltar, sujetar (con), tirar (de), usar, ver**

□ Véase también: **en cadena.**

cadencia ♦ **acompasado, acostumbrado, anual, armónico, dulce, fijo, habitual, largo, mensual, monótono, narrativo, rítmico, secuencial, solemne, sonoro, suave, temporal, triste, verbal** ♦ **alterar, aumentar, disminuir, fijar, marcar[20], ralentizar**

□ Véase también: **compás, ritmo, velocidad.**

CADENCIA

♦ (SUSTANTIVOS) Véase: **acompasado[A], aflojar[C], agilizar[D], ajetreado[C], aligerar[D], aminorar[B], arrollador[D], avivar[L], cansino[A], contagioso[B], cortar[I], decaer[H], decrecer[I], dejarse llevar (por)[F], desenfrenado[E], dictar[D], electrizante[A], endiablado[A], entrecortar(se)[A], exuberante[H], febril[B], frenético[B], galopante[E], imprimir[D], infernal[B], irresistible[I], palpitante[E], pegadizo[A], somero[I], sumo[H], vertiginoso[A], vivaz[B], vivo[J]**

cadenciosamente ♦ **golpear, hablar, mover(se), preguntar**

cadencioso ♦ **andar, discurso, estilo, expresión, galope, golpe, golpeo, golpeteo, hablar, intervención, movimiento, muletazo, música, pase, repique, ruido, toreo, voz**

caducar ■ *(estropearse)* ♦ **alimento**
■ *(terminarse)* ♦ **licencia, permiso, plazo**

[caer] → **caer (a alguien), caer como una bomba, caer (en), caer en el vacío, caer en saco roto, caer en suerte, dejar caer**

caer ♦ **enfermo, herido, muerto, preso, prisionero** ♦ **abruptamente[22], acusadamente[6], alarmantemente[17], a los pies (de alguien), a raudales[3], bajo, como chinches, como moscas, considerablemente[24], de arriba abajo[19], de cabeza, de hinojos, de lleno[17], de plano[33], de pleno, de rodillas,**

electoralmente, en saco roto, espectacularmente, estrepitosamente[8], estruendosamente, fatalmente, heroicamente[15], inexorablemente[45], irremediablemente[14], ligeramente[14], para no levantarse, paulatinamente[6], pesadamente[1], progresivamente, vertiginosamente

☐ Véase también: **chorrear, derrumbar(se), desmoronar(se), desplomar(se).**

caer (a alguien) ♦ antipático, fenomenal, gordo, simpático ♦ bien, como una patada, como un tiro, estupendamente, fatal, mal, regular

caer como una bomba *v.* ▮ Usado con complemento indirecto se combina a menudo con sustantivos que designan platos, comidas o algunos de sus ingredientes *(La fabada estaba riquísima, pero me cayó como una bomba).* Lleva menos frecuentemente ese complemento cuando se combina con muy diversos sustantivos que designan cosas consideradas inconvenientes, inesperadas o desconcertantes *(crisis, despido, divorcio, información, libro, artículo, sentencia, ley, gol, detención: El libro sobre la corrupción política cayó como una bomba).* También se combina con...

A SUSTANTIVOS QUE DENOTAN NOTICIA O INFORMACIÓN. TAMBIÉN CON ALGUNOS QUE DESIGNAN OTRAS MANIFESTACIONES VERBALES O TEXTUALES, ESPECIALMENTE DE CONTENIDO EXPOSITIVO O DECLARATIVO: **1 noticia ++:** ...pero aquel pequeño acto desató un huracán político en España, donde la noticia *cayó como una bomba.* LVE210296 **2 declaración ++:** La declaración *cayó como una bomba* en la Casa Rosada. LVE271096 **3 palabra +:** Sus palabras *cayeron como una bomba* entre los dirigentes conservadores... EPD091097 **4 anuncio +:** Como una bomba de alto poder *cayó* entre los sectores productivos de esta región (...) el anuncio reciente de las autoridades... LDD170797 **5 comunicación:** Dicha decisión judicial ha sido ratificada por la Audiencia provincial salmantina, y su comunicación *ha caído como una bomba* sobre el matrimonio adoptante. EPE140900 **6 discurso:** El discurso de Duran sobre nacionalismo *ha caído como una bomba* en la convulsa política catalana. LVE270796 **7 mensaje:** Los claros mensajes lanzados por la secretaria de Estado de Medio Ambiente (...) *han caído como una bomba* sobre la industria del PVC. LVE251295 **8 afirmación:** Las afirmaciones del diputado del (...) *cayeron como una bomba* entre los diputados socialistas... EPD080597 **9 comentario:** Un desafortunado comentario hecho por el director en Los Angeles (...) *ha caído como una bomba...* EME021196 **10 manifestación:** Las desafiantes manifestaciones de (...) *cayeron como una bomba* y la Marina le impuso dos meses de arresto. EPD160198

B SUSTANTIVOS QUE DENOTAN RESOLUCIÓN O DETERMINACIÓN SOBRE UN ASUNTO Y, POR EXTENSIÓN, CON OTROS QUE DESIGNAN IDEAS O RECURSOS DIRIGIDOS A UN FIN DETERMINADO: **11 decisión ++:** La decisión de Washington (...) *ha caído como una bomba* sobre el presidente... LVE030396 **12 conclusión:** Cuando hace dos días el trabajo fue presentado en la reunión de California ante algo más de 3.000 especialistas, las conclusiones *cayeron como una bomba.* EME210995 **13 resolución:** La resolución del Parlamento vasco exigiendo el traslado de estos internos a cárceles vascas *ha caído como una bomba.* LVE051096 **14 medida:** La medida, (...), fue notificada en la mañana del día 22 y *ha caído como una bomba* en la Fiscalía Antidroga... EPE261201 **15 propuesta:** La propuesta, huelga decirlo, *cayó como una bomba* de neutrones sobre lo que queda de la ciudad... EME120596 **16 iniciativa:** La iniciativa *ha caído como una bomba* y ha sido calificada de anticonstitucional... EPE200900

C SUSTANTIVOS QUE DESIGNAN SUCESOS Y SITUACIONES DE INFORTUNIO, MÁS FRECUENTEMENTE SI CONLLEVAN VIOLENCIA O TIENEN RESULTADO TRÁGICO: **17 incidente:** El incidente *cayó* ayer *como una bomba* entre la opinión pública americana... EME120496 **18 muerte:** ...la muerte de Miró *cayó como una bomba* entre sus amigos. EPD201097 **19 enfermedad:** La enfermedad de los peces *ha caído como una bomba* entre la comunidad pescadora... EME241196 **20 fallecimiento:** El fallecimiento de (...) *cayó como una bomba* entre los asturianos, donde era profundamente conocido... LVE250796 **21 matanza:** La matanza entre tribus rivales *ha caído como una bomba* en la ONU, donde se celebraba una cumbre para buscar una salida a la guerra. INDOC **22 tiroteo:** Si el tiroteo del 17 sacudió a las autoridades de Interior (...), el del miércoles *cayó como una bomba.* EPE301101

caer (en) ♦ abatimiento, apatía, desesperación, desgracia, desuso, frustración, olvido, ostracismo

☐ Véase también: **incurrir (en).**

caer en el vacío Véase: caer en saco roto

caer en saco roto *loc.vbal.* ▮ Admite las variantes menos usadas *echar en saco roto* y *dar en saco roto.* Todas estas expresiones se usan a menudo en contextos negativos e irreales. Admite sustantivos que denotan acción, actuación o modo de comportarse *(actuación, logro, actitud),* y también otros que designan algunos efectos de esas nociones. Más frecuentemente se combinan con...

A SUSTANTIVOS QUE DENOTAN ADVERTENCIA, CONSEJO O ENSEÑANZA OBTENIDA DE ALGUIEN O DE ALGO: **1 consejo ++:** Los consejos expresados en esa reunión por el dirigente socialista *cayeron en saco roto* en el congreso que los socialistas valencianos realizaron ayer. EPE190999 **2 advertencia ++:** ...advertimos que esta medida podría desembocar en dramáticos enfrentamientos en aquel país. Pero esas advertencias han *caído en saco roto.* LVE100495 **3 lección:** La lección de Fürstenfeldbruck no había *caído en saco roto...* EME280796 **4 sugerencia:** En fin, ojalá que no se *echen en saco roto* estas humildes sugerencias, que lo único que buscan es que el pueblo de Guatemala tenga confianza en una institución... LHG120900 **5 recomendación:** Todas las recomendaciones de Bruselas pueden *caer en saco roto.* EME010396 **6 aviso:** Y –colmo de los colmos; otro aviso de Elisenda que no debería *caer en saco roto*– tomó mal una letra, lo que le arruinó una jugada. EME201295

B SUSTANTIVOS QUE DENOTAN OFRECIMIENTO: **7 propuesta +:** Resulta entonces muy dudoso que la propuesta de los Rodríguez Orihuela *caiga en saco roto.* GIC031197 **8 iniciativa +:** Hoy, como ayer, las iniciativas oficiales tendientes a combatir la delincuencia parecen *caer en saco roto* para grupos autónomos que se organizan con el fin de hacer frente a la violencia. BRE070397 **9 ofrecimiento:** Sin embargo, el ofrecimiento podría *caer en saco roto* puesto que un significativo porcentaje de los abogados cuestiona frontalmente la reforma. CAP261297 **10 invitación:** ...una invitación que extendemos a todos los vecinos del municipio, y que esperamos no *caiga en saco roto*. INDOC

C SUSTANTIVOS QUE DENOTAN SOLICITUD DE INFORMACIÓN O DE ALGÚN BIEN DEL QUE SE CARECE: **11 petición +:** Espero que dicha petición no *caiga en saco roto* y que antes de finalizar el otoño veamos complacida esta petición... LVE260995 **12 demanda +:** ...«la sociedad vasca ha reclamado (...) la necesidad de contar con selecciones propias», demanda que «*cae en saco roto* por la nula voluntad» de Francia y España. EDV141200 **13 solicitud:** Pero estas solicitudes *caen en saco roto*, habida cuenta la total precariedad de los presupuestos municipal y provincial. EPE110780 **14 pregunta:** La única encuesta válida será, naturalmente, la de las urnas de marzo: no *echemos en saco roto* la pregunta que se hizo el domingo... LVE200296

D SUSTANTIVOS QUE DENOTAN EXPRESIÓN DE DISCONFORMIDAD ANTE ALGUIEN: **15 denuncia +:** Sé que no lo va a hacer, pero me gustaría recibir su contestación. Espero y deseo que mi denuncia no *caiga en saco roto*. EPE311099 **16 protesta:** No obstante, las protestas *cayeron en saco roto*. EME310196 **17 queja:** La queja no *cayó en saco roto*: el martes se encontraron agua hirviendo. EPE111001 **18 reclamación:** Si hubiéramos sobrepasado esa cantidad de 100 hectómetros cúbicos, Unión Fenosa podría reclamarnos algo, pero, como no lo hemos hecho, su reclamación *caerá en saco roto*... EPE010399 **19 reivindicación:** ...los homosexuales se ha cansado de que sus reivindicaciones *caigan en saco roto*. EME221195

E SUSTANTIVOS QUE DESIGNAN OTROS MENSAJES O MANIFESTACIONES VERBALES, GENERALMENTE DE CARÁCTER ORAL. TAMBIÉN CON OTROS QUE SE REFIEREN A LA INFORMACIÓN QUE CONTIENEN: **20 palabra ++:** Por cierto que no deben *caer en saco roto* las palabras que pronunció el Canciller alemán, Helmut Kohl al reunirse el viernes pasado con empresarios del CEMAI que encabeza Juan Elek. EXC230996 **21 mensaje:** Nunca los personalismos deben anteponerse a los intereses de la institución y ese mensaje que se desprende de la conducta ejemplar de los aficionados barcelonistas no debería *caer en saco roto*... LVE170296 **22 promesa +:** Ahora todas esas promesas pro-electorales han *caído en saco roto*. EPE021299 **23 conversación:** Las conversaciones *dieron en saco roto* y no pudieron evitar que se presentase una candidatura alternativa... EPE050799 **24 información:** A la luz de los sucesos de la mañana del 28-D, seguro que no hay que *echar* esta información *en saco roto*... EME070194

F SUSTANTIVOS QUE DESIGNAN JUICIOS, PENSAMIENTOS Y OTROS EFECTOS DE LA ACTIVIDAD INTELECTIVA: **25 idea +:** Seguramente, la idea de los académicos que se han reunido en La Rábida para hablar de los problemas de nuestra lengua común –el español– *caerá en saco roto*. ABC280194 **26 reflexión +:** Al tratarse de reflexiones personales aireadas por personajes públicos, éstas no *caen en saco roto* ni aunque a alguna de ellas se la tilde de «calentura de verano». LVE160896 **27 tesis:** Eso lo sabe el vestuario y parece que ha *caído en saco roto* la tesis de Van Gaal de que el 5-0 motivará aún más a los jugadores titulares. EPE291099

G ALGUNOS SUSTANTIVOS QUE DENOTAN EMPEÑO O DEDICACIÓN, GENERALMENTE EXTREMOS, PUESTOS EN ALGUNA COSA. TAMBIÉN CON ALGUNOS QUE DESIGNAN ACTUACIONES QUE LOS CONLLEVAN: **28 esfuerzo +:** Son pocos los pintores que tratan de romper con esa monotonía en «technicolor», pero sus esfuerzos *caen en saco roto*... LTB050900 **29 sacrificio:** El sacrificio de Taylor ha *caído en saco roto*. EME270196 **30 gesta –:** Le pido nos ingrese su sobresueldo en la cuenta (...), así su gesta no *caerá en saco roto*... EPE290799

H OTROS SUSTANTIVOS; POSIBLES USOS ESTILÍSTICOS: ...puso en la última reunión del 3 de abril su paquete del 33% de las acciones «a disposición de cualquier inversor que demuestre su interés por asegurar la continuidad de la empresa». Pero su lance parece que ha *caído en saco roto*. EME070496

caer en suerte ♦ **encargo, misión, papeleta, tarea, trabajo**
☐ Véase también: **tocar**.

caer(se) ♦ **a pedazos[1], a trozos**

café ♦ **cargado, concentrado, fuerte, ligero, suave** ♦ **aguar(se), beber, derramar, disolver(se), moler, servir, tomar, verter**

caída ♦ **abismal[30], abrupto[39], acusado[2], aparatoso[1], aproximado[58], brusco[20], catastrófico[46], drástico[1], en combate, en desgracia, engorroso, espectacular, estrepitoso[3], fatal, fuerte, fulminante[25], grave, imparable[33], inevitable, inexorable[16], irreversible, lento, leve, libre, llamativo[39], mortal, progresivo, propenso (a)[11], rápido, súbito, teatral, vertical, vertiginoso[24]** ♦ **secuela (de)[4]** ♦ **acelerar, amagar[18], aminorar, amortiguar[3], anotar(se)[19], augurar[51], compensar[18], detener, evitar, experimentar, frenar, mitigar[29], originar, paliar[51], presenciar, producir(se), propiciar, provocar, ralentizar, recobrarse (de)[3], recuperarse (de), registrar, remontar[32], repercutir (en algo), reponerse (de)[20], retardar, revertir, sufrir[29]**
☐ Véase también: **bajada, bajón (de), depresión, derrumbe, descenso, desmoronamiento, fallo, fracaso, patinazo, tropiezo.**

[caído] → **de capa caída**

[caja] → **a cajas destempladas, con cajas destempladas**

[cal] → **a cal y canto**

caladero ♦ **esquilmar[15], faenar (en), pescar (en)**

calambre ♦ **agudo, aquejado (de), doloroso, fuerte, intenso, muscular, nervioso, suave** ♦ **dar[324], entrar (a alguien), producir (a alguien),**

provocar (a alguien), quejar(se) (de), recorrer (a alguien), sacudir (a alguien), sentir, soportar, sufrir

calamidad ♦ **desastroso, doméstico, gran(de), grave, inevitable, mayor, natural, peor, público, serio** ♦ **cadena (de), cúmulo (de), responsable (de), serie (de)** ♦ **abatir(se)[2], afligir (a alguien), aliviar, avecinarse, castigar (a alguien), cernerse[20], combatir, hundir(se) (en), llegar, sobrevenir (a alguien), soportar, sufrir, sumir(se) (en), superar, vencer**
☐ Véase también: **penalidad.**

calar ♦ **hasta el tuétano[1], hondo, profundamente[1]** ♦ **fruta, persona**
☐ Véase también: **penetrar.**

calar (en) ♦ **ánimo, conciencia, espíritu, persona**

calar(se) ▮ *(encasquetarse)* ♦ **hasta las cejas[16]** ♦ **boina, gorro, sombrero,** *otros sustantivos que designan ciertas prendas de vestir*
▮ *(mojarse)* ♦ **completamente, de pies a cabeza[15], hasta los huesos[1]**
☐ Véase también: **empapar(se), encasquetar, mojar(se).**

calcar ♦ **al pie de la letra[17], literalmente, punto por punto** ♦ **actuación, comportamiento, dibujo, proceder**
☐ Véase también: **copiar, duplicar, imitar, plagiar, reproducir.**

calcular ♦ **a bulto[1], a grandes rasgos[32], al detalle[4], al milímetro, a ojo[1], a ojo de buen cubero, a ojos cerrados, aproximadamente, con certeza[20], con detalle[5], con precisión, equivocadamente[10], exactamente, matemáticamente, milimétricamente, por encima, por lo alto, por lo bajo[2], someramente** ♦ **alcance, cantidad, consecuencia, daño, distancia, duración, longitud, porcentaje, tiempo,** *otros sustantivos que designan magnitudes*
☐ Véase también: **aquilatar, calibrar, concebir, considerar, deducir, enjuiciar, medir, preparar(se), redondear, valorar.**

cálculo ♦ **abultado[11], acertado, alarmante, a ojo[13], apretado, aproximado[35], aritmético, certero[2], complejo, conservador, correcto, del riñón, de probabilidades, descabellado, económico, electoral, equivocado, esperanzador, estadístico, estimativo, exacto, exhaustivo, frío, incorrecto, matemático, minucioso, oficial, optimista, pesimista, preliminar, prematuro, provisional, revelador[39], somero[15], superficial, vesicular** ♦ **a pique[3]** ♦ **a tenor (de)[28], con arreglo (a)[26], según** ♦ **base (de), error (de), hoja (de)** ♦ **aguar(se)[20], apoyar(se) (en), basar(se) (en), comprobar, cumplir[18], desbaratar[13], echar[60], efectuar, elaborar, errar[12], fallar, hacer, indicar (algo), mostrar (algo), realizar, rebasar[24], revisar, sobrepasar[41], superar**

CÁLCULO Véase:
♦ **deductivo**
♦ **augurio, cálculo, contabilidad, cuenta, estadística, estima, estimación, gasto, inventario, marcador, medición, medida, presagio, presupuesto, previsión, pronóstico, puntuación, recuento, saldo, tanto, valoración**
♦ **aquilatar, calcular, calibrar, cifrar, concebir, considerar, contar, deducir, enjuiciar, estimar, medir, redondear, valorar**
☐ Véase también: *INDAGACIÓN; JUICIO; MEDIDA, UNIDAD DE ~.*

CÁLCULO
♦ (SUSTANTIVOS) Véase: **abrir(se)[A], abultado[D], a la luz (de)[B], amasar[B], anotar(se)[C], a ojo[D], apretado[G], aproximado[E,G], arañar[A], atesorar[A], batir[A], decisivo[D], delictivo[F], de oro[D], desmesurado[C], desolador[F], difundir(se)[I], dilucidar[D], distorsionar[C], echar[H], en blanco[A], enmendar[E], escalar[C], establecer[K], estrechar[C], fidedigno[E], fleco (de)[E], frenético[I], fulgurante[F], halagüeño[B], hilvanar[F], jugoso[C], llevar[B], minucioso[D], pergeñar[D], pulverizar[A], rebañar[B], rebasar[F], rectificar[I], remontar[D,E], riguroso[A], sesgado[C], sobrepasar[A], somero[B], sonreír[D], sucinto[C], valedero[D], validar[B]**
♦ (VERBOS) Véase: **a bulto[A], a ojo[A], escrupulosamente[I], por lo bajo[A]**
☐ Véase también: DATO; INFORMACIÓN.

caldear(se) *v.* ▮ En el sentido físico ('aumentar –o hacer aumentar– la temperatura') se aplica generalmente a sustantivos que designan recintos o lugares cerrados *(Abre un poco la ventana, que el cuarto se está caldeando demasiado).* En su sentido figurado se combina con sustantivos de persona, más frecuentemente en plural si son nombres contables *(asistentes, manifestantes, espectadores, socios, accionistas)* y en singular si son colectivos o no contables *(público, concurrencia).* También se combina con...

A SUSTANTIVOS QUE DENOTAN EL CONJUNTO DE CONDICIONES Y CIRCUNSTANCIAS QUE CARACTERIZAN UNA SITUACIÓN O UN ENTORNO: **1 ambiente ++:** En medio de un ambiente *caldeado* por las opiniones encontradas... SEM011297 **2 clima ++:** En medio de este *caldeado* clima deliberativo, apareció en escena... LNP110297 **3 atmósfera:** Otro Javier (...) se había encargado previamente de *caldear* la atmósfera... LVE271095

B EL SUSTANTIVO *ÁNIMO* (MUY FRECUENTEMENTE EN PLURAL), ASÍ COMO CON OTROS QUE DENOTAN ESTADO ANÍMICO O EMOCIONAL: **4 ánimo ++:** En una ocasión (...) discutían con los ánimos bastante *caldeados.* LPH170796 **5 sentimiento:** ...evitando de esta manera *caldear* los sentimientos de los ciudadanos... EPE080299 **6 espíritu –:** La tristeza (...) también ayuda a *caldear* el espíritu animal; el ánimo vital. LVE231196

C SUSTANTIVOS QUE DENOTAN CONFRONTACIÓN Y CON ALGUNOS QUE DESIGNAN OTROS ESTADOS DE DESACUERDO, SEAN MANIFIESTOS O LARVADOS: **7 batalla:** La ya *caldeada* batalla electoral israelí recibió ayer más leña al fuego... CLA140199 **8 conflicto:** Los conflictos por las propiedades confiscadas se *caldearon* en los últimos días... DLA060997 **9 disputa:** Es muy probable que se *caldeen* las disputas comerciales. EPD291097 **10 divergencia –:** ¿Por qué están tan *caldeadas* las divergencias entre la Argentina y el Brasil? CLA280297 **11 tensión –:** ...y abandone toda tentación de *caldear* las tensiones en Montenegro. EPE050699

D SUSTANTIVOS QUE DENOTAN DEBATE, CONTROVERSIA O INTERCAMBIO VERBAL: **12 debate ++:** Luego de ocho horas de intensos y *caldeados* debates fue escogido anoche el nuevo consejo directivo... LDD300697 **13 discusión ++:** Se rió, creyó que le tomaba el pelo, yo creí que él me lo tomaba a mí y la discusión se *caldeó.* ABC010995 **14 negociación +:** Mientras no se llegue a un convenio, el ambiente seguirá tenso y la negociación seguirá estando *caldeada*... INDOC **15 conversación:** La conversación se fue *caldeando* hasta el punto de que (...) empezaron a discutir de forma airada. EME030194 **16 controversia:** Sin embargo, la controversia política se *caldeó* todavía más ante la sesión del Senado... EME090895 **17 polémica:** La polémica se ha *caldeado* con las disputas de los habitantes de ciertos pueblos y comarcas... EPE060800

E SUSTANTIVOS QUE DESIGNAN ACONTECIMIENTOS Y EVENTOS PÚBLICOS, MÁS FRECUENTEMENTE DE CARÁCTER COMPETITIVO: **18 campaña +:** El temor a que las sesiones parlamentarias brindasen (...) un altavoz para *caldear* la campaña electoral... EPE230699 **19 partido:** ...a falta de calor en el cemento, *caldeó* la víspera el partido y abogó por la desaparición del torneo. EPE260899 **20 encuentro:** Los principales actores de este ansiado espectáculo, jugadores y técnicos, se han cuidado de *caldear* en exceso el encuentro... EPE121099 **21 campeonato:** La lesión de la pentacampeona ayudó a *caldear* unos campeonatos, que estaban resultando aburridos y grises... INDOC **22 festival:** ...el Festival de Teatro de Aviñón se ha *caldeado* con la aparición de algunos de sus nombres estelares... LVE130796 **23 recital:** Su actuación en Mérida fue un recital (...) no exento de espectacularidad, y previamente *caldeado*... EME300594 **24 acontecimiento:** ...forma parte de esa especial atmósfera deportiva que contribuye a *caldear* los acontecimientos singulares. LVE280296 **25 visita –:** ...la visita de la ministra a la zona de las obras no fue en absoluto lo *caldeada* que se esperaba... EPE130499

F EL SUSTANTIVO *REUNIÓN*, ASÍ COMO CON OTROS QUE DESIGNAN DIVERSAS REUNIONES EN LAS QUE SE DISCUTE O SE DECIDE ALGUNA COSA: **26 reunión ++:** ...en realidad, fue la actitud de los dos ponentes la que *caldeó* la reunión. INDOC **27 sesión:** Luego de una *caldeada* sesión, los concejales nombraron a un gobernador interino... ACP071100 **28 asamblea:** Su escogencia se produjo en el marco de una larga y *caldeada* asamblea eleccionaria. LDD300697

G SUSTANTIVOS QUE DESIGNAN RECINTOS, AUDITORIOS Y OTROS LUGARES DONDE SE REÚNE PÚBLICO. SE USA METONÍMICAMENTE EL NOMBRE DEL RECINTO EN REFERENCIA A LAS PERSONAS QUE LO OCUPAN: **29 tendido +:** ...consiguió un par de series con la derecha que *caldearon* los tendidos. EME260795 **30 auditorio +:** No les costó trabajo *caldear* el auditorio con las canciones que todos esperaban y con el sonido atronador de sus guitarras eléctricas... INDOC **31 pabellón:** Respecto al ambiente del pabellón turco, previsiblemente *caldeado*, Aito aseguró... LVE060396 **32 recinto:** Ayer la unidad no cabía en el recinto barcelonista *caldeado* por la elevada temperatura... LVE270795 **33 sala:** A modo de obertura en muchos temas, teclados con aire ligeramente sinfónico para *caldear* la sala. EME220494 **34 salón:** En especial con los dos últimos, que *caldearon* el salón de pleno al intercambiarse acusaciones... EPE141099 **35 plató:** Tras *caldear* el plató con el «caso GAL», la periodista someterá a un careo al director de cine... EME160195 **36 redacción –:** La redacción ha comenzado a *caldearse*, la radio está puesta y los monitores encendidos... EME221095 **37 vestuario –:** En su condición de capitán, se encargó de *caldear* el vestuario contra decisiones del técnico. LVE300495

H OTROS SUSTANTIVOS; POSIBLES USOS ESTILÍSTICOS: ...el racismo militante e insultante todavía late en las *caldeadas* cabezas de «biotípificadores»... LTB180900; ...quería verlo para charlar un poco de la *caldeada* economía de su país. CLA100199; ...y a otros tantos ilustres extranjeros, que siempre sentimos como propios y *caldearon* nuestra primera televisión... EME190296

☐ Véase también: **tensar.**

caldo de cultivo ♦ adecuado, apropiado, buen(o), excelente, favorable, fértil, ideal, idóneo, magnífico, perfecto, propicio[16] ♦ constituir, crear, encontrar, fomentar, formar, generar, propiciar, servir (de), surgir

calendario ♦ agotador[36], ajetreado[3], ajustado, apremiante[46], apretado[3], estricto, fijo, flexible[25], nutrido[5], oficial, previsto ♦ con arreglo (a), en función (de) ♦ fecha (de), página (de) ♦ acuciar[52], adherirse (a), ajustar(se) (a), alterar, amoldar(se) (a)[33], aplicar, atenerse (a)[69], borrar (de), cumplir[22], elaborar, establecer[28], fijar, imponer, incumplir[52], llenar, mantener, planear, prever, recargar, registrar (algo), revisar, saltarse

calenturiento *adj.* ▮ Se combina con sustantivos que designan personas o grupos humanos *(hombre, mujer, público).* También lo hace con...

A EL SUSTANTIVO *MENTE* Y –POR EXTENSIÓN– CON OTROS QUE DESIGNAN LAS PARTES DEL ORGANISMO ASOCIADAS CON LA INTELECCIÓN, ASÍ COMO ALGUNAS CAPACIDADES INTELECTIVAS: **1 mente ++:** Todo puede caber en la mente *calenturienta*... DLA190797 **2 cerebro:** El *calenturiento* cerebro del poeta Ray Bradbury nos avisó hace tiempo de que los hombres-libro deberían asumir sus compromisos... EME201095 **3 cabeza:** Para el sindicato, la dirección (...) está formada por cabezas *«calenturientas»* y «poco cerebradas». EPE270799 **4 magín:** ¿Cómo combinar el gregoriano y el lerele, el *calenturiento* magín del letrista con la cuadriculada cabeza episcopal? EME140996

B SUSTANTIVOS QUE DESIGNAN IDEAS, MÁS FRECUENTEMENTE SI RESULTAN DE LA IMAGINACIÓN O LA FANTASÍA O DESTACAN POR NO ESTAR FUNDAMENTADAS: **5 imaginación ++:** ...en mi imaginación *calenturienta* y enaltecida batallaban aquellas imágenes... INF010896 **6 idea:** Por supuesto, he perdido la esperanza de que (...) abandone sus *calenturientas* ideas... EME020594 **7 hipótesis:** Pero lo que hasta ahora eran sólo hipótesis *calen-*

turientas, (...) se convierten en tesis avaladas por nuevos datos... EPE050999 **8 lucubración:** ...somos propensos a la exageración, a las lucubraciones más disparatadas y *calenturientas.* ABC091092 **9 obsesión:** Usted tiene una obsesión *calenturienta.* EME180295 **10 sueño:** ...dio a sus más *calenturientos* sueños gozosa y ubérrima realidad. LVE260896 **11 representación:** Los grandes melodramas (...) son representaciones *calenturientas* de la vida familiar... EPE230999

C ALGUNOS SUSTANTIVOS QUE DESIGNAN MANIFESTACIONES VERBALES, ORALES O ESCRITAS: **12 declaración:** ...dijo que las declaraciones que vertió (...) son como «despechadas» y *«calenturientas».* LHG140797 **13 nota de prensa:** ...redactaba en impecable castellano sus *calenturientas* notas de prensa. EME120295 **14 protesta:** ...los sindicalistas de la educación tendrán (...) cancha libre para sus manifestaciones. Con hartos ventanales para romper durante sus justas como *calenturientas* protestas. CAP100797

D ALGUNOS SUSTANTIVOS TEMPORALES. TAMBIÉN CON OTROS QUE DESIGNAN CIERTAS PROPIEDADES DEL TIEMPO: **15 sábado:** Doce y media y tres de la madrugada de un sábado tan *calenturiento* como el domingo y el lunes. EME300795 **16 mes:** Febrero y marzo fueron meses especialmente *calenturientos.* EPEANUA98 **17 vida:** El lector, que se adentra sin dificultad en la *calenturienta* vida de Varilla y Melero (...), no pierde el interés... EME150696 **18 contemporaneidad –:** ...el salto al cubismo, que sería ya su definitiva emigración al nuevo continente de la contemporaneidad más exaltada y *calenturienta.* ABC270195 **19 fin de año –:** Calenturiento fin de año con broncas entre autores... CAP261297

E SUSTANTIVOS QUE DENOTAN ALTERACIÓN PROVOCADA POR ALGÚN ESTÍMULO, GENERALMENTE SEXUAL. TAMBIÉN CON OTROS SUSTANTIVOS ASOCIADOS CON EL SEXO: **20 excitación:** Las *calenturientas* excitaciones que en ella crea el ebanista, llamado a ser su galán... LVE170296 **21 arrebato:** Y es que Medea debía de prever la fugacidad del arrebato *calenturiento* de Jasón... LVE180796 **22 porno:** El premio especial del jurado al porno *calenturiento* y sanguinolento... EME210596

F OTROS SUSTANTIVOS; POSIBLES USOS ESTILÍSTICOS: Pues sólo en esa *calenturienta* tesitura puede pensarse en que (...) va a emplear esa posición para encauzar la vida de todo un país. EXC020496; ...se ha dibujado un contexto polémico por algunos «ejercicios *calenturientos*» y «excesos» perpetrados. EPE100899

☐ Véase también: **acalorado.**

calibrar *v.* ▮ En el sentido de 'medir el calibre' se combina con sustantivos que designan armas de fuego *(pistola, fusil)* o sus proyectiles. En el sentido de 'juzgar o apreciar' se construye muy frecuentemente con nombres en plural. Se combina con múltiples sustantivos que designan unidades de expresión o comunicación *(palabra, opinión, declaración)* y diversas magnitudes abstractas que pueden ser medidas *(éxito, crecimiento, desarrollo).* También se combina a menudo con la locución nominal *los pros y los contras,* así como con otros que designan un gran número de magnitudes. Destacan especialmente sus combinaciones con...

A SUSTANTIVOS QUE DESIGNAN MAGNITUDES NUMÉRICAS: **1 grado ++:** No me atrevo a *calibrar* su grado de pureza... EME221095 **2 magnitud +:** ...les basta para *calibrar* la magnitud del impacto sobre un cuerpo humano. EME230495 **3 proporción:** ...las variaciones climáticas naturales, especialmente de la radiación solar, como para *calibrar* exactamente la proporción... EPE140799 **4 porcentaje:** Es difícil *calibrar* en qué porcentaje unas llamadas al programa contribuyen... EME170296 **5 cantidad:** ¿Y de cuánto sería la multa si *calibraran* la cantidad de jóvenes menores... EPE081099 **6 número:** ...engañosas imágenes, planos cortos que no permitían *calibrar* el número de manifestantes... EPE051201 **7 medida:** Son capaces de *calibrar* medidas (...) con una exactitud de una diezmilésima de milímetro. EPE140899

B SUSTANTIVOS QUE DESIGNAN DIVERSAS PROPIEDADES FÍSICAS DE LAS COSAS: **8 dimensión +:** ...el encargado de *calibrar* las dimensiones de la grieta. ABC250294 **9 peso +:** ...servirá en buena medida para *calibrar* el peso específico... EME290396 **10 volumen +:** ...de los parásitos; *calibran* los volúmenes de las hojas (...); y cortan las ramas secas. EPE140499 **11 capacidad:** ...ejercicios militares destinados a *calibrar* su capacidad de reacción... LVE050896 **12 tamaño:** ...hacerlos pedazos y esperar hasta el final para *calibrar* el tamaño de su embestida... EPE120799 **13 distancia:** «Es un pequeño gran hoyo. Es difícil *calibrar* la distancia que hay hasta el green». EME030495 **14 espacio:** ...los periódicos especializados para *calibrar* el espacio real que obtiene... EME200796 **15 extensión:** ¿Cómo *calibrar* la mayor extensión dedicada a Paganini por Espasa Calpe... LVE220995 **16 grosor:** Farrés *calibró* ayer el grosor de los billetes... LVE230396 **17 temperatura –:** ...sirviese para *calibrar* la temperatura ideológica del cine nacional... EPE030699 **18 amplitud –:** ...*calibramos* exactamente la amplitud (...) de las reivindicaciones... EME020795

C SUSTANTIVOS QUE DESIGNAN EL ALCANCE DE ALGUNA COSA O LO QUE SE SIGUE DIRECTAMENTE DE ELLA: **19 consecuencia ++:** ...un hito (...) cuyas consecuencias aún es pronto para *calibrar.* EPE031001 **20 alcance +:** ...deben tenerse en cuenta a la hora de *calibrar* el alcance del documento. LVE100495 **21 impacto +:** ...tratando de *calibrar* el impacto de las afirmaciones del alto oficial. CAR140497 **22 repercusión:** ...la mayoría de estas llamadas proceden de bromistas o desequilibrados que no *calibran* la repercusión de sus acciones. EME201295 **23 efecto:** ...formidable William Franklyn dando vida a ese tortuoso y torturado seductor que no *calibró* los efectos de sus conquistas... EME260996 **24 resultado:** Existe otro baremo más justo que el de las medallas para *calibrar* el resultado... EME140895

D SUSTANTIVOS QUE DENOTAN RELEVANCIA, GENERALMENTE DE ALGÚN ACONTECIMIENTO. TAMBIÉN CON ALGUNOS QUE DESIGNAN OTRAS MAGNITUDES QUE SE ASOCIAN CON EL VALOR O EL PESO DE ALGO O ALGUIEN: **25 importancia ++:** ...recién pudo *calibrar* la importancia del encuentro. ECA030792 **26 trascendencia:** El Monarca ha *calibrado* la trascendencia de aquella fecha... EPE261201 **27 relevancia:** Para *calibrar* la relevancia de Internet, Cebrián aseguró que la cuestión de la radio por Internet no es que... EPE181101 **28 gravedad:** ...a la hora de *calibrar* la gravedad de la conducta del juez... CLA090597 **29 intensidad:** ...su peso es decisivo a la hora de *calibrar* la intensidad y duración de la expansión.

LVE180995 **30 hondura:** ...pudo *calibrar* entonces la hondura del pesar del candidato... EPE150599 **31 profundidad:** ...*calibramos* exactamente (...) la profundidad de las reivindicaciones musulmanas. EME020795

E SUSTANTIVOS QUE DENOTAN REACCIÓN, RESPUESTA O RESOLUCIÓN: **32 reacción:** ...no supe *calibrar* la reacción del público del plató... LVE140494 **33 respuesta:** Habrá que esperar algunos días para *calibrar* la respuesta de las entidades... LVE041096 **34 decisión:** La decisión ha creado controversia deontológica y ha sido cuidadosamente *calibrada*... LVE200995 **35 iniciativa –:** ...programadores para *calibrar* y descubrir las nuevas iniciativas... LVE020695

F SUSTANTIVOS QUE DENOTAN POSIBILIDAD U OPORTUNIDAD, ASÍ COMO CON ALGUNOS QUE DESIGNAN OTRAS FORMAS DE PRESENTARSE LA CONVENIENCIA DE LOS ACONTECIMIENTOS O LOS ESTADOS DE COSAS: **36 posibilidad ++:** ...*calibró* la posibilidad de poner en peligro la gestión municipal... EME310395 **37 opción:** El Steaua *calibra* las opciones rojiblancas en el estreno de la Liga Europea. EME110996 **38 ventaja:** ...muy difícil *calibrar* a priori las ventajas de cualquier cambio. EME151095 **39 oportunidad:** ...otorga al técnico blanco el tiempo necesario para poder *calibrar* la oportunidad de inscribir a Daniel Defrel... EME200896

G SUSTANTIVOS QUE DENOTAN DAÑO O PÉRDIDA: **40 daño ++:** ...sin *calibrar* el daño mortal que encierra esta promoción. EME220396 **41 pérdida +:** Las editoriales se reúnen mañana para *calibrar* las pérdidas económicas... EPE130199 **42 desgaste:** El retraso, dentro del margen que permiten los Estatutos del partido, pemitiría a los socialistas, además, *calibrar* el desgaste del actual Gobierno... EME201096 **43 estrago –:** ...para *calibrar* los estragos que produce una mentalidad petrificada. EPE190900

H SUSTANTIVOS QUE DENOTAN VALOR O PRECIO: **44 valía:** Y, como si todo lo anterior fuera poco para *calibrar* la real valía de la joven artista, ahora se propone penetrar al mundo del canto... EXP150492 **45 valor:** Más importante y de mayor peso al *calibrar* el valor global de la obra es el carácter superficial de la mirada... ABC170295 **46 precio:** Tengo que *calibrar* precio y calidad. DDN090101 **47 coste:** ...debe *calibrar* el coste que tiene para el conjunto de la organización... LVE200896

I SUSTANTIVOS QUE DENOTAN RIESGO O DIFICULTAD: **48 riesgo +:** ...por tanto, no puede *calibrar* el riesgo de la operación. EPE070900 **49 peligro:** Mateu reconoció que ha pasado momentos de apuro (...), aunque se considera lo suficientemente prudente para *calibrar* el peligro de las situaciones. LVE061095 **50 dificultad:** Supo *calibrar* las dificultades que, por la lluvia y el barro, tuvieron que pasar... EME200596

J SUSTANTIVOS QUE DESIGNAN LA CONDICIÓN DE SER ALGO ÚTIL, CONVENIENTE O NECESARIO: **51 necesidad +:** ...que *calibrar* las necesidades reales de la sanidad española... EPE240700 **52 urgencia +:** Dicen que corre prisa, pero no vemos claro que sepan *calibrar* la verdadera urgencia de la medida. INDOC **53 eficacia +:** ...esa sensibilidad privilegiada para *calibrar* la eficacia de su música... ABC050293 **54 utilidad:** Será el test para *calibrar* su utilidad y cohesión. LVE081095 **55 calidad:** ...para *calibrar* la calidad del cielo y después empecé a chequear galaxias. ABC160493 **56 rendimiento:** ...*calibran* el rendimiento que pueden dar sus marcas, su versalitidad... EPE190899 **57 operatividad –:** Temas fundamentales para *calibrar* la operatividad y rentabilidad de la institución. EPE020380

K SUSTANTIVOS QUE DENOTAN FUERZA, PODER Y OTRAS CUALIDADES ANÁLOGAS: **58 fuerza +:** Las dudas sobre si Rato está *calibrando* sus propias fuerzas dentro del partido (...) son las que han desatado más especulaciones... EPE141001 **59 potencia:** Un atractivo de la Eurocopa: *calibrar* la potencia del fútbol africano... LVE080696 **60 poder:** El estratega de la revolución supo *calibrar* el poder hipnótico del cine. EME290495 **61 resistencia:** ...una selectiva prueba que *calibra* la resistencia de los jugadores... EME260695 **62 firmeza –:** ...permite *calibrar* la firmeza de Bruckner en su andadura... EPE201199 **63 bravura –:** ...tiene que *calibrar* la bravura del toro y no destruirlo y castigarlo. EME060695

L SUSTANTIVOS QUE DENOTAN APOYO: **64 apoyo:** Rodríguez Zapatero, sin embargo, considera que hasta el mismo congreso no se tendrá *calibrado* el apoyo que cada cual tiene... EPE040700 **65 respaldo:** ...nos sirve para *calibrar* el respaldo ciudadano a la coalición... ACP221096 **66 ayuda:** Reducirla a estadísticas no es la mejor forma de *calibrar* la ayuda material y humana que los cooperantes han prestado a... INDOC

M OTROS SUSTANTIVOS; POSIBLES USOS ESTILÍSTICOS: ...a *calibrar* Hamlet según la cantidad de papel y tinta que insumió su escritura. LVE110896; Calibran mentalmente cada uno de sus michelines y los comparan con los propios. EME011096; ...para *calibrar* al excursionista de ley y al dominguero que recoge velas... EPE120800

■ Se combina también con: ♦ **al detalle[5], apropiadamente, con justeza, con justicia**

□ Véase también: **calcular.**

[calibre] → **de grueso calibre**

calidad ♦ **alto, bajo, bueno, contrastado, deficiente, depurado, de vida, discreto, dudoso, elevado, escaso, excelente, excepcional, gran(de), incomparable, incuestionable, ínfimo, insuficiente, malo, medio, reconocido, sobrado (de)[29], suficiente, superior, supremo, total, variable** ♦ **en aras (de)[25], sin menoscabo (de)[1]** ♦ **ápice (de)[51], control (de), estándar (de), grado (de), nivel (de), sello (de)** ♦ **acreditar, afectar (a), aquilatar, asegurar, atesorar[16], aumentar, avalar[62], bajar, calibrar[55], certificar, constatar, contrastar, cuestionar, destilar[35], disminuir, garantizar, homologar[7], incrementar, mantener, medir, mejorar, menguar, negar[53], ofrecer, perder, ponderar, poner en duda, primar[28], rebajar[72], testimoniar[28], valorar**

□ Véase también: **bondad, propiedad, valía, valor.**

cálido *adj.* ■ En el sentido físico de 'caliente' acepta sustantivos que designan el clima, ciertos fenómenos meteorológicos *(tiempo, temperatura, clima, viento, tormenta)*, algunas fuentes de calor *(sol, fuego)*, lugares, espacios naturales o sitios habitados *(mar, bosque, valle, región, zona, ciudad, país)*, así como algunos de sus elementos *(agua, corriente, suelo, superficie)*. También se construye con sustantivos temporales *(mes, ve-*

rano, noche) y con algunos que designan objetos físicos. En el sentido de 'con tendencia a lo dorado o rojizo' admite el sustantivo *color* y otros sustantivos que designan sus propiedades *(tono, cromatismo, matiz)*. En el sentido figurado de 'que transmite calor', 'afectuoso o caluroso' se combina con sustantivos de persona *(amigo, admirador, mujer, familia, público)*. Se combina especialmente con...

A SUSTANTIVOS QUE DESIGNAN EL CONJUNTO DE CONDICIONES QUE CARACTERIZAN UNA SITUACIÓN O UN ESTADO DE COSAS CIRCUNDANTE: **1** **ambiente** ++: El contrapunto fueron los temas que exigían sutileza, ambientes *cálidos*, relajación que permitiese disfrutar de los matices. EME220494 **2** **atmósfera** +: Una atmósfera *cálida* y transparente es la que refleja en sus obras el artista cordobés Angel Cabrera. ABC100492 **3** **clima:** Sin embargo, estas últimas han sido excepciones dentro del clima *cálido* y urgente de generosidad que hemos vivido. HOY180385 **4** **entorno:** De ahí que, al igual que sus predecesores, el actual titular de Exteriores (...) haya fijado su residencia en este castillo que ofrece un entorno distinguido y *cálido*... EPE170900

B SUSTANTIVOS QUE DENOTAN RECIBIMIENTO U HOSPITALIDAD. TAMBIÉN CON OTROS QUE DESIGNAN DIVERSAS MUESTRAS DE CORTESÍA O AGASAJO ANTE LA LLEGADA DE ALGUIEN O LA ADMISIÓN O ACEPTACIÓN DE ALGO: **5** **acogida** ++: Cálida acogida de Calella al primer grupo de refugiados albanokosovares. EPE250599 **6** **recibimiento** ++: Ante ello, el Presidente Fox brindó una *cálido* recibimiento a quienes ingresaron a la educación militar. EXC040901 **7** **bienvenida** +: Petroskey, después de agradecer la *cálida* bienvenida que le dieron a él y al grupo que lo acompañó a la isla, señaló las tres razones de ser del Salón de la Fama... END141100 **8** **recepción** +: La fuerte desavenencia es, para muchos, consecuencia (...) en particular a la *cálida* recepción brindada a su colega cubano Fidel Castro. SEM061100

C SUSTANTIVOS QUE DENOTAN AYUDA O PROTECCIÓN, ASÍ COMO ESTIMACIÓN, APRECIO, GRATITUD Y BUENOS DESEOS EN DIVERSAS FORMAS: **9** **apoyo** +: No ha habido nada por debajo, y es por ello que el día 14 contarán con mi *cálido* y afectuoso apoyo, en la difícil victoria o en la probable derrota. LVE090296 **10** **elogio** +: ...le prodigó los más *cálidos* elogios, en castellano para que le entendiera bien su jefe, aunque insistía en que no era coba: una aclaración sin duda necesaria. LVE270296 **11** **aplauso** +: Nuevamente mi aplauso más *cálido* y rotundo al alcalde... CAP290597 **12** **reconocimiento:** ...le han valido los más *cálidos* reconocimientos del público y la crítica especializada. GIC062497 **13** **homenaje** +: ...acaba de recibir hace unos días en ese mismo teatro un *cálido* homenaje. ABC061095 **14** **felicitación:** A todos ellos mi sincera enhorabuena y *cálida* felicitación. LVE010595 **15** **respaldo:** Escuchó el *cálido* respaldo de los demócratas y vio la indiferencia de algunos republicanos... CLA200199 **16** **amparo:** Odón Alonso ha pasado los últimos siete años al *cálido* amparo del luminoso Caribe. ABC111292 **17** **afecto:** ...esas diminutas puertas que de par en par brindaban sus *cálidos* afectos al impulso de un entrañable sentimiento... LPN051297

D SUSTANTIVOS QUE DESIGNAN REUNIONES, ENCUENTROS, CELEBRACIONES Y OTROS ACTOS SOCIALES: **18** **encuentro** +: «La llavor dels somnis» es el *cálido* encuentro entre dos artistas poliédricos. LVE180695 **19** **reencuentro:** Pero no tardarán mucho en tener un *cálido* reencuentro que les conducirá, tras un largo noviazgo epistolar, al matrimonio. ABC131192 **20** **reunión:** ...recuerda con añoranza la casa de su madre, donde se hacían ricos platos y *cálidas* reuniones familiares... RUM280797 **21** **cita:** ...su irritación (...) ha sido notablemente mayor, si cabe, que su cabreo por las indiscreciones y el interés de los periodistas, obviamente atraídos por tan *cálida* cita. LVE230895 **22** **ceremonia:** ...recibieron por la mañana a Menem en el Jardín Sur de la Casa Blanca, durante una *cálida* ceremonia de bienvenida... CLA120199

E SUSTANTIVOS QUE DENOTAN RELACIÓN, LAZO O COMUNICACIÓN INTERPERSONAL: **23** **relación** +: Además, la especial y *cálida* relación personal entre base y entrenador puede hacer que el partido... EME210494 **24** **amistad:** Tuve el privilegio de mantener una *cálida* amistad –salvando los abismos generacionales– con el destacado jurista... CAP281196 **25** **vínculo:** La vieja y pública relación de estos elementos de la CIA, así como sus estrechos y *cálidos* vínculos con la extrema derecha de origen cubano de Miami... GIC020497 **26** **trato:** Este, a su vez, ha tenido un trato *cálido* y exquisito... EME150996

F SUSTANTIVOS QUE DENOTAN EXPRESIÓN O MOVIMIENTO CORPORAL CON EL QUE SE MANIFIESTA UN SENTIMIENTO DE AFECTO. TAMBIÉN CON OTROS QUE DESIGNAN ALGUNAS PARTES DEL CUERPO QUE INTERVIENEN EN ESTAS MANIFESTACIONES: **27** **gesto** +: El resto, un telefilme crepuscular para amantes de los gestos *cálidos* y las miradas entrañables. EPE070499 **28** **abrazo** +: ...saludó a aquella muchedumbre enardecida que resistía impertérrita el candente sol cubano que la llenaba como en un *cálido* abrazo de confraternidad... INF010896 **29** **sonrisa** +: Ella despliega una amplia, *cálida* sonrisa que da mayor énfasis a sus contundentes palabras... LPA100592 **30** **mirada** +: ...el hombre máquina que acaba por descubrir, entre músculos, la mirada *cálida* y suplicante de los miopes avasalladores... EME300795 **31** **beso:** De su sol, que en *cálidos* besos, derrama el oro intenso que funde realidad y fantasía... LHG210800 **32** **apretón de manos:** ¿Para qué tiernas fotografías con anchas sonrisas, *cálidos* apretones de manos y efusivos abrazos...? LTB020197 **33** **ojo:** No demasiado alta, de larga cabellera castaña y ojos *cálidos* y reidores. EME080595 **34** **mano:** ...el ardoroso llamado de su palabra y su mano, *cálida* y firme, cuando acarició a los pequeños niños enfermos que salieron a su encuentro... GIC072897 **35** **ademán:** ...esas obras de Manolo se le muestran al que las contempla, como a través del *cálido* ademán con que se fueron extrayendo del arcón de los recuerdos... ABC020695

G SUSTANTIVOS QUE DESIGNAN EL SONIDO, ESPECIALMENTE SI ES VOCAL O MUSICAL, ASÍ COMO ALGUNAS DE SUS MANIFESTACIONES. TAMBIÉN CON OTROS QUE EXPRESAN ALGUNAS DE SUS CUALIDADES: **36** **voz** ++: ...en el cine español prestó con frecuencia su voz *cálida* e inconfundible, inolvidable... EME100394 **37** **sonido** +: ...ha mantenido un sonido *cálido* y lleno de color que la caracteriza. ABC270392 **38** **melodismo:** ...el atonalismo y el *jazz*, el dodecafonismo y la electrónica, el *cálido* melodismo pucciniano y los experimentos de música flexible (...) son algunos de los referentes que convergieron sobre su obra... ABC030192 **39** **sintonía:** Sí hay en la televisión un género fiel, maleable y chusco que no reclama nada para sí más que la *cálida* sintonía del público; ese es el humor en sketches. CAP031096 **40 entonación:** Lo peor de su entrevista (...) fueron (...) las grimosas sensaciones que provocaban sus naturales gestos y su *cálida* entonación. EME280394 **41 sonoridad:** En la segunda llamó poderosamente la atención la expresiva y *cálida* sonoridad del violoncelo en el «Intermezzo» de «Goyescas», de Granados, intensamente contrapuntado por el piano. LVE020795 **42 acento:** En español, inglés, francés y holandés, pero siempre con el *cálido* acento de las Antillas. EPE221101

H ALGUNOS SUSTANTIVOS QUE DENOTAN MEMORIA O RECREACIÓN MENTAL DE LO PASADO: **43 recuerdo +:** Tantos otros tienen también un *cálido* recuerdo! Mientras que uno la última vez que le vi conducía un tranvía, de otro que era muy estudioso se afirma... LVE251296 **44 evocación:** Pero éste es tangencial, y queda resuelto con la *cálida* evocación del padre... ABC250992

I ALGUNOS SUSTANTIVOS QUE DENOTAN EFECTO DE ALGO. TAMBIÉN OTROS QUE DESIGNAN LA ACTUACIÓN DE ALGUIEN EN CORRESPONDENCIA CON LA ACCIÓN DE OTRA PERSONA: **45 respuesta +:** Su demostración (...) fue explícita y concluyente (...) y la *cálida* respuesta del público atestigua también su poder de convicción popular. LVE110795 **46 reacción:** Incluso, sin él saberlo, la sacudida de su muerte ha provocado ya esa reacción *cálida* del abrazo trémulo entre los que desde hacía tiempo no se hablaban. EME240195 **47 efecto:** Conviene aproximarse y descubrir ese efecto *cálido*, similar al que provocan las obras inacabadas de Mondrian. ABC290995 **48 resultado:** El resultado: delirante, divertido, *cálido* y, finalmente, transgresor. EPE190399

J OTROS SUSTANTIVOS; POSIBLES USOS ESTILÍSTICOS: Desastres extravagantes pero *cálidos*: el padre de esa novela –y también John Irving– tiene «una extraña combinación de altivez y calidez». ABC280795

☐ Véase también: **caluroso.**

[caliente] → **en caliente**

calificación ♦ **alto, bajo, correcto, deficiente, despectivo[16], incorrecto, injusto, justo, oficial, severo, técnico** ♦ **fase (de), proceso (de), promedio (de), sistema (de)** ♦ **asignar, bajar, conceder, lograr, mejorar, otorgar, rebajar[34], recibir, subir**

☐ Véase también: **evaluación, interpretación, juicio, valoración.**

calificar ♦ **abiertamente, cariñosamente, certeramente, debidamente[58], injustamente, justamente, lisa y llanamente[13], negativamente[12], pomposamente[5], positivamente, sin ambages[45], vergonzosamente**

calificativo ♦ *(sust.masc.)* **adecuado, benévolo, calumnioso, cariñoso, denigrante, despectivo[10], improcedente, insólito, laudatorio, semejante** ♦ **ahorrar, aplicar (a algo/a alguien), arrogarse[21], asignar, atribuir (a algo/a alguien), buscar, cuadrar[1], emplear, endilgar[7], espetar (a algo/a alguien), lanzar[12], merecer, otorgar, poner (a algo/a alguien), rechazar, recibir, usar**

callar(se) ♦ **celosamente[15], como una tumba, como un muerto, por completo** ♦ **boca, chisme, comentario, dato, noticia, rumor,** *otros sustantivos que designan informaciones, otros sustantivos que designan manifestaciones verbales*

☐ Véase también: **acallar, silencio.**

calle ♦ **abarrotar, adecentar, bloquear, confluir, congestionar(se)[2], converger, cortar, deambular (por), desbloquear, desembocar, desfilar (por), desviar, enfilar, engalanar, frecuentar, lanzarse (a), obstaculizar, obstruir, pasear (por), patrullar, pisar, recorrer, rondar (por), salir (a), seguir, transitar (por)**

☐ Véase también: **carretera, curso, vía.**

calma ♦ **absoluto, apacible, aparente, completo, desesperante, falso, imperante[27], irreal, permanente, plácido, reinante[21], relativo, silencioso, sumo[53], tenso, total** ♦ **con, en** ♦ **agotar(se)[21], alterar[42], conservar, destilar[66], disipar(se)[51], guardar[14], imponer(se), infundir[22], inspirar[36], invitar (a)[28], llamar (a), mantener, pedir, perder, perturbar, preservar, quebrar(se)[23], recuperar, regresar, reinar[1], reinstaurar[13], restablecer, restaurar, tomar (con), transmitir, venir**

☐ Véase también: **aplomo, armonía, bienestar, concordia, equilibrio, estabilidad, paz, quietud, reposo, serenidad, sosiego, tranquilidad, tregua.**

CALMA Véase:

♦ **en paz**

♦ **alivio, armonía, bienestar, calma, concordia, equilibrio, estabilidad, medida, paz, proporción, quietud, reposo, serenidad, sosiego, tranquilidad, tregua**

♦ **apaciguar, aplacar(se), calmar(se), serenar(se), sosegar(se), tranquilizar(se)**

CALMA

♦ (SUSTANTIVOS) Véase: **acariciar[H], alterar[I], beatífico[C], celestial[B], cimentar[I], condicional[E], dañar[F], dar[K], decretar[H], descomponer(se)[D], desequilibrar[C], destilar[H], disipar(se)[I], ecuánime[E], en aras de[A], frágil[D], gozar (de)[I], guardar[B,C], hipotecar[H], impartir[G], imperante[E], implorar[D], inducir (a)[G], infundir[D], inquebrantable[F], inspirar[G], instaurar[C], invitar (a)[E], inyección (de)[E], irradiar[E], precario[E], quebrantar[H], quebrar(se)[D], rebosar[F], reinante[C], reinar[A], reinstaurar[C], reponer[B], saborear[G], sepulcral[A], socavar[D], sumo[G], toque (de)[J], transgredir[G], transmitir[A], truncar(se)[G], velar (por)[D], venirse abajo[H], violar[J]**

♦ (VERBOS) Véase: **plácidamente[A]**

☐ Véase también: **EQUILIBRIO.**

calmar(se) *v.* ▮ Admite como sujetos sustantivos de personas, tanto individuales *(niño)* como colectivos *(público)*, sustantivos que designan algunos elementos naturales y fenómenos meteorológicos considerados adversos *(viento, tempestad, oleaje, mar, vendaval)* y sustantivos que designan molestias o síntomas de enfermedades de intensidad variable *(dolor, picor, fiebre, molestia, temblor)*. Se combina asimismo con...

A SUSTANTIVOS QUE DENOTAN ESTADO DE COSAS CIRCUNDANTE, MÁS FRECUENTEMENTE SI SE REFIEREN A LAS CIRCUNSTANCIAS EN LAS QUE SE DESENVUELVE ALGUIEN O ALGO: **1** **situación** ++: ...tratar de *calmar* la situación en la capital... LVE270595 **2** **ambiente** +: El puente aéreo podría *calmar* el ambiente en Macedonia. EPE050499 **3** **atmósfera**: ...difícilmente se *calmaría* entonces la atmósfera actual de confrontación y hostilidad ... LVE151295 **4** **panorama**: Para los empresarios, de no despejarse rápidamente las incertidumbres presupuestarias, clarificarse las reformas estructurales y *calmarse* el panorama sociopolítico... EME180995 **5** **entorno**: El entorno se *calma* aunque será el resultado en Santander el que aclare un poco más el futuro del técnico... EME130496

B EL SUSTANTIVO *ÁNIMO* Y CON OTROS QUE DESIGNAN ESTADOS ANÍMICOS DE AGITACIÓN, INQUIETUD O EXALTACIÓN: **6** **ánimo** ++: Aunque no es del todo claro que dicha resolución solucionará los problemas, al menos *calmaría* los ánimos... SEM151096 **7** **nervios** ++: ...hombre reservado (...) que *calma* sus nervios sentándose al piano... EME150594 **8** **nerviosismo** +: ...buscar desesperadamente cómo *calmar* su nerviosismo. EME310394 **9** **desazón**: ...una tableta producida por los laboratorios (...) para *calmar* la desazón de los enfermos... EPE041099 **10** **temor**: ...trató de *calmar* esos temores asegurando que no pretende dividir el Mercosur... LNP211097 **11** **preocupación**: ...los esfuerzos (...) para *calmar* las preocupaciones sobre su salud. ENH200198 **12** **euforia**: ...recibieron sobre sus cabezas un jarro de agua fría para *calmar* su euforia. EME220695 **13** **perturbación** −: ...contribuyó a extremar la prudencia entre los inversores agazapados en su liquidez a la espera de que se *calmen* las perturbaciones neoyorquinas. LVE140796

C SUSTANTIVOS QUE DENOTAN CONFRONTACIÓN, ESPECIALMENTE DE IDEAS Y PUNTOS DE VISTA. TAMBIÉN CON ALGUNOS QUE DESIGNAN OTRAS SITUACIONES CARACTERIZADAS POR LA CONFLICTIVIDAD O LA CRISPACIÓN: **14** **discusión**: La salida del túnel (...) se daría (...) una vez se *calmen* las discusiones presupuestarias... LVE261095 **15** **disputa**: ...el partido conservador (...) ve ahora *calmarse* las disputas internas que lo zarandeaban... EME250696 **16** **conflicto**: ...han *calmado* un conflicto que habría podido ser muy peligroso... EME160196 **17** **escándalo**: ...el escándalo sólo se *calmó* cuando el dueño del establecimiento... LNP160497 **18** **tensión**: El encuentro entre el ministro chino de Exteriores, Qian Qichen, y el secretario de Estado americano, Warren Christopher, tenía como fin *calmar* las tensiones... EME030895 **19** **problema** −: ...el problema de la droga en Colombia ahora se ha *calmado*. EME300594 **20** **crisis** −: En un intento de *calmar* la crisis, el presidente egipcio... LVE180795

D SUSTANTIVOS QUE DESIGNAN OPERACIONES MERCANTILES O ACTIVIDADES FINANCIERAS, ASÍ COMO DIVERSOS ELEMENTOS ECONÓMICOS O MONETARIOS QUE INTERVIENEN EN ELLAS Y ESTÁN SUJETOS A FLUCTUACIÓN: **21** **mercado** ++: Las autoridades (...) intentaban *calmar* los mercados financieros... EPE150799 **22** **bono**: Mientras el bono americano no se *calme* la renta variable va a continuar dando tumbos. EME210494 **23** **divisa**: ...no cree que las medidas contra el déficit basten para *calmar* la divisa. EME250395 **24** **peseta**: Sólo su opción de Gobierno puede *calmar* la peseta. EME010395 **25** **precio** −: ...los precios del Brent del mar del Norte (...) se *calmaron* este miércoles... EUV050996

E SUSTANTIVOS QUE DENOTAN INCLINACIÓN, APETITO O AFÁN, A MENUDO INTENSOS O VEHEMENTES. TAMBIÉN CON OTROS QUE DESIGNAN DIVERSAS MANIFESTACIONES DEL ÍMPETU: **26** **deseo** +: Un cigarrillo *calma* el deseo del fumador en 7 segundos... EME180196 **27** **gana**: ...ante ella se *calman* esas ganas... EPE301101 **28** **ansia**: ...he *calmado* un poco mi ansia de ganar... EPD030697 **29** **furia**: ...ya tiene un motivo para *calmar* su recientemente adquirida furia chalaca. CAP200397

F OTROS SUSTANTIVOS; POSIBLES USOS ESTILÍSTICOS: Después el sueño se *calma*, el retrato de «Agudo» se pone un sombrero enlutado... EME180596

☐ Véase también: **acallar, acortar, aliviar, apaciguar, apagar(se), aplacar(se), atemperar, disminuir, dulcificar, mitigar, rebajar, reducir(se), serenar(se), sosegar(se), templar(se), tranquilizar(se).**

[calor] → **al calor (de)**

calor ♦ **abrasador, achicharrante, acusado[83], adormecedor, agobiante, ardiente, asfixiante, espantoso, estival, fuerte, humano, húmedo, infernal, insoportable, intenso, paralizante, pegajoso, reinante[2], seco, sofocante, terrible, tórrido, tremendo, tropical, veraniego** ♦ **foco (de), fuente (de), ola (de)[1], sensación (de)** ♦ **afrontar, aliviar, amortiguar[24], aplacar(se), apretar, asar(se) (de), atemperar, azotar[14], brindar[31], brotar, combatir[47], dar (a algo/a alguien), despedir, desprender, difundir(se), emanar, emitir, entrar, esparcir(se), experimentar, fluir, generar, hacer, irradiar, librar(se) (de), medir, mitigar[62], pasar, perder, poner (en algo), propagar(se), resguardar (de), rodear (de), sentir, sofocar, soportar, sufrir, tener, transmitir, traspasar**

☐ Véase también: **bochorno, frío, temperatura.**

CALOR

♦ (SUSTANTIVOS) Véase: **vivo**[A]

calumnia ♦ **sarta (de)[28], serie (de)** ♦ **circular, desgranar, desmentir[5], desmontar[31], difundir, lanzar, proferir[4], refutar[22], verter**

☐ Véase también: **infamia, insulto.**

calurosamente *adv.* ▮ Se combina con...

A VERBOS QUE DESIGNAN MANIFESTACIONES DE CORTESÍA, MÁS FRECUENTEMENTE LA ACCIÓN DE RECIBIR A ALGUIEN O LA DE ACEPTAR ALGUNA COSA: **1** **saludar** ++: El Presidente brasileño Henrique Cardoso saluda *calurosamente* al mandatario norteamericano. CAP161097 **2** **recibir** ++: ...líder de los Pastores por la Paz, al ser *calurosamente* recibido en la Isla junto a los 150 integrantes de la Caravana... GIC062197 **3** **acoger** ++: ...en las grandes ciudades donde los nuevos valores, comportamientos y formas de relacionamiento, son acogidos *calurosamente* y, en general, sin evaluaciones... REL011096

B VERBOS QUE DESIGNAN DIVERSAS MANIFESTACIONES DE SATISFACCIÓN, ESTIMACIÓN, RECONOCIMIENTO O GRATITUD: **4** **celebrar** ++: ...el torero jerezano cuajó algún derechazo de mérito que el público celebró *calurosamente*. EME110995 **5** **felicitar** ++: ...donde se informó al país del nombramiento y donde él felicitó *calurosamente* a su sucesor, en un adelanto de lo que será el verdadero traspaso del mando. CAR101197 **6 aplaudir ++:** Calurosamente aplaudido por un centenar de electores, que esperaban ante el colegio electoral instalado en el Ayuntamiento de Pale... LVE150996 **7 ovacionar +:** Fue *calurosamente* ovacionado y respondió con una bella, delicada, propina. EME100696 **8 agradecer +:** ...señaló que hay que «agradecer *calurosamente*» a la ex primera ministra británica (...) que «desreguló completamente» la economía de su país. EPU040301 **9 alabar:** ...cuyo trabajo en la fusión fue *calurosamente* alabado tanto por Botín como por Amusátegui. EPE060399 **10 elogiar:** Una idea que será bien recibida por sectores de la cumbre, entre ellos algunas ONG, a los que la señora Clinton elogió *calurosamente*. LVE080395 **11 jalear:** ...se permite alardes muy brillantes y *calurosamente* jaleados por la concurrencia. LVE270895 **12 aclamar:** Miles de sevillanos acudieron encantados a la ceremonia y aclamaron *calurosamente* a los Duques de Lugo... EME101095 **13 homenajear:** ...los avatares de un profesor de música, durante más de tres décadas, desde que entra treintañal al instituto hasta que sale de él jubilado y *calurosamente* homenajeado. LVE070296 **14 recomendar:** Recomendamos *calurosamente* a: Bourguignon... EME110496

C VERBOS QUE DENOTAN RESPALDO, PROTECCIÓN O ADHESIÓN: **15 apoyar +:** Chirac señaló que «Francia apoya *calurosamente* la entrada de vuestra gran nación en la OTAN y en la UE»... LVE130996 **16 defender +:** Según el acuerdo, defendido *calurosamente* por los primeros ministros de Francia y Alemania... EPE151099 **17 amparar:** Luego se refirió a que estaba siendo «*calurosamente* amparado» por sus compañeros «a diferencia de la frialdad que rodeó a Borrell el año pasado». EPE230699 **18 arropar:** La bebió Clemente, arropado *calurosamente* por el «segundo equipo», la expedición que ha acompañado a los veintidós jugadores. EME230694 **19 solidarizarse:** ...lo que había que hacer era solidarizarse aunque «*calurosamente*», con quien fuera necesario. EME050395

D VERBOS QUE DESIGNAN OTRAS MANIFESTACIONES O REACCIONES VERBALES: **20 expresar(se):** Expresó *calurosamente* su «particular afecto y gratitud para todos los sacerdotes que viven y ejercen en Roma». EME021196 **21 responder:** La audiencia respondió *calurosamente* a las palabras del líder, que durante su discurso recordó también los logros de tres años de gobierno. EPE270900

☐ Véase también: **acaloradamente, caluroso.**

caluroso *adj.* **I** En su sentido físico admite sustantivos que designan cosas que causan calor, especialmente el clima, algunos elementos naturales y ciertos fenómenos atmosféricos *(clima, tiempo, sol, temperatura, viento)*. También acepta otros que expresan personas o cosas que manifiestan, experimentan o reflejan el calor, como los sustantivos que designan lugar o espacio *(sitio, zona, región, país, valle, llanura, casa, habitación)*, los sustantivos temporales *(mañana, día, verano, año)* o los de persona *(Es un niño caluroso, por eso siempre viste de corto)*. En su sentido figurado (aproximadamente, 'afectuoso'), se combina con sustantivos de persona *(público, compañero)*, sustantivos que denotan gesto o expresión física de afecto *(gesto, mirada, sonrisa, abrazo, apretón de manos)*, y con sustantivos que designan algunas unidades o manifestaciones verbales o escritas *(palabras, expresión, comentario, declaración, texto, carta, mensaje)*. Asimismo, se combina con...

A SUSTANTIVOS QUE DENOTAN RECIBIMIENTO O AGASAJO, O DESIGNAN MUESTRAS DE CORTESÍA ANTE LA LLEGADA DE ALGUIEN. TAMBIÉN CON OTROS QUE EXPRESAN LA ACCIÓN DE PROPONER O ACEPTAR ALGUNA COSA: **1 bienvenida ++:** Damos la bienvenida *calurosa* a esta iniciativa y confiamos que con buena fe y el esfuerzo de todas las partes participantes el esquema adoptado por la CCSS tendrá éxito. LNC101096 **2 recibimiento +:** El recibimiento a los sobrevivientes del rally fue *caluroso*. LEC190198 **3 invitación +:** La invitación para que asistiéramos a su fiesta fue muy *calurosa*, y no fuimos capaces de negarnos. INDOC **4 acogida +:** ...para intentar repetir la *calurosa* acogida que tuvimos con la organización del primer Torneo Regional de Promesas... ENC120101 **5 recepción +:** ...a menos de dos semanas después de la *calurosa* recepción que le fuera acordada tanto por el propio presidente Bill Clinton como por parte de los críticos... DLA100297 **6 saludo:** ...el debate de ideas ha cedido terreno a las ofertas desmesuradas y de imposible cumplimiento, a la sonrisa estudiada, al saludo *caluroso*... GIC030198

B SUSTANTIVOS QUE DESIGNAN DIVERSAS MANIFESTACIONES DE ESTIMA, SATISFACCIÓN, CONGRATULACIÓN O GRATITUD: **7 felicitación ++:** ...les hago llegar el más entrañable saludo y la más *calurosa* felicitación. GIC083197 **8 homenaje +:** La oportunidad puede serlo, de una parte, para el homenaje *caluroso* a la memoria de tres grandes músicos... ABC180693 **9 aplauso +:** Hecho que le valió uno de los aplausos más *calurosos* de la noche. END231097 **10 ovación:** ...recibió una *calurosa* ovación del público en el transcurso de la gala de entrega de premios... ENC240599 **11 elogio:** El libro (...) ya ha visto la luz y ha merecido *calurosos* elogios de la crítica... LVE230495 **12 enhorabuena:** A él y a sus numerosísimos colaboradores, las más *calurosas* enhorabuenas. ABC160994 **13 parabién:** ...recibieron *calurosos* parabienes en un ambiente matizado por la música típicamente gala... CAP180796 **14 agradecimiento:** El ministro italiano del Interior, Giorgio Napolitano, dedicó ayer un *caluroso* agradecimiento a las policías de la operación Europa. LVE241196

C SUSTANTIVOS QUE DENOTAN RESPALDO, APRECIO O ADHESIÓN: **15 apoyo ++:** ...el ritmo infernal de Gebreselasie sólo se vio aplacado por el *caluroso* apoyo de los miles de aficionados que jalearon la carrera... LVE170895 **16 defensa +:** El presidente hizo una *calurosa* defensa de su plan de reforma del Estado... EPE150700 **17 afecto +:** Se ha acercado a Ud. alguien, General, con un afecto más *caluroso* que aquel con que lo apreté en mis brazos... DLA040397 **18 adhesión:** ...no parece la más indicada, a pesar de que obtuvo rápidas y *calurosas* adhesiones... LNA010792 **19 solidaridad –:** La *calurosa* solidaridad con (...) proclama que la mentira, el crimen y la extorsión son factores políticos... EME060395

D SUSTANTIVOS QUE DENOTAN VÍNCULO, TRATO, O REUNIÓN ENTRE PERSONAS: **20 relación +:** ...es sabido que nunca existió una relación muy *calurosa* entre... EME280196 **21 contacto +:** ...la victoria (...) había sido amplia y además los contactos más *calurosos* de (...) en el extranjero habían sido con (...), el triunfador. LVE141295 **22 encuentro +:** ...se ha producido aquí un *caluroso* encuentro entre la ciudadanía y las artes escénicas... EPE050900 **23 acercamiento –:** Pese al *caluroso* acercamiento entre Washington y Moscú... EPE151201

E ALGUNOS SUSTANTIVOS QUE DENOTAN ACCIÓN O MANIFESTACIÓN DE ALGUIEN EN CORRESPONDENCIA CON LA DE OTRA PERSONA: **24 reacción +:** Pero, aparte de la imprudencia que hubiera supuesto esta *calurosa* reacción... EME031295 **25 respuesta +:** ...la iniciativa ha encontrado una *calurosa* respuesta popular... LVE151295

F ALGUNOS SUSTANTIVOS QUE DESIGNAN EMOCIONES EXALTADAS: **26 entusiasmo:** La reposición del celebrado montaje de hace siete años, recibido con *caluroso* entusiasmo en la noche cálida... EME220694 **27 euforia:** Llamaba sobre todo la atención el ánimo encendido de los seguidores y la *calurosa* euforia que se percibía en la sala. INDOC **28 pasión:** ...sino de la debilidad de su temperamento, de la ausencia de pasiones *calurosas* como las de libertad y amistad. EME111196

G ALGUNOS SUSTANTIVOS QUE DENOTAN ESTADO DE COSAS CIRCUNDANTE: **29 ambiente +:** El ambiente era *caluroso*; los participantes, entusiastas. LVE260596 **30 clima:** Se percibía una atmósfera de entusiasmo y un clima optimista y *caluroso*. INDOC **31 atmósfera:** Una atmósfera densa, *calurosa*, un viejo tranvía que recorre un Bucarest medio soñado... LVE170694

H SUSTANTIVOS QUE DENOTAN ACTO PÚBLICO O EVENTO DE CARÁCTER SOCIAL, GENERALMENTE FESTIVO O LÚDICO: **32 espectáculo +:** Había asomado al balcón en innumerables ocasiones, pero rara vez disfrutó de tan *caluroso* espectáculo. EPE050800 **33 acto +:** ...constituyó todo un acontecimiento que (...) contribuyeron a resaltar con un *caluroso* acto de bienvenida. EPE050199 **34 recital +:** ...un recital tan *caluroso* como entrañable... EPE300699 **35 mitin +:** Fue, sin duda, el mitin más multitudinario, *caluroso* y triunfal de cuantos ha protagonizado... EME260296 **36 fiesta:** ... los periodistas españoles fueron trasladados a Santa Marta y repartidos con cierto desorden en los hoteles de la ciudad, a la espera del comienzo de la *calurosa* fiesta. EPE171280 **37 gira:** Chirac sigue con su *calurosa* gira árabe... LVE251096

I OTROS SUSTANTIVOS; POSIBLES USOS ESTILÍSTICOS: Es dueño de cierta frialdad *calurosa*: habla con la imperturbabilidad sensible del señor distanciado... EPE250499; El verano, con su luminosidad y su humo *caluroso* se lleva por delante todos los rumores... ABC180693

☐ Véase también: **acalorado, cálido, calurosamente.**

calvario ♦ **inhumano[25], insufrible, terrible** ♦ **aguantar, aliviar[18], pasar, soportar, sufrir**

☐ Véase también: **crisis, penalidad, penuria.**

calvicie ♦ **avanzado, congénito, evidente, galopante, hereditario, incipiente, irremisible, manifiesto, ostensible, patente, prematuro, pronunciado** ♦ **contra** ♦ **caso (de), problema (de), tendencia (a)** ♦ **atajar, avanzar, combatir, cubrir, curar, detener, disimular, evidenciar(se), exhibir, luchar (contra), manifestar(se), ocultar, ostentar, presentar, provocar**

calzado ♦ **adecuado, cómodo, confortable, especial, inapropiado, incómodo, resbaladizo** ♦ **apretar(le) (a alguien), llevar, poner(se), quitar(se), rozar(le) (a alguien), transpirar**

☐ Véase también: **zapato.**

cama ♦ **acostar(se) (en), deshacer, guardar, hacer, levantar(se) (de), meter(se) (en), postrar(se) (en), quedar(se) (en), recostar(se) (en), sacar (de), salir (de), tender(se) (en)**

camaleónico *adj.* ▮ Se combina con sustantivos de persona, más frecuentemente si designan profesiones en las que se debe desempeñar algún papel *(actor, político, agente)*, así como con algunos sustantivos que denotan lugar *(ciudad, terreno)*. Se combina especialmente con...

A SUSTANTIVOS QUE DENOTAN CAPACIDAD O APTITUD: **1 capacidad +:** Conserva (...) una capacidad *camaleónica* para adaptarse al medio... LVE111095 **2 aptitud:** ...gracias a sus *camaleónicas* aptitudes, desarrolla siete personajes distintos. EPE311201 **3 talento:** ...es un monstruo de (...) la imitación, un talento *camaleónico*... LVE191195 **4 habilidad +:** ...se apoya en su habilidad *camaleónica* para convertirse en el más republicano de los demócratas... PME101196 **5 facilidad:** ...tiene una facilidad *camaleónica* para afrontar cualquier situación. EME220296 **6 genio:** ¿Espíritu de supervivencia o genio *camaleónico*? EME080594 **7 poder –:** ...poder *camaleónico*, pragmatismo, y lealtad. EME191095

B SUSTANTIVOS QUE DENOTAN PERSONALIDAD O FORMA DE SER. TAMBIÉN CON OTROS QUE DESIGNAN ALGUNOS RASGOS ESENCIALES QUE LA CONSTITUYEN: **8 personalidad ++:** ...descubrimos es una personalidad *camaleónica* y oportunista. EME141095 **9 carácter +:** Pero, sobre todo, destaca de ser mujer el carácter *camaleónico*. EPE170800 **10 conducta:** Su conducta *camaleónica* demuestra que es un político ordinario. EXC170896 **11 talante:** Eliot –de talento y de talante *camaleónico*– podía disfrazarse de clérigo... EME070996 **12 alma:** Una de las acusaciones que pesan sobre el dimitido (...) es la de poseer un alma *«camaleónica»*. EME140694 **13 espíritu:** A pesar de ser fiel servidor de cualquier presidente, el espíritu *camaleónico* de Powell se aminoró... EME191095 **14 naturaleza:** Universos ajenos que la naturaleza *camaleónica* de (...) consigue hacer tan suyos... EME210195

C SUSTANTIVOS QUE DENOTAN CUALIDAD O ASPECTO: **15 cualidad +:** ...Robert de Niro, Daniel Day-Lewis y Jennifer Jason Leigh, tres intérpretes de cualidades *camaleónicas*... EME040896 **16 aspecto:** Soy consciente de este aspecto *camaleónico* de mi físico. EME010594 **17 propiedad:** ...de sus propiedades *camaleónicas* daba ya buena cuenta el hecho de haber militado en siete partidos... EPE310799 **18 estilo:** Las críticas constantes (...) al estilo ético y *camaleónico* de esta Administración... LVE181096 **19 punto –:** ...el guitarrista de tango (...), que tiene un punto *camaleónico* fascinante. EPE081101

D ALGUNOS SUSTANTIVOS QUE DESIGNAN PARTES DEL CUERPO: **20 ojo:** ...unos ojos *camaleónicos*, capaces de mirar a la vez en diferentes direcciones... LVE250395 **21 piel:** La tenacidad, la dura piel *camaleónica*. LVE210595

E OTROS SUSTANTIVOS; POSIBLES USOS ESTILÍSTICOS: En su última pirueta *camaleónica*, (...) pactó la semana pasada con su archienemigo... EME170896

[cámara] → a cámara lenta, en cámara lenta

cámara ♦ *(cuerpo legislativo)* aprobar (algo), constituir(se), decidir (algo), disolver(se), reunir(se), votar (algo)

cambiante ♦ actitud, aspecto, carácter, clima, criterio, humor, personalidad, tiempo

cambiar ♦ abruptamente[42], a marchas forzadas[25], a mejor, a ojos vista[37], a pasos agigantados[30], a peor, bruscamente, con el tiempo, considerablemente[56], cualitativamente, de arriba abajo[1], decisivamente[26], de pies a cabeza, de raíz[31], de repente, de un día para otro[7], diametralmente, drásticamente[1], enormemente, gradualmente[66], intempestivamente, irrevocablemente[18], ligeramente[31], negativamente[24], notablemente, ostensiblemente[27], paulatinamente[23], peligrosamente[27], poco a poco, por completo[175], profundamente[14], progresivamente, radicalmente[1], seriamente[37], sustancialmente[34], ventajosamente[26]

☐ Véase también: **alterar, modificar, mover(se), mudar(se) (de), reformar, transformar(se).**

cambio ♦ abismal[31], abrupto[52], acusado[24], a mejor, aparente, a peor, apreciable[1], apremiante[52], brusco[1], catastrófico[45], coyuntural[15], cualitativo[1], decisivo[1], drástico[20], en profundidad, escalonado, frenético[22], fulgurante, galopante[26], gradual, imperceptible, impredecible[16], imprevisible[36], inesperado, inexorable[9], insignificante[27], integral[19], intempestivo[26], irreversible[33], lento, leve, ligero, llamativo[37], negativo, neutralizar, nimio[24], ostensible[33], portentoso, positivo, profundo[98], progresivo, propenso (a)[32], radical, repentino, reticente (a), rotundo, significativo, sorprendente, superficial, sutil, testimonial[43], ventajoso[40], vertiginoso[35], visible ♦ al abrigo (de)[11], al hilo (de)[34], con posibilidad (de)[17], en aras (de)[42] ♦ alcance (de)[42], manifestación (de)[10], objeto (de)[74] ♦ abanderar[29], abocar(se) (a)[49], acaecer[1], acarrear[81], aclimatar(se) (a)[1], acusar[33], afianzar(se)[48], alimentar[88], asumir[68], atañer[34], atisbar[25], augurar[36], avalar[92], avecinarse[30], bloquear[2], causar, cimentar[61], cocinar(se)[22], comportar, conllevar, consensuar[23], dar[261], delinear[31], desencadenar(se), detectar[36], dictar[8], digerir[34], emprender[48], encajar, encarar[1], entrañar, experimentar, fraguar(se)[75], frustrar(se), gestar(se), hacer(se) realidad[86], imponer[39], imprimir[23], impulsar, incentivar[13], incitar (a)[40], inducir (a)[27], interrumpir(se), llevar adelante[16], madurar[21], marcar[31], ocurrir[25], operar(se), pilotar[14], predicar[52], producir(se), propulsar, registrar(se), someter(se) (a)[25], sufrir[5], surtir efecto[41], tener lugar, tramitar[51], urgir[2], vislumbrar[75]

☐ Véase también: **alteración, giro, intercambio, metabolismo, metamorfosis, modificación, movimiento, oscilación, proceso, reforma, transformación, transición, traslado, trastorno, vuelco, vuelta.**

CAMBIO

♦ (ADJETIVOS) Véase: **ola (de)[I]**

♦ (SUSTANTIVOS) Véase: **abanderar[E], abismal[D], abocar(se) (a)[I], abrupto[E], acaecer[A], a cámara lenta[E], acarrear[J], aclimatar(se) (a)[A], acusado[C], acusar[D], afianzar(se)[G], a fondo[J], a la baja[G,H], al abrigo (de)[C], al borde (de)[D], al calor (de)[H], alcance (de)[G], al hilo (de)[G], alimentar[L], a medias[M], amortiguar[K], apreciable[A], apremiante[H], a resguardo (de)[B], asumir[L], atañer[F], atisbar[F], augurar[E], avalar[Q], avecinarse[C], azaroso[E], benigno[D], bloquear[A], brusco[A], capitanear[C], catastrófico[G], cimentar[J], cocinar(se)[E], con posibilidad de[C], consensuar[E], consumar(se)[E], coyuntural[C], cualitativo[A], culminar[H], decisivo[A], delinear[E], detectar[G], dictar[C], digerir[F], drástico[D], ejercer[I], emitir[G], emprender[G], en aras de[F], encarar[A], encarrilar[C], fraguar(se)[M], galopante[C], hacer(se) realidad[I], hipotecar[F], imperioso[G], implantar[G], imponer[I], impredecible[D], imprevisible[F], imprimir[E], inapreciable[B], incentivar[B], incitar (a)[G], inducir (a)[D], inequívoco[I], infernal[C], ingente[H], insignificante[D], integral[E], intempestivo[D], irreversible[G], llamativo[E], llevar a buen puerto[G], llevar adelante[B], madurar[F], manifestación (de)[B], marcar[F], negociar[F], nimio[D], objeto (de)[L], ocurrir[E], ostensible[D], pegar[C], perentorio[I], perseverar (en)[J], pilotar[C], preconizar[E], predicar[I], profundo[M], propenso (a)[G], recaer[K], someter(se) (a)[C], sufrir[B], surtir efecto[J], testimonial[H], tibio[G], tramitar[H], urgir[A], ventajoso[F], vertiginoso[E], vislumbrar[K]**

♦ (VERBOS) Véase: **abruptamente[F], abundantemente[C], abusivamente[E], a conciencia[K], afirmativamente[D], a fondo[G], a la baja[D], a marchas forzadas[D], a medias[I], a ojos vista[D], a pasos agigantados[F], clamorosamente[E], como por encanto[B], con creces[B], considerablemente[G], de arriba abajo[A], decisivamente[D], democráticamente[D], de palabra[F], de pies a cabeza[D], de puntillas[D], de raíz[D], de un día para otro[B], drásticamente[A,I], en mucho[G], gradualmente[I], gustoso[F], hasta el tuétano[C], hasta las cejas[B], hasta los huesos[A], indefectiblemente[E], inevitablemente[F], irremediablemente[F], irrevocablemente[D,E], ligeramente[D], negativamente[D], ordenadamente[H], ostensiblemente[D], paulatinamente[C], peligrosamente[D], plácidamente[D], por completo[U], profundamente[C], progresivamente[D], radicalmente[A], seriamente[E], sin tregua[D], sustancialmente[C], unilateralmente[E], ventajosamente[H]**

☐ Véase también: DETERIORO; INCREMENTO; MEJORA; MOVIMIENTO; PÉRDIDA; PROGRESIÓN.

caminar ♦ a ciegas, a paso de tortuga, a pasos agigantados[7], a tientas[9], atropelladamente[14], con firmeza[42], con seguridad, de arriba abajo[21], decididamente[16], de puntillas[3], inexorablemente[6], lentamente, pesadamente[10], rápidamente, sin rumbo[4]

caminata ♦ dar(se), pegar[23]

☐ Véase también: **curso, paseo, travesía, viaje.**

[camino] → abrirse camino, de camino, en camino

camino ♦ abrupto, accesible, accidentado[8], adecuado, amargo[11], amplio, angosto, arduo[31], azaroso[2], buen(o), concurrido, correcto, corto, de ida y vuelta[1], discontinuo, doloroso, duro, enrevesado[47], equivocado, escarpado, espacioso, expedito, fulgurante[30], ilusionante[50], impracticable, inaccesible, inexorable[1], inextricable[11], infernal[11], inseguro, intransitable, intrincado[24], irreversible[38], laberíntico, largo, legítimo, libre, llevadero, mal(o), nuevo, paralelo, polvoriento, practicable, proceloso[1], propicio[35], resbaladizo, retorcido, rural, seguro, serpenteante, sin retorno, tortuoso, transitable, transitado, trillado[1], vecinal, zigzagueante ♦ fin (de), final (de) ♦ abrir(se), acortar[19], alargar, allanar[1], aplanar, asfaltar, bifurcarse, bloquear, buscar, cerrar, conducir (a un lugar), confluir, congestionar(se), converger, cruzar(se) (en), dejar (en), delinear[52], desandar, desbloquear, desbrozar, despejar(se)[55], desviar[7], discurrir, elegir, emprender[1], encarar, encontrar, enderezar[4], enfilar, entorpecer, errar[4], hacer, indicar, iniciar, interponer(se) (en), jalonar[1], llevar (a un lugar), marcar[6], mostrar, obstaculizar, obstruir, perder[3], perfilar[29], perseverar (en)[7], proseguir, quedar(se) (en), recorrer, rectificar[6], rehacer, retomar, seguir, señalar, serpentear, tomar[29], torcer(se)[11], trazar[9], truncar(se)[16], zozobrar[5]
☐ Véase también: **calle, carretera, carril, curso, senda, vericueto, vía**.

CAMINO Véase: CURSO

camisa ♦ de fuerza ♦ arrugar(se), llevar, poner(se), quitar(se), remangarse

campal ♦ batalla, pelea

campana ♦ repique (de), toque (de) ♦ doblar, redoblar, repicar, repiquetear, sonar, tañer, tintinear, voltear

campanazo ♦ dar[234]

campanudo ♦ frase, intervención, nombre, persona, título, voz, *otros sustantivos que designan manifestaciones verbales*

[campaña] → en campaña

campaña ♦ a cara de perro[10], a favor[57], agotador[3], ajetreado[4], amplio, arduo, breve, controvertido[52], corto, costoso, desaforado[45], difamatorio, disuasorio[1], drástico[57], duro, efectivo[32], electoral, encarnizado[12], enconado[49], exitoso, humanitario, informático, infructuoso[19], intenso, lamentable, largo, limpio, machacón, oficial, político, presidencial, preventivo[42], promocional, publicitario, puerta a puerta, reñido[28], sucio, tenaz[33] ♦ al calor (de)[27], a lo largo (de), durante, en ♦ fleco (de) ♦ abanderar[2], abocar(se) (a)[31], abrir(se)[8], arraigar, boicotear[4], caldear(se)[18], capitanear[18], centrar, cerrar(se), culminar[9], desarrollar(se), dirigir, embarcarse (en), emprender[29], financiar, fracasar, girar[9], hacer, instigar (a), lanzar[29], llevar adelante[6], organizar, orquestar[1], plantear, prosperar[41], realizar, relanzar[4], retirar, surtir efecto[34], tener éxito, transcurrir
☐ Véase también: **actividad, cruzada**.

campear ♦ a {mis/tus/sus...} anchas[2]

campeón ♦ actual, digno, flamante, imbatible, inaccesible, inatacable, indiscutido, invicto, legítimo, mundial, nacional, oficial, olímpico, reconocido, vigente ♦ condición (de), corona (de), título (de) ♦ clasificar(se), condecorar, consagrar(se), convertir(se) (en), coronar(se), declarar (a alguien), derribar, derrocar, derrotar, desbancar, distinguir, eliminar, enfrentar(se) (a), entrenar, erigir(se) (en), felicitar, galardonar, llegar (a), obsequiar, ovacionar, proclamar(se), quedar, retar, salir, vencer, vitorear
☐ Véase también: **ganador, vencedor**.

[campeonato] → de campeonato

campeonato ♦ competitivo[33], reñido[18], valedero (para) ♦ acometer, afrontar, boicotear[53], disputar, enderezar[50], ganar, liderar, luchar (por), perder[45], triunfar (en)
☐ Véase también: **competición, encuentro, partido, torneo**.

campero ♦ bota, jinete, traje

campestre ♦ almuerzo, ambiente, aspecto, comida, excursión, jornada, merienda, paisaje, paseo, vida

[campo] → de campo

campo ♦ abierto, abonado, académico, amplio, ancho, artístico, atrasado, baldío, colindante, comunal[46], cultural, de acción, de batalla, de concentración, de deporte, de juego, educativo, impracticable, irreconciliable[32], libre, magnético, profesional, propicio, religioso, resbaladizo[4], vasto, visual, yermo ♦ centro (de) ♦ agostar(se), ampliar, anegar(se), arar, cultivar, esquilmar, extender(se), internar(se) (en), invadir, irrigar, labrar, ocupar (algo), recorrer, reducir, regar, roturar, salir (a), sembrar, vedar
☐ Véase también: **esfera**.

camuflarse (tras) *v.* ▮ En su sentido físico se combina con sustantivos que designan seres materiales *(camuflarse tras una valla, un seto, un matorral)*, oculten o no la vista del que lleva a cabo la acción *(camuflarse tras un bigote, unas barbas, una peluca)*. En sentido figurado, se combina con...

A SUSTANTIVOS QUE DESIGNAN LO QUE SE VE O SE MUESTRA EXTERIORMENTE: **1 apariencia ++:** ...se esfuerza por *camuflar* su escaso pretexto argumental tras una apariencia torrencial. EME221095 **2 fachada:** La red estaría *camuflada* tras la inocente fachada de una orden y dos asociaciones religiosas... EME191195 **3 aspecto:** Su maldad se *camufla* tras un aspecto bonancible. INDOC

B SUSTANTIVOS QUE DENOTAN DENOMINACIÓN, A MENUDO SUSTITUTORIA: **4 sigla +:** ...se está haciendo tan difícil otorgar rostro a los protagonistas de la historia, con empresarios *camuflados* tras las siglas de las compañías transnacionales... EPE091299 **5 seudónimo:** Antonio Margheritti se *camufló* tras su habitual seudónimo anglosajón en esta cinta de acción. LVE141095 **6 nombre:** Vera *camufló* su patrimonio (...) tras el nombre de su suegro. EME210796 **7 apodo:** Intentó *camuflar* su identidad tras un apodo inverosímil. INDOC

C OTROS SUSTANTIVOS; POSIBLES USOS ESTILÍSTICOS: ...la dictadura *camuflada* tras unas urnas trucadas y el colapso económico. EME160396; La línea romántica acaba por prevalecer sobre la torpe intriga, pero una y otra intentan *camuflar* sus insuficiencias tras una ingenuidad generalizadaga. EME030295; ...algunas de las bandas que se *camuflan* tras reivindicaciones independentistas (...) pudieran explicar esa nueva muerte. EPE271001

canalizar *v.* ■ En su sentido literal se combina con sustantivos que denotan caudal, interpretado en su sentido físico o en el figurado *(caudal, corriente, río)*. También acepta sustantivos que designan diversos fluidos *(agua, gas, lava)*. En su sentido figurado se combina con sustantivos que designan muy diversas magnitudes, entre los que destacan los...

A SUSTANTIVOS QUE DENOTAN AYUDA O ASISTENCIA EN DIVERSAS FORMAS: **1 ayuda ++:** ...campañas organizadas para *canalizar* ayuda humanitaria... ENH150398 **2 colaboración +:** ...el Colegio Oficial de Psicólogos, encargado de *canalizar* esta colaboración... EME250395 **3 solidaridad +:** ...para que *canalicen* su solidaridad hacia los refugiados... FDV260599 **4 donación:** ...red de contactos que le permiten *canalizar* múltiples donaciones... GIC030198 **5 donativo:** ...una contabilidad paralela (...) que se utilizó para *canalizar* donativos a la organización... EPE011299 **6 asistencia:** ...*canalizar* la asistencia hacia los sectores más necesitados. ACP271096 **7 apoyo:** ...con este gesto quieren *canalizar* el apoyo social a los empresarios... EDV110101 **8 subvención:** ...fundar una ONG para *canalizar* las subvenciones del Ministerio de Industria. EPE210299 **9 subsidio:** ...esos subsidios se *canalicen* a la demanda, o sea, a las personas... HOY070797

B SUSTANTIVOS QUE DESIGNAN DIVERSOS TIPOS DE BIENES O RECURSOS, MUY FRECUENTEMENTE ECONÓMICOS: **10 recurso ++:** El objetivo del programa es *canalizar* los recursos por medio de instituciones... ESH010497 **11 dinero +:** El dinero que se *canalizó* hacia los bancos... HOY070181 **12 fondo +:** ...El problema básico que tuvo el BUF fue de liquidez, por haber cometido el error de *canalizar* muchos fondos hacia la construcción... HOY190183 **13 beneficio +:** ...está *canalizando* sus beneficios hacia el empleo, la inversión y el consumo... EXC181296 **14 capital +:** ...compañía de inversiones industriales (...) encargada de *canalizar* el capital occidental... ENC280499 **15 ganancia:** ...mecanismos (...) para *canalizar* ganancias generadas por el turismo... GIC091296 **16 saldo:** ...el saldo del financiamiento total *canalizado* al sector no bancario... EXC210197 **17 alimento:** ...*canalizamos* los alimentos (...) hasta los destinatarios finales... EPE241101

C SUSTANTIVOS QUE DENOTAN INFORMACIÓN (VERBAL O DE OTRO TIPO) Y OTROS QUE DESIGNAN EL RESULTADO DE LO QUE SE PIENSA O SE DISCIERNE: **18 información ++:** En otros países funcionan exitosamente comisiones cívicas sin ninguna conexión gubernamental, que (...) *canalizan* adecuadamente las denuncias e informaciones... LPN120597 **19 mensaje +:** Porque también es un clamor extendido que el Onze de Setembre sirve, sobre todo, (...) para *canalizar* sus mensajes... LVE300895 **20 testimonio +:** ...esta formación *canalizó* el testimonio hacia la Audiencia Nacional. LVE260795 **21 pensamiento:** ...la ficción poética es sólo una plataforma-acueducto para *canalizar* su pensamiento moral... LVE030295 **22 conocimiento:** ...conocimientos mínimos, que pueden *canalizarse* por medio de la federación... LVE260896 **23 conclusión:** ...se encargará de *canalizar* las conclusiones a cada uno de los Congresos... ESH190696 **24 opinión:** ...la figura de «El defensor del oyente» (...), que *canalizará* las opiniones de los radioescuchas. EME170996

D SUSTANTIVOS QUE DESIGNAN DIVERSOS TIPOS DE RECLAMO O SOLICITUD: **25 demanda ++:** Hasta diez tribunales de oposición se han creado (...) para *canalizar* esta demanda... CAN170599 **26 exigencia +:** ...logren *canalizar* las exigencias de los protestatarios... LTB041000 **27 llamada +:** ...la Guardia Urbana y Policía Nacional, que *canalizan* las llamadas al 061. LVE281195 **28 reivindicación +:** Para los sindicatos constituye una oportunidad para (...) *canalizar* sus reivindicaciones de gestión corresponsabilizada y ejercer la supervisión de los logros alcanzados. LVE040996 **29 petición +:** Para *canalizar* la petición de ayuda, (...) aconseja elaborar una lista... LVE260595 **30 protesta +:** Sostuvo que hay mecanismos para *canalizar* las protestas, que son legales y adecuados, sea a través de los partidos políticos o grupos organizados. LDD301097 **31 reclamación +:** ...se establecen cinco vías para *canalizar* reclamaciones y denuncias... EME240694 **32 queja +:** ...debería haber *canalizado* su queja a través de la OMC... CLA170497 **33 pregunta:** Los científicos tenemos que tener en cuenta a la sociedad, *canalizar* sus preguntas. CLA210199

E SUSTANTIVOS QUE DESIGNAN LO QUE SE DESEA, SE PREFIERE O AQUELLO A LO QUE SE ASPIRA: **34 aspiración +:** ...una mayoría de gente que no *canaliza* sus aspiraciones a través de los partidos... EPD270697 **35 deseo +:** ...realizar las primeras gestiones para *canalizar* el deseo de los guerrilleros... LVE221296 **36 esperanza +:** ...*canalizamos* las esperanzas que otros han depositado en nosotros. LVE031195 **37 gusto +:** ...hay que *canalizar* gustos y diversiones. CAP270696 **38 anhelo:** ...no se sabe hacia quién *canalizar* anhelos o frustraciones... LVE130996 **39 expectativa:** ¿Pero hay un procedimiento para *canalizar* estas expectativas o se ha dejado todo a la libre? CAP270901 **40 interés:** ...los éxitos del equipo nacional los que *canalizan* el interés de los aficionados... EME010595 **41 vocación:** ...encontró en aquel grupo un espacio donde *canalizar* su vocación. LNP030497 **42 ilusión:** Kike e Isabel son una de las parejas de vizcaínos que, tras pasar por la adopción nacional y debido a la espera, *canalizaron* sus ilusiones hacia un país extranjero. EPE220399 **43 propósito:** ...no sabe luego *canalizar* los ambiciosos propósitos de su película... LVE130396

F SUSTANTIVOS QUE DENOTAN ENERGÍA O DESIGNAN ALGUNAS DE LAS ACTUACIONES EN LAS QUE ES NOR-

MAL UTILIZARLA: **44 energía** ++: Canaliza toda esa energía poniendo en uso tus talentos creativos. ENH140797 **45 fuerza** +: ...tienen que conformarse con hacer acopio de una gran pericia e intentar *canalizar* toda su fuerza hacia sus manos y brazos... EME090194 **46 esfuerzo** +: Ahora otros lo tildan de siniestro y en verdad que el hombre, que cuenta con dos manos, *canaliza* todos sus esfuerzos hacia el centro. DLA080397 **47 lucha**: ...continúe *canalizando* la lucha por conseguir la libertad. LVE170895 **48 intento**: ...los sucesivos intentos *canalizados* a través de partidos de ámbito estatal. LVE070195

G SUSTANTIVOS QUE DENOTAN SENTIMIENTO, MÁS FRECUENTEMENTE SI EXPRESAN INQUIETUD O INSATISFACCIÓN: **49 sentimiento** ++: ...opción de comunicarse y también de *canalizar* los sentimientos de otra manera. EUV030996 **50 inquietud** +: ...tiene dudas sobre cómo *canalizar* inquietudes o resolver problemas. RUM280797 **51 frustración** +: El final de la película será el mismo que ya vimos en el pasado: una población que se cansó de esperar y una dirigencia incapaz de *canalizar* la frustración. ENV190197 **52 descontento** +: ...no tiene ningún cauce para *canalizar* el descontento. CAR091297 **53 preocupación** +: ...en su rol de intermediación y *canalización* de las preocupaciones. sociales. RUM101197 **54 presión** +: ...si no se encuentran salidas que *canalicen* la presión acabará perjudicando las expectativas económicas. LVE180395 **55 enojo** +: La iniciativa correspondió al bloque de diputados radicales, que recreó para *canalizar* el enojo de los usuarios el mismo criterio empleado el 12 de setiembre... CLA050297 **56 emoción**: ...sigue siendo un hombre colérico que no sabe *canalizar* sus emociones. ENH300697 **57 estrés**: ...*canalizar* el estrés en actividades saludables como el ejercicio. LNC070497 **58 desesperación**: El patrón mayor de la cofradía (...) reforzaría su autoridad si supiera *canalizar* con cordura la justificable desesperación de los pescadores almerienses. LVE300895 **59 simpatía** –: Se trata de una martingala subliminal para *canalizar* simpatías en favor del ex-ministro... LTB141296

H SUSTANTIVOS QUE DESIGNAN DISTINTAS ACTIVIDADES DE CARÁCTER COMERCIAL. TAMBIÉN SE COMBINA CON OTROS QUE DESIGNAN LAS MAGNITUDES ECONÓMICAS QUE PARTICIPAN EN ELLAS, ASÍ COMO EL PROCESO DE HACERLAS EFECTIVAS: **60 venta** ++: Por un lado, menores exportaciones a Brasil, que *canaliza* el 30% de las ventas externas. CLA240199 **61 ahorro** ++: ...su capacidad para *canalizar* el ahorro de los españoles... LVE040695 **62 inversión** ++: ...ha podido *canalizar* inversiones a través de todo un equipo... ACP150996 **63 exportación** +: La mayoría de las exportaciones de Colombia (...) se *canalizan* a través de los acuerdos... ETC040996 **64 crédito** +: Permitía (...) *canalizar* el crédito hacia ciertas actividades definidas como prioritarias. EXC211096 **65 financiación** +: ...presunto delito de corrupción al *canalizar* financiación para su partido... EME191095 **66 oferta** +: ...una oferta nueva que lógicamente debió *canalizarla* a través del Gobierno. LTB080497 **67 compra** +: ...la sede desde la que Teherán *canaliza* sus compras de armas... EME161296 **68 producción** +: El empresario (...) *canaliza* parte de su producción a Tabasco... DYM281096 **69 pago**: Con esta sociedad (...) *canalizó* los pagos de las compañías eléctricas... EME151196 **70 gasto**: Aida Álvarez (...) que *canalizó* gastos electorales del PSOE, y su marido (...) han resultado condenados a una pena de dos años... EPD291097 **71 préstamo**: ...UGT ha acusado a Suzuki de *canalizar* los préstamos de la Junta para asuntos diferentes al pago de las deudas... EME250694 **72 cobro**: ...para *canalizar* el cobro de las comisiones citadas anteriormente... EME200496

I SUSTANTIVOS QUE DENOTAN INICIATIVA, PROPUESTA O PROYECTO: **73 iniciativa** ++: ...para *canalizar* y hacer creíbles estas iniciativas, se cree una autoridad internacional... CLA040199 **74 propuesta** +: ...un acuerdo nacional (...) que permita *canalizar* las múltiples propuestas que se han registrado alrededor de la necesidad de solucionar la difícil situación de orden público. ETC040997 **75 idea** +: ...creó una empresa para *canalizar* sus múltiples ideas creativas... EME210395 **76 proyecto** +: ...el apoyo económico de las administraciones a este proyecto se *canalizará* a través de programas de apoyo al tratamiento de residuos peligrosos y a la modernización de empresas. EME170196 **77 programa**: ...una nueva estructura institucional para *canalizar* los programas de cooperación. LVE251195 **78 estrategia**: ...podrán *canalizar* sus respectivas estrategias ante la crisis... LVE310795

J EL SUSTANTIVO *CUALIDAD* Y CON OTROS QUE DESIGNAN VIRTUDES HUMANAS, MÁS FRECUENTEMENTE SI ESTÁN RELACIONADAS CON LA CAPACIDAD DE CREAR O IMAGINAR: **79 cualidad**: ...que les permitirán (...) *canalizar* sus cualidades para encontrar trabajo. LVE130796 **80 talento**: Ningún profesor puede dar talento a sus alumnos (...), pero una buena técnica ayuda a que el talento se *canalice* de manera efectiva... LVE270695 **81 ingenio**: Qué bueno que hoy aprendiéramos de esta crisis y la usáramos para *canalizar* nuestro ingenio... DYM210197 **82 creatividad**: ...los sueños son, para algunos artistas, una vía para *canalizar* la creatividad... ENV190197 **83 fantasía**: El cine y la radio (...) permitían *canalizar* fantasías a modo de revulsivo... LVE070796 **84 aptitud**: ...vías para que *canalicen* sus aptitudes y obviamente, puedan darse a conocer. EUV060499 **85 inteligencia**: ...se sabe *canalizar* la inteligencia, la cultura y la energía al servicio de proyectos... LVE221296 **86 capacidad**: ...se podría *canalizar* toda la capacidad (...) de nuestra industria conservera. EXP010489 **87 imaginación**: La gente necesita expresar su alegría y *canalizar* su imaginación... LNP110297

☐ Véase también: **encarrilar.**

cancelación ♦ **abrupto**[7], **efectivo, en cadena**[23], **fulminante**[11], **imprevisto, improcedente, injusto, intempestivo, masivo, oficial, total** ♦ **acordar, decretar, exigir, lamentar, llevar a cabo, negociar, ordenar, pedir, proceder (a), programar, provocar, reclamar, solicitar, sufrir, suponer**

☐ Véase también: **exclusión, quiebra, rotura, ruptura, sobreseimiento, supresión, suspensión (de).**

CANCELACIÓN Véase: *SUPRESION, CANCELACIÓN Y ELIMINACIÓN*

CANCELACIÓN Véase: SUPRESIÓN

cancelar *v.* **I** En el sentido de 'saldar, liquidar' se combina con sustantivos que denotan cantidad económica *(deuda, sueldo, cuenta)*. En el sentido de 'anular o dejar sin efecto' acepta sustantivos que denotan permiso *(autorización, licencia)* y otros que designan diversos eventos, frecuentemente de carácter social, cuya realización se ha previsto o acordado de antemano *(concierto, boda, reunión, viaje, cita)*. Además se combina con...

A SUSTANTIVOS QUE DENOTAN OBLIGACIÓN CONTRAÍDA CON ALGUIEN PARA LLEVAR A CABO ALGUNA ACCIÓN O RESPONDER DE ELLA. TAMBIÉN CON ALGUNOS QUE DESIGNAN ESAS MISMAS ACCIONES PREVISTAS: **1 compromiso ++:** ...anunciar que va a asistir a actividades sociales y a último minuto *cancelar* el compromiso, lo cual deja mal parados a los ministros congregados... RUM061097 **2 obligación ++:** Los créditos impositivos que tengan estos proveedores podrán utilizarse en el balance impositivo para *cancelar* las restantes obligaciones... LNP270297 **3 contrato ++:** Precisamente, como anticipó Clarín en su edición de ayer, el Gobierno busca *cancelar* un contrato con la calificadora... CLA190597 **4 acuerdo +:** El ministro de Energía Atómica declaró anteayer que espera en mayo «fuertes presiones» para *cancelar* el acuerdo suscrito con Teherán. LVE040495 **5 promesa:** Una vez más, don Francisco debió *cancelar* una promesa que le había hecho a su mujer: viajar a las Cataratas del Niágara. CAR290997 **6 responsabilidad:** Eso es lo que no admite el autor, pese a que, como él mismo recuerda, las responsabilidades de la Guerra Civil quedaron ya *canceladas* en tiempos de Franco. EME160195 **7 alianza –:** Los cinco generales golpistas, entre ellos el ministro de Defensa de Georgia, tenía previsto obligar a Yeltsin a *cancelar* su alianza política con Lebed... EXC190696 **8 firma –:** ...uno no tiene nombre ni RPE, y en un caso el RPE no concuerda con el nombre de la persona, por lo cual estas ocho firmas fueron *canceladas*. DYM061196

B SUSTANTIVOS QUE DESIGNAN LA ACCIÓN DE TRATAR UN ASUNTO PARA SU RESOLUCIÓN CONCERTADA, FRECUENTEMENTE EN ÁMBITOS POLÍTICOS O DIPLOMÁTICOS: **9 negociación +:** ...el jefe del Movimiento Revolucionario Túpac Amaru, reportó haber oído ruidos subterráneos y *canceló* las negociaciones para la libertad de los rehenes. ENH090397 **10 conversación:** En Gaza, la organización fundamentalista palestina Hamas *canceló* las conversaciones de «reconciliación» con la ANP... LVE210795 **11 diálogo:** Es la clase política la que ha *cancelado* diálogos y lanza operativos. EPE271099

C SUSTANTIVOS QUE DENOTAN TRANSACCIÓN COMERCIAL U OPERACIÓN ECONÓMICA: **12 compra +:** «Solamente uno de los importadores aceptó pagar como había acordado; los demás *cancelaron* las compras o no atienden el teléfono», ejemplificaron en una arrocera. CLA200199 **13 venta:** ...poner freno a los daños que causan sus productos, aun cuando esto signifique llevar un control de sus distribuidores y *cancelar* ventas. CLA170199 **14 inversión –:** Ahora vuelve Cantv a cobrarle a los usuarios para *cancelar* una inversión por un cambio de sistema como si éstos fueran accionistas de la empresa... EUV031196

D SUSTANTIVOS QUE DESIGNAN LA INTENCIÓN DE LLEVAR ALGO A CABO. TAMBIÉN CON OTROS QUE EXPRESAN LA PLANIFICACIÓN U ORGANIZACIÓN DE LA ACTIVIDAD PRESENTE O FUTURA: **15 plan ++:** La cadena estadounidense CBS ha *cancelado* su plan de ayuda a guionistas latinos... LVE030595 **16 proyecto ++:** En cambio, cuando en 1980 toqué todas las sonatas de Mozart y comencé a grabar una integral, el primer disco me pareció tan terrible que *cancelé* todo el proyecto. ABC060594 **17 programa +:** El comunicado difundido en Bruselas por la presidencia comunitaria añadía que la UE ha *cancelado* su programa de ayuda financiera (Phare) a Zagreb. LVE050895

E SUSTANTIVOS QUE DENOTAN POSIBILIDAD, VÍA DE ACTUACIÓN O COYUNTURA FAVORABLE PARA LA REALIZACIÓN DE ALGO: **18 posibilidad +:** Los presidentes centroamericanos llevarán una propuesta (...) que derogue la ley antimigracionista que le *cancela* las posibilidades de renovar permisos de permanencia... LPN060597 **19 oportunidad:** ...terminaron chocando nuevamente, *cancelando* la última oportunidad de consenso amplio... PME171196 **20 alternativa:** Pero antes de iniciarse las obras, con un presupuesto estimado en 87 millones de libras, Tessa Jowell, su sucesora, *canceló* esta segunda alternativa. EPE231101 **21 opción:** Air Products podrá rescindir este acuerdo y en ese caso las opciones concedidas en el mismo se entenderán *canceladas*... EME290596

F SUSTANTIVOS QUE DESIGNAN EL HECHO DE TOMAR PARTE O ESTAR PRESENTE EN UN ACTO O UNA ACTIVIDAD: **22 participación +:** Este miércoles recibió un comunicado del promotor *cancelando* su participación. DLA060397 **23 asistencia:** Ante la grave crisis política e institucional que sufre el país, Durán Mallén ha *cancelado* su asistencia a las cumbres... LVE131095 **24 presencia:** ...se desconocen las razones por las que el gobierno de Ernesto Zedillo decidió *cancelar* la presencia mexicana en esas maniobras... ENH280797

G SUSTANTIVOS QUE DENOTAN CONFRONTACIÓN, TANTO VERBAL COMO FÍSICA: **25 discusión:** ...fecha que puede iluminar la magnitud del salto que se quiere dar al *cancelar* la discusión mediante un acto de autoridad. HOY021296 **26 debate:** ...con estas declaraciones sólo pretende *cancelar* el debate interno... EME240496 **27 discrepancia:** Adelantó que el acuerdo y no la ruptura será el signo que seguirá marcando a la Cámara de Diputados, en el entendido que los consensos no *cancelan* la discrepancia. EXC040901 **28 lucha:** Las políticas de Estado no son angélicas, no significan el cogobierno, no *cancelan* la lucha política. CLA120199 **29 contienda:** De persistir la negativa de la oposición, se *cancelará* la única contienda electoral prevista en la campaña. EPE270599

▩ Se combina también con: ♦ **abruptamente**[16], **bruscamente, de un día para otro**[27], **irrevocablemente**[10], **unilateralmente**[11]

☐ Véase también: **aniquilar, anular, eliminar, enjugar, invalidar, rescindir, saldar, suprimir.**

cáncer ♦ **avanzado, benigno, fulminante, incipiente, maligno** ♦ **carcomer**[15], **detectar, diagnosticar, extender(se), extirpar**[5], **operar, vencer**

cancha ♦ **dar**[119], **tener**

canción ♦ **alusivo**[5], **armonioso, cautivador, comercial, conocido, de cuna, de protesta, exitoso, ganador, inspirado, lírico, melódico, original, pegadizo**[2], **popular, romántico, sentimental** ♦ **acompañar, adaptar, arreglar, bailar, cantar, componer, corear, dedicar (a algo/a alguien), en-**

tonar, escribir, escuchar, fracasar, grabar, inspirar (a alguien), interpretar, oír, pegárse(le) (a alguien), premiar, publicar, silbar, susurrar, tararear, titular, tocar, triunfar
□ Véase también: **melodía, música, sonido.**

candado ♦ echar[38]
□ Véase también: **cerrojo, cierre, pestillo.**

candeal ♦ pan

candente *adj.* ▌En su sentido físico, se combina con sustantivos que designan objetos o materiales, especialmente si son metálicos *(hierro, metal, plancha).* En sentido figurado se combina con los sustantivos *momento, actualidad* y también con...

A SUSTANTIVOS QUE DENOTAN DEBATE O POLÉMICA: **1 debate** ++: La sucesión del holandés es un debate *candente* desde el momento mismo de su elección, en 1998... EPE121001 **2 polémica** ++: La polémica por la aplicación del 21% de IVA a la medicina prepaga sigue *candente.* CLA150199 **3 controversia** +: La siempre *candente* controversia entre la profundamente religiosa comunidad ortodoxa de Israel y su mayoría secular... DYM151297 **4 litigio:** ...sirva para resolver los tres litigios *candentes* hispano-marroquíes: pesca, droga e inmigración ilegal. EPE180900 **5 pleito** –: Se mantiene *candente* el pleito cazado contra la PTJ por José Vicente Rangel a propósito del asesinato del abogado José Alberto Totessaut. EUV080996 **6 tertulia** –: ...ni los ochenta mil de misterios, ni el medio millón de tertulias *candentes* se ocupan de él. EME100394

B SUSTANTIVOS QUE DENOTAN PROBLEMA O ASUNTO DE NATURALEZA CONFLICTIVA: **7 problema** ++: ...las regiones secesionistas de Abjazia en Georgia y del Transdniéster en Moldavia forman la lista de problemas *candentes* por resolver. EPE231201 **8 dificultad** +: El abastecimiento de agua a grandes regiones es una de las dificultades más *candentes* del país. INDOC **9 conflicto** +: ...forma parte del *candente* conflicto global de la propiedad que mantiene al país en estado de alta tensión. LPN130397 **10 preocupación:** ...ninguna fuerza política tendrá derecho de veto sobre el futuro del Ulster, que es una de las preocupaciones *candentes* de los republicanos. EME210594 **11 guerra** –: ...a criminales como los surgidos en Bosnia o en la *candente* guerra chechena. LVE240196

C SUSTANTIVOS QUE DENOTAN MATERIA: **12 cuestión** ++: ...y escucharán la presentación de resoluciones sobre cuestiones *candentes* como el «Prestige». LRE180103 **13 tema** ++: ...la reducción de los sueldos gerenciales y el no cobro de la cuota mutual, entre otros temas *candentes* para el municipio... EPU170701 **14 asunto** +: ...mucho antes de que los requerimientos para la ciudadanía se convirtieran en un asunto *candente* en Washington. ENH170297 **15 materia:** Se formó un gabinete de crisis para afrontar soluciones a las materias, complejas y *candentes,* con que se enfrenta el club. INDOC

D SUSTANTIVOS QUE DESIGNAN LO QUE SE OFRECE A LA VISTA O SE CONSIDERA PRESENTE, REAL O INMEDIATO. TAMBIÉN CON OTROS QUE DESIGNAN ALGUNAS DE LAS FORMAS EN QUE SE PRESENTA: **16 escena:** ...las escenas eróticas, «*candentes*» como el sol de esta tierra, le parecieron un paseo. EME170696 **17 situación** +: ...sometidos a los sufrimientos bélicos de la *candente* situación de Oriente Medio... EME080596 **18 realidad:** ...constituirá materia valiosa para el historiador del futuro que se aproxime a nuestra hoy *candente* realidad bancaria. ABC210194 **19 estado** –: ...y sosteniendo el brío de la escritura en estado *candente.* EPU060901

E SUSTANTIVOS QUE DESIGNAN DIVERSAS MANIFESTACIONES VERBALES O TEXTUALES, MÁS FRECUENTEMENTE SI SON DE NATURALEZA CRÍTICA O INTERPELATIVA: **20 pregunta** +: Shelby, cuya pregunta más *candente* fue la de si no había tenido conocimiento de la información del FBI... DLA120397 **21 crítica** +: Incluso ha enviado una misión «amistosa» a nuestro país, ganándose de inmediato críticas *candentes.* CAP270696 **22 protesta** +: El Gobierno catalán negoció con las empresas este aplazamiento en el momento en que la protesta por los peajes era más *candente.* EPE200599 **23 discurso:** ...reflejando en su discurso sincopado y *candente* lo que no nos sale decir, lo oculto, lo acallado. EPE301199 **24 agravio** –: Cinco meses después de la emisión de este documental (...) los agravios que provocó siguen *candentes.* EME140495

F ALGUNOS SUSTANTIVOS QUE DENOTAN INCLINACIÓN AFECTIVA HACIA ALGUIEN O ALGO: **25 interés** ++: Incluso se tratarán en la serie de conferencias programadas algunos temas de interés *candente* para el colectivo de jóvenes... EME150395 **26 emoción** +: Libro de notable y enorme complejidad dialéctica y de profundo valor histórico y testimonial, «Another Time» deja una vivísima emoción *candente.* ABC130594 **27 ánimo:** ...y las bajas temperaturas bastaban para enfriar los ánimos más *candentes...* EPE100399

G OTROS SUSTANTIVOS; POSIBLES USOS ESTILÍSTICOS: Sólo recuerda con lágrimas *candentes,* cómo la vistieron con un traje a rayas, la mostraron a la prensa y, luego, la llevaron al penal de Santa Mónica. CAP261296; Todos sufrimos y gozamos cuando el payaso metafísico (hoy el más *candente* y candongo de España... EME270195
□ Véase también: **abrasador.**

candidato ♦ competitivo, débil, de peso, electo, elegible, favorito, firme, flamante, ganador, independiente, natural, oficial, oficialista, perdedor, posible, presidencial, principal, prometedor, seguro, serio, triunfante, victorioso ♦ barajar[17], derrotar (a), descartar, designar, elegir, enfrentar(se) (a), impugnar[51], inscribir, lanzar, nominar, presentar(se), proclamar, proponer, seleccionar, triunfar, votar

candidatura ♦ endeble, favorito, firme, fuerte, ganador, independiente, oficial, prometedor, sólido, testimonial[40], único ♦ en bandeja[26] ♦ apear(se) (de)[11], apoyar, aspirar (a), avalar[29], cobrar fuerza[27], componer, defender, descartar, dirimir[49], encabezar, formar, ganar, impugnar[50], impulsar, inscribir, lanzar, presentar(se), promover, prosperar[8], respaldar, revalidar[4], secundar, vetar, votar
□ Véase también: **elección, opción.**

cándido *adj.* ▌Acepta sustantivos de persona *(hombre, niño, personaje, profesor),* sustantivos que designan algunas unidades y manifestaciones verbales, generalmente declarativas *(palabra, frase, pregunta, afirmación, manifestación, declaración)*, así como otros que designan textos *(cuento, carta, texto, poema, libro)*. También se combina con...

A SUSTANTIVOS QUE DENOTAN ASPECTO VISIBLE, EXPRESIÓN, GESTO Y OTRAS PERCEPCIONES FÍSICAS QUE SE ASIMILAN A ESTAS NOCIONES. TAMBIÉN LO HACE CON OTROS QUE DESIGNAN PARTES DEL CUERPO QUE SE INTERPRETAN EN RELACIÓN CON SU CAPACIDAD EXPRESIVA: **1 sonrisa +:** Esta fotografía de Carmen Laforet, con su juventud de sonrisa *cándida*, responde a la época (1945) en que se alzó con el primer Premio Nadal. EME020194 **2 apariencia +:** El actor, cuya apariencia *cándida* y sonrisa seductora ha rendido a medio mundo, fue puesto en libertad sin fianza... LVE290695 **3 mirada +:** La mirada *cándida* y penetrante de los niños saharauis (...) se puede contemplar de hoy al próximo 3 de febrero en la exposición fotográfica colectiva... EPE270199 **4 imagen +:** Necesitaba volver a sumergirse en la realidad, ver de nuevo las cosas tal como son, y no como sobre una *cándida* imagen que representase el paraíso terrenal. EME310895 **5 aspecto:** ...los mil y un rateros que asaltan en la absoluta impunidad a todo transeúnte foráneo o de aspecto *cándido* que consideren carne de cañón. EPE301099 **6 belleza:** Sus objetos, por distintos y distantes que sean, coinciden en unos determinados rasgos estéticos: (...) el gusto por la belleza *cándida*... EPE291299 **7 ojo:** Su imagen correspondía a tales virtudes: ralo cabello canoso, *cándidos* ojos azules, antiparras de pequeños cristales sin montura. LVE100394 **8 manera –:** Por fin el lounge, la easy listening y una *cándida* manera de entender la mística del pop como algo exclusivo de los guateques... EPE070699

B SUSTANTIVOS QUE DESIGNAN LA ESENCIA PERSONAL O PSÍQUICA DE LOS INDIVIDUOS, ASÍ COMO DIVERSAS CUALIDADES ANÍMICAS RELACIONADAS GENERALMENTE CON EL CANDOR, LA INTEGRIDAD Y LA FALTA DE ARTIFICIO O DE DOBLEZ: **9 alma ++:** Récord de nominaciones para un héroe de alma *cándida* y ambigüedad ideológica. LVE250395 **10 corazón +:** Hablas del mundo real y criticas a los que tú llamas *cándidos* corazones porque desean cambiarlo... EME301096 **11 ingenuidad +:** No se trata de abordar el tema con una especie de ingenuidad *cándida*, sino con el realismo político adecuado. EPE020485 **12 inocencia +:** «Cerramos la casa para que no nos robasen», dice con *cándida* inocencia. EME230594 **13 sencillez +:** «Yo, sacerdote, estoy mucho más obligado a un amor perfecto en el servicio de Dios y de las almas (...)» dijo en una ocasión, con *cándida* sencillez. LHG280897 **14 frescura:** ...perdida y olvidada parte de la frescura *cándida* de sus imágenes ha tenido que reconstituirla con los rasgos más cercanos de sus conocimientos. ABC061192 **15 sinceridad:** Así lo anunció ayer, con *cándida* sinceridad, el secretario general del Ministerio de la Presidencia... EME220294 **16 honradez:** ...se había montado en la caza de brujas frente a la dolida y *cándida* honradez de ese gabinete... EME080396 **17 imaginación:** La idea es que los niños desahoguen sus iras con el muñeco propinándole puñetazos, patadas o lo que su *cándida* imaginación les sugiera. EME051296

C SUSTANTIVOS QUE DESIGNAN DIVERSOS SENTIMIENTOS O SU MANIFESTACIÓN, ESPECIALMENTE LOS QUE MUEVEN EL ÁNIMO HACIA ALGUIEN O ALGO O EXPRESAN INCLINACIÓN AFECTIVA HACIA ALGUNA PERSONA O COSA: **18 ternura:** A continuación de la desdicha he colocado la *cándida* ternura que le hace a uno sonreír como solamente los niños saben hacerlo... LVE100195 **19 embobamiento:** ...estaba en la etapa de las miradas lánguidas y el *cándido* embobamiento. Le duró poco. INDOC **20 emoción:** Responsables políticos en Europa Central y Oriental están aterrados ante esta *cándida* emoción occidental con Putin. EPE140700 **21 enamoramiento:** La humanidad cotidiana y pasmada (...) la pone Pepe Sacristán, que pasa con suave naturalidad del enamoramiento *cándido* al crimen. EME290195 **22 confianza:** Lo veo descubrir ahora al nuevo burlador –uno más– de su *cándida* confianza... EME210795 **23 sosiego:** Pasean al atardecer las monjas su *cándido* sosiego bajo los pinos y regalan al transeúnte saludos de cortesía. EPE260999 **24 temor –:** Este era el *cándido* temor que expresó el año pasado un escolar de cuatro años... LVE140194

D SUSTANTIVOS QUE DENOTAN CONVICCIÓN O ADHESIÓN A UNA DOCTRINA, GENERALMENTE RELIGIOSA: **25 fe:** ...los profesionales del periodismo (...) han sido sorprendidos en su buena y *cándida* fe. EPE230399 **26 creencia:** ...hay una *cándida* creencia en la camaradería que sólo mantienen los hombres, más ingenuos. LVE180596 **27 fervor:** El desempleo y la inflación no tardarán en desmoronar su *cándido* fervor. SEM151096

E SUSTANTIVOS QUE DENOTAN DESCRIPCIÓN, REPRESENTACIÓN, INTERPRETACIÓN O JUICIO ACERCA DE ALGUNA COSA: **28 anécdota:** León Gieco vino y pateó el tablero con un disco que (...) deja a la saga de los Orozco a la altura de una *cándida* anécdota. CLA080797 **29 disertación:** La *cándida* disertación escolar de la pequeña Beatriz (...) remueve las más hondas fibras emocionales... HOY110784 **30 razonamiento:** Pero lo celebro, sin entrar en más volterianos y *cándidos* razonamientos... EME011095 **31 análisis:** ...la polémica, en el más *cándido* de los análisis, se montó artificialmente. EME280294 **32 explicación:** Pero, en la intimidad, la explicación era más *cándida*: «No lo sé», decía don Ramón. EME280595 **33 retrato:** No importa que sea el *cándido* retrato de un bebé dormido (...) siempre aparece en sus cuadros una llamada a la transgresión... EME190494 **34 visión:** Según su *cándida* visión del tirano ruso: «Si le doy todo lo que está a mi alcance (...), no intentará anexionarse nuevos territorios (...)». EME120495

F EL SUSTANTIVO *EDAD*: **35 edad +:** ...los que vimos aquel filme en la *cándida* edad no olvidaremos nunca la desesperante dignidad de aquel sargento... EME060195

G OTROS SUSTANTIVOS; POSIBLES USOS ESTILÍSTICOS: ...se consideraba que los pequeños no podían ver la *cándida* muerte de dos gallos. LVE281296; Desoladoras ambas, no obstante, dentro de esa *cándida* crueldad que caracteriza a todo el que empuja lo que se resiste a ceder. LVE130595

canino *adj.* **I** Se combina con un gran número de sustantivos que designan cosas relacionadas con los perros *(raza, reproducción, desarrollo, síndrome)*. Constituye la expresión lexicalizada *estar canino*, que significa 'no tener dinero o estar muy hambriento'. Destacan sus combinaciones con...

A LOS SUSTANTIVOS *HAMBRE* Y *MUERTE*: **1 hambre ++:** ...sufría hipotermia y tenía un hambre *canina*... EME090695 **2 muerte:** Dicen que a los que va a visitarlos la muerte *canina* con su guadaña se les pasa por delante de los ojos, en un instante, lo que ha sido su vida. EME250495

B CIERTOS SUSTANTIVOS QUE DESIGNAN ATRIBUTOS CARACTERÍSTICOS DEL PERRO, ASÍ COMO CIERTAS ACCIONES, O SUS RESULTADOS, PROPIOS DE ESE ANIMAL: **3 fidelidad:** sí nació el nuevo (...), que no tenía mucho que ver con el histórico: (...) de fidelidad *canina* pero nula capacidad de liderazgo y gestión. LVE171196 **4 insistencia:** ...hasta que las cámaras, con insistencia morbosa y *canina*, volvían a enfocar... EME270596 **5 ferocidad:** ...hay que ponerse la piel de cordero para disimular la ferocidad *canina*... EPE050499 **6 odio:** Sentía un odio *canino* por sus adversarios. INDOC **7 mordisco:** ...propinó un mordisco *canino* al brazo del central del Mallorca... EPE090499

C OTROS SUSTANTIVOS; POSIBLES USOS ESTILÍSTICOS: ...personas que tienen una mente *canina* de servicio... LEC060497

canon ♦ **acorde (con)[38], actual, aduanero, antiguo, artístico, conforme (a), correspondiente, de belleza, dentro (de), de vida, diplomático, económico, estético, inserto (en), legal, literario, moderno, moral, obligatorio, publicitario, tradicional, variable ♦ según ♦ adecuar(se) (a), ajustar(se) (a), amoldar(se) (a)[24], atenerse (a)[55], cumplir (con), establecer, fijar, implantar[18], mandar, pagar, plegarse (a)[34], regir(se) (por), respetar, saltarse, satisfacer, seguir[19]**
☐ Véase también: **esquema, modelo, patrón, pauta, sistema.**

[cansancio] → **hasta el cansancio**

cansancio ♦ **acusado, creciente, enfermizo, evidente, extenuante, físico, leve, ostensible, patente, profundo[11], visible, vital ♦ contra ♦ expresión (de), gesto (de), huella (de), sensación (de), señal (de), signo (de), síntoma (de) ♦ acumular, acusar[1], aliviar, apoderar(se)[28], arrastrar, compensar, cundir, dejarse llevar (por)[50], denotar, entrar[16], exteriorizar, manifestar, mostrar, notar, olvidar, pesar, producir, provocar, recobrarse (de), reponer(se) (de), sentir, sobreponerse (a)[12], superar, traslucir(se)[40], vencer[45]**
☐ Véase también: **agotamiento, fatiga.**

cansino *adj.* ▮ Admite sustantivos de persona, individuales *(conferenciante cansino)* o colectivos *(equipo, pelotón, alumnado)*. También acepta otros nombres que designan períodos temporales *(semana, día)*, fenómenos meteorológicos *(racha, niebla, lluvia)*, manifestaciones verbales *(discusión, debate, discurso, conversación)* y textos *(crónica, folletín, pasaje)*. Se construye, asimismo, con sustantivos que designan espectáculos, juegos, actividades deportivas *(función, juego, partido, fútbol, encuentro)* y otros acontecimientos sociales *(cita, ceremonia)*. Se combina asimismo con...

A SUSTANTIVOS QUE DENOTAN MOVIMIENTO, MÁS FRECUENTEMENTE SI ES ACOMPASADO Y PROGRESIVO: **1 ritmo ++:** Es que hasta entonces ni uno ni otro había desnivelado el ritmo *cansino* y veraniego del encuentro. CLA230199 **2 paso ++:** Pero así, a paso *cansino*, la única fórmula de gol es la que asomó el miércoles. CLA140297 **3 andar ++:** Su aparición como un hombre débil, sufriente, de andar *cansino* e inseguro y con expresión facial de dolor... LVE131096 **4 movimiento:** El movimiento fue *cansino* en los primeros kilómetros del recorrido, pero se animó luego. INDOC **5 marcha:** ...no tienen muchas ganas de acompañar a los junteros abertzales en la obligada y *cansina* marcha de EH hacia la democratización... EPE050799 **6 pedaleo:** ...resultó soporífera debido al pedaleo *cansino* con que la afrontó el pelotón. EME060696 **7 vaivén:** El vaivén debería ser ágil y vivo, pero resultaba lento y *cansino*. INDOC

B SUSTANTIVOS QUE DESIGNAN GESTOS O RASGOS EXPRESIVOS, MÁS FRECUENTEMENTE DEL ROSTRO. TAMBIÉN CON OTROS QUE EXPRESAN DIVERSAS FORMAS DE SER O DE MOSTRARSE ALGO O ALGUIEN: **8 mirada +:** ...pudo traer los uniformes (...), las botas y los equipos, bajo la mirada *cansina* de las autoridades mexicanas. LVE170194 **9 gesto:** Hace un gesto *cansino*, decepcionado: ¿También tú? CAP290597 **10 rostro +:** Unicaja volvió al partido, pero siempre con el rostro *cansino* de Ansley y Rodríguez. EME230296 **11 aspecto +:** ...pidió un cambio de imagen en un conjunto de aspecto *cansino*. EPE300499 **12 pose:** Pero su mutación al country, su pose *cansina* y su voz limitada no le impiden empezar sus conciertos con suficiente pragmatismo para envalentonar a su público. EME200796 **13 gestualidad −:** En general, los pijos se presentan superacicalados, lucen gestualidad *cansina* y vocalizan poco... EPE170799

C ALGUNOS SUSTANTIVOS QUE DESIGNAN LA ACCIÓN O EL EFECTO DE PENSAR: **14 pensamiento −:** Un pensamiento *cansino* y viciado, cautivo de las rencillas universitarias y de la estéril defensa de parcelas del saber... EPE300999 **15 reflexión −:** Ha sido más bien una reflexión preocupada e incluso *cansina*, porque tras las posibilidades de variación que ofrece la retórica se esconde una realidad evidente... EPE020885

D SUSTANTIVOS QUE DESIGNAN SONIDOS, FRECUENTEMENTE NO VERBALES Y A MENUDO ARMONIOSOS, ASÍ COMO ALGUNAS DE SUS CUALIDADES Y SUS MANIFESTACIONES: **16 tono +:** No tenía una bella voz, su tono era bajo y *cansino*, ni más ni menos que una cantora de Chillán. LEC190198 **17 murmullo +:** Murmullo constante y *cansino* para los extraños. EME120294 **18 son +:** El concierto se cerró con un toquecito local: «cowboys» y «cowgirls» bailando al son *cansino* de la música «country». EME130296 **19 cante:** Su cante es *cansino*, desganado, desangelado. EPE260299

E SUSTANTIVOS QUE DESIGNAN ACTIVIDADES QUE SE SUELEN DESARROLLAR DE MODO REITERATIVO: **20 repetición +:** ...para pensar y ser libres, o para simplemente ser más allá de la repetición *cansina* de lo convenido. EME020195 **21 reiteración:** Y si la *cansina* reiteración del político se entiende, pues el ser humano es limitado y la realidad terca en sus permanencias... LVE080796 **22 recuento:** Juntos escucharon el *cansino* recuento de los delegados: la unanimidad fue abrumadora. EME290896

F OTROS SUSTANTIVOS; POSIBLES USOS ESTILÍSTICOS: El féretro llega, *cansino*, ante un nicho. EME210294

cantar ▮ *(entonar)* ♦ a capela, a coro[1], a dúo, afinadamente, a las mil maravillas, alborozadamente, alegremente, al unísono[6], apasionadamente, a pelo[1], a pleno pulmón, armónicamente, armoniosamente[40], asombrosamente, a todo pulmón[2], a voces, a voz en grito, con alborozo, con desgana, conjuntadamente, de oído, desafinadamente, desgarradamente, emocionadamente, jubilosamente, maravillosamente, profesionalmente, públicamente ♦ canción
▮ *(confesar)* ♦ de plano[28] ♦ verdad
☐ Véase también: **corear, entonar.**

cantarín ♦ gorjeo, risa, voz

[cántaro] → a cántaros

cántico ♦ alusivo, amenazante, celestial[4], entusiasta, espiritual, jubiloso, nostálgico, provocativo, religioso, sagrado, solemne ♦ acallar[13], corear, entonar, escuchar, oír, silenciar[12]

cantidad ♦ abrumador[25], abultado[3], abusivo[3], a fondo perdido, ajustado, apreciable, aproximado[18], astronómico[1], bruto, copioso[1], desmedido[57], desmesurado[20], desorbitado, desproporcionado, disuasorio[33], enorme, exacto, exiguo[2], exorbitante, impreciso, incalculable, increíble, indeterminado, ínfimo, ingente[1], insignificante[1], irrisorio[1], máximo, mínimo, mísero, módico, neto, nimio[7], precario[77], preciso, prohibitivo, proporcionado, proporcional, respetable, resultante, sustancioso, testimonial[3] ♦ aminorar[18], anclar[26], ascender (a), aumentar, avalar, barajar, bordear, caer en saco roto, calcular, decrecer[7], descifrar[46], desglosar[2], disminuir, especificar, estimar (en algo), exceder, fraccionar, presupuestar, rebasar[29], regatear, sobrepasar[3], sufragar[26], sumar, superar, totalizar, valorar
☐ Véase también: **magnitud, monto, suma, volumen.**

CANTIDAD Véase:
♦ abultado, apretado, caudaloso, copioso, estrecho, fecundo, ingente, irrisorio, módico, nutrido, pantagruélico, parco (en), pingüe, pletórico (de), prolijo, rebosante (de), unánime
♦ a borbotones, a chorro(s), a espuertas, a granel, a manos llenas, a mansalva, a manta, a raudales, como hongos, copiosamente, en desbandada, en masa, en (mil) pedazos, en oleadas, en tromba, en tropel, numéricamente, por extenso, por generación espontánea, por los codos, prolijamente, ventajosamente
♦ avalancha (de), cantidad, capital, chorro (de), cifra, cobro, cotización, cuota (de), deuda, dinero, fianza, grupo, manojo (de), mayoría, medida, mínimo, minoría, monto, número, pago, pensión, porcentaje, precio, recaudación, rendimiento, renta, reserva, salario, saldo, sueldo, tarifa, tasa, valor
☐ Véase también: *GRUPO; INTENSIDAD; MEDIDA, UNIDAD DE ~; TOTALIDAD.*

CANTIDAD
♦ (SUSTANTIVOS) Véase: **abrumador[E], abultado[A,B], abusivo[A], acariciar[F], achicar[B], a discreción[E], aflojar[G], a la baja[K], aligerar[B], aliviar[H], aminorar[D], anclar[D], andarse (con)[F], aproximado[B,C], astronómico[A], batir[C], blanquear[A], blindar[C], boyante[C], calibrar[A], canalizar[H], centralizar[F], competitivo[A], concertar[D], condonar[A], confidencial[G], congelar[A,D], copioso[A,B], decrecer[A], desbordar(se)[G], descifrar[D], desglosar[A], desmedido[G], desmesurado[C], desolador[F], diluir(se)[K], disfrazar[E], disuasorio[G], enmendar[E], exiguo[A,B], fleco (de)[E], homologar[A], inalcanzable[F], incumplir[L], ingente[A], insignificante[A], inyección (de)[A], irrisorio[A], limar[B], limpio (de)[C], migratorio[H], nimio[B], nivelar[B], paritario[G], pillar[C], pingüe[A], pírrico[B], precario[K], rebajar[A,C,D], rebanar[A], rebañar[A,B], rebasar[C,E], rebatir[G], rectificar[I], sobrepasar[A,B], sufragar[C], testimonial[A], ventajoso[C], verter[D], vigente[G]**
☐ Véase también: BENEFICIO; CÁLCULO; DINERO; INTENSIDAD; PATRIMONIO.

[canto] → a cal y canto

[cañón] → al pie del cañón

[cañonazo] → a cañonazos

cañonazo ♦ salva (de) ♦ disparar, lanzar, pegar, responder (con), soltar

caos ♦ absoluto, aéreo, anárquico, auténtico, automovilístico, descomunal, económico, endiablado[19], enrevesado[3], envuelto (en), general, imperante[1], infernal[17], inmerso (en), legislativo, mayúsculo[32], monumental[43], organizativo, profundo, reinante[10], social, total, tremendo, urbano, verdadero ♦ en medio (de), entre[20] ♦ acabar (en), adueñar(se) (de algo), agravar(se)[4], aliviar, asistir (a), augurar[24], aumentar, avecinarse[11], bordear, caer (en), causar, controlar, crear, crecer, desatar(se), deshacer(se), destapar[30], disipar(se)[23], disminuir, dominar[20], encontrar(se) (en), estallar, evitar, generar, hundir(se) (en)[22], imperar, incrementar, llevar (a), mitigar, neutralizar, ocasionar[17], originar, paliar[72], producir(se), provocar, recrudecer(se)[46], reinar[23], resolver, sacar (de), salir (de), sembrar[17], serenar, sobrevenir, solucionar, sumir(se) (en)[14]
☐ Véase también: **anarquía, berenjenal, desbarajuste, desorden, desorganización, embrollo, enredo, follón, jaleo, lío, maraña, pitote.**

CAOS Véase: DESORDEN

[capa] → a capa y espada, de capa caída

capacidad ♦ acaparador[9], adecuado, adquisitivo, alto, analítico[14], aproximado[11], bajo, camaleónico[1], contrastado, curativo[5], deductivo, desbordante[13], desmesurado, destacado, discrecional[4], disuasorio[24], innato, insuficiente, intelectivo, limitado, medio, notable, perceptivo, portentoso, requerido, sobrado, suficiente,

técnico ♦ a la medida (de)[9] ♦ ápice (de)[33] ♦ acotar[15], adquirir[31], agudizar(se)[3], aprovechar, arrogarse[11], aumentar, avalar[36], dañar[11], dar[113], demostrar, desarrollar, desperdiciar, diluir(se)[9], disminuir, dosificar[8], ejercer, erosionar[15], estimar, ganar, incrementar, malgastar[7], malograr(se)[12], medir, menguar, mermar, minar[18], negar[83], perder, poner (en algo), poseer, rebasar[17,48], socavar[64], sopesar[32], subestimar, tener, valorar
☐ Véase también: **aptitud, autoridad, destreza, facilidad, facultad, flexibilidad, habilidad, imaginación, maestría, memoria, mérito, pericia, poder, potestad, virtud.**

CAPACIDAD
♦ (SUSTANTIVOS) Véase: **atenazar[B], demostración (de)[I], derramar[B], desbordar(se)[F], endiablado[B], sumo[K]**
☐ Véase también: ATRIBUCIÓN; AUTORIDAD; FACULTAD; FUERZA; PODER.

capacitar ♦ adecuadamente, altamente, completamente, debidamente, legítimamente, perfectamente, sobradamente[5], suficientemente, técnicamente

capa (de) ▮ *(cubierta)* **♦ amplio, asfáltico, delgado, denso, diferente, distinto, endeble, espeso, externo, fino, firme, freático, grueso, interno, largo, ligero, medio, protector, recio, tupido, vasto ♦ bajo ♦ aislamiento, asfalto, barniz, hipocresía, maquillaje, nieve, objetividad, ozono, pintura, polvo, protección, silencio ♦ aplicar, arrancar, atravesar, bañar (con), colocar, crear, cubrir (con), envolver, formar(se), recubrir, revestir, tapar (con)**
▮ *(prenda)* **♦ abrigar(se) (con), cubrir(se) (con), enfundar(se), poner(se), quitar(se), vestir(se) (con)**
☐ Véase también: **cubrir, superficie.**

capaz (de) ♦ emoción, enfrentamiento, éxito, hazaña, logro, pensamiento, proeza, sentimiento

capcioso *adj.* **▮** Se combina con sustantivos que designan personas *(Es un testigo capcioso)*, así como gran número de expresiones verbales *(comentario, frase, palabra)*. También se combina con...

A SUSTANTIVOS QUE DESIGNAN OTRAS MANIFESTACIONES VERBALES, ESPECIALMENTE LAS QUE SE DIRIGEN A UN INTERLOCUTOR PARA OBTENER ALGUNA RESPUESTA O REACCIÓN. TAMBIÉN CON OTROS QUE DESIGNAN LA CONTESTACIÓN MISMA: **1 pregunta ++:** ...realiza interrogatorios utilizando preguntas *capciosas*... EXC050996 **2 interrogatorio:** ...hostigamiento personal, interrogatorios *capciosos*, alejados del caso... EUV170498 **3 sugerencia:** ...preguntas malintencionadas y sugerencias inoportunas, incluso *capciosas*, que... INDOC **4 respuesta:** ...la pregunta «qué es la literatura» ya no da lugar a ninguna respuesta desviada o *capciosa*. ABC250693

B SUSTANTIVOS QUE DENOTAN EXPLICACIÓN O JUICIO HECHO SOBRE ALGUNA COSA. TAMBIÉN CON OTROS QUE DESIGNAN OTROS RESULTADOS DE LA ACTIVIDAD RAZONADORA, ESPECIALMENTE SI SON DE CARÁCTER ARGUMENTATIVO: **5 interpretación +:** ...no se presta, como tantos otros, a interpretaciones *capciosas*... LVE211096 **6 argumento:** Emplea argumentos *capciosos* para provocar un enfrentamiento con sus propios compañeros. INDOC **7 razonamiento:** Los primeros tal vez lleven razón (...). Los segundos, sin embargo, incurren en un razonamiento *capcioso*. EME051096 **8 teoría:** ...han contribuido las *capciosas* teorías del objeto en sí... ABC021092

C OTROS SUSTANTIVOS QUE DENOTAN INFORMACIÓN, CON FRECUENCIA PRESENTADA DE FORMA GRÁFICA: **9 imagen +:** ...esa *capciosa* imagen del hemiciclo semivacío... LVE220696 **10 información:** De lo único que me quejo es de que muy a menudo ese tipo de información es demasiado improvisada, fantástica en muchas ocasiones, *capciosa* en otras. EME061095 **11 noticia:** El periódico publica a veces ciertas noticias *capciosas* con el único fin de provocar la polémica. INDOC

D OTROS SUSTANTIVOS; POSIBLES USOS ESTILÍSTICOS: El lema retórico, en su *capciosa* antinomia, sigue inalterable... EME050296; ...el arte de «insinuar obviedades *capciosas*» como por casualidad... ABC221294

capear *v.* **▮** En el sentido de 'torear' se combina con sustantivos que designan reses de lidia *(capear al toro)*. En el sentido figurado se combina con...

A SUSTANTIVOS QUE DESIGNAN CIERTOS FENÓMENOS METEOROLÓGICOS ADVERSOS, MUY FRECUENTEMENTE INTERPRETADOS EN SENTIDO METAFÓRICO: **1 temporal ++:** ...ha tenido que *capear* temporales políticos y sobre todo algunas incomprensiones técnicas reacias a una mayor coordinación y transparencia. EME121196 **2 tormenta:** ...ha sido también una de las pocas publicaciones independientes que lograron *capear* la tormenta de la recesión. EME250294 **3 tempestad:** ...dijo ayer en Washington que confía en que la Argentina y Turquía «*capearán* la tempestad»... CLA080501

B EL SUSTANTIVO *SITUACIÓN* Y CON OTROS QUE DESIGNAN CIRCUNSTANCIAS DIFÍCILES, COMPLICADAS, CONFLICTIVAS O ADVERSAS: **4 situación +:** La mayoría de países europeos van *capeando* la situación con mayorías relativas o minorías suficientes... LVE190995 **5 crisis ++:** Los responsables (...) comenzaron, entonces, a buscar un socio que les ayudara a *capear* la crisis. EME160496 **6 problema +:** ...la familia juega un papel de primer orden para *capear* el problema. EME210394 **7 dificultad:** Supo pactar, *capear* las dificultades, sosegó el panorama. EME021096 **8 conflicto:** ...se trata de *capear* el primer conflicto serio con una de las patas del trípode que asegura el equilibrio del edificio constitucional... EPE151199 **9 diferencia −:** ...espera que los ánimos se apacigüen y los socialistas vascos sean capaces de *capear* sus diferencias... EPE051101 **10 enredo −:** Su versatilidad dramática, su capacidad para *capear* un enredo cómico o sobrevivir una crisis melodramática eran limitadas... CAP180796 **11 bloqueo:** ...*capeaba* como buenamente podía el bloqueo de gasolineras impuesto por los camioneros... EPE170900

C SUSTANTIVOS QUE DENOTAN INTERPELACIÓN O DEMANDA DE INFORMACIÓN: **12 pregunta +:** Mientras Mansell y Jordan *capeaban* preguntas, los demás aún rodaban. LVE121296 **13 cuestión:** ...*capeó* con bien toda una serie de cuestiones... EME271096 **14 interrogatorio:** Marcelo Bielsa *capeó* con paciencia y buenas maneras el interrogatorio al que ayer por la mañana fue sometido... EPE171199

D SUSTANTIVOS QUE DESIGNAN ACCIONES HOSTILES DIRIGIDAS CONTRA ALGUIEN, MÁS FRECUENTEMENTE DE NATURALEZA VERBAL COMO LA REPROBACIÓN, LA RECRIMINACIÓN O LA DESCALIFICACIÓN: **15 crítica:** Van Gaal ha *capeado* las críticas pidiendo tiempo y con la estadística en mano. EPD011197 **16 reproche:** Entonces había que *capear* como fuera los reproches de una madre... EME240895 **17 insulto:** Cuando juega uno en campo contrario tiene que acostumbrarse a aguantar los silbidos y a *capear* los insultos de los forofos exaltados. INDOC **18 protesta:** El gobierno hizo todo lo posible para *capear* las protestasque aparecieron inmediatamente en todos los medios de comunicación. INDOC

☐ Véase también: **burlar, eludir.**

[capital] → **pena capital**

capital ▮ *(adj.)* ♦ **ejecución, elemento, figura, importancia, letra, obra, pecado, pena, punto, valor**

▮ *(sust.fem.)* ♦ **congestionado, desierto, federal, floreciente, populoso, pujante** ♦ **rumbo (a)** ♦ **afincar(se) (en), evacuar, frecuentar, habitar, invadir, regresar (a), residir (en), salir (de), tomar, viajar (a), visitar**

▮ *(sust.masc.)* ♦ **a plazo fijo, accionarial, aproximado[23], asistencial, bancario, cuantioso, empresarial, especulativo, extranjero, financiero, fresco, humano, ingente[19], nacional, personal, político, privado, público, social** ♦ **afluencia (de), flujo (de), inyección (de)[1], mercado (de), movimiento (de)** ♦ **acumular, administrar, ahuyentar[36], amortizar[9], atesorar, atraer, aumentar, blanquear[6], canalizar[14], centralizar[30], circular, concentrar(se), condonar[9], congelar, crecer, disminuir, evadir, fluir, gestionar, imponer, incautar, incrementar, ingresar, invertir, operar (con), poner (en algo), recaudar, revalorizar, sufragar[21], transferir, traspasar**

☐ Véase también: **ahorro, cantidad, cuota (de), deuda, dinero, inversión, sueldo.**

capitalizar *v.* ▮ Con el sentido de 'utilizar o aprovechar en beneficio propio' se combina con sustantivos que denotan evento o estado de cosas *(hecho, acontecimiento, situación, circunstancia)* y también con...

A SUSTANTIVOS QUE DESIGNAN EL RESULTADO FELIZ DE UNA EMPRESA. TAMBIÉN CON OTROS QUE DESIGNAN CIERTAS SITUACIONES DE PREEMINENCIA QUE SE CONSIDERAN DESEABLES: **1 éxito ++:** Pero son los simpatizantes del Partido Nacionalista de Escocia (...) los que esperan *capitalizar* el éxito de la película. LVE270396 **2 logro +:** ...todo quedaría servido en bandeja para que la Alianza *capitalice* esos posibles logros en las urnas. CLA020401 **3 triunfo +:** Y el holandés, astuto donde los haya, ha sabido *capitalizar* los triunfos para alcanzar unas cotas de poder impropias de un simple entrenador. LVE180695 **4 victoria:** ...una victoria muy difícil de conseguir que sabrían *capitalizar* adecuadamente pensando en lo que aún queda de campeonato. INDOC **5 ventaja:** ...la capacidad de reconocer qué habilidades son necesarias, de *capitalizar* las propias ventajas y de compensar las propias limitaciones... ABC220995 **6 paz:** Francia y Rusia se resisten a que EE. UU. *capitalice* la paz en Bosnia. LVE081295

B SUSTANTIVOS QUE DENOTAN POSIBILIDAD O COYUNTURA FAVORABLE PARA CONSEGUIR ALGUNA COSA O LLEVAR ALGO A CABO: **7 oportunidad:** En la parte complementaria supo *capitalizar* sus oportunidades y de esta forma colocarse momentáneamente como líder del grupo... EXC100900 **8 opción:** ...«no es porque el equipo no tenga una idea táctica, buen futbol o llegadas a la meta contraria, sino porque no hemos *capitalizado* esas opciones de gol». PME171196 **9 oferta:** El Moll de Costa está *capitalizando* buena parte de la oferta cultural de la ciudad. LVE141296

C SUSTANTIVOS QUE DESIGNAN CONOCIMIENTOS, GENERALMENTE ADQUIRIDOS CON LA PRÁCTICA, APTITUDES, CAPACIDADES O DESTREZAS: **10 experiencia ++:** Y pretende aquí *capitalizar* la experiencia de la institución y de sus académicos, para lograr, dice, mejorar más la calidad... EXC060197 **11 habilidad:** ...y está *capitalizando* esa habilidad para proyectar al máximo posible su carrera. LVE180196 **12 talento:** Había fundado a Ford en 1903 para *capitalizar* su talento en ingeniería automotriz. EXC230996

D SUSTANTIVOS QUE DENOTAN REPUTACIÓN O DESIGNAN DIVERSAS MANIFESTACIONES DEL RECONOCIMIENTO PÚBLICO: **13 imagen +:** Se ha sabido *capitalizar* muy bien una imagen de gran calidad y ha basado en ella una inteligente promoción... LVE070796 **14 mérito:** ...y no dudando en *capitalizar* el mérito del incremento de la participación. LVE201195 **15 popularidad:** ...para *capitalizar* la popularidad que los escritores del Veintisiete habían dado a esa estética. ABC200392 **16 prestigio:** ...intentaba *capitalizar* su prestigio de hombre clave de la transición. LVE290296 **17 fama:** Por un lado, se quería *capitalizar* su fama de español universal, para dar una falsa imagen de libertad, pero, por el otro... EME260395 **18 protagonismo:** ...y una bellísima persona que renuncia de forma elegante a *capitalizar* el protagonismo de sus éxitos. LVE250396

E SUSTANTIVOS QUE DENOTAN EMPEÑO, AFÁN O PRETENSIÓN DE LOGRAR ALGO: **19 esfuerzo +:** No hay duda que el ex priísta Delgado pudo *capitalizar* los esfuerzos por crear esa organización. EXC050900 **20 deseo:** Para *capitalizar* los deseos de cambio y para conseguir que esta vez le voten también los electores no socialistas... EPE240899 **21 anhelo:** Y por eso pudo *capitalizar* sus anhelos. Simplemente eligió el camino de la inteligencia y la practicidad para transformarlos en una realidad. CLA130199 **22 aspiración:** ...pueda *capitalizar* las aspiraciones al cambio que siguen enraizadas en el seno de la población... EME221096

F ALGUNOS SUSTANTIVOS QUE DESIGNAN ESTADOS DE ÁNIMO, A MENUDO EXALTADOS O EXPANSIVOS, DE COMPLACENCIA O BUENA DISPOSICIÓN HACIA LAS COSAS: **23 euforia:** ...Clinton *capitalizó* ayer la euforia de Washington por el alto el fuego para persuadir al Congreso de que apruebe el envío de marines a los Balcanes.

LVE071095 **24 optimismo:** ...ambos países buscan *capitalizar* un creciente optimismo del inversionista... EXC000901 **25 entusiasmo:** Fue reelegido presidente de la entidad porque ha sabido *capitalizar* el entusiasmo de los socios. INDOC **26 alegría:** Es persona astuta y lo ha mostrado sobradamente al *capitalizar* la alegría de sus compañeros por el triunfo conseguido. INDOC

G SUSTANTIVOS QUE DESIGNAN ESTADOS ANÍMICOS DE SIGNO NEGATIVO RELACIONADOS FRECUENTEMENTE CON LA INSATISFACCIÓN POR ALGÚN ESTADO DE COSAS: **27 descontento +:** ...quien se movió muy activamente en reuniones y sentadas para *capitalizar* el descontento estudiantil y docente... LNA250692 **28 desánimo +:** Esos partidos «no han aprendido a gobernar, pero sí son diestros en saber *capitalizar* el creciente desánimo de la población»... EXC020197 **29 desasosiego:** ...la ultraderecha se esfuerza por *capitalizar* el desasosiego de amplios sectores de la población... PME221296 **30 desazón:** ...cuando el posmodernismo ha venido a *capitalizar* la desazón del mundo occidental... EUV100297 **31 resentimiento:** ...ha sabido *capitalizar* todo ese resentimiento social con un discurso que reduce los problemas del país... EPE271299 **32 disgusto:** De alguna manera el FN parece querer *capitalizar* el disgusto de los seguidores futbolísticos ante la marcha deportiva del equipo... EPE240800 **33 malestar:** ...ha tratado de *capitalizar* con esta protesta el malestar de las clases medias... LVE101196

H SUSTANTIVOS QUE DESIGNAN MANIFESTACIONES DE DISCONFORMIDAD, REPULSA U OPOSICIÓN A ALGO EN DIVERSAS FORMAS: **34 protesta +:** ...pretende *capitalizar* la protesta ciudadana por la violencia que ha sacudido al país estas últimas fechas. LVE300796 **35 crítica:** La ultraderecha intenta *capitalizar* las críticas al tribunal de la sangre con sida... EPE110399 **36 oposición:** ...Joan Botet, *capitaliza* la oposición a la opción del norte: el valle de Sió tiene las tierras más fértiles y de regadío de la comarca. LVE051196 **37 diferencia:** ...para el Gobierno Major, cuando estaba intentando *capitalizar* las diferencias entre el líder laborista, Tony Blair, y los sindicatos. LVE200996 **38 rechazo:** El segundo lugar, decía, «hay que *capitalizar* el rechazo hacia el gobierno de Copei»... HOY071287 **39 inconformismo:** Serpa supo *capitalizar* este inconformismo y ahora quiere aplicar la implacable ley del triunfo. SEM250696

I SUSTANTIVOS QUE DESIGNAN SITUACIONES DE DIFICULTAD, FRACASO, ADVERSIDAD O CONFLICTO: **40 problema +:** Gaiteros, sin embargo, supo *capitalizar* los problemas ofensivos que tuvo la tropa de Anzoátegui por la hermética defensa que impusieron. ENV020796 **41 desorden:** La oposición (...) no ha sabido ni podido *capitalizar* este desorden al no tener la mayoría de que gozaba... EME270494 **42 desgaste:** Al político derechista le bastaría con seguir gobernando en el Estado de Carintia y desde allí *capitalizar* el desgaste del Gobierno y continuar su campaña. EPE051099 **43 derrota:** El problema es quién *capitaliza* la derrota si los resultados no son buenos. LVE110395 **44 crisis:** Él está *capitalizando* la crisis económica y la corrupción sin paralelo del Gobierno de Alemán... EPE041101 **45 lucha:** Según analistas antisandinistas, el FSLN *capitaliza* la lucha estudiantil para despertar los ánimos caídos entre sus bases... DLA190797

J ALGUNOS SUSTANTIVOS QUE DENOTAN ACCIÓN EQUIVOCADA O FALLIDA. TAMBIÉN CON OTROS QUE EXPRESAN LA AUSENCIA DE PROPIEDAD O ADECUACIÓN DE ALGÚN ESTADO DE COSAS: **46 error +:** El Bóer trató de *capitalizar* un error de Henry Roa en la esquina caliente para acercarse 5-2... LPN210497 **47 defecto:** Alberto Fujimori ha hecho una publicidad electoral efectiva frente a sus oponentes que no han sabido *capitalizar* los defectos de su política. LVE070495 **48 deficiencia:** ...que ganó bien pero que no supo *capitalizar* las deficiencias defensivas de Independiente... LPA270492

capitanear *v.* ■ Se construye con sustantivos de persona individuales o colectivos *(equipo, banda, generación)*, más frecuentemente si designan agrupaciones de carácter militar *(tropa, batallón, hueste)*. También se combina con sustantivos que designan instituciones, formaciones o agrupaciones políticas, así como posiciones ideológicas diversas *(oposición, política, derecha, partido, gobierno)*. Además se combina con...

A SUSTANTIVOS QUE DENOTAN ACCIÓN VIOLENTA, AGRESIVA U HOSTIL, GENERALMENTE DE NATURALEZA BÉLICA: **1 lucha +:** Y hasta viene un Garzón que convoca a González a *capitanear* la lucha contra la corrupción... EME050594 **2 ofensiva +:** ...la ofensiva *capitaneada* por Washington ha producido ya 300 muertos y 3.000 heridos. EPE110499 **3 golpe +:** La sombra de los 30.000 «desaparecidos» (...) ha vuelto a planear con fuerza estos días, al cumplirse el 20º aniversario de aquel sangriento golpe militar *capitaneado* por el general... EME200396 **4 levantamiento:** La película, que narra el levantamiento de Escocia, *capitaneado* por William Wallace, contra los ingleses... EME050496 **5 revolución:** ...un antepasado que (...) había *capitaneado* una revolución campesina. HOY230297 **6 revuelta:** Los comisarios británicos, Brittan y Kinnock, la francesa Cresson y el italiano Monti *capitanearon* una revuelta que dejó en minoría a Santer. EME171096 **7 guerra:** ...ha competido (...) en *capitanear* la guerra digital. EPE170199 **8 batalla:** El carismático jefe del grupo parlamentario, Gregor Gysi, *capitaneará* la batalla por mantenerse en el Bundestag. EME140394 **9 agresión:** El concierto del grupo Generación 5 pregonaba patriotismo frente a la «brutal agresión» *capitaneada* por Washington. EPE130499 **10 invasión:** Como soldado reconvertido en político, el general retirado *capitaneó* la invasión de Líbano por parte de Israel... EPE030999 **11 incursión:** ...el actor (...) *capitaneó* desde allí incursiones al Rastro y a los Museos del Prado y Thyssen... EME160496 **12 cruzada:** ...Monfort fue un guerrero muy duro, *capitaneó* la cruzada francesa contra los cátaros... LVE061196 **13 protesta:** ...protesta contra los partidos tradicionales, *capitaneada* por Marco Pannella, a pesar de que no se presentaban los radicales, que han obtenido el 7,7. EPE010688 **14 resistencia:** ...acabó con la resistencia del grupo que *capitaneaba* Ostos. EPE150580

B SUSTANTIVOS QUE DESIGNAN DIVERSAS ACTUACIONES COORDINADAS DIRIGIDAS A UN OBJETIVO COMÚN: **15 misión +:** ...reiteró que está en condiciones de *capitanear* la misión. EPE160999 **16 expedición +:** A bordo del Columbia se encuentran los estadounidenses Andrew Allen, que *capitanea* la expedición, y Jeff Hoffman... EME250296 **17 operación +:** ...una operación *capitaneada* por el ex presidente del Colegio... EME120494 **18 campaña:** ...furiosos pero impotentes, ante la campaña emprendida por la Alianza Atlántica *capitaneada* por Estados Unidos. EPE210499 **19 negociación –:** Las negociaciones entre Iberdrola y Endesa, *capitaneadas* por Navalón, se extendieron durante el segundo trimestre de 1992 y todo el año de 1993. EME091296 **20 inspección –:** Sólo la tercera inspección, que *capitaneó* el comandante Cousteau, tuvo el permiso para descender en el océano y observar la estructura del atolón. LVE041095

C SUSTANTIVOS QUE DENOTAN PROCESO, GENERALMENTE DE CAMBIO, EN ALGÚN ÁMBITO ECONÓMICO, FINANCIERO O POLÍTICO: 21 proceso: ...los prohombres del integrismo (...) *capitanearon* el proceso de industrialización. LVE100995 **22 subida:** Telefónica, no obstante, *capitaneó* la subida, con un sustancial avance de casi un 2%... LVE170896 **23 alza:** En esta ocasión, Terra *capitaneó* las alzas con una revalorización en su precio superior al 9%... EPE210700 **24 caída:** Las compañías eléctricas (...) *capitanearon* ayer la caída de la Bolsa... EPE150999 **25 transición:** En los meses previos a la llegada del PSOE al poder, en 1982, *capitaneó* una transición alabada unánimemente por su ecuanimidad... EME090596 **26 transformación:** «Nosotros hemos *capitaneado* esta transformación», aseguró ante varios centenares de militantes que escucharon sin apenas interrumpirle... EPE120799 **27 innovación:** Embajador José Miguel Bákula, firme defensor de que el Perú se adhiera a la Convención del Mar, en nombre precisamente de la innovación jurídica que el país *capitaneó* hace 50 años. CAP070897 **28 expansión:** Pero es ahora cuando la compañía Cescent Moon Records empieza a *capitanear* la gran expansión de los sonidos latinos. EME100495 **29 recuperación:** La Bolsa tiene en estos momentos escasos motores capaces de *capitanear* una recuperación más sólida... LVE270895 **30 endurecimiento –:** El presidente francés, Jacques Chirac, *capitaneó* este endurecimiento. EPE171099 **31 construcción –:** ...la construcción de una reserva (...) turística *capitaneada* por el parque temático... EPE050999 **32 vertebración –:** ...durante la transición militó en el PSOE canario y *capitaneó* la vertebración de la Unión General de Trabajadores... EPE160599

D SUSTANTIVOS QUE DENOTAN INSTITUCIÓN U ORGANIZACIÓN, PRINCIPALMENTE DE TIPO ECONÓMICO O EMPRESARIAL: 33 entidad: ...la antigua entidad *capitaneada* por Jordi Pujol que pasó a la órbita del BBV cuando entró en crisis... EME251096 **34 organismo:** La AIE es organismo *capitaneado* prácticamente por Estados Unidos, creado cuando estalló la crisis energética... EPE111279 **35 organización:** Capitaneada por Tanzania, la organización Unidad Africana (OUA) exigió la exclusión de Nueva Zelanda de los XXI Juegos Olímpicos... EXC000901 **36 compañía:** El Nuevo Ballet Español, compañía de danza flamenca compañía de danza flamenca *capitaneada* por Ángel Rojas y Carlos Rodríguez, va a grabar hoy un programa especial... EPE301101 **37 empresa:** La 27ª jornada del ataque de la OTAN contra Yugoslavia trajo (...) un violento recordatorio de que sigue siendo un objetivo vital para la empresa *capitaneada* por Washington. EPE200499 **38 fundación:** ...conseguir que la Fundación Carter, la Fundación (...) *capitaneada* por el ex presidente estadounidense, haya iniciado una ronda de contactos en España... LVE020196 **39 consorcio –:** La adjudicación de las dos primeras autopistas de peaje (...) a un consorcio *capitaneado* por Acesa, FCC, Caja Madrid y ACS suscitó ayer las críticas de la oposición municipal.... EPE100999 **40 plataforma –:** Que retire a TV3 de la plataforma de televisión digital *capitaneada* por Telefónica, antes de que sea demasiado tarde... LVE141296 **41 emporio –:** Los grupos extranjeros (...) son el mexicano Televisa, el emporio multimedia *capitaneado* por el australiano Rupert Murdoch... EME040996

E SUSTANTIVOS QUE DESIGNAN CORRIENTES, TENDENCIAS U ORIENTACIONES DENTRO DE ALGÚN COLECTIVO ORGANIZADO: 42 corriente: ...corriente mayoritaria que *capitanea* el ex secretario de organización... LVE270996 **43 movimiento:** ...Dudaev está alojado en la base que la OTAN posee cerca de Munich, donde espera el momento de poder volver a *capitanear* el movimiento de liberación... EME270796 **44 sector:** ...algunos sectores del Partido (...), como el que *capitanea*... EPE221201 **45 ala:** Organiza el partido; *capitanea* el ala dura de la oposición; viaja; se enamora... EPE170199 **46 núcleo:** En Andalucía se genera el núcleo esencial que *capitanea* la primera gran renovación del partido, que es la que gana Suresnes. EPE221199

F SUSTANTIVOS QUE DESIGNAN ESPACIOS AUDIOVISUALES, ESPECIALMENTE DE TIPO PERIODÍSTICO: 47 programa: El programa «Qué grande es el cine español», *capitaneado* de nuevo por Garci... EME070696 **48 informativo:** El informativo Hora 25, *capitaneado* por Carlos (...) o «La media vuelta», que dirige Nacho Lewin, continuarán en la programación de la cadena. EPE050900 **49 magazine:** Ricardo Aparicio hará lo propio con el magazine matinal de Onda Cero «Protagonistas», que el resto del año *capitanea* el veterano Luis del Olmo. LVE160795 **50 serie:** ...la cadena ha querido seguir repasando su pasado con una serie *capitaneada* por Guillermo Summers y Federico García Serrano. EME231196 **51 espectáculo –:** El espectáculo que brinda el grupo de rock con raíces, *capitaneado* por Jesús H. Cifuentes, no puede ser más generoso... EME141096

G OTROS SUSTANTIVOS; POSIBLES USOS ESTILÍSTICOS: La «deriva liberal» se va a imponer *capitaneada* por González... EME170394; ...dedicarán (...) a las ceremonias que tendrán lugar en la playa de Omaha para conmemorar el desembarco de Normandía y que que serán *capitaneadas* por Bill Clinton. EME060694

☐ Véase también: **abanderar, liderar.**

capitulación ♦ en toda regla, forzoso, honroso[17], incondicional[37], penoso ♦ términos (de) ♦ asistir (a), consumar(se)[37], imponer, llevar a cabo, negociar

☐ Véase también: **abandono, rendición.**

capotar *v.* **I** En el sentido literal de 'hundirse o dar con la proa en tierra' se combina con sustantivos que designan embarcaciones o aeronaves *(barco, avión)*. En su sentido figurado se combina con...

A SUSTANTIVOS QUE DESIGNAN INSTITUCIONES O MOVIMIENTOS: 1 país: Pero llegó un momento en que la presión del segundo lo situó arriba y el país *capotó*. LVE080195 **2 estado:** ...al Estado italiano también lo *capotan* la sinrazón, los desastres y una demencia aún mayor. LVE110996 **3 sindicalismo:** Un sindicalismo que no tenga en cuenta la formación profesional sostenida (...) *capotará.* LVE050395

B OTROS SUSTANTIVOS; POSIBLES USOS ESTILÍSTICOS: La puntualidad del aeropuerto de Barajas *capota.* EPE290499; La candidatura de Campo Real como sede del segundo aeropuerto de Madrid *capota.* EPE140399; Así van *capotando* casi todos los espíritus. EPE130199

capricho ♦ **arbitrario, cambiante, disparatado, excéntrico, extraño, extravagante, inaudito, incoherente, incongruente, inesperado, infantil, insólito, íntimo, irracional, mero, necio, peculiar, pendiente (de), pequeño, personal, puro, simple, sujeto (a)** ♦ **a merced (de), por** ♦ **fruto (de)** ♦ **antojarse(le) (a alguien), colmar (de), complacer, conceder², consentir, dar(se), imponer, obedecer, obtener, permitir(se), satisfacer, someter (a), tener, transigir (con)**

☐ Véase también: **deseo**.

captar *v.* ▮ En su sentido físico se combina con sustantivos que designan líquidos *(captar el agua de los manantiales).* En sentido figurado admite gran número de sustantivos. Destacan los que denotan representación gráfica *(imagen, foto)*, o designan la cosa representada *(A ver si captas bien aquella palmera).* También acepta otros que denotan sonido *(sonido, ruido, voz, música)* o designan diversos tipos de emisiones realizadas mediante ondas *(emisión, programa, radio, señal).* Admite además sustantivos que denotan olor o designan otras percepciones sensoriales *(ruido, olor, luz, color, sabor).* Se combina asimismo con sustantivos que designan algunas manifestaciones verbales *(mensaje, comentario, opinión, discurso, explicación, pregunta, chiste).* En el sentido de 'atraer o ganar su voluntad' admite como complementos sustantivos de persona, tanto individuales *(cliente, voluntario, soldado)* como colectivos *(audiencia, público).* En el sentido de 'conseguir o lograr' se combina con sustantivos que designan cantidades o medios económicos *(recurso, dinero, fondo, depósito, aval).* También son de resaltar sus combinaciones con...

A SUSTANTIVOS QUE DENOTAN SIGNO O INDICIO, ESPECIALMENTE LOS DE NATURALEZA FÍSICA O CORPORAL: **1 señal ++:** ...es consciente de la dificultad de llegar a establecer comunicación con otras civilizaciones y de la ínfima posibilidad de ser él quien *capte* la primera señal. EPE210299 **2 mirada +:** ...al *captar* mi mirada de desencanto y adivinar mis pensamientos... EPE010876 **3 guiño:** Siempre poseyó el aura suficiente como para conseguir que *captara* sus guiños todo el que pasaba por ahí... EME140796 **4 sonrisa:** El equipo de Línea 900 (...) *captó* con sus cámaras la sonrisa de los cientos de niños que presenciaron a los payasos... EME140196 **5 signo:** ...una organización semipolítica y semisindical que no ha *captado* el signo de los nuevos tiempos. LVE271195 **6 gesto +:** ...el ojo alerta de Flórez al *captar* el gesto de Aznar al felicitar a Felipe González... EPE291201

B SUSTANTIVOS QUE DENOTAN SIGNIFICACIÓN, SENTIDO O RELEVANCIA DE ALGUNA COSA: **7 sentido ++:** Quien entienda la escritura como juego distanciado de la realidad o mero ejercicio de estilo no *captará* el sentido del libro. ABC151295 **8 significado +:** ...entregar herramientas para *captar* el significado de las cosas, para ser capaz de crear y tener poder de juicio... HOY190597 **9 dimensión:** ...no consigue *captar* la dimensión verdadera de su experiencia de sufrimiento. EME290395 **10 valor:** Gracias a ellas, con el sufrimiento que promueven, podemos *captar* el valor de la vida y otorgarle un sentido. ABC260393 **11 alcance:** «Le he visto algo limitado en sus enfoques, como si tuviera dificultades en *captar* la magnitud y el alcance de los problemas que pesan sobre nuestra sociedad», añadió. LVE281295 **12 importancia:** ...destacó que «ha sabido y sabe *captar* la importancia del desarrollo de la sociedad de la información». EPE311001

C SUSTANTIVOS QUE DESIGNAN LOS QUE SE CONSIDERAN RASGOS PROFUNDOS, INTERNOS, VERDADEROS O FUNDAMENTALES DE LAS PERSONAS O LAS COSAS: **13 esencia ++:** A su juicio, el músico latino tiene una capacidad para improvisar, para *captar* la esencia y el alma de las composiciones nacionales, por las referencias obvias. EUV061196 **14 naturaleza +:** ...llega a una conclusión que resulta válida, asimismo, para el conjunto de tantos relatos que han de intentar *captar* la naturaleza de «los otros»... ABC020695 **15 alma:** Es su dibujante y no sólo su lápiz ha *captado* el alma porteña. HOY050586 **16 espíritu:** La canción *capta* el espíritu de la serie (y de la época) de tal manera, que la edición norteamericana de la revista «Rolling Stone» lo incluyó como regalo para sus lectores. CLA140199 **17 carácter:** Pero donde quizás más rotundamente acierta la imagen es en *captar* el carácter aglutinante de la institución... EPE210499 **18 fondo:** Si nos perdemos en lo accesorio no lograremos *captar* el fondo del asunto, que es de cierta envergadura. INDOC

D SUSTANTIVOS QUE DENOTAN DESEMEJANZA. TAMBIÉN CON OTROS QUE DESIGNAN CUALIDADES DISTINTIVAS, CARACTERÍSTICAS O PARTICULARES DE ALGO: **19 diferencia ++:** Añade que la musculatura de la parte final de la lengua está más capacitada para separar las puntas que para estirarlas, lo que ayuda a *captar* más diferencias aromáticas entre una y otra punta. LVE270394 **20 matiz +:** ...degustar las más exquisitas sensaciones, *captar* matices evanescentes en arte o la naturaleza... ABC060594 **21 detalle +:** Es una técnica muy apta para *captar* los detalles, de gran luminosidad y de efecto sensual muy grato. EPE221099 **22 peculiaridad +:** De esta manera, el actor consiguió finalmente *captar* la peculiaridades físicas de Nixon. LVE231295 **23 rasgo:** Supera, por supuesto, los niveles del localismo folklórico, *captando* con ello un rasgo muy típico de los masayas... LPN051097 **24 aspecto:** Cada una de estas imágenes *capta* aspectos de la naciente realidad. ABC020793

E SUSTANTIVOS QUE DENOTAN NOCIÓN, PENSAMIENTO O CONCEPCIÓN MENTAL DE ALGO: **25 idea ++:** ...inescrupulosidad a toda prueba, habilidad para *captar* las ideas de los demás y ponerlas en práctica... CAP290896 **26 argumento +:** Si la trama es complicada, el lector se pierde y no consigue *captar* el argumento del libro. ABC161092 **27 concepto:** Más allá de lo futbolístico, *capté* conceptos que sirven para fuera de la cancha. CLA140199 **28 conocimiento:** Pueden *captar* el conocimiento universal las comunidades más recónditas... EXC250700

F SUSTANTIVOS QUE DENOTAN SENTIMIENTO O IMPRESIÓN ANÍMICA: **29 sentimiento +:** Ronaldo ha *captado*

el sentimiento y anuncia que siente «una gran motivación para jugar ante el Real Madrid». EME061296 **30 emoción:** Pretendo que desaparezca de la obra toda emoción fácil de *captar* por la sensibilidad del espectador... EPE280199 **31 sensación:** ...inspirándose en el misterio del teatro japonés se abocó a *captar* la sensación ritualista que transmite el arte oriental. CAP170497 **32 impresión:** Mandaremos una unidad móvil al lugar de los hechos para *captar* las primeras impresiones de los afectados. INDOC

G SUSTANTIVOS QUE DESIGNAN SITUACIONES DE ENFRENTAMIENTO, ADVERSIDAD, HOSTILIDAD O MALESTAR: **33 amenaza** +: Joe Bossano, el ministro principal del Peñón, parece haber *captado* por fin la amenaza. EME100795 **34 conflicto** +: «En Williams hay un autor vivo y un ser humano herido, que *capta* conflictos en ambientes opresores». EME101295 **35 dificultad:** ...incapaces de percibir la realidad, de notar los problemas o de *captar* las evidentes dificultades por las que pasan los que... INDOC **36 incidente:** ...se dejó la rodilla en el intento por *captar* el incidente. EME130396 **37 problema:** ...capaz de *captar* un problema como el que ha puesto en pie de guerra a tantos miles de aficionados. EME070895 **38 preocupación:** ...era «pleno altavoz de tareas y muestrarios que *captan* el interés y la preocupación de problemas latentes». EME170394

H SUSTANTIVOS QUE DENOTAN INCLINACIÓN O BUENA DISPOSICIÓN. TAMBIÉN CON OTROS QUE DESIGNAN CIERTAS FORMAS DE CONSIDERACIÓN QUE ES POSIBLE DESPERTAR EN LOS DEMÁS: **39 atención** ++: Captando la atención del lector desde el principio, el libro arranca del escándalo... ABC100192 **40 interés** ++: ...para que la banca de primer piso sea «más agresiva» y logre *captar* el interés de empresas que desean exportar... DYM230796 **41 admiración** +: ...supo *captar* la admiración y los aplausos del público. EXP010489 **42 confianza** +: Nadie puede pasar por alto el hecho de que los grupos ultraizquierdistas que aún subsisten en el país, no han *captado* la confianza de la ciudadanía... LTB200197 **43 voluntad:** ...daba igual ya que todo valía con tal de *captar* la voluntad de los alaveses... LRE030203

I SUSTANTIVOS QUE DENOTAN MOMENTO O COYUNTURA PROPICIOS PARA ALGO: **44 ocasión:** Captar la ocasión es el secreto. No hay leyes de la política que determinen de modo exacto la llegada de la ocasión. EPE080999 **45 oportunidad:** ...un sistema que permita *captar* las nuevas y extraordinarias oportunidades existentes... EME280695 **46 posibilidad:** ...tratan de modificar el magma de las circunstancias del ser humano, que *captan* angustiosamente la posibilidad de una libertad huidiza... ABC020493

J SUSTANTIVOS TEMPORALES, MÁS FRECUENTEMENTE SI DESIGNAN EL MOMENTO ACTUAL O EL QUE SE CONSIDERA PROPICIO O RELEVANTE EN ALGUNA SITUACIÓN. TAMBIÉN CON OTROS QUE HACEN REFERENCIA A LOS ESTADOS DE COSAS PRESENTES O CIRCUNDANTES: **47 instante** ++: Evidentemente esto se nota en su obra que muchas veces pretende *captar* ese instante efímero y fugaz... ABC140593 **48 momento** +: ...una colección de fotografías que procuraban *captar* los momentos insignificantes, literalmente, o vacíos de contenidos. ABC230493 **49 presente** +: Y el hecho es que no contento con devorar este libro, creo que he sentido con él al menos algo de lo que pueden sentir los que, como el autor, sólo viven para esta prodigiosa máquina de *captar* el presente y agarrarse a él. EME170296 **50 tiempo:** Así *captaron* un tiempo –principios de 1967, albores del hippismo– y un lugar, el sur de California. EPE200800 **51 realidad:** Y tiene mucha razón al recordar los primeros terrores de la plástica cuando la aparición de este nuevo sistema de *captar* la realidad amenazaba con hacerla desaparecer... ECA120792

■ Se combina también con: ♦ **a grandes rasgos[27], a la perfección, a las mil maravillas[30], al pie de la letra[3], al vuelo[5], con nitidez, con precisión**

capturar ♦ **descolocado, despistado, desprevenido, desprotegido, muerto, vivo** ♦ **con las manos en la masa, in fraganti[10]** ♦ **animal, delincuente, espíritu, persona, pescado, rebote**

□ Véase también: **atrapar, cazar, coger, pillar (a alguien).**

[cara] → **a cara de perro, a cara descubierta, a cara o cruz, a la cara, cara a cara, dar la cara, plantar cara (a), un ojo de la cara**

cara ♦ **adusto, agraciado[11], alegre, amable, bonito, circunspecto[2], crispado, de perros[11], de pocos amigos, de satisfacción, descompuesto, desencajado, desfigurado, de susto, duro, expresivo, inexpresivo, lívido, nuevo, radiante, sardónico[5], serio, sonriente** ♦ **acicalar(se), demudar(se)[2], descomponer(se)[2], desencajarse[2], desfigurar, echar[25], lucir, pintar, poner, presentar, rasurar, tener**

□ Véase también: **rostro, semblante.**

cara a cara *loc.adv./loc.adj.* ■ Se combina con...

A VERBOS QUE DENOTAN ENCUENTRO: **1 encontrar(se)** ++: Al salir, se encontró *cara a cara* con Petron... ENH240700 **2 ver(se)** ++: Cuando se vean *cara a cara*, (...) sonreirán ante las cámaras y se estrecharán las manos frente a los flashes... CLA110199 **3 reunir(se)** +: Mandela se niega a reunirse *cara a cara* con su mujer. LVE090395 **4 topar(se):** ...esto, en literatura, significa toparse *cara a cara* con el lenguaje. ABC030792

B VERBOS DE LENGUA, MÁS FRECUENTEMENTE SI DENOTAN DIÁLOGO. TAMBIÉN CON ALGUNOS QUE EXPRESAN OTRAS FORMAS DE TRATO INTERPERSONAL: **5 decir** ++: Se lo dije *cara a cara* en la comida que tuvimos. LVE221295 **6 hablar** +: Vamos a destaparnos y a hablar *cara a cara.* PME101196 **7 negociar** +: El objetivo final es que republicanos y unionistas negocien *cara a cara...* LVE031295 **8 debatir** +: Ese día los ministros (...) debatirán *cara a cara* el futuro del bloque... CLA290301 **9 conversar** +: ...conversaron *cara a cara* durante un almuerzo que duró más de tres horas... EME031096 **10 dialogar** +: Estados Unidos fuerza a serbios y kosovares a dialogar *cara a cara.* EPE150299 **11 interrogar:** El que pregunta es Colin Ferguson (...) ejerciendo cínicamente su propia defensa e interrogando *cara a cara* a los testigos... EME050295 **12 criticar:** El guerrista Vázquez afirma que «critico a Serra *cara a cara* con bastante asiduidad». LVE080395

C VERBOS QUE DENOTAN ENFRENTAMIENTO O CONFRONTACIÓN: **13 enfrentarse ++:** El hecho es histórico puesto que se trata de la primera vez que el dictador se enfrenta *cara a cara* con la Justicia de su país. ENC240101 **14 competir +:** Entre los programas que compiten *cara a cara* destaca la enorme ventaja (...) de El larguero... EPE131101 **15 defenderse:** Los careos se hicieron para que los sospechosos puedan defenderse *cara a cara* de las denuncias de Redruello. CLA050397 **16 medir(se):** ...tuvo incluso el privilegio de medirse *cara a cara* con el otro gran mago de la canasta, Michael Jordan... EME040296 **17 afrontar:** A nuestos alumnos les enseñamos a afrontar *cara a cara* el problema... EME241295

D ALGUNOS VERBOS DE PERCEPCIÓN: **18 mirar ++:** El único oyente está aquí, mirando *cara a cara* a la dimisión. EME180695 **19 escuchar:** Nunca unos generales habían escuchado *cara a cara* semejante denuncia... EPE290999 **20 conocer(se):** No nos conocemos *cara a cara*, pero sí a través de un sostenido e intenso intercambio epistolar a través de Internet... EPU041001

E VERBOS QUE DENOTAN PRESENCIA O EXISTENCIA, MÁS FRECUENTEMENTE EN CONSTRUCCIONES EN LAS QUE SE EXPRESA ENCUENTRO O CONTACTO CON ALGO O ALGUIEN: **21 hallar(se) +:** ...Butch vence todo obstáculo sólo para hallarse luego *cara a cara* con el propio Marcellus. LVE130295 **22 situar(se):** E igualmente confieso que abandoné toda prevención en el mismo momento de situarme *cara a cara* con los cuadros. ABC130195 **23 vivir:** ...es el deseo de vivir *cara a cara* con la honda realidad contemporánea. ABC160793

F OTROS VERBOS; POSIBLES USOS ESTILÍSTICOS: El aire frío cabalgaba libre entre montes, *cara a cara* con los hombres de Jolomcú... LHG280297; ...venderlos allí, cómodamente, uno a uno, *cara a cara* con ese ser misterioso... LVE021095

G SUSTANTIVOS QUE DENOTAN ENCUENTRO O REUNIÓN, ALGUNOS DE ELLOS RELACIONADOS CON LOS VERBOS DEL APARTADO *A*: **24 encuentro ++:** Este libro se acerca todo lo más posible a crear la sensación de encuentros *cara a cara* con otras personas... ENH020397 **25 reunión +:** También quería una reunión *cara a cara* con los interesados. CAP161097 **26 contacto +:** Habrá que hacer algunos ajustes en nuestras vidas, pero no se perderá el contacto *cara a cara*... EME231195 **27 cena:** Una cena *cara a cara* (...) y el convencimiento de que el grande, tarde o temprano, engulliría al pequeño. LVE130695 **28 cruce –:** ...el primer cruce *cara a cara* de los dos hermanos irreconciliablemente peleados... CLA310199

H SUSTANTIVOS QUE DESIGNAN ACTOS DE HABLA O DIVERSAS MANIFESTACIONES VERBALES. SE RELACIONAN GENERALMENTE CON LOS VERBOS DEL APARTADO *B*: **29 debate ++:** Ambos candidatos dejaron en manos de sus jefes de campaña definir la fecha y la temática de ese posible debate *cara a cara*... LNC120996 **30 diálogo +:** Esperamos que se llegue a un diálogo *cara a cara* entre el gobierno y los secuestradores... EXP010297 **31 interrogatorio +:** Y, por ahora al menos, no quieren someterse a un interrogatorio *cara a cara* con la policía. CLA080197 **32 conversación +:** ...el gobierno peruano emprendió ayer las primeras conversaciones *cara a cara* con la guerrilla... CLA120297 **33 negociación +:** Estas negociaciones se conciben para preparar el terreno de unas negociaciones *cara a cara* en una conferencia de paz... LVE081095 **34 discusión +:** ...la discusión *cara a cara* con Joaquim Nadal sobre las soluciones que precisa Cataluña no debe ni puede ser negada. LVE131195 **35 entrevista:** Hay personas que hacen visitas por teléfono en vez de vestirse para salir a una entrevista *cara a cara*. LDD030797

I SUSTANTIVOS QUE DENOTAN ENFRENTAMIENTO. MANTIENEN ALGUNA RELACIÓN CON LOS VERBOS DEL APARTADO *C*: **36 duelo +:** ...pudo encontrarse un orificio de bala en la nuca del ahora biografiado, imposible de producirse en un duelo *cara a cara*. ABC120293 **37 lucha:** Tras la explosión en cadena, la testigo (muy mona), el policía y el malo se vuelven a encontrar en una lucha *cara a cara*... EPE080399

☐ Véase también: **cuerpo a cuerpo, frente a frente.**

carácter ♦ abrupto[82], absorbente[8], abstruso[28], acogedor[10], adusto, afectuoso, aleccionador[17], amistoso, analítico[20], ardiente[26], arraigado[31], arrollador, beligerante[7], blando[1], bronco[11], brusco, burbujeante, calmo, camaleónico[9], cambiante, chulesco, combativo[2], compulsivo[3], controvertido[15], corrosivo, curativo[7], de hierro[12], delicado, descollante[10], despectivo[7], diáfano, difícil, dominante, ecuánime[16], exuberante[29], férreo[122], humanitario, imperioso, intempestivo[44], permisivo[17], recalcitrante[3], revelador[29], rotundo[38], serio, testimonial[12] ♦ aclimatar(se) (a)[9], acomodar(se) (a), adquirir, afianzar(se)[28], aflorar[73], agriar(se)[1], ahondar (en)[47], alterar[3], atemperar[2], avinagrar(se), cambiar, conferir (a algo), dar[94], dejarse llevar (por)[68], derrochar[30], desnaturalizar(se), difuminar(se)[37], domar, dominar[11], dulcificar[6], forjar[22], fortalecer(se), imprimir[7], insuflar[17], madurar, malear, moldear[4], negar[50], otorgar (a algo), perfilar[18], revestir, soportar, templar, tomar[19]

☐ Véase también: **actitud, espíritu (de), estilo, personalidad, talante, temperamento.**

característica ♦ arraigado[33], definitorio, descollante[9], de valor[23], distintivo, específico, identificativo, inconfundible, inherente, llamativo[1], particular, peculiar, personal, privativo, propio, representativo, sine qua non[5] ♦ absorber[21], adquirir, ahondar (en)[39], amoldar(se) (a)[15], desvelar[47], diagnosticar[18], difuminar(se)[35], presentar, revestir, salir a la luz[43], tomar[20]

☐ Véase también: **cualidad, propiedad, rasgo.**

CARACTERÍSTICA Véase: ASPECTO; CUALIDAD

caracterizar ♦ adecuadamente, apropiadamente, emblemáticamente, negativamente[29], positivamente

[carcajada] → **a carcajada limpia, a carcajadas**

carcajada ♦ ampuloso, atronador, contagioso[3], estentóreo, estrepitoso, estruendoso, explosivo, fácil, franco, fuerte, general, incontenible[14], intempestivo, pronto, ruidoso, sarcástico, sonoro ♦ en medio (de), entre ♦ sarta (de)[60] ♦ arrancar,

buscar, desatar(se)[43], escapárse(le) (a alguien), estallar (en)[11], lanzar, oír, propiciar, prorrumpir (en), provocar, resonar, retumbar, romper (en), soltar, sonar
☐ Véase también: **humor, risa, sonreír, sonrisa.**

cárcel ♦ **duro, ejemplar, inhumano, preventivo[15], riguroso, severo** ♦ **años (de), pena (de)** ♦ **confinar (en), eludir[20], fugarse (de), huir (de), internar (en), librar(se) (de)[16], purgar[4], recluir (en)**
☐ Véase también: **prisión.**

carcomer *v.* ▮ En su sentido físico suele admitir como sujetos sustantivos que designan ciertos insectos isópteros *(termita)*, así como otros que se refieren a diversas condiciones medioambientales o las sustancias que las producen *(polvo, humedad, salitre: Tuberías viejas, oxidadas y carcomidas por el salitre)*. En sus sentido figurado se combina con...

A SUSTANTIVOS QUE DENOTAN ENVIDIA U AVERSIÓN INTENSA. TAMBIÉN CON ALGUNOS QUE DESIGNAN OTROS SENTIMIENTOS HOSTILES HACIA LAS PERSONAS O LAS COSAS: **1 envidia +:** ...el máximo rival consiguió una rutilante estrella que, a escondidas y como quien no quiere la cosa, veía de vez en cuando por televisión, *carcomiéndome* la envidia... LVE300395 **2 resentimiento:** Se pasó años corroído por la envidia y *carcomido* por el resentimiento. INDOC **3 odio:** Ahora es sólo una sombra *carcomida* por el odio. EME190795 **4 celos:** ...los celos del protagonismo público que no tienen les *carcome*... LVE221196 **5 rencor:** Los hombres (...), *carcomidos* por el rencor, aprovecharon la oscuridad de la noche para infiltrase por las peladas montañas. EME101096 **6 rabia:** A ese oportunismo (...) le agregó ayer en Morella el buen punto de forma que ha traído a la Vuelta y la rabia que le *carcome*. EPE020900

B SUSTANTIVOS QUE DESIGNAN ACTIVIDADES DELICTIVAS, DESHONESTAS O DESHONROSAS: **7 crimen:** No es tan evidente –continuó– que esta sociedad esté *carcomida* por el crimen y la corrupción. INDOC **8 desvergüenza:** ...una institución no solo obsoleta e ineficaz, sino *carcomida* por el clientelismo y la desvergüenza. INDOC **9 corrupción +:** ...es país con un Estado *carcomido* por la corrupción... ETC180497 **10 corruptela:** ...las primeras corruptelas (...) comienzan a *carcomer* el edificio de la democracia... EME130395 **11 trapicheo:** «Dignificar la vivienda y reconstruir la vida social en la calle» son (...) dos pilares esenciales para rehabilitar esta zona, *carcomida* por el paro y el trapicheo... EPE101199 **12 intriga:** Un indicio de los defectos pueden ser las querellas intestinas, las maniobras políticas y las intrigas vecinales que *carcomen* el Consejo... EME220296 **13 violencia:** pueden actuar sin limitación en un país *carcomido* por la violencia. LVE041195 **14 vicio:** La razón estriba en que los vicios han *carcomido* la administración de justicia. EUV271096

C SUSTANTIVOS QUE DESIGNAN ENFERMEDADES, FRECUENTEMENTE INTERPRETADAS EN SENTIDO FIGURADO: **15 cáncer ++:** ...es un cáncer que está *carcomiendo* las bases mismas de todo el sistema. CAP070900 **16 enfermedad:** ...yo vivo, conviviendo con una desagradable enfermedad que ha *carcomido* mi calavera. ENV120197 **17 lepra:** ...¿has visto el patrimonio de la humanidad *carcomido* por la lepra revolucionaria?... ABC061095 **18 sida:** ...recordar que el sida *carcome* a buena parte de los países desarrollados... EPE161199 **19 viruela:** Con la cara *carcomida* por una mala viruela, las protege de las fuerzas del orden... EME070795 **20 virus:** ...las naciones (...), invadidas a su vez por las mafias y *carcomidas* por el virus de la corrupción. EME250394 **21 locura:** ...Foucault y Althusser terminaron sus días en un psiquiátrico, *carcomido* éste por la locura y aquél por el sida. EME061195 **22 tuberculosis:** Ya estaba viejo y no tenía muchas fuerzas debido a la tuberculosis que lo *carcomía*. INF010896

D SUSTANTIVOS QUE DESIGNAN LACRAS Y OTROS ESTADOS DE COSAS ADVERSOS O GRAVEMENTE PERJUDICIALES, A MENUDO DE NATURALEZA SOCIAL. TAMBIÉN CON OTROS QUE DESIGNAN DIFICULTADES DE CIERTA IMPORTANCIA: **23 problema:** ...innumerables problemas internos que parecen *carcomer* por dentro la convivencia en el vestuario. LVE200395 **24 crisis:** ...devastadora crisis, (...) *carcomiendo* a los mejores valores: la honestidad, la credibilidad... EUV210197 **25 hambre:** ...un mundo a la vez sorprendente e indignante: trabajadores y campesinos *carcomidos* por la enfermedad y el hambre... EPE131099 **26 paro:** Calificó de «bien triste» que sea España el país que adopta esa postura cuando es el más *carcomido* por el paro de los Quince. EPE030699 **27 recesión:** ...la posibilidad de que sus sueldos sean reducidos ante la recesión que *carcome* al club... EME120194 **28 desempleo:** ...la civilización europea *carcomida* por la decadencia y el desempleo... EUV070497 **29 deuda:** ...sus 46 miembros africanos se encuentran al borde del abismo, *carcomidos* por la deuda... EME240295 **30 degeneración:** La propuesta (...) era (...) que (...) reconstruyera las instituciones (...), *carcomidas* por su propia degeneración. EPE060999 **31 miseria:** ...opulentos ejecutivos en coches de lujo pasando al lado de mendigos *carcomidos* por la miseria. INDOC **32 conflicto:** ...sus 46 miembros africanos se encuentran al borde del abismo, *carcomidos* por la deuda, los conflictos... EME240295 **33 mal:** En el filme se perciben claramente las huellas del mal que lo estaba *carcomiendo*... CLA210199

E SUSTANTIVOS QUE DENOTAN AUSENCIA DE DETERMINACIÓN, DE CONVICCIÓN O DE SEGURIDAD: **34 duda +:** Después, la duda *carcomiendo* con insistencia hasta encontrar el momento apropiado para el abandono... LVE160296 **35 contradicción +:** ...cayó el muro del comunismo, *carcomido* por sus contradicciones... LVE010796 **36 temor:** ¿Dejaremos (...) que el temor, la adulancia y la mediocridad continúen *carcomiendo* (...)? ENV190597 **37 incertidumbre:** ...puede ser un buen ejemplo de la grave incertidumbre que debe *carcomer* (...) a una buena parte de la población... EME060394 **38 apatía –:** Afirma que en Colombia «la apatía *carcome* a la sociedad» e intenta movilizar a la gente. EME311296

F SUSTANTIVOS QUE DESIGNAN OTRAS ALTERACIONES PSÍQUICAS, ASÍ COMO ALGUNAS AFECCIONES LIGADAS A ELLAS, MÁS FRECUENTEMENTE SI SE RELACIONAN CON LA ANSIEDAD, LA INSATISFACCIÓN O EL DESABRIMIENTO: **39 estrés:** Los sicólogos notan un agotamiento generalizado: un stress o tensión emocional *carcomiendo* a los chilenos... HOY250385 **40 angustia:** ...nos acerca en realidad a un universo *carcomido* por la soledad, la angustia y la ternura. EPE230999 **41 desazón:** El traductor (...) sintetizó la desazón existencial que le *carcome*... LVE160295

42 tensión: El Milan obliga a jugar con una tensión que *carcome* al contrario. EPE270900 **43 presión:** ...las presiones derivadas del rezago (...) *carcomen* algunas de sus más importante estructuras. EXC020496 **44 malestar:** Luego trató de adaptarse al régimen franquista (...), pero el malestar le *carcomía* por dentro. EPE280199 **45 preocupación:** Las mismas preocupaciones *carcomen* el escenario financiero y económico internacional. EME290594 **46 remordimiento:** ...era incapaz de resistir la tentación de «affaires» más ocasionales y frívolos, o de participar en juergas y orgías, aunque luego se sintiera *carcomido* por los remordimientos. LVE100995 **47 soledad:** ...un hombre y una mujer buscan el amparo de una habitación para hacer el amor, o para no hacerlo, pero siempre *carcomidos* de miedo y soledad. EME100396 **48 pena:** Era guapa, inteligente, simpática, esbelta, deportista, alegre. Pero estaba *carcomida* por la pena. EME101295 **49 amargura:** ...era el suyo un hígado aburrido o un hígado *carcomido* por la amargura, por el deseo de manejar, dominar... EPE100899 **50 neura —:** ...un Barça *carcomido* por extrañas neuras entre la directiva y el banquillo. EME050196

G SUSTANTIVOS QUE DENOTAN INEPTITUD, INEFICACIA Y OTRAS CARENCIAS GRAVES: **51 incompetencia:** ...sufragar las cuantiosas pérdidas de un sector público *carcomido* por la incompetencia. EPE050680 **52 ineficiencia:** ...durante años han sido parte de un sistema *carcomido* por la ineficiencia y la corrupción... LHG140797 **53 mediocridad:** Toda la vida cultural de la sociedad estaba inmersa en el corporativismo y *carcomida* por la mediocridad. INDOC **54 debilidad:** ...se interesó (...) en las características personales de estos gobernantes (...) que estuvieron *carcomidos* por debilidades de todo tipo. EPU060901

□ Véase también: **comer (a alguien), corroer, devorar, reconcomer(se).**

cardar ♦ **lana, pelo**

carecer ♦ **absolutamente, manifiestamente[1], por completo[116], principalmente, totalmente**

carencia ♦ **absoluto, acuciante[18], apremiante[2], atroz, clamoroso[19], cotidiano, decisivo[72], dramático, evidente, flagrante[19], gran(de), grave, hondo, indudable, innegable, manifiesto, material, notorio, ostensible, profundo[93], reconocido, serio, total** ♦ **al descubierto[7]** ♦ **achacar[30], acuciar[7], acusar[37], afectar (a algo/a alguien), afrontar, aliviar[25], colmar[19], compensar[42], constatar, constituir, cubrir, denunciar, descubrir, diagnosticar[3], evidenciar, manifestar, mostrar, paliar[7], presentar, reparar, representar, revelar, satisfacer, solventar, subsanar[24], sufrir[57], superar, suplir[4], tapar, tener, tropezar(se) (con)[22]**

□ Véase también: **absentismo, abstinencia, analfabetismo, ausencia, escasez, falta, impaciencia, inconstitucionalidad, inexperiencia, inseguridad, laguna, sequía, vacío.**

CARENCIA Véase: *AUSENCIA Y CARENCIA*

CARENCIA

♦ (ADJETIVOS) Véase: **gravemente[K,J], por completo[W]**

♦ (SUSTANTIVOS) Véase: **abismal[F,G], abocar(se) (a)[C], abolir[L], abusar (de)[I], acechar[H], achacar[F], acuciante[B], acuciar[A], a cuestas[D], acusado[D], acusar[E], aducir[C], agravar(se)[C], agudizar(se)[D], ahondar (en)[J], al descubierto[B,D], aliviar[D], amortiguar[F], apremiante[A], azotar[D], bregar[B], capitalizar[J], clamoroso[C], colmar[B], combatir[B,E], compensar[F], concurrir[F], confesar[C,K], conjurar[I], corregir[B], cubrir(se) (de)[G], decisivo[L], decrecer[F], desolador[H], diagnosticar[A], diluir(se)[J], execrable[C], flagrante[B], galopante[B], garrafal[B], grueso[E], hundir(se) (en)[A,B,F], imperante[B], imputar[D], incontenible[G], irrisorio[E], mayúsculo[A,G], mitigar[F,G], ostensible[C], paliar[B,L], perfecto[D], pertinaz[H,J], pozo (de)[C], practicar[K], profundo[L], recrudecer(se)[E], residir (en)[L], secuela (de)[D], severo[H], sortear[E], subsanar[C,D], sufragar[D], sufrir[I], suplir[A], tenaz[I], tropezar(se) (con)[D], vencer[H]**

♦ (VERBOS) Véase: **gravemente[B], manifiestamente[A], por completo[K]**

□ Véase también: AUSENCIA.

carestía ♦ **de la vida, elevado, energético, enorme, gran(de), grave, lacerante, manifiesto, palpable, persistente, prolongado, terrible, tremendo** ♦ **contra, por** ♦ **situación (de), tiempos (de)** ♦ **acentuar(se), acusar, agudizar(se), amortizar, combatir, compensar, denunciar, evitar, existir, experimentar, fomentar, frenar, incrementar(se), luchar (contra), mantener, padecer, paliar, provocar, repercutir (en), sufrir**

□ Véase también: **abundancia, precio, valor.**

carga ♦ **abrumador[52], abusivo[5], aéreo, asfixiante[3], económico, emocional, emotivo, engorroso, erótico, excesivo, exento (de)[8], explosivo, financiero, fiscal, fuerte, gravoso, horario, impositivo, insoportable, letal, ligero, literario, liviano, llevadero[1], mortífero, negativo, oneroso, pesado, político, retórico, severo[42], social, soportable, tributario, voluminoso** ♦ **capacidad (de), exceso (de), muelle (de), tránsito (de), vehículo (de)** ♦ **absorber[11], acarrear, aligerar[1], aliviar[1], amortiguar, arrastrar, asumir[4], contraer, desactivar, desembarazar(se) (de), desequilibrar, diluir(se), elevar, equilibrar, estibar, exonerar (de), imponer[32], inmovilizar, inspeccionar, liberar(se) (de), librar(se) (de)[5], llevar (encima), llevar sobre {los hombros/las espaldas/la conciencia}, movilizar, pesar (sobre alguien), recaer[3], reducir, remolcar, sobrellevar, soltar, soportar, sufrir, transportar, trasladar**

□ Véase también: **bagaje, equipaje, lastre, losa, munición, peso, servidumbre.**

cargar ▮ *(acarrear)* ♦ **a hombros, a {mis/tus/sus...} espaldas, a pulso[9]**

▮ *(atacar)* ♦ **con dureza[15], sin contemplaciones, violentamente**

▮ *(introducir un cartucho)* ♦ **arma**

□ Véase también: **municionar.**

cargar (con) *v.* ▮ La preposición *con* alterna en ocasiones con *de (cargado con regalos / cargado* *de regalos).* En su sentido físico se combina con sustantivos que designan seres materiales *(cargar con una maleta; cargar con un herido).* Estas expresiones alternan con otras en las que el verbo funciona como transitivo *(cargar la maleta; cargar al herido).* En su sentido figurado forma las locuciones verbales propias de la lengua conversacional *cargar con el muerto*; *cargar con el mochuelo*; *cargar con los platos rotos.* Se combina además con sustantivos que designan cantidades económicas, más frecuentemente si resultan gravosas para alguien *(recorte, deuda, gasto, factura).* También se combina con...

A SUSTANTIVOS QUE DENOTAN PESO Y -POR EXTENSIÓN-RESPONSABILIDAD, A MENUDO EN REFERENCIAS METONÍMICAS: **1 peso** ++: ¿Mucha terapia para *cargar* con ese peso? CLA170297 **2 responsabilidad** ++: ...pero nosotros no deberíamos *cargar* con responsabilidad porque no somos responsables por la fabricación de los productos... CLA100199 **3 cruz** +: Todos deberíamos imaginarnos cómo debe ser eso de ser hija de (...) y *cargar* con esa cruz. CLA280601 **4 culpa:** ...se dará cuenta del error, porque no *cargará* con esa culpa el PC que ha hecho todos los intentos por lograr un acuerdo. HOY201097

B SUSTANTIVOS DENOMINATIVOS, MÁS FRECUENTEMENTE SI SE USAN CON INTENCIÓN DESPECTIVA: **5 sambenito** +: ...las palabras regulación y autorregulación *cargan* el sambenito de una connotación negativa... DHE030997 **6 apodo** +: Otros, en cambio, por *cargar* con el apodo, se encuentran con surrealistas situaciones. EPE160499 **7 etiqueta:** Supongo que *cargaremos* con la etiqueta de «híbrido» durante bastante tiempo. EME270296 **8 nombre:** En homenaje a su hermano muerto, Dalí *cargó* toda su vida con el nombre de otro. CLA230199 **9 diminutivo:** Se ha plantado en el 1,78, bastante por debajo del padre, que, pese a ser mayor en edad y estatura, sigue *cargando* con el diminutivo... EPE021180 **10 denominación:** ¿será posible llegar a acuerdos entre ambos partidos (...) sin tener que *cargar* con la denominación de españolistas? EPE310199

C DIVERSOS SUSTANTIVOS QUE DESIGNAN DE DIVERSAS FORMAS LA PRESENCIA O EL IMPACTO DE UN HECHO PASADO EN EL PRESENTE: **11 consecuencia** ++: «¿Qué hace el director? Pues *cargar* con las consecuencias de las explosiones súbitas de talento». EPE101199 **12 estigma** +: Los «huérfanos del sida» tienen que *cargar* con el estigma de la enfermedad. EPE230799 **13 herencia** +: Tal vez éste haya sido su principal mérito: estar al frente y *cargar* con una de las herencias más inquietantes en la historia de la entidad blanquiazul. LVE211196 **14 recuerdo:** «Una de las trastadas de morirse es que obligas a los demás a *cargar* con tus recuerdos». LVE171295 **15 lacra:** ...los seres humanos deberán *cargar* con sus lacras como un destino personal. EPE010299 **16 bagaje** +: ...¿por qué *cargarle* un bagaje histórico, propagandístico y francamente tercermundista, que no es la intención declarada de sus creadores? PME010996 **17 legado:** El cantaor sabe muy bien que en esas bulerías *carga* con el legado de toda una tradición, y el que las escucha lo percibe. INDOC

D SUSTANTIVOS QUE DENOTAN RESULTADO ADVERSO: **18 fracaso** ++: ...el gobernador priísta, si bien tuvo que *cargar* con el fracaso de su partido, se levantó con los laureles de haberse comportado democráticamente. PME011296 **19 derrota** ++: ...fue castigado con cinco carreras e igual número de inatrapables en una entrada y dos tercios para *cargar* con la derrota. EUV120996 **20 revés** +: ...*cargó* con el revés en ocho episodios, en los que aceptó cuatro anotaciones y 10 imparables y firmó tres pasaportes. DYM040796

E SUSTANTIVOS QUE DENOTAN AMONESTACIÓN O CASTIGO: **21 castigo** +: Los escritores *cargaron* con ese castigo porque era lo más fácil: más que los industriales, banqueros, abogados, científicos... LVE160595 **22 sanción** +: ...¿por qué ciertos estados islámicos pueden pervertir tan flagrantemente los ideales olímpicos sin recibir ninguna amonestación, sin *cargar* con alguna sanción? LVE120696 **23 pena** +: Va a tener que *cargar* con una pena de quince años y un día, a menos que el juez se ablande en el último momento. HOY070797

F SUSTANTIVOS QUE DESIGNAN DIVERSOS ESTADOS, SENSACIONES O SENTIMIENTOS DE AFLICCIÓN: **24 vergüenza** ++: ...ha hecho poca mella en un pueblo que se ha resignado a *cargar* con su vergüenza... EME270195 **25 infamia** ++: ...dejándole por castigo *cargar* toda su vida con sus infamias... PME201096 **26 dolor** +: Uno quisiera *cargar* con algo del dolor de las víctimas y de los suyos, quitarles un poco de su peso insoportable. EPE071199 **27 sufrimiento** +: ...tocó a Shopenhauer «*cargar* con el sufrimiento voluntario que comporta la veracidad»... EPE240800 **28 angustia:** Es importante aprender a cerrar hechos pasados, no *cargar* con la angustia de los errores cometidos... EPC190597 **29 disgusto:** Incluso, tuvo que *cargar* con el disgusto de algunos amigos, molestos con el maltrato que les dispensaba... RUM201097 **30 pena** +: ...*carga* con una pena larga y, sin embargo, está contenta, es actriz y es cómica. HOY070797

☐ Véase también: **apechugar (con), apencar (con), asumir, cargar, cumplir, llevar sobre {los hombros/las espaldas/la conciencia}, pagar.**

cargo **I** *(puesto)* ♦ **acreditado, codiciado, de responsabilidad, directivo, elegible, ejecutivo, honorario, honorífico, inmerecido[26], interino, oficial, remunerado, temporal, vacante, vitalicio** ♦ **abandonar, abusar (de)[15], acariciar[29], acceder (a), aceptar, aferrarse (a)[2], afianzar(se)[3], apear(se) (de)[1], aposentar(se) (en), asumir[14], ceder, cesar (en), confirmar (en), copar[10], dejar, delegar[21], derrocar, desbancar, desempeñar[7], designar, destinar (a), destituir (de), dimitir (de), ejercer, endilgar[2], escalar[4], inhabilitar (para), jurar[9], nombrar (para), ocupar, ostentar, permanecer (en), recaer[41], rechazar, relevar (de), renunciar (a), retirar(se) (de), revalidar[1], simultanear, suspender (de), tener, usurpar[3]**
II *(acusación)* ♦ **infundado[11]** ♦ **absolver (de)[4], achacar[3], afrontar, apuntalar, enfrentar(se) (a), formular[24], imputar[12], librar(se) (de)[26], negar[28], presentar, refutar[19], reiterar, retirar**

☐ Véase también: **acusación, atribución, empleo, función, imputación, presidencia, título.**

CARGO Véase: ATRIBUCIÓN; FUNCIÓN

caricatura ♦ **amable, atinado, auténtico, burdo, calumnioso, cómico, costumbrista, descarnado,**

divertido, esquemático, exagerado, grotesco, hilarante, hiperbólico, hiriente, ingenioso, insultante, irrisorio[31], jocoso, logrado, patético, perfecto, ridículo, sarcástico, simpático, simple, tópico, torpe ♦ bordar[11], bordear, bosquejar, clavar, convertir (en), dibujar, esbozar, hacer (de algo/de alguien), hacer(le) (a alguien), pintar, rayar (en)[4], realizar, trazar

□ Véase también: **chiste, ironía, sarcasmo, sátira**.

caricia ♦ afectuoso, agradable, amargo, apasionado, cálido, cariñoso, clandestino, continuo, delicioso, desvergonzado, dulce, eficaz, frío, huidizo, humano, inesperado, infinito, inolvidable, prometedor, reconfortante, seductor, sensual, suave, sutil, tierno, volandero ♦ entre, mediante ♦ aceptar, añorar, colmar (de), cubrir(se) (de)[2], dar (a alguien), envolver (en), escatimar, esquivar, hacer (a alguien), intercambiar, llenar (de), notar, obsequiar (con), prodigar[20], recibir, sucumbir (a)

□ Véase también: **arrumaco, gesto (de), mimo**.

cariño ♦ acendrado[40], auténtico, desmedido[26], desmesurado[38], fraternal, hondo[14], infinito, maternal, profundo[18], rebosante (de)[6], verdadero ♦ con ♦ acceso (de)[19], demostración (de)[15], expresión (de)[9], fuerza (de), muestra (de), sentimiento (de) ♦ agotar(se)[26], arraigar (en alguien), brindar[30], cobrar, coger (a alguien), colmar (de)[19], confesar[43], conquistar[15], crecer, dar[23], demostrar (a alguien), depositar (en algo/en alguien), derramar[23], derrochar[11], desbordar(se)[25], despertar (en alguien), disfrutar (de), encontrar (en alguien), expresar, ganar(se), gozar (de), granjearse[9], guardar[53], infundir[34], inspirar[23], necesitar, prodigar[24], profesar[46], recibir, recordar (con), responder (a), rodear (de), sentir[2], tener (a alguien), tomar[53], tratar (con)

□ Véase también: **afecto, amor, estima, ternura**.

carisma ♦ acendrado, arraigado[32], arrollador[31], carente (de), cautivador, de líder, deslumbrante, discreto, especial, fiel (a), indudable, innecesario, insuficiente, intransferible, irresistible, marcado, necesario, nulo, personal, político, popular, proverbial, público, singular, sobrado (de)[36], suficiente, verdadero ♦ con, sin ♦ ápice (de)[56], falta (de) ♦ alardear (de), aportar (a algo), aprovechar, carecer (de), demostrar, derramar[16], derrochar[73], eclipsar(se), emanar (de alguien), exhibir, forjar(se), gozar (de)[17], heredar, imprimir[8], perder, poseer, realzar, reconocer(le) (a alguien), recuperar, rendirse (a/ante), restar (a alguien), sucumbir (a), tener, transmitir

□ Véase también: **personalidad**.

carismático ♦ estrella, figura, intervención, jefe, jugador, líder, personalidad, presidente, talante, *otros sustantivos de persona*

cariz *sust.* ▮ Se construye con sustantivos en complementos preposicionales *(el cariz de los acontecimientos)*. Admite un gran número de adjetivos, pero destacan especialmente sus combinaciones con...

A ADJETIVOS RELACIONALES, MÁS FRECUENTEMENTE SI DESIGNAN ACTITUDES O PUNTOS DE VISTA IDEOLÓGICOS, RELIGIOSOS, SOCIALES O PROFESIONALES: **1 político ++:** Se cree que el asunto tiene un *cariz* político, pues (...) es uno de los principales dirigentes del PAN en la localidad. DYM040796 **2 democrático +:** ...en el cual incorporan al Partido Revolucionario, con el fin de otorgarle un *cariz* más democrático al futuro Gobierno... LHG140797 **3 social:** ...eran los lemas que presidían las pancartas (...) en reivindicaciones de distinto *cariz* social. EME301095 **4 conservador:** ...ha adquirido en los 90 un *cariz* conservador... LVE080396 **5 nacionalista:** En Cataluña no existe un tercer sindicato, y de *cariz* nacionalista, como en el País Vasco o Galicia. EME200195 **6 liberal:** ...un departamento de *cariz* liberal como lo es Industria... LVE170696 **7 institucional:** En un mensaje de *cariz* institucional, el vicepresidente dijo que el Gobierno cuenta con suficiente respaldo... EME030594 **8 religioso:** Si alguien, por otra parte, pudiera pensar que el *cariz* religioso (...) condiciona (...) está equivocado. ABC100792 **9 financiero:** ...esta adquisición de claro *cariz* financiero, oscurecido por las connotaciones políticas. EME260494 **10 económico:** ...reforzar el papel de los sindicatos en las diferentes instituciones de *cariz* económico... LVE240196 **11 revolucionario:** ...se anuncia un acto que posee *cariz* revolucionario. ETC311096 **12 filosófico:** ...plantear cuestiones de *cariz* filosófico e indagar en la condición humana... ABC240492 **13 surrealista:** «Trainspotting» posee un tupé onírico, de *cariz* surrealista, que le imprime un aire respirable y hasta gozoso... LVE290996 **14 costumbrista:** Sus novelas (...) no se inscriben en una literatura de *cariz* costumbrista. ABC150592

B ADJETIVOS QUE DENOTAN ALARMA, RIESGO O CONMOCIÓN EN DIVERSOS GRADOS: **15 dramático ++:** Inmediatamente, los hechos toman un *cariz* dramático. LNP080497 **16 peligroso +:** Los acontecimientos en el Cáucaso norte de Rusia toman un *cariz* cada vez más peligroso pese al alto el fuego... LVE171294 **17 amenazante:** Los intercambios están de moda y las urnas cobran un *cariz* amenazante... EME240394 **18 incierto:** ...la contienda tomó un *cariz* más incierto. EPE040977 **19 inquietante:** ...la autora elabora además una fábula de *cariz* inquietante... LVE220495 **20 sombrío:** La puesta en imágenes adquirió otro *cariz*, más duro, más sombrío... LVE070196 **21 desesperado:** Así las cosas, la nueva estrategia (...) muestra un *cariz* desesperado, pero no exento de peligro. LVE171195 **22 alarmante:** Sin embargo, en las últimas semanas el caso está tomando un *cariz* alarmante. EME140696 **23 preocupante:** Evidentemente, contra el preocupante *cariz* del Estado del bienestar... LVE140196 **24 comprometedor –:** Pero, a partir de la trascendente decisión del Tribunal Supremo el asunto toma un *cariz* comprometedor para esas profesiones. EME150196

C ADJETIVOS QUE DENOTAN IGUALDAD O DIFERENCIA: **25 distinto ++:** No se trata de que esto haya sido necesario para darle un *cariz* distinto a mi relación con Víctor. CAR120597 **26 diferente +:** ...son las declaraciones del secretario general las que dan al debate un *cariz* diferente. HOY180886 **27 diverso:** ...conviven seres del más diverso *cariz*... ABC271291 **28 contrario:** Lo contrario puede llevar a condiciones que, tarde o temprano, cobrarán un *cariz* contrario, dramático, si se quiere. ETC170796 **29 irregular:** Tono que inyectó un *cariz* irregular a la contratación... LVE220596 **30 similar:** ...hacen pensar en el agravio inferido a otros títulos –y a sus editores– de similar *cariz*. EME271096 **31 semejante:** Todas estas vicisitudes, unidas a otras de semejante *cariz*, me han sugerido la conveniencia de instalarme... EPE130499 **32 opuesto:** ...una actuación desinteresada y generosa aparentemente, que acabó adquiriendo el *cariz* opuesto. INDOC

D EL ADJETIVO *MAL*, SU COMPARATIVO *PEOR* Y SU ANTÓNIMO *MEJOR*: **33 mal ++:** Los acontecimientos habían tomado mal *cariz*... ABC290794 **34 peor +:** El que las cosas no hayan tenido peor *cariz* hay que atribuirlo tal vez al hecho de que (...) «los mercados internacionales no suelen reaccionar...». LVE261196 **35 mejor:** ...la II Guerra Mundial empezaba a tomar mejor *cariz* para los aliados. EME281196

E ADJETIVOS QUE ALUDEN A LA ANTIGÜEDAD O A LA FRECUENCIA DE ACCIONES O SUCESOS: **36 nuevo +:** ...sería para proseguir allí, con un *cariz* nuevo si se quiere... ABC270195 **37 viejo:** El viejo *cariz* de la existencia va siendo arrumbado vertiginosamente... ABC160793 **38 insospechado:** ...la orquesta de cuerda, con sus golpes súbitos o su línea melódica, toma un *cariz* insospechado. EME071195 **39 actual:** ...responsable de adaptar la obra para darle un *cariz* actual... EPE280799 **40 contemporáneo:** Los aires de Glenn Miller, arreglados con un *cariz* contemporáneo, nos trajeron vientos de Count Basie... LVE180796 **41 circunstancial –:** Su obra no responde sólo a exigencias estéticas, éticas e incluso políticas de *cariz* circunstancial. ABC170295

F ADJETIVOS QUE DENOTAN VIOLENCIA, OFENSA, AGRESIVIDAD Y OTROS RASGOS Y ACTITUDES QUE PUEDEN CONSIDERARSE DELICTIVOS, INMORALES O PERJUDICIALES EN MUY DIVERSOS GRADOS: **42 violento +:** ...el *cariz* violento que estaba comenzando a tomar la cuestión (...) les obligaba a hacer causa común. EME050694 **43 autoritario +:** ...su gestión (...) ha ido tomando un *cariz* cada vez más autoritario. LVE010896 **44 discriminatorio:** ...una lengua de la que debemos sentirnos orgullosos está tomando un *cariz* discriminatorio... EPE140299 **45 sórdido:** ...a medida de que el asunto adquiría un *cariz* más sórdido, la preocupación (...) ha dado paso a una indisimulada inquietud. EPE150599 **46 turbio:** El encarcelamiento (...) ha dado un *cariz* mucho más turbio al asunto. EPE130599 **47 duro:** El movimiento contestatario de los agricultores griegos (...) tomó un *cariz* mucho más duro... LVE310395 **48 arrogante:** ...su tendencia al protagonismo y un cierto *cariz* arrogante le han supuesto también un aluvión de críticas. ABC160695 **49 criminal:** ...otra vez tenemos un régimen autoritario-policial (esta vez con un fuerte *cariz* criminal). LVE100595 **50 denigrante:** ...son de un *cariz* especialmente denigrante, según han denunciado... EME221095 **51 atacante:** El Lleida espera al Mallorca con una alineación de neto *cariz* atacante. LVE170995 **52 antidemocrático:** ...una cosa es la libertad de expresión y otras son las manifestaciones ofensivas de *cariz* antidemocrático. INDOC **53 brutal –:** Este nuevo atentado, que sigue a los secuestros y los chantajes, tiene el *cariz* brutal de una amenaza... EME200696

G ADJETIVOS QUE DESIGNAN NOCIONES RELATIVAS AL ÁMBITO DE EXTENSIÓN O APLICACIÓN DE ALGUNA COSA: **54 familiar:** El hotel (...) se caracteriza por su *cariz* familiar... LVE230696 **55 particular:** El asunto ha tomado un particular *cariz* al haberse cuestionado también la actuación de sus superiores... EME270494 **56 casero:** Y un último indicativo de *cariz* más casero. LVE101295 **57 personal:** Le dio, de hecho, un *cariz* personal, familiar. DYM170796 **58 global:** ...los próximos proyectos tienen un *cariz* cada vez más global... LVE171296 **59 público:** Para nosotros lo peor sería aún el *cariz* público del pecado. EME300695 **60 popular:** La vuelta al teatro de *cariz* más popular se produce a mediados del XIX. LVE100895 **61 mediterráneo:** Su catalanidad de *cariz* mediterráneo establece una auténtica categoría de vivencia interior... ABC060392

H OTROS ADJETIVOS; POSIBLES USOS ESTILÍSTICOS: Moda Barcelona se perfila como una muestra donde el envoltorio (...) tomará *cariz* protagonista. LVE130995; ...habría incrementado también su capacidad de gestión en asuntos de *cariz* petrolero... EPE020484; No son éstas unas elecciones de cambio. Van a tener un *cariz* muy plano. EPE200599

▩ Se combina también con: ♦ **tomar**[14]

carnal *adj.* ▮ Usado como adjetivo relacional, se combina con varios sustantivos de parentesco *(pariente, primo, tío, sobrino)*. En su sentido de 'lascivo, lujurioso', se combina con sustantivos de persona *(joven, amante, pecador, mujer)*. También se combina con...

A SUSTANTIVOS QUE DENOTAN RELACIÓN O CONTACTO ENTRE PERSONAS. TAMBIÉN CON ALGUNOS QUE DESIGNAN LAS ACCIONES QUE LOS MANIFIESTAN: **1 relación ++:** Ella afirma que nunca consumó la relación *carnal* con el amante desconocido... EME050296 **2 trato ++:** No hay constancia de que hubiera trato *carnal* con el autor... EPE271099 **3 unión:** ...la unión *carnal* pueda transformarse en una historia amorosa... EME200796 **4 acceso:** Cuando la agresión consista en acceso *carnal*, (...) la «violación» será castigada con... EME090795 **5 conocimiento:** Y va conociendo amantes que le ahondan en un mayor conocimiento *carnal*, pero sin salir jamás de la terrible soledad del eros primitivo. EPE110977 **6 contacto:** ...los sustitutos virtuales de una visita a una catedral o de un verdadero contacto *carnal*... LVE140696 **7 vínculo:** Hurtándose, así pues, a toda identificación empírica, evadiéndose de todo vínculo *carnal* (...), la patria se sublima en entelequia histórico-retórica... EPE111080 **8 acto –:** ...en principio se negó a realizar el acto *carnal*... EPE010886 **9 ayuntamiento:** ...no han vuelto a conocer el «ayuntamiento *carnal*» desde hace diez años... EME101295 **10 cópula:** ...«palabras obscenas, inductivas a cópula *carnal*». EME250596 **11 tocamiento:** ...prohibía por principio todo tocamiento *carnal*, cualquier beso... EPE190800 **12 aventura –:** ...la aventura *carnal* con una joven turista norteamericana... LVE030395 **13 fusión –:** ...viejo sueño de una fusión *carnal* entre la sílaba y la nota... LVE080196 **14 yacimiento –:** la certeza del yacimiento *carnal*... EPE050178

B SUSTANTIVOS QUE DENOTAN AFECTO, INCLINACIÓN O PROPENSIÓN, A MENUDO VEHEMENTES O INTENSAS, HACIA ALGO O ALGUIEN: **15 amor ++:** ...se ha dejado llevar por la fuerza del amor *carnal*. EPE031299 **16 deseo:** ...elevadas cantidades de alcohol disminuyen el deseo *carnal*.

EME170396 **17 apetito:** ...hambre atrasada en materia de apetitos *carnales...* LVE200696 **18 apetencia:** ...intentando saciar sus apetencias *carnales* o, simplemente, visuales. EME040896 **19 pasión:** Dirigir una obra con sólo diez personajes y sobre pasiones *carnales...* LVE091095 **20 pulsión:** ...peripecias inconexas relativas a unas formas de vida de antaño: (...) el descubrimiento del cuerpo, las pulsiones *carnales...* EME191195 **21 compulsión:** ...de momento, sólo quiere engullir foie-gras efectivamente, y no ninguna otra cosa de mayor compulsión *carnal...* EME130695 **22 impulso:** ...se defiende de los impulsos *carnales* de su marido. EME061295 **23 tentación:** ...rechaza la última fase de la visión, la tentación *carnal...* ABC091092 **24 debilidad –:** ...bastante de lo advertido en titulares se justifica en los textos de sus canciones: (...) los ataques de estrés (...), la debilidad *carnal* (...) hecha apostasía... EME310196 **25 ambición –:** ...un arquetipo erótico ajustado a las ambiciones *carnales* de la península vecina... LVE271096 **26 concupiscencia –:** ...haciendo creer que la felicidad se encuentra en el dinero (...) o en la concupiscencia *carnal.* EPE270199

C SUSTANTIVOS QUE DENOTAN PLACER O DESIGNAN LA ACCION DE EXPERIMENTARLO O SATISFACERLO: **27 placer +:** ...fue una obsesionada del placer *carnal...* ESP001101 **28 deleite:** ...apetito desordenado de los deleites *carnales.* LNC271196 **29 goce:** ...joven, saludable, jovial y predispuesta al goce *carnal.* EME140996 **30 satisfacción:** ...le ofrece la chica al representante para su satisfacción *carnal...* LVE290996 **31 divertimento –:** ...una comedia de música pop, un canto al divertimento *carnal...* LVE161195

D SUSTANTIVOS QUE DENOTAN EXCESO O COMPORTAMIENTO MORALMENTE CENSURABLE: **32 exceso:** ...su eterna mala fama de excesos *carnales* y etílicos. EME111195 **33 desenfreno:** ...la próxima novela (...) va a ser presentada como (...) un desenfreno *carnal...* ABC080794 **34 promiscuidad:** ...la laberíntica promiscuidad *carnal* deviene en la tiranía del placer... EME150696 **35 pecado:** ...volver a revisar pecados *carnales* y las notorias mentiras... CLA300199 **36 desafuero –:** ...los delanteros, al parecer más perjudicados por los desafueros *carnales* que centrocampistas... EME190694

E SUSTANTIVOS QUE DENOTAN INTERCAMBIO. TAMBIÉN CON ALGUNOS QUE DESIGNAN OTRAS ACTIVIDADES DE NATURALEZA COMERCIAL: **37 comercio:** ...erradicar el comercio *carnal* del centro de los cascos urbanos. EME020795 **38 oferta:** La oferta *carnal* comienza en torno al mediodía. EME090294 **39 tráfico –:** ...se beneficiaban económicamente de tal tráfico *carnal...* EPE100699

F SUSTANTIVOS QUE DESIGNAN LA FACULTAD DE CREAR REPRESENTACIONES MENTALES. TAMBIÉN CON OTROS QUE DESIGNAN ALGUNOS DE SUS EFECTOS: **40 imaginación:** ...«vedettes» que exciten la imaginación *carnal.* EME290196 **41 fantasía:** ...las fantasías sentimentales, que (...) son también muy *carnales...* ABC220995 **42 ensoñación –:** Antes de las *carnales* ensoñaciones sobre esa ninfa... EME030696

G SUSTANTIVOS QUE DESIGNAN CREACIONES ARTÍSTICAS, PRINCIPALMENTE PICTÓRICAS Y LITERARIAS: **43 dibujo –:** Sus dibujos son eso: *carnales.* EME240995 **44 retrato –:** ...un retrato «humanista y *carnal*» con el que ganó (...) el 32° Premi Prudenci Bertrana de novela... EPE091099 **45 pintura –:** ...su pintura *carnal,* opuesta a la elegancia espiritada de lo florentino. ABC091092 **46 desnudo:** ...enfrenta a la frialdad del paisaje portuario un pequeño y *carnal* desnudo. ABC111292 **47 poema –:** ...un poema *carnal* o, más aún, un poema al cuerpo masculino... ABC271095 **48 historia:** Una historia *carnal* de Jolie y Banderas... EPE261001 **49 fábula –:** ...alentó la fábula *carnal,* triste y mediocre de La Sueca. EPE170799

H OTROS SUSTANTIVOS; POSIBLES USOS ESTILÍSTICOS: ...mostrando por un lado el esqueleto imprescindible y por otro relámpagos *carnales...* ABC041292; Esta circunstancia de tránsito y liberación a base de terremotos *carnales...* EME270595; ...una especie de santidad laica, de extraño misticismo *carnal.* ABC151191

[carne] → **en carne propia, en carne y hueso**

caro ♦ *(adv.)* **alquilar, comprar, costar, pagar, vender**

[carpetazo] → **dar carpetazo (a)**

carrera ♦ **académico, activo, ajetreado[13], artístico, atropellado, breve, brillante, contra reloj, delictivo[6], deportivo, desenfrenado[16], destacado, dilatado[2], discontinuo, docente, espectacular, exitoso, febril[12], fecundo[28], frenético[15], fugaz[16], fulgurante[27], fulminante[40], honroso[76], imparable[19], impecable[11], impresionante, inexorable, intachable[9], judicial, largo, limpio, maratoniano, meteórico, militar, político, precipitado, presidencial, profesional, rutilante[3], sacrificado, trepidante, turbulento[5], vertiginoso[49]** ♦ **en punto muerto[28]** ♦ **acelerar, afianzar(se)[6], anotar, apuntalar, arruinar, auspiciar, avalar[18], cimentar[44], coronar, correr (en), culminar[43], cursar, declinar[10], deparar[10], destacar (en), dominar, echar(se) a perder, echar[87], empañar(se)[29], emprender[3], encabezar, encarrilar[20], enderezar[6], ensuciar[18], estudiar, fracasar (en), fraguar(se)[63], frenar, frustrar, ganar, hacer, impulsar, jalonar[14], lanzarse (a)[11], malograr(se)[18], obstaculizar[44], orientar, participar (en), pegar[22], perder, pisotear[31], proseguir, ralentizar, remontar[57], seguir[38], sellar, tener, torcer(se)[9], trazar, truncar(se)[14], zozobrar[6]**

□ Véase también: **biografía, curso, movimiento, trayectoria.**

[carrerilla] → **de carrerilla**

carretera ♦ **abrupto, ancho, angosto, comarcal, concurrido, corto, de {doble/una} dirección, despejado, en construcción, escarpado, estrecho, expedito, impracticable, infame, infernal[12], intransitable, largo, lento, nacional, ondulante, peligroso, polvoriento, practicable, principal, rápido, retorcido, secundario, serpenteante, solitario, tortuoso, transitable, vecinal, zigzagueante** ♦ **al borde (de), a lo largo (de)** ♦ **acceso (a), bloqueo (de), control (de), corte (de), firme (de), mantenimiento (de), mapa (de), mejora (de), pavimento (de), red (de), tráfico (de), tramo (de), trazado (de)** ♦ **abarrotar(se), abrir, acondicionar,**

ampliar, asfaltar, atascar(se), bifurcarse, bloquear, cerrar, circular (por), conducir (a un lugar), conectar (algo), confluir, congestionar(se)[1], conservar, construir, converger, cortar, cruzar, desbloquear, despejar(se), desviar(se), discurrir (por un lugar), dividir, enfilar, enlazar (algo), estrechar, ir (de un lugar a otro), lanzarse (a), mejorar, modernizar, obstaculizar, obstruir, pavimentar, privatizar, proyectar, reconstruir, recorrer, remozar, reparar, salir(se) (de), señalizar, serpentear, soterrar, transitar (por), trazar, unir (algo), utilizar

☐ Véase también: **calle, camino, carril, curso, vía.**

[carretero] → como un carretero

carril ♦ **adicional, de ida y vuelta[9]** ♦ **bloquear, circular (por), cortar, desbloquear, obstruir**

☐ Véase también: **camino, carretera.**

carta ♦ **abierto, amable, amoroso, atento, breve, confidencial[12], cordial, credencial, de amor, de apremio, de ciudadanía, de intenciones, de {mi/tu/su...} puño y letra[15], de naturalización, de navegación, de presentación, de triunfo, enérgico, extenso, frío, largo, manuscrito, mecanografiado, notarial, oficial, particular, personal, rogatorio, rotundo[52]** ♦ **firmante (de)** ♦ **adherirse (a)[36], certificar, conservar, contestar, decir (algo), depositar, descifrar[23], dictar, difundir(se)[21], dirigir (a alguien), echar, encabezar, entregar en mano, enviar (a alguien), escribir, falsificar, fechar, firmar, franquear, jugar, leer, mandar, recibir, redactar, remitir, repartir, responder (a), sellar**

☐ Véase también: **documento, epistolar, texto.**

carta blanca ♦ **conceder, dar[45], gozar (de)[24], otorgar**

carta de naturaleza ♦ **dar[79]**

cartel ♦ **alusivo, llamativo, luminoso[5]** ♦ **colgar, enarbolar, pegar, poner**

☐ Véase también: **letrero, póster, rótulo.**

cartesiano *adj.* ▮ Se combina con sustantivos de persona *(hombre, autor, personaje)*, así como con otros que designan lugares y objetos físicos *(ciudad, edificio)*. También se combina con...

A EL SUSTANTIVO *RACIONALISMO* Y CON OTROS QUE SE ASOCIAN CON EL PENSAMIENTO Y MUCHAS DE SUS UNIDADES CONCEPTUALES O METODOLÓGICAS. TAMBIÉN CON OTROS QUE REPRESENTAN CONCEPTOS DESTACADOS EN LA FILOSOFÍA DE DESCARTES: **1 racionalismo ++:** ...haber elegido expresarse en francés, lengua cuyo racionalismo *cartesiano* y su prurito de perfección le han marcado para siempre... ABC210892 **2 método ++:** ...rehuyendo todo método *cartesiano*, rompió los nervios de salida preguntando (...) si existe la cocina afrodisíaca... EME220795 **3 lógica +:** Amparado en su lógica *cartesiana*, tan distante del macondianismo criollo... RUM290997 **4 duda +:** ...se lanza entonces al ejercicio de la duda *cartesiana* e intenta encontrar el porqué de esta marcha entre la maraña de personalidades... EPE291201 **5 pensamiento:** ...una combinación explosiva atemperada por el pensamiento *cartesiano*, que coloca las cosas en su punto medio. EPD300597 **6 mente +:** Melancólico y encendido, alma húngara (...) pero mente francesa, *cartesiana* y barroca... EME080696 **7 razón:** ...la energía «juvenil» y «apasionada» originaria es suprimida y transformada en razón *cartesiana*. LVE180696 **8 razonamiento +:** ...un pequeño filósofo que ya no utiliza las artes del pícaro, sino el razonamiento *cartesiano*. LVE181095 **9 máxima:** «Participo, luego existo», habría de ser la máxima *cartesiana* de la democracia futura. EPE010999 **10 precepto:** ...el libro que comento lleva como lema el precepto *cartesiano* de poner en entredicho, una vez en la vida, todas las opiniones... ABC240792 **11 concepto:** Tal vez este sea un concepto muy francés, muy *cartesiano*, y los ingleses funcionan un poquito diferente. CLA030199 **12 definición:** ...un estudio sistemático y una «definición *cartesiana*» de en qué sectores y actividades es necesaria la empresa pública. LVE050995 **13 debate:** No cabe duda que por *cartesiano* que sea el debate, el país tiende a lo excesivo... EPE270299 **14 visión:** Aprecio (...) su honestidad intelectual, pero me perturba su visión reguladora y *cartesiana* a ultranza. EPE071199 **15 espíritu:** ...hay un inteligente humor y la sabiduría de un espíritu más *cartesiano* que lo que él mismo quisiera. ABC280495 **16 moral:** ...responde con un doble elogio de la moral provisional *cartesiana* y del escepticismo de Montaigne. LVE230196 **17 esquema:** ...fue el hombre que rompió los esquemas *cartesianos* de un rival que se ha reforzado con hombres grises... EME260896

B SUSTANTIVOS QUE DESIGNAN DIVERSOS ATRIBUTOS INTELECTIVOS DE LAS PERSONAS, MÁS FRECUENTEMENTE SI SE RELACIONAN CON LA EXACTITUD, LA PRECISIÓN O LA AUSENCIA DE CONFUSIÓN O DESORDEN: **18 rigor +:** En sus solos había un rigor *cartesiano* y una presencia viril (...) que le hacían diferente al resto... EME101296 **19 claridad +:** El libro (...) resume con claridad *cartesiana* y afortunada brevedad las líneas generales... ABC161294 **20 inteligencia:** ...muestra su pasión por Cataluña y, a la vez, una frialdad e inteligencia *cartesiana* que no le nubla los ojos. LVE040596 **21 precisión +:** ...«La muerte feliz», una especie de vago anticipo (o «matriz» o «prefiguración», se indicaba con más *cartesiana* precisión)... ABC091294 **22 equilibrio:** Romper el equilibrio *cartesiano* e introducir la ruptura con lo más ordenado y racional está en el corazón de toda fiesta. LVE111295 **23 sentido común:** ...resumen y explicitan su muy portátil ideario, mezcla de gusto griego y de *cartesiano* sentido común... ABC171195

C SUSTANTIVOS QUE DESIGNAN TEXTOS, MENSAJES Y OTRAS UNIDADES DE INFORMACIÓN: **24 artículo:** ...que sea un artículo *cartesiano*: en una columna las ventajas, en otra, los inconvenientes. EPE030181 **25 discurso:** ...sigue en la lógica de su propio discurso *cartesiano* cuando dice que el poder debe consensuarse y repartirse... LVE210595 **26 lenguaje:** ...pensar radicalmente, en lenguaje racional y crítico (no *cartesiano*, ni cortesano)... EPE030877

D SUSTANTIVOS DE CARÁCTER PROSPECTIVO QUE DESIGNAN PLANES O PROYECTOS: **27 proyecto −:** Javier Clemente reconoce en privado que a su *cartesiano* proyecto le falta la guinda de un Romario... EME180796 **28 deseo −:** El deseo *cartesiano* de que la «racionalidad científica» empape el alma... EME280195 **29 apuesta –:** La apuesta *cartesiana* por el racionalismo, la concepción filosófica según la cual la razón es la única fuente de conocimiento, no sólo sirve de fundamento a la ciencia... LVE260396

E LOS SUSTANTIVOS *EDUCACIÓN* Y *FORMACIÓN*: **30 educación +:** ...es posible que, pese a su educación *cartesiana*, (...) ceda más frecuentemente de lo que parece a los impulsos del corazón. EPE060699 **31 formación +:** ...resulta inconcebible que personas de formación *cartesiana* (...) alternen el miedo (...) con el aliento frívolo... LVE140595

F OTROS SUSTANTIVOS; POSIBLES USOS ESTILÍSTICOS: Hasta los sosos perros *cartesianos* de Muriedas, muerden. EME161295; ...bien por excesos *cartesianos* o por frías taxidermias, (...) se mete en la piel de sus personajes... ABC140795; Las diferencias ideológicas (...) eran más semánticas que reales, más bizantinas que *cartesianas*... LVE190296

☐ Véase también: **platónico**.

casa ♦ acogedor, amplio, antiguo, confortable, de campo, de postín[3], destartalado, desvencijado, embrujado, en ruinas, espacioso, fastuoso, flotante, gran(de), grandioso, ilustre, lujoso, luminoso, lustroso, majestuoso, mísero, natal, nuevo, opulento, oscuro, ostentoso, pequeño, pobre, pomposo, principesco, privado, recogido, ruinoso, rústico, señorial, sobrio, solariego, suntuoso, tradicional, vacío, vecino, vetusto, viejo ♦ en ♦ ama (de) ♦ abandonar, acondicionar, adecentar, albergar (algo/a alguien), alojar(se) (en), alquilar, arrasar, asaltar, cobijar (en), comprar, construir, demoler, derribar, derruir, desalojar, desocupar, desvalijar, edificar, encontrar, erguir(se), evacuar, habitar, huir (de), irse (de), levantar, llegar (a), mandar (a), morar (en), mudarse (a/de), ocupar, organizar, ornamentar, pernoctar (en), poner, quedarse (en), reformar, regresar (a), rehabilitar, residir, restaurar, salir (de), saquear, tener, tirar, vender, visitar, vivir (en), volver (a)

☐ Véase también: **edificio, hogar, vivienda**.

casar ♦ a la perfección, a las mil maravillas[13], armoniosamente[11], bien, exactamente, mal, perfectamente

cascada (de) ♦ auténtico, caudaloso, continuo, explosivo, frenético, impetuoso, inagotable, ininterrumpido, inmenso, interminable, tempestuoso, torrencial, tumultuoso, vistoso ♦ acontecimiento, acusación, agravio, aplauso, crítica, dato, decisión, declaración, denuncia, elogio, escándalo, imagen, información, iniciativa, movilización, pregunta, protesta, reacción, recuerdo, resultado ♦ caer (en), desatar(se), descargar, desencadenar(se), desplomarse (en), fluir, lanzar, lanzarse (en), llegar (en), precipitarse (en), producir(se), provocar

☐ Véase también: **avalancha (de), caudal (de), torrente (de), tromba (de)**.

casero *adj.* **▮** Se combina con sustantivos de persona en su sentido de 'apegado a la casa o al hogar' *(Mi marido es muy casero)*. En su sentido de 'hecho en casa con medios rudimentarios o no industriales', se combina con sustantivos que denotan artefacto, dispositivo o instrumento *(transistor, telescopio)*, entre ellos los que designan piezas de armamento explosivo o material pirotécnico *(bomba, petardo)*. Se construye muy frecuentemente con otros que designan alimentos diversos cocinados o preparados *(natillas, lentejas, flan, licor)*. Se combina asimismo con...

A SUSTANTIVOS QUE DESIGNAN LA ACCIÓN O EL EFECTO DE FABRICAR ALGO: **1 fabricación ++:** El menú consta de una compota de frutas tropicales, otra de auyama y una tercera, de fabricación *casera*, a base de aguacate. ENV221297 **2 elaboración +:** Los postres son de elaboración *casera* y la carta de vinos, completa. LVE240995 **3 producción:** ...dirigidos a poner en marcha una pequeña producción a veces *casera*, avalados por un grupo de seis u ocho mujeres. LVE230795 **4 confección:** La Policía encontró en el domicilio sustancias propias para la confección *casera* de petardos. EME010595 **5 manufactura:** Al parecer la policía requisó varios detonadores (...) y explosivos plásticos de manufactura *casera*. LVE220696 **6 construcción:** Se hacen llamar estudiantes, se cuelgan un salbeque cruzado a la espalda cargado de piedras, bombas de construcción *casera*, fósforos, una botella de agua... DLA030797 **7 diseño:** A postularse como «los más guapos» con indumentarias de diseño *casero*. EME140796

B EL SUSTANTIVO *COMIDA* Y CON OTROS QUE DESIGNAN ALGUNOS DE LAS FORMAS EN QUE SE PRESENTA O LOS LUGARES EN LOS QUE SE SIRVE O SE PREPARA: **8 comida ++:** A la pareja le gusta hacer todo tipo de comida *casera*, levantarse antes que los gallos (...), desayunar con mate... CLA140297 **9 restaurante +:** Mark convenció a un amigo para abrir un restaurante *casero* y a la vez original en Chueca. EME300696 **10 receta:** Es la receta *casera* para conseguir 1.200 millones de pesetas en un juego de azar. EPE200299 **11 plato:** El secreto de su éxito es ofrecer una gran variedad de platos *caseros*, de alta cocina y orientales, elaborados con materias primas de primera calidad... EME221296 **12 guiso:** ...sus menús consistían en una pobre selección de sopas o guisos *caseros*, sandwiches y empanadas grasientas o, aún peor, en cien platos de microondas. EME051195 **13 postre:** El yogur, los quesos y quesitos, la cuajada, los helados y multitud de postres *caseros* están hechos con leche. DDN090101 **14 licor:** Aún les quedan unas botellas de licor *casero* de cereza y nos invitan. LVE111195

C SUSTANTIVOS QUE DENOTAN REMEDIO O CURA. TAMBIÉN CON OTROS QUE DESIGNAN LAS ACCIONES O LOS INSTRUMENTOS QUE LOS PROPORCIONAN: **15 remedio ++:** «La gripe se cura sola», aseveró este neumólogo, «con aspirina, paracetamol y remedios *caseros*»... EDV030601 **16 botiquín +:** Cuando escribí la primera versión quise hacer una especie de botiquín *casero*. EME150595 **17 botica:** Aconseja revisar la botica *casera* tres o cuatro veces al año y hacer una limpieza de fármacos caducados. EME020295 **18 medicamento:** Si se enferma, usa medicamentos *caseros*, y evita gastos en las farmacias. ESP220597 **19 tratamiento:** En la «Sección de belleza», Chelo Candenas nos hablará sobre un tratamiento *casero* contra las cartucheras. EPE250399 **20 lavado de estómago –:** El pasado día 28, al notar que el producto tenía un sabor muy extraño, la mujer se hizo un lavado de estómago *casero* y se provocó el vómito. LVE310896

D SUSTANTIVOS QUE DESIGNAN EL RESULTADO DE ALGUNA PRODUCCIÓN AUDIOVISUAL, ASÍ COMO ALGUNOS DE SUS SOPORTES MATERIALES O SUS CONTENIDOS. TAMBIÉN CON OTROS QUE SE REFIEREN A LOS GÉNEROS QUE CORRESPONDEN A ESAS FORMAS DE EXPRESIÓN: **21 vídeo ++**: ¿Por qué echarle la culpa de tales anormalidades a la televisión, al cine, al vídeo *casero* o a la inoportuna radio? EUV061196 **22 grabación +**: Yo empecé esto haciendo grabaciones *caseras*, en casetes TDK. CLA111000 **23 filmación**: Este espacio de vídeos con curiosidades, bromas, filmaciones *caseras* y diversas torpezas risibles... EPE180699 **24 rodaje**: Los vídeos de los testimonios, que tienen la calidad de un rodaje *casero*, han sido editados para ajustar su duración a los 30 minutos del programa... EPE230800 **25 película**: Además, incluye imágenes inéditas de los Beatles, muchas de ellas pertenecientes a películas *caseras* de los propios músicos. EME031295 **26 cinta**: En vez de las travesuras infantiles y las caídas más o menos jocosas que conforman la gran mayoría de los programas de cintas *caseras*... LVE310895 **27 maqueta**: Unos temas que ahora ha incluido en sus conciertos, sin que mucha gente sepa que una vez las grabó en discos nada comerciales e incluso, únicamente, en maquetas *caseras*. EME250594 **28 cine**: ...funde la peculiar iconografía más universal del lenguaje del musical norteamericano con los giros costumbristas del más *casero* cine francés, incluido el remilgado, abundante allí. EPE020287 **29 dibujos animados**: El vídeo que acompaña al libro, «Metamorfosis mortal», es una serie de dibujos animados *caseros*. EPE281099 **30 efectos especiales**: Un pianista pondrá la banda sonora a las películas, como en los orígenes, y los actores en vivo aportarán efectos especiales *caseros* a las proyecciones. EPE050700 **31 foto –**: ...una misma posibilidad: dibujar un rostro en la uña de un dedo y fijarlo en una foto *«casera»*. ABC150494 **32 porno –**: Y ahora lo que se lleva es el porno *casero*: gente no profesional que se anima a grabar sus pinitos sexuales. EME260596 **33 gore –**: Durante la adolescencia, Rodríguez había rodado historias de terror y «gore» *casero*. EME130496

E SUSTANTIVOS QUE DENOTAN GESTIÓN ECONÓMICA. TAMBIÉN CON ALGUNOS QUE DESIGNAN DIVERSOS CONCEPTOS RELACIONADOS CON LA INTENDENCIA Y CON LOS BIENES Y RECURSOS QUE EN FUNCIÓN DE ESTA SE PREPARAN O SE CONSUMEN: **34 economía +**: Pero como consecuencia (...) de las diarias complicaciones en la economía *casera*, la mujer, después de la Primera Guerra Mundial, se ve obligada a ganarse la vida... LHG100697 **35 administración +**: ...tenía un instinto o sentido práctico admirables: una extraordinaria disposición para la administración *casera*, el orden, la limpieza... ABC030295 **36 finanzas**: En los hogares reina la misma resignación: (...) un 33,6% observa con preocupación las finanzas *caseras*. EME261196 **37 presupuesto**: ...permite al gran cineasta iraní, siempre atrapado en presupuestos *caseros*, desplegar con abundancia de medios la genial elocuencia de su poesía visual. EPE291099 **38 consumo**: ...un país donde abundan los técnicos para el consumo *casero* y faltan entrenadores internacionales. HOY011297 **39 renta –**: ...todavía falta sumar las ganancias que por derechos de renta *casera* y proyección televisiva pueda generar. EXC140901 **40 gasto –**: ...pide una alta subvención mensual para gastos *caseros* por su arrepentimiento. EME181095

F SUSTANTIVOS QUE DENOTAN REPARACIÓN O ACTIVIDAD MANUAL DE CARÁCTER GENERALMENTE CIRCUNSTANCIAL: **41 arreglo +**: Allí, los arreglos suelen ser *caseros* y pueden aumentar el riesgo de derrumbe. EME220196 **42 reparación +**: Las actividades que realizan son muy variadas (...) transporte familiar, reparaciones *caseras* y representación familiar. EME050596 **43 manualidad**: ...ha reservado la tarde de los domingos a enseñar el oficio de la fotografía y las manualidades *caseras*. EME101196 **44 remiendo**: Se trata de ofrecer servicios (...) que, a su vez, te abren las puertas a todo tipo de remiendos *caseros* sin que tiemble la economía doméstica. EME060596 **45 chapuza +**: ...la ciencia ha dado paso a la chapuza *casera* y la teoría se ha perdido en beneficio del pragmatismo. EME140394

G ALGUNOS SUSTANTIVOS QUE DESIGNAN TÉCNICAS O DISCIPLINAS: **46 cocina ++**: Tras un empacho de vedetismo, nada mejor que la vuelta a la buena cocina *casera*. LVE091095 **47 gastronomía**: Ahora bien, si a lo meramente criminal le quitamos los calificativos de gratuito o «en serie» y le agregamos (...) los placeres de la gastronomía *casera*... LVE080494 **48 bricolaje**: ...el plan de la tarde es atracarse de vídeos y de merendola, o dedicarse al bricolaje *casero*. EME280194 **49 antropología**: Cardín ha buceado en sociedades exóticas frente a un tipo de antropología *casera*... EME040694 **50 farmacología –**: ¿Un tardo-punky con el cerebro arruinado por las secuelas de la farmacología *casera*? EPE221199

H OTROS SUSTANTIVOS; POSIBLES USOS ESTILÍSTICOS: Hasta que no se aplique una verdadera política económica a nivel empresarial para animar la inversión en la creatividad *casera*... LVE020595; Su novia les explicó entonces que estaba practicando un exorcismo, bastante *«casero»*... EME051095

casilla ♦ **en blanco**[7] ♦ **marcar, ocupar, rellenar, señalar, tachar**

[caso] → **en caso (de)**

caso ♦ **aislado, aleccionador, anecdótico**[4]**, apasionante, clamoroso**[24]**, claro, clínico, complejo, concreto, conocido, contado, curioso, enrevesado**[40]**, específico, esporádico, excepcional, flagrante**[55]**, hipotético, inédito, judicial, llamativo**[33]**, particular, pendiente, polémico, raro, turbio, único, visto para sentencia** ♦ **abrir, airear**[2]**, alargar(se), atañer**[4]**, bloquear, cerrar, congelar**[47]**, desbloquear**[30]**, desinflar(se)**[25]**, dirimir**[29]**, enjuiciar, esclarecer(se)**[15]**, estudiar, exceptuar(se), extrapolar, implicar(se) (en), imputar**[14]**, incluir(se), instruir, investigar, plantear, posponer, prevaricar (en), quitar hierro (a)**[4]**, reabrir**[1]**, resolver, retardar, salpicar**[3]**, sentenciar, sobreseer**[1]**, solucionar, zanjar**[4]

☐ Véase también: **ejemplo, suceso, supuesto.**

castañear ♦ **dentadura, diente**

castañetear ♦ **dentadura, diente**

[castañuela] → como unas castañuelas

castigar ♦ a golpes[33], a toda costa, con crueldad, con dureza[13], con mano dura[15], con toda justicia, con toda razón, debidamente[39], desmesuradamente, despiadadamente, drásticamente[30], duramente[16], ejemplarmente, electoralmente, en toda la línea, implacablemente, inexorablemente[19], inhumanamente, injustamente, justamente, merecidamente, seriamente[13], severamente[1], sin contemplaciones[39], sin misericordia, sin piedad[2]
□ Véase también: increpar, multar, penalizar, recluir, regañar, reprender, reprimir, sancionar.

castigo ♦ arbitrario[10], a ultranza[29], benigno[6], blando, corto, desmedido, desmesurado[60], desproporcionado, disuasorio[19], drástico[53], duro, efectivo[46], ejemplar, estricto, exagerado, excesivo, exento (de)[15], fuerte, implacable[26], indulgente, inhumano[19], injusto, inmerecido[12], insuficiente, insufrible, justo, largo, leve, llevadero[26], merecido, proporcionado, proporcional, riguroso, serio, severo[11], suficiente, tremendo ♦ ablandar(se)[24], abolir[14], acarrear[33], agravar(se)[84], aguantar, aligerar[41], aplicar, asumir[49], atenuar, cargar (con)[21], cumplir[38], derogar[19], dulcificar, ejecutar[37], encajar[26], endosar (a alguien), establecer[56], evitar, eximir (de)[24], exponerse (a), impartir, imponer, infligir[14], levantar[6], librar(se) (de)[13], quebrantar[40], rebajar[48], recaer[55], reinstaurar[8], revocar[26], someter(se) (a)[54], suavizar, sufrir[34]
□ Véase también: varapalo.

CASTIGO
♦ (SUSTANTIVOS) Véase: ablandar(se)[E], abolir[C], abusivo[E], acarrear[D], acatar[G], agravar(se)[M], aligerar[F], aminorar[I], arbitrario[B], asumir[I], benigno[B], blando[B], cargar (con)[E], cautelar[B], condicional[B], condonar[B], cumplir[F], derivar(se)[D], descargar[D], desmesurado[J], desorbitado[C], disuasorio[D], drástico[H], echar[J], efectivo[G,H], ejecutar[F], eludir[D], encajar[E], endosar[B], en firme[D], enjugar[E], establecer[J], exento (de)[B], eximir (de)[D], exorbitante[E], implacable[D], implantar[E], impugnar[B], inapelable[E], incumplir[K], infligir[B], inhumano[E], inmerecido[D,F], insignificante[F], levantar[B], librar(se) (de)[C], llevadero[E], mitigar[H], objeto (de)[J], preventivo[A], purgar[A], quebrantar[I], rebajar[E], recaer[F], reinstaurar[A], revocar[E], severo[B], sin perjuicio (de)[C], sobreseer[C], someter(se) (a)[H], so pena de[A], sufrir[F], terminante[A], tibio[F]
♦ (VERBOS) Véase: a diestro y siniestro[E], a golpes[E], comercialmente[I], debidamente[F], drásticamente[E], duramente[C], negativamente[G], severamente[A], sin contemplaciones[E]
□ Véase también: COERCIÓN.

CASTIGO Y SANCIÓN Véase:
♦ impune
♦ penalmente
♦ afrenta (a), agravio, amonestación, castigo, condena, correctivo, fianza, humillación, impunidad, inmunidad, limitación, multa, oprobio, pena, pena capital, penalti, prohibición, rapapolvo, reclusión, represalia, reprimenda, tortura
♦ amonestar, castigar, increpar, multar, penalizar, recluir, regañar, reprender, reprimir, sancionar

casualidad ♦ anecdótico, curioso, debido (a), dichoso, extraño, extraordinario, fatal, fatídico, feliz, grato, histórico, infausto[4], maldito, mero, providencial, puro, simple, sorprendente, tremendo, verdadero ♦ cadena (de), cúmulo (de)[37], fruto (de), producto (de), resultado (de), serie (de) ♦ de, por ♦ concurrir[11], dar(se), decidir (algo), depender (de), determinar (algo), favorecer (algo/a alguien), hacer (algo), querer (algo)
□ Véase también: azar, coincidencia, fortuna, milagro, suerte.

CASUALIDAD Véase: AZAR

catalogar ♦ alfabéticamente[3], cronológicamente, escrupulosamente, exhaustivamente[10], ordenadamente, por completo, por orden

catálogo ♦ bibliográfico, completo, documental, editorial, exhaustivo, explicativo, extenso, inabarcable, informativo, ingente[41], monumental, razonado, riguroso, selecto, sumario, temático, útil, vasto, voluminoso ♦ buscar (en), centralizar[23], componer, contener (algo), diseñar, editar, elaborar, figurar (en), incluir, mostrar(algo), realizar, recoger (algo), recopilar
□ Véase también: clasificación, índice, lista.

catarro ♦ coger, contagiar, curar(se), pegar, pillar[3]

catártico ♦ aventura, ceremonia, clímax, confesión, drama, efecto, estado, experiencia, fenómeno, función, historia, lágrima, lectura, letargo, liberación, milagro, proceso, sentimiento, significado, viaje

catástrofe ♦ absoluto, aéreo, ambiental, colectivo, dantesco, demográfico, dramático, ecológico, económico, electoral, en cadena[39], energético, espantoso, espeluznante, ferroviario, financiero, global, gran(de), grave, hipotético, humanitario[25], humano, imprevisible[48], indescriptible, inminente, irreparable[10], macabro, mayúsculo[25], natural, nuclear, pavoroso, planetario, público, sin paliativos[62], superviviente (de), terrible, total, trágico, tremendo, urbanístico, verdadero, violento ♦ al borde (de)[13], a raíz (de) ♦ alcance (de)[6], amenaza (de), caso (de), escenario (de), estado (de), horror (de), magnitud (de), secuela (de)[29], víctima (de) ♦ abatir(se)[4], abocar(se) (a)[27], acechar[22], anunciar, asaltar[29], augurar[18], avecinarse[2], azotar, calificar (de), causar, consumar(se)[29], controlar, declarar(se), deparar, desatar(se)[63], desembocar (en), desencadenar(se)[11], dirigir(se) (a), encaminar(se) (a), evitar, fraguar(se)[19], llegar, llevar (a), mitigar[26], ocasionar, ocurrir[12], paliar[24], poner remedio (a), predecir,

prevenir, prever, producir(se), recuperarse (de), reponerse (de), sembrar[76]**, sobrevivir (a), sufrir, tener lugar**

☐ Véase también: **adversidad, bancarrota, calvario, caos, conflicto, crisis, déficit, sequía.**

catastrófico *adj.* ▮ Constituye la locución nominal *zona catastrófica.* Se combina con sustantivos temporales *(año, temporada, otoño),* así como con otros que denotan evento *(negocio, partido, viaje, excursión, dimisión)* o situación o estado de cosas *(escenario, panorama, coyuntura).* También lo hace con otros que designan resultados de actividades muy diversas *(novela, edificio, examen, entrevista)* y, en general, lo que sucede o tiene lugar *(hecho, experiencia, caso).* Se combina especialmente con...

A SUSTANTIVOS QUE DENOTAN RESULTADO O EFECTO: **1 consecuencia** ++: ...el Gobierno debe estudiar muy bien la medida del aumento salarial antes de hacerla para evitar consecuencias *catastróficas.* DED281096 **2 efecto** ++: Para paliar los efectos *catastróficos* de las fuertes lluvias, la Comisión Europea aprobó ayer una ayuda de urgencia... EME020295 **3 resultado** +: Pero en ése y el actual Gobierno el modelo neoliberal ha tenido «resultados *catastróficos* para los sectores populares»... LNC281296 **4 derrota** +: Diputado nacionalista vaticina *catastrófica* derrota de Nora Melgar. LTH020797 **5 fracaso** +: ...sortean arbitrariamente las preguntas acerca de las razones de su *catastrófico* fracaso. EPE010900 **6 repercusión** +: Sin embargo, si se abandona la unión monetaria, se tiene que contar con tres repercusiones *catastróficas.* LVE141196 **7 balance** +: El primer secretario del Partido Socialista (PS) francés criticó ayer el balance «*catastrófico* en finanzas públicas» del anterior Gobierno... EME220595 **8 final:** Sólo que acá no hay una anécdota común ni un final *catastrófico* que concluya todas las historias. PME190197

B SUSTANTIVOS QUE DESIGNAN DESGRACIAS NATURALES O ACCIDENTES, ASÍ COMO SUS CONSECUENCIAS. TAMBIÉN CON OTROS QUE DESIGNAN EVENTOS QUE, SIN SER INTRÍNSECAMENTE NEGATIVOS, PUEDEN ASIMILARSE A LOS ANTERIORES: **9 terremoto** ++: Afectada por un terremoto *catastrófico,* dos guerras y una década de régimen marxista, la economía de Nicaragua ha estado cayendo en picada... ENH120198 **10 inundación** ++: ...lluvias torrenciales, las peores en los últimos 50 años, producen inundaciones *catastróficas* que se cobran 600 vidas. EME210496 **11 lluvia** +: La temperatura aumentará de aquí al 2100 en más de 5 grados, y con ella, los cambios climáticos bruscos, lluvias *catastróficas...* EPE041101 **12 sequía** +: Pero uno no ha percibido que este verano haya sido más ardiente que otros, ni que la sequía se mostrase más *catastrófica...* LVE140895 **13 incendio** +: La Comunidad talará bosques y rastrillará montes para evitar incendios *catastróficos.* EME300795 **14 daño** +: «Cualquier daño en estos azulejos térmicos puede ser *catastrófico*»... LRE020203 **15 enfermedad:** La cobertura integral de enfermedades «*catastróficas*», como renales, sida y cáncer no puede ser atendida por el seguro social... ENV190597 **16 hambruna:** Desde 1739 no se había producido ninguna hambruna *catastrófica...* EME151095 **17 accidente:** Ahora, diez años después del *catastrófico* accidente en la central nuclear de Chernobil, es buen momento para recordar que en nuestro país siguen funcionando nueve centrales nucleares. EME300496 **18 explosión:** «Sabemos que hubo una explosión *catastrófica,* que obviamente fue causada por algún tipo de bomba.». LVE270796 **19 choque:** Júpiter tiene once veces el diámetro de la Tierra y 337 veces su masa, por tanto, un choque que sería *catastrófico* para la Tierra... ABC150794 **20 impacto:** El caso Lady Di ha tenido un impacto *catastrófico,* y no sólo para los paparazzi. EPE120999 **21 temblor:** Los científicos han pronosticado que en el plazo de diez años se puede producir en la zona un temblor *catastrófico...* LVE040795 **22 seísmo:** Porque el temor apunta al lugar de siempre: un seísmo *catastrófico* en el «gran Tokio»... LVE220195 **23 avalancha:** Pero su socio Ed Viesturs y él escalaron la montaña de todos modos, sufriendo después una casi *catastrófica* avalancha... ENH020397

C SUSTANTIVOS QUE DENOTAN ENFRENTAMIENTO, A MENUDO VIOLENTO: **24 guerra:** Muy pocos imaginaban que de esa formación surgiese el Tercer Reich, capaz de desencadenar una *catastrófica* guerra mundial. EME280796 **25 enfrentamiento:** El futuro del presidente yugoslavo Slobodan Milosevic adquirió ayer una dimensión aún más incierta (...) en el epílogo de su *catastrófico* enfrentamiento con Occidente. EPE190699 **26 lucha:** ...la definitiva elevación del forzudo Stallone al estrellato (...) provoca una lucha que puede resultar *catastrófica...* LVE100595 **27 divorcio** –: ...la posibilidad siempre latente de un *catastrófico* divorcio entre flamencos y valones... LVE150796

D SUSTANTIVOS QUE DENOTAN RESOLUCIÓN O DESENLACE DE ALGO: **28 decisión:** ...es responsable de varias decisiones *catastróficas.* EME160696 **29 solución:** Es por ello que no puede cambiar métodos, objetivos y valores para sostener la estabilidad y evitar la violencia y las soluciones *catastróficas.* DYM040796 **30 salida:** ...«la salida de la peseta del SME sería negativa, pero no *catastrófica*». LVE030395

E SUSTANTIVOS QUE DENOTAN ACTUACIÓN O GESTIÓN, REFERIDAS CON FRECUENCIA A LOS ÁMBITOS ECONÓMICO Y POLÍTICO: **31 gestión** +: El coordinador general (...) atribuye las medidas de ajuste aprobadas por el Gobierno a la *catastrófica* gestión económica... EME280796 **32 política** +: Se ha limitado a ser rostro bueno de una política *catastrófica.* EPE251001 **33 sistema** +: Aunque resulte patético que las Brigadas existieran al impulso de otro sistema tan *catastrófico* como el fascista, el comunista. LVE141196 **34 actuación** +: Con motivo de las *catastróficas* actuaciones de la selección de fútbol peruana ha habido toda clase de comentarios... CAP140900 **35 actividad:** De ésta sólo se pueden reivindicar algunos planteamientos (...) y muy pocos de su *catastrófica* actividad política si nos atenemos a su contribución... ABC230994 **36 práctica:** ...«hasta el momento, todas las prácticas de selección interna en el PRI han sido *catastróficas*». PME090297 **37 improvisación:** Y las improvisaciones en este terreno acostumbran a resultar *catastróficas...* LVE121196 **38 apuesta** –: La apuesta por Francia que le llevó a la separación de España de 1641 a 1652 fue absolutamente *catastrófica.* LVE260696

F SUSTANTIVOS QUE DENOTAN ACCIÓN EQUIVOCADA O DESACERTADA: **39 error** +: Por su parte, los verdes calificaron ayer el proyecto de «uno de los errores más *catastróficos* y caros»... EPD091097 **40 equivocación** +: Confiemos en que no vuelva a cometer una equivocación tan *catastrófica*. INDOC **41 fallo:** Muchos afirman que fue precisamente ese reactor el que presumiblemente tuvo un fallo *catastrófico* al final de la carrera de despegue. EPE020999 **42 falla:** ...la compañía no ofreció a AeroPerú suficientes advertencias y entrenamiento para confrontar la emergencia provocada por una *catastrófica* falla... ENH040198

G SUSTANTIVOS QUE DENOTAN INCREMENTO, DESCENSO O DESARROLLO, RELATIVOS FRECUENTEMENTE AL ÁMBITO ECONÓMICO: **43 evolución** +: La *catastrófica* evolución de Daimler-Benz durante el pasado ejercicio se debió, en gran parte, al insoportable lastre de filiales muy deficitarias... LVE230196 **44 marcha** +: Klaus Kinkel tomó ayer la decisión lógica ante la *catastrófica* marcha de su partido... LVE190595 **45 cambio** +: ...las emisiones de las fuerzas armadas mundiales representan entre el 6 y el 10 de la contaminación atmosférica que está generando el *catastrófico* cambio climático. EPE271199 **46 caída** +: La Bolsa de Nueva York sufrió el lunes una *catastrófica* caída... EME110496 **47 devaluación** +: ¿Por qué haber tenido que comenzar mi gobierno con una *catastrófica* devaluación...? EXC090596 **48 aumento:** Por eso un aumento de salarios en este momento de depresión económica sería más *catastrófico*... LHG040900 **49 incremento:** Dichas medidas se basan en modelos informáticos de predicción climática que auguran incrementos de temperaturas *catastróficos*... LVE030695 **50 ampliación:** La ampliación del Congreso de los Diputados es verdaderamente *catastrófica* desde el punto de vista arquitectónico y urbanístico. ABC290592

H SUSTANTIVOS QUE DESIGNAN LO QUE SE ESPERA O SE PREVÉ QUE SUCEDA: **51 expectativa** +: Los mercados interpretaron que la única forma que tiene (...) de invertir sus *catastróficas* expectativas electorales es la tradicional... LVE080795 **52 perspectiva** +: ...Carlos María Abascal dijo no compartir la perspectiva *catastrófica* de algunos líderes políticos... EXC180197 **53 pronóstico** +: Contrariamente a los pronósticos más *catastróficos*, líderes protestantes y católicos del Ulster acudirán hoy al castillo de Stormont... EPE060999 **54 augurio** +: Hasta ahora, casi todos los augurios, y muy especialmente los más *catastróficos*, se han incumplido... LVE240995 **55 predicción:** Contra todas las predicciones *catastróficas*, va la señora Rowling y se inventa a un personaje... EPE150700 **56 profecía:** ...parecieran empeñados en darle la razón a Marx en sus profecías *catastróficas*... EME141095

I SUSTANTIVOS QUE DENOTAN ACTITUD, PUNTO DE VISTA, JUICIO Y OTRAS NOCIONES DE NATURALEZA ESTIMATIVA: **57 actitud** +: Mientras Campa Cifrián calificaba al PAN como un incitador de actitudes *catastróficas* y derrotistas, Altamirano Dimas le contestaba que el PRI estaba formado por corruptos y necios. DYM010996 **58 visión** +: ...los expertos recuperan el crecimiento sostenible que lanzaron los ecologistas en su visión *catastrófica*, pero real, de un futuro no muy lejano. EPE291099 **59 concepción:** ...es una concepción francamente *catastrófica* y denigrante... PME131096 **60 análisis:** ...el análisis que hacía ayer la dirección de la Federación Socialista Madrileña (FSM-PSOE) no era *catastrófico*. LVE300595 **61 juicio:** He hecho un juicio sobre los partidos políticos, pero no es un juicio *catastrófico*, no es totalmente negativo. EME110494 **62 cosmovisión** –: Tal vez la idea central que domina a su teatro sea una cosmovisión *catastrófica* del ser humano... ABC210795

J OTROS SUSTANTIVOS; POSIBLES USOS ESTILÍSTICOS: Este auge de las ONG significa (...) el quizá gran triunfo (...) después de haber abandonado por *catastróficas* las panaceas de la ideología política extremada. LVE120395

[catedral] → como una catedral

categoría

♦ **alto, bajo, especial, específico, excepcional, incuestionable, indudable, ínfimo, inmejorable, internacional, máximo, mayor, medio, profesional, superior** ♦ **a la altura (de)**[21]**, de, dentro (de)** ♦ **acceder (a), alcanzar, apear(se) (de), ascender (a), aumentar, avalar, bajar (de), conferir, conservar**[8]**, dar**[107]**, elevar (de), enjuiciar, envidiar, evidenciar(se), ganar, mantener, mejorar, perder, rebajar**[71]**, subir (de), valorar**
□ Véase también: **clase, grupo, relevancia, valor.**

categóricamente

adv. ▮ Admite algunos adjetivos *(falso, distinto, opuesto, contrario)*, pero acepta más frecuentemente verbos. Se combina con...

A VERBOS QUE DESIGNAN LA ACCIÓN DE AFIRMAR O DAR POR CIERTO ALGO: **1 afirmar** ++: ...no han afirmado *categóricamente* tener controlado el problema... POS311299 **2 asegurar** ++: ...no aseguró *categóricamente* que las quemaduras (...) fueran producidas por una plancha... LVE111195 **3 aseverar:** ...obligan (...) a no aseverar *categóricamente* la certeza de su descubrimiento... ABC161294 **4 ratificar:** ...ratificó *categóricamente* el esquema de convertibilidad... LNA050792 **5 sostener** +: El ex titular de Salud sostuvo *categóricamente* que nunca se hicieron consideraciones... LPN300197

B VERBOS QUE DENOTAN NEGACIÓN O INVALIDACIÓN DE ALGO: **6 negar** ++: ...negó *categóricamente* que se haya dado un ultimátum a los jugadores... LDD090597 **7 desmentir** ++: El llamado a «llevarse bien» es desmentido *categóricamente* por altas fuentes de Inteligencia Militar... VIS190697 **8 refutar:** ...refutó *de forma categórica* la noticia de la cadena de TV... EME091195

C VERBOS QUE DENOTAN OPOSICIÓN O REPROBACIÓN EN DIVERSOS GRADOS: **9 oponerse** ++: Hasta ahora (...) se había opuesto *categóricamente* a la ampliación de la alianza atlántica hacia el este de Europa. EUV100297 **10 condenar** ++: ...los educadores y catedráticos presentes condenaron *categóricamente* la actitud de la ministra... PLG100197 **11 rechazar** ++: ...rechazó *categóricamente* haber estado angustiado por la amigdalitis... LEC030497 **12 desaprobar:** Los representantes de la iglesia Evangélica de Tegucigalpa desaprobaron *categóricamente* ayer las predicaciones religiosas... LTH020797

D VERBOS QUE DENOTAN EXCLUSIÓN O DESESTIMACIÓN: **13 excluir** ++: ...excluyó ayer *categóricamente* cualquier posibilidad de crear un «gobierno de coalición». LVE240596 **14 descartar** +: Descartó *categóricamente* cualquier tipo de objeciones... LPA160592 **15 desechar:** Hay que desechar *categóricamente* una actitud fatalista ante tal situación... EPE111080 **16 renunciar:** En lugar de renunciar *categóri-*

camente (...) se limitó a decir que estaba «en plena disposición» de hacerlo... SEM100996 **17 declinar –:** ...hubo de declinar cortés, pero *categóricamente*, un «pídenos lo que tú quieras» de una poderosa empresa... LDD190597

E OTROS VERBOS DE LENGUA, MÁS FRECUENTEMENTE SI DENOTAN PRESENTACIÓN, EXPOSICIÓN O DECLARACIÓN: **18 decir +:** Nuestras autoridades lo han dicho muy *categóricamente*... LEC211097 **19 señalar +:** ...ha señalado *categóricamente*: «no tenemos absolutamente nada que negociar». LPH080297 **20 responder +:** De manera categórica, (...) respondió a los demandantes que su administración se mantendrá al margen... EXC070901 **21 declarar:** ...quiere declarar *«categóricamente»* que tiene la intención de cumplir totalmente su mandato presidencial... EME160594 **22 expresar:** Los fallos y resoluciones de los tribunales y jueces son de ineludible cumplimiento, dice y expresa *categóricamente* la Constitución... LPN130397 **23 contestar:** Me contestó *categóricamente* que España estaba, desde luego, comprendida entre los posibles beneficiarios de la ayuda. LVE051095 **24 manifestar:** ...manifiesta *categóricamente* que los códigos del español son la Gramática y el Diccionario... LPN210497

F OTROS VERBOS QUE DESIGNAN LA ACCIÓN DE SOSTENER UNA OPINIÓN O UN PUNTO DE VISTA: **25 pronunciarse +:** Sólo un 6,4% se pronuncia *categóricamente* a favor, frente a un 29% que defiende que no siempre o nunca cabe confiar. LVE160596 **26 mostrarse +:** ...se mostró *categóricamente* contrario a su desmantelamiento. LVE070395

G VERBOS QUE DENOTAN OBSTRUCCIÓN, PROHIBICIÓN O SUSPENSIÓN DE ALGO. TAMBIÉN CON OTROS QUE DESIGNAN DIVERSAS MEDIDAS COERCITIVAS O RADICALES ASIMILADAS A ESTAS: **27 prohibir ++:** ...hay un artículo 81 que prohíbe *categóricamente* a los gobiernos (...) proceder a gastos que no estén compensados por los correspondientes ingresos. LVE040795 **28 suspender +:** El director suspendió *categóricamente* las reuniones previstas para esa semana. INDOC **29 zanjar +:** La compañía estadounidense MCI WorldCom zanjó ayer *de forma categórica* la pugna por la adquisición de Sprint... EPE061099 **30 parar:** Hay que parar *categóricamente* hasta que esté al cien por cien. LVE021196 **31 frenar:** ...sólo suponía el primer paso en el intento de frenar *de forma categórica* la drástica reducción que quieren imponer... EME050495 **32 condicionar –:** ...afirmó que no condiciona *de forma categórica* su aceptación a ser candidata... LVE040196 **33 corregir –:** ...me corrigió *categóricamente* porque estaba siendo estrecho de miras... EPE110700

H VERBOS QUE DENOTAN FIJACIÓN O ESTABLECIMIENTO DE CRITERIOS, NORMAS O LÍMITES: **34 determinar +:** ...las autoridades han determinado *categóricamente* que la muerte sobrevino como consecuencia de los golpes. LVE020596 **35 establecer +:** ...establece *categóricamente* la absoluta prohibición de la censura previa. LNA110792 **36 fijar:** Quería fijar las normas *categóricamente*, sin dejar resquicios a la libre interpretación de cada uno. INDOC
☐ Véase también: **con rotundidad, rotundamente.**

categórico ♦ **afirmación, declaración, dictamen, imperativo, juicio, negación, negativa, no, oposición, persona, petición, rechazo,** *otros sustantivos que designan manifestaciones verbales*

catolicismo Véase: **religión**

católico ▮ *(adj.)* ♦ **acendradamente, a machamartillo, hasta el tuétano, hasta la médula, por los cuatro costados**
▮ *(sust.)* ♦ **abierto, avanzado, conservador, convencido, ferviente, fervoroso[2], fiel, heterodoxo, integrista, moderno, ortodoxo, practicante, riguroso**

cauce ♦ **abundante, acostumbrado, adecuado, administrativo, ajustado, amplio, ancho, civilizado, constitucional, de convivencia, de difusión, de expresión, de legalidad, democrático, de normalidad, diplomático, estrecho, estricto, ético, expresivo, fluvial, habitual, holgado, hondo, institucional, legal, moral, natural, normal, pacífico, parlamentario, peligroso, profundo, reglamentario, representativo, restrictivo** ♦ **a través (de), dentro (de), fuera (de)** ♦ **abrir, agotar(se)[12], ajustar(se) (a), arbitrar, buscar, circular (por), constituir, crear, dar[65], desbordar(se)[2], desviar[4], dirigir (por), discurrir (por), encarrilar (por), encontrar, establecer, fluir (por), generar, idear, obstruir, rebasar, retomar, salir(se) (de), seguir, servir (de), trazar, verter (en), volver (a)**
☐ Véase también: **curso.**

caudal (de) ♦ **abundante, apreciable, continuo, copioso, crecido, elevado, enorme, escaso, fuerte, gran(de), impetuoso, inacabable, inagotable, infinito, ingente, ininterrumpido, poderoso, profundo, rico** ♦ **anécdota, conocimiento, dato, gasto, idea, información, inteligencia, noticia, pista, sensación, talento, trasvase (de), voto** ♦ **aprovechar, aumentar, circular, confluir, derramar(se), descender, discurrir, disminuir, fluir, garantizar, incrementar, medir, mermar, recorrer, reducir, renovar, subir, tener, traspasar, verter**
☐ Véase también: **avalancha (de), cantidad, cascada (de), curso, dinero, torrente (de), tromba (de).**

caudaloso ♦ **capital, corriente, escritor, fuente, manantial, río, suma**

causa ♦ **abierto, aparente, apremiante[40], común, coyuntural[10], criminal, crucial, debido (a), desconocido, desencadenante, determinante[1], detonante, enrevesado[72], esencial, fundamental, grueso[11], hondo, humanitario[11], insignificante[46], interno, judicial, justo, lógico, múltiple, natural, noble, objetivo, oculto, orgánico, originario, penal, pendiente, poderoso, principal, profundo[71], subyacente, suficiente, verdadero** ♦ **abanderar[13], abocar(se) (a)[32], abogar (por), abrazar, absolver (de)[8], aclarar, adherirse (a)[2], aflorar[33], ahondar (en)[27], alegar, apoyar, averiguar, clarificar[32], converger[25], dar la vida (por), dedicarse (a), defender, derivar(se)[30], desentrañar[26], desvelar, detectar[7], determinar, diagnosticar[11], dilucidar[44], encarar[34], enrolar(se) (en)[3], esclarecer(se)[23], especificar, estribar (en)[1], explicar, exponer, identificar, iniciar, instruir, investigar, liderar, llevar adelante[41], luchar (por), obedecer (a), ocultar,**

originar (algo), personarse (en), precisar, prosperar[24], radicar (en algo), residir (en algo), resolver, responder (a algo), saber, sacar a la luz, salir a la luz[63], secundar, silenciar[46], sobreseer[2], trabajar (por), traicionar

☐ Véase también: **motivo (de), móvil (de), raíz, razón**.

CAUSA

♦ (SUSTANTIVOS) Véase: **aflorar[E], ahondar (en)[F], anecdótico[F], anidar[A], apremiante[F], clarificar[F], confluir[A], congénito[B], converger[E], coyuntural[B], dar[G], derivar(se)[F], descifrar[J], desentrañar[E], detectar[B], determinante[A], diagnosticar[C], dilucidar[G], encarar[H], enrevesado[K], esclarecer(se)[D], esgrimir[B], estribar (en)[A], extirpar[F], grueso[D], honroso[E], humanitario[C], imperioso[D], inconfesable[E], inequívoco[D], insignificante[G], meridiano[E], negar[B], peregrino[D], primar[F], profundo[I], residir (en)[K], salir a la luz[I], serio[P], silenciar[H], sobrado (de)[E], sopesar[F], valedero[A], venéreo[A]**

♦ (VERBOS) Véase: **a granel[D], inevitablemente[E], inexorablemente[J]**

☐ Véase también: RAZÓN.

CAUSACIÓN Véase:

♦ **acarrear, arrostrar, capacitar, concitar, dejar, derivar(se), entroncar, evitar, hacer (a alguien), incitar (a), incurrir (en), inducir (a), infligir, inspirar, instigar (a), meter, mover(se), ocasionar, producir, propiciar, provocar, rezumar, segregar, sonsacar, suscitar**

causar *v.* ■ Constituye la locución *causar baja*. Se combina con sustantivos que designan procesos, generalmente de cambio *(alteración, cambio, reducción, incremento, subida, modificación, pérdida)* y gran número de situaciones de incomodidad, aflicción, adversidad o infortunio en diversos grados *(percance, incidente, incendio, despido, matanza, inundación, terremoto, estrépito, violencia, guerra)*. Lo hace a menudo, construido con complemento indirecto explícito o tácito, con sustantivos que designan enfermedades, dolencias o afecciones *(gripe, depresión)* o sus síntomas y sus consecuencias *(tos, mareo, escalofrío)*, así como lesiones o daños de diversa importancia *(herida, hematoma, quemadura, mutilación, muerte)*. Acepta también sustantivos de persona que designan los individuos damnificados o perjudicados –a menudo gravemente– por alguna acción *(causar víctimas, heridos, bajas, muertos, deserciones)*. Se combina con otros muchos sustantivos, pero destacan especialmente sus combinaciones con...

A SUSTANTIVOS QUE DENOTAN DAÑO O DETRIMENTO: **1 daño ++**: El mes de la huelga de la Federación Médica y del paro de los trabajadores de la Salud *causó* daños humanos en los sectores sociales más pobres y más vulnerables a la enfermedad. VIS080597 **2 perjuicio ++**: La definición 41 dice que «usos honrados» son «los que no interfieren con la explotación normal de la obra ni *causan* un perjuicio injustificado...». BRE080199 **3 mal +**: Las alianzas entre políticos y empresarios han *causado* males gravísimos al país... PME101196 **4 estrago +**: Si no se hacen modificaciones urgentes en la avenida Blanco Galindo (...), esta carretera *causará* estragos y las consecuencias podrían ser fatales. LTB021296 **5 deterioro**: «Sólo en nuestro país se permiten el lujo de marear la perdiz, entre tanto, la carretera a la fecha con lluvias que no alcanzan al promedio normal ya *causó* deterioros de toda índole»... LTB301296 **6 estropicio**: La codicia *causa* estropicios en unos seres que empiezan a desconfiar entre ellos, provocando la destrucción del singular triángulo. LVE150395 **7 quebranto –**: Las 12 horas diarias de trabajo, dos años en la función judicial, le han *causado* quebrantos, se siente enclaustrado. VIS190697

B SUSTANTIVOS QUE DESIGNAN SITUACIONES O ESTADOS DE DIFICULTAD, CONTRARIEDAD, TRASTORNO, INQUIETUD O ZOZOBRA, ASÍ COMO ALGUNAS DE SUS CAUSAS O SUS CONSECUENCIAS: **8 problema ++**: «Pero el millón de metros cúbicos de desechos a cielo abierto pueden *causar* graves problemas que pongan en riesgo la salud». ENV221297 **9 preocupación ++**: Las erráticas declaraciones de Boris Yeltsin *causan* preocupación en Rusia. DYM151297 **10 dolor de cabeza +**: La niña Joseline Solís (...) indicó que teme por su salud porque el mal olor le *causa* dolor de cabeza y malestar respiratorio. ESP120597 **11 molestia ++**: De ahí que le *cause* molestias tener que «llevarle la cuerda a las personas». ETC011291 **12 malestar +**: Esa decisión *causó* malestar entre los representantes de Lácteos de Honduras S.A. Lacthosa... LPH121296 **13 inconveniente**: La fuerte tormenta caída anoche sobre Buenos Aires volvió a anegar las calles de distintos barrios de la capital federal y *causó* innumerables inconvenientes a los porteños. CLA280199 **14 dificultad**: ...una enfermedad de etiología (origen) humana que *causa* dificultades o degeneraciones protéicas... CLA210199 **15 angustia**: ...como la represión para rechazar y mantener alejados de la conciencia aquello que *causa* la angustia. LTB021001 **16 pavor**: ...aun las sobrias escenas de lesbianismo que siguen *causando* pavor y grititos en algunas señoritas que van al cine. PME271096 **17 pánico**: Su revelación constó de tres partes, la última de las cuales les ha sido ocultada por el Vaticano para no *causar* «pánico». BYN261097

C SUSTANTIVOS QUE DENOTAN PERPLEJIDAD, DESCONCIERTO O CONMOCIÓN ANTE LO INESPERADO, LO INCOMPRENSIBLE O LO EXTRAORDINARIO: **18 extrañeza ++**: Me ha *causado* extrañeza la columna «Artes y Ensartes» de CARETAS 1461. CAP250497 **19 sorpresa ++**: Este hecho, por la rapidez de reacción que evidenció el organismo provincial, *causó* sorpresa en algunos ediles radicales. LNP290497 **20 estupor ++**: La confesión de los venezolanos y las pruebas aportadas *causaron* estupor e indignación en millones de personas. GIC111696 **21 alarma +**: Este tipo de robos se ha dado esporádicamente en algunos puntos de la ciudad durante el presente año, aunque en las últimas fechas han *causado* una alarma especial entre los residentes de la zona... ENC001201 **22 perplejidad +**: Esta circunstancia *causó* perplejidad en el ministerio fiscal. LVG301091 **23 revuelo +**: ...se integran dos tópicos que en un primer momento de la investigación *causaron* revuelo. LEC031097 **24 confusión +**: Y también fracasó si su intento era *causar* confusión, alarma o temor en la persona de nuestro director general... PME150996 **25 impresión**: Mi hija no pudo evitar el ver la pantalla, lo que le *causó* una gran impresión. LNC061000 **26 impacto:** Uno de los productos nicaragüenses que ha *causado* impacto (...) han sido las puertas talladas en madera... LPN051097 **27 consternación:** La nueva 'visita' de los terroristas a Getxo *causó* consternación en el municipio. EDV230101

D SUSTANTIVOS QUE DENOTAN PESADUMBRE, AFLICCIÓN O PADECIMIENTO EN DIVERSOS GRADOS: **28 pena ++:** ...su muerte ha *causado* gran pena entre el empresariado dominicano, de cuyo sector fue uno de sus líderes descollantes. LDD070597 **29 pesar ++:** La mayoría eran jóvenes y *causa* pesar que, de repente, estén muertos. CAP250497 **30 dolor ++:** Pero que, como todos en la zona, jamás sospechó que el acusado fuera capaz de *causar* tanto dolor. CLA170199 **31 sufrimiento +:** Los acusadores alegaban que estos vídeos les *causaron* dolor y sufrimiento a sus clientes... ESH111000 **32 desolación:** ...su criado Alejo me dijo: «el señor sólo tiene caballos de raza y no tiene ningún borriquito», lo que me *causó* una profunda desolación. LTB250397

E SUSTANTIVOS QUE DENOTAN ENOJO, DESCONTENTO O AVERSIÓN HACIA ALGUIEN O ALGO: **33 indignación ++:** Esta agresión, ocurrida el 29 de enero pasado, *causó* gran indignación en Baleares por la fiereza con que el animal degolló al pequeño Francisco... FDV030599 **34 disgusto +:** Sin embargo, aunque la imposición del orden y la aplicación de la ley *causen* disgustos a quienes quieren vivir en el caos y la irresponsabilidad, las medidas dispuestas en la ley... LPN051297 **35 desagrado +:** Para algunos feligreses su palabra fue un alerta edificante, pero a otros *causó* el desagrado que en ocasiones suele producir la verdad. EUV170498 **36 repugnancia:** A pesar de la repugnancia que pueda *causar* cualquier delito cometido por jóvenes, la Ley del Menor no ofrece dudas de sus intenciones educativas. CAN141200 **37 animadversión:** En lugar de eso, a muchos les *causa* animadversión. LPN021001

F SUSTANTIVOS QUE DESIGNAN OTROS ESTADOS Y ACTITUDES PERSONALES, GENERALMENTE ANÍMICOS, DE NATURALEZA NEGATIVA: **38 agravio:** ...el capitán Locles argumentó que la separación de la lista de peritos balísticos le *causaba* un agravio... CLA030199 **39 descrédito:** ...la inconcebible idea de la «inexistencia jurídica» de muchas instituciones bancarias, propensa a *causar* un peligroso descrédito en detrimento del sistema normativo que los rige... EXC091196 **40 humillación:** Añadió que intervendrá porque tiene que asumir su posición en esa polémica, «porque eso nos *causa* a nosotros una humillación a nivel nacional, confunde a la gente y a mí personalmente me ofende también». LNC230197 **41 desengaño:** Los poemas de «El cencerro de cristal», los «Cuentos de muerte y de sangre», las novelas «Raucho», «Rosaura» y «Xamaica» sólo le *causaron* desengaños. CLA020199 **42 frustración –:** Parece que los contratos deben revisarse, renegociarse y esto *causa* enorme frustración a las compañías norteamericanas. VIS190697

G ALGUNOS SUSTANTIVOS QUE DESIGNAN DIVERSOS ESTADOS DE SATISFACCIÓN, BIENESTAR O DICHA: **43 emoción +:** Particular emoción *causó* en los fieles el anuncio de que las dos últimas muestras fueron traídas de Cuba, del río El Cobre y de la propia Bahía de Nipe. ENH100900 **44 gracia:** La noticia podía *causar* gracia, o bien estupor: Soledad habría registrado su clásico revoleo del poncho como coreografía. CLA230199 **45 alegría:** Causa alegría saber que nos visitarán 800 agentes de viajes de todo el país... DYM040996 **46 placer:** No es un equipo que *causa* placer. Ni siquiera lo insinúa. Sin embargo debemos coincidir en algo: jugaron más limpio que los peruanos. CLA030797 **47 encanto –:** A los ciudadanos ya nada nos *causa* encanto ni alegría, y sólo nos queda reír llorando, como aquel Garrik, actor de la Inglaterra. LTB111296

☐ Véase también: **ocasionar.**

cáustico *adj.* **I** En su sentido físico se construye con sustantivos que designan diversos óxidos *(sosa, plata).* En el sentido figurado se combina muy frecuentemente con otros que designan obras de creación *(novela, película, libro)* o, en general, géneros discursivos e informativos *(editorial, reportaje, declaración).* También acepta otros que denotan análisis o exposición de algo *(descripción, comentario, retrato)*, o bien designan personas, especialmente si se relacionan con profesiones vinculadas con la comunicación *(escritor, periodista, cronista, locutor).* Se combina asimismo con...

A SUSTANTIVOS QUE DENOTAN INGENIO, HUMOR O BURLA. TAMBIÉN CON OTROS QUE DESIGNAN ALGUNAS MANIFESTACIONES VERBALES O TEXTUALES QUE SE CARACTERIZAN POR EXPRESAR ESOS CONTENIDOS: **1 humor ++:** Se trata de un pequeño volumen (...), dotado de humor *cáustico...* PME220996 **2 ironía:** El primero aporta un ingenio verbal, una ironía *cáustica* y un escepticismo implacable... LVE010396 **3 risa:** ...no pudo contener «un ataque de risa *cáustica*» al escuchar la propuesta del presidente del Gobierno... EME160196 **4 sonrisa:** ...afirmar con *cáustica* sonrisa que el actual sistema de inmersión lingüística... LVE011195 **5 ocurrencia:** Esta sarta de ocurrencias deliberadamente descontroladas, exageradas, paródicas, irreverentes, *cáusticas...* EME241295 **6 ingenio +:** En la década de los treinta brillaba, con las luces de su *cáustico* ingenio, un gran humorista... LEC020796 **7 farsa:** ...una *cáustica* y brillante farsa protagonizada por una «femme fatale» norteamericana... LVE291295 **8 parodia:** Una relativa novedad es la *cáustica* parodia de Janácek... ABC300695 **9 caricatura:** ...mueven a la risa como sólo una *cáustica* caricatura sabe lograr... EME150194 **10 sátira:** Allen convierte esa simple idea de partida en una divertida, *cáustica* sátira... LVE100295

B OTROS SUSTANTIVOS; POSIBLES USOS ESTILÍSTICOS: ...sometió el género a la misma operación de cirugía *cáustica* con que había tratado el cine de terror... LVE010296; La chica –una maravilla de *cáustica* inocencia que enrojeció al ser besada por Guardiola–... LVE310196; En lugar de aprobaciones provocará sonrisas de *cáustico* escepticismo (no sólo en los lectores). HOY230697

☐ Véase también: **mordaz.**

[cautela] → **con cautela**

cautela ♦ **aconsejable, elemental, enorme, excesivo, extremado, extremo, gran(de), imprescindible, infinito, mínimo, necesario, obligado, público, requerido, sumo** ♦ **con** ♦ **clima (de), dosis**

(de), exceso (de), falta (de) ♦ aconsejar, actuar (con), evaluar (con), extremar, manejar (con), mantener, pedir, proceder (con), proponer, reaccionar (con), recomendar, tener, tomar (con)

☐ Véase también: **atención, con pies de plomo, cuidado, esmero, miramiento, ojo, precaución, prudencia, tiento, vigilancia.**

cautelar *adj.* ▌En el sentido de 'preventivo' se combina con...

A EL SUSTANTIVO *MEDIDA* Y CON OTROS QUE DENOTAN DISPOSICIÓN LEGAL O RESOLUCIÓN POLÍTICA O JURÍDICA: **1 medida ++:** Los fabricantes de celulosa y papel pedirán medidas *cautelares* de tipo judicial por daños económicos... ECA070792 **2 decisión +:** ...tendrá que ingresar a las arcas municipales si el fallo definitivo confirma estas decisiones *cautelares.* EPE290799 **3 norma:** ...otras normas *cautelares* quedaron resueltas en las horas previas a la inauguración. EPE300499 **4 orden:** ...una denuncia (...) por supuesto desacato de la orden *cautelar...* LVE140194 **5 providencia:** El tribunal podría decidir sobre la «providencia *cautelar*» en un plazo aproximado de dos meses y medio. EPE080999 **6 resolución:** ...adoptar resoluciones *cautelares* antes y durante el proceso arbitral... EME251096 **7 cláusula:** ...quieren introducir cláusulas *cautelares* en el pacto que se va a cerrar... LVE200996 **8 disposición:** ...existe una disposición *cautelar* para que, en el caso de que aumente la base imponible por la Ley de Presupuestos, se disminuya el tipo... EME031095 **9 actuación:** ...prevé una serie de actuaciones *cautelares* para los menores... EME030996 **10 iniciativa −:** Este laboratorio retiró el pasado mes de abril 50 lotes (...) en una iniciativa *cautelar* y voluntaria... EME021096

B SUSTANTIVOS QUE DENOTAN IMPEDIMENTO O CASTIGO, MÁS FRECUENTEMENTE SI SE TRATA DE LA ANULACIÓN O LA INTERRUPCIÓN DE ALGUNA ACTIVIDAD. TAMBIÉN CON OTROS QUE DESIGNAN LA ACCIÓN DE SEPARAR A LAS PERSONAS DE SU OCUPACIÓN, SU RESIDENCIA O SU MEDIO: **11 suspensión ++:** ...desestimó la suspensión *cautelar* de la sanción solicitada por su club. PLG180197 **12 paralización +:** Con esta decisión, queda suspendida la paralización *cautelar* de las extracciones... LVG231191 **13 sanción +:** Esta actitud está motivada por la decisión del Comité Español de Disciplina Deportiva (...), porque el Atlético no había pedido sanción *cautelar.* LVE301095 **14 prohibición +:** ...este magistrado puede levantar la prohibición *cautelar* cuando cambie alguna de las circunstancias... EME040294 **15 destitución:** ...exigió ayer al Gobierno la «destitución *cautelar*» del coronel... EME130495 **16 inhabilitación +:** ...está facultado para dictar una inhabilitación *cautelar* contra Gil... LVE270396 **17 cese:** ...anunciaba el cese *cautelar* del magistrado (...) hasta que se produzca una sentencia absolutoria... LVE200196 **18 baja:** ...éste último pidió la baja *cautelar* como militante... LVE021295 **19 separación:** ...una investigación administrativa que conllevara la separación *cautelar* del servicio de un policía... EME100294 **20 alejamiento:** De nada había servido que un juez hubiese ordenado tres meses antes su alejamiento *cautelar* (...) por haberla amenazado de muerte. EPE151201 **21 desalojo:** El juzgado de guardia podía haber ordenado un desalojo *cautelar* y no lo hizo... EPE080199 **22 exclusión:** La directiva del Madrid decidirá el lunes si le levanta la exclusión *cautelar* del equipo... EPE130599 **23 supresión:** ...denegó (...) una solicitud de supresión *cautelar* del permiso... LVE210996

C SUSTANTIVOS QUE DENOTAN PRIVACIÓN DE LIBERTAD O DESIGNAN ALGUNAS DE LAS ACCIONES QUE LA LLEVAN A EFECTO: **24 arresto ++:** ...ordenaran su arresto *cautelar* por presunta corrupción y encubrimiento. EME080294 **25 prisión ++:** ...ha conducido a la emisión de nueve órdenes de prisión *cautelar.* LVE030396 **26 detención +:** El doble registro y la posterior detención *cautelar* de la tesorera (...) pueden permitir a la justicia cerrar el nexo de unión... LVE090795 **27 ingreso:** Al mediodía ordenó el ingreso *cautelar* en prisión (...) acusándole de un delito de apropiación indebida y de otro de falsedad de documento mercantil. EME121095 **28 internamiento:** El complejo atenderá principalmente a adolescentes infractores (...), bien sea para internamiento en régimen cerrado, abierto (...) o internamiento *cautelar.* EDV180101 **29 reclusión:** ...ordenó ayer la reclusión *cautelar* en un centro de menores... EPE300900 **30 retención:** ...explicó que la retención del boletín es *cautelar...* LVE010296

D SUSTANTIVOS QUE DENOTAN RETENCIÓN O CONTROL ESTRICTO DE BIENES: **31 embargo ++:** ...se producirán después de que (...) la juez haya decretado el embargo *cautelar* de la citada vivienda... LVE180696 **32 retirada ++:** El Ministerio de Sanidad ha ordenado la retirada *cautelar* de un reactivo... EME040496 **33 inmovilización +:** ...ha retirado del mercado más de 200 unidades del juego (...) tras decretar su inmovilización *cautelar.* LVE271295 **34 intervención +:** Todo comenzó al firmar un «acta de intervención *cautelar* de género no perecedero». EME030995 **35 incautación:** El juzgado (...) procedió ayer a la incautación *cautelar* de más de 35.000 postales... LVE170196 **36 custodia:** La magistratura calabresa ha emitido sendas órdenes de custodia *cautelar* contra 300 personas... LVE190795 **37 secuestro −:** ...ordenó el 16 de enero el secuestro *cautelar* de las «píldoras»... EME310395

E SUSTANTIVOS QUE DESIGNAN LA INHABILITACIÓN DE UN RECINTO O UN ESPACIO PARA IMPEDIR QUE SE REALICE EN ÉL ALGUNA ACTIVIDAD: **38 cierre ++:** Los mejilloneros estudian pedir indemnizaciones a causa de los cierres *cautelares* de las rías. FDV100599 **39 clausura ++:** ...ordena la clausura *cautelar* de los locales. LVE220295 **40 precinto:** Los técnicos municipales han decretado el precinto *cautelar* del bloque... EME100895

F SUSTANTIVOS QUE DENOTAN RESOLUCIÓN JUDICIAL O RECLAMACIÓN CONTRA ELLA: **41 auto ++:** El juez retira el auto *cautelar* que prohibía a la cadena Ser calificar a José María García. LVE050395 **42 procedimiento +:** El expediente se tramita por la sección de Procedimientos *Cautelares* y Disciplinarios... EPE011088 **43 procesamiento:** ...en estricta defensa del derecho y en una correcta aplicación de lo que significa el aforamiento, hemos llegado a un punto en que lo lógico es que se pida el procesamiento *cautelar...* LVE050195 **44 recurso:** La subasta (...) fue suspendida por una avalancha de recursos *cautelares* interpuestos... EPD080597 **45 ejecución −:** La ejecución *cautelar* de los bienes es una medida de presión del banco sobre el Ayuntamiento... EPE011201

G SUSTANTIVOS QUE DENOTAN PROTECCIÓN O VIGILANCIA, ASÍ COMO ALGUNAS DE SUS CONSECUENCIAS: **46 protección +:** El Consell deja expirar la protección *cau-*

telar de tres años del marjal... EPE010599 **47 seguridad:** Los economistas (...) objetan que la seguridad *cautelar* es buena, aunque no a cualquier precio... EPE131001 **48 tutela:** La mas importante es reforzar la tutela *cautelar*. LVE251096

H OTROS SUSTANTIVOS; POSIBLES USOS ESTILÍSTICOS: La Comunidad de Madrid está más cerca del cielo desde la semana pasada, dicho sea con gozo *cautelar*, sin ironía apocalíptica... EPE070299; ...el entreguismo *cautelar* de la admisión del recurso y la servil solidaridad (...) no es bueno para la fiesta. EME240495; ...se ha ido haciendo en un silencio tan *cautelar* como inevitable... EPE230999
☐ Véase también: **cautelarmente, preventivo.**

cautelarmente

adv. ▮ Se combina con...

A VERBOS QUE DENOTAN SUSPENSIÓN O CANCELACIÓN, APLICADA A MENUDO A ALGO OFICIAL O PÚBLICO: **1 suspender ++:** ...se le ha abierto un expediente y se le suspende *cautelarmente* de sus funciones. LVG231191 **2 clausurar +:** La Junta ya intentó el pasado junio clausurar *cautelarmente* el centro. EPE101299 **3 cerrar +:** El restaurante afectado permanecerá cerrado *cautelarmente* hasta que se esclarezca por completo el caso... EME090595 **4 anular:** Una resolución judicial ha anulado *cautelarmente* la sanción impuesta al profesor... LVE220396

B VERBOS QUE DESIGNAN LA ACCIÓN DE DESTITUIR A UNA PERSONA O IMPEDIRLE EL EJERCICIO DE SU ACTIVIDAD: **5 destituir ++:** Al día siguiente, al tiempo que él alegaba una indisposición para pedir una baja médica, el Consejo General del Poder Judicial destituyó *de forma cautelar* a Rico Lara. LVE070296 **6 cesar ++:** El diputado malagueño de IU preguntó, por ejemplo, si el Ejecutivo piensa cesar *cautelarmente* al jefe de la comandancia guipuzcoana... EME130495 **7 expulsar:** ...ha sido expulsada *cautelarmente* del PP y mantiene un proceso judicial contra la cúpula del partido por coacción y usurpación de funciones. EME180495 **8 inhabilitar:** ...recomienda inhabilitar *cautelarmente* al presidente del Atlético. LVE260396 **9 retirar la tutela:** La Comunidad de Madrid ha retirado *cautelarmente* la tutela del niño a su madre hasta que se aclare lo que ha pasado. EME210296

C VERBOS QUE DENOTAN INTERRUPCIÓN O APLAZAMIENTO DE UN PROCESO: **10 paralizar ++:** ...la misma sentencia exigía a la coordinadora antipantano una fianza de 24.000 millones de pesetas para paralizar *cautelarmente* el proyecto. EME140496 **11 aplazar ++:** ...obligan a aplazar *cautelarmente* su ceremonia funeraria. EME040596 **12 interrumpir +:** El Moptma considera que la decisión de la Audiencia Nacional de no interrumpir *cautelarmente* las obras ha dado luz verde al proyecto. LVE040595 **13 retrasar:** La publicación de la sentencia fue retrasada *cautelarmente*, al parecer para evitar el revuelo que produciría el hecho de que... INDOC **14 bloquear:** Dos jueces de Liechtenstein han decidido bloquear *cautelarmente* a petición de la dirección actual de Banesto 2.100 millones de pesetas... LVE070996

D VERBOS QUE DENOTAN ABANDONO, GENERALMENTE VOLUNTARIO, DE UNA ACTIVIDAD O UNA RESPONSABILIDAD: **15 abandonar +:** ...ha decidido abandonar *de forma cautelar* su asesoramiento a ayuntamientos... LVE250395 **16 dimitir:** ...deberían dimitir, por lo menos *cautelarmente* hasta que pasen las elecciones. EME091195 **17 renunciar:** Chaves asegura que si él fuera Montaner ya habría renunciado a la militancia *cautelarmente*. EME030796

E VERBOS QUE DESIGNAN LA ACCIÓN DE CONFISCAR BIENES, GENERALMENTE COMO CONSECUENCIA DE ALGUNA INFRACCIÓN: **18 confiscar ++:** ...hasta ahora le han sido confiscadas *cautelarmente* propiedades por valor de 160 millardos de liras... EME241196 **19 incautar ++:** Los dos Rambo discográficos pidieron al juzgado que se incautara *de forma cautelar* del adversario. LVE150596 **20 embargar ++:** ...la juez ha embargado *cautelarmente* la vivienda por considerarla la «supuesta dádiva» que recibió el político en pago de sus presuntos favores a la constructora... LVE150696 **21 decomisar:** Ayer fueron incinerados en el vertedero de Meruelo unos mil kilos de vacuno procedentes del Reino Unido que (...) habían sido decomisados *cautelarmente*, en una inspección rutinaria... LVE290396 **22 intervenir:** A la espera de una decisión judicial, las tallas quedaron intervenidas *cautelarmente* y cedidas en custodia a los anticuarios. LVE061196

F VERBOS QUE DENOTAN IMPOSICIÓN O MANDATO, O DESIGNAN OTRAS ACCIONES DE CARÁCTER COERCITIVO: **23 imponer +:** La ley dice que se puede imponer *cautelarmente* al inculpado la prohibición de residir en un determinado lugar... EPE260699 **24 prohibir +:** ...ha abierto una inspección que prohíbe *cautelarmente* hacer nuevas pólizas... EPE081001 **25 ordenar:** Hace escasas semanas, además, un juez de Madrid ordenó *cautelarmente* la paralización de las actividades... EME100796 **26 obligar:** ...ha presentado un recurso de súplica ante el Tribunal Superior de Justícia de Catalunya contra el auto judicial que *de forma cautelar* les obliga a readmitir al profesor... LVE230396

G VERBOS QUE DENOTAN RESOLUCIÓN O TOMA DE MEDIDAS, MÁS FRECUENTEMENTE SI SE TRATA DE ACTUACIONES DE CARÁCTER OFICIAL: **27 resolver +:** ...me parece un incidente nimio, de escasísima importancia, que ya ha sido resuelto *cautelarmente* mediante un recurso... EME041296 **28 adoptar medidas +:** La medida fue adoptada de forma *cautelar* por la CMT mientras resuelve el expediente... EPE290700 **29 tomar medidas:** Al margen de que las órdenes se cursaron inmediatamente a fronteras exteriores también *cautelarmente* se tomaron medidas de forma oficiosa... EME010594 **30 decretar:** ...consideran totalmente correcto que haya sido el fiscal quien ordenó detener a Rubio y De la Concha, en vez de un juez, y que se decrete *cautelarmente* la prisión contra ambos. EME060594

H VERBOS QUE DENOTAN PERMISO O AUTORIZACIÓN, ASÍ COMO OTRAS NOCIONES CONTRARIAS A LAS DENOTADAS POR LOS VERBOS DEL APARTADO *F*: **31 autorizar +:** ...autorizó *cautelarmente* al jugador a actuar sin ocupar plaza de extranjero. EPE091001 **32 permitir +:** ...la justicia española se lo ha permitido *cautelarmente* hasta que se resuelva el fondo del asunto. EPE281099 **33 liberar −:** Liberado *cautelarmente*, murió de una puñalada en un ojo durante una riña en una taberna de un suburbio londinense. EME110796

I VERBOS QUE DESIGNAN LA ACCIÓN DE RETENER A UNA PERSONA CONTRA SU VOLUNTAD: **34 recluir +:** ...han sido recluidos de forma *cautelar* en celdas de aislamiento. EPE020799 **35 secuestrar:** ...un juzgado de instrucción

de Moscú ordenó secuestrar *cautelarmente* las propiedades de la secta... EME270395
□ Véase también: **cautelar, preventivamente.**

cautelosamente Véase: **con cautela**

cauterizar ♦ herida
□ Véase también: **cicatrizar.**

cautivar ♦ absolutamente, poderosamente[39], por completo
□ Véase también: **atraer, invadir, prender.**

cautividad ♦ amargo, humillante, largo, opresivo, penoso, prolongado, sombrío, vejatorio ♦ en ♦ condenar (a), criar(se) (en), mantener (en), nacer (en), permanecer (en), redimir (de), rescatar (de), someter (a)
□ Véase también: **cárcel, internamiento, reclusión.**

cavar ♦ a fondo, profundamente ♦ agujero, fosa, hoyo, sepultura, trinchera, tumba, túnel, zanja
□ Véase también: **excavar.**

cavernoso ♦ lugar, sonido, voz

caza (de) ♦ aéreo, aficionado (a), furtivo, ilegal, implacable[34], indiscriminado, legal, masivo, mayor, menor, submarino ♦ animal, arma (de), avión (de), coto (de), error, escena (de), fallo, fortuna, licencia (de), mentira, persona, pieza, plato (de), recompensa, temporada (de), tesoro, voto ♦ andar (a), asistir (a), dar[254], lanzarse (a)[3], practicar, presenciar, prohibir

caza de brujas ♦ auténtico, indiscriminado ♦ víctima (de) ♦ avecinarse, calificar (de), denunciar, desatar(se)[67], desencadenar(se), llevar a cabo, practicar, propiciar, provocar

cazador ♦ aficionado, certero, curtido, experto, furtivo, profesional, solitario ♦ acechar

cazar ♦ al vuelo[3], con las manos en la masa, in fraganti[8]
□ Véase también: **atrapar, capturar, coger, pescar, pillar (a alguien).**

[ce] → **ce por be**

cebarse ♦ adversidad, corrupción, crítica, descalabro, desempleo, desgracia, enfermedad, especulación, frustración, fuego, incendio, infortunio, injusticia, mala suerte, paro, persona, temporal, terremoto, tiempo, tornado, tragedia, violencia, *otros sustantivos que designan situaciones de adversidad*

cebo ♦ apetitoso, atractivo, engañoso, envenenado, fácil, poderoso, potente, provocador, publicitario, seductor, sutil, televisivo, tentador ♦ arrojar, atraer (con), atrapar (con), capturar (con), colocar, desplegar, engañar (con), engatusar (con), lanzar, morder, pescar (con), picar, poner, rondar, servir (de), tender
□ Véase también: **anzuelo, argucia, artimaña, celada, trampa, truco.**

[ceca] → **de la ceca a la meca**

ceder ♦ encantado, gustoso[42] ♦ afablemente, amablemente, a regañadientes, caballerosamente, con desgana, con gusto, con placer, de antemano[45], gentilmente[1], graciosamente, gradualmente, gratis et amore[8], gustosamente[5], humildemente[23], paulatinamente[8], sin convicción, sin reservas[16], temporalmente[40] ♦ bien, cargo, espacio, lugar, paso, protagonismo, puesto, terreno

ceder (a) ♦ demanda, deseo, insinuación, petición, presión, ruego, súplica

cegador *adj.* ▌En su sentido literal se combina con sustantivos que designan cosas que emiten luz o destacan por su claridad *(sol, estrella, relámpago, rayo, nieve, llama, faro, bengala)*. También se combina con...

A SUSTANTIVOS QUE DENOTAN LUZ O DESIGNAN SUS DIVERSAS MANIFESTACIONES Y ALGUNAS DE SUS PROPIEDADES. SE USAN FRECUENTEMENTE EN SENTIDO METAFÓRICO: **1 luz ++:** La luz *cegadora* de los reflectores públicos, que transformaron a la princesa en un icono universal... DLA060997 **2 claridad ++:** Supe tan solo qué pensamiento opresor apresuraba su paso y por qué miraba la *cegadora* claridad del día con aquella mirada tan anhelante... SEM061100 **3 brillo +:** La osamenta volvió a la mitad del foro para ser iluminada nuevamente por el brillo *cegador* y amarillo de las candilejas. PME090297 **4 destello +:** La razón: fue un intelectual puro, con una prosa llena de expresividad, contundencia y destellos *cegadores.* EUV070497 **5 luminosidad:** ...se obtienen estructuras instrumentales y contrastes tímbricos de rutilante, de *cegadora* luminosidad. LVE110596 **6 haz:** Su imparable ascenso fue como un haz *cegador* y siempre sobrevino la previsible caída por drogas. EME011095 **7 resplandor:** De repente, el resplandor *cegador* de lo que evoca una explosión nuclear. EME190296 **8 lucidez:** La lucidez *cegadora* de sus palabras, acompañada de un arrebatado sentimiento de fatalidad, logra que la crítica gala salude al autor como uno de los pensadores más originales del siglo. EME210695 **9 deslumbramiento:** Una civilización sin utopía (...) que toma por iluminación lo que sólo es *cegador* deslumbramiento... ABC050894 **10 brillantez −:** La brillantez *cegadora* con que Chucho había empezado la sesión dio paso a... EPE240800

B SUSTANTIVOS QUE DENOTAN PODER, ENERGÍA O ÍMPETU: **11 fuerza +:** ...destacan hoy, en una inesperada «simetría de colapsos» con fuerza *cegadora,* y de un «fracaso sin paliativos del modelo de socialismo real». ABC220193 **12 potencia +:** ...Ramey hizo brillar con potencia *cegadora* un cirio dedicado al ángel caído. EPE010900 **13 poder:** ...en una muestra del poder *cegador* de la metáfora en momentos de entusiasmo. EPE030199

C ALGUNOS SUSTANTIVOS QUE DESIGNAN ESTADOS ANÍMICOS CARACTERIZADOS POR LA EXALTACIÓN: **14**

euforia: ...se da con frecuencia una *cegadora* euforia triunfalista que oculta las heridas de la revolución... EPE301280 **15 entusiasmo:** Está viviendo un sueño, una aventura en la que participa con la ilusión de un niño, con un entusiasmo casi *cegador.* ABC221295

D ALGUNOS SUSTANTIVOS QUE DENOTAN CIRCUNSTANCIA, ENTORNO O SITUACIÓN PRESENTE: **16 panorama:** Con las luces dibujando un entretenido panorama multicolor en ocasiones *cegador,* un sonido definido en su volumen más alto... EPE240399 **17 actualidad:** Sin duda, hay que empezar por los GAL, no por su *cegadora* actualidad, sino porque el baluarte violado ahí es el derecho a la vida... EME210795 **18 realidad:** ...para ellos la velocidad –la *cegadora* realidad virtual del personaje público que representan– es verdaderamente el tocino, lo que llena la panza y la billetera. EPE160299

E SUSTANTIVOS QUE DENOTAN EJEMPLO O PRUEBA DE ALGO: **19 ejemplo:** El ejemplo, *cegador,* abrasador, fecundo –debería– del empeño por la obra bien hecha. EME230995 **20 evidencia:** Y en este sentido es de una evidencia *cegadora.* EME251195 **21 muestra:** En estos filmes hay de todo (...), también *cegadoras* muestras de una verdadera comprensión de lo que significa ser joven... LVE171296

F EL SUSTANTIVO *BELLEZA*: **22 belleza +:** Son 700 piezas en total –algunas de belleza *cegadora,* como la vajilla de plata hallada en la casa de Menandro– que han sido restauradas para la ocasión... LVE041196

G OTROS SUSTANTIVOS; POSIBLES USOS ESTILÍSTICOS: Conviene destacar la fisicidad de su prosa diamantina, lo trabajado de sus elipsis, lo visual de su estilo, rebosante de metáforas *cegadoras,* de imágenes extrañas siempre fascinantes. LVE240395; «Dueles, dueles; por eso quiero/ cantar tu gloria y tu esperanza;/ tu gloria *cegadora,* limpia,/ tu esperanza desesperada». EME180295

[ceja] → hasta las cejas

ceja

♦ **denso, derecho, espeso, izquierdo, oscuro, poblado, prominente, protuberante, tupido** ♦ **a la altura (de)** ♦ **corte (en)** ♦ **abrir(se), alzar, arquear, arrugar, enarcar, fruncir, herir(se) (en), levantar, sangrar (por)**

☐ Véase también: **ojo.**

cejar (en)

v. ▮ Se usa muy frecuentemente en contextos negativos *(no cejar en el empeño)* o irreales *(Suponiendo que cejara en el empeño...; ¿Cejaría acaso en el empeño?).* Se combina con...

A SUSTANTIVOS QUE DENOTAN DESEO, OBJETIVO O ESFUERZO, GENERALMENTE INTENSO O PORFIADO, PUESTO EN ALGUNA COSA: **1 empeño ++:** Respaldados en su dinero (...) no *cejan* en su empeño de acusar y difamar a los que nos liberaron de nuestras cadenas... ACP271196 **2 intento ++:** En opinión del doctor Brandling-Bennett, es importante no *cejar* en los intentos y no cerrar programas. LNP180297 **3 esfuerzo +:** ...aunque el cuadro santaneco no *cejó* en su esfuerzo de buscar la diferencia en su favor... LHG220597 **4 afán:** Mientras, prosigue incansable el estudio, el trabajo y no *ceja* en el logrado afán de ampliar el radio de acción. ABC300994 **5 ambición:** ...el mundo de ciencia-ficción (o realismo máximo) de nuestra cultura no *ceja* en ambiciones, pasiones inconfesables y juegos de edad tardía. ABC190293 **6 deseo:** ...es bien seguro que no *cejará* en el deseo de rendir a su memoria, en el centenario del nacimiento, el homenaje por tantos motivos debido. ABC111292 **7 propósito:** Por nuestra parte, no desfalleceremos en nuestros esfuerzos ni *cejaremos* en nuestros propósitos... EPE260799 **8 meta –:** ...se ve que la locomotora Kohl no *ceja* en su meta de la moneda única... LVE200996 **9 obstinación –:** En general, puede decirse que no *ceja* en su obstinación por aportar remedios... EPE310800

B SUSTANTIVOS QUE DENOTAN CRÍTICA O EXPRESIÓN DE DESACUERDO, MÁS FRECUENTEMENTE DE CARÁCTER VERBAL: **10 crítica +:** El Partido Popular no *ceja* en sus críticas al gobierno municipal de Barcelona... LVE170896 **11 denuncia:** ...y Carlos de Prada no *ceja* en su denuncia de las agresiones medioambientales. EME191096 **12 protesta:** Melilla recupera la calma aunque los inmigrantes no *cejan* en su protesta. LVE190696 **13 diatriba –:** No *ceje* en su diatriba, señor Miret. EPE060199 **14 grito –:** Ayer se reforzó la guardia policial, aunque los etarras no *cejaron* en sus gritos. CLA111000

C ALGUNOS SUSTANTIVOS QUE DENOTAN EXIGENCIA O PETICIÓN: **15 reivindicación:** El presidente del Gobierno regional (...) advirtió ayer que Madrid no *cejará* en sus reivindicaciones ante el Ejecutivo central... EME030596 **16 petición:** El técnico intentaba convencerle de que ése era el juego (...) pero Luc Leblanc no *cejaba* en su petición. EME010796

D SUSTANTIVOS QUE DENOTAN AGRESIÓN O ENFRENTAMIENTO. TAMBIÉN CON ALGUNOS QUE DESIGNAN OTRAS FORMAS DE ACCIÓN COERCITIVA U HOSTIL: **17 lucha +:** A quienes, como Amengual, no *cejan* en su lucha, les deseamos éxito... ABC120692 **18 ataque:** No *cejó* en este ataque a los nacionalistas vascos... EPE110999 **19 acoso:** ...el Betis más ofensivo empleado hasta el momento por Juan de Ramos no *cejó* en su acoso a la puerta... EPE011001 **20 asedio:** Cómo los jugadores que no *cejaban* en su asedio a su posición de líder desfallecían de repente... EPE120499 **21 ofensiva:** La desesperación invadió a los jugadores paquistaníes que sin embargo no *cejaron* en su ofensiva... EME230796 **22 batalla –:** Opel –o General Motors, que es lo mismo– no *ceja* en su batalla por llevar ante los tribunales a su antiguo ejecutivo... EME090396 **23 combate –:** ...su hijo sigue al pie del cañón, sin *cejar* en el combate por la vida. EME150695

E SUSTANTIVOS QUE DENOTAN BÚSQUEDA O INVESTIGACIÓN: **24 búsqueda +:** ...cómo sus corazones no van a vislumbrar lo que sienten las abuelas de la plaza de Mayo de Argentina, que no *cejan* en su búsqueda... EPE101201 **25 investigación:** ...quizás lo más urgente es reformar la propia Unidad de Lucha contra el Fraude (...) y no *cejar* en la investigación de posibles delitos. EPE160399 **26 pesquisa:** Pero los técnicos no *cejan* en sus pesquisas, porque consideran que su hallazgo despejaría definitivamente una búsqueda que trae de cabeza... EPE220799 **27 exploración –:** Por ello, la tarea sigue siendo no *cejar* en la exploración. ABC140795

celada

♦ *(trampa)* **caer (en), descubrir, desenmascarar, desvelar, preparar, tejer, tender, urdir**[14]

☐ Véase también: **anzuelo, cebo, emboscada, trampa.**

celebración ♦ **a lo grande, animado, concurrido, especial, espontáneo, fastuoso, litúrgico, multitudinario, navideño, nostálgico, oficial, pagano, polémico, popular, religioso, solemne, tradicional** ♦ **con motivo (de), durante** ♦ **adherirse (a), aguar(se)[3], anunciar, arruinar, autorizar, boicotear[21], convocar, culminar (en algo), diluir(se)[38], empañar(se)[22], enmarcar, estropear, festejar, hacer, invitar (a), jalonar[30], organizar, permitir, prohibir, reventar, revivir, sumarse (a), tener lugar**

☐ Véase también: **banquete, ceremonia, conmemoración, festejo.**

celebrar ▮ *(festejar, congratularse por)* ♦ **a bombo y platillo[30], alborozadamente, a lo grande[1], calurosamente[4], con alborozo[11], fastuosamente, multitudinariamente, por todo lo alto, sinceramente[16], universalmente[32]** ♦ **aniversario, boda, centenario, cumpleaños, éxito, festividad, fiesta, triunfo, victoria,** *otros sustantivos de evento* ▮ *(realizar)* ♦ **a puerta cerrada[1]** ♦ **acto, cena, concurso, congreso, convención, elección, encuentro, funeral, jornada, juicio, misa, partido, reunión, sesión, subasta,** *otros sustantivos de evento*

☐ Véase también: **festejar.**

célebre ♦ **internacionalmente, sumamente, tristemente[1], universalmente**

celestial *adj.* ▮ En el sentido de 'perteneciente o relativo al cielo (en el ámbito religioso)' forma la expresión lexicalizada *reino celestial*. Se combina asimismo con sustantivos que designan criaturas, individuos, fenómenos o hechos especialmente considerados sorprendentes o extraordinarios *(milagro, aparición)*; también lo hace muy a menudo con sustantivos que denotan luz *(luz, claridad, resplandor)*. En el sentido de 'perfecto, delicioso o muy agradable' se combina con sustantivos que designan lugares *(entorno, paraje)*, estilos y obras artísticas *(poesía, cuadro)*. Se combina asimismo con...

A SUSTANTIVOS QUE DENOTAN MANIFESTACIÓN SONORA, MÁS FRECUENTEMENTE MUSICAL. TAMBIÉN CON OTROS QUE DESIGNAN ALGUNOS DE SUS ELEMENTOS, CARACTERÍSTICAS O CUALIDADES: **1 música ++:** Se ha impuesto la creencia de que la música de Mozart es *celestial*, maravillosa, angelical. LVE100396 **2 voz ++:** ...le había indicado al hermano Patrik, aquel que ahora entona el «verbum domine» con voz *celestial*... EME261295 **3 canto +:** La frase sonó como canto *celestial* para los senadores, que esa noche aprobaron la delegación de facultades... CLA020401 **4 cántico:** Aplausos literarios y cánticos *celestiales* de ese bendito de Dios que no sabe qué tierra pisa, el llamado Nicolás. ABC240993 **5 armonía:** ...y la música de su flauta se une a la armonía *celestial*, este himno a Eros es parte de la gran música cósmica. LPN270197 **6 entonación:** Efectuado el trámite, se despide con la misma entonación *celestial*: «Buenas noches y fuerza para vivir». EME120295

B SUSTANTIVOS QUE DENOTAN DELEITE O GOCE, ASÍ COMO SENSACIÓN O ESTADO DE COMPLACENCIA, SATISFACCIÓN O BIENESTAR: **7 gloria +:** ...estrenada ahora con sólo cinco años de retraso y aprovechando que Troisi disfruta de la gloria *celestial*. EME100296 **8 placer +:** Estar sentado a la sombra de un árbol con un buen libro le resultaba casi un placer *celestial*. INDOC **9 paz +:** Tengo para mí que si la voz *Antonio* significa tener cosas valiosas, el patriarca estuvo consecuente con su nombre liquidando su fortuna para cobrar una paz *celestial*. LVE280195 **10 felicidad:** Sin embargo, aun gozando con ella de una «felicidad *celestial*», su carácter burlón le dedicó alguna andanada... EME040395 **11 dicha:** ...como a los seguidores del Barça, les permiten gozar, aunque sea fugazmente, de una dicha *celestial*. LVE230396

C SUSTANTIVOS QUE DESIGNAN COMESTIBLES O VIANDAS, FRECUENTEMENTE DE AGRADABLE DEGUSTACIÓN: **12 comida:** ...coca, roscones, tortells, pastissets, obleas y coquetes, tortas con miel, la comida *celestial*... EPE291299 **13 manjar:** Este verano, ella y su compañera recorrieron 6.700 kilómetros de la Península en una semana en busca del manjar *celestial*... EPE200199

D OTROS SUSTANTIVOS; POSIBLES USOS CRUZADOS: ...ha enladrillado hoy la bóveda *celestial* de satélites artificiales, antenas parabólicas, puentes aéreos y telefonía sin hilos. [Cf. *celeste*] EME140596

E OTROS SUSTANTIVOS; POSIBLES USOS ESTILÍSTICOS: ...y quiénes están sencillamente pasando el rato, pero cobrando *celestiales* salarios. ESP040401

celo ♦ *(cuidado)* **apostólico, competitivo, crítico, cuidadoso, desmedido, desmesurado, desproporcionado, excesivo, extremado, extremo, infatigable, investigador, normativo, periodístico, persecutorio, policial, profesional, protector, singular** ♦ **con** ♦ **exceso (de), falta (de), huelga (de)** ♦ **aumentar, disminuir, emplear, extremar, poner (en algo)**

☐ Véase también: **atención, con pies de plomo, control, cuidado, precaución, vigilancia.**

celos ♦ **absurdo, amoroso, artístico, comido (por), desmedido, desorbitado, enfermizo, feroz, incontrolable, injustificado, inmune (a), justificado, lógico, natural, obsesivo, preso (de)[13], profesional, torturador** ♦ **acceso (de)[9], arranque (de)[6], arrebato (de)[12], ataque (de)[11], rapto (de)[2]** ♦ **aflorar, aplacar, carcomer[4], contener, corroer[2], dar[345], dejarse llevar (por), desatar, despertar, estallar (de), morir(se) (de), obsesionar (a alguien), provocar, reconcomer(se) (de)[2], sentir, surgir, suscitar, tener (de alguien), venir (a alguien)**

☐ Véase también: **incertidumbre, rabia, sentimiento.**

celosamente *adv.* ▮ Se combina con verbos que denotan trabajo o actividad *(trabajar, actuar, obrar)* y también con...

A VERBOS QUE DENOTAN CUIDADO, DEFENSA O PROTECCIÓN DE ALGUNA COSA: **1 defender ++:** ...a los grandes escritores habría que defenderlos *celosamente* de sus entusiastas. EPE010876 **2 proteger ++:** Con tendencia a meter la pata cuando improvisa, y *celosamente* protegido por un ejército de asesores de imagen... LVE030396

3 cuidar ++: Y un aspecto muy importante dentro de él es cuidar muy *celosamente* mi vida privada. CAR260597 **4 custodiar +:** ...son un patrimonio nacional y como tal deben ser custodiados *celosamente* de todo daño... CLA030797 **5 resguardar:** ...se confió de la seguridad policial que esa noche resguardaba *celosamente* Managua... LPN120197 **6 preservar:** ...el penacho blanco que corona el casco de gala de la Policía Municipal ha preservado *celosamente* (...) el escudo preconstitucional de España. EPE050700

B VERBOS QUE DENOTAN CONSERVACIÓN O MANTENIMIENTO DE ALGO: **7 guardar ++:** El motivo y los diseños son guardados *celosamente* por los barrios que compiten por el gran premio. ETC240996 **8 conservar ++:** En los archivos del servicio secreto se conservan *celosamente* las famosas microfichas... EME200396 **9 atesorar:** ...al entorno familiar del joven pintor, de donde, *celosamente* atesorada, no ha vuelto a salir. ABC021092 **10 mantener:** ...no son ciudades-dormitorio, sino que mantienen *celosamente* su propia identidad tradicional. EPD120996 **11 reservar(se) –:** ...una facultad que el presidente (...) se reserva *celosamente*... LVE311095

C VERBOS QUE DESIGNAN DIVERSAS FORMAS DE OCULTAMIENTO, SEA DE OBJETOS, PERSONAS O INFORMACIONES: **12 ocultar(se) +:** La infancia era una tierra de nadie en la que derechos y libertades se ocultaban *celosamente*... EME121295 **13 esconder +:** De aquella ciudad de largas y solitarias avenidas que escondía *celosamente* sus vicios... LVE130396 **14 cubrir:** ...conducir esa carga de madera *celosamente* cubierta por una lona. EPE011089 **15 callar:** Los antiguos delatores de la «ley mordaza», enemigos furibundos del Gobierno y hoy aliados espurios de las togas, callan ahora *celosamente*... LVE220295 **16 silenciar –:** Las calificaciones (...) son rápidamente publicadas o *celosamente* silenciadas, según sean buenas o malas. EME081195

D VERBOS QUE DESIGNAN DIVERSAS FORMAS DE CONTROL O COERCIÓN: **17 controlar:** El rey enterrado ayer en Rabat (...) y sentó las bases para una transición que, mientras vivió, controló *celosamente*. EPE260799 **18 vigilar:** Un comando entró por la *celosamente* vigilada puerta principal de la base militar... CLA060597 **19 reprimir –:** ...para que emerjan todos los fantasmas, frustraciones y deseos *celosamente* reprimidos en el inconsciente. LVE201095

E OTROS VERBOS; POSIBLES USOS ESTILÍSTICOS: ...ha decidido hablar de estos parias tan *celosamente* olvidados... EME170995; ...Kemal ha adquirido otro coche que mira *celosamente* de aparcar bien. EPE080699

cementerio ♦ **civil, clandestino, de automóviles, de elefantes, laico** ♦ **enterrar (en), profanar[2]**

[cemento] → **como el cemento**

cenar ♦ **dar (de)[3], invitar (a), quedar (a), sentar(se) (a)**
☐ Véase también: **comer, desayunar, merendar.**

[cencerro] → **como un cencerro**

cenital *adj.* ▮ En el sentido literal de 'por encima de la cabeza del sujeto' se combina con sustantivos que denotan iluminación o luz, y con otros que designan elementos que la producen *(luz, sol, foco)*; también lo hace con sustantivos que designan diversas imágenes captadas y algunas formas de obtenerlas *(plano, toma, perspectiva)*. En su sentido figurado (aproximadamente, 'culminante') se combina con...

A ALGUNOS SUSTANTIVOS TEMPORALES Y LOCATIVOS: **1 punto:** Es necesario remontarse a la década de los 50, precisamente cuando la natación de Australia alcanzó su punto *cenital*... EXC190900 **2 momento:** Pero, sobre todo, en el libro se exponen los grandes hallazgos y los momentos *cenitales*... ABC180895 **3 etapa:** ...está viviendo, sin duda, la etapa *cenital* de su vida política. LVE160796 **4 posición:** ...mantiene su arte en una posición *cenital* dentro de lo que ha de ser la globalidad... ABC270195

B OTROS SUSTANTIVOS; POSIBLES USOS ESTILÍSTICOS: ...qué diferencia entre esa pintura repetida (...) y la creación borbotante y *cenital* de Picasso... LHG190397; La Venus del veneciano y la joven sarda transfundidas en una sola deidad *cenital* por la retina del poeta-pintor... ABC210495; ...la exultación del vivir la intensidad de un Mediterráneo *cenital*... ABC290193

ceniza ♦ **funerario, gris, negro, oscuro, polvoriento, volcánico** ♦ **capa (de), lluvia (de), nube (de), rescoldo (de)** ♦ **arrojar, convertir(se) (en), cubrir (de), desparramar, diseminar, dispensar, enterrar (en un lugar), esparcir, reducir (a), renacer (de), reposar (en un lugar), resurgir (de), surgir (de)**
☐ Véase también: **arder, fuego, resto.**

censura ♦ **absoluto, atento, cinematográfico, constante, de prensa, duro, estricto, férreo[100], fotográfico, fuerte, indiscriminado, inequívoco[61], inquisitorial, literario, moral, oficial, político, postal, previo, religioso, severo, soterrado[32], sujeto (a), taxativo, vigilante, virtual** ♦ **forma (de), moción (de), motivo (de), objeto (de)[63], voto (de)** ♦ **aplicar, burlar[6], chocar (con), condenar, denunciar, ejercer[37], escapar (a), establecer, implantar, introducir, levantar, librar(se) (de), meter, pasar, someter (a), sortear[43], sufrir**
☐ Véase también: **limitación, obstáculo, prohibición.**

censurar ♦ **abiertamente, acremente[2], agriamente, duramente[22], enérgicamente, férreamente[45], fuertemente, implacablemente, indirectamente, indiscriminadamente, previamente, veladamente**
☐ Véase también: **reprochar.**

centralizar *v.* ▮ Se usa más frecuentemente con sustantivos en plural. Se combina con los que designan organismos e instituciones *(organismo, institución, comunidad, país, estado, gobierno, empresa, organización)*. Admite también sustantivos que designan acciones o actuaciones, a menudo de carácter oficial *(realización, ejecución, actuaciones, acciones, política, operación: La policía centralizará todas sus operaciones en este edificio)*, otros que denotan acción concertada o designan sus efectos *(acuerdo, negociación)*, así como los que expresan disposiciones legales *(ley, norma, normativa)*. Se combina asimismo con...

A SUSTANTIVOS QUE DENOTAN PODER O DESIGNAN ALGUNOS DE SUS ATRIBUTOS Y SUS EFECTOS: **1 poder** ++: El cargo tiene una gran importancia política en un país con el poder tan *centralizado*. ENH090297 **2 autoridad** ++: La autoridad *centralizada*, firmemente apoyada en la gran riqueza que Francia posee, genera otro fenómeno: el monumentalismo. LTB170397 **3 control** ++: ...para alejarse del control *centralizado* de la economía y abandonarla progresivamente a las fuerzas del mercado. LVE200395 **4 dirección** +: ...la superioridad de la dirección *centralizada* de la economía frente al libre juego de las fuerzas del mercado... ABC260393 **5 mando:** No sólo los grandes destacamentos guerrilleros han sido eliminados, sino que también se destruyó el sistema de mando *centralizado* separatista... EPE030800

B SUSTANTIVOS QUE DESIGNAN FORMAS DE ORGANIZACIÓN APLICADAS A PERSONAS O COSAS: **6 sistema** ++: Pero el deterioro de los sistemas *centralizados* no es un monopolio venezolano, pues desde EE. UU. hasta buena parte de Europa éstos están en crisis... EUV061196 **7 estructura** ++: Desde finales de los años ochenta, el OPM ha abandonado su estructura *centralizada* y ahora se organiza por tribus o grupos regionales. EME180596 **8 red** +: Una red informática *centralizada* controla el proceso de esterilización. EPE271299 **9 aparato:** ...llevó a (...) eliminar a los partidarios del marxismo, primero, y a los del aparato *centralizado*... EME270296 **10 esquema:** El esquema *centralizado* es en el que se basaron casi todos los sistemas diseñados a principios de este siglo... EUV061196

C SUSTANTIVOS QUE DESIGNAN EL EFECTO DE CONDUCIR O GESTIONAR EMPRESAS U ORGANIZACIONES: **11 gestión** ++: Un sistema de gestión *centralizada* y burocrática, dirigido por un Ministerio de Educación... HOY141096 **12 organización** ++: Las organizaciones *centralizadas* con núcleos de poder han pasado a la historia. LVE170796 **13 administración** ++: ...indica que se ha acentuado la desigualdad, (...) se ha construido una Administración «*centralizada*, clientelar y poco ágil y eficaz». LVE190696 **14 coordinación** +: El vicepresidente *centralizaba* la coordinación, prácticamente de todas las tareas del Gobierno... EME090795 **15 gobernación:** ¿Acaso debemos equiparar su sueldo con el de ministros, asesores (...) y directores enchufados en organismos, institutos, gobernaciones, fundaciones, *centralizadas* y *descentralizadas*? EUV151096

D SUSTANTIVOS QUE DENOTAN PLAN, ESTRATEGIA, MEDIDA O RECURSO DE ACTUACIÓN, A MENUDO EN ALGÚN ENTORNO OFICIAL, ADMINISTRATIVO O EMPRESARIAL: **16 plan:** Dependiente de planes *centralizados*, no ha sido reemplazada por estructuras más adecuadas... EPE140900 **17 programa:** ...una Agencia Comunitaria con gran margen de maniobra para *centralizar* programas de ayuda y reconstrucción en los Balcanes. EPE030699 **18 decisión:** Pero esta marginación de Medi Ambient no supone, por el contrario, que exista una voluntad de *centralizar* las decisiones en un solo departamento. LVE060794 **19 mecanismo:** El empleo de *mecanismos* centralizados permitirá resolver los problemas con rapidez, agilidad y eficacia. INDOC **20 procedimiento:** ...este asunto, en el que se cuestiona que (...) emitían facturas falsas por operaciones que no habían sido realizadas, está regido por «un procedimiento *centralizado* en Sevilla». EPE271199

E SUSTANTIVOS QUE DESIGNAN DATOS O RESULTADOS, ASÍ COMO SU CONTENIDO O LOS SOPORTES EN QUE SE ALMACENAN: **21 información** ++: Una encuesta de Gallup reveló que el 21 por ciento de los islandeses no dará el consentimiento para que sus datos genéticos entren en la base de información *centralizada*. CLA020199 **22 dato:** El dato está *centralizado* en Madrid y se tienen las correcciones y las previsiones recaudatorias. LVE200695 **23 catálogo:** También ha permitido tener un catálogo completo y *centralizado* del material disponible. LVE280895 **24 archivo:** ...adquiría el derecho exclusivo para utilizar el historial médico de toda la población durante 12 años, y para elaborar un archivo genético *centralizado* de sus 270.000 habitantes. EPE190800 **25 resultado:** ...para ofrecer los datos remitidos desde todos los municipios, puesto que allí se *centralizarán* los resultados de las elecciones locales. LVE280595 **26 cifra:** Unos 85.000 aspirantes esperan plaza en residencias públicas, aunque no hay cifras *centralizadas* en el Imserso... EPE260700 **27 documentación:** ...el previsible nacimiento de una secretaría europea de apoyo a los diferentes sistemas judiciales que *centralizaría* toda la documentación de las comisiones rogatorias... EPE161099 **28 banco de datos:** El comité ejecutivo (...) realizó en Berlín su última reunión preparatoria antes de la puesta en funcionamiento del gran banco de datos, *centralizado* en Estrasburgo... EME280694 **29 estadística:** Se hace necesario *centralizar* las estadísticas de aprobados y suspensos en la Secretaría de Educación, para poder llevar un adecuado control del alumnado universitario. INDOC

F SUSTANTIVOS QUE DESIGNAN DIVERSAS MAGNITUDES ECONÓMICAS, ASÍ COMO ALGUNAS ACTIVIDADES COMERCIALES O MONETARIAS EN LAS QUE INTERVIENEN O DE LAS QUE FORMAN PARTE: **30 capital** +: Sólo se puede hablar de globalización en este último sentido, es decir, exclusivamente desde la óptica de un capital altamente *centralizado* y concentrado. EPE121299 **31 dinero** +: ...el dinero de la comunidad será *centralizado*, pero garantizó que los hospitales podrán contar con esos recurso. DHE130797 **32 ingreso** +: La recaudación precisa es difícil de saber, ya que hay empresas que tienen *centralizados* sus ingresos en Madrid. LVE200695 **33 fiscalidad:** El servicio militar obligatorio, la fiscalidad *centralizada*, la caja única de la Seguridad Social o la gestión aeroportuaria unificada en manos de AENA. EPE140599 **34 facturación:** ...ha creado el holding Auto Leasing Europa, con el fin de *centralizar* la facturación de la flota de las compañías clientes de Dial desde el país de origen y en su propia moneda. EME141195 **35 compra:** Además, (...) explica que no se pueden *centralizar* todas las compras. EME211096 **36 tesorería:** Pepsico se plantea *centralizar* en Vitoria la tesorería de su división de embotellado. EPE261199

G SUSTANTIVOS QUE DENOTAN LABOR O TAREA, MUY FRECUENTEMENTE INDAGADORA: **37 trabajo:** A punto de marcharse, Miller añadió que piensan *centralizar* el trabajo del Caribe en Cuba, desde donde resulta más conveniente trabajar... GIC101396 **38 tarea** +: ...la candidata socialista a alcaldesa de Madrid, donde su equipo más cercano *centralizará* todas las tareas preelectorales. LRE200103 **39 investigación +:** En esa causa hay un juez (...) que *centraliza* la investigación y que tiene alrededor suyo a gente de la Policía y seguramente de la SIDE y de otras instituciones. CLA170397 **40 estudio:** Fue entonces, al adquirir un pequeño terreno en la región del Aveyron, cuando erigieron un estudio desde donde *centralizar* y sistematizar sus estudios. EME301196 **41 labor:** En estas nuevas oficinas se *centralizará* la labor del Ministerio Público, en esa provincia. ESP050597

H OTROS SUSTANTIVOS; POSIBLES USOS ESTILÍSTICOS: El consistorio también tiene proyectado instalar un palomar en la orilla izquierda del Ebro, con el objetivo de *centralizar* en ese lugar las nidadas. EME080396

☐ Véase también: **controlar**.

centrar ♦ **concretamente, en particular, específicamente** ♦ **análisis, atención, búsqueda, campaña, caso, conversación, debate, diálogo, discurso, discusión, esfuerzo, estrategia, interés, intervención, investigación, lucha, mirada, negocio, objetivo, obra, oferta, política, problema, producción, reflexión, reivindicación, trabajo**

centrífugo *adj.* ▮ Admite sustantivos que designan ciertos aparatos o mecanismos *(embrague, bomba, abonadora).* También se combina con...

A LOS SUSTANTIVOS *FUERZA* Y *MOVIMIENTO*, Y TAMBIÉN CON OTROS QUE DENOTAN FUERZA, EMPUJE O TENDENCIA HACIA ALGUNA DIRECCIÓN, TANTO EN EL SENTIDO FÍSICO COMO EN EL FIGURADO: **1 fuerza ++:** ...los grandes problemas nacionales, el mayor de todos a mi juicio las fuerzas *centrífugas* que amenazan la existencia misma de la nación venezolana. EUV150996 **2 movimiento ++:** ...una forma que además se expande en el espacio con ritmos circulares y movimientos *centrífugos*. ABC190894 **3 tensión:** Mientras en el este crecían las tensiones *centrífugas*, en la parte occidental mandaban las centrípetas. LVE221296 **4 impulso:** Por lo tanto, el primer escollo que deberá vencer la conferencia que se inaugura el viernes es el impulso *centrífugo* derivado de la actual coyuntura... LVE250396 **5 inercia:** ...actúa como fórmula centrípeta de solidaridad con los demás ciudadanos de España y no como una inercia *centrífuga* de aislamiento. EPE130299 **6 tendencia:** Ha preferido la exaltación de una política excluyente, la exaltación de tendencias *centrífugas* que rompen cualquier posibilidad de unidad... LRU071199 **7 corriente:** ...el planteamiento de Madrid como una «potente capital de un Estado con fuertes corrientes *centrífugas*»... ABC251194 **8 expansión –:** ¿No nos estamos encaminando, en efecto, hacia una saturación y una densidad (...), allí donde los buenos apóstoles del sistema sólo ven una maravillosa expansión *centrífuga*? EME090695 **9 dispersión –:** ...el proceso de la independencia de los países hispanoamericanos y sobre las causas de la creciente dispersión *centrífuga* con que esa independencia se produjo... EPE020885

B SUSTANTIVOS QUE DESIGNAN FORMAS ORGANIZADAS DE ACTUACIÓN, GENERALMENTE POLÍTICA, ASÍ COMO ALGUNOS DE LOS ATRIBUTOS QUE LAS CARACTERIZAN: **10 estado:** «Madrid, centrípeto y equilátero triángulo, piedra angular de un estado *centrífugo* y entrópico que se proyecta hacia el exterior...». EPE150999 **11 poder:** Un poder que sigue manteniéndose centrípeto y que debe llegar a percibirse desde las otras culturas de España como un poder *centrífugo* que abarque y afecte a todos los ámbitos del poder... EPE190199 **12 estructura:** La estructura *centrífuga* de su psicología, de sus necesidades y problemas... ABC100395 **13 coalición:** Es toda una incógnita saber si el futuro Gobierno, basado en una coalición heterogénea y *centrífuga*, puede durar. EPE111099 **14 política:** ...el rebrote de la aftosa en la subregión y la política *centrífuga* del ministro de Economía (...) no son sino facetas de un momento crucial... EPU120701 **15 nacionalismo:** ¿Quiere decir que las posiciones que pierda el nacionalismo *centrífugo* serán ganadas por el nacionalismo centrípeto? EPE210399 **16 ley:** Paralelamente acariciarán el suelo «breakers» prestos a desafiar las leyes: *centrífugas*, centrípetas, gravitatorias, fisiológicas si cabe. LVE220595 **17 administración:** El estado de las autonomías surgió precisamente para convertir en *centrífuga* una administración centralizada. INDOC

C SUSTANTIVOS QUE DESIGNAN DIVERSOS MEDIOS, TEXTOS U OBJETOS DE INFORMACIÓN QUE PERMITEN LA CREACIÓN, LA EXPRESIÓN O LA DIFUSIÓN DE IDEAS: **18 libro:** Es un libro descompuesto y *centrífugo*, un libro que atiende a muchas voces. ABC221093 **19 novela:** ...evitando los peligros de dispersión que amenazaban a su novela anterior, más *centrífuga*, mediante un argumento más férreo y centrípeto... ABC221294 **20 historia:** Son paralelas en él su forma de hablar (sus amenas y *centrífugas* historias en castellano, euskera, francés o inglés) como su forma pictórica. EPE010380 **21 televisión –:** Una televisión *centrífuga*, como la que tenemos, no es más que el fruto de una sociedad cuadrúpeda. INDOC

D OTROS SUSTANTIVOS; POSIBLES USOS ESTILÍSTICOS: Eran tiempos prósperos y *centrífugos*, tiempos en los que el primero de los deseos era acaparar... EME100294; Es decir, reiteración de vaivenes, giros e impulsos intermitentes, con brazos como apéndices pendulantes y *centrífugos*. EME101296

☐ Véase también: **centrípeto**.

centrípeto *adj.* ▮ Se combina con...

A EL SUSTANTIVO *FUERZA* Y CON OTROS QUE DESIGNAN EL MOVIMIENTO FÍSICO DE LOS CUERPOS, SU ORIENTACIÓN O ALGUNA DE SUS CARACTERÍSTICAS. SE USAN TAMBIÉN EN EL SENTIDO FIGURADO: **1 fuerza ++:** ...las fuerzas *centrípetas* que giran en torno al eje franco-alemán, único pilar sobre el que, dado el lugar y el poder de cada cual, se puede avanzar en la construcción europea. EPE091201 **2 dirección:** Una bola echada a rodar en un embudo adquirirá inevitablemente una dirección *centrípeta*. INDOC **3 tendencia:** Existe, no obstante, una tendencia *centrípeta* dentro de la Comunidad. EME100295 **4 movimiento:** Pero hay un movimiento *centrípeto*: el giro y giro de la historia... EPD250897 **5 efecto:** El efecto *centrípeto* impidió que el coche se saliese de la carretera. EPD250897 **6 tensión:** ...crecían las tensiones centrífugas, en la parte occidental mandaban las *centrípetas*. LVE221296 **7 dinámica:** ...aparece una dificultad natural: la dinámica *centrípeta* que aplican los habitantes de cada una de las parcelas. LVE210596 **8 impulso:** El impulso *centrípeto* que adquieren las comunidades no se sustenta únicamente en la fuerza de las tradiciones, sino también en... INDOC **9 flujo:** ...una velocidad menor a la del flujo *centrípeto* producido por la compresión... INDOC **10 trayectoria:** La trayectoria *centrípeta* de un cuerpo móvil es la que lo conduce hacia el punto central del espacio en el que se mueve. INDOC

B SUSTANTIVOS QUE DESIGNAN FORMAS ORGANIZADAS DE ACTUACIÓN, GENERALMENTE POLÍTICA, ASÍ COMO ALGUNOS DE LOS ATRIBUTOS QUE LAS CARACTERIZAN: **11 poder:** Un poder que sigue manteniéndose *centrípeto* y que debe llegar a percibirse desde las otras culturas de España como un poder centrífugo que abarque y afecte a todos los ámbitos del poder... EPE190199 **12 política:** La política es aquí *centrípeta.* Todos los partidos con representación parlamentaria actúan hacia el centro... EPE230699 **13 estado:** Los rumanos, los griegos y los búlgaros no desean un Estado musulmán, *centrípeto* sobre sus propios musulmanes. EME090294 **14 nacionalismo:** ¿Quiere decir que las posiciones que pierda el nacionalismo centrífugo serán ganadas por el nacionalismo *centrípeto*? EPE210399 **15 federalismo:** El partido apuesta por un federalismo *centrípeto...* INDOC

C SUSTANTIVOS QUE DENOTAN PUNTO DE VISTA, OPINIÓN O ACTITUD EN RELACIÓN CON ALGÚN ASUNTO: **16 perspectiva:** ...voy a proponer una serie de reflexiones que, en contraposición a la perspectiva *centrípeta* que propone (...), plantee una visión más centrífuga de España. EPE190199 **17 posición:** ...la posición *centrípeta...* EME090294 **18 talante:** El talante de la escritura es *centrípeto,* hermético y sepulto. EPE111199 **19 punto de vista:** ...siguen manteniendo un punto de vista *centrípeto* sobre la organización del estado, lo que resulta difícil de conjugar con las tendencias autonomistas. INDOC

D SUSTANTIVOS QUE DENOTAN MEDIO O DESIGNAN RECURSOS CON LOS QUE SE LLEVA ALGO A LA PRÁCTICA O SE REGULA SU FUNCIONAMIENTO: **20 método:** Hay dos métodos para estudiar Ética: el centrífugo y el *centrípeto.* ABC100395 **21 fórmula:** ...acerca a los ciudadanos a la participación política y actúa como fórmula *centrípeta* de solidaridad con los demás ciudadanos de España... EPE130299 **22 orden:** ...contrarrestados por un orden *centrípeto,* por una claridad arquitectónica... EPE180499 **23 ley –:** Paralelamente acariciarán el suelo «breakers» prestos a desafiar las leyes: centrífugas, *centrípetas...* LVE220595

E OTROS SUSTANTIVOS; POSIBLES USOS ESTILÍSTICOS: Es la niebla centrista y *centrípeta* que engullea Europa, las líneas maestras de la política económica y exterior están marcadas indeleblemente sobre el terreno, terreno único... EPE160699; ...se enzarzó, como en él era habitual, con otro contertulio, también culto (...) y también anguloso y *centrípeto* de carácter, en una interminable y agria polémica. EPE011287; ...una serie de factores de riesgo. El primero, sin duda, la desvirtuación de la familia como hogar *centrípeto* y madurador. LVE080595

☐ Véase también: **centrífugo**.

centro ♦ **administrativo, asistencial, comercial, cultural, de atención, de enseñanza, de estudios, de interés, de poder, de prensa, de trabajo, docente, educativo, escolar, especializado, estratégico, geográfico, gravitatorio, histórico, hospitalario, investigador, médico, medular, neurálgico, penal, penitenciario, pleno, político, sanitario, turístico, urbano** ♦ **aproximar(se) (a), circundar, circunvalar, crear, desplazar[10], erigir(se) (en), gravitar (en torno a), inaugurar, llegar (a), ocupar, rodear, situar(se) (en)**

☐ Véase también: **organización, parte.**

ceñir(se) (a) *v.* ▮ Con el sentido de 'poner(se), ajustar(se) o apretar(se)' se construye sin preposición y admite sustantivos que designan ropas, adornos u otros componentes de algún atuendo *(vestido, cinturón, corona, sombrero, brazalete, espada).* Usado pronominalmente y con complementos encabezados por la preposición *a (ceñirse a)* se combina con...

A SUSTANTIVOS QUE DESIGNAN LO QUE SE CONSIDERA REAL O ACTUAL, O AQUELLO DE LO QUE SE TIENE CONSTANCIA: **1 realidad ++:** ...porque éste había asegurado públicamente que las denuncias periodísticas sobre su patrimonio no se *ceñían* a la realidad. LVE080494 **2 verdad +:** ...adopte finalmente un punto de vista que considere, en forma imparcial, más *ceñido* a la verdad. DHE051197 **3 hecho +:** De cualquier manera, la cabeza cortada del patriota José Félix Ribas (...) como escarnio ejemplarizante por parte de las tropas realistas, se *ciñe* estrictamente a los hechos. SEM061100 **4 presente +:** ...eludió entrar a debatir sobre el pasado y optó por *ceñirse* al presente. EPE241001 **5 evidencia:** En lugar de dar tantos rodeos, debería *ceñirse* a la evidencia. INDOC

B SUSTANTIVOS QUE DESIGNAN LOS ASUNTOS DE LOS QUE SE TRATA O SOBRE LOS QUE SE DISCUTE: **6 tema ++:** En efecto, Carlos García Gual, experto en estos temas, procura *ceñirse* a lo que denomina «novela grecorromana»... EME071095 **7 cuestión ++:** La justicia militar actúa para conocer los vericuetos de las filtraciones y la fiscalía se *ciñe* a la cuestión de las escuchas. LVE200695 **8 asunto +:** ...comenzaron ayer en Nueva York una ronda de negociaciones (...) que Washington desea *ceñir* a este asunto... LVE020994 **9 materia:** ...la presidenta debe pedir al parlamentario que esté en el uso de la palabra que se *ciña* a la materia que esté en debate. EPE201101 **10 problema:** ...juega con los elementos clásicos de la telenovela brasileña (...) más que de la británica, que suele *ceñirse* a los problemas diarios de una determinada comunidad. LVE201296 **11 contenido:** ...en su edición original tiene un subtítulo más *ceñido* a su contenido... ABC110394

C SUSTANTIVOS QUE DESIGNAN NORMAS, CONSIGNAS Y OTROS CONTENIDOS REGULADOS O REGLAMENTADOS: **12 ley +:** Demostraré donde sea, incluso ante los tribunales, que todas mis actuaciones han estado *ceñidas* a la ley. EPE301099 **13 instrucción:** ...confirmó ayer la obligatoriedad de la asistencia al acto, aunque aclaró que se *ciñe* a las instrucciones dictadas por la Dirección General de Policía... EPE130199 **14 norma +:** ...se *ciño* a las normas más estrictas en lo referente al mantenimiento y reparación de las estructuras... ESP010897 **15 directriz:** ...formulamos un llamado al Gobierno de la República para que *ciña* su conducta a la directrices del Estado de Derecho... PME150996 **16 reglamento:** Decisión *ceñida* al reglamento pero muy polémica... LVE290796 **17 normativa:** Habría que recordar que estos profesores tuvieron que *ceñirse* a una muy severa normativa de acceso... LVE170194 **18 ordenanza:** ...los baños a la antigua usanza, aquella que se *ceñía* a las ordenanzas de la hidrología marina y del balneario. LVE210794

D SUSTANTIVOS QUE DESIGNAN PAUTAS, ESTRATEGIAS O ESQUEMAS SEGUIDOS EN LA REALIZACIÓN DE ALGUNA COSA. TAMBIÉN CON OTROS QUE DESIGNAN LO QUE SE CONSIDERA EJEMPLO O PARADIGMA DE ALGO: **19 programa** ++: La mayoría de gobernantes presentes en Brasilia se *ceñirá* al austero programa preparado por los anfitriones... EPE010900 **20 plan** ++: Si el ajuste no se *ciñe* al plan de convergencia (4,4 de déficit para 1996) el efecto a corto plazo sería «nefasto»... EME070795 **21 patrón** +: ...las partes que componen la planta productiva deberán –supuestamente– *ceñirse* a todo un patrón de conducta... EXC170896 **22 modelo** +: El nuevo equipo se *ciñe* mucho más al modelo de sus fundadores... ABC220995 **23 guión** +: En el terreno comunitario, Chirac se ha *ceñido* al guión. EME050596 **24 proyecto** +: De cualquier forma, y *ciñéndonos* al proyecto presupuestario español... EPE021985 **25 programación**: Ignoro en este momento cómo anda el asunto de los tabacos, pero *ciñéndonos* a la programación... LVE010794 **26 cronograma**: ...originaron un proceso de diálogo *ceñido* al propio cronograma de las Fuerzas Armadas. HOY250184 **27 formato**: ...no se *ciñe* al gran formato (...), sino que alterna el gran formato de sus composiciones (...) con las de pequeño formato... LVE140194 **28 presupuesto**: En materia de seguridad, nada es suficiente, pero hay que *ceñirse* a unos presupuestos que son limitados... EME140796

E SUSTANTIVOS QUE DESIGNAN LO QUE SE PRETENDE CONSEGUIR: **29 objetivo** +: El discurso es un género, una forma de comunicación hablada, muy *ceñido* a unos objetivos y a unos motivos muy concretos. EME091196 **30 propósito** +: Los traductores se han *ceñido* estrictamente al propósito y han privilegiado en su trabajo la exactitud de transmisión del contenido... ABC040992 **31 finalidad**: ...el uso de los gastos reservados se *ciña* a las finalidades específicas para las que son aprobados». EME250495 **32 intención**: Y si nos *ceñimos* a la intención de voto, a (...) lo aprueban... LVE221095

F SUSTANTIVOS QUE DENOTAN LÍMITE, TÉRMINO O RESTRICCIÓN IMPUESTOS A ALGUNA COSA: **33 límite** +: ...pero recomendará especialmente aquellas obras que se *ciñan* al límite señalado. CAP010896 **34 plazo**: ...azuzan a redactores propios y extraños (cualquier plumilla es bienvenida) a *ceñirse* a los plazos... LVE270295 **35 limitación**: ...los días en que los equipos de los telediarios podían hacer su trabajo sin *ceñirse* a las limitaciones financieras. EME171195 **36 condición**: Los partidarios de limitar la facultad presidencial, se basan en que su ejercicio está *ceñido* a dos condiciones específicas. DLA110297 **37 condicionamiento**: Pero estos incentivos deberán *ceñirse* a una serie de condicionamientos, que afecten tanto a su cuantía como a su adecuación... EPE010284

G SUSTANTIVOS QUE DESIGNAN DIVERSOS CONCEPTOS APLICADOS A UN RAZONAMIENTO O UNA ARGUMENTACIÓN, SOBRE LOS QUE SE DESEA FUNDAMENTAR ALGUNA COSA: **38 idea** +: Quiero decir que, por encima de las polémicas –y sólo las que se *ciñen* a las ideas interesan–, importan los libros. ABC060594 **39 principio** +: El Gobierno germano considera que con ello se *ciñe* al principio del «reparto equilibrado de cargas» en lo que respecta a asilados. EME150596 **40 argumento**: No son especulaciones gratuitas, sino conclusiones objetivas estrictamente *ceñidas* a los argumentos presentados. INDOC **41 premisa**: ...su ampliación ha de *ceñirse* a unas premisas muy concretas al ser una pinacoteca (...), «que tiene una lamentable incapacidad para mostrar sus colecciones»... EME080996 **42 hipótesis**: Explicó que la PTJ no puede *ceñirse* a una sola hipótesis, éstas se fortalecen o se descartan a medida que avanza la pesquisa. ENV120996 **43 tesis**: ...se *ciñó* a las tesis tradicionales del Ministerio del Interior y afirmó que desconocía todo sobre el GAL... LVE281195 **44 razón** –: No resulta conveniente, ni mucho menos *ceñido* a la razón... ETC170797

H SUSTANTIVOS QUE DENOTAN COMETIDO O TRABAJO: **45 papel** +: A ello, *ciñéndose* al papel del escritor frente a los conflictos bélicos en general, y a contiendas tan complejas como la de la ex Yugoslavia, se refirió José Saramago. EME130394 **46 tarea** +: El presidente francés instó ayer al Gobierno de centroderecha de Edouard Balladur a que se *ciña* a sus tareas a pesar de la proximidad de las presidenciales de mayo. LVE040195 **47 función**: ...¿qué van a hacer las administraciones públicas sino *ceñirse* a sus funciones? LVE150396 **48 labor**: Mitterrand pide al Gobierno Balladur que se *ciña* a su labor. LVE040195

I SUSTANTIVOS QUE DENOTAN TRATO, ACUERDO O RESOLUCIÓN CONCERTADA: **49 contrato** ++: Se *ciñe* a lo que hay, a un contrato de aprendizaje que, aunque mínimo, le resulta atractivo; el futuro decidirá. EME230194 **50 acuerdo** +: Por ello, acusó a CiU de no *ceñirse* al acuerdo de gobernabilidad suscrito con el PP y negociar con falta de ética. LVE131196 **51 pacto** +: El Gobierno logra que la financiación autonómica se *ciña* al pacto con CiU. LVE240996 **52 convención** –: ...*ceñirse* estrictamente a las convenciones colectivas en relación con políticas salariales del sector público. EUV031196

J OTROS SUSTANTIVOS; POSIBLES USOS ESTILÍSTICOS: ...cuando los gobernantes saben *ceñir* las velas a su viento... EPD030597; Me *ceñiré* a las excursiones eruditas de García Gual por la novela histórica de tema clásico. ABC151295

▩ Se combina también con: ♦ **ajustadamente, al pie de la letra**[25]**, escrupulosamente**[8]**, estrictamente, literalmente**

□ Véase también: **atenerse (a)**.

ceño ♦ arrugar, fruncir

[cepillo] → a cepillo

ce por be ♦ conocer, contar, describir, explicar, repasar, saber

[cera] → como la cera

cera ♦ blando, caliente, depilatorio, frío, natural ♦ tapón (de), vela (de) ♦ aplicar, arder, derretir(se), fundir(se)

CERCANÍA Véase: APROXIMACIÓN; ESPACIO

[cercén] → a cercén

cercenar ♦ de raíz[4], de un plumazo, de un tajo, por completo ♦ avance, brazo, cabeza, capacidad, competencia, derecho, esperanza, facultad, función, idealismo, ilusión, imaginación, iniciativa,

mano, oreja, pierna, posibilidad, potencia, presupuesto, soberanía

☐ Véase también: **cortar, dividir, rebanar.**

cerciorarse ♦ directamente, en persona[15], personalmente, por uno mismo

☐ Véase también: **asegurar, confirmar.**

cerco ♦ asfixiante[14], defensivo, de seguridad, económico, eléctrico, estrecho[3], familiar, férreo[60], infranqueable, jurídico, militar, perimetral, periodístico, policial, político, rígido, total ♦ alrededor (de algo) ♦ abrir, burlar[27], caer (en), cerrar, completar, construir, desplegar, eludir[49], encerrar (en), escapar(se) (de), establecer, estrechar[7], flexibilizar, formar, huir (de), levantar, poner (a algo), rebasar, resistir, romper, salir (de), someter (a), suavizar

☐ Véase también: **asedio, límite, muralla, orilla (de).**

[cerdo] → como un cerdo

cerebralmente ♦ muerto ♦ analizar, calcular, considerar, estudiar, examinar, pensar

cerebro ♦ atrofiado, aventajado, calculador, calenturiento[2], creativo, criminal, electrónico, financiero, ideológico, lógico, pensante, portentoso, privilegiado, retorcido[7] ♦ alteración (de), fuga (de), lesión (de) ♦ dañar, derretir(se)[3], desarrollar(se), ejercitar[3], estrujar(se), exprimir(se), lavar, oxigenar(se)

☐ Véase también: **mente.**

ceremonia ♦ académico, agotador, apoteósico, atávico[14], breve, brillante, castrense, civil, conmemorativo, deslucido, elegante, emotivo, formal, inaugural, interminable, largo, litúrgico, militar, oficial, plomizo[3], pomposo, protocolario, público, religioso, rutilante[11], sencillo, solemne, soporífero, tradicional, virtual, vistoso ♦ durante, en ♦ maestro (de) ♦ abrir, asistir (a), boicotear, celebrar, clausurar, culminar, efectuar, empañar(se)[24], ensombrecer(se), inaugurar, interrumpir, oficiar, participar (en), preparar, presenciar, presidir, proyectar, realizar, reanudar, suspender, tener lugar, transcurrir

☐ Véase también: **celebración, protocolo, rito.**

cerilla ♦ apagar, arder, consumirse, encender, prender[7]

cernerse *v.* ▮ En el sentido de 'sobrevolar o planear' se combina con sustantivos que designan aves *(Los buitres se ciernen a considerables alturas; El águila se cierne en el cielo en busca de una víctima).* En el sentido, más frecuente, de 'aproximarse peligrosamente' se combina a menudo con la preposición *sobre.* Elige generalmente como sujetos...

A SUSTANTIVOS QUE DENOTAN AMENAZA O PELIGRO. TAMBIÉN OTROS QUE DESIGNAN CIERTOS SERES –REALES O IMAGINARIOS– QUE SE ASOCIAN DE FORMA CARACTERÍSTICA CON ESAS NOCIONES: **1 amenaza ++:** «Yo he propuesto que se busque un movimiento de unidad nacional ante las amenazas que se *ciernen* ante el país...». ETC240996 **2 peligro ++:** ...fue artista precoz, niña prodigio salvada, venturosamente, del peligro que se *cierne* en el futuro sobre quienes de anticipada forma conocen la popularidad. ABC101293 **3 riesgo +:** ...se ha empezado a despejar el panorama, a pesar de los riesgos que se han *cernido* sobre la nación desde posiciones cerradas... EXC080696 **4 fantasma +:** ...para tantos que han coronado estudios universitarios se *cierne* el fantasma del paro... ABC210194 **5 espectro:** El espectro del hambre, la revuelta popular y las epidemias se *cierne* sobre el Estado indio de Orissa... EPE041199

B SUSTANTIVOS QUE DESIGNAN ESTADOS O SITUACIONES CARACTERIZADOS POR LA FALTA DE SEGURIDAD, CONFIANZA O INFORMACIÓN: **6 duda ++:** La finalidad es la de romper el silencio en torno a los temores y dudas que se *ciernen* sobre la exportación de productos al exterior, y que para algunos campos es difícil de explorar. ESH111000 **7 incertidumbre ++:** La incertidumbre se *cierne* sobre el futuro del complejo comercial Diagonal Mar... LVE300695 **8 sospecha ++:** A pesar de las múltiples sospechas que se *ciernen* sobre Edgardo Bathich Villarroel, sus cuentas con la justicia son claras y unívocas... HOY230297 **9 incógnita +:** ...apenas ha querido desvelarlas para no romper las incógnitas que se *ciernen* sobre este espectáculo... CAN300101 **10 interrogante +:** Los interrogantes se *ciernen,* en cambio, en torno a la marcha del Banco Bilbao Vizcaya. EME201096 **11 misterio:** El misterio se *cierne* sobre los compradores de las dos tandas... EPE050680 **12 suspicacia:** La suspicacia se *cierne* incluso sobre la vida privada. EME030595 **13 pregunta:** Entre tal abundancia de cuestiones, se *cierne* aún sobre la Casa Blanca una pregunta fundamental. EME130294

C SUSTANTIVOS QUE DESIGNAN DESGRACIAS O CALAMIDADES: **14 tragedia ++:** La tragedia se *cernió* sobre los raíles madrileños en la mañana de ayer... LRE050203 **15 desgracia +:** La desgracia se *cierne* de nuevo sobre el Teatro Real. ABC210495 **16 desastre:** El primer indicio del desastre que se *cernía* sobre los partidarios de Alfonso Guerra apareció en Huelva... EME230194 **17 infortunio:** Y es que sobre el croquis que aquí vemos ya se estaba *cerniendo* entonces el infortunio... ABC040394 **18 catástrofe:** ...alertan contra ominosas catástrofes que se *ciernen* por doquier. EPE061299 **19 drama:** Pero a pesar del drama que se *cierne* sobre toda dependencia y de que la curación parece una meta inalcanzable, la ludopatía tiene tratamiento. EME280995 **20 calamidad:** Grandes calamidades se *ciernen* sobre nosotros. LVE170995 **21 fatalidad:** Rudolph Giuliani, el alcalde de Nueva York, subrayó la fatalidad que se *cierne* sobre el aeropuerto... EPE011199 **22 pesadilla:** En medio del drama y del cruce de acusaciones políticas entre ambos Gobiernos, sobre Elián se *cierne* ahora una nueva pesadilla. EPE301199

D SUSTANTIVOS QUE DESIGNAN PROBLEMAS, DIFICULTADES Y OTRAS SITUACIONES INCONVENIENTES O ADVERSAS EN DIVERSOS GRADOS: **23 problema +:** Otro problema se *cierne* sobre el presidente de la República Francesa, Jacques Chirac, cuyo partido disputa nuevas elecciones en primavera de 1998. EME281195 **24 crisis +:** En 1983 inició su expansión en el extranjero, lo que sirvió para «escapar» de la crisis que se *cernía* entonces sobre el sector. EPE291199 **25 polémica:** ...ha salido al paso de la polémica que se *cierne* sobre el técnico uruguayo... EME140996 **26 presión:** De paso, hubiera aligerado la enorme presión que se *cierne* a estas alturas sobre todo el Gobierno catalán. LVE100695 **27 complicación:** Las complicaciones se *cernían* principalmente sobre el primer descenso, por el efecto del viento... EPE300499 **28 problemática:** De ahí lo necesario de corregir esta situación en forma ordenada pero real, antes de que la problemática que se *cierne* sobre el particular se vuelva inmanejable... EXC050900 **29 adversidad:** Samy Frey hizo un breve apunte de los orígenes festivaleros y más tarde habló de las adversidades que se *ciernen* sobre el sacrosanto recinto para acabar clamando: «Maudite Cour!». LVE300796 **30 dificultad:** Cuando en 1934 se *cernían* dificultades para Cataluña, Castelao decía en Orense... LVE070595

E EL SUSTANTIVO *SOMBRA* Y CON OTROS SUSTANTIVOS QUE DENOTAN OSCURIDAD, MUY A MENUDO USADOS EN SENTIDO FIGURADO: **31 sombra ++:** Las sombras se *ciernen* sobre el futuro dinástico de Mónaco... EME150996 **32 noche:** Ahora los «hombres y mujeres murciélago», acostumbrados a sufrir, a no hablar, a preservar su lengua y tradiciones, están viviendo una larga noche que se *cierne* sobre Chiapas. EME150295 **33 oscuridad:** ...indaga, además de describirlos, en aquellos de sus pasajes más importantes sobre los que aún se *cernía* la oscuridad... EME100296 **34 tinieblas:** Las tinieblas que se *ciernen* sobre un más que incierto futuro. INDOC

F SUSTANTIVOS QUE DESIGNAN FENÓMENOS METEOROLÓGICOS O CLIMÁTICOS ASOCIADOS AL MAL TIEMPO. SE USAN MUY FRECUENTEMENTE EN SENTIDO FIGURADO: **35 nubarrón ++:** Otra cosa es que a menudo se especule y se comente sobre los negros nubarrones que se *ciernen* sobre la estabilidad gubernamental... EME290394 **36 nube +:** Nos referimos al hecho de que se *ciernen* nubes demasiado sombrías sobre la corriente antisistémica. LTB250900 **37 tormenta +:** Mi padre tenía un aspecto algo sombrío, mi madre un poco inquieto; el inesperado Gregory sonreía y comía, sin preocuparse de la tormenta que se *cernía*. ABC240694 **38 temporal +:** El temporal que desde el jueves se *cierne* sobre la mitad norte del país comenzó ayer a trasladarse hacia la zona de Levante. EME081296 **39 tempestad:** «El rodaje se realizó a pesar de la tempestad que se *cernía* sobre las escaleras nauseabundas del puerto», consignaba Michael MacLiammoir (Yago) en su diario del 31 de enero de 1950. EME310895 **40 niebla:** La densa niebla que se *cernió* ayer sobre amplias zonas de las dos Castillas... EPE091299 **41 bruma:** Para González, se trata de «despejar las brumas» que a veces se *ciernen* sobre los procesos de construcción europea. EME080694 **42 lluvia:** Sin embargo, la niebla y la lluvia que se *cernieron* ayer sobre Barcelona no se extendieron a todo el litoral catalán ni consiguieron ahuyentar a los bañistas. EPE010899 **43 vendaval:** ...lo que se *cierne* sobre el Ulster es un nuevo vendaval sobre el estancado proceso de paz... EPE070999 **44 ciclón −:** ...Esquerra Unida asegura escotillas para hacer frente al ciclón que se *cierne*. EPE100599 **45 huracán −:** Estas y otras reflexiones, digo, son las que vengo haciéndome desde que Juana Serna está en el ojo del huracán que se *cierne* sobre el PSPV. EPE190799 **46 aguacero −:** Es una región árida, desértica, cuyo suelo de bentonita cambia cada vez que un corto aguacero se *cierne* sobre el lugar. ABC290193

G SUSTANTIVOS QUE DESIGNAN EL FUTURO O LAS ESTIMACIONES QUE SOBRE ÉL SE HACEN: **47 presagio ++:** Aunque este año oscuros presagios se *ciernen* sobre el capotillo benéfico del santo. EME070795 **48 augurio +:** Por otra parte, los peores augurios se *ciernen* sobre el complejo Diagonal Mar, tras la suspensión de pagos de la inmobiliaria Kepro, que ha declarado un pasivo de 53.000 millones. LVE281195 **49 futuro:** Pese a ello, Carlos Sotos, gerente de la cooperativa de UGT, prometió seguir con el proyecto, ajeno al futuro que se *cernía* sobre él y la cooperativa PSV. EPE010299 **50 porvenir:** Bien es verdad que con la primera guerra mundial se *cernía* sobre Alemania un porvenir, mucho más dramático que el que esperaba a los franceses... ABC011093 **51 previsión −:** ...Yamaha ha tenido que cancelar el proyecto de un scooter de 125 centímetros cúbicos debido a las pesimistas previsiones que se *ciernen* sobre este sector. EME140394 **52 pronóstico:** Afortunadamente, no se cumplieron ayer los sombríos pronósticos que se *cernían* sobre Austria, con un importante avance en las urnas del neonazi Joerg Haider. EME181295 **53 maldición −:** Alguna maldición se *cierne* sobre los caladeros cuando éstos generan conflictos capaces de desembocar en la ruptura de relaciones diplomáticas. EME200395 **54 expectativa −:** ...acudió para intentar dar la vuelta a las malas expectativas que se *ciernen* para Manuel Chaves en los comicios andaluces. LVE250296

H SUSTANTIVOS QUE DENOTAN CONFRONTACIÓN. TAMBIÉN CON OTROS QUE DESIGNAN DIVERSAS FORMAS DE ACCIÓN HOSTIL CONTRA LAS PERSONAS O LAS COSAS, DE NATURALEZA FÍSICA O VERBAL: **55 guerra +:** «...Ahí está el problema: hasta que no eduquemos al pueblo, la guerra se *cernirá* como un peligro en el horizonte». EPE080899 **56 batalla:** La batalla socialista que se *cierne* no es la de este romano. EME011195 **57 conflicto:** ...preveía el conflicto que iba a *cernirse* sobre la región de los Balcanes... LVE121096 **58 campaña:** El portavoz socialista centró su intervención en la campaña de calumnias que, a su juicio, se *cierne* sobre el presidente... LVE280795 **59 ofensiva:** ...para derrotar el peligro de la ofensiva nazi que se *cernía* sobre la humanidad. ETC010690 **60 crítica −:** Las mayores críticas, en este sentido, se *ciernen* sobre la comisaria socialista francesa Edith Cresson, a la que se señala por un caso de favoritismo hacia su dentista y amigo personal... EPE160399 **61 castigo:** ...empiecen a pagar en serio el castigo electoral que se *cierne* sobre el felipismo y sus adláteres de coalición. EME150795 **62 sanción:** ...investiga a uno de los proveedores que ha tenido en los últimos años la gasolinera de Torrejón de la Calzada, sobre la que se *cierne* una severa sanción... EPE120999 **63 acusación:** También sobre esta Cámara hereditaria que reúne a los prohombres del país se *ciernen* ahora diversas acusaciones... EME050295 **64 persecución:** ...«la persecución se *cernió*» sobre los familiares de sus subordinados en Intxaurrondo... LVE280996 **65 sublevación −:** Esta casi unánime sublevación se *cierne* sobre la Camilo José Cela como una nueva traba para su nacimiento, que está resultando tortuoso. EPE100599 **66 golpe −:** ...dimitió (...) por intentar detener con su renuncia los tres golpes militares que se *cernían* sobre su cabeza. EME290494 **67 revuelta −:** ...viven un estado de ebullición, una suerte de revuelta potencial que se *cierne* contra los sectores medios y altos de Santiago. HOY050187

I SUSTANTIVOS QUE DENOTAN MIEDO EN DIVERSOS GRADOS: **68 miedo:** Para los musulmanes termina el Ramadán, entretanto, en los hogares palestinos se *cierne* el miedo y el temor de más ataques... EPE231201 **69 temor:** La finalidad es la de romper el silencio en torno a los temores y dudas que se *ciernen* sobre la exportación de productos al exterior... ESH111000 **70 terror:** En este panorama, el terror se *cierne* sobre unos ciudadanos confundidos e inermes, que no tienen ni la menor idea de lo que han de hacer. EME160296 **71 horror:** ...advierten, de pronto, que el horror se *cierne* sobre sus cabezas. HOY081178

J SUSTANTIVOS QUE DESIGNAN OTRAS PERTURBACIONES DEL ÁNIMO, MÁS FRECUENTEMENTE SI SE RELACIONAN CON LA FALTA DE SEGURIDAD, ESTÍMULO, VOLUNTAD DE ACTUAR O CAPACIDAD DE DISCERNIMIENTO: **72 pesimismo +:** El pesimismo que se *cierne* sobre la economía mundial ha vuelto a provocar una nueva rebaja en las perspectivas de crecimiento... EPE161101 **73 frustración:** La frustración que se *cierne* sobre el equipo tras cada derrota es ya casi congénita, así que el descenso a la segunda división parece inevitable. INDOC **74 apatía:** La incertidumbre, la frustración y la apatía se *ciernen* sobre las elecciones de hoy en Haití... LEC060497 **75 sinsabor:** Estuvo lidiador, le buscó las vueltas, evitó más de un sinsabor de los que se *cernían* en cada acometida. EPE150599 **76 preocupación:** La gran preocupación se *cierne* ahora sobre la acogida que puedan dispensar los mercados financieros a esta ruptura de la coalición gubernamental. EME100596 **77 aturdimiento –:** Fue tan extraordinario el milagro que el aturdimiento se *cernió* sobre Verona a las cuatro y veinte de la tarde. EPE111099

K OTROS SUSTANTIVOS; POSIBLES USOS CRUZADOS: Aprovecha, no obstante, comentar aquí que, tal como expone el autor, siempre se ha *cernido* sobre este particular tema un velo protector que han contribuido a tender no pocos estudiosos bajo variados –y peregrinos– pretextos. [Cf. *correr*] EME070195; Hasta que el reclamado puede ser cualquiera que no se *cierna* a las estrictas reglas de la mentecatez fascista. [Cf. *ceñir*] EME310196

L OTROS SUSTANTIVOS; POSIBLES USOS ESTILÍSTICOS: Cuando las encuestas se *ciernen* como sombras sobre las expectativas de voto del PSOE, Barcelona cobra una dimensión aún más relevante en los planes de resistencia socialistas. LVE260595; Al final le faltó concentración para apercibirse de la gloria que sobre él se *cernía*, como pasquín de porquero. EME210695; Al jubilarme he comprobado que algunos de estos mitos aún se *ciernen* sobre mí de una forma desconcertante. EME300996

[cernirse] → **cernerse**

[cero] → **al cero, desde cero**

[cerrado] → **a ojos cerrados, a puerta cerrada**

cerrar ♦ **abruptamente[3], a cal y canto, a la baja[1], al alza, a lo grande[27], a marchas forzadas[19], apresuradamente, a todo correr, cautelarmente[3], con éxito[2], definitivamente, de golpe, de palabra[16], en falso[6], en firme, herméticamente[1], parcialmente, por completo[48], repentinamente, temporalmente[11], totalmente**
☐ Véase también: **abrir(se), entornar, obturar, sellar.**

cerrar los ojos (ante) *v.* ▮ En el sentido de 'no querer reconocer la existencia o la razón de' acepta diversos sustantivos que designan realidades consideradas problemáticas, dolorosas o inaceptables *(crisis, obstáculo, sufrimiento, dolor, tristeza, error, fanatismo)*. Destacan sus combinaciones con...

A SUSTANTIVOS QUE DESIGNAN LO QUE SUCEDE, SE TIENE POR CIERTO O SE PRESENTA A LA VISTA: **1 realidad ++:** O no están atentos a lo que sucede en su estado o de plano *cierran los ojos* ante la realidad. PME150996 **2 evidencia ++:** Después de tanta inocencia legitimista y de tanta cobarde astucia, empiezan a reaccionar los que habían *cerrado los ojos* ante la evidencia. EME170195 **3 verdad:** No se puede *cerrar los ojos* ante una parte de la verdad y abrirlos sólo cuando conviene y ante lo que conviene. EPE011084 **4 hecho:** ...estaríamos comportándonos como los viejos racistas que trataban a las poblaciones humanas vivientes como si fueran varias especies, *cerrando los ojos* ante el hecho evidente de que se pueden reproducir entre sí. EPE071101 **5 situación:** Ciudadanos que antes *cerraban los ojos* ante determinadas situaciones, se deciden cada vez más a contar lo que saben. LVE080296

B SUSTANTIVOS QUE DESIGNAN ACCIONES ILÍCITAS, ILEGALES O INAPROPIADAS EN DIVERSAS FORMAS Y GRADOS, MÁS FRECUENTEMENTE SI SUPONEN UN ABUSO O UN ATROPELLO GRAVES CONTRA LAS PERSONAS: **6 crimen ++:** Cuando políticos que durante tanto tiempo han *cerrado los ojos* ante tantos crímenes toman distancias es que algo serio sucede... LVE250595 **7 corrupción ++:** ...*cerrando los ojos* ante la corrupción que se adueñaba del país... LVE100196 **8 violencia +:** No podemos *cerrar los ojos* ante la violencia doméstica. PME260197 **9 violación +:** En cambio, los partidos que sostienen al poder dan marcha atrás, hasta el punto de *cerrar los ojos* sobre las más terribles violaciones de los derechos humanos. EME310395 **10 incumplimiento:** ...un portavoz del sindicato, que acusó a la Inspección de Trabajo y a jueces y fiscales de *cerrar los ojos* al «escandaloso» incumplimiento de la ley. EPE290499 **11 irregularidad:** ...hubo omisiones deliberadas por parte de miembros del Gobierno o personas a sus órdenes para *cerrar los ojos* ante las irregularidades detectadas ya en 1999... EPE291001 **12 desliz:** Luego vino el «mea culpa» (...), admitiendo haber *cerrado los ojos* ante los evidentes deslices de Reuter en la adquisición de AEG... EME190296 **13 agresión:** Pero que estemos mejor no significa que haya que *cerrar los ojos* ante estas renovadas agresiones. EPE030899 **14 genocidio:** ¿No *cerró los ojos* Europa entera ante el genocidio bosnio (...)? EME120496 **15 terrorismo:** ¿Qué vara de medir la sensibilidad (...) se necesita para *cerrar los ojos* ante esta nueva provocación o ante el mal llamado terrorismo de baja intensidad? EPE210799 **16 injusticia:** Debe desempeñar la labor de una potencia en guerra contra toda violencia, terror y fanatismo, pero que no *cierra los ojos* a las injusticias del mundo. EPE161201 **17 fechoría:** Lo que procede, según este magistrado, es *cerrar los ojos* ante las fechorías de los GAL. EME150296 **18 desmán –:** ...existe porque muchos le apoyan, han *cerrado los ojos* ante sus desmanes o le tienen miedo. EPE100199 **19 atrocidad:** No es fácil aceptar que podamos *cerrar los ojos* ante atrocidades que ocurran en nuestro propio suelo, aunque sea en una esquina. EPE090799

C SUSTANTIVOS QUE DENOTAN CONFLICTO, OBSTÁCULO O CONTRARIEDAD. TAMBIÉN CON ALGUNOS QUE DESIGNAN OTRAS SITUACIONES DE ADVERSIDAD, DESEQUILIBRIO, DESGRACIA O INFORTUNIO: **20 problema ++:** Por su parte, el representante de IU, Javier Madrazo, recalcó que el colectivo de transexuales está ya «profundamente» penalizado por la sociedad (...), como para que la sanidad pública *cierre los ojos* ante sus problemas. EPE170499 **21 dificultad:** Pero sería absurdo *cerrar los ojos* ante las enormes dificultades que frenan, e impiden en muchos casos, el progreso económico del país... EPE021084 **22 desastre +:** Y, en cambio, se *cierran los ojos* ante el desastre presente de la LOGSE, que amenaza con arruinar el nivel instructivo y cultural de toda una generación. EPE081201 **23 tragedia +:** ...acusa a Occidente de *cerrar los ojos* a la tragedia y de una «política de doble rasero»... ENH240700 **24 miseria:** Occidente *cierra los ojos* ante la miseria y las hambrunas de los países africanos. INDOC **25 pobreza:** Matamos cuando *cerramos los ojos* ante la pobreza, la miseria. LVE280396 **26 desigualdad:** La anorexia explica el orgullo con el que las democracias *cierran los ojos* ante la desigualdad, ante la usura legalizada, ante el espectáculo acumulador del neoliberalismo posesivo. EPE271199 **27 inseguridad:** «El hecho de que Pastrana *cerrara los ojos* a la inseguridad del país no sólo incidió en la decisión del poder ejecutivo americano de negar el TPS...». ENH240700 **28 perjuicio –:** En estos casos, acusan a los ayuntamientos de *cerrar los ojos* a los perjuicios que suponen las grandes superficies por los beneficios económicos que aportan a las arcas municipales. LVE181296

D SUSTANTIVOS PROSPECTIVOS QUE DESIGNAN LO QUE SE ESPERA, SE PREVÉ O SE ENTIENDE QUE PUEDE SOBREVENIR A ALGUIEN: **29 perspectiva:** ...debemos aceptar que sea reemplazado por otro Valparaíso más pujante (...), sin olvidar nada de su legendaria grandeza, sin *cerrar los ojos* a sus nuevas perspectivas históricas. ABC240792 **30 posibilidad +:** ...hay que valorar sin dejarse deslumbrar por ingenuos entusiasmos, pero sin *cerrar los ojos* a la posibilidad de que algo, y muy importante, esté cambiando entre nosotros. EPE020297 **31 futuro:** Esto no significa *cerrar los ojos* al futuro, sino hacerlo más esperanzador, y ésta es la responsabilidad de todos. EPE270899 **32 destino:** ...tan inútil como *cerrar los ojos* ante un destino que ya se ve próximo e inevitable, a menos que... INDOC

cerrazón

♦ **absoluto, aparente, cultural, económico, empecinado, enconado, férreo[105], grave, hermético[3], ideológico, intolerante, intransigente, mental, moral, obstinado, obtuso, permanente, personal, político, testarudo** ♦ **ante** ♦ **abandonar, acusar (de), demostrar, ocultar, salir (de), vencer**

cerrojo

♦ **defensivo, institucional, total** ♦ **abrir, bloquear, correr, descorrer, echar[39], poner, practicar, quitar**

☐ Véase también: **candado, pestillo.**

certeramente

♦ **afirmar, anticipar, apuntar, calificar, decir, definir, describir, escribir, expresar, golpear, indicar, llamar, manifestar, observar, plantear, practicar, prever, rematar, repetir, señalar, titular, traducir, utilizar**

certero

adj. ▮ Se construye con sustantivos que designan el objetivo hacia el que se dirige un lanzamiento *(blanco, diana)*, el objeto lanzado *(flecha, bala, dardo)* o la persona que lo impulsa *(cazador, lanzador, tirador)*. También se combina con sustantivos que designan golpes o agresiones realizadas con algún instrumento *(bastonazo, golpe, hachazo, cuchillada, balazo, disparo)* y –menos frecuentemente– armas u objetos susceptibles de emplearse como tales *(espada, arco, piedra, palo)*. Se usa frecuentemente con sustantivos de persona que designan profesiones u ocupaciones de las que cabe esperar pericia, precisión o seguridad *(crítico, jugador, científico, investigador, comentarista)*, así como con otros que expresan algunas de las características intelectuales que suelen atribuirse a los individuos en relación con las metas que persiguen *(inteligencia, intuición, talento, sagacidad)*. También se combina con...

A SUSTANTIVOS QUE DENOTAN EXAMEN, INTERPRETACIÓN, JUICIO O ANÁLISIS DE ALGO. TAMBIÉN CON OTROS QUE DESIGNAN, POR EXTENSIÓN, EL RESULTADO DE ESTOS PROCESOS INDAGATORIOS: **1 análisis ++:** ...una de las mejores columnas de la Prensa española, y no sólo por la información excelente y el *certero* análisis sino también por la calidad literaria. LRE120103 **2 cálculo +:** Porque, según cálculos *certeros* esa es la distancia que nos separa del domingo 9 de abril, última fecha disponible para la convocatoria de las legislativas... EPE070999 **3 diagnóstico +:** ...mientras en su cuerpo aún hubiese vestigios del yodo que le habían aplicado en Chile para los exámenes, no podían hacerle un diagnóstico *certero*. CAR070797 **4 conclusión:** ...al margen de que se pueda identificar y sancionar a sus perpetradores, y aun de que se arribe a conclusiones *certeras* sobre sus móviles, la sociedad argentina ya está dando una respuesta... CLA030797 **5 explicación:** ...arribar a un consenso en los puntos conflictivos de esta Ley y recibir de la autoridad del Ejecutivo, una explicación *certera* de las modificaciones que contempla dicho proyecto... LTB040397 **6 crítica +:** ...la descalificación de las críticas más profundas y, por ello, más *certeras*. VIS060297 **7 comentario:** Hace pocos días, en uno de sus breves y siempre *certeros* comentarios, Álvaro Ruibal glosaba una noticia... LVE101296 **8 balance:** ...en tanto se hizo difícil llegar a un balance *certero* de la relación ingresos-gastos de los núcleos aparentemente más críticos... GIC122296 **9 valoración:** ...eso no la impidió a los pocos minutos de su llegada hacer una rápida y *certera* valoración de la realidad de Alcorcón... EME171295 **10 veredicto:** Un «veredicto» que se ha granjeado una merecida fama de *certero*, puesto que tan sólo en una ocasión (...) los clientes-votantes erraron el pronóstico. LVE061196 **11 dictamen +:** Desde ahora, sin el dictamen *certero* de una persona que llevaba a su club y su torneo en el alma, todo será más difícil. LVE150296 **12 visión:** ...entrar a alguna de sus hermosas mansiones periodísticas y dialogar con sus directores, todos ellos de muy amplia y *certera* visión de lo que a su patria importa... ETC110187

B SUSTANTIVOS DE CARÁCTER PROSPECTIVO QUE DENOTAN CONJETURA O ESTIMACIÓN SOBRE LO FUTURO O LO DESCONOCIDO. TAMBIÉN CON ALGUNOS QUE DESIGNAN OTRAS NOCIONES CERCANAS RELACIONADAS CON LO QUE SE TEME, SE DESEA O SE CREE QUE HA DE SUCEDER: **13 pronóstico ++:** Pero gusta de rodearse de videntes, algunos de ellos con asombrosos pronósticos *certeros.* EME240396 **14 premonición:** En tanto, arriba se yergue el San Sebastián efebo como si anunciase ya, en nombre de Dalí y con *certera* premonición, lo que de él escribiría André Breton... ABC021092 **15 predicción +:** ...la predicción de las vacas que se echaban resultó más *certera* que las de muchos institutos de meteorología... EPE250700 **16 presagio +:** Así, detalles hasta entonces insignificantes, anodinos, inocuos cobrarían nueva luz y despedirían los destellos brillantes del presagio *certero.* EPE211299 **17 previsión:** Como si (...) el virus de la locura viviera agazapado en la sombra de la previsión más *certera* y confortable. ABC011295 **18 adivinación:** Con *certera* adivinación, el editor destaca en la obra prosística de Espinosa su carácter lúdico... ABC190692 **19 futuro:** Porque todo parecía confirmar el orden seguro del futuro *certero.* EME170494 **20 proyección –:** Tendríamos que aprender a vivir con temor e incertidumbre, sin proyecciones *certeras* al futuro, sin rumbo... EPE061001

C SUSTANTIVOS QUE DESIGNAN DIVERSAS FORMAS DE ORGANIZAR, PLANEAR O ABORDAR UNA ACTIVIDAD O UN ASUNTO: **21 enfoque:** ...lo que prevalece es un *certero* enfoque humanista, en el que la medicina en general y la cirugía en particular se conciben siempre al servicio y en beneficio del hombre. ABC131095 **22 planteamiento:** Arcadio se ha adelantado en adoptar planteamientos *certeros* de arquitectura para un arte que sigue tratando de ponerse al día... ABC090793 **23 estrategia:** ...su imposibilidad para encarrilar los impulsos de Fernández Meijide a una estrategia *certera*... CLA310199 **24 orientación:** ...con lo cual quedaron evidenciadas las *certeras* orientaciones de los periodistas «adultos»... LVE130296

D SUSTANTIVOS QUE DESIGNAN LA ACCIÓN O EL EFECTO DE REFLEXIONAR SOBRE UNA MATERIA, ASÍ COMO ALGUNAS DE LAS FORMAS DE PRESENTAR LOS RAZONAMIENTOS OBTENIDOS: **25 argumento:** Su declaración debe ser bienvenida porque tiene fundamento, argumentos *certeros* y el buen propósito de contribuir a serenar el ambiente. LVE260295 **26 hipótesis:** Asimismo, tampoco tiene la policía una hipótesis *certera* sobre los autores del atentado... LVE150696 **27 supuesto:** Canavaggio insiste en ello una y otra vez, y su propio trabajo confirma tan *certero* supuesto metodológico... ABC170492 **28 pensamiento:** De nada nos vale el tan *certero* pensamiento de alguno de los programas electorales... ABC010995 **29 reflexión:** El diario de 1953 invita a pensar más: contiene *certeras* reflexiones sobre el trabajo artístico, la obra y la creación... ABC260894 **30 idea:** ...una serie de datos económicos que puedan ayudar a los mercados a formarse una idea más *certera* de lo que está ocurriendo en cada país. LVE161095 **31 criterio:** Inteligentísimo, buen poeta –montones de poemas conservados por su hija Sonsoles lo atestiguan–, colaboraba con su criterio *certero* en la confección de «Litoral». ABC081295 **32 máxima:** ...uno se pregunta si tan hermosa y *certera* máxima tiene vigencia, y si no, que alguien aguante entero el programa «La ruleta de la fortuna»... EME040296 **33 postulado:** ...aunque toda novela sea autobiográfica, y sea ficción toda autobiografía, según *certero* postulado del autor. ABC250394 **34 tesis:** ...es imposible invocar nada más *certero* que la tesis de Eugenio Trías sobre el reduccionismo que supone vertebrar la identidad nacional exclusivamente en torno a la lengua. EME020495

E OTROS SUSTANTIVOS QUE DESIGNAN DIVERSAS MANIFESTACIONES VERBALES, MÁS FRECUENTEMENTE SI SE DIRIGEN A ALGUIEN PARA ACONSEJARLO O ADVERTIRLE DE ALGO: **35 palabra:** En sus labios, señores presidentes, esperamos que estén las palabras *certeras* que condenen categóricamente ese régimen intrínsecamente perverso... DLA080597 **36 declaración:** Certera declaración de principios que no va más allá de su mera enunciación. EPE291199 **37 frase:** ...ya quedó insinuada esa estética en aquella teoría enunciada por Ortega y Gasset cuando (...) acuñó aquella ingeniosa y *certera* frase de «los primores de lo vulgar». ABC030395 **38 acusación:** ...sintetiza las mutuas y *certeras* acusaciones (todos tienen razón) de guerristas y renovadores... EME190394 **39 aviso:** Así, Solari, amparado por los mejores minutos de juego de su equipo (...) para dar el temprano y *certero* aviso al Betis. EPE181099 **40 advertencia:** Así que el jueves 1 de mayo los electores británicos, sordos a las *certeras* advertencias que se les hicieron desde aquí (...) decidieron desalojar del Gobierno a los conservadores... EPD030697 **41 denuncia:** No uso armas ni violencia, pero mis denuncias son más *certeras* que las balas. LVE010694 **42 consejo:** Y fue entonces cuando Solana me dio un consejo leal y *certero*, un consejo de veterano, que me ha servido muchísimo... EME241295

F OTROS SUSTANTIVOS; POSIBLES USOS ESTILÍSTICOS: Los subtítulos de los capítulos vienen a ser el anzuelo *certero* preparado para que piquen los lectores cultos e incultos. EME141095

☐ Véase también: **acertar, atinado.**

[certeza] → con certeza

certeza

♦ **absoluto, amargo**[17]**, aparente, aplastante, claro, completo, definitivo, demoledor**[42]**, frágil, irrebatible, jurídico, moral, oficial, patente, pleno, total** ♦ **con, sin** ♦ **falta (de), grado (de)** ♦ **adquirir, conocer (con), devolver, hablar (con), perder, poseer, saber (con), tener**

☐ Véase también: **confianza, creencia, fe, seguridad.**

certificado

I *(adj.)* ♦ **carta, correo, envío, paquete**

II *(sust.masc.)* ♦ **acreditativo, bancario, correspondiente, falso, fehaciente, fidedigno, fraudulento, judicial, médico, necesario, oficial, original** ♦ **con, mediante** ♦ **acreditar (algo), adjuntar, adquirir, anular, avalar (algo), caducar, cumplimentar, dar, diligenciar, emitir, entregar, exhibir, exigir, expedir, extender, falsear, firmar, llevar, obtener, otorgar, presentar, probar (algo), requerir, revisar, sellar, solicitar, tramitar**

☐ Véase también: **acreditativo, documento, prueba.**

certificar

♦ **debidamente**[5]**, documentalmente, falsamente, fehacientemente**[4]**, legalmente, no-**

tarialmente, por escrito, rotundamente ♦ carta, correo, envío, paquete, *sustantivos que designan documentos*

cerval ♦ miedo, pánico, terror

cese ♦ cautelar[17], definitivo, efectivo, fulminante[1], incondicional[45], indefinido, inmediato, irreversible[23], irrevocable, laboral, provisional, repentino, súbito, temporal, total, unilateral, voluntario ♦ anular, anunciar, decidir, decretar[11], forzar, hacer efectivo, negociar[42], notificar, ordenar, precipitar(se), ratificar, revocar, romper, solicitar, tramitar
☐ Véase también: **despido, dimisión, rotura.**

[cesto] → como un cesto

chapuza ♦ auténtico, casero[45], descomunal, financiero, legal, monumental[27], político, verdadero, vergonzoso ♦ arreglar, enmendar, hacer, reparar
☐ Véase también: **deficiencia, fallo.**

charla ♦ animado, a puerta cerrada[54], familiar ♦ dar[279], girar[3], mantener, tratar (sobre), versar (sobre)
☐ Véase también: **charlar, coloquio, conferencia, conversación, conversar, dialogar, diálogo, discusión.**

charlar ♦ animadamente, animosamente, cordialmente[16], distendidamente, plácidamente[37]

chasquear ♦ dedo, látigo, lengua

chato ♦ horizonte, mira, nariz, persona

cheque ♦ a fondo perdido[9], al portador, conformado, cruzado, de viaje, en blanco, nominativo, sin fondos ♦ cobrar, depositar, extender, firmar, hacer efectivo

chequeo ♦ completo, exhaustivo[10], médico, preventivo[57] ♦ hacer, realizar, someter(se) (a)
☐ Véase también: **análisis, búsqueda, rastreo, repaso.**

[chico] → con la boca {chica/pequeña}

chillar ♦ a la cara[8], a pleno pulmón, a todo pulmón[3], como (un) loco[2], como un cerdo, como un descosido, como un poseso, con todas {mis/tus/sus...} fuerzas, denodadamente, desaforadamente, desgarradamente, desmesuradamente, estruendosamente, sin ton ni son
☐ Véase también: **clamar, gritar, llamar, maullar.**

chillido ♦ agónico, agudo, a todo pulmón, contundente, de desesperación, de dolor, desaforado[2], desesperado, desgarrado, desgarrador, de terror, ensordecedor, estridente, histérico, horrible, metálico ♦ a fuerza (de), en medio (de), entre ♦ dar, emitir, escuchar, irrumpir (en), lanzar, oír, pegar, percibir, recibir, soltar
☐ Véase también: **aullido, grito (de).**

chillón ♦ color, contraste, música, persona, ropa, sonido, tono, verborrea

chillonamente ♦ decorar, hablar, vestir

[chimenea] → como una chimenea

[chinche] → como chinches

chincheta ♦ apretar, clavar, fijar, remachar

chiquita ♦ andarse (con)[42]

chispa (de) ♦ brillante, desencadenante, eléctrico, humorístico, ingenioso ♦ fuego, genialidad, genio, gracia, humor, incendio, ingenio, vida ♦ brotar, desencadenar (algo), desprender, echar, encender(se), faltar(le) (algo), lanzar, prender[5], producir, provocar (algo), quemar (algo), saltar, tener
☐ Véase también: **chiste, fuego, gracia, humor, ironía, llama, sarcasmo, sátira.**

chiste ♦ barriobajero, burdo, de {buen/mal/dudoso/pésimo} gusto, fácil, fallido, gracioso, grosero, ingenioso, insípido, manido[15], mordaz[17], pesado, sin gracia, socorrido, trillado[34], verde, viejo ♦ con, sin ♦ sarta (de)[36] ♦ circular, contar, encadenar, encajar, explicar, hacer, ocurrírse(le) (a alguien), prestarse (a), repetir
☐ Véase también: **broma, novatada.**

chocar ♦ accidentalmente, aparatosamente, bruscamente, de frente, de plano, de pleno[28], duramente[11], en cadena[57], espectacularmente, frontalmente[1], lateralmente, por poco, violentamente ♦ actitud, carácter, civilización, competencia, cultura, interés, modelo, personalidad, planteamiento, poder, sistema
☐ Véase también: **estrellarse, impactar.**

choque ♦ abrupto[89], accidental, aparatoso[10], armado, brusco[58], brutal, callejero, contundente, copero, cuerpo a cuerpo[21], cultural, decisivo[65], demoledor, deportivo, eléctrico, emocional, en cadena[1], espectacular, fatal, feroz, frontal[1], fuerte, futbolístico, lateral, monumental[53], severo[25], violento ♦ tratamiento (de) ♦ afrontar, amortiguar[4], atenuar, disputar(se), esquivar, evitar, provocar, rehuir, resistir, sostener, sufrir, tener
☐ Véase también: **colisión, encontronazo, impacto.**

chorrear ♦ a mares[6], por los cuatro costados ♦ líquido

[chorro] → a chorro(s), como los chorros del oro

chorro (de) ♦ aceite, agua, aire, dinero, electrón, fantasía, gas, luz, sangre, sudor, tinta, voz

chulesco ♦ actitud, ademán, aire, carácter, comportamiento, gesto, modales, tono

[churro] → **como churros**

chutar(se) ♦ **en vena** ♦ **droga**

cicatriz ♦ **abierto, antiestético, aparatoso, duradero, emocional, grabado, hondo, horrible, indeleble⁴, invisible, lleno (de), ostensible, plagado (de), profundo, residual, sentimental** ♦ **rastro (de)** ♦ **abrir(se), borrar, causar, cerrar(se), conservar, cubrir, curar(se), dejar, hacer(se), infectar(se), lucir, producir, quedar (a alguien), restañar², surcar (algo), tapar**
☐ Véase también: **huella, rastro, resto.**

cicatrizar ♦ **agravio, herida, lesión, llaga, ofensa, tejido**
☐ Véase también: **cauterizar.**

cíclicamente ♦ **cambiar, ocurrir, reaparecer, regresar, renovar(se), repetir(se), reproducir(se), volver**

ciclo ♦ **agrícola, alterno, biológico, económico, electoral, escolar, evolutivo, histórico, lectivo, menstrual, vegetativo** ♦ **abrir(se), atravesar⁴, cerrar(se), completar(se), concluir, cumplir(se), desarrollar(se), iniciar(se), invertir(se), organizar, superar**
☐ Véase también: **asiduo, crónico, fase, repetición.**

ciegamente *adv.* ▮ Se combina en ocasiones con adjetivos que designan ciertas actitudes humanas, más frecuentemente si se relacionan con el acatamiento o la fuerte inclinación hacia algo *(obediente, servicial, adicto, fiel)*, pero lo hace más frecuentemente con verbos, especialmente con...

A EL VERBO *CREER* Y CON ALGUNOS QUE DESIGNAN LA ACTITUD DE TENER CONFIANZA EN ALGO O ALGUIEN: **1 creer ++**: La amenaza está latente y si se sigue creyendo *ciegamente* que la democracia está consolidada en el orbe... DLA020597 **2 confiar +**: ...el hecho de que la droga no haya mejorado los resultados deportivos o que confiara *ciegamente* en el médico que se la recetó. LHG280900 **3 fiar(se) +**: ...fiar *ciegamente* la justicia social al complejo hidráulico que han ido tejiendo las sucesivas administraciones no sería más sensato... EPE111099

B VERBOS QUE DENOTAN OBEDIENCIA O ACEPTACIÓN: **4 obedecer ++**: Eran capaces de obedecer *ciegamente* a Stalin o a un comité macizo y central... EME141296 **5 seguir +**: Quien no lo seguía *ciegamente* «abandonaba a Dios». PME120197 **6 aceptar**: ...ese pueblo no tiene por qué aceptar *ciegamente* sus pretensiones... EPE220599 **7 acatar**: Dijo que es intolerable acatar «*ciegamente*» las condiciones de los organismos internacionales... LTB041000 **8 someter(se)**: Y recordad que es la propia tradición la que os recomienda interrogar sin cesar la realidad y la que os prohíbe someteros *ciegamente* a ningún maestro. ABC201192

C VERBOS QUE DENOTAN APOYO, SOSTENIMIENTO O PARTICIPACIÓN ACTIVA A FAVOR DE ALGUIEN O ALGO: **9 apoyar +**: ...pueden apoyar *ciegamente* a sus colores aunque abominen de las ideas de su presidente. EPE170299 **10 ayudar +**: Hoy señalará a su consejo político que no es bueno ayudar *ciegamente* al PP... EPE100799 **11 defender +**: ...no cree en los valores de la democracia, de la libertad, de los derechos de los demás, sino que defiende *ciegamente* a Pinochet. LEC190198 **12 colaborar**: Colaboraba *ciegamente* a la perpetuación de discriminaciones e injusticias. ABC201095 **13 cooperar**: Mientras que los demás factores de la crisis siguen cooperando *ciegamente* a su desenlace. EME090594 **14 proteger**: ...¿cómo se explica que el Japón lo proteja *ciegamente*, cómo interpreta esa protección? CAP041001 **15 respaldar**: Que no nos pidan que otra vez los respaldemos *ciegamente*. HOY020697

D VERBOS QUE DESIGNAN CIERTAS PULSIONES HUMANAS: **16 enamorarse ++**: ...se descubrieron gordos, viejos e incluso repulsivos, pero ya se habían enamorado *ciegamente* por dentro. EPE100199 **17 amar +**: ...si no la amara sin medida tan *ciegamente*, sino con un poco más de objetividad, de juicio o de equilibrio. INDOC **18 venerar**: ...¿ella, una víctima ingenua y masoquista? ¿Una de las mujeres más lúcidas de la historia, y venerar a alguien *ciegamente*? LVE081196

E VERBOS QUE DESIGNAN LA ACCIÓN DE PONER AFÁN O DEDICACIÓN EN ALGUNA COSA: **19 entregarse**: El poeta se pregunta «¿por qué, a veces, parece que nos entregamos *ciegamente* a cultivar las peores semillas de la violencia?». LPN300597 **20 empeñarse**: ...el gobierno de los Estados Unidos se empeña a fondo, *ciegamente*, en una política que desde sus inicios estuvo condenada al fracaso. GIC020597

F ALGUNOS VERBOS QUE DENOTAN AGRESIÓN EN DIVERSAS FORMAS Y GRADOS: **21 herir**: ...como flechas lanzadas al aire que hieren *ciegamente* al que las recibe. INDOC **22 atacar**: ...hay un peligro de que Estados Unidos acabe atacando *de forma ciega* todo lo que consideremos amenaza. EPE111101 **23 golpear**: De pronto estalló una pelea; una pelea por nada, sólo porque hay ganas de pelear, de golpear con rabia, *ciegamente*... EME231095 **24 masacrar**: ...evitar que la población acudiese a Kabgayi a masacrar *de manera ciega* a los inocentes y darse al pillaje. EME060694 **25 abatir(se) –**: La represión brutal se abatió *ciegamente* contra cualquier enemigo «interior o exterior»... EME280495

ciego *adj.* ▮ Se aplica a las personas y a los animales. En el sentido de 'obstruido, sin aberturas o cegado' acepta sustantivos que denotan canal, orificio o cavidad *(conducto, canal, tubo, agujero, orificio, pozo)* y otros que designan algunos elementos arquitectónicos que pueden carecer de abertura *(arco, vano, pared, muro, ventana, puerta)*. En el sentido de 'radical, cerrado a razones' se combina con sustantivos que designan creencias, ideologías o posturas que se consideran extremas *(conservadurismo, nacionalismo, fanatismo, intolerancia)*. Se combina asimismo con...

A SUSTANTIVOS QUE DENOTAN CONVICCIÓN O SEGURIDAD EN ALGO, ESPECIALMENTE EN QUE EL FUTURO SEA FAVORABLE: **1 fe ++**: El deseo de modernidad lleva una fe *ciega* en la educación experimental. REL011096 **2 confianza ++**: En ambos he encontrado una confianza *ciega* hacia mí y lo que puedo contribuir en el museo. EPE131201 **3 esperanza +**: ...y siempre a la caza de una esperanza *ciega* y furtiva. EPE290699 **4 optimismo:** ...viene a confirmar los temores de las fuerzas políticas de oposición que critican el «optimismo *ciego*» de las autoridades. EME280996

B SUSTANTIVOS QUE DENOTAN INCLINACIÓN, A MENUDO VEHEMENTE, HACIA ALGO O ALGUIEN: **5 pasión** +: ...he visto una pasión superior a lo que me imaginaba, una pasión a veces *ciega*, he visto gente que no atiende otra cosa en su vida más que este mundo del fútbol. EPE030900 **6 amor** +: El *ciego* amor a la patria –esa síntesis letal de una tierra abstracta y un determinado grupo sanguíneo–... EPE230499 **7 admiración** +: La *ciega* admiración por el grupo musical Nirvana y especialmente por el fallecido Kurt Cobain. LVE090296 **8 reconocimiento:** ...como la larga lista de músicos que le profesan un reconocimiento casi *ciego*... CLA030797 **9 entusiasmo:** No se trata de un entusiasmo *ciego* y desinteresado, como el que puedo sentir por autores tan dispares como Steinbeck y Bukowski... ABC201095

C SUSTANTIVOS QUE DENOTAN SOLIDARIDAD, ADHESIÓN O DEFENSA DE ALGUNA PERSONA O ALGUNA CAUSA: **10 fidelidad** +: ...(aunque un sector fundamentalista y un hábil y dinámico entorno le sigan con fidelidad *ciega*). LVE030795 **11 lealtad:** El clan (...) que le veneró y obedeció con una lealtad *ciega*, se desmorona ahora ante... LVE070595 **12 apoyo:** Desde el apoyo *ciego* hasta la defenestración, pasando por los llamados a la tolerancia, la discusión derivó en... PME271096 **13 respaldo:** Su respaldo *ciego* a las acciones militares de estos días... EPE311001 **14 adhesión:** No pedimos una adhesión *ciega* a este proyecto, sino que la gente participe... EPE090199 **15 apología** –: Gorki, siempre vigilado a pesar de su prestigio bolchevique, amigo de Lenin, fue tentado por la apología *ciega*... ABC111194

D SUSTANTIVOS QUE DESIGNAN SENTIMIENTOS DE ANIMADVERSIÓN, IRA, AGRESIVIDAD O TEMOR, A MENUDO EXACERBADOS. TAMBIÉN CON OTROS QUE DESIGNAN ALGUNAS ACTUACIONES QUE SE CARACTERIZAN POR ESAS ACTITUDES: **16 odio** ++: ...ahora les han presentado la factura por ese odio *ciego*. EPE310800 **17 violencia** +: ...han huido de sus casas como consecuencia de la violencia *ciega* que practican todo tipo de grupos armados... EPE301201 **18 ira** +: Una ira *ciega* y eufórica que nos llega como una auténtica primicia del trasfondo de odio que se incuba. ABC220794 **19 enojo:** «Yulio» agarrándose con enojo *ciego* camisa, chaleco y chaqueta... EME040694 **20 furia:** Son muy oscuros los factores que han influido en hacer más enconada esta furia *ciega*... EXC091196 **21 furor:** ...o más bien como consecuencia de este *ciego* furor monetarista... LVE091095 **22 crueldad:** Montale transfirió entonces su conciencia de la crueldad *ciega* de la naturaleza a las instituciones humanas. LVE121096 **23 desesperación:** ...explotó en gritos, en aullidos, en lágrimas, en *ciega* desesperación. ABC111194 **24 temor:** ...bajo el *ciego* temor de que quien se atreviere a transgredirlas podría incurrir en los furores de la Divinidad. EPE020285

E ALGUNOS SUSTANTIVOS QUE DESIGNAN MANIFESTACIONES AGRESIVAS O VIOLENTAS DE CONSIDERABLE GRAVEDAD: **25 terrorismo** +: Esta mañana nos invade de nuevo el dolor causado por el terrorismo *ciego*. ESP001101 **26 matanza** –: ...una historia del Sur aturdida por una monótona violencia que culmina en matanza *ciega*. ABC210292 **27 asesinato** –: «Un asesinato *ciego*, gratuito, negando todo valor humano», comenta el alcalde de Roma... HOY010278

F SUSTANTIVOS QUE DENOTAN ACATAMIENTO O SUBORDINACIÓN, Y TAMBIÉN –AUNQUE MENOS FRECUENTEMENTE– DEFERENCIA O CONSIDERACIÓN: **28 obediencia** ++: Reduce el islam a lo que es la sharia, es decir, a la obediencia *ciega* a una ley aislada de cualquier procedimiento interpretativo, simbólico o filosófico... EPE141001 **29 pleitesía:** ...si se mostrara un poco más crítico, en lugar de rendirle *ciega* pleitesía, como hace... INDOC **30 respeto:** ...ya que su moralidad no consiste en el respeto *ciego* de las convenciones sino en la percepción profunda de la necesidad... CLA030497 **31 sumisión:** ...sólo para la obediencia y la sumisión *ciega* al «comandante del pueblo». ESH060197

G SUSTANTIVOS QUE DENOTAN DEDICACIÓN O SACRIFICIO EN FAVOR DE UNA CAUSA: **32 entrega:** ...que no concebía su actuación sin su entrega *ciega* a una tarea ciclópea y, sin duda, vocacionalmente solitaria. EME190796 **33 abnegación:** Más allá de la abnegación *ciega* de los supuestos guerrilleros, se siente la presencia de un grupo dirigente con bastante dinero... LVE170194

H SUSTANTIVOS QUE DESIGNAN EL DESEO O LA DETERMINACIÓN DE ALCANZAR ALGUNA COSA, ASÍ COMO EL ESFUERZO QUE SE PONE EN LOGRARLA: **34 ambición** +: ...la decisión de Reuter de convertir una empresa automovilística en consorcio tecnológico integrado no obedeció a su *ciega* ambición... EME310795 **35 afán:** Es muy cómodo atribuir el *ciego* afán de venganza al modelo de «La tierra de Alvargonzález»... EME190194 **36 empeño:** ...en el que incluso puede intervenir el *ciego* empeño del investigador por obtener los resultados que desea. EME190195 **37 voluntad:** Relegar la razón a un papel secundario, instrumento de la voluntad *ciega*, significa darle la vuelta a la conclusión de Leibnitz... LVE050196 **38 deseo:** Durante los últimos cuatro meses y diez y ocho días, muchas veces mis deseos *ciegos* me hicieron atreverme a esperar el más pequeño de sus pensamientos. PME250896 **39 lucha:** ...por más que se soterre su presencia y se minimice la siniestra importancia de su lucha *ciega* y denodada. PME031196

I SUSTANTIVOS QUE DENOTAN INCLINACIÓN ESPONTÁNEA, REPENTINA O IRRACIONAL HACIA ALGO: **40 impulso** +: Sostiene que el hombre se debate al conjuro de *ciegos* impulsos y está predestinado a luchar sin hallar legítima satisfacción. LNC071100 **41 pulsión:** ...no tiene otro objeto que el de descubrir-demostrar que la pasión no es una simple y *ciega* pulsión, sino la sombra de la razón. LVE220995 **42 compulsión** –: ...Benjamin deseaba abandonar precisamente el territorio de lo mítico, que consideraba dominado por la compulsión *ciega*. ABC030993

J SUSTANTIVOS QUE DENOTAN EMPUJE, POTENCIA O PODER: **43 fuerza** +: Si falta la seguridad jurídica, el Estado se convierte en un fenómeno de fuerza *ciega* y destructiva, y pierde toda legitimidad. LPN070197 **44 poder:** Dalí, Gala ya no son mentes ni corazones, sino materia, transmutación, el *ciego* poder trashumante y transmutante. LVE020696 **45 energía** –: ...para convertirse en señor del manojo de *ciegas* energías que es el mundo. EPE280977

☐ Véase también: **ciego (de)**.

ciego (de) *adj.* ▮ En la lengua conversacional se combina a menudo con sustantivos, no contables en singular o contables en plural, que designan alimentos *(espaguetis, pasteles, bombones)*, drogas o narcóticos *(marihuana, coca, anfetaminas)*, o bebidas *(whisky, zumo, cerveza: Se iba a tomar una copita, pero se puso ciego de whisky)*. También se combina con...

A SUSTANTIVOS QUE DENOTAN INDIGNACIÓN O RESENTIMIENTO EN GRADO EXTREMO: **1 ira** ++: Su padre, *ciego* de ira y desconfiando de la justicia... EME280996 **2 rabia** +: ...a ver si, *ciego* de rabia, se cae el templo con él. EME150195 **3 furia:** ...conviene asomarse de nuevo al cordón umbilical (...) y soplar con todas las fuerzas de que uno disponga para oír cómo el viento de la historia personal recorre *ciego* de furia los úteros... EPE261199 **4 coraje:** ...*ciego* de coraje, arremetió contra quien tan fieramente lo maltrataba... EPE090899 **5 cólera:** ...han ardido intencionadamente en expresión *ciega* de cólera. EME071095 **6 rencor:** ...no comete sus bárbaros atentados *ciego* de rencor... LVE120396

B SUSTANTIVOS QUE DENOTAN DESEO. TAMBIÉN CON ALGUNOS QUE DESIGNAN ARROGANCIA Y OTROS ATRIBUTOS PROPIOS DEL EGOCENTRISMO EXACERBADO: **7 ambición** ++: No será por falta de candidatos, incluso lo bastante *ciegos* de ambición como para inmolarse... EPE120999 **8 poder** +: ...resiste airado y *ciego* de poder en el búnker de La Moncloa mientras el Gobierno está a la deriva... EME220295 **9 soberbia** +: ¿Pero no vio lo de Craxi y lo de su amigo Carlos Andrés? Nada, *ciego* de soberbia, seguro de su impunidad, aguantó. EME250695 **10 gana:** Estaba yo, como tantísimos de ustedes, con las maletas ya en el Rover, metiéndome en el Gran Atasco Nacional de Salida, *ciega* de ganas de unas vacaciones, cuando... EME010896 **11 prepotencia:** ...*ciega* de prepotencia, trató de aniquilar organizativa y culturalmente al... EME060395 **12 impunidad** –: Estaban *ciegos* de poder y de impunidad y no veían a nadie a su alrededor. EME140595

C SUSTANTIVOS QUE DENOTAN TEMOR, DOLOR U OTRAS ALTERACIONES DEL ÁNIMO PROVOCADAS POR HABERSE PERDIDO O MALOGRADO ALGO: **13 frustración** +: ...y, como anda *ciego* de frustraciones, anfetamínico de gloria personal... EME260694 **14 miedo** +: Ciegos de miedo no, aunque algo, por supuesto, debe de haber, si bien yo no soy especialista en psicología caballuna. EME220596 **15 desesperación** +: El que, *ciego* de desesperación, tira al aire golpes bajos... EME030396 **16 dolor:** Ciega de dolor y espanto regresa a su casa y con un cuchillo que pertenecía a Don Nuño... EXC080696 **17 envidia:** Dicen que la mató corroído por los celos y *ciego* de la envidia. INDOC **18 agonía** –: ...loca de ensueño y *ciega* de agonía. EME040594

D SUSTANTIVOS QUE DESIGNAN OTRAS PASIONES Y EMOCIONES: **19 amor** +: ...con fracasos sentimentales y *ciego* de amor por una extranjera... LVE111096 **20 pasión:** ...estas figuras *ciegas* de pasión se iban a cobijar en su obra más ambiciosa, «La Puerta del Infierno»... ABC201192 **21 emoción:** En la oficina de Giulio Andreotti, ex primer ministro de Italia, decorada con (...) antigüedades en plata maciza que te dejan *ciega* de la emoción... EME280195

E OTROS SUSTANTIVOS; POSIBLES USOS ESTILÍSTICOS: Los adultos estamos *ciegos* de irracionalidad... EME240695

☐ Véase también: **ciego**.

cielo ♦ **abierto, aborregado, amenazador, arrebolado, azul, borrascoso, brumoso, claro, crepuscular, despejado, diáfano, encapotado, entoldado, estrellado, gris, limpio, nebuloso, negro, nublado, nuboso, oscuro, pálido, plomizo, protector, radiante, raso, resplandeciente, transparente, turbio** ♦ **bajo** ♦ **bendición (de), bóveda (de), don (de)** ♦ **ascender (a), caer (de), clamar (a), clarear, despejarse, elevar (a), encapotarse, escalar[8], esclarecer(se), nublar(se), oscurecer(se), surcar, tocar**

[ciencia] → **a ciencia cierta**

ciencia ♦ **avanzado, especializado, exacto, experimental, infuso, innovador, natural, obsoleto, pionero, retrógrado, social** ♦ **pozo (de)[2]** ♦ **apoyar(se) (en), avanzar, cultivar, divulgar, hacer, practicar, renovar**

☐ Véase también: **análisis, conocimiento, estudio, investigación.**

científicamente *adv.* ▮ Se combina con...

A VERBOS QUE DENOTAN COMPROBACIÓN, ANÁLISIS Y OTRAS FORMAS DE ACTUAR SISTEMÁTICAMENTE EN ALGÚN PROCESO INDAGATORIO: **1 demostrar** ++: Este hecho que se apuntó hace ya tres años en diversos foros internacionales, se ha demostrado *científicamente* por la aparición de diversos estudios... ABC011295 **2 analizar** ++: ...cara de poto sin raya del Alan García y, pucha, si quisiera seguir analizándolo *científicamente*, pucha, estoy segura que no me alcanzarían las palabras del diccionario que tienen sinonimia con «mierduja»... CAP031096 **3 comprobar** +: ...la mayoría de médicos colegiados se muestran reacios a esa práctica, pues afirman que aún no ha sido comprobada *científicamente* y que en ocasiones consumirla podría resultar riesgoso. PLG240597 **4 probar** +: Hay sólo cinco pruebas que sí deben practicarse con regularidad, puesto que todas han probado *científicamente* su valor... EME051296 **5 estudiar** +: ...dice que será útil para los jóvenes que quieran estudiar *científicamente* la política o «incursionar en sus minados campos». VIS040997 **6 investigar:** ...un equipo de internistas del Hospital Virgen del Rocío de Sevilla ha venido investigando *científicamente* la patología del calor... EME200795 **7 examinar:** Hay que examinar *científicamente* los componentes químicos del producto, y luego determinar si... INDOC

B OTROS VERBOS; POSIBLES USOS ESTILÍSTICOS: Contra el aburrimiento hay dos remedios infalibles: ver cebras *científicamente*, o ver a un adivino que te adivine el pasado, el presente o el futuro; es decir que te hable de ti. ABC120894; Sus innumerables botellas *científicamente* alineadas en diversos planos y su barman de novela buena dejaban espacio suficiente para tres clientes. LVE190395

cierre ♦ **a la baja[68], al alza, apoteósico[3], bursátil, cautelar[38], definitivo, empresarial, en cadena[22], en falso[19], forzoso, hermético[2], indefinido, inminente, irrevocable, oficial, parcial, patronal, preventivo[4], técnico, temporal** ♦ **acometer[31], adelantar, anunciar, avecinarse[57], con-**

sumar(se)[46], decretar[6], denunciar, disponer, echar[36], legalizar, levantar[2], ocasionar, ordenar, producir(se), retrasar, suponer

☐ Véase también: **cancelación, candado, clausura.**

[cierto] → a ciencia cierta

cifra ♦ **abrumador[27], absoluto, abultado[1], acorde (con), alarmante, alto, anecdótico[16], aproximado[19], astronómico[2], bajo, bruto, concluyente[12], confidencial[22], considerable, descabellado, desmedido[62], desolador[45], desorbitado, despreciable, elevado, elocuente, engañoso, escandaloso, espeluznante, exacto, exiguo[1], exorbitante, halagüeño[13], histórico, inaccesible, inalcanzable[27], incalculable, insignificante[4], irrisorio[2], llamativo[61], mágico, millonario, neto, nimio[8], nutrido, oficial, presupuestario, prohibitivo, proporcional, redondo, representativo, respetable, resultante, revelador[2], rotundo, significativo, sorprendente, testimonial[2]** ♦ **a la luz (de)[15], a tenor (de)[17]** ♦ **alterar, anclar[25], arrojar[6], ascender (a), atenerse (a)[77], aumentar, avalar[67], aventurar[24], barajar[11], batir[11], calcular, crecer, cuadrar, dar, decrecer[2], denotar[5], desglosar[1], difundir(se)[60], disfrazar[27], distorsionar[10], engrosar, extrapolar[5], falsear, fijar, filtrar(se)[6], incrementar(se), inflar, limar[4], manejar, maquillar, negociar, obrar en poder[10], obtener, operar (con), proporcionar, publicar, pulverizar[4], rebajar[31], rebasar[28], rebatir[44], reducir(se), refutar, regatear, registrar(se), rozar, sobrepasar, sumar, suministrar, superar, tergiversar[34], totalizar**

☐ Véase también: **cantidad, índice, número.**

cifrar ♦ **aspiración, esperanza, éxito, felicidad, ilusión, voluntad**

cigarro ♦ **apagar, comercializar, consumir(se), echar[57], encender, extinguir, fumar**

☐ Véase también: **fumador, fumar, humo.**

cima (de) ♦ **absoluto, alto, codiciado, elevado, escarpado, inaccesible, inalcanzable, inexpugnable, insospechado, inusitado, nevado, profesional, verdadero** ♦ **en, hacia, sobre** ♦ **arte, carrera, clasificación, esplendor, gloria, montaña, mundo, poder, tabla, vida** ♦ **alcanzar, ascender (a), coronar, encaramar(se) (a), encumbrar(se) (a), escalar[10], llegar (a), mantener(se) (en), situar(se) (en), subir (a), tocar, trepar (a)**

☐ Véase también: **clímax, cumbre, en volandas, pedestal, podio, trono.**

cimentar *v.* ▮ En su sentido físico se combina con sustantivos que designan construcciones *(puente, edificio, casa, torre)*. En el sentido figurado se combina con...

A SUSTANTIVOS QUE DENOTAN VÍNCULO, COMPROMISO O ADHESIÓN ENTRE PERSONAS, GRUPOS O INSTITUCIONES. TAMBIÉN CON OTROS QUE DESIGNAN ALGUNOS DE SUS RESULTADOS NATURALES: **1 relación +:** Ciertamente, se necesitan años de trabajo continuo para *cimentar* una relación total entre una orquesta y su director. ABC260692 **2 unidad +:** ...lejos de *cimentar* la unidad, conspira contra ella. ETC070497 **3 amistad +:** ...«ha sido una manera bonita de *cimentar* nuestra amistad»... LVE270395 **4 vínculo:** ...será una histórica visita a Vietnam donde tratará de *cimentar* los vínculos con el ex adversario de guerra. ESP161100 **5 entendimiento:** ...un proceso de diálogo para *cimentar* un futuro entendimiento. LVE140295 **6 cooperación:** ...*cimentó* más la cooperación española. LPH061100 **7 alianza:** ...el elemento que ha *cimentado* la alianza dentro de los países occidentales... ABC041292 **8 convivencia:** su apelación a la convivencia «*cimentada* durante siglos por el trabajo de generaciones» cobra especial relevancia... LVE170194 **9 consenso:** La promesa de hacer este estudio global contribuyó en su día a *cimentar* el consenso social y político... LVE200996 **10 coalición:** ...Peres no procederá probablemente a una reestructuración fundamental, «con el fin de *cimentar* la coalición en el poder sobre el testamento político de Yitzhak Rabin». LVE071195 **11 nexo –:** Cuba y Jamaica además están muy vinculadas por los nexos de todo tipo que se fueron *cimentando*... GIC062297 **12 unión:** ...una unión larga y fructífera que se *cimentó* en la confianza y el respeto mutuos. INDOC

B EL SUSTANTIVO *FUTURO* Y CON OTROS QUE DENOTAN PREVISIÓN, EXPECTATIVA Y OTRAS NOCIONES DE CARÁCTER PROSPECTIVO RELACIONADAS CON LA INTENCIÓN DE ACTUAR: **13 futuro +:** Mary/Maria quería un salvador, alguien que diera significado a su presente y con quien *cimentar* el futuro. LVE070696 **14 estrategia +:** ...*cimentó* más tarde esa estrategia con una defensa a ultranza de los trabajadores de RTVE... EPE221099 **15 proyecto +:** Durante el desarrollo del encuentro entre expertos y directores se ha ido *cimentando* un ambicioso proyecto para el año 2000... EPE180399 **16 oferta:** Es cierto que hemos *cimentado* nuestra oferta durante los últimos años sobre los todo terreno... EME250995 **17 posibilidad:** ...así *cimenta* sus posibilidades con vistas a las elecciones generales. EPE030799 **18 esperanza:** ...proyecto Eurofighter 2.000 (...), en el que la filial de Daimler Benz *cimenta* sus únicas esperanzas de futuro. EME201195 **19 objetivo:** ...era todo un reto y una magnífica ocasión para *cimentar* sus objetivos de lograr un puesto en el podio final. LVE070696

C SUSTANTIVOS QUE DENOTAN ÉXITO O DESIGNAN DIVERSOS ESTADOS DE PRIMACÍA O HEGEMONÍA. TAMBIÉN CON OTROS QUE EXPRESAN ALGUNAS DE LAS CONDICIONES QUE DAN LUGAR A LA CONSECUCIÓN EXITOSA DE ALGO O LAS FORMAS EN QUE SE MANIFIESTAN LOS RESULTADOS FAVORABLES. ES USO CARACTERÍSTICO DEL LENGUAJE DEPORTIVO: **20 éxito ++:** El grupo de Fran Teixeira ha *cimentado* su éxito precisamente en su fortaleza en casa... FDV200201 **21 victoria +:** El equipo canario *cimentó* su victoria con un fútbol ofensivo y rápido... EME040196 **22 triunfo +:** El vencedor de ayer *cimentó* su triunfo tras saltar del pelotón en el Alto de la Plata... EME180595 **23 clasificación:** El Ajax *cimentó* su clasificación en su labor lejos de casa. EME061296 **24 gol:** Por el eje central del Valladolid, el Barcelona *cimentó* sus goles, y la pareja Jordi y Begiristain, hurgaron en la zona con éxito. EME240495 **25 título:** ...su rival, el nuevo campeón Colin McRae, *cimentó* su título. EME231195 **26 liderato:** ...ha *cimentado* su liderato en una mayor producción de juego y goles... EME160195 **27 liderazgo:** Con recursos y vínculos suficientes para *cimentar* un liderazgo, se le ve como un político moderno... RUM010997 **28 superioridad:** La gran labor de Roberto Acuña (...) *cimentó* la superioridad de un equipo convencido de sus posibilidades. EME170795 **29 fortuna:** ...comenzó a *cimentar* su fortuna sobre la desgracia del rival. EME180494

D SUSTANTIVOS QUE DENOTAN DOMINIO O SUPREMACÍA: **30 poder +:** En esta larga batalla proteccionista, los ecologistas ibicencos de Els Verds han *cimentado* su poder político. EPE180399 **31 dominio:** ...operaciones que concurrieron a *cimentar* el dominio de una arteria fluvial de valor militar-estratégico impar, sobre todo en una etapa en que... ENV110497 **32 hegemonía:** El Milan, precursor del radicalismo ofensivo a finales de los ochenta, *cimenta* su tediosa hegemonía en soberbios récords de su capacidad de contención. EME070394 **33 mayoría absoluta:** ...estableció un pacto de gobierno con la coalición nacionalista sobre el que se *cimentaría* la posterior mayoría absoluta... LVE091096 **34 grandeza:** ...esas realidades que han *cimentado* la grandeza histórica y la pujanza económica... EPE020380

E SUSTANTIVOS QUE DENOTAN FAMA Y RECONOCIMIENTO, ASÍ COMO OTRAS CUALIDADES Y ATRIBUCIONES QUE ADQUIERE GENERALMENTE EL QUE DESTACA EN ALGUNA ACTIVIDAD: **35 fama ++:** ...ha *cimentado* su fama de cineasta todoterreno y autosuficiente que rueda deprisa y a bajísimo presupuesto. EME130496 **36 prestigio ++:** Los juegos son un evento fugaz utilizado para *cimentar* prestigio político... LVE200796 **37 popularidad +:** ...películas de acción (...) han *cimentado* su popularidad y sobre todo su caché... EME160995 **38 reputación:** Las transferencias (...) son posibles, en particular durante la fase de introducción durante la cual el euro deberá *cimentar* su reputación... LVE041296 **39 reconocimiento:** Y al fin su trabajo más personal y arriesgado, «Trazo de tiza», que premian ahora en el salón de Angulema, contribuyendo a *cimentar* un reconocimiento que ya tuvo otros precedentes... EME290194 **40 buen nombre:** También reconstruyeron o *cimentaron* el buen nombre de instituciones como el Ayuntamiento... EPE070699 **41 palmarés:** ...ha *cimentado* un triunfante palmarés en dobles... EME040796 **42 celebridad:** Títulos como «Pink Flamingos» (...) *cimentaron* la celebridad contracultural de John Waters. LVE010695 **43 gloria:** Real Madrid y Barcelona, respectivamente, han *cimentado* gran parte de su gloria alrededor de su genio. EPE170599

F SUSTANTIVOS QUE DENOTAN CURSO O CARRERA, GENERALMENTE PROFESIONAL: **44 carrera:** Cuesta, claro, pero al principio incluso ayuda a *cimentar* una carrera, a darte a conocer en el extranjero. ABC221294 **45 trayectoria:** Y esas trayectorias acostumbran a estar *cimentadas* en un aprecio general. LVE290396 **46 currículum:** Así ha ido *cimentando* su currículum como entrenador. EME161095

G SUSTANTIVOS QUE DESIGNAN DIVERSOS CONTENIDOS ASENTADOS POR LA HISTORIA O LA COSTUMBRE. TAMBIÉN CON OTROS QUE SE REFIEREN AL ÁMBITO DEL QUE PROCEDEN O AL QUE PERTENECEN: **47 leyenda +:** El Ajax de Amsterdam revalidó el título en Holanda y siguió *cimentando* una leyenda inigualable. EME290496 **48 mito +:** Poco a poco se *cimentó* el mito Marilyn... EPE020887 **49 tradición:** De sus fábricas han salido, desde finales de siglo pasado, coches de lujo que, con el paso del tiempo, fueron *cimentando* una tradición hoy aceptada por todos. EME110696 **50 cultura:** ...resucitar las «grandes narrativas» (...) que han *cimentado* antiguas culturas -también la nuestra- y contribuido a dar sentido a no pocas vidas. LVE170295

H SUSTANTIVOS QUE DESIGNAN LA ACCIÓN O EL EFECTO DE REFLEXIONAR SOBRE UNA MATERIA, ASÍ COMO ALGUNAS DE LAS FORMAS DE PRESENTAR LOS RAZONAMIENTOS O LAS INTUICIONES: **51 teoría +:** ...los posteriores economistas científicos pudieron *cimentar* sus teorías. ABC250992 **52 crítica:** ...como siempre, se esperaban críticas, pero fundamentadas y bien *cimentadas*, no gratuitas o peregrinas. INDOC **53 tesis:** Bloch *cimenta* su tesis en los testimonios de varias personas cercanas a la pareja... EME180596 **54 hipótesis:** Los científicos no admiten fácilmente que una hipótesis bien *cimentada* sobre evidencias fósiles salte por los aires... EPD220796 **55 argumento:** El argumento de «Goenkale» se *cimenta* en las familias de dos hermanos... LVE210695 **56 conocimiento:** ...pretende invitar a los alumnos de Secundaria (de 14 a 18 años) a «experimentar y deducir» como método infalible «para *cimentar* mejor el conocimiento»... EPE260299 **57 sospecha:** Lo que más puede perjudicar (...) es que se *cimente* la sospecha de que se está tratando de ocultar lo sucedido... EME300895

I SUSTANTIVOS QUE DESIGNAN CIERTOS ESTADOS DE CALMA O DE BIENESTAR: **58 paz +:** ...sí que sería una contribución valiosa de este Gobierno para *cimentar* la paz firme y duradera. SVG020497 **59 prosperidad:** ...los valores liberales que han *cimentado* la paz y la prosperidad de EE. UU. y Europa occidental... EPE310799 **60 estabilidad:** ...un tratado que servirá para garantizar la paz y *cimentar* la estabilidad en una región tan convulsionada. INDOC

J SUSTANTIVOS QUE DENOTAN CAMBIO DE ESTADO, MÁS FRECUENTEMENTE DESARROLLO PROGRESIVO DE ALGO: **61 cambio:** En su discurso de investidura, Antich señaló que *cimentará* el cambio en decisiones de política social... EPE230799 **62 desarrollo:** Greenpeace ha *cimentado* su desarrollo en una economía saneada... LVE110995 **63 recuperación:** ...su gobierno *cimentará* la recuperación económica en tres pilares. LVE090595 **64 progreso:** Docampo hizo un repaso histórico de los valores que *cimentaron* el progreso de Vigo tras la Reconquista. FDV280301 **65 ascenso:** Don Diego cumplió esos roles sin chistar y, paradójicamente, fue su genio artístico el que *cimentó* su ascenso social. CLA240199

K SUSTANTIVOS QUE DESIGNAN DIVERSAS FORMAS DE ORGANIZACIÓN O DISPOSICIÓN, MÁS FRECUENTEMENTE SI SE APLICA AL ÁMBITO DE LO PÚBLICO: **66 régimen:** El flujo de cientos de millones de dólares permitieron al dictador somalí *cimentar* el régimen represivo... LVE060395 **67 estructura:** Resulta demasiado alegre decir cómo debe *cimentarse* una estructura sin tener en cuenta estos parámetros. EPE020899 **68 sistema:** ...una vez establecido y *cimentado* el sistema democrático en Bolivia, la misión de los comités cívicos se minimiza... LTB030297 **69 programación:** ...Telemadrid *cimenta* su programación en los espacios informativos... EPE010599

L SUSTANTIVOS QUE DENOTAN INCLINACIÓN DEL ÁNIMO, A MENUDO TENAZ O VEHEMENTE, HACIA LAS PER-

SONAS O LAS COSAS: **70** vocación +: ...se plantó en España en 1936 para presenciar de cerca la tragedia y *cimentar* su vocación de escritor. ABC240792 **71** pasión: ...me dicen que hay un sector de nuevos aficionados que *cimenta* su pasión en el vídeo didáctico... EME040696 **72** empeño: ...esa ilusión era «sabiduría» en cuanto recurso para (...) sentirse al menos en una isla de luz y de dignidad moral e intelectual, en la cual *cimentar* el empeño... EME210195 **73** afición: El cine americano de los 90 nada tiene que ver con las viejas películas clásicas que años atrás *cimentaron* la afición de varias generaciones... EME010495

☐ Véase también: **fortalecer(se), robustecer(se).**

cimiento ♦ **consistente, cultural, endeble, férreo, firme, frágil, inseguro, institucional, movedizo, poderoso, político, profundo, seguro, sólido, teórico** ♦ **apoyar(se) (en/sobre), asegurar, asentar(se) (en/sobre), conmover, consolidar, construir (sobre), cuartear(se), descansar (sobre), destruir, deteriorar(se), echar, establecer, estremecer(se), fortalecer(se), levantar, minar, mover(se), plantar, poner, quebrar(se), remover, resquebrajar(se), sacudir, sentar, socavar[1], sostener(se) (sobre), tambalear(se), temblar**

☐ Véase también: **base, fundamentado.**

cinta ♦ **adhesivo, asfáltico, de vídeo, magnetofónico, pirata** ♦ **acortar, alargar, censurar, copiar, cortar, grabar, pegar (con), piratear, protagonizar, proyectar, rebobinar, reproducir**

☐ Véase también: **cuerda, película.**

circuito ♦ **automovilístico, complejo, deportivo, eléctrico, electrónico, enrevesado[49], financiero, internacional, intrincado[26], turístico, urbano** ♦ **a lo largo (de)** ♦ **abrir, cerrar, completar, cortar, discurrir, interrumpir, irrumpir (en), recorrer, seguir, trazar**

☐ Véase también: **curso, trayecto.**

[circulación] → **en circulación**

circulación ♦ **a contramano, aduanero, atmosférico, automovilístico, caótico, complicado, de {doble/un} sentido, denso, escalonado, escaso, fluido, libre, masivo, monetario, peligroso, problemático, rodado, sanguíneo, temerario, urbano, vehicular** ♦ **accidente (de), código (de), impuesto (de), permiso (de)** ♦ **agilizar[20], aligerar[26], aliviar[46], atascar(se), aumentar, autorizar, bloquear, canalizar, colapsar(se), congestionar(se)[23], cortar, desbloquear, desviar, dirigir, disminuir, encauzar, entorpecer, facilitar, fluir, obstaculizar[10], obstruir[6], prohibir, restablecer, restringir, sacar (de), salir (de)**

☐ Véase también: **afluencia, circular, flujo, movimiento, tráfico, tránsito.**

circular *v.* ▮ En el sentido de 'andar, pasar o moverse' se combina con sustantivos de persona *(peatón, conductor)* y con otros que designan vehículos o medios de transporte *(coche, bicicleta, tren, carruaje)*. También acepta sustantivos que designan diversas sustancias, fluidos o energías *(aire, agua, sangre, oxígeno, electricidad, corriente)*. En su sentido de 'transmitir(se) o pasar de unas personas a otras' se combina (a menudo en construcciones que contienen complementos con las preposiciones *entre* o *por*) con sustantivos que designan informaciones, textos y manifestaciones artísticas u obras de creación, así como sus soportes *(novela, libro, literatura, documento, boletín, manuscrito, disco, música, película, producción, vídeo, foto)*, y diversos productos vendibles, a menudo, ilegales *(mercancía, producto, arma, droga, estupefaciente, explosivo)*. También lo hace con otros que designan el dinero en varias de sus manifestaciones *(dinero, capital, moneda, billete, dólar)*. Asimismo se combina con...

A SUSTANTIVOS QUE DENOTAN NOTICIA, INFORMACIÓN O COMENTARIO SOBRE ALGO O ALGUIEN, A MENUDO CARACTERIZADOS POR SU FALTA DE FUNDAMENTO, CONFIRMACIÓN O VERACIDAD: **1** rumor ++: ...se vio obligado a realizar la aclaración correspondiente por los rumores que *circularon* en la víspera sobre el fracaso de las negociaciones... ACP271196 **2** habladuría ++: Acertadamente el autor puede sintetizar las habladurías que *circulaban* por el Madrid de la época... ABC150592 **3** historia ++: El juicio lo ganó la compañía, pero (...) *circularon* muchas historias sobre manipulación, chantaje y corrupción del jurado. LVE050796 **4** versión +: Esta versión, que *circula* en las Aduanas, se comprueba con un documento al que tuvo acceso Blanco y Negro. BYN040198 **5** bulo +: No se sabe quién inventó el bulo, pero *circuló* durante semanas por las redacciones de los periódicos. INDOC **6** mentira +: Él sufre tanto por todas estas mentiras que *circulan*... PME120197 **7** leyenda: En torno a los emblemas, también *circulan* numerosas leyendas. EME020595 **8** mito: Detrás de las luces amarillas y las caras duras de los clientes, *circula* el mito de «Pepita la Pistolera», que en 1985 mató a tres socios que quisieron cobrarle una deuda. CLA170297 **9** sospecha: Su imagen ante los inversores sigue siendo débil debido a las sospechas que *circulan* sobre el recorte presupuestario del año entrante. LVE100695 **10** duda: Las dudas que *circulan* por las redacciones de los medios de comunicación no impiden, sin embargo, que... LVE150195 **11** tergiversación –: «...ha venido a ver por sus propios ojos lo que pasa, dadas las enormes tergiversaciones que han *circulado* por todo el mundo». EME211296

B EL SUSTANTIVO *INFORMACIÓN* Y CON OTROS QUE DESIGNAN ALGUNAS DE LAS FORMAS EN QUE ESTA SE PRESENTA: **12** información ++: ...explican cómo ha cambiado radicalmente la forma de cómo *circula* la información en Internet. EME120595 **13** noticia ++: Pocos días después empezó a *circular* la noticia de que el ministro Silva Ibáñez dejaría el caso... CAR241197 **14** dato ++: Circulan pocos datos sobre los costes de las subvenciones y apoyos que, en múltiples campos, se conceden en Cataluña para implementar el espíritu nacional. LVE200596 **15** mensaje ++: Estos mismos policías descubrieron que por Internet *circulan* mensajes para construir bombas... LVE131096

C SUSTANTIVOS QUE DESIGNAN OTRAS MANIFESTACIONES VERBALES O TEXTUALES: **16** comentario ++: Ya en la época en que se efectuó la votación, *circularon* comentarios y rumores de que el Gobierno habría utilizado la compra... EPC190597 **17 pregunta:** ...comienzan a *circular* algunas preguntas, avivadas sin duda por el clima electoral que día a día se acentúa. EPE180399 **18 afirmación:** Este diario no ha encontrado un desmentido serio a esa afirmación, ni tampoco a otra que *circula* por los medios periodísticos... EPE071001 **19 conversación:** ...la conversación estaba «ya *circulando* por los medios de comunicación...». LVE120595 **20 debate:** El debate que hasta ahora *circulaba* soterradamente ha adquirido carta de naturaleza. LVE091296 **21 acusación:** Las acusaciones cruzadas *circulan* con intensidad, aunque la mayoría apuntan hacia Francia y Japón, principales titulares de deuda bilateral... EPE011099 **22 amenaza:** ...por Madrid *circula* la amenaza de suspensión de pagos... EME200394 **23 frase:** Por las páginas de éste *circulan* las frases hechas, las sentencias insulsas y alguna que otra ingeniosidad que te reconcilia con Murphy, pero poco. ABC200392 **24 nombre:** Una catarata de nombres *circulan* ya por la redacción. EME020696

D SUSTANTIVOS QUE DENOTAN PENSAMIENTO, REFLEXIÓN O JUICIO. TAMBIÉN CON ALGUNOS QUE DESIGNAN OTROS RESULTADOS DE LA ACTIVIDAD INTELECTIVA, MÁS FRECUENTEMENTE SI SE ENCAMINAN A LA EXPLICACIÓN, LA ESTIMACIÓN O LA VALORACIÓN DE ALGÚN ESTADO DE COSAS: **25 idea ++:** ...empiezan a *circular* dos ideas extraordinariamente peligrosas: la idea de que ya no habrá más inflación y la idea de que un poco de inflación puede ser bueno para la economía. LVE251095 **26 teoría +:** Se ha dicho que entre los japoneses *circula* la teoría de que los cerezos (...) fueron inventados para ahuyentar a los diablillos que, en Oriente, pretenden entristecer las calles de las ciudades y de las aldeas. LVE270596 **27 hipótesis +:** ...la posibilidad de que haya sido un misil lanzado durante las maniobras de sus fuerzas antiaéreas –otra de las hipótesis que *circulan*– el que derribó al avión. EPE071001 **28 especulación +:** ...comenzaron a *circular* las especulaciones acerca de la identidad de las personas relevantes que han sido relacionadas con la trama. EME180196 **29 conjetura +:** ...han comenzado a *circular* numerosas conjeturas acerca de la eventual formación del nuevo gabinete presidencial. ENH001101 **30 doctrina:** ...ha cobrado cuerpo e influencia una doctrina que *circula* por ahí con el nombre de «constructivismo». EPE181199 **31 análisis:** Para Estados Unidos, según un análisis que *circula* entre varias dependencias del Gobierno, el separatismo francófono podría llevar al colapso económico a Quebec en el futuro y arrastrar a Canadá. EME291095 **32 cálculo:** Según estas fuentes, los cálculos que *circulaban* entre los socialistas no se acercaban al centenar de «noes». EME241195 **33 estimación:** ...ha perdido bastante atractivo en las últimas semanas debido a las desfavorables estimaciones que *circulan* sobre sus resultados trimestrales. LVE061196 **34 pronóstico:** No obstante, este es uno de los pronósticos que ayer *circulaban* por el mercado, aunque no el más extendido. LVE031296 **35 quiniela:** ...ha pedido a sus colegas que piensen y propongan nombres, y las quinielas *circulaban* ayer por los pasillos de la sede de la ONU en Nueva York. LVE041296 **36 apuesta:** Circulaban las apuestas, se espesaban las bromas y los más impacientes ya se habían cruzado algún puñetazo. EPE020488

E SUSTANTIVOS QUE DESIGNAN INTENCIONES O ACTUACIONES PREVISTAS O PLANEADAS: **37 propuesta +:** Una nación romaní necesitaría el reconocimiento de las Naciones Unidas, porque los gitanos no piensan –aunque ya *circuló* alguna propuesta– en una proclamación unilateral. EPE260700 **38 proyecto:** ...*circulan* varios proyectos de listas de candidatos de la primera formación de la izquierda valenciana al Parlamento valenciano. EPE100399 **39 programa:** Pero su programa que *circulaba* por ahí y el esbozo que ahora ofrece Aznar es un programa como el de cualquier partido... LVE310395

F OTROS SUSTANTIVOS; POSIBLES USOS ESTILÍSTICOS: El caso contrario, es decir, personas procedentes de Venezuela o de cualquier lugar del continente donde *circula* el mal, que llegan a otras naciones, son interrogadas «en el propio aeropuerto...». ENV210197

▩ Se combina también con: ♦ **a contramano[2], a medio gas[8], ampliamente, a tientas[12], a toda máquina[8], como rosquillas[3], con dificultad, con fluidez[1], correctamente, de boca en boca[7], de mano en mano, en sentido contrario, lentamente, rápidamente, vertiginosamente**

☐ Véase también: **circulación, esparcir.**

círculo ♦ **académico, acotado, asfixiante[12], bien informado, cerrado, concéntrico, cultural, de aduladores, de allegados, de amigos, de asesores, de intereses, de poder, deportivo, diplomático, empresarial, estrecho[5], exclusivo, férreo, financiero, hermético, inmediato, intelectual, íntimo, limitado, oficial, polar, político, privilegiado, reducido, restringido, social, vicioso** ♦ **dentro (de), fuera (de)** ♦ **abrir, ampliar(se), ceñir(se) (a), cerrar, circunscribir(se) (a), cruzar, cuadrar, dibujar, entrar (en), estrechar[9], formar, frecuentar, inscribir(se) (en), invadir, limitar(se) (a), meter(se) (en), moverse (en), pertenecer (a), rebasar, reducir(se), romper, salir (de), sobrepasar, trascender, trazar**

☐ Véase también: **circunloquio, rodeo, vuelta.**

circunloquio ♦ **diplomático, excesivo, interminable, inútil, lleno (de), vano** ♦ **andarse (con)[9], emplear, perderse (en)**

☐ Véase también: **círculo, rodeo, vuelta.**

circunspecto *adj.* ▮ Se combina con sustantivos de persona y –menos frecuentemente– con algunos que designan ciertos mensajes verbales *(obra, programa, artículo)*. Se combina más frecuentemente con...

A SUSTANTIVOS QUE DESIGNAN LAS PARTES DEL CUERPO DE LAS PERSONAS QUE SE RELACIONAN MÁS ESTRECHAMENTE CON LO QUE EXPRESAN O TRANSMITEN: **1 rostro ++:** ...circulaban la semana pasada por la sede de la Alameda, con rostros *circunspectos*. HOY140497 **2 cara ++:** ...en una conferencia de prensa un Garry Kaspárov con cara *circunspecta*. DLA120597 **3 gesto ++:** Serio, con gesto *circunspecto*, Gaspart confesó que había hablado... EPE250700 **4 mirada +:** ...ante la mirada *circunspecta* de decenas de antidisturbios. EME011195

B SUSTANTIVOS QUE DESIGNAN MODOS DE MOSTRARSE O DE EXPRESARSE LAS PERSONAS O LAS COSAS: **5 aire ++:** ...(se recomienda acompañar la frase con cara muy seria y aire *circunspecto*). ETC150996 **6 tono +:** ...añadió el inspector Dubois en tono *circunspecto* y acaso vagamente fatalista... EME200896 **7 actitud:** ...adoptando una actitud *circunspecta* que sin duda no casa con su temperamento... LVE260895 **8 estilo:** ...con un estilo desenfadado y nada *circunspecto*... LVE080996 **9 imagen:** ...la imagen *circunspecta* y grave de un personaje de El Greco. EME290595

C SUSTANTIVOS QUE DESIGNAN CIERTOS ACTOS DE HABLA: **10 respuesta:** Mitterrand ha tenido para Barre una *circunspecta* respuesta de monarca... EPE020288 **11 saludo:** ...le envío con mi decepción un saludo obligadamente *circunspecto.* EME050394

D OTROS SUSTANTIVOS; POSIBLES USOS ESTILÍSTICOS: ...trocando oficinas *circunspectas* por esta sobredosis de juerga. EME110896; ...han masacrado y despreciado con tanto y tan *circunspecto* placer... LVE160196; Vestía Michael un traje gris *circunspecto* y clásico... LVE140396

circunstancia ♦ **acorde (con), actual, adverso, agravante, amargo[10], anómalo, cambiante, confuso, controvertido[48], crítico, decisivo[29], delicado, desencadenante, desfavorable, difícil, diverso, excepcional, familiar, favorable, histórico, imprevisto, individual, laboral, particular, personal, penoso, propicio[3], revelador[50], sujeto (a), temporal** ♦ **a la altura (de)[1], a la medida (de), a la vista (de)[26], a pesar (de), a tenor (de)[1]** ♦ **cúmulo (de)[34], fuerza (de)** ♦ **absorber[19], achacar, aclarar, aclimatar(se) (a)[6], acomodar(se) (a), adaptar(se) (a), afrontar, ahondar (en), amoldar(se) (a)[1], asumir[40], atenerse (a)[38], atravesar[27], averiguar, capitalizar, concurrir[8], darse, dejarse llevar (por)[32], determinar, dilucidar[54], esclarecer(se)[25], establecer, examinar, indicar (algo), provocar (algo), rodear (algo), silenciar[47], sumar(se), superar**
☐ Véase también: **avatar, coyuntural, factor (de), incidente, peripecia, vicisitud.**

CIRCUNSTANCIA
♦ (SUSTANTIVOS) Véase: **abocar(se) (a)[H], absorber[D], aclimatar(se) (a)[B], afrontar[C], agravar(se)[F], a la altura (de)[A], a la vista (de)[G], amoldar(se) (a)[A], asfixiante[C], asumir[G], atenerse (a)[E], a tenor de[A], controvertido[I], crucial[D], cúmulo (de)[D], decisivo[E], dejarse llevar (por)[D], desolador[B], enderezar[B], enfriar(se)[B], esclarecer(se)[C,D], involucrar(se) (en)[F], propicio[A], revelador[H]**
☐ Véase también: ENTORNO.

cisco ♦ **de campeonato[6], descomunal, monumental** ♦ **armar(se), liar(se), montar(se), organizar(se)**
☐ Véase también: **alboroto, desbarajuste, destrozo, embrollo, enredo, escándalo, guirigay, lío.**

cisma ♦ **inevitable, insalvable, interno, profundo[83]** ♦ **abrir(se), acabar (con), agravar(se), causar, consumar(se)[41], dar lugar (a), enfrentar (a alguien), evitar, iniciar, ocasionar, poner fin (a), producir(se), protagonizar, provocar, superar**

cita ▮ *(encuentro)* ♦ **a ciegas, clandestino, deportivo, electoral, imperioso[13], ineludible, inexcusable[3], íntimo, médico, multitudinario, obligado, olímpico, secreto** ♦ **acordar, acudir (a), anular, asistir (a), cancelar, concertar[4], convenir, dar (a alguien), faltar (a), fijar, pedir, saltarse, solicitar, tener**
▮ *(mención)* ♦ **de pie de página, expreso, literal, literario, manido[11], socorrido, textual** ♦ **descontextualizar, intercalar, interpolar, introducir, jalonar (de/con)**
☐ Véase también: **ejemplo, encuentro, mención, reproducción, texto.**

citar ♦ **al pie de la letra[37], ampliamente, a pie de página, brevemente[21], correctamente, de memoria[5], de pasada[3], de refilón[29], de un tirón[5], equivocadamente[15], expresamente[3], extensamente[9], insistentemente, literalmente, oportunamente, por extenso, profusamente[51], repetidamente[17], textualmente**
☐ Véase también: **mencionar.**

ciudad ♦ **abarrotado, abierto, acogedor, amurallado, antiguo, barato, bello, bullicioso, caro, comercial, congestionado, deportivo, de provincias, deshabitado, deshumanizado, desierto, despoblado, fantasmal[1], floreciente, fronterizo, habitable, histórico, ideal, ilustre, imaginario, importante, inhóspito, invisible, limpio, medieval, mítico, moderno, natal, perdido, polucionado, populoso, portuario, principal, saturado, secreto, sucio, tranquilo, turístico** ♦ **acceso (a), afueras (de), centro (de), habitante (de), plano (de), recinto (de), tráfico (de)** ♦ **abandonar, abastecer, administrar, afincar(se) (en), circular (por), congestionar(se)[16], crecer, cuidar, deambular (por), dejar, descongestionar(se), destruir, expandir(se), extender(se), frecuentar, fundar, gobernar, habitar (en), ir(se) (de), levantar, mudar(se) (a/de), pasear (por), radicarse (en), recorrer, recuperar, regir, residir (en), transitar (por), visitar, vivir (en)**

ciudadanía ▮ *(condición de ciudadano)* ♦ **carta (de), certificado (de)** ♦ **adquirir[46], asumir, conceder, conseguir, dar, despojar (de), garantizar, jurar, negar, obtener, ostentar[16], otorgar, perder, revocar[38], solicitar, tramitar**
▮ *(conjunto de ciudadanos)* ♦ **derecho (de), sector (de), voluntad (de)** ♦ **advertir (a), apelar (a), conmocionar(se), convencer(se), convocar (a), llamar (a), orientar, quejar(se), reclamar (algo), sensibilizar, tranquilizar**
☐ Véase también: **civismo, conjunto, grupo.**

civilizadamente *adv.* ▮ Se construye a veces con adjetivos relacionales que designan la propiedad de ser defensor o partidario de creencias o posturas políticas *(civilizadamente capitalista, conservador)*. Se combina también con...

A LOS VERBOS *VIVIR* Y *CONVIVIR*: **1 vivir ++:** Es una parodia infame de esa verdad relativa que nos permite vivir *de forma civilizada* entre muchos. DHE071097 **2 convivir +:** En los otros países, allá donde la gente convive *civilizadamente*, las figuras de la década son personas vivas... ETC020190

B VERBOS QUE DENOTAN ACTUACIÓN O COMPORTAMIENTO: **3 actuar +**: Todo indica que actuarán *civilizadamente*: aplaudirán las propuestas del presidente que apoyan y permanecerán quietos durante las otras. CLA190199 **4 comportarse +**: He tenido que aprender a comportarme *de manera civilizada*. LVE260995 **5 obrar**: En caso de irregularidades se debe obrar *civilizadamente*, yendo a los tribunales... LVE100995 **6 tratar**: El líder serbio bosnio insistió en que a los observadores españoles no les faltará de nada y que serán tratados *«civilizadamente»*. EME020995

C VERBOS DE LENGUA, MÁS FRECUENTEMENTE SI DENOTAN DIÁLOGO Y OTRAS FORMAS DE INTERCAMBIO VERBAL. TAMBIÉN CON OTROS QUE EXPRESAN LA PARTICIPACIÓN DEL LOCUTOR EN UNA CONVERSACIÓN O UN DEBATE: **7 discutir ++**: Dijo que lo que está planteado es el restablecimiento del derecho a la vida y el derecho de la sociedad a discutir *civilizadamente* sus convenciones y normas. EUV080197 **8 hablar +**: Aparte de que estamos hablando *civilizadamente*, es decir, de un coscorrón oportuno, de una bofetada tal vez... EME301196 **9 debatir**: Zedillo pidió a la sociedad que abandone los dogmatismos, que debata *«civilizadamente»* y haga un «examen abierto y objetivo» de las razones que sustentan su propuesta. EPE040299 **10 dialogar**: ...conseguir que unionistas y nacionalistas se sienten en la misma mesa y dialoguen *de manera civilizada*. LVE120696 **11 intervenir**: También ha intervenido, *civilizadamente*, Leopoldo Calvo Sotelo, reprochando a su sucesor en La Moncloa, le achaque imaginarias herencias. LVE190295 **12 contestar**: El marido escucha impasible y acaba por contestar *civilizadamente*. LVE180995

D VERBOS QUE DENOTAN ENFRENTAMIENTO U OPOSICIÓN. TAMBIÉN CON ALGUNOS QUE DESIGNAN OTRAS ACCIONES DE CARÁCTER HOSTIL: **13 enfrentar(se) +**: Y nos vamos a enfrentar *civilizadamente* para que el pueblo opte entre las dos, tres o cuatro utopías. HOY071287 **14 protestar +**: Si sufrimos un atropello o nos sentimos afectados (...) protestemos, pero protestemos *civilizadamente*, sin dejarnos manipular... PLG140397 **15 denunciar**: ...había un llamamiento, por parte de más de 140 organizaciones distintas, para denunciar *de forma civilizada* los efectos perversos del neoliberalismo y de la globalización mundial... EPE051299 **16 confrontar**: La democracia es un régimen donde se confrontan *civilizadamente* opciones distintas. LVE261195 **17 luchar**: Los nuevos amos y señores de esa ciudad, los señores del aire (...), luchan *de forma civilizada* por el poder que se ha iniciado... EPE221099 **18 atacar –**: ...la organización nos obsequia con unas instrucciones gráficas sobre cómo «atacar» *civilizadamente* una langosta en la mesa. LVE170695 **19 matar –**: ...basta con pagar a cualquier mercenario de la pluma para que le injurie y le calumnie; a ser posible, para que le mate *civilizadamente*». EME231295

E ALGUNOS VERBOS QUE DESIGNAN LA ACCIÓN DE DAR FIN SATISFACTORIO A UNA SITUACIÓN PROBLEMÁTICA: **20 resolver +**: Como no pueden resolver *civilizadamente* un problema doméstico, pretenden, como generalmente ha sido, desquitarse con la población usuaria... PLG300597 **21 solucionar +**: «Hay que solucionar los problemas *de forma civilizada*», dice comentando con sentido malestar las tirantes relaciones con la Iglesia Ortodoxa. EME310194

F VERBOS QUE DENOTAN FINALIZACIÓN O CESE DE ALGÚN ESTADO DE COSAS: **22 terminar +**: Mi relación laboral con F. L. terminó *civilizadamente* en junio de 1996 y no es mi costumbre atacar a mis ex empleadores ni a mis colegas... CAP260697 **23 separarse +**: El matrimonio optó por separarse *civilizadamente*, evitando así hacer daño a los hijos. INDOC **24 concluir**: Nada tendríamos que objetar (...) si la colaboración hubiese concluido *civilizadamente*. EPE041199 **25 abandonar**: Primero se dio aviso a los «okupantes» del edificio para que lo abandonasen *civilizadamente*... LVE111196 **26 romper**: Si en lugar de tirarse los trastos a la cabeza, hubieran sabido romper *civilizadamente*,... INDOC

G OTROS VERBOS; POSIBLES USOS ESTILÍSTICOS: Hay tres cosas que contribuyen a que las personas muestren un talante cordial: tener la conciencia tranquila, amar bien y desayunar *civilizadamente*. LVE181196; Se husmearon *civilizadamente* hasta que el juez dijo: «Silencio, por favor». EME110695

civismo ♦ **arraigado, ciudadano, debido, ejemplar, exquisito, sumo** ♦ **acto (de), demostración (de)[38], ejemplo (de), falta (de), grado (de), lección (de), muestra (de)** ♦ **actuar (con), apelar (a), demostrar, practicar**

☐ Véase también: **cortesía, educación, formación.**

clamar ♦ **a gritos[7], al cielo, a los cuatro vientos[13], al unísono[3], a voces[7], vigorosamente[24]**

☐ Véase también: **chillar, gritar, llamar.**

clamor ♦ **atronador, ensordecedor, estrepitoso, estridente[12], estruendoso, general, hondo[32], insistente, persistente, popular, unánime[30]** ♦ **acallar[10], apagar(se)[27], desoír[9], estallar, lanzar, resonar**

☐ Véase también: **demanda, griterío, grito (de), protesta, solicitud, sonido.**

clamorosamente *adv.* ▮ Admite algunos adjetivos calificativos *(injusto, favorable, ausente, explícito, falso)*. También acepta diversos verbos que manifiestan rechazo *(rechazar, oponerse)* y solicitud *(pedir, reclamar)*. Asimismo se combina con...

A VERBOS QUE DENOTAN FALLO O DESACIERTO. TAMBIÉN CON OTROS QUE DESIGNAN LA ACCIÓN DE EMITIR INFORMACIONES INCIERTAS: **1 fallar ++**: Aquí nos ha fallado *clamorosamente* el apoyo institucional. EPE271299 **2 equivocarse +**: Aquí hay docena y media –ya lo dije meses atrás– de activistas en los medios de comunicación (...) que se equivocan *clamorosamente* en sus análisis... EME070694 **3 errar +**: ...tuvieron ocasiones claras, pero erraron *clamorosamente*. LVE030396 **4 mentir +**: ...ha mentido *de manera clamorosa* al afirmar que existía un compromiso del Gobierno para no detener a los interlocutores... EPE061199 **5 marrar –**: ...varias claras ocasiones que marraron *de manera clamorosa*. LVE220595

B VERBOS QUE DESIGNAN LA ACCIÓN DE DESISTIR DE ALGO O EL PROCESO DE MALOGRARSE LO QUE SE EM-

PRENDE: **6 rajarse +:** ...el toro (...) se le rajó *clamorosamente* tras dos series muy templadas... EME230694 **7 rendirse:** ...el Gobierno del apartheid rendía *clamorosamente* su bastión al Congreso Nacional Africano... EPE160699 **8 fracasar:** ...donde el Gobierno socialista ha fracasado *clamorosamente*, es en situar a nuestro país entre las naciones más influyentes de la Unión Europea. EME260395 **9 naufragar:** ...Mazinho naufragó *clamorosamente* y el despliegue atacante del Celta fue lento y falto de efectivos. EPE040399 **10 perder:** ...cuando perdió *clamorosamente* frente a... EME111096

C VERBOS QUE DENOTAN ACEPTACIÓN O RECHAZO, GENERALMENTE PÚBLICO, HACIA LO QUE SE HA PRESENCIADO: **11 aplaudir +:** ...ha sido *clamorosamente* aplaudido por significativos miembros de la clase política... EME150196 **12 ovacionar:** Cuando se ovacionaba *clamorosamente* al picador... EME210896 **13 vitorear:** La plaza vitoreó *clamorosamente* al torero, que se mereció más de una oreja. INDOC **14 abuchear:** ...un discurso tan entusiastamente aplaudido desde los escaños del partido del gobierno como *clamorosamente* abucheado desde los de la oposición. INDOC

D VERBOS QUE DENOTAN NEGLIGENCIA O DESATENCIÓN: **15 abandonar:** Cuando la Iglesia se mete en política, el Espíritu Santo la abandona *clamorosamente*. EME260895 **16 descuidar:** ...descuidó el partido *de manera clamorosa*. EPE260499 **17 desatender:** ...y eso que el decano le llamó la atención por desatender *clamorosamente* sus obligaciones docentes. INDOC

E ALGUNOS VERBOS QUE DENOTAN CAMBIO DE ESTADO: **18 desvanecerse +:** ...el sacrificio por el triunfo, se desvanece *clamorosamente*... EPE150599 **19 ascender +:** ...ascendió *clamorosamente* al poder en 1982... EME260296 **20 rebajar:** ...embargos internacionales que rebajaron *de forma clamorosa* el nivel de vida... LVE120895 **21 alterar:** La Copa ha subvertido ayer todavía más el sistema de valores del fútbol español y alterado *clamorosamente* la ley y el orden. EME040294

☐ Véase también: **clamoroso, estrepitosamente.**

clamoroso *adj.* **▌** Se combina con sustantivos que designan ciertos eventos de carácter público *(gira, desfile, mitin)*, así como con...

A SUSTANTIVOS QUE DENOTAN ÉXITO O VICTORIA. TAMBIÉN CON OTROS QUE DESIGNAN LAS MANIFESTACIONES PÚBLICAS CON LAS QUE SE CELEBRA O SE RECONOCE EL MÉRITO DEL QUE LOS OBTIENE: **1 éxito ++:** En 1933, a García Lorca le llega el éxito *clamoroso*, con el estreno de «Bodas de sangre». HOY180886 **2 triunfo ++:** Un triunfo *clamoroso* y fácil ante el «enemigo» será «un paseo militar». EME220196 **3 ovación ++:** Daniel, que había recibido una ovación *clamorosa*, nos habló de música. ETC280497 **4 victoria:** La victoria del SPD hace un año fue *clamorosa*... EPE011099 **5 aplauso:** Queremos libertad para que nuestros hijos vivan libres y puedan divertirse serenamente, gritaba a duras penas el padre del fallecido entre *clamorosos* aplausos. EME230595 **6 vítores:** Los vítores del público al final del primer acto fueron unánimes, *clamorosos*, encendidos. INDOC

B SUSTANTIVOS QUE DENOTAN FRACASO O ERROR: **7 fracaso ++:** ...su *clamoroso* fracaso artístico y comercial bate todos los récords. LVE240295 **8 derrota +:** ...la memorable batalla entre el Ejecutivo y el Tribunal Supremo concluyó con la *clamorosa* derrota de Roosevelt. EME120495 **9 fallo +:** Un *clamoroso* fallo de Geli (...) provocó que los visitantes se percatasen de que imponerse al actual campeón no era imposible. LVE171196 **10 error +:** El Athletic respondía con torpeza tras un error tan *clamoroso*... EME130395 **11 equívoco:** Y él ha vuelto a cometer el *clamoroso* equívoco dialéctico del GAL. EME110296 **12 errata:** ...sin oír la *clamorosa* errata del latín de la cita de la página 76 (...) celebramos que una persona inteligente redefina «sensación»... ABC310395 **13 lapsus:** No de otro modo ha de juzgarse el «lapsus» *clamoroso* de Eduardo Haro el escribir sobre Haití. ABC291093 **14 desliz:** El plagiador ha cometido algunos deslices *clamorosos*. LVE100195

C SUSTANTIVOS QUE DENOTAN AUSENCIA O CARENCIA, GENERALMENTE DE LO QUE SE CONSIDERA NECESARIO: **15 ausencia +:** La *clamorosa* ausencia de los partidos opositores fuertes (...) no es por culpa de Yasir Arafat. EME160196 **16 silencio +:** Aunque sí contuvo un *clamoroso* silencio: ni una palabra acerca de los US$ 18,000 de sueldo presidencial. CAP041001 **17 falta +:** «En sus palabras (...) se evidencia una *clamorosa* falta de rigor como economista y una escandalosa irresponsabilidad con su actitud política». EME030496 **18 vacío +:** La lista de obras de la literatura clásica universal que pueden leerse en lengua catalana tiene aún *clamorosos* vacíos. LVE071296 **19 carencia:** Poco o nada hizo por buscar soluciones a las *clamorosas* carencias de medios del museo. EME200594 **20 desequilibrio:** Además situó esta actuación en el contexto general de «*clamoroso* desequilibrio»... EPE151299 **21 insuficiencia −:** Fallan también las funciones de control de los trabajos prestados con inseguridad manifiesta, lo que (...) se traduce en la *clamorosa* insuficiencia de sus efectivos. EPE090700 **22 hueco −:** ...las secuencias cronológicas que recorre la exposición tienen algunos huecos *clamorosos*. ABC170694

D SUSTANTIVOS QUE DENOTAN ASUNTO O MATERIA. TAMBIÉN CON OTROS QUE DENOTAN EJEMPLO O PRUEBA DE ALGO: **23 ejemplo ++:** El periódico norteamericano ofrece un ejemplo *clamoroso*. LVE221095 **24 caso +:** La concejala de IU Begoña San José denunció ayer el «*clamoroso* caso de especulación inmobiliaria»... EME230294 **25 evidencia +:** Y la ausencia de todo ello, salvo muy esporádicas ocasiones, fue una *clamorosa* evidencia. EPE150900 **26 asunto:** ...estalló el *clamoroso* asunto de las escuchas del Cesid, que culminó con la dimisión forzada del ministro de Defensa y con la del vicepresidente Serra. LVE311295 **27 hecho:** ...han tenido que pasar hechos *clamorosos* (...) para que la magistratura en su conjunto se sienta interpelada. LVE151095 **28 verdad:** Es una verdad *clamorosa* que el proceso abierto contra los principales responsables directos de la lucha contra el terrorismo en los últimos años ha creado un escenario propicio... LVE260495 **29 situación:** Creo ser un ganador, pero he salido derrotado en una situación *clamorosa*, por un motivo desconocido. EPE100699

E SUSTANTIVOS QUE DESIGNAN DIVERSAS MANIFESTACIONES DE DISCONFORMIDAD, GENERALMENTE COLECTIVAS: **30 protesta +:** ...todo el mundo negocia con el ruido, que lleva años y años produciéndose en medio de las protestas, también *clamorosas*, pero por lo visto vanas. LVE301296 **31 crítica +:** El caso provocó unas críticas *clamorosas,* acompañadas de unos resultados decepcionantes. EPE250299 **32 petición +:** No se han derogado las medidas económicas, pese a la petición *clamorosa* del pueblo... DLA060297 **33 denuncia:** Su tormento cotidiano, expuesto en este reportaje, es una denuncia *clamorosa* de la inhumanidad y barbarie administrativa... LVE010296 **34 reivindicación:** En muchos puntos del centro y sur de Navarra la carrera se convirtió en una *clamorosa* reivindicación por la oficialidad del euskera... EPE230399 **35 abucheo:** ...Rita Barberá, tres días después de recibir un abucheo *clamoroso,* salió reelegida presidenta de la FEMP... EPE291199 **36 rechazo –:** ...el rechazo a que siga en su puesto es *clamoroso...* EME210494

F SUSTANTIVOS QUE DENOTAN BIENVENIDA, ACEPTACIÓN O APOYO PRESTADO A ALGUIEN: **37 acogida ++:** ...se estrena el 14 de febrero de 1895 y recibe una acogida *clamorosa* por parte de crítica y público. LVE230595 **38 apoyo +:** ...con un apoyo tan *clamoroso* como el recibido, los andalucistas demostramos que sólo nos mueve un proyecto común... EPE061299 **39 aceptación:** La clave de su *clamorosa* aceptación entre nosotros estriba en que, inadvertidamente, ha logrado una curiosa combinación... LVE211095 **40 recibimiento:** «Hemos entrado en el mundo mágico», exclamó el protagonista (...) ante el *clamoroso* recibimiento del público. EPE301101 **41 respaldo –:** En estas circunstancias, y por *clamoroso* que sea el respaldo de las urnas, el encendido presidente venezolano haría bien en enfriar su triunfo... EPE270799

G EL SUSTANTIVO *INJUSTICIA* Y CON OTROS QUE DESIGNAN DIVERSAS ACTITUDES Y ESTADOS CONSIDERADOS GENERALMENTE INCONVENIENTES O PERJUDICIALES: **42 injusticia +:** ...las distancias fueron ayer aún mayores, concretadas en la doble y *clamorosa* injusticia del marcador. EME101295 **43 insolidaridad:** Destaca sobre todo la *clamorosa* insolidaridad de las grandes potencias, que no tienen reparos en destinar ingentes recursos a... INDOC **44 desigualdad:** ...sin asomo de codicia para sobreponerse a la indigencia, es decir, a la esclavitud de las desigualdades *clamorosas...* LVE111096 **45 incompetencia:** Si quedara un mínimo de vergüenza, ya les habrían abierto expediente (...) por su *clamorosa* incompetencia... EPE300899 **46 indecencia:** Pero ya se sabe, cargo político y con tierras; huele, para esta ilustrada opinión publicada, a *clamorosa* indecencia... EPE010599

H OTROS SUSTANTIVOS; POSIBLES USOS ESTILÍSTICOS: «Fíjate, los libros en los que nadie repara son como lanzas *clamorosas* desafiando el cielo mudo». LVE220495; ...el desierto de ideas en este campo es *clamoroso...* EPE241199

☐ Véase también: **aparatoso, clamorosamente, estrepitoso, estridente.**

clara ♦ **batir, montar, separar**

claridad ♦ **absoluto, cegador**[2]**, celestial, contundente, cristalino**[22]**, diáfano**[2]**, indudable, inequívoco, insuficiente, lleno (de), meridiano**[1]**, necesario, proverbial, suficiente, sumo**[51]**, total, transparente** ♦ **con, en aras (de)**[19] ♦ **ápice (de)**[72] ♦ **aportar (a algo), arrojar (sobre algo), dar**[163]**, despedir, desprender, dotar (de), emanar, emitir, faltar, proyectar (sobre algo)**

☐ Véase también: **claro, en limpio, honestidad, manifestación (de), presencia, transparencia.**

CLARIDAD Véase:

♦ **en limpio, manifiestamente, paladinamente, palpablemente, sin tapujos**

♦ **claro, meridiano, ostensible, palmario, perceptible**

♦ **aclaración, claridad, honestidad, transparencia**

♦ **aclarar, clarificar, puntualizar**

☐ Véase también: *DETALLE Y PRECISIÓN.*

clarificar *v.* ▮ En el sentido, poco frecuente, de 'hacer menos denso o espeso' se combina con sustantivos que designan alimentos líquidos. En el sentido figurado de 'dejar claro' admite sustantivos que representan interrogaciones indirectas encubiertas *(clarificar cuál es el propósito > clarificar el propósito).* Se combina especialmente con los sustantivos que designan magnitudes y operaciones económicas *(cuenta, tributación, precio, cobro, facturación),* con sustantivos que designan mensajes, textos y otras unidades verbales *(mensaje, discurso, texto)* y también con...

A SUSTANTIVOS QUE DESIGNAN INFORMACIONES CONFUSAS, OCULTAS O NO CONFIRMADAS: **1 malentendido +:** ...les rogaría que publicasen esta carta para (...) contribuir a *clarificar* este malentendido. LVE100595 **2 duda:** Pero *clarifica* una duda a la par que muestra una significativa actitud. LVE171195 **3 contradicción:** ...algunos grupos parlamentarios «deben *clarificar* sus contradicciones». LVE280995 **4 confusión:** He querido entregarle estos antecedentes para *clarificar* posibles confusiones que se pudieran producir... HOY280497 **5 misterio:** La medición de las propiedades de estas partículas *clarificaría* el misterio del origen de la masa. ABC190393 **6 sospecha –:** ...el origen panista del despedido dejó en el aire (...) sospechas que al no *clarificarse* desatan en tono menor crítica y polémica. PME090297

B SUSTANTIVOS QUE DESIGNAN ESTADOS DE COSAS, ESPECIALMENTE LO QUE SE PRESENTA ANTE LA VISTA O EL EXAMEN DE ALGUIEN. TAMBIÉN CON OTROS QUE SE REFIEREN A ALGUNOS DE SUS FACTORES CONCOMITANTES: **7 situación ++:** Antes de viajar quiero dejar *clarificada* mi situación. ENV110797 **8 panorama ++:** Uno organiza unas jornadas de reflexión que contribuyen a *clarificar* el panorama literario nacional... HOY010997 **9 futuro ++:** La esposa del general Pinochet *clarificó* el futuro de la institución que dirige. CAR221297 **10 hecho ++:** De aquí la necesidad imperiosa de *clarificar* los hechos y deslindar responsabilidades. LNC070497 **11 pasado:** Reivindican «un nuevo liderazgo capaz de distanciarse y *clarificar* el pasado». EME081295 **12 circunstancia:** El análisis de los restos de Anabel Segura puede llegar a *clarificar* las circunstancias que rodearon su muerte. EME081095

C SUSTANTIVOS QUE DENOTAN POSTURA O PUNTO DE VISTA. TAMBIÉN CON ALGUNOS QUE DESIGNAN OTROS ELEMENTOS QUE INTERVIENEN EN ALGUNA ELECCIÓN: **13 posición +:** El autor expresa su deseo de *clarificar* su posición para atajar así algunas interpretaciones... ABC271095 **14 actitud:** Ni condeno ni justifico a nadie, sino que intento *clarificar* actitudes. EME231096 **15 postura +:** El que gane tiene que *clarificar* su postura, porque de lo contrario nunca terminará la guerra. EME070196 **16 opción:** A fin de *clarificar* las opciones posibles, la OCDE convoca a una reunión de reflexión a los responsables... EPE101080 **17 planteamiento:** ...para que el congreso se adelantara y la coalición pudiera *clarificar* sus planteamientos... LVE301196 **18 criterio –:** Quizá ayudaría a *clarificar* criterios. LVE101196

D SUSTANTIVOS QUE DENOTAN CUESTIÓN O ASUNTO, A MENUDO CONTROVERTIDOS: **19 cuestión ++:** Afirma que puede pedir testificar ante la comisión senatorial para *clarificar* las cuestiones sobre sus gestiones profesionales... LVE240196 **20 debate +:** ...estos datos «contribuyen a *clarificar*» el debate sobre el destino final de esos terrenos. EPE120399 **21 asunto +:** Lamentable este video editado no permite a la Policía y a las personas que están a cargo de esta investigación, *clarificar* el asunto... DHE050297 **22 conflicto +:** La intención del municipio es «aclarar y *clarificar*» el conflicto... EPE070499 **23 tema:** Ahora, como si una imagen pudiera *clarificar* el tema, apareció la foto. CLA080197 **24 polémica:** ...la polémica no está todavía *clarificada* y la postura de Hacienda no puede considerarse firme... LVE181295 **25 problema:** ...es una aportación de gran fecundidad pues ayuda a *clarificar* los problemas morales... ABC090695

E SUSTANTIVOS QUE DENOTAN ACTUACIÓN EN ALGO. TAMBIÉN CON OTROS QUE DESIGNAN DIVERSAS MANERAS DE INTERVENIR EN ASUNTOS PÚBLICOS O PRIVADOS: **26 actuación:** ...parece dispuesto en esta ocasión a *clarificar* la actuación del magistrado... LVE141095 **27 estrategia:** Las elecciones generales *clarificarán* estrategias y perspectivas. EPE231099 **28 política:** El ministro del Interior (...) tiene intención de viajar mañana al País Vasco para *«clarificar»* la política de su Departamento... EME180194 **29 participación:** Y es recomendable *clarificar* las participaciones accionariales. EPE220299 **30 gestión:** La investigación, que intenta *clarificar* la gestión municipal desde 1986 hasta ahora, estudió ayer diversos expedientes urbanísticos... EPE160299 **31 acción:** Los pilotos se reunirán en asamblea la próxima semana para *clarificar* sus acciones. EPE220599

F SUSTANTIVOS QUE DENOTAN CAUSA: **32 causa +:** Se *clarificarían* así las causas por las que una empresa puede despedir... EME040696 **33 razón:** ...se le emplazara a *clarificar* sus razones e intenciones tras el anuncio de su renuncia a la alcaldía. LVE011296 **34 motivo:** Debería *clarificar* el motivo que le llevó a actuar de esa forma. INDOC

G SUSTANTIVOS QUE DESIGNAN ESTIPULACIONES, OBLIGACIONES O CONDICIONES DE ALGUNA ACTUACIÓN: **35 marco legal:** Hacienda quiere controlar los millones del deporte profesional y *clarificar* el marco legal. LVE071096 **36 regla:** El objetivo de este encuentro fue el de *clarificar* las reglas de juego... LVE280695 **37 norma:** ...si en algo han coincidido casi todos ellos es en la necesidad de *«clarificar»* una norma que data del siglo pasado... DDN090101 **38 condición:** Muchos están ya imputados mientras que otros esperan con resignación la hora en que alguien les *clarifique* su condición penal. LVE211095 **39 responsabilidad:** El ministro insiste en que la CNMV debe *clarificar* las responsabilidades por operaciones especulativas. EME311296 **40 deber –:** La reforma debe *clarificar* los derechos y deberes del ciudadano comunitario. LVE040695 **41 requisito –:** El nuevo reglamento debe *clarificar* los requisitos necesarios... LVE110795

H SUSTANTIVOS QUE DESIGNAN DATOS, DETALLES Y OTRAS INFORMACIONES QUE SE CONSIDERAN PARTES DE ALGUNA UNIDAD MAYOR: **42 aspecto +:** El documento de 17 páginas que ambas partes han hecho público no *clarifica* aspectos clave... EME300496 **43 dato:** A su vez, la CEOE realiza un llamamiento a Trabajo para que *clarifique* los datos y presente todas las cifras. EME120895 **44 información:** Nunca antes la directiva se había apresurado tanto a *clarificar* una información sobre un miembro del equipo. LVE100395 **45 término:** Akashi tenía previsto escribir ayer a Tudjman para *clarificarle* los términos del acuerdo... LVE010895 **46 pormenor:** Yo he empleado literalmente cientos de horas explicando y *clarificando* los pormenores de la Ley Libertad... DLA140497 **47 detalle:** ...esa propuesta es aceptable para Ecuador si se adoptan pequeñas modificaciones que son más para *clarificar* detalles que sobre cuestiones de fondo. EME140295

I SUSTANTIVOS DE NATURALEZA PROSPECTIVA QUE DESIGNAN LO QUE SE PRETENDE CONSEGUIR: **48 objetivo +:** Todavía ha de ser *clarificado* el objetivo preciso de este incidente. LVE151195 **49 intención +:** Los gemelos han reclamado al club azulgrana que intente *clarificar* sus intenciones... EPE070199 **50 proyecto:** ...continuamos sin *clarificar* un proyecto viable para España... LVE031195 **51 propósito:** Quizá cuando el programa opere sobre hechos más vivos y concretos (...) podrán *clarificarse* esos propósitos. LVE081096 **52 perspectiva –:** ...conseguidos estos dos objetivos, habrá llegado el momento de *clarificar* las perspectivas de futuro con unas nuevas elecciones... LVE070795

J OTROS SUSTANTIVOS ABSTRACTOS: **53 idea +:** Es de una urgencia dramática *clarificar* ideas... EPE250499 **54 concepto +:** Actualmente mi obra es, cada vez más, un intento de *clarificar* estos conceptos... ABC061291 **55 relación +:** Pero, por encima de todo, es el documento que regula y *clarifica* las relaciones entre el Estado y Renfe... EME270695 **56 contenido:** La comisión parlamentaria sobre el «caso Rubio» va a servir (...) para *clarificar* el contenido que deben tener las investigaciones... EME150594 **57 pensamiento:** ...un pensamiento articulado y denso, pero complejo y en algunos puntos no sufientemente *clarificado*. INDOC

K OTROS SUSTANTIVOS; POSIBLES USOS ESTILÍSTICOS: Lo que se inicia como autoría intelectual de un asesinato deriva en acusaciones laterales como (...) complicidades no *clarificadas*... PME090297

▩ Se combina también con: ♦ **absolutamente, por completo**[65], **totalmente**

☐ Véase también: **aclarar, esclarecer(se), puntualizar.**

[claro] → a las claras

claro

I *(adj.)* ♦ **absolutamente, como el agua, meridianamente, totalmente**

II *(adv.)* ♦ **decir, escribir, explicar, hablar,** *otros verbos de lengua*

clase

I *(estamento)* ♦ **acomodado**[2], **alto, bajo, dominante, medio, privilegiado** ♦ **sin distinción (de)** ♦ **abolir**[26]

II *(enseñanza)* ♦ **a domicilio**[41], **magistral, particular, práctico, teórico** ♦ **asistir (a), dar**[272], **faltar (a), impartir, recibir, saltarse**

III *(distinción)* ♦ **falto (de), sobrado (de)**[30] ♦ **toque (de)**[8] ♦ **derrochar**[65], **desprender, tener**

☐ Véase también: **cariz, grupo, tipo.**

clasificación ▮ *(ordenación)* ♦ **alfabético, burdo, cronológico, detallado, exhaustivo, general, minucioso, ordenado, preciso, somero[47], tosco, vago** ♦ **basar, establecer, fundamentar**
▮ *(puesto en una competición)* ♦ **brillante, honroso[56], meritorio, valedero (para)** ♦ **alcanzar, conseguir, lograr, obtener**

CLASIFICACIÓN Véase: *ORDENACIÓN*

clasificar ♦ **alfabéticamente[2], cronológicamente[2], debidamente[43], jerárquicamente, minuciosamente, ordenadamente[2]**

clasificarse ♦ **brillantemente, holgadamente, merecidamente, por los pelos[13], por méritos propios, virtualmente**

claustrofobia ♦ **dar[364], entrar (a alguien), padecer (de), provocar, sentir, superar, tener, vencer**

cláusula ♦ **abusivo[34], administrativo, cautelar[7], contractual, de cesión, de exoneración, de garantía, de rescisión, de salvaguardia, especial, específico, flexible[43], forzoso, indemnizatorio, justo, oneroso, polémico, restrictivo, secreto** ♦ **contravenir, determinar (algo), ejecutar[24], eliminar, establecer, fijar, impedir (algo), imponer[37], incluir, infringir, invalidar, negociar[18], vulnerar**
☐ Véase también: **contrato, documento, parte.**

clausura ♦ **apoteósico[4], brusco[84], cautelar[39], definitivo, oficial, preventivo[5], provisional, temporal** ♦ **durante, en** ♦ **acto (de), ceremonia (de), convento (de), discurso (de), jornada (de), lección (de), monja (de), sesión (de)** ♦ **acudir (a), asistir (a), celebrar(se), decretar[7], efectuar, exigir, ordenar, prevenir, proceder (a), proclamar, producir(se)**
☐ Véase también: **cierre.**

clausurar ♦ **a cal y canto, cautelarmente[2], preventivamente[12]** ♦ **certamen, congreso, curso, edificio, encuentro, exposición, local, recinto, reunión,** *otros sustantivos de evento, otros sustantivos de lugar*

clavar *v.* ▮ En el sentido físico de 'introducir' se combina con sustantivos que designan objetos punzantes *(alfiler, tornillo, clavo, espina, chincheta, cuchillo, estaca)* y también con otros que designan las cosas que se sujetan con ese procedimiento de fijación *(cuadro, madera, herradura).* En el sentido de 'engañar cobrando cantidades excesivas', propio de la lengua coloquial, se combina con sustantivos de persona *(Nos clavaron en el restaurante)*, y también con otros que designan cantidades monetarias *(Me han clavado cien euros por una cena para dos personas).* En el sentido de 'acertar en' o 'ejecutar correctamente' se combina con sustantivos que designan cosas que es habitual realizar con acierto o precisión, especialmente la ejecución de puntos en los lances deportivos *(clavar un gol, un triple, un tiro, un tanto)* y la resolución de problemas o incógnitas *(clavar la respuesta, un examen, la solución de un problema).* Este sentido se extiende a los sustantivos que designan diversas manifestaciones verbales cuando se interpreta que se realizan, se proporcionan o se reproducen con exactitud *(clavar una cita, un verso, un poema, una frase, una noticia).* Se combina asimismo con...

A SUSTANTIVOS QUE DESIGNAN LA ACCIÓN DE MIRAR, ASÍ COMO DIVERSOS GESTOS Y EXPRESIONES FACIALES DIRIGIDOS A ALGUIEN. TAMBIÉN CON OTROS QUE DESIGNAN CIERTAS PARTES DEL CUERPO QUE PARTICIPAN EN ELLOS: **1 mirada ++:** Pérez, con ojos «llueve y escampa», fue *clavando* la mirada en cada uno de los miembros del CEN y demás secuestrados. ENV170996 **2 ojo ++:** ...a un volumen tal que el ojo *clavado* en el horizonte acaba por sucumbir a la dictadura del oído. EPE150599 **3 sonrisa:** ...ante el conocimiento, las sonrisas *clavadas* en los labios y las preguntas dóciles... EPE021099 **4 vista:** Clavó la vista en un poster arrugado de Amadeo Carrizo que había pegado años atrás en la pared. EPE020488 **5 pupila:** Luego la emprendió con el enésimo cigarrillo, pupila *clavada* en la ventanilla del coche... EME230896

B SUSTANTIVOS QUE DESIGNAN MANIFESTACIONES VISUALES O SONORAS: **6 chillido:** ...agudos chillidos que se *clavaban* como agujas en sus oídos. INDOC **7 imagen:** Claro que no se arrasa así nomás con una imagen *clavada* en miles de mentes. CLA090701 **8 voz:** Con una voz *clavada* en el corazón, con una voz amarga y agria he de vivir. EME070395 **9 sonido:** ...«cualquier sonido o luz se *clavaban* de modo irremediable en mi cabeza...». ABC190595 **10 saeta:** ...un prodigioso mástil, una saeta *clavada* en el azul del cielo. LVE230595 **11 grito +:** Sus gritos seguían *clavándose* en la cabeza de Joaquín... EPE310799 **12 luz:** La luz se me *clavaba* en los ojos y llegaba a aturdirme. INDOC

C SUSTANTIVOS QUE DESIGNAN DIVERSOS SENTIMIENTOS O EMOCIONES, MÁS FRECUENTEMENTE LA APRENSIÓN, LA ANGUSTIA O LA HOSTILIDAD: **13 miedo:** ...se envuelve en el manto de las sombras para *clavarnos* el miedo en el corazón. EPE261201 **14 desesperación:** La desesperación está *clavada* en las miradas de los hombres, sentados en los sofás... EPE220999 **15 animadversión:** Sobre tus hombros posada la confianza de (...), tu líder, tu amigo y en tus tobillos *clavada* la vieja animadversión de... EME151195 **16 emoción:** ...una música fascinante nos mantuvo con la emoción *clavada* sin piedad en la garganta... EME210396

clave ♦ **decisivo[60], definitivo, inaccesible[4], secreto, último** ♦ **aspecto, componente, elemento, factor, figura, hombre, momento, palabra, papel, pieza, pregunta, problema, puesto, punto, sector, tema, testigo** ♦ **aclarar, averiguar, dar[86], decodificar[4], descifrar[19], descubrir, desentrañar[33], destapar[41], desvelar[13], encontrar, establecer, explicar, ocultar, radicar, residir (en)[7]**
☐ Véase también: **contraseña, importancia, llave, trascendencia.**

[clavo] → **como un clavo**

clavo ♦ metálico, puntiagudo ♦ clavar, dar (en), extraer, introducir, meter, remachar, sacar
☐ Véase también: **aguja.**

clemencia ♦ con, sin ♦ medida (de), petición (de) ♦ conceder, denegar, ejercer, implorar[17], negar, pedir, rogar, solicitar, suplicar
☐ Véase también: **absolución, perdón.**

cliché ♦ abusivo, acostumbrado, aprendido, común, convencional, fácil, habitual, lingüístico, manido[4], repetido, sobado, socorrido, trillado, viejo ♦ abandonar, abusar (de)[38], acostumbrar, acudir (a), emplear, evitar, recurrir (a), usar
☐ Véase también: **rutina, tópico.**

cliente ♦ asiduo[1], fiel, habitual, leal, moroso, ocasional, potencial, residencial ♦ atención (a), cartera (de), red (de), servicio (a) ♦ abusar (de), arañar[20], atender (a), atraer, beneficiar, brindar (a), captar, fidelizar, ganar, hacer, informar, mantener, ofrecer (a), perder, recuperar, visitar (algo)
☐ Véase también: **usuario.**

CLIMA Véase:
♦ intempestivo
♦ calor, inclemencia, mal tiempo, neblina, nevada, niebla, nubarrón, nube, nubosidad, relámpago, terremoto, tormenta (de)
♦ escampar, llover, nevar

CLIMA
♦ (SUSTANTIVOS) Véase: **acaecer[E], acusado[K], amainar[A], apaciguar[B], azotar[A,B], capear[A], cernerse[F], combatir[G], de perros[B], desatar(se)[A], implacable[N], imprevisible[G], intempestivo[B], ola (de)[A], pertinaz[A], propicio[C], recrudecer(se)[I], reinante[A], remitir[A], severo[L], tenaz[H]**
♦ (VERBOS) Véase: **a mares[A], intensamente[B]**

clima (de) ♦ abrasador, acogedor[4], agradable, airado, apacible, asfixiante[20], benigno, bronco[19], cálido[3], caluroso, cambiante, constructivo[25], desapacible, desértico, desfavorable, desolador[20], distendido, electoral, emocional, enrarecido, estival, favorable, frío, hostil, imperante, impredecible[33], inestable, infernal, intempestivo[9], invernal, moral, opresivo, político, propicio[9], reinante[34], riguroso, seco, severo[97], social, suave, templado, tenso, tórrido, tropical, veraniego ♦ agitación, armonía, calma, colaboración, comprensión, confianza, confrontación, consenso, convivencia, cooperación, cordialidad, corrupción, crispación, desconfianza, desorden, diálogo, distensión, efecto (de), enfrentamiento, entendimiento, entusiasmo, estabilidad, euforia, expectación, guerra, incertidumbre, insatisfacción, inseguridad, intolerancia, intranquilidad, libertad, malestar, negociación, negocio, normalidad, optimismo, paz, pesimismo, rigor (de), serenidad, sosiego, sospecha, temor, tensión, terror, trabajo, tranquilidad, unidad, variación (de), victoria, violencia, *otros sustantivos que designan estados anímicos de las personas, otros sustantivos que designan situaciones adversas* ♦ alterar[34], caldear(se)[2], crear, enfriar(se)[9], enrarecer(se)[4], gozar (de), mantener, predecir, propiciar, recobrar, respirar(se), serenar(se)[4], sosegar(se)[12], tensar[20], vivir(se)
☐ Véase también: **ambiente (de), ámbito, atmósfera, entorno, tiempo.**

clímax ♦ álgido, apoteósico[6], dramático, estético, estruendoso, final, intenso, musical, poderoso, poético ♦ alcanzar, conseguir, llegar (a)
☐ Véase también: **cima (de), cumbre.**

clínicamente ♦ muerto ♦ analizar, examinar

clínico ♦ caso, diagnóstico, examen, historial, hospital, miedo, ojo

coacción ♦ extremo, fuerte, implacable, intenso, opresivo, reiterado ♦ ceder (a), denunciar, ejercer, librar(se) (de), resistir, someter (a), sufrir[80]
☐ Véase también: **agresión, amenaza, hostilidad.**

coadyuvante ♦ aspecto, elemento, factor

coalición ♦ débil, electoral, endeble, férreo, fuerte, poderoso, político, triunfante, victorioso ♦ aglutinar[17], cimentar[10], constituir, debilitar, derrotar, deshacer(se), desmembrar(se)[9], disolver(se)[21], forjar[3], formar, fortalecer(se)[9], fracasar, frustrar(se), romper(se), trabar[15]
☐ Véase también: **unión.**

coartada ♦ candoroso, confuso, consistente, convincente, creíble, débil, endeble, excelente, exculpatorio, frágil, impecable, inconsistente, increíble, insostenible, inverosímil, legitimador, moral, perfecto, sólido, supuesto ♦ buscar, carecer (de), debilitar, desacreditar, desarbolar, desarmar, desmontar[11], encontrar (en algo), escudar(se) (en), maquinar, montar, planear, presentar, rebatir, recurrir (a), refutar, servir (de), sostener, tejer, tener, tramar, urdir, usar (como)
☐ Véase también: **disculpa, excusa, pretexto.**

coba ♦ dar[301]
☐ Véase también: **adulación, agasajo, halago, piropo.**

cobardemente ♦ aceptar, acusar, agredir, asaltar, asesinar, atacar, entregar(se), escapar, huir, insultar, matar, pactar, rehuir, rendir(se), replegarse, retirar(se), someter(se), traicionar, ultrajar

cobardía ♦ claro, despreciable, extremo, imperdonable, inadmisible, intolerable, máximo, mezquino, mísero, moral, personal, político, puro, simple, sumo, supremo, tremendo, vil, visible ♦ contra, por ♦ acto (de), acusación (de), ejemplo (de), ejercicio (de), gesto (de), muestra (de) ♦ acusar (de), adolecer (de), caer (en), criticar, demostrar, evidenciar(se), implicar, manifestar,

mostrar, pecar (de), reflejar, retratar, revelar, vencer

☐ Véase también: **temor, valentía.**

cobijo ♦ **brindar, buscar, dar[10], encontrar, hallar, ofrecer, recibir**

☐ Véase también: **abrigo, alojamiento, amparo, asilo, asistencia, ayuda, protección.**

cobrar *v.* ■ En el sentido de 'recibir' admite sustantivos que designan magnitudes capitales o cantidades monetarias correspondientes por lo general a una deuda o una ganancia *(dinero, interés, préstamo, cheque, factura, cuenta, comisión, letra, sueldo).* También acepta complementos encabezados por la preposición *en* que especifican alguna fórmula de pago *(cobrar en metálico, en especie, en efectivo).* En el sentido de 'cazar' acepta sustantivos que designan piezas de cacería *(perdiz, jabalí, ciervo).* En el sentido de 'producir' se construye como pronominal con complementos de persona, más frecuentemente si designan víctimas de accidentes, desastres naturales u otras catástrofes *(La inundación se cobró muchas vidas).* En su sentido de 'alcanzar' o 'adquirir' se combina con sustantivos que designan sentimientos de afecto personal o inclinación *(cariño, simpatía, afecto, afición: Al final, todos le cobramos cariño).* Se combina asimismo con...

A SUSTANTIVOS QUE DENOTAN VIDA O VIVACIDAD: **1 vida ++**: Las fugas de Bach, convertidas en superposición de purezas, *cobraban* activísima vida en nuestros oídos. LRE040203 **2 viveza +**: Desde la primera página el libro *cobra* viveza debido a que Nuland incorpora elementos autobiográficos al hilo del texto. ABC280795 **3 vitalidad:** El Celta *cobró* cierta vitalidad tras el descanso con el ingreso del incansable Makelele... EPE160899

B SUSTANTIVOS QUE DENOTAN FUERZA, ENERGÍA O EMPUJE, FÍSICOS O ANÍMICOS: **4 fuerza ++**: La denuncia de Cáceres *cobró* fuerza con la publicación en este diario del libro de novedades de la Marina... ACP061000 **5 brío +**: En los años 70 la arquitectura *cobró* un brío especial al organizarse corporativamente la profesión. ABC131095 **6 vigor +**: ...desestimó de ese modo una idea que ha *cobrado* vigor en el sector euroescéptico del Partido Conservador. EUV080197 **7 ánimo:** Lo hizo porque se había sentido cansado, porque había dudado de sí mismo y necesitaba volver a *cobrar* ánimos. EME200895 **8 impulso +**: Al cumplirse el centenario del derrocamiento, en 1993, ha *cobrado* impulso un movimiento comenzado en 1976 en pro de la soberanía. GIC062097 **9 ímpetu:** El bioterrorismo ha *cobrado* gran ímpetu después de la detección de varios casos de contaminación por ántrax... EPE211001 **10 intensidad:** La polémica había *cobrado* intensidad en el pasado... LHG220597 **11 velocidad:** El motor arranca muy despacio, pero *cobra* una enorme velocidad. INDOC

C SUSTANTIVOS QUE DENOTAN IMPORTANCIA, PROMINENCIA O ACTUALIDAD: **12 importancia ++**: Además, el asunto del crimen ha *cobrado* importancia y piensa mantenerlo en reducción, aumentando la fuerza policial. DLA090497 **13 protagonismo +**: Las asociaciones de consumidores *cobran* mayor protagonismo, ya que están legitimadas para defender en los juicios los derechos... DDN070101 **14 relevancia:** El asunto *cobró* relevancia cuando hace dos semanas los españoles aparecieron entre los casi 600 detenidos... EPE151201 **15 relieve:** Pese a la inasistencia de muchos gobernantes, este evento *cobra* especial relieve por los objetivos que se ha propuesto... LTB071296 **16 entidad:** El «virtuosismo retórico», al que hacía referencia Díaz-Plaja en su introducción, *cobra* entidad también en estos versos... ABC050595 **17 vigencia:** ...que la ONU anuncie el «Día D», fecha en la que debe *cobrar* plena vigencia el Acuerdo del Definitivo Cese el Fuego... LNC010297 **18 actualidad:** ...el título del último libro de Jean François Revel, en el que aborda un viejo tema que ha *cobrado* nueva actualidad con motivo de la crisis de Irak. LRE300103 **19 trascendencia:** Es indudable que este acto *cobra* gran trascendencia, puesto que muchos han sido los obstáculos formales... LHG010397 **20 primacía –**: El Atlántico *cobró* primacía –sobre todo el Atlántico norte– a raíz de las dos guerras mundiales. LVE261195

D SUSTANTIVOS QUE DENOTAN RENOMBRE: **21 fama:** ...cuando usted y sus empresas *cobran* fama pública. PME241196 **22 prestigio:** Turguéniev fue el primer escritor ruso que *cobró* prestigio en Occidente, y uno de los primeros en cuya obra se trata a los siervos de la gleba como a seres humanos... EME040596 **23 popularidad:** A pesar de que los colombianos cuentan con este servicio desde 1994, Internet *cobró* inmensa popularidad en el país desde el año pasado. ETC070497

E SUSTANTIVOS QUE DESIGNAN DIVERSAS CUALIDADES Y MANIFESTACIONES ASOCIADAS A LA LUMINOSIDAD O LA CLARIDAD, MÁS FRECUENTEMENTE SI SE INTERPRETAN EN SENTIDO FIGURADO: **24 resplandor:** ...la necesidad de satisfacer al mismo tiempo las apetencias materiales y estéticas *cobra* un resplandor casi alucinante... ABC230994 **25 brillo:** El libro *cobra* entonces todo su brillo, y seduce a quienes no lo conocían sino por su título, o tal vez por una vaga referencia. ABC171293 **26 esplendor:** ...donde la naturaleza *cobra* todo su esplendor y somete al golfista a sus caprichos... ETC170797 **27 lustre:** Con ocasión del 40 aniversario de la victoria sobre la Alemania nazi, la personalidad de Stalin ha *cobrado* nuevo lustre... EPE010600 **28 nitidez:** Las imágenes evocadas *cobran* en ella una nitidez insospechada. LVE280495

F SUSTANTIVOS QUE DESIGNAN OTRAS CUALIDADES QUE RESULTAN APRECIABLES EN UNA COSA O UNA PERSONA, MÁS FRECUENTEMENTE SI ATRAEN LA VOLUNTAD O DESPIERTAN LA INCLINACIÓN DE LOS DEMÁS: **29 valor ++**: Sin embargo, sus opiniones lingüísticas *cobran* valor, sobre todo, por haberse mostrado inmunes al virus del romanticismo alemán... EPE150199 **30 interés ++**: Por todo, *cobra* interés la sesión de Mercolleida de este fin de semana para comprobar si la línea alcista se consolida o rectifica. LVE100296 **31 atractivo:** En Villores los ritos medievales de convivencia entre lo profano y lo religioso *cobran* un atractivo especial. EPE180199

G SUSTANTIVOS QUE DENOTAN SIGNIFICADO O RAZÓN DE SER: **32 sentido ++**: La metáfora «ojos de agua» *cobra* así un sentido de iluminación, de conocimiento. ABC150995 **33 significado ++**: La Plaza de España *cobra* en este momento un significado particular: fue creada en 1929 solamente para la Exposición Iberoamericana. LPA190492 **34 significación +**: El texto propiamente dicho

(...) va precedido de dos preámbulos que sirven para arroparlo y hacerle *cobrar* una significación que de otro modo se nos escaparía. ABC060594

H SUSTANTIVOS QUE DESIGNAN DIVERSAS MAGNITUDES O PROPIEDADES FÍSICAS DE LOS CUERPOS, EN ESPECIAL LAS RELATIVAS AL TAMAÑO. SE USAN MÁS FRECUENTEMENTE EN SENTIDO FIGURADO: **35 dimensión ++:** El escándalo ha *cobrado* tal dimensión que psicólogos y sociólogos han querido echar leña al fuego. EME020795 **36 envergadura:** La amenaza de la huelga *cobra* cada vez mayor envergadura. LVE291295 **37 proporción +:** ...la enfermedad ha *cobrado* proporciones epidémicas en nueve ocasiones, siendo la última en 1998. END141100 **38 volumen:** ...un crecimiento y luego estancamiento de la parte correspondiente a la industria, mientras sigue *cobrando* volumen el sector servicios. EPE040199 **39 peso:** ...las razones a favor de forzar las generales y posponer las autonómicas parecen *cobrar* peso. LVE260895

I SUSTANTIVOS QUE DESIGNAN ALGUNAS PROPIEDADES FÍSICAS RELATIVAS A LA INTEGRIDAD, LA DELIMITACIÓN O LA EXISTENCIA DE LAS COSAS. SE EMPLEAN A MENUDO FIGURADAMENTE: **40 realidad:** Uno desea que personas y acontecimientos que jamás existieron *cobren* realidad en la página y conmuevan y emocionen al lector como si fueran experiencias de su propia vida. EME100296 **41 forma +:** La Liga comenzó a *cobrar* forma el 18 de enero de 1919, cuando los aliados, victoriosos, se reunieron en París... CLA180199 **42 cuerpo:** ...y en el Pentágono *cobra* cuerpo la idea de que la guerra contra el terror debe extenderse a otras latitudes... EPE201201 **43 consistencia:** ...pero la posibilidad de que Marisol Bueno sea la elegida empezará a *cobrar* consistencia, salvo imprevistos, a partir del 23 de marzo... FDV070201 **44 corporeidad −:** Los ministros del PP han *cobrado* una corporeidad escandalosa. EME090596 **45 encarnación −:** Pero a partir de este momento y de forma vertiginosa aquella «hermosa idea» de los dos viudos *cobra* una «atroz encarnación»... ABC161092

J SUSTANTIVOS QUE DESIGNAN LA CUALIDAD DE PRESENTARSE ALGO COMO VERDADERO O VERAZ: **46 autenticidad +:** ...es lo que reafirma su escritura y le hace *cobrar* una autenticidad poco común... ABC131095 **47 credibilidad +:** ...va *cobrando* más credibilidad la hipótesis de que un misil ucraniano pudo haber destruido la aeronave rusa por error. EPE061001 **48 verosimilitud +:** Esa última sospecha *cobra* verosimilitud en la medida en que los responsables de la investigación sobre la red de pedofilia han recibido varias amenazas. LVE180996

▩ Se combina también con: **♦ abusivamente[7], a destajo[26], a partes iguales[26], a plazos[4], en efectivo, en metálico**

☐ Véase también: **cobrar fuerza, tomar.**

cobrar fuerza *loc.vbal.* **▮** Se construye con sustantivos que designan tendencias o corrientes, generalmente ideológicas, políticas o culturales, así como los movimientos que las aglutinan *(antisemitismo, xenofobia, nacionalismo, regeneracionismo, minimalismo)*. Se combina además con sustantivos de persona, individuales o colectivos *(personaje, figura, partido, estado)*, y con otros que designan muy diversas disciplinas *(pintura, literatura, filosofía, música)*. También se combina con los sustantivos *voz, noticia* y con otros que designan informaciones diversas, así como con...

A SUSTANTIVOS QUE DESIGNAN EL FUEGO O EL VIENTO EN ALGUNAS DE SUS MANIFESTACIONES: **1 fuego ++:** ...se perdieron horas valiosas para actuar e impedir que el fuego *cobrara fuerza.* EPE100499 **2 llama ++:** Las llamas (...) se iniciaron sobre 14.00 y fueron controladas a las 22.00. *Cobraron mucha fuerza* por el viento racheado de levante... EPE240699 **3 llamarada:** ...cuando de pronto vimos las llamaradas que iban *cobrando fuerza* en un campamento a menos de un kilómetro de distancia. EPD160497 **4 viento +:** ...con vientos sostenidos de 205 kilómetros por hora y según el Centro Nacional de Huracanes podrían *cobrar más fuerza.* ESP290501 **5 huracán:** El huracán Adolph, el primero de la temporada en el Pacífico, *cobró fuerza* este lunes cerca de las costas del sur de México... ESP290501 **6 meteoro:** ...desde las siete de la tarde del viernes, justo en los instantes en los que el meteoro empezó a *cobrar fuerza.* LVE180995

B SUSTANTIVOS QUE DESIGNAN SENSACIONES, INTUICIONES Y SUPOSICIONES, ASÍ COMO OTROS ESTADOS DE COSAS QUE SE PERCIBEN COMO INCIERTOS, INSEGUROS O CONTINGENTES. POR EXTENSIÓN, TAMBIÉN CON DIVERSOS SUSTANTIVOS QUE DESIGNAN LO DESCONOCIDO: **7 impresión +:** Esta impresión *cobra mayor fuerza* cuando se examinan otros títulos incluidos en la presente compilación... ABC220794 **8 sensación +:** La sensación de que Celta y Sevilla van a quedarse en Primera División *cobra fuerza* día a día. EME050895 **9 presentimiento:** Presentimientos, símbolos, alucinaciones *cobran* en Wozzeck *fuerza* de extraordinaria y triste humanidad... EPE010487 **10 hipótesis +:** Cobra fuerza la hipótesis de que un atentado derribó el vuelo 800 de la TWA. DYM240796 **11 posibilidad +:** La posibilidad de que Raúl Gordillo se convierta en el próximo refuerzo de Independiente volvió a *cobrar fuerza* ayer... CLA300197 **12 eventualidad:** Esta eventualidad, que ha *cobrado fuerza* después de la ruptura de negociaciones entre los ocupantes y el Gobierno... EPE150380 **13 rumor +:** En los últimos días ha *cobrado fuerza* un rumor, según el cual Claudia habría roto con Tim... SEM131100 **14 runrún −:** Esta semana nuevamente *cobró fuerza* el runrún de la renuncia de Marino Costa Bauer a la cartera de Salud. CAP061197 **15 especulación:** Las especulaciones sobre un hipotético pacto secreto entre Clinton y Adams *cobraron fuerza...* LVE120395 **16 misterio −:** El misterio sobre la salud del Papa volvió a *cobrar fuerza* cuando fue sometido a un escáner el pasado 14 de agosto a causa de dolores... ETC150996 **17 incógnita −:** Estas incógnitas *cobraron fuerza* el martes con el asesinato a tiros de una destacada activista política... LVE310395

C SUSTANTIVOS QUE DESIGNAN PUNTOS DE VISTA, PROPUESTAS Y OTRAS INFORMACIONES, FUNDAMENTADAS O NO, ESPECIALMENTE SI HAN DE SER SOMETIDAS A ELECCIÓN, CONFIRMACIÓN O REFRENDO: **18 teoría +:** La teoría (...) está *cobrando fuerza* en el mundo. ETC040996 **19 tesis +:** Cobra fuerza la tesis del crimen pasional en el caso Farías. DYM040796 **20 idea +:** ...*cobró fuerza* la idea de que la «operación» (de la que todo el mundo oficialista hablaba) finalmente había cobrado sus víctimas y obtenido su victoria. HOY301296 **21 propuesta +:** ...la propuesta –lanzada hace un año– ha *cobrado fuerza* como una bola de nieve y tiene a la nación en vilo y cargada de dudas existenciales... LVE151095 **22 plan:** ...se manejó la alternativa de ir a La Paz 10 días antes, pero finalmente *cobró* nuevamente *fuerza* el plan de que viaje un grupo adelantado. ACP141196 **23 argumento:** Los argumentos internos han vuelto a *cobrar fuerza.* LVE120395 **24 proyecto:** Habla, específicamente, de las ciclovías, un proyecto importado de Colombia que *cobró fuerza* con sólo rescatar su espíritu del papel y trasladarlo a la calle. ESH060197 **25 programa:** ...por oposición al socialismo renacido el programa liberal-conservador de Balladur volvería a *cobrar fuerza.* Con ello, Chirac puede quedarse sin espacio electoral... LVE110395 **26 opción +:** Esta opción, bajo suelo, que ha *cobrado fuerza* en los últimos años, es la que se ha plasmado en el conjunto de los museos Sackler... ABC130893 **27 candidatura +:** La candidatura de Lavilla para presidir el CGPJ *cobra fuerza* al ser apoyada por PP y PSOE. LVE160596 **28 perspectiva:** Esta perspectiva parecía *cobrar* ayer *fuerza* tras hacerse oficial la decisión de Aydin Menderes... EPE080599 **29 interpretación:** ...entre los jueces ha *cobrado fuerza* una interpretación favorable al reo respecto a este artículo. EPE151099 **30 posición:** ...la formación de un nuevo Gobierno israelí en el que *cobran fuerza* las posiciones ultraderechistas hebreas... LVE240696 **31 postura:** ...aunque *cobra fuerza* la postura de hacer muy difíciles acuerdos con el PSOE. LVE100695

D SUSTANTIVOS QUE DESIGNAN SENSACIONES Y SENTIMIENTOS DIVERSOS, ESPECIALMENTE DE INQUIETUD, INCERTIDUMBRE, DESEO O EXPECTACIÓN: **32 temor +:** Los temores han *cobrado fuerza* a medida que se deterioraba la situación en Asia... DLA110198 **33 miedo:** Quizá por esa infantilización de la sociedad, apunta Jiménez, el miedo ha *cobrado tanta fuerza.* EME280596 **34 amenaza +:** La amenaza de la pervivencia del poder bipolar *cobra fuerza*... EME050695 **35 expectativa:** Esta expectativa ha *cobrado más fuerza* esta semana tras la publicación de varios indicadores que manifiestan... LVE220195 **36 anhelo:** Lo que hay que hacer, y además éste es un anhelo que parece ir *cobrando fuerza,* es cambiar nuestro Gobierno, el de la Generalitat, para emprender otras políticas... EPE210999

E SUSTANTIVOS QUE DENOTAN CONTRASTE DE IDEAS. TAMBIÉN CON OTROS QUE DESIGNAN ALGUNAS FORMAS DE PRESENTARLAS: **37 polémica +:** La polémica *cobra más fuerza* ahora que están llegando a los tribunales este tipo de demandas. EPE210599 **38 debate:** El debate se ha intensificado en los últimos días y, conforme se aproxima la constitución de un Gobierno del Partido Popular, *cobra aún más fuerza.* EME170496 **39 discusión:** ...la discusión en torno a la futura presencia de los militares en la lucha «antiterrorista», que *cobró fuerza* cuando el general Augusto Pinochet ofreció la colaboración del Ejército... EUV210197 **40 controversia:** El proyecto para construir la nueva conexión entre Deba y Mutriku llevó a primer plano la controversia, que *cobró más fuerza* en noviembre de 1997. EPE180499 **41 versión +:** Por la noche la versión *cobró fuerza* debido a una reunión «urgente» que sostuvo el comité directivo de la Afeyac... DYM040996

F SUSTANTIVOS QUE DENOTAN LUCHA O MOVILIZACIÓN, A MENUDO REIVINDICATIVA: **42 lucha:** «Los arrestos domiciliarios son medidas ilegales que se adoptan cada vez que la lucha por la democracia *cobra fuerza*», dijo Kim... EPE010885 **43 movilización:** ...se lo debemos al gobernador civil de turno, que contribuyó con su actuación a que las movilizaciones *cobraran más fuerza.* EME240194 **44 guerra:** Además de las negociaciones para que el Congreso termine de aprobar de una vez las medias de ajuste pactadas con el FMI, *cobra fuerza* la guerra entre los Estados y el Gobierno federal. EPE240199 **45 pronunciamiento:** El pronunciamiento *cobra fuerza,* ya que se produce a los cuatro días de que la plataforma firmara un sorpresivo acuerdo... EPE300599 **46 rebelión:** Al *cobrar fuerza* la rebelión, Roma se ve obligada a reaccionar, y lo hace enviando una fuerza... ABC270392 **47 reivindicación:** La reivindicación ha vuelto a *cobrar fuerza* tras conocerse la intención de una multinacional de instalar una gran superficie en Fuengirola, proyecto que aún no tiene luz verde. EPE011199 **48 campaña:** La campaña de acusaciones ya ha *cobrado fuerza*: Yoichiro Kaizaki, el presidente de Bridgestone Corporation -de quien depende Firestone-, defendió a sus productos... ENV120900

G SUSTANTIVOS QUE DENOTAN OPOSICIÓN O DISCONFORMIDAD. TAMBIÉN CON OTROS QUE DESIGNAN ALGUNAS DE SUS MANIFESTACIONES: **49 oposición:** La oposición a la construcción de un puerto deportivo en la playa de la Grava de Xàbia *cobra fuerza.* EPE081299 **50 crítica:** La crítica *cobró fuerza* el pasado fin de semana con las imágenes de las víctimas del ataque a un autobús de civiles, el sexto «error» de la OTAN... EPE060599 **51 objeción:** Esta objeción *cobró más fuerza* porque la lista apareció junto a un informe sobre «prácticas satánicas» en Colombia... ETC070497 **52 demanda:** En tercer lugar, dará pie a que *cobren fuerza* demandas como la de un nuevo juicio para los cuatro ciudadanos chilenos, cuya situación es muy similar... CAP310800

☐ Véase también: **cobrar**.

[cobro] → **a cobro revertido**

cobro ♦ **ágil, a plazos**[16]**, en efectivo, en metálico, puntual, revertido, tardío** ♦ **acelerar, agilizar**[10]**, realizar, retardar, retrasar, solicitar, tramitar**

☐ Véase también: **pago**.

cocer ♦ **a fuego {lento/medio/vivo}, al baño (de) María, al vapor**

☐ Véase también: **hervir**.

coche ♦ **bomba, de caballos, de carreras, de lujo, deportivo, fúnebre, lento, lujoso, manejable, oficial, particular, patrulla, potente, rápido, sospechoso, suntuoso, utilitario** ♦ **a bordo (de)** ♦ **accidente (de), desguace (de), seguro (de)** ♦ **abrir, acelerar, aparcar, apear(se) (de), arrancar, averiar(se), bajar(se) (de), blindar, cerrar, chocar, circular, colisionar, conducir, desmontar, desplazar, desvencijar, detener, esquivar, estacionar, frenar, homologar, llevar, localizar, manejar, maniobrar, matricular, meter(se) (en), mover(se), ocupar, paralizar, parar, pilotar, propulsar, reparar, retirar, robar, salir (de), subir (a), viajar (en), volcar, voltear(se)**

☐ Véase también: **vehículo**.

cochino ♦ *(adj.)* **envidia, mentira**

cocinar(se) *v.* ▮ En su sentido literal se combina con sustantivos que designan alimentos *(arroz, pescado, carne)* o comidas *(guiso, paella, gazpacho)*. Se usa en sentido figurado en la lengua conversacional, en la que se combina con...

A SUSTANTIVOS QUE DENOTAN RESOLUCIÓN O ACCIÓN CONCERTADA: **1 acuerdo +:** ...teníamos cumplida información de las cenas y reuniones secretas, en las que se *cocinaba* el acuerdo al más alto nivel... EME221196 **2 decisión +:** Esta decisión se *cocinó* antes del desmentido de la cancillería japonesa... CAP251001 **3 consenso:** ¿Quién acumula mayor experiencia en *cocinar* consensos entre distintos socios? EPE220399 **4 pacto:** ...los pactos se *cocinarán* a escala local. EPE220699 **5 preacuerdo:** Pero con la última propuesta sobre la mesa y los preacuerdos que se *cocinan*, el coste para su pensión será bastante inferior. EME220996

B SUSTANTIVOS QUE DENOTAN PROYECTO O PROPUESTA. TAMBIÉN CON ALGUNOS QUE DESIGNAN OTRAS FORMAS EN QUE SE PRESENTAN LAS INTENCIONES DE ACTUAR: **6 proyecto +:** ...será un año en el que se *cocinarán* grandes proyectos que deberán ser una realidad a partir de 1998. LVE101196 **7 propósito +:** ...la Comisión Europea se pondrá manos a la obra para *cocinar* el propósito de los jefes de Gobierno... EPE020399 **8 objetivo:** No se prolongaron porque tenía objetivos políticos de los que se *cocinan* solamente en Madrid. LVE111195 **9 medida:** Lo de «dar explicaciones» según Cavallo, era necesario porque las nuevas medidas habían sido *cocinadas* en total hermetismo. CLA200601 **10 idea:** ...una olla común de intelectuales de derecha donde se hierven las aguas y se *cocinan* las ideas de la batalla. HOY080997 **11 propuesta:** Desde la cumbre de Ioannina, la ampliación dependía de que Londres aceptara una propuesta griega, *cocinada* en Bonn. EME310394 **12 sugerencia:** Debajo de la cofia transporta ideas sutiles (...) desarticulan las sugerencias rítmicas que él ha *cocinado*... EME290395

C SUSTANTIVOS QUE DESIGNAN ESTADOS DE COSAS CONFLICTIVOS, CONFUSOS O ENREDADOS: **13 entuerto:** Como en Afganistán, *cocinar* el entuerto de Chechenia fue fácil... LVE180296 **14 drama:** Pero si las cifras son sustancialmente superiores a ésa, entonces empezarían a pintar bastos para el primer ministro y a *cocinarse* el drama. LVE240695 **15 marrón:** ...Rupérez reiteró su petición de dimisión de Solana, «porque es la única manera de no tragarse el marrón que Belloch le ha *cocinado*». LVE230395 **16 conflicto:** Destrozado por los conflictos extrafutbolísticos que se *cocinaron* durante estos cuatro días... EME240694 **17 entresijo:** Su mundillo literario pasa por varias páginas con sus entresijos *cocinados* de rencillas, envidias, simpatías y amistades... ABC211094

D ALGUNOS SUSTANTIVOS QUE DESIGNAN LEYES O NORMAS, A MENUDO DE CIERTA IMPORTANCIA: **18 ley +:** La ley del sistema electoral está *cocinándose*, en medio del secreto, en las comisiones asesoras. HOY230287 **19 constitución:** Si los roldosistas no boicotean, la Constitución estará *cocinada* en el plazo previsto. VIS201197 **20 decreto:** El decreto era urgente, así que se *cocinó* a toda prisa en los cuarteles del partido gubernamental. INDOC

E SUSTANTIVOS QUE DENOTAN CAMBIO: **21 reforma:** Campa, miembro de la comisión de diputados que *cocinó* la reforma electoral... PME241196 **22 cambio:** Mientras se *cocinan* cambios (...), los ingenuos nos entretenemos con minucias que apelan a nuestras emociones. ACP061000 **23 renovación:** ...de nuevo los partidos han *cocinado* esta renovación... LVE240796

F SUSTANTIVOS QUE DESIGNAN DIVERSOS TIPOS DE TEXTOS. TAMBIÉN CON OTROS QUE DESIGNAN VARIAS FORMAS DE CREACIÓN NO VERBAL: **24 documento:** El documento, que se está *cocinando* desde hace un año en el horno episcopal, pide a la Administración la promulgación de leyes justas... EME290494 **25 texto:** Suele ocurrir con los autores noveles que sus textos están excesivamente *«cocinados»* de tanto rehacerlos... EME031295 **26 novela:** La novela «Heredarás la tierra» la *«cocinó»* a la perfección. EME050696 **27 música:** ...hemos preferido que la gente se entere de que a nivel de base se está *cocinando* mucha música... LVE250995 **28 disco:** Es un canario de voz exquisita y ponderada que está, ahora, *cocinando* el disco de su presentación en sociedad. EME190494

G OTROS SUSTANTIVOS; POSIBLES USOS ESTILÍSTICOS: ...hacen cosas como que (...) una ficha del juego de damas *cocine* a otra en la olla antes de comérsela... EME250596; Fue el preludio festivo a una velada *cocinada* con los populares ingredientes de los macroconciertos líricos... EPE021099

☐ Véase también: **maquinar, tejer, tramar, urdir.**

codicia ♦ **alentado (por), ciego, creciente, desaforado**[55]**, desmedido, desmesurado, disculpable, implacable, incontrolado, insaciable**[5]**, tributario** ♦ **exceso (de), falta (de), víctima (de)** ♦ **alimentar, anidar**[11]**, dejarse llevar (por)**[22]**, despertar, generar, saciar, satisfacer, sucumbir (a), suscitar**

☐ Véase también: **ansia (de), avaricia, avidez, deseo.**

código ▮ *(de signos)* ♦ **abstruso, enrevesado, inaccesible**[2]**, incomprensible, indescifrable, sencillo** ♦ **atenerse (a)**[48]**, decodificar**[5]**, descifrar**[17]**, interpretar**

▮ *(reglamentario)* ♦ **en vigor, establecer**[9]**, estricto, imperante**[21]**, laxo, legal, moral, riguroso, vigente**[7] ♦ **proyecto (de)** ♦ **aplicar, aprobar, conculcar**[9]**, cumplir**[29]**, derogar**[4]**, implantar**[16]**, incumplir, infringir, reformar, respetar, restaurar, revisar, seguir, subvertir**[11]**, transgredir**[8]**, violar**[18]

CÓDIGO Véase: *NORMA*

[codo] → **codo con codo, por los codos**

codo ♦ **echar (a algo), empinar, hincar**

codo con codo *loc.adv./loc.adj.* ▮ En el sentido de 'en compañía o proximidad' se combina especialmente con...

A VERBOS QUE DENOTAN DESPLAZAMIENTO O AVANCE, FRECUENTEMENTE EMPLEADOS EN SENTIDO METAFÓRICO: **1 marchar ++:** Uno no puede dejar de imaginarse al director catalán, marchando *codo con codo* con esos directores. LVE090995 **2 caminar:** De la obsesión de González por lograr que España camine en el siglo XXI *codo con codo* con los países europeos más fuertes... LVE241295 **3 desfilar:** Roma será escenario esta tarde de una manifestación multitudinaria y festiva en la que homosexuales y heterosexuales desfilarán *codo con codo* por el centro de la Ciudad Eterna... EPE080700 **4 recorrer:** ¿Es éticamente aceptable recorrer ese camino *codo con codo* con quienes alientan precisamente la violencia? EPD011197 **5 ir:** Este público creciente, en las temporadas de caza, va *codo con codo* con un sinnúmero de cazadores, a quienes no discutimos su legalidad. LVE070395 **6 ascender –:** Recibió ayuda de Jesús Montoya y ascendió, *codo con codo*, con Chiappucci, Bugno y Berzin hasta el final de la cosa. EME240594 **7 correr –:** Serán cinco kilómetros en los que entre 10.000 y 15.000 participantes tendrán la oportunidad de correr, *codo con codo*, con deportistas de élite. EME080696

B VERBOS QUE DENOTAN PRESENCIA. TAMBIÉN CON OTROS QUE DESIGNAN LA ACCIÓN O EL PROCESO DE OCUPAR ALGUIEN UNA UBICACIÓN: **8 sentarse +:** Estaban los diputados y senadores como piojos en costura, sentados *codo con codo* en las duras bancadas que habían sustituido al sillón de mis entretelas. EME120596 **9 aparecer:** Pero así es, según una encuesta informal de la cadena de televisión Fox sobre «los tipos más sexy», en la que (...) aparece, *codo con codo*, con los heroicos bomberos de Nueva York... EPE091101 **10 figurar:** ...Garrett tiene ciencia guitarrística de sobras como para figurar *codo con codo* junto a Mike Bloomfield... LVE020595 **11 mantener(se):** El Espanyol perdió la ocasión de adelantar al Barça en la clasificación y de mantenerse *codo con codo* en la primera posición... LVE271195 **12 encontrar(se):** Tras estos, desfilaba una representación del Gobierno vasco y, *codo con codo*, junto al lehendakari, (...), se encontraban el vicepresidente primero del Gobierno... FDV260599 **13 situar(se):** ...le presentó al lado, nada menos, que de Rothko y de Beuys, lo que era situarlo *codo con codo* junto a dos de los grandes mitos del arte de nuestro siglo. EME230595

▮ En el sentido de 'en colaboración' se combina con gran número de verbos de acción, entre los que destacan los que denotan creación *(Escribieron la comedia codo con codo)*. También se combina con...

C VERBOS QUE DENOTAN EJECUCIÓN DE UNA TAREA, DESEMPEÑO DE UNA ACTIVIDAD O REALIZACIÓN DE UNA ACCIÓN: **14 trabajar ++:** La familia feliz, la pareja que trabajaba *codo con codo*, la familia vestida de blanco en sus vacaciones, el amor eterno. EPE051001 **15 actuar:** ...no impedirán que prevalezcan los intereses nacionales y que la oposición actuará *codo con codo* con sus gobernantes... EME110496 **16 operar:** ...encuentran «trabajo» en las filas de mafiosos albaneses que operan en Milán *codo con codo* con los calabreses. EPE190199 **17 hacer un trabajo:** Un trabajo arduo e intenso que no se puede hacer aisladamente, sino en grupo, *codo con codo*. INDOC

D VERBOS QUE DENOTAN COLABORACIÓN. TAMBIÉN CON ALGUNOS QUE DESIGNAN OTRAS FORMAS DE COINCIDIR O ESTAR VINCULADAS ENTRE SÍ VARIAS PERSONAS: **18 colaborar +:** En estos casos, los bomberos de Barcelona colaboran *codo con codo* con los bomberos de la Generalitat de Catalunya. LVE260295 **19 compartir +:** Hasta el próximo 25 de Abril, compartirán *codo con codo* el espacio del MOMA de Nueva York. EME200295 **20 coincidir +:** El otro día coincidí, *codo con codo*, en la biblioteca de mi facultad, con una joven profesora norteamericana. EPE020486 **21 confluir:** De acuerdo con el documento, un periódico tendrá una estructura abierta en la que confluirán *«codo con codo»* especialistas en tratamiento de la imagen, diseñadores, infografistas y editores. EME030896 **22 juntar:** En estas fechas de difícil convivencia política, el juego obró el milagro de juntar, *codo con codo*, a la alcaldesa de Sevilla, (...) con uno de los aspirantes a su puesto... EPE200599 **23 acompañar:** ...a quien acompañó durante muchos años *codo con codo* en la Presidencia de la Generalitat. EPE200999

E VERBOS QUE DENOTAN LUCHA O ENFRENTAMIENTO. TAMBIÉN CON ALGUNOS QUE DESIGNAN OTRAS ACCIONES QUE EXIGEN ESFUERZO O VALOR: **24 luchar ++:** «En la lucha contra el terrorismo no sobra nadie, ya que todos luchamos *codo con codo* para que esa tregua provisional pase a ser definitiva». EPE301099 **25 pelear +:** Quienes habían peleado *codo con codo* por una salida digna y negociada (...), fueron tildados de ser un «cáncer liquidacionista» y purgados implacablemente. EME190296 **26 combatir +:** ...Ricardo Corazón de León, rey de Inglaterra, y un caballero español del reino de Aragón, el Capitán Trueno, combatían *codo con codo* frente a las tropas del sultán Saladino, no por infiel menos caballero. ABC160994 **27 enfrentarse:** A lo largo de los últimos meses, los conflictos entre quienes hace 20 años, *codo con codo*, se enfrentaron al poder, han dado lugar a un triste espectáculo protagonizado... EPE290800 **28 competir:** 2.211 espacios realizados por 560 cadenas y productoras de todo el mundo compitieron *codo con codo* por hacerse con un galardón. EME220195

F SUSTANTIVOS QUE DENOTAN ENFRENTAMIENTO, RELACIONADOS CON LOS VERBOS DEL APARTADO *E*: **29 lucha:** ...para mantenerse en la lucha *codo con codo* por la calificación a la postemporada. DYM010996 **30 pugna:** Los primeros sondeos de las elecciones europeas en este país indican una pugna *codo con codo* entre la izquierda y el Partido Conservador. EPE140699

☐ Véase también: **en equipo.**

COERCIÓN

♦ (SUSTANTIVOS) Véase: **abismal**[E], **abolir**[D,H], **abrumador**[M], **abusivo**[E,K], **acatar**[B], **aflojar**[A,E], **agravar(se)**[J], **agudizar(se)**[E], **aligerar**[F], **aliviar**[G], **ancestral**[F,H], **arbitrario**[B], **atañer**[C], **a ultranza**[F], **burlar**[B], **cautelar**[C], **decretar**[A,B], **de palabra y obra**[D], **derogar**[C], **desobedecer**[D], **desoír**[C], **ejercer**[E], **eludir**[D,H], **encajar**[E], **férreo**[G,K], **frenético**[D], **fulminante**[E], **implacable**[E], **impune**[H], **inhumano**[G], **intensivo**[A], **levantar**[C], **librar(se) (de)**[B], **llevadero**[E], **mitigar**[H], **objeto (de)**[C], **plegarse (a)**[B], **practicar**[H], **preventivo**[A], **reinstaurar**[A], **rendirse (a/ante)**[C], **revocar**[E], **sacudir(se)**[E], **saltarse**[A,E,F], **serio**[J], **severo**[F], **sofocante**[B], **someter(se) (a)**[D], **sortear**[F], **taxativo**[B], **terminante**[A], **violar**[F]

♦ (VERBOS) Véase: **a empujones**[C], **a golpes**[E], **a patadas**[F], **a todo trance**[A], **categóricamente**[G], **cautelarmente**[F,I], **celosamente**[D], **con firmeza**[F], **con mano de hierro**[B], **de plano**[C], **de raíz**[F], **drásticamente**[B,E], **en exclusiva**[H], **literalmente**[F], **preventivamente**[C], **seriamente**[C], **severamente**[E], **temporalmente**[B], **terminantemente**[A], **unilateralmente**[A], **verbalmente**[D], **virtualmente**[E]

☐ Véase también: AUTORIDAD; CASTIGO; CONTROL; DEPENDENCIA; OBLIGACIÓN; OBSTÁCULO.

coger ♦ a contramano[5], a contrapelo[1], al vuelo[1], a pulso[8], a trasmano, con firmeza, con las manos en la masa, con mano firme, en falso[12], en volandas, firmemente, gravemente[37], in fraganti[1], por los pelos[19] ♦ aversión, borrachera, cariño, enfermedad, manía, miedo, odio, permiso, virus
☐ Véase también: **agarrar, atrapar, capturar, pillar, pillar (a alguien), sujetar.**

cogida ♦ aparatoso[8], dramático, espectacular, grave, leve ♦ recibir, sufrir, tener
☐ Véase también: **cornada.**

coherencia ♦ absoluto, admirable, aplastante[20], cartesiano, completo, dudoso, estético, estricto[44], expresivo, formal, fuerte, ideológico, indudable, interno, lingüístico, mínimo, necesario, profundo, sumo[29], temático, total ♦ con, sin ♦ falta (de), muestra (de), sentido (de) ♦ actuar (con), aportar, buscar, dar[153], demostrar, destacar, implicar, mantener, pedir, perder, subrayar, tener
☐ Véase también: **coherentemente, incongruencia.**

coherentemente *adv.* ▮ Se combina con verbos que designan diversas formas de comportamiento o actuación *(vivir, actuar, trabajar, comportarse, proceder, obrar)*. Lo hace también a menudo con verbos que denotan elección o resolución *(elegir, decidir, solucionar, resolver)*, así como con...

A VERBOS QUE DENOTAN MANIFESTACIÓN VERBAL, MÁS FRECUENTEMENTE DE CARÁCTER EXPOSITIVO O DECLARATIVO O EN RESPUESTA A UNA PREGUNTA O UNA ENUNCIACIÓN ANTERIOR: **1 expresar(se)** +: ...tiene una increíble memoria fotográfica y aunque muchas veces no puede expresarse *coherentemente*, tiene en su cabeza las palabras precisas. ETC040997 **2 hablar** +: ...a veces se le va el santo al cielo, se le cruzan las ideas y no habla *coherentemente*. INDOC **3 responder** +: Y además ocurría que el aparato respondía *coherentemente* también incluso a preguntas puramente mentales. EME280895 **4 contestar** +: Regresamos a los 90 minutos y lo encontramos consciente, alerta, estable y lúcido, pues contestaba preguntas *coherentemente*. SEM241197 **5 refutar:** ...hizo declaraciones contundentes en contra del libertador de América, Simón Bolívar, refutadas *coherentemente*, una semana después en este mismo diario... LVE300895 **6 afirmar:** Pero ese pesimismo también le permite afirmar *coherentemente* que «una filosofía (...) no es una filosofía». LVE050196

B VERBOS QUE DENOTAN ANÁLISIS, REFLEXIÓN O EXPOSICIÓN DEL SENTIDO O LA RAZÓN DE ALGUNA COSA: **7 explicar(se)** ++: ...luego demuestran que tampoco éstas han sido capaces de explicar *coherentemente* el mundo. LVE181196 **8 interpretar** +: Una de las virtudes más valiosas en el ser humano (...) es la capacidad para asumir los propios errores, o la inteligencia para interpretar *de modo coherente* la realidad. EME180995 **9 razonar** +: Como alternativa laica propone el surgimiento de un «régimen auténticamente aconfesional» con unas exigencias que razona *de manera coherente* y certera. EME140195 **10 argumentar** +: ...ha puesto en evidencia al senador D'Amato, que no siempre argumentaba su demanda *de manera coherente*, dice Bach. EPE311099 **11 analizar** +: ...Bergamín analizaba sus ideas *de una forma tan coherente* que todo se clarificaba. ABC221295

C VERBOS QUE DESIGNAN LA ACCIÓN DE TRATAR UN ASUNTO, ACOMETER UNA TAREA O HACER FRENTE A UNA SITUACIÓN DIFÍCIL: **12 abordar:** Y se niega a abordar el tema de los refugiados *de forma coherente*. EPE091101 **13 afrontar:** Bruselas afirma que con estas «aclaraciones» se podrán afrontar «*de forma coherente*» la resolución de los litigios pendientes... EPE181001 **14 encarar:** Sí es exigible que comience a diseñarse una política pesquera capaz de encarar *coherentemente* el inmediato porvenir. LVE030995

D VERBOS QUE DENOTAN ORDENACIÓN O SISTEMATIZACIÓN: **15 organizar** ++: ...el estructuralismo le proporcionó una manera de organizar *coherentemente* una inmensa cantidad de material desangelado... ABC240395 **16 articular** +: ...una gran estructura sintáctica que no conduce a ningún mensaje, que de una forma realmente vertiginosa se articula *coherentemente* para desembocar en una absoluta mudez. ABC220592 **17 ordenar** +: No debería ser difícil numerar estos archivos y ordenarlos *coherentemente*. INDOC **18 graduar:** Cada uno los rememora desde su visión personal y al mismo tiempo los va completando con nuevas informaciones *coherentemente* graduadas en el discurso. ABC210593 **19 catalogar:** A la dificultad de reunir y catalogar *coherentemente* un poemario de sus características se une el desafío exegético... ABC060594 **20 disponer:** ...el libro se completa con índices de voces y de materias bien ordenados y *coherentemente* dispuestos. INDOC **21 estructurar:** ...hace de él aquel «reflector» que Henry James consideraba imprescindible para estructurar *coherentemente* la visión novelesca... ABC170192

E VERBOS QUE DENOTAN UNIÓN, COMBINACIÓN O CONEXIÓN: **22 relacionar** ++: ...una estrategia monetaria, fiscal y cambiaria que relacione *coherentemente* el petróleo y el resto de nuestra economía. ENH280497 **23 integrar(se)** +: ...un procedimiento avala a otro hasta conseguir integrarse *coherentemente* en un único y pictórico espectáculo visual. ABC221295 **24 mezclar** +: ...es capaz de mezclar *coherentemente* las teorías de Lacan, los códigos violentos del honor... EME300396 **25 fusionar:** ...el problema es que esa dicotomía no siempre está fusionada *coherentemente*. ABC301294 **26 ensamblar:** ...las muchas horas de moviola a que se han sometido sus autores a fin de ensamblar *de forma coherente* un cúmulo de imágenes sólo aparentemente dispersas... LVE140895 **27 asociar:** ...nunca hasta hoy el feminismo ha tenido tanta fuerza ni ha asociado tan *coherentemente* la reflexión teórica a una práctica necesaria. EPE210677 **28 enlazar:** ...«una poética de planteamientos sincopados y diversos pero *coherentemente* enlazados»... EPE090399 **29 conectar** –: Estas cuestiones conectaban *de forma coherente* con el editorial de este suplemento... LVE171096

F VERBOS QUE DENOTAN FUNCIONAMIENTO, DESENVOLVIMIENTO, EVOLUCIÓN O PUESTA EN PRÁCTICA DE ALGUNA COSA: **30 funcionar** +: Por ejemplo, se ha trabajado sobre el aire acondicionado, para que su compresor funcione *coherentemente* con esta potencia. EME170496 **31 desarrollar** +: En todo caso, es una obra construida sobre bases académicas, desarrollada *coherentemente* con libre aportación de elementos originales... LVE050895 **32 marchar:** Esto marcha *de forma coherente* y se avizora que se va a mantener el pulso, sin excesos en el gasto público y manteniendo el control de la inflación. ENV110796

G OTROS VERBOS; POSIBLES USOS ESTILÍSTICOS: Sensu contrario, el representante legal de esta empresa, *coherentemente* residenciada en Gran Caimán, había negado ante el juez toda relación... EME151095

☐ Véase también: **coherencia**.

cohesión ♦ **débil, fuerte, interno, social, sólido, territorial, total** ♦ **fondo (de), grado (de)** ♦ **alcanzar, amenazar, aportar, conservar[56], dar (a algo/a alguien), faltar, fortalecer(se)[5], garantizar, mantener, minar, quebrar(se)[22], reforzar, romper, socavar[73], truncar(se)[58]**

coincidencia ♦ **absoluto, afortunado, aleatorio, amplio, azaroso, caprichoso, casual, curioso, deliberado, desafortunado, eventual, extraño, extraordinario, fatal, fatídico, feliz, fortuito, gran(de), histórico, importante, imprevisible, inesperado, inoportuno, insospechado, intencionado, lamentable, mero, notable, ocasional, oportuno, pleno, puro, significativo, simple, sorprendente, terrible, total, tremendo, triste, verdadero** ♦ **por** ♦ **cúmulo (de), grado (de), motivo (de), punto (de), serie (de)** ♦ **apreciar(se), apuntar, buscar, constatar, contener, dar(se), descubrir, destacar, detectar(se), encontrar, evitar, existir, explicar, manifestar, notar, parecer, presentar, producir(se), propiciar, resultar**

☐ Véase también: **acuerdo, casualidad, colaboración, compromiso, concordia, convenio, unanimidad.**

coincidir ♦ **a grandes rasgos[18], al milímetro, aproximadamente, con matices[15], cronológicamente[20], de pleno[14], en líneas generales[1], exactamente, felizmente, literalmente[57], parcialmente, plenamente[1], por completo[119], punto por punto[1], sustancialmente[42], tangencialmente[17], totalmente, vagamente** ♦ **venir (en)[9]**

cojear ♦ **notablemente, ostensiblemente[55], visiblemente**

[cojo] → **a la pata coja**

cola ♦ **en** ♦ **colar(se) (en), guardar[47], hacer, respetar, saltarse[19]**

colaboración ♦ **absoluto, activo, anónimo, asiduo[28], científico, constructivo, decidido, de igual a igual[49], deseable, desinteresado, destacado, efectivo[14], eficaz, ejemplar, en equipo[8], escaso, esporádico, estimado, estrecho[54], fecundo[47], fructífero, humanitario[15], importante, incondicional[3], inequívoco[50], inestimable, intenso, largo, multitudinario[16], recíproco, reconocido, sin reservas[65], valioso** ♦ **acuerdo (de), alcance (de)[31], ánimo (de)[8], convenio (de), deseo (de), espíritu (de), forma (de), manifestación (de)[16], programa (de)** ♦ **apreciar, brindar[8], canalizar[2], contar (con), encauzar, estrechar[36], fomentar, fortalecer(se)[11], implorar[4], impulsar, incentivar[28], incrementar, intensificar, ofrecer, pedir, prestar, recabar[14], rechazar, regatear, requerir, sellar[15], solicitar**

colaborar ♦ **encantado, gustoso[23]** ♦ **activamente[4], animosamente, asiduamente, caritativamente, ciegamente[12], codo con codo[18], con ganas, con gusto, con placer, considerablemente[84], con todas {mis/tus/sus...} fuerzas[15], de buen grado[18], de cerca[42], decididamente[5], decisivamente[2], desinteresadamente, eficazmente, en exclusiva[3], esporádicamente, estrechamente[1], gentilmente[7], gratis et amore[3], habitualmente, humildemente[8], intensamente[44], largamente, lealmente[1], plenamente[35], sinceramente[22], sin reservas[33], voluntariamente, voluntariosamente**

colarse ♦ **a hurtadillas[12], de puntillas[18], de refilón[18], de rondón**

colección ♦ **amplio, completo, copioso[28], espléndido, famoso, incompleto, ingente[42], inmenso, numeroso, nutrido, particular, permanente, personal, privado, rico** ♦ **objeto (de), obra (de), pieza (de)** ♦ **abarcar (algo), acumular, añadir (a), atesorar, completar, componer, conformar, custodiar, desplegar, engrosar[4], enriquecer, exhibir, exponer, figurar (en), formar parte (de), hacer, integrar, pertenecer (a), reunir, sumar(se) (a)**

☐ Véase también: **conjunto, grupo.**

colegiadamente *adv.* ▮ Se combina con...

A PREDICADOS VERBALES QUE DENOTAN TOMA DE DECISIONES, ASÍ COMO ANÁLISIS DE SITUACIONES O ESTADOS DE COSAS. SE CONSTRUYEN GENERALMENTE CON SUJETOS PLURALES O COLECTIVOS: **1 tomar decisiones ++:** ...se trata de una dictadura anónima (...); se sabe que hay un Presidente que se llama Álvarez, pero las decisiones se toman *colegiadamente.* HOY250484 **2 adoptar una decisión +:** ...adoptará *de manera colegiada* las correspondientes decisiones... EME220896 **3 adoptar un acuerdo +:** Frente a la afirmación de Hormaechea de que el Consejo de Gobierno adoptada los acuerdos *de forma colegiada* y en base a los votos de sus integrantes... LVE170694 **4 decidir +:** La expulsión de un alumno no la decide el director, sino *colegiadamente* todo el claustro de profesores. INDOC **5 dirigir +:** Está dirigida *colegiadamente* por nueve escritores desde León, Valladolid y Arenas de San Pedro, y su tirada es de 1.000 ejemplares... ABC250693 **6 gestionar:** La nueva etapa del sevillismo que dice representar el notario se caracterizará por la profesionalización del club, «gestionado *de forma colegiada* como una empresa...». LVE040895 **7 autorizar:** ...la concesión del crédito (...) fue autorizada *de forma colegiada* por el Consejo Ejecutivo del Banco de España en su sesión del 22 de noviembre del 91... EME120495 **8 dictaminar:** ...voy al sacrificio sin explicarme ese voto de los generales de Marina (que *colegiadamente* habían dictaminado lo contrario a él respecto a la capacidad naval española)... EME140294 **9 reflexionar:** Sentado esto, y tomando la sentencia del alto tribunal como una respetable ocasión para que el máximo intérprete de la Constitución reflexione *colegiadamente*... EPE010886

B DIVERSOS VERBOS DE ACCIÓN QUE SE ASOCIAN INDIRECTAMENTE CON LAS DECISIONES MENCIONADAS EN EL APARTADO *A*. SE CONSTRUYEN TAMBIÉN CON SUJETOS PLURALES O COLECTIVOS: **10 actuar +:** ...no habrá un único autor o ponente del texto al que quepa atribuirle la propuesta inicial de lo que se resuelva, sino que se actuará desde el principio *colegiadamente*. LVE010895 **11 afrontar +:** Hay un par de semanas al año en que Pasqual Maragall (...) convoca a sus conocidos para constituir una plataforma que afronte *colegiadamente* el siglo XXI. LVE010794 **12 participar:** Es cierto que el partido quería un núcleo de dirección más restringido, en el que los máximos dirigentes debían participar más *colegiadamente*. EME100294 **13 integrar:** Además, los panistas se oponen también a que esa nueva instancia se integre *de manera colegiada*... PME290996 **14 trabajar:** ...una especie de Comisión Permanente formada por el secretario general, el vicesecretario y los secretarios de área que trabaje *de forma colegiada*... EME130394 **15 elaborar:** Ese estudio podría haberse elaborado *de forma colegiada*. EME310396

C ALGUNOS VERBOS DE LENGUA: **16 hablar +:** ...los obispos cuando hablan *colegiadamente* semejan un partido político... EME240694 **17 expresar:** ...no quiso manifestar su opinión, aunque precisó que tiene «criterio, pero lo expresaré *colegiadamente* en su momento». LVE250395

colegio ♦ **acreditado, afamado, bilingüe, célebre, concertado, de abogados, de arquitectos, de médicos, destacado, distinguido, electoral, insigne, laico, mixto, prestigioso, privado, profesional, público, religioso, renombrado, reputado, respetado** ♦ **alumno (de), compañero (de), día (de), dirección (de), profesor (de)** ♦ **afiliar(se) (a), dirigir, educar(se) (en), estudiar (en), expulsar (de), graduar(se) (en), inscribir(se) (en), ir (a), salir (de)**

cólera **I** *(sust.masc.) (enfermedad)* ♦ **brote (de), caso (de), enfermo (de), epidemia (de), rebrote (de), virus (de)** ♦ **amenazar (a alguien), combatir, contagiar(se), curar(se) (de), detectar, extender(se), luchar (contra), presentar(se), prevenir, propagar(se), vacunar (contra), vencer** **II** *(sust.fem.) (ira)* ♦ **acceso (de)[8], arranque (de)[1], arrebato (de)[1], ataque (de)[7], estallido (de), ráfaga (de)[12]** ♦ **apaciguar[18], aplacar(se)[4], apoderar(se) (de alguien), atemperar[24], atizar[9], calmar(se), concentrar, contener, dar rienda suelta (a), derramar[26], desatar(se)[10], descargar[2], desfogar[3], desahogar, despertar, embargar[31], encender, estallar (en)[15], expresar, liberar, mitigar, montar (en), reprimir, rezumar, templar**
☐ Véase también: **furia, indignación, ira, rabia.**

colisión ♦ **aparatoso, dramático, en cadena[2], espectacular, frontal[2], fuerte, lateral, múltiple, violento, virulento** ♦ **a resultas (de)** ♦ **causa (de), efecto (de)** ♦ **amortiguar, atenuar, producir(se), provocar, sufrir, tener lugar**
☐ Véase también: **choque, encontronazo.**

COLISIÓN Véase: CONTACTO

colisionar ♦ **en cadena[56], espectacularmente, frontalmente[2], fuertemente, lateralmente, personalmente, violentamente** ♦ **deseo, interés, proyecto, vehículo**

colmar *v.* **I** En el sentido literal de 'llenar hasta rebosar' acepta sustantivos que designan recipientes *(vaso, caja, botella, cesto, jarra)* y, por extensión, otros que designan espacios o recintos *(lugar, granero, plaza, estadio, recinto, calle)*. En su sentido figurado se combina con...

A SUSTANTIVOS DE NATURALEZA PROSPECTIVA (NORMALMENTE CONSTRUIDOS EN PLURAL) QUE DENOTAN INCLINACIÓN HACIA LO QUE SE ANHELA, SE ESPERA O SE PRETENDE: **1 expectativa ++:** ...realizó junto a numeroso grupo femenino un afiatado paseíllo que *colmó* las expectativas de los asistentes. CAP250497 **2 deseo ++:** ...se llevó a cabo el viernes 10 de enero, en plena calle, con la presencia fervorosa de miles de ciudadanos de la localidad que veían finalmente *colmados* sus deseos... HOY100297 **3 sueño ++:** ...se hallaba frente a las costas del Perú en travesía de pesca a la busca del merlín que *colmara* sus sueños. CAP270696 **4 aspiración ++:** ...«trazado integral del AVE» que, en principio, *colma* las aspiraciones de ambas ciudades... EPE041099 **5 ilusión +:** En poco más de una hora se *colmaron* las ilusiones de algunos fanáticos del género y se frustraron las de otros muchos. EPE281099 **6 esperanza +:** IU no ha logrado *colmar* su esperanza de dar el ansiado «sorpasso». EME050396 **7 afán +:** ...el único propósito de permitir a González seguir *colmando* su afán de poder... EME011095 **8 ambición +:** Asegura que su cargo *colma* sus ambiciones políticas y niega que pretenda saltar a Madrid. EPE091099 **9 ansia:** ...era la solución ideal para *colmar* las ansias de adoración de una mujer imaginativa y pasional... LVE131095 **10 apetencia:** Uno de los refuerzos, el argentino Juan Eduardo Esnaider, *colma* todas sus apetencias como acompañante en ataque del indiscutible Kiko. EME230796 **11 capricho:** Se desvivía por *colmar* todos mis caprichos. INDOC **12 objetivo:** ...han visto en el giro soberanista realizado por el partido, especialmente tras la Declaración de Barcelona, cómo se *colmaba* buena parte de sus objetivos ideológicos. EPE210399 **13 fin −:** ...el recurso al derecho penal no es la panacea para *colmar* los fines y necesidades recaudatorias. LVE080494

B SUSTANTIVOS QUE DENOTAN VACÍO O FALTA DE ALGO, A MENUDO EN REFERENCIAS METONÍMICAS: **14 vacío +:** Algunas publicaciones recientes están empezando a *colmar* el vacío. ABC030792 **15 ausencia +:** ...su edición me parece perfectamente respetable, no tanto porque «*colme* la ausencia de notas que es norma en esta colección»... ABC240395 **16 laguna +:** Su investigación viene a *colmar* una laguna inexplicable y la han realizado con la aplicación que el caso exigía. LVE070995 **17 agujero:** ...todos sus bienes se han puesto a disposición de los acreedores para *colmar* el agujero que tenía... LVE080395 **18 necesidad:** ...esa capacidad acuífera se elevará a unos quinientos cincuenta litros por segundo, que no *colman* las necesidades de una ciudad... EUV060499 **19 carencia:** En España, esa investigación brilla por su ausencia. Es imperioso *colmar* esa carencia. EME040194 **20 déficit:** Ésta no parece la forma ideal de *colmar* el déficit democrático en la Unión Europea... EPE150699 **21 deuda:** Lo que sorprende es que a sus 80 años (...) haya obtenido alguno de nuestros premios mayores –el Cervantes– que no *colma* del todo la deuda de tantos y tantos otros que le fueron negados a lo largo de su vida... ABC010494 **22 insuficiencia:** Se mostró, asimismo, partidario de *colmar* las insuficiencias de la política exterior y de seguridad común... LVE161195 **23 abismo –:** ...el abismo entre ambos partidos es demasiado hondo como para *colmarlo* en un par de semanas. EME260296

C SUSTANTIVOS QUE DENOTAN CAPACIDAD PARA SUFRIR, SOPORTAR O ACEPTAR LO INCONVENIENTE O ADVERSO: **24 paciencia ++:** El siniestro de un camión el pasado jueves, con seis heridos, ha sido la gota que ha *colmado* la paciencia de los vecinos de Guadarrama. EME090696 **25 tolerancia –:** ...no duda en exterminar a la población civil para apagar toda resistencia en Kosovo, aun a riesgo de *colmar* la ya excesiva tolerancia de la comunidad internacional. EPE180199

D SUSTANTIVOS QUE DESIGNAN DIVERSOS SENTIMIENTOS O EMOCIONES, ESPECIALMENTE LA DICHA, LA SORPRESA, EL ENOJO Y EL ORGULLO: **26 felicidad ++:** Una lástima que, para *colmar* la felicidad, no haya una barra con mojitos para que la sensación fuera ya insuperable. LVE160795 **27 gozo:** Por fortuna para los ciudadanos, no es fácil que lo consigan en Europa, y mucho menos fuera de ella, aunque *colmaría* el gozo de nuestros mandatarios... EPE141001 **28 indignación:** La declaración solemne del ministro de Exteriores ante la Asamblea General de la ONU apoyando la creación del Estado de Palestina ha *colmado* la indignación de los radicales nacionalistas... EPE171101 **29 asombro:** Colma el asombro de Pascual el que, después de tantos y tan graves insultos, no lleguen a las manos. ABC120692 **30 soberbia:** Compruebo que este candidato tomó a Andalucía como la escalera de la saeta de Machado-Serrat, que le llevara al madero del sillón y *colmara* su soberbia personalista. EME110595 **31 vanidad:** Dijo que una línea suya, acaso, podía servir para *colmar* la vanidad de la vida posterior. EPE240899 **32 entusiasmo:** El compañero Felipe era un líder que *colmaba* el entusiasmo de los suyos pidiendo, al menos, veinticinco años de poder... EME040695 **33 pasión:** ..se declara el deseo de ver *colmada* una pasión... ABC240492 **34 emoción –:** ...parece excusar igualmente todas las puestas en escena que tiendan a nutrir el voraz apetito de las televisiones y a *colmar* la emoción de los telespectadores. LVE271196 **35 sensibilidad –:** Mas el arte del rejoneo que desgranó Pablo Hermoso de Mendoza había *colmado* de tal manera la sensibilidad del público que no admitía remedo ni resistía comparación. EPE070799

E LOS SUSTANTIVOS *VIDA* Y *ALMA*: **36 vida:** ...el optimismo histórico que *colmaba* la vida española en los albores del siglo XVI. ABC140892 **37 alma:** ...«es ahora una jornada de un gozo que nos *colma* el alma»... LVE260695
☐ Véase también: **colmar (de), saciar.**

colmar (de) *v.* ■ En su sentido literal, 'llenar completamente', se construye con sustantivos, en plural los contables y en singular los no contables, que designan muy diversas cosas susceptibles de ser guardadas, depositadas o almacenadas *(agua, aceite, manzana, libro)*. En el sentido figurado de 'llenar o dar en abundancia' se construye con complementos diversos, generalmente de persona, y admite como término de la preposición *de* sustantivos que designan cosas materiales, que se pueden otorgar como regalos u obsequios *(dinero, joya)* También se combina con...

A SUSTANTIVOS QUE DESIGNAN ESTADOS ANÍMICOS DE DICHA O COMPLACENCIA: **1 felicidad ++:** ...ha sido recibido en el palacio del Elíseo; ha refrescado la memoria de Alemania y ha *colmado* de felicidad a su madre, que sufría por la desidia religiosa de épocas anteriores. LVE270394 **2 alegría +:** Otro de los encuentros que *colmarán* de alegría el Festival será «Regreso a mi Cuba linda», idea surgida en la Isla de la Juventud... GIC062397 **3 placer:** La media hora final del partido de ida de la Supercopa nos reconcilió con el fútbol convertido en juego de artistas y nos *colmó* de placer sensual. LVE270896 **4 gozo:** Un fracaso al frente de la Unión Europea les *colmaría* de gozo. LVE220195 **5 satisfacción +:** Algo que, dada su natural tenacidad, lejos de amilanarle, le *colmará* de satisfacción. EPE300799 **6 orgullo:** ...como unos de los árbitros que *colmó* de orgullo y reconocimiento nacional e internacional a nuestro país en el base ball panameño arbitrando mas de mil juegos. ESP041000

B SUSTANTIVOS QUE DESIGNAN DIVERSAS MANIFESTACIONES DE ALABANZA O ADMIRACIÓN: **7 agasajo ++:** Mondadori nos recibió con los brazos abiertos *colmándonos* de agasajos. ABC190894 **8 elogio ++:** ...se decía un hombre de orden, y por esto la Prensa guatemalteca lo *colmó* de elogios. LHG080497 **9 alabanza +:** Pasaban de los ochenta y tenían frente a ellos, en su contorno, a jóvenes y viejos *colmándoles* de alabanzas. ETC140175 **10 encomio:** ...no se estrenó hasta meses después de que el mundo mundano la hubiera *colmado* de encomios y vaticinado cuanto premio se ofreciera. LVE130295 **11 felicitación:** ...se incorporará al cortejo de audaces banqueros que anteayer *colmaban* de felicitaciones al presidente de la Fundación Santillana... EME291296 **12 aplauso:** La onomástica de El Cordobés pareció a los burgaleses un motivo excepcional para *colmarle* de aplausos, cánticos y orejas. EME010795 **13 galantería:** Y aquí, sobre todo, están las maravillosas composiciones de figuras, protagonizadas por la mujer, *colmadas* de galantería... ABC230493 **14 ditirambo –:** ...cada vez que viene nos *colma* de atenciones y ditirambos, y no podemos perder el tiempo en tonterías. EPE251199

C SUSTANTIVOS QUE DENOTAN RESULTADO FELIZ DE ALGO. TAMBIÉN CON OTROS QUE DESIGNAN DIVERSAS FORMAS EN QUE SE MANIFIESTA EL RECONOCIMIENTO PÚBLICO: **15 éxito:** El estreno de su nueva ópera, se presentaba difícil, pero le *colmó* de éxito. INDOC **16 gloria:** ...si llegaran a diputados, serían tan valiosos como los otros, y la historia, estoy seguro, los *colmaría* de gloria por su honradez, valentía y patriotismo. ESH240397 **17 honor:** No olvido que el escritor francés, *colmado* de honores, es entonces un representante del «partido del orden». ABC130392 **18 homenaje:** El partido estuvo interrumpido desde entonces durante 20 minutos en los que el jugador fue *colmado* de homenajes y felicitaciones. EPE291001

D SUSTANTIVOS QUE DESIGNAN OTROS SENTIMIENTOS DE APRECIO, AFECTO O ESTIMACIÓN FAVORABLE HACIA ALGUIEN: **19 cariño:** En esas sociedades, los niños pueden ser *colmados* de cariño y atenciones, pueden reírse sus travesuras o ser reprendidos por éstas... LVE200296 **20 afecto:** ...recibió una prolongadísima ovación *colmada* de afecto en el momento de su aparición en el escenario del Tívoli. LVE110396 **21 ternura:** El autor nos cuenta una historia *colmada* de ternura, angustia y desasosiego que se desarrolla en un ambiente opresivo. EME280594 **22 simpatía:** Se *colmará* de afecto y simpatía a los colaboradores para conseguir que la película sea una fiesta constante. EME120294 **23 pasión:** Su presencia es suficiente garantía como para llenar calles y *colmar* de pasión ciclista las cunetas. EME080996 **24 gratitud:** ...pidió a sus compañeros y amigos de Lemona que suspendan los encierros que llevan a cabo ya que se siente «*colmado* de consuelo y gratitud» por el apoyo recibido tras las amenazas... LVE290196 **25 adoración:** El casamiento de Diego Maradona fue el 7 de noviembre de 1989, en un Luna Park *colmado* de adoración. CLA061100

E SUSTANTIVOS QUE DESIGNAN DIVERSOS DONES Y ATRIBUTOS: **26 bendición ++:** ...familiares, amigos y admiradoras nos unimos para desearle éxitos en su vida profesional y que Dios le dé dicha y lo *colme* de bendiciones. ESP010897 **27 belleza:** Sobre todo para los interesados en el arte: las mañanas pueden dedicarse a la visita de los monumentos citados, o a iglesias *colmadas* de belleza... ABC150794 **28 favor:** ...se echó de nuevo a las urnas para manifestar su apoyo al hombre que ha *colmado* de favores su humilde despensa. EME300595 **29 regalo:** Sevilla fue como la amante a la que se *colma* de regalos, pero no se la saca a pasear del brazo. LVE140595 **30 gracia −:** ...esta alegría se anticipa en el natalicio de aquella que le dio la naturaleza humana, para que, como perfecto mediador, nos salvara de nuestros pecados y nos *colmara* de gracia y de felicidad... LNP040997

F SUSTANTIVOS QUE DENOTAN DESEO O ESPERANZA: **31 esperanza +:** Uno de ellos, el campeón que entró con la rueda pinchada y los ojos llenos de lágrimas, nos daba una lección de oportunismo y valentía, *colmando* de esperanza el futuro. EME091095 **32 ilusión:** ...años de esfuerzos y sinsabores que habían tardado demasiado en ser *colmados* de ilusiones. INDOC **33 anhelo:** Pocas vidas como las de los hermanos Gamboa, tan ricas en espirituales excelencias, tan meritorias en su callado discurrir, tan *colmadas* de anhelos, tan estremecidas de inquietudes... ESH260696

G SUSTANTIVOS QUE DESIGNAN DIVERSAS REACCIONES ANÍMICAS ANTE LO DESCONOCIDO O LO QUE SE PRESENTA COMO NUEVO: **34 sorpresa:** Me llena de satisfacción y me *colma* de sorpresa el que su única explicación de este desagradable incidente sea... INDOC **35 asombro:** ...de la auditoría no se desprenden responsabilidades atribuibles a personas concretas. Esto, lo decimos sinceramente, nos *colma* de asombro. EPE090280 **36 curiosidad:** El conjunto es una suma de particularidades de una singular comedia humana gallega, *colmada* de curiosidades y de misterio... ABC061291

H SUSTANTIVOS QUE DESIGNAN OTRAS PERTURBACIONES DEL ÁNIMO, MÁS FRECUENTEMENTE SI SE RELACIONAN CON LA INQUIETUD, EL DESCONTENTO O EL ENOJO: **37 incertidumbre:** ...lo de la ciudad aeroportuaria es un proyecto faraónico *colmado* de incertidumbres. EME020496 **38 angustia:** El autor nos cuenta una historia *colmada* de ternura, angustia y desasosiego que se desarrolla en un ambiente opresivo. EME280594 **39 ira:** ...una carta incendiaria, iracunda, justamente *colmada* de ira y de indignación. INDOC **40 frustración:** Tal vez un buen psicoanalista podría sacar adelante a una persona así, tan amargada por la vida y tan *colmada* de frustraciones. INDOC **41 indignación:** Quiero decir, por si no ha quedado lo bastante claro, que la utilización de animales de todo tipo, y en especial de animales lejanos, salvajes, para nuestro regodeo, me *colma* de indignación. EPE300599 **42 desdicha:** ...las sucesivas encuestas de opinión confirman la poca diferencia que se le pronostica a su partido, incapaz de dejar descolgado a un PSOE *colmado* de desdichas. EPE271299

I SUSTANTIVOS QUE DENOTAN CONTRARIEDAD O DEFICIENCIA. TAMBIÉN CON OTROS QUE DESIGNAN DIVERSAS CIRCUNSTANCIAS CONFLICTIVAS, ADVERSAS O INFORTUNADAS: **43 problema:** Ya había pasado un año bastante difícil como para que le *colmaran* de problemas en el nuevo trabajo. INDOC **44 dificultad:** ...un proyecto ilusionante y viable, pero *colmado* de dificultades. INDOC **45 obstáculo +:** Ciertamente, la senda democrática está *colmada* de obstáculos, pero no son invencibles... ESH170497 **46 desgracia:** Basta mirar el cielo azul (...) repitiéndonos en silencio que (si no lo remediamos) el mismo sol que nos trae turistas nos *colmará* de desgracia. EME310395 **47 pobreza:** Las escenas costumbristas y *colmadas* de pobreza antaño, resurgen del pasado como envueltas de nostalgia surrealista. EPE131099 **48 defecto −:** El príncipe heredero de Thailandia parece despertar recelos entre la clase dirigente, habiéndole *colmado* Dios más de defectos que de dones... EME271195 **49 irregularidad:** Orefici llevó a cabo una gestión *colmada* de irregularidades y la empresa suspendió pagos en 1992. EME130995

J EL SUSTANTIVO *INFORMACIÓN*. TAMBIÉN CON OTROS QUE DESIGNAN DIVERSAS MANIFESTACIONES VERBALES, MÁS FRECUENTEMENTE SI TRATAN DE INFLUIR EN LA CONDUCTA DEL OYENTE: **50 información:** Y así, el texto que ahora leemos concluye con una nota acerca del proceso creativo del que resultó la obra y con un epílogo (...) *colmado* de informaciones... ABC060893 **51 confesión:** Todo se forja en un clima cerrado *colmado* de confesiones abiertas. ABC110394 **52 sugerencia:** ...le da sentido a las formas más que con las precisiones del pincel mediante la creación de un clima *colmado* de sugerencias. LHG280297 **53 consejo:** Su madre le *colmó* de advertencias y buenos consejos antes de que emprendiera el viaje. INDOC

K SUSTANTIVOS QUE DESIGNAN HECHOS O SUCESOS, MÁS FRECUENTEMENTE DE CARÁCTER IMPREVISTO O CIRCUNSTANCIAL: **54 anécdota +:** Y un trabajo así está *colmado* de anécdotas: «Algunas veces ocurre que una persona se cansa cuando está en una piscina profunda y nosotros le ayudamos a volver». EPE040899 **55 peripecia:** ...su carrera periodística se ha prolongado durante sesenta y cinco años *colmados* de acontecimientos y peripecias. LVE100596 **56 aventura:** El cielo os *colme* de aventuras... ABC260692 **57 acontecimiento:** Lladó comenzó a ejercer como periodista a los veinte años, por lo que su carrera periodística se ha prolongado durante sesenta y cinco años *colmados* de acontecimientos y peripecias. LVE100596

☐ Véase también: **colmar**.

colmillo ♦ **afilado, amenazante, enorme, gran(de), largo, retorcido** ♦ **afilar, clavar, exhibir, hincar, limar, mostrar, salir**

☐ Véase también: **diente**.

colocar(se) ♦ **a buen recaudo[4], adecuadamente, a la cabeza[1], a la defensiva[7], alfabéticamente[5], armónicamente[16], asimétricamente, correctamente, cronológicamente, debidamente[44], en fila, en primera línea, en serie, en un pedestal, estratégicamente[2], frente a frente[9], ordenadamente[4], simétricamente**

☐ Véase también: **situar(se), ubicar**.

coloquio ♦ **abierto, aburrido, académico, ameno, animado, a puerta cerrada[53], breve, cordial, desenfadado, distendido, entretenido, formal, franco, informal, internacional, literario, periódico, placentero, político, sincero, tenso** ♦ **abrir, amenizar, asistir (a), celebrar(se), clausurar, concertar, entablar[16], iniciar, intervenir (en), invitar (a)[26], mantener, moderar, ofrecer, organizar, participar (en), patrocinar, producir(se), protagonizar, realizar, reanudar, sostener, suspender, tener lugar, transcurrir**

☐ Véase también: **charla, conversación, debate, diálogo, discusión**.

color ♦ **abigarrado, acerado, apagado, armonioso, brillante, chillón, claro, conjuntado, débil, desteñido, difuminado, discordante, dominante[12], estridente, fuerte, inapreciable, incandescente[2], intenso, irisado, llamativo[3], mate, mortecino, oscuro, penetrante, plomizo, político, rabioso, suave, subido (de), tenue, vistoso, vívido[8], vivo** ♦ **abanico (de)[12], mano (de), muestrario (de), nota (de), paleta (de), toque (de)** ♦ **apagar(se), dar[164], demudar(se), despedir, diluir(se), llenar (de), perder(se), pintar (de), poner (a algo), reflejar, teñir(se) (de), tomar[12]**

COLOR

♦ (SUSTANTIVOS) Véase: **discordante[A], dominante[C], exuberante[E], incandescente[A,B], vivaz[C], vívido[A]**
♦ (VERBOS) Véase: **ricamente[B]**

☐ Véase también: IMAGEN; PERCEPCIÓN.

colosal ♦ **edificio, empresa, error, esfuerzo, estatua, figura, fortuna, fracaso, fuerza, hecatombe, inteligencia, monumento, obra, proeza, suma, tamaño, tarea**

combate ♦ **abierto, a brazo partido[16], a mano armada, atroz, bravo, cuerpo a cuerpo[18], de boxeo, defensivo, denodado[10], desequilibrado, desigual, encarnizado[2], enconado[9], en primera línea, equilibrado, estelar, feroz, frontal[11], ideológico, igualado, intensivo[26], intenso, intestino, mano a mano[16], político, presto (a), profesional, reñido[4], sin tregua[21], soterrado, tenaz[15], violento** ♦ **arma (de), fragor (de), grito (de), línea (de), piloto (de), unidad (de)** ♦ **alimentar[28], amainar[12], amañar, aprestar(se) (a), arbitrar, arreciar[28], celebrar(se), desatar(se), disputar(se), dominar, emprender, enfrascarse (en)[9], entrar (en), enzarzarse (en)[2], ganar, intensificar(se), librar, morir (en), oponer, pactar, perder[47], producir(se), proseguir, recrudecer(se)[3], sentenciar, vencer (en), zanjar**

☐ Véase también: **altercado, batalla, confrontación, contienda, guerra, pelea, riña**.

combatir *v.* ▮ Se combina con sustantivos de persona, individuales o colectivos *(enemigo, ejército, gobierno)* y con algunos que designan sus atributos *(poder, autoridad, dominio)*. Admite gran variedad de sustantivos que designan diversos males, entre ellos enfermedades, dolencias o sus síntomas *(epidemia, infección, gripe, sida, dolor, fiebre, picor)*. También se combina con sustantivos que designan creencias o ideologías *(fascismo, comunismo, integrismo)* y con los que expresan sentimientos o estados de ánimo de carácter aflictivo *(miedo, tristeza, desesperanza, angustia, estrés, aburrimiento)*, entre muchos otros. Destacan particularmente las combinaciones de este verbo con...

A SUSTANTIVOS QUE DENOTAN ACTIVIDAD CRIMINAL DELICTIVA O VIOLENTA: **1 crimen ++**: La medida del banco emisor está destinada a detener la «dolarización» de la economía rusa y *combatir* el crimen organizado. EME030194 **2 delincuencia ++**: El aumento de la inseguridad, por la incapacidad del Estado para *combatir* la delincuencia, y la alta tasa de desempleo producen una frustración permanente... ACP061000 **3 violencia ++**: El anteproyecto de ley, con el que se pretende *combatir* la violencia callejera en el País Vasco, establece la colocación de cámaras estáticas... EME050896 **4 terrorismo ++**: ...el «apoyo y la credibilidad» que ha conseguido en los foros internacionales, especialmente cuando ha pedido ayuda para *combatir* el terrorismo. EME031296 **5 corrupción ++**: ¿Cómo desmantelar el autoritarismo y *combatir* la corrupción? DYM040996 **6 fraude ++**: Los Siete se comprometen a *combatir* el fraude financiero internacional. EME170695 **7 criminalidad**: Su objetivo sería el de *combatir* la criminalidad sexual organizada que atente contra menores... LVE190996 **8 delito**: Operación «Timbre en la Puerta»: así se llama la estrategia que la Dirección General de Policía ha ideado para *combatir* los delitos... EME050795 **9 especulación**: ...creo que los gobiernos municipales debemos (...) implementar programas sociales (...) para *combatir* la especulación. ENV170197 **10 narcotráfico**: Para lograr efectividad será condición sine qua non dotar de los medios técnicos y humanos necesarios a quienes *combaten* el narcotráfico. EME100796 **11 vandalismo**: ...hay un clima revanchista para *combatir* el vandalismo. LPH110996 **12 pederastia**: La UE adopta una estrategia común para *combatir* la pederastia. LVE200996

B SUSTANTIVOS QUE DESIGNAN ESTADOS CARENCIALES, ESPECIALMENTE LOS QUE AFECTAN A LAS NECESIDADES BÁSICAS DE LAS PERSONAS: **13 hambre ++**: ¿Por qué se invierten 700.000 millones de dólares cada año en gastos militares, en vez de *combatir* el hambre...? EME171196 **14 miseria ++:** ...la UE quiso poner en marcha el programa «Pobreza IV» mediante el que se destinaron 19.000 millones de pesetas a proyectos para *combatir* la miseria. EME261196 **15 sueño +:** Ni el café cargado me ayuda a *combatir* el sueño los lunes por la mañana. INDOC **16 pobreza +:** Labastida reconoció que se requiere cambiar de estrategia para impulsar el crecimiento agropecuario y *combatir* la pobreza en el campo. DYM040996 **17 indigencia:** Los médicos rurales *combaten* la indigencia de medios con ojo clínico. EME180595 **18 precariedad:** Combatir la precariedad excesiva empieza con el análisis de sus causas reales. LVE111295

C SUSTANTIVOS QUE DESIGNAN ACCIONES O ACTITUDES DE RECHAZO O DESPRECIO HACIA DETERMINADOS GRUPOS HUMANOS, ASÍ COMO LOS ESTADOS DE AISLAMIENTO O INFERIORIDAD QUE ESAS ACTITUDES PROVOCAN: **19 marginación:** El Ayuntamiento se propone llevar a cabo actuaciones para *combatir* la marginación. EPE241199 **20 discriminación:** ...Bill Clinton propondrá un aumento de $22 millones en los presupuestos federales para *combatir* la discriminación en la adquisición de vivienda. ENH200198 **21 exclusión:** ...podrán concurrir personas y organizaciones que presenten métodos, procesos, sistemas, programas o proyectos para *combatir* la exclusión social. EPE040699 **22 segregación:** Juristas y sindicalistas europeos debaten cómo *combatir* la nueva segregación laboral. EPE010699 **23 intolerancia:** Históricamente, «tolerancia» fue un concepto acuñado para *combatir* la intolerancia, y sus maldades. ABC131095 **24 machismo:** Es claramente insuficiente para *combatir* el machismo en la educación. EME010295 **25 xenofobia:** La idea de *combatir* la xenofobia desde la escuela fue propuesta por los vizcaínos de tercero y cuarto de ESO. EPE081299 **26 racismo:** ¿Un acordeón puede servir de fusil para *combatir* el racismo? LVE151194 **27 apartheid:** ...provocó el boicot tributario para *combatir* el apartheid. EME110594

D SUSTANTIVOS QUE DESIGNAN OTRAS MANIFESTACIONES DE LO QUE SE CONSIDERA ADVERSO, PERJUDICIAL O PELIGROSO, EN DIVERSOS GRADOS: **28 mal:** Actividades de este tipo contribuyen a *combatir* el mal desde la base... CLA070199 **29 lacra:** Experto latinoamericano propone que para *combatir* esta lacra económica en Chile se reactive la industria y las obras públicas. HOY250184 **30 plaga:** De esta forma, este pesticida podrá ser empleado para *combatir* las plagas del algodón sin riesgos para la salud de las plantas. ABC111194 **31 amenaza:** El Gobierno israelí justifica su decisión de permitir el empleo de métodos «excepcionales» en los interrogatorios por la necesidad de *combatir* la «amenaza del terrorismo». EME011296 **32 problema:** Se trata de buscar un método con el fin de *combatir* el problema que nos acecha. INDOC **33 flagelo:** Esbozó una serie de fórmulas «globales» para *combatir* ese flagelo... SEM011096

E SUSTANTIVOS QUE DESIGNAN ALGUNOS ESTADOS DE COSAS QUE SE INTERPRETAN COMO INDICADORES ECONÓMICOS DE SIGNO NEGATIVO: **34 desempleo ++:** Martín Burt (...) propone capacitación para *combatir* el desempleo juvenil... ACP170996 **35 paro ++:** ...expone varias recetas para *combatir* el paro, como reducir el tiempo del seguro, la indemnización por despido... EME061195 **36 inflación ++:** ...el nuevo Banco Central Europeo, libre de la vigilancia democrática, *combatirá* la inflación, no el desempleo. CLA100199 **37 crisis ++:** El escritor explica (...) los sacrificios que iba a costar a los peruanos una política económica liberal para *combatir* la crisis. EME070394 **38 déficit +:** ...hará «todo lo que sea necesario» para *combatir* el déficit... EME080996

F SUSTANTIVOS QUE DENOTAN PRÁCTICA, COSTUMBRE O COMPORTAMIENTO ADQUIRIDO, MÁS FRECUENTEMENTE SI ES DE CARÁCTER ADICTIVO Y SE INTERPRETA COMO UN PROBLEMA SOCIAL: **39 hábito:** Sabemos que estamos *combatiendo* un hábito serio y persistente... CAR091297 **40 adicción:** El producto en cuestión se empleaba desde 1984 para *combatir* la adicción a los narcóticos... LVE190195 **41 dependencia:** ...suspendió sus presentaciones con el argumento de que *combatía* una dependencia de analgésicos. DYM120996 **42 alcoholismo:** ...la Historia de España cuenta con grandes eslogans, como (...) con el que durante la Guerra Civil las izquierdas *combatieron* el alcoholismo («¡No pacharán!»)... EME040296 **43 tabaquismo:** El ministro Beccaria se declaró contrario a aumentar la fiscalidad del tabaco como medio para *combatir* el tabaquismo. EPE191199 **44 drogodependencia:** Los proyectos para *combatir* las drogodependencias tienen un coste de 22 millones... LVE180695 **45 cocainomanía:** ...es, indudablemente, una ventaja a la hora de poder *combatir* la (...) cocainomanía. EME26109

G SUSTANTIVOS QUE DESIGNAN CONDICIONES CLIMÁTICAS CONSIDERADAS DESFAVORABLES, ASÍ COMO LA SENSACIÓN FÍSICA QUE PRODUCEN: **46 frío ++:** Forzados de nuevo a juntarse para *combatir* el frío, volvieron a pincharse y a distanciarse. EME150396 **47 calor ++:** ...este arroz jugosito y sabroso es uno de los platos más queridos para *combatir* el calor del verano. EPE210899 **48 bochorno:** ...lluvia artificial para *combatir* el bochorno tropical... EME180796 **49 canícula:** ...los criadores han aprendido que tanto o más importante son unas instalaciones capaces de *combatir* la canícula. EME230696 **50 sequía:** Cinco programas de ayuda buscaron *combatir* la sequía. HOY081297 **51 helada:** Entre ellas, señaló que para *combatir* las heladas se quema combustible, hecho que puede generar algunos residuos en las aguas. LNP151097 **52 hielo:** Tres buques norteamericanos han empezado a cargar en el puerto 20.000 toneladas cada uno de este elemento, ideal para *combatir* el hielo en calzadas y aceras. LVE120196 **53 temperaturas altas:** Tuvieron que despojarse de parte de su ropa y beber más líquido del normal para *combatir* las altas temperaturas... EPE011088

H SUSTANTIVOS QUE DESIGNAN DIVERSAS MANIFESTACIONES DEL DETERIORO MEDIOAMBIENTAL: **54 contaminación:** Se trata de determinar qué política será más eficaz para *combatir* la contaminación en el próximo futuro. ABC210795 **55 polución:** ...he podido comprobar la desidia en la vigilancia municipal en las carreras (...), la falta de previsión para *combatir* una polución cada vez más acusada... EPE120999 **56 efecto invernadero:** ...fomentará la eficiencia energética en la vivienda para *combatir* el efecto invernadero. LVE060495 **57 smog –:** ...quedará prohibido circular con vehículos sin catalizador, según una reciente ley federal aprobada para *combatir* el *smog* fotoquímico. LVE080795

I SUSTANTIVOS QUE DESIGNAN EL FUEGO, LA COMBUSTIÓN O SUS EFECTOS: **58 incendio:** Tres trabajadores, dos mujeres y un hombre fallecieron en la tarde del viernes cuando *combatían* un incendio forestal... EME160495 **59 fuego:** La oposición acusa a la Generalitat de no haber puesto en marcha las medidas necesarias para *combatir* el fuego. EME130494 **60 llama:** Se basa en *combatir* las llamas antes que alcancen un ritmo arrollador. CLA080199

▩ Se combina también con: ♦ **abiertamente[75], a brazo partido[4], activamente[33], a fondo[34], a mano armada, ardientemente, a toda costa[32], codo con codo[26], con dureza[24], con éxito[19], con firmeza[29], con mano dura[13], con todas {mis/tus/sus...} fuerzas[3], cuerpo a cuerpo[3], decididamente, de palabra y obra[3], de raíz[35], eficazmente, encarnizadamente[1], en primera línea[1], frontalmente[11], sin descanso, sin tregua[3], valientemente[14], vigorosamente[5], violentamente** ♦ **invitar (a)[55]**

☐ Véase también: **batallar, batir(se), librar(se), lidiar, luchar.**

combativo *adj.* ▮ Admite frecuentemente sustantivos de persona, tanto individuales *(escritor, político, fiscal, líder)* como colectivos *(sindicato, partido, oposición, equipo)*, sustantivos que designan creencias e ideologías *(comunismo, feminismo, catolicismo)*, sustantivos que designan géneros y obras artísticas *(teatro, cine, rock, libro, poesía, canción, película)* o los medios de comunicación que los difunden *(prensa, periódico, radio)*. También admite sustantivos que designan unidades y manifestaciones verbales *(palabras, frases, lenguaje, discurso, declaración)* o diversos textos, especialmente si defienden o critican alguna cosa *(programa, artículo, manifiesto)*. También se combina con...

A SUSTANTIVOS QUE DENOTAN FORMA DE SER O DISPOSICIÓN ANÍMICA: **1 espíritu ++:** ...el número final no me preocupa tanto como el vigor y la conciencia, la energía y el espíritu *combativo* que he visto en el pueblo. ENH130198 **2 carácter ++:** Los africanos, fieles a su *combativo* carácter, pelearon a pecho descubierto... EXC250900 **3 talante +:** ...mostró un talante *combativo*, y llegó a salvar hasta ocho pelotas... EME130495 **4 ánimo +:** ...el ánimo *combativo* del escritor de ninguna manera ha amainado. CAP131197 **5 temperamento +:** Marcué (...), de temperamento *combativo* e intransigente. ENV110797 **6 personalidad +:** El paso de los años ha ido borrando, además, el sello de disidencia y rebeldía que la *combativa* personalidad de Iris estampó sobre su familia... HOY170397

B SUSTANTIVOS QUE DENOTAN POSICIÓN, PUNTO DE VISTA O FORMA DE COMPORTARSE: **7 actitud ++:** ...la gente vuelve a tener actitudes más *combativas* y la revista está dirigida a esa gente que está en la búsqueda de nuevos paradigmas. CLA170497 **8 postura ++:** ...su eterna postura iconoclasta y *combativa* lo han hecho padrino de ese movimiento. CLA210199 **9 posicionamiento:** ...sea desde los más *combativos* posicionamientos feministas (...) o desde la reinterpretación de las biografías de mujeres del pasado... EME100296 **10 opinión:** Me ha sorprendido gratamente que exprese opiniones *combativas* y personales sobre el arte de los últimos decenios... LVE170694 **11 conducta:** No se trata tanto de un montaje reivindicativo de conductas feministas o *combativas* cuanto de un homenaje a la artista española... CAN080101

C ALGUNOS SUSTANTIVOS QUE DENOTAN FORMA DE E PRESARSE O MANIFESTARSE VERBALMENTE: **12 estil** Los abogados asumieron el papel de acusadores con di tintos estilos, desde el más seductor hasta el más *com bativo*... EPE110799 **13 retórica:** De ahí en adelante, y m diante el recurso de una retórica *combativa* y pseud socialista, Girón intentó labrarse una reputación de f langista de izquierdas... EME250895 **14 pluma –:** «Me ret porque su pluma era muy *combativa*. Yo le pedía q dijera las cosas de otra forma y él se molestaba», explic PLG100397

D SUSTANTIVOS QUE DESIGNAN DIVERSAS ACTITUD ASOCIADAS A LA FUERZA, EL EMPUJE O EL EMPEÑO CO QUE SE EMPRENDE ALGO: **15 impulso:** Incluso despu de una época en la que su impulso *combativo* parec haber perdido su brío inicial (...), volvió a la carga EME291095 **16 vitalidad:** Quizá para que lo recordemos c esa vitalidad *combativa* indestructible. LNA060792 **17 cora je:** ...milicianas (...) llenas de coraje *combativo*... EPE2409 **18 entusiasmo:** ...ni el *combativo* entusiasmo de A meida bastó para desbancar al pragmático Ruiz Galla dón... EPE160699

E SUSTANTIVOS QUE DENOTAN ACCIÓN REIVINDICATIV **19 manifestación:** ...marchará en compacta y *combati* manifestación para demandar... ESP270700 **20 huelga:** Frente Patriótico llamó a los ecuatorianos a una huel *combativa*... DHE050297 **21 demanda:** En otras latitudes, l líderes obreros (...) se harían eco de tan *combativas* d mandas y movilizarían a los sindicalizados. EXC181296

F OTROS SUSTANTIVOS: POSIBLES USOS ESTILÍSTICO ...reciba usted un cordial y *combativo* saludo... EME2812 talento profundo y *combativo* que afronta con valentía EPE020297; Toros sin fuelle, sin genio, sin intuición *com bativa* de ningún tipo. EPE030599

▩ Se combina también con: ♦ **abiertamente[1] fuertemente, tremendamente, vehementemente**

☐ Véase también: **beligerante, lidiar.**

combinación ♦ **abigarrado, agraciado[7], a par tes iguales, armónico, desigual, eficaz, equilibra do, fatal, feliz, fructífero, ganador, heterogéne híbrido, homogéneo, ingenioso, letal[17], lograd matemático, medido, perfecto, sabio, variado**

☐ Véase también: **mezcla, unión.**

combinar(se) ♦ **a partes iguales[34], armónica mente[3], armoniosamente[8], desigualmente, ejem plarmente, equilibradamente, proporcionalmen te, sabiamente**

comentar ♦ **a fondo[14], a grandes trazos, a ligera[26], al vuelo[25], ampliamente, a vuelaplum de pasada, de paso, detalladamente[10], escueta mente, extensamente, favorablemente[14], larga mente[26], maliciosamente[21], por encima, seca mente, someramente, sucintamente, tangencia mente[13]**

☐ Véase también: **hablar, mencionar.**

comentario ♦ **acerado[4], acertado, ácido[2], ad cional, afortunado, agudo, airado, alarmante, respecto, alusivo[2], amable, anecdótico, apart atinado[11], avieso, a vuelapluma, breve, capcios**

cáustico, certero[7], cínico, circunstancial, constructivo, corrosivo, cortés, crítico, demoledor, de pasada, desacertado, desafortunado, descabellado, descortés, despectivo, digno (de), editorial, elogioso, grosero, halagüeño[39], hiriente, incisivo, injurioso, intencionado, irónico, irritante, juicioso, lapidario, malicioso, maligno, malintencionado, mínimo, molesto, negativo, noticioso, obligado, oficial, parco (en)[3], periodístico, positivo, provocativo, público, relativo (a algo), revelador, sabroso, sardónico[12], sensato, sucinto[9], superficial, tajante[19], tangencial[22], tendencioso, unánime[71] ♦ al hilo (de)[13], a título (de) ♦ aluvión (de), lluvia (de)[25], objeto (de)[35], ola (de)[26] ♦ acallar[48], agotar(se)[55], agregar, ahorrar, alimentar[40], ampliar, caber[22], caer como una bomba[9], circular[16], cundir[43], dar lugar (a), dejar caer, dejarse llevar (por)[71], desglosar, desgranar, deslizar, desmentir[14], despertar[58], difundir, divulgar, efectuar, emitir, enardecer(se)[7], escuchar, expresar, filtrar(se)[5], formular, girar[24], hacer, introducir, merecer, ocasionar, oír, perjudicar (a alguien), prestar(se) (a), provocar, publicar, realizar, recoger, rectificar, replicar (a), reproducir, responder (a), salir al paso (de)[3], sentenciar, surgir, suscitar, verter[13], zanjar[49]

☐ Véase también: **habladuría, lengua, observación, texto.**

comenzar ♦ **a medio gas[11], arrolladoramente[8], con {buen/mal} pie[1], con cautela[66], de cero[2], en firme[52], escalonadamente[13]**

☐ Véase también: **abrir(se), arrancar, empezar, inaugurar, iniciar.**

[comer] → **comer (a alguien), como el comer**

comer ▮ *(sust.masc.)* ♦ **acelerado, compulsivo, continuo, pausado**

▮ *(v.)* ♦ **parco (en)[21]** ♦ **abundantemente[35], abusivamente, ansiosamente, austeramente, ávidamente[5], como una lima, como (un) loco[30], compulsivamente, con moderación, con voracidad, copiosamente[7], desmesuradamente, espléndidamente, exageradamente, excesivamente, moderadamente, opíparamente, parcamente, plácidamente[50], ricamente, sano, vorazmente[1]** ♦ **dar (a)[10], dar (de)[2], echar (de)**

☐ Véase también: **beber, cenar, desayunar, ingerir, mamar, merendar, pacer, pastar.**

comer (a alguien) ♦ **celos, envidia, impaciencia, nervios, odio,** *otros sustantivos que designan sentimientos*

☐ Véase también: **carcomer, corroer, devorar, reconcomer(se).**

comercialmente *adv.* ▮ Se combina con...

A VERBOS QUE DESIGNAN EL PROCESO DE SALIR ALGO AL MERCADO O AL CONOCIMIENTO PÚBLICO. TAMBIÉN CON OTROS QUE EXPRESAN LAS ACCIONES QUE LO PROVOCAN O LO IMPULSAN: **1 estrenar +:** Forman filma muy poco y a Chile no llegaba nada desde «Amadeus», porque la única película que filmó entre medio, «Valmont» (1989), no se estrenó *comercialmente.* HOY170397 **2 exhibir +:** Una de las películas de Monicelli que nunca ha sido exhibida *comercialmente* en España... LVE230696 **3 distribuir +:** La cita anual londinense ofrece a la audiencia la oportunidad de ver trabajos que quizá no lleguen a distribuirse *comercialmente* en el Reino Unido. EPE021101 **4 difundir:** La película (...) supone el primer intendo de difundir *comercialmente* un nuevo estilo de películas que permita una participación más activa del espectador. EME200295 **5 promocionar:** ...llevan ocho meses trabajando en el proyecto de Internet para promocionar y explotar *comercialmente* la imagen de la Liga española en todo el mundo. LVE201095 **6 lanzar:** Aunque será lanzado *comercialmente* el 25 de septiembre, la presentación oficial, y por todo lo alto, de... LVE190995 **7 publicar:** ...en la ceremonia del bicentenario de la muerte del compositor, que fue retransmitida en directo por Eurovisión y después publicada *comercialmente...* ABC240792 **8 editar:** ...Hace apenas cinco años que la poesía de (...) empezó a editarse *comercialmente.* LVE010596 **9 inaugurar:** Ya resulta incapaz de absorber un tráfico en permanente crecimiento y que inauguró *comercialmente* Iberia hace 25 años cuando creó el puente aéreo. EPE150700 **10 nacer −:** Había nacido, *comercialmente,* el transistor. PME070796 **11 circular −:** Granma Internacional, que se edita en español, inglés, francés, alemán y portugués, circula *comercialmente* en más de 70 países. GIC020697

B VERBOS QUE DESIGNAN LA ACCIÓN DE OBTENER UTILIDAD, RENDIMIENTO O BENEFICIO DE ALGUNA COSA: **12 explotar ++:** ...varias empresas mineras extranjeras realizan exploraciones en algunas zonas de Honduras en busca de reservas de esos y otros metales que puedan ser explotadas *comercialmente.* LNC271196 **13 aprovechar +:** Deberíamos pensar en aprovechar *comercialmente* esta población de más de treinta millones de personas... EME250394 **14 rentabilizar:** ...estudian ya las diferentes formas para rentabilizar *comercialmente* los nueve días que durará... EME200995 **15 desarrollar:** ...la Administración nos impidió desarrollarlo *comercialmente,* con el objetivo de que esperáramos a la apertura del mercado y a la competencia. LVE211095

C ALGUNOS VERBOS QUE DENOTAN PRODUCCIÓN O FABRICACIÓN: **16 producir:** Comercialmente se produce calentando el hidrógeno y el monóxido de carbón bajo presión. ENH020397 **17 realizar:** ...la siembra directa comenzó a realizarse *comercialmente* antes de iniciarse trabajos de investigación. EPU041001

D VERBOS QUE DENOTAN DENOMINACIÓN: **18 llamarse +:** Ocurre, claro, que la fluoxetina se llama *comercialmente* Prozac y es en estos momentos un monumental negocio farmacéutico. LVE200195 **19 conocerse +:** Pérez, quien es jefe de Desarrollo de esa entidad, conocida *comercialmente* como PESCAPIR (Pesca de Sancti Spíritus)... GIC083397

E VERBOS QUE DESIGNAN EL PROCESO DE ESTAR ALGO EN FUNCIONAMIENTO O EN ACTIVIDAD, O EL DE CULMINAR SATISFACTORIAMENTE. TAMBIÉN CON OTROS QUE DENOTAN DOMINIO O HEGEMONÍA EN ALGÚN ÁMBITO: **20 funcionar +:** Pero no es un buen negocio, y *comercialmente* no funciona. ABC010794 **21 triunfar:** ...una película de acción que (...) ha triunfado *comercialmente* en Estados Unidos con un tema que parece ya poco menos que eterno... LVE210895 **22 cuajar:** Una opción que, aunque *comercialmente* no haya terminado de cuajar en la carrera de este autor... EME120295 **23 crecer:** Pero para ello es necesario disponer de terrenos donde crecer *comercialmente*... LVE020796 **24 liderar:** Los laboristas, en cambio, encarnan la apertura de Israel hacia el mundo bajo la protección de EE. UU., liderando económica y *comercialmente* el área... EME090696 **25 conquistar:** La Comisión Europea apadrina una expedición empresarial para conquistar *comercialmente* los países del Cáucaso y Asia central. EME280396 **26 despegar:** Temas de entre aquéllos que les ayudaron a despegar *comercialmente*, como «Casi nunca bailáis» y, eso sí, alguna versión sorpresa... EME150996

F VERBOS QUE DENOTAN FRACASO O PÉRDIDA DE ALGUNA COSA: **27 fracasar:** El director (...) fracasó *comercialmente* con este irónico thriller... EPE291001 **28 pinchar:** Lo cierto, empero, es que si «Batman» (1989) causó estropicios en la taquilla, su secuela «Batman vuelve» (1992) pinchó *comercialmente*. LVE250695 **29 desaparecer:** ...«si no se dejan de explotar de forma incontrolada los bancos de atún rojo, la especie podría desaparecer *comercialmente* en los próximos diez años». LVE271196 **30 extinguir(se):** El Banco Mundial estima que esta materia prima se extinguirá *comercialmente* dentro de cuatro años. EPE090599

G VERBOS QUE DESIGNAN DIVERSAS ACCIONES Y PROCESOS EN LOS QUE SE ESTABLECEN RELACIONES DE UNIÓN O COOPERACIÓN ENTRE DOS O MÁS PARTES: **31 colaborar:** Ahora tenemos una relación buena con Husa porque colaboramos *comercialmente*, como lo hacemos también con otras compañías de reservas. DDN050599 **32 asociar:** El Parma estaba entonces asociado *comercialmente* con el Palmeiras y, tras algunas negociaciones, descartó el fichaje. EPE201299 **33 unirse:** Por un lado, al entrar en vigor el 1 de enero del pasado año el acuerdo de Libre Comercio de Norteamérica, México se unía *comercialmente* a Estados Unidos y Canadá... LVE070195 **34 integrar:** ...grupos de trabajo a nivel oficial y empresarial han comenzado a tejer la nomenclatura necesaria para integrar *comercialmente* al Hemisferio... DLA230397 **35 complementarse:** Si *comercialmente* Aviaco e Iberia se complementan, no iban a ser menos los aeropuertos... LVG301091 **36 vincular:** ...las penurias para las empresas argentinas muy vinculadas *comercialmente* al Brasil son consideradas inevitables para los analistas locales. CLA190199 **37 convergir:** Y la diputada (...) sostuvo que el bloque debería relanzar un nuevo plan para convergir macroeconómica y *comercialmente*... CLA231000

H VERBOS QUE DENOTAN ENFRENTAMIENTO, ACOSO O AGRESIÓN EN DIVERSOS GRADOS: **38 competir:** ...no puede competir *comercialmente* con nombres como Mozart, Vivaldi o Händel. EPE010399 **39 enfrentar(se):** El sector de automóviles es uno de los más cruciales entre los siete sectores exportadores que enfrentan *comercialmente* a Argentina y Brasil. EPE060899 **40 agredir:** Tele 5 y Antena 3 –dice la nota de Tele 5– están siendo agredidas *comercialmente* por las públicas... LVE150295 **41 azuzar −:** La duda es si el periódico debe ceder ante la psicología colectiva, azuzada *comercialmente*. EPE050999

I VERBOS QUE DENOTAN CASTIGO: **42 sancionar ++:** UE no sanciona *comercialmente* a Canadá. EME280395 **43 discriminar:** Rusia se siente discriminada *comercialmente* por la Unión Europea. LVE100995

J DIVERSOS ADJETIVOS RELACIONADOS CON LA FACTIBILIDAD, LA ACCESIBILIDAD Y LA RENTABILIDAD DE UN PRODUCTO, UN SERVICIO O UNA EMPRESA: **44 rentable ++:** Además, muchas compañías sólo aceptan este tipo de riesgos si van asociados a primas *comercialmente* rentables de otro tipo de seguros. EPE270999 **45 viable +:** Condición esencial es, agrega, que estos sean *comercialmente* viables, es decir que sean programas y producción que tengan condiciones de enfrentar el mercado... EXC110796 **46 explotable:** En la eventualidad de que se encuentren hidrocarburos *comercialmente* explotables en la conformación araucana... ETC280497 **47 disponible:** ...se están llevando a cabo todos los trámites para que esta nueva terapia esté *comercialmente* disponible en el menor plazo de tiempo posible. EME161195 **48 operativo:** El coste total del proyecto se estima en 3.250 millones de euros (...) y el objetivo es que el sistema sea *comercialmente* operativo en 2008. EPE081201 **49 arrasador:** El resultado de la operación fue artísticamente irresistible y *comercialmente* arrasador. LVE040995

comercio ♦ **carnal[37], competitivo[13], de capa caída[4], exterior, fecundo, ilegal, interior, internacional, justo, legal, libre, sin barrera(s)** ♦ **abrir, ahogar(se)[50], ampliar, despuntar[11], ejercer, explotar, favorecer, fomentar, incrementar, monopolizar, obstaculizar, obstruir, practicar, recuperar(se), rentabilizar, restringir**

cometer *v.* ■ Se combina con...

A SUSTANTIVOS QUE DENOTAN ERROR: **1 error ++:** ...no iba a *cometer* el mismo error que su antecesor... ACP06100 **2 fallo ++:** ...*cometer* el fallo que propició el empate... CAN250599 **3 equivocación ++:** Han *cometido* una equivocación, se confundieron con mi segundo apellido. HOY230287 **4 desliz +:** ...*cometió* un nuevo desliz al declarar que... LVE040395 **5 torpeza +:** Pero si la actual directora *comete* estas torpezas, allá ella. ABC110992 **6 lapsus:** Pienso que los nacionalistas *cometen* un lapsus lingüe remontándose a la Constitución de 1837 como fuente de lo que ellos llaman el conflicto... EPE071099 **7 pifia:** Emilio *cometía* una pifia monumental en el minuto 89... LVE160495 **8 patinazo −:** Tarjeta amarilla de amonestación al veterano directivo por el patinazo que *cometió* en la víspera del partido... LVE040396 **9 desacierto −:** ...*comete* el enorme desacierto (...) de enviar a Marruecos no las tropas destacadas en Cádiz, sino unidades que estaban en Cataluña... EPE070999

B SUSTANTIVOS QUE DENOTAN IRREGULARIDAD O DEFECTO: **10 irregularidad +:** Ocurrió cuando el apoderado de la lista de Rivera, Julio Mazur, se rehusó a convalidar el escrutinio, aludiendo que se *cometían* irregularidades. CLA150199 **11 anomalía +:** Este empresario advirtió que en la contratación de porteros de discotecas se *cometen* numerosas anomalías. EPE110599 **12 deficiencia:** ...en otra dependencia tribunalicia se *cometieron* deficiencias que entorpecen el logro del objetivo de la investigación. CLA070397 **13 imperfección −:** ...imperfecciones *cometidas* en la construcción del Estado moderno. ABC111194

C SUSTANTIVOS QUE DESIGNAN ACTOS INSENSATOS, IMPRUDENTES, NECIOS O DESCUIDADOS: **14 locura ++**

...incita a *cometer* verdaderas locuras... ABC100694 **15 disparate +**: ...después del colosal disparate *cometido* con el niño cubano... GIC260700 **16 barbaridad +**: En mi vida (...) he *cometido* las barbaridades que declara ese individuo. EME230694 **17 imprudencia +**: El movimiento tiene en su poder a rehenes y el presidente Alberto Fujimori *comete* la imprudencia de cortar canales de comunicación. ACP060197 **18 insensatez +**: Naturalmente, si los colonos judíos abrieran fuego, aunque espero que no *cometan* tal insensatez... EME220594 **19 osadía +**: El infeliz había *cometido* la osadía de comentar los atascos que se iban a originar cuando se le quitase a la calzada un carril por cada lado... EME310395 **20 irresponsabilidad +**: A la hora de buscar culpables en esta difícil contienda, los disparos de ambas colectividades se dirigen nuevamente hacia Schaulsohn, quien habría *cometido* la «irresponsabilidad» de retirarse... HOY070497 **21 negligencia +**: ...no se ha producido porque hayan *cometido* alguna negligencia... EME261095 **22 estupidez:** Luego *cometió* una estupidez que rebaja su consideración en un partido crucial. EPE071199 **23 tontería:** Pero *cometimos* demasiadas tonterías y eso se acaba pagando. LVE260295 **24 travesura:** Pero alguno de aquellos hermosos ángeles (...) *cometiendo* una travesura angélica, le jugaron una mala pasada, y Alberti dio un traspiés. ABC170492 **25 dislate:** Sobre ese telón de fondo se alzan los dislates *cometidos* por los negociadores españoles en el concreto episodio de la pesca. EME141195 **26 temeridad:** ...*cometió* la aparente temeridad de declarar fundada la acción de amparo... CAP161097

D SUSTANTIVOS QUE DESIGNAN DIVERSOS RESULTADOS DE LA ACCIÓN DE QUEBRANTAR LEYES O NORMAS: **27 delito ++**: ...*cometió* el delito de falsedad ideológica de documento público... CLA020199 **28 falta ++**: ...*cometió* una falta al reglamento de la Justicia nacional. CLA120397 **29 crimen ++**: ...un asesino ha *cometido* el crimen perfecto... ABC291191 **30 infracción ++**: ...no *cometió* ninguna infracción contra el solense. ACP061000 **31 atentado ++**: ...quien *cometió* el atentado ha tenido tiempo para cubrir sus pistas. DYM230796 **32 perjuicio +**: ...no quiero *cometer* algún perjuicio, dando datos equivocados... LVE020296 **33 plagio:** Agregó que, para *cometer* el plagio, se establecieron patrones de trabajo de la víctima. ESH061000 **34 atraco:** ...*cometieron* un atraco en la boutique... EME191295 **35 robo +**: ...están acusadas de haber *cometido* un robo... DDN030101 **36 fraude:** ...se ha *cometido* un fraude por un valor de unos cinco millones de pesetas. EME021095 **37 asesinato +**: ...es indubitablemente el arma con que se *cometió* el asesinato... CLA140297 **38 pecado +**: ...no *cometieron* ningún pecado, salvo en ir una vez más a ganarse la vida... EME140495 **39 violación +**: ...condenar a individuos que hayan *cometido* violaciones... EME040496 **40 secuestro:** ...han elevado la complejidad de la larga cadena de activistas y colaboradores que (...) precisa para *cometer* un secuestro... EME021296 **41 sacrilegio:** ...ha *cometido* un «sacrilegio» para los flamencólogos... LVE160695

E SUSTANTIVOS QUE DESIGNAN OTROS ACTOS LESIVOS, A MENUDO CON CONSECUENCIAS GRAVEMENTE DAÑINAS: **42 injusticia ++**: ...ha estado a merced de los caprichos de los vencedores y generalmente se han *cometido* injusticias borrando nombres y suplantándolos por otros... EME040494 **43 atropello ++**: ...se puede *cometer* un atropello con tal de no provocar un nuevo conflicto... EME270196 **44 tropelía +**: ...*cometieron* todo tipo de tropelías en nombre de una «razón de Estado»... EME161296 **45 desafuero +**: ...aquel conquistador castellano (...) *cometió* algunos desafueros con la lógica... ABC231092 **46 agravio +**: Cometía otro agravio más con la tradición cómica imperante... ABC050293 **47 daño:** ...fueron acusados de *cometer* daños contra el mobiliario urbano... EME290194

F SUSTANTIVOS QUE DESIGNAN ACCIONES Y ACTITUDES CARACTERIZADAS POR SU ELEVADO GRADO DE VIOLENCIA O PERVERSIDAD: **48 atrocidad ++**: ...le acusa de *cometer* atrocidades en Bosnia y Croacia... EME210295 **49 crueldad:** Por supuesto, no *cometí* la crueldad de desmentirla. EPE290499 **50 bestialidad:** Su heroína, Maryse Bastie, no se mató *cometiendo* una bestialidad que hubiera permitido decir... ETC110187 **51 monstruosidad:** ...no deben *cometer* «la monstruosidad de identificar la justicia con ellos mismos»... EME261096 **52 salvajada:** ...detenga al «desnaturalizado que ha *cometido* esta salvajada»... EPE090599 **53 maldad:** ...que olvidará en cuanto regrese a su ser cotidiano para seguir *cometiendo* maldades. EPE260800

G ALGUNOS SUSTANTIVOS QUE DESIGNAN FALTAS DE CORTESÍA O DESCONSIDERACIÓN: **54 indiscreción +**: Quizá *cometo* una indiscreción al seguir hablando de este tema... EME150795 **55 intromisión +**: Del mismo modo, el tribunal entiende que Cruyff *cometió* una intromisión en el honor de Núñez... EPE160199 **56 descortesía:** Espero que me disculpe si *cometo* una descortesía al rogarle que... INDOC

☐ Véase también: **ejecutar, incurrir (en).**

cometido ♦ **crucial, específico, inexcusable, insoslayable[13], preciso** ♦ **asignar, asumir, culminar, cumplir[60], desempeñar, emprender[39], lograr, tener**

☐ Véase también: **labor, misión, tarea.**

comicios ♦ **crucial[52], disputado, reñido[29]** ♦ **acudir, amañar, anular, boicotear[2], celebrar, convocar, elegir (en), impugnar[33], participar (en), presentarse (a), votar (en)**

☐ Véase también: **elección.**

comida ♦ **abundante, adicto (a), apetecible, campestre, casero[8], delicioso, de negocios, de postín[12], empalagoso, escaso, exquisito, fastuoso, formal, frugal, gustoso, informal, insípido, jugoso, opíparo, rancio, rico, sabroso** ♦ **acopio (de)** ♦ **abastecer (de), alimentar(se) (de), atiborrar(se) (de), celebrar, cocinar, comer, degustar, devorar, disfrutar (de), engullir, organizar, preparar, probar, proporcionar, racionar, revenir(se), reventar (de), saber (a algo), saborear, sazonar, surtir (de)**

☐ Véase también: **alimento, banquete.**

COMIDA Véase: *ALIMENTO*

COMIDA Véase: ALIMENTO; INGESTIÓN

[comienzo] → **a comienzo (de), a comienzos (de)**

comienzo ♦ **accidentado[24], brillante, con {buen/mal} pie, fulgurante[7]** ♦ **dar[235], marcar[11]**
☐ Véase también: **inicio.**

COMIENZO Véase: *INICIO*

comisión ▮ *(dinero)* ♦ **exiguo, jugoso[6], sustancioso** ♦ **cobrar, conceder, corresponder (a alguien), distribuir, ganar(se), otorgar, recibir, repartir**
▮ *(grupo)* ♦ **a puerta cerrada[40], asesor, conjunto, decisorio, directivo, ejecutivo, encargado, especial, evaluador, mixto, oficial, paritario[16], permanente, técnico** ♦ **en el seno (de), en manos (de)** ♦ **miembro (de)** ♦ **acordar (algo), aprobar (algo), conformar, constituir, convocar, crear, depender (de), deshacer(se), designar, dictaminar (algo), disgregar(se), encargar, formar, formar parte (de), informar (sobre algo), integrar, participar (en), presentar(se) (ante), presidir, reunir(se)**

comisura (de) ♦ **labio**

comité ♦ **académico, amplio, calificador, central, cívico, clandestino, coordinador, de empresa, deliberatorio, deportivo, directivo, ejecutivo, electoral, empresarial, especial, evaluador, heterogéneo, homogéneo, interino, internacional, interno, jurídico, nacional, nutrido, oficial, olímpico, organizador, paritario, partidario, político, popular, técnico** ♦ **decisión (de), dirigente (de), miembro (de), reunión (de), sesión (de), tarea (de)** ♦ **acordar (algo), avalar, conformar, constituir, crear, decidir (algo), deliberar (sobre algo), designar, dirigir, establecer, formar, formar parte (de), informar, instituir, integrar, nombrar, organizar, pertenecer (a), presidir, purgar, reunir(se)**
☐ Véase también: **conjunto, grupo.**

como agua de mayo ♦ **aguardar (algo/a alguien), caer, esperar (algo/a alguien), llegar, necesitar, (algo/a alguien), recibir (algo/a alguien), venir**

como alma que lleva el diablo *loc.vbal.*
▮ Se combina con...

A VERBOS DE MOVIMIENTO, MÁS FRECUENTEMENTE SI DESIGNAN LA ACCIÓN DE ESCAPAR DE ALGÚN SITO O PARTIR DE ÉL A GRAN VELOCIDAD. TAMBIÉN CON ALGUNOS QUE DESIGNAN LAS ACCIONES QUE PROVOCAN ESAS FORMAS DE MOVIMIENTO: **1** correr ++: Muchos pasajeros pusieron los ojos como platos y trataban de evitar ser atropelladas por una multitud que corría *como alma que se lleva el diablo.* EXC250900 **2** salir corriendo ++: ...cuando los periodistas trataron de consultarle al respecto salió corriendo *como alma que se la lleva el diablo.* LPH280896 **3** huir: ...el protagonista se acerca al mundo del narcotráfico, como no podía menos de suceder en una escritura colombiana, pero huye *como alma que lleva el diablo.* ABC201291 **4** escapar: Si había algo que no le gustaba a Rafael Alberti eran las discusiones: yo le vi una y otra vez escapar de ellas *como alma que lleva el diablo.* EPE131299 **5** salir: ...se acaba el material impreso. Rápidamente es repuesto por un militante que sale *como alma que lleva el diablo* a buscar otra remesa. LVE041195 **6** subir: ...no tardó en abrir la puerta. Subió por la escalera *como alma que lleva el diablo.* ABC170295 **7** desalojar –: ...para que los aviones busquen el aeropuerto más cercano para aterrizar a toda velocidad y desalojar a los viajeros *como alma que lleva el diablo.* LRE140103

B OTROS VERBOS; POSIBLES USOS CRUZADOS: Con ocurrencias contradictorias es muy difícil hacer un debate. Otra cosa es que el partido socialista necesite *como alma que lleva el diablo* que la opinión pública se... [Cf. *como el comer*] EPE030601

C OTROS VERBOS; POSIBLES USOS ESTILÍSTICOS: Estalla el cielo y la manada se precipita calle arriba por la cuesta de Santo Domingo. Un toro toma la delantera *como alma que lleva al mismísimo Lucifer.* EPE090601; Hubo un torero gitano que se puso a torear al natural. Unas veces lo hacía como los ángeles; otras, *como alma que lleva el diablo.* EPE130399

como anillo al dedo ♦ **ajustar(se), ir (a alguien), quedar (a alguien), sentar (a alguien), venir (a alguien)**

como (a) una reina ♦ **actuar, atender (a alguien), dormir, estar, llevar, quedar, recibir (a alguien), saludar (a alguien), sentirse, tratar, vestir, vivir**

como (a) un perro ♦ **abandonar (a alguien), dejar tirado (a alguien), seguir (a alguien), tratar (a alguien)**

como boca de lobo ♦ **oscuro**

como chinches ♦ **caer, morir**

como churros ♦ **exportar, fabricar, hacer, producir, vender**
☐ Véase también: **como rosquillas.**

como condenados Véase: **como un condenado**

como cosacos Véase: **como un cosaco**

cómodamente ♦ **adaptarse, afrontar, albergar, aparcar, apoltronarse, aposentarse, arremolinarse, asentarse, aventajar, colocarse, compartir, controlar, derrotar, desplazar(se), dirigir, disfrutar, dominar, encarrilar, esperar, ganar, gobernar, imponerse, instalarse, jugar, liderar, mantener, mover(se), pasear, refugiarse, resolver, seguir, sentarse, sentirse, situarse, transitar, tumbarse, ubicarse, vencer, viajar**

[comodidad] → **con comodidad**

comodidad ♦ **absoluto, añadido, apacible, asombroso, confortable, escaso, extraordinario, gran(de), incomparable, indispensable, inmenso, lleno (de), máximo, mínimo, necesario, notable,**

placentero, plácido, pleno, relativo ♦ con, por ♦ ambiente (de), falta (de), marco (de) ♦ abandonar, acostumbrar(se) (a), anteponer (a algo), aumentar, brindar (a alguien), buscar, disfrutar (de), dotar (de), exigir, ganar (en), gozar (de), implicar, mejorar, ofrecer, permitir, prescindir (de), reclamar, tener, vivir (con)

☐ Véase también: **con comodidad, facilidad, flexibilidad, simplificación**.

como el agua ♦ claro, limpio, transparente

como el cemento ♦ duro, sólido

como el comer ♦ importante, necesario

como el pan ♦ bueno, necesario, tierno

como el perro y el gato ♦ andar, estar, llevarse, ser

como el rosario de la aurora *loc.vbal.* ▮

Se combina con...

A VERBOS QUE DESIGNAN EL PROCESO DE LLEGAR ALGO A SU FIN: **1 acabar ++:** El pacto (yo llamaría el conflicto) entre PP y CC yo pensaba que tarde o temprano acabaría *como el rosario de la aurora* por mucho que se empeñaran... CAN020201 **2 terminar ++:** ...y acudieron a la Ciudad Condal para manifestarse, en principio, pacíficamente. Pero la cosa terminó *como el rosario de la aurora*, a golpes, pintadas y... FDV260601 **3 concluir:** ...la Casa Blanca recordó ayer que, en 1999, la cumbre de la Organización Mundial de Comercio (OMC) de Seattle, que apadrinó Bill Clinton, concluyó *como el rosario de la aurora*. CAN020201 **4 finalizar:** Por este motivo, fuentes de CCOO manifestaron que la reunión finalizó «*como el rosario de la aurora*», y anunciaron... EME221096

como gato panza arriba *loc.adv.* ▮

Es locución propia de la lengua coloquial. Se combina con...

A VERBOS QUE DENOTAN DEFENSA O RESISTENCIA. TAMBIÉN CON ALGUNOS QUE DESIGNAN OTRAS FORMAS DE LUCHA: **1 resistirse ++:** ...se resiste ante esos requerimientos *como gato panza arriba*... LVE050795 **2 defenderse ++:** ...el otro ahora está defendiéndose *como gato panza arriba*... LNP120597 **3 pelear:** ...resiste (...) haciendo lo que sea, (...) peleándose por la vida y el sueldo *como gato panza arriba*. EME311096 **4 luchar:** ...luchó *como gato panza arriba* para conservar un simulacro de poder... EME070294 **5 revolverse +:** Las empresas, claro está, se revuelven *como gato panza arriba*. EME011095 **6 oponerse:** Los congresistas se oponen *como gato panza arriba* al cierre de bases en sus respectivas circunscripciones... EPE221001

como hongos *loc.adv.* ▮

Se combina con...

A VERBOS QUE DENOTAN APARICIÓN O SURGIMIENTO: **1 surgir ++:** La ciudadanía (...) comenzó a engrosar cuanta organización política y social que se creaba en aquellos tiempos y que surgían *como hongos*. ACP191296 **2 brotar +:** Los homenajes y las condecoraciones brotaron *como hongos* después de la lluvia. DHE031097 **3 emerger:** Así, los problemas sociales por la falta de fuentes de trabajo sustitutivas emergieron *como hongos* tras la lluvia. LNP010497 **4 germinar:** ...tienen todas las condiciones para germinar *como hongos* después de la lluvia en no importa cuál momento o circunstancia. RUM101197 **5 florecer:** Este es un momento en que las tiranías florecen *como hongos*. EME120194 **6 nacer:** Y es que allí donde los partidos de verdad fracasan nacen, *como hongos*, salvadores de las patrias. EPE080899 **7 salir:** «El problema», apunta Martínez Bueno, «es que los hoteles están saliendo *como hongos* y está por ver si la ciudad va a tener capacidad para absorber toda esa nueva oferta de plazas». EPE121099

B VERBOS QUE DENOTAN MULTIPLICACIÓN DE ALGO O PRESENCIA ABUNDANTE DE ALGUNA COSA: **8 reproducirse ++:** Por debajo de la ineficacia y soberbia de grandes empresas transnacionales y monopolios, empezaron a reproducirse *como hongos* la medianas y pequeñas empresas. EXC140901 **9 multiplicarse +:** Pero, a pesar de ello, vaticinan que se multiplicarán *como hongos* cerca de las autopistas y los hipermercados... CLA240199 **10 proliferar:** Quizá hasta fin de siglo las dictaduras sean sólo un mal recuerdo, mientras proliferan *como hongos* las democracias de corte capitalista... LTB201196 **11 abundar:** Los exegetas de Prodi –que en los grandes diarios italianos abundan *como hongos*– han llegado a comparar esta iniciativa con la histórica campaña electoral... LVE290395

C VERBOS QUE DENOTAN AUGE O EXPANSIÓN: **12 desarrollarse:** Estas entidades financieras (...) nacieron y se desarrollaron *como hongos* después de que Deng Xiaoping abrió la economía... CLA310199 **13 prosperar +:** Vietnam sirvió de incubadora en el nacimiento de la escuela de los fotógrafos del horror, que desde entonces han prosperado *como hongos*. EME160395 **14 crecer +:** ...los tropecientos mil gaiteiros que han crecido *como hongos* al conjuro de Don Manuel son para cualquier viajero la contundente prueba visual de que ya se adentra en Galicia. FDV280301

D OTROS VERBOS; POSIBLES USOS ESTILÍSTICOS: Con honrosas excepciones, arrasan con textos y códigos *como hongos* alrededor de la torta. HOY070797

como la cera ♦ blanco, pálido ♦ arder

como la espuma *loc.adv.* ▮

Se combina con...

A VERBOS QUE DENOTAN AUMENTO O PROLIFERACIÓN: **1 subir ++:** ...ven a su candidato subir *como la espuma*... LTB090397 **2 crecer ++:** ...la popularidad de Richard ha crecido *como la espuma*. VIS210997 **3 prosperar +:** Su negocio prosperó *como la espuma* desde 1989, cuando la PRTC la favoreció con varios contratos millonarios. END101297 **4 aumentar:** ...el sueldo de los presidentes de grandes compañías aumenta *como la espuma*... EME250396 **5 proliferar:** Estos espectáculos han proliferado *como la espuma*. LVE110895 **6 ascender:** Ya le hemos visto ascendiendo *como la espuma* y quemando etapas a una velocidad de vértigo. EME010594 **7 alzarse –:** ...una nueva y restringida clase de especuladores, alzada *como la espuma* por las posibilidades de lucro que brinda la anarquía de la actividad económica. EPE020880 **8 elevarse –:** ...así como el ala más izquierdosa del estudiantado se eleva *como la espuma*, los jóvenes que se mueven por la órbita de la derecha más radical constituyen... LVG231191

B VERBOS QUE DENOTAN DISMINUCIÓN Y OTRAS NOCIONES OPUESTAS A LAS DE AUMENTO O PROLIFERACIÓN MENCIONADAS EN EL APARTADO *A*: **9 bajar:** El conjunto de Juande Ramos sube y baja *como la espuma*. LVE290996 **10 desvanecerse:** lo que sucede sobre todo en las grandes ciudades, en locales de moda que se desvanecen *como la espuma* tras su efervescencia inicial. EPE211199

C OTROS VERBOS; POSIBLES USOS CRUZADOS: ...Modigliani, Klimt y Schiele se cotizaron *como la espuma*. [Cf. *por las nubes*] EME091195; La idea, que corrió *como la espuma* por todo el barrio... [Cf. *como la pólvora*] EME190694; ...la imagen (...) se extenderá *como la espuma* en nuestro país. [Cf. *como la pólvora*] LVE280195

como la nieve ♦ blanco, frío, limpio

como la palma de la mano ♦ llano, plano ♦ conocer

como la pólvora *loc.adv.* ▮ Admite la variante *como un reguero de pólvora*. La frase verbal que constituye con el verbo al que modifica se predica muy frecuentemente de sustantivos de información *(noticia, rumor, información, comentario, versión)*, aunque también de otras clases de nombres. Se combina con...

A VERBOS QUE DENOTAN EXTENSIÓN O DIFUSIÓN: **1 correr ++:** La noticia de su homicidio corrió *como un reguero de pólvora*. CAR210797 **2 propagar(se) ++:** De forma inmediata, el descubrimiento se propagó *como la pólvora* por el correo electrónico que mantiene informados a los astrónomos de todo el mundo. ABC160793 **3 extender(se) ++:** ...el rechazo de crímenes semejantes, el miedo ante futuras agresiones se extendieron *como la pólvora* entre la población. ABC061095 **4 esparcir(se) +:** Conforme llegaban a otras aldeas, la noticia se esparcía *como la pólvora*. EME210295 **5 difundir(se):** ...todavía impactada por el fallecimiento de Hassan II. La noticia se ha difundido *como la pólvora*. EPE260799 **6 expandir(se):** ...empezaron a inquietarse por las noticias que por la montaña se expandían de boca en boca *como un reguero de pólvora* súbitamente encendido. EME150795 **7 cundir:** El mayor temor que acecha ahora a los productores es que el ejemplo cunda *como la pólvora*, que la propuesta de RTVE sea rápidamente imitada por el resto de las cadenas públicas... EPE060799 **8 circular:** ...se desmiente el rumor sobre su supuesto mal estado de salud, que había circulado *como un reguero de pólvora* estos días. EME230494 **9 recorrer:** La psicosis ante un nuevo y espectacular atentado terrorista como el de Oklahoma recorrió ayer Estados Unidos *como un reguero de pólvora*. EME290695

B VERBOS QUE DESIGNAN LA ACCIÓN DE ENTRAR EN ACTIVIDAD ALGUNA MATERIA EXPLOSIVA: **10 estallar:** La noticia estalló *como la pólvora* por todo el país, saltó a los Estados Unidos y fue noticia en las primeras páginas... EME200896 **11 prender:** La polémica suscitada en el pueblo en torno al posible realojo de chabolistas prendió *como la pólvora* el domingo 9 de mayo... EPE190599

como las balas Véase: **como una bala**

como la seda ♦ delicado, suave ♦ funcionar, ir, marchar

como leones Véase: **como un león**

como loco Véase: **como (un) loco**

como los chorros del oro ♦ brillante, limpio, reluciente

como moscas ♦ acudir, aparecer, caer, morir, reunir, surgir, venir

como oro en paño *loc.adv.* ▮ En algunos países americanos alterna con *como oro en barras*. Se combina con...

A VERBOS QUE DENOTAN MANTENIMIENTO O CONSERVACIÓN: **1 guardar ++:** Ofrezco la dedicatoria entrañable que guardo *como oro en paño* y que me honró siempre, estampada por... LRE290103 **2 conservar ++:** ...tales habilidades puso de manifiesto, que el general Lersundi le entregó, en nombre de la Reina, 1.000 reales y una magnífica botonadura de brillantes, botonadura que *como oro en paño* conserva José Joaquín. EDV230101 **3 cuidar +:** A juicio de Anguita, «frente a esa desolación, el socialismo es una necesidad perentoria», por ello abogó por cuidar *como oro en paño* las «virtudes clásicas» del PCE... LVE180495 **4 mantener:** Para preservar el descubrimiento, los pocos conocedores de la ubicación de la entrada a la misma mantienen *como oro en paño* el secreto. EPE141299 **5 mimar:** Ha pasado la fase de recuperación más dura y ahora necesita fortalecer una pierna mimada *como oro en paño* durante 48 semanas. EPE220201

B VERBOS QUE DENOTAN OTRAS FORMAS DE PROTECCIÓN. USO INFRECUENTE: **6 defender −:** ...los azulgrana han sufrido este año para ganar en casa al Almería (un rival de Segunda B al que metió dos goles en el descuento), al Racing (defendió *como oro en paño* un gol de Rivaldo) y no supo batir al... EPE070200 **7 esconder −:** ...tener dinero lícito se considera una bendición de Dios. Aquí se esconde *como oro en paño*. LVE210594

C OTROS VERBOS; POSIBLES USOS CRUZADOS: Estoy esperando la jubilación *como oro en paño*. [Cf. *como agua de mayo*] LVE270295

como por encanto *loc.adv.* ▮ Se combina con...

A VERBOS QUE DENOTAN APARICIÓN O DESAPARICIÓN: **1 desaparecer ++:** Tanta claridad en la formulación de posibles salidas desapareció *como por encanto* una vez producido el fallo de la Cámara... SEM031096 **2 esfumarse +:** También se habían esfumado *como por encanto* otras cotizadas obras de Picasso, Leger, Miró... LVE270296 **3 evaporarse +:** ...no hay garantías suficientes de que el peligro pueda evaporarse *como por encanto*. EPE020287 **4 aparecer +:** ...es sólo cuestión de tiempo, no importa si es mucho, ya aparecerá algún día *como por encanto*... LRE090103 **5 surgir +:** Allí están las altas montañas azules que surgen del agua fría y transparente *como por encanto*. EPE210800 **6 resurgir:** El pueblo, pese al plutonio, no se murió sino que resurgió *como por encanto.* EME070496 **7 originar:** Aquel «detalle» bastó para originar *como por encanto* toda una serie de comentarios históricos... EME170194 **8 perder –:** Pero al salir de su boca loca la palabrota idiota, la bella perdió, *como por encanto*, su sex appeal. EME051096

B VERBOS QUE DENOTAN TRANSFORMACIÓN: **9 convertirse:** ...después de los pases de tarde, el cine Paz se convertía *como por encanto* en sala de baile hasta la próxima proyección. EME250294 **10 transformarse:** Se transforman *como por encanto*, de trabajo puramente misionero de antaño, en la mediación y negociación del nuevo diplomático como moderno misionero. INF010896

C OTROS VERBOS; POSIBLES USOS ESTILÍSTICOS: De este mundo ralentizado en el que, *como por encanto*, cualquier vehículo se desacelera y se traba. LVE100596

como puños ♦ **verdades**

como rosquillas *loc.adv.* ▮ Es locución propia de la lengua coloquial. Se combina con...

A EL VERBO *VENDER*. POR EXTENSIÓN, AUNQUE CON FRECUENCIA MUCHO MENOR, TAMBIÉN CON OTROS QUE DENOTAN TRANSFERENCIA, DIFUSIÓN O CONSUMO: **1 vender ++:** Los teléfonos móviles, por ejemplo, que a pesar de que se venden *como rosquillas* han sido sentenciados a muerte por aquéllos que marcan a la masa las pautas a seguir. EME070196 **2 llevar(se):** ...«Macarena» se resiste a morir y no deja sitio a los otros. Se la siguen llevando *como rosquillas.* LVE160896 **3 circular –:** ...no está tanto en la bebida sino que se encuentra en las drogas de diseño, que circulan *como rosquillas* en los ambientes nocturnos. EME011195 **4 repartir –:** ...se acordó que salomónicamente había que inventar y repartir preautonomías *como rosquillas* a la puerta de un colegio. EPE020181 **5 consumir –:** ...libros que quizá no aparezcan en la crítica del New York Times, pero que los americanos consumen *como rosquillas.* EME260895

B OTROS VERBOS; POSIBLES USOS ESTILÍSTICOS: ...muchas peleas y escenas violentas en la habitual tradición de este subgénero de artes marciales hecho *como rosquillas* en Hong Kong. LVE090196; Los juzgados son muy lentos. Además las separaciones se tramitan *como rosquillas*, como si se estuviera realizando el peritaje de un coche. EPE100599

☐ Véase también: **como churros.**

como una bala ♦ **rápido, veloz** ♦ **entrar, huir, partir, salir**

como una bomba ♦ **caer, estallar, explotar, sentar**

como una cabra ♦ **loco** ♦ **estar**

como una catedral ♦ **enorme, gran(de)** ♦ **corazón, embuste, error, fallo, falta, mentira, pecado, penalti**

como una chimenea ♦ **fumar**

como una cotorra ♦ **hablar, repetir**

como una cuba ♦ **borracho**

como una escoba ♦ **tieso**

como una exhalación *loc.adv.* ▮ Se combina con...

A ALGUNOS VERBOS DE MOVIMIENTO, MÁS FRECUENTEMENTE SI DESIGNAN LA ACCIÓN DE RECORRER UN LUGAR DE UNA PARTE A OTRA: **1 pasar ++:** Ha pasado por aquí *como una exhalación* pero no sabemos dónde para. LVE060794 **2 cruzar ++:** Llega con retraso y cruza la sala *como una exhalación*, rodeado por varios guardaespaldas y una cohorte de cámaras de televisión y fotógrafos. EME270996 **3 ir(se) ++:** Sin embargo, entre las ayudas canarias y la confianza recobrada, el Barcelona se fue *como una exhalación...* EME181295 **4 atravesar +:** Un fantasma que me resultaba conocido atravesó la puerta *como una exhalación.* LVE031295 **5 correr +:** Luego corrió *como una exhalación* a compartir el botín con sus compañeros de banquillo. LVE150196 **6 brincar:** Al azuzarle brincó el conejo *como una exhalación* y el perro, demasiado caliente, se lanzó en su persecución... ABC091092

B VERBOS QUE DENOTAN APARICIÓN, SURGIMIENTO O INICIO DE ALGO. TAMBIÉN CON ALGUNOS QUE DENOTAN INGRESO EN UN LUGAR: **7 entrar ++:** Entró *como una exhalación* y, tras él, lo hizo el resto del Gabinete. EME090295 **8 llegar +:** Llegó a la fiesta *como una exhalación* y desapareció tras hacerse las fotos de rigor. INDOC **9 aparecer +:** El triplista apareció *como una exhalación* en la temporada atlética gracias a su concurso en Villeneuve D'Ascq. EME140895 **10 meterse +:** Se metió *como una exhalación* en los aseos de señora y a menos que saliera vestida como un hombre por el de caballeros no la volví a ver. EPE010899 **11 surgir:** Surgió de entre el pelotón *como una exhalación* y atravesó la línea de meta con los brazos en alto. INDOC **12 empezar:** Empezó *como una exhalación* pero poco a poco se fue calmando y al final hablaba con bastante naturalidad. INDOC **13 arrancar(se):** Pero en banderillas, así que veía a Fundi, se arrancaba *como una exhalación.* EME090695 **14 colarse:** ...aprovechó las dudas de la defensa local para lanzar un zapatazo desde fuera del área que se coló *como una exhalación* en la portería de Unzúe. EME180995

C VERBOS QUE DENOTAN LA ACCIÓN DE ABANDONAR UN LUGAR, A MENUDO PARA EVITAR ALGÚN DAÑO: **15 salir ++:** El galardón que reciben aquellos equipos que desde el primer segundo salen *como una exhalación* en busca de la victoria. EPE131099 **16 desaparecer +:** Cuando Gloria se encontró con los treinta periodistas hispanos, los saludó uno a uno, les sonrió y, *como una exhalación*, desapareció del lugar... ETC130996 **17 escapar +:** ...expresada en una voluntad de poder que le impelió a escapar *como una exhalación* de un medio familiar que prometía escasos vuelos... LVE101195 **18 huir:** Cogieron el botín y huyeron de allí *como una exhalación.* INDOC

☐ Véase también: **disparado.**

como una lechuga ♦ **fresco**

como una lima ♦ **comer**

como una losa ♦ **caer, pesar**

como una Magdalena ♦ **llorar**

como una mancha de aceite ♦ extender(se)

como una marmota ♦ dormir

como una mula ♦ bruto, terco, testarudo ♦ trabajar

como un animal ♦ apestar, arrastrarse, aullar, correr, gemir, gritar, luchar, respirar, revolverse, trabajar, tratar (a alguien), vivir

como una ostra ♦ aburrirse

como una patena ♦ limpio

como una piedra ♦ duro ♦ caer

como un arado ♦ bruto

como una regadera ♦ estar

como una reina Véase: **como (a) una reina**

como una roca ♦ duro, firme, fuerte, sólido

como una rosa ♦ frágil, fresco ♦ encontrar (a alguien), estar, ver (a alguien)

como unas castañuelas *loc.adv.* ▌Se combina con...

A ALGUNOS ADJETIVOS QUE DESIGNAN ESTADOS PLACENTEROS: **1** alegre ++: Menos mal que por allí está la hija de Alex Casanovas, 4 años y poco más, alegre *como unas castañuelas,* despidiéndose de su papá, que va a empezar a trabajar. LVE050595 **2** feliz +: Ya no harán falta las vacaciones para estar juntos porque siempre nos quedarán los fines de semana, tralalana, felices *como unas castañuelas*, en la ciudad de la Giralda... EME111095 **3** contento +: Salió airoso del estreno. Y contento *como unas castañuelas...* EPE140200

como una seda Véase: **como la seda**

como una tapia ♦ sordo

como una tumba ♦ callado, mudo, silencioso ♦ callar(se), guardar silencio

como una vaca ♦ gordo

como una zapatilla ♦ tratar

como un bendito ♦ dormir, quedarse, reír

como un burro ♦ trabajar

como un carretero ♦ fumar

como un cencerro ♦ estar

como un cerdo ♦ chillar, comer, gritar, sudar

como un cesto ♦ dormir

como un clavo ♦ acudir, estar (en un lugar), presentarse

como un condenado ♦ correr, desafinar, sudar, sufrir, trabajar

como un cosaco *loc.adv.* ▌Es propia de la lengua coloquial. Admite la variante *como cosacos* cuando se aplica a varios individuos. Se combina con...

A VERBOS QUE DENOTAN INGESTIÓN DE LÍQUIDOS, A VECES ABUSIVA: **1** beber ++: ...mata sus penas bebiendo *como un cosaco...* LVE090595 **2** emborracharse: ...se emborrachó una noche, naturalmente *como un cosaco...* EME201095

B VERBOS QUE DESIGNAN OTRAS ACCIONES PLACENTERAS, GENERALMENTE EXPANSIVAS: **3** aplaudir: ...se puso a aplaudir *como un cosaco* y recordó que, desde hace 25 siglos, la mujer es una metáfora... EME221296 **4** disfrutar: Se le vio disfrutar *como un cosaco* de lo suyo y al resto nos hizo gozar de lo lindo con el tesoro escondido en sus cuerdas vocales. LVE061295 **5** joder: Antes la boda autorizaba a joder *como cosacos...* EME301196 **6** cantar: ...cantando *como cosacos* en la whisquería puesta al borde del plató y con una especie de mendigo que da las noticias del fin de semana. EME260996

C LOS VERBOS *MENTIR* Y *SUDAR*; POSIBLES USOS CRUZADOS: Si no, miente *como un cosaco.* [Cf. *como un bellaco*] EME200594; ...¿por qué los hombres tienen que sudar *como cosacos*? [Cf. *como un pollo*] EPE240299

como un descosido ♦ apaludir, bailar, beber, chillar, fumar, gritar, hablar, *otros verbos que designan acciones expansivas*

como un día sin pan ♦ largo

como un enano ♦ disfrutar, divertirse, pasarlo

como un globo ♦ desinflar(se), hinchar(se), inflar(se)

como un guante ♦ suave ♦ adaptarse, ajustarse, encajar, sentar (a alguien)

como un gusano ♦ arrastrar(se)

como un jarro de agua fría ♦ caer (a alguien), recibir, sentar (a alguien)

como un león ♦ aguerrido, bravo, fuerte, valiente ♦ defender, enfrentar(se), luchar, pelear, rugir

como un libro abierto ♦ explicar(se), expresar(se), hablar

como un lirón ♦ dormir

como (un) loco *loc.adv.* ▌Admite la variante *como locos* cuando se aplica a varios individuos. Se construye con el verbo copulativo *estar* y los semicopulativos *ponerse*, *ir* y *andar*, entre otros. Se combina además con muy diversos verbos de acción *(buscar, lanzarse, precipitarse, disparar, copiar)*, pero lo hace más frecuentemente con...

A VERBOS QUE DENOTAN EMISIÓN DE SONIDOS VOCALES. TAMBIÉN CON ALGUNOS QUE DESIGNAN OTRAS MANIFESTACIONES SONORAS, A MENUDO RUIDOSAS O EXALTADAS, QUE EN OCASIONES CONSTITUYEN LA EXPRESIÓN DE ALGÚN SENTIMIENTO: **1 gritar ++**: Se ha dicho, al parecer sin ser cierto, que gritaba *como un loco* «¡Viva la muerte!» (aunque no está muy claro si se refería también a su muerte o solamente a la de los demás...). LVE021195 **2 chillar +**: ...un preso detrás de las rejas chilla *como un loco* hacia todas las autoridades... LVE170194 **3 aplaudir +**: Lo más bonito es que cuando después cuajé una buena serie de naturales, este hombre aplaudía *como un loco*. EME010695 **4 animar**: En Alpe d'Huez animaban *como locos* unos espectadores con un coche matrícula de Melilla. EME150795 **5 cantar**: Anoche debieron cantarla *como locos* en el estreno... EPE210999 **6 reír**: Comimos copiosamente y bien, nos bebimos varias botellas de vino, nos reímos *como locos*. ABC180394 **7 aullar**: ...al terminar cualquier actuación, sea la que sea, se ponen a aullar *como locos*. EME090695 **8 vociferar**: ...sin el miedo a aquella otra mucho más incomprensible sentencia que siguen vociferando *como locos* los jueces del alma. LVE021295 **9 parlotear**: El niño, muy excitado, se puso a aplaudir y a parlotear *como un loco*... EME070196 **10 relinchar**: Las llamas se escapaban por las claraboyas del camión de los caballos, que relinchaban *como locos* en su interior. EPE301101

B VERBOS QUE DESIGNAN MOVIMIENTOS, ASÍ COMO DIVERSAS ACTIVIDADES FÍSICAS, MÁS FRECUENTEMENTE SI SE REALIZAN CON CIERTA AGITACIÓN: **11 correr ++**: El guardameta corre *como un loco*. ESH241000 **12 brincar**: Desde entonces, hete aquí que Sugar Blue viene brincando *como un loco* por las montañas del blues. LVE230195 **13 saltar**: Otras salidas de tono, como la explícita invitación a bailar con un grupo de monjes que saltaban *como locos* por el recinto, apenas cosecharon éxito entre una audiencia sorprendida. LVE051195 **14 danzar**: Bastaría con haber habilitado una hoguera en Zeleste y todos habríamos acabado danzando *como locos* alrededor del fuego. LVE030294 **15 pedalear**: ...todos queremos que (...) dé un golpe, que se ponga a pedalear *como un loco* y nadie le siga, que ponga las cosas en su sitio. EME140796 **16 moverse**: Nos movimos *como locos* para ayudarlos y conseguir lo que se requería. LTB170701 **17 agitarse**: ...podrían encontrarse los animales «que se agitan *como locos*», «innumerables», «dibujados con un pincel finísimo de camello». ABC120595 **18 revolcarse −**: Por eso el Gran Goran se revuelca por el césped *como un loco*, se golpea el pecho y se sube a su silla con los brazos abiertos para recibir la ovación... CLA090701 **19 estremecerse −**: ¿Por qué se estremecen *como locos* sólo con que levante un brazo? EME240595

C VERBOS QUE DENOTAN LA ACCIÓN O EL PROCESO DE EXPERIMENTAR PLACER, BIENESTAR U OTRAS SENSACIONES GRATAS: **20 disfrutar ++**: ...disfrutaba *como un loco* provocando la duda ajena. CLA280199 **21 gozar**: Gozaban *como locos* de la situación de poder que habían adquirido. INDOC **22 divertirse**: ...se divierten *como locos* y están deseando enamorarse. EME251095

D ALGUNOS VERBOS QUE DENOTAN SENTIMIENTO O MANIFESTACIÓN DE AMOR: **23 enamorarse**: ...me enamoré *como un loco* de ti y te lo dije bien claro... EME111095 **24 amar**: ...se conocieron y, repentinamente, empezaron a amarse *como locos*, según ella proclama públicamente. EPE020884

E OTROS VERBOS QUE DESIGNAN ACTIVIDADES, EN PARTICULAR AQUELLAS QUE, PRACTICADAS DE MANERA EXCESIVA, SE PUEDEN CONSIDERAR ADICTIVAS: **25 trabajar ++**: Trabajaba *como un loco* hasta que tuvo noventa y dos años. LPA260592 **26 escribir**: Tal vez Dios escriba *como un loco*. EME220696 **27 pintar**: ...he pasado los sofocantes días del verano pintando *como un loco*, intentando trasladar la incomparable belleza del mar y de las orillas bañadas en sol. ABC141094 **28 construir**: Después de todo, continuaba construyendo pistas *como un loco* en un aeropuerto condenado a permanecer oculto bajo la niebla... EPE121299 **29 fumar**: En seguida me di cuenta de que en cierto modo continuaba fumando *como un loco*. EPE130899 **30 comer**: ...era un paraíso terrenal, lleno de paisajes idílicos y de proletarios felices comiendo *como locos*. ABC290193 **31 comprar**: Llega Navidad, le hacemos caso y compramos *como locos*. HOY291297 **32 gastar**: Los que organizan estas cenas de Año Nuevo saben dos cosas: a) los chilenos en el extranjero se creen ricos y gastan *como locos*, y b) último día nadie se enoja. HOY291297

☐ Véase también: **a rabiar, horrores.**

como un loro ♦ **hablar, repetir**

como un {marajá/rajá} ♦ **quedar, vivir**

como un muerto ♦ **blanco, callado, pálido, tieso** ♦ **callar(se)**

como un pajarito ♦ **comer, quedarse**

como un perro Véase: **como (a) un perro**

como un pollo ♦ **sudar**

como un poseso ♦ **bailar, chillar, correr, danzar, gritar,** *otros verbos que designan actividades expansivas*

como un rajá Véase: **como un {marajá/rajá}**

como un reguero de pólvora Véase: **como la pólvora**

como un reloj *loc.adv.* ▮ Se combina con...

A VERBOS QUE DENOTAN EL PROCESO DE ESTAR ALGO EN MARCHA O EN FUNCIONAMIENTO. TAMBIÉN CON ALGUNOS QUE DESIGNAN OTRAS FORMAS DE COMPORTAMIENTO CORRECTO O ADECUADO: **1 funcionar ++**: En el cerebro humano hay un grupo de células (ubicadas en el núcleo supraquiasmático del hipotálamo) que funcionan *como un reloj*... BUS280900 **2 marchar**: El corazón no se le ve, ni siquiera se le intuye, aunque la expresión feliz de los facultativos haga suponer que marcha *como un reloj*. EME211196 **3 andar**: Aquello andaba *como un reloj*. Chiqui Garrido, por ejemplo, que vino de la de la

Estación Biológica de Doñana, anilló 130 ejemplares en 35 minutos. EPE180799 **4 ir:** Hasta ahora no hay que preocuparse. Todo va *como un reloj.* INDOC **5 trabajar:** Los americanos, empujados por sus inmigrantes, llevan 200 años trabajando, y los suizos trabajan *como un reloj.* LVE070195 **6 encajar:** Con no pocas referencias al asfixiante mundo de los científicos académicos, el narrador nos lleva por un laberinto de sutilezas que encajan *como un reloj.* EUV080996 **7 correr –:** ...los futbolistas de banda abrieron el campo; Kluivert se ofreció y descargó para la segunda línea y los laterales, y la pelota corrió *como un reloj.* EPE160201

B VERBOS QUE DESIGNAN LA ACCIÓN DE CONTROLAR EL FUNCIONAMIENTO DE ALGO. USO POCO FRECUENTE: **8 conducir –:** Como en los años en los que conducía *como un reloj* a los Lakers, Magic sumó dobles dígitos en... EPE051101 **9 dirigir –:** Jordi Esteve, consejero delegado de Lucta, dirige la empresa *como un reloj.* LVE110395

C ALGUNOS ADJETIVOS, MÁS FRECUENTEMENTE SI HACEN REFERENCIA A LA EXACTITUD O LA COMPLEJIDAD DE ALGO: **10 preciso:** Un gabinete preciso *como un reloj.* El equipo que acompaña a... EME230296 **11 completo:** ...organizado en torno a una escritura circular como el tiempo primitivo y una estructura literaria compleja *como un reloj* de precisión. LVE080995

como un rey ♦ **tratar, vivir**

como un roble ♦ **fuerte, robusto, sano** ♦ **estar**

como un señor ♦ **actuar, comportarse, marcharse, portarse, quedar, tratar, vivir**

como un solo hombre *loc.vbal.* ▮ Admite gran número de verbos, puesto que son muchas las acciones que pueden llevarse a cabo al unísono o por unanimidad *(sentarse, callarse, detenerse, comer)*, pero se perciben ciertas tendencias marcadas en la sintaxis de esta locución. Destacan especialmente sus combinaciones con...

A VERBOS QUE DESIGNAN LA ACCIÓN DE REACCIONAR ANTE ALGO O LA DE TOMAR UNA DETERMINACIÓN EN RELACIÓN CON ALGÚN ESTADO DE COSAS: **1 reaccionar ++:** Abierto este nuevo frente, el Gobierno ha reaccionado *como un solo hombre.* Varios ministros han descalificado... EPD260797 **2 responder ++:** Todos respondieron *como un solo hombre* y «con la celeridad que me solicitas», como decía en su carta el alcalde de Madrid. ABC140593 **3 resolver:** ...me parece de rigor llamar la atención sobre el hecho de que, si los parlamentarios del PSOE han resuelto *como un solo hombre* que el jueves van a votar en conciencia... EME181195 **4 decidir:** La deliberación fue corta porque enseguida decidieron, *como un solo hombre*, cerrar la escuela y ponerse en huelga hasta que el ministerio no... INDOC

B VERBOS QUE DESIGNAN LA ACCIÓN DE RESPALDAR ALGO O A ALGUIEN, O LA DE UNIRSE CON LA INTENCIÓN DE HACERLO: **5 apoyar +:** Su jefe iba para presidente del Congreso vistas las previsiones aritméticas. Catalanes, vascos y canarios le apoyaron *como un solo hombre* por el bien de todos. LVE280396 **6 seguir +:** ...da idea de que está dispuesto a volver a presentarse si el partido le sigue *como un solo hombre.* LVE300995 **7 defender +:** ...en plena etapa de Lizarra daba por muerto el Estatuto, y el viernes animaba a defenderlo *como un solo hombre* ante lo que los nacionalistas... EPE090901 **8 votar +:** ...desde que hace 10 meses ofreciese un insólito alarde de unanimidad en su último congreso regional, en el que los 4.000 compromisarios asistentes votaron *como un solo hombre.* EPE290399 **9 tener detrás:** Arzalluz respaldó con firmeza a Ibarretxe, quien tiene a todo el PNV detrás *como un solo hombre*, como quedó demostrado en la calle durante la manifestación contra el asesinato de Buesa. EPE260800 **10 colocarse al lado:** Todos venimos obligados a colocarnos, *como un solo hombre*, al lado del Gobierno de la República y de... LVE170796 **11 unir(se):** Desde ese momento, la opinión pública israelí se sentiría unida *como un solo hombre*, por primera vez desde hace mucho. EPE270500 **12 formar una piña:** Cuando el delegado del comité de empresa fue despedido, los trabajadores formaron una piña *como un solo hombre* para reclamar su readmisión, lo que consiguieron al cabo de unos días. INDOC **13 formar un bloque:** ...más de un millón de ciudadanos de todas las procedencias ideológicas formaron el pasado domingo un bloque compacto, *como un solo hombre*... EPE260100

C VERBOS QUE DESIGNAN LA ACCIÓN DE MOSTRARSE O PRESENTARSE EN ALGÚN SITIO, GENERALMENTE CON DISPOSICIÓN FAVORABLE EN RELACIÓN CON ALGUNA COSA: **14 acudir ++:** ...el bloque resultante corresponde a las gentes fieles seguidoras de las revistas del corazón, que habían acudido *como un solo hombre.* EPE160901 **15 manifestarse:** ...se encontraba de viaje y la mayor parte de los responsables estaban ilocalizables (...). Quienes sí se manifestaron *como un solo hombre* fueron numerosos políticos y escritores... EME210695 **16 formar:** El PSOE, en efecto, formaría *como un solo hombre* tras la candidatura de Felipe González, si... LVE300995 **17 aparecer:** ...el PSOE critica por un lado que el PP aparezca *como un solo hombre* (...), pero luego fija en su persona el... LVE200595

D VERBOS QUE DESIGNAN LA ACCIÓN DE ALZARSE, A MENUDO INTERPRETADA FIGURADAMENTE: **18 levantarse +:** Esas dos Españas enfrentadas e irreconciliables (...) son hoy una nación unida y vigorosa que se levanta *como un solo hombre* para rechazar la violencia. ETC170797 **19 alzarse +:** No poseería el título nacional de entrenador. El poderoso gremio se alzaría *como un solo hombre* para impedirle dirigir a un equipo de... EME260394 **20 ponerse en pie:** El diálogo se interrumpió al paso de dos carros del Ejército alemán. *Como un solo hombre* todos se pusieron en pie para insultarlos. EPE190301

E OTROS VERBOS DE MOVIMIENTO, TAMBIÉN INTERPRETADOS MUY FRECUENTEMENTE EN SENTIDO FIGURADO: **21 marchar:** Tampoco pueden ser olvidados ustedes, que hicieron posible esa movilización descomunal; que todo el pueblo, *como un solo hombre*, marchara allí.... GIC039801 **22 ir:** No nos rendimos, que quede claro, y vamos a ir a las elecciones municipales con moral y *como un solo hombre.* LVE310195 **23 dirigirse:** Con él del brazo se une a Holbrooke, Clark y los demás. Y todos ellos, *como un solo hombre* se dirigen hacia la antesala y suben por... EME030296 **24 moverse:** «Yo no creo que al Atlético le falte un pivote. Lo importante es que todo el equipo se mueva *como un solo hombre*», insistió. EPE170799 **25 salir:** «Hoy puede ser un gran día, plantéatelo así...». Los cuatro, *como un solo hombre* salieron a escena, caminando juntitos en busca de un mismo destino. EME100896

F LOS VERBOS *ACTUAR* Y *FUNCIONAR*: **26** actuar +: A la hora de votar o de moverse, estos grupos actúan *como un solo hombre.* LVE130795 **27** funcionar +: Ahora, con un Proyecto que pronto regulará el sector, con más de 50 alcaldes dispuestos a funcionar *como un solo hombre...* EME191095

como un tiro ♦ caer (a alguien), sentar (a alguien)

como un tomate ♦ colorado, rojo

como un toro ♦ fuerte

como un trapo ♦ poner (a alguien), tratar (a alguien)

como un tronco ♦ caer, dormir

como un zorro ♦ astuto, listo

compañero (de) ♦ antiguo, asiduo, entrañable, entregado, fiel, gran(de), inmediato, inseparable, íntimo, leal, noble, nuevo, predilecto, reconciliado, saludable, sentimental, solidario, viejo ♦ con, entre ♦ arma, aventura, celda, clase, equipo, fatiga, fórmula, generación, grupo (de), juego, lista, mesa, partido, promoción, vínculo (con) ♦ compartir (con), compenetrar(se) (con), encontrar, entender(se) (con), extrañar (a), llevarse {bien/mal} (con), reconciliar(se) (con), tener
☐ Véase también: **amigo.**

compañía ▮ *(proximidad)* ♦ agradable, asiduo[39], bueno, desagradable, fiel, grato, indeseable, malo, recomendable ♦ en ♦ buscar, disfrutar (de), gozar (de), granjearse, vivir (en)
▮ *(empresa)* ♦ capitanear[36], comerciar (con algo), constituir, contratar, dedicar(se) (a algo), deshacer(se), desmembrar(se)[27], dirigir, enrolar(se) (en), formar, formar parte (de), fundar, integrarse (en), involucrar(se) (en algo), irse a pique, rivalizar, operar (en un lugar)
☐ Véase también: **acompañar.**

comparar(se) ♦ a ojo[12], de cerca, desfavorablemente[20], detalladamente, favorablemente, negativamente[37], ni de lejos[13], ni por asomo, punto por punto[4], remotamente[15], tangencialmente[19], ventajosamente[1]

comparativamente ♦ inferior, mayor, mejor, menor, peor, superior ♦ analizar, estudiar, evaluar, examinar, valorar

comparecencia ♦ a puerta cerrada[55], efectivo, obligado, público, televisivo, urgente ♦ durante ♦ aplazar, asistir (a), boicotear[17], delegar[30], dictaminar, esperar, excusar, exigir, forzar, impedir, lograr, pedir, requerir, solicitar
☐ Véase también: **presencia.**

comparecer ♦ a cara descubierta[13], ante alguien, a puerta cerrada[11], brevemente[3], con luz y taquígrafos, en carne y hueso[2], en persona, forzosamente, humildemente[12], obligadamente, públicamente

compartir ♦ a partes iguales[3], codo con codo[19], con matices[17], de igual a igual[5], en alguna medida, equitativamente, gustosamente, plenamente[5], por completo, salomónicamente[3], sin reservas[38]

[compás] → **al compás (de), compás de espera**

compás ♦ endiablado[4], frenético[9], lento, monocorde, monótono, rítmico, vivo[64] ♦ dictar[13], establecer, fijar, llevar, marcar[19], recuperar, seguir
☐ Véase también: **cadencia, ritmo, velocidad.**

compás de espera ♦ angustioso, breve, dilatado, largo, tenso, tortuoso ♦ en ♦ abrir, conceder, dar (a alguien), durar, establecer, imponer, mantener, pedir

compasión ♦ hondo, indulgente, infinito, profundo, sincero, sin límite, solidario ♦ con, por, sin ♦ ápice (de)[28], falta (de), muestra (de), pizca (de), rastro (de), sentimiento (de) ♦ aflorar, demostrar, despertar[37], ejercer, implorar[16], inspirar[15], invocar, merecer, mostrar, mover (a), obtener, pedir, prestarse (a), recibir, sentir[34], suscitar, tener
☐ Véase también: **aflicción, dolor, pena, sentimiento.**

compenetrarse ♦ a la perfección, a las mil maravillas[11], perfectamente, sin dificultad, totalmente

[compensación] → **en compensación**

compensar *v.* ▮ En el sentido de 'igualar o hacer equivaler' se construye con dos grupos nominales que designan cosas que se contrapesan o se contrarrestan *(La subida de los sueldos no compensa el encarecimiento de los precios; Hay que compensar las pérdidas con los beneficios).* En el sentido de 'dar algo por un perjuicio o un gasto' admite sustantivos de persona individuales o colectivos, especialmente si designan a los perjudicados por alguna acción o por algún estado de cosas *(víctima, damnificado, enfermo, jubilado: El gobierno debe compensar a los jubilados)*, a menudo en construcciones encabezadas por las preposiciones *de* o *por (La empresa no compensó al directivo por su despido).* Se combina con sustantivos que designan magnitudes *(compensar la altura, la velocidad, el tamaño, el precio)* y especialmente con...

A SUSTANTIVOS QUE DENOTAN DAÑO, PERJUICIO U OFENSA. TAMBIÉN CON ALGUNOS QUE DESIGNAN OTRAS ACCIONES LESIVAS U HOSTILES CONTRA LAS PERSONAS O LAS COSAS: **1** daño ++: El régimen norteamericano cuesta 5,3 millones de dólares, financiados por el Gobierno con fondos para *compensar* daños que provocan los fenómenos climáticos. CLA250199 **2 perjuicio ++:** ...comprueba cómo no recibe un trato equitativo que *compense* los perjuicios y molestias de todo tipo que dicha cooperación le ocasiona. LPN190697 **3 humillación:** Allí conoce a Genaro Zaldúa, todavía más débil y cobarde que él, por lo que le humilla constantemente para *compensar* las humillaciones que él recibe de los demás... LVE011196 **4 expolio:** ...se perciben los mitos ancestrales: el del enigma de la muerte misma del héroe (...); el del tesoro escondido en la tierra para *compensar* su expolio. ABC210194 **5 agravio:** A fin de *compensar* el agravio económico provocado por la inflación del año pasado, el Ministerio de Hacienda ha reducido (...) las tarifas del IRPF... LVE120596 **6 destrozo:** ...pero los rusos consideran que Stalin hizo bien en confiscar obras de arte para *compensar* los destrozos realizados por las tropas nazis en el patrimonio cultural ruso. LVE080295 **7 ofensa:** Luego, para *compensar* la ofensa comarcal, se confirió rango universitario a Girona, Lleida y Tarragona/Reus y se aprobó una privada, la Ramon Llull. LVE161195 **8 crimen:** Que Begoña haya visto al fin la luz no *compensa* en absoluto este crimen ni le redime de su tardanza. LVE250195

B SUSTANTIVOS QUE DENOTAN ESFUERZO, MÁS FRECUENTEMENTE TENAZ Y PORFIADO. TAMBIÉN CON OTROS QUE DESIGNAN ALGUNAS CUALIDADES Y ACTITUDES RELACIONADAS CON LA PERSEVERANCIA Y EL TESÓN QUE SE PONE EN LO QUE SE HACE: **9 esfuerzo ++:** Para *compensar* este esfuerzo, a los accionistas de Banesto se les garantizará un precio inferior al del mercado... LVE030294 **10 sacrificio +:** Para su coordinador, a la larga la salud *compensa* el sacrificio económico y personal. EPE271299 **11 empeño:** Pero el difícil empeño de Ramón Tamames (...) se va a ver *compensado* (...) porque todo hace pensar que (...) alcanzará uno de sus más resonantes éxitos editoriales. ABC061095 **12 trabajo:** ...no obtienen ingresos suficientes que *compensen* el trabajo que realizan. DYM230796 **13 afán:** Es así la obra más virulenta y audaz de nuestra literatura, pero cuyo afán devastador (...) se *compensa* con un lenguaje inédito, desinhibido y suelto... EPE170499 **14 sudor:** Este viaje supuso para todos una oportunidad irrepetible de *compensar* tanto sudor y tantas carreras dominicales tras el balón. EPE060499

C SUSTANTIVOS QUE DENOTAN EFECTO DE UNA ACCIÓN O UN PROCESO: **15 efecto +:** Afirmó que el Gobierno podría recurrir esta reforma o adoptar medidas para *compensar* sus efectos en otras autonomías. LVE110796 **16 impacto +:** Francia y Alemania, por ejemplo, se beneficiaron con la apertura del gran mercado europeo, pero a través de estos tres fondos se *compensó* el impacto que la liberalización había tenido sobre los países menos competitivos. PME201096 **17 consecuencia +:** No se sabe el orden del día de la reunión, pero todo parece indicar que tratará el Plan de Reactivación Económica de Galicia anunciado por el Gobierno para *compensar* las consecuencias de la marea negra. LRE210103

D SUSTANTIVOS QUE DENOTAN PÉRDIDA O EMPEORAMIENTO, FRECUENTEMENTE OCASIONADOS POR DISMINUCIÓN O MENOSCABO DE ALGUNA MAGNITUD: **18 caída +:** Pero aún no alcanza a *compensar* la caída del 4,5% que registró en 1995. CLA300197 **19 descenso +:** Los técnicos de Itec consideran que el tirón de la vivienda (...) *compensará* el descenso de la obra civil previsto para este año. LVE190696 **20 pérdida +:** Lo desastroso desaparece con medidas de emergencia que *compensan* pérdidas y apoyan la recuperación. DYM040796 **21 reducción +:** ...la cartera de préstamos de estos intermediarios no creció lo suficiente para *compensar* la reducción en el margen financiero (diferencia entre tasas para préstamos y para ahorros). LNC070297 **22 disminución +:** Para *compensar* la disminución de ingresos fiscales que implicará la reducción de las tasas arancelarias... DED180197 **23 rebaja:** ...un pequeño repunte de los tipos medios que intentará *compensar* la fuerte rebaja a la que estuvieron sometidos estos últimos días. INDOC **24 empeoramiento:** La mejor trayectoria del sector exterior *compensará* el empeoramiento de la construcción. EME160896 **25 bajada:** ...han logrado aumentar sus activos, aunque sin *compensar* la bajada sufrida por los FIM en términos globales. LVE180495 **26 devaluación:** ...no se ha tenido ningún reajuste de ese valor como para *compensar* las devaluaciones de la moneda nacional. ACP071100 **27 merma:** ...reducir los precios de venta internacional (...) y aumentar los volúmenes procesados y exportados, a fin de *compensar* la merma de los valores. LEC191197

E SUSTANTIVOS QUE DENOTAN PAGO O EMPLEO DE DINERO: **28 gasto ++:** ...el Estado se va a ver obligado a entregarle plata a la empresa privada para *compensar* sus gastos y mantener las utilidades... LPN240597 **29 deuda +:** ...decidió retener las distintas cantidades para *compensar* las deudas que los ayuntamientos a que estaban destinadas mantenían con la Diputación. LVE050495 **30 costo +:** Y además, no alcanzaría para *compensar* el mayor costo del financiamiento que deben pagar las empresas a partir del aumento de la tasa de interés. CLA210199 **31 inversión:** ...la inexistencia de hidrocarburo rentable en el mar del archipiélago, que derrumbaría la esperanza británica de *compensar* las inversiones realizadas... CLA310199

F SUSTANTIVOS QUE DESIGNAN DIVERSAS SITUACIONES O ESTADOS CARENCIALES: **32 ausencia +:** Para *compensar* su ausencia a la hora del brindis, la joven le estampó un fuerte beso que el padre recibió feliz. CLA030199 **33 debilidad:** Quizás en el bateo central no muestren velocidad en las bases, pero con el poder *compensan* esa debilidad. LPN130397 **34 falta +:** Para *compensar* su falta de capacidad operativa, han intensificado su actuación los citados grupos. EPD250897 **35 déficit +:** El gasto de los extranjeros en España *compensa* el déficit comercial en el primer semestre. LVE050895 **36 escasez +:** Pero sería más aprovechable aún si el compilador (...) hubiera incluido otros textos que ayudaran a *compensar* la escasez de muestras españolas que el género ofrece. ABC100792 **37 deficiencia:** Normalmente se aplicará esta definición y, en consecuencia, se permitirá a los bancos *compensar* cualquier deficiencia en los encajes en uno o más días del período... PLG020597 **38 defecto:** ...sus cualidades como crítico, su erudición, su amenidad, su trabajo tenaz, *compensan* con creces sus defectos. ABC040394 **39 pobreza:** Teóricamente, los fondos de emergencia social se crearon para *compensar* la pobreza ante los costos que les imponían los programas de estabilización y ajuste. EXC050996 **40 penuria:** Más bien parece que los fondos comunitarios se utilizan para *compensar* las penurias presupuestarias... LVE180596 **41 vacío:** RTVE parece querer *compensar* el vacío de nuestra fonografía clásica editando ella misma discos de muy diversa índole. ABC070593 **42 carencia:** ...la fe, la confianza es un recurso inevitable para *compensar* la carencia intrínseca de información completa acerca del tema que nos importa. ABC070495

G SUSTANTIVOS QUE DENOTAN DOLOR O AFLICCIÓN: **43 dolor +:** ...la certeza del fracaso no alcanza a *compensar* el dolor por los 150,000 muertos... PME291296 **44 sufrimiento +:** ...han presentado un total de 61 denuncias en las que se piden cerca de 60 millones de euros por daños y perjuicios al Ayuntamiento para *compensar* sus sufrimientos físicos y morales. LRE170103 **45 pena:** Ahora el juez, Anthony Nicholl, señala que la indemnización servirá para *compensar* la pena y el sufrimiento de la familia por «negligencia médica». EPE261199 **46 tristeza:** No obstante, la tristeza que esto me provocó, se *compensaba* con el gran cariño y comprensión que me dispensó mi familia. HOY190183

H SUSTANTIVOS QUE DESIGNAN DIFICULTADES O PROBLEMAS, ASÍ COMO DIVERSOS HECHOS O CIRCUNSTANCIAS CONSIDERADOS ADVERSOS O AMENAZANTES: **47 problema ++:** Es evidente que la fortaleza del conjunto les ayuda a *compensar* los problemas de algunos deportes de equipo. LVE190796 **48 riesgo +:** El margen de 5 puntos porcentuales (...) son lo suficientemente amplios como para *compensar* el riesgo de cambio implícito para activos a corto plazo... LVE170396 **49 inflación +:** ...el ajuste de un 15 por ciento, aunque *compensa* la inflación acumulada (...) todavía no lleva el salario a tener el poder adquisitivo que tenía hace veinte años. LDD190797 **50 dificultad:** ...aseguran *compensar* las dificultades lingüísticas que supone el uso del catalán con la calidad de sus universidades y el atractivo que les ofrece el país... LVE260296 **51 limitación:** Sólo genios como Mozart o Beethoven *compensaban* las limitaciones del medio con resultados valederos. ABC260692 **52 brecha:** Estima Hurtado que el mejoramiento futuro de los mercados petroleros *compensará* esta brecha fiscal. EUV170498

I SUSTANTIVOS QUE DENOTAN DISPARIDAD, DESEQUILIBRIO Y OTRAS ALTERACIONES DEL ORDEN O LA ARMONÍA EN ALGÚN ESTADO DE COSAS: **53 diferencia ++:** Para *compensar* la diferencia, su banco se aventura en nuevas áreas, que van del crédito sobre activos hasta los arriesgados créditos para automóviles. EXC020197 **54 desequilibrio +:** Wuhan es la gran ciudad industrial en la que el Gobierno invierte para *compensar* los desequilibrios entre el interior del país, agrario, y la costa. LVE120895 **55 desorden:** Sin poder ofrecer a los rusos una perspectiva de prosperidad, el Estado ruso intenta *compensar* su desorden con sucedáneos como los que contiene la guerra de Chechenia. LVE210195 **56 desarreglo:** Con la necesidad de *compensar* los desarreglos producidos por la forma de ir hacia la privatización... LVE291095 **57 desfase:** Sobre todo, teniendo en cuenta que para *compensar* el desfase no se han visto obligadas a nuevas sangrías en sus plantillas. EME261295

J SUSTANTIVOS QUE DENOTAN ERROR O DESACIERTO EN DIVERSOS GRADOS: **58 error ++:** Lafuente dice que la regulación no puede *compensar* los errores de las empresas. EME290395 **59 fallo:** Unzué *compensó* su fallo en el gol con un paradón a Zamorano. EME060295 **60 desacierto:** Y el Taugrés *compensaba* con corazón su ya irreparable desacierto. EME240495 **61 disparate:** Compensó tamaño disparate con otros dos de signo opuesto, al no señalar sendos penaltis... LVE120196

▩ Se combina también con: ♦ **ampliamente, con creces[23], de sobra[11], económicamente, ni de lejos[27], salomónicamente[6], sobradamente[7]**

☐ Véase también: **indemnizar.**

competencia

♦ **abierto, arduo[28], brutal, comercial, contencioso, creciente, desaforado[17], descarnado[34], desigual, desleal, desmedido[39], desmesurado, difícil, directo, efectivo, electoral, enconado[26], estrecho, exacerbado, exclusivo, feroz[7], férreo[65], frontal, fuerte, implacable[44], indirecto, intenso, internacional, legítimo, libre, profesional, rabioso, reñido[5], salvaje, sin cuartel, solapado, terrible** ♦ **con arreglo (a)[18], sin perjuicio (de)[7]** ♦ **choque (de), conflicto (de), grado (de), hábito (de), marca (de), nivel (de), régimen (de)** ♦ **adquirir[34], afinar[20], afrontar, aglutinar[65], ahogar, ampliar, arreciar[50], arrogarse[7], aumentar, aventajar, ceder, conceder[63], contrarrestar, declinar[28], decrecer, delegar[4], determinar, dimanar, ejercer, entablar[38], estimular, exacerbar[2], fomentar, fortalecer, ganar (a), generar, incentivar[35], invadir, limitar, mantener, perjudicar, recaer[12], reforzar, retirar(se) (de), sufrir, tener, tensar[7], traspasar[2], triunfar (sobre), tropezar(se) (con)[19], usurpar[12], vulnerar[25]**

☐ Véase también: **demanda, economía, mercado, oferta.**

competición

♦ **abierto, a brazo partido[17], alto, amistoso, armamentístico, contra reloj, cuerpo a cuerpo, de {alto/bajo} nivel, deportivo, desenfrenado, desequilibrado, desesperado, desigual, devaluado, encarnizado[10], enconado, equilibrado, espectacular, intenso, liguero, limpio, máximo, multitudinario, oficial, olímpico, profesional, reñido[16], restringido, trepidante** ♦ **comité (de), espíritu (de), partido (de), ritmo (de)** ♦ **abandonar, abrir(se), acoger, adulterar[7], afrontar, amañar, apear(se) (de), arbitrar, arrancar, boicotear[51], celebrar, cerrar(se), clausurar, concursar (en), conquistar, desarrollar(se), desatar(se), dominar, entablar[39], entrar (en), fracasar (en), ganar, librar, meter(se) (en), organizar, participar (en), patrocinar, perder, retirar(se) (de), sostener, suspender, triunfar (en)**

☐ Véase también: **campeonato, encuentro, partido, torneo.**

competir

♦ **abiertamente[76], a brazo partido[7], a cara de perro[4], a la desesperada[27], arduamente[11], cara a cara[14], comercialmente[38], con dureza[23], con éxito[20], cuerpo a cuerpo[10], de igual a igual[11], deportivamente[13], dignamente[26], duramente[12], electoralmente, en buena lid, encarnizadamente[5], honradamente, intensamente[40], lealmente[18], limpiamente[8], mano a mano[5], políticamente, ventajosamente[3]**

☐ Véase también: **medir(se).**

competitividad

♦ **alto, bajo, comercial, creciente, desaforado, económico, empresarial, es-**

caso, exacerbado, feroz[10], fuerte, intenso, necesario, tecnológico ♦ falta (de), grado (de), índice (de), nivel (de), pérdida (de), plan (de) ♦ afectar (a), aumentar, crecer, elevar, fortalecer(se)[32], ganar, incentivar[34], incidir (en), mantener, medir, mejorar, perder, reducir, repercutir (en), restar (a algo)

competitivo *adj.* ▮ En su sentido de 'perteneciente o relativo a la competición' admite los sustantivos *deporte* y *juego*, y otros que designan esas nociones *(fútbol competitivo; tenis competitivo)*. También admite sustantivos que designan normas o conjuntos de ellas *(regla, reglamentación, norma, regulación, reglamento)* y otros que expresan algunos estados de ánimo que se relacionan con la práctica de actividades de competición *(tensión, estrés, ansiedad)*. En el sentido de 'capaz de competir' o 'habituado a competir' se combina con sustantivos que designan personas *(jugador, deportista, candidato, empresario)* o grupos humanos *(sociedad, país, equipo, plantilla)*. Se combina asimismo con...

A SUSTANTIVOS QUE DENOTAN PRECIO, COSTE Y OTRAS MAGNITUDES INHERENTEMENTE CUANTITATIVAS: **1 precio ++:** ...ya inició los trabajos de instalación de equipo, para prestar el servicio de telefonía móvil celular en todo el país y a precios *competitivos.* SVG100697 **2 tarifa:** ...le permita el acceso a tarifas *competitivas* a todos los productores, incluyendo a los pequeños. LPN060697 **3 costo:** ...ya que ofrecerá al usuario una opción de alta tecnología a costos *competitivos.* DYM151297 **4 crédito:** ...una banca sana y que opere créditos baratos, *competitivos* y de apoyo a la planta productiva y el empleo. EXC180197 **5 tasa:** Y el público seguramente se podrá beneficiar, cuando pase esta crisis, con tasas más *competitivas...* CLA280199 **6 oferta:** ...puesto que las ofertas *competitivas* de las grandes superficies han actuado como un eficaz reductor de los precios en países como Francia y Reino Unido... EPE300899 **7 valor:** ...pero el valor de la PRTC no es tan *competitivo* como el de CANTV de Venezuela o el de Telefónica de Perú... END041197 **8 moneda:** ...sobrepreciaba el valor de la libra esterlina, frente a la moneda más *competitiva* del momento, el dólar. EME210496 **9 tipo de interés:** ...solicito un tipo de interés *competitivo* y equiparable a los tipos que se ofrecen a los nuevos clientes del Banco... EME070796

B EL SUSTANTIVO *ECONOMÍA*. TAMBIÉN CON OTROS QUE DESIGNAN DIVERSAS ACTIVIDADES U OPERACIONES COMERCIALES QUE CONFORMAN ALGÚN ÁMBITO ECONÓMICO: **10 economía ++:** ...la UE no está siguiendo el camino para alcanzar el objetivo de convertirse en 2010 en la economía más *competitiva* del mundo. LRE140103 **11 mercado ++:** ...fue totalmente desregulado antes de que en éste se dieran las condiciones mínimas de un mercado *competitivo...* CLA140199 **12 industria ++:** La base de una industria editorial sana y *competitiva* son los libros de texto. EPE251101 **13 comercio +:** El comercio tradicional, si es *competitivo,* tiene mercado y subsistirá... LVE140696 **14 negocio +:** Sin embargo, el objetivo de un empresario es que su negocio sea *competitivo* por sí mismo... EPE030799 **15 sector +:** Este sector ha pasado de ser un mercado de pequeños editores locales, (...) a convertirse en un sector *competitivo* y en auge. EME250294 **16 agricultura:** ...que reúne a los países de agriculturas menos *competitivas* entre los cuales se encuentran España, Portugal, Grecia y en cierta medida Italia... LPA020592 **17 banca:** «Este país -dice Moltó- ha realizado un tremendo esfuerzo para consolidar una banca *competitiva* y ésta no puede ahora mantenerse al margen del proceso de industrialización». EME020295

C SUSTANTIVOS QUE DESIGNAN ENTIDADES U ORGANIZACIONES QUE DESEMPEÑAN ACTIVIDADES INDUSTRIALES, COMERCIALES O ECONÓMICAS. POR EXTENSIÓN, CON OTROS QUE DESIGNAN ALGUNOS DE LOS LUGARES DONDE SE UBICAN: **18 empresa ++:** Los grupos debieron dedicar grandes esfuerzos financieros para modernizar, expandir o hacer más *competitivas* las empresas... HOY250184 **19 firma:** ...hace unos pocos años se hizo con Filmax, que andaba en situación asaz precaria, y ha conseguido convertirla en una firma *competitiva...* EPE250499 **20 compañía:** El reto es darla a conocer como una compañía *competitiva* no sólo en España sino en algunos de los principales mercados internacionales... EME150995 **21 banco:** ...destacaba que Banesto había desplegado «una estrategia de gestión sólida, que debe permitir que el banco sea más *competitivo*». EME070394 **22 fábrica:** ...cuáles son los planes de la firma dentro de Fontaneda, simplemente «que tratarán de hacer la fábrica lo más *competitiva* posible»... EME150896 **23 pyme:** Como pyme más *competitiva,* ha sido destacada Industrias Esteves, fabricante de hilados de diamante natural y sintético. LVE150696

D SUSTANTIVOS QUE DENOTAN PRODUCTO O MERCANCÍA. TAMBIÉN CON OTROS QUE DESIGNAN DIVERSAS TRANSACCIONES DE NATURALEZA COMERCIAL: **24 producto ++:** «Quizá sólo sea una apreciación mía, pero me da que, en algunos casos, no ofrecemos productos *competitivos*». EME121195 **25 artículo +:** Y lo mismo podría aducirse en relación con otros artículos *competitivos,* cuya tacha principal y única sería la de serlo. ETC160494 **26 mercancía:** ...que no permitirá recortar los tipos de interés, no hará sus mercancías más *competitivas* y no pondrá fin a la necesidad de una austeridad fiscal... EPE041201 **27 producción:** La idea final que los anima es lograr que la producción de leche sea más *competitiva* y barata. CLA070397 **28 exportación:** ...no permitiría llevar la tasa de cambio a un nivel en el que las exportaciones puedan ser *competitivas.* ETC311096

E SUSTANTIVOS QUE DENOTAN GANANCIA O RETRIBUCIÓN: **29 beneficio:** ...y consideró que el bajo coste de su opción (...) será un importante beneficio *competitivo.* EME181295 **30 ganancia:** ...de productos industriales españoles, favorecidos por la ganancia *competitiva* derivada de las devaluaciones de la peseta. LVE230694 **31 sueldo:** Aunque manifestó no poder decir el monto de los sueldos que se piensan pagar, María Tomei consideró que serán *competitivos...* LNP080497 **32 salario:** En casi todos los anuncios, el salario se define como *«competitivo»,* aunque no lo es demasiado. EPE291001

F SUSTANTIVOS QUE DENOTAN EVENTO DEPORTIVO: **33 campeonato:** ...y trabajar para estar a tono con un campeonato muy *competitivo* como el de primera. LNA290692 **34 torneo:** ...este año los cuadros que subieron son también fuertes así que va a ser un torneo más *com-*

petitivo. EPU110601 **35 liga:** Ahora bien, la experiencia en una liga *competitiva* de Donovan y O'Brien sólo es compartida en su selección por Hejduk... EPE250900 **36 carrera:** El Open Internacional de España se ha consolidado como la carrera más *competitiva*, tras el Campeonato del Mundo. EME221095

□ Véase también: **reñido**.

complejidad ♦ **alto, barroco, considerable, creciente, elevado, endiablado[17], enorme, enrevesado, escaso, estructural, extremo, gran(de), inextricable[4], infinito, insoluble, intrincado[10], manifiesto, maravilloso, profundo[136], sorprendente, sumo[66], sutil, técnico, tremendo** ♦ **grado (de), nivel (de)** ♦ **adquirir, desafiar, desconocer, descubrir, desentrañar, entrañar, estribar (en algo), ofrecer, presentar, reducir, reflejar, residir (en)[20], revelar, revestir**

□ Véase también: **complicación, dificultad, laberinto (de), madeja, maraña, red.**

complejo ▮ *(en psicología)* ♦ **absurdo, angustioso, antiguo, atenazante, de culpa, de culpabilidad, de Edipo, de inferioridad, de superioridad, doloroso, personal, preocupante, psíquico, serio, severo** ♦ **acusar, aquejar (a alguien), arrastrar, asediar (a alguien), atenazar (a alguien), combatir, desarrollar, desenterrar, deshacer(se) (de), desterrar, disimular, enterrar, entrar(le) (a alguien), erradicar, incubar, invadir (a alguien), liberar(se) (de), librar(se) (de), mostrar, padecer, revivir, soterrar, sufrir, superar, tener, vencer** ▮ *(conjunto)* ♦ **comercial, cultural, deportivo, habitacional, hospitalario, hotelero, industrial, inmobiliario, militar, moderno, penitenciario, petroquímico, residencial, turístico, vitamínico** ♦ **construir, crear, montar**

□ Véase también: **conjunto, grupo, trauma.**

completamente → **por completo**

completar ♦ **a marchas forzadas[24], con éxito[10], del todo, enteramente, gradualmente[58], paulatinamente, progresivamente**

[completo] → **a tiempo {completo/parcial}, por completo**

completo ♦ **absurdo, desastre, disparate, fracaso, idiota, inútil,** *otros sustantivos desestimativos*

□ Véase también: **de cabo a rabo, de punta a punta, frondoso, lleno, nutrido, punto por punto.**

complicación ♦ **adicional, frecuente, gran(de), grave, inesperado, innecesario, insalvable, insuperable, irresoluble[3], leve, libre (de), mayor, molesto, momentáneo, pequeño, posible, serio[7], severo[72]** ♦ **sin** ♦ **cúmulo (de)[23]** ♦ **acarrear[8], afectar (a algo/a alguien), agravar(se)[7], añadir (a algo), aparecer, avecinarse[5], causar, crear, dejar(se) (de), derivar(se) (de algo), encarar, enfrentar, evitar, generar, lamentar, llegar, meter(se) (en), ocasionar, prescindir (de), presentar(se), prevenir, prever, producir, provocar, remontar, resolver, salvar, sobrevenir, soslayar, sufrir[66], superar, suponer, surgir, tener, traer, vencer**

□ Véase también: **dificultad.**

complicar(se) ♦ **considerablemente[68], excesivamente, gravemente, inmensamente, ligeramente, notablemente[24], seriamente[26]** ♦ **asunto, cuestión, día, existencia, negociación, problema, relación, reunión, situación, vida,** *otros sustantivos de evento, otros sustantivos temporales*

complicidad ♦ **abierto, activo, aparente, artístico, callado, cargado (de), cínico, claro, creativo, descarado, encubierto, enorme, evidente, franco, infame, intelectual, mutuo, pasivo, patente, presunto, silencioso, supuesto** ♦ **con, en situación (de)** ♦ **acto (de), acusación (de), gesto (de), grado (de), indicio (de), mueca (de), pacto (de), red (de), señal (de)** ♦ **actuar (en), buscar, confesar[7], confirmar, declarar, demostrar, estar (en), fortalecer, granjearse, negar, pedir, propiciar, recurrir (a), surgir**

complot ♦ **ambicioso, calculado, complejo, confuso, destinado (a algo), diabólico, enmarañado, envuelto (en), estudiado, fantasmal, implicado (en), intrincado, maquiavélico, oscuro, perverso, presunto, siniestro, supuesto, sutil** ♦ **víctima (de)** ♦ **abortar, armar(se)[24], auspiciar[15], coordinar, desactivar[2], desarticular(se)[26], desbaratar[53], descubrir, desentrañar[16], deshacer(se), desmontar[35], destapar[17], desvelar, dirigir, formar parte (de), fracasar, fraguar(se)[26], idear, instigar, involucrar(se) (en)[24], llevar a cabo, maquinar, organizar, orquestar[10], participar (en), preparar, quedar al descubierto, renunciar, sumar(se) (a), tramar[2], urdir[4]**

□ Véase también: **conjura, conspiración, maquinación, montaje, trama.**

componer ♦ **a marchas forzadas[3], de oído, en conjunto, íntegramente[13]** ♦ **canción, cuadro, figura, imagen, melodía, música, panorama, pieza, sintonía, texto,** *sustantivos que designan obras*

comportamiento ♦ **aberrante, abusivo[46], adecuado, amoroso, anómalo, arbitrario[19], arraigado[21], atento, brusco, cauto, chulesco, cínico, compulsivo[4], condenable, con dureza, consciente, correcto, cotidiano, decoroso, defensivo[9], delictivo[2], descollante[2], deseado, despectivo[8], desviado, detestable, digno, diplomático, disciplinado, discreto, discriminatorio[5], displicente[4], dominante, ejemplar, estable, ético, excéntrico, execrable[7], favorable, fluctuante, gregario, hostil, humano, impecable[2], impredecible[6], imprevisible[18], impropio (de alguien), incalificable, incorrecto, indigno, indolente, inexcusable, inflacionario, inhumano[3], inmaduro, inmoral, intachable[2], irregular, modélico, nefando, negativo, negligente, permisivo[15], positivo, precavido, premeditado, prudente, pulcro, racional, recto, reprobable,**

sexual, social, típico, violento ♦ a la vista (de)[24] ♦ pauta (de) ♦ adaptar, adoptar, alterar[56], analizar, aprobar, atribuir (a algo), aunar, calcar, censurar, condenar, corregir[25], deponer[5], desaprobar, diagnosticar[26], dominar[10], dulcificar[8], enmendar[24], erradicar[13], estudiar, exhibir, extrapolar[11], hacer gala (de), manifestar, mantener, moldear[2], mostrar, observar, persistir (en), prejuzgar[16], rectificar[19], registrar, reprender, reprobar[5], reprochar, tener, torcer(se), vigilar

□ Véase también: **actitud, maltrato, trato**.

COMPORTAMIENTO
♦ (ADJETIVOS) Véase: **visceralmente[G]**
♦ (SUSTANTIVOS) Véase: **abusivo[C,F], acogedor[B], a la vista (de)[F], alcance (de)[I], alterar[K], apear(se) (de)[D], arbitrario[D], arraigado[C], ataque (de)[F], beligerante[G], bronco[B], camaleónico[B], combativo[B], compulsivo[A], controvertido[C], corregir[E], defensivo[B], de hierro[E], delatar[E], delictivo[A], demostración (de)[H], denotar[E], deponer[B], descollante[A], despectivo[A], desvelar[G], diáfano[C], diagnosticar[F], difundir(se)[P], discriminatorio[A], disfrazar[C], displicente[A], dominar[C], dulcificar[B], ecuánime[C], enderezar[D], enmendar[F], erradicar[C], execrable[B], extrapolar[C], honroso[J], igualitario[A], impecable[A], implacable[H], imponer[F], impredecible[B], imprevisible[D], inhumano[A], intachable[A], laxo[D], moldear[A], ofuscar(se)[D], permisivo[B], perseverar (en)[F], practicar[J,K], predicar[G], prejuzgar[C], rectificar[C], refrendar[H], reprobar[A], revalidar[I], revelador[E], saludable[A], transgredir[D], vejatorio[A]**
♦ (VERBOS) Véase: **abiertamente[K], abusivamente[C], a la contra[B], a la defensiva[A], a la desesperada[E], a la ligera[B], bárbaro[B], civilizadamente[B], con mano dura[B], de lo lindo[B], deportivamente[D], imparcialmente[B], generosamente[B], lealmente[C], maliciosamente[C], por el mismo rasero[B]**

□ Véase también: ACTITUD; ACTIVIDAD; ACTUACIÓN; REACCIÓN.

comportar ♦ ajuste, aumento, consecuencia, coste, desigualdad, enfrentamiento, pérdida, problema, riesgo

□ Véase también: **llevar**.

comportarse ♦ adecuadamente, a la defensiva[4], a {mi/tu/su...} aire, civilizadamente[4], coherentemente, como es debido, como un señor, con cautela[6], correctamente, decentemente, decorosamente, deportivamente[16], descaradamente, dignamente[36], generosamente[7], heroicamente[16], humanamente, incorrectamente, pacíficamente

compostura ♦ guardar[1], mantener, perder[10]

□ Véase también: **cortesía, modales**.

[compra] → de compra(s)

compra ♦ a crédito[13], a domicilio[33], a escote, al contado, al detalle, al peso, al por mayor, a plazos[11], compulsivo[12], desaforado[69], desmedido[54], directo, en metálico, fraudulento, ilegal, ilícito, indirecto, legal, lucrativo, masivo, navideño ♦ capacidad (de), carro (de), contrato (de), escritura (de), fiebre (de), lista (de), objeto (de)[91], oferta (de), opción (de), operación (de), orden (de) ♦ acometer[5], acordar, afrontar, amañar[18], apalabrar, autorizar, canalizar[67], cancelar[12], concertar, dedicarse (a), destinar (a), efectuar, financiar, fomentar, hacer, incentivar, inducir (a)[23], invertir (en), lanzarse (a)[5], negociar, participar (en), realizar, sobrevalorar, tramitar, valorar, zanjar[63]

□ Véase también: **alquiler, venta**.

COMPRA Véase: ADQUISICIÓN

comprar ♦ a crédito[1], a cuenta, a escote, a granel[2], a la baja[21], al contado, al detalle, a lo loco, al peso, al por mayor, al tuntún, a ojo, a peso de oro, a plazos[1], ávidamente[22], caro, compulsivamente, con previsión, desenfrenadamente, en metálico, febrilmente[25]

comprender ♦ a las mil maravillas[31], al instante, al vuelo[11], con dificultad, de sobra[3], difícilmente, en profundidad, fácilmente, ni por asomo, perfectamente, sin problema(s)

□ Véase también: **entender(se), enterarse**.

comprensión ▮ *(tolerancia)* ♦ benévolo, bondadoso, bueno, condicional, desinteresado, franco, humanitario, incondicional, loable, misericordioso, mutuo, necesitado (de), pleno, recíproco, social ♦ ambiente (de), clima (de), fruto (de), grado (de), nivel (de), voluntad (de) ♦ agradecer, buscar, clamar, conseguir, demandar, demostrar, exigir, expresar, implorar[18], invocar, manifestar, merecer, mostrar, necesitar, pedir, prodigar[69], recibir, reclamar, reinar[7], requerir, revelar
▮ *(entendimiento)* ♦ absoluto, adecuado, aproximado, arduo, cabal, claro, completo, correcto, defectuoso, deficiente, difícil, erróneo, fácil, inadecuado, incompleto, incorrecto, insuficiente, inteligente, irónico, lector, perfecto, profundo[63], recto, satisfactorio, suficiente, útil (para) ♦ capacidad (de), dificultad (de), falta (de), intento (de), útil (para) ♦ ahondar (en), alcanzar, ayudar (a), basar(se) (en algo), buscar, contribuir (a), dificultar, escapar (a), facilitar, limitar, llegar (a), mejorar

□ Véase también: **aceptación, disculpa, entendimiento, interpretación, tolerancia**.

COMPRENSIÓN Véase: CONOCIMIENTO; INDAGACIÓN; JUICIO; PENSAMIENTO; PERCEPCIÓN

comprobación ♦ atento, automático, celoso, científico, concienzudo, cuidadoso, detallado, difícil, directo, doloroso, empírico, escrupuloso, esmerado, estricto, exhaustivo[28], experimental, fácil, fidedigno, fiel, inquietante, laborioso, manual, matemático, mero, meticuloso, metódico, minucioso, necesario, objetivo, obligado, oficial, oportuno, pendiente (de), pertinente, previo, repetido, riguroso, rutinario, simple, somero, sujeto (a), superficial, superfluo, visual ♦ proceso (de)

♦ **dejar, efectuar, existir, hacer, llevar a cabo, obtener, permitir, practicar, realizar, requerir, someter (a)**
□ Véase también: **demostración (de), ejemplo, evidencia, experimento, muestra, prueba, testimonio.**

COMPROBACIÓN
♦ (SUSTANTIVOS) Véase: **condicional[F], insoslayable[A], practicar[A]**
♦ (VERBOS) Véase: **a ciencia cierta[C], a conciencia[E], a las claras[A], al detalle[C], con certeza[B], con creces[F], con éxito[H], en carne propia[B], punto por punto[B]**
□ Véase también: CÁLCULO.

comprobar ♦ **a conciencia[27], agradablemente, a ojo[4], científicamente[3], con certeza[7], con {mis/tus/sus...} propios ojos, con satisfacción, debidamente[3], de cerca[23], de primera mano[21], detalladamente[42], de visu, documentalmente, efectivamente, empíricamente, en carne propia[10], en persona[14], exhaustivamente[20], experimentalmente[1], fehacientemente[9], gratamente[12]**
□ Véase también: **aprobar, justificar, poner a prueba, probar, verificar.**

comprometer(se) ♦ **activamente[16], a fondo[20], decididamente, de lleno[5], de palabra[11], en firme[34], firmemente, fuertemente[16], hasta el cuello[3], hasta las cejas[11], incondicionalmente[5], por escrito, totalmente, verbalmente[13]**
□ Véase también: **prometer.**

comprometido ♦ **afirmación, caso, declaración, posición, postura, pregunta, situación,** *sustantivos que designan manifestaciones verbales*

compromiso ♦ **acorde (con)[63], acuciante[33], a plazo fijo[10], asequible[31], claro, contractual, de palabra[39], electoral, en firme[9], expreso, férreo[114], firme, incondicional[29], indeclinable, indisoluble, ineludible, inequívoco[48], inexcusable[6], inquebrantable[5], insoslayable, inválido, irrenunciable[19], llevadero[4], matrimonial, moral, oficial, personal, político, precario[54], profesional, profundo[29], real, serio, sin condiciones[15], sin reservas[57], soterrado[48], válido, verbal, verdadero** ♦ **sin perjuicio (de)[18]** ♦ **grado (de)** ♦ **acuciar[42], adquirir[13], afrontar[11], alcanzar, alterar[22], apalabrar, arrancar, asumir[2], atañer[24], atender, atenerse (a)[28], avalar[58], burlar[39], cancelar[1], cerrar, confirmar, constituir, contraer[2], cumplir[45], derivar(se)[41], desatender[13], desbloquear[11], desdecirse (de)[10], desentenderse (de)[8], deshacer, desmoronar(se)[31], diluir(se)[3], dispensar (de), eludir[2], encarar[37], encerrar, entablar[12], eximir (de)[5], faltar (a)[2], fortalecer, fraguar(se)[3], garantizar, hacer(se) realidad[44], hacer frente (a), honrar[7], implicar, incumplir[21], librar(se) (de), llegar (a), llevar a la práctica[21], lograr, madurar[7], manifestar, mantener, observar, obstaculizar[21], oficializar, prorrogar[19], quebrantar[16], quebrar(se), recibir, reiterar, renegar (de)[15], rescindir, respetar, retractar(se) (de), romper, saldar[2], saltarse[24], satisfacer, sellar[5], suponer, suscribir, sustraer(se) (de/a)[13], tener (con alguien), transgredir[36], violar[26], vulnerar[21]**
□ Véase también: **acuerdo, alianza, convenio, firma, juramento, pacto, promesa.**

COMPROMISO
♦ (SUSTANTIVOS) Véase: **abolir[J], absolver (de)[D], absorber[B], acatar[C], acorde (con)[I], acuciante[E], acuciar[G], afrontar[B], alcance (de)[J], a plazo fijo[D], apremiante[C], apuntalar[C], armar(se)[E], arrostrar[A], asequible[E], asumir[A], atañer[D], avalar[J], contraer[A], cumplir[G], de palabra[H], depositar[E], derivar(se)[I], desactivar[F], desbloquear[C], desdecirse (de)[B], desentenderse (de)[B], desmantelar[H], desmoronar(se)[G], desoír[E], desvanecerse[J], diluir(se)[A], efímero[G], eludir[A], encarar[I], en falso[K], en firme[B], en punto muerto[B], eximir (de)[A], extinguir(se)[G], formular[K], fraguar(se)[A], incumplir[C], involucrar(se) (en)[C], irrenunciable[D], llevar a la práctica[D], madurar[B], perfilar[B], precario[H], prorrogar[C], quebrantar[C], rectificar[H], redoblar[F], renegar (de)[C], revalidar[G], revocar[H], saltarse[D], transgredir[E], vano[C], vencer[Q], ventajoso[D], violar[G]**
♦ (VERBOS) Véase: **de buen grado[B], en falso[G], en firme[I], por activa y por pasiva[F], verbalmente[B]**
□ Véase también: ACCIÓN CONCERTADA; ACUERDO; NECESIDAD; OBLIGACIÓN.

compulsar ♦ **certificado,** *otros sustantivos que designan documentos*

compulsivamente ♦ **actuar, adquirir, buscar, comer, comprar, consumir, escribir, fumar, gastar, repetir, vomitar**
□ Véase también: **compulsivo.**

compulsivo *adj.* ■ Se combina con sustantivos de persona, más frecuentemente si designan al que practica costumbres o hábitos considerados censurables *(fumador, bebedor, jugador)*, pero también al que lleva a cabo regularmente otras actividades *(trabajador, lector)*. Destacan sus combinaciones con...

A SUSTANTIVOS QUE DENOTAN PERSONALIDAD. TAMBIÉN CON OTROS QUE DESIGNAN ALGUNOS DE SUS COMPONENTES, SUS MANIFESTACIONES O SUS ALTERACIONES: **1 personalidad:** ...difieren de la personalidad obsesiva-*compulsiva*, que se caracteriza por una marcada preocupación por la limpieza, el perfeccionismo y el control... RUM040897 **2 conducta +:** Expertos estadounidenses sostienen que los pensamientos o conductas *compulsivas* sobre el sexo pueden tener serias consecuencias... BUS280900 **3 carácter +:** ...era su hombre de confianza, como entrenador principal de su equipo de lucha libre y el único que conseguía templar su carácter *compulsivo*. EME040296 **4 comportamiento +:** ...una sustancia que inhibe la producción de serotonina, un neurotransmisor vinculado con comportamientos *compulsivos*. BUS280900 **5 rasgo:** ...que identificaron rasgos obsesivos *compulsivos* en la personalidad de Carbalho. EPE031299 **6 fijación:** ...sino por una fijación *compulsiva* que le ha hecho confundirlo con el pacto de Varsovia.

EPE190499 **7 neurosis:** ...certificaba que estaba afectado de «neurosis obsesiva *compulsiva* en grado agudo». EME070995

B ALGUNOS SUSTANTIVOS QUE DESIGNAN LA ACCIÓN DE COMER ALGO O EL DESEO DE HACERLO: **8 picoteo +:** ¿Quién no conoce el picoteo *compulsivo*; ese no poder dejar de picar mientras se ve la televisión? EPE140899 **9 apetito:** Nunca rechazaba un trago y mostraba además un apetito *compulsivo* que nos resultaba fácil de saciar. INDOC **10 ingestión:** ...una cultura alimentaria anómala que se traduce fundamentalmente en severas dietas de adelgazamiento o la ingestión *compulsiva* de alimentos. EPE250499

C SUSTANTIVOS QUE DENOTAN GASTO O MANEJO DEL DINERO. TAMBIÉN CON ALGUNOS QUE DESIGNAN ACCIONES QUE LO CONLLEVAN: **11 consumo ++:** ...de un sistema económico que confunde «desarrollo con crecimiento imparable y consumo *compulsivo*». EPE121199 **12 compra +:** En estos casos la compra es *compulsiva*, una adicción del comportamiento que convierte la vida de quien lo padece en un auténtico infierno. LRE090103 **13 gasto:** ...nadie ha conseguido averiguar si el gasto publicitario *compulsivo* –mucho dinero una vez al año–... EME071295 **14 cobro:** ...denunciaron en nuestra redacción el cobro *compulsivo* de la entidad estatal... ACP250996 **15 descuento –:** ...por «el descuento *compulsivo* de entre el 10% y el 15% de los salarios, a partir de febrero de 1996». LNP010397

D SUSTANTIVOS QUE DENOTAN IMPULSO, NECESIDAD Y OTRAS INCLINACIONES HUMANAS: **16 deseo ++:** ...la indisoluble contradicción entre el deseo *compulsivo* de controlar el mundo y la imposibilidad de controlar la Historia. ABC220592 **17 necesidad +:** Esta necesidad *compulsiva* de seguir adelante se manifiesta en muchas de estas películas como un anclaje en la carretera... LVE110696 **18 afición:** ...y sustituyó con chupachups su afición *compulsiva* por el tabaco. EPE110399 **19 atracción:** ...que el edil mantiene sospechosa y *compulsiva* atracción por la farola isabelina de cinco brazos... EPE280599 **20 ambición +:** El favorito es, con gran diferencia, el Monopoly, más acorde con las *compulsivas* ambiciones inmobiliarias de nuestros gobernantes. EME270695 **21 generosidad:** ...un cineasta que ha ejercido con *compulsiva* generosidad un oficio que aprendió en la oscuridad mugrienta de la Cinemateca... EME170695 **22 curiosidad:** La revelación cotidiana de las atrocidades de la guerra se ha convertido en un espectáculo seguido con curiosidad casi *compulsiva*. EME180696 **23 sexo:** Por lo que cuentan, parece como si algunos padecieran un «sexo *compulsivo*», que es un término que ahora oigo mucho. EME090594 **24 instinto:** ...su instinto de injusticia, *compulsivo* y enigmático... EME150895

E SUSTANTIVOS QUE DENOTAN PENSAMIENTO. TAMBIÉN CON ALGUNOS QUE DESIGNAN OTROS ACTOS INTELECTIVOS O INDAGATIVOS: **25 idea:** ...y atrapado por una *compulsiva* idea del crecimiento, le es indispensable un motor intelectual de la potencia que la Universidad de Chile ha podido tener. HOY090697 **26 pensamiento:** ...el paciente recurre a actos o pensamientos *compulsivos* (comprobar una y otra vez si se ha apagado la luz)... EME090596 **27 dogma:** ...como del dogma complaciente pero no menos *compulsivo* de las vanguardias... ABC050293 **28 deducción –:** ...habrá que decidir el voto por procedimientos de deducción *compulsiva*, o a partir de la lectura de los astros. LVE040296 **29 indagación –:** El autor describe toda la dramaturgia de los celos: la envidia al rival, la indagación *compulsiva*, la ocultación. ABC210495

F SUSTANTIVOS QUE DENOTAN ACTIVIDAD O MOVIMIENTO. TAMBIÉN CON ALGUNOS QUE DESIGNAN EL INICIO DE UNA ACCIÓN O UN PROCESO: **30 movimiento +:** Es entonces cuando los cuerpos desnudos recorren de lado a lado el tenebroso escenario con movimientos *compulsivos* y espasmódicos... EME280896 **31 arranque +:** Pedro Mari Sánchez es un Segismundo que tiene un arranque excesivamente *compulsivo* y frenético. LVE281096 **32 actividad +:** A partir de ese momento, el adolescente que ha llevado durante todo el día una vida vegetativa entra en una actividad *compulsiva*. LVE270996 **33 ejercicio:** ...el ayuno propio de anacoretas, el ejercicio *compulsivo* y el consumo indiscriminado de fármacos inhibidores del hambre. EME280796 **34 ademán –:** ...se muestra en los últimos tiempos con faz convulsa y ademán *compulsivo*, en plan lobo feroz. EPE250399

G OTROS SUSTANTIVOS; POSIBLES USOS ESTILÍSTICOS: Tennessee Williams ha pagado un precio muy alto por el éxito, contundente, *compulsivo* y polivalente, que tuvo en una época. EME201295

□ Véase también: **compulsivamente, empedernido.**

compungidamente ♦ **decir, explicar, llorar, mirar, quedar(se), responder**

CÓMPUTO Véase: *CÁLCULO; CANTIDAD; MEDIDA, UNIDAD DE ~*

CÓMPUTO Véase: CÁLCULO

comulgar (con) ♦ **doctrina, estilo, idea, ideología, pensamiento, persona, planteamiento, polémica, propuesta, razonamiento, sentimiento, teoría, verdad**

[común] → **en común, sentido común**

comunal *adj.* ▮ Se combina con sustantivos que denotan edificación, instalación o infraestructura *(vivienda, escuela, pozo)*. También se combina con...

A SUSTANTIVOS QUE DENOTAN ORGANISMO, INSTITUCIÓN O AGRUPACIÓN, GENERALMENTE DE CARÁCTER POLÍTICO O ADMINISTRATIVO, EN ESPECIAL LAS RELACIONADAS CON EL PODER Y LA DIRECCIÓN. POR EXTENSIÓN, CON OTROS QUE DESIGNAN ESAS MISMAS FORMAS DE GOBIERNO: **1 gobierno +:** ...permitieron al exintendente Tabaré Vázquez festejar con un baile de disfraces su arribo al gobierno *comunal*. BRE050997 **2 administración +:** En una interrupción, Mario (...) advirtió que la última administración *comunal* colorada (1985-90) también pagó al gobierno central aportes de diferentes tipos... UNU041096 **3 autoridad:** Rodríguez se vio obligado a demandar a la autoridad *comunal*. HOY250484 **4 poder:** ...debe llorar a mares por semejante desbarajuste en el poder *comunal*. LTB080197 **5 jefatura:** Para extender su poder apoya la candidatura de su hermano, Alexi, a la jefatura *comunal*, y se prepara con todo para pelear la Gobernación de Central en las primarias generales. ACP271096 **6 dirección:** ...el titular de la dirección *comunal* de Medio Ambiente explicó que el líquido evidencia la presencia de elementos impropios... LNP040997 **7 concejo:** ...tierra de antigua mesta y labrantía cuyos árboles talaron los concejos *comunales* para trucarlos por comida... EPE040199 **8 comité:** A través de los Concejos Municipales, FADES financia microproyectos sociales de organizaciones o comités *comunales*, y ofrece créditos para las actividades generadoras de ingreso... LPN210497 **9 asamblea:** ...acciones concretas como la recolecta de firmas, la reunión de asambleas *comunales* y otras formas de movilización popular que no especificaron. EUV061196 **10 junta:** En esta normativa se preceptúa la organización y funcionamiento de las juntas parroquiales y también la de las juntas *comunales*... EUV170498 **11 delegación:** Apadrinado por el presidente de la Nación, la representación fue confiada a Daniel Capeletti, titular de la delegación *comunal* Las Villas... LNP120597 **12 organismo:** ...el pedido de prisión contra los 8 miembros del organismo deliberativo *comunal*... ACP250996 **13 organización:** La organización *comunal*, sacerdotes al frente, construyó en Arcatao más casas de las previstas con el mismo presupuesto y en menos tiempo. LVE230796 **14 asociación:** El atentado ocurrió a las 11.20 de la mañana en las oficinas donde funcionan una asociación *comunal* y una cooperativa civil... CLA300197 **15 milicia:** ...murieron al estallar un coche-bomba en la sede de las milicias *comunales* de Guraya, a 50 kilómetros de Argel. EME240996

B SUSTANTIVOS QUE DENOTAN CARGO, FUNCIÓN O POSICIÓN, GENERALMENTE RELACIONADOS CON LAS ORGANIZACIONES MENCIONADAS EN EL APARTADO *A*: **16 jefe:** En otro orden el jefe *comunal* debió enfrentar una difícil situación la semana anterior cuando tomó conciencia... EOU011096 **17 dirigente:** ...instrumento de envilecimiento, por culpa de sus regidores y la indiferencia de los dirigentes *comunales*. LNC061000 **18 jerarca:** Entretanto desde la Junta Departamental, los ediles encuentristas hacían conocer su inquietud a los jerarcas *comunales*. MAU210900 **19 líder:** ...entre las personas que se han unido, se encuentran varios empresarios, líderes *comunales* y otras personas. ESH280297 **20 responsable:** Omar Habiche, de 29 años de edad, era responsable *comunal* del partido... EME170295 **21 concejal:** Los catamarqueños irán a las urnas para la renovación parcial de senadores departamentales, concejales *comunales* y diputados de la provincia. CLA240497 **22 secretario:** El secretario *comunal* de Economía rechazó rumores. LNP190397 **23 consejero:** ...está siendo desmontado por el ex consejero *comunal* de la ex DC Gioacchino Pennino, el primer político mafioso «arrepentido». EME170295 **24 representante:** ...dueños de los medios de comunicación, militares, industriales, artistas, representantes *comunales*, líderes indígenas... LVE110296 **25 funcionario:** Aunque en estos días los funcionarios *comunales* suelen estar de vacaciones... CLA230199 **26 político:** ...un acto de fiscalización para fines de rectificación o mejoramiento de políticas *comunales*. LTB080197 **27 guardia:** Los guardias *comunales* de un pueblo vecino asaltaron a los islamistas... LVE280795 **28 guarda:** ...se iba a contar con la colaboración de miembros de las fuerzas policiales, guardas *comunales* o civiles armados por el Gobierno en el marco de la lucha antiterrorista. EPE150499 **29 personal:** ...una cuadrilla de 25 hombres, compuesta por personal *comunal* y bomberos whitenses, trabajó para controlar la situación... LNP210797 **30 vocero –:** Jorge Eliécer Quiroz, vocero *comunal*, señaló que la comunidad «impedirá que tumben estos hermosos árboles haciendo un gran cordón humano». EPC290797

C SUSTANTIVOS QUE DESIGNAN LA ACCIÓN DE CONDUCIR O MANEJAR ASUNTOS POLÍTICOS, ECONÓMICOS O SOCIALES. TAMBIÉN CON OTROS QUE DESIGNAN EVENTOS, A MENUDO RELACIONADOS CON LA TOMA DE DECISIONES O CON LAS LÍNEAS DE ACTUACIÓN QUE PERSIGUEN ALGÚN OBJETIVO: **31 acción +:** Florinda de Bejarano, presidente de la junta de acción *comunal* de este barrio, dijo que todos estaban muy contentos con el premio... ETC180497 **32 política:** ...tendría que ser un acto de fiscalización para fines de rectificación o mejoramiento de políticas *comunales*. LTB090197 **33 gestión:** ...que su gestión *comunal* no es traspasable al plano nacional y que todavía falta por ver si su talento de gestor daría los mismos frutos en una comuna de escasos recursos... CAR101197 **34 régimen:** ...otra institución utópica esencial para todo sistema de régimen *comunal*: la máquina. ABC190393 **35 proyecto:** ...promoviendo una deliberada confusión entre la representación en el Congreso y los proyectos edilicios, *comunales* y prácticos. HOY081297 **36 sesión:** De ahí que la opinión pública general ha quedado asombrada por la actitud asumida en la sesión *comunal* del lunes... LTB080197 **37 debate:** ...todas las decisiones importantes se toman por consenso en debates *comunales*. EME250996 **38 decisión:** La decisión *comunal*, que dejará sin empleo a tres personas, fue motivada –según el justicialismo–, en un pedido de las autoridades... LNP060597 **39 plebiscito:** Convocaré a un plebiscito *comunal* que decida el tipo de desarrollo que los viñamarinos quieren. ESH120996 **40 elección:** Un partido abiertamente xenófobo se ha convertido ya, a raíz de las elecciones *comunales* celebradas el pasado domingo (...) en la primera formación política de Amberes... LVE121094 **41 voto:** Los Verdes estamos a favor de la libre circulación de los no-comunitarios en el interior de la Unión, por el derecho de voto *comunal* después de un año de estancia... EME300594 **42 consulta:** En abril se realizó una consulta *comunal* en la que el 95 por ciento de los encuestados dijo estar en contra de hacer esos partidos... LEC050697 **43 democracia –:** ...la elección que realizaron no obedece a la democracia *comunal* ni del movimiento popular en su conjunto... LTB080197

D SUSTANTIVOS QUE DENOTAN TERRENO O DESIGNAN OTROS ESPACIOS NATURALES, GENERALMENTE VEGETALES, QUE SUELEN SER EXPLOTADOS POR EL HOMBRE: **44 tierra:** ...se obligará a granjeros y terratenientes a abrir al público tierras *comunales*. EPE181199 **45 terreno:** De esta forma, se posibilita que los 40.607 metros de monte bajo (24.626 eran terreno *comunal*) que existen en la actualidad se convierta en parque semiurbano... DDN050599 **46 campo:** «A las cinco de esta tarde, en el campo *comunal*, Sportivo y Argentino de Las Parejas se juegan el título de Liga en el partido más esperado del año». EPE020488 **47 parcela:** Una familia nahua tenía, en la Huasteca, una parcela *comunal* que, por herencia centenaria, explotaba. PME190197 **48 dehesa:** Isabel Tocino mismo, podrá comprarse bienes de propios y dehesas *comunales* por las que pasan unas preciosas cañadas reales... EME230696 **49 prado:** ...volviera a Sarratt y sus bonitos prados *comunales*, sus acogedoras casas de ladrillo rojo... EPE261299 **50 pasto:** Los pastos *comunales* quedaron «desamortizados», con notable perjuicio para la ganadería. LVE160195 **51 monte:** La autopista, con sus vallas de acero y su asfalto, corta el paso al Teis, un monte *comunal*. EPE010699 **52 bosque:** ...un convenio para transferir parte del bosque *comunal* de Llao-Llao a la empresa que adquirió el hotel... LPA280492 **53 selva:** Tronco echado sobre su propio aserrín, permanezco a la escucha de las selvas *comunales*. EUV170498

E SUSTANTIVOS QUE DENOTAN PATRIMONIO O HACIENDA. TAMBIÉN CON ALGUNOS QUE DESIGNAN OTRAS MAGNITUDES ECONÓMICAS QUE CORRESPONDEN A ESOS FINES: **54 propiedad +:** ...propiciador de la expansión cafetalera, las comunicaciones y la supresión de las propiedades *comunales*. ESH180996 **55 fondo +:** ...escándalos financieros por malversación de fondos *comunales*... ACP280901 **56 patrimonio +:** Y resulta que todavía estamos discutiendo si comprar o no la casa de José Donoso, que es un patrimonio *comunal* de gran valor, porque muchos creen que nació en Chillán. HOY170397 **57 presupuesto +:** El rubro de servicios personales representa el 54% del presupuesto *comunal* para 1997... ACP201096 **58 gasto:** La subida de tarifas en los transportes públicos (...), de los gastos *comunales* y de los alimentos crea una situación de estrés... LVE210195 **59 impuesto:** Aunque uno de los salvavidas para rescatar el naufragio financiero a la Intendencia es aumentar los impuestos *comunales*, existen dudas sobre la posibilidad de concretarlo. LNA060792 **60 bien:** ...se articuló un sólido sistema de comunidades y bienes *comunales* que ha revelado recientemente la tesis doctoral... LVE231095 **61 hacienda:** La versión sobre la renuncia del titular de Hacienda *comunal* apareció conjuntamente con los anuncios... LNP190397 **62 tesoro:** Sin embargo, eso no es rentable, la conservación del tesoro *comunal* no es un buen negocio... EME040295 **63 arcas:** ...algunos directores y jefes tenían a su disposición teléfonos celulares que mensualmente les costaban a las arcas *comunales* más de 3 millones de guaraníes. ACP191296 **64 beneficio:** ...sobreviven en condiciones de pobreza y al margen de los proyectos gubernamentales de beneficio *comunal*. ESH021100

F SUSTANTIVOS QUE DENOTAN MANERA DE OBRAR ESTABLECIDA POR EL USO O LAS REGLAS. TAMBIÉN CON OTROS QUE DESIGNAN LA POTESTAD A LA QUE ESTÁN SOMETIDAS: **65 costumbre:** ...uno de los espacios que mejor han conservado las tradiciones populares, las costumbres *comunales* en el cuidado del ganado... EPE240499 **66 rutina:** ...planes e ideas audaces para dar un vuelco en la rutina *comunal*. CAR101197 **67 norma:** No puede olvidarse que muchas de las normas *comunales*, provinciales o nacionales son poco más que letra muerta... CLA050199 **68 derecho:** El derecho consuetudinario es también conocido como «Derecho Indígena, Derecho Maya, Derecho Paralelo, Derecho *Comunal*, Derecho Alternativo o Costumbre Jurídica Comunal». LHG120900 **69 jurisdicción:** ...sería electa en jurisdicciones *comunales* por votación directa de los ciudadanos. VEN230899

G ALGUNOS SUSTANTIVOS QUE DESIGNAN CIERTAS FORMAS DE EMPLEAR LOS BIENES A LOS QUE SE REFIERE EL APARTADO *E*: **70 uso:** Los archivos de El Espinar guardan el privilegio sellado por el Rey Alfonso XI dando el uso *comunal* de la Dehesa de La Cepeda a los concejos segovianos... EME120895 **71 consumo:** Ejecutar planes de suministro de agua potable para el consumo doméstico y *comunal*... LTB130297 **72 disfrute:** ...nos sentimos complacidos en el disfrute *comunal* de la panoplia del pop. LVE130295 **73 repartición –:** Tras la desaparición física del profesor (...) quedó acéfala la citada repartición *comunal*. LNP060497

H SUSTANTIVOS QUE DENOTAN ACTIVIDAD O TAREA, ASÍ COMO ALGUNOS DE SUS EFECTOS: **74 actividad:** ...espacios públicos para recreación y actividades *comunales* y guarderías infantiles. ETC110187 **75 trabajo:** Han conseguido incluso boicotear la tradición de la minga, que es el trabajo *comunal*. LVE020196 **76 tarea:** Esa es tarea *comunal*, pero también nacional. HOY180897 **77 obra:** No obstante, las trabas (...) obstaculizaron la obra *comunal* y evitaron su funcionamiento desde hace dos años. ETC110187

I SUSTANTIVOS QUE DENOTAN CONFLICTO O PROBLEMA: **78 conflicto:** Conflicto *comunal* en Bahía San Blas. LNP290497 **79 enfrentamiento:** ...que algunos testigos han descrito como «propias de los enfrentamientos *comunales* de los años setenta». EME100796 **80 problema:** Entonces, un comité cívico (...) elevaba al gobierno de turno sus demandas y exigencias para la solución de problemas *comunales*. LTB030297 **81 preocupación:** En su alocución, Alberto Meiller hizo referencia a la preocupación *comunal* por las consecuencias de un ciclo agrícolo ganadero... LNP211097

J SUSTANTIVOS QUE DESIGNAN DIVERSAS NOCIONES RELACIONADAS CON LA VIDA O EL BIENESTAR DE LAS PERSONAS: **82 vida:** ...serpientes que se han enroscado en sus entrañas obstruyendo arterias, asfixiando corazones, pulverizando esqueletos, estrangulando la vida *comunal*. LTH080997 **83 salud:** Sin embargo, hay otros que piensan que es adecuado facilitar la solución del problema de Cojutepeque, en beneficio de la salud *comunal*. ESH061000 **84 desarrollo:** ...proyectos de rehabilitación de viviendas, infraestructura y equipamiento humano, desarrollo *comunal* y turismo. EPE280877 **85 seguridad:** Bajo la tutela de Erwin Pickling Zolezzi, presidente de la Comisión de Seguridad *Comunal* y serenazgo de Miraflores... CAP270696 **86 comida –:** ...el fuego primigenio que enciende cadenciosamente las velas catedralicias para la espiritual comida *comunal*. EPE071299

K OTROS SUSTANTIVOS; POSIBLES USOS ESTILÍSTICOS: Algo así como la reingeniería *comunal*. HOY170397; Pensamos muchos que, si se fomentase más y mejor el tráfico *comunal*, Madrid sería una ciudad para poderla pasear... EPE311099

comunicación ♦ abierto, audiovisual, claro, confidencial[15], continuo, discontinuo, epistolar, escrito, estratégico, estrecho[34], fiable, formal, franco, global, humano, inestable, informal, interactivo, intermitente, íntimo, lineal[18], mental, oficial, oral, permanente, personal, profundo[30], radiofónico, social, telefónico, telepático, televisivo, virtual ♦ en ♦ área (de), calidad (de), canal (de), equipo (de), era (de), falta (de), grado (de), línea (de), medio (de), mundo (de), necesidad (de), nivel (de), táctica (de), torre (de), vía (de), vínculo (de) ♦ acometer[40], agilizar[14], cor-

tar[9], distorsionar, entablar[17], entrar (en), entrecortar(se)[26], establecer[52], estrechar, facilitar, favorecer, fomentar, hacer posible, incentivar[41], interceptar, interferir, interrumpir, mantener, obstaculizar[40], obstruir[41], perder, permitir, recibir, reforzar, romper, servir (de), tener

□ Véase también: **información, lengua.**

COMUNICACIÓN

♦ (SUSTANTIVOS) Véase: **acometer[H], agilizar[C], al filo (de)[D], ancestral[K], atenazar[D], a toda plana[C], boicotear[D], brindar[H], centrífugo[C], confidencial[B], copar[C], cortar[B], dar[Y], decaer[G], de {mi/tu/su...} puño y letra[D], descifrar[B], desfigurar[C], desmentir[C], desoír[I], difundir(se)[A,B,C], disfrazar[I], distorsionar[D], efusivo[D], emitir[E], enarbolar[C], en exclusiva[I], enrevesado[C], esparcir[A], fecundo[G], incentivar[F], intempestivo[E], lineal[C], obstaculizar[F], obstruir[G], reabrir[E], recalcitrante[D], vejatorio[B,C]**

♦ (VERBOS) Véase: **a bombo y platillo[A], a las mil maravillas[E], a toda plana[A], con alborozo[B], con cautela[E], con interés[F], de {mi/tu/su...} puño y letra[A], detalladamente[C], febrilmente[F], fervientemente[D], gentilmente[E], imparcialmente[C], lisa y llanamente[A], machaconamente[C], ordenadamente[F], punto por punto[H]**

□ Véase también: EXPRESIÓN; INFORMACIÓN; INTERCAMBIO VERBAL; LLAMAMIENTO; MANIFESTACIÓN VERBAL; ORDEN.

comunicado ♦ a favor[38], alusivo (a algo), conjunto, de apoyo, de prensa, de última hora, en contra, escueto, formal, oficial, público, urgente ♦ a través (de) ♦ adherirse (a)[32], circular, confirmar (algo), dar a conocer, desmentir[13], difundir(se)[4], distribuir, divulgar, emitir, enviar, exponer (algo), firmar, hacer público, informar (de algo), lanzar[18], leer, ratificar, remitir, señalar (algo), transmitir

□ Véase también: **anuncio, aviso.**

comunicar ♦ a bombo y platillo, a los cuatro vientos, a medias, a voces[2], con alborozo[7], de palabra, detalladamente[22], en persona, expresamente, extensamente, gentilmente[16], oralmente, por escrito, públicamente, verbalmente[1] ♦ baja, cese, dato, decisión, despido, información, respuesta, resultado

□ Véase también: **anunciar, informar, notificar, telefonear, transmitir.**

con acritud Véase: **acremente**

con alborozo *loc.adv.* ▮ Admite muy diversos verbos, entre los que destacan los que designan manifestaciones expresivas o expansivas *(reír, cantar, gritar, abrazarse).* También se combina con...

A VERBOS QUE DENOTAN ACEPTACIÓN O ACOGIDA, ASÍ COMO CON OTROS QUE DESIGNAN ALGUNOS DE LOS GESTOS QUE SUELEN ACOMPAÑAR A ESTAS ACCIONES: **1 recibir ++:** El mundo de los negocios, la banca y los grandes empresarios recibieron *con alborozo* ayer la victoria en el Congreso de Fernando Henrique Cardoso... CLA300197 **2 acoger ++:** Ni qué decir tiene que el sector turístico que depende de la nieve ha acogido *con alborozo* los buenos síntomas que apunta esta temporada... LVE291195 **3 saludar ++:** ...el conjunto del nacionalismo vasco, muy particularmente el violento, saluda la iniciativa *con alborozo...* EPE281001 **4 recoger:** Rominger recoge *con alborozo* un premio sólo menor por culpa de un despiste. EME180996 **5 captar –:** La obra está llena de guiños irónicos que el público capta enseguida *con alborozo...* LVE131095

B VERBOS QUE DESIGNAN LA ACCIÓN DE TRANSMITIR O DAR A CONOCER ALGO, MÁS FRECUENTEMENTE SI SE REALIZA PÚBLICAMENTE. TAMBIÉN CON OTROS QUE DENOTAN EXPLICACIÓN O INDICACIÓN: **6 anunciar:** ...y al filósofo Karl Popper, uno de los profetas del «final de la Historia» anunciado *con alborozo* por Francis Fukuyama. EME280796 **7 comunicar:** ...le comunicaba *con alborozo* que España era el primer país con un mayor crecimiento de turistas con destino a Egipto. EPD181197 **8 proclamar:** «Estados Unidos tiene miedo», proclamó *con alborozo* Bin Laden... EPE081001 **9 comentar:** ...y bochornosos testimonios de las vecinas («como los tabiques son finos, lo oíamos todo» comentan *con alborozo*)... EME291195 **10 señalar:** Por eso cabe señalar *con alborozo* la aparición de nuevos órganos de información económica... EPE010489

C VERBOS QUE DESIGNAN DIVERSAS ACTUACIONES EXPANSIVAS QUE MANIFIESTAN ALEGRÍA: **11 celebrar ++:** París era una fiesta: la derecha celebraba *con alborozo* el domingo por la noche su triunfo... LVE090595 **12 festejar +:** Los aficionados del equipo festejaban *con gran alborozo* la consecución de un trofeo que tantos años se les había resistido. INDOC

con alevosía *loc.adv./loc.adj.* ▮ Se combina con...

A VERBOS QUE DESIGNAN DIVERSAS FORMAS DE AGRESIÓN Y ACTUACIÓN VIOLENTA U HOSTIL CONTRA PERSONAS O COSAS: **1 matar +:** ...no debería hacer distingos entre las minas y otras armas: todas (...) destruyen con violencia, *con alevosía...* EME091095 **2 atacar:** Un ejército agresivo y organizado que se cebó con la grada y sus inquilinos, a los que atacó *con alevosía.* EPE090999 **3 asesinar:** El fiscal pide 25 años de cárcel (...) tras concluir que asesinó (...) *con alevosía.* EPE040399 **4 apuñalar:** ...apuñaló a la víctima *con alevosía,* «asegurándose del resultado y sin riesgo para sí mismo»... ENC280301 **5 castigar:** El pequeño comerciante sigue siendo castigado, quizá *con alevosía* con mayores impuestos... EPE060299 **6 machacar:** ...éstos machacaron el puente *con alevosía.* EME030494 **7 propinar:** ...una dramatización bastante ridícula, casi tanto como el festival de la OTI que TVE había propinado de madrugada y *con alevosía* unas horas antes. LVE171296 **8 romper:** Howard Wright rompía el aro de Málaga *con alevosía,* pero la batalla la estaba ganando el Murcia en la backcourt. EME230296 **9 violar:** ...se valora en el cante, la ligazón a ultranza, que el cantaor viola casi *con alevosía...* EPE291199 **10 destruir:** Porque el aspecto moral y ético (...) no debería hacer distingos entre las minas y otras armas: todas, o gran parte de ellas, matan y destruyen con violencia, *con alevosía...* EME091095 **11 traicionar:** ...algunas personas que, *con alevosía* o por debilidad, nos han traicionado...

EME221295 **12 escupir –:** ...hace bien poco que escupió a un rival *con alevosía*... EME191296 **13 derribar –:** El Teatro Lavapiés se compró para convertirse en sede del casticismo madrileño y se ha derribado casi *con alevosía* y un poquito de nocturnidad. EME140294

B VERBOS QUE DESIGNAN LA REALIZACIÓN DE UN DELITO: **14 perpetrar +:** El delito de asesinato es un homicidio perpetrado *con alevosía*... EPE060599 **15 cometer:** ...el triple asesinato cometido en 1985 contra víctimas esposadas (...) *con alevosía* y en estado de sitio. HOY230996

C VERBOS QUE DENOTAN ACCIÓN ANTICIPADA: **16 programar:** ...la inauguración de la línea «electoral» del Metro estaba programada *con alevosía* política... EME060595 **17 anunciar:** Se anuncia con antelación, o sea, *con alevosía*, y van y les reciben el día previsto como si fuesen una visita. EPE121199 **18 preparar:** ...policías disparando gases lacrimógenos en horizontal y a escasa distancia de los manifestantes, individuos destrozando ventanas y preparando *con alevosía* el incendio de las oficinas... EPE300700

D OTROS VERBOS; POSIBLES USOS ESTILÍSTICOS: ...deberá o no desclasificar lo que en base a la legislación de Franco clasificó *con alevosía* y premeditación. EME071196; ¿A quién se las envía *con alevosía*? EME021196; Mientras sesteábamos entre palmeras, *con alevosía* de grajos, los dirigentes (...) seguían anegando las huellas... EME030996

E SUSTANTIVOS QUE DESIGNAN DELITOS DE AGRESIÓN, GENERALMENTE CONTRA LAS PERSONAS, EN DIVERSAS FORMAS Y GRADOS: **19 asesinato ++:** Treinta años de cárcel por asesinato *con alevosía*... EME070796 **20 homicidio +:** El jurado popular declaró ayer culpable de homicidio *con alevosía* al joven... LVE011196 **21 parricidio +:** El fiscal pide 28 años de cárcel por un delito de parricidio *con alevosía*... EME160395 **22 lesión +:** ...cuatro años después de que el tribunal popular (...) declarase al joven culpable de unas lesiones *con alevosía*. LVE101096 **23 muerte:** El jurado considera que Julio P.N. y Andrés A.G. son responsables de la muerte *«con alevosía»* de... EPE081099 **24 ataque:** ...debía calificarse como asesinato, al apreciar que fue un ataque *con alevosía*. LVE030296 **25 asalto:** El resultado de ese viaje no deseado ha sido el asalto a la intimidad y a la dignidad de una mujer *con alevosía*. EPE280599 **26 delito:** No es un delito casual, sino premeditado y *con alevosía*. INDOC **27 estafa –:** ...habla de «estafa *con alevosía* y premeditación»... LVE020995

F OTROS SUSTANTIVOS; POSIBLES USOS ESTILÍSTICOS: ...tiene la impunidad de decir lo que quiera (...) y de ser ególatra *con alevosía*. LVE180895; Está claro el usurero afán recaudador, sin avisar, *con alevosía* y sin primar en ello la ayuda al ciudadano, principal objetivo de la Guardia Urbana. LVE190196

con antelación

♦ **advertir, anunciar, avisar, calcular, comunicar, concluir, conocer, decidir, detectar, evitar, indicar, informar, organizar, planear, preparar, prever, programar, reservar, saber**

con aplomo

♦ **actuar, afirmar, afrontar, asegurar, cantar, contestar, decir, desenvolverse, dirigir, disparar, encarar, expresar(se), hablar, interpretar, jugar, juzgar, leer, manifestar, moverse, negociar, reaccionar, relatar, replicar, resolver, responder, subrayar, tocar, torear**

con arreglo (a)

loc.prep. ▮ Se construye a menudo con grupos nominales encabezados por *lo* en los que se hace referencia a alguna determinación previa *(lo acordado; lo previsto; lo estipulado; lo que decida el tribunal)*. Se combina asimismo con varios sustantivos que designan cosas que son consideradas modelo, pauta o criterio de alguna otra *(verdad, justicia, religión, política, calendario)* y especialmente con...

A SUSTANTIVOS QUE DESIGNAN DISPOSICIONES Y DIRECTRICES ESTIPULADAS O REGLAMENTADAS, ASÍ COMO ALGUNOS DE SUS ELEMENTOS CONSTITUTIVOS Y LAS FORMAS EN QUE SE PRESENTEN O SE RECOPILAN. TAMBIÉN CON ALGUNOS QUE DESIGNAN LA CONDICIÓN DE AJUSTARSE ALGO A ESAS DISPOSICIONES: **1 ley ++:** ...la constitución de la entidad *con arreglo* a la Ley. CAN020201 **2 norma ++:** ...analizar los datos de pruebas *con arreglo* a normas muy estrictas... EME020295 **3 legalidad ++:** ...dispuestos a comportarnos *con arreglo* a esa legalidad. LVE010895 **4 derecho ++:** La adjudicación de las obras se hizo *con arreglo* a derecho. LVE150795 **5 normativa ++:** Con arreglo a la normativa legal vigente, no hubiera pasado el filtro de seguridad... EME140995 **6 legislación +:** ...se juzgan prácticas de una empresa (...) *con arreglo* a la legislación propia de su país. EPE061199 **7 constitución +:** Ni siquiera se ha puesto al día la ley forestal *con arreglo* a la Constitución de 1978. EPE310700 **8 código:** ...estructurarse *con arreglo* a códigos distintos del resto del cuerpo social. EME220596 **9 artículo:** Todo ataque armado (...) se abordará *con arreglo* a los artículos 5 y 6 del Tratado... EPE260499 **10 estatuto:** ...se realizó *con arreglo* a los estatutos nacionales del partido. EPE040399 **11 ordenanza:** ...la sala permanecerá abierta «*con arreglo* a las ordenanzas estipuladas»... EME100996 **12 regla:** ...una intervención *con arreglo* a reglas estrictas... EME300196 **13 disposición:** ...*con arreglo* a las disposiciones del Código de Justicia... EPE290999

B SUSTANTIVOS QUE DENOTAN CRITERIO O POSTURA. TAMBIÉN CON OTROS QUE DESIGNAN LAS IDEAS, LOS CONCEPTOS O LOS SISTEMAS POR LOS QUE SE RIGEN LOS JUICIOS: **14 criterio ++:** ...ordenar el contenido de sus diálogos *con arreglo* a un criterio temático... ABC221294 **15 convicción +:** Empecinado en que las cosas sean objetivamente así, propenderá a forzar su concepción y sus representaciones *con arreglo* a la convicción que necesita. EPE020285 **16 idea +:** ...no comportarse *con arreglo* a la idea que el Corán tiene... EME090995 **17 teoría +:** ...*con arreglo* a una teoría cuyas limitaciones ya hemos glosado... EPE080199 **18 competencia +:** ...actuando *con arreglo* a competencias determinadas... LVE170195 **19 conciencia +:** ...lo habrá hecho *con arreglo* a su conciencia... EME250596 **20 posición:** ...el debate en sí se ha visto *con arreglo* a posiciones prefijadas... EPE250699 **21 cosmovisión –:** ...*con arreglo* a la cosmovisión de los pueblos que habitan Guatemala. LHG280897

C SUSTANTIVOS QUE DESIGNAN PLANES, PROYECTOS Y OTRAS ESTIMACIONES DE CARÁCTER PROSPECTIVO RELACIONADAS CON LA VOLUNTAD DE ACTUAR: **22 plan ++:** ...el suministro de agua de riego puede efectuarse *con arreglo* a un plan de riegos que consiste en...

LDD190797 **23 proyecto +:** ...monumento (...) construido *con arreglo* a un proyecto del arquitecto... EME030195 **24 previsión +:** ...tuvieron lugar ayer en la Moncloa, *con arreglo* a las previsiones. LVE040596 **25 expectativa +:** Por encima de todo, la ciudad tiene que serlo; es decir, tiene que funcionar *con arreglo* a las expectativas de sus ciudadanos... EME100495 **26 cálculo +:** ...*con arreglo* a los cálculos del juez decano... LVE260996 **27 planteamiento:** ...lo hacen *con arreglo* a planteamientos menos radicalizados. EPE211099 **28 esquema:** ...pidieron un «juicio justo» *con arreglo* a los esquemas de un Estado de derecho... EPE170299 **29 fórmula:** ...seguirán cultivando la vertiente social, si bien (...) *con arreglo* a otras fórmulas. EPE181299 **30 necesidad:** ...una reforma agraria actualizada *con arreglo* a las necesidades de cada región... EPE130479

D SUSTANTIVOS QUE DESIGNAN DATOS, INFORMACIONES Y OTROS INDICADORES ANÁLOGOS QUE SE INTERPRETAN COMO TALES. TAMBIÉN CON OTROS QUE EXPRESAN LOS RESULTADOS DE ANALIZARLOS Y ALGUNAS DE LAS FORMAS EN QUE SE PRESENTAN, SE MIDEN O SE DIFUNDEN: **31 porcentaje:** ...se hará *con arreglo* a los porcentajes y plazos previstos... EME290194 **32 parámetro:** ...la polarización de la sociedad *con arreglo* a parámetros pasionales... EPE011288 **33 baremo:** ...esa obra de Brahms debe ser interpretada *con arreglo* a los baremos del aburrimiento... LVE200695 **34 indicador:** ...debe ser realizada la selección de Estados, *con arreglo* a los indicadores económicos... EME050296 **35 nivel:** ...el funcionamiento del reactor se regula, como es lógico, *con arreglo* al nivel de radiación escrupulosamente medido mediante... INDOC **36 estadística:** Con arreglo a esta estadística, en la construcción fallecieron 30,7, y 10.296,8 resultaron heridos con baja en el centro de trabajo. EME270295

E SUSTANTIVOS QUE DENOTAN MODELO O NORMA. TAMBIÉN CON ALGUNOS QUE DESIGNAN OTRAS NOCIONES QUE SUELEN SER TOMADAS COMO REFERENCIAS DE ALGO: **37 pauta +:** ...su cotización oscile *con arreglo* a las pautas que marcan... LVE020795 **38 principio +:** ...actuar *con arreglo* a unos principios éticos. EPE051099 **39 patrón:** ...examina el comportamiento de los conquistadores (...) *con arreglo* a los patrones estratégicos actuales... ABC070892 **40 canon:** ...canta flamenco *con arreglo* a los cánones... EPE200199

F SUSTANTIVOS QUE DESIGNAN DIVERSAS FORMAS DE ACUERDO O COMPROMISO ENTRE PERSONAS O ENTIDADES: **41 pacto:** ...percibió este año cuatrocientos millones de pesetas *con arreglo* a un pacto que contempla la posibilidad de que un porcentaje del dinero de las quinielas revierta en el propio fútbol. EPE171280 **42 acuerdo:** ...cuotas impuestas *con arreglo* a acuerdos válidos y ejecutivos. LVE131296 **43 consenso:** ...nunca ha podido existir (...) *con arreglo* a un consenso social... EME230496

G ALGUNOS SUSTANTIVOS QUE DESIGNAN USOS O CONVENCIONES ARRAIGADOS QUE SE ASOCIAN CON EL CARÁCTER DISTINTIVO DE LAS PERSONAS O LAS COMUNIDADES: **44 tradición +:** (...) debe actuar *con arreglo* a la tradición heredada. LVE240995 **45 costumbre +:** ...pactada irrevocablemente (...) *con arreglo* a la costumbre... LVE050996

H SUSTANTIVOS QUE DENOTAN DETERMINACIÓN O RESOLUCIÓN: **46 resolución:** ...debe llevarse a cabo *con arreglo* a las resoluciones de la ONU... EPE201101 **47 sentencia:** ...*con arreglo* a la sentencia dictada por este mismo Tribunal... EME241296 **48 fallo:** ...*con arreglo* al fallo del Tribunal Supremo de fecha... INDOC

I OTROS SUSTANTIVOS; POSIBLES USOS ESTILÍSTICOS: ...el ministerio no actúa *con arreglo* a chantajes de ninguna clase. LVE300995

con astucia ♦ **aprovechar, capear, combinar, desenvolverse, engañar, explotar, hacer, imponerse, jugar, lidiar, manejar, maquinar, mover(se), negociar, obrar, organizar, planear, provocar, resolver, robar, sacar partido, superar, urdir, usar, vencer**

con atención Véase: **atentamente**

conato (de) ♦ **abucheo, agresión, amotinamiento, asalto, atentado, bronca, censura, conflicto, crisis, discusión, epidemia, escándalo, fuego, fuga, golpe de Estado, guerra, huida, incendio, lucha, manifestación, motín, protesta, rebelión, resistencia, revolución, reyerta, sublevación, violencia, vómito,** *otros sustantivos que designan enfrentamientos*

☐ Véase también: **intento.**

con avaricia ♦ **ávido, feo** ♦ **acaparar, acariciar, acumular, beber, buscar, comer, consumir, dar, desear, devorar, emplear, fumar, guardar(se), jugar, leer, ocultar, perseguir, proteger, querer, repartir, reservar(se), reunir**

con avidez Véase: **ávidamente**

con brevedad Véase: **brevemente**

con {buen/mal} pie *loc.adv.* ▌Se combina con...

A VERBOS QUE DESIGNAN EL COMIENZO DE UNA ACTIVIDAD, UN PERÍODO O UN ESTADO DE COSAS: **1 comenzar ++:** Brasil comenzó los Juegos de Atlanta *con buen pie.* EME220796 **2 empezar ++:** El rai de Cheb Mami salva una noche empezada *con mal pie.* LVE280795 **3 entrar ++:** Bush ha entrado *con mal pie* entre la sociedad liberal con la que había prometido reconciliarse... ENC240101 **4 iniciar ++:** «Petita Biblioteca Universal», de Edicions 62, ha iniciado *con buen pie* su andadura, en apenas tres semanas se agotaron los 30.000 ejemplares... LVE240395 **5 debutar +:** La divisa ulandina no pudo debutar *con buen pie* en casa, aunque es innegable que lograron convocar una buena cantidad de aficionados... VEN230899 **6 levantarse +:** Los mercados financieros se levantaron *con mal pie.* EME190795 **7 arrancar +:** La escuela de moda en los banquillos, la argentina, no arrancó *con buen pie.* EPE240899 **8 nacer +:** El nuevo órgano de justicia nació *con mal pie.* EME151296 **9 estrenarse:** El enfático pacto no se ha estrenado *con buen pie* en el primer punto de su desarrollo. EPE171001 **10 emprender:** El Larios emprendió ayer *con buen pie* su lucha por conseguir su quinta Copa de Europa por clubes. LVE280595

B VERBOS QUE DENOTAN TERMINACIÓN O CONCLUSIÓN: **11 acabar:** Octavio Paz acaba el año *con mal pie.* Un incendio en su casa de Ciudad de México destruyó parte de su biblioteca. EME291296 **12 cerrar –:** ...los jugadores azulgrana, cuyo objetivo prioritario es conseguir una victoria en Sevilla que les permita cerrar el año *con buen pie...* LVE181295 **13 salir –:** ...es un actor con presencia, carisma y de todas las empresas sabe salir *con buen pie.* LVE040195

C VERBOS QUE DENOTAN LA ACCIÓN O EL PROCESO DE SEGUIR ALGUNA COSA SU CURSO: **14 marchar +:** Su formación es autodidacta, y el restaurante que dirige marcha *con buen pie.* LVE080195 **15 avanzar:** Otro punto de acuerdo con la Generalitat es la transferencia del Conservatorio Superior de Música que avanza *con buen pie.* LVE290495 **16 ir:** ...han sido prudentes y comedidos y van paso a paso *con buen pie.* EME170596 **17 andar:** El camino presenta aún algunos escollos y el Ministerio de Cultura, la Comunidad y el Ayuntamiento de Madrid han de andarlo *con buen pie.* ABC040394

D OTROS VERBOS; POSIBLES USOS ESTILÍSTICOS: ...con este estamos dialogando *con buen pie,* buen espíritu, y con el deseo de superar cualquier escollo... ENV120197

con cajas destempladas *loc.adv./loc.adj.* ■ Se combina con verbos de movimiento que designan la acción de llegar a un lugar o la de salir de él *(salir, irse, llegar, presentarse),* así como con...

A VERBOS QUE DESIGNAN LA ACCIÓN DE EXPULSAR A ALGUIEN DE ALGÚN LUGAR O EXCLUIRLO DE ALGUNA SITUACIÓN: **1 despedir ++:** ...a alguien que en su propio país ha sido despedido *con cajas destempladas.* ABC041194 **2 echar ++:** ...y fue echado *con cajas destempladas* por dos hombres cuadrados, con el pelo rapado... EPE111201 **3 expulsar +:** El partido, en lugar de investigar el caso, expulsó *a cajas destempladas* al indiscreto concejal. LVE030396 **4 rechazar +:** ...fueron rechazados ayer *con cajas destempladas* por el Gobierno y los socialistas. EPE231001 **5 despachar +:** ...siendo despachado *a cajas destempladas* por no haberse ceñido al horario. EPE211199

B ALGUNOS VERBOS DE LENGUA, MÁS FRECUENTEMENTE DECLARATIVOS: **6 decir:** ...pero curiosamente los responsables de la empresa les dijeron *con cajas destempladas* que... EPE160599 **7 responder:** ...quien le respondió poco menos que *con cajas destempladas.* LVE041296 **8 exponer:** ...salió al balcón y *con cajas destempladas* expuso a toda la vecindad sus relaciones personales... EME040795

C SUSTANTIVOS QUE DENOTAN SALIDA O EXPULSIÓN, FRECUENTEMENTE RELACIONADOS CON LOS VERBOS DEL APARTADO *A*: **9 salida +:** El FC Barcelona, que a principios de los años sesenta, con la salida *a cajas destempladas* de Helenio Herrera, su entonces entrenador, se sumergió en una profunda crisis... LVE190596 **10 expulsión:** El resultado de su actitud agresiva fue su inmediata expulsión, *con cajas destempladas,* del lugar. INDOC

con cautela *loc.adv.* ■ Se combina con múltiples verbos, pero destacan especialmente las combinaciones de esta locución con...

A VERBOS QUE DENOTAN MODO DE COMPORTARSE. TAMBIÉN CON OTROS QUE DESIGNAN LA ACCIÓN DE REALIZAR O LLEVAR A CABO UNA ACTIVIDAD: **1 actuar ++:** ...cabe deducir que los acreedores están actuando *con cautela.* CLA030797 **2 reaccionar +:** Ante el riesgo de una vertiginosa escalada que hubiera llevado en horas a un rompimiento total, Madrid reaccionó *con cautela.* PME011296 **3 proceder +:** Semejante temporada hubiera provocado normalmente una rápida promoción a las Mayores pero Rickey quería proceder *con cautela.* ENH090297 **4 obrar +:** ...cuando los gobiernos obran *con cautela* (...), el dinamismo y las ganas de salir adelante resultan provechosos. LVE240995 **5 operar:** ...los fabricantes de pienso operan *con cautela* en espera que (...) se moderen algo las pretensiones de los tenedores... LVE071095 **6 comportarse:** ...todos los inversores se comportan *con cautela,* en períodos de crisis. INDOC **7 trabajar:** Aunque tiene prisa trabaja *con cautela,* ya que sólo puede garantizar la identidad de 12 personas. EME030396 **8 maniobrar:** A pesar de contar con el permiso del CSIC, debe maniobrar *con cautela...* EPD090797 **9 ejercer:** «Es un momento en que los rabinos deben ejercer *con cautela* y sabiduría su ministerio»... EME050494

B VERBOS QUE DENOTAN ACEPTACIÓN O RECEPCIÓN DE ALGO: **10 acoger +:** El Gobierno del PP y los partidos vascos acogen *con cautela* las disensiones etarras. LVE050896 **11 recibir +:** Las medidas fueron recibidas *con cautela* por los empresarios... CLA210199 **12 tomar +:** Pero de todos modos me lo tomo *con cautela.* HOY170397 **13 asumir:** Obviamente, estas proyecciones deben asumirse *con cautela...* LVE220195 **14 aprobar:** Roca aprueba *con cautela* el plan del Espanyol de recalificar Sarrià. LVE210995 **15 tolerar:** Tolerado por Estados Unidos y Europa *con cautela* y conciliación (...), el papel de Musharraf se ha revalorizado tras los atentados del 11 de septiembre... EPE121001 **16 asimilar:** ...los hombres de Radomir Antic asimilaron *con cautela* su privilegiada posición... EME220496 **17 recoger:** El Partido Popular ha recogido *con cautela* las previsiones que existían para construir dos nuevos centros... EPE080999

C VERBOS QUE DENOTAN VALORACIÓN O EVALUACIÓN: **18 valorar +:** A pesar de un test positivo, hay que valorarlo *con cautela...* EME050195 **19 analizar +:** ...Pilar Cristóbal considera que estas últimas cifras deben ser analizadas *con cautela...* LVE080395 **20 examinar +:** ...subrayó que deben examinarse *con cautela* los efectos de una posible intervención de la OTAN en Bosnia. LVE100595 **21 estudiar +:** ...sitúa el problema ante la necesidad de estudiar, *con cautela* y rigor, la posibilidad de que los jueces puedan tener un órgano disciplinario... EME151095 **22 considerar +:** ...hay que considerar esta posibilidad *con cautela* porque podría dar pie a muchos abusos... ABC120293 **23 evaluar:** Las resistencias al cambio (...) conllevan riesgos empresariales que es preciso evaluar *con cautela...* EPD190996 **24 enjuiciar:** ...la iniciativa de los deportados etarras debe enjuiciarse *con cautela...* LVE050896 **25 interpretar:** ...las conclusiones extraídas de su trabajo han de ser interpretadas *con cautela...* EPE071299

D VERBOS QUE DENOTAN PERCEPCIÓN FÍSICA O MENTAL: **26 observar +:** ...se observaba *con cautela* la posibilidad de que Juppé tenga que ceder ante los sindicatos. LVE121295 **27 ver +:** ...cualquier mejora de la trayectoria financiera de las comunidades debe ser vista *con cautela.* LVE060396 **28 contemplar:** ...la actual crispación política (...) sí se contempla *con cautela* ante las repercusiones que puede conllevar. LVE091194 **29 seguir:** El gobierno de Panamá sigue *con cautela* la crisis política en Ecuador... LPH180297 **30 leer +:** Las conclusiones del informe deben ser recibidas con interés, pero han de ser leídas *con cautela.* INDOC **31 mirar:** ...por ahora se conforman con pasar dos directores, mirar YPF *con cautela...* CLA070199

E VERBOS QUE DESIGNAN ACTOS DE HABLA. TAMBIÉN CON OTROS QUE, SIN CONSTITUIR ACTOS VERBALES, EXPRESAN LA MANIFESTACIÓN DE INFORMACIONES DIVERSAS: **32 hablar +:** En Economía, aunque todavía se habla *con cautela,* se espera también que el consumo privado empiece a remontar el vuelo... LVE090396 **33 expresar +:** Duran, con todo, se expresó *con cautela.* LVE090696 **34 decir:** «Podría significar que tengo una sexualidad redundante», dije yo *con cautela.* EPE281201 **35 responder:** Es un político amable con los periodistas, pero siempre responde *con cautela* todas las preguntas que le hacen. INDOC **36 manifestar:** ...Cepeda manifestó *con cautela* que Aranjuez albergará una muestra de agricultura, ganadería y alimentación el año próximo. EME120996 **37 afirmar:** «Son sólo contactos oficiosos», afirma *con cautela* Pons... EME300996 **38 confirmar:** ...el Departamento de Estado confirmaba *con cautela* y matices que sus servicios de espionaje «compartieron información y tecnología» con los inspectores de Unscom... EPE080199 **39 mencionar:** ...*con cautela,* ya no se menciona a la OTAN como su centro. EPE120499 **40 apuntar:** El consejero vasco del Interior (...) apuntó *con cautela* que la identidad de Rementeria es una «hipótesis bastante segura»... EPE090800 **41 matizar:** Este último matizó su optimismo *con cautela.* EPE140899 **42 asegurar:** ...aseguraban *con cautela* que la huelga prevista para el próximo lunes había sido suspendida. EME060394

F VERBOS QUE DENOTAN MOVIMIENTO O EVOLUCIÓN, INTERPRETADA A MENUDO EN SENTIDO FIGURADO: **43 mover(se) +:** Por el momento se mueven *con cautela:* esperan cerrar el año con un total de 50 cajeros vendidos... CLA010997 **44 andar:** Eché a andar *con cautela* por un prado de caminos desiguales que se escurrían en todas direcciones. EPE150800 **45 avanzar:** El juez, con su sentencia, avanza *con cautela* y escribe en uno de sus considerandos: «Esta sentencia no debe considerarse como un permiso para matar». LVE251296 **46 acercarse:** Una vez establecidos estos hechos, conviene acercarse *con cautela* a los recientes acontecimientos de Bosnia. LVE170995 **47 ir +:** La vida le ha enseñado que hay que ir *con cautela.* EPE080599 **48 llegar +:** ...pidió que la investigación del fiscal general del Estado (...) «llegue hasta el final, *con cautela* y prudencia». EME111195 **49 progresar:** Cuando los brasileños progresaban *con cautela,* el bloque posterior parecía bien parado. LEC030497 **50 evolucionar:** ...con datos negativos sobre la producción industrial y el empleo y un consumo que evoluciona *con cautela.* EPE121201 **51 venir:** Son ellos los que deben venir *con cautela.* LVE300995 **52 dirigirse:** Los convoyes rusos se dirigen *con cautela* hacia Grozni. EME010395

G VERBOS QUE DESIGNAN LA ACCIÓN DE TRATAR ALGUNA CUESTIÓN. POR EXTENSIÓN, CON OTROS QUE DESIGNAN EL HECHO DE PONER EN PRÁCTICA O EN FUNCIONAMIENTO ALGUNA COSA: **53 afrontar ++:** ...los fabricantes instalados en nuestro país afrontan *con cautela* el presente ejercicio... EME110795 **54 tratar +:** El Ayuntamiento de Valencia trata *con cautela* la subida de sueldos. EPE120799 **55 llevar +:** ...Juan Carlos García vivirá hoy a los 25 años su primera tarde (...): el típico caso de torero llevado *con cautela,* sin precipitaciones y dejando que se curta. EME260596 **56 abordar +:** La Casa Blanca (...) aborda el juicio *con cautela.* EPE070199 **57 plantear:** El Valencia planteó el encuentro *con cautela.* EME060394 **58 tocar:** En Cataluña el caso de Quebec se ha tocado en ciertos aspectos *con cautela...* LVE071195 **59 preparar:** Shayler preparó *con cautela* su regreso voluntario del exilio parisino. EPE220800 **60 realizar:** ...las tomas de posiciones se realizan *con cautela,* a la vista de los elevados precios. LVE081196 **61 aplicar:** Hay que darle tiempo a la Ley del Jurado para que se asiente, y que se aplique *con cautela...* LVE101295 **62 efectuar:** La aparición de estos evangelizadores es palpable en las calles de Jerusalén, donde *con cautela* y prudencia efectúan su proselitismo... EPE221199

H VERBOS QUE DENOTAN UTILIZACIÓN: **63 utilizar +:** La tasa de escolaridad es un promedio estadístico y, como tal, debe ser utilizado *con cautela...* CLA100199 **64 manejar +:** ...la apertura del secreto bancario (...) debe manejarse *con cautela* y responsabilidad por parte de los legisladores. ESH220797 **65 emplear +:** Aunque el Corán advierte que debe emplearse *con cautela,* su aplicación varía de unos países a otros en función de las circunstancias políticas. EME260295

I VERBOS QUE DESIGNAN LA ACCIÓN DE INICIAR O CONTINUAR ALGUNA TAREA: **66 comenzar +:** La próxima semana la sesión puede comenzar *con cautela.* EME251195 **67 continuar:** El doctor Kovacevic continúa *con cautela,* acompañado por una segunda copa de licor. EME210296 **68 proseguir:** Proseguirla *con cautela* y perseverancia no quita nada a la urgente necesidad de recuperar la agenda política... EPE180499 **69 introducir(se):** Los bomberos se introdujeron *con cautela* en las ruinas... EME280195 **70 entrar:** ...es lógico que (...) se entre en la etapa mayorista, aunque sea *con cautela.* EPE070899 **71 emerger:** ...un nuevo sentimiento optimista emerge *con cautela* entre muchas de estas organizaciones de ayuda humanitaria. EPE231201

J VERBOS QUE DENOTAN ELECCIÓN O DECISIÓN: **72 elegir +:** ...en su discursito de disolución y convocatoria, Pujol ha elegido *con cautela* las palabras. EME260995 **73 decantarse:** Pero el electorado español mayormente y el catalán *con cautela* se decantan por partidos antigubernamentales... LVE300595 **74 recomendar:** ...*con cautela* le han recomendado una actitud más conciliadora. EPE210299 **75 decidir:** Decidió *con cautela* cambiar de táctica en su trabajo. INDOC

K VERBOS QUE DENOTAN APOYO O RESPALDO: **76 apoyar +:** El primer ministro de Quebec apoya *con cautela* la reivindicación soberanista de Pujol. EPE150399 **77 respaldar:** Bill Clinton respaldó ayer *con cautela* el «veredicto» de la FDA... LVE140795 **78 apostar:** El sector apuesta por el libro electrónico, pero *con cautela.* LVE221295 **79 impulsar:** ...una reforma necesaria que debe ser impulsada con decisión, pero *con cautela.* INDOC

☐ Véase también: **sigilosamente.**

concebir *v.* **I** En sentido literal se combina con sustantivos de persona que designan a los descendientes biológicos, casi siempre humanos *(criatura, niño, bebé, hijo, varón).* En el sentido figurado (aproximadamente 'hacerse a la idea', 'imaginar'), se construye con subordinadas sustantivas *(No concibo que alguien pueda comportarse así)*, y también con sustantivos acompañados de complementos predicativos encabezados por *como (Concebimos la vida como un viaje)*. En el sentido de 'empezar a sentir o experimentar' admite sustantivos que designan sentimientos y emociones de diverso signo *(antipatía, pasión, amor, odio, afecto)*. En el sentido de 'idear o imaginar' acepta sustantivos que designan creaciones diversas *(novela, cuento, pintura, música)*, así como otros que designan artefactos, construcciones, ingenios y otros productos de la inventiva *(mecanismo, artefacto, máquina, invento, edificio, vehículo)*. También se combina con...

A SUSTANTIVOS QUE DENOTAN IDEA O PENSAMIENTO, ESPECIALMENTE SI SE ORIENTAN A LA RESOLUCIÓN DE ALGO O A LA CONSECUCIÓN DE ALGÚN FIN: **1 idea ++:** Cuando Gates empezó a *concebir* la idea de la «cibercasa», sus sueños eran otros. EME201096 **2 iniciativa +:** Mi segunda sugerencia es la de crear un lugar común que aúne sinergias, *conciba* iniciativas y prepare respuestas dirigidas a promover trabajo. LVE120795 **3 pensamiento:** Concebir un pensamiento, un solo y único pensamiento que hiciese pedazos el universo. EME210695 **4 fórmula:** ...la fórmula *concebida* por Mitchell constituye el único camino hacia la paz y convivencia tras 30 años de violencia sectaria. EPE171199 **5 propuesta:** Todo ello responde al deseo de *concebir* la propuesta en su sentido más universal, más allá de los localismos. EME050194 **6 juicio:** Los juicios rápidos fueron *concebidos* con motivo de la celebración en España de dos acontecimientos... EPE010299 **7 invento:** El invento (...) estaría *concebido* para ayudar a mujeres que no pudieran tener niños sin este apoyo tecnológico. EME180896 **8 solución:** ...hoy obliga al gobierno a *concebir* soluciones donde el Estado recupera un papel de motor... HOY250484

B SUSTANTIVOS QUE DESIGNAN PLANES, INICIATIVAS Y OTRAS FORMAS DE ORGANIZAR LA ACCIÓN FUTURA: **9 proyecto +:** ...dentro de los pronunciamientos públicos (...) ha prevalecido la idea de *concebir* un proyecto «que refleje nuestro tiempo»... DYM240796 **10 estrategia +:** Recordemos que la esencia de la Ley Helms-Burton es *concebir* la estrategia yanki contra Cuba... GIC020597 **11 programa +:** No obstante, se cuestiona la superficialidad con la que ciertos padres y maestros *conciben* este Programa. BYN021197 **12 plan +:** ...instó el pasado viernes a *concebir* un «plan económico de choque»... EME140796 **13 estratagema:** ...por decepciones (...) *concibe* una delirante estratagema: hacerse pasar por otro hombre... LVE311096

C EL SUSTANTIVO *ESPERANZA* Y CON OTROS QUE DESIGNAN LO QUE SE DESEA O AQUELLO A LO QUE SE ASPIRA: **14 esperanza ++:** Esta circunstancia le permite *concebir* ciertas esperanzas al *sector crítico*. LVE290495 **15 ilusión:** El Atlético había hecho *concebir* grandes ilusiones con sus rotundas victorias... EME171096 **16 sueño:** ...fue *concebido* el sueño de la Unión Europea que hoy cobra forma en el Tratado de Maastricht. LNA260692

D SUSTANTIVOS QUE DESIGNAN DIVERSAS FORMAS DE DISPONER, ARTICULAR U ORDENAR LAS COSAS: **17 sistema:** El plan apunta a *concebir* un sistema de acueductos... LNP190397 **18 estructura:** Para la que será la mayor ampliación de la historia hace falta cambiar estructuras *concebidas* en 1957... EME020196 **19 organización:** ...el Evangelio de Jesucristo es tan amplio que desde el mismo se puedan iluminar diversas maneras de *concebir* la organización del país... EPC080797 **20 mecanismo:** ...las inversiones que habrá que hacer en el futuro serán mucho mayores que las previstas cuando se *concibió* el mecanismo. BYN071297 **21 esquema:** ...el actual esquema está *concebido* para ser aplicado en una fase de expansión. EME281195

☐ Véase también: **calcular, creer, engendrar, imaginar(se), pensar.**

conceder *v.* ■ En el sentido de 'admitir' se construye con subordinadas sustantivas *(Concedo que fui un maleducado, pero él me había provocado antes)*. En el sentido de 'dar u otorgar' acepta un gran número de sustantivos que designan cosas materiales *(Le concedieron un piso)* y especialmente beneficios, favores, regalos, privilegios, permisos, recompensas o distinciones *(premio, galardón, trofeo, título, marquesado)*. También acepta sustantivos que designan eventos *(audiencia, conferencia, visita, vacaciones)*. Forma la locución *conceder la palabra* que significa 'dar permiso para hablar'. Con esta misma interpretación se combina con...

A EL SUSTANTIVO *DESEO* Y CON OTROS QUE DESIGNAN LO QUE SE DESEA O SE ESPERA OBTENER: **1 deseo ++:** El Madrid, que había perdido sus derechos de cesión, se rascó el bolsillo y *concedió* los deseos de su entrenador... LRE290103 **2 capricho +:** No esperes que te *conceda* todos tus caprichos. INDOC **3 antojo:** Ya sabes que a las embarazadas se les *concedían* antes todos sus antojos. INDOC

B ALGUNOS SUSTANTIVOS QUE DENOTAN OCASIÓN O CIRCUNSTANCIA FAVORABLE PARA LA REALIZACIÓN DE UNA ACCIÓN O EL LOGRO DE UN FIN: **4 oportunidad ++:** Además se les *concede* la oportunidad de adaptarse físicamente en los torneos de verano. LVE270795 **5 posibilidad:** ...se nos ha *concedido* la posibilidad de dos canales para explotar esta tecnología. PME140796

C SUSTANTIVOS QUE DENOTAN AYUDA, CONTRIBUCIÓN O INCENTIVO, ESPECIALMENTE SI ES DE CARÁCTER MONETARIO. POR EXTENSIÓN, CON OTROS QUE DESIGNAN DIVERSAS PRESTACIONES ECONÓMICAS: **6 beca ++:** ...la mayoría resultó beneficiada con becas públicas y privadas, destacándose entre ellas las *concedidas* por la Agencia Internacional de Cooperación (AGCI). RUM280797 **7 subvención ++:** Todo esto «no sería posible sin las subvenciones *concedidas* por el Gobierno regional...». LVL180796 **8 ayuda ++:** ...la arbitrariedad del Gobierno de Canarias a la hora de *conceder* ayudas... CAN230796 **9 crédito ++:** Sólo cuatro empresas encuestadas en la capital sanducera *conceden* créditos en dólares. BRE050997 **10 préstamo ++:** Desde que el 17 de enero se aprobó el acuerdo entre la Xunta con Caixa Nova y Caixa Galicia para *conceder* préstamos a bajo interés el número de ganaderos que se favorecieron de estas ayudas fue «limitado». FDV280301 **11 aval:** ...entre las garantías para *conceder* el aval se encontraba el hecho de que la obra era una concesión municipal, lo que garantizaba su seriedad. LVE210795 **12 garantía:** Royal Crown *concederá* una garantía de tres años para sus vehículos. EME230596 **13 pen-**

sión: ...un grupo de intelectuales le pidió a la Diputación de Toledo que le fuera *concedida* una pensión... ABC070495 **14 incentivo:** ...ha anunciado la posible inversión de 30.000 millones (...) siempre y cuando el Gobierno *conceda* incentivos para este proyecto. LVE110295 **15 fondo:** Ambos bancos sobrevivieron a la crisis gracias a que el Gobierno les *concedió* fondos públicos por valor de 64.200 millones de euros. EPE081099

D SUSTANTIVOS QUE DENOTAN LICENCIA, CONSENTIMIENTO O APROBACIÓN. TAMBIÉN CON OTROS QUE DESIGNAN ALGUNOS DE LOS DOCUMENTOS QUE PONEN DE MANIFIESTO ESAS AUTORIZACIONES: **16 permiso ++:** Mientras tanto, se deben abstener de *conceder* permisos para la ejecución de obras civiles. ETC010690 **17 licencia ++:** ...confía en que se confirme la posibilidad de seguir *concediendo* licencias legalmente. LVG301091 **18 autorización +:** La corporación consideró que el Gobierno excedió sus facultades al *conceder* esa autorización a través de un decreto reglamentario. ETC130996 **19 visado:** El consulado español en Moscú sólo ha *concedido* visado a la mitad de los 555 niños bielorrusos que esperaban viajar ayer hacia Murcia y Almería... EPE080700 **20 beneplácito:** El Gobierno de Estados Unidos *concedió* el beneplácito a la designación de Francisco Aguirre Sacasa como nuevo embajador de Nicaragua ante la Casa Blanca... LNC190297

E SUSTANTIVOS QUE DENOTAN LIBERTAD, INDEPENDENCIA O AUTOSUFICIENCIA. POR EXTENSIÓN, TAMBIÉN CON OTROS QUE DESIGNAN LA SEPARACIÓN O DISOLUCIÓN DE UN VÍNCULO: **21 libertad ++:** Esta le da facultades al Presidente de *conceder* libertad provisional o condicional a miembros de organizaciones armadas cuyos procesos o condenas sean de carácter político. SEM161000 **22 divorcio ++:** ...no hubiese accedido a *conceder* un divorcio tan rápidamente si no le hubiesen ofrecido convertirse en embajadora. EME290296 **23 independencia +:** Francia, al fin, *concedía* la independencia de Argelia tras una cruenta guerra... HOY281283 **24 autonomía +:** Tony Blair aseguró a los delegados en la convención de Blackpool que, como primer ministro, haría lo posible por *conceder* una mayor autonomía al País de Gales y Escocia... LVE021096 **25 libre albedrío:** Cristianamente podemos pensar que Dios *concedió* al hombre el libre albedrío, por lo tanto nos compete a nosotros cambiar la situación que tenemos. LPN030297 **26 autarquía:** ...sólo podrá ser dirimida cuando se *concedan* al INDEC autarquía financiera y autonomía funcional. CLA070497

F SUSTANTIVOS QUE DESIGNAN SITUACIONES DE FAVOR. TAMBIÉN CON OTROS QUE EXPRESAN DIVERSOS ESTADOS QUE SE TIENEN POR VENTAJOSOS O PROVECHOSOS: **27 beneficio +:** Los beneficios *concedidos* por esta ley se otorgan sin perjuicio de los otros previstos en el Código Penal... LTB041000 **28 atención +:** Se trata de *conceder* la atención de la Seguridad Social a quienes realmente la requieran... GIC072897 **29 facilidad +:** ...el BID, el Banco Mundial, el mismo FMI tendrán que, de alguna manera, entrar a *conceder* facilidades. HOY250385 **30 ventaja:** ...el Gobierno va a (...) *conceder* ventajas, fiscales y otras, a las empresas editoras. EPE020977 **31 privilegio:** La historia literaria universal, sin embargo, le ha *concedido* el privilegio de un lugar inmortal al lado de los más grandes... ABC160493 **32 favor:** Y el Real Madrid no parece muy predispuesto a *conceder* favores como los de años anteriores en Tenerife. EME200395 **33 preferencia:** La Constitución le atribuye el carácter de lengua oficial, junto con el inglés, e incluso le *concede* cierta preferencia... LVE060695 **34 excepción:** ...ha solicitado en varias ocasiones a la Dirección General de la Salud Pública de Canarias que se le *concedan* excepciones en el cumplimiento de estos parámetros. EPD091097 **35 inmunidad:** ...el Alto Tribunal de Justicia británico *concedió* la inmunidad absoluta a Pinochet el pasado 28 de octubre. EPE250399

G SUSTANTIVOS QUE DESIGNAN DIVERSAS FORMAS DE PROTECCIÓN: **36 asilo ++:** ...*sondeará* al gobierno de ese país sobre la posibilidad de *conceder* asilo político a los miembros del comando izquierdista... ENH020397 **37 amparo +:** ...así lo expresa la sentencia que *concede* el amparo. PME080996 **38 protección +:** ...intenta que la visita del rey de Bulgaria, exiliado, pase lo más inadvertida posible y se niega a *concederle* protección oficial alegando que «sólo es un ciudadano más». LVE260596 **39 apoyo +:** Tras crear el enclave kurdo, no *concedió* el apoyo moral, económico y político que necesitaba para sobrevivir y prosperar... EME030996 **40 custodia:** ...el servicio de inmigración de EE. UU. le ha *concedido* la custodia temporal del menor mientras se resuelva su situación legal... EPE081299 **41 tutela:** La Corte le *concedió* la tutela a Abril y le ordenó a la Secretaría de Educación del Distrito pagarle los salarios dejados de percibir... ETC100497

H SUSTANTIVOS QUE DENOTAN PERÍODO TEMPORAL DE QUE SE DISPONE PARA LA REALIZACIÓN DE ALGUNA COSA. TAMBIÉN CON OTROS QUE DESIGNAN LA ACCIÓN O EL EFECTO DE PROLONGAR O RETRASAR LA EJECUCIÓN DE ALGO: **42 plazo ++:** Para ello, la Generalitat *concede* un plazo de 15 días hábiles. LVE130495 **43 tiempo +:** ...el Ayuntamiento ha *concedido* ya un tiempo prudencial a los bares y cafeterías de Puerto del Carmen para que pongan al día su documentación... LVL240797 **44 prórroga +:** El juez no *concedió* ninguna prórroga y el dos a uno se convirtió en lápida. LNC161100 **45 moratoria:** ...se *concede* una moratoria de 10 años sin interés y con tres años más de carencia a las instituciones sanitarias públicas o privadas sin ánimo de lucro, para el pago de su deuda con la Seguridad Social... LVE080795 **46 aplazamiento:** ...destacó que la recuperación total de la deuda, incluida aquellas a las que se ha *concedido* aplazamiento, ascendió a 3.519,36 millones, casi un 18 por ciento más. LRE290103 **47 margen:** Consideran conveniente los jueces que los funcionarios depongan su actitud y *concedan* un margen a la Administración para continuar las negociaciones. EPE100379

I SUSTANTIVOS QUE DENOTAN SUPRESIÓN DE UNA PENA: **48 indulto +:** ...está claro que han empezado a hablar después de un incumplimiento manifiesto del Gobierno de *concederles* el indulto y parecen dispuesto a tirar de la manta hasta el final. EME220195 **49 amnistía +:** ...*concede* amnistía a los militares, policías y civiles que se encuentren denunciados, investigados, encausados, procesados o condenados... BRE020597 **50 perdón +:** «Es un intento de comprarnos con monedas falsas y con la promesa de *concedernos* el perdón imperial a cambio de la rendición incondicional de este pueblo», agregó. DLA170497 **51 excarcelación:** En enero, el Tribunal Superior de Apelaciones *concedió* la excarcelación a la mayoría de los acusados... LNC020497 **52 gracia:** Agregó que el Poder

Ejecutivo «podrá *conceder* gracia al penado que haya cumplido la mitad de la condena». ACP250996

J SUSTANTIVOS QUE DESIGNAN OTRAS ACCIONES, TRÁMITES O DILIGENCIAS DE NATURALEZA OFICIAL, MÁS FRECUENTEMENTE SI CON ELLAS SE SOLICITA LA MODIFICACIÓN DE UNA SENTENCIA: **53 apelación:** ...cuando la sentencia acogiera la pretensión, la apelación será *concedida* al solo efecto devolutivo. CLA140297 **54 recurso:** Explicó que si el máximo tribunal del país *concede* el recurso planteado por la ANR el día de las elecciones, el afiliado colorado tendrá que presentar en la mesa receptora de votos... ACP110996 **55 resolución:** Y si no hay acuerdo, pero sí causas suficientes, la autoridad laboral deberá *conceder* la resolución. EPE110799 **56 demanda:** De *concederse* tal demanda, esto podría entorpecer la operación en curso. LVE061296 **57 suplicatorio:** El pasado 20 de marzo, el pleno del Senado *concedió* el suplicatorio solicitado por el Supremo para actuar contra él... FDV160601

K SUSTANTIVOS QUE DESIGNAN OTRAS SITUACIONES VENTAJOSAS, A MENUDO CONSIDERADAS ESTABLES O PACÍFICAS: **58 tregua:** El mundo de la delincuencia continúa evolucionando y no *concede* treguas. FDV180601 **59 alto el fuego:** ...un alto el fuego largamente negociado y solo *concedido* por los guerrilleros al final de... INDOC

■ En el sentido de 'atribuir o conferir', se combina con...

L SUSTANTIVOS QUE DESIGNAN LA CUALIDAD DE SER ALGO O ALGUIEN NOTABLE, RELEVANTE O VALIOSO: **60 importancia ++:** No le *concedió* importancia y le dije que había el rumor de que yo malversaba fondos. CAP131197 **61 valor:** ...tres iniciativas sobre las que actualmente trabaja la Comisión Europea, a las que el Gobierno español *concede* un valor trascendental... ENH010201 **62 peso:** ...creo que su lectura contribuye a *concederle* un mayor peso a una exposición realmente sorprendente... ABC200392

M SUSTANTIVOS QUE DENOTAN FUNCIÓN O ATRIBUCIÓN. TAMBIÉN CON ALGUNOS QUE DESIGNAN CIERTAS TAREAS EN LAS QUE SE EJERCEN: **63 competencia ++:** La negativa del Gobierno a *conceder* competencias a la Generalitat en materia de costas acabó ayer en un espectacular rifi-rafe. EME210695 **64 gestión +:** El PP está dispuesto a *conceder* la gestión de estos fondos, pero no el cobro de los mismos. EME210496 **65 papel +:** Si por un lado no le permitían crecer y funcionar correctamente, por el otro le *concedían* el papel protagonista de ciudad encrucijada... LVE110495 **66 organización:** En las reuniones iniciales, la IAAF ha decidido *conceder* la organización de los Campeonatos Mundiales de 1997 a Atenas y los de pista cubierta a París. LVE010895

N SUSTANTIVOS QUE EXPRESAN AUTORIDAD, DOMINIO O SUPREMACÍA Y, POR EXTENSIÓN, CON OTROS QUE DENOTAN POSICIÓN DESTACADA O PROMINENTE: **67 autoridad ++:** Ni Barak ha estado dispuesto, como parecía haber aceptado previamente, a (...), ni Arafat a *conceder* la autoridad permanente de su enemigo sobre el Jerusalén árabe. EPE260700 **68 poder ++:** Resulta imposible *conceder* todo el poder a los mercados y retener al mismo tiempo la capacidad de fijar el nivel del tipo de cambio... EME061296 **69 liderazgo +:** «Hay muchos«, señaló Pacheco, «que se sienten líderes, pero no están confrontados ante la opinión publica que, al final, es la que *concede* o no los liderazgos». EPE241099 **70 hegemonía:** ...ha demostrado en la última época un desarrollo asombroso lo que le *concedió* la hegemonía de juegos. LHG120900 **71 potestad:** ...sólo el Gobierno central tiene competencias para *concederles* esta potestad sancionadora. LVE030294 **72 honor:** A él le da Altman un tratamiento especial permitiéndole ser el único que no se relaciona con nadie ajeno a su familia y *concediéndole* el honor de un monólogo... EME070594 **73 protagonismo:** ...encuentra un modo muy suyo de *concederle* gran protagonismo al color, a unas grandes extensiones luminosas de color... ABC100492

Ñ SUSTANTIVOS QUE DENOTAN CAPACIDAD NOTABLE, MAESTRÍA, ACIERTO O DESTREZA EN ALGUNA MATERIA: **74 habilidad +:** ...al tiempo, le *concede* más inteligencia y habilidad que las que otros historiadores le reconocen. ABC261193 **75 facultad +:** ...*concedió* al padre la facultad de elegir la escuela a la que debía acudir su hija. EPE210599 **76 mérito:** ...una crítica a los «vientos de revancha» del ayuntamiento de Guernica por haber «aprobado retirar la medalla y los méritos *concedidos* al anterior jefe del Estado...». LVE180595 **77 don:** Mi madre es uno de esos seres a quienes la naturaleza *concedió* el don del cariño. SVG110597

▩ Se combina también con: ♦ **a dedo[11], a regañadientes[11], de antemano[29], de buen grado[23], en exclusiva[7], generosamente[12], graciosamente, incondicionalmente[18]** ♦ **venir (en)[7]**

☐ Véase también: **acceder (a), asignar, atribuir, autorizar, ceder, dar, entregar, prestar.**

concéntrico ♦ **capa, círculo, curva, evolución, figura, movimiento, onda**

[concepto] → **bajo ningún concepto, en concepto (de)**

concepto ♦ **abstracto, ambiguo, analítico, antagónico, atractivo, básico, borroso[14], claro, complejo, confuso, de capa caída[25], difuso, dominante[19], equivocado, fundamental, general, impreciso, inaccesible, ininteligible, inseparable, inútil, lesivo, manido[39], novedoso[3], preciso, profundo, resbaladizo[16], superficial, tradicional, trillado, vital** ♦ **alcance (de), análisis (de), arsenal (de)[19], contenido (de), interpretación (de), significado (de)** ♦ **aclarar, acotar, acuñar[65], adquirir, afianzar(se)[65], ahondar (en)[21], asimilar, asociar, atenerse (a)[13], captar[27], clarificar[54], deducir[9], definir, desbrozar[23], ejemplificar, enfatizar, entender, establecer, explicar, exponer, expresar, extrapolar[9], formular, fraguar(se)[51], ilustrar, implantar[33], inculcar[21], inspirar, interpretar, manejar, personificar, plantear[34], prevalecer, profundizar (en), rebatir[16], refutar, regir(se) (por), subvertir[17], subyacer (a algo), tergiversar, verter**

☐ Véase también: **idea, pensamiento.**

concertar *v.* ■ En el sentido de 'pactar, ajustar, tratar o componer' se combina con...

A SUSTANTIVOS QUE DENOTAN REUNIÓN, ENCUENTRO O INTERCAMBIO ENTRE LAS PERSONAS: **1 encuentro ++:**

...mientras los responsables de Economía y de Industria ya han *concertado* encuentros con los representantes del Gobierno portugués... LVG221191 **2 entrevista ++:** Schroeder dará un mensaje especial a los participantes del Foro, y De la Rúa se las arregló para *concertar* una entrevista informal en Suiza... CLA250199 **3 reunión ++:** El 3 de enero de 1985 yo había *concertado* una reunión con Marcelo Schilling, a quien no conocía, para discutir un proyecto de investigación... HOY231296 **4 cita ++:** Este sujeto llega al extremo de arreglar o *concertar* citas de una pareja en un hotel, y ocupar el aposento contiguo, para escuchar todas las incidencias amorosas... ESP120597 **5 visita +:** Los investigadores han puesto a disposición de posibles víctimas el teléfono (...) para *concertar* visitas. LVE220296 **6 conversación:** Teníamos *concertada* una conversación, larga –buena parte de la mañana y toda la tarde–, con Joan Miró. ABC050393

B SUSTANTIVOS QUE DESIGNAN DIVERSAS FORMAS DE PACTO, VÍNCULO O COMPROMISO ENTRE PERSONAS O ENTIDADES, ASÍ COMO ALGUNOS DE SUS ELEMENTOS CONSTITUTIVOS. TAMBIÉN CON OTROS QUE EXPRESAN LOS RESULTADOS NATURALES DE ESAS ACTUACIONES: **7 acuerdo ++:** ...refiriéndose al acuerdo internacional *concertado* en 1948 tras las atrocidades de la Segunda Guerra Mundial. CLA020199 **8 paz ++:** ...hay que decir la verdad, aunque duela; todas las fuerzas deben unirse para *concertar* la paz social. EME010596 **9 alianza +:** Buscarían *concertar* alianza nacionalista que enfrentaría a Elías Asfura. LPH280896 **10 matrimonio +:** El modo de *concertarse* los matrimonios dejaba poco lugar al amor. ABC011295 **11 tregua:** ...sentarse a la mesa de negociaciones, ante la rápida erosión de la tregua *concertada* en octubre. CLA290199 **12 convenio:** La agenda sin conocer también incluye varios préstamos y convenios internacionales *concertados* en los últimos tiempos... LDD220797 **13 contrato:** ...llevó al BNV a *concertar* contratos de préstamos internacionales en su mayoría con instituciones de desarrollo... LDD090597 **14 pacto:** ...obligado desde las últimas horas del domingo 3 de marzo a *concertar* pactos y ayudas con otras fuerzas políticas... LVE110596 **15 tratado:** El Tratado de 1903 y sus enmiendas serán abrogados al *concertarse* un Tratado enteramente nuevo sobre el Canal interoceánico. EPE050576

C SUSTANTIVOS QUE DESIGNAN PLANES, PROYECTOS Y OTRAS DIRECTRICES DE ACCIÓN FUTURA, MÁS FRECUENTEMENTE SI SE RELACIONAN CON LA DISTRIBUCIÓN O LA ORGANIZACIÓN DE LA ACTIVIDAD: **16 estrategia +:** En definitiva, *concertar* estrategias comunes. LVE120795 **17 plan +:** Era evidente que se trataba de un plan *concertado* para tratar de engañar y confundir a la opinión pública... GIC093697 **18 programa:** Ha ratificado su promesa de diálogo con las partes sociales para *concertar* un programa de desarrollo. LVE010696 **19 proyecto:** Y sugirió: *concertar* el proyecto con las comunidades que podrían resultar afectadas... PME010996 **20 agenda:** ...por lo que se tratará de lograr un acuerdo con la oposición para *concertar* la agenda para estas últimas 15 sesiones legislativas. LTB150297 **21 calendario:** Las tres administraciones socias del Fòrum (...) han *concertado* un calendario cuyo tiempo de tramitación deja para después de las elecciones catalanas la declaración de intenciones del evento. EPE170999

D SUSTANTIVOS QUE DESIGNAN DIVERSAS EXPRESIONES DE LAS MAGNITUDES ECONÓMICAS: **22 tarifa +:** ...él llevó a su consideración los planteamientos hechos por los transportistas y las tarifas *concertadas.* EUV030996 **23 tasa +:** En relación con la clase media, la Ley de Política Habitacional establece el crédito ajustado al salario y una tasa de interés *concertada...* ENV260700 **24 incentivo:** De igual manera, el Gobierno busca *concertar* una serie de incentivos con las redes de distribución... EPC141097 **25 descuento:** ...contará con «algunos descuentos puntualmente *concertados*» y será objeto de rigurosa vigilancia... EXC110796 **26 aumento:** En cuanto a la leche ultrapasteurizada aquí fue el último aumento *concertado* con los sectores firmantes... EXC020496 **27 descenso:** ...a favor de un descenso *concertado* de los tipos de interés en Francia y en Alemania... LVE011296 **28 oferta:** La oferta, *concertada* inicialmente por Banesto, Banca Catalana, Banco de Sabadell y Caixa de Sabadell... LVE130996

E SUSTANTIVOS QUE DESIGNAN OPERACIONES ECONÓMICAS O COMERCIALES: **29 préstamo:** La agenda sin conocer también incluye varios préstamos y convenios internacionales *concertados* en los últimos tiempos... LDD220797 **30 crédito:** La entidad ha recibido el mandato de Medi Telecom (...) para *concertar* un crédito de 350 millones de dólares... EPE070899 **31 negocio:** ...ideal para *concertar* negocios relacionados con la industria del ocio en la mayor de las Antillas. GIC051897

F SUSTANTIVOS QUE DENOTAN DETERMINACIÓN O RESOLUCIÓN. TAMBIÉN CON OTROS QUE DESIGNAN DIVERSAS ACTUACIONES QUE SE INTERPRETAN COMO TALES: **32 decisión:** Igualmente lo hará Portugal, que anteriormente *concertó* con España esta decisión. LVE210794 **33 medida:** ...una propuesta (...), la cual fue aceptada por los Jefes de Estado, quienes expusieron la conveniencia de *concertar* medidas para prevenir una carrera armamentista... EXC050996 **34 reforma:** Concertan reformas electorales con ex candidatos. LTH080198 **35 prohibición:** ...por ejemplo, las autoridades debieran estimular y *concertar* con los establecimientos bancarios (...) la prohibición de fumar... LPA190492

▌ En su sentido de ‘armonizar o concordar’ se construye a menudo con dos complementos que designan dos o más cosas que se corresponden o concuerdan *(concertar la teoría con la práctica, Su explicación no concierta con lo que me contaron).* Asimismo se combina con...

G SUSTANTIVOS QUE DENOTAN EMPEÑO Y OTRAS MANIFESTACIONES DE LA INTENCIÓN DECIDIDA Y PORFIADA DE CONSEGUIR UN OBJETIVO: **36 esfuerzo +:** ...empresarios estadounidenses viajaron a Washington para interceder por Colombia, en un esfuerzo *concertado* con los dirigentes gremiales de este país... DLA010397 **37 trabajo:** Los conflictos (...) deben terminar más pronto que tarde, para dar paso a un trabajo *concertado* por una agroproducción verdaderamente competitiva... ENV090597 **38 empeño:** Urge lograr que el 0,7% sea una realidad en lo inmediato, pero no tanto en lo económico y a través de ayuda oficial al desarrollo, sino en empeños políticos *concertados...* EPE250800 **39 voluntad:** ...jugaron un papel importante en la reunión, moderando posturas, *concertando* voluntades, limando aristas y presentando la cara amable del país anfitrión. DLA090797

H SUSTANTIVOS QUE DENOTAN SONIDO EN MUY DIVERSOS GRADOS Y FORMAS. TAMBIÉN CON OTROS QUE

DESIGNAN ALGUNOS DE LOS AGENTES CAPACES DE EMITIRLO: **40 voz** +: Y exponiéndose incluso a la grosera y folclórica represalia de la «conjunta», han *concertado* su voz de protesta con fortaleza. ACP061000 **41 instrumento:** Los intrumentos de cuerda y los de viento son a veces difíciles de *concertar*. INDOC **42 sonido:** ...se servía de su laringe para emitir extraños sonidos *concertados* con los que alertaba a otros miembros de su manada de peligros o sensaciones. EPE250899 **43 estruendo:** ...su obra ensayística, su obra literaria a secas, es un esfuerzo por *concertar* ese estruendo mudo. EPE091099

I SUSTANTIVOS QUE DENOTAN PUNTO DE VISTA: **44 postura:** Todo lo que sirva para «reforzar el poder de negociación en la escena internacional de los dos socios mediante la defensa de posturas *concertadas*». EPE100399 **45 posición:** Matutes añadió que había hablado el pasado domingo con la secretaria de Estado norteamericana, Madeleine Albright, para *concertar* una posición común ante el desafío que supone la crisis de Kosovo. EPE200199 **46 punto de vista:** ...una reunión que se presentaba mal porque los puntos de vista estaban muy enfrentados y resultaban muy difíciles de *concertar*. INDOC

☐ Véase también: **pactar**.

con certeza *adv.* ▮ Se combina con...

A LOS VERBOS *SABER* Y *CONOCER*: **1 conocer** ++: ...emitió un comunicado en el que declara que es imposible conocer *con certeza* cuál fue la voluntad popular en los comicios generales... EUV061196 **2 saber** ++: Con todo, el ex ministro del alfonsinismo sigue siendo uno de los pocos que sabe casi *con certeza* cada paso que da el sindicalismo. CLA171100

B VERBOS QUE DENOTAN ASEVERACIÓN O CERTIFICACIÓN. TAMBIÉN CON ALGUNOS QUE DESIGNAN OTRAS ACCIONES QUE SE REALIZAN PARA PONER DE MANIFIESTO LA EXISTENCIA O LA VERACIDAD DE ALGUNA COSA: **3 asegurar** ++: ...igual le quedan todavía algunas visitas que recibir aunque ayer no podía asegurarlo *con certeza*. DDN030101 **4 afirmar** ++: Y aunque no se puede afirmar *con certeza* que las personas muertas sean realmente milicianos... ETC010796 **5 demostrar** +: El Departamento de Justicia puntualizó ayer que no se ha demostrado *con certeza* que sea un contagio contraído por riesgo laboral. EPE300999 **6 confirmar** +: El estudio de ADN efectuado a los restos óseos hallados en una vivienda de Villa Soldati no logró confirmar *con certeza* si los huesos pertenecían a... LNP080497 **7 comprobar** +: En principio, los pilotos norteamericanos tienen la capacidad de disparar cuando han comprobado *con certeza* la identidad de los aparatos... EME150494 **8 acreditar:** ...quien cree lamentables las acusaciones de Barrionuevo y le exigió que las pruebe y acredite *con certeza*... EME050195 **9 probar:** No había, hasta ahora, estudios lo suficientemente grandes que probaran *con certeza* cuáles podrían ser los AINS que fueran menos tóxicos. EME050594 **10 constar** –: El PDS está implicado en Tangentópolis, pero no a todos los italianos les consta *con certeza*. LVE220394

C VERBOS QUE DENOTAN JUICIO, MÁS FRECUENTEMENTE SI PONE DE MANIFIESTO LA IDENTIFICACIÓN, EL RECONOCIMIENTO O LA DETECCIÓN DE ALGO: **11 identificar** +: Hasta última hora de ayer sólo se habían podido identificar *con certeza* nueve cadáveres. EME020396 **12 dictaminar** +: No es sencillo dictaminar *con certeza* la culpabilidad o la inocencia del acusado en un caso así. INDOC **13 diagnosticar** +: Con su ayuda, los científicos pueden diagnosticar *con certeza* la existencia de retrovirus en estado latente... ABC151093 **14 establecer** +: En un informe anual precisa, sin embargo, que es muy difícil establecer *con certeza* el estado de relación de fuerzas... EUV151096 **15 determinar** +: Nuestro próximo paso será determinar *con certeza* que los restos divisados son en realidad de la aeronave desaparecida... ENH210497 **16 detectar:** La agencia explicaba que un fenómeno de ese tipo no podría ser detectado *con certeza* mediante examen radiológico ni siquiera por medio de una Tac... LVE061096 **17 atribuir:** Hoy en día la obra está considerada una pieza anónima que no se puede atribuir *con certeza* a Lope de Vega... EPE290499

D VERBOS QUE DENOTAN VALORACIÓN O ESTIMACIÓN, FRECUENTEMENTE DE ACONTECIMIENTOS FUTUROS: **18 evaluar** +: ...se ha ido extendiendo en los últimos años sin que se haya evaluado *con certeza* cuál es la relación entre su costo y el beneficio... EME090694 **19 predecir** +: ...resulta evidente que somos muy sensibles a pequeños cambios y que nadie puede en la actualidad predecir *con certeza* nuestras reacciones. EME080295 **20 calcular:** Un mercado cuya magnitud es imposible de calcular *con certeza*... SEM091000 **21 calibrar:** ...el rendimiento real de los dos instrumentos se podrá calibrar *con certeza* cuando hayan pasado un largo invierno en funcionamiento. ABC011093

E OTROS VERBOS; POSIBLES USOS CRUZADOS: Han multiplicado por diez la gran tragedia que vive Irlanda del Norte, de la que, por otra parte, su diario informa normalmente *con certeza*... [Cf. *acertadamente*] LVE210196

☐ Véase también: **a ciencia cierta, fehacientemente**.

concesión

♦ **a dedo**[32], **administrativo, de servicios, discrecional**[29], **en exclusiva, forzoso, generoso, gracioso, gratuito, individual, inestimable, injusto, justo, laboral, legal, material, oneroso, político, privado, público, unilateral** ♦ **contrato (de), término (de)** ♦ **acelerar, adjudicar, administrar, anular, apoyar, aprobar, arrancar, arrebatar, autorizar, caducar, decidir, denegar**[16], **financiar, gozar (de), hacer, impugnar**[38], **negociar**[27], **otorgar, pretender, realizar, rescindir**[10], **resolver, retrasar, revocar**[11], **solicitar, tramitar, vencer**[79]

☐ Véase también: **adjudicar, asignar, ceder, conceder, entrega, entregar, licencia, permiso.**

[conciencia]

→ **a conciencia, llevar sobre {los hombros/las espaldas/la conciencia}, mala conciencia**

conciencia

♦ **bueno, ciudadano, cívico, claro, colectivo, estrecho, inquieto, laxo**[15], **limpio, malo, moral, pleno, social, suficiente, tranquilo, verdadero, vivo**[42] ♦ **a la altura (de), con arreglo (a)**[19] ♦ **cargo (de), examen (de), falta (de), libertad (de), objeción (de), objetor (de), problema (de), voz (de)** ♦ **ablandar(se)**[4], **acallar**[84], **adquirir**[21], **ahogar(se)**[45], **aligerar, aliviar, alterar**[68], **apelar (a), atenazar**[16], **blanquear**[36], **cargar (so-**

bre), cobrar, conmocionar(se)[9], corromper, crear, desarrollar, descargar[17], despertar, formar(se), fortalecer, golpear, hacer, inquietar, lavar[11], llamar (a), moldear[9], ofuscar(se)[5], perder, perturbar, pesar (sobre), remover, renegar (de)[5], repugnar (a), sensibilizar, sucumbir, tener, tomar[47], tranquilizar

☐ Véase también: **mala conciencia, memoria, mente.**

concienzudamente *adv.* ▌Se combina con muy diversos verbos, pero destacan especialmente sus combinaciones con...

A VERBOS QUE DENOTAN DISPOSICIÓN U ORGANIZACIÓN DE LA ACTIVIDAD FUTURA: **1 preparar(se)** ++: El equipo de la alta sociedad lisboeta (...) se ha preparado *concienzudamente* para enfrentar esta nueva temporada. EPE110900 **2 planificar** +: ...esta táctica demostró ayer su ineficacia ante atentados que, como éste, han sido *concienzudamente* planificados. EME200495 **3 programar** +: ...las inauguraciones municipales se han programado *concienzudamente* hasta el mes de mayo. EME150295 **4 entrenar(se)** +: Gore, muy fogueado en estos cara a cara para los que se entrena *concienzudamente*, parte con ventaja. EPE150900 **5 trazar:** No se trata de un hecho puntual (...) sino de algo más serio y *concienzudamente* trazado como es una banda y unos aparatos del Estado... EME131095

B VERBOS QUE DENOTAN REALIZACIÓN O EJECUCIÓN DE UNA ACTIVIDAD: **6 elaborar:** Ayer entregaron su informe, amplio y *concienzudamente* elaborado, al presidente francés Jacques Chirac. EPE090900 **7 realizar:** La fiscal general subrayó la necesidad de que las investigaciones se realicen *de manera concienzuda* y metódica... EPE140799 **8 producir:** ...la novedad sólo la produce prudente y *concienzudamente.* CAP261296

C VERBOS QUE DENOTAN EXAMEN, ANÁLISIS Y OTRAS FORMAS DE INDAGACIÓN: **9 estudiar** ++: Sus pícaras alumnas lo entendieron así y se pusieron a estudiar *concienzudamente* la obra con ánimo burlón... LHG280897 **10 analizar** ++: El autor presume de haber consultado papeles (...) de haber analizado *concienzudamente* todos los datos... EME280394 **11 examinar** +: ...él no es de los que se dejan meter gato por liebre, él examina primero la mercancía y muy *concienzudamente.* ESP260601 **12 leer:** Los lectores que leyeron *concienzudamente* mi articulo del sábado pasado, quizá sintieron, al final una punzante desazón... EME080795 **13 observar:** Alcaldes, concejales y responsables de áreas municipales de varias ciudades japonesas observaron *concienzudamente* y tomaron buena nota de la arquitectura urbanística de esta localidad... EME241095 **14 investigar** +: Para averiguar los hechos, cada vate es investigado *concienzudamente*... LVE140194 **15 atender:** Estilos que, por otra parte, pocos atendían *concienzudamente* (a pie de escenario)... EME040596 **16 inspeccionar:** Para intentar salir de dudas, la Policía tenía previsto inspeccionar *concienzudamente* el coche del danés en la tarde de ayer. EME250896 **17 documentar(se):** Obra propia de un superperiodista que, para documentarse *concienzudamente*, necesitó recoger el testimonio directo de cerca de un centenar de personas... LVE051195 **18 buscar:** Buscando a Bob Dylan *concienzudamente.* LVE270295 **19 explorar:** El facultativo acudió a la llamada al cabo de unas horas y exploró *concienzudamente* a los «griposos». EME050195

D VERBOS QUE DESIGNAN LA ACCIÓN DE REFLEXIONAR SOBRE ALGÚN ASUNTO, ASÍ COMO LA DE ENJUICIARLO O TOMARLO EN CONSIDERACIÓN: **20 valorar** +: ...creo que la juez tendría que haber valorado más *concienzudamente* su decisión antes de tomarla. LVE050895 **21 meditar** +: El realizador meditó *concienzudamente* los riesgos del proyecto... EPE010288 **22 pensar:** ...los tres procesados entraron en el pasado 25 de agosto en la recepción del hotel (...), «con arreglo a un plan *concienzudamente* pensado y preparado»... EME110195 **23 considerar:** Cualquier proyecto regional debería considerarse *concienzudamente*... EME150494 **24 estimar** –: Preferiría conocer qué criterio intelectual (...) ha llevado a tantos ministerios de Cultura a estimar tan *concienzudamente* que C.J.C. no es el mejor escritor español vivo... EME240495

E EL VERBO *TRABAJAR* Y CON OTROS QUE DENOTAN DEDICACIÓN U OCUPACIÓN EN ALGO, MÁS FRECUENTEMENTE CON AFÁN E INTERÉS: **25 trabajar** ++: Nuestro casi donostiarra Julian Schnabel está trabajando *concienzudamente* para dar a conocer su película «Antes de que anochezca»... EDV230101 **26 aplicarse** +: ...los truchimanes de la política se han aplicado *concienzudamente* en velar los comicios con los espesos cendales de la confusión. EME270595 **27 dedicarse** +: ...me estoy dedicando *concienzudamente* al Voleibol Playa femenino. EME260796

F ALGUNOS VERBOS QUE DESIGNAN LA ACCIÓN DE PONER DE MANIFIESTO ALGUNA COSA: **28 reflejar:** Más de treinta años de intensa vida artística quedan reflejados, *de forma concienzuda* y profunda, en el libro José Menese. EME111096 **29 explicar:** «No es una ocurrencia de un día», explica Del Pino *concienzudamente.* EPE040999

G VERBOS QUE DESIGNAN LA ACCIÓN DE DESTRUIR O ANULAR ALGUNA COSA, A MENUDO DE FORMA VIOLENTA O RADICAL: **30 destruir** +: Pues una de las leyendas stendhalianas que Crouzet destruye *concienzudamente* es la del escritor solterón, maduro, desengañado... ABC160493 **31 devastar:** ...se hizo cargo de un territorio *concienzudamente* devastado durante la batalla de Madrid... EPE250599 **32 expoliar:** Erik el Belga, (...) tras haber expoliado *concienzudamente* durante muchos años nuestro patrimonio histórico, se pasea exultante. LVE230895 **33 dinamitar:** Ha sido, pues, uno de los principios de autoridad del sistema hasta que los ilustrados (...) lo dinamitaron *concienzudamente.* ABC120293 **34 abolir** –: Tendría que existir mucho mayor movimiento de asociacionismo ciudadano (...), pero este Gobierno lo ha abolido *concienzudamente.* EME040395

H ALGUNOS VERBOS QUE DENOTAN FORTALECIMIENTO O AFIANZAMIENTO DE ALGO: **35 fortificar:** La gravedad del hecho aumenta debido a que esta posición estaba *concienzudamente* fortificada... EME290896 **36 consolidar:** ...Espero y creo firmemente que de aquí a un año volveré a levantar cabeza, consolidando *concienzudamente* mi situación económica... EME290795 **37 mantener:** Si queremos conseguir nuestros objetivos, nuestra postura debe mantenerse *concienzudamente.* INDOC

I OTROS VERBOS; POSIBLES USOS ESTILÍSTICOS: Desconocerse *concienzudamente* es el empleo activo de la ironía. ABC260393; Su periódico (...) lo han hormigonado *concienzudamente* con la publicidad... EPE261199

☐ Véase también: **a conciencia.**

concienzudo ♦ **análisis, búsqueda, estudio, examen, investigación, repaso, trabajo**

conciliar *v.* ▮ Se construye con el sustantivo *sueño* en la locución verbal *conciliar el sueño*. En el sentido de 'poner paz entre' o 'armonizar' admite sustantivos coordinados *(conciliar la rentabilidad y la seguridad)* o construidos con un complemento encabezado por la preposición *con (conciliar lo colectivo con lo individual)*. Cuando el complemento directo es unimembre se construye generalmente en plural. En todos estos casos se combina con...

A SUSTANTIVOS QUE DENOTAN INCLINACIÓN FAVORABLE HACIA ALGO QUE SE DESEA O SE PRETENDE ALCANZAR. TAMBIÉN CON ALGUNOS QUE DESIGNAN ESAS MISMAS METAS: **1 interés ++:** Manejo a 30 personas y es muy difícil *conciliar* los intereses de la empresa y satisfacer las demandas del personal. VIS180997 **2 aspiración +:** No obstante, adelantó que «tendremos que *conciliar* y equilibrar nuestras aspiraciones parlamentarias con la mantención de la Concertación». LEC060597 **3 objetivo +:** Para el Círculo, el problema radica en que el Gobierno trata de *conciliar* objetivos difícilmente compatibles... LVE200696

B LOS SUSTANTIVOS *VOLUNTAD* Y *ESFUERZO*: **4 voluntad ++:** ...buscar fórmulas que permitan *conciliar* voluntades y no reiterar dolorosas situaciones de enfrentamientos. HOY250484 **5 esfuerzo +:** ...una veintena de coleccionistas particulares y otras cuarenta instituciones han *conciliado* esfuerzos para sacar adelante la muestra... ABC220592

C SUSTANTIVOS QUE DENOTAN TENDENCIA, JUICIO Y OTRAS MANIFESTACIONES, ORGANIZADAS O NO, DE LA VOLUNTAD O EL PENSAMIENTO: **6 posición ++:** Ferreira respondió: «Este es un gesto político para empezar a *conciliar* posiciones». CLA030297 **7 postura +:** No resultará fácil *conciliar* las dos posturas... EME020896 **8 criterio ++:** El industrial pesquero dijo, sin embargo, que este es un tema donde no será fácil *conciliar* los criterios... EXP280797 **9 actitud +:** El nuevo presidente de la OUA tiene que *conciliar* la actitud de oposición a Occidente con la necesidad de ayuda económica. EPE010886 **10 punto de vista +:** Ello significa la necesidad de *conciliar* puntos de vista y criterios básicos diferentes... ABC230493 **11 opinión +:** Cuando la gremial docente ha tenido oportunidad, ha *conciliado* las opiniones de los directores... ESH050297 **12 tendencia +:** El señor Espada, con criterio que finalmente resultaría salomónico, trató de *conciliar* una tendencia permisiva con una tendencia justiciera: mitad y mitad. EME031096 **13 corriente:** ...concretamente el Congreso, sector que «ha demostrado claramente que hay unas corrientes allí que no son tan fáciles *conciliar*». LDD190597

D SUSTANTIVOS QUE DENOTAN DIVERSIDAD, ESPECIALMENTE DE OPINIONES. TAMBIÉN CON ALGUNOS QUE DESIGNAN ESAS POSICIONES ENFRENTADAS: **14 diferencia ++:** Altos funcionarios de la comisión dijeron que la decisión fue adoptada luego de una reunión de un día en la que se trató de *conciliar* diferencias... ENV110797 **15 discrepancia +:** ...un respeto exquisito hacia la organización catalana y en una voluntad de *conciliar* discrepancias. INDOC **16 extremo:** En la vida real uno debe tratar de *conciliar* estos dos extremos. EME310196

E ALGUNOS SUSTANTIVOS QUE DESIGNAN LAS PARTES DE UN CONJUNTO: **17 facción:** En un partido político como este siempre es difícil *conciliar* tendencias y facciones. INDOC **18 parte +:** ...la Secretaría de Gobernación no pudo *conciliar* a las partes desde que comenzaron las negociaciones, según los líderes de los barrenderos. PME190197 **19 sector +:** Y se tratará de *conciliar* a los distintos sectores del peronismo... CLA310199 **20 vertiente:** Su ascesis, pues, se adapta al ritmo de unas existencias que van *conciliando* las dos vertientes sustantivas de sus personas: vivir y hacer pintura. ABC300695

concitar *v.* ▮ En el sentido literal de 'reunir', se combina con sustantivos no contables en singular o contables en plural que denotan personas *(público, fan, audiencia)*. Selecciona a menudo un complemento de régimen introducido por la preposición *a* que designa movimientos sociales de protesta *(rebelión, motín, levantamiento)*. En su sentido figurado de 'conmover o instigar', se combina con sustantivos que designan manifestaciones verbales *(crítica, insulto, elogio)*, y también con...

A SUSTANTIVOS QUE DENOTAN ATRACCIÓN, INTERÉS O INCLINACIÓN HACIA ALGO O ALGUIEN: **1 atención ++:** ...son las reformas estructurales que se implementaron en 1996 porque *concitaron* la atención de la sociedad boliviana... LTB020197 **2 interés ++:** Su regreso al país ha *concitado* el interés de todos los sectores de la vida pública que por distintos medios le han manifestado verdadera muestra de admiración y de cariño. LDD190797 **3 expectación:** En este momento, el baloncesto no *concita* tanta expectación como el fútbol, pero con un buen horario su audiencia crecería exponencialmente. EME090496 **4 curiosidad +:** Sin duda, este cometa trae cola y *concita* la curiosidad de mucha gente. LVE260396

B SUSTANTIVOS QUE DENOTAN APOYO, COOPERACIÓN O ADHESIÓN, A MENUDO FIRME O DECIDIDA, A LAS PERSONAS O LAS COSAS: **5 apoyo ++:** Al revés que sus colegas argentinos (que *concitaron* un gran apoyo popular denunciando el carácter «indigno» de sus remuneraciones... BRE050997 **6 adhesión ++:** Deben pensar en una persona capaz de *concitar* adhesión interna y complicidad con la ciudadanía. EPE210700 **7 respaldo +:** ...logró que una acusación relacionada con los derechos humanos *concitara* el respaldo de parlamentarios de oposición. HOY090697 **8 solidaridad +:** El siniestro *concitó* la solidaridad de los representantes de las principales instituciones del país. EPE070700 **9 cooperación:** La lucha contra los paraísos fiscales ha *concitado* la cooperación internacional... EPE141001 **10 colaboración −:** ...abordó un ambicioso plan de difusión de nuestra cultura escrita y supo, además, *concitar* la colaboración de su equipo. EME240296

C SUSTANTIVOS QUE DENOTAN PACTO, ACUERDO Y OTRAS FORMAS DE CONFLUENCIA ENTRE PERSONAS U ORGANIZACIONES. TAMBIÉN CON ALGUNOS QUE DESIGNAN LOS ESTADOS DE CONCORDIA QUE SE ASOCIAN CON ELLAS: **11 unanimidad ++:** ...el dirigente deportivo aseguró: «Pocas veces un homenaje ha *concitado* tanta unanimidad como éste». FDV200201 **12 consenso ++:** Deben flexibilizar sus posturas para encontrar un candidato independiente, cuya figura *concite* el consenso de los partidos... EME110995 **13 acuerdo +:** ...y que *concitó* el acuerdo de todos los dirigentes y diputados del partido.

LVE091194 **14 alianza:** ...con el responsable de una fuerza política que está intentando *concitar* una alianza contra las políticas del Gobierno. EME020896

D SUSTANTIVOS QUE DESIGNAN SENTIMIENTOS QUE SE CARACTERIZAN POR LA HOSTILIDAD O LA OPOSICIÓN, A MENUDO VEHEMENTE, EN RELACIÓN CON ALGUIEN O ALGO: **15 odio ++:** Aunque ayer se cumplió un año con el ex dictador detenido, su figura sigue *concitando* odios y afectos. EPE171099 **16 ira ++:** ...en ninguno de los dos casos las propuestas escénicas resultan desaforadas ni susceptibles de *concitar* iras de políticos denunciados... ABC140194 **17 animadversión +:** Su omnipresencia *concitó* no tan solo la animadversión de los enemigos, sino la inquina de los amigos. LVE051195 **18 rechazo +:** Curiosamente, mentar tal medida *concita* el mayor de los rechazos por parte de los clubes más opulentos. EPE140900 **19 inquina:** El escritor que lo haga acepta el riesgo de *concitar* en contra suya la inquina y el apiñamiento protector de quienes defienden con uñas y dientes su territorio... EPD030597 **20 rencor:** ...en el rincón oscuro del alma, donde se *concitan* el rencor y otros sentimientos refractarios... EPE270599 **21 desprecio:** ...sino también para quien se ve obligado a *concitar* el desprecio de los viandantes... EPE291101 **22 repulsa:** ...es una de las vías más seguras para *concitar* la repulsa ciudadana. EPE280399 **23 envidia +:** ...para convertirse en un islote que *concita* envidias y rencores acunados durante siglos en las periferias. EME110396 **24 hostilidad −:** La celebración del concurso había *concitado* la hostilidad manifiesta de los hindúes y musulmanes indios... LVE241196 **25 resentimiento:** Rabin *concitó* el resentimiento acumulado de una generación de votantes sefardíes... EME071195

E SUSTANTIVOS QUE DENOTAN AFECTO, CONFIANZA Y OTROS SENTIMIENTOS E INCLINACIONES FAVORABLES HACIA LAS PERSONAS: **26 simpatía ++:** Tras figurar como el favorito de las encuestas durante meses –llegó a *concitar* las simpatías de un 48 por ciento del electorado–... EME121195 **27 confianza:** Entendimos que el cambio que teníamos que emprender en esta Comunidad había de *concitar* la confianza no sólo de nuestra base social, sino de todos. EPE070799 **28 amor:** Alberto Ruiz-Gallardón se refirió a su capacidad para «mover la polémica y *concitar* amores y odios, nunca indiferencia». EME010296 **29 cariño:** Ambos veteranos, que *concitan* el cariño y el respeto de la afición sevillana... EPE190299 **30 afecto:** ...un hombre que durante su estancia en Barcelona ha sabido *concitar* simpatía y afecto... LVE030695 **31 amistad:** Pérez ha tenido la habilidad de *concitar* amistades de propios y extraños. EPE020289

F SUSTANTIVOS QUE DENOTAN ACTITUD POSITIVA Y EXPECTANTE HACIA EL FUTURO. TAMBIÉN CON OTROS QUE DENOTAN VOLUNTAD O INTENCIÓN DE ACTUAR: **32 esperanza ++:** El líder del Kremlin, que *concita* las esperanzas de regeneración de la mayoría de los rusos... EPE090700 **33 voluntad ++:** ...con el fin de *concitar* las suficientes voluntades positivas en el seno de los partidos políticos... EME300396 **34 deseo +:** ...si se está poseído por este ingrediente instintivo, que *concita* los deseos y ayuda a sentir o a imaginar la existencia como algo más que la fantasmagoría que es. EME210996 **35 ansia:** ...dentro del «paquete» de dirigentes que, junto al tema de las incompatibilidades, *concitó* las ansias de unos y otros. EME120494 **36 anhelo:** Entre el hastío de historias amargas, la boda real ha *concitado* algo de ese anhelo. EME240395 **37 intención −:** ...aunque con un grado de conocimiento generalmente bajo entre el electorado, *concita* la mayor intención de voto directa... LVE221095 **38 propósito −:** ...una fórmula aceptable por ambas partes que *concite* tanto el propósito serbio de sellar la pertenencia de Kosovo a la República Yugoslava... EPE140299

G SUSTANTIVOS QUE DESIGNAN ALGUNOS RASGOS QUE CARACTERIZAN LA CONSIDERACIÓN O LA VALORACIÓN POSITIVA QUE SE TIENE DE LAS PERSONAS O LAS COSAS: **39 admiración +:** ...un país que dirimía sus controversias en el marco del Derecho y de la ley, con una tradición política que *concitaba* la admiración del mundo entero. HOY190183 **40 respeto +:** Antonio Fernández-Cid *concitaba* el respeto y la admiración de quienes le conocían y de quienes le leían. ABC100395 **41 reconocimiento:** ...estamos orgullosos de tener dirigentes como él, capaces de *concitar* el reconocimiento incluso de quienes no comparten nuestras ideas. LVE271196 **42 devoción −:** El que más devoción *concita* entre los ciudadanos cordobeses es el monumento levantado a san Rafael en el Puente Romano... EPE270199

H SUSTANTIVOS QUE DENOTAN ENTUSIASMO O EXALTACIÓN EN DIVERSOS GRADOS: **43 fervor +:** ...tampoco es manca y suministra porciones de gas letal a aquéllos de sus acólitos que no consiguen *concitar* el fervor masivo de la audiencia. EME260395 **44 entusiasmo +:** Este proceso *concitó* el entusiasmo y movilización de la población en cada territorio... GIC051697 **45 pasión:** ...el jugador que más pasiones *concita* en la grada, un artista imprescindible para graduar al máximo el espectáculo. EPE010700

I SUSTANTIVOS QUE DENOTAN TEMOR, RECELO Y OTRAS VARIACIONES DEL ÁNIMO PROVOCADAS POR LA INCERTIDUMBRE: **46 sospecha +:** ...lo mejor es actuar con firmeza y apartar a quienes *concitan* sospechas de conductas indeseables. EME011295 **47 duda +:** Y menos en boca de un político como Aznar que aún *concita* dudas... EME041195 **48 recelo:** ...ha *concitado* los absurdos recelos de una derecha miope y atrabiliaria... EME290895 **49 temor:** ...ante los temores que *concita* el futuro de las pensiones y la temporalidad excesiva que sigue mostrando el mercado laboral. LVE010896 **50 desconfianza:** ...la realidad de un mundo como el del espionaje español, cuyo desconocimiento *concita* no poca desconfianza. ABC240295 **51 suspicacia:** ...*concita* todo tipo de suspicacias en un planeta que entroniza el poder económico. LVE010996

J OTROS SUSTANTIVOS; POSIBLES USOS ESTILÍSTICOS: La posguerra italiana aparece a los ojos del director de «Noble gesta» (1947) transformada en un delirante menú capaz de *concitar* a su alrededor todos los sabores posibles. EPE241199

☐ Véase también: **incitar (a), inducir (a)**.

concluir ♦ abruptamente[4], accidentadamente, a duras penas[45], airosamente, al unísono[31], a plena satisfacción[16], apoteósicamente, civilizadamente[24], con éxito[1], contra reloj[33], desastrosamente, fatalmente, felizmente, inesperadamente, rotundamente, tajantemente ♦ acto, etapa, fase, plazo, situación, *otros sustantivos de evento, otros sustantivos que designan períodos*

conclusión ♦ **amargo, apresurado, aproximado[39], atinado[26], categórico, certero[4], claro, contenido (en algo), definitivo, demoledor[22], descabellado[40], desolador[25], diáfano[18], dudoso, exagerado, exitoso, fehaciente[27], firme, fundado, incontrovertible[4], infundado, inseguro, insoslayable[4], inválido, irrebatible[3], irrefutable[6], llamativo[15], lógico, meridiano[34], natural, negativo, nítido, obvio, parecido, peregrino[19], positivo, preliminar, principal, provisional, relevante, revelador[47], rotundo[9], serio, tajante[3], terminante[15], unánime[50], válido** ♦ **sin perjuicio (de)[28]** ♦ **adelantar, alcanzar, aprobar, apuntalar[11], arrojar[3], aventurar[17], corroborar, deducir[6], derivar(se)[6], desmentir, desprender(se) (de algo), desvelar[16], difundir(se)[62], disentir (de)[14], emerger, esgrimir[45], esperar, establecer, evaluar, exponer, extraer, extrapolar[3], inducir (a)[45], llegar (a), llevar (a), obtener, plantear, posibilitar, prejuzgar[3], presentar, rebatir, refutar, sacar, seguir(se) (de algo), tergiversar[35]**
☐ Véase también: **generalización, resultado.**

CONCLUSIÓN Véase: *FINAL; LÍMITE Y CONTORNO; SOLUCIÓN Y SEPARACIÓN*

CONCLUSIÓN Véase: CONSECUCIÓN; FINAL; RESOLUCIÓN

concluyente *adj.* ▮ Admite sustantivos de persona *(experto, político, consejero)*, así como otros que designan diversos tipos de textos en los que es posible argumentar algo *(libro, informe, escrito, documento, carta, artículo)*. También se combina con...

A EL SUSTANTIVO *PRUEBA* Y CON OTROS QUE DESIGNAN SIGNOS O SEÑALES QUE PERMITEN CONOCER, DEDUCIR O DEMOSTRAR ALGUNA COSA: **1 prueba ++:** ...se adjuntó la prueba *concluyente* de que (...) faltó a la verdad... RUM250897 **2 ejemplo ++:** ...la política de auditorios resulta primordial y tenemos ya ejemplos *concluyentes* en nuestra geografía. ABC221294 **3 evidencia +:** ...encontró evidencias *concluyentes* de que (...) ha realizado participación en política... EPC190597 **4 indicio:** ...no existen indicios *concluyentes* de infiltración permanente del narcotráfico en las instituciones del Estado. CAP190996 **5 demostración +:** Y ahí está, como demostración *concluyente*, su versión de «Muerte y transfiguración», el poema straussiano. ABC190692 **6 muestra +:** es una muestra *concluyente* de que el realismo no consiste, obligatoriamente, en la estricta verosimilitud de lo descrito... EPE040977 **7 pista:** ...difícilmente dará pistas *concluyentes* para (...) las previsiones electorales de las generales de marzo. LVE260995 **8 síntoma:** Es sólo un síntoma, pequeño pero *concluyente*, de que la España profunda está emergiendo sin rubor... LVE020296 **9 testimonio +:** ...baste recordar algún nombre como testimonio *concluyente* sobre la importancia y el eclecticismo de la colección. ABC200392

B SUSTANTIVOS QUE DESIGNAN DATOS, RESULTADOS Y OTROS INDICADORES ANÁLOGOS QUE SE INTERPRETAN COMO TALES: **10 dato ++:** ...hasta ahora no han aportado ningún dato *concluyente*... DYM120996 **11 balance +:** Nunca una manifestación (...) había originado en Barcelona versiones tan diferentes y balances tan *concluyentes*: 14 detenidos, siete heridos... LVE111195 **12 cifra +:** La cifra es *concluyente*: un 50,3 (...) cree que el líder (...) tiene responsabilidad política en este asunto. LVE061096 **13 número:** Los números no pueden ser más *concluyentes*: estamos en quiebra. INDOC **14 indicador:** El fundamento de estas nuevas expectativas es todavía frágil –algunos indicadores económicos poco *concluyentes* y declaraciones siempre ambiguas de miembros del Bundesbank–... LVE160696 **15 resultado +:** Los resultados del 12 de enero fueron *concluyentes*... HOY100397

C SUSTANTIVOS QUE DENOTAN JUICIO O DESIGNAN EL EFECTO DE EXAMINAR, ANALIZAR O DIRIMIR ALGUNA CUESTIÓN: **16 estudio ++:** El estudio es *concluyente* al afirmar que no se pueden rebajar las cotizaciones si no se compensa con otros ingresos sustanciales. LVE011295 **17 análisis ++:** ...ofrecerá pruebas y análisis *concluyentes* que muestran la profunda unidad de temas y motivos... ABC300793 **18 investigación +:** ...una de las investigaciones periodísticas más audaces y *concluyentes* sobre el terrorismo... ABC070194 **19 dictamen +:** ...un dictamen *concluyente*, fruto de un análisis científico-técnico de la pieza... PME221296 **20 conclusión:** La conclusión del Epílogo (...) a su libro no puede ser más *concluyente*... ABC120393 **21 resolución:** ...subraya que la resolución es *concluyente*, que (...) «no es la opinión de un cualquiera» y que no debe haber duda acerca de... PME250896 **22 diagnóstico:** ...el diagnóstico de los expertos ha sido *concluyente*: (...) se encuentra en baja forma. EME160395

D SUSTANTIVOS QUE DESIGNAN LA CULMINACIÓN EXITOSA DE ALGO: **23 triunfo +:** ...aunque el triunfo de la democracia fuera *concluyente* y definitivo, la tarea de examinar su naturaleza (...) distaría de ser algo ocioso... ABC110992 **24 victoria +:** Atlético Echagüe conquistó una *concluyente* victoria ante Estudiantes de Santa Rosa... LNP060497 **25 éxito +:** ...el Teatre Principal valenciano registró un lleno absoluto y el éxito fue rotundo y *concluyente*... LVE110595

E SUSTANTIVOS QUE DENOTAN AFIRMACIÓN. TAMBIÉN CON OTROS QUE DESIGNAN DIVERSAS FORMAS DE CORRESPONDER A UNA ACCIÓN PREVIA, MÁS FRECUENTEMENTE SI SE TRATA DE ALGUNA INTERPELACIÓN: **26 réplica +:** ...salió a la tribuna con decisión y lanzó una réplica enérgica, firme y *concluyente*. INDOC **27 respuesta +:** La respuesta, veloz y *concluyente*, hacía pensar que se trataba de un asunto ya meditado muchas veces. BRE100197 **28 afirmación +:** ...la *concluyente* afirmación del arqueólogo (...) no concuerda con los principios de protección al patrimonio cultural... CAP040997 **29 contestación:** ...es probable que antes o después reciban contestaciones *concluyentes*... EPE030599 **30 reacción:** La reacción de Caneda fue *concluyente*: «Los votantes de Marbella deben ser tontos». LVE100396

F SUSTANTIVOS QUE DESIGNAN RAZONES Y OTRAS IDEAS O CONCEPTOS CUYA FINALIDAD ES PROBAR, DEMOSTRAR O CONVENCER: **31 razón +:** ...no hay razones *concluyentes* que justificaran su publicación... EPE170800 **32 argumento +:** ...su argumento más *concluyente* fue que el proyecto (...) «está sobre la mesa y aprobado». LVE090296 **33 argumentación:** Su argumentación no me parece *concluyente*, tal vez por su punto de partida. ABC241195 **34 razonamiento:** ...mantener controversias verbales sin que alguno de los contrincantes no esgrima el resultado de una encuesta como razonamiento *concluyente*. LVE220796 **35 motivo:** Los motivos son *concluyentes*: el liderato, la racha de siete victorias... EPE110299 **36 explicación:** «Una vez que ya se tuvo ese análisis, yo pensaba pedirle al forense otro informe *concluyente*». EPE290800

☐ Véase también: **crucial, decisivo, de peso, determinante, firme, seguro.**

con coherencia Véase: **coherentemente**

con comodidad ♦ actuar, ampliar, caminar, derrotar, desenvolverse, dominar, ganar, gobernar, imponer(se), jugar, mover(se), superar, trabajar, vencer, vivir

☐ Véase también: **comodidad.**

con consideración ♦ hablar, mirar, tratar

concordia ♦ admirable, apacible, aparente, duradero, inquebrantable, insólito ♦ en aras (de)[8], en busca (de), en favor (de) ♦ ambiente (de), ánimo (de), búsqueda (de), clima (de), deseo (de), espíritu (de), etapa (de), hambre (de), lazos (de), llamamiento (a), voluntad (de) ♦ abogar (por), alcanzar, apelar (a), buscar, contribuir (a), establecer, fomentar, imperar, incitar (a)[36], llamar (a), perdurar, prevalecer, promover, quebrantar, reinar, reponer[5], restablecer, restaurar, retornar, romper, triunfar, vivir (en)

☐ Véase también: **armonía, bienestar, equilibrio, estabilidad, paz, quietud, reposo, serenidad, sosiego, tranquilidad, tregua.**

con cordialidad Véase: **cordialmente**

con creces *loc.adv.* ▮ Se combina con...

A VERBOS QUE DESIGNAN LA SUPERACIÓN DE UN LÍMITE: **1 superar ++:** Su rating personal superaba *con creces* la carencia de imaginación lúdica y escenográfica del espacio. CAP091097 **2 sobrepasar ++:** El número de participantes sobrepasó *con creces* los 20 mil que un día anterior habían anunciado varios dirigentes sindicales... PLG020597 **3 rebasar ++:** ...cuatro de los cinco trabajos citados rebasaron *con creces* lo que se esperaba... ABC020493 **4 exceder:** ...sus consecuencias históricas llevan camino de exceder *con creces* las que pueda tener la anhelada alternancia en nuestro país. EME100396 **5 desbordar:** ...las demandas planteadas desbordan *con creces* los marcos lógicos de toda huelga reivindicativa. RUM101197 **6 remontar:** ...un aumento de 17% a los salarios mínimos, (...) que será remontado *con creces* el próximo diciembre... PME031196

B VERBOS QUE DESIGNAN LA ACCIÓN DE RETORNAR A UNA SITUACIÓN ANTERIOR O LA DE SUSTITUIRLA POR OTRA: **7 recuperar +:** ...esta inversión «se recuperará muy pronto *con creces*». EXC300896 **8 recobrar:** ...les facilite los medios de recobrar *con creces* lo donado... ESP290497 **9 reemplazar:** ...se estima que a medio plazo su actividad será reemplazada, *con creces*, por los restantes fabricantes... LVE050895 **10 suplir:** ...su memoria suple *con creces* la carencia de documentos. LVE070696

C VERBOS QUE DENOTAN INCREMENTO, PROGRESO O MEJORA: **11 duplicar +:** La cifra pactada para la liquidación duplica *con creces* el mínimo legal establecido... EME130495 **12 doblar:** El grupo automovilístico alemán ha doblado *con creces* sus beneficios en 1995... LVE160396 **13 triplicar:** Los hubo que duplicaron y aún triplicaron *con creces* lo pedido. ABC241292 **14 mejorar:** Los datos mejoran *con creces* los habituales en la Andalucía rural. EPE140599

D VERBOS QUE DESIGNAN LA REALIZACIÓN O LA CONSECUCIÓN DE ALGO, GENERALMENTE LO QUE SE DESEA O SE PRETENDE ALCANZAR: **15 cumplir +:** Eran muchos los oficiales que creían que cumplía *con creces* las condiciones... HOY011297 **16 lograr +:** El objetivo de dar más y mejor se logró *con creces* y las expectativas... LNP110297 **17 satisfacer +:** ...Molins satisfizo *con creces* las expectativas que su visita al barrio despertó entre los vecinos... EPE100399 **18 cubrir +:** Hemos visto buena disponibilidad para resolver el problema, la oferta es viable y cubre *con creces* las expectativas. EPE291299 **19 consumar:** La segunda vuelta electoral consuma *con creces* la victoria del presidente... LVE040796 **20 conseguir:** Si el objetivo de este procedimiento es desanimar o disuadir a los aficionados, desde luego lo está consiguiendo *con creces*... EPE090199 **21 alcanzar:** ...ha logrado alcanzar *con creces* los cuatro objetivos que se fijaron los patrocinadores... EME170196 **22 obtener:** ...años de preparación y esfuerzos que se han visto compensados al obtener *con creces* el éxito perseguido. INDOC

E EL VERBO *COMPENSAR* Y CON OTROS QUE DESIGNAN ACCIONES REALIZADAS PARA SALDAR DEUDAS O RESTITUIR DIVERSAS SITUACIONES QUE SE CONSIDERAN PENDIENTES O NO SATISFECHAS: **23 compensar ++:** Una acción de esa naturaleza les compensaría *con creces*. ESH030996 **24 recompensar +:** ...quien resista hasta el final será recompensado *con creces* de estas aparentes dificultades. ABC021092 **25 resarcir +:** ...los Estados Unidos se resarcirán *con creces* de todo el coste militar. LRE300103 **26 pagar +:** ...Aquino estampó la igualdad y empezó a pagar *con creces* la deuda de su error involuntario. CLA070397 **27 devolver +:** Ella devolvía *con creces* el amor que recibía. SVG110597 **28 retribuir:** ...la Providencia nos retribuirá *con creces* el recogimiento que observamos en la conmemoración de los hechos protagonizados por el Hijo... ESP270397 **29 purgar:** ...hicieron purgar *con creces* su evidente pecado de soberbia. LVE190594 **30 redimir:** A los 33 años y con 5 libros a cuestas, Rocío está redimida *con creces*. CAP290896 **31 cobrar:** Tenía una cuenta pendiente con quienes le pitaron el domingo pasado y ayer se la cobró *con creces*. EME280496

F VERBOS QUE DESIGNAN LA ACCIÓN DE CONFIRMAR O HACER EVIDENTE UN HECHO, UN DATO O UNA INFORMACIÓN: **32 demostrar:** Lo demostró *con creces* cuando asumió el Ministerio de la Cultura... DLA050497 **33 confirmar:** ...reaparece ahora con una novela que confirma *con creces* su talento... EME121096 **34 comprobar:** ...declaró que el éxito logrado en las últimas tres semanas comprobó *con creces* el genio de una ciudad y la nación entera. ENV021000 **35 probar:** ...fue una idea nueva y probó *con creces* su eficacia. EPE291201 **36 ratificar:** Tres meses más tarde, el fastuoso hallazgo ratificaría *con creces* esa primera impresión. CAP100797 **37 constatar:** ...se ha podido constatar *con creces* que el sector porcino se cotiza francamente alto... LVE050495 **38 justificar:** ...el quijotismo nonagenario de Russell ante la guerra de Vietnam o la crisis de los misiles en Cuba justifican *con creces* la lectura. ABC210194 **39 atestiguar:** El disco «Zebra Crossing» (...) lo atestigua *con creces.* LVE140196

G OTROS VERBOS: **40 responder +:** El parecer de Bueno no pasa esa prueba de los hechos, mismos que enumeré en mi carta y que responden *con creces* a sus aseveraciones. EXC091196 **41 merecer +:** Si no mereció el honor de los altares canónicos, mereció *con creces* la corona de poeta que recibió... LVE170595

concretar ♦ **a grandes rasgos[5], al detalle[9], definitivamente, detalladamente[28], de una vez por todas** ♦ **acuerdo, alianza, anhelo, aumento, calendario, compra, condición, contratación, deseo, detalle, esfuerzo, fecha, ilusión, iniciativa, inversión, maniobra, negociación, negocio, objetivo, opción, plan, pormenor, procedimiento, programa, propuesta, proyecto, punto, reforma, requisito, reunión, venta**

con crudeza Véase: **crudamente**

conculcar *v.* ■ Se combina con...

A SUSTANTIVOS QUE DESIGNAN DIVERSOS CONTENIDOS ESTIPULADOS, IDEADOS O REGLAMENTADOS, ASÍ COMO ALGUNOS DE SUS ELEMENTOS CONSTITUTIVOS Y LAS FORMAS EN QUE SE MANIFIESTAN O AGRUPAN: **1 ley ++:** ...un sistema abierto para permitir trabajar y desarrollar actividades sociales a quienes hayan *conculcado* la ley. SVG191097 **2 norma ++:** ...aprobar la moción (...) sería *conculcar* normas legales... EME050495 **3 principio ++:** ...también ha *conculcado* otro importante principio constitucional... LNA020792 **4 artículo ++:** ...*conculca* el artículo tercero de la ley orgánica del Estatuto de Autonomía... LVE180894 **5 constitución +:** ...acusó ayer al Gobierno de estar «falseando y *conculcando*» la Constitución y el Estado de derecho con su política económica... LVE290195 **6 legalidad +:** ...han *conculcado* a sabiendas la legalidad vigente en materia de financiación... LVE020795 **7 precepto +:** No sé si el crítico *conculcará* algún precepto no escrito, pero inviolable... ABC101195 **8 normativa +:** ...*conculca* la normativa comunitaria sobre descanso semanal... EME070996 **9 código:** ...sin negar por ello a quienes *conculcan* sus códigos (...) la posibilidad de redimirse. EPE280199 **10 reglamento:** La Comisión considera que el veto (...) *conculca* el reglamento comunitario... EPE211099 **11 legislación:** ...la caza del zorro mediante el sistema de lazos (...) *conculca* gravemente la legislación española... LVE271295

B SUSTANTIVOS QUE DESIGNAN FACULTADES Y PRINCIPIOS QUE SE CONSIDERAN DERECHOS BÁSICOS O PRIMORDIALES: **12 derecho ++:** ...casos en que sea necesario restituirle a un niño sus derechos *conculcados.* LPH110996 **13 libertad +:** ...se ha intentado *conculcar* las libertades de expresión o los derechos de los periodistas. END231097 **14 igualdad:** ...las condiciones impuestas por la Administración madrileña implican *conculcar* la «igualdad de trato» a todas las empresas concursantes. EPE030299 **15 presunción de inocencia:** ...uno de sus efectos más graves, *conculcar* la presunción de inocencia para los extranjeros, se está dando ya sin que la circular se aplique. EME060394 **16 valor +:** ...la autonomía, la responsabilidad (...) y el conocimiento, valores todos ellos *conculcados* desde el poder político... ABC030993 **17 dignidad:** Esta es una manera siniestra de *conculcar* nuestra soberanía y nuestra dignidad... EME130294

C EL SUSTANTIVO *SECRETO* Y, POR EXTENSIÓN, CON OTROS QUE DENOTAN PACTO O COMPROMISO: **18 secreto +:** Se *conculcó* gravemente el secreto sumarial... LVE050195 **19 acuerdo:** ...la propuesta (...) *conculca* uno de los acuerdos del pacto... LVE291295 **20 juramento:** ...fue capaz de encontrar la clave para defender la legalidad, sin *conculcar* su juramento de lealtad entre abogado-cliente... EME111095

D SUSTANTIVOS QUE DENOTAN RESPONSABILIDAD U OBLIGACIÓN RESPECTO DE LO QUE DEBE SER CUMPLIDO O SATISFECHO: **21 obligación:** ...está abierta a cualquier tipo de conversaciones que, en ningún caso, *conculquen* las obligaciones que ha contraído. LVE100795 **22 deber:** Para la concejala, el alcalde «ha *conculcado* el deber de objetividad que debe presidir todo acto de las administraciones públicas». EPE260599 **23 exigencia:** ...*conculcan* abiertamente todas y cada una de las exigencias progresistas. LVE160896 **24 deuda −:** ...la colección pictórica (...), donada (...) para *conculcar* sus deudas... EME270495

E OTROS SUSTANTIVOS; POSIBLES USOS CRUZADOS: El «kaisser» despertó a los jugadores, les *conculcó* el gusto por el fútbol y la sed de victoria. [Cf. *inculcar*] EME040494

■ Se combina también con: ♦ **abiertamente[49], a todas luces, manifiestamente[23]**

□ Véase también: **desobedecer, incumplir, infringir, quebrantar, saltarse, transgredir, violar, vulnerar.**

concurrencia ♦ **abigarrado, asiduo[35], bajo, elevado, escaso, gran(de), ilustre, invitado, juvenil, masivo, multitudinario[5], nutrido[20]** ♦ **entre** ♦ **aburrir(se), acaparar, aglutinar, agrupar(se), aumentar, congregar(se), copar (algo), crear, dar(se) cita, decrecer[70], deleitar, divertir(se), emocionar(se), entretener(se), llenar (algo), registrar**

□ Véase también: **asistencia, audiencia, concurrido, concurrir, público.**

concurrido ♦ **evento, lugar**

□ Véase también: **abarrotado, abarrotar, concurrencia.**

concurrir *v.* ■ En el sentido de 'participar en un concurso o elección' admite como sujetos sustantivos de persona *(arquitecto, equipo, partido, escritor: Concurren veinte arquitectos a la convocatoria)* y, por extensión metonímica, sustantivos que designan aquello que se presenta a concurso *(poema, proyecto, candidatura, libro).* En el sentido de 'juntarse o reunirse' se combina con sustantivos de persona y con muy diversos sustantivos, concretos y abstractos, que designan diversas cosas susceptibles de coincidir en el espacio o en el tiempo *(Las dos avenidas principales concurren en la plaza; Muchos hechos concurrieron en el desencadenamiento de la tragedia).* En el sentido de 'convenir o estar de acuerdo' se construye con sujetos personales y complementos encabezados por la preposición *en* *(Los jueces concurrieron en el dictamen)* que, generalmente, denotan opinión o postura ante algo *(parecer, voto, opinión, razón)*. En el sentido de 'juntarse o darse en alguien o en algo' acepta como sujetos, frecuentemente en plural...

A SUSTANTIVOS QUE DESIGNAN ELEMENTOS O COMPONENTES DE ALGO, A MENUDO CONSIDERADOS DECISIVOS O ESENCIALES: **1 requisito** ++: La defensa pidió la absolución, al considerar que no *concurren* los requisitos para que exista un delito de estafa. LVG301091 **2 factor** ++: ...dejaron postrados y desesperanzados a todos los factores humanos que convergen o deben *concurrir* en el negocio de la Marina Mercante. EXC040901 **3 elemento** ++: En el caso que afectó al ex ministro de Vivienda no *concurren* algunos de estos elementos, pero emerge su reverso con toda claridad. HOY280797 **4 condición:** ...no *concurriendo* las dos condiciones para hacerlo, «removería un disuasivo significativo a la inversión extranjera en Cuba...». DLA110297 **5 parte:** ...ocho horas aproximadamente que duró la audiencia pública, donde *concurrieron* las partes presentadas por el Ministerio Público... VEN190899 **6 ingrediente:** Aquí *concurren* ingredientes sociales y políticos, éticos y culturales. HOY190183 **7 constante** –: Un dato preocupante (...) en materia de circulación viaria son aquellos accidentes en que *concurren* unas constantes: vehículos conducidos por jóvenes durante la noche o la madrugada. LVE281096

B SUSTANTIVOS QUE DENOTAN HECHO O CIRCUNSTANCIA, A MENUDO DE CARÁCTER ESPECÍFICO, CONTINGENTE O AZAROSO: **8 circunstancia** ++: También le recuerda en la carta que «por encima de ello *concurren* circunstancias políticas que a buen seguro no se te escapan». LRE090103 **9 situación** ++: ...cuando *concurra* una situación de alarma social respecto a ciertos individuos pediremos, siguiendo el procedimiento, que continúen en prisión... EPE081099 **10 imprevisto** +: El programa se retrasó porque *concurrieron* varios imprevistos; a saber... INDOC **11 casualidad:** Aunque en esta edición *concurre* una casualidad afortunada, el texto ganador del año pasado... EPE200599 **12 hecho:** Además, el organismo indicó que se le aplicaba el mínimo castigo de cuatro partidos por no «*concurrir* hechos agravantes»... LRE150103 **13 coincidencia:** De otro lado, el director técnico (...) justificó las coincidencias que *concurrían* en su persona sobre el origen de la citada modificación de ordenanza. EPE290977 **14 nota** –: ...«es anormal la magnitud alcanzada» por lo que «*concurren* en este caso las notas características de la fuerza mayor, al tratarse de un hecho involuntario, imprevisible e imposibilitante de la prestación laboral». EME060396

C EL SUSTANTIVO *DELITO* Y CON DIVERSOS SUSTANTIVOS QUE DESIGNAN CIRCUNSTANCIAS LEGALES Y OTRAS NOCIONES DE NATURALEZA JURÍDICA, MÁS FRECUENTEMENTE SI MODIFICAN LA PENA QUE MERECE UNA ACCIÓN DELICTIVA: **15 agravante** +: En la actuación del letrado, según considera el Tribunal, *concurre* la agravante de reincidencia... LRE100103 **16 atenuante** +: ...«tras el análisis de los hechos, en su día se podrá determinar que *concurrían* atenuantes modificativos de la responsabilidad». EME120294 **17 eximente** +: El juez entiende que *concurre* la eximente incompleta de estado de necesidad, según se desprende de la sentencia. LVE090895 **18 imputación:** Así, se señala que en todos los procesados *concurren* las imputaciones de delitos graves... LVE030896 **19 delito:** El juez dictaminó en dicho auto (...) que no *concurría* ninguno de los delitos por los que los «okupas» habían sido detenidos. EME310395 **20 negligencia** –: «Parecía que el edificio iba a volar», recordaba ayer Adolfo, que no duda de que en este caso *concurren* diversas «negligencias». EPE291299

D SUSTANTIVOS QUE DESIGNAN SIGNOS, SEÑALES O HIPÓTESIS QUE PERMITEN CONOCER, DEDUCIR O DEMOSTRAR ALGUNA COSA: **21 indicio** ++: ...ni aun cuando *concurran* indicios, debe decretarse si los fines del juicio futuro pueden asegurarse sin merma de la libertad personal... LVE010296 **22 supuesto** +: ...el Juez de Instrucción la acordará, salvo que estimase que *concurre* el supuesto del nº 2 del artículo. EME290596 **23 sospecha** +: En el indulto *concurren* varias sospechas... EME090495 **24 síntoma:** En las organizaciones gallegas *concurren* algunos síntomas característicos de la dinámica mafiosa... EME250296

E SUSTANTIVOS QUE DENOTAN CONSTANCIA, EMPEÑO, PORFÍA Y OTRAS FORMAS EN QUE SE MANIFIESTA LA INTERVENCIÓN ACTIVA DE ALGO: **25 esfuerzo** +: ...hizo un análisis «positivo» de la pasada temporada teatral, porque «hay talento y porque *concurren* los esfuerzos de la iniciativa pública y la privada». EPE261099 **26 fuerza:** En estos trabajos recientes de Esperanza López Parada *concurren* varias fuerzas expresivas: el gesto y su amplitud... ABC101195 **27 determinación:** Se ha alcanzado la paz en Mozambique, El Salvador, Guatemala y está en camino en el Ulster y en el Medio Oriente, porque han *concurrido* la determinación y la perseverancia. EPE220499 **28 participación:** No soy tan iluso como para creer que con estos presupuestos se resuelven los problemas de la provincia, porque *concurre* la participación de cuatro administraciones, pero ayudan. EPE031299 **29 perseverancia** –: Se ha alcanzado la paz (...) porque han *concurrido* la determinación y la perseverancia. EPE220499

F SUSTANTIVOS QUE DESIGNAN DIVERSOS HECHOS O CIRCUNSTANCIAS CONSIDERADOS ADVERSOS O PERJUDICIALES: **30 problema:** El primero y más llamativo es presentar la paz como preocupación central en la que *concurren* todos los problemas del país... PME290996 **31 disputa:** Los métodos de extracción fueron un tanto rudos y el traslado poco cuidadoso, al *concurrir* la disputa entre Austria e Italia por la posesión del yacimiento... LVE230695 **32 defecto:** Sostiene el alto tribunal madrileño que «*concurre* un notorio defecto en la proposición del objeto del veredicto...». EPE020800 **33 vicio:** ...durante la celebración de la junta extraordinaria *concurrieron* vicios de error e intimidación a los accionistas. EME210395 **34 violencia** –: «Hay otros robos en los que sí *concurre* violencia», añade Raimunda de Peñafort... EPE091201 **35 competencia** –: ...distribuir unas subvenciones sobre materias en las que *concurren* competencias de la Administración central... EME240496

□ Véase también: **concurrencia, confluir, converger.**

concurso ♦ **abierto, disputado, imprescindible, necesario, reñido[35], restringido, transparente, valioso** ♦ **fuera (de)** ♦ **bases (de), celebración (de), finalista (de), ganador (de), salida (a)** ♦ **amañar, auspiciar[16], celebrar(se), convocar, disputar(se), ganar, impugnar[46], llamar (a), mantener(se) (en), participar (en), presentarse (a), requerir, sacar (a), salir (a), vencer (en)**

□ Véase también: **eliminatoria, fase, juego.**

condecoración ♦ alto, honroso, lleno (de), máximo, meritorio, póstumo, preciado ♦ conceder, despojar (de), distinguir (con), entregar, exhibir, ganar, imponer, llevar, lucir, merecer, obtener, ostentar, otorgar, recibir
□ Véase también: **medalla, medallero.**

con decoro ♦ comportarse, hablar, vestir

condena ♦ absoluto, abusivo, airado[7], arbitrario, benigno, condicional[5], definitivo, desmesurado[62], ejemplar, enérgico, en firme[15], excesivo, fuerte, inapelable[24], incondicional, inequívoco[59], inexorable[47], injusto, insufrible, irrisorio[4], justo, largo, llevadero[27], rotundo[16], severo[14], sin paliativos[35], tajante[26], taxativo, tibio[24], unánime[22] ♦ en señal (de)[4] ♦ expresión (de), manifestación (de) ♦ abanderar, acatar[54], agravar(se)[83], aguantar, aligerar[40], amortiguar, aplicar, arreciar[6], asumir[50], atenuar, aumentar, conmutar, cumplir[39], disminuir, dulcificar, encajar[27], establecer[54], exigir, hacer extensivo[20], imponer, impugnar[14], incrementar, levantar[22], librar(se) (de)[14], manifestar, merecer, pagar, prejuzgar, prescribir, purgar[1], quebrantar[38], rebajar[42], recaer[54], recibir, revisar, revocar[22], soportar, suavizar, sufrir[36]
□ Véase también: **cárcel, castigo, pena, repulsa.**

[condenado] → como condenados, como un condenado

condenar ♦ al unísono[43], categóricamente[10], con dureza[2], con firmeza[1], con rotundidad[35], con todas {mis/tus/sus...} fuerzas[12], de antemano[35], decididamente[33], de todo corazón[9], duramente[17], enérgicamente[1], en firme[27], en rebeldía[1], entre líneas[27], expresamente[25], firmemente, inexorablemente[22], irremediablemente, penalmente, rotundamente[8], severamente[7], sin ambages[34], sin contemplaciones, sin paliativos[1], sin reservas[20], tajantemente, taxativamente, tibiamente, verbalmente[52], vigorosamente[1]
□ Véase también: **reprobar.**

condensar *v.* ▮ Admite sustantivos que designan partículas de materia *(molécula, átomo)* y sustancias líquidas o gaseosas *(agua, humedad, gas, vapor).* En su sentido figurado (aproximadamente, 'sintetizar o resumir') se combina con sustantivos que designan informaciones *(información, conocimiento, mensaje, palabra, saber, noticia: La televisión condensó mucho la noticia),* textos *(poema, novela, artículo, carta, texto)* de carácter lineal y otras obras *(película, reportaje, ópera).* También lo hace con otros que designan periodos temporales *(pasado, etapa, época, historia).* Se combina asimismo con...

A SUSTANTIVOS QUE DESIGNAN CURSOS, ESPECIALMENTE EL DE LA EXISTENCIA, Y LO QUE A TRAVÉS DE ELLA SE CONOCE O SE EXPRESA. TAMBIÉN CON OTROS QUE DESIGNAN ALGUNAS PARTES DE ESOS PERÍODOS: **1 vida +:** Se puede *condensar* una vida en muy pocas páginas y una gran aventura en unas pocas frases. LVE130295 **2 existencia +:** Contaba existencias resumidas, *condensadas,* escuetas, desengrasadas, sin adiposidades. EME250596 **3 experiencia +:** Capaz de *condensar* toda su experiencia como testigo y como pintor, sin que ninguna de esas facetas se nos haga visible... ABC210194 **4 carrera:** Una carrera literaria dilatada y fructífera que se *condensa* en esta trilogía novelística. INDOC **5 trayectoria:** Toda su trayectoria vital ha quedado magníficamente *condensada* en la autobiografía que ahora sale a la luz. INDOC

B SUSTANTIVOS QUE DESIGNAN PUNTOS DE VISTA, INTERPRETACIONES O CONCEPCIONES DE LAS COSAS, A MENUDO APLICADAS A MATERIAS DE CIERTA IMPORTANCIA. TAMBIÉN CON OTROS QUE EXPRESAN ESOS MISMOS CONTENIDOS: **6 filosofía +:** No cuesta nada decir que hay un antes y un después de este libro que *condensa* la filosofía culinaria de Ferran Adrià... LVE220495 **7 punto de vista +:** «Antes de morir de asfixia, nos marcharemos al extranjero», es la frase que *condensa* su punto de vista. EXC080696 **8 visión +:** ...pero una docena de años consigue *condensar* su visión de la existencia (precozmente anunciada en sus primeros libros...). ABC020793 **9 ideario:** Esa reflexión lapidaria, irrebatible, multiplicada en mil ocasiones con cada una de sus entrevistas, *condensa* buena parte del ideario de Sergiu Celibidache. ABC100792 **10 pensamiento:** En esa sencilla frase quedaba *condensado* el riquísimo pensamiento del medievalista ante el problema de las relaciones históricas entre Castilla y España. ABC090493 **11 teoría:** Condensó sus teorías en el famoso libro «Crystallizing public opinion», editado en 1923... LVE120395 **12 poética:** Léanse en esta dimensión el soneto «Violante» y, sobre todo, la estupenda «Oda a Leónides», uno de los más logrados poemas, que, en realidad, *condensa* toda su poética. ABC270392

C SUSTANTIVOS QUE DESIGNAN LA IDEA CENTRAL O FUNDAMENTAL CONTENIDA EN ALGO: **13 esencia +:** En ese verso desnudo se encuentra *condensada* la esencia de «Soliloquios», libro de fotografías de Daphne Dougall de Zileri... CAP261296 **14 espíritu +:** Una vez al año se *condensa* en Inveraray todo el espíritu de ese gran norte de Europa... EPE020888 **15 idea +:** Eugenio Trías *condensa* sus ideas en «Ciudad sobre ciudad». EPE291001 **16 significado +:** Con acierto eligió el crítico, al preparar la edición póstuma, este título, «Las rosas de Babilonia», que *condensa* el significado último del libro... ABC260595 **17 núcleo:** ...breve enunciado que *condensa* el núcleo de lo que es vida venturosa, la más aventurera de las vidas... ABC210892 **18 meollo:** ...el guión firmado por el prestigioso dramaturgo y cineasta británico Tom Stoppard (...) no logró *condensar,* en sus más de dos horas de metraje, el meollo de la cuestión. LVE100996

D SUSTANTIVOS QUE DENOTAN ACTIVIDAD O DESIGNAN SUS EFECTOS: **19 tarea:** Aprender a mirar, a escuchar y a leer son los verdaderos fines de la educación superior, pues en ellos se *condensa* la tarea del espíritu. ABC270594 **20 labor:** Porque en ella se *condensa* su labor de cronista de un Madrid mitificado... ABC181194 **21 trabajo:** El trabajo de Alberto Corazón (Madrid, 1942) como diseñador gráfico e industrial durante 30 años se *condensa* ahora en un CD-Rom con 10.000 imágenes. EPE121099 **22 actividad:** En estas tres frases se *condensa* la actividad política de la oposición conservadora. EME090594

E ALGUNOS SUSTANTIVOS QUE DENOTAN SENTIMIENTO: **23 sentimiento:** ...una intuición tan poderosa que la imagen no necesite desarrollo y el sentimiento poético se *condense* en contadas palabras. ABC181194 **24 emoción:** Un abrazo en el que se *condensaron* las emociones que habían vivido en las últimas cuatro semanas. EDV270499

F OTROS SUSTANTIVOS; POSIBLES USOS ESTILÍSTICOS: ...capaz de *condensar* en formas geométricas un misterioso y sencillo hechizo... ABC020695

condescendientemente ♦ **calificar, enjuiciar, juzgar, mirar, tratar, valorar**

con desconsuelo Véase: **desconsoladamente**

con desprecio ♦ **hablar, mirar, señalar, tratar**

con detalle *loc.adv.* ▮ Admite las variantes *con sumo detalle, con gran detalle, con el necesario detalle* y otras similares. Se combina con verbos que designan actos de habla, más frecuentemente de carácter aclarativo o expositivo *(explicar, exponer, informar, describir, mencionar)*, así como con diversos verbos que denotan conocimiento o evocación *(conocer, saber, recordar: Recuerdo con detalle lo que me dijo)*. También se combina con...

A VERBOS QUE DENOTAN INDAGACIÓN, COMPROBACIÓN O ESTIMACIÓN DE ALGO: **1 analizar ++:** ...todo un gran volumen de escritos fueron analizados *con detalle* en busca de alguna pista. ABC261193 **2 examinar ++:** Esta información, una vez sea examinada *con detalle*, contribuirá a ampliar el conocimiento sobre su vida y obra. LVE231195 **3 estudiar ++:** Las cuentas del INTA serán, seguramente, estudiadas *con detalle* por las entidades agropecuarias... LNA300692 **4 investigar +:** Los servicios del comisario europeo (...) quieren investigar *con detalle* todos los pasos que han llevado a la fusión de los astilleros... EPE291101 **5 calcular:** «El Sucio» y «El Amable», sin antecedentes penales, calculaban *con detalle* sus crímenes... EME160996 **6 revisar +:** Los soldados, por tierra, ordenan el alto a los vehículos y, siempre amables, lo revisan *con detalle*. DYM040796 **7 repasar +:** Con su testimonio podremos acceder a la colección de cuadros y esculturas que pueden ser repasados *con detalle* y calma. ABC280795 **8 comprobar:** ...le costó admitir que eran ciertos los datos (...) donde se comprobaba *con detalle* que había carreras cuya matrícula superaba con creces las 100.000 pesetas... EME080694 **9 considerar:** En el informe, consideramos *con detalle* todos estos problemas, y muchos más, y damos soluciones concretas. EPE130900 **10 evaluar:** El Ministerio de Economía (...) ha encargado a la dirección general de Actividades Económicas que evalúe *con detalle* las indemnizaciones. EME031296 **11 escrutar –:** Sólo podían alertar a las personas escogidas, seguir atentos dentro del auto, escrutándolo todo *con detalle*, por aburrido o monótono que fuese. EME220896

B VERBOS QUE DENOTAN OBSERVACIÓN, INTERPRETACIÓN O PERCEPCIÓN, SEA VISUAL, FÍSICA O MENTAL: **12 observar ++:** Si se observa *con detalle* la nueva composición de la Sala Constitucional de la Corte Suprema se pueden apreciar cosas de importancia. CAP030797 **13 ver ++:** El responsable español (...) explicó que «se están viendo *con detalle* todas las pesquerías y las condiciones en que se encuentra cada una de ellas». LVE190895 **14 seguir ++:** ...las vicisitudes familiares, académicas, estéticas, administrativas y viajeras de ambos amigos pueden seguirse *con detalle*. ABC240492 **15 leer:** ...arremete con fuerza, como puede leerse *con detalle* en «Il Giornale de Milán», contra «un sistema que puede llevar a la revuelta de los contribuyentes». EME060296 **16 mirar +:** Santamaría se comprometió a «mirar *con detalle* y cuidado» las normas remitidas por el municipio. ENC251200 **17 apreciar:** Dos pantallas de vídeo colocadas a ambos lados del escenario permiten al espectador apreciar *con detalle* el electrizante trabajo de pies de los bailarines. EPE270499 **18 percibir:** ...en cualquier obra de cualquier compositor pueda percibirse *con detalle* extremo el más mínimo sonido y matiz... EPE170599 **19 percatar(se):** ...me hizo parar el coche para percatarse *con detalle* del origen de tan peculiar sonido... ABC160493 **20 detectar –:** Belgrado ha detectado *con detalle* el ambiente de confusión que parece haberse asentado en el seno mismo de la Alianza Atlántica... EPE190599

C VERBOS QUE DESIGNAN LA ACCIÓN DE PRESENTAR ALGO A LA VISTA O LA CONSIDERACIÓN DE LOS DEMÁS: **21 mostrar +:** ...se trataba de los documentos requeridos por los investigadores desde hacía dos años ya que mostraban *con detalle* el trabajo efectuado por Hillary Clinton... LVE240196 **22 explicar +:** ...el libro lo menciona muy de pasada. Habría que explicarlo *con detalle*. INDOC **23 ofrecer:** En su popular telediario semanal, Kisiliov ofreció *con detalle* las imágenes en cámara lenta. LVE120995 **24 presentar:** El II Plan Andaluz de Salud, cuyo contenido será presentado *con detalle* mañana por el consejero de Salud... EPE170299 **25 reflejar:** Sin embargo, el relato de Unamuno, que perdió su padre a la edad de seis años, contiene pasajes que reflejan *con detalle* una escena de contenido inequívoco. LVE170896 **26 enseñar –:** «Lecturas» despliega la boda de Chiquetete (...) y enseña *con detalle* a Giancarlo Corsoni, el pretendido pretendiente de Nati Abascal. LVE090495

D VERBOS QUE DENOTAN ESTABLECIMIENTO O DETERMINACIÓN DE ALGO: **27 establecer +:** ...sin que sea posible, en última instancia, agotar el proceso y establecer *con detalle* el curso consciente e inconsciente de sus ideas. ABC241195 **28 determinar:** En él se determinan *con detalle* los dispares ritmos de crecimiento de unos y otros. ABC230793 **29 fijar:** Hay coincidencia en los términos generales del acuerdo, pero hay que fijar *con detalle* sus condiciones específicas. INDOC **30 puntualizar:** Para poner claridad a sombras y dudas, hago uso de esta columna y aprovecho para puntualizar *con detalle* mi posición. LTB010497 **31 estipular:** En su lugar, los «secuestradores» (...) estipulaban *con detalle* las condiciones del rescate. LVE311296

E VERBOS QUE DENOTAN ORGANIZACIÓN O CONTROL DE ALGO: **32 preparar +:** El candidato a presidente de la comunidad se retirará las dos próximas semanas del primer plano de la actualidad política con el fin de preparar *con detalle* su investidura. ENC010301 **33 regular:** Los derechos laborales del trabajador interino se regulan *con detalle*. LVE020396 **34 organizar:** En el acto de adhesión a la figura de Ciprià Ciscar –organizado *con detalle*– la diputada autonómica y delegada... EPE170999 **35 controlar –:** La Policía controló *con detalle* la «timba» del café Latino... EME050294

F OTROS VERBOS; POSIBLES USOS ESTILÍSTICOS: El relato navega *con detalle* por las aguas de las guerras de Corea y Vietnam, pero sólo llama la atención cuando se adentra en los tejemanejes políticos... EME191095

☐ Véase también: **al detalle, con pelos y señales, con todo lujo de detalles, detalladamente, escrupulosamente, exhaustivamente, extensamente, prolijamente, punto por punto.**

[condición] → **sin condiciones**

condición ♦ **abusivo[33], adecuado, adverso, anímico, bueno, cambiante, caótico, crítico, deficiente, delicado, deplorable, desfavorable, difícil, dramático, duro, estricto[26], extremo, favorable, férreo[41], físico, flexible[41], general, humano, imprescindible, inadecuado, indispensable, inexcusable[8], infrahumano, inhumano[9], inmejorable, insoslayable[20], insuficiente, irrenunciable[28], lamentable, lastimoso, malo, mínimo, modesto, necesario, normal, óptimo, perfecto, pésimo, precario[2], preferencial, preestablecido, previo, propicio[4], severo[49], sine qua non[1], suficiente, ventajoso[2]** ♦ **a la vista (de)[27], bajo, con, en** ♦ **igualdad (de)** ♦ **abdicar (de)[33], aceptar, aclimatar(se) (a), acreditar, adaptar(se) (a), ahondar (en)[43], ajustar(se) (a), alterar[23], amoldar(se) (a)[12], anteponer, apear(se) (de)[8], aprovechar, arrogarse[20], asumir[38], atenerse (a)[22], atravesar[29], cambiar, crear, cumplir[72], dar(se), despejar(se)[32], determinar, discutir, dulcificar[20], encontrar(se) (en), establecer, estipular, exigir, fijar, generar, gozar (de), imponer[35], incumplir[36], mejorar, negar[49], negociar[14], pactar, perder, plantear[15], plegarse (a)[17], poner (como), regir, renegar (de)[18], revalidar[7], satisfacer, supeditar(se) (a), tener, violar[6]**

☐ Véase también: **bajo fianza, bajo juramento, bajo ningún concepto, bajo palabra, necesitar, requerimiento, requerir, requisito.**

CONDICIÓN

♦ (SUSTANTIVOS) Véase: **abusivo[D], acatar[K], asumir[G], burlar[B], ceñir(se) (a)[F], clarificar[G], concurrir[A], conjugar[E], coyuntural[B], cumplir[K], dulcificar[D], estricto[D], eximir (de)[F], férreo[E], flexible[J], imponer[H], incumplir[E], inexcusable[B], irrenunciable[F], laxo[A], lidiar[G], negociar[C], obviar[E], plantear[C], plegarse (a)[C], rebasar[H], saltarse[D], sine qua non[A], ventajoso[A], vigente[E]**

☐ Véase también: TRÁMITE.

condicional *adj.* ▌En gramática se aplica a sustantivos que designan ciertas unidades lingüísticas *(conjunción, partícula, oración, expresión, modo, futuro)*. En el sentido de 'sujeto a una condición' se combina con sustantivos temporales *(período condicional)*, con los sustantivos *trabajo, empleo, puesto* y con otros similares. También se combina con...

A EL SUSTANTIVO *LIBERTAD* Y, POR EXTENSIÓN, CON OTROS QUE DENOTAN ALTERACIÓN O ANULACIÓN DE UNA CONDENA: **1 libertad ++:** ...se extralimitó en sus funciones al concederle el tercer grado, que es un requisito para que se pueda otorgar la libertad *condicional* a un preso. LRE310103 **2 remisión:** ...que el sancionado cumpla el castigo mediante trabajo correccional con o sin internamiento, en limitación de libertad, o incluso con remisión *condicional* de la pena. GIC072897 **3 suspensión:** ...poniendo en libertad bajo fianza, por sometimiento a juicio o suspensión *condicional* de la pena, a quienes tengan el tiempo exigido por las leyes. ENV110497

B LOS SUSTANTIVOS *PRISIÓN* Y *CONDENA*: **4 prisión ++:** ...tuvo una condena de quince meses de prisión *condicional* y una multa de 200.000 francos... EME210495 **5 condena:** La portavoz indicó que al culpable se le podían conceder los beneficios de la condena *condicional*, pero no debía proponerse el indulto. LVE280596

C SUSTANTIVOS QUE DENOTAN APOYO O ACEPTACIÓN: **6 apoyo ++:** La masiva intervención del Estado en la economía de Estados Unidos (...) ha contado con el apoyo *condicional* del presidente de la Reserva Federal... EPE051001 **7 sí:** Es decir, podía interpretarse que Roma había dado un sí *condicional*, supeditado a ciertas modificaciones en las conclusiones finales. LVE020296 **8 aceptación:** ...organización caritativa que es el principal accionista al detentar el control del 40% de las acciones de la compañía, y que ha realizado una aceptación *condicional* de la oferta. EME240195 **9 admisión +:** Algunos países propusieron, sin éxito, la admisión *condicional* de la propuesta. INDOC

D ALGUNOS SUSTANTIVOS QUE DENOTAN AVISO O ADVERTENCIA DE UN MAL, UN DAÑO O UN PELIGRO: **10 amenaza:** ...ya que de lo averiguado hasta el momento presente no aparecen, ni remotamente perfiladas, las posibles amenazas *condicionales* o coacciones... LVE050795 **11 alarma:** ...que se trataba de una alarma *condicional* «para el caso de que se presenten grandes problemas en las ciudades serbias». LVE041296

E SUSTANTIVOS QUE DESIGNAN ACUERDOS Y ALGUNOS DE SUS CONTENIDOS, MÁS FRECUENTEMENTE SI SE RELACIONAN CON LA AUSENCIA DE CONFLICTO: **12 tregua +:** El Gobierno israelí rechazó ayer una tregua *condicional* ofrecida por el brazo armado de Hamas... LVE060396 **13 paz:** Uno de los dos bandos contendientes ofreció una paz *condicional* que fue rechazada sin negociarla siquiera. INDOC **14 acuerdo:** Y es que el acuerdo, *condicional* en cualquier caso, de 16 de junio de 1987... EPE010689

F SUSTANTIVOS QUE DESIGNAN DIVERSAS FORMAS DE COMPROBACIÓN, CONTROL O VALORACIÓN DE ALGO, ASÍ COMO ALGUNAS DE LAS MANERAS EN QUE SE ENJUICIAN LOS RESULTADOS DE ESOS PROCESOS: **15 certificación +:** ...confían en que Colombia obtenga como mínimo una certificación *condicional*... ENH170297 **16 prueba +:** Y la otra prueba *condicional* de la tarde, Shot Gum, el lindo castaño Ecuatoriano del Río Olón, ganó con toda comodidad a Punta Bravo... EXP150492 **17 supervisión:** ...cerca de 134.300 delincuentes de esta clase han sido liberados bajo supervisión *condicional*... DLA030297 **18 calificación:** En el pasado noviembre, Estados Unidos rebajó de «aceptable» a «*condicional*» la calificación de la aeronáutica colombiana... LVE221295 **19 aprobado:** Fue un aprobado raspado y *condicional*. Su comparecencia «satisfizo a la mayoría» de la comisión parlamentaria en cuanto a su «experiencia profesional y política»... EPE010999

G OTROS SUSTANTIVOS; POSIBLES USOS ESTILÍSTICOS: Hoy la acompañó en todas las paradas de su viaje «*con-*

dicional» a la patria después de diez años de ausencia. HOY250484

condicionar ♦ **claramente, decisivamente**[15], **en {gran/buena} medida, gravemente**[26], **inevitablemente, inexcusablemente, inexorablemente**[21], **intensamente, notablemente**[4], **poderosamente**[16], **profundamente**[69], **significativamente**

con dignidad Véase: **dignamente**

condolencia ♦ **enviar, hacer llegar, ofrecer, presentar, testimoniar**[5], **transmitir**
☐ Véase también: **aflicción, cortesía, dolor, pésame.**

condonar *v.* ▮ Se combina con...

A SUSTANTIVOS QUE DESIGNAN CANTIDADES ECONÓMICAS QUE SE HAN DE PAGAR A UN ACREEDOR POR BIENES O SERVICIOS RECIBIDOS O COMO CARGA TRIBUTARIA. POR EXTENSIÓN, TAMBIÉN CON OTROS QUE DESIGNAN LOS DOCUMENTOS EN LOS QUE SE ACREDITAN: **1 deuda ++**: Hay que *condonar* la deuda de los países del Tercer Mundo... EPE010899 **2 crédito ++**: Prohibición explícita a los bancos y cajas para *condonar* los créditos impagados a los partidos políticos. EME270695 **3 préstamo +**: Lista de los 32 cargos del PSOE de Cádiz a quienes la Caja de Jerez *condonó* préstamos. EME250495 **4 interés +**: La recuperación económica se ha conseguido en parte gracias a que la Seguridad Social ha *condonado* los intereses... EME280596 **5 recargo +**: La Tesorería de la Seguridad Social *condonará*, no obstante, los recargos de mora... EPE200399 **6 pago +**: La propuesta prevé *condonar* el pago de un millón de pesetas... LVE160296 **7 importe**: Para que la iniciativa sea más efectiva, se *condonarán* parte del importe de recargo y los intereses de demora. LVE271296 **8 factura**: Negó que haya previsto *condonar* parte de la voluminosa factura (...) que Marruecos debe a España. EME060296 **9 capital**: Así se puede soñar con capital, no propio, sino prestado o regalado, por lo menos congelado o *condonado*... LTB210700 **10 impuesto**: ...a la empresa de origen mexicano le *condonaron* los impuestos en razón de 300 mil dólares por 20 camiones de Estados Unidos... LPN281196 **11 tasa**: La ley prohíbe *condonar* las tasas, pero favorece el establecimiento de bonificaciones en el impuesto... EPE030399 **12 tributo**: El alcalde en funciones justificó el retraso en la firma del convenio por la imposibilidad legal de *condonar* esos tributos... EPE160199 **13 contribución**: ...el ex alcalde (...) *condonó* unas contribuciones especiales y cometió irregularidades en la contratación de un arquitecto municipal. EPE011199 **14 cotización –**: ...el Sindicato de Obreros del Campo (SOC) ha pedido al ministro de Trabajo (...) que *condone* la cotización a la Seguridad Social Agraria de los trabajadores del campo. EPE200899 **15 honorario –**: Pedrol explicó ayer que los abogados pueden rebajar o incluso *condonar* los honorarios... EPE010289

B SUSTANTIVOS QUE DENOTAN PENA IMPUESTA POR UN DELITO O UNA FALTA: **16 multa +**: El plan consiste en *condonar* una multa de 5.000 pesetas por cada jornada de trabajo de seis horas... EPE230499 **17 sanción +**: El alcalde me puntualizó que él en ningún caso me había prometido *condonar* la sanción... EME060196 **18 pena**: Los abogados de la familia de Gilford confirmaron la petición de que la pena sea *condonada* a cambio de una cantidad de dinero. EPD240997 **19 condena**: ...acabó con una condena a un año y cuatro meses de cárcel que fue *condonada*... EPE271199

C SUSTANTIVOS QUE DENOTAN DELITO, ESPECIALMENTE SI ESTÁ TIPIFICADO. TAMBIÉN CON ALGUNOS QUE DESIGNAN OTROS COMPORTAMIENTOS DELICTIVOS O REPROBABLES: **20 crimen +**: «Lo más importante es que no se *condone* el crimen», recalcó el dirigente cubano. GIC122296 **21 abuso**: ¿Van a *condonarse* los abusos denunciados sin exigir que nos devuelvan el dinero? EPE040700 **22 intolerancia**: ...cuando vemos con inquietud la intolerancia idiomática en partes de España mal podemos *condonarla* en otros lugares. EME040394 **23 incompetencia**: ...la proverbial indolencia de nuestros funcionarios sigue siendo una característica tan ibérica como lo es nuestra capacidad de *condonar* su incompetencia. LVE060895 **24 ineficacia**: Este argumento se invoca sobre todo para *condonar* la ineficacia del sistema de seguridad. EPE010286 **25 comportamiento**: ...la FIBA *condona* ese comportamiento antideportivo y se rinde a los griegos aun corriendo el riesgo de que se desprestigie el esfuerzo de profesionalización... EME290194 **26 tráfico de estupefacientes –**: ...la defensa había solicitado al juez que éste exigiera un juramento de la CIA no sólo de que no participó o *condonó* el tráfico de estupefacientes... EME160996 **27 guerra –**: Lo auténticamente importante hoy en Estambul es que Occidente no *condone* (...) la guerra de exterminio que Moscú libra en su flanco sur. EPE191199

D OTROS SUSTANTIVOS; POSIBLES USOS ESTILÍSTICOS: ...sus porfías muy cerca de los pitones no le *condonaban* el desperdicio que había cometido con el toro anterior. EPD030697
☐ Véase también: **perdonar.**

conducir ♦ **a hombros, a la deriva**[13], **alocadamente, con éxito**[35], **con experiencia, con mano de hierro**[10], **con mano firme**[7], **con prudencia, con seguridad, de un tirón**[10], **fatalmente, férreamente**[7], **imprudentemente, indefectiblemente**[1], **inevitablemente**[1], **inexorablemente**[10], **irremediablemente**[1], **peligrosamente, prudentemente, sabiamente**
☐ Véase también: **guiar, llevar.**

conducta ♦ **abusivo**[48], **agresivo, apropiado, arraigado**[22], **bueno, cínico, cívico, combativo**[11], **compulsivo**[2], **controvertido**[16], **criminal, cuestionable, delictivo**[1], **deplorable, diáfano**[11], **discriminatorio**[6], **displicente**[5], **dominante, dudoso, ecuánime**[18], **ejemplar, enfermizo, errático, execrable**[10], **generoso, humano, ilícito, impecable**[3], **imprevisible, incalificable, incuestionable, indecoroso, inexcusable, intachable**[1], **íntegro, irresponsable, lamentable, malo, personal, preventivo**[70], **previsible, propio (de alguien), revelador**[30], **sexual, social, sospechoso, transparente, vergonzante, vergonzoso** ♦ **a la vista (de)**[23] ♦ **alcance (de)**[56], **código (de), ideal (de), línea (de), norma (de), regla (de)** ♦ **adoptar, alterar**[57], **calificar, censurar, condenar, corregir**[23], **delatar**[34], **deponer, desvelar**[39], **disfrazar**[14], **enderezar**[28], **enjuiciar, enmendar**[26], **justificar, juzgar, observar,**

orientar, penalizar, persistir (en)[12], prejuzgar[17], rectificar[21], regir (algo), reprender (a alguien), reprobar[4], sancionar, tipificar, torcerse

☐ Véase también: **actitud, comportamiento.**

CONDUCTA Véase: COMPORTAMIENTO

conductor ♦ *(adj.)* **argumento, elemento, hilo, idea, tema**

con dureza *loc.adv.* ▮ Mantiene algunas de sus propiedades como grupo preposicional, puesto que el sustantivo *dureza* admite modificadores *(con enorme dureza; con extraordinaria dureza).* Acepta verbos que denotan comportamiento, actuación o trato *(comportarse, actuar, obrar, intervenir, tratar),* algunos que designan diversas acciones verbales *(hablar, preguntar, interpelar, exponer),* u otras que –como estas– tienen un destinatario natural *(mirar, educar, dirigirse).* Entre las numerosas combinaciones que esta locución admite, destacan especialmente las constituidas por...

A VERBOS QUE DESIGNAN ACCIONES VERBALES QUE EXPRESAN CRÍTICA, OPOSICIÓN O RECHAZO EN DIVERSOS GRADOS: **1 criticar ++:** ...han criticado *con dureza* la política económica que impulsa Cavallo, aludiendo a que castiga a los sectores sociales más desprotegidos. EPU060901 **2 condenar ++:** El primer ministro Viktor Chernomyrdin condenó *con dureza* el golpe, del que dijo que había sido «un acto insensato de vandalismo». CLA020497 **3 acusar +:** Zariab acusa *con dureza* al mundo occidental de mirar hacia otro lado durante demasiados años... EPE111001 **4 denunciar +:** ...la que denuncia *con dureza* el problema de la inmigración en el Estrecho y demanda soluciones y respuestas a las administraciones. EPE270999 **5 amonestar:** ...amonestó *con dureza* ante el Rey, con motivo de la apertura del año judicial, a políticos y magistrados... LVE150995 **6 recriminar:** ...se despidieron de la plantilla antes de que Lorenzo Sanz, acompañado de sus directivos, entrara en el vestuario para recriminar *con dureza* a los jugadores... LVE230196 **7 oponerse:** ...el Gobierno se opondrá *con dureza* «a cualquier proceso de nueva reconversión que implique una drástica reducción o cierre de actividad de los astilleros andaluces». LVE130795 **8 censurar:** En el transcurso del mitin, Arzalluz censuró *con dureza* a Karmelo Landa, miembro de la Mesa Nacional de HB, por haber amenazado a los empresarios vascos. EME231296 **9 protestar:** El Gobierno español protestó ayer *con dureza* ante Canadá... LVE110395 **10 reprobar:** La mayoría de los partidos políticos, salvo HB, reprobaron ayer *con dureza* los contenidos del comunicado de ETA. EME270495 **11 cuestionar:** Jordi Pujol cuestionó *con dureza* la «instrumentalización» política que el PP hace del terrorismo y la posición de Aznar respecto al GAL. LVE250196

B VERBOS QUE DENOTAN AGRESIÓN O ATAQUE, A MENUDO VIOLENTOS. TAMBIÉN CON ALGUNOS QUE DESIGNAN OTRAS ACCIONES HOSTILES: **12 atacar ++:** Los portavoces del PSOE, IU y Grupo Mixto atacaron *con dureza* a Arias-Salgado y coincidieron en que vulneró la ley electoral, que obliga a todos los diputados a declarar cualquier actividad que genere o pueda generar ingresos económicos. EPE140599 **13 castigar ++:** Pese a que la ley de CONASEV estipula sanciones al respecto no hay precedente en que se haya castigado *con dureza* una desleal práctica bursátil. CAP200397 **14 arremeter +:** Sus miembros consideran que Zapatero está siendo muy blando con el Gobierno en determinados asuntos en los que debería arremeter *con dureza* contra el PP por su actitud. LRE100103 **15 cargar +:** El presidente cargó *con dureza* sobre Raúl Ricardo Alfonsín... LNP190297 **16 golpear +:** La cascada, según Matta Fragoso, tiene unos 125 pies de altura y durante el descenso el agua comenzó a golpear *con dureza* al joven. END050198 **17 reprimir +:** En Argelia el gobierno reprime *con dureza* el Frente de Salvación Islámica... LPA230592 **18 pegar:** Y salió a pegar *con dureza* calificando de «usurpador» a quien intente llegar al poder encaramado en el plebiscito que propone Yoma. CLA170297 **19 disparar:** Dos minutos después Fran envió el balón al larguero y a la media hora el mismo jugador disparó *con dureza* para que Ramón desviara con algunos apuros. LVE150695 **20 fustigar:** ...fustigó *con dureza* a los políticos tradicionales, a quienes llamó falsos demócratas. EXP150492 **21 desacreditar:** Ello no le ha impedido desacreditar *con dureza* al nuevo presidente del PP balear... LVE021196 **22 sancionar:** ...sancionará *con dureza* a los ciudadanos de cualquier edad que circulen en moto, sea cual sea la cilindrada de ésta, sin el casco reglamentario. EPE111199

C VERBOS QUE DESIGNAN ENFRENTAMIENTO, SEA VERBAL O FÍSICO: **23 competir:** Durante el reinado de Mauregato y Alfonso II, el Beato de Liébana competía *con dureza* con Elipando, obispo de Toledo y adopcionista... ABC180895 **24 combatir:** Allí, en un lugar conocido como Penjuin, también se combatía ayer *con dureza* por tercer día consecutivo. LVE280395 **25 enfrentarse:** Grupos de pescadores gallegos se enfrentaron *con dureza* a la Guardia Civil tras cortar con barricadas la carretera Cangas-Bueu... LVE260895 **26 debatir:** ...no se trata de un problema académico, sino de una cuestión que va a ser debatida *con dureza.* LVE250396 **27 batirse:** ...se ha convertido en un duro revés para Silvio Berlusconi y sus aliados, que se habían batido *con dureza* por la caída del Ejecutivo... LVE170395 **28 jugar:** En un partido jugado de forma intensa, vibrante, *con dureza,* sin piedad, el Parma supo estar más en el campo... LVE180595

D VERBOS QUE DESIGNAN DIVERSAS FORMAS DE ACTUAR EN RESPUESTA A UNA ACCIÓN O UN ESTÍMULO PREVIOS: **29 reaccionar +:** Las asociaciones empresariales argentinas, que reaccionaron *con dureza* ante las restricciones brasileñas, se mostraron satisfechas por el acuerdo... EOU090497 **30 responder +:** Menem también respondió *con dureza* a quienes critican la propuesta de dolarización... CLA240199 **31 replicar +:** Decibe replicó ayer *con dureza* a esas apreciaciones. LNP110297 **32 contrarrestar:** La Iglesia salió a contrarrestar ayer *con dureza* los argumentos del Gobierno sobre la participación de los inmigrantes en el delito y su influencia en las cifras del desempleo. CLA220199

E VERBOS QUE DENOTAN VALORACIÓN O ENJUICIAMIENTO: **33 juzgar +:** Sintiéndose juzgado *con dureza* por la crítica y abandonado por el público, Domingo Miras (1934) dedujo que su obra no tenía cabida en nuestro panorama escénico y dejó hace seis años, ganado por el hastío, esa escritura. ABC091092 **34 sentenciar:** «¡No hay liderazgo!», sentencian *con dureza,* lo que realmente quieren no es un líder sino un caudillo. EXC080696 **35 enjuiciar:** ...enjuiciaron ayer *con dureza* la comparecencia de Juan Alberto Belloch, ministro de Justicia e Interior, ante la Comisión homónima del Congreso. EME080395 **36 valorar:** Por otro lado, el presidente blanco valoró ayer *con dureza* la expulsión de Luis Enrique en el partido del pasado domingo ante el Oviedo. EME300196 **37 calificar:** ...seré calificado *con dureza* por ciertos lectores y prohombres, que juzgarán mi impresión carente de piedad. LVE110196

☐ Véase también: **duramente, dureza, severamente.**

conectar ♦ **a las mil maravillas[10], directamente, estrechamente[11], fácilmente, íntimamente, perfectamente, profundamente[58]**

☐ Véase también: **unir(se).**

con efusividad Véase: **efusivamente**

con el mismo rasero Véase: **por el mismo rasero**

con elocuencia Véase: **elocuentemente**

con el tiempo ♦ **adquirir, aprender, aumentar, cambiar, convertirse (en algo/en alguien), curar(se), darse cuenta, desaparecer, disminuir, empeorar, entender, evolucionar, madurar, mejorar, variar, ver**

con energía Véase: **enérgicamente**

con exhaustividad Véase: **exhaustivamente**

conexión ♦ **aéreo, directo, eléctrico, emocional, estrecho[40], ferroviario, indudable, intermitente, íntimo, intrincado, lejano, lineal, perfecto[9], personal, remoto, secreto, supuesto, telefónico, vial, visible, vital** ♦ **equipo (de), nudo (de), punto (de), velocidad (de)** ♦ **afianzar, buscar, cortar, descubrir, detectar[60], establecer[15], estar (en), fortalecer, funcionar, guardar, hacer, iniciar, interceptar, interferir (en), interrumpir(se), investigar, mejorar, perder, posibilitar, revisar, tender, tener**

☐ Véase también: **integración, mezcla, relación, unión.**

con éxito *loc.adv.* ▮ Mantiene algunas de sus propiedades como grupo preposicional *(con notable éxito; con gran éxito; con éxito de público).* Acepta un gran número de verbos que designan acciones que poseen límite natural *(realizar, ejecutar, colaborar, explicar, negociar, diseñar, vender, cambiar, recorrer),* pero destacan especialmente sus combinaciones con...

A VERBOS QUE DESIGNAN LA FINALIZACIÓN DE UNA ACCIÓN O UN PROCESO: **1 concluir ++:** Ambas tareas académicas las concluyó *con éxito.* CAR101197 **2 cerrar ++:** ...no podía prometer que las conversaciones se cerraran *con éxito.* EME201195 **3 culminar ++:** Será un Ejército muy eficiente en la mantención de la paz y, ante una guerra, podrá culminarla *con éxito.* HOY230996 **4 coronar +:** Manolete, vestido de malva y plata, estaba a punto de coronar *con éxito* la faena. CAP280897 **5 finalizar +:** Finaliza *con éxito* el cuarto acoplamiento espacial del «Atlantis». EME250996 **6 saldar +:** ...los descuidos del verdadero autor de los hechos han posibilitado que «el caso del barrio del Putxet» se haya saldado *con éxito.* LRE020203 **7 terminar +:** ...acabábamos de terminar *con éxito* una presentación teatral y yo estaba contenta. LRE260103 **8 salir +:** El americano Tom Lehman salió *con éxito* de su última batalla... EPD220796 **9 acabar +:** Los operadores consultados consideran que Rhone-Poulenc tendrá que elevar su oferta para que pueda acabar *con éxito.* EME190895 **10 completar +:** Todos los proyectos en la región se han completado *con éxito.* LVE230796 **11 clausurar:** El Festimad de Móstoles se clausuró ayer *con éxito* de público y organización. EME050596 **12 zanjar:** ...ha vivido desde su independencia en 1975 una larga serie de golpes, zanjados *con éxito* o abortados... LVE290995 **13 rematar:** Laguna remataba *con éxito* la escapada del día... FDV260601

B VERBOS QUE DESIGNAN LA ACCIÓN DE DIRIMIR O DAR RESOLUCIÓN A ALGUNA COSA: **14 superar +:** Pero, al mismo tiempo, Colombia reaccionó con firmeza y está superando *con éxito* esos retos. ETC020190 **15 resolver +:** ...Marion Jones resolvió *con éxito* una jornada fatigosa en todos los aspectos. EPE280900 **16 solucionar +:** ...Conchita, si soluciona *con éxito* la reanudación de su encuentro, luchará ante la estadounidense Lindsay Davenport... LVE030696

C VERBOS QUE DENOTAN CONFRONTACIÓN O ENFRENTAMIENTO, A VECES CON ÍMPETU O AGRESIVIDAD. SE EMPLEAN A MENUDO EN SENTIDO FIGURADO: **17 enfrentar(se) +:** El Grupo Andino le ha permitido a la industria colombiana enfrentar *con éxito* la apertura. SEM010897 **18 luchar +:** Difícilmente se pueda luchar *con éxito* contra los compradores externos... BUS040698 **19 combatir +:** La Policía ha combatido *con éxito* el narcotráfico y con alguna fortuna el auge de la delincuencia... VIS040997 **20 competir +:** Aunque logró competir *con éxito* en carreras estatales, nunca llegó a transformarse en un verdadero profesional. EME210496 **21 defender +:** Es el campeón defensor, lo ha ganado tres veces y ya en una ocasión lo defendió *con éxito* en 1989-1990. ETC100497 **22 afrontar +:** Hubo años de prosperidad y de visión política suficiente como para montar un aparato militar que hubiera podido afrontar *con éxito* la guerra... LNP060497 **23 encarar +:** ...permitirá al país modernizar sus instituciones y encarar *con éxito* su inserción en el escenario económico mundial. ACP141196 **24 atacar:** ...fue incapaz de lograr que sus hombres atacaran *con éxito* la zona cacereña. EME230995 **25 batirse:** Pero, como un león, Galeanito se batió una y otra vez, *con éxito.* ETC111196 **26 pelear:** Se ha peleado *con éxito* con el auténtico vodevil que es *Amfitrió...* LVE291195 **27 pugnar:** ...Jaime Mayor Oreja pugnaba *con éxito* por el cierre del círculo de adhesiones. LVE050596

D VERBOS QUE DESIGNAN LA REALIZACIÓN O LA CONSECUCIÓN DE UN OBJETIVO: **28 lograr ++:** La sonda de la nave «Galileo» logra *con éxito* entrar en la atmósfera de Júpiter. EME081295 **29 cumplir +:** Acosta afirmó que la adaptación de los jugadores a la altitud se ha cumplido *con éxito.* ENH120297 **30 conseguir +:** ...afirmó que no detendría sus investigaciones para conseguir *con éxito* la clonación de humanos... EXC140901 **31 cubrir:** Guti es un ejemplo de futbolista capacitado para cubrir *con éxito* diversas emergencias. LRE090103 **32 alcanzar** +: El siguiente objetivo alcanzado *con éxito* fue la Guardia Civil. EPE090800

E VERBOS QUE DENOTAN GESTIÓN, GOBIERNO, GUÍA O DIRECCIÓN DE ALGO. TAMBIÉN CON ALGUNOS QUE DESIGNAN OTRAS ACCIONES QUE IMPLICAN LA INTERVENCIÓN ACTIVA EN UN ASUNTO: **33 gestionar** +: Y para poder gestionar *con éxito* el Reina Sofía lo peor sería hacer lo que la mujer de Lot... EME190596 **34 dirigir** +: Caio, de 39 años, había dirigido *con éxito* la empresa de telefonía celular... LVE040996 **35 conducir** +: El cambio era de una envergadura monumental y España no contaba con experiencia histórica previa para conducirlo *con éxito.* ABC210593 **36 operar:** Se operó *con éxito* de una lesión en el talón de Aquiles. EPE030900 **37 controlar:** Esta ausencia de orden ni concierto, que el autor trata de controlar, no siempre *con éxito...* LVE240295 **38 intervenir:** ...se quedó fuera de los carteles del año pasado aunque luego intervino *con éxito* en la corrida de Beneficencia. EME060394 **39 organizar:** La acción de la izquierda (...) culminó con una huelga nacional sindical organizada *con éxito* el pasado 19 de mayo. EPE020687 **40 gobernar:** Gobernó *con éxito* durante 12 años la mayor ciudad de Asturias... EPE200699 **41 liderar:** ...le condujeron a liderar *con éxito* varias revueltas ciudadanas... LVE200295 **42 orientar:** En esa dirección orientó, *con éxito*, gran parte de sus esfuerzos políticos y personales... LVE090196

F VERBOS QUE DESIGNAN LA ACCIÓN DE EMPRENDER ALGO O LLEVARLO A CABO: **43 iniciar:** El euro, la nueva moneda común europea, inició *con éxito* su cotización en los mercados mundiales. EPE040199 **44 celebrar:** El presidente Leonel Fernández logró un éxito en la política exterior del país al celebrar *con éxito* la Cumbre Extraordinaria... RUM171197 **45 implantar:** Las lentes intraoculares telescópicas ya se han implantado *con éxito* en pacientes de Israel, Francia e Inglaterra. EPE110199 **46 establecer:** ...un organismo coadyuvante, escudriñador, no paralelo ni vinculante, igual que los establecidos *con éxito* en Argentina, Salvador, Guatemala... ESP160101

G VERBOS QUE DESIGNAN LA ACCIÓN DE DAR A CONOCER ALGUNA COSA ANTE EL PÚBLICO, ESPECIALMENTE SI TIENE CARÁCTER NOVEDOSO: **47 estrenar** ++: Y es que se habia estrenado *con éxito Rondalla d'esparvers...* LVE030395 **48 debutar** ++: El técnico Gregorio Pérez debutó *con éxito* en la Liga italiana al vencer el Cagliari ante el Atalanta (2-0). PLG100996 **49 actuar** ++: Lleva dos meses actuando *con éxito* en el Teatro Capitol. INDOC **50 lanzar** +: ...una edición muy pulcramente elaborada y lanzada *con éxito* hace solo unas semanas. INDOC **51 editar** +: Se siguió editando *con éxito* durante el franquismo hasta la década de los sesenta... EPE220699 **52 presentar** +: La bailaora sevillana vuelve a los escenarios parisienses, donde ya presentó *con éxito* sus dos anteriores espectáculos... LVE170194 **53 exhibir:** Romero explicó que una miss es un modelo viviente que exhibe *con éxito* elementos comerciales. ENV051000 **54 mostrar:** Es la primera vez que esta famosa colección se exhibe en Lima y ya antes se mostró *con éxito* en varios paises de Europa... ECP140175 **55 publicitar:** ...su mayor acierto fue publicitar *con éxito* cosas que no existían... LVE270294 **56 comercializar:** ...sugirió que quizás en el futuro se podrá comercializar *con éxito* un cigarrillo que no contenga benzopireno. EME241096

H VERBOS QUE DESIGNAN ACCIONES DIRIGIDAS A DEMOSTRAR O COMPROBAR LA EFECTIVIDAD DE ALGUNA COSA: **57 probar** ++: La utilidad científica de la realidad virtual ya ha sido probada *con éxito* por la NASA... EME240895 **58 experimentar** ++: Tuve el valor de experimentar *con éxito* en un paciente porque no me gustaba la técnica convencional. EPE271099 **59 ensayar** +: La Comunidad ensaya *con éxito* la identificación de bebés a través de la huella dactilar. EPE190699

conferencia ■ *(llamada)* ♦ **a cobro revertido, a larga distancia, internacional, nacional, telefónico** ♦ **llamar (por), poner**
■ *(disertación)* ♦ **aburrido, instructivo, informativo, interesante, magistral, tedioso** ♦ **ciclo (de), salón (de), sala (de), título (de)** ♦ **acudir (a), amenizar, dar[276], dictar, impartir, improvisar, jalonar, ofrecer, preparar, presenciar, pronunciar, resumir, titular, tratar (sobre algo), versar (sobre algo)**
■ *(reunión)* ♦ **académico, concurrido, cumbre, de paz, de prensa, episcopal, inaugural, multitudinario, polémico** ♦ **asistir (a), auspiciar[4], boicotear[31], celebrar, clausurar, convocar, organizar, participar (en), retransmitir, reventar, seguir**
☐ Véase también: **charla, debate, diálogo.**

con fervor Véase: **fervientemente**

confesar *v.* ■ En el sentido de 'oír en confesión' admite como complementos sustantivos de persona *(confesar a los feligreses de la parroquia).* En el sentido de 'declarar, expresar o reconocer' se combina con los sustantivos *hecho* o *acción*, así como con...

A EL SUSTANTIVO *VERDAD.* TAMBIÉN CON OTROS QUE DENOTAN RESPONSABILIDAD O IMPLICACIÓN EN ALGUNA COSA, FRECUENTEMENTE EN LA COMISIÓN DE UN DELITO O UNA FALTA: **1 verdad** ++: ...nos hace pensar en la Inquisición, El Santo Oficio, la quema de supuestas brujas, la tortura para que el prisionero diga o *confiese* la verdad... ESP000801 **2 autoría** ++: Un portavoz policial ha confirmado que la mujer, de 36 años, *confesó* la autoría del hecho... FDV210601 **3 culpa** ++: ...el abogado Carlos Cerdas Cisneros pidió perdón y *confesó* su culpa. LNC070497 **4 responsabilidad** ++: ...en La Habana, está siendo procesado el salvadoreño Raúl Cruz León, tras *confesar* su responsabilidad en varios atentados dinamiteros. GIC104297 **5 culpabilidad** ++: Se había dicho que el padre, el supuesto agresor, había *confesado* su culpabilidad. CAR210797 **6 participación** ++: Hay diez personas detenidas, entre ellas cuatro ladrones que *confesaron* su participación en el crimen... CLA260199 **7 complicidad:** Sería tanto como *confesar* complicidad y adoración a un presunto e inculpado criminal. EME310795 **8 intervención:** A la policía le llevó tres días lograr que *confesara* su intervención en el asesinato de la joven. INDOC

B SUSTANTIVOS QUE DESIGNAN AGRESIONES CONTRA LA INTEGRIDAD FÍSICA DE LAS PERSONAS, A MENUDO CON RESULTADOS GRAVES. TAMBIÉN CON OTROS QUE DESIGNAN DIVERSAS ACCIONES DELICTIVAS: **9 crimen** ++: Fuentes judiciales aseguraron que el joven *confesó* el crimen a las tres de la mañana de ayer. CLA140199 **10 delito ++:** ...negoció a principios de agosto con la Fiscalía una rebaja de penas, a cambio de *confesar* los delitos de enriquecimiento ilícito... INF010896 **11 asesinato ++:** Vidal, sin embargo, no quiere sexo sino *confesar* el asesinato de sus dos anteriores esposas... LVE171196 **12 homicidio:** ...acusó al jefe del grupo de investigadores policiales de haberlo sometido a torturas y castigos físicos para que *confesara* el homicidio. EOU170996 **13 atentado:** ...*confesó* un atentado contra una oficina de Banesto en Montblanc en 1990... LVE050495 **14 muerte:** En aquella primera denuncia nadie *confesó* la muerte del padre. EPE191199 **15 magnicidio:** ...los voceros de los lugartenientes de Pablo Escobar se comprometieron con los jefes del Valle a *confesar* los magnicidios y los grandes atentados terroristas... ETC160494

C SUSTANTIVOS QUE DESIGNAN ACTOS O COMPORTAMIENTOS INMORALES. TAMBIÉN CON OTROS QUE DENOTAN IMPERFECCIÓN, FALTA O DESACIERTO: **16 pecado ++:** Para «limpiar sus almas», los colonos deben *confesarle* a él todos sus pecados, incluso los niños. HOY110897 **17 error ++:** Su afortunada patria ha resuelto el problema (*confieso* mi error, yo no lo creí) de que se pueda ser republicano hablando la lengua española. HOY010278 **18 equivocación ++:** Confieso mi equivocación en el pronóstico, que en su momento hice, ya que parecía tener futuro político, dadas sus cualidades personales. LRE160103 **19 vicio +:** Por último, les *confesaré* un vicio: pienso llevarme de mi colegio electoral la colección completa de las listas europeas. EPE120699 **20 defecto:** Y aún más, que *confiesen* sus defectos con el propósito de enmienda. LVE231196 **21 deficiencia:** No es fácil en estos días escuchar a un político en activo la *confesión* de una deficiencia. ABC271192

D ALGUNOS SUSTANTIVOS QUE DESIGNAN LO OCULTO, LO ENCUBIERTO O LO ENIGMÁTICO: **22 secreto ++:** ...Sansón descubre en repetidas ocasiones que la mujer pretende su ruina, pero aún así le *confiesa* su secreto... EME290795 **23 misterio −:** ...misterios ocultos, pero tan reales como imposibles de *confesar.* INDOC

E SUSTANTIVOS QUE DENOTAN UNIÓN O VÍNCULO: **24 vinculación +:** Cuando todos sus compañeros de Generación negaban la vinculación con el surrealismo, Cernuda la *confesaba* directamente. ABC170694 **25 relación +:** Decidió *confesar* su relación con los (...) cuando se sintió engañado porque no cumplían las promesas. EME061095 **26 lazo:** ...un terrorista con múltiples antecedentes delictivos, un prófugo de la justicia venezolana, no tuvo en aquel momento el menor reparo en *confesar* sus íntimos lazos con la FNCA... GIC020497 **27 simbiosis −:** Si se niega que fue un acto público y se dice que fue partidista, se *confesará* entonces la simbiosis gobierno-partido. PME220996

F SUSTANTIVOS QUE DESIGNAN LO QUE SE PRETENDE CONSEGUIR. TAMBIÉN CON ALGUNOS QUE EXPRESAN DIVERSAS MANIFESTACIONES DE LA ACTITUD POSITIVA RESPECTO DEL CUMPLIMIENTO FUTURO DE ALGO: **28 deseo ++:** ...vecinos de la actriz la habrían visto «muy mal» antes de su muerte y que una vez *confesó* sus deseos de suicidio... DYM040796 **29 esperanza +:** ...cuando con un marcado acento madrileño *confesaba* las esperanzas que tenía depositadas en su primer concierto del año. EME030196 **30 anhelo:** Es entonces cuando *confiesa* a su amigo Delahaye, el más constante que tuvo, su anhelo de lograr fortuna... ABC081191 **31 ambición:** La candidata de ERC *confesó* su ambición secreta a un auditorio entregado que no quiso perderse su disertación... LVE110595

G SUSTANTIVOS DE CARÁCTER PROSPECTIVO QUE DESIGNAN PLANES, PROPÓSITOS Y OTRAS NOCIONES RELACIONADAS CON LA INTENCIÓN DE ACTUAR: **32 plan ++:** ...dejó escrita una carta en la que *confesaba* sus planes, anticipaba su suicidio y... EPE310799 **33 intención +:** La relación terminó a finales de 1994, pero antes el hermano del ex presidente (...) le *confesó* su intención de asesinar a... EME071295 **34 objetivo +:** ...acusó al canciller de emplear una «táctica obstaculizadora» con el objetivo no *confesado* de hacer fracasar la idea. LVE090895 **35 propósito +:** Confiesa un propósito: ayudar a la sociedad a que se examine a sí misma. ABC210593 **36 voluntad:** Con este modelo en el punto de partida y la *confesada* voluntad de quitarle el «exceso de caramelo» y suplirlo con unas dosis de humor... ABC070495

H SUSTANTIVOS QUE DENOTAN INCLINACIÓN DEL ÁNIMO, A MENUDO INTENSA Y FAVORABLE, HACIA ALGUNA COSA: **37 predilección ++:** ...*confieso* mi predilección por una de las obras organísticas de Liszt... ABC061291 **38 fascinación +:** Aunque en declaraciones a medios españoles, el presidente del Real habría *confesado* su fascinación por el juego del volante del Sporting de Lisboa. CLA220199 **39 pasión +:** A Herrero de Miñón, que *confiesa* su pasión por el arbitraje, el cargo le hace mucha ilusión. LVE310396 **40 afición +:** La gente *confiesa* sus aficiones, declara que intercambia cromos del Capitán América, publica las fotos de sus últimas vacaciones en Gandía... EPE170199 **41 simpatía +:** En este mismo trabajo, Darío *confiesa* su simpatía por las ideas revolucionarias, al admitir que asistía, en compañía de Ugarte, «a reuniones socialistas y anarquistas». LPN130397 **42 amor ++:** Hoy Dam le *confiesa* su amor a Silvia. ETC010798 **43 cariño +:** Ya casi al final, me *confesó* el cariño que me tenía. EME280196 **44 adicción +:** ...*confesó* su adicción por todas las dietas de adelgazamiento. LVE110295 **45 debilidad +:** He de *confesar* mi debilidad por este pionero del swing cubano, maestro del danzón, mambero infinito... EME200795 **46 parcialidad:** ...al mismo tiempo *confiesa* su parcialidad por Gran Bretaña, que no considera necesario disculpar. ABC220794 **47 admiración +:** Javier Marías *confiesa* su admiración por las comedias de Doris Day. EME180596 **48 respeto +:** Anoche cenó con el joyero Jimmy Mizes, a quien le *confesó* su respeto por la belleza... CLA030199 **49 identificación:** ...Sílvia Comas *confiesa* una cierta identificación fatalista por la obra literaria de Cernuda y Biedma. LVE040996

I SUSTANTIVOS QUE DESIGNAN DIVERSOS SENTIMIENTOS O ESTADOS DE AFLICCIÓN, DISGUSTO, CONTRARIEDAD O DESILUSIÓN: **50 malestar +:** ...aunque, por ejemplo, (...) en este periódico, *confesaba* su malestar y su cargo de conciencia después de haber reído... EME021195 **51 pesar +:** Fue durante un almuerzo que me *confesó* su pesar por haber pasado al cuarto trastero de la Historia cuando había estado tan cerca de conquistar la celebridad... EPE270800 **52 dolor +:** Marsillach mira hacia el 31 de diciembre, cuando acaba su relación de diez años con la CNTC, compañía que fundó, y *confiesa* un cierto dolor por abandonarla. LVE030896 **53 tristeza** +: «En el fútbol, el estado anímico es fundamental», reconoció antes de *confesar* la tristeza observada en su primer contacto con el vestuario. LRE030203 **54 pena:** Sin embargo, el presidente combatió con mordacidad el ingenio procedente de la trinchera adversa, al *confesar* la pena que le daba su colega madridista. EME200594 **55 desencanto:** ...y *confesó* su desencanto porque «ni por Semana Santa los secuestradores tuvieron una actitud más comprensiva y humanitaria a fin de facilitar las cosas». EXP010497 **56 amargura:** ...*confiesa* su amargura y reconoce el fracaso de su ambición. EME170296 **57 suplicio** –: Confesándole su suplicio de vivir entre los mortales hasta que un emperador diera por terminada la punición. LPA100592

J SUSTANTIVOS QUE DENOTAN TEMOR O ASOMBRO EN DIVERSOS GRADOS: **58 temor** +: Llegó por delante y, antes de que alcanzaran la meta varios de sus compañeros de equipo que quedaron en un segundo grupo, *confesó* su temor ante la etapa de hoy. EME030694 **59 miedo** +: ...Althusser nos *confiesa* su propio miedo físico, el horror y la angustia ante... ABC010592 **60 pavor:** ...lo que significa que todos aquellos que *confiesan* ese pavor estuvieron a punto de perecer ateridos, petrificados, hace un año. EME050594 **61 sorpresa** +: ...y en él *confiesa* la sorpresa que le produce leer las notas íntimas de su padre. ABC070495 **62 perplejidad** +: ...se han unido al coro crítico *confesando* su perplejidad por la osadía del cardiólogo a la hora de operar un caso tan desesperado. EPE030500 **63 asombro** +: Entregada la audiencia, el español *confesaba* su asombro: «Es increíble que me hagan más caso en este lugar que...». EPE070300

K SUSTANTIVOS QUE DENOTAN DESCONOCIMIENTO: **64 ignorancia** +: Debo *confesar* mi absoluta ignorancia en lo que a leyes se refiere... EXC270796 **65 desconocimiento** +: ...convocó a la prensa para dar fe de su fidelidad madridista y *confesar* su desconocimiento de la existencia de tales ofertas... EME011296

▩ Se combina también con: ♦ **abiertamente[3], a medias[43], a regañadientes[4], con franqueza[4], de plano[29], de un tirón[2], humildemente, sin ambages[19], sin reservas[30], sin tapujos[4]**

☐ Véase también: **admitir**.

confeti ♦ **lluvia (de)** ♦ **lanzar, tirar**

[confianza] → **de confianza**

confianza ♦ **absoluto, amplio, ciego[2], completo, considerable, desmedido[67], desmesurado[52], entero, escaso, estrecho[37], gran(de), ilimitado, inquebrantable[11], personal, pleno, sin condiciones[8], sin reservas[52], sobrado (de)[22], sumo, total** ♦ **clima (de), demostración (de)[16], exceso (de), gesto (de), grado (de), hombre (de), manifestación (de)[44], muestra (de), persona (de), señal (de), voto (de)** ♦ **abrigar[28], abusar (de)[5], adquirir[38], afianzar, agradecer, aumentar, avivar[63], brindar[34], burlar, captar[42], concitar[27], conquistar[11], crecer, cuestionar, dañar[31], dar[130], debilitar(se), decrecer[40], defraudar[10], depositar[1], desmerecer, despertar[73], devolver (a alguien), dilapidar[46], disminuir, empañar, erosionar[8], expresar, faltar (a), fortalecer(se)[8], ganar(se), generar, gozar (de), granjearse[3], incrementar, infundir[25], inspirar[1], instaurar[17], insuflar[12], inyectar, irradiar[3], mantener, mellar(se)[1], merecer, minar[7], mostrar, perder, poner (en algo/en alguien), poner a prueba, quebrantar[28], quebrar(se)[32], recaer (en alguien), recobrar, recuperar, reforzar, reinar, reiterar, responder (a), retirar, revalidar[65], socavar[47], tener (en algo/en alguien), tomar[54], traicionar, transmitir[1], venirse abajo[4]**

☐ Véase también: **certeza, credibilidad, creencia, fe, firmeza, garantía, seguridad.**

confiar ♦ **absolutamente, a pie juntillas[3], ciegamente[2], con reservas, de todo corazón[17], estrictamente, firmemente, plenamente[70], por completo[172], sin reservas, totalmente**

☐ Véase también: **fiar(se).**

confidencia ♦ **de mesa camilla, desgarrado, escandaloso, fidedigno, intenso, íntimo, intrigante, inviolable, invulnerable, personal, policial, político, revelador, secreto, sentimental, veraz, verídico** ♦ **a espaldas (de alguien)** ♦ **en** ♦ **compañero (de), libro (de), tono (de)** ♦ **airear, arrancar (a alguien), compartir, conocer, conservar, desgranar, deslizar(se), desvelar, filtrar(se), guardar, hacer (a alguien), intercambiar, publicar, recibir, relatar, revelar, sonsacar, verter[24]**

☐ Véase también: **declaración, privacidad, revelación, secreto.**

confidencial *adj.* ▮ Se combina con unos pocos sustantivos de persona *(agente, policía, grupo)*, especialmente si designan la fuente de alguna información *(informante, informador)*. También se combina con los sustantivos *fuente*, *origen* y *procedencia*, así como con...

A SUSTANTIVOS QUE DESIGNAN DOCUMENTOS. TAMBIÉN CON ALGUNOS QUE EXPRESAN DIVERSAS FORMAS DE PRESENTAR Y ORGANIZAR LA INFORMACIÓN QUE SE POSEE SOBRE UN ASUNTO: **1 documento** ++: El contenido del texto de renuncia de Corta no fue divulgado por las autoridades respectivas porque (...) «es un documento estrictamente *confidencial*». EXC200700 **2 informe** ++: ...están siendo utilizadas por dicho grupo para el aterrizaje de avionetas con cocaína procedente de Colombia, según un informe *confidencial*... PLG310397 **3 material** ++: «...será imposible mantener la reserva sobre el resto» del material *confidencial*. LVE250796 **4 expediente** +: El periódico californiano al documentar con expedientes judiciales *confidenciales* desclasificados (...) puso en evidencia que... EXC230996 **5 documentación** +: ...se le atribuye haber filtrado «documentación muy *confidencial*» al Gobierno de Iraq, durante la guerra del Golfo. EME230295 **6 papel** +: Ha dispuesto de materiales muy valiosos (...): el epistolario, claro es, trabajos no concluidos, apuntes y, lo que es más notable, abundantes papeles *confidenciales*... ABC201291 **7 dossier:** Este dossier es *confidencial*, una categoría reservada a los agentes de la CIA, del FBI y del fisco. LVE040796 **8 ficha:** ...había afirmado que sus servicios habían sido las *víctimas* de la Casa Blanca, al entregarle fichas *confidenciales* de policía... DLA120397 **9 texto:** Y nadie dudaba que, en su día, la publicación de ese texto, secreto, misterioso, *confidencial*, podría aportar revelaciones significativas sobre varios cataclismos mayores... ABC161092 **10 reporte:** Esta conclusión está contenida en un reporte clasificado como «secreto y *confidencial*» del Pentágono, decodificado en diciembre... DYM010996 **11 catálogo:** ...elaboró un catálogo *confidencial* de aspirantes a los distintos puestos de elección. PME210796

B SUSTANTIVOS QUE DESIGNAN DIVERSAS FORMAS DE DAR ALGO A CONOCER, A MENUDO ENVIÁNDOLO A TRAVÉS DE DIVERSOS MEDIOS DE COMUNICACIÓN: **12 carta ++:** Es una carta absolutamente *confidencial* que le dirijo a don Edgar Cervantes, a la cual no me puedo referir. LNC271196 **13 mensaje ++:** Sin embargo, la versión de que Suárez Pertierra y su esposa no hicieron un uso privado del buque contrasta con el mensaje que, con el sello de *«confidencial»*, envió el jefe del Estado... EME030496 **14 nota +:** Una nota *confidencial* de la revista Cambio, que circula esta semana, asegura que hay un «agrio debate» en el interior de las filas del grupo insurgente. EPE090499 **15 comunicación +:** ...no llega al público con saltos de exhibición en sus registros, sino con línea abierta de comunicación *confidencial*. EME231296 **16 correo:** El correo es inviolable y *confidencial*. INDOC **17 misiva:** El semblante de inquietud de todos los que ahí vimos, era aún más evidente merced al desconocimiento del contenido de aquella misiva *«confidencial»*. EXC081296 **18 cable:** ...envió un cable *confidencial* que contenía alertas peruanas sobre el desvío de 5 mil FAL y 75 toneladas de municiones a Ecuador, en plena guerra con Perú. CLA150199 **19 télex:** Chirac, en sintonía con un télex *confidencial* enviado por el jefe de Estado Mayor del Ejército de Tierra a sus mandos, evocó «las inquietudes legítimas y los interrogantes»... LVE240296

C SUSTANTIVOS QUE DESIGNAN DATOS, RESULTADOS, NOTICIAS Y OTRAS UNIDADES DE INFORMACIÓN GENERALMENTE RESULTANTES DE ALGÚN PROCESO INDAGATIVO: **20 dato ++:** ...datos *confidenciales* indicaron que el precoz delincuente vengó con la vida de Ortiz Gamarra su reclusión. ACP280901 **21 información ++:** La *red* mafiosa domina tanto el sistema que llega a tener información *confidencial* de las verificadoras. BYN040198 **22 cifra +:** Según las cifras facilitadas por Planeta Internacional –ni la Cámara del Libro ni la Federación del Gremio de Editores las difunden, por considerarlas *confidenciales*–, el grupo exportó durante 1992 por un total de 1.600 millones de pesetas... ABC020493 **23 noticia +:** Según noticias *confidenciales* que posee la Dirección General de Seguridad, los GRAPO (...) planeaban asaltar varios centros penitenciarios... EPE040977 **24 resultado:** Ni los propios autores del estudio se llegan a explicar qué es lo que le ha ocurrido al doctor (...) para hacer públicos unos resultados que son *confidenciales*... EME021195 **25 estadística:** Las estadísticas de averías, estrictamente *confidenciales* para el gran público, sirven a las marcas de automóviles para mejorar sus productos. LVE090795 **26 encuesta:** ...varios medios de comunicación han filtrado varias encuestas *confidenciales*... EME011095 **27 sondeo:** ...tres sondeos *confidenciales* de última hora pronostican que hoy volverá a imponerse el Partido Socialdemócrata (PSD). EME011095

D OTROS SUSTANTIVOS QUE DENOTAN EL RESULTADO DE UN ANÁLISIS: **28 estudio ++:** ...refiere un estudio *confidencial* que reveló a un grupo de expertos en estrategias de lucha contra el narcotráfico la Comisión Económica para América Latina... LTB190197 **29 investigación +:** Se hace una investigación muy *confidencial* por medio del nuncio papal en Estados Unidos... ENH250697 **30 análisis +:** Para ello, prepara análisis *confidenciales* sobre la realidad nacional en aspectos generales y específicos... HOY250897 **31 pesquisa –:** «La pesquisa es *confidencial*», agregó. END060198

E SUSTANTIVOS QUE DENOTAN REUNIÓN O ENCUENTRO. POR EXTENSIÓN, CON OTROS QUE DENOTAN INTERCAMBIO, CASI SIEMPRE VERBAL, DE OPINIONES E INTERESES: **32 reunión ++:** ...el siguiente punto para abordar en la agenda de las reuniones *confidenciales* fue el de los cambios estratégicos que se realizarán en los mandos medios... SEM091000 **33 sesión +:** La Comisión comenzó a analizar el lunes el tema de Cuba con una sesión *confidencial*... ENH090497 **34 conversación +:** ...filtran el contenido de conversaciones *confidenciales* con enviados de otros países, en especial aquellas que contienen sus meteduras de pata. EPE101101 **35 negociación:** «Las negociaciones *confidenciales* piden discreción», dijo para explicar a los periodistas su rechazo de explicar el desarrollo de su larga entrevista... LVE180796 **36 contacto:** ...se analizarán las propuestas de entendimiento que barajaron (...) durante los contactos *confidenciales* que mantuvieron en los últimos días. CLA140297 **37 plática:** Los dirigentes salieron risueños de sus dos horas de conversaciones (...), pláticas que fueron descritas como *«confidenciales»*. ENV010997 **38 entrevista:** ...una extensa encuesta completada con entrevistas personales *confidenciales*, que logran ofrecer un conjunto de datos interesante. EME150395 **39 charla:** Mi deuda moral con este hombre me obliga a guardar secreto sobre algunas revelaciones hechas en el contexto de una charla *confidencial*... EME200295 **40 coloquio –:** El coloquio era totalmente *confidencial*, pero creo que aunque lo reprodujese de la a hasta la zeta, no traicionaría el compromiso de discreción que había contraído. LVE270294

F SUSTANTIVOS QUE DENOTAN ASUNTO O MATERIA: **41 asunto +:** ...ya al día siguiente lo informaba públicamente, pese a la delicadeza que conllevan los asuntos *confidenciales* del gobierno dominicano. RUM250897 **42 tema +:** Núñez se negó a comentar la oferta de renovación que el club ha hecho a Jordi Cruyff, porque «estos son temas *confidenciales* y reservados»... LVE100995 **43 materia:** ...el compromiso del directivo de mantener un silencio absoluto sobre materias consideradas por la empresa como *confidenciales*. EME240396 **44 cuestión:** Esa investigación tendrá que esclarecer asimismo si sir Peter Harding hizo comentarios a su amante –como se ha publicado– sobre cuestiones *confidenciales*... EME180394

G SUSTANTIVOS QUE DESIGNAN DIVERSOS BIENES ECONÓMICOS QUE SE POSEEN, SE RECIBEN O SE CONSUMEN: **45 cuenta:** ...declaró ayer el ex ministro de Hacienda, Benjamín Villanueva, sobre la demanda del desvío del Fondo Petrolero a una cuenta *confidencial* del ex presidente Rafael Callejas. LPH170996 **46 fondo:** Se metieron entre la bolsa fondos *confidenciales* que supuestamente eran para asuntos de Estado pero ellos consideraban un sobresueldo. LHG220597 **47 gasto:** Una vez instalado en el mando, (...) se recetó un sueldo de 12 mil quinientos quetzales mensuales y un millón al año para gastos *confidenciales*. LHG140797

H SUSTANTIVOS QUE DENOTAN TAREA ENCOMENDADA, ESPECIALMENTE SI SE CONSIDERA DE CIERTA IMPORTANCIA: **48 misión +**: Por cuenta del jefe del Estado o del príncipe heredero (...) efectuaba misiones *confidenciales*. EPE120699 **49 servicio +**: «...Es un servicio *confidencial* y sólo se hará público el número de parejas inscritas», indicó Carmen Rodríguez, que se encargará personalmente del nuevo registro. EME160394 **50 operación**: ...asegura que, en la primavera de 1986 vendió 200 pistolas al Ministerio del Interior español (...) para montar una operación *confidencial* contra ETA... EME220895

I OTROS SUSTANTIVOS; POSIBLES USOS ESTILÍSTICOS: Teresa de la Parra (1898-1936), artista de prosa excelente, ingenua, *confidencial* y la precursora en su país de la novela femenina... LHG100697; ¡Qué bien suena y cómo conmueve esta música sutil, intimista, a ratos desazonada y trágica, a ratos *confidencial* y llena de ternura! LVE230196

confidencialidad ♦ **absoluto, obligado, total** ♦ **derecho (a), ley (de)** ♦ **exigir, guardar**[39]**, imponer, mantener, pedir, violar**
☐ Véase también: **privacidad**.

confín ♦ **apartado, claro, desconocido, determinado, difuso, dudoso, extremo, ilimitado, impreciso, indefinido, indeterminado, lejano, nítido, remoto, territorial, último** ♦ **desde, en, hasta** ♦ **abarcar, adentrar(se) (en), alcanzar, atravesar, bordear, buscar (en), explorar, internar(se) (en), llegar (a), perder(se) (en), sobrepasar, superar, trascender, traspasar, viajar (a)**
☐ Véase también: **extremo, final, frontera, límite**.

confirmación ♦ **explícito, expreso, fehaciente**[8]**, oficial, pleno, por escrito, seguro, tajante, total** ♦ **dar (a alguien), obtener, pedir, recibir, tener**

confirmar ♦ **abrumadoramente**[19]**, a grandes líneas, a las claras**[4]**, con certeza**[6]**, con creces**[33]**, con seguridad, de pleno**[10]**, de sobra**[15]**, en líneas generales**[13]**, en todos sus extremos, expresamente, paso a paso, plenamente, punto por punto**[10]**, sin dudar, sin lugar a dudas, sobradamente, verbalmente**[67]
☐ Véase también: **anunciar, asegurar, cerciorarse, declarar(se), informar, ratificar(se), reafirmar, recalcar, revelar**.

con firmeza *loc.adv.* ▌Admite algunas variantes *(con absoluta firmeza, con total firmeza)* que prueban su vitalidad parcial como grupo preposicional. En sentido literal acepta verbos que designan la acción de asir algo *(sujetar, agarrar, asir, empuñar, tomar, coger)*, así como otros que designan algunas acciones en las que se emplea la fuerza o se ejerce presión *(tirar, golpear, pisar, atar, apretar, sostener)*. En sentido figurado admite verbos que denotan comportamiento, actuación o trato *(comportarse, actuar, proceder, obrar, intervenir, tratar)*, verbos que designan manifestaciones verbales de tipo declarativo *(responder, decir, hablar, manifestar, exponer, declarar)* y otros muchos verbos que expresan acciones cuya ejecución suele requerir perseverancia, tesón o disciplina *(proseguir, continuar, asumir, recomendar, entrenar, enseñar, educar)*. Destacan especialmente sus combinaciones con...

A VERBOS QUE DENOTAN OPOSICIÓN, REPULSA, DISCONFORMIDAD O CENSURA: **1 condenar ++**: En nombre del PPE deseo condenar *con firmeza* estos atentados... ENC120101 **2 criticar +**: ...lo he criticado *con firmeza*, aunque no de modo acerbo a lo largo de su gestión... LRE060103 **3 reprobar +**: El presidente reprobó *con firmeza* la agresión y se expresó en contra de cualquier acto violento. INDOC **4 rechazar +**: ...lejos de él la altisonancia de una calle, habría rechazado *con firmeza* un honor de tal grandilocuencia... LVE301096 **5 oponerse +**: ...el resto asegura que va a oponerse *con firmeza*, pero todavía no creen que el caso sea tan riesgoso como para incorporarlo a una campaña en contra. CLA170297 **6 denunciar +**: ...están siendo oficialmente investigados por las supuestas irregularidades denunciadas *con firmeza* ante el Parlamento... LVE220595 **7 replicar**: Suárez replicó *con firmeza*: «Yo he recibido el poder del pueblo». LVE150995 **8 amonestar**: Y buenas oportunidades ha tenido el CGPJ (...) para amonestar *con firmeza*, por ejemplo, a políticos relevantes como el ministro... EME050495

B VERBOS QUE DENOTAN ACTUACIÓN O MANIFESTACIÓN A FAVOR DE ALGUIEN O DE ALGO: **9 defender ++**: ...a quien acusaron de no defender *con firmeza* la posición argentina. CLA290199 **10 apoyar ++**: EE. UU. apoya *con firmeza* la decisión de procesar a Slobodan Milosevic por crímenes de guerra. EPE300599 **11 respaldar +**: ...indica que el electorado de CiU respalda *con firmeza* la política de Pujol. LVE110295 **12 apostar +**: Por no apostar *con firmeza* por una economía productiva centrada fundamentalmente en el fomento y apoyo a la industria... LVE091196

C EL VERBO *CREER* Y CON VARIOS VERBOS QUE DENOTAN ASEVERACIÓN O CONFIRMACIÓN: **13 creer +**: Por ello, creemos *con firmeza* que nuestros basketeros justificaron plenamente su presencia... ENV010997 **14 asegurar +**: El portavoz catalán aseguró *con firmeza* que los nacionalistas catalanes han roto con el Gobierno... EME221195 **15 sostener +**: ...pidiéndole que el Ejecutivo sostenga *con firmeza* su política autonómica... LVE071196 **16 mantener +**: Se trata, en suma, de mantener *con firmeza* el rumbo. LNA050792 **17 ratificar(se) +**: ...llegará un profundo conocimiento de este deporte, que él ratifica *con firmeza*... EME071096 **18 aseverar**: ...asevera *con firmeza* que «en lo que sí sé que poseo la verdad es en la música». ABC130392 **19 afirmar**: «Este paro será el comienzo de un plan de lucha que la CGT implementará de ahora en más», afirmó *con firmeza*... ECA190792

D VERBOS QUE DENOTAN NEGACIÓN O RECHAZO DE ALGO: **20 negar ++**: ...negó *con firmeza* y rotundidad haber utilizado el nombre de (...) para llevar a cabo una estafa de cuadros. LVE081195 **21 desmentir**: ...este periódico publicaba la encuesta que desmiente *con firmeza* esa idea de que los españoles, en nuestra mayoría, apoyábamos la creación... EME090195 **22 descartar –**: Sí descartó *con firmeza* el nombre de Felipe González. EPE260699

E VERBOS QUE DENOTAN LA ACCIÓN DE SOPORTAR O ARROSTRAR ALGUNA SITUACIÓN QUE SE CONSIDERA ADVERSA O DIFÍCIL: **23 resistir +**: Ha resistido *con fir-*

meza y sin aspavientos, y no ha cejado en su labor humanitaria. CAP300197 **24 aguantar** +: Los asturianos aguantaron *con firmeza* los ataques verdiblancos. LVE080595 **25 enfrentar** +: ...la relación bilateral sufriría graves problemas a menos que enfrentara *con firmeza* a los intereses colombianos de la droga. SEM201097 **26 hacer frente** +: El país debía hacer frente con decisión y *con firmeza* a los actuales desafíos económicos y comerciales. INDOC **27 encarar**: ...la necesidad de encarar *con firmeza* cuál puede ser la mejor medicina del siglo XXI. EME211196 **28 afrontar**: ...los griegos quieren pasar página y afrontar *con firmeza* los grandes retos que atenazan el futuro del país. LVE160996

F VERBOS QUE DESIGNAN DIVERSAS ACCIONES HOSTILES CONTRA PERSONAS, ESTADOS DE COSAS O ACTUACIONES: **29 combatir** ++: ...seamos muy severos con los delincuentes y combatamos *con firmeza* las raíces del delito. ETC070497 **30 atacar** +: El presidente insistió ante la Eurocámara en que el paro debe atacarse *con firmeza*. LVE161195 **31 reprimir** +: ...la voluntad del gobierno vasco de reprimir *con firmeza* todo tipo de violencia... EPU120701 **32 castigar**: Pero si hay que denunciar y castigar todos los abusos *con firmeza*... LVE251295

G VERBOS QUE DENOTAN CONTROL, GOBIERNO O DIRECCIÓN: **33 gobernar** +: El Gobierno (...) seguirá gobernando *con firmeza* y serenidad... LVE150195 **34 controlar** +: Controlo *con firmeza* la dirección de las fuerzas rusas y cada día estoy informado de la situación. EME190195 **35 dirigir** +: ...dirigió *con firmeza* su prisión, pero con una sincera voluntad de aliviar la vida de los reclusos. LVE300696 **36 gestionar** +: ...y el otro gestionando *con firmeza* y habilidad política de auténtico hombre de estado la construcción del país. LVE130595 **37 imponer** +: Sin embargo, él se le impuso *con firmeza*, la manejó a su gusto y manera... EPE210399 **38 manejar** +: ...moverse entre los hilos del poder, que él sabía manejar con habilidad, pero también *con firmeza*. INDOC **39 guiar**: ...a profundizar en su vena lírica que, desde entonces hasta hoy, ha venido guiando *con firmeza* su pintura. LVE130996 **40 liderar**: ...recupera la iniciativa de sus poderosos y, al mismo tiempo, criticados manipuladores mediáticos y lidera *con firmeza* el contraataque. EPE140700

H VERBOS QUE DENOTAN AVANCE O MARCHA. TAMBIÉN CON LOS QUE DESIGNAN OTRAS FORMAS DE DIRIGIRSE A UN LUGAR, MUY FRECUENTEMENTE EN SENTIDO FIGURADO: **41 avanzar** +: El proyecto socieconómico fincado por la Revolución, nos permitió avanzar *con firmeza* durante cincuenta años. EXC110796 **42 caminar** +: Estamos ante el Aznar que se sabe próximo y cercano presidente del Gobierno y que camina *con firmeza* por esa senda. EME110194 **43 encaminarse**: El dinero (...) se encaminó *con firmeza* hacia las bolsas de valores. LVE261195 **44 enfilar**: No mira hacia atrás, sino que enfila el gol *con firmeza*... EME030995

I VERBOS QUE DENOTAN EXHORTACIÓN, ASÍ COMO SOLICITUD DE ALGO, ESPECIALMENTE DE LO QUE SE ENTIENDE QUE A UNO LE CORRESPONDE EN JUSTICIA: **45 pedir** +: También se pidió *con firmeza* y contundencia la continuidad de la flota... EME160395 **46 exigir** +: Yo de ellos exigiría *con firmeza* su resolución. EME071096 **47 reclamar** +: ...él supo pasar de ese cáliz y reclamar *con firmeza* la cartera de Exteriores. EME180595 **48 reivindicar**: Pero el jugador, que siempre se había conformado con su situación, se reivindicó *con firmeza*. EPE271099 **49 demandar**: ...dejar sin posibilidades de diálogo a esta sociedad que lo está demandando *con firmeza*. EPE070800 **50 instar**: Entonces los dos instaron *con firmeza* a Pujol a establecer un diálogo serio y rápido... EPE190799

J OTROS VERBOS; POSIBLES USOS ESTILÍSTICOS: Sin embargo, al final, cuando la noche se adueñaba del coso, Urdiales se la jugó *con firmeza*. EPE270999

□ Véase también: **con mano de hierro, con mano dura, con mano férrea, con mano firme, férreamente, fuertemente.**

confiscar ♦ **cautelarmente[18], preventivamente**

conflicto ♦ **abierto, accidental[26], a cuestas[6], armado, bélico, candente[9], coyuntural[3], de grandes proporciones, delicado, descarnado[35], dramático, enconado[4], enmarañado, enrevesado[64], espinoso, fratricida, grave, hondo[38], insoluble[2], interno, intestino, intrincado[11], irresoluble[17], larvado, latente, palpitante, pasajero, reñido, sangriento, secular, serio[39], soterrado[35], territorial** ♦ **al descubierto[53]** ♦ **a la medida (de)[17], a la vista (de)[36], al calor (de)[16], en medio (de)** ♦ **alcance (de)[3], causa (de), escenario (de), foco (de), marco (de), peligro (de), salida (de), zona (de)** ♦ **acarrear[89], acotar[7], adentrarse (en)[28], aflorar[46], afrontar[3], agotar(se)[62], agravar(se)[10], ahondar (en)[7], airear[10], alimentar[34], amortiguar[36], anidar[33], apaciguar[1], apagar(se)[17], arbitrar[2], arreciar[43], arrojar luz (sobre), atañer[12], atemperar[41], atizar[19], augurar[28], avecinarse[19], avivar[19], caldear(se)[8], calmar(se)[16], capear[8], captar[34], clarificar[22], cocinar(se)[16], concluir, conjurar[33], crear, dar origen (a), declarar(se), derivar(se)[25], desactivar[15], desatar(se)[66], desbloquear[2], desbocar(se)[18], desembocar (en), desencadenar(se)[4], desentenderse (de)[3], desglosar[33], desmontar[46], despachar[5], despejar(se)[35], dilucidar[6], dirimir[9], discurrir[18], disfrazar[37], disolver(se)[15], engendrar[11], enmendar[12], entrar (en), estallar[11], estar (en), evitar, exacerbar[4], extender(se), fermentar(se)[9], incubar[5], instigar (a), intensificar(se), interceder (en), intervenir (en), invitar (a)[37], involucrar(se) (en)[1], librar(se) (de), lidiar[3], magnificar[2], mediar (en), neutralizar, ocasionar[28], originar, poner fin (a), protagonizar, provocar, quitar hierro (a)[13], reabrir[19], reavivar[5], recrudecer(se)[5], rehuir, remitir[34], resolver, reverdecer[9], saldar[17], salir a la luz[15], sembrar[26], silenciar[32], sofocar[17], solucionar, surgir, terciar (en)[9], zanjar[15]**

□ Véase también: **adversidad, confrontación, crisis, enfrentamiento.**

CONFLICTO

♦ (SUSTANTIVOS) Véase: **abatir(se)[B], absorber[C], acarrear[B,K], accidental[E], acechar[B], acotar[B], adentrarse (en)[D], aflorar[F], afrontar[A], agotar(se)[I], agravar(se)[B], ahondar (en)[B], airear[B], al abrigo (de)[E], a la medida (de)[D], a la vista (de)[H], al borde (de)[B], alcance (de)[A], al descubierto[J], álgido[B], ali-**

mentar[D], amainar[C], amortiguar[E], anidar[G], apaciguar[A], apagar(se)[E], aparatoso[I], apechugar (con)[C], aplacar(se)[G], arbitrar[A], atañer[B], atizar[E], avivar[G], bordear[I], calmar(se)[C], candente[B], capitalizar[I], captar[G], clarificar[D], cocinar(se)[C], comunal[I], congénito[C], controvertido[F], coyuntural[A], cúmulo (de)[B], decisivo[K], decrecer[G], desactivar[D], desatender[F], desbocar(se)[D], desentenderse (de)[A], desentrañar[B], desinflar(se)[G], desmentir[G], despachar[B], despejar(se)[E], dirimir[B], disfrazar[F], disolver(se)[C], dominar[E], efectivo[I], eludir[B], enderezar[E], estribar (en)[B], extinguir(se)[F], fermentar(se)[B], fleco (de)[C], galopante[A], grueso[B], hondo[F], imprevisible[H], insoluble[A], integral[N], involucrar(se) (en)[A], irresoluble[D], levantar[J], lidiar[A], magnificar[A], manifestación (de)[A], mayúsculo[D], migratorio[F], mitigar[D], ocasionar[C], ocurrir[D], persistir (en)[A], pilotar[D], plantear[B], propenso (a)[A], purgar[F], quitar hierro (a)[C], reabrir[C], reavivar[B], rebajar[G], recobrarse (de)[B], recrudecer(se)[A], remitir[E], reverdecer[C], revivir[E], salir a la luz[C], salir al paso (de)[F], secuela (de)[D], sembrar[D], serio[A,H], sofocar[C], so pena de[F], tejer[I], tramitar[E], zambullir(se) (en)[G], zanjar[B]

♦ (VERBOS) Véase: **férreamente[E], invitar (a)[J]**

☐ Véase también: ACCIÓN HOSTIL; AGRESIÓN; CONFRONTACIÓN; LACRA; OPOSICIÓN; POLÉMICA; VIOLENCIA.

con fluidez *loc.adv.* ▌Admite algunas variantes *(con suma fluidez, con total fluidez)* que ponen de manifiesto la pervivencia de algunas de sus propiedades como grupo preposicional. Se combina muy frecuentemente con verbos que denotan expresión o comunicación verbal *(hablar, escribir, leer)*. También se combina con...

A VERBOS QUE DENOTAN CIRCULACIÓN, DESPLAZAMIENTO O MOVIMIENTO PROGRESIVO; TAMBIÉN CON VERBOS QUE DENOTAN SURGIMIENTO O APARICIÓN DE PERSONAS O COSAS: **1 circular ++:** El balón no circuló *con fluidez* y la espesura de ideas del equipo azulgrana favoreció el trabajo de desgaste de un Racing que se movió con orden y con criterio. EME031295 **2 discurrir ++:** ...cauces naturales por donde discurra *con fluidez* la actividad musical en nuestra sociedad... ABC030492 **3 moverse +:** ...sabe moverse *con fluidez* y gracia entre el melodrama y el esperpento. EME150295 **4 salir +:** ...constará de ocho puertas para que entren y salgan *con fluidez* los socios. EME170295 **5 llegar +:** ...información que no llega *con fluidez* a la sociedad en general. EPE280999 **6 deslizarse:** Para deslizarse *con fluidez* y en patinete por las aceras... EPE230800 **7 avanzar:** ...la historia no avanza *con fluidez* y el juego de la aventura se resiente. LEC210297 **8 subir:** La hilera de siete autocares sube *con fluidez* hacia Escalarre... EME120796 **9 caminar:** ...una armonía de voces que caminan *con fluidez* y equilibrio... CLA290199 **10 manar:** ...cuando se habla con las dirigentes (...) las quejas manan *con fluidez*... ENC310599 **11 surgir:** Pero eso es imposible si no hay una mentalidad adecuada y si, como consecuencia, los golpes no surgen *con fluidez*. EPE050499

B VERBOS QUE DESIGNAN EL PROCESO DE SEGUIR ALGO SU CURSO O EL DE ESTAR EN ACTIVIDAD: **12 desarrollar(se) ++:** ...sus ideas se desarrollan *con fluidez* increíble. EME210896 **13 transcurrir +:** La conversación transcurría *con fluidez*. INDOC **14 funcionar +:** ...los circuitos de la corteza cerebral (...) funcionan *con fluidez*.. EME250296 **15 suceder(se) +:** Las imágenes se suceden *con fluidez*. EPE181099

C VERBOS QUE DESIGNAN LA ACCIÓN DE UTILIZAR RECURSOS O HABILIDADES: **16 manejar:** ...manejan *con fluidez* el lenguaje de la violencia. EME150496 **17 desenvolverse +:** ...no pudo desenvolverse *con fluidez*, pero sus contraataques... EME300195

confluir *v.* ▌Se construye generalmente con sustantivos coordinados con la conjunción *y (En esta novela confluyen la realidad y el mito)*, relacionados con la proposición *con (Si el primer factor confluye con el segundo...)* o construidos en plural *(Confluyeron muchas causas en la derrota electoral)*. También con sustantivos en singular si son colectivos o no contables: *(La gente confluyó en la plaza)*. Acepta como sujetos sustantivos que designan corrientes *(río, corriente, afluente, vertiente)*, vías *(carretera, camino, calle, trayecto, tubería, arteria)*, caudales y energías *(fuerza, tensión, agua)*. También admite sustantivos de persona *(manifestante, gente, población)* y otros que designan el proceso de marchar varias personas en un mismo recorrido *(marcha, manifestación, desfile, procesión)*. En el sentido figurado se combina con sustantivos abstractos que designan hechos, asuntos o circunstancias *(acontecimiento, fenómeno, realidad, experiencia, asunto, tema)*. También lo hace a menudo con sustantivos que designan tendencias, corrientes y disciplinas *(cultura, arte, género, tradición: Confluyen varias tradiciones en su poesía)*; acepta asimismo otros que designan las técnicas o las formas de actuar con que se ejecutan *(estilo, técnica, modo)*. Además se combina con...

A SUSTANTIVOS QUE DENOTAN FACTOR O COMPONENTE DE ALGO: **1 factor ++:** En otros términos, *confluyen* varios factores para que la tuberculosis siga su marcha... LNP080497 **2 ingrediente +:** En esta novela de Forges *confluyen* ingredientes de varias modalidades narrativas... ABC100792 **3 elemento +:** Esta nueva visión educativa, es multiabarcante, holística y globalizadora en la medida en que en ella *confluyen* todos aquellos elementos, instituciones y organizaciones... VEN250899 **4 particularidad:** ...sin que ello pueda hacernos olvidar tantas otras particularidades que *confluyen* en su juego y concepto. ABC140593 **5 causa ++:** Hoy podemos contar con la «Protesta» recientemente descubierta para hacer una reconsideración de las causas que *confluyeron* en su período final. ABC101293 **6 aspecto:** Todos estos aspectos *confluyen* de una manera deliciosamente natural, aunque íntimamente elaborada... EME100695

B SUSTANTIVOS QUE DESIGNAN OPINIONES Y OTRAS MANIFESTACIONES DEL PENSAMIENTO O DE LAS CREENCIAS PARTICULARES: **7 punto de vista +:** No era fácil conseguir que los diversos puntos de vista *confluyeran* para alcanzar así un acuerdo marco sobre el que trabajar. INDOC **8 idea +:** ...trabaja para crear un foro universitario de mujeres donde *confluyan* ideas. EPE201099 **9 perspectiva:** Menos de tres días y un solo punto de vista con sus espejismos de la memoria en donde *con-*

fluyen múltiples perspectivas y más de treinta años del pasado próximo... ABC280194 **10 opinión:** Pues bien, a pesar de todo esto, quizás este año nuestras opiniones *confluyan* más que nunca, sin apenas excepciones... EPE210299 **11 visión:** La región de los Balcanes es un crisol de culturas, etnias y religiones, un punto estratégico donde *confluyen* y se enfrentan visiones muy distintas y antagónicas del hombre y del mundo. LNC061000 **12 hipótesis:** Las hipótesis sobre las consecuencias de estos resultados electorales acaban *confluyendo* en dos... EPE031099 **13 convicción:** ...en esas visiones *confluyen* sus convicciones o hipótesis sobre la naturaleza del universo... PME020297

C SUSTANTIVOS QUE DENOTAN INCLINACIÓN FAVORABLE HACIA ALGO QUE SE PRETENDE O SE DESEA CONSEGUIR. TAMBIÉN CON OTROS QUE DESIGNAN EL EMPEÑO QUE SE PONE EN ALCANZARLO: **14 interés ++:** ...la dificultad que entraña mantener el equilibrio en una ciudad histórica en la que *confluyen* muchos intereses contrapuestos, aunque lo más difícil es saber «qué modelo de ciudad queremos». EPE041199 **15 intención +:** Es el basamento donde debe asentarse algo más positivo, más real, y donde *confluyan* todas las intenciones de lucha contra los dos males que tan gravemente afectan a la nación. ETC060996 **16 estímulo:** En su obra *confluyen* vivos estímulos del pasado con los de digno realista de este siglo, en especial del realismo mágico. ABC101195 **17 motivación:** ...representa un momento clave en el conjunto de su obra por *confluir* en ella motivaciones y experiencias de diversa índole... ABC021092 **18 esfuerzo:** ...en esta obra *confluyen* enormes esfuerzos históricos... LVE081095 **19 esperanza:** En Rattle *confluyen* muchas esperanzas para el futuro de la música orquestal del siglo XXI. EPE041299

D SUSTANTIVOS QUE DESIGNAN SITUACIONES CONFLICTIVAS O DE DIFÍCIL RESOLUCIÓN: **20 problema +:** Yo creo que en este asunto *confluyeron* problemas distintos, como era la subida general de las tasas y el asunto de los créditos, con subidas adicionales. EME020294 **21 dificultad +:** ...las dificultades añadidas que *confluían* en una obra demasiado dispersa, de clasificación compleja y muy poco catalogada. EME290696 **22 mal:** ...súbitamente, y no por avisados menos dolorosos, parecieron *confluir* en la escena nacional todos los males de la tierra... CAP250497 **23 deficiencia:** Amarrar un plan que revierta las deficiencias que *confluyen* en este sector económico obliga a atacar factores como la competitividad... EXC230496 **24 conflicto:** ...se trató de varios conflictos militares y políticos que *confluyeron* en el periodo... LVE300495 **25 enfermedad −:** ...resultando un complejo que se denomina Parkinson-Alzheimer, simplemente porque son enfermedades que *confluyen* a edades similares... EXC230996

E OTROS SUSTANTIVOS; POSIBLES USOS ESTILÍSTICOS: Los efectos poéticos han de permitirle adentrarse en un mundo infantil, el del propio pasado donde *confluyen* pesadillas y sueños. ABC190595

■ Se combina también con: ♦ **armónicamente**[5], **felizmente**

□ Véase también: **concurrir, converger.**

conformarse

♦ **a duras penas, a regañadientes**[10], **de buen grado, sin convicción**

□ Véase también: **aceptar, admitir, aguantar.**

conformidad

♦ **absoluto, estricto, explícito, expreso, implícito, irrevocable, pleno, previo, tácito, total, virtual** ♦ **de, en** ♦ **acta (de), carta (de), grado (de), manifestación (de)** ♦ **actuar (de/en), comunicar, dar, esperar, estar (en), expresar, firmar**[10], **formular, guardar, manifestar, merecer, mostrar, negar**[82], **obtener, otorgar, prestar, recibir, refrendar, requerir, retirar, revocar**

□ Véase también: **aceptación, aprobación, aval, beneplácito, consentimiento, luz verde, permiso, visa, visado, visto bueno.**

con franqueza

loc.adv. ▮ Admite algunas variantes *(con total franqueza, con absoluta franqueza),* que ponen de manifiesto la pervivencia de algunas de sus propiedades como grupo preposicional. Se combina con verbos que denotan manifestación verbal *(preguntar, contestar, dialogar, discutir),* especialmente declarativa *(hablar, decir, exponer, expresar, contar, afirmar, anunciar, informar),* y también con...

A VERBOS QUE DENOTAN ADMISIÓN DE UN HECHO: **1 admitir:** Admite *con franqueza* que en la muerte del corresponsal de guerra juega un papel mucho más importante la mala suerte... EME040694 **2 aceptar:** ...la reticencia de las fuerzas políticas españolas (...) a la hora de asumir sin reservas la realidad diversa del Estado, aceptando *con franqueza* la consiguiente distribución territorial del poder... LVE190396 **3 reconocer:** Los portavoces de Naciones Unidas reconocen *con franqueza* que su política de tratar de evitar los ataques serbios... EME190895 **4 confesar:** Le confesé *con franqueza* mi escaso interés por la obra de ese escultor, pero no pareció entenderme. INDOC

B VERBOS QUE DESIGNAN GESTOS Y OTRAS EXPRESIONES, A MENUDO FACIALES, A LAS QUE SE SUELE ATRIBUIR VALOR COMUNICATIVO: **5 sonreír:** Después del partido, sólo los blaugrana, asediados por prensa y aficionados, sonreían *con franqueza.* DDN050599 **6 mirar:** Es ésta una agenda que (...) nos exige, en cambio, mirarnos *con franqueza* para actuar con resolución y transparencia. EPE260799

C VERBOS QUE DESIGNAN LA ACCIÓN DE HACER FRENTE A UNA CUESTIÓN, FRECUENTEMENTE CONFLICTIVA O DIFÍCIL: **7 abordar:** ...aborda *con franqueza* las numerosas obras adquiridas por la institución que luego resultaron ser falsificaciones o atribuciones erróneas. LVE130995 **8 afrontar:** ...afrontó *con franqueza* el motivo de su preocupación y le pidió a Conde una tregua... EME220995 **9 encarar:** Mientras no se encare *con franqueza* que morir va ligado a vivir... EME170396

D OTROS VERBOS; POSIBLES USOS ESTILÍSTICOS: La calle es fea, ennegrece los corazones con fachadas sucias, puertas que dan a tiendas carbonosas, ropa puesta a secar *con franqueza* sin trabas y moscas que bailan en cuartos callados. ABC091294

confrontación

♦ **abierto, agresivo, amargo, amistoso, armado, atroz, bélico, brutal, cerrado, decisivo, definitivo, democrático, dialéctico, duro, electoral, eventual, ideológico, interno, limpio,**

político, progresivo, público, social, sucio, violento ♦ en medio (de) ♦ clima (de), grado (de), marco (de), tono (de) ♦ agravar(se), apaciguar, arbitrar[4], atizar[26], dar lugar (a), disfrazar[38], distender, entrar (en), estallar, evitar, llevar (a), ocasionar, originar, producir(se), provocar, tener lugar

CONFRONTACIÓN Véase:

♦ **reñido**

♦ **a espada, a golpes, a la defensiva, a mano armada, a patadas, a sangre fría, deportivamente**

♦ **altercado, asalto (a/de), ataque (de), batalla, choque, combate, competición, conflicto, confrontación, contienda, contraste, controversia, debate, discusión, disputa, duelo, enemistad, guerra, litigio, lucha, oposición, opositor, pelea, pleito, pugna, rebelión, rencilla, riña, tensión**

♦ **acribillar (a), arremeter, asaltar, atacar, batallar, batir(se), blandir, chocar, colisionar, combatir, competir, confrontar, contrastar, discrepar, discutir, disputar, enfrentar(se), espetar, hacer frente (a), luchar, pelear, reñir**

□ Véase también: *AGRESIÓN; RIESGO.*

CONFRONTACIÓN

♦ (ADJETIVOS) Véase: **abiertamente[P]**

♦ (SUSTANTIVOS) Véase: **abanderar[A], abocar(se) (a)[K], a brazo partido[D], acallar[H], acalorado[B], a cara de perro[C], a cara o cruz[C,D], acarrear[K], acerbo[B], acérrimo[B,D], aderezar[B], a domicilio[D], adulterar[B], aflorar[F], a fondo[I], agotador[F], agravar(se)[B], ahogar(se)[D], ahondar (en)[C], airado[C], al calor (de)[C], alimentar[C], amagar[D], amainar[C], a muerte[F], ancestral[I], anclar[F], apaciguar[A], a pecho descubierto[E], aplacar(se)[G], apretado[H], a puerta cerrada[L], apuntillar[A], arbitrar[A], ardiente[E], arduo[D], armar(se)[B], arreciar[D], asequible[B], asumir[E], atizar[C], augurar[D], a ultranza[F], auspiciar[C], avecinarse[B], avieso[C], avivar[C], bizantino[A], blando[E], boicotear[J], bravo[B], bronco[A], caldear(se)[C], calmar(se)[C], cancelar[G], capitanear[A], catastrófico[C], cejar (en)[D], cernerse[H], cobrar fuerza[F], codo con codo[F], competitivo[F], conmemorar[F], controvertido[F], cortar[L], crucial[H], cuerpo a cuerpo[E], dar[W], decaer[E], de guante blanco[C], de ida y vuelta[E], de igual a igual[G], denodado[B], derivar(se)[E], desactivar[C], desaforado[D], de salón[G], desatar(se)[I], desbloquear[B], descarnado[E], desencadenar(se)[A], desenfrenado[B], difuminar(se)[K], dilucidar[B], dirimir[B,C], discurrir[D], disfrazar[F], efectivo[I], electrizante[B], eludir[F], emprender[C], encarnizado[A], encendido[E], enconado[A,I], encrespar(se)[B], enderezar[F], enfrascarse (en)[A], enfriar(se)[F], engendrar[A], en punto muerto[G], enrarecer(se)[C], enredar(se) (en)[B], enrevesado[J], ensuciar[E], entablar[D], enzarzarse (en)[A], escalar[E], establecer[H], estallar[B], exacerbar[A], feroz[B], fortalecer(se)[F], fraguar(se)[I], frenético[H], frente a frente[F], frontal[C], fulgurante[F,G], fulminante[E], galvanizar[C], girar[C], hundir(se) (en)[E], implacable[F], incentivar[E], incitar (a)[D], infausto[D], invitar (a)[F], involucrar(se) (en)[A], irreconciliable[A], irresoluble[D], lanzarse (a)[D], librar(se)[A], librar(se) (de)[E], llevar adelante[F], mano a mano[C], meter(se) (en)[C], monumental[F], multitudinario[G], numantino[A], objeto (de)[F], ostensible[I], perder[G], persistir (en)[I], presto (a)[A], propenso (a)[A], quitar hierro (a)[B], reabrir[C], reavivar[A], recrudecer(se)[A], reñido[A,B,D], reverdecer[C], revivir[E], romo[C], saldar[C], salpicar[B], serenar(se)[D], serio[H], sesgado[F], silenciar[F], sin tregua[E], sofocar[C], sosegar(se)[B], soterrado[A], sumir(se) (en)[H], tenaz[C], tensar[B], terciar (en)[B], validar[E], vehemente[D], venir de lejos[B], visceral[C], vislumbrar[J], vivo[I]**

♦ (VERBOS) Véase: **abiertamente[I], a brazo partido[A], acaloradamente[A], a capa y espada[B,D], a cara de perro[A], a cara descubierta[E], a cara o cruz[A], acremente[B], activamente[E], a domicilio[A], a golpes[A], a gritos[B], a la desesperada[C], a morir[B], a muerte[A], a pecho descubierto[B], a pie firme[B], a puerta cerrada[D], arduamente[B], a tope[A], cara a cara[C], civilizadamente[D], codo con codo[E], comercialmente[H], como gato panza arriba[A], con dureza[C], con éxito[C], con firmeza[E], con todas {mis/tus/sus...} fuerzas[A], contra viento y marea[C], cuerpo a cuerpo[A], decididamente[E], de igual a igual[B], dignamente[E], duramente[B], en blanco[D], enérgicamente[E], en primera línea[A], estrechamente[E], extensamente[C], férreamente[E], frente a frente[A], heroicamente[C], insistentemente[F], intensamente[F], invitar (a)[J], limpiamente[B], mano a mano[A], numantinamente[B], sin tregua[A], valientemente[B], ventajosamente[B]**

□ Véase también: ACCIÓN HOSTIL; AGRESIÓN; CONFLICTO; OPOSICIÓN; VIOLENCIA.

confrontar ♦ **abiertamente[71], con dureza, pacíficamente, violentamente** ♦ **dato, hipótesis, idea, opinión, punto de vista, versión,** *otros sustantivos que designan informaciones*

con fruición *loc.adv.* ▮ Admite verbos que designan múltiples actividades que es posible realizar con vehemencia, ímpetu o porfía *(comprar con fruición; saltar con fruición; coleccionar sellos con fruición).* Sin embargo, se combina más frecuentemente con...

A VERBOS QUE DENOTAN INGESTIÓN O CONSUMICIÓN, A MENUDO COMPULSIVA. POR EXTENSIÓN, CON OTROS QUE DESIGNAN LA ACCIÓN DE LEER O ASIMILAR INFORMACIÓN POR DIVERSOS MEDIOS: **1 leer ++:** Se deja leer *con fruición,* por ser relato vivido. ESH030996 **2 devorar ++:** Los padres de los niños lectores han acabado ellos mismos devorando los libros *con fruición.* EPE311099 **3 descifrar:** ...lee y descifra *con fruición* el artículo del año (...) escrito por Ansón... EME170494 **4 recorrer páginas:** ...he recorrido *con fruición* las casi 900 páginas del «Estudio práctico». LVE100995 **5 engullir +:** ...las carcomas, esos animales minúsculos que engullen *con fruición* los restos de una vivencia... EME300194 **6 beber:** ...atraía a todos los reporteros, bebía cerveza *con fruición,* era rodeado por niños que querían su autógrafo... PME201096 **7 merendar:** ...mientras la gente merendaba *con fruición* y apenas le hacía caso. Oyó un aviso... EPE130799 **8 degustar +:** ...el resultado es una condimentada sopa de Tortoise que *con fruición* degustamos... LVE270396 **9 saborear +:** ...el futuro es espléndido, y lo saboreo anticipadamente *con fruición.* EME200594 **10 chuparse los dedos:** ...al rato estamos mordisqueando un cordero exquisito, chupándonos los dedos *con fruición* y bebiendo cerveza a morro. LVE300895 **11 probar:** Una droga que los protagonistas de la novela prueban *con fruición...* ABC030192 **12 apurar:** ...mientras se carcajeaba del vecino o apuraba *con fruición* un sospechoso vaso. EME050294 **13 consumir +:** ...unos doce millones de italianos consumen *con fruición* sus noches ante la pequeña pantalla... EME260296 **14 meterse:** ...de qué va eso tan variado y confuso que la gente se mete *con fruición.* EME211296

B VERBOS QUE DESIGNAN LA ACCIÓN DE PONER EMPEÑO EN ALGUNA ACTIVIDAD, ASÍ COMO EL HECHO MISMO DE EJERCERLA: **15 dedicarse +:** Los candidatos se han dedicado *con fruición* a preparar el examen pertrechados con todo tipo de argucias... EPD011197 **16 entregarse +:** ...que nos entreguemos *con fruición* a una limpieza general, a un orden exhaustivo. EPE101100 **17 aplicarse +:** Fernando Cepeda y Finito de Córdoba, que tienen vocación de figuras, y han saboreado sus mieles, se aplicaron al derechazo *con fruición.* EPE050499 **18 darse:** Los gobernantes se han dado *con fruición* a modificar sin pausa el cuadro legal. LVE311295 **19 emplearse:** ...se emplean *con fruición* en pintarnos la espuma negra de este deceso... EME310595 **20 abocarse:** ...se abocan *con fruición* a la tarea de animar esos personajes intensos y con muchos cambios de conducta. CLA140199 **21 practicar +:** Otros practican *con fruición,* con solemnidad ceremonial, el arrepentimiento público. EPD291097 **22 ejercitar:** ...intentan imponer su lengua, actividad que se ejercita *con fruición* del Ebro hacia el norte. EPE020701 **23 cultivar +:** ...cultivó *con fruición* la adaptación literaria. EPE041000 **24 desempeñar:** Ese puesto lo desempeñó *con fruición* y deleite. ESP010897

C VERBOS QUE DENOTAN PARTICIPACIÓN, GENERALMENTE ACTIVA, EN ALGUNA COSA: **25 participar:** Sus cursos de baloncesto son de altísimo nivel y miles de entrenadores aspirantes (...) participan en ellos *con fruición...* EME260394 **26 contribuir:** Los historiadores han contribuido, *con fruición,* a esa sistemática deformación del imaginario colectivo. LVE211195 **27 colaborar:** Siempre estaba dispuesto a ayudar; colaboraba con entusiasmo, casi *con fruición* en todo lo que se le pedía. INDOC **28 servir:** ...durante una docena de más de años, sirvió *con fruición* a la minería española. ABC040294 **29 sumarse:** Un galimatías al que se suma *con fruición* un nuevo grupo: los periodistas. EPE100699 **30 defender:** ...mientras que los republicanos defienden *con fruición* la reforma educativa. EPE071100

D VERBOS QUE DENOTAN INTENCIÓN DE LOGRAR ALGO: **31 buscar +:** ...si lo que (...) busca *con fruición* son responsabilidades penales en Banca... EME020194 **32 perseguir +:** No piensa en el mercado sino en su «Verdad», a la que persigue *con fruición* vibrante. ABC090793 **33 anhelar:** ...anhela *con fruición* la salida del Estado para cobrarse la pieza que ha perseguido y mimando durante los últimos años. EME031296 **34 hurgar:** No se hurga *con fruición* en la hecatombe. ABC170792

E OTROS VERBOS; POSIBLES USOS ESTILÍSTICOS: ...cuantifica *con fruición* su creciente cuota institucional dentro de Convergència i Unió... EPE241299; ...la televisión revelaba *con fruición* la decadencia física del Pontífice. LVE121096

☐ Véase también: **de buen grado, de todo corazón, gustosamente, gustoso.**

confusión ♦ **caótico, conceptual, descomunal, equívoco, extremo, general, gran(de), grave, imperante[2], insignificante, lamentable, ligero, mayúsculo[30], menor, mental, monumental[41], pequeño, permanente, personal, preso (de)[30], reinante[11], serio, sumo, terrible, tremendo** ♦ **entre[18]** ♦ **clima (de), estado (de), grado (de), mar (de), maraña (de), momento (de)** ♦ **acentuar(se), aclarar, anegar(se)[7], anidar[25], añadir (a algo), aprovechar, armar(se)[10], campear, causar[24], clarificar[4], contribuir (a), crear, crecer, cundir[8], dar lugar (a), dejarse llevar (por)[74], derivar(se)[18], despejar(se)[45], disculpar(se) (por), disipar(se)[21], dominar[22], engendrar, generar, hundir(se) (en)[23], imperar, incitar (a)[17], incrementar(se), incurrir (en), inducir (a)[2], llevar (a), neutralizar, ocasionar, originar, paliar[71], prestar(se) (a), producir(se), provocar, rectificar[51], reinar[22], remitir[37], resolver, salir (de), saltar, sembrar[16], solucionar, subsanar, sumir(se) (en)[15], suponer, surgir, suscitar, teñir (de)[22], vencer**

☐ Véase también: **ambigüedad, caos, error, lío, madeja, maraña, mezcla, ovillo, red.**

CONFUSIÓN

♦ (SUSTANTIVOS) Véase: **adentrarse (en)[B], amainar[F], andarse (con)[C], anidar[E], apoderar(se)[C], apretado[B], a resguardo (de)[C], armar(se)[A], arrebato (de)[B], ataque (de)[D], atizar[E], clarificar[A], cocinar(se)[C], de campeonato[B], dejarse llevar (por)[K], desbrozar[A], desenfrenado[F], desentrañar[A], desmantelar[B], despejar(se)[F], destapar[F], desvelar[B], disipar(se)[D], dominar[E], endiablado[C], enredar(se) (en)[A], enrevesado[A], entre[C], enzarzarse (en)[D], esclarecer(se)[B], hundir(se) (en)[D], inextricable[A], infernal[D], intrincado[C], mayúsculo[E], meter(se) (en)[B], montar[A], monumental[E], mundanal[A], ocurrir[C], orquestar[E], paliar[K], preso (de)[D], proceloso[C], reinante[B], reinar[C], retorcido[F], salir a la luz[B], sembrar[C], sumir(se) (en)[C], tejer[A,E], urdir[A], venirse abajo[C], vertiginoso[G], zambullir(se) (en)[E], zanjar[C]**

☐ Véase también: ERROR.

CONFUSIÓN Y DESORDEN Véase:

♦ **alboroto, barullo, berenjenal, bronca, caos, confusión, desbarajuste, descontrol, desorden, disturbio, embrollo, enredo, escándalo, estrépito, lío, madeja, maraña, mezcla, ovillo, red, ruido, trifulca, tumulto**

♦ **equivocar(se), errar, perder(se)**

☐ Véase también: *ERROR.*

con ganas *loc.adv.* ▮ En su sentido literal de 'gustosamente' se combina con verbos de acción *(trabajar, hablar, correr).* En el sentido de 'abundantemente, en exceso' se combina con algunos verbos que designan fenómenos meteorológicos *(llover, nevar).* También se combina con...

A EL ADJETIVO *FEO* Y CON OTROS QUE DESIGNAN CIERTAS CUALIDADES CONSIDERADAS NEGATIVAS. ES USO

PROPIO DE LA LENGUA COLOQUIAL: **1** **feo** ++: No porque sea feo, que lo es y *con ganas*... LVE060896 **2** **malo:** ...la corrida resultó mala *con ganas.* EPE061001 **3** **manso:** Su primero, manso *con ganas*, no había permitido lucimiento alguno. EME120494 **4** **soso:** ...porque el toro era soso *con ganas.* EME040896

B VERBOS QUE DESIGNAN MANIFESTACIONES DEL ÁNIMO, GENERALMENTE EXPANSIVAS: **5** **reír** +: ...rió *con ganas* y aclaró que él prefiere seguir teniendo a su perro... LVE301195 **6** **silbar:** Había tal cabreo en la grada que el cambio de Iván fue silbado *con ganas.* EME171295

☐ Véase también: **con interés, con todas {mis/tus/sus...} fuerzas.**

con garra ♦ **equipo, jugador** ♦ **defender, derrotar, disputar, empujar, ganar, jugar, luchar, pelear, perseguir, trabajar, vencer**

congelar *v.* ▮ En el sentido de 'helar o transformar en hielo' se combina con sustantivos que designan seres materiales *(el agua, la sangre, la nariz, un perro, un hombre).* En el sentido de 'conservar a muy baja temperatura' se combina también con gran número de sustantivos, frecuentemente los que designan productos alimenticios *(pescado, carne, verdura).* En el sentido de 'suspender en su curso' se combina con los sustantivos *imagen, instante, movimiento, tiempo* y con otros similares. En todos estos sentidos admite la variante pronominal *congelarse.* También se combina con...

A SUSTANTIVOS QUE DENOTAN RETRIBUCIÓN ASÍ COMO APORTACIÓN O GANANCIA ECONÓMICA: **1** **sueldo** ++: ...su decisión de *congelar* los sueldos de los funcionarios... EME171296 **2** **salario** ++: ...las políticas económicas (...) han influido en la economía al *congelar* los salarios... LNC230197 **3** **nómina** +: ...se *congelará* la nómina de los maestros que dejen de trabajar. ETC060996 **4** **renta** +: Las rentas en vecindades del centro de la ciudad estaban *congeladas*... EXC230496 **5** **ingreso** +: ...correr el riesgo de *congelar* e ir acumulando esos ingresos... ENV170996 **6** **inversión** +: Criticó la política financiera del gobierno que, para conservar a toda costa un superávit fiscal, ha *congelado* la inversión, (...) además de reducir severamente el gasto social. EXC180996

B SUSTANTIVOS QUE DESIGNAN OTROS BIENES O RECURSOS, GENERALMENTE ECONÓMICOS, MÁS FRECUENTEMENTE SI SE TRATA DE CANTIDADES DEPOSITADAS EN UNA ENTIDAD OFICIAL. SE EMPLEAN A MENUDO EN PLURAL: **7** **recurso** +: Las fuertes inversiones destinadas a museos, aun siendo necesarias, han sido la excusa (...) para *congelar* y recortar los recursos destinados directamente al arte... LVE111195 **8** **cuenta** +: ...ordenó *congelar* sus cuentas bancarias y le confiscó el pasaporte. LRE210103 **9** **depósito** +: ...decidió entonces *congelar* los depósitos bancarios... EPE211201 **10** **fondo** +: Esto se completaría con el bloqueo de EE. UU. a la isla (...), *congelando* sus fondos en bancos en EE. UU. EME270296 **11** **bien:** La justicia *congela* los bienes del «broker»... EPE040799 **12** **propiedad:** ...un juez federal (...) *congeló* las propiedades de Marcos. EUV060499 **13** **medio:** ...pide en tono vinculante y conminatorio a los 189 países miembros que *congelen* los medios de financiación de las organizaciones terroristas... EPE021001 **14** **prestación:** El juez decidió *congelar* temporalmente las prestaciones que se debían a los afectados. INDOC **15** **dinero:** ...procesar al ex presidente (...) por haber violado normas constitucionales al *congelar* el dinero de los ecuatorianos en los bancos... LHG190700

C SUSTANTIVOS QUE DENOTAN CANTIDAD ECONÓMICA QUE SE CONSUME O SE TIENE PREVISTO CONSUMIR: **16** **presupuesto** ++: De esta forma, en 1997 se *congelará* el presupuesto de vivienda, que este año se acerca a los 110.000 millones de pesetas. EME030696 **17** **gasto** +: El Gobierno ha decidido *congelar* los gastos... EPE280999

D EL SUSTANTIVO *PRECIO* Y CON OTROS QUE DENOTAN PAGO ESTIPULADO U OBLIGADO DE UNA CANTIDAD: **18** **precio** +: Las alternativas son varias: desde compensar el impuesto, hasta *congelar* los precios... EME141196 **19** **tarifa** +: ...decreto mediante el cual se *congelan* las tarifas de los peajes... ENV051000 **20** **impuesto** +: ...dice que *congelará* los impuestos sin rebajar el gasto social. EME130296 **21** **tasa** +: ...un artículo de la reforma tributaria de 1992 *congeló* la tasa de cambio para las deudas en dólares de las entidades financieras nacionalizadas... SEM151096 **22** **cuota** +: ...la decisión de los doce países que forman la OPEP, que producen el 41 del crudo, de *congelar* las cuotas de producción de sus miembros. EME240495 **23** **tipo de cambio:** Casi todos los países de la región (...) *han congelado* su tipo de cambio para controlar la inflación... ETC190597

E SUSTANTIVOS QUE DENOTAN PACTO, VÍNCULO O COMPROMISO Y, POR EXTENSIÓN, CON OTROS QUE DESIGNAN DIVERSOS ASPECTOS DE LOS PROCESOS NEGOCIADORES: **24** **negociación** ++: ...informaba de la marcha contra reloj de la *congelada* negociación... EDV110101 **25** **diálogo** ++: Los diálogos están *congelados* desde el pasado 19 de enero... EPE090499 **26** **discusión:** Y Peñalosa, al ver que los concejales *congelaban* la discusión, decidió buscar apoyo político para pasar el POT. SEM161000 **27** **relación:** ...Estados Unidos anunciaba su decisión de *congelar* sus relaciones comerciales y oficiales con Belgrado. ENV120197 **28** **tratado:** ...y explicó que por ello es capaz en cualquier momento de *congelar* el tratado si Arafat no cumple con sus promesas. LVE071095 **29** **acuerdo:** ...no tienen pensado *congelar* el acuerdo firmado. EME040495 **30** **alianza** −: Un tribunal de Amsterdam ha dictado medidas que *congelan* la alianza de Gucci con Pinault-Printemps-Redoute (PPR)... EPE280499

F SUSTANTIVOS QUE DESIGNAN PLANES, PROYECTOS Y OTRAS FORMAS DE ESTABLECER Y ORGANIZAR LA ACTUACIÓN FUTURA: **31** **proyecto:** La opción tomada, por cautela ante la competencia extrema en este sector, ha sido *congelar* el proyecto... EME280895 **32** **programa:** En cuatro años en el cargo, Christopher condujo una política exterior que consiguió que Corea del Norte *congelara* su programa de armas nucleares, puso fin a la cruenta guerra en Bosnia... ETC081196 **33** **plan:** ...decidió *congelar* el plan de desregulación eléctrica... CLA210199 **34** **propuesta:** El ejecutivo decidió *«congelar»* una propuesta para modificar las transferencias a las regiones. ETC170797 **35** **reforma:** Méndez ofrece un pacto por el empleo si el Gobierno *congela* la reforma laboral... EME200494

G SUSTANTIVOS QUE DESIGNAN LEYES, NORMAS Y OTRAS DIRECTRICES ESTIPULADAS O REGLAMENTADAS, ASÍ COMO ALGUNOS DE SUS ELEMENTOS CONSTITUTI-

VOS: **36 norma** +: Tras ser rápidamente aprobada en la Cámara de Diputados, controlada por la gobernante Alianza, la norma quedó *congelada* en el Senado ante la resistencia de los legisladores del opositor Partido Justicialista (peronista). ENH100900 **37 medida** +: ...al *congelar* esta medida en diciembre, provocó una nueva Intifada, que pudo ser paralizada con nuevas promesas de liberación... EPE190599 **38 ley** +: Los diputados (...) recibieron orden de (...) *congelar* la ley. PME220996 **39 legislación:** ...ha protegido su monopolio al mantener *congelada* la legislación sobre el cable. EME220396 **40 normativa:** La Asociación de Aerolíneas Europea (AEA) pidió a la Comisión Europea que *congelara* temporalmente la normativa sobre derechos de vuelo... EPE061001 **41 derecho:** ...la pretensión de la empresa de *congelar* los derechos por antigüedad de los trabajadores... EPE221299

H EL SUSTANTIVO *PROCESO* Y CON OTROS QUE DENOTAN DIVERSAS FASES O PROCESOS EN LA REALIZACIÓN, EJECUCIÓN O DESARROLLO DE ALGUNA ACTIVIDAD: **42 proceso** ++: ...demostrara su voluntad de *congelar* el proceso de paz. EPD280198 **43 desarrollo** +: Creer que se podría encadenar al duende nuclear una vez liberado de la botella era creer que se puede (...) *congelar* el desarrollo tecnológico en un lugar. EME060595 **44 aplicación** +: Esto equivaldría a *congelar* la aplicación de un proyecto que (...) supondrá el primer año para las arcas de Defensa un desembolso de... EME020896 **45 aprobación** +: ...el Ministerio de Sanidad tiene *«congelada»* la aprobación de esta droga... ABC150193 **46 puesta en marcha:** ...había mantenido *congelada* seis años la puesta en marcha de la medida... EPE010799

I SUSTANTIVOS QUE DESIGNAN DIVERSAS ACCIONES, PROCESOS O GESTIONES DE NATURALEZA OFICIAL O ADMINISTRATIVA: **47 caso** +: ...mi caso está prácticamente *congelado* y cada vez que organizaciones democráticas independientes y familiares acuden a Gobernación para exigir mi libertad... PME070796 **48 trámite:** ...trámite que se sigue en la Coordinadora Agraria del Estado en Mexicali y que por el momento está *congelado*... PME090297 **49 diligencia:** ...ha pedido al juez (...) que *congele* las diligencias de la acción social... LVE300795 **50 juicio:** ...lo que a su vez hacía imprescindible que se *congelara* el juicio contra ambos. LVE231295

J SUSTANTIVOS QUE DENOTAN AYUDA O COLABORACIÓN: **51 ayuda** +: ...encargada de velar por la libre competencia en el entorno comunitario, de *congelar* las ayudas previstas por el Gobierno español a Seat... EME130695 **52 asistencia** +: Los Estados Unidos mantuvieron *«congelada»* la asistencia económica a Nicaragua casi por un año... LPN011297 **53 apoyo** +: ...la desaprobación de la familia y la instantánea reacción de Wall Street *congelarán* los apoyos que pudiera tener Fiorina... EPE091201 **54 cooperación:** Pero en esta ocasión fue menos contundente y señaló que ello no supondría que su Gobierno *congelara* la cooperación con la OTAN. LVE150696

K SUSTANTIVOS QUE DENOTAN CESIÓN O TRASLADO DE ALGO, A MENUDO ENTENDIDOS COMO PROCESOS OFICIALES, ADMINISTRATIVOS O RESULTANTES DE ALGUNA NEGOCIACIÓN: **55 traspaso** +: Mientras Rodríguez Ibarra propone *congelar* los traspasos al País Vasco, Rupérez asegura que en las escuelas vascas... LVE160296 **56 transferencia** +: Se *congelan* las transferencias a empresas públicas. LVE300994 **57 entrega:** El financiero, por el momento, mantiene *congelada* la entrega de 450 millones de pesetas correspondientes a títulos de Deuda pública... LVE200796

L OTROS SUSTANTIVOS; POSIBLES USOS ESTILÍSTICOS: ...cuando «la gracia» queda *congelada*, pierden casi todo el gas. ABC301294

con generosidad Véase: **generosamente**

congeniar ♦ a la perfección, a las mil maravillas[9], instantáneamente, perfectamente, rápidamente, sin dificultad

☐ Véase también: **relacionar(se), unir(se), vincular(se).**

congénito *adj.*

▌ Se combina con sustantivos que designan enfermedades o patologías *(dolencia, cáncer, cardiopatía)*, y también lesiones *(dislocación, cojera, luxación)*. En sentido figurado, se combina con sustantivos que designan cualidades o modos de ser propios de las personas *(bondad, maldad, elegancia, estupidez, optimismo)*, así como con diversos nombres de persona relacionados con ellos *(borracho, estúpido, mentiroso: No dice una verdad; es un mentiroso congénito)*. También se combina con...

A SUSTANTIVOS QUE DENOTAN DEFECTO, DEFORMACIÓN O ALTERACIÓN: **1 defecto** ++: Quedó perfecto, porque esto no deja secuelas (...): se opera ese defecto, que es *congénito*, y se cura para siempre. CAR080997 **2 anomalía** ++: Las causas externas constituyen el segundo motivo de fallecimiento (...) –detrás de las anomalías *congénitas*–, con un 20,3% de la mortalidad total. EPE020299 **3 malformación** ++: La principal causa de muerte de los menores de un año en Cuba son las mismas que presentan los países altamente desarrollados: las malformaciones *congénitas*... GIC020197 **4 incapacidad** ++: Reconozco que tengo una incapacidad ya *congénita* para llevarme bien con los grandes estudios de Hollywood. LVE200996 **5 debilidad** ++: Fuera por debilidad *congénita* o por un rejonazo traserísimo y bajo que le pudo fundir el riñón, el toro de Andy Cartagena se volvió inválido. EPE260799 **6 tara** +: Lo importante (...) fue que empezaron a surgir ejemplares con diversas taras *congénitas*. EME060895 **7 deformación** +: Hay 15 camas para adultos, tres de pediatría, tres de preescolar, tres incubadoras para los que nacen con deformaciones *congénitas* y cinco para mujeres parturientas. PME090297 **8 trastorno:** ...el británico Archibald Garrod detectó su raíz en un trastorno *congénito* vinculado al exceso de ácido homogentísico... EPD250996 **9 alteración:** El destino sumó en Nicolás seis alteraciones *congénitas*, con las que nació. CLA140199

B SUSTANTIVOS QUE DENOTAN ORIGEN O CAUSA. TAMBIÉN CON OTROS QUE DESIGNAN ALGUNOS COMPONENTES O ASPECTOS CONCOMITANTES DE ESAS NOCIONES: **10 origen** +: Su origen puede ser diverso: *congénito*, idiopático y neuromuscular. ENC210301 **11 factor** +: La nariz y la mitad del rostro de Abys están cubiertos de pelo, debido a un factor *congénito* que puede ser fatal, ya que puede producir cáncer de piel. EME280896 **12 naturaleza:** Pero no hay que desconsolarse, el mismo fidelato está en artículo mortis, víctima de su *congénita* naturaleza cancerosa. DLA050497 **13 causa:** La dolencia puede ser por causa *congénita* o por arteriosclerosis. LVE110695

C ALGUNOS SUSTANTIVOS QUE DESIGNAN DAÑOS Y OTRAS SITUACIONES ADVERSAS: **14 mal +:** La carencia de espacios donde actuar es un mal *congénito*... LVE260696 **15 problema +:** Se refería al problema *congénito* en una válvula cardíaca de la aorta. CLA180497 **16 conflicto:** El anticipo de la explosión, en el peor de los casos, gana tiempo al calendario para solucionar un conflicto *congénito*... EPE020499 **17 amenaza:** Estados Unidos y la mayor parte de sus aliados han llegado hace tiempo a la conclusión de que Saddam es una amenaza *congénita* para su propio pueblo y para sus vecinos... LVE050996

D SUSTANTIVOS QUE DENOTAN TEMOR O INCERTIDUMBRE. TAMBIÉN CON ALGUNOS QUE DESIGNAN ALGUNAS DE LAS ACTITUDES QUE SE ASOCIAN CON ESAS NOCIONES: **18 inseguridad:** Me gustan los tíos, pero no caeré (...) en sus inseguridades *congénitas*... EPE031099 **19 fobia:** La televisión tiene una fobia *congénita* por cualquier forma de unidad... EME160795 **20 inestabilidad:** ...no hay que despreciar los efectos y consecuencias de haber acogido a divisas con una *congénita* inestabilidad. LVE120395 **21 incertidumbre:** Esta *congénita* incertidumbre la ha trasladado Soros a su filosofía y técnica profesional. LVE071296 **22 escepticismo:** ...desde una postura de escepticismo *congénito*, puedo dar fe de que este complejo comunicador (...) es un invento de primera. EPE250599

E OTROS SUSTANTIVOS; POSIBLES USOS ESTILÍSTICOS: ...su querencia a la soledad resulta *congénita* entre las buenas gentes de Bolivia... LVE180896; ...aluden (...) a ese antiquísimo sueño que se diría *congénito* a la humanidad (...): la utopía social, la quimera de una sociedad perfecta... EPE050999

con gentileza Véase: **gentilmente**

congestión

♦ **administrativo, arterial, burocrático, cerebral, circulatorio, de tráfico, grave, gripal, nasal, respiratorio, urbano, vehicular, viario** ♦ **problema (de)** ♦ **aliviar[45], deshacer(se), evitar, librar(se) (de), mitigar, producir(se), provocar, solucionar, sufrir**
☐ Véase también: **cierre**.

congestionar(se) *v.*

■ En el sentido de 'recibir el flujo de mucha sangre' admite sustantivos de persona *(La niña está congestionada)* y también otros que designan diversas partes del cuerpo, especialmente de la cabeza *(rostro, cara, nariz)*. En el sentido de 'obstruir(se), entorpecer el paso o el movimiento de algo' se combina con...

A SUSTANTIVOS QUE DESIGNAN ESPACIOS O VÍAS DE TRÁNSITO: **1 carretera +:** García Antón indicó que la carretera nacional está ya muy *congestionada*... EPE091199 **2 calle +:** Los taxistas han manifestado su creciente enojo por el estratosférico número de autos privados que *congestionan* las calles. EUV170498 **3 autopista +:** Si una autovía va *congestionada*, cualquier avería en el motor de un solo coche provocará un colapso colosal. EPE060199 **4 ruta +:** ...el conductor puede elegir la ruta menos *congestionada*... EME150895 **5 vía:** Fueron tantos los que escogieron la zona oeste para vivir que han terminado *congestionando* la principal vía de penetración... EME260194 **6 avenida:** ...respirar dentro de una oficina ubicada en una gran ciudad puede ser peor que inhalar el aire en una avenida *congestionada*. EUV150497

B SUSTANTIVOS QUE DESIGNAN CANALES O CONSTRUCCIONES FORMADOS POR VÍAS GENERALMENTE ENTRECRUZADAS: **7 red ++:** Los mensajes de correo electrónico de gran volumen *congestionan* la red. ETC070497 **8 tubería +:** La basura acumulada provocó que las tuberías se *congestionaran*. INDOC **9 vena:** ...aumenta la presión sanguínea, las venas se *congestionan* y se hace necesaria una intervención. INDOC **10 línea telefónica ++:** ...las líneas telefónicas se *congestionaron* por los llamados. CLA240199 **11 espectro radial −:** ...de las 48 radiodifusoras que operan en un espectro radial *congestionado* (...) podría operar casi el doble de los canales radiales que existen hoy día. PLG130197

C OTROS SUSTANTIVOS QUE DESIGNAN LUGARES EN LOS QUE SE CONGREGAN PERSONAS O COSAS: **12 zona +:** ...dejó espacios a un Wilstermann que se desenvolvía con escasa claridad en una zona *congestionada*. LTB170397 **13 área +:** Los agentes han sido provistos de motocicletas para desplazarse con mayor rapidez a las áreas *congestionadas*... ESH150796 **14 espacio +:** Sin embargo, los problemas de Barajas no están en tierra, sino en el espacio aéreo que está *congestionado*. EPE210499 **15 centro:** Madrid sigue teniendo puertas al campo, llanura manchega, y no hay por qué *congestionar* el centro de la ciudad... EME160395 **16 ciudad:** ...no dejen a Madrid como la zanja eterna que *congestiona* la ciudad... EPE071001 **17 lugar:** ...no se ha optado por el traslado completo de las colecciones a edificios nuevos realizados con criterios modernos en lugares menos *congestionados* de la trama urbana. EME170694 **18 plaza:** Afuera les esperaba una «*congestionada*» Plaza de Cibeles. EME071295 **19 estación:** La estación del Metro de La Hoyada se vio *congestionada* por las enormes colas que se formaron frente a la taquilla... EUV090796 **20 aeropuerto:** ...la falta de infraestructuras y el aumento del tráfico aéreo han *congestionado* los aeropuertos de Madrid y Barcelona. EPE140499 **21 instalación:** Eso evitó males mayores en las *congestionadas* instalaciones aeroportuarias... EPE020899

D SUSTANTIVOS QUE DENOTAN MOVIMIENTO O CIRCULACIÓN, ESPECIALMENTE DE VEHÍCULOS: **22 tráfico ++:** ...solicitaron el semáforo y les dijo que iba a *congestionar* más el mucho tráfico que ya había. ENC300301 **23 circulación ++:** A primeras horas de la mañana la circulación no puede estar más *congestionada*. INDOC **24 tránsito +:** Lo que ha motivado estas líneas ha sido sobre todo la arbitraria y (...) risible acusación de *congestionar* el tránsito... CAP100497

E SUSTANTIVOS QUE DESIGNAN FLUJOS RELATIVOS AL ÁMBITO DE LAS TRANSACCIONES COMERCIALES. TAMBIÉN CON OTROS QUE EXPRESAN LOS SISTEMAS ECONÓMICOS EN LOS QUE TIENEN LUGAR: **25 mercado ++:** Ello amenaza con *congestionar* el mercado mundial primario. CLA190199 **26 demanda:** Se *congestiona* aún más la demanda por noticieros de televisión. SEM110897 **27 oferta:** En este momento la oferta de viviendas en la costa está totalmente *congestionada*. INDOC

F OTROS SUSTANTIVOS; POSIBLES USOS ESTILÍSTICOS: ...fabuloso derrumbe humano que iluminó Madrid, que habitó París, que se irguió frente al mar latino, *congestionado* de trascendencia... EME200294; Con la inexcusable colaboración de una gran profundidad de campo, se exaltan los detalles que, *congestionados*, se yerguen en el espacio... EPE130999

con gran detalle Véase: **con detalle**

congreso ♦ acalorado[5]**, a puerta cerrada**[39]**, multitudinario ♦ miembro (de), palacio (de), presidente (de), salón (de), sede (de) ♦ abrir, aprobar (algo), asistir (a), auspiciar**[5]**, boicotear**[15]**, celebrar, cerrar, clausurar, convocar, debatir (algo), inaugurar, optar (a), organizar, presentar (a), presidir, reunir(se)**

☐ Véase también: **asamblea, mitin, reunión**.

con gusto Véase: **gustosamente**

con holgura Véase: **holgadamente**

con honradez ♦ actuar, afrontar, cumplir, defender, desempeñar, ejercer, escribir, ganar, gobernar, luchar, responder, trabajar, usar

con humildad Véase: **humildemente**

con imparcialidad Véase: **imparcialmente**

con indiferencia ♦ acoger, actuar, asistir, contemplar, contestar, encajar, leer, mirar, oír, pasar, presenciar, reaccionar, rechazar, recibir, sonreír, tratar, ver, vivir

☐ Véase también: **indiferencia**.

con insistencia Véase: **insistentemente**

con interés *loc.adv.* ▌Admite algunas variantes *(con gran interés, con notable interés, con escaso interés)* que ponen de manifiesto la pervivencia de algunas de sus propiedades como grupo preposicional. Se combina con...

A VERBOS QUE DESIGNAN LA APLICACIÓN DE LA ATENCIÓN O EL ENTENDIMIENTO A LO QUE SE PERCIBE: **1 escuchar ++**: ...los puntos de vista de (...) fueron escuchados *con interés* por mi país. CLA160797 **2 seguir ++**: ...he seguido *con interés* y placer su carrera... EPD300997 **3 leer ++**: ...es una novela bien construida que se lee *con interés*. HOY130197 **4 mirar +**: ...miran *con interés* y preocupación la caída libre de la economía... CLA200297 **5 observar +**: Y desde esa perspectiva democrática se puede observar *con interés* analítico el fenómeno llamado nacionalismo como... EPD011197 **6 atender**: Unos y otros atendían *con interés* las enseñanzas... EPE050700 **7 vigilar –**: ...se vigila *con interés* el aterrizaje del nuevo equipo... LVE051196

B VERBOS QUE DESIGNAN DIVERSAS ACTIVIDADES INTELECTIVAS RELACIONADAS CON LA INTERPRETACIÓN O EL ANÁLISIS: **8 examinar ++**: ...examinan *con interés* cada vez más grande las inesperadas medidas... EXC181296 **9 estudiar +**: ...toda petición (...) será estudiada *con interés* por el Ministerio. EME031196 **10 ahondar**: ...por mucho que el texto de Francisco Jarauta ahonde *con interés* y acierto en algunas claves importantes para un mejor entendimiento de la obra de Juan Gris... ABC150591 **11 considerar**: ...están considerando *con interés* las posibilidades de inversiones en Guatemala... LHG030597 **12 desgranar –**: Desgrané *con interés* la publicada por «LA VANGUARDIA», y descubrí cientos de curiosidades que sería prolijo enumerar. LVE280495

C VERBOS QUE DENOTAN RECEPCIÓN O ACOGIDA, MÁS FRECUENTEMENTE SI SE APLICAN A LAS INFORMACIONES O LAS IDEAS: **13 acoger ++**: La idea costarricense fue acogida *con interés* por Ecuador... GIC062097 **14 recibir ++**: La información (...) la recibió *con interés* e impaciencia. EME130895 **15 saludar +**: Saludamos *con interés* al nuevo *Mozart* enriquecedor y complementario. ABC210292

D VERBOS QUE DESIGNAN LA ACCIÓN O EL PROCESO DE DESEAR QUE ALGO APAREZCA O SUCEDA, O LA DE TRABAJAR PARA CONSEGUIRLO: **16 esperar ++**: ...esperaban *con interés* un posible comunicado oficial... ETC170796 **17 aguardar +**: ...se aguarda *con interés* la decisión de Valentino... EPE051101 **18 buscar**: ...busca *con interés* el consenso con la oposición para afrontar los problemas «externos» a los que últimamente tiene que enfrentarse la Comunidad. EME081095

E VERBOS QUE DESIGNAN LA ACCIÓN DE TOMAR PARTE O EMPLEARSE EN UNA TAREA O UNA ACTIVIDAD: **19 participar +**: ...manifestaron su confianza en que los tekaxeños participen *con interés* en el programa de cría de tilapias que promueve la Semarnap. DYM080996 **20 colaborar**: Colaboré *con interés* y entusiasmo, ya que por vez primera parecía presentarse la oportunidad de dar a conocer públicamente a los españoles... EPE010400 **21 trabajar**: ...ha pasado de trabajar *con interés* con el apoyo de los nacionalistas a ser «un arrogante». EPE040399 **22 dedicarse**: Cuando Pieter comenzó a dedicarse *con interés* a la natación, fuimos a Hamburgo para que le observara el doctor Rudolph... EPE210900 **23 aplicarse**: ...el Gobierno se aplicó *con interés* a un problema que al producirse la disolución de las Cámaras parecía próximo a resolverse. EPD290497

F VERBOS QUE DESIGNAN DIVERSAS ACCIONES VERBALES, MÁS FRECUENTEMENTE LAS QUE SUPONEN INTERCAMBIO DE IDEAS U OPINIONES O LAS QUE DEMANDAN INFORMACIÓN: **24 debatir**: Todos estos temas fueron debatidos *con interés* en la reunión. INDOC **25 preguntar**: ...se pregunta *con interés* hacia dónde nos llevará ese camino. RUM290997 **26 discutir**: ...un tema conflictivo, pero apasionante, sobre el que el comité discutirá hoy *con interés*. INDOC **27 hablar –**: Sobre la fusión se ha hablado *con interés* y apasionamiento. EPE140799

☐ Véase también: **con ganas, con todas {mis/tus/sus...} fuerzas**.

conjetura ♦ acertado, alentador, arbitrario[40]**, aventurado, desalentador, descabellado, disparatado, fundado**[6]**, gratuito, infundado, nuevo, pintoresco, simple, vago ♦ objeto (de)**[88]**, serie (de) ♦ amparar(se) (en), apuntar (hacia algo), arriesgar, avanzar, aventurar**[3]**, barajar, basar(se) (en), circular**[29]**, confirmar, dar lugar (a), desmentir**[25]**, difundir, formular, hacer, lanzar, levantar, plantear, prestarse (a), refutar, surgir, suscitar(se), tejer**[40]

☐ Véase también: **especulación, hipótesis, suposición, teoría**.

conjugar *v.* ▮ En el sentido de 'enunciar las variantes flexivas de' acepta el sustantivo *verbo* y otros que designan el tiempo o el modo verbal *(futuro, imperativo, aoristo).* En el sentido de 'combinar entre sí' o 'hacer compatibles' se construye con sustantivos en plural *(conjugar los diversos factores),* enlazados mediante la conjunción *y (Es prioritario conjugar el desarrollo y la conservación)* o con la preposición *con (Esta novela conjuga los hechos históricos con la ficción más disparatada).* Se combina frecuentemente con sustantivos que designan tendencias, movimientos, corrientes y estilos *(tendencia, movimiento, arte, literatura),* y también con otros que designan muy diversas nociones abstractas *(concepto, significado, sentimiento, sensación, dificultad).* Destacan sus combinaciones con...

A SUSTANTIVOS QUE DENOTAN FACTOR O COMPONENTE CONSTITUTIVO DE ALGO: **1 factor ++:** ...establecer una alineación correcta ajustada a las características de cada bateador, ayuda a que se *conjuguen* los factores requeridos para lograr el triunfo. DLA120797 **2 aspecto ++:** Su autor, especialista en la historia del español, *conjuga* aspectos teóricos y prácticos y logra un conjunto bastante completo. ABC200392 **3 elemento ++:** ...no tuvo los resultados esperados porque no hubo nadie que *conjugara* tres elementos: el apoyo del gobierno, la participación del sector turístico y la aportación financiera... DYM080996 **4 ingrediente +:** ...la devaluación del individuo contemporáneo *conjuga* ingredientes muy poderosos. ABC050894 **5 variable +:** La bicameralidad, en cambio, permite *conjugar* dos variables: la representación territorial y la poblacional. CAP220900

B SUSTANTIVOS QUE DENOTAN INCLINACIÓN FAVORABLE HACIA LO QUE SE PRETENDE O SE DESEA. TAMBIÉN CON OTROS QUE DESIGNAN EL EMPEÑO QUE SE PONE EN OBTENERLO: **6 interés +:** Estamos, pues, ante un ejemplo vivo de la fertilidad de los estudios que *conjugan* ambos intereses, frente al puro interés ahistórico por el presente o la afición elitista de los anticuarios. ABC050293 **7 esfuerzo +:** El último tema abarcado por el Equipo Económico anoche se refiere a la problemática del medio ambiente, es decir, en el sentido de *conjugar* todos los esfuerzos tendientes a encarar el tema. ACP100996 **8 ambición:** ...se produjo un proceso de «balcanización» imparable, donde se *conjugaron* las ambiciones personales de los generales victoriosos... LPA080592 **9 motivación:** En un momento dado se *conjugaron* dos motivaciones fuertes (el salario docente y la ley de educación) y se produjo el vértigo. LNA080792

C SUSTANTIVOS QUE DESIGNAN PUNTOS DE VISTA, ASÍ COMO ALGUNAS DE LAS FORMAS EN QUE SE MANIFIESTAN: **10 idea +:** Pero si el proyecto sale adelante finalmente, es porque se ha logrado *conjugar* esas dos ideas. EPE170599 **11 punto de vista +:** Los negociadores intentan *conjugar* sus puntos de vista para llegar a una solución dialogada y aceptable por todas las partes. INDOC **12 visión:** Era lógico *conjugar* estas dos visiones concertantes con un concierto auténtico... ABC030395 **13 interpretación:** Las dos interpretaciones son plausibles, pero resultan difíciles de *conjugar.* INDOC **14 opinión:** En pocos días pareció claro que las opiniones de Pérez y las de Aninat no se *conjugan* con los lineamientos de la Cancillería. HOY260597

D SUSTANTIVOS QUE DESIGNAN PAUTAS Y OTRAS FORMAS DE ACTUAR U ORGANIZAR LAS ACTUACIONES: **15 sistema +:** Los obstáculos que se han de salvar son múltiples: *conjugar* los distintos sistemas jurídicos, eliminar los monopolios, fomentar las inversiones hacia esa zona... LVE011295 **16 criterio +:** «Yo siempre he sido partidario», argumentó Macià, «de *conjugar* los dos criterios, el de la continuidad y el de la renovación...». EPE031199 **17 política +:** El pacto de gobierno *conjuga* políticas alternativas a las hechas hasta ahora por la derecha. EPE260700 **18 modelo:** El autor ha tratado de *conjugar* tal cantidad de modelos y de resolverlos en parodias, homenajes o simples reminiscencias, que su voz personal y su visión específica de la historia han quedado un tanto ahogadas... ABC041194 **19 directriz:** ...es para muchos la obra maestra de Luigi Nono, en la que se *conjugan* las dos grandes directrices de su música... ABC100993

E ALGUNOS SUSTANTIVOS QUE DENOTAN ESTADO DE COSAS NECESARIO, FORZOSO O CONSIDERADO COMO TAL: **20 derecho +:** Explica que una evaluación justa y razonable sobre la vigencia de esta garantía implica la suma de factores y actores que *conjugan* sus derechos, en consonancia con el bien común. ENV060297 **21 exigencia:** Un progreso incluyente debe *conjugar,* en un país como México, las exigencias del cambio y las de la tradición. PME090297 **22 condición:** ...pensaron cómo *conjugar* estas dos condiciones y sacar partido de ellas... EPE020299 **23 obligación:** Dice que sabe *conjugar* sus obligaciones en la fiscalía con sus tareas en el despacho privado. INDOC

F OTROS SUSTANTIVOS; POSIBLES USOS CRUZADOS: Sin embargo, se *conjugaron* los astros y le hicieron varias malas pasadas. [Cf. *conjurar*] CAP190995

▩ Se combina también con: ♦ **equilibradamente**

CONJUNCIÓN

♦ (SUSTANTIVOS) Véase: **abigarrado[A], acalorado[A], a cara de perro[D], acusado[H], agotador[E], alterar[E], ánimo (de)[C], a puerta cerrada[I], apuntalar[C], armar(se)[E], auspiciar[A], azaroso[H], boicotear[B], caldear(se)[F], cálido[D], comunal[C], concertar[A], culminar[F], desactivar[A], desarticular(se)[B], desmantelar[H], desmembrar(se)[D], desmoronar(se)[G], devaluar(se)[E], discurrir[B], dosificar[D], empañar(se)[D], en aras de[H], enderezar[I], en líneas generales[A], en señal de[D], establecer[B], estrechar[G], estrecho[G], fantasmal[H], farragoso[A], fecundo[F], fértil[C], fleco (de)[A], forjar[B], fortalecer(se)[A], fraguar(se)[D], fugaz[E], girar[B], homologar[C], honroso[D], igualitario[D], inextricable[C], intempestivo[G], intrincado[C,F], levantar[F], obstaculizar[G], obstruir[F], paritario[B], propicio[D], sellar[B], sin perjuicio (de)[F], socavar[J], soterrado[G], tortuoso[B], unánime[F], urdir[E], urgir[B], ventajoso[D]**

♦ (VERBOS) Véase: **a partes iguales[G], armónicamente[A], armoniosamente[A,B], estrechamente[A,B], informalmente[B]**

☐ Véase también: RELACIÓN.

conjunto ♦ **abigarrado[1], abrumador[34], compacto, deslavazado, heterogéneo, homogéneo, indi-**

soluble, indivisible, monumental, numeroso, nutrido, uniforme, variado, variopinto ♦ entre ♦ aglutinar, agrupar, articular, componer, desintegrar(se), desmembrar(se)[18], disgregar, distribuir, dividir, engrosar[5], escindir(se), fraccionar(se), integrar, mezclar, ordenar, relacionar, reunir(se)

☐ Véase también: **banda, familia, grupo**.

CONJUNTO Véase: *CANTIDAD; MEDIDA, UNIDAD DE ~*

CONJUNTO Véase: GRUPO

conjura ♦ **alevoso, fantasmal[35], golpista, implicado (en), indigno, internacional, maquiavélico, monstruoso, oculto, pérfido, siniestro ♦ objeto (de), víctima (de) ♦ advertir (de), armar, articular, denunciar, desactivar[3], desarticular, descubrir, destapar[18], desvelar, formar parte (de), fracasar, implicar(se) (en), lanzar, maquinar, organizar, orquestar[9], participar (en), tener éxito, tramar[3], triunfar, urdir[12]**

☐ Véase también: **complot, conspiración**.

conjurar *v.* ▮ Se usa como pronominal y con sujeto de persona en el sentido de 'unirse para conspirar'. En el sentido de 'exorcizar o invocar' admite los sustantivos *demonio, espíritu, duende* y otros que designan entes a los que cabría atribuir propiedades mágicas o sobrenaturales *(No podía hacer desaparecer los espíritus que había conjurado)*. Con el sentido –opuesto al anterior– de 'alejar o intentar evitar' se combina con...

A SUSTANTIVOS QUE DENOTAN PELIGRO O AMENAZA: **1 peligro** +: Así se habrían *conjurado* los peligros de infiltración política y guerrillera. ETC110297 **2 amenaza** +: ...la oportuna detención de uno de los pistoleros más significados de la banda, Ibón Fernández Iradi, ha *conjurado* la amenaza. LRE240103 **3 riesgo** +: ...quiere *conjurar* cualquier riesgo de perder su puesto luego de la derrota de Avelino Porto en su distrito. LNA060792

B SUSTANTIVOS QUE DESIGNAN ALGUNOS DE LOS SERES IRREALES O SOBRENATURALES A LOS QUE SE HA ALUDIDO: **4 fantasma** +: El fantasma de la guerra parece *conjurado*, aunque no el de la compra de armas... CAP041297 **5 demonio:** A sus 41 años había logrado *conjurar* por fin todos los demonios que la impedían ser ella misma. EME040796 **6 espectro:** Creen que, así, van a *conjurar* el espectro del totalitarismo. EME211096

C SUSTANTIVOS QUE DENOTAN TEMOR O INCERTIDUMBRE EN DIVERSOS GRADOS: **7 miedo** +: ...la infinita crueldad con que solía (y suele todavía) *conjurar* sus miedos la estupidez humana. CAP041297 **8 temor** +: «Se ha *conjurado* el temor del PRD de que Gobernación abdicara de su función de mediadora entre los partidos» agregó. DYM230796 **9 horror:** ...le hubiese dedicado en Yalta no unos minutos, sino unas cuantas horas a los destinos de varios pueblos de los Balcanes, muchos horrores habrían sido *conjurados* hace largo tiempo. EPE110499 **10 inquietud:** ...la respuesta de apoyar la concertación anunciada por Toledo (...) ayudará a *conjurar* parte de la inquietud ciudadana y a elegir a un Contralor... CAP041001

D SUSTANTIVOS QUE DESIGNAN DIVERSOS ESTADOS DE ADVERSIDAD, ASÍ COMO ALGUNOS DE SUS EFECTOS: **11 problema** +: ...pensaba que con una máxima robotización de sus fábricas había *conjurado* para siempre los problemas de huelgas y movilizaciones. EME040495 **12 crisis** +: Los organizadores tenían como opciones para *conjurar* la crisis la proclamación del Sao Caetano y el Vasco da Gama como «campeones» de la Liga... DDN090101 **13 dificultad** +: Si fue para *conjurar* esa dificultad, puede coincidirse con el criterio escenográfico, que apunta a la intimidad del asunto... CLA111000 **14 daño** +: Un adecuado tratamiento médico pudo *conjurar* el daño que podría haber provocado la infección. INDOC **15 dolor** +: ...la aplicación de una inyección que a los diez minutos *conjuró* el dolor... ETC210197 **16 enfermedad:** Además, piden la presencia de cuadrillas sanitarias que ayuden a *conjurar* las posibles enfermedades... INDOC **17 muerte:** Es mi razón de vivir, una forma de soñar y en definitiva de *conjurar* la muerte. LVE150595 **18 sida:** Cuando en ocasiones simulan tener una intención moral (como todo el arte destinado a *conjurar* el Sida)... ABC081295

E SUSTANTIVOS QUE DESIGNAN OTRAS SITUACIONES AFLICTIVAS, EN ESPECIAL DESGRACIAS O SITUACIONES CALAMITOSAS: **19 mal** +: ...si lo quisieran, podrían editar varios volúmenes con las exoneraciones otorgadas a choferes –y a quienes no lo son– para *conjurar* el mal. DED210197 **20 catástrofe:** Invocar espíritus muertos o *conjurar* catástrofes no es propio de responsables políticos. EPE090299 **21 desastre:** Si los nuevos recursos técnicos *conjuran* el desastre, el cine y la sociedad tendrán entera su memoria... LNA010792 **22 tragedia:** ...fue el general Jaruzelski quien logró *conjurar* la tragedia imponiendo oficialmente la disolución de Solidarnosc... LVE020994 **23 desgracia:** Resultaba imposible *conjurar* la desgracia que se abatía sobre el pueblo entero. INDOC **24 caos:** ...los medios de que se sirve la mentalidad contemporánea para *conjurar* el propio caos del que surge. EME200796

F SUSTANTIVOS QUE DENOTAN DESEO ENCONADO CONTRA ALGUIEN O DESIGNAN CIERTAS IMPRECACIONES QUE LO MANIFIESTAN. POR EXTENSIÓN, CON ALGUNOS QUE EXPRESAN LO QUE SE ADIVINA O SE PREVÉ, MÁS FRECUENTEMENTE SI ES ADVERSO: **25 maldición** +: El Gobierno popular se las tiene que ingeniar para *conjurar* la maldición bíblica que le acosa. EME250996 **26 maleficio** +: Para *conjurar* el maleficio, Benítez confía en que debute en la Liga Baraja, al que considera la piedra angular de la recuperación. EPE151201 **27 mal augurio** +: ...de nuevo nos vemos obligados a *conjurar* los malos augurios económicos de los pesimistas de turno. INDOC **28 hechicería:** Antonio Zepeda festeja tres décadas *conjurando* hechicerías en percusión de tambores y soplido de silbatos, flautas y caracoles... PME140796 **29 presagio:** Sin embargo, los candidatos al agónico galardón acudieron voluntariosamente a la cita para *conjurar* malos presagios. EME091296 **30 previsión:** La dirección tomó medidas para *conjurar* las desastrosas previsiones económicas que se habían hecho para el curso siguiente. INDOC

G SUSTANTIVOS QUE DENOTAN CONSPIRACIÓN, AGRESIÓN U OTRAS FORMAS DE ACCIÓN HOSTIL O POTENCIALMENTE CONFLICTIVA: **31 intriga** +: ...un medio para *conjurar* las intrigas palaciegas que la incapacidad presidencial desencadena. LVE250996 **32 trampa:** Al hacerse tan evidente, la trampa queda *conjurada*. CAP141196 **33**

conflicto: Mediante sutiles maniobras, las imágenes *conjuran* el conflicto, aplacan los ánimos y contribuyen a restablecer «la paz social». ABC280795 **34 conspiración:** Las declaraciones de un arrepentido permitieron *conjurar* la conspiración política. INDOC **35 motín:** España: motín *conjurado.* CLA030797 **36 ataque:** Rápidamente los andinos acosaron la portería de Félix Golindano, quien pudo *conjurar* varios ataques... ENV190197 **37 atentado:** Y el atentado de ayer confirma que ese temor, esa certidumbre incluso, no supone mayor capacidad de prever y *conjurar* un atentado. LVE210596 **38 violencia:** ...han visto en la agresividad verbal y festiva de las comunidades que estudiaron una forma de *conjurar* la violencia física. EME170596 **39 crítica:** ...en un intento de *conjurar* las críticas por el carácter melifluo del mensaje que estaba dando a conocer. EPE231099 **40 rechazo:** ...no han *conjurado,* de momento, el rechazo que la formación conservadora despierta entre el electorado catalán. LVE231095 **41 división +:** ...aceptó reestructurar el ELN y tratar de *conjurar* una división al interior de la organización. ETC180497

H SUSTANTIVOS QUE DESIGNAN DIVERSOS SENTIMIENTOS Y ESTADOS DE ÁNIMO DE CARÁCTER NEGATIVO, MÁS FRECUENTEMENTE SI ESTÁN RELACIONADOS CON LA IRRITACIÓN, EL DECAIMIENTO O LA FALTA DE CONFIANZA: **42 frustración +:** ...y la de *conjurar* una frustración que, sin necesidad de llegar a acomplejarnos, no dejaría de ser dolorosa. LVE240395 **43 malestar:** Los jugadores se reunieron para hablar y *conjurar* el malestar que hay en el ambiente. INDOC **44 tristeza:** ...rememoraré para él y para la ilustre cofradía de los supervivientes de la vieja ilusión irresponsable una tenida de palabras que *conjure* mi tristeza... LVE120395 **45 rabia:** La rabia pareció ya *conjurada* el mes de marzo siguiente... ABC080494 **46 escepticismo:** ...se han convertido en referentes que sirven, entre otras cosas, para *conjurar* el escepticismo... CLA090497 **47 susceptibilidad −:** Pero en una declaración que parecía querer *conjurar* las susceptibilidades del celoso... LVE110996 **48 desaliento −:** Narros *conjura* al desaliento con nuevas intenciones, recogiendo los frutos del trabajo... EME130295

I SUSTANTIVOS QUE DESIGNAN DIVERSAS FORMAS DE AUSENCIA, EN PARTICULAR FALTA DE RECONOCIMIENTO, REPUTACIÓN O RELEVANCIA: **49 olvido +:** Y esa otra forma de *conjurar* el olvido que son las fotografías. LVE230296 **50 vacío:** Se trata, pues, de llenar el vacío y de protegerse de él *conjurándolo* por la palabra. ABC130392 **51 descrédito:** ...como para *conjurar* el descrédito social del servicio militar, razón última que ha convertido a España en el primer país productor de objetores. LVE210796

▩ Se combina también con: ♦ **a la desesperada**[36]

con la boca {chica/pequeña} ♦ **asegurar, decir, ofrecer, pedir, reconocer**

con la mano en el corazón ♦ **agradecer, decir, hablar, jurar, manifestar, reconocer**

☐ Véase también: **sinceramente.**

con las manos en la masa ♦ **atrapar, capturar, coger, descubrir, pillar (a alguien)**[9]

☐ Véase también: **in fraganti.**

con lealtad Véase: **lealmente**

con los brazos abiertos ♦ **acoger, dar la bienvenida, esperar, recibir**

con lujo de detalles Véase: **con todo lujo de detalles**

con lupa ♦ **analizar, buscar, escrutar, estudiar, examinar, indagar, mirar**

con malicia Véase: **maliciosamente**

con mal pie Véase: **con {buen/mal} pie**

con mano de hierro *loc.adv.* ▮ Admite algunos sustantivos de persona, especialmente si designan al que ejerce algún poder *(un general con mano de hierro).* También se combina con...

A VERBOS QUE DENOTAN GUÍA, CONDUCCIÓN, DIRECCIÓN O CONTROL: **1 dirigir ++:** Dirige la organización *con mano de hierro.* EME270595 **2 gobernar ++:** El Virreinato del Perú era gobernado *con mano de hierro* por España. CLA120397 **3 controlar +:** ...Un melodrama triangular, controlado *con mano de hierro...* LVE180696 **4 regir +:** Nicu Ceausescu, hijo menor del dictador comunista que rigió *con mano de hierro* Rumania durante décadas, falleció ayer en Viena... EME270996 **5 dominar:** Los blancos, que durante 352 años han dominado *con mano de hierro* el cono sur africano, van a ceder el poder político a los negros... EME240494 **6 presidir:** ...preside *con mano de hierro* los destinos del Festival... EME240396 **7 manejar:** ...hubo de ordenar manejar *con mano de hierro* desde el 83 acá. EME100395 **8 comandar:** ...la estructura femenina de acción social que comanda *con mano de hierro* Chiche, su esposa, a quien las encuestas dan... CLA120197 **9 administrar:** ...los ganadores del Cónclave andaluz se disponen a administrar *con mano de hierro* y sin contemplaciones su victoria. EME110494 **10 conducir:** ...fue sometido a una presión brutal por la oposición que –lo que es la vida– era conducida *con mano de hierro* por el propio González. EME261195 **11 liderar:** ...The Pretenders, liderados *con mano de hierro* y una sexualidad imperecedera por su vocalista y fetiche Chrissie Hynde, encandilaron la noche del martes... EPE181199 **12 llevar:** ...hombre de voz atiplada que llevó *con mano de hierro* el servicio de información y propaganda de «la familia» desde el búnker de acero y hormigón... EME191195

B VERBOS QUE DESIGNAN DIVERSAS ACCIONES COERCITIVAS U HOSTILES CON DIVERSOS GRADOS DE VIOLENCIA, DUREZA O IMPOSICIÓN: **13 reprimir +:** Si no se reprime *con mano de hierro* a los cazadores... EME230694 **14 sujetar:** Tenía al pueblo sujeto *con mano de hierro.* EME030995 **15 constreñir:** ...Martha Chávez, que *con mano de hierro* constriñó a los grupos políticos para que sólo tuvieran 20 minutos por bancada. CAP280995 **16 contener:** Ciertas tensiones directivas internas, contenidas *con mano de hierro* por el responsable de la sección... EME030596 **17 imponer:** ...quiere imponer *con mano de hierro* el orden en Grozny... LVE280896 **18 exigir:** ...reparte órdenes con diligencia y exige su cumplimiento *con mano de hierro.* EPE030799 **19 sofocar:** ...ha sofocado más que nunca *con mano de hierro* cualquier veleidad que pueda suponer una defección por parte de las fuerzas armadas iraquíes. LVE160695

C OTROS VERBOS; POSIBLES USOS ESTILÍSTICOS: ...tiraba *con mano de hierro* de un «pequeño» que le idolatraba... EME230795

☐ Véase también: **con firmeza, con mano dura, con mano férrea, con mano firme, de hierro, férreamente, fuertemente.**

con mano dura *loc.adv.* ▌Se combina con...

A VERBOS QUE DENOTAN GOBIERNO, CONTROL Y ALGUNAS FORMAS DE GESTIÓN: **1 gobernar ++**: Y prometió para la nueva etapa que gobernará «*con mano dura* metida en guante de seda, con diálogo, ambición y amistad». LVE290595 **2 dirigir +**: ...a pesar de dirigir la prisión Garfield *con mano dura*, tiene un constante deseo de mejorar las condiciones de los presos... EME020796 **3 regir +**: Este nacionalismo victimista fue aprovechado por las fuerzas de resistencia al cambio para seguir rigiendo el país *con mano dura*. EPE170899 **4 liderar:** Se inscribe en esa lógica no justificada de exigencias de justicia y nada más, subrayó (...) el hombre que durante 16 años lideró *con mano dura* al Partido Socialista. EME150594 **5 administrar:** En aquellos días, la justicia en Clements era rápida, y se administraba *con mano dura*. EPE261299

B VERBOS QUE DENOTAN COMPORTAMIENTO ANTE ALGO O ALGUIEN: **6 tratar +**: Rominger la volvió a tratar *con mano dura*. EME140594 **7 manejar:** ...necesita a alguien que de verdad la maneje *con mano dura* y la ponga firme. EME090696

C VERBOS QUE DENOTAN ACTUACIÓN, DESEMPEÑO DE FUNCIONES O APLICACIÓN DE NORMAS O MEDIDAS: **8 actuar ++**: Es cierto que hay que actuar *con mano dura* en algunos casos pero sin llegar a la violencia. CAP091097 **9 ejercer +**: ...Juan Gómez de Almagro, conquistador que ejerció ese cargo *con mano dura*. HOY050198 **10 emplearse:** Las 22.500 retiradas del permiso de conducir en esta provincia (...) evidencian que Tráfico se emplea *con mano dura*. LVE050195 **11 acometer:** ...el Gobierno de la «izquierda plural» se dispone a acometer *con mano dura*... EPE070299 **12 aplicar:** Es un colegiado sobrio, que aplica el reglamento *con mano dura*... LRE160103

D VERBOS QUE DENOTAN ACCIÓN VIOLENTA U HOSTIL CONTRA LO QUE SE CONSIDERA CONFLICTIVO O PERNICIOSO. TAMBIÉN CON OTROS QUE DENOTAN ELIMINACIÓN, CONCLUSIÓN O RESOLUCIÓN EXPEDITIVA EN RELACIÓN CON ALGUNA COSA: **13 combatir ++**: Sarney Filho había prometido el día que tomó el cargo combatir «*con mano dura*» el problema de la deforestación del Amazonas. EPE130299 **14 reprimir +**: Desde luego, la solución no consiste en reprimir *con mano dura* las protestas de los ciudadanos. INDOC **15 castigar +**: ...como esos internados ingleses en los que se castiga *con mano dura* las travesuras de los niños. INDOC **16 acabar –**: Si hasta ahora la policía turca no ha acabado con la huelga *con mano dura*, es por el temor a que el remedio sea peor que la enfermedad. LVE270796 **17 zanjar –**: El Parlamento de Ucrania ha zanjado *con mano dura* el conflicto de poder que mantenía con Crimea... EME190395

E OTROS VERBOS; POSIBLES USOS ESTILÍSTICOS: Se propuso iluminar el esplendor de su nuevo reinado *con mano dura*. LVE190896

☐ Véase también: **con firmeza, con mano de hierro, con mano férrea, con mano firme, duramente, férreamente, fuertemente, severamente.**

con mano férrea *loc.adv.* ▌Se combina con...

A VERBOS QUE DENOTAN GUÍA, CONDUCCIÓN, DIRECCIÓN O CONTROL: **1 dirigir ++**: ...dirigió *con mano férrea* los destinos de la banda desde el extranjero. LVE111196 **2 gobernar +**: ...quien ha gobernado Indonesia *con mano férrea* por más de tres décadas. LEC050697 **3 controlar:** Lo que es seguro es que tratarán de controlar *con mano férrea*, algo que repiten cada día. EME240996 **4 mandar +**: ...parece que siguen mandando *con mano férrea* a sus tropas y a sus súbditos. ABC200594 **5 llevar:** Unió Democrática de Catalunya, llevada *con mano férrea* por Durán i Lleida, es la democracia cristiana de Cataluña... EME120695 **6 regentar:** ...en el grupo que regenta *con mano férrea* la empresaria... EME030695 **7 manejar:** Bashir, un cristiano «duro», manejó las FL *con mano férrea*. HOY180886 **8 presidir:** ...termina el mandato del conjunto del directorio que preside *con mano férrea* el banquero... CLA180497 **9 restaurar el orden:** ...sin alterar lo esencial de las actuales estructuras democráticas, (...), restaure el orden *con mano férrea*... HOY070181 **10 tomar la supremacía:** ...la supremacía en el ajedrez inició un desplazamiento constante hacia el Este, (...), fue tomada *con mano férrea* por la Unión Soviética. EME300395

☐ Véase también: **con firmeza, con mano de hierro, con mano dura, con mano firme, férreamente, fuertemente.**

con mano firme *loc.adv.* ▌Admite verbos que designan la acción de asir o manipular algo, a menudo interpretada en sentido figurado *(coger, sujetar, agarrar, accionar)*. También se combina con...

A VERBOS QUE DENOTAN GUÍA, CONDUCCIÓN, GOBIERNO O CONTROL: **1 controlar ++**: Controla y dirige de cerca su «obra», según algunos *con mano firme*... EME230795 **2 regir +**: Por luengos años rigió el convento, *con mano firme*... LVE251195 **3 dirigir +**: ...estará en condiciones de dirigir *con mano firme* la organización. EME150295 **4 guiar +**: ...el mérito de guiar *con mano firme* a un partido dividido... EME250595 **5 gobernar:** ...lleva gobernando *con mano firme* los destinos de China, desde 1978. LVE040295 **6 llevar:** ...debe llevar a su partido, *con mano firme* y recia voluntad, a visiones ecuménicas que liquiden fracciones en perpetuas disputas... DYM230796 **7 conducir:** ...que condujese *con mano firme* el timón de la Iglesia hacia el segundo milenio. EME130694 **8 pilotar:** ...pilotó *con mano firme* las conspiraciones que acabaron con el inexperto presidente aliancista y propiciaron la vuelta de Fraga. EME270396 **9 regentar:** ...es capaz de regentar *con mano firme* lo que antes era el abocado cajón de sastre de la derecha. EME040196 **10 reconducir:** ...su padre reconducía *con mano firme* el rumbo de un sindicato histórico y su madre realizaba las funciones de secretaria general de Alimentación en el mismo colectivo. LVE050295 **11 dominar:** Los norteamericanos han dominado *con mano firme* en las dos últimas décadas, con Mike Powell (plusmarquista mundial con 8,95 metros...). EPE200699 **12 imponer:** La «euro-política», impuesta *con mano firme* por José María Aznar y Rodrigo Rato... EME230696 **13 ordenar –**: ...el director de orquesta (...) ordenó *con mano firme* y la Orquesta (...) ejecutó con pulcritud y excelente sonido. EPE140899

B VERBOS QUE DENOTAN LA ACCIÓN DE DIBUJAR O DELINEAR, GENERALMENTE INTERPRETADA EN SENTIDO FI-

GURADO: **14 trazar +**: ...el camino trazado *con mano firme* por su fundador... EME260394 **15 dibujar**: ...sigue dibujando *con mano firme* la penosa caricatura de Paco Roig para cachondeo de la afición valenciana. EME141096

☐ Véase también: **con firmeza, con mano de hierro, con mano dura, con mano férrea, de hierro, férreamente, fuertemente.**

con mano izquierda ♦ **actuar, llevar, plantear, tratar**

☐ Véase también: **diplomáticamente.**

con matices *loc.adv./loc.adj.* ▮ Admite algunas variantes sintácticas *(con algún ligero matiz, sin ningún matiz, sin matiz alguno)*. Se construye a menudo en incisos y combinada con...

A VERBOS QUE DENOTAN ADHESIÓN O MANIFESTACIÓN A FAVOR DE ALGO O DE ALGUIEN: **1 apoyar ++**: ...IU apoyó *con matices* un proyecto que juzga insuficiente. LVE080795 **2 defender +**: ...habían defendido, *con matices*, la conveniencia de que el PP votara a favor de Pujol en la primera ronda. EPE181199 **3 sumarse +**: Los alcaldes de la costa se suman *con matices* a las críticas... LVE220896 **4 justificar**: Sanjuan justificó *con matices* los acuerdos entre el Gobierno y CiU. EME120294 **5 adherirse**: Se han adherido, pero *con matices*, a la propuesta algunas organizaciones de ciudadanos. INDOC **6 apostar**: Francia, Alemania, Italia y, *con matices*, Gran Bretaña apuestan por el plan español. EME131296 **7 apuntarse**: ...una cruzada a la que sorprendentemente se ha apuntado, *con matices*, el candidato socialista. EPE240399 **8 jalear –**: ¡Y le jalea la izquierda, aunque *con matices*! EME070695

B VERBOS QUE DENOTAN ACEPTACIÓN, AQUIESCENCIA, PERMISO O RATIFICACIÓN DE ALGO: **9 reconocer +**: La propietaria reconoce, *con matices*, todos estos problemas... LVE251296 **10 admitir +**: Las tres partes mencionadas admitieron, aunque *con matices*, que (...) podría haber vulnerado la Ley de Incompatibilidades de Altos cargos... EPE300799 **11 aceptar +**: Con matices, todos aceptaban que más poderes para la Generalitat era, por definición, bueno para el país y no se planteaban qué efectos tenía para Cataluña. LVE250895 **12 aprobar +**: El Consejo Europeo ha hecho suya la propuesta española sobre Cuba, aprobada *con matices* el 2 de diciembre por el Consejo de Ministros... LVE151296 **13 asumir**: ...prometió trabajar por la supresión de la pena de muerte y por resolver pacíficamente el litigio del mar Egeo, dos de las condiciones que asume, aunque *con matices*. EPE121299 **14 confirmar**: El portavoz de Repsol (...), *con matices*, lo confirma. EPE060999

C VERBOS QUE DENOTAN CONCORDANCIA O CONSENSO: **15 coincidir ++**: ...los dirigentes que impulsan el nuevo grupo blanco coinciden, aunque *«con matices»*, en que la conducción (...) al frente del Directorio del Partido Nacional «no estuvo a la altura de la hora». EOU160197 **16 estar de acuerdo ++**: ...está de acuerdo, *«con matices»*, con su propuesta de financiación para todas las comunidades autónomas. EPE040599 **17 compartir +**: ...y los hoteleros de la Rambla, reunidos ayer, comparten *con matices* esta preocupación. LVE270896

D VERBOS QUE DENOTAN OPOSICIÓN O REPROBACIÓN: **18 oponerse +**: Varios se opusieron a la continuidad del favoritismo hacia Londres: *con matices*, Bélgica; con rotundidad, España. EPE250399 **19 censurar**: Todos los partidos de la oposición de Cataluña censuraron ayer, *con matices*, al Gobierno de Jordi Pujol por estas fugas. EPE041201

E SUSTANTIVOS QUE DENOTAN RESPALDO O AYUDA, FRECUENTEMENTE RELACIONADOS CON LOS VERBOS DEL APARTADO *A*: **20 apoyo +**: Otros líderes de la comunidad musulmana en Italia han declarado su apoyo, aunque *con matices*, a la declaración de Bouchta. EPE171001 **21 colaboración**: Colaboración *con matices*. La actitud de colaboración fue apreciada por todos, juez y fiscal incluidos. EPE041001

F SUSTANTIVOS QUE DENOTAN ACEPTACIÓN, FRECUENTEMENTE RELACIONADOS CON LOS VERBOS DEL APARTADO *B*: **22 aceptación**: ...el regreso del cepo, llamado a concentrar críticas de unos (...) y la aceptación de otros (muchos peatones, el Gremio de Garajes y, *con matices*, el RACC). LVE010596 **23 acogida**: La unidad sindical, tan deseada por el sector «crítico», recibió una mejor acogida, aunque *con matices*... EME280995

G SUSTANTIVOS QUE DENOTAN CONSENSO, FRECUENTEMENTE RELACIONADOS CON LOS VERBOS DEL APARTADO *C*: **24 acuerdo**: Dicha diputación fue consultada sobre dicha propuesta (...) y su principal responsable (...) expresó su «acuerdo *con matices*» a la misma. EPE241101 **25 entendimiento**: Al buen entendimiento, también *con matices*, se sumó José María Barandiarán... EPE210700 **26 pacto**: Los socialistas no se cierran a un posible pacto con los propietarios privados, aunque *con matices*... EPE190499 **27 unanimidad**: ...existe una enorme unanimidad, *con matices*, acerca de la conveniencia de su candidatura, pero eso le corresponde a él decidirlo. LVE171095 **28 sintonía –**: ...había habido «una sintonía, evidentemente *con matices*, como no podía ser de otra manera...». EPE110399

H SUSTANTIVOS QUE DENOTAN OPOSICIÓN, FRECUENTEMENTE RELACIONADOS CON LOS VERBOS DEL APARTADO *D*: **29 oposición +**: La oposición a la ampliación de la OTAN, aunque *con matices* para no alarmar a Occidente. LVE160696 **30 rechazo**: El rechazo *sin matices* al proyecto que ha puesto de manifiesto nuestro grupo político... INDOC

I OTROS SUSTANTIVOS; POSIBLES USOS ESTILÍSTICOS: O comparsas *con matices* del consenso catalán o denunciadores de su luciferina preponderancia. EPE260699

J ADJETIVOS QUE DENOTAN ACEPTABILIDAD O FACTIBILIDAD: **31 aceptable +**: ...los pilotos retrocedieron ayer y calificaron la propuesta de «aceptable, pero *con matices*», según fuentes cercanas al sindicato. EPE180599 **32 posible**: El último informe de coyuntura del banco considera posible *–con matices–* cumplir los objetivos de crecimiento de la economía... EME171196

K ADJETIVOS QUE DENOTAN SEMEJANZA: **33 similar**: Otro artista, Manolo Magraner, se manifiesta en un sentido similar pero *con matices*. LVE160395 **34 parecido**: Algo parecido, *con matices*, ha sucedido en Asturias. LVE190295

conmemoración ♦ **alegre, antiguo, centenario, ceremonioso, civil, deslucido, emotivo, espe-**

cial, festivo, funerario, gran(de), grandioso, histórico, íntimo, luctuoso, magno, oficial, particular, pomposo, presente (en), protocolario, ritual, señalado, significado, solemne, tradicional ♦ acto (de), ceremonia (de), motivo (de) ♦ aplazar, asistir (a), boicotear[23]**, celebrar, dedicar (a alguien), ensombrecer(se), evocar, festejar, invitar (a), oficiar, organizar, participar (en), preparar, sumarse (a), tener lugar**

☐ Véase también: **celebración, efeméride.**

conmemorar *v.* ▌ Acepta sustantivos de persona *(conmemorar a los héroes)*. También se combina con otros que designan diversos eventos *(conmemorar la llegada del hombre a la luna, el inicio de las obras)* y especialmente con...

A SUSTANTIVOS QUE DESIGNAN FECHAS, CELEBRACIONES O SOLEMNIDADES, MÁS FRECUENTEMENTE SI ALUDEN AL TIEMPO TRANSCURRIDO DESDE ALGÚN ACONTECIMIENTO QUE SE CONSIDERA RELEVANTE: **1 aniversario ++:** Una buena cantidad de dirigentes del fútbol sudamericano y nacional llegaron hasta el auditorio (...) para *conmemorar* el 75 aniversario de vida institucional. LTB130901 **2 cumpleaños +:** ...los japoneses iban a *conmemorar* el cumpleaños de su emperador Akihito en una fiesta de más de 800 invitados... DLA270197 **3 centenario ++:** La primera edición de la revista ibérica de poesía «Hablar/Falar» *conmemora* el centenario del poeta portugués Fernando Pessoa con la publicación de un poema inédito. ENH150398 **4 cincuentenario +:** ...comisario de la exposición «Mondrian-Kadinsky», que tras su éxito en Madrid ha recalado en Barcelona, y que *conmemora* el cincuentenario de la muerte de ambos artistas. ABC091294 **5 efeméride +:** La leyenda de la escalera (...) arranca de una noche de histeria electoral en que (...) soltó una prédica subido a unos peldaños. Para *conmemorar* la efeméride le regalaron una escalera. LVE201095 **6 festividad +:** Lleno total en el festejo goyesco que *conmemoraba* la festividad madrileña. EME030596 **7 onomástica +:** La Gala de Reyes, celebrada ayer en el Auditorio Nacional, sirvió para *conmemorar* la onomástica de Su Majestad... ABC060195 **8 bicentenario:** Al *conmemorarse* el Bicentenario de la Prevención de La Viruela, en 1996, publiqué un artículo sobre la llegada de la vacuna desde España en 1806. CAP041001 **9 diada:** ...la comida campestre organizada por el partido en Mataró para *conmemorar* la Diada. LVE120995 **10 jubileo:** La Iglesia Católica se apresta a *conmemorar* el Jubileo del año 2000... EME120694 **11 corpus:** Roma cree, con otros estudiosos, que seguramente «algún viajero catalán vio esta práctica en Italia, para *conmemorar* el Corpus, le agradó y la sugirió aquí». LVE010694 **12 milenio:** Los actos para *conmemorar* el milenio comenzarán por la tarde. EPE291299 **13 fiesta nacional:** No parece que esa distinción haya afectado grandemente a los jefes de ETA, que decidieron *conmemorar* la fiesta nacional española colocando un coche cargado de explosivos en el centro de Madrid. EPE141001

B SUSTANTIVOS QUE DESIGNAN EL FINAL O EL RESULTADO DE ALGO, MÁS A MENUDO FAVORABLE, PERO A VECES TAMBIÉN ADVERSO: **14 victoria ++:** La procesión de San Bernabé, que *conmemora* la victoria de los ciudadanos de Logroño contra los franceses en 1521... FDV120601 **15 derrota +:** La asociación de vecinos (...) reproducirá los próximos días (...) un poblado indio para *conmemorar* la derrota del Séptimo de Caballería por los sioux-yakotas. LVE160796 **16 triunfo:** ...la concentración celebrada anteayer por el PLD y sus aliados para *conmemorar* el triunfo electoral del año pasado... LDD010797 **17 fin:** ...en el transcurso de una sesión especial en la que se *conmemoraba* el fin del duelo –séptimo día– del asesinato del ministro de Turismo... EPE251001 **18 éxodo:** Nada más apropiado para *conmemorar* el éxodo que protagonizaron las huestes de Moisés, hace 4.000 años. EME160495

C SUSTANTIVOS QUE DESIGNAN LA ACCIÓN O EL EFECTO DE LIBERAR ALGO O A ALGUIEN DE ALGUNA ATADURA: **19 liberación:** ...suspendió el tradicional Tedéum de acción de gracias que para *conmemorar* la liberación de Bilbao por las tropas nacionales se venía celebrando en la basílica de Begoña... LVE281095 **20 independencia +:** Llegará el Cuatro de julio de 1997 (día nacional en el que EE. UU. *conmemora* su independencia)... EME080896 **21 libertad:** Se trata, pues, de un acontecimiento que *conmemora* la libertad. EPE260199

D SUSTANTIVOS QUE DESIGNAN OTROS EVENTOS A MENUDO DESTACADOS POR SU SIGNIFICACIÓN, MÁS FRECUENTEMENTE SI SE CONSIDERAN HEROICOS O MUY MERITORIOS: **22 acontecimiento:** ...no hay muchas más cosas que nos hagan «perder el sueño» a los estadounidenses a la hora de *conmemorar* los acontecimientos de la historia reciente. EME040895 **23 hazaña:** ¿Van a exigirnos los niños de la gomina que cantemos el «Cara al sol» para *conmemorar* las hazañas internacionales de sus disciplinados correcaminos? EME290694 **24 gesta:** El 7 de junio los peruanos *conmemoramos* la gesta de Francisco Bolognesi... CAP130696 **25 descubrimiento:** El Departamento de Sanidad recordó que hoy se celebra el día mundial de la tuberculosis, que *conmemora* el descubrimiento del bacilo que causa la enfermedad. EPE240399

E LOS SUSTANTIVOS *MUERTE* Y *NACIMIENTO*: **26 muerte ++:** ...37 intelectuales, que se habían reunido para *conmemorar* la muerte de un poeta del siglo XVI –ahorcado por su oposición a la represión religiosa–, perecieron en el incendio. LVE070795 **27 nacimiento ++:** ...quien, sabiendo de tus condiciones pedagógicas, te suplicó que le dirigieras un coro celestial para *conmemorar* su nacimiento. FDV020101

F SUSTANTIVOS QUE DESIGNAN DIVERSAS FORMAS DE PROTESTA O SUBLEVACIÓN, EN OCASIONES CON ALGÚN GRADO DE VIOLENCIA, FRENTE A SITUACIONES QUE SE CONSIDERAN INJUSTAS, AGRAVIANTES U OPRESIVAS: **28 revuelta:** ...los actos con los que se *conmemora* todos los años la revuelta de los comuneros castellanos. INDOC **29 revolución:** ...el brutal asesinato de Oliverio Castañeda tras una marcha *conmemorando* la Revolución de Octubre... LHG300497 **30 rebelión:** Los activistas prodemocráticos *conmemoraron* ayer la rebelión que tuvo lugar en 1989 en China... EME070496 **31 alzamiento:** Los judíos celebran la festividad de Hanukak, que *conmemora* el alzamiento de los macabeos. EME271295 **32 levantamiento:** Unas fiestas que *conmemoran* el levantamiento popular contra los franceses... EME270496 **33 huelga:** ...rechazó secundar la movilización propuesta por IU para *conmemorar* la huelga del 27-E. LVE030295

G SUSTANTIVOS QUE DESIGNAN DE MUY DIVERSA FORMA ESTADOS Y CIRCUNSTANCIAS ADVERSOS O DESGRACIADOS, A MENUDO VIOLENTOS Y DE RESULTADO TRÁGICO: **34 tragedia:** El montaje *conmemora* la tragedia ocurrida en Sarajevo el cinco de febrero de este año... EME080494 **35 sacrificio:** ...degollar medio millón de cabezas de ganado, el modo tradicional de los musulmanes de *conmemorar* el sacrificio del profeta Abraham. EPE020887 **36 fusilamiento:** Es puente y mucha gente se escapa de las dos fechas en las que se *conmemoran* fusilamientos. EME020594 **37 matanza:** ...acaba en una plaza que *conmemora* una matanza y un levantamiento popular. ABC270594 **38 batalla:** ...los unionistas moderados, que con su desfile para *conmemorar* una batalla de 1690 han puesto al proceso de paz en la picota. LVE160796 **39 asesinato:** Sociedad fragmentada *conmemoró* asesinato de líder laborista. EPC051197

con {mis/tus/sus...} propios ojos ♦ **comprobar, examinar, presenciar, ser testigo, ver**

conmocionar(se) *v.* ▮ Acepta sustantivos que designan personas *(aficionado, espectador, vecino, testigo)* y grupos humanos *(público, junta, gobierno, familia, organización)*, más frecuentemente si se refieren a cuerpos o estamentos políticos o sociales *(clase política, opinión pública, judicatura, ejército)*, poblaciones o comunidades *(localidad, pueblo, ciudad, barrio)* u organizaciones políticas o administrativas *(provincia, comunidad, país, nación)*. Asimismo se combina con...

A SUSTANTIVOS QUE DENOTAN ENTORNO O MEDIO EN QUE SE VIVE O EN EL QUE SE DESARROLLA UNA ACTIVIDAD. POR EXTENSIÓN, CON OTROS QUE DESIGNAN EL AMBIENTE, LA SITUACIÓN O EL ENTORNO FÍSICO O SOCIAL DE LAS PERSONAS O LAS COMUNIDADES: **1 mundo +:** Las circunstancias en que ocurrió la muerte de la princesa Diana y de su pretendiente, noticia que ha *conmocionado* al mundo, deben llevarnos a reflexionar... DHE030997 **2 vida:** ...los coloquios son unas de las partes más atractivas de este festival que *conmociona* la vida de Logroño. EME020196 **3 sociedad:** El asesinato se une a las atrocidades de una red de pederastas que están *conmocionando* a la sociedad belga desde el pasado agosto. EME091096 **4 contexto:** ...no digamos para un contexto mundial *conmocionado* por el ataque a las Torres Gemelas y al Pentágono. EPE051101 **5 ámbito:** El procesamiento de Catón, circunstancia sin precedentes según destacaron desde la Diputación alavesa, llega a raíz de un suceso que *conmocionó* el ámbito laboral de Vitoria. EPE210999 **6 medio:** La retrospectiva (...) muestra la obra de este artista, fotógrafo, cineasta y videoartista, que *conmocionó* el medio fotográfico con la publicación de su libro... EME070196 **7 panorama:** ...a pesar de haber estado casado con la pintora que más y mejor *conmocionó* el panorama artístico español de esos años... ABC260692 **8 universo:** Una providencia de la Corte Constitucional y una declaración del Presidente de la República han *conmocionado* el universo jurídico-político del país. EPC141097

B ALGUNOS SUSTANTIVOS QUE DESIGNAN CIERTAS FACULTADES O CAPACIDADES HUMANAS ÍNTIMAS O ESENCIALES RELATIVAS A LA MORAL O LOS SENTIMIENTOS: **9 conciencia ++:** Autor de «El Norte» –un filme sobre dos refugiados guatemaltecos, que *conmocionó* las conciencias progresistas norteamericanas–... LVE180995 **10 corazón:** El violento impacto inunda las pantallas televisivas y *conmociona* directamente el corazón de la mayoría silenciosa... EME160296

C OTROS SUSTANTIVOS; POSIBLES USOS ESTILÍSTICOS: Hace tiempo, en un reportaje, afirmó que buscaba «*conmocionar* nuestra fatiga mental». LPA190492; El papel como soporte, con ricas calidades, manipulado hasta conseguir una superficie *conmocionada* por múltiples tensiones de contrastados valores estéticos y expresivos... ABC240192

☐ Véase también: **abatir(se)**.

conmover(se) ♦ **en lo más íntimo, hondamente, intensamente, internamente, profundamente[33], sinceramente[13]**

conmutar ♦ **castigo, condena, pena, sanción**

☐ Véase también: **sustituir**.

con nitidez Véase: **nítidamente**

con ocasión (de) ♦ **aniversario, celebración, elección, fiesta, inauguración, visita,** *otros sustantivos que designan eventos*

conocer ♦ **a ciencia cierta[2], a grandes rasgos[24], a la perfección, a las mil maravillas[21], al dedillo[1], al detalle[34], al milímetro, al pie de la letra[6], a medias[45], como la palma de la mano, con certeza[1], con detalle, con pelos y señales[12], con todo lujo de detalles[25], de antemano[2], de buena tinta, de cerca[5], de memoria[2], de oídas[1], de pasada[15], de primera mano[4], de refilón[23], de sobra[1], detalladamente[32], de vista, de visu, de viva voz, en carne y hueso[8], en líneas generales[21], en persona[8], fehacientemente[21], informalmente[21], ligeramente, palmo a palmo[1], perfectamente, popularmente, por encima, profundamente[85], sobradamente[1], someramente, sumariamente, superficialmente, tangencialmente[30], universalmente[18], vagamente[17]** ♦ **dar (a)[1]**

☐ Véase también: **comprender, convencer(se), desconocer, ignorar, saber**.

conocido ♦ **escasamente, internacionalmente, mundialmente, tremendamente, tristemente[3], universalmente**

☐ Véase también: **famoso**.

conocimiento ♦ **académico, amplio, ancestral[42], aplicado, aproximado[69], básico, borroso[16], cabal, científico, completo, desbordante[49], detallado, elemental, específico, exhaustivo, extenso, fehaciente[6], fidedigno[47], firme, fundado, general, hondo[24], inaccesible[8], inagotable, inseguro, ligero, mínimo, necesario, perfecto[25], pleno, práctico, preciso, profesional, profundo[60], público, riguroso[24], seguro, sólido, somero[96], suficiente, superficial, técnico, teórico, total, vasto[2]** ♦ **área (de), bagaje (de), caudal (de), falta (de), nivel (de), objeto (de)[28]** ♦ **acrecentar, acumular, adentrarse (en)[8], adquirir[19], afinar[21], ahondar**

(en)[20], alardear (de), aplicar, aportar, aprender, aprovechar, asimilar, atesorar, avanzar, brotar[3], canalizar[22], dedicar[22], depositar[17], derrochar[53], desarrollar(se), destilar[91], difundir(se)[41], empapar(se) (de), estancar(se), extraer, generar, heredar, ilustrar (algo), impartir[6], impregnar(se) (de), intercambiar, invertir[8], irradiar, manifestar, obtener, olvidar, perder, perfeccionar, poner (en), poner en práctica, poseer, redundar (en algo), refrescar[4], renovar, repasar, retener, tener, tomar[48], transmitir, usar, volcar (en algo)

☐ Véase también: **sabiduría**.

CONOCIMIENTO Véase:

♦ **analítico, cartesiano, concluyente, inescrutable**

♦ **aprendiz, aprendizaje, cálculo, comprensión, conocimiento, convencimiento, desconocimiento, entendimiento, ignorancia, incertidumbre, incógnita, incompetencia, inexperiencia, meditación, pensamiento, reflexión, saber, sabiduría, secreto, seguridad, teoría**

♦ **aprender, comprender, conocer, desconocer, desvelar, dirimir, entender(se), ignorar, reconocer, saber**

☐ Véase también: *PENSAMIENTO; PERCEPCIÓN*.

CONOCIMIENTO

♦ (SUSTANTIVOS) Véase: **abstruso[C], acorde (con)[G], a cuestas[C], adentrarse (en)[A], adquirir[D], aglutinar[J], ahondar (en)[E], a la luz (de)[E], alcance (de)[H], aleccionador[G], alumbrar[A], amargo[K], a medias[K], ancestral[E], avanzado[I], aventajado[A], blando[M], bordar[B], borroso[D], brindar[I], brotar[A], capitalizar[C], captar[E], cartesiano[D], casero[G], cimentar[H], confesar[K], copioso[E], cubrir(se) (de)[G], cultivar[D], dedicar[D], depositar[D], de salón[C], desatender[E], desbordante[H], descifrar[F], desentrañar[G], desoír[K], destilar[M], difundir(se)[F,M], dilatado[A], engrosar[I], hondo[C], impagable[D], impartir[B,C], inaccesible[B], paliar[L], perfecto[C], pertrechar(se)[B], pisotear[H], pozo (de)[A], predicar[E], profesar (en)[B], profesar[E], profundo[H], rebosar[H], refrescar[A], riguroso[D], segregar[B], somero[J], tomar[G], traspasar[D], vano[G], vasto[A], vívido[G]**

♦ (VERBOS) Véase: **a ciencia cierta[A], a conciencia[D], a golpes[H], a grandes rasgos[E], a las mil maravillas[D,E], al dedillo[A], al detalle[E], al pie de la letra[A], a medias[H], con certeza[A], con pelos y señales[B], con todo lujo de detalles[D], dar (a)[A], de antemano[A], de carrerilla[B], de cerca[A], de memoria[A], de oídas[A], de primera mano[B], de refilón[E], de sobra[A], detalladamente[F], en carne propia[B], en líneas generales[E], en persona[B], fehacientemente[E], informalmente[E], palmo a palmo[A], profundamente[L], profusamente[H], punto por punto[H], sobradamente[A], tangencialmente[F], universalmente[D], vagamente[E]**

☐ Véase también: INDAGACIÓN; INTERPRETACIÓN; JUICIO; PENSAMIENTO.

con ojo ♦ **andar, ir**

con pelos y señales *loc.adv.* ▮ Se combina con...

A VERBOS QUE DESIGNAN LA ACCIÓN DE MOSTRAR, PRESENTAR O SACAR A LA LUZ ALGUNA INFORMACIÓN, VERBALMENTE O POR ESCRITO: **1 contar ++**: Ante el fiscal Kenneth Starr, Monica contó *con pelos y señales* su relación con Clinton... CLA250199 **2 narrar +**: A Stalin le irritó especialmente la segunda parte de «Iván el terrible» (1946), de Serguei Einsestein, en la que se narra *con pelos y señales* la venganza del zar contra los boyardos que lo denunciaron. EME100995 **3 relatar +**: García Damborenea ha relatado *con pelos y señales* varias conversaciones en las que habló con González sobre los GAL. EME260496 **4 describir +**: En cambio, la hermana del fallecido (...) describe *con pelos y señales* cómo detuvieron a su hermano en la misma puerta de su casa... EPE240800 **5 detallar +**: ...detallan *con pelos y señales* sus manejos para hacerse con la comisión ilegal por el concurso de la carretera Salinas-Las Pedrizas. EPE161199 **6 explicar +**: ...el artículo de Oriol Pi de Cabanyes que explica, *con pelos y señales*, cómo se está expoliando la biblioteca del Círculo Catalán de Madrid. LVE170695 **7 aclarar**: ...propuso que la ratificación se aplazase hasta que se aclare *con pelos y señales* el papel del ex ministro de Economía en el «caso Rubio». EME130494 **8 informar**: Y aquí seguimos informando *con pelos y señales* de qué altos cargos y en qué coches diplomáticos transportaban las armas y las municiones para esa guerra sucia. EME080995 **9 revelar**: ...han roto los votos de silencio y están revelando a las autoridades, *con pelos y señales*, los pormenores del atentado. EME220595 **10 publicar**: Desde el mismo día en que El Mundo publicó *con pelos y señales* esa entrevista, la suerte de PT estaba echada. EPE090700

B ALGUNOS VERBOS DE CONOCIMIENTO: **11 saber +**: Tampoco parece que fomentaría las ayudas económicas internacionales saber *con pelos y señales* cuántas han sido las partidas de armas compradas por el país... LVE211195 **12 conocer +**: El –como lo definió Norma Jean– burdel abarrotado que era Hollywood, conoció *con pelos y señales* aquel mismo amanecer (...) que Marilyn por fin se había ido del todo. EPE020887

C OTROS VERBOS; POSIBLES USOS ESTILÍSTICOS: El propio Aznar controla *con pelos y señales* cada paso, cada nombre y sobre todo, cada momento... EPE041101; Ahora la idea es otra: convocar, pactar en firme, *con pelos y señales*, con luz y taquígrafos. EPE240699

☐ Véase también: **con detalle, con todo lujo de detalles, detalladamente, escrupulosamente, exhaustivamente, extensamente, prolijamente, punto por punto**.

con pies de plomo ♦ **actuar, andar, ir, moverse, obrar**

con placidez Véase: **plácidamente**

con pomposidad Véase: **pomposamente**

con posibilidad (de) *loc.prep.* ▮ Admite la variante *con posibilidades de*. Mantiene algunas de sus propiedades como construcción sintáctica no idiomática, entre ellas el hecho de que el sustantivo *posibilidad* acepte algunos adjetivos *(con escasas posibilidades de; con alguna posibilidad de; con notables posibilidades de triunfar)*. Admite infinitivos *(con posibilidad de obtener un buen resultado; con posibilidades de triunfar)* y

también sustantivos, casi siempre sin artículo. Se combina frecuentemente con sustantivos que designan acciones futuras a las que se tiene opción o derecho en relación con alguna cosa, en especial con los que designan situaciones laborales o administrativas *(trabajo, beca, contrato)*, los que expresan revalidación de algo *(renovación, reelección)*, reclamación *(impugnación, apelación, reclamación)*, anulación *(anulación, cancelación)* y diversas resoluciones y situaciones legales, administrativas o judiciales *(condena, sanción, indulto, libertad)*. Admite también sustantivos que designan fenómenos meteorológicos, en especial precipitaciones *(chubascos, lluvia, lloviznas, precipitaciones, tormenta, granizo, neblina, helada)*. Se combina con un gran número de sustantivos que designan estadios, opciones o situaciones posteriores a otras, más frecuentemente si suponen mejora, resolución, incremento o complemento de ellas en alguna escala valorativa: *un alquiler con posibilidad de compra*; *compra con posibilidad de financiación*; *acuerdo con posibilidades de prórroga*; *lanzamiento con posibilidades de gol*; *coche automático con posibilidad de techo descapotable*; *un bajo con posibilidades de barítono*. Son de destacar asimismo sus combinaciones con...

A SUSTANTIVOS QUE DESIGNAN EL RESULTADO FELIZ DE LO QUE SE EMPRENDE. TAMBIÉN CON OTROS QUE EXPRESAN DIVERSAS FORMAS DE MATERIALIZARLO EN EL ÁMBITO DEPORTIVO Y EN EL POLÍTICO: **1 éxito ++**: Pero la segunda reelección, por ahora, parece más el sueño de una noche de verano que una jugada de alta ingeniería política *con posibilidad* de éxito. CLA190197 **2 victoria +**: Es coherente con la larga tradición federalista de un catalanismo de izquierdas y es la única forma de afrontar unas elecciones autonómicas *con posibilidad* de victoria. EPE280399 **3 triunfo:** ...quebrar esa tendencia con la elección de candidatos *con posibilidad* de triunfo sobre sus oponentes del PP. EPE161101 **4 medalla:** ...lo importante es que tenemos 12 deportes *con posibilidad* de medalla, lo que indica el buen momento de España. EPE060900 **5 gol:** ...de manera que se abran espacios para ingresar *con posibilidades* de gol hasta el arco rival. LTB310397 **6 clasificación:** Bolivia se encuentra penúltima en la tabla de colocaciones de la eliminatoria suramericana, *con remotas posibilidades* de clasificación... LTB180900

B SUSTANTIVOS QUE DENOTAN CAMBIO: **7 aumento ++**: «Estamos en estos momentos –añadió– en una situación de intereses estables y *con posibilidad* de un ligero aumento». EME240595 **8 mejora +**: Se ha producido un ligero repunte de las acciones, *con* muchas *posibilidades* de mejora. INDOC **9 prórroga +**: Dura de seis meses a tres años *con posibilidad* de prórrogas no inferiores a 6 meses hasta la duración máxima. EME020696 **10 expansión:** Entonces volvieron a hacer números, decidieron montar una planta un poco más chica a la original pero *con posibilidades* de expansión y comenzaron a construirla en marzo de 2000. CLA120601 **11 ampliación:** El acuerdo es por dos temporadas, *con posibilidades* de ampliación si los dirigentes del club azulgrana lo consideran conveniente... LVE210495 **12 crecimiento:** ...al final las únicas plantas *con posibilidad* de crecimiento en el parque serían los champiñones. EPE031299 **13 desarrollo:** ...se implica a las entidades financieras en el tejido industrial *con posibilidades* de desarrollo en el futuro. LVE020295 **14 evolución:** Una mano de obra flexible implica (...) una formación técnica y un aprendizaje *con posibilidades* de evolución. EPD160198 **15 ascenso:** Digamos que tiene un puesto de cierta relevancia en una empresa cualquiera, *con próximas posibilidades* de ascenso. EME140296 **16 promoción:** No saben si *con posibilidad* de promoción al término del Jubileo, o si acaso serán recontratados por una empresa de trabajo temporal. EPE110599

C SUSTANTIVOS QUE DENOTAN CAMBIO O CANJE: **17 cambio +**: ...construir una naturaleza con edificios, árboles, calles y todo tipo de elementos que creen un paisaje aún desconocido, *con posibilidades* de cambios. EPE160199 **18 renovación +**: Contrato por tres años *con posibilidad* de renovación. EPE160399 **19 modificación:** ...en cuanto que la voluntad de una de las partes se manifiesta *con posibilidad* de modificación del contenido del contrato. EME120294 **20 sustitución:** Un ordenador barato, pero *con posibilidad* de sustitución en caso de avería o mal funcionamiento. INDOC

D SUSTANTIVOS QUE DESIGNAN EL FINAL DE ALGÚN PROCESO, ESPECIALMENTE SI PUEDE CONSIDERARSE SATISFACTORIO: **21 curación:** ...sensibilidad de las personas que pueden ayudar a un ser enfermo *con posibilidades* de curación. LVE150596 **22 solución:** Deberíamos ser conscientes de que en la actualidad nos enfrentamos con un verdadero problema medioambiental *con pocas posibilidades* de solución. INDOC **23 elección:** ...a quienes sólo se ofrece un puesto entre los veinte que cuentan *con posibilidades* de elección. EPE070399 **24 conquista:** Dentro de sus limitaciones, sin embargo, el Ciclón tuvo ráfagas de ofensiva *con posibilidades* de conquista en la primera etapa... ACP090996 **25 acuerdo:** ...pero me afirmó que era un tema negociable y *con posibilidad* de acuerdo. LRU051096 **26 pacto:** El PP tiene frágiles varias capitales de provincia y *con las posibilidades* de pactos poselectorales... EPE060499

E SUSTANTIVOS QUE DENOTAN BENEFICIO: **27 ganancia:** ...mirar estos productos como un juego *con grandes posibilidades* de ganancia para pequeñas inversiones... LVE240595 **28 beneficio:** ...o si merece una condena a cadena perpetua *con posibilidad* de beneficios penitenciarios... EPE221199 **29 dividendo:** ...una inversión provechosa *con grandes posibilidades* de jugosos divendos en un futuro muy cercano. INDOC

F EL SUSTANTIVO *FUTURO*: **30 futuro +**: El planteamiento *con mayores posibilidades* de futuro es el de una división del campus en seis parcelas, de 10.000 metros cuadrados cada una. LVG231191

G OTROS SUSTANTIVOS; POSIBLES USOS ESTILÍSTICOS: En México esto equivaldría a considerar el campesinado y el paria urbano también como seres *con posibilidades* de felicidad. LVE240895

con precisión ♦ conducir, conocer, datar, definir, delimitar, describir, detectar, determinar, dibujar, dirigir, entender, establecer, estudiar, evaluar, explicar, hablar, lanzar, manejar, plasmar, predecir, recordar, responder, retratar, saber, señalar, sintetizar, valorar

con prevención Véase: **preventivamente**

con profusión Véase: **profusamente**

con propiedad ♦ **decir, ejercer, expresar, hablar, manejar, manipular, responder,** *verbos de lengua*

con pulcritud Véase: **pulcramente**

conquista ♦ **amoroso, arrollador, democrático, fulgurante, gran(de), histórico, irrenunciable**[31]**, laboral, político, salarial, sentimental, social, técnico, territorial, vasto** ♦ **afán (de), ánimo (de)**[17]**, proceso (de), sed (de)** ♦ **aspirar (a), consolidar, constituir, culminar, defender, dirigir, disponer(se) (a), facilitar, forjar(se), frustrar(se), iniciar, lanzarse (a)**[2]**, llevar (a), lograr, luchar (por), materializar(se), posibilitar, realizar, salvar**
□ Véase también: **éxito, logro.**

conquistar *v.* ▌En el sentido de 'tomar, conseguir o ganar con esfuerzo' se combina con sustantivos de persona *(Conquistó al público con su oratoria; Su actual novia lo conquistó a él)*, a menudo mediante ciertas referencias metonímicas *(conquistó su corazón)*. También lo hace con otros que designan lugares *(país, ciudad, territorio, fortaleza)*, competiciones deportivas *(campeonato, torneo, liga)* o el premio conseguido en ellas *(medalla, título, corona, oro)*. Admite otros muchos sustantivos, pero destacan sus combinaciones con...

A SUSTANTIVOS QUE DESIGNAN EL RESULTADO FELIZ DE LO QUE SE EMPRENDE: **1 triunfo +:** Por la mañana, Félix no podría ni imaginar que estaría cerca de *conquistar* un triunfo en el Tour. EME130796 **2 éxito +:** Más que una mujer llena de atributos físicos, Sofía Vergara es un ser que ha luchado siempre por *conquistar* el éxito... ESH241000 **3 victoria +:** Su debut con la novena estelar fue con el pie derecho, pues *conquistó* una victoria frente a un equipo de Cuba. DYM230796

B EL SUSTANTIVO *PODER* Y CON OTROS QUE DENOTAN MANDO O AUTORIDAD, ASÍ COMO ALGUNAS DE LAS POSICIONES CON LAS QUE SE ASOCIAN: **4 poder ++:** Quizá por eso lo primero que hicieron al *conquistar* el poder fue romper la unidad de la dialéctica... ENV190197 **5 presidencia +:** ...el abogado Alfonso Portillo pretende *conquistar* la presidencia de Guatemala bajo la sombra de un ex dictador militar... LVE070196 **6 soberanía:** Lejos de ser una nueva Enmienda Platt es el último paso para *conquistar* nuestra plena soberanía... DLA010297 **7 cetro:** Green expresó que vino al país, tras *conquistar* el cetro mediano de la Asociación Mundial de Boxeo (AMB), para promocionar su primer combate... LDD110997

C SUSTANTIVOS QUE DESIGNAN LA ACEPTACIÓN, EL RECONOCIMIENTO O EL AFECTO DE QUE PUEDEN GOZAR LAS PERSONAS: **8 reconocimiento +:** «Poemas ibéricos» (...) descubrió en España su poesía y *conquistó* un reconocimiento que sus obras en prosa han subrayado. ABC250294 **9 honor +:** ...la poesía es quizá la única disciplina en la que Vargas Llosa no ha *conquistado* honores ni lectores... EPE030699 **10 popularidad +:** El duelo sentido en todo el mundo por la desaparición de esta joven mujer que había *conquistado* gran popularidad no tardó de convertirse en ira contra los fotógrafos... DLA020997 **11 confianza +:** Este será un elemento decisivo para *conquistar* la confianza de los inversionistas y reactivar la economía. EXC230496 **12 simpatía +:** El documental ecológico y sus géneros adyacentes (...) han *conquistado* la simpatía incondicional de muchos espectadores de cable. CAP300197 **13 notoriedad:** Los hay de ya amplio currículum (...) junto a otros de más reciente incorporación a una notoriedad lentamente *conquistada*... ABC050692 **14 fama:** Nick Nolte *conquistó* la fama con la serie de televisión «Hombre rico, hombre pobre»... LVE041295 **15 cariño:** Pronto *conquistó* el cariño de los fieles de su diócesis, mitad valenciana y mitad catalana. EME191095 **16 amor:** En aquellos años había *conquistado* el amor de una compañera de clase, que lo abandonó cuando encontró a... INDOC **17 afecto:** Tengo presente tu carita traviesa de niño inquieto, con la que *conquistaste* el afecto de los que te conocemos... ESH260896

D SUSTANTIVOS QUE DENOTAN DIVERSOS VALORES, FACULTADES, ESTADOS O DERECHOS QUE SE TIENEN POR NECESARIOS: **18 derecho +:** Conquistamos el derecho a la educación: de un país con más del 40 por ciento de analfabetos pasamos a un nivel de noveno grado de escolaridad como promedio... GIC062097 **19 justicia +:** ...la justicia hay que *conquistarla*, y defenderla, aunque naturalmente las cosas son más complejas... ABC091294 **20 democracia +:** Se requiere sacudirse la modorra de que la democracia ha sido *conquistada* para siempre... EXC091196 **21 paz +:** Ambas parten del principio de que es necesario que el país tenga una estrategia nacional para terminar la guerra y *conquistar* la paz. SEM240996 **22 respeto +:** No vamos a *conquistar* el respeto y la adhesión de la ciudadanía si no somos la máxima expresión de la tolerancia. BRE250497 **23 valor:** Las que tienen menos de 30 años han conseguido *conquistar* un valor que hasta hace bien poco era prácticamente patrimonio exclusivo de los hombres. EME181195

E SUSTANTIVOS QUE DENOTAN LIBERTAD Y OTROS CONCEPTOS RELACIONADOS CON LA AUSENCIA DE SUBORDINACIÓN O SOMETIMIENTO: **24 libertad +:** Comprender esta situación sin tratar de obstaculizarla, es contribuir a *conquistar* la libertad de Cuba. DLA010397 **25 independencia +:** ...el gobierno de México había establecido relaciones con el de la India, que acababa de *conquistar* su independencia (1947)... ABC310395 **26 autonomía +:** ...disfruta enormemente cuando una lectora le dice que reconoció su propia historia leyéndola (...) consciente de haber *conquistado* la autonomía... ENH240700 **27 utopía:** Abordar empresas de envergadura imposible viene a significar lo mismo que romperse el espinazo en el intento de *conquistar* la utopía. LVE170194 **28 individualidad –:** Lo expresa diciendo que el hijo es la proyección del sí-mismo (...), *conquistando* su individualidad. ABC180992

F OTROS SUSTANTIVOS; POSIBLES USOS ESTILÍSTICOS: ...Dédalo (...) fue, sin embargo, el primero que con sus alas de cera *conquistó* el aire. ABC280194

■ Se combina también con: ♦ **a duras penas, a lo grande**[14]**, arduamente**[14]**, a toda costa**[33]**, con esfuerzo, de punta a punta, palmo a palmo**[17]

con reservas *loc.adv./loc.adj.* ▌Admite algunas variantes sintácticas que muestran su vitalidad parcial como grupo preposicional *(con alguna reserva; con la mayor reserva; con total reserva; con la más absoluta reserva)*. Se combina con...

A VERBOS QUE DESIGNAN LA ACCIÓN DE RECIBIR ALGUNA COSA O LA DE MANIFESTAR APROBACIÓN O APOYO EN RELACIÓN CON ELLA: **1** **acoger +**: ...su desacuerdo (...) ha sido acogido *con reservas* por el gobierno local. FDV050401 **2** **aceptar +**: El presidente (...) aceptó *«con reservas»* la renuncia del Gabinete técnico. LVE120196 **3** **apoyar +**: ...aparecen como adalides de incoherentes tendencias que apoyan «pero *con reservas*». CAP130700 **4** **aprobar +**: El Parlamento Europeo ha aprobado *con reservas* la candidatura... EPE010999 **5** **recibir +**: Los dirigentes de las diversas fuerzas políticas recibieron *con reservas* y críticas el informe del ministro... CLA211187 **6** **respaldar**: ...los ocho gobernadores (...) respaldaron la propuesta (...) pero *con reservas* en cuanto a su contenido. EPU170701 **7** **admitir**: ...manifestó ayer que admitía el suministro (...) *«con muchas reservas»*. EME280195 **8** **adherirse**: Ha manifestado que se adhiere a la propuesta pero *con reservas*. INDOC **9** **firmar**: Otro expediente también fue firmado *con reservas* por Espinoza, por tratarse de un proyecto aprobado por el alcalde de... CAP211295 **10** **suscribir**: ...suscribió, aunque *con reservas*, la declaración sobre las relaciones Este-Oeste... EPE010684

B VERBOS QUE DENOTAN EXPRESIÓN DE UN JUICIO: **11** **expresar**: Las formaciones nacionalistas (...) se expresaron anoche *con reserva*... LVE040396 **12** **responder**: Las diputaciones (...) respondieron *con reservas* a la propuesta... EPE061199 **13** **afirmar**: ...quiso dejar claro que esas afirmaciones las hacía *«con muchas reservas* y el lógico temor» a equivocarse. LVE210296 **14** **sugerir**: El experimento sugirió, aunque todavía *con reservas* considerables, que los ensayos clínicos deberían llevarse a cabo. EME050996 **15** **formular**: La única novedad (...) la formula *con tantas reservas* (...) que, de entrada, no resulta excesivamente creíble. EME150196 **16** **apuntar**: ...las mismas fuentes (...) llegan a apuntar, *con muchas reservas*, la difícil y oscura hipótesis de un ajuste de cuentas. EPE280399

C VERBOS QUE DENOTAN VALORACIÓN, PERCEPCIÓN, ANÁLISIS O INTERPRETACIÓN: **17** **leer**: ...todo lo que se dice (...) en la prensa hay que leerlo *con mucha reserva* y entre líneas. EME290796 **18** **ver +**: ...vería *con reservas* a un ministro que tuviese nexos con el narcotráfico... EUV210197 **19** **tomar**: Pero hay que tomarlo *con reservas* en cuanto a su verdadera eficacia. LVE120595 **20** **mirar**: ...por qué Estados Unidos nos mira *con reservas*, y por qué las naciones del Tercer Mundo se sienten alejadas de nosotros. HOY010278 **21** **observar**: El PP, interesado en subrayar su papel de oposición, lo observa *con reservas*. LVE241095 **22** **contemplar**: ...la calidad de los muletazos se contemplaba *con reservas*... EPE041099 **23** **juzgar +**: ...el Tratado ha sido juzgado *con reservas* por varios líderes latinoamericanos. EPE090977 **24** **analizar**: ...analizó *con muchas reservas* la propuesta de contrato estable... LVE120795 **25** **creer**: ...cree sin embargo, aunque *«con reservas»*, que la organización terrorista intentará que ello no ocurra. EPE020489 **26** **valorar**: Con reservas, aunque con esperanza (...) ha valorado el alcalde de Móstoles (...) la labor de gobierno... EME091095 **27** **tratar**: Se trata de si es preferible darle todos los créditos o tratarle *con reservas*. LVE291095

D VERBOS QUE DESIGNAN LA MANIFESTACIÓN DE ACTITUDES O DECISIONES, A MENUDO LA CONCESIÓN O NEGACIÓN DE UN PERMISO, Y OTRAS FORMAS DE EJERCER LA VOLUNTAD EN RELACIÓN CON ALGUNA TOMA DE POSTURA: **28** **reaccionar**: ...la comunidad judía de la ciudad italiana reaccionó *con reservas* a la noticia. ENV110797 **29** **actuar**: Tampoco actúo *con reservas* políticas o por un supuesto miedo a perder... EPE160399 **30** **autorizar**: El Senado (...) autorizó, aunque *con reservas*, el envío de tropas... LVE141295 **31** **prohibir**: ...el compositor llegó a sentir escrúpulos y prohibió, *con reservas*, que volvieran a representarse sus obras escénicas... EME161196 **32** **ratificar**: ...este país ratificará *con algunas reservas* la convención de la ONU sobre la eliminación de todas las formas de discriminación contra la mujer... LVE230895 **33** **optar**: ...optaría, *con reservas*, por (...) el único candidato al que escuchaba un discurso racional en relación con este tema. LVE060296 **34** **inclinarse**: ...también se inclinó por este modelo, aunque *con muchas reservas* y matizaciones. EPE021299 **35** **vivir**: Prefirió vivir *con reservas* y alejado del riesgo. EME270295

E VERBOS QUE DENOTAN APARICIÓN O MOSTRACIÓN: **36** **dejarse ver**: Se deja ver, pero *con algunas reservas*. EPE280299 **37** **aparecer**: Cuando crees que estás a punto de alcanzar un acuerdo, aparece Núñez en el último momento *con alguna reserva* y nuevas condiciones. EPE030399 **38** **llegar**: La primera gran conmoción de la Vuelta, tras la contrarreloj de Valladolid, llega hoy con no pocas pretensiones y también *con algunas reservas*. EME300494 **39** **venir**: Pero Weinroth dijo que los fiscales le informaron que la recomendación vino *con reservas*, lo que levanta dudas sobre su fuerza. ENH170497

F VERBOS QUE DENOTAN COLABORACIÓN O PARTICIPACIÓN EN ALGUNA TAREA: **40** **sumarse +**: ...dejó claro ayer que se suma a este documento *con reservas* y se declaró «crítico» con su contenido. EME160995 **41** **incorporar**: ...un grupo (...) al que se acaba de incorporar, *con reservas*, Maestre... LVE090296 **42** **agregarse**: ...un victorianismo que se agrega al panorama español *con reservas* y escrúpulos. EME160995 **43** **acompañar –**: Acompañaron a Perú *con reservas* similares los Emiratos Árabes, Líbano... CAP280995

G SUSTANTIVOS QUE DENOTAN APOYO O ACEPTACIÓN. SE RELACIONAN CON LOS VERBOS DEL APARTADO *A*: **44** **apoyo**: ...logró el apoyo de principio de todos ellos (aunque *con algunas reservas* de los comunistas)... EPE110299 **45** **aprobación**: ...obtuvieron ayer la aprobación del pleno de la conferencia pero *con muchas reservas*... LVE160995 **46** **acercamiento**: ...el ministro alemán (...), apóstol del «diálogo crítico» (acercamiento *con reservas* a Irán), ha hecho equilibrios... EME241196 **47** **acuerdo**: ...los socialistas anunciaban un acuerdo con los comunistas sobre el contenido del proyecto, aunque *con algunas reservas*. EPE130399 **48** **voto**: De todas maneras, precisaron que su abstención fue, en realidad, «un voto positivo *con reservas*». EME260996 **49** **sí**: Nuestra abstención es un sí *con reservas* (...) porque Dini no ha dicho cuándo los italianos serán llamados a las urnas. EME250195

H SUSTANTIVOS QUE DESIGNAN DIVERSAS REACCIONES POSITIVAS MANIFESTADAS ANTE LOS ESTADOS DE COSAS: **50** **optimismo**: El (...) descenso del paro en abril induce a un optimismo... *con reservas*. EME120595 **51** **satis-**

facción: Satisfacción *con reservas* en Ceuta y silencio en Melilla ante la apertura de la verja Melilla / Ceuta. EPE011284 **52 entusiasmo:** El entusiasmo, *con reservas*, lo guarda para el helado; la invito a un helado y los ojos se le dilatan en una delectación infantil y golosa. EME060795

☐ Véase también: **sin reservas.**

con resignación ♦ aceptar, aguantar, aguardar, asimilar, asumir, comentar, conducir(se), decir, encajar, esperar, expresar, llevar, observar, reaccionar, recibir, soportar, sufrir, tomar

con riesgo (de) Véase: **riesgo (de)**

con rotundidad *loc.adv.* ▮ Admite algunas variantes *(con total rotundidad; con absoluta rotundidad)*. Se combina con...

A VERBOS QUE DENOTAN EXPRESIÓN O MANIFESTACIÓN VERBAL: **1 expresar ++:** El portavoz de IU en la Comisión de Justicia e Interior, Antonio Romero, lo expresó *con rotundidad* tras entrevistarse con Belloch... LVE020994 **2 decir ++:** Es preciso decirlo *con rotundidad* y convicción porque barajar dudas sobre este extremo (...) no sólo perjudica... EME160495 **3 afirmar ++:** ...afirma *con rotundidad* que todo cuanto allí se dice está documentado, con sus correspondientes notas y bibliografía. EPE020886 **4 manifestar ++:** ...las declaraciones efectuadas en la mañana de ayer (...) en las que manifestó *con rotundidad* la voluntad de su coalición de no llegar a pacto de gobierno... EME150694 **5 declarar +:** En ese sentido Ibarrola declaró *con rotundidad* su intención de no volver a intervenir «nunca más» como artista en el País Vasco... EDV191200 **6 pronunciar(se) +:** El ministro del Interior y los otros consultados guardan ciertas cautelas para no pronunciarse *con rotundidad.* EPE120599 **7 comentar +:** «Eso es mentira, ya que no existe ningún problema», comentó *con rotundidad* el jugador... LVE090595 **8 responder +:** Todo ello era sabido por el director del Institut, que no ha respondido *con rotundidad* a estas acusaciones. EME280195 **9 contestar:** «Le elegí porque era mejor», contestó *con rotundidad* el productor. EME090196 **10 hablar:** En cualquier caso, no se puede hablar *con rotundidad*, ya que es posible que los datos que tenemos en este primer cuatrimestre estén sesgados... EME020595 **11 hacer constar:** Deseamos hacer constar *con rotundidad* nuestro absoluto rechazo a unas manifestaciones tan irresponsables como las que... INDOC

B VERBOS QUE DENOTAN NEGACIÓN, RECHAZO U OPOSICIÓN: **12 negar ++:** Tanto secreto hizo sospechar que se tratara de un montaje publicitario (...), lo que fue negado *con rotundidad* por la editorial. LVE070295 **13 oponerse ++:** ...les pide que se opongan *con rotundidad* a la concesión de ayudas comunitarias para el sector textil de Grecia. LVE190295 **14 desmentir ++:** ...desmintió ayer *con rotundidad* que su departamento haya tenido nada que ver con la información publicada ayer... EME090295 **15 rechazar ++:** Aunque rechaza *con rotundidad* las acusaciones de los representantes de Macadam sobre el presunto enriquecimiento... EME070495 **16 descartar +:** Al menos así lo afirmó ayer el Gobierno, que descartó *con rotundidad* que el ex director de la Guardia Civil pueda eludir su responsabilidad... EME290495 **17 evitar:** Quien evitó *con rotundidad* especular sobre el sentido último de las palabras... EPE081099 **18 vetar –:** ...ha vetado *con rotundidad* algo que, según su criterio, podía restarle capacidad de maniobra a la hora de negociar la investidura... LVE260396

C VERBOS QUE DENOTAN AFIRMACIÓN GENERALMENTE FIRME O ENFÁTICA: **19 asegurar ++:** ...nadie se atreve a asegurar *con rotundidad* si el cerebro del antiguo agente del KGB esconde o no un alma de demócrata. EPE090700 **20 reafirmar +:** ...reafirmó *con rotundidad* que Japón no tiene ninguna intención de pagar compensaciones económicas a las víctimas. LVE160895 **21 defender +:** ...pero sí defendemos *con rotundidad* que aquellas que lo sean se muevan dentro de un periodismo objetivo, respetuoso y pluralista... LVE121295 **22 corroborar:** ...con su súbita cascada de declaraciones alarmistas (...) corroboran *con rotundidad* lo que estos últimos días demuestra... LVE190396 **23 sostener:** Pero él sostiene *con rotundidad* que está en Nueva Zelanda. EME161095 **24 ratificar(se):** ...explicó Sanz en un intento de ratificar *con rotundidad* el trabajo de su vicepresidente económico. EPE230699 **25 aseverar:** « (...) no se concluirá un acuerdo de Gobierno», aseveró *con rotundidad.* EPE230299

D VERBOS QUE DENOTAN ENUNCIACIÓN O TRANSMISIÓN DE INFORMACIÓN: **26 señalar +:** Si bien no puede señalarse *con rotundidad* que sea la primera víctima por esta toxicomanía... LVE190795 **27 informar +:** Según su opinión, informa *con rotundidad* que dominar indistintamente catalán y castellano es ser políglota... LVE260796 **28 exponer +:** Said publicó en El Cairo el año pasado un libro (...) en el que expone *con rotundidad* su visión del problema... EME071095 **29 enunciar:** ...reafirmando el principio que el fallecido ex presidente del Tribunal Constitucional Francisco Tomás y Valiente enunció *con rotundidad...* EME110996 **30 apuntar:** «Las matrículas gratuitas para hijos y funcionarios se mantienen en pie, desde luego», apuntó *con rotundidad* una fuente de la Xunta de Galicia... EPE040999 **31 anunciar:** El presidente de la Asamblea de Madrid (...) anunció ayer, *con rotundidad* y en su despacho oficial, que si el Ayuntamiento de Madrid no autoriza... EME230394 **32 aclarar:** ...a éste jamás se le escapa su sentido, aclarado *con rotundidad* literaria sobre la marcha. EME230494 **33 indicar:** En este sentido, indicó *con rotundidad* que «no debe haber excepciones que pongan en peligro el entendimiento...». EPE250699 **34 precisar:** ...sin que por el momento, la Ertzaintza pueda precisar *con rotundidad* cuáles han sido. EME250195

E VERBOS QUE DENOTAN CRÍTICA, DENUNCIA Y OTRAS MANIFESTACIONES DE DISCONFORMIDAD: **35 condenar +:** La Ejecutiva Federal del PSOE condenó ayer *con rotundidad* el asesinato de... EME240195 **36 denunciar:** Sólo el abogado marroquí, Abdesalam Chauche, denunció *con rotundidad* lo que calificó de «veredicto político»... LVE290195 **37 criticar:** El portavoz del Ejecutivo expresó respeto por la decisión del ex juez, pero la criticó *con rotundidad...* LVE110295 **38 protestar:** ...contrasta con la respuesta de países (...) que han protestado *con rotundidad* al anuncio de Jacques Chirac. EME120795 **39 quejarse –:** ...si la dirección del Auditorio le ofrece posibilidades de ensayo, aspecto del que se queja *con rotundidad.* ABC060594

F VERBOS QUE DESIGNAN LA ACCIÓN DE MOSTRAR O RESALTAR ALGUNA COSA: **40 plasmar:** En la fase regular de la Liga sí se plasmó *con rotundidad* la teórica superioridad azulgrana... EPE060599 **41 establecer:** El Alto Tribunal ha establecido *con rotundidad* que el juez no puede erigir su voluntad o su convicción en ley. EPE171099 **42 reflejar:** ...unas memorias en las que, a decir de algunos, no refleja *con rotundidad* la dolorosa experiencia del caso Padilla... EPE020489 **43 mostrar(se):** ...contempla desde la sombra de su batería y cajón flamenco cómo su otra faceta, la de compositor, se muestra *con rotundidad* en una colección de piezas... EPE101299 **44 evidenciar –:** ...no ha dejado de postular la idea de que el candidato y el secretario general fueran la misma persona, lo que se evidenció *con rotundidad* en la batalla por el control de Andalucía... EME030995

G VERBOS QUE DESIGNAN DIVERSAS MANIFESTACIONES DEL TRIUNFO SOBRE ALGÚN RIVAL. TAMBIÉN CON OTROS QUE EXPRESAN SITUACIONES DE HEGEMONÍA O SUPERIORIDAD: **45 ganar +:** Si el día de San Isidro ganó *con rotundidad* al mus, ayer fue derrotado con la misma contundencia. EME180595 **46 imponer(se) +:** ...se convirtió ayer en el primer líder de la Volta 96 al imponerse *con rotundidad* en el prólogo, una contrarreloj de 8,2 kms. LVE140696 **47 vencer:** Ayer, con las piezas blancas, venció *con rotundidad* al campeón en la décima partida del Mundial... EME250696 **48 dominar:** ...quienes disputaron un duelo sin historia porque la primera dominó *con rotundidad*. LVE270294 **49 superar:** El equipo de la conferencia Oeste superó *con rotundidad* al del Este... LVE140295 **50 derrotar –:** El equipo que dirige Arsenio Iglesias derrotó *con rotundidad* al Lleida... EME090295 **51 batir –:** El Ejecutivo ve que el PSOE ha sido batido *con rotundidad* en las elecciones, pero no da nada por perdido. LVE300595

H OTROS VERBOS; POSIBLES USOS ESTILÍSTICOS: Lo que sí se respira *con rotundidad* es la pérdida del miedo ante una progresiva reconfiguración del mapa político. EME111095; Uno y otro se enzarzan en un intercambio de gestos, golpes bruscos de los brazos que cortan el aire *con rotundidad* de carnicero. EPE290999

☐ Véase también: **categóricamente, rotundamente**.

consagrar(se) ♦ **de lleno, de pleno, en cuerpo y alma, íntegramente[9], plenamente[19], por completo[124], por entero**

☐ Véase también: **coronar, dedicar(se), inmortalizar**.

CONSECUCIÓN Véase: *ADQUISIÓN Y CONSECUCIÓN*

CONSECUCIÓN

♦ (SUSTANTIVOS) Véase: **airear[G], al borde (de)[D], a medias[L], apoteósico[B], apreciable[C], arduo[G], democráticamente[E], dilapidar[B], irrenunciable[G], lanzarse (a)[A], magnificar[E], monumental[J], negar[J], residir (en)[F]**

♦ (VERBOS) Véase: **a duras penas[A,F], a empujones[E], a manos llenas[C], a medias[C], a partes iguales[E], a pulso[D], arduamente[C], a toda costa[D], a trancas y barrancas[E], con creces[D], con éxito[D], contra viento y marea[F], de un día para otro[D], de un tirón[F], dignamente[I], en equipo[D], irrevocablemente[F], meritoriamente[A], ni de lejos[A,B], ni por asomo[G], por completo[D], por los pelos[B], por mayoría[C], remotamente[E], venir (en)[B], ventajosamente[E], virtualmente[F]**

☐ Véase también: CUMPLIMIENTO; REALIZACIÓN; RECUPERACIÓN; SUPERACIÓN.

[consecuencia] → **en consecuencia**

consecuencia ♦ **aciago[12], adverso, beneficioso, catastrófico[1], dañino, decisivo[44], demoledor[15], desastroso, deseable, desfavorable, desolador[24], dramático, drástico[62], escaso, eventual, evidente, fatal, favorable, fulminante[48], funesto[1], grave, impredecible[1], imprevisible[8], imprevisto, inapreciable[26], incalculable, indeseable, indudable, inesperado, inevitable, insospechado, irreparable[15], irreversible[1], letal[2], leve, lógico, mortal, nefasto, negativo, nocivo, nulo, obligado, obvio, palpable[8], positivo, previsible, profundo[122], serio[31], severo[64], terrible, trágico, último, visible** ♦ **a la vista (de)[9]** ♦ **acarrear[1], aceptar, acusar[54], afrontar, agravar(se)[34], ahondar (en), aliviar[29], aminorar[3], amortiguar[30], apechugar (con)[1], apencar (con), apercibir (de/contra), arrostrar[30], asumir[18], atemperar[52], atenerse (a)[35], aventurar[20], calibrar[19], cargar (con)[11], compensar[17], conllevar, deducir[10], deparar, derivar(se)[1], desencadenar(se)[20], desentenderse (de)[23], evitar, explicar, extrapolar[1], magnificar[14], medir, mitigar[2], negar[12], neutralizar, ocasionar, originar, pagar, paliar[18], planear[25], prejuzgar[21], prever, producir, provocar, reparar (en), revestir, sacar, sopesar[17], sufrir[1], tener, traer consigo, valorar, vislumbrar[31]**

☐ Véase también: **efecto, estrago, repercusión**.

CONSECUENCIA Véase: *INFLUENCIA, EFECTO Y CONSECUENCIA*

CONSECUENCIA

♦ (SUSTANTIVOS) Véase: **acarrear[A], aciago[C], acusar[H], agravar(se)[E], a la vista (de)[C], aliviar[E], aminorar[A], amortiguar[D], anecdótico[F], apechugar (con)[A], arrostrar[E], asumir[D], atemperar[H], aventurar[C], calibrar[C], cargar (con)[C], catastrófico[A], compensar[C], corroborar[F], crucial[N], decisivo[H], deducir[C], demoledor[C], derivar(se)[A], desencadenar(se)[C], desentenderse (de)[F], drástico[J], en cadena[B], funesto[A], imprevisible[B], irreparable[C], letal[A], llamativo[B], llevar a la práctica[E], magnificar[B], meridiano[G], mitigar[A], negar[B], ostensible[G], paliar[C], palpable[B], planear[E], prejuzgar[D], profundo[O], recaer[I], salpicar[G], serio[E], severo[G], sopesar[D], sufrir[A], terminante[E], vislumbrar[E]**

♦ (VERBOS) Véase: **considerablemente[I], duramente[G], inevitablemente[G], inexorablemente[J], negativamente[A], plenamente[G], profundamente[K]**

☐ Véase también: RESULTADO.

conseguir ♦ **a medias[14], a pulso[18], a toda costa[23], a trancas y barrancas[23], con éxito[30], contra viento y marea[29], de un día para otro[19], en exclusiva[13], esforzadamente, gradualmente[59], lentamente, meritoriamente[3], ni de lejos[8], ni por asomo[43], por las buenas, por los pelos[8], progresivamente, trabajosamente, ventajosamente[13]**

con segundas ♦ **decir, hablar, ir,** *otros verbos de lengua*

consejo ♦ **a puerta cerrada**[38], **atinado**[45], **certero**[42], **de guerra, inteligente, inútil, oportuno, precioso, sabio, útil, valioso** ♦ **aplicar, atender, caer en saco roto**[1], **dar**[17], **desatender**[17], **desobedecer**[32], **desoír**[1], **hacer caso (a/de), ignorar, impartir, pedir, poner en práctica, recibir, seguir**[46], **surtir efecto**[17]
☐ Véase también: **aconsejar, ayuda, recomendación, sugerencia, sugerir.**

CONSEJO Véase: ADVERTENCIA

consenso ♦ **absoluto, amistoso, amplio, básico, general, global, homogéneo, interno, mayoritario, mínimo, necesario, parcial, social, suficiente, tácito, tibio, total, unánime**[6] ♦ **en aras (de)**[48], **por** ♦ **clima (de), falta (de), fórmula (de), fruto (de), nivel (de), pacto (de), quiebra (de)** ♦ **acariciar**[42], **alcanzar, ampliar, apelar (a), apoyar, apuntalar**[15], **basar(se) (en algo), buscar, cimentar**[9], **concitar**[12], **conseguir, construir, cristalizar, cuajar, establecer**[23], **forjar**[13], **fortalecer, fraguar(se)**[2], **gestar, gozar (de)**[68], **llamar (a), llegar (a), lograr, nacer, obtener, quebrar(se)**[20], **ratificar, recabar**[38], **romper, sellar, surgir**
☐ Véase también: **acuerdo, compromiso.**

consensuar *v.* ▌ Se combina con sustantivos que designan ciertos textos *(documento, escrito, discurso, comunicado, manifiesto)* y también con...

A SUSTANTIVOS DE CARÁCTER PROSPECTIVO QUE DENOTAN DISPOSICIÓN U ORGANIZACIÓN DE LA ACCIÓN FUTURA: **1 proyecto:** Es un proyecto *consensuado* entre todos y me sorprende que ahora pongan pegas... FDV070201 **2 propuesta:** Durante esta semana las reuniones de la cúpula se sucederán a la espera de llegar al congreso del 4, 5 y 6 de febrero con una propuesta *consensuada.* LVE250194 **3 plan:** La intención es realizar un plan, *consensuado* con la oposición, de manera que el próximo concejal de vialidad pueda continuar con la reforma. LVE220896 **4 programa:** Los primeros apostaban por *consensuar* un programa y posteriormente repartir las responsabilidades de gobierno, pero los segundos preferían una negociación global. LVE170695

B SUSTANTIVOS QUE DESIGNAN PACTOS, ACUERDOS Y OTRAS ACCIONES CONCERTADAS. POR EXTENSIÓN, CON OTROS QUE EXPRESAN LA ACCIÓN O EL EFECTO DE RESOLVER O DIRIMIR UNA CUESTIÓN: **5 acuerdo +:** Consideró que la más reciente propuesta panista se aleja en algunos aspectos de los acuerdos *consensados* entre PRI, PRD, PT y la Secretaria de Gobernación... DYM230796 **6 contrato:** El Contrato Nacional *consensuado* en aquel encuentro prevé la liberación de los dirigentes del FIS que abriría la posibilidad de una tregua para poner fin a la violencia que vive el país. LVE200895 **7 decisión +:** Roque trató en todo momento de presentar al decreto como una decisión *consensuada* entre las distintas áreas del Gobierno. CLA170397 **8 solución +:** De acuerdo con ello, Pous considera que en estos momentos la Cerdanya necesita buscar una solución *consensuada.* LVE191096 **9 salida:** García, que se resiste a lograr una salida *consensuada,* aceptó el adelanto de la fecha... CLA280199 **10 elección:** ...aún no hay un acuerdo entre todos los grupos para una elección *consensuada* de las Mesas de ambas cámaras, para que estén representadas todas las fuerzas políticas. LVE160396

C SUSTANTIVOS QUE DENOTAN JUICIO, OPINIÓN O TOMA DE POSICIÓN FRENTE A ALGÚN ASUNTO: **11 opinión +:** Incluso en el consejo político del Encuentro Nacional fue discutido el tema y hay una opinión bastante *consensuada,* indicó. ACP271196 **12 política +:** No obstante aceptó la disposición a *consensuar* políticas con la oposición triunfante en las elecciones legislativas del domingo. DLA281097 **13 postura +:** En este caso, la conferencia de Barcelona y la necesidad de lograr posturas *consensuadas* sobre los tres «paquetes» que serán discutidos en ella... LVE290795 **14 posición:** ¿Esto no tendrá efectos en poner algunas limitaciones a la política exterior chilena, al tener que *consensuar* posiciones con los países del Mercosur? HOY181196 **15 punto de vista:** Se hacía necesario *consesuar* los diferentes puntos de vista para llegar a un acuerdo claro. INDOC **16 visión:** Nuestras visiones de gobierno no siempre son *consensuadas* con la sociedad. PME171196

D SUSTANTIVOS QUE DESIGNAN LEYES Y OTROS CONTENIDOS ESTIPULADOS O REGLAMENTADOS, ASÍ COMO ALGUNAS DE LAS FORMAS EN QUE SE PRESENTAN O SE RECOPILAN: **17 ley +:** El Gobierno convocará a la oposición para *consensuar* la ley. CLA030397 **18 constitución:** El Parlamento polaco está preparando actualmente el proyecto de una nueva Constitución *consensuada* que está previsto que sea aprobada el año próximo. LVE201195 **19 artículo:** En base a estas tres propuestas se elaboró, según Quintana, un proyecto único con el 95% de sus artículos *consensuados.* ACP191296 **20 borrador:** El «borrador» de la «ley antídoto», que ya ha sido *consensado* entre autoridades y asesores jurídicos de las secretarías de Relaciones Exteriores... EXC190696

E SUSTANTIVOS QUE DENOTAN CAMBIO DE ESTADO, MÁS FRECUENTEMENTE SI TIENE LUGAR A PARTIR DE UNA SITUACIÓN DADA O DE VARIAS OPCIONES QUE SE OFRECEN: **21 reforma:** ...ha apoyado (...) la reforma *consensuada* entre el Gobierno y la derecha nacionalista catalana. EME180194 **22 transición:** Los dirigentes europeos son receptivos a nuestras propuestas para una transición *consensuada* en Cuba, única forma de salir del impasse en que se encuentra el país. ENH090297 **23 cambio:** ...el dirigente priísta dijo que los partidos están ante las últimas fechas de *consensuar* un cambio que responda a las expectativas de la sociedad. DYM040796 **24 alternativa:** El proyecto legislativo pasa ahora a la comisión de mediación entre las dos cámaras, que se reunirá el 26 de agosto para buscar una alternativa *consensuada.* LVE200796 **25 modificación −:** Se trata de trabajar y *consensuar* una modificación constitucional que concrete la composición y funciones que el actual texto no precisa... LVE300994

F OTROS SUSTANTIVOS; POSIBLES USOS ESTILÍSTICOS: ...los empresarios se habían comprometido a canalizar las reducciones de personal que fueran necesarias a través del mecanismo *consensuado* con la organización sindical. LNP110297

consentimiento ♦ **explícito, firme, inequívoco**[49], **tácito, unánime**[7] ♦ **dar**[41], **gozar (de)**[35], **ma-**

nifestar, otorgar, pedir, recabar[43]**, retirar, supeditar (a algo), tener**

☐ Véase también: **aceptación, aprobación, aval, beneplácito, conformidad, licencia, luz verde, permiso, visa, visado, visto bueno.**

consentir ♦ **a regañadientes**[9]**, generosamente, sin rechistar**

con seriedad Véase: **seriamente**

CONSERVACIÓN Véase: MANTENIMIENTO; OCULTACIÓN; PROTECCIÓN

conservar *v.* ▮ En su sentido de 'guardar, tener o retener' se combina con sustantivos que designan cosas materiales, tanto si pueden enajenarse *(carta, dinero, fotografía)* como en caso contrario *(cicatriz, bigote, figura, silueta)*. Admite asimismo sustantivos que designan propiedades materiales de las cosas o las personas *(tamaño, peso, temperatura, precio)*, así como otras que se refieren a rasgos inmateriales pero a menudo esenciales de su naturaleza *(sentido, significado, esencia)*. Se combina también con sustantivos que designan múltiples nociones y magnitudes que pueden haberse adquirido de muy diversos modos *(mayoría, salario, presupuesto, gobierno)*, pero lo hace más frecuentemente con sustantivos que designan sentimientos, inclinaciones y cualidades, en especial si se refieren a la energía o la actitud vital o expansiva de las personas *(entusiasmo, alegría, vigor, sentido del humor, fuerza, deseo)*, a su clarividencia *(sensatez, buen juicio, sentido común)* o a la ausencia en ellas de complejidad, oscuridad, perturbación o degradación *(calma, lucidez, frescura, salud, juventud, encanto, dignidad, inocencia)*. Varios de estos sustantivos se aplican también a las cosas *(El jardín conservaba todo su encanto)*. En el sentido de 'proteger' se combina con sustantivos que designan cosas materiales que se tienen por valiosas *(cuadro, fresco, manuscrito, escultura, grabado, mueble)* o elementos diversos de algún entorno natural *(bosque, río, parque, campo, naturaleza)*. Usado figuradamente, acepta sustantivos de persona *(clientela, empleado, amigo, amistades, familia, compañero)*. Admite muchos otros sustantivos, pero destacan en especial sus combinaciones con...

A SUSTANTIVOS QUE DENOTAN CARGO, FUNCIÓN O SITUACIÓN EN ALGÚN SISTEMA ORGANIZADO O JERARQUIZADO. TAMBIÉN CON OTROS QUE DESIGNAN LAS DIGNIDADES QUE CORRESPONDE A ESOS PUESTOS O SE REFIEREN METONÍMICAMENTE A ESAS MISMAS ATRIBUCIONES: **1 puesto ++:** ...los principales objetivos (...) se centran en *conservar* el puesto de trabajo... EME050196 **2 empleo ++:** Grupos de afortunados que aún *conservan* sus empleos... DYM170796 **3 papel +:** Voy a luchar hasta el final para *conservar* el papel que me corresponde... LVE211195 **4 plaza +:** Los jueces del Supremo podrán *conservar* su plaza en otros tribunales. EPE120299 **5 posición +:** ...*conservaron* su posición como los número uno del mundo... DYM090996 **6 estatus +:** ...Berlín *conservará* su estatus de ciudad-estado, con gobierno y parlamento propios... EME060596 **7 ocupación:** Nada preocupa más a los ciudadanos que encontrar o *conservar* una ocupación. LVE180296 **8 categoría:** ...se erigieron como hoteles de gran lujo, categoría que todavía *conservan.* EPE100977 **9 escaño:** ...obtuvo una ventaja (...) suficiente para *conservar* el escaño. EME100396 **10 presidencia:** ...*conservará* la presidencia del organismo y aumentará su representación... EPE121199 **11 alcaldía:** ...necesita sus votos para *conservar* la alcaldía... LVE310595 **12 trono:** ...nunca incitó al «sha» a que usara la fuerza para *conservar* el trono. LVE021095 **13 feudo:** ...*conserva* su feudo de l'Hospitalet de Llobregat y revalida la mayoría absoluta... LVE150595 **14 cabeza:** ...la línea crece piramidalmente, siempre *conservando* una cabeza de grupo, que gana según las ventas de toda su cadena hasta cinco generaciones. ETC150996

B SUSTANTIVOS QUE DENOTAN AUTORIDAD, MANDO O SUPERIORIDAD. TAMBIÉN CON OTROS QUE DESIGNAN ALGUNOS ATRIBUTOS QUE SE ASOCIAN CON QUIEN LOS EJERCE: **15 poder ++:** Aquí lo que importa es *conservar* el poder... ABC300695 **16 control ++:** Y aunque uno quiere controlar, *conservar* el control de la situación, pues a veces es difícil. ABC030694 **17 liderazgo +:** ...tras 446 capítulos, *conserva* el liderazgo de audiencia... EME170694 **18 hegemonía +:** ...si quiere *conservar* la hegemonía algo tendrá que cambiar en su partido. EPE010999 **19 dominio:** Conserva su dominio en pequeñas localidades... EPE150699 **20 influencia:** ...si *conserva* la suficiente influencia como para mover los hilos de la designación sucesoria... EME250194 **21 custodia:** ...va a *conservar* la custodia de sus dos hijos... LVE130796 **22 supremacía:** ...*conserva* la supremacía en la provincia de Alicante... EPE100399 **23 preponderancia:** ...el deseo de *conservar* una preponderancia incompatible con la realidad... LTB200197

C SUSTANTIVOS QUE DESIGNAN USOS, PRÁCTICAS, MODOS DE VIDA, CREENCIAS, CONOCIMIENTOS Y OTRAS NOCIONES QUE SE TRANSMITEN A TRAVÉS DEL TIEMPO Y SUELEN DISTINGUIR O CARACTERIZAR LAS COMUNIDADES: **24 costumbre ++:** ...*conservaba* costumbres, tradiciones y dialectos de África. EPE051299 **25 tradición ++:** ...se hizo cargo del restaurante y *conservó* su tradición: el buen café (...) y la cocina española. DYM090996 **26 cultura ++:** ...una forma de *conservar* la cultura heredada de los antiguos mayas. DYM040796 **27 historia +:** Aunque fue escrito después de la conquista (...) *conserva* historias y tradiciones de origen prehispánicos. INF010896 **28 mito:** Aún *conserva*, insólitamente, en sus siglas el mito de la izquierda y de la democracia. EME300595 **29 raíz:** ...toda una obra de arte que *conserva* las raíces más profundas de este género. EPD040797 **30 herencia:** Allí se *conserva* la herencia de la Institución Libre de Enseñanza y el Instituto Escuela... EME110394 **31 patrimonio:** Las sociedades conscientes tienen la obligación de *conservar* su patrimonio... LVE020294 **32 signo de identidad:** ...algunas voces sensatas propugnan desde hace tiempo una pedagogía (...) del esfuerzo por *conservar* los signos de identidad... LVE110995 **33 raza:** ...se trata de *conservar* razas autóctonas amenazadas... LVE231095 **34 lengua:** ...el derecho de todo ser humano a *conservar* su lengua propia y a utilizarla con plena libertad. EPE280299

D SUSTANTIVOS QUE DESIGNAN LO QUE SE PIENSA, SE CREE, SE SUSTENTA O SE RECUERDA. TAMBIÉN CON

OTROS QUE DESIGNAN LAS FACULTADES INTELECTIVAS QUE INTERVIENEN EN ESOS PROCESOS: **35 fe ++**: ...muchos pueblos aborígenes de América que *conservan* la fe en sus ancestrales creencias... ABC300994 **36 memoria ++**: ...esta película pueda contribuir a *conservar* la memoria de hombres y mujeres que cayeron en el olvido... EPE071201 **37 recuerdo ++**: El mundo entero le llorará, seguro, y *conservará* su recuerdo de hombre menudo... EME060296 **38 idea +**: Como artista fue genial, siempre *conservó* la idea de ser sincero, auténtico consigo mismo y, sobre todo, de buscar la creación... ABC020695 **39 convicción +**: ...sólo *conservan* cierta vigencia las siguientes convicciones... LPN200597 **40 pensamiento**: ...mi primera sorpresa fue que el planteamiento de vida que se hacía Mompou de niño era igual al que me hacía yo: ser algo que le permitiera *conservar* libre el pensamiento. ABC160493 **41 religión**: La Religión Católica (...) se *conservará* siempre con todos los derechos... LHG190397 **42 creencia**: ...un pueblo que *conserva* antiguas creencias y ritos primitivos. INDOC

E SUSTANTIVOS QUE DESIGNAN LO QUE SE ESPERA, SE DESEA O SE PRETENDE CONSEGUIR: **43 aspiración +**: ...*conservan* aún sus aspiraciones al título de Liga... LVE030396 **44 sueño**: ...sólo tienen que *conservar* un sueño que nunca se realizará... LVE250595 **45 esperanza**: ...todavía *conservan* la esperanza de encontrar una felicidad compartible. EME240996 **46 expectativa**: El equipo aún *conserva* las expectativas que tenía a principio de la temporada. INDOC **47 expectación**: Volverá en septiembre con un estimable bagaje: haber *conservado* la expectación que desató su predecesora... LVE180695

F SUSTANTIVOS QUE DESIGNAN FORMAS DENOMINATIVAS: **48 denominación ++**: ...pese a *conservar* la misma denominación, la nueva versión no tiene casi nada en común con sus antecesores... LVE080996 **49 nombre ++**: ...aunque Machado quisiera *conservar* el nombre de «Campos de Castilla»... EPE190899 **50 apellido +**: ...me adoptó y de él *conservo* el apellido... EPE010286 **51 mote**: ...quiso *conservar* este mote, que ahora identifica a una empresa... LVE090795 **52 título**: ...se le *conserva* el título de «Titán», procedente de una novela... EME160194 **53 calificación**: ...*conservará* la calificación de región europea... EPE270399

G SUSTANTIVOS QUE DENOTAN VÍNCULO, UNIÓN O ADHESIÓN. TAMBIÉN CON OTROS QUE EXPRESAN LAS CUALIDADES O LAS VIRTUDES QUE SE ASOCIAN CON ESAS NOCIONES: **54 relación +**: De esta etapa *conserva* una privilegiada relación con la intelectualidad valenciana... EME220394 **55 unidad +**: ...les dije que había que *conservar* la unidad de la etapa de la candidatura y que sin ella era muy difícil seguir adelante. LVE161096 **56 cohesión +**: Esto permite a esta institución *conservar* una cohesión de puertas para afuera. EME181195 **57 lealtad +**: Ejército que, afortunadamente, ha sabido *conservar* su lealtad a las instituciones... EXC180197 **58 fidelidad**: ...durante todo este tiempo han *conservado* la fidelidad de su clientela... EME260394 **59 lazo**: ...permite (...) *conservar* lazos privilegiados con el productor... EME280495 **60 comunión –**: ...prometieron *conservar* siempre la comunión con la Iglesia católica. LVE220195

▩ Se combina también con: ♦ **entero, intacto[1], íntegro** ♦ **a buen recaudo[12], a duras penas[28], a toda costa[15], a ultranza[4], celosamente[8], como oro en paño[2], contra viento y marea[8], en buenas condiciones, en frío[1], escrupulosamente[26], eternamente, temporalmente[25]**

☐ Véase también: **grabar (en), mantener(se), perseverar (en), proteger**.

con severidad Véase: **severamente**

considerablemente *adv.* ▮ Admite algunos adjetivos calificativos, especialmente los de naturaleza física *(alto, grande, rápido, largo, bajo, pequeño, lento, corto)*, pero también otros. Se combina con un gran número de verbos, más frecuentemente si designan cambios de estado. Se combina especialmente con...

A VERBOS QUE DENOTAN EXTENSIÓN, INCREMENTO O PROLIFERACIÓN DE ALGUNA MAGNITUD: **1 aumentar ++**: «El consumo de alcohol aumenta *considerablemente* el número de homicidios en Brasil y en Colombia»... DLA040397 **2 incrementar +**: La aplicación de la IRM a la evaluación de enfermedades cardiovasculares ha incrementado *considerablemente* en los años recientes. ABC020493 **3 crecer +**: En los últimos diez años la profesionalidad media de las galerías españolas ha crecido *considerablemente*... ABC030295 **4 ampliar +**: ...China, Corea del Norte y varios estados de Oriente Medio están ampliando *considerablemente* su capacidad militar. ABC020793 **5 elevar +**: En ejercicios siguientes, las adjudicaciones de Renfe se elevan *considerablemente*... EME110595 **6 encarecer +**: ...muchas veces encarecerá *considerablemente* el precio de la formación extraescolar. EME100396 **7 engordar**: ...sus bolsillos engordaban *de forma considerable* con cada compra. EME151096 **8 multiplicar**: Indica que las pequeñas parcelas –media hectárea por familia campesina– multiplicará *considerablemente* esa producción que mantiene abastecidos ciertos consumos indispensables... ETC140175 **9 agrandar**: El diferencial de tipos de interés respecto a la media de los países comunitarios se ha agrandado *considerablemente* desde principios de año... EME140995 **10 reactivar**: Culminaron sus actividades con la firma de un acuerdo (...) que reactivará *considerablemente* las relaciones entre Grecia y Cuba... GIC062097 **11 realzar**: El tamaño, a toda página, realzaba *considerablemente* el impacto. EPE191299 **12 subir**: ...mientras que las exportaciones subieron *considerablemente*, gracias al establecimiento, hace unos años, de filiales... LVE231095 **13 acrecentar(se)**: La diferencia entre los tres primeros diarios y los siguientes se ha acrecentado *considerablemente* durante 1994. EME271095 **14 enriquecer**: ...poseen una carga intelectual que las enriquece *considerablemente*. ABC120393

B VERBOS QUE DENOTAN DISMINUCIÓN, AMINORACIÓN O PÉRDIDA: **15 disminuir ++**: Las reacciones libres de neutrones son de gran interés ya que los problemas de seguridad disminuyen *considerablemente*. ABC011093 **16 bajar ++**: Los precios pueden bajar *considerablemente*. EME051195 **17 reducir ++**: Los técnicos señalan que así se consigue estabilizar el coche, reduciendo *de forma considerable* el riesgo de derrapar. ABC020695 **18 rebajar ++**: Señaló que todas las acciones han permitido rebajar *considerablemente* el número de inmigrantes ecuatorianos en peligro de deportación... DHE201097 **19 descender +**: Pero sí estoy convencido de que bajo su gestión la calidad del festival ha descendido *considerablemente.* ABC221093 **20 recortar +:** Las eléctricas podrían reducir este año en un billón de pesetas la deuda (...), lo que permitirá recortar *considerablemente* los costes financieros. EME260296 **21 limitar +:** El hecho de que gran parte de la política de Suecia se convierta en una cuestión internacional podría limitar *considerablemente* este derecho... EME130294 **22 abaratar +:** ...el sistema de aseguradoras de riesgos del trabajo abarató *considerablemente* los costos empresariales en este rubro. CLA091000 **23 remitir +:** La presión sobre los títulos eléctricos de estos días pasados remitió ayer *considerablemente...* LVE210696 **24 caer:** ...la deuda externa se ha solamente duplicado, con lo que el porcentaje ha caído *considerablemente.* EPE070999 **25 decrecer:** ...el ritmo del consumo ha decrecido *considerablemente,* de ahí que existan muchas viviendas y comercios cerrados. ESH120597 **26 decaer:** ...su negocio decayó *de forma considerable* respecto a los últimos días. LVE260895 **27 aminorar:** ...«las ventas de computadoras personales en EU han aminorado *considerablemente* desde el comienzo del año»... EXC250700 **28 mermar:** Los flujos de caja federales hacia los estados han mermado *considerablemente...* DYM080996 **29 menguar:** El cupo de obiolistas mengua *considerablemente* y se sitúa ligeramente por encima del 20%. LVE141096 **30 acortar:** Hoy en día el estilo internacional ha acortado *considerablemente* los itinerarios posibles. LVE230796

C VERBOS QUE DENOTAN DETERIORO, DEBILITAMIENTO O DESGASTE: **31 deteriorar +:** Los distintos tipos de alergia deterioran *de forma considerable* la calidad de vida de los afectados. EME290396 **32 dañar +:** Lo ocurrido en los Campeonatos de Morioka'93 (...) dañó *considerablemente* la imagen del esquí. EME240195 **33 empeorar +:** Los últimos tres días no se había sentido bien y su estado de salud empeoró *considerablemente* el sábado por la noche... EME240696 **34 debilitar +:** ...el retiro de algunos astros ha debilitado *considerablemente* el pitcheo de la selección cubana... DYM230796 **35 envejecer:** La fealdad visual que el realizador imprimía a todos sus filmes ha hecho que envejezcan *considerablemente.* EPE170800 **36 empobrecer:** ...otros sistemas de búsqueda utilizados en la agricultura (...) han empobrecido *considerablemente* la calidad de las aguas extraídas... EME030995 **37 perjudicar:** ...ha introducido en los Presupuestos una medida que les perjudica *considerablemente...* EME270996 **38 perder:** ...Trimble ha perdido *considerablemente* apoyo a su postura conciliatoria... EPE271199 **39 encanallar:** ...encanalló *considerablemente* la vida política... EPE091201 **40 degradar(se):** ...las relaciones entre el poder (...) y la oposición izquierdista e islamista se han degradado *considerablemente...* LVE261095 **41 ensombrecer:** ...el largo conflicto con los pilotos ha ensombrecido *considerablemente* la imagen de la empresa... EPE130699 **42 resentir(se):** La salud de Dolores se ha resentido *considerablemente* debido al estrés de viajar todos los días... EME201096

D VERBOS QUE DENOTAN PROGRESIÓN O DESARROLLO FAVORABLE: **43 avanzar +:** ...si todos los servicios de información de las democracias pusieran sobre la mesa toda la información de que disponen, se avanzaría *considerablemente* en este tema. EME181095 **44 mejorar +:** ...la situación de los derechos ha mejorado *considerablemente...* DLA310197 **45 evolucionar +:** Esta rama de la ciencia ha evolucionado *considerablemente* en los últimos 50 años. LVE270596 **46 progresar:** ...una industria puntera que en los últimos años ha progresado *considerablemente.* INDOC **47 adelantar(se):** ...el sábado se adelanta *considerablemente* la hora del cierre de páginas. LVE030294

E VERBOS QUE DESIGNAN LA ACCIÓN DE SUPERAR UN LÍMITE O EXCEDER UNA MAGNITUD: **48 superar:** La instalación supone un gasto que supera *considerablemente* la cuota de la mensualidad ordinaria. EME131096 **49 sobrepasar:** «Las existencias del patio central han sobrepasado *considerablemente* los niveles maniobrables»... ETC160494 **50 destacar:** El año 1977 marca una fecha especial (...), hecho que la Prensa española destacó *considerablemente.* ABC051193

F VERBOS QUE DENOTAN SEPARACIÓN, DIFERENCIA O DIVERGENCIA. TAMBIÉN CON ALGUNOS QUE DESIGNAN LAS ACCIONES QUE CAUSAN ESOS ESTADOS: **51 diferir +:** De este informe se concluye que estas marcas petroleras difieren *considerablemente* entre sí... EME250594 **52 retrasar +:** ...de llevar a cabo las obras de red de agua se retrasarían *considerablemente* las de pavimentación. EPE100977 **53 contrastar:** La euforia que se respira en el mercado español de inversiones inmobiliarias contrasta *considerablemente* con la atonía del trienio 1993-96. EPE280199 **54 distar:** Nuestros espectros distan *considerablemente* de aquellos... EME090194 **55 distanciar:** El alcalde barcelonés y el presidente de la Generalitat se distancian *considerablemente* de la valoración del resto de políticos del arco parlamentario. EME200995

G OTROS VERBOS QUE DENOTAN CAMBIO DE ESTADO, ESPECIALMENTE VARIACIÓN O FLUCTUACIÓN EN ALGUNA MAGNITUD: **56 cambiar ++:** En el aspecto musical, España ha cambiado *considerablemente* en los últimos años. ABC020793 **57 modificar +:** Pero plantear esas cuestiones (...) podría modificar *considerablemente* nuestra actitud a la hora de escuchar la música de Wagner. ABC030192 **58 alterar +:** Este incidente ha alterado *considerablemente* una producción... EPE070199 **59 agilizar(se) +:** Para Gavilán el funcionamiento de esta oficina se agilizaría *considerablemente* si el Consejo General del Poder Judicial dispusiese de atribuciones... LVG221191 **60 alargar:** ...alargó *considerablemente* un encuentro iniciado ya en horario discotequero. LVE170595 **61 transformar:** ...los cambios políticos en la Unión Soviética (...) habían transformado *considerablemente* al país... HOY201097 **62 variar:** A partir de entonces los argumentos operísticos habrán de variar *considerablemente...* CLA200297 **63 renovar:** Por lo que respecta al Valladolid, es equipo que ha renovado *considerablemente* sus efectivos. EPE040977 **64 fluctuar:** Como la producción biológica de alimentos en el mar varía mucho también pueden fluctuar *considerablemente* las dimensiones y las características de estas manchas de medusas... LVE160795

H VERBOS QUE DESIGNAN LA ACCIÓN DE CAUSAR DIFICULTAD, COMPLICACIÓN O MOLESTIA, ASÍ COMO OTRAS ACCIONES QUE PUEDEN PROVOCAR ESOS EFECTOS O LAS SENSACIONES QUE LOS CARACTERIZAN: **65 dificultar +:** ...la larga duración del incendio (unas 17 horas) dificultó *considerablemente* la identificación de las causas. EPE160899 **66 entorpecer +:** ...la existencia de 317 puntos conflictivos (...) entorpecerán *considerablemente* la circulación. LVE310796 **67 obstaculizar +:** ...el sentido común del que ha dado muestras la población rusa (...) como el carácter «desorganizado» (...) obstaculizan *considerablemente* tal peligro en Rusia. LVE220195 **68 complicar(se)** +: ...acabaron pagando su conservadurismo con un empate que les complicará *considerablemente* su acceso a Europa. EME030495 **69 agravar** +: La intensificación de los combates y el uso de la limpieza étnica por parte de los serbios agrava *de manera considerable* la situación en 1993. LVE100895 **70 frenar:** Chocó primero contra las cuerdas situadas en la segunda planta, lo que frenó *considerablemente* la velocidad de su caída. EME070895 **71 molestar:** Éste vino de la mano de Claire Denis, quien ya en Cannes molestara *considerablemente* al personal con su pedante, hueca y vacía «Trouble every day». EPE111001 **72 aburrir(se):** Es indudable que se aburrió *considerablemente.* LVE301095 **73 enfadar(se):** Miles de aficionados (...) se enfadaron *considerablemente* al enterarse de que su sacrificio no había servido para nada... LVE260696 **74 irritar:** La doble negativa y los argumentos esgrimidos por el fiscal para oponerse al viaje han irritado *considerablemente* al alcalde de Marbella... EPE190399 **75 tergiversar:** ...Amado tergiversa *considerablemente* al establecer un deliberado rompecabezas cronológico... ABC310395 **76 enturbiar:** Un precio que enturbia *considerablemente* las cosas. LVE120796 **77 lastrar:** El sistema clientelar (...) no es un ejemplo de modernidad, en la medida en que lastra *considerablemente* la innovación y la creación de valor añadido... EPE040399

I OTROS VERBOS QUE DESIGNAN LA ACCIÓN DE CAUSAR UN EFECTO, GENERALMENTE INTENCIONADO, SOBRE ALGUNA COSA: **78 afectar** +: ...son otros ejemplos de contaminación acústica que pueden afectar *de manera considerable* a los individuos. EME061096 **79 influir** +: La opinión de la iglesia influye *considerablemente* en Colombia... ENH300697 **80 incidir:** ...esa ley una vez aprobada, va a incidir *considerablemente* en la estabilidad ciudadana... ENH030697 **81 repercutir:** Algo que repercutió *considerablemente* en el aumento de legionarios. EME290195 **82 mediatizar:** El Estado se ha convertido en el primer empresario de nuestra escena y mediatiza *considerablemente* la producción teatral. ABC010995

J VERBOS QUE DENOTAN APOYO, SOSTENIMIENTO O PARTICIPACIÓN ACTIVA A FAVOR DE ALGUIEN O ALGO: **83 apoyar:** La solidez de la recuperación se está apoyando también *de forma considerable* en los continuados avances de la inversión. LVE050595 **84 colaborar:** El director de escena, Manuel Manzaneque, ha colaborado *considerablemente* con López Aranda en el desmán. EPE120280 **85 ayudar:** ...a la renovación (...) de la claúsula de nación más favorecida (MFN) había ayudado *considerablemente* a la Casa Blanca. INF010896 **86 beneficiar:** ...el aplazamiento a 1996 puede (...) beneficiar *considerablemente* a un proyecto... EME260195 **87 contribuir:** También contribuyó *considerablemente* a la elaboración de su programa electoral. EME260895 **88 aliviar:** En la producción (...) se ha llegado a un punto en el que casi no existen «stocks», lo que alivia *considerablemente* la carga financiera. LVE040395 **89 facilitar:** ...las autoras (...) han facilitado *considerablemente* la consulta del libro... ABC120393 **90 favorecer:** El hecho de lanzar en León les favorece *considerablemente* en sus expectativas de convertirse en los dos principales brazos del club. LPN211097

K VERBOS QUE DENOTAN MOVIMIENTO, GENERALMENTE CONSIDERADO EN RELACIÓN A UN PUNTO: **91 acercar(se):** ...puede decirse que UDC y el Partido Popular se han acercado *considerablemente.* LVE061296 **92 aproximar:** ...supone aproximar *considerablemente* los dos espacios feriales. EPE060299 **93 alejar:** Volvió a penalizar, con lo que se alejó *considerablemente* de la cabeza de carrera y también de Sainz. EPD011197 **94 retroceder:** Lo que es evidente es que se ha retrocedido *de forma considerable.* LVE050896

☐ Véase también: **notablemente, ostensiblemente.**

[consideración] → **con consideración, de consideración, tomar en consideración**

consideración ▮ *(observación)* ♦ **atento, especial, oportuno, inoportuno, importante, atinado[2], despectivo[36], equivocado, punzante[20]** ♦ **a la vista (de)[18], al hilo (de)[23], a tenor (de)[7]** ♦ **objeto (de)[10]** ♦ **hacer, introducir, formular, atañer[47], esgrimir[34], extrapolar[7], obviar[39], plantear[33]**

▮ *(respeto)* ♦ **reconocido, debido, público, personal, alto, elevado, escaso** ♦ **sentir[9], tener, ganar(se), granjear(se), gozar (de), merecer, inspirar, otorgar**

▮ *(juicio)* ♦ **someter (a), tomar (en), merecer, poner (a)**

☐ Véase también: **análisis, apreciación, estima, juicio, reflexión, valoración.**

considerar ♦ **acertadamente, atentamente[12], brevemente[13], con cautela[22], de igual a igual[8], en detalle, en profundidad, equivocadamente[3], específicamente, ni por asomo[3], particularmente, por encima, por un momento[13], punto por punto[43]** ♦ **inclinarse (a)[4]**

☐ Véase también: **analizar, barajar, calcular, calibrar, estudiar, tomar en consideración.**

consigna ♦ **a favor (de algo), alusivo (a algo), amenazante, deportivo, directivo, en contra (de algo), estricto, gastado, ideológico, manido, movilizador, oficial, panfletario, partidario, político, publicitario, trillado[36], viejo** ♦ **bajo, con** ♦ **acuñar[49], aferrar(se) (a), agitar, cantar, contravenir[9], corear, cumplir[27], desobedecer[15], emanar[4], entonar, escuchar, esgrimir[2], establecer, gritar, impartir, lanzar[39], marcar, obedecer, plegarse (a)[27], proferir, recibir, repetir, seguir[5], vociferar**

CONSIGNA Véase: NORMA

con simpatía ♦ **considerar, juzgar, ver**

consistencia ♦ **adquirir[81], cobrar[43], dar[90], mantener, medir, perder, tener, tomar[16], valorar**

☐ Véase también: **objetividad, rigor.**

con soltura ♦ **abordar, actuar, analizar, arrancar, bailar, caminar, capear, competir, conversar, cruzar, describir, desenvolverse, dominar, ejecutar, emplear, escribir, explicar, hablar, interpretar, jugar, leer, llevar, manejar, maniobrar, mover(se), narrar, pasar, practicar, relatar, resolver, salvar, superar, trabajar, traducir, usar, utilizar**

con sorpresa ♦ advertir, comprobar, constatar, contemplar, descubrir, enterar(se), escuchar, leer, mirar, observar, reaccionar, recibir, ver

conspiración ♦ aberrante, abierto, alevoso, armado, de salón[12], diabólico, incruento, oculto, oportunista, oscuro, peligroso, pérfido, presunto, sangriento, supuesto, tenebroso ♦ cargo (de), delito (de), foco (de), plan (de), víctima (de) ♦ acusar (de), armar(se)[22], conjurar[34], declarar(se), denunciar, desactivar[1], desarmar, desarticular(se)[27], desbaratar, descubrir, desentrañar[17], deshacer, desmantelar[13], desmontar[33], destapar[15], desvelar, dirigir, encabezar, encubrir, formar parte (de), fracasar, fraguar(se)[27], impulsar, incubar[26], involucrar(se) (en)[25], liderar, maquinar[8], montar, orquestar[8], participar (en), preparar, tejer, tramar[1], urdir[3]
☐ Véase también: **complot, conjura.**

constancia ▮ *(certeza)* ♦ documental, escrito, expreso, fehaciente[5], formal, gráfico, histórico, material, necesario, objetivo, personal ♦ adquirir, dejar, existir, haber, quedar, tener
▮ *(empeño)* ♦ admirable, demostrado, loable, meritorio, probado ♦ a fuerza (de)[9], con ♦ premio (a), reconocimiento (a), testimonio (de) ♦ flaquear, premiar, tener
☐ Véase también: **insistencia, tenacidad.**

constar ♦ debidamente, detalladamente[37], documentalmente, en acta, fehacientemente[5], por escrito

constatable ♦ afirmación, hecho, información, realidad, verdad

constatar ♦ debidamente, de primera mano[22], documentalmente, fehacientemente[11], gratamente[13], por escrito, verbalmente

consternación ♦ absoluto, creciente, general, hondo, inmenso, pleno, profundo[3], silencioso, total, verdadero ♦ ante, con, en medio (de) ♦ ambiente (de), grado (de), ola (de) ♦ apoderar(se)[12], atenuar, causar[27], comprobar (con), contemplar (con), cundir, expresar, hacer constar, manifestar, mostrar, producir, provocar, reaccionar (con), reinar[33], sembrar[50], sentir, sumir(se) (en), suscitar, transmitir, trasladar

consternado ♦ enormemente, profundamente, terriblemente, visiblemente[12]

constitución ♦ contenido (en), en vigor, nacional, previsto (en), vigente[6] ♦ con arreglo (a)[7] ♦ cauces (de) ♦ abolir[7], acatar[30], aceptar, ajustar(se) (a), apegarse (a)[4], aprobar, atenerse (a), boicotear[38], conculcar[5], consagrar (algo), contravenir[14], cumplir, defender, defenestrar, derogar[9], entrar en vigor, establecer (algo), fijar (algo), garantizar (algo), incumplir[9], jurar[2], modificar, otorgar (algo), permitir (algo), pisotear[24], prever (algo), prohibir (algo), promulgar, rechazar, reformar, respetar, revisar, sancionar, suscribir, transgredir[7], violar[14], violentar, vulnerar[4]

[construcción] → de nueva construcción, en construcción

construcción ♦ antiguo, argumentativo, ciclópeo, colosal, complejo, dramático, elegante, endeble, enhiesto, enorme, erguido, escénico, faraónico, filosófico, firme, gran(de), grandioso, ilegal, imaginario, legal, majestuoso, mental, moderno, naval, perfecto, riguroso, señorial, sólido, subterráneo ♦ en, en vía(s) (de) ♦ defecto (de), fase (de), licencia (de), material (de), permiso (de), proceso (de), proyecto (de) ♦ adjudicar (a alguien), alzar(se), aprobar, autorizar, cimentar, derruir, desmoronar(se), desplomar(se), elevar, emerger, erguir(se), financiar, impulsar, iniciar, levantar, mantener(se) en pie, ordenar, pagar, planear, planificar, potenciar, proyectar, restaurar, sostener(se), supervisar, tambalear(se), terminar
☐ Véase también: **edificio, monumento, reconstrucción, reconstruir.**

CONSTRUCCIÓN Véase: *CREACIÓN Y CONSTRUCCIÓN*

constructivo *adj.* ▮ En su sentido literal de 'relacionado con la construcción', acepta sustantivos que designan técnicas, recursos, elementos o procedimientos arquitectónicos *(sistema, modelo, proyecto, proceso, estilo, detalle)*. En sentido figurado (aproximadamente, 'que ayuda a mejorar') se combina con algunos sustantivos de persona, con sustantivos que designan manifestaciones verbales o textuales *(comentario, discurso, mensaje, declaración, palabra)*, con otros que denotan labor *(trabajo, tarea, labor)*, y también con...

A SUSTANTIVOS QUE DENOTAN JUICIO, PARECER O DICTAMEN SOBRE ALGO, A MENUDO DE SIGNO NEGATIVO: **1 crítica** ++: ...han interpretado la actuación sindical o la crítica *constructiva* como un ataque personal o un acto de subversión. CAN241100 **2 opinión** ++: ...que puede encadenarle al no permitirle escuchar ni aceptar críticas, ni siquiera las opiniones *constructivas*... PLG130197 **3 oposición** ++: ...no va a ser capaz de soportar la oposición *constructiva*, constante y rebelde que le voy hacer... EPE150699 **4 alternativa:** He aquí cien asuntos de gran interés colectivo sobre los que, además de tener una actitud negadora (...) también tenemos alternativas *constructivas*. EME290296 **5 censura:** Sólo él es investido, sólo él designa a los ministros, sólo él responde a través de la censura *constructiva*. LVE100396 **6 voto:** Cárdenas sostuvo que en el caso de los votos de los concejales se debe obligar a que este voto sea *constructivo* y que represente el sentir de la ciudadanía que los eligió. LTB090197

B SUSTANTIVOS QUE DENOTAN ACTITUD, FORMA DE ENFRENTARSE A LAS COSAS O MODO DE CONCEBIRLAS: **7 actitud** ++: ...un diálogo nacional, que sería apoyado por la mayoría del país, ya que todo el mundo quiere ver actitudes *constructivas* de los sectores políticos.

DED030896 **8 papel +:** El presidente norteamericano, que manifestó su «gratitud por el papel *constructivo* que la URSS ha jugado en el proceso que ha llevado a esta conferencia». LVG301091 **9 ánimo +:** ...acogieron ayer la propuesta con ánimo *constructivo* y anunciaron que persiguen un «amplio acuerdo» al respecto. EPE310399 **10 espíritu +:** ...para definir el comportamiento dentro de un marco de lealtad, fraternidad y espíritu *constructivo*, que garantice a los simpatizantes DC que... HOY201097 **11 talante +:** «He intentado tener con todos un talante *constructivo*», recuerda. DDN050599 **12 política:** ...y que estos líderes todavía están verdes para el ejercicio de una política *constructiva*. VIS210997

C SUSTANTIVOS QUE DESIGNAN PLANES, PROYECTOS Y OTRAS FORMAS DE ESTABLECER Y ORGANIZAR LA ACCIÓN FUTURA: **13 proyecto:** En su conjunto, al menos la relación personal y el proyecto que se ha transmitido a la sociedad vasca ha sido coherente y *constructivo*... EPE101099 **14 iniciativa:** ...exhortó ayer al gobernador Eduardo Duhalde a trabajar «con propuestas, con iniciativas *constructivas*, sin agraviar la gestión del gobierno nacional»... CLA140199 **15 plan:** El plan no pretende ir contra nadie; pretende ser *constructivo*. INDOC **16 proposición:** Por ninguna parte encontramos las ideas políticas, las ideologías de los partidos, los nuevos modelos económicos, las proposiciones *constructivas*... ESH190597 **17 propósito:** Conmemorar (...) quiere decir conocer mejor una experiencia histórica colectiva y revivirla, desde el presente, con un propósito *constructivo*. LVE260796 **18 idea:** ...pensamos que mientras no haya ideas nuevas y *constructivas* sobre Jerusalén, no hay ninguna razón para seguir negociando. EPE260700 **19 planteamiento:** ...y afirmó: «Son una serie de comunidades las que podemos hacer un planteamiento *constructivo* desde distintas posiciones ideológicas». EPE270299

D SUSTANTIVOS QUE DESIGNAN MANIFESTACIONES VERBALES EN LAS QUE SE INTERCAMBIAN OPINIONES O PUNTOS DE VISTA: **20 diálogo ++:** ...el jefe comunal se comprometió a mantener un diálogo *constructivo* con los concejales, para lograr el despegue definitivo del distrito. LNP160497 **21 debate +:** ...dijo que la sociedad necesita debates en positivo, de futuro, *constructivos*, para ver cómo se van a aprovechar tanto las infraestructuras... LRE120103 **22 discusión:** La respuesta generalizada ha sido rayana en lo visceral, pero hubiera merecido un examen más ponderado y una discusión *constructiva*... LVE260295 **23 conversación:** El gobernador calificó las conversaciones de «positivas, *constructivas* y sinceras» y calificó de «estimulante» la disposición norcoreana. LRE120103

E SUSTANTIVOS QUE DESIGNAN EL CONJUNTO DE CONDICIONES O CIRCUNSTANCIAS QUE RODEAN O CARACTERIZAN UN ENTORNO O UN ESTADO DE COSAS: **24 atmósfera +:** Trabajamos en una atmósfera *constructiva* y productiva con los problemas en la agenda y el cumplimiento de las obligaciones mutuas... ENH100297 **25 clima +:** ...en la reunión del grupo parlamentario socialista, que se desarrolló en un clima *constructivo*... LVE310595 **26 ambiente +:** ...el ambiente *constructivo* que se respiró durante las conversaciones permitió que Clinton forzara a última hora una reunión cara a cara... EME021096

F SUSTANTIVOS QUE DESIGNAN DIVERSAS FORMAS DE RESOLVER O DIRIMIR UN ASUNTO: **27 solución:** En cuanto a la moción de censura, fue redactada como solución *constructiva*, de manera que ha de ser propuesta como mínimo por la décima parte de los diputados... LVE211195 **28 salida:** ...señalan que la lucha fratricida en el seno de la izquierda «no ha podido tener una salida *constructiva*»... LVE071295 **29 decisión:** ...Qin acogió «la decisión *constructiva* asumida por Guatemala para resolver el impasse», pero no dio detalles. ETC210197

construir ♦ **a destajo[14], a marchas forzadas[2], a medias[50], a trancas y barrancas[31], con base(s) firme(s), de cero[9], en falso, gradualmente[57], mano a mano, progresivamente, sólidamente**
☐ Véase también: **reconstruir.**

[consuelo] → **sin consuelo**

consuelo ♦ **dulce, enorme, escaso, espiritual, eterno, flaco[3], franco, fugaz[48], gran(de), humano, imposible, ligero, mayor, momentáneo, mutuo, pequeño, pobre, psicológico, reconfortante, tibio** ♦ **a modo (de)** ♦ **palabra (de), premio (de)** ♦ **brindar[36], buscar (en algo/en alguien), dar[15], encontrar (en algo/en alguien), llenar (de), llevar (a alguien), necesitar, obtener, ofrecer, prestar, proporcionar, quedar(le) (a alguien), recibir, sentir, servir (de/como), traer (a alguien), transmitir**
☐ Véase también: **alivio, desconsoladamente, satisfacción.**

consuetudinario ♦ **derecho**
☐ Véase también: **asiduo, costumbre, hábito, tradición, uso.**

consulta ♦ **a domicilio[48], atinado, bibliográfico, ciudadano, electoral, engorroso, inexcusable, inoportuno, médico, obligado, oportuno, popular, previo, telefónico** ♦ **libro (de), objeto (de), respuesta (a), ronda (de)** ♦ **atender, contestar, efectuar, elevar, evacuar, formular[5], hacer, llevar a cabo, pasar, plantear, realizar, someter(se) (a)[14]**
☐ Véase también: **pregunta.**

consumado ♦ **abogado, actor, arte, artista, bailarín, deportista, destreza, escritor, especialista, experto, habilidad, maestría, maestro, oficio, pericia, periodista, pintor, profesionalidad, técnica, timador,** *sustantivos que designan profesiones*

consumar(se) *v.* ▮ En su sentido de 'completar', se combina con sustantivos temporales *(etapa, ciclo, período, legislatura)* y con los sustantivos *matrimonio, boda, unión, relación* y otros análogos. En el de 'llevar(se) a cabo' se combina con sustantivos que designan acciones que tienen fin natural, más frecuentemente si se interpreta que su consecución es esperable o inevitable *(Se consumó la aprobación del decreto; Cuando se consume la venta de la empresa a una multinacional).* Se combina especialmente con los sustantivos *acto, hecho, acción, proceso, operación, misión, tarea, ejecución* y con otros semejantes que son compatibles con esas nociones. También se combina con...

A SUSTANTIVOS QUE DESIGNAN ACCIONES DELICTIVAS, COERCITIVAS O EN GENERAL CENSURABLES CON DIVERSOS GRADOS DE GRAVEDAD O VIOLENCIA, MÁS FRECUENTE SI IMPLICAN AGRESIÓN: **1 delito** ++: Si el Tribunal Supremo establece que los daños al Teatro Romano de Sagunto no son reversibles, es decir, que se ha *consumado* un delito contra el Patrimonio Histórico... ABC280593 **2 crimen** ++: ...enviaba las amenazas a su hermano a pesar de estar en prisión, donde contrató a los otros tres capturados para que *consumaran* el crimen. ESH210497 **3 atentado** +: ...también agradeció a Jacques Chirac la colaboración francesa para impedir que se *consumara* el atentado de ETA... EME101095 **4 violación**: ...la alcanzó y *consumó* la violación en un lugar próximo a unas casas de campo. EME010294 **5 asesinato**: ...prometió a los encargados de matar a su mujer 1,7 millones de pesetas, aunque al no *consumar* el asesinato sólo recibieron la mitad. EPE091199 **6 fraude**: ...toda la maquinaria del Estado se ha puesto en marcha, primero para apoyarle en la campaña electoral y, después, para *consumar* un nuevo fraude. EME220594 **7 fechoría**: Lo suyo fue un acto de generosidad instintivo para impedir que unos desalmados *consumaran* una fechoría. EME100996 **8 abuso**: ...es un relato pormenorizado de algunos de los abusos más notables *consumados* por quienes venían a regenerar España o por sus amigos. EME230195 **9 amenaza**: ...para que persista en su compromiso de apoyo al Gobierno vasco y se desmarque de ETA si la banda *consuma* su amenaza. EPE291199 **10 farsa**: Con el fallo emitido por el Tribunal de Sentencia se ha *consumado* la farsa jurídica... EPE150899 **11 atraco**: Bruce, estaba a punto de *consumar* el atraco. EME090996 **12 afrenta**: ...definió la jornada de ayer como un día aciago en el que se *consuma* una grave afrenta al derecho del pueblo a elegir a sus gobernantes. EPE021288 **13 engaño**: Para *consumar* el engaño, bastaría con ocultar el retrato. EXC110796 **14 traición**: Cerca de Waterloo, el Waterloo de Eugeni Berzin, Toni Rominger y Alex Zülle, el navarro *consumó* la traición. EME090795 **15 agresión**: En la investigación posterior se comprobó que no había *consumado* la agresión sexual... EPE210499 **16 ataque**: Cuando entra en aplicación, el ataque por regla general se ha *consumado*. EPE111279 **17 invasión**: ...han amenazado con llevar a cabo movilizaciones para impedir que se *consume* la invasión de la armada española. EME190195 **18 conquista**: Los recortes no impedirán a Daimler *consumar* su conquista americana. EME211095 **19 destrucción**: El personaje se desdobla en dos, y una de sus personalidades (la interpretada por Pitt) es la que *consuma* la destrucción, empezando por el apartamento. EPE110999 **20 limpieza étnica**: ...disuadirá a una parte del electorado a votar en los lugares de los que fue expulsada a la fuerza, y esto podrá consolidar la división que *consumó* la limpieza étnica. LVE140996 **21 castigo**: El PSOE *consuma* su castigo a Rosa Díez y otros seis eurodiputados por el «Prestige». LRE200103 **22 venganza**: Ahora, *consumada* la venganza, Stefan Edberg ya puede retirarse en paz. EME020696 **23 represalia**: Descubierto el engaño, la represalia se *consuma* en la posterior detención y condena de los académicos... ABC100792 **24 arbitrariedad**: Nada pudo evitar que el Consejo de Ministros *consumara* ayer la arbitrariedad... EME020396

B SUSTANTIVOS QUE DESIGNAN HECHOS O SITUACIONES DE INFORTUNIO, MÁS FRECUENTEMENTE SI IMPLICAN PÉRDIDA O DEJACIÓN: **25 tragedia** +: Sólo Djorkaeff y Pedrós, con esporádicas rachas de genialidad, inspiraron compasión en el momento en que quedó *consumada* la tragedia de Francia... EME270696 **26 drama** +: ...se *consuma* en medio de la indiferencia de la opinión pública internacional el drama de algunas minorías étnicas... EME211096 **27 derrota** +: También de la derrota *consumada* en la venta de liquidación que llamamos tratado de Guadalupe Hidalgo... PME070796 **28 desastre** +: Hace un año, justo al *consumarse* el desastre anunciado, fue la única vez que el imperativo se hizo presente. EPE040599 **29 catástrofe** +: El segundo vendaval que el martes de madrugada barrió el sur de Francia en una trayectoria de Oeste a Este ha acabado por *consumar* la catástrofe desatada durante el domingo. EPE291299 **30 fracaso** +: ...fue el hombre recomendado por Capello para reforzar el centro del campo del club blanco una vez *consumado* el fracaso en la negociación con Davids. EME020596 **31 bancarrota** +: ...evitar la casi *consumada* bancarrota del pozo sin fondo en que lleva tiempo convertida RTVE. LVE201096 **32 crisis**: La estrepitosa derrota del Real Madrid en el Bernabeu ante el modesto Rayo Vallecano (1-2) *consumó* la crisis deportiva... LVE220196 **33 guerra**: ¿Piensa que en Italia se está *consumando* una guerra civil sin sangre? EME170394 **34 suicidio**: ...tira un anzuelo para que la chica deje un rastro de sangre en la garganta, se le vaya la voz sólo a él debida y *consume* el suicidio de un pueblo... LRE010203 **35 caída**: Eltsin *consuma* la caída de su ministro de Exteriores, Andrei Kozyrev. LVE060196 **36 rendición**: ...está a caballo entre el final de la Guerra en Europa (8 de mayo) y la rendición de Japón, *consumada* el 3 de septiembre... EME160795 **37 capitulación**: Ayer anunció su salida y la de todos los miembros de su partido que forman parte del Gobierno si se *consumaba* la capitulación. EPE060699 **38 huida**: Con la ayuda de otro preso *consumó* su huida de la prisión. INDOC **39 infortunio**: Un sillón de 77.977 pesetas ha *consumado* el infortunio político del que fuera presidente del Gobierno aragonés. LVE230695

C SUSTANTIVOS QUE DENOTAN SEPARACIÓN, ANULACIÓN O DESAPARICIÓN: **40 separación** ++: ...y afirma que, de *consumarse* la separación, buscará otra fórmula de gobierno. EPE111001 **41 cisma** +: La detención temporal de los fieles a Karadzic *consuma* el cisma de... EPEANUA98 **42 división** ++: ...aboca al partido a una asamblea que *consumará* la división de los regionalistas. EPE130999 **43 escisión** ++: ...la sentencia del juez Macioce, que no hace referencia a esta última decisión, podrá evitar que se *consume* la escisión en curso en el PPI... LVE240395 **44 ruptura** ++: El PSOE andaluz *consuma* su ruptura en los congresos provinciales de Almería y Granada. EME180494 **45 fractura** +: El supuesto asesinato de siete monjes trapenses franceses profundiza la división existente en el integrismo argelino y *consuma* la fractura que separaba en los últimos tiempos... EME260596 **46 cierre** +: Ni qué hablar el año próximo en que vence la fecha para que se *consume* el cierre europeo y entre en vigencia el Acta Única... ECA130792 **47 disolución** +: Una vez *consumada* la disolución de las cámaras, el Gobierno deberá elegir entre el 20 o el 27 de marzo como jornada electoral. EME160194 **48 desaparición** +: ...puede diluirse como un azucarillo en cuanto se *consume* la desaparición de su estatus de privilegio. EME271096 **49 dispersión:** Y hubieran *consumado* su dispersión de no producirse la desgracia que costó la vida al pequeño Paun. EPE170799 **50 alejamiento:** El anuncio de Roca *consuma* su alejamiento progresivo de la primera línea de la actividad política... LVE141196 **51 divorcio:** ...se está *consumando* el divorcio entre la política del Gobierno sobre la insumisión y la sociedad... EME140194 **52 exclusión:** ...pide a la ejecutiva que no *consume* la exclusión de (...), que significaría en la práctica la desaparición de la representación de Izquierda Socialista... EPE191299 **53 retirada:** Consumada su retirada, lo que el Barcelona le ofrecía a Epi era ejercer la próxima temporada como directivo de la sección de baloncesto... LVE210795 **54 marcha:** Bassat reiteró que si se *consuma* la marcha del portugués, será una nueva muestra de la mala gestión de Núñez. EPE130700 **55 pérdida:** ...hasta 1898, cuando se *consumó* la pérdida de las colonias españolas en América. INDOC

D SUSTANTIVOS QUE DENOTAN UNIÓN O DESIGNAN ALGUNOS RESULTADOS DESEABLES DE LAS ACCIONES CONCERTADAS: **56 fusión:** Al final, *consumada* ya la fusión entre el Santander y el BCH, la solución fue el BBV. EPE211201 **57 pacto:** Una vez *consumado* el pacto con el Partido Popular (...) su viaje a Quebec no es un viaje cualquiera. LVE080796 **58 acuerdo:** Es algo que, aunque entre los clubs se haya *consumado* el acuerdo, ha de concretarse con el jugador... LVE030695 **59 coalición:** Ambos partidos llevaron a cabo negociaciones para *consumar* la coalición. INDOC **60 alianza:** Los centristas apoyan este gobierno de «tregua» para evitar que el secretario del PPI, Rocco Buttiglione, *consume* una alianza electoral con los ex comunistas... EME100195 **61 unificación:** Tres meses después, el 3 de octubre, se *consumaba* la unificación política. LVE091194 **62 absorción:** ...cifra que resulta de sumar el voto del PP en 1993 y el voto huérfano del CDS en aquellas elecciones (...), una absorción que ya se ha *consumado* en bastantes circunscripciones... LVE280196 **63 integración:** ...ha amenazado con mover ficha hacia el Este, si se *consuma* la integración de antiguos miembros del Pacto de Varsovia. EME240496 **64 anexión:** Una vez *consumada* la anexión de Polonia, Hungría y la ex Checoslovaquia, el desnivel militar aumentará aún más. EME100996

E OTROS SUSTANTIVOS QUE DENOTAN CAMBIO DE ESTADO O DESIGNAN LAS ACCIONES QUE LO PRODUCEN: **65 transformación:** ...*consumó* la transformación obligado por el pragmatismo, la conclusión de la guerra fría y las nuevas circunstancias nacionales e internacionales... EPE051101 **66 traspaso:** Me basé en muchos aspectos de la realidad chilena de los 80, cuando se estaba *consumando* el traspaso a un sistema neoliberal... HOY201097 **67 cambio:** Por otro lado, nunca se *consuma* el cambio de capitalidad hacia Santiago de Cuba... LVE130695 **68 venta:** ...pero seguiremos siendo trabajadores del Estado hasta que se *consume* la venta de GUATEL. LHG280897 **69 compra:** ...está interesada en hacerles sendas ofertas para que sigan en la cadena, una vez se *consume* la compra del centenar de emisoras que posee la ONCE... EPE190199 **70 reforma:** Eso significa que, de *consumarse* la reforma, el CAC asumiría la concesión o renovación de licencias de radio... EPE020799 **71 nacionalización:** ...sobre todo por el hecho de que ya no ocupa plaza de extranjero una vez *consumada* su nacionalización. EME081196 **72 ampliación:** El Gobierno chipriota, sin embargo, confía en que, una vez *consumada* la ampliación hacia el norte... LVE091095 **73 giro:** Comisiones Obreras *consumó* ayer en un clima de gran crispación su giro hacia un nuevo modelo sindical... LVE200196 **74 trasvase:** Con más garantías, María Ángeles Ramón-Llin ha *consumado* su trasvase a las caudalosas aguas del PP... EPE190799

F OTROS SUSTANTIVOS; POSIBLES USOS ESTILÍSTICOS: ...cuando el veterano descubre que es mejor *consumar* su soledad matando el deseo carnal... CAP091097

consumir ♦ **abusivamente, ávidamente[2], como rosquillas[5], compulsivamente, con fruición[13], en {grandes/pequeñas} cantidades, por completo[20], vorazmente[2]**
☐ Véase también: **arder, devorar.**

consumirse (de) ♦ **celos, envidia, impaciencia, odio, rabia,** *otros sustantivos que designan sentimientos*

consumismo ♦ **compulsivo, desaforado[67], desmedido, desmesurado, enajenante, exacerbado, feroz, incontrolado** ♦ **exceso (de), frenesí (de), sociedad (de)** ♦ **empujar (a), fomentar, incitar (a), practicar, sucumbir (a)**

consumo ♦ **abusivo[16], acusado, alimentario, alto, amplio, bajo, básico, boyante[12], compulsivo[11], desaforado[66], desbordante, desenfrenado[34], desmedido[46], desmesurado, doméstico, elevado, energético, exacerbado, exagerado, excesivo, frenético[51], humano, indiscriminado, interno, masivo, minoritario, moderado, navideño, sistemático, voraz** ♦ **artículo (de), bienes (de), capacidad (de), índice (de), nivel (de), producto (de), sociedad (de)** ♦ **abusar (de)[44], afectar (a), apagar(se)[35], aumentar, decaer[58], decrecer[12], descender, despenalizar, destinar (a), disminuir, empujar (a), fomentar, generar (algo), homologar[1], incentivar, incitar (a), incrementar(se), inducir (a)[21], penalizar, rebajar[24], registrar(se), repuntar, satisfacer**
☐ Véase también: **gasto.**

CONSUMO Véase: GASTO

con sumo detalle Véase: **con detalle**

contabilidad ♦ **encargar(se) (de), llevar[9], poner al día, tener al día**

contacto ♦ **asiduo[38], bilateral, caluroso[21], cara a cara[26], carnal[6], comercial, continuado, continuo, directo, escaso, esporádico, estrecho[33], fecundo[42], furtivo, habitual, indirecto, informal, infructuoso[26], intenso, íntimo, ocasional, oficial, permanente, personal, preliminar, provechoso, sexual, telefónico, visual** ♦ **en** ♦ **lente (de), punto (de), red (de), serie (de), toma (de)** ♦ **cortar[4], desbloquear[16], entablar[3], entrar (en), estable-**

cer[12], estrechar[25], evitar, facilitar, haber, hacer, intensificar, mantener, perder, poner(se) (en), prodigar[72], realizar, retomar, romper, tener, tomar, trabar[5]

☐ Véase también: **contagio, contaminación, roce, toque (de).**

con tacto ♦ actuar, administrar, aproximarse, avanzar, conducir, convencer, cuidar, hablar, intervenir, introducir, manejar, maniobrar, mover(se), negociar, tratar

CONTACTO

♦ (SUSTANTIVOS) Véase: **abrupto[I], accidental[E], amortiguar[A], a resguardo (de)[C], asiduo[E], brusco[H], cara a cara[G], cortar[A], desbloquear[D], en cadena[A], en seco[D], frontal[A], infructuoso[E], irresistible[G], monumental[G], pegar[C]**

♦ (VERBOS) Véase: **cara a cara[A], de lleno[C], de plano[F], de pleno[G], de refilón[C], en cadena[L], estrepitosamente[D], férreamente[D], frontalmente[A], fuertemente[B], fugazmente[H], gravemente[G], irrevocablemente[C], ligeramente[F], literalmente[J], profundamente[A]**

☐ Véase también: RELACIÓN; REUNIÓN.

[contado] → **al contado**

contagiar ♦ alegría, atmósfera, creatividad, culpa, desesperación, energía, enfermedad, entusiasmo, euforia, fascinación, felicidad, idealismo, ilusión, infección, nostalgia, optimismo, pasión, pena, ritmo, sentimiento, tristeza, vicio, *otros sustantivos que designan sensaciones, sentimientos o estados de ánimo*

☐ Véase también: **contagioso, transmitir.**

contagio ♦ accidental[11], alarmante, epidémico, expuesto (a), humano, imparable[7], masivo, mortal, posible, vírico ♦ por ♦ caso (de), foco (de), fuente (de), índice (de), peligro (de), reacción (a), riesgo (de), síntoma (de), temor (a), vía (de) ♦ desencadenar(se), evitar, impedir, prevenir, provocar

contagioso *adj.* ▮ Se combina con el sustantivo *enfermedad* y con otros que designan enfermedades *(hepatitis, sarna, afección, fiebre)*, así como ciertos organismos y determinadas sustancias susceptibles de provocarlas *(bacteria, virus, ántrax)*. También se combina con sustantivos que expresan estados anímicos *(alegría, tristeza, ilusión, desasosiego)*, cualidades humanas *(simpatía, desparpajo)*, o actitudes *(entusiasmo, vitalidad, arrogancia)*. Admite también sustantivos que designan corrientes ideológicas o culturales *(regionalismo, nihilismo)*. Se combina asimismo con...

A EL SUSTANTIVO *RISA* Y CON OTROS QUE DESIGNAN MANIFESTACIONES, GENERALMENTE EXPANSIVAS, DE ALGÚN ESTADO DE ÁNIMO: **1 risa ++:** La risa es *contagiosa* por razones que aún no han podido ser aclaradas. SEM301000 **2 sonrisa:** A pesar de que no estuvo en el marcador, Sergio Martínez, con una sonrisa *contagiosa*, comentó... EOU291000 **3 carcajada:** Antes de responder, deja escapar una *contagiosa* carcajada. ETC111196 **4 bostezo:** Se desperazaba con parsimonia y lanzaba unos bostezos *contagiosos* e interminables. Si intentabas hablarle, se dormía. INDOC **5 salto de alegría:** ...él había sido el que había dado la noticia de la victoria de (...) en medio de *contagiosos* saltos de alegría... EPE250700 **6 hilaridad:** Me sentí rebosar, en efecto, por una hilaridad *contagiosa*... EME150595

B SUSTANTIVOS QUE DESIGNAN MANIFESTACIONES MUSICALES. TAMBIÉN CON OTROS QUE EXPRESAN LA REPETICIÓN REGULAR DEL SONIDO: **7 ritmo ++:** Durante el resto del recital (...) recorrió melodías cargadas de un ritmo *contagioso*. EPE010899 **8 melodía:** Las melodías *contagiosas* que forman parte del sello inconfundible del grupo... EME210996 **9 canción:** ...aguantando la tensión de esas canciones *contagiosas*, punteadas de largos «riffs» de guitarra. LVE020796 **10 música:** ...ha regresado a una música más cubana, más *contagiosa* y, sobre todo, más personal. EPE130799 **11 compás:** ...componen la base percusiva sobre la que Eddie Palmieri desata sus compases tan contundentes como *contagiosos*. EME311095 **12 estribillo:** Parecía que nadie podía abstenerse de corear y saltar ante un estribillo tan *contagioso*... EPE020485 **13 pop:** ...escribía canciones como los ángeles: dardos de pop malherido y *contagioso*... EME060796 **14 rap:** Un cándido homenaje a Frida Kahlo y Diego Rivera con metafóricos elefantes y palomas, un rap *contagioso* y sincopado... EPE200299 **15 latido –:** su música (...) libera un latido emocional *contagioso*... LVE190195

C SUSTANTIVOS QUE DENOTAN ANHELO O IMAGINACIÓN. TAMBIÉN CON OTROS QUE DESIGNAN ALGUNAS DE SUS MANIFESTACIONES: **16 sueño:** Sus sueños eléctricos se hacen más *contagiosos*. Y si sus canciones más conocidas y, probablemente apreciadas, son las de coros domesticados... EME020496 **17 fantasía:** Las psicosis masivas desencadenan efectos cuya exégesis no debe rebuscarse ante todo en las circunstancias de lo real, sino en las interrelaciones psicológicas que inspira la fantasía *contagiosa*. EPE051001 **18 imaginación +:** ...lo cubre como sabe: entusiasmo, seducción, fieles colaboradores y una imaginación *contagiosa*. EPE061299 **19 deseo:** «No juegue con fuego», le aconsejó el portavoz de los socialistas vascos, Nicolás Redondo, «porque los deseos de ruptura pueden ser *contagiosos*, y usted ya me entiende». EPE261001

D LOS SUSTANTIVOS *VICIO* Y *ADICCIÓN*: **20 vicio +:** Los políticos padecen vicios universales, *contagiosos*, como los «a nivel de» y cosas parecidas. EPE120699 **21 adicción +:** El vicio de la lectura y su adicción, tan poco *contagiosos*, nos redimirían de iletrados nacionalismos... EME230494

E ALGUNOS SUSTANTIVOS QUE DESIGNAN LA FORMA EN QUE SE PRESENTAN LAS COSAS, ASÍ COMO SUS CUALIDADES MÁS VISIBLES: **22 aspecto:** En un principio seducen por su temperatura lírica y pasional, por su aspecto torrencial, informe, *contagioso*... ABC011093 **23 estética:** ...cabe reconocer en Umbral al más audaz y brioso continuador de una estética *contagiosa*... ABC120595 **24 imagen:** E inmerso en ella aquella gravedad de «Tren de sombras» se hace agilidad y vibra en imágenes *contagiosas* y esponjosas... EPE191001 **25 estilo:** Su estilo oratorio era de soflama, incendiario, muy *contagioso*... EPE280299 **26** elegancia –: Elegancia, por lo demás, harto *contagiosa*. EME171296

F OTROS SUSTANTIVOS; POSIBLES USOS ESTILÍSTICOS: Los textos poéticos (...) adquieren en sus voces un vuelo ágil y *contagioso*. LVE070996; Pan, buñuelo, pastel *contagioso* para extensión de garapiña... EPE040799

☐ Véase también: **contagiar**.

contaminación ♦ **acústico, agudo, alto, ambiental, atmosférico, bajo, denso, grave, industrial, lumínico, masivo, medioambiental, persistente, químico, radiactivo, sonoro, urbano** ♦ **índice (de), nivel (de)** ♦ **atajar, aumentar, combatir[54], detectar[20], disipar(se), disminuir, evitar, extender(se), luchar (contra), medir, paliar, provocar**

☐ Véase también: **deterioro**.

contante y sonante ♦ **dinero**

contar ▮ *(narrar)* ♦ **a grandes rasgos[8], a grandes trazos, a los cuatro vientos[6], a medias, abiertamente[38], al pie de la letra[35], atropelladamente[2], ce por be, con pelos y señales[1], con todo lujo de detalles[1], convincentemente[24], de oídas, de pasada, de primera mano[16], de un tirón[1], de viva voz, detalladamente[25], detenidamente, elocuentemente[3], entre líneas[12], gráficamente, magistralmente, por encima, sin entrar en detalles, sin tapujos[23], someramente, verbalmente** ♦ **anécdota, chiste, cuento, historia, hazaña, hecho, leyenda, película**

▮ *(computar)* ♦ **a ojo[5], escrupulosamente[47], ordenadamente, por lo bajo[3], uno a uno**

☐ Véase también: **describir, explicar, narrar**.

con tarjeta ♦ **comprar, pagar**

[contemplación] → **sin contemplaciones**

contemplación ♦ **absorto, atento, atónito, beatífico[10], detenido, directo, emocionado, estático, estético, gozoso, grato, inactivo, melancólico, místico, piadoso, plácido, público, reflexivo, religioso, reposado, sereno, silencioso, sosegado, tranquilo** ♦ **en actitud (de), en estado (de)** ♦ **andarse (con)[15], deleitar(se) (en), disfrutar (de), invitar (a)[20]**

contemplar ♦ **a lo lejos[6], atentamente[4], de arriba abajo[11], de cerca[4], de lejos, detenidamente, plácidamente[46], reposadamente, tranquilamente**

contemplativo ♦ **actitud, oración, vida**

contencioso ♦ *(sust.masc.)* **antiguo, bilateral, histórico, judicial, reñido** ♦ **desbloquear[5], dirimir[31], entablar, enzarzar(se) (en), ganar, interceder (en), librar, mantener, perder, resolver, solucionar, suscitar(se), zanjar[17]**

☐ Véase también: **juicio, pleito**.

contener ♦ *(retener)* **a duras penas[15]** ♦ **alegría, avalancha, deseo, gana, impulso, ira, llanto, marea, odio, respiración, risa,** *sustantivos que designan sentimientos*

contenido ♦ **alto, aproximado, bajo, borroso[20], carente (de), cargado (de), de valor, específico, exacto, fuerte, literal[6], pletórico (de)[19], preciso, responsable (de), rico, vago** ♦ **aclarar, adulterar[20], ajustar(se) (a), analizar, atenerse (a)[40], averiguar, carecer (de), clarificar[56], dar[78], depurar, descifrar[33], describir, descubrir, desentrañar[41], desfigurar[14], desprender(se) (de), desvelar[7], difundir(se)[30], dotar (de), enterarse, evaluar, explicar, falsear, interpretar, llenar (de), manipular, otorgar, probar, reflejar, revelar, tergiversar[22], vaciar (de), verificar**

CONTENIDO

♦ (SUSTANTIVOS) Véase: **accesible[C], adulterar[C], beligerante[C], borroso[E], ceñir(se) (a)[B], dar[G], descifrar[C], desentrañar[G], desvelar[B], insuflar[B], literal[A], meridiano[D], peregrino[I], pletórico (de)[D], predicar[E], resbaladizo[D]**

♦ (VERBOS) Véase: **nítidamente[D]**

☐ Véase también: ESENCIA; SIGNIFICACIÓN.

contento ♦ **como unas castañuelas[3], sumamente, visiblemente[19]**

contestación ♦ **ambiguo, breve, categórico, ciudadano, claro, concluyente[29], contundente, convincente, cordial, creciente, decidido, definitivo, democrático, desafortunado, difícil, escueto, estridente, estudiantil, extenso, fácil, firme, fuerte, gran(de), impertinente, inequívoco, inmediato, innecesario, interno, lógico, mayoritario, minoritario, necesario, oficial, oportuno, pendiente (de), político, popular, radical, rotundo, seco, serio, sindical, social, taxativo[17], torpe, urgente** ♦ **admitir, dar (a alguien), eludir, encontrar, enviar, esperar, esquivar, formular, levantar, liderar, merecer, obtener, ofrecer, pedir, provocar, recibir, rehuir, someter (a), tener**

☐ Véase también: **protesta, réplica, respuesta**.

contestar ♦ **abiertamente[36], a bote pronto[9], a coro[24], afirmativamente[1], airadamente, al unísono[28], amablemente, atentamente[34], atinadamente, categóricamente[23], coherentemente[4], con cajas destempladas, concluyentemente, con franqueza, con rotundidad[9], cortésmente, crudamente, descaradamente, desdeñosamente, diplomáticamente, elocuentemente[4], en frío[24], fríamente, fulminantemente, groseramente, lacónicamente, lisa y llanamente[10], maliciosamente[22], por escrito, pormenorizadamente, profusamente[58], punto por punto[28], puntualmente, rotundamente[18], secamente, sin rodeo(s), tajantemente, verbalmente**

☐ Véase también: **replicar, responder**.

contexto ♦ **acotado, actual, ajustado, amplio, apropiado, artístico, ceñido, cerrado, cultural,**

delimitado, democrático, económico, familiar, favorable, general, geográfico, global, hermético, histórico, inmediato, inserto (en), internacional, laboral, limitado, literario, mundial, nacional, occidental, político, presente, reducido, restrictivo, restringido, sintáctico, social ♦ dentro (de), en, fuera (de) ♦ acotar, aplicar (a), ceñir(se) (a), circunscribir(se) (a), conocer, crear, delimitar, encasillar (en), encerrar (en), encuadrar (en), enmarcar (en), estudiar, inscribir(se) (en), insertar(se) (en), integrar(se) (en), limitar(se) (a), perder, precisar, sacar (de), situar (en), sobrepasar, trascender, ubicar(se) (en)

☐ Véase también: **entorno, texto.**

contienda ♦ **a cara de perro[19], apretado[35], arduo, bélico, cerrado, civil, democrático, deportivo, electoral, encarnizado[8], inmerso (en), interno, intestino, legislativo, pleno, político, presidencial, reñido[7], verbal ♦ abandonar, atizar[23], culminar, decidir(se), desencadenar(se), dirimir[17], enfrascarse (en), enredarse (en), entablar, entrar (en), estallar, evitar, ganar, iniciar(se), intervenir (en), librar, participar (en), perder, presenciar, provocar, resolver, retirar(se) (de), solventar, superar, surgir, terminar(se), triunfar (en), zanjar**

☐ Véase también: **altercado, batalla, combate, confrontación, guerra, pelea, riña.**

continuidad ♦ **augurar[58], dar[137], garantizar, interrumpir, mantener**

☐ Véase también: **defender, guardar, mantener(se), proseguir.**

con todas las letras ♦ **decir, expresar, referirse, soltar,** *otros verbos de lengua*

con todas {mis/tus/sus...} fuerzas *loc.adv.*

▌Se combina con verbos que designan muy diversas acciones físicas *(correr, empujar, lanzar)*, especialmente si implican sujeción *(sujetar, agarrar)*, empleo de la voz *(gritar, llamar)* o la ejecución de un movimiento rápido, brusco o porfiado *(golpear, atizar, aplaudir)*. También se combina con...

A ALGUNOS VERBOS QUE DENOTAN ENFRENTAMIENTO: **1 luchar ++:** ...luchan *con todas sus fuerzas* para conseguir el puesto de editor jefe... LVE240795 **2 pelear:** La fortaleza cayó, aunque los sitiados pelearon *con todas sus fuerzas* durante varias semanas. INDOC **3 combatir:** El candidato tiene también a su favor el conocimiento de esa masa social conservadora cuya fuga hacia el PP se ha lanzado a combatir *con todas sus fuerzas.* EME200296

B VERBOS QUE DENOTAN INTENTO O ACTUACIÓN ENCAMINADA A LOGRAR LA EJECUCIÓN DE ALGO: **4 intentar ++:** ...ha intentado *con todas sus fuerzas* hacer las cosas bien... EME290296 **5 procurar +:** Procuro *con todas mis fuerzas* conectar física y táctilmente con el mundo. LVE140296 **6 tratar +:** ...la nadadora que las rivales persiguen y a la que tratan de vencer *con todas sus fuerzas.* LNC160497

C VERBOS QUE DENOTAN DESEO, VOLUNTAD Y OTRAS INCLINACIONES FAVORABLES DEL ÁNIMO O DE LOS AFECTOS: **7 desear ++:** ...ella desea *con todas sus fuerzas* seguir en Honduras... LPN171297 **8 amar +:** Le dijo que la amaba *con todas sus fuerzas.* INDOC **9 querer:** La queremos *con todas nuestras fuerzas.* No la queremos como moneda de cambio. EPE010299

D VERBOS QUE EXPRESAN MANIFESTACIÓN DE OTROS SENTIMIENTOS. TAMBIÉN CON OTROS QUE DENOTAN TOMA DE POSTURA FAVORABLE O CONTRARIA EN RELACIÓN CON ALGÚN ASUNTO: **10 oponerse +:** ...se opondrán *con todas sus fuerzas* a esta actitud... LVE120395 **11 detestar +:** ...las editoriales «son algo que detesto *con todas mis fuerzas*». LVE170895 **12 condenar:** ...unas costumbres que (...) condenan *con todas sus fuerzas.* EPE160700 **13 apoyar:** ... Balladur instó a los suyos a apoyar *con todas sus fuerzas* a Chirac... EME240495

E VERBOS QUE DESIGNAN LA ACCIÓN DE PARTICIPAR EN ALGUNA TAREA O LA DE PONER EMPEÑO EN LO QUE SE HACE, A MENUDO EN CONCURRENCIA CON OTROS: **14 trabajar +:** Nadie debe sentirse exonerado de trabajar *con todas sus fuerzas* por el final del terrorismo y en favor de la paz... EPE100800 **15 colaborar:** Sin embargo, esa gente «colaboró» *con todas sus fuerzas*, sacó de la situación ventajas magníficas y oficiales. ABC270594 **16 cooperar:** Para acabar con la delincuencia este Ministerio anuncia que cooperará *con todas sus fuerzas* con las demás instituciones. INDOC

F VERBOS QUE DENOTAN SOLICITUD: **17 pedir +:** He pedido *con todas mis fuerzas* que el procedimiento seguido en este asunto me permita ser oído lo más pronto posible por el Poder Judicial. EME191196 **18 requerir:** ...y eso a pesar de que hemos requerido al gobierno *con todas nuestras fuerzas* para que se digne por fin a atender una petición tan justa. INDOC

☐ Véase también: **con ganas, con interés.**

con todo lujo de detalles *loc.adv./loc.adj.*

▌Admite la variante *con lujo de detalles*. Se combina con...

A VERBOS QUE DENOTAN NARRACIÓN, DESCRIPCIÓN O RELATO: **1 contar ++:** ...dispuestos a contar sus experiencias *con todo lujo de detalles.* LVE031096 **2 explicar ++:** ...se explica *con todo lujo de detalles* todo lo que se visita. EPE240799 **3 describir ++:** ...sirve para describir *con todo lujo de detalles* desde los brillos de la seducción hasta las sombras de la autodestrucción. LVE160895 **4 narrar +:** ...narró *con todo lujo de detalles* aquella etapa dramática del Tour de 1971... EME200594 **5 relatar +:** ...*con todo lujo de detalles* relató hace unos días los problemas económicos... LVE201095 **6 reseñar:** La magistrada reseña *con todo lujo de detalles* cómo se cobraron las comisiones... EME110795 **7 exponer:** ...uno de ellos expuso *con todo lujo de detalles* una teoría económica... EME120394 **8 especificar:** ...acusaciones periodísticas que especifican, *con todo lujo de detalles*, nuevos desplazamientos sospechosos. LVE231296 **9 anunciar:** La presencia de Arias había sido anunciada *con todo lujo de detalles*... EPE080699 **10 informar:** Lo del ex director general de la Guardia Civil –incluida la exclusiva de la SER informando *con todo lujo de detalles* sobre su detención en un piso de Madrid– es ya un puro esperpento. EME300494 **11 referir:** ...pone el máximo empeño en referir, *con todo lujo de detalles*, los efectos físicos y morales de los vicios... ABC120293 **12 aclarar:** ...*con todo lujo de detalles* aclara al torpe lector quién fue Debussy... ABC250693 **13 pregonar:** ...cuya sórdida muerte pregonada a los cuatro vientos *con todo lujo de detalles*, ha dejado un amargo recuerdo... ABC171293

B VERBOS QUE DESIGNAN LA ACCIÓN DE PONER ALGO DE MANIFIESTO, PROBARLO O EXPONERLO A LA LUZ PÚBLICA: **14 desvelar:** ...desveló recientemente, *con todo lujo de detalles*, la trastienda de esa operación... EME230296 **15 mostrar:** ...hace gala de un rigor puntilloso a la hora de mostrar una trayectoria vital *con todo lujo de detalles*. ABC220592 **16 editar:** ...editado *con todo lujo de detalles* hace cuatro años (...), es un testimonio fascinante de la progresiva recuperación del arte prehistórico... EPE200199 **17 acreditar:** Los jueces están mirando con lupa las suspensiones y extinciones de empleo, y para ello exigen que se acrediten *con todo lujo de detalles* las causas... EME250695 **18 reconocer:** ...reconoció desde entonces, en dos ocasiones, *con todo lujo de detalles* (...) ser el autor del triple asesinato. EPE250699 **19 atribuirse –:** Él se atribuía, *con todo lujo de detalles*, un importante número de cuadros de maestros antiguos... EME240294

C VERBOS QUE DESIGNAN LA ACCIÓN DE PROYECTAR O IDEAR ALGO EN SUS ASPECTOS PLÁSTICOS, O LA DE REPRODUCIRLO, GENERALMENTE EN IMÁGENES: **20 filmar:** ...una secuencia en la que acaba dando un salto prodigioso (filmado *con todo lujo de detalles* y en cámara lenta)... EME230995 **21 fotografiar:** ...que una empresa francesa fotografíe a tamaño natural y *con todo lujo de detalles* los frescos de la Cartuja de Aula Dei... EME220696 **22 diseñar:** Ambas han diseñado *con todo lujo de detalles* una Alameda dividida en dos partes... EPE210499 **23 transmitir:** TVE transmitió *con todo lujo de detalles* el incidente. EPE111299

D VERBOS QUE DENOTAN PERCEPCIÓN, ASÍ COMO ADQUISICIÓN O RETENCIÓN DE CONOCIMIENTOS: **24 enterarse:** ...no va a los mítines para enterarse de las cosas *con todo lujo de detalles*, sino para aplaudir. EME130595 **25 conocer:** Su investigación le llevó a conocer, *con todo lujo de detalles*, quiénes eran... EME150695 **26 recordar:** ...recuerda a ese hombre *con todo lujo de detalles*. ABC220193 **27 ver:** En ella se ven, *con todo lujo de detalles*, los planes para este templo. EPE310599 **28 mirar:** ...se comprometió a «mirar *con todo lujo de detalles*» aquellos expedientes... EPE300699 **29 asistir:** ...el telespectador podrá asistir *con todo lujo de detalles* no sólo a la ejecución en sí, sino a las emociones internas... LVE270294 **30 apreciar:** Semanas después de que millones de personas apreciasen *con todo lujo de detalles* su infidelidad conyugal... EME200996

E VERBOS QUE DENOTAN PREPARACIÓN: **31 organizar:** Sus viajes a la Luna estarán organizados –dicen– *con todo lujo de detalles*. EME040896 **32 preparar:** ...preparó *con todo lujo de detalles* la emotiva secuencia del reencuentro después de más de cincuenta años de separación entre madre e hijo. LVE280296

F SUSTANTIVOS, A MENUDO RELACIONADOS FORMALMENTE CON LOS VERBOS DE NARRACIÓN, DESCRIPCIÓN Y RELATO PRESENTADOS EN EL APARTADO *A*: **33 descripción +:** ...se dedican siete páginas a la descripción *con todo lujo de detalles* de cómo... LVE020595 **34 relato:** Fellini escuchaba, extasiado, el relato *–con todo lujo de detalles–* de Marcello... LVE201296 **35 testimonio:** Su testimonio, *con todo lujo de detalles*, a cambio de una condena de 12 años de prisión. EME170895

☐ Véase también: **con detalle, con pelos y señales, detalladamente, escrupulosamente, exhaustivamente, extensamente, pormenorizadamente, prolijamente, punto por punto.**

contorno ♦ **ambiguo, biográfico, borroso, difuso, exacto, geométrico, gráfico, histórico, impreciso, incierto, irregular, nítido, pálido, preciso, suave, urbano, vago** ♦ **dibujo (de), mapa (de)** ♦ **adquirir, bordear, borrar(se), definir, delinear, desaparecer, desdibujar(se), dibujar, difuminar(se)[3], diluir(se)[15], explorar, marcar, perfilar(se), proyectar(se), recorrer, salir (de), seguir, trazar**

☐ Véase también: **arista, cerco, costa, orilla (de), perfil.**

CONTORNO Véase: *LÍMITE Y CONTORNO*

[contra] → **a la contra, contra reembolso, contra reloj, contra viento y marea, en contra**

[contracorriente] → **a contracorriente**

contradecir ♦ **afirmación, base, concepto, conciencia, contenido, decisión, declaración, doctrina, esencia, fundamento, hecho, historia, idea, información, interpretación, mandato, norma, normativa, noticia, opinión, persona, precepto, principio, punto de vista, rumor, sondeo, teoría, tesis, verdad, versión, voluntad, voz**

☐ Véase también: **rebatir, refutar.**

contradicción ♦ **aberrante, abierto, absoluto, claro, descomunal, evidente, flagrante[68], frontal, garrafal, ilógico, imperceptible, insalvable[23], insoluble[15], irresoluble[14], leve, llamativo[53], manifiesto, monumental, palpable, patente, preso (de)[28], profundo[84], tremendo** ♦ **espíritu (de)** ♦ **advertir, aflorar[56], apreciar, atravesar[16], caer (en), carcomer[35], descubrir, desentrañar[15], desvelar, detectar[19], entrar (en), estar (en), hallar, incurrir (en), percibir, resolver, sentir, subsanar**

☐ Véase también: **absurdo, contrasentido, contraste, error, oposición.**

contraer *v.* **I** Se combina con sustantivos que designan enfermedades *(gripe, hepatitis, neumonía)*, sus síntomas o consecuencias *(infección, dolencia, síndrome)*, así como diversos organismos relacionados con ellas *(bacteria, virus, parásito)*. Además se combina con...

A SUSTANTIVOS QUE DESIGNAN DEBERES, COMPROMISOS U OBLIGACIONES: **1 responsabilidad ++:** ...anteponiendo su solidaridad con su partido o su gobierno a la responsabilidad *contraída* con los electores que los llevaron al escaño que ahora ocupan. ENV010796 **2 compromiso ++:** ...qué sentido tiene que *este señor* (...) permanezca en una reunión internacional donde se *contraen* unos compromisos de los que *el otro día se ríe*. ENV010997 **3 obligación ++:** ...permanente puja entre sectores estamentales y parasitarios por obtener cada vez más privilegios sin *contraer* obligaciones. LNA030792 **4 deber:** ...ignorancia de las reglas inherentes al ejercicio de la democracia, y el incumplimiento de los deberes *contraídos* para su defensa. LVE221095 **5 exigencia –:** Nunca ha estado en el ánimo de Endesa evadir o no cumplir las exigencias que ha *contraído* en sus proyectos. LEC210297 **6 promesa:** ...anuncia que se juega su reelección en el cumplimiento de las promesas *contraídas* con sectores marginados de la sociedad. EME040695 **7 reto –:** ¿Sabe que usted acaba de *contraer* un reto que va más allá de lo puramente deportivo? LVE250596

B SUSTANTIVOS DE ORIENTACIÓN PROSPECTIVA CUYO SIGNIFICADO COMPORTA LA EXISTENCIA DE LAS OBLIGACIONES MENCIONADAS EN EL APARTADO *A*: **8 deuda ++:** Nadie debe poder obligar a otro a *contraer* una deuda si éste no está en disposición de hacerlo. EUV150497 **9 acuerdo:** ...el cumplimiento de acuerdos que el Ejecutivo, a través de la comisión gubernamental, ha *contraído* con la gente del FN-3.80. LPN300597 **10 pacto:** Así, Roma se sumó ayer al pacto *contraído* por España... LVE230796 **11 crédito:** ...por falta de voluntad política de las autoridades gubernamentales que no quieren *contraer* un crédito español para su equipamiento... LTB080497 **12 hipoteca:** ...nos dimos cuenta de que con nuestros sueldos no podríamos desgravar la hipoteca que pensábamos *contraer* por quince millones de pesetas. EME110695 **13 pago:** Estoy haciéndome cargo de todos los pagos que habían *contraído* mis anteriores socios a nombre de otras empresas... EME270694 **14 débito:** Con los fondos obtenidos satisfacía los débitos *contraídos* con los proveedores de sus tiendas. EME120696

C SUSTANTIVOS QUE DENOTAN MÉRITO, CULPA Y OTRAS NOCIONES QUE VINCULAN LAS ACCIONES REALIZADAS CON ESTADOS DE COSAS PRESENTES O FUTUROS: **15 mérito ++:** Se le ha fichado para hacer justicia a los méritos que ha *contraído* con el Barcelona. LVE170796 **16 derecho +:** Aseguró que si las normas actuales dan lugar a interpretaciones contrarias a la de los derechos *contraídos* tras largos periodos de convivencia... EME050394 **17 mancha:** ...la causa fundamental del desmedro internacional de Chile y de las grandes manchas al honor nacional *contraídas* en los últimos tiempos. HOY250184 **18 culpabilidad –:** ...la única salida para eludir su culpabilidad *contraída* en la «guerra sucia» era ampararse en el laberinto del derecho procesal. EME081196

D ALGUNOS SUSTANTIVOS QUE DENOTAN HÁBITO: **19 hábito +:** Si la riqueza cae del cielo y no resulta de la continuidad del esfuerzo, se *contraen* malos hábitos y se está mal preparado para enfrentar las dificultades y la adversidad. CAP270397 **20 costumbre:** ...los estudios filosóficos e históricos más la desgracia del insomnio le hicieron *contraer* la costumbre de rumiar en la oscuridad y el gusto de la desesperación. LVE210695 **21 vicio +:** ...los correspondientes juicios y condenas, pero también, y de forma urgente, desintoxicarse del vicio *contraído*. EME130795

E ALGUNOS SUSTANTIVOS QUE DESIGNAN VÍNCULOS: **22 amistad:** Como tal había estado en Marruecos y allí había *contraído* amistad con los principales africanistas... LVE180196 **23 vínculo:** Son títulos que sugieren la naturaleza del vínculo *contraído* entre estos místicos y una divinidad... LVE260796 **24 alianza:** ...Abdul Aziz tuvo con sus diferentes esposas –con las que se casó para *contraer* alianzas políticas tribales– cuarenta y tres hijos de los cuales viven veinticinco... LVE051295

F OTROS SUSTANTIVOS QUE DESIGNAN VÍNCULOS, EN ESTE CASO EL MATRIMONIAL: **25 matrimonio ++:** ...*contraen* matrimonio hoy a las 12 del día en la capilla de la Hacienda Yerbabuena. ETC160494 **26 nupcias +:** Luego de *contraer* nupcias con doña Gloria Pinzón, decidió residir en esa localidad... ESH010497 **27 esponsales:** En el 61, tras conocerla en Rebelión a bordo, *contrae* esponsales, por el rito polinesio, con... EME030895 **28 enlace:** ...entre las situaciones más duras que le tocó vivir en los albores del fenómeno Maradona estuvo su viaje a España (...) a los 19 años y sin haber *contraído* enlace. LNP010497 **29 boda:** Creen que puede *contraer* una boda real en breve. EME141296

G OTROS SUSTANTIVOS; POSIBLES USOS CRUZADOS: Lo que se sabe es que el producto ayuda a *contraer* el sueño a algunas personas que padecen insomnio... [Cf. *conciliar*] LVE080196

H OTROS SUSTANTIVOS; POSIBLES USOS ESTILÍSTICOS: ...rubricará la superioridad balompédica sobre la vecina Bolonia, que se *contrae* en una miseria de escuadras subalternas y vergonzantes. LVE060795; No me puedo extender en más detalles ya que me debo al secreto profesional *contraído* con mi cliente... EME060294

contraindicado ♦ **fármaco, medicamento, medicina, producto, remedio, tratamiento**

[contramano] → **a contramano**

contrapartida ♦ **conseguir, lograr, negociar, obtener, recibir**

[contrapelo] → **a contrapelo**

[contrapié] → **a contrapié**

contra reembolso ♦ **compra, correo, envío, pago** ♦ **comprar, enviar, pagar, pedir, recibir, solicitar**

contra reloj *loc.adv./loc.adj.* ▮ Alternan las grafías *contra reloj* y *contrarreloj*. En su sentido literal se combina con sustantivos que designan competiciones o algunas de sus fases *(carrera, etapa)*. En su sentido figurado ('que debe resolverse con urgencia') se construye con verbos que designan acciones que han de culminar o que poseen fin natural *(construir, repasar, convencer, cocinar, redactar, leer, actualizar, arreglar)*. Destacan sus combinaciones con...

A SUSTANTIVOS QUE DENOTAN TRATO O NEGOCIACIÓN. TAMBIÉN CON OTROS QUE DESIGNAN ACTIVIDADES QUE SE ASOCIAN CON EL ACERCAMIENTO DE PUNTOS DE VISTA CON ALGÚN OBJETIVO COMÚN: **1 negociación ++:** El Ministerio de Industria tuvo que iniciar una negociación *contrarreloj*... EME110595 **2 reunión:** El Ministerio de Industria ha intentado frenar este expediente por todos los medios, incluida (...) una reunión *contrarreloj* el viernes. EME140695 **3 acuerdo:** ...para sellar un acuerdo *contrarreloj* en la base de Dayton... EME201195 **4 contacto:** Miembros de la dirección nacional del PP han mantenido en los últimos días contactos casi *contrarreloj* con las distintas organizaciones territoriales... EPE030399 **5 diplomacia:** Diplomacia *contra reloj* para evitar una guerra. CLA091000

B OTROS SUSTANTIVOS QUE DENOTAN ACTIVIDAD O DESIGNAN ACTUACIONES Y OPERACIONES, A MENUDO ESFORZADAS, INTENSAS O COMPLEJAS, ASÍ COMO ALGUNOS RECURSOS EMPLEADOS EN ELLAS: **6 trabajo ++:** ...corrieron el riesgo de ser presa de su propio trabajo *contrarreloj.* DDN030101 **7 operación +:** ...una operación de salvamento que se temía *contrarreloj.* EPE221199 **8 campaña:** ...los sindicatos se disponen a iniciar una campaña *contrarreloj...* EME060194 **9 fabricación:** La fabricación del Chachi kart fue *contrarreloj.* EPE011199 **10 investigación:** ...la Policía se incautó también de armas y municiones tras dos días de «investigación *contrarreloj*». EME280494 **11 montaje:** Tras varias horas de montaje *contrarreloj,* el escenario... LVE080896 **12 reforma:** Reforma *contrarreloj.* El Gobierno (...) pasará al Congreso la responsabilidad de concretar la modificación del sistema de prestaciones. EUV070497 **13 maniobra:** La maniobra, *contrarreloj,* con los dos tirados debajo del coche (...) apenas nos ha llevado cinco minutos. EME070196 **14 estrategia:** Alemania despliega una estrategia *contrarreloj* para sustituir a Delors y evitar una crisis en la UE. EME280694 **15 despliegue:** ...realizar un despliegue *contrarreloj* de un sistema de defensa... EME270295 **16 transformación:** ...CCOO, inmerso en una transformación *contra reloj* hacia un sindicato... EME030596 **17 misión:** Más de 30 barcos se han reunido en el mar de Bárens para participar en una desesperada misión *contrarreloj.* EPE160800 **18 ajuste:** El «ajuste duro» *contrarreloj,* con sus previsibles consecuencias... EME151295

C SUSTANTIVOS QUE DENOTAN ACCIÓN PORFIADA EN DIVERSOS GRADOS: **19 lucha +:** ...empresarios y trabajadores comienzan esta semana una lucha *contrarreloj...* CAN111200 **20 intento:** En un intento *contrarreloj* de disipar estos recelos de los republicanos, Londres y Dublín consideran de forma positiva aceptar que... EME050696 **21 esfuerzo:** Un esfuerzo *contra reloj* de investigadores internacionales... ABC240694 **22 batalla –:** ...se enfrenta, en una batalla *contrarreloj,* a un virus mortal... EPE081201

D OTROS SUSTANTIVOS; POSIBLES USOS ESTILÍSTICOS: El amor *contrarreloj* de Álvarez Cascos y otros políticos. EME120596; ...hay que remitirse a los críticos de los críticos, a los teóricos de los teóricos, hasta nuestros días, estableciendo así una carrera de erudición *contrarreloj,* en la que gana el que esté al día... EPE271299; Pareciera lógico que una falla en la atención al público de un Banco, donde hay dinero en juego *contra reloj,* despertase reacciones airadas... ECA100792

E VERBOS DE MOVIMIENTO Y CON OTROS QUE DESIGNAN LA ACCIÓN DE LLEVAR ADELANTE UN PROCESO SIN QUE EN SU SIGNIFICADO SE HAGA REFERENCIA A SU CULMINACIÓN: **23 ir +:** ...en el peligro que supone para los trabajadores ir *contrarreloj.* EPE270599 **24 correr +:** Este rito demócratico es la gran oportunidad de Clinton –que corre *contrarreloj*– para fijar el estilo... LVE250195 **25 jugar:** Luego hemos jugado a *contrarreloj* y ellos a la contra son muy peligrosos... LVE100396 **26 trabajar:** No se trataba de un mero enunciado de intenciones, en Telefónica se trabaja *contrarreloj* para definir cuál será el descodificador... EME270796 **27 desarrollar:** ...una vasta operación que se desarrolla *contrarreloj* desde tres puntos... EME240396 **28 actuar:** Y la Marina empezó a actuar *contrarreloj.* EME020394 **29 investigar:** Cada año, en dos turnos de un mes y medio cada uno, los científicos españoles investigan *contrarreloj* la biología... EME180396 **30 continuar:** Durante todo el día de ayer continuaron *contrarreloj* las múltiples conversaciones... EME250496 **31 buscar –:** Los 900 millones que restan (...) deben buscarse *contrarreloj.* EPE140199 **32 vivir –:** El Barça de Van Gaal vive *contrarreloj.* EPD250897

F VERBOS QUE DENOTAN INICIO Y FINAL: **33 concluir +:** ...se ha concluido a *contrarreloj* para su bautizo oficial. EPE060599 **34 ultimar:** timan *contrarreloj* las obras de reconstrucción del coliseo. EPE170899 **35 iniciar –:** ...ha iniciado a *contrarreloj* varias obras de mejora en los accesos... LVE300596

G VERBOS QUE DENOTAN TRATO O NEGOCIACIÓN, VARIOS DE ELLOS RELACIONADOS EN SU FORMA O EN SU SIGNIFICADO CON LOS SUSTANTIVOS MENCIONADOS EN LOS APARTADOS *A*, *B* Y *C*: **36 negociar ++:** De la Rúa negocia *contrarreloj* con la oposición un recorte de gastos que satisfaga al FMI. EPE101201 **37 reunirse +:** ...preparada una fuerza heterogénea y reunida *contrarreloj.* EPE170999 **38 presionar:** ...diferentes sectores consiguieron presionar a *contrarreloj* hasta conseguir que se reconociesen sus reivindicaciones más tradicionales. EME150696 **39 contratar:** ...dificultades para nutrir el servicio y necesidad de bajar el listón para contratar *contrarreloj* tantos profesionales. LVE020796 **40 disputar:** Se han disputado a *contrarreloj* la licitación de las obras. INDOC **41 fichar:** Fichado a *contrarreloj* en agosto del año pasado, Kluivert no llegó a tiempo de ser inscrito en la Liga de Campeones. EPE021099

contrariado

♦ **claramente, visiblemente[6]**

contrariedad

♦ **amargo, casual, disimulado, doloroso, enorme, evidente, fuerte, gran(de), grave, hondo, imprevisto, incómodo, inesperado, inoportuno, lamentable, llevadero, menor, oculto, pasajero, penoso, pequeño, profundo, resignado, serio, severo, visible** ♦ **gesto (de), muestra (de), signo (de)** ♦ **afrontar, causar, comprender, demostrar, disimular, encajar, encarar, expresar, manifestar, mostrar, ocultar, presentarse, producir (a alguien), provocar, reflejar, reponer(se) (de), sobreponer(se) (a), sufrir, superar, suponer**
☐ Véase también: **avatar, contratiempo, dificultad, incidente, peripecia, problema.**

contrario

♦ **abiertamente[124], absolutamente, decididamente[53], totalmente**
☐ Véase también: **opuesto.**

contrarreloj

Véase: **contra reloj**

contrasentido

♦ **absoluto, absurdo, aparente, auténtico, brutal, completo, descomunal, dramático, evidente, flagrante, garrafal, gran(de),**

grave, incoherente, inexplicable, insostenible, lamentable, ligero, lleno (de), manifiesto, marcado, mayúsculo, monumental[62], palpable, patente, peligroso, ridículo, soberano, solemne, total, verdadero, visible ♦ advertir(se), apreciar(se), considerar, constituir, descubrir, deslizar(se), entrañar, evidenciar(se), evitar, implicar, incurrir (en), justificar, parecer, percibir, plantear, poner de manifiesto, reflejar, representar, resultar, revelar, suponer

☐ Véase también: **absurdo, contrariedad.**

contraseña ♦ **correcto, de acceso, de paso, de seguridad, incorrecto ♦ acordar, asignar, buscar, cambiar, conocer, dar, descifrar[27], descubrir, facilitar, fijar, memorizar, necesitar, olvidar, pedir, poseer, recibir, recordar, repetir, sustituir, tener, usar (como/de)**

☐ Véase también: **clave.**

contrastar ♦ **abiertamente, acusadamente[2], a las claras, claramente, considerablemente[53], desfavorablemente[21], duramente, enormemente, espectacularmente, fuertemente[47], levemente, ligeramente, marcadamente, negativamente[36], nítidamente, notablemente[36], ostensiblemente, poderosamente[32], visiblemente, vivamente[33]**

contraste ♦ **abierto, abismal[23], acentuado, acusado[50], agudo, apreciable, considerable, cromático, curioso, débil, doloroso, dramático, drástico, duro, enorme, escaso, estético, evidente, flagrante[69], franco, fuerte, generacional, gran(de), intencionado, intenso, leve, ligero, llamativo[58], lleno (de), lumínico, marcado, palmario, palpable[19], poderoso, profundo[85], radical, sorprendente, suave, tremendo, triste, vigoroso, vivo ♦ juego (de) ♦ acentuar(se), acusar, apreciar(se), destacar, eliminar, lograr, marcar(se), resaltar, saltar a la vista, servir (de/como), suavizar(se)**

☐ Véase también: **confrontación, oposición.**

contratar ♦ **a dedo[3], a destajo, a tiempo {completo/parcial}, en exclusiva, en firme[35], en regla, formalmente, por escrito, por obra, verbalmente[16]**

☐ Véase también: **fichar, fletar.**

contratiempo ♦ **casual, engorroso, grave, imprevisto, inesperado, inevitable, inoportuno, leve, ocasional, posible ♦ ante, sin ♦ cúmulo (de)[22], serie (de) ♦ acaecer[7], afectar (a algo/a alguien), afrontar, anticiparse (a), aparecer, constituir, evitar, librar(se) (de), ocurrir[22], padecer, presentar(se), sufrir[61], suponer, surgir, tener, tropezar(se) (con)[12]**

☐ Véase también: **contrariedad, dificultad, problema, revés.**

contrato ♦ **abusivo[36], a dedo[27], a destajo, administrativo, a tiempo {completo/parcial}, draconiano, en concepto (de), en exclusiva[44], en firme[10], en regla, firme, flexible[39], ilegal, indefinido, indisoluble, injusto, jugoso[16], justo, legal, legítimo, leonino, lesivo, millonario, por obra, precario[10], provisional, ruinoso, sin efecto, temporal, ventajoso[29], vigente[17] ♦ a pique[21] ♦ bajo, con posibilidad (de) ♦ firma (de), fleco (de)[3], términos (de) ♦ abolir[49], acabar, aceptar, adherirse (a)[10], adjudicar, ampliar, apalabrar, atenerse (a)[32], blindar[1], burlar[40], cancelar[3], ceñir(se) (a)[49], cerrar, cumplir[69], desactivar[34], deshacer, dilucidar[29], disolver(se)[24], establecer, estipular (algo), extender, extinguir(se)[20], finiquitar, firmar[5], formalizar, impugnar, incumplir[26], infringir[14], negociar[3], oficializar, pactar, prescribir, prorrogar[15], rectificar[41], redactar, renovar, rescindir[1], respetar, romper, suscribir, terminar, validar[12], vencer[85], violar, vulnerar[24]**

☐ Véase también: **acuerdo, compromiso.**

contravenir *v.* ▮ Se combina con...

A SUSTANTIVOS QUE DESIGNAN DISPOSICIONES O RESOLUCIONES DE CARÁCTER LEGAL ESTIPULADAS O SANCIONADAS POR UNA AUTORIDAD. TAMBIÉN CON OTROS QUE DESIGNAN NORMAS, PRECEPTOS Y OTRAS RESTRICCIONES QUE DEBEN OBSERVARSE U OBEDECERSE, ASÍ COMO ALGUNAS DE LAS FORMAS EN QUE SE PRESENTAN O SE RECOPILAN: **1 ley** ++: La organización ecologista considera que los hechos pueden ser constitutivos de delito por *contravenir* las leyes protectoras del medio ambiente. EPE251001 **2 norma** ++: Esa ley mereció la unánime condena de los jefes de estado quienes expresaron su «enérgico rechazo» por *contravenir* las normas que rigen la convivencia entre... ETC060996 **3 sentencia** +: El nuevo modelo supone una concesión a los obispos y *contraviene* varias sentencias del Tribunal Supremo... EPE041199 **4 reglamento** +: Ambas partes consideran que el pacto no *contraviene* el reglamento comunitario por lo que esperan recibir el visto bueno antes del verano. EME090396 **5 normativa** +: ...explicó que se le había facilitado otra vivienda «por razones de seguridad y solidaridad», aunque esta decisión *contraviene* la normativa antes citada. EME240795 **6 artículo** +: La insólita pretensión, que *contraviene* el artículo 31 de la Constitución... CAP300197 **7 disposición** +: Ambos extremos *contravenían* las disposiciones testamentarias del escultor. LVE180596 **8 orden** +: ...Patricia Barber *contraviene* el orden habitual y parece más una pianista-cantante que una cantante-pianista. EPE220700 **9 consigna** +: ...las autoridades militares, que censuran su trabajo y no dudan en encarcelar a los periodistas que *contravienen* sus consignas. EME150995 **10 regla** +: Todos sabemos del rigor artesano y lo difícil de convencer a un pintor para *contravenir* las reglas de la geometría... ABC210292 **11 directriz:** Uno de los aspectos que más ha irritado a UDOE es que se firme un convenio por un 7% de subida, algo (...) que *contraviene* las directrices que ha dado la CEOE. EPE121099 **12 directiva:** El tribunal decidirá en esa vista (...) si el actual sistema laboral que Sanidad aplica a muchos de sus médicos *contraviene* una directiva de la Unión Europea... EPE160399 **13 ordenanza:** El Ayuntamiento argumentó para el desalojo que los vecinos estaban ocupando la vía pública y que eso *contraviene* las ordenanzas municipales. EME010595 **14 constitución:** ...considera que la propuesta *contraviene* la Constitución, especialmente el sistema jurídico nacional... HOY271097

B SUSTANTIVOS QUE DESIGNAN ELEMENTOS O PRINCIPIOS CONSTITUTIVOS O VERTEBRADORES DE LEYES, DECRETOS Y OTRAS DISPOSICIONES LEGALES: **15 legalidad +:** Fisas aseguró que la representación «no *contraviene* la legalidad», informa EFE. EPE040999 **16 derecho +:** ...los ciudadanos tienen derecho a desobedecer a las autoridades cuando éstas *contravienen* los derechos humanos o se salen del marco legal. PME271096 **17 política:** Revuelo causó el tema de un impuesto a los cilindros del gas propano (...), gravamen que *contravendría* cualquier política de precios del producto. LHG260700 **18 jurisprudencia:** ...violan el referido precepto constitucional, (...). Además, *contraviniendo* la Jurisprudencia de la Suprema Corte de Justicia de la Nación sobre este particular. PME150996

C SUSTANTIVOS QUE DENOTAN PACTO O COMPROMISO. TAMBIÉN CON OTROS QUE DESIGNAN RESULTADOS DE ACCIONES PACTADAS O CONCERTADAS ENTRE PERSONAS O ENTIDADES: **19 acuerdo +:** ...la citada denegación (...) *contraviene* los acuerdos del convenio europeo sobre asistencia judicial... EME260196 **20 resolución +:** El Ayuntamiento de Cintruénigo sancionará a los más de mil socios que componen la peña Cirbonera al considerar que dicha entidad *contravino* una resolución de alcaldía... DDN070101 **21 compromiso:** Los demás oradores vinieron a calificar de alevosa la iniciativa del Congreso porque (...) *contraviene* el compromiso de pacífica coexistencia de poderes. EPE270899 **22 decisión:** La decisión municipal, que todavía no se ha hecho oficial en ninguna sesión plenaria, *contraviene* abiertamente la decisión del Gobierno... LVE041096 **23 reforma:** Sin embargo, esta nueva ley viene a reconfirmar las prerrogativas al inversionista extranjero, *contraviniendo* la reforma fiscal. LPN240597

D ALGUNOS SUSTANTIVOS QUE DESIGNAN USOS O NORMAS QUE RIGEN EL PENSAMIENTO O LA CONDUCTA: **24 costumbre +:** Aquella novela, que era la primera larga de su autor, nunca se publicó, sin embargo, *contraviniendo* la costumbre establecida en aquel concurso... ABC300695 **25 principio +:** ...Valdés afirma que «si las acciones judiciales *contravienen* principios de derecho internacional y constituyen agravios para otros Estados...». EPE030899

E SUSTANTIVOS QUE DESIGNAN CIERTAS FACULTADES O CARACTERÍSTICAS HUMANAS QUE SE TIENEN POR ESENCIALES: **26 espíritu +:** «Esta noche ha ocurrido algo que *contraviene* el espíritu del Judaísmo». EME051195 **27 libertad:** Además, sostiene que la aplicación de la norma española *contraviene* la libertad de competencia establecida en los tratados de la Unión Europea. LVE050995 **28 voluntad:** «El acuerdo de la izquierda», dijo Megino, «*contraviene* la voluntad popular, que hubiera permitido perfectamente gobernar a la mayoría minoritaria que los almerienses han querido». EPE010799

F OTROS SUSTANTIVOS; POSIBLES USOS ESTILÍSTICOS: Esas afirmaciones *contravienen* la más elemental verdad. LVE250296

☐ Véase también: **desobedecer, incumplir, infringir, quebrantar, saltarse, transgredir, violar, vulnerar.**

contra viento y marea *loc.adv.* ▌Se combina con...

A VERBOS QUE DESIGNAN LA ACCIÓN DE MOVERSE EN EL MAR. SE USAN A MENUDO EN SENTIDO FIGURADO: **1 navegar ++:** ...en medio de un ambiente hostil, navegando *contra viento y marea* y luchando contra la inoperancia, ignorancia y corrupción... EPE190900 **2 remar +:** Ha tenido que remar *contra viento y marea* para sacar adelante este proyecto. INDOC **3 bogar:** ...soportando mil contratiempos y bogando *contra viento y marea* en un medio más que hostil. INDOC

B VERBOS QUE DENOTAN SOSTENIMIENTO, RESPALDO O SALVAGUARDA DE ALGO, EN ESPECIAL DE IDEAS, OPINIONES O PUNTOS DE VISTA: **4 mantener ++:** ...mantuvo *contra viento y marea* el armazón de un equipo básico. LVE260596 **5 sostener ++:** ...la actitud de la PGR de sostener *contra viento y marea* a un subprocurador que no demuestra capacidad... EXC070896 **6 defender ++:** ...y defender *contra viento y marea* el estilo de monarquía hachemita... EME271095 **7 apoyar:** ...no sabemos muy bien por qué motivos (...) sigue apoyando *contra viento y marea* al Gobierno... EME070395 **8 conservar:** ...empezando por un idioma que, afortunadamente, hemos conservado *contra viento y marea*... LVE311096 **9 proteger:** Bien sabía yo que en el seno de la familia revolucionaria se protegía *contra viento y marea* a los delincuentes profesionales... EXC070896 **10 preservar:** Una de las características más descollantes (...) que se ha preservado *contra viento y marea*, es la alta calidad de sus productos. LVE150195

C VERBOS QUE DENOTAN LA ACCIÓN DE ENFRENTARSE A OBSTÁCULOS O DIFICULTADES, ASÍ COMO OTRAS FORMAS DE APLICARSE O AFANARSE EN ALGO: **11 luchar ++:** Luchó *contra viento y marea* para hacerla. PME080996 **12 trabajar:** ...una triste certeza que desalienta a muchos de los que trabajan *contra viento y marea* a favor del coleccionismo... EME100796 **13 bregar:** Bregaron *contra viento y marea* para intentar encontrar una solución a tan espinoso conflicto. INDOC **14 empeñarse:** ...que se empeñaron *contra viento y marea* en el traspaso de (...) a este desconocido empresario italiano. EME270395 **15 insistir −:** ...insiste *contra viento y marea* en permanecer en los pantanos. CAP080198

D VERBOS QUE DENOTAN MOVIMIENTO, CONTINUIDAD, CONSTANCIA O PORFÍA EN ALGUNA COSA: **16 seguir ++:** ...nuestro inaccesible monarca se muestra más que nunca decidido a seguir *contra viento y marea* su propio cauce... PME081296 **17 continuar:** Como decíamos, los bancos continuaron *contra viento y marea* su carrera alcista... EPE200280 **18 proseguir:** ...Chirac ha proseguido *contra viento y marea* las pruebas nucleares en el Pacífico... LVE201195 **19 tirar para delante:** ...ceñirse a los hechos de la querella y tirar para delante con el caso *contra viento y marea*. LVE291296 **20 perseverar:** Y mucha tenacidad, para perseverar *contra viento y marea*, sin desmayo, en la defensa del Estado de Derecho... EME150296 **21 ir:** ...los críticos son muy suyos para ir *contra viento y marea*, esto es, contra las modas y las listas de libros más vendidos... EPE141001

E VERBOS QUE DENOTAN EXISTENCIA, SUBSISTENCIA O RESISTENCIA: **22 resistir +:** Ha resistido *contra viento y marea* la presión que le han hecho para que dejara caer a González. LVE080495 **23 aguantar:** ...no dijo nada de que uno tuviera que aguantar *contra viento y marea* un matrimonio insoportable... EME031196 **24 soportar:** ...penalidades que sufrió con abnegación y soportó *contra viento y marea.* INDOC **25 vivir:** ...gallarda búsqueda de una expresión nada comunal, puede que heroico vivir *contra viento y marea.* ABC271291 **26 sobrevivir:** ...donde los enviados especiales de las editoriales especializadas en tebeos que sobreviven *contra viento y marea* intercambian ideas, proyectos y hasta contratos. EME250196

F VERBOS QUE DESIGNAN LA OBTENCIÓN DE LO QUE SE PRETENDE O SE DESEA. TAMBIÉN CON OTROS QUE DESIGNAN LA ACCIÓN DE LLEVARLO A CABO, A VECES CON VIOLENCIA O AUTORIDAD: **27 imponer +:** ...siguiendo instrucciones de su Gobierno, ha querido imponer *contra viento y marea* un acuerdo... ETC170797 **28 lograr +:** Hoy en día sigue lográndolos *contra viento y marea.* LVE120395 **29 conseguir:** ...*contra viento y marea,* han conseguido hacer algún que otro film... EME210196 **30 alcanzar:** Contra viento y marea, (...) ha alcanzado su principal objetivo en las actuales circunstancias. LVE260396 **31 sacar adelante:** ...se acaba de demostrar con el catálogo de prestaciones sanitarias, que ha logrado sacar adelante *contra viento y marea.* EME030194

G ALGUNOS VERBOS DE LENGUA: **32 proclamar:** El PNV ha proclamado y sostenido *contra viento y marea* sus dos lealtades básicas... EME280495 **33 hablar –:** ...algo bastante inesperado para mí, que todavía no me canso de hablar de él *contra viento y marea* desde hace casi 30 años... EPE091201

H OTROS VERBOS; POSIBLES USOS ESTILÍSTICOS: Mi querido Fellini, siga regalándonos obras maestras, *contra viento y marea...* EPE100199

contribución ♦ **activo, apreciable, decisivo[76], desinteresado, destacado, dudoso, económico, enorme, escaso, escuálido, especial, estimable, extraordinario, fundamental, generoso, gran(de), humilde, importante, imprescindible, inestimable, material, millonario, modesto, notable, pequeño, personal, respetable, significativo, sustancial, testimonial, urbano, valioso, vital, voluntario** ♦ **monto (de)** ♦ **aceptar, aportar, aumentar, cobrar, destacar, disminuir, hacer, llevar a cabo, magnificar[48], realizar, recabar[22], recaudar, recibir, reconocer, solicitar, sumar, valorar**
☐ Véase también: **aportación, ayuda, entrega, participación.**

CONTRIBUCIÓN Véase: *AYUDA; PARTICIPACIÓN E INTERVENCIÓN*

CONTRIBUCIÓN Véase: ADHESIÓN; APOYO; AYUDA; PARTICIPACIÓN

contribuir ♦ **activamente[3], a partes iguales[9], con fruición[26], considerablemente[87], decididamente[3], decisivamente[1], destacadamente, económicamente, ejemplarmente, en gran medida, enormemente[1], escasamente, favorablemente, fehacientemente[30], generosamente[2], humildemente[5], intensamente[45], materialmente, negativamente[5], notablemente[9], personalmente, poderosamente[18], significativamente, sustancialmente[55], voluntariamente**

control ♦ **abrumador[68], absoluto, abusivo[60], académico, a distancia, administrativo, aduanero, aéreo, asfixiante[5], concienzudo, debido, deficiente, desmedido, dictatorial, disciplinario, drástico, efectivo[39], eficiente, en exclusiva[47], escrupuloso, estrecho[24], estricto[10], excesivo, exhaustivo[21], férreo[1], firme, fronterizo, implacable, integral[59], intenso, interno, laxo[20], meticuloso, minucioso, parcial, perfecto[27], permisivo, personal, policial, político, preventivo[16], relajado, remoto, rígido, riguroso[10], rutinario, sanitario, severo[52], sistemático, superficial, total** ♦ **bajo** ♦ **falta (de), mecanismo (de), objeto (de)[13], órgano (de), puesto (de), sistema (de), tarea (de), torre (de)** ♦ **acentuar, adquirir[64], afianzar(se)[18], aflojar[12], aplicar, arrebatar, arrogarse[26], asumir[8], burlar[1], centralizar[3], conservar[16], copar, delegar[15], desmantelar[31], disputar (a alguien), ejercer[24], eludir[44], escapar (a), estrechar[17], evitar, extremar, fortalecer(se)[16], gozar (de)[49], huir (de), impartir[21], implantar[29], imponer[5], instaurar[3], intensificar, írse(le) (a alguien) de las manos, librar(se) (de)[12], llevar[3], mantener, ostentar[5], perder[32], realizar, rebasar[45], recaer[28], recrudecer(se)[31], reinstaurar[1], saltarse, socavar[14], someter(se) (a)[30], sortear[36], sustraer(se) (de/a), tener, tomar[21], traspasar[7], velar (por)[23]**
☐ Véase también: **atención, autoridad, batuta, cuidado, dirección, disciplina, dominio, inspección, jefatura, mando, marcaje, timón (de), vigilancia.**

CONTROL Véase: *ATENCIÓN Y VIGILANCIA*

CONTROL
♦ (SUSTANTIVOS) Véase: **abrumador[A,M], abusivo[I], adquirir[H], aflojar[D], agarrotar(se)[C], arrogarse[D], asfixiante[A], asumir[B], blando[D], blindar[E], burlar[A], cautelar[C,D], centralizar[A], ciego[F], cocinar(se)[D], comunal[A], condicional[F], copar[B], delegar[C], desarticular(se)[E], desmantelar[F], desmoronar(se)[A], disuasorio[H], dulcificar[E], ejercer[D], eludir[H], en exclusiva[K], estrechar[E], estrecho[E], estricto[B], exhaustivo[C], eximir (de)[E], férreo[A,B,Q], fortalecer(se)[B], golpe (de)[A], hipotecar[E], impartir[F], implacable[B], implantar[F], infructuoso[G], intensivo[A], laxo[E], librar(se) (de)[B], llevar[A], minucioso[B], nivelar[C], objeto (de)[C], plegarse (a)[E], practicar[B], preventivo[C], prorrogar[A], rebasar[H], recrudecer(se)[C], redoblar[B], reinstaurar[A], riguroso[B], sacudir(se)[E], severo[F], socavar[B], someter(se) (a)[D], sortear[F], tomar[C], traspasar[B], velar (por)[D] vencer[S]**
♦ (VERBOS) Véase: **abrumadoramente[C], abusivamente[D,F], a dedo[C], a duras penas[B], a empujones[C], a golpes[F], a la deriva[C], al detalle[C], a machamartillo[C], a {mis/tus/sus...} anchas[A], cautelarmente[E,I], celosamente[D], con detalle[E], con éxito[E], con firmeza[G], con mano de hierro[A], con mano dura[A], con mano férrea[A], con mano firme[A], debidamente[C], de cerca[D], democráticamente[F], dignamente[K], en exclusiva[E], en persona[D], escrupulosamente[D], estrechamente[C], exhaustivamente[E], férreamente[A], fuertemente[H], holgadamente[B], intensamente[I], palmo a palmo[D], por completo[R], progresivamente[E], prolijamente[F], valientemente[E], virtualmente[F]**
☐ Véase también: ATENCIÓN; COERCIÓN; DEPENDENCIA.

controlar ♦ abrumadoramente[14], abusivamente[31], a distancia, a duras penas[18], a fondo, a la perfección, al detalle[23], a {mi/tu/su...} aire, a {mi/tu/su...} voluntad, a {mis/tus/sus...} anchas[3], celosamente[17], cómodamente, concienzudamente, con firmeza[34], con mano de hierro[3], con mano férrea[3], con mano firme[1], debidamente[19], de cerca[22], deficientemente, de raíz[49], de sobra, dictatorialmente, económicamente, en exclusiva[22], en persona[18], escasamente, escrupulosamente[21], estrechamente[16], estrictamente, exhaustivamente[19], férreamente[1], intensamente, meticulosamente, minuciosamente, parcialmente, por completo[160], remotamente, rígidamente, severamente[31], sistemáticamente, totalmente, virtualmente[28]

☐ Véase también: **atender, centralizar, comprobar, cuidar, encargar(se), gobernar, guiar, imponer(se), inspeccionar, monopolizar, ocupar(se), ordenar, pasar revista (a), regentar, regir, supervisar, verificar, vigilar.**

controversia ♦ acalorado[14], agrio, agudo, ardiente[22], arduo[18], candente[3], creciente, duro, encendido[9], enconado[17], exento (de)[26], existente, falso, farragoso, intenso, interminable, largo, pacífico, permanente, propenso (a)[17], reñido, sonado, vehemente[31], verdadero ♦ al hilo (de)[5] ♦ clima (de), espíritu (de), grado (de), motivo (de), objeto (de)[34], punto (de), solución (de) ♦ acentuar(se), alimentar[15], apagar(se)[15], aplacar, arreciar[42], atemperar, atizar[31], avivar[10], causar, crear, desatar(se), dilucidar[14], dirimir[14], enfrascarse (en)[19], enredarse (en), entrar (en), estallar[19], generar, levantar[50], librar(se) (de), mantener(se), meter(se) (en), persistir, plantear(se), prestar(se) (a), producir(se), provocar, reavivar[10], resolver, resurgir, salpicar[13], sembrar[23], solucionar, solventar, superar, surgir, suscitar, terciar (en)[6], traslucir(se)[68], zanjar[20]

☐ Véase también: **confrontación, debate, polémica.**

controvertido *adj.* ▮ Acepta sustantivos de persona individuales o colectivos *(futbolista, escritor, alcalde, junta)*, y otros que designan períodos temporales *(semana, año, siglo)* o históricos *(reinado)*, textos *(carta, documento, artículo)* y obras de creación *(película, novela, obra teatral, canción, relato, cuento)*, unidades o manifestaciones verbales de diversa naturaleza *(palabras, frase, mensaje, expresión, afirmación, discurso, conferencia, declaración, manifestación, debate, discusión, crítica)* y diversos eventos, más frecuentemente si son festivos, sociales o deportivos *(boda, fiesta, acto, reunión, partido, corrida)*. Se construye a menudo con los sustantivos *aspecto, lado, flanco, faceta, parte, ángulo, vertiente* y otros que designan diversos componentes de una realidad mayor o las perspectivas desde las que puede considerarse. Asimismo se combina con...

A SUSTANTIVOS QUE DENOTAN DIVERSAS FORMAS DE PERCIBIR O JUZGAR UN ASUNTO: **1 opinión** +: ...porque no aspiro a ser cervantista, quiero ofrecerle al oyente y al futuro lector opiniones *controvertidas*... PME101196 **2 postura** +: Pese a la polémica y *controvertida* postura que mantiene, Manuel Berjón asegura que no ha recibido ningún reproche de sus superiores. EME210296 **3 punto de vista:** Como ya lo conocemos no nos sorprenden nada sus puntos de vista *controvertidos* sobre la política y la sociedad. INDOC **4 visión:** Vázquez Montalbán publica su *controvertida* visión de Pasionaria. LVE190595 **5 versión:** En contra de la *controvertida* versión oficial del «asesino único y aislado» representando por el misterioso Oswald... LVE030796 **6 apreciación:** ...se deslizaron algunos errores de bulto y apreciaciones confusas o *controvertidas* que merecen aclaración. EPE230699

B SUSTANTIVOS QUE DESIGNAN RESOLUCIONES, PROPUESTAS, RECURSOS, MEDIDAS Y OTRAS FORMAS DE ABORDAR O EMPRENDER UNA ACTUACIÓN: **7 decisión** ++: ...que decretó la Asamblea Constituyente al anterior Congreso, en una de las decisiones políticas más *controvertidas* de las últimas décadas. ETC011291 **8 actuación** ++: El magistrado encaja de este modo un nuevo revés jurídico en su *controvertida* actuación en el caso. LVE031195 **9 medida:** Algunas de las medidas más *controvertidas* permiten, por ejemplo, detener a un extranjero durante siete días como medida preventiva... EPE191001 **10 método:** ...han puesto en práctica un *controvertido* método de financiación: cobrar una tarifa diaria a los presos, como si de un hotel se tratara. LVE050395 **11 mecanismo:** España no es el primer país que Bruselas lleva al Tribunal de Luxemburgo por la aplicación abusiva del *controvertido* mecanismo. EPE060700 **12 procedimiento:** El procedimiento elegido por los parlamentarios resulta sumamente *controvertido*, ya que parece habilitar al Congreso para terminar con el mandato de un presidente... CLA120297 **13 vía:** ...al conseguir que el Consistorio les otorgara los permisos para edificar por la *controvertida* vía del acto presunto. EPE220399 **14 proceso:** ...rechaza la propuesta de la dirección y se vuelve a reanudar entonces el *controvertido* proceso de nominación para las elecciones... EME080195

C SUSTANTIVOS QUE DESIGNAN CARACTERÍSTICAS ESENCIALES O DEFINITORIAS DE LAS PERSONAS RELATIVAS A SU MODO DE SER, DE PENSAR O DE COMPORTARSE: **15 carácter** +: ...esta argentina cabeza parece desentrañarnos muchos aspectos del *controvertido* carácter del monarca. ABC200594 **16 conducta** +: La *controvertida* conducta del mandatario, que pidió disculpas varias veces a los estadounidenses por su relación con la ex becaria... CLA230199 **17 personalidad** +: La *controvertida* personalidad del hasta ahora alcalde, que llegó incluso a enfrentarse abiertamente con sus propios compañeros... EPE140699 **18 actitud:** ...analiza los motivos y consecuencias que esta *controvertida* actitud supondrá para el futuro... ABC140593

D SUSTANTIVOS QUE DESIGNAN PLANES, PROYECTOS Y OTRAS DIRECTRICES DE LA ACCIÓN FUTURA: **19 proyecto** +: ...calentó los ánimos contra el *controvertido* proyecto de Christo. EME130695 **20 propuesta** +: Mejor no mencionar las *controvertidas* propuestas para reformar el Consejo de Seguridad y para la redefinición de las funciones de la ONU... DLA100297 **21 iniciativa:** ...la iniciativa muestra la poderosa imaginación del artista, pero no cabe duda de que es *controvertida*. INDOC **22 plan:** Estos sondeos fueron llevados a cabo después de que el primer ministro dijera en la Asamblea Nacional que no pensaba retirar su *controvertido* plan. EME091295 **23 intención:** ...encarna la eterna y *controvertida* intención de hacer de la ópera un fenómeno de masas. EME260696 **24 postulado:** Pero el actor, reconvertido en director, no convierte en Biblia sus *controvertidos* postulados. EPE250900 **25 objetivo:** Sus objetivos más *controvertidos* son el endurecimiento de las sentencias para los criminales, fuertes recortes en las ayudas sociales... EME040195

E SUSTANTIVOS QUE DENOTAN ASUNTO O MATERIA. TAMBIÉN CON OTROS QUE DESIGNAN ALGUNOS RESULTADOS DE LA ACTIVIDAD COGNOSCITIVA: **26 asunto ++:** ...que por falta de quórum no pudo pronunciarse por una definición sobre el *controvertido* asunto. CLA050397 **27 tema ++:** ...con el fin de tomar el pulso actual al *controvertido* tema que pasa hoy a consideración del Senado de la República. EPC220597 **28 teoría +:** ...algunas de sus más conocidas y *controvertidas* teorías sobre el origen y el futuro del universo... ABC121193 **29 cuestión:** ...el acuerdo sobre la protección a las inversiones en sociedades de inversión mobiliaria en la UE, una de las cuestiones más *controvertidas* hasta ahora... LVE270595 **30 idea:** Más *controvertida* es la idea de ofrecer beneficios fiscales a las ganancias de capital... EPE041001 **31 contenido:** ...las masivas manifestaciones ante los estudios de la Universal también dejaron constancia de su –para algunos– *controvertido* contenido. LVE061095 **32 hipótesis:** ...para validar sus *controvertidas* hipótesis sobre el comportamiento humano y la evolución de las especies. SEM091000

F SUSTANTIVOS QUE DESIGNAN SITUACIONES O ESTADOS DE DIFICULTAD, ADVERSIDAD O AFLICCIÓN CON DIVERSOS GRADOS DE HOSTILIDAD O VIOLENCIA: **33 polémica +:** ...una *controvertida* polémica se desató en relación a la credibilidad de la Asociación de la Prensa Extranjera de Hollywood... EUV210197 **34 problema:** ...sino alternativa válida a medio y largo plazo para los problemas *controvertidos*, y estrategia sindical que calificó de trascendental. EPE050877 **35 enfrentamiento:** ...que se prevén como un *controvertido* enfrentamiento entre los islamistas y la élite laica del país. EPE120199 **36 pugna:** ...el jugador madrileño se refirió a la *controvertida* pugna que mantienen su compañero y Jorge Valdano... LVE291295 **37 batalla:** ...y que complementarán el museo de una de las batallas más *controvertida:* de la Guerra Civil. EPE030499 **38 pelea:** En una *controvertida* pelea, Julio César se quedó sin título por primera vez... PME080996

G SUSTANTIVOS QUE DESIGNAN CONTENIDOS ESTIPULADOS, IDEADOS O REGLAMENTADOS, ASÍ COMO ALGUNOS DE SUS ELEMENTOS CONSTITUTIVOS: **39 ley +:** ...cuando la *controvertida* ley laboral fue aprobada sigilosamente por los legisladores gubernamentales en el parlamento. ENV120197 **40 norma +:** En esta línea, un diputado del Parlamento ha presentado un proyecto de ley para intentar anular la *controvertida* norma. EME260996 **41 decreto:** ...las cuestiones que se intentaron resolver por esos tres *controvertidos* decretos. CLA190197 **42 legislación:** La *controvertida* legislación permite la detención prolongada, sin someterse a los trámites legales habituales... EPE201201 **43 normativa:** ...la Xunta no utilice el diálogo antes de hacer pública una normativa tan *controvertida.* EPE300800 **44 reglamento:** Cuando se debate un reglamento tan *controvertido* e importante como es el que regulará la venta de alcohol a menores en locales públicos... EME070396

H SUSTANTIVOS QUE DENOTAN SITUACIÓN O ESTADO EN QUE SE HALLAN LAS PERSONAS O LAS COSAS, ASÍ COMO LAS CIRCUNSTANCIAS QUE LAS RODEAN: **45 situación +:** ...su decisión de dimitir de su cargo, en vista de la *controvertida* situación que se había generado dentro del club. EME240496 **46 estado:** ...construimos otra realidad donde poder albergar semejante y *controvertido* estado de ánimo. LVE141296 **47 condición:** ...por la muerte, en *controvertidas* condiciones, de un dignatario religioso... LVE061296 **48 circunstancia:** ...las últimas y *controvertidas* circunstancias políticas y sociales que se han vivido en la extinta Unión Soviética. ABC300793 **49 fase:** Una de las fases más delicadas y *controvertidas* es la negociación con la gerencia económica de los hospitales. EME311096 **50 papel:** ...cuyo protagonismo en el reciente congreso socialista se ha derivado de su *controvertido* papel en los últimos tres años... LVE220394

I SUSTANTIVOS QUE DESIGNAN TAREAS, LABORES U OCUPACIONES EN LAS QUE ES NORMAL TENER UNA PARTICIPACIÓN ACTIVA: **51 acción +:** ...una de las acciones políticas más novedosas y *controvertidas* de su programa de centro izquierda... EPE150899 **52 campaña +:** ...por haber sobrepasado los topes de dinero establecidos por la ley en la ya *controvertida* campaña «Samper presidente». EME270196 **53 misión +:** ...es el punto álgido de una *controvertida* misión que ha costado la friolera de 1.600 millones de dólares y que estuvo cerca de no llegar a relizarse jamás... EME081295 **54 causa:** ...que está al frente de la *controvertida* causa por la quiebra de la empresa que explotaba... CLA240497

J OTROS SUSTANTIVOS; POSIBLES USOS ESTILÍSTICOS: ...desde su llegada a la Presidencia del Gobierno, Berlusconi suma su quinta exculpación consecutiva, aunque con la *controvertida* sombra de la expiración legal del delito. FDV260601

contumaz *adj.* ▮ Se construye a veces con un complemento preposicional encabezado por la preposición *en (contumaz en el error, en su arbitrariedad).* Se combina con sustantivos de persona *(enemigo, mentiroso, crítico)* y también con...

A SUSTANTIVOS QUE DENOTAN ACTITUD O POSTURA ANTE LOS ACONTECIMIENTOS, ESPECIALMENTE SI SE TRATA DE CONDUCTAS REGIDAS POR LA PERSISTENCIA O LA SISTEMATICIDAD: **1 actitud +:** ...ella misma se niega, en una actitud soberbia y *contumaz,* a cumplir ordenamientos de la justicia federal. PME120197 **2 insistencia +:** Y es que el franquismo, con la *contumaz* insistencia que otorga la voluntad de perpetuarse en el poder... ABC241195 **3 tendencia:** Su biografía le revela como un gestor vocacional y un dirigente intuitivo, con una *contumaz* tendencia a moverse a su aire, huyendo siempre de la disciplina política y de la rutina. EPE191299 **4 asiduidad:** Piruetas analíticas aparte, habría que preguntarse por qué y para qué los periódicos publican con tan *contumaz* asiduidad los índices de audiencia. LVE140595 **5 tic –:** Es posible que sea así y que con ello se resuelvan los *contumaces* tics e incongruencias que el espectador descubre a lo largo de su aventura. LVE200196

B ALGUNOS SUSTANTIVOS QUE DENOTAN RECHAZO U OPOSICIÓN: **6 negativa +:** Luyk sentó al lituano por su negativa *contumaz* a entrar en la lucha. EME100394 **7 resistencia +:** Se había atrincherado durante años en la barricada de la resistencia *contumaz*, pero cuando le llegó el momento... EPE020599 **8 aversión +:** ...los Lineker, Laudrup, Romário y Stoichkov han padecido una *contumaz* aversión por parte de Cruyff. LVE200395 **9 rechazo +:** ...también expresó su malestar por el *contumaz* rechazo de Alonso a entregar sus documentos. EPE031001

C SUSTANTIVOS QUE DESIGNAN SENTIMIENTOS, A MENUDO INTENSOS O PERSISTENTES, DE INCLINACIÓN HACIA LAS PERSONAS O LAS COSAS. USO INFRECUENTE: **10 fascinación –:** De tanto volar en helicóptero las fotos aéreas despiertan en el president una *contumaz* fascinación. LVE091195 **11 obsesión –:** ...un proyecto alternativo que se caracteriza por la *contumaz* obsesión de seguir apretando sin desmayo las tuercas fiscales. LVE031196 **12 atracción –:** En áreas peninsulares, se pasó de los veraneos burgueses y sentimentales a la *contumaz* atracción de forasteros de todas clases... LVE090595

D OTROS SUSTANTIVOS; POSIBLES USOS CRUZADOS: Sin embargo, la actualidad es *contumaz* en ofrecernos noticias dantescas de accidentes trágicos. [Cf. *pertinaz*] LVE120795; No podemos, solitarios, luchar contra el destino inflacionista y postal ni contra el estigma de las Españas seca y húmeda y la clausura de la emigración que se encargaba de paliar el desempleo forzoso, y sólo nos queda el recurso de la sátira, tan *contumaz* como la sequía, la ironía y el sarcasmo. [Cf. *pertinaz*] LVE230495

E OTROS SUSTANTIVOS; POSIBLES USOS ESTILÍSTICOS: ...la presencia de un gag *contumaz*, quizá producto de su limitada imaginación: las caídas de los personajes. LVE081195; ...se ha utilizado también como uno de los vehículos más *contumaces* y eficaces para adulterar esta historia. LVE230795

☐ Véase también: **pertinaz, tenaz.**

contundente ♦ **acción, afirmación, argumento, arma, choque, crítica, derrota, efecto, explicación, goleada, hecho, medida, objeto, patada, prueba, puñetazo, razón, respuesta, resultado, triunfo, verdad, victoria,** *otros sustantivos que designan golpes, otros sustantivos que designan manifestaciones verbales*

contusión ♦ **aparatoso, aquejado (de), de pronóstico {leve/grave/reservado}, fuerte, grave, leve, ligero, múltiple, muscular, numeroso, pequeño, serio, superficial, torácico** ♦ **con** ♦ **apreciar (a alguien), atender (a alguien) (de), causar, curar(se), diagnosticar (a alguien), doler(se) (de), ocasionar, padecer, presentar, producir (a alguien), provocar, recibir, recuperar(se) (de), sufrir, tener**

☐ Véase también: **golpe (de), herida.**

con uñas y dientes *loc.adv.* ▮ Se combina con...

A VERBOS QUE DENOTAN DEFENSA O LUCHA. TAMBIÉN CON ALGUNOS QUE DESIGNAN OTRAS FORMAS DE OPOSICIÓN, RESISTENCIA O ENFRENTAMIENTO: **1 defender ++:** El Xove Lago defendió *con uñas y dientes* su portal ante la ofensiva del Marino. FDV180601 **2 luchar +:** ...un aspirante a Gari Kasparov lucha *con uñas y dientes* y mucha paciencia contra una Deep Blue de segunda fila. LVE040396 **3 proteger +:** ...el Villarreal recurrió a la épica para exprimir sus escasas llegadas y proteger *con uñas y dientes* a su guardameta Palop... EPE100599 **4 aferrarse:** ...el directorio de YPF se aferra *con uñas y dientes* a la idea de no cambiar el estatuto... CLA170199 **5 oponerse:** Nos vamos a oponer *con uñas y dientes* a la resurrección de la reválida, porque no queremos retroceder hasta los años 60. EPE131299 **6 resistirse:** La nueva ministra ha decidido cesar a Salgado, que se ha resistido *con uñas y dientes* a dejar el puesto. EME100796 **7 impedir:** ...Washington impidió *con uñas y dientes* que la gente de Teherán participara en estos dos jugosos contratos. EME051295 **8 lanzar(se):** Así, se lanzan *con uñas y dientes* a defender cada fibrilla del cuasi extinto tejido fabril... EPE111099 **9 agarrarse –:** Pero Panic se enfrentará con Slobodan Milosevic, el presidente de Serbia, que se agarra *con uñas y dientes* a un poder que evitará investigaciones... LNA110792

con vaguedad Véase: **vagamente**

con valentía Véase: **valientemente**

convencer(se) ♦ **absolutamente, a medias[23], del todo, en parte, firmemente, gradualmente[51], parcialmente, poco a poco, por completo[166], por las buenas, sinceramente[3], sin lugar a dudas, totalmente**

convencimiento ♦ **absoluto, amargo[19], completo, escaso, falso, firme, general, generalizado, hondo, íntimo, mayoritario, moral, personal, pleno, poderoso, profundo[56], sólido, total, verdadero** ♦ **desde** ♦ **campaña (de), dotes (de), esfuerzo (de), poder (de)** ♦ **abrigar[27], adquirir, alcanzar, crecer, expresar, latir, llegar (a), mostrar, perder, reafirmar, reiterar, tener**

☐ Véase también: **convicción, creencia.**

CONVENCIMIENTO Véase: *SEGURIDAD Y CREENCIA*

[conveniencia] → **de conveniencia**

conveniencia ♦ **dudoso, eventual, formal, político** ♦ **actuar (con), cuestionar, decidir (sobre), defender, determinar, discutir, establecer, manifestar, plantear[18], pronunciarse (sobre), recordar, seguir, señalar, sopesar[4], sugerir, valorar**

☐ Véase también: **oportunidad.**

convenio ♦ **abusivo[37], acorde (con)[59], amistoso, bilateral, colectivo, laboral, precario, vigente[16]** ♦ **en punto muerto[10]** ♦ **en virtud (de)** ♦ **acordar, adherirse (a)[13], ajustar(se) (a), alcanzar, aprobar, atenerse (a)[31], cancelar, ceñir(se) (a), cumplir[67], desactivar[35], extinguir(se)[22], finiquitar, firmar[6], formalizar, impugnar[4], incumplir[25], infringir[15], negociar[2], prescribir, promulgar, prorrogar[16], ratificar, rescindir[2], respetar, rubricar, suscribir, tramitar[48], violar[27], vulnerar**

☐ Véase también: **alianza, compromiso, pacto, promesa.**

CONVENIO Véase: *ACUERDO*

con ventaja ♦ **actuar, jugar**

convento ♦ **antiguo, apacible, apartado, austero, cartujo, de clausura, de frailes, de monjas, humilde, modesto, recogido, religioso, retirado, ruinoso, sobrio, suntuoso, viejo** ♦ **abandonar, cobijar(se) (en), dejar, encerrar(se) (en), entrar (en), fundar, ingresar (en), internar (en), morar (en), profesar (en)[1], recluir(se) (en), refugiar(se) (en), residir (en), retirar(se) (a), visitar, vivir (en)**
☐ Véase también: **monasterio.**

converger *v.* ▮ Se combina con sustantivos en plural *(Los caminos convergen)*, en construcciones coordinadas *(Este camino y aquel convergen)* o formadas con la preposición *con (Este camino converge con aquel)*. En su sentido literal acepta sustantivos personales *(Los manifestantes convergieron en la plaza principal)*, el sustantivo *línea* y otros que designan líneas, vías, trayectos, cursos y otras unidades longitudinales, más frecuentemente si siguen un trazado en un plano, un mapa o una superficie *(recta, ruta, itinerario, camino, carretera)*, pero también si no se representan gráficamente *(Convergieron sus vidas, sus carreras, sus trayectorias)*. En su sentido figurado se combina con muy diversos sustantivos. Destacan los que designan manifestaciones verbales o textuales *(discurso, declaración, testimonio)*, los que denotan evento o circunstancia *(hecho, acontecimiento, circunstancia, historia, narración)*, o designan diversas unidades del pensamiento *(idea, hipótesis, sospecha)*, o de la información *(resultado, dato, información)*. Se combina asimismo con...

A SUSTANTIVOS QUE DENOTAN INTENCIÓN DECIDIDA O PORFIADA DE CONSEGUIR ALGÚN OBJETIVO. TAMBIÉN CON OTROS QUE DESIGNAN LOS MEDIOS EMPLEADOS PARA LOGRARLO: **1 esfuerzo** ++: ...debemos ser capaces de hacer *converger* los esfuerzos de la sociedad civil... EME181095 **2 interés** ++: ...un envite en el que su interés *converge* con el de sus vecinos árabes «moderados» (nos gusten o no nos gusten sus sistemas de gobierno). EPE081101 **3 voluntad** +: ...al servicio de una voluntad, sino que la ley y el Derecho deben tender al ideal de justicia, donde *converja* la voluntad de todos. EPE211099 **4 iniciativa:** La Asamblea Nacional podría convertirse en el escenario donde *converjan* las iniciativas para que el Estado proteja a la mujer... BYN231197 **5 vigor** –: Parte de ese vigor *convergía* ayer sobre Grozni. EME140195

B SUSTANTIVOS QUE DENOTAN JUICIO, CREENCIA, ACTITUD O TOMA DE POSICIÓN ANTE LAS PERSONAS O LAS COSAS: **6 opinión** ++: Son opiniones que *convergen* en la condena de toda y de cualquier forma de terrorismo... LTB020197 **7 creencia** ++: El americano desea alcanzar un lugar donde las distintas creencias *converjan* sin respetar las disciplinas individuales que son precisamente el único camino para alcanzar ese lugar. LVE190996 **8 principio:** Porque *convergen* los principios que tenemos con una forma diferente de llegar a ellos... EPE160700 **9 criterio:** Frente a ello existe la necesidad de *converger* criterios para tener a estos miembros el 31 de octubre... EXC170896 **10 posición:** ...las negociaciones se centran ahora en hacer *converger* las posiciones de los bancos... EME040196 **11 punto de vista:** Lo dejo ahí simplemente, porque ya no sé si es pura coincidencia de ataques desde distintos puntos de vista que *convergen* o algún tipo de acuerdo... EME241195 **12 perspectiva:** Ambas perspectivas *convergen* pertinentemente por ejemplo en el capítulo XV... ABC060893 **13 espíritu:** Los espíritus aparentemente diferentes de sus grandes obras *convergieron* en su última y definitiva creación. INDOC **14 concepción** –: ...la balanza del poder hacia cualquiera de las dos concepciones sindicales que *convergen* en este cónclave ugetista. EME070494 **15 consideración** –: Aunque aparentemente no lo parezca, ambas consideraciones *convergen* en la necesidad de una Unión políticamente fuerte. EPE030599

C SUSTANTIVOS QUE DESIGNAN DE DIVERSA MANERA LO QUE SE DESEA O AQUELLO A LO QUE SE ASPIRA: **16 deseo:** Cuando los deseos de los partidos políticos no *convergen* con los de los ciudadanos... INDOC **17 anhelo:** ...un fetiche mediático del que dependería el destino de una humanidad que quisiera hacer *converger* sus anhelos de salvación en torno a fábulas profanas. EPE241199 **18 aspiración:** Se busca la homogeneidad de las necesidades; se procura que las aspiraciones de los ciudadanos *converjan*, que sus metas estén previstas en... INDOC **19 ideal:** ...mundializar las luchas sociales haciendo *converger* sus ideales emancipatorios... EPE040199

D SUSTANTIVOS QUE DESIGNAN CORRIENTES O TENDENCIAS, ASÍ COMO ALGUNAS DE LAS PREFERENCIAS, CIRCUNSTANCIALES O NO, QUE PONEN DE MANIFIESTO: **20 tendencia** ++: No es la larga esperanza de que diversas tendencias puedan *converger* en la distancia como las paralelas. EME130296 **21 fuerza** ++: Existe algo que podríamos llamar una civilización mejor (...) en la que *convergen* diversas fuerzas espirituales. EME090795 **22 estilo:** En esta visión *convergen* estilos de vida, ritual, magia, mito, filosofía y una tupida red de signos y símbolos emotivos». ABC090793 **23 gusto:** Ahí hay mucho de este azar que hace que *converjan* los gustos, pero también el cuidado... LVE190995 **24 vertiente:** ...donde *convergen* varias vertientes políticas, incluyendo la Unión Patriótica. ETC070198

E SUSTANTIVOS QUE DENOTAN RAZÓN O MOTIVO QUE DESENCADENA U ORIGINA ALGUNA COSA O CONTRIBUYE A SU REALIZACIÓN: **25 causa** ++: Quizá las dos causas *converjan*. EME260394 **26 motivo** +: Es decir, que ayer *convergieron* una serie de motivos cuya valoración conjunta permitió un esperanzado cierre semanal. LVE090995 **27 factor:** Distintos factores *convergen* en tensiones sociales que pueden derivar en escaladas de difícil control... CLA200601

F SUSTANTIVOS QUE DESIGNAN DIVERSAS NOCIONES DE NATURALEZA ECONÓMICA: **28 crédito:** ...la creación del Banco de Desarrollo e Inversiones de Oriente Próximo, en el que *convergerán* los créditos de Europa y de EE. UU. EME301095 **29 precio:** Las grandes empresas procuran que los precios *converjan* y los costes laborales se aproximen. INDOC **30 economía** +: Sin embargo, en los últimos años las economías *convergieron*. CLA050199 **31 moneda** –: Todas las monedas han ido *convergiendo* hacia esos valores, que en realidad, por razones técnicas, no eran el de cada moneda... EPE020199
▩ Se combina también con: ♦ **armoniosamente[4]**
☐ Véase también: **concurrir, confluir.**

conversación ♦ acalorado[13], a fondo, agitado, agradable, ameno, a puerta cerrada[48], atropellado, avanzado[12], bilateral, bizantino, cara a cara[32], confidencial[34], crucial[44], de igual a igual[41], diplomático, distendido, exhaustivo[15], fluido, formal, grato, informal, infructuoso[25], insulso, jugoso[32], lineal[19], pausado, preliminar, privado, sin condiciones[12], sin tapujos[82], telefónico, tenso, tirante, torrencial[2], tranquilizador[6], tranquilo, vivo ♦ en punto muerto[2] ♦ al hilo (de)[1] ♦ hilo (de), ronda (de), tema (de), tono (de) ♦ abreviar, alargar, amenizar, apagar(se)[11], boicotear[27], caldear(se)[15], celebrar, circular[19], cortar[11], desbloquear[15], difundir, discurrir[1], encarrilar[7], enderezar[64], enfrascarse (en)[17], entablar[15], entrar (en), entrecortar(se)[19], escuchar, establecer, fracasar, girar[1], grabar, iniciar, inmiscuirse (en), interceptar, interrumpir, invitar (a)[25], jalonar, llevar a buen puerto[2], llevar adelante[23], mantener, meter(se) (en)[37], obrar en poder[24], obstaculizar[38], oír, pinchar, reabrir[35], reanudar, reavivar, registrar, romper, sostener, surtir efecto[39], suspender, terciar (en)[4], zanjar[48]
☐ Véase también: **charla, coloquio, diálogo, discusión, entrevista.**

conversar ♦ abiertamente, acaloradamente[11], a fondo[12], amablemente, amistosamente, atropelladamente, cara a cara[9], confidencialmente, cordialmente[15], de igual a igual[21], distendidamente, extensamente, gratamente, informalmente, largamente[22], pausadamente, plácidamente[39], privadamente, sosegadamente, telefónicamente, tranquilamente
☐ Véase también: **charlar, debatir, dialogar.**

convertir(se) ♦ como por encanto[9], de un día para otro[9], gradualmente[67], indefectiblemente[15], inevitablemente[33], inexorablemente[88], paulatinamente[26], progresivamente[24]

convicción ♦ absoluto, acendrado[13], arraigado[12], débil, democrático, errado, escaso, ético, férreo[48], firme, fuerte, generalizado, inmutable, íntimo, irreconciliable[25], irrefutable[25], personal, pleno, poderoso[55], profundo[55], propio, religioso, seguro, sólido ♦ a la medida (de)[22], con, con arreglo (a)[15], sin menoscabo (de)[9] ♦ falta (de), firmeza (de), poder (de) ♦ abandonar, abdicar (de)[2], abrigar[26], actuar (con), adherir(se) (a), adquirir, afianzar(se), afirmar(se), alimentar[56], apear(se) (de)[15], apoyar(se) (en), asentar(se) (en algo), asumir, basar(se) (en algo), conservar[39], crecer, desmoronar(se)[28], esgrimir[35], expresar, fortalecer(se), hacer gala (de), llegar (a), manifestar, mantener(se) (en), reafirmar(se) (en), reforzar, reiterar, renegar (de)[6], renunciar (a), subrayar, sustentar[10], tener
☐ Véase también: **convencimiento, creencia.**

CONVICCIÓN Véase: CREENCIA; SEGURIDAD

con vigor Véase: **vigorosamente**

con vileza Véase: **vilmente**

convincente ♦ actuación, argumentación, argumento, cara, dato, demostración, documentación, ejecución, ejemplo, estudio, exhibición, explicación, fútbol, goleada, hipótesis, interpretación, investigación, justificación, método, obra, opción, política, prueba, razón, respuesta, resultado, retrato, teoría, testimonio, trabajo, triunfo, victoria

convincentemente *adv.* ▮ Se combina con...

A VERBOS QUE DENOTAN LA ACCIÓN DE APORTAR RAZONES O ARGUMENTOS PARA AFIRMAR, ESTABLECER O MOSTRAR ALGUNA COSA: **1 demostrar** ++: ...se dice que no se ha demostrado *de forma convincente* que el producir lluvia pueda mitigar de manera general el problema de la sequía. LDD190797 **2 probar** ++: ...*convincentemente* probado que la actividad delictiva partió de la Mesa de HB... EPE280799 **3 argumentar** ++: Pero Proust argumenta muy *convincentemente* contra esa tesis. EPE081201 **4 justificar** +: Ese debió ser el caso de Korda, a menos que pueda justificarse *convincentemente*... CLA190199 **5 razonar** +: ...razona *de forma convincente* que el desarrollo se debería definir basándose en el grado de libertad, no en el producto nacional bruto. EPE150700 **6 fundamentar:** El fallo del TC se halla sólida y *convincentemente* fundamentado... EPE250799

B VERBOS QUE DESIGNAN DIVERSAS MANIFESTACIONES DE CARÁCTER DECLARATIVO, ILUSTRATIVO O EXPOSITIVO: **7 explicar(se)** ++: El gobierno no ha podido explicar *convincentemente* el sentido de una norma que (...) incluye al IPSS en la colada. CAP141196 **8 transmitir** +: Los músicos londinenses transmiten *de forma convincente* la pujanza del arranque y del final de la sinfonía... ABC181194 **9 aclarar** +: ...de nada servirá el famoso paraguas si estos u otros hechos no se aclaran *de forma convincente*... EME180594 **10 expresar(se)** +: ...expresa *convincentemente* en qué imponente condición se encontraba Zubero en 1991. EME270796 **11 exponer** +: ...exponía *de forma convincente* y pormenorizada los fundamentos de una demoladora conclusión final... EPE041101 **12 ilustrar** +: Una selección de frases al respecto ilustraría *de modo convincente* los daños causados... EME170695 **13 manifestar:** ...ha manifestado *de forma convincente* que en España no existe una crisis institucional... LVE110195 **14 hablar:** Nos sorprendió que hablara tan *convincentemente* de una cuestión que solo le afecta de manera relativa. INDOC

C VERBOS QUE DENOTAN INTERPRETACIÓN O REPRESENTACIÓN DE ALGO: **15 interpretar** ++: ...no tiene que esforzarse para interpretar *convincentemente* a ex boxeadores obesos y taxistas chiflados... EME170296 **16 encarnar** +: ...Newman encarna *convincentemente* al joven Ben Quick... LVE221095 **17 representar** +: Acaso no deba atribuirse tal Victoria Anticipada (...) sino a la creciente obsesión de sus más directos adversarios por representar *convincentemente* el humo en cada comparecencia pública... EPE050299 **18 componer:** Danny Aiello compone *de forma convincente* el personaje de Jack Ruby... LVE121295 **19 caracterizar:** ...una de las cantantes que más *convincentemente* caracteriza sus personajes. LVE100295 **20 retratar:** ...personajes marginales que sabe retratar con fuerza, *convincentemente*, y presentados al lector con viveza y... INDOC

D VERBOS QUE DENOTAN LA ACCIÓN DE REFERIR O DAR A CONOCER UNA INFORMACIÓN, GENERALMENTE CON

ORDEN O COHERENCIA: **21 recrear ++:** ...recrea *de modo convincente* una época decisiva para la constitución de la modernidad... ABC250895 **22 narrar +:** ...narrar *de manera convincente* una pequeña historia de personajes normales... EME261095 **23 describir +:** ...¿cómo iba a describir *convincentemente* aquel trance sin verlo? ABC260692 **24 contar:** Pero no es la historia, aunque contada con agilidad y *de manera convincente*, lo más notable de esta novela. ABC060893 **25 evocar:** La autora (...) evoca *convincentemente* este proceso de descomposición familiar... LVE070696 **26 escribir:** Como siempre, Mandelstam escribe jubilosa y *convincentemente*. LVE101095

E VERBOS QUE DENOTAN LA ACCIÓN DE LLEVAR A CABO O EJECUTAR ALGUNA COSA: **27 desarrollar +:** Entre las cosas que el INAEM ha desarrollado *convincentemente* (...), se encuentra la informatización del taquillaje. ABC180394 **28 realizar +:** Está claro que el autor ha sabido realizarlo *de modo convincente*. Aunque para ello haya tenido que sacrificar un más fecundo aprovechamiento de bastantes peripecias y matices. ABC011295 **29 resolver +:** ...se rumoreó que las escenas más eficaces y refinadas habían sido realizadas no por Dmytryk, que no acababa de resolverlas *convincentemente*, sino por... EPE030799 **30 llevar a cabo +:** ...sin duda ha influido en la profunda revisión del papel de la cultura atlántica en la historia mundial que lleva a cabo *convincentemente* el autor. ABC101195

F ALGUNOS VERBOS QUE DESIGNAN LA ACCIÓN DE CONTESTAR A ALGUNA PREGUNTA O LA DE INTERPELAR AL QUE MANIFIESTA ALGO: **31 responder +:** Esa pregunta no la puede responder *de forma convincente* el Banco de España... EME041095 **32 replicar:** ...el inspector replicó, *convincentemente*, que dicho error no invalidaba la esencia de sus conclusiones. EPE280499

G VERBOS QUE DENOTAN TRIUNFO O PRIMACÍA SOBRE UN CONTRINCANTE, GENERALMENTE EN UNA PRUEBA O UNA CONFRONTACIÓN: **33 ganar ++:** ...ha ganado *convincentemente* sus tres últimos partidos... LVE050296 **34 vencer:** El Betis dio ayer un vuelco al mapa futbolístico de Europa, al vencer *de forma convincente* al Kaiserslautern en Alemania. EME191095 **35 derrotar ++:** ...derrotó *convincentemente* a Ecuador por 2-0. EPE210700 **36 batir:** Los dos finalistas son triunfadores. El Barcelona, por haber batido *de forma convincente*, por tercera vez de la temporada, al poderoso Real Madrid, y el Taugrés por proseguir... EME070394 **37 imponerse:** Tanta buena gente no les había servido para imponerse *convincentemente* ante Turquía... EME170696 **38 doblegar:** Regalado lucha aquí por doblegar –no siempre *de modo convincente*–... LVE190196 **39 triunfar:** Entre los toreros sólo triunfó *de forma convincente* Francisco Rivera Ordóñez. LVE070595

H DIVERSOS VERBOS QUE EXPRESAN ACTIVIDADES SUJETAS A EVALUACIÓN: **40 jugar:** ...¿jugará *convincentemente* en Bolonia? EME251196 **41 actuar:** Igor no ha fallado en ningún momento, se le ha visto subir, bajar y actuar *de forma convincente* en la contrarreloj... EPE180999 **42 funcionar:** ...la estación espacial rusa funcionará *convincentemente* en régimen no pilotado... EPE310899

I VERBOS QUE DESIGNAN LA ACCIÓN DE FIJAR, DISPONER ALGUNA COSA O INTRODUCIR ORDEN EN ELLA: **43 sistematizar +:** ...sistematizaba *convincentemente* su teoría, y modificaba una y otra vez sus conclusiones. ABC080592 **44 establecer:** Carrillo, por lo demás, lo establece *convincentemente*, aunque insista con exceso en argumentos hipotéticos... ABC291191 **45 organizar(se):** Ni buscó el pelotazo, fórmula querídisima por Ranieri, ni hizo sentir el peso de la presión en el centro del campo, ni la defensa se organizó *de manera convincente*. EPE190499 **46 preparar:** ...Bruguera prepara *de modo convincente* su nuevo asalto a Roland Garros... EME170594

con visceralidad Véase: **visceralmente**

convivencia
♦ amistoso, apacible, arduo, armónico, armonioso, bueno, ciudadano, civilizado, complicado, conflictivo, de igual a igual[37], delicado, democrático, desapacible, difícil, en paz, enriquecedor, estrecho[36], fecundo[46], fraternal, llevadero[23], malo, pacífico, plácido, político, respetuoso, saludable, social, tolerante, turbio ♦ en favor (de) ♦ ambiente (de), ánimo (de)[11], clima (de), comida (de), ejemplo (de), forma (de), marco (de), norma (de), pacto (de), relación (de) ♦ alterar[73], amenazar, asegurar, cimentar[8], complicar, destruir, entorpecer, envenenar, erosionar, facilitar, favorecer, fortalecer(se)[12], garantizar, impedir, mantener, perturbar, promover, quebrar(se)[14], regir, reinar, respetar, restablecer, romper, socavar[74], torpedear

☐ Véase también: **amistad, armonía, entendimiento, relación.**

convivir
♦ armónicamente[6], armoniosamente[10], civilizadamente[2], con dificultad, de igual a igual[4], democráticamente, en paz, pacíficamente, plácidamente, respetuosamente

convocar
♦ formalmente, inmediatamente, legalmente, oficialmente, por escrito, públicamente ♦ acto, asistente, audiencia, ciudadanía, concentración, concurso, conferencia, consulta, debate, diálogo, elección, encuentro, huelga, jugador, manifestación, marcha, opositor, paro, persona, plebiscito, pleno, prensa, protesta, público, referéndum, reunión, rueda de prensa, sesión

☐ Véase también: **desconvocar, llamar.**

con voracidad Véase: **vorazmente**

cooperación
♦ activo, bilateral, científico, decidido, de igual a igual[48], desinteresado, económico, efectivo, escaso, estimable, estrecho[55], externo, generoso, incondicional[28], intenso, internacional, leal, necesario, social, técnico, voluntario ♦ acuerdo (de), clima (de), convenio (de), espíritu (de), falta (de), grado (de), marco (de), plan (de), programa (de), voluntad (de) ♦ agilizar, aportar, brindar[9], buscar, cortar[42], desarrollar, estrechar[35], fomentar, fortalecer(se)[6], impulsar, incentivar[27], incrementar, ofrecer, prestar, promover, recabar[21], renovar, socavar[75], urgir[25]

☐ Véase también: **ayuda, colaboración, participación.**

cooperar
♦ activamente[5], con todas {mis/tus/sus...} fuerzas[16], decididamente, decisivamente[5],

estrechamente[3], generosamente, incondicionalmente, intensamente, lealmente[3], sinceramente[21], sin reservas[35], voluntariamente

coordenada ♦ **amplio, aproximado, biográfico, espacial, exacto, geográfico, histórico, ideológico, numérico, político, técnico, terrestre, territorial** ♦ **bajo, dentro (de)** ♦ **definir, delinear[37], dibujar, enmarcar(se) (en), establecer, fijar, moverse (en), seguir, situar(se) (en), tomar como referencia, trazar[26]**

coordinación ♦ **adecuado, armonioso, conjunto, debido, deficiente, efectivo, eficaz, estrecho[42], estricto, imprescindible, ineficaz, insuficiente, minucioso, necesario, perfecto[13], precario[56]** ♦ **bajo** ♦ **acuerdo (de), centro (de), falta (de), labor (de), mecanismo (de), órgano (de), tarea (de)** ♦ **establecer, estar (en), facilitar, llevar[15], mantener, mejorar, obstaculizar[43], restablecer**

☐ Véase también: **control, disposición, entendimiento**.

coordinar(se) ♦ **adecuadamente, a las mil maravillas, armoniosamente[9], convenientemente, eficazmente, estrechamente[4], perfectamente**

copar *v.* ▮ En el sentido de 'ocupar totalmente' acepta sustantivos que designan lugares o espacios habitados *(playa, calle, plaza, ciudad)*. También se combina con...

A SUSTANTIVOS QUE DENOTAN SITUACIÓN O POSICIÓN QUE SE OCUPA, MUY FRECUENTEMENTE EN LA JERARQUÍA RESULTANTE DE UNA COMPETICIÓN. POR EXTENSIÓN, CON OTROS QUE DESIGNAN LOS TRIUNFOS OBTENIDOS EN ESTE ÁMBITO: **1 puesto ++**: Entre usted y (...) han *copado* todos los puestos entre el segundo y el quinto varias veces. EME090195 **2 posición +**: Los favoritos ya habían *copado* las posiciones de privilegio desde los primeros compases de carrera. EME290496 **3 plaza +**: Las cien alumnas, que han *copado* todas las plazas disponibles, han sido divididas en dos grupos. EME171096 **4 podio +**: Un podio *copado* por el presente y el futuro de nuestro ciclismo. EME051095 **5 lugar +**: ...el lugar está *copado* por quienes (...) no han querido mancharse con el juego sucio del «Prestige». LRE270103 **6 medallero +**: ...han conseguido colocar a España en los puestos cabeceros de un medallero que han *copado* grandes potencias... EPE191099 **7 premio**: Los autores valencianos han *copado* los premios de la 17ª edición del Salón del Cómic de Barcelona... EPE090599 **8 lista de ventas +**: ...recordó que en los últimos Sant Jordi libros de su editorial han *copado* la lista de ventas. EPE120399

B EL SUSTANTIVO *PODER*. TAMBIÉN CON OTROS QUE DESIGNAN LAS FUNCIONES QUE CORRESPONDEN AL QUE LO OSTENTA O CON LOS QUE DESIGNAN LAS POSICIONES O LOS ORGANISMOS DESDE LOS QUE SE EJERCE: **9 poder ++**: ...ni ningún otro líder político puede *copar* durante 20 años el poder de una Democracia... EME120795 **10 cargo ++**: ...expresaron su malestar ante la aparente intención de *copar* todos los cargos de direcciones y vicedirecciones... ACP111296 **11 institución +**: La voluntad deliberada de *copar* todas las instituciones políticas democráticas... LVE050396 **12 gobierno**: Los terroristas comunistas han *copado* el Gobierno. EME150594 **13 dirección**: Estaban en minoría, pero a los pocos meses ya habían *copado* la dirección. INDOC **14 cúpula**: ...ha desplazado en los órganos de poder del (...) a la vieja guardia (...) y ha *copado* la cúpula de KAS... LVE230296

C SUSTANTIVOS QUE DESIGNAN ALGUNOS DE LOS MEDIOS EN LOS QUE SE COMUNICAN NOTICIAS E INFORMACIONES. POR EXTENSIÓN, TAMBIÉN CON OTROS QUE HACEN REFERENCIA AL INTERÉS QUE DESPIERTAN: **15 atención ++**: ...la reflexión de paz que en los actuales momentos tiene *copada* la atención de su Gobierno, se basa en los siguientes supuestos. EUV150497 **16 portada ++**: En esta ocasión, el «pop art» *copa* las portadas de los catálogos. ABC281094 **17 titular ++**: La biología *copa* los titulares de la prensa internacional: un análisis del ADN obliga a reclasificar el reino de las plantas. EPE190199 **18 escena**: ...decidió enviar (...) a Dolores, y así tratar de *copar* la escena y mostrar al Gobierno «preocupado»... CLA140297 **19 publicidad**: ...plantea el grave problema de las «Líneas Calientes» que *copan* con publicidad las páginas de la prensa. EUV080996 **20 comentario**: Las goteras del Prado, que han *copado* estos días todos los comentarios en el mundo de la cultura... ABC151093

D EL SUSTANTIVO *MERCADO* Y CON ALGUNOS QUE DESIGNAN ÁMBITOS, CONCEPTOS ECONÓMICOS O COMERCIALES: **21 mercado ++**: ...los comerciantes de juguetes pierden terreno ante los grandes y los formales, que han *copado* el mercado. BYN141297 **22 sector +**: Como a sus antecesores, no le preocupa que las multinacionales *copen* el sector alimentario... EME160594 **23 inversión**: ...retrasó el AVE con la frontera y ha *copado* las inversiones en ferrocarril en muchos presupuestos. LVE021195 **24 ramo**: ...las pequeñas empresas de zapatería no venden bien su producción porque las grandes firmas *copan* el ramo. INDOC

COPIA Véase: **IMITACIÓN; REPETICIÓN; REPRODUCCIÓN**

copiar ♦ **al detalle[37], al pie de la letra[15], a pie juntillas[13], de {mi/tu/su...} puño y letra[6], descaradamente[29], exactamente, literalmente[1], miméticamente[6], punto por punto**

☐ Véase también: **calcar, duplicar, imitar, plagiar, reproducir, traducir, transcribir, verter**.

copiosamente *adv.* ▮ Se combina con...

A VERBOS QUE DESIGNAN DERRAMAMIENTO DE LÍQUIDOS O DE OTRAS SUSTANCIAS QUE SE LES PUEDEN ASIMILAR: **1 llover ++**: Las rieras de la comarca del Maresme se convierten en auténticos ríos cada vez que llueve *copiosamente* y ocasionan inundaciones. LVE091194 **2 nevar ++**: También nevó *copiosamente* en invierno. Sin embargo, lo cierto es que este año ha llovido poco... EDV230796 **3 caer la lluvia**: ...vanos fueron los resultados pues desde las primeras horas de este día la lluvia continúa cayendo *copiosamente*, obstaculizando el salvataje. LTB250397 **4 caer la nieve**: La nieve cayó *copiosamente* en zonas montañosas y el estado de la carretera (...) causó problemas a los conductores. LVE170194 **5 sudar ++**: Cinco obreros sudaban *copiosamente* mientras en la tribuna occidental se daban los últimos toques de pintura verde. EPC110797 **6 transpirar:** Fernando de Mello es un abogado de vieja escuela, soñador e idealista, una especie de héroe al revés que transpira *copiosamente* en su inmensa humanidad. HOY010997

B VERBOS QUE DENOTAN CONSUMO DE CIERTOS PRODUCTOS, PRINCIPALMENTE ALIMENTICIOS: **7 comer +:** Comimos *copiosamente* y bien, nos bebimos varias botellas de vino, nos reímos como locos. ABC180394 **8 cenar:** ...hemos disfrutado de la puesta de sol encima del mar Adriático y ahora, cerrada la noche, cenamos *copiosamente* en Metkovik, en la frontera... LVE150796 **9 desayunar:** Empezaban el día a las 8 de la mañana desayunando *copiosamente.* LVE120695 **10 beber:** El grave hecho se registró momentos después de que ambos abandonaron un bar, donde habían bebido *copiosamente.* CLA030797 **11 fumar:** En campaña fuma todavía más *copiosamente.* EPE020686

C VERBOS QUE DENOTAN INCREMENTO, ASÍ COMO ALGUNAS DE LAS ACCIONES QUE LO PRODUCEN: **12 nutrir:** ...que se nutre *copiosamente* de unos fondos reservados que en teoría ni existen... LVE190695 **13 engordar:** Tan urgente como estas masas de dinero que en cuestiones de segundos dan la vuelta al mundo, pasando por varias manos engordándose *copiosamente...* EPE080899 **14 aumentar:** ...un libro distinto en realidad, el «Relox de príncipes», que triplicaba el volumen del anterior, aprovechaba partes de él y las reelaboraba o aumentaba *copiosamente.* ABC170694

D VERBOS QUE DESIGNAN DIVERSAS FORMAS DE PONER ALGO A DISPOSICIÓN DE ALGUIEN: **15 proporcionar:** ...el PSOE ya afilaba los puñales que tan *copiosamente* le había venido proporcionando Pujol para ensañarse con el Gobierno... EME171196 **16 proveer:** ...los fanáticos shiítas y su líder el ayatolá Khomeini llevaron su agresión a desatar una cruenta guerra con Irak (*copiosamente* provisto de equipos y armas francesas)... EUV080996 **17 recompensar:** ...parece que sus grandes amores, *copiosamente* recompensados, los tuvo con caballeros agonizantes. EME130394 **18 ofrecer:** Y claro que se trata de pruebas de alta categoría, pero no hacen sino multiplicar, sumar un poco el número y nivel de lo que *copiosamente* ya se ofrece antes... ABC010794 **19 vender:** Disfruta de una merecida reputación de historiador original, novedoso y provocativo, lo que ha hecho que sus libros se traduzcan a varias lenguas y se vendan *copiosamente.* ABC170192 **20 enviar:** ...al rebelarse contra España y la religión católica, cortaron el suministro cultural que tan *copiosamente* nos enviaban los flamencos de las provincias del Sur... ABC231092

E OTROS VERBOS; POSIBLES USOS ESTILÍSTICOS: La de artillería se ve *copiosamente* representada por los goleadores, llamados «artilleros»... EME220196; En Palafrugell, por cierto, a los árboles les da por polinizar *copiosamente,* de manera que todo se llena de polen... EPE140699

copioso *adj.* **I** Se construye con sustantivos que designan precipitaciones atmosféricas *(lluvia, nevada, precipitación)*, así como otras sustancias o el flujo que las caracteriza *(lágrima, sudor, goteo, caudal)*. También lo hace con otros que designan eventos que se asocian con la ingestión de alimentos o de bebida, muy especialmente si se interpretan hiperbólicamente *(banquete, ágape, comilona)*. Asimismo se combina con sustantivos que designan textos o unidades de comunicación verbal *(texto, novela, carta, documento)*. También se combina con...

A SUSTANTIVOS QUE DENOTAN CANTIDAD O MAGNITUD: **1 cantidad +:** Particularmente *copiosa* es la cantidad de mensajes que se recogen en el foro... ENV190197 **2 suma:** Trabajador incansable, con su *copiosa* suma de edificios realizados y sus numerosos proyectos no ejecutados... ABC100295 **3 cifra:** Las cifras *copiosas* que lucen las entidades citadas son fruto de su política tradicional de destinar a reservas una buena parte de los beneficios... LVE230696 **4 número:** Hemos importado un «copioso» número de coches *divertidos*, es decir, para personas que disfrutan con la conducción... LVE251295 **5 dosis:** Y, por supuesto, no renunció a la implacable presión sobre el rival, aunque eso ya lo tenía con Sacchi en muy *copiosas* dosis. EPE040499 **6 masa:** ...se hacen cruces ante el hecho de que una sociedad (...), que cuenta con esta *copiosa* masa de accionistas, lleve tan largo periodo sin negociarse. LVE100995 **7 volumen:** ...maravillosas conducciones de agua mediante una inclinación casi imperceptible (...), cuando no –si el volumen ácqueo era *copioso*– acentuada y por doble o triple tubatura. LVE190595

B SUSTANTIVOS QUE DESIGNAN CANTIDADES ECONÓMICAS, O BIENES QUE SE CONSIDERAN GANANCIAS, PÉRDIDAS U OBJETOS DE TRANSACCIÓN: **8 beneficio +:** La entidad tiene subsidiarias en varios países europeos, factura 6.000 millones anuales y obtiene *copiosos* beneficios. LVE020195 **9 pérdida +:** ...suspendió pagos en 1980, ha registrado *copiosas* pérdidas en los últimos años y recientemente la ha declarado en quiebra un juzgado de Barcelona. LVE250995 **10 ganancia:** ...las chapuzas contables y financieras, amén de la ocultación de ingresos, realizadas con las *copiosas* ganancias de su hija... LVE070895 **11 ingreso:** La incorporación a Gran Tibidabo entraña para todos ellos ingresos *copiosos...* LVE110296 **12 gasto:** El cierre implicó un *copioso* gasto en indemnizaciones a razón de diez o doce millones por cada puesto de trabajo amortizado. LVE290996 **13 dividendo:** Esta percibió previamente un *copioso* dividendo con cargo a resultados y a reservas... LVE120296 **14 deuda:** ...arrastra *copiosas* deudas derivadas del expediente concursal y acumula pérdidas multimillonarias... LVE170396 **15 emolumento:** ...además de embolsarse los *copiosos* emolumentos habituales en la casa, no tenía empacho en pasarle de cuando en cuando a la empresa minutas multimillonarias... LVE040296 **16 inversión:** Todo esto, obviamente, en alusión a las *copiosas* inversiones chilenas en el Perú, Bolivia y la Argentina. CAP171096 **17 donación –:** En varios consulados mexicanos dentro de los EUA se está recibiendo *copiosa* donación de todo tipo... LPN211097 **18 fortuna –:** ...se atribuye una *copiosa* fortuna realizada en su época de «broker» petrolífero a las órdenes del polémico empresario... EME110194 **19 herencia –:** El año anterior fallecía (...), dejando en su testamento una *copiosa* herencia a favor del Museo del Prado... ABC221093 **20 oferta:** ...en el sinfonismo bien puede afirmarse que nunca la oferta madrileña ha sido tan brillante y *copiosa* como en el presente... ABC111194 **21 demanda:** ...es decir hay oferta porque hay, a lo que parece, una *copiosísima* demanda de ese artículo. EME130796 **22 existencias –:**

...registran desde las vacaciones veraniegas una demanda recrecida y se están aligerando las *copiosas* existencias acumuladas en la fase anterior. LVE281096

C SUSTANTIVOS QUE DENOTAN PRODUCCIÓN O TRABAJO. TAMBIÉN CON OTROS QUE DESIGNAN LOS RESULTADOS DE ESAS ACTIVIDADES: **23 producción +:** Monte Ávila, por su parte, la editorial del Estado, sin fines de lucro y que cuenta con subsidio oficial, tuvo una producción más *copiosa*. ENV170197 **24 obra +:** A ella debe su fama (...) y de contar con una *copiosa* obra que abarca más de un centenar de títulos. ABC230994 **25 trabajo:** Para lograr la ideal unidad, la identificación mutua y la conjunción entre dos pianistas hacen falta muchas cosas; no solamente (...) un *copioso* trabajo a dúo ante el teclado. ABC241195 **26 labor:** Es natural que la *copiosa* labor del comisario haya tenido un sustrato iconográfico y no sólo artístico... ABC270392 **27 actividad:** Año de actividad *copiosa* en el horizonte de un crítico musical madrileño. ABC271291

D SUSTANTIVOS QUE DENOTAN CONJUNTO O SERIE DE ELEMENTOS, MUY ESPECIALMENTE AQUELLOS QUE DESIGNAN UNIDADES DE INFORMACIÓN O SUS SOPORTES: **28 colección +:** La *copiosa* colección de pinturas y esculturas (...) le va permitiendo exposiciones que son, a la vez, muestras de sus riquezas estéticas y del devenir del arte español a través de los siglos. ABC030295 **29 bibliografía +:** De su *copiosa* bibliografía ensayista y crítica, se destacan en particular sus trabajos sobre literatura paraguaya. ACP250996 **30 correspondencia +:** Luego, de regreso a Estados Unidos, su influencia se siguió ejerciendo a través de una *copiosa* correspondencia. ENV070197 **31 conjunto:** El sistema de selección de un conjunto tan *copioso* es igual en todos los Jurados... ABC010592 **32 discografía:** Keith Jarrett no es sólo un músico con una *copiosa* discografía (desde 1971 tiene en el mercado 42 referencias, todas ellas excitantes)... LVE141295 **33 filmografía:** François Truffaut ya poseía una *copiosa* filmografía cuando abordó el nada recurrente tema del cine dentro del cine con *La noche americana*. LVE310396 **34 recopilación:** Es una caracterización exacta, que se trasluce en esta *copiosa* recopilación... ABC150193 **35 catálogo:** Su catálogo es *copioso* e incluye obras sinfónicas, conciertos, música vocal... ABC070593

E SUSTANTIVOS NO CONTABLES QUE DENOTAN INFORMACIÓN, CONOCIMIENTO O EXPERIENCIA: **36 información +:** ...constituye el primer intento de centralizar la *copiosa* información que genera a diario la facultad y que, hasta ahora, se desperdigaba, con dudosa efectividad, por tablones y paredes. FDV200201 **37 documentación +:** La pintura es magnífica, está perfectamente conservada y tiene *copiosa* documentación. ABC290592 **38 erudición:** ...apoyándose en una *copiosa* erudición sostiene que (...) bendijo ritualmente durante la Edad Media uniones fraternales... LVE261096 **39 conocimiento:** Su *copioso* conocimiento del asunto le permitió desarrollar una magnífica tesis doctoral. INDOC **40 experiencia:** ...nuestra afición por este deporte nos hace tener una *copiosa* experiencia. LVE130395

F SUSTANTIVOS QUE DENOTAN MOVIMIENTO O PRESENCIA EN ALUSIÓN AL CONJUNTO DE COSAS O PERSONAS A LAS QUE SE ATRIBUYEN ESOS PROCESOS: **41 afluencia:** Los criterios de selección han seguido pautas de experiencia tanto en construcciones museísticas, como en (...) edificios de uso público con *copiosas* afluencias de visitantes. EPE150799 **42 asistencia:** Una *copiosa* asistencia de público venezolano y latinoamericano acudió a la cita... EUV230996 **43 presencia:** ...había ayer dinero para todo aquello que estuviera en venta. Y con una *copiosa* presencia de recursos de no residentes. LVE030895 **44 migración:** Según los recuerdos de los más antiguos, las migraciones más *copiosas* salidas de la isla datan de la década del 60... RUM280797 **45 éxodo:** Aquel fue el más *copioso* de los éxodos, constante histórica en la España moderna. LVE300896 **46 tráfico:** ...el Ayuntamiento de Madrid baraja la posibilidad de «enterrar» (...) el *copioso* tráfico que a diario circula frente a la fachada principal de la pinacoteca. EME130694 **47 manifestación:** ...las manifestaciones más *copiosas* se registraron en Estados Unidos y Venezuela. DLA281097 **48 participación:** En la zona metropolitana de Guadalajara y algunos municipios de Jalisco se registró *copiosa* participación ciudadana... DYM090996

G OTROS SUSTANTIVOS; POSIBLES USOS ESTILÍSTICOS: ...Regino Agudo acabó acaparando las más *copiosas* ovaciones de la tarde en la lidia del último. EME310594; En un sistema democrático cuando un juez llama a las puertas del Parlamento lo hace con mano de bronce y la sociedad toda se conmociona ante las *copiosas* resonancias del procedimiento. EME231095; ...retrata con objetividad y gran sentido del detalle un microcosmos vibrante, *copioso* y tenso, dando a luz una obra compacta y equilibrada. LVE140696

☐ Véase también: **ingente, pingüe.**

copo (de) ♦ algodón, avena, maíz, nieve, polvo, trigo

coraje ♦ admirable, auténtico, denodado[5], enorme, proverbial, puro, tremendo, verdadero ♦ a fuerza (de)[5], con ♦ arranque (de)[31], demostración (de)[33], ejemplo (de), gesto (de) ♦ admirar, avivar, dar[358], demostrar, derrochar[13], echar[3], faltar(le) (a alguien), mostrar, poner (en algo), reconocer, sacar, sentir, tener

[corazón] → con la mano en el corazón, de todo corazón

corazón ♦ abierto, ardiente[27], blando, buen(o), cándido[10], compasivo, de hierro[5], delicado, de oro[8], de piedra, dividido, duro, endurecido, firme, frágil, frío, gélido, generoso, humilde, indomable, insensible, mal(o), manso, noble, palpitante, pétreo, roto, tierno, valiente, vengativo ♦ dentro (de), desde ♦ asuntos (de), ataque (de/a), dolor (de), prensa (de), trasplante (de) ♦ ablandar(se)[1], abrir(le) (a alguien), acelerar(se), actuar (de), ahogar(se), ajar(se)[10], alegrárse(le) (a alguien), atenazar[11], atravesar, bucear (en)[29], conmover(se), conquistar, dar(le) un vuelco (a alguien), decir (de), desgarrárse(le) (a alguien), dictar(le) (a alguien), dirigirse (a), echar[7], encogérse(le) (a alguien), enternecerse, ganar(se), golpear, hablar (a), helárse(le) (a alguien), herir, inflamar(se), latir, levantar(se), llegar (a), llevar

(en), mentir(le) (a alguien), mover, operar, oprimir, padecer (de), palpitar, parar(se), partírse(le) (a alguien), poner (en algo), romper(le) (a alguien), sacar (de), salir (de), sentir (en), tocar(le) (a alguien), traicionar(le) (a alguien), trasplantar, volcar

corazonada ♦ **asaltar**[20]**, dar(le) (a alguien), sentir, tener, venir(le) (a alguien)**

cordialidad ♦ **abierto, efusivo**[36]**, extremo, gran(de), proverbial, reinante, sumo**[43]**, total** ♦ **con** ♦ **ambiente (de), clima (de), marco (de)** ♦ **desprender, mantener, mostrar, prevalecer, transmitir, tratar (con)**

☐ Véase también: **amabilidad, cordialmente, simpatía.**

cordialmente *adv.* ▌Se combina con...

A VERBOS QUE DESIGNAN MANIFESTACIONES DE HOSPITALIDAD, BIENVENIDA, DESPEDIDA Y OTRAS FORMAS DE TRATO PERSONAL, ASÍ COMO DIVERSOS GESTOS DE CORTESÍA ASOCIADOS A ESAS NOCIONES: **1 invitar ++:** ...*cordialmente* le invitaron a acompañarles para asistir a una festividad... LTB060297 **2 recibir ++:** La gente les recibió *cordialmente.* EME280895 **3 acoger ++:** El Papa Wojtila, en ocasión de su viaje triunfal por aquel país, fue por supuesto acogido *cordialmente* por ese matarife. PME291296 **4 saludar ++:** ...nos saludamos (...) tan *cordialmente* como si nada hubiera ocurrido. ABC300793 **5 tratar ++:** González afirmó que siempre había sido recibido con gran amabilidad en Cataluña, e incluyó de forma implícita a Jordi Pujol entre quienes le habían tratado *cordialmente.* EPE141099 **6 atender +:** Todos los cantantes, acompañados del conjunto Alma Criolla, recibieron aplausos de los amigos *cordialmente* atendidos por Ivonne... CAP080597 **7 despedirse +:** ...cuando hoy abandone el hotel sólo deberá firmar la factura y despedirse *cordialmente.* LVE270296 **8 abrazar:** ...se abrazó *cordialmente* ante las cámaras holandesas con el goleador... EME250595 **9 estrechar la mano:** ...y al minuto de dejarse, tras estrecharse *cordialmente* las manos, volverán a hacer lo mismo. EPE270499 **10 dar la mano:** En Inglaterra, en cambio, las fiestas acaban a su hora y con los escritores dándose *cordialmente* la mano, como si ni siquiera estuvieran enemistados. EPE070799

B LOS VERBOS *FELICITAR* Y *AGRADECER*: **11 felicitar ++:** Te abrazamos y felicitamos *cordialmente* por el éxito de tu exposición. ABC050595 **12 agradecer +:** El alcalde ha agradecido *cordialmente* la ayuda recibida... LVE220995

C ALGUNOS VERBOS QUE DENOTAN ANIMADVERSIÓN. SE USAN EN SENTIDO IRÓNICO: **13 odiar +:** Los interlocutores de El Cairo se odiaban *cordialmente...* EME050694 **14 detestar +:** ...mi película *cordialmente* detestada... EME150194

D VERBOS QUE DENOTAN INTERCAMBIO VERBAL. TAMBIÉN CON ALGUNOS QUE DESIGNAN ALOCUCIONES Y OTRAS MANIFESTACIONES VERBALES DIRIGIDAS A ALGUIEN: **15 conversar +:** Zachi aprovechó y se acercó a Fidel con los obispos para, por primera vez desde el triunfo de la revolución, «conversar franca y *cordialmente*». PME241196 **16 charlar +:** Poco después, en la exhibición privada de «Viridiana», nos saludamos y charlamos tan *cordialmente* como si nada hubiera ocurrido. ABC300793 **17 hablar +:** Vino a conversar con Aguiar. Y coincidencialmente se encontró con el canciller Burelli Rivas cuando ambos se marchaban. Hablaron *cordialmente* de varios temas... EUV080197 **18 departir +:** El doctor Héctor Cornejo (...) recibió ayer la visita de los Embajadores de El Salvador y de Guatemala, con quienes departió *cordialmente.* ECP140175 **19 dialogar:** El titular de la Fundación Mediterránea participó de la principal ponencia realizada por Fernández, con quien dialogó *cordialmente...* LNP040297 **20 discutir:** Mimouni era un escritor ya reconocido en los ambientes literarios de París; (...) celebraba diversas mesas redondas en las que discutía vehemente pero a la vez *cordialmente* con argelinos residentes en Francia... EME130295 **21 entrevistarse:** Dos días después de entrevistarse *cordialmente* con Bill Clinton, Gerry Adams, el líder del Sinn Fein (brazo político del IRA), comprometió ayer públicamente a su partido a participar en el proceso de paz del Ulster... LVE031295 **22 responder:** Antes, cuando calentaba, esos mismos aficionados lo habían silbado, y él les respondió *cordialmente* con un saludo. LVE100696 **23 decir:** Muy *cordialmente,* quiero decirle al señor De la Casa, jefe de deportes de TVE, que aunque su deporte favorito sea el fútbol y en tal sentido nos lo ofrezca por un tubo... EME280696 **24 expresar:** El Partido Socialista lo recibe esta noche con sincero y fraternal cariño, y quiere por mi intermedio expresarle franca y *cordialmente* nuestro compromiso y nuestras visiones con Cuba y su proceso... HOY181196 **25 explicar:** Estaba algo mosqueado, pero le expliqué *cordialmente* al hombre que no era ninguna ofensa y cuando nos vio actuar se rió y se convenció. EPE121099

E VERBOS QUE DESIGNAN ACTOS DE HABLA DIRIGIDOS A ALGÚN INTERLOCUTOR; EN OCASIONES PUEDEN EXPRESAR DESACUERDO U HOSTILIDAD: **26 solicitar +:** ...el Presidente solicitó *cordialmente* al Gobierno de Guyana rectificar su decisión de permitir... ENV240700 **27 recomendar +:** ...yo recomendaría *cordialmente* que hicieran un ejercicio de continencia franciscana. EME010394 **28 presionar:** La abogada reconoció, presionada *cordialmente* por lord Browne, que (...) el Reino Unido tenía bases legales para detener a Pinochet. EPE280199 **29 quejarse:** «Es un caso que se ha ido ampliando como un chicle», se quejó *cordialmente.* EPE050299 **30 rechazar:** Rechazaron *cordialmente* su amable invitación. INDOC **31 reprochar:** Un ministro me reprocha, cierto que muy *cordialmente,* ser hoy tan criticón... EME200295 **32 advertir:** ...las cartas de tono aleccionador –muchas menos que las que llana y *cordialmente* advierten de que se comete un error– suelen estar equivocadas. EPE230599 **33 corregir –:** ...la diputada, a la que *cordialmente* corregí algunos datos erróneos... EPE271001

F OTROS VERBOS; POSIBLES USOS ESTILÍSTICOS: ...la sangre podía, *cordialmente,* desembocar en algún río. EPE190599

☐ Véase también: **cordialidad, gentilmente.**

cordura ♦ **aparente, deseado, envidiable, equilibrado, escaso, imprescindible, lógico, lúcido, mesurado, necesario, político, prudente, sensato, sumo** ♦ **acto (de), ápice (de)**[1]**, atisbo (de), es-**

píritu (de), expresión (de), grado (de), llamamiento (a), pérdida (de), sensación (de), sentido (de), señal (de) ♦ apelar (a), conservar, cundir, demostrar, desafiar, exigir, ganar, imperar, imponer(se), introducir (en algo), llamar (a), mantener, mostrar, pedir (a alguien), perder (algo), presidir (algo), prevalecer, proceder (con), reclamar, recobrar, recuperar, reinar, restaurar, volver (a)
☐ Véase también: **locura, prudencia, sensatez.**

corear ♦ a la vez, al unísono[4], con entusiasmo, unánimemente ♦ consigna, grito, himno, nombre, voz
☐ Véase también: **cantar, entonar.**

cornada ♦ aparatoso[18], grave, leve, limpio, mortal, peligroso, profundo, superficial ♦ dar, interesar (algo), lanzar, llevar(se), pegar, propinar, recibir, recobrar(se) (de), recuperar(se) (de), sufrir, tirar
☐ Véase también: **cogida.**

corneta ♦ toque (de)

[coro] → a coro

coronar ♦ con éxito[4], felizmente ♦ actuación, aventura, cabeza, cima, cumbre, faena, gestión, gira, labor, misión, montaña, negocio, rascacielos, tarea, victoria, *sustantivos de persona*
☐ Véase también: **consagrar(se).**

corrección ▮ *(enmienda)* ♦ a la baja[40], al alza, de {mi/tu/su...} puño y letra[17], drástico, económico, efectivo, estricto, minucioso, monetario, negligente, pertinente, severo ♦ norma (de) ♦ cuestionar, hacer, introducir, mantener, requerir, verificar
▮ *(cortesía)* ♦ absoluto, elegante, escaso, exquisito, formal, impecable, indudable, intachable[21], sumo[41], total ♦ con ♦ ápice (de)[23]
☐ Véase también: **autenticidad, legalidad, legitimidad.**

CORRECCIÓN Véase: *ADECUACIÓN Y CORRECCIÓN*

correctivo ♦ *(sust.masc.)* abrumador, desmesurado, desproporcionado, duro, ejemplar, fuerte, injusto, justo, legal, leve, moral, serio, severo ♦ acordar, adoptar, aplicar, atenuar, evitar, imponer, infligir[15], librar(se) (de), propinar, sufrir
☐ Véase también: **castigo, sanción.**

corregir *v.* ▮ En el sentido de 'reprender o educar correctamente' admite sustantivos de persona *(Hay que corregir a los niños maleducados)*. En el sentido de 'suprimir un defecto (en)' acepta sustantivos que designan la facultad de ver *(vista, visión)* y otros que designan múltiples cosas que pueden presentar defectos físicos *(Este aparato corregirá los dientes de tu hijo)*. Con el sentido de 'revisar y calificar' se combina con sustantivos que designan los ejercicios que realizan los alumnos *(examen, prueba, trabajo, ejercicio)*. Con el sentido de 'rectificar' o 'deshacer errores o inexactitudes (en)' se combina con sustantivos que designan diversos textos o escritos, así como algunos de sus elementos *(libro, edición, carta, estilo, página, párrafo)*. Acepta también otros que designan normas, preceptos, regulaciones o estipulaciones *(ley, legislación, norma, ortografía, disposición, consigna)*, así como las prácticas y las formas que pueden basarse en ellas *(estilo, pronunciación, actuación, redacción)*. Se combina asimismo con...

A SUSTANTIVOS QUE DENOTAN EQUIVOCACIÓN O INCORRECCIÓN: **1 error ++:** Excel puede *corregir* errores comunes en las fórmulas o las entradas, como omitir paréntesis. ETC210197 **2 fallo ++:** «Espero que (...) podremos dedicar un día a comprobarlo todo, porque hay tiempo para *corregir* los posibles fallos». ENC060599 **3 falla:** ...porque tenemos una memoria que nos hace repetir una ejecución atinada o *corregir* una falla. PME010996

B SUSTANTIVOS QUE DENOTAN IMPERFECCIÓN, FALTA DE CONDICIONES ESENCIALES PARA ALCANZAR ALGÚN NIVEL REQUERIDO O AUSENCIA DE LO NECESARIO: **4 defecto ++:** El director de seguridad añadió que este «serio incidente» les ayudará a *corregir* defectos... LNC240796 **5 deficiencia ++:** ...han tenido que suspender la producción para *corregir* deficiencias señaladas por los reguladores federales. ENH100900 **6 déficit +:** Se requiere una dosis de prudencia y humildad, y sobre todo, *corregir* el inquietante déficit en cuenta corriente de la balanza de pagos. CAP301097 **7 carencia:** Ocurre también que la única biblioteca pública cierra los veranos por las tardes por falta, dicen, de personal, y en este caso tampoco se ha *corregido* tal carencia... FDV280301

C SUSTANTIVOS QUE DENOTAN APARTAMIENTO DE LO QUE SE CONSIDERA NORMAL, CORRECTO O APROPIADO: **8 desequilibrio ++:** Según José Antonio Ocampo, debe hacerlo para *corregir* el desequilibrio de la tasa nominal peso-dólar. ETC311096 **9 distorsión +:** Ocurre tanto en cine como en televisión y hay que *corregir* esa distorsión. EME070495 **10 desviación +:** Una paga en diciembre *corregirá* la desviación de la inflación. LVE150994 **11 desvío +:** Lo más probable es que las partes contratantes hayan decidido este pequeño reajuste para *corregir* algún desvío operativo y a la vez dar mayor agilidad a la salida de ganado. LVE121096 **12 irregularidad +:** ...el desinterés de las autoridades (...) para atender quejas y *corregir* irregularidades, provocan angustia a las familias del edificio. EXC130996 **13 anomalía +:** Dijeron esperar que las autoridades tomen cartas en el asunto y *corrijan* esta anomalía. DYM040996 **14 asimetría:** ...en la reunión no se profundizó sobre qué mecanismos se necesitan para *corregir* las asimetrías entre sus países socios. CLA270199 **15 desajuste:** Agregó que frente al sicariato, tienen que tomarse medidas para *corregir* los desajustes y hechos de corrupción que invaden a las policías. ENV270696

D SUSTANTIVOS QUE DENOTAN OBSTÁCULO, CONTRARIEDAD O ADVERSIDAD. TAMBIÉN CON OTROS QUE DESIGNAN LAS CONSECUENCIAS DE ALGUNA ACCIÓN ABUSIVA O INJUSTA: **16 problema +:** Identificación de las funciones críticas de todos los organismos, para *corregir* los problemas que puedan afectarlos. CLA240199 **17 mal:**

Yo intenté *corregir* un mal pase y tuve la mala suerte de dejar el balón a un contrario y que nos metieran el gol. EPE180599 **18 atropello:** Queremos que se *corrija* este atropello y confiamos en los órganos que tiene el partido a nivel nacional... CAN300499 **19 injusticia:** ...en cierto modo puede decirse que es un agente con un considerable poder para *corregir* injusticias. LVE141095 **20 dificultad –:** Por ello se abocarán a analizar las características de cada sector industrial, a fin de *corregir* cualquier dificultad que se presente. EUV060499

E SUSTANTIVOS QUE DENOTAN FORMA DE SER O DE COMPORTARSE, MÁS FRECUENTEMENTE SI SE TRATA DE UN HÁBITO PERNICIOSO: **21 vicio +:** ...es factible que la compañía ferroviaria del Estado se asocie con un inversionista privado para que se promueva la eficiencia y se *corrijan* los vicios de las empresas públicas. EXP011091 **22 manía +:** Lo primero que debe hacer usted es *corregir* esa manía suya de no admitir que las cosas se han hecho muy mal. EME030695 **23 conducta +:** «A nosotros se nos ha reconfirmado que esa situación persiste y por lo tanto nuestro interés es de que el gobierno revise esa conducta y la *corrija*». DLA110198 **24 costumbre:** Parece que se trata de *corregir* esta desgraciada costumbre y sólo por excepción admitir que el taxista Citroen, descendiente de franceses, llame a su hijo Liliput... LVE190695 **25 comportamiento:** No para copiarla, sino para sacar experiencias, *corregir* comportamientos y, sobre todo, para no confundir situaciones. LVE110295 **26 actitud:** ...pide que su carta sirva para que la presidenta *«corrija»* su actitud hacia su persona. EPE021101

F SUSTANTIVOS QUE DENOTAN DIRECCIÓN, ORIENTACIÓN O DERROTERO QUE PUEDE TOMAR ALGO, TANTO FÍSICA COMO FIGURADAMENTE: **27 tendencia +:** Para *corregir* esta tendencia (...) proponen diez ideas para mejorar el enfoque de las informaciones... DDN050599 **28 trayectoria +:** Hicimos un partido terrible, pero es de esperar que nos sirva para *corregir* la trayectoria. EME220696 **29 rumbo +:** El mensaje es que, de no *corregirse* rumbos y renovarse el liderazgo del partido en el gobierno, el abstencionismo de hoy puede convertirse en abandono... ESH180397 **30 tiro +:** ...se salta a la torera al decrépito tirano y decide *corregir* el tiro, apuntando hacia un posible nuevo interlocutor hasta ahora ignorado por casi todos. DLA060297 **31 estrategia:** ...debe *corregir* la estrategia de no informar y de pretender tranquilizar al país con engaños... EXC300896

▩ Se combina también con: ♦ **a la baja[35], a medias[29], ligeramente[32]**

☐ Véase también: **enmendar, paliar, rectificar, subsanar.**

correlación ♦ **actual, adecuado, claro, de fuerzas, difuso, directo, electoral, engañoso, estadístico, estrecho[44], estricto, evidente, exacto, forzado, imperceptible, inapreciable, indirecto, interno, íntimo, inverso, lejano, leve, lineal, manifiesto, notorio, numérico, ostensible, palpable, perceptible, perfecto, próximo, remoto, significativo, temporal, tenue, vago ♦ en función (de), según ♦ advertir, apreciar(se), cambiar, comprobar, dar(se), depender, descubrir, detectar(se), determinar, encontrar, entrever(se), establecer, existir, guardar, interpretar, mantener, modificar, percibir, presentar, reflejar, romper, truncar(se), verificar**

☐ Véase también: **correspondencia, medida, paralelismo, proporción.**

[correo] → **por correo**

correo ♦ **certificado, confidencial[16], convencional, diario, electrónico, infectado, oficial, ordinario, postal, privado, secreto, urgente ♦ a vuelta (de) ♦ cuenta (de), dirección (de), oficina (de), privacidad (de), servicio (de) ♦ abrir, contestar, despachar, enviar, escribir, llegar, mandar, rechazar, recibir, retrasar(se), revisar, tener, verificar**

correr ♦ **como alma que lleva al diablo[1], como un condenado, despavorido, impaciente[9] ♦ a borbotones[7], a espuertas[13], a galope, a la contra, a la pata coja, alocadamente, a patadas[8], a raudales[1], a toda marcha, a toda pastilla[7], a toda velocidad, a tope[20], como (un) loco[11], como alma que lleva el diablo[1], como la pólvora[1], como una exhalación[5], como un condenado, con fluidez, con todas {mis/tus/sus...} fuerzas, contra reloj[24], de boca en boca[1], de mano en mano, de puntillas[5], de un tirón, en ayuda (de alguien), en desbandada, incansablemente, libremente ♦ aventura, información, noticia, peligro, riesgo, río, rumor, suerte, tiempo ♦ echar(se) (a)[8], lanzar(se) (a),** ***sustantivos temporales***

correr (con) ♦ **gasto, pago, riesgo**

correspondencia ▮ *(correo)* ♦ **abundante, amoroso, amplio, clandestino, confidencial, copioso[30], disperso, escaso, gigantesco, inédito, intenso, íntimo, largo, manuscrito, oficial, personal, privado, prolijo, voluminoso ♦ abrir, censurar, contestar, cruzar, despachar, distribuir, enviar, intercambiar, leer, llevar al día, mandar, mantener, recibir, recoger, recopilar, repartir**
▮ *(relación)* ♦ **absoluto, claro, estrecho[46], estricto, objetivo, parcial, puntual, simbólico ♦ falta (de) ♦ cuestionar, demostrar, establecer, guardar[23], mantener, tener**

☐ Véase también: **correlación, identidad, paralelismo, proporción, relación, semejanza.**

CORRESPONDENCIA Véase: *ATINGENCIA Y CORRESPONDENCIA*

corresponder ♦ **al detalle, al pie de la letra[28], aproximadamente, exactamente, punto por punto[2], vagamente**

[corrido] → **de corrido**

[corriente] → **al corriente (de)**

CORRIENTE Véase: TENDENCIA

corriente (de) ♦ **acusado, amplio, caudaloso, comercial, dominante[27], económico, eléctrico, fuerte, ideológico, igualitario, impetuoso, incesante, intenso, interno, irreconciliable[29], marino,**

mayoritario, migratorio[2]**, minoritario, mundial, político, preponderante, torrencial ♦ a la luz (de)**[49] **♦ agua, aire, apoyo, comercio, información, opinión, pensamiento, simpatía ♦ adherirse (a)**[24]**, aglutinar**[28]**, alimentar(se) (de), alinear(se) (con), amainar**[37]**, avanzar (contra), canalizar, capitanear**[42]**, circular, confluir, crecer, dejarse llevar (por)**[56]**, desviar**[12]**, dirigir, discurrir, encabezar, engrosar, escapar (a), fluir, imponer(se), ir (contra), nadar (contra), neutralizar, oponer(se) (a), pasar, remontar, resistir, robustecer(se)**[41]**, seguir**[31]**, vencer, zambullir(se) (en)**[27]

□ Véase también: **curso, dirección, tendencia.**

corroborar *v.* ▌Se combina con sustantivos que denotan manifestación verbal, generalmente declarativa *(afirmación, aserto, palabra, declaración, testimonio, manifestación: Corroboro plenamente sus afirmaciones).* También lo hace con algunos sustantivos de significación prospectiva que designan lo que se espera o se pronostica, generalmente construidos en plural *(expectativa, perspectiva, predicción, pronóstico, presagio, vaticinio).* Se combina asimismo con...

A SUSTANTIVOS QUE DESIGNAN LA CONDICIÓN DE SER ALGO VERDADERO, GENUINO, CREÍBLE O FIDEDIGNO: **1 veracidad +:** Los juzgados electorales, en tal sentido, dan por válido lo que les presentan los partidos y no se detienen a *corroborar* la veracidad de los datos. CLA030199 **2 verdad +:** ...dado lo relevante de la información y el precio solicitado de 20 millones de pesetas, contacté con (...) al objeto de *corroborar* la verdad de la misma... EPE010899 **3 autenticidad +:** Las investigaciones realizadas demuestran que los pequeños no recibieron lesiones físicas (...) con lo cual se *corrobora* también la autenticidad de las declaraciones... GIC111796 **4 credibilidad:** Ese mismo viernes la Policía *corroboró* la credibilidad de los datos suministrados por el mismo informante... ETC190597

B EL SUSTANTIVO *VERSIÓN* Y CON OTROS QUE DESIGNAN IDEAS, PENSAMIENTOS, OPINIONES O RESULTADOS DE LA ACTIVIDAD MENTAL, MÁS FRECUENTEMENTE ESPECULATIVA, DIRIGIDOS A DAR CUENTA DE ALGÚN HECHO: **5 versión ++:** Sin embargo, la droguería Disval tiene otra versión, *corroborada* por el laboratorio productor de la droga, Fortbenton. CLA070397 **6 hipótesis ++:** Pero la pista que podría *corroborar* esa hipótesis es que la llamada que alertó sobre el cargamento ilegal fue hecha al departamento de inteligencia de la FAC. ETC240996 **7 tesis +:** «Lo que he hecho es totalmente legal y público». Desde la secretaría municipal se *corrobora* esta tesis. LVE141296 **8 teoría +:** Una vez establecida la identidad y la ciudad de origen del muerto muchos pensaron que había quedado *corroborada* la teoría inicial... SEM011297 **9 idea +:** ...Arpón *corroboró* está idea diciendo que «es evidente que nos falta profundidad pese a que se ha luchado». LVE070595 **10 supuesto:** ... excelente ejemplo que hubiera *corroborado* los supuestos en que se apoya el hispanista alemán... ABC050595 **11 diagnóstico +:** ...quien ordenó un nuevo examen en donde se *corroboró* el diagnóstico previsto. EXC190900 **12 postura:** ...encantada de poder contar con el apoyo de argumentos filosóficos para *corroborar*, frente a tanto incrédulo, su firme postura a favor del enredo que procura la ilusión de realidad. ABC201095 **13 posición:** ...no parece que vaya a rectificar o *corroborar* la posición de (...) ante Hasán, en lo que respecta a los temas fuertes... EME290596

C SUSTANTIVOS QUE DENOTAN PERCEPCIÓN O SENSACIÓN ACERCA DE CÓMO SON O PUEDEN SER LAS COSAS: **14 impresión +:** Antes bien *corroboró* la impresión general anteriormente apuntada. EME161095 **15 apreciación +:** Esta apreciación puede *corroborarse* a través del informe «Una mirada a la educación», confeccionado por la Organización de Cooperación y Desarrollo Económico (OCDE). CLA250199 **16 observación +:** Básicamente *corroboró* las observaciones de Cela y cómo las redadas de la DNCD y la Policía Nacional no tienen efecto alguno sobre el narcotráfico... RUM250897 **17 intuición +:** En 1949, José Manuel Blecua *corroboró* alguna de esas intuiciones al descubrir el modelo profano del «Pastorcico». ABC131291 **18 sospecha +:** Cuando (...) llegaba con una corbata poblada de búhos pasivos, sus asesores veían *corroboradas* sus sospechas de que pintaban bastos. EPE230899 **19 preocupación:** Un ejemplo que *corrobora* esta última preocupación lo aporta el servicio de objeción de conciencia... LVE300696 **20 temor:** El temor se *corrobora* y explica en la novela de Oswaldo Reinoso... CAP030895

D SUSTANTIVOS QUE DESIGNAN DATOS, CONTENIDOS INFORMATIVOS, ASÍ COMO SU ORIGEN Y OTRAS NOCIONES QUE SE INTERPRETAN COMO TALES. TAMBIÉN CON OTROS QUE EXPRESAN ALGUNAS DE LAS FORMAS EN QUE SE PRESENTAN: **21 dato ++:** Para *corroborar* los datos, se acabó con la vida de dos macacos a las cuarenta semanas, tras la inoculación de «PMPA», a fin de llevar a cabo una completa necropsia y análisis de tejidos... ABC171195 **22 información +:** ...la organización pro derechos humanos Comité Helsinki Croata (HHO) *corroboró* la información divulgada hace unos días por el diario New York Times... EME130196 **23 noticia +:** ...*corroboró* la noticia al mediodía, al salir del trabajo para ir a comer. EPE230399 **24 informe:** El lenguaje del profesor (...) utilizado con los alumnos, según testimonios de éstos y que *corrobora* el informe, no siempre ha sido digno de Cicerón. EPE010286 **25 primicia:** El gobierno tardó unas horas en *corroborar* la primicia informativa que esta cadena dio a las... INDOC **26 fuente:** ...resaltó el valor de un periodismo que *corrobore* sus fuentes, investigue y analice, reflexione y discuta... EXC080696

E ALGUNOS SUSTANTIVOS QUE DENOTAN ACUSACIÓN: **27 denuncia +:** La Audiencia de Cuentas de Canarias *corrobora* la denuncia hecha por El Mundo hace dos meses. EME301295 **28 acusación:** Periodistas extranjeros que visitaron la localidad en un viaje organizado por Bagdad no pudieron *corroborar* las acusaciones de la oposición iraquí en el exilio... EPE240299 **29 imputación:** ...reconoce su participación en algunos de los hechos por los que ha sido procesado y *corrobora* las imputaciones anteriormente indicadas. EME230895

F SUSTANTIVOS QUE DENOTAN EFECTO DE ALGO, A MENUDO PERJUDICIAL Y NOTORIO: **30 escándalo:** ...Flynt publicó un anuncio (...) ofreciendo hasta un millón de dólares por información que *corroborara* un escándalo sexual de un congresista... CLA120199 **31 alcance:** ...el estreno en México de la «Música para un Film Imaginario» encarna una oportunidad preciosa para *corroborar*, en la sala de concierto, los alcances de la fantasía creativa de

Schoenberg. PME171196 **32 repercusión:** Su homólogo de Defensa, Eduardo Serra, *corroboró* las «indudables» repercusiones del tema en las relaciones con Turquía. EPE110299 **33 trascendencia:** Los últimos datos recogidos, *corroboran* la enorme trascendencia de este caso. INDOC **34 daño:** Este al sentir el golpe se bajó a *corroborar* los daños y acto seguido lo atacaron. END050198

G SUSTANTIVOS QUE DENOTAN RESULTADO DE ALGO, GENERALMENTE FELIZ. TAMBIÉN CON OTROS QUE DESIGNAN ALGUNOS ATRIBUTOS QUE SUELE ADQUIRIR EL QUE LO OBTIENE: **35 éxito:** El final de la guerra fría, con el triunfo de las democracias liberales sobre los regímenes comunistas, *corroboran* su éxito en la práctica. ABC110992 **36 triunfo:** Curiosamente, el nuevo base madridista, Jaumin, un ex jugador del Unicaja, fue el que *corroboró* el triunfo final con un tiro libre. EPE161201 **37 fama:** Esa fama se *corrobora* siempre por sus explosivas declaraciones. CAP040997 **38 resultado:** Estos buenos resultados se *corroboraron* al día siguiente en la subasta de pintura antigua... ABC140194

H SUSTANTIVOS QUE DESIGNAN VIRTUDES Y OTRAS CUALIDADES POSITIVAS: **39 valor:** ...ha alcanzado ahora y dentro de su trayectoria personal, una altura, una cota, que, aparte de *corroborar* su valor ante el público, le enfrentará mañana con dos verbos activos y pictóricos. ABC291093 **40 talento:** Hay que añadir que las piezas pictóricas que vienen de otras fechas anteriores *corroboran* un talento siempre indiscutible. ABC140194 **41 maestría:** Habrá que esperar su segunda novela, «El sexto mesías», para *corroborar* la maestría de este verdadero hacedor de intriga... ABC271095 **42 seriedad:** El aviso publicitario de Lucchetti Perú no hace sino *corroborar* la poca seriedad con que dicha empresa trata el tema ambiental. CAP150198 **43 coherencia:** A mi entender, lo anterior *corrobora* la coherencia de mi pensamiento. PME131096

I OTROS SUSTANTIVOS; POSIBLES USOS CRUZADOS: Este mecanismo se ha *corroborado* en experimentos mutagénicos... [Cf. *comprobar*] ABC190595

J OTROS SUSTANTIVOS; POSIBLES USOS ESTILÍSTICOS: ...perfectamente anudada al goce que aquel sueño (...) nos proporciona y que además *corrobora* nuestro anhelo de ser... ABC090994

■ Se combina también con: ♦ **fehacientemente[10], punto por punto[12]**

corroer *v.* **I** En su sentido físico se combina con sustantivos que designan metales y objetos metálicos *(metal, plata, verja).* Construido con complementos de persona *(corroer a alguien)* acepta sustantivos que designan diversas cosas que pueden causar un padecimiento físico o moral continuo *(enfermedad, alcohol, dolor, recuerdo, conciencia, tristeza).* También se combina con...

A SUSTANTIVOS QUE DESIGNAN SENTIMIENTOS DE IRRITACIÓN, RENCOR, ANIMADVERSIÓN O ENCONO: **1 envidia ++:** Hay algún soplagaitas todavía que, *corroído* por la envidia, recuerda en sus escritos las contradicciones... EME030796 **2 celos +:** El sonriente protagonista de la historia, al parecer sólo era en público, puesto que en casa se mostraba violento y *corroído* por los celos. LVE240295 **3 resentimiento +:** ...el gángster Mougins, *corroído* por el resentimiento social, el misterioso y tímido «polizonte». EME160995 **4 rabia +:** La rabia me *corroe* las entrañas, porque esta gentuza especula hasta con los colores de los sueños... EPE050399 **5 odio:** «Pero un ser humano –puntualizó–, antes de morir, puede ser *corroído* por el odio y la violencia...». EME080296 **6 ira:** ...es la antítesis misma del Buchanan crispado y colérico que se erige en portavoz de la ira que *corroe* la clase media americana. EME190296

B SUSTANTIVOS QUE DENOTAN INCERTIDUMBRE, APRENSIÓN, DESASOSIEGO Y OTRAS FORMAS DE INESTABILIDAD EMOCIONAL: **7 duda ++:** La duda que *corroe* a los aficionados y al público en general resulta ya insoportable... EPE150599 **8 angustia +:** ...poner de manifiesto la desorientación y la enervante angustia interior que lo *corroen* de manera inmisericorde. HOY151297 **9 miedo +:** González y el miedo que *corroe* la libertad. EME210296 **10 preocupación:** Las preocupaciones *corroían* al joven de tal manera que llegó a perder 7 kilos. **11 desesperanza:** ...los fantasmas íntimos (...) se hicieron más hirientes, más fuente de la devastadora desesperanza que le *corroía.* EPE080900 **12 decepción –:** Una decepción *corroe* a Jordi Savall: «Excepto la Diputación Foral de Vizcaya, hemos tenido respuestas negativas para la grabación del concierto...». EME200194

C SUSTANTIVOS QUE DESIGNAN SENTIMIENTOS DE CULPABILIDAD O PESAR POR LAS ACCIONES COMETIDAS: **13 culpa +:** ¿A cuántos padres les *corroe* la culpa por tener un hijo gay? LVE200395 **14 remordimiento +:** Unas veces justificaba su proceder y otras parecía *corroído* por el remordimiento y la angustia. INDOC

D SUSTANTIVOS QUE DENOTAN DESEO VEHEMENTE DE ALCANZAR ALGO O DE SABER ALGUNA COSA: **15 ambición:** ...pero que el egoísmo y la ambición de riqueza y poder, desafortunadamente también de muchos, *corroen.* HOY030297 **16 ganas:** Parece que no tiene interés y que la cosa le da igual, pero en realidad le *corroen* las ganas de saber porqué ella... INDOC **17 curiosidad:** Ahora es usted el hombre más vilipendiado de España y a mí me *corroe* la curiosidad de averiguar qué es lo que de verdad hay detrás de esa máscara... EME240995

E SUSTANTIVOS QUE DESIGNAN MALES, PROBLEMAS, CRISIS, DIFICULTADES Y OTRAS SITUACIONES ADVERSAS: **18 mal:** Uno de los síntomas más alarmantes del mal que *corroe* a nuestras sociedades técnicamente avanzadas y moralmente vacías... EPD030597 **19 problema:** ...cuando un grupo humano arrastra durante años un problema grave que lo *corroe...* LVE230695 **20 crisis:** ...una crisis moral *corroe* el sistema de educación superior en Venezuela... EUV070497 **21 corrupción:** ...en apenas cuatro meses contra la corrupción, que *corroe*, en vertical y horizontal, al conjunto de la sociedad rusa y de las estructuras de poder. EPE030299 **22 pobreza:** Ese dudoso honor le corresponde a (...) un barrio *corroído* por la pobreza, la delincuencia y el tráfico menor de drogas... EPE110699 **23 miseria:** Todo ello, a su juicio, dibuja un panorama que provoca tristeza y angustia ante la miseria moral que *corroe* y degrada las universidades. EUV070497 **24 precariedad:** Al lado de ciertos autónomos, parados encubiertos o asalariados obligados a figurar como autónomos por obra y gracia de la precariedad que *corroe* el mercado laboral... EME081296 **25 tragedia:** ...no creemos que ni esta familia, ni las otras, que han sufrido esta tragedia, que ya *corroe* a la sociedad guatemalteca, merezcan este tipo de situaciones... LHG240697 **26 delincuencia:** ...un barrio antes tranquilo y floreciente y ahora sucio, degradado y *corroído* por la delincuencia. INDOC

F ALGUNOS SUSTANTIVOS QUE DESIGNAN DIVERSAS SITUACIONES DE DESAVENENCIA: **27 división:** ...llega a este debate sin las divisiones que le *corroían* en la anterior legislatura. EME190494 **28 disensión:** ...el deterioro interno de un Real Madrid *corroído* por las disensiones, el bajón internacional de la selección nacional española... EME230795 **29 crítica:** Las críticas *corroían* la inspiración del autor, modificando su obra completamente.

G OTROS SUSTANTIVOS; POSIBLES USOS ESTILÍSTICOS: En «Años», Llorente aseguraba que no sólo la memoria, el olvido también *corroía*. EME130796; Desde mi punto de vista, una contradicción *corroe* el sentido de esta iniciativa desde su misma formulación en el título... EPD080597

☐ Véase también: **carcomer, comer (a alguien), devorar, reconcomer(se).**

corrupción ♦ **administrativo, arraigado, creciente, endémico, entronizado, esporádico, extendido, galopante[13], general, generalizado, grave, imperante[10], impune[21], incipiente, institucional, limpio (de)[4], policial, político, presunto, rampante[6], reinante[20]** ♦ **al descubierto[43]** ♦ **contra** ♦ **acto (de), alcance (de)[71], brote (de), caso (de), delito (de), denuncia (de), escándalo (de), grado (de), manifestación (de)[14], mar (de), nivel (de), ola (de), pozo (de)[9], prueba (de), red (de)** ♦ **acabar (con), acusar (de), anidar[53], atajar, carcomer[9], castigar, cerrar los ojos (ante)[7], combatir[5], corroer[21], denunciar, descubrir, desvelar, detectar[50], disfrazar, eliminar, enfrentar(se) (a), erradicar, extender(se), extirpar[7], generar, hacer frente (a), imperar, investigar, lavar[15], perpetuar(se), promover, registrar(se), salir a la luz[31], salpicar[2]**

☐ Véase también: **vicio.**

cortante ♦ **arista, arma, borde, cuchillo, diálogo, espada, expresión, filo, frase, gesto, herida, instrumento, mirada, narración, objeto, palabra, pregunta, respuesta, tono, voz,** *otros sustantivos que designan manifestaciones verbales*

cortar *v.* ▮ Se construye con sustantivos que designan materias sólidas *(cortar la leña, el pelo, el pan)* u objetos físicos *(cortar un árbol, un papel, un dedo, una flor)*. En el sentido de 'hendir, surcar o atravesar' admite sustantivos que designan fluidos, como *aire, viento* o *agua (La proa del barco corta el agua; La lanza cortó el aire)*, pero también ciertas superficies *(Un viento helador le cortaba la piel)*. La locución verbal *cortar el bacalao* significa, en la lengua coloquial, 'ejercer el mando efectivo'; la locución *cortar la cabeza* significa, también en la lengua coloquial, 'destituir'; la locución *cortar las alas* significa 'frustrar las aspiraciones'. En el sentido de 'mezclar' se usa con algunos sustantivos que designan líquidos *(cortar el café con un poco de leche)*. Usado con ciertos sustantivos que designan materias, líquidas o no, significa 'separar(se) los componentes de' *(Se cortó la leche, la mayonesa; Cortan la droga para que resulte más barata)*. En el sentido de 'cruzar' se combina con sustantivos que designan líneas *(Las paralelas nunca se cortan)*. En el sentido de 'establecer división en' se combina a menudo con sustantivos que designan espacios, lugares o territorios *(Esta línea de puntos corta la provincia en dos mitades; El río corta la comarca)*, así como grupos o conjuntos *(cortar la baraja; cortar un grupo demasiado numeroso)*. En el sentido de 'introducir cortes (o censuras)' se construye con sustantivos que designan textos, discursos y otras manifestaciones creativas de carácter lineal *(Cortaron la novela, la película, la canción)*. En el sentido de 'interrumpir el paso o el curso de (o en)' se combina con sustantivos que designan vías *(calle, avenida, túnel, ruta, carretera, tubería, arteria)*, así como fluidos, caudales y fuentes de energía *(luz, agua, sonido, gas, corriente)*, económicas *(dinero, fondo, gasto, déficit, presupuesto)* o de comunicación *(teléfono, línea telefónica, señal)*. También admite otros que designan informaciones que circulan, más frecuentemente construidos en plural *(rumores, críticas, comentarios, cotilleos)*. Este sentido se extiende a los sustantivos que designan discursos, intervenciones verbales y diversas unidades de información *(discurso, declaración, explicación, intervención, anuncio, programa, rueda de prensa)* y también a los sustantivos no contables que denotan el efecto de crear algo, a menudo en serie o de forma continua *(producción, creación, fabricación, diseño)*. Se combina asimismo con...

A SUSTANTIVOS QUE DENOTAN RELACIÓN, CONEXIÓN, SUJECIÓN O CONTACTO, SEAN FÍSICOS O FIGURADOS: **1 relación ++:** ...como primer paso para *cortar* toda relación entre ambas empresas. EME210494 **2 vínculo ++:** Los supuestos planes para *cortar* todo vínculo con los sindicatos y la negativa a respaldar el establecimiento de un salario mínimo... EME170996 **3 lazo ++:** ...pero aún así la idea que se atribuye a Blair de *cortar* totalmente sus lazos con el partido era hasta hace poco impensable. LVE140996 **4 contacto +:** ...que tenía por objetivo *cortar* a los guerrilleros saharauis su contacto con la pequeña extensión donde el Sahara tiene frontera con Argelia. EPE050576 **5 dependencia +:** ...el mismo que la maltrató durante años y que decidió *cortar* de cuajo su enfermiza dependencia amorosa. EME230195 **6 adicción:** Veo el spot que han fabricado estos angelitos sobre la única solución para *cortar* la adicción a las drogas. EME111295 **7 atadura:** ...*cortando* las ataduras con la derecha nostálgica del franquismo. LVE030396 **8 ligadura:** Si *cortamos* todas nuestras ligaduras con la naturaleza y nos contentamos exclusivamente combinando el color puro con una forma... LVE181096

B SUSTANTIVOS QUE DENOTAN COMUNICACIÓN VERBAL ENTRE DOS O MÁS PERSONAS: **9 comunicación ++:** Moviéndose continuamente en terrenos fronterizos, entre el cine comercial y el de «ensayo», pero siempre de este lado de la frontera para no *cortar* la comunicación... EME241295 **10 polémica +:** El primer ministro francés, Edouard Balladur, en un intento de *cortar* la polémica sobre sus bienes, divulgó ayer la lista de su patrimonio personal... EME110395 **11 conversación +:** Sí, que me *cortaste* una conversación porque dijiste que venían dos guardias. EME071095 **12 debate +:** ...quiso *cortar* el debate en el que algunos no le descartan como candidato. FDV180599 **13 discusión +:** Se cuenta que los presidentes de los gobiernos anteriores han aprovechado el mecanismo para *cortar* alguna discusión improcedente de sus ministros. LVE060596 **14 diálogo:** El MRTA *cortó* el diálogo con el gobierno. CLA070397 **15 entrevista:** Tuvimos que *cortar* la entrevista porque nos dijo que tenía el tiempo justo para coger el avión. INDOC

C SUSTANTIVOS QUE DENOTAN ACCESO, ENTRADA O SALIDA: **16 paso ++:** ...los desvíos y las nuevas señalizaciones instaladas en las calles que desembocan en la rotonda, obedecen a que al *cortar* el paso por este lugar... LEC040297 **17 acceso +:** La Guardia Civil *cortó* todos los accesos a Flix y también se interrumpió el paso de trenes. LVE220196 **18 salida:** ...el Ejército ha reforzado en los últimos días la vigilancia de la frontera para *cortar* la salida a los hombres de Bin Laden. EPE151201 **19 entrada:** 150 policías impiden que 300 vecinos de Leganés *corten* la entrada de Parquesur. EPE301099

D SUSTANTIVOS QUE DENOTAN ASCENSO O DESCENSO: **20 crecimiento +:** La mayor dificultad que tenemos para cumplir los objetivos es *cortar* el crecimiento tendencial del gasto. LVE050295 **21 inflación:** No así Alemania, que puso en marcha una política ortodoxa restrictiva para *cortar* la inflación. LVE110395 **22 ascenso:** Según tengo entendido el año pasado era el número 1 en las preferencias del entrenador, pero una grave lesión *cortó* el ascenso rápido. EME231095 **23 incremento:** El incremento de los sueldos que venía aplicándose cada año *se ha cortado* por los problemas económicos que dice tener la empresa. INDOC **24 descenso:** Parece haberse *cortado* el continuo descenso del paro. INDOC **25 subida –:** ...se preocuparon de abrir la cancha por sus flancos y, a la vez, *cortar* la subida de los laterales rivales... LEC190597

E SUSTANTIVOS QUE DENOTAN MARCHA, AVANCE O RETROCESO. TAMBIÉN CON ALGUNOS QUE DESIGNAN ACTOS O EVENTOS QUE LOS CONTIENEN: **26 avance +:** Deseé que el Alcázar fuera arrasado, para *cortar* el avance sobre Madrid que hubiera decidido la guerra civil y hubiera cortado los cuarenta años de posguerra. EPE120199 **27 ofensiva +:** ...ni unos nuevos comicios ni el relevo del nacionalismo en el Gobierno vasco acercarían la paz o *cortarían* la ofensiva de ETA. EPE290700 **28 retirada +:** Y si ellos marchan sobre Guatemala, Carrera les habría *cortado* la retirada y los aniquila en un trayecto de más de doscientos kilómetros. LHG080497 **29 repliegue +:** El general ordenó que se *cortara* el repliegue de las tropas hacia el campamento. INDOC **30 desfile:** La policía ordenó *cortar* el desfile porque habían recibido un aviso de bomba. INDOC **31 marcha:** En la avenida, otro grupo trató nuevamente de *cortar* su marcha. EPE090977

F SUSTANTIVOS QUE DENOTAN TRANSFERENCIA DE ALGO, MÁS FRECUENTEMENTE DE SEÑALES, MERCANCÍAS Y OTRAS COSAS QUE PUEDEN CONSTITUIR UN FLUJO CONTINUO: **32 envío +:** Un pase en profundidad halló descolocado al central Juan Carlos González, pareciendo imposible *cortar* el envío. LEC010796 **33 retransmisión +:** Toda Colombia se quedó a la expectativa del discurso, cuya retransmisión por radio y televisión fue *cortada*... EME010296 **34 venta +:** Kirch cerró la posibilidad de digitalizar Premiere y le *cortó* las ventas de películas de su ingente archivo. EPD240997 **35 emisión:** France 3, el segundo canal de RTF, se vio obligado a *cortar* sus emisiones en plena retransmisión del acto de toma de posesión de Jacques Chirac... EME180595 **36 transmisión:** Fue entonces que «HBO nos amenazó con *cortar* la transmisión de las señales». LEC210297

G SUSTANTIVOS QUE DENOTAN PRESTACIÓN, PROVISIÓN O ABASTECIMIENTO, MÁS FRECUENTEMENTE SI SE APLICAN A ACCIONES CONTINUADAS: **37 servicio ++:** ...todo ciudadano europeo debe tener derecho a comunicarse a precios asequibles e incluso a que no se le *corte* el servicio por el impago de algunas facturas... EME120996 **38 suministro ++:** ...amenazó ayer con *cortar* el suministro si no dimitía el Gobierno. EME240394

H SUSTANTIVOS QUE DENOTAN AYUDA O COLABORACIÓN: **39 ayuda ++:** La Comisión Europea ha amenazado con *cortar* cualquier ayuda al desarrollo a una nueva clase política que llegue al poder en Burundi... LVE260796 **40 apoyo:** Sus socios democristianos coinciden en este criterio, pero además añaden otro: *cortar* el apoyo parlamentario global de forma automática... EME130695 **41 asistencia:** De ahí los referendos para prohibir la enseñanza en español o *cortar* la asistencia social a los inmigrantes. EPE050999 **42 cooperación:** Robles justificó la decisión de *cortar* la cooperación oficial con Cuba, aunque no la ayuda humanitaria... LVE290596 **43 subsidio –:** La tijera presupuestaria *cortaría* también 9.000 subsidios que el PAMI otorga anualmente... CLA091000

I SUSTANTIVOS QUE DESIGNAN SERIES, ASÍ COMO PERÍODOS Y MOVIMIENTOS REPETIDOS U HOMOGÉNEOS: **44 racha ++:** El seleccionado de Colombia *cortó* una racha de 227 días sin triunfos... LNP210797 **45 ritmo +:** Abundaban las patadas en la espinilla y las faltas que *cortaban* el ritmo. LVE271096 **46 compás:** Para quedarse con la segunda opción, el director ha optado por no *cortar* ni un compás de las partituras de Bellini... EPE100299 **47 serie:** ...un River campeón *cortaría* la serie de dos torneos consecutivos conseguidos por el Boca... EPE191299 **48 sucesión:** La dirección ha decidido tomar medidas para *cortar* la sucesión de bajas que se han venido produciendo en los últimos meses. INDOC

J SUSTANTIVOS QUE DESIGNAN PROCESOS QUE CORRESPONDEN A FUNCIONES CORPORALES EN LAS QUE INTERVIENEN FLUJOS O FLUIDOS. POR EXTENSIÓN, CON OTROS QUE DESIGNAN ESAS MISMAS SUSTANCIAS: **49 respiración ++:** ...todo ello sometido a un montaje frenético –media docena de montadores acreditados– que *corta* la respiración. LVE110495 **50 aliento +:** Y, por la otra, la poesía que atraviesa la primera, le *corta* el aliento... EUV170498 **51 resuello:** ...artificio que a Mignogna le sirve para *cortarle* el resuello al espectador con un primer final que se revela falso. LVE051296 **52 digestión:** Se nos *cortó* la digestión y el ajoarriero cogió sabor a hierro y a sangre. EME080795 **53 menstruación:** Debe ser por el tratamiento médico que estoy siguiendo, pero se me ha *cortado* la menstruación. INDOC

K ALGUNOS SUSTANTIVOS QUE DESIGNAN DIVERSOS ESTADOS DE COSAS QUE SUELEN TENERSE POR CONOCIDOS O PERMANENTES: **54 hábito:** Los pediatras y los odontólogos coinciden en que hay que *cortar* de forma radical este hábito nocivo después de los tres años. EME090694 **55 costumbre –:** Ese «retoque» permitirá que los periodistas literarios asistan a las vistas orales, pero *corta* la costumbre existente desde hace años. EME260995

L SUSTANTIVOS QUE DESIGNAN DIVERSOS EVENTOS QUE SE CARACTERIZAN POR SU MOVIMIENTO O SU ACTIVIDAD INTERNA, MÁS FRECUENTEMENTE SI SON DE NATURALEZA VIOLENTA: **56 juego +:** El árbitro *cortó* el juego, amonestó al entrenador y reanudó el partido... EPE091199 **57 enfrentamiento:** ...promover la reanudación de las negociaciones entre la empresa automovilística Fiat y los sindicatos a fin de *cortar* el enfrentamiento entre ambas partes... EME240194 **58 guerra:** ...ha dejado perplejos a muchos ciudadanos, que lo están también ante la imposibilidad de *cortar* la guerra en los Balcanes. LVE080695 **59 contienda:** ...el suspiro de alivio que exhalamos, todos sin excepción, al enterarnos de que Estados Unidos poseía un arma capaz de *cortar* de raíz la contienda. LVE070795 **60 violencia:** Es evidente que hay que *cortar* de raíz la violencia callejera de grupos como Jarrai... EME030595 **61 terrorismo:** ...participarían unos 20 países con el objetivo de *cortar* de raíz el terrorismo islamista... LVE080396 **62 rencilla –:** ...se *cortará* ese tipo de rencillas y no se permitirán más motines ni amagos de paralización de actividades. LTB050900

■ Se combina también con: ♦ **abruptamente[5], a cepillo, a cercén, a la desesperada[39], al bies, al cero, a medida, a trozos, bruscamente, de cuajo, de golpe, de plano[8], de pleno[9], de raíz[1], drásticamente[8], en rodajas, en seco[4], gravemente[17], limpiamente[15], por completo[10], por lo sano, temporalmente[7]**

□ Véase también: **acortar, atajar, cercenar, cortar (con), entrecortadamente, erradicar, extirpar, interceptar, interrumpir, mutilar, partir, rebanar, recortar, segar, talar, zanjar.**

cortar (con) *v.* **I** Se combina con sustantivos que designan personas *(cortar con su novio, con su jefe, con la familia)*, profesiones *(cortar con su oficio, con la abogacía)*, actividades *(cortar con la literatura, con la música)*, cursos o líneas de actuación *(cortar con su vida anterior, con su brillante trayectoria)*, y muy diversos estados de cosas presentes o pretéritos que se consideran inconvenientes *(cortar con la situación actual, con la violencia callejera, con las bravuconadas del gerente)*. Destacan particularmente sus combinaciones con...

A SUSTANTIVOS QUE DESIGNAN ACTUACIONES O INCLINACIONES QUE SE CARACTERIZAN POR SU REITERACIÓN: **1 costumbre +:** Con esa petición, los críticos pretenden *cortar* con la costumbre de designar por asentimiento o unanimidad a su cabeza de cartel... LVE221295 **2 hábito +:** Tienes que *cortar* de una vez con el hábito de trasnochar tanto y levantarte tan tarde. INDOC **3 práctica +:** En lo cualitativo, promoviendo una legislación que, en sintonía con las preocupaciones expresadas al respecto por la Comisión Europea, *corte* con las prácticas oligopólicas en los mercados de Prensa, Radio y Televisión... EME080296 **4 vicio +:** ¿Nunca vas a *cortar* con el vicio de la bebida? INDOC **5 manía +:** Hay que *cortar* con esta manía que nos ha entrado de reclamar dimisiones a troche y moche. EME300494 **6 tentación:** También hay coincidencia en que hay que *cortar* con la tentación de algunos constructores que planean proyectos desmesurados para las posibilidades de rentabilidad futura. LVE170696 **7 tendencia:** Si el Ministerio de Economía no sabe cómo *cortar* con la tendencia a subir los precios, mucho menos lo podremos saber nosotros. INDOC **8 dinámica:** Resulta urgente *cortar* con la actual dinámica frentista, centrarse más en los contenidos que en... EPE180599

B SUSTANTIVOS QUE DENOTAN LO QUE YA HA SUCEDIDO O LO QUE SE CONSIDERA CONOCIDO O ARRAIGADO: **9 pasado +:** En realidad está haciendo todo lo posible para convertirse en el Chirac italiano y para lograr que el MSI o Alianza Nacional (que es prácticamente lo mismo) *corte* con el pasado. LVE270394 **10 tradición +:** ...decidió que había que *cortar* con la tradición indígena y el pasado opresor y copiar... EPE050500 **11 historia +:** El golpe militar intentó *cortar* con nuestra historia democrática. EUV100297

□ Véase también: **cortar.**

corte I *(sust.masc.)* ♦ **abrupto[2], brusco[44], drástico, grave, limpio, longitudinal, manual, profundo[82], radical, seco, súbito, tajante[32], transversal, traumático** ♦ **abrir, cicatrizar, dar, introducir, practicar, sufrir[40]**

II *(sust.fem.)* ♦ **constitucional, de apelaciones, de cuentas, de justicia, electoral, internacional, militar, supremo**

□ Véase también: **escisión, interrupción.**

cortesía ♦ **absoluto, acostumbrado, afectado, almibarado, amable, ampuloso, atento, cuidadoso, debido, delicado, depurado, desinteresado, elemental, empalagoso, escrupuloso, esmerado, estricto, exquisito, falso, forzado, generoso, gran(de), habitual, impecable, infinito, melifluo, mero, meticuloso, mínimo, natural, obligado, oficial, palaciego, parlamentario, pésimo, pomposo, primoroso, protocolario, proverbial, puro, refinado, sedoso, sofisticado, sumo[46], tradicional, viejo** ♦ **con, por** ♦ **alarde (de), deber (de), ejemplo (de), espiritu (de), falta (de), fórmula (de), gesto (de), muestra (de), norma (de), palabras (de), regalo (de), sentido (de), visita (de)** ♦ **corresponder (a), derrochar, dispensar[4], imperar, irradiar, merecer, premiar, presidir (algo), prodigar[68], recomendar, reinar, tener**

□ Véase también: **compostura, educación, gentileza, modales.**

CORTESÍA

♦ (SUSTANTIVOS) Véase: **acogedor[D], apoteósico[D], cálido[B], caluroso[A,B], dar[Z], deshacerse (en)[B], dispensar[A,B], efusivo[B], en señal de[C,F,G], hacer extensivo[C], tibio[D]**

♦ (VERBOS) Véase: **atentamente[E], calurosamente[A,B], cordialmente[A], de antemano[E], deportivamente[C], de todo corazón[A], efusivamente[B,D], en persona[E]**

CORTESÍA Y TRATO SOCIAL Véase:

♦ **adiós, amabilidad, aplauso, atención, buenas noches, buenas tardes, buenos días, cordialidad,**

cortesía, disculpa, enhorabuena, etiqueta, excusa, felicitación, gentileza, halago, homenaje, modales, parabién, pésame, pleitesía, pretexto ♦ aplaudir, cumplimentar, despedir(se), dirigir(se), disculparse, recibir, saludar

cortina ♦ compacto, de agua, de aire, de fuego, de humo, de lluvia, de niebla, denso, de proyectiles, encubridor, espeso, falso, sonoro, tupido, vergonzoso ♦ detrás (de), tras ♦ alzar, bajar, cerrar, correr, crear, cubrir (algo), descorrer, desplegar, echar[41], extender(se), lanzar, levantar, plegar, proteger (algo), retirar, separar (algo), servir (de), tapar (algo), tender, usar (como)
□ Véase también: **persiana.**

[corto] → **de corto**

[cosaco] → **como cosacos, como un cosaco**

cosecha ♦ abundante, anual, discreto, enorme, exiguo, inmenso, óptimo, sustancioso ♦ época (de), fruto (de), tiempo (de) ♦ adelantar, almacenar, arrasar, arruinar(se), atacar, augurar, destruir, devastar, exportar, interrumpir, obtener, peligrar, perder(se), producir, recoger, retrasar, salvar, vender

cosechar *v.* ▮ En su sentido literal se combina con sustantivos que designan productos de la tierra. En sentido figurado, se construye muy frecuentemente con sustantivos en plural. Se combina con...

A SUSTANTIVOS QUE DESIGNAN EL PRODUCTO O EL RENDIMIENTO OBTENIDOS AL FINAL DE ALGÚN PROCESO, MÁS FRECUENTEMENTE SI SE REFIEREN AL RESULTADO FELIZ DE LO QUE SE EMPRENDE: **1 fruto ++:** En este año ha *cosechado* más los frutos de su intensa actividad, gracias al esfuerzo de sus fundadores... LDD190597 **2 resultado +:** ...obtendrá mejores resultados que los que *cosechó* en la Capital Federal el 28 de junio. ECA070792 **3 éxito +:** ...dos de los montajes teatrales que más éxito han *cosechado* este año... ENC121200 **4 triunfo +:** Estoy jugando finales y *cosechando* triunfos. EDV270499 **5 victoria +:** Los Tigres de la UANL *cosecharon* su cuarta victoria, 2-1, en la cancha del Cruz Azul Hidalgo... DYM090996 **6 logro:** ...una cuestión que podría terminar por empañar los logros que espera *cosechar* el gobierno. LNP151097

B SUSTANTIVOS QUE DESIGNAN DIVERSAS FORMAS DE RECONOCIMIENTO, ASÍ COMO CUALIDADES Y ESTADOS QUE ADQUIERE GENERALMENTE EL QUE TRIUNFA EN ALGUNA ACTIVIDAD: **7 reconocimiento:** ...satisfecho por su paso en el balompié de este país, donde *cosechó* goles, aplausos y reconocimientos. DYM210197 **8 prestigio:** ...más allá de las películas que recorren festivales y *cosechan* prestigio, se pueden ver comedias coreanas... CLA091000 **9 alabanza:** ...el comportamiento de Pekín ha *cosechado* unánimes alabanzas... EPE030799 **10 gloria:** Ida Haendel e Ivan Davis han *cosechado* glorias por todo el mundo... ENH211097

C SUSTANTIVOS QUE DESIGNAN PREMIOS O RECOMPENSAS, MÁS FRECUENTEMENTE LOS QUE SE OBTIENEN TRAS UNA COMPETICIÓN, UNA EXHIBICIÓN O COMO RESULTADO DE UN PROCESO DE APRENDIZAJE: **11 premio ++:** Después de *cosechar* premios y aplausos con sus espectáculos musicales... ENH070297 **12 aplauso ++:** A las sirenas que necesitaron entrenar con sacrificio en busca de *cosechar* aplausos y empurpurar sus nombres con los oropeles de la gloria. EXP010489 **13 título +:** De esta forma Simao le recordaba a Catanha de que su lista de títulos *cosechados* en su carrera está vacía. FDV210601 **14 punto:** Clausura: el violeta está obligado a *cosechar* los tres puntos para seguir soñando con el título... EOU291000 **15 puntuación:** Finalmente el decatleta (...) logró *cosechar* una puntuación de 6.774... ENV190597 **16 elogio:** El interior amarillo ha *cosechado* encendidos elogios tras su debut en Quito... CAN240996 **17 trofeo:** ...ganó cinco veces el campeonato nacional y *cosechó* diez trofeos internacionales... ETC170797 **18 medalla:** Sin contar a Cuba (...), la Odecabe apenas *cosechó* diez medallas de seis agricultores deportivos... PME010996 **19 laurel:** Sin ruido, sin ambages, supieron *cosechar* laureles por el largo peregrinar del béisbol. END141100 **20 presea:** Estados Unidos (...) *cosechó* una sola presea dorada ayer. LTB250900 **21 oreja:** ...ha venido toreando por varias plazas del país y *cosechando* orejas. ETC150996 **22 recompensa:** ...también cree que *cosechará* una recompensa al poder ofrecer a sus clientes una sola cuenta... ENH210497 **23 vítores:** ...en la misma plaza donde tantos vítores *cosechó* con esos discursos apocalípticos... ABC100694 **24 diploma –:** ...el «Junior» pudo salir a hacerse «sabio» y a «*cosechar* diplomas» a Europa y a los Estados Unidos. LHG220597

D SUSTANTIVOS QUE DESIGNAN RESULTADOS NO VICTORIOSOS DE ALGUNA ACCIÓN, MÁS FRECUENTEMENTE DE CARÁCTER ADVERSO: **25 derrota +:** La mala suerte hace que se *coseche* otra derrota y que se complique la situación... DDN290499 **26 fracaso +:** Así, no dudó en opinar que el Gobierno está *cosechando* un «fracaso» en algunas de sus políticas económicas... EPE120900 **27 empate:** A continuación disputaron 11 partidos (...) en los que *cosecharon* 10 empates... EPU040301

E SUSTANTIVOS QUE DENOTAN APOYO, RESPALDO Y OTRAS ACTITUDES QUE MANIFIESTAN ADHESIÓN O INCLINACIÓN FAVORABLE A ALGO O ALGUIEN: **28 apoyo:** Su postulación había *cosechado* apoyos en la UCR. CLA090497 **29 voto:** ...se enreda, claro, en disquisiciones ideológicas (...), pensando que siembra hoy para *cosechar* votos en 1995. EXP010489 **30 respaldo:** ...circularon por los pasillos en Nueva York *cosechando* un amplio respaldo político a su candidatura. EOU210696 **31 simpatía:** La causa (...) sigue *cosechando* más simpatías entre los socialistas... LVE160896 **32 amistad:** Estableció una relación parcial con los jugadores y con algunos llegó a *cosechar* una fuerte amistad. LPN211097 **33 adhesión:** ...y *cosechó* de inmediato la adhesión de su compañera de bancada en el Congreso... CLA111000 **34 aceptación:** Si la boda de Rociíto *cosechó* unos índices de aceptación extraordinarios... EME040496 **35 acogida:** ...los dos autores que han privilegiado esta forma de relato en nuestra literatura, *cosechando* una merecida acogida por parte del público. HOY301296 **36 recepción –:** ...comienza ya a *cosechar* (...) la buena recepción que tuvo en el sector empresarial... EXC180197

F SUSTANTIVOS QUE DESIGNAN DIVERSAS FORMAS DE BENEFICIO, RETRIBUCIÓN O GANANCIA: **37 beneficio ++:** ...dijo que aquellos que logren vivir en unidad, trabajar juntos, aprender juntos *cosecharán* grandes beneficios en el futuro. EXC210197 **38 ganancia +:** Las ganancias de los industriales fueron *cosechadas* a partir de un precio alto a todos los consumidores. MAU210900 **39 botín:** ...él acaba de llegar desde su pequeño reino, a *cosechar* sin muchas ganas –o sin ninguna– el botín que resulta... HOY050586 **40 ventaja:** ...cargar culpas en lo abstracto y *cosechar* ventajas en lo concreto, sin reclamar mérito alguno y dejarlos todos a favor de su valedor. EXC011196 **41 recaudación:** ...incluso en Viena, en cuya Volksoper se presentó en 1958 *cosechando* una gigantesca recaudación. ABC061095 **42 subvención:** Iba de ministerio en ministerio *cosechando* subvenciones públicas. INDOC

G SUSTANTIVOS QUE DESIGNAN DIVERSOS ACTOS, MANIFESTACIONES Y SENTIMIENTOS ADVERSOS HACIA LAS PERSONAS: **43 crítica:** Bush, regresó satisfecho a su país de la primera gira europea con los líderes de la Unión Europea (...), habiendo *cosechado* favorables críticas. EPU180601 **44 enemistad:** En el oficio periodístico uno obtiene muchas satisfacciones pero también frustraciones al sentir que se ara en el mar y que mientras más honesto es el trabajo desarrollado, más enemistades se van *cosechando*... LHG290597 **45 escándalo:** ...en los últimos tiempos ha *cosechado* una abundante cantidad de escándalos... CLA060597 **46 odio:** La gente al verlo lo aplastaba pisándolo, la criatura estaba en vías de extinción. Los sapos han *cosechado* un odio humano feroz. LVE060495 **47 negativa –:** ...la nueva oferta –que empeora las condiciones de la anterior– *cosechó* la cerrada negativa de los industriales. CLA030797 **48 ingratitud:** ...estuvo siempre al servicio de la nación, aunque *cosechó* más ingratitudes y sinsabores. LTB141296

H SUSTANTIVOS DE PERSONA, MÁS FRECUENTEMENTE SI DENOTAN ACTITUD DE APOYO O DE OPOSICIÓN A ALGO O A ALGUIEN: **49 público:** Pero fue Butamalón, una poderosa novela histórica situada en la Conquista, la que *cosechó* más elogios y público en Europa. HOY031197 **50 audiencia:** ...ha borrado de su parrilla la telenovela «Corazón salvaje», que había *cosechado* una buena audiencia en su temporada anterior. EME090895 **51 enemigo:** Luchó por sus ideales y *cosechó* terribles enemigos. CAP310800 **52 adversario:** Conspirador, maniobrero y sectario. Así le ven los muchos adversarios que ha *cosechado*. EPE261299 **53 seguidor:** ...los mutantes de Marvel han *cosechado* una gran cantidad de fieles seguidores. LTB180900 **54 amigo:** Mientras tanto (...) el pujante Tigre Asiático seguirá *cosechando* amigos. PLG130197

I OTROS SUSTANTIVOS; POSIBLES USOS ESTILÍSTICOS: ...yo seguí adscrito a metaforones trajinados en el periodismo, lugares comunes *cosechados* de los criollistas, adjetivos chillantes... ABC080995; Para cuatro meses va la huelga de profesores universitarios, quienes piden pan y *cosechan* incertidumbre. EUV170498; Podamos la rama de la salud para volver a *cosechar* buenos servicios médicos. LNC171296

☐ Véase también: **recoger**.

cosquilleo ♦ **entrar[38], notar, sentir, venir (a alguien)**

[costa] → **a toda costa**

costa ♦ **abrupto, accidentado, recortado** ♦ **a lo largo (de)** ♦ **bordear, extenderse, recorrer**

☐ Véase también: **arista, contorno, orilla (de).**

[costado] → **por los cuatro costados**

costar ♦ **caro, Dios y ayuda, sudor y lágrimas, un ojo de la cara, un potosí** ♦ **dinero, energía, esfuerzo, horrores[1], puesto, trabajo, vida**

coste ♦ **abusivo, ajustado, aproximado[31], asequible, astronómico[7], bajo, desmedido[51], desmesurado[12], desorbitado, elevado, exorbitante, impagable, inabordable, incalculable, ingente[17], insignificante, irrisorio, llevadero, moderado, módico, prohibitivo, reducido, ridículo, ruinoso** ♦ **a precio (de)** ♦ **abaratar, abonar, acarrear[43], afrontar, aligerar[11], aliviar[34], aminorar[29], amortiguar[56], amortizar[7], aquilatar, ascender, asumir[33], calcular, desvelar, diluir(se)[58], disminuir, enjugar[19], estimar, inflar, limar[5], pagar, rebajar[2], recaer[59], recortar, reducir, reparar (en), repercutir, soportar, sufragar[2], sumar, suponer, valorar**

☐ Véase también: **gasto, importe, precio, valor.**

costear ♦ **a partes iguales[21], equilibradamente**

costumbre ♦ **acendrado[33], acorde (con)[37], ancestral[1], antiguo, arraigado[1], asentado, atávico[7], bueno, centenario, civilizado, comunal[65], enraizado, extendido, funesto[10], generalizado, imperante, inmemorial, inquebrantable[40], insano, inveterado, local, malo, monacal, nocivo, pernicioso, primitivo, ritual, saludable[26], salvaje, sano, secular, social, tradicional, vigente** ♦ **a fuerza (de)[12], a la medida (de)[24], con arreglo (a)[45]** ♦ **cuadro (de), falta (de), observancia (de)** ♦ **abandonar, abolir[29], adoptar, adquirir[16], aferrarse (a)[14], afianzar(se)[68], amoldar(se) (a)[49], apegarse (a)[11], atenerse (a)[82], basar(se) (en), cambiar (de), conservar[24], contraer[20], contravenir[24], corregir[24], cortar (con)[1], cultivar[48], cundir[29], desterrar[1], erradicar[7], establecer, extender(se), extinguir(se)[13], fortalecer, hacer (por), imperar, implantar[41], imponer(se), incorporar, inculcar[10], infringir[32], instaurar[30], instituir, introducir, mantener, observar, perder[37], perdurar, practicar[33], promover, quebrar(se)[50], reinstaurar[9], respetar, romper (con), seguir, sentar, subvertir[19], tener, truncar(se)[53], volver (a)**

☐ Véase también: **asiduo, consuetudinario, hábito, manía, práctica, rutina, uso.**

COSTUMBRE

♦ (ADJETIVOS) Véase: **tristemente[C]**

♦ (SUSTANTIVOS) Véase: **abolir[F], acendrado[D], adherirse (a)[I], adquirir[C], aferrarse (a)[C], afianzar(se)[K], a fuerza de[C], a la medida (de)[F], amoldar(se) (a)[I], ancestral[A], arraigado[A], atávico[B], atenerse (a)[M], combatir[F], comunal[F], con arreglo a[G], contraer[D], contravenir[D], corregir[E], cortar[K], cortar (con)[A], cultivar[K], cundir[D], desterrar[A], erradicar[B], extinguir(se)[C], extirpar[E], fundado[G], funesto[B], in-**

culcar[B], infringir[G], inquebrantable[I], instaurar[G], perder[F], practicar[F], quebrantar[J], quebrar(se)[I], reinstaurar[B], saltarse[H], saludable[D], subvertir[D], truncar(se)[H], vencer[G], vivo[H]

♦ (VERBOS) Véase: **paulatinamente[H]**

☐ Véase también: LEGADO; USO.

cota ♦ **alto, astronómico[32], bajo, elevado, excepcional, inalcanzable[28], inferior, superior** ♦ **por encima de** ♦ **alcanzar, batir[17], conseguir, elevar, escalar[20], llegar (a), lograr, rebasar, reducir, sobrepasar[2], superar**

cotización ♦ **a la baja[76], al alza, alto, bajo, bursátil, elevado, máximo, mínimo, oficial, óptimo** ♦ **cambio (de), índice (de), nivel (de), punto(s) (de), tasa (de), techo (de)** ♦ **afianzar(se), ajustar, alcanzar, caer, descender, desplomar(se), disparar(se), empeorar, enderezar[23], equilibrar, establecer, fijar, fluctuar, mantener, mejorar, oscilar, reajustar, rebajar[10], registrar(se), remontar, revisar, sacar (a), salir (a), subir, superar, suspender**

☐ Véase también: **pago**.

cotizar ♦ **a la baja[2], al alza**

☐ Véase también: **pagar**.

[cotorra] → **como una cotorra**

coyuntura ♦ **actual, adverso, alarmante, alcista, bueno, bursátil, cambiante, crítico, débil, decisivo, delicado, desfavorable, difícil, dinámico, discontinuo, económico, efímero, electoral, envolvente, eventual, excepcional, favorable, financiero, fluctuante, grave, histórico, hostil, imprevisible, incierto, inestable, inmerso (en), inquietante, internacional, ligado (a), malo, mero, momentáneo, mudable, mundial, oscilante, peligroso, pendiente (de), penoso, político, preocupante, presente, previsible, prometedor, propicio[6], reformista, sombrío, transitorio, ventajoso** ♦ **al margen (de), en función (de), según** ♦ **fruto (de), producto (de), resultado (de)** ♦ **afrontar, analizar, aprovechar, atribuir (a), dar(se), depender (de), desaprovechar, encarar, enfrentar(se) (a), estabilizar(se), evolucionar, manejar, mejorar, normalizar(se), oscilar, pasar, perder, presentar(se), repercutir (en), salvar, superar**

☐ Véase también: **avatar, circunstancia**.

coyuntural *adj.* ▮ Admite sustantivos que denotan tema o asunto *(cuestión, tema)*, estado de cosas, tiempo o acontecimiento *(situación, ciclo, momento, hecho, fenómeno)* y algunos sustantivos de persona, individuales o colectivos *(personaje, gobierno)*. También acepta ocasionalmente sustantivos que designan diversas obras *(texto, libro, artículo, película)*, especialmente textos de carácter legal *(norma, ley, disposición, normativa, legislación)*. Se combina asimismo con...

A SUSTANTIVOS QUE DESIGNAN ESTADOS DE COSAS O CIRCUNSTANCIAS ADVERSOS, DESFAVORABLES O COMPLICADOS: **1 problema ++:** ...son déficits estructurales, cuyo origen no está tanto en problemas *coyunturales* como en una política presupuestaria... ABC080794 **2 crisis ++:** ...en la solución de una crisis *coyuntural* que podría prolongarse con gravísimas consecuencias para el país. ENH240700 **3 conflicto:** ...ni obedecer al conflicto *coyuntural* en Irak que impedirá a ese país exportar el 50 por ciento de su oferta. LPH050996 **4 dificultad:** ...hay potencial para soñar e incluso para hacer realidad esas esperanzas pese a las dificultades *coyunturales*. GIC111796 **5 percance –:** ...un mecanismo de transferencia a las empresas para salvarlas de percances *coyunturales* e imprevistos... BRE241097

B SUSTANTIVOS QUE DENOTAN RAZÓN, JUSTIFICACIÓN O ELEMENTO CONCOMITANTE O CONDICIONANTE DE ALGO: **6 factor ++:** ...el crecimiento de la inflación mensual observada en agosto fue consecuencia de factores *coyunturales*. EXC190900 **7 orden:** En el orden *coyuntural*, en su criterio, se evidencia la falta de visión para manejar la crisis. EUV080197 **8 condicionamiento:** Un Poder Judicial que estuviese pendiente de esos condicionamientos *coyunturales*, dejaría de ser independiente. EME010296 **9 agente:** El fracaso del programa pudo deberse a agentes *coyunturales* que no estaban previstos cuando lo pusimos en marcha. INDOC **10 causa:** ...podrían ocasionar por ahí una bolsa de reticencias que, por cualquier causa *coyuntural*, se plasmara en el último momento en voto negativo. LVE141095 **11 razón:** Respecto al presupuesto de Defensa para 1997, destacó que «el crecimiento será cero por razones *coyunturales*». EME081096

C SUSTANTIVOS QUE DENOTAN INESTABILIDAD O VARIACIÓN, ASÍ COMO ALGUNOS ESTADOS RESULTANTES DE ESOS PROCESOS: **12 auge +:** ...no han aprovechado tanto la expansión de la demanda relacionada con la apertura de la economía exterior y el auge *coyuntural* de la región... PLG130597 **13 vaivén:** ...quiso indagar sobre los efectos que pueden tener en el precio los vaivenes *coyunturales* (...) dentro de estos acuerdos. EUV080996 **14 agitación:** ...hay que hacer un balance completo y no dejarse engañar por la agitación *coyuntural*... ACP090996 **15 cambio:** ...dependiente de factores económicos, susceptible de cambios *coyunturales* y, potencialmente, explotable... EXC100900 **16 movida –:** ...Washington no le quitó la visa al presidente Samper como parte de una movida *coyuntural*. ETC150996

D SUSTANTIVOS QUE DESIGNAN ACTUACIONES, MÁS FRECUENTEMENTE EN ALGÚN ÁMBITO OFICIAL, ENCAMINADAS A LA CONSECUCIÓN DE UN OBJETIVO O A LA RESOLUCIÓN DE UN PROBLEMA: **17 medida:** Esto supone elaborar presupuestos restrictivos para 1998 y no con medidas *coyunturales* como la congelación de sueldos... EME071196 **18 política +:** ...ve como única salida para evitar la recesión económica la aplicación de una política *coyuntural* activa del Gobierno... EME140196 **19 solución:** ...reuniones de concertación político empresarial (...) con la finalidad de encontrar soluciones *coyunturales* para la actual crisis económica... LTB130901 **20 reforma:** ...además de una reforma *coyuntural* hay que reanimar la inversión y el consumo... EME110194 **21 objetivo:** A la vista de los resultados, la incorporación de nuevos inversores pasó a ser un objetivo *coyuntural*. INDOC

E SUSTANTIVOS QUE DENOTAN VINCULACIÓN O ACUERDO: **22 alianza +:** Porque el reto vendrá de relleno para las futuras alianzas *coyunturales* que permitirán que uno de ellos alcance la mayoría... LTB230197 **23 pacto:** ...lo que yo deseo es que estos pactos *coyunturales* con (...) no sean simplemente para dar apoyo a la investidura... LVE020596 **24 relación:** Esta se torna una relación *coyuntural*, es decir, sería más pertinente hablar de compañerismo que de amistad. ENV100497 **25 negociación:** ...se conviertan en meros instrumentos contestatarios para servir al juego de negociaciones *coyunturales*... CLA211187

craso *adj.* ▌En el sentido de 'indisculpable', se combina con...

A SUSTANTIVOS QUE DENOTAN EQUIVOCACIÓN O INFRACCIÓN. TAMBIÉN CON OTROS QUE DESIGNAN ALGUNAS ACCIONES Y ESTADOS IRREGULARES O ANÓMALOS QUE SE ASOCIAN CON ESAS NOCIONES: **1 error ++:** El cronista y su acompañante cometieron un *craso* error. BRE050997 **2 ignorancia +:** ...no supieron ni saben ejercer su autoridad; por falta de cultura, falta de educación, falta de valor o por simple y *crasa* ignorancia... LHG080497 **3 violación:** No es, como decían en las películas, mera coincidencia, sino, como diría Orwell, otra *crasa* violación de principios. DLA040297 **4 espejismo:** ...el poder ejecutivo (...) representa a todos los ciudadanos, pero esto no es más que un *craso* espejismo. LVE300195 **5 engaño:** Pensar que la Administración de la Ruta Interoceánica al margen de un gobierno democrático se mantendrá es un *craso* engaño. ESP100797 **6 manipulación:** La opción mencionada por Bildt corregiría las manipulaciones más *crasas*, pero no todas. LVE250896

B SUSTANTIVOS QUE DESIGNAN CIERTOS MODOS DE SER DE LAS PERSONAS, LAS INSTITUCIONES O LAS COMUNIDADES, FRECUENTEMENTE EN RELACIÓN CON ACTITUDES VITALES O IDEOLÓGICAS: **7 materialismo +:** No es pues ilógico y absurdo pensar en demonios salvo que se recuse el espíritu y se afirme el más *craso* materialismo. ECP140175 **8 oportunismo:** ...la inevitable sensación que trasladan al público es la del más *craso* oportunismo... EPE270699 **9 patriotismo:** Pero resulta que él quiso ser presidente de su país, de *craso* patriotismo y que se formó precisamente luchando... LVE110195 **10 individualismo:** Esta noción personalista no se confunde con un individualismo *craso*, egoísta y neutro; tampoco se reduce a una suma de bienes individuales... LVE261095 **11 fatalismo:** ...deseo que no se caiga en la magia de las cifras del calendario (...), pero pueden desembocar en el más *craso* fatalismo negador de la libertad. EPE241299 **12 frivolidad:** Se da por supuesto, con una *crasa* frivolidad, que en los ordenadores o en las redes hay información, y que basta con conectarse a ellas para poseerla. EPE270499

C OTROS SUSTANTIVOS; POSIBLES USOS ESTILÍSTICOS: Recuerdo su delicada alfarería, sus ornamentos dorados (...), un contraste de lujo en comparación con la *crasa* decoración de este lugar sagrado. LVE121096; ...pero de pronto mete a un Gurruchaga en su pantalla, *craso* tiburonazo donde los haya, y entonces... LVE181095

☐ Véase también: **flagrante, garrafal.**

creación ♦ **mediante** ♦ **libertad (de), proceso (de), programa (de), proyecto (de), trabajo (de)** ♦ **alumbrar, auspiciar, consumar, culminar, dificultar, estimular, favorecer, fomentar, hacer(se) realidad[88], impedir, impulsar, incentivar[1], invertir (en), obstaculizar, permitir, postular, prever, promover, propiciar, proponer, propulsar[5], suponer**

CREACIÓN

♦ (SUSTANTIVOS) Véase: **accidentado[E], acometer[G], aguzar[B], arrogarse[G], blando[F,K], capitanear[F], copioso[C], desbloquear[I], desenfrenado[I], de valor[B], dilapidar[E], en aras de[I], en cadena[C], en equipo[B], enfrascarse (en)[E], en serie[C], fulgurante[H], llamativo[I], luminoso[D], novedoso[H,L], penetrante[F], propulsar[B], rebosante (de)[E], rebosar[D], revertir (en)[B], rutilante[E], sobrado (de)[D], tangencial[F], zozobrar[A]**
♦ (VERBOS) Véase: **a brazo partido[B], a cámara lenta[C], a conciencia[B], a destajo[C], a granel[C], a lo grande[H], a marchas forzadas[A], a medias[I], a medida[D], a pasos agigantados[G], armoniosamente[G], a trancas y barrancas[G], a vuelapluma[C], comercialmente[C], de cero[B], de pies a cabeza[D], de un tirón[E], en cadena[N], en equipo[C], en exclusiva[G], en líneas generales[D], en serie[A], febrilmente[B,E], integramente[B], plenamente[E], pulcramente[E]**

CREACIÓN Y CONSTRUCCIÓN Véase:
♦ **creación, creatividad, construcción, edificio, fabricación, monumento, realización, reconstrucción, recreación**
♦ **cavar, componer, construir, crear, dar vida (a), elaborar, escavar, fabricar, fundar, organizar, producir, realizar, reconstruir, recrear, redactar, reproducir**

crear ♦ **a medida[20], a trancas y barrancas[30], de cero[10], de la nada, en equipo[18], ex nihilo, virtualmente**

creatividad ♦ **a raudales[29], artístico, desbordante[23], deslumbrante, enorme, escaso, excepcional, fecundo, fértil[4], imparable, individual, nulo, plástico, pobre, portentoso, verbal** ♦ **ápice (de)[40], atisbo (de), crisis (de), falta (de), fuente (de), torrente (de)** ♦ **agotar(se)[24], anular, asomar, canalizar[82], coartar, constreñir, dar rienda suelta (a), demostrar, derramar[6], derrochar[60], desarrollar, desbordar(se)[38], estimular, expresar(se), fomentar, imprimir, incentivar, limitar, perder, potenciar**

crecer ♦ **alarmantemente[2], a marchas forzadas[27], a {mi/tu/su...} aire, a pasos agigantados[15], armoniosamente[30], como hongos[14], como la espuma[2], con fuerza, considerablemente[3], desmesuradamente, desproporcionadamente, electoralmente, enormemente, entre algodones, gradualmente[8], inexorablemente[37], inmensamente, irremediablemente[20], ordenadamente[66], ostensiblemente[15], paulatinamente[17], peligrosamente[12], poderosamente[27], progresivamente[2], significativamente, sin control, sin límite, sin medida, sustancialmente[23], vigorosamente[18]**

☐ Véase también: **aumentar, despuntar, elaborar, extender(se), incrementar(se), multiplicar(se), proliferar, subir.**

crecerse (ante) ♦ adversidad, complicación, conflicto, dificultad, problema, reto

[creces] → con creces

crecimiento ♦ abrupto[30], abultado[61], acelerado, acompasado[22], alarmante, alto, a pasos agigantados, apreciable[9], aproximado[59], armónico, arrollador[26], astronómico[25], bajo, brusco[15], cualitativo[8], desaforado[30], desenfrenado[29], desmedido[2], desmesurado[3], desorbitado[1], dilatado, drástico[18], elevado, equitativo[41], escaso, espectacular, explosivo, frenético[56], fulgurante[19], galopante[37], global, igualitario[46], imparable[2], incesante, integral[16], intensivo[36], irrefrenable[37], lento, lineal[7], moderado, nulo, palpable[21], paulatino, potencial, progresivo, proporcional[2], rampante[3], rápido, sistemático, sostenible, sostenido, trepidante, vertiginoso[9] ♦ en punto muerto[21] ♦ al calor (de)[23], con posibilidad (de)[12], en aras (de)[39] ♦ etapa (de), grado (de), índice (de), nivel (de), proceso (de), ritmo (de), tasa (de), velocidad (de) ♦ acelerar, acusar[27], alimentar[87], aminorar[54], arrojar, augurar[40], avecinarse[39], cesar, controlar, cortar[20], desglosar[30], despuntar[4], detener(se), disminuir, estancar(se), estimular, estrangular(se)[6], experimentar, favorecer, frenar, garantizar, hipotecar[33], impedir, interrumpir(se), marcar[33], obstaculizar[5], obstruir[16], pronosticar, propulsar[6], ralentizar, reducir, registrar(se), retardar, sostener, velar (por)[21]

credibilidad ♦ bajo, escaso, exiguo, necesario, probado, sumo ♦ ápice (de)[70], atisbo (de), crisis (de), falta (de), grado (de), pérdida (de) ♦ adquirir[5], afectar (a), agotar(se)[20], arriesgar, aumentar, carecer (de), cobrar[47], conceder (a algo/a alguien), conservar, contar (con), contrastar, cuestionar, dañar[3], dar[128], dilapidar[28], disminuir, empañar, erosionar[5], exigir, ganar, garantizar, generar, gozar (de), labrar(se), mantener, mermar, minar[12], otorgar (a algo/a alguien), perder, recuperar, salvar, socavar[21], tener
☐ Véase también: **confianza, crédito, seguridad.**

[crédito] → a crédito, dar crédito (a)

crédito ▮ *(préstamo)* ♦ a fondo perdido[8], a plazos[20], bancario, blando[81], comercial, financiero, fiscal, flexible[33], hipotecario, público, sujeto (a) ♦ caja (de), carta (de), cuenta (de), fondo (de), línea (de), tarjeta (de), tasa (de), volumen (de) ♦ abrir(se)[4], adquirir, amortizar[2], aprobar, avalar, canalizar[64], cobrar, comprar (a), conceder[9], condonar[2], conseguir, contraer[11], converger[28], dar[127], dar dinero (a), denegar[54], destinar (a algo), devaluar(se)[6], ejecutar, financiar, hacer efectivo, negociar, obtener, otorgar (a alguien), pagar (a), pedir, prestar, saldar[6], sobrepasar[11], solicitar, subrogar, vencer[93], vender (a)
▮ *(credibilidad)* ♦ digno (de), escaso, exiguo, político ♦ conservar, dar, dilapidar[27], empañar(se)[7], erosionar[10], ganar, gozar (de), merecer, otorgar (a algo/a alguien), perder, recuperar, tener
☐ Véase también: **credibilidad.**

creencia ♦ acorde (con)[27], a machamartillo[13], antiguo, arraigado[13], asentado, atávico[9], cándido[26], enraizado, errado, erróneo, estético, extendido, falso, ferviente[52], firme, fundado[8], generalizado, hondo[25], infundado[19], político, popular, profundo[54], religioso, supersticioso, tribal ♦ abandonar, abdicar (de)[1], abjurar (de)[4], abrazar, abrigar[29], adherirse (a)[3], aferrarse (a), alimentar[55], apear(se) (de)[16], arraigar (en alguien), atesorar, coexistir, confirmar, converger[7], defender, derrumbar(se)[30], desbaratar[24], desmoronar(se)[29], difundir(se)[101], expresar, hipotecar[59], imbuir (a alguien), justificar, manifestar(se), mantener, ofender[17], persistir (en)[38], poner en tela de juicio, predicar, profesar[3], reafirmar(se) (en), refrendar[16], renegar (de), respetar, sentar, socavar[82], sustentar[9], tambalear(se), tener
☐ Véase también: **actitud, certeza, confianza, convencimiento, convicción, dogma, fe, mentalidad, moral, seguridad.**

CREENCIA Véase: *SEGURIDAD Y CREENCIA*

CREENCIA
♦ (SUSTANTIVOS) Véase: **abdicar (de)[A], abjurar (de)[A], acendrado[A], acorde (con)[E], adherirse (a)[A], agarrotar(se)[A], alimentar[G], a machamartillo[F], ancestral[C], apear(se) (de)[C], atávico[B], cándido[D], conservar[D], converger[B], desmoronar(se)[F], difundir(se)[N], diluir(se)[D], discriminatorio[C], esparcir[B], férreo[F], ferviente[F], fortalecer(se)[I], homologar[E], igualitario[E], imbuir(se) (de)[C], incandescente[C], infundado[D], inquebrantable[B], intachable[F], irrefutable[C], ofender[C], perseverar (en)[E], persistir (en)[G], predicar[B], preso (de)[E], profesar[A], profundo[G], quebrantar[J], renegar (de)[B], sin menoscabo (de)[C], socavar[K], soterrado[K], subvertir[C], sustentar[B]**
♦ (VERBOS) Véase: **con firmeza[C], fervientemente[A], gradualmente[F], inclinarse (a)[A], intensamente[C], por un momento[B], profundamente[L], remotamente[B]**
☐ Véase también: ATRIBUCIÓN; IDEOLOGÍA; PENSAMIENTO; SEGURIDAD.

creer ♦ al pie de la letra[2], a machamartillo[2], a medias[37], a pie juntillas[1], ciegamente[1], con firmeza[13], de todo corazón[18], de verdad, dogmáticamente, equivocadamente[1], espectacularmente, fervientemente[3], firmemente, honestamente, honradamente, humildemente[15], incondicionalmente[23], ni de broma, ni por asomo[8], personalmente, por un momento[10], profundamente[84], remotamente[7], seriamente, sinceramente[1] ♦ inclinarse (a)[2]
☐ Véase también: **conocer, convencer(se), pensar, saber.**

creyente ♦ acendradamente, a machamartillo, convencido, ferviente, fervoroso[1] ♦ declararse

criar(se) ♦ feliz, fuerte, hermoso, robusto, sano ♦ a la sombra (de algo/de alguien), bajo la influencia (de algo/de alguien), en el seno (de algo), entre algodones, sanamente

crimen ♦ abominable, abyecto, alevoso, atroz, brutal, contra la humanidad, de guerra, de lesa

majestad, en serie[26], espantoso, execrable[1], flagrante[10], horrendo, humanitario[28], impune[1], inhumano, irresoluble[26], macabro, nefando[2], organizado, perfecto, premeditado, sangriento, violento ♦ al descubierto[39] ♦ ola (de)[8] ♦ achacar[15], atribuir, carcomer[7], castigar, cerrar los ojos (ante)[6], combatir[1], cometer[29], condenar, confesar[9], constituir, consumar(se)[2], delatar, descubrir, desentrañar, despachar[7], ejecutar[38], empujar (a), encubrir, enjuiciar, esclarecer(se), exculpar (de), expiar[3], fraguar(se)[35], imputar[2], inducir (a)[9], instigar (a), investigar, involucrar(se) (en), juzgar, llevar a cabo, maquinar[5], negar[32], orquestar, perdonar, perseguir, purgar[12], resolver, salpicar[4], sembrar[79], silenciar[24], urdir[19]

□ Véase también: **aberración, asesinato, delito, fechoría, homicidio, mafia, magnicidio.**

CRIMEN Véase: *ACCIÓN ILEGAL O ILEGÍTIMA*

CRIMEN Véase: ACTUACIÓN ILEGÍTIMA; DELITO

crisis ♦ **abrumador[47], acuciante[6], a cuestas[5], acusado[12], agobiante, agudo, ambiental, angustioso, artístico, coyuntural[2], decisivo[63], de gobierno, delicado, desolador, detonante (de), de valores, dramático, económico, emocional, energético, espantoso, estructural, existencial, financiero, flagrante[38], fuerte, galopante[1], general, generalizado, global, grave, hondo, humanitario[27], insalvable, insoluble[3], interno, irreparable[11], irreversible[10], laboral, latente, llevadero, matrimonial, moral, nervioso, pasajero[23], persistente, personal, pertinaz[45], profundo[135], prolongado, serio, severo[69], social, soterrado[33], tremendo, violento ♦ al abrigo (de)[24], al borde (de)[8], al filo (de)[3], a lo largo (de), durante, en ♦ alcance (de)[2], clima (de), efecto (de), época (de), estado (de), fleco (de)[14], manifestación (de)[2], momento (de), salida (de), secuela (de)[21], situación (de) ♦ abatir(se)[9], abocar(se) (a)[9], abrir(se), acabar (con), acechar[5], acentuar(se), acosar (a alguien), acotar[6], acuciar[17], acusar[11], adueñar(se) (de algo), afectar (a algo/a alguien), aflorar[55], afrontar[2], agravar(se)[2], agudizar(se)[25], ahondar (en)[8], airear[11], alimentar[36], aliviar[24], amainar[8], amortiguar[34], aplacar(se)[42], arreciar[44], arrostrar[11], asaltar[27], asistir (a), atizar[41], atravesar[11], augurar[22], avecinarse[1], avivar[43], azotar[40], bordear[32], bregar[2], caer como una bomba, capear[5], carcomer[24], causar, cernerse[24], cerrar los ojos (ante), combatir[37], conjurar[12], corroer[20], derivar(se)[16], desactivar[26], desatar(se)[65], desatender[34], desbloquear[4], desbocar(se)[14], desembocar (en), desencadenar(se)[5], desentenderse (de)[2], despejar(se)[34], despuntar[12], destapar[27], diagnosticar[7], digerir[23], disfrazar[36], disipar(se)[29], emerger (de), encajar[11], encarar, enderezar[36], enfrentar(se) (a), entrar (en), escarbar (en)[18], estallar[17], estar (en), exacerbar, fermentar(se)[10], fraguar(se)[24], hundir(se) (en)[18], incubar[1], lidiar[2], mitigar[20], neutralizar, ocasionar[33], orillar, padecer, paliar[23], pasar (por), pilotar[21], planear[19], plantar cara (a), precipitar(se), prolongar(se), provocar, quitar hierro (a)[14], reabrir[24], reavivar[12], recaer[80], recobrarse (de)[7], recrudecer(se)[44], recuperar(se) (de), remitir[33], remontar[1], resolver, reverdecer[11], sacar (de), salir (de), salir a la luz[16], salir reforzado (de), salpicar[15], sobrellevar, sobreponerse (a)[4], sobrevenir, solucionar, solventar, soportar, sortear[22], soslayar[3], sufragar[29], sufrir, sumir(se) (en), superar, tejer[45], vencer[5], venir de lejos[2], vislumbrar[54], vivir, zanjar[38]**

□ Véase también: **adversidad, bancarrota, calvario, caos, catástrofe, conflicto, déficit, sequía.**

CRISIS Véase: ADVERSIDAD; AFLICCIÓN; CONFLICTO

crispación ♦ **alarmante, creciente, exacerbado, fuerte, grave, intenso, libre (de), palpable[16], permanente, personal, político, popular, social, sumo ♦ ambiente (de), clima (de), estado (de), grado (de), nivel (de) ♦ agudizar, aliviar, apaciguar[19], aplacar(se)[8], atemperar, aumentar, avivar[42], causar, crear, crecer, desatar(se)[14], diluir, disipar(se)[45], disminuir, evitar, extender(se), favorecer, generar, incrementar(se), inocular, provocar, reavivar, rebajar[59], remitir, sembrar[52], sentir, serenar(se)[13], templar**

crispar(se) ♦ **ambiente, ánimo, nervios, persona, situación**

cristal ♦ **claro, diáfano, frágil, nítido, opaco, oscuro, translúcido, transparente, turbio, velado ♦ a través (de) ♦ arañar, blindar, desportillar(se), empañar(se), resquebrajar(se), romper(se)**

□ Véase también: **vidrioso.**

cristalino *adj.* ▌En su sentido de 'propio del cristal' admite sustantivos que designan diversos materiales u objetos *(sustancia, cerámica, vidrio, vaso).* En el sentido de 'limpio, puro o claro' se combina con sustantivos que designan masas acuosas *(agua, fuente, río, mar).* También se combina con...

A EL SUSTANTIVO *OJO* Y CON OTROS QUE EXPRESAN LA FORMA O LA ACCIÓN DE MIRAR: **1 mirada ++:** Y apareció Blanca Suelves, maravillosa, de *cristalina* mirada azul mar y piel de manzana. LVE211295 **2 ojo:** «Sólo sé que estoy vivo, me salvé de milagro», comentó, dibujando todavía en su tez blanca y su ojos *cristalinos*, la desolación por el infierno del cual fue testigo. ETC251096 **3 vista:** ...fiesta extraordinaria del dibujo europeo del XIX, empezando por la *cristalina* vista de Linz realizada a la acuarela por Alt... ABC240395

B SUSTANTIVOS QUE DENOTAN SONIDO, FRECUENTEMENTE VOCAL O MUSICAL: **4 voz ++:** Perfil de esfinge, el talle erguido, la voz *cristalina* con sabor a nenúfares y manantial. EPE010599 **5 sonido:** Era un violinista delicado, de técnica limpia, de sonido *cristalino*, y al violín ofreció algunas de sus páginas más hermosas, como los celebrados Sonetos. EME070495 **6 música:** ...ayuda mucho poner en el compact-disc la música *cristalina* de nuestro inmenso Frederic Mompou... LVE040696 **7 nota:** Su «perlé», las notas más puras y *cristalinas* que unos dedos hayan de producir, será por siempre insuperable. ABC241195 **8 cántico:** ...o el cántico ascendente, aéreo, *cristalino*, entre Klee y Palazuelo, que preside la escalera... ABC270594 **9 resonancia –:** Sobre el papel, su «dibujar en el espacio» gonzalezco cobra resonancias *cristalinamente* kleeianas. ABC270195

C ALGUNOS SUSTANTIVOS QUE DENOTAN SISTEMA, MANIFESTACIÓN O EXPRESIÓN VERBAL O TEXTUAL: **10 palabra:** ...el miedo a gritar palabras *cristalinas* y justicieras, o a «tomar la pluma y fatigarse/frente al dolor de las plazas». ABC270594 **11 respuesta:** La respuesta fue *cristalina*: la daba una interminable cola que caracoleaba una y cien veces en el vestíbulo del Palau Nacional de Montjuic. LVE290196 **12 mensaje:** ¿Cómo? Con cualidades técnicas y con inteligencia para interpretar el mensaje *cristalino* de José Pekerman. CLA020199 **13 lengua –:** ...o se reían en su *cristalina* lengua Mangue. LPN011297

D SUSTANTIVOS QUE DESIGNAN CUALIDADES, MÁS FRECUENTEMENTE DE LAS PERSONAS, ASOCIADAS CON LA AUTENTICIDAD, LA SENCILLEZ O LA AUSENCIA DE LO QUE SE CONSIDERA EQUIVOCADO O SUPERFLUO: **14 pureza +:** Ascético, transfigurado, el segundo fue el indiscutible maestro objetivista, de versiones de pureza *cristalina* y plenitud geométrica. ABC180992 **15 honestidad:** Esta revista se precia de tener como colega y amigo (...) a un profesional de tan *cristalina* honestidad, inteligencia y vital empeño. CAP280897 **16 franqueza:** ...una Charo sensual como el infierno, pero de *cristalina* franqueza. CLA020199 **17 naturalidad:** Su autor, Carles Bosch (...), describe con *cristalina* naturalidad algunos fragmentos de la vida cotidiana de esa comarca asolada por los incendios y la emigración. LVE210295 **18 sobriedad –:** ...tratamiento de intimidades y honduras del alma humana en una prosa de *cristalina* sobriedad y eficacia narrativa. ABC250992 **19 fidelidad –:** Meditaría sobre la *cristalina* fidelidad de Diana y la vitalidad caudalosa de Alano. ABC170295

E SUSTANTIVOS QUE DENOTAN TRANSPARENCIA, NITIDEZ O LUMINOSIDAD. TAMBIÉN CON OTROS QUE DESIGNAN ALGUNAS MANIFESTACIONES DE ESAS PROPIEDADES: **20 transparencia +:** ...no ha perdido nada de su pureza, de su suave y *cristalina* transparencia, ni tampoco de su opacidad, de su rechazo a lo convencional. ABC140292 **21 diafanidad:** ...le inspiró armonías coloristicas de una diafanidad *cristalina*, como la que nunca había alcanzado su paleta... ABC080494 **22 claridad:** Todo esto se destaca con *cristalina* claridad en el deterioro creciente de la cuenta corriente de nuestra balanza de pagos... ETC280497 **23 reflejo:** ...las plantaciones de té, los reflejos *cristalinos* de los arrozales y las viviendas de madera parda. LVE121096

F ALGUNOS SUSTANTIVOS QUE DENOTAN FORMA DE SER O DE SENTIR: **24 sensibilidad:** En un rincón solitario del mar Adriático, el castillo de Duino entre la hiedra, un poeta abstraído en su *cristalina* sensibilidad, Rainer Maria Rilke, evocó clarividente la cósmica dimensión de la primavera... LVE270396 **25 personalidad:** ...un cénit creativo, quizá nunca más alcanzado con tan *cristalina* e incisiva personalidad. INDOC **26 espíritu:** Pero tal vez Duke Robillard haya sabido recoger mejor que nadie el espíritu swingante y *cristalino* del gran maestro texano. LVE200595

G OTROS SUSTANTIVOS; POSIBLES USOS ESTILÍSTICOS: ...un soldado mentalmente deficiente, el espectro más *cristalino* de lo que comúnmente llamamos el tonto del pueblo... LVE291296; ...una «Adoración de los pastores» atribuida a aquel pincel suave y *cristalino*, único en nuestra fogosa pintura... ABC311293; Un western sobrio, de trazo *cristalino* y desencantada poesía... LVE251196

□ Véase también: **diáfano, meridiano.**

cristianamente ♦ **actuar, fallecer, morir, pensar, vivir**

criterio ♦ **abierto, absolutorio[9], analítico[26], antagónico, arbitrario[37], arraigado[16], atinado[5], cambiante, certero[31], coincidente, común, concordante, contradictorio, contrapuesto, cualitativo[19], decisivo[16], determinante[17], de valor[27], discrecional[23], discriminatorio[15], dispar, distinto, divergente, ecuánime[28], encontrado, estable, estricto, férreo[28], firme, fundamentado[1], heterogéneo, homogéneo, igualitario[5], implacable[71], inestable, inseguro, integral[44], irreconciliable, irrefutable[30], laxo[9], objetivo, opuesto, orientador, partidista, personal, práctico, preventivo[27], propio, racional, regulador, seguro, sesgado, subjetivo, subyacente, tendencioso, unánime** ♦ **bajo, con arreglo (a)[14], en función (de), según** ♦ **coincidencia (de), diferencia (de), disparidad (de), falta (de), independencia (de), unidad (de)** ♦ **ablandar(se)[9], acatar, aceptar, acoger(se) (a), actuar (con), afinar[9], agotar(se)[37], ajustar(se) (a), aplicar, armonizar, atenerse (a)[10], aunar[12], barajar, cambiar (de), compartir, compatibilizar, conciliar[8], conjugar[16], converger[9], cumplir, defender, definir, dejarse llevar (por)[70], delinear[23], desobedecer[17], dictar[21], diluir(se)[44], disentir (de)[20], emplear, esgrimir[32], establecer[32], exponer, fijar, formar(se), implantar[12], imponer[12], imprimir[28], incumplir[38], intercambiar, juzgar (con), mantener, orientar, predominar, prevalecer, primar[1], rebasar[44], rebatir[17], rechazar, refutar[17], regir(se) (por), respetar, responder (a), satisfacer, seguir[9], sentar, servir (de), sostener, subyacer (a algo), suscribir, sustentar[14], tener, tomar en consideración, trazar[29], unificar, uniformar**

□ Véase también: **alfabéticamente, clínicamente, cristianamente, cronológicamente, de mayor a menor, enfoque, pensamiento, políticamente, postura, punto de vista.**

CRITERIO

♦ (SUSTANTIVOS) Véase: **ablandar(se)[B], abrigar[G], absolutorio[B], acendrado[A], acorde (con)[E], ahondar (en)[K], a la luz (de)[F], analítico[D], arraigado[B], atenerse (a)[B], aunar[C], blando[A], certero[C], clarificar[C], con arreglo a[B], conciliar[C], conjugar[D], cualitativo[D], desoír[J], de valor[F], difundir(se)[G], discordante[B], discriminatorio[C], dulcificar[C], esgrimir[F], establecer[E], estrecho[D], imprimir[F], integral[I], irrefutable[C], laxo[B], luminoso[H], peregrino[B], plantear[J], plegarse (a)[F], precario[I], primar[A], rectificar[C], refutar[C], riguroso[C], salomónico[E], saludable[A], sobrepasar[E], tenaz[G], tergiversar[G], terminante[F], trazar[D], validar[D]**

♦ (VERBOS) Véase: **categóricamente[H]**

□ Véase también: FUNDAMENTO; JUICIO; PRINCIPIO.

crítica ♦ abrumador[66], abusivo[66], acerado[1], acerbo[1], acérrimo[26], acertado, ácido[1], afilado[1], agridulce[21], agrio, airado[6], alevoso, amargo[41], apabullante, áspero, atinado, autorizado, avieso[16], banal, benigno[2], candente[21], cáustico, certero[6], civilizado, clamoroso[31], constructivo[1], contundente, corrosivo, cruel, demoledor[2], desaforado[14], descabellado[32], descarnado[23], desfavorable, desmedido[43], desmesurado[64], despectivo[29], despiadado, destructivo, duro, encarnizado[26], encendido[13], enconado[16], endeble, envenenado, exacerbado, exento (de)[24], feroz[1], frontal[17], fuerte, fundado[16], fundamentado[9], gratuito, hiriente, hostil, implacable[62], impune[40], incendiario, incisivo, infundado[10], injurioso, injusto, inofensivo, interno, irrespetuoso, justo, malévolo, malicioso, manido[36], mordaz[1], ofensivo, penetrante[16], puntual, punzante[8], recalcitrante[25], sarcástico, serio[53], severo[26], sin fundamento[19], sin paliativos[37], soterrado[25], suave, tibio[17], unánime[72], vano, vehemente[16], vejatorio, velado, violento, viperino[3], visceral[12], vivo[62] ♦ al abrigo (de)[21], a resguardo (de)[18] ♦ aluvión (de), ánimo (de)[23], arsenal (de)[26], asomo (de)[11], avalancha (de)[1], cúmulo (de)[56], lluvia (de)[1], objeto (de)[59], ola (de)[18], rosario (de) ♦ abatir(se)[12], acallar[22], acarrear[90], aceptar, achacar[23], aflorar[49], afrontar, aguantar, aminorar, amortiguar[54], apaciguar[30], apagar(se)[13], aplacar(se)[38], arreciar[1], arrostrar[21], asumir, atemperar[38], avalar[45], avivar[9], caer (sobre), capear[15], cejar (en)[10], cimentar[52], cobrar fuerza[50], concitar, conjurar[39], corroer[29], cosechar[43], cruzar(se), dejar caer[17], desactivar[8], desatar(se)[57], descargar[9], desencadenar(se)[25], desmontar[30], desoír[32], despertar[60], desviar[45], difuminar(se)[61], dirigir, ejercer[42], eludir[34], encarar, endosar, escatimar, estribar (en)[31], exacerbar[8], fluir[14], formular[8], granjearse[42], hacer, hacer extensivo[21], lanzar[7], levantar, lidiar[18], llover, magnificar[17], mitigar[55], ocasionar[34], paliar[60], prodigar, proferir[2], quitar hierro (a)[10], rebatir[27], recaer[93], recrudecer(se)[59], rectificar[55], redoblar[21], refutar[21], repeler, replicar (a), salir al paso (de)[11], salpicar[28], silenciar[1], soportar, sortear[48], surgir, suscitar, sustentar[43], tomarse a pecho, tropezar(se) (con), verter[1], zanjar[50]

☐ Véase también: **disconformidad, protesta, pulla, queja, sátira.**

CRÍTICA

♦ (SUSTANTIVOS) Véase: abatir(se)[C], acallar[C], acerado[A], acerbo[A], ácido[A], afilado[A], airado[B], aplacar(se)[D], candente[E], capear[D], cejar (en)[B], cobrar fuerza[G], conjurar[G], constructivo[A], implacable[J], impune[G], lanzar[B], lluvia (de)[A], negar[C], nimio[F], objeto (de)[I], peregrino[H], punzante[C], rebatir[D], rezumar[G], salir al paso (de)[B], serio[K], severo[D], sin fundamento[D], sin paliativos[G], vivo[L]

♦ (VERBOS) Véase: acremente[A], a diestro y siniestro[E], con dureza[A], cordialmente[E], fehacientemente[D], severamente[C], sin paliativos[A], sin piedad[D], sin reservas[C], sin tapujos[D]

☐ Véase también: ACUSACIÓN; BURLA.

criticar ♦ abiertamente[22], acaloradamente[4], acerbamente, acertadamente, acremente[1], a espaldas (de), a fondo[33], agriamente, airadamente, amargamente, ardientemente[16], con acritud, con dureza[1], con energía, con firmeza[2], con fuerza, con insistencia, con rotundidad[37], contundentemente, corrosivamente, crudamente[20], cruelmente, duramente[25], enérgicamente[6], frontalmente[21], fuertemente[44], gratuitamente, implacablemente, impunemente, incisivamente, infundadamente, injustamente, insistentemente[27], intensamente, justamente, justificadamente, por detrás, profusamente[64], punto por punto[31], reiteradamente[10], rotundamente[12], seriamente[41], severamente[8], sin ambages[33], sin contemplaciones[33], sin fundamento, sin miramientos, sin paliativos[3], sin piedad[20], sin reservas[22], sin tapujos[41], tangencialmente[4], vehemente, veladamente, visceralmente[5], vivamente[10]

crítico ▮ *(adj.)* ♦ análisis, año, artículo, autor, circunstancia, coyuntura, día, edad, ejercicio, enfermedad, ensayista, ensayo, escritor, espíritu, estado, estudio, etapa, fase, instante, juicio, libro, límite, momento, nivel, ojo, panorama, período, punto, sector, situación, texto, tono

▮ *(sust.)* ♦ acérrimo[20], acervo, afamado, agudo, atinado, certero, cinematográfico, constante, demoledor, despiadado, destacado, duro, encarnizado[41], feroz, férreo[145], implacable[103], literario, mordaz, musical, prestigioso, principal, serio, severo ♦ juzgar (algo), silenciar[51]

crónica ♦ amargo[23], biográfico, conmovedor, costumbrista, de costumbres, deportivo, descarnado[4], de sociedad, de sucesos, dramático, fidedigno[9], fiel, gráfico, histórico, humano, imaginario, informativo, negro, periodístico, poético, político, rojo, rosa, social, sórdido, veraz ♦ aparecer, construir, esbozar, escribir, hacer, ilustrar, leer, novelar, publicar, redactar, titular, trazar

☐ Véase también: **descripción, exposición, narración, relato, texto.**

crónico ♦ déficit, dolor, enfermedad, enfermo, mal, miseria, paciente, problema

cronología ♦ lineal[38], preciso ♦ establecer[31], fijar, precisar, revisar

cronológicamente *adv.* ▮ Se combina con...

A VERBOS QUE DENOTAN ORDENACIÓN U ORGANIZACIÓN: **1 ordenar** ++: En la página presentada ayer los documentos se pueden ordenar *cronológicamente*, por tema... LNC161100 **2 clasificar** +: Y como estos ejemplos se clasifican *cronológicamente*, es un diccionario histórico. ABC300695 **3 organizar:** Los fondos están organizados *cronológicamente* y clasificados por películas y obras teatrales. LVE120495 **4 disponer** –: El volumen, *cronológicamente* dispuesto, permite comprobar algo observable de continuo en la experiencia lectora... ABC280593

B VERBOS QUE DENOTAN REVISIÓN O EXAMEN: **5 recorrer** +: ...los trece primeros recorren *cronológicamente* la historia del club. LVE280996 **6 repasar** +: Si repasamos *cronológicamente* las declaraciones del alcalde... LVE080296

7 estudiar: En nuestro plan docente se estudia la literatura española *cronológicamente.* INDOC **8 analizar:** A lo largo de sus seis apartados se analizan *cronológicamente* la influencia de la experiencia de los Estados Unidos en la vida política... EME170296

C VERBOS QUE DENOTAN LOCALIZACIÓN O ADSCRIPCIÓN: **9 situar(se) +:** Remontarse a las elecciones generales del 93 (...) puede ayudar a situar *cronológicamente* los hitos de la crisis... EPE200999 **10 localizar(se):** La novela se localiza *cronológicamente* en el Renacimiento. INDOC **11 pertenecer:** El escritor Antonio Espina pertenece *cronológicamente* a la generación del 27, pero si analizan sus textos se comprueba que... INDOC

D VERBOS QUE DESIGNAN EL PROCESO DE OCUPAR UNA EXTENSIÓN: **12 abarcar +:** La muestra (...) abarca *cronológicamente* el período 1899-1904, el año de su definitivo traslado a París. EME171195 **13 cubrir:** Sólo veintiuna de ellas son pinturas, incluido el «Guernica», y cubren *cronológicamente* desde el año 1901 (...) hasta 1963... ABC030694 **14 ocupar:** ...esta parte del documental sobre las obras de restauración del MNAC ocupa *cronológicamente* el último bloque... LVE121295

E VERBOS QUE DENOTAN INICIO: **15 abrir:** Justo Tiel (...) abre *cronológicamente* una exposición en la que, en primer lugar, se encuentran agrupados los pintores que en la Corte desarrollaron su actividad. ABC040294 **16 arrancar:** Esto es lo que refleja esta exposición, que arranca *cronológicamente* cuando terminaba «El color de las vanguardias»... LVE270995 **17 comenzar:** Un juego de ascensores transporta al visitante a la segunda planta, es decir, la superior, donde comienza *cronológicamente* la colección... ABC091092

F VERBOS QUE DESIGNAN EL PROCESO DE TENER LUGAR UN ACONTECIMIENTO, NORMALMENTE A CONTINUACIÓN DE OTRO O SIMULTÁNEAMENTE CON ÉL: **18 seguir:** La obra abarca la producción literaria de cincuenta años, desde 1923 hasta 1972, y sigue *cronológicamente* la fecha de publicación de los libros que la integran. LVE290996 **19 suceder:** Cronológicamente sucedió primero el tercer episodio, el de la enfermedad. EME240594 **20 coincidir:** Este año, las Fallas coincidirán *cronológicamente* con el abono de la Magdalena de Castellón. EME100296 **21 producirse:** ...tiene vinculación directa con los asesinatos sin resolver que *cronológicamente* se produjeron primero en la capital del País Vasco. EPE050699 **22 enlazar:** esta muestra enlaza *cronológicamente* con la celebrada hace poco en el Tinell... LVE121295

☐ Véase también: **alfabéticamente**.

CRUCE Véase: CONJUNCIÓN

crucial *adj.* ▮ En el sentido de 'esencial o fundamental' se combina con múltiples sustantivos, entre ellos los que designan personas *(un político crucial; un escritor crucial)*, objetos de creación e información, o algunos de sus componentes *(obra, párrafo, película)* y también lugares *(sitio, punto, paraje)*. Son de destacar las construcciones en las que *crucial* se combina con...

A SUSTANTIVOS TEMPORALES QUE DESIGNAN PERÍODOS O INSTANTES: **1 momento ++:** ...pretende lograr (...) el avance del país en este momento *crucial.* VEN200899 **2 instante ++:** Hemos llegado al instante *crucial* en el cual se definen los perfiles de un nuevo modelo... LPA020592 **3 año:** ...ha sido en estos años *cruciales* (...) el principal responsable de ese fracaso... INF010896 **4 etapa:** ...ese sector atraviesa por una etapa *crucial* para el despegue de la actividad turística del Estado. DYM210197 **5 día:** Racing vive días *cruciales.* CLA280199 **6 período +:** ...este nuevo período es *crucial* para enfrentar e intentar resolver la mayor crisis económica... CLA020199 **7 época +:** ...desafía al régimen (...) en una época *crucial.* EUV031196 **8 fecha:** También será fecha *crucial* el 11 de marzo, día en que se realizará la elección del candidato... CLA310199 **9 hora:** ...actuarían como «peones envenenados» a la hora *crucial.* PME011296 **10 semana:** Los responsables de los dos bandos estiman que las próximas semanas van a ser *cruciales*... ENH240700

B SUSTANTIVOS QUE DESIGNAN ASUNTOS, IDEAS O CONCEPTOS, MÁS FRECUENTEMENTE SI SON DE NATURALEZA ARGUMENTATIVA: **11 tema ++:** ¿Y cuál es su identidad, por ejemplo, ante un tema tan *crucial* y conflictivo como el de las áreas estratégicas? VIS161097 **12 asunto ++:** ...Guatemala está resolviendo un asunto *crucial*... PLG180197 **13 cuestión +:** ...la cuestión es *crucial* si creemos, junto con Michael Foucault, que hay «un fascismo en todos nosotros...». RUM201097 **14 idea:** Este libro (...) aclara muchas ideas *cruciales* a veces confusas... EME240695 **15 pregunta:** Las preguntas *cruciales* son, en ese caso, dos: qué negociará, y sobre qué base de fuerza querrá hacerlo. HOY130197 **16 concepto:** ...«comunidad» y «masa» son dos conceptos *cruciales* en la historia de la sociología... ABC280194 **17 argumento:** Pero éste, siendo *crucial*, no es el único argumento para apostar decididamente por la educación... EPE210999 **18 conclusión:** En estos trabajos Hayek arribó a dos conclusiones *cruciales* para su teoría social. ABC080592

C SUSTANTIVOS QUE DESIGNAN HECHOS, ACTOS, SUCESOS Y ESTADOS DE COSAS, GENERALMENTE DE NATURALEZA EPISÓDICA: **19 hecho +:** Por eso no fue sorprendente que (...) haya renacido el interés por ese hecho *crucial* del siglo XX. SEM161000 **20 paso +:** La recaptura de Irbil será un paso *crucial* en la ofensiva de la UPK... EUV151096 **21 situación +:** No saben manejar un resultado en situaciones *cruciales* y ello denota falta de temple... LNC161100 **22 coyuntura:** ...como si el país viviera una antagónica y *crucial* coyuntura política y económica. RUM250897 **23 acontecimiento:** ...este acontecimiento *crucial* para nuestras vidas... END060198 **24 caso:** Aniversario de un caso *crucial.* CLA270199 **25 fenómeno:** ...pierde la oportunidad de observar fenómenos tan *cruciales* como el nacimiento y muerte de estrellas... ABC101195 **26 episodio:** Y así se fue construyendo (...) esta historia de la transición, que cuenta con documentos inéditos de los episodios *cruciales* de aquellos días. LVE230795 **27 escena:** ...el último capítulo (...) encierra muchas sorpresas, que incluyen el esclarecimiento de varias escenas *cruciales*... LVE061295

D SUSTANTIVOS QUE DESIGNAN DATOS, FACTORES, COMPONENTES Y CIRCUNSTANCIAS CONCOMITANTES DE ALGO: **28 aspecto ++:** Las relaciones (...) están destinadas a convertirse en un aspecto *crucial* en (...) los próximos dos años... BRE121297 **29 punto ++:** El fallo (...) contiene además un preciso detalle sobre un punto *crucial*... BRE040497 **30 dato ++:** Este dato es *crucial* por cuanto es objeto de debate parlamentario... LVE080495 **31 detalle** +: Estaban perfectamente informados de un sinfín de detalles *cruciales*... HOY280497 **32 elemento** +: ...el elemento *crucial* de cualquier programa (...) es, repetimos, el de su credibilidad. ETC111196 **33 factor** +: ...el liderazgo del sector de la salud es el factor más *crucial* en la organización de un sistema nacional de salud... EUV150996 **34 diferencia** +: Con una diferencia *crucial*: en estos seis meses los uruguayos han efectuado seis «cacerolazos» masivos... HOY250184 **35 componente:** Para los liberales clásicos (...) la idea del interés propio tenía un componente moral *crucial*... EXC020197

E SUSTANTIVOS QUE DENOTAN IMPORTANCIA O INFLUENCIA: **36 importancia** ++: ...estos «nuevos pobres» son trabajadores que tenían (...) salario fijo, vivienda y, un elemento de importancia *crucial*, no estaban marginados. LPA110592 **37 relevancia** +: No se trata de una aportación de relevancia *crucial*, pero sí de un estudio interesante y sugerente. INDOC **38 trascendencia** +: Todos coinciden en que la penicilina fue un descubrimiento de *crucial* trascendencia. INDOC **39 valor:** Podría tener un valor *crucial* el hecho de que (...) no se otorgue asistencia a los estados del «tercer mundo» que destinen fuertes partidas presupuestarias a gastos armamentísticos. LPA200592 **40 influencia:** ...privará a la comunidad internacional de una influencia *crucial* para impedir mayores transgresiones. DYM120996

F SUSTANTIVOS QUE DENOTAN FUNCIÓN: **41 papel** ++: ...unanimidad de la protesta (...) en la cual los grupos sociales de base jugaron un papel *crucial*... DHE100297 **42 función:** Además, la educación cumple una *crucial* función para la cohesión social... CLA250199 **43 rol:** Aunque lo sigue considerando *crucial*, (...) es consciente que el rol del gobierno (...) tiene que ser limitado. EXP280797

G SUSTANTIVOS QUE DESIGNAN EVENTOS DE NATURALEZA VERBAL, ASÍ COMO ALGUNOS DE SUS RESULTADOS NATURALES: **44 conversación:** El presidente (...) inauguró las *cruciales* conversaciones con la guerrilla... CLA080199 **45 debate** +: En Gran Bretaña y los Países Bajos (...) los debates *cruciales* se terminan cuando las leyes se aprueban. LVE190594 **46 negociación:** ...iniciaron ayer (...) una negociación, considerada *crucial*, para frenar un bombardeo... EPE230399 **47 diálogo:** Francia comparte las preocupaciones norteamericanas y por eso mantenemos un diálogo *crucial* con Irán. LVE030595

H SUSTANTIVOS QUE DESIGNAN OTROS EVENTOS, MÁS FRECUENTEMENTE SI SE RELACIONAN CON ENCUENTROS Y CONFRONTACIONES POLÍTICAS O DEPORTIVAS: **48 encuentro** +: ...a 72 horas de su *crucial* encuentro de las eliminatorias mundialistas con Ecuador. ETC170797 **49 partido** +: ...conocemos la reacción de protesta del público pero hay que considerar que es un partido *crucial*... LPH051000 **50 elección** +: La victoria (...) en estas elecciones *cruciales* puede ser considerada como una señal positiva... LPA170592 **51 reunión** +: La reunión (...) será *crucial* para definir la permanencia de este partido en la coalición... LTB150197 **52 comicios** +: Los comicios del año próximo serán *cruciales* para comprobar si se mantiene esa orientación. LNA010792 **53 votación** +: ...resultan imprescindibles para el Gobierno en las votaciones *cruciales* para la aprobación de sus leyes... LTB071296 **54 asamblea** +: Ortega Lara divide al Prado en vísperas de una asamblea *crucial*. EME231096 **55 combate:** El combate es *crucial* para Coto, que trata de ponerse de toque para discutir el título con el campeón nacional... ESH180397 **56 batalla:** ...hizo sus comentarios en un campo donde se libró la *crucial* batalla en 1241. ENH030697 **57 cita:** ...lanzó ayer un llamado en vista de la *crucial* cita, escribiendo que «en interés de la pinacoteca hay que dejar a un lado la mezquindad y el protagonismo». EUV010996

I SUSTANTIVOS QUE DENOTAN PROBLEMA O ERROR: **58 problema** ++: ...el problema de la vivienda en Guatemala es otro de los problemas *cruciales*... LHG040197 **59 error:** ...cometió otro error *crucial* al viajar a Perú para hacer migas con el presidente Alberto Fujimori. SEM110297 **60 falla:** ...hubo fallas de inteligencia *cruciales* que ignoraron los emplazamientos ecuatorianos... CAP091097

J SUSTANTIVOS QUE DENOTAN AYUDA O CONTRIBUCIÓN. TAMBIÉN CON OTROS QUE DESIGNAN ALGUNOS DE LOS RESULTADOS NATURALES DE LA COOPERACIÓN: **61 apoyo:** ...haber brindado un *crucial* apoyo en la guerra... DYM151297 **62 intervención:** La intervención del arquitecto es *crucial* cuando se trata de reformas que afecten a la estructura del edificio... EME171196 **63 contribución:** ...su contribución en la victoria resultó *crucial*. EPE140399 **64 cooperación:** La cooperación española en I+D con Europa es *crucial* (...) sobre todo por nuestra participación en el Programa Marco de I+D de la Comunidad Europea. ABC260393

K SUSTANTIVOS QUE DENOTAN TRABAJO O TAREA: **65 tarea:** ...capaz de unir a personas de diversas nacionalidades para resolver tareas *cruciales* del progreso científico. ENH001101 **66 trabajo:** ...publicó (...) uno de sus trabajos *cruciales* sobre la estructura de proteínas. ABC211094 **67 labor:** ...nuestra labor es *crucial*, útil y necesaria... EPE160399 **68 misión:** ...compartieron con él el encierro de casi cuatro meses en la estación «Mir» a la espera de la misión *crucial* de acoplamiento. EME080795

L SUSTANTIVOS QUE DENOTAN OBJETIVO, A MENUDO DE CIERTA DIFICULTAD: **69 objetivo** +: ...esa rápida evolución no se estaba produciendo (...) en el *crucial* objetivo de mejorar la comunicación... ABC020994 **70 desafío:** En la actualidad, Deng está enfrentado a un desafío *crucial*. HOY180886 **71 reto:** ...las criaturas de Martín Gaite siguen siendo víctimas del miedo, la soledad, el aislamiento, en resumidas cuentas de no saber cómo plantearse los retos *cruciales* de la vida... LVE240596 **72 meta:** ...algunos estiman que esa meta es *crucial*: el MPD, por ejemplo, habla de un «paro nacional prolongado»... HOY050586

M SUSTANTIVOS QUE DENOTAN DECISIÓN, OPINIÓN O TOMA DE PARTIDO: **73 decisión** +: La decisión será *crucial* no sólo para FPL, sino para Bitúmenes del Orinoco... ENV010997 **74 voto:** Lo que más ha afectado el prestigio del TC (...) es la abstención de 4 de sus 7 miembros en un voto *crucial*. CAP300197 **75 determinación:** ...momentos tan trascendentales como estos, en los que la determinación que se tome será sin duda *crucial* para el futuro de... INDOC **76 opinión:** Su opinión fue *crucial* cuando (...) derribaron las dos avionetas sobre aguas internacionales. ENH140497 **77 punto de vista:** ...un punto de vista minoritario que resultó ser *crucial*, como se pudo comprobar en la última sesión de... INDOC **78 opción:** ...se enfrentan hoy en día una opción *crucial*: o combinamos nuestro amor por el país con una mentalidad sobria y esfuerzos programáticos o perderemos Rusia como un Estado soberano e independiente. EME270996

N SUSTANTIVOS QUE DESIGNAN RESULTADOS, GENERALMENTE FELICES, DE DIVERSAS ACTIVIDADES O ACTUACIONES: **79 victoria +:** El jugador argentino de 24 años contribuyó con dos goles (...) a la *crucial* victoria de su equipo... PLG100397 **80 logro:** ...ello debería ser valorado como uno de los logros más *cruciales* alcanzados en el proceso... ENV051000 **81 descubrimiento:** El *crucial* descubrimiento fue posible al sintetizar una gama de antígenos celulares... ABC191193 **82 éxito:** El éxito o el fracaso del euro no son *cruciales* para el destino de las emergentes economías asiáticas. CLA240199 **83 efecto:** ...un nuevo y al parecer eficaz medicamento con efectos *cruciales* sobre la osteoporosis. INDOC **84 resultado:** ...si este este resultado es *crucial* para el poder partidario, mucho más lo es para definir el modo en que la DC se parará ante Ricardo Lagos. HOY301296 **85 consecuencia:** Este hecho (...) tiene consecuencias *cruciales*: fue por no tener un concepto claro del concepto que Aristóteles llegó a creer que la esencia del ser, su principio formal, estaba en el concepto. EUV260696

Ñ LOS SUSTANTIVOS *FIGURA*, *PERSONAJE* Y CON OTROS QUE DESIGNAN GENÉRICAMENTE CIERTOS INDIVIDUOS QUE DESTACAN EN ALGUNA ACTIVIDAD: **86 personaje ++:** ...se convierten en personajes *cruciales* en una historia mítica. LVE100895 **87 figura +:** ...novela de agradable lectura, interesante como aproximación a unas figuras *cruciales* de nuestra historia... ABC131192 **88 personalidad:** ...parece haber sido una personalidad *crucial* de dicha evolución... ABC300994 **89 representante:** La última exposición de este pintor, representante *crucial* del hiperrealismo español contemporáneo, ha sido un verdadero éxito. INDOC

O OTROS SUSTANTIVOS; POSIBLES USOS ESTILÍSTICOS: Me refiero a ese *crucial* recodo que (...) será el 6 de agosto del presente año. LTB080497
☐ Véase también: **álgido, concluyente, decisivo, de peso, determinante.**

crudamente *adv.* **I** Se combina con...

A VERBOS QUE DESIGNAN LA ACCIÓN O EL PROCESO DE SACAR O SALIR ALGUNA COSA A LA LUZ: **1 mostrar +:** Un atropello éste que tras las elecciones, y con todo un verano por delante, de seguro mostrará aún más *crudamente* la magnitud de los intereses especulativos... EPE140699 **2 reflejar +:** ...el acierto de darnos sus notas en bruto, desaliñadas pero francas, y saturadas de un lenguaje que refleja *crudamente* la banalidad de nuestra época. LVE220495 **3 revelar +:** ...para orientar o redimensionar el enclenque Estado Nacional, *crudamente* revelado con los sucesos de septiembre... LTB311000 **4 desvelar:** Por eso han hecho una impagable labor dos científicos –Sokal y Bricmont–, que desvelan *crudamente* los errores seudocientíficos de muchos pensadores de moda... EPE060899 **5 proyectar(se):** ...el espectro de una Rusia agresiva y a la deriva se ha proyectado *crudamente* fuera de ella, tanto en la CEI como en Europa central y oriental. LVE190495 **6 manifestar(se):** La violencia, que *crudamente* se manifestó a lo largo del país, es hoy analizada no tan solo como un conflicto racial... LPA110592 **7 ilustrar:** Algunas cifras ilustran *crudamente*: 223 expedientes sobre muertes extrajudiciales; 215 sobre abuso de autoridad... LHG030597 **8 demostrar:** Las estadísticas que baraja el Ejército demuestran *crudamente* las dimensiones que está adquiriendo el «pasotismo militar». EME170896 **9 clarificar –:** Sin embargo, hay que felicitar a Blair y Schröder por haber clarificado tan *crudamente* el campo de batalla de los conflictos del siglo XXI... EPE171299

B VERBOS DE LENGUA, ESPECIALMENTE DE CARÁCTER EXPOSITIVO. TAMBIÉN CON OTROS QUE –SIN SERLO– EXPRESAN LA ACCIÓN DE PRESENTAR ALGÚN ESTADO DE COSAS: **10 hablar +:** A mí no me parece mal que Destino apueste por una novela que trata de hablar *crudamente* de una parte juvenil del mundo contemporáneo... EME070196 **11 decir +:** Todo eso, muy *crudamente*, te lo digo, como se lo dije a mi hijo para que él mismo eligiera... EME070394 **12 expresar +:** ¿Qué pensaríamos de la «maleabilidad», por decirlo con un eufemismo, o de la catadura moral, por expresarlo más *crudamente*, de ese juez? EME300995 **13 exponer +:** ...el autor prescinde de sobreentendidos para exponer *crudamente* y con humor las virtudes públicas y vicios privados... EME220795 **14 plantear +:** Pujol insistió en este mensaje ante el temor de que el electorado de CiU se «relaje» y, para evitarlo, planteó *crudamente* cuál puede ser el futuro de Cataluña... EME130595 **15 relatar:** Una semana después de esta demanda, las 27 trabajadoras presentaban la querella en la que se relataban *crudamente* orgías sexuales toleradas por la empresa. EPD300897 **16 describir:** A través de las páginas de «Si esto es un hombre», se describe *crudamente* el régimen de terror del Lager... EME141095 **17 llamar:** Existe, después de todo, lo que *crudamente* se llama tráfico de influencias y conflicto de intereses. CAP170497 **18 citar –:** En una de ellas él mismo cita *crudamente* a su madre cuando le prevenía: «Cuando Mileva tenga treinta años, se convertirá en una vieja bruja». EME251196 **19 proclamar –:** ...como ayer mismo proclamaba muy *crudamente* y sin anestesia Carmen Rigalt... EME060896

C VERBOS QUE DESIGNAN ACCIONES HOSTILES CONTRA ALGO O ALGUIEN, MÁS FRECUENTEMENTE DE NATURALEZA VERBAL: **20 criticar +:** Una constante es el elogio a todo lo uniformado, una apuesta segura en la Rusia de hoy. Otra es criticarlo todo *crudamente*, menos a Eltsin. LVE141295 **21 atacar:** El diario Al Gumuría sazonó la entrevista a Muhamad Tantawi con un artículo que ataca *crudamente* al primer ministro judío... EME170996 **22 desautorizar –:** ...desautorizó *crudamente* el pasado viernes a las voces más críticas, a los que citó expresamente... EPE280800

D ALGUNOS VERBOS QUE DENOTAN PERCEPCIÓN O EXPERIMENTACIÓN: **23 sentir(se):** Que la vida es insoportable y cruel, es algo que se siente *crudamente* desde una butaca inhóspita... EME031195 **24 sufrir:** ...hay regiones que se benefician con nuevos puestos de trabajo, mientras que otras sufren *crudamente* el peso de los traslados. CLA090597

E OTROS VERBOS; POSIBLES USOS ESTILÍSTICOS: Aquí hay farsa y sátira, mas no contra el vacío metafísico, sino contra los poderes que llenan, *crudamente*, ese vacío. EME211096

crudeza Véase: **crudamente**

crueldad ♦ **atroz, desalmado, desmesurado, enfermizo, extremo, gratuito, humano, inaudito, infinito, inimaginable, insospechado, mental, puro, refinado, semejante, sistemático, sobrecogedor, subyugante, terrible, tremendo** ♦ **acto (de), ápice (de)[86], dosis (de), ejemplo (de), grado (de), muestra (de), ribetes (de), víctima (de)** ♦ **anidar[18], cometer[49], demostrar, derrochar, despertar, encubrir, extremar, mostrar, personificar, practicar[60], rayar (en)[23]**

[cruz] → **a cara o cruz**

cruz ♦ **a cuestas[1]** ♦ **arrastrar, cargar (con)[3], levantar(se), llevar, soportar**

cruzada ♦ **abnegado, anticorrupción, antidroga, comercial, conjunto, fervoroso, liberalizador, moralizador, noble, político, reformista, religioso, voluntario** ♦ **denunciar, emprender[25], enrolar(se) (en)[5], iniciar, lanzar, librar**

□ Véase también: **campaña.**

[cruzado] → **de brazos cruzados**

cruzar(se) ▮ *(atravesar)* ♦ **como una exhalación[2], de arriba abajo[18], de extremo a extremo, de punta a punta[2], de soslayo[15], fugazmente[14], tangencialmente[27]** ♦ **barrera, borde, frontera, límite, puente, río,** *otros sustantivos de lugar* ▮ *(formar cruz, encontrarse)* ♦ **de brazos, de piernas, fatalmente, peligrosamente** ♦ **brazo, camino, dedo, línea, mano, mirada, pierna, sensación, sentimiento,** *sustantivos que designan ciertas partes del cuerpo*

▮ *(intercambiar)* ♦ **acusación, correspondencia, elogio, improperio, insulto, palabra, piropo, sospecha**

□ Véase también: **rebasar, traspasar.**

cuadrar *v.* ▮ Usado como pronominal *(cuadrarse)*, admite como sujetos sustantivos de persona *(El soldado se cuadró ante su superior)*. En el sentido de 'ajustar' acepta sustantivos que designan operaciones contables o resultados numéricos *(suma, cuenta, cifra, resultado, número, balance: Tengo que repetir la suma porque no me cuadra)*. En el sentido de 'convenir o ser adecuado' alterna los usos preposicionales *(A no cuadra con B)* y otros en que se construye con complemento indirecto *(A no le cuadra a B)*. Se combina con...

A SUSTANTIVOS QUE DENOTAN DENOMINACIÓN O DESIGNAN OTRAS FORMAS APELATIVAS O CALIFICATIVAS: **1 calificativo ++:** ...excelentes artistas a quienes el calificativo de cutres no *cuadra* en absoluto... EME130494 **2 título +:** ...este escritor vallisoletano (...) a quien *cuadra*, como a pocos, el título de «hombre de letras». ABC120293 **3 definición +:** Esta definición *cuadra* bien con nuestras inveteradas instituciones... EPD181197 **4 denominación +:** ...destruir la poderosa minoría judeo conversa (marrana la llama, tal denominación *cuadra* mejor a los judaizantes portugueses) que... EPE161299 **5 apelativo +:** ...le *cuadra* mejor el apelativo de pirata telefónico... LVE290196 **6 nombre +:** ...esos me parecían ser los nombres que más le *cuadraban* a mi padre... ABC090695 **7 adjetivo:** ...el ciclista español al que mejor le *cuadran* los adjetivos que mejor pueden definir la Vuelta del 2000: efectista, montañoso y polémico. EPE211299

B ALGUNOS SUSTANTIVOS QUE DESIGNAN LO QUE SE PRETENDE CONSEGUIR: **8 objetivo +:** Ese objetivo sí *cuadra* en las ambiciones del grupo... DHE121296 **9 plan:** El plan de paz (...) *cuadra* con el de la UE... LVE030995

C SUSTANTIVOS QUE DENOTAN TIEMPO O LÍMITE ESTABLECIDO PARA LA EJECUCIÓN O EL CUMPLIMIENTO DE ALGO: **10 fecha:** Ha sido necesario realizar un encaje de bolillos para *cuadrar* las fechas de ensayos... EPE220899 **11 plazo:** Cuadrando fechas y plazos, todo indicaría que Cavassa podría encargarse del próximo proceso electoral. CAP220900

D OTROS SUSTANTIVOS; POSIBLES USOS ESTILÍSTICOS: ...el narcisismo clásico de (...) *cuadraba* perfectamente con los años 70... ABC280795

cuadriculado ♦ **cerebro, cuaderno, espíritu, esquema, hoja, mentalidad, mente, norma, papel, persona**

[cuadro] → **a cuadros**

cuadro ♦ **alusivo[13], clínico, crítico, deportivo, desolador[10], estadístico, expresivo, grave, gripal, humano, humorístico, ilustrativo, médico, militar, panorámico, político, profesional, revelador, sinóptico, sintomático, sobrecogedor, social, vívido[4]** ♦ **componer, configurar, conformar, culminar, dibujar, estar (en), exhibir, exponer, falsificar, pintar, trazar, valorar**

□ Véase también: **imagen, representación.**

cuajar *v.* ▮ En su interpretación física (aproximadamente, 'tomar consistencia sólida'), se combina con sustantivos que designan diversas sustancias, líquidas o no *(leche, yogur, nieve)*. En el sentido figurado de 'llegar a buen término', se combina con sustantivos de persona, especialmente si se refieren al que desarrolla o pretende desarrollar una labor profesional *(torero, centrocampista, escritor)*. En este mismo sentido se combina con los sustantivos *vocación, trayectoria* y *carrera*, y también con sustantivos que designan diversos textos u obras artísticas *(libro, texto, arte, novela, mensaje)*. Alterna los usos intransitivos *(Este delantero no cuaja)* con los transitivos *(Este delantero cuajó un gran partido)*. También se combina con...

A SUSTANTIVOS QUE DENOTAN PLAN, INICIATIVA O PROYECTO. TAMBIÉN CON OTROS QUE SE REFIEREN A ALGUNOS DE SUS CONTENIDOS, EN PARTICULAR A ACTIVIDADES RELATIVAS AL CAMBIO O LA RENOVACIÓN DE ALGUNA COSA: **1 plan ++:** Si *cuaja* este plan –el más neoliberal de todos– y seguimos la senda argentina hacia la masiva quiebra de empresas... DHE121296 **2 proyecto +:** El proyecto en sí ya tiene unos años y al fin *cuajó* casi simultáneamente con la superproducción de Hollywood... CLA280199 **3 idea +:** En los mercados financieros está empezando a *cuajar* la idea de que el Bundesbank ya no volverá a bajar sus tipos de interés. LVE180696 **4 reforma +:** ...los liderazgos presentes en el ambiente político (...) hacen virtualmente imposible que la reforma como tal *cuaje* con la velocidad y profundidad... EXC020496 **5 programa:** A la final el programa (...) tuvo tal cantidad de tropiezos que después de dos años y 12.000 millones de pesos de inversión apenas empieza a *cuajar*. SEM131100 **6 propuesta:** ...propuesta que, según fuentes del PP nacional, no ha *cuajado*. LVE170196 **7 iniciativa:** Conciertos en familia, una iniciativa que *cuajó* la temporada anterior y que pretendía acercar a un tipo de público... EPE161099

B EL SUSTANTIVO *ACTUACIÓN* Y CON OTROS QUE DESIGNAN ACTUACIONES, CASI SIEMPRE PÚBLICAS. TAMBIÉN CON ALGUNOS QUE DENOTAN ACONTECIMIENTO O SUCESO: **8 actuación +:** El Racing logró un buen resultado para el partido de vuelta al *cuajar* su mejor actuación de la temporada... EDV110101 **9 faena +:** El mexicano *cuajó* la faena a su primer enemigo de Varela Corrujo. DYM010996 **10 encuentro +:** El delantero amarillo (...) no tuvo la fortuna de *cuajar* un buen encuentro y recibió diversas críticas... CAN240996 **11 partido:** El novato, en su primer duelo con su ídolo «Shaq», *cuajó* un brillante partido con 17 puntos y ocho rebotes. LRE060103 **12 acontecimiento:** 1821 es la ubicación cronológica en que *cuajan* múltiples acontecimientos, resultados de procesos que se gestaron desde la época colonial. LHG190397 **13 triunfo:** ...después del ejemplo de los combatientes de la Sierra Maestra que *cuajó* en el triunfo de la Revolución Cubana en 1959. PME250896

C SUSTANTIVOS QUE DESIGNAN CIERTOS RASGOS DESTACADOS O DISTINTIVOS DE LAS PERSONAS O LAS COSAS. TAMBIÉN CON OTROS QUE EXPRESAN CIERTAS POSICIONES DE PREEMINENCIA QUE SE CONSIDERAN DESEABLES: **14 personalidad +:** Se esperará un tiempo a que se haga con el nuevo cargo y para comprobar cómo *cuaja* su personalidad en el puesto de presidente regional del partido. EPE100700 **15 perfil +:** Así *cuajaba* un perfil histórico sobre el que abundan las biografías de todo calibre... ABC020994 **16 liderazgo:** ...Julio Anguita *cuajaba* su liderazgo al tiempo que su fuerza política... EME130694 **17 arquetipo:** ...«Don Juan Tenorio», obra en la que *cuajó* definitivamente un arquetipo revivido, entre otros, por Byron, Merimée o Molière. ABC220193

D ALGUNOS SUSTANTIVOS QUE DENOTAN RELACIÓN INTERPERSONAL O ACCIÓN CONCERTADA. TAMBIÉN CON OTROS QUE DESIGNAN ALGUNOS DE SUS EFECTOS NATURALES: **18 alianza +:** Pero la alianza no *cuajó* para las primarias y Bonilla decidió entonces tentar al regidor, que aceptó, ganó y colocó al hoy edil tránsfuga... EPE181099 **19 pacto +:** Sus conversaciones veraniegas (...), tratando de *cuajar* algún tipo de pacto para el futuro... EPE021286 **20 acuerdo +:** ...el acuerdo sobre la opción supercero va a *cuajar*, quiéralo o no la RFA... EPE020687 **21 amistad:** ...los dos visten raro y pastorean pueblos, sobrados augurios de que *cuajará* una bonita amistad. LVE241196

E OTROS SUSTANTIVOS; POSIBLES USOS ESTILÍSTICOS: Metafísica era a punto de *cuajarse*; esoterismo ya *cuajado*. EXC020197

[cuajo] → **de cuajo**

cualidad ♦ **admirable, asombroso, curativo[2], especial, excelente, excepcional, fantástico, genuino, gran(de), inmejorable, innato, innegable, intrínseco, mínimo, nato, natural, notable, peculiar, personal, portentoso[6], principal, raro, sobrado** ♦ **a la medida (de)[10]** ♦ **dechado (de)** ♦ **acreditar, admirar, adornar (a alguien), adquirir, amoldar(se) (a)[17], apreciar, aprovechar, atesorar, atribuir (a algo/a alguien), canalizar[79], condensar, conferir (a algo/a alguien), demostrar, desarrollar, destacar (por), distinguir, elogiar, enriquecer (a alguien), estar a la vista, fomentar, gozar (de), heredar, huir, malgastar[9], medir, mejorar, poseer, pregonar, realzar, reconocer, requerir, resaltar, reunir, revestir, subrayar, tener, valorar**

☐ Véase también: **actitud, amabilidad, capacidad, característica, carisma, delicadeza, destreza, dignidad, dinamismo, don, estabilidad, expresividad, maestría, personalidad, puntería, rasgo, velocidad, virtud, viveza.**

CUALIDAD

♦ (ADJETIVOS) Véase: **a morir[E], cariz[D], escrupulosamente[K,L], rematadamente[A]**

♦ (SUSTANTIVOS) Véase: **abrupto[H], abusar (de)[A], acceso (de)[D], ácido[D], acogedor[C], adquirir[K], adulterar[E], aflorar[I], agotar(se)[C], ajar(se)[A], aligerar[I], alimentar(se) (de)[E], analítico[E], andarse (con)[D], apagar(se)[H], ápice (de)[A,C,D,H], a raudales[E], arraigado[E], arranque (de)[C,E], arrasador[E], arrebato (de)[G,H], arrollador[E], arsenal (de)[D], atentatorio (contra)[A], atesorar[E], aunar[F], avalar[G], calibrar[B,J], camaleónico[C], cándido[B], canino[B], cobrar[H], cristalino[D,E], cualitativo[F], dañar[G], dar[M], dedicar[B], de hierro[D], derramar[C,D], derretir(se)[B,C], derrochar[B,C,D,E,G,I,J,K,L], desaforado[L], desbordante[B,C], desbordar(se)[E], descifrar[G], descollante[C], descomponer(se)[B], desentrañar[H], desmesurado[G], despuntar[E], destilar[E,F], de valor[E], diáfano[A], diagnosticar[E], efímero[D], ejercitar[C], en aras de[D,E], endiablado[B], estribar (en)[E], extirpar[D], exuberante[C,F], forjar[C], hermético[G], irradiar[C], llamativo[A], luminoso[C], magnificar[D], moldear[E], ostentar[D], pegadizo[C], perder[B], portentoso[B], pozo (de)[A], prolijo[C], ráfaga (de)[D], rebosante (de)[F], rebosar[G], recalcitrante[C], residir (en)[I], revestir(se) (de)[F], rezumar[A,B,C,F], rotundo[H], rutilante[F], saborear[H], sin menoscabo (de)[A,E], socavar[I], sopesar[A,G], sumir(se) (en)[G], sumo[C,E,K], supino[D], testimoniar[G], toque (de)[B,I,J], torrencial[E], velar (por)[F], vencer[E]**

☐ Véase también: VIRTUD.

CUALIDAD NEGATIVA Véase: *DEFECTO Y CUALIDAD NEGATIVA*

cualitativamente ♦ **diferente, distinto, heterogéneo, importante, inferior, mejor, nuevo, peor, relevante, superior** ♦ **alejarse, ampliar, analizar, aumentar, cambiar, crecer, decrecer, demostrar, diferenciar, disminuir, distinguir, madurar, mejorar, reforzar, seleccionar, separar**

cualitativo *adj.* ▮ Se combina con...

A SUSTANTIVOS QUE DENOTAN CAMBIO, DIFERENCIA O VARIACIÓN: **1 cambio ++:** ...la Corte Suprema de Justicia del país también ya va realizando sus cambios *cualitativos*, cuantitativos y sustantivos... DLA060997 **2 diferencia +:** ...distinguió entre las diferencias *cualitativas* de la educación antes y en el presente... GIC010197 **3 transformación +:** ...las medidas necesarias para lograr la transformación *cualitativa* a que aspira... DYM061196 **4 mutación −:** En el fervor minoritario (...) ahí se ha producido la mutación *cualitativa* que legitima su supervivencia... ABC010995

B SUSTANTIVOS QUE DENOTAN AVANCE, PROGRESO, LOGRO O MEJORA, A MENUDO REPENTINOS O ROTUNDOS: **5 salto ++:** ...y con entidades cooperativas que decidieron dar un salto *cualitativo* en su accionar cotidiano. LNP120597 **6 paso ++:** ...el asesinato de (...) supone un paso *cualitativo* al atacar a la representación política. LVE310195 **7 incremento +:** ...las múltiples ventajas que ofrece, como el incremento *cualitativo* de préstamos en la sala y externos. DYM120996 **8 crecimiento:** Pero el crecimiento *cualitativo* no fue tan bueno como el cuantitativo. CLA170199 **9 mejora:** ...expresó su satisfacción por la mejora *cualitativa* que se viene observando en las nuevas afiliaciones. LVE030896 **10 escalada:** ...no existe una relación causal entre las investigaciones abiertas (...) y la escalada *cualitativa* de la violencia... LVE210495 **11 aumento +:** ...ha sido un aumento *cualitativo* muy importante para la campaña de Navidad de este año. LVE251296 **12 desarrollo +:** ...condición para detener el desarrollo *cualitativo* de los armamentos nucleares. LVE300796 **13 triunfo:** ...la fuerza y credibilidad que ha alcanzado el PAN, se debe a los triunfos numerosos como *cualitativos* en gubernaturas... EXC020197

C ALGUNOS SUSTANTIVOS QUE DENOTAN DESCENSO O REGRESIÓN: **14 descenso +:** Imaginativa y cruel aproximación al mundo de la magia realizada con originalidad –a pesar de su descenso *cualitativo* en su parte final– que pasó inadvertida en su estreno en el cine. LVE080396 **15 retroceso:** ...encarar mejor el futuro y enderezar su torcida línea tras los retrocesos *cualitativos* registrados en las tres últimas elecciones... LVE080196

D SUSTANTIVOS QUE DESIGNAN RASGOS, FACETAS O COMPONENTES DE ALGUNA COSA. TAMBIÉN CON OTROS QUE DENOTAN PERSPECTIVA, ENFOQUE O PAUTA PARA LA VALORACIÓN DE ALGO: **16 aspecto ++:** Lo que hay es simplemente un aspecto *cualitativo* que nosotros olvidamos... EOU100297 **17 término +:** La nueva generación ha ido en aumento en términos *cualitativos.* LDD190597 **18 punto de vista +:** ...ha habido un incremento de la violencia desde el punto de vista *cualitativo.* EME250196 **19 criterio +:** ...el estudio comparativo de centrales nucleares se ha realizado según criterios *cualitativos* y subjetivos. EPE131201

E SUSTANTIVOS QUE DENOTAN JUICIO, EXAMEN O VALORACIÓN DE ALGO: **20 estudio +:** ...viene realizando desde 1989 un estudio *cualitativo* sobre mujeres de distintos niveles económicos... CLA310199 **21 análisis +:** El análisis *cualitativo* revela, por su parte, que se acentuarán la desindustrialización... CLA080197 **22 evaluación:** ...es una evaluación *cualitativa* de la campaña de promoción del uso del preservativo... LRE270103 **23 diagnóstico:** ...este grupo de académicos de alto nivel está intentando un diagnóstico *cualitativo* de las principales disciplinas del conocimiento en Chile. HOY250385 **24 balance:** ...nuestro equipo reunía un balance *cualitativo* en los diferentes renglones del juego... DLA210697 **25 juicio:** Resulta muy difícil avanzar un juicio *cualitativo* suficientemente ponderado sobre... INDOC

F SUSTANTIVOS QUE DENOTAN MAGNITUD, MEDIDA Y OTRAS NOCIONES MENSURABLES, ASÍ COMO ALGUNAS DE LAS FORMAS EN QUE SE PRESENTAN O SE ESTABLECEN ESAS MEDICIONES: **26 nivel +:** A un nivel *cualitativo*, se hicieron reuniones de discusión en grupos, con lectores de entre 18 y 62 años. LVE080696 **27 altura:** ...partitura considerable, aunque no alcance la altura *cualitativa* de su producción pianística... LVE061196 **28 peso:** También es diferente el peso *cualitativo*: habrá senadores que ya han cumplido funciones gubernamentales o legislativas... HOY291297 **29 densidad:** ...desde una cierta vulgaridad hasta la perspectiva de la ciudad con un fuerte contenido de densidad *cualitativa...* LVE070395 **30 dimensión:** ...no parece haber alcanzado en nuestra reciente historia las dimensiones cuantitativas y *cualitativas* que tiene en la actualidad... LVE101196 **31 magnitud:** ...los políticos y los técnicos levantaron un edificio administrativo de enorme magnitud *cualitativa* y de gran importancia. ABC020695 **32 indicador:** ...la publicación el jueves de un indicador *cualitativo* de la Reserva Federal de Filadelfia poniendo de relieve un aumento significativo de los precios... LVE220195

G SUSTANTIVOS QUE DENOTAN RELEVANCIA O VALOR: **33 importancia +:** ...tuvo además la importancia *cualitativa* de ser el primer atentado contra casas-cuarteles de la Guardia Civil... LRE050203 **34 valor:** ...justifica el empleo de esta uva en que aporta «valores *cualitativos* diferenciales» al cava. LVE090796 **35 relevancia:** El otro hallazgo reside en la relevancia cuantitativa y *cualitativa* del diálogo. ABC230493

H OTROS SUSTANTIVOS; POSIBLES USOS ESTILÍSTICOS: Fue un exilio más *cualitativo* que cuantitativo, con personajes de peso, pero enfrentados... LVE280196; Fue el final de la primera parte, cenit *cualitativo* del concierto por la obra y el solista... LVE241096

[cuartel] → **sin cuartel**

[cuatro] → **a los cuatro vientos, entre cuatro paredes, por los cuatro costados**

[cuba] → **como una cuba**

[cubero] → **a ojo de buen cubero**

cubrir ♦ a medias[33], con creces[18], con éxito[31], de arriba abajo[27], de pies a cabeza[2], de punta a punta[16], ni de lejos[9], por completo[49], sobradamente[12] ♦ demanda, gasto, necesidad, recorrido, riesgo, ruta, seguro

☐ Véase también: **cubrir(se) (de).**

cubrir(se) (de) *v.* ▮ En su sentido físico se combina con sustantivos que designan cosas materiales *(cubrir de césped el jardín; cubrir de agua las alubias).* Usado figuradamente se combina con...

A SUSTANTIVOS QUE DESIGNAN MUESTRAS DE AFECTO: **1 atención +:** El presidente fue recibido por el alcalde y *cubierto* de atenciones por toda la corporación. INDOC **2 caricia +**: Y aunque la *cubrió* de caricias, para pedirle perdón, ella... INDOC **3 beso:** Llegan compañeros que la *cubren* de flores y de besos. EME060795 **4 abrazo:** Y lo *cubrió* de abrazos como ovaciones y de besos como olés. EME310595

B ALGUNOS SUSTANTIVOS QUE DENOTAN AGRESIÓN VERBAL: **5 insulto:** Vivieron el final del partido acosados por unos cincuenta aficionados que los *cubrieron* de insultos apostados tras el banquillo. EPE140299 **6 improperio:** ...el actual ministro de Exteriores español ha cambiado de punto de vista sobre la Alianza Atlántica –a la que en otro tiempo *cubrió* de improperios y anatemas–... EME251195

C SUSTANTIVOS QUE DESIGNAN ELOGIOS Y OTRAS FORMAS DE PONDERACIÓN: **7 elogio ++**: Del «Don Juan» de Anson, Ricardo de la Cierva dice que es un libro «esencial» y *cubre* de elogios personales al autor... ABC140495 **8 alabanza:** ...escucharle *cubriendo* de alabanzas la obra de Shakespeare es realmente insólito. EME180396 **9 flor:** Cuando murió Juan Carlos Onetti los españoles le *cubrimos* de flores. ABC120894

D SUSTANTIVOS QUE DENOTAN RECONOCIMIENTO PÚBLICO DE ALGUIEN, GENERALMENTE TRAS ALGUNA ACCIÓN MERITORIA. TAMBIÉN CON OTROS QUE DESIGNAN CIERTOS SÍMBOLOS MATERIALES QUE LO REPRESENTAN, ASÍ COMO EL ESTADO QUE ALCANZA EL QUE LO RECIBE: **10 gloria ++**: ...los grandes se convertían en humildes y los pequeños se *cubrían* de gloria. EME210796 **11 laurel:** ¿Dejará la Junta que Merino se *cubra* de laureles? EPE090499 **12 honor:** ...no pocos genios (...), objeto de la admiración universal y *cubiertos* de honores por su obra, fueron unos auténticos degenerados en su esfera personal... LRE150103

E SUSTANTIVOS QUE DENOTAN DESHONOR, INFAMIA, DESCRÉDITO O ESCARNIO EN DIVERSOS GRADOS: **13 vergüenza ++**: Los «hooligans» ingleses han vuelto a *cubrir* de vergüenza a su selección nacional y a su propio país. EME160295 **14 oprobio +**: ...habiendo a la par *cubierto* de oprobio al artista tradicional y sin acertar a situar al joven renovador neofigurativo. LVE180695 **15 ignominia:** Sin embargo, dadas las circunstancias, cabe pensar más bien en el propósito de *cubrir* de ignominia al presidente... ETC240996 **16 ridículo:** El ataque, que *cubre* de ridículo los éxitos que la «pacificación» del territorio reporta al Kremlin, comenzó por la mañana por cinco puntos del norte y oeste de la ciudad. LVE070396

F SUSTANTIVOS QUE DENOTAN SUCIEDAD O INMUNDICIA, GENERALMENTE UTILIZADOS EN SENTIDO FIGURADO: **17 mierda +**: ...aún le guardan a don Camilo aquello de que «el Cervantes está *cubierto* de mierda». EME250496 **18 basura:** ...han hecho caso omiso a las leyes electorales y se han *cubierto* de basura recurriendo sitemáticamente a financiaciones irregulares. EME310594

G SUSTANTIVOS QUE DENOTAN FALTA DE CONOCIMIENTO ACERCA DE UNA MATERIA O UN ASUNTO. USO INFRECUENTE: **19 ignorancia –**: Aquella desmemoria de conocimientos trajo modas inadecuadas y *cubrió* de ignorancia tareas tan decisivas como el riego y la poda. EPE061099 **20 desconocimiento –**: Creo que la amnesia *cubrió* de desconocimiento esa etapa histórica. EPE240999
☐ Véase también: **cubrir, revestir(se) (de).**

cuchillo ♦ **afilado, cortante, filoso, punzante, romo ♦ filo (de), mango (de), punta (de) ♦ afilar, agredir (con), armarse (de/con), blandir, clavar, cortar (con), esgrimir, mellar(se)**
☐ Véase también: **acuchillar, arma.**

[cuello] → **al cuello, hasta el cuello**

[cuenta] → **a cuenta, por cuenta {ajena/propia}, por {mi/tu/su...} cuenta**

cuenta ♦ **abultado[18], al descubierto, a plazo fijo, astronómico[9], bancario, considerable, corriente, de ahorros, de cobro, de crédito, de gastos, de la vieja, de resultados, desahogado[4], elevado, exiguo, fiscal, pendiente, secreto ♦ apertura (de), balance (de), número (de) ♦ abonar, abrir, ajustar, aprobar, ascender (a algo), caer (en), cargar (a/en), cerrar, clarificar, cobrar, congelar[8], controlar, correr de {mi/tu/su...}, cuadrar, dar[199], desequilibrar[4], desglosar[6], echar[61], embargar, enderezar[21], endosar, engordar, engrosar[28], equilibrar, finiquitar, hacer, ingresar (en), inmovilizar, intervenir, investigar, liquidar, llevar[8], llevar al corriente, llevar al día, manejar, pagar, pedir, perder, presentar, rebajar, rendir, sacar, saldar[5], satisfacer, tener (en), tomar (en), totalizar (algo), traer, transferir (a), zanjar[61]**
☐ Véase también: **balance, cálculo, cantidad, inventario, recuento, saldo.**

cuento ❚ *(narración)* ♦ **alegórico, anónimo, breve, célebre, clásico, conocido, de hadas, de miedo, de Navidad, de nunca acabar, de terror, didáctico, épico, escabroso, famoso, fantástico, ficticio, finalista, folclórico, ganador, incompleto, inconcluso, increíble, inédito, infantil, inspirado, intimista, inverosímil, lacrimógeno, largo, literario, maravilloso, memorable, moral, original, policíaco, policial, popular, predilecto, principesco, realista, satírico, tradicional, triste, veraz, verídico ♦ antología (de), colección (de), edición (de), género (de), libro (de), volumen (de) ♦ basar(se) (en algo), colorear, componer, concursar (con), contar, escribir, ilustrar, inspirar(se) (en algo), inventar, leer, narrar, premiar, publicar, recopilar, recordar, recrear, redactar, referir, relatar (algo), reunir, titular**
❚ *(mentira, patraña)* ♦ **chino, increíble, mero, puro, trillado ♦ echar[23], ir (con), parecer, salir (con), venir (con), vivir (de)**
☐ Véase también: **embuste, habladuría, leyenda, mentira, novela, patraña, relato, texto.**

[cuerda] → **bajo cuerda, en la cuerda floja**

cuerda ♦ **agudo, cósmico, débil, desafinado, endeble, fino, flojo, grave, grueso, instrumental, tenso, vocal ♦ al cuello[4] ♦ bajo ♦ cuarteto (de), instrumento (de), orquesta (de), sonido (de) ♦ acariciar, afinar, aflojar, anudar, atar (con), cortar, dar (a algo/a alguien), desatar(se), distender, enredar(se), enrollar(se), enroscar(se), largar, liar(se), retorcer, romper(se), sonar, tensar, tirar (de), trenzar**
☐ Véase también: **cinta.**

[cuerpo] → a cuerpo, a cuerpo de rey, cuerpo a cuerpo, en cuerpo y alma, partes del cuerpo

cuerpo ♦ académico, agraciado, armado, armonioso, atlético, cansado, carnoso, celeste, colegiado, consultivo, contusionado, cósmico, de baile, de bomberos, de ejército, de élite, degollado, de infarto, del delito, demacrado, descarnado, de seguridad, desnutrido, de socorro, despampanante, diplomático, dolorido, enclenque, encorvado, endeble, enjuto, erguido, esbelto, escuchimizado, escultural, esmirriado, espigado, estilizado, exangüe, exhausto, extraño, exuberante[13], fragmentado, humano, inerte, legislativo, ligero, médico, mutilado, normativo, perfecto, pesado, policial, recio, represivo, robusto, sano, sin vida, social, sólido, técnico, turgente, voluminoso, voluptuoso ♦ a tierra ♦ espíritu (de), miembro (de), parte (de) ♦ adquirir[85], agarrotarse, aguantar (algo), amoldar(se) (a), cobrar[41], contornear(se), crecer, cubrir, dar[88], descomponer(se), descuartizar, desenterrar, desmembrar(se), destacar (en un sitio), enterrar, estrechar, estremecer(se), formar parte (de), integrar, magullar(se), pertenecer (a), presidir, resistir (algo), revolver(se), tomar[15], traslucir(se)
☐ Véase también: **entidad**.

CUERPO Véase: *PARTES DEL CUERPO*

CUERPO
♦ (SUSTANTIVOS) Véase: **alterar**[L], **ardiente**[C], **asaltar**[G], **atenazar**[B], **de hierro**[B,C], **derretir(se)**[A], **displicente**[C], **ejercitar**[A], **exuberante**[B]

cuerpo a cuerpo *loc.adv./loc.adj.* ▮ Se combina con...

A VERBOS QUE DENOTAN ENFRENTAMIENTO O COMPETICIÓN: **1 luchar ++**: En ese incidente donde la policía luchó *cuerpo a cuerpo* con dirigentes de 382 familias que ocupaban once hectáreas... DLA060297 **2 pelear ++**: ...desafió a los Estados Unidos a que envíe a sus tropas a la isla a pelear *cuerpo a cuerpo*... CLA170397 **3 combatir ++**: Y buenos deltoides y brazos también, armas para combatir *cuerpo a cuerpo* en sprints... EPE160900 **4 enfrentarse +**: ...se odian a muerte y hoy abandonarán la batalla dialéctica para enfrentarse *cuerpo a cuerpo* en un partido... EME031196 **5 encontrarse +**: ...en un intento de encontrarse *cuerpo a cuerpo* con la pintura, es decir, con la pintura sin adjetivos, con la pintura en plenitud. ABC270195 **6 batallar**: A pesar de que nunca ha logrado pasar prácticamente del 20 por ciento de las intenciones de voto, ahí va, batallando *cuerpo a cuerpo*... EME170495 **7 fajarse**: Conde se fajó con trescientos periodistas, *cuerpo a cuerpo*, hora y cuarto, sin beber ni un trago de agua. EME120194 **8 batirse**: ...una escena de la película en la que el protagonista se bate *cuerpo a cuerpo* en una pelea con uno de sus perseguidores... EPE270800 **9 medirse**: ...se miden por primera vez *cuerpo a cuerpo*, a sabiendas de que el vencedor del debate presidencial en Boston será probablemente el próximo inquilino de la Casa Blanca. ESP041000 **10 competir**: ...será estrenada comercialmente el 22 de septiembre, compitiendo *cuerpo a cuerpo* con las producciones norteamericanas. LVE270895 **11 reñir –**: Habían reñido como dos españoles, *cuerpo a cuerpo*, pero siempre hay un momento que de la lucha surge el abrazo. EME030394

B VERBOS QUE DENOTAN DIÁLOGO O EXPRESAN OTRAS FORMAS DE ACTUACIÓN CONCERTADA DIRIGIDA A LA OBTENCIÓN DE UN ACUERDO. USO INFRECUENTE: **12 negociar –**: Negociando *cuerpo a cuerpo*, minuto por minuto, paquetes, pero no hay un precio fijo, sólo puede haber promedios. EPU040301 **13 debatir –**: Estuvieron debatiendo con intensidad, *cuerpo a cuerpo*, durante toda la sesión parlamentaria. INDOC

C VERBOS QUE DENOTAN EL HECHO DE LLEVAR(SE) A CABO UN ENFRENTAMIENTO: **14 librar +**: ...una batalla que podría librarse *cuerpo a cuerpo* contra los mil soldados ecuatorianos atrincherados en la zona. LVE130295 **15 realizar(se) un combate**: ...el combate se realizó *cuerpo a cuerpo*, ya que el carácter sagrado de muchos sitios de la ciudad no hacía aconsejable acciones que pudieran resultar en extremo destructivas. HOY230697

D OTROS VERBOS; POSIBLES USOS ESTILÍSTICOS: ...se vota *cuerpo a cuerpo*, con el vecino o contra el vecino, y el vecino en seguida te ahorca el perro. EME290395

E SUSTANTIVOS QUE DENOTAN ENFRENTAMIENTO O COMPETICIÓN, FORMALMENTE RELACIONADOS CON LOS VERBOS DEL APARTADO *A*: **16 lucha ++**: Los relatos de luchas *cuerpo a cuerpo* entre pastores y osos forman parte de la vieja historia pirenaica. LVE140895 **17 pelea ++**: ...se transformaron ayer en ataques frontales, muchos de los cuales finalizaron en peleas *cuerpo a cuerpo*. EME080594 **18 combate ++**: ...mientras el venezolano lograba buenos resultados en combate *cuerpo a cuerpo* en medio del ring, Barrera lo hacía cuando la riña se daba en alguna esquina del cuadrilátero. EXC100900 **19 batalla +**: Es la batalla *cuerpo a cuerpo*, según su propia definición, la que podría asegurarles los puntos que necesitan... CLA160997 **20 enfrentamiento +**: ...fue acogida con sonoras protestas, las cuales derivaron en enfrentamientos *cuerpo a cuerpo* con la policía... FDV030701 **21 choque +**: Los choques *cuerpo a cuerpo* provocan un rápido aumento en el número de bajas. LVE080295 **22 duelo**: El equipo de John Benjamin Toshack no se escondió, buscó el duelo *cuerpo a cuerpo*... EME250995 **23 lance**: ...en los lances *cuerpo a cuerpo* parecía como si (...) estuvieran quitándose mosquitos de encima, y no defensas. EPE141199 **24 disputa**: Las reglas establecidas y acaso las únicas posibles para ese desconcierto a cinco voces no propiciaban la disputa *cuerpo a cuerpo*... EPE100699 **25 forcejeo**: J.L., de la unidad de intervención policial, sostuvo un forcejeo, *cuerpo a cuerpo*, con un atracador en la Gran Via. LVE030696 **26 encuentro**: ...sólo puede hacerse por el encuentro, *cuerpo a cuerpo*, del autor con los hechos, sobre la base de la responsabilidad y la libertad. LVE040696 **27 liza**: ...con su sonora y trepidante campaña electoral, más de dos años de liza *cuerpo a cuerpo*, a bayoneta calada. EME110296 **28 competencia –**: A las parsimoniosas palomas les ganan invariablemente en la competencia *cuerpo a cuerpo* por una miga de pan duro o un envoltorio de helado. HOY090697

F SUSTANTIVOS QUE DENOTAN INTERCAMBIO VERBAL ENTRE PARTES. SE RELACIONAN GENERALMENTE CON

LOS VERBOS DEL APARTADO *B*: **29** debate +: Tras un intenso fin de semana en el que se había negado a entrar en un debate *cuerpo a cuerpo* con los dirigentes... EME160595 **30** diálogo: Son magníficos los fragmentos corales, con un expresivo diálogo *cuerpo a cuerpo* nacido de las fluidas frases coreográficas. EPE210799

G SUSTANTIVOS QUE DENOTAN TRATO O INTERACCIÓN, A MENUDO ENTRE PERSONAS Y FRECUENTEMENTE DE CARÁCTER AMOROSO O SEXUAL: **31** relación +: ...ha publicado, también en París, su «Manifeste contra-sexuel» (...) para sugerir otra relación *cuerpo a cuerpo*... EPE060700 **32** amor: ...practicaban el amor cósmico y universal; no *cuerpo a cuerpo*, según entendí, sino mente a mente. ECA130792

H OTROS SUSTANTIVOS; POSIBLES USOS ESTILÍSTICOS: Todos para una, la música en verdad, y una para todos, la verdad musical sin afeites y *cuerpo a cuerpo*. LVE300796

☐ Véase también: **cara a cara, frente a frente**.

[cuesta] → a cuestas

cuesta ♦ **empinado, pino, pronunciado** ♦ **abajo, arriba** ♦ **bajar, enfilar, recorrer, subir**

[cuestión] → en cuestión (de)

cuestión ♦ **absorbente[14], abstruso[2], accesorio, acuciante[19], arduo[40], banal, bizantino[2], candente[12], central, confidencial[44], controvertido[29], crucial[13], debatido, decisivo[32], de confianza, delicado, difícil, discutible, elemental, enrevesado, escabroso, esencial, espinoso, fundamental, insignificante, insoluble[9], insoslayable, intrascendente, irresoluble[8], menor, palpitante[1], pantanoso, peliagudo, peregrino[71], personal, principal, prioritario, proceloso, secundario, tangencial[7], trascendental, trillado[18]** ♦ **abordar, aclarar, acotar, acuciar[58], afectar (a algo/a alguien), agravar(se)[44], airear[5], analizar, apuntalar[2], atañer[2], ceñir(se) (a)[7], clarificar[19], concernir (a alguien), concretar, debatir, desbloquear[28], desentenderse (de), despachar[12], despejar(se)[6], desviarse (de), dilucidar, dirimir, discutir, encarar, encarrilar[2], esclarecer(se)[20], estribar (en algo), estudiar, examinar, extrapolar, flotar, formular[2], girar[31], incidir (en), incumbir (a alguien), ocultar, orillar, pensar, plantear[2], prejuzgar, presentar(se), radicar (en algo), reabrir[5], relativizar, resolver, saldar[22], solucionar, soslayar, surgir, suscitar, tratar, venir a cuento (de algo), zanjar[1]**

☐ Véase también: **asunto, dilema, duda, incógnita, interrogante, materia, pregunta, tema**.

CUESTIÓN Véase: ASUNTO; INCÓGNITA

cuestionar ♦ **abiertamente, de raíz[42], desde el principio, enteramente, por completo, profundamente[27], radicalmente, severamente[37]**

☐ Véase también: **preguntar**.

cuidado ♦ **atento, celoso, constante, diligente, escrupuloso, esmerado, especial, exquisito, integral[8], intensivo, intenso, leal, maternal, médico, minucioso, paliativo, preventivo[64], riguroso, sanitario, sumo[16]** ♦ **bajo, con** ♦ **acaparar, andarse (con)[2], dedicar (a algo/a alguien), dispensar, estar (al), extremar, intensificar, ir (con), llevar, prodigar[19], reclamar, requerir, tener, velar (por)[10]**

☐ Véase también: **atención, cautela, control, esmero, miramiento, ojo, precaución, protección, prudencia, tiento, tutela, vigilancia**.

CUIDADO Véase: *ATENCIÓN Y CUIDADO*

cuidar ♦ **al detalle[22], atentamente[22], celosamente[3], como a la niña de {mi/tu/sus...} ojos, como oro en paño[3], con los cinco sentidos, debidamente[21], de cerca[29], escrupulosamente[22], especialmente, intensamente[61], lealmente[22], primorosamente**

☐ Véase también: **adecentar, atender, controlar, custodiar, encargar(se), ocupar(se), proteger, vigilar**.

culminante ♦ **acto, episodio, escena, etapa, éxito, fase, momento, obra, parte, punto**

☐ Véase también: **apoteósico**.

culminar *v.* ▮ Como verbo intransitivo, en el sentido de 'llegar a su punto máximo o extremo', se construye generalmente con complementos preposicionales *(El debate culminó en un cruce de acusaciones; El concierto culminó con la actuación en solitario del tenor)*. Admite como sujetos sustantivos temporales *(día, jornada, año, temporada, etapa, fase)*, sustantivos que designan diversos tipos de eventos *(fiesta, boda, gira, torneo, partido, corrida)* y muchos otros que designan sucesos y actividades que se mantienen durante un cierto tiempo *(guerra, viaje, congreso, discusión, trabajo, proceso)*. Como verbo transitivo, con el sentido de 'dar fin o terminar', admite como sujetos sustantivos de persona *(El delantero culminó el partido con un gran gol en el último minuto)* y se combina con muy diversos complementos, como los sustantivos arriba mencionados, y también con...

A SUSTANTIVOS QUE DESIGNAN DIVERSAS ACTIVIDADES INDAGATORIAS: **1** estudio +: No es casual entonces que en su trabajo como archivista de una biblioteca se interese por *culminar* sus estudios de doctorado... HOY281096 **2** investigación +: ...sean impedidas de participar en estos procesos en tanto no *culminen* las investigaciones. EXP120997 **3** búsqueda: La operación se cerró a finales de marzo, *culminando* una búsqueda de varios años... EPE080499

B SUSTANTIVOS QUE DENOTAN TRABAJO, LABOR O PRODUCCIÓN EN ALGUNA ACTIVIDAD: **4** tarea ++: ...se ha perdido una nueva oportunidad de haber *culminado* una tarea que, por tanto, aún quedará pendiente. ABC110895 **5** trabajo +: ...formulan sus propias demandas ante la Conferencia Intergubernamental (CIG) que espera *culminar* sus trabajos bajo la actual presidencia holandesa. DLA260297 **6** obra ++: Las firmas son Heisecke y Cía y CIV, que supuestamente debían *culminar* la obra en un año y medio. ACP311000 **7** labor: Tras haber sido encontradas las extremidades (...) del periodista Alejandro Jaramillo Barbosa, se *culminó* la labor de recuperación de los despojos humanos del comunicador... EPC051197 **8 faena:** Repitió en el segundo tiempo, con un remate ajustado, junto al palo del golero Arias, y *culminó* la faena con un perfecto frentazo colocado... ACP230996

C SUSTANTIVOS QUE DESIGNAN SUCESOS CARACTERIZADOS POR UNA SERIE DE ACCIONES CONTINUAS ENCAMINADAS A CONSEGUIR UN RESULTADO PREVISTO. TAMBIÉN CON OTROS QUE DESIGNAN EL ESFUERZO O EL TESÓN QUE SE PONE EN OBTENERLO: **9 campaña ++:** Con estas elecciones *culminó* una campaña que se caracterizó por cuestionamientos legales... ENH100297 **10 operación ++:** Dos operaciones policiales que *culminaron* la semana pasada en Estados Unidos... HOY180897 **11 misión:** El «premier» italiano *culmina* su misión en el poder, aunque trata de prolongar su gobierno durante seis meses... EME181295 **12 esfuerzo:** ...muchos han sido los obstáculos formales e informales que se han tenido que sortear para ver por fin *culminado* el esfuerzo... LHG010397 **13 empeño:** Designado para *culminar* empeños más que para iniciarlos, en el programa de gobierno anejo a la elección del titular... ETC100497

D SUSTANTIVOS QUE DESIGNAN PROYECTOS, RECURSOS Y OTRAS FORMAS DE ARTICULAR LAS ACCIONES O LOS PASOS NECESARIOS PARA CONSEGUIR UN FIN. TAMBIÉN CON OTROS QUE EXPRESAN LO QUE SE ANHELA O SE DESEA OBTENER: **14 proyecto ++:** Mientras Foster *culmina* el proyecto del metro de Bilbao, Calatrava pone en marcha el del aeropuerto vizcaíno. ABC211094 **15 plan ++:** Géneros de Punto Ferrys *culminó* el plan de choque para remontar la crisis... LVE040396 **16 sueño ++:** «¿Qué más puedo pedir? Hoy he *culminado* el sueño de mi vida». EME010596 **17 programa:** El Conde Duque *culminará* su programa del mes con el Ballet de Praga los días 25 y 26. EME090896 **18 estrategia:** ...una figura que además podría *culminar* una estrategia de acercamiento a la izquierda... CAN170599 **19 objetivo:** Hasta que el equipo no llegue a primera división no podemos decir que habremos *culminado* nuestros objetivos. INDOC **20 deseo:** De hecho, Pujante no fue ajeno al mal tiempo en esta ocasión, aunque éste no le impidió *culminar* su deseo. LVE180695 **21 ilusión:** Olarte podría por fin *culminar* la ilusión de su vida convirtiéndonos en Estado Libre Asociado, eso sí, de los EE. UU. EME201296 **22 intención −:** La renuncia de Chacho Álvarez constituye un acto político que *culmina* su intención de dar plena significación a la denuncia sobre el pago de sobornos en el Senado. CLA111000

E SUSTANTIVOS QUE DENOTAN TRATO, COMPROMISO, CONVENIO Y OTROS RESULTADOS DESEABLES DE LAS ACCIONES CONCERTADAS. TAMBIÉN CON OTROS QUE DESIGNAN ESAS MISMAS ACCIONES: **23 negociación ++:** En opinión de otras fuentes de Coalición Canaria (CC), «depende de cómo se *culminen* las negociaciones» en Madrid sobre los presupuestos... CAN230996 **24 acuerdo ++:** ...Arafat y Peres no consiguieron *culminar* el acuerdo en Erez... EME020795 **25 consenso:** Anguita afirma que el actual sistema político español se basa en el consenso básico (...) que *culminó* con la Constitución española de 1978. EME180996 **26 pacto:** ...establecer la «corresponsabilidad de todos los actores a fin de *culminar* el Pacto Fiscal que permita alcanzar las metas y objetivos trazados». LHG210800

F SUSTANTIVOS QUE DESIGNAN REUNIONES Y OTROS SUCESOS EN LOS QUE PARTICIPAN VARIAS PERSONAS CON EL PROPÓSITO DE LLEGAR A ACUERDOS O DEBATIR ASUNTOS: **27 asamblea +:** Culminó la asamblea plenaria de obispos. LPA300492 **28 reunión:** El propio mandatario Felipe Sapag se encargó de formular el anuncio ni bien *culminó* la reunión que sostuvo con los ministros... LNP160497 **29 sesión:** El Indice Dow Jones (...) cayó 7.9, el Standard y Poor's 500 *culminó* la sesión con una merma de 4.92 y el Compuesto Nasdaq retrocedió 6.82. CAP200901 **30 encuentro:** El silencio de Vivas Terán y Rincón Gutiérrez al *culminar* el encuentro (...) levantó suspicacias... ENV181297

G SUSTANTIVOS QUE DESIGNAN LOS PASOS O LAS DILIGENCIAS NECESARIAS PARA LA RESOLUCIÓN DE UN ASUNTO: **31 trámite +:** «Enhorabuena Radio», será el nombre de la nueva emisora radial que nuestro bigotón amigo lanzará al aire ni bien *culmine* los trámites legales... EXP150492 **32 gestión:** Gasser *culminará* las gestiones logrando el objetivo deseado. LTB020297 **33 tramitación:** También se espera *culminar* la tramitación parlamentaria de la Ley de Enjuiciamiento Civil. EPE030399

H SUSTANTIVOS QUE DESIGNAN LA ACCIÓN DE MODIFICAR ALGO O DE HACERLO PASAR DE UN ESTADO A OTRO. TAMBIÉN CON ALGUNOS QUE DENOTAN CESIÓN O TRANSFERENCIA DE ALGUNA COSA: **34 reforma ++:** El PRI anunció que presentará sus propuestas en el curso de la próxima semana, con el objetivo de *culminar* la reforma electoral a corto plazo. DYM040796 **35 reestructuración +:** De esta forma, dominan ya la totalidad del conglomerado de Confort y tienen las manos libres para *culminar* la reestructuración integral del grupo. LVE020495 **36 transferencia +:** Si la decisión es firme y el buen deseo es comprendido por los miembros del Poder Ejecutivo, todo puede *culminar* con la transferencia solicitada. LTB020297 **37 traspaso +:** Como el Barça juega en Sevilla el miércoles que viene, el traspaso podría *culminarse* la próxima semana... LVE181096 **38 remodelación:** ...tras el largo catarro del Louvre, (más de diez años para *culminar* la remodelación y un presupuesto de tal magnitud que se ha convertido en el secreto mejor guardado de Francia)... EME140996 **39 restauración:** ...con el particular apoyo de la Familia Real y el encariñado interés personal de Doña Sofía, ha podido ver *culminada* la restauración por Vatelot, en París, de la colección de Stradivarius... ABC100295 **40 transformación:** Ha sabido *culminar* una transformación profunda y de alcance histórico. LVE011296 **41 transición:** La transición, ¿habrá *culminado* para el fin del siglo? HOY230996 **42 cambio:** Pero admitió que *culminar* el cambio dependerá de hacer una buena campaña... EPE080399

I SUSTANTIVOS QUE DENOTAN CURSO, ITINERARIO O TRAYECTO, MÁS FRECUENTEMENTE INTERPRETADOS EN SENTIDO FIGURADO: **43 carrera ++:** ...«es presagio de que su carrera está por *culminar* ya que estará haciendo sus cosas por obligación». DYM010996 **44 trayectoria ++:** ...Carl Lewis, que en los recientes Juegos Olímpicos de Atlanta logró su novena medalla olímpica, que *culmina* una trayectoria deportiva que ha marcado el atletismo mundial... LVE190996 **45 recorrido:** A punto de *culminar* el recorrido de ida, la Liga continúa instalada en la confusión. CLA180199 **46 vida:** La noticia *culmina* una vida artística marcada con hechos impregnados de asombro...

ABC201192 **47 licenciatura:** ...que el presidente *culminara* con matrícula de honor su licenciatura en Economía por la Universidad de Yale son detalles triviales. EME140295

J SUSTANTIVOS QUE DENOTAN VIAJE, ESPECIALMENTE EL QUE SE EMPRENDE PARA CUMPLIR ALGÚN COMETIDO: **48 viaje +:** El gesto de los antioqueños aplacó el cansancio del agotador e interminable viaje que se inició a las 3.30 de la madrugada y que recién *culminó* sobre las 18.55 de Uruguay. EPU120701 **49 gira +:** Con la presentación en Madrid *culmina* la gira que ha llevado a cabo la Diputación, en colaboración con la Cámara de Comercio... ENC060599 **50 expedición:** Los españoles aprendimos ya en la escuela que el navegante vasco Juan Sebastián Elcano *culminó* la expedición iniciada por Magallanes... LVE040495 **51 peregrinación:** El embajador, que había iniciado el día con una larga visita al Ministerio de Justicia, recaló después en el de Interior y *culminó* su penosa peregrinación en Exteriores... EME070395 **52 marcha:** La marcha *culminará* el lunes por la mañana ante la delegación de Ensenyament, en Barcelona. LVE051096

K SUSTANTIVOS QUE DESIGNAN PERÍODOS, MÁS FRECUENTEMENTE EL TIEMPO DURANTE EL CUAL SE EJERCE UN CARGO: **53 mandato ++:** ...destacó ayer la significación «personal y emocional» que tiene para él *culminar* su mandato con la firma del Acuerdo de Paz en Guatemala... LNC281296 **54 presidencia +:** Clinton quiere *culminar* su presidencia con el éxito histórico que significaría una resolución definitiva del contencioso árabe-israelí. EPE230700 **55 legislatura:** El sábado 15 *culmina* la segunda legislatura y con ella el primer año de un Congreso que no ha colmado las expectativas ciudadanas y políticas. CAP130696

L SUSTANTIVOS QUE DENOTAN LANCE DEPORTIVO: **56 jugada +:** Nuevamente Ángel Sánchez *culminaba* una perfecta jugada personal y batía de disparo raso a De la Fuente. CAN080101 **57 contragolpe +:** ...tenía a Christiansen como hombre más adelantado para *culminar* contragolpes rápidos. LVE111295 **58 escalada:** Tres atletas españoles ciegos (...) lograron el pasado domingo *culminar* la escalada al Aconcagua... EME180194 **59 remontada:** El uruguayo Gustavo Trelles (...), a quien acompaña el argentino Martín Christie, *culminó* su remontada en el rally... CLA210199 **60 centro:** A diez minutos para el final, Moya sentenció al *culminar* un centro de Pedro. EME240495 **61 pase:** Junto a Frank de Boer impidió que los atacantes madridistas *culminaran* el pase definitivo cerca de la portería de Van der Sar, que dio seguridad a su equipo. EME140995 **62 contraataque:** Víctor *culmina* un contraataque. EPE241201

M OTROS SUSTANTIVOS; POSIBLES USOS ESTILÍSTICOS: Para *culminar* los ardores guerreros, Pedro Pacheco habló. EPE140399

■ Se combina también con: ♦ **con éxito[3], felizmente, sin problemas**

culpa ♦ **exento (de), grave, inexcusable, leve, libre (de), limpio (de)[1], presunto ♦ complejo (de), sensación (de), sentimiento (de) ♦ absolver (de)[1], achacar[1], aliviar[17], aminorar, asumir[7], atribuir (a alguien), cargar (con)[4], confesar[3], corroer[13], descargar[19], desviar[49], difuminar(se), echar[85], eludir[3], endilgar[3], eximir (de)[9], exonerar (de), expiar[1], imputar (a alguien), lavar[24], purgar[6], recaer, reconocer, segregar, sentir[43], tener**

□ Véase también: **culpabilidad, pecado, responsabilidad.**

culpabilidad ♦ **moral, presunto ♦ alegato (de), complejo (de), confesión (de), declaración (de), duda (de), grado (de), indicio (de), presunción (de), prueba (de), sensación (de), sentencia (de), sentimiento (de), veredicto (de) ♦ admitir, avalar, confesar[5], declarar, deducir[17], demostrar, desviar[47], determinar, dictaminar, establecer, eximir (de)[10], exonerar (de), imputar (a alguien), investigar, juzgar, prejuzgar[9], probar, reconocer, sentir[44]**

□ Véase también: **culpa, responsabilidad.**

cultivar *v.* ■ En su sentido físico se combina con sustantivos que designan plantas y productos agrícolas *(verdura, hortaliza, cereal)* o la superficie en la que crecen *(campo, terreno, huerta)*. También admite sustantivos que designan algunos animales *(pez, almeja)* y ciertos microorganismos *(bacteria, célula)*. En el sentido figurado acepta sustantivos que designan disciplinas artísticas o científicas *(literatura, pintura, filosofía, ciencia, poesía, arte)*, así como otras que designan sus corrientes, géneros o estilos *(realismo, naturalismo, romanticismo)*. También se combina con...

A SUSTANTIVOS QUE DENOTAN TRATO, CONTACTO O VÍNCULO, MÁS FRECUENTEMENTE ENTRE PERSONAS: **1 amistad ++:** ¿Quién es Kabila? Este hombre que estudió Filosofía Política en Francia había *cultivado* amistad con dirigentes africanos... LPN240597 **2 relación +:** ...le pidió que se dedicara a seguir *cultivando* esas relaciones por toda explicación. CLA040199 **3 lazo:** Ahora *cultivaría* los lazos con su heredero político. CLA070199 **4 vínculo:** ...fue una relación muy cercana, pues él *cultivaba* este tipo de vínculo con los compañeros. GIC072897

B SUSTANTIVOS QUE DENOTAN INCLINACIÓN, ATRACCIÓN O INTERÉS, CON FRECUENCIA VEHEMENTES, HACIA ALGO O ALGUIEN. TAMBIÉN CON OTROS QUE DESIGNAN LAS SENSACIONES QUE SE EXPERIMENTAN AL EXTERIORIZARLOS: **5 afición +:** Perteneció a una familia acomodada (...), lo que le permitió *cultivar* sus aficiones artísticas. ABC011295 **6 gusto +:** Lo veo allí, al caer la tarde, *cultivando* el gusto por la conversación... EPE190700 **7 placer +:** La pintura fue uno de los placeres secretos que *cultivó* durante toda su vida. EPE300501 **8 pasión +:** «Cartes a Barcelona» pretende, en definitiva, *cultivar* la pasión de los barceloneses por su ciudad. LVE180295 **9 amor:** El Núcleo de Arte y Danza desde su inicio ha realizado recitales de fin de curso con el objetivo de incentivar y *cultivar* el amor al arte en nuestro niños y jóvenes. ACP250996 **10 devoción –:** En la primera mitad de ese decenio todavía *cultivaba* su devoción al cante jondo... HOY180886

C SUSTANTIVOS QUE DENOTAN APTITUD, DESTREZA O CAPACIDAD, A MENUDO INTELECTIVAS: **11 facultad:** ...hay personas que pueden *cultivar* sus facultades y aquí se destacan por lo bueno. ESH300197 **12 habilidad:** «Creo que si sigo *cultivando* mi habilidad, mi destreza tendré una gran fuerza para boxear»... LVE011195 **13 capacidad:**

El nuncio apostólico instó a *cultivar* la capacidad de compartir. LNP080497 **14 talento:** Ante el mandato positivo «ayudarás al necesitado», «*cultivarás* tus talentos», cabe siempre la pregunta: ¿pero hasta dónde debo? ABC061095 **15 inteligencia:** Sería como decir que los humanos siempre hemos *cultivado* la inteligencia y siempre hemos creado cultura. LVE190396 **16 ingenio:** ¿Qué podría engendrar el estéril y mal *cultivado* ingenio mío sino la historia de un hijo seco, avellanado, antojadizo...? EPE240499

D SUSTANTIVOS QUE DESIGNAN CIERTAS ACTIVIDADES EN LAS QUE SE EJERCEN LAS CAPACIDADES MENCIONADAS EN EL APARTADO ANTERIOR, ASÍ COMO ALGUNOS DE SUS RESULTADOS NATURALES: **17 pensamiento:** Isaiah Berlin, profesor en la Universidad de Oxford, ha *cultivado* el pensamiento político y la historia de las ideas. ABC280495 **18 meditación:** ...si ayuda a los cristianos a una actitud más ecuánime, sosegada y tolerante, a *cultivar* la meditación (...), no creo que sea negativa. LVE120195 **19 estudio:** Venía de lejos el deseo de aunar esfuerzos y compartir preocupaciones entre los diversos sectores que han *cultivado* los estudios sanjuanistas. ABC131291 **20 conocimiento:** Sembramos el país de escuelas y colegios para *cultivar* el conocimiento en las mentes de las nuevas generaciones. LNC171296

E SUSTANTIVOS QUE DESIGNAN SENTIMIENTOS Y ACTITUDES RELACIONADOS GENERALMENTE CON LA BUENA DISPOSICIÓN HACIA LOS DEMÁS: **21 tolerancia:** ...ha hecho unas reflexiones sobre la necesidad de darle transparencia a la vida política y *cultivar* la tolerancia. LVE180195 **22 concordia:** ...recomendó con especial insistencia a los eslovacos a estar unidos, a *cultivar* la concordia y a defender la paz. LVE040795 **23 fraternidad:** Después de la misa nos reuniremos los sacerdotes para favorecer cada día más la fraternidad que debemos tratar de *cultivarla*, opinó. LPN030297 **24 respeto:** Por eso nos hemos comprometido a *cultivar* valores y respetos, personales y sociales. EXC300896 **25 ternura:** ...una prosa abrupta y desgarrada, muy lejana ya de la ternura que *cultivaba* en sus primeras novelas. INDOC

F ALGUNOS SUSTANTIVOS QUE DESIGNAN CIERTOS ASPECTOS INMATERIALES DEL SER HUMANO: **26 espíritu +:** En definitiva, cuatro lugares para alimentar el cuerpo a tan solo unos metros de la posibilidad de *cultivar* el espíritu. LVE031294 **27 alma –:** ...después de las endémicas guerras con Suecia y las siempre tensas relaciones con Prusia acabó su reinado *cultivando* más el alma eslava que la europea. LVE080196

G ALGUNOS SUSTANTIVOS QUE DESIGNAN LA PERSONALIDAD O LA APARIENCIA QUE SE MUESTRA A LOS DEMÁS Y ALGUNOS ATRIBUTOS QUE SE ASOCIAN CON ELLAS: **28 imagen +:** Pese a los tropiezos, «Fefé» ha seguido *cultivando* su imagen de triunfador. EME080996 **29 fama:** ...ha venido a abonar de una manera explosiva la fama de mujeriego y «bon vivant» *cultivada* por el propio Menem en forma pública. EME020394

H ALGUNOS SUSTANTIVOS QUE DENOTAN CÓDIGO LINGÜÍSTICO O FORMA EXPRESIVA: **30 lengua:** ...otras lenguas peninsulares de ámbito local son promovidas, *cultivadas*, incluso inventadas... EPE011288 **31 lenguaje:** El director y teórico sostiene que es necesario *cultivar* nuevos lenguajes interpretativos. EPE160399 **32 idioma:** El objetivo es mantener programas de colaboración entre sus 148 universidades pertenecientes a siete países, *cultivar* el idioma y la cultura portuguesa. EPE160699 **33 estilo:** Cultiva un estilo que los críticos han definido como primitivista, etiqueta que él rechaza. EPE050999

I SUSTANTIVOS QUE DESIGNAN VARIAS FORMAS O FIGURAS DE LA EXPRESIÓN VERBAL, ASÍ COMO DIVERSAS ACTITUDES ANTE LA REALIDAD QUE SE MANIFIESTAN A TRAVÉS DEL INGENIO O LA INTELIGENCIA: **34 ironía:** Se *cultiva* la ironía y el pequeño cinismo, que sustituyen las discusiones sobre lo fundamental. BRE250497 **35 cinismo:** El cinismo que *cultiva* este gobierno no hace gracia. CAP091097 **36 humor:** Dicen que para *cultivar* el buen humor hay que saber reírse de la propia sombra. LVE020895 **37 ambigüedad:** Pujol *cultiva* la ambigüedad sobre sus planes para después de las elecciones. EPE160899 **38 paradoja:** Eco *cultiva* la paradoja y hasta una sutil provocación con un estilo brillante... LVE061095 **39 metáfora:** ...Carol prefiere *cultivar* la metáfora, a veces ceñida, a veces exagerada y provocativa... LVE170596

J SUSTANTIVOS QUE DENOTAN HOSTILIDAD, RECHAZO, DESAFECTO, PREVENCIÓN O FALTA DE CONFIANZA EN LAS PERSONAS O LAS COSAS: **40 animadversión:** ...antes que seguir *cultivando* su animadversión contra los chilenos (...), los bolivianos tienen, más seriamente, dos posibles vías al desarrollo. LTB080497 **41 odio:** Las matanzas nos han cogido por sorpresa, pero se trata de un odio *cultivado* durante años. EME260594 **42 recelo:** ...tantos foráneos y nativos que *cultivan* un estúpido y pedante recelo hacia los intérpretes hispanos. ABC300793 **43 prejuicio:** El remitente figura como inculpado en el proceso con orden de comparecencia (...) y «Caretas» ni la periodista Valenzuela *cultivan* prejuicios. CAP160496 **44 indiferencia –:** En uno de ellos habita Antonio Cardús, (...) sin más inquietud que *cultivar* la indiferencia. ABC030492 **45 escepticismo –:** ...no lograron contentar a casi nadie. A los culés neutrales (...) porque *cultivan* su escepticismo y la ausencia de Núñez les da la razón. EPE081199

K SUSTANTIVOS QUE DENOTAN PRÁCTICA, A MENUDO COMPULSIVA O PERNICIOSA: **46 manía:** ...fue una manía que *cultivé* durante mucho tiempo. ABC211094 **47 obsesión:** ...una obsesión malsana que no solo no evitaba, sino que *cultivaba* con cierta delectación. INDOC **48 costumbre:** Así no es extraño que la juventud no *cultive* esta antigua y tradicional buena costumbre del ahorro. LVE180595 **49 vicio:** ...dejará de glosar los vicios ajenos para dedicarse a *cultivar* los propios... EPE280799

L OTROS SUSTANTIVOS; POSIBLES USOS ESTILÍSTICOS: Voltaire rompe el juguete que consuela a sus colegas (...), que *cultivan* la iluminación de la felicidad. LVE221194; La mía es una afonía *cultivada* que tiene propiedades afrodisíacas, que trabajan a niveles subconscientes. LVE131096; Es un triunfo en nuestro medio y evidencia un afán por *cultivar* la sonrisa como reacción contra un medio. LHG230197

■ Se combina también con: ♦ **con fruición**[23]**, extensamente**[21]

[cultivo] → **caldo de cultivo**

culto ♦ *(sust.masc.)* **académico, ancestral**[21]**, arraigado, desmedido, divino, encendido, fervoroso, incondicional, litúrgico, popular, religioso,**

sagrado ♦ libertad (de), lugar (de), objeto (de)[2], película (de) ♦ abrir (a), alimentar[58], cerrar (a), consagrar (a), dar[300], dedicar (a), fomentar, practicar, profesar[5], rendir, tributar[15]
□ Véase también: **homenaje, pleitesía, tributo.**

cultura ♦ amplio, ancestral[3], antiguo, arraigado[3], civilizado, decadente, deficiente, democrático, desbordante[46], dilatado, enraizado (en), escaso, extenso, floreciente, limitado, moral, nacional, político, profundo[64], sólido, vasto[3] ♦ en favor (de) ♦ ámbito (de), bagaje (de), barniz (de), falta (de), grado (de), muestra (de) ♦ abolir[31], adquirir[22], alimentar[63], amoldar(se) (a)[6], anclar[3], apegarse (a)[12], conservar[26], declinar, difundir(se)[91], diseminar(se), divulgar, encarnar(se) (en), enriquecer, evolucionar, extender, extinguir(se)[11], fomentar, generar, hacer gala (de), hermanar (a alguien), honrar[17], imbuir(se) (de)[15], impulsar, inculcar, irradiar, mostrar, ostentar, preservar, proteger, pulverizar[53], reflejar, respetar, socavar[104], surgir, tener
□ Véase también: **educación, formación.**

cumbre ▮ *(reunión)* **♦ empresarial, político, presidencial, sindical ♦ agenda (de) ♦ acudir (a), asistir (a), auspiciar[10], boicotear[12], celebrar, fracasar, organizar, participar (en), presidir, reunir(se) (en)**
▮ *(cima)* **♦ al borde (de)[29] ♦ alcanzar, ascender (a), coronar, elevar(se), encaramar(se) (a), escalar[9], ganar, hollar, llegar (a), recortar(se), subir (a), tomar**
□ Véase también: **cima (de), clímax, pedestal, podio, trono.**

cumpleaños ♦ feliz, señalado, triste ♦ con motivo (de), con ocasión (de) ♦ día (de), fiesta (de) ♦ celebrar, conmemorar[2], festejar, invitar (a), recordar
□ Véase también: **aniversario, onomástica.**

cumplidamente ♦ agradecer, demostrar, desarrollar, desempeñar, explicar, informar, ocuparse, pagar, satisfacer, servir, valorar

cumplido ♦ *(cortés)* **aclaración, despedida, reacción, respuesta, saludo**

cumplimentar ♦ debidamente[10] ♦ autoridad, formulario, impreso, plantilla, solicitud, *sustantivos que designan documentos*

cumplimiento ♦ adecuado, a rajatabla[19], celoso, efectivo, ejemplar, estricto[32], fiel, incondicional[40], inexcusable[23], meticuloso, obligado, obligatorio, puntual, responsable (de), riguroso, satisfactorio, voluntario ♦ garantía (de), grado (de) ♦ asegurar, atender (a), colaborar (a), dar[252], demandar, desatender, descuidar, exigir, eximir (de)[6], exonerar (de), garantizar, liberar (de), velar (por)[1], verificar, vigilar
□ Véase también: **aplicación, ejecución, incumplimiento, observancia (de), realización.**

CUMPLIMIENTO
♦ (SUSTANTIVOS) Véase: **al pie de la letra[I], a rajatabla[E], dar[U], estricto[E], eximir (de)[A], férreo[I], incondicional[F], inexcusable[E], inexorable[I], llevadero[A], velar (por)[A]**
♦ (VERBOS) Véase: **a duras penas[F], al detalle[H], al pie de la letra[D], a partes iguales[F], a pie juntillas[B], a plena satisfacción[A], a rajatabla[A], a regañadientes[A], debidamente[B], dignamente[G], en líneas generales[B], escrupulosamente[A], férreamente[F], íntegramente[C], lealmente[B], ni por asomo[E], plenamente[D], por los pelos[B], punto por punto[F], religiosamente[C], sin pestañear[C]**
□ Véase también: CONSECUCIÓN; SATISFACCIÓN.

cumplir *v.* **▮** Se combina con sustantivos temporales *(cumplir una edad, un plazo, un aniversario, los 30 años).* También lo hace con otros muchos sustantivos, unas veces en alternancia con los complementos de régimen encabezados por la preposición *con (cumplir con un deber / cumplir un deber),* otras con la sola opción del complemento de régimen *(cumplir con los acreedores)* y otras, finalmente, solo con el complemento directo *(cumplir las amenazas).* Se combina con...

A SUSTANTIVOS QUE DESIGNAN PLANES, OBJETIVOS Y OTRAS NOCIONES ANÁLOGAS DE SIGNIFICACIÓN PROSPECTIVA: **1 objetivo ++:** Yo canto, y las canciones creo que *cumplen* ese objetivo, porque despiertan en el público emociones... ABC190595 **2 plan +:** Bruselas condicionó la concesión de otra ampliación de 20.000 millones a que la compañía *cumpla* el plan de viabilidad... EME151295 **3 programa +:** ¿*Cumplía* este programa el romero de Rubí? LVE300796 **4 reto:** ...las principales prioridades de su mandato serán recuperar la estima de los ejércitos, devolverles la confianza y *cumplir* el reto de la profesionalización... LVE070596 **5 desafío +:** No puede haber ninguna duda de que la Comisión *cumplirá* con el desafío histórico de unir Europa en los años venideros... EPE060900 **6 propósito +:** Cumplimos el propósito de jugar al fuera de juego. LNC070297 **7 meta:** Aquéllos que *cumplen* con las metas trazadas se sienten mejor que las que no están conformes con sus logros. EME230395

B SUSTANTIVOS QUE DESIGNAN LO QUE SE DESEA CONSEGUIR: **8 sueño +:** A lo mejor, el matrimonio me va a ayudar a *cumplir* un sueño muy grande que tengo... CAR010997 **9 deseo +:** ...pasa a ser el depositario del solar de los suyos, al que regresa acaso para *cumplir* el deseo de sus hermanos iletrados... ABC310192 **10 voluntad +:** Un señor-presidente, expresa y reglamentariamente mandatario para hacer *cumplir* la voluntad popular... EPE010600 **11 capricho:** ...puede ver *cumplido* su capricho con la construcción de un aeropuerto en la capital de La Plana. EPE210299 **12 aspiración:** ...sólo ha podido ver *cumplida* una de las dos aspiraciones temporales que había manifestado recientemente... ENC120101

C SUSTANTIVOS QUE DESIGNAN LO QUE SE CALCULA, SE PREVÉ, SE AUGURA O SE TEME QUE EL FUTURO PUEDE DEPARAR: **13 pronóstico ++:** Si se *cumple* el pronóstico de la FAV, el caraqueño no tendrá hoy dónde guarecerse del calor y la única alternativa serán los ventiladores... EUV170498 **14 previsión ++:** Si se *cumplen* las previsiones, la factura anual que deberán satisfacer los editores por este concepto se puede disparar... EME100295 **15 expectativa** ++: Los operadores e inversores seguirán la subasta de CBE del próximo martes para ver si se *cumple* su expectativa de recorte de tipos... LVE220996 **16 amenaza** ++: Cumplieron así la amenaza proferida el pasado mes de julio en una fase en que parecía que iban a suavizar la tensión comercial con Washington. EME021096 **17 profecía** +: Se *cumplió* la profecía de Giscard de que nadie tiene el monopolio del corazón... LVE120595 **18 cálculo:** Si se *cumplen* los cálculos del Ministerio de Medio Ambiente, estará concluida en abril del año 2001. EPE130699 **19 estimación:** ...lo que significa que de *cumplirse* esa estimación los funcionarios perderían seis décimas de poder adquisitivo. EME030696 **20 maleficio:** Se *cumple* de nuevo el maleficio que pesa sobre los radicales, que cuando llegan al Gobierno no logran concluir el mandato. EPE231201

D SUSTANTIVOS QUE DESIGNAN DIVERSAS FORMAS DE ORDENAR O PLANIFICAR LAS ACTIVIDADES: **21 horario** +: ...*cumplen* su horario laboral sin la menor intención de hacer algo más que lo imprescindible... EPE010486 **22 calendario:** El vicepresidente fue rotundo al afirmar que se equivocan quienes piensan que no se va a *cumplir* el calendario de la unión monetaria... LVE030796 **23 cronograma:** De otro modo, la Corte Electoral se vería en serias dificultades para *cumplir* el cronograma de las elecciones generales. LTB090297

E SUSTANTIVOS QUE DESIGNAN LEYES Y OTRAS DISPOSICIONES QUE OBLIGAN A SUS DESTINATARIOS. TAMBIÉN CON ALGUNOS QUE EXPRESAN LA OBSERVANCIA DE ESOS PRECEPTOS: **24 ley** ++: Insistió en que la intención de Hacienda «es hacer *cumplir* la ley a la gente que no quiera». EME130494 **25 norma** ++: ...crear una comisión de ética con la autoridad de investigar y hacer *cumplir* las normas éticas... DLA180497 **26 regla** ++: El gobernante siempre puede abusar de su poder aun en el caso de que *cumpla* las reglas de juego simplemente aparentando... EME300996 **27 consigna** +: ...apunta alto y está *cumpliendo* las consignas de pretemporada... EPE240999 **28 precepto** +: Para *cumplir* con el precepto, muchos tuvieron que hacer más de un sacrificio. HOY081178 **29 código** +: ...se entregó a la práctica de un arte primitivista, radicalmente libre y sin homologar, que no *cumple* los códigos de referencia... ABC090695 **30 reglamento** +: ...serán sancionados en caso de seguir sin *cumplir* el reglamento mencionado. DYM090996 **31 protocolo:** Se acaba de *cumplir* el protocolo de una entrevista judicial en el autoexilio, en Irlanda, tierra de duendes benignos. PME011296 **32 trámite:** Cumplido el trámite, el canciller alemán remataba la labor en la franja horaria de máxima audiencia. EME041095 **33 diligencia:** ...tuvieron serios tropiezos para llegar a sus lugares de trabajo y para *cumplir* diligencias personales. EPC211097 **34 ordenanza:** La decisión de hacer *cumplir* la ordenanza laboral firmada el 19 de septiembre pasado... EPE010885 **35 disciplina:** Se le dio un último aviso para que *cumpla* la disciplina de partido. EME210194

F SUSTANTIVOS QUE DENOTAN DECISIÓN, RESOLUCIÓN O SANCIÓN. TAMBIÉN CON OTROS QUE DESIGNAN ALGUNAS DE SUS MANIFESTACIONES: **36 decisión:** Interior advierte de que empleará todos los medios para hacer *cumplir* esta decisión y mantener el orden público... EPE040900 **37 resolución** +: Esto es, que *cumpla* la resolución 2065 votada por ese organismo en 1965... CLA170199 **38 castigo** +: Ahora, *cumplido* el castigo, tiene derecho a treinta minutos de paseo diario. EME271296 **39 condena** +: En esa ciudad, su hijo *cumple* una condena por homicidio. CLA100199 **40 medida:** ...articulará tanto los mecanismos legales, políticos y de colaboración necesarios para hacer *cumplir* tal medida... ENC121200 **41 pena:** ...ingresó el pasado mes de octubre en la cárcel de Martutene tras ser condenado a *cumplir* una pena de cinco años... EDV130301 **42 sentencia** ++: ...fue condenado por homicidio y actualmente *cumple* la sentencia en la cárcel. LVE170396 **43 prisión:** ...están *cumpliendo* prisión preventiva confirmada por la Cámara Federal porteña... CLA170497 **44 suspensión:** ...quien actualmente *cumple* una suspensión de 30 días por su presunta vinculación con las irregularidades... LPA160592

G SUSTANTIVOS QUE DENOTAN OBLIGACIÓN PERSONAL: **45 compromiso** ++: Este es solo un ejemplo de los grandes desafíos que tiene nuestro país por delante para *cumplir* los compromisos asumidos... ACP271096 **46 promesa** ++: ...confirmó en público sus dudas sobre la posibilidad que el Gobierno *cumpla* la promesa electoral... EME041296 **47 obligación** ++: ¿Será que el Congreso estará pensando –que no quiero creerlo– en remover al Consejo Electoral porque va a *cumplir* su obligación legal? CLA190199 **48 palabra** ++: Cumplí mi palabra mientras estuve en la empresa, y por supuesto también después... LRE170103 **49 deber** ++: Las autoridades judiciales, al no *cumplir* su deber de cuidar de los más pobres, son manifiestamente criminales. ABC060893 **50 imperativo:** El no *cumplir* con imperativos éticos y de mercado en la compensación del personal nos lleva a un círculo vicioso... HOY041196 **51 responsabilidad:** ...las obligaciones que tienen las administradoras de fondos de ahorro previsional (AFAP) para *cumplir* sus responsabilidades esenciales... BRE250497

H SUSTANTIVOS QUE DESIGNAN DIVERSOS FUNDAMENTOS LEGALES, MORALES O PERSONALES DE LAS ACTUACIONES: **52 postulado:** Los que critican el sistema socialista, atribuyéndole que no ha *cumplido* los postulados ideológicos... EPE251080 **53 doctrina:** ...el sistema «de plazos» no *cumple* la doctrina del Tribunal Constitucional en 1985. EME290694 **54 principio:** El delito: intentar hacer *cumplir* los principios fundamentales de la Cruz Roja Española... EME050394 **55 valor:** ...han llegado a la conclusión de que Austria *cumple* con los valores europeos comunes... EPE090900 **56 tesis:** De *cumplirse* esta tesis, cobraría carta de naturaleza el razonamiento que circula en fuentes del propio Ministerio de Educación y Cultura... LVE190696 **57 axioma:** Una vez más se *cumple* el axioma de que el destino natural de una colección es el museo. ABC190595 **58 derecho:** Y así terminó la protesta de Popi por hacer *cumplir* sus derechos y cobrar su quincena... EXP150492

I SUSTANTIVOS QUE DENOTAN TAREA, GENERALMENTE ASIGNADA: **59 tarea** ++: Es evidente, por lo menos para mí, que no puedo seguir *cumpliendo* las tareas de primer teniente de alcalde... EPE291299 **60 cometido** +: Para *cumplir* este cometido nos basamos en la buena trayectoria que nos avala. LRE010203 **61 papel** +: Ni Europa ni EE. UU. habrán *cumplido* su papel si se limitan a imponer un acuerdo a los fascistas serbios... LVE011095 **62 misión** +: Cumplida su misión, él mismo es despedido, justo antes de la Navidad. PME290996 **63 rol:** Y como hubo buen juego, Riquelme *cumplió* un rol principal. CLA231000 **64 trabajo:** Me trataron como un animal y dijeron que simplemente *cumplían* su trabajo. EME090495 **65 labor:** Entonces podremos afirmar que no sólo han *cumplido* su labor sino que lo han hecho con creces. ABC010995 **66 parte:** ...ahora es el Gobierno quien tiene que *cumplir* su parte. LVE110596

J SUSTANTIVOS QUE DESIGNAN EL RESULTADO DE UN ACUERDO: **67 convenio** +: La intención del Ayuntamiento era hacer *cumplir* un convenio redactado el año pasado y que no llegó a firmarse. EPE060399 **68 acuerdo:** Cumplir el acuerdo significa fortalecer al Consejo Regulador y al cava... LVE160296 **69 contrato** +: No sólo no *cumplen* el contrato, sino que, además, nos niegan el derecho a poner una reclamación... EPE091001 **70 pacto:** Cumpliendo el pacto suscrito por ambas partes, las negociaciones tienen que concluir el 30 de noviembre... LVE061195

K SUSTANTIVOS QUE DENOTAN CONDICIÓN, EXIGENCIA O MANDATO: **71 requisito** ++: Cumplido este requisito, ya se han puesto en marcha todos los mecanismos legales necesarios... EDV191200 **72 condición** ++: ...le dijo que veía difícil *cumplir* esa condición porque no disponía de espacio ni de medios para ello. LVE240296 **73 exigencia** +: Con ello, *cumple* una antigua exigencia marcada por la poesía culta del siglo XVII... ABC021294 **74 instrucción:** ...ellos se limitaban sólo a *cumplir* las instrucciones que el ex socio les daba. EME050594 **75 petición** +: ...el Gobierno podía no *cumplir* la petición sin incurrir en delito... LVE200796 **76 encargo** +: Falleció hace dos años sin haber podido *cumplir* el encargo. EPE150399 **77 mandato** +: Se tuvo que llegar al extremo de la violencia, represión policial, golpes, huelga de hambre y otras manifestaciones para hacer *cumplir* un mandato constitucional. ACP311000 **78 orden** +: ...fue nuevamente al Real Felipe para hacer *cumplir* la orden de libertad. CAP051296 **79 reclamo** –: Ante el reclamo *cumplido*, ahora la pelea parece derivar hacia las diferencias que unos y otros mantienen sobre el presupuesto... CLA170297 **80 requerimiento:** ...recibió los escritos que el Gobierno había depositado el domingo por la noche en el juzgado de guardia, negándose a *cumplir* su requerimiento. LVE171095

▩ Se combina también con: ♦ **encantado, gustoso**[6] ♦ **a duras penas**[49], **al dedillo**[9], **al pie de la letra**[20], **a medias**[15], **ampliamente, a pie juntillas**[5], **a plena satisfacción**[1], **a rajatabla**[1], **a trancas y barrancas**[27], **con creces**[15], **con éxito**[29], **con gusto, debidamente**[9], **de buen grado, de sobra**[9], **dignamente**[34], **en líneas generales**[7], **en parte, en todos sus extremos, escrupulosamente**[1], **férreamente**[48], **holgadamente**[13], **inexorablemente, íntegramente**[10], **lealmente**[11], **limpiamente**[14], **ni de lejos**[10], **ni por asomo**[34], **parcialmente, plenamente**[40], **por los pelos**[12], **punto por punto**[48], **religiosamente**[9], **sin pestañear**[8], **sobradamente**[11]

☐ Véase también: **acatar, aceptar, atender, cargar (con), incumplir, indefectiblemente, obedecer, observar, pagar, respetar, seguir.**

cúmulo (de)

sust. ▮ En su sentido de 'conjunto de', construido con sustantivos en plural, se combina con sustantivos que designan cosas materiales *(cúmulo de huesos, de células, de ladrillos)*, pero lo hace mucho más frecuentemente con nombres abstractos. Destacan entre ellos los que designan datos o informaciones, verbales o no *(cúmulo de datos, informaciones, secretos, dudas, noticias, palabras, opiniones, puntos de vista)*. Acepta menos frecuentemente sustantivos de persona *(un cúmulo de personajes, de turistas)*. Se combina asimismo con otros muchos sustantivos, entre los que destacan los...

A SUSTANTIVOS QUE DENOTAN YERRO, FALLO O IMPERFECCIÓN. TAMBIÉN CON OTROS QUE DESIGNAN ACTOS O HECHOS CARACTERIZADOS POR LA FALTA, A MENUDO MUY NOTORIA, DE ACIERTO, PROPIEDAD, O SENTIDO: **1 error** ++: ...el proyecto contiene un *cúmulo* de errores... ACP191296 **2 irregularidad** ++: Una mínima investigación demostraría el *cúmulo* de irregularidades que se cometieron en el proceso... LVE040395 **3 escándalo** +: ...el *cúmulo* de escándalos invitó a tomar otra decisión. LVE110596 **4 despropósito** ++: Fuentes parlamentarias describieron la sesión como el relato de un *cúmulo* de despropósitos que no sólo desacreditan a un gobierno... LVE041095 **5 disparate** ++: ...ese *cúmulo* de disparates y de incomodidades provocarían un rechazo... LVE150495 **6 mentira** ++: Todo este *cúmulo* de mentiras podrían definirse como el colmo del cinismo antisocial. EME020296 **7 fallo** +: ...un *cúmulo* de (...) fallos en las medidas de seguridad... EME110396 **8 defecto** +: Ni un dechado de virtudes ni un *cúmulo* de defectos. ETC010996 **9 desatino** +: ...acusó de falsear los datos económicos para desviar la atención pública sobre el *cúmulo* de desatinos en que se ha convertido su aterrizaje en la cadena pública. LVE290696 **10 imperfección** +: Dios no admite tal *cúmulo* de imperfecciones, sería ir contra su propia esencia, la infinitud de Dios no da cobjio a los fallos infinitos... ABC041194 **11 negligencia:** ...anular un concurso internacional por culpa de la precipitación y el *cúmulo* de negligencias... EPE270800 **12 atrocidad:** ...un *cúmulo* de atrocidades que no pueden ser aceptadas... EME010696 **13 barbaridad** +: ...octavillas en las que se detallara el *cúmulo* de barbaridades cometidas por... EPE300599 **14 malentendido** +: Aquel proceso ya constituyó un *cúmulo* de incidentes y malentendidos entre el presidente del tribunal y los acusados... EME070194 **15 falta:** El conjunto belga tuvo que refugiarse (...) debido al *cúmulo* de faltas de sus jugadores... EME040196 **16 absurdo:** ...el *cúmulo* de absurdos que aglutina un conflicto armado... LRE070103 **17 sinsentido:** ...su supuesta estructura teórica no sea más que un *cúmulo* de sinsentidos... LVE290195

B SUSTANTIVOS QUE DESIGNAN CIRCUNSTANCIAS, EVENTOS O ESTADOS DE ADVERSIDAD, CONTRARIEDAD, NECESIDAD O INFORTUNIO: **18 problema** ++: ...el cambio (...) crearía inevitablemente un *cúmulo* de problemas prácticos... EPE281101 **19 dificultad** ++: ...tanto *cúmulo* de dificultades ha acabado por agotar la capacidad de resistencia... LVE020195 **20 desgracia** ++: Un *cúmulo* de desgracias (...) que no son ajenas ni ayer ni hoy... EPE211199 **21 incidente** +: Medio millar de vecinos de la zona se concentraron ayer ante la central nuclear de Almaraz para pedir su cierre por el *cúmulo* de incidentes de los últimos dos meses. EME090996 **22 contratiempo** +: El *cúmulo* de contratiempos que ha sufrido la plantilla... LVE121195 **23 complicación** +: ...reduciéndola a un *cúmulo* de complicaciones formales... EME040295 **24 mal +:** ...remate a tan infausto *cúmulo* de males arquitectónicos. LVE240996 **25 contrariedad:** Pero tal *cúmulo* de contrariedades no debe hacerle perder la serenidad. LVE280895 **26 inconveniente:** Este control estuvo rodeado de un *cúmulo* de inconvenientes. EPE131201 **27 tropiezo:** Ante tanta incompetencia, frente a tal *cúmulo* de excesos y tropiezos, se podría pensar (...) que... PME220996 **28 conflicto:** La declaración del CGPJ pretende dar respuesta, desde el punto de vista institucional, al *cúmulo* de conflictos que ha generado la reapertura del (...) sumario. LVE260195 **29 miseria:** ...un *cúmulo* de miserias que no sólo me afectan a mí, sino al Gobierno, al Estado y a las instituciones... EME211095 **30 carencia:** Pero no basta, pues el *cúmulo* de carencias se hará más insoportable a la luz de la inteligencia. EME030194

C ALGUNOS SUSTANTIVOS QUE DESIGNAN DIVERSAS ACCIONES HOSTILES: **31 agravio +:** Al menos eso no hay que olvidarlo, por mucho que los nacionalistas y los socialistas estén dispuestos a olvidar el infinito *cúmulo* de agravios recibidos... EME090396 **32 agresión:** ...pidió a la sociedad vasca que responda «contundentemente» al *cúmulo* de agresiones sufridas... EPE220399 **33 provocación:** ... a la espera de que un día salte (...) replique el *cúmulo* de provocaciones y acabe por sucumbir... LVE061195

D SUSTANTIVOS QUE DENOTAN COYUNTURA, EVENTUALIDAD O CIRCUNSTANCIA COADYUVANTE: **34 circunstancia ++:** ...por un *cúmulo* de circunstancias de todos conocidas... EME300395 **35 factor +:** ...la perfección humana supone un *cúmulo* de factores positivos... DLA050497 **36 situación +:** Un *cúmulo* de situaciones altamente sospechosas encendieron la luz de alarma en la cartera... HOY140797 **37 casualidad +:** ...su llegada a los escenarios ha sido un *cúmulo* de casualidades. EPE301199

E SUSTANTIVOS QUE DENOTAN ASPECTO O PORMENOR: **38 detalle ++:** ...ha podido el autor acceder a tal *cúmulo* de detalles. ABC100192 **39 matiz:** ...la nueva producción del músico nace con la vocación de ser un *cúmulo* de matices... LVE281195 **40 faceta:** ...todo un *cúmulo* de brillantes facetas para dar a un público... LVE170695

F SUSTANTIVOS QUE DENOTAN ACTIVIDAD O LABOR, A MENUDO ENCOMENDADA. TAMBIÉN CON OTROS QUE DESIGNAN OBLIGACIONES CONTRAÍDAS: **41 actividad ++:** ...este *cúmulo* de actividades se inició el pasado jueves... LVE211296 **42 responsabilidad ++:** ...el INI aparecería como una institución insuficiente frente al *cúmulo* de responsabilidades que ha tenido... PME081296 **43 trabajo +:** ...dado el notable *cúmulo* de trabajo experimentado en su Juzgado. EME120795 **44 tarea +:** ...un *cúmulo* de tareas que dificulta ostensiblemente el desempeño... EPE210199

G SUSTANTIVOS QUE DESIGNAN DIVERSOS MOVIMIENTOS DEL ÁNIMO, MÁS FRECUENTEMENTE IMPRESIONES O VIVENCIAS: **45 sensación ++:** ...transmitía un *cúmulo* de sensaciones a través de la luminosidad de sus ojos. LVE130495 **46 emoción +:** ...pudo permanecer impasible ante tal *cúmulo* de emociones. EPE180499 **47 sentimiento +:** Un *cúmulo* de sentimientos aparentemente contrarios... LVE171195 **48 experiencia +:** Todo este *cúmulo* de experiencias ha hecho del nipón un mito... LVE130796 **49 estímulo:** ...un *cúmulo* de experiencias y estímulos recibidos (...) desde la infancia... VIS200397

H SUSTANTIVOS QUE DENOTAN PRUEBA, MUESTRA O SÍNTOMA: **50 prueba ++:** ...para ser enjuiciadas (...) en base al *cúmulo* de pruebas halladas. LVE230495 **51 evidencia +:** ...no tiene vuelta de hoja, dado el *cúmulo* de evidencias... EME080995 **52 indicio +:** Y por si algo faltara en todo este *cúmulo* de indicios y evidencias, ahí está la prueba testifical de... EME050996 **53 señal:** Extraordinario el *cúmulo* de señales y advertencias que acompañó ayer la jornada moscovita de Warren Christopher. LVE230396 **54 testimonio:** ...lo único que ha aportado ha sido su palabra frente al *cúmulo* de testimonios. EME141295 **55 manifestación:** ...florecer la ciudad capital en un *cúmulo* de manifestaciones culturales. LTB090297

I SUSTANTIVOS QUE DESIGNAN MANIFESTACIONES DE DESAPROBACIÓN, PROTESTA, AMONESTACIÓN O RECRIMINACIÓN: **56 crítica +:** ...hacer frente a un *cúmulo* de críticas por la deplorable actuación... LEC110797 **57 denuncia:** ...anunció que la problemática fronteriza será investigada por esta instancia parlamentaria (...), dado el *cúmulo* de denuncias que han sido recibidas. EUV170498 **58 acusación:** ...no se decidió a romper de manera definitiva sus vínculos con el ex mandatario porque consideran que –pese al *cúmulo* de acusaciones en su contra– ninguna ha podido ser probada todavía. EME221295 **59 advertencia:** Extraordinario el *cúmulo* de señales y advertencias que acompañó ayer la jornada... LVE230396 **60 queja:** Bruselas ha tomado esta decisión tras el *cúmulo* de quejas recibidas por la falta de control... EPE280299

J SUSTANTIVOS QUE DENOTAN LO QUE SE PROPONE A OTROS O SE ESPERA CONSEGUIR: **61 deseo:** ... la gran esperanza de la reforma profunda (...) tiende a diluirse ante una pertinaz cortina de humo que ha desvirtuado gravemente el *cúmulo* de semejantes deseos. ABC120393 **62 esperanza:** ...aunque solo fuera por la gran ilusión que el proyecto había generado y el *cúmulo* de esperanzas que todos habían depositado en sus resultados. INDOC **63 sugerencia:** ...estratégicas que se traducen en un *cúmulo* de sugerencias, programas... HOY081178 **64 propuesta:** Ello representaría tirar a la basura dos años de negociaciones intensas; arrojar por la borda un *cúmulo* de propuestas... EXC270596 **65 confianza –:** Cúmulo de confianza impulsó a Sauce. EUV151096

▩ Se combina también con: ♦ **abigarrado**[9]

☐ Véase también: **rosario (de)**, **sarta (de)**.

cundir *v.* ▮ Se construye generalmente con sustantivos no contables en singular *(No le cunde el trabajo, el esfuerzo, el dinero, el tiempo)*, pero lo hace a veces con nombres contables en plural *(las tareas, las páginas)* y –menos frecuentemente–, también en singular *(No me ha cundido el día)*. En el español de América se suele sustituir por el verbo *rendir (No me ha rendido el día)*. Se combina a menudo con un gran número de sustantivos que expresan desgracias, enfermedades, lacras y otros males *(violencia, paro, hambre, desorden, vicio, corrupción, xenofobia)*, así como tendencias, movimientos o inclinaciones que se asimilan a ellos a juicio del que habla *(anticomunismo, nacionalismo, liberalismo, totalitarismo)*. Admite otros muchos sustantivos, pero destacan especialmente sus combinaciones con...

A SUSTANTIVOS QUE DENOTAN AUSENCIA DE CONVICCIÓN, DE DETERMINACIÓN O DE PERSPECTIVAS FAVO-

RABLES EN RELACIÓN CON ALGÚN ESTADO DE COSAS: **1 desánimo ++:** Solo que pasan los años, los resultados se hacen esperar y *cunde* el desánimo. ETC190597 **2 pesimismo ++:** En medio de (...) las desgracias que nos azotan, de los odios que se cultivan y del pesimismo que *cunde*... ETC060996 **3 desesperación ++:** los legisladores señalaron que la desesperación entre las autoridades estatales y municipales empieza a *cundir* por la falta de dinero para cubrir gastos. DYM230796 **4 duda ++:** ...pero con el que pescaron ayer, empapado en alcohol, es suficiente para que *cunda* la duda general... EME270896 **5 decepción +:** ...entre los visitantes que se acercaron a L'Illa nada más abrirse las puertas de la exposición *cundía* más la decepción ratonil que el entusiasmo diagonal. LVE060395 **6 desesperanza +:** Antes de que en el PSOE comience a *cundir* la desesperanza del paraíso perdido. EME030496 **7 desaliento +:** En áreas municipales de Barcelona *cunde* el desaliento. LVE131096 **8 confusión +:** ...a medida en que el malestar y la confusión *cundían* entre los demás miembros de las comisiones se optó por cancelar la sesión... ETC081196 **9 escepticismo:** Debido a la experiencia de los últimos años ha *cundido* el escepticismo respecto a las posibilidades de crecimiento económico que tiene Chile. HOY250484 **10 descontento:** ...se rompió el encanto y *cundió* el descontento. LVE260295 **11 desgana:** ...mientras se arde de pasión teórica por cien sofistas y mil curanderos del alma, *cunde* la desgana en los cuarteles y el entusiasmo en burdeles y tabernas. EPE120280 **12 desinterés:** ...entre los periféricos seguirá *cundiendo* el desinterés recíproco que a todos aísla y empobrece. LVE091196

B SUSTANTIVOS QUE DENOTAN MIEDO, INQUIETUD Y OTRAS MANIFESTACIONES DE INCERTIDUMBRE O DESASOSIEGO: **13 pánico ++:** Cuando esto ocurrió *cundió* el pánico entre los involucrados... VIS080597 **14 miedo ++:** ...esas muertes se quedaban cubiertas por el manto de la impunidad y por el del miedo que ya había *cundido* en forma total. LHG240697 **15 alarma +:** Cundió una forma de alarma y muchas conciencias despertaron ante el peligro del uso indiscriminado... EXC211096 **16 preocupación +:** Cundió la preocupación pero luego trascendió que los guerrilleros del MRTA solo intentaron... VIS230197 **17 sospecha +:** Claro que aquí *cunde* la sospecha de que si todos descubriéramos lo que todos dicen de cada uno... ABC251194 **18 nerviosismo +:** Esta vez no hubo opción a que *cundiera* el nerviosismo en el equipo. LVE270294 **19 inquietud +:** Por Roma *cunde* la inquietud y la alarma, la aflicción en la... HOY230996 **20 intranquilidad:** Cunde entre ellos la intranquilidad y convendría una aclaración oficial. ABC111194 **21 ansiedad:** ...la ansiedad de estrellato que pueda *cundir* entre miembros de la Concertación... HOY070797 **22 incertidumbre:** Durante unos segundos *cundió* la incertidumbre: ¿Se habrá mosqueado la estrella? EME190895

C SUSTANTIVOS QUE DENOTAN MALESTAR, IRRITACIÓN Y OTRAS REACCIONES ADVERSAS: **23 indignación +:** ...el desconcierto, cuando no la franca indignación, ha *cundido* en las propias filas socialistas. EME130494 **24 molestia +:** Y en las más altas esferas del Poder Judicial *cundió* la molestia cuando el gobierno planteó el conflicto de competencia. HOY110784 **25 impaciencia:** Cuando la impaciencia empezaba a *cundir*, llegó el mazazo. LVE110396 **26 crispación:** Pero *cunde* la crispación y se anuncia para esta semana una huelga general. LVE050696 **27 cabreo:** ...comenzamos a indignarnos; más tarde, a la vista de las pruebas demostradas, *cundió* el cabreo general... EME070594

D EL SUSTANTIVO *EJEMPLO* Y CON OTROS SUSTANTIVOS QUE SE ASOCIAN CON LA IMITACIÓN DE COMPORTAMIENTOS O DE HÁBITOS DIVERSOS: **28 ejemplo ++:** ¿Qué pasará si el nuevo ejemplo *cunde*? CLA150197 **29 costumbre +:** ...podrían reponerse con éxito, si *cunde* la costumbre de resucitar reposiciones... EME241295 **30 moda +:** La moda que *cundió* el verano anterior de pasar el fin de semana de discoteca en discoteca a lo largo de... EME110594 **31 práctica:** Si la práctica *cundiera*, se colapsaría la labor de la Fiscalía. LVE310796 **32 precedente:** ...los jóvenes educandos sientan así un meritorio precedente que de *cundir* entre el alumnado evitaría otros desastres ecológicos. CAP270696

E SUSTANTIVOS QUE DENOTAN LA ALEGRÍA Y OTROS ESTADOS DE ÁNIMO DE CARÁCTER POSITIVO, MÁS FRECUENTEMENTE SI SE TRATA DE NOCIONES OPUESTAS A LAS DEL APARTADO *A*: **33 optimismo +:** ...*cunde* el optimismo por la suerte que correrá la iniciativa del Poder Ejecutivo... LNA220692 **34 alegría +:** Mientras, en los barrios obreros *cunde* la alegría por la decretada amnistía penal y laboral... EME070496 **35 ánimo +:** Si un defecto tuvo ayer José Ortega fue amontonar pases sin que *cundiera* el ánimo en el tendido... EME110396 **36 euforia:** Es en Belén donde *cundió* la gran euforia y aunque Arafat mantenga un tono contenido en sus discursos... LVE301295 **37 entusiasmo:** Lo que significa que *cunde* el entusiasmo. EME220195 **38 esperanza:** Mientras que entre la mayoría de los argelinos comenzaba a *cundir* la esperanza de una resolución de la crisis... EME120296

F SUSTANTIVOS QUE DESIGNAN DIVERSAS INFORMACIONES, MÁS FRECUENTEMENTE SI SON INFUNDADAS O CIRCUNSTANCIALES: **39 rumor +:** ...la confianza social ha disminuido, han *cundido* los rumores, se cree poco a los voceros oficiales. VIS230197 **40 opinión +:** Entre los profesionales, *cundía* una opinión: «Han ido a por el ganadero y, por tanto, a cargarse la tarde». EME080696 **41 especie +:** ...está *cundiendo* la especie de que González no se ha retirado de verdad... EPD300697 **42 voz:** ...deben haber *cundido* voces pidiendo algo más conservador, más reconocible... EPM131096 **43 comentario:** Pero también recuerdo el comentario irónico que *cundía* por aquel entonces ante el bombardeo sin tregua de las emisiones cinematográficas de Tele 5... EME230295 **44 infundio:** ¿Cómo dejó que *cundiera* tal infundio entre testigos presenciales, además de las fotografías? PME221296

G LOS SUSTANTIVOS *SENSACIÓN* E *IMPRESIÓN*, ASÍ COMO CON OTROS SUSTANTIVOS ABSTRACTOS QUE CALIFICAN –ATENUÁNDOLA O ENFATIZÁNDOLA– LA INFORMACIÓN PRESENTADA EN LA ORACIÓN QUE LES SIGUE: **45 sensación ++:** En nuestro sistema sanitario esa sensación de interdependencia no *cunde* suficientemente... EUV150996 **46 impresión ++:** ...*cundía* la impresión de que el diálogo político se agotaba por momentos... CAP290597 **47 idea +:** Entre los implicados en el proyecto *cunde* la idea de que eso es, precisamente, lo que las altas instancias del Ministerio desean. ABC210495 **48 teoría +:** La teoría de que «los esfuerzos inútiles conducen a la melancolía» ha *cundido* entre los socialistas... LVE211195 **49**

convencimiento: En los medios integristas *cunde* el convencimiento de que la clave del compromiso al que pudieran llegar la dirección política... LVE150994 **50 percepción:** En todo caso, en La Moneda ha *cundido* la percepción de que Pérez fue víctima de errores propios... HOY171197

H SUSTANTIVOS QUE DESIGNAN INTENCIONES Y DESEOS DIVERSOS, ASÍ COMO ALGUNAS DE SUS MANIFESTACIONES: **51 propósito +:** A ver si *cunden* y son verdaderos los propósitos de enmienda. EME260495 **52 afán +:** El afán por hacer acopio de medicinas antes de que haya que pagar por las recetas *cunde* entre los pacientes. EME060996 **53 queja:** Todos hablan de corrupción. *Cunden* las quejas. VIS190697 **54 exigencia:** ...llama la atención la exigencia conservadora o tradicionalista que ha *cundido* en la exposición-venta de Bancomer. PME131096 **55 advertencia:** Felipe González alertó contra un «gobierno de los jueces», la advertencia *cunde* por ahí. LVE211096

I OTROS SUSTANTIVOS; POSIBLES USOS ESTILÍSTICOS: Le cupo a Gerardo Bravo García evitar que *cundiera* ese vacío. PME080996; Tal maestrazgo ha *cundido* en lectores u otros escritores. LVE080696; Otra vez *cunde* la imposibilidad de imaginar como humano al adversario... EME280596

cuota (de) ♦ **aproximado[44], correspondiente, exiguo[4], fuerte, máximo, mínimo** ♦ **en concepto (de)** ♦ **abono, audiencia, autoridad, captura, culpa, excedente (de), experiencia, exportación, importación, influencia, mercado, monto (de), participación, poder, régimen (de), responsabilidad, sacrificio** ♦ **abolir[9], aportar, aprobar, asignar, asumir, aumentar, bajar, cancelar, cobrar, congelar[22], desembolsar, establecer, estipular, exigir, fijar, implantar, liquidar, oscilar, pagar (en), rebajar[14], revisar, saldar[7], sobrepasar[1], subir, sufragar[23], tributar, vencer[101]**

CURA Véase: REMEDIO; RESOLUCIÓN

curación ♦ **absoluto, aparente, asombroso, completo, definitivo, difícil, espectacular, espontáneo, extraordinario, imposible, insólito, lento, mágico, milagroso, parcial, portentoso, posible, prodigioso, pronto, próximo, rápido, repentino, sobrenatural, sorprendente, total** ♦ **esperanza (de), índice (de), posibilidad (de), proceso (de), vía (de)** ♦ **acelerar(se), alcanzar, atribuir (a algo), avanzar, buscar, completar, conseguir, encontrar, evolucionar, experimentar, haber, intentar, lograr, permitir, perseguir, realizar, rezar (por), tener, tener lugar**

□ Véase también: **cura (de).**

cura (de) ♦ *(curación)* **casero, definitivo, doméstico, efectivo, mágico, milagroso, primero, provisional, saludable, sencillo** ♦ **adelgazamiento, austeridad, ayuno, desintoxicación, humildad, lodo, silencio, sueño, urgencia** ♦ **administrar, aplicar, buscar, conocer, efectuar, existir (para algo), haber (para algo), hacer, lograr, necesitar, prever, realizar, requerir, someter(se) (a), tener**

□ Véase también: **alivio, curación, mejora, remedio, terapia.**

curar(se) ♦ **a marchas forzadas[43], completamente, de raíz[54], por completo[159], totalmente** ♦ **dolor, enfermedad, herida, lesión, mal**

□ Véase también: **recobrarse (de), recuperar(se), reponerse (de).**

curativo *adj.* **I** Admite sustantivos que designan productos y sustancias *(vacuna, hierba, agua, planta, alimento)*; también se combina con otros que designan disciplinas médicas *(medicina, cirugía)*. Aunque acepta otros que expresan muy diversas nociones abstractas y concretas *(palabra, música, intención)*, se percibe una marcada tendencia a combinar preferentemente este adjetivo con...

A SUSTANTIVOS QUE DENOTAN ATRIBUTO, CAPACIDAD O EFECTO DE ALGUNA ACCIÓN: **1 propiedad ++:** ...ante la creciente presencia en el mercado de artículos que se atribuyen propiedades preventivas o *curativas.* LVE160796 **2 cualidad ++:** Tal vez se habría salvado de aceptar que sus males requerían remedios drásticos, de mal sabor, pero de excelentes cualidades *curativas.* ETC110297 **3 efecto ++:** Así, los cartelistas, casi siempre anónimos, diseñaban dibujos sugestivos y textos directos y fáciles de memorizar para popularizar los efectos *curativos* del analgésico. ENC060599 **4 poder ++:** El estudio remitido al Ministerio por los defensores del fármaco omite su poder *curativo* contra el cáncer. LRE100103 **5 capacidad ++:** ...confirmó que los antibióticos (...) utilizados eran falsificados y, por lo tanto, carecían de su capacidad *curativa.* SEM091000 **6 facultad +:** Se denominan «milagro» aquellos productos a los que la publicidad les otorga facultades *curativas...* LVE101195 **7 carácter:** ...que la decisión del Banco de España tiene un carácter eminentemente precautorio más que *curativo.* LVE080195 **8 fuerza:** Consiste en estimular la fuerza *curativa* del propio cuerpo en ciertas dolencias, mediante la aplicación de agujas en determinados puntos vitales. LVE240996 **9 potencial:** Los médicos siguen creyendo en el potencial *curativo* de los antioxidantes. EME140396 **10 virtud:** ...un óleo presuntamente otorgado por María, con virtudes *curativas.* EME020594

B SUSTANTIVOS QUE DENOTAN PROPÓSITO, COMETIDO O EMPLEO DADO A UNA COSA: **11 fin ++:** ...por lo que es probable que el gen BRCA1 se pueda utilizar con fines *curativos* en personas. LVE010396 **12 finalidad +:** ...se exija la prescripción veterinaria de estas sustancias con finalidad exclusivamente *curativa...* EME240194 **13 objetivo +:** En algunos contados casos, la terapia ha logrado su objetivo *curativo...* LRE160103 **14 función +:** Y, también como la obra maestra de Hitchcock, explica las funciones *curativas* y redentoras de la ficción... LRE260103 **15 papel:** La gente tendería a otorgar a su equipo frente a otros equipos rivales un papel vengador y *curativo.* EME130696 **16 uso:** ...en donde se describen más de 450 plantas y sus usos *curativos* en un amplio espectro de la medicina. ESH210497

C SUSTANTIVOS QUE DENOTAN ACCIÓN O ACTIVIDAD: **17 acción ++:** En verdad su probada acción *curativa* se remonta al siglo XVI, cuando se la comenzó a indicar para afecciones estomacales... EPU170701 **18 labor +:** ...ya no permitimos que una hambruna dure más de una semana; pero cada vez hacemos más labor *curativa* que preventiva. LVE270195 **19** tarea: ...sufrieron un cambio importante ya que, junto a la tradicional tarea *curativa*, el progreso biotecnológico desarrolló la posibilidad de... LVE080995 **20** actividad: ...cuando el daño es consecuencia inevitable de la actividad *curativa* y el paciente fue debidamente informado del riesgo... EPE290700

D SUSTANTIVOS QUE DENOTAN RECURSO, FORMA SISTEMATIZADA DE PROCEDER O CONJUNTO DE REGLAS O NORMAS PARA LA APROPIADA EJECUCIÓN DE ALGO: **21** método ++: ...prohíben explícitamente a los médicos «ofrecer métodos *curativos* no avalados por entidades científicas de prestigio reconocido». LVE190995 **22** técnica +: ...compagina los exhaustivos entrenamientos con los «masajes de desbloqueo», una técnica *curativa* creada por él mismo... EME260495 **23** procedimiento +: La braquiterapia en próstata, denominación técnica que recibe este procedimiento *curativo*... EPE010799 **24** práctica +: ...habla en esta novela (...) sobre el poder de transformación, base de toda su práctica *curativa* psicomágica. LRE070103 **25** arte: ...el Shiatsu, un arte *curativo* tradicional del Japón, utiliza firme presión de los dedos en puntos específicos del cuerpo para aumentar la circulación... ENV120197 **26** sistema: Son los partidarios del sistema *curativo* que aplica a las enfermedades, en dosis mínimas... EPE230899 **27** modelo –: ...cambiar el actual modelo asistencial esencialmente *curativo* y sobremedicado por uno de carácter integral con un importante componente educativo y preventivo... ESH180996

E SUSTANTIVOS QUE DENOTAN AYUDA O ATENCIÓN, MÁS FRECUENTEMENTE SI SE DIRIGE A UN ENFERMO: **28** asistencia ++: El Servicio Sanitario Nacional cubre la asistencia preventiva, *curativa* y rehabilitadora... LVE200296 **29** tratamiento ++: ...y abocan al paciente al trasplante como la única alternativa actual de tratamiento *curativo*. EPE161001 **30** terapia ++: Se afirmaba entonces que constituían para ellos una eficaz terapia *curativa*. LVE131096 **31** atención +: ...alojen a los animales en condiciones adecuadas, con un programa de «atención veterinaria preventiva y *curativa*». EPE290699

F SUSTANTIVOS QUE DESIGNAN MEDICAMENTOS, MEDICINAS Y OTROS RECURSOS SIMILARES: **32** remedio +: Desgraciadamente, no existe un remedio *curativo* para la psoriasis... EME160395 **33** medicamento: ...existe el AZT, un medicamento que no es *curativo* sino paliativo, es decir que contribuye a mejorar el nivel de vida. ETC011291 **34** elixir: ...líquido que bebido actuaría como elixir *curativo* de todas las dolencias. EPE040800 **35** bálsamo: Según los expertos, el nombre de Dini ha caído como un «bálsamo *curativo*» sobre los mercados. EME140195 **36** placebo: ...grandes placebos si se quiere, pero inmensamente *curativos*, para la estragada salud visual, y mental, de los televidentes. EME230495

G SUSTANTIVOS QUE DENOTAN RITO, CEREMONIA O ACTO GENERALMENTE RELIGIOSO O MÁGICO: **37** ceremonia: Esta planta es endémica de la selva amazónica, donde miles de indígenas la utilizan en sus ceremonias religiosas y *curativas*. EPE081199 **38** ritual: ...que volvió del corazón de África acompañado de un hechicero especialista en rituales místico-*curativos*. EPE250199 **39** liturgia –: ...cuando el exorcista a sueldo del conductor del pueblo irredento mezcla en su liturgia *curativa*... EPD160198

H SUSTANTIVOS QUE DENOTAN PROCESO O DESIGNAN ALGUNA DE SUS PARTES: **40** proceso ++: ...con remedios altamente diluidos, hechos con sustancias naturales que se cree activan el propio proceso *curativo* del cuerpo. ENV120197 **41** fase: ...el dinero destinado a costear esos servicios apenas ha alcanzado para cubrir los costos médicos en la fase *curativa*. END231097

curiosidad ♦ **creciente, desbordante[44], enorme, escaso, especial, gran(de), inagotable, insaciable[11], insano, irresistible, lleno (de), malsano, morboso, movido (por), natural, preso (de), sano, simple, vehemente[8], vivo[14], voraz** ♦ **a título (de)[7]** ♦ **falta (de), objeto (de)[11]** ♦ **acuciar[33], asaltar[11], atraer, aumentar, avivar[29], calmar, ceder (a), complacer, concitar[4], corroer[17], dejarse llevar (por)[28], despertar[3], devorar, disminuir, entrar (a alguien), estimular, excitar (a alguien), exponer(se) (a), inspirar[29], invadir (a alguien), morirse (de), perder[20], picar[1], provocar, reavivar[30], reconcomer(se)[6], reprimir, resistir, saciar[13], satisfacer, sentir[21], suscitar, tener, tentar (a alguien)**
☐ Véase también: **deseo, inquietud.**

CURIOSIDAD Véase: INCLINACIÓN; INTENCIÓN

currículo Véase: **currículum**

currículum ♦ **académico, amplio, breve, brillante, dilatado[3], documentado, escaso, escolar, espléndido, extenso, impresionante, intachable[13], largo, nutrido[6], prestigioso, profesional, universitario** ♦ **acreditar, avalar, componer, enviar, exhibir, hinchar, inflar, lucir, ostentar[21], presentar**
☐ Véase también: **expediente, historial, hoja de servicios.**

cursar ♦ **asignatura, carrera, correspondencia, denuncia, enseñanza, especialidad, estudio, grado, instrucción, invitación, materia, orden, petición, solicitud, telegrama, télex, titulación**

cursi ♦ **a rabiar** ♦ **perdido, redomado** ♦ **rematadamente[4], sumamente**

curso ▮ *(desarrollo o trayectoria)* ♦ **apretado[7], errático, implacable[81], inexorable[2], itinerante[15], lineal, oficial, paralelo, proceloso[4], rectilíneo, regular, uniforme** ♦ **acabar, adelantar, alterar[49], avanzar, dar[52], delinear[20], describir, desviar[3], dibujar, dictar, discurrir, enderezar[11], iniciar, interrumpir, modificar, obstruir, orientar, perder, proseguir, remontar[59], seguir[25], terminar, tomar, torcer(se), trazar, variar**
▮ *(estudios)* ♦ **académico, a medida[16], avanzado[38], básico, elemental, escolar, especializado, intensivo, presencial, superior** ♦ **abordar (algo), abrir(se)[7], acabar, adelantar, aprobar, asistir (a), auspiciar[7], cerrar, clausurar, crear, dar[277], dirigir (a alguien), examinar(se) (de), homologar, impartir, iniciar, interrumpir, modificar, ofrecer, organizar, pasar, realizar, recibir, remunerar, superar, suspender, terminar**

CURSO
♦ (SUSTANTIVOS) Véase: **abarrotado[C], a cámara lenta[E], accidentado[A,C,E], aciago[B], acometer[C], aco-**

modado[D], acorde (con)[G], acortar[D], adulterar[H], afianzar(se)[G], afrontar[C], agilizar[A], agotador[C,D], ajetreado[B], allanar[A], alterar[J], amargo[B], amenizar[B], apretado[C], arduo[E], arrasador[D], atenazar[E], atesorar[F], avalar[C], avanzado[A,B], azaroso[A], boyante[G], brusco[L], capitanear[B], catastrófico[G], cimentar[F], condensar[A], congelar[H], congestionar(se)[A,B], corregir[F], cortar[I], culminar[I,J], curativo[H], dañar[H], declinar[C], de ida y vuelta[A], dejarse llevar (por)[H], delictivo[B], delinear[C], deparar[C], desbaratar[K], desequilibrar[D], desolador[G], despejar(se)[H], desviar[A], diáfano[B], diagnosticar[F], dilatado[A,C], efímero[H], empañar(se)[E], emprender[A], encarar[C], encarrilar[E], enderezar[A], engrosar[I], enrevesado[G], enrolar(se) (en)[C], ensuciar[D], febril[C], fecundo[E], fértil[B], fraguar(se)[K], frenético[D,E,F], fugaz[B], fulgurante[D], fulminante[H], galopante[E], hipotecar[I], honroso[H], ilusionante[H], imparable[C], impecable[B], implacable[L], impredecible[C], imprevisible[E], inexorable[A], infernal[C], ingente[F], intachable[B], intrincado[D], irresistible[I], irreversible[H], itinerante[C], jalonar[A,B], lanzarse (a)[B], llevadero[F], llevar a buen puerto[C], llevar adelante[B], madurar[F], malograr(se)[E], marcar[A], migratorio[A,B], moldear[C], obstaculizar[B,H], obstruir[A,C], perder[A], perfilar[F], perseverar (en)[C], proceloso[A], prolijo[G], propicio[G], quebrar(se)[H], rectificar[A], remontar[K], retorcido[G], revivir[G], rutilante[B], saborear[E], seguir[C,D], somero[I], tomar[D], torcer(se)[B], tortuoso[A], trazar[B], truncar(se)[B,C], turbulento[B], vasto[C], vertiginoso[F], vislumbrar[H], zozobrar[B]

♦ (VERBOS) Véase: **a cámara lenta[A], a cuerpo de rey[B], a las mil maravillas[A], a mares[B], a {mis/tus/sus...} anchas[C], a pasos agigantados[B], a raudales[A], a todo tren[A], a trancas y barrancas[A], coherentemente[F], con {buen/mal} pie[C], contra viento y marea[D], cronológicamente[F], de arriba abajo[C], de punta a punta[A], de puntillas[A], dignamente[J], fugazmente[B], inevitablemente[A], inexorablemente[A,E], irremediablemente[A], limpiamente[C], negativamente[C], ordenadamente[I], plácidamente[D], sano y salvo[B], satisfactoriamente[C], sin rumbo[A]**

□ Véase también: ESPACIO; EXISTENCIA; PROGRESIÓN.

CURSO Y RECORRIDO Véase:

♦ **de ida, de ida y vuelta, de la ceca a la meca, de mal en peor, de paseo, progresivamente**

♦ **arteria, avance, aventura, caminata, camino, campaña, carrera, cauce, corriente, curso, derrotero, desarrollo, desviación, desvío, estela, evolución, expedición, flujo, itinerario, pasaje, paseo, progresión, recorrido, río, rumbo, ruta, senda, sucesión, travesía, trayecto, trayectoria, trazado, tubería, túnel, vena, vericueto, vía, viaje, vida**

♦ **abocar(se) (a), afluir, confluir, cursar, derivar(se), desarrollar(se) (de), desviar(se), evolucionar, fluir, seguir, serpentear, suceder(se), vivir**

□ Véase también: *DIRECCIÓN Y TENDENCIA; EMISIÓN.*

curtido ▮ *(experimentado)* ♦ **actor, adversario, artista, deportista, director, dirigente, equipo, guerrero, jugador, líder, luchador, militante, militar, persona, político, profesional, trabajador, veterano, voz**

▮ *(preparado)* ♦ **cuero, pellejo, piel** *(animal)*

▮ *(tostado)* ♦ **cara, mano, piel** *(humana)*, **rostro**

curtido (en) ♦ **aventura, batalla, campaña, cine, conflicto, deporte, enfrentamiento, escenario, experiencia, faena, guerra, lid, lucha, misión, resistencia, servicio, tarea, teatro, terreno, torneo**

curva ♦ **abierto, acentuado, acusado, amplio, arrebatador, ascendente, brusco, cerrado, concéntrico, creciente, decreciente, demográfico, de nivel, descendente, despejado, drástico, económico, elegante, estadístico, femenino, gracioso, inesperado, inflacionario, intempestivo, ligero, lleno (de), mareante, parabólico, peligroso, peraltado, pronunciado, radical, repentino, sinuoso, sorprendente, suave, sugerente, sutil, tentador, tremendo** ♦ **forma (de), recorrido (de), trazado (de)** ♦ **acometer, coger, corregir, dejar, describir, dibujar, frenar (en), llegar (a), maniobrar (en), salir (de), tomar, trazar, venir**

□ Véase también: **línea**.

[custodia] → **en custodia**

custodiar ♦ **bajo juramento, bajo llave, celosamente[4], debidamente[22], férreamente[16], secretamente, temporalmente**

D d

dantesco *adj.* ▌En el sentido de 'espantoso, sobrecogedor', se combina con...

A SUSTANTIVOS QUE DESIGNAN LO QUE SE OFRECE A LA VISTA: **1 espectáculo ++:** ...al contemplar paralizado de espanto aquel espectáculo *dantesco*... EPE071201 **2 panorama ++:** ...el reportaje mostraba el panorama *dantesco* de ciertos orfanatos chinos, donde niñas de pocos meses agonizan abandonadas a su suerte... LVE120196 **3 escena ++:** ...las escenas *dantescas* de gente muriendo sin asistencia... EUV080197 **4 imagen +:** La imagen más *dantesca* la ofrecían cuatro cadáveres calcinados... EPE090800 **5 escenario ++:** Las tropas británicas que liberaron Bergen-Belsen encontraron un escenario *dantesco*... LVE280495 **6 visión +:** ...y que ofrecen al parecer una visión *dantesca* del navío hundido. ESP210800 **7 cuadro:** ...los noticieros de televisión mostraban un *dantesco* cuadro: cuerpos de soldados tirados... EPE100799 **8 retrato −:** ...Royo y Vaquero hacen de él un retrato psicológico *dantesco*, pues así lo requieren las aspiraciones atenuantes... EME170694 **9 paisaje −:** ...el paisaje lunar y *dantesco* en que había quedado el sitio en el que se produjo el atentado. LVE230495 **10 decorado −:** ...han convertido las calles de esta localidad (...) en un *dantesco* decorado. EME110394

B SUSTANTIVOS QUE DESIGNAN PROPIEDADES FÍSICAS RELATIVAS A LA APARIENCIA DE LAS COSAS: **11 proporción ++:** La muerte de decenas de ebrios intoxicados ha alcanzado proporciones *dantescas*. ESH111000 **12 dimensión:** ...la catástrofe hubiera adquirido dimensiones aún más *dantescas*. LVE020295 **13 aspecto:** ...los vehículos ardiendo daban a la ciudad un aspecto *dantesco*. CLA080797

C EL SUSTANTIVO *SITUACIÓN* Y CON OTROS QUE DENOTAN ESTADO DE COSAS O RESULTADO DE ALGO: **14 situación +:** La lluvia de estos días está provocando situaciones *dantescas*... EME281295 **15 estado:** ...en sus viviendas, «que se encontraban en un estado *dantesco*». EME110796 **16 secuela:** ...las secuelas de la explosión han sido verdaderamente *dantescas*. INDOC **17 resultado:** El resultado de la detonación fue *dantesco*... LVE220895 **18 efecto:** Estos *dantescos* efectos son causa directa de la pésima calidad del agua potable, del uso incontrolado de fertilizantes minerales y pesticidas... EME210995 **19 saldo −:** Porque el recrudecimiento del conflicto en todos los frentes llegó a blancos civiles y hasta las capitales de ambos países, con un *dantesco* saldo de víctimas y destrucción. HOY250385

D SUSTANTIVOS QUE DESIGNAN SUCESOS Y ACTUACIONES VIOLENTAS, Y A MENUDO CON EFECTOS DEVASTADORES: **20 matanza:** Ruanda y Burundi, habitados en la misma proporción por hutus, la etnia mayoritaria, y por los tutsis, que representan entre el 10 y el 20 de la población, han sido teatro de *dantescas* matanzas... EME130494 **21 accidente:** Pero en el trasfondo del *dantesco* accidente se hallan las mismas respuestas a la inquietud de varias generaciones... LPA060592 **22 incendio:** Dantesco incendio reduce a cenizas la sede de Adimark. HOY291297 **23 explosión:** Es cierto que la evidencia del terror nuclear ha evitado durante ese medio siglo la repetición de otras explosiones *dantescas*. LVE060895 **24 llama −:** Por causas desconocidas, poco después de la medianoche del domingo ardieron tres estibas de maderas (...) provocando *dantescas* llamas que (...) superaron los diez metros... LNP040297 **25 carnicería −:** ...ha sucedido desde el pasado verano la abominación en estado puro: (...) una *dantesca* carnicería de más de 300 personas, degolladas... EPD141097 **26 choque −:** ...confiesa nacido de un accidente que presenció en el pasado, el *dantesco* choque de dos aviones en el aeropuerto de Los Rodeos... EPE091101

E SUSTANTIVOS QUE DESIGNAN LUGARES O ESPACIOS: **27 lugar:** El recinto de El Angulo, que los acoge, es un lugar *dantesco*. EME250695 **28 campo:** ...camina a zancadas sobre un *dantesco* campo de batalla cubierto de cadáveres... EME281295 **29 ciudad −:** ...una ciudad *dantesca* en donde miles de niños juegan con la muerte... EPE140999 **30 calle −:** ..la protagonista lucha por agarrarse a la vida sin traicionarse a sí misma y recorre alucinada las calles *dantescas* de Medellín... EPE140999 **31 loma −:** Los cadáveres se transformaban en *dantescas* lomas de hielo y nieve. EME230194

F OTROS SUSTANTIVOS; POSIBLES USOS ESTILÍSTICOS: El Tour se está decidiendo en una *dantesca* invisibilidad... EME210796; ...evitando un «overbooking» que se presumía *dantesco*. LVE260495; Y sentencia: «En España se está al borde de un monopolio *dantesco*». ABC050393

☐ Véase también: **infernal**.

danza ♦ **acompasado, airoso, alegre, ancestral[34], animado, clásico, contemporáneo, desenfrenado[22], folclórico, frenético[8], moderno, popular, ritual, típico, tradicional, triunfal** ♦ **espectáculo (de), grupo (de), sesión (de), taller (de)** ♦ **estudiar, practicar**

dañar *v.* ▌Acepta gran número de sustantivos que designan toda clase de seres materiales *(naturaleza, célula, pulmón, coche, motor, edificio, instalación, carretera)*. Se combina a menudo con los que expresan el efecto de ciertas acciones *(dañar la producción, los cultivos, las exportaciones)* y también con los que se refieren a personas, grupos u organizaciones. Entre las combinaciones de este verbo con sustantivos abstractos destacan especialmente las que tienen lugar con...

A SUSTANTIVOS QUE DESIGNAN EL BUEN NOMBRE O LA OPINIÓN QUE SE TIENE DE LAS PERSONAS O LAS INSTITUCIONES. TAMBIÉN CON OTROS QUE DESIGNAN ALGUNAS DE SUS CUALIDADES, MÁS FRECUENTEMENTE SI HACEN REFERENCIA A SU DIGNIDAD, SU HONOR O AL RECONOCIMIENTO QUE SE HACE DE SUS MÉRITOS: **1 imagen ++:** Indicó también que la gestión en Aerolíneas está *dañando* seriamente la imagen de los españoles como inversores y gestores empresarios en América latina. CLA040501 **2 prestigio ++:** ...su exigencia se nutría en el deliberado propósito de *dañar* el prestigio del procurador... PME081296 **3 credibilidad ++:** ...la credibilidad que había sido seriamente *dañada* luego de los hechos de fraude evidenciados en los exámenes pasados... ACP071100 **4 integridad ++:** ...ante el temor de que se produzcan represalias o medidas coercitivas que *dañen* la integridad física y moral de nuestras familias... PME210796 **5 reputación +:** Con sus declaraciones públicas contrarias a la postura del Gobierno, (...) *dañó* la reputación del Gobierno... CAN300499 **6 honor +:** ...permiten que estos últimos sean usados de manera injustificada e inmisericorde para recoger rumores y otras especies que *dañan* el honor y la reputación de terceros. DED021196 **7 dignidad +:** ...en una actitud que *daña* la dignidad de los bolivianos, empezó un proceso de compra de conciencias –compra de votos– en comunidades rurales. LTB010497 **8 autoridad +:** ...según unos es nocivo debilitar al gobierno con acusaciones que *dañan* su autoridad; otros sostienen, por lo contrario, que es bueno que funcionen las instituciones de control... LNA050792 **9 legitimidad:** Pero la intervención de la justicia en el caso Trillium habría *dañado* su legitimidad en forma decisiva. HOY230697 **10 influencia:** Quieren *dañar* la autoridad, la influencia y la legitimidad del sistema institucional revolucionario. GIC062097

B SUSTANTIVOS QUE DENOTAN APTITUD O CAPACIDAD: **11 capacidad +:** ...finalmente, *dañan* la capacidad de reparación y regeneración del genoma... ABC151093 **12 facultad +:** Su enfermedad está muy avanzada y ha *dañado* sus facultades físicas. EPE301101 **13 potencial:** ...la autonomía en materia normativa puede *dañar* gravemente el potencial recaudatorio de nuestro sistema fiscal. EME161196

C SUSTANTIVOS DE ORIENTACIÓN PROSPECTIVA QUE DENOTAN POSIBILIDAD DE ACTUACIÓN O ELECCIÓN: **14 posibilidad +:** ...la prolongación de esta agonía no hace sino *dañar* las posibilidades de recuperación económica... EME170795 **15 opción +:** ...apremiado por la urgencia de lograr otra victoria para no *dañar* mucho más su opción clasificatoria... LTB040397 **16 oportunidad:** Aunque el «autista» Felipe González, a quien solo preocupa su situación, acaba de *dañar* esa oportunidad insultando al líder de IU en el debate de la Nación. EME140295

D SUSTANTIVOS QUE DESIGNAN LO QUE CONVIENE, CORRESPONDE O BENEFICIA A ALGUIEN. TAMBIÉN CON OTROS QUE EXPRESAN LO QUE SE DESEA O SE PRETENDE ALCANZAR, ASÍ COMO LOS MEDIOS QUE SE PONEN PARA CONSEGUIRLO: **17 interés ++:** ...la crisis política entraña cada vez riesgos más graves «y está *dañando* los intereses del país»... LVE060695 **18 derecho +:** ...el 85% cree que la libertad y los derechos humanos están gravemente *dañados*. CLA080501 **19 objetivo:** ...indicó ayer que esa actitud puede *dañar* el objetivo del viaje de Albright... EPE020399 **20 plan:** ...ese comportamiento puede *dañar* el plan del «borrón y vista gorda», o del pase de la página de los GAL. EME120696 **21 proyecto:** Durante la campaña el mandatario acusó a los medios de difundir «mentiras» y «falsedades» para tratar de *dañar* su proyecto político revolucionario. ESP270700 **22 política:** «Restando ingresos al Estado y *dañando* la política industrial no es la manera más solvente de cumplir los objetivos de convergencia con Europa», afirmó. EME100796 **23 estrategia:** Asimismo, se le recriminó por «haber hecho el juego al PNV» y de *«dañar»* la estrategia de EA, así como de «crear desánimo» en las bases del partido. EME100294

E SUSTANTIVOS QUE DENOTAN VÍNCULO, UNIÓN, ACUERDO U OTRAS FORMAS DE CONSENSO O RELACIÓN: **24 relación ++:** ...será una gran espina venenosa que *dañará* las relaciones entre Panamá y China... PLG310397 **25 pacto +:** ...advirtió que este «modelo de oposición» puede *dañar* los pactos entre CiU y PP. LVE180596 **26 acuerdo +:** ...vela para que ningún tipo de declaración pueda *dañar* el acuerdo de gobernabilidad con los nacionalistas. LVE200896 **27 unidad +:** El peligro de acumular anécdotas (...) radica en que su heterogeneidad puede *dañar* la unidad del conjunto. ABC250992

F SUSTANTIVOS QUE DESIGNAN ESTADOS DE ARMONÍA, REGULARIDAD Y AUSENCIA DE RIESGO O DE PERTURBACIÓN: **28 estabilidad ++:** Gorbachov desea que el cambio no *dañe* la estabilidad. EPE011289 **29 equilibrio ++:** ...ha tenido ahora la delicadeza de trocar aquel exhibicionismo que *dañaba* el equilibrio global de la fachada (...) por una discreción armónica con el conjunto. LVE041196 **30 orden +:** El Ministerio culpa a las tres publicaciones de *dañar* el orden y la seguridad en el país por el hecho de publicar una llamada firmada por el FIS... EME090695 **31 confianza +:** La desclasificación *dañaría* la confianza exterior en los servicios de inteligencia, según Defensa. LVE020796 **32 seguridad:** ...hasta qué punto la desclasificación de determinados documentos puede *dañar* o no la seguridad nacional. LVE020896

G SUSTANTIVOS QUE DESIGNAN OTRAS CUALIDADES Y ATRIBUTOS DE LAS PERSONAS O LAS COSAS, MÁS FRECUENTEMENTE SI SON DE NATURALEZA ÉTICA O ESTÉTICA: **33 valor:** Dahl no parece evaluar el riesgo de que la igualdad democrática pueda *dañar* gravemente el valor aristocrático de la libertad... ABC110992 **34 sensibilidad +:** ..la intención de la casa discográfica y de los autores e intérpretes de la canción «no era *dañar* la sensibilidad de nadie...». EME250194 **35 moral:** ...disposiciones jurídicas que tienden en ocasiones a ser algo imprecisas, señalando, como en el Código Penal, que debe procurarse evitar conductas escandalosas o que *dañen* la moral pública. PME250896 **36 gusto:** Se dijo que la representación *dañaba* el gusto de los espectadores. INDOC **37 conciencia:** ...ignorar la cadena de noticias negativas que *daña* a diario la conciencia de los rojiblancos. EPE160399

H SUSTANTIVOS QUE DENOTAN EVENTO EN EVOLUCIÓN O EN CURSO: **38 proceso +:** La posición oficial contiene concepciones y señalamientos equivocados que *dañan* gravemente el proceso de pacificación... DYM120996 **39**

marcha: El ataque sobre la legación china en Serbia *daña* la marcha del plan de paz. La OTAN admite su *trágico error,* pero continuará los bombardeos. EPE090599 **40 desarrollo:** ...puede provocar graves desequilibrios y *dañar* el desarrollo de la vegetación autóctona. EPE290199 **41 progreso:** ...una política agresiva de aislamiento y contención que *dañe* el progreso de China. EME120396

▩ Se combina también con: ♦ **considerablemente[32], fatalmente, gravemente, irremediablemente[9], ligeramente[46], notablemente[34], psicológicamente, seriamente[10], severamente[21]**

☐ Véase también: **daño, mellar(se), perjudicar.**

dañino ♦ **absolutamente, claramente, enormemente, especialmente, extraordinariamente, gravemente[41], potencialmente, realmente, seriamente, sumamente, terriblemente, verdaderamente**

☐ Véase también: **lesivo, perjudicial.**

daño ♦ **abultado, ambiental, apreciable, calculado, catastrófico[14], cerebral, colateral, compensatorio, considerable, cuantioso, deliberado, ecológico, económico, enorme, exiguo, físico, gran(de), grave, imperceptible, importante, inapreciable[27], incalculable, ínfimo, ingente[67], inmenso, insignificante[15], intencionado, irremediable, irreparable[1], irreversible[5], leve, material, moral, ostensible[81], perceptible, personal, potencial, psicológico, serio[22], severo[58], significativo, terrible, tremendo, visible** ♦ **alcance (de)[20]** ♦ **acarrear[19], achacar[28], aminorar[40], amortiguar[2], arreglar, asumir[22], calcular, calibrar[40], causar[1], compensar[1], comprobar, conjurar[14], cuantificar, deparar, derivar(se)[12], diagnosticar[10], diluir(se)[56], enmendar[10], evaluar, evitar, hacer, ignorar, indemnizar (por), infligir[1], magnificar[16], mitigar[8], ocasionar[1], pagar, paliar[34], prevenir, producir, provocar, recibir, reclamar, recuperar(se) (de), registrar(se), reparar, reponer[10], resarcir (de), restablecerse (de), restañar[3], solventar, soportar, subsanar[46], sufragar, sufrir**

☐ Véase también: **dañar, desperfecto, deterioro.**

DAÑO ♦ (SUSTANTIVOS) Véase: **accidental[B], acechar[D], achacar[F], afrontar[E], a golpes[I], ahuyentar[B], a la medida (de)[D], alcance (de)[D], aminorar[F], aparatoso[B,C], calibrar[G], causar[A], cometer[D], compensar[A], condicional[D], conjurar[D,F], infligir[A,F], lavar[E], magnificar[B], mitigar[B], nefando[C], ocasionar[A], ostensible[F,L], paliar[E], quitar hierro (a)[C], reponer[D], restañar[A], saldar[E], secuela (de)[A], serio[D], severo[G], subsanar[F]**

♦ (VERBOS) Véase: **a golpes[D,B], considerablemente[C], ligeramente[E], maliciosamente[G], manifiestamente[D], notablemente[C], ostensiblemente[E], peligrosamente[C], severamente[D,H]**

☐ Véase también: CÁLCULO; INFORMACIÓN; PERJUICIO; RESULTADO.

DAÑO Y PERJUICIO Véase:

♦ **dañino, lesivo, perjudicial**

♦ **agravio, daño, detrimento, molestia, perjuicio, sufrimiento, trastorno, trauma**

♦ **agredir, atenazar, boicotear, sojuzgar**

☐ Véase también: *AGRESIÓN; INFLUENCIA, EFECTO Y CONSECUENCIA.*

[dar] → **dar (a), dar a luz, dar carpetazo (a), dar crédito (a), dar (de), dar (en), dar en saco roto, dar la cara, dar las gracias, dar(le) (a), dar luz verde (a), dar (por), dar que, dar rienda suelta (a), dar saltos (de), darse (a), darse de bruces (contra), dar vida (a), dar vueltas (a)**

dar *v.* ▮ Se omite a menudo el complemento que encabeza la preposición *a* (indirecto unas veces y de régimen otras). En unos pocos casos alternan *a* y *para (dar tiempo {a que.../para que...}).* En el sentido de 'entregar, ofrecer, hacer llegar' o 'proporcionar' se combina con sustantivos que designan entidades materiales *(Dame ese papel, por favor).* También se combina con...

A SUSTANTIVOS, GENERALMENTE NO CONTABLES, QUE DENOTAN ASISTENCIA, SUSTENTO O PROTECCIÓN: **1 ayuda ++:** Corea del Sur es renuente a *dar* una ayuda alimentaria indiscriminada a Corea del Norte... ENH050597 **2 servicio ++:** ...el acreditado profesional está apto intelectual y éticamente para *dar* ese servicio. ESH090497 **3 apoyo ++:** El pleno de la familia Sang Ben (...) acudió en masa a *darte* apoyo en el espectáculo... RUM031197 **4 protección ++:** ...las autoridades económicas deben revisar la estructura arancelaria y *dar* mayor protección a aquellos sectores... ETC280497 **5 soporte +:** Los integrantes del pacto de Ajuria Enea acusan a HB de *dar* «soporte social» al terrorismo... LVG231191 **6 auxilio:** «Si alguien viene a mí necesitando refugio y ayuda bajo las mismas circunstancias (de Marta) le volvería a *dar* auxilio». DDN090101 **7 base:** ...el único motivo de este nuevo «viaje de descubrimiento» era el de *dar* base legal a sus peticiones. LPA030592 **8 sustento:** ...*darán* sustento científico a la aplicación de este sistema de terapia... DYM080996 **9 albergue:** ...llegan a diario las adolescentes embarazadas buscando ayuda. Pero no se les puede *dar* albergue a más de una decena de ellas a la vez. EPC141097 **10 cobijo +:** Después vendrá el exilio, y Argentina le *dará* cobijo. ABC161294 **11 alojamiento +:** ...modificados los interiores para *dar* alojamiento a la tripulación... LPA050592 **12 respaldo +:** ...ha tenido que salir al frente para *dar* su respaldo a los magistrados... CAP030497 **13 asistencia +:** ...destinará un fondo para *dar* asistencia temporal a aquellos residentes legales... DLA100497 **14 asesoría:** ...una empresa seria, confiable, capaz de *dar* al Gobierno de Guatemala la asesoría necesaria... PLG070397 **15 consuelo ++:** ...tomando en cuenta la conflictividad histórica, las posibilidades y limitaciones, sin *dar* consuelos baratos... PME250896 **16 orientación +:** Agradezco desde ya la orientación que me pueda *dar* a este respecto. EPU120701 **17 consejo ++:** ...no le encuentro sentido a esta existencia vacía que llevo. ¿Me puede *dar* algún consejo? ENH030697 **18 atención +:** ...la Iglesia de los pobres es la que más va a sufrir «con esta atención que se le va a *dar* al Ejército». PME120197 **19 paliativo –:** ¿Será mejor destinar ese dinero a *dar* paliativos que alivien, aunque sea de manera insignificante la situación de los más pobres, o será mejor destinarlo a fomentar la actividad productiva? LTB250700 **20 sostenibilidad:** ...la recuperación de las finanzas públicas contribuirá a *dar* sostenibilidad a la que calificó de estabilidad de la economía. LHG260700 **21 amparo:** Parece que, finalmente, el Tribunal

Supremo *dará* amparo a los afectados y atenderá una reclamación que todos consideran justa. INDOC

B SUSTANTIVOS QUE DESIGNAN DIVERSAS INCLINACIONES Y SENSACIONES AFECTIVAS QUE SE CARACTERIZAN POR TRANSMITIRSE A LOS DEMÁS: **22** **afecto:** ...está a punto de casarse y, por tanto, *dar* a su esposo la otra mitad de su afecto... REL011096 **23** **cariño +:** ...a los niños se les va a *dar* cariño, amor y enseñanza cristiana... ENH110297 **24** **comprensión:** ...siempre invocando comprensión, la comprensión que no estamos dispuestos a *dar* a nuestro prójimo. ESP300601 **25** **amor:** Y quiero *dar* amor, porque tengo de sobra. ABC120692 **26** **ternura:** Necesita que le *den* un poco de ternura. INDOC

C SUSTANTIVOS QUE DENOTAN ESTÍMULO, ÁNIMO O FUERZA EN DIVERSOS GRADOS: **27** **impulso ++:** ...empeñados colectivamente en trabajar de común acuerdo y *dar* impulso a iniciativas culturales de interés nacional. EPU170701 **28** **estímulo +:** Anteriormente hemos visto diferentes formas de modificar los ejercicios a fin de *dar* a los músculos nuevo estímulo. ENH120597 **29** **ánimo +:** Cómo voy a poder *dar* ánimos, cuando no los tengo. CAP030497 **30** **esperanza +:** ...tiene obligatoriamente que *dar* esperanza, fe y felicidad al resto de los hombres. CAN040101 **31** **incentivo +:** Asimismo dijo que respaldaba la creación de un programa en Colombia que *daría* incentivos a los pequeños agricultores a reemplazar los cultivos de coca. ENH100900 **32** **aliento +:** El gobernador, ahora, teme el aliento que desde el Gobierno le puedan *dar*... CLA120197 **33** **empuje:** La fotografía, como supuesta estructura visual fiel a la realidad, termina de *dar* empuje al positivismo, que se alienta en ella. ENV260700 **34** **fuerza +:** ...pretende *dar* fuerza a sus argumentos con el oscuro episodio... PME271096 **35** **poder:** ...instrumento que le *daría* poder de veto en el marco de cualquier decisión. EUV120996

D SUSTANTIVOS QUE DENOTAN AUTORIZACIÓN, ACEPTACIÓN Y OTRAS FORMAS DE ASENTIMIENTO O AQUIESCENCIA. TAMBIÉN CON OTROS QUE EXPRESAN LA AUSENCIA DE TRABAS EN LA MANIFESTACIÓN LIBRE DE ALGUNA COSA: **36** **permiso ++:** ...«nos puso todas las trabas del mundo para *darnos* el permiso necesario». FDV150601 **37** **paso ++:** ...firmaron un convenio para la colaboración científico-técnica que debe *dar* paso a la conformación de la comisión mixta... GIC124997 **38** **visto bueno ++:** ...cuentan con mayoría en el órgano que debe *dar* el visto bueno a esta propuesta... ENC121200 **39** **autorización ++:** La citada comisión intergubernamental es la encargada de *dar* las autorizaciones... ABC060594 **40** **aprobación ++:** ...exhortó ayer al Congreso a *dar* su aprobación al proyecto... LDD170797 **41** **consentimiento +:** Hasta hace semanas atrás, todavía pese a que era algo planificado no estaba confirmada la Cumbre, los presidentes tenían que *dar* su consentimiento de venir a la Cumbre. ESP031100 **42** **sí +:** Pero antes de *dar* el sí, la parejita deberá resolver algunos temas... CLA091000 **43** **licencia +:** El Concello de Tui tiene que *darle* licencia de obra o indemnizarle si no le deja construir... FDV150601 **44** **aval:** ...el aval que los legisladores chilenos deben *dar* al acuerdo sellado en Buenos Aires... CLA050199 **45** **carta blanca +:** ...acordó en su reunión del 6 de enero *dar* «carta blanca» a Frei para llevar adelante la lucha antiterrorista. PME120197 **46** **palabra:** ...ha dado la medida de su lucidez al *dar* la palabra a los mejores testigos de su historia... ABC101293 **47** **voz:** ...los reflejos autoritarios del régimen tienen que *dar* la voz de calma... CAP030497 **48** **alta +:** Según los partes médicos de la fundación, si Roa Bastos sigue evolucionando así, le podrían *dar* el alta la semana que viene. CLA160199 **49** **acceso ++:** ...el compromiso de un concejal, quien propuso *dar* acceso al público los fines de semana... ESH141100 **50** **salida ++:** ...han puesto al equipo de Neiker al límite de su capacidad ante la necesidad de *dar* salida a 144 muestras diarias. EDV110101 **51** **apertura:** ...se reunió ayer para *dar* apertura a las plicas administrativas de las tres desaladoras de agua de mar... CAN300499 **52** **curso ++:** ...ofrecen el apoyo de determinado partido político para solucionar los problemas o *dar* curso a las demandas. DYM040796 **53** **rienda suelta ++:** ...cada actor que participe podrá *dar* rienda suelta a la creatividad con plena libertad... EUV060499 **54** **luz verde ++:** Como se sabe, los regidores de NM/C90 opinan que se le debe *dar* luz verde a Lucchetti... CAP080198 **55** **preferencia +:** Sí, y establece que se debe *dar* preferencia a los matrimonios chilenos. CAR131097 **56** **prioridad +:** ...interesarse porque el pueblo tenga viviendas decentes y *dar* prioridad a la educación. LNC101096 **57** **participación +:** ...gobernar no es imponer sino conciliar, es *dar* participación a la colectividad... LTB141296 **58** **intervención:** ...sugirió que se debería *dar* intervención a la comisión de asuntos constitucionales... LPA280492 **59** **representación:** «Le vamos a *dar* a la gente de Juncos representación en el escrutinio»... END141100

E SUSTANTIVOS QUE DENOTAN ESPACIO O UBICACIÓN, A MENUDO INTERPRETADOS FIGURADAMENTE: **60** **cabida ++:** En épocas distantes, el taller solía acomodar el espacio para *dar* cabida al texto. EPU041001 **61** **sitio ++:** En nuestro país se han realizado esfuerzos notables para *dar* a la fotografía el sitio que merece... EXC070901 **62** **acomodo:** ...los trabajos para *dar* acomodo a los cientos de miles de refugiados en Macedonia y en Albania... DDN290499 **63** **ubicación:** ...dada la ubicación que se pretende *dar* a la torre, no cumpliría con (...) la Ley de Urbanismo... LEC100497 **64** **espacio:** ...para que el acceso a la cultura sea constante y se afiance el trabajo artístico al *dar* espacio a talentos como los de Leonardo y Carlos. ETC111196 **65** **cauce +:** ...para *dar* a las relaciones entre el poder temporal y el del espíritu cauce tranquilo y ordenado que promoviera la pacífica convivencia. PME271096

F ALGUNOS SUSTANTIVOS QUE DESIGNAN PERÍODOS O INTERVALOS: **66** **tiempo +:** ...decide visitarnos de sopetón, sin *dar* mucho tiempo para lavar la cara de la ciudad y esconder a los buhoneros... ENV021000 **67** **tregua +:** Hay que *dar* al nuevo fiscal del caso Colosio la tregua requerida... DYM080996 **68** **plazo +:** Nosotros no hemos tomado todavía el régimen de *dar* plazos mayores. EPU040301

G SUSTANTIVOS QUE DENOTAN RAZÓN DE SER, CONTENIDO, DENOMINACIÓN, DESTINO Y OTRAS PROPIEDADES DE LAS COSAS QUE SE TIENEN POR IGUALMENTE FUNDAMENTALES: **69** **sentido ++:** Escucho a la naturaleza y al hombre con asombro y copio lo que me enseñan, sin pedantería y sin *dar* a las cosas un sentido que no sé si lo tienen. LNP010497 **70** **significado ++:** Eso le *dará* nuevo significado a su vida al ser útil y por lo tanto no se sentirá tan solo. ENH030697 **71 justificación:** Este leve artificio compositivo, que contribuye a *dar* justificación al uso de la primera persona, es el único nexo entre las secuencias... ABC170295 **72 razón ++:** ...parecía *dar* la razón a esa interpretación de los hechos. LTB170701 **73 finalidad:** Conocer la finalidad y el uso que se *da* a los recursos hídricos es una cuestión «prioritaria»... EPE260999 **74 destino:** Este diario no ha podido comprobar qué destino se *dio* a esta última entidad... EME210594 **75 identidad +:** ...la continuidad del llamado «Proceso Maturana», iniciado para *darle* identidad al fútbol colombiano... ETC011291 **76 nombre ++:** «Se decidió *dar* mi nombre al Conservatorio hace dos años a propuesta del claustro». ABC060195 **77 título:** No voy a pronosticar catástrofes. No les voy a *dar* un título. CLA240199 **78 contenido:** Él le *daría* contenido al discurso opositor porque maneja la economía... EUV150996 **79 carta de naturaleza +:** Y tampoco hay en ella razones para *dar* carta de naturaleza a numerosos anglicismos... ABC241292 **80 forma ++:** Cuando un hombre no puede *dar* clara forma a sus ideas, las expresa por medio de fábulas. ABC040693 **81 vida ++:** El nacimiento consiste en *dar* plena vida a un nuevo ser para que la viva plenamente. DDN290499 **82 entidad:** Recrear una imagen ancestral era *darle* nueva entidad física... CLA020199 **83 dirección:** ...para *dar* nueva dirección a los esfuerzos que cumplían los dos conjuntos de países en favor de la paz en Centroamérica. EPC040996 **84 interpretación:** ...sabe *dar* a sus letras la interpretación entre íntima y confesional que requieren... HOY041196 **85 lectura:** ...se le puede *dar* cualquier lectura, según desde donde se la mire. EPU060901 **86 clave ++:** La propia historia de este cosechero pudiera *dar* la clave. GIC124997 **87 dimensión:** Preguntan, también, cuál es la dimensión que se quiere *dar* a la RTVE saneada... DDN030101 **88 cuerpo:** ...fin que consiste en «*dar* cuerpo a la esencia secreta de las cosas, en lugar de copiar su apariencia». ABC140194 **89 corporeidad:** ...se evidencia su dominio dibujístico, su sentido a la hora de *dar* corporeidad a la mancha de color. ABC240792 **90 consistencia +:** ...potenciar las capacidades operacionales de la organización para *dar* consistencia a la Identidad Europea de Defensa... LEC191197 **91 lógica:** Aparentemente ya se le terminó toda la lógica que le pueden *dar* a sus argumentos... LPN180397

H SUSTANTIVOS QUE DESIGNAN LA FORMA EN QUE ALGO SE MANIFIESTA O EL ASPECTO QUE ADQUIERE: **92 aire ++:** Esta impresión tan viva de la soledad radical de los personajes, contribuye a *dar* a la novela su aire fantasmal y de ensoñación... ABC080193 **93 apariencia +:** ...crean ángulos que no existen para *dar* al rostro de la dama una apariencia misteriosa... ENV120197 **94 carácter +:** El ayuntamiento intervino, sin embargo, para *dar* a la fiesta un carácter un poco más académico y menos desenfrenado... ENH090297 **95 sesgo:** ...cierto sesgo peligroso que un sector amarillista de la prensa internacional está pretendiendo *dar* a la muerte de los secuestradores. LPN070597 **96 rasgo:** La necesidad de *dar* al partido rasgos más participativos y menos cupulares y de dirimir, a través de los votos, la vieja pugna... ESH120996 **97 papel +:** Se podría *dar* a la reunión de los jefes de Estado del G-7 un papel político más amplio e invitar a Rusia a participar. CLA030297 **98 tono +:** Le preocupa que el acopio documental lastre en demasía el tono elegante y festivo que quisiera *dar* a su libro, pero tampoco se resigna a renunciar al rigor. ABC030993 **99 perfil +:** En este marco, líderes modernos (...) pueden ser buenos ejemplos para *dar* al PRD perfil, objetivo y contenido. DYM230796 **100 imagen +:** ...no es un buen estilo para un presidente de club, que debe *dar* buena imagen de su equipo. PLG190397

I SUSTANTIVOS QUE DENOTAN RELEVANCIA, PROMINENCIA Y OTRAS PROPIEDADES DE LAS PERSONAS O LAS COSAS RELATIVAS AL PAPEL QUE DESEMPEÑAN, GENERALMENTE EN COMPARACIÓN CON LAS DEMÁS: **101 importancia ++:** Combate esa tendencia de *dar* demasiada importancia a las tonterías del diario vivir. ENH030697 **102 peso ++:** ...para *dar* más peso a una eventual petición ante la OMC para resolver el problema. LEC191197 **103 relieve +:** ...con ello se *daría* relieve oficial a la percepción de que ese poder del Estado enfrenta una crisis de imagen y de confianza públicas. HOY230697 **104 relevancia:** Según Tudela, se *ha dado* demasiada relevancia a los problemas de seguridad nacional. DHE241097 **105 resonancia:** La mayoría de las veces, las polémicas sirven para *dar* resonancia a aquello contra lo que se polemiza. DLA190497 **106 rango:** AENA no prevé *dar* al aeropuerto de Peinador rango internacional. FDV030599 **107 categoría +:** Era indispensable *dar* al país la categoría de nación soberana, a fin de obtener los reconocimientos internacionales... PLG190397 **108 empaque:** Todo contribuye a *dar* al volumen un empaque hidalgo y acogedor que lo aleja por igual de la vulgaridad y el envaramiento. ABC280795 **109 impronta:** ...quería *dar* a la capital política y económica de España una impronta americana. ABC100993 **110 énfasis +:** ...se haría por televisión y por lo tanto no se adelantarían los temas a los cuales Krauss le *daría* énfasis. LEC060497 **111 dinamismo +:** ...un sistema de puja abierta, con el que se pretende *dar* dinamismo a la puja... ESH310197 **112 competitividad:** Las medidas van destinadas también a otros sectores y les van a *dar* competitividad. EPU110601

J SUSTANTIVOS QUE DENOTAN CAPACIDAD, GENERALMENTE DE ACTUAR. TAMBIÉN CON OTROS QUE EXPRESAN DIFUSIÓN, EXPANSIÓN O PROMOCIÓN: **113 capacidad +:** ...que pueda *dar* a los ciudadanos la capacidad de influir en sus vidas cotidianas. ETC210197 **114 capacitación:** El tercer desafío fue *dar* capacitación en distintos oficios para los desocupados y subocupados. CLA110199 **115 libertad +:** Las nuevas autoridades estiman que se les puede *dar* a las municipalidades la libertad de pedir dinero a bancos y asociaciones... CLA090597 **116 autonomía +:** En el segundo proyecto, se busca *dar* autonomía a las diversas filiales de Solca. VIS090797 **117 alas +:** ...es el momento de promocionar el nuevo disco, porque le importa *dar* alas a su última gira... ABC120393 **118 independencia +:** Ahora hará falta algunas leyes y reglamentos, que terminen de *dar* a la Función Judicial la independencia y los mecanismos para mantener la altura que la administración de justicia requiere. DHE071097 **119 cancha +:** Un Fernando Arrabal que recuperaba el espíritu surrealista para contestar –de pie, *dando* cancha a los fotógrafos con su ir y venir– con soliloquios erráticos... ENC060201 **120 manga ancha +:** Da mucha «manga ancha» y quienes en verdad gobiernan son sus operadores políticos. EXC230496 **121 difusión +:** Ambas organizaciones se comprometieron a *dar* difusión al convenio... EUV060499 **122 cobertura +:** ¿Cómo pueden preocuparse en *dar* cobertura a estas cosas cuando hay gente prisionera y con su vida en peligro? CAP090197 **123 publicidad +:** Yo resaltaría tres aspectos fundamentales: le *daría* publicidad a la espectacular naturaleza que tenemos, a esas hermosísimas playas a las que nunca les hemos dado la importancia que se merecen. EUV300696 **124 notoriedad +:** ...un gesto éste que sirvió únicamente para *dar* mayor notoriedad a una protesta... LVE081095 **125 fama:** ...ceramista que rescata algunas de las técnicas que *habían dado* fama a los talleres de Triana en el siglo XV... EPE010999

K SUSTANTIVOS QUE DENOTAN GARANTÍA O CONFIANZA. TAMBIÉN CON ALGUNOS QUE DESIGNAN DIVERSAS NOCIONES QUE SE ASOCIAN CON LA ESTABILIDAD, LA FIRMEZA O LA AUSENCIA DE PERTURBACIÓN: **126 seguridad ++:** ...permitirá la salida en las próximas semanas de 1.500 policías a la calle para *dar* seguridad a los hondureños. LTH031097 **127 crédito ++:** ...es difícil *dar* crédito a la información. DHE051197 **128 credibilidad:** ...el desafío de *dar* a la Organización de las Naciones Unidas credibilidad, independencia y un papel más acorde a los tiempos... EXC181296 **129 garantía +:** ...está diseñado para *dar* garantías a los inversionistas extranjeros y asegurar la reprivatización de los bancos... EXC170896 **130 confianza ++:** La victoria de Santander, además, nos va a *dar* mucha confianza y eso es importante. EDV300101 **131 tranquilidad ++:** ...se pondrá fin al tema del juicio político para *dar* tranquilidad tanto a la clase política como a la sociedad. ACP030701 **132 paz:** P. ¿Le causa problemas? R. No, me *da* paz y tranquilidad aceptarme. EPE011089 **133 estabilidad:** En lugar de *dar* estabilidad a las comunas se han introducido elementos de inestabilidad que se pueden repetir todos los años... LTB190197 **134 serenidad:** Respeta obsesivamente cada detalle de la partitura pero, al mismo tiempo, logra *dar* serenidad y coherencia a una música esencialmente tempestuosa y desmembrada. ABC221093 **135 homogeneidad:** ...los editores han hecho un esfuerzo considerable por (...) *dar* homogeneidad a varios miles de artículos redactados por más de 150 colaboradores... ABC180693 **136 armonía +:** ...para dar certidumbre a nuestra vida productiva y para *dar* armonía a nuestras relaciones sociales. EXC220996 **137 continuidad ++:** ...quedó además abierta la convocatoria al 15° Festival para *dar* continuidad a este tipo de celebraciones... GIC083197 **138 permanencia:** Así, se *daría* mayor permanencia a los órganos centrales de gobierno y una acrecentada representatividad. EXC181296 **139 mantenimiento:** Explicó que la baja de las ventas de hielo también permite a los industriales *dar* mantenimiento a los equipos y vehículos. DYM201297 **140 certidumbre:** ...incide en una mayor dinámica económica, además de *dar* certidumbre a los hombres del dinero. EXC081296 **141 descanso ++:** ...afirmó ayer que va a *dar* descanso a cuatro jugadores de los que estuvieron en el once inicial... DDN030101 **142 reposo +:** Un maestro incómodo que detesta la idea de escuela y que no *da* reposo al discípulo. EPE010689 **143 respiro:** Estas alzas temporales en los precios pueden ser aprovechadas para fortalecer y *dar* un respiro a las maltrechas finanzas... EPC080797

L SUSTANTIVOS QUE DENOTAN OCASIÓN, OPORTUNIDAD O SITUACIÓN FAVORABLE PARA HACER ALGO: **144 oportunidad ++:** ...indicó que ha llegado el momento de *dar* oportunidad a otra gente... LTB201196 **145 facilidad ++:** En Argentina se le van a *dar* todas las facilidades a los jugadores, no creo que yo sea la excepción... LEC191197 **146 posibilidad ++:** El Premio X es el primer paso tendiente a *dar* a todos la posibilidad de seguir las huellas de Glenn... CLA180199 **147 ocasión ++:** ...se encuentra en condiciones de cerrar el trágico hecho sin *dar* ocasión a la formación de secuelas. CLA030297 **148 condición:** ...lo que le *daría* magníficas condiciones para que en el 2000 comience a gobernar el fascismo en México. PME221296 **149 opción +:** ...quisiera que lo colocasen como retador número uno, para *darle* la opción de pelear nuevamente por el cetro de la OMB... ESH111000 **150 alternativa:** Y llamó a los miembros del grupo armado «dogmáticos, enfermizos e incapaces de *dar* alternativas de desarrollo». PME031196 **151 chance:** ...estoy seguro de que los Bravos me van a *dar* el chance de dar los 400 jonrones y retirarme con este uniforme. ENV021000 **152 margen +:** ...la mejor disposición de encontrar la victoria, la cual se considera vital para mantenerse en los primeros lugares y no *dar* margen para que, los otros cuadros que estarán en la lucha, tomen alguna ventaja prematura. SVG210997

M SUSTANTIVOS QUE DESIGNAN OTROS VALORES Y CUALIDADES DE LAS PERSONAS O LAS COSAS, MÁS FRECUENTEMENTE SI ALUDEN A ALGUNA CARACTERÍSTICA ESENCIAL DE SU PRESENCIA, SU DURACIÓN O SU FORMA DE ACTUAR O COMPORTARSE: **153 coherencia ++:** El eco de estas transformaciones ha resonado durante todo nuestro siglo y los físicos siguen trabajando para *dar* coherencia a la imagen de la naturaleza. ABC110992 **154 eficacia:** Se entiende por retórica al arte del bien decir, de embellecer la expresión de los conceptos, de *dar* al lenguaje escrito o hablado eficacia para deleitar, persuadir o conmover. EUV091096 **155 eficiencia:** ...el proyecto de la DGI no aumentaría la recaudación pero sí le *daría* más eficiencia al organismo recaudador... CLA300197 **156 flexibilidad +:** Al mismo tiempo, se asegura que se pretende *dar* la flexibilidad necesaria para que el funcionario (...) emplee el procedimiento... LHG190397 **157 fluidez +:** ...son bienes de dominio público municipal y que contribuirá a *dar* fluidez al caótico tránsito... ACP230996 **158 orden:** No se sabe por qué se quiso *dar* al género el orden que todavía tiene... ABC311292 **159 calidad:** ...afirma que «ninguna empresa está en condiciones de ofrecer ese tipo de tarifas y al mismo tiempo *dar* buena calidad en el servicio...». ETC170796 **160 consciencia:** ...tan noventayochista en su noble empeño de *dar* a España consciencia de sus raíces... ABC080592 **161 legitimidad +:** ...para *dar* legitimidad mundial a acciones que responden a los intereses de Estados Unidos y otras potencias occidentales. ABC020793 **162 transparencia +:** ...revela con claridad la intención del Gobierno de sanear y *dar* transparencia a las cuentas públicas. ACP141196 **163 claridad +:** ...se las ingeniaba bastante bien como enganche para *darle* claridad a cada avance. CLA190597 **164 color +:** ...las interpreta con perfección técnica pero excesivamente obsesionado por *dar* «color» a obras que no lo necesitan. ABC151093 **165 colorido +:** Otros personajes, más o menos caricaturescos, pululan en derredor y contribuyen a *dar* colorido a este delicioso enredo feminista... ABC150794 **166 gracia +:** Pues bien, este libro representa un gran esfuerzo por obtener un estilo y por *dar* a las frases un poco de gracia. ABC261193 **167 profundidad +:** Alcott incluso intenta *dar* a Phillip cierta profundidad, aunque casi siempre fracasa. ABC171195 **168 visibilidad:** Añadió que los temas que van a *dar* mayor visibilidad en el mundo a la UE son los grandes progresos de la integración europea... ENC060599 **169 variedad +:** ...se han tenido que importar muchos toreros para *dar* variedad a los carteles... PME011296 **170 valor:** Las autoridades monetarias cubanas se han visto obligadas a *dar* a su propia moneda un valor idéntico al del dólar... ENH180397 **171 atribución:** ...*dar* atribuciones y facultades al Tribunal Superior de Justicia Electoral... ACP191296

N SUSTANTIVOS QUE DESIGNAN LO QUE ILUSTRA ALGO O DA RAZÓN DE SU EXISTENCIA: **172 prueba ++:** Por su parte, el general Bolongo invitó a los miembros de su gabinete a *dar* pruebas de solidaridad... DLA120497 **173 muestra ++:** ...cuyos puntos centrales son «afianzar y ejercer la soberanía partidaria, *dar* claras muestras de actitudes políticas éticas y oposición a la intromisión de un poder sobre otro». LPA170592 **174 señal ++:** Estos secuestradores saben que mientras más se demoran en *dar* señales, desesperarán aún más a la familia del secuestrado. BYN121097 **175 idea +:** Sólo esta relación basta para *dar* idea de la importancia de la exposición... ABC050894 **176 ejemplo ++:** Todos nuestros candidatos serán propios, no se aceptará ningún prestado porque en el país debemos *dar* el ejemplo de una nueva forma de hacer política... LTB201196 **177 demostración:** Pero advierte que para el país ser aceptado como líder caribeño tiene que *dar* amplias y definidas demostraciones en varios campos. DED130996 **178 seña +:** Quien sí quiso *dar* algunas señas sobre éstos fue la coordinadora de Renace... LEC140597 **179 pauta:** Sin embargo, el juego contra Azucareros va a *dar* la pauta del futuro... PLG020597 **180 signo:** ...no ha *dado* ningún signo de que haya cambiado su manera de pensar. INDOC **181 síntoma +:** Pero los Rojos empataron el partido en la tercera, cuando Leiter comenzó a *dar* síntomas de descontrol. ENH140497 **182 indicio +:** El Banco Central mexicano puede *dar* indicios de su deseo de un incremento en las tasas de interés... EXC130996 **183 expresión −:** ...lo urgieron a tener un «gran gesto de entendimiento profundo» y a *dar* «expresión clara de una voluntad sincera y decidida...». HOY250484

Ñ SUSTANTIVOS QUE DENOTAN INSTRUCCIÓN O AVISO. TAMBIÉN CON OTROS QUE EXPRESAN LA DETERMINACIÓN FINAL QUE CORRESPONDE A LOS PROCESOS JUDICIALES: **184 orden ++:** En vez de operar localmente y por lo tanto de forma seguramente incompleta, se le *daría* una orden al arquitecto. ABC061095 **185 instrucción ++:** Los Arcos bajó al vestuario en el descanso para *dar* instrucciones a sus hombres. DDN290499 **186 anuncio:** Hoy no pueden *dar* anuncios, y la gente sale con la sensación de que no se lleva mucho de estas reuniones. CLA080501 **187 indicación +:** Le gusta *dar* indicaciones permanentemente. Lo conozco poco. Pero es tal como lo imaginaba. CLA090199 **188 directriz:** El técnico pareció notar la dualidad del niño y quizá por eso no cesaba de *darle* directrices del tipo «prestá atención, carajo»... BRE160597 **189 mandato:** ...«los muchos o pocos votos que logre, servirán para *darle* un mandato» al titular del bloque de la UCR en la Cámara de Diputados. LPA170492 **190 aviso ++:** ...fueron maniatados pero lograron zafar y *dar* a aviso a la policía. LNP080397 **191 alarma ++:** Aunque la sensibilidad de los satélites norteamericanos es buena, también pueden *dar* falsas alarmas. CLA020199 **192 alerta ++:** ...aspiramos a poder *dar* la alerta ante la posibilidad de maremotos... LPN270197 **193 veredicto +:** Es decir, se anticipan a *dar* el veredicto final sobre un informe que todavía los demás no conocen... GIC060496 **194 fallo:** ...debe atenerse a lo actuado por la SCJN y *dar* el fallo final. PME250896

O OTROS SUSTANTIVOS DE INFORMACIÓN, MÁS FRECUENTEMENTE SI HACEN REFERENCIA A HECHOS ATESTADOS QUE SE MENCIONAN, SE DESCRIBEN O SE ESPECIFICAN: **195 explicación ++:** La Asamblea Legislativa puede aprobar una moción para obligar a un ministro a *dar* explicaciones ante los diputados. LNC101096 **196 testimonio ++:** De lo que era aquello no puedo *dar* más que el testimonio que se recogía al borde de la vereda. ACP031001 **197 fe:** Él puede *dar* fe y testimonio que él envió con uno de sus ayudantes dicho paquete al aeropuerto para el necesario control en la Interpol. VIS190697 **198 constancia:** Puedo *dar* constancia y fe de eso. En 1994, cuando hubo que declarar en el tribunal de Letras de Bulnes... CAR090697 **199 cuenta:** La creación de la Fundación responde al interés de la Autoridad Portuaria de manejar los fondos recibidos «sin tener que *dar* cuentas a nadie». CAN300499 **200 detalle ++:** Farinha se negó a *dar* detalles de cómo se para tácticamente su equipo. LPH311000 **201 precisión ++:** Aguayo publicó un artículo en 1984 en el que, sin *dar* mayores precisiones, anunció la existencia de los Cuadernos y reprodujo algunos poemas... PME120197 **202 referencia +:** ...por *dar* alguna referencia, la población atendida supera en número la matrícula total de bachillerato... PME190197 **203 información +:** ...anticipó que se ofrecerán conferencias de prensa para *dar* información del proceso de forma continua. END141100 **204 dato +:** ...otros conocidos de la joven que pudieran *dar* algún dato de los últimos días que pueda ser revelador... FDV100599 **205 pista +:** ...es importante mantener la intriga, el misterio, sin *dar* pistas demasiado obvias al espectador... ENC280499 **206 opinión ++:** ...es hombre de pocas palabras. Antes de que se le designara se excusaba de *dar* cualquier opinión sobre tal posibilidad... HOY291297 **207 declaración:** ...un gobierno de funcionarios que lo único que hacen es *dar* declaraciones para oírse en radio, verse en la televisión o leerse en las hojas volanderas... RUM031197 **208 noticia:** Según The New York Times, el primer diario en *dar* la noticia, Stillman entregó su manuscrito a las autoridades federales hace 18 meses. CLA200601 **209 primicia:** ...se negó a relatar ningún detalle del encuentro en La Moneda, ni siquiera a *dar* la primicia de los nombres de los elegidos. HOY170397 **210 mensaje:** ...no es precisamente el mejor mensaje que se le pueda *dar* a un pueblo en donde la impunidad es hoy ama y señora. LNC161100 **211 excusa:** El inglés hizo mutis por el foro sin *dar* excusas. LHG091100

P SUSTANTIVOS QUE DESIGNAN EL RESULTADO DE ALGO, ESPECIALMENTE SI ES BENEFICIOSO O EXITOSO. TAMBIÉN CON OTROS QUE EXPRESAN LA FORMA EN QUE SE VALORA: **212 resultado ++:** La tarea que se ha hecho para suprimir el contrabando está comenzado a *dar* resultados... ESP160697 **213 victoria ++:** ...nuestro mayor esfuerzo en los próximos años, y el que nos puede y nos va a *dar* la victoria, es el de organización... GIC072697 **214 triunfo ++:** ...envió lanzamiento al jardín derecho para *dar* el triunfo a los Gigantes. ENH280497 **215 fruto ++:** Como se puede apreciar, los venados tienen un trabajo serio y difícil que deberá *dar* sus mejores frutos desde el arranque de la nueva campaña... PLG100996 **216 beneficio:** Gobierno demoró en *dar* beneficios por asalto emerretista. EXP260697 **217 provecho:** Todos estos recursos podrían *dar* gran provecho económico y muchas fuentes de trabajo. LTB020197 **218 juego:** ...puede *dar* buen juego en el amoroso papel de Lindoro... ABC150794

I En el sentido de 'hacer(se) efectivo, ejecutar(se), producir(se), llevar(se) a cabo, realizar(se)' se combina con sustantivos que designan golpes *(golpe, bofetón, puntapié, codazo, manotazo)*, así como con...

Q SUSTANTIVOS QUE DESIGNAN CIERTOS MOVIMIENTOS, REALES O FIGURADOS, CON FRECUENCIA BRUSCOS, VEHEMENTES, IMPULSIVOS O RESULTANTES DE ALGÚN CONTACTO. TAMBIÉN CON ALGUNOS QUE EXPRESAN OTRAS ACCIONES DE ESA MISMA NATURALEZA QUE SE LES ASIMILAN: **219 abrazo ++:** ...después de *dar* abrazos en exceso, se arrepintió y terminó por abrazar los hábitos sacerdotales. ESH010497 **220 toque ++:** Y Bob es la bola curva que puede *dar* el toque inesperado. CLA210199 **221 apretón:** ...puede salir airosa de las situaciones más embarazosas con apenas (...) *dar* a su oponente un apretón de manos o tal vez brindarle algún guiño travieso. EUV300696 **222 espaldarazo +:** La sentencia del Tribunal de Justicia sirvió para *dar* el espaldarazo definitivo a los que... ABC010794 **223 carpetazo +:** ...a fin de dirimir en qué condiciones continúa el pacto o *dar* carpetazo al acuerdo... CAN080101 **224 pincelada:** ¿Cuesta mucho *dar* la última pincelada? (Sonríe y enseña su último cuadro). ABC201192 **225 aldabonazo:** ...fue con su segunda obra ya citada con la que *daría* un auténtico aldabonazo en la vida intelectual francesa... ABC200392 **226 banderazo:** Al *dar* el banderazo de inicio de campaña de sus candidatos a presidentes... EXC230996 **227 golpe de estado +:** Lo que ocurrió es que se juntaron para *dar* el golpe de Estado... HOY020697 **228 empujón +:** Me entristece que esto no se aproveche para *dar* el empujón que necesitamos en España... ABC240492 **229 pedalada +:** ...que luchó hasta el final pero que no pudo *dar* la última pedalada. DDN290499 **230 estirón +:** ...pagaba caro sus bajos porcentajes de tiro, lo que aprovechó (...) para *dar* el primer estirón en el marcador. FDV260499 **231 bombazo:** ...los éxitos periodísticos en nuestros días se miden por las primicias, y quien se anticipa en *dar* el bombazo siempre provoca los celos de los competidores. LTB201196 **232 esquinazo +:** Un prolongado lapsus de silencio narrativo, de *dar* esquinazo a la novela, pero no de abandono creativo. ABC110394 **233 plantón +:** ...el humillante plantón *dado* por Yeltsin a nuestro presidente del Gobierno... EPE090699 **234 campanazo +:** Lituania estuvo a punto de *dar* el gran campanazo en las semifinales, en que cayó por dos puntos. ENV021000

R SUSTANTIVOS QUE DENOTAN COMIENZO Y FINAL. ALGUNOS ADMITEN PARÁFRASIS CON LOS VERBOS DE LOS QUE SE DERIVAN O CON LOS QUE SE ASOCIAN (DAR COMIENZO ~ COMENZAR): **235 comienzo ++:** ...a fin de *dar* comienzo a la «transición» que culminó en 1959... GIC062297 **236 inicio ++:** ...con el fin de *dar* inicio a las acciones, se ha realizado una primera programación de cursos del Plan de Formación... ENC060599 **237 entrada +:** En el descanso, Gustavo Benítez hizo sus tres cambios al *dar* entrada a Salva... DDN050599 **238 origen +:** ...se han presentado errores procedimentales que podrían *dar* origen a nuevas polémicas. ENV120996 **239 pie:** Como todo objeto verbal no identificado todavía, Rimbaud *ha dado* pie a más de una leyenda y a ríos de incompleta, atrevida y no siempre exacta erudición. ABC190595 **240 fin ++:** ...dejó su gran fortuna a los farmacéuticos de la población para que pudieran *dar* fin a los gatos sin que sintieran dolor. ABC131192 **241 término ++:** Él quiere *dar* término a esto lo más rápido posible. ENH240700 **242 conclusión:** ...y luego hizo fallar a Lipso Nava, con elevado, para *dar* conclusión al encuentro y anexarse juego salvado. EUV031196 **243 remate +:** En adelante *daré* sólo los remates. ABC050393 **244 cima:** Ello ha permitido a Andrés Sorel *dar* cima a un ejercicio literario interesante... ABC080193

S SUSTANTIVOS DERIVADOS DE VERBOS, O ASOCIADOS CON ELLOS, QUE DENOTAN USO. SUELEN ADMITIR PARÁFRASIS CON EL VERBO DEL QUE SE DERIVAN (DAR USO ~ USAR): **245 uso ++:** Pero quienes trabajan la tierra han tenido que enfrentar problemas debido al uso que le quieren *dar* a las zonas netamente agrícolas. EUV070497 **246 empleo:** ...la toma de decisiones consecuentes y rectas sobre el mejor empleo que se les ha de *dar* a tan incalculables fortunas... ETC111196 **247 aplicación:** Para alivio de los ecuatorianos, anunció que en su gobierno no se *dará* aplicación al plan de convertibilidad de la moneda... EUV100297 **248 utilidad +:** ...podría *darle* una utilidad bruta a la compañía... ENH140497

T SUSTANTIVOS DERIVADOS DE VERBOS, O ASOCIADOS CON ELLOS, QUE DENOTAN TÉRMINO, DESENLACE Y OTRAS NOCIONES RELATIVAS AL FIN DE LAS ACCIONES O LOS PROCESOS, O AL HECHO DE HACER EFECTIVOS LOS REQUISITOS QUE EXIGEN. SUELEN ADMITIR PARÁFRASIS CON EL VERBO DEL QUE SE DERIVAN (DAR SOLUCIÓN ~ SOLUCIONAR; DAR CUMPLIMIENTO ~ CUMPLIR): **249 solución ++:** Al contrario, vamos a buscar el apoyo de líderes de colonias para tratar de *dar* solución a este problema... DYM080996 **250 remedio:** Algún remedio habrá que *dar* a la situación. INDOC **251 respuesta ++:** ...la frase utilizada por el ministro de Salud Pública al *dar* respuesta a la nota que le enviara el presidente... LHG031100 **252 cumplimiento ++:** ...excluye deliberadamente a los profesionales médicos y les impide *dar* cumplimiento a otras labores remuneradas fuera de la misma institución. ACP230996 **253 satisfacción ++:** ...estimó que se trata de «*dar* satisfacción a algo que es moral, que es una reclamación justificada y cristiana de los familiares de saber dónde están los restos». BRE020597 **254 caza +:** Entonces trató de *dar* caza a Roberts, marcando la vuelta rápida, pero Kenny forzó el ritmo. DDN290499 **255 alcance +:** ...la poesía trata de *dar* alcance a lo misterioso, superando todas las limitaciones de la lógica racional... ABC270392 **256 muerte:** El drama se mueve entre la cólera de Aquiles contra sus aliados («la grandeza tiene hambre de honor») y la cólera de Aquiles contra los adversarios que *han dado* muerte a Patroclo. RUM150997

U OTROS SUSTANTIVOS DERIVADOS DE VERBOS O ASOCIADOS CON ELLOS. ADMITEN PARÁFRASIS CON EL VERBO DEL QUE SE DERIVAN O CON EL QUE SE ASOCIAN (DAR LECTURA ~ LEER): **257 lectura +:** Ello para *dar* lectura a la lista de los judíos sacrificados en la ciudad por los nazis. LHG220597 **258 seguimiento:** Participó en las reuniones del gabinete de Seguridad Nacional, pero sólo para *dar* seguimiento a los acuerdos. PME031196 **259** **réplica** +: ...se *ha dado* réplica a los separatismos y se ha conseguido visibilidad para el Estado... EME070695 **260** **contestación** +: Al no *dar* una contestación, no ha dado ninguna oportunidad para alargar la tregua. PME210796 **261** **cambio:** Ahora, creo que somos los ciudadanos, las personas, los que tenemos que *dar* el cambio. CAR241197 **262** **relevo** +: ...la propuesta de Manuel Hermoso de retirarse de la vida política activa y *dar* el relevo a representantes más jóvenes... CAN250599 **263** **baño** +: Y no era para menos: su proyecto intentaba *dar* a España un baño de sangre... HOY250484

V ALGUNOS SUSTANTIVOS, GENERALMENTE USADOS COMO NO CONTABLES, QUE DENOTAN ENFRENTAMIENTO: **264** **lucha:** Si así fuera la lucha que habrá que *dar* dentro del partido será tarea inmensa, llena de sacrificios. PME210796 **265** **batalla** +: Garzón va a Londres a *dar* batalla. Es el magistrado español que pidió la extradición del general chileno por genocidio. CLA130199 **266** **pelea** +: ...la estrategia actual de Clinton está dirigida a *dar* esta pelea pensando en que podría obtener un resultado favorable... HOY150997 **267** **guerra:** Algunos dan como favorito a San Fermín, pero pienso que todos los equipos van a *dar* mucha guerra... DDN030101

W SUSTANTIVOS QUE DENOTAN MOLESTIA EN GRADO ELEVADO. SUELEN SER PROPIOS DE LA LENGUA CONVERSACIONAL: **268** **lata** ++: Y siguen *dando* la lata, sobre todo a través del Consejo de Universidades. ABC030993 **269** **murga:** ...lo ha admitido entre los suyos, vuelve a *darnos* la murga... EME091196 **270** **tostón:** Las notas deben situar, orientar y enseñar, hasta cierto punto, al que no sabe. Pero sobre todo no *dar* el tostón. ABC091092 **271** **tabarra:** No les voy a *dar* la tabarra hablando una vez más del tema de los GAL. LVE300196

X SUSTANTIVOS QUE DESIGNAN EVENTOS QUE SE INTERPRETAN COMO UNIDADES INFORMATIVAS, MUY FRECUENTEMENTE RELATIVAS A LA PRESENTACIÓN DE CONTENIDOS. POR EXTENSIÓN, TAMBIÉN CON OTROS QUE EXPRESAN EVENTOS QUE SE OFRECEN A LA CONTEMPLACIÓN PÚBLICA: **272** **clase** ++: «No basta con ser bachiller y tener algún curso de informática para poder *dar* clases»... EPU041001 **273** **lección** ++: ...son famosas por *dar* lecciones que casi nadie aprende... ABC030993 **274** **discurso** +: Harry Brown, candidato del Partido Libertario a la Casa Blanca, fue el primero en *dar* su discurso. EUV010996 **275** **rueda de prensa** ++: ...el viernes 6 de octubre iban a *dar* una rueda de prensa para entregar las pruebas... SEM161000 **276** **conferencia** ++: Al principio nos dedicamos a *dar* conferencias, seminarios y a traer especialistas en diferentes áreas... ETC030297 **277** **curso** +: Han pasado 46 años desde esa fecha, muchos de los cuales Rivera los ha dedicado a *dar* cursos y seminarios sobre el filósofo alemán. HOY101197 **278** **entrevista:** ¿Por qué no le gusta *dar* entrevistas? ENV221297 **279** **charla** +: Todo comenzó con unas charlas vacacionales que se le ocurrió *dar* al Rotary Club a los jóvenes de Enseñanza Media... HOY250484 **280** **concierto** +: Por último, los solistas de la propia Orquesta de RTVE se reunirán en dos ocasiones para *dar* conciertos de grupo. ABC020493 **281** **espectáculo** +: «...como siempre estaré listo para que *dar* un gran espectáculo y que se vea una gran pelea», comentó De La Hoya. ENV190197 **282** **mitin:** ...nada más elocuente que la imagen de Diego Valderas *dando* un mitin ante 50 personas. EPE090699

Y SUSTANTIVOS QUE DESIGNAN FORMAS DEL TRATO SOCIAL, MUY FRECUENTEMENTE SALUDOS, RECIBIMIENTOS Y DESPEDIDAS. TAMBIÉN CON OTROS QUE SE REFIEREN A LOS SACRAMENTOS Y A DIVERSOS SIGNOS QUE FORMAN PARTE DE CEREMONIAS O ACTOS RELIGIOSOS: **283** **trato** ++: ...se les instruye sobre el trato que deben *dar* a quien comete delitos contra la salud. PME271096 **284** **tratamiento** ++: ...Ecuador debe *dar* el mismo tratamiento a los inversionistas internacionales que da a sus inversionistas nacionales... VIS190697 **285** **buenos días** ++: ...si a la vuelta al estudio volvía a encontrar a la señora que barría las escaleras le *daría* los buenos días. ABC050595 **286** **buenas tardes** ++: El equipo de Humaitá le *dio* las buenas tardes a Libertad en Tuyucuá... ACP090996 **287** **buenas noches** ++: Al que nos despierta sólo para *darnos* las «buenas noches». EXC060197 **288** **adiós** ++: ...hasta donde llegaron decenas de amigos y familiares para *dar* el último adiós al infortunado. EXP041197 **289** **viva** ++: Se *dieron* vivas a los cónyuges y a los padrinos. LVE110895 **290** **despedida:** ...habrá que *darle* la despedida al general Pinochet y encontrar a su sucesor. CAR040897 **291** **gracias** ++: Vivo muy ordenadamente y, para ser franca, debo *dar* gracias a Dios de que no me falta nada. HOY060197 **292** **bienvenida** ++: Dentro de poco entraremos en la cuenta regresiva de los últimos mil días del siglo, mientras las celebraciones más extravagantes se preparan para *dar* la bienvenida al año 2000. ENV170197 **293** **recibimiento** +: ...no había recibido instrucciones de Di Tella sobre el tipo de recibimiento que se le *dará*. CLA120297 **294** **acogida:** Lograr acuerdos de respeto a la población civil desactiva la guerra y *da* acogida a Colombia en la comunidad internacional... SEM161000 **295** **saludo** +: ...no pudo *dar* el saludo a sus paisanos al inicio de estas fiestas, que en el año 2000 se celebran una semana antes que en 1999. EPE090900 **296** **pésame** +: ...amigos y vecinos que vienen a *dar* el pésame a los familiares del difunto... ABC040895 **297** **extremaunción:** ...ha estado a cargo del capellán de la iglesia, quien dijo que a él le compete *dar* a los reos la extremaunción y la bendición. PLG100996 **298** **comunión:** ...se negaba a *darle* la comunión al capitán y sus soldados. SEM110297 **299** **absolución:** Son también memorables algunas escenas, como la del obispo que acude sin saberlo a un burdel para *dar* la absolución a un pecador... ABC210495

Z SUSTANTIVOS QUE DESIGNAN LO QUE SE REALIZA EN HONOR DE ALGUIEN O COMO SEÑAL DE RESPETO, HOMENAJE O CONSIDERACIÓN HACIA SU PERSONA: **300** **culto** +: Con el fin de enfervorizar más a la población y *dar* culto a una tan venerable imagen... LHG140797 **301** **coba** +: ...predicadores sin fieles, líderes sin masas que le *dan* coba al viento... EME020595 **302** **tributo:** ...el mayor tributo que se le puede *dar* a Jackie Robinson es realizar un mayor esfuerzo... DLA160497

ZA SUSTANTIVOS QUE DENOTAN DESPLAZAMIENTO, MÁS FRECUENTEMENTE SI ES BREVE O REPENTINO Y SE INTERPRETA FIGURADAMENTE. ALGUNOS DE ESTOS SUSTANTIVOS ADMITEN UN COMPLEMENTO INDIRECTO EN EL QUE SE DESIGNA AL DESTINATARIO DE LA ACCIÓN *(ME DIO UN PASEO)*, PERO OTROS RECHAZAN ESA CONSTRUCCIÓN *(*ME DIO UN PASO)*: **303** **paseo** ++: Turistas norteamericanos y europeos se montan felices para *dar* paseos por Miami Beach... ENH240700 **304** **garbeo:** Una mera excusa para *darse* un garbeo por la ciudad de la torre Eiffel. LVE020296 **305 vuelta ++:** Los metros de cinta con los colores de la bandera norteamericana que decoraban el interior de la residencia habrían alcanzado para *dar* dos vueltas a la manzana de Libertador... ECA050792 **306 salto ++:** Era hora de *dar* el gran salto. CAP030497 **307 paso ++:** Sentía que debía *dar* el gran paso, lo que ningún argentino había conseguido hasta el momento. ENH071100 **308 vuelco +:** De aquí a las elecciones y luego a la transmisión de mando, algunos vuelcos puede *dar* nuestra inestable opinión pública en tiempos de singular crisis económica. CAP280900 **309 marcha atrás ++:** ...el Primer Mandatario se comprometió a *dar* marcha atrás a la iniciativa y luego se desdijo... EXC070901 **310 rodeo ++:** Llegados al pie de las murallas, el grupo *dio* un rodeo para evitar a los centinelas y se dirigieron sin hacer ruido hacia el puerto... ABC060195 **311 giro ++:** ...un Monarca cuya sensibilidad, formada en Francia a lo largo de un dilatado reinado, hizo *dar* un giro casi completo al arte cortesano español. ABC180693

ZB SUSTANTIVOS QUE DESIGNAN SONIDOS. SE CONSTRUYEN FRECUENTEMENTE SIN COMPLEMENTO INDIRECTO, PERO A VECES LO ADMITEN *(NOS DIO UN GRITO)*: **312 grito ++:** ...cayó al suelo semidesvanecido, alcanzó a *dar* gritos de auxilio y Dubois fue atrapado. HOY050586 **313 pitido +:** ...comenzaron a dar brincos y abrazarse cuando el árbitro *dio* el pitido final en Viena. EME250595 **314 aullido +:** ...vi mucha gente tendida por el suelo, *dando* aullidos y retorciéndose... EME260494 **315 ladrido:** Buscamos con la mirada al perro de Morro de Liebre: corría por la carretera *dando* débiles ladridos y estaba a punto de escaparse. ABC091294 **316 resoplido:** ...un jubilado *da* resoplidos cada vez que se refiere al alcalde. EME010594 **317 soplido:** ...el sumergible de la Armada Española C-4 *dio* su último soplido y naufragó... EPE270800 **318 do de pecho:** ...ya dispuesto entonces a *dar* el deseaforado do de pecho que aquéllas representan... ABC070292

▮ En el sentido de 'producir(se) o suscitar(se) en alguien' se combina con sustantivos que designan sensaciones y sentimientos, y especialmente con...

ZC LOS SUSTANTIVOS *SENSACIÓN* E *IMPRESIÓN*, ASÍ COMO CON VARIOS OTROS QUE DESIGNAN ALTERACIONES Y REACCIONES FÍSICAS ADVERSAS, GENERALMENTE REPENTINAS: **319 sensación ++:** Hemos empezado muy bien pero ellos han combinado con acierto y por eso puede *dar* esa sensación. DDN050599 **320 impresión ++:** ...actuar con el efecto de torpedear un proceso adecuado para el país y, encima, *dar* la impresión de hacerlo para ganar posiciones políticas. PLG070397 **321 mareo +:** Se trataba de un mar salado que le provocaba ardores dentro de su cuerpo y cuyo agresivo movimiento le *daba* mareo y náusea. ABC171195 **322 escalofrío:** Tengo muy presente en la memoria su cara demacrada y unos ojos fijos, penetrantes, que *daba* escalofríos mirar. EPE090899 **323 patatús:** ...al primer paseo que dé por la calle Gorky y vea el floreciente capitalismo ruso, le *dará* un patatús tan fulminante que sus células no servirán para nuevas clonaciones. ENH280497 **324 calambre +:** Entonces Cristián se metió a ayudarlos, pero cuando ya tenía tomado a su hermano le *dio* un calambre y se hundió. CLA040199 **325 telele:** No hizo limpia limpiadora ni en hospitales ni en teles y a los que esperan hora les está *dando* un telele. EME071095 **326 retortijón:** Menos mal que estaba en casa cuando me *dio* el primer retortijón. INDOC

ZD SUSTANTIVOS QUE DENOTAN DESEO O NECESIDAD: **327 gana ++:** Aunque vea que el Minardi siga último me van a *dar* ganas de estar ahí. CLA290199 **328 sed ++:** El bar se llena de peticiones y los servicios de sonrisas y correr de aguas, que la emoción *da* sed y la larga sentada aconseja un cambio de líquido. EME210196 **329 hambre ++:** El jueves mejoró. Le *dio* hambre. ESH170497 **330 deseo +:** ...después de tantos años, me *dieron* deseos de oír las risas de la gente. EPE111199 **331 envidia ++:** ...un gobierno de partido único, con derecho a sucesión que *daría* envidia al mismísimo general Lázaro Cárdenas... ETC081196 **332 prisa ++:** ...así que debo *darme* cierta prisa porque el zurriago del tiempo pasa volando como una gaviota. ABC041194

ZE SUSTANTIVOS QUE DESIGNAN DIVERSAS SENSACIONES, EMOCIONES Y ESTADOS ANÍMICOS GENERALMENTE PERCIBIDOS COMO PLACENTEROS: **333 alegría +:** A través de la magia se puede *dar* alegría y entretenimiento a las personas. ENV070197 **334 felicidad +:** Ahora sé que es más importante disfrutar de las pequeñas cosas, porque son esas cosas las que te *dan* la felicidad. LVE130495 **335 gusto ++:** Qué gusto me *daría* que los señores tomaran como ejemplo a este amante esposo... DYM281096 **336 placer +:** Siento una especie de sacerdocio al *dar* placer haciendo cantar. CLA170497 **337 satisfacción +:** ...esto nos *daría* más satisfacción que haber tenido razón en vislumbrar desorden y violencia. ESH180397 **338 risa +:** Les *daría* la risa por su ineptitud, señor Barreiro... FDV260601

ZF SUSTANTIVOS, GENERALMENTE NO CONTABLES, QUE DENOTAN MIEDO, INQUIETUD, ZOZOBRA Y OTROS ESTADOS ANÍMICOS SIMILARES A ESTOS: **339 miedo ++:** ...un jugador como Flavio Maestri no les puede *dar* miedo ya que siempre hace lo mismo dentro del área... CAP090197 **340 susto ++:** En la primera teleserie me *daba* susto opinar y sentía la presión del resto por el hecho de que no soy actriz. CAR140897 **341 terror ++:** «Me *da* terror este papel blanco, tendido frente a mí como el vacío»... DHE130797 **342 temor +:** ¿No le *da* temor que le cancelen la visa de trabajo en Estados Unidos? EPC220797 **343 pánico ++:** Y eso es lo que les *da* pánico a Tàpies y al propio Saura. ABC060893 **344 ansiedad +:** Le *daba* ansiedad subirse a los aviones. INDOC **345 celos +:** Lo hará para *darle* celos a Ana. LVE120896 **346 vergüenza ++:** Igual vergüenza me *daría* que eso se decidiera por presión de los Estados Unidos. EUV080996 **347 reparo ++:** ...a ella le *daba* reparo desdoblarlo y sonarse con él por lo bien que olía, en contraste con su propio mal olor. ABC200594 **348 apuro ++:** El cantante (...) lamentó no haberse atrevido a entonar el «Ave María» en la catedral porque le *dio* apuro. LVE170996 **349 quebradero de cabeza ++:** La escolarización de los chavales en edad lectiva que viven en el asentamiento ha sido una de las cuestiones que más quebraderos de cabeza *ha dado* a los educadores. EPE011199 **350 preocupación:** Bastantes preocupaciones nos *ha dado* el bajar a Segunda División. INDOC **351 vértigo ++:** Lo único que no le *da* vértigo es saltar cada vez más alto... CLA030497 **352 sorpresa ++:** ¿Existen riesgos de que en las Cámaras se pudiera *dar* alguna sorpresa? PME151296

ZG SUSTANTIVOS QUE DESIGNAN OTROS ESTADOS DE AFLICCIÓN Y DIVERSAS REACCIONES Y SENSACIONES

ANÍMICAS. SON MÁS FRECUENTES LAS RELACIONADAS CON LA INFELICIDAD, EL ENOJO, EL RECHAZO Y OTRAS FORMAS DE TURBACIÓN DE SIMILAR NATURALEZA: **353 pena ++:** Alonso se equivocó, como lo hicieron luego sus jugadores en el campo, y en algunos lances llegaron a *dar* pena. EDV141200 **354 tristeza ++:** ...así, si no se adapta a él, no le *dará* tanta tristeza haber botado la plata. ETC111196 **355 nostalgia:** A los pensionados nos *da* nostalgia ver cómo otras asociaciones, instituciones y sindicatos (...) consiguen todas las prerrogativas que piden... EPC190597 **356 disgusto:** El objetivo, a corto plazo, del señor Giscard d'Estaing, no es dar gusto o *dar* disgusto al señor Ford... ETC140175 **357 rabia:** Me *dio* tanta rabia de que pudiera pagar esa media cuenta y no pudiera pagar el teléfono de la casa, que me acerqué a quitárselo. CAR260597 **358 coraje:** Me *da* mucho coraje, pero así son las reglas... EXC190900 **359 remordimiento:** Le *dio* un cierto remordimiento por haber mentido. INDOC **360 dolor:** ...estamos en condiciones de poder *darle* un dolor de cabeza a cualquiera... CLA120297 **361 asco:** ...una cruda muestra, tan sombría y sucia que *daría* asco si no produjera ganas de llorar... ABC230493 **362 repugnancia:** Daba mucha repugnancia, ciertamente, esa mujer que se aproxima tanto al paradigma de la mujer malvada... EME230594 **363 repulsión:** ...se lanzan a palpar con las propias manos el corazón humano, esa bomba que *da* miedo y repulsión. EME261096 **364 claustrofobia:** ...el plató con sus paredes rojas me *daba* la claustrofobia y angustia que yo necesitaba. EME290795 **365 repelús:** Pero también pasa al revés: muchos de los que no se consideran intelectuales y que les *da* repelús esta palabra funcionan como intelectuales. LVE100894

▩ Se combina también con: ♦ **complacido, encantado, gustoso**[38] ♦ **a dedo**[14], **a derechas, a diestro y siniestro**[2], **a espuertas**[16], **a manos llenas**[6], **a regañadientes**[26], **con gusto, de golpe, de lleno**[14], **de pleno**[27], **de refilón**[12,33], **en custodia, en el clavo, en {grandes/pequeñas} cantidades, generosamente**[14], **ojo por ojo**[5], **ordenadamente**[14], **poco a poco, voluntariamente**

☐ Véase también: **adjudicar, aportar, asignar, ceder, conceder, entregar, prestar, propinar.**

dar (a) *v.* ▮ Se combina con infinitivos de...

A VERBOS QUE DENOTAN CONOCIMIENTO O DIFUSIÓN DE INFORMACIONES: **1 conocer ++:** La solemne ceremonia montada en la iglesia de San Pedro por el vocero papal, monseñor Navarro Valle, para *dar* a conocer la noticia esperada desde hace diez años... ECA020792 **2 difundir –:** ...compañía fundada por Santiago Ugarte y Federico García Lorca para *dar* a difundir el teatro clásico... EME230696 **3 publicar:** ...cuando *dio* a publicar a una revista la grabación de su agresión... ABC041292 **4 editar:** ...esta mediocre obra de Hemingway, que él nunca quiso *dar* a editar... EPD260797

B ALGUNOS VERBOS DE PERCEPCIÓN E INTELECCIÓN: **5 entender ++:** Al *dar* a entender el real compromiso presidencial con esta opción, una relativa tranquilidad ha vuelto... CAP100497 **6 leer +:** Gerardo Diego me *dio* a leer, hace años, unas líneas recibidas de Guillén... ABC240492 **7 pensar:** ...lo que –desde luego– podría *dar* a pensar que sea el de Luis Donaldo el único caso... EXC190696 **8 escuchar:** ...se les sentó en una sillita ahí frente al profesor, y les *dieron* a escuchar lo que dice el gran jefe norteamericano... GIC060496 **9 ver:** Colom nos *dio* a ver –y sobre todo a oler– un espectáculo que demuestra... LVE141195

C ALGUNOS VERBOS QUE DENOTAN INGESTIÓN: **10 comer +:** ...salchichas que llenaron con píldoras para dormir y que *dieron* a comer al perro guardián del patio principal... LTB230197 **11 beber +:** ...se la llegaron a poner en los labios, pero no se la *dieron* a beber porque sabía a disolvente... EME200296 **12 tomar +:** ...a don Aldo le *dieron* a tomar de su propia medicina en el programa deportivo... EXP260697 **13 probar +:** ...lo he *dado* a probar a muchos visitantes y coinciden en que resulta ideal para mujeres y fumadores noveles. GIC124997

D ALGUNOS VERBOS DE ELECCIÓN: **14 elegir ++:** Cuando acabó la guerra, nos *dieron* a elegir: seguir allí o entrar en el Tercio... EPE170199 **15 escoger +:** La falta de presupuesto y docentes impide a los centros *dar* a escoger las cuatro especialidades. EPE081199

E OTROS VERBOS; POSIBLES USOS ESTILÍSTICOS: Por ejemplo, si el rey Felipe II debe *dar* a besar su mano al Marqués de Posa... ABC021092; ...para *dar* a ganar dinero al Consell y beneficiar a sus amigos... EPE110999; ...así como Organizaciones no Gubernamentales (ONG) que no se *dieron* a identificar. LVE150396

dar a luz ♦ **esforzadamente, prematuramente** ♦ **bebé, criatura, idea, niño, obra, plan, proyecto, publicación, teoría, texto**

☐ Véase también: **alumbrar.**

dar carpetazo (a) ♦ **acuerdo, asunto, caso, conversación, encuentro, investigación, negociación, problema, proyecto, tema**

dar crédito (a) ♦ **acusación, comentario, escándalo, especulación, explicación, habladuría, idea, información, milagro, {mis/tus/sus...} oídos, {mis/tus/sus...} ojos, noticia, palabra, promesa, pronóstico, rumor, teoría**

dar (de) *v.* ▮ Se combina con infinitivos de...

A VERBOS QUE DENOTAN INGESTIÓN: **1 beber ++:** Para recuperar la inversión de las semillas y *dar* de beber a los animales... LEC160397 **2 comer ++:** Cuba pide ayuda a la comunidad internacional para *dar* de comer a su pueblo. ESH021100 **3 cenar ++:** Después de largas esperas, nos *dieron* de cenar en el ristorante del aeropuerto... EPE011285 **4 desayunar +:** La nave preparada para *dar* de desayunar a las chicas está repleta de solteros. EME200596 **5 merendar +:** ...su madre, Doña Mariana, le tiende la corona como quien le *da* de merendar... ABC020493 **6 mamar +:** ...un fanatismo de madres deterministas que se dejan devorar por el niño estepario al que están *dando* de mamar... EME081195

B OTROS VERBOS; POSIBLES USOS ESTILÍSTICOS: La huelga del 27-E, aparentemente sin objetivo realizable, debiera *dar* de pensar en este sentido. LVE250194; Le quedan pocos obstáculos para *dar* de soñar a sus incondicionales. EME200196

dardo ♦ **acerado, adormecedor, afilado, certero, directo, envenenado, hiriente, mordaz**[4], **punzante,**

tranquilizante, venenoso ♦ arrojar, clavar, disparar, lanzar, tirar
☐ Véase también: **flecha, pulla**.

dar (en) ♦ blanco, clavo, diana, objetivo, *otros sustantivos de lugar*

dar en saco roto Véase: **caer en saco roto**

dar la cara ♦ abiertamente, arriesgadamente, con arrojo, con decisión, inmediatamente, públicamente, valientemente[4]

dar las gracias ♦ abiertamente, clamorosamente, de todo corazón[2]**, efusivamente**[17]**, emocionalmente, públicamente, sinceramente, vehementemente**
☐ Véase también: **agradecer, gracias, gratitud**.

dar(le) (a) ♦ bebida, tabaco, vicio, *otros sustantivos que designan hábitos o aficiones*

dar luz verde (a) ♦ acuerdo, ampliación, construcción, idea, iniciativa, intervención, negociación, operación, plan, producción, propuesta, proyecto, reforma, resolución

dar (por) ♦ acabado, aprobado, bien empleado, bueno, cerrado, concluido, definitivo, desaparecido, descontado, enterado, enterrado, finalizado, hecho, muerto, perdido, resuelto, satisfecho, seguro, sentado, superado, supuesto, terminado, válido, zanjado

dar que ♦ comentar, hablar, pensar

dar rienda suelta (a) ♦ alegría, creatividad, delirio, deseo, emoción, euforia, fantasía, idea, imaginación, impulso, instinto, inventiva, ira, mal humor, obsesión, odio, pasión, pensamiento, sentimiento, *otros sustantivos que designan sentimientos*

dar saltos (de) ♦ alegría, gozo, júbilo
☐ Véase también: **saltar (de)**.

darse (a) *v.* ▮ Se combina con el sustantivo *tarea* y con otros que designan actividades diversas *(las letras, el deporte, el cante)*, si se practican de forma continua o entusiasta. También se combina con el sustantivo *mar (Se dio al mar con una pequeña embarcación)*, así como con...

A SUSTANTIVOS QUE DESIGNAN ACTIVIDADES QUE SON O SE CONSIDERAN PERJUDICIALES, INAPROPIADAS O INCONVENIENTES (DE MANERA INTRÍNSECA O ACCIDENTAL) EN MUY DIVERSAS FORMAS Y GRADOS: **1 bebida** ++: ...se *dio* a la bebida cuando perdió el poder. EPE110699 **2 alcoholismo:** ...fue infiel a su mujer, se *dio* al alcoholismo. EPE110699 **3 droga** +: ...para seguir fiel a la tradición familiar, se *dio* a la bebida y a las drogas. LVE030995 **4 placer** +: ...hay una señora *dada* a los placeres sáficos, cuyo nombre no daré... EME140196 **5 buena vida** +: Detrás de estas imágenes de políticos *dados* a la buena vida... LVE240296 **6 juerga:** ...un vecino poco *dado* a la juerga teatral, que pidió silencio en el exterior. LVE230195 **7 encanto:** ...solitario, amante de la lectura y poco *dado* a las emociones y los encantos de la vida nocturna. INDOC **8 lujo:** Djalminha se *dio* a los lujos, pero perdió tensión. EPE291199 **9 vicio:** Le tocó la lotería y se *dió* al vicio. INDOC **10 autocomplacencia:** ...la banda se *dio* a la autocomplacencia. Acabaron aburriendo. EPE240799 **11 siesta:** ...el Madrid se *dio* a la siesta. EPE210699 **12 descanso:** ...quien recibe el honor y acepta el peso del caudillaje no puede *darse* al relevo ni al descanso. EPE201101 **13 separatismo:** ...se *dieron* al separatismo e intentaron independizar sus feudos aragoneses o andaluces. EPE011100 **14 aventurerismo:** ...ha sido también un dirigente previsible que jamás se *dio* al aventurerismo político o militar. EPE110600 **15 sentimentalismo** –: ...en cuyos salones se *daban* al sentimentalismo y a la jerga del remilgo... EPE170499 **16 barbarie:** ...las dos comunidades se *dieron* a la barbarie con igual odio. EPE130300 **17 folklore** –: Nadie estaba en su sitio y encima algunos se *daban* al folklore, como Michel Salgado, que ejerció de delantero centro en más de una jugada. EPE251001

B LOS SUSTANTIVOS *FUGA* Y *HUIDA*: **18 fuga** ++: ...dos delincuentes consiguieron *darse* a la fuga a pie... CLA211187 **19 huida:** ...ambos grupos se *dieron* a la huida cuando llegaron tropas de la XVII Brigada del Ejército... ENV010997

C OTROS SUSTANTIVOS; POSIBLES USOS ESTILÍSTICOS: ...alguien se la está jugando a sus espaldas, pero se resisten a manifestarlo: nadie quiere *darse* al pánico... EPE050778

darse de bruces (contra) ♦ farola, muro, puerta, realidad, suelo, vida, *sustantivos que designan objetos físicos*

dar vida (a) ▮ *(representar)* ♦ **drama, escena, héroe, historia, idea, mito, personaje, tipo,** *sustantivos de persona*
▮ *(animar)* ♦ **ciudad, exposición, música, pueblo, teatro, zona,** *otros sustantivos de lugar*

dar vueltas (a) ♦ asunto, cuestión, idea, propuesta, proyecto, tema

[dato] → **base de datos**

dato ♦ abrumador[40]**, accesible, acorde (con), afirmativo, alarmante, anecdótico**[13]**, biográfico, categórico, científico, cierto, clave, coincidente (con algo), concluyente**[10]**, concreto, confidencial**[20]**, convincente, crucial**[30]**, curioso, decisivo**[19]**, demoledor, descollante**[12]**, desolador**[47]**, de valor**[17]**, discordante, disponible, elocuente, esperanzador, estadístico, estremecedor, exacto, exhaustivo, falso, fehaciente**[13]**, fiable, fidedigno**[30]**, fundamental, gráfico, halagüeño**[12]**, histórico, identificativo, importante, impreciso, impredecible, incontrovertible**[9]**, inédito, inobjetable, inquietante, insignificante**[22]**, insoslayable**[5]**, interesante, intrascendente, irrebatible, irrefutable**[11]**, irrelevante, jugoso**[23]**, llamativo**[60]**, novedoso**[48]**, numérico, oficial, personal, preciso, probatorio, prolijo**[3]**,**

real, relevante, revelador[1], sesgado[15], significativo, tendencioso, tranquilizador[11], veraz, verdadero ♦ a la luz (de)[14], a la vista (de)[4], a tenor (de)[16] ♦ aluvión (de), arsenal (de)[2], banco (de), base (de), cantidad (de), cúmulo (de), lluvia (de)[50], transmisión (de) ♦ acumular, aducir[11], aferrarse (a), ahondar (en), alimentar(se) (de), almacenar, alterar, amañar[2], anclar[27], añadir, aportar, apuntar, arrojar[12], atenerse (a)[76], atesorar[13], avalar[66], aventurar[23], barajar[12], basar(se) (en), buscar, centralizar[22], circular[14], clarificar[43], coincidir, comparar, comunicar, concordar, confirmar, conocer, conseguir, considerar, consignar, constatar, contener, converger, corregir, corroborar[21], dar[204], dar a conocer, delatar[42], denotar[1], descargar, descifrar[45], descubrir, desfigurar, desglosar[5], destacar, desvelar[23], difundir(se)[56], distorsionar[9], emanar[37], encontrar, enviar, especificar, evaluar, existir, exponer, extrapolar[4], facilitar, falsear, falsificar, faltar, figurar (en un lugar), filtrar(se)[3], fluir[13], hilvanar[51], ignorar, incluir, incorporar, inflar, invalidar, manejar, modificar, obrar en poder[8], obtener, obviar[10], ocultar, ofrecer, oscilar, pedir, precisar, preparar, presentar, proporcionar, publicar, pulverizar[8], rebatir[38], recabar[2], recoger, recopilar, recordar, rectificar, referir, refrescar[5], refutar, registrar, resaltar, reseñar, servir, silenciar[20], sonsacar, sopesar, tener, tener en cuenta, tergiversar[32], tomar en consideración, transmitir, utilizar, validar[20], verificar

☐ Véase también: **estadística, información, resultado.**

DATO

♦ (SUSTANTIVOS) Véase: abrumador[G], acusar[J], aducir[B], adulterar[D], a la luz (de)[C], a la vista (de)[B], al compás (de)[A], aleccionador[C], al hilo (de)[F], amañar[A], anecdótico[C], apreciable[G], arrojar[B], atenerse (a)[L], a tenor de[C], avalar[L], aventurar[D], barajar[C], boyante[C], centralizar[E], clarificar[H], con arreglo a[D], concluyente[B], confidencial[C], corroborar[D], crucial[D], decisivo[D], decodificar[A], delatar[G], delictivo[F], denotar[A], descifrar[D], descollante[D], desvelar[E], de valor[C], difundir(se)[I], distorsionar[C], emanar[F], engrosar[H], entre[E], esgrimir[B], extrapolar[A], fidedigno[E], fundado[C], halagüeño[B], hilvanar[F], inapelable[G], incontrovertible[B], insignificante[A], irrefutable[B], jugoso[C], llamativo[H], lluvia (de)[H], novedoso[G], nutrido[B], obrar en poder[B,C], pulverizar[A], rebatir[F], recabar[A], revelador[A], salomónico[B], salpicar[E], sembrar[N], sesgado[C], silenciar[D], sonreír[D], tergiversar[D], testimonial[A], tranquilizador[C], validar[C]

♦ (VERBOS) Véase: a bulto[A], prolijamente[E]

de abrigo ♦ calzado, equipaje, ropa

de acá para allá ♦ andar, correr, deambular, ir, moverse, viajar

de acero ♦ carácter, corazón, hombre, nervios, pulmón, telón, voluntad

de acuerdo ♦ completamente, con matices[16], en líneas generales[2], enteramente, parcialmente, plenamente, totalmente ♦ estar, mostrarse, ponerse

deambular ♦ a la deriva[8], a {mis/tus/sus...} anchas[19], libremente, sin orientación, sin rumbo[1], sin ton ni son

☐ Véase también: **merodear (por), pasear(se), vagar.**

de antemano *loc.adv.* ▮ Se combina con gran número de verbos de acción, pero lo hace más frecuentemente con...

A VERBOS QUE DENOTAN CONOCIMIENTO: **1 saber ++:** ...se sabe *de antemano* que el que saldrá más magullado será el más débil... LTB210700 **2 conocer ++:** ...el candidato de cualquier región electoral conoce *de antemano*, al menos en parte, su posible destino político. HOY140797

B VERBOS QUE DENOTAN ESTIPULACIÓN, DETERMINACIÓN O PLANIFICACIÓN DE ALGUNA COSA: **3 establecer ++:** Estas reuniones se llevan a cabo como cualquier asamblea, bajo normas que establece *de antemano* el grupo. ETC150996 **4 fijar ++:** ...ocurre con los taxis más frecuentemente que con los remises porque en estos últimos el precio se fija *de antemano.* CLA240497 **5 determinar +:** ...el contenido del libro viene determinado *de antemano* por estrategias e imperativos de su promoción. EDV110101 **6 decidir +:** ...permitir a los gallegos decidir *de antemano* si se ha de prolongar o no artificialmente su vida... FDV260601 **7 disponer +:** ...al disponer *de antemano* el resultado de un trámite de oposición ante el Registro Mercantil. SVG110597 **8 preparar +:** ...dejó de lado un discurso preparado *de antemano* y en una alocución improvisada pidió... ETC111196 **9 planear +:** Tan marcado quedó su destino que el resto de su vida parece minuciosamente planeado *de antemano...* LVE081095 **10 reservar:** ...las 500 restantes habían sido reservadas *de antemano* por personas ajenas al club. EPE170599 **11 programar:** ...solo 39 delegados asistieron a una sesión programada *de antemano.* LNC081296 **12 trazar:** ...los límites que separan ambos dominios no se encuentran trazados *de antemano.* EUV170498

C VERBOS QUE DESIGNAN ACCIONES QUE TIENEN POR OBJETO NOTIFICAR O COMUNICAR ALGUNA INFORMACIÓN, MÁS FRECUENTEMENTE SI SE TRATA DE UNA ADVERTENCIA O DE LA CONFIRMACIÓN DE ALGÚN ESTADO DE COSAS: **13 anunciar ++:** Los «moderados» habían anunciado *de antemano* que si no había reforma estatutaria optarían por las «planchas»... BRE040797 **14 advertir ++:** De ahí su dificultad de lectura, que hay que advertir *de antemano...* ABC140292 **15 avisar +:** ...y sin avisarles *de antemano*, decidió abandonar el liderazgo del PSD... LVE160196 **16 señalar +:** Quizás hubiera sido preferible señalar *de antemano* que habría quienes no podrían ingresar a ningún programa... EXC170896 **17 asegurar +:** Cuento con el apoyo del público, al que le aseguro *de antemano* un momento exquisito... LDD250997 **18 garantizar:** ...algo que Iberia no puede garantizar *de antemano.* FDV210601 **19 decir:** Podemos decir *de antemano* que Pierre Assouline ha logrado convertir su biografía de Simenon en un texto tan sugestivo... ABC040394 **20 informar:** ...no tienen el menor reparo en informar *de antemano* al público lo que ella decidirá. ESP041000 **21 revelar:** ...al parecer se revelan *de antemano* y solamente a quienes se erigen en sus intérpretes y portavoces... EPE141299

D VERBOS QUE DENOTAN PREVISIÓN, PRONÓSTICO Y OTRAS NOCIONES DE NATURALEZA PROSPECTIVA: **22 prever +**: ...el calendario y la duración de una negociación de este tipo no pueden preverse *de antemano*. EPE020884 **23 suponer**: ...puede haber quienes lleguen a dicho núcleo dirigente sin que nada haya en su origen social que permitiera suponerlo *de antemano*. LVE031295 **24 augurar –**: ...su permanencia estará dada por las futuras ediciones revisadas que la actualicen, lo auguramos *de antemano*... LDD220797

E ALGUNOS VERBOS QUE DESIGNAN EXPRESIONES DE GRATITUD, CONGRATULACIÓN, DISCULPA Y OTRAS MUESTRAS DE CORTESÍA: **25 agradecer ++**: Agradezco *de antemano* su amabilidad y le saludo respetuosamente. EXC011196 **26 disculparse +**: Dejen que les cite un caso que captó mi atención (me disculpo *de antemano* con la persona interesada). EPE180800 **27 felicitar**: Díez felicita *de antemano* a los 998 compromisarios por el uso que sabrán hacer de la representación de los afiliados... EPE130700

F VERBOS QUE DENOTAN CONCESIÓN, FÍSICA O FIGURADA: **28 dar**: Sabe mal por los muchos escritores que se presentan a estos premios sin sospechar que están dados *de antemano*. EPE110299 **29 conceder**: ...son las dos columnas sobre las que se apoya un proyecto al que se le han concedido *de antemano* muchas posibilidades. EME180694 **30 adjudicar**: Con estos antecedentes se le podría adjudicar *de antemano* el gol decisivo ante Eslovaquia... EPD240997 **31 conferir –**: ...el contenido de sus respectivas colecciones y programas es conferido *de antemano* por el carácter mítico de las mismas. ABC010995

G VERBOS QUE DENOTAN ACEPTACIÓN DE ALGO O RECONOCIMIENTO DE ALGUNA COSA: **32 aceptar +**: No es de los que necesitan aceptar *de antemano* que también se equivocaron... LVE110296 **33 admitir +**: ...fuerzan a la corte estatal a crear un criterio, admitiendo *de antemano* que ya no hay tiempo para hacerlo antes del día 18... EDV141200 **34 reconocer**: Podríamos considerarla como eventual interlocutor si reconoce *de antemano* el derecho de Israel... EPE030181

H VERBOS QUE DENOTAN DESAPROBACIÓN, RECHAZO, DESESTIMACIÓN O ELIMINACIÓN DE ALGO: **35 condenar ++**: ...poder señalado, condenado *de antemano* por la opinión pública agraviada y desbordada... EXC170896 **36 rechazar ++**: ...el testimonio de la mujer es una prueba testifical en sí misma y que no se rechaza *de antemano*. LVE260795 **37 descalificar +**: No es válido condenar a priori una solución, ni mucho menos descalificarla *de antemano*... EXC180996 **38 descartar +**: ...descartaron *de antemano* que haya sido consecuencia de la ingestión de drogas. PLG090497 **39 excluir**: ...repite con machacona intensidad que los socialdemócratas excluyen *de antemano* una coalición con los liberal-nacionales. LVE161295 **40 eliminar**: ¿Por qué eliminar *de antemano* y radicalmente a Dios y la fe de cualquier argumentación humana? EPE060900

I VERBOS QUE DENOTAN RENUNCIA O CLAUDICACIÓN ANTE ALGUNA COSA: **41 perder ++**: La guerra contra las drogas es una lucha perdida *de antemano* porque la economía conspira contra ella. RUM010997 **42 rendirse +**: Aunque el Unicaja no se rinde *de antemano* ante esa teoría. EME120595 **43 renunciar +**: ...le delata no ya su carencia de estilo sino la carencia de voluntad para lograrlo, la renuncia *de antemano* a la verdad y al argumento. LRE270103 **44 desistir +**: ...porque parece querer indicar que él podría hacer algo de lo que desiste *de antemano*. EME171196 **45 ceder**: ...cierta libertad de circulación en el territorio nacional equivaldría a ceder *de antemano* a su chantaje... LVE191095 **46 claudicar**: ...el Grupo de Contacto ha claudicado *de antemano* al colocar el «No pasarán» en Gorazde. EME240795

J VERBOS QUE DESIGNAN LA ACCIÓN DE OBTENER UNA VICTORIA SOBRE ALGÚN RIVAL: **47 derrotar +**: La verdad es que no será fácil vencer al Caselas, (...), pero al menos no saldremos derrotados *de antemano*... LVG301091 **48 vencer +**: ...pueden cometer un error quienes le den por vencido *de antemano* y con la guerra perdida. EME190494 **49 ganar**: Ninguna victoria está ganada *de antemano*. LVE220495 **50 imponerse**: No vamos a pensar que podemos imponernos *de antemano* a un equipo como este, que en las últimas jornadas ha demostrado que... INDOC

de arriba a abajo Véase: **de arriba abajo**

de arriba abajo *loc.adv.* ■ Se usa también la variante *de arriba a abajo*. Acepta muy diversos verbos de acción, más frecuentemente si expresan actividades o procesos que afectan a algún conjunto de cosas *(Ordenó de arriba abajo todos los discos; Se ha leído de arriba a abajo su producción literaria)* o alteran el estado de una sola en toda su extensión *(Tienes que limpiar la cocina de arriba a abajo; Hay que demoler el edificio de arriba abajo)*. También se combina con...

A VERBOS QUE DENOTAN MODIFICACIÓN, CAMBIO O ALTERACIÓN: **1 cambiar ++**: ...González ha perdido la oportunidad de cambiar el Gobierno *de arriba a abajo*, por lo que «las cosas irán peor»... LVE010795 **2 reformar ++**: Esta propuesta irreflexiva de reformar *de arriba a abajo* la ordenación actual, supone un desconocimiento profundo de la naturaleza y origen de este «arxiu» real... LVE170396 **3 modificar +**: Si esto se confirma, los guionistas de la serie (...) van a tener que modificar *de arriba a abajo* el argumento... EME140796 **4 transformar +**: ...los prodigiosos avances tecnológicos (...) han transformado *de arriba a abajo* la sociedad... EPE110599 **5 renovar +**: Esta autora ha demostrado que la técnica más refinada, cuando es plenamente asumida, permite renovar *de arriba a abajo* un género sujeto a cláusulas estrictas. EME080896 **6 remozar**: La ocasión la pintan calva para remozar *de arriba a abajo* todo el engranaje institucional simplificándolo, democratizándolo y dotándolo de procedimientos más eficaces. EME280396 **7 alterar**: El Tratado de Amsterdam altera *de arriba a abajo* el Tratado de Maastricht. EPD180697 **8 trastocar**: CiU se muestra poco dispuesta a batallar con el PSOE por un proyecto que sería trastocado *de arriba a abajo* por un futuro gobierno del PP, con quien mantiene mayores coincidencias. EME120795

B VERBOS QUE DENOTAN OBSERVACIÓN, INSPECCIÓN O ESCRUTINIO DE ALGO: **9 mirar ++**: Powell, ostensiblemente borracho, no dejaba de mirarla *de arriba a abajo* y de «proferir palabras hirientes». EME111195 **10 revisar ++**: Le analizaron todo lo analizable, le revisaron *de arriba a abajo*, y llegaron a una conclusión: (...) lo que tenía el ciclista guipuzcoano era un total agotamiento psíquico... EPD101197 **11 contemplar +:** Es despreocupada y se ríe por cualquier cosa, y no parece preocuparle un ápice que dos gentes extrañas la contemplen *de arriba a abajo* y le hagan carantoñas. EME171295 **12 examinar +:** ...un paso en la dirección adecuada con el nombramiento de una comisión exterior que examinará el museo *de arriba abajo.* ABC181194 **13 analizar +:** Analizó el texto *de arriba a abajo* antes de dar su consentimiento. INDOC **14 observar:** Se observaban *de arriba a abajo* sin dirigirse la palabra, tratando cada uno de leer en la mente del otro. INDOC

C VERBOS QUE DENOTAN DESPLAZAMIENTO O TRASLADO, MÁS FRECUENTEMENTE SI SE CONSTRUYEN CON COMPLEMENTOS DELIMITADOS: **15 recorrer ++:** Los holandeses tuvieron la pelota 1 minuto y 27 segundos ininterrumpidamente e hicieron 31 toques seguidos recorriendo el campo *de arriba a abajo* y de un lado al otro. EME160996 **16 atravesar ++:** ...los pies de Jesús se colocaron uno sobre otro, apoyando la planta del pie inferior en la madera, y el clavo los atravesó *de arriba a abajo...* EME130495 **17 andar +:** Gerson Martínez, quien andaba *de arriba a abajo* con los datos de la encuesta de la Universidad Tecnológica (UTEC), dijo que no era más que un acto de desesperación de los areneros... ESH130297 **18 cruzar +:** La paradoja cruza *de arriba abajo* la obra de Voltaire, va con él. LVE221194 **19 caer +:** Unas veces sube y por simple ascensión puede irse descodificando la lectura en la subida, o cae *de arriba abajo* siguiendo la gravedad de la mirada. ABC260393 **20 traspasar:** Con la introducción de unas formas semejantes a pirámides extrañas o conos traspasados *de arriba abajo* (...) los cuadros parecen presentar otras propuestas. EPE291199 **21 caminar:** Cuando saltamos al agua, toqué la gaita en medio del oleaje y cuando ya estábamos en la playa caminé por la arena, *de arriba a abajo*, tocando durante unos minutos. EME050694 **22 deambular:** Los pasajeros, que no dejaban de deambular *de arriba abajo* por las salas de espera, no hacían más que señalar los paneles informativos. EPE270399 **23 mover:** Más bien se mueve a tirones, lleno de sobresaltos, *de arriba a abajo*, sin llegar a lograr una continuidad saludable. EPD250996 **24 pasear:** Caballeros y señoritas paseaban *de arriba abajo* por la alameda. INDOC **25 ir:** ...cuando llega el final, un imán la atrae hacia el otro extremo, así que la bola va *de arriba abajo* ininterrumpidamente. INDOC

D VERBOS QUE DESIGNAN LA ACCIÓN DE CUBRIR O ENVOLVER ALGO O A ALGUIEN, FRECUENTEMENTE CON ROPAS O TELAS: **26 vestir ++:** El propio Rotten, vestido de plateado *de arriba a abajo* y con los pelos en punta teñidos de dorado, llegó a pedir a los cerca de 20.000 espectadores que detuvieran el lanzamiento de objetos, aunque sin mucho éxito. EME230696 **27 cubrir +:** Perspectiva arquitectónica fingida, pues dicho monumento era un enorme lienzo que cubría *de arriba abajo* el altar mayor... ABC030192 **28 forrar:** El zumbido sordo de las explosiones en la ciudad puede oírse claramente desde el búnker, forrado *de arriba a abajo* con colchonetas y mantas. EME090195 **29 revestir:** Las paredes estaban revestidas *de arriba a abajo* de una tela verde. INDOC **30 embutir:** ...los operarios del laboratorio, embutidos *de arriba a abajo* en un impoluto vestuario blanco, se entregan con pericia a una eficaz distribución en recipientes especiales... EDV110101 **31 enfajar –:** ...se pasa tres meses enfajada *de arriba a abajo*, sin desprenderse de unas fuertes vendas ni siquiera para dormir. LVE300696

E ALGUNOS VERBOS QUE DESIGNAN LA ACCIÓN DE TEMBLAR, CONVULSIONARSE, CONMOCIONARSE Y OTRAS SIMILARES QUE PONEN DE MANIFIESTO ALGUNA ALTERACIÓN INTENSA DE NATURALEZA FÍSICA O PSÍQUICA: **32 sacudir +:** Durante su mandato se ha sacudido *de arriba a abajo* la sociedad coreana con una «cruzada anticorrupción»... EME120496 **33 estremecer +:** En otras palabras, el gol es lo que más se cotiza en la bolsa de valores, porque además de estremecernos *de arriba a abajo* gana los partidos... EME260796 **34 temblar +:** Se oyó una gran explosión y el edificio tembló *de arriba abajo.* INDOC

☐ Véase también: **de pies a cabeza, de punta a punta, palmo a palmo.**

de atar ♦ loco ♦ estar

de batalla ♦ caballo, campo, compañero, frente, grito, línea, plan, ropa, terreno, zona

debate ♦ **abrupto[73], acalorado[11], a cara de perro[9], a fondo[46], agotador[24], agrio, álgido[15], amplio, a pecho descubierto[17], a puerta cerrada[46], arduo[20], áspero, bizantino[3], breve, bronco[1], candente[1], cansino, cara a cara[29], civilizado, constructivo[21], continuo, controvertido, cordial, cortés, crucial[45], cuerpo a cuerpo[29], cultural, de guante blanco[15], delicado, diplomático, electoral, electrizante[14], embarullado, encarnizado[9], encendido[8], enconado[14], enérgico, en profundidad, esperado, eterno, exhaustivo[16], extenso, famoso, farragoso[1], feroz, fuerte, generacional, general, gran(de), ideológico, importante, infructuoso, insoslayable, intenso, interno, largo, mano a mano, nacional, pleno, polémico, político, presto (a), profundo, público, reñido[43], sesgado[28], tranquilo, trillado[35], vehemente[27], vibrante, viejo, violento, visceral, vivo[52] ♦ en punto muerto[6] ♦ al calor (de)[11], al hilo (de)[2], a tenor (de) ♦ centro (de), fondo (de), foro (de), materia (de), mesa (de), motivo (de), normas (de), objeto (de)[32], tema (de) ♦ abrir(se)[9], acometer[41], acotar, adulterar[17], agotar(se)[53], agriar(se)[8], aguar(se)[16], ahogar(se)[31], alimentar[17], amainar[14], apaciguar, apagar(se)[12], arbitrar[7], atemperar[40], atizar[36], augurar[27], auspiciar[9], avivar[7], boicotear[16], brotar[47], caldear(se)[12], calmar, causar, celebrar, centrar, cerrar(se), clarificar[20], comenzar, concluir, conducir, continuar, cortar[12], dar lugar (a), desatar(se)[58], despejar(se)[59], despertar[66], desviar[352], devaluar(se)[20], difuminar(se)[59], dilucidar[7], diluir(se)[28], dirigir, dirimir[15], discurrir[3], distorsionar[31], eludir[35], enardecer(se)[6], encarar[29], encrespar(se)[6], enfrascarse (en)[16], enfriar(se)[30], enrarecer(se)[11], entablar[26], entrar (en), enzarzarse (en)[9], escorar(se)[11], establecer[53], evitar, exacerbar[5], finalizar, ganar (en), generar, girar[2], incentivar[42], inducir (a)[43], iniciar, instigar (a), intensificar, interrumpir, intervenir (en), invitar (a)[24],**

involucrar(se) (en)[29], llevar (a), mantener, mitigar[57], moderar, obstruir[39], participar (en), persistir, plantear[44], prestarse (a), profundizar (en), promover, provocar, quitar hierro (a)[9], reabrir[21], realizar, reanudar, reavivar[3], recrudecer(se)[8], relanzar[19], remitir[36], resucitar, revivir[46], seguir, serenar(se)[18], someter (a), sosegar(se)[6], soslayar[16], sostener, surgir, suscitar, sustraer(se) (de/a)[21], templar, tensar[11], terciar (en)[2], tomar parte (en), verse envuelto (en), zanjar[45]

□ Véase también: **diálogo, discusión, polémica.**

debatir ♦ **acaloradamente[2], a cara de perro[7], acremente, a fondo[10], ampliamente, a puerta cerrada[4], cara a cara[8], civilizadamente[9], cortésmente, de igual a igual[23], diplomáticamente, enérgicamente, en profundidad, extensamente[11], incansablemente, indefinidamente, intensamente, mano a mano, profundamente, públicamente, punto por punto[56], relajadamente, sin llegar a las manos, visceralmente** ♦ **animar (a), incitar (a), invitar (a)[51]**

□ Véase también: **discrepar.**

deber ♦ **abrumador, acuciante[34], agobiante, apremiante[17], ciudadano, cívico, compartido, conyugal, cumplido, duro, elemental, engorroso, estricto[72], fastidioso, fatigoso, fundamental, gravoso, imperioso[6], incómodo, indeclinable, ineludible, inevitable, inexcusable[1], inexorable[50], insoslayable[11], irrenunciable[21], legal, llevadero[5], moral, oneroso, penoso, perentorio[6], pesado, primordial, principal, profesional, social** ♦ **a la altura (de)[13], sin menoscabo (de)[19]** ♦ **abandono (de), asunción (de), cumplimiento (de), incumplimiento (de)** ♦ **abandonar, abdicar (de)[12], absolver (de)[19], asumir[3], atender, conculcar[22], constituir, contraer[4], corresponder (a alguien), cumplir (con)[49], desatender[15], descargar (de), descuidar, desentenderse (de), disculpar (de), dispensar (de), eludir[5], establecer, eximir (de)[3], exonerar (de), faltar (a)[3], imponer[30], incumbir (a alguien), incumplir[32], infringir[18], pesar (sobre alguien), quebrantar[13], renunciar (a), tener, tomarse a pecho**

□ Véase también: **obediencia, obligación.**

debidamente *adv.* ▌Se usa muy frecuentemente con participios. Admite muy diversos verbos de acción, pero destacan especialmente sus combinaciones con...

A VERBOS QUE DESIGNAN LA ACCIÓN DE JUSTIFICAR O COMPROBAR ALGO: **1 acreditar ++:** ...no se acreditó *debidamente* que la víctima fuese objeto de violencia o intimidación. EPE051199 **2 justificar ++:** Algunas de sus soluciones no se justifican *debidamente*, y me parece que se encuentra más a gusto con las mazurcas... ABC070495 **3 comprobar ++:** «Está *debidamente* comprobado mediante un examen dactilar»... EPE010900 **4 documentar +:** La mayor parte de estas armas compradas estaban *debidamente* documentadas con la guía de pertenencia... EME101095 **5 certificar +:** La calidad de los equipos está *debidamente* certificada por los distintos fabricantes... EME050296 **6 verificar +:** El problema se originó debido a que la directiva del Toluca no verificó *debidamente* el acuerdo... DYM040796 **7 probar +:** Si las hay y pueden ser probadas *debidamente*, los jueces las establecerán y dictarán su sentencia. EME070396 **8 autentificar:** ...el consejero solicita que le sean remitidas copias «*debidamente* autentificadas»... LVE010396

B EL VERBO *CUMPLIR*, Y CON OTROS QUE DESIGNAN LA ACCIÓN DE SATISFACER ALGO, A MENUDO LA DE DAR CURSO A ALGÚN TRÁMITE OFICIAL O LA DE DISPENSAR LOS ELEMENTOS QUE LO COMPONEN: **9 cumplir ++:** ...los representantes nipones cumplieron *debidamente* con todas y cada una de las leyendas que se les atribuyen... EME241095 **10 cumplimentar ++:** ...el ultranacionalismo militarista o terrorista no admite más negociación política que la que le permite cumplimentar *debidamente* sus fines... EPE140499 **11 rellenar ++:** Con el certificado de instalación de gas *debidamente* rellenado y firmado entre mis manos, me presenté en las oficinas... EPE311201 **12 tramitar +:** ...reaccionó sancionando al Costa Naranja (...), ya que, según este organismo, la ficha de McGee no había sido tramitada *debidamente*. EME150196 **13 registrar +:** «Todas las operaciones están *debidamente* registradas en la contabilidad». EME190195 **14 sellar +:** ...los enfermos tenemos que ir de farmacia en farmacia con nuestra receta *debidamente* sellada... EXC270596 **15 firmar +:** Porque si ocurriera como ahora, (...) no habría posibilidad de firmar *debidamente* ningún contrato. ABC081191 **16 inscribir:** ...explicó ayer que la medida, de carácter cautelar, se mantendrá hasta que estas compañías se inscriban *debidamente*... LNC070197 **17 diligenciar:** Formulario *debidamente* diligenciado... ETC190597 **18 formalizar:** Gaspart abundó en la necesidad que el socio sepa que la junta directiva hará un uso apropiado de las entradas –atenderá a peticiones *debidamente* formalizadas–... EPE160599

C VERBOS QUE DENOTAN CONTROL, VIGILANCIA O PROTECCIÓN DE ALGO. TAMBIÉN CON ALGUNOS QUE DESIGNAN LA PUESTA EN PRÁCTICA DE OTRAS MEDIDAS DE SEGURIDAD DIRIGIDAS A SALVAGUARDAR PERSONAS O COSAS: **19 controlar +:** Según fuentes de los funcionarios el tema de la droga no se controla *debidamente* en el centro... EME170195 **20 supervisar:** ...si no han sido *debidamente* supervisadas por el interesado, pueden contener errores. EPE310799 **21 cuidar:** Un arte mal atendido en otro tiempo pero, tan imprescindible que, si no se cuida *debidamente*, puede destruir la labor del cantante más excelso. ABC291295 **22 custodiar:** ¿Dónde se encuentran archivados y *debidamente* custodiados esos documentos? EME070295 **23 proteger:** ...exime de pagar multa a los propietarios que arrancaron palmeras porque considera que no estaban *debidamente* protegidas. EPE110799 **24 preservar:** Hay diversas y muy fundadas razones para que esa zona silvestre sea *debidamente* preservada. LPA280492 **25 asegurar:** Quienes están *debidamente* asegurados deberían llevar una pegatina de color visible... LVE050596 **26 resguardar:** Todo lo que nuestro padre escribiera está *debidamente* resguardado y aún no ha sido publicado. HOY281283 **27 sujetar:** Tanto la cuerda como el arnés están *debidamente* sujetadas al cuerpo del saltador. LNC120197 **28 abrochar:** ...el motociclista que conduzca a la parrillera sin el casco *debidamente* abrochado será multado con cinco salarios mínimos diarios. EPC181197 **29**

atar: Entre las medidas de seguridad, también recomienda tener un perro *debidamente* atado, dentro del recinto de la casa... FDV180601

D VERBOS QUE DENOTAN CONCESIÓN DE UN PERMISO: **30 autorizar ++:** Todas las inspecciones han sido realizadas *debidamente* autorizadas mediante las correspondientes órdenes judiciales. EME180394 **31 aprobar:** ...lo hizo aceleradamente sin el requisito indispensable de la presentación previa de un Estudio de Impacto Ambiental *debidamente* aprobado... CAP080198

E VERBOS QUE DESIGNAN LA ACCIÓN DE ENTREGAR ALGO COMO PREMIO, PAGO, AGRADECIMIENTO O COMPENSACIÓN DE OTRA COSA: **32 remunerar +:** Los obreros agrícolas obtuvieron trabajo estable y *debidamente* remunerado en las empresas estatales... GIC062097 **33 retribuir +:** ...presentará el jueves una nueva oferta que incluye un incremento razonable de horas de vuelo *debidamente* retribuidas. LVE160196 **34 premiar:** ...los ejemplos abundan, y es curioso que algunos de ellos hayan sido *debidamente* premiados... ABC170492 **35 compensar:** ...«no existe peligro de pérdida del bien, puesto que deberá ser *debidamente* compensado pecuniariamente». FDV120601 **36 recompensar:** ...saben que después serán *debidamente* recompensados. EME040896 **37 indemnizar:** Únicamente se produjeron tres incidentes con reses el año pasado, que fueron *debidamente* indemnizadas... LVE150696 **38 financiar:** Todo hace que hoy estemos *debidamente* financiados... HOY191083

F VERBOS QUE DESIGNAN LA APLICACIÓN DE UNA SANCIÓN: **39 castigar +:** ...«los extremos de violación de los derechos humanos estremecen nuestros espíritus, tanto más porque no fue *debidamente* castigada». CLA211187 **40 sancionar:** Pedimos que se investigue a fondo las causas de la suspensión de las elecciones del 28 de mayo y que sean *debidamente* sancionados los responsables... ENV260700

G VERBOS QUE DENOTAN ORDENACIÓN O ESTRUCTURACIÓN DE ALGO SEGÚN UNA PAUTA. TAMBIÉN CON OTROS QUE DESIGNAN SU UBICACIÓN EN UN LUGAR: **41 ordenar +:** ...una riqueza de documentos *debidamente* ordenados que hacen de esta obra una edición poco menos que definitiva. LVE051196 **42 organizar +:** ...se desea que se mantengan unas tarifas mínimas (...) y que se organice *debidamente* el mercado de la subcontratación. EME191196 **43 clasificar +:** ...dicha ley dice explícitamente que no pueden acceder a contratos públicos las sociedades que no se hallen *debidamente* clasificadas... LVE100695 **44 colocar(se) +:** Cuando los personajes del cuadro están *debidamente* colocados, el milagro de la tecnología hace que el público los vea en color. EPE120599 **45 disponer +:** ...una ingente cantidad de información que aún debe disponerse *debidamente*. INDOC **46 instalar:** ...hasta dejar a esta joven *debidamente* instalada en un tren directo hasta España y con algo de dinero. EPE010880 **47 ubicar:** Ya el primero se halla en pleno funcionamiento en el barrio Meissen y otros diez están ya *debidamente* ubicados y diseñados. ETC020190 **48 situar:** He aquí un pensamiento muy pesimista sobre la ciencia (...) que, *debidamente* situado, nos avisa sobre los riesgos de una ciencia... EME180395 **49 catalogar:** ¿Para qué sirve una biblioteca si sus fondos no se encuentran *debidamente* catalogados? ABC030492

H VERBOS QUE DENOTAN ANÁLISIS, INTERPRETACIÓN, ENJUICIAMIENTO O EXAMEN DETENIDO DE UN DETERMINADO ASUNTO: **50 interpretar +:** ...las películas eran también mensajes que había que interpretar *debidamente* a pesar de las manipulaciones... EME200595 **51 estudiar +:** ¿Estos problemas han sido *debidamente* estudiados paralelamente a la Ley de Extranjería? EPE081299 **52 leer +:** Antes de firmar cualquier documento, asegúrate de haberlo leído *detenidamente*. INDOC **53 analizar +:** Cada caso es *debidamente* analizado por la Comisión de Prevención Social... GIC051697 **54 valorar +:** El compromiso de Unión Fenosa con los participantes le lleva a invertir 15 millones de pesetas en compra de obra, que está *debidamente* valorado con prioridad... ABC040895 **55 sopesar +:** Otro factor que en algunos lugares no fue *debidamente* sopesado por la DC es el gran apoyo que tienen los alcaldes que van a la reelección... HOY041196 **56 enjuiciar:** ...queremos enjuiciar *debidamente* los períodos de la historia cultural hispánica. ABC170993 **57 evaluar:** Tampoco se evaluaron *debidamente* las posibles consecuencias sicológicas que pueden padecer los niños... EME190596 **58 calificar:** La actuación de Plácido Domingo como director ya ha sido *debidamente* calificada por los críticos. ABC100192 **59 aquilatar −:** Y eso tienen que aquilatarlo *debidamente* tirios y troyanos. CAP180796

I VERBOS QUE DESIGNAN DIVERSAS MANIFESTACIONES VERBALES, MUY ESPECIALMENTE LAS QUE SE REFIEREN A LA ACCIÓN DE MOSTRAR O EXPLICAR DETALLADAMENTE UN RAZONAMIENTO O LA DE HACER UNA PUNTUALIZACIÓN: **60 informar +:** ...son muchas las personas que invierten en Fondos de Renta Fija que aún no han sido *debidamente* informadas sobre la naturaleza de los mismos. EME230195 **61 explicar +:** Seguro que habrá razones para explicar *debidamente* todo esto. ABC070593 **62 expresar +:** Esta danza utiliza 67 signos básicos que con sus múltiples derivaciones sólo pueden expresarlos *debidamente* quienes la practican... LVE120795 **63 aclarar +:** ...dará la cara cuando las cosas se aclaren *debidamente*... EXC050996 **64 señalar:** Pero el peligro está ahí, y ha sido *debidamente* señalado por otros expertos, cosa que me complace decir. EPE031001 **65 puntualizar:** ...técnica siempre citada cuando se habla de él pero nunca *debidamente* puntualizada. LVE280696 **66 citar −:** ...ante la no presentación de siete de ellos en la vista oral, a pesar de haber sido citados *debidamente*, debió suspender la celebración de la vista y citarlos de nuevo. LVE090495 **67 argumentar −:** ¿Para qué razonar y argumentar *debidamente* si el país posee por naturaleza la comprensión de las cosas? ENV170197

J EL VERBO *PREPARAR*. TAMBIÉN CON VARIOS VERBOS QUE DESIGNAN LA PREPARACIÓN DE UN ALIMENTO PARA SU CONSUMO. SE USAN MUY A MENUDO EN SENTIDO FIGURADO: **68 preparar +:** ¿Por qué se presenta usted al examen si no está *debidamente* preparado? INDOC **69 aderezar:** ...influir en una opinión pública, atónita e incrédula, *debidamente* aderezado todo ello por algunos escandalosos, inmorales, pero hábiles expertos mediáticos. LVE020895 **70 aliñar:** Así mataron dos pájaros de un tiro: las fotos idílicas por aquello de la fecha cercana de San Valentín *debidamente* aliñada con la declaración de turno... LVE030294 **71 sazonar:** ...un simbólico espectáculo que combina la pólvora de los cohetes, los ingredientes de riesgo (...), todo *debidamente* sazonado con la estética propia del grupo... EPE270999 **72 salpimentar:** Se calienta una plancha y sobre ella se disponen los filetes de mero, *debidamente* salpimentados... LVE200195 **73 condimentar:** En el último momento se reparten por encima del redondo, *debidamente* condimentadas con sal. LVE130595 **74 cocinar –:** En todo caso, ahí queda un episcopado *debidamente* cocinado, aliñado y listo para servir. LVE230995

debido ♦ **antelación, anticipación, atención, autoridad, autorización, cantidad, celeridad, colaboración, compostura, condición, consideración, contención, control, cuidado, cumplimiento, dignidad, disciplina, discreción, explicación, importancia, obediencia, permiso, planificación, proceso, protección, respeto, rigor, tiempo, transparencia**

debilidad ♦ **congénito[5], crónico, crucial, destacado, excesivo, extremo, franco, gran(de), imperceptible, intrínseco, manifiesto, marcado, mental, ostensible[23], palpable, pasajero, patente, principal, profundo[74], progresivo, sumo, visible** ♦ **a causa (de), al descubierto[16]** ♦ **estado (de), momento (de), muestra (de), sensación (de), signo (de), síntoma (de)** ♦ **abusar (de)[49], achacar[12], acusar, admitir, adolecer (de), advertir, agravar(se)[22], aumentar, compensar[33], confesar[45], conocer, dejarse llevar (por)[52], dejar ver, delatar, demostrar, destapar, disculpar, encubrir, entrar[22], manifestar, medir, mostrar, notar, ocultar, percibir, perder, producir, reconocer, revelar, sentir[8], subsanar[33], sufrir, tener**
☐ Véase también: **flojera**.

debilitar(se) ♦ **considerablemente[34], destacadamente, fuertemente, gradualmente, intensamente, levemente, ligeramente[48], manifiestamente, notablemente[29], ostensiblemente, paulatinamente, poco a poco, profundamente, progresivamente[15], seriamente[28], significativamente, superficialmente**

de boca en boca *loc.adv./loc.adj.* ▮ Forma parte a menudo de grupos verbales que se predican de sustantivos de información *(Las noticias corrían de boca en boca)*. Se combina con...

A VERBOS QUE DENOTAN MOVIMIENTO O TRANSFERENCIA, MÁS FRECUENTEMENTE SI SE TRATA DE TRANSMISIÓN O DIFUSIÓN DE MENSAJES VERBALES: **1 correr ++:** Muchas de las anécdotas de la familia corrían *de boca en boca* entre los jóvenes poetas asiduos a la casa de los Loynaz... ENH280497 **2 ir ++:** ...la posible ausencia de Pujol y los aprietos políticos del momento iban *de boca en boca*. LVE080695 **3 andar ++:** Su nombre andaba *de boca en boca* y no era precisamente Alonso de Illescas. DHE071097 **4 propagarse +:** ...como si alguien hubiera cursado una orden de marcha que se ha propagado *de boca en boca*. LVE191196 **5 pasar +:** Según una vecina de Gósol, estas cosas, al pasar *de boca en boca*, al final ya se dicen tantas exageraciones que no sabe uno qué creer... LVE010396 **6 transmitir +:** ...por estos días hay un chiste que se transmite *de boca en boca* entre los cubanos. SEM190198 **7 circular +:** Historias que circulan desde hace tiempo, *de boca en boca*. CLA171100 **8 saltar:** Y así, *de boca en boca*, saltó a los papeles y a la televisión, sobre todo cuando apareció con un pelucón moreno y un traje fucsia... LVE010995 **9 venir:** ...El Tren de la Media Noche, La Cadenita de Oro, La Rosa Negra, y otras consejas que vienen del pasado *de boca en boca*. LHG120900 **10 rodar:** «Era lo único que faltaba para acabar con Colombia», fue uno de los comentarios que rodó *de boca en boca*. EPE270199 **11 fluir –:** Pronto las sirenas convocan corrillos de paseantes. *De boca en boca* fluye un «arroyo de serpientes» que me atraviesa, me arroja hacia atrás... ABC170395 **12 expandirse –:** ...empezaron a inquietarse por las noticias que por la montaña se expandían *de boca en boca*... EME150795 **13 viajar –:** Sus quejas viajan *de boca en boca* por el mundo. Son tema de comentario con sus parientes y amigos en la casa... ENH120198

B ALGUNOS VERBOS DE LENGUA: **14 decir:** «Oye, que han cogido a Roldán en Laos?», dicen ya *de boca en boca*, y son apenas las nueve y media. EME280295 **15 repetir(se):** ...basan su actuación en chismes, en historias que corren por la calle, en comentarios que se repiten *de boca en boca*... ACP081296 **16 comentar –:** Una misteriosa historia que se comentó durante días *de boca en boca* estalló ayer en la Corte israelí... CLA150199 **17 contar –:** Los casos se cuentan *de boca en boca* pese al silencio de la Administración que intenta ocultar estos problemas. LVE041296 **18 divulgar –:** El fenómeno se divulgó *de boca en boca* provocando que durante la tarde del lunes y hasta ayer se llegaran a concentrar... LVE291196 **19 susurrar –:** «Todo muy bueno y muy bonito», susurraban *de boca en boca*. LVE180395

C OTROS VERBOS; POSIBLES USOS ESTILÍSTICOS: «Diego dio positivo», era la frase que se conectaba *de boca en boca* y que vía telefónica comenzó a torpedear las redacciones de los periódicos... EME300694; El vendaval Ultimo sigue soplando con tremenda fuerza, *de boca en boca*, de onda en onda, de ciudad en ciudad. LVE150995

D ALGUNOS SUSTANTIVOS DE INFORMACIÓN: **20 comentario:** En principio, todo hay que achacarlo a la buena suerte y al comentario *de boca en boca*. LVE251196 **21 transmisión:** Es indudable que si los medios de comunicación llegan a tomar el relevo de la transmisión *de boca en boca* sin advertir al público que se trata de un rumor, la noticia se magnifica... LVE120495
☐ Véase también: **a bombo y platillo, a los cuatro vientos**.

de boquilla ♦ **amenazar, decir, hablar, ofrecer, pedir, protestar,** *otros verbos de lengua*

de bote en bote ♦ **lleno, repleto** ♦ **estar, llenar, ponerse, seguir**

de brazos cruzados ♦ **actitud, huelga, política** ♦ **aguardar, esperar, estar, permanecer, quedarse, seguir**

debú Véase: **debut**

de buena fe ♦ **acto, acuerdo, opinión, persona, pregunta** ♦ **actuar, comportarse, creer, cumplir, decir, defender, entregarse, equivocar(se), hacer, intentar, negociar, obrar, realizar**

de buena tinta ♦ **conocer, saber**

de buen grado *loc.adv.* ▮ Admite las variantes *de mal grado* (de significado opuesto) y *de grado*. Se combina con múltiples verbos de acción *(hacer, realizar, tomar, trabajar)*, o de proceso *(unirse, continuar, permanecer)* pero destacan especialmente sus combinaciones con...

A VERBOS QUE DENOTAN ACEPTACIÓN DE ALGO O CONFORMIDAD CON UN ESTADO DE COSAS: **1** **aceptar** ++: Su sencillez no le permite aceptar *de buen grado* los chillidos ensordecedores de cientos de jóvenes histéricas... HOY010278 **2** **acoger** ++: ...he acogido *de buen grado* las noticias que anuncian la prohibición de circular a vehículos de gran tonelaje... LVE311096 **3** **recibir** ++: Los colorados recibieron *de buen grado* la iniciativa... UNU041096 **4** **encajar** +: Viola no encajó *de buen grado* aquellas insinuaciones. EME250396 **5** **admitir** ++: Tampoco el antropólogo Felipe Senén admite *de buen grado* el humor que denigra a los gallegos... LVE050995 **6** **asumir**: ...el Taugrés asume *de buen grado* su condición de «víctima» en la semifinal de Copa de Europa... EME170294 **7** **soportar** +: ...no soportarían *de buen grado* que hubiera un trato diferente para alguna de ellas... EPE120199 **8** **aguantar**: ...los seminaristas se tenían que decir los defectos a la cara y aguantar el chaparrón *de buen grado*... EPE090999 **9** **tolerar**: Turquía es el candidato de Washington, pero Irán no lo tolerará *de buen grado*... EPE081101 **10** **adaptarse**: Los «ataques de desaliento» (...) no impidieron a Juan Ramón adaptarse *de buen grado* (...) a esta Cuba verde, azul y gris... ABC230994 **11** **resignarse**: ...se resigna *de buen grado* a las putadas que le hacen y a las discrecionales medidas de audiencia a que le someten. EME290996

B VERBOS QUE DENOTAN ACATAMIENTO U OBSERVANCIA DE NORMAS O DISPOSICIONES QUE REPRESENTAN LA VOLUNTAD DE LOS DEMÁS: **12** **obedecer** +: Allen no deja de impartir órdenes a los demás músicos, aunque ellos parecen obedecerle *de buen grado*. LVE260296 **13** **acatar** +: ...para que todo el mundo comprenda que son acertadas y, en consecuencia, las acate *de buen grado*. EPE090599 **14** **someterse** +: ...se insinúa la posibilidad de tomar represalias contra aquellos que no se someten *de buen grado* a las exigencias de los «aguatenientes». LVE150595 **15** **ceder**: Tampoco es previsible que la NASA ceda *de buen grado* todas estas tareas a los rusos... LRE030203 **16** **entregarse**: No crea usted que los rebeldes van a entregarse *de buen grado* para lograr la paz que tanto deseamos. INDOC

C VERBOS QUE DENOTAN COOPERACIÓN, PARTICIPACIÓN SOLIDARIA, RESPALDO O AYUDA EN DIVERSAS FORMAS: **17** **prestarse** +: Para promocionar el bailongo sentimental se presta *de buen grado*... EPE010380 **18** **colaborar** +: Les damos la bota y los bollos y colaboran *de buen grado* con nosotras. ENC060201 **19** **secundar**: Algunos empresarios se dejaron conducir por sus intereses (...) y en más de un caso se vieron secundados *de buen grado*... EME010294 **20** **brindarse**: ...el gran número de personas que se brindaron *de buen grado* a ayudar a los heridos y colaborar en el rescate de las víctimas. INDOC

D VERBOS QUE DENOTAN DONACIÓN, OFRECIMIENTO O ADJUDICACIÓN DE ALGO: **21** **ofrecer** +: ...decliné anotar los datos de la conductora, que ella *de buen grado* me ofrecía por si fueran necesarios ulteriores trámites. LVE161296 **22** **otorgar**: ...fueron, en definitiva, los que otorgaron *de buen grado* la audiencia solicitada. CLA010997 **23** **conceder**: Sólo un 10% de los insulares desea la independencia, cuando más de un 40% de los franceses se la concedería *de buen grado*. EPE080999 **24** **dar**: De buen grado te daría lo que tengo si fuera mío. INDOC

E VERBOS DE MOVIMIENTO, MÁS FRECUENTEMENTE SI DESIGNAN PROCESOS CON ORIGEN O DESTINO: **25** **ir** +: Nixon no fue al ara del sacrificio *de buen grado*, pero esa asunción de responsabilidades al máximo nivel tuvo la eficacia del fuego reparador... EME240494 **26** **volver**: Si los Bramley vuelven *de buen grado*, tampoco nos opondremos a que soliciten de nuevo su adopción... EPE160199 **27** **acudir**: Julián Grau Santos sale de su casa lo menos posible, lo que no significa que sea huraño o descortés, pues acude *de buen grado* a las ceremonias inexcusables... ABC041194 **28** **marcharse** +: Clara (...) se marchó *de buen grado* a la conferencia para aplazar su encuentro con él. ABC301092 **29** **abandonar**: ...la sola circunstancia que permitiría a González abandonar *de buen grado* La Moncloa (...) está fuera de calendario. EME170995 **30** **irse**: ...«Intentaremos que las tropas se vayan *de buen grado*, pero si no se retiran no perderemos el tiempo en discusiones». EPE220499

F ALGUNOS VERBOS QUE DENOTAN REACCIÓN O CONTESTACIÓN: **31** **reaccionar** +: El Kremlin reaccionó *de buen grado* ante la clara victoria de Meshkov. EME010294 **32** **responder**: Todos respondían *de buen grado* a las exigencias de Falla, pero lamentaban y comentaban con bromas el abandono en que les dejaba la Princesa de Polignac al retirarse... EME240695

☐ Véase también: **con fruición, de todo corazón, gusto, gustosamente, gustoso.**

de bulto ♦ **equivocación, errata, error, fallo, falsedad, razón**

debut ♦ **a lo grande, apoteósico, arrollador[25], artístico, brillante, buen(o), celebrado, cinematográfico, con éxito, deslumbrante, emotivo, escénico, espectacular, esperado, estelar, excelente, exitoso, feliz, fulgurante[13], histórico, impactante, impresionante, liguero, literario, mediocre, notable, oficial, olímpico, profesional, prometedor, señalado, sonado, sorprendente, taurino, teatral, triunfal** ♦ **aguar(se)[7], celebrar, efectuar, esperar, hacer, preparar, producirse, protagonizar, realizar, tener lugar**

☐ Véase también: **estrenar.**

debutar (en) ♦ **a lo grande[31], con {buen/mal} pie[5], con éxito[48], oficialmente, profesionalmente** ♦ **cine, dirección, música, política, publicidad, realización, selección, teatro, televisión,** *otros sustantivos que designan actividades públicas*

de cabeza ▮ *(de memoria)* ♦ **calcular, deducir, hacer, sacar**

▮ *(sin vacilar)* ♦ **lanzarse (a algo), meterse (en algo), tirarse (a algo)**

▮ *(agobiado)* ♦ **andar, ir, llevar (a alguien), traer (a alguien)**

▌ *(con la cabeza)* ♦ **despeje, gol, golpe, remate, toque** ♦ **batir, despejar, marcar, rematar**
▌ *(delantero)* ♦ **equipo, grupo, vagón**
▌ *(de la cabeza)* ♦ **dolor, giro, movimiento, quebradero**
☐ Véase también: **cabeza (de).**

de cabo a rabo ♦ **acordarse, aprender(se), atravesar, cambiar, conocer, controlar, dominar, equivocar(se), escribir, estudiar, examinar, informar, leer, modificar, recorrer, repasar, saber(se), superar, transformar,** *otros verbos de acciones que tienen fin natural*
☐ Véase también: **de pies a cabeza.**

decadencia ♦ **absoluto, acusado, claro, cultural, definitivo, económico, espiritual, físico, franco, galopante, imparable[36], inevitable, inexorable[11], innegable, intelectual, irremediable, lento, literario, mental, moral, nacional, pleno, político, prematuro, profundo, puro, rápido, sumo, total, triste, veloz** ♦ **en** ♦ **estado (de), fase (de), período (de), proceso (de), señal (de), síntoma (de)** ♦ **atenuar, conducir (a), contemplar, entrar (en), experimentar, frenar, observar, padecer, producir(se), provocar, reflejar, sentir, sobrellevar, sobrevenir, sufrir, superar**
☐ Véase también: **declive, deterioro.**

decaer *v.* ▌ Se combina con...

A SUSTANTIVOS QUE DESIGNAN ESTADOS ANÍMICOS, MÁS FRECUENTEMENTE LOS RELACIONADOS CON EL OPTIMISMO O LA EXALTACIÓN: **1 ánimo ++:** Empero, lejos de que el ánimo *decayera*, sus elementos sacaron a relucir la garra y consiguieron el empate... DYM080996 **2 euforia +:** En los últimos años parecía estar a punto de remontar la categoría de los pesos pesados, pero enseguida *decayó* la euforia cuentista... ABC070292 **3 moral +:** ...el apagón obligó a cerrar una parte del colorista mercadillo, la moral no *decayó* y las velas sustituyeron a las bombillas... EPE070800 **4 alegría:** Sin embargo, la alegría no *decae*. ETC010798 **5 emoción:** En esos cinco minutos suplementarios la emoción nunca *decayó*. LVE260296 **6 ilusión:** «Eso es lo que cuenta: que la ilusión no *decaiga* nunca», dice Espartaco como preámbulo a una granada lista de superlativos... EPE180499 **7 esperanza:** La tercera derrota (...) hace que las esperanzas *decaigan*. CAN040101 **8 entusiasmo +:** ¿hay un especial interés en que el entusiasmo no *decaiga*? EUV091096

B SUSTANTIVOS QUE DENOTAN CONCURRENCIA DE PERSONAS CON ALGÚN PROPÓSITO, A MENUDO FESTIVO. TAMBIÉN CON OTROS QUE DESIGNAN EVENTOS QUE POSEEN ESAS CARACTERÍSTICAS: **9 animación ++:** Al marcharse los portugueses de Cabo Verde en 1975 y *decaer* la animación de sus cantinas, Cesaria se contó entre las pocas voces que... EME190695 **10 juego +:** Efectuó los cambios de rigor sin que la exhuberancia de su juego *decayera* apenas. EPE170599 **11 fiesta +:** Es la noche de Fin de Año y la fiesta empieza a *decaer*. EPE171299 **12 festejo:** Fueron *decayendo* los festejos de toros y cañas en la plaza Mayor... EME290796 **13 agitación:** La ciudad original está y vive dentro de las murallas, y su agitación diurna no *decae* de noche... EPE090800 **14 afluencia:** Echó a andar hace ya una semana y ha causado sensación entre los turistas (...), pero pasada la medianoche la afluencia empieza a *decaer*. EPE190799

C SUSTANTIVOS QUE DESIGNAN DIVERSAS FORMAS DE CONSIDERACIÓN, PROCLIVIDAD O INCLINACIÓN HACIA ALGUIEN O ALGO: **15 atención +:** Decae la atención, el grupo se dispersa, y el chico se aburre. EPU081101 **16 interés ++:** ...arrastra al lector desde la primera página sin que *decaiga* nunca el interés... ABC011295 **17 afición:** Los casos de los jugadores de beisbol nos son solicitados para apoyar y promover ese deporte en universidades y levantar la afición que empieza a *decaer*. PME210796 **18 admiración –:** Sin embargo, mi admiración empieza a *decaer* con las superproducciones... EME140196

D SUSTANTIVOS QUE DENOTAN PROPUESTA, INICIATIVA Y OTRAS FORMAS DE ARTICULAR LA INTENCIÓN DE ACTUAR: **19 propuesta +:** Se llegó a aprobar una resolución, pero la propuesta *decayó*... LVE301196 **20 iniciativa:** El presidente de la Federación de Fútbol de Madrid (...) pidió a las familias que sigan esforzándose para que la iniciativa no *decaiga*. EME171096 **21 oferta +:** ¿Qué le gustaría hacer cuando las ofertas de trabajo comiencen a *decaer*? LVE300395 **22 proyecto +:** El debate de hoy será el primero que se celebre sobre el aborto en la actual legislatura, después de que al final de la anterior *decayera* el proyecto de ley... EME180696 **23 proposición:** ...y la proposición socialista *decayó* cuando se convocaron nuevos comicios. EPE241101

E SUSTANTIVOS QUE DESIGNAN DIVERSAS FORMAS DE AGRESIÓN O ENFRENTAMIENTO. TAMBIÉN CON OTROS QUE EXPRESAN MANIFESTACIONES DE DISCONFORMIDAD: **24 enfrentamiento:** Fallaron las previsiones porque los enfrentamientos no han *decaído* desde que se decretó la tregua. INDOC **25 ataque:** Pero descartó que los ataques *decaigan* cuando comience el Ramadán... EPE131001 **26 combate:** El combate no *decayó* hasta el finall, hasta que llegó la hora de Thorpe. EPE170900 **27 manifestación:** Las manifestaciones *decaen* estrepitosamente mientras se desmorona el régimen. EPE171101 **28 polémica:** ...nadie se preocupó de buscar un recambio (...) para cuando esa polémica *decayese*. LVE081196 **29 protesta:** ...mantener viva la llama de la protesta popular y evitar que *decaiga* a partir de mañana. EPE290700

F SUSTANTIVOS QUE DENOTAN INTENSIDAD O FUERZA: **30 tensión ++:** Porque la tensión en la vida española y en la europea ya no *decaerá*. EME110294 **31 presión ++:** ...nadie –ni siquiera la policía– va a hacer nada si la presión social *decae*. EPE040799 **32 intensidad ++:** Fue entonces cuando la intensidad del juego *decayó*... CAN080101 **33 energía +:** Al mismo tiempo, *decaen* las energías de los manifestantes de cada jueves... EPE050900 **34 fuerza:** ...más de 70 kilómetros en forma solitaria y las fuerzas ya estaban *decayendo*... EPU060901 **35 impulso:** Con la edad *decaen* ciertos impulsos, pero se gana en experiencia. CAR221297 **36 vigor:** Aunque el espíritu y su gloria permanecen, el vigor de las instituciones *decae*... LVE020595 **37 vitalidad –:** ...no va a *decaer* la vitalidad de las dos últimas y aceptables ediciones. EME150995

G SUSTANTIVOS QUE DESIGNAN DIVERSAS FORMAS DE COMUNICACIÓN, ESPECIALMENTE AQUELLAS EN LAS QUE SE PRESENTAN CONTENIDOS DE FORMA LINEAL, SEA MEDIANTE LA EXPRESIÓN VERBAL O CON OTROS CÓDIGOS.

SON MÁS FRECUENTES LAS RELACIONADAS CON EL ARTE, LA CULTURA O EL OCIO: **38 película ++**: ...al final, la película *decae* y pierde súbitamente brío... EPE160599 **39 espectáculo ++**: Y el espectáculo empieza a *decaer* porque los conjuntos europeos... EPE260900 **40 obra +**: La obra *decae* en el tercer acto, quizá porque es también el menos trabajado. EPE011088 **41 filme**: A pesar de su prometedor arranque, el filme va *decayendo* poco a poco... EPE201201 **42 narración**: ...son ejes sólidos de una narración fluida que nunca *decae*. EME080495 **43 novela**: Luego la novela *decae*, pero al final todo encaja en su lugar... ABC091092 **44 género**: ...el género epistolar (...) *decae* a partir del primer tercio de nuestro siglo. LVE120796 **45 poesía**: Ya era hora, que no *decaiga* la poesía, sobre todo ésta, que habla de rebelión porque si no cambian los dioses... ABC190393 **46 teatro**: ...«el teatro –comenta– ha ido *decayendo* poco a poco...». EME290895 **47 escritura –**: Y eso sin que en ningún momento *decaiga* esa escritura sólida, de profundo calado, que hace tan atractivos los libros de DeLillo, aunque tal vez dificulte su lectura. EME040295

H SUSTANTIVOS QUE DENOTAN FORMA O CAPACIDAD DE MOVERSE: **48 ritmo ++**: ...el ritmo del argentino *decayó*, pero soportó a pie firme los tímidos embates... LPA110592 **49 movilidad**: ...se dejase llevar por el ritmo cansino, *decayese* la movilidad de su ataque... FDV260499

I SUSTANTIVOS QUE DENOTAN CIRCUNSTANCIA FAVORABLE AL ACAECIMIENTO DE ALGO, A VECES MEDIANTE REFERENCIAS METONÍMICAS: **50 estrella +**: ...minimizó las encuestas que hablan de que su estrella *decae*. EPE030299 **51 posibilidad +**: Esa posibilidad *decaería* en caso de que las elecciones se celebrasen en junio. EPE260399 **52 suerte**: ...la suerte de Pierce ha ido *decayendo*. LVE190196 **53 probabilidad**: En el mismo estudio, en el caso de hermanas genéticamente idénticas la probabilidad es del 48 y *decae* al 16 en gemelas... EPE100699

J SUSTANTIVOS QUE DESIGNAN DIVERSAS ACTIVIDADES COMERCIALES Y POLÍTICAS, ASÍ COMO ALGUNAS INSTITUCIONES ASOCIADAS CON ELLAS, ESPECIALMENTE SI SE ESPERA QUE PERMANEZCAN ACTIVAS O EN VIGOR. POR EXTENSIÓN, TAMBIÉN CON OTROS QUE SE REFIEREN A CIERTAS MAGNITUDES ECONÓMICAS QUE INTERVIENEN EN ELLAS: **54 negociación +**: La negociación *decayó*, hasta apenas 1,1 millones de acciones. LVE280695 **55 negocio +**: ...aunque su negocio *decayó* de forma considerable respecto a los últimos días. LVE260895 **56 economía**: ...la descertificación asustó a algunos, y la economía colombiana *decayó*. ENH100297 **57 comercio**: ...la falta de circulante hizo *decaer* el comercio. ACP250996 **58 consumo**: ...en una Unión Europea en la que *decae* el consumo. EME100195 **59 demanda**: Lo cierto es que la demanda del libro científico ha ido *decayendo*... ABC180992 **60 beneficio**: ...los beneficios empresariales *decaen* como consecuencia de un tipo de cambio... LVE110296 **61 campaña**: Sería una tranquilidad que este tipo de campañas *decayera*... EPE240699 **62 inversión**: Si la inversión de las empresas *decae*, la principal consecuencia es el empleo. EPE031001 **63 mercado**: El mercado, en todo caso, va *decayendo* a medida que avanza el mes de julio. LVE090795 **64 precio**: ...el precio del sorgo (...) comenzó a *decaer* drásticamente. LPN130397 **65 peseta**: La peseta volvió a *decaer* y también recuperó el mínimo histórico... LVE060195

K SUSTANTIVOS QUE DENOTAN INTENCIÓN O DETERMINACIÓN DE CONSEGUIR ALGO: **66 aspiración**: ...para que no *decaiga* esta aspiración de mejorar la igualdad social de la mujer. LVE060795 **67 intención**: Nuestras intenciones no *decaen*... Pretendemos unir esfuerzos con otras instituciones y fundaciones internacionales para... DYM010996 **68 deseo**: Es el deseo mismo de tener un niño lo que *decae* en Shanghai. EPE031099 **69 pretensión**: ...no es posible presumir su falsedad *decayendo*, en consecuencia, cualquier pretensión punitiva. LVE051296 **70 voluntad**: Mas no *decae* aquí la decidida voluntad que los albaceas y sobrinos... ABC300493

L SUSTANTIVOS QUE DENOTAN FAMA, PRESTIGIO Y OTRAS NOCIONES ASOCIADAS CON LA ESTIMACIÓN DE QUE SE GOZA ANTE LOS DEMÁS: **71 popularidad +**: En 1997, al *decaer* su popularidad... CAP260697 **72 fama**: En la década siguiente me separé, *decayó* mi fama, me fui cuesta abajo. CAR091297 **73 reputación**: Hoy en día, mientras su juicio continúa, su reputación parece estar *decayendo*. ETC150497 **74 prestigio**: Obtuvo un grande y merecido prestigio internacional con su trabajo científico, que comenzó a *decaer*... LVE240995

▩ Se combina también con: ♦ **considerablemente**[26], **espectacularmente, estrepitosamente**[13], **paulatinamente**[14], **progresivamente**

□ Véase también: **devaluar(se)**.

de calibre grueso
Véase: **de grueso calibre**

de camino
♦ **coger, encontrarse, ir, parar, perder, pillar, venir**

de campeonato
loc.adj. ▌ En su sentido de 'extraordinario, que excede lo normal', se combina, en la lengua coloquial, con gran número de sustantivos, entre ellos los que designan personas *(novia, artista, madre)*, cosas *(sopa, libro, programa, queso)* y eventos *(viaje, debut, estreno, fiesta)*. Lo hace muy frecuentemente con los que designan golpes y movimientos bruscos *(trompazo, cornada, bofetada, guantazo, empujón)*. También se combina con...

A ALGUNOS SUSTANTIVOS QUE DESIGNAN LA IMPRESIÓN REPENTINA CAUSADA POR LA SORPRESA O EL MIEDO. TAMBIÉN CON OTROS QUE EXPRESAN SU MANIFESTACIÓN VERBAL: **1 susto ++**: Un susto *de campeonato*: Un salto nulo peliagudo de la hispanocubana Niurka Montalvo llevó la angustia a todo el estadio. EPE220899 **2 grito**: Suteryh, evidenciando el buen funcionamiento colectivo impuesto por la era Tesare, ahogó el grito *de campeonato* de Quequén. LNP280897

B SUSTANTIVOS QUE DESIGNAN SITUACIONES CONFUSAS O ENREDADAS: **3 lío ++**: Se metieron en un lío *de campeonato* del que se las vieron y se las desearon para salir. INDOC **4 follón ++**: Este periódico ha organizado otro follón *de campeonato* a cuento de las grabaciones ilegales del CESID... EME150695 **5 jaleo**: Oigo de su grimosa boquita: «Una melé, un embrollo de tomo y lomo, un jaleo *de campeonato*». EME041296 **6 cisco**: ...unos cuantos enfermos mentales salen de excursión, llegan a la gran ciudad y montan (...) un cisco *de campeonato*. LVE110796

C SUSTANTIVOS QUE DESIGNAN LA INGESTIÓN EXCESIVA DE ALIMENTO O BEBIDA, ASÍ COMO ALGUNAS DE SUS

CONSECUENCIAS: **7 atracón:** Las bulímicas se quitan la ansiedad pegándose unos atracones *de campeonato* que el remordimiento se cobra en forma de vómito provocado. EME100294 **8 resaca:** ...algunas voces influyentes pronosticaban (...) una resaca *de campeonato* que iba a dejar pequeña la quiebra de Montreal... LVE101196 **9 borrachera:** El sábado por la noche se cogió una borrachera *de campeonato* y lo tuvieron que llevar a su casa. INDOC

D SUSTANTIVOS QUE DESIGNAN MANIFESTACIONES DE ENOJO O ALEGRÍA: **10 enfado:** ...una reacción que me provocó un enfado *de campeonato*, del que no me olvidaré fácilmente. INDOC **11 júbilo:** ...se sucedían los goles unos kilómetros más allá, celebrados los de Rusia con un júbilo *de campeonato.* EME200696 **12 cabreo:** Esa tensión reprimida, ese cabreo *de campeonato*, había alfombrado los sótanos de toda su actuación. LVE190796

de campo *loc.adj.* ▌En el ámbito de la fotografía se combina con el sustantivo *profundidad*. En el sentido de 'realizado en el lugar donde se encuentra el objeto de estudio', se combina con...

A SUSTANTIVOS QUE DENOTAN TRABAJO O TAREA: **1 trabajo:** La encuesta, de 46 preguntas, se diseñó con base en las experiencias de trabajo *de campo* de los politólogos... SEM190198 **2 labor +:** ...justifican la demora por la complejidad del mismo, debido a las intensas labores *de campo* y a los análisis de laboratorio que se han tenido que realizar. EPE031199 **3 operación –:** ...el decreto especifica incluso que periódicamente llevarán a cabo «operaciones *de campo*», especialmente donde haya nuevas urbanizaciones... EME221296

B SUSTANTIVOS QUE DENOTAN ESTUDIO, INDAGACIÓN O TOMA DE DATOS. TAMBIÉN CON OTROS QUE DESIGNAN ALGUNOS RESULTADOS DE ESAS ACCIONES: **4 investigación ++:** La investigación *de campo* duró aproximadamente seis meses. EPE231199 **5 estudio +:** Y al hacerlo, redescubrimos las grandezas –y a veces las limitaciones– del método neopositivista, basado en lo empírico, y aliado con tenaces estudios *de campo* y archivo. ABC080592 **6 proyecto:** ...ha solicitado el apoyo financiero de la agencia europea de ayuda humanitaria ECHO para un proyecto *de campo*, que junto al de Cáritas podría atender de 35.000 a 40.000 personas. EPE150499 **7 análisis +:** En un análisis *de campo* y en entrevistas con funcionarios públicos, del sector privado y con políticos (...) se admite cómo «la industria de la reclamación» fue prohijada desde el mismo gobierno... EXC080696 **8 observación:** La decadencia de las poblaciones de venados actuales se evidencia por una marcada dominancia de individuos adultos respecto a las crías y juveniles en las observaciones *de campo* realizadas desde 1993... VEN240899 **9 reconocimiento:** Los mismos funcionarios solucionaron el desperfecto –«aquí hacemos de todo»– y partieron al fin, 15 días después, para un reconocimiento *de campo.* BRE270996 **10 medición:** Es importante hacer mediciones *de campo* para identificar usuarios no autorizados... DYM090996 **11 encuesta:** Las nuestras son versiones documentales, lo que quiere decir que están tomadas de encuestas *de campo* realizadas directamente sobre los sefardíes conocedores de la tradición. ABC230695

C SUSTANTIVOS QUE DENOTAN EXPERIMENTACIÓN O COMPROBACIÓN: **12 prueba ++:** La fabricación de ese prototipo (...) precisa de multitud de pruebas *de campo* que los científicos desarrollarán en el río onubense, en el marco de otro proyecto llamado Snorkel. EPE250900 **13 ensayo +:** Estas licencias son para ensayos *de campo*, sin autorización todavía para ser comercializados. EPE180299

D SUSTANTIVOS QUE DESIGNAN ANOTACIONES O REGISTROS: **14 apunte +:** ...acercará al visitante, a partir de mañana, la historia de la arqueología en España a través de 400 fotografías, dibujos, mapas y apuntes *de campo* tomados desde principio de siglo en las excavaciones... EPE171199 **15 dibujo:** «Un día que porrrr fin se visualiza mi dibujo *de campo*, va y hacerrr niebla y nadie verrr un pijo.». EPE281199

decantar(se) ♦ **abiertamente[114], abrumadoramente[31], a favor[2], aparentemente, claramente, decisivamente[42], en contra, excesivamente, inequívocamente, marcadamente, mayoritariamente, notoriamente, totalmente**

☐ Véase también: **decidir, tomar partido.**

de capa caída *loc.adv./loc.adj.* ▌Se construye muy frecuentemente con los verbos *estar, andar, venir* y *encontrarse*, en combinación con sustantivos que designan movimientos, ideologías, creencias e inclinaciones diversas *(marxismo, surrealismo, racionalismo, radicalismo, feminismo, hiperrealismo).* También lo hace a menudo con otros que designan valores o unidades monetarias *(valor, moneda, dólar)*, así como personas, más frecuentemente si se refieren a profesiones características del mundo del arte, la política o la economía *(político, banquero, actriz, diva, estrella: Una estrella antes famosísima y ahora de capa caída).* Asimismo se combina con...

A SUSTANTIVOS QUE DESIGNAN ACTIVIDADES ECONÓMICAS DIVERSAS, ASÍ COMO LAS EMPRESAS QUE PARTICIPAN EN ELLAS Y ALGUNOS OTROS ELEMENTOS QUE INTERVIENEN EN LOS INTERCAMBIOS COMERCIALES DE FORMA CARACTERÍSTICA: **1 empresa +:** ...revitalizar una empresa, la CBS, que andaba *de capa caída* por culpa del excesivo afán de reducir costes... LVE040895 **2 negocio +:** Yo también me niego a que mis impuestos sirvan para practicar ayudas ajenas mientras mi negocio va *de capa caída.* LVE050896 **3 sector +:** Sectores enteros como la agricultura o algunos de la industria manufacturera van *de capa caída* en Europa en los últimos 20 años... LVE200595 **4 comercio +:** Los industriales de Santander disminuyeron la producción y el comercio también está *de capa caída.* ETC120697 **5 tráfico:** En las rías, el gran tráfico de cocaína procedente de Sudamérica está *de capa caída.* EME100995 **6 fábrica:** ...una fábrica de esponjas (...) que, según dice, está *de capa caída* desde que su principal mercado –Rusia– se hundió. EPE011099 **7 inversión:** ...así como fomentando la inversión en sociedades anónimas, que ha estado *de capa caída* en los últimos años. ETC011287 **8 mercado:** ...hasta el momento este mercado no da síntomas de recuperación y continúa *de capa caída.* ETC240996 **9 venta:** Como las ventas de autos vienen *de capa caída*, el Gobierno decidió ayer extender otros 90 días más el plan canje de autos. CLA111000 **10**

pesquería: Las pesquerías españolas van *de capa caída.* LVE311295

B SUSTANTIVOS QUE DESIGNAN INSTITUCIONES SOCIALES, POLÍTICAS Y CULTURALES DE MUY DIVERSA NATURALEZA. TAMBIÉN CON OTROS QUE SE REFIEREN A ALGUNOS ELEMENTOS QUE LAS CARACTERIZAN: **11 fútbol:** El futbol mexicano está *de capa caída,* casi no va la gente a los estadios... PME031196 **12 fiesta:** ¿La llamada fiesta de los toros está, en España, *de capa caída?* LVE230995 **13 núcleo familiar:** Los que se empeñan en asegurar que el núcleo familiar está *de capa caída* no tienen más que dar un repaso a las revistas del corazón... EME020896 **14 bakalao:** El «bakalao», sin embargo, anda *de capa caída* como estilo musical. EME070196 **15 concurso:** Los concursos están *de capa caída* y éste no deja de ser una suma de trocitos de otros. EME220496 **16 banquete:** Lo que anda *de capa caída,* muy frecuente en aquellas épocas, es el banquete que amigos, conocidos y contertulios propinaban al dramaturgo de estreno... EPE291199 **17 rosario:** Ultimamente el rosario se encontraba *de capa caída,* ya que las nuevas generaciones le tachan de ser una forma de oración «demasiado aburrida y repetitiva»... EME110394 **18 sotana:** ...las sotanas empezaron a estar *de capa caída.* Poco después se inició otra crisis, la de las vocaciones sacerdotales... EPE230199 **19 guerrilla:** Sin embargo, aunque sin duda está *de capa caída,* la guerrilla no se ha replegado definitivamente. HOY110784

C ALGUNOS SUSTANTIVOS ABSTRACTOS QUE CARACTERIZAN LAS NOCIONES O LAS ENTIDADES A LAS QUE SE HACE REFERENCIA EN LOS APARTADOS ANTERIORES: **20 género +:** Ahora, con el género *de capa caída* y buen parte del público indie de antaño en proceso de reconversión hacia la electrónica... EPE110499 **21 subgénero:** Exótico cine de catástrofes de cuando el subgénero ya estaba *de capa caída...* LVE261195 **22 arte:** ...ese arte puede estar muy en retroceso o bastante *de capa caída.* Así que la crisis del teatro es ahora más significativa... ABC010995 **23 institución:** Son muchas las instituciones sociales boyantes en el siglo pasado que andan hoy en día *de capa caída.* ABC010995 **24 valor:** ...se pueden rastrear las huellas de gente sabia que nos recuerda que los valores están *de capa caída* y que cualquier tiempo pasado fue mejor. LVE070295 **25 concepto:** ...el concepto de «realismo mágico» está hoy ya bastante *de capa caída,* y no se utiliza con demasiada seguridad. ABC240192

D OTROS SUSTANTIVOS; POSIBLES USOS ESTILÍSTICOS: El legado de Roosevelt, de la socialdemocracia y demás está *de capa caída.* Vivimos hora de privatizaciones. LVE021195; Tras los años *de capa caída* que ha vivido el comercio artesanal en Madrid... EME161296

de carrerilla *loc.adv./loc.adj.* ▌ Se combina con...

A VERBOS QUE DENOTAN ENUNCIACIÓN DE ALGO, FRECUENTEMENTE DE MANERA ORAL, PERO TAMBIÉN A TRAVÉS DE OTROS MEDIOS: **1 recitar ++:** Un equipo, pues, que ya se puede recitar *de carrerilla.* EPE081201 **2 decir +:** Lo dijo *de carrerilla,* como si no estuviera hablando de una estrategia... EME110796 **3 leer +:** Me gustó tanto la novela que me la leí *de carrerilla.* INDOC **4 repetir +:** ...capítulos sobre esto y aquello que veremos por esos motivos o adyacentes, hasta ser capaces de repetir *de carrerilla* los diálogos. LVE020196 **5 enumerar:** ...es capaz de enumerar *de carrerilla* los nombres y apellidos de al menos tres jugadores enemigos... EME170694 **6 hablar:** ...da voces, habla *de carrerilla* y no se le entiende nada... EME280796 **7 citar:** ...y cita *de carrerilla* a El Juli, José Tomás, Uceda Leal... EPE130599 **8 declamar:** ...«debía comer frambuesas, porque su sangre es roja en vez de amarilla», declama Webber *de carrerilla...* EPE290899 **9 responder:** ...al responder *de carrerilla* y sin atisbo de emoción a la pregunta de si aplicaría la pena de muerte a un hipotético violador y asesino de su esposa... LVE061096 **10 comentar:** «La gente se ha dado cuenta enseguida y es de agradecer», comenta *de carrerilla.* EPE140700 **11 recordar:** ...logró llegar a duras penas hasta los micrófonos para recordar *de carrerilla* su nacimiento, los avatares de su carrera... EME220194 **12 escribir:** ...hay escritores que tienen unas fórmulas que les permiten escribir *de carrerilla,* unas fórmulas para rellenar, pero no es mi caso. LVE051095 **13 repasar:** Pero Zaplana que ya se lo había venteado, se apresuró a reunir a sus incondicionales y a repasarles *de carrerilla* las consignas. EPE271299 **14 cantar:** Pocos cantan *de carrerilla* el «duerme mi niño, duerme mi bien... LVE050695

B VERBOS QUE DENOTAN ADQUISICIÓN O TENENCIA DE INFORMACIÓN: **15 saber +:** Es una teoría sencilla que, en teoría, todos los ciclistas del Tour se saben *de carrerilla...* EPE090700 **16 aprender +:** Todos hemos aprendido *de carrerilla* que uno de los mejores lienzos de... ABC270893 **17 conocer:** Habla un inglés sincopado y y conoce *de carrerilla* la alineación del Barça. LVE260896 **18 devorar –:** Cuando los otros leían la cartilla, él devoraba *de carrerilla* las enciclopedias. EME030995

C OTROS VERBOS; POSIBLES USOS ESTILÍSTICOS: ...ganaba los torneos europeos *de carrerilla.* EPE210677; Saludaban a los Reyes a la caraja, como *de carrerilla...* EME090596

D ALGUNOS SUSTANTIVOS QUE DENOTAN ACTO DE LEER O DE ENUNCIAR, RELACIONADOS CON LOS VERBOS DEL APARTADO *A*: **19 lectura:** La lectura *de carrerilla* de la alineación de este... LVE220595 **20 declamación:** No se aprende literatura pidiendo a los estudiantes declamaciones *de carrerilla,* sino... INDOC

□ Véase también: **al dedillo, al pie de la letra, de corrido, de memoria, literalmente.**

decepción ♦ amargo[45], angustioso, claro, creciente, cruel, doloroso, enorme, fuerte, gran(de), hondo, inmenso, lamentable, ligero, mayúsculo[42], notable, nuevo, penoso, pequeño, profundo, serio, severo, terrible, tremendo, visible ♦ tono (de) ♦ acarrear, apoderar(se)[10], causar, confesar, cundir[5], deparar, disimular, encajar, entrever, esconder, experimentar, expresar, exteriorizar, llevarse, mostrar, ocultar, percibir, producir, provocar, reponerse (de)[9], sentir, sufrir, superar, tener, traslucir(se)[36], vivir

□ Véase también: **desilusión, frustración.**

decepcionar ♦ considerablemente, enormemente[29], extraordinariamente, inevitablemente, inmensamente, manifiestamente, notoriamente, ostensiblemente, profundamente[46] ♦ esperanza, expectativa, ilusión, *sustantivos de persona*

de cerca *loc.adv.* ▮ Se combina con...

A VERBOS QUE DENOTAN PERCEPCIÓN Y, POR EXTENSIÓN, CAPTACIÓN O CONOCIMIENTO DE ALGO CON LOS SENTIDOS O CON LA INTELIGENCIA: **1 ver** ++: ...vio *de cerca* todos los cambios que se hicieron en Hacienda. END201097 **2 mirar** ++: De allí hasta hoy el maestro ha realizado dos visitas. La primera para mirar *de cerca* la evolución de los trabajos. SEM091000 **3 observar** ++: ...patrocinó el pasado verano una expedición submarina para observar *de cerca* el estado de los restos... ABC060594 **4 contemplar** +: Resulta curioso e instructivo para un chileno que estudió derecho en su juventud y que conoció (...) los problemas constitucionales de su país, contemplar *de cerca* el debate sobre la nueva constitución española. HOY010278 **5 conocer** ++: El encuentro se extenderá por dos días y permitirá a los interesados conocer *de cerca* las nuevas prestaciones de los servicios públicos... LEC160397 **6 oler:** El humo puede ser olfatovisual o visualolfativo, porque de lejos se ve antes que se huele y *de cerca* se huele antes que se ve. EPD090797 **7 oír:** Es una mujer uruguaya que cuando era muy joven oyó *de cerca* (...) ecos del estruendo de paredes adentro del genocidio que militares con vocación homicida (...) emprendieron contra la gente argentina... EPE091101 **8 fotografiar:** Durante este vuelo fotografió por primera vez *de cerca* un asteroide... LVE101295 **9 leer:** Para ser un profesional sólo necesitas grandes dosis de maldad, (...) ponerte las gafas de leer *de cerca* y empezar a despotricar... EPE040499 **10 distinguir:** La ceguera ha cedido un poco –*de cerca* distingue una mano y un lápiz–, el dolor de estómago desapareció... ESH061000 **11 apreciar:** ...permitirá apreciar *de cerca* unas 200 especies de insectos de los 30 millones que existen en la Tierra. LVE050495 **12 detectar:** ...pretende conocer de manera más profunda la UMSS con la intención de detectar *de cerca* las necesidades... LTB080497 **13 saber** –: Después supo *de cerca* todo: fue secretario general del Ejército... CLA210199

B VERBOS QUE DENOTAN LANZAMIENTO: **14 rematar** +: ...permitiendo que el paraguayo Núñez llegara a rematar *de cerca* ante la marca de García, para poner el 1-0. LPH100397 **15 disparar** +: Esto quiere decir que el área del cuerpo de la víctima por donde ingresó la bala, presenta señales que le dispararon *de cerca*. LHG190397 **16 tirar:** Frente a los demás lanzamientos, los penaltis siempre se tiran *de cerca*. INDOC **17 lanzar:** Los profesionales se colocan a cien metros del blanco, pero los que empiezan lanzan la flecha mucho más *de cerca*. INDOC

C VERBOS QUE DESIGNAN EL PROCESO DE ESTAR PRESENTE EN ALGÚN ACONTECIMIENTO: **18 presenciar** ++: ...sintió el imán de la guerra civil y se plantó en España en 1936 para presenciar *de cerca* la tragedia y cimentar su vocación de escritor. ABC240792 **19 asistir:** ...pretenden, obviamente, recuperar esa tradición villafranquina de asistir *de cerca* a los misterios de la creación musical. ABC020994

D VERBOS QUE DENOTAN SUPERVISIÓN, COMPROBACIÓN O CONTROL DE ALGUNA COSA: **20 seguir** ++: Quienes siguen *de cerca* el trabajo de esta compañía de músicos, bailarines y actores negros podrán adivinar entonces que su línea permanece constante: la investigación de la teatralidad afroperuana. CAP130700 **21 vigilar** ++: ...vigilaban *de cerca* el desarrollo de la mancha contaminante... CAN080101 **22 controlar** ++: ...ha puesto en marcha una política rigurosa para controlar más *de cerca* la actuación de las personas que laboran en las instituciones públicas... LNC101096 **23 comprobar** ++: He podido comprobar *de cerca* qué es la pobreza y cómo hay mucha gente que no puede comer. EDV270499 **24 supervisar** +: Agregó que «con la participación de los padres de familia y exalumnos se fortalecerá la administración de los institutos y se supervisará más *de cerca* su funcionamiento...». PLG100197 **25 marcar** +: Los inspectores marcan muy *de cerca* a los potenciales infractores, que son la mayoría. EME060596 **26 verificar:** Luego, al advenedizo le queda aceptar la hospitalidad de un desconfiado lugareño deseoso de verificar *de cerca* las buenas intenciones del visitante. PME070796 **27 espiar:** ...la «organización» –así la llamaban– de Yabrán ya estaba infiltrada o al menos era espiada muy *de cerca*. CLA061100

E VERBOS QUE DENOTAN ATENCIÓN O ASISTENCIA: **28 acompañar** +: Su trabajo fue acompañado muy *de cerca* por el socialista Carlos Ominami... HOY160996 **29 cuidar** +: «Pero sabemos que los observan y los cuidan *de cerca* para que nadie se abuse de ellos», señaló la jefa del departamento de Minoridad. LNP060497

F VERBOS QUE DENOTAN INDAGACIÓN O ANÁLISIS: **30 examinar** ++: Aquello del «estilo es el hombre» es una frase que parece profunda, pero, cuando se la examina *de cerca*, resulta tan vaga y general como un lugar común. ESH150796 **31 estudiar** +: «Estamos estudiando *de cerca* esta experiencia», señaló Yeltsin. EME130494 **32 analizar** +: Pero analizando más *de cerca*, tal impresión se descubre como engañosa. LVE070795 **33 explorar:** Ningún filme ha explorado tan *de cerca* la desesperación de miles de infelices que se lanzaron al mar. ENH070297 **34 revisar:** ...los pacientes eran revisados muy *de cerca*, para asegurar el seguimiento del tratamiento. ABC080794 **35 auscultar:** Sin embargo, en un banco internacional que los ausculta *de cerca* indicaron que el manejo actual es profesionalísimo... CLA080197

G VERBOS QUE DESIGNAN EL PROCESO DE INCUMBIR, CORRESPONDER O AFECTAR A ALGUIEN UN ASUNTO: **36 tocar** ++: Claro que este es un tema que a nosotros nos toca *de cerca*, porque los acontecimientos destruyeron la base de nuestro comercio, en medio del bloqueo. GIC111696 **37 afectar** +: «Situaciones como la que esta vez nos afecta muy *de cerca* –agrega– deben servirnos para reflexionar sobre nuestra actitud...». ACP280901 **38 alcanzar:** ...cuando el drama humano de una familia nos alcanza *de cerca*, no podemos menos que expresar nuestra indignación ante tanta sangre... LVG221191 **39 atañer:** ...en Edimburgo pueden verse en estos días varios espectáculos relacionados con otras guerras, comenzando con una que atañe muy *de cerca* a las gentes de esta ciudad... EME220896 **40 incumbir** +: El que los campos de refugiados estén lejos no significa que los problemas de esas personas no nos incumban muy *de cerca*. INDOC

H VERBOS QUE DENOTAN PARTICIPACIÓN ACTIVA EN UNA TAREA U OCUPACIÓN: **41 trabajar** +: Según un politólogo que ha trabajado *de cerca* el tema de la guerra, a muy pocos oficiales de alta graduación les cabe en la cabeza... SEM170996 **42 colaborar:** ...colaboró muy *de cerca* en su campaña presidencial y en la administración, como Secretario Privado y posteriormente Ministro de Comunicaciones. EPC180796

I VERBOS QUE DENOTAN COMUNICACIÓN, RELACIÓN O VÍNCULO ENTRE PERSONAS: **43 tratar:** Traté al Presidente Carlos Salinas de Gortari, a cuyo padre traté muy *de cerca.* EXC050900 **44 relacionarse:** La mayoría de los protagonistas están relacionados muy *de cerca* con lo que en el Reino Unido se denomina Nuevo Laborismo o, a veces, el proyecto Blair. EPE110799 **45 emparentar:** Se trata de un texto emparentado muy *de cerca* con el Eclipse, por acontecer en el seno de una familia de Chiapas... PME220996

J VERBOS QUE DESIGNAN EL PROCESO DE EXPERIMENTAR UNA SENSACIÓN O UN SENTIMIENTO, MUY FRECUENTEMENTE CON CIERTA INTENSIDAD: **46 sufrir +:** Justo Mullor García, llamó hoy a construir la paz en Chiapas, «ya que será un bien para nuestros hermanos indígenas que sufren más *de cerca* los problemas sociales». DYM201297 **47 sentir:** Su reciente viaje a Siberia le ha hecho sentir más *de cerca* el descontento de la población por las graves carencias que persisten en el abastecimiento. EPE011088 **48 vivir +:** Viví *de cerca* la miseria de los hombres: personas que cuando tenía poder me elogiaban desmedidamente y que después me daban la espalda. VIS040997

K OTROS VERBOS; POSIBLES USOS ESTILÍSTICOS: Quizá por esto me resulta tan duro y tan difícil aceptar la muerte de Montserrat Roig, aunque, como todos los que la quisimos *de cerca* durante estos últimos meses, tratara de convencerme de su inminencia. ABC221191

de cero *loc.adv.* ▮ Admite la variante *desde cero.* Se combina con...

A VERBOS QUE DENOTAN SURGIMIENTO, COMIENZO O ARRANQUE DE ALGO, GENERALMENTE, UN PROCESO, UN CURSO O UNA TRAYECTORIA: **1 empezar ++:** Para mí fue un esfuerzo muy grande, como profesor de biología, tratar temas de física y química. Todos los días debía empezar *de cero.* BRE130697 **2 comenzar ++:** No se trata de aprender a armar naves (...) sino comenzar *de cero.* CAP100497 **3 iniciar +:** ...un sujeto que se inició *de cero* y ahora posee casas, coches lujosos... LVE080895 **4 partir +:** Hay que olvidarse de todo lo dicho y partir *de cero.* EME130395 **5 arrancar +:** Esto es mucho mejor porque puedo arrancar *de cero.* CLA150197 **6 recomenzar:** ...tuvo el coraje de recomenzar *de cero* y ahora encabeza una «Alternativa Socialista y Democrática»... SEM161000 **7 resurgir:** En cambio, en España las iniciativas similares habían debido resurgir *de cero* en la década de los cincuenta... LVE291096 **8 acelerar −:** Este coche necesita sólo 7,8 segundos para acelerar *de cero* a cien... LVE201096

B VERBOS QUE DENOTAN CREACIÓN: **9 construir:** Siempre es más cómodo construir *de cero,* sobre terreno expedito y virgen, pero esa aspiración suele verificarse en el campo de la arquitectura; en el de la política, muy raramente. EPE150699 **10 crear +:** ...que ahora se jubila, pero después de haber creado *de cero* todo un imperio empresarial. INDOC

dechado (de) ♦ **belleza, calidad, claridad, cualidad, humildad, imaginación, modestia, perfección, pureza, riqueza, virtud**

decididamente *adv.* ▮ Se combina con...

A VERBOS QUE DENOTAN APOYO O CONTRIBUCIÓN A ALGO. TAMBIÉN CON ALGUNOS QUE DESIGNAN OTRAS FORMAS DE PROTEGER, FAVORECER O ESTIMULAR A LAS PERSONAS O LAS COSAS: **1 apoyar ++:** Apoya *decididamente* a los perseguidos y declara que lo que sucedió el 18 de junio fue la consecuencia de una reacción justa de los mineros... DHE130797 **2 apostar ++:** En la última década, Galicia apostó *decididamente* por el mantenimiento del sector extractivo... FDV120601 **3 contribuir ++:** ...ha contribuido *decididamente* a moldear y darle forma a este hecho a veces inexplicable y, ciertamente, mágico que es el Perú... CAP260697 **4 impulsar +:** ...la ministra Soledad Alvear impulsó *decididamente* esta parte de la reforma... HOY050198 **5 colaborar +:** Mi espíritu es colaborar *decididamente* con el senador Sergio Bitar para que sea un exitoso presidente del PPD. HOY100397 **6 respaldar +:** ...respaldaron *«decididamente»* la política económica del régimen... PME080996 **7 volcarse +:** Fedai es la primera vez que se vuelca *decididamente* a favor de Bazargan al manifestar que los fallos de los tribunales islámicos «debilitan la autoridad del gobierno». CLA120379 **8 abogar:** Y abogó *decididamente* por unos estudios comerciales de calidad que proyectaran la capacidad empresarial y pedagógica de Cataluña. LVE080796 **9 ayudar:** Por el contrario, una actitud positiva, esperanzadora, con bajos niveles de angustia y estrés puede ayudar *decididamente.* ENV260700 **10 coadyuvar:** ...al contribuir así a sustraer tensiones políticas en los procesos, coadyuvará *decididamente* a facilitar la defensa y mantenimiento de la independencia judicial. LVE150995 **11 posibilitar −:** Con ello se posibilitaba *decididamente* un marco legal para gestionar... LVE091095

B ALGUNOS VERBOS DE MOVIMIENTO, ESPECIALMENTE SI DENOTAN AVANCE O TOMA DE DIRECCIÓN: **12 avanzar ++:** ...dos han sido los grandes obstáculos que han impedido al Pilotes avanzar *decididamente* hasta los puestos de privilegio de la clasificación... FDV280301 **13 encaminarse ++:** ...cuando llegó la hora de las fotos, se encaminó *decididamente* hacia donde se encontraba la delegación de Clarín. CLA140199 **14 dirigirse +:** En aquel momento podía decirse que la mitad de los espectadores que tiene Barcelona se dirigían *decididamente* a ver la cinta... LVE031096 **15 entrar +:** Al modesto Recrecreativo pareció asustarle entrar *decididamente* en los puestos de privilegio de la clasificación. EPE130999 **16 caminar:** Todos los que nos autoimaginamos progresistas debemos caminar *decididamente* hacia este punto de confluencia. LVE230996 **17 marchar:** ...han reafirmado su propósito de marchar *decididamente* por el camino de las elecciones... EPE020297 **18 ir −:** Personalmente, mis preferencias van *decididamente* a este retrato incomparable... ABC091092

C VERBOS QUE DENOTAN ACOMETIMIENTO O INICIO DE ALGUNA TAREA: **19 emprender +:** Pero no hay ejemplo en la historia reciente de América Latina de un gobierno constitucional que haya emprendido tan *decididamente* el desmantelamiento del aparato de poder... HOY281283 **20 abordar +:** ...impide, de alguna manera, abordar *decididamente* el problema de la vivienda en relación con las nuevas pautas de vida... EPE211099 **21 afrontar +:** ...afrontar *decididamente* la construcción definitiva de un Estado federal en el terreno político y en el terreno económico. LVE041196 **22 lanzarse +:** Estas son, someramente enunciadas, ciertas cualidades que permitirían a la autora, si quisiera lanzarse más *decididamente* a la ficción... ABC260595

D VERBOS QUE DENOTAN PARTICIPACIÓN, GENERALMENTE ACTIVA, EN UNA TAREA O UNA OCUPACIÓN: **23 actuar ++:** Desde este fin de semana, después de que los primeros días se perdieran horas valiosas en desencuentros institucionales, la policía parece actuar *decididamente.* EPE200799 **24 intervenir +:** ...terminaron por convencer al gobierno de que era necesario intervenir *decididamente* en el mercado del trabajo. HOY190183 **25 participar +:** ...la cultura ha participado *decididamente,* aunque no es exclusiva, en la tarea de sostener la dignidad colectiva. EDV040599 **26 trabajar:** ...cuenta ya con 150 personas dispuestas a trabajar *decididamente* en esa dirección... EUV060499

E VERBOS QUE DENOTAN OPOSICIÓN, CRÍTICA Y OTRAS FORMAS DE ACCIÓN HOSTIL CONTRA LAS PERSONAS O LAS COSAS: **27 plantar cara ++:** Ni uno ni otro se atrevía a plantar cara *decididamente* al adversario. LVE060395 **28 arremeter ++:** Con el filme, Bardem arremetió *decididamente* contra una sociedad dominante que no le gustaba, en la que no se respetaban las libertades humanas... LVE211096 **29 atacar +:** ...algunos pilotos de la FAG y afines a nuestra causa, atacaban *decididamente* a los aviones enemigos. LHG140797 **30 enfrentarse +:** Pero Gran Bretaña rechaza de plano el tener que modificar sus tributos y se enfrenta *decididamente* a la iniciativa alemana. CLA050199 **31 oponerse +:** Los problemas de convivencia con la abuela se van agravando y los padres deciden internarla en una residencia, a lo cual se oponen *decididamente* los cuatro hermanos. ABC270392 **32 luchar +:** ...no luchan *decididamente* contra el narcotráfico y el lavado de dólares. ACP081296 **33 condenar +:** ...condena *decididamente* que estos utilicen la violencia o la agresión en cualquiera de sus formas. LVE090196 **34 rechazar:** ...exhortó a la comunidad a rechazar *decididamente* ese tipo de acciones que hieren la identidad... ETC160494 **35 rehusar:** ...rehúsa *decididamente* evitar la realidad buscando refugio en mundos abstractos de fantasía... ABC161092 **36 romper −:** ...rompió *decididamente* la tan temida barrera del 7 por ciento para cerrar ayer en 7,10 por ciento. LNP010497

F VERBOS QUE DENOTAN ADHESIÓN O TOMA DE PARTIDO DE FORMA ACTIVA O COMPROMETIDA, A MENUDO EN RELACIÓN CON ALGÚN ASUNTO DE CIERTA IMPORTANCIA: **37 unirse:** ...le invito, en definitiva, a unirse *decididamente* a todos quienes desde hace tiempo, y a todos los niveles (...), trabajan por la divulgación de nuestro derecho histórico... LVE211196 **38 integrarse:** Bélgica, integrándose *decididamente* en la Unión Europea y optando simultáneamente por el federalismo a ultranza, parecía marchar de acuerdo con los tiempos. EME220595 **39 alinearse:** ...nos alineamos *decididamente* con la voluntad política de reducir los costes de instrumentación del proceso... LVE281096 **40 involucrarse:** ...se considera una medida de presión al PNV y EA para que se involucren más *decididamente* en la estrategia rupturista que HB plantea para el Pacto de Lizarra. EPE260899 **41 implicarse:** ...propiciando que los nacionalismos democráticos, sintiéndose cómodos en la España de las autonomías «arrimaran el hombro» desde la corresponsabilidad para implicarse *decididamente* en la tarea de superar los obstáculos... LVE150195 **42 vincularse:** ...sólo se consolidará si el nuevo Teatro Real se vincula *decididamente* al mundo de la enseñanza y de la difusión cultural... ABC240295 **43 militar:** ...estar con un pie entre los hombres de la Francia de Petain y otro en la resistencia, en la cual acabó militando *decididamente.* LVE140196

G ALGUNOS VERBOS QUE DENOTAN MANIFESTACIÓN VERBAL O COMUNICATIVA, MÁS FRECUENTEMENTE SI CON ELLA SE EXPRESA UNA TOMA DE POSICIÓN: **44 manifestarse:** ...se manifestó *decididamente* a favor de la introducción de las técnicas de automatismo integral... ABC170694 **45 pronunciarse:** En esa materia la Comisión se ha pronunciado *decididamente...* ETC180497 **46 responder:** ...respondió *decididamente* que «yo no voy a pedir perdón por escribir un libro así». EME110194 **47 reclamar −:** Lo coherente de verdad es llamar a las cosas por su nombre y reclamar *decididamente* el concierto económico... LVE021195

H ALGUNOS VERBOS QUE DENOTAN VALORACIÓN POSITIVA: **48 elogiar +:** Pierre Joxe elogió *decididamente* la labor desempeñada por la PAF... EPE020289 **49 ponderar:** Han ponderado *decididamente* su actuación en favor de la paz. INDOC **50 alabar:** ...usó básicamente el pregón (...) para alabar *decididamente* la contribución de sus colegas locales al actual prestigio mundial de Barcelona. LVE210996

I OTROS VERBOS; POSIBLES USOS ESTILÍSTICOS: Cada uno de los artistas logra (...) apoderarse de nuestro interés, inquietarnos, convencernos y, en algunos casos, estremecernos *decididamente.* ABC140795

J ALGUNOS ADJETIVOS CALIFICATIVOS, MÁS FRECUENTEMENTE SI DENOTAN POSICIÓN FAVORABLE O CONTRARIA A ALGO O ALGUIEN: **51 favorable ++:** La voluntad del Congreso es cada día más *decididamente* favorable a votar el levantamiento del embargo... LVE170795 **52 partidario ++:** Sigo siendo *decididamente* partidario de que se haga una comparecencia de los candidatos a determinados órganos constitucionales... LVE310396 **53 contrario +:** ...a veces son remisas a contárnoslo y, otras veces, *decididamente* contrarias a hacerlo. EPE090599 **54 hostil:** ...la reacción inmediata del ala derecha del partido fue *decididamente* hostil. EME060795 **55 opuesto:** Más polémica sería deseable en estas páginas al respecto, y a cargo de personas más *decididamente* opuestas a las elaboraciones de Vattimo. EME071296

☐ Véase también: **sin pestañear.**

decidido ♦ **acción, actitud, actuación, apoyo, apuesta, defensa, enfrentamiento, entrega, intención, intervención, labor, lucha, oposición, optimismo, orientación, participación, persona, política, postura, presencia, propósito, resistencia, vocación, voluntad**

decidir ♦ **a cara o cruz[5], a favor[15], a la ligera[20], al vuelo[28], a mano alzada, a puerta cerrada[25], arbitrariamente, colegiadamente[4], consecuentemente, de antemano[6], definitivamente, democráticamente[2], de una vez por todas, en contra, en firme[43], en frío[20], imparcialmente[2], irrevocablemente, libremente, mayoritariamente, personalmente, por aclamación[4], por mayoría[1], repentinamente, salomónicamente[7], sin presiones, so-**

beranamente[1], unánimemente, unilateralmente[13], virtualmente[3], voluntariamente

□ Véase también: **a mano alzada, decantar(se), determinar, dirimir, elegir, fallar, tomar partido, tomar una decisión, votar.**

decir ♦ **abiertamente[37], a bocajarro[14], a bombo y platillo[17], a bote pronto[6], acaloradamente[12], a cara descubierta[25], a ciencia cierta[7], a conciencia, a coro[19], acremente, a humo de pajas, a la cara[1], a la ligera[24], a las claras, a los cuatro vientos[26], al pie de la letra[36], al revés, al vuelo[23], a medias, a todo volumen, a toro pasado, atropelladamente[5], a voz en grito, a vuelapluma[3], cara a cara[5], categóricamente[18], claramente, con cajas destempladas[6], con cautela[34], con conocimiento de causa, con la boca {chica/pequeña}, con la mano en el corazón, con propiedad, con retintín, con rotundidad[2], con segundas, cordialmente[23], crudamente[11], de antemano[19], de boquilla, de carrerilla[2], de corrido, de memoria[15], de palabra, de pasada, de refilón[27], de todo corazón[24], de un tirón[6], enfáticamente, enigmáticamente, en persona, entre dientes, entre líneas[10], equivocadamente, expresamente[6], formalmente, gráficamente, impunemente, incansablemente, insistentemente, lacónicamente, lisa y llanamente[1], literalmente, machaconamente[19], maliciosamente[15], ni media palabra, ni mus, ni palabra, ni una palabra, oficialmente, por activa y por pasiva[1], por lo bajini, por teléfono, públicamente, reiteradamente, repetidamente[3], rotundamente[16], sencillamente, sin ambages[2], sinceramente, sin pestañear[16], sin reservas[24], sin rodeo(s), sin tapujos[2], sumariamente, tranquilamente**

[decisión] → **tomar una decisión**

decisión ♦ **peliagudo, inobjetable, fatal, absurdo, acertado, adecuado, a favor[52], ajeno, a puerta cerrada[72], arbitrario[1], arduo[45], arriesgado, atinado[24], atrevido, aventurado, capital, catastrófico[28], categórico, cautelar[2], certero, controvertido[7], crucial[73], crudo, decisivo[8], definitivo, desacertado, descabellado[39], determinante, discrecional[17], discriminatorio[13], discutible, doloroso, drástico[30], económico, ecuánime[1], ejemplar, enérgico, en firme[1], equitativo[37], escandaloso, esperado, espontáneo, ético, expeditivo[12], favorable, feliz, férreo[86], final, firme, fulgurante[39], fulminante[19], fundamentado[25], gran(de), grave, imparcial, importante, improrrogable, inamovible, inapelable[1], indeclinable, individual, ineludible, inevitable, inexorable, injustificado, inmediato, inoportuno, inquebrantable[21], insólito, integral[50], inteligente, irreversible[43], irrevocable,, judicial, justificado, meditado, moral, oportuno, peregrino[21], perentorio[36], personal, político, precipitado, racional, radical, reñido[46], respetable, responsable, responsable (de), sabio, salomónico[1], saludable, sereno, tajante[6], terminante[16], trascendental, último, unánime[42], unilateral, urgente, valiente** ♦ **a la vista (de)[12], a tenor (de), con, sin perjuicio (de)[10]** ♦ **alcance (de)[8], capacidad (de), consecuencia (de), libertad (de), poder (de)** ♦ **acarrear, acatar[2], adoptar, afectar (a algo/a alguien), afrontar, agilizar[28], amañar[8], anunciar, apercibir (de/contra), arbitrar[15], arrogarse[12], atañer[16], atenerse (a)[27], avalar[78], basar(se) (en algo), bloquear[11], burlar[35], caer como una bomba[11], centralizar[18], cocinar(se)[2], confirmar, consensuar[7], contravenir[22], cumplir[36], delegar[6], depender (de algo), desdecirse (de)[11], desobedecer[23], desvelar[14], dilucidar[30], disentir (de)[9], ejecutar[15], emanar[16], emitir[2], endosar, esperar, establecer[21], formular[60], fundamentar, hacer frente (a), hacer público, hipotecar[39], impugnar[2], influir (en), ligar[7], llegar (a), llevar adelante[19], llevar a la práctica[25], madurar[1], mantener, meditar, obstruir[27], plegarse (a)[45], poner (en algo), posponer, postergar, prejuzgar[1], prosperar[12], rebatir[33], recaer[73], rectificar[35], recurrir, refrendar[30], reprobar[17], respetar, revocar[14], salir a la luz[60], secundar, surgir, sustentar[35], tomar[64], tropezar(se) (con)[26]**

□ Véase también: **designación, determinación, elección, juicio, nombramiento, sentencia, votación.**

DECISIÓN Véase: *ELECCIÓN Y DECISIÓN*

DECISIÓN

♦ (SUSTANTIVOS) Véase: **absolutorio[A,B], a favor[K], agilizar[E], a la contra[C], alcance (de)[B], a mano alzada[A], amañar[B], a puerta cerrada[N], arbitrar[B], atañer[C], atenerse (a)[D], atinado[C], blando[B], boicotear[G], burlar[F], caer como una bomba[B], calibrar[E], catastrófico[D], con arreglo a[H], concertar[F], contravenir[C], controvertido[B], crucial[M], descabellado[I], desobedecer[C], desoír[G], desvelar[C], digerir[C], discrecional[D], drástico[E], dulcificar[C], ecuánime[A], efectivo[D], en firme[A], equitativo[E], fidedigno[F], firmar[E], forjar[E], formular[L], fulgurante[E], fulminante[D], fundamentado[F], incumplir[J], irrebatible[A], llevar adelante[B], madurar[A], paritario[F], peregrino[C], rebatir[E], recaer[I], rectificar[F], refrendar[E], reñido[F], reprobar[E], revocar[C], rotundo[A], sin fundamento[G], surtir efecto[D], unánime[G]**

♦ (VERBOS) Véase: **a cara o cruz[B], a favor[C], a la ligera[C], al vuelo[E], colegiadamente[A], como un solo hombre[A], con cautela[J], en firme'[K], favorablemente[D], fehacientemente[F], negativamente[B], por mayoría[A], salomónicamente[B], unilateralmente[C]**

□ Véase también: ELECCIÓN.

decisivamente *adv.* ▌Se combina con...

A VERBOS QUE DESIGNAN LA ACCIÓN DE TOMAR PARTE EN UNA ACTIVIDAD, MUY FRECUENTEMENTE UNA TAREA COMÚN A VARIAS PERSONAS: **1 contribuir ++**: Secuestros en Colombia de 1995 y 1996, en la solución de las cuales Mauss contribuyó *decisivamente.* SEM210197 **2 colaborar ++**: ...es un especialista en biomecánica de apoyos y hace algunos meses colaboró *decisivamente* en la recuperación del tenista... LVE120296 **3 intervenir ++**: En las consecuencias finales de la movida monetaria intervendrán *decisivamente* muchos otros factores. LVE220495 **4 participar ++**: ...en más de una ocasión ha participado *decisivamente* en desvelar casos que han estremecido a lectores y televidentes. CAP080198 **5 cooperar:** ...la guerra de las galaxias puede enjuiciarse como un farol que cooperó *decisivamente* a que la URSS arrojara la toalla. LVE290996 **6 coadyuvar:** Pero este viaje real ha coadyuvado *decisivamente* a obtener resultados favorables para la economía española. LVE241096 **7 tomar parte:** ...una larga y enconada polémica en la que tomó parte *decisivamente* a lo largo de varios meses. INDOC **8 sumarse:** Dos declaraciones moscovitas con ese contenido (...) se sumaban así, *decisivamente*, a las otras presiones que recaen sobre este «hijo del pueblo»... LVE211196 **9 nutrir –:** ...contrasta la nutrida representación de los países ricos con la menguada y triste de las naciones «paralímpicas» que, sin embargo, nutren a veces *de forma decisiva* los equipos de aquéllos. LVE250896

B VERBOS QUE DENOTAN INFLUENCIA O REPERCUSIÓN: **10 influir ++:** Mitterrand tiró el anillo al Sena y aquella ruptura debió influir *decisivamente* en su personalidad. EME090196 **11 pesar ++:** El otro elemento que pesó *decisivamente* en el éxito aliado es que los alemanes nunca sospecharon seriamente de su máquina de cifrar. EME260295 **12 afectar ++:** Hay otros factores, como las incertidumbres o el mercado de trabajo, que afectan *decisivamente* al cambio de actitud de las familias... LVE241095 **13 marcar ++:** ...llegando a pasar por todas sus categorías en los doce años que marcaron *decisivamente* su carrera deportiva. ENH010201 **14 incidir +:** ...su mayor producción no incide *decisivamente* en un mejoramiento económico para él, sino para el intermediario. LHG300497 **15 condicionar +:** ...son la raíz profunda del deterioro académico y condicionan *decisivamente* cualquier reforma. PME221296 **16 influenciar:** ...el no poder responsabilizar por la acción a un Gobierno que no puede influenciar *de manera decisiva.* EPE170977 **17 repercutir:** ...las próximas semanas repercutirán *decisivamente* en la brillantez de la conclusión de su carrera profesional. EME130296 **18 gravitar –:** La percepción de un mundo aún conflictuado, incierto e inseguro (...) sobre el que los Estados Unidos de América gravitan *decisivamente*... LNA080792

C VERBOS QUE DENOTAN ESTÍMULO O APOYO: **19 impulsar ++:** ...se convertirá en el accionista mayoritario de una empresa que impulsó *decisivamente.* LVE090595 **20 ayudar ++:** ...era un farsante despótico, pero también sabia muchas cosas y ayudó a muchos *decisivamente.* ABC221295 **21 favorecer +:** Propuestas recientes (...) pueden favorecer *decisivamente* impulsos de reactivación mediante: el turismo rural, acciones de protección medio ambiental... LVE130395 **22 respaldar +:** ...este producto ha respaldado *de forma decisiva* la eficacia de los injertos, pero ahora tenemos medicamentos que en mi opinión son mejores incluso que la ciclosporina. EME051296 **23 apoyar +:** Una guerra en la que China iba a apoyar *decisivamente* al Vietminh... EME080594 **24 apostar:** Ahora, en el filo del siglo XXI, Madrid tiene que apostar *de manera decisiva* por dar un nuevo paso. EPE191199 **25 incentivar:** ...con ella se incentiva *decisivamente* a las pequeñas y medianas empresas... EME031296

D VERBOS QUE DENOTAN CAMBIO DE ESTADO O MODIFICACIÓN DE ALGO: **26 cambiar +:** A veces, son viejos recortes los que cambian *decisivamente* la marcha de la trama. EME090494 **27 alterar +:** ...en puridad analítica podrían estar casi un 10 por encima sin que la situación económica se alterase *decisivamente.* EME060294 **28 modificar:** ...esquemas formales legados por la tradición escolástica, a los que modifican *decisivamente* la inventiva y pragmatismo de Chávez. PME210796 **29 variar:** ...confidencias que nacen en el verano de 1991 y que hacen variar *de forma decisiva* la posición de Bono ante Guerra. EME200294

E VERBOS QUE DENOTAN AUMENTO O DESARROLLO. TAMBIÉN CON OTROS QUE DENOTAN MEJORA, PROGRESO O INCREMENTO DE ALGUNA MAGNITUD: **30 ampliar:** Todos estos funestos episodios han sido descubiertos o ampliados *de modo decisivo* por El Mundo. EME031295 **31 incrementar:** ...si logra al mismo tiempo mantener la actual movilización electoral del centroderecha, podría entonces incrementar *decisivamente* la distancia respecto a los socialistas. LVE060596 **32 aumentar:** ...quieren que la Ejecutiva deje de asumir el papel negociador protagonista que ha venido teniendo y que aumente *decisivamente* el peso específico de las federaciones... EME130294 **33 mejorar:** El base Nate McMillan decidió jugar y jugarse la espalda, mejorando *decisivamente* la fluidez atacante de Seattle. EME140696 **34 avanzar:** El equipo técnico conjunto (...) avanzó *decisivamente* en las tratativas sobre los mecanismos para llevar a cabo las encuestas... ACP170996 **35 intensificar:** ...los terroristas actúan convencidos de que ahora el Estado se ha debilitado a consecuencia del caso GAL y que ha llegado el momento de intensificar *decisivamente* su campaña. LVE150296 **36 enriquecer –:** Tal es la nueva y gran aportación que enriquece *decisivamente* la ciudad. LVE060595 **37 modernizar:** ...se trata de obras esenciales por su concepto innovador y vanguardista que han contribuido a modernizar *de forma decisiva* las artes escénicas. EME201196

F VERBOS QUE DENOTAN CONSOLIDACIÓN O FORTALECIMIENTO DE ALGO: **38 reforzar +:** ...conoce las características del producto, de la competencia y los objetivos de la campaña en cuestión, que él debe reforzar *de manera decisiva* en ocasiones. LVE060295 **39 afianzar(se):** La instamos también a formar un gobierno que sea pluralista y que *decisivamente* se afiance en la democracia... CLA190597 **40 apuntalar:** ...una victoria del premier en las urnas serviría para apuntalar *decisivamente* el proceso de paz en la zona. EME140496 **41 revitalizar –:** ...revitalizó *decisivamente* la cultura musical celta a principios del siglo XVIII. EPE150199

G VERBOS QUE DENOTAN DETERMINACIÓN, RESOLUCIÓN O TOMA DE MEDIDAS: **42 decantarse:** ...aunque la práctica de los últimos años se ha decantado ya *decisivamente* según expone esta regulación. EME081296 **43 inclinarse:** ...sus esfuerzos creadores se inclinarían más *decisivamente* hacia la plástica... ABC041194 **44 reaccionar:** Pero eso presupone que estás reaccionando racional y *decisivamente*, que tus procesos mentales son superiores a los de un conejo atemorizado. EME180195

H OTROS VERBOS; POSIBLES USOS ESTILÍSTICOS: Estos trabajos con frecuencia se sitúan en la proximidad de la escultura o están plasmados *decisivamente* en formas escultóricas sutiles y contundentes. ABC260595

decisivo *adj.* **I** Acepta sustantivos que designan personas, instituciones o organizaciones *(perso-*

naje, jugador, gobierno, junta, partido, sindicato, empresa, compañía, país). Admite otros muchos sustantivos, entre los que destacan los temporales *(jornada, día, momento, etapa)*, los que designan obras de creación *(novela, pintura, sinfonía, película)*, unidades y manifestaciones verbales o comunicativas *(palabra, frase, respuesta, declaración, discurso)* y un gran número de eventos *(encuentro, lugar, guerra, intervención, reunión, negociación, partido)*. Destacan, sin embargo, las combinaciones de este adjetivo con...

A SUSTANTIVOS QUE DENOTAN CAMBIO DE ESTADO, DE DIRECCIÓN O DE POSICIÓN: **1 cambio ++:** ...Clinton impulsó un cambio *decisivo* en el sistema educativo de su país... CLA200601 **2 giro ++:** En 1933 Hannah Arendt experimenta un giro *decisivo* (...) que marca en ella una profunda radicalización existencial. LVE171095 **3 transición +:** Una década de transición *decisiva* para la evolución de nuestro cine marcada por el final del ciclo histórico y de cartón-piedra de la autarquía... EME230494 **4 vuelco +:** ...antes de que las elecciones del 20 de noviembre pasado dieran un vuelco *decisivo* a los equilibrios políticos en el Parlament de Catalunya. LVE100196 **5 viraje:** Fue a partir de 1988 que se dio el viraje *decisivo* en materia de ajuste macroeconómico... EXC211096 **6 aumento:** ...el aumento de la inversión (...) como fue tan *decisivo* en el periodo 1985-1992 permite avanzar por una senda estable. LVE191095

B SUSTANTIVOS QUE DENOTAN ACCIÓN EMPRENDIDA, MÁS FRECUENTEMENTE PARA DIRIMIR O DAR RESOLUCIÓN A LAS SITUACIONES: **7 medida:** ...lo encuentro incapaz de adoptar ninguna medida *decisiva* para mejorar la situación económica. EME220195 **8 decisión +:** La decisión que adopte el representante de la coalición en el Consejo de RTVE puede ser *decisiva* en el caso de que se produzca una votación... EME070795 **9 resolución:** Al contar cada uno con cuatro escaños, su resolución puede ser *decisiva*, pero se hace, al parecer, cada vez más difícil... EPE010884 **10 acción:** Confío que éste ha sido el comienzo de una acción *decisiva* para limitar el poder y la arrogancia de Saddam Hussein... DYM040996 **11 paso:** Argentina venció por 3 a 0 a Ecuador y dio un paso *decisivo* para la clasificación... CLA030797 **12 reacción:** ...ha sido cuestionada muchas veces por su incapacidad para prevenir trágicos acontecimientos: (...), la reacción *decisiva* de los cubanos ante el desembarco organizado por la CIA en Bahía Cochinos en 1961. LRE270103

C SUSTANTIVOS QUE DENOTAN ACTITUD, JUICIO O TOMA DE POSICIÓN. TAMBIÉN CON OTROS QUE DESIGNAN ALGUNAS DE LAS MANERAS EN LAS QUE ESAS NOCIONES SE MANIFIESTAN: **13 voto ++:** ...ablandar a la clase baja y media, cuyos votos son *decisivos* en Asunción por constituirse en una mayoría aplastante. ACP221096 **14 posición +:** Quizás es inevitable como consecuencia de la posición *decisiva* de Convergencia i Unió en la política española, pero es peligroso. LVE020495 **15 opinión +:** Su opinión fue *decisiva* para que el internacional holandés pasase a formar parte de la plantilla del Madrid. EPE150699 **16 criterio +:** ...apoyar la idea de que la pertenencia de la divisa durante al menos dos años al Sistema, no sea criterio *decisivo*. EME160996

D SUSTANTIVOS QUE DESIGNAN DATOS, NOTICIAS Y OTROS INDICADORES ANÁLOGOS, MÁS FRECUENTEMENTE SI SU FIN ES DEMOSTRAR, MEDIR O PONER DE MANIFIESTO ALGUNA COSA: **17 prueba ++:** El caso Colosio parece una especie de prueba *decisiva*. DYM010996 **18 evidencia +:** La política es que en los Estados Unidos existe una auténtica separación de poderes que impide (...) hurtar a la justicia evidencias *decisivas*... EME170396 **19 dato +:** Este es un dato que fue *decisivo* en su designación... CLA170497 **20 baza +:** ...el atractivo de la conmemoración se une al intrínseco espectáculo, en el que los coros vuelven a jugar su *decisiva* baza. ABC040693 **21 información:** ...manejó los tiempos para suministrarle al juez Macchi la información *decisiva* que parece dejar el crimen cerca de su esclarecimiento. LNP130497 **22 gol:** En el enésimo centro llegó el gol *decisivo*. CLA061100 **23 argumento +:** Es en ésta donde he encontrado los argumentos *decisivos* de la lucha contra el nazismo. LVE310195 **24 tanto:** ...lo único que le faltó fue un poco más de suerte y algo menos de precipitación en los tantos *decisivos* del cuarto set... EME040995 **25 testimonio +:** ...cuyo testimonio fue *decisivo* para provocar la confesión del ex canciller... EPE041299 **26 demostración:** La evidencia es la más *decisiva* demostración. (Cicerón). EME200496

E SUSTANTIVOS QUE DENOTAN ASUNTO O SUCESO. TAMBIÉN CON OTROS QUE SE REFIEREN A LAS CIRCUNSTANCIAS QUE LOS RODEAN: **27 acontecimiento ++:** Incuestionablemente, el alto el fuego del IRA es un acontecimiento *decisivo* en la larga historia de las relaciones entre las islas Británicas. LVE020994 **28 hecho ++:** Un hecho *decisivo* cambió temporalmente su trayectoria vital, que no su vocación. ABC180294 **29 circunstancia +:** Lo he visto en circunstancias *decisivas* de la historia reciente de la Iglesia y de la Prelatura. EME240394 **30 asunto +:** Tres bofetadas al president en otros tantos asuntos *decisivos*. EME040795 **31 situación:** Esta nueva situación será *decisiva* para el brillo de jugadores como Allen Iverson... EPE041199 **32 cuestión:** ...se comenzará a percibir más nítidamente la resolución oficial de postergar hasta 1993, todo lo relacionado con cuestiones *decisivas* conectadas con la reforma de la Constitución y la reelección. ECA150792 **33 hito:** Un hito *decisivo* ocurrió durante los debates del tormentoso Congreso de Escritores de 1986... HOY230287

F SUSTANTIVOS QUE DESIGNAN RASGOS, PORMENORES O ELEMENTOS COMPOSITIVOS QUE INTEGRAN UN CONJUNTO O PARTICIPAN EN SU NATURALEZA: **34 aspecto +:** Pero a todas ellas les falta un aspecto *decisivo*, verdaderamente fundamental, de lo que es probable que sea la política mundial... ABC020793 **35 detalle +:** Un detalle *decisivo* para sacar todo el partido a la sensibilidad de las luces y sombras del color. EME160696 **36 rasgo:** ...lo que quizás constituya el rasgo más *decisivo* del pensamiento de Aranguren es su fusión con la vida. EME190496 **37 factor +:** ...ha sido el factor *decisivo* de la figura de todas sus trayectorias. DLA120597 **38 componente:** En suma, la extranjerización ha pasado a ser un componente *decisivo* de la genérica privatización. HOY050187

G SUSTANTIVOS QUE DESIGNAN EL VALOR O LA CONSIDERACIÓN QUE SE OTORGA A ALGUNA COSA: **39 importancia ++:** ...cómo la geometría tuvo importancia *decisiva* en el arte del siglo XX. CAP141196 **40 peso +:** En esta distribución sigue teniendo un peso *decisivo* la renta de los hombres frente al de la mujeres. EME080995 **41 relevancia +:** ...subrayó que las decisiones que se tomen en los próximos meses, y muy especialmente la elaboración de los presupuestos de 1997, tendrán una relevancia *decisiva*... LVE180696 **42 significación +:** ...un hecho sin duda relevante, pero al que no se le concede una significación *decisiva* en el conjunto del proceso. INDOC

H SUSTANTIVOS QUE DENOTAN CONSECUENCIA, RESULTADO O INFLUENCIA DE ALGUNA COSA SOBRE OTRA: 43 efecto ++: La adopción por parte de América latina del modelo neoliberal (...) tuvo efectos *decisivos*. CLA300199 **44 consecuencia ++:** ...los escándalos, la corrupción y la degradación generalizada no tienen consecuencias *decisivas* en una sociedad disociada... EME090995 **45 influencia ++:** Cuando se le preguntó si el gobernador puede ejercer una influencia *decisiva* en el caso... CLA240199 **46 influjo +:** ...y así ejerció en la poesía española del momento (...) un considerable y *decisivo* influjo. ABC130392 **47 triunfo +:** El técnico hispanoargentino no quiso hablar mucho de su rival y desmintió que un triunfo sea *decisivo*, pese a que supondría cinco puntos de ventaja... EME070195 **48 éxito:** ...será la propia ejecutiva regional la que dirija esta operación, cuyo éxito será *decisivo* para conocer de forma definitiva si toda Andalucía ha ratificado la vía del 151. EPE010380 **49 resultado:** Los resultados de estos congresos serán *decisivos* para definir la influencia real de cada sector. EME080494 **50 repercusión +:** ...el veredicto del tribunal europeo puede tener una repercusión *decisiva* en el uso futuro de los incentivos fiscales... EPE020799 **51 incidencia:** ...pensamos que la modernización de las leyes laborales tendrá una incidencia *decisiva* en la baja del desempleo. CLA050297

I SUSTANTIVOS QUE DENOTAN ACTIVIDAD. TAMBIÉN CON OTROS QUE EXPRESAN EL PAPEL QUE CORRESPONDA A LA PERSONA O COSA QUE LA EJERCE: 52 tarea +: Su papel consistía entonces en bailar, en bailar y en la más *decisiva* tarea de pasar al final el plato de las propinas. EPE310599 **53 trabajo:** ...ganará ese año el gran premio de pintura de la Bienal con una obra: «Las cuatro estaciones» que la crítica saluda como un trabajo *decisivo* dentro de la madurez del artista. ABC180992 **54 función:** Según la FAO, las mujeres cumplen una función *decisiva* para la seguridad alimentaria familiar y nacional. EME281296 **55 cargo:** ...es el candidato favorito para acceder a la dirección general de la Política Agrícola Común, un cargo *decisivo* en la Comisión Europea. EPE081299 **56 actividad:** En los años siguientes, su incansable actividad fue *decisiva* para la liberación de Budapest y de Belgrado. LRE220103

J SUSTANTIVOS QUE DESIGNAN DE MUY DIVERSA MANERA LO QUE ES VÁLIDO O ÚTIL PARA LOGRAR UN FIN: 57 instrumento: ...los rayos X, que se convirtieron en un instrumento *decisivo* para la exploración del interior del cuerpo humano y supusieron un paso de gigante en la investigación de las enfermedades. EME121195 **58 herramienta:** ...les impidió prever que tales instrumentos se iban a convertir en herramientas *decisivas* para la consolidación de los regímenes... LNA020792 **59 arma:** La lucha por la sucesión de Lenin enfrentó a Stalin y Trotski, en una «guerra» donde se utilizó el terror como arma *decisiva*. EME090795 **60 clave +:** ...son claves *decisivas* el gran conocimiento de los resortes de las policías internacionales, de los avances en la genética... EME040694 **61 pista +:** ...pero los científicos espaciales creen que contienen pistas *decisivas* para explicar la formación del sistema solar. EPE241201

K SUSTANTIVOS QUE DESIGNAN SITUACIONES O ESTADOS DE DIFICULTAD, ADVERSIDAD O CONFLICTO: 62 problema: La persona que ocupa un cargo público debe dimitir en el momento en que, debiendo afrontar un problema *decisivo*, no consigue mostrarse a la altura de las circunstancias. EME010594 **63 crisis:** ...esos miles de millones de dólares que se trasladan en cinco segundos de una a otra parte del mundo y crean crisis *decisivas* a los estados... EME240695 **64 ataque +:** Ayer las tropas peruanas esperaban la orden del Alto Mando para lanzar el ataque que se considera *decisivo* en el frente de Tiwintza... EME120295 **65 choque:** El choque ante los vallisoletanos se antoja *decisivo*... ENC240101 **66 oposición:** ...el mundo espera que triunfe el sentido común y que se adopte una oposición seria y *decisiva* respecto al sufrimiento del pueblo iraquí... EME211095 **67 lucha:** Pero no se nos puede endilgar el cargo de no haber puesto una parte importante en tan *decisiva* lucha. ETC070198

L SUSTANTIVOS QUE DESIGNAN DIVERSOS ESTADOS DE CARENCIA O DEJACIÓN: 68 abandono: Esta XXVIII gran misa oficiada por los hijos de Jean Jaurés es, según las previsiones, la de dos abandonos *decisivos* para la vida del partido. EME260194 **69 falta:** ...además la falta de su poder aéreo fue *decisiva* cuando su colegas fueron superados... EME200696 **70 pérdida:** ...sólo un pacto social global que relacione apertura de mercados y mejora de condiciones de trabajo (...) puede evitar una *decisiva* pérdida de competitividad para Europa... EPD290797 **71 ausencia:** La ineptitud de Truman y la ausencia de Churchill fueron *decisivas*. EME160795 **72 carencia:** Carencias de esta clase fueron *decisivas* en sus derrotas frente al Betis y el Zaragoza... EPE201101

M SUSTANTIVOS QUE DENOTAN COOPERACIÓN, ADHESIÓN O INTERVENCIÓN EN FAVOR DE ALGUIEN O ALGO: 73 ayuda +: ...siguiendo en gran medida las exigencias impuestas por la Unión Soviética como condición para prestar su *decisiva* ayuda económica y militar. EME230494 **74 respaldo +:** Será en ese trámite cuando el pleno municipal dará el respaldo *decisivo* al proyecto... EPE080599 **75 aportación:** El jurado resaltó otro mérito: su aportación *decisiva* al proceso de unión política en Europa. EME070996 **76 contribución:** ...demostró un enorme coraje en momentos críticos para su país y realizó una contribución *decisiva* a sentar las bases de la convivencia entre todos los ciudadanos. EME150195 **77 implicación:** ...la hora de analizar la *decisiva* implicación que sus imágenes tienen en la vida cotidiana de este final de siglo. ABC060195 **78 patrocinio −:** El *decisivo* patrocinio de la Fundación Barrié de la Maza (...) facilitó que se reconstruyan los instrumentos... ABC131291

☐ Véase también: **concluyente, crucial, de peso, determinante.**

declaración ♦ **aberrante, a bote pronto[19], abrupto[74], acalorado[20], acerado[5], a favor[74], amargo[25], ambiguo, apresurado, a puerta cerrada[56], atinado[13], bajo juramento, breve, calculado, cáustico, certero[36], confuso, conjunto, contradictorio, de amor, decisivo, desaforado[9], desafortunado, drástico, efusivo[26], encendido[3], en exclusiva[41], escueto, espontáneo, estridente[10],**

eventual, exhaustivo[17], explícito, extenso, formal, fuerte, indagatorio, inoportuno, intempestivo[31], judicial, jurado, libre, ministerial, ofensivo, oficial, oficioso, oportuno, parco (en)[2], peregrino[67], polémico, prudente, público, radial, reiterado, rimbombante[10], sin ambages[63], sin fundamento[26], solemne, sorprendente, sucinto[8], tajante[9], taxativo[15], telefónico, testifical, testimonial, tibio, tranquilizador[5], unánime[73], veraz, voluntario ♦ a la luz (de)[39], a la vista (de)[20], al compás (de)[10], al hilo (de)[10], a tenor (de), en, según ♦ cruce (de), ronda (de) ♦ abstenerse (de), adherirse (a), agotar(se)[54], ampliar, aparecer, atañer[28], atenerse (a)[42], atribuir (a alguien), brindar[58], caer como una bomba[2], confirmar, conocer, contradecir, cruzar, delatar, delegar[42], desdecirse (de)[2], desmentir[15], distorsionar[16], emitir, entrecortar(se)[21], escuchar, esperar, falsear, filtrar(se)[4], firmar, formular, girar[29], hacer, hacerse eco (de), lanzar[17], magnificar[22], negar[36], obrar en poder[25], ofrecer, oír, presentar, prestar, publicar, puntualizar, ratificar, realizar, rebatir[7], recoger, rectificar, redactar, refrendar[41], refutar, rendir, reprobar[10], retractar(se) (de), salir al paso (de)[1], suscribir, sustanciar, tergiversar[11], tomar[39], transmitir, zanjar[51]

☐ Véase también: **confidencia, descripción, explicación, exposición, manifiesto, testimonio.**

declarar(se) ♦ **abierto, absuelto, apto, capacitado, cerrado, clausurado, competente, conforme, contrario, convencido, culpable, defensor, desierto, discípulo, dispuesto, disuelto, engañado, ganador, heredero, ilegal, improcedente, inaugurado, incapaz, incompetente, inconstitucional, independiente, indigno, inocente, insolvente, insumiso, neutral, nulo, objetor, opuesto, partidario, prescrito, responsable, satisfecho, sorprendido, valedero, válido ♦ abiertamente[4], a bombo y platillo[14], a favor[10], a los cuatro vientos[2], al unísono[19], a puerta cerrada[8], atinadamente, bajo juramento, bajo palabra, categóricamente[21], con rotundidad[5], en bancarrota, en emergencia, enérgicamente, en falso[25], enfáticamente, en huelga, en quiebra, en rebeldía[2], en suspensión, espontáneamente, expresamente[8], oficialmente, por activa y por pasiva[8], públicamente, rotundamente[19], sin ambages[3], sin reservas[27], sin tapujos[7], solemnemente, unilateralmente, valientemente, voluntariamente ♦ alarma, bien, catástrofe, emergencia, epidemia, fuego, guerra, incendio, intención, moratoria, motivo, nulidad, preferencia, propiedad, razón, renta, verdad**

☐ Véase también: **anunciar, confirmar, informar, revelar.**

declinar *v.* ▮ Como verbo intransitivo, con el sentido de 'decaer, menguar' o 'aproximarse a su límite', admite como sujetos sustantivos que designan astros *(sol, luna)* o los efectos de su ciclo temporal *(día, noche, tarde)*. Acepta asimismo sustantivos de persona *(Aunque el anciano declinaba en sus fuerzas, mantenía su lucidez)*. También se combina con...

A EL SUSTANTIVO *ESTRELLA*. TAMBIÉN CON OTROS QUE –COMO ESTE– DESIGNAN LAS CIRCUNSTANCIAS QUE FAVORECEN EL CURSO DE LOS ACONTECIMIENTOS: **1 estrella ++:** ...Julian Schnabel era el no va más, y ahora, cuando parecía *declinar* su estrella, emerge en el cine. LVE180695 **2 suerte:** Cuando parecía que todo marchaba sobre ruedas, empezó a *declinar* su suerte. INDOC **3 fortuna:** ...siguió apostando animado por el éxito momentáneo, pero su buena fortuna empezó a *declinar* y al final de la noche lo había perdido todo. INDOC

B SUSTANTIVOS QUE DESIGNAN DIVERSOS ATRIBUTOS, FÍSICOS O NO, QUE DISTINGUEN AL QUE ES FAVORECIDO POR LAS CIRCUNSTANCIAS O GOZA DEL RECONOCIMIENTO DE LOS DEMÁS: **4 salud +:** Una hija de Deng Xiaoping confirma que la salud de su padre «*declina* día a día». LVE140195 **5 prosperidad:** La prosperidad de Manuel Alunda y su familia *declinó* el día que la democracia obligó a los alcaldes a pasar por las urnas... LVE231096 **6 imagen:** ...el Ministerio del Interior de Cuba ha visto *declinar* su imagen después de una escalada de explosiones de bombas anticastristas. ENH110997 **7 prestigio +:** Pero *declina* su prestigio al compás de las violencias y abusos cometidos en nombre (...) del ELK... EPE141199 **8 popularidad:** Su popularidad en el pequeño reino escandinavo (...) había empezado, sin embargo, a *declinar* en los últimos meses. LVE241096 **9 crédito –:** Pero el crédito que durante tres legislaturas se le había dado al PSOE empezó a *declinar* en 1991... EPE081199

C SUSTANTIVOS QUE DENOTAN CURSO O EVOLUCIÓN SEGUIDO POR ALGO O ALGUIEN, MÁS FRECUENTEMENTE EN EL ÁMBITO PROFESIONAL: **10 carrera +:** ...su larguísima carrera fue *declinando* hacia senderos de serie Z. LVE301096 **11 trayectoria:** El siempre previsor Echávarri entiende que la mejor baza para el futuro, una vez que la trayectoria de Indurain comience a *declinar*, responde al nombre de Olano. EME170395

D SUSTANTIVOS QUE DESIGNAN DIVERSAS MAGNITUDES QUE SE CUANTIFICAN O SE COMPUTAN, MÁS FRECUENTEMENTE EN EL ÁMBITO DE LA ECONOMÍA. TAMBIÉN CON OTROS QUE EXPRESAN LOS ÁMBITOS A LOS QUE CORRESPONDEN: **12 valor:** ...el Banco de México permitió que el valor del peso *declinara* de manera gradual según un programa predeterminado. EXC011196 **13 precio:** Ante tal situación los precios empezaron a *declinar* a partir el mes de agosto de 1996... LPN130397 **14 economía:** Entonces la economía del país empezaba a *declinar*... EPE010876 **15 inflación:** Respecto de la inflación (ahora en el 2,2%), su previsión es que *decline* en la segunda parte del año y que se cumpla el objetivo del 1,8% en diciembre. EPE010799 **16 índice:** El índice desestacionalizado de la producción de mayo *declinó* un 2,3% con respecto al de abril... LNA280692 **17 tasa:** ...la tasa de interés comenzara a *declinar* desde principios de este año... CLA140199 **18 producción:** Sin embargo, lo que fue uno de sus pilares a lo largo de varias décadas: la producción propia parece empezar a *declinar*. PME120197 **19 mortalidad:** Gracias a la ayuda de la ONU y la UNICEF, la mortalidad infantil empezó a *declinar* a final de la pasada década. INDOC **20 bolsa –:** Pero después del cierre europeo, la Bolsa de Nueva York se subió a un tobogán y siguió *declinando* hasta el cierre. CLA160997

▮ Como verbo transitivo, con el sentido de 'enumerar las variantes flexivas de', se construye con sustantivos que designan clases de palabras *(verbo, adjetivo, pronombre)*. Con el sentido de 'rechazar', se construye frecuentemente con oraciones de infinitivo, especialmente con verbos que denotan manifestación verbal *(El ministro declinó pronunciarse sobre el caso; La familia ha declinado comentar la noticia)*. Asimismo se combina con...

E SUSTANTIVOS QUE DENOTAN PROPUESTA U OFRECIMIENTO: **21 invitación** ++: El mandatario colombiano le agradeció el gesto, pero *declinó* la invitación. ENH050597 **22 oferta** ++: El, sin embargo, *declinó* la oferta. CAP161097 **23 ofrecimiento** ++: El generoso ofrecimiento, sin embargo, habría sido *declinado* por el nuevo alcalde que iniciará sus funciones el próximo enero. CAP211295 **24 propuesta** +: Todo indica que Santos Rubino (...), uno de los columnistas más leídos del país, prefirió *declinar* la propuesta. SEM160796 **25 proposición:** Revenga adujo su condición de responsable del Consorcio «y, por tanto, parte implicada en el conflicto» para *declinar* la proposición sindical. EME310594 **26 sugerencia** –: Mohamed VI ha *declinado* todas estas sugerencias. EPE180900

F SUSTANTIVOS QUE DESIGNAN LAS FACULTADES, ATRIBUCIONES U OBLIGACIONES QUE CORRESPONDEN A ALGUIEN EN FUNCIÓN DE SU CARGO O DE LA ACTIVIDAD QUE LE CORRESPONDE: **27 responsabilidad** ++: En tiempo y forma se puso en conocimiento a la aseguradora, la cual *declinó* su responsabilidad de pagar el siniestro... CLA210199 **28 competencia** ++: Cuando eso sucedió yo *decliné* la competencia de ese expediente en el Estado Táchira. ENV110796 **29 jurisdicción:** En un escrito se pide que la Audiencia Nacional *decline* su jurisdicción sobre la falsificación de documentos en la detención de Luis Roldán. LVE260395 **30 potestad** –: Los dirigentes (...) turnan los acuerdos políticos (...) a las instancias legalmente instituidas, las cuales previamente han *declinado* en favor de aquellos sus potestades... EXC091196

G SUSTANTIVOS QUE DESIGNAN EL PROCESO DE ESTAR ALGUIEN PRESENTE EN UN LUGAR O ASISTIR A UN EVENTO: **31 asistencia** ++: No hay lista decidida de oradores, pero entre los que han *declinado* su asistencia figura el general Colin Powell... LVE151095 **32 presencia:** Lafontaine (...) *declinó* su presencia en el titular de Economía, Werner Müller. EPE040199 **33 participación:** Indurain *declinó* su participación en los Valles Mineros. EME260694 **34 concurrencia** –: Será una proclamación indirecta (...), con el peso que cualquier indicación de González tendría si, por fin, él *declina* su séptima concurrencia a las urnas... EME080795

H SUSTANTIVOS QUE DENOTAN PROPUESTA O PRESENTACIÓN DE UNA PERSONA PARA UNA DIGNIDAD, UN CARGO O UN GALARDÓN. TAMBIÉN CON OTROS QUE HACEN REFERENCIA A SU DESIGNACIÓN: **35 candidatura** +: Juan Gabriel Uribe *declinó* la candidatura. ETC170797 **36 nombramiento:** Pero prefirió *declinar* el nombramiento para hacerse cargo del Ministerio del Interior. EUV050996 **37 nominación:** ...mi deber es defender los derechos de la ciudad (...), antes que postularme a cualquier candidatura, por la cual he decidido *declinar* cualquier nominación... LTB020297

I SUSTANTIVOS QUE DENOTAN RESPALDO: **38 ayuda:** También *declinó* la ayuda de su colega y ex campeón de peso pesado Mike Tyson... CLA300197 **39 apoyo:** Aunque Gramm *declinó* ayer el apoyo a ninguno de los candidatos, su ataque al proteccionismo es una indicación de respaldo a su colega... LVE150296

☐ Véase también: **marchitarse**.

declive ♦ **actual, aparente, claro, continuado, creciente, definitivo, demográfico, económico, evidente, físico, franco, fuerte, gradual, imparable[34], implacable[87], incontenible[30], industrial, inevitable, inexorable[12], inminente, irreversible[22], lento, ligero, ostentoso, paulatino, pleno, progresivo, prolongado, pronunciado, suave** ♦ **en** ♦ **acelerar, comenzar, conducir (a), enderezar[40], entrar (en), estar (en), frenar, iniciar(se), ir (en), observar, provocar, remontar[34], terminar**

☐ Véase también: **decadencia**.

decodificar *v.* ▮ Admite la variante *descodificar*. Se combina con...

A SUSTANTIVOS QUE DESIGNAN SIGNOS, SEÑALES Y DATOS, ASÍ COMO LOS SISTEMAS QUE LOS TRANSMITEN O SE CONSTITUYEN CON ELLOS: **1 señal** ++: Se le ha denegado la posibilidad de ver *descodificada* la señal... EME170396 **2 mensaje** ++: Sofisticadas máquinas de codificar y *descodificar* mensajes telefónicos... GIC020497 **3 canal** +: El convertidor es el aparato (...) que le permitirá también *decodificar* los canales de pago... LVE191096 **4 clave:** ...no hay otra llave para *descodificar* la clave de sus ondas que la llave de la fe. EME150395 **5 código:** El código nacional es universalmente *descodificado*, y ahí están ejemplos notables que van de Brahms a Rimsky-Korsakov, Bartok, Dvorak o Falla. LVE220495 **6 dato:** Cuando todos los datos hayan sido *decodificados*, nos los transmitirán el miércoles y entonces sabremos algo más... LVE040594

B SUSTANTIVOS QUE DESIGNAN OTRAS UNIDADES DE INFORMACIÓN, ESPECIALMENTE FORMAS DE EXPRESIÓN Y TIPOS DE MENSAJE: **7 texto:** El siguiente texto será *descodificado* el próximo día... LVE221296 **8 discurso:** ...capaz de *descodificar* un discurso... ABC170993 **9 respuesta:** ...al *descodificar* la respuesta del futuro presidente... EME080396 **10 propuesta:** ...propias e imprescindibles para *descodificar* sus propuestas. ABC050293 **11 metáfora:** Y el catálogo de metáforas (...) es *decodificado* en las equivalencias... ABC041292 **12 concepto:** «Despojar la mirada de contenidos es *descodificar* el concepto de uso de la imagen». ABC090493

C SUSTANTIVOS QUE DESIGNAN IMÁGENES, ASÍ COMO ALGUNOS DE SUS SOPORTES. TAMBIÉN CON OTROS QUE SE REFIEREN A LAS UNIDADES TEMÁTICAS EN LAS QUE SE ORGANIZAN O SE TRANSMITEN: **13 imagen** ++: En estos momentos no leemos las imágenes, simplemente las *descodificamos*... ABC081093 **14 película:** El público polaco aprendió a *decodificar* nuestras películas. LVE140396 **15 programa:** ...decenas de programas diferentes, que son *decodificados* en el hogar del usuario. EME060996

D SUSTANTIVOS QUE DESIGNAN UNIDADES DE INFORMACIÓN BIOLÓGICA, MÁS FRECUENTEMENTE EN EL DOMINIO DE LA GENÉTICA: **16 ADN:** Estos snips por fin se están volviendo fácilmente accesibles gracias a las máquinas que rápidamente *descodifican* el ADN... EPE200199 **17 gen:** ...empezamos a *decodificar* los genes y las moléculas envueltas en la regulación de la apoptosis.

EME260594 **18 molécula:** Los investigadores estudian detenidamente la fórmula que permitirá *decodificar* la molécula que... INDOC **19 genoma:** Un consorcio de centros de investigación en el Reino Unido y en EE. UU. ha logrado un hito en la carrera por *decodificar* el genoma humano... EPE271099

E OTROS SUSTANTIVOS; POSIBLES USOS ESTILÍSTICOS: ...incapaces de *descodificar* su movilidad con la rapidez de visión adecuada... ABC241195; ...cómo *descodificar* los objetos que nos rodean... ABC240993; Lugares hermanados por la valla publicitaria que el fotógrafo *descodifica*... LVE260595

☐ Véase también: **aclarar, deducir, descifrar, desentrañar, desvelar, inextricable, interpretar.**

de compra(s) ♦ **ir, salir**

de confianza ♦ **cargo, cuestión, demostración, gesto, muestra, persona, puesto, relación, señal, signo, voto**

de consideración ♦ **accidente, asunto, avería, daño, golpe, herida, herido, incidente, lesión, obra, problema**

de conveniencia ♦ **alianza, bandera, cuestión, matrimonio, pabellón, razón, relación**

decoración ♦ **abarrotado, abigarrado[17], acertado, alto, austero, clásico, convencional, cuidado, desacertado, escénico, excesivo, exquisito, exuberante, fastuoso, fino, floral, inspirado, interior, llamativo, majestuoso, minucioso, moderno, mural, original, ornamental, parco, pictórico, profuso, rebosante, recargado, saturado, sencillo, simple, sobrecargado, sobrio, suntuoso, superfluo, valioso, vistoso** ♦ **artículo (de), elemento (de), objeto (de), revista (de), técnica (de), tienda (de)** ♦ **cambiar, completar, elegir, exhibir, lucir, realizar, realzar, revestir**

☐ Véase también: **adorno.**

decorar ♦ **alegremente, austeramente, con profusión, lujosamente, parcamente, profusamente[8]**

de corazón Véase: **de todo corazón**

[decoro] → **con decoro**

de corrido ♦ **citar, decir, escribir, leer, recitar, relatar, repasar, repetir, responder, saber, salir,** *otros verbos de lengua*

☐ Véase también: **al dedillo, al pie de la letra, de carrerilla, de memoria, literalmente.**

de corto ♦ **asistir, ir, torear, vestir**

decrecer *v.* **▌** Acepta un gran número de sustantivos no contables que designan magnitudes, así como muy diversas propiedades de las personas o las cosas *(importancia, tamaño, altura, peso, fiebre, calor, humedad, cualidad, valor: Decrece aceleradamente el valor del dinero).* Admite también algunos sustantivos que designan cosas que se caracterizan por presentar fases o niveles *(luna, sol, río, mar).* Acepta otros muchos sustantivos, pero destacan especialmente sus combinaciones con...

A SUSTANTIVOS QUE DESIGNAN CIFRAS, CANTIDADES Y OTRAS NOCIONES MENSURABLES O INHERENTEMENTE CUANTITATIVAS: **1 número ++:** Tras los acuerdos de paz de París (...) había un alto grado de saturación informativa y *decreció* el número de corresponsales en Saigón. EME210495 **2 cifra +:** ...esta cifra *decrece* a medida que aumenta la edad y en las mujeres a partir de los 15 años. LVE280695 **3 porcentaje +:** ...el porcentaje de infectados durante los últimos años ha *decrecido* notablemente. EME281195 **4 tasa +:** La tasa de desempleo ha *decrecido* más de lo previsto... LVE090295 **5 índice +:** ...en Cantabria el índice de natalidad *decrece* y no marcha bien el ritmo demográfico. EPE240999 **6 volumen +:** Aunque el volumen *decreció* sensiblemente respecto a jornadas anteriores... LVE080895 **7 cantidad +:** ...no se sabe bien a qué ritmo *decrece* la cantidad de deuterio ni cuánto se ha destruido ya. EPE160699 **8 proporción +:** ...indudablemente la proporción de reservas en títulos *decrecerá.* LNA240692 **9 nivel:** ...la adecuación de los niveles de capital *decrecerán* considerablemente bajo las nuevas reglas contables. EXC060197 **10 coeficiente:** Los saldos dudosos disminuyeron un 26,2%, con lo que el coeficiente de morosidad *decreció* hasta el 4,2%... EME271095

B SUSTANTIVOS QUE DESIGNAN DIVERSAS NOCIONES CUANTITATIVAS CARACTERÍSTICAS DE LAS OPERACIONES COMERCIALES. TAMBIÉN CON OTROS QUE SE REFIEREN A INSTITUCIONES SUJETAS A ALTERACIONES ECONÓMICAS: **11 demanda +:** El aumento supera las previsiones incluso teniendo en cuenta que durante el verano *decrece* la demanda de hipotecas. CAN141200 **12 consumo +:** En España, como en Francia, el consumo de heroína parece seguir *decreciendo.* EPE211101 **13 inversión +:** ...las inversiones *decrecen* en cerca de 1.000 millones de pesetas y el gasto corriente se dispara. EME290196 **14 gasto +:** ...el gasto *decrece* en términos reales, es decir, una vez descontada la inflación. LVE010996 **15 economía +:** ...Estados Unidos, que acaba de conocer que su economía *decreció* en el tercer trimestre, muestra una mayor fragilidad... EPE071101 **16 venta:** ...Las ventas *decrecen* de año en año... HOY010278 **17 exportación:** En 1993, las exportaciones de los bienes tradicionales como el plátano, el café y el cacao *decrecieron* en un 30 por ciento. EME310195 **18 producción:** La producción de pares, sin embargo, *decreció* en dos puntos y medio... EPE010399 **19 mercado:** ...su problema es que dependen de un mercado nacional que ha *decrecido.* EME141195 **20 inflación:** La inflación *decreció,* de 29,9% en 1998, a 20% en 1999. ENH240700 **21 PIB:** ¿Cómo se puede afirmar que el PIB va a *decrecer* a lo largo de todo 1993...? EME120194 **22 recaudación:** La recaudación de la Hacienda argentina *decreció* entre 200 y 300 millones de dólares mensuales en los últimos dos años... EPE211201 **23 beneficio:** El beneficio de Cortefiel *decrece* un 13%... EPE171001 **24 rentabilidad:** ...la rentabilidad irá *decreciendo* en porcentaje y en plazo... EME230195 **25 presupuesto:** Y el presupuesto no sólo no ha aumentado, ha *decrecido*: 0,48 del PIB en 1991, 0,46 en 2000. EPE201201 **26 renta:** ...el recorte de costes implica reestructuraciones y mayor paro por lo que *decrece* la renta disponible de las familias... LVE021196 **27 fondo:** Si los fondos destinados a este departamento *decrecen* para que sean los sectores privados quienes estimulen la vida cultural nos opondremos a ello. EPE031101 **28 fortuna:** ...el general Lanz Duret (...) les dejó un centenar de edificios y vetustas vecindades, las que poco a poco fueron vendiendo, conforme la fortuna familiar fue *decreciendo.* PME150996 **29 deuda:** «Ahora pagaremos lo que corresponde y la deuda comenzará efectivamente a *decrecer*», señaló. LPA220492 **30 pensión:** Pero mientras la pensión de esta jubilada española *decrece* día a día, su hija Isabel se puede permitir hacer cada año unas buenas vacaciones en España... LVE070395

C SUSTANTIVOS QUE DENOTAN INCLINACIÓN DEL ÁNIMO HACIA LAS PERSONAS O LAS COSAS, A MENUDO DE FORMA INTENSA O VEHEMENTE: **31 interés ++:** ...el interés había *decrecido* entre finales de los 60 y los 80... EME270496 **32 afición ++:** La afición por el juego no parece *decrecer* un ápice desde Adán y Eva hasta esta era de serbios y de internet. EME300595 **33 deseo +:** ...el deseo de beber una Coca-Cola aumenta en los momentos de más calor y *decrece* cuando hace mal tiempo. EPE291099 **34 pasión +:** Luego, enseguida, el juguete es el juguete roto, y la pasión *decrece.* EPE030181 **35 ánimo +:** No *decrecieron* en ningún instante los ánimos atléticos... EME171096 **36 entusiasmo +:** ...parece que este año *decrece* el entusiasmo adquisitivo de años anteriores. EPE111080 **37 obsesión:** La obsesión de los alborotadores por el edil del PP en Erandio (...) no ha *decrecido...* EPE140299 **38 libido −:** ...el correr de los años hace *decrecer* la libido... LVE150995

D SUSTANTIVOS QUE DENOTAN ACTITUD POSITIVA HACIA EL FUTURO: **39 ilusión +:** A pesar de que ya son cuatro las jornadas sin ganar, no ha *decrecido* la ilusión del equipo. INDOC **40 confianza +:** Cuando faltan sólo cuatro días para los comicios regionales del domingo *decrece* la confianza del centroderecha... LVE200495 **41 expectación +:** La expectación por ver a Tyson ha *decrecido* en tanto que no se mida con un rival de talla. LVE181295 **42 esperanza:** A medida que se acerca el día de clausura (...) *decrecen* las esperanzas de que prospere la propuesta de AOSIS... EME030495 **43 optimismo:** ...el optimismo fue *decreciendo* según transcurrían las horas... EME310896

E SUSTANTIVOS QUE DENOTAN INFLUENCIA. TAMBIÉN CON OTROS QUE EXPRESAN LA ACEPTACIÓN O EL RECONOCIMIENTO DE QUE PUEDEN GOZAR LAS PERSONAS O LAS COSAS: **44 popularidad ++:** La popularidad no *decrece* pese a la desdicha de haber perdido tanto tiempo respecto del presumido Eugeni Berzin... EME010694 **45 influencia +:** Li afirma que la popularidad de Mao Zedong está disminuyendo y que «su influencia *decrecerá*»... EME100996 **46 fama:** En Uruguay tu fama no *decrece.* LHG100697 **47 prestigio:** ...su prestigio entre los civiles *decreció* al mismo ritmo en que se demostraba la implicación del ex ministro de Defensa a quien reconocen como líder... EPE011286 **48 reputación:** ...advirtió que la reputación de los franceses en el Pacífico *decrece* día a día. EME291295 **49 protagonismo:** Con la industrialización su protagonismo *decreció*, en concordancia con la pérdida de peso específico de dichos impuestos en el conjunto de la fiscalidad. LVE170596

F SUSTANTIVOS QUE DESIGNAN DIVERSOS ESTADOS DE CARENCIA O NECESIDAD: **50 miseria:** ...la ayuda de las organizaciones humanitarias ha logrado que la miseria *decrezca* moderadamente en esta remota región de África. INDOC **51 paro:** ...el único problema es que el paro no *decrece.* EME221296 **52 desempleo:** ...el desempleo no *decrecerá* si no se establece un régimen adecuado regulador de las relaciones laborales... LVE060596 **53 pobreza:** La pobreza *decrece.* EME080596

G SUSTANTIVOS QUE DESIGNAN DIVERSOS ESTADOS O SENTIMIENTOS DE CONFLICTO, AMENAZA U HOSTILIDAD, ASÍ COMO OTRAS SITUACIONES QUE PUEDEN ENTRAÑAR O PROPICIAR ALGÚN MAL: **54 tensión +:** Decrece la tensión en el mercado de los cereales. LVE021295 **55 amenaza:** Parece que está empezando a *decrecer* la amenaza de guerra en Georgia. INDOC **56 violencia:** Por supuesto que continúa la violencia, pero ha *decrecido* mucho. EME100595 **57 oposición:** Fuentes socialistas indicaron ayer que había *decrecido* la oposición de algunos dirigentes al acuerdo con el PDNI... EPE190399 **58 presión:** La presión informativa se ha cambiado por algo más dialéctico, pero no ha *decrecido* tras la tregua. EPE030699 **59 riesgo:** ...el riesgo *decrece*, pero, aún así, sigue siendo alto... EPE090199 **60 peligro:** Un peligro que por fortuna *decrece* en la misma medida en que crece la cultura general del personal... EME110296 **61 conflictividad:** ...la conflictividad laboral en la compañía aérea española no *decrece.* EME281195 **62 lucha −:** En los últimos seis kilómetros *decreció* la lucha y los corredores llegaron agrupados... EPE010580

H SUSTANTIVOS QUE DESIGNAN GRUPOS HUMANOS. TAMBIÉN CON OTROS QUE EXPRESAN EL CONJUNTO DE PERSONAS QUE ACUDEN A UN LUGAR O ESTÁN PRESENTES EN UN SUCESO: **63 población ++:** Las cifras de Naciones Unidas dicen que en el norte del mundo la población *decrece* continuamente. EME080696 **64 plantilla:** ...no sólo la plantilla *decrece* a pesar del notable aumento de estaciones y material, sino que vemos cómo se van privatizando nuestros cometidos... EPE301099 **65 censo:** ...el censo *decrece* en Galicia y la emigración ha sido ínfima en los últimos años... EPE240599 **66 audiencia:** En Europa, por contra, la audiencia *decreció* algo a causa de la diferencia horaria en contra, a excepción de España. LVE161196 **67 afluencia +:** Prefiere pensar que la afluencia no *decrecerá* en agosto... EPD220796 **68 presencia +:** No esperábamos que la presencia de mujeres *decreciera* en las candidaturas. INDOC **69 asistencia +:** A partir de los once años la asistencia escolar comienza a *decrecer* paulatinamente. EXC250700 **70 concurrencia:** Es natural que *decrezca* la concurrencia a este tipo de actos, sobre todo si los convocan a horas tan poco apropiadas. INDOC

I EL SUSTANTIVO *RITMO* Y CON OTROS QUE DENOTAN POTENCIA O ENERGÍA. TAMBIÉN CON OTROS QUE DESIGNAN DIVERSOS ASPECTOS O COMPONENTES DEL MOVIMIENTO SUJETOS A MEDICIÓN: **71 ritmo ++:** Desde la liberación, los albanokosovares han asesinado a 125 serbokosovares, aunque el ritmo *decrece.* EPE141199 **72 intensidad ++:** Impulsivo y catártico, también arengó al público para que no *decreciese* la intensidad de las palmas... EPE121101 **73 fuerza +:** Además, en algunos casos suele ser menos firme y *decrece* la fuerza de la eyaculación. EME140796 **74 velocidad +:** ...todos los atletas saben que es un martirio y que su velocidad va a *decrecer* visiblemente. EPE270899 **75 aceleración:** Eso beneficia la aceleración, que sólo comienza a *decrecer* en el último tercio de la carrera. EPE230899

J ALGUNOS SUSTANTIVOS QUE DENOTAN OCASIÓN DE QUE ALGO EXISTA O SE PRODUZCA: **76 posibilidad:** A última hora, crecen las posibilidades del norteamericano Armstrong, al tiempo que *decrecen* las de Zülle... EPE030799 **77 probabilidad:** ...la probabilidad de que el ganado esté (...) infectado con el agente EEB irá *decreciendo* con el tiempo... EPE020800

K SUSTANTIVOS QUE DESIGNAN MANIFESTACIONES DE INCERTIDUMBRE: **78 duda +:** No parece que *decrezcan* las dudas sobre la posible implicación del contable en el desfalco del banco. INDOC **79 sospecha +:** Son sospechas fundamentadas que, lejos de *decrecer*, han ido en aumento en los últimos días. INDOC **80 recelo:** Los recelos entre el COI y el comité organizador de Atlanta son mutuos y, lejos de *decrecer* (...), aumentan... LVE190596

L OTROS SUSTANTIVOS; POSIBLES USOS ESTILÍSTICOS: Al Gobierno no sólo no le crecen los enanos –le *decrecen*– sino que además se le mueren los ejemplos... EME270494

▩ Se combina también con: ♦ **alarmantemente**[14], **a ojos vista**[3], **a pasos agigantados**[22], **considerablemente**[25], **paulatinamente**[9]

☐ Véase también: **aminorar, deshinchar(se), desinflar(se)**.

decreciente Véase: **decrecer**

decretar *v.* ▮ Se combina con...

A SUSTANTIVOS QUE DESIGNAN RESOLUCIONES O MEDIDAS, ESPECIALMENTE SI SON DE CARÁCTER PUNITIVO, RESTRICTIVO O COERCITIVO: **1 orden ++:** A eso contribuiría que la justicia se pronuncie antes del viernes 9, *decretando* orden de no innovar... HOY050198 **2 medida +:** El titular del juzgado número 3 de la Audiencia Nacional renunció a *decretar* medidas contra el ex-consejero delegado... LVG231191 **3 prohibición +:** ...la prohibición de informar sobre el proceso por narcotráfico en contra de Mario Silva Leiva, *decretada* por la jueza Beatriz Pedrals. HOY230697 **4 sanción +:** Kohl, sin embargo, se mostró contrario a *decretar* sanciones económicas contra Rusia... LVE080195 **5 suspensión ++:** Indicó que tras *decretarse* la suspensión del magistrado en su cargo, los antecedentes del mismo son elevados al Jurado de Enjuiciamiento de Magistrados... ACP100996 **6 cierre ++:** No obstante, supimos oficiosamente que en el megacrédito se nos asignó dos mil millones, lo cual *decreta* el cierre de las compañías regionales de teatro... EUV300696 **7 clausura +:** Al reabrirse el Congreso tras 17 años de clausura *decretada* por Pinochet (...) Vicky fue contratada con apoyo de (...) «alguien» cuya identidad se desconoce. PME250896 **8 disolución:** El artículo 64 de los Estatutos disipaba cualquier duda: «La Asamblea no podrá *decretar* la disolución del Club mientras existan 50 socios dispuestos a sostenerlo». CLA110199 **9 expulsión:** Decretar la expulsión en el pleno de la Asamblea sería la irrestricta aceptación del PRI a su complicidad en los males y las sombras que Salinas desató sobre México. PME290996 **10 abolición:** Su generosidad en la victoria contrasta con el inexorable juicio de su abuelo Felipe II respecto de los privilegios aragoneses o de su sucesor Felipe V cuando acabada la guerra de sucesión *decrete* la abolición de los fueros catalanes. ABC031195 **11 cese:** ...pidiendo reparación por tan grande atropello, pero les fue negada; entonces *decretaron* el cese absoluto de actividades en la Universidad... LPA100592 **12 supresión:** ...la subida de 9 pesetas que ha experimentado el precio del gasóleo en este verano no tiene nada que ver con la supresión, *decretada* el pasado 14 de junio... EME270996 **13 veda –:** Mientras tanto CiU y Pesequé han decidido *decretar* la veda de la caza mayor. LVE170295

B SUSTANTIVOS QUE DENOTAN RETENCIÓN, CONFINAMIENTO O PRIVACIÓN DE LIBERTAD: **14 prisión ++:** ...cómo por una pequeña riña en el estadio Centenario, un arrogante magistrado *decreta* prisión por cerca de 15 días de los jugadores participantes... EPU040301 **15 encarcelamiento +:** La ley permite que congresistas y altos funcionarios sean internados en lugares especiales cuando se *decrete* su encarcelamiento. LVE040596 **16 arresto +:** Los efectos se retrotraen a junio de 1993, se *decreta* el arresto domiciliario del administrador... LVE040995 **17 detención +:** ...hay suficientes indicios para *decretar* la detención judicial de los mencionados, sobre cuyos bienes piden que se dicten medidas de aseguramientos. EUV060499 **18 internamiento:** Hasta el propio abogado defensor (...) cree que lo lógico hubiera sido *decretar* el internamiento de su cliente. EME280396

C SUSTANTIVOS QUE DENOTAN DETENCIÓN DE ALGUNA COSA O ENTORPECIMIENTO DE SU NORMAL DESARROLLO, MÁS FRECUENTEMENTE SI SE TRATA DE UN BIEN O UNA CANTIDAD ECONÓMICA: **19 embargo ++:** En octubre de ese año el presidente Eisenhower *decretó* el embargo comercial al prohibir las exportaciones a Cuba, salvo alimentos y medicinas, y el 3 de enero de 1961 rompió relaciones diplomáticas con el país. GIC050297 **20 bloqueo:** Además del bloqueo *decretado* por Barbados, otro de los clientes... DLA090797 **21 inmovilización:** Al llegar la mercancía a Barcelona y *decretar* el juez su inmovilización descubrieron que se habían producido irregularidades. LVE161295 **22 paralización:** Los 200 médicos de la Facultad de Medicina *decretaron* una paralización de albores y que no irán solos... LTH031097 **23 congelación:** Aquí, como en la mayor parte de países del mundo, gobiernos populistas *decretaron* una congelación de alquileres... ESH060197 **24 boicot –:** Mientras, estados y municipalidades del país *decretaron* el boicot a toda relación comercial con Birmania y Nigeria. GIC031097

D SUSTANTIVOS QUE DESIGNAN SUSPENSIÓN DE UN PROCESO JUDICIAL O UNA CONDENA, MÁS FRECUENTEMENTE SI CONLLEVA LA PUESTA EN LIBERTAD DE UN DETENIDO. TAMBIÉN CON OTROS QUE DESIGNAN ESE MISMO ESTADO: **25 libertad +:** Decretada libertad bajo fianza a Jean Christophe... DDN030101 **26 amnistía +:** Después de la amnistía *decretada* por el Congreso de la Unión, el descontento en los mandos castrenses aumentó. DYM010996 **27 indulto:** ...baste con registrar cómo uno de sus primeros actos de gobierno fue *decretar* el indulto de los mismos... EUV080996 **28 excarcelación:** La Sección Cuarta de lo Penal de la Audiencia Nacional ha *decretado* la excarcelación del presunto narcotraficante... EPE261201 **29 sobreseimiento:** ...días después le fue *decretado* el sobreseimiento definitivo por falta de pruebas contundentes. ESH260696 **30 archivo:** La Audiencia estimó parcialmente los recursos contra el archivo *decretado* por la juez Ana Mercedes del Molino... EME120696

E EL SUSTANTIVO *LEY* Y CON OTROS QUE DESIGNAN PRECEPTOS O DIRECTRICES ESTIPULADOS O REGLAMEN-

TADOS, ASÍ COMO ALGUNAS DE LAS FORMAS EN QUE SE MANIFIESTAN O SE RECOPILAN: **31** **ley** ++: ...se erige en juez supremo al *decretar* leyes contra otros países... GIC114397 **32** **norma:** La iniciativa de la Diputación alavesa supone adaptar al País Vasco una norma *decretada* por el Gobierno central hace unas semanas... EPE061199 **33** **código:** Así, durante la era revolucionaria se instaura el régimen de seguridad social; se *decreta* un Código de Trabajo con logros significativos a favor de los trabajadores... LHG140797

F OTROS SUSTANTIVOS QUE DESIGNAN OTRAS DETERMINACIONES O RESOLUCIONES DE ORDEN JUDICIAL: **34** **apertura:** ...el fiscal (...) reiteró la forma en que supuestamente sucedieron los hechos y pidió que *decretara* la apertura a juicio. ESH111000 **35** **procesamiento** +: El auto se limita a repasar las actuaciones de cada recurrente que el instructor considera motivo para *decretar* su procesamiento... LVG301091 **36** **imputación:** El ministerio fiscal se sumó ayer a la imputación *decretada* por el juez de Orihuela y rechazó el sobreseimiento del caso... EPE201199 **37** **secreto de sumario** +: ...el juez Baltasar Garzón mantiene *decretado* un absoluto secreto de sumario sobre la apropiación de hijos de desaparecidos en la Argentina durante la dictadura militar... CLA110497 **38** **moratoria:** Errores como los cometidos en el caso de Martínez llevaron al gobernador de Illinois a *decretar* una moratoria en el uso de la pena de muerte. EPU120701 **39** **nulidad:** ...pide a la juez que *decrete* la nulidad de lo actuado desde el momento en que se formuló la primera imputación... LVE311095 **40** **fianza:** Un auto del Juzgado de Instrucción número 9 de Bilbao ha *decretado* una fianza de 900 millones de pesetas. EPE220199 **41** **auto:** El juez de la causa resolverá hoy la situación jurídica del inculpado, es decir, sabrá si se le *decreta* auto de formal prisión o se le pone en libertad. EXC020496

G SUSTANTIVOS QUE DESIGNAN SITUACIONES O ESTADOS EXCEPCIONALES, MÁS FRECUENTEMENTE SI SE ASOCIAN CON LA INTRANQUILIDAD, LA TENSIÓN O LA VIGILANCIA MÁXIMA: **42** **toque de queda** ++: Decretaron el toque de queda en Armenia por los saqueos. CLA300199 **43** **estado de excepción** ++: Asimismo, la Coordinadora anunció que si Chávez *decreta* el estado de excepción, conminará a la población a la desobediencia. LRE070103 **44** **alerta** +: Protección Civil ha *decretado* la alerta ante el riesgo de que se desborden el Segre, Noguera Pallaressa... LVE240196 **45** **alarma:** El profesor Letta, con su estudio, ha *decretado* la alarma roja en las relaciones de negocios entre Europa y el sudeste asiático... LVE290495 **46** **emergencia:** A partir de ese momento, las autoridades *decretaron* la emergencia ambiental con las severas medidas que conlleva... LVE011196

H SUSTANTIVOS QUE DENOTAN CESE DE HOSTILIDADES: **47** **tregua** ++: Este es el cuarto arsenal de ETA encontrado en el sur de Francia desde que la organización terrorista *decretara* una tregua indefinida... EDV040599 **48** **alto el fuego** ++: El 11 de junio de 1967, al *decretarse* el alto el fuego, Israel controlaba un área de 70 kilómetros cuadrados, 3,5 veces mayor que su propio territorio. EME050594 **49** **armisticio:** El armisticio *decretado* en Bosnia el pasado día 1 de enero no está siendo respetado en el enclave de Biha... LVE250195

I SUSTANTIVOS QUE DESIGNAN MANIFESTACIONES DE DOLOR O PESAR POR ALGUNA DESAPARICIÓN: **50** **duelo** ++: El rey Constantino *decreta* un duelo nacional de siete días. EME151296 **51** **luto** +: Mientras, el Ayuntamiento *decretaba* ayer luto por la muerte de sus vecinos. EME281196

J SUSTANTIVOS QUE DESIGNAN DIVERSAS MEDIDAS DE PROTESTA O REIVINDICACIÓN, MUY FRECUENTEMENTE EN EL ÁMBITO LABORAL. TAMBIÉN CON OTROS QUE DESIGNAN CIERTAS ACTIVIDADES ASOCIADAS CON ELLAS: **52** **huelga:** En Salta hubo incidentes y tres detenidos, no por el paro de la CGT sino por una protesta de los colectiveros en conflicto que habían *decretado* una huelga. CLA180497 **53** **paro:** Existe zozobra por el desenlace del paro *decretado* para hoy por las centrales obreras... ETC110297 **54** **servicios mínimos:** ...aseguró ayer que los pilotos pertenecientes a este sindicato cumplirán la totalidad de los servicios mínimos *decretados* por el Ministerio de Fomento... FDV180601

■ Se combina también con: ♦ **cautelarmente**[30], **unilateralmente**[6]

decreto ♦ **según** ♦ **proyecto (de)** ♦ **abolir**[2], **anular, aplicar, aprobar, avalar**[76], **derogar**[3], **dictar, disentir (de)**[10], **emitir, establecer, firmar**[35], **gobernar (por), impugnar**[21], **infringir**[12], **promulgar, publicar, redactar, reformar, refrendar**[53], **retirar, revocar**[18], **vulnerar**[8]

□ Véase también: **ley, norma.**

de cuajo ♦ **arrancar, cortar, extraer, llevarse, sacar**

□ Véase también: **de raíz.**

de despedida ♦ **abrazo, acto, beso, canción, carta, cena, ceremonia, concierto, corrida, discurso, fiesta, frase, gesto, gira, homenaje, mensaje, palabra, partido, recital, recuerdo, regalo, ritual, saludo, visita**

dedicación ♦ **abnegado, absoluto, absorbente, admirable, a tiempo {completo/parcial}, callado, completo, constante, desinteresado, desmedido, ejemplar, encomiable, escaso, esforzado, esmerado, especial, exclusivo, exhaustivo, fiel, gran(de), incondicional**[27], **inestimable, insuficiente, intensivo**[12], **intenso, loable, minucioso, noble, parcial, pertinaz**[23], **pleno, reconocido, sacrificado, sin reservas**[67], **total, voluntarioso** ♦ **años (de), ejemplo (de)** ♦ **agradecer, aumentar, demostrar, disminuir, exigir, intensificar, poner (en algo), redoblar**[5], **reducir, regatear**[2], **tener**

□ Véase también: **esfuerzo, trabajo.**

dedicar *v.* ▮ Usado como transitivo en el sentido de 'dirigir obsequiosamente' se combina con sustantivos que designan gestos *(dedicar a alguien una mirada, una sonrisa)*, obras de creación *(Me dedicó su última novela, una estatua dedicada a Venus)*, o en general publicadas o sacadas a la luz *(La revista le dedicó su portada)*. En el sentido de 'destinar a' se combina con sustantivos temporales *(día, tiempo, jornada, año, vida, reinado: Dedicas poco tiempo a estudiar; Solía dedicar un día a pescar; Dedicó su vida a la investigación)*, con otros que designan manifestaciones verbales *(Dedicó su intervención a denostar al gobierno)*, sucesos *(Dedicó su viaje a estudiar los lepidópteros)* y muy diversos lugares y objetos materiales *(una finca dedicada al cultivo del algodón)*. También se combina con...

A SUSTANTIVOS QUE DENOTAN AFÁN TENAZ Y PORFIADO POR LOGRAR ALGUNA COSA, FRECUENTEMENTE CON GRAN DEDICACIÓN O CUIDADO: **1 esfuerzo ++:** ...*dedica* sus esfuerzos a la protección de los animales... EUV151096 **2 energía +:** ...declara que *dedicará* sus energías a restablecer la verdad. CLA310501 **3 trabajo +:** En la actualidad, *dedica* la mitad de su trabajo a la aviación. ENH280797 **4 atención:** Hay pocos incentivos para *dedicar* seria atención a importantes asuntos universitarios... ACP030701 **5 empeño:** ...el carecer de investigación supone estancarse y estar supeditado a países más fuertes que *dedican* su empeño precisamente en estas áreas... EXC070896 **6 afán +:** Martín Adan nació en Lima en 1907 y *dedicó* su afán literario a la poesía y a la prosa. EPE010285 **7 esmero:** Pero no sería más justo que le *dedicaran* el mismo esmero y cobertura a las acusaciones que involucran al, felizmente ex, presidente Alan Garcia? CAP281196 **8 fuerza:** ...«parecen nacidos para practicar el mal, a lo que *dedican* todas sus fuerzas...». EPE040900

B SUSTANTIVOS QUE DESIGNAN DIVERSAS CUALIDADES O APTITUDES NECESARIAS PARA LLEVAR A CABO ALGUNA COSA: **9 talento +:** Todo ello bien vendido (...) ha permitido a don Fernando un lujo de espacio y tiempo suficiente como para *dedicar* su talento a otras habilidades... EME080694 **10 capacidad:** ...se comprometieron (...) a *dedicar* toda su capacidad a la tarea legislativa. ETC011291

C SUSTANTIVOS QUE DESIGNAN BIENES O RECURSOS, MUY FRECUENTEMENTE DE CARÁCTER ECONÓMICO, ASÍ COMO LOS RENDIMIENTOS QUE SE OBTIENEN POR ELLOS Y ALGUNAS DE LAS OBLIGACIONES QUE CONLLEVAN: **11 presupuesto ++:** ...el presupuesto estatal *dedicado* a la enseñanza, salud y asistencia social se incrementó... GIC091096 **12 fortuna +:** El club *dedicó* una fortuna a la compra de jugadores de fama internacional. INDOC **13 medio +:** ...el Gobierno ofrece al Congreso *dedicar* medios sin precedentes para luchar contra este problema... EME080295 **14 recurso +:** ...debería *dedicar* los pocos recursos que le quedan a financiar las necesidades del país... ETC280497 **15 dinero +:** ...han acordado no *dedicar* más dinero a la preparación olímpica... EPE150380 **16 impuesto +:** La economía de un país no va bien (...) cuando los impuestos se han de *dedicar* al saneamiento del agua... LVE240695 **17 efectivo:** Considera que el Gobierno francés debería *dedicar* más efectivos policiales y medios materiales... LVE220596 **18 ahorro:** Dedicó todos sus ahorros a invertir en bolsa. INDOC **19 beneficio:** La firma francesa *dedicó* todos los beneficios que obtuvo (...) a la Fundación... EME110596 **20 fondo:** Dedican fondos a invitar a sus doctores preferidos a congresos que se celebran en lugares exóticos... EME080996

D SUSTANTIVOS QUE DESIGNAN DIVERSAS ACCIONES Y EFECTOS DE LA ACTIVIDAD INTELECTIVA O COGNOSCITIVA: **21 reflexión +:** ...a ello se *dedican* reflexiones como la III Conferencia Anual... ABC190595 **22 pensamiento +:** ...la mujer a la que sigue *dedicando* todos sus esfuerzos. INDOC **23 estudio:** ...trabajos y estudios *dedicados* a profundizar en el conocimiento... ABC280795 **24 razonamiento –:** Dedica también sus razonamientos y sentimientos al reencuentro con Barcelona... LVE050795

E OTROS SUSTANTIVOS; POSIBLES USOS ESTILÍSTICOS: ...*dedica* mucha más información a Shakespeare que a Cervantes. ENV100497

dedicar(se) ♦ **activamente[26], completamente, concienzudamente[27], con fruición[15], con interés[22], definitivamente, de lleno[1], de pleno[20], en cuerpo y alma, en exclusiva[2], enteramente, especialmente, exclusivamente, extensamente[20], febrilmente[3], firmemente, íntegramente[7], intensivamente, libremente, plenamente[17], por completo[123], por entero, prioritariamente, seriamente, temporalmente, totalmente**
☐ Véase también: **consagrar(se), empeñar(se), esforzarse, volcar(se).**

dedicatoria ♦ **afectivo, anónimo, breve, cálido, emocionante, emotivo, entrañable, especial** ♦ **cambiar, contener, escribir, firmar, incluir, leer, querer, tener**
☐ Véase también: **ofrecimiento.**

[dedo] → **a dedo, al dedillo, como anillo al dedo**

dedo ♦ **acusador, afilado, carnoso, corto, delicado, descarnado, encallecido, enclenque, enjuto, estilizado, fino, grueso, largo, nudoso, raquítico, robusto** ♦ **con** ♦ **agarrotarse, alzar, amputar, apuntar (con), chamuscar(se), chasquear, chupar(se), contar (con), cortar(se), crujir, cruzar, entumecer(se), flexionar, fracturar(se), infectar(se), levantar, meter, mover, perder, pillarse, poner (en algo), romper(se), señalar (con)**

deducir *v.* ▮ En el sentido de 'rebajar, restar o descontar' se combina con sustantivos que denotan cantidad, generalmente económica *(gasto, impuesto, cuota, precio, suma, total)*. En el sentido de 'alegar' acepta sustantivos que designan diversas acciones judiciales, especialmente si denotan petición *(demanda, recurso, reclamación, alegación)*. En el sentido de 'inferir' se construye con subordinadas sustantivas *(Deduzco que me mintió)* y también con sustantivos abstractos que se interpretan como reducción de una interrogativa indirecta *(Deduje cuál era su edad > Deduje su edad)*, más frecuentemente si se trata de magnitudes *(velocidad, altura, peso, capacidad, distancia)*, pero también con otras nociones *(Dedujeron cuáles eran sus puntuaciones > Dedujeron sus puntuaciones)*. Destacan sus combinaciones con...

A SUSTANTIVOS QUE DESIGNAN GENERALIZACIONES, ASÍ COMO SU REPRESENTACIÓN FORMAL: **1 teoría +:** Me atribuye una tesis y una teoría que en modo alguno pueden *deducirse* de mi artículo... EME210494 **2 ley:** El objetivo general del curso es *deducir* y aplicar las leyes fundamentales de la conservación de la energía. INDOC **3 fórmula:** A partir de los datos empíricos, tienen ustedes que *deducir* una fórmula. INDOC

B SUSTANTIVOS QUE DESIGNAN DIVERSAS UNIDADES DE INFORMACIÓN O ARGUMENTACIÓN, MÁS FRECUENTEMENTE SI INICIAN O CONCLUYEN UNA CADENA O UNA SECUENCIA LÓGICA: **4 idea** ++: Pero puede que sea exagerado *deducir* estas dos ideas, con plena lógica, de este texto... EME170194 **5 premisa** +: Con la información que en este momento poseemos, podemos *deducir* ya algunas premisas. INDOC **6 conclusión** ++: Esa conclusión se *deduce* de los cinco informes que han redactado distintos expertos universitarios... EPE270799 **7 respuesta:** Ante una contingencia igual o similar, ¿cómo actuarían los que vinieren a substituir a los actuales? Por lógica curricular, creo que se puede *deducir* la respuesta. LVE020295 **8 aforismo** –: Deduciréis de vuestras lecturas estos sencillos aforismos: las sentencias o decretos o acuerdos de la Judicatura, condenatorios o absolutivos, son factores de pacificación social. HOY250484 **9 concepto** –: Después de haber leído el texto debes ser capaz de *deducir* dos conceptos fundamentales que de él se siguen. INDOC

C SUSTANTIVOS QUE DESIGNAN LO QUE RESULTA O SE DERIVA DE ALGO, MÁS FRECUENTEMENTE EL EFECTO QUE PRODUCE O LA TRASCENDENCIA QUE ALCANZA: **10 consecuencia** ++: ...«asume plenamente su responsabilidad» en tales o cuales escándalos para, acto seguido, no *deducir* la menor consecuencia de ello... EME200494 **11 resultado** +: Constatando el hecho del acuerdo, se *deducen* resultados y consecuencias positivas respecto a los interrogantes... EME310594 **12 efecto** +: ...sino la democracia residual o restante que resulta tras descontar o *deducir* el efecto causado por el absentismo cívico y la abstención electoral. EPE061299 **13 repercusión** +: ...de cuyos datos se puede *deducir* la repercusión económica que representaría bajar de 20 a 18 equipos en Primera... EPE021001 **14 alcance** +: No se trata de pronósticos, sino de guías sintéticas para apreciar los resultados a contar de la noche del jueves, y para *deducir* sus implicancias y alcances. HOY081297 **15 implicación:** No menos transcendencia ha de darse a los documentos que con carácter secreto figuran en pieza separada y de los que se *deducen* diáfanas implicaciones... EME240596

D SUSTANTIVOS QUE DESIGNAN DIVERSAS MANIFESTACIONES DE LAS OBLIGACIONES CONTRAÍDAS: **16 responsabilidad** ++: ...ha sido advertida de que acuda con un abogado por si de sus respuestas se pudiera *deducir* alguna responsabilidad... EME280996 **17 culpabilidad** +: La joven critica la forma en que se dio la información ya que, en su opinión, se *deducía* de ella la culpabilidad de su padre en el accidente. EME080995

E SUSTANTIVOS QUE DENOTAN INCLINACIÓN HACIA ALGO O DESIGNAN LO QUE SE NECESITA, SE DESEA O SE PRETENDE OBTENER: **18 pretensión** +: ...debe inadmitir a trámite la querella por carecer los querellantes de acción que les legitime para *deducir* la pretensión contenida en la querella. EPE210599 **19 intención** +: ...del que se *deducen* las intenciones de ese órgano decisor sobre la orientación de la política monetaria en Estados Unidos. EPE250899 **20 voluntad:** Se puede *deducir*, en todo caso, una voluntad manifiesta de reducir los gastos corrientes, objetivo más que difícil. EPE020284 **21 deseo:** ...no había encontrado ninguno del que se pudiese *deducir* el deseo de una intervención armada o violenta. EPE010880 **22 inclinación:** De las palabras de Chaves no se *dedujo* inclinación alguna por ninguno de los cuatro aspirantes... EPE220700 **23 tendencia:** Un repaso a los datos objetivos no permite *deducir* –todo lo contrario– una tendencia alcista de los precios del aceite... LVE110896 **24 necesidad:** De lo que se *deduce* la necesidad de la existencia de un orden ético y, en segundo término, de un orden jurídico. LVE191195

F SUSTANTIVOS QUE DESIGNAN LO QUE HA DE SUCEDER: **25 futuro** +: ...así que ya os podéis imaginar el futuro de ambos; es fácil de *deducir*... EPE011001 **26 porvenir:** Si yerra la ciencia ¿no va a tener derecho a fallar un tipo que *deduce* el porvenir del poso del café o de un montón de harina? EPE231299

G SUSTANTIVOS QUE DENOTAN SEÑAL, MUESTRA O EVIDENCIA: **27 indicio:** ...las declaraciones de los comparecientes de las que pudieran *deducirse* indicios racionales de delito... EME221095 **28 prueba:** ...podrán *deducir* pruebas tendentes a establecer la inocencia de sus defendidos. EOU080297

☐ Véase también: **descifrar, desentrañar, desvelar.**

deductivo ♦ **capacidad, habilidad, lógica, método, procedimiento, proceso, razonamiento, sistema, suposición, técnica, teoría**

de elefante ♦ **memoria**

de envergadura ♦ **acción, actuación, asunto, ataque, atentado, daño, decisión, discurso, discusión, empresa, enfrentamiento, envite, escándalo, esfuerzo, golpe, lección, misión, negocio, obra, operación, organización, persona, personalidad, plan, problema, proeza, proyecto, razón, reto, reunión, suceso, tarea, tema, texto, trabajo, triunfo**

de equipo ♦ **compañero, deporte, espíritu, imagen, juego, labor, táctica, trabajo**

de espera ♦ **compás, lista, período, sala, tiempo**

de estreno ♦ **aire, ceremonia, cine, espectáculo, fecha, función, gala, obra, película, programa, ropa**

de etiqueta ♦ **fiesta, traje, vestido** ♦ **ir, vestir**
☐ Véase también: **de largo.**

de evasión ♦ **cine, humor, literatura, película, prensa, programa, revista, teatro,** *otros sustantivos que designan obras o géneros artísticos*

de fábula ♦ **comer, ir, pasarlo, portarse, sentar**

de fantasía ♦ **diseño, joya, ropa, tejido, tela**

defecto ♦ **admisible, congénito[1], corregible, de fábrica, desapercibido, descomunal, dominante[5], feo, físico, flagrante[32], formal, genético, gran(de), grave, grueso[1], imperceptible, imperdonable, importante, inadmisible, inadvertido, irreparable, ligero, mayúsculo, monumental, nato, notable, notorio, numeroso, patente, pequeño, perdonable, principal, serio[15], severo, tre-**

mendo ♦ al descubierto[13] ♦ cúmulo (de)[8], lista (de), sarta (de)[49] ♦ acentuar(se), achacar[10], acusar, adolecer (de), advertir, agravar(se)[88], alegar, apuntar, aquejar, arreglar, buscar, considerar, controlar, corregir[4], delatar[39], descubrir, destapar[11], detectar[13], disfrazar, disimular, eliminar, encubrir, enmendar[4], localizar, mostrar, observar, ocultar, pecar (de), presentar, pulir, reconocer, reparar, señalar, solucionar, subsanar[3], suplir[10], tener
□ Véase también: **tara**.

DEFECTO
♦ (ADJETIVOS) Véase: **con ganas[A], rematadamente[A]**
♦ (SUSTANTIVOS) Véase: **abultado[J], abusar (de)[I], achacar[C], agravar(se)[N], al descubierto[C,D], aligerar[I], bordear[F], capitalizar[J], colmar (de)[I], cometer[B], compensar[F], confesar[C], congénito[A], corregir[B,C], cúmulo (de)[A], dar[X], desaforado[J], destapar[C,H], diagnosticar[A], execrable[C], mayúsculo[A], paliar[B], plomizo[C], pozo (de)[B], preso (de)[G], rapto (de)[E], rayar (en)[F], recalcitrante[C], residir (en)[L], rezumar[A], salir a la luz[G], sembrar[H], sumir(se) (en)[G], supino[A]**
♦ (VERBOS) Véase: **manifiestamente[A]**
□ Véase también: ERROR.

DEFECTO Y CUALIDAD NEGATIVA Véase:
♦ **aciago, ácido, agridulce, amargo, brusco, chulesco, deshilvanado, incómodo, malo, malsonante, mentiroso, molesto, viciado**
♦ **andrajosamente, despóticamente, zarrapastrosamente**
♦ **anomalía, arrogancia, avaricia, cobardía, debilidad, defecto, deficiencia, fallo, idiotez, imprudencia, incapacidad, ineficacia, irresponsabilidad, ligereza, maldad, mal gusto, manía, obsesión, pedantería, soberbia, sordera, vanidad, vicio**
□ Véase también: *ERROR; INADECUACIÓN E INCORRECCIÓN.*

defender ♦ a brazo partido[6], acaloradamente[15], a capa y espada[1], a cara descubierta[33], activamente[9], a cuerpo limpio, adecuadamente, a la desesperada[26], a las mil maravillas[24], al unísono[52], a machamartillo[1], a mano armada, a morir[6], a muerte[10], a pie firme[5], a rabiar[9], ardientemente[6], a toda costa[17], a todo trance[8], a ultranza[1], calurosamente[16], celosamente[1], ciegamente[11], como gato panza arriba[2], como un león, con éxito[21], con firmeza[9], con fruición[30], con matices[2], con rotundidad[21], contra viento y marea[6], con uñas y dientes[1], de palabra[21], descaradamente[16], dignamente[32], dogmáticamente, encarecidamente[11], encarnizadamente[3], enérgicamente[10], en primera línea[4], estratégicamente[23], extensamente[4], férreamente[19], fervientemente[8], firmemente, heroicamente[1], incansablemente[13], insistentemente[22], intensamente, militarmente, numantinamente[2], por escrito, públicamente, repetidamente[7], sin ambages[25], sin condiciones[28], sin reservas[8], sin tapujos[66], tenazmente[1], vagamente[25], valientemente[15], vehementemente, verbalmente[68], vigorosamente[11] ♦ baluarte, causa, conquista, creencia, derecho, dignidad, idea, ideología, interés, libertad, logro, opinión, persona, planteamiento, posesión, posición, postura, principio, propiedad, propuesta, proyecto, punto de vista, título, valor, vida
□ Véase también: **proteger, resistir(se) (a), salvaguardar, salvar(se), soportar, subsistir, vigilar.**

[defensa] → **en legítima defensa**

defensa ♦ acalorado[12], a capa y espada[8], acérrimo[22], aguerrido, a machamartillo[12], a muerte[22], apasionado, ardiente[17], asfixiante[6], a ultranza[17], beligerante[28], caluroso[16], contundente, débil, decidido, denodado[9], desprotegido, efectivo[52], encarnizado[32], encendido[15], enconado[36], endeble, enérgico, entusiasta, férreo[70], ferviente[29], firme, frágil, fuerte, hermético[1], heroico, incansable, incondicional[9], inequívoco[44], inexpugnable, infranqueable, inquebrantable[6], insalvable, invulnerable, irónico, legítimo, numantino[2], oportuno, permanente, persistente, personal, poderoso, propio, rotundo[78], sin ambages[58], sólido, tenaz[34], valeroso, valiente, vehemente[6], vulnerable ♦ en ♦ derecho (a), mecanismo (de), sistema (de) ♦ acabar (con), armar(se)[31], basar (en algo), capitanear, carecer (de), construir, desarbolar, desarmar, desarticular(se)[16], desbaratar, deshacer, desmantelar, destruir, ejercer[58], enarbolar[27], encabezar, hacerse cargo (de), levantar, oponer, pedir, quebrar, romper, salir (en), sustentar, velar (por)[13]
□ Véase también: **defensor, mantenimiento, resistencia, salvaguardia (de), seguidor, soporte.**

DEFENSA Véase: CONFRONTACIÓN; MANTENIMIENTO; OPOSICIÓN; PROTECCIÓN; RESISTENCIA

[defensivo] → **a la defensiva**

defensivo *adj.* ▌Admite sustantivos de persona, especialmente si designan a los que contienden en algo *(equipo, jugador, ejército).* También se construye con sustantivos que denotan enfrentamiento, a menudo violento o armado *(combate, lucha, guerra, batalla)*, y con otros que designan armas *(cañón, cohete, misil)*, vehículos que se les asimilan *(tanque, avión, torpedero)* o fortificaciones *(muralla, torre, castillo).* Acepta asimismo sustantivos que designan deportes *(béisbol, fútbol, baloncesto)* o algunos de sus lances *(jugada, pase, placaje, rebote).* También se combina con...

A SUSTANTIVOS QUE DESIGNAN LUGARES, POSICIONES Y REFERENCIAS ESPACIALES. SE USAN EN SU SENTIDO FÍSICO, PERO TAMBIÉN FRECUENTEMENTE EN EL FIGURADO, EN ESPECIAL SI SE APLICAN A ALGUNA ARGUMENTACIÓN: **1 posición** ++: Porque no se dejó llevar por la presión y porque aún en posición *defensiva* nunca perdió el control de la situación. CLA140297 **2 línea** ++: A pesar de ello, un error de la línea *defensiva* propició la segunda anotación de los locales por medio... SVG170397 **3 zona** ++: Según López, «Chile tiene jugadores importantes, que saben hacer goles en cualquier momento, aunque a veces cometen errores en su zona *defensiva*». LTB150197 **4 sector** +: ...a medida que transcurrió el cotejo creó problemas a un rival que no pudo controlar su sector *defensivo*. LTB170397 **5 puesto:** ...saltar sobre el guardameta, estrellar el proyectil contra la red y volver a toda velocidad hasta su puesto *defensivo* sin dejar de hacer gestos de alegría y de coraje. EPE030700 **6 lado:** En el lado *defensivo* el conjunto canalero aplicará desde el inicio del torneo la defensa hombre a hombre... ESP090597 **7 vértice:** El estratega dispuso en el terreno un rombo cuyo vértice *defensivo* fue ocupado por Dunga como volante tapón... ENH300697

B SUSTANTIVOS QUE DENOTAN DISPOSICIÓN, POSTURA O CONDUCTA: **8 actitud** ++: Lo cierto, concluye, «es que había una actitud muy *defensiva* por parte de la Comisión respecto de Ruiz Ferro...». PME290996 **9 comportamiento** +: No entro en los motivos que den lugar a comportamientos *defensivos*, pero eso sí, de ningún modo se puede... LVE160396 **10 postura** +: Y en la medida en que predominan las posturas *defensivas*, la integración de los extranjeros se dificulta. LVE120996 **11 actuación:** ...la nueva campaña comercial bancaria (...) puede desencadenar una competencia abierta entre las entidades más agresivas, y una actuación *defensiva* entre las más conservadoras... EME020395

C SUSTANTIVOS QUE DENOTAN EQUIVOCACIÓN, DESACIERTO Y OTRAS FORMAS DE IMPERFECCIÓN EN LAS COSAS O DE ADVERSIDAD EN LAS CIRCUNSTANCIAS: **12 error** ++: También señaló que se corrigieron los errores *defensivos* que se tuvieron frente a los Universitarios... DYM120996 **13 falla** ++: A Brasil, el mismo que ganó caminando la Copa América, la prensa no le perdonaba sus fallas *defensivas*. ETC170797 **14 fallo** ++: Se le complicó la clasificación al aprovechar Cagna un fallo *defensivo* para adelantar a los levantinos en el minuto 77. EDV030601 **15 descuido:** Pero un descuido *defensivo*, dos minutos después, permitió la igualdad por intermedio de Serrano. ETC030297 **16 problema:** Nacional mostró los problemas *defensivos* habituales por los dos laterales y una insuficiente contención en el medio. EPU110601 **17 desajuste:** ...deberán corregir seguramente los desajustes *defensivos* que exhibieron en aquella jornada del estadio carioca de Sao Januario. LNP211097

D SUSTANTIVOS QUE DENOTAN ACTIVIDAD O TRABAJO. TAMBIÉN CON OTROS QUE SE REFIEREN AL EMPEÑO PUESTO EN SU REALIZACIÓN: **18 trabajo:** ...también reconocieron el eficiente trabajo *defensivo* del equipo guaraní. LEC040297 **19 labor** +: ...falló en el toque del servicio a gol, lo que obviamente facilitó la labor *defensiva* de los visitantes. EXC170901 **20 tarea** +: ...el Obradoiro jugaba muy concentrado en las tareas *defensivas* y podía parar al americano Cooke, el mejor jugador del Juventud Alcalá, con facilidad. LVG301091 **21 esfuerzo:** Dos paradas de Bruno Martini y el esfuerzo *defensivo* francés fueron decisivos para el importante triunfo europeo. EXC190900 **22 entrega** –: Oulare y Guayre, en contra de lo previsible, destacaron más ayer por su entrega *defensiva* que por sus cualidades ofensivas. CAN080101

E SUSTANTIVOS QUE DENOTAN SISTEMA ORGANIZATIVO. TAMBIÉN CON OTROS QUE EXPRESAN LA ORDENACIÓN O LA ARTICULACIÓN DE DIVERSOS ELEMENTOS DISPUESTOS PARA FORMAR ALGÚN CONJUNTO UNITARIO: **23 sistema** ++: Un entrenamiento que tuvo como plato fuerte un exigente trabajo para el sistema *defensivo* del equipo. ETC110297 **24 estructura** +: Pero las veces que llegaba, movía toda la estructura *defensiva* de su adversario. ACP081296 **25 esquema** +: ...ninguno de los frentes de ataque logró romper el esquema *defensivo* planteado por el cuadro visitante... SVG180597 **26 dispositivo:** La novedad estuvo en el dispositivo *defensivo*. Pekerman dispuso tres hombres atrás... CLA040199 **27 orden:** Venezuela, por su parte, intentó, con más voluntad que precisión, mantener el orden *defensivo* y colocó dos líneas de tres hombres como escudo de protección para su arquero. CLA120199 **28 aparataje:** De nuevo, el énfasis se puso en el aparataje *defensivo*. ETC120697

F SUSTANTIVOS QUE DESIGNAN ACCIONES, RECURSOS O ACTUACIONES DISEÑADAS PARA ALCANZAR UN OBJETIVO: **29 táctica** +: La táctica *defensiva* del Écija se vino abajo y el Lleida supo aprovechar los momentos de desconcierto del conjunto andaluz... LVE040396 **30 plan** +: Si bien el plan *defensivo* construido por Robson alrededor de Vítor Baía resulta, aparentemente, muy sólido, aunque haya recibido cuatro goles en tres partidos, la estrategia de ataque no se vislumbra muy definida. LVE180996 **31 movimiento** +: Castellano hizo especial hincapié en la función de Alex, en el lateral, corrigiéndole algunos movimientos *defensivos*. CAN300499 **32 estrategia:** ...estuvieron acertadas en la aplicación de la estrategia *defensiva* del fuera de juego. LPH061100 **33 fórmula:** Y esa búsqueda repetida hasta el cansancio, resultó en la mejor fórmula *defensiva* de Arabe Marte. ESH120597

G ALGUNOS SUSTANTIVOS QUE DENOTAN INTENCIÓN DE ACTUAR: **34 propósito:** ...y pidió que fueran equipados sólo con ametralladoras M-60 en cada lado, con propósitos *defensivos*. ETC130996 **35 intención:** Washington decidió finalmente reanudar las maniobras militares conjuntas anuales Espíritu de Equipo en Corea del Sur y enviar «cuanto antes» una batería de misiles antiaéreos Patriot a este país con intenciones *defensivas*. EME260394 **36 aspiración:** ...un sistema militar y táctico diseñado sin intención de atacar a nadie, sino con aspiraciones *defensivas*. INDOC

defensor ♦ *(sust.)* **acérrimo[2], activo, ardoroso, a ultranza, buen(o), denodado[21], empecinado, empedernido[16], encarnizado[37], entusiasta, especial, excelente, férreo[136], ferviente[10], fervoroso[19], firme, fuerte, gran(de), incondicional, tenaz ♦ aceptar, conseguir, erigir(se)[17], nombrar, rechazar, rehusar, tener**

deficiencia ♦ **acusado, claro, congénito, endémico, gran(de), grave, imperceptible, inadmisible, inadvertido, insalvable[25], leve, ligero, manifiesto, marcado, mental, notable, notorio, ostensible, palpable, patente, serio[12] ♦ al descubierto[12], con ♦ acusar, adolecer (de), afrontar, aliviar[19], aparecer, atender, compensar[37], corregir[5], cubrir, denunciar, descubrir, detectar[16], disimular, eliminar, encubrir, exponer, mostrar, notar, padecer, paliar[12], presentar, pulir, reconocer, reflejar, registrar(se), reparar, solventar, subsanar[2], sufrir[54], superar, suplir[11], tapar, tener**

☐ Véase también: **anomalía, chapuza, defecto, desperfecto, error, fallo.**

déficit ♦ abultado[35], acusado[31], a la baja, al alza, alto, anual, astronómico[21], claro, comercial, creciente, cuantioso, desmesurado, desolador[63], económico, elevado, enorme, financiable, fiscal, flagrante[18], fuerte, galopante[3], incalculable, ingente[18], moderado, ostensible[26], presupuestario, público, severo[44] ♦ ajuste (de), aumento (de), disminución (de) ♦ acarrear[50], achicar[6], acuciar[47], afrontar[33], agravar(se)[21], ajustar, aligerar[10], aminorar[25], arrastrar, arrojar[23], aumentar, compensar[35], controlar, corregir[6], crecer, cubrir, disminuir, engrosar[57], enjugar[3], financiar, frenar, incrementar(se), nivelar[8], paliar[9], presentar, rebajar[32], recortar, reducir(se), registrar(se), remontar[37], saldar[8], saldarse (con algo), sobrepasar[5], solucionar, subsanar[35], sufragar[25], sufrir[53], superar, tener

☐ Véase también: **bancarrota, cantidad, crisis, dinero, superávit.**

definición ♦ académico, acertado, agudo, ajustado, alambicado, ambiguo, aproximado[72], atinado[37], brillante, bueno, burdo, certero, claro, coherente, completo, cuidadoso, detallado, difícil, escueto, esquemático, exacto, excelente, falaz, fiel, ilustrativo, impecable, impreciso, incoherente, lacónico, llano, mejorable, minucioso, nítido, nuevo, oscuro, pormenorizado, preciso, prolijo, redundante, rudimentario, sinóptico, sintético, técnico, vago ♦ sin ♦ falta (de) ♦ ampliar, buscar, construir, cuadrar[3], dar, elegir, encontrar, enmendar, esbozar, establecer, fijar, formular, hacer, mejorar, modificar, ofrecer, redactar, requerir, revisar, trazar

☐ Véase también: **análisis, denominación, descripción, interpretación.**

definir ♦ a grandes rasgos[3], ajustadamente, a la ligera, ampliamente, aproximadamente, atinadamente, certeramente, claramente, coherentemente, concisamente, con precisión, correctamente, exactamente, extensamente, gráficamente, meticulosamente, minuciosamente, nítidamente[29], perfectamente, plásticamente, pormenorizadamente, resumidamente, sintéticamente, vagamente

☐ Véase también: **trazar.**

definitivamente ♦ abandonar, aclarar, alejar(se), aprobar, cambiar, cancelar, cerrar, comprobar, consolidar, decidir, declarar, dejar, desaparecer, descartar, eliminar, fijar, instalar, olvidar, perder, resolver, retirar(se), salir, solucionar, superar, terminar

☐ Véase también: **de una vez por todas.**

deflactar ♦ cifra, coste, costo, recaudación, retención, tarifa, *otros sustantivos que designan magnitudes económicas*

deflagrar ♦ bomba, detonador, explosión, pólvora

de fogueo ♦ arma, bala, cartucho, juego

deformación ♦ acusado, adquirido, congénito[7], curioso, físico, fisiológico, fuerte, geológico, grave, grotesco, leve, ligero, notorio, orgánico, profesional, terrible ♦ por ♦ adquirir, causar, corregir, deberse (a), detectar, evitar, producir(se), provocar, sufrir, tener

defraudar *v.* ▮ En el sentido de 'cometer un fraude contra' admite como complementos sustantivos de persona *(Le defraudó un prestamista sin escrúpulos)*, otros que designan diversas entidades u organizaciones, especialmente si son responsables de alguna actividad económica o fiscal *(Hacienda, empresa, fisco, erario)*. En el sentido de 'estafar, no contribuir con' se combina con sustantivos que designan magnitudes económicas *(renta, IVA, dinero, depósito, fondo)*. En el sentido de 'frustrar o decepcionar' se combina con sustantivos de persona *(defraudar al lector; defraudar al público; no defraudar a los clientes)*. También se combina con...

A SUSTANTIVOS QUE DESIGNAN LO QUE SE ESPERA QUE SUCEDA, ESPECIALMENTE SI ES FAVORABLE: **1 expectativa** ++: Ese texto largamente esperado desde que fue anunciado, no *defraudó* las expectativas. PME190197 **2 esperanza** ++: Dicha ley, en vigencia desde 1993, *defraudó* las esperanzas que se habían forjado en ella... LEC010796 **3 previsión:** ...está por ver si el gobierno *defraudará* o no las previsiones de los ciudadanos. INDOC **4 promesa:** Asimismo, señaló que el PP está «*defraudando*» sus promesas electorales, «despreciando al Parlamento y tomando medidas unilaterales sin contar con la oposición». EME200896

B SUSTANTIVOS QUE DESIGNAN LO QUE SE DESEA O SE PRETENDE ALCANZAR, ASÍ COMO EL EMPEÑO PUESTO EN CONSEGUIRLO: **5 ilusión** ++: El descrédito general hacia la política y los partidos ha afectado sobre todo a los de izquierda, que son los que han *defraudado* ilusiones. LVE280896 **6 deseo** +: Los que deseaban (...) que la batalla entre «guerristas» y «liberal-renovadores» pudiera significar una ruptura del PSOE (...) verán *defraudados* sus deseos... EME190394 **7 interés** +: ...afirmó que su partido «está dando razones» para que aquellos ciudadanos que han votado al PP y que «han visto *defraudados* sus intereses» den su confianza al PSOE... EPE060699 **8 sueño:** Los acontecimientos han ido *defraudando* su sueño de lograr ser una estrella. INDOC **9 aspiración:** Tenía casi seguro el puesto de concejal, pero sus aspiraciones se vieron *defraudadas*. INDOC

C LOS SUSTANTIVOS *CONFIANZA* Y *FE*: **10 confianza** ++: Espero no *defraudar* la confianza que la directiva depositó en mi. PLG260696 **11 fe:** Dice que la realidad *defrauda* día a día su fe en la clase política. INDOC

▩ Se combina también con: ♦ **enormemente, gravemente[5]**

☐ Véase también: **fallar.**

de gala ♦ baile, banquete, cena, equipo, función, ovación, ropa, traje, uniforme ♦ asistir, ir, vestir, *otros sustantivos de evento*

☐ Véase también: **de noche, de vestir.**

degeneración ♦ **galopante**[17], **inexorable**[17], **lamentable, lento, manifiesto, ostensible, progresivo, rápido** ♦ **manifestación (de)**[13], **problema (de), proceso (de), signo (de)** ♦ **acelerar, combatir, frenar, impedir, padecer, presentar, producir(se), provocar**

de gracia ♦ **año, carta, derecho, día, estado, gesto, golpe, ley, medida, período, plazo, recurso, tiro, toque**

degradar(se) ♦ **a marchas forzadas**[37], **a pasos agigantados, considerablemente**[40], **cotidianamente, definitivamente, día a día, drásticamente, especialmente, éticamente, físicamente, gradualmente, inexorablemente, notoriamente, paulatinamente, poco a poco, profundamente, progresivamente, rápidamente, seriamente**[29]

de grado Véase: **de buen grado**

de grueso calibre ♦ **acusación, arma, artillería, crítica, fallo, improperio, insulto, mentira, munición, palabra, proyectil**

de guante blanco *loc.adj.* ■ Se combina con...

A SUSTANTIVOS DE PERSONA QUE DESIGNAN DELINCUENTES. TAMBIÉN CON OTROS QUE SE REFIEREN A SUS ORGANIZACIONES: **1 ladrón** ++: ...hay ladrones del más diverso talante, desde el sedoso *de guante blanco* (...) al ladronzuelo de poca monta... LVE130796 **2 delincuente** +: ...«los grandes delincuentes, los *de guante blanco* (...) no están en la cárcel». EME190996 **3 criminal:** ...es (...) difícil encarcelar a ciertos políticos que han sido auténticos criminales *de guante blanco.* EME130796 **4 estafador:** ...los estafadores, y más *de guante blanco*, son gente de lo más interesante. LVE050996 **5 asesino** −: ...la historia política (...) de humillados y delincuentes, de asesinos *de guante blanco* y mano negra. EME200496 **6 chorizo** −: ...no se aplican dos varas de medir a los chorizos *de guante blanco* y a los chorizos más modestos. EME260596 **7 narcotraficante:** ...ha desplegado una actividad febril como perseguidora de mafiosos de todo pelaje (...), narcotraficantes *de guante blanco*, traficantes de armas y financieros corruptos. EPE150899 **8 hampa:** ...lo convirtieron en juez deseado por el hampa *de guante blanco.* EME111096 **9 mafia:** Yo quiero vivir en un país en el que sea imposible que una mafia *de guante blanco* pueda aposentarse... EME040695

B EL SUSTANTIVO *DELINCUENCIA* Y CON OTROS QUE DESIGNAN CIERTOS DELITOS: **10 delincuencia** +: La delincuencia *de guante blanco* sabe que tiene a la justicia de su lado... LVE281195 **11 delito:** ...convirtió el fraude (...) en uno de los delitos *de guante blanco...* CLA220301 **12 robo:** ...la decencia del robo *de guante blanco* y la estética del crimen son ajenos a cualquier concepción moral. EME071196 **13 estafa:** Se trataba de una verdadera sisa (...), la versión medieval de las modernas estafas *de guante blanco.* LVE280495 **14 chantaje:** ...puede (...) lograr sus objetivos con astucia, con chantaje *de guante blanco...* LVE271095

C SUSTANTIVOS QUE DESIGNAN DIVERSAS FORMAS DE CONFRONTACIÓN O INTERCAMBIO. TAMBIÉN CON OTROS QUE SE REFIEREN A ACONTECIMIENTOS Y ESTADOS DE COSAS QUE REQUIEREN VARIOS PARTICIPANTES Y SE SUELEN CARACTERIZAR POR EL ENFRENTAMIENTO DE PERSONAS O IDEAS: **15 debate** +: La expectación generada se diluyó (...) en un debate *de guante blanco...* LVE291196 **16 encuentro:** ...el encuentro fue *de guante blanco*, sin ninguna referencia a las elecciones... LVE020495 **17 partido:** Aunque estos partidos son *de guante blanco*, igual los jugadores ponen lo mejor de sí... HOY150997 **18 enfrentamiento:** El árbitro se lió a sacar tarjetas amarillas, pero fue un enfrentamiento *de guante blanco.* EME050296 **19 discusión:** Una discusión profunda, pero *de guante blanco.* LVE290996 **20 confrontación:** Su confrontación (...) parece *de guante blanco.* LVE140595 **21 marcaje:** ...no consiguió liberarse del marcaje envolvente pero *de guante blanco...* LVE031296 **22 oposición:** ...debían (...) practicar una oposición *de guante blanco...* EME011096 **23 pleno:** El pleno fue casi *de guante blanco* quizá porque los reproches que hizo la oposición... EPE250999 **24 campaña:** ...vienen a confirmar el empeño (...) por protagonizar una campaña *de guante blanco.* EPE090700 **25 polémica:** ...dado el clima de polémica *de guante blanco* (...), no cabe pensar en un problema... LVE261196

D SUSTANTIVOS QUE DESIGNAN MANIFESTACIONES VERBALES O TEXTUALES, MUY A MENUDO EN SITUACIONES COMO LAS DESIGNADAS EN EL APARTADO *C*: **26 declaración:** Las declaraciones públicas de Piles y Artagoitia son *de guante blanco.* EPE130299 **27 alusión:** Corrupción y «guerra sucia» contra ETA fueron de esta forma asuntos casi obviados por el candidato y sus alusiones fueron *de guante blanco.* LVE040596 **28 discurso:** Sí, fue un discurso *de guante blanco*, para no dejar huellas por lo que pudiera pasar. EME050596 **29 intervención:** ...realizó una intervención *de guante blanco* con los nacionalistas... LVE171096 **30 interpelación:** ...su interpelación fue *de guante blanco* y tan solo al final importunó... EME300596 **31 entrevista:** La entrevista parece muy *de guante blanco*, ya que no trata asuntos espinosos... LVE081296 **32 diálogo:** El diálogo entre Grass y Schmidt fue *de guante blanco.* LVE281296 **33 coloquio:** ...iba a ser un coloquio *de guante blanco* hasta que (...) abrió la caja de los truenos... LVE020396

E SUSTANTIVOS QUE DENOTAN ACTITUD O FORMA DE ACTUAR: **34 actitud:** ...nadie puede dudar de la actitud *de guante blanco* de sus directivos. PLG020597 **35 método:** ...acusó a la izquierda de procurar la expulsión (...) con nuevos métodos, denominados como *de guante blanco.* EPE010880 **36 estrategia:** Sus recientes ataques (...) no han dado resultado, como tampoco lo dio (...) su estrategia *de guante blanco.* LVE251096

F OTROS SUSTANTIVOS; POSIBLES USOS ESTILÍSTICOS: El suyo es un jazz *de guante blanco*, impoluto y elegante... LVE211296; Son movilizaciones *de guante blanco.* Qué lejos de aquellas protestas en las que. EPE121199; Fue un gol *de guante blanco.* Correa, ex jugador del Atlético de Madrid, recogió un rechace al borde del área gallega... EME251096

de guardar ♦ **día, fiesta**

de guerra ♦ **acto, amenaza, arma, avión, barco, botín, buque, clima, consejo, corresponsal, crimen, criminal, declaración, economía, escenario, estado, estrategia, frente, grito, herida, instru-**

mento, juego, máquina, maquinaria, material, mutilado, navío, peligro, pintura, plan, prisionero, refugiado, situación, tambor, tiempo, veterano

de gusto ♦ **caerse, morirse, relamerse, retorcerse**

de hambre ♦ **huelga, salario, sueldo, tiempo** ♦ **matar, morir**

de hierro *loc.adj.* ▌En el sentido figurado de 'muy fuerte y firme' admite sustantivos de persona, especialmente si designan a los que ejercen alguna autoridad *(dama, sargento, árbitro, juez, canciller).* En el ámbito cinematográfico se utiliza la expresión lexicalizada *guión de hierro.* Se usa *de hierro* en Argentina y Uruguay en el sentido de 'de confianza, de fiar' *(un amigo de hierro).* Además se combina con...

A EL SUSTANTIVO *SALUD*: **1 salud ++:** ...estaba mi amiga Trina con muchísimo dinero, una salud *de hierro* pero sola en el mundo sin nadie que la quisiera... ENV121296

B SUSTANTIVOS QUE DESIGNAN LAS EXTREMIDADES SUPERIORES DEL CUERPO HUMANO O ALGUNAS DE SUS PARTES, INTERPRETADAS MUY FRECUENTEMENTE EN SENTIDO FIGURADO: **2 mano ++:** Tienen fama de respetar muy cuidadosamente sus guiones y de dirigir con un exceso de mano *de hierro...* CLA070397 **3 brazo ++:** Chirac, mano derecha y brazo *de hierro*; Balladur, mano izquierda y puño de seda. LVE230495 **4 puño +:** ...bandas de gangsters premunidas de armas letales, abriéndose paso hacia las grandes ciudades, procurando introducir un régimen totalitario con puño *de hierro...* HOY191083

C ALGUNOS SUSTANTIVOS QUE DESIGNAN PARTES DEL CUERPO QUE SUELEN ASOCIARSE CON SENTIMIENTOS O CAPACIDADES DEL SER HUMANO: **5 corazón +:** ...al paso que pide al Señor que le ablande el corazón *de hierro* y se lo torne de carne... LPN300697 **6 estómago:** ...la primera dama ha demostrado tener un estómago *de hierro.* EPE050699

D SUSTANTIVOS QUE DESIGNAN CUALIDADES Y FACULTADES HUMANAS RELACIONADAS CON LA TENACIDAD, LA DECISIÓN O LA CAPACIDAD DE ESFUERZO: **7 voluntad ++:** Omar, como otros muchos pacientes recuperados en el CIREN, ha mostrado una voluntad *de hierro* en aras de lograr su total recuperación. GIC091196 **8 moral +:** ...podrá enfilar la última semana de campaña con una moral *de hierro* y la tranquilidad que le otorga el saberse ganador... LVE121195 **9 determinación:** Es un hombre de fuertes convicciones conservadoras, determinación *de hierro,* poco carisma, pero gran capacidad organizadora. EME260295 **10 disciplina:** Gracias a una disciplina *de hierro* y una perfecta coreografía que han ofrecido pocas fisuras para las noticias, lo ha conseguido. EPE040800

E SUSTANTIVOS QUE DESIGNAN CARACTERÍSTICAS ESENCIALES O INNATAS DE LAS PERSONAS RELACIONADAS CON SU FORMA DE SER O DE COMPORTARSE: **11 personalidad:** ...debe esconder bajo su elegante fachada y buen humor una personalidad *de hierro.* EPD170797 **12 carácter:** Um Jihad, de apariencia frágil pero con un carácter *de hierro,* asumirá la cartera de Bienestar Social. EME030594 **13 talante:** ...pero se impuso sobre todo su talante *de hierro* en esa batalla desigual contra el rival invisible. EME040296

F SUSTANTIVOS QUE DESIGNAN OBJETOS O CONSTRUCCIONES QUE SE INTERPRETAN COMO OBSTÁCULOS DE ALGO O LIMITACIONES FÍSICAS O FIGURADAS: **14 cortina ++:** ...no sospechó, quizá, que detrás de la cortina *de hierro* que le interponía la intolerancia había unos chavales con los ojos llenos de alegría y el corazón abierto de entusiasmo... EME010496 **15 muro +:** Un muro *de hierro* frenó la marcha orangista en Belfast. EPE130799 **16 jaula:** Y Moulian emplea términos como blanqueo, gatopardismo, transformismo, jaula *de hierro* (la democracia actual), travestismo y otras bellezas. HOY050198 **17 camisa:** Las leyes vigentes imponen una camisa *de hierro* a los periodistas que ya no se atreven a denunciar a nadie. ESP161100

G ALGUNOS SUSTANTIVOS QUE DESIGNAN LEYES, DIRECTRICES O MEDIDAS: **18 ley:** ...quizá la verdadera razón de las vanguardias no sea sino la profunda rebelión contra esa ley *de hierro* que hasta llegó a atenazar –véase Beckett– a algunos de los mejores vanguardistas. ABC180693 **19 consigna:** Impuso a los jugadores una consigna *de hierro* que todos los integrantes del equipo seguían. INDOC **20 política:** «Estos nacionalistas, radicales y no radicales, hacen política *de hierro* y el Gobierno, de plastilina», indicó. EPE120299 **21 norma:** El centro se regía por unas normas *de hierro* que no había más remedio que acatar. INDOC

H ALGUNOS SUSTANTIVOS QUE DESIGNAN EL RESULTADO DE UNA ACCIÓN CONCERTADA: **22 pacto:** ...consideran ahora que sus acuerdos con éstos constituyen auténticos pactos *de hierro.* LVE280796 **23 acuerdo –:** Dice que ése es un «acuerdo *de hierro*» y que «el único pacto de IU es con su programa y con su electorado». EME080495

I OTROS SUSTANTIVOS; POSIBLES USOS ESTILÍSTICOS: Nadie puede dar marcha atrás, el pasado es *de hierro,* tanto como el inexorable futuro. EXC080696

☐ Véase también: **con mano de hierro, con mano firme.**

de hinojos ♦ **caer, permanecer, postrarse, recibir**

☐ Véase también: **de rodillas.**

de ida ♦ **billete, camino, carril, choque, encuentro, juego, partido, tique, trayecto, viaje, vuelo**

☐ Véase también: **de ida y vuelta.**

de ida y vuelta *loc.adj.* ▌Admite sustantivos que designan algunos medios de transporte colectivos *(tren, autobús, avión, transporte).* También se combina con...

A SUSTANTIVOS QUE DENOTAN MOVIMIENTO O DESIGNAN ALGUNOS DE SUS ELEMENTOS CONSTITUTIVOS, MÁS FRECUENTEMENTE EL TRAYECTO: **1 camino:** Los dos aviones fueron abastecidos de combustible en varias ocasiones en pleno vuelo en su camino *de ida y vuelta* al golfo Pérsico. LVE120996 **2 trayecto:** ...nos ponemos en la piel de los infortunados que tuvieran que hacer ayer el trayecto *de ida y vuelta* a la Cerdanya. LVE081296 **3 recorrido +:** ...lo que significa un ahorro diario de 300 pesetas, calculadas a partir de los gastos ordinarios y de gasolina de un coche que realiza el recorrido *de ida y vuelta*. LVE270795 **4 movimiento:** Estas caídas se transmitían de inmediato a las principales bolsas europeas, que realizaban un movimiento *de ida y vuelta* en la sesión... DDN030101 **5 desplazamiento:** Según explica, los que viajan por motivo de negocios quieren hacer su desplazamiento *de ida y vuelta* en el día. EPE120999 **6 corriente:** ...existe una cada vez más caudalosa corriente de aguas atlánticas *de ida y vuelta*, que llevan a Estados Unidos comedias francesas y nos las devuelven recicladas en comedias yanquis... LVE091295 **7 dirección –:** Llegamos a él después de recorrer, en distintas direcciones *de ida y vuelta*, las galerías de la memoria de lo real y lo soñado. ABC270594

B SUSTANTIVOS QUE DESIGNAN LUGARES POR DONDE SE TRANSITA: **8 vía +:** Este control social tiene por ley que actuar en una vía *de ida y vuelta*. LTB040397 **9 carril +:** ...dos puentes para cruzar el río Rímac, dado que los carriles *de ida y vuelta* serán separados... EXP260697 **10 túnel –:** ...pudieron acceder al lugar del incendio por la galería de servicio que discurre entre los dos túneles principales *de ida y vuelta*, con puertas de acceso cada 375 metros. LVE241196

C SUSTANTIVOS QUE DESIGNAN DIVERSAS MANIFESTACIONES DE LOS DESPLAZAMIENTOS: **11 viaje ++:** El viaje cuesta entre $933 y $2,500, e incluye el viaje *de ida y vuelta*, hoteles, algunas comidas y transporte terrestre. ENH080198 **12 vuelo ++:** ...en verano de este año inaugurará una nueva ruta entre Madrid y Oslo con vuelos diarios *de ida y vuelta*... LRE310103 **13 excursión:** ...iban a hacer una excursión *de ida y vuelta* y de un solo día de duración. DDN030101 **14 éxodo:** nadie es capaz de superar el éxodo de jugadores que viajan, aunque sea *de ida y vuelta*, al primer equipo. EPE280399 **15 tour –:** Así podríamos continuar los pequeños *tours de ida y vuelta*. DYM040996

D SUSTANTIVOS QUE DESIGNAN DOCUMENTOS O ACREDITACIONES QUE OTORGAN DERECHO A DISFRUTAR DE UN SERVICIO, MUY FRECUENTEMENTE DE TRANSPORTE: **16 billete ++:** Si se adquiere el billete *de ida y vuelta* para el mismo día, la tarifa queda en 10.000 pesetas en clase turista y 16.000 en club. LVE110695 **17 pasaje ++:** Salvo que entre los planes existentes esté previsto pagarles el pasaje *de ida y vuelta*. CLA270199 **18 boleto +:** American Airlines, por ejemplo, ofreció boletos *de ida y vuelta* durante el primer fin de semana de febrero que costaban entre $69 y $189. ENH020397 **19 tique:** ...para que así todos tengamos que claudicar y utilizar el nuevo túnel de Puymorens, pagando, eso sí, los correspondientes 45 francos por el «ticket» *de ida y vuelta*. LVE240195

E SUSTANTIVOS QUE DENOTAN COMPETICIÓN DEPORTIVA. TAMBIÉN CON OTROS QUE DESIGNAN ALGUNAS DE SUS FASES O DE LAS FORMAS EN QUE SE ORGANIZAN: **20 partido +:** ...la idea es hacer partidos *de ida y vuelta* con rivales de alto nivel de Europa... CLA040199 **21 encuentro +:** En esos instantes se vio un encuentro *de ida y vuelta* que el Barça pudo empatar... EPE051101 **22 eliminatoria +:** ...los doce mejores de cada grupo pasarán a las semifinales, en la que se juega una eliminatoria *de ida y vuelta*. LVE020296 **23 liguilla:** En la segunda se enfrentarán, en nueva liguilla *de ida y vuelta* (...) los tres primeros del grupo A con los tres últimos del B... LVE300696 **24 choque:** Y la consecuencia fue un choque *de ida y vuelta*, entretenido para el espectador y cabreante para los entrenadores... LRE020203

F SUSTANTIVOS QUE DENOTAN VALORACIÓN, MÁS FRECUENTEMENTE NEGATIVA: **25 crítica:** Ya no se sorprenden, incluso ni se ofenden por acusaciones y críticas *de ida y vuelta* con las que aprendieron (valgan las rimas) a vivir y convivir... LTB311000 **26 elogio:** Un elogio *de ida y vuelta*: «No he conocido ningún otro jugador español tan genial». LVE180695 **27 acusación:** Hubo acusaciones *de ida y vuelta* entre los dos partidos a lo largo de toda la campaña. INDOC

☐ Véase también: **de ida, de vuelta**.

de igual a igual *loc.adv./loc.adj.*

▮ Se construye con verbos que suelen exigir como sujetos o complementos sustantivos contables en plural *(Lucharon de igual a igual)* o colectivos y no contables en singular *(Hay que tratar a la gente de igual a igual)*. Se combina con...

A VERBOS QUE DENOTAN TRATO O CONSIDERACIÓN DISPENSADOS A ALGUIEN, ASÍ COMO DIVERSAS FORMAS DE RELACIÓN ENTRE PERSONAS: **1 tratar ++:** «Otros líderes soviéticos nos trataban con más paternalismo, él me trata *de igual a igual*»... EXP010489 **2 mirar ++:** Sus mujeres, un ejemplo para el Islam y para toda África, nos miran *de igual a igual*. LRE130103 **3 respetar +:** Se trata de llegar a valorarte (...), de forma que contribuyas ya sea en tu casa, en tu comunidad o en el mundo. Y que te respeten, *de igual a igual*. LVE191195 **4 convivir +:** En la práctica, la literatura (...) ha de convivir, *de igual a igual*, con esas otras provincias que son el periodismo, la publicidad, la ciencia y la técnica... EPE141299 **5 compartir +:** Sabe que Dulcinea comparte *de igual a igual* cada batalla. EPE150900 **6 confraternizar:** ...ha establecido «una legítima y soberana política internacional que está vinculando al Perú con todos los pueblos del mundo que desean confraternizar, *de igual a igual*». ECP140175 **7 tender la mano:** Por ello aseguró que a los que han votado (...) les tiendo la mano *de igual a igual*... LVE200595 **8 considerar:** Lo que las mujeres quieren es que los hombres (...) intenten compenetrarse y considerar a las mujeres *de igual a igual* desde el punto de vista afectivo. EME140296 **9 reconocer:** El pretendiente aceptó la propuesta pero solamente a cambio de ser legalmente reconocido *de igual a igual* con la reina... EME061096

B VERBOS QUE DESIGNAN DIVERSAS MANIFESTACIONES DE ENFRENTAMIENTO, CONTIENDA O COMPETICIÓN: **10 luchar ++:** Eso demuestra que la mujer puede luchar *de igual a igual* por la administración de sus bienes. CLA160797 **11 competir +:** ...deportistas famosos y anónimos de distintas disciplinas compiten *de igual a igual*. CLA061100 **12 jugar +:** Me preocupa mucho que nos saquen ventaja en la disciplina táctica, porque físicamente podemos jugar *de igual a igual*. ESH040397 **13 medirse +:** Chequia tiene la ocasión de medirse *de igual a igual* con Alemania. LVE290696 **14 enfrentarse +:** Pero encontró en Kuerten un rival que salió a enfrentarlo *de igual a igual*. CLA100297 **15 disputar +:** ...la que partió como una lista donde estaba el grupo disidente de la gestión de Alejandro Foxley terminó disputando *de igual a igual* los votos con la que en un tiempo fue la lista de unidad. LEC060497

16 pelear(se): Tanto como pelear *de igual a igual* un rebote con David Robinson o Patrick Ewing. LNA290692 **17 batirse:** La rusa, la única *sprinter* blanca que se bate *de igual a igual* con las velocistas negras, llega con una duro reto... LVE100395 **18 plantarse –:** ...uno de los equipos casi condenados a descender se le plantó *de igual a igual* a Argentina... CLA300199 **19 fajarse –:** ...Honduras y Estados Unidos se fajaron *de igual a igual* ante rivales supuestamente superiores... ENH210900

C VERBOS QUE DENOTAN COMUNICACIÓN O INTERCAMBIO VERBAL: **20 hablar +:** ...que designe un alto representante del gobierno para que vaya a hablar *de igual a igual* con el cabecilla de los criminales. SEM061100 **21 conversar +:** ...creo que lo compraré para que me acompañe siempre y podamos conversar *de igual a igual.* LTB250397 **22 discutir +:** Queremos que nuestra gente pueda discutir *de igual a igual* con el Gobierno y con las multinacionales... EPE070699 **23 debatir +:** ...los debates (...) le sirvieron como escenario para demostrar que es capaz de debatir *de igual a igual* con el vicepresidente... SEM061100 **24 dialogar:** ...Arafat se sentó en el Salón Oval a dialogar *de igual a igual*, cara a cara, con un presidente norteamericano... EME020596

D ALGUNOS VERBOS QUE DENOTAN ACCIÓN CONCERTADA DIRIGIDA A LA CONSECUCIÓN DE ALGÚN ACUERDO: **25 negociar ++:** ...las fuerzas ganadoras del referéndum actuarán como interlocutores investidos de «soberanía» para negociar *de igual a igual* con el Gobierno federal. LVE301095 **26 pactar +:** Egibar anunció la presentación de un «proyecto soberanista» que permita a Euskadi «pactar *de igual a igual*». EPE231099

E ALGUNOS VERBOS QUE DESIGNAN LA REALIZACIÓN DE UNA TAREA O EL DESEMPEÑO DE UNA ACTIVIDAD: **27 trabajar +:** A veces se creaban situaciones paradójicas, como el trabajar *de igual a igual* con algunos de mis profesores, mientras todavía estudiaba. LVE241094 **28 cooperar:** ...una unión política, económica y social europea (...) con la que EE. UU. pueda cooperar *de igual a igual...* LVE170396

F OTROS VERBOS; POSIBLES USOS ESTILÍSTICOS: ...los niños (...) juegan y se ríen entre ellos, *de igual a igual*, como en una película de Walt Disney... EME210394

G SUSTANTIVOS QUE DENOTAN CONTIENDA O COMPETICIÓN, FRECUENTEMENTE RELACIONADOS CON LOS VERBOS DEL APARTADO *B*: **29 lucha ++:** Al fin y al cabo, la lidia es una lucha *de igual a igual* en la que el toro, a pesar de esa simetría, tiene todas las de perder... EME060796 **30 enfrentamiento +:** No sé qué arma me darán, pero cualquiera que sea, (...) será *de igual a igual* el enfrentamiento con el enemigo de infantería. GIC121996 **31 encuentro +:** Nadie puede discutir que, en cuestión de talla, sus dos largos encuentros posteriores al 3-M han sido *de igual a igual.* EME070496 **32 competencia:** Así, y representando al socialcristianismo (...) se van preparando para una competencia *de igual a igual...* CAP290801 **33 guerra:** Esto puede ocurrir tras una guerra *de igual a igual*, en efecto; en una tregua auténtica. EPE020699 **34 batalla:** ...ayer luchaba él sólo contra unos rivales que se relevaban y hoy la batalla será *de igual a igual...* LVE090795

H SUSTANTIVOS QUE DENOTAN TRATO O RELACIÓN, FRECUENTEMENTE RELACIONADOS CON LOS VERBOS DEL APARTADO *A*: **35 trato ++:** ...la población desea más información y un trato *de igual a igual...* EME040595 **36 relación ++:** ...España tendrá que sacudirse el miedo al conflicto y empezar a mantener una relación *de igual a igual* con Marruecos. FDV280301 **37 convivencia +:** ...la convivencia debe ser *de igual a igual*, no como entre un caballo y un jinete... LVE120596 **38 coexistencia:** ...el nacionalismo españolista es uno de los que se proclaman irreconciliables con cualquier otra forma de coexistencia colectiva *de igual a igual.* LVE270895

I SUSTANTIVOS QUE DENOTAN INTERCAMBIO VERBAL, FRECUENTEMENTE RELACIONADOS CON LOS VERBOS DEL APARTADO *C*: **39 diálogo ++:** ...nos encontraremos siempre dispuestos al diálogo, *de igual a igual*, sin subordinación ni gregarismo. EME220396 **40 discusión +:** «Queremos una discusión seria y *de igual a igual*»... EME200495 **41 conversación:** ...había conseguido que Franco se plegara a una conversación con él *de igual a igual...* ABC110992 **42 comunicación:** ...hace (...) que ambas partes prefieran permanecer al margen de los asuntos del otro, antes que entablar una comunicación *de igual a igual.* EME110996

J SUSTANTIVOS QUE DENOTAN NEGOCIACIÓN O ACUERDO, FRECUENTEMENTE RELACIONADOS CON LOS VERBOS DEL APARTADO *D*. TAMBIÉN CON OTROS QUE DENOTAN UNIÓN O AGRUPACIÓN: **43 negociación ++:** ¿No se vislumbra la negociación, *de igual a igual*, entre Gobierno e insurgentes o la mediación de gobiernos extranjeros como el venezolano? EUV080996 **44 pacto +:** En la práctica, Luzhkov, que se reunió el pasado fin de semana con Primakov, le ofrece un pacto *de igual a igual.* EPE140799 **45 fusión:** La fusión *de igual a igual* de las dos monedas alemanas en 1990 (...) fue un imperativo político y un gran riesgo económico. EME091296 **46 asociación:** ...«los pactos de UM con el PP nunca habían sido una asociación *de igual a igual*». LVE080795 **47 confederación:** ...no desea en ningún caso la confederación *de igual a igual*, antes prefiere resignarse a aceptar la separación de Quebec. LVE301095

K SUSTANTIVOS QUE DENOTAN COLABORACIÓN, FRECUENTEMENTE RELACIONADOS CON LOS VERBOS DEL APARTADO *E*: **48 cooperación:** Los dos países han manifestado sus deseos de que la cooperación sea *de igual a igual.* INDOC **49 colaboración:** Se trata de un proyecto colectivo en el que dos grandes editoriales mantienen una colaboración *de igual a igual.* INDOC

de incógnito

loc.adv./loc.adj. ■ Admite sustantivos de persona *(actriz, alcalde, cantante, periodista, fotógrafo, policía: Resultó ser un policía de incógnito).* Admite muy diversos verbos, pero destacan especialmente sus combinaciones con...

A VERBOS QUE DESIGNAN EL PROCESO DE LLEGAR A UN LUGAR O EL DE ESTAR PRESENTE EN ÉL. TAMBIÉN CON OTROS QUE EXPRESAN RETORNO O REGRESO: **1 llegar +:** Giuliani llegó *de incógnito* en un vuelo privado a las tres de la madrugada de ayer al aeropuerto de Toluca... LRE150103 **2 aparecer +:** ...su ex mujer suele aparecer *de incógnito* en el despacho, se sube a la cornisa y amenaza con tirarse al vacío. LVE130996 **3 visitar +:** La Infanta Cristina visita *de incógnito* Valencia. EPE240299 **4 venir:** Obviamente el artefacto ruso había venido *de incógnito.*

ABC251194 **5 acudir:** Incrédulo ante las noticias que destacaban el caos aeroportuario, el ministro Rafael Arias-Salgado decidió acudir *de incógnito* a Barajas. EPE121299 **6 volver:** ...volvía *de incógnito* de tarde en tarde y ahora está inmortal, sentado en un banco en el Paseo de la Reina Victoria. EME031096 **7 regresar:** Señores funcionarios del aeropuerto: visiten los principales aeropuertos europeos y luego regresen (*de incógnito* y sin séquito) y comparen. LVE150696 **8 presentarse:** Él mismo se presentó, *de incógnito*, a uno: no fue elegido. EPD091097

B VERBOS QUE DENOTAN PARTIDA O ABANDONO DE UN LUGAR, A VECES CON CIERTA PRECIPITACIÓN: **9 salir +:** ...sigue encontrándose con sus amigas de siempre, sale *de incógnito* todo cuanto puede, se ocupa directamente de sus hijos... EME301296 **10 largarse:** ...«la última clase era a las doce y una hora más tarde me largaba *de incógnito* de aquel penoso sepulcro de intelectos moribundos»... ABC030395 **11 fugarse:** ...poder sostener que el presidente se fugaba semanalmente *de incógnito* de la Casa Blanca. LVE030796 **12 abandonar:** ...los diputados del PI evitaron cruzarse en el pasillo central con sus ex compañeros y abandonaron la sala casi *de incógnito*, por la primera puerta lateral que encontraron. LVE161096

C VERBOS QUE DENOTAN MOVIMIENTO O DESPLAZAMIENTO, A VECES REALIZADO COMO DISTRACCIÓN O DIVERSIÓN: **13 ir ++:** ...no parece que ir *de incógnito* sea el objetivo del candidato. EPE050699 **14 viajar ++:** Por su parte, Milena Canonero (diseñadora del vestuario) viajó *de incógnito* a la misma ciudad, donde estudió minuciosamente la indumentaria de los carceleros y funcionarios. CLA120379 **15 recorrer +:** El escritor pretendía ser un mero «transeúnte», recorrer el país *de incógnito*. LVE070196 **16 pasear:** Pedro el Grande, de joven, se paseó *de incógnito* por Amsterdam y Londres aprendiendo la modernidad europea... LVE080196 **17 callejear:** Callejeaba *de incógnito*, para hacer bastardos en los palcos del teatro o en los reservados de los restaurantes. EME150294

D VERBOS QUE DENOTAN CONTINUIDAD O PERMANENCIA DE ALGÚN ESTADO DE COSAS: **18 estar ++:** Pero Felipe lo sabe: ese día estaba servidora en Génova, *de incógnito*, pero con mucho aparato de motoristas, coches de escolta y municipales... EME131096 **19 pasar:** Ellos sin saberlo, y resulta que don Felipe González pasaba *de incógnito* larguísimas temporadas en Babia. EME051095 **20 vivir:** Vivió *de incógnito* varios años en Madrid y, finalmente, cuando conoció la noticia de la muerte de su madre, regresó a Zaragoza. EME240295 **21 andar:** ¿Era el propio autor de los versos el que andaba *de incógnito* entre nosotros, jorobándonos olímpicamente? ETC111196 **22 mantenerse:** ...vivió un romance con un pasajero italiano durante el periodo que el grupo terrorista se mantuvo *de incógnito* en el barco. EME230396 **23 seguir:** Es cierto, sigo *de incógnito*. LNC100796

E VERBOS QUE DENOTAN PERCEPCIÓN VISUAL O APRECIACIÓN DE LO QUE SE PRESENTA A LA VISTA: **24 presenciar:** ...Wagner esperó impaciente (...) la llegada del tren especial que traía a Luis II de Baviera a presenciar, *de incógnito*, los ensayos generales de la «Tetralogía». ABC220794 **25 ver:** ...es una buena oportunidad para ver tu trabajo rodeado por el de otros y para ver cómo reacciona la gente ante tu obra, digamos, *de incógnito*. EPE210699 **26 observar:** Si por «voyeur» se etiquetara a todo aquel que alguna vez ha disfrutado observando *de incógnito* cómo se desnuda la vecina de enfrente... EME170294

F VERBOS QUE DENOTAN PARTICIPACIÓN ACTIVA EN UNA TAREA: **27 trabajar +:** Ha estudiado Ciencias Económicas y Empresariales en Estados Unidos y se dice que estuvo trabajando, *de incógnito*, en BMW. EME030395 **28 colaborar:** ...eso sólo lo sabe quien, como yo, la ha visto, casi *de incógnito*, colaborar en causas de las que podría haberse evadido fácilmente. LRE190103

G OTROS VERBOS; POSIBLES USOS ESTILÍSTICOS: De madrugada, por no decir *de incógnito*, TVE 1 ha recuperado «Spenser», una serie protagonizada por Robert Urich... LVE130295

H SUSTANTIVOS QUE DENOTAN DESPLAZAMIENTO, IDA O PARTIDA, FORMALMENTE RELACIONADOS CON LOS VERBOS DE LOS APARTADOS *A, B* Y *C*: **29 visita ++:** El actor norteamericano Robert de Niro acaba de realizar una visita *de incógnito* a Israel... EME011096 **30 viaje ++:** Vincho, presidente del Consejo Nacional de Drogas y con acceso a computadoras, informes secretos y viajes *de incógnito* (...) que responda. RUM290997 **31 salida:** Enredados en apuestas hasta largas horas del jueves, se perdieron la salida *de incógnito* de la madre y la niña... EME201096

DEJACIÓN Véase:

♦ **abandono, capitulación, dimisión, rendición, renuncia**

♦ **abandonar(se), ceder, delegar, deponer, dimitir, disimular, evitar, renunciar, rendir, retirar(se) (de)**

☐ Véase también: *AUSENCIA Y CARENCIA.*

DEJACIÓN

♦ (SUSTANTIVOS) Véase: **abrupto**[A], **a medias**[L], **amagar**[E], **brusco**[M], **consumar(se)**[B], **decisivo**[L], **decretar**[A], **denegar**[C], **digerir**[G], **en cadena**[E], **en masa**[H], **firmar**[C], **incondicional**[G], **inequívoco**[K], **negociar**[H], **quitar hierro (a)**[D], **sin condiciones**[A], **subsanar**[E], **tramitar**[B]

♦ (VERBOS) Véase: **abiertamente**[L], **a la deriva**[D], **a marchas forzadas**[C], **a medias**[A], **a regañadientes**[F], **categóricamente**[D], **cautelarmente**[D], **civilizadamente**[F], **clamorosamente**[B], **de antemano**[I], **de plano**[B], **de un día para otro**[E,F], **dignamente**[C], **en masa**[E], **gradualmente**[D], **gustoso**[E], **humildemente**[F], **incondicionalmente**[C], **irrevocablemente**[A], **olímpicamente**[A], **por completo**[H], **por un momento**[A], **sin condiciones**[G], **temporalmente**[B], **trágicamente**[C], **unilateralmente**[B], **virtualmente**[B]

[dejar] → **dejar caer, dejar escapar, dejarse llevar (por)**

dejar ♦ **abandonado, abierto, aclarado, activado, aislado, aliviado, anulado, aprobado, asombrado, atado, atónito, callado, cerrado, clausurado, colgado, colocado, contento, cortado, desfasado, dicho, eliminado, encargado, endeudado, enredado, escrito, establecido, estacionado, fijado, firmado, frío, grabado, hecho, helado, igual, inacabado, inaugurado, inconcluso, irritado, lesionado, listo, marcado, olvidado, ordenado, parado,**

paralizado, perfilado, plantado, plasmado, preocupado, preparado, puesto, satisfecho, sentado, situado, solo, terminado, tirado, tocado, tranquilo, triste, tumbado, varado, visto (para sentencia), *otros participios de verbos que designan acciones que tienen fin natural* ♦ **a buen recaudo[3], a cuenta, a la deriva[15], a la vista (de), a medias[1], a {mi/tu/su...} aire, aparte, a plazo fijo[5], a salvo, atrás, claro, definitivamente, de lado, de la mano, dentro, de piedra, de un día para otro[23], en blanco, en custodia, en el tintero, en herencia, en la estacada, en manos (de algo/ de alguien), en paz, en tierra, fuera, indiferente, por un momento[1], temporalmente[41]**

dejar caer *v.* ▮ Esta expresión verbal compleja está formada por dos verbos que se integran en una sola unidad sintáctica. En su sentido físico se combina con sustantivos que designan cosas materiales *(Dejó caer la pelota)*. En su sentido figurado se combina con sustantivos que denotan información *(información, dato, mensaje)*, o expresan muy diversas manifestaciones verbales o comunicativas *(frase, pregunta, comentario)*. A menudo acepta como complemento oraciones subordinadas sustantivas introducidas por la conjunción *que* que expresan esas informaciones *(En su discurso dejó caer que se avecinaba una crisis económica)*. Se combina asimismo con el sustantivo *posibilidad*, además de con...

A SUSTANTIVOS QUE DENOTAN SOSPECHA O DUDA. TAMBIÉN CON OTROS QUE DESIGNAN DIVERSAS INFORMACIONES INFUNDADAS, GRATUITAS O POCO FIRMES, MÁS FRECUENTEMENTE SI CIRCULAN ENTRE LAS PERSONAS: **1 duda +**: ...*dejando caer* la duda de si todo habrá podido ser sólo un sueño (...), ha reunido en el cementerio de Gerona a diferentes personalidades reales o ficticias de la historia de la humanidad. ABC201095 **2 rumor +**: ...rumores que la gente va *dejando caer* sin preocuparse de si son o no ciertos. INDOC **3 sospecha +**: La gente opina barbaridades o *deja caer* sospechas y eso no tiene sentido. EDV230796 **4 mentira**: ...algunas de las mentiras que los políticos *dejan caer* en sus mítines no se descubren nunca. INDOC **5 calumnia +**: ...lanza improperios que no vienen a cuento y *deja caer* calumnias absolutamente injustificadas. INDOC

B SUSTANTIVOS QUE DESIGNAN DIVERSAS INFORMACIONES Y MANIFESTACIONES VERBALES EMITIDAS DE FORMA DISIMULADA, VELADA O SUTIL: **6 insinuación +**: ...dice que no sabe si le gusta, pero que él le *deja caer* insinuaciones cada dos por tres. INDOC **7 sugerencia**: ...*dejaban caer* sibilinamente la sugerencia de que sus cifras eran más fiables que las de la Epa... EME190295 **8 indirecta**: ...un periodista que no afirma nada con rotundidad, pero *deja caer* indirectas sobre todo lo divino y lo humano. INDOC **9 pista**: La familia recurrió a los medios de comunicación, concediendo entrevistas y *dejando caer* pistas a los secuestradores... EME290995

C SUSTANTIVOS QUE DESIGNAN LO QUE SE PRETENDE CONSEGUIR O LA INTENCIÓN DE ALCANZARLO: **10 deseo**: El vencedor de la Vuelta (...) *deja caer* un deseo: «Espero que un día se jubile Indurain, porque voy a mejor». EME260995 **11 intención**: Para lograrlo, los miembros de la organización ya *dejaron caer* su intención de contratar en próximas ediciones con alguna banda extranjera... EPE020899 **12 voluntad**: Hace cuatro años, Vicente González Lizondo (...) *dejó caer* su voluntad de dejar el cargo orgánico. EPE120799

D SUSTANTIVOS QUE DENOTAN IDEA, SENSACIÓN O PUNTO DE VISTA: **13 idea**: El ex ministro José Barrionuevo fue el primero en *dejar caer* esta idea. EME250195 **14 opinión +**: ...*deja caer* una opinión: «creo que en su ciudad admiran menos a Picasso que nosotros en Francia». EPE220899 **15 impresión**: Ya *dejó caer* esta impresión hace varios días, hasta el punto de que... EME310896 **16 meditación –**: ...la película *deja caer* envenenadas meditaciones sobre las relaciones entre arte y poder... LVE240996

E SUSTANTIVOS QUE DESIGNAN EXPRESIONES VERBALES DE DISCONFORMIDAD CON ALGO: **17 crítica +**: También *dejó caer* sus críticas porque las organizaciones obreras hubieran asumido el concepto de competitividad. EPD290497 **18 queja +**: De poco sirvieron las quejas que le *dejaron caer* al presidente los miembros del Comité de empresa. INDOC **19 lamento –**: El coloquio *dejó caer* un lamento: nuestros responsables culturales (...) escogieron un mal momento para convocar la ampliación del primer museo español. EME300695 **20 reproche**: ...cuando los arrancas del mutismo *dejan caer* un velado reproche sobre quienes piden y reivindican la autenticidad de la Fiesta... EME290796

F OTROS SUSTANTIVOS; POSIBLES USOS ESTILÍSTICOS: ...los autores José Jiménez Lozano, José Antonio Marina, José María Merino y Francisco Umbral *dejan caer* su escepticismo y lanzan sus propuestas. ABC300493; Cañellas (...) *dejó caer* en reiteradas ocasiones su desconocimiento sobre los ingresos y gastos. EME170796

▩ Se combina también con: ♦ **astutamente, como quien no quiere la cosa, disimuladamente, sibilinamente, sutilmente, veladamente**

dejar escapar ♦ **animal, cargo, medalla, negocio, ocasión, oferta, oportunidad, partido, persona, premio, puesto, punto, victoria**

dejarse llevar (por) *loc.vbal.* ▮ Se construye a menudo con sustantivos en plural si son contables, y en singular si son no contables. Admite sustantivos de persona *(Se dejó llevar por su mujer; Se dejaban llevar por el líder)*. También admite numerosos sustantivos abstractos *(dejarse llevar por una idea, una apetencia, un pensamiento, una provocación)*, pero se combina especialmente con...

A EL SUSTANTIVO *APARIENCIA* Y CON OTROS QUE DESIGNAN DIVERSAS NOCIONES QUE SUELEN CONSIDERARSE ENGAÑOSAS, PRECIPITADAS, ESTEREOTIPADAS, POCO CONTRASTADAS O CARENTES DE VEROSIMILITUD: **1 apariencia ++**: ...sus socios parlamentarios se habían *dejado llevar* por la apariencia. EPD280198 **2 ilusión +**: ...empresarios y trabajadores se *dejaron llevar* por la ilusión de una coyuntura que poco tiene que ver con la actual. LVE290495 **3 estereotipo +**: El presidente Bill Clinton pidió el jueves al país que no se *deje llevar* por los estereotipos. LVE230495 **4 impresión +**: ...los que no dominan el arte de teorizar (...) suelen *dejarse llevar* por la impresión de la apariencia... EME021095 **5 sensación +:** ...se ha *dejado llevar* por una sensación centrífuga que le acerca a Francia y le aleja de su vecindario natural. EPE250599 **6 imagen:** Ni siquiera queda ahora el consuelo de *dejarse llevar* por la imagen que en el mundo occidental consiguió labrarse Gorbachov... EME130395 **7 prejuicio:** Algunos miembros del jurado se *dejaron llevar* por los prejuicios y lo declararon culpable. INDOC **8 espejismo:** ...no se *dejaron llevar* por el espejismo de la disminución de 15% a los impuestos... PME101196 **9 engaño:** ...para que no nos *dejemos llevar* por el engaño al que se nos quiere someter. EME250494 **10 retórica:** ...instó a Barak y Al Shara a no *dejarse llevar* por la retórica y desaprovechar la oportunidad histórica de avanzar hacia la paz. EPE171299

B SUSTANTIVOS QUE DESIGNAN SENTIMIENTOS, A MENUDO DE GRAN INTENSIDAD: **11 pasión ++:** El tenor (...) se ha *dejado llevar* por la pasión. EME250196 **12 odio ++:** ...el escritor se ha *dejado llevar* por el odio y no ha sido objetivo... EME200295 **13 emoción ++:** ...algunos de los 700 integrantes de la misión de observadores de la OSCE comentaron que Walker pudo *dejarse llevar* por la emoción en su denuncia. CLA220199 **14 euforia +:** ...se *dejen llevar* por la euforia y no traten de arrancar aún mejores condiciones... EME141095 **15 impulso +:** ...no se *dejaron llevar* por el impulso de vender las acciones que poseían... ETC100497 **16 sentimiento +:** En estos momentos de posmodernidad y de pensamiento débil, es fácil que la gente se *deje llevar* por los sentimientos y las pasiones... LVE231095 **17 ira +:** Convergència Democràtica de Catalunya (CDC) no quiere *dejarse llevar* por la ira. EME111296 **18 júbilo:** ...no se *deja llevar* por el júbilo y recuerda que «el jueves tenemos un partido que también es muy importante». FDV180601 **19 rencor:** Y el técnico se *dejó llevar* por el rencor y el odio... EPE270699 **20 amor:** Según rezan los tópicos, no hay que *dejarse llevar* por el amor... EME220796

C SUSTANTIVOS QUE DENOTAN DESEO, INTERÉS O EMPEÑO, A MENUDO INTENSOS, EN ALCANZAR ALGO. TAMBIÉN CON OTROS QUE EXPRESAN LA ATENCIÓN DESMESURADA QUE SE DISPENSA A UNO MISMO O A SUS INTERESES: **21 deseo +:** ...los autores se *dejan llevar* por su deseo de recuperar la memoria... EME101095 **22 codicia +:** ...muchos homicidas que mataron *dejándose llevar* por la codicia... LVE061095 **23 interés +:** ...las formaciones se *dejen llevar* por sus intereses partidistas... EPE220699 **24 ilusión +:** No eran muchos kilómetros, la carretera subía y bajaba y siempre hay entusiastas que se *dejan llevar* por la ilusión de pensar en una victoria en solitario. EME270596 **25 ambición:** ...su espíritu cívico, su honradez son excepcionales; jamás se *deja llevar* por la ambición... EME121195 **26 afán:** Asistimos a la presentación del mundo mutante y no se *deja llevar* por el afán de la pirotecnia. LTB180900 **27 gana:** «Me *dejé llevar* por las ganas y, si hay algún culpable, ése soy yo». EME271196 **28 curiosidad:** Gentes que se *dejan llevar* por la curiosidad de lo íntimo, necesitados de nuevas sensaciones que aplaquen su aburrimiento existencial. EPE100599 **29 tentación:** ...ha hecho una llamada a la prudencia para no *dejarse llevar* por la tentación de cambiar las orientaciones... EPE021001 **30 egoísmo:** El extraordinario sentido del decoro y de la deportividad de Jones (...) le llevaron a no *dejarse llevar* por el egoísmo y la autocompasión. EPE170900 **31 prisa:** Cuando las cosas se le pusieron a favor, se *dejó llevar* por las prisas... EME091296

D SUSTANTIVOS QUE DENOTAN ÁMBITO O ENTORNO. TAMBIÉN CON OTROS QUE DESIGNAN LAS CONDICIONES QUE RODEAN O CONFORMAN UN LUGAR, UN SUCESO O UN ESTADO DE COSAS: **32 circunstancia ++:** ...«no actuar histéricamente» y (...) «no *dejarse llevar* por las circunstancias»... EME010594 **33 situación ++:** El candidato socialista pidió a los ciudadanos que (...) voten la gestión del Ayuntamiento y no se *dejen llevar* por la situación de crispación política... EME070395 **34 acontecimiento ++:** Por mucho que nos *dejemos llevar* por los acontecimientos de hoy... LVE101296 **35 clima:** ...no se *dejaron llevar* por el clima de pactos que gravita estos días... LVE130396 **36 tónica:** La Bolsa de Londres (...) se ha *dejado llevar* por la tónica general. LVE291095

E SUSTANTIVOS QUE DESIGNAN DIVERSOS ESTADOS DE ANSIEDAD O EXCITACIÓN NERVIOSA, MUY FRECUENTEMENTE PROVOCADOS POR EL MIEDO O LA INCERTIDUMBRE: **37 nervios ++:** ...los jugadores de ambos equipos se *dejaron llevar* por los nervios... EPE061299 **38 pánico +:** No nos podemos *dejar llevar* por el pánico a lo desconocido. EPE030299 **39 nerviosismo:** «Un gestor no puede *dejarse llevar* por el nerviosismo en ningún caso...». EME210394 **40 psicosis:** ...aconsejó no *dejarse llevar* por la «psicosis» que ha producido el recuerdo de esa serie de acciones terroristas. EME270795 **41 temor:** ...que no se *dejen llevar* por el temor, que es lo que persiguen los terroristas. LVE150396 **42 miedo:** ...se *dejó llevar* por el miedo y pagó cara su cobardía. EME130295 **43 inquietud:** Las bolsas europeas se *dejaron llevar* por la inquietud estadounidense. LVE180195

F EL SUSTANTIVO *MÚSICA* Y CON OTROS QUE DESIGNAN ALGUNOS DE SUS COMPONENTES O DE LAS FORMAS DE EXPRESIÓN EN LAS QUE SE MANIFIESTA: **44 música ++:** ...se *dejaban llevar* por la música aliviados por una suave brisa. EPE200699 **45 ritmo ++:** ...se *deja llevar* por el ritmo de la música o se empapa de las pasiones colectivas del fútbol... EPE220599 **46 melodía +:** ...me gusta *dejarme llevar* por su melodía, por su ritmo... LVE141095 **47 estribillo:** Lo que no es nada agradable es *dejarse llevar* por el estribillo... CLA110199

G SUSTANTIVOS QUE DESIGNAN SENTIMIENTOS O SENSACIONES CARACTERIZADOS POR LA FALTA DE INTERÉS, DE ENERGÍA O DE ÁNIMO: **48 tristeza +:** ...explicó (...), sin *dejarse llevar* por la tristeza. LVE090696 **49 apatía +:** ...pidiendo a sus vecinos no *dejarse llevar* por la apatía y sentir la importancia del momento. EME040796 **50 cansancio +:** ...a poco que *me deje llevar* por el cansancio... EME010494 **51 desánimo:** ...pidió a los empresarios «que no se *dejen llevar* por el desánimo»... LVE170695 **52 debilidad:** Francfort se ha *dejado llevar* por la debilidad del dólar ante el marco. LVE221095 **53 pesimismo:** ...me niego a *dejarme llevar* por el pesimismo cósmico español. EME240594 **54 sopor:** ...entornando los ojos uno se *deja llevar* por un sopor... EPE090799

H SUSTANTIVOS QUE DENOTAN FUERZA, MOVIMIENTO O CURSO (FÍSICO O FIGURADO) SEGUIDO POR ALGUNA COSA: **55 tendencia +:** ...y en vez de innovar, se *dejan llevar* por las tendencias que se observan en la moda de otros países. INDOC **56 corriente +:** ...los que se han *dejado llevar* por la corriente de convertir la preocupación en crispación. LRE180103 **57 inercia +:** Nuestro principal enemigo podemos ser nosotros mismos si nos *dejamos llevar* por la inercia. EME230995 **58 presión:** ...*dejándose llevar* por las presiones periodísticas de aquel momento. LPA230592 **59 moda:** No hay que *dejarse llevar* por la moda porque es muy elitista. HOY081178 **60 movimiento:** El alcalde puntualiza que la decisión final (...) la tomará el gobierno municipal y no se *dejará llevar* por movimientos de opinión. LVE120196 **61 vendaval –:** ...nos *dejamos llevar* por el vendaval de embrollos políticos... ACP031001

I SUSTANTIVOS QUE DESIGNAN DIVERSAS FACULTADES O APTITUDES DE LAS PERSONAS RELACIONADAS GENERALMENTE CON SU FORMA DE REACCIONAR O SUS CAPACIDADES EMOCIONALES E INTELECTIVAS. TAMBIÉN CON OTROS QUE DESIGNAN ALGUNAS DE SUS MANIFESTACIONES O DE SUS EFECTOS: **62 instinto ++:** ...lo único que hice fue *dejarme llevar* por mi instinto... EME170394 **63 intuición:** Soy sensible a las energías, procuro *dejarme llevar* por la intuición. LRE250103 **64 imaginación:** Y *déjese llevar* por la imaginación: retroceda en el tiempo... EME210796 **65 recuerdo:** Hoy, no reconoce a sus viejos amigos, no se *deja llevar* por recuerdos entrañables y ni siquiera... EME241196 **66 sensibilidad:** Detrás de las imágenes que vemos, detrás de los libros que leemos, existe un modelo de persona *dejándose llevar* por su sensibilidad e inteligencia. LRE300103 **67 inteligencia:** ...simplemente me *dejé llevar* por el instinto, o si usted lo prefiere, por la inteligencia emocional. EPE140299 **68 carácter:** ...no debía *dejarme llevar* por mi carácter y entrar al trapo... LVE170595

J SUSTANTIVOS QUE DENOTAN JUICIO O PUNTO DE VISTA SOBRE ALGO. TAMBIÉN CON OTROS QUE DESIGNAN ALGUNAS MANIFESTACIONES VERBALES CON LAS QUE SE EXPRESAN: **69 opinión +:** ...no se *dejen llevar* por opiniones manipuladas o viscerales. EME270896 **70 criterio:** ...no deberían *dejarse llevar* por criterios de convergencia comunes. EME091295 **71 comentario +:** ...«no nos *dejemos llevar* por comentarios y especulaciones»... EME210795 **72 palabra:** ...lo peor que podemos hacer es *dejarnos llevar* por las palabras. HOY230297 **73 discusión:** ...gente de nuestra coalición que se haya *dejado llevar* por la discusión. LVE191196

K SUSTANTIVOS QUE DENOTAN FALTA DE CERTEZA, DE CONFIANZA, DE ESTABILIDAD O DE ORDEN: **74 confusión:** Encuentra, así, momentos muy logrados como el capítulo titulado «Pulmones de piedra» aunque otros se *dejen llevar* por una confusión entre las historias vividas en la infancia... EME190394 **75 duda:** ...el mercado se *deje llevar* por las dudas y las muchas cautelas... LVE140195 **76 desconcierto:** A quienes se *dejan llevar* por su interesado desconcierto, los invito a que observen con mayor atención los resultados. ETC020188 **77 desconfianza:** ...el mercado se *dejó llevar* por la desconfianza del corto plazo. LVE161195 **78 vorágine:** ...agentes literarios que se han *dejado llevar* por la vorágine de la oferta y la demanda... PME131096

L SUSTANTIVOS QUE DENOTAN ATRACCIÓN ENTUSIASTA HACIA LAS PERSONAS O LAS COSAS. TAMBIÉN CON OTROS QUE DESIGNAN OTRAS REACCIONES INTENSAS, MÁS FRECUENTEMENTE SI SE RELACIONAN CON LA SORPRESA O EL DESLUMBRAMIENTO ANTE ALGO: **79 admiración:** ...Berendt sólo se *deja llevar* por la curiosidad y la admiración... LVE190196 **80 asombro:** De entrada, su fuerte son los ojos, largamente azules, y después, su manera suave de *dejarse llevar* por los asombros... LNC270596 **81 fascinación:** Si durante la I Guerra Mundial se *dejó llevar* por la fascinación bélica, luego odió los intentos democráticos de la frustrada República de Weimar... EME300395 **82 enamoramiento:** «Ahora tenemos una colaboración absolutamente leal, aunque no nos *dejamos llevar* por el enamoramiento», agregó. LVE170295

de juventud ♦ afición, amigo, amor, año, error, escrito, locura, obra, pecado, política, recuerdo, sueño

de la ceca a la meca ♦ andar, ir, llevar, traer

delantera ♦ coger, llevar, tomar[45]

de largo ▮ *(sin detenerse)* ♦ pasar

▮ *(de etiqueta)* ♦ **asistir, ir, poner(se), presentarse, venir, vestir**

☐ Véase también: **de etiqueta, de tiros largos, de vestir.**

delatar *v.* ▮ Admite como sujetos sustantivos de persona *(Le delató un confidente de la policía)*. También otros que designan muy diversas unidades y manifestaciones verbales *(palabra, frase, discurso, declaración)*, así como algunos que expresan lo que puede caracterizar la apariencia física de algo o de alguien *(indumentaria, tatuaje, anillo, olor)*. Destacan especialmente sus combinaciones con...

A SUSTANTIVOS QUE DESIGNAN DIVERSAS NOCIONES ASOCIADAS CON LAS REALIZACIONES PARTICULARES DE LA LENGUA, MUY FRECUENTEMENTE LAS RELATIVAS AL LÉXICO O A LA PRONUNCIACIÓN: **1 acento ++:** Su acento la *delata* como latina, y nunca lo ha tratado de esconder. LDD120697 **2 lenguaje ++:** Pero el lenguaje *delataba* la presencia de abogados, quizás de modo deliberado, para dar cierta solemnidad al trabajo. LVE250696 **3 deje:** ...un deje sibilante en las eses que *delata* su origen. EME310396 **4 jerga:** ...los gestos, la facha y la jerga tarde o temprano lo *delatan*. HOY151297 **5 vocabulario:** Su vocabulario habitual *delataba* bien a las claras su afición al fútbol. INDOC **6 muletilla:** Geofísico, hablador al que *delatan* sus muletillas catalanas y poco gesticulador... EME070196 **7 voz:** Su voz *delata* que está nervioso y alterado. EPE280399

B EL SUSTANTIVO *PRUEBA* Y CON OTROS QUE DESIGNAN SIGNOS O SEÑALES QUE PERMITEN CONOCER, DEDUCIR O DEMOSTRAR ALGUNA COSA: **8 prueba ++:** ...pero no se pueden ni imaginar cómo puede volverse contra ellos esa prueba que *delató* la presencia de 0,5 gramos del alcohol... EPE160599 **9 indicio ++:** ...advirtieron indicios que *delataban* a los terroristas y procedieron a su detención. ENC120101 **10 signo +:** En la pista, sin embargo, ningún signo *delató* esta decisión. EPE050799 **11 señal:** ...obliga al personal de hospitales públicos y clínicas privadas a denunciar cualquier señal de un cuerpo que pueda *delatar* un delito. HOY181196 **12 marca:** Para no dejar ninguna huella, los agentes de la Ertzaintza rasparon las marcas de los cables, que podían *delatar* al fabricante... EME140696 **13 indicador:** Tampoco otro indicador *delata* un mayor compromiso financiero de los estados con la educación... PME080996 **14 síntoma:** ...no hay síntomas que las *delaten*, podrían estar acumulándolas a lo largo de los años. EME080695 **15 símbolo:** ...cuyo mero símbolo ya *delata* el agradable talante de quienes a él se acogen. EME131295 **16 detalle:** Sólo un pequeño detalle *delataba* el sesgo de sus palabras... EME270995

C SUSTANTIVOS QUE DENOTAN GESTO O EXPRESIÓN, MUY FRECUENTEMENTE REPRESENTATIVOS DE UN SENTIMIENTO, UN ESTADO DE ÁNIMO O UNA INTENCIÓN. TAMBIÉN CON OTROS QUE DESIGNAN ESAS MISMAS SENSACIONES, ASÍ COMO CON ALGUNOS QUE DESIGNAN LAS PARTES DEL CUERPO, FUNDAMENTALMENTE DEL ROSTRO, CON LAS QUE SE EXPRESAN: **17 expresión ++:** Nos dijo que la comida le había gustado mucho, pero la expresión de su cara le *delataba*... INDOC **18 mirada +:** Pero la mirada le *delataba*: entre el presidente y Europa por fin ha surgido el flechazo. EME161296 **19 gesto ++:** El gesto que *delata* al perfecto envidioso es para Castilla del Pino la actitud crítica. ABC260894 **20 ojo +:** Marisol Fernández lo admite con una resignada naturalidad aunque sus ojos *delatan* su pesar. EPE250699 **21 nerviosismo +:** El nerviosismo los *delata*. PLG100796 **22 temblor +:** Sus temblores la *delataron* y también el teléfono móvil en el que recibió la llamada de su novio, el atracador. EPE010800 **23 rostro:** Su rostro no *delata* dolor... LVE111096 **24 sonrisa:** Se ha juramentado silencio y es fiel a su palabra, pero su sonrisa le *delataba* ayer. LRE020203 **25 postura:** Su postura corporal la *delató*... EPE220199 **26 lágrima:** ...clínicamente está muerto a causa de una parada cardio-vasculatoria, pero una lágrima *delató* que no era así... ABC061095 **27 rictus:** Pero a lo mejor no sirve para otra cosa que para dar aliento a Aznar, (...) protegido por su bigote de cualquier rictus que *delate* su fe en su propio futuro político. LVE020294 **28 ojera:** Claro, las ojeras *delatan* el insomnio... EME060394

D SUSTANTIVOS QUE DESIGNAN LA FORMA EN QUE SE PERCIBEN O SE PRESENTAN A LA VISTA LAS PERSONAS O LAS COSAS: **29 aspecto +:** Su aspecto *delataba* una profunda desesperación. EPE090999 **30 apariencia +:** Pero esas mismas frases, su apariencia, le *delatan*. EPE020599 **31 imagen:** La imagen de Núñez aplaudiendo el tercer gol de Kodro con escaso entusiasmo *delató* el momento psiquiátrico en que se encuentra el club... EME110296 **32 físico:** ...Sacirbey, joven, atractivo y con un físico que *delata* su pasado como deportista, es un diplomático poco común... EME191195 **33 figura:** ...pero su espléndida figura la *delató* y no logró pasar inadvertida. LVE290796

E SUSTANTIVOS QUE DESIGNAN ACTITUDES, CUALIDADES, ACTUACIONES O MODOS DE COMPORTARSE LAS PERSONAS, MÁS FRECUENTEMENTE EN ALGÚN ENTORNO SOCIAL O EN RELACIÓN CON LOS DEMÁS: **34 conducta:** Su conducta le *delató* como una de esas personas de las que uno no puede fiarse nunca. INDOC **35 maneras +:** ...lo *delataban* sus maneras de cabellero inglés, y sobre todo la forma en que saludaba a las señoras. INDOC **36 elegancia:** La elegancia y la apariencia individual (...) están ligados a las formas de los trajes, *delatando* el fondo de una civilización. ABC221191 **37 estilo:** Su estilo le *delata*: desde 1969 aborda las figuras de sus cuadros con la cabeza al revés. EME040296 **38 gusto:** ...*delataba* su condición el gusto por los placeres de la mesa, y especialmente por los buenos vinos. INDOC

F SUSTANTIVOS QUE DENOTAN DEFECTO O DEFICIENCIA: **39 defecto +:** Fue detenido porque lo *delató* un pequeño defecto de pronunciación. INDOC **40 fallo +:** Además, los sospechosos cometieron un fallo que les *delató*: gastaban por encima de sus posibilidades. LVE170296 **41 error:** El error me pareció un «acto fallido» que *delataba* una negación inconsciente de Europa... ABC310395

G OTROS SUSTANTIVOS QUE DESIGNAN DATOS, INFORMACIONES Y OTROS INDICADORES ANÁLOGOS, ASÍ COMO, POR EXTENSIÓN, ALGUNAS DE LAS ACCIONES O LOS PROCESOS QUE SE LLEVAN A CABO PARA OBTENERLOS: **42 dato +:** Hay más datos que *delatan* la mala situación de la infancia en el mundo. EME160696 **43 análisis +:** ...la cicatriz de un mordisco en el brazo de la mujer, cuyas características se corresponden con las de su dentadura, y el análisis del vídeo exterior de la fábrica han acabado por *delatarle*. EPE211099 **44 examen:** El examen de las tendencias de opinión *delata* que al principio era Chirac quien decepcionó... EME151095 **45 encuesta:** ...acordaron establecer las bases para que uno de ellos se retire, una vez que las encuestas *delaten* la probable mayoría del otro. ACP150996 **46 contenido:** ...recibió un vaso minúsculo, cuyo contenido *delató*, al primer sorbo, un alto contenido acuoso. LNA230692

☐ Véase también: **acusar**.

delegar *v.* ▮ Se combina con...

A SUSTANTIVOS QUE DESIGNAN FUNCIONES, ATRIBUCIONES U OBLIGACIONES: **1 responsabilidad ++:** De hecho, Briones padre mantiene las presidencias importantes y a los hijos les ha *delegado* responsabilidades en las subsidiarias. CAR040897 **2 tarea ++:** Creen que es político que *delega* tareas y que respeta diferencias o las tolera, al menos. PME190197 **3 misión:** En los primeros días del gobierno, (...) le *delegó* varias misiones internacionales y le ofreció apoyo para los planes sociales... ENH100297 **4 competencia +:** ...en el contexto de un tratado de integración con otra nación o naciones, que *deleguen* competencias y jurisdicción a organizaciones supraestatales... CLA310199 **5 papel:** ...sin que se llegara a más conclusiones concretas que las de continuar el diálogo y *delegar* en la Academia el papel de mediador entre los sectores. EME100294

B SUSTANTIVOS QUE DENOTAN RESOLUCIÓN. TAMBIÉN CON OTROS QUE DESIGNAN ALGUNAS PROPUESTAS O INICIATIVAS QUE PERSIGUEN GENERALMENTE LA ADECUADA CONCLUSIÓN DE UN ASUNTO: **6 decisión ++:** El comedido documento final de la cumbre (...) *delega* en cada país la decisión sobre qué clase de reacción tendrá hacia el Estado judío. CLA231000 **7 voto ++:** Y disculpó la ausencia con una interpretación semántica, por la que *delegar* el voto equivale a asistir a un consejo de administración. EPE261099 **8 solución:** Al final, el sueño que promete lo posible se entromete en la propia vida y *delega* en ella la solución. ABC041292 **9 iniciativa:** ...la «seguridad es una cuestión de Estado que no puede *delegarse* en iniciativas privadas»... EME200696 **10 determinación:** Ello significa, según la sentencia, que el Fiscal no puede *delegar* determinaciones como la apertura de la instrucción... ETC130996 **11 resolución:** «No es lógico que otros poderes del Estado *deleguen* en los jueces la resolución de los problemas que les competen». EME010395 **12 pacto:** Duhalde ya no estaría en la gobernación de la provincia de Buenos Aires. Y el pacto personal no es *delegable* a sus sucesores. CLA180497 **13 elección:** ...no permitirá que la Junta Directiva haga uso del renombrado artículo 49 de los Estatutos del club, en el que se *delega* la elección del presidente a la Junta Directiva en caso de dimisión. EME301095

C SUSTANTIVOS QUE DESIGNAN FACULTADES, MÁS FRECUENTEMENTE LOS ATRIBUTOS DEL QUE EJERCE ALGUNA FORMA DE HEGEMONÍA: **14 autoridad ++:** En este sentido, el secretario general decidió *delegar* la autoridad necesaria al respecto en sus comandantes militares... EME270795 **15 control ++:** ...los chilenos se tornan más exigentes que los mercados de mucho más peso, como la Unión Europea, que cuando compran *delegan* el control en el Servicio de Sanidad... CLA300197 **16 poder +:** «Lo único que nosotros pretendemos es *delegarle* poder a la población y a los padres de familia en la escogencia y apoyo de una mejor educación para sus hijos». PLG030497 **17 potestad +:** ...y una vez más *delegó* potestad y decisión al gobierno del Perú y el Japón para solucionar la crisis de los rehenes. LTB080197 **18 facultad +:** La titularidad del servicio es siempre estatal, pero se contempla la posibilidad de *delegar* facultades y deberes de esta titularidad... ACP271096 **19 soberanía:** ...el Gobierno que agacha la cerviz y que haciéndolo humilla a quienes *delegamos* nuestra soberanía en ellos... SVG110597 **20 mando:** Ahora, con la decisión del secretario general de la ONU (...) de *delegar* el mando en militares que dirigen a los «cascos azules»... EME280795

D SUSTANTIVOS QUE DENOTAN CARGO, DIGNIDAD O PUESTO, MÁS FRECUENTEMENTE DE RESPONSABILIDAD, EN ALGUNA JERARQUÍA SOCIAL O PROFESIONAL: **21 cargo ++:** Herodes, postrado en su lecho, *delegó* su cargo de etnarca de Judea en un trío de imbéciles: sus hijos. EME310396 **22 dirección +:** ...si no es a través y con el consentimiento estricto del arquitecto autor del proyecto, que no *delegará* la dirección o futuras actuaciones en este edificio salvo muerte o fuerza mayor que obligue a ello. EPE120999 **23 presidencia +:** En cambio, de obtener el escaño, su organización no desaparecería ya que *delegaría* la presidencia en alguno de sus miembros. END050198 **24 jefatura +:** Los agentes critican el hecho de que el alcalde *delegase* en el edil de Falange la Jefatura de la Policía Local. EME060995 **25 función ++:** Las responsabilidades en la vicepresidencia la obligaron a *delegar* esas funciones en el MIRA... ENH100297

E SUSTANTIVOS QUE DESIGNAN DIVERSAS FORMAS DE INTERVENCIÓN O PARTICIPACIÓN EN UN ASUNTO O UN PROCESO: **26 representación ++:** «la gente esté más informada y en consecuencia cada vez más quiera representarse a sí misma, tener voz propia, y no *delegar* su representación en otro». HOY020697 **27 actuación +:** Ayer, el Consejo de Ministros declinó asumir ninguna iniciativa específica, *delegando* cualquier actuación eventual en el Ministerio de Asuntos Exteriores. EME180395 **28 intervención +:** ...sin tener un referente político en el que *deleguemos* nuestra intervención y al que supeditemos nuestra estrategia sindical. EME021195 **29 ejecución:** ...deberíamos limitarnos a hacer exclusivamente el encuadramiento político y económico para luego *delegar* la ejecución en instituciones más próximas a los ciudadanos... LVE110695 **30 comparecencia:** En Economía se ignoraba ayer si Blázquez *delegaría* en alguien la comparecencia en la Asamblea. EPE061101 **31 presencia:** El consejero de Cultura, Manuel Tarancón, y la alcaldesa de Valencia, Rita Barberá, *delegaron* su anunciada presencia en la directora general de Centros... EPE160499 **32 asistencia:** ...*delegó* una asistencia antes confirmada debido a que el miércoles debía desayunar a las 10 h en la radio. LVE131196 **33 mediación −:** Y pide a la Administración que, igual que en 1996 *delegó* la mediación para la adopción internacional en estas organizaciones... EPE160699

F SUSTANTIVOS QUE DESIGNAN ACCIONES, PROCESOS O DILIGENCIAS, A MENUDO DE NATURALEZA ADMINISTRATIVA, QUE RESULTAN NECESARIOS PARA LA REALIZACIÓN DE ALGUNA ACTIVIDAD: **34 gestión +:** ...nunca recurrió a otros servicios para *delegar* la gestión de su patrimonio inmobiliario ni tampoco de sus acciones o letras del tesoro. EME120296 **35 negociación +:** El portavoz socialista anunció que *delegará* la negociación en (...), destacado ciscarista, y «otro diputado» que no precisó. EPE080799 **36 tramitación:** Para *delegar* en otra persona la tramitación de un voto postal (...) es necesario que un notario dé fe de ello y lo certifique con su firma. EPE230900 **37 trámite:** ...todas las comunidades autónomas son competentes en adopción, pero acordaron *delegar* este trámite... EPD101197 **38 solicitud:** Y alegaron que su labor se centró en rellenar las fichas de las personas que *delegaron* en ellos la solicitud del voto postal... EPE230900 **39 moción:** Los populares acusan al PSOE de «dejación» por *delegar* en sus ediles la moción de censura en Melilla. EPE270799

G SUSTANTIVOS QUE DESIGNAN DIVERSAS MANIFESTACIONES VERBALES O COMUNICATIVAS, MÁS FRECUENTEMENTE SI EXPRESAN ENUNCIACIÓN, EXPOSICIÓN O SOSTENIMIENTO DE UN PUNTO DE VISTA: **40 explicación:** ...no acudió finalmente a la cita y *delegó* las explicaciones sobre la actualidad política en Joseba Egibar... EME300396 **41 opinión:** El americano medio profesa un mínimo conocimiento de los asuntos internacionales, por lo que *delega* su opinión en el presidente... LVE210595 **42 declaración:** ...rechaza sistemáticamente hablar de su situación contractual en el Camp Nou y *delega* cualquier declaración en su agente. EPE251099 **43 notificación:** La multinacional estadounidense EDS se deshizo de la tarea principal, la notificación, y la *delegó* «a dedo» a la empresa del hijo del presidente... EME050996 **44 comentario −:** Escribe (...) –y *delego* en el lector el comentario– lo siguiente... EME090195

H SUSTANTIVOS QUE DESIGNAN LOS INCONVENIENTES O LAS COMPLICACIONES QUE DIFICULTAN LA CONSECUCIÓN DE ALGUNA COSA: **45 problema:** ...los políticos regionales deben centrar su atención en las problemáticas de sus localidades y *delegar* el problema nacional en unos representantes elegidos por ellos... ETC280497 **46 dificultad:** Son unas dificultades que los ministros de Economía y Finanzas han preferido *delegar* en sus jefes de gobierno... LVE091295

deletrear ♦ **apellido, expresión, nombre, palabra, título, vocablo,** *otros sustantivos que designan manifestaciones verbales o textuales*

de ley ♦ acero, amistad, oro, persona, plata, relación

delicadeza ♦ absoluto, enorme, escaso, especial, exquisito, extraordinario, extremo, firme, gran(de), infinito, lleno (de), necesario, obsequioso, proverbial, sumo[24], tierno ♦ con ♦ exceso (de), falta (de) ♦ andarse (con)[30], carecer (de), extremar, mostrar, tener, tratar (con)
☐ Véase también: **diplomacia**.

delicado ♦ actuación, alma, apariencia, aspecto, asunto, caso, cuestión, detalle, equilibrio, espíritu, fase, figura, forma, fragancia, frontera, gesto, gusto, información, intervención, labor, materia, mecanismo, medida, melodía, misión, momento, música, negociación, obra, operación, papel, paso, período, poesía, posición, problema, proceso, puesto, punto, relación, sabor, salud, sensibilidad, sentimiento, situación, sonido, superficie, tarea, tema, tono, toque, trabajo, trato, voz, zona

delictivo *adj.* ▮ Se combina con sustantivos que designan algunos grupos humanos *(banda, grupo, asociación, organización)*, y también con otros que denotan actividad *(acción, actuación, actividad)* o práctica *(práctica, ejercicio)*. Se combina asimismo con sustantivos que designan hecho, asunto o materia *(caso, asunto, hecho, acto, circunstancia, materia, suceso)*, además de con muchos otros nombres, pero destacan especialmente sus combinaciones con...

A SUSTANTIVOS QUE DENOTAN MODO DE SER O DE COMPORTARSE: **1 conducta ++**: ...el hecho imputado y la presunta conducta *delictiva* no son política en sí mismos. EOU090497 **2 comportamiento +**: ...repudio al continuado comportamiento *delictivo* del Frente Sandinista de Liberación Nacional que no acaba de encontrar el camino dentro de la justicia... DLA230597 **3 actitud +**: ...la persistente plantación de almácigos de coca acusa una actitud *delictiva* que no puede ser tolerada bajo ningún pretexto... LTB131296

B SUSTANTIVOS QUE DESIGNAN EL CURSO PERSONAL O PROFESIONAL DE LAS PERSONAS. TAMBIÉN CON OTROS QUE DESIGNAN EL TIEMPO YA TRANSCURRIDO O EL CONJUNTO DE ACONTECIMIENTOS QUE EN ÉL SE INSCRIBEN: **4 historial ++**: Un total de 87 arrestos de jóvenes fueron realizados, de los cuales 43 tenían un largo historial *delictivo*. DLA280297 **5 trayectoria +**: ...otra militante con larga trayectoria *delictiva*, que posiblemente se mantuvo en la calle en tareas de vigilancia y apoyo. LVE090495 **6 carrera +**: ...sin sospechar que su carrera *delictiva* sería corta y tendría que comparecer ante autoridades policiales. LTB060297 **7 antecedente**: ...su nombre sería colocado en los sistemas de antecedentes *delictivos* para prevenir el otorgamiento de una visa en el futuro... ENH100297 **8 pasado**: ...ha pedido a los consulados norteamericanos que hagan una radiografía al solicitante: pasado *delictivo*, afiliaciones sospechosas... EPE021101 **9 currículum**: ...cinco asesinatos a sus espaldas constituyen, ciertamente, un destacado currículum *delictivo*. INDOC

C SUSTANTIVOS QUE DESIGNAN DIVERSAS FORMAS DE ARTICULACIÓN O DISPOSICIÓN ORGANIZADA DE ALGO, A VECES ENCUBIERTAS. TAMBIÉN CON OTROS QUE EXPRESAN ACCIONES O ACTUACIONES RELACIONADAS CON ELLAS: **10 estructura +**: ...al integrar su trabajo de información en una estructura *delictiva* a cuyos miembros facilita constante información... EPE090399 **11 red +**: Tirando del hilo, la Policía descubrió una importante red *delictiva*. EME121096 **12 entramado**: ...para evitar que se reactive el entramado *delictivo* y para garantizar, ante una eventual reapertura, la contabilidad... EPE070899 **13 sistema**: Los delitos han cambiado –agrega– el sistema *delictivo* se ha tecnificado y el sistema carcelario sigue siendo igual de obsoleto al de hace 23 años. ETC100497 **14 trama +**: ...un juez empeñado en desentrañar una trama *delictiva* urdida desde el poder... EME090495 **15 operación +**: ...y no quiso perder la oportunidad de obtener más dinero con la operación *delictiva*. ENV260700 **16 manipulación**: El Director del CICAD arguye que las empresas exportadoras en general son serias y no se prestan a estas manipulaciones *delictivas*. LNC070497 **17 maniobra +**: ...no hubo grandes revelaciones ni involucró a dirigentes de otros partidos políticos en las maniobras *delictivas*. CLA010997 **18 conspiración**: ...tiene, también, una intervención en la causa de conspiración *delictiva* de Trieste donde está procesado su hermano. LPA200592

D SUSTANTIVOS QUE DESIGNAN LO QUE SE PRETENDE CONSEGUIR O AQUELLO A LO QUE SE DIRIGEN LOS DESEOS O LAS INCLINACIONES DE LOS INDIVIDUOS: **19 fin**: ...no tiene «pruebas suficientes» para pensar que hubo una utilización de estas partidas con fines *delictivos*. EME110394 **20 blanco**: Durante la madrugada de ayer, autores desconocidos volvieron a preferir como blanco *delictivo* la casa Opiquita Hogar... LNP120397 **21 finalidad**: ...pone en evidencia un ánimo de obtener una información cuyo uso (...) pudiera ser dirigido a una finalidad *delictiva* de colaboración con banda armada. EPE250800 **22 objetivo**: ...ha procurado desdoblar las actividades legales de las ilegales, si bien todas responden a un mismo criterio dinamizador y sirven a la consecución del mismo objetivo *delictivo* violento... EPE140900 **23 propósito**: ...se puede alegar que cualquier delincuente se puede uniformar, pero (...) se necesita hacer un esfuerzo especial para echar mano de ese recurso con propósitos *delictivos*. DLA110497 **24 intención**: ...sólo indicios de culpabilidad que parecen constituir la manifestación sucesiva y continuada de una misma intención *delictiva* y no hechos concretos. LVE191095

E SUSTANTIVOS QUE DESIGNAN SEÑALES Y OTRAS MANIFESTACIONES EXTERNAS QUE PERMITE CONOCER, DEDUCIR O DEMOSTRAR ALGUNA COSA: **25 indicio +**: ...no ha tardado en apreciar indicios *delictivos* suficientes en la actuación de oficiales para iniciar un procedimiento penal. EME100694 **26 rastro +**: Recalcó que el blanqueo de capitales persigue borrar los rastros *delictivos* y cubrir la operación con ropaje de legalidad... ESP300601 **27 manifestación**: ...para perseguir cualquier tipo de manifestación *delictiva* no se puede andar con festinaciones... DED041096 **28 prueba**: Pero, si estos documentos contienen tantas pruebas *delictivas*, ¿por qué ningún parlamentario las denunció? LVE071196

F SUSTANTIVOS QUE DESIGNAN UNIDADES DE MEDICIÓN: **29 índice +**: Los vecinos del barrio de La Albuera han denunciado que en los últimos meses se ha producido un incremento del índice *delictivo*. ENC060599 **30 tasa**:

...admitió que las tasas *delictivas* han disminuido drásticamente durante los cinco años recientes... ENH110198 **31 porcentaje:** ...los gastos son abusivos e injustificables, y los porcentajes de las comisiones que se llevan, francamente *delictivos*. INDOC

▩ Se combina también con: ♦ **abiertamente[126], claramente, indudablemente**

delimitar ♦ **a ciencia cierta[11], apresuradamente, claramente, completamente, con claridad, con exactitud, con precisión, cuidadosamente, detalladamente, escrupulosamente[41], exactamente, minuciosamente, perfectamente, previamente** ♦ **alcance, ámbito, área, borde, campo, característica, competencia, concepto, contenido, criterio, culpabilidad, deber, espacio, frontera, función, grado, horizonte, línea, mapa, marco, margen, nivel, objetivo, obligación, período, propiedad, responsabilidad, significado, tarea, tema, terreno, territorio, valor, zona**

☐ Véase también: **delinear, demarcar, dibujar, perfilar, trazar.**

delincuencia ♦ **común, creciente, de guante blanco[10], juvenil, organizado, rampante[8], urbano** ♦ **aumento (de), foco (de), grupo (de), índice (de), nivel (de), ola (de)[5], problema (de), tasa (de)** ♦ **abocar(se) (a)[19], atajar, bordear[10], combatir[2], controlar, disminuir, erradicar, extender(se), frenar, generar, recrudecer(se)[24], reducir**

delincuente ♦ **armado, arrepentido, auténtico, avezado, común, confeso, conocido, desalmado, fichado, inmune, juvenil, marginal, ocasional, peligroso, político, potencial, presunto, profesional, recalcitrante, reclamado, reincidente, subversivo, terrorista, verdadero** ♦ **banda (de), cabecilla (de), grupo (de), red (de), refugio (de)** ♦ **absolver, acusar (de algo), apresar, atrapar, buscar, capturar, castigar, condenar, dejar en libertad, deportar, detener, encarcelar, escapar(se), huir, identificar, juzgar, liberar, perseguir, prender, proteger, reformar(se), robar, sentenciar**

☐ Véase también: **asesino, ladrón, preso.**

de línea ▮ *(en deporte)* ♦ **juez**
▮ *(servicio regular)* ♦ **autobús, coche, tren**

delinear *v.* ▮ En el sentido literal de 'trazar las líneas de una figura', se combina con sustantivos que designan obras y diseños gráficos *(plano, dibujo)*, así como lo representado en ellos *(calle, ciudad, puente)*. En su sentido figurado se combina con...

A SUSTANTIVOS QUE DESIGNAN PLANES, INTENCIONES, ESTADOS DE COSAS FUTUROS Y OTRAS NOCIONES PROSPECTIVAS ANÁLOGAS: **1 estrategia ++:** ...los candidatos (...), al *delinear* sus estrategias (...), ponen el acento en Europa... EXC110796 **2 proyecto +:** ...se desconoce el proyecto que debe haber *delineado* el Ministerio de Salud... DHE121296 **3 política +:** «...la política de derechos humanos se *delineó* esta tarde con toda claridad». EPC220797 **4 programa:** ...anunció la convocatoria (...) para lanzar los programas nacionales de acción *delineados*... EUV010996 **5 propuesta:** ...realiza giras por diversos puntos del país para ir (...) *delineando* una propuesta electoral atractiva. ACP271196

B SUSTANTIVOS QUE DESIGNAN OBJETIVOS, DESTINOS Y OTRAS MANIFESTACIONES DE LA INTENCIÓN DE ACTUAR. TAMBIÉN CON ALGUNOS QUE EXPRESAN CIERTAS FORMAS DE ORGANIZARLAS O PREPARARLAS: **6 plan +:** Pero *delineamos* un plan de trabajo de la A a la Z... LNA290692 **7 objetivo +:** ...próximamente (...) hará una declaración donde *delineará* los objetivos... LDD110997 **8 reto:** ...generó un debate intestino (...), y *delineó* el reto de una nueva situación. BRE040497 **9 agenda:** ...las conversaciones (...) quedaron bloqueadas el sábado al no lograrse un acuerdo para *delinear* la agenda. ENH170297 **10 futuro:** O se repiensa esta idea europea o se enfrentará a un futuro ya *delineado*... EPD101197 **11 meta:** ...su principal objetivo fue *delinear* las metas para 1997. DYM061196 **12 perspectiva:** ...espero que quienes tienen responsabilidades (...) vayan *delineando* las perspectivas para 1998. LVE121096 **13 propósito:** «...un danzador-intérprete cuya dinámica corporal *delinea* como un desafío los propósitos de su conquista». CLA170297

C SUSTANTIVOS QUE DENOTAN TAREA, DESARROLLO O PROCESO EN CURSO. TAMBIÉN CON OTROS QUE SUGIEREN ALGUNA SECUENCIA ORDENADA DE ACONTECIMIENTOS: **14 trabajo +:** ...el técnico (...) comenzará a *delinear* el trabajo a desarrollar... LNP030797 **15 tarea:** ...fue el encargado de *delinear* las seis tareas del gobierno en un discurso... HOY260597 **16 labor:** El técnico (...) *delineó* su futura labor... LNP030797 **17 actuación:** ...otras enseñanzas que conforman la personalidad y *delinean* la actuación individual... EUV060499 **18 proceso:** «El objetivo (...) es *delinear* el proceso que condujo a la definición del concepto mismo de Europa». EME220396 **19 trayecto:** ...el camino que conduce desde la mente al cuerpo (...) venía únicamente *delineado* por sospechas empíricas... EME020295 **20 curso:** Un reciente comunicado del grupo *delinea* un curso entre el estólido estatismo del pasado y la actual filosofía gobernante... DYM201297 **21 recorrido:** En un recorrido poético que por la ciudad *delineamos* Gabriel Planella y quien escribe... EPE200399 **22 tendencia:** Basándose en la interpretación de mil encuestas (...) *delinearon* las tendencias de consumo del futuro. CLA310199

D SUSTANTIVOS QUE DESIGNAN FUNDAMENTOS, ACTITUDES, INSTRUMENTOS Y MANERAS DE ACTUAR EN RELACIÓN CON ALGUNA ACTIVIDAD: **23 criterio:** Con los resultados del estudio se espera *delinear* los criterios para la zonificación... EUV091096 **24 metodología:** ...la Comisión de los Tres hará una declaración donde *delinearán* los objetivos, la metodología de trabajo... LDD110997 **25 fundamento:** ...rápidamente *delinearon* los fundamentos de la biología molecular... EPE011299 **26 principio:** ...tal procedimiento no está contemplado en los principios *delineados* por el mediador norteamericano... EPE281199 **27 postura:** ...casi no alcanzó a terminar de *delinear* la postura oficial de su partido... HOY090697 **28 postulado:** ...*delineará* los postulados fundamentales de su acción de gobierno... EUV170498 **29 mecanismo:** Los mecanismos que alteran el sistema inmune tienen que ser totalmente *delineados*... ABC261193 **30 prioridad:** ...el consejo establezca un «proceso sistemático para *delinear* las prioridades»... EXC091196

E SUSTANTIVOS QUE DENOTAN CAMBIO U OPCIÓN: **31 cambio:** Al anunciar los cambios, *delineados* en consulta con sectores castrenses... CLA170297 **32 transformación:** Seguí fielmente el recorrido para que las transformaciones *delineadas* se realizaran de una manera gradual. EME110395 **33 revolución:** La mujer del gobernador bonaerense *delineará* (...) una revolución social pacífica montada en una corriente nacional femenina bajo la bandera de la justicia social. LNP210797 **34 alternativa:** Aquí se *delinean* dos alternativas de trazado que discuten visiones antitéticas de la vertebración de Barcelona. EPE290399

F SUSTANTIVOS QUE DESIGNAN DIVERSAS UNIDADES, COMPONENTES Y CARACTERÍSTICAS DE LAS ACCIONES QUE SE DESIGNAN EN LOS APARTADOS *B, C,* Y *D*: **35 estructura:** ...apenas se va *delineando* (...) la estructura jurídica indispensable... PME291296 **36 esquema:** ...el objetivo actual debe ser *delinear* un esquema fiscal que fomente (...) el ahorro... EXC230996 **37 coordenada:** ...va *delineando* las coordenadas exotéricas y esotéricas en que se inscriben el arte y el pensamiento... ABC180693 **38 modelo:** Esto sucede porque ninguna reforma fiscal puede ser neutra: exigiría unos ganadores y unos perdedores, *delineando* así un modelo preciso de sociedad... LVE060996 **39 medida:** ...*delineada* para permitir que los jugadores se conviertan en agentes libres a los 24 años (...), la medida gradualmente reduce la edad del jugador... DYM120996 **40 aspecto:** ...fuentes del club *delinearon* aspectos fundamentales de un proyecto que será presentado en AFA para modificar el actual esquema de torneos. CLA171100 **41 detalle:** ...no se detiene para *delinear* sicologías ni detalles de ambientación... HOY281096 **42 rasgo:** ...dos retratos esenciales: el de la madre de pasado «progre» –con algunos rasgos generacionales bien *delineados*– que nunca llegó a comprenderse del todo a sí misma, y el de la hija que se esfuerza... ABC170792 **43 función:** La cuestión fundamental radica en el desempeño de unas funciones aparentemente *delineadas*... LVE071296

G SUSTANTIVOS QUE DESIGNAN ESPACIOS Y LUGARES, A MENUDO INTERPRETADOS FIGURADAMENTE, ASÍ COMO ALGUNAS DE SUS PARTES O SUS COMPONENTES: **44 área:** ...*delineó* cinco áreas de cooperación entre los dos ejércitos... PME011296 **45 perfil:** El perfil del memorialista que se *delinea* paulatinamente en el texto... HOY061097 **46 marco:** ...repasa los hechos y *delinea* el marco en que se ha movido en los últimos siete años... CAR241197 **47 límite:** ...una entidad (...) cuyos límites (...) no se ha preocupado de *delinear*... LVE120596 **48 territorio:** Estos acuerdos han *delineado* lo que será el territorio de Palestina. EME280995 **49 región:** La región de Valparaíso (...) fue inicialmente *delineada* en 1964... HOY250385 **50 escenario:** ...no basta con fijarse obsesivamente en el año 1997 (...) sino que vayan *delineando* las perspectivas y los escenarios para 1998, 1999... LVE121096 **51 panorama:** ...el cronograma de elecciones provinciales *delineó* un panorama oscuro para la Alianza. CLA070199 **52 camino:** Debo aportar para ir abriendo los caminos que han *delineado* muchas mujeres antes que yo... CAR090198

H ALGUNOS SUSTANTIVOS QUE DESIGNAN TEXTOS Y DIVERSAS UNIDADES DE INFORMACIÓN: **53 discurso:** El panorama de anuncios espectaculares parece pues despejado en la agenda presidencial, que ya *delinea* un triunfalista discurso para este 28 de julio... CAP270696 **54 composición:** En los lienzos (...) se vale de la proyección de diapositivas para *delinear* la composición. ABC110294 **55 escritura:** ...suponía una escritura directa, dura, coloquial, queridamente vulgar, vacía de moral, tosca y lírica, fácil y alada, *delineada* y desasosegadora... EME050296 **56 aclaración:** ...la CNBV *delineó* las aclaraciones sobre los bonos de deuda soberana... EXC120197 **57 saga:** Su sinopsis se remite a 1977, cuando Lucas *delineó* toda la saga de las galaxias. EPE080599 **58 relato:** ...«relato-poema», (...) *delineado* según imposiciones autobiográficas... EUV170498 **59 poema –:** ...«relato-poema», (...) *delineado* según imposiciones autobiográficas... EUV170498

I SUSTANTIVOS QUE DESIGNAN PERSONAS O GRUPOS HUMANOS. TAMBIÉN CON OTROS QUE SE REFIEREN A LOS PROTOTIPOS QUE LES CORRESPONDEN: **60 personaje ++:** ...se destacan algunos personajes secundarios pero bien *delineados*... EPU180601 **61 papel:** ...los papeles fueron *delineados* (...) y definido el carácter general de la obra. HOY081178 **62 tipo:** ...*delinear* uno de los tipos femeninos más interesantes de la novela reciente. ABC240792 **63 arquetipo:** ...un programa de «software» que permitirá *delinear* «arquetipos» computerizados... LVE270595 **64 figura:** ...evitando al mismo tiempo el «presidencialismo» (...), para *delinear* la figura del alcalde. EPE200977 **65 personalidad:** Y citando palabras y texto del escritor, va como desmenuzando su pensamiento y *delineando* su personalidad. ETC280497 **66 autor:** ...unos cuantos autores aparecen aquí *delineados* en conjunto por vez primera... ABC021092 **67 gobierno:** ...el liberalismo regresa a pasos firmes, *delineando* un gobierno renovador... LPN120197 **68 comisión:** ...instruyó a sus ministros para (...) *delinear* las cuatro comisiones designadas. LTH170497 **69 partido:** Transformación final en ese partido caudillista (...), *delineado* a lo largo del decenio último. EME170194 **70 equipo:** ...allí comenzará a *delinear* el equipo para los torneos de verano... CLA090199

J OTROS SUSTANTIVOS; POSIBLES USOS ESTILÍSTICOS: ...se necesitan los logros *delineados*, pero no hay voluntad política de unión. DLA060997; ...se *delinean* unas precauciones en las personas de los padres o tutores legales... ABC130195

☐ Véase también: **bosquejar, delimitar, demarcar, perfilar, pergeñar, trazar.**

delinquir

♦ **abiertamente[44], gravemente, impunemente, violentamente**

delirio

♦ **absurdo, alocado, auténtico, colectivo, constante, de grandeza, desorbitado[25], extremo, febril, general, pleno, preso (de)[16], puro** ♦ **al borde (de)[5]** ♦ **apoderar(se)[23], entrar (a alguien), estallar (en), padecer, provocar, rayar (en)[13], sentir[15], sufrir, venir(le) (a alguien)**

☐ Véase también: **histeria, locura, paranoia.**

delito

♦ **abominable, atroz, común, criminal, de guante blanco[11], encubierto, execrable[2], extinguido, flagrante[1], grave, imperdonable, impune[8], infame, insignificante[38], intencionado, leve, menor, penal, premeditado, presunto, serio, supuesto, vil, violento** ♦ **al descubierto[44]** ♦ **en caso (de)** ♦ **comisión (de), cómplice (de), cuerpo (de),**

culpa (de), ola (de)[12] ♦ absolver (de)[2], achacar[16], aclarar, acusar (de/por), agravar, anidar[52], atribuir(le) (a alguien), castigar, combatir[8], cometer[27], condenar, condenar (por), confesar[10], considerar, constituir, consumar(se)[1], culpar (de), demandar (por), denunciar, derivar(se)[20], descubrir, despenalizar, destapar, detener (por), dilucidar, disculpar, disfrazar, encubrir, endilgar[14], enjuiciar, esclarecer(se), exculpar (de), expiar[4], frustrar(se), implicar(se) (en), imputar[1], inculpar (de), incurrir (en), inducir (a)[10], instigar (a), investigar, involucrar(se) (en), juzgar (por), maquinar, perdonar, perpetrar, perseguir, prescribir, prevenir, procesar (por), promover, purgar[11], registrar(se), reincidir (en), reivindicar, reprimir, resolver, salir a la luz[25], sancionar, sentenciar (por), sobreseer[11], tipificar

□ Véase también: **aberración, asesinato, crimen, fechoría, fraude, mafia, magnicidio, malversar, traición, traicionar, trapos sucios, tropelía.**

DELITO

♦ (ADJETIVOS) Véase: **ola (de)[H]**

♦ (SUSTANTIVOS) Véase: **abjurar (de)[F], absolver (de)[A,B], a cara descubierta[H], achacar[D], a destajo[H], agravar(se)[J], alcance (de)[K], al descubierto[H], anidar[I], bordear[C], carcomer[B], cerrar los ojos (ante)[B], combatir[A], cometer[C], con alevosía[E], concurrir[C], condonar[C], confesar[B], consumar(se)[A], de guante blanco[B], detectar[I], endilgar[D], expiar[A], flagrante[A,H], fraguar(se)[D,E], impune[A,B,F], imputar[A], inconfesable[G], incubar[D], inducir (a)[B], inhumano[G], irresoluble[E], lavar[D], leso[D], limpio (de)[A], maquinar[B], nefando[A], objeto (de)[H], ola (de)[B], purgar[D], rampante[B], salir a la luz[D], salpicar[A], silenciar[E], sobreseer[C], so pena de[E]**

♦ (VERBOS) Véase: **a cara descubierta[C], a destajo[D], con alevosía[A], descaradamente[I], reiteradamente[C]**

□ Véase también: ACTUACIÓN ILEGÍTIMA; ENGAÑO; INFRACCIÓN.

de lleno *loc.adv.* ▮ Se combina con...

A VERBOS QUE DENOTAN DEDICACIÓN O CONSAGRACIÓN A UNA ACTIVIDAD, UNA TAREA O UNA CAUSA: **1 dedicarse** ++: Esa amarga experiencia le sirvió para dedicarse *de lleno* a cultivar a sus votantes en la capital de la República. SEM091000 **2 entregarse** ++: ...Siqueiros abandonó la práctica del arte y se entregó *de lleno* a la organización de campesinos y mineros de Jalisco. PME220996 **3 involucrarse** ++: ...se encuentra repasando el Reglamento de la Liga para involucrarse *de lleno* en sus funciones. END281197 **4 centrarse** +: En esta ocasión se olvida del machismo o del feminismo (...) para centrarse *de lleno* en el amor y sus funestas consecuencias. ABC030192 **5 comprometerse**: Que cuando un país se compromete *de lleno* en ella, como está pasando en Colombia, desaparecen las reglas del juego y todo vale... SEM250696 **6 volcarse** +: Al final, todos los hermanos se volcaron *de lleno* en el negocio mostrando gran talento para el arte del diseño y las finanzas. EME020495

B VERBOS QUE DESIGNAN LA ACCIÓN DE ADENTRARSE EN ALGO, FÍSICA O FIGURADAMENTE: **7 entrar** ++: ...intenta establecer las tecnologías necesarias para entrar *de lleno* en la sociedad de la información. CAN150101 **8 meterse** ++: Se levanta, se sirve agua, bebe un largo trago y dice que uno mira al mundo y se pregunta qué va a pasar cuando el hijo adolescente se meta *de lleno* en él. BRE241097 **9 introducirse** +: ...el primer capítulo de los cuatro de que consta equivale a esas secuencias iniciales de un filme en las que se nos introduce *de lleno* en un ambiente... ABC191193 **10 ingresar**: ...opinó que los comunicadores sociales que están postulando para diputados uni y plurinominales, deben dejar sus funciones periodísticas e ingresar *de lleno* a la política... LTB250397 **11 lanzarse**: Además, el binomio se lanzó *de lleno* a la liberalización de la economía. DHE130797 **12 sumergirse**: Paralelamente, algunas mujeres han logrado traspasar el umbral de las urnas para sumergirse, *de lleno*, en la competencia por el acceso a puestos de decisión en el gobierno. ENH120597 **13 sumirse**: ...que han abandonado, si es que lo tuvieron alguna vez, cualquier tipo de fundamentalismo filosófico, para sumirse *de lleno* en el discutible placer de las «combinazione» electorales. ABC041292

C VERBOS QUE DENOTAN CONTACTO, IMPACTO, ALCANCE O COLISIÓN EN DIVERSAS FORMAS Y GRADOS. TAMBIÉN CON OTROS QUE DESIGNAN CIERTOS MOVIMIENTOS IMPETUOSOS DIRIGIDOS CONTRA ALGO O ALGUIEN: **14 dar** ++: Las gacetas, las radios y otros cascos y casquillos (de bala rasa) dispararon sin saber cómo alcanzar a Pujol, sin dar *de lleno* en la diana catalana. LVE081195 **15 impactar** +: ...una crisis financiera internacional que impacta *de lleno* sobre sus economías. CLA030199 **16 alcanzar** +: ...la bomba-lapa, colocada bajo el vehículo de nuestras vidas, alcanzaba *de lleno* el corazón de Tita y salpicaba de metralla a todos nuestros corazones llenándoles de un dolor irreparable. CAN241100 **17 caer** +: ...lleva a los descubrimientos de utilidad para los demás hombres, y, por lo tanto, a caer *de lleno* en la abstracción, que es lo que empieza a cultivar el espíritu. ABC070495 **18 embestir**: ...ha abandonado momentáneamente su «escondite» en la localidad alemana de Colonia para defender, una vez más, sus teorías y embestir *de lleno* contra la Medicina tradicional... EME300995 **19 acertar**: Quien ha acertado *de lleno* es el Festival Mozart de Madrid al cerrar su edición de este año con «Der Freischütz», la obra maestra de Carl Maria von Weber... ABC180693 **20 golpear**: ...fueron golpeados *de lleno* por la camioneta y sus cuerpos, tras el golpe, fueron arrojados a varios metros del lugar, según informó la Policía. CLA030297 **21 salpicar**: En Buenos Aires, el proceso avanza sobre los ministros de Menem sin haber salpicado aún *de lleno* al Presidente... CLA110199

D VERBOS QUE DENOTAN UBICACIÓN O PERTENENCIA. TAMBIÉN CON OTROS QUE DESIGNAN EL PROCESO DE PASAR ALGO O ALGUIEN A FORMAR PARTE DE OTRA COSA: **22 pertenecer** ++: Los libros II y III, escritos por un Monteverdi aún veinteañero, pertenecen aún *de lleno*, en su estilo «a capella», al mundo del madrigal renacentista... ABC070593 **23 situarse** ++: Este apunte etimológico nos sitúa *de lleno* en la problemática psicológica subyacente a la prisa... LVE110795 **24 incorporarse** +: ...debió renunciar, para incorporarse *de lleno* a la disidencia. HOY110784 **25 inscribir(se)**: «El temps i l'habitació» se inscribe *de lleno* en el llamado «teatro de los procesos de la conciencia» del autor... LVE141096 **26 insertarse**: La encíclica se inserta *de lleno* en uno de los debates más candentes de la modernidad... EME310395 **27 integrarse:** Un año después se integró *de lleno* como conductor permanente. LNC161100

E VERBOS QUE DESIGNAN LA ACCIÓN O EL HECHO DE AFECTAR ALGO A OTRA COSA O TENER ALGUNA PARTICIPACIÓN EN SU NATURALEZA O EN SU DESARROLLO: **28 tocar ++:** El negocio del tráfico de automóviles de lujo robados le toca *de lleno* a Andalucía. EPE090999 **29 incidir ++:** ...algunas instituciones han iniciado una feroz carrera de ventas que ha incidido *de lleno* a la siderúrgica española... LVE230395 **30 entroncar +:** En esa misma línea, el panteísmo sentimental con que Pessoa –«soy un pagano decadente»– realiza en variadas metafísicas su fusión con la Naturaleza, entronca *de lleno* en aquel ambiente que J. K. Huvsmans describió por boca de un personaje de «Lábas». ABC221295 **31 ocuparse:** ...de unas desafortunadas circunstancias y malentendidos, los cinco restantes se ocupan *de lleno* y de forma minuciosa de la lucha. ABC170395

☐ Véase también: **de plano, de pleno.**

de lo lindo *loc.adv.* ▮ Es propia de la lengua coloquial. Se construye con la forma verbal *pasarlo* y con diversos verbos de acción *(Lo pasamos de lo lindo; Hemos comido de lo lindo).* También admite muchos otros verbos que designan actividades, en el sentido de procesos sin fin natural *(caminar, cantar, escribir, beber, conducir, empujar)*, pero destacan especialmente sus combinaciones con...

A VERBOS QUE DESIGNAN EL PROCESO DE DIVERTIRSE, ASÍ COMO CIERTAS ACCIONES EXPANSIVAS QUE LO PROVOCAN DE FORMA CARACTERÍSTICA. TAMBIÉN CON ALGUNOS QUE EXPRESAN OTRAS FORMAS EN LAS QUE SE EXPERIMENTA ALGÚN PLACER: **1 divertirse ++:** Aunque dice que hasta ahora se ha divertido *de lo lindo*, está consciente de que tendrá que trabajar duro para que todo salga como ella quiere. CAR290997 **2 disfrutar ++:** Los niños disfrutaron *de lo lindo* con la original iniciativa, que contribuyó también a introducir a los chavales en los misterios de la ciencia. EME110294 **3 reír(se) +:** Al menos tres de las piezas recibidas me hicieron reir *de lo lindo*, en días que no daban alegrías informativas... EPE071101 **4 gustar –:** ...con Laura Conejero y Jordi Boixaderes en los papeles principales; gustó *de lo lindo* en el Teatre Grec, y se le puede augurar largas noches de triunfo en el Paralúlel. LVE270895 **5 bailar:** ...hubiera podido darse un chapuzón y bailar *de lo lindo* rodeado de presidentes y asistentes más cercanos... RUM171197

B VERBOS QUE DESIGNAN DIVERSOS COMPORTAMIENTOS QUE SE CONSIDERAN EQUIVOCADOS O INAPROPIADOS: **6 desbarrar:** ...llevando la contraria al mismísimo autor de los «Heterodoxos españoles», desbarró *de lo lindo* en una impertinente interpretación de la historia de España. LRE280103 **7 desparramar:** Bien, eso del hedonismo es una forma elegante de decir que con el tecno todo el mundo se desparrama *de lo lindo.* EPE080899 **8 pecar:** ...una vez inmerso en la pecaminosidad y agotando con saña el contenido de cada uno de los siete pecados capitales, se podía seguir pecando *de lo lindo.* EPE050700 **9 remolonear:** Así se entendería mucho mejor que quienes están obligados a cumplir determinadas funciones, remoloneen *de lo lindo* antes de proporcionar aquello a lo que el ciudadano tiene derecho. EPE300499 **10 regodearse:** ...me regodeé *de lo lindo* ante la perspectiva de pasarme la santa tarde sabatina leyendo a mis anchas. INF010896 **11 lucrarse:** ...en el mundo de las compañías aseguradoras, que se lucrarán *de lo lindo* a partir de ahora. EPE120899 **12 enriquecerse:** Y, mientras tanto, al parecer, ellos se enriquecían *de lo lindo.* EME140196

C VERBOS QUE DESIGNAN LA ACCIÓN DE EMPEÑARSE O ESFORZARSE ALGUIEN EN UNA TAREA. TAMBIÉN CON OTROS QUE MANIFIESTAN EL PROCESO DE SOPORTAR ALGO O EXPERIMENTAR CIERTAS SENSACIONES NEGATIVAS: **13 sufrir ++:** ...en el que perdieron por solo 3 a 2 después de hacer sufrir *de lo lindo* a los germanos. CLA030497 **14 trabajar ++:** Recuperó, para ejercer la presión, los metros que antes había consentido y Baia empezó a trabajar *de lo lindo.* EME241196 **15 sudar +:** Antic y Paco Seirulo hicieron sudar *de lo lindo* a unos jugadores que, pese al relevo técnico, no ofrecieron ni una sola muestra de optimismo... LRE040203 **16 aburrirse +:** ...y nos va a dar tiempo a aburrirnos *de lo lindo*, a sentirnos agobiados y a aumentar nuestra presión competitiva... EPE150900

D VERBOS QUE DESIGNAN AGRESIONES, A MENUDO INTENSOS: **17 pegar +:** ...le esperaron a la salida, le cogieron entre unos cuantos y le pegaron *de lo lindo.* INDOC **18 arrear +:** ...recuérdese a Michael Douglas y Kathleen Turner arreándose *de lo lindo* en cada escena... EME050294 **19 zurrar +:** Pero es el degenerado, poseedor de una rapidez endiablada, el que le zurra *de lo lindo* al español. EME101196 **20 sacudir:** ...donde una plaga de abejas sacude *de lo lindo* a la población. LVE021196

E VERBOS QUE DENOTAN ACTIVIDAD VERBAL O EMISIÓN DE SONIDO VOCAL, NO NECESARIAMENTE ARTICULADO: **21 largar +:** ...que sin embargo no han abierto la boca para nada, y los hay aficionados a largar *de lo lindo*... EME230695 **22 gritar +:** ...se gritaba *de lo lindo*, como si se diera por supuesto que el humor español consiste en decirlo todo berreando... EPE050700 **23 rajar:** ...en cuanto corrillo se armaba por ahí, todos al unísono rajábamos *de lo lindo* de cada una de las pobres niñas... SEM131100 **24 payar:** Payaron *de lo lindo.* Además, Curbelo dedicó una milonga a su amigo Ayrala. CLA240497 **25 trinar:** El «cantante que vende más discos del mundo» se creció en la pelea y se puso a trinar *de lo lindo...* EME300695

F VERBOS QUE DENOTAN ALARDE O MANIFESTACIÓN DE CUALIDADES, HABILIDADES O MÉRITOS. TAMBIÉN CON OTROS QUE DESIGNAN DIVERSAS ACTIVIDADES QUE REQUIEREN DESTREZA: **26 presumir:** Es buen jugador, y desde luego presume *de lo lindo* de serlo. INDOC **27 jugar:** ...comenzó a jugar *de lo lindo*, a entusiasmar a todo el mundo, tanto si jugaba con su selección como si lo hacía en el Barcelona. LVE151296 **28 lucirse:** En ésta, que es inédita en los cines españoles, hay mucha música y muy buena, y Doris se luce *de lo lindo.* LVE021195

de los pies a la cabeza Véase: **de pies a cabeza**

de mal en peor ♦ **andar, ir**

de mal grado Véase: **de buen grado**

demanda ▮ *(petición)* ♦ **abrumador, acorde (con)[16], acuciante[16], alto, apremiante[23], bajo, bueno, creciente, desmedido[87], desmesurado[71], desorbitado[9], enérgico, enorme, febril[17], fuerte, gran(de), imperioso[12], injusto, insistente, intenso, interno, justo, legítimo, multitudinario, nuevo, reiterado, severo, social, unánime** ♦ **a la medida (de)[15]** ♦ **ascenso (de), aumento (de), disminución (de), falta (de), lluvia (de)[18], reducción (de)** ♦ **abatir(se)[13], amoldar(se) (a)[47], asumir[59], atender, aumentar, avalar[35], avivar[28], bajar, caer, canalizar[25], crecer, cubrir, decrecer[11], desatender[3], desoír[16], detectar[28], disminuir, escuchar, existir, formular[11], incrementar(se), mantener(se), negociar[35], oír, plantear[55], reactivar(se), reanimar(se), reducir, redundar (en)[31], repuntar, revitalizar, saciar[20], satisfacer, soslayar[20], subir, tener**
▮ *(querella)* ♦ **civil, colectivo, judicial, legal, legítimo, público** ♦ **admitir, contraer(se), desestimar, desglosar[27], dilucidar[60], dinamizar(se), emprender, entablar[33], formular[11], incoar, iniciar, instaurar[24], interponer, llevar adelante[42], paralizar(se), plantear[55], poner, presentar, promover, prosperar[18], quitar, recibir, resolver, responder (a), retirar, retraer(se), sustentar(se), tramitar[7]**
□ Véase también: **clamor, encargo, exigencia, petición, ruego, solicitud, sugerencia.**

DEMANDA Véase: SOLICITUD

demandar ♦ **enérgicamente[19], firmemente, judicialmente, penalmente, públicamente**
□ Véase también: **impetrar, pedir, preguntar, rogar, solicitar.**

de mano ♦ **bolsa, bolso, cartera, equipaje, freno, granada**

de mano en mano ♦ **circular, correr, ir, llevar, pasar, recorrer, volar**

demarcar ♦ **área, frontera, límite, línea, propiedad, territorio, zona,** *otros sustantivos de lugar*
□ Véase también: **delimitar.**

de mayor a menor ♦ **agrupar, citar, clasificar, colocar, disponer, distribuir, ir, mencionar, numerar, ordenar**

de medio a medio ♦ **cambiar, contradecir(se), equivocarse, errar, fallar**

de memoria *loc.adv.* ▮ Se combina con...
A VERBOS QUE DENOTAN POSESIÓN O ADQUISICIÓN DE CONOCIMIENTO: **1** saber ++: ...como un niño grande que parecía perdido en una casa que se sabía *de memoria.* LRE170103 **2** conocer ++: Mientras los argentinos conocen *de memoria* la alineación de su seleccionado, desde el arquero hasta el ataque... LHG260700 **3** aprender ++: No se trata de aprender *de memoria* todos los datos de un país del otro lado del continente. EME011295
B VERBOS QUE DENOTAN REPRODUCCIÓN O RECUERDO DE ALGUNA INFORMACIÓN: **4** recitar ++: ...como homenaje a Faulkner, se puso entonces de pie y con largas zancadas alrededor de la mesa recitó *de memoria* el monólogo de Benji... CLA240199 **5** citar ++: ...que citaba *de memoria* el viejo y Nuevo Testamento, sabía esta epístola que dice que «el que no ama a su hermano, que ve, no puede amar a Dios, que no ve». LVE120196 **6** repetir ++: Los buenos porteños pueden repetir *de memoria* los nombres de esos cerros. HOY050586 **7** recordar: ...y se complacía en recordar *de memoria* fragmentos del «Concierto 27» de Mozart o de otros. LVE180195 **8** enumerar: ...enumera *de memoria* una docena de sucesos recientes, como el de un chico que le tiró las gafas a un profesor de un manotazo... EPE281001 **9** reconstruir: Su autor es Albert Gasulla, que ha reconstruido *de memoria* los chistes reunidos en el libro... LVE191195 **10** reproducir: Le pregunté qué hacía y me explicó que reproducía *de memoria* una partida entre dos aficionados que había visto el día anterior. EPE030999 **11** copiar: Y el resto se tiene que conformar con copiar, *de memoria,* el libro que realmente quería escribir y del que apenas se acuerda. LVE311095
C OTROS VERBOS DE LENGUA: **12** hablar +: Confío en que, al enjuiciar las tres biblias, el autor del artículo las haya estudiado a fondo y no hable *de memoria* o las conozca sólo por los títulos. EPE260199 **13** nombrar: Te puedo nombrar *de memoria* los 22 jugadores. CLA310501 **14** soltar: Me soltó *de memoria* toda la lección. INDOC **15** decir: Como un flan, su conductor no ha sabido decir *de memoria* la matrícula. EME140595 **16** contar: Como muchas de las anéctodas las conoce de oídas y las cuenta *de memoria,* dice: «Les ruego que me corrijan». EME190696
D VERBOS QUE DESIGNAN LA EJECUCIÓN DE DIVERSAS ACTIVIDADES, MÁS FRECUENTEMENTE LAS ARTÍSTICAS O LAS DEPORTIVAS QUE REQUIEREN EL SEGUIMIENTO O EL CONOCIMIENTO DE ALGUNA PAUTA: **17** jugar: El Alavés, con él, juega *de memoria,* con una presión que empequeñece a sus rivales y un sistema solidario. EPE031201 **18** dirigir: Al respecto, es digno de señalarse que no es común que un director –aún los que dirigen *de memoria* las sinfonías de gran repertorio–... EPU041001 **19** escribir +: Tomé dos decisiones: escribir *de memoria* y abarcar toda mi vida: setenta años. Pero en el fondo subyace algo más serio: decir siempre la verdad. LVE220296 **20** ejecutar: Sólo el carácter amistoso del encuentro permitió al seleccionador la salida de un guion que sus hombres ejecutan *de memoria* y que los ha situado en la antesala de la Eurocopa. LVE190195 **21** interpretar: Maria João Pires (Lisboa, 1944) comenzó a tocar el piano a los tres años, interpretando *de memoria* las piezas que entonces estudiaba su hermana mayor. EPE230900
□ Véase también: **al dedillo, al pie de la letra, de carrerilla, de corrido, literalmente.**

demencia ♦ **acentuado, aparente, avanzado, exacerbado, inconcebible, leve, moderado, monumental, político, profundo, progresivo, senil, severo, total, transitorio, vascular** ♦ **ataque (de), caso (de), causa (de), crisis (de), cuadro (de), grado (de), signo (de), síntoma (de)** ♦ **acentuar(se), agravar(se), alegar, arrastrar (a), atribuir (a algo), bordear, caer (en), causar, curar(se), desembocar (en), diagnosticar, fingir, padecer, producir, rayar (en), rozar, sufrir, tipificar**
□ Véase también: **locura.**

DEMENCIA Véase: LOCURA

de menor a mayor Véase: **de mayor a menor**

de miedo ▮ *(de terror)* ♦ **ambiente, ataque, atmósfera, cara, cine, clima, cuento, historia, novela, película** ♦ **cagar(se), descomponer(se), encoger(se), morir(se), temblar**
▮ *(muy bien)* ♦ **estar, pasárselo, sentar (a alguien)**
☐ Véase también: **miedo.**

de milagro ♦ **aguantar, conseguir, escapar, estar vivo, huir, librarse, mantener(se), obtener, resistir, salvarse, sobrevivir, vivir**
☐ Véase también: **casualidad.**

de misterio ♦ **aire, aura, cine, halo, novela, película, relato, tono**
☐ Véase también: **misterio.**

de {mi/tu/su...} puño y letra *loc.adv./loc.adj.*
▮ Se combina con...

A VERBOS QUE DESIGNAN LA ACCIÓN DE REDACTAR UN MENSAJE, ASÍ COMO OTRAS ACCIONES QUE SE HACEN EFECTIVAS AL COMPONERLO O QUE SE PERSIGUEN CON ÉL: **1 escribir ++**: ...Seamus Heaney le escribió de su *puño y letra.* PME010996 **2 redactar ++**: Como reacción, Posse redactó de *puño y letra* un texto de renuncia a su cargo nacional. CLA240497 **3 anotar +**: Dicha hoja contenía un apartado que se llamaba «Resolución» y en él el propio Manglano anotaba de su *puño y letra* las decisiones... EME101295 **4 poner +**: Emilio Botín puso el precio a Banesto de su *puño y letra...* EME270494 **5 contestar:** Contestamos a cada una de *puño y letra.* EME081296 **6 copiar:** Copiaron durante décadas de su *puño y letra* los ingredientes y las recetas de los platos habituales, que con el tiempo forman ya parte del patrimonio cultural. EPE190199 **7 rellenar:** Emilio Botín rellenó la oferta de su *puño y letra.* EME270494

B VERBOS QUE DESIGNAN LA ACCIÓN DE FIRMAR UN DOCUMENTO: **8 firmar ++**: Nahnah ha firmado de su *puño y letra* ese compromiso. LVE261095 **9 estampar +**: Tras el recorrido, el monarca firmó en el libro de honor del museo, estampando de su *puño y letra* su felicitación... EME020694 **10 rubricar:** ...el 24 de febrero se alcanzó un acuerdo que el propio Roldán dio por «leído y aprobado», rubricándolo de su *puño y letra.* EME010395 **11 signar:** ...signa de su *puño y letra* las cartas... LVE150195 **12 consignar:** Ayer exhibió un escrito en el que consigna, de su *puño y letra* (...), que es consejero de Denver Internacional. EPE060399 **13 autentificar:** ...el escenógrafo, nos ruega encarecidamente que no juzguemos ese espectáculo como uno más de Strehler, como si el maestro lo hubiese autentificado, de su *puño y letra...* EPD280198

C OTROS VERBOS; POSIBLES USOS ESTILÍSTICOS: El primer «single», «Pero a tu lado», surge de su *puño y letra,* dedicado a su hija. EME150995; ...dejó huellas de papel de su *puño y letra.* EME240694

D SUSTANTIVOS QUE DESIGNAN TEXTOS, DOCUMENTOS Y OTROS OBJETOS DE INFORMACIÓN, ASÍ COMO ALGUNOS DE SUS COMPONENTES Y SUS SOPORTES GRÁFICOS O DE OTRO TIPO: **14 anotación ++**: A la izquierda, anotaciones de *puño y letra* de McBride comentando el fallo de Días de Aguiar. CAP270696 **15 carta +**: ...las FARC enviaron a las madres de los 60 soldados fotografías de sus hijos y cartas de su *puño y letra.* DLA060297 **16 nota +**: Además, se encontró la tarjeta de presentación de Yabrán con una nota al dorso, de su *puño y letra...* ENH250697 **17 corrección +**: Los versos fueron descubiertos en un diario de ésta, manuscritos por ella y con correcciones de *puño y letra* de Juan Ramón. EME130595 **18 artículo:** Pero Pavarotti, en un artículo de su *puño y letra* publicado ayer (...) salía ayer al paso de las objeciones en los siguientes términos. EPD180697 **19 documento:** A este respecto, Villegas le entregó a la Fiscalía dos documentos manuscritos, uno de *puño y letra...* SEM210197 **20 declaración:** Pero el pasado 3 de septiembre, una detallada declaración anónima –de *puño y letra* en varios folios– sobre cómo se mató a Cools relanzó el caso. EME150996 **21 manuscrito:** ...ha mantenido en sus múltiples comparecencias (...) las acusaciones que hizo en un primer momento contra Serrano, y que están recogidas en el el manuscrito de su *puño y letra...* EME310594 **22 escritura:** Hablando de anclarse en el pasado, ¿todavía apela a la escritura de *puño y letra*? LHG130297 **23 informe:** ...Martínez Torres en un informe de su *puño y letra* de enero de 1985 llegó incluso a imputar el atentado a «la propia ETA o a grupos de extrema derecha»... EPE100699 **24 original:** El acto se completó con la inauguración de una pequeña muestra, en dos vitrinas, con las cartas conservadas por Cela de diversos escritores españoles (...) y los originales de su *puño y letra...* EPD181197

E OTROS SUSTANTIVOS; POSIBLES USOS ESTILÍSTICOS: ...todas las actuaciones son de mi *puño y letra...* LEC120696
☐ Véase también: **a mano.**

democracia ♦ **atentatorio (contra)[23], auténtico, débil, frágil, fuerte, incipiente, inestable, lesivo (para), leso[4], nuevo, paritario[18], participativo, pleno, real, representativo, verdadero** ♦ **a favor (de), al abrigo (de), en, por** ♦ **camino (a), ejemplo (de), falta (de), período (de), triunfo (de)** ♦ **afianzar(se)[40], alcanzar, apoyar, apuntalar, asegurar, atentar (contra), conquistar[20], consolidar, construir, defender, exigir, fortalecer, garantizar, instaurar, luchar (por), pedir, peligrar, preservar, promover, recuperar, reinstaurar, renovar, socavar[11], subvertir, venirse abajo, vivir (en)**

democráticamente *adv.* ▮ Se combina con...

A VERBOS QUE DESIGNAN LA ACCIÓN DE INCLINARSE POR UNA OPCIÓN, MÁS FRECUENTEMENTE LA DE PROCLAMAR A ALGUIEN PARA EL DESEMPEÑO DE ALGUNA TAREA: **1 elegir ++**: Expresó, no obstante, que «hay una satisfacción mayor que es la de entregar el poder a un presidente elegido *democráticamente*». LNC081296 **2 decidir ++**: Por otra parte, como en buena hora en nuestro sistema el voto no es obligatorio, la gente decide libre y *democráticamente* si ejerce o no ese derecho. ETC010690 **3 escoger:** Jordi Portabella, portavoz de la ejecutiva, insistió ayer en que «en este proceso las bases escogen *democráticamente* a sus candidatos». LVE290995 **4 desig-**

nar: Al amanecer del 23 de mayo comenzaría a sentarse un precedente histórico en la forma de designar *democráticamente* a un candidato a la Presidencia. HOY271097 **5 nombrar:** Aquí no hay ni un duro a repartir, nadie cobra nada, los jurados se nombran *democráticamente*, cambian en buena medida todos los años... EPE090499 **6 seleccionar:** ...exigiéndoles que efectuaran «a la brevedad posible» una asamblea para seleccionar *democráticamente* al candidato priísta a la gubernatura. PME011296

B EL VERBO *VOTAR* Y CON OTROS QUE DESIGNAN LA EXPRESIÓN DE UNA OPINIÓN O UN PARECER: **7 votar ++:** Porque es un premio que lo dan los lectores votando *democráticamente* sus preferencias entre las novelas editadas en el año. ENC130599 **8 expresar(se) +:** ...su madurez política hace innecesarias las limitaciones que existían para el ejercicio de su voluntad, expresada *democráticamente* en las elecciones. ETC110187 **9 exponer:** Sin embargo, a juicio de Ivonne Attas «lo positivo de esta discusión fue que cada quien pudo exponer *democráticamente* su punto de vista». EUV070497 **10 pronunciarse:** «He querido que el partido se pronuncie *democráticamente* en cada instancia». EPE230399 **11 declarar:** ...Colom destacó que, con el nuevo Código Penal, ya no es delito que el Parlament declare *democráticamente* la soberanía política de Cataluña... LVE091195

C VERBOS QUE DENOTAN ACEPTACIÓN. TAMBIÉN CON OTROS QUE DESIGNAN DIVERSAS ACCIONES DIRIGIDAS A ESTABLECER ALGUNA COSA, DARLE CARTA DE NATURALEZA O DOTARLA DE VALIDEZ: **12 aceptar +:** ...en contra del deseo de Havel, que abogaba por la federación, pero que aceptó *democráticamente* la voluntad popular adversa. ABC050595 **13 legitimar +:** ...un programa de diálogo con la oposición que permita ir a unas elecciones legislativas para legitimar *democráticamente* el sistema. LVE241095 **14 establecer +:** La realidad (...) fue muy distinta; consistió en una lucha fratricida del anarquismo (...) contra la República *democráticamente* establecida. LVE020696 **15 aprobar:** ...nadie puede estar por encima del Estado ni sus leyes, decretos y resoluciones, estas últimas aprobadas *democráticamente*, de común acuerdo con todos los sectores... DED010297 **16 justificar:** Es decir, los poderes existentes en un Estado (...) sólo se justifican *democráticamente* si han sido elegidos por todos aquellos que forman parte de su sociedad... EPE250299 **17 acatar:** ...la razón del destacado dirigente socialista, que *democráticamente* debió acatar el pronunciamiento casi unánime de los componentes del comité ejecutivo. LEC220796 **18 constituir:** Es como se viene haciendo en los Estados Unidos, que fue el único país que se constituyó *democráticamente* desde el principio. EPE290899 **19 conformar:** ...reducir a quien infrinja todo orden jurídico que sea expresión de la voluntad social dominante, *democráticamente* conformada. LVE230795

D VERBOS QUE DENOTAN ADOPCIÓN O APLICACIÓN DE MEDIDAS, MUY FRECUENTEMENTE DE CARÁCTER ORGANIZATIVO, Y ESPECIALMENTE SI APORTAN CAMBIOS O MODIFICACIONES EN ALGUNA ACTIVIDAD: **20 transformar +:** ...aspiran a transformar *democráticamente* el sistema social capitalista hacia metas socialistas. LVE140796 **21 organizar +:** ...hay, en todo caso, adversarios que, además, son imprescindibles para que la sociedad, que es plural y diversa, se organice *democráticamente*. EPE231299 **22 articular:** ...exigir, además, que todas ellas se articulen *de forma democrática* es un dislate, pues las pretensiones de totalidad convierten la democracia en un régimen totalitario. LVE280595 **23 reformar:** La propuesta del ministerio de Asuntos Sociales responde a tres objetivos: reformar *democráticamente* la institución... LVE020396 **24 regular:** ...un cambio del ordenamiento legal que habrá de ser regulado *democráticamente*. INDOC **25 aplicar:** ...una actuación firme y responsable de los grupos de oposición que teníamos mayoría y que la apliquemos *democráticamente*. LVE230595

E VERBOS QUE DESIGNAN EL LOGRO DE UNA META O LA OBTENCIÓN DE UN RESULTADO VICTORIOSO EN UNA COMPETICIÓN: **26 vencer +:** Hace unos días, el pueblo de Sudáfrica logró vencer *democráticamente* la opresión blanca durante 342 años. LVE190594 **27 ganar +:** ...«ante la imposibilidad de ganar *democráticamente* adaptan la ley a lo que les da la gana». LRE010203 **28 alcanzar +:** ...explicaba que su deseo es alcanzar *democráticamente* un sistema legislativo islámico. LVE301195 **29 llegar al poder:** ...el abanico de posibilidades de alianzas que le permitan llegar *democráticamente* al poder que ejerció dictatorialmente entre 1971 y 1978. ENH030697

F VERBOS QUE DENOTAN GOBIERNO O DIRECCIÓN DE UN ASUNTO O UNA COLECTIVIDAD: **30 gobernar +:** Por eso mis queridos jóvenes de Guatemala: suspended en esta hora de crisis política todo vuestro magnífico alarde de vida juvenil a la que volveréis cuando la república esté gobernada *democráticamente*. LHG220597 **31 liderar:** Nosotros queremos un Gobierno unitario que agrupe a todas las fuerzas políticas, sin exclusiones, capaz de establecer una unidad de acción, que lidere *democráticamente* la Intifada. EPE161001 **32 gestionar:** Su decisión de gestionar *democráticamente* la policía, por departamentos, le ha convertido en pionero y referente... CAN241100 **33 regir:** La trágica muerte de Rabin revela también los complicados parámetros de una sociedad, la única que se rige *democráticamente* en toda la región... LVE061195

G OTROS VERBOS; POSIBLES USOS ESTILÍSTICOS: Sobre su exilio, el novelista comenta que el dolor del desarraigo se compensa con un intercambio cultural que te ayuda a profundizar *democráticamente* en tu vida y tus ideas. LVE070696

de molde ♦ letra, pan

demoledor *adj.*

▮ En su sentido literal acepta diversos sustantivos que designan instrumentos *(martillo, taladro)*, así como acciones o actuaciones violentas *(atentado, guerra)*. En su sentido figurado admite sustantivos de persona *(jugador, equipo)*, y otros que designan géneros y creaciones generalmente artísticas *(novela, prosa, cine, película)*, textos *(informe, documento, discurso, carta, escrito)*, datos *(resultado, dato, cifra, estadística)* y manifestaciones verbales o expresivas de muy diversa naturaleza *(palabra, frase, lenguaje, respuesta, testimonio, comentario)*. Destacan especialmente sus combinaciones con...

A SUSTANTIVOS QUE DENOTAN ATAQUE O AGRESIÓN, A VECES VERBAL: **1 ataque ++:** Si en su labor de vigilancia detectan algún compuesto que no reconocen, las células inmunitarias orquestan su *demoledor* ataque.

ABC191193 **2 crítica +:** Esta es la base de su *demoledora* crítica de la «función poética» de Jakobson. ABC221093 **3 golpe +:** Ussía acierta a ponerlos en su sitio, y es tan rápido en asestar el golpe *demoledor* como en ejercer el generoso rito del elogio entusiasta. ABC020695 **4 bombardeo:** ...en referencia al *demoledor* bombardeo por sorpresa de 1941 de la flota norteamericana en el Pacífico. EPE311200 **5 ofensiva:** La ofensiva del Ejército de Israel resultó fulminante y *demoledora.* LVE290996 **6 coz:** ...la propaganda se reducía a eslóganes vacíos (...), sin faltar los dicterios sonoros, las coces *demoledoras* y las zancadillas satánicas. ESH050297

B SUSTANTIVOS QUE DESIGNAN PENSAMIENTOS O ARGUMENTOS QUE SE EXPONEN PARA SUGERIR, CONVENCER, PROBAR O REBATIR ALGUNA INFORMACIÓN: **7 argumento ++:** Allí estaba él, serio, la mirada penetrante, la mente ágil, los argumentos *demoledores,* directos, fuertes. EXC200700 **8 razonamiento:** Para las tesis hasta ahora sostenidas por el Ejecutivo, este tipo de razonamiento es *demoledor.* LVE210295 **9 contrarréplica:** ...Sartre insertó una contrarréplica *demoledora,* en apariencia concluyente... LVE100596 **10 proposición:** ...es probable que se le conozca más por sus *demoledoras* proposiciones contra las políticas económicas. LVE111095 **11 réplica:** ...no podemos negar que es una elocuente y *demoledora* réplica contra los fantasmas que nos han inoculado a todo lo largo y estrecho de esta historia. DLA060297

C SUSTANTIVOS QUE DESIGNAN EFECTOS O CONSECUENCIAS DE UNA ACCIÓN O UN PROCESO: **12 efecto ++:** Dicha campaña tuvo efectos *demoledores* en la psiquis de los guatemaltecos... LHG140797 **13 resultado +:** El resultado ha sido *demoledor* para la profesión médica alemana... DYM230796 **14 impacto +:** El impacto fue *demoledor,* no causó víctimas civiles ni heridos... EDV040599 **15 consecuencia:** Dos años después las consecuencias han sido *demoledoras.* LVE121195

D SUSTANTIVOS QUE DENOTAN ENERGÍA O ÍMPETU: **16 fuerza ++:** En contrapartida, los galos carecen de ejército estable y revelan una fuerza *demoledora* cuando se alzan en armas... EME191096 **17 furia:** ...la furia del débil resulta aún más *demoledora* que el salvajismo de los primitivos. LVE100595 **18 potencia:** ...si hubiera una guerra, la potencia de nuestro fuego sería *demoledora.* EME111095

E SUSTANTIVOS QUE DESIGNAN EL RESULTADO DE ANALIZAR O EXAMINAR ALGUNA COSA: **19 análisis +:** De sus efectos, Carmen Tomás e Ignacio Alonso han escrito un análisis *demoledor.* ABC180294 **20 estudio +:** ...Science publicó un nuevo estudio *demoledor* sobre los efectos del tabaco. EME241096 **21 retrato +:** El filme se convierte en un *demoledor* retrato de la España democrática. LVE070396 **22 conclusión +:** Ese documento de 179 páginas anota cincuenta conclusiones *demoledoras* para la gestión de Candau... LVE120596 **23 radiografía:** ...podría ser una *demoledora* radiografía del clima social del país. EME220394 **24 encuesta:** Porque aquí está la madre del cordero de esta *demoledora* encuesta para los intereses de los «populares»... EME291196 **25 balance:** El balance es *demoledor*: 200.000 personas muertas o desaparecidas. LVE190295

F SUSTANTIVOS QUE DENOTAN OPINIÓN, PUNTO DE VISTA O TOMA DE POSTURA ANTE UN ASUNTO: **26 opinión +:** Podríamos seguir enumerando opiniones *demoledoras,* porque no faltan. ABC110394 **27 juicio +:** Este *demoledor* juicio sobre la selectividad forma parte de los anuncios de una conocida escuela de negocios barcelonesa. LVE240995 **28 visión:** ...deviene además una sarcástica y *demoledora* visión de la América más provinciana... LVE210696 **29 diagnóstico:** Su diagnóstico es *demoledor*: los textos de estudio chilenos son claramente deficientes... HOY080997

G SUSTANTIVOS QUE DESIGNAN MANIFESTACIONES DEL HUMOR O LA COMICIDAD, ASÍ COMO ALGUNOS DE LOS RECURSOS QUE LOS PROPICIAN O DE LAS OBRAS EN QUE SE PONEN DE MANIFIESTO: **30 humor +:** El humor *demoledor* del sexteto pasa tanto por la sátira (...) como por el absurdo... LVE240196 **31 sátira +:** ...está dedicado a lo que serán las elecciones generales del próximo año 2000, con una sátira *demoledora* sobre los principales contendientes del momento... EME070296 **32 sarcasmo:** ...una extravagancia que todavía hoy sorprende por sus audacias estilísticas, su *demoledor* sarcasmo, su fantasía desbordante. LVE050895 **33 comedia:** Una comedia mucho más mordaz y *demoledora* de lo que aparenta, levemente emparentada con «La novia era él» por su trama... LVE200296 **34 farsa:** ...esta farsa *demoledora* e incisiva vendría a ser una versión yanqui y atolondrada de *La regla del juego...* LVE030395 **35 ironía:** Tampoco su peculiar ironía, tan aparentemente ingenua como *demoledora,* podía conciliarse con las exigencias de la censura. EPE281199 **36 comicidad:** ...un tema que admite las más extremas estilizaciones (...), pasando por la *demoledora* comicidad de los Monty Python. LVE231095 **37 caricatura:** ...Ruiz ideó una ambiciosa entrega de premios ful que (...) aspiraba a convertirse en *demoledora* caricatura de la doble moral. EPE201201

H SUSTANTIVOS QUE DESIGNAN EL RESULTADO DE UN ENFRENTAMIENTO O UNA COMPETICIÓN: **38 derrota +:** Si bien el PAN confía en revertir los resultados en la nueva ronda, su derrota ha sido *demoledora.* EPE101199 **39 triunfo:** El triunfo fue *demoledor* e imprevisible. PLG080796 **40 victoria:** Yo creo que al militar le interesa mucho más una victoria rápida, que puede ser tan contundente y tan *demoledora* como la guerra lenta. ABC150494

I SUSTANTIVOS QUE DESIGNAN LO QUE SE CONOCE CON SEGURIDAD O DEMUESTRA LA VERDAD DE ALGO. TAMBIÉN CON OTROS QUE EXPRESAN LA FORMA EN QUE SE ACREDITA O SE RATIFICA: **41 evidencia:** Pero la evidencia más *demoledora* a la hora de demostrar que la presencia de esta bacteria de forma helicoidal (...) no puede considerarse inocente... EME250595 **42 certeza +:** Es esa certeza *demoledora* la que consume a los héroes durassianos... EME050494 **43 constatación:** Rayito, a sus once años, es una *demoledora* constatación del niño prodigio que rasga las seis cuerdas de la española con habilidad incomparable. LVE010295 **44 prueba:** ...se vino abajo y acabó confesando porque las pruebas en su contra eran *demoledoras.* INDOC

☐ Véase también: **aplastante**.

[demonio] → a demonios

demonio ♦ ahuyentar[11], conjurar[5], creer (en), desenterrar[6], hablar (con), identificar, llevarse (a alguien), salir, vencer

☐ Véase también: **espíritu (de), fantasma**.

demora ♦ **alarmante, angustioso, continuo, desesperante, eterno, exasperante, excesivo, injustificado, inquietante, justificado, largo, molesto, recurrente** ♦ **con, sin** ♦ **intereses (de), motivo (de), tiempo (de)** ♦ **acusar, admitir, avisar (de), bajar, disculpar, evitar, excusar, experimentar(se), ir (con), justificar, llevar, padecer, permitir, presentar, prever, producir, provocar, registrar(se), subsanar[39], sufrir[25], tener**
□ Véase también: **alargar, aplazamiento, aplazar, atraso, espera, posponer, retrasar(se), retraso.**

demorar(se) ♦ **deliberadamente, en exceso, eternamente, excesivamente, indebidamente, indefinidamente, injustificadamente, interminablemente, justificadamente, temporalmente**

DEMOSTRACIÓN Véase:
♦ **acreditado, constatable, probatorio**
♦ **astucia, coartada, demostración, ejemplo, evidencia, exhibición (de), experimento, exposición, modelo, muestra, prueba, testimonio**
♦ **comprobar, constar, constatar, demostrar, exhibir, ilustrar, justificar, poner a prueba, probar, verificar**

DEMOSTRACIÓN
♦ (SUSTANTIVOS) Véase: **concluyente[A], dar[N], disuasorio[J], fehaciente[A], flagrante[G], honroso[I], irrebatible[B], irrefutable[A], luminoso[I], meridiano[C], palpable[A], rebatir[A]**
♦ (VERBOS) Véase: **abiertamente[A], a bocajarro[C], abrumadoramente[H], a ciencia cierta[C], a fondo[B], a las claras[A,B], a las mil maravillas[E], a lo grande[G], a pie juntillas[E], a voces[D], científicamente[A], con certeza[B], concienzudamente[F], con creces[F], con detalle[C], con éxito[G], con rotundidad[F], con todo lujo de detalles[B], crudamente[A], debidamente[A], de sobra[D], dignamente[H], elocuentemente[B], en persona[C], experimentalmente[A], fehacientemente[A,B,G], fugazmente[F], manifiestamente[B], ni de lejos[D], ni por asomo[D], nítidamente[B], ostensiblemente[H], por completo[E], reiteradamente[E], sin tapujos[C], sobradamente[E]**
□ Véase también: MUESTRA; PRUEBA; TESTIMONIO.

demostración (de) *sust.* ▮ Admite gran número de sustantivos, pero destacan particularmente sus combinaciones con los...

A SUSTANTIVOS QUE DENOTAN FUERZA, ÍMPETU O IMPULSO: **1 fuerza ++:** En una poderosa *demostración* de fuerza, el comandante de las tropas federales... EME060695 **2 fortaleza +:** Los coruñeses han comenzado el nuevo curso del mismo modo que acabaron el anterior: con una *demostración* de fortaleza en su estadio... EPE140900 **3 vigor:** Sólo un pueblo así puede dar una *demostración* de vigor colectivo como la que desencadenó el asesinato del concejal y rehén Miguel Angel Blanco. ETC170797 **4 vitalidad:** ...una asombrosa *demostración* de vitalidad política, excepcional en Venezuela si consideramos la situación en que se encuentran otros partidos políticos. EUV120996 **5 energía:** ...el ciclista donostiarra realizó una auténtica *demostración* de energía... LVE080696

B SUSTANTIVOS QUE DENOTAN PODER, DOMINIO O SUPREMACÍA: **6 superioridad ++:** ...los ha apartado a todos en una *demostración* de superioridad aplastante. LVE300495 **7 poderío +:** ...las *demostraciones* de poderío físico que el líder del Giro efectúa... LVE010694 **8 poder +:** ...Fujimori ha viajado a EE. UU. como una *demostración* de poder en medio de los rumores de golpe de Estado en su país. EPE300900 **9 autoridad:** El primer ministro británico John Major, en una inesperada *demostración* de autoridad, dio ayer casi literalmente un portazo a los líderes del ala derecha de su partido... LVE020294 **10 autoritarismo:** Lo regular es el aprovechamiento material que se pueda obtener por mínimos favores o la aplicación irracional de la fuerza como *demostración* de un autoritarismo medieval. ESP110997 **11 grandeza:** Indurain y Arantxa ofrecieron ayer una viva *demostración* de la grandeza del deporte... EME090795

C SUSTANTIVOS QUE DESIGNAN DIVERSAS FORMAS DE INCLINACIÓN HACIA LAS PERSONAS O LAS COSAS, MÁS FRECUENTEMENTE SI EXPRESAN AFECTO, ESTIMA O RESPETO EN DIVERSOS GRADOS: **12 afecto ++:** La *demostración* de afecto y cariño fue tan espontánea, sincera y afectuosa... EPE150977 **13 amistad +:** Oigan este diálogo con intermediarios acaecido justo después de que públicamente ambos hicieran pública *demostración* de amistad y respeto. EPE180700 **14 amor +:** Lo triste del caso es que esa *demostración* de amor es para padres de familia y amigos que salen a la calles a vitorear a sus hijos... LPH110996 **15 cariño:** Y a partir de este día, todos aquellos que pasen por la plazoleta, ya a colocar la *demostración* de su cariño por el cantor... EPU041001 **16 confianza:** ...esta fuerte *demostración* de confianza en el futuro se produjo durante los meses de mayor crispación política que ha vivido este país en los últimos años. LVE010795 **17 familiaridad:** En el orgulloso mundo corralero, tan orgulloso de sus tradiciones como de sus animales, regalar un caballo es una *demostración* de amistad y familiaridad. HOY280797 **18 respeto:** ...una *demostración* de respeto por parte de éstos que no es correspondido. EME060294 **19 ternura:** ...ET nos hace tantas *demostraciones* de ternura que tendríamos que ser monstruos, nosotros también, para no amarlo... CLA150199

D SUSTANTIVOS QUE DENOTAN ADHESIÓN, GENERALMENTE FIRME Y DECIDIDA, A LAS PERSONAS O LAS COSAS: **20 solidaridad +:** ...un paro general como *demostración* de solidaridad con los empleados del Ganadero... ETC140175 **21 apoyo +:** ...una firme *demostración* de apoyo de la Asamblea... DYM120996 **22 respaldo:** ...una *demostración* de respaldo a las acciones de... EME140496 **23 lealtad:** Inclusive algunos electores se divertían tanto en la votadera que sufragaban varias veces en una conmovedora *demostración* de lealtad y admiración... ENV010997

E SUSTANTIVOS QUE DENOTAN RECHAZO, REPULSA, CONDENA Y OTRAS FORMAS DE ACCIÓN HOSTIL: **24 repudio +:** El grupo Familiares y Amigos contra la Delincuencia y el Secuestro, FADS, surgió hace varios meses (...) como una *demostración* de repudio contra la violencia... PLG220197 **25 rechazo +:** ...una *demostración* de rechazo al proyecto de reforma educativa. EPE210399 **26 desprecio:** ...se asemeja mucho a una *demostración* de desprecio hacia las normas de un Estado de derecho. EPE100379 **27 repulsa:** ...fue una *demostración* de la repulsa que estos métodos provocan entre los ciudadanos.

LVE100595 **28 burla:** ...una ostensible *demostración* de burla por parte del gobierno. CAP181297 **29 protesta:** ...enardecen a los manifestantes durante la cotidiana *demostración* de protesta... LVE111296

F SUSTANTIVOS QUE DENOTAN ESFUERZO, CONSTANCIA O TESÓN: **30 voluntad ++:** Puede ser considerada como *demostración* de la voluntad de colaboración del Gobierno con la Justicia la contestación que el presidente dio en la escuela Jaime Vera... EME220295 **31 firmeza +:** ¿Es que las cosas han llegado a un punto en que necesita hacer una aparatosa *demostración* de firmeza? EME100195 **32 perseverancia:** ...el trabajo del profesor Michel Lagües, del Centro Nacional de Investigaciones Científicas (CNRS), es una brillante *demostración* de perseverancia y cooperación... ABC241293

G SUSTANTIVOS QUE DESIGNAN EL VALOR Y ALGUNAS DE SUS MANIFESTACIONES, GENERALMENTE FRENTE A SITUACIONES CONSIDERADAS ARRIESGADAS O PELIGROSAS: **33 coraje ++:** Hemos hecho una *demostración* de coraje... EPE281001 **34 valentía +:** ...no se debe considerar como una derrota, sino una *demostración* de valentía... EPE221299 **35 arrojo:** ...volvió a hacer una *demostración* de arrojo y profesionalidad... EME240594 **36 audacia:** ...la *demostración* de «la audacia con que se encara el proceso de articulación...». EPE111080 **37 valor:** ...estuvo constantemente al borde de la caída, en una *demostración* de valor. EME080595

H SUSTANTIVOS QUE DESIGNAN ACTITUDES O COMPORTAMIENTOS DE LAS PERSONAS, ESPECIALMENTE LOS QUE MANIFIESTAN SOBRIEDAD, RIGOR, BUEN JUICIO O EXACTITUD EN EL CUMPLIMIENTO DE LAS TAREAS O LAS OBLIGACIONES: **38 civismo:** Con esta *demostración* de civismo las Fuerzas Armadas ha cambiado su rol constitucional en beneficio del pueblo hondureño... LTH021297 **39 responsabilidad:** ...esperan que «esta *demostración* de responsabilidad (...) sea imitada por el resto de las compañías...». EPE170499 **40 seriedad:** Hemos dado una *demostración* de seriedad, pues están siendo procesados desde personal de tropa, suboficiales, oficiales hasta generales... EUV260696 **41 sutileza:** El cuento abre la serie reunida en el volumen titulado «El largo valle» (1938), y constituye una notable *demostración* de sutileza. LPA170592 **42 austeridad:** Los concejales del municipio Libertador de Carabobo, acordaron aumentarse la dieta, *demostración* de austeridad, de 260.000 bolívares a 450.000. EUV010996 **43 madurez:** En este aspecto, los resultados constituyen una alentadora *demostración* de madurez cívica y democrática... EPE170699

I SUSTANTIVOS QUE DESIGNAN CAPACIDADES, MÁS FRECUENTEMENTE LAS RELACIONADAS CON LA INTELIGENCIA, LA DESTREZA O LA CREATIVIDAD: **44 habilidad +:** ...con una *demostración* de habilidad con las riendas de su corcel andaluz... EPE250799 **45 talento +:** ...tuvo conciencia de estar asistiendo a una pasmosa *demostración* de talento. EPE050599 **46 inteligencia +:** Esta acción fue considerada entonces una *demostración* de fuerza e inteligencia. HOY130197 **47 destreza:** ...esta temporada lo han conseguido en cinco ocasiones, lo que supone una gran *demostración* de poderío y destreza... EPE151199 **48 maestría:** ...Alcolea entrega a fondo, ofreciéndonos sus seguidores de siempre, y a quienes se acerquen a su pintura por vez primera, una soberana *demostración* de su maestría. ABC131291 **49 imaginación:** ...es un fundamento musical fantástico: como escritura para violín, (...) como *demostración* de imaginación... LVE130196

J SUSTANTIVOS QUE DENOTAN REACCIÓN POSITIVA Y ENTUSIASTA ANTE LAS COSAS: **50 alegría +:** ...prohibió esta *demostración* de alegría y patriotismo. EME270395 **51 júbilo +:** ...observó la *demostración* de júbilo en la plaza de la Universidad... LVE191196 **52 entusiasmo +:** ...naturalidad hasta en su manera de recibir las *demostraciones* de entusiasmo por parte del público. ABC140593 **53 euforia:** Las *demostraciones* de euforia se repitieron cuando (...) se asomó al balcón... EPE031199

■ Se combina también con: ♦ **amplio, aplastante, auténtico, brillante, bueno, categórico, claro, concluyente[5], contundente, convincente, cruel, definitivo, eficaz, elocuente, empírico, espectacular, excelente, fehaciente[2], fiel, firme, formidable, fuerte, gran(de), impresionante, incontrovertible[2], inequívoco, insólito, irrebatible, irrefutable[5], ostensible[56], paladino, palpable[4], patente, pequeño, práctico, rebatible, riguroso, rotundo, simbólico, soberbio, sorprendente, verdadero** ♦ **sala (de)** ♦ **constituir, efectuar, hacer, impartir, incluir, necesitar, ofrecer, precisar, preparar, presentar, realizar, refutar**

demostrar

♦ **abrumadoramente[38], a ciencia cierta, a las claras[1], a toda costa, científicamente[1], con certeza[5], concluyentemente, con creces[32], convincentemente[1], de sobra[16], dignamente[33], documentalmente, ejemplarmente, elocuentemente[13], empíricamente, específicamente, experimentalmente[2], fehacientemente[1], insuficientemente, plenamente, por activa y por pasiva[3], públicamente, sin ningún género de dudas, sobradamente[15], suficientemente**

□ Véase también: **mostrar(se), probar, ratificar(se), verificar.**

demudar(se)

v. ■ Se combina con sustantivos de persona, más frecuentemente usado en forma participial *(La muchacha estaba demudada)*, y también con...

A SUSTANTIVOS QUE DESIGNAN EL ROSTRO O ALGUNAS DE SUS MANIFESTACIONES: **1 rostro ++:** El marido dijo la verdad con temor, con voz trémula y rostro *demudado.* LRE190103 **2 cara +:** Al veterano maestro, cuando le dijeron por teléfono que a su amigo Curro Vázquez le habían pegado un cornalón, se le *demudó* la cara, se puso blanco... EME110595 **3 semblante +:** Desde luego, a la inspectora Hernault se le acababa de *demudar* el semblante. EME190896 **4 gesto +:** Minutos después regresó con el gesto *demudado.* LVE110296 **5 expresión:** Todo el mundo notó que se le había *demudado* la expresión al recibir la noticia. INDOC **6 faz −:** ...debió pegarse un susto monumental pues se le *demudó* la faz. EPE130899

B OTROS SUSTANTIVOS; POSIBLES USOS ESTILÍSTICOS: La novela (...) es deprimente y al mismo tiempo hermosa por su *demudada* sencillez, que no va en detrimento de la hondura. LVE011295

□ Véase también: **desencajar(se).**

de necesidad

♦ **mortal** ♦ **momento, situación**

denegar *v.* ▮ Se combina con...

A SUSTANTIVOS QUE DENOTAN SOLICITUD O DESIGNAN OTRAS MANIFESTACIONES DE LA VOLUNTAD. TAMBIÉN CON ALGUNOS QUE EXPRESAN ACCIONES LEGALES GENERALMENTE ENCAMINADAS A RECONOCER UN DERECHO U OBTENER UN BENEFICIO. POR EXTENSIÓN, CON OTROS QUE DESIGNAN CIERTAS ACTUACIONES JUDICIALES QUE PUEDEN DERIVARSE DE ELLAS: **1 petición ++:** La Corte Federal *denegó* a Bush la petición de detener el conteo a mano... END141100 **2 solicitud ++:** ...el agente fiscal, Aroldo Barrios, presentó toda clase de excusas para *denegar* la solicitud... SVG110597 **3 reclamación:** La reclamación había sido *denegada* por el Tribunal Supremo... LVE111196 **4 suplicatorio +:** El Alto Tribunal invalidó una decisión del Parlamento que había *denegado* el suplicatorio... EME020895 **5 recurso +:** Maiorano hizo el jueves un recurso de reposición, ya que le fue *denegado* el primero. CLA200199 **6 pedido:** Honduras *denegó* el pedido de extradición a EE. UU. LTH170497 **7 alegación:** El Comité Español de Disciplina Deportiva, CEDD, *denegó* ayer las alegaciones presentadas por el Atlético de Madrid... PLG180197 **8 requerimiento:** Requerimiento que fue *denegado* al hacerse lugar a la defensa del ex banquero... CLA030797 **9 citación:** El Supremo se ha planteado tres hipótesis: *denegar* la citación de González, llamarle como imputado o que declare como testigo. LVE040996 **10 propuesta:** Denegada la propuesta de mantener los cinco institutos actuales. LVE220396 **11 proyecto:** ...la OPAMSS «no ha dado una respuesta favorable (a la compañía), ni tampoco ha *denegado* el proyecto». ESH061000 **12 proposición:** «Continúan *denegándonos* esa proposición», se lamentó ayer el publicitario. EPE220700

B SUSTANTIVOS QUE DESIGNAN ÓRDENES, PERMISOS O AUTORIZACIONES, MÁS FRECUENTEMENTE EN RELACIÓN CON LAS ACTUACIONES QUE SE MENCIONAN EN LOS APARTADOS *A* Y *G*: **13 permiso ++:** De estos, cuatro están autorizados por el MINSAP y a 22 les ha sido *denegado* el permiso de salida... GIC090300 **14 licencia ++:** Un vecino al que se le *denegó* una licencia después de presentar proyecto declaró contra los tres imputados. ENC280499 **15 autorización ++:** El representante de la inmobiliaria (...) *denegó* autorización para que la comitiva pudiera pisar su propiedad... FDV150601 **16 concesión ++:** Según los portavoces de los «sin papeles», a unos 117 –de los más de 300– se les ha *denegado* la concesión de asilo. LVE230896 **17 aprobación:** En 1993, 23 diputados conservadores rebeldes se alinearon con la oposición para *denegar* la aprobación del Tratado de Maastricht... EME040496 **18 orden:** El Tribunal de Instancia *denegó* la orden protectora y le ordenó descubrir todos los ingresos y gastos... END141100 **19 plácet:** El Gobierno, dijo, «se asustó» cuando Fidel Castro *denegó* el plácet al embajador José Coderch... LVE021296 **20 venia:** ...dado que esa venia ya fue *denegada* en anteriores oportunidades... EOU080297

C SUSTANTIVOS QUE DESIGNAN OTRAS ACTUACIONES OFICIALES, MÁS FRECUENTEMENTE LAS RELATIVAS AL MANTENIMIENTO O LA FINALIZACIÓN DE UN PROCESO JUDICIAL: **21 suspensión ++:** Denegada la suspensión cautelar de los programas extremeños en Canal Sur. EPE101001 **22 nulidad:** La Audiencia *deniega* la nulidad del caso De la Rosa y apoya al magistrado instructor. LVE290795 **23 aplazamiento:** Aplazamiento *denegado.* EPE101299 **24 archivo:** El instructor, que *deniega* tanto el archivo como la indefensión alegada por el recurrente... LVE220396 **25 prórroga:** Una vez agotadas las prórrogas, o *denegadas*, la alternativa es la objeción. EME160596

D EL SUSTANTIVO *DERECHO*, ASÍ COMO CON OTROS QUE EXPRESAN LA CAPACIDAD REQUERIDA PARA REALIZAR DIVERSAS ACTUACIONES DE ACUERDO CON LA LEY. POR EXTENSIÓN, TAMBIÉN CON LOS QUE DESIGNAN LOS DOCUMENTOS QUE ACREDITAN ESOS DERECHOS: **26 derecho ++:** ...aprobar una enmienda que *deniega* el derecho a la educación a los hijos de los inmigrantes ilegales... LVE220396 **27 asilo ++:** ...el Servicio de Inmigración *denegó* asilo a 2.356 guatemaltecos, mientras que lo otorgó a 847 connacionales... SVG020497 **28 visado ++:** ...suspender el título IV de la ley que *deniega* visados a los dirigentes... DLA150497 **29 expediente +:** ...aún está pendiente la revisión de los expedientes *denegados* y del cupo para este año. ENC140201 **30 residencia +:** El Tribunal Superior *deniega* la residencia a un eritreo que lleva en Bilbao siete años. EPE140299 **31 visa:** Además, el Gobierno chino también ha *denegado* la visa de entrada a los tibetanos miembros de la UNPO... EME050995 **32 estatuto:** Dos etarras, detenidos en Bélgica después de *denegarles* el estatuto de refugiados. LVE130196 **33 nacionalidad:** En agosto de 1999 el Registro Civil Central *denegó* la nacionalidad española a Wernli... EPE311001 **34 pasaporte:** ...suprimiendo la libertad de locomoción, *denegó* Pasaportes a nuestros Delegados... LHG190700 **35 titulación:** Un tribunal acaba de *denegar* tan alta titulación para un partido político. LVE240595

E SUSTANTIVOS QUE DENOTAN DESPLAZAMIENTO O TRANSFERENCIA DE PERSONAS O COSAS, GENERALMENTE COMO RESULTADO DE UNA DECISIÓN OFICIAL: **36 extradición ++:** Mientras, la embajada de EE. UU. anunció que apelará el fallo del juez Alvarado Crespo que *denegó* la extradición del ex militar haitiano. LTH170497 **37 devolución +:** El juez ha *denegado* la devolución a Javier de la Rosa de los objetos personales... LVE050595 **38 entrega +:** El anterior Gobierno *denegó* la entrega de los documentos a Garzón y al juez de San Sebastián... EME220596 **39 traslado:** Denegado su traslado en razón de los riesgos de un nuevo viaje –y en evitación de precedentes– su vacío se hace notar. EME241296

F SUSTANTIVOS QUE DENOTAN LIBERTAD O PUESTA EN LIBERTAD. TAMBIÉN CON OTROS QUE EXPRESAN LA CAPACIDAD DE ACTUAR SIN RESTRICCIÓN O COERCIÓN, ASÍ COMO LAS ACTUACIONES LEGALES QUE HACEN POSIBLES LOS ESTADOS DESCRITOS: **40 libertad ++:** ...la libertad de Braga, luego de haber sido solicitada y *denegada* en tres oportunidades. EOU080297 **41 indulto ++:** ...los argumentos en que basó su decisión de *denegar* el indulto pedido por los reos. LNC240796 **42 excarcelación +:** En esa oportunidad, Bagnasco aplicó el artículo (...), que permite *denegar* la excarcelación de un detenido... CLA170501 **43 liberación:** Sus respectivos abogados han pedido reiteradas veces su liberación, que fue sistemáticamente *denegada* por Pinsach. EME050494 **44 amnistía:** Deniegan amnistía a acusado de genocidio. LHG190397 **45 inmunidad:** Si los lores *deniegan* la inmunidad de Pinochet, se iniciará el trámite de extradición... CLA140199

G SUSTANTIVOS QUE DESIGNAN DIVERSOS SERVICIOS RELATIVOS A LA AYUDA O LA PROTECCIÓN QUE SE DIS-

PENSA A LOS INDIVIDUOS, A MENUDO EN LAS FORMAS ESPECÍFICAS DE ASISTENCIA QUE LA LEGISLACIÓN PREVÉ: **46 ayuda ++:** «También nosotros tenemos una Escuela de Letras –apunta– para la que habíamos pedido una ayuda que nos han *denegado*». ABC031195 **47 auxilio ++:** ...los médicos (...), que *denegaron* el auxilio a un hombre que sufrió un infarto a 60 metros del centro. LVE240295 **48 subvención ++:** ...el empresario al que Trabajo *denegó* una subvención para más tarde ser concedida a 50 empresarios... CAN230796 **49 indemnización ++:** ...reivindicado el derecho de una de las víctimas (...) a la indemnización que anteriormente se le había *denegado*. EPD270897 **50 pensión ++:** ...los juzgados de lo social también *denegaron* la pensión de invalidez... LVE191195 **51 amparo +:** ...la apelación del amparo *denegado* por la Sala Cuarta... PLG100996 **52 prestación +:** ...abonar a tres hermanos el importe de las prestaciones por desempleo que les *denegó* a partir del 1 de enero de 1996... LVE161296 **53 beca +:** ...sobre todo porque a mí, madre de seis hijos, me han *denegado* unas becas... ENC300301 **54 crédito +:** Caso Banesto: el banco ha comenzado a *denegar* créditos a empresas de su grupo. EME130194 **55 asistencia:** El hospital nunca *denegó* la asistencia a la mujer por tener el sida... EPE090499 **56 atención:** ...el intendente Aldo Rico dispuso *denegar* la atención a quien no acredite su pertenencia al municipio. CLA140199 **57 protección:** ...Atutxa, que negó que hubiera *denegado* protección policial al presidente del PP de Guipúzcoa. LVE250195 **58 servicio:** ...a base de *denegarles* servicios básicos, como la sanidad o el derecho a la educación de sus hijos. LVE011095

H SUSTANTIVOS QUE DENOTAN INGRESO O ADMISIÓN EN ALGO. TAMBIÉN CON OTROS QUE DESIGNAN EL INICIO DE ALGUNA ACTIVIDAD: **59 entrada +:** Denegar la entrada a Estados Unidos a los extranjeros, incluidos sus hijos menores... GIC031097 **60 apertura +:** Luego, la jueza federal María José Sarmiento *denegó* la apertura de la feria judicial... CLA140199 **61 inscripción +:** Incluso llega a declarar «no vigente» la decisión, cuando menos arbitraria, de *denegar* la inscripción a Canal Satélite... EPD091097 **62 admisión:** En mi caso, la UOC, me *deniega* la admisión para cursar la Diplomatura de Ciencias Empresariales... LVE061296 **63 ingreso:** La última afrenta se produjo hace un mes, cuando un club de tiro le *denegó* el ingreso. EME170396 **64 acceso +:** ...los medios de comunicación tienen *denegado* el acceso. LVE210895 **65 incorporación:** Pero, tras *denegar* ambas incorporaciones, el juez ha decidido ahora abrir juicio oral. EME140995 **66 instalación:** ...criticó que desde que se *denegó* la instalación del Leclerc en Salt... LVE150495

I SUSTANTIVOS QUE DESIGNAN OTRAS ACCIONES Y ACTUACIONES QUE PUEDEN ESTAR SUJETAS A DECISIÓN OFICIAL: **67 segregación:** ...para plantear de nuevo la segregación de Moraira, *denegada* por los tribunales. EPE160699 **68 investigación:** ...un acto administrativo del ministro Matutes, por el que se *denegaba* una investigación en profundidad... LVE201296 **69 construcción +:** El Ayuntamiento de Las Palmas de Gran Canaria ha *denegado* a la empresa Unelco la construcción de un edificio... CAN300499 **70 separación:** ...un juez (...) *denegó* la separación de su marido al considerar que la falta de amor no era obstáculo para que permanecieran juntos. EME301095 **71 independencia:** ...se basa en los mismos argumentos en que se amparó el Consell Executiu (...) para *denegar* la independencia de l'Estartit. LVE220396 **72 desclasificación:** El acuerdo del Consejo de Ministros (...), por el que se *deniega* la desclasificación de determinados documentos del CESID... EME121096

J OTROS SUSTANTIVOS; POSIBLES USOS CRUZADOS: El IRA, que desde el fin de la tregua ha atacado tan solo objetivos en Inglaterra, *denegó* ayer la responsabilidad del atentado. [Cf. *negar*] LVE150796

K OTROS SUSTANTIVOS; POSIBLES USOS ESTILÍSTICOS: ...los viejos que habían donado su fortuna en la esperanza de *denegar* su propia mortalidad. ABC160695; ...se resisten a ser deportados a su país y ver *denegado* el sueño de un futuro mejor... LVE120596

de noche ♦ función, horario, mesa, pase, sesión, trabajo, traje, turno, vestido

☐ Véase también: **de gala, de vestir**.

denodadamente ♦ apoyar, combatir, defender, empeñarse, esforzarse, gritar, insistir, intentar, luchar, pelear, perseguir, repetir, resistirse, trabajar

☐ Véase también: **a brazo partido, denodado**.

denodado *adj.* ▮ Se combina con...

A SUSTANTIVOS QUE DENOTAN ESFUERZO, MÁS FRECUENTEMENTE TENAZ Y PORFIADO. TAMBIÉN CON OTROS QUE DESIGNAN ALGUNAS CUALIDADES RELACIONADAS CON LA PERSEVERANCIA Y EL TESÓN: **1 esfuerzo ++:** El gobierno (...) hace *denodados* esfuerzos por atraer la inversión... LNC161196 **2 empeño +:** El resultado de cada incursión periodística de Vincho es aciago: (...) fruto entendible quizá como el empeño *denodado* de un bachiller... RUM040897 **3 intento +:** ...dos años de *denodados* intentos de encontrar un socio financiero... EME261195 **4 tesón:** ...a esta santa y loable tarea se entrega nuestro banco emisor con *denodado* tesón... EME090195 **5 coraje:** ...quisiera rendir tributo a ese coraje *denodado* que don Clemente imprimió al periódico para mantenerlo a flote a costa de múltiples sacrificios... LHG260700 **6 vigor:** ...la (...) institución del indulto renace con *denodado* vigor... EPE080700 **7 insistencia:** Golpe bajo con *denodada* insistencia la de un tal Rafael Navarro, de Alternativa Valenciana, contra Társilo Piles... EPE030699

B SUSTANTIVOS QUE DENOTAN CONFRONTACIÓN, MÁS FRECUENTEMENTE CON ALGÚN GRADO DE DUREZA O ENCONO. TAMBIÉN CON OTROS QUE DENOTAN RESISTENCIA ANTE ALGO: **8 lucha ++:** ...la siniestra importancia de su lucha ciega y *denodada*. PME031196 **9 defensa +:** ...ha recibido el Premio Nobel Alternativo por su *denodada* defensa de los derechos humanos... EPE121299 **10 combate:** ...se refiere al «*denodado* combate por la conquista de la libertad religiosa...». EME010795 **11 discusión:** Otro punto difícil, de discusión *denodada*, fue la fijación de las tarifas eléctricas... PME031196

C SUSTANTIVOS QUE DENOTAN PARTICIPACIÓN ACTIVA EN ALGUNA TAREA U OCUPACIÓN, A MENUDO LA DE ENCONTRAR ALGO O A ALGUIEN. TAMBIÉN CON OTROS QUE DESIGNAN ESAS MISMAS ACTIVIDADES: **12 trabajo:** ...apreciar el *denodado* trabajo de campo que se estaba llevando a cabo... LNA240692 **13 labor +:** Es un brillante remate de la *denodada* labor de reestructuración...

LVE050395 **14 búsqueda +:** ...la búsqueda *denodada* de ésta en un mundo de espejos tecnológicos... EPE131001 **15 busca:** ...tratan de poner todo tipo de trabas al juez (...), en su *denodada* busca del mapa del tesoro. EME020194 **16 colaboración:** ...cabe destacar (...) su *denodada* colaboración durante estos (...) años... ENC130599

D SUSTANTIVOS QUE DENOTAN INCLINACIÓN POSITIVA DEL ÁNIMO HACIA LAS PERSONAS O LAS COSAS: **17 interés +:** En esta etapa decisiva de su carrera se le encuadra en el «clan de los Vietnam-boys» por su *denodado* interés por evitar que los problemas entre EE. UU. y Centroamérica se radicalizaran... EME190396 **18 optimismo +:** ...con *denodado* optimismo, seguía proclamando que existía «un importe...». EPE151001 **19 entusiasmo:** ...veo emprender con *denodado* entusiasmo (...) la excursión turística. EME030895 **20 espíritu:** ...se enfrentó siempre con *denodado* espíritu (...) a la envidia de los mediocres. ENV060297

E SUSTANTIVOS DE PERSONA, MÁS FRECUENTEMENTE SI DESIGNAN A LOS PARTIDARIOS O LOS DEFENSORES DE ALGO. SE RELACIONAN CON LAS ACCIONES MENCIONADAS EN EL APARTADO *B*: **21 defensor +:** ...las ventajas de haber sido sus «*denodados* defensores». HOY281283 **22 luchador +:** ...premia así a un *denodado* luchador en pro del medio ambiente... LVE280595 **23 héroe:** ...el *denodado* héroe (...) tuvo que soportar un interrogatorio maratoniano... LVE110795 **24 devoto:** ...el máximo responsable, en fin, de la guerra y la destrucción causada en el Cáucaso, el *denodado* y más convencido devoto de la firma de un acuerdo de paz... EME160696

F OTROS SUSTANTIVOS; POSIBLES USOS CRUZADOS: La alta poesía, ahora tan *denodada*, parece resurgir de su infinito fondo... [Cf. *denostado*] ABC150494

☐ Véase también: **denodadamente**.

denominación ♦ **acertado, acreditado, adecuado, apropiado, auténtico, confuso, correcto, de calidad, de origen, diferente, enmarañado, equivocado, especial, exacto, exhaustivo, genérico, inadecuado, inapropiado, incorrecto, inédito, nuevo, original, pomposo, rimbombante[3], sencillo** ♦ **cambio (de)** ♦ **abreviar, aceptar, acuñar[16], asignar, atribuir, cambiar (de), conservar[48], cuadrar[4], elegir, emplear, establecer, homologar[6], incluir, mantener, modificar, otorgar, proponer, recibir, recuperar, registrar, utilizar**

DENOMINACIÓN Véase:

♦ **alusión, apellido, apodo, definición, denominación, designación, etiqueta, eufemismo, mención, mote, nombramiento, nombre, sambenito, seudónimo, terminología, titularidad, título**

♦ **definir, denominar, designar, identificar(se), llamar, nombrar**

DENOMINACIÓN

♦ (SUSTANTIVOS) Véase: **acuñar[B], agraciado[C], arbitrario[I], arrogarse[C], camuflarse (tras)[B], cargar (con)[B], conservar[F], cuadrar[A], dar[G], de oro[F], despectivo[B], despuntar[A], devaluar(se)[F], endilgar[B], endosar[C], enrevesado[D], ensuciar[B], granjearse[G], homologar[B], honroso[A], laxo[C], profanar[F], rimbombante[A], sacudir(se)[I], tomar[J]**

♦ (VERBOS) Véase: **comercialmente[D], equivocadamente[D], pomposamente[A], venir (en)[A]**

☐ Véase también: IDENTIFICACIÓN; MENCIÓN; PERSONA.

denominar ♦ **acertadamente, adecuadamente, correctamente, especialmente, exactamente, falsamente, familiarmente, genéricamente, inadecuadamente, lisa y llanamente[18], oficialmente, originalmente, pomposamente[2], sencillamente, técnicamente** ♦ **venir (en)[2]**

denotar *v.* ▮ Acepta como sujetos sustantivos que designan unidades de información o manifestaciones verbales o expresivas *(palabra, término, adjetivo, expresión, afirmación, declaración, comentario, discurso)*. Se construye además con otros muchos sustantivos de naturaleza diversa, más frecuentemente si son abstractos *(cambio, situación, hecho, relación)* o si designan objetos físicos a los que puede atribuirse significación o intencionalidad no manifiestas *(color, vestido, carta)*. Destacan especialmente sus combinaciones con...

A SUSTANTIVOS QUE DESIGNAN DATOS, INFORMACIONES Y OTROS INDICADORES ANÁLOGOS, MUY FRECUENTEMENTE CUANTITATIVOS. TAMBIÉN CON OTROS QUE EXPRESAN ALGUNOS DE LOS PROCESOS QUE SE LLEVAN A CABO PARA OBTENERLOS O DE LOS DOCUMENTOS QUE LOS ACREDITAN: **1 dato:** Los fríos datos del avance de la encuesta de la población activa, correspondientes a los tres primeros meses del año, *denotan* que (...) los activos son 13.117.100 personas... EPE050680 **2 estadística:** Las estadísticas *denotan* que anglófonos y los llamados *alófonos* (...) votaron por el no. LVE021195 **3 encuesta:** Las encuestas *denotan* que el electorado ahora estima... LVE081195 **4 indicador:** ...todos los indicadores *denotan* un cambio de actitud. EPE061001 **5 cifra:** «Esas cifras *denotan* un total descontrol médico». EPE270199 **6 número:** Un número verdaderamente insólito que por sí solo *denota* las exigencias que han debido superar las 23 obras seleccionadas en esta exposición. ABC250294 **7 porcentaje:** ...no se ha señalado un porcentaje fijo que *denote* esa posición dominante. EPE010799

B SUSTANTIVOS QUE DESIGNAN EL ROSTRO HUMANO Y ALGUNAS DE SUS MANIFESTACIONES. TAMBIÉN CON OTROS QUE EXPRESAN GESTOS, A MENUDO REPRESENTATIVOS DE UN SENTIMIENTO O UN ESTADO DE ÁNIMO: **8 rostro ++:** ...Ana Lucía Armijos, vestida deportivamente, sale de una habitación saluda de forma amable, sonríe levemente, su rostro *denota* algo de preocupación. VIS190697 **9 gesto ++:** ...este gesto *denota* mala conciencia... EPE170999 **10 semblante:** Su semblante *denotaba* serenidad. CAP250497 **11 cara:** Su cara *denota* mucha vida, aunque ella misma reconoce... EME220296 **12 faz:** Su faz desencajada y el sudor frío en su frente *denotan* su desespero. LVE041196 **13 sonrisa:** Sin embargo, su sonrisa *denota* que miente. EME250695

C SUSTANTIVOS QUE DESIGNAN LA FORMA EN QUE SE PERCIBEN O SE PRESENTAN A LA VISTA LAS PERSONAS O LAS COSAS: **14 aspecto +:** ...su aspecto *denotaba* el cansancio... EME210895 **15 figura:** ...Seles va camino de volver a ser la indiscutible dominadora del circuito femenino, a pesar de que su figura siga *denotando* algunos kilos de más. LVE290196 **16 imagen:** La nueva imagen exterior *denota* (...) que nos encontramos ante una berlina... LVE020495 **17 apariencia:** ...todas las apariencias *denotaban* que la víctima se había dado muerte por su propia mano... LVE290596

D SUSTANTIVOS QUE DESIGNAN INDICIOS O SEÑALES QUE PERMITEN CONOCER, DEDUCIR O DEMOSTRAR ALGUNA COSA: **18 señal +:** ...señal segura ésta que *denota* la falta de voluntad... EPE110499 **19 síntoma:** ...un síntoma que *denota* la adicción al tabaco... EME190295 **20 prueba:** Para el Fórum del Pacífico Sur, que reagrupa a 16 países, la prueba *denota* un comportamiento inaceptable. LVE291295 **21 signo:** ...sin ningún otro signo que *denotara* violencia en la acción. EME100595 **22 detalle:** ...un par de detalles más que *denotaron* cierta inseguridad... EME171096

E ALGUNOS SUSTANTIVOS QUE DENOTAN MODO DE SER O DE COMPORTARSE: **23 actitud +:** ...una actitud que *denota* la tensión y la riqueza creadoras. ABC030192 **24 comportamiento:** ...este comportamiento *denota* una práctica feudal... EPE310399 **25 conducta:** La conducta del presidente (...) *denota* (...) una falta de sensibilidad... EME070896

F SUSTANTIVOS QUE DENOTAN OPINIÓN, CONSIDERACIÓN PARTICULAR O PUNTO DE VISTA: **26 juicio:** ...no se pretende en este artículo, hacer una apología sino simplemente recordar y conocer (...) juicios que *denoten* gran subjetividad. LHG190397 **27 opinión:** La opinión pública *denota* grandes síntomas de fatiga... LVE250196 **28 visión:** Aparte de que está por demostrar que exportar recursos financieros sea malo, esta «visión» *denota* la filosofía que hay tras esa concepción de territorialidad. LVE221095 **29 posición:** ...una posición política firme y legítima, aun cuando *denota* escasa sensibilidad hacia los sentimientos mayoritarios de los ciudadanos. INDOC

dentro (de) ♦ **contexto, día, legalidad, ley, límite, período, plazo, semana,** *sustantivos temporales y locativos*

de nueva construcción ♦ **colegio, edificio, proyecto, vivienda,** *otros sustantivos que designan edificaciones*

☐ Véase también: **de nueva planta.**

de nueva planta ♦ **construcción, edificación, edificio, estudio, proyecto, vivienda,** *otros sustantivos que designan edificaciones*

☐ Véase también: **de nueva construcción.**

denuncia ♦ **airado[9], categórico, contundente, enérgico, falso, firme, formal, fuerte, grave, implacable[64], infundado[12], irrevocable, judicial, mordaz[3], multitudinario, penal, permanente, persistente, policial, por escrito, público, reiterado, severo[33], sin fundamento[2], social, unánime, valiente, verbal** ♦ **avalancha (de)[2], lluvia (de)[7], objeto (de)[60]** ♦ **acallar[25], acumular, admitir (a trámite), apoyar(se) (en algo), atender, aumentar, avalar[43], basar(se) (en algo), caer en saco roto[15], cejar (en)[11], comprobar, confirmar, conocer, corroborar[27], cursar, desdecirse (de)[6], desoír[34], despejar(se)[62], dictaminar (sobre), elevar, entablar[34], evitar, exponer, formular[10], fundamentar (sobre algo), hacer extensivo[19], instaurar[25], interponer, invalidar, investigar, levantar, llevar adelante, llevar a juicio, minimizar, mitigar[59], motivar, obrar en poder[31], ocasionar[35], poner, presentar, probar, prosperar[19], quitar, ratificar, realizar, rebatir[28], rechazar, recibir, recoger, registrar, retirar, salir al paso (de)[12], salpicar[34], silenciar[2], sobreseer, sustentar(se) (sobre algo), tramitar[6], vencer**

☐ Véase también: **crítica, protesta.**

denunciar ♦ **abiertamente[60], a coro[17], a voz en grito, con dureza[4], con firmeza[6], conjuntamente, con rotundidad[36], cotidianamente, directamente, enérgicamente[4], en falso[28], falsamente, formalmente, implícitamente, incansablemente[17], inmediatamente, insistentemente[25], inútilmente[23], judicialmente, penalmente, públicamente, punto por punto[24], reiteradamente[7], seriamente[43], severamente[10], sin paliativos[5], sin tapujos[43], tajantemente, verbalmente[53], vigorosamente[6]** ♦ **abuso, acuerdo, agresión, ataque, caso, corrupción, crimen, delito, desaparición, detención, falsedad, fraude, hecho, injusticia, irregularidad, maltrato, situación, violación, violencia**

de oficio ♦ **abogado, compañero, defensor, investigación, letrado, queja, turno** ♦ **actuar, intervenir, investigar, obrar**

de oídas *loc.adv./loc.adj.* ▮ Admite ocasionalmente algunos sustantivos *(testimonio, testigo, información: Es una información de oídas).* Se combina a menudo con los verbos que denotan manifestación verbal o comunicativa *(hablar, contar, declarar, criticar).* También se combina con...

A VERBOS QUE DENOTAN CONOCIMIENTO: **1 conocer ++:** Nos imaginamos qué alcance pueda tener una medida semejante en nuestro medio; no conozco «ni *de oídas*», que algún parlamentario boliviano sea drogadicto... LTB310397 **2 saber ++:** O si, por casualidad, aunque sea *de oídas*, saben en qué consiste ir de copas por la noche. EME021095 **3 aprender:** ...garantizar la autenticidad de esa zambullida con un lenguaje adecuado, aprendido *de oídas* y extraído de registros marginales... ABC110394

B OTROS VERBOS; POSIBLES USOS CRUZADOS: En una entrevista concedida a Servimedia, el portavoz parlamentario del PNV arremetió contra Aznar por «tocar *de oídas*» en sus reflexiones sobre el llamado problema vasco. [Cf. *de oído*] EME280895

C OTROS VERBOS; POSIBLES USOS ESTILÍSTICOS: Alberti firmó *de oídas.* EPE121299; Sí, Alzuria había navegado *«de oídas»*, como suele hacer, demasiado a menudo. EME041295

☐ Véase también: **de primera mano.**

de oído ♦ **cantar, componer, hablar, interpretar, saber, tocar**

de oro *loc.adj.* ▮ Son expresiones lexicalizadas *bodas de oro, pico de oro, sueño de oro, hacer(se) de oro, como los chorros del oro, (ser) de oro de ley* y *(matar) la gallina de los huevos de oro.* En el sentido figurado de 'muy bueno, de mucho valor, feliz o floreciente' se combina con sustantivos temporales *(época, edad, siglo, etapa, jornada)*, y también con...

A SUSTANTIVOS QUE DENOTAN POSIBILIDAD FAVORABLE DE HACER ALGO: **1 oportunidad ++:** Antes del descanso, el Salamanca tuvo una oportunidad *de oro* para abrir el marcador. FDV030599 **2 ocasión ++:** Los abonados a la cadena de pago tienen una ocasión *de oro* para asistir a la actuación del español Pau Gasol... EPE211201 **3 opción:** ...solo peligró frente a Javier Wanchope, quien dejó escapar una opción *de oro* al minuto 36. LNC070497

B SUSTANTIVOS QUE DESIGNAN DIVERSOS CONTENIDOS ESTIPULADOS O REGLAMENTADOS: **4 regla ++:** ...olvidando la regla *de oro* que dice que si se desea vender más, se debe comprar más... EPU041001 **5 norma:** ...es el apartado que despierta mayores atenciones porque alumbra una norma *de oro* que debe seguirse en cualquier momento y en cualquier narración. ABC201291 **6 ley:** Entiendo que en la competencia del mercado, una vieja ley *de oro* era abaratar el producto, para lo cual es necesario reducir en mucho los tiempos de producción. ABC180693 **7 dogma –:** ...era oportuno disecar el dogma *de oro* y pasarlo por el prisma de la riesgosa modernidad, más acorde con el postulado de Montesquieu... LEC310197

C LOS SUSTANTIVOS *CORAZÓN, VOZ* Y *GARGANTA*: **8 corazón ++:** ...y la librería española de la rue Monsieur Le Prince, cuyo dueño, un anarquista catalán exiliado de corazón *de oro*, me rebajaba a veces los libros a escondidas de su furibunda mujer. CAP130700 **9 voz +:** ...pero quedó claro que la voz *de oro* del tenor de Módena sigue teniendo muchos quilates... LVE050296 **10 garganta:** La clara dicción de los textos salidos de una garganta *de oro* hicieron que toda su intervención estuviese repleta de momentos brillantes. LVE300596

D SUSTANTIVOS QUE DESIGNAN UNIDADES DE TANTEO O DE CÓMPUTO EN ALGÚN DEPORTE: **11 punto:** El punto *de oro* que ganamos nos da cierta tranquilidad y alternativas que antes no teníamos, pero no nos brinda total seguridad. LNC070497 **12 gol:** Nadie habría sospechado que él, que vivía de tapado, marcaría el gol *de oro*. EPE030700 **13 tanto:** ...el primer gol que se consigue en la prórroga y el tanto *de oro*. En ese momento se acaba el partido. INDOC

E SUSTANTIVOS QUE DENOTAN REPRESENTACIÓN O DESIGNAN EL PAPEL QUE EN ELLA SE INTERPRETA: **14 papel:** Hija del actor Tony Curtis y de su primera esposa, Janet Leigh –a la que Hitchcock dio un papel *de oro* en «Psicosis»–... LVE100894 **15 interpretación:** La joven actriz es una firme promesa, como demuestra su interpretación *de oro* en la película galardonada. INDOC **16 actuación:** Ha demostrado su talento interpretativo en varias actuaciones *de oro* a lo largo de su ya dilatada carrera. INDOC

F SUSTANTIVOS QUE DENOTAN DENOMINACIÓN. TAMBIÉN CON OTROS RELACIONADOS CON ELLOS QUE SE REFIEREN A GALARDONES O PREMIOS DE CIERTO RELIEVE: **17 título +:** ...ese género que dio también paso a la que llamamos peyorativamente «españolada», pero que tiene algunos títulos *de oro* en su historia. EPE200399 **18 nombre:** ...el poeta indio chorotega de Nicaragua, Félix Rubén García Sarmiento, Rubén Darío, el nombre *de oro* que revoluciona profundamente las bases del idioma. ABC240792 **19 mención:** ...recogerá el premio que, de repetirse en cinco ocasiones consecutivas, otorgaría a Vitoria la mención *de oro*. EPE141299 **20 nominación:** ...vio rechazada la candidatura de «Rojo» al apartado extranjero, pero logra una nominación *de oro* al mejor director. LVE150295

G OTROS SUSTANTIVOS; POSIBLES USOS ESTILÍSTICOS: Estos galardones, algo así como los «abucheo» *de oro*, se entregan desde hace años... LVE260396; ...y es cruel y eterna su risa *de oro*... LPN200597

▩ Se combina también con: ♦ **hacerse**

de paisano ♦ agente, policía ♦ actuar, estar, ir, pasear, trabajar, venir, vestir

de palabra

de palabra *loc.adv./loc.adj.* ▮ En el sentido de 'que cumple lo que promete' se combina con sustantivos que designan personas *(hombre, mujer, gente)* o instituciones *(gobierno, ayuntamiento, empresa)*. En el sentido de 'por medio de la expresión oral' se combina con verbos y sustantivos que denotan manifestación verbal o expresiva *(decir, comunicar, contestación, explicación)*, y muy a menudo petición de algo *(pedir, requerir, petición, solicitud)*. Asimismo se combina con...

A VERBOS QUE DENOTAN AGRESIÓN U OFENSA CONTRA ALGO O ALGUIEN EN DIVERSAS FORMAS Y GRADOS: **1 agredir +:** ...algunos hombres del equipo local agredieron *de palabra* a sus rivales. CLA170497 **2 meterse:** ...estuvieron un buen rato metiéndose con ella, y no solo *de palabra*. INDOC **3 amenazar:** Por eso no se les puede denunciar porque amenazan *de palabra*... EPE110599 **4 insultar:** ...tras los gestos injuriosos, vuelve a insultar *de palabra* en varias ocasiones e, incluso, al preguntar el árbitro si le estaba insultando, vuelve a repetir el concepto injurioso. LVE041195 **5 herir:** ...hería a sus hombres más *de palabra* que con castigos, y éstos temían más sus estallidos de cólera que sus órdenes. EPE220899 **6 atacar:** La sesión plenaria (...) se convirtió en una olla de grillos cuando atacó *de palabra* Vicente Martínez Pujalte... EPE161101 **7 ofender:** ...diversas manifestaciones han terminado en desórdenes públicos y en ellas se ha ofendido *de palabra* y de obra a las autoridades... EPE010887 **8 maltratar:** Habían sido interrogados a la entrada de la aduana como si fueran vulgares delincuentes y maltratados *de palabra*. EPE020489 **9 acusar:** ...para conseguir que el juez reabriera el caso, no sólo acusó a Gilet y a Cañellas *de palabra*. EME080496 **10 arremeter:** ...ha decidido ponerse las botas de tacos para arremeter a balonazos –y no sólo *de palabra*– contra árbitros, directivos... EME210895

B VERBOS QUE DENOTAN ACUERDO, OFRECIMIENTO O COMPROMISO. TAMBIÉN CON OTROS QUE DESIGNAN DIVERSAS FORMAS DE BÚSQUEDA Y CONSECUCIÓN DE SOLUCIONES: **11 comprometerse +:** ...al final de la pasada temporada se comprometió *de palabra*, en un acuerdo de caballeros, a entrenar al Getafe... EME050395 **12 solucionar:** ...es muy fácil solucionar el problema *de palabra*; lo difícil es resolverlo sobre el terreno. INDOC **13 acordar +:** La Federación lo único que ha hecho es certificar lo que ya habíamos acordado *de palabra*... EPE221299 **14**

prometer: ...si estás esperando a que cumplan lo que te prometieron *de palabra,* vuélvete mejor a tu pueblo... EPE150899 **15 arreglar:** ...Yo no hablé con él, pero está todo arreglado *de palabra.* CLA080197 **16 cerrar una operación:** ...cerró *de palabra* la operación en aproximadamente 1.000.000 de dólares... CLA030199 **17 pactar:** ...asegura que el ente público adeuda al club coruñés los derechos de retransmisión (...), derechos que fueron pactados *«de palabra»...* EME240895 **18 ofrecer:** ...los sindicatos acusaron a la dirección de ofrecer *de palabra* cosas que luego no plasma en documentos. EPE110699 **19 garantizar:** ...no soporta «que alguien garantice un premio aunque sólo sea *de palabra* (...)». LVE170195 **20 mantener la voluntad –:** El Ayuntamiento de Barcelona ha mantenido hasta ahora, *de palabra,* su voluntad de cumplir aquella sentencia... LVE090796

C VERBOS QUE DENOTAN APOYO O CONTRIBUCIÓN A ALGO: **21 defender:** Nuestra vieja profesión de abogados no consiste sólo en defender en juicio, por escrito o *de palabra,* los intereses y las causas de los litigantes... LVE220196 **22 apoyar:** ...un número importante de países no sólo apoyó *de palabra* sino en el frente de batalla. EXC050996 **23 ayudar:** ...pide: «Que ayuden con hechos, no *de palabra*». EPE060399 **24 contribuir:** Si ha contribuido a la causa, ha sido más *de palabra* que con acciones. INDOC

D VERBOS QUE DENOTAN ACEPTACIÓN: **25 aceptar:** ...todas estas peticiones (...) fueron aceptadas *de palabra* por el gobierno salinista... PME291296 **26 admitir:** *...de palabra* se habían admitido seiscientos millones... ABC170694 **27 reconocer:** Lo que ha sido reconocido *de palabra* y por escrito por compañeros políticos del señor Maragall como los ministros Fernández Ordóñez, Javier Solana... LVE071196

E VERBOS QUE DESIGNAN DIVERSAS FORMAS DE RESISTIRSE A ALGO O DE OPONERSE A ELLO: **28 reaccionar:** Al menos por ahora, el Ejecutivo no reaccionó sólo *de palabra.* CAP041001 **29 rechazar:** ...la mayor parte de la población rechaza *de palabra* una solución policial... EPE200599 **30 protestar:** Varios centenares de personas se congregaron ayer (...) para protestar, *de palabra* y obra, por los objetivos de la Fundación y contra sus miembros. EME151196 **31 condenar:** Un país en el que a los obreros no se les concede ni el derecho a lamentarse y en el que el paro es condenado sólo *de palabra.* EME250396 **32 contestar:** No contestó, ni *de palabra,* ni de hecho. EPU201096 **33 descartar:** ...no le ha descartado *de palabra,* pero de obra el martes dejó claro que en su proyecto nunca tendrá un rincón. EPE120899

F VERBOS QUE DENOTAN PARTICIPACIÓN ACTIVA EN ALGO. TAMBIÉN CON OTROS QUE DESIGNAN LA ACCIÓN DE ALTERAR ALGUNA COSA: **34 participar:** ...hizo patente su pesar más profundo por no poder participar en la contienda, tanto *de palabra* (...) como por escrito... EME100396 **35 movilizar:** La verdad es que ni la misma intifada palestina consiguió movilizar a los estados árabes como no fuera *de palabra.* LVE230696 **36 cambiar:** La Alianza no se ha transformado en una organización política con otros objetivos. Ha cambiado, pero sólo *de palabra.* EME210396 **37 convertir:** ...ha sacado la lengua viperina de su seno político y la ha lanzado, como si de un malvado camaleón se tratara, hacia el vicepresidente (...), convertido *de palabra* en un «bocón»... EME110696

G OTROS VERBOS; POSIBLES USOS ESTILÍSTICOS: ¿Sabrá la nueva formación política escoger las ambigüedades en los hechos y no sólo *de palabra?* LVE070295; Para mí escribir es vivir, porque quizá viva más por escrito que *de palabra.* LVE070296

H SUSTANTIVOS QUE DENOTAN ACUERDO, COMPROMISO O ACEPTACIÓN, RELACIONADOS CON LOS VERBOS DE LOS APARTADOS *B* Y *C*: **38 acuerdo ++:** Yo, cuando llego a un acuerdo *de palabra,* para mí es tan firme como si lo hubiera hecho ante notario... FDV260499 **39 compromiso +:** Yo le expliqué a Martínez que tenía un compromiso *de palabra* con Saprissa para jugar la segunda fase... LNC110497 **40 pacto:** Todo, en beneficio de una nueva realidad: el pacto *de palabra* y sentido. ABC200195 **41 apoyo:** ...el mensaje ha sido bien recibido y hasta el momento tiene el apoyo *–de palabra–* de la mayoría de las subfederaciones... ESH190696 **42 convenio:** De momento, existe un convenio *de palabra* con el brasileño Zagalo para que sólo llame a uno de los dos jugadores... LVE041096 **43 arreglo:** Ellos saben que había un arreglo *de palabra.* CLA190199 **44 garantía:** La garantía (...), *de palabra,* es que no adoptará medidas unilaterales sobre la legislación laboral. EME160596 **45 autorización:** La autorización de la modificación del proyecto original (...) también fue *de palabra.* EPE281099

I SUSTANTIVOS QUE DENOTAN AGRESIÓN U OFENSA. TAMBIÉN CON OTROS QUE DESIGNAN DIVERSAS SITUACIONES VIOLENTAS. VARIOS DE ELLOS SE RELACIONAN CON LOS VERBOS DEL APARTADO *A*: **46 ofensa:** El cargo por el cual se le abrió investigación disciplinaria se refiere a presuntas ofensas *de palabra* que profirió... EXP010489 **47 agresión:** El hecho de que las agresiones no fueran físicas, sino *de palabra,* no las hace menos graves. INDOC **48 amenaza:** ...la intimidación «equivale al constreñimiento psicológico, a la amenaza *de palabra* (...)». EPE030999 **49 maltrato:** ...ha abierto expediente a su jugador Tim Kempton, después de la actitud de desprecio, insultos y reiterados maltratos *de palabra...* LVE130296 **50 condena:** ...no pasa de las condenas *de palabra...* LVE050295 **51 ataque:** ...su ataque a la moralidad victoriana *–de palabra* (...)– le alienó de la clase donde había nacido... ABC210194 **52 represión:** Hasta ahora la represión del terrorismo integrista había sido sólo *de palabra.* LVE130495 **53 ultraje:** ...manifestó su oposición a todo integrismo, ante el anuncio de la condena (...) de dos cantantes petenecientes al grupo NTM, por «ultraje *de palabra*» a la policía... LVE171196 **54 guerra –:** ...llevan meses haciéndose la guerra *de palabra* por culpa de los planes... EPE190799

J SUSTANTIVOS QUE DENOTAN OPOSICIÓN O RESISTENCIA A ALGO. SE RELACIONAN CON LOS VERBOS DEL APARTADO *E*: **55 disidencia:** Pero parece que quiere volver a los tiempos en que la disidencia *de palabra* y hasta de pensamiento se zanjaba con una mazmorra. EME140295 **56 resistencia:** ...lo que prometía ser una dura resistencia lo fue solo *de palabra.* INDOC **57 rechazo:** ...mostraron un firme rechazo a las medidas, pero solo *de palabra* porque al final las convalidaron oficialmente. INDOC

K OTROS SUSTANTIVOS; POSIBLES USOS ESTILÍSTICOS: No obstante, hicieron negocios *de palabra,* primero, y después Raúl transfirió mediante Nisa, una empresa... PME070796

☐ Véase también: **de palabra y obra**.

de palabra y obra *loc.adv./loc.adj.* ▌Se combina con...

A ALGUNOS VERBOS QUE DENOTAN ACTUACIÓN CONTRARIA A ALGÚN CÓDIGO: **1 pecar ++:** Pero ha pecado *de palabra y obra*, víctima de un virus nacionalista que mata al extranjero que lo respira. EME281295 **2 traicionar –:** Felipe González sí realiza el suyo, lo que quiere decir que se traiciona a sí mismo *de palabra y obra*. EME210494

B VERBOS QUE DENOTAN OPOSICIÓN A ALGO O ALGUIEN, A MENUDO DE CARÁCTER HOSTIL O VIOLENTO: **3 combatir +:** Quizá por la misma razón que en el país vecino, primero con los enciclopedistas y después con la gran revolución, se combatió a la Iglesia católica *de palabra y obra*... LVE110295 **4 protestar:** Varios centenares de personas se congregaron ayer (...) para protestar, *de palabra y obra*, por los objetivos de la Fundación... EME151196 **5 agredir:** Se ha agredido *de palabra y obra* a los miembros de la comisión. INDOC **6 maltratar:** Declaró haber sido maltratada *de palabra y obra* durante varios años. INDOC

C SUSTANTIVOS QUE DENOTAN ACCIÓN HOSTIL O VIOLENTA EN DIVERSOS GRADOS: **7 agresión:** ...con motivo de las agresiones, *de palabra y obra*, sufridas por el decano de dicho centro... EPE061077 **8 violencia:** No está sorprendido porque conoce la violencia *«de palabra y obra»* que practica. LVE150396 **9 crueldad:** ...negocios turbios, purgas feroces, crueldades varias *de palabra y obra*, cartas falangistas... EME160495 **10 maltrato:** Se producen frecuentes maltratos *de palabra y obra* y otras vejaciones similares. INDOC

D CIERTOS SUSTANTIVOS DE PERSONA, MÁS FRECUENTEMENTE SI DESIGNAN AL QUE IMPONE, REPRIME O CASTIGA. USO INFRECUENTE: **11 exterminador –:** El nuevo libro que insiste en que la gran mayoría de los alemanes eran exterminadores *de palabra y obra*... INF010896 **12 antisemita:** ¿Cómo puede beatificarse, unos meses después, a un antisemita *de palabra y obra* como Pío IX? EPE030900 **13 inquisidor:** Fue inquisidor *de palabra y obra* durante toda la dictadura. INDOC

E OTROS SUSTANTIVOS; POSIBLES USOS ESTILÍSTICOS: ...en medio de la mascletá de ordinarieces *de palabra y obra* que aflige a este país... EME020694; ...trastornos y excesos que requieren de un extremado tacto *de palabra y obra* a la hora de su divulgación, tratamiento y cura. EME260996

☐ Véase también: **de palabra.**

deparar *v.* ▌Elige como complementos sustantivos que designan muy diversos resultados felices o infortunados de algo *(desdicha, sorpresa, alegría, desventura, amargura, satisfacción, novedad)* y otros que expresan situaciones que los implican. Admite como sujetos sustantivos temporales *(día, año, temporada, calendario: A ver qué nos depara el año nuevo)* y otros que designan acontecimientos *(congreso, viaje, cambio)*, así como ciertas obras de creación, más frecuentemente si son de naturaleza lineal *(Lo que depare la nueva película, la novela)*. Destacan especialmente sus combinaciones con sustantivos que designan procesos y situaciones prospectivas, y en particular con...

A SUSTANTIVOS QUE DESIGNAN EL FUTURO O LAS CIRCUNSTANCIAS IMPREVISTAS QUE LO SUELEN ACOMPAÑAR: **1 futuro ++:** ...ahorra mayores comentarios sobre lo que le *depara* el futuro. HOY180886 **2 destino ++:** Por lo pronto, esperar a ver qué *depara* el destino. ETC020190 **3 suerte ++:** ...el escepticismo existente en la afición sobre la suerte que le puede *deparar* a El Salvador frente a Canadá... ESH060497 **4 fortuna ++:** Maquiavelo registra la más variopinta gama de los principados (...). Los que se conquistan con las armas, los que *depara* la fortuna... EUV091096

B SUSTANTIVOS QUE DESIGNAN PROCESOS DE LOS QUE SE OBTIENE UN RESULTADO ENTRE VARIOS POSIBLES, DEPENDIENTE DEL AZAR O DE LA ELECCIÓN CONSCIENTE. TAMBIÉN CON ALGUNOS QUE SE REFIEREN METONÍMICAMENTE A ESAS SITUACIONES: **5 sorteo +:** ...son los tres emparejamientos más importantes que ayer *deparó* el sorteo de los octavos de final de la Copa del Rey. LVE231295 **6 lotería:** Sólo piensas en llegar hasta ahí y ver qué te ha *deparado* la lotería... LVE290696 **7 urna:** Los populares alcanzarían 8 escaños, tres más de los que les *depararon* las urnas en los pasados comicios generales. EME140694

C ALGUNOS SUSTANTIVOS QUE DESIGNAN CURSOS, TRAYECTORIAS O PROCESOS DE DURACIÓN ESTIPULADA: **8 vida +:** Veremos qué *depara* la vida porque los actores somos como las prostitutas: donde más nos pagan, ahí nos vamos. EPU041001 **9 experiencia:** Su rastreo al elaborar el Atlas Lingüístico y Etnográfico de Andalucía le *deparó* experiencias que rozan lo surrealista. EPE301199 **10 carrera:** Se acaba de matricular en arquitectura, pero no sabe qué le *deparará* la carrera. INDOC **11 liga:** Esperamos que la liga nos *depare* este año muchas alegrías. INDOC

D SUSTANTIVOS QUE DESIGNAN DIVERSAS ACCIONES O PROCESOS ENCAMINADOS A ENCONTRAR, CONOCER, AVERIGUAR O DILUCIDAR ALGO: **12 búsqueda:** Esa búsqueda le *deparará* un encuentro con la fantasía y la aventura, lleno de peripecias y equívocos. ENV170197 **13 sondeo:** ...ha permitido que su ministro del Interior (...) dilapide el enorme capital político que le *deparaban* los sondeos. LVE090395 **14 estudio:** ...esperan que el estudio a través de los telescopios de infrarrojos les *depare* más de una sorpresa. EME270496 **15 investigación:** La investigación *deparó* unos resultados que no esperábamos. INDOC

E SUSTANTIVOS QUE DENOTAN TRABAJO, ACCIÓN EN CURSO O DESEMPEÑO DE ALGUNA ACTIVIDAD: **16 actividad:** En los plazos más largos la escasa actividad *deparó* una ligera elevación de los tipos, poco representativa. LVE170596 **17 tarea:** Tampoco se puede obviar la ardua tarea que ha *deparado* situar la educación física en un honroso lugar como hecho educativo. EPE270599 **18 ejercicio:** ...la política es un oficio voluntario cuyo ejercicio *depara* a quienes lo practican remuneraciones materiales, gratificaciones simbólicas... EPE260700

F SUSTANTIVOS QUE DENOTAN VÍNCULO: **19 relación:** Los venezolanos deben acostumbrarse a que nuestras relaciones con Colombia nos *depararán* muchos nuevos disgustos... ETC150996 **20 unión:** Tranquilos y satisfechos por los resultados inmediatos que su unión les ha *deparado*, (...) ha decidido mejorar en lo posible su imagen pública... LVE260996 **21 asociación:** La asociación nace con vocación de futuro, y es claro que nos *deparará* nuevos derechos y obligaciones. INDOC

de par en par ♦ abrir, dejar, encontrar, estar, mantener, seguir
☐ Véase también: **abrir de par en par.**

departir ♦ alegremente, amablemente, amigablemente, amistosamente, animadamente, animosamente, campechanamente, cordialmente[18], jovialmente, risueñamente, serenamente, tranquilamente

de pasada *loc.adv.* ▮ Es propia de la lengua coloquial, en la que alterna con *como de pasada.* Se combina con algunos verbos que denotan manifestación verbal de carácter declarativo *(hablar, decir, contar, comentar).* Admite otros muchos verbos, pero destacan especialmente los que expresan el efecto producido por algo *(afectar, salpicar, influir, traer como consecuencia).* También resaltan sus combinaciones con...

A VERBOS QUE DENOTAN MENCIÓN, ALUSIÓN O REFERENCIA: **1 mencionar ++:** Durante su viaje de seis días, sólo mencionó *de pasada* (a los desaparecidos) y tocó el tema de la tortura una sola vez... PME290996 **2 aludir ++:** Quizá se aludiera *de pasada* a la profesión de Juan, ni más ni menos que como se aludió a la de otros amigos que allí estaban... EPE140299 **3 citar ++:** ...*de pasada* se cita la azulejería de la Alhambra, ya analizada por nuestro colega Montesinos a través de la estructura que denominó «caleidoscopio». ABC300793 **4 nombrar +:** Aquí se echan de menos autores y títulos representativos que ni siquiera se nombran *de pasada*: novelas como «Las mascaradas sangrientas», de Baroja... ABC060195 **5 señalar:** Por ejemplo, a propósito de «Verano indio», señala *de pasada* que para «escribir esa chorrada me leí quinientos libros» sobre los primeros años de la colonización inglesa y francesa de América del Norte. LVE240696 **6 referirse:** ...divaga acerca de los rusos y los americanos, y se refiere *de pasada* a los padecimientos de la gota... LVE111195

B VERBOS QUE DESIGNAN LA ACCIÓN DE OCUPARSE DE UN ASUNTO: **7 abordar ++:** Quiero subrayarte un aspecto que abordé *de pasada* en mi discurso de ingreso en la Real Academia de Bellas Artes... ABC170694 **8 tocar ++:** Hay muchos temas que quizá solamente toco *de pasada* en una novela y vuelven a surgir en otra, más detenidamente. EME170494 **9 tratar +:** Gardner, en «Estructuras de la mente», trató *de pasada* este problema, pero no le dio la importancia debida. ABC260595 **10 atender:** «Abella nunca nos atendió en su despacho, sólo *de pasada*, un minuto y en la puerta, nos daba la mano y decía que estaba muy ocupado...». EPE130800 **11 plantear:** El consejero extremeño no planteó ayer, ni *de pasada*, la abrupta propuesta de su presidente... EME100996

C ALGUNOS VERBOS DE PENSAMIENTO, MÁS FRECUENTEMENTE SI SE RELACIONAN CON LA MEMORIA: **12 recordar +:** Recordemos, *de pasada*, que el linaje más cabal de la palabra «hipócrita» nos conduce hasta la voz «actor». LHG100697 **13 evocar +:** Pero tampoco puedo repetir religiosamente eso de «François Mitterrand entró en la Historia», sin evocar, al menos *de pasada*, la forma en la que este gran presidente falló... EME130196 **14 pensar:** Pensemos ahora, *de pasada*, en este fenómeno tan distintivo de la pintura española contemporánea: su apego al paisaje... ABC270392

D VERBOS QUE DENOTAN PERCEPCIÓN, SEA VISUAL, AUDITIVA O INTELECTIVA: **15 conocer +:** Ahora que Johan verá los partidos desde la grada, Hristo Stoichkov volverá a vivirlos desde el césped y bajo la dirección de Bobby Robson, a quien conoce muy *de pasada.* LVE140796 **16 leer +:** Leí *de pasada* la información; no tuve tiempo de prestarle atención. INDOC **17 ver:** ...usaron la nacional 340 para que (...) viera, *de pasada,* Torremolinos, Fuengirola y Benalmádena. LVE020895 **18 escuchar:** ...la asamblea de los obispos ni siquiera discutió sobre tales nubarrones mediáticos en toda la semana, salvo para escuchar *de pasada* las lamentaciones del arzobispo de Valladolid... EPE241101 **19 oír:** ¿Pero por qué se le quedó el coche sin gasolina y salió a buscarla, como me han dicho que han oído *de pasada* en alguna radio? EME261195 **20 captar:** Una imagen muy bella, aunque realmente efímera, captaba *de pasada* en el telediario... EME300494 **21 ojear:** ...basta ojear *de pasada* estas cifras para darse cuenta de que el balance de estos tres primeros meses... INDOC

E ALGUNOS VERBOS QUE EXPRESAN REACCIONES O INICIATIVAS, MÁS FRECUENTEMENTE LOS QUE DESIGNAN LA ACCIÓN DE PROPONER ALGO O SOLICITAR INFORMACIÓN: **22 preguntar:** Pregunto *de pasada* y por curiosidad: ¿le queda algo por ver a Jordi Pujol, único sustento del Gobierno? EME120295 **23 interrogar:** ...el jefe del Ejecutivo fue interrogado *de pasada* por la candidatura socialista y el terrorismo. EME191295 **24 proponer:** Mientras tanto, el PP propone, como *de pasada,* recalificar como una actuación «puntual y urgente» todo el suelo posible para el crecimiento de la ciudad. EME300694

F VERBOS QUE DENOTAN PRESENCIA O APARICIÓN: **25 aparecer +:** Alguna vez también apareció, muy *de pasada*, el caso Roldán. LVE310795 **26 asomar +:** Desde aquí mi humilde agradecimiento por el hermoso gesto que tuvieron al ceder dos minutos del tiempo del *deporte nacional* para que los demás deportistas asomasen *de pasada* sus insignificantes logros. EPE230399 **27 introducirse:** Ellos reconocen que hasta hace muy poco se habían limitado a coquetear; a introducirse casi *de pasada* en una serie de ritmos... EME110696 **28 venir:** En 1981 vino a España *de pasada* y quedó maravillado con los sanfermines, tanto que decidió quedarse. EME030796 **29 visitar:** ...sé que estás sufriendo y quiero acompañarte en tu dolor, aunque sea con una simple carta desde un país que sólo has visitado *de pasada* y malamente. EME200495
☐ Véase también: **a grandes rasgos, en líneas generales, vagamente.**

de paseo ♦ capote, día, ritmo, ropa, traje, zona ♦ andar, estar, ir, llevar (a alguien), mandar, sacar (a alguien), salir, venir

de pe a pa ♦ aprender(se), conocer, decir, explicar, informar, recitar, repetir, saber(se)

de penalti ♦ boda, gol, lanzamiento, punto, tiro ♦ casarse, marcar

dependencia ▮ *(vinculación)* **♦ abrumador, absoluto, acusado, alimentario, alto, creciente,**

directo, económico, elevado, energético, excesivo, exterior, físico, fuerte, gran(de), indirecto, intenso, laboral, marcado, pleno, poderoso, político, psicológico, psíquico, relativo, servil, severo, técnico, total, virtual, vital ♦ estado (de), grado (de), período (de), problema (de), relación (de), situación (de) ♦ acrecentar(se), acusar, aumentar, crear, disminuir, escapar (a), evitar, generar, liberar(se) (de), mostrar, negar, padecer, producir, reconocer, reducir, romper, someterse (a), sufrir, superar, vencer

▮ *(lugar)* ♦ **estatal, judicial, oficial, policial ♦ habilitar, instalar, trabajar (en)**

☐ Véase también: **atadura, independencia, vínculo.**

DEPENDENCIA

♦ (SUSTANTIVOS) Véase: **cortar[A], preso (de)[F]**

♦ (VERBOS) Véase: **inexorablemente[I], plenamente[H], por completo[S]**

☐ Véase también: COERCIÓN; CONJUNCIÓN; CONTROL; RELACIÓN.

depender ♦ absolutamente, administrativamente, básicamente, completamente, directamente, económicamente, excesivamente, exclusivamente, funcionalmente, inevitablemente, inexorablemente[74], intrínsecamente, irremediablemente, jerárquicamente, necesariamente, permanentemente, por completo[167], realmente, temporalmente, totalmente

de perros *loc.adj.* ▮ Es propia de la lengua coloquial. En el sentido de 'sumamente molesto' se combina con...

A SUSTANTIVOS TEMPORALES: **1 día ++**: Un día *de perros*, un fangal y 35.000 espectadores en el estadio... LVE221096 **2 tarde ++**: El lunes 25 fue una verdadera tarde *de perros* para los abanderados de la disciplina al interior de la bancada oficial... CAP280900 **3 noche ++**: El Barça vivió anoche en Estambul una noche *de perros.* EPE200900 **4 vida +**: Muy grande fue nuestra sorpresa cuando vimos que mi papá se había subido a la tarima, comenzó a hablar de su vicio, de su mal genio y de la vida *de perros* que nos había dado. LHG100697 **5 mañana:** Hace una mañana *de perros*, el suelo está encharcado... EME110896 **6 verano:** Aunque éste parezca «un verano *de perros*», no hay que alarmarse... EME190795 **7 semana:** Por cierto, fue una semana *de perros.* Cada día que pasaba más crecía el festín de escándalos... DLA240297

B EL SUSTANTIVO *TIEMPO* Y CON OTROS QUE DESIGNAN FENÓMENOS METEOROLÓGICOS O CLIMÁTICOS: **8 tiempo +**: El tiempo, para no desentonar de la campaña, se ha puesto *de perros.* EME220296 **9 clima:** ...la verdad es que esta primvera estamos teniendo un clima *de perros.* INDOC

C EL SUSTANTIVO *HUMOR* (EN EL SENTIDO DE DISPOSICIÓN DEL ÁNIMO), ASÍ COMO CON OTROS QUE DESIGNAN ALGUNAS PARTES DEL CUERPO QUE MANIFIESTAN LOS ESTADOS ANÍMICOS: **10 humor ++**: ...tiró todas las fichas, se puso de un humor *de perros...* EME260494 **11 cara:** Era un ser complejo, capaz de competir contra el lucero del alba, de matarse por el equipo, pero también de poner una cara *de perros* porque su compañero... EME230795

D OTROS SUSTANTIVOS; POSIBLES USOS ESTILÍSTICOS: ...a la mentecata se la nota más porque arma mucho cirio *de perros*, rímeles, clavicordios, llantinas... EME221196; Los civilones de antes descritos por Valle Inclán con sus tricornios (...), camino de los presidios de África, entre los negros pinares del silencio, nubes *de perros...* EME150995

☐ Véase también: **infausto.**

de peso *loc.adj.* ▮ Admite sustantivos de persona, especialmente si designan a los que ocupan puestos de relevancia *(dirigente, político, periodista, candidato, líder: Es un político de peso)*, o destacan en el ámbito artístico, político o deportivo *(campeón, cantante, actor, rival, aspirante).* También se combina con...

A SUSTANTIVOS QUE DESIGNAN LA BASE SOBRE LA QUE SE ASIENTA UN JUICIO: **1 razón ++**: ...podría ser una razón *de peso* para que (...) repitiera el hecho... DLA310197 **2 argumento ++**: De los más de treinta dirigentes (...) pocos aportaron argumentos *de peso.* EME191295 **3 fundamento:** ...no encuentran un fundamento *de peso* que permita relacionar... ABC170492

B SUSTANTIVOS QUE DENOTAN CIRCUNSTANCIA O ASPECTO QUE, JUNTO CON OTROS, DETERMINA O CONDICIONA ALGÚN ESTADO DE COSAS: **4 factor +**: Otro factor *de peso* ha sido el temor a una ruptura definitiva... EPE110900 **5 detalle +**: Un detalle *de peso* es que (...) mantuvo silencio absoluto sobre el encuentro. CLA230199 **6 elemento:** ...el que estuviera en la ciudad ese día no prueba su participación, pero es un elemento *de peso.* INDOC

☐ Véase también: **concluyente, crucial, decisivo, determinante.**

de pies a cabeza *loc.adv./loc.adj.* ▮ Admite la variante *de los pies a la cabeza.* Se combina con adjetivos gentilicios y con los sustantivos que se derivan de ellos *(barcelonés de pies a cabeza; brasileño de los pies a la cabeza).* También se combina con...

A VERBOS QUE DESIGNAN LA ACCIÓN DE VESTIRSE O CUBRIRSE. MUCHOS DE ELLOS SE USAN MÁS FRECUENTEMENTE EN FORMA PARTICIPIAL Y EXPRESAN, POR TANTO, EL ESTADO RESULTANTE. POR EXTENSIÓN, CON ALGUNOS VERBOS QUE DESIGNAN EL PROCESO DE PROVEERSE DE ALGO, ASÍ COMO LOS ESTADOS QUE LES CORRESPONDEN: **1 vestir(se) ++**: Visten de negro *de pies a cabeza*, usan pintalabios y esmalte de uñas negro... EPE220499 **2 cubrir(se) ++**: Deben vestir, además, la burka, incómoda prenda que las cubre *de los pies a la cabeza...* CAP041001 **3 tapar(se) ++**: ...tapada *de pies a cabeza*, seguramente para darle gusto al turco... EME250896 **4 forrar(se):** ...forrado de Prada *de pies a cabeza*, salió bailando como un poseso. EPE280501 **5 envolver(se):** ...extienden sobre el asfalto mantas gruesas y envuelven a los bebés *de los pies a la cabeza.* EPE120999 **6 trajear(se):** Un señor trajeado *de pies a cabeza* que decía ser «directivo de una empresa»... EME170595 **7 uniformar(se):** ...recibe al visitante uniformado *de los pies a la cabeza.* EME080496 **8 enlutar(se):** La anciana matriarca, enlutada *de pies a cabeza*, no sale de su asombro. EPE291000 **9 abrocharse:** Ella tenía pinta de solterona, abrochada *de pies a cabeza.* ABC080494 **10 velar(se):** ...una foto de una mujer afgana velada *de pies a cabeza*... EPE **11 armar(se)** +: ...decenas de policías, armados *de pies a cabeza*, para impedir que los habitantes árabes... EME300996 **12 pertrechar(se)** +: Iban pertrechados de munición *de pies a cabeza*. INDOC

B VERBOS QUE DESIGNAN LOS PROCESOS DE MANCHARSE O EMPAPARSE, ASÍ COMO (USADOS EN FORMA PARTICIPIAL) LOS ESTADOS QUE RESULTAN DE ELLOS: **13 manchar(se)** ++: ...quienes se meten en las cloacas acaban manchados *de los pies a la cabeza*. EME060394 **14 empapar(se)** +: Cuando se junta con sus compañeros, empapado *de pies a cabeza*, apenas saluda. EPE311099 **15 calar(se)** +: ...estaban calados *de pies a cabeza*, «como si estuviéramos nadando»... EME260695 **16 embadurnar(se)**: ...lentamente brotará un hombre embadurnado *de pies a cabeza* de barro... ABC200594 **17 embarrar(se)**: ...aparecen los seis integrantes de la banda embarrados *de pies a cabeza*... EPE230200

C VERBOS QUE DESIGNAN ACCIONES, A MENUDO FORZADAS, INDAGATIVAS O COERCITIVAS, EJERCIDAS SOBRE LAS PERSONAS O LAS COSAS: **18 invadir**: «Cuando paso dos días sin escribir nada, un temblor me invade *de pies a cabeza*». EME221095 **19 cachear**: Te cachean *de los pies a la cabeza* y te obligan a quitarte los zapatos... EME220195 **20 investigar**: ...no habrá ningún medio que no me haya investigado *de los pies a la cabeza*. EME170195 **21 revisar** +: ...se meten en tu vida, te preguntan absolutamente todo y revisan tu pasado *de pies a cabeza*. INDOC **22 quemar**: Hay cientos de personas quemadas *de pies a cabeza*. EPE120901 **23 escanear**: Los muñecos no son una réplica exacta de nosotros. Podrían haber sido, porque nos escanearon *de pies a cabeza*. Pero no nos dieron la oportunidad... EPE301101

D ALGUNOS VERBOS QUE DESIGNAN PROCESOS DE CREACIÓN O CAMBIO, A VECES RADICALES: **24 crear**: La originalidad de un pueblo no consiste en haber creado *de pies a cabeza* un elemento de cultura... EPE090199 **25 fabricar**: El Holocausto sería una leyenda, fabricada *de pies a cabeza* por los lobbies judíos. EPE230100 **26 diseñar**: Kety no para, una serie que ha diseñado *de los pies a la cabeza*, le mantendrá ocupado... EME300596 **27 revolucionar**: ...revolucionó *de pies a cabeza* el socialismo británico. EPE250600 **28 remecer** –: ...con un entusiasmo y una decisión que ha remecido *de pies a cabeza* al régimen... EPE050800 **29 reforzar**: ...y examinar de paso al nuevo Barça, reforzado *de pies a cabeza*. EPE260801

E OTROS VERBOS; POSIBLES USOS ESTILÍSTICOS: ...delataban la pasión que, *de pies a cabeza*, siente este pedazo de cantante... LVE240395

F SUSTANTIVOS DE PERSONA QUE SE REFIEREN AL QUE DESTACA EN ALGO O AL QUE SE COMPORTA CON BONDAD O NOBLEZA. TAMBIÉN CON OTROS QUE DESIGNAN PROFESIONES, OCUPACIONES O CREENCIAS QUE SE TIENEN POR HONORABLES: **30 caballero** ++: La única disculpa posible es que Perelló, un caballero *de pies a cabeza*, bromeaba al hacer tales afirmaciones. LVE040396 **31 gentleman** +: Mientras que el segundo, gentleman *de pies a cabeza*, recibía las confidencias... EME100895 **32 demócrata** ++: El general Gutiérrez Mellado era un demócrata *de los pies a la cabeza*. EME181295 **33 cristiano** +: ...es un cristiano de profundas convicciones, un cristiano *de los pies a la cabeza*. EME031095 **34 hombre de bien** +: ...era un euskaldun y un hombre de bien *de los pies a la cabeza*. EPE150701 **35 profesional** +: ...España vista desde el mirador granadino por un profesional *de pies a cabeza*. EME080396 **36 señor** +: ...era un superdotado, un estadista, un señor *de los pies a la cabeza*. LVE210696 **37 luchador** +: Angela Merkel, una luchadora *de pies a cabeza* formada en el este de Alemania... EPE090200 **38 campeón** +: Fue un campeón *de pies a cabeza*, y supo mantener la entereza incluso en... EPE100700 **39 artista** +: ...un artista *de los pies a la cabeza* con lo que esto en ocasiones conlleva... EME310595 **40 político** +: ...es un político *de pies a cabeza*, siempre lo ha sido y siempre lo será. SEM280197 **41 empresario**: Arturo Gil es un empresario *de los pies a la cabeza* y, como tal, asegura que... EME230696 **42 actor** +: ...trabajó para ser un actor *de pies a cabeza*, para dejar en cada personaje su... EME150194 **43 estrella** +: Melanie Griffith es una estrella de Hollywood *de los pies a la cabeza*... EPE180199 **44 músico**: A sus espaldas, quince músicos *de pies a cabeza* que no dejan de bailar como posesos y tocar como ángeles. LVE071296 **45 compositor**: ...un gran innovador sí que fue, desde luego, un compositor *de los pies a la cabeza*. ABC050293 **46 animal político**: La suya fue una jubilación forzosa. Carrillo es un animal político *de pies a cabeza*... LVE280296

G ALGUNOS ADJETIVOS CALIFICATIVOS: **47 desnudo**: ...donde se veía a una bailarina en pose artística, pero desnuda *de pies a cabeza*. EPE040899 **48 limpio**: ...un proceso del cual salimos limpios *de pies a cabeza*, sin un voto robado... GIC030198 **49 corrupto**: ...una Francia cuyas instituciones políticas están corruptas *de los pies a la cabeza*. EPE211200 **50 sólido**: Los proyectos tienen que ser sólidos *de pies a cabeza*. EPE122000 **51 zafio**: Zafio *de pies a cabeza*, pero convencido de que la victoria del domingo no se le escapa. EPE110699 **52 nuevo**: Acaba de salir; es un modelo nuevo *de los pies a la cabeza*. INDOC

☐ Véase también: **de arriba abajo, de cabo a rabo, de punta a punta, palmo a palmo, por completo.**

de placer ♦ crucero, expresión, fuente, grito, instante, momento, noche, objeto, rato, sensación, viaje ♦ enardecer(se), estallar, temblar, vibrar

de plano

loc.adv./loc.adj. ■ Se combina con algunos verbos que denotan contacto *(chocar, dar, encontrarse)*. La expresión *dar de plano (con algo)* se suele construir con sustantivos que designan objetos que muestran una cara ancha o plana *(Le dio de plano con la palma de la mano, con una regla, con un libro)*. También se combina con...

A VERBOS QUE DENOTAN RECHAZO: **1 rechazar** ++: El sector empresarial rechazó *de plano* el aumento del salario mínimo... LDD040397 **2 descartar** ++: ...descartó *de plano* el volver a hacer otra pelea antes de que finalice el año... END031297 **3 desestimar**: Actualmente se desestima *de plano* la posibilidad de que los fondos que surgieran de una eventual liquidación de la entidad puedan satisfacer los derechos... LNP060597 **4 desechar**: ...desechó *de plano* la iniciativa de los diputados de su partido. LEC030497 **5 rehusar**: Quince fueron rehusados *de plano* y doce no alcanzaron el precio de reserva. ABC041292 **6 rehuir** –: No puede ser que rehuyamos *de plano* la formación intelectual profunda. EUV091096 **7 marginar –:** ...marginar *de plano* una o más proposiciones a las que se atribuía disconformidad. LEC220796

B VERBOS QUE DENOTAN ELIMINACIÓN, CANCELACIÓN O CONCLUSIÓN DE ALGO: **8 cortar ++:** ...está decidida a cortar *de plano* lo que considera que es una clara estrategia en su carrera a la reelección... EPE210599 **9 erradicar +:** ...encarna la absoluta supeditación de las Cajas a los partidos políticos, dependencia que habría que erradicar *de plano*... EME130695 **10 eliminar:** Gala León, Àngels Montolio, Cristina Torrens y Marta Marrero fueron eliminadas *de plano* (entre Gala, Àngels y Marta ganaron tres juegos). EPE300800 **11 excluir:** ...excluye, *de plano*, a reporteros, representantes del Poder Judicial, policías... PME120197 **12 anular:** ...todo este trámite debió haberse anulado *de plano* nada más al llegar al despacho del juez. CAP150198 **13 cerrar:** Con anterioridad, el Gobierno se había cerrado *de plano* a la posibilidad de que las negociaciones pudiesen llevarse a cabo en la capital mexicana... EME200495 **14 atajar:** ...ha atajado *de plano* lo que considera una «OPA hostil y obscena»... EPE311201 **15 abortar:** ...tentativas de rebelión que las autoridades abortaron *de plano.* INDOC **16 archivar:** La Fiscalía General del Estado decidió ayer «archivar *de plano*» la denuncia... LVE100296 **17 suspender –:** ...analizó la posibilidad de suspender *de plano* el encuentro hasta un mejor momento... CLA070199 **18 cancelar:** ...la reunión prevista fue cancelada *de plano* y sin dar explicaciones. INDOC

C VERBOS QUE DENOTAN NEGACIÓN U OPOSICIÓN: **19 negar ++:** ...negó *de plano* el que hubiera descontado de la bolsa de Sánchez los $50,000... END081097 **20 oponer(se) ++:** ...se opusieron *de plano* al reivindicar como válida la comunicación... CLA120397 **21 desmentir +:** ...son rumores infundados que no tienen ningún fundamento y que desmiento *de plano.* INDOC **22 prohibir –:** ...el progreso de la medicina podría verse gravemente afectado si se prohíbe *de plano*... ENV180497 **23 impedir –:** ¿Podrá impedirse *de plano* este nuevo *apartheid* deportivo y femenino (...)? LVE120696

D VERBOS QUE DESIGNAN DIVERSAS FORMAS DE ACCIÓN HOSTIL, MÁS FRECUENTEMENTE VERBAL: **24 descalificar +:** Las críticas más severas al Ministro han surgido de la bancada liberal, liderada por el tributarista antioqueño Luis Guillermo Vélez, quien descalificó *de plano* la iniciativa... SEM091000 **25 desacreditar:** Afirmación que desacredita *de plano* a cualquier cubano que se decida a hacer algo desde adentro. DLA250797 **26 reprender:** Un ansia que les impulsa a reprender *de plano* al Gobierno de la nación, poco menos que imputándole un grave delito... LVE150996 **27 atacar:** El libro ataca *de plano* la imagen romántica de los harenes. EPE260699

E VERBOS QUE DESIGNAN LA ACCIÓN DE DECLARAR, ADMITIR O HACER PÚBLICAS CIERTAS INFORMACIONES: **28 cantar +:** ...tienen órdenes de no enfrentarse a la policía, de no rendirse y cantan *de plano* al ser detenidos. LVE200596 **29 confesar +:** ...confiesa *de plano* y reconoce todo lo que negaba ante el juez y las cámaras de televisión. EME120595 **30 admitir +:** ...otro «accidente del camino», al admitir *de plano* que los «papeles del Cesid» (...) son los originales de Defensa... EME301296 **31 reconocer:** Por eso, en democracia, decir «hemos hecho tanto y cuanto, pero no lo hemos sabido comunicar» es reconocer *de plano* que, azacanados con la gestión, han olvidado lo principal... EME280296 **32 confirmar –:** Por lo demás, los recientísimos trabajos de Suzi Gablik (...) confirman *de plano* las mencionadas hipótesis. EPE020285

F EL VERBO *CAER* Y CON OTROS QUE DESIGNAN DIVERSAS FORMAS DE AFECTAR LA LUZ O EL CALOR A ALGÚN CUERPO: **33 caer ++:** La luz caía *de plano* sobre sus cabezas. INDOC **34 pegar:** Amigos y políticos se acercaban bajo un sol que pegaba *de plano.* EPE301099 **35 sacudir:** ...el faro está cubierto de acero y el sol sacude *de plano* durante 12 horas al día. EPE240800

G VERBOS QUE DENOTAN EQUIVOCACIÓN: **36 equivocarse ++:** Los diputados que optaron por el no se equivocaron *de plano*... LVE241195 **37 errar:** Quienes dictaminaron hace un año que (...) estaba fuera de combate erraron *de plano.* EPE150899

H VERBOS QUE DESIGNAN LA CULMINACIÓN EXITOSA DE ALGÚN PROCESO: **38 acertar +:** ...el premio acierta *de plano*, porque es en el camino de la concordia y la colaboración «donde más énfasis está poniendo la Academia». EPE070900 **39 superar:** ...los superó *de plano* el jueves en una espectacular actuación a la salida... LVE220795 **40 resolver:** Pero si Garzón acepta su recusación, García-Castellón resolvería *de plano* y él mismo seguiría investigando... EME120295

I OTROS VERBOS; POSIBLES USOS ESTILÍSTICOS: Podríamos acudir *de plano* a instancias internacionales. EME120194; ...EE. UU. viola *de plano* los principios más elementales del derecho internacional. EME060696

J SUSTANTIVOS QUE DENOTAN OPOSICIÓN: **41 rechazo:** ...el rechazo *de plano* se pudo basar en el hecho de que los magistrados no consideraran este caso como materia constitucional... LNC271196 **42 oposición:** ...y no debe quedar duda de que nuestro rechazo es absoluto y nuestra oposición firme, *de plano*, sin resquicio de ambigüedad. INDOC

☐ Véase también: **de lleno, de pleno, de raíz.**

de pleno *loc.adv.* ▌Se combina con...

A VERBOS QUE DESIGNAN LA CONSECUCIÓN EXITOSA DE ALGO: **1 acertar ++:** Estuvo breve y acertó *de pleno* con el primer rejón de muerte, por lo que dio la vuelta al ruedo. EME220594 **2 triunfar:** La rebelión de los «pobres» surtió efecto y triunfó *de pleno*... EME170895

B VERBOS QUE DESIGNAN EL PROCESO DE INCURRIR EN ALGÚN ERROR O EL DE FALLAR EN ALGUNA EMPRESA: **3 equivocarse ++:** «Si alguien cree que por dedicarse a la política va a tener que pagar menos responsabilidades (...) se equivoca *de pleno*». EPE240999 **4 fracasar +:** ...Henry fracasó *de pleno* en su intento por acabar con la excepcional producción ofensiva del alero catalán. EME050595 **5 errar:** ...en opinión de nuestro grupo parlamentario, han errado ustedes *de pleno.* INDOC

C VERBOS QUE DENOTAN RECHAZO O ANULACIÓN DE ALGO EN VARIAS FORMAS Y GRADOS: **6 rechazar ++:** La Federación Española se ratificó ayer en su manera de actuar y rechazó *de pleno* la creación de un tribunal arbitral... LVE281296 **7 negar:** Algunas informaciones internas cifran el montante de sus adquisiciones recientes en 100 millones de pesetas (...), una cantidad que el aludido niega *de pleno.* EPE050599 **8 eliminar:** ...elimina *de* *pleno* la legítima posibilidad de alcanzar la independencia... EPE221101 **9 cortar:** ...es la cifra de jóvenes que desean cortar *de pleno* sus relaciones... EME301296

D VERBOS QUE DENOTAN ACEPTACIÓN DE ALGO. TAMBIÉN CON OTROS QUE EXPRESAN APOYO O ADHESIÓN A PERSONAS O COSAS: **10 confirmar:** El ACNUR, desde su sede de Ginebra, confirma *de pleno* todos estos datos. EPE270399 **11 reconocer:** ...el Gobierno franquista luchaba denodadamente para ser reconocido *de pleno* por la sociedad internacional. LVE040396 **12 justificar:** ...se sigue dando lo que se toca siempre, y se seguirá tocando (...), pero con excusa (coartada) culturalista al lado, que justifica *de pleno* que este año volvamos a tocar/oír «lo de siempre». ABC051193 **13 respaldar:** Huber Matos, líder del sector más radical del exilio, presidente de Cuba Independiente y Democrática, también respalda *de pleno* a Aznar... LVE291196 **14 coincidir:** ...coincidió *de pleno* en que la puesta en práctica de la guerra de las galaxias (...) pondría en peligro el equilibrio del poder en el mundo... EPE060700

E VERBOS QUE DESIGNAN EL PROCESO DE ENTRAR (O INTRODUCIR ALGO O A ALGUIEN) EN ALGUNA ACTIVIDAD. POR EXTENSIÓN, CON OTROS QUE EXPRESAN EL ESTADO RESULTANTE: **15 entrar +:** El viernes, el fenómeno atmosférico pudiera entrar *de pleno* en el Golfo de México... ENH150900 **16 inscribirse +:** ...el holocausto no se circunscribió a los campos de exterminio, sino que se inscribe *de pleno* en la historia militar. LVE100495 **17 pertenecer +:** Pertenece *de pleno* a la novela victoriana y también a lo que se podría llamar las novelas regionalistas... EME140594 **18 meter:** Para entonces ya te has metido *de pleno* en esta sociedad, tienes novia y quieres quedarte. LVE271096 **19 abordar:** ...se vio obligado a abordar *de pleno* uno de los conflictos sociolaborales de mayor importancia del país... LVE190595

F VERBOS QUE DESIGNAN LA ACCIÓN DE INTERVENIR O PARTICIPAR EN ALGO, MUY A MENUDO DE FORMA ACTIVA O ENTUSIASTA: **20 dedicarse ++:** Marilia dejó sus estudios de marketing para dedicarse *de pleno* a la música. LVE031096 **21 entregarse +:** Antonio es un gran profesional que se entrega *de pleno* a su trabajo... LVE191195 **22 volcarse +:** Volcada *de pleno* en la vida política municipal, (...) ocupa el cargo de Teniente de Alcalde... EME190595 **23 participar:** ...se trata de la primera guerra en la que su país participa *de pleno.* EPE030499 **24 abocarse:** Ni siquiera han tenido la mediana prudencia de posponer la inscripción de los legales, intentando abocarse *de pleno* a los ilegales. ACP030701

G VERBOS DE CONTACTO Y CON OTROS QUE DESIGNAN LA ACCIÓN DE ALCANZAR O AFECTAR ALGO A ALGUNA PERSONA O ALGUNA COSA, TANTO EN EL SENTIDO FÍSICO COMO EN EL FIGURADO: **25 afectar ++:** La tragedia de Biescas ha afectado *de pleno* a una familia de Tarragona... LVE100896 **26 alcanzar ++:** ...falta poco tiempo ya para que la responsabilidad le vaya a alcanzar *de pleno.* LVE251096 **27 dar +:** Parece que este último consejo le dio *de pleno*... EME230796 **28 chocar +:** Su personalidad autodidacta choca *de pleno* con las paredes de las aulas de la Facultad de Ciencias de la Información... EME270995 **29 atacar:** La feria de la solidaridad (...) pretende «atacar» *de pleno* las conciencias de los madrileños y rascarles un poco el bolsillo... EME301196 **30 atentar +:** ...atentan *de pleno* contra la dignidad de todas las mujeres... EPE171199 **31 atropellar:** Corrió mejor suerte que Amaia porque la furgoneta en llamas no llegó a atropellarla *de pleno*, como a su amiga. EME070796 **32 tocar:** Para el mismo año 1997 está prevista la liberalización del sector que toca *de pleno* a Transmediterránea... LVE231295 **33 coger:** La objeción coge *de pleno* también a los seminaristas... EME220594

☐ Véase también: **de lleno, de plano.**

de poder a poder ♦ desafiar, disputar, jugar, negociar

deponer

deponer *v.* ▌En el sentido de 'destituir' se combina con sustantivos de persona que designan cargos directivos o individuos con poder o autoridad *(gobernante, presidente)*. También se combina con sustantivos que designan estructuras o sistemas políticos *(gobierno, régimen, dictadura)*. En el sentido de 'dejar, abandonar o apartar de sí' se combina con...

A SUSTANTIVOS QUE DESIGNAN DIVERSOS TIPOS DE ARMAS, FRECUENTEMENTE EMPLEADOS CON VALOR METONÍMICO, PARA REFERIRSE A SU EMPLEO VIOLENTO: **1 arma ++:** La mediación lleva doce horas porque hacerlos entrar en razón lleva un tiempo y *deponer* las armas también. EPU041001 **2 fusil:** El IRA se niega a *deponer* sus fusiles y explosivos hasta que el movimiento republicano no constate un desarme total... EPD300897 **3 pistola:** Sin que ETA *deponga* las pistolas prácticamente es imposible un referéndum. LRE140103

B LOS SUSTANTIVOS *ACTITUD* Y *COMPORTAMIENTO*. TAMBIÉN CON OTROS QUE DESIGNAN ACTITUDES DE INTOLERANCIA, FIRMEZA EN LAS POSICIONES PROPIAS O FUERTE INDIVIDUALISMO: **4 actitud ++:** ...intentó infructuosamente, por vía telefónica, conseguir que el general Mola, quien se había sublevado en Pamplona, *depusiese* su actitud. EME120494 **5 comportamiento +:** ...deberán dirigirse por megafonía a su hinchada para pedir que *deponga* su comportamiento «racista, insultante o grosero». LVE290995 **6 intransigencia:** ...amenazó con recortar la cuantiosa ayuda económica que envía a cada una de las partes, si ambos líderes no *deponían* sus intransigencias. EME261296 **7 prepotencia:** ¿Cómo? Mostrándose conscientes del cambio de etapa, *deponiendo* cualquier prepotencia... EPE121199 **8 egoísmo:** Pero, en fin, habrá que forzar a los países balcánicos a entenderse, aunque si los nacionalismos francés, alemán, ruso y algún otro no *deponen* su egoísmo, poco habrá que hacer. LVE010995 **9 orgullo:** Si quiere ser candidato, con muchas posibilidades de ser Presidente dentro de tres años, tiene que tascar freno, *deponer* orgullos, aceptar horcas caudinas. EUV150996

C SUSTANTIVOS QUE DENOTAN ENEMISTAD, OPOSICIÓN O DESACUERDO EN DIVERSOS GRADOS. TAMBIÉN CON OTROS QUE DESIGNAN ALGUNOS ACTOS HOSTILES QUE ESTAS ACTITUDES Y SITUACIONES DE RIVALIDAD PROVOCAN: **10 rivalidad +:** ...de la nueva situación que se ha creado con los acontecimientos de los últimos días y si *deponemos* nuestras rivalidades internas. ETC150996 **11 diferencia +:** ...y, en la vanguardia, los universitarios, colaboraron y marcharon, *deponiendo* diferencias, unidos en un emulsionante clima de solidaridad... EPE050800

12 odio +: «Tenemos que *deponer* nuestros odios y trabajar en torno de lo que el país necesita», concluyó. EPC211097 **13 protesta +:** ...lograron importantes concesiones del Gobierno a cambio de que hoy *depusieran* la protesta... DLA020997 **14 resentimiento:** Hagamos un esfuerzo de patriotismo, *depongamos* resentimientos particulares y concluyamos nuestra obra de honor. CLA131100 **15 antagonismo:** Irónicamente, si Turquía y Siria logran *deponer* sus antagonismos, se lo deberán agradecer al discurso que pronunció Netanyahu... EME120796 **16 aspereza:** Unámonos todos y *depongamos* las asperezas; pensemos que por encima de los intereses personales tiene que persistir el efecto por la Patria... LPN260497 **17 hostigamiento:** Si estas premisas no son radicalmente erróneas, entonces parece irrisorio que se le pida a la oposición que *deponga* su hostigamiento al gobierno. HOY060197 **18 violencia:** «Pido que se *deponga* la violencia», requirió De la Rúa. EPE211201

D SUSTANTIVOS QUE DENOTAN CREENCIA, PUNTO DE VISTA O INTENCIÓN: **19 idea:** Por cierto, el PAN no *depone* su idea de que esta ciudad se vuelva un estado federado más. PME190197 **20 postura:** ...la organización autorizó la convocatoria de una huelga durante toda una semana si la compañía no *depone* su postura. EME050295 **21 aspiración:** ...persuadieron a Pabón y a sus camaradas de *deponer* su aspiración de liberar a los 311 terroristas presos... CAP270397 **22 principio:** Cuando cayó el muro (de Berlín) empezó a soplar un viento huracanado que decía a los revolucionarios que *depusieran* sus principios ideológicos. ENV170996 **23 objetivo:** Argumentaron que era imprescindible que *depusiesen* sus objetivos para llegar a un acuerdo. INDOC

E OTROS SUSTANTIVOS; POSIBLES USOS ESTILÍSTICOS: ...aunque sin *deponer* banderas que son propias de esa corriente ideológica... EOU100996; Advirtió que sólo *depondrán* la ocupación, si el director de la Conadi, Domingo Namuncura, se compromete a rechazar... LEC120696

deportación ♦ **brutal, cruel, en masa[32], eventual, forzoso, masivo, polémico** ♦ **amenaza (de), orden (de), proceso (de)** ♦ **aprobar, bloquear, decretar, detener, evitar, facilitar, frenar, impedir, llevar a cabo, ordenar, organizar, proceder (a), realizar, suspender**

☐ Véase también: **exportación, expulsión.**

deporte ♦ **adicto (a), aficionado (a), amateur, arriesgado, competitivo, de élite, de equipo, de masas, de riesgo, favorito, individual, mayoritario, minoritario, profesional, rudo** ♦ **partido (de), torneo (de)** ♦ **fomentar, ganar (a), hacer, jugar (a), perder (a), practicar**

☐ Véase también: **apuesta, de sport, juego, jugada, partida, partido.**

DEPORTE

♦ (SUSTANTIVOS) Véase: **a bocajarro[D], a cámara lenta[F], acariciar[F], agarrotar(se)[B], amagar[B,C], anotar(se)[C], a puerta cerrada[L], apuntalar[E], arañar[C], batir[A], blando[F,I], boicotear[J], bordar[C], competitivo[F], cuajar[B], culminar[L], de ida y vuelta[E], descifrar[I], desinflar(se)[H], dirimir[C], eludir[G], enfrascarse (en)[F], letal[B], remontar[D], reñido[B], romo[A], validar[B], vigente[H]**

♦ (VERBOS) Véase: **a morir[D], a puerta cerrada[D], bárbaro[E], ventajosamente[B]**

deportivamente *adv.* ▮ En el sentido de 'desde el punto de vista deportivo', 'en el ámbito deportivo' o 'en el aspecto deportivo' se combina con gran número de predicados. Destacan especialmente los verbos de lengua *(deportivamente hablando)*, los que expresan algún juicio *(juzgar, justificar, valorar, sancionar)* y los que denotan desarrollo, progreso o mejora, generalmente aplicados a las personas o los grupos humanos *(crecer, mejorar, reforzarse, ascender)*. También acepta los verbos que expresan las nociones opuestas a estas *(empeorar, disminuir, caer, descender)*. Se combina frecuentemente con los verbos que denotan enfrentamiento *(luchar, enfrentarse)*, y especialmente triunfo *(triunfar, derrotar, tener éxito)* o fracaso *(fracasar, fallar)*. Destacan asimismo sus combinaciones con los verbos que designan el proceso de alcanzar o afectar algo a alguien *(afectar, interesar, perjudicar, hacer mella)*, con los que denotan aprovechamiento *(usar, rentabilizar, aprovechar)*, acción hostil, más frecuentemente el desquite o la revancha *(vengarse, resarcirse)*, y también con algunos de los que expresan formación, preparación o instrucción *(educarse, formarse, criarse)*. Con el sentido de 'de manera cómoda o informal' se combina con los verbos *vestir* y *calzar*. Con el sentido de 'de manera ajustada a las normas de corrección' se combina con el verbo *vivir* y también con...

A VERBOS QUE EXPRESAN LA ACCIÓN DE ACEPTAR O ADMITIR UN HECHO O UN RESULTADO GENERALMENTE DESFAVORABLE. TAMBIÉN CON OTROS QUE DESIGNAN LA ACCIÓN DE HACER FRENTE A ALGUNA COSA: **1 aceptar ++:** ...felicitaron al ganador y aceptaron *deportivamente* su derrota. DYM230796 **2 aguantar:** Aguantó *deportivamente* siete horas, 46 palabras y decidió no discutir... LVE110396 **3 encajar +:** El propio Ferrer Salat, al cabo, ha encajado *deportivamente* ésta su primera derrota... EME060294 **4 asumir:** ...Felipe González se enfrentaría al dilema moral de asumir *deportivamente* la voluntad de todas las fuerzas políticas... EME181195 **5 tomarse +:** Se tomó *deportivamente* los inevitables comentarios machistas... EPE140299 **6 afrontar +:** La vida puede que deba afrontarse *deportivamente*, como decía Ortega. EPE021000 **7 encarar:** ...en esas circunstancias, lo mejor es tomarse las cosas con calma y encarar la situación *deportivamente*. INDOC

B VERBOS QUE DESIGNAN EL PROCESO DE ALCANZAR UN RESULTADO FAVORABLE O DESFAVORABLE EN UNA COMPETICIÓN: **8 perder +:** El equipo demostró que sabía perder *deportivamente* y aplaudió a su contrincante al final del partido. INDOC **9 ganar +:** ...unos puntos que fueron ganados *deportivamente* en la pista... LVE160495

C ALGUNOS VERBOS QUE DESIGNAN ACCIONES CORTESES, MÁS FRECUENTEMENTE SI IMPLICAN RECONOCIMIENTO DE LOS MÉRITOS AJENOS: **10 felicitar ++:** El también presidente (...) felicitó *deportivamente* a su directo competidor... EPE140699 **11 aplaudir +:** ...la afición del Atlético, muy *deportivamente*, aplaudió al Valencia... EPE270699

D VERBOS QUE DENOTAN ACTUACIÓN O CONDUCTA, Y MUY FRECUENTEMENTE PARTICIPACIÓN EN UNA COMPETICIÓN: **12 jugar(se):** ...se jugaron el título –y no siempre *de manera deportiva*, recuérdese (...) el polémico incidente entre ambos en el último gran premio de la temporada, que dejó a los dos fuera de carrera–... LVE010595 **13 competir:** Los «niños bien» de Milán, millonarios y guapos, *compiten deportivamente por ver* quién se lleva más modelos «top» a la cama. EME280395 **14 participar:** ...todos los candidatos demostraron que sabían participar *deportivamente* en las elecciones. INDOC **15 actuar:** El equipo (...) no actuó ayer muy *deportivamente* en la Olimpiada... EME290996 **16 comportarse:** Espero que no haya sorpresas desagradables, que todos se comporten *deportivamente*... EPE311099

☐ Véase también: **lealmente, limpiamente**.

depositar *v.* ▮ En el sentido de 'colocar, dejar' se combina con sustantivos que designan cosas materiales *(depositar la maleta en el suelo; depositar el voto en la urna; depositar el ataúd en su nicho; depositar el trigo en el granero)*. En el sentido de 'poner en custodia' se combina con sustantivos que designan bienes, dinero u objetos de valor *(cheque, fianza, joya)*. También se combina con...

A SUSTANTIVOS QUE DESIGNAN LA ACTITUD POSITIVA Y ESPERANZADA HACIA EL FUTURO: **1 confianza ++:** La causa principal «se debe a despistes cometidos por el aumento de velocidad y a la confianza que *depositan* los conductores en la vía circulatoria». LVL230796 **2 esperanza ++:** ...pilar fundamental de una reforma en la que el país *depositó* muchas esperanzas. LTB210700 **3 ilusión +:** ...los italianos *depositan* sus ilusiones en los jóvenes Casagrande y Rebellini y el veterano Chiappucci. LVE260596 **4 expectativa +:** Todas las expectativas *depositadas* en la subasta pública de la aerolínea, prevista para el próximo 2 de julio, se derrumbaron... ENV270696 **5 fe:** ...no ocultaron su satisfacción por la transformación y *depositaron* su fe en que esta impida la fuga de estudiantes hacia el sistema de educación abierto... LNC190297 **6 posibilidad –:** ...tendrá que ser determinado por los inversionistas privados, en cuyas manos se *depositará* la posibilidad de ejecutar el proyecto. LHG210800

B SUSTANTIVOS QUE DENOTAN DESEO O ASPIRACIÓN, A MENUDO INTENSOS Y VEHEMENTES: **7 ambición +:** Miraban al nuevo emperador con ojo sagaz y en sus pupilas le *depositaban* sus ambiciones. LPA100592 **8 anhelo:** «Ante su rostro mestizo, *deposito* los anhelos y esperanzas de los pueblos indígenas con su propia cultura, que esperan alcanzar sus legítimas aspiraciones», concluyó Juan Pablo II. CLA250199 **9 ansia:** Con Anguita clamando en la colina, ¿podemos *depositar* todas nuestras ansias de regeneración en (...) el hombre del traje gris de la calle Génova? EME020194 **10 aspiración:** ...serán engendrados por el pueblo en aquellos personajes que sirven de pantalla en la que *depositar* sus aspiraciones. EME140496

C SUSTANTIVOS QUE DESIGNAN DIVERSOS SENTIMIENTOS QUE SE MANIFIESTAN HACIA LOS DEMÁS, MÁS FRECUENTEMENTE SI ESTÁN BASADOS EN EL AFECTO O EN LA CORDIALIDAD: **11 simpatía:** ...siempre con sus simpatías *depositadas* en el personaje dotado de raciocinio y sentimentalidad «fuera de la ley»... LVE260595 **12 afecto:** ...*depositó* sus afectos familiares en su hermana Margarita y sus dos hijas. LVE221194 **13 amor:** ...nunca ha sido capaz de perdonar a la mujer en la que había *depositado* su amor más profundo. EPE130699 **14 gratitud:** Como muestra de que en mi persona queréis *depositar* la gratitud a todos los que, desde posiciones diversas, han aportado lo mejor de sí mismos... LVE251295 **15 complacencia:** ...siguieron a Roberto Domínguez y ahora tienen todas sus complacencias *depositadas* en Manolo Sánchez. EME080695 **16 odio –:** ...la carga de odio que se ha *depositado* en las conciencias ha sido tan enorme que puede llegar a explotar con efectos retardados en cualquier momento. EME290394

D SUSTANTIVOS QUE DESIGNAN INFORMACIONES. DESTACAN ENTRE ELLOS LOS QUE EXPRESAN DIVERSOS RESULTADOS DE LA ACTIVIDAD INTELECTIVA O DE LA PRÁCTICA CONTINUADA DE UNA ACTIVIDAD: **17 conocimiento +:** A su lado, el alcalde de San Fernando, Antonio Moreno, se compromete por fin a llevar adelante el proyecto de una Fundación Camarón, que *deposite* y favorezca el conocimiento de la obra de José Monje. EPE100999 **18 experiencia +:** ...ha *depositado* su experiencia en una configuración entre vegetal, animal y humana... ABC151093 **19 idea:** Pero ahí les *deposito* la modesta y atrabiliaria idea como un guisante... EME051195 **20 información:** Pueden acceder a nuestra base de datos y *depositar* información sobre sus proyectos y campañas concretas... EME130496

E SUSTANTIVOS QUE DENOTAN OBLIGACIÓN O COMPROMISO CON LAS FUNCIONES ASIGNADAS A ALGUIEN. TAMBIÉN CON OTROS QUE DESIGNAN ESTAS MISMAS ATRIBUCIONES: **21 responsabilidad:** Será necesario que las autoridades educativas hagan un esfuerzo para mejorar las condiciones de trabajo de aquellos en quienes la sociedad ha *depositado* la responsabilidad de formar a los jóvenes. LVE161296 **22 deber:** ...*depositó* sobre mis hombros el deber de conducirla por senderos de paz y de prosperidad. DED021196 **23 función –:** El general Aidid, proclamado (...) «presidente interino» –una función *depositada* teóricamente, desde la caída de la dictadura de Said Barre en 1991, en las manos de su rival Ali Mahdi Mohamad (...)–, ha sido enterrado... LVE030896

▩ Se combina también con: ♦ **a cuenta, a plazo fijo[1], en custodia**

[depósito] → **en depósito**

depósito (de) ♦ **a plazo fijo, a plazos[21], bancario** ♦ **acción** *(economía)*, **agua, ahorro, arma, armamento, basura, bienes, cadáver, carburante, cheque, coche, combustible, confianza, dinero, explosivo, fondos, garantía, gas, gasolina, libro, munición, reserva, residuo, seguridad, vehículo, vertido** ♦ **captar, congelar[9], crecer, descubrir, hacer, llenar, pagar, renovar, retirar, tener, tener (en), vaciar**

☐ Véase también: **entrega, transferencia, transmisión**.

de postín *loc.adj.* ▮ Se combina con sustantivos que designan personas, organizaciones o grupos humanos, especialmente si se refieren a la actividad profesional que ejercen *(abogado, político, empresa)*. Además, se combina con...

A SUSTANTIVOS QUE DESIGNAN LUGARES Y, MUY FRECUENTEMENTE LOCALES Y ESTABLECIMIENTOS DIVERSOS: **1 establecimiento +:** ...los bares de su entorno sino de los de muchos establecimientos *de postín.* EPE310199 **2 restaurante +:** Salvo en algún teatro o en algún restaurante *de postín* que aún conserva en uso los guardarropas... LVE131296 **3 casa +:** ...alquilándose de asistenta en casas *de postín* para robar a las señoras... EME250895 **4 bufete +:** Sentado ante la pantalla, aburrido quizá ante el esfuerzo de repetir lo que todos sabemos aunque no nos apellidemos Garrigues ni estemos en la Trilateral ni tengamos bufete *de postín...* LVE150495 **5 barrio:** ...un barrio *de postín*, considerado en tiempos como una aberración arquitectónica. LVE070895 **6 escenario:** ...personales exhibiciones en la Ryder y otros escenarios *de postín...* EPE041199 **7 plaza:** Los festejos de esta modalidad (...) han supuesto decepción tras decepción en los últimos tiempos en plazas *de postín.* EME120296 **8 sala:** ...las salas *de postín* dan al mismo balcón por el que asomará sin desmayo nuestra alcaldesa. EPE150399

B SUSTANTIVOS QUE DESIGNAN EVENTOS, FRECUENTEMENTE DE CARÁCTER SOCIAL: **9 evento:** La reunión de Salamanca siempre ha sido propicia a los récords mundiales (...) a pesar de su concurrencia con otros eventos *de postín...* LVE300696 **10 boda:** Pero la Expo era una fiesta, había que montarla por todo lo alto –sin pararse en gastos, como en las bodas *de postín*–... ABC091092 **11 cena:** Debo ir a una cena *de postín* en el condecorado restaurante La Tour d'Argent, que no visitaba hacía años. LVE040696 **12 comida:** ...lo de sacarlo en medio de una comida *de postín*, para consultar alguna duda acerca de los caldos que han tenido a bien servirle... EPE140399 **13 cóctel:** Hoteles rebosando periodistas, cócteles *de postín*, discos de oro... EME290594 **14 concierto:** ...tanta institución de tronío, ocupándose por una vez no de las entradas de un concierto *de postín* o de una ópera de lujo, sino de los músicos de atril que las hacen posibles... ABC281094 **15 festival:** Me gusta cien veces más que los *nuevos ricos* filarmónicos, tan insufribles en sus festivales veraniegos *de postín...* ABC280892 **16 fiesta:** Como una blanca azucena, lo mismito que un jazmín, Paco se casa con Gema, vaya fiesta *de postín...* EME271096 **17 estreno:** Un estreno *de postín* el pasado jueves (...) y un estreno histórico (...), hoy mismo, ambos en el teatro Victoria. LVE101196 **18 premio:** Otros premios *de postín* han recaído en la compañía de... EPE240399 **19 corrida:** No es una garantía de éxito, mas puede sonar la flauta, a lo mejor con más frecuencia que en las corridas *de postín.* EME120396 **20 feria:** ...en las ferias *de postín*, está teniendo una regularidad notable para salir en hombros. EME160996 **21 mitin –:** Mítines *de postín* y obras pintureras. Quién lo habría dicho hace sólo unos años en esta tierra de califas... EPE070599

C OTROS SUSTANTIVOS; POSIBLES USOS ESTILÍSTICOS: ...luce dos pechos *de postín* que sobresalen del traje. EME300494; ...en un alarde de filantropía *de postín.* LVE010996; ...que no ha bajado nunca de 3:32.00, sigue sin acceder a una marca *de postín...* EME150896

☐ Véase también: **de solera.**

de precisión ♦ aparato, arma, balanza, báscula, bomba, dispositivo, fusil, herramienta, instrumento, máquina, mecánica, mecanismo, reloj, rifle, trabajo

de presa ♦ animal, ave, perro

depresión ♦ agudo, anímico, brutal, colosal, constante, dilatado, económico, enorme, fuerte, gran(de), grave, hondo, inmenso, leve, ligero, pasajero[44], persistente, pleno, preso (de)[23], profundo[4], prolongado, severo, terrible, tremendo ♦ crisis (de), cuadro (de), fase (de) ♦ agarrar(se), aminorar, atravesar[17], causar, ceder (a), coger, combatir, entrar (a alguien), entrar (en), evitar, hundir(se) (en), llevar (a), ocasionar, padecer, pasar (por), recuperarse (de), remontar, reponerse (de)[13], salir (de), sobrevenir (a alguien), sucumbir (a), sufrir, sumir(se) (en), superar, tener, vencer

☐ Véase también: **bajada, bajón (de), caída, descenso.**

de primera mano *loc.adv.* ▮ En el sentido de 'de la fuente original' o 'sin intermediarios', se combina con...

A VERBOS DE PERCEPCIÓN: **1 escuchar +:** ...en su primera actuación como presidente (...) escuchó *de primera mano* cómo se encuentran las estructuras... EPE190700 **2 ver +:** Yo creo que es importante para el general McCaffrey visitar a Colombia y y ver *de primera mano* los problemas que la producción y el tráfico... SEM201097 **3 oír +:** Primero almorzó en Benicasim con unos 300 empresarios que quisieron oír *de primera mano* sus recetas mágicas... EPE090699

B VERBOS QUE DENOTAN CONOCIMIENTO, ADQUISICIÓN O POSESIÓN DE INFORMACIÓN: **4 conocer ++:** ...una reunión para conocer *de primera mano* la situación precisa de las cuentas... EOU290497 **5 saber ++:** «Queremos saber *de primera mano* qué piensan», reconoce un dirigente... EDV270499 **6 enterarse +:** ...los espectadores de ayer en Teatre Nacional pudieron enterarse *de primera mano.* EPE200799 **7 obtener información +:** ...con información que había obtenido *de primera mano* del sargento... EME171296 **8 recibir explicaciones +:** ...el raro privilegio de recibir *de primera mano* las explicaciones de qué ocurrió en la política económica española en aquella época... LVE190196 **9 descubrir:** ...un hecho que Newcombe descubrió *de primera mano* cuándo fue al hotel... ENH090297

C ALGUNOS VERBOS QUE DENOTAN EL PROCESO DE EXPERIMENTAR ALGO: **10 sentir –:** ...decidió salir de los círculos puramente protocolarios de la política para sentir *de primera mano* el drama actual de la sociedad israelí... LVE150396 **11 presenciar –:** ...ayer se veía ante una oportunidad histórica de presenciar *de primera mano* la consecución del título... EPE230599 **12 vivir:** ...divididos en tres grupos, viven *de primera mano* sendas experiencias... LVE261095

D VERBOS QUE DENOTAN DESCRIPCIÓN, EXPOSICIÓN O EXPLICACIÓN DE ALGO: **13 informar +:** «Sobre la marcha informaremos qué otras naciones serán visitadas en esta lucha» para informar *de primera mano* de lo que sucede en Ecuador... ETC130297 **14 explicar +:** ...constató que Menem se había mostrado «muy interesado» en que le explicara *de primera mano* la nueva orientación política y económica... LVE250696 **15 hablar ++:** Nos habla, *de primera mano*, de quienes fueron sus amigos...

EPE100700 **16 contar** +: Los menores han sido interrogados de uno en uno por las tres fiscales de menores (...) para que cuenten *de primera mano* su experiencia en el centro... EPE180299 **17 afirmar:** Puedo afirmar *de primera mano* que AFA (Acción Familiar) ha presentado al Ayuntamiento un dossier... LVE201296 **18 narrar:** No sólo por la originalidad y el interés de la historia que el autor narra *de primera mano*, sino porque... LVE170596 **19 aclarar:** ...para aclararles *de primera mano* cuáles son las expectativas que el Madrid tiene puestas sobre ellos. EPE080900 **20 testimoniar** –: ...podría testimoniar brillantemente y *de primera mano* la historia local... EPE120999

E VERBOS QUE DENOTAN COMPROBACIÓN, REVISIÓN O ANÁLISIS: **21 comprobar** ++: Quieren comprobar *de primera mano* el impacto del bloqueo en la población... PME081296 **22 constatar:** ...constate, *de primera mano*, cuáles son las auténticas necesidades y los verdaderos problemas de Madrid en 2001... EPE091001 **23 contrastar:** Es que en vísperas de unas elecciones europeas no interesa contrastar, *de primera mano* y sin camuflajes, lo que piensan... EPE190599 **24 estudiar:** Sus cartas permiten estudiar *de primera mano* la evolución de su obra... ABC170192 **25 analizar:** ...un valiosísimo testimonio que estos documentos permiten analizar *de primera mano*. INDOC

☐ Véase también: **de oídas**.

de primera necesidad ♦ **alimento, artículo, bien, compra, economía, material, medida, mercancía, objeto, producto, servicio**

deprimir(se) ♦ **económicamente, enormemente, espectacularmente, extraordinariamente, fuertemente, ligeramente, ostensiblemente, profundamente[45], seriamente[8]**

de principios ♦ **acuerdo, crisis, cuestión, hombre, mujer, persona, posición, problema**

de proporciones ♦ **abarcable, abrumador[33], apocalíptico, bíblico, catastrófico, colosal, considerable, cósmico, dantesco[11], descomunal, desmedido, enorme, épico, espectacular, gigantesco, grande, heroico, histórico, inabarcable, incalculable, inesperado, inimaginable, insólito, insospechado, inusitado, inverosímil, mayúsculo, monumental, mundial, reducido, vasto**

de punta ♦ **chuzo, nervios, pelo, vello**

de punta a punta *loc.adv.* ▮ Se combina con...

A VERBOS DE MOVIMIENTO, MÁS FRECUENTEMENTE SI HACEN REFERENCIA A LA ACCIÓN DE RECORRER UN ESPACIO: **1 recorrer** ++: ...dieron ánimo para recorrer el hotel *de punta a punta*. BRE050997 **2 cruzar** +: ...se puede cruzar *de punta a punta* el Pirineo catalán. LVE180896 **3 atravesar** +: Es necesario que Barcelona pueda ser atravesada *de punta a punta* a pie o en bicicleta. LVE101295 **4 llevar** +: ...destrozaron todos los intentos de los pilotos rivales para llevarse *de punta a punta* los dos heats de la competencia... ESH120597 **5 ir:** En dos horas fui *de punta a punta* con algún que otro sobresalto; temía al salteador de caminos. LVE170595 **6 circular:** Durante este tiempo circuló una vez por la ronda de Dalt, *de punta a punta*, y cuatro veces por la ronda Litoral... LVE101296 **7 viajar:** Unas gradas que viajan *de punta a punta* del país. EME020296 **8 visitar** –: Tiene previsto visitar 125 presos (...) de 17 prisiones del resto del Estado, *de punta a punta*... LVE240696 **9 volar:** Las botellas de cava vacías vuelan *de punta a punta* con mayor intensidad que en el año viejo de 1993. EME020194

B VERBOS QUE DESIGNAN LA ACCIÓN DE SUPERAR A UN CONTRINCANTE O LA DE ADQUIRIR UNA VENTAJA DECISIVA SOBRE ÉL: **10 ganar** +: ...ganó *de punta a punta* en 30 minutos de permanencia en la pista... ETC150996 **11 imponerse:** ...no tuvo ningún problema para ganar la prueba de las damas, al imponerse *de punta a punta* y demostrar así que es la mejor atleta del momento en el país. ETC110187 **12 superar:** El reciente plusmarquista mundial fue superado *de punta a punta* por Ato Boldon en los 100 metros. EPE030799 **13 vencer:** Al campeón le bastó ese silbante jab para vencer *de punta a punta* a un rival... DYM210197 **14 adjudicarse:** ...quedó tercero (...) en 1986 y se adjudicó la misma, *de punta a punta*, en la segunda clásica del siguiente año. EXP011091 **15 dominar** +: Y no hubo nada que discutir, ya que con autoridad dominó *de punta a punta* las 25 vueltas. CLA070497

C VERBOS QUE DESIGNAN EL PROCESO DE CUBRIR U OCUPAR UNA EXTENSIÓN: **16 cubrir** +: ...un solo corresponsal tiene que cubrir el continente *de punta a punta*. ENH150398 **17 abarcar:** ...exhibirá una larga cabellera que puede llegar a abarcar todo el cielo *de punta a punta*. LVE060296 **18 extenderse:** Este movimiento que se extiende *de punta a punta* de la ciudad. EPE240599 **19 alargarse:** De nuevo, el banquillo del Atlético de Madrid se convierte en un extraño acordeón, que se alarga *de punta a punta*. EME060595 **20 llenarse:** Incluso alguien dijo que por primera vez el amplio comedor del Café París se llenaba *de punta a punta*. HOY081178

D OTROS VERBOS; POSIBLES USOS CRUZADOS: Creía la estadounidense que lo mejor era evitar el revés de la española, y se equivocó *de punta a punta*. [Cf. *de medio a medio*] EME220196

E OTROS VERBOS; POSIBLES USOS ESTILÍSTICOS: Gritaron el triunfo *de punta a punta*. CLA091000; Ha jugado todos sus partidos *de punta a punta*. EPE011199

☐ Véase también: **de arriba abajo, de pies a cabeza, palmo a palmo.**

de punta en blanco ♦ **aparecer, asistir, ir, pasear(se), poner(se), presentar(se), vestir(se)**

de puntillas *loc.adv./loc.adj.* ▮ En su sentido literal admite un gran número de verbos de acción *(caminar de puntillas; aplaudir de puntillas)*. Los usos figurados están, en cambio, más restringidos. Se combina con...

A VERBOS QUE DENOTAN DESPLAZAMIENTO, FRECUENTEMENTE USADOS EN SENTIDO FIGURADO CON COMPLEMENTOS QUE DENOTAN MATERIA O ASUNTO: **1 pasar** ++: Los aspirantes a los primeros puestos de la clasificación pasan *de puntillas* por las jornadas de llano a la espera de la explosiva última semana de competición... CAN250599 **2 andar** ++: Pero el patetismo (...) sólo andaba *de puntillas* en el Congreso la tarde en que el patético oficial no era consciente de casi nada... EME170494 **3 caminar ++:** Porque es cierto, desde luego, que el libro rezuma humor y que los versos caminan *de puntillas*, casi flotando en la levedad. ABC230493 **4 ir +:** ...que durante los primeros meses del año nuevo se pueda ir, *de puntillas*, a reconquistar a una opinión pública... LVE231295 **5 correr +:** El motor de la patera sale de su guarida, corre *de puntillas* por las sombras, horada los silencios y el tictac del reloj... EPE050699 **6 atravesar:** Joan Colom (Barcelona, 1921) atravesó *de puntillas* el umbral de la fotografía catalana... EPE190499 **7 avanzar:** ...miró a Zubizarreta con los ojos medio entornados, avanzó casi *de puntillas* al balón y lo golpeó con mimo... LVE231095 **8 subir:** Cuando un Gobierno sube al poder *de puntillas*, necesita muletas. EME301096 **9 bajar:** Bajó *de puntillas* las escaleras, sin que casi nadie se diese cuenta. INDOC **10 volver:** Se fue de vacaciones con una dura declaración en la que se manifestaba harto de muchas cosas y ha vuelto a su despacho casi *de puntillas*, sin querer hacer manifestaciones. LVE030995 **11 bailar:** Conviene que seamos conscientes: el mundo está bailando *de puntillas* sobre un polvorín. EME100294 **12 pasear(se):** ...que significó perder de nuevo la cota psicológica de los 15.000 puntos sobre la que el Nikkei se pasea *de puntillas* durante los últimos días. LVE280695 **13 moverse:** Pero el festival de festivales se mueve este año *de puntillas*: menos presupuestos, menos representaciones, ausencia de estrenos de renombre. EME090795 **14 transitar:** ...y Barrero se ha limitado a transitar *de puntillas* por el palacete de la plaza de la Marina, sin pisar un solo callo. LVE280396 **15 discurrir −:** A diferencia de la temporada 93, en la que empezó a acumular victorias muy pronto, el sprinter de la ONCE discurría hasta ahora *de puntillas* por 1994. EME280494

B VERBOS QUE DENOTAN APARICIÓN, ENTRADA O APROXIMACIÓN A UN LUGAR O A UN ASUNTO: **16 entrar ++:** ...lo que le permite hacernos entrar casi *de puntillas*, inutilizando la amenaza de la solemnidad, en las zonas insondables de la pantalla... EPE121001 **17 llegar +:** Llegó *de puntillas* al Mallorca en 1997, logró el quinto puesto de la Liga y fue finalista de Copa. EPE100199 **18 colarse +:** El flamenco, que hace algunas ediciones se colaba *de puntillas* en la programación del festival granadino... EME060795 **19 aparecer +:** ...y resignándose a que la creación musical aparezca *de puntillas* en los medios... ABC010995 **20 asomar:** Aún en el despegue de la hora de debate asomó *de puntillas* la cuestión de las elecciones primarias... EPE220599 **21 introducirse:** Se le olvidaron sus cinco años en la Compañía de Danza del Liceu y, *de puntillas*, se introdujo en el mundo de la moda. LVE210896 **22 acceder:** La ortodoxia y la heterodoxia, lo clásico y lo vanguardista, para mostrar «un mundo secreto al que he accedido *de puntillas* desde la humildad y el respeto». EME100695 **23 acercarse:** Es imprescindible hablar de la soledad si queremos acercarnos, aunque sólo sea *de puntillas*, al Pedro Almodóvar de «La flor de mi secreto». EME270895

C VERBOS QUE DENOTAN DESAPARICIÓN, SALIDA O ALEJAMIENTO, IGUALMENTE USADOS EN CONTEXTOS FÍSICOS Y FIGURADOS: **24 irse ++:** Su intención era irse *de puntillas*, pero el Ayuntamiento de Roma no se ha resignado a dejar de tributarle una despedida solemne. EME221296 **25 salir +:** ..Powell encontró la ocasión perfecta para salir *de puntillas* del Pentágono. EME191095 **26 abandonar:** Otros ex ministros abandonan la escena *de puntillas* y, a excepción de Tony Benn en Chesterfield, ya no aspiran a su escaño de diputado. EPD290497 **27 retirarse:** D'Ambrosio, de 65 años, se retira *de puntillas* y sin polémica, porque ha llegado el momento de «jubilarse y estar callado». EME080495 **28 marcharse:** En la temporada del 81, casi *de puntillas*, se marcha el torero más popular que había pisado los ruedos... EME090495 **29 largarse:** Un valiente se limitó a hacer las maletas y largarse *de puntillas* del hotel, en mitad de la noche. EPE261299 **30 huir:** ...huye *de puntillas* del barco monclovita que se hunde... EME150196 **31 escapar(se):** ...la redención de una muchacha que se escapó *de puntillas* cuando caminaba al borde de la catástrofe. EME190296 **32 desaparecer:** ...se discuten en pequeños escenarios, se asoman con tintes partidistas en los medios de comunicación y desaparecen *de puntillas* hacia los centros de decisión. EPE181299 **33 alejarse:** Los que, cuando pueden, se alejan *de puntillas* del entorno presidencial ante la rotura, en varios frentes, de los desagües podridos... EME160295

D VERBOS QUE DENOTAN CAMBIO DE ESTADO, A MENUDO ADQUISICIÓN DE UNA POSICIÓN ERGUIDA: **34 ponerse ++:** ...una se pone *de puntillas* para sacar la cabeza de la caldera política para ver qué ha ocurrido... EME260296 **35 auparse:** Sin saber de qué se trataba, la niña se aupó *de puntillas* desde su corta estatura y empezó a pedir ayuda a gritos... EME140695 **36 alzarse:** ...una figura femenina de dos metros y medio de altura que se alza *de puntillas* sobre una base de granito. EPE101299 **37 erguirse:** ...y frente a los partidos incorrectos, se ha levantado al fin, erguida *de puntillas* sobre los hombros de sus correctos seguidores... EME181295

E VERBOS QUE DESIGNAN LA ACCIÓN DE TRATAR UN ASUNTO O LA DE REFERIRSE A ÉL: **38 abordar:** La política de inmigración, con el chantaje del ultraderechista Le Pen como telón de fondo, fue abordada *de puntillas*, al igual que la política europea. LVE030595 **39 tratar:** ...el paro es el tema que más preocupa a los españoles, y los políticos lo tratan *de puntillas*, con buenas palabras pero pocas verdades. LVE050196 **40 hablar:** Seedorf hablaba *de puntillas* de su posible marcha. EPE050499 **41 analizar:** ...una cuestión fundamental que el gobierno debería haber analizado a fondo, pero solo lo hizo *de puntillas*. INDOC **42 mencionar:** ...mencionó solo *de puntillas* la espinosa cuestión de los criterios con los que han de elegirse los miembros del consejo del poder judicial. INDOC

F OTROS VERBOS; POSIBLES USOS ESTILÍSTICOS: Así que, consciente de que ni Barcelona ni yo nos jugamos mucho en estas elecciones, votaré a Portabella, pero *de puntillas*. EPE120699; ...en una leyenda viva en un país que ha vivido *de puntillas* una transición sin traumas ni epopeyas. EME110695

G SUSTANTIVOS QUE DENOTAN DESPLAZAMIENTO, FORMALMENTE DERIVADOS DE LOS VERBOS DE LOS APARTADOS *A*, *B* Y *C*: **43 salida:** ...al igual que su salida de la escena política, apresurada y como *de puntillas*, en busca de caladeros más fructíferos. INDOC **44 retirada:** Somalia: desembarco de cine, retirada *de puntillas*. EME270394 **45 paso:** Es tan misterioso y bello el fútbol de Zidane como incomprensible el paso *de puntillas* que los organismos sancionadores practican en torno a él. LRE210103

H OTROS SUSTANTIVOS; POSIBLES USOS ESTILÍSTICOS: Solchaga tenía el besito *de puntillas*, como los niños. EME220295; ...con guante blanco y *de puntillas*, el motor acelerado del capitalismo triunfador ha ido relegando al olvido las simplezas del ayer... EPE281299

de raíz *loc.adv.* ▌ En su sentido figurado se combina con...

A VERBOS QUE DESIGNAN LA ACCIÓN DE CORTAR, ARRANCAR O QUEBRAR ALGO, APLICADA MUY A MENUDO A COSAS INMATERIALES: **1 cortar ++**: ...siente que ha cumplido un ciclo y quiere seguir adelante haciendo cosas nuevas. La verdad es que yo lo hubiera cortado *de raíz* hace rato... CAR090697 **2 arrancar ++**: ...todavía tiene que demostrar que es capaz de arrancar *de raíz* la corrupción del gobierno... DYM010996 **3 extirpar ++**: «La impunidad debe ser extirpada *de raíz*». DLA040497 **4 cercenar +**: ...ha cercenado *de raíz* todos y cada uno de los intentos de recuperación. DDN030101 **5 segar +**: ...los árbitros segaron *de raíz* toda ilusión. LVE091296 **6 destrozar –**: ...jugaron un primer tiempo literalmente perfecto en ataque, destrozando *de raíz* todos los esquemas defensivos... LVE280495 **7 quebrantar –**: Esto también ha quebrantado *de raíz* la fe en la justicia de estos procedimientos. EPE020289 **8 romper –**: ...los obispos de la dolorida Latinoamerica rompen *de raíz* su tradicional alianza... EPE050499 **9 guillotinar –**: ...su primer edicto fue guillotinar prácticamente *de raíz* los emolumentos de todos los toreros, aunque la bolsa que en verdad perseguían era la de Benítez. EPE240599

B VERBOS QUE DENOTAN ELIMINACIÓN, ANULACIÓN O EXCLUSIÓN: **10 eliminar ++**: ...Clinton ofrece devolver la Base de Guantánamo, que se considera un atentado a la soberanía cubana (...) con lo cual elimina *de raíz* una de las protestas del castrato. DLA070297 **11 erradicar ++**: Asimismo en días pasados Oscar Espinosa Villarreal al instalar los consejos de población en las 16 delegaciones manifestó «erradicar *de raíz* la corrupción»... EXC090596 **12 acabar ++**: ...acabará *de raíz* con sus enemigos en el interior del PSOE: nadie podrá reclamar nunca más su dimisión... EME030695 **13 suprimir +**: ...todas estas obscenidades van a ser suprimidas *de raíz*. EPE280399 **14 borrar**: ...queremos poner un grano de arena en lo que haya de hacerse para borrarla *de raíz* de nuestras instituciones públicas. EUV060499 **15 exterminar**: ...son descendientes de los dominadores turcos y son personas non gratas, los deberíamos haber exterminado *de raíz*. LVE190896 **16 aniquilar**: ...una consecuencia directa de setenta y cuatro años de totalitarismo, que, como una aplanadora mortífera, aniquiló *de raíz* la modernidad... EPE251299 **17 terminar**: ...«forma práctica de terminar con el problema *de raíz* (...)». EME200295 **18 cancelar**: Las alianzas entre políticos y empresarios han causado males gravísimos al país y nos impiden pensar que se cancelarán *de raíz* con la edición de una nueva ley... PME101196 **19 descartar**: ...han detallado los argumentos que pueden emplearse para descartar *de raíz* cualquier posibilidad de que prospere la denuncia. EME240394 **20 abatir –**: Por ello, es necesario (...) abatir *de raíz* el costo de las tasas de interés. EXC090596 **21 abolir +**: ...aún existen países donde la libertad sexual de la mujer está abolida *de raíz*... EME151195 **22 aplastar –**: ...ETA pretendía truncar el rumbo de la historia de España, aplastando *de raíz* la esperanza de los españoles... LVE210495

C VERBOS QUE DENOTAN PARALIZACIÓN O NEUTRALIZACIÓN: **23 atajar ++**: ¡Qué idea más inteligente ha tenido el pueblo español para atajar *de raíz* la cuestión de la unidad nacional! EME110396 **24 zanjar +**: ...el artista logró zanjar *de raíz* la embriaguez festiva del público... EME070596 **25 abortar +**: El drama originado (...) son las muertes, y también el haber abortado *de raíz* multitud de debates sociales. LVE240396 **26 neutralizar**: ...había intervenido personalmente para neutralizar *de raíz* un incipiente descontento militar. EME200696 **27 paralizar**: ...han decidido en pocas horas acabar con el régimen de transitoriedad de la Ley Orgánica de Universidades; es decir, paralizar *de raíz* (...) el desarrollo de mi carrera universitaria. EPE041101 **28 frenar**: La Organización Atlántica desea frenar *de raíz* cualquier «confusión» respecto a los términos precisos de su ultimátum... EME160294 **29 detener**: ...la cantidad de barbaridades que pueden hacer durante los próximos cien años muchos de los que ahora son niños me parece razón indiscutible para detener *de raíz* la producción... EME200795 **30 desmontar**: ...desmonta *de raíz* los argumentos falaces sobre una fractura social vasca. EPE010299

D VERBOS QUE DENOTAN MODIFICACIÓN O TRANSFORMACIÓN: **31 cambiar**: ...las escuelas cambian *de raíz* sus modelos de enseñanza. EXC230996 **32 transformar**: ...estas medidas exigen transformar *de raíz* las prácticas y las políticas... LRU020899 **33 modificar**: La reforma de 1949 modificó *de raíz* la Constitución... LNA010792

E ALGUNOS VERBOS QUE DENOTAN ATAQUE, AGRESIÓN O ACTITUD HOSTIL HACIA ALGO: **34 atacar +**: ...la mayor parte de estos programas no atacan *de raíz* el problema del desempleo. HOY190183 **35 combatir +**: ...nos están ayudando a comprender y combatir *de raíz* (...) el clima de impunidad... LVE250495 **36 atentar**: ...atentan *de raíz* contra dichos derechos humanos... EME120895

F VERBOS QUE DENOTAN PROHIBICIÓN Y OTRAS FORMAS DE RESTRICCIÓN O DE CENSURA: **37 prohibir +**: Tampoco está claro que prohibir *de raíz* la publicidad sea eficaz... LVE040594 **38 vetar +**: Esta oposición (...) veta *de raíz* cualquier posibilidad de desmantelamiento... EME120496 **39 limitar**: ...documentos importantes que no puede ver todo el mundo; había que limitar el acceso a ellos drásticamente, *de raíz*. INDOC **40 vedar**: ...la afirmación religiosa le está vedada *de raíz*, pues ella, como la metafísica rebasa los infranqueables límites de la finitud... EME270595

G VERBOS QUE DESIGNAN LA ACCIÓN DE DESCALIFICAR O ENJUICIAR NEGATIVAMENTE: **41 desautorizar**: ...el cambio de estrategia reclamado desautoriza *de raíz* todo lo realizado... LVE060396 **42 cuestionar +**: Jóvenes que hemos decidido asumir la insumisión como una opción política, coherente y colectiva que cuestiona *de raíz* el servicio militar obligatorio. EME150895 **43 descalificar**: Al satanizar urbi et orbi al anarcosindicalismo hispano, el catedrático de Teoría del Estado descalifica *de raíz* también otros registros históricos... EME211196 **44 desestimar –**: ...EH llegó a pedir que no se pagase el Cupo al Gobierno central, asunto que se desestimó *de raíz* por inviable. EPE311299

H VERBOS QUE DESIGNAN LA ACCIÓN DE HACER FRENTE A ALGO, VIGILARLO, ORGANIZARLO O PREPARAR ACCIONES EN RELACIÓN CON ELLO: **45 plantear** +: ...consideran que el problema está mal planteado *de raíz*... EPE010600 **46 afrontar** +: Para resolver los grandes problemas (...) se necesita un marco de libertad que pueda afrontarlos *de raíz*... LVE190996 **47 abordar** +: ...nuevos paños calientes y más decisión de abordar los problemas *de raíz*. INDOC **48 sistematizar** –: ...nunca había hablado de «ceder» una emisora sino de potenciar y sistematizar *de raíz* todo el sistema televisivo italiano... LVE040495 **49 controlar** –: ...empieza a convencer a los inversores de que quiere controlar el déficit público *de raíz*. LVE090295 **50 replantear:** Tenemos una inercia de muchos años y actualmente estamos replanteando si proseguimos así o la replanteamos *de raíz*... EXC230496

I VERBOS QUE DENOTAN RESOLUCIÓN: **51 resolver:** ¿Por qué no se dedican a resolverlos *de raíz* en vez de buscar votos? EME080295 **52 solucionar:** Un código abreviado (...) para solucionar *de raíz* el problema que nos agobia. SEM091000 **53 subsanar:** ...tienen como objetivo subsanar *de raíz* los desequilibrios básicos. EME140195 **54 curar:** Y si las grietas se curan *de raíz* (...), tendremos una patria más grande, libre y respetada. ETC210197

J VERBOS QUE DENOTAN EQUIVOCACIÓN, ENGAÑO O FALSEAMIENTO DE HECHOS O INFORMACIONES: **55 equivocarse** +: El desarrollismo de los años 60 se equivocó *de raíz* (...) al proceder a la sustitución del tranvía. EME091295 **56 viciar** +: ...cualquier alternativa posible está viciada *de raíz* por la situación interna. LVE060794 **57 errar:** ...no por las faltas contra sus semejantes, sino por los pecados cometidos contra sí mismo: su vida le parece errada *de raíz*. ABC180992 **58 desvirtuar:** La influencia que el populismo ejerce en la vida cotidiana (...) desvirtúa *de raíz* la posible pujanza de la cultura española... ABC010995 **59 falsear:** ¿Hasta cuándo habrá que repetir que esta guerra no es de etnias ni de religiones, que las identidades étnicas, falseadas *de raíz* (...) son un elemento añadido...? EME150194 **60 fallar** –: Falla *de raíz*. Parte de una premisa falsa: la disposición del PNV a dialogar para aislar a ETA y a HB. EPE130800

K OTROS VERBOS; POSIBLES USOS CRUZADOS: Pero ella rechaza *de raíz* lo que considera radicalismos... [Cf. *de pleno*] EPE250599

L OTROS VERBOS; POSIBLES USOS ESTILÍSTICOS: ...tocaron *de raíz* el orgullo de los inventores del baloncesto. LVE150796; ...sólo por ese camino puede conocerse *«de raíz»* (...) nuestra lengua... ABC100694

☐ Véase también: **de cuajo.**

de raza ♦ **actor, artista, bailaor, caballo, escritor, periodista, perro, político, torero,** *otros sustantivos que designan animales, otros sustantivos que designan profesiones*

[derecho] → **a derechas**

derecho ♦ **abusivo[64], adquirido, ancestral[47], atentatorio (contra)[10], consuetudinario, consustancial, de autor, discrecional[5], equitativo[16], exclusivo, fundamental, humanitario, humano, igualitario, inalienable, incuestionable, indiscutible, individual, inherente, intransferible, inviolable, irrenunciable[1], legítimo, natural, perfecto, pleno, primordial, privado, propio, reconocido, sagrado, soberano, tutelar, vigente** ♦ **con arreglo (a)[4], en uso (de), sin perjuicio (de)[4]** ♦ **defensa (de), especialista (en), estado (de), igualdad (de), violación (de)** ♦ **abdicar (de)[19], abusar (de)[23], acreditar, adquirir[45], amparar (a alguien), anular, apegarse (a)[3], aplastar, aplicar, arrancar, arrebatar (a alguien), arrogarse[1], atenerse (a)[5], atentar (contra), atropellar, ceder, cobrar, conculcar[12], conjugar[20], conocer, conquistar[18], consagrar, constituir, contraer[16], contravenir[16], dañar[18], decaer (en), defender, denegar[26], despojar (de), devengar, dimanar, disfrutar (de), ejercer[11], ejercitar, emanar[5], enarbolar[22], establecer, estudiar, expirar, hacer(se) realidad[72], hacer valer, infringir[22], invocar, lesionar, licenciarse (en), luchar (por), mantener, negar[66], negociar[47], obrar en poder[33], obtener, ostentar[11], otorgar (a alguien), pagar, perder, pisar[1], pisotear[1], poseer, prescribir, prevalecer, primar[29], privar (de), proclamar, proteger, quebrantar[21], reclamar, reconocer, regular, reivindicar, renunciar (a), reservarse, respetar, restringir, saltarse[37], salvaguardar, someter (a), subrogar, suspender, tener, transgredir[9], transmitir, usurpar[37], velar (por), violar[15], violentar, vulnerar**

☐ Véase también: **atribución, facultad, obligación.**

DERECHO

♦ (SUSTANTIVOS) Véase: **abdicar (de)[C], abusar (de)[E], abusivo[J], adquirir[F], amasar[C], arrogarse[A], atentatorio (contra)[C], conculcar[B], congelar[G], conjugar[E], conquistar[D], contraer[C], denegar[D], ejercer[B], equitativo[B], hacer(se) realidad[G,H], hipotecar[D], infringir[D], irrenunciable[A], negociar[J], obrar en poder[F], ostentar[B], pisar[A], pisotear[A], precario[G], primar[E], quebrantar[D], rescindir[C], sin perjuicio (de)[B], usurpar[D], violar[C]**

☐ Véase también: FACULTAD; JUSTICIA.

de refilón *loc.adv./loc.adj.* ▮ Se combina con...

A VERBOS QUE DENOTAN PERCEPCIÓN, GENERALMENTE VISUAL: **1 ver** ++: ...cuando vio *de refilón* que le encañonaban con un arma. EPE150900 **2 mirar** ++: Pero mira *de refilón* los puestos con veinte variedades de dátiles... LVE010596 **3 sorprender** –: Anteayer sorprendí *de refilón* mi imagen en un escaparate... EPE210999

B VERBOS QUE DENOTAN ANÁLISIS O TRATAMIENTO DE UN ASUNTO. TAMBIÉN CON OTROS QUE EXPRESAN LA ACCIÓN DE HACERLE FRENTE: **4 tocar** ++: De este malestar –que toca *de refilón* la política– el profesor (...) da estos datos... LVE140996 **5 tratar:** Para encontrar (...) la primera muñeca que incorporó un gramófono en su interior hay que recurrir a «brocanters» que tratan el juguete *de refilón*, como Anna de Anamorfosis... LVE251295 **6 abordar** +: ...una propuesta que sin plantear con claridad esta cuestión sí que abordaba *de refilón* los temas... LVE181096 **7 analizar:** De refilón, también analiza a su padre, un director de orquesta... ESH120996 **8 plantear:** ...plantea las cuestiones de confianza *de refilón*, nunca de frente. LVE140196 **9 consultar** –: ...el libro lleva una carrera fulgurante y ocupa un lugar destacado en todas las listas de ventas de todos los colores. Votantes del PSOE habrá que lo han consultado, y no sólo *de refilón*... EME110396 **10 examinar:** ...un aparente suicidio que tal vez ha sido un crimen, sirve para (...) examinar *de refilón* unas cuantas conductas ajenas a toda moralidad. ABC150494

C VERBOS QUE DENOTAN CONTACTO FÍSICO O FIGURADO. TAMBIÉN CON OTROS QUE EXPRESAN EL PROCESO O LA CONDICIÓN DE SER ALGO RELEVANTE PARA ALGUNA COSA: **11 alcanzar ++:** La bala le alcanzó *de refilón* en el costado. LVE290495 **12 dar +:** Un día va a dar a una vieja, *de refilón*, en un paso de cebra... EME050195 **13 rozar:** ...«rozó *de refilón* al camión» durante el adelantamiento. EPE240499 **14 afectar:** ...un frente nuboso que afectará *de refilón* al noreste peninsular. EPE120280 **15 coger –:** La geología, hasta hace poco, era una ciencia que cogía *de refilón* al españolito... EPE290199

D VERBOS QUE DENOTAN PRESENCIA, APARICIÓN O INGRESO: **16 pasar ++:** ...para luego ver pasar a los toros *de refilón*... EME140995 **17 aparecer ++:** En ninguno de los dos sumarios aparece ni *de refilón* mi nombre. LVE220996 **18 colarse +:** ...la segunda parte del espectáculo, en el que se coló *de refilón* un tercer personaje... LVE040695 **19 meterse:** ...ganó de penalti en los últimos minutos y se metió *de refilón* en los cuartos de final. INDOC **20 salir:** Inicialmente relegado a la medianoche en TVE1, «Un paseo por el tiempo» (...) acabó por salir *de refilón* en La 2, pues TVE1... LVE230795 **21 llegar:** ...la ola de calor ha llegado *de refilón* y, de momento, no se ha batido ningún récord. LVE220795

E VERBOS QUE DENOTAN ADQUISICIÓN DE INFORMACIÓN: **22 enterarse:** De refilón me entero de cómo va *Betty la Fea*... CAP280900 **23 conocer:** ...constituirán un material inapreciable para cualquier estudioso del futuro o, simplemente, para quien desee algo más que conocer a nuestro dramaturgo tan solo *de refilón*. ABC301294 **24 descubrir:** Y más lástima da que los medios descubran a Maella, *de refilón*, sólo por la bronca, y que Maella no haya salido nunca a primera, salvo ahora para hacer risas. EME160396 **25 oír:** De refilón, como oyendo las noticias de Javier Aldámiz en la Pirenaica, tuve que enterarme... EME121295 **26 leer –:** ...que inclusive habrán leído, así fuere *de refilón* los textos de de la Declaración de Santa Cruz de la Sierra y del Plan de Acción... LTB131296

F ALGUNOS VERBOS DE LENGUA: **27 decir:** Y cuando algún ministro logra decirle algo *de refilón*, el jefe asiente... EME190295 **28 mencionar:** ...sólo mencionada *de refilón* en privilegios reales y libros de caza... EPE261299 **29 citar:** En lo que sin duda coincidieron ambos fue en criticar la política exterior de la UE, aunque sólo citaron *de refilón* a Javier Solana... EPE251001 **30 hablar –:** Tuvo éxito cuando se hablaba *de refilón* y se quedó algo arrinconado... EME101296

G VERBOS QUE DENOTAN MANIFESTACIÓN PÚBLICA DE ALGO, GENERALMENTE DE INFORMACIONES: **31 exhibir:** Según su listado –que exhibe *de refilón*– los «populares» tienen 350 militantes en el municipio. EME100595 **32 mostrar:** Ahora vuelve a asombrar con «Dead Man», protagonizada por Johnny Depp, en la que muestra *de refilón* su indisimulado cariño a los indios... EME040196 **33 dar:** si hago esta meditación de la ucronía es porque, *de refilón*, lo dio en un telediario... EME171196 **34 recoger:** Maqua ha realizado un gran esfuerzo (...) para integrar motivos, registros y estilos diferentes en un gran fresco que recoge, *de refilón* y como con sordina, acontecimientos sociales e históricos... ABC220592

H OTROS VERBOS; POSIBLES USOS ESTILÍSTICOS: ...no se pareció ni *de refilón* al equipo que se exhibió el pasado jueves. LVE300495; No vemos mayor problema para operar salvo sufrir *de refilón* el problema de Barajas, si es que para entonces no está arreglado... EPE020599

I ALGUNOS SUSTANTIVOS: **35 mirada:** Al entrar en el local notó varias miradas que, mal disimuladas y *de refilón*, le escrutaban de arriba abajo. INDOC **36 referencia:** ...no lograron evitar una referencia *de refilón* y poco tranquilizadora... EPE210699 **37 alusión:** Los periodistas esperaban un análisis en profundidad y tuvieron que conformarse con una alusión *de refilón*. INDOC

☐ Véase también: **de soslayo**.

de refresco ♦ **deportista, hombre, jugador, persona, piloto, soldado, tropa**

de relojería ♦ **bomba, dispositivo, máquina, maquinaria, mecanismo**

de relumbrón ♦ **artista, estrella, faena, ficha-je, fiesta, figura, invitado, obra, profesional, título, torneo, triunfo, victoria,** *sustantivos de persona*

☐ Véase también: **ostentar**.

de remate ♦ **loco, tonto**

de reojo ♦ **contemplar, examinar, mirar, observar, ver, vigilar**

de repetición ♦ **antena, arma, fusil, mecanismo, rifle, sistema**

de riesgo ♦ **activo, área, deporte, factor, jugada, operación, población, posición, práctica, prima, seguro, situación, zona**

[deriva] → **a la deriva**

derivar(se) *v.* ▮ Con el sentido de 'dirigirse, cambiar o tomar una nueva dirección' se construye con complementos encabezados por las preposiciones *a*, *hacia* o *hasta*, y admite muy diversos sustantivos como sujetos, tanto si designan personas *(En sus últimos años el pintor derivó hacia un arte más abstracto)* como cosas materiales *(Las manchas de fuel derivaron hacia las costas cantábricas; La chalupa derivaba hacia la galerna)* o inmateriales *(La conversación derivó hacia el tema de los extraterrestres)*. Con el sentido de 'proceder etimológicamente de' se construye con complementos preposicionales y admite como sujetos los sustantivos *raíz*, *palabra*, *voz*, *expresión* y otros muchos que designan unidades verbales, incluidos los usos metalingüísticos *('Corazón' se deriva de la palabra latina 'cor';*

La forma latina 'cor' derivó en 'corazón'). Con el sentido de 'resultar o ser consecuencia de' se usa generalmente como pronominal y se combina con gran número de sustantivos, pero más frecuentemente con...

A SUSTANTIVOS QUE DENOTAN RESULTADO, REPERCUSIÓN O EFECTO DE ALGO. TAMBIÉN CON OTROS QUE DESIGNAN LA DEDUCCIÓN O EL COROLARIO QUE SE OBTIENE DE ALGUNA COSA: **1 consecuencia ++:** No nos podemos hacer responsables de las consecuencias que se *deriven* de una asistencia inadecuada... EME020694 **2 efecto ++:** ...los efectos del bloqueo son diversos y *derivan* principalmente en sus dimensiones económicas... GIC111796 **3 resultado +:** ...señaló que los resultados se *derivan* del buen comportamiento de todas las partidas del balance... EME180796 **4 beneficio +:** Algunas personas sostienen que esa organización magnificó los beneficios que podrían *derivarse* del fallo de King. DLA280697 **5 ventaja +:** ...existen otras ventajas *derivadas* del carácter internacional del euro... LVE161295 **6 conclusión:** ...se han extraído conclusiones *derivadas* sólo de una parte de la nueva ley. DYM281096 **7 implicación:** ...«responsable de las implicaciones jurídicas que puedan *derivarse* de la continuación de los procedimientos en causa». EPE150199 **8 solución:** ...la solución laboral *derivada* de la cancelación de su programa está en manos de los letrados. EPE060899

B SUSTANTIVOS QUE DENOTAN DETRIMENTO, SECUELA O EFECTO NEGATIVO DE ALGO. TAMBIÉN CON OTROS QUE SE REFIEREN A LA AMENAZA DE SUFRIRLO O EXPERIMENTARLO: **9 perjuicio ++:** Bruselas reclamó también la reparación de perjuicios *derivados* de la pérdida de derechos de aduana... LRE160103 **10 riesgo ++:** Los indicadores no apoyan sus puntos de vista que quieren ver riesgos *derivados* de la alternancia en el poder... EXC250700 **11 peligro +:** ...decidió (...) arrostrar las dificultades y los peligros que puedan *derivarse* de la defensa de su soberanía y su independencia. GIC051697 **12 daño +:** Dittermore indicó que este tipo de daños *derivados* del despegue no pueden ser inspeccionados ni reparados en órbita. LRE030203

C SUSTANTIVOS QUE DENOTAN SITUACIÓN O HECHO ADVERSO, DESFAVORABLE O CONFLICTIVO: **13 problema ++:** Los problemas que se *derivarían* de ello podrían extenderse por el sur a Zambia... PME011296 **14 dificultad +:** ...las dificultades se *derivan* de las limitaciones impuestas por la legislación suiza... EME120195 **15 inconveniente +:** ...también hubo inconvenientes *derivados* de los impedimentos inicialmente del ex fiscal Valdivieso y luego de él mismo. EPC211097 **16 crisis +:** La aparente protección de la justicia y la policía a algunos delincuentes ha provocado una crisis de confianza que (...) puede acabar *derivando* en una crisis de Estado. DYM120996 **17 complicación:** El caso se vio envuelto ayer en toda una serie de complicaciones *derivadas* de su discusión en el Parlament. LVE070695 **18 confusión:** La confusión se *deriva* de la polémica resolución 142... LVE150696 **19 obstáculo –:** Es asimismo una de las pocas maneras de sobrepasar los obstáculos *derivados* del hundimiento de puentes y viaductos. LVE220195

D SUSTANTIVOS QUE DENOTAN VULNERACIÓN, CONTRAVENCIÓN O QUEBRANTAMIENTO DE UNA NORMA O UN CÓDIGO, MÁS FRECUENTEMENTE DE CARÁCTER LEGAL. TAMBIÉN CON OTROS QUE DESIGNAN EL CASTIGO QUE LA INFRACCIÓN LLEVA APAREJADO: **20 delito +:** ...ha instado a la Fiscalía del Estado para que actúe en la persecución de todos los delitos que se *deriven* de los hechos. LVE250695 **21 sanción +:** ...no teme las sanciones que se puedan *derivar* por la aplicación de la ley Helms Burton. EME230596 **22 pena:** No es que el manual rebaje la dificultad de acceso a esta gracia que reduce o elimina las penas que *derivan* del pecado. EPE180999 **23 condena:** ...podrían responder de las fianzas y condenas que se *derivarían* de las causas penales y civiles que en la actualidad se instruyen contra Arturo Romaní. LVE060296 **24 infracción:** Las infracciones, consideradas graves, pueden *derivar* en multas de un millón de pesetas. EPE280999

E SUSTANTIVOS QUE DESIGNAN SITUACIONES DE CONFRONTACIÓN O ANTAGONISMO: **25 conflicto +:** ...señalaron que los conflictos *derivados* del ajuste y la globalización provocan serios conflictos sociales... DLA120597 **26 enfrentamiento:** El enfrentamiento *derivó* en una posterior escisión de los cargos públicos afines a Lizondo. EPE120799 **27 rivalidad:** La rivalidad entre las dos potencias *derivó* en 1950 en una guerra... CLA200297 **28 guerra:** ...la guerra actual podría *derivar* en la división de Afganistán en dos territorios... EPU121101

F SUSTANTIVOS QUE DESIGNAN EL FUNDAMENTO DE ALGUNA COSA O EL MÓVIL DE ALGUNA ACTUACIÓN: **29 motivo +:** ...rechazó de pleno que el equipo de gobierno tenga paralizado el expediente por motivos políticos *derivados* del pulso entre el rector de la Universidad (...) y el presidente de la Generalitat... EPE220199 **30 causa +:** Agregó que otra de las causas de su elevado costo se *deriva* de los diversos diseños que se hicieron... DED130996 **31 razón:** ...el año pasado 224.500 trabajadores fueron a la huelga por razones *derivadas* de la negociación colectiva... EME020795

G SUSTANTIVOS QUE DENOTAN COYUNTURA FAVORABLE PARA REALIZAR ALGO, O POSIBLE VÍA DE ACTUACIÓN O ELECCIÓN EN RELACIÓN CON ELLO: **32 posibilidad +:** Contemplando todas las posibilidades matemáticas que se *derivan* de estos supuestos, hay diversas hipótesis de... LVE290395 **33 oportunidad:** ...propiciar el uso por parte de los ciudadanos de todas las oportunidades que se *derivan* de las nuevas tecnologías. EPE161299 **34 opción:** ...en el futuro será necesario decidir entre varias opciones *derivadas* de las posibilidades de intervenir en la misma esencia biológica del ser humano. EPE020885 **35 alternativa:** Banqueros, políticos y el propio sector de la comunicación analizan estos días las alternativas que se *derivan* del control... EME150496

H SUSTANTIVOS QUE DENOTAN PENSAMIENTO, JUICIO O CONCEPCIÓN DE LAS COSAS. TAMBIÉN CON OTROS QUE SE REFIEREN AL CRITERIO O AL PUNTO DE VISTA QUE SOBRE ELLAS SE TIENE: **36 idea +:** Esa idea, al menos, se *deriva* de la comparación del ministro... LVE080196 **37 concepto:** ...será el momento de volver a plantear los conceptos de fondo que se *derivan* de la Declaración de Barcelona. EPE060899 **38 enfoque:** ...tiene un marcado carácter académico y sus enfoques básicos *derivan* del posicionamiento intelectual de los autores. ABC100792 **39 perspectiva:** ...debería haber versado fundamentalmente de las nuevas perspectivas económicas *derivadas* de la reforma impositiva... EPE160977

I SUSTANTIVOS QUE DENOTAN OBLIGACIÓN DE HACER ALGO O RESPONDER DE ALGUNA COSA: **40 responsabilidad ++:** ...el PSOE ya ha sido «penado en las urnas» por las supuestas responsabilidades políticas que se *derivan* del «caso GAL»... EME170596 **41 compromiso:** ...están dispuestas a asumir los compromisos *derivados* de tal comprensión y reconocimiento. EPE010289 **42 obligación:** Esas son algunas de las obligaciones que se *derivan* de su cargo de director. INDOC

J SUSTANTIVOS QUE DESIGNAN DIVERSAS MANIFESTACIONES DE LA FALTA DE EQUIDAD O ESTABILIDAD: **43 diferencia +:** Estas diferencias *derivan*, a su vez, de peculiaridades de la actividad constructora... EME090296 **44 desigualdad:** Y éste es el fin de este Congreso: corregir las desigualdades que se *derivan* del actual sistema de financiación de la enseñanza... EME260496 **45 desequilibrio:** ...un patente desequilibrio *derivado* de ciertos errores de su política exterior. INDOC

K ALGUNOS SUSTANTIVOS QUE DENOTAN DUDA O RECELO: **46 sospecha:** ...dijo que lo lógico sería (...) evitar las sospechas que se pueden *derivar* de las conversaciones de un ministro con un solo presidente. LVE060794 **47 duda:** ...la propia contundencia del test arroja algunas dudas *derivadas* de una doble exageración que tiende a relativizar los resultados y a reservarse el pronóstico final. EME111295 **48 incertidumbre:** En el mismo informe se dice que las previsiones están supeditadas a «incertidumbres» *derivadas* de la situación política... EME200795

▩ Se combina también con: ♦ **consecuentemente, correctamente, directamente, etimológicamente, inevitablemente**[22]**, irremediablemente, lógicamente, originalmente**

☐ Véase también: **acarrear, engendrar, ocasionar.**

de rodillas ♦ **caer, clavarse, colocar(se), hincarse, implorar, pedir, poner(se), postrarse, recibir (algo/a alguien), rezar, suplicar, vivir**

☐ Véase también: **de hinojos.**

derogar *v.* ▮ Se combina con...

A SUSTANTIVOS QUE DESIGNAN NORMAS, ÓRDENES Y OTRAS DISPOSICIONES, CASI SIEMPRE DE NATURALEZA JURÍDICA. TAMBIÉN CON OTROS QUE EXPRESAN LAS FORMAS EN QUE SE AGRUPAN Y LOS DOCUMENTOS QUE LAS CONTIENEN: **1 ley:** ...por la que se *derogó* la ley de defensa del consumidor... VIS030497 **2 artículo ++:** ...el Parlamento «*derogó* artículos que no estaban firmes». EPU081101 **3 decreto ++:** Cuando el 13/7/2000 se *deroga* el anterior decreto... MAU210900 **4 código +:** ...el muy expeditivo procedimiento de *derogar* el Código Penal. EME090396 **5 legislación +:** ...aprobada definitivamente esa legislación y la número 140 (...) quedó *derogada*. LDD040397 **6 orden ++:** ...el responsable del departamento admitió la posibilidad de *derogar* esa orden... EPE140599 **7 disposición +:** Se *derogan* cuantas disposiciones legales o reglamentarias se opongan... GIC030197 **8 reglamento:** ...el reglamento debe ser *derogado* porque violenta numerosas garantías constitucionales. LTH240597 **9 constitución:** ...lo garantizaba la Constitución Nacional vigente e inclusive la que fue *derogada*. ACP150996 **10 estatuto:** ...tener un punto de partida en el *derogado* Estatuto de 1936... EPE240877 **11 normativa:** La normativa que ahora se *deroga* es de 1983. EPE250900 **12 ordenanza:** ...para *derogar* una ordenanza municipal que pretendía evitar la explotación minera... DHE130797 **13 precepto –:** Tal legislación no *derogaba* los preceptos del decreto... GIC091296

B SUSTANTIVOS QUE DESIGNAN DECISIONES OFICIALES, A MENUDO JURÍDICAS: **14 sentencia +:** ...lo que se está buscando es *derogar* la sentencia de Bosman... EPE100800 **15 resolución +:** La nueva situación se produjo al *derogarse* la Resolución 1005/96 dictada por... CLA170297 **16 fallo:** ...a la que pidieron que extendiera el NRP y *derogara* el fallo de BIA. ENH250697

C EL SUSTANTIVO *MEDIDA* Y CON OTROS QUE DESIGNAN DIVERSAS MEDIDAS, GENERALMENTE COERCITIVAS, IMPOSITIVAS O SANCIONADORAS: **17 medida ++:** ...podrían lograr que el primer dignatario local *derogase* tan impopular medida... LVE240495 **18 pena +:** Tras *derogarse* la pena de muerte... EME030496 **19 castigo:** ...*deroguen* los castigos corporales y respeten los tratados internacionales... EPE120899 **20 prohibición:** ...se *deroga* la prohibición contenida en el Artículo 363, inciso 20... SVG110597 **21 anulación:** Derogarán las anulaciones de vuelos anunciadas. EME270396 **22 veto:** ...el veto del presidente a este proyecto no podría ser *derogado* por el Capitolio. LVE191195 **23 restricción:** ...se *deroga* la restricción anterior por la que solo podían ser propietarios de acciones... EPE170799

D LOS SUSTANTIVOS *AYUDA*, *INCENTIVO* Y CON OTROS QUE DESIGNAN AUTORIZACIONES Y DIVERSAS RESOLUCIONES O DISPOSICIONES LEGALES U OFICIALES FAVORABLES A ALGUIEN O ALGO, MÁS FRECUENTEMENTE SI SE RELACIONAN CON SU LIBERTAD, SU SITUACIÓN ECONÓMICA O SU CAPACIDAD DE ACCIÓN: **24 ayuda:** Madrid es la primera comunidad que *deroga* estas ayudas. EPE130999 **25 incentivo:** ...tras *derogar* hace una semana los incentivos fiscales... EPE220700 **26 indulto:** ...y que se *deroguen* los indultos, para que los militares puedan sentarse en el banquillo... EME260196 **27 inmunidad:** Insistió en que la firma de convenciones (...) no obliga al Reino Unido a rechazar la inmunidad de Pinochet. En esa convención no queda explícitamente *derogada* la inmunidad... EPE260199 **28 indemnización:** ...la sentencia *deroga* asimismo la indemnización a pagar al club... LVE161295 **29 permiso:** El permiso otorgado a los camiones paraguayos para ingresar a las chacras de la zona –ahora *derogado*–... CLA190597 **30 prórroga:** ...propone *derogar* las prórrogas a las empresas concesionarias de autopistas... EPE301199 **31 subsidio:** ...había decidido *derogar* los subsidios al transporte, al gas... ENH100297 **32 licencia:** ...una licencia fiscal concedida en 1992, pero *derogada* tres años después. INDOC **33 exención:** Derogada la exención del IVA sobre las entregas de bienes efectuadas en las tiendas libres de impuestos a viajeros con destino a otros Estados miembros de la Comunidad Europea. EPE120699 **34 privilegio:** ...al privilegio de importar, libre de impuestos, bebidas alcohólicas. Oficialmente ese privilegio ha sido *derogado*... LVE060696

E SUSTANTIVOS QUE DESIGNAN PLANES Y OTRAS FORMAS DE ORGANIZAR O ARTICULAR LAS ACTUACIONES: **35 plan:** «Este Plan debe ser *derogado*, porque deteriorará aún más el parque». EME060696 **36 sistema:** ...este sistema se *derogará* cuando entren en vigor las modificaciones... EME220394 **37 programa:** ...*derogó* prácticamente todo su programa económico... SEM110297 **38 proyecto:**

Conseguir que el proyecto se archive o se *derogue* en las urnas... SEM031096 **39 régimen:** ...decidió *derogar* en julio pasado su régimen especial de incentivos fiscales. EPE040900 **40 marco:** Quedaba así *derogado* el marco jurídico de las ETT, aprobado el 1 de junio de 1994. EPE021199 **41 esquema –:** ...*derogó* prácticamente todo su esquema económico... ETC110297 **42 mecanismo –:** El mecanismo *derogado* en parte beneficia a los países en vías de desarrollo. LNP080397

F SUSTANTIVOS QUE DENOTAN ACUERDO O DECISIÓN CONJUNTA, MUY FRECUENTEMENTE DE NATURALEZA OFICIAL, ENTRE PERSONAS O ENTIDADES: **43 acuerdo:** ...*derogó* anoche el acuerdo que creó las denominadas Patrullas de Autodefensa Civil... LNC011296 **44 convenio:** Se *derogarían* algunos convenios para las pequeñas y medianas empresas. CLA220301 **45 tratado:** Aristide *deroga* el tratado sobre repatriación. EME070494 **46 concierto:** ...del concierto económico, que data del siglo XIX y que el régimen de Franco *derogó* en 1939... LVE240396

G EL SUSTANTIVO *INSTITUCIÓN* Y –POR EXTENSIÓN– CON OTROS QUE DESIGNAN ALGUNOS SÍMBOLOS OFICIALES DE SIGNIFICACIÓN POLÍTICA: **47 institución –:** ...estas instituciones han venido siendo *derogadas* debido a su pérdida de vigencia. LVG221191 **48 bandera:** Esta bandera está todavía vigente, nadie la ha *derogado*. EME240396 **49 escudo:** Aquellos que deseen ver restablecido nuestro tradicional escudo, *derogado* el año 1939... LVE031195

H OTROS SUSTANTIVOS; POSIBLES USOS CRUZADOS: Pero Hurley le negó su pedido de *derogar* el juicio un año más. [Cf. *posponer*] ESH111000

☐ Véase también: **abolir, rescindir, revocar.**

de rondón ♦ colarse, entrar, meterse, pasar

☐ Véase también: **desapercibido, inadvertido.**

derramar *v.* ▌Se construye con sustantivos que designan líquidos *(sangre, agua, vino, aceite, lágrimas)*, así como otros fluidos *(lava, grasa)* o los recipientes que pueden contenerlos *(botella, jarra, copa, vaso)*. La expresión *derramar sangre* se usa a menudo en el sentido de 'asesinar' o 'causar la muerte'. En sentido figurado se combina con...

A EL SUSTANTIVO *BENDICIÓN*. POR EXTENSIÓN, CON OTROS QUE DESIGNAN CIERTOS JUICIOS DE VALOR, MÁS FRECUENTEMENTE PONDERATIVOS. SE EMPLEAN GENERALMENTE EN PLURAL: **1 bendición ++:** ...los hisopos que *derramaron* su bendición sobre los cañones de la cruzada. EPE260999 **2 elogio +:** Y sobre su papado se han *derramado* toneladas de elogios. EPE030900 **3 insulto:** La picazón parece aumentarle al vocero norteamericano cuando se refiere al presidente Fidel Castro, sobre quien *derramó* abundantes insultos... GIC101496 **4 piropo:** ...los adulatorios piropos *derramados* sobre los indomables por los diarios... EPD160497

B SUSTANTIVOS QUE DESIGNAN CAPACIDADES ARTÍSTICAS O INTELECTIVAS DIVERSAS: **5 talento +:** Michael Laudrup es de esos jugadores que carecen de egoísmo en la misma medida que *derraman* talento. EME180494 **6 creatividad:** Atesoran voz propia, algo por otro lado común a Kactus Jack, unos rockeros asturianos que *derramaron* muchas gotas de creatividad en un concierto... LVE240995 **7 sabiduría:** Hofmann ya estaba ahí, *derramando* con generosidad su sabiduría y dando pautas de juventud y de avance con su propio trabajo. PME241196 **8 ingenio:** ...la dictadura de los diseñadores y el tamaño de los aparatos de televisión son algunos de los asuntos sobre los que el autor *derrama* ingenio e ironía. ABC180693 **9 lucidez:** Así que bienvenida tristeza, *derramando* lucidez de su vaso de lágrimas, salvándonos de la locura. LRE260103

C SUSTANTIVOS QUE DENOTAN GRACIA O DESENVOLTURA: **10 gracia +:** ...una estampa de viviendas, que *derraman* la gracia y finura de los alarifes astures. LVE211096 **11 desparpajo:** ...descifra (...) la personalidad del ídolo de los 90, del torero que arrastra masas, del joven que *derrama* desparpajo cada vez que sale en la pequeña pantalla. EME210395 **12 sabrosura –:** Al enfilar «Oye mi canto», la Miami Sound Machine –dieciséis músicos expresivos al máximo– petaba de miedo, con el boricua Teddy Mulet *derramando* sabrosura a la trompeta. LVE271096

D SUSTANTIVOS QUE DENOTAN BUEN GUSTO, ELEGANCIA Y OTRAS CARACTERÍSTICAS DE LAS PERSONAS, VINCULADAS GENERALMENTE CON EL TRATO SOCIAL O CON LA FORMA EN QUE LOS DEMÁS LAS PERCIBEN: **13 distinción:** Muchos vecinos estiman que las mozas eran guapas y de buena planta, *derramaban* distinción y elegancia, eran diligentes... LVE020294 **14 clase:** Aún es joven para seguir en la élite y *derramar* su clase durante algunos años. EME270395 **15 elegancia:** ...lo mejor, Lauren Bacall, que como Hannah, la madre de Rose, *derrama* elegancia e ironía y extiende su personaje más allá de la película y lo enfrenta a su propio mito. HOY210497 **16 carisma:** ...transformados en simples augures de la catástrofe que se nos avecina si no se deja al Gobierno Suárez las manos libres para *derramar* su carisma sobre el país. EPE170977

E SUSTANTIVOS QUE DESIGNAN DIVERSOS SENTIMIENTOS O ESTADOS DE AFLICCIÓN, MÁS FRECUENTEMENTE SI SE RELACIONAN CON LA INQUIETUD O EL DESASOSIEGO: **17 tristeza +:** Cuenta una leyenda india que la lluvia es el llanto de tristeza que *derraman* las estrellas por la separación de dos personas que se aman... LVE260895 **18 nostalgia:** Los vascos aún no han dicho nada, pero yo he *derramado* una nostalgia por Jesús Garay Vecino, el gran vasco del Barça... EPE230199 **19 angustia:** Setenta años de pensamientos, de frustraciones, de angustia continuada, se *derraman* sobre una obra lúcida y transparente... ABC160493 **20 melancolía:** La noticia parece *derramar* melancolía por el hecho de no gozar de turismo de salud. LVE050595

F SUSTANTIVOS QUE DENOTAN INCLINACIÓN HACIA LOS DEMÁS Y OTROS SENTIMIENTOS DE CARÁCTER AFECTIVO MANIFESTADOS CON DIVERSOS GRADOS DE INTENSIDAD: **21 amor:** ...ni les regala algo de su tiempo, ni, en definitiva, *derrama* algo de amor en sus corazones y cuerpos lastimados. EPD201097 **22 ternura:** Las cartas de la Santa –al Rey, a quien pudiera hacer algo por su santo fray Juan– *derraman* ternura y miedos por su predilecto. ABC131291 **23 cariño:** ...aquella mirada suya era la misma que solía poner cuando se le *derramaba* el cariño que me tenía. ABC100395 **24 pasión:** Los brasileños *derraman* su pasión por este deporte. EME200694

G SUSTANTIVOS QUE DENOTAN ENFADO O IRRITACIÓN EN GRADO ELEVADO: **25 furia:** Otra, al Etna para que *derramase* su furia sobre los hinchas del Catania... LVE050295 **26 cólera:** Los agitadores profesionales saben muy bien que no es difícil sacar al pueblo a la calle, lo difícil es hacerlo volver a casa y, si sube el ardor político, la cólera acabará *derramándose* por la calle. EME050594 **27 rabia:** Hombre, los abertzales ahora tienen menos miedo que cuando se *derramó* la rabia por el pueblo, pero tampoco creas, siguen sin sacar pecho. EPE120799 **28 ira:** La Masa *derramó* su ira ante la injusticia y el engaño. INDOC

H SUSTANTIVOS QUE DESIGNAN LO QUE ATRAE, ENCANTA O ILUSIONA, GENERALMENTE POR LAS CUALIDADES QUE LO PRESENTAN COMO MARAVILLOSO O IRREAL: **29 magia:** Es la magia que *derraman* los artistas egregios. LVE230795 **30 ilusión:** No había adversarios sobre el césped, ni títulos en juego, pero una ilusión colectiva se *derramó* en las abarrotadas gradas. EME240796 **31 maravilla –:** Cuando todavía se encontraba en disposición cronológica de *derramar* maravillas, sufría su sanción y las consecuencias posteriores. EME160694

I OTROS SUSTANTIVOS; POSIBLES USOS CRUZADOS: ...hacer de cada domingo (o sábado o lunes) un espectáculo digno de tanto dinero *derramado* y de tanta clase y pasión semanalmente defraudadas... [Cf. *derrochar*] EME071296; ...habiendo *derramado* todo su encanto y su lisura, hasta cuando sonríe pone cara de sátrapa ofendido en su dignidad. [Cf. *derrochar*] EME150995

▩ Se combina también con: ♦ **a borbotones**[10], **a manos llenas**[11]

☐ Véase también: **verter**.

derretir(se) *v.*

▮ En el sentido literal de 'hacer(se) líquido por efecto del calor' se combina con sustantivos que designan sustancias, objetos y materiales *(nieve, hielo, mantequilla, asfalto, hierro, lingote)*. En el sentido figurado de 'sentir o hacer sentir un gran placer' o 'afectar o verse profundamente afectado' admite sustantivos de persona *(Se derretía al verla sonreír; El público se derretía con la actuación)* y, por extensión metonímica, el sustantivo *corazón*. En el sentido figurado se combina con...

A SUSTANTIVOS QUE DESIGNAN LOS ÓRGANOS EN LOS QUE RESIDE LA CAPACIDAD INTELECTIVA. TAMBIÉN CON OTROS QUE EXPRESAN ALGUNOS DE SUS EFECTOS: **1 seso +:** A Don Quijote le llenaron de requesón el yelmo y creyó que el calor le había *derretido* los sesos. EME010796 **2 mollera +:** Pues, hijo, Ernest, ponte a la sombra, no sea que vaya a seguir *derritiéndose* tu privilegiada mollera. ABC140795 **3 cerebro +:** Su memoria tiene la calidad sólo de uno más de los delirios en que ojos y cerebro se *derriten*... EME010796 **4 idea:** El calor de la isla *derritió* las ideas, las ganas y entereza de un equipo bilbaíno que pasó vergüenza durante toda la tarde. EPE260499

B ALGUNOS SUSTANTIVOS QUE DENOTAN CAPACIDAD. TAMBIÉN CON OTROS QUE DESIGNAN CIERTOS ASPECTOS ÍNTIMOS DEL SER HUMANO: **5 talento:** Martínez tiene menos físico que Arantxa y su talento se *derrite* si el marcador se le echa encima. EME270596 **6 conciencia:** ¿Cómo se atreven los insensibles Ricardo y Nacho a hacer chistes macabros y salvajes con esa tragedia que *derrite* la conciencia colectiva...? EME201196 **7 alma:** La imagen del varón abatido que agitaba los hombros al compás de un llanto silencioso nos *derretía* el alma como la mantequilla. EME271096

C SUSTANTIVOS QUE DESIGNAN DIVERSAS CUALIDADES O ACTITUDES HUMANAS RELACIONADAS CON LA FIRMEZA, LA SEVERIDAD, LA FALTA DE EMOTIVIDAD O LA ESCASA SENSIBILIDAD HACIA LOS DEMÁS: **8 frialdad:** La frialdad ambiental del Palau Sant Jordi se *derretirá* ante este impactante espectáculo... EPE181199 **9 dureza:** ...tambien a tí la dureza se te *derrite* como un río de lágrimas por las curvas de tu estruendosa geografía. EME200495 **10 entereza:** Toda su entereza se *derritió* al conocer la devastadora noticia. INDOC **11 soberbia:** La soberbia se *derretía* tras cinco minutos a pleno sol en el páramo de la «Plaza Verde». EME140895

D OTROS SUSTANTIVOS; POSIBLES USOS CRUZADOS: Un poco de presión y la amenaza del norte se *derretía* por pura incapacidad. [Cf. *disipar*] EPE291299

derrocar ♦ dictador, dictadura, gobernante, gobierno, monarquía, presidente, régimen, rey, *otros sustantivos que designan puestos de gobierno y regímenes*

derrochar *v.*

▮ En su sentido físico se combina con sustantivos que designan el dinero u otros bienes *(fortuna, dinero, riqueza)*, así como diversos recursos *(munición, agua)*. En su sentido figurado se combina con...

A SUSTANTIVOS QUE DESIGNAN SENTIMIENTOS O SENSACIONES DE COMPLACENCIA, ENTUSIASMO O AFECTO, A MENUDO EXPERIMENTADOS EN GRADO ELEVADO: **1 alegría ++:** Allí los directivos (...) *derrochaban* alegría: acababan de confirmar una práctica de fútbol –no amistoso– ante su visitante. CLA090199 **2 optimismo ++:** El grupo argentino *derrocha* optimismo. CLA070397 **3 entusiasmo +:** Y el caso es que no tocan mal, y Gardiner *derrocha* entrega y entusiasmo. ABC120595 **4 ilusión:** ...acompañados de su mágico y lejano entorno, *derrochando* la ilusión y el cariño que esperan todos los niños de Valladolid. ENC050100 **5 pasión:** ...prometen *derrochar* pasión por la ópera en Peralada. EPE130700 **6 euforia:** Y pienso que la cagó antes del partido *derrochando* una euforia insensata y la cagó marginando al danés... EME190594 **7 efusión:** Randal Thompson *derrocha* efusión dentro de un cierto convencionalismo en su Aleluya. EPE020285 **8 satisfacción:** ...¿quién sabe cuáles son los lances decisivos de un partido? Lendoiro *derrochaba* satisfacción. LVE280695 **9 felicidad:** ...las cúpulas *derrochaban* felicidad, todo era sonrisa... SEM011297 **10 amor:** Prueba evidente de que el fútbol es un estado de ánimo. Y en Soria faltan millones, pero se *derrocha* amor propio. EPE201299 **11 cariño:** ...el Obelisco es el símbolo de Buenos Aires (...) Es el «adefesio» (...) que le ganó el cariño a una ciudad poco propensa a *derrocharlo*. LNA300692

B SUSTANTIVOS QUE DENOTAN VALOR O CORAJE, A VECES EXTREMOS: **12 valor ++:** Toreó por el pitón derecho con limpieza, ligazón y ritmo, y terminó en el último tramo en las distancias cortas, en las que *derrochó* valor.

EPE270899 **13 coraje ++:** «...luchan como hermanos defendiendo sus colores con un juego noble y sano *derrochando* coraje y corazón». EME060596 **14 valentía:** Si ante este novillo pudo dar cuenta de su sentido estético, ante el lidiado en tercer lugar *derrochó* ganas y valentía, y tuvo el mérito de levantar una tarde que se venía hacia abajo. EME020594 **15 arrojo:** Y con el segundo, *derrochó* tanto arrojo, tanta sabiduría y tanto arte que sacó muletazos imposibles... EME170594 **16 bravura:** El toro de Manolo González *derrochó* bravura. EME020694 **17 heroísmo:** ...en Ciudad de La Habana, donde los bomberos *derrocharon* heroísmo durante la extinción... GIC080996

C SUSTANTIVOS QUE DENOTAN VOLUNTAD O TESÓN: **18 voluntad +:** «Mi equipo *derrocha* voluntad, pero no está cohesionado», dice el nuevo técnico milanés. LVE061296 **19 entrega +:** ...nunca se vieron superados ni seriamente inquietados por los ampurdaneses, que *derrocharon* entrega sin límites sobre el césped artificial. LVE210695 **20 gana:** ...incorporarse al escalafón superior y, aunque *derrochó* voluntad, simpatía y ganas, no aprovechó las francas embestidas del sexto. EME290694 **21 empeño:** Su actuación no fue tan consistente ante el último, pero *derrochó* empeño para agradar al público. EME100494

D SUSTANTIVOS QUE DENOTAN SERENIDAD O COMEDIMIENTO, GENERALMENTE ANTE LAS SITUACIONES ADVERSAS: **22 prudencia:** Enfrentado a un rival que *derrochó* prudencia (...) tuvo sin embargo que esperar al segundo tiempo para adquirir una ventaja definitiva. LVE280895 **23 modestia:** ¿Cómo se le ocurrió lanzarse a besar a doña Sofía? *Era el mejor regalo que le podía hacer*, contesta *derrochando* modestia. EPE190999 **24 mesura:** Derrochó mesura en cuanto a las cosas que pedía el toro. EME040895 **25 seguridad:** Y con creces *derrochan* seguridad y firmeza Elvira Travesi, en una abuela dura y entrañable; y Teófilo Calle en el globero fantasioso, limpio y dipsómano. EME121195 **26 templanza:** ...desarrolló una pastueña embestida que Juan Bautista embarcó *derrochando* torería y templanza. EPE060799 **27 aplomo:** Derrocha aplomo y dominio. EPE120899 **28 temple:** Con el enrazado sexto, aunque estuvo menos confiado, *derrochó* valor y temple. EME280294

E SUSTANTIVOS QUE DENOTAN FUERZA, ENERGÍA Y OTROS RASGOS EXPANSIVOS PROPIOS DE LA PERSONALIDAD DE LOS INDIVIDUOS O DE SU FORMA DE COMPORTARSE: **29 fuerza ++:** Esta tarde (22.30 horas) volverá a *derrochar* toda esa fuerza en su papel... FDV160601 **30 carácter ++:** Derrochó carácter y fuerza dentro de su elegancia y eficiencia. EME080195 **31 vitalidad ++:** ...sentada sin moverse y *derrochando* una vitalidad y un sentido del humor extraordinarios. CLA220199 **32 temperamento +:** Su carácter y temperamento, la energía que *derrochaba*, su sola presencia a veces, hacía que la suma de sus imperfecciones saliera positiva. LVE170595 **33 energía +:** Como siempre, los bailarines nacionales salen a escena a *derrochar* energía y expresividad... ESH060197 **34 fortaleza:** Ninguno *derrochó* una fortaleza excepcional, y algunos mansearon. EPE030599 **35 garra:** El Madrid *derrochaba* garra y dedicación, a falta de otras alternativas. EME040394 **36 casta:** Y a fe que los novillos de Torrestrella *derrocharon* casta y nobleza para dar y regalar. EPE030599 **37 vigor:** Imponía ver al octogenario Ricci *derrochando* talento y vigor con nuestro Víctor Martín al lado, feliz y maduro... EPE060800 **38 poderío:** Derrochando poderío, su gesto tiene algo de escisión interna y súbita en cada nueva situación. EME060395 **39 raza –:** Allí se observó a placer la peculiar forma de ser de cada uno de sus integrantes: la propia Rosario, *derrochando* raza... EME040695 **40 fiereza:** Eso sí, en medio del desorden *derrochando* fiereza en los contrastes de ritmo y dinámica que hacen olvidar el rancio lavado... EPE150199 **41 empuje –:** Quizá el único fue el joven Carreras, que sigue siendo una de las revelaciones de la concentración y *derrocha* fuerza y empuje. LVE040895

F SUSTANTIVOS QUE DESIGNAN OTRAS VIRTUDES, CAPACIDADES Y APTITUDES, MÁS FRECUENTEMENTE SI SON NATURALES: **42 talento ++:** Eso sí sería «una teatralidad» sin el talento y la gracia que *derrocha* la guerrilla chiapaneca. PME131096 **43 inteligencia ++:** Siempre quedan más aparentes que tangas, sujes y trapos sucios, por mucha inteligencia que *derrochen*. EPE190799 **44 dotes ++:** Derrocha sus dotes de convicción para explicar la causa por la que combate. EPE010485 **45 virtud ++:** Bakero, que había pedido más coraje, más esfuerzo, más entrega, fue el primero en *derrochar* tantas virtudes. LVE190594 **46 destreza +:** ...tendrán que *derrochar* imaginación y destreza, algo más que lo que saben hacer... EME230196 **47 facultad:** Las actrices, sin excepción, *derrochan* facultades físicas, obligadas, incluso, por instrumentos escénicos de tortura... LVE220195 **48 cualidad:** Transita por la Liga con paso firme y *derrochando* cualidades. EPD201097

G SUSTANTIVOS QUE DESIGNAN FACULTADES, NATURALES O ADQUIRIDAS, RELACIONADAS CON EL CONOCIMIENTO O EL BUEN JUICIO. TAMBIÉN CON ALGUNOS QUE EXPRESAN DIVERSOS RESULTADOS DE SU EJERCICIO: **49 coherencia +:** ...asegura Carbonell, quien *derrocha* coherencia al aplicar descuentos del 10% en las tarifas a los clientes que lleguen en bicicleta. EPE210899 **50 sensatez +:** En las entrevistas *derrocha* sensatez, cordura, cultura. EPE170800 **51 sabiduría:** Lo que me fascina, de nuevo, es la obsesión moralista de este caballero, que *derrocha* tiempo y sabiduría en ilustrarnos sobre la honestidad necesaria en la vida pública... EPE070299 **52 sentido común:** La película de Trueba *derrocha* malicia y sentido común y pone los puntos sobre las íes a propósito de un tiempo y un país que tardaría siglos en recuperar la libertad apenas catada. EME230394 **53 conocimiento:** Ortega Cano, en el segundo de su lote, *derrochó* conocimiento y oficio además de ganas en una plaza que le es muy querida. EME160695 **54 idea:** Mike Nielsen hizo patente su autoridad en los solos y su musicalidad en el acompañamiento y el pianista Bover *derrochó* ideas en abundancia. LVE140995 **55 criterio –:** ...que dispuso de la pelota y de la cabeza, que *derrochó* calidad y criterio, blindaje defensivo y hermosura ofensiva. EME190594 **56 saber –:** Paco de Lucía, sin mirar ni por un momento sus sabias manos, permanecía atento *derrochando* saber y genio. LVE050796

H SUSTANTIVOS QUE DESIGNAN FACULTADES MENTALES RELACIONADAS CON LA CREATIVIDAD: **57 ingenio ++:** En el arte moderno, las arquitecturas han sido el gran tema de la pintura metafísica italiana, pero en esta muestra madrileña los pintores han *derrochado* ingenio para mostrarnos perfiles nuevos. ABC070194 **58 imaginación ++:** ...nos gustaría que *derrocharan* imaginación para anticiparse a las futuras acciones terroristas... LRE160103 **59 fantasía +:** Se logra un encanto similar al de aquellas viejas producciones norteamericanas donde se *derrochaba* humor y fantasía... EPE010380 **60 creatividad:** 800 participantes en el Concurso de Cuentos *derrochan* creatividad. LVE250796 **61 genio:** ...resaltar lo mostrenco de la vida en que el autor de «Los sueños» *derrochó* genio. EME280996 **62 inventiva:** Les Luthiers *derrochan* inventiva en un nuevo espectáculo. EME291096

I SUSTANTIVOS QUE DESIGNAN DIVERSAS CUALIDADES, ACTITUDES Y FACULTADES RELATIVAS A LA CAPACIDAD DE ELEGIR O LA FORMA DE COMPORTARSE O PRESENTARSE ANTE LOS DEMÁS: **63 estilo +:** Además de mansos, los toros no causaron sensación por su trapío y *derrocharon* mal estilo. EME070696 **64 elegancia +:** Ayer ya estaba en Madrid *derrochando* elegancia y distinción, vendiendo la imagen de un club histórico y triunfador. EME060396 **65 clase +:** ¿Dónde hay un actor maduro, elegante, que *derroche* clase e inteligencia y que afronte un personaje como Ricardo desde lo más sutil? EME210196 **66 buen gusto +:** ...se sitúa en el borde de la explicitud y, sin embargo, *derrocha* sentido de la mesura y buen gusto... EPE140599 **67 glamour:** Ahora el nombre de Ferré ya no está ligado a nadie más, suena íngrimo en numerosas prendas que *derrochan* glamour por todo el mundo. EUV150497 **68 lujo:** ...un festival que *derrocha* tiempo y lujo en los capítulos menores... EPE240599 **69 estética:** No estoy con los planes ni con la estética que *derrocha* el presidente, pero admiro... LRE040203 **70 fineza –:** Belloch *derrocha* fineza: «Un atentado a la democracia». LVE200495 **71 finura –:** ...nuestros jugadores no siempre despliegan un buen juego y, más que *derrochar* finura, dan patadas a la caza del contrario. EPE240499

J SUSTANTIVOS QUE DENOTAN JOVIALIDAD, EXTROVERSIÓN, DESENFADO, ATRACTIVO PERSONAL Y OTRAS CUALIDADES ANÁLOGAS: **72 simpatía ++:** Pero ello no es obstáculo para que *derroche* simpatía y buenos modales ante todo aquél que la mira durante unos segundos. EME050194 **73 carisma:** ...se niega a ejercer de hermano mayor «enrollado» y mucho menos de estrella de vuelta de todo, empeñada en *derrochar* carisma... EME080296 **74 naturalidad +:** Claudia Acuña *derrocha* naturalidad, una voz bella y maleable y un buen gusto exquisito. EPE270700 **75 desparpajo:** ...se mueve cada vez con más soltura en un escenario, *derrochando* desparpajo, nervio, espontaneidad y buena técnica. EPE150799 **76 espontaneidad:** ...*derrochando* desparpajo, nervio, espontaneidad y buena técnica. EPE150799 **77 gracia:** Eso sí sería «una teatralidad» sin el talento y la gracia que *derrocha* la guerrilla... PME131096 **78 encanto:** Los voluntarios y los contratados para atender al público y a la prensa *derrochaban* encanto. EPE210899 **79 salero:** ...con esa gracia que le sale a borbotones y ese salero que *derrocha* sobre los escenarios. INDOC **80 sonrisa:** Al igual que Mabel Lozano que *derrochó* sonrisas y simpatía. EME130996

K SUSTANTIVOS QUE DENOTAN SABER HACER, PROFESIONALIDAD Y OTROS RASGOS QUE PONEN DE MANIFIESTO LA EXPERIENCIA EN ALGÚN ÁMBITO: **81 soltura +:** ...ir directamente al encuentro con una buena profesional que *derrocha* soltura y simpatía y esperar que mejore el jefe. EME170996 **82 oficio +:** The Lindsays, bien conocidos en Madrid, *derrochan* oficio. EPE311099 **83 tablas +:** Derrochando tablas y arropado por un soberbio grupo, dirigido por el pianista... EPE270700 **84 elocuencia:** ...situarse en el punto marginal de la Historia que mejor le acomode y *derrochar* la elocuencia que se necesita... EME051295 **85 dominio –:** Luego, dos canciones más. *Derrocha* aplomo y dominio. EPE120899

L SUSTANTIVOS QUE DESIGNAN OTRAS CUALIDADES QUE CONFORMAN EL CARÁCTER DE LAS PERSONAS, MÁS FRECUENTEMENTE SI SE REFIEREN A SU DISPOSICIÓN HACIA LOS DEMÁS: **86 sinceridad +:** Lo cierto es que, con Carlos Cano, siempre resultó difícil ser imparcial, dada la «sinceridad» que *derrocha* a manos llenas cuando canta. EME131195 **87 amabilidad +:** El trío de actores que encabeza el reparto de «Un espíritu burlón» *derrochó* ayer amabilidad... EPE280799 **88 generosidad +:** ...el Deportivo *derrochó* generosidad y apuntaló la célebre tesis de Benito Floro sobre la importancia del saque de banda en el juego de ataque. EPE040499 **89 caridad:** ...el muerto llevaba una vida amorosa trepidante y *derrochaba* caridad, preocupado por la discriminación racial y los drogadictos. ABC240492 **90 ternura:** La gente más importante y grande que he conocido han sido los que *derrochan* ternura, amabilidad. LVE041296 **91 honradez:** ...poseedores de un gran patriotismo sobre los partidismos y sobre todo que *derrochen* honradez en todo momento. LVE260895 **92 humanidad:** Su empeño (...) contrasta con la humanidad que es capaz de *derrochar* ante un mendigo callejero. EPE140399 **93 pundonor:** Porque El Tato y Javier Vázquez también *derrocharon* pundonor con sendos lotes de casta mala y no les pasaron movimiento mal hecho. EPE070699 **94 bondad:** ...*derrocha* simpatía y bondad, y aunque no logra consumar su amor platónico por Esmeralda... EME210696 **95 piedad –:** Hay que *derrochar* toneladas de piedad cristiana y felicidad navideña para escucharlos. EME261295 **96 nobleza –:** Sin embargo, se vino arriba en el segundo puyazo *derrochando* nobleza en la muleta por ambos pitones. EME140895

M ALGUNOS SUSTANTIVOS QUE DESIGNAN SENTIMIENTOS CONSIDERADOS NEGATIVOS, ESPECIALMENTE LA INSATISFACCIÓN Y LA IRA: **97 pesimismo:** ...el tremendo Swift, que *derrocha* un ácido pesimismo. ABC080995 **98 frustración:** ...no haber encontrado un partido en el que *derrochar* su tiempo y su frustración de soltero con madre atenta... LVE111195 **99 amargura:** ...una elegía que *derrocha* ternura y amargura al mismo tiempo... EPE160299 **100 rabia:** ...la rabia y la sensibilidad que *derrocha* Ken Loach en «Tierra y libertad» han conseguido que los espectadores de Cannes se rompan las manos aplaudiendo... EME230595 **101 saña –:** Si era bravo o no, ni siquiera Campuzano podrá decirlo, pues aplicó tantas precauciones a su lidia, como saña *derrochó* el subalterno. EME250995 **102 furor:** ...no contiene sus emociones; antes bien da rienda suelta a su rabia y *derrocha* todo el furor largamente contenido. INDOC

N SUSTANTIVOS QUE DENOTAN ORGULLO, SOBERBIA O VANIDAD: **103 orgullo +:** ...derrotó con excesiva claridad a un Estudiantes que *derrochó* coraje y orgullo. EME200996 **104 altanería +:** ...alimenta constantemente sus neuras *derrochando* altanería con las manos y con la boca. EME210696 **105 autoestima:** La televisión andaluza emite un publirreportaje turístico con comentarios en «off» que *derrochan* autoestima. LVE290296 **106 vanidad:** ...un verdadero mito entre nuestras folclóricas, que sigue acaparando portadas y *derrochando* vanidad, a pesar de estar bien entrada en años. INDOC **107 presunción –:** ...nunca se sintió el equipo líder que *derrochaba* presunciones de campeón en fechas anteriores. CLA110199

Ñ SUSTANTIVOS QUE DESIGNAN ACTITUDES O MANIFESTACIONES HUMANÍSTICAS, MORDACES O BURLESCAS, A VECES DE INTENCIÓN SOLAPADA: **108 ironía:** El cómico Walter Matthau *derrochaba* ironía y se reía de los ampulosos y presuntuosos y hasta de sí mismo. EPE020700 **109 malicia:** ...textos que no son hirientes ni ofensivos, pero que *derrochan* malicia para el que sabe leer entre líneas. INDOC **110 sarcasmo:** Romero *derrocha* sarcasmo con el ceremonial de los usos parlamentarios... EME070595 **111 socarronería:** ...Nolte y Eddie Murphy *derrochaban* humor y socarronería en «Límite: 48 horas». EME021196 **112 humor:** Se logra un encanto similar al de aquellas viejas producciones norteamericanas donde se *derrochaba* humor y fantasía... EPE010380

O OTROS SUSTANTIVOS; POSIBLES USOS ESTILÍSTICOS: «Siempre hay tiempo para ver todo perdido. Yo no busco nociones ni *derrocho* suspiros». ABC210795

■ Se combina también con: ♦ **a espuertas**[17], **a manos llenas**[1] ♦ **a raudales**[15]

□ Véase también: **dilapidar, emanar, escatimar, gastar, irradiar, malgastar, rebosar, rezumar.**

derrota ♦ **abrumador**[21], **abultado**[24], **a cuestas**[2], **a domicilio**[23], **amargo**[55], **aparatoso**[3], **aplastante**[4], **bochornoso, catastrófico**[4], **clamoroso**[8], **claro, consecutivo, contundente, definitivo, demoledor**[38], **desolador**[60], **doloroso, esperable, estrepitoso**[2], **frustrante, fuerte, fulminante, gran(de), histórico, honroso**[10], **humillante, importante, inapelable**[18], **inesperado, inevitable, inexorable**[23], **inmerecido, inminente, irremediable, llamativo**[70], **merecido, nuevo, resonante, rotundo**[5], **sensible, severo**[15], **soberano, sonado, sorprendente, sorpresivo** ♦ **al borde (de)**[20] ♦ **racha (de)** ♦ **abocar(se) (a)**[2], **acarrear, aceptar, achacar**[34], **acusar**[17], **aderezar**[1], **admitir, amasar**[7], **anunciar, aplacar(se)**[55], **asumir**[23], **atribuir, auspiciar, cargar (con)**[19], **causar, conocer, constituir, consumar(se)**[27], **cosechar**[25], **costar (a alguien), deparar, desquitarse (de), digerir**[1], **doler, encajar**[33], **encaminarse (a), endosar, enjugar**[30], **evitar, experimentar, fraguar(se)**[17], **hundir(se) (en)**[7], **infligir**[42], **justificar, lavar, llegar, llevar (a), mitigar**[21], **orquestar**[31], **permitir, prevenir, prever, producir(se), propinar (a alguien), reconocer, remontar**[13], **reponerse (de)**[19], **saborear**[20], **sellar, sufrir**[69], **superar, terminar (en), vengar**

□ Véase también: **bajón (de), caída, empate, éxito, fracaso, patinazo, triunfo, victoria.**

DERROTA Véase: FRACASO

derrotar ♦ **abrumadoramente**[7], **abultadamente, a domicilio**[3], **a duras penas**[12], **ajustadamente**[5], **a las claras, ampliamente, aparatosamente, aplastantemente, arrolladoramente**[4], **bochornosamente, clamorosamente, claramente, cómodamente, contundentemente, convincentemente**[35], **de antemano**[47], **definitivamente, deportivamente, electoralmente, en toda la línea, espectacularmente, estrepitosamente, fuertemente, honrosamente, humillantemente, inapelablemente, inesperadamente, inmerecidamente, inobjetablemente, limpiamente**[3], **llamativamente, merecidamente, militarmente, políticamente, por la mínima, reiteradamente, rotundamente, severamente, sin problemas, sorprendentemente, sorpresivamente**

derrotero ♦ **conducir (por), desviar**[9], **ir (por), llevar (por), marcar, seguir, tomar**[30], **trazar**[14]

derrumbar(se) *v.* ■ Se combina con sustantivos que designan edificaciones o construcciones *(monumento, rascacielos, pared, casa)*, así como otras cosas materiales que pueden estar altas *(cielo)*, erguidas o levantadas *(árbol, toro, bicicleta, estatua)*. Aplicado a las personas admite esta interpretación *(Lo derrumbó una pedrada)*, pero también otras en las que se denota hundimiento anímico *(Sigue derrumbado desde el accidente de su novia)*. Se combina asimismo con...

A SUSTANTIVOS QUE DENOTAN ACTIVIDAD BURSÁTIL, FINANCIERA O COMERCIAL. TAMBIÉN CON OTROS QUE DESIGNAN MUY DIVERSAS MAGNITUDES ECONÓMICAS QUE INTERVIENEN EN ESAS OPERACIONES: **1 precio ++:** Los precios se *derrumbaron* en pocos minutos. CLA020497 **2 bolsa ++:** La situación económica española es tan delicada que bastó ayer un estornudo del Bundesbank (...) para que la Bolsa española se *derrumbara*. EME210694 **3 mercado +:** Gobierno, oposición y empresarios han cerrado filas en torno a la convertibilidad argentina después de que los mercados se *derrumbaran*... EPE250599 **4 economía:** ...la economía se *derrumbó* y apareció el humor del mexicano que se desquita de coraje porque se siente engañado, burlado. EXC070901 **5 divisa:** La divisa italiana se *derrumbó* en los mercados internacionales... LVE180395 **6 negocio:** Pero todo el negocio se *derrumbó* al conocerse el precio fijado por Economía. CLA100199

B SUSTANTIVOS QUE DENOTAN SISTEMA, ESTRUCTURA O FORMA DE GOBIERNO O DE GESTIÓN: **7 régimen ++:** ...parece que han pasado décadas y fue ayer cuando salió de su país poco antes de que se *derrumbara* el régimen de Hoxha... EME080495 **8 sistema ++:** Se *derrumbaría* el sistema monetario europeo, se agudizarían las turbulencias monetarias y las devaluaciones. EME090695 **9 dictadura:** ...fue uno de los protagonistas de la revolución que *derrumbó* la dictadura de Nicolae Ceausescu. EPE221299 **10 gobierno:** Pudimos *derrumbar* al Gobierno y no lo hicimos. EME110595 **11 partido:** En agosto de 1991 se *derrumbó* el partido de los comunistas, es decir, la columna vertebral del sistema. EME160594 **12 imperio:** ...el Imperio se *derrumba* y se desmembra ante sus ojos. ABC101195 **13 política:** Tal como muchos analistas predijeron el descontrolado déficit fiscal terminó por *derrumbar* la política de tasas de cambio... CLA240199 **14 empresa:** ...una empresa pujante hace unos años y ahora *derrumbada* por la mala gestión de sus directivos. INDOC **15 presidencia –:** Su presidencia se está *derrumbando* y usted es el único que puede salvarla, señor presidente. EPE011286

C SUSTANTIVOS QUE DENOTAN PODER, SUPERIORIDAD, FUERZA Y OTROS ATRIBUTOS ANÁLOGOS: **16 poder +:** ...lo escribió el humorista más de cincuenta años antes de que el poder comunista se *derrumba*. ESP280597 **17 hegemonía:** ...el PRI vio *derrumbarse* su hegemonía, ya que los partidos opositores obtuvieron 14 de los 56 ayuntamientos. PME171196 **18 omnipotencia:** Pero ante la muerte y la enfermedad, ante la crisis personal y social que suponen, se *derrumba* nuestra omnipotencia imaginaria... ABC260393 **19 fuerza:** Sus fuerzas y su ánimo se *derrumbaron* la tarde del mismo lunes, nada más conocer el fallecimiento de su madre... EPE270700 **20 fortaleza:** Aquí se *derrumba* la fortaleza moral de Bobby. EME161195

D SUSTANTIVOS QUE DENOTAN FAMA, REPUTACIÓN Y OTROS ATRIBUTOS QUE MANIFIESTAN LA FORMA EN QUE SE ES PERCIBIDO POR LOS DEMÁS O LA CONSIDERACIÓN PÚBLICA QUE SE MERECE: **21 imagen ++:** Pierde España, cuya imagen se *derrumba* en los foros internacionales arrastrando a la peseta... EME180295 **22 fama +:** Esta fama se ha ido *derrumbando* con el paso del tiempo. EME241196 **23 prestigio +:** Pero otros, maledicentes y retorcidos, sólo pretenden *derrumbar* el prestigio político del poeta Fernández... ABC090493 **24 popularidad:** Las encuestas muestran que el racionamiento de energía *derrumbó* la popularidad del presidente... EPU170701

E SUSTANTIVOS QUE DENOTAN EJEMPLO O PARADIGMA DIGNO DE IMITACIÓN O RECONOCIMIENTO: **25 modelo +:** ...la detección o no de «Cosmosomas» puede ser una piedra de toque para apoyar o *derrumbar* el modelo inflacionario del «Big Bang»... ABC030694 **26 canon:** ...donde la prosa poética de Corrochano brilla en todo su esplendor es cuando entrevera minúsculas historias cotidianas, cuando muestra su emoción ante lo insólito, cuando *derrumba* ciertos cánones. ABC070892 **27 símbolo:** El Gobierno proruso *derrumba* el símbolo más importante de los chechenos. EME090896

F SUSTANTIVOS QUE DESIGNAN IDEAS DE CIERTA CONSISTENCIA ASUMIDAS O ACEPTADAS GENERALMENTE POR LAS COMUNIDADES: **28 mito +:** Primero hay que actuar con sencillez, hay que *derrumbar* el mito del político sabelotodo y del político endiosado... PME171196 **29 tópico +:** Dos tópicos sobre la adopción se *derrumban* por medio de la experiencia de ADDIA... LVE140595 **30 creencia +:** ...la crisis es sana cuando las viejas creencias se *derrumban*... LVE030995 **31 leyenda:** ...hace diez años, campeón del mundo y hoy alcohólico y drogadicto: otra leyenda que se *derrumba*. INDOC

G SUSTANTIVOS QUE DESIGNAN DIVERSOS RESULTADOS DE LA ACTIVIDAD MENTAL ESPECULATIVA O RAZONADORA, ESPECIALMENTE LOS QUE SE ADUCEN O SE SUSTENTAN PARA EXPLICAR LA NATURALEZA DE ALGUNA COSA: **32 teoría +:** ...está decidida a *derrumbar* las teorías que hablaban de que el final de su carrera estaba cerca. EME200295 **33 tesis +:** De confirmarse que la conversación se mantuvo a través de dos teléfonos convencionales, se *derrumbaría* la tesis central de las defensas. EPE170399 **34 hipótesis +:** Con sus medidas, Michelson y Morley *derrumbaron* la hipótesis del éter... EPE310399 **35 argumento +:** Esta práctica de los líderes de condescender, de acomodarse a la voluntad de otro, es la causa que *derrumba* el argumento predicado... EXC060197 **36 planteamiento +:** Pero todos sus planteamientos previos se *derrumbaron* cuando Milosevic marcó al tercer minuto. EPE081199 **37 lógica:** Esta lógica la *derrumbó* Javier Clemente con un razonamiento sumamente peculiar. EME240694 **38 ideología:** Siendo esta experiencia reflexiva particularmente gratificante cuando se *derrumban* las ideologías, colapsan los paradigmas... LEC020796 **39 cuestionamiento –:** ...un grupo de ediles justicialistas que vieron cómo, uno por uno, se *derrumbaron* sus cuestionamientos. LNP010497

H SUSTANTIVOS QUE DESIGNAN LO QUE SE CONSIDERA CIERTO, PROBADO O INCUESTIONABLE: **40 verdad:** ...viene a ser como el naufragio, el desconcierto, la perplejidad que se produce cuando se te *derrumba* una verdad que dabas por cierta... LVE231195 **41 certeza:** ...el polvo y el dolor de aquellas imágenes *derrumbaba* nuestras certezas y nos sumía en una atemorizada incertidumbre. EPE241001 **42 dogma:** La mera aceptación de estos hechos *derrumbaría* el dogma de que nuestros antepasados, en vez de adorar a un Dios único... EME280295

I ALGUNOS SUSTANTIVOS QUE DENOTAN VÍNCULO, PACTO O RESULTADO FAVORABLE DE UNA ACCIÓN CONCERTADA: **43 relación:** Un disco en el que Isaak comenzó a trabajar después de que se *derrumbara* la relación con su pareja. LVE180995 **44 acuerdo:** En otras palabras, otorgarle licencia para invadir Gaza, aun a riesgo de *derrumbar* los acuerdos con la Autoridad Nacional Palestina... EME040696 **45 consenso:** ...el aparente consenso forjado en torno a Primakov se puede *derrumbar* si se confirman las sospechas... EPE050399

J SUSTANTIVOS QUE DESIGNAN PROPÓSITO O FIN. TAMBIÉN CON OTROS QUE DESIGNAN LOS RECURSOS QUE SE EMPLEAN PARA CONSEGUIR ESAS METAS: **46 plan:** Si el padre accede a sus pedidos (...) entonces todo el plan puede *derrumbarse*. BUS280900 **47 proyecto:** Lo que sí es delito es decir que correrá la sangre si el proyecto revolucionario se *derrumba*... ENV260700 **48 estrategia:** Una declaración que *derrumbó* la estrategia de la defensa... CLA030497 **49 objetivo:** ...veían *derrumbarse* su principal objetivo: ser decisivos para la formación de una mayoría parlamentaria... EPE181099 **50 pretensión:** De esta forma se *derrumbaban* las pretensiones iniciales de (...) dispuesto a formar un gobierno plural... EPE170999

K OTROS SUSTANTIVOS QUE DESIGNAN LO QUE SE ANHELA O SE PRETENDE CONSEGUIR. TAMBIÉN CON OTROS QUE EXPRESAN EL SENTIMIENTO DE CONFIANZA QUE ACOMPAÑA A LOS DESEOS QUE SE PRETENDEN ALCANZAR: **51 sueño ++:** ...los sueños se vieron *derrumbados* de golpe por un grupo de modestos tenistas mexicanos... EME260995 **52 esperanza ++:** Cuando el contacto balcánico regresó, esas esperanzas se *derrumbaron* y se vieron reforzadas las peores sospechas sobre su intención. EPE071199 **53 ilusión +:** Raúl fue el primero en *derrumbar* las ilusiones de su equipo desde los 11 metros. EPE030700 **54 aspiración:** ...estuvo dirigida desde un comienzo (...)a *derrumbar* las aspiraciones de su principal contendor... LTB190197 **55 expectativa:** ...lo que acabó por *derrumbar* las expectativas de Erbakan en llegar a ser primer ministro de la Turquía moderna... EME290296 **56 confianza:** Pero toda su confianza se *derrumbó* cuando se le confrontó con las prendas ensangrentadas... EPU041001

L SUSTANTIVOS QUE DESIGNAN LO QUE ENTORPECE, SEPARA O IMPIDE EL PASO O EL ACCESO. SE USAN EN SENTIDO FÍSICO Y TAMBIÉN EN EL FIGURADO: **57 obstáculo:** Es un proceso capaz de introducir mejoras y *derrumbar* obstáculos que impiden el funcionamiento eficiente del mercado. EUV030996 **58 barrera:** ...un nuevo medio de expresión con el que *derrumbar* la barrera que separaba al pintor del artesano. EME121195 **59 frontera:** ...en un mundo de alta tecnología donde ya se han *derrumbado* las fronteras comerciales. DLA230397 **60 resistencia:** ...en los instantes que las incursiones de los volantes locales empezaban a amenazar con *derrumbar* la resistencia de Carini. EPU081101

M ALGUNOS SUSTANTIVOS QUE DESIGNAN ESTADOS DE SATISFACCIÓN O COMPLACENCIA, A VECES INTENSOS: **61 ánimo:** El ánimo de la sociedad se ha *derrumbado* desde la cumbre de la ilusión provocada por el Gobierno... EPE160800 **62 euforia:** El crimen de los monjes franceses *derrumba* la euforia del Gobierno. EME250596 **63 felicidad:** ...sensación de que una traición histórica *derrumbó* la felicidad idílica del pueblo vasco. EME210495

N SUSTANTIVOS QUE DENOTAN ORDEN, ARMONÍA Y OTRAS MANIFESTACIONES DE LA AUSENCIA DE PERTURBACIÓN: **64 equilibrio:** Con el hundimiento de la Unión Soviética, todos estos equilibrios se *derrumbaron.* LVE150495 **65 orden:** ...donde la ley y el orden se *derrumbaron* tras el desmantelamiento de los sistemas de pirámides en 1997. EPE270499 **66 seguridad:** Derrumbada la seguridad que proporcionaba la religión, garante de ética en el presente... EME210895 **67 estabilidad:** ...un lunes negro en el que se *derrumbó* la estabilidad financiera de los mercados. INDOC

Ñ OTROS SUSTANTIVOS; POSIBLES USOS ESTILÍSTICOS: El infinito se *derrumba*, cede el campo, voy a abrir los ojos. EME070594; El miércoles en la noche, un hecho terminó por *derrumbar* el silencio que intentaron tejer en torno al caso... ACP280901

▩ Se combina también con: ♦ **abruptamente**[32], **anímicamente, a pedazos**[2], **completamente, deportivamente, dramáticamente, económicamente, electoralmente, estrepitosamente**[9], **literalmente**[54], **pesadamente**[2], **políticamente, por completo**[7], **psicológicamente**

☐ Véase también: **caer, desmembrar(se), desmoronar(se), desplomar(se), venirse abajo.**

derrumbe

derrumbe ♦ **acelerado, anímico, aparatoso**[2], **apocalíptico, definitivo, dramático, económico, estrepitoso**[7], **financiero, general, gran(de), moral, mortal, parcial, paulatino, personal, político, progresivo, psicológico, social, súbito, total, vasto** ♦ **amenaza (de), causa (de), peligro (de), riesgo (de)** ♦ **aguantar, asistir (a), augurar, causar, detener, evitar, frenar, investigar, presenciar, producir(se), provocar, sufrir, suponer**

☐ Véase también: **caída, desmoronamiento.**

desabrochar

desabrochar ♦ **abrigo, camisa, camiseta, chaleco, chaqueta, cinturón, pantalón,** *otros sustantivos que designan prendas de vestir*

☐ Véase también: **abotonar.**

desaceleración

desaceleración ♦ **abrupto**[47], **acusado**[3], **brusco**[38], **claro, creciente, económico, fuerte, gradual, intenso, leve, ligero, marcado, moderado, notable, nuevo, paulatino, previsible, progresivo, pronunciado, rápido, significativo, suave** ♦ **fase (de), proceso (de), signo (de), síntoma (de), tendencia (a)** ♦ **acentuarse, afrontar, confirmar, evitar, mostrar, observar, prever, producir(se), provocar, reflejar**

desacertadamente

desacertadamente ♦ **analizar, argumentar, comprender, concluir, decidir, descifrar, dirigir, elegir, enjuiciar, explicar, exponer, hablar, interpretar, juzgar, opinar, plantear, prever, responder, señalar, valorar,** *otros verbos que denotan juicio*

☐ Véase también: **acertadamente.**

desacertado

desacertado ♦ **actuación, afirmación, análisis, cambio, comentario, decisión, denominación, discurso, elección, expresión, fallo, gestión, interpretación, intervención, medida, nombramiento, nombre, palabra, política, programa, propuesta, respuesta, solución, título,** *otros sustantivos que designan manifestaciones verbales*

☐ Véase también: **atinado.**

desacompasado

desacompasado ♦ **andar, avance, canción, crecimiento, desarrollo, marcha, movimiento, música, ritmo, secuencia**

☐ Véase también: **acompasado.**

desactivar

desactivar *v.* ▮ Se combina con sustantivos que designan mecanismos explosivos *(artefacto, bomba).* A veces lo hace también con otros que expresan actos o sucesos previstos, especialmente cuando se consideran arriesgados o amenazantes *(convocatoria, expedición, reacción química).* Se combina asimismo con...

A SUSTANTIVOS QUE DENOTAN ACCIÓN CONJUNTA DE CARÁCTER OCULTO O ENCUBIERTO, Y A MENUDO ILÍCITO: **1 conspiración** ++: ...habría *desactivado* una importante conspiración golpista contra la presidenta Corazón Aquino... EUV170498 **2 complot** +: ...llamamientos a la unidad de ambas obediencias islámicas para «*desactivar* los complots de quienes quieren la división». LVE061296 **3 conjura** +: ...aseguró hace 10 días que *desactivó* otra conjura cuyo objetivo era asesinar al presidente... EPE230900 **4 intriga:** ...con esa capacidad inimitable para *desactivar* intrigas, escollos y preguntas trascendentales... EME290696 **5 trama:** Pero, ¿cómo *desactivar* la trama judicial? ese ya es otro cantar... EME201195 **6 enredo:** ...reunía en su lujosa casa a sus tres ex amantes para *desactivar* un astuto enredo... LVE120396

B SUSTANTIVOS QUE DESIGNAN DIVERSAS FORMAS DE MANIFESTAR DESACUERDO U OPOSICIÓN, MÁS FRECUENTEMENTE EN ACTUACIONES COLECTIVAS: **7 huelga** +: De esta forma, el Gobierno entiende que, *desactivando* esta huelga de la CGT... ECA190792 **8 crítica** +: ...quiso *desactivar* las críticas de la oposición sobre la reducción de altos cargos... EME180596 **9 protesta** +: Pero los sucesos del 11 de septiembre han *desactivado* aún más las protestas... EPE101101 **10 revuelta:** ...de ser, desde aquella dirección general, la mano que *desactivó* la revuelta universitaria. LVE241095 **11 resistencia:** ¿No estarán manipulando a sectores de la sociedad para que pidan no mas enfrentamiento, para de esta manera *desactivar* la resistencia al régimen agresor? SEM301000 **12 reclamación:** Esta vía, se afirma, ha sido elegida precisamente para *desactivar* posibles reclamaciones sobre la propiedad... LVE270595

C SUSTANTIVOS QUE DENOTAN CONTROVERSIA, CONFRONTACIÓN O ATAQUE. TAMBIÉN CON ALGUNOS QUE

DESIGNAN OTRAS MANIFESTACIONES HOSTILES O LOS SENTIMIENTOS QUE LAS CARACTERIZAN: **13 polémica +:** ...quiere tender puentes de diálogo para *desactivar* la polémica sobre el uso del coche y la moto en la montaña. LVE051095 **14 contencioso +:** La cuestión del nombre sigue pendiente, pero todo parece indicar que se ha logrado *desactivar* otro contencioso en los Balcanes. LVE130995 **15 conflicto +:** De ello depende que el frágil compromiso logrado para *desactivar* el conflicto comercial sobre la ley Helms-Burton... ENH250697 **16 enfrentamiento:** ...se entrevistó ayer en Gaza con dirigentes de Hamás con la intención de *desactivar* los enfrentamientos desencadenados hace tres días... EPE081201 **17 guerra:** Lograr acuerdos de respeto a la población civil *desactiva* la guerra y da acogida a Colombia en la comunidad internacional... SEM161000 **18 lucha:** ...porque, salga más barata o más cara el agua, ha *desactivado* una lucha entre regiones, al plantear que también se puede traer de Francia. LVE140796 **19 pelea:** Con su desmentida, Duhalde también intentó *desactivar* la pelea eventual por la recompensa de 300.000 dólares... CLA180497 **20 divergencia:** En particular, la concertación permanente a todos los niveles permite amortiguar los choques y *desactivar* las divergencias. LVE171294 **21 odio –:** ...o desconstruir los fantasmas del discurso racista para *desactivar* los odios que éste alimenta. LVE261196 **22 agresión –:** ...el método sutil de que se vale para *desactivar* las agresiones y frustraciones que acechan a diario... CAP181297

D SUSTANTIVOS QUE DESIGNAN ESTADOS DE ADVERSIDAD O PERTURBACIÓN, MÁS FRECUENTEMENTE SI AFECTAN A UNA COLECTIVIDAD: **23 tensión ++:** El fin del conflicto en el sector público contribuirá a *desactivar* la tensión social de las últimas semanas... LVE140696 **24 escándalo:** El «fusible Manglano» es considerado como insuficiente para *desactivar* este escándalo. LVE170695 **25 problema +:** ...que han tenido la inteligencia de *desactivar* un problema que se hubiera agudizado a lo largo de los próximos años. EME250996 **26 crisis +:** Villalobos *desactivó* la crisis gracias a una aportación extraordinaria de la industria farmacéutica... EPE181001 **27 malestar –:** ...como consejero delegado para *desactivar* un cierto malestar interno... EPE211201

E SUSTANTIVOS QUE DENOTAN INTENCIÓN DE LLEVAR ALGO A CABO. TAMBIÉN CON OTROS QUE DESIGNAN LOS RECURSOS QUE SE EMPLEAN EN EL PROCESO DE OBTENERLO: **28 plan +:** ...desde el 31 de diciembre hasta que se *desactiven* los planes previstos estarán movilizadas un total de 17.000 personas. EPE271199 **29 proyecto +:** Opinó que así se *desactivará* el proyecto que los afines a ETA construyen en torno a la violencia. EME160995 **30 estrategia +:** Desde su cargo, Lebed *desactivó* la estrategia golpista planeada por el ahora ex ministro de Defensa, Pavel Grachev... EXC190696 **31 iniciativa:** ...lo que motivó que ERC retirara su firma, con lo que quedó *desactivada* la iniciativa parlamentaria. EPE160499 **32 proposición:** ...que *desactiva* las proposiciones presentadas por la oposición en el plenario del viernes. LVE100596

F SUSTANTIVOS QUE DENOTAN ACUERDO O COMPROMISO ENTRE VARIAS PARTES. TAMBIÉN CON OTROS QUE DESIGNAN EL PROCESO DE ALCANZARLO: **33 pacto:** ...la recomposición de la unidad antiterrorista, rota desde que hace dos años se *desactivó* el pacto de Ajuria Enea... ENC121200 **34 contrato:** ...recibieron una nueva orden: (...) *desactivar* la mayoría de los contratos con consultores externos... CLA230199 **35 convenio:** ...tiene pendiente de ratificar el convenio estatal, que se pactó el 13 de octubre y que luego fue *desactivado* por un acuerdo entre CC OO y la Federación Nacional de Conserveros. DDN030101 **36 negociación:** ...mantienen posiciones absolutamente enfrentadas sobre los proyectos de flexibilidad, al punto que las negociaciones entre unos y otros están *desactivadas*. CLA240497 **37 acuerdo:** ...un acuerdo que ha producido frutos importantes a lo largo de varios años, pero que ahora ha quedado *desactivado* por intereses partidistas. INDOC

G SUSTANTIVOS QUE DESIGNAN ESTADOS DE ATENCIÓN O VIGILANCIA. TAMBIÉN CON OTROS QUE EXPRESAN LA INMINENCIA DE UN DAÑO POSIBLE: **38 alerta +:** La mejora de la situación meteorológica de ayer permitió a la Dirección General de Protección Civil *desactivar* las alertas por vientos fuertes... EDV030601 **39 alarma +:** ...quiso *desactivar* ayer con este dato la alarma que en los últimos meses han causado en la sociedad vasca diferentes informaciones relacionadas con esos trastornos de la alimentación. EPE020799 **40 amenaza:** El gobierno debe proceder con mucha responsabilidad y *desactivar* cualquier amenaza de violencia social. EXC180996 **41 peligro:** ...el que *desactivó* el peligro de una tercera guerra mundial, de un conflicto atómico. EME270295 **42 riesgo:** ...tiene como principal virtud *desactivar* el riesgo de enfrentamientos interterritoriales. LVE080996

H SUSTANTIVOS QUE DENOTAN APRENSIÓN, INQUIETUD, DUDA O RECELO ANTE ALGO: **43 miedo +:** ...y el único paso que puede *desactivar* el miedo que atenaza a las familias en estos momentos. LVE150696 **44 temor:** Una entrevista a Eltsin por televisión, en la que el presidente dijo sentirse recuperado, *desactivó* los temores surgidos a raíz de la sospechosa fotografía. LVE250795 **45 recelo:** Pero en el periodo 93-95 jugaron a fondo la carta González y y *desactivaron* una serie de recelos que podía tener una parte de su electorado. LVE160696 **46 suspicacia:** Para «*desactivar* suspicacias» el gerente de Focus dijo que en el sector teatral no se entiende que haya una empresa en constante crecimiento. LVE010596 **47 sospecha:** La sospechas, imposibles de probar y reprobables incluso de imaginar (...) quedarían así *desactivadas*. LVE180795

I OTROS SUSTANTIVOS; POSIBLES USOS ESTILÍSTICOS: Abrumado por el peso de la leyenda paterna, trata de explorarla, *desactivar* el mito, desprenderle de los componentes legendarios... EME220696

desacuerdo ♦ abierto, absoluto, claro, completo, constante, creciente, evidente, franco, gran(de), grave, hondo, insalvable[4], interno, ligero, notable, ocasional, ostensible, patente, permanente, profundo, puntual, radical, total, tremendo, visible ♦ en, en caso (de), en señal (de)[6] ♦ motivo (de), punto (de) ♦ afirmar, aflorar, airear[18], confirmar, constar, constatar, demostrar, desbloquear[57], dirimir[3], dulcificar[32], existir, expresar, exteriorizar, generar, limar[16], manifestar, mantener, mostrar, ocasionar, ocultar, originar, perdurar, persistir, producir(se), provocar, reconocer, resolver, salvar, sembrar, subsanar, superar, transmitir[22]

☐ Véase también: **desavenencia**.

DESACUERDO Véase: DISCONFORMIDAD

desafiar ♦ **abiertamente, arrogantemente, claramente, continuamente, electoralmente, frontalmente, impunemente, insensatamente, oficialmente, públicamente, seriamente[47], valientemente[3]**

desafío ♦ **abierto, arduo[42], asequible[4], auténtico, cierto, claro, cotidiano, difícil, enorme, fascinante, frontal, fuerte, gran(de), histórico, importante, incierto, insalvable[27], nuevo, político, principal, público, serio, severo[79], singular, temible, tremendo, verdadero** ♦ **a la altura (de)[26]** ♦ **aceptar, acometer[24], afrontar[10], asumir[25], constituir, contestar (a), cumplir[5], eludir, encarar[12], encerrar, enfrentarse (a), entrañar, esquivar, ganar, lanzar[45], plantar cara (a), plantear[22], rehuir, representar, responder (a), sortear, superar, suponer, vencer[20]**
☐ Véase también: **amenaza, reto, riesgo (de)**.

desaforadamente ♦ **aplaudir, aumentar, bailar, chillar, correr, crecer, gastar, gritar**
☐ Véase también: **desgarradamente, desoladamente**.

desaforado *adj.* ▮ Alterna los usos participiales con los adjetivales. Como participio del verbo *desaforar*, en el sentido de 'que ha perdido sus fueros o privilegios', se combina con sustantivos de persona *(senador, diputado)*. En el uso adjetival ('exagerado o desmedido') se construye con sustantivos que designan muy diversos tipos de textos *(discurso, texto, libro, artículo, comedia)* y también otras formas de creación *(película, música)*. Se combina asimismo con...

A SUSTANTIVOS QUE DESIGNAN MANIFESTACIONES VEHEMENTES DE LA VOZ: **1 grito ++**: De cada tres emisoras, una o dos nos lanzan mensajes religiosos predicaciones (...), voces sugerentes y sentimentales o gritos *desaforados*... LHG190700 **2 chillido +**: ..estremecidos por los chillidos *desaforados* que salían de las gargantas de los pequeños... INDOC

B SUSTANTIVOS QUE DENOTAN EMOCIÓN O REACCIÓN, GENERALMENTE DE NATURALEZA EXALTADA: **3 reacción +**: La reacción (...) está siendo *desaforada* y hasta cínica. EPE040799 **4 exaltación**: En la versión que el autor de estas líneas ha podido contemplar no existe nada parecido a una exaltación *desaforada* del presidente (...) como personaje histórico. LVE240396 **5 entusiasmo**: Aunque, sin duda alguna, el paso por el escenario de Síntesis y Roberto Argudin no fue como para levantar *desaforados* entusiasmos. LVE160795 **6 euforia**: El presidente (...) no quiso demostrar una euforia *desaforada*. LVE230895 **7 júbilo –**: ...el nuevo jefe del Estado congoleño (...) llegó anoche (...) en medio del júbilo *desaforado*... EPD210597

C SUSTANTIVOS QUE DESIGNAN EXPLICACIONES, RESPUESTAS Y DIVERSAS REACCIONES DE NATURALEZA VERBAL: **8 réplica**: El gobierno recibió una *desaforada* réplica de la oposición. INDOC **9 declaración**: No cometa el error de entrarles al trapo, aunque suban la tensión y las declaraciones *desaforadas*. LVE300996 **10 respuesta**: Su *desaforada* respuesta al discurso del Rey ante los mandos militares es la prueba. EME090194 **11 expresión**: ...sus «expresiones agresivas», «*desaforadas* e insultantes» pueden constituir un delito... EPE291099 **12 manifestación**: ...le estaban dejando claro con aquellas *desaforadas* manifestaciones (...) que valía todo y todo se lo iba a aclamar. EPE130700 **13 lenguaje –**: ...el presidente de la Generalitat está empleando un lenguaje «*desaforado*»... LVE010296

D SUSTANTIVOS QUE DENOTAN OPOSICIÓN, CONFRONTACIÓN O AGRESIÓN. TAMBIÉN CON OTROS QUE DESIGNAN DIVERSAS MANIFESTACIONES DE DISCONFORMIDAD: **14 crítica ++**: Aunque no es la crítica *desaforada* (...) la más eficaz... ABC201095 **15 ataque ++**: ...el *desaforado* ataque realizado a los presupuestos en clave personal y política... EPE221199 **16 lucha +**: ...la enfermedad de Yeltsin desató una *desaforada* lucha por el poder... CLA120197 **17 competencia +**: Algunos vecinos de Sandiás aluden a la *desaforada* competencia entre las empresas... EPE220399 **18 guerra**: ...en los que se ha desatado una guerra comercial muchas veces *desaforada*. EME130396 **19 enfrentamiento**: ...subyace el *desaforado* enfrentamiento entre las dos principales instituciones... EME080295 **20 protesta**: Ante las *desaforadas* protestas (...) el árbitro principal decidió que Kárpov sólo podría tomarse los yogures durante la partida siempre y cuando... EME190596 **21 acusación**: «La acusación que hace el colectivo (...) me parece (...) *desaforada*, desequilibrada y paranoica». EME210896 **22 oposición**: ...es un claro ejemplo de esa confusión idealista que generó el régimen anterior, posiblemente por su *desaforada* oposición a las ideas y partidos de izquierda... EME100594 **23 agresión**: ...una persona generalmente moderada, de la que se esperaba un juicio crítico, no una *desaforada* agresión verbal. INDOC **24 sátira –**: ...sigue utilizando el célebre y grotesco personaje de Alfred Jarry como pretexto para la sátira *desaforada* del muy honorable Excels... LVE221095

E EL SUSTANTIVO *VIOLENCIA* Y CON OTROS QUE DESIGNAN DIVERSAS SITUACIONES DE VIOLENCIA, HOSTILIDAD O DESORDEN: **25 violencia**: ...no sería una mala elección retrotraerse al último cuarto del pasado siglo y situarse en Europa central, a la sazón desgarrada (...) por una violencia *desaforada*. EPE090599 **26 caos**: ...es una necesidad de orden para el caos *desaforado*, de domesticación de la naturaleza y el paisaje, mientras, en el interior del artista, rugen las pasiones. ABC291093 **27 fanatismo**: La universalización de las redes informáticas (...) puede crear (...) fanatismos *desaforados*... ABC240295 **28 agresividad**: ...tendría que trabajar a destajo para aliviar tanta garganta profunda, tanta erupción vocinglera de políticos chillones, tanta agresividad *desaforada* en romerías deportivas... EME070294 **29 persecución –**: ...el guión tiene que suplir la gracia de las réplicas con *desaforadas* persecuciones. LVE100596

F SUSTANTIVOS QUE DESIGNAN LA ACCIÓN, EL PROCESO O EL EFECTO DE AUMENTAR, CRECER O EXTENDERSE ALGUNA COSA: **30 crecimiento ++**: ...cuánto crecimiento *desaforado* del sector estatal sin contraprestaciones equivalentes de servicio a la comunidad... DHE070197 **31 incremento ++**: El *desaforado* incremento de gasto público... LVE120295 **32 expansión +**: ...advierte del peligro de una *desaforada* expansión comercial... LVE231196 **33 aumento**: ...hubo aumentos *desaforados* en las tarifas... ETC240996 **34 desarrollo**: ...sumarse al *desaforado* desarrollo que experimenta la comarca... EPE260999 **35 enriquecimiento**:

...Aragón constituirá por sí misma un nuevo camino para aclarar el *desaforado* enriquecimiento ilícito de los ex dirigentes... EME091295 **36 multiplicación:** Esta *desaforada* multiplicación de candidatos ha generado confusión en el ambiente político. ETC130996 **37 subida:** ...el equipo económico se ha visto obligado (...) a aumentar la recaudación del impuesto sobre el tabaco con una *desaforada* subida de precios... EPD200997

G EL SUSTANTIVO *SENTIMIENTO* Y CON OTROS QUE DESIGNAN AFECTOS DIVERSOS: **38 amor:** En muchos libros de García Márquez aparece ese amor *desaforado* y destructor... EME191095 **39 pasión:** ...pone al descubierto una pasión *desaforada* por el swing y el rock... LVE060396 **40 sentimiento:** Los grandes escritores, los poetas, han descrito de mil envidiables y armónicas formas el sentimiento *desaforado* de la pasión amorosa. EME250694 **41 animadversión:** Si no fuese que yo (...) sigo creyendo en el barcelonismo de quien esto ha escrito, pensaría que tanta y tan *desaforada* animadversión hacia quienes dirigen hoy el club... EPE061099

H SUSTANTIVOS QUE DESIGNAN EL DESEO DE LOGRAR ALGÚN OBJETIVO. TAMBIÉN CON OTROS QUE EXPRESAN LOS ESFUERZOS O LAS ACTUACIONES QUE SE PONEN EN JUEGO PARA CONSUMARLO: **42 búsqueda +:** Eusebio es, por así decirlo, el reverso de Stoichkov, lo que muestra aún más la desmesura de Cruyff en su *desaforada* búsqueda de cabezas de turco. LVE130695 **43 carrera:** ...en su *desaforada* carrera por lograr la primera victoria... EPE041101 **44 propósito:** ...por un *desaforado* propósito de control social. LVE261195 **45 campaña:** ...la impresión que me causó desde el inicio de la *desaforada* campaña propagandística... EPE230499 **46 intento:** La novela, intensa y desgarrada, narra el *desaforado* intento de negar una verdad dolorosa. INDOC **47 pretensión:** ...son pretensiones *desaforadas* irrealizables en un contexto tan pobre... EPE080399 **48 empeño:** ...bohemios en la espuma de su excitación y en su empeño *desaforado* de libertad. EME140195 **49 esfuerzo:** Pese a que los responsables de Tabacalera o El Aguila hacen *desaforados* esfuerzos por mejorar su imagen, no lo consiguen. EME310394 **50 escrutinio:** La pareja preserva su relación bajo el escrutinio *desaforado* de la prensa sensacionalista... EPE260599 **51 exhortación:** ...una *desaforada* y ultimamente irracional exhortación a buscar la felicidad... EME050695

I OTROS SUSTANTIVOS DE SIGNIFICADO INTENCIONAL, MÁS FRECUENTEMENTE SI EXPRESAN EL ANHELO, A MENUDO DESMEDIDO, DE CONSEGUIR ALGUNA COSA: **52 ambición +:** ...un personaje de desaforada *ambición* que (...) no ha cesado de poner la zancadilla a su acérrimo enemigo... LVE110695 **53 afán:** El *desaforado* afán humanizador convertía al escenario en caos, y mataba, precisamente, aquellos valores cívicos tras los que se apresuraba. ABC200195 **54 ansia:** Es una figura que no termina de cuajar y se enfrenta a otro líder regional,correligionario suyo y con *desaforadas* ansias de poder... LVE020995 **55 codicia:** El autor responsabiliza de ese proceso a la clase empresarial (...), provista de una *desaforada* codicia y de una elevada destreza para el desacuerdo... EPU081101 **56 obcecación:** No se sabe si el hecho de que saliera vivo de aquel plató obedece más a la *desaforada* obcecación de algunos guerrilleros (...) que... LVE090495 **57 obsesión:** Un artículo periodístico de Mario Benedetti, escrito hace pocos años, nos puede aclarar en parte la sospecha: (...) la *desaforada* obsesión del consumismo... EME070596 **58 persistencia:** ...con una persistencia casi *desaforada* en el juego de ataque... EPE020599 **59 apetito:** El mito de Fausto (...) se enraíza en los miedos y apetitos más *desaforados* y ancestrales de la civilización occidental... EPE050999 **60 sed:** Los anuncios, en general y, los de televisión, en particular, están consiguiendo impregnar las cabezas de los ciudadanos de una *desaforada* sed de consumir. EME080694

J SUSTANTIVOS QUE DESIGNAN DEFECTOS HUMANOS. TAMBIÉN CON OTROS QUE EXPRESAN IDEAS O ACTITUDES CONSIDERADAS REPROBABLES: **61 egoísmo:** ...en estos días de egoísmos *desaforados*... LVE140896 **62 oportunismo:** ...oportunismo *desaforado* de la clase dirigente... EME150895 **63 granujería:** ...acusaban de una *desaforada* granujería en el libre intercambio de bienes... EPE240900 **64 maniqueísmo –:** ...tiene el talento de no incurrir en un *desaforado* maniqueísmo... LVE080495 **65 integrismo –:** ...llevado de su *desaforado* integrismo medioambiental... EPE130299

K SUSTANTIVOS QUE DENOTAN CONSUMO O GASTO. TAMBIÉN CON OTROS QUE DESIGNAN CIERTA TENDENCIA SOCIAL QUE LLEVA A ELLOS DE MANERA DESORDENADA: **66 consumo ++:** Su silicosis se llama tecnoestrés y les falta tiempo para derrochar sus sueldos enormes en un consumo *desaforado.* LVE170295 **67 consumismo +:** ...Andrés Larrinoga aboga por la «virtud de la austeridad frente al consumismo *desaforado*». EME151296 **68 gasto:** ...acentuó el carácter transnacional de la economía (elevadísima deuda externa, inversión de divisas para el gasto público *desaforado*, con represión y complicidad empresarial)... EPU081101 **69 compra:** ...para evitar caer en la compra *desaforada* de productos. EME081296

L SUSTANTIVOS QUE DESIGNAN DIVERSAS CUALIDADES Y CAPACIDADES HUMANAS RELACIONADAS GENERALMENTE CON LA INTELIGENCIA O LA ACTITUD HACIA LAS CIRCUNSTANCIAS: **70 imaginación +:** José Arcadio Buendía, cuya *desaforada* imaginación iba siempre más lejos que el ingenio de la naturaleza, y aún más allá del milagro y la magia, nunca hubiera pensado que... EPC220597 **71 optimismo +:** ...el mejor espejo del más *desaforado* optimismo de la América satisfecha. EME171295 **72 personalidad:** Nadie como él ha sabido interpretar su época con el vigor de su *desaforada* personalidad. EME050596 **73 humor:** ...Mel Brooks la emprende con la exitosa «La guerra de las galaxias», con su típico humor *desaforado* hecho de trazos gruesos. LVE280796 **74 modernidad –:** Vibrante por el color y por los temas, de una modernidad *desaforada*, que no nos hacen olvidar sin embargo aquel mundo suyo. ABC220494

M SUSTANTIVOS QUE DESIGNAN DIVERSAS MANIFESTACIONES DE INCLINACIÓN, ADHESIÓN, DEVOCIÓN O ACCIÓN FAVORABLE: **75 apoyo +:** El Gobierno se sostiene gracias a Pujol, sin que nadie adivine el motivo de un tan *desaforado* apoyo... LVE170195 **76 apuesta:** ...su apuesta *desaforada* pide que la vida entera sea como la perfección de un sueño. EME190496 **77 culto:** En veinte años este *desaforado* culto a la apariencia se habrá agotado en su propia inanidad... EME191195 **78 idolatría:** Así pues, treinta años de idolatría *desaforada* a toscos idolos del rock... EPE020299 **79 afición:** El «zar» tiene un buen historial de enfermedades relacionadas con el corazón, la espalda y el hígado al que hay que sumar una *desaforada* afición por las bebidas fuertes. EME291095

N SUSTANTIVOS QUE DESIGNAN OPINIONES, IMPRESIONES, INICIATIVAS O PUNTOS DE VISTA: **80** **idea:** ...al calor de los duros vinos catalanes que siembran en el corazón tantas ideas *desaforadas*, sus amigos decidieron... EPE010284 **81** **opinión:** ...se acerca más a la realidad que ciertas opiniones *desaforadas*. LVE110396 **82** **planteamiento:** ...esos planteamientos, por lo *desaforados*, pueden parecer poco creíbles... LTB170701 **83** **postulado:** La miopía mental de los biotipificadores sólo se compara con los postulados afines e igualmente *desaforados* del nacional socialismo europeo... LTB180900 **84** **propuesta:** La prisa de algunos gobernantes para compensar (...) la mala imagen (...) generó alguna propuesta *desaforada*... EPE110499 **85** **proyecto:** ...el político (...) calificó el proyecto de «*desaforado*». EPE041199 **86** **teoría:** ...el lenguaraz, «snob», extrovertido y pícaro Ollie, que gusta de construir *desaforadas* teorías sobre todo lo humano y lo divino... ABC260393

☐ Véase también: **descabellado, desenfrenado, frenético, vertiginoso.**

desafuero ▮ *(acción ilegítima)* ♦ **escandaloso, flagrante, impune** ♦ **cometer[45], compensar, denunciar, descubrir, detener, evitar, frenar, incurrir (en), sufrir**
▮ *(privación de fuero)* ♦ **conceder, impedir, lograr, pedir, solicitar, votar**

desagradar ♦ **enormemente, extraordinariamente, fuertemente, intensamente, ostensiblemente, profundamente[51], sumamente, visceralmente**

desagrado ♦ **absoluto, creciente, discreto, enorme, franco, latente, manifiesto, notorio, obvio, ostensible, patente, profundo, sumo, total, visible** ♦ **con, en señal (de)[7]** ♦ **actitud (de), gesto (de), muestra (de), señal (de)** ♦ **aflorar, causar[35], confesar, demostrar, disimular, expresar, exteriorizar, hacer público, manifestar(se), mirar (con), mostrar, ocultar, provocar, sentir, ver (con)**
☐ Véase también: **animadversión, asco, aversión.**

desagüe ♦ **canal (de), sistema (de), tubo (de)** ♦ **atascar(se), colar(se) (por), desatascar(se), destapar(se), llenar, obstruir[4], sanear, tapar, taponar, vaciar, verter (a)**

desahogadamente ♦ **derrotar, ganar, mantener(se), salir adelante, triunfar, vivir**
☐ Véase también: **comodidad, facilidad.**

desahogado *adj.* ▮ Se combina con sustantivos que designan personas *(Mi amigo vive bastante desahogado)*, organizaciones *(El sector del calzado está ahora un poco más desahogado)*, así como con otros que designan momentos y períodos *(etapa, jornada)*, lugares o espacios *(espacio, hogar, habitación, jardín)* y prendas *(camisa, chaqueta)*. También se combina con...

A SUSTANTIVOS QUE DENOTAN ESTADO O SITUACIÓN ECONÓMICA. TAMBIÉN CON OTROS QUE DESIGNAN MAGNITUDES MONETARIAS DE LAS QUE SE DISPONE: **1** **situación ++:** ...sirvieron tanto para *desahogar* la difícil situación de la economía cubana como para desarrollar la industria turística... CLA130199 **2** **posición ++:** En 1917 se casó con una mujer de *desahogada* posición económica... EME060694 **3** **economía +:** Son chicas con una economía *desahogada*, de treinta a cuarenta años, con las que mantienes una cierta relación. EME240494 **4** **cuenta:** En la enseñanza secundaria de elite, otro centro británico famoso, Eton, presenta asimismo unas cuentas *desahogadas*. EPE120199 **5** **presupuesto:** ...un viaje alrededor del mundo para el que disponía de un *desahogado* presupuesto. INDOC

B SUSTANTIVOS QUE DENOTAN RESULTADO DE ALGO, PROVISIONAL O DEFINITIVO, A MENUDO EXITOSO Y MÁS FRECUENTEMENTE SI SE OBTIENE EN UNA COMPETICIÓN DEPORTIVA O ELECTORAL: **6** **resultado +:** El mitin del Miniestadi escenificó esa operación de recambio que exigía unos resultados políticos mucho más *desahogados*... EPE241199 **7** **mayoría +:** Porque el conjunto de los partidos nacionales vascos representan hoy una mayoría *desahogada*. EPE121299 **8** **triunfo +:** Sólo una racha de inspiración individual de alguno de sus jugadores permitió convertir una victoria pírrica en un triunfo *desahogado* y hasta cómodo. LVE301095 **9** **ventaja +:** Tres goles de diferencia es una ventaja más que *desahogada*. INDOC

C SUSTANTIVOS QUE SE REFIEREN AL CURSO VITAL DE ALGO O AL RITMO CON QUE SE DESARROLLA: **10** **vida +:** ...las rentas que obtiene por sus libros le permiten una vida *desahogada*... EME300795 **11** **existencia +:** Las compensaciones de renta (...) aseguran la existencia *desahogada* de viveros como Andarax durante, al menos, dos décadas más. EPE230399 **12** **tren de vida:** ...los tres jefes maliciosos (...) llevaban un *desahogado* tren de vida... EME260394

D OTROS SUSTANTIVOS; POSIBLES USOS ESTILÍSTICOS: Que lo diga si no Javier Solana, cuya sonrisa de estos días –amplia, feliz, *desahogada* sonrisa– simboliza la compensación a sus múltiples paseos por las gramáticas extranjeras. EME071295; ...a El Cordobés sí le cuadra esta *desahogada* demagogia... EPE180399

desajuste ♦ **claro, contable, cronológico, defensivo[17], económico, emocional, enorme, estructural, extraño, fuerte, generacional, grave, importante, interno, leve, notorio, pequeño, presupuestario, psicológico, severo[47], social** ♦ **problema (de), riesgo (de)** ♦ **advertir, arreglar, compensar, corregir[15], crear, detectar, enderezar[38], evitar, existir, generar, impedir, indicar, mitigar, nivelar[3], paliar, presentar, producir(se), provocar, reducir, solucionar, solventar, sufrir, suponer, tener**

desaliento ♦ **con** ♦ **clima (de), motivo (de), sensación (de)** ♦ **caer (en), causar, cundir[7], dejarse llevar (por), entrar (a alguien), frenar, generar, hundir(se) (en), invitar (a), mostrar, producir, provocar, sembrar, sentir, traslucir(se), vencer**

desaliñado ♦ **aire, apariencia, aspecto, persona, ropa, vestimenta**
☐ Véase también: **desastrado.**

de salón *loc.adj.* ▮ Se combina con sustantivos que designan personas en función de sus creencias, su forma de ser u otras características a las que se otorga algún valor social *(revolucionario, intelectual, progresista)*. También con otros que designan al que practica diversas actividades que pueden tener notoriedad o relevancia pública *(cantante, conspirador, teórico)*. Asimismo, se combina con...

A EL SUSTANTIVO *BAILE*, Y CON OTROS QUE DESIGNAN DIVERSOS JUEGOS, DEPORTES, ESPECTÁCULOS U OTRAS FORMAS DE ENTRETENIMIENTO QUE SE ASIMILAN A ELLOS: **1 baile ++:** ...los cuatro talleres de bailes *de salón* cubanos que ofrecerá el Celarg a niños... ENV260700 **2 toreo ++:** La ministra Amador les ha manejado con mucha más soltura, en toreo *de salón*, les ha ofendido, acabando por darles con la puerta en las narices. EME050695 **3 juego ++:** Eso incluye habilitar un espacio para los juegos *de salón* como son dominó y ajedrez. LDD260697 **4 música:** ...los mismos bailadores (...) piden una música, más que *de salón*, callejera... GIC083097 **5 comedia:** El autor había salido de ese círculo de comedias *de salón*, donde los enamorados viven una felicidad sin sombra... ABC061095 **6 fútbol:** ...el actual Atlético no está para alegrías ni para pensar en fantasías ni fútbol *de salón*. EME060295 **7 canción –:** ...se aplicó de memoria en una aria del pucciniano Tabarro, única concesión a la ópera en una velada dedicada a la canción *de salón*. EPE011199 **8 danza:** Talleres de dramaturgia, (...) de danza *de salón*, de (...) poesía y hasta «war games»... EME310194 **9 magia:** La magia está dividida en la *de salón*, que se hace en un espacio reducido y con efectos pequeños... ENV070197 **10 entretenimiento:** Después, en casa, se organizan juegos y entretenimientos *de salón*. LVE301295 **11 deporte:** ...una feria del libro usado para la solidaridad, (...) pintura, deportes *de salón* y hasta un interesante y espectacular encuentro gastronómico. EME100496

B SUSTANTIVOS QUE DESIGNAN ARDIDES, ARTIFICIOS Y ACTUACIONES SOLAPADAS O ENCUBIERTAS. POR EXTENSIÓN, TAMBIÉN CON OTROS QUE DESIGNAN ALGUNAS ACTIVIDADES EN LAS QUE SE HACEN PRESENTES DE FORMA CARACTERÍSTICA: **12 conspiración +:** ...en la campaña de maniobras o «conspiraciones *de salón*» contra las instituciones, «todavía no están todos los que son»... LVE171195 **13 intriga:** Con ellos o a su alrededor, se desata una multitud de intrigas *de salón* y alianzas de alcoba... ABC071094 **14 conciliábulo:** ...por fuera de sus conciliábulos *de salón*, existe toda una sociedad movilizada que requiere de un liderazgo. DHE050297 **15 politiqueo:** En vez de estudiar (...) se dedica al politiqueo *de salón*. EME170394 **16 maniobra:** Esta maniobra *de salón* no es nueva en la España de la última década. Cada año se pasan algunos de izquierda al campo gubernamental. EME030295 **17 truco:** ...los magos intercalaron juegos de humor, trucos *de salón* y cartomagia con conferencias... CLA131100 **18 maquinación:** ...asiduo durante varios años de las tertulias radiofónicas y las maquinaciones *de salón*. INDOC

C SUSTANTIVOS QUE DESIGNAN OTRAS SITUACIONES, ACTIVIDADES Y ACTITUDES HUMANAS CON PROYECCIÓN PÚBLICA. DESTACAN ENTRE ELLAS LAS RELATIVAS A LA ATENCIÓN DISPENSADA A LOS DEMÁS Y LAS QUE PONEN DE MANIFIESTO LA ACUMULACIÓN Y MANIFESTACIÓN DE CONOCIMIENTOS: **19 política +:** ...«no hay que dar demasiada importancia a la política *de salón*» que están protagonizando estos últimos días... EME140795 **20 pedagogía:** ...estoy más que harto de tanto experto/a en educación y/o pedagogía *de salón*... EPE031199 **21 galantería:** ...intercambiaron bromas pesadas, con esa galantería *de salón* de la gente educada... EME010295 **22 periodismo:** ...desaparecen (...) para una sesión privada de periodismo *de salón*... EPE130699 **23 cultura:** ...lamentó que las novelas de Montero no hayan llegado al gran público, «subsumidas en la actual cultura *de salón* y espectáculo»... EME290496 **24 erudición:** Y así, mientras aparenta erudición zoológica (*de salón*), nos lanza las flechas de su ingenio... EPE210299

D SUSTANTIVOS QUE DESIGNAN PARTES, ASPECTOS, MANIFESTACIONES O ELEMENTOS DE LAS ACCIONES MENCIONADAS EN EL APARTADO *A*, MÁS FRECUENTEMENTE SI SE TRATA DE LANCES DEPORTIVOS O TAURINOS: **25 ejercicio:** ...la tecnología del automóvil eléctrico (...) ha pasado de ser un ejercicio «*de salón*» a considerarse una vía prioritaria de investigación... EME110194 **26 gol:** ...dejó terreno a la inspiración de Rivaldo, que buscó un gol *de salón* con el marcador ya resuelto. EPE031099 **27 pase:** Agradó Sandro, que dejó unos cuantos pases *de salón*, y se encontró Míchel, mucho más dispuesto ante el nuevo cariz de la noche. EME310895 **28 finta:** Y es que desde antiguo los pueblos han sentido la llamada a filas del calor para dejarse de fintas invernales *de salón*... EME150896 **29 toque:** Esta Eurocopa (...) no pasará a la historia por (...) el toque *de salón* o las estrategias imaginativas. LVE250696 **30 verónica:** ...las ralentizadas «verónicas» *de salón* que se marcó en el coso no le dieron para tanto. EME270796 **31 chicuelina:** Le aplaudieron mucho las chicuelinas al tercero de la tarde, porque las daba *de salón*. EPE180899 **32 pieza:** ...Sarasate, autor de (...) fantasías, piezas *de salón*, con base en óperas... ABC240295 **33 abanico –:** Todo discurrió con lógica: la ONCE intentó abanicos *de salón* e incluso Banesto fue sorprendido cerca de la meta por una escapada de 10 corredores. EPE090999

E SUSTANTIVOS QUE DESIGNAN DOCTRINAS, SISTEMAS O POSTURAS IDEOLÓGICAS O CULTURALES: **34 feminismo:** El feminismo *de salón* pondría el grito en el cielo; un cielo similar al de los hipócritas que consideraron excesiva la exhibición a título póstumo de una bigamia. LVE170296 **35 europeísmo:** ...no hace un «europeísmo *de salón* ni de seguimiento acrítico de decisiones que se toman en otras latitudes...». EME130296 **36 ecologismo:** ...pone en pie una conciencia (...) demoledora en su crítica (...) del ecologismo *de salón*... ABC161294 **37 anarquismo:** ...arrastrados por sus tendencias totalitarias envueltas a veces en anarquismos *de salón*... LVE221296 **38 cosmopolitismo –:** ...entre el provincianismo vertebrado de otro tiempo y el cosmopolitismo *de salón* que ahora viene a querer sustituirle, alientan los temores y fantasmas familiares... EPE021086 **39 izquierda:** ...practican una izquierda *de salón* con resabios totalitarios... EPE191199 **40 bohemia:** ...los post-modernistas de vía estrecha, representantes de una bohemia *de salón*, encarnada, entre otros, por Emilio Carrere... ABC081191 **41 romanticismo:** Obritas dulces y amables de un romanticismo blandito y *de salón*. EPE150299 **42 socialismo:** ...se acabó el socialismo *de salón*. EME210694 **43 antimachismo –:** ...hay que agradecerle que no se haya derrumbado en un antimachismo *de salón*... EME011296

F SUSTANTIVOS QUE DESIGNAN ACCIONES VERBALES O GÉNEROS DISCURSIVOS O TEXTUALES. TAMBIÉN CON OTROS QUE EXPRESAN ALGUNOS DE LOS MUY DIVERSOS MENSAJES Y UNIDADES INFORMATIVAS QUE LOS COMPONEN: **44** conversación +: El almirante Von Hollmann advierte en una conversación *de salón* sobre la idea de la *degeneración*, tan finisecular... ABC250992 **45** mitin: El buen libro (...) se merecía mejor destino que un mitin *de salón*... EME070494 **46** debate: La sesión parlamentaria de ayer fue lo que podría denominarse un debate *de salón*. LVE040596 **47** tertulia: ...alejarse de las pamelas, los jardines exquisitos y las tertulias *de salón* a los que la tenía acostumbrada Ivory, fue algo normal, casi un globo de aire fresco... EME180995 **48** conferencia: Entonces, o en una conferencia *de salón*, dice algunas machadas que luego medio rectifica... EME010294 **49** cotilleo: ...poco avezado en la alta política y en los cotilleos *de salón*, buscó excusas para evadir culpas. EME051296 **50** discurso: Y si (...) la realidad importa menos que el discurso *de salón*, quizás haya llegado el momento del apaga y vámonos continental. LVE200796 **51** disquisición: ...cómo se va inoculando en la opinión pública la idea misma de la guerra, a fuerza de tantas y tan insensatas disquisiciones *de salón*... LVE310196 **52** máxima: Todavía hoy padecemos los vestigios del prolongado olvido, de la sustitución de las verdades fundamentales por máximas *de salón*. EPE110499 **53** teoría: Yo embromo a los amigos que le han sufrido con la teoría *de salón* del paracaidista. EME041095

G SUSTANTIVOS QUE DENOTAN OPOSICIÓN O CONFRONTACIÓN. TAMBIÉN CON OTROS QUE DESIGNAN ALGUNAS DE SUS MANIFESTACIONES: **54** combate: Un combate *de salón* entre dos profesores de esgrima política... LVE230595 **55** golpe: Horas después, el mercenario accedía a liberar al presidente (...) y buscaba un «final honorable» a ese golpe *de salón*. LVE051095 **56** justa: La política, lejos de ser una actividad desgarrada en la que está en juego el bienestar e incluso la vida de muchos, se transforma en «justas *de salón*»... EME281196 **57** revolución: ...ha sido una mera revolución *de salón*, y la crisis sólo se puede resolver con un congreso. LVE090596

H OTROS SUSTANTIVOS; POSIBLES USOS ESTILÍSTICOS: El insulso kitsch *de salón* (...) incluye varios retratos de aristócratas, escenas mitológicas, históricas... EPE260599; Sistemáticos ruidos de sables y *de salón*. LVE070195; ...sólo sobrevivirán las que, como en Bizet, sean capaces de remontar la mera «españolada» *de salón*. ABC130392

I LOS VERBOS *TOREAR* Y *ACTUAR*: **58** torear ++: No descansaba, toreaba *de salón* y hacía mucho ejercicio. EME110495 **59** actuar –: Antonio Chenel Manzanares dijo que «en Madrid se pasa miedo aun actuando *de salón*». EME301095

desandar ♦ camino, historia, paso, recorrido, tiempo, trayecto

desanimar(se) ♦ a las primeras de cambio, claramente, enormemente, fácilmente, fuertemente, manifiestamente, ostensiblemente, por completo, profundamente[48], visiblemente

desánimo ♦ amargo, constante, creciente, generalizado, gran(de), hondo, particular, pasajero[42], profundo, prolongado, propenso (a), severo, social ♦ clima (de), fruto (de), momento (de), sensación (de), síntoma (de), situación (de) ♦ adueñarse (de alguien), aflorar, apoderarse (de alguien), asaltar (a alguien), caer (en), capitalizar[28], ceder (a), combatir, constatar, crear, cundir[1], dar lugar (a), dejarse llevar (por)[51], desatar(se), desterrar, disimular, embargar[11], engendrar[54], entrar[14], entregarse (a), extender(se), exteriorizar, generar, hundir(se) (en), imperar, invadir (a alguien), invitar (a)[7], justificar, llevar (a alguien), manifestar(se), ocultar, producir, propagar(se), provocar, reinar, sembrar[48], sentir, sobreponerse (a)[13], sucumbir (a), sumirse (en), superar, suscitar, traslucir(se)[37], vencer
☐ Véase también: **apatía, desinterés, tristeza.**

desapacible ♦ ambiente, atmósfera, clima, día, hogar, mañana, noche, tarde, tiempo, viento

desaparecer ♦ abruptamente[31], a lo lejos[25], a pasos agigantados[42], a tiempo, automáticamente, como por encanto[1], como una exhalación[16], completamente, definitivamente, del todo, de {mi/tu/su...} vista, de un día para otro[26], dramáticamente, en extrañas circunstancias, enigmáticamente, espontáneamente, eternamente, extrañamente, fácilmente, fugazmente[10], gradualmente[33], inexorablemente[47], íntegramente, irremediablemente[25], literalmente[42], llamativamente, misteriosamente, para siempre, paulatinamente[32], plenamente, por arte de magia, por completo[85], por un momento[9], prácticamente, prematuramente, progresivamente, súbitamente, temporalmente, tempranamente, totalmente, trágicamente[9], virtualmente[10]
☐ Véase también: **desaparecido, desaparición, eclipsar(se), esfumarse, manifestar(se), ocultar(se) (a).**

desaparecido ♦ dramáticamente, misteriosamente, presuntamente, recientemente, trágicamente, tristemente[9], virtualmente
☐ Véase también: **desaparecer, desaparición.**

desaparición ♦ abocado (a), anunciado, brutal, completo, definitivo, doloroso, dramático, enigmático, eventual, extraño, gradual, inexorable[32], inminente, irremisible, lamentable, llamativo[45], misterioso, paulatino, práctico, prematuro, preocupante, progresivo, repentino, sorprendente, súbito, temprano, terrible, total, trágico, violento, virtual ♦ en caso (de) ♦ proceso (de), ritmo (de), vía (de) ♦ abocar(se) (a)[5], aceptar, anunciar, augurar, consumar(se)[48], denunciar, detectar[40], entender, evitar, impedir, implicar, investigar, justificar, lamentar, ocultar, prever, producir(se), provocar, sentenciar, soportar, suponer
☐ Véase también: **desaparecer, desaparecido, deshacer(se), eliminación, pérdida.**

DESAPARICIÓN
♦ (ADJETIVOS) Véase: **tristemente**[B]
♦ (SUSTANTIVOS) Véase: **abocar(se) (a)**[B], **acusar**[F], **al borde (de)**[C], **bloquear**[D], **brusco**[J], **consumar(se)**[C], **inexorable**[E]

♦ (VERBOS) Véase: **abruptamente[D], a pasos agigantados[H], comercialmente[F], como la espuma[B], como por encanto[A], como una exhalación[C], de puntillas[C], dignamente[B], en cadena[M], gradualmente[D], paulatinamente[D], por completo[G]**

desapercibido ♦ **absolutamente, completamente, habitualmente, lamentablemente, ligeramente, peligrosamente, prácticamente, sensiblemente, totalmente** ♦ **pasar**
□ Véase también: **de rondón, inadvertido.**

desaprovechar ♦ **capacidad, carrera, clima, conocimiento, cualidad, disposición, energía, equipo, esfuerzo, facilidad, facultad, fuerza, idea, impulso, información, iniciativa, instrumento, momento, ocasión, opción, oportunidad, persona, potencial, presencia, racha, recurso, sugerencia, talento, tiempo, ventaja, visita**

desarrollar(se) ♦ **adecuadamente, a las mil maravillas[6], al máximo, a lo largo (de) (tiempo), ampliamente, a plena satisfacción[12], a trancas y barrancas[13], coherentemente[31], como hongos[12], completamente, con arreglo a lo previsto, con fluidez[12], deportivamente, dignamente, económicamente, en equipo[15], exitosamente, extensamente[6], favorablemente[2], físicamente, gradualmente[9], humanamente, inexorablemente[33], íntegramente, intelectualmente, legalmente, libremente, mentalmente, negativamente[19], paulatinamente, perfectamente, personalmente, plácidamente[31], plenamente, por completo[57], progresivamente[28], rápidamente, satisfactoriamente[13], simultáneamente, vigorosamente[23]**
□ Véase también: **evolucionar.**

desarrollo ♦ **accidentado[34], acompasado[24], acorde (con), amplio, apreciable[3], argumental, armónico, artístico, brillante, científico, coherente, completo, continuo, cualitativo[12], cultural, desacompasado, desaforado[34], desigual, económico, efectivo[62], emergente, equitativo[40], escalonado, escaso, espectacular, espléndido, explosivo, extraordinario, febril[14], feliz, formidable, fulgurante[29], futuro, galopante, gradual, gran(de), humano, igualitario[45], imparable[18], importante, impredecible[12], impresionante, imprevisible[33], incipiente, ininterrumpido, innegable, integral[15], intelectual, intensivo[37], lento, libre, lineal[4], maravilloso, meteórico, moderado, notable, notorio, óptimo, ostensible, paulatino, pausado, permanente, pleno, progresivo, prolijo[27], rápido, sistemático, social, sostenible, tecnológico, tímido, uniforme, vertiginoso[10], virulento, visible** ♦ **en, en aras (de)[38], en vías (de)** ♦ **dinámica (de), nivel (de), polo (de), proceso (de), técnica (de)** ♦ **acelerar, agilizar, alcanzar, alimentar[85], alterar[48], asegurar, atenazar[33], aumentar, avecinarse[42], bloquear, congelar[43], constituir, continuar, controlar, dañar[40], desear, desequilibrar[13], detener(se), dificultar, disminuir, distorsionar[36], entender, entorpecer, estar (en), estimular, estrangular, evitar, experimentar, favorecer, fomentar, frenar, garantizar, hipotecar[32], impedir, incentivar[2], incrementar, interferir (en), liderar, llevar adelante[18], mostrar, motivar, neutralizar, obstaculizar[1], obstruir[15], parar, permitir, pilotar[12], posibilitar, potenciar, propiciar, provocar, ralentizar, redundar (en)[9], registrar(se), seguir[37], truncar(se)[26], velar (por)[18]**
□ Véase también: **avance, evolución, movimiento, proceso.**

desarticular(se) *v.* ▮ En su sentido físico se combina con el sustantivo *hueso* y con otros que designan partes o piezas de alguna maquinaria. En su sentido figurado se combina con...

A SUSTANTIVOS QUE DESIGNAN ESTRUCTURAS, PAUTAS O FORMAS DE ORGANIZACIÓN: **1 sistema** ++: ...el sistema de seguridad nacional del país se ha visto *desarticulado* y mermado en su capacidad de seguimiento... EXC050996 **2 esquema** ++: ...a cualquier entrenador avispado le bastaría con manejar inteligentemente los desmarques de sus jugadores para *desarticular* el esquema del equipo contrario... EPD210497 **3 organización** ++: Para *desarticular* la compleja organización la Policía dispuso de varios oficiales de Inteligencia que infiltraron toda la red... EPC051197 **4 régimen** +: «Todo lo que hizo EE. UU. fue para ayudar a la Unscom en su intento de desvelar las armas de destrucción masiva de Irak», dijo David Leavy, añadiendo que el fin nunca era *desarticular* el régimen de Sadam Husein. EPE040399 **5 entramado** +: Tanto la policía como el magistrado consideran *desarticulado* el entramado político de ETA en España. EPE140900 **6 red:** La policía china *desarticuló* este fin de semana una amplia red criminal dedicada al tráfico ilegal de emigrantes... ENH240700 **7 mecanismo:** ...se encuentra una chiquilla que con sus palabras, su bondad, su belleza y su ternura, *desarticula* todos los mecanismos de tu razón. EME270396 **8 arquitectura:** ...ha permitido llegar hasta Bensaid, el cerebro de esta operación, y *desarticular* la arquitectura francesa del GIA argelino. LVE031195 **9 infraestructura:** «la infraestructura que hay para esos niveles es muy pequeña y toda está *desarticulada*». EXC200700 **10 marco:** Una reforma impuesta por el Gobierno (...) que supusiera *desarticular* el marco de este país, tendría una respuesta muy dura del movimiento sindical. EPE011001 **11 aparato:** Una operación hispano-francesa *desarticula* el aparato logístico de la organización terrorista. EME240796 **12 estado:** González ofrece al PP un pacto para que no se *desarticule* el Estado. LVE291096 **13 base** –: Llegó al principio de los sesenta para *desarticular* las bases ideológicas que enarbolaría esa década. EPE021088

B SUSTANTIVOS QUE DESIGNAN GRUPOS DE PERSONAS FRECUENTEMENTE ASOCIADAS POR COMPARTIR ALGÚN OBJETIVO. TAMBIÉN CON OTROS QUE SE REFIEREN A LAS ORGANIZACIONES QUE LOS AGRUPAN: **14 banda** ++: En otro esfuerzo por desbaratar peligrosas organizaciones criminales, la policía *desarticuló* otra banda de presuntos asaltantes y violadores... ESH150796 **15 comando** ++: Las autoridades españolas detuvieron en las últimas horas a ocho personas, con lo que *desarticularon* dos comandos de apoyo a la banda terrorista... ENH280497 **16 defensa** +: El talento de Espíndola, la tenacidad de Ramírez, lograban *desarticular* la defensa. ACP081296 **17 mafia** +: Desarticulada una red de la mafia china que falsificaba pasaportes con técnicas digitales. EME291096 **18 sindicato:** «Este fue mi dilema en diciembre del 81, cuando tuve que decretar el estado de guerra, militarizar la economía y *desarticular* el sindicato Solidarnosc». LVE160595 **19 clan:** Con su captura, la policía dio por *desarticulado* el clan de «Los Iraníes». EPE110599 **20 milicia:** ...el presidente (...) se comprometió en la ONU a enviar «dos batallones de confianza» para restablecer el orden en Timor y *desarticular* las violentas milicias... EPE190900 **21 guerrilla:** La información de los desertores permitió al Ejército *desarticular* a la guerrilla. EME060895 **22 grupo:** El Reino Unido logra *desarticular* un grupo neonazi que se había infiltrado en las filas de su Ejército. EPE080399 **23 sociedad:** Los ajustes *desarticulan* la sociedad. EUV271096 **24 célula:** Según la Policía, se logró *desarticular* varias células del GIA, que estaban operativas desde fines de 1994. EME081196 **25 cúpula:** Según un comunicante anónimo del cuerpo, el apresamiento del delincuente ha impedido *desarticular* la cúpula de Bola de Drac. LVE190895

C SUSTANTIVOS QUE DENOTAN PROYECTO, MÁS FRECUENTEMENTE MAQUINACIÓN, ARDID O ACCIÓN ENCUBIERTA DESTINADA A LOGRAR UN DETERMINADO FIN: **26 complot ++:** Un modesto juez es capaz de *desarticular* el complot y de conquistar encima a Neferet, una de las bellezas del delta del Nilo. LVE220495 **27 conspiración +:** Ganó prestigio y mucho dinero en el foro, alcanzó el consulado y conquistó la gloria *desarticulando* la conspiración de Catilina... LVE050596 **28 trama +:** ...los dos elementos más importantes de la trama *desarticulada* habían logrado abandonar el país y se encontraban detenidos en Alemania... EME290195 **29 plan:** En esa oportunidad también se habría *desarticulado* un plan de sabotaje –denominado «Operación Invierno»– a estaciones y subestaciones eléctricas. HOY010278 **30 conjura:** El general (...) escapó al ataque porque la conjura fue *desarticulada* instantes antes de que el ministro apareciese en el lugar en que debería cometerse el atentado. EPE011180

D SUSTANTIVOS QUE DESIGNAN DIVERSOS RESULTADOS DE LA ACTIVIDAD MENTAL, ESPECIALMENTE SI PUEDEN SER RAZONADOS O DEBATIDOS: **31 argumento:** Este fallo jurídico *desarticula* todos los argumentos esgrimidos por la Federación Española de Balonmano... EME151096 **32 idea:** Béjart aprovecha su idea de unificación universal en este programa, dándole un último mensaje de inmortalidad, de pervivencia, que *desarticula* la idea de pastiche que a uno le queda en el fondo... EME240694 **33 concepto:** Derrocha imaginación (...) no sólo frente a tópicos de la ortodoxia moral, sino incluso *desarticulando* conceptos asociados al pudor... LVE301295 **34 teoría:** ...una teoría, brillante en apariencia, pero endeble en el fondo, que no le resultó difícil *desarticular*. INDOC

E SUSTANTIVOS QUE DENOTAN CONTROL O AUTORIDAD. TAMBIÉN CON ALGUNOS QUE DESIGNAN OTRAS POSICIONES DE PRIVILEGIO QUE SE ASIMILAN A ESAS ATRIBUCIONES: **35 poder:** Una increíble volea de Vagner desde el borde del área llegaba al fondo de la portería de Mora y *desarticulaba* el poder especulador español. EME280396 **36 monopolio:** ...el Consejo de Ministros de ayer regulase las agencias privadas de colocación sin ánimo de lucro y *desarticulase* el monopolio del Instituto Nacional de Empleo (Inem)... LVE060595 **37 hegemonía:** La operación consiste en *desarticular* las hegemonías profesionales y comerciales creadas durante los 20 años de democracia... EPD080697 **38 dominio:** ...solo el esfuerzo de la voluntariosa zaga atlética logró *desarticular* el dominio de la delantera visitante. INDOC

F SUSTANTIVOS QUE DENOTAN ATAQUE Y OTRAS FORMAS DE ACTUACIÓN HOSTIL, A MENUDO COLECTIVAS. TAMBIÉN CON ALGUNOS QUE DESIGNAN EXPRESIONES PÚBLICAS DE DISCONFORMIDAD ANTE ALGÚN ESTADO DE COSAS: **39 ataque +:** Michel Gómez se frotaba las manos al comprobar cómo una simple zona 2-3 *desarticulaba* todo el ataque estático de su encopetado visitante. EME010296 **40 movilización +:** El juego del gobierno es, obviamente, tratar de *desarticular* la movilización popular y dividir a la oposición. CAP130700 **41 lucha:** ...pensar en la necesidad de que el sindicalismo contaminado de tintes políticos se purifique de aquellos aspectos que lo polarizan y hacen que se *desarticule* la legítima lucha por los derechos de los más débiles... EXC230496 **42 manifestación:** Hemos seguido con preocupación las informaciones que hablan de la violencia empleada para *desarticular* las manifestaciones de los estudiantes iraníes... EPE140799 **43 huelga:** ...no es mediante acciones policiales violentas como se va a *desarticular* la huelga del transporte público. INDOC **44 ofensiva:** ...debe aprovechar la falta del *Gallo* Duncan, y realizar jugadas defensivas que *desarticulen* la poderosa ofensiva de los Toros. ESP220497 **45 protesta:** ...la clave está en la ocupación. Es lo único que puede *desarticular* una protesta generalizada. LVE150696

G OTROS SUSTANTIVOS; POSIBLES USOS ESTILÍSTICOS: ¿No se dan cuenta que castigar a un equipo desintegra el yo local, *desarticula* el espíritu de la ciudad...? EME040895

☐ Véase también: **desmantelar, desmembrar(se).**

desasosiego ♦ **absoluto, auténtico, constante, creciente, enorme, evidente, fuerte, gran(de), inmenso, inquietante, ligero, lleno (de), lógico, natural, pleno, profundo, puro, verdadero, visible** ♦ **clima (de), estado (de), momento (de), sensación (de)** ♦ **apaciguar[25], aumentar, causar, crear, cundir, dejarse llevar (por), generar, invitar (a)[9], mitigar, mostrar, producir, provocar, sembrar[42], sentir, sufrir, transmitir, traslucir(se), vencer**

desastrado ♦ **aspecto, estilo, imagen, persona, vestimenta**

☐ Véase también: **desaliñado.**

desastre ♦ **abocado (a), auténtico, completo, deportivo, dramático, ecológico, económico, electoral, enorme, espantoso, financiero, gran(de), histórico, humanitario[29], imprevisible, increíble, inenarrable, inexorable[22], infortunado, irremediable, irreparable, lamentable, militar, monumental[15], natural, pavoroso, pequeño, político, puro, rotundo, sin paliativos[59], sobrecogedor, sonado, terrible, total, trágico, tremendo, verdadero** ♦ **al borde (de)[10], en caso (de)** ♦ **causa (de), consecuencia (de), estado (de), situación (de)** ♦ **abatir(se)[3], abocar(se) (a), acarrear, acechar[24], acumular, afrontar, agravar(se)[49], apechugar (con)[7], augurar[21], avecinarse[3], causar, cerrar los ojos (ante)[22],**

conducir (a), constituir, consumar(se)[28], deparar, deplorar, desatar(se), descubrir, desencadenar(se)[10], encarar, evitar, generar, librar(se) (de), llevar (a), mitigar, neutralizar, ocasionar, ocultar, ocurrir[13], originar, paliar[25], precipitar(se) (a), prevenir, producir(se), protagonizar, provocar, recrudecer(se)[47], recuperar(se) (de), reparar, resultar, resurgir (de), salir (de), salvar (de), sembrar, sobreponerse (a), sobrevenir, sumir(se) (en)[50]

☐ Véase también: **catástrofe, derrota, fracaso.**

desatar(se) *v.* **I** En el sentido literal de 'soltar o soltarse' se combina con sustantivos que designan personas *(Me desaté y eché a correr)*, animales y cosas materiales *(Le desató las manos)*. Lo hace muy frecuentemente con los que designan el efecto de atar o ligar algo *(lazo, ligadura, nudo, atadura)*, así como los objetos y los materiales que se suelen emplear en esas acciones *(cuerda, soga, cordel, cinta, correa, hilo)*. Forma la expresión coloquial *desatársele (a uno) la lengua*, que significa 'lanzarse a hablar en exceso'. En el sentido de 'originar(se)' se combina con...

A SUSTANTIVOS QUE DESIGNAN FENÓMENOS METEOROLÓGICOS O CLIMÁTICOS QUE SUELEN CARACTERIZARSE POR SU INTENSIDAD. SE EMPLEAN MUY FRECUENTEMENTE EN SENTIDO FIGURADO: **1 vendaval ++:** Guatemala *desató* un vendaval ofensivo desde el arranque y acorraló a los nicaragüenses en su frágil zaga en busca de una victoria... LPN210497 **2 tormenta ++:** Argumento fugaz del presidencialismo ilustrado que *desató* la tormenta en el vaso con aquel lema de la corrupción somos todos... EXC120197 **3 tempestad +:** De continuar la tendencia se *desatarán* tempestades. No se pueden comprar empresas de servicio público o de gravitación regional sin consideraciones sociales. CAP270397 **4 huracán:** ...aquel pequeño acto *desató* un huracán político en España, donde la noticia cayó como una bomba. LVE210296

B ALGUNOS SUSTANTIVOS QUE DESIGNAN MANIFESTACIONES DE CONTROVERSIA PÚBLICA: **5 escándalo ++:** ...el caso Spartacus *desató* el escándalo que casi acaba con la carrera del juez federal Norberto Oyarbide. CLA100199 **6 polémica ++:** Se *desató* una polémica en la que no faltaron acusaciones mutuas. CLA240199

C SUSTANTIVOS QUE DESIGNAN SENTIMIENTOS EXALTADOS DE SIGNO NEGATIVO, MÁS FRECUENTEMENTE SI SE DIRIGEN CONTRA LAS PERSONAS. TAMBIÉN CON OTROS QUE EXPRESAN ESTADOS DE ÍMPETU O DESORDEN IGUALMENTE DIRIGIDOS, POR LO GENERAL, CONTRA ALGO O ALGUIEN: **7 odio +:** Todavía hoy, cerca de los veinte años de la muerte de Franco, su figura *desata* odios... LVE120595 **8 ira +:** La puesta en práctica de la nueva «política cubana» de Clinton ha *desatado* las iras de la colonia de exiliados de la isla. EME110595 **9 furia +:** Si se pliega ante dichas presiones, puede *desatar* las furias nacionalistas mejicanas... CAP280995 **10 cólera +:** ...una frase de Cruyff el pasado sábado (...) *desató* la cólera del presidente barcelonista. LVE290695 **11 violencia +:** La desesperación en el sector naval *desata* la violencia en seis ciudades. EME160995 **12 furor:** Ofreció un medley de algunos éxitos y con cada trozo de canción *desataba* el furor del público. END281197 **13 tensión:** Este proceder *desató* la tensiones internas en el seno del Partido Popular... LVE070696 **14 crispación:** ...el rastro de cadáveres *desata* la crispación entre el vecindario autóctono alemán. EME160596

D SUSTANTIVOS QUE DESIGNAN OTROS SENTIMIENTOS DE EXALTACIÓN, MÁS FRECUENTEMENTE LOS RELATIVOS AL ENTUSIASMO, EL OPTIMISMO Y OTRAS MANIFESTACIONES INTENSAS Y GENERALMENTE EXPANSIVAS: **15 euforia ++:** Esto *desató* una pequeña euforia en otra acción petrolera. CLA070199 **16 pasión +:** La pasión no se controla ni se planifica: se reprime o se *desata*. LEC051197 **17 locura +:** El duelo con los gallegos ha *desatado* una locura colectiva en la capital... LVE010695 **18 entusiasmo +:** Difícil que el proyecto encuentre grandes opositores (...) y por el momento sólo ha *desatado* entusiasmos. BRE270996 **19 alegría +:** ...y en la última frenada de la carrera se metió por dentro para *desatar* la alegría de sus fieles. EPE210699 **20 sentimiento:** El paralelo 38 ya no inspira películas, pero sí *desata* sentimientos. LVE271096 **21 fervor:** Unas 2.000 personas acudieron a presenciar el entrenamiento, y de nuevo se *desató* el fervor popular. LVE270395 **22 emoción:** ...la ubicación e identificación en Bolivia de los restos del Che y algunos de sus compañeros ha *desatado* una emoción universal... GIC093497

E SUSTANTIVOS QUE DESIGNAN DIVERSAS MANIFESTACIONES, A MENUDO VEHEMENTES, DEL INTERÉS O EL DESEO DE OBTENER ALGO: **23 fiebre +:** El miedo a la inflación y a la subida de tipos de interés *desató* la fiebre vendedora... EPD091097 **24 interés:** Su programa contemporáneo *desató* el interés desde el cuarteto de solos femeninos, gracias a Teresa Nieto... EME160594 **25 deseo:** ...una sociedad como la nuestra que *desata* el deseo consumista de los ciudadanos con toda clase de recursos. INDOC **26 ansia:** ...las fiestas de la Constitución y la Inmaculada hizo que se *desataran* ayer las ansias compradoras de los ciudadanos. EPE101201 **27 apetito:** La crisis del Atlético *desata* el apetito de media Europa. EPE261299

F SUSTANTIVOS QUE DESIGNAN SENTIMIENTOS DE ANGUSTIA O INQUIETUD MANIFESTADOS EN DIVERSOS GRADOS: **28 alarma ++:** No se conocen los detalles del documento que *desató* la alarma general antiterrorismo... CLA180497 **29 pánico +:** ...otros funcionarios de la administración pronosticaron que los problemas de Brasil no *desatarán* un pánico financiero mundial.. CLA170199 **30 nervios +:** Se *desatan* los nervios, esencialmente los suyos, mientras Rimitti asiste incómoda y perpleja a la situación. LVE040896 **31 angustia:** ...en España se ha *desatado* una especie de angustia nacional que nubla incluso la visión de que la tregua nos pone enfrente de un porvenir mucho mejor. EPE200299 **32 temor:** Esta noticia ha *desatado* el temor a que se reproduzcan las informaciones negativas en este sentido. LVE140194 **33 preocupación:** Este nuevo caso ha *desatado* la preocupación por el aumento de la violencia doméstica. EPE290900 **34 desesperación:** Es muy pronto para que el hambre, la sed o cualquier otra clase de «hambruna» *desate* el enfado o la desesperación de los creyentes. EME120294 **35 miedo:** El ántrax *desata* el miedo en Florida... EPE101001 **36 psicosis:** La maleta-bomba acabó *desatando* la psicosis en los aeropuertos de Estados Unidos... EME040896

G SUSTANTIVOS QUE EXPRESAN INCERTIDUMBRE. TAMBIÉN CON OTROS QUE DESIGNAN ACCIONES O INFORMACIONES ENCUBIERTAS, Y A MENUDO INSEGURAS, QUE

SE CARACTERIZAN POR SU TENDENCIA A LA EXPANSIÓN: **37 rumor ++:** Una afonía *desata* los rumores sobre la salud de Yeltsin a sólo una semana de las elecciones... EME290696 **38 suspicacia +:** ...la recalificación de los terrenos adquiridos por Sanz ha *desatado* las suspicacias de los grupos municipales. EPE180199 **39 duda +:** Pero curiosamente esa ventaja *desata* las dudas, acuciadas por los antecedentes del rival. EME160496 **40 intriga +:** En este momento se *desatan* la intriga y las dudas. EPE210799 **41 sospecha:** Las versiones ofrecidas por los dos hermanos sobre lo ocurrido *desataron* las sospechas de los investigadores. EPE170900

H SUSTANTIVOS QUE DESIGNAN MANIFESTACIONES SONORAS INDIVIDUALES O COLECTIVAS, NO SIEMPRE ARTICULADAS, QUE SUELEN INTERPRETARSE COMO EXPRESIONES DE APROBACIÓN, SATISFACCIÓN, COMPLACENCIA O DESAGRADO: **42 risa +:** Y se le *desata* la risa desde el estómago, rápida, como si hubiera dicho una picardía. EME250995 **43 carcajada:** Sin que ello alcance a *desatar* carcajadas: una sola me ha arrancado el libro. ABC051193 **44 grito:** Su primera aparición sobre el césped, vestido de paisano y acompañado de sus compañeros (...) *desató* un grito... EME081296 **45 aplauso:** Algunos de los solos cantados *desatan* aplausos espontáneos. EME050495 **46 ovación +:** La aparición de El Tricicle (...) *desató* ovaciones. LVE100995 **47 revuelo:** Su presencia *desató* un revuelo entre los concentrados y el cónsul tuvo que ser escoltado por la policía. EPE171101 **48 alboroto:** Estaba en la platea y no pude ver bien lo que *desató* el alboroto... LNP030497

I SUSTANTIVOS QUE DENOTAN ENFRENTAMIENTO. TAMBIÉN CON OTROS QUE DESIGNAN SITUACIONES CONFLICTIVAS EN LAS QUE SE MANIFIESTA LA OPOSICIÓN A ALGO, A MENUDO VIOLENTAMENTE: **49 guerra ++:** Si el PAN hubiese *desatado* una guerra, también se hubiera podido generar un efecto de consecuencias imprevisibles. PME081296 **50 lucha +:** En 1923-24, en la Unión Soviética se *desató* una brutal y áspera lucha por la sucesión en el partido y el poder. RUM010997 **51 batalla:** ...una cruenta batalla con la policía que se *desató* por una nimiedad. INDOC **52 hostilidad +:** El toque de un silbato *desata* las hostilidades. EME080996 **53 ofensiva +:** Los Rangers *desataron* una incesante ofensiva aprovechando la ventaja de jugadores en el terreno. DLA180497 **54 altercado:** El jugador acudió a una fiesta con Sven Scheuer, compañero suyo en el Bayern, y allí se *desató* el altercado. EPE151099 **55 enfrentamiento:** ...la policía poco hace para evitar provocaciones o agresiones que, más adelante, terminan *desatando* enfrentamientos. LTB310397 **56 embestida:** ...temen que al desarticular esa presentación se *desate* una nueva embestida reeleccionista que complique las aspiraciones de Duhalde. CLA300199

J SUSTANTIVOS QUE DESIGNAN MANIFESTACIONES VERBALES, ESPECIALMENTE LAS QUE EXPRESAN HOSTILIDAD O DESAPROBACIÓN: **57 crítica +:** ...una condena por asesinato ha *desatado* las críticas contra este tipo de programas que inundan las televisiones por la mañana. EME141196 **58 debate:** ...se ha *desatado* un debate sobre si las condiciones de tasa de interés y quita de la deuda son tan favorables como pretende mostrarlo el gobierno. LPA190492 **59 protesta +:** Se lamentó de que también esta vez se *desató* la protesta internacional. ENH110198 **60 contestación:** ...las autonómicas *desataron* ayer nuevamente la contestación interna. EPE160699 **61 discusión:** ...se ha *desatado* una discusión sobre si ese castigo es símbolo del derecho consuetudinario... LHG040900 **62 queja:** Una polémica decisión del árbitro *desata* las quejas de los hombres de Jané. EME240796

K OTROS SUSTANTIVOS QUE DENOTAN SITUACIÓN ADVERSA, AFLICTIVA O CONFLICTIVA: **63 catástrofe +:** Cuando se *desata* una catástrofe, el buscapersonas de Elazar recibe la señal al mismo tiempo que el jefe de la Policía... EME240895 **64 tragedia:** Si impactaban en los tanques de combustible o en un avión, se hubiera *desatado* una verdadera tragedia. CLA080197 **65 crisis +:** En Chubut, el clima frustró, antes de que se *desatara* la crisis brasileña, una importante exportación al vecino y socio. CLA270199 **66 conflicto +:** Se está tratando de retornar a la situación anterior a 1982, cuando se *desató* el conflicto armado. CLA030199

L SUSTANTIVOS QUE DENOTAN SEGUIMIENTO O PERSECUCIÓN, A MENUDO INTENSOS O PORFIADOS: **67 caza de brujas ++:** Pero como no ha ocurrido así, el jugador del Celta piensa que se ha *desatado* una «caza de brujas». EPE241199 **68 persecución +:** «En los últimos meses, este gobierno ha *desatado* una persecución tenaz en contra los dominicanos sin importar si son legales o ilegales»... DED301096 **69 caza:** El Gobierno *desató* la caza del integrista. EME161195 **70 cacería de brujas:** ...existe el temor de que se *desate* una cacería de brujas mucho mayor que la ocurrida a principios de abril de 1990... PME010996
☐ Véase también: **desencadenar(se)**.

desatender *v.* ■ Se combina con sustantivos de persona *(familia, cliente, enfermo, niño)* y con otros que designan algunos elementos de su entorno *(casa, parque, barrio)*. También acepta otros que designan diversas realidades que se suelen interpretar como necesidades individuales o colectivas *(salud, cultura, religión, política)*. Destacan especialmente sus combinaciones con...

A EL SUSTANTIVO *NECESIDAD*. TAMBIÉN CON OTROS QUE DENOTAN SOLICITUD O DEMANDA DE ALGO: **1 necesidad ++:** Las consecuencias de *desatender* sus necesidades y de la falta de solidaridad pueden terminar siendo graves para el resto de la sociedad. LPA110592 **2 petición +:** Sería *desatender* una petición directa del gobierno francés en momentos en que son delicadas las relaciones con la Unión Europea... PME151296 **3 demanda +:** Tomás Larrucea, intendente del frontón, pretende seleccionar a diez jugadores más para cubrir una demanda *desatendida* por la «mala gestión anterior». EPE010299 **4 requerimiento:** El Partido Popular sostuvo ayer que «Telefónica, como empresa pública, no puede ocultar documentación a la Comisión Europea y *desatender* sus requerimientos...». EME030496 **5 solicitud +:** El pasado jueves la junta de fiscales de la Audiencia Nacional elaboró un escrito para el fiscal general Carlos Granados en el que se *desatendía* su solicitud... LVE010495 **6 exigencia:** En el documento ministerial, por el contrario, se afirma que no evaluar las enseñanzas alternativas «supone *desatender* claras exigencias pedagógico-didácticas»... EPE130399 **7 ruego:** El Ayuntamiento sigue *desatendiendo* los ruegos de los vecinos para acabar de una vez por todas con los alborotos nocturnos... INDOC

B SUSTANTIVOS QUE DESIGNAN OBLIGACIONES, A MENUDO LAS RELACIONADAS CON EL DESEMPEÑO DE AL-

GUNA FUNCIÓN. TAMBIÉN CON OTROS QUE DESIGNAN ESAS MISMAS TAREAS: **8 responsabilidad** +: ...acusó a la dirigente de Esquerra Republicana de *desatender* sus responsabilidades como teniente de alcalde... LVE310196 **9 obligación** +: ...considera que (...) están *desatendiendo* sus obligaciones sindicales para preparar el VI Congreso Confederal, que se celebrará en el próximo mes de enero. EME250995 **10 trabajo** +: El delegado relató que el plan podría llevar a algunos cirujanos «a *desatender* su trabajo durante las mañanas...». EPE200399 **11 función** +: El juez Pigni también argumentó en su absolución que, sin *desatender* sus funciones, Espósito pudo no ver el instante en que Gontmaher ingresó al auto en busca de cien pesos. CLA080797 **12 tarea** +: Isaac había *desatendido* la tarea fundamental de un padre: conocer íntimamente a cada uno de sus hijos y... ENV260700 **13 compromiso** +: No debe olvidarse que una parte importante del pasivo es el costo de 13 años de atraso del proyecto, del cual es responsable Argentina, por haber *desatendido* su compromiso de financiarlo. ACP271096 **14 promesa**: ...las promesas democráticas *desatendidas* por los responsables del orden público... EPE190199 **15 deber**: ...la frenética actividad de sus relaciones públicas le hacía *desatender* demasiado frecuentemente sus deberes profesionales. INDOC **16 labor**: ¿Cómo puede dar todos esos cursos y conferencias sin *desatender* sus labores docentes? INDOC

C SUSTANTIVOS QUE DESIGNAN INFORMACIONES, ESPECIALMENTE LOS QUE EXPRESAN EL EFECTO DE INFORMAR, ACONSEJAR O ADVERTIR DE ALGUNA COSA: **17 consejo** +: ...un viejo estalinista que modernizó al país en los 70 pero luego *desatendió* los consejos de Pekín y se negó a modificar la economía... CLA200297 **18 recomendación** +: Y puedo afirmar que en una Administración Dukakis no vamos a *desatender* las recomendaciones de la Comisión Packard... EPE011088 **19 advertencia**: La sentencia recuerda que Trigo *desatendió* hasta ocho advertencias... LVE050795 **20 sugerencia**: ...periodistas obedientes, poco acostumbrados a *desatender* las sugerencias de los poderes públicos. INDOC **21 indicación**: La pareja había *desatendido* las indicaciones para que abandonaran su casa. EPE170499 **22 información**: Información que se quiso ignorar o *desatender* por parte de los organizadores del acto, para posteriormente poder hacer uso político de la misma. EPE040699 **23 aviso**: Chávez *desatendió* un aviso de protección civil para declarar la alerta ante las inundaciones. EPE281299 **24 oferta**: ...el retraso en el fichaje de Asper ha supuesto *desatender* ofertas interesantes de otros clubs... EPE030800

D SUSTANTIVOS QUE DENOTAN SOLICITUD IMPERIOSA. TAMBIÉN CON OTROS QUE EXPRESAN ALGUNA RECLAMACIÓN U OTRAS MANIFESTACIONES DE DISCONFORMIDAD: **25 queja** +: Acusan a la empresa de no cumplir con requisitos legales y técnicos para urbanizar la zona y *desatender* las quejas que le fueron formuladas con anticipación. ETC011287 **26 recurso**: La defensa presentó el recurso por entender que la magistrada Comas *desatendió* el recurso del banco que solicitaba un tercer dictamen... LVE161195 **27 protesta**: ...una sala de fiestas situada en la falda de la Alhambra cuyo impacto visual es objeto de una viva polémica, *desatendiendo* así las protestas de miles de ciudadanos. EPE270299 **28 orden** +: El nacionalista Suso Costas valoró el texto «como una invitación de la propia consellería a *desatender* la orden en la que suspendía el plan vigués». LVG301091 **29 mandato**: Los departamentos que más han incumplido los mandatos del Parlament son, tal como refleja este estudio, los de Política Territorial, que ha *desatendido* 86... EPE290899

E SUSTANTIVOS QUE EXPRESAN EL PROCESO DE FORMAR O INSTRUIR A LOS INDIVIDUOS: **30 educación** +: El titular de la educación (...) resaltó la necesidad de mantener unido el núcleo familiar «por el bien y el progreso del país sin *desatender* la educación de los niños y los jóvenes». LNC120996 **31 enseñanza**: Por último, estas tesis vienen acompañadas de un corolario según el cual la enseñanza de la historia está *«desatendida»*... EPE220700 **32 instrucción**: ...si los alumnos que viajaban bajo su responsabilidad hubiesen *desatendido* sus instrucciones, «hoy estaríamos lamentando una gran tragedia». LNC061000

F SUSTANTIVOS QUE DENOTAN SITUACIÓN CONFLICTIVA O ADVERSA, MÁS FRECUENTEMENTE SI TIENE REPERCUSIÓN PÚBLICA: **33 problema** +: ...acusa al candidato socialista de *desatender* los problemas más concretos de los barrios más populares de Barcelona. LVE020595 **34 crisis**: Y, sin embargo, hay un acuerdo tácito sobre la urgencia de configurar un gobierno de coalición, de unidad nacional, para sortear la crisis que estamos *desatendiendo* los civiles. ETC150996

☐ Véase también: **descuidar, faltar (a), negligencia, omisión, omitir**.

desatino

♦ **absoluto, aparente, auténtico, completo, glorioso, grave, humillante, improcedente, monumental, múltiple, notable, singular, sublime, total** ♦ **cúmulo (de)**[9], **sarta (de)** ♦ **admitir, causar, denunciar, entender, explicar, justificar**

☐ Véase también: **aberración, anomalía, equivocación, fallo**.

desavenencia

♦ **antiguo, aparente, áspero, continuo, conyugal, creciente, económico, enorme, evidente, familiar, franco, fuerte, gran(de), grave, hondo, importante, insalvable, insignificante, interno, irreconciliable, ligero, menor, natural, notable, pequeño, político, profundo, pronunciado, serio, viejo, visible** ♦ **motivo (de)** ♦ **aflorar, airear**[17], **aparcar, avivar**[11], **conciliar, confirmar, desatar(se), desmentir**[39], **dirimir**[5], **disimular, evitar, existir, intensificar(se), latir, limar, mantener, mitigar, mostrar, ocultar, presentar, producir(se), provocar, quitar importancia (a), reavivar, resolver, restar importancia (a), salvar, solventar, subrayar, superar, surgir, suscitar, zanjar**[19]

☐ Véase también: **desacuerdo**.

DESAVENENCIA Véase: DISCONFORMIDAD

desayunar

♦ **copiosamente**[9], **frugalmente, opíparamente, plácidamente**[51], **tranquilamente** ♦ **dar (de)**[4]

☐ Véase también: **cenar, comer, desayunarse (con), merendar**.

desayunarse (con)

♦ **crítica, dato, declaración, descubrimiento, imagen, información, noticia, suceso, tragedia**

☐ Véase también: **desayunar**.

desazón ♦ **auténtico, creciente, enorme, fuerte, gran(de), hondo, infinito, inmenso, interior, preocupante, profundo, puro, terrible, tremendo** ♦ **motivo (de)** ♦ **aliviar, calmar, comprender, crear, cundir, embargar**[12]**, entrar**[11]**, expresar, manifestar, mitigar, mostrar, ocultar, producir, provocar, quitárse(le) (a alguien), sentir, vencer, venir(le) (a alguien)**

☐ Véase también: **inquietud, malestar, preocupación.**

desbancar ♦ **adversario, candidato, competidor, contrincante, empresa, rival, titular,** *otros sustantivos de persona*

[desbandada] → **a la desbandada, en desbandada**

desbarajuste ♦ **absoluto, aparente, auténtico, colosal, completo, de campeonato, económico, enorme, evidente, financiero, general, gran(de), imperante**[6]**, interno, monetario, monumental, pleno, político, reinante, táctico, total** ♦ **aclarar, afrontar, aprovechar, armar(se), calmar, corregir, crear, existir, explicar, montar(se), ocultar, organizar(se), producir(se), provocar, resolver, solucionar, solventar**

☐ Véase también: **caos, cisco, desorden, embrollo, enredo, lío.**

desbaratar *v.* ▌Se combina con sustantivos que designan grupos humanos u organizaciones *(organización, grupo, cuadro)*, especialmente los que a menudo persiguen fines delictivos *(banda, facción, célula)*. Admite asimismo sustantivos que designan construcciones inestables o aparentes *(castillo de naipes, montaje, componenda)*, y a veces intrincadas, solapadas o encubiertas *(trama, red, entramado)*. También se combina con...

A EL SUSTANTIVO *PLAN* Y CON OTROS QUE EXPRESAN EL DISEÑO SEGÚN EL CUAL DEBE CONCEBIRSE ALGÚN ASUNTO, FRECUENTEMENTE EN EL ÁMBITO MILITAR, EN EL DEPORTIVO Y EN OTRAS FORMAS DE COMPETICIÓN O ENFRENTAMIENTO. TAMBIÉN CON OTROS QUE DESIGNAN ESAS MISMAS ACTUACIONES PLANEADAS U ORGANIZADAS: **1 plan ++:** La filtración *desbarató* el plan acordado entre Investigaciones y el Ministerio del Interior... HOY250897 **2 estrategia ++:** Una sola filtración bastó para *desbaratar* la estrategia del gobierno de mantener en absoluta reserva la decisión de cerrar... HOY210497 **3 maniobra +:** ...había *desbaratado* la maniobra en el hemiciclo y concluyó ante sus señorías que las enmiendas de IU estaban orientadas «a desviar la atención». EPD300597 **4 sistema +:** Rusia siempre tendrá capacidad para *desbaratar* cualquier sistema antimisiles de EE. UU. EPE090700 **5 argucia +:** El tribunal que el próximo lunes deberá juzgar el caso Lasa-Zabala *desbarató* ayer la última argucia jurídica... EPE111299 **6 proyecto +:** La ansiedad de algunos de los cautivos *desbarató* todo el proyecto. CLA170297 **7 jugada +:** ...último encargado de *desbaratar* las jugadas de ataque de la selección de Egipto. EME120595 **8 juego +:** ...con buena colocación y magnífica visión de la jugada, salvo en un par de salidas, *desbarató* el juego raso con tanta seguridad como el alto. EPE301280 **9 propuesta +:** Los ministros de estos cinco países coinciden en intentar *desbaratar* una propuesta de directiva... EME231095 **10 iniciativa:** Se limitó a acumular hombres en el centro del terreno de juego para *desbaratar* las iniciativas ajenas antes que para crear las propias. EME140494 **11 táctica:** ...si al Madrid le entran los tiros de fuera, se podrá *desbaratar* esa táctica. EME100495 **12 política:** ...la mayoría de los diputados no consigue *desbaratar* esa política presidencialista de un Ejecutivo surgido de ese hemiciclo. EME101195

B SUSTANTIVOS QUE DESIGNAN LO QUE SE ANTICIPA, SE CONJETURA, SE PREVÉ O SE CONSIDERA PROBABLE: **13 cálculo ++:** Este último detalle *desbarata* definitivamente cualquier cálculo horario, en cualquier ciudad, a cualquier hora y por todas partes hay coches y aquí no los hay. EPE120599 **14 previsión +:** Las elecciones en los Estados Unidos terminaron *desbaratando* las previsiones de una transición sin grandes sobresaltos... CLA131100 **15 hipótesis:** Pero la «saña» con la que se enfrentaron a Emilio Langa y su huida tras el disparo fortuito que se produjo han *desbaratado* esta hipótesis. EME220696 **16 expectativa:** ...puesto que las últimas lluvias han *desbaratado* las expectativas iniciales que se tenían del número de visitantes. LVE150696 **17 predicción –:** ...el estudio *desbarata* predicciones, dogmas y falacias que persistían en torno del acuerdo comercial. PME291296 **18 estimación:** ...el fuerte aumento del IPC *desbarata* de nuevo todas las estimaciones del gobierno. INDOC

C SUSTANTIVOS QUE DESIGNAN LO QUE SE SUSTENTA, SE TIENE POR CIERTO O SE ESGRIME COMO PRETEXTO O RAZÓN: **19 tesis +:** El acusado parece tener interés en inculparse de toda la responsabilidad del atentado, como si quisiera *desbaratar* la tesis del fiscal de que existió una confabulación. LVE080494 **20 teoría +:** La noticia, que sorprende a los propios médicos, *desbarata* la teoría vigente hasta ahora de que la infección por el virus del sida es irreversible. LVE310395 **21 argumento +:** La principal ventaja que obtuvo Yasir Arafat fue *desbaratar* los argumentos de sus rivales políticos... EME011096 **22 idea +:** ...cuya presencia en el bando del «Sí» *desbarata* la idea del «voto castigo» y contribuye decisivamente a legitimar la reforma. BUS031096 **23 tópico +:** «Caricias» es radicalmente moderna porque *desbarata* los tópicos que cubren la realidad. EME270594 **24 creencia:** Los estudios de la antropóloga *desbaratan* la creencia general en la belleza femenina en la Roma republicana, imperial, en todas las Romas. LVE261096 **25 certidumbre:** ...una compulsiva manera de retar al mundo tal como es y de *desbaratar* sus certidumbres y la racionalidad en que se sostiene... CAP181297 **26 dogma:** ...en temas como el del empleo, el estudio *desbarata* predicciones, dogmas y falacias que persistían en torno del acuerdo comercial. PME291296 **27 coartada:** La aparición de una diablesa con el torso embadurnado con polvo de oro *desbarató* la coartada del ex concejal del PP... EPE220999

D SUSTANTIVOS QUE DESIGNAN LO QUE SE DESEA O SE ESPERA CONSEGUIR: **28 aspiración +:** ...otros países que no deseaban reducir sus aportaciones *desbarataron* las aspiraciones españolas. LVE090696 **29 deseo +:** Pero la realidad *desbarata* el deseo romántico. LVE220995 **30 sueño +:** Desbaratado su sueño de aparcar impunemente en cualquier parte y campar en las aceras... EPE081299 **31 objetivo:** Berlín admite que la crisis amenaza con *desbaratar* su objetivo de déficit... EPE011201 **32 intención:** Ochenta días, un poco más de dos meses, le han bastado para *desbaratar* sus presuntas buenas intenciones. EPE061001 **33 propósito:** La Cámara Baja se ha constituido y esperamos de los diputados una conducta inteligente para no *desbaratar* el propósito de Aznar... EME280396 **34 pretensión:** Una resolución de la junta electoral central *desbarataba* ayer las pretensiones de quiénes se oponían a la emisión de debates... LVE190595

E SUSTANTIVOS QUE DENOTAN CONTINGENCIA FAVORABLE: **35 ocasión +:** ...enviando el esférico afuera y *desbaratando* una ocasión propicia en un momento de pleno dominio rival. LNP150997 **36 oportunidad +:** ...la invalidez de su primero y el peligro del quinto *desbarataron* la oportunidad de que el diestro sevillano antepusiera su condición de artista a la de legionario. EME300694 **37 posibilidad:** ...protagonizó un veloz contragolpe con lanzamiento que desvió el portero Lavrov con un pie y *desbarató* cualquier posibilidad española. LVE030696

F SUSTANTIVOS QUE DENOTAN ACCIÓN FALLIDA, O INTERPRETADA GENERALMENTE COMO TAL: **38 intento ++:** Pero atrás se trabajó a destajo y a falta de ocho kilómetros se *desbarató* el intento. EME280996 **39 intentona –:** ...buscaba la llegada masiva y la velocidad punta de Zanini, *desbarató* la intentona. EME090496 **40 ensayo –:** ...aquella jugada podía *desbaratar* definitivamente el ensayo final: convencer a Carlos Reutemann para que se convierta en el candidato de la interna peronista capaz de batir a Duhalde. CLA240199

G LOS SUSTANTIVOS *ACCIÓN* Y *OPERACIÓN*. TAMBIÉN CON VARIOS SUSTANTIVOS QUE DENOTAN ACCIÓN HOSTIL, DELICTIVA, VIOLENTA O IMPETUOSA: **41 operación ++:** ...pero la Aduana *desbarató* la operación con una denuncia por contrabando. CLA090497 **42 acción +:** ...sólo entonces apareció Hierro para *desbaratar* una acción que impresionó a la afición madridista. EPD181197 **43 atentado +:** Pero la policía informó ayer que *desbarató* un supuesto atentado con explosivos... CLA110197 **44 ataque +:** ...cuya única ambición era sumar un punto, o sea, *desbaratar* el ataque rival en cuantas ocasiones fuera preciso... EME290996 **45 revuelta:** La emisora indicó también que la milicia islamita de los talibanes había *desbaratado* una revuelta fomentada por soldados... EUV031196 **46 atraco:** La policía alemana *desbarató* ayer, mediante un espectacular dispositivo policial, un atraco perpetrado en la madrugada del lunes... LVE280395 **47 timo:** Un policía de proximidad *desbarató* el pasado jueves el timo del huevazo en la plaza de los Sagrados Corazones... EPE111299 **48 estafa:** La policía *desbarata* una estafa que pudo dejar a dos velas los cotillones de Nochevieja. LVE301296 **49 remate:** Cuatro minutos después fue Alberto quien salvó a su equipo al *desbaratar* un remate de Etxeberria. LVE070196 **50 lanzamiento –:** Unos minutos antes, Songo'O *desbarató* otro gran lanzamiento del uruguayo... EPD210497 **51 magnicidio –:** ...en determinar si la policía actuó correctamente en Mallorca después de haber *desbaratado* ni más ni menos que un magnicidio contra el Rey. LVE120895

H SUSTANTIVOS QUE DESIGNAN ACTUACIONES COLECTIVAS ENCUBIERTAS, A MENUDO URDIDAS CON OBJETOS ILÍCITOS: **52 confabulación +:** ...una confabulación política que ni siquiera hubo que *desbaratar* porque se disolvió ella sola. INDOC **53 complot +:** El servicio secreto palestino *desbarata* un complot contra Arafat... EME140395 **54 conjura:** ...la consigna de un entrenador sin táctica que exige ganar a cualquier precio que como el plan ordenado que *desbaratará* una complejísima conjura. EME030695 **55 contubernio:** ...periodistas especializados en desmontar complots y *desbaratar* contubernios. INDOC

I SUSTANTIVOS QUE DESIGNAN ESTADOS DE ARMONÍA O ESTABILIDAD: **56 acuerdo +:** Durante semanas, el desplante de Rato *desbarató* el acuerdo entre los dos partidos. EPE271001 **57 consenso:** ...la elección de los nuevos miembros del órgano de gobierno de los jueces se pospondría hasta el mes de septiembre, con el riesgo evidente de que se *desbarate* el consenso alcanzado... LVE160796 **58 relación:** La enfermedad que *desbarató* la relación llega más adelante con Somedays, una melodía emocionante, triste y a la vez serena. EPE181099 **59 entendimiento –:** Las veo siempre, entre la niebla o bajo la luna, envueltas en lluvia o en sol; ahí siempre, *desbaratando* el buen entendimiento. EME281295 **60 equilibrio:** ...diez años para conseguir ese difícil equilibrio inestable, y un solo día para *desbaratarlo*. INDOC

J ALGUNOS SUSTANTIVOS QUE DENOTAN OCUPACIÓN, ASÍ COMO TAREA REALIZADA O EN VÍAS DE REALIZACIÓN: **61 negocio:** ...que las puede dejar infecundas o matarlas, y entonces se *desbarata* el negocio. EPE020299 **62 trabajo +:** El proyecto ministerial *desbarata* el trabajo de los tres últimos años desde que se puso en práctica el plan general de estudios de Veterinaria... EME160394 **63 actividad:** ...la Comisaría General de Extranjería y Documentación de la Policía que ha *desbaratado* las actividades de una red de rumanos... EPE211001 **64 preparativo:** Desde su flamante puesto Lebed desveló que por la mañana había *desbaratado* los preparativos de un golpe de Estado militar... EME190696

K SUSTANTIVOS QUE DENOTAN CAMINO, CURSO O TRAYECTORIA, GENERALMENTE EN SENTIDO FIGURADO: **65 camino:** ...los pueblos y montañas de esta región del estado, mientras que por los *desbaratados* caminos y brechas brotan repentinamente de la maleza grupos de soldados... DYM040796 **66 trayectoria:** Pero casi siempre estuvo en medio el portero nigeriano del Rayo, que *desbarató* más de una trayectoria venenosa. EME290594 **67 vida:** ...las desamortizaciones románticas y otros avatares que *desbarataron* la vida española. LVE030495 **68 proceso:** ...con un llamamiento a la calma a ambas partes para que el proceso de paz no quede totalmente *desbaratado*. EME270996

L OTROS SUSTANTIVOS; POSIBLES USOS CRUZADOS: Entre un bocado y el siguiente se enlazan bulerías y, a fuerza de baile, terminan por *desbaratarse* los últimos jirones de camisas y enaguas. [Cf. *descoser*] EPE210699

▩ Se combina también con: ♦ **a la desesperada**[35]

☐ Véase también: **boicotear**.

desbloquear *v.* **I** En su sentido físico se combina con sustantivos que designan vías o espacios longitudinales *(tubo, arteria, cañería, ruta, autopista, carretera, callejón, vía, calle)*. También con sustantivos que designan el acceso a algún lugar o la salida de él *(salida, puerta, entrada,* *acceso).* En su sentido figurado se construye a veces como verbo pronominal *(desbloquearse)* y modifica a sustantivos que designan personas *(Dice que el tabaco le ayuda a desbloquearse)*, pero más frecuentemente algunas de sus facultades o capacidades *(mente, pensamiento, memoria)* o sensaciones *(emoción, miedo, temor)*. Se usan a menudo en plural *(Has de desbloquear tus temores)*. Se combina asimismo con...

A EL SUSTANTIVO *SITUACIÓN*, ASÍ COMO CON OTROS QUE DESIGNAN DIVERSAS SITUACIONES COMPLICADAS, CONFUSAS O CONFLICTIVAS: **1 situación** ++: Los chinos han propuesto soluciones para *desbloquear* la situación, pero Guatemala ha mantenido su posición de no pedir disculpas a China... PLG180197 **2 conflicto** ++: ...en un encuentro sorpresa de dos horas celebrado en la tarde de ayer, han *desbloqueado* el conflicto que les enfrenta a causa del recurso contra el impuesto de sociedades... EPD190996 **3 problema** +: El alcalde confía en *desbloquear* el problema mediante una entrevista con el presidente del Parlament... LVE240296 **4 crisis** +: Los contactos entre Prodi, Blair, Chirac y Jospin no logran *desbloquear* la crisis de las «vacas locas». EPE121199

B SUSTANTIVOS QUE DESIGNAN SITUACIONES DE OPOSICIÓN, CONFRONTACIÓN O CONTROVERSIA: **5 contencioso** +: Una firme actitud de Madrid –justamente lo contrario de lo que se hizo con Canadá– es la condición sine qua non para *desbloquear* este contencioso, que puede y debe resolverse sobre una mesa de negociación. EME150895 **6 discusión** +: En la cumbre informal de hoy, los jefes de Estado y de Gobierno de la UE pretenden *desbloquear* las discusiones de la conferencia intergubernamental. LVE051096 **7 enfrentamiento:** Los dirigentes de Unió de Pagesos se reunieron ayer con la gobernadora civil de Tarragona, Margarida López, para intentar *desbloquear* el enfrentamiento entre los avellaneros y la administración. LVE150896 **8 guerra:** Con estos conversatorios de paz, lo que estamos es dando los primeros pasos para comenzar a *desbloquear* la guerra. EPC160198 **9 polémica:** Ramon Folch, biólogo y consultor ambiental de la Unesco, lanza una propuesta alternativa para *desbloquear* la polémica sobre la ampliación del aeropuerto de El Prat. LVE230596

C SUSTANTIVOS QUE DESIGNAN LOS RESULTADOS FAVORABLES ALCANZADOS EN LAS ACCIONES CONCERTADAS: **10 acuerdo** ++: ...e intentó arrancar de Filali una fecha para reanudar la negociación para *desbloquear* el acuerdo de pesca... EME070795 **11 compromiso:** Iberia ha *desbloqueado* ya los compromisos de incremento de productividad con el Sepla y con Comisiones y UGT... EME110396 **12 pacto:** El acuerdo sobre financiación autonómica se ha convertido en la llave que puede *desbloquear* el pacto del PP con CiU. EME120496 **13 convenio colectivo:** ...los sindicatos propusieron que ésta dicte un laudo arbitral para *desbloquear* el convenio colectivo del sector, pendiente desde hace quince meses. EME160395

D SUSTANTIVOS QUE DESIGNAN ESAS MISMAS ACCIONES. TAMBIÉN CON OTROS QUE EXPRESAN PROCESOS EN CURSO, A MENUDO COLECTIVOS Y DE NATURALEZA OFICIAL, DE LOS QUE SE ESPERA UN FINAL SATISFACTORIO: **14 negociación** ++: El quinto paro (de 24 horas) convocado por CCOO y UGT para *desbloquear* las negociaciones del convenio colectivo ha registrado numerosos incidentes... EME070694 **15 conversación** ++: ...delegados de ambos países reanudan hoy sus esfuerzos para *desbloquear* las conversaciones que deben poner fin al último escollo para la pacificación total de Oriente Medio. EME271295 **16 contacto** +: El encuentro entre José María Aznar y Jordi Pujol del domingo 17 *desbloqueó* los contactos entre el PP y CiU... LVE270396 **17 diálogo** +: El viaje de los barcos taiwaneses a Fujián supone, según los analistas, una nueva época que podría *desbloquear* el diálogo a más alto nivel entre Pekín y Taipei. EDV030601 **18 proceso de paz** +: El movimiento republicano interpreta el plan trazado por Londres y Dublín para intentar *desbloquear* el proceso de paz y evitar su fracaso... EPE090499 **19 firma:** Por otra parte, la constitución de la asamblea del consorcio ha *desbloqueado* la firma de un convenio entre los Ayuntamientos de Barcelona, Santa Coloma y Sant Adrià... EPE280599 **20 tramitación** +: Durante la reunión, acordaron emprender movilizaciones para *desbloquear* la tramitación parlamentaria de la ley del aborto... LVE051095 **21 aprobación** +: Maragall confía en que la presencia en el Ayuntamiento de Roca, uno de los redactores de la Constitución Española, *desbloquee* la aprobación de la ley de Barcelona... LVE310595

E SUSTANTIVOS QUE DENOTAN PLAN O PROYECTO. TAMBIÉN CON ALGUNOS QUE EXPRESAN OTRAS NOCIONES PROSPECTIVAS RELACIONADAS CON LO QUE SE ESPERA O SE PRETENDE ALCANZAR: **22 proyecto** +: ...lo que ha hecho que «la Caixa» haya decidido *desbloquear* el proyecto inicial de zona comercial. LVE020296 **23 plan** +: El Ayuntamiento y la Comunidad firmaron ayer un convenio por el que quedan *desbloqueados* los Planes de Actuación Urbanísticos. EME110295 **24 programa** +: Piqué se comprometió a *desbloquear* el programa de conversión de deuda marroquí... EPE021001 **25 iniciativa:** Resulta necesario *desbloquear* las iniciativas negociadoras para conseguir una clasificación definitiva. INDOC **26 posibilidad:** Puede que España y Gran Bretaña *desbloqueen* la posibilidad de las nuevas adhesiones a la Unión Europea. EME240394

F SUSTANTIVOS QUE DENOTAN ASUNTO O MATERIA: **27 asunto** +: Todo indica que hoy finalizaremos la reunión sin poder *desbloquear* el asunto y no habrá más remedio que convocar un Comité Confederal para zanjar la cuestión... EME020295 **28 cuestión** +: ...afirmó que sus partidarios habían dado una muestra de generosidad al *desbloquear* una cuestión que había convertido la crisis en institucional. EPE081099 **29 tema** +: Berlusconi manifestó que la contribución de Ruggiero había sido determinante para el éxito de la negociación que ha permitido *desbloquear* el tema... EPE151201 **30 caso:** Un dirigente centrista francés lanzó ayer, dividiendo de esta manera el frente de la mayoría, la idea de una mediación para intentar *desbloquear* el caso de los 300 africanos... LVE210896

G SUSTANTIVOS QUE DESIGNAN MAGNITUDES ECONÓMICAS, ASÍ COMO DIVERSAS OPERACIONES COMERCIALES O MONETARIAS RELATIVAS A SU GESTIÓN: **31 fondo** +: ...no ha cesado de presionar a la Administración para que *desbloquee* los fondos públicos, cuyo empleo prohibió por reparos éticos Bill Clinton. EPE170800 **32 préstamo:** El FMI *desbloquea* un préstamo a Rusia por valor de 100.000 millones. EPD090197 **33 presupuesto:** Las negociaciones para *desbloquear* el presupuesto se reanudaron ayer entre el presidente Clinton y los líderes republicanos del Congreso... LVE030196 **34 salario:** Los sindicatos piden a Tarancón que *desbloquee* el salario de los profesores. EPE281099 **35 ahorro:** Paralelamente, Francia presentó un miniplán con medidas coyunturales para *desbloquear* el ahorro y estimular el consumo. LVE310196 **36 financiación:** Tras la falta de acuerdo en Cannes, España deberá tratar de *desbloquear* la financiación para los 14 proyectos... LVE010795 **37 cobro:** ...Hacienda pretende *desbloquear* el cobro de las sanciones, aunque sea a costa de recaudar menos. LVE070995 **38 inversión:** La comisión también prevé dar luz verde a casi 40 expropiaciones para acometer las obras del Paseo Marítimo del Poniente y el acceso al puerto, y *desbloquear* inversiones para equipamiento... EPE120799 **39 crédito:** Con ellos Rusia podrá hacer frente a la deuda que mantiene con el mismo Fondo, *desbloquear* créditos del Banco Mundial y Japón... EPE130599

H EL SUSTANTIVO *PROCESO*, Y CON OTROS QUE DESIGNAN PROCESOS DE CRECIMIENTO O MEJORA: **40 proceso +:** ...la tímida recuperación de imagen del partido centrista a raíz del acuerdo para *desbloquear* el proceso autonómico se vendría abajo... EPE011180 **41 ampliación:** ...teme que la Eurocámara rechace finalmente la fórmula de compromiso ideada en Ioannina para *desbloquear* la ampliación comunitaria... EME290394 **42 aumento:** La decisión del alcalde Alperi de *desbloquear* el aumento de los sueldos políticos sorprendió ayer a los partidos de la oposición. EPE280999 **43 desarrollo:** El acuerdo presentado conjuntamente por las tres administracciones –regidas todas por el PP– para *desbloquear* el desarrollo de la Operación Chamartín no ha gustado nada a los grupos de la oposición. EPE281201 **44 evolución:** ...pero escasas son las propuestas realistas para *desbloquear* la patética evolución de los acontecimientos. EME130696

I SUSTANTIVOS QUE DESIGNAN LA ACCIÓN O EL EFECTO DE REALIZAR, FABRICAR O CONSTRUIR ALGO, SEA O NO MATERIAL: **45 obra +:** ...estudia los términos de un acuerdo de colaboración aprobado el pasado lunes por el Gobierno foral que permitirá *desbloquear* las obras. EPE291299 **46 construcción +:** Los Gobiernos de España y Francia *desbloquearán* la construcción de un túnel entre Figueras y Perpiñán... EME101095 **47 urbanización:** ...se formalizó ocho días antes de que el Banco de España interviniese el banco para *desbloquear* la urbanización del polígono. LVE030294 **48 realización:** El Gobierno griego rechazó ayer los términos del acuerdo alcanzado el pasado lunes en el seno de la Unión Europea para *desbloquear* la realización de una unión aduanera entre la UE y Turquía. EME100295 **49 reforma:** Trabajo presenta hoy una nueva alternativa para intentar *desbloquear* la reforma de los convenios colectivos... EPE041001

J SUSTANTIVOS QUE DESIGNAN NORMAS, DISPOSICIONES, LICENCIAS O REGULACIONES, CASI SIEMPRE DE NATURALEZA JURÍDICA, ASÍ COMO ALGUNAS DE LAS FORMAS EN QUE SE PRESENTAN O SE AGRUPAN: **50 ley:** El Gobierno *desbloquea* la ley del Cesid que prevé escuchas de hasta un año prorrogable. EPE020199 **51 legislación:** ...permite no sólo *desbloquear* una legislación que se arrastraba hace meses entre la demagogia de unos y los escrúpulos de otros... LVE190395 **52 norma:** Los herederos piensan que algún día se *desbloquearán* las normas de Urbanismo que ahora impiden edificar allí. EME030595 **53 reglamento:** El ministro de Economía de Francia, Alain Madelin, tenía previsto arrancar anoche un acuerdo a Solbes para *desbloquear* el reglamento financiero... EME270695 **54 decreto:** La convocatoria responde a la intención de *desbloquear* los dos decretos sobre provisión de puestos de trabajo... EPE310399 **55 autorización:** ...las obras están en marcha, pero habrán de pararse hasta que se *desbloquee* la autorización preceptiva, todavía en trámite. INDOC **56 permiso:** ...una responsable del Ministerio empezó a trabajar para conseguir la documentación de la que carecían las piezas e, incluso, para *desbloquear* permisos para su préstamo. ABC241293

K SUSTANTIVOS QUE DESIGNAN DIVERGENCIA Y OTRAS MANIFESTACIONES DE LA FALTA DE ACUERDO O DE CONCORDANCIA ENTRE LAS PERSONAS: **57 desacuerdo:** A pesar de su invitación al diálogo en Washington, el presidente no ofreció propuestas sobre cómo *desbloquear* el desacuerdo con los líderes republicanos del Congreso... LVE250196 **58 discrepancia:** Así se *desbloquean* las discrepancias sobre la aplicación de la reducción salarial media del 8,5... LVE110295 **59 diferencia:** ...considera que la candidata popular a la Junta, Teófila Martínez, ha dado un paso fundamental para *desbloquear* las diferencias entre el Gobierno y la Junta... EPE171099

desbocar(se)

desbocar(se) *v.* **I** Se construye con sustantivos que designan vasijas *(desbocar un jarrón)*, partes de algunas prendas *(desbocarse las mangas, el cuello)* y animales équidos *(caballo, mula, burro)*. También se combina con sustantivos de persona *(El jefe se desboca cuando oye malas noticias)*. Asimismo se combina con...

A SUSTANTIVOS QUE DESIGNAN EMOCIONES, IMPULSOS O SENTIMIENTOS, MÁS FRECUENTEMENTE SI SON INTENSOS: **1 pasión +:** Al olor del dinero las pasiones se *desbocaron*. EPE170199 **2 instinto +:** ...la imagen del «caballo», símbolo del instinto *desbocado*, desde Calderón a Lorca... EME290695 **3 odio:** Al analizar la actualidad política con total desenfado y desconocimiento de la realidad, se le *desbocan* sus antiguos odios... LVE310396 **4 euforia:** La euforia ultra se *desboca* y la fracción Kreuzberg se prepara para la batalla, pero los agentes dispersan a unos y otros en direcciones contrarias. EME120395

B SUSTANTIVOS QUE DESIGNAN FACULTADES RELACIONADAS CON LA FANTASÍA, EL INGENIO O LA CAPACIDAD DE CREAR, INVENTAR O REPRESENTAR: **5 imaginación ++:** La fértil imaginación americana no se *desbocó* y sus objetivos fueron prácticos ante todo. LVE210196 **6 creatividad:** Toda su obra pictórica responde a un impulso iconoclasta de fuerza arrolladora y creatividad *desbocada*. INDOC **7 ingenio:** Cuando su ingenio se *desboca*, sus golpes de humor se vuelven absurdos y disparatados, pero no menos divertidos. INDOC

C SUSTANTIVOS QUE DESIGNAN CANTIDADES O MAGNITUDES DE NATURALEZA ECONÓMICA: **8 inflación +:** El cambio de moneda, y luego la reactivación por demanda en ambos países *desbocaron* la inflación. CAP010896 **9 precio:** ...para tratar de evitar que se *desboquen* los precios por parte de los sectores afectados por la subida de los combustibles... EPE290899 **10 salario:** Si esto fuera así, se reduciría también el déficit público porque los salarios de pensionistas y funcionarios tampoco se *desbocarían*.

LVE090696 **11 deuda:** Bajo su presidencia, la deuda pública se ha *desbocado*, pasando del 21 del PIB al 65. EME050596 **12 factura:** El hecho es que la factura de farmacia, por ejemplo, se *desboca* todos los años. EPE030599 **13 gasto:** Para ello reclamó que se adopten medidas de control para evitar que se *desboque* el gasto en pensiones... LVE181095

D SUSTANTIVOS QUE DESIGNAN SITUACIONES CONFLICTIVAS, ADVERSAS O DE DIFÍCIL SOLUCIÓN, GENERALMENTE DE ÍNDOLE SOCIAL O POLÍTICA: **14 crisis:** Estos días la latente preocupación en el oficio por la crisis *desbocada* ha empezado a manifestarse, por primera vez, a través de muestras públicas de solidaridad. EME280194 **15 escándalo:** Tampoco le ha quedado otra opción que aceptar este calendario que, por otra parte, fue el pactado antes del verano. Pero también antes de que los escándalos del PSOE se *desbocaran*... EME260995 **16 paro:** En Castellón cae la ocupación un 3,1% (5.600 personas menos) y el paro se *desboca* y crece un 37,3% con respecto al primer trimestre. EPE130899 **17 problema:** ...el primer problema no se ha resuelto, sino que se ha *desbocado*. EME150296 **18 conflicto:** El conflicto malthusiano de intereses profesionales que parece ocultar la verdadera cuestión (...) está a punto de *desbocarse* por otras vías. EPE010599 **19 corrupción:** Fue una gigantesca bola que puso a rodar el embajador de los Estados Unidos, Leslie Alexander, que denunció abiertamente la corrupción *desbocada* en el poder. CLA050297

E OTROS SUSTANTIVOS; POSIBLES USOS ESTILÍSTICOS: ...cuando la guillotina revolucionaria se *desbocó* por el frenesí decapitador de los tribunales populares... LVE071296; Lo dicen los pinceles de Xaus cuando se *desbocan* nerviosos por el lienzo y lo cubren de gestos sucios y deformes, bellos y comprensibles. LVE190695

☐ Véase también: **desbordante, desbordar(se), desencadenar(se).**

desbordante *adj.* ▮ En su sentido físico, poco frecuente, se combina con sustantivos que designan recipientes o espacios delimitados. En su sentido figurado se combina con sustantivos de persona, generalmente con complementos introducidos por la preposición *de (Es una mujer desbordante de salud; Estaba desbordante de felicidad)*. También en sentido figurado se combina con...

A SUSTANTIVOS QUE DESIGNAN EMOCIONES Y SENTIMIENTOS CARACTERIZADOS POR UN ESTADO DE EXALTACIÓN, GENERALMENTE EXPANSIVO. TAMBIÉN CON ALGUNOS QUE EXPRESAN OTRAS MANIFESTACIONES DE COMPLACENCIA O BUENA DISPOSICIÓN: **1 alegría ++:** Entro en depresiones absolutas o en alegrías *desbordantes* sin ninguna explicación. ETC170796 **2 entusiasmo ++:** ...no se dejó amedrentar por el entusiasmo *desbordante* de los bolivianos... ETC111196 **3 optimismo ++:** El optimismo *desbordante* del viernes (...) dio paso a posiciones más calmadas. LVE250696 **4 euforia +:** El año se aproxima a su final con una euforia *desbordante* en los mercados de valores... LVE281296 **5 exaltación:** ...su música, imbuida de una *desbordante* exaltación religiosa, es una de las más preciadas joyas del patrimonio musical español... EPE150499 **6 emoción:** Siento una *desbordante* emoción, porque no esperaba volver a pisar España. LVE210895 **7 felicidad:** El comentario es unánime. «Pues sí que es feo». Pero contra todo pronóstico (...) Nicolás recogió su trofeo con una felicidad *desbordante*. EME160996 **8 humor:** Pero todo se desarrolla antes de la tragedia, y el humor es *desbordante*. EME220495 **9 satisfacción:** Hombre, tampoco tenemos una satisfacción *desbordante*. Las elecciones las ha ganado Fraga, pero somos el único partido que crece. EPE231001

B SUSTANTIVOS QUE DESIGNAN CUALIDADES Y VIRTUDES, ESPECIALMENTE LAS RELACIONADAS CON LAS CAPACIDADES INTELECTIVAS O PERCEPTIVAS, ASÍ COMO CON LAS ACTUACIONES DE LOS INDIVIDUOS QUE REPERCUTEN EN LOS DEMÁS: **10 personalidad ++:** Tanto por una personalidad *desbordante* como por una innegable ambición parece que sus dos únicas opciones siempre han sido las de ser líder o nada. EME180295 **11 humanidad ++:** Es un hombre de humanidad *desbordante*, que no le cabe en su cuerpo grande de gastador republicano. LVE191195 **12 generosidad +:** Su *desbordante* generosidad emocionaba. Su caballerosidad era de otra galaxia. ABC100395 **13 capacidad +:** ...a lo largo de su vida ha demostrado una *desbordante* capacidad de trabajo... LVE100795 **14 sensibilidad:** Vivió una época turbulenta y su *desbordante* sensibilidad le convirtió en el ilustrador oficial del siglo. EME310596 **15 sinceridad:** Con gentileza, suavidad, devoción y una aparente y *desbordante* sinceridad, llegan a decidir por mí que el bailarín A no conviene que interprete el personaje B. LVE070796 **16 franqueza:** ...un yo imponente, firme y rotundo que cuenta lo vivido mientras vive lo que cuenta (...). Excepcional por la franqueza *desbordante* con que piensa y actúa... ABC160994 **17 belleza:** El resultado final (...) demoledor, de una fuerza y belleza *desbordantes*. LVE170795 **18 amabilidad:** ...atento, complaciente, volcado siempre hacia los demás y de una amabilidad *desbordante*. INDOC **19 simpatía:** Alejo era de una simpatía *desbordante*, todo el mundo le quería. LVE250996 **20 talento –:** ...Welles era víctima de su propio poder, preso de su talento *desbordante*... EME080795

C SUSTANTIVOS QUE DENOTAN CAPACIDAD CREATIVA EN DIVERSAS FORMAS Y GRADOS: **21 fantasía ++:** El libro se reparte en once capítulos de agradable y fluida escritura, no exenta de fuerza poética y de una *desbordante* fantasía. ABC280495 **22 imaginación ++:** Este hombre apuesta por el independentismo tranquilo y por la imaginación *desbordante*. LVE101195 **23 creatividad +:** ...es consciente de lo peligroso que resulta meterse en posiciones muy complicadas contra la húngara, cuya *desbordante* creatividad causa disgustos con frecuencia a sus rivales. EPD280198 **24 ingenio:** ...repartiendo maravillosos punteos con una digitación enérgica al servicio de un ingenio *desbordante*. LVE261196 **25 invención:** Entre la invención *desbordante* y los detalles testimoniales, el retrato que nos transmite de la tribu posee el frescor inequívoco de una pintura impresionista. LVE030596

D SUSTANTIVOS QUE DENOTAN ENERGÍA O FUERZA VITAL: **26 energía ++:** Dicen que posee una energía *desbordante*. EME141295 **27 vitalidad ++:** De una lucidez y vitalidad *desbordantes*, seguramente se trata del músico de más edad... LVE120796 **28 impulso +:** La partitura obliga a un despliegue virtuosístico del pianista que fue confiado a la solista Cristina Ortiz, temperamental, de un impulso *desbordante*... LVE231096 **29 fuerza:** Cervantes lo ha hecho posible gracias a una parodia de múltiples facetas (...), y ello constituye la fuerza *desbordante* en el fondo de esta novela. ABC211094 **30 salud:** Zarautz afronta la llegada del nuevo milenio con una salud *desbordante*. EPE020699 **31 brío:** Guillermo Moreno llegó a la Fiscalía con bríos *desbordantes*. RUM061097

E SUSTANTIVOS QUE DENOTAN SENTIMIENTO O PULSIÓN, A VECES DE CARÁCTER SEXUAL: **32 pasión ++:** A ambos artistas les une (...) una pasión *desbordante* por el trabajo que realizan. EPE180800 **33 sensualidad +:** La farsa se adereza con el sentido del humor y la *desbordante* sensualidad que caracterizan la narrativa de Amado. ABC030395 **34 deseo:** Es menester reconocer –continúa– que ha habido en tiempos pasados (...) un, a veces, *desbordante* deseo de libertad en las manifestaciones... EPE040877 **35 sexualidad –:** La jovencita ingenua y perversa, cándida y malvada, de *desbordante* sexualidad, ha encontrado en Mia Kirshner a una intérprete ideal. EME110395

F EL SUSTANTIVO *ÉXITO* Y CON OTROS QUE DESIGNAN EL RESULTADO FELIZ DE ALGO. TAMBIÉN CON OTROS QUE EXPRESAN LA BUENA ACOGIDA QUE SE DISPENSA A LAS PERSONAS O LAS COSAS, ASÍ COMO EL ESTADO QUE ALCANZA EL QUE TRIUNFA EN ALGUNA ACTIVIDAD: **36 éxito ++:** «Joaquín Sorolla (...) tiene épocas de un éxito *desbordante* y otras en las que se crea un auténtico silencio a su alrededor. EME231195 **37 triunfo:** Esta es la única manera de entender una película cuyo *desbordante* triunfo en casi todo el mundo escapa al raciocinio sensato y equilibrado. LVE070296 **38 fama:** ...al final de la década ya era conocido por todo el mundo. Esa fama *desbordante* perduraría aún unos cuantos años más. INDOC **39 apoyo:** ...los partidos jugados en California permiten a la escuadra tricolor tener un *desbordante* apoyo popular... DYM210197 **40 popularidad –:** Tras enviudar por segunda vez, administró prudentemente su *desbordante* popularidad... LVE210594 **41 aclamación –:** Las aclamaciones serán *desbordantes*. EME190196

G SUSTANTIVOS QUE DENOTAN INTERÉS Y OTRAS FORMAS DE INCLINACIÓN FAVORABLE HACIA ALGO O ALGUIEN: **42 interés +:** ...han lanzado de nuevo contra el ministro de Exteriores (...), aprovechando el interés *desbordante* que en este país ha suscitado la visita de Aznar. EME050996 **43 expectación:** ...en medio de una *desbordante* expectación (...), el Real Madrid de Sanz y de Capello pondrá el motor en marcha. EME230796 **44 curiosidad:** Y la procesión es una curiosidad *desbordante*, un fondo dubitativo y algunas convicciones inmutables. EME181096 **45 admiración:** Mi admiración hacia ellos no puede calificarse como *desbordante*. ABC060594

H SUSTANTIVOS QUE DESIGNAN DIVERSAS MANIFESTACIONES DE LOS CONOCIMIENTOS ADQUIRIDOS O ACUMULADOS. TAMBIÉN CON OTROS QUE DESIGNAN ESOS MISMOS SABERES: **46 cultura +:** Hombre de cultura *desbordante*, está convencido de que la autopista del nacionalismo tiene una salida a la izquierda. LVE061195 **47 erudición:** Es un libro con colmo, aun cuando no falte el rasero con el que medir la *desbordante* erudición del sabio. LVE100394 **48 maestría:** Su amplia y refinada cultura artística se advierte en el profundo conocimiento de cada estilo, (...) en esa maestría *desbordante*... ETC020190 **49 conocimiento:** En cada conferencia desparramaba sus *desbordantes* conocimientos sobre el arte medieval. INDOC **50 saber:** Si hay una característica que lo defina es su saber *desbordante*. ETC020190

I SUSTANTIVOS QUE DENOTAN EXPRESIVIDAD. TAMBIÉN CON OTROS QUE DESIGNAN GESTOS U OTRAS MANIFESTACIONES O REACCIONES CORPORALES A LAS QUE SE RECONOCE UN VALOR COMUNICATIVO: **51 risa ++:** Este solitario de mirada intensa, risa *desbordante* (...) fue el legendario pionero... EME271196 **52 mirada:** ...si (...) poseyera una mirada *desbordante* de nobleza (...), entendería que hubiera mucha gente que se fiara de sus promesas y les diera su voto. EME010694 **53 sonrisa +:** Se oye el tintineo de los platillos, (...), la sonrisa *desbordante* de los músicos que reviven la magia del jazz. EME020595 **54 llanto:** Tras un verano de *desbordante* llanto, el grupo recupera su identidad a través del humor... LVE201095 **55 gesto:** Tienen la misma risa, el mismo gesto *desbordante*, la misma excitación en el cuerpo. EME150596 **56 expresividad:** La imaginación impetuosa y rigor tajante así como expresividad *desbordante* o lirismo (...) son fusionados por la maestría de Bruckner... PME131096 **57 gestualidad:** ...un bailaor de acusadísima personalidad que parece reinventar el arte flamenco con una gestualidad animal *desbordante*. LVE031195 **58 gesticulación:** La *desbordante* gesticulación, las bromas constantes e incluso la autoparodia vocal (...) hacen de Al Jarreau un showman excesivo... EPE160799

J SUSTANTIVOS QUE DESIGNAN OTRAS FORMAS EXPRESIVAS, GENERALMENTE DE NATURALEZA ARTÍSTICA: **59 lirismo +:** Borzage era (...) un poeta romántico notorio por su sensibilidad, su *desbordante* lirismo y sus grandes dotes como director de actores... LVE120695 **60 romanticismo:** ...una obra maestra fordiana de narración cristalina, cielos superlativos, interpretaciones pluscuamperfectas y un romanticismo *desbordante*. LVE191096 **61 barroquismo:** El artista está sufriendo un proceso de simplificación y una vuelta al clasicismo, tras un largo y *desbordante* barroquismo. ABC170395 **62 modernismo:** ...tiene el arcaico regusto azoriniano y el *desbordante* modernismo del primer Valle-Inclán. ABC080193 **63 personalismo –:** Frente al ansia casi patológica de reconocimiento popular y el personalismo *desbordante* de sus colegas (...) el señor Kirch (...) opta por la discreción... LVE211096 **64 comicidad –:** ...su espectáculo en solitario que ofrece en el Regina es un torrente de ingenio, de gestualidad polifacética, de comicidad *desbordante*. LVE061195

K SUSTANTIVOS QUE DENOTAN ECLOSIÓN, EXPANSIÓN Y OTRAS FORMAS DE MANIFESTARSE UN FENÓMENO DE FORMA ABIERTA, DILATADA O TUMULTUOSA: **65 despliegue:** El *desbordante* despliegue de líneas y pasos merece la pena verse desde el techo. EME230494 **66 expansión:** En el ambiente de finales del XIX, la ciencia, la técnica, las artes o la producción de mercancías prometían una expansión *desbordante*. EPE161099 **67 explosión:** ...estoy francamente asombrado ante la ausencia de comentario crítico alguno sobre la *desbordante* explosión de nacionalismo español... EPE080999 **68 irrupción:** ...medidas de contención insuficientes ante la *desbordante* irrupción de aficionados. INDOC **69 avalancha:** La 56ª Feria del Libro, marcada este año por una *desbordante* avalancha de novedades, se abre hoy en el Retiro madrileño. EPD300597
☐ Véase también: **desbocar(se)**.

desbordar(se) *v.* **I** Se combina con sustantivos que designan masas o corrientes de agua u otros líquidos *(mar, río, lago)*. También lo hace con otros que designan recipientes o contenedores de esas mismas materias *(presa, jarra, vaso)* o lugares que dan cabida a personas o cosas *(desbordarse un recinto, un local, las calles de la ciudad, las arcas del ayuntamiento)*. Usado en sentido figurado admite complementos de persona *(Su locuacidad me desborda*; *El delantero desbordó al defensa en varias ocasiones*; *Los manifestantes desbordaron a la policía)*. En estas construcciones elige muy frecuentemente como sujetos sustantivos que expresan cantidades o magnitudes *(número, cantidad, cuantía, avalancha)* o se refieren a estados de cosas que se consideran inmediatos *(desbordarse los acontecimientos, los hechos, la situación, la realidad)* o acucientes *(los problemas, el trabajo, la demanda, la presión)*. Admite otros muchos sustantivos, pero destacan especialmente sus combinaciones con...

A SUSTANTIVOS QUE DESIGNAN LÍMITES O COSAS QUE LOS ESTABLECEN: **1 límite** ++: Tras una pausa de 80 años, la centenaria agrupación ha *desbordado* los límites de Corrientes... LNA090792 **2 cauce** ++: ...hay una docena de pequeños riachuelos, con estrechos cauces, que se *desbordaron*... EPE110499 **3 marco** +: El marco nacional había sido *desbordado* y, por consiguiente, los Estados carecían de capacidad de maniobra ante los cambios. EPE281299 **4 franja**: El conflicto entre palestinos y judíos iraelíes *desbordó* desde el principio la estrecha franja del lenvante mediterráneo que ambos comparten. EPE301200 **5 círculo**: ...posee un atractivo popular que *desborda* los círculos minoritarios del arte de vanguardia... EPE270599 **6 confín**: ...a medida que las grandes empresas han ido *desbordando* sus confines nacionales. EPE020888 **7 frontera**: ...no se muestran excesivamente satisfechos con el resultado por considerar que se han *desbordado* sus respectivas fronteras... ABC301092 **8 margen**: ...en estos momentos la situación en el País Vasco está *desbordando* sus márgenes para convertirse en un problema de conciencia para quienes lo vivimos como... EPE230900

B SUSTANTIVOS QUE EXPRESAN LO QUE SE CALCULA O SE DESEA ALCANZAR U OBTENER. TAMBIÉN CON OTROS QUE DESIGNAN LAS INCLINACIONES QUE CORRESPONDEN A ESOS OBJETIVOS. SE CONSTRUYEN CASI SIEMPRE EN PLURAL: **9 previsión** ++: ...el aluvión de llamadas *desbordó* todas las previsiones, por lo que Defensa reforzó el servicio... DDN090101 **10 expectativa** +: El festival ha visto *desbordadas* todas las expectativas; ha crecido en audiencia y, sobre todo, en prestigio. EPE051100 **11 esperanza**: Casi ninguno de los jóvenes que entrevistamos en la primera etapa manifestó grandes esperanzas o ilusiones *desbordadas*. EME020396 **12 cálculo**: La cifra *desbordó* los cálculos iniciales. Más de un millar de personas se dan cita desde ayer en... EME150296 **13 deseo**: ...era obvio que tenían ganas de triunfar, pero el éxito obtenido *desbordó* sus deseos más optimistas. INDOC **14 reivindicación**: Estas irregularidades (...) han *desbordado* las reivindicaciones electorales iniciales para plantear crudamente la democratización del régimen... EME281296 **15 ensoñación** −: ...nuevas vías sobre las que podemos dejar volar el pensamiento con la libertad que da el saber que la realidad, cualquiera que ésta sea, *desbordará* la más osada de las ensoñaciones. EPE281100

C SUSTANTIVOS QUE DESIGNAN EMOCIONES DE NATURALEZA POSITIVA, MÁS FRECUENTEMENTE SENTIMIENTOS DE FELICIDAD, SATISFACCIÓN O BUENA DISPOSICIÓN HACIA EL FUTURO: **16 alegría** ++: Se *desbordó* la alegría del público y le premiaron con las dos orejas soñadas. EPE060999 **17 euforia** ++: Eran tiempos de euforia económica *desbordada*. Luego sobrevino la crisis. LVE020696 **18 entusiasmo** +: Se *desbordó* justamente el entusiasmo... EPE130999 **19 optimismo** +: ...una expectación mediática sin precedentes, un optimismo tan *desbordado* que raya la exageración. EPE040999 **20 ilusión**: ...la ilusión, tantos años contenida, de alcanzar el título de campeón de liga, se *desbordó* al fin por todos los rincones del estadio. INDOC **21 pasión** +: ...el Depor *desbordó* la pasión ciudadana en la celebración... EME040695 **22 emoción**: ...una voz que *desborda* mi emoción y me regala escalofríos... EME291295 **23 sentimiento**: ...un sentimiento *desbordado*, un capricho de la vida, puso tanta gente como creer no se puede para estos tiempos y tuvo su premio... EPU040301 **24 amor**: ...el simbolismo de los poemas sanjuanistas *desborda* abundantemente el amor... ABC131291 **25 cariño**: ...obligó al toro a pasar y, al público, a *desbordar* su cariño con una atronadora ovación. EME030895

D SUSTANTIVOS QUE DESIGNAN SENTIMIENTOS DE NATURALEZA NEGATIVA, MÁS FRECUENTEMENTE LOS EXPERIMENTADOS CONTRA ALGUIEN O ALGO: **26 ira**: Pero las iras de los concentrados se *desbordaron* cuando Stibarusiga anunció que sólo podía negociar el traslado de seis inmigrantes a la Península. LVE200696 **27 indignación**: En Cataluña se *desbordaba* ayer la indignación de los ganaderos porque los cadáveres de los primeros 2.053 cerdos que se sacrificaron el jueves fueran trasladados en camiones a... EPE160601 **28 miedo**: Este miedo silencioso de una población entre furiosa y aterrorizada por los excesos militares, se *desbordó* ante una comisión de Derechos Humanos que visitó la zona... CAP100497 **29 pánico**: En los individuos susceptibles, ese pánico se *desborda* traduciéndose en actos de violencia irracionales, incomprensibles y a menudo destructivos. EME180296 **30 resentimiento**: Hay quien le incluye en una vasta conspiración contra el Estado. Pero tampoco está probado, mientras es evidente que actúa movido por un *desbordado* resentimiento. LVE141195

E SUSTANTIVOS QUE DESIGNAN FUERZAS, IMPULSOS Y OTRAS MANIFESTACIONES EXPANSIVAS. TAMBIÉN CON OTROS QUE EXPRESAN CIERTAS ACTITUDES Y CUALIDADES QUE SE ASOCIAN CON ELLAS: **31 energía**: ...encandilaron a un público que terminó por *desbordar* su energía tantos años contenida. EME180295 **32 fuerza**: ...la fuerza pública descubrió con terror que estaba siendo *desbordada*. EPE270900 **33 tensión**: ...el presidente del Gobierno no desea que la tensión se *desborde* con debates sensibles sobre el estado de las Autonomías... EME050796 **34 triunfalismo**: El triunfalismo se *desbordó* con Litri, Aparicio y Jesulín... EME270795 **35 exuberancia**: ...ha evolucionado (...) del clasicismo equilibrado y armónico a las *desbordadas* exuberancias del barroco. ETC150497 **36 vitalidad**: ...sigue estudiando ofertas, rumiando nuevos quehaceres y *desbordando* la vitalidad e ilusión de un principiante. EPD291097 **37 imaginación** +: Cuando escribes partes de sensaciones propias, de hechos próximos, pero siempre la imaginación acaba *desbordando* a la realidad. EME120394 **38 creatividad** +: ...atraviesa todos los días la ciudad para ir a clases y una de las que más le gusta es la de teatro, en la que con toda propiedad *desborda* su creatividad. ETC280497 **39 inspiración:** ...fue tu inspiración la que impetuosa se *desbordó* en versos muy novedosos y en familiar y muy amena prosa. LHG100697

F SUSTANTIVOS QUE DENOTAN CAPACIDAD O POSIBILIDAD DE ACCIÓN. TAMBIÉN CON OTROS QUE DESIGNAN LOS MEDIOS DE QUE SE DISPONE PARA ALGUNA ACTUACIÓN: **40 capacidad:** ...Menem aludió a la *desbordada* capacidad del salón donde se realizó el mitin y resaltó el poder de convocatoria justicialista. LNP160497 **41 posibilidad:** ...se ven obligadas a ofrecer servicios a una población de hecho que *desborda* con mucho las posibilidades de recaudación municipales... EPE120499 **42 competencia:** ...así lo recogía el proyecto inicial de la autonomía de Madrid, luego censurado por pretender aclarar algo que *desborda* las competencias autonómicas. EPE011284 **43 poder:** ...son la expresión de un nuevo clima social, heredero de las movilizaciones de Ermua, que *desborda* al poder nacionalista. EPE240200 **44 recurso:** ...encargaron al Ejecutivo tareas que *desbordaban* a un personal y a unos recursos insuficientes. EPE180399 **45 medio:** Las oleadas de inmigrantes han *desbordado* los medios de vigilancia y acogida en el Estrecho. EPE010701

G SUSTANTIVOS QUE DESIGNAN MAGNITUDES ECONÓMICAS: **46 cifra:** ...las *desbordadas* cifras del endeudamiento bancario de empresas y particulares o la ampliación de la brecha inflacionista indican, entre otros, que la economía española está en fase de recalentamiento. EPE180600 **47 presupuesto:** ...tuvimos que trabajar doce horas al día durante seis días a la semana para que los presupuestos no se *desbordaran.* LVE050595 **48 ingreso:** Los gastos *desbordan* ampliamente a los ingresos. EME250194 **49 salario:** La inflación sube al 2,9% y *desborda* los salarios. EPE150100 **50 precio:** El problema es que esta política intervencionista tiene sus límites y los precios acaban por *desbordarse.* EPE281000

H SUSTANTIVOS QUE DESIGNAN CIERTAS VIRTUDES Y CUALIDADES HUMANAS, ASÍ COMO ALGUNAS ACTITUDES QUE SE ASOCIAN CON ELLAS: **51 paciencia ++:** ...la gota que *desbordó* la paciencia presidencial. HOY191083 **52 moderación:** ...el listón muy alto y todo intento de superarlos podría *desbordar* la moderación habitual que CiU necesita para no perder una parte muy importante de su electorado. EPE280199 **53 contención:** ...la tónica dominante fue la moderación salarial, la empresa pública *desbordó* la contención pactada inicialmente en los convenios colectivos. LVE150895 **54 simpatía:** Jugadoras aficionadas, *desbordan* simpatía con los admiradores y la prensa. EPE110799 **55 casta:** ...el toro -que *desbordaba* casta- lo estuvo después persiguiendo codicioso durante buen rato... EPE230700 **56 sensibilidad:** Había, claro está, sensibilidad, *desbordada* en algunos y, pena, pero por ellos mismos... LVE170495 **57 sinceridad:** Cuando habla, *desborda* sinceridad y desparpajo. EPE120800 **58 religiosidad:** ...en la India, las tensiones políticas, rigideces de casta y a veces *desbordada* religiosidad, consecuencia de la diversidad étnica, no han sido incompatibles con... EME290995

I SUSTANTIVOS QUE EXPRESAN LA CONDICIÓN DE AJUSTARSE ALGO A LA LEY O LA RAZÓN. TAMBIÉN CON OTROS QUE EXPRESAN ESOS MISMOS CONTENIDOS: **59 lógica:** ...su influencia y prestigio tanto en Japón (...) como en el extranjero, *desborda* cualquier lógica. EME150494 **60 legalidad:** Según el portavoz del Gobierno, Josep Piqué, esta propuesta «*desborda* la legalidad». EPE231099 **61 racionalización:** ...el nacionalismo es, ante todo, un sentimiento, una pasión, que *desborda* la racionalización y mejora de procedimientos y estructuras políticas o administrativas. EPE130300 **62 razón:** Hubo un tiempo en que las quejas del poeta *desbordaban* razón. LVE270596 **63 conocimiento:** ...en cuyas condiciones de realización (...) no me extiendo porque *desbordan* mis conocimientos técnicos. ABC090695

▩ Se combina también con: ♦ **a raudales**[2], **por completo**

☐ Véase también: **desbocar(se)**.

desbrozar *v.* **I** En el sentido de 'limpiar o quitar la broza de' se combina a menudo con sustantivos que designan vías de tránsito *(camino, cauce),* lugares o accidentes geográficos *(terreno, monte)* y diversas materias sólidas *(maleza, basura).* En sentido figurado se combina con...

A SUSTANTIVOS QUE DENOTAN OBSTÁCULO. TAMBIÉN CON OTROS QUE DESIGNAN COSAS INTRINCADAS, OSCURAS O DE DIFÍCIL RESOLUCIÓN O INTERPRETACIÓN: **1 obstáculo +:** ...el intento por *desbrozar* los obstáculos (...) que impiden la privatización de una treintena de aeropuertos en el país. BRE311097 **2 maraña +:** ...los Quince han optado por ceñirse (...) a *desbrozar* la maraña de problemas técnicos que traerá consigo la puesta en marcha de la moneda única... EME141295 **3 enigma:** ...abrirse paso y *desbrozar* los grandes enigmas del mundo de la religión... EME111196 **4 enredo:** Una serie de enredos que no viene al caso *desbrozar...* LVE280795 **5 intriga:** ...una intriga bien entretejida, pero tan compleja que el lector necesita poner en juego toda su atención para *desbrozarla.* INDOC **6 confusión:** ...el autor abandona al lector a su visión crítica propia, y le fuerza a *desbrozar* y reestructurar la confusión... LVE020695 **7 misterio:** El misterio no se *desbroza* con ello del todo, porque la proposición sigue arrinconada... EME060395 **8 complejidad:** ...E. de Diego ya ha *desbrozado* la complejidad del término andrógino diferenciándolo de la homosexualidad... ABC170792 **9 escollo:** Y hay que *desbrozar* (...) los escollos políticos sustanciales para separarlos de aquellos otros de menor entidad... EME240195 **10 intríngulis:** Si la corresponsal política de *Le Monde* intenta *desbrozar* el intríngulis de la tele (...), el espacio mayor se lo lleva la crónica del enviado especial que siguió el encuentro... LVE121196 **11 trama:** Trama que ha ido *desbrozando* minuciosamente la juez Ana María Ferrer. LVE040395

B SUSTANTIVOS QUE DESIGNAN INFORMACIONES, IDEAS O CONTENIDOS. TAMBIÉN CON OTROS QUE SE REFIEREN A LAS FORMAS EN QUE SE EXPRESAN VERBALMENTE O A LAS NOCIONES QUE PERMITEN AGRUPARLOS O ARTICULARLOS: **12 discurso +:** Almorzamos una paella mientras (...) *desbrozaba* un discurso algo confuso, pero detallado... EME220396 **13 episodio +:** Se trata de *desbrozar* tantos repugnantes episodios, sobre todo el de los GAL. EME130596 **14 obra +:** ...dedicado a *desbrozar* la obra de Eduardo Galeano... EPD250996 **15 doctrina:** El estudio (...) *desbroza* la doctrina del Tribunal Supremo sobre la aplicación del artículo 368 del Código Penal.. EPE011299 **16**

criterio: Diálogo que reclama también que en lo que afecta al País Valenciano seamos capaces de *desbrozar* criterios de interés común... EPE130399 **17 lenguaje:** ...contribuyeron a *desbrozar* vívidamente en el arte británico del momento un lenguaje y contenidos pictóricos. EPE071199 **18 hipótesis:** ...espero que me permitan ustedes *desbrozar* mi hipótesis, aunque solo sea en sus líneas fundamentales. INDOC **19 teoría:** Desbrozando su teoría, (...) identifica al ex presidente (...) como el insigne guionista que hoy todos quieren conocer. EME110895 **20 pensamiento:** La segunda, la más interesante y compleja, *desbroza* analíticamente el pensamiento donosiano. EME120294 **21 tema:** Se propone *desbrozar* algunos temas (...) y repensar otros, como los planes de estudio... LVE170696 **22 contenido:** ...contribuyeron a *desbrozar* vívidamente en el arte británico del momento un lenguaje y contenidos pictóricos. EPE071199 **23 concepto:** ...va *desbrozando* los conceptos en un estilo que hace entendible el argumento... EME300195 **24 significado:** ...cuyo significado, indudablemente intrincado, apenas si nos atrevemos a *desbrozar.* INDOC

C ALGUNOS SUSTANTIVOS QUE DENOTAN INDICIO O RESULTADO: **25 efecto:** ...investigaciones que intentan *desbrozar* objetivamente los efectos directos de las leyes de 1994. LVE080696 **26 resultado:** ...entregarán a los técnicos (...) los resultados completos para que éstos los *desbrocen...* EPE210199

D OTROS SUSTANTIVOS ABSTRACTOS, MÁS FRECUENTEMENTE SI DESIGNAN ESTADOS DE COSAS CONOCIDOS O PREVISTOS: **27 asunto +:** ...ordenar y *desbrozar* definitivamente tan lamentable asunto. LVE090696 **28 hecho +:** ...la investigación y la información obligan a separar el grano de la paja, a *desbrozar* los hechos. EME280394 **29 situación +:** ...su finalidad es *desbrozar* las situaciones de toda incertidumbre... EPU201096 **30 proyecto:** ...tienen elaborado su proyecto de construcción, pero ni siquiera han comenzado a *desbrozar.* EME200195 **31 perspectiva:** Y *desbrozando* perspectivas aparecen dos signos alarmantes... LVE020196 **32 verdad:** Las presiones sufridas por quienes trataban de *desbrozar* toda la verdad sobre el siniestro... EME250896 **33 programa:** Las elecciones sirven para marcar distancias con los adversarios, para *desbrozar* programas... LVE251095 **34 medida:** ...*desbrozó* una a una las medidas que tomará cuando llegue al Gobierno... LVE020495

E OTROS SUSTANTIVOS; POSIBLES USOS ESTILÍSTICOS: Mientras (...) se hacían cucamonas, (...) *desbrozaba* el micrófono de arañas. LVE171294; ...*desbroza* defensas, plisa el terreno y permite la llegada en tromba de los centrocampistas. EME011096

descabellado *adj.* ▮ Admite un gran número de sustantivos. Destacan los que designan contenidos y manifestaciones verbales o comunicativas *(expresión, discurso, afirmación, pregunta, declaración, manifestación)*, textos y géneros artísticos *(comedia, artículo, novela, historia, ficción, película)*, cálculos y estimaciones *(cálculo, presupuesto, balance)* e informaciones *(noticia, cifra, historia)*. También se combina con...

A EL SUSTANTIVO *IDEA* Y CON OTROS QUE DENOTAN VOLUNTAD, DESIGNIO O PROPUESTA DE LLEVAR ALGO A CABO: **1 idea ++:** El delito cometido es tan desventurado como la *descabellada* idea... CAP010896 **2 proyecto ++:** Amigos de la Tierra tildó ayer de «proyecto *descabellado*» la ampliación, ya que provocará «graves impactos ambientales». EPE060299 **3 propuesta +:** ...algo que muchas veces hay que pagar con el cierre de propuestas *descabelladas* y que apenas tenían que ver con la realidad... ABC271291 **4 plan +:** Se le habría informado entonces de un *descabellado* plan operativo en el que tenía que participar. CAP100497 **5 sugerencia:** Se recibieron más de cinco mil cartas con todo tipo de sugerencias, algunas de ellas algo *descabelladas...* LVE241295 **6 iniciativa:** Ni esa iniciativa *descabellada* ni la utilización de una sentencia para dirigir descalificaciones... EPE111101 **7 oferta:** ...constaba su vinculación con Interior plantea una oferta «que nos pareció *descabellada*». EME100195 **8 propósito +:** Pero en el epistolario amoroso (...) es donde puede percibirse el propósito más *descabellado* de la autora. ABC260293 **9 intención +:** La intención no es *descabellada* pero la tentación de reordenar políticamente poderosos sectores económicos será inevitable. EME030796 **10 objetivo:** Intentarán cualquier objetivo, por *descabellado* que pueda parecer a un ciudadano corriente. LVE110895

B SUSTANTIVOS QUE DESIGNAN LO QUE SE ANHELA O SE PRETENDE CONSEGUIR: **11 pretensión ++:** Es un motivo poderoso, pero no parece *descabellada* la pretensión de las fuerzas no nacionalistas... EPE250999 **12 sueño:** México en compañía de agentes de los famosos servicios secretos de la Unión Soviética ya no es un sueño *descabellado.* PME150996 **13 deseo:** Este deseo no parece *descabellado* si se tiene presente que el mismísimo cardenal... EME210196 **14 ambición:** ...deja que sus personajes encaucen sus vidas, diriman sus destinos y den curso a sus más *descabelladas* ambiciones. LVE041096

C SUSTANTIVOS QUE DENOTAN SUPOSICIÓN O HIPÓTESIS DIRIGIDA A EXPLICAR ALGUNA COSA: **15 hipótesis ++:** En realidad, la *descabellada* hipótesis aparece en el libro del ex jefe del Pentágono Caspar Weinberg, titulado «La próxima guerra». EXC091196 **16 interpretación ++:** La interpretación no parece *descabellada* si se tiene a la vista las últimas cifras... HOY190183 **17 teoría +:** Algunas teorías, más *descabelladas*, señalaban a un posible intento de atajar, desde las más altas esferas, el ascenso de Uday. EME141296 **18 tesis:** La reacción en contra de esta *descabellada* tesis, que implicaba un holocausto de la memoria... LRE140103 **19 explicación:** ...no cabe explicación de los hechos mas *descabellada* que la de convertir al acusado en acusador. INDOC **20 planteamiento:** El «divino» holandés volvió a maquinar un planteamiento *descabellado* en un partido de suma trascendencia... EME101295

D SUSTANTIVOS QUE DESIGNAN OTROS JUICIOS, GENERALMENTE PROSPECTIVOS Y A MENUDO INCIERTOS: **21 especulación:** ...durante estas semanas han circulado las especulaciones más variadas, sin excluir algunas perfectamente *descabelladas.* EME030996 **22 elucubración:** ...acabó por ser poco apreciado en virtud de que se basaba en declaraciones temerarias y elucubraciones *descabelladas.* PME260197 **23 presunción:** ...toda presunción puede resultar *descabellada* «o fuera de lugar en estos momentos». EME080196 **24 pronóstico:** El pronóstico no fue *descabellado.* Los electores dieron, en efecto, el golpe de gracia a un orden que había prevalecido desde 1929. DHE080797

E SUSTANTIVOS QUE DESIGNAN LO QUE PUEDE ELEGIRSE Y SE PRESENTA COMO VIRTUAL: **25 opción** +: De sindicalista a terrorista y finalmente ¿congresista? Una opción no tan *descabellada*. CAP230197 **26 posibilidad** +: Posibilidad nada *descabellada*, porque en 1994 se suspendieron 23 espacios. EME020296 **27 alternativa**: ...en los que se ha llegado a barajar alternativas tan *descabelladas* como un Gabinete de gestión... EME280496

F SUSTANTIVOS QUE DENOTAN RAZÓN O JUICIO DESTINADO A CONVENCER A ALGUIEN DE ALGO: **28 argumento** +: Pero, para el Pentágono, estas razones son argumentos *descabellados* y aislacionistas. EME030196 **29 excusa** +: Las (*descabelladas*) excusas abundaron, las oportunas desapariciones de los encargados... CLA250199 **30 pretexto**: ...pero también viejo zorro capaz de pretender ventajas bajo los más *descabellados* pretextos... EUV230996 **31 disculpa**: Se inventó una disculpa completamente *descabellada* que, como era de esperar, nadie creyó. INDOC

G SUSTANTIVOS QUE DENOTAN CENSURA, INCULPACIÓN O ATRIBUCIÓN A ALGUIEN DE HECHOS REPROBABLES: **32 crítica** +: ...calificó ayer como «*descabelladas*» las críticas formuladas por el timonel de Renovación Nacional... LEC110997 **33 acusación** +: ...actualmente preso en relación con otro asesinato, rechaza las acusaciones como *descabelladas*. ENH210497 **34 denuncia**: ...saben mucho mejor que yo por qué y para qué han inventado esta *descabellada* denuncia... GIC260700 **35 imputación**: ...la imprudente inculpación de Pinochet y de los torturadores argentinos; la *descabellada* –por carecer de fundamento según ha declarado el Tribunal Supremo– imputación de (...) en el caso GAL. EPE271199

H SUSTANTIVOS QUE DESIGNAN SUCESOS O ACCIONES CARACTERIZADOS POR LA INTERVENCIÓN DEL AZAR, LOS IMPREVISTOS O EL RIESGO: **36 aventura** +: ¿No fue una aventura un poco *descabellada* lo del 13 de noviembre del '92? CAP131197 **37 peripecia**: ...las peripecias *descabelladas* de personajes corrientes, las reconversiones de tipos grises... LVE250796 **38 expedición**: ...en esa *descabellada* expedición que pretendía apropiarse de Bangkok y otras ciudades estratégicas. ABC160994

I ALGUNOS SUSTANTIVOS QUE DENOTAN RESOLUCIÓN O DETERMINACIÓN. TAMBIÉN CON ALGUNOS QUE DESIGNAN OTRAS FORMAS DE REACCIÓN ANTE ALGO: **39 decisión** +: Congresistas, ministros, jueces, defienden sin vergüenza ni pudor las versiones más absurdas y las decisiones más *descabelladas*. CAP281196 **40 conclusión** +: Partiendo de estas reflexiones se podría igualmente llegar a la conclusión, no *descabellada*, que periodista y artista, de redactor y pintor son una misma cosa. ABC031195 **41 respuesta**: Dio la respuesta más *descabellada* que se le pudo ocurrir, la primera idea que se le vino a la cabeza. INDOC

☐ Véase también: **desaforado**.

descalificación ♦ **abrupto[75], automático, brutal, claro, constante, duro, en cadena[52], expreso, fuerte, general, genérico, global, gratuito, grave, implícito, inequívoco, injusto, mordaz[6], mutuo, personal, polémico, propenso (a), rotundo, total, velado** ♦ **avalancha (de)[6], campaña (de), cruce (de), guerra (de), lluvia (de)[12], rosario (de), sarta (de)[23]** ♦ **caer (en), entrar (en), enzarzarse (en)[16], evitar, generar, intercambiar, lanzar, motivar, provocar, sufrir**

descalificar ♦ **abiertamente[23], a la ligera[41], automáticamente, brutalmente, con dureza, de antemano[37], de plano[24], directamente, expresamente, frontalmente[23], genéricamente, gratuitamente, ilegítimamente, impunemente, injustamente, injustificadamente, jurídicamente, legítimamente, políticamente, sin contemplaciones[36], sin paliativos[2], sin piedad[24], sin pruebas**

descansar ♦ **a pierna suelta, confortablemente, definitivamente, despreocupadamente, en paz, eternamente, finalmente, mentalmente, para siempre, plácidamente[2], tranquilamente** ♦ **con ánimo (de)**

descanso ♦ **ansiado, apacible, breve, deseado, dominical, estival, eterno, fortificante, forzoso, fugaz, largo, merecido, obligado, pequeño, plácido, pleno, prolongado, reconfortante, reconstituyente, relajante, reparador, reposado, semanal, sosegado, vacacional, verdadero** ♦ **sin** ♦ **área (de), día (de), época (de), jornada (de), tiempo (de)** ♦ **alterar, aprovechar, buscar, conceder, dar[141], disfrutar (de), favorecer, ganarse, interrumpir, invitar (a)[33], merecer(se), necesitar, ofrecer, pedir, perturbar, profanar[33], prolongar, quebrantar[36], romper, tener, trastornar**

☐ Véase también: **vacaciones**.

descaradamente *adv.* ▮ Admite un gran número de verbos que denotan comportamiento o designan formas de comportarse (*comportarse, actuar, intervenir, tratar*). Se combina muy frecuentemente con otros que designan diversas manifestaciones verbales (*afirmar, declarar, contestar, hablar, proclamar, anunciar*). Admite también otros verbos de acción y estado (*Leyó descaradamente el libro; Olvidó descaradamente mi cumpleaños; Olía descaradamente*), pero entre las numerosas combinaciones posibles destacan especialmente las que tienen lugar con...

A VERBOS QUE DENOTAN FALSEAMIENTO O ENCUBRIMIENTO DE ALGO: **1 mentir** ++: La ministra miente *descaradamente* o está muy mal informada sobre la realidad, porque no ofrece proyectos ilusionantes; sólo ataca o desprecia. EPD030697 **2 manipular** ++: No es fácil saber quién tiene más razón, pero es obvio que alguien está manipulando *descaradamente* el sector. LVE110896 **3 engañar** +: Se han hecho todos los esfuerzos posibles de racionalización para explicar por qué el PP ha engañado *descaradamente* desde que llegó al Gobierno. EME240996 **4 ocultar** +: ...en los citados telediarios se ocultó *descaradamente* la información principal y sólo se dieron reacciones en favor de González y que atacaban a Garzón. EME100895 **5 deformar**: ...aparte de burlar la fe del electorado, deforma *descaradamente* la nominalidad exigida por las comunidades. EUV170498 **6 tergiversar** +: ...es quien tergiversa *descaradamente*, cita fuera de contexto, recurre a la petición de principio, y miente a diestra y siniestra... PME101196

B VERBOS QUE DENOTAN DESEO Y OTRAS NOCIONES DE NATURALEZA INTENCIONAL: **7 buscar:** En mi opinión, el Athletic debe salir a morder desde el principio, buscando *descaradamente* los tres puntos. EME160995 **8 pretender:** A no ser que *descaradamente* pretenda quedarse con lo mejor de cada sistema. EPE161199 **9 desear:** Deseaba tan *descaradamente* el ascenso, que no le importaba utilizar métodos rastreros para conseguirlo. INDOC **10 perseguir:** ...la llama por teléfono, la atosiga y la persigue *descaradamente* por los pasillos. INDOC

C VERBOS QUE DENOTAN RESPALDO O ADHESIÓN. TAMBIÉN CON OTROS QUE DESIGNAN OTRAS FORMAS DE INCLINACIÓN, GENERALMENTE DECIDIDA, A FAVOR DE ALGO O ALGUIEN: **11 favorecer ++:** En cuanto a su propuesta de establecer una única tasa para el impuesto sobre las rentas del 30%, penalizaría al 80% de los italianos favoreciendo *descaradamente* a los ricos. EME250394 **12 apoyar(se):** ...abrió el fuego hace semanas acusando al presentador estrella John Humphreys de apoyar *descaradamente* a los laboristas. EME140495 **13 apostar:** No podía haber progreso si no se apostaba *descaradamente* por el sector privado. EPE220599 **14 sumar(se):** El comportamiento de la Unión Europea, al mismo tiempo que nuestros socios británicos e irlandeses se suman *descaradamente* en apoyo de unas actitudes canadienses inadmisibles... EME170495 **15 volcar(se):** Con superioridad numérica, los ecuatorianos se volcaron *descaradamente* hacia la portería brasileña... EUV010996 **16 defender:** ...a fin de evitar que esté compuesta por veterinarios que defienden *descaradamente* los postulados de la CAPT... EPD160497 **17 inclinar(se):** ...los pronósticos se inclinan *descaradamente* por las dos estadounidenses, Kim Batten y Tonja Buford, y la jamaicana Deon Hemmings. EME110895

D VERBOS QUE DENOTAN USO DE ALGO, A MENUDO EN BENEFICIO PROPIO: **18 beneficiar(se) +:** ...boicoteó la llamada a las urnas y denunció que los escaños ya estaban repartidos de antemano, ya que el sistema electoral beneficia *descaradamente* a las fuerzas progubernamentales. EME131195 **19 aprovechar(se) +:** ...que no intente aprovechar tan *descaradamente*, con fines electorales, cuestiones como el caso GAL... LVE020495 **20 utilizar +:** ¿...son un elemento añadido y utilizado *descaradamente* por los gobiernos serbio y croata para sus políticas de limpieza étnica? EME150194 **21 usar +:** Y es que es inconcebible que se use tan *descaradamente*, con nocturnidad y alevosía, el poder delegado por los ciudadanos... EME140695 **22 explotar:** ...dictaminó que la distribución de objetos litúrgicos supone una forma de cohecho, en el que se explota *descaradamente* la ingenuidad de las personas. EME160596 **23 emplear:** Ha empleado *descaradamente* medios y recursos excepcionales para obtener prebendas y privilegios. INDOC **24 abusar:** El juez encargado del caso, Francis Allen, acusó a Heighes de abusar *descaradamente* de la confianza depositada en él como profesor universitario... EME171295

E LOS VERBOS *REÍR* Y *SONREÍR*. TAMBIÉN CON OTROS QUE DESIGNAN LA ACCIÓN DE RIDICULIZAR A ALGUIEN O HACER BURLA DE ÉL: **25 burlarse +:** Y estos, entonces, se burlaban *descaradamente* de su padrastro, y ella no hacía nada. ESP031100 **26 reírse:** Los profesores de la orquesta, entre tanto, tragaban quina con cara de circunstancias, salvo unos que se permitieron sonreír y alguno que se reía *descaradamente*. LRE180103 **27 mofarse:** ...los jóvenes se mofan *descaradamente* de sus mayores cuando les incitan a acudir a las urnas, y sólo acceden al voto en busca del «mal menor». LVE080996 **28 sonreír:** ...y aun tenía la desfachatez de guiñarle un ojo y sonreírle *descaradamente*. INDOC

F VERBOS QUE DESIGNAN LA ACCIÓN DE REPRODUCIR ALGO O EL PROCESO DE VERSE INFLUIDO POR ELLO: **29 copiar +:** ...la pareja germana Davis/Tauler perpetró en España en los años 70, en este caso copiando *descaradamente* las ideas y los efectismos del italiano Dario Argentino. LVE010895 **30 imitar +:** El público que acudió a recordar viejos tiempos, conocer –los más jóvenes– a la banda que buena parte de los músicos de rock actuales imitan *descaradamente*... EME010494 **31 inspirar(se):** Insuficiente fábula fantástica cuyo argumento se inspira *descaradamente* en el de «Terminator». LVE170396 **32 plagiar:** En «Leyendas de pasión» plagia *descaradamente* su indolencia y sus poses en «Gigante». LVE290995

G VERBOS QUE DESIGNAN LA ACCIÓN DE APLICAR LA VISTA A ALGUNA COSA: **33 mirar +:** Durante la ceremonia imagino que miré *descaradamente* tanto a Sidney Pollack (nominado por «Toostsie»), como a Dustin Hoffman (nominado por la misma película)... EME250395 **34 observar:** Las más jóvenes, al cruzarse con un extranjero, le observan *descaradamente* y se ríen, pero la mayoría lo esquiva, agacha la testa o le da la espalda. EPE301001 **35 contemplar:** ...se acercaba al puesto, le pedía un helado y se quedaba un rato *contemplándola* descaradamente. INDOC

H VERBOS QUE DENOTAN ACCIÓN HOSTIL: **36 insultar:** Le insultó *descaradamente* delante de todos nosotros. INDOC **37 presionar:** Presionó *descaradamente* a la junta para que le votara. INDOC **38 amenazar:** Demurin recordó que Gelbard había amenazado *descaradamente* a las autoridades colombianas con un empeoramiento de las relaciones entre E.U. y Colombia. ETC311096

I VERBOS QUE DESIGNAN DIVERSAS ACCIONES ILÍCITAS O DELICTIVAS: **39 robar +:** Se aprovechan de gente de poca formación espiritual para robarles *de forma descarada*... LNC081296 **40 arrebatar:** Nunca los anteriores llegaron a los extremos que él puso en práctica, para arrebatarle *descaradamente* las propiedades a sus conciudadanos... DLA210497 **41 violar:** ...la política global norteamericana viola *descaradamente* las disposiciones fundamentales del Acta de Helsinki... EPE010880 **42 atacar:** La imagen de dos compañeros de equipo de tanto nivel haciendo la guerra por su cuenta, cuando no atacándose *descaradamente* el uno al otro, cuestiona la autoridad de Bombini... LVE050695 **43 maltratar:** El Valencia lo maltrató *descaradamente* mientras que el Alavés actuó también sin piedad con el esférico... EPE120999 **44 matar:** No siendo yo socialista, sino observador, a veces enternecido, lamento que aquel Edipo matase tan *descaradamente* al padre; el socialismo combatiente, revolucionario. EPE240700 **45 pisotear:** Al celebrarse en un Estado que pisotea *descaradamente* los derechos, parece inverosímil un resultado positivo. LVE010995

descargar *v.* **I** En el sentido de 'caer' se combina con los sustantivos *lluvia*, *tormenta* y con otros que designan precipitaciones atmosféricas.

En el sentido de 'quitar, extraer o aligerar la carga de' acepta sustantivos que designan mercancías *(fruta, pescado, cemento)*, objetos materiales transportables *(baúl, sofá)* o vehículos *(barco, avión, camión, furgoneta)*. En el sentido de 'disparar o extraer la munición de' se combina con sustantivos que designan armas de fuego *(pistola, rifle, escopeta)*. En el sentido de 'asestar', 'realizar' o 'hacer efectivo' se combina con los sustantivos *disparo, tiro, patada, puñetazo* y con otros que designan golpes. En el sentido de 'transferir con medios informáticos' se combina con sustantivos que designan datos, programas o la información que contienen *(archivo, programa, documento, vídeo, música)*. También se combina con...

A SUSTANTIVOS QUE DESIGNAN SENTIMIENTOS DE INDIGNACIÓN, IRRITACIÓN, ANIMADVERSIÓN, MALESTAR O NERVIOSISMO: **1 ira** ++: Pero ayer en la reunión de gabinete el Secretario de Comunicaciones se tomó revancha *descargando* su ira contra los diputados oficialistas. CLA140297 **2 cólera** +: Al *descargar* la cólera sobre los objetos inanimados (...), el comportamiento agresivo se acrecienta en lugar de reducirse. EPE150399 **3 rabia** +: Pensó que la mejor forma de vengarse sería *descargar* en una persona amada por Rodrigo toda su rabia. ABC171195 **4 agresividad** +: Le convienen los juguetes que le ayuden a *descargar* su agresividad. EXP011091 **5 tensión** +: La verdad me quedo muy a gusto una vez *descargadas* las tensiones y rabias que me causa a lo largo del día. EPU201096 **6 furia**: La oportunidad fue aprovechada por el sujeto para *descargar* su furia contra su hija Mirta Elizabeth, de solo 1 año y 9 meses... ACP191296 **7 odio**: ...«desde el punto de vista psíquico resulta más satisfactorio *descargar* el odio contra un individuo conocido, es decir, contra el vecino más próximo». LVE150994 **8 hostilidad**: No necesariamente, porque la pareja usa la hostilidad externa para *descargar* su propia hostilidad hacia afuera. LNA100792

B SUSTANTIVOS QUE DESIGNAN OTRAS MANIFESTACIONES HOSTILES, MÁS FRECUENTEMENTE SI SON DE CARÁCTER VERBAL: **9 crítica** ++: El senador Carlos Reutemann *descargó* ayer serias críticas contra su adversario... CLA120197 **10 ataque**: ...fueron algunas de las frases con las que el ministro *descargó* su ataque de bronca. CLA180497 **11 bronca**: En los medios, la gente *descargaba* su bronca contra el SPLIF, el Servicio de Prevención y Lucha contra Incendios Forestales. CLA280199

C SUSTANTIVOS QUE DENOTAN DESEMBOLSO, OBLIGACIÓN DE PAGO, PROVISIÓN O ASIGNACIÓN DE FONDOS: **12 deuda**: Desde mi punto de vista, *descargar* deuda da una mayor estabilidad y es lo que puede permitir la disminución de impuestos. EPE280800 **13 obligación**: «No está bien *descargar* esa obligación cuando los contribuyentes no tienen ni medios ni preparación para hacer un avalúo racional», señaló el aspirante. ETC160494 **14 impuesto**: Denuncian que otorgaba cursos de capacitación para obtener créditos fiscales y *descargar* impuestos. CLA231000 **15 inversión**: ...todos las empresas que exploten la faja paguen simplemente tarifas de servicio y *descarguen* así las inversiones necesarias para hacerse de las mismas. EUV151096 **16 subvención**: ...expresan una contradicción con su argumento de que las capitalizaciones tienen la finalidad de *descargar* al TGN de las obligadas subvenciones... LTB200197

D EL SUSTANTIVO *CONCIENCIA* Y CON OTROS QUE DESIGNAN LAS OBLIGACIONES QUE TRAEN CONSIGO LAS ACCIONES INDEBIDAS: **17 conciencia** ++: En la novela, César *descarga* su mala conciencia escribiendo una serie de cartas a Bruto... ENC280499 **18 responsabilidad** ++: Otro método es *descargar* la responsabilidad de alguna vidriosa acción sobre un fallecido. EME050295 **19 culpa** +: ...se deben deslindar responsabilidades a nivel personal para *descargar* culpas a instituciones como las Fuerzas Armadas. EXC031000 **20 penitencia** −: Además acusó a Estados Unidos de *descargar* en otros la penitencia de sus pecados, al referirse a las crisis monetaria y comercial desencadenadas por las medidas adoptadas al respecto. EXC220996

descarnado *adj.*

▌Admite a veces sustantivos que designan personas *(un personaje descarnado)* y más a menudo los que se refieren al cuerpo o a algunas de sus partes *(nalgas, piernas)*. En su sentido figurado ('crudo o expuesto sin paliativos') se combina con múltiples sustantivos que designan unidades verbales *(lenguaje, verbo, palabra, expresión, metáfora)*, así como obras, textos o géneros literarios *(crónica, poesía, novela)*. También acepta sustantivos que designan diversas formas plásticas o gráficas de transmitir información *(película, dibujo, documental, reportaje)*. Se combina asimismo con...

A SUSTANTIVOS QUE DENOTAN EXPOSICIÓN O PRESENTACIÓN DE ALGO: **1 descripción** ++: ...ofrece una descripción *descarnada* e irónica de la vida cotidiana. LVE161095 **2 narración** +: Agrupamos en este mismo epígrafe la narración *descarnada* –imágenes y palabras– de un horrendo crimen... EME220494 **3 expresión** +: Visto así, habría que entender la entrada directa de los poderosos en la política como la *descarnada* expresión de uno de los males de la época. EME310194 **4 crónica** +: Visto así, habría que entender la entrada directa de los poderosos en la política como la *descarnada* expresión de uno de los males de la época. EME310194 **5 exposición**: Uno es la seca, *descarnada* y nada maniquea exposición que de los personajes y los hechos lleva a cabo Martin Bell, un documentalista ya revelado en 1984... LVE190594

B SUSTANTIVOS QUE DENOTAN EXAMEN O JUICIO DE ALGUNA COSA: **6 disección** +: Picazo constató la vigencia del texto aplicado a los años que corrían y ofreció una implacable, *descarnada* disección de la vida de provincias... LVE220196 **7 opinión**: ...da su opinión *descarnada* tanto sobre el guerrero, paladín del poderío imperial británico... ABC250895 **8 análisis** +: No se trata de un análisis *descarnado*, sino de una reflexión hecha desde el desencanto... EME160296 **9 interpretación**: El dirigente de Els Verds, David Hammerstein, hizo una interpretación *descarnada* de la dimensión del acuerdo... EPE290699 **10 valoración**: ...una cosa es un juicio objetivo y otra una valoración implacable y *descarnada* de la situación. INDOC **11 juicio**: Este juicio *descarnado* corresponde a una extensa carta firmada por seis estudiantes de Periodismo... LVE291095 **12 reflexión**: ...que hilvana textos propios y ajenos en una reflexión *descarnada* y corrosiva sobre arquetipos masculinos... ABC011295 **13 indagación**: Un último servicio a la organización que ya abandonó (...) da lugar a una *descarnada* indagación en su pasado... EME160494 **14 estudio:** Junto al retrato de las mujeres que acuden a las terapias o llevan a ellas a sus hijos, emerge el *descarnado* estudio que la magistrada Teresa Principato aporta al libro... EPE121299 **15 lectura:** Fue ésta una lectura angulosa y *descarnada* que orilló la vertiente más romántica de una música ácida y nihilista como pocas. EPE240599 **16 examen:** ...una descripción naturalista y un examen vivo y *descarnado* de la forma de vida de... INDOC

C SUSTANTIVOS QUE DESIGNAN LO QUE SE CONSIDERA REAL O PATENTE, ESPECIALMENTE SI SIRVE PARA DEMOSTRAR LA CERTEZA DE ALGO. TAMBIÉN CON OTROS QUE EXPRESAN LA ACCIÓN DE PRESENTAR ESAS INFORMACIONES: **17 testimonio ++:** ...al haber puesto en sintonía total el testimonio *descarnado* de la cruda realidad existencial y los elementos impactantes que sustentan una campaña publicitaria. ABC210795 **18 realidad +:** «L'efecte Moliner» (1984), que sería casi un cuento filosófico sin el contrapunto de la realidad *descarnada* de los negocios y las ventas... LVE200195 **19 verdad:** Otros como Burrows, McCullin o el propio Griffiths prefirieron buscar ángulos menos nobles para que la verdad *descarnada* demostrara que todos eran verdugos y perdedores. EME071296 **20 demostración:** ...por si hiciera falta una demostración más *descarnada* de la crueldad de sus métodos. INDOC **21 evidencia:** Entre polkas y valses se fustiga una sociedad en decadencia, amén de que se pone en *descarnada* evidencia la dulce estupidez humana. ENH120198 **22 muestra:** Rusia es la muestra *descarnada* y despiadada de esa transición traumática. EPE090999

D SUSTANTIVOS QUE DENOTAN CENSURA, BURLA, MENOSPRECIO Y MANIFESTACIONES VERBALES DE CARÁCTER HOSTIL: **23 crítica ++:** Quizá pequen de adoctrinadores, pero resultan estimulantes por su crítica *descarnada*. EPE080299 **24 sátira +:** ...debuta en la dirección y sorprende con una *descarnada* sátira del Nueva York más contracultural y refinado. EPE290999 **25 parodia:** ...un filme que hace una parodia *descarnada* del mundo de la televisión, y programas tan populares en Estados Unidos como Barrio Sésamo... EME300396 **26 ironía:** Bienvenidas sean la ironía *descarnada* de Millás (Esquizofrenia y ruido, El País, 4 de julio) o la denuncia parlamentaria (Grupo del PSOE del Congreso)... EPE070799 **27 autocrítica:** ...probablemente la más honesta y *descarnada* autocrítica que un destacado hombre de la izquierda (...) ha formulado desde la caída del Muro de Berlín en 1989. BUS031096 **28 acusación:** La campaña presidencial, que concluyó al mediodía de ayer, ha sido feroz, con acusaciones *descarnadas*, ásperos insultos y pavorosas descalificaciones. EME181195 **29 invectiva –:** ...alguien capaz de pasar del sonrojante servilismo a la más *descarnada* invectiva, sin solución de continuidad y con la misma eficacia escénica. EME170494 **30 condena –:** ...su defensa de las libertades unida a una *descarnada* condena de la barbarie del nacionalsocialismo... EME091196

E EL SUSTANTIVO *VIOLENCIA* Y CON OTROS QUE DENOTAN CONFLICTO O CONTROVERSIA EN DIVERSAS FORMAS Y GRADOS: **31 violencia ++:** En esas ocasiones los respectivos gobiernos mexicanos han utilizado la violencia *descarnada* como solución a los conflictos. EME080194 **32 lucha ++:** Se trata de encontrar dramatismo y explicaciones simples, y si la lucha *descarnada* por el poder los suministra, pues bienvenida sea. EPE081299 **33 enfrentamiento +:** ...a quienes acusó de carecer de sentido de Estado por el enfrentamiento *descarnado* que mantienen respecto al delicado asunto de la guerra sucia... LVE290196 **34 competencia +:** ...una reducción sustancial de los aranceles le quite la malla protectora del sector productivo industrial nacional y se vaya a la quiebra como resultado de la *descarnada* competencia internacional. DED191296 **35 conflicto:** No faltarán adalides del nuevo pluralismo que consideren tan *descarnado* conflicto de intereses una muestra de nuestro avance hacia una sociedad liberada... EPE061199 **36 polémica:** ...pasando a debatir con rigor y seriedad sobre las cosas y dejando a un lado la polémica *descarnada* sobre la personas... LVE081095

F SUSTANTIVOS QUE DENOTAN AVERSIÓN Y FALTA DE HUMANIDAD O DE CONSIDERACIÓN, COMPLACENCIA EN LA DESGRACIA AJENA Y OTROS SENTIMIENTOS INTENSOS DIRIGIDOS CONTRA ALGUIEN O ALGO: **37 odio:** Víctimas singulares y propiciatorias de su *descarnado* y virulento odio han sido, antes y después del juicio, los magistrados... EPE171099 **38 crueldad:** ...un repaso casi documental a la vida de los vaqueros durante sus largas travesías con el ganado visto con *descarnada* crueldad, explícita a ratos... LVE090795 **39 dureza:** Ritual sádico, deleite voyeurista, exhibicionismo, instinto de muerte, dureza *descarnada* del léxico, desembocan en la secuencia fetichista, previa al suicidio... ABC280495 **40 brutalidad:** Si hubiera creído lo que mis secuestradores con *descarnada* brutalidad me espetaban... EPE111199

G SUSTANTIVOS QUE DENOTAN REPRESENTACIÓN O REPRODUCCIÓN: **41 imagen ++:** Hasta en sus imágenes *descarnadas* y hasta en los gritos de sus personajes que pueden parecer lamentos pero que tienen el estruendo de una tormenta, podemos apreciar uno de los aspectos fundamentales de la vida... LPA040592 **42 retrato ++:** ...que parece ser un retrato *descarnado* del mundo de la droga y la corrupción en Colombia, escrito hace casi 20 años por un inglés... SEM031096 **43 representación +:** ...una historia siniestra, llena de violencia y crueldad, que bien puede resultar una representación *descarnada* del desquiciamiento en que ha caído la sociedad actual. ABC130195 **44 radiografía:** Aquí se zambulle en una novela de Hubert Selby para hacer una radiografía *descarnada* y nada complaciente de Brooklyn... LVE260595 **45 fotografía:** ...más que un libro sobre el futuro es una brillante y *descarnada* fotografía del presente, para aterrizar al final en la España del 2020. LVE140596 **46 plasmación:** ...no tuvo el menor rubor en acusar al Presupuesto del Gobierno de estar lleno de engaños y de ser la plasmación *descarnada* de las falsas promesas... EME231096 **47 visión:** Sin ser exactamente un crítico social, Oé es un escritor que tiene una visión *descarnada* y escéptica de la sociedad en que le ha tocado vivir. EME121195

H SUSTANTIVOS QUE DESIGNAN ACTITUDES, IDEOLOGÍAS O POSTURAS ANTE ALGO. TAMBIÉN CON OTROS QUE EXPRESAN LAS FORMAS DE PRESENTAR O ENTENDER LAS COSAS EN FUNCIÓN DE ESOS PUNTOS DE VISTA: **48 realismo ++:** Desde el realismo *descarnado* que le caracteriza, Kissinger es uno de los mayores detractores del idealismo... LVE110296 **49 pragmatismo +:** Suponiendo que nos despojáramos de todo vestigio de conciencia y nos impregnáramos de un *descarnado* pragmatismo en el que los fines primaran sin restricciones sobre los medios... EME280896 **50 utilitarismo:** ...una vez que los sucesos de esta semana han mostrado a un gobernante impregnado del mismo *descarnado* utilitarismo en el que se basaron las pasadas transgresiones de la legalidad... EME050395 **51 positivismo:** Creo que el positivismo *descarnado* de tiempos no muy lejanos, con su correspondiente idolatría de los textos legales, mostró ya suficientemente sus incapacidades... EME020694 **52 optimismo:** Hay escasos motivos para un optimismo *descarnado* en un mundo donde sólo una de cada cuatro personas vive dignamente. EPE011299 **53 hegemonismo:** ...una resistencia frente al hegemonismo despiadado, *descarnado* que va a seguir creciendo. GIC101596 **54 machismo –:** Las mujeres negras tienen también su orgullo y no están dispuestas a seguir tragando violencia a espuertas, machismo *descarnado* y abusos constantes... EME190196

I SUSTANTIVOS QUE DESIGNAN DIVERSOS ESTADOS DE INFORTUNIO, PERSONALES O COLECTIVOS: **55 soledad:** No sois otra cosa que la personificación de la más *descarnada* soledad, la más prístina encarnación del profundo aislamiento... EPE210800 **56 angustia:** Uno de los exorcismos acústicos más impresionantes que se han compuesto de cara al malestar, a la desesperación, a la angustia más *descarnada.* EME310595 **57 drama:** Si en Biescas reina la angustia y la desolación, en Jaca se viven los dramas más *descarnados.* LVE100896 **58 tragedia:** Más allá de las bases literarias, es una muestra de ese peculiar género fílmico, mezcla de *descarnada* tragedia, humor delirante, costumbrismo agridulce, y poco menos que surrealista... GIC093497 **59 muerte –:** En cuanto al sexo, veo a la muerte tan *descarnada* que no sé si es mujer. EME090494

□ Véase también: **desgarrado, encarnizado, enconado, feroz.**

descaro ♦ **absoluto, asombroso, increíble, infinito, insolente, insólito, lleno (de), sorprendente, tremendo** ♦ **con** ♦ **actuar (con), echar[26], tener**

descartar ♦ **absolutamente, a la ligera[37], categóricamente[14], completamente, con rotundidad[16], de antemano[38], decididamente, definitivamente, de plano[2], en redondo[3], formalmente, gradualmente[27], matemáticamente, por completo[28], prácticamente, precipitadamente, rotundamente[10], sin dudarlo, sin paliativos, tajantemente, taxativamente, totalmente, virtualmente[16]**

descendencia ♦ **abundante, escaso, fecundo, largo, numeroso, prolífico, vasto** ♦ **sin** ♦ **asegurar, buscar, carecer (de), criar, dejar, encargar, encontrar, esperar, generar, reconocer, tener**

□ Véase también: **estirpe, parentesco, paternidad, relación.**

descender ♦ **abruptamente[23], acusadamente[5], alarmantemente[12], bruscamente, considerablemente[19], directamente, dramáticamente, en picado, fuertemente, gradualmente[17], levemente, ligeramente[10], momentáneamente, notablemente, ostensiblemente[8], paulatinamente[3], peligrosamente[20], progresivamente[12], rápidamente, significativamente, suavemente, verticalmente, vertiginosamente** ♦ **audiencia, capacidad, cifra, cotización, crecimiento, demanda, matrícula, nivel, participación, popularidad, porcentaje, posición, precio, presencia, recaudación, temperatura, venta**

□ Véase también: **bajar, chorrear, deprimir(se), disminuir.**

descender (de) ▮ *(proceder)* ♦ **antepasado, apellido, estirpe, familia, linaje, origen, saga** ▮ *(bajar)* ♦ **categoría, estatus, nivel**

descenso ♦ **abrupto[40], acusado[1], alarmante, apreciable[7], auténtico, brusco[21], considerable, cualitativo[14], directo, drástico[2], espectacular, eventual, fuerte, gradual, grave, imparable, implacable[89], inapreciable[5], inexorable[18], ininterrumpido, lento, leve, ligero, llamativo[41], marcado, meteórico, minúsculo, moderado, notable, notorio, ostensible[12], paulatino, pequeño, progresivo, pronunciado, repentino, significativo, sistemático, terrible, vertiginoso[23]** ♦ **en** ♦ **causa (de), etapa (de), peligro (de), puesto (de), riesgo (de), zona (de)** ♦ **acelerar(se), acusar[13], amortiguar(se), apreciar, avecinarse[48], causar, continuar, controlar, detener(se), eludir[41], evitar, experimentar, frenar(se), ir (en), mitigar[30], mostrar, obtener, paliar[53], percibir, precipitar(se), presentar, producir(se), provocar, registrar(se), salvar (de), sufrir[22], temer**

□ Véase también: **bajada, bajón (de), caída, disminución, elevación.**

DESCENSO Véase: *DETERIORO Y PÉRDIDA; DISMINUCIÓN, DESCENSO Y REDUCCIÓN*

DESCENSO

♦ (SUSTANTIVOS) Véase: **abultado[I], acarrear[I], acusado[A], acusar[B], al compás (de)[C], anotar(se)[E], aparatoso[A], apreciable[B], augurar[G], avecinarse[E], brusco[C], catastrófico[G], compensar[D], cortar[D], cualitativo[C], digerir[E], drástico[A], imparable[E], lineal[B], llamativo[E], marcar[F], mitigar[E], ostensible[B], paliar[H], pasajero[I], proporcional[B], redundar (en)[D], remitir[F], remontar[F], vertiginoso[C], vislumbrar[L]**

♦ (VERBOS) Véase: **abismalmente[B], acusadamente[B], alarmantemente[B], a pasos agigantados[E], a pulso[A], como la espuma[B], considerablemente[B], drásticamente[D], escalonadamente[B], estrepitosamente[B], inexorablemente[G], ligeramente[B], literalmente[I], ostensiblemente[A], paulatinamente[A], peligrosamente[C], pesadamente[A], sano y salvo[B]**

□ Véase también: DESAPARICIÓN; DETERIORO; DISMINUCIÓN; PÉRDIDA; REGRESIÓN.

descifrar *v.* ▮ Cuando se usa en el sentido de 'determinar' admite sustantivos interpretados como interrogativas indirectas reducidas *(descifrar cuál es la calidad de... > descifrar la calidad de...).* Admite sustantivos que expresan muy diversos contenidos, pero destacan especialmente sus combinaciones con...

A SUSTANTIVOS QUE DESIGNAN LO QUE SE CONSIDERA COMPLEJO, INTRINCADO, OCULTO, INSEGURO O MISTE-

RIOSO: **1 enigma ++**: ...se trata de apreciar paisajes (...) cuya agreste belleza resulta más bien un enigma que muchos viajeros quisieran *descifrar*. ENV070197 **2 misterio ++**: ...la mujer es el elemento clave para poder *descifrar* el misterio del universo. LPN270197 **3 secreto ++**: ...el eslabón que siempre necesitaron para *descifrar* los secretos de la vida. EXC270596 **4 jeroglífico ++**: Dicho método de trabajo era tan personal que ha resultado un jeroglífico sólo en parte *descifrado*... ABC101293 **5 acertijo +**: ...son capaces de *descifrar* un acertijo codificado... EPE040599 **6 galimatías**: ...empezar a *descifrar* el galimatías de la jerga bancaria. EME100396 **7 jerga**: Unas letras agitadoras, expresadas en una jerga en parte *descifrada* en un pequeño diccionario adjunto... EPE021199 **8 jerigonza**: El sarcasmo abunda en los frecuentes subtítulos, que *descifran* la jerigonza de los nativos mediante traducción traidora. ENH140797 **9 interrogante**: Las autoridades tratan de *descifrar* esos y otros interrogantes mientras trasladan, «ocultan» y redoblan las medidas de seguridad... ETC020190 **10 pregunta**: ...no logró *descifrar* la gran pregunta que se hacen todos los mexicanos: ¿a qué vino? CLA060597 **11 simbolismo**: Pertenece al espectador el *descifrar* el simbolismo otorgado a cada uno de ellos. ABC180693 **12 auspicio**: Son restos del antiquísimo culto a las estrellas, a las que se saluda, se les *descifran* auspicios y se les piden dones... EPE171199 **13 cábala**: ...un viejo saber perdido en la noche de la edad media con el que aplicados funcionarios (...) *descifran* la cábala de la nueva uniformidad nacional. LVE191295 **14 silencio**: Descifrar el silencio del mundo... EME100296 **15 aura**: ...afirmaba poseer poderes ocultos y ser capaz de *descifrar* el «aura» de las personas. LVE150995

B SUSTANTIVOS QUE DESIGNAN COSAS CONSTITUIDAS EN FUNCIÓN DE UN CÓDIGO O DE ALGÚN SISTEMA ORGANIZADO (MUY FRECUENTEMENTE TEXTUAL, PERO TAMBIÉN DE OTROS TIPOS), QUE SE MANIFIESTA EN SOPORTES VISUALES, SONOROS O DE OTRA NATURALEZA. TAMBIÉN CON OTROS QUE EXPRESAN ESE MISMO CÓDIGO: **16 lenguaje ++**: Descifrar el lenguaje alquitranado de los escritos de Castillo es tarea que excede, no cabe duda, las fuerzas hasta del lector más avezado. RUM040897 **17 código ++**: La película cuenta las proezas de Malley: *descifra* códigos secretos de la Fuerza Aérea, presiente terremotos... HOY041196 **18 mensaje ++**: ...la propia cultura de la imagen ha creado ya mecanismos (...) para *descifrar* los mensajes al revés. LVE210296 **19 clave ++**: ...el experto *descifra* unas claves que resultan inexcrutables a los ojos del intruso. EDV110101 **20 escritura ++**: Después de haber *descifrado* esa escritura que yo denominé Rabínica Arcaica... LNP010497 **21 palabra +**: Sus ordenadores pueden *descifrar* millones de palabras por segundo. EXC081296 **22 texto +**: ...los especialistas se ocuparon de desenrollar los papiros y *descifrar* sus textos. CLA160797 **23 carta +**: ¿Y qué es lo que entiende doña Isabel por regeneración democrática (...), si es que ustedes han podido *descifrar* su carta, aquí publicada...? EME110594 **24 letra +**: Esas letras son imposibles de *descifrar* a simple vista y los investigadores ni siquiera pueden precisar en qué lengua están escritas. EPE011289 **25 alfabeto**: ...es un poeta capaz de *descifrar* el más oscuro alfabeto del paisaje... ABC290794 **26 pista**: ...los agentes tratan de *descifrar* cualquier pista que pueda aclarar el caso... EME030896 **27 contraseña**: ...el «hacker» había elaborado o adquirido un programa «rastreador» que permite *descifrar* las contraseñas de un ordenador. EME040195 **28 secuencia**: ...entonces quedará la tarea más difícil, que es la de *descifrar* la secuencia. EME281295 **29 sonido −**: Los druidas, sacerdotes celtas, interpretaban el sentido de esas voces para *descifrar* sus inarticulados sonidos. EPE021180 **30 onda −**: No será necesario oler porque antes que el olfato el chip habrá *descifrado* la onda. EPE041299 **31 ocurrencia −**: No es descartable que antes del 2001 tengamos excelentes sistemas de reconocimiento de voz, que puedan *descifrar* hasta las ocurrencias del Conde del Guácharo... ENV120197 **32 línea −**: Sería injusto, de todas formas, no *descifrar* algunas de las líneas que brotaron de una deliberada ambigüedad más próxima a la filosofía que a la práctica de la gestión cultural. LVE230396

C EL SUSTANTIVO *CONTENIDO* Y CON OTROS QUE DESIGNAN LA ACCIÓN O EL PROCESO DE DESVELARLO. TAMBIÉN CON OTROS QUE EXPRESAN OTRAS MUCHAS NOCIONES, FÍSICAS O INMATERIALES, QUE SE CARACTERIZAN POR EXPRESAR CONTENIDOS E INFORMACIONES QUE SE INTERPRETAN EN FUNCIÓN DE ALGÚN SISTEMA: **33 contenido ++**: Lo enigmático del mensaje despertó mi curiosidad y, obviamente, el interés por *descifrar* su contenido. LPN051297 **34 significado +**: Es un arte en muchos casos vinculado al conceptual (...) que se vale del lenguaje como estructura universal sin que se pueda *descifrar* el significado del texto. LVE070295 **35 sentido +**: Pero sacudirse el deseo de hojear un cómic no es fácil si uno se crió en la cultura de las viñetas e incluso aprendió a *descifrar* el sentido de las palabras... EPE050799 **36 análisis**: ...buenas migrañas he sacado en claro intentando *descifrar* sus análisis políticos en español. EME120895 **37 connotación**: ...quieren cuantificar modos y efectos de comportamiento, empeñados en *descifrar* las connotaciones de unos signos. EPE310877 **38 interpretación**: En este libro, Tortella mostraba algunas de las claves que le han servido para *descifrar* su interpretación de la economía española del Diecinueve... ABC111194 **39 pensamiento**: ...analizan, desarrollan y *descifran* el pensamiento oculto, la inspiración, la génesis y la realización de cada obra. ABC081093 **40 recuerdo**: Pero él las fija en la palabra e intenta *descifrar* a través de las mismas recuerdos de los padres... ABC220494 **41 gen +**: ...aspira a *descifrar* los 80.000 genes del cuerpo humano... LVE280995 **42 ADN**: ...los miles de biólogos que trabajan (...) en la tarea de *descifrar* el ADN humano. LVE280995 **43 lógica**: Los códigos simbólicos del texto de Polifilo son utilizados por la autora para *descifrar* la lógica oculta de la organización de los jardines antiguos, renacentistas y barrocos. EME200496 **44 concepto**: ...tan difícil de *descifrar* como la mayor parte de los conceptos de la lógica hegeliana. INDOC

D SUSTANTIVOS QUE DESIGNAN DATOS, NÚMEROS Y OTRAS INFORMACIONES CUANTITATIVAS: **45 dato +**: Detuvimos al supuesto contable, *desciframos* los datos en clave de su ordenador e identificamos a los cabecillas del tráfico de droga en Colombia... EPE070899 **46 cantidad +**: Descifrar la cantidad exacta, dado el carácter marginal de estas publicaciones, es una labor imposible. EME030496 **47 parámetro +**: Una reflexión dirigida a *descifrar* los parámetros más subliminales de la comunicación creativa. ABC150193 **48 cuantía**: Martínez Noval se refirió así a que aún queda por *descifrarse* la cuantía de las acciones sobre acciones de Terra... EPE021299 **49 número:** Sobre las cabezas de los niños cantores hay una cámara-lápiz, que es la que permite ver la caída de la bolita y casi *descifrar* el número. EME221296 **50 edad:** ...volvería locos a los detectives más cualificados del FBI si intentasen *descifrar* la verdadera edad de sus jugadores. EME200796 **51 indicador:** ...el juego de los operadores sigue consistiendo en *descifrar* los indicadores económicos... LVE030195

E SUSTANTIVOS TEMPORALES, MÁS FRECUENTEMENTE SI DESIGNAN PERÍODOS. TAMBIÉN CON OTROS QUE DESIGNAN LOS ESTADIOS DE ALGUNA SUCESIÓN: **52 pasado:** Es el lamento de un intelectual que dedicó sus últimas energías a *descifrar* el pasado... ABC101293 **53 futuro:** ...menudeaban también otros políticos, cada uno *descifrando* el futuro a su manera... LVE030695 **54 presente:** ...cuyas magistrales obras de arte nos invitan a *descifrar* el presente... ABC100792 **55 calendario:** Y acude el presidente del PP al encuentro con González con deseos de *descifrar* el enigmático calendario electoral... EME131295 **56 porvenir:** ...me encontraba en la posición más propicia para que pretendiera *descifrar* mi porvenir. EPE230800 **57 tiempo:** ...gustan *descifrar* el tiempo contenido en el cuadro, sus idas y venidas en ese espacio que es réplica exacta del espacio vital. ABC210292 **58 fase:** Se *descifraron* las fases del ciclo y se evidenció su regulación estricta, donde toda anomalía es detectable y reparable. EME260594 **59 paso:** ...anunció ayer que había conseguido, en tiempo récord, *descifrar* uno de los pasos intermedios: el mapa genético de la mosca de la fruta. EPE100999 **60 proceso:** El objetivo es *descifrar* los procesos que originan las características de esa luz. EPD040997 **61 etapa:** ...una etapa intrincada de la historia que aún se tardará algún tiempo en *descifrar*. INDOC

F SUSTANTIVOS QUE DESIGNAN DISCIPLINAS DIVERSAS, ASÍ COMO ALGUNOS DE LOS OBJETOS DE CONOCIMIENTO QUE ABARCA SU ESTUDIO: **62 caligrafía:** Ardua tarea, salvo para él mismo, *descifrar* esa caligrafía lanzada al papel entre dos luces... ABC180294 **63 prehistoria:** Al reconocimiento científico internacional por la destacada labor de este equipo español en un yacimiento clave para *descifrar* la prehistoria de la humanidad se añade ahora el Premio Príncipe de Asturias. EPD030597 **64 historia:** Las monedas aportan claves valiosísimas para *descifrar* la historia antigua, muy difícil de obtener a partir de otras fuentes. LVE110296 **65 iconografía:** Penetrar en la simbología, en las «Nonas», «Encrucijadas» y «Huecos», supone *descifrar* una iconografía... ABC170993 **66 anatomía:** ...las fórmulas ocultas bajo tan deslumbrantes y multicolores vestimentas no alcanzan a *descifrar* la anatomía que el artista ha embutido en tantos pliegues de tela. ABC300695 **67 tipología:** Otra historia será fijar en lo que deviene el nunca mejor denominado régimen a lo largo de su permanencia, *descifrar* la tipología de sus instituciones... ABC241195 **68 gastronomía:** Pepe Esteban, en el Café Gijón, me ha *descifrado* la sintaxis y la gastronomía del Quijote... EME230696 **69 literatura:** ...entusiastas de aquella piedra Roseta que les permitía *«descifrar»* gran parte de la literatura española... EME230696 **70 política:** ¿Seguirá siendo necesaria la kremlinología, el arte de *descifrar* la política soviética a base de alusiones? LVE070796 **71 semántica:** Si el lenguaje de los grupos guerrilleros y terroristas es el de la violencia, será necesario *descifrar* la semántica implícita en las acciones registradas la madrugada de este jueves... EXC300896

G SUSTANTIVOS QUE DESIGNAN RASGOS O CARACTERÍSTICAS FÍSICAS DE LAS PERSONAS O LAS COSAS, MÁS FRECUENTEMENTE SI AFECTAN A SU MODO DE PRESENTARSE O A SU FORMA DE ACTUAR: **72 imagen:** Además, los niños aprenden a leer, pero no a *descifrar* las imágenes. LVE040594 **73 aspecto:** Para *descifrar* todos y cada uno de los aspectos –políticos, culturales, económicos, sociológicos–... ABC240694 **74 actitud:** ...pero se mostró más bien cauto a la hora de *descifrar* cuál será la actitud del Consell... EPE300399 **75 comportamiento:** En su opinión, esta información *descifrará* el comportamiento de los habitantes de estas cuevas ante esas situaciones. ABC080995 **76 expresión:** Me concentro en tratar de *descifrar* las expresiones de sus caras: ¿cuáles habrían sido sus últimos pensamientos? EME160195 **77 gesto:** ...el poeta sueña una «línea indefinida y blanca del papel», ejercicio de identificación con un «tú» que *descifra* el gesto. ABC210194

H SUSTANTIVOS QUE DESIGNAN LO QUE SE CREE, SE DESEA O SE SIENTE: **78 sentimiento:** ...cuando consigamos *descifrar* los sentimientos tendremos la gran pista para conocer cómo somos. LVE240596 **79 ideología:** Cuando ya no existen derechas ni izquierdas, hoy el tabaco se ha constituido en una de las claves para *descifrar* la ideología... EPE020288 **80 intención:** Y por esa victoria había apostado la práctica totalidad de los especialistas en *descifrar* las intenciones de la Academia de Hollywood. EPE230399 **81 deseo:** Si fuera un poco más explícito, no nos veríamos obligados a *descifrar* sus deseos. INDOC

I SUSTANTIVOS QUE DESIGNAN LANCES O FASES DE LOS ENCUENTROS DEPORTIVOS, EL ENCUENTRO MISMO O ALGUNOS DE SUS PARTICIPANTES, ESPECIALMENTE EN CONTEXTOS EN LOS QUE CABE PENSAR QUE ESOS ELEMENTOS CONLLEVAN ALGUNA COMPLEJIDAD ANALÍTICA O INTERPRETATIVA. ES USO PROPIO DEL LENGUAJE DEPORTIVO: **82 encuentro:** Apenas el enfrentamiento con Italia y algunas cosas frente a Brasil, cuestiones menores comparadas con los problemas que generó Argentina para *descifrar* un encuentro con más pizarra que vuelo. EPE181199 **83 curva:** Se fue de 3-0 y tuvo problemas para *descifrar* las curvas del pitcher de Boston, Johnny Sain. EUV150497 **84 entrada:** Porque no supo *descifrar* la entrada a la defensa tolimense. EPC220597 **85 envío:** Al parecer, eso indica que Leyland debe encaminar su estrategia ante lanzadores zurdos sí quiere *descifrar* los envíos de éstos en los posibles dos partidos restantes. EPC141097 **86 equipo:** El equipo universitario, hacía días que no podía *descifrar* al equipo campeón. LHG010397 **87 lanzamiento:** Los bateadores de Japón, incluyendo a cuatro profesionales, no pudieron *descifrar* los lanzamientos de Ben Sheets... EXC190900 **88 trabajo:** FAS no pudo *descifrar* el trabajo ordenado y defensivo de los locales... PLG300597

J SUSTANTIVOS QUE DENOTAN CAUSA U ORIGEN DE ALGO: **89 razón:** A continuación mi paciencia intenta *descifrar* las razones del éxito de esa cosa que ambienta la sonrisa hollywoodiense... EME030496 **90 motivo:** ...me devané los sesos e indagué en las más altas esferas tratando de *descifrar* el motivo... EPE220999 **91 raíz:** Un nuevo diccionario *descifra* las raíces indoeuropeas de la lengua española. EME151096 **92 indicio:** Y el tercero *descifra* en la portada del monasterio de Ripoll, en Gerona, signos e indicios de la historia de la casa benedictina... ABC030395

K OTROS SUSTANTIVOS; POSIBLES USOS ESTILÍSTICOS: Poesía y cromatismo se entrecruzan para *descifrar* sombras en la luz... ABC171195; Los espacios que no puedo *descifrar* o que se han borrado, los cubro con ficciones. EPE200899

☐ Véase también: **calcular, decodificar, deducir, desentrañar, inextricable, interpretar**.

descodificar Véase: **decodificar**

descollante *adj.* ▌Acepta sustantivos de persona, tanto individuales como colectivos *(figura, poeta, actriz, equipo)*, sustantivos que denotan acontecimiento *(hecho, suceso, evento)* y otros que designan diversas creaciones *(novela, poema, obra, película)*. Se combina además con...

A SUSTANTIVOS QUE DENOTAN ACTUACIÓN. TAMBIÉN CON OTROS QUE EXPRESAN LA CONDUCTA MANTENIDA EN ELLA: **1 actuación ++:** Durante años May ejerció la presidencia de ALPI, donde su actuación fue *descollante*. LPA040592 **2 comportamiento +:** Se trata de un servidor de la causa común, pero resuelta a través de un *descollante* comportamiento singular. EME180494 **3 intervención:** La dirección de Pere Anglas funciona en aquellas escenas donde la intervención *descollante* de algún intérprete, crea una situación cómica de notable potencia. LVE140696 **4 participación:** La promoción tiene de titular a la sociedad Holge, con participación *descollante* del grupo de empresas Sivis. LVE270395

B SUSTANTIVOS QUE DENOTAN LABOR O ACTIVIDAD: **5 tarea +:** ...que una de las tareas *descollantes* que éste tiene que afrontar sin demora es recuperar el prestigio del organismo público que encabeza. EPE051001 **6 actividad:** Se le concede la distinción por «la *descollante* actividad en el campo de las artes plásticas y por todo cuanto Ud. ha dado a la ciudad de su cuna a través de su talento y sus facultades». ACP081296 **7 trabajo:** Su *descollante* trabajo como actor ha sido reconocido con un premio honorífico a toda su carrera. INDOC **8 labor:** ...años de incesante trabajo en los que llevo a cabo una muy *descollante* labor como promotor e impulsor de... INDOC

C SUSTANTIVOS QUE DENOTAN CUALIDAD O CONJUNTO DE CUALIDADES O RASGOS, ESPECIALMENTE LOS QUE CONFORMAN EL MODO DE SER DE UNA PERSONA: **9 característica +:** Una de las características más *descollantes* de Tolrà, que se ha preservado contra viento y marea, es la alta calidad de sus productos. LVE150195 **10 carácter +:** Umbral no desdeñó ese carácter *descollante* de «Mortal y rosa» dentro de su producción... EME010695 **11 personalidad:** ...Hassan El Turabi, cuñado del derrocado político y *descollante* personalidad intelectual de la cofradía integrista de los Hermanos Musulmanes. LVE050795

D SUSTANTIVOS QUE DENOTAN DATO, REGISTRO, INDICADOR O RESULTADO DE ALGO, A MENUDO FELIZ: **12 dato +:** Así lo revela, a guisa de ejemplo, la evolución de Uniland Cementera, la mayor compañía catalana del sector, de la que se recogen los datos más *descollantes* en la tabla anexa. LVE030995 **13 marca:** ...para responder a los recalcitrantes boicots olímpicos y que se consolidó inmediatamente a fuerza de marcas más que *descollantes*. EME040895 **14 resultado:** Tras mencionar una larga lista de resultados científicos *descollantes*... GIC030197 **15 hito:** Éstos consideraban la presencia de Ionesco como uno de los hitos *descollantes* en su programa de este año. EPE020885 **16 victoria:** Dos series (...) dieron tema importante por la acción en todos los pasajes de la jornada, dentro de los cuales fue *descollante* la victoria del joven Camilo Zurcher... ETC190597 **17 triunfo:** La conquista del oro olímpico en Atlanta fue el triunfo más *descollante* de su carrera deportiva. INDOC

E SUSTANTIVOS QUE DENOTAN POSICIÓN, CARGO O FUNCIÓN QUE CORRESPONDE A ALGUNA PERSONA: **18 posición:** Asimismo ocupa una posición *descollante* en la especialidad de seguro de asistencia sanitaria por medio de Medifiatc... LVE060295 **19 puesto:** Ocupa un puesto *descollante* entre las mayores importadoras españolas de bacalo... LVE090195 **20 papel:** El papel *descollante* que allí desempeñó Salvador Dalí (...) supuso el verdadero descubrimiento del joven pintor. ABC250693

F OTROS SUSTANTIVOS; POSIBLES USOS ESTILÍSTICOS: ...rapaz traspasado por gozos extáticos y por atávicos terrores, *descollante* el ancestral pánico al lobo. LVE081295; Y siguieron haciéndolo en un segundo tiempo de trincheras *descollantes* en las que se vieron unas cuantas variantes... EME140594

descomponer(se) *v.* ▌En el sentido de 'dividir(se)' se combina con sustantivos que denotan sustancias o materias *(masa, agua, ozono, glucosa, luz, sonido)* y algunos de sus elementos constitutivos *(partícula, molécula, átomo, onda)*. También lo hace con otros que designan procesos, cursos y otras manifestaciones sujetas a un desarrollo lineal *(viaje, camino, trayecto, vida, película)*, grupos *(conjunto, equipo, grupo, junta)*, organizaciones e instituciones *(sociedad, familia, junta, gobierno)* y cantidades *(cantidad, número, cifra, guarismo, precio)*. Este sentido se aplica raramente a otro tipo de objetos físicos *(descomponer una silla)*, pero es frecuente con los que designan informaciones *(libro, noticia, mensaje, explicación, discurso, idea, razonamiento)*. En el sentido de 'deteriorar(se)' o 'degradar(se)' se combina con sustantivos que designan mecanismos *(reloj, semáforo, coche)*, así como algunas partes del cuerpo *(Tengo el estómago descompuesto)*. También se extiende este sentido a los sustantivos que designan materias o sustancias orgánicas *(leche, vino, carne, comida)* u organismos formados con ellas *(cuerpo, hígado, cadáver: Aún no se había descompuesto el cadáver)*. Usado con sustantivos de persona denota indisposición física *(No puedo acompañaros a cenar porque estoy algo descompuesto)*, pero adquiere también el sentido de '(hacer) perder el control o la serenidad' *(El tremendo alboroto nocturno me descomponía; Este delantero es famoso por descomponer a los entrenadores)*. También se combina con...

A SUSTANTIVOS QUE DESIGNAN EL ROSTRO, ASÍ COMO ALGUNAS DE SUS PARTES O DE LOS GESTOS QUE LO CARACTERIZAN: **1 rostro ++:** Son siete pequeños grabados en los que el rostro de la artista se *descompone* hasta su transformación en... calavera. HOY050187 **2 cara +:** Pides, y quizá das miedo o *descompones* la cara, pero que aceleren el paso sin mirarte, sin oírte, despreciándote desde el terror, eso no. EME010494 **3 gesto +:** ...una policía «moderna, democrática y profesional» que debe soportar «situaciones de tensión sin *descomponer* el gesto, no hacer distinciones a la hora de prestar un servicio y trabajar también para quien está dipuesto a insultarnos y agredirnos». LVE080795 **4 semblante:** La bulimia, el hambre voraz e incontrolable, acabó por *descomponer* su semblante y su figura. EME070796 **5 sonrisa:** Carmen Alborch, ministra de Cultura, no *descompone* su automática sonrisa, ocurra lo que ocurra a su alrededor. LVE261195 **6 rictus:** ...ni siquiera se le *descompone* el rictus al reiterar mecánicamente que «ni hay pruebas ni las habrá» de la implicación del Gobierno en los GAL. EME230795 **7 facción:** Le estaban condenando a veinte años y ni una sola facción de su rostro se *descomponía.* INDOC

B ALGUNOS COMPONENTES FÍSICOS O PSÍQUICOS DE LAS PERSONAS QUE EXPRESAN SU ESTADO CIRCUNSTANCIAL O SU DISPOSICIÓN ANÍMICA: **8 nervios ++:** Los precios son notablemente más baratos arriba que abajo y eso explica que aquella señora (...) se acercara a nosotros con los nervios *descompuestos* y llamara la atención de los demás sobre nosotros... EME030695 **9 genio:** Cuando le contradices se irrita, se encorajina y se le *descompone* el genio. INDOC **10 ingenio:** El del lunes pasado rozó el aburrimiento (...) y el patetismo, con la rueda de preguntas y respuestas a un grupo de chirigoteros con el ingenio *descompuesto.* EPE251199 **11 humor:** Los humores de Ecuador andan *descompuestos* a causa de ciertas cacofonías. VIS230197

C SUSTANTIVOS QUE DESIGNAN LO QUE SE PRESENTA A LA VISTA O EL ASPECTO EXTERNO QUE OFRECEN LAS COSAS O LAS PERSONAS. TAMBIÉN CON OTROS QUE EXPRESAN ALGUNOS DE LOS RASGOS QUE LAS DISTINGUEN DE LAS DEMÁS: **12 imagen ++:** El experto señala que el Pórtico es hoy «una imagen *descompuesta*, con una lectura muy complicada». ABC080193 **13 figura:** ...tras su visita a la fábrica de tratamiento nuclear de La Hague, su figura ha aparecido *descompuesta.* EPE240199 **14 perfil:** ...registro que calificamos de «realismo analítico» porque la presencia de las formas le sirve para *descomponer* sus perfiles, y luego recomponerlos investigando y manipulando las temperaturas del color. ABC180895 **15 identidad –:** La hora de todos y la fortuna sin seso, la aguja desnortada, la rosa de los vientos deshojada, las identidades *descompuestas.* EME200194 **16 visión:** Nuestra mirada, fuera del cuadro, se superpone así a la suya, y la visión se *descompone* en todo un cruce simultáneo de puntos de vista... EME240296

D SUSTANTIVOS QUE DENOTAN MESURA, ECUANIMIDAD O AUSENCIA DE ALTERACIÓN: **17 armonía:** La armonía que durante tanto tiempo reinó entre ellos se había *descompuesto* en mil pedazos. INDOC **18 estabilidad:** La estabilidad social *descompuesta* por la imposición de la reforma laboral (...) ha provocado una inestabilidad general... EME010592 **19 equilibrio:** La crisis creada por este motivo *descompone* el equilibrio parlamentario en Cataluña... EPE011180 **20 unidad:** Si se *descompone* la unidad del equipo que ahora formamos... INDOC **21 orden:** Se olvidaron de la presión y cedieron el centro del campo para facilitar los ataques visitantes, con un objetivo muy claro: *descomponer* el orden defensivo mallorquinista. EPE120899 **22 serenidad:** ...circunstancias que *descomponen*, como es lógico, la serenidad del turista más paciente. INDOC **23 buen entendimiento:** Todas estas desavenencias entre los líderes han acabado por *descomponer* el buen entendimiento de pasados años. INDOC

■ Se combina también con: ♦ **a ojos vista[11], en fragmentos, en pedazos, inevitablemente, inexorablemente, irremediablemente, progresivamente**

desconcharse

♦ **edificio, fachada, muro, pared, pintura, techo, vasija**

desconcierto

♦ **absoluto, aparente, creciente, general, generalizado, gran(de), horrible, imperante[4], inicial, inmenso, mayúsculo[37], monumental, notable, pleno, preocupante, profundo, reinante[12], terrible, total** ♦ **entre[21]** ♦ **clima (de), estado (de), fase (de), momentos (de), sensación (de)** ♦ **adueñarse (de alguien), alimentar, asaltar[8], causar, crear, cundir, dejarse llevar (por)[76], engendrar, fomentar, generar, imperar, invadir (a alguien), mostrar, ocasionar, padecer, paliar[69], producir(se), provocar, reinar[20], sacar (de), salir (de), sembrar[19], sentir, sucumbir (a), sumir(se) (en)[17], traslucir(se)**

☐ Véase también: **anarquía, asombro, sorpresa.**

desconfianza

♦ **absoluto, agudo, aparente, ciudadano, creciente, enorme, fuerte, fundado, general, generalizado, gran(de), histórico, infundado, injustificado, innato, instintivo[21], interno, irracional, justificado, latente, marcado, mutuo, persistente, profundo[129], sumo, total** ♦ **con** ♦ **ambiente (de), clima (de), motivo (de), sensación (de), síntoma (de), tendencia (a)** ♦ **abrigar[23], agudizar(se)[45], alimentar, asaltar (a alguien), aumentar, avivar[54], causar, crear, cundir, dejarse llevar (por)[77], despertar[13], engendrar[44], entrar (a alguien), existir, expresar, frenar, generar, infundir (a alguien), inspirar[11], invadir (a alguien), latir, mostrar, motivar, producir, provocar, reducir, reflejar, sembrar, sentir, superar, suscitar, tener, traslucir(se)[28], vencer[49]**

☐ Véase también: **confianza, incertidumbre, recelo, reserva, temor.**

desconocer

♦ **con exactitud, en absoluto, exactamente, íntegramente, oficialmente, plenamente, por completo[113], totalmente, virtualmente**

desconocimiento

♦ **absoluto, claro, completo, enorme, flagrante[25], general, gran(de), grave, importante, lógico, mutuo, notorio, patente, patético, pequeño, perfecto[33], preocupante, profundo, supino[2], total, tradicional, virtual** ♦ **por** ♦ **fruto (de), problema (de)** ♦ **alegar, aprovechar, confesar[65], demostrar, evidenciar(se), fingir, hacer gala (de), implicar, indicar, justificar, lamentar, manifestar, mostrar, reconocer, reflejar, revelar, traslucir(se)**

☐ Véase también: **ignorancia, incógnita, incompetencia, misterio.**

desconsoladamente *adv.* ▮ Se combina con...

A VERBOS QUE DENOTAN LA ACCIÓN DE LLORAR: **1 llorar ++**: Pachi se puso a llorar *desconsoladamente* al ver a su hija adorada convertida en una piedrera... ESP140601 **2 gemir:** No decía nada, solo gemía *desconsoladamente.* INDOC **3 sollozar:** Al ver a su madre en aquellas circunstancias no pudo evitar empezar a sollozar *desconsoladamente.* INDOC

B OTROS VERBOS; POSIBLES USOS ESTILÍSTICOS: Yo he comprobado cómo cursos universitarios lo ignoraban al completo y lo sigo comprobando día a día, *desconsoladamente,* a mi alrededor. EME021196

☐ Véase también: **consuelo, desoladamente.**

desconsuelo Véase: **desconsoladamente**

descontento ♦ **creciente, evidente, fuerte, general, generalizado, gran(de), larvado, latente, notable, ostensible, patente, popular, profundo, social, visible** ♦ **clima (de), expresión (de)[15], grado (de), ola (de)[22], sensación (de), señal (de), síntoma (de)** ♦ **acallar[66], aflorar[27], airear[20], apaciguar[16], aplacar(se)[14], arreciar[53], aumentar, avivar[36], canalizar[52], capitalizar[27], causar, crecer, cundir[10], demostrar, despertar(se), disminuir, existir, expresar, extender(se), exteriorizar(se), generar, invadir (a alguien), manifestar(se), mostrar, provocar, reflejar, reinar[34], revelar, sembrar, sentir, surgir, vencer**

☐ Véase también: **insatisfacción.**

descontextualizar ♦ **afirmación, caso, cita, comentario, escena, frase, imagen, interpretación, noticia, palabra, realidad, situación, tema, texto,** *otros sustantivos que designan manifestaciones verbales*

descontrol ♦ **absoluto, aparente, enorme, frenético, gran(de), imperante[5], manifiesto, profundo, reinante, total** ♦ **por** ♦ **causa (de), riesgo (de), sensación (de)** ♦ **abordar, arreciar, controlar, corregir, denunciar, evitar, existir, extender(se), frenar, mostrar, paliar, permitir, producir(se), provocar**

desconvocar ♦ **definitivamente, inesperadamente, oficialmente, sorprendentemente** ♦ **acto, cita, huelga, manifestación, mitin, movilización, paro, protesta, reunión**

☐ Véase también: **convocar, llamar.**

[descosido] → **como un descosido**

descosido ♦ **coser, ocultar, remendar, repasar, zurcir**

descrédito ♦ **absoluto, ajeno, artístico, claro, consiguiente, creciente, económico, estrepitoso, evidente, financiero, franco, general, generalizado, grave, inmerecido[19], internacional, leve, merecido, moral, notable, personal, político, preocupante, profesional, profundo, progresivo, rotundo, serio, severo, significativo, sistemático, social, sonado, total** ♦ **campaña (de), consciente (de), ola (de), síntoma (de)** ♦ **acentuar(se), acumular, adquirir, alentar, arrojar (sobre alguien), caer (en), concentrar, constatar, constituir, desencadenar(se), eludir, enfrentar(se) (a), envolver (a alguien), extender(se), fomentar, ganar(se), hundir(se) (en), llevar (a), minar (algo), ocasionar (a alguien), pesar (sobre alguien), provocar, remediar, sembrar, significar, soportar, subsanar, sufrir, suponer, suscitar**

describir ▮ *(narrar)* ♦ **a grandes líneas, a grandes rasgos[2], a grandes trazos, a vuelapluma[6], al detalle[7], atinadamente, ce por be, certeramente, claramente, con detalle, con minuciosidad, con pelos y señales[4], con precisión, con todo lujo de detalles[3], condensadamente, convincentemente[23], correctamente, crudamente[16], descarnadamente, detalladamente[8], detenidamente, ejemplarmente, en pocas palabras, escrupulosamente[30], esquemáticamente, exactamente, expresamente, extensamente, gráficamente, magistralmente, minuciosamente, nítidamente[17], pormenorizadamente, profusamente[49], prolijamente[3], puntualmente, resumidamente, sin tapujos[28], sintéticamente, someramente, sumariamente, vagamente**

▮ *(trazar)* ♦ **limpiamente** ♦ **curva, elipse, línea, parábola, trayectoria**

☐ Véase también: **contar, explicar, exponer, expresar(se), narrar, retratar.**

descripción ♦ **acertado, adecuado, amable, ameno, amplio, aproximado, atinado[39], a vuelapluma, bello, breve, brillante, burdo, certero, claro, coherente, con pelos y señales, con todo lujo de detalles[33], cuidado, cuidadoso, descarnado[1], detallado, distorsionado, elocuente, emotivo, en pocas palabras, escaso, escueto, esquemático, estremecedor, exacto, excelente, exhaustivo, expresivo, extenso, falseado, fidedigno[27], fiel, fino, físico, frío, general, gráfico, gris, grotesco, histórico, ilustrativo, imparcial, impreciso, ingenioso, inteligente, interesante, irónico, largo, llano, lúcido, magnífico, maravilloso, meticuloso, minucioso[16], mordaz[37], nítido, objetivo, parcial, particular, personal, pintoresco, plástico, poético, pormenorizado, precioso, preciso, profuso, prolijo, sarcástico, sencillo, simple, simplista, sintético, soberbio, somero[4], sucinto[6], sutil, técnico, telegráfico, terrible, tosco, vago, veraz, vívido[9], vivo** ♦ **buscar, componer, dar, esbozar, facilitar, formular, hacer, incluir, ofrecer, publicar, realizar, trazar**

☐ Véase también: **declaración, explicación, exposición, retrato, semblanza.**

DESCRIPCIÓN Véase: REPRESENTACIÓN

[descubierto] → **a cara descubierta, al descubierto, a pecho descubierto**

descubrimiento ♦ accidental[18], auténtico, casual, científico, clave, determinante, espectacular, exitoso, fortuito, gran(de), importante, inesperado, maravilloso, notable, nuevo, pequeño, progresivo, reciente, sorprendente, trascendental, último, valioso, verdadero ♦ a la luz (de)[21] ♦ anunciar, conocer, constituir, culminar, fraguar(se), hacer, hacer público, lograr, presentar, producir(se), realizar, suponer

□ Véase también: **encuentro, hallazgo, invento.**

DESCUBRIMIENTO

♦ (SUSTANTIVOS) Véase: **accidental[C], a la luz (de)[D], novedoso[H], residir (en)[F]**

♦ (VERBOS) Véase: **abiertamente[A], a contramano[B], a contrapelo[A], a pelo[B], a tientas[A], en falso[D], en frío[G], in fraganti[A], intacto[D], ni por asomo[G], sano y salvo[C], sin tapujos[C]**

descubrir ♦ a tientas[3], con las manos en la masa, de primera mano[9], gradualmente, gratamente[11], inesperadamente, in fraganti[6], para {mi/tu/su...} sorpresa, progresivamente, rápidamente, repentinamente, sorprendentemente

descuento ♦ apreciable, considerable, exiguo, fuerte, gran(de), importante, ínfimo, insignificante, irrisorio, jugoso, modesto, módico, radical, significativo, simbólico, superior, sustancioso ♦ derecho (a), minutos (de), tasa (de), tiempo (de), tipo (de), vale (de) ♦ abolir[60], aplicar, aumentar, cobrar, conceder, conseguir, considerar, crecer, disfrutar (de), efectuar, hacer, merecer, obtener, ofrecer, permitir, practicar, proporcionar, realizar, recibir, sufrir, tener

□ Véase también: **rebaja, reducción.**

descuidar ♦ conscientemente, inconscientemente, irresponsablemente, levemente, ligeramente, olímpicamente[8], ostensiblemente, patentemente, totalmente, visiblemente

□ Véase también: **desatender.**

[descuido] → al descuido

descuido ♦ absoluto, aparente, atento (a), claro, costoso, desapercibido, descomunal, escandaloso, evidente, excusable, garrafal, general, grave, humano, imperceptible, imperdonable, inadmisible, inapreciable, inexcusable, inexplicable, irreparable, lamentable, lastimoso, leve, lógico, menor, mero, mínimo, monumental, ocasional, pequeño, simple, sin importancia, sonado, tolerable, total, tremendo ♦ con, en, por ♦ estado (de), fruto (de), momento (de), signo (de) ♦ acusar (de), admitir, aprovechar, atribuir (a algo), cometer, deber(se) (a), deslizar(se), disculpar, enmendar, imputar (a alguien), incurrir (en), permitir(se), reparar, reprochar (a alguien), subsanar, tener, tolerar

□ Véase también: **desliz, despiste, distracción.**

desde cero Véase: **de cero**

desdecirse (de) *v.* ▮ Se combina con...

A SUSTANTIVOS QUE DESIGNAN DIVERSAS MANIFESTACIONES VERBALES, MÁS FRECUENTEMENTE SI SE ADUCEN CON VALOR PROBATORIO O JUSTIFICATIVO: **1 palabra ++:** Imprevisible como siempre, el presidente de Rusia se *desdijo* ayer de sus palabras... EME211095 **2 declaración ++:** ...se *desdijo* de sus declaraciones ante la Policía y ahora jura inocencia. ACP230996 **3 afirmación +:** ...Rubio se *desdijo* de esta afirmación ante el juez de la Audiencia Nacional Baltasar Garzón. EME120996 **4 manifestación +:** Posteriormente se *desdijo* de sus manifestaciones y el 29 de agosto murió en extrañas circunstancias. EME121196 **5 acusación:** Ríos después se *desdijo* de sus acusaciones iniciales diciendo que habían sido hechas bajo presión. HOY101197 **6 denuncia:** ...Bolín se *desdijo* de esta denuncia, que atribuyó a un malentendido. LVE091096 **7 testimonio:** El principal testigo contra Terra Lliure se *desdice* de su testimonio. LVE050495

B SUSTANTIVOS QUE DENOTAN DECISIÓN, MÁS FRECUENTEMENTE SI CON ELLA SE ESTABLECE UN COMPROMISO O SE CONTRAE UNA OBLIGACIÓN: **8 promesa:** Ha tenido que *«desdecirse»* de muchas de sus promesas. LVE081195 **9 acuerdo:** Esa conducta indecisa, sinuosa y ambivalente ha sido percibida por la opinión pública que no confía ya en las actitudes contradictorias de los jefes políticos que se *desdicen* de acuerdo... LTB071296 **10 compromiso:** ...el Gobierno se *desdice* de sus anteriores compromisos moralizantes y ataja el problema con una simple negativa... EPE010399 **11 decisión:** ...Aguilar aprobó la transmisión de resultados y ahora se está *desdiciendo* de la decisión que él mismo tomó. LTH221097 **12 juramento:** Mas sabemos que un creador inoculado por el veneno del teatro precisa escasos motivos para *desdecirse* de juramentos tales. ABC230493

C SUSTANTIVOS QUE DESIGNAN HIPÓTESIS, RAZONAMIENTOS O PUNTOS DE VISTA MANTENIDOS O EXPUESTOS: **13 teoría:** ...se había «depurado» a dos técnicos de reconocido prestigio sólo por su «osadía de *desdecir* las teorías del ministro de Fomento»... EPE010499 **14 tesis:** ...el retorno de Vattimo a la religión no supone un *desdecirse* de sus anteriores tesis posmodernistas y nihilistas... LVE181096 **15 postulado:** Sin *desdecirse* de los postulados expuestos para primera vuelta Chirac tendrá que compaginarlo con la necesidad de no perder votos entre el centroderecha. LVE250495 **16 planteamiento:** ...implicaba que Martínez no sólo se *desdijera* de sus planteamientos, sino que aceptara la revisión de la propuesta de los ex presidentes. HOY120597 **17 postura:** ...la Iglesia se *desdice* de sus previas posturas creando una vertiginosa fosa a sus pies. LVE261096

□ Véase también: **abjurar (de), negar, renegar (de).**

desdeñosamente ♦ calificar, contemplar, contestar, decir, despedir, juzgar, llamar, mirar, rechazar, responder, tratar, *otros verbos de lengua*

desdicha ♦ gran(de), humano, plagado (de), secular, supremo ♦ por ♦ colmo (de), cúmulo (de), fuente (de), origen (de), pozo (de) ♦ abatir(se)[6], acabar, avecinar(se), continuar, hundir(se) (en)[12], olvidar, poner fin (a), sufrir, tener

□ Véase también: **aflicción, calamidad, pena.**

desear ♦ acuciantemente, a morir[3], ardientemente[1], a toda costa[2], a todo trance[17], ávidamente[6], con todas {mis/tus/sus...} fuerzas[7], descaradamente[9], desesperadamente, de todo corazón[14], enérgicamente, fervientemente[1], firmemente, fuertemente, humildemente[18], intensamente[14], largamente[12], profundamente[38], realmente, sinceramente[7], urgentemente, verdaderamente, vivamente[6]

☐ Véase también: **anhelar, buscar, interesar(se), pretender, querer.**

desechar ♦ **categóricamente[15], completamente, de antemano, definitivamente, de plano[4], olímpicamente[21], por completo[30], rotundamente[11], totalmente** ♦ **anuncio, idea, iniciativa, oferta, opción, plan, posibilidad, propuesta, rumor, sistema, solicitud, solución**

de seguridad ♦ **agente, aparato, área, asunto, barrera, caja, cinturón, condición, control, cuerpo, dispositivo, distancia, empresa, equipo, fuerza, guardia, ley, materia, mecanismo, medida, motivo, organismo, plan, problema, razón, régimen, servicio, sistema, vigilante, zona**

desembocar ♦ **fatalmente, finalmente, forzosamente, indefectiblemente[3], inesperadamente, inevitablemente[10], inexorablemente, irremediablemente, obligatoriamente**

desempeñar *v.* ▮ Se combina con...

A SUSTANTIVOS QUE DENOTAN OBLIGACIÓN O ATRIBUCIÓN: **1 papel:** El arte geométrico *desempeña* un papel fundamental en las culturas primitivas. ABC051193 **2 función:** ...personal especializado y capacitado para *desempeñar* esas funciones... LPA210592 **3 rol:** ...están capacitados para *desempeñar* roles de compromiso. LNP061097 **4 tarea:** ...para que todo el personal sepa en qué condiciones *desempeña* su tarea... EOU291000 **5 responsabilidad:** ...los diputados *desempeñarán* sus responsabilidades en materia de vigilancia... EXC180197 **6 trabajo:** ...la herramienta que se me había asignado para *desempeñar* mi trabajo... PME290996

B SUSTANTIVOS QUE DENOTAN DIGNIDAD O POSICIÓN: **7 cargo ++:** Desempeñaba el cargo de jefe del Departamento Internacional... GIC072997 **8 puesto:** ...ha *desempeñado* varios puestos ministeriales... EUV050996 **9 oficio:** No escatimo esfuerzos para *desempeñar* el oficio. ETC110187

▩ Se combina también con: ♦ **adecuadamente, a la perfección, a plena satisfacción[4], correctamente, inadecuadamente, irregularmente, perfectamente**

☐ Véase también: **ejecutar, ejercer, profesar (en).**

desempleo ♦ **acuciante[7], creciente, elevado, emergente, galopante[4], rampante[11]** ♦ **aumento (de), causa (de), índice (de), nivel (de), problema (de), seguro (de), subsidio (de), tasa (de)** ♦ **abocar(se) (a), acabar (con), agravar(se)[28], aumentar, bajar, causar, combatir[34], crecer, decrecer[52], disminuir, eliminar, erradicar, evitar, extender(se), generar, medir, mitigar, paliar[30], provocar, reducir(se), revertir, subir**

☐ Véase también: **paro.**

desencadenante ♦ **agente, causa, circunstancia, elemento, factor, hecho, método, motivo, papel, problema, razón, situación**

desencadenar(se) *v.* ▮ En el sentido de 'quitar o liberar de cadenas' admite sustantivos de persona. En el sentido de 'originar(se) o producir(se)' se combina a menudo con sustantivos que designan fenómenos climáticos de cierta intensidad o violencia *(tormenta, vendaval, huracán)*, con sustantivos que designan afecciones o dolencias *(enfermedad, epidemia, infección)* y con otros que se refieren a los sucesos en sentido genérico *(acontecimiento, suceso, hecho, peripecia, proceso)*. También se combina con...

A SUSTANTIVOS QUE DENOTAN CONFRONTACIÓN, DISPUTA O ACCIÓN OFENSIVA, HOSTIL O VIOLENTA CONTRA ALGO O ALGUIEN. TAMBIÉN CON OTROS QUE DESIGNAN SITUACIONES ADVERSAS O CONFLICTIVAS: **1 ataque ++:** El mensaje que el primer ministro británico, Tony Blair, llevó ayer a su anfitrión, George Bush, no podía ser más claro: «Hay que cargarse de razón antes de *desencadenar* el ataque contra Irak». LRE010203 **2 violencia ++:** Tal vez la visita fue el elemento que *desencadenó* la violencia pero ésta es la consecuencia del ambiente de incertidumbre que existe... SEM091000 **3 guerra ++:** A 15 años del desembarco argentino en las islas Malvinas que *desencadenó* una guerra con Gran Bretaña, el gobierno ratificó la aspiración de recuperar definitivamente el archipiélago... LNP030497 **4 conflicto ++:** El objetivo es bien claro: lograr que el estado de la cuestión Malvinas retorne al punto en el que estaba antes de *desencadenado* el conflicto bélico de 1982. CLA230199 **5 crisis ++:** Uno de los factores que *desencadenó* la crisis fue que nos descalificamos con mucha facilidad. HOY110784 **6 problema +:** Agregó que Soria fue víctima de otra agresión del utilero de la selección argentina cuando se *desencadenaron* los problemas... ENH090497 **7 enfrentamiento +:** ...se ha distorsionado muchísimo el papel constitucional de los partidos (...), lo que puede *desencadenar* nuevos enfrentamientos... LTB130297 **8 polémica +:** Las declaraciones hechas a Clarín (...) *desencadenaron* una nueva polémica en el PJ que involucró a la primera línea del oficialismo... CLA050199 **9 lucha:** La iniciativa irritó a la oposición y también amenaza con *desencadenar* una áspera lucha interna en el peronismo... ENH170297 **10 desastre ++:** Para algunos, ese día, la humanidad habrá progresado; para otros, se habrá *desencadenado* el desastre. CLA090701 **11 catástrofe:** Desde los títulos se nota la tendencia, con chascos en que inocentes transeúntes *desencadenan* catástrofes humanas. HOY071287 **12 cataclismo:** De súbito, unos timbrazos infernales *desencadenan* el cataclismo de ladridos. ABC080794 **13 accidente:** La policía cree que una llamada al teléfono móvil pudo *desencadenar* el accidente. EPE191101 **14 terremoto:** ...se asemejan a un movimiento de placas tectónicas, subterráneas, invisibles, que pueden *desencadenar* un terremoto o quedarse en un simple temblor. EXC060197 **15 hambruna:** ...han perdido sus viviendas, alimentos y pertenencias, además de estar amenazadas por la hambruna y las epidemias que se *desencadenarán*... ENV270696

B ALGUNOS SUSTANTIVOS QUE DENOTAN REACCIÓN: **16 reacción ++:** Los expertos calculan que hay más de quinientas sustancias comunes que *desencadenan* reacciones alérgicas... ABC100694 **17 respuesta:** La primera parte del proceso, por lo tanto, consiste en que el paciente visualice en el monitor lo que sucede dentro de su cuerpo cuando se *desencadena* una respuesta de ataque o huida. SEM131100 **18 réplica:** Un virulento ataque del ejército que *desencadenó* la esperable réplica de las guerrillas locales. INDOC

C SUSTANTIVOS QUE DENOTAN CONSECUENCIA O CONCLUSIÓN DE ALGO: **19 efecto +:** ...la irrupción del EPR, si es que efectivamente está vinculado con grupos indígenas, puede *desencadenar* un efecto «dominó» en Oaxaca, donde también son graves la marginación y el descontento social. PME070796 **20 consecuencia +:** «Sólo la casualidad –continúa– impidió que se *desencadenaran* consecuencias cuya magnitud habría supuesto la destrucción del edificio judicial...». EDV210996 **21 resultado +:** Y es que en este tipo de circunstancias una inadecuada valoración *desencadena* resultados trágicos... EXC091196 **22 desenlace:** ...empiezan a identificar al embajador Gumucio como el factor que puede *desencadenar* un feliz desenlace... LTB080197 **23 fin –:** Antes de que el Sol *desencadene* el fin de la biosfera, el hombre no sólo deberá sobrevivir a sus propias transgresiones del medioambiente... ABC220193

D SUSTANTIVOS QUE DESIGNAN MANIFESTACIONES VERBALES O COMUNICATIVAS, MÁS FRECUENTEMENTE DE APROBACIÓN O DE RECHAZO: **24 protesta +:** La detención del egipcio *desencadenó* una protesta de solidaridad que congregó a 4.000 de sus connacionales. EPE011199 **25 crítica +:** Los sucesos de ayer *desencadenaron* fuertes críticas al Gobierno regional por parte de los democristianos y los ecopacifistas. LVE050895 **26 rumor ++:** Los rumores se *desencadenaron* ayer. EPE020800 **27 vítores:** «Vinimos el primer año y luego no hemos faltado ninguno», grita, para hacerse oír por encima de la Marcha Real y los vítores que *desencadena*, una pamplonesa de unos cincuenta años. EME240795 **28 aplauso:** Cuatro faros elípticos, un radiador integrado y un guardabarros moldeado *desencadenaron* el aplauso del público. EME060695

E EL SUSTANTIVO *SENTIMIENTO* Y OTROS QUE DESIGNAN SENTIMIENTOS DE INCLINACIÓN O DE RECHAZO: **29 sentimiento:** ...demostraban que el ejercicio puede *desencadenar* sentimientos de felicidad, euforia, sosiego y tranquilidad que pueden durar desde unos pocos minutos a 24 horas. EME191296 **30 pasión:** ...«La casa de Bernarda Alba», su última y más perfecta obra, que describía las pasiones que se *desencadenan* entre varias hermanas que viven bajo la tiranía de su madre. HOY180886 **31 pánico:** ...ha tenido que pedir tranquilidad a los mercados para que el escándalo no *desencadene* el pánico en los mercados financieros. LVE041195 **32 enfado:** ...*desencadenó* el enfado de los socialistas que se marcharon del salón, seguidos de los dos ediles del BNG. FDV030701 **33 indignación:** La drástica medida de la Liga de Fútbol Profesional *desencadenó* la indignación en Sevilla y Vigo y la alegría en Valladolid y Albacete, cuyos equipos recobraron la categoría de la noche a la mañana y volverán a jugar en Primera División. EME060895 **34 furor:** ...el segundo, que pasó por París en 1930, *desencadenó* el furor de las gentes de derecha, que llegaron incluso a arrojar botellas de tinta contra la pantalla y a no abandonar la sala hasta haber roto las butacas. ABC201192

☐ Véase también: **acarrear, desatar(se), desbocar(se), estallar.**

desencajar(se) *v.* ▮ Se combina con...

A SUSTANTIVOS QUE DESIGNAN EL ROSTRO O ALGUNAS DE SUS MANIFESTACIONES: **1 rostro ++:** Unos salen alegres y otros con los rostros *desencajados*, porque después que tanto le metieron el hombro, los ha desinflado con la excusa que no hay cama para tanta gente. LTH080198 **2 cara +:** Los latines se hicieron más altos en el viento y la lluvia mojaba las caras *desencajadas* y ojerosas. CAP230197 **3 gesto +:** Él, con el corazón todavía dividido y el gesto *desencajado*, aplaude tímidamente y choca sus manos con las de algunos de sus compañeros, pero no puede evitar que su cara siga reflejando tristeza. EME230996 **4 semblante +:** Con un semblante *desencajado* y profundamente afectado, el príncipe heredero de Marruecos, Sidi Mohamed, anunció anoche por la televisión el fallecimiento de su padre, el rey Hassan II. EPE240799 **5 faz –:** Su faz *desencajada* y el sudor frío en su frente denotan su desespero. LVE041196 **6 expresión:** Su expresión está *desencajada*; se juega mucho ante la máquina, pues siempre se ha autoerigido como «el defensor del género humano». EME120296

B OTROS SUSTANTIVOS; POSIBLES USOS ESTILÍSTICOS: No admite hechos que *desencajen* su teoría o desvirtúen su racionalidad. EME230796

☐ Véase también: **demudar(se).**

desenfocar ♦ **análisis, asunto, cuestión, estudio, fotografía, imagen, interpretación, objetivo, película, perspectiva, problema, tema**

☐ Véase también: **análisis, enfoque, luz.**

desenfrenadamente ♦ **apetecer, bailar, buscar, correr, divertirse, empeñarse, huir, mover(se), perseguir**

desenfrenado *adj.* ▮ Acepta sustantivos de persona *(un amante desenfrenado)*, sustantivos temporales *(etapa, noche, jornada, vida)*, y otros que designan diversos resultados de la creación *(comedia, película)*. También se combina frecuentemente con sustantivos que designan eventos caracterizados por su dinamismo, su naturaleza lúdica o festiva *(fiesta, juerga, espectáculo)* o su inmoderación *(borrachera, orgía)*. Admite asimismo sustantivos que designan tendencias ideológicas *(liberalismo, capitalismo, racismo)* y diversas actitudes, sentimientos y actuaciones de carácter negativo *(odio, maldad, egoísmo)* o excesivo *(gula, lujuria)*. También se combina con...

A SUSTANTIVOS QUE DENOTAN ANHELO, ASPIRACIÓN O AVIDEZ POR CONSEGUIR ALGO: **1 deseo ++:** Ese mismo es a mi modo de ver, el lema que guía al personaje de Valdés, un deseo *desenfrenado* de vivir... ENH110198 **2 ambición +:** ...plantea situaciones cómicas comparando la ingenuidad y la inocencia de los protagonistas con la ambición *desenfrenada* y el ritmo de vida frenético de Estados Unidos en la actualidad. LVE110895 **3 anhelo:** ...despertaban en mí un *desenfrenado* anhelo de viajar allí fuera de temporada. EME290196 **4 ansia:** Los hay internos, como la corrupción, mala gestión, desorganización social y política (...), *desenfrenada* ansia de poder personal. EPE240800 **5 afán:** En el afán *desenfrenado* de conquistar los espacios de poder ante las proximidades de las elecciones nacionales... LTB111296 **6 apetito +:** Si algo le caracteriza en los negocios es su *desenfrenado* apetito de poder. INDOC

B SUSTANTIVOS QUE DESIGNAN SITUACIONES DE CONFRONTACIÓN O DE VIOLENCIA: **7 violencia ++:** ...se enfrenta a dilemas similares a los que atormentan a los mexicanos: neoliberalismo agresivo, polarización entre ricos y pobres; violencia *desenfrenada*... PME171196 **8 destrucción:** ...destrucción *desenfrenada* de ciudades o pueblos, o devastación no justificada por necesidades militares. LVE220895 **9 ataque:** ...producida por un ataque *desenfrenado* y persistente, con tintes de sadismo. EME210295 **10 guerra:** ...para evitar que las regiones europeas entren en una guerra *desenfrenada* de concesión de ventajas fiscales... EDV040599 **11 disputa:** ...para que no entremos, de cara a las elecciones, en una disputa *desenfrenada*... EPE301199

C SUSTANTIVOS QUE DESIGNAN EL AMOR Y ALGUNAS DE LAS MANIFESTACIONES DE LAS RELACIONES AMOROSAS: **12 amor +:** Se había decantado hacía tiempo en favor de la amistad y en contra del amor *desenfrenado*. ABC160695 **13 pasión +:** ...sólo aptos para dejar las mentes vacías y los corazones abiertos a cualquier pasión *desenfrenada*. LVE180396 **14 idilio:** La misma que se convierte en idilio *desenfrenado* entre miles de jóvenes y el alcohol. EME201295 **15 sexo:** Oí que decía que le gustaba todo lo sórdido, el sexo *desenfrenado* y anónimo. EME120295

D SUSTANTIVOS QUE DENOTAN MOVIMIENTO DIRIGIDO A ALCANZAR ALGO O A ALGUIEN O A ESCAPAR DE ALGÚN SITIO: **16 carrera ++:** ...en cuestión de segundos dio tres vueltas rápidas, para emprender a galope una carrera *desenfrenada* como si fuera perseguido... LHG120900 **17 búsqueda ++:** Esto, dice, inexorablemente conducirá al mundo a la búsqueda *desenfrenada* de riqueza y poder. ESH040397 **18 huida ++:** Otras especies introducidas paulatinamente en el archipiélago (...) siguen su *desenfrenada* huida hacia la parte alta de la isla... LVE210494 **19 éxodo:** La OTAN se ha sumado a los llamamientos de la Iglesia Ortodoxa serbia para frenar el *desenfrenado* éxodo de los serbios de Kosovo hacia las grandes ciudades... EPE210699 **20 persecución +:** Persecución *desenfrenada*; detrás del pequeño automóvil se desencadenó una persecución... ABC030492

E SUSTANTIVOS QUE DESIGNAN LA MÚSICA, ASÍ COMO ALGUNOS DE SUS ELEMENTOS CONSTITUTIVOS O SUS MANIFESTACIONES: **21 ritmo ++:** Bush y Gore habían concluido sus campañas a ritmo *desenfrenado*, en uno de los comicios norteamericanos más disputados en cuatro décadas. ENH071100 **22 danza +:** Ya no puede marcarse una solitaria y *desenfrenada* danza ritual como las de antes... EPE221099 **23 baile:** ...abandonan el lugar y dejan paso al baile *desenfrenado* de las chicas del cabaré al son de la música de un afinado piano. EME030995 **24 música:** Cientos de jóvenes bailaban al son de una música *desenfrenada*. INDOC

F SUSTANTIVOS QUE DESIGNAN OTRAS FORMAS DE MOVIMIENTO, A MENUDO INTENSO, CONSTANTE Y DESORDENADO: **25 actividad ++:** Con los ojos humedecidos por lágrimas recientes mueve papeles, bolígrafos, teléfonos, en una actividad *desenfrenada*... EME240195 **26 trajín:** A lo largo de las últimas semanas y en un *desenfrenado* trajín de fenicios... EPE030999 **27 ajetreo:** Durante la mudanza, tuvimos días de un ajetreo *desenfrenado*. INDOC **28 alboroto −:** ...pronto enloqueció toda la población, cambiando su vida normal por un continuo alboroto *desenfrenado*. EPE040799

G SUSTANTIVOS QUE DENOTAN INCREMENTO, DESARROLLO O AVANCE: **29 crecimiento +:** ...el Congreso Nacional Popular ha constatado la necesidad de desacelerar el crecimiento *desenfrenado* y enfriar la economía. LVE200395 **30 expansión:** Ahora nuestra filosofía ya no es de expansión *desenfrenada*, sino de mantener una estructura fija... LVE110696 **31 progreso:** ...tienen una cultura superior del reciclaje casi obligada por los altos consumos de materia prima virgen que caracterizan el progreso *desenfrenado*... GIC091196 **32 promoción:** La *desenfrenada* promoción de urbanizaciones en la provincia de Alicante, sobre todo en el litoral, aumenta los pedidos y exige suministro rápido... EPE161099 **33 boom:** ...se estabilizó en los mercados internacionales y con una especial virulencia en aquellos, como el norteamericano, en los que el *desenfrenado* boom había tenido una especial incidencia. ABC271291

H SUSTANTIVOS QUE DENOTAN CONSUMO O DESIGNAN ALGUNAS DE LAS ACTITUDES QUE LO CARACTERIZAN: **34 consumo ++:** ...no es embriagándose como se encuentra la solución a las causas que le inducen al consumo *desenfrenado* de sustancias que alteran su conducta. PLG260696 **35 gasto +:** Tele 5 cometió el error de intentar resistir en una carrera de gastos *desenfrenados* que sólo podía concluir con la muerte del más débil. EME260496 **36 consumismo:** Es cierto que en Venezuela se ha dicho que el país ha caído en un consumismo *desenfrenado*. CLA120379 **37 dispendio:** Los preparativos de esta fiesta nos han supuesto un dispendio *desenfrenado*. INDOC

I ALGUNOS SUSTANTIVOS QUE DESIGNAN FACULTADES CREATIVAS: **38 creatividad:** La creatividad *desenfrenada* entonces se menospreciaba como disparate... EPD300697 **39 imaginación +:** ...la historia/eta que la imaginación *desenfrenada* del escritor consigue articular y poner en movimiento... EPE240799 **40 invención:** De «Las señoritas de Aviñón» cabe decir, según lo oído, que no se trata de una novela intelectual sino más bien un festín de lectura poética con carga histórica e invención *desenfrenada*. EME010295

J OTROS SUSTANTIVOS; POSIBLES USOS ESTILÍSTICOS: Peinados *desenfrenados*. LVE080195

□ Véase también: **desaforado, frenético, vertiginoso.**

desengaño ♦ **amargo[44], amoroso, claro, doloroso, gran(de), hondo, inevitable, penoso, personal, profundo, serio, severo, tremendo, triste** ♦ **causar[41], deparar, disimular, encajar, experimentar, llegar, ocultar, provocar, sufrir, tener, vivir**

□ Véase también: **frustración.**

desenlace ♦ **airoso[12], amargo[60], apoteósico, brusco[77], cruento, decepcionante, definitivo, desolador[27], dramático, drástico[37], esperable, esperanzador, exitoso, fatal, fatídico, fausto, feliz, final, impensable, impredecible, imprevisible[3], in-**

cierto, inesperado, inevitable, inexorable[27], infausto, inminente, insospechado, irreversible[4], lamentable, lógico, luctuoso, natural, previsible, rápido, satisfactorio, sorprendente, terrible, trágico, triste, violento ♦ adivinar, anticipar, atisbar[9], augurar, auspiciar, avecinarse, aventurar[21], conocer, encontrar, entrever, esperar, forzar, imaginar, lamentar, llegar, palparse, precipitar(se), prejuzgar[4], producir(se), proponer, provocar, rechazar, sorprender, vislumbrar[14]

☐ Véase también: **conclusión, fin, final, resultado.**

desenredar

♦ **asunto, barullo, cuerda, embrollo, hebra, hilo, historia, lío, madeja, maraña, melena, ovillo, pelo, tejido, trama, trenza**

☐ Véase también: **arreglar, solucionar(se), solventar.**

desentenderse (de)

v. ▮ Admite sustantivos personales *(desentenderse de las víctimas, de los trabajadores, de la familia, de la gente).* Se construye asimismo con otros que denotan asunto *(caso, asunto, cuestión, tema)* y materia *(política, música, filosofía, salud, deporte).* Acepta muchos de los que designan eventos *(cumpleaños, huelga, partido),* así como lugares y acciones que se asocian con tareas o deberes *(desentenderse de la casa, de la compra, de la consulta, de las clases).* Destacan especialmente sus combinaciones con...

A SUSTANTIVOS QUE DENOTAN SITUACIÓN ADVERSA, CONFLICTIVA O INCONVENIENTE: **1 problema ++:** La empresa Ferrobaires –que tiene seis servicios diarios a la Costa– se *desentendió* del problema. CLA030297 **2 crisis +:** ...que en su opinión parece querer *desentenderse* de la grave crisis de la filial española... EME220294 **3 conflicto:** También aprendimos que nuestra relación con Europa nos resulta demasiado importante como para *desentendernos* de sus conflictos. EPE070499 **4 disputa:** ...expulsó a Stoichkov «por dar una patada a un contrario, estando el balón en juego, *desentendiéndose* de la disputa del mismo». LVE210195 **5 polémica:** Como cualquier otro profesional del medio, (...) no puede *desentenderse* de la polémica desatada por el secretario de Estado... EME220896 **6 peligro:** Y el hombre que se tranquiliza tratándolo miedosamente de García, a lo más que llegará será a *desentenderse* del peligro. HOY191083 **7 riesgo:** ...no consiguen *desentenderse* del riesgo de su inutilidad o de su fatalidad. EPE050576

B SUSTANTIVOS QUE DENOTAN OBLIGACIÓN O DEBER: **8 compromiso ++:** ...parece *desentenderse* de sus compromisos con los países europeos para llevar a cabo una política de unidad. LVE031294 **9 obligación ++:** ...para *desentenderse* de sus obligaciones a costa de personas que viven de este tipo de trabajos y crear toda una suerte de incredulidades. EXC211096 **10 promesa +:** Si hace promesas, no puede *desentenderse* de ellas a la hora de la verdad... EME040295 **11 responsabilidad +:** ...no tienen absolutamente ninguna excusa para *desentenderse* de su responsabilidad de recibirlos dentro de sus fronteras... LVE151196

C SUSTANTIVOS QUE DENOTAN LABOR O FUNCIÓN EJERCIDA: **12 oficio:** Después parece *desentenderse* del oficio de pintar para preocuparse, mayormente, de la creación de una iconografía de combate. LVE060996 **13 trabajo:** ...permite cumplir su función de regulación y combate del delito (...) *desentenderse* del trabajo de los lavadores... CLA040501 **14 labor:** ...acusó ayer a (...) de *desentenderse* de su labor de alcalde... LVE100196 **15 función:** Pero eso no interesa a los legisladores mayoritarios, *desentendidos* de su función histórica e indiferentes a la censura... ETC081196

D SUSTANTIVOS QUE DESIGNAN EL FUTURO, EL AZAR O LO QUE SE PIENSA QUE PUEDEN DEPARAR: **16 futuro +:** ...porque renunciar a ello implica *desentenderse* del futuro de España. LVE290196 **17 suerte +:** Para decirlo sin ambages, creo que la mayoría de la población (...) tiende a *desentenderse* de la suerte de los desplazados y refugiados. EPD250996 **18 destino:** Recuérdese que hace justo cuatro años, el socio mayoritario Akzo se *desentendió* del destino de... LVE280595

E SUSTANTIVOS QUE DENOTAN IDEA, CONCEPTO, PRINCIPIO O NORMA DE ACTUACIÓN: **19 idea:** ...estuvo tentado de hacer una versión, una adaptación a nuestra realidad, aunque finalmente se *desentendiera* de la idea. LVE091194 **20 dogma:** ...haciendo caso omiso de oportunismos y *desentendiéndose* de los dogmas y las esencias. LVE300996 **21 precepto:** Desentenderse de ese precepto, de esa forma de comunión y en ese día... LVE250296 **22 fundamento:** ...por el proceso productivo en sí mismo, y *desentendidos* de los fundamentos culturales de la arquitectura. CLA030797

F SUSTANTIVOS QUE DENOTAN CONSECUENCIA: **23 consecuencia +:** ...pero si así es, más vale gozar el momento y *desentenderse* de las consecuencias. EPE211299 **24 secuela:** El banco se llamó a andana y se *desentendió* de las secuelas del desfalco. LVE110295 **25 efecto:** ...ha evidenciado de sobra su capacidad para *desentenderse* de los efectos causados por sus propios errores... EME160695

■ Se combina también con: ♦ **del todo, por completo[101], totalmente**

desenterrar

v. ▮ En su sentido físico se construye con sustantivos que designan seres materiales *(vasija, escultura, fósil, tesoro, cadáver, cuerpo, hueso).* La locución verbal *desenterrar el hacha de guerra* se usa en la lengua conversacional con el sentido de 'iniciar hostilidades'. En el sentido figurado se combina con sustantivos que designan textos *(texto, artículo, documento, recorte)* y otras unidades de información *(noticia, episodio).* También se combina con...

A SUSTANTIVOS QUE DESIGNAN LO QUE HA SUCEDIDO O EL RESULTADO DE EVOCARLO: **1 pasado ++:** ...los liberales han evitado por todos los medios de no *desenterrar* el pasado, sin embargo, cuestionó que son los mismos nacionalistas los que han provocado que el pueblo mire hacia atrás... LTH030397 **2 recuerdo ++:** El joven bailarín prefirió *desenterrar* sólo los buenos recuerdos... EME010596 **3 historia +:** La jornada de ayer fue un día para *desenterrar* parte de la historia de España. EPE261101

B ALGUNOS SUSTANTIVOS QUE DESIGNAN PERSONAS O COSAS CONOCIDAS, NOTORIAS O PERTENECIENTES AL ACERVO CULTURAL COMPARTIDO: **4 mito +:** Al llegar a su destino, en la sierra de la Demanda y junto a la carretera hacia Soria, tiñó de luto el pueblo y *desenterró* el mito de la España negra. LVE281196 **5 tópico:** Pero sé que, aunque nos atiendan diez veces bien, si un día vas a alguna oficina y has de esperar, basta para *desenterrar* los viejos tópicos. LVE141096

C SUSTANTIVOS QUE DESIGNAN LO QUE OBSESIONA O LO QUE PRODUCE TEMOR, INTRANQUILIDAD O PREOCUPACIÓN. TAMBIÉN CON OTROS QUE SE REFIEREN A CIERTOS SERES IMAGINARIOS QUE SE ASOCIAN CON ESAS SENSACIONES: **6 demonio ++:** Al *desenterrar* demonios de confrontación desvelan también frustraciones e intentan que la gente crea que sus problemas están en función de un enemigo exterior. LVE110296 **7 fantasma ++:** ...*desenterró* ayer los viejos fantasmas que amenazan, en su opinión, la autonomía y el autogobierno catalán. EPE311201 **8 pesadilla:** Y es que, en este valle de lágrimas, nada como el humor para *desenterrar* pesadillas. LVE010895

D OTROS SUSTANTIVOS; POSIBLES USOS CRUZADOS: ...que suele armarla cada vez que aparece en un debate, y han sido muchas, cuando *desentierra* la caja de los truenos. [Cf. *abrir*] LVE250396

☐ Véase también: **exhumar.**

desentrañar *v.* **I** Se combina con sustantivos que denotan hecho o evento *(caso, asunto, suceso)*, a menudo de carácter delictivo *(crimen, robo, asesinato)*. También se combina con otros que se interpretan como interrogativas indirectas reducidas *(desentrañar cuál es la causa > desentrañar la causa)*. Destacan sus combinaciones con...

A SUSTANTIVOS QUE DESIGNAN COSAS OCULTAS, RESERVADAS, INTRINCADAS O DE DIFÍCIL COMPRENSIÓN, INTERPRETACIÓN O SOLUCIÓN: **1 misterio ++:** En la memoria quedan sus interpretaciones de los románticos –su Chopin era precioso y exquisito– y de la música española, de la que *desentrañó* el misterio. EME260496 **2 enigma ++:** A los tres hombres que han convivido con Amanda sin *desentrañar* el enigma de su personalidad inestable les une una común condición de egoístas recluidos en sí mismos. LVE150995 **3 secreto ++:** El viaje de la nave comenzó en 1989 a bordo del transbordador espacial Atlantis y persigue *desentrañar* los secretos del mayor planeta de nuestro sistema solar... LVE071295 **4 maraña ++:** ...han defendido desde hace siete años la necesidad de *desentrañar* la maraña de los GAL. EME190895 **5 incógnita:** Hasta que la ciencia no *desentrañe* la incógnita que reside en el intestino, trucos como el de la palangana representan la ayuda... EME210396 **6 interrogante:** El acuerdo, obviamente, no acaba de *desentrañar* todos los interrogantes que se ciernen sobre el TAV Barcelona-Narbona... LVE070795 **7 intríngulis:** ...el periodista no tiene tiempo para analizar los detalles y *desentrañar* los intríngulis de la verborrea que se gastan los políticos y manejan los propagandistas... EPE270900 **8 entresijo:** Zapata ha sabido *desentrañar* los entresijos del Rocío y comunicárnoslo más allá de su propia fascinación, incluso de sus creencias... ABC120692 **9 madeja:** Hoy, el resplandor del renacido credo liberal y la globalización son los depositarios de la ancestral aspiración a *desentrañar* la madeja de los ciclos económicos... EPD080597 **10 ovillo:** ...y una finura suficientemente perspicaz para que los textos de Foix, ellos mismos, *desentrañen* el ovillo que conforman cuando se toman como evolución literaria personal... LVE070696 **11 telaraña –:** En los actuales momentos que atraviesa la sociedad española y con la misma firmeza que requieren algunos, llenos de razón, para *desentrañar* de una vez la telaraña de los GAL... LVE260195

B SUSTANTIVOS QUE DESIGNAN ESTADOS DE COSAS INCONVENIENTES, CONFLICTIVOS, ANÓMALOS O INCOHERENTES: **12 problema +:** Se trataba de una labor a fondo, de llegar a tocar (...) y *desentrañar* los problemas que allí determinaban semejante problemática. GIC051697 **13 problemática:** Pretende *desentrañar* la problemática central de su país, desagregar las mezclas y los procesos que han ido conformando la esencialidad de Francia. ABC101293 **14 irregularidad:** Se inició una investigación para *desentrañar* las posibles irregularides que se habían cometido durante el proceso. INDOC **15 contradicción:** El nieto, «como un elefante en una cacharrería» *desentrañará* todas las contradicciones, hipocresías y mentiras asumidas de este grupo de gente mayor... LVE240495

C SUSTANTIVOS QUE DESIGNAN CONFABULACIONES, CONJURAS Y OTRAS ACTUACIONES ENCUBIERTAS. TAMBIÉN CON ALGUNOS QUE DESIGNAN ARDIDES, TRETAS, ARTIMAÑAS Y OTRAS ACCIONES SOLAPADAS DISEÑADAS PARA LOGRAR UN OBJETIVO, A MENUDO ILÍCITO: **16 complot +:** ...está reuniendo a investigadores, fiscales estatales y defensores de los consumidores para tratar de *desentrañar* el complot... ENH140797 **17 conspiración +:** Las fuentes de la fiscalía indican que la clave para *desentrañar* la conspiración ha sido el general Domiro García Reyes... LVE300495 **18 intriga +:** Es en tal lugar donde «el Moro» *desentraña* la intriga que articula la obra. LVE020395 **19 trama +:** ...pero sus últimos anhelos estuvieron dedicados a *desentrañar* una trama de corrupción como la que creía haber descubierto en la Policía Municipal... EME290195 **20 maniobra:** La acusación insistió en *desentrañar* la maniobra delictiva y así el Ayuntamiento de Calvià y el PSOE presentaron un recurso... EPE300699 **21 maquinación:** ...un artículo valiente que saca a la luz la compleja trama política y *desentraña* maquinaciones impresentables. INDOC **22 truco:** ...un burdo truco legal del abogado que el fiscal no tardó en *desentrañar.* INDOC **23 trampa:** No ha habido tirano (...) que no haya ambicionado las claves del PRI: *desentrañar* las trampas, aciertos y habilidades... EPE020700

D SUSTANTIVOS QUE DESIGNAN LO QUE EFECTIVAMENTE ES O SUCEDE: **24 verdad ++:** Y no sólo logran *desentrañar* la verdad y triunfar, sino que además sobreviven. EME260394 **25 realidad:** ...nos vemos obligados a pagar por haber tenido durante tanto tiempo una clase intelectual que se nutría de ideologías sin pretender *desentrañar* la realidad de la historia. EPE010599

E SUSTANTIVOS QUE DENOTAN CAUSA: **26 causa +:** El historiador no se conformará solamente con la narración que es el papel de la historia descriptiva, sino que irá más allá, a *desentrañar* las causas de los hechos... DHE051197 **27 motivo +:** ...claro que para *desentrañar* los motivos de tantos mitotes, huelgas y tanto relajo, es necesario hacer un poco de historia... EXC020496 **28 origen +:** ...que está ofreciendo importantísimas claves par *desentrañar* el origen del hombre. LVE010596 **29 raíz:** ...partiendo de las consignas de un discurso, se *desen-*

trañan las raíces de esa tendencia, tan indisolublemente unida al «apparat». ABC060392 **30 porqué:** ...pero nunca, hasta ahora, estuvieron tan claras las claves para *desentrañar* el porqué de las enigmáticas imágenes llevadas a sus obras. ABC140593 **31 razón:** Sin embargo, resulta difícil *desentrañar* la razón de las pasiones que despierta entre sus fans. EPD250996 **32 justificación:** ...la tarea casi imposible de *desentrañar* la posible justificación de un crimen absurdo. INDOC

F SUSTANTIVOS QUE DESIGNAN CÓDIGOS NECESARIOS PARA INTERPRETAR ALGO. TAMBIÉN CON OTROS QUE DESIGNAN MENSAJES, TEXTOS, SIGNOS O CONJUNTOS DE SIGNOS, CON FRECUENCIA CRÍPTICOS: **33 clave ++:** No cabe duda de que la ciencia está cada vez más cerca de poder *desentrañar* todas la claves biológicas que determinan el comportamiento humano... EME270195 **34 símbolo:** ...y se remonta a la teogonía griega en busca de modelos mitológicos para *desentrañar* los símbolos del terror. LVE290895 **35 jeroglífico:** Que nos aclara el misterio de los ciclos cósmicos e históricos y de la astrología y que, en su última parte (la obra esta dividida en cuatro) *desentraña* los jeroglíficos... ABC151191 **36 mensaje:** Se entregaba de lleno al placer de ensayar, *desentrañar* el mensaje encerrado en las partituras, comunicarlo a los profesores, y con ellos al público. ABC190692 **37 escritura:** En el documental, el profesor Pascal Vernus narra los sucesivos avances que llevaron a *desentrañar* la escritura jeroglífica empleada por los egipcios... LVE121295 **38 escrito:** ...a la hora de *desentrañar* sus propios escritos, el investigador requiere de todos los instrumentos interpretativos posibles... ABC240395 **39 códice:** ...grandes códices que no podemos *desentrañar* pero cuyas pictografías, inscritas en sus lomos y en sus «tapas», nos incitan a hacerlo y cultivan nuestra ansiedad. ABC291295 **40 red de signos:** De ese modo, el lector, combinando la consulta del texto lírico, la paráfrasis y las notas, precisa el perfil de la composición, *desentraña* su compleja red de signos... ABC260894

G SUSTANTIVOS QUE DESIGNAN INFORMACIONES O SU CONTENIDO: **41 contenido +:** Que no basta el tenor literal y aparente de una disposición para *desentrañar* su contenido... HOY190183 **42 significado +:** Goodman, que trabaja para The New York Times, se llegó hasta el Congreso de los Diputados y trató de *desentrañar* el significado de la postura de Izquierda Unida. EPD300597 **43 sentido:** ...desarrollan su trabajo en los dominios de lo analítico, *desentrañando* el sentido esencial que se esconde bajo cada forma orgánica o geométrica. ABC110394 **44 información:** El fortalecimiento de las organizaciones intermedias, la tenacidad para *desentrañar* la información... CLA140297 **45 conocimiento:** ...una lupa minuciosa que *desentrañe* conocimientos hasta llegar a fibras más primordiales, instintivas. ENV240700 **46 pensamiento:** Y a partir del domingo, a estudiar a Convergencia i Unió, y a *desentrañar* los pensamientos de Jordi Pujol y los aún más inescrutables de Durán i Lleida. EME100694 **47 concepto:** Es del mayor interés el capítulo que dedica a *desentrañar* el concepto del poeta como fingidor. ABC221295

H SUSTANTIVOS QUE DENOTAN FORMA DE SER O CARÁCTER ESENCIAL Y FUNDAMENTAL DE ALGO. TAMBIÉN CON OTROS QUE DENOTAN ASPECTO, CARACTERÍSTICA O PARTICULARIDAD: **48 naturaleza +:** Hubo un tiempo no muy lejano en el que la Ciencia creía haber *desentrañado* la naturaleza del átomo. ABC290494 **49 esencia +:** ...se lanzaban argumentos a la cabeza intentando *desentrañar* la verdadera esencia hispánica, para lo cual no dudaban en entrar a mano armada en lo que alguien denominó la cacharrería de la historia. EPE011199 **50 alma:** Esto es sólo posible si se logra *desentrañar* el alma de la música... EPE190299 **51 identidad:** Una de las claves para *desentrañar* la identidad de los culpables puede estar en la grabación de las cámaras de circuito cerrado de televisión del Metro de Luchana... EME080996 **52 detalle:** Al inmenso talento de Francisco de Goya aún le quedan detalles por *desentrañar*. EDV191200 **53 peculiaridad:** Don Claudio Sánchez Albornoz, luego de *desentrañar* las peculiaridades de nuestro Medievo en una profusión de estudios que se encadenan formando una lista interminable... ABC090493 **54 estilo –:** La pintura actual, en muchos casos, se ha erigido en uno de los instrumentos de análisis más eficaces para *desentrañar* estilos del pasado. ABC170395

I SUSTANTIVOS QUE DENOTAN RELACIÓN O NEXO: **55 relación +:** La comisión racionalizadora que preside Pedro Ibáñez no ha podido *desentrañar* las relaciones que éstas tienen con decenas de otras empresas. HOY250184 **56 vínculo:** ...constata en el pueblo los profundos cambios que ha sufrido la tierra y a la vez trata de *desentrañar* los vínculos atávicos que unen a sus gentes con el lugar. LVE170495 **57 conexión:** La policía sigue ahora varias pistas para *desentrañar* las conexiones de este grupo con otras redes que operan en varias comunidades autónomas. EPE241299

J ALGUNOS SUSTANTIVOS QUE DENOTAN FORMA DE FUNCIONAR O PROCEDER: **58 mecanismo +:** Pero no llegó a *desentrañar* el mecanismo íntimo de la alcaptonuria, desde entonces un enigma clásico de la genética. EPD250996 **59 funcionamiento:** Desentrañado el funcionamiento del motor celular más pequeño. EPE161299 **60 procedimiento:** En la primera parte de su ensayo, el autor se propone *desentrañar* los sofisticados y falaces procedimientos intelectuales de los cuatro acusados... ABC031195 **61 táctica:** ...nada es inocente o gratuito, todo responde a tácticas y estrategias que hay que *desentrañar* y desenmascarar... EPE261099

☐ Véase también: **calcular, decodificar, deducir, descifrar, desenterrar, interpretar.**

desentumecer(se)

♦ **hueso, mano, músculo, neurona, pierna, sentido**

☐ Véase también: **entumecer(se).**

desenvolverse

♦ **a las mil maravillas[25], a trancas y barrancas[14], como pez en el agua, con fluidez[17], con soltura, económicamente, exitosamente, hábilmente, libremente, rápidamente, sin problemas, sin trabas**

deseo

♦ **abrasador[1], acaparador[4], acerado[25], acorde (con)[13], acuciante[26], anhelado, ardiente[1], arraigado[56], asequible[9], atávico[58], caprichoso, carnal[16], ciego[38], claro, compulsivo[16], cumplido, desatado, desbordante[34], descabellado[13], desenfrenado[1], desmedido[20], enconado, encubierto, enfermizo, evidente, exacerbado, expreso, febril[16], ferviente[1], firme, frenético[27], frustrado,**

hondo[19], honesto, ilícito, imperante[31], imperioso[16], impetuoso, imposible, inalcanzable[1], inconfesable[2], inconfesado, inconsciente, incontenible[1], incontrolable, inequívoco[32], inmenso, inocente, insaciable[4], insatisfecho, instintivo[16], intenso, íntimo, irreconciliable[39], irrefrenable[1], irrenunciable[13], irreprimible, irresistible[2], latente, legítimo, lícito, manifiesto, noble, obsesivo, oculto, oscuro, preso (de)[44], profundo[50], puro, rabioso[12], satisfecho, secreto, sexual, sincero, tácito, tenaz[37], truncado, último, unánime[66], utópico, vano[12], vehemente[1], vívido, vivo[12] ♦ a la medida (de)[2] ♦ cúmulo (de)[61], manifestación (de)[26], objeto (de)[1] ♦ abandonar(se) (a), abrigar[8], acariciar[16], acatar[45], acuciar[30], adivinar, aflorar[7], airear[33], albergar[2], alimentar(se) (de)[6], alimentar[4], amainar[29], amoldar(se) (a)[43], amortiguar[63], anidar[40], anticipar(se) (a), antojar(se) (a alguien), apagar(se), aplacar(se)[27], apoderar(se)[38], arder (en), asaltar (a alguien), avenirse (a), avivar[27], brotar[14], calmar(se)[26], canalizar[35], causar, ceder (a), cejar (en)[6], colmar[2], complacer, conceder[1], concitar[34], confesar[28], conservar, consumar(se), corroer, culminar[20], cumplir[9], dar[330], decaer[68], decrecer[33], defraudar[6], dejar caer[10], dejarse llevar (por)[21], desatar, desbaratar[29], despertar[46], desplazar[5], destapar[33], desvanecerse[6], detectar[29], disfrazar[21], disolver(se)[30], distorsionar[47], dominar[5], entrar[2], exacerbar[12], forjar[28], formular[49], frustrar(se), hacer(se) realidad[17], incentivar[25], incitar (a)[29], inclinarse (a), inspirar[25], invadir (a alguien), latir (en alguien), llevar a buen puerto[25], mantener, materializar(se), obedecer (a), palpitar[3], pedir, perder[12], perseverar (en)[15], persistir (en)[36], plegarse (a)[16], prender (en alguien), primar[13], provocar, quebrar(se)[12], renunciar (a), reprimir, responder (a), reventar (de)[4], reverdecer[22], saciar[7], satisfacer, seguir[62], sentir, sucumbir (a), surgir, suscitar, tejer[34], transmitir[27], traslucir(se)[4], trastocar, truncar(se)[6], vencer[35], venir (a alguien), violar[48]

☐ Véase también: **afán (de), afición, ambición, anhelo, ansia (de), apetencia, apetito, aspiración, avidez, codicia, gana(s), hambre, ideal, ilusión, inclinación, intención, pretensión, propensión, quimera, tendencia, tentación, utopía, vocación, voluntad, voracidad.**

DESEO Véase: *VOLUNTAD E INTENCIÓN*

DESEO Véase: ACTUACIÓN FUTURA; ASPIRACIÓN; INCLINACIÓN; INTENCIÓN; PROYECTO

desequilibrar *v.* ▮ Se combina con sustantivos que designan objetos físicos *(desequilibrar una escalera, una bandeja)*. Lo hace a menudo con el sustantivo *balanza*, interpretado generalmente en sentido figurado. Admite asimismo sustantivos de persona, individuales o colectivos, usados tanto en sentido físico *(Desequilibró al defensa y rodó por el suelo)* como en el figurado *(Su histeria acabó por desequilibrar a sus compañeros)*. Se combina a menudo con sustantivos que designan encuentros y confrontaciones *(partido, lucha, combate, batalla, encuentro, liga)* o sus resultados en el deporte *(marcador, empate)*. Se combina además con los sustantivos *situación*, *panorama*, *realidad* y con otros que designan estados de cosas que se consideran actuales o presentes. También admite...

A SUSTANTIVOS QUE DENOTAN ACTIVIDAD COMERCIAL, O DESIGNAN ALGUNAS MAGNITUDES ECONÓMICAS QUE INTERVIENEN EN ELLAS: **1 economía +**: ...para combatir una lacra que amenaza con *desequilibrar* peligrosamente la economía de la UE. EPE250800 **2 mercado +**: ...el temor de que genere nuevas devaluaciones que *desequilibren* el mercado financiero internacional. CLA150199 **3 presupuesto +**: ...fue una sorpresa que hizo más llevadero el exilio y *desequilibró* mi presupuesto por la duración de la estadía. EXP150492 **4 cuenta +**: El reglamento actual genera una serie de arbitrariedades que *desequilibra* las cuentas de las empresas... EME071195

B SUSTANTIVOS QUE DENOTAN ESTRUCTURA, MECANISMO, PLAN O PAUTA DE ACTUACIÓN: **5 sistema +**: ...no pudo reprimir su vena caótica en dos o tres jugadas que *desequilibraron* el sistema defensivo de su equipo. EPE181101 **6 esquema:** En su opinión, lo aprobado supone *desequilibrar* el actual esquema de protección social en favor de los sistemas privados. EME151295 **7 modelo:** ...no se anduvo con rodeos: «Estamos en un modelo equilibrado, que si se *desequilibra* es precisamente por la doble financiación de RTVE... EPE030999

C ALGUNOS SUSTANTIVOS QUE DESIGNAN ESTADOS DE COSAS CARACTERIZADOS POR EL CONCIERTO, LA PROPORCIÓN O LA ESTABILIDAD: **8 orden +**: Poner cada palabra en su justo lugar y de forma que no *desequilibre* el orden del universo, que no altere el equilibrio del universo ni se despeñe por la sima de las penúltimas inocencias... ABC171293 **9 armonía:** ...la liberación de una cascada de sustancias que *desequilibran* la armonía bioquímica... EME311296 **10 tranquilidad:** La irrupción de esas especies agresivas *desequilibró* la tranquilidad que reinaba en el ecosistema. INDOC **11 equilibrio –:** El pesimismo se explica porque el equilibrio europeo, que los ingleses siempre han procurado equilibrar, ha vuelto a *desequilibrarse* a favor de Alemania. LVE080696

D SUSTANTIVOS QUE DENOTAN CURSO, MARCHA O PROGRESO DE UN ACONTECIMIENTO, GENERALMENTE EN LA DIRECCIÓN QUE SE CONSIDERA ADECUADA: **12 proceso +**: España *desequilibró* el proceso de paz antes de los comicios del 92, al ayudar a Dos Santos a formar una policía privada de 30.000 hombres. EME190795 **13 desarrollo +**: Esta situación desajusta y *desequilibra* un desarrollo armónico entre las regiones y el gobierno debe corregir este trato discriminatorio. LTB210700 **14 crecimiento:** ...México está experimentando un crecimiento *desequilibrado* puesto que de un lado tenemos una economía muy dinámica y del otro una estancada o con lento crecimiento. EXC180996 **15 avance:** La crisis energética puede *desequilibrar* el avance económico que estaba experimentando el país. INDOC

E OTROS SUSTANTIVOS; POSIBLES USOS CRUZADOS: Pero según los comentaristas, parece que la oposición quiere derrotar al Gobierno y *desequilibrarlo*. [Cf. *desestabilizar*] EPC190597

☐ Véase también: **desestabilizar, equilibrar.**

desequilibrio ♦ **abrumador[48], acusado[54], claro, comercial, creciente, económico, elevado, extra-**

ño, financiero, fiscal, fuerte, gran(de), grave, importante, ligero, llamativo, ostensible[35], presupuestario, profundo[88], progresivo, público, severo[48], social, visible ♦ acusar[47], agravar(se)[30], agudizar(se), ahondar (en)[14], aumentar, compensar[54], conllevar, corregir[8], crecer, cubrir, derivar(se)[45], entrañar, evitar, existir, financiar, generar, implicar, mantener, mejorar, mitigar[43], nivelar[4], originar, paliar[48], producir, provocar, reavivar, recortar, rectificar[49], reducir, romper, solucionar, subsanar[12], sufrir, superar, suponer

☐ Véase también: **desigualdad, desnivel, desproporción, diferencia, equilibrio.**

deserción ♦ en masa[36], escolar, inesperado, masivo, previsible, repentino ♦ delito (de), índice (de), tasa (de) ♦ causar, crecer, evitar, frenar, impedir, llevar (a), producir(se), provocar

☐ Véase también: **absentismo.**

desesperación ♦ absoluto, aparente, auténtico, ciego (de)[15], extremo, injustificable, justificable, preso (de)[4], profundo, puro, total ♦ al borde (de)[9], con, en medio (de) ♦ acto (de), arrebato (de)[7], estado (de), grado (de), grito (de), momento (de), pozo (de)[19], sensación (de) ♦ abatir(se)[15], abocar(se) (a)[26], apoderar(se)[7], aumentar, caer (en), canalizar[58], causar, clavar[14], contagiar, cundir[3], desatar(se)[34], hundir(se) (en), mostrar, producir, provocar, reflejar, reinar, sembrar[43], sentir, sumir(se) (en), superar, transmitir, vencer

☐ Véase también: **angustia, desesperanza, esperanza, reacción.**

desesperadamente *adv.* ▌Se combina con...

A VERBOS QUE EXPRESAN LA INTENCIÓN O EL DESEO DE CONSEGUIR ALGO: **1 intentar ++:** ...decían los que intentaban *desesperadamente* evitar una sanción que le va a obligar al retiro definitivo de la práctica profesional del fútbol. EPD300897 **2 tratar ++:** ...queriendo (...) darte un beso en la boca, tratando de acordarme *desesperadamente* cómo se da uno. CAP100797 **3 buscar ++:** ...el protagonista Lars Andemening buscaba *desesperadamente* al padre judío asesinado por los nazis... ABC170492 **4 perseguir:** ...al Numancia, que durante veinte minutos tuvo al líder persiguiendo *desesperadamente* el balón. EPE140200 **5 anhelar:** Al fin y al cabo, todos somos sociables y anhelamos *desesperadamente* lo mismo: la paz interior. EME180296 **6 necesitar:** Se trata de un sujeto muy inestable que necesita ayuda *desesperadamente.* EME091196 **7 querer:** Suzanne se casó con Chris Langston hace dos años y quería *desesperadamente* ser madre. LVE101296 **8 precisar:** ...además, necesitan reducir inflación, déficit y tipos de interés. Y *desesperadamente* precisan crear empleo. EME081295

B LOS VERBOS *AMAR* Y *ENAMORARSE*: **9 amar ++:** ...y a bailar con la fuerza dramática de Manuela Vargas y a amar *desesperadamente* con el corazón de Ana Belén... ABC170492 **10 enamorarse:** ...conoció al doctor Khan hace poco más de un año. «Está *desesperadamente* enamorada», afirma el tabloide... EME041196

C VERBOS QUE DENOTAN SOLICITUD. TAMBIÉN CON OTROS QUE DESIGNAN GESTOS Y MANIFESTACIONES CORPORALES QUE SUELEN INTERPRETARSE COMO SEÑALES DE NECESIDAD: **11 pedir:** Balaídos había pedido el relevo *desesperadamente...* EPE091199 **12 llamar:** A veces llueve con tanta fuerza que hasta la propia lluvia llama *desesperadamente* a los cristales... ABC171293 **13 solicitar:** ...diversas comunicaciones en las que Briceño solicitaba *desesperadamente* refuerzos para hacer frente a... EPD240997 **14 reclamar:** Este árbitro elegido por los diferentes clanes chechenos reclama *desesperadamente* desde hace dos años un encuentro... EPE280999 **15 suplicar:** ...y oír las quejas de quienes suplican *desesperadamente* que se les otorguen sus derechos. EUV030996 **16 preguntar:** Al encontrarse con su marido, que preguntaba *desesperadamente* dónde se había metido, él la llevó a... CAR101197 **17 agitar las manos:** ...y el resto de los aldeanos agitan *desesperadamente* las manos bajo la mirada atenta de... EME210396 **18 chillar:** Ambos lloran y chillan *desesperadamente,* mientras que el padre... EME070796 **19 gritar:** Sus amigos relatan que le gritaron *desesperadamente* para avisarle, pero el chico no oyó... EPE180400 **20 llorar:** Una refugiada bosnia llora *desesperadamente* junto a su hijo... EME150795

D VERBOS QUE DESIGNAN LA ACCIÓN DE ASIRSE A ALGO COMO RECURSO O LA DE ACUDIR A LA PROTECCIÓN DE ALGO O DE ALGUIEN: **21 agarrarse ++:** ...los chambelanes continúan agarrados *desesperadamente* a los faldones del líder. EME051096 **22 aferrarse ++:** ...correr el riesgo de aferrarse tanto más *desesperadamente* a aquello por lo cual rechazamos todo... ABC150592 **23 amarrarse:** ...serán dirigentes y candidatos de la izquierda quienes pongan cara de perplejidad, amarrados *desesperadamente* a los detalles como los náufragos a los salvavidas. EPE070699 **24 asirse:** Los clásicos no existen para ser contemplados con admiración sino para asirnos *desesperadamente* a ellos. ABC220995 **25 acogerse:** ...al tormento autorizado por una religión a la que quieren acogerse *desesperadamente* mientras les rechazan los servidores de... EPE010800 **26 acudir:** ...una curandera de fama, a la que acudió *desesperadamente* una vez que los médicos la daban ya por desahuciada. INDOC

E VERBOS QUE DESIGNAN ACCIONES PORFIADAS, OFENSIVAS O DEFENSIVAS: **27 luchar:** ...se ha secado el río y los cooperantes internacionales luchan *desesperadamente* no sólo para alimentar a... EPE020485 **28 combatir:** ...toda resistencia sería inútil, los japoneses habrían combatido *desesperadamente* hasta el último hombre... LVE070795 **29 forcejear:** ...se llenó de agua y naufragó en pocos minutos. La gente forcejeó *desesperadamente* por subirse a las lanchas salvavidas. EPE110201 **30 resistirse:** Agnew se resistió *desesperadamente* a dejar el Poder pero finalmente tuvo que... EME190996 **31 defender:** ...le preguntaron al general Rojo por qué Madrid se había defendido *desesperadamente* cuando estaba abocada a la caída. EME040494

[desesperado] → a la desesperada

desesperanza ♦ creciente, grave, lleno (de) ♦ con, en medio (de) ♦ sensación (de) ♦ caer (en), combatir, crecer, cundir[6], generar, huir (de), infundir, invitar (a)[8], producir, provocar, sentir, sobrevenir (a alguien), sumirse (en), transmitir, vencer

desesperanzador ♦ **actitud, caída, descenso, desenlace, enfermedad, final, futuro, gesto, intento, porvenir, presente, problema, resultado, silencio, situación**

desestabilizar *v.* ▮ Acepta sustantivos personales *(El fracaso en los estudios lo desestabilizó por completo)*, pero se construye más frecuentemente con los que designan organizaciones o entidades de naturaleza política, comercial o administrativa *(empresa, sociedad, gobierno, régimen, país, estado, parlamento, sindicato, banca)*. También se combina con...

A SUSTANTIVOS QUE DENOTAN ACTIVIDAD ECONÓMICA O MERCANTIL. TAMBIÉN CON OTROS QUE DESIGNAN ALGUNAS DE LAS INSTITUCIONES QUE LA REPRESENTAN: **1 economía ++**: ...creando un mito capaz de *desestabilizar* la economía mexicana y poner en cuestión al Gobierno sin disparar ni una sola bala. EME020195 **2 mercado +**: ...perjudicaría los intereses de los inversores extranjeros, aumentaría la deuda china y *desestabilizaría* los mercados financieros asiáticos. CLA310199 **3 finanzas**: ...la economía aún no está suficientemente recuperada como para aguantar algo que pudieran *desestabilizar* de nuevo las finanzas. EXC300896

B SUSTANTIVOS QUE DESIGNAN COSAS SUJETAS A PAUTAS FIJADAS O PREVISTAS GENERALMENTE DE ACUERDO CON ESQUEMAS ORGANIZADOS: **4 estructura**: ...o *desestabilizar* o destruir las estructuras políticas, constitucionales, económicas o sociales de un país... EPE071201 **5 orden**: ...un ataque de la OTAN a Serbia *desestabilizaría* el orden mundial establecido tras la II Guerra Mundial. EPE240399 **6 sistema**: ...instrumentan alianzas de ideologías opuestas para fracturar o *desestabilizar* el sistema político mexicano. EXC120197 **7 proyecto**: ...en la que se denuncia una campaña en nuestro diario para *desestabilizar* al Proyecto Misicuni. LTB210700 **8 gestión**: También a que el propio ministro afirmara que se estaba buscando *desestabilizar* su gestión. CLA061100 **9 plan**: ...podría tratarse de una operación militar dirigida a paralizar la retirada rusa, *desestabilizar* el plan de paz firmado entre Moscú y la guerrilla... EME181296

C OTROS SUSTANTIVOS; POSIBLES USOS CRUZADOS: La cúpula teme que se *desestabilice* lo que los analistas consideran la «frágil balanza de poder»... [Cf. *desequilibrar*] EME220195

D OTROS SUSTANTIVOS; POSIBLES USOS ESTILÍSTICOS: ...y ha *desestabilizado* la credibilidad de la potencia económica más grande del mundo ante los inversionistas extranjeros... ENH141100; ...una disminución en el nivel de magnesio *desestabiliza* las neuronas de la corteza visual... ABC031293

☐ Véase también: **desequilibrar**.

desestimar ♦ **absolutamente, a la ligera[38], arbitrariamente, argumentadamente, bruscamente, de plano[3], plenamente, por completo[29], razonadamente, rotundamente[15], totalmente** ♦ **apelación, criterio, demanda, denuncia, financiación, hipótesis, idea, impugnación, iniciativa, oferta, opción, petición, propuesta, protesta, querella, recurso, solicitud, sugerencia, suspensión, tesis**

desfase ♦ **abismal, apreciable, brutal, claro, considerable, contable, creciente, económico, evidente, financiero, generacional, gran(de), grave, histórico, horario, imperceptible, importante, ligero, manifiesto, minúsculo, notable, notorio, obvio, palpable, patrimonial, presupuestario, profundo, sorprendente, tecnológico, temporal, visible** ♦ **problema (de)** ♦ **acentuar(se), acortar, acusar[48], anular, apreciar(se), compensar[57], corregir, crear, cubrir, equilibrar, evitar, existir, generar, justificar, paliar, plantear, presentar, prever, producir(se), provocar, recortar, registrar, resaltar, salvar, solventar, suavizar, subrayar, surgir**

☐ Véase también: **desajuste**.

desfavorable ♦ **acogida, ambiente, atmósfera, balanza, circunstancia, clima, comentario, comparación, comportamiento, condición, consecuencia, coyuntura, criterio, crítica, dato, desenlace, dictamen, diferencia, disposición, efecto, encuesta, evolución, factor, fallo, impacto, impresión, informe, juicio, marcador, noticia, opinión, posición, pronóstico, reacción, resolución, respuesta, resultado, sentencia, situación, tratamiento, trato, veredicto, viento, votación**

desfavorablemente *adv.* ▮ Se combina con el verbo *evolucionar (La situación evolucionaba desfavorablemente)* y también con algunos verbos de lengua *(hablar desfavorablemente acerca de alguien; comentar un asunto desfavorablemente para alguien)*. Se combina asimismo con...

A VERBOS QUE DENOTAN INFLUENCIA: **1 influir ++**: ...el clima festivo podía influir *desfavorablemente* en la medida en que se demorara la ventaja en el marcador. LPA250592 **2 afectar ++**: ...de las carnes, cuya absorción sí puede afectarse favorable o *desfavorablemente*, según el alimento que acompañe su consumo. HOY050586 **3 incidir ++**: ...muchas veces algún tipo de injusticia que se comete desde los países centrales, incide *desfavorablemente* en los países periféricos en vías de desarrollo. LPA280492 **4 repercutir ++**: ...sus precios repercuten favorable o *desfavorablemente* en la actividad económica. LHG040900 **5 acusar**: ...los precios acusaron muy *desfavorablemente* la subida en un punto del IVA... LVE140196 **6 gravitar −**: ...cuya presencia ha gravitado más favorable que *desfavorablemente* en el historial republicano por su persistente vocación de servicio. DED061196

B ALGUNOS VERBOS QUE DENOTAN CHOQUE ANÍMICO O AFECTIVO: **7 sorprender +**: Otro dato (...) también sorprendió *desfavorablemente* a los expertos... EPE280400 **8 impresionar**: Me impresionó muy *desfavorablemente* la actitud del vicepresidente De la Calle. SEM011297 **9 llamar la atención**: ...una actitud poco cortés, por no decir grosera, que a todos nos llamó la atención *desfavorablemente*. INDOC

C EL VERBO *INFORMAR* EN SU ACEPCIÓN JURÍDICA DE 'EMITIR UN INFORME'. TAMBIÉN CON OTROS VERBOS QUE DENOTAN DICTAMEN, JUICIO O APRECIACIÓN ESTABLECIDOS ACERCA DE ALGÚN ASUNTO, MUY A MENUDO DE MANERA OFICIAL: **10 informar ++**: Fuentes próximas a la Fiscalía, en cambio, estiman que ésta se inclinará por informar *desfavorablemente* la recusación... LVE060295 **11 dictaminar:** ...el TDC ha sopesado en especial la doctrina del expediente (...) que dictaminó *desfavorablemente* en mayo pasado. EPE100101 **12 juzgar +:** ...creo que ni se puede ni se podrá juzgar *desfavorablemente* al arzobispo Carles. LVE231195 **13 evaluar:** ...las bolsas internacionales comenzaron a evaluar *desfavorablemente*, por escasas e inoperantes, las medidas adoptadas por el Banco de Japón... LVE230495 **14 prejuzgar:** El fracaso de la iniciativa (...) parecía prejuzgar *desfavorablemente* cualquier intento similar. EPE130479 **15 resolver +:** ...se estima que el suplicatorio no puede ser resuelto favorable ni *desfavorablemente* sin haber notificado a las partes el contenido de los citados informes. LVE250295 **16 pronunciarse +:** No me suelen preocupar las opiniones ajenas, aunque prefiero que se pronuncien o muy favorablemente o muy *desfavorablemente*. EPE170699 **17 contestar:** ...presenté la solicitud en diciembre de 1997, y me contestaron *desfavorablemente* en junio de 1999, 18 meses más tarde... EPE050899 **18 mirar:** A los colombianos se nos mira bastante *desfavorablemente*. EPE291001 **19 notar:** ...en la cuenca del río Tajo se siguen notando, muy *desfavorablemente*, las funestas consecuencias del trasvase de agua... EPD290497

D ALGUNOS VERBOS QUE DENOTAN COMPARACIÓN: **20 comparar ++:** Es casi un lugar común comparar *desfavorablemente* la falta de interés o de solidaridad del argentino en general con la dedicación de personas... LNP030497 **21 contrastar +:** ...experimentó un aumento de los beneficios del 6,58 por ciento en ese periodo, que contrasta *desfavorablemente* con el 40,2 por ciento de incremento que... LVE250596

desfigurar *v.* **I** Se combina con sustantivos personales *(Lo asaltan, lo golpean y lo desfiguran por completo)*, con sustantivos que designan el semblante *(cara, rostro)* y con otros que se refieren a lugares o espacios *(ciudad, barrio, playa)*. En el sentido figurado acepta sustantivos que designan personas, grupos humanos, organizaciones o instituciones *(desfigurar el partido, al gobierno, al parlamento, la democracia)*, obras de creación *(relato, composición, película, artículo)*, manifestaciones verbales *(Ha desfigurado usted deliberadamente mis palabras)* y sustantivos que denotan hecho *(suceso, hecho, acción, circunstancia)*, casi siempre construidos en plural. Se combina especialmente con...

A SUSTANTIVOS QUE DESIGNAN LO QUE EFECTIVAMENTE ES, SUCEDE O SUCEDIÓ, ASÍ COMO LA MEMORIA QUE SE CONSERVA DE ELLO: **1 realidad ++:** ...los medios de comunicación internacionales que *desfiguran* su realidad. ETC111196 **2 verdad +:** Asimismo Felipe *desfigura* la verdad, al referirse a la Banca... EME310196 **3 historia:** Las revoluciones pasan, los poderosos vuelven a subir en las tarimas para escuchar los himnos y la historia se *desfigura*. EME201095 **4 recuerdo:** Mi miedo es ese temor afectivo a *desfigurar*, uno de los recuerdos de la infancia que la memoria atesora. EPE210599

B SUSTANTIVOS QUE DENOTAN IDENTIDAD, FORMA DE SER O IDIOSINCRASIA DE UNA PERSONA. TAMBIÉN CON OTROS QUE DESIGNAN LA FAMA, LA REPUTACIÓN O LA CONSIDERACIÓN DE QUE GOZA ENTRE LOS DEMÁS: **5 identidad +:** ...que fuera capaz de pasar a la oposición antes que mantenerse vergonzantemente en el poder a fuerza de alianzas que *desfiguran* su identidad. EPE020485 **6 personalidad +:** ...con el exclusivo fin de *desfigurar* la personalidad catalana. LVE221295 **7 carácter:** El original carácter trabajador de este enclave del centro histórico repleto de pequeños comercios se ha ido *desfigurando* progresivamente... EPE190399 **8 prestigio:** ...de suyo es una posición muy espinosa, de *desfigurar* un poco el prestigio, y en este sentido prefirieron declinar. PME150996 **9 reconocimiento:** La autopercepción *desfigura* el reconocimiento de la enfermedad. EPE231001 **10 imagen:** Una vez más, el presidente catalán puede conseguir que la corrupción no *desfigure* su imagen y que sólo pase de puntillas a su lado. EME020495

C SUSTANTIVOS QUE DESIGNAN LO QUE SE QUIERE EXPRESAR, COMUNICAR O TRANSMITIR: **11 sentido ++:** ...la Primera Cumbre de Comandantes de la Coordinadora acusa al Gobierno de *desfigurar* el sentido de la Constituyente y exige que... EME240194 **12 significado +:** El significado del derecho a morir dignamente, se está *desfigurando*. EME080496 **13 información:** ...los medios de comunicación ofrecieron una «información *desfigurada*» sobre los incidentes... EPE191299 **14 contenido:** Como ya se ha dicho, el intentar *desfigurar* el contenido de lo firmado... EPE291199 **15 mensaje:** Esta campaña está organizada por CiU y pretende *desfigurar* nuestro mensaje con descalificaciones políticas... LVE270294

D SUSTANTIVOS QUE DENOTAN FORMA DE PENSAR O ENTENDER LAS COSAS, FUNDAMENTO O VALOR DE ALGO, ASÍ COMO PARECER, JUICIO U OTRAS FORMAS DE RAZONAMIENTO: **16 filosofía:** ...rechaza que esa inversión *desfigure* la filosofía fundacional de las cajas de ahorro. EPE140299 **17 opinión +:** ...resulta de «la maquinaria bien conocida para impedir o para *desfigurar* la opinión y el voto»... PME201096 **18 postura:** ...aprovechar «sus cajas de resonancia para *desfigurar* las posturas de los demás». EPE150999 **19 principio:** ...diluyendo o *desfigurando* los principios fundacionales liberal conservadores del rotativo. EPE160999 **20 idea +:** Así *desfigura* con quimeras su lugar de nacimiento, sus ideas, su religión, sus actitudes... ABC101195 **21 pensamiento:** Un pensamiento *desfigurado* por el apasionamiento. INDOC

E SUSTANTIVOS QUE DENOTAN INTENCIÓN O SUGERENCIA DE LLEVAR ALGO A CABO: **22 plan +:** ...el mismo plan (de 1974), con retoques que no lo *desfiguran* en sus aspectos técnicos... LVE060696 **23 intención +:** Hay que caminar con sumo cuidado, nervios templados y dar mensajes rigurosos en los que la palabra no *desfigure* la intención. CAP090197 **24 propuesta:** Durante buena parte de la campaña, los rivales nacionalistas podían dedicarse a criticar y *desfigurar* las propuestas... EPE021199 **25 iniciativa:** ...haciendo de este pecado original una fuente de vitriolo permanente desde la que *desfigurar* cualquier iniciativa del Gabinete. EME220996

F SUSTANTIVOS QUE DENOTAN ACTUACIÓN, LABOR O EMPEÑO PUESTO EN ALGÚN FIN: **26 esfuerzo:** ¿Al sumar la construcción de aviones de combate, fragatas y tanques en los presupuestos de I+D, no se *desfigura* el esfuerzo real que hace el país en ciencia y tecnología? EPE171199 **27 trabajo:** No es otra la conclusión que surge de mi protesta por el destino de un trabajo *desfigurado* por la improvisación y las necesidades mediáticas del régimen. CAP270696 **28 operación:** ...por si hay alteraciones en los balances para *desfigurar* operaciones. LVE140494 **29 ejecución –:** Porque si la ejecución está *desfigurada*, entraña una ruptura de la comunicación entre la partitura y el público. ABC250992

G SUSTANTIVOS QUE DESIGNAN EL RESULTADO QUE ARROJA ALGÚN ANÁLISIS, CONSULTA U OTRO PROCESO ANÁLOGO: **30 resultado:** ...esta combinación de sistemas no *desfiguró* de forma llamativa los resultados del partido vencedor. LVE260596 **31 balance:** ...tanto la televisión pública como la privada están endeudadas hasta el extremo de que han de *desfigurar* los balances... EME090796 **32 voto:** ...para impedir o para *desfigurar* la opinión y el voto... PME201096 **33 elección –:** Críticos aseguran que su salida *desfigura* la elección popular de alcaldes. ETC070497

☐ Véase también: **distorsionar.**

desfile ♦ **ceremonioso, clamoroso, de moda, emotivo, espectacular, gran(de), histórico, impresionante, magno, majestuoso, militar, multitudinario, patriótico, profesional, solemne, tradicional, triunfal** ♦ **asistir (a), celebrar, circular, concluir, discurrir, encabezar, iniciar, organizar, presenciar, presidir, protagonizar, realizar, suspender**

☐ Véase también: **movimiento, pase, paseo.**

desfogar *v.* ▮ Se usa también como pronominal *(Se desfogaba con sus subordinados)*. Usado como transitivo se combina con...

A SUSTANTIVOS QUE DESIGNAN DIVERSOS SENTIMIENTOS Y ACTITUDES DE CARÁCTER HOSTIL: **1 odio +:** La multitud *desfogó* en su persona el odio acumulado contra los refugiados carlistas. EME020996 **2 ira +:** ...poncharon a Osama bin Laden, sin investigar gran cosa, como el sospechoso común ayudando a *desfogar* así la ira colectiva. CAP200901 **3 cólera +:** ...había dopado a los españoles con el fútbol para hacerlos mansuetos y permitir que *desfogasen* la cólera nacional dominicalmente en el estadio... EME120996 **4 agresividad:** En definitiva, se sentían como niños, jugaban a soldaditos, *desfogaban* su agresividad y, de paso, respiraban el aire del monte. EPE151099 **5 violencia:** ...la liberación también de los hombres, de un sistema masculino cargado de esa violencia que tarde o temprano hay que *desfogar*. EPE301101 **6 insidia –:** «Hortera» es una de las voces usuales que se emplean, ya desde antiguo, para *desfogar* la insidia contra el ciudadano pacífico; otra, «jodío cojo», sobre todo si lo es. EPE200799

B EL SUSTANTIVO *PASIÓN* Y CON OTROS QUE DESIGNAN ESTADOS DE DESEQUILIBRIO, DESEOS VEHEMENTES Y OTROS SENTIMIENTOS Y AFECCIONES: **7 pasión +:** El ser humano siempre *ha desfogado* sus pasiones de las formas más crueles y sanguinarias. INDOC **8 ansia +:** Para los amantes del Scalextric, la Federación Madrileña de Automovilismo ha instalado una espectacular pista de slot de cuatro carriles en la que los jóvenes podrán *desfogar* sus ansias de competición. EME310596 **9 nervios:** Hay gente muy impaciente y lo interrumpe o será que algunos no pueden contener los nervios y necesitan *desfogarlos* a gritos. EPE310800 **10 neura:** Tengo una noche tonta, el ordenador portátil, que es quien me ayuda a *desfogar* mis neuras en ese diario que tanto te interesa, no funciona en este hotel de diseño... EPE071199 **11 trauma:** Es probable que este señor, banquete para un siquiatra, esté utilizando al periodismo como una forma de *desfogar* ocultos traumas infantiles o una sicosis primaria. EXP280797 **12 dolor:** Desfogó su dolor, describiendo con sarcasmo la muerte de su amada en una carta a la baronesa de Lunay... EME040395 **13 hastío:** ...en medio de tantos gestos sin sentido (...) la hace saberse autómata y *desfogar* el hastío. ABC270893

C OTROS SUSTANTIVOS; POSIBLES USOS ESTILÍSTICOS: La Hora me ha permitido *desfogar* todo el caudal de músico que llevo en mi alma... LHG260700

desgajar ♦ **apartado, asunto, bloque, componente, fragmento, parte, pieza, sección, tema**

☐ Véase también: **separar(se).**

desgana ♦ **aparente, considerable, creciente, evidente, manifiesto, preocupante, preso (de)[22]** ♦ **con** ♦ **arrastrar, causar, exteriorizar, mostrar, notarse, poner de manifiesto, producir, provocar, sentir, traslucir(se)[38]**

desgarradamente ♦ **cantar, chillar, clamar, gemir, gritar, llamar, quejarse, sollozar**

☐ Véase también: **desaforadamente.**

desgarrado ♦ **denuncia, grito, lamento, lenguaje, llanto, lloro, mundo, obra, poesía, prosa, sentimiento, sociedad, sollozo, testimonio, voz,** *sustantivos que designan manifestaciones verbales o textuales*

☐ Véase también: **descarnado, desgarrador.**

desgarrador ♦ **aullido, canto, chillido, dolor, escena, gemido, grito, historia, llanto, queja, silencio, sollozo, sonido, testimonio, voz,** *otros sustantivos que designan manifestaciones verbales*

☐ Véase también: **desgarrado.**

desgaste ♦ **acusado[9], alarmante, considerable, constante, creciente, enorme, evidente, excesivo, físico, fuerte, general, gradual, gran(de), implacable, inevitable, inexorable[14], intenso, interno, irreparable[18], irreversible, lento, mínimo, natural, paulatino, permanente, personal, político, prematuro, profundo, progresivo, rápido, severo, terrible, tremendo, visible** ♦ **estrategia (de), fruto (de), guerra (de), labor (de), objeto (de), proceso (de)** ♦ **acusar[5], afectar (a alguien), afrontar, asumir, atajar, calcular, calibrar[42], causar, compensar, comprobar, conllevar, controlar, corregir, evitar, experimentar, frenar, mostrar, notar, padecer, paliar, producir, provocar, realizar, resistir, soportar, sufrir**

☐ Véase también: **deterioro, gasto.**

desglosar *v.* ▮ Se construye con sustantivos que designan muy diversos tipos de textos *(libro, artículo, obra, escrito, novela)* o manifestaciones verbales *(comentario, respuesta)*, y especialmente documentos *(informe, sumario, memoria, diligencia)*. Además se combina con...

A SUSTANTIVOS QUE DENOTAN CIFRA O CANTIDAD. TAMBIÉN CON OTROS QUE EXPRESAN LAS FORMAS EN QUE SE PRESENTAN O SE MANIFIESTAN LAS CANTIDADES ECONÓMICAS: **1 cifra ++:** Esta cifra se *desglosa* en 57.000 millones en tesorería, 28.500 millones por menores comisiones y 8.500 millones por otros conceptos. EME081096 **2 cantidad +:** Esta cantidad se *desglosa* en 465 millones de 1995, 962 de 1996 y 802 millones correspondientes a 1997. EPE100199 **3 saldo ++:** Ese saldo se *desglosa* en un superávit de 555.000 millones de pesetas para los productos textiles y un déficit de 2,98 billones en artículos de confección. LVE150595 **4 presupuesto ++:** El dirigente socialista *desglosó* el presupuesto de campaña en las siguientes partidas: 180 millones para vallas, banderolas y carteles; 125 para publicidad en medios de comunicación; 110 para actos y mítines... EME260594 **5 dato ++:** No se *desglosarán* los datos por zonas para evitar las represalias en las localidades donde podría conocerse el sentido de los votos. EPE300899 **6 cuenta:** Un poco antes de la intervención de Pedro Pérez, el economista Carles José Solsona *desglosó* las cuentas del Gran Capitán del cine catalán. LVE230396 **7 minuta:** ...«estábamos a la espera de que Intervención conociera las minutas y las *desglosara* para que reintegraran estas cantidades». EME040495 **8 deuda:** Para certificar la veracidad de sus datos, Rajoy *desglosó* la deuda no presupuestada en la Comunidad valenciana. EME240995 **9 multa:** La multa se *desglosa* de la siguiente forma: 827 millones de pesetas a Ebro, 370 millones a Sociedad General Azucarera, 151 millones a Acor y 127 millones a Azucareras Reunidas de Jaén (ARJ). EPE200499 **10 ahorro:** Nuñez *desglosó* este ahorro en los 82.000 millones de pesetas que han supuesto, al revalorizar las pensiones a más de seis millones de beneficiarios, 1,4 puntos por debajo del IPC real de 1993... EME300394 **11 donativo:** En estas cuentas se ingresaban, según la prensa, grandes donativos de empresas que se *desglosaban* en montos inferiores a los 20.000 marcos, cantidad máxima si se quiere mantener el anonimato, según la ley de donaciones a partidos. EPE271199

B SUSTANTIVOS QUE DESIGNAN LA ORGANIZACIÓN ARTICULADA DE LO QUE SE PRETENDE LLEVAR A CABO, ASÍ COMO LA DISPOSICIÓN DE LAS ACCIONES NECESARIAS PARA CONSEGUIRLO: **12 proyecto:** En la inauguración se destacó que la exposición *desglosa* un proyecto pionero en Europa y que dará salida al Parque de Doñana hasta la Sierra de Aracena a través del corredor verde. EPE020699 **13 programa:** ...ha pedido a todas las instituciones del Gobierno, autónomas y descentralizadas, que el programa de 1997 sea *desglosado* en períodos trimestrales... DED210197 **14 propuesta:** ...empezó a *desglosar* una por una sus propuestas programáticas en materia de política social. EPE190999 **15 plan:** Al margen del pequeño usuario, las grandes beneficiarias de este plan, *desglosado* en varias fases, han sido las grandes empresas del sector. EPE150299 **16 designio:** Este designio «había de *desglosarse* en otros menores, pero aplicables a las concretas realidades políticas del país...». EPD210497

C SUSTANTIVOS QUE DESIGNAN EL PROCESO DE AVERIGUAR ALGUNA COSA, ASÍ COMO EL RESULTADO QUE ARROJA O LA CONCLUSIÓN QUE ALCANZA: **17 resultado +:** Agregó que a fines de noviembre próximo habrá una reunión con representantes de las preparatorias incorporadas a la Uady para entregarles los resultados *desglosados* de ese examen. DYM281096 **18 dictamen:** El dictamen, que se *desglosa* a lo largo de medio centenar de folios que analizan el planeamiento sólo desde el punto de vista medioambiental... EPE250499 **19 investigación:** ...el criterio que impera en la sala segunda es el de asumir las peticiones que formula el fiscal en el escrito en el que propone *desglosar* la investigación de los fondos reservados... LVE310395 **20 balance:** «Si gano 100 millones soy noticia, pero si pierdo 25 millones, no», respondió Garzón al insistirle para que *desglosara* el balance económico de la organización. EME130394 **21 salida −:** Fuentes del club blanco confirmaron ayer a este periódico todos esos extremos y *desglosaron* las salidas que tiene el conflicto... EME260796

D ALGUNOS SUSTANTIVOS QUE DENOTAN IDEA, FUNDAMENTO CONCEPTUAL, RAZÓN O JUICIO: **22 principio:** Ante tal afirmación le fue entregado el texto del comunicado (...), en el que se *desglosan* los principios generales para una solución política de la crisis de Kosovo. EPE080599 **23 pensamiento:** Desglosemos, pues, nuestros pensamientos. DLA060397 **24 opinión:** Si esas opiniones se *desglosan* por intención de voto, los resultados no pueden ser más elocuentes. LVE121195 **25 valoración −:** ...asegura que *consiguió* que dicha valoración se *desglosara* en tres apartados. EPE301299

E SUSTANTIVOS QUE DESIGNAN ACCIONES LEGALES O LOS TEXTOS QUE LAS CONTIENEN: **26 acusación +:** En la carta de respuesta, *desglosa*, punto por punto, las acusaciones de Ortega para, al final, retarlo a un debate público. EPD240997 **27 demanda:** Las demandas esenciales se han ido *desglosado* a lo largo de las jornadas de reflexión que hoy acaban. LVE220396 **28 recurso:** En el documento elaborado sobre los presupuestos de 1997 también se *desglosan* los recursos necesarios para el Grupo RTVE... EME260996

F SUSTANTIVOS QUE DENOTAN DESARROLLO, AUMENTO O ASCENSO Y, MÁS RARAMENTE, LAS NOCIONES CONTRARIAS: **29 evolución:** «Vamos a explicar comunidad por comunidad las ventajas que tiene el nuevo modelo de financiación y vamos a *desglosar* las cuentas...». EPE171201 **30 crecimiento:** El estudio *desglosa* el crecimiento por comunidades autónomas... EME260996 **31 subida:** Esta subida se *desglosa* de la siguiente manera: un 4% en 1999; un 3,75% para el año 2000, y un 3% para el 2001. EPE240699 **32 reducción:** Mariano Rajoy *desglosó* la reducción de estos gastos ministerio por ministerio... EME201296

G SUSTANTIVOS QUE DESIGNAN SITUACIONES O SUCESOS ADVERSOS, ANÓMALOS, ILEGALES O CARENCIALES: **33 conflicto:** Se *desglosa* el excitante conflicto en toda la sociedad humana entre el sentimiento del amor y cualquier otro de orden religioso, patriótico o humanitario... EME060796 **34 problema:** ...así que fue *desglosando* uno por uno los serios problemas que el proyecto planteaba. INDOC **35 irregularidad:** Más adelante, el texto *desglosa* las presuntas irregularidades, ahora admitidas en parte por el conseller Xavier Trias, antiguo mentor político del conseller Jaume Roma. LVE100695 **36 mal:** ...*desglosó* los males que azotan a Argelia (asesinatos, corrupción, paro, miseria social, divorcio entre el Estado y el ciudadano)... EME281196 **37 necesidad –:** ...el ex titular de Economía chileno *desglosó* la necesidad de descargar la responsabilidad del desempleo únicamente en el Estado e incrementar el papel de las administraciones locales... EPE030299

▦ Se combina también con: ♦ **al detalle[12], detalladamente[29], parsimoniosamente, punto por punto[37], uno a uno, uno por uno, uno tras otro**

desgracia ♦ **ajeno, amargo, gran(de), imprevisible[49], individual, inmenso, irremediable, irreparable[9], lamentable, personal, político, profundo, terrible, tremendo** ♦ **por** ♦ **cúmulo (de)[20], serie (de)** ♦ **abatir(se) (sobre algo/sobre alguien), abocar(se) (a)[25], acaecer[14], acarrear[23], acechar[25], achacar[36], adueñarse (de alguien), afligir (a alguien), afrontar[22], arrastrar, avecinar(se), caer (en), causar, cebarse (en), cernerse[15], conjurar[23], conmover (a alguien), consumar(se), deparar (a alguien), desatar(se), desencadenar(se), encajar, generar, hundir(se) (en)[11], lamentar, llegar, ocasionar, ocurrir[14], planear (sobre algo/sobre alguien), presentar(se), producir(se), provocar, recaer[81], recuperar(se) (de), remontar[9], sembrar[77], sobrellevar, sobreponerse (a)[5], sobrevenir, sucederse, sufrir, tener**

□ Véase también: **adversidad, fatalidad, tragedia.**

desgranar ♦ **argumento, asunto, canción, comentario, contenido, dato, discurso, frase, fruto, historia, idea, información, melodía, narración, opinión, programa, propuesta, recuerdo, relato, rosario (de)**

□ Véase también: **detallar.**

deshacer(se) ▮ *(descomponer)* ♦ **a pedazos[5], definitivamente, de gusto, en (mil) pedazos, en fragmentos, en trozos, gradualmente, inmediatamente, por completo, rápidamente, repentinamente, totalmente**

▮ *(prescindir)* ♦ **de un plumazo, irregularmente, por las buenas, sin contemplaciones**

□ Véase también: **deshacerse (en).**

deshacerse (en) *v.* ▮ Se construye generalmente con sustantivos en plural y sin artículo. Se combina con sustantivos que designan materias *(deshacerse en polvo)*, así como partes o componentes de alguna cosa *(deshacerse en pedazos, en fragmentos, en partículas)*. En su sentido figurado se combina con...

A SUSTANTIVOS QUE DENOTAN ENCOMIO O PONDERACIÓN Y CON OTROS QUE DESIGNAN DIVERSAS FORMAS DE RECONOCIMIENTO O GRATITUD: **1 halago ++:** Para comenzarlo llegaron el sábado la mexicana Alba Herrera y la peruana Gisela Abanto, que se *deshicieron* en halagos a la Universidad. EPE130199 **2 elogio ++:** Uno no se *deshace* en elogios por alguien a menos que comparta con dicha persona buena parte de sus ideales, actuaciones o principios. LPN240797 **3 alabanza +:** Cuando sobrevino el golpe de Estado del 3 de febrero de 1989, todos estos personajes que se *deshacían* en alabanzas al dictador, temblaron de miedo y corrieron como ratas a sus refugios o pidieron perdón de rodillas a los valientes hombres. ACP271196 **4 aplauso +:** Los diputados del Grupo Popular no pudieron evitar *deshacerse* en aplausos... LVG231191 **5 piropo:** ...un informe que se *deshacía* en piropos sobre el futuro de Banesto. EME070394 **6 loa:** Los niños, comprados o no, se *deshicieron* en loas y elogios. EME220695 **7 homenaje:** Sus palabras se *deshicieron* en homenajes a las enseñanzas recibidas de su padre y otros maestros... EME240495 **8 agradecimiento:** ...no le impedía hablar por los codos y *deshacerse* en agradecimientos hacia el público que tanto le quiere... LVE041296 **9 felicitación:** El dinámico empresario se *deshacía* en abrazos, felicitaciones y sudores, en la terminal de llegadas del aeropuerto... EME180895

B SUSTANTIVOS QUE DESIGNAN GESTOS DE APRECIO, AFABILIDAD, RESPETO, CARIÑO, CORTESÍA Y OTRAS MANIFESTACIONES ATENTAS O CORDIALES: **10 atención ++:** ...la cúpula del PP catalán, que se considera «extremadamente ninguneada» por CiU en la misma medida en que ésta se *«deshace»* en atenciones hacia ERC. EPE121199 **11 gentileza +:** ...el vendedor de caramelos de mala calidad se *deshace* en gentilezas... DLA080497 **12 abrazo +:** Sito Pons trata de mantener a duras penas la compostura profesional, aunque, cuando aparece Puig, se *deshace* en abrazos con el resto. EME080595 **13 arrumaco +:** Las enfermeras voluntarias se *deshacen* en arrumacos. EPE130499 **14 beso:** ...se *deshacía* en besos, abrazos y piropos para despedir a Banderas. EME031295 **15 sonrisa:** Pujol, huido de la carnicería Ribó, empezó a *deshacerse* en sonrisas... LVE151295 **16 reverencia:** ...se detiene para que (...) meneen uno tras otro la cabeza mientras yo me *deshago* en reverencias disculpatorias. EPE210499 **17 amabilidad:** ...se *deshacen* en amabilidad y en invitaciones para comer... LVE010396 **18 simpatía:** Ahora, un reparto estelar se encarga de *deshacerse* en simpatías entre pistoleros, tramposos y sonrisas amables. EPE181199

C ALGUNOS SUSTANTIVOS QUE DESIGNAN MANIFESTACIONES VERBALES DE RECONVENCIÓN, CENSURA, PROTESTA O LAMENTACIÓN: **19 recriminación:** De poco le sirvió *deshacerse* en un alud de improperios y recriminaciones. INDOC **20 reproche:** ¿Cómo esperar visitas frecuentes si cuando se dan nos *deshacemos* en reproches, recriminaciones y quejas (...)? DYM010996 **21 queja:** A pesar de que se *deshizo* en quejas y amenazas, su reclamación no fue atendida. INDOC **22 insulto:** ...perdió los estribos y se *deshizo* en un torrente de insultos... EME100795

D SUSTANTIVOS QUE DESIGNAN SENTIMIENTOS DE AFLICCIÓN O ANGUSTIA, ASÍ COMO ALGUNAS DE SUS MANIFESTACIONES FÍSICAS, MUY FRECUENTEMENTE EL LLANTO: **23 amargura +:** El comentario de Campuzano se *deshace* en amargura (eso sí, contenida)... EPE190499 **24 inquietud +:** ...por aquellas fechas se *deshacían* en inquietudes debido a la inminencia del torneo... EME120695 **25 lágrima +:** ...el ciprés así se llamó cuando Cipariso se *deshacía* en lágrimas por haber matado involuntariamente al ciervo, su compañero de juegos. LVE241195 **26 llanto:** ...semeja ese grito de las ánimas cuando ven en el purgatorio a ese morlaco embistiendo al toro de la vida que se *deshace* en llanto por un amor perdido. EME120695 **27 lloro:** ...leyendo en este periódico lo que había dicho (...) prácticamente me *deshice* en lloros.

EPE111001 **28 sollozo:** ...subió una temblorosa chica del público al escenario a la que abrazó mientras ella se *deshacía* en sollozos. EPD250996

E SUSTANTIVOS QUE DESIGNAN LA ACCIÓN DE ADUCIR RAZONES O PRUEBAS PARA LIBRARSE DE UNA CULPA O MANIFESTAR PESAR POR ALGUNA OFENSA: **29 excusa ++:** Cuando se supo su decisión la prensa italiana no se lo tomó muy bien y Sciandri tuvo que *deshacerse* en excusas. LVE140795 **30 explicación ++:** Y el mozo se *deshace* en explicaciones, tratando de ofrecerle empanadas de queso o de mariscos, pero nada similar a una de pino. CAR221297 **31 disculpa:** Al final, vino el responsable de seguridad de los almacenes y se *deshizo* en disculpas. LVE231196

F OTROS SUSTANTIVOS; POSIBLES USOS ESTILÍSTICOS: El resplandor rueda sobre la memoria y se *deshace* en toneladas de luz. EPE300700

☐ Véase también: **deshacer(se), prodigar.**

deshilvanado ♦ **argumento, artículo, descripción, discurso, estructura, exposición, idea, juego, libro, novela, película, pensamiento, razonamiento, texto, trabajo,** *otros sustantivos que designan informaciones*

deshinchar(se) *v.* ▮ En su sentido literal se construye con sustantivos que designan objetos que contienen aire o gas a presión *(rueda, globo, pelota)*. En su sentido de 'reducir(se) la inflamación o hinchazón de' se combina con sustantivos que designan ciertas partes del cuerpo *(cara, mano, vientre)*. En sentido figurado, admite sustantivos de persona, más frecuentemente relacionados con el ámbito deportivo o el mundo del espectáculo *(equipo, selección, audiencia)*. También se combina con...

A EL SUSTANTIVO *ÁNIMO* Y CON OTROS QUE DESIGNAN DIVERSOS ESTADOS ANÍMICOS O INTENCIONALES, GENERALMENTE POSITIVOS, ASÍ COMO ALGUNAS DE LAS FORMAS EN QUE HABITUALMENTE SE MANIFIESTAN: **1 ánimo:** El ánimo de los jugadores fue *deshinchándose* a medida que se consumaba la derrota. INDOC **2 ilusión:** ...ilusiones acumuladas durante años que se *deshinchan* por siempre por la amargura de la decepción. INDOC **3 entusiasmo:** El regreso a casa obliga a *deshinchar* el entusiasmo para que quepa en la maleta. ABC220995 **4 gesto:** Todos estos recelos han *deshinchado* los significativos gestos que Jacques Chirac realizó ante la comunidad judía tras ser elegido presidente de Francia... LVE211096 **5 sueño:** Todos los sueños vocacionales se *deshinchan* y al alumno aprobado se le ofrecen extraños e impensables programas de estudios... LVE060795

B OTROS SUSTANTIVOS; POSIBLES USOS ESTILÍSTICOS: Evitar la medalla de bronce del PP es *deshinchar* la posibilidad de que Aznar tenga mayoría absoluta e, incluso, impedir un gobierno que causa angustia. LVE151195

☐ Véase también: **decrecer, desinflar(se), inflar.**

deshonra ♦ **condenado (a), expuesto (a), familiar, hiriente, humillante, ignominioso, insidioso, lacerante, personal, tácito, ultrajante, vejatorio, verdadero** ♦ **con, sin** ♦ **motivo (de)** ♦ **acarrear, compensar, constituir, deparar, desquitar(se) (de), evitar, lavar, llenar (de), padecer, pasar (por), perder, provocar, replicar, saldar, soportar, sufrir, suponer, traer, vengar**

desierto ▮ *(adj.)* ♦ **calle, camino, casa, certamen, ciudad, galardón, habitación, local, plaza, premio, pueblo, territorio** ♦ **declarar (un premio/una plaza), dejar, quedar, ver(se)**
▮ *(sust.masc.)* ♦ **abrasador, absoluto, árido, asfixiante, auténtico, baldío, cultural, desolado, extenso, inabarcable, inhóspito, inmenso, lejano, llano, pleno, polvoriento, puro, sofocante, tenebroso, tórrido, uniforme, vasto, verdadero, yermo** ♦ **en medio (de)** ♦ **arena (de), tormenta (de), travesía (de)** ♦ **atravesar, avanzar, clamar (en), cruzar, cubrir (algo), extender(se), gritar (en), pisar, predicar (en)**

designación ♦ **acordado, a dedo[25], arbitrario, colectivo, consensuado, democrático, directo, discrecional[34], ilegal, justo, libre, oficial, personal, polémico, por aclamación, por unanimidad, unánime** ♦ **por** ♦ **fecha (de), proceso (de), sistema (de)** ♦ **aprobar, auspiciar, confirmar, decidir, evitar, facilitar, imponer, impugnar[31], influir (en), obtener, pedir, producirse, promover, proponer, ratificar, realizar, rechazar**

☐ Véase también: **nombramiento.**

designar ♦ **a dedo[2], arbitrariamente, definitivamente, democráticamente[4], directamente, inmediatamente, oficialmente, personalmente, por aclamación[5], por unanimidad** ♦ **candidato, presidente, representante, sucesor, sustituto,** *otros sustantivos que designan cargos*

☐ Véase también: **nombrar.**

designio ♦ **alto, claro, divino, evidente, extraño, gran(de), misterioso, oculto, oscuro, político, secreto, turbio, verdadero** ♦ **bajo** ♦ **acatar[47], aceptar, comulgar (con), cumplir(se), dirigir, doblegar(se) (a), escapar (a), imponer, librar(se) (de), oponer(se) (a), plegarse (a)[19], prevalecer, rechazar, regir, someter(se) (a), supeditar(se) (a), tener, trazar**

desigualdad ♦ **abismal[22], acentuado, acusado[53], aparente, atroz, claro, creciente, económico, enorme, espantoso, evidente, flagrante[22], fuerte, gran(de), injusto, laboral, marcado, notable, ostensible[34], patente, profundo[87], racial, salarial, social, terrible** ♦ **acabar (con), acentuar(se), agravar(se)[32], agudizar(se)[16], ahondar (en)[15], aumentar, compensar, corregir, crear, crecer, derivar(se)[44], desvanecerse[58], disminuir, eliminar, evitar, existir, fomentar, frenar, generar, incrementar(se), luchar (contra), mitigar[42], moderar, paliar[49], persistir, provocar, reducir, revelar, subrayar**

☐ Véase también: **desequilibrio, desnivel, desproporción, diferencia.**

DESIGUALDAD Véase: **DIFERENCIA**

desigualmente ♦ **acoger, afectar, alinear, colocar, desarrollar(se), disponer, distribuir, dotar, emparejar, enjuiciar, evaluar, juzgar, repartir, resolver, situar, tratar, ubicar, utilizar, valorar**

desilusión ♦ **amargo, angustioso, creciente, doloroso, enorme, general, gran(de), lamentable, lleno (de), mayúsculo[43], monumental, penoso, profundo[5], tremendo, verdadero** ♦ **caer (en), causar, crear, crecer, cundir, deparar (a alguien), disimular, encajar, evitar, experimentar, expresar, exteriorizar, generar, llevarse, mostrar, ocultar, producir, provocar, sentir, sufrir, tener, vencer**
☐ Véase también: **decepción, desánimo, disgusto.**

desinflar(se) *v.* **I** Con el sentido de 'deshinchar(se)' se combina con sustantivos que designan diversos objetos que contienen algún gas a presión *(globo, balón, neumático)*. En sentido figurado se combina con...

A SUSTANTIVOS QUE DENOTAN DISPOSICIÓN FAVORABLE DEL ÁNIMO HACIA ALGÚN OBJETIVO: **1 entusiasmo +:** El fracaso de esta prueba, que *desinfló* un poco el entusiasmo de la tripulación... EME120295 **2 euforia +:** ...*desinfló* la euforia de la delegación argentina, al asegurar que... CLA280199 **3 ánimo +:** ...lo que sirvió para *desinflar* los ánimos de los inversores europeos. EPE261001

B SUSTANTIVOS QUE DESIGNAN LO QUE SE ANHELA O SE ESPERA CONSEGUIR. TAMBIÉN CON OTROS QUE EXPRESAN LA VOLUNTAD DE ALCANZARLO: **4 esperanza +:** ...han *desinflado* las esperanzas de una pronta pacificación en Oriente Medio. EME260696 **5 expectativa +:** Las expectativas creadas en torno al discurso (...) se *desinflaron* mucho más rápidamente de lo que demoraron en crearse. CAP031096 **6 ilusión +:** La negativa verdiblanca *desinfló* la ilusión del presidente... LNC061000 **7 aspiración +:** Al final se privatizará igual y las aspiraciones de las minorías se *desinflarán*... CAP160496 **8 pretensión:** Hernando *desinfló* la pretensión del líder de EH... EPE060499 **9 ansia:** ...la verdad es que poco a poco se *desinflaron* las ansias... EME291195 **10 sueño:** ...Kosovo podrá *desinflar* el sueño de la Gran Serbia. EPE310399

C SUSTANTIVOS QUE DENOTAN ASCENSO, AUGE O INCREMENTO DE ALGO. SE APLICAN FRECUENTEMENTE A MAGNITUDES ECONÓMICAS: **11 escalada:** La escalada del precio del crudo se *desinfló* ligeramente ayer. EPE140900 **12 subida:** ...arrancó con una fuerte subida que se fue *desinflando* conforme pasaban las horas. ENC050100 **13 recuperación:** La recuperación corre el riesgo de *desinflarse* porque la demanda interna... EME030595 **14 boom:** ...cuando se *desinfla* el «boom» especulativo de finales de los ochenta. ABC100993 **15 reactivación −:** ...para que no se *desinfle* la reactivación que muestra la EPA. LVE280795

D SUSTANTIVOS QUE DESIGNAN DIVERSAS ACTIVIDADES ECONÓMICAS Y MERCANTILES, ASÍ COMO LAS MAGNITUDES MONETARIAS A LAS QUE SE APLICAN Y LAS ORGANIZACIONES EN LAS QUE SE LLEVAN A CABO: **16 bolsa:** La Bolsa de Madrid vivió una jornada muy volátil, que inició sus operaciones con ganancias (...) pero luego se *desinfló* y llegó a perder... EPE160199 **17 mercado:** ...el mercado italiano vivió una sesión trepidante, que arrancó con una fuerte subida que se fue *desinflando*... ENC050100 **18 venta:** Las ventas de coches se *desinflan*. EPE070900 **19 gasto:** ...si el gasto nominal en equipo de computación en Alemania se *desinflara* con el mismo índice... EXC250900 **20 deuda:** ...y ha *desinflado* su deuda al pasar de 88.533 millones... EPE270599 **21 valor:** ...tras *desinflarse* los valores accionarios de cientos de dotcoms... EXC250700 **22 presupuesto:** ...había elaborado un presupuesto *«desinflado»*... FDV260499 **23 dólar:** ...el dólar se *desinflaba* de nuevo y retrocedía hasta... CLA030797 **24 activo −:** Los activos se *desinflan*. EME130796

E SUSTANTIVOS QUE DENOTAN CASO O SUCESO, A MENUDO DE CIERTA RELEVANCIA: **25 caso +:** ...como si el caso Banesto se *desinflara* o perdiera fuerza... LVE280996 **26 fenómeno:** Han pasado unos años, se ha *desinflado* el «fenómeno» y se han ido asentando... ABC130392 **27 asunto:** ...el asunto se *desinfló*, entre otras cosas porque cuatro días después de la conferencia de prensa... HOY080997

F SUSTANTIVOS QUE DENOTAN ENERGÍA, VIGOR Y OTRAS CAPACIDADES QUE SE SUELEN MANIFESTAR DE FORMA INTENSA O EXPANSIVA: **28 tensión:** ...un esfuerzo para *desinflar* la tensión entre las dos Coreas... EME170496 **29 presión:** ...lo que ha *desinflado* la presión de los huelguistas. EME080596 **30 energía:** ...que la energía reformadora del nuevo Gobierno (...) se vaya *desinflando* hasta perder toda fuerza... EME180596 **31 fuerza:** ...su fuerza que se *desinfla* en gran medida con la transformación final... LVE080995 **32 impulso:** ...pero su impulso político se *desinfló* en el Supermartes de marzo... EPE220700 **33 poder:** Pero, además, el pretendido poder valenciano se *desinfla*. EPE220999

G SUSTANTIVOS QUE DESIGNAN ESTADOS DE CONTROVERSIA O CONFLICTO: **34 polémica +:** La previsible polémica se *desinfló*, pero la investigación del CEP sigue ahí... HOY080997 **35 escándalo:** ...acusado de intentar obstruir presuntamente la investigación, el escándalo se *desinfla*... EME150394 **36 conflicto:** ...hemos *desinflado* bastante todos los conflictos comerciales... EPE280900

H SUSTANTIVOS DE PERSONA, INDIVIDUALES Y COLECTIVOS, MÁS FRECUENTEMENTE SI SE REFIEREN A LA PRÁCTICA DEPORTIVA: **37 equipo ++:** El equipo de Luis Aragonés empezó bien, pero se *desinfló* a los quince minutos. EME020594 **38 grupo:** El grupo de Ranieri, por contra, volvió a *desinflarse* y fue entonces cuando Craioveanu... EPE150299 **39 jugador:** La exigencia del encuentro fue acusada por algunos jugadores, principalmente del Pamesa, que se *desinflaron*. EPE050599 **40 delantero:** Además, pronto se *desinflaron* los delanteros. EPE010277 **41 corredor:** ...el corredor de Trinidad y Tobago, del que se dice que es el mejor, el más rápido en las series y que empieza a *desinflarse* en semifinales... EPE230900 **42 aficionado −:** Rexach lanzó un mensaje de ánimo a los aficionados: «Espero que tengan paciencia y no se *desinflen* y no vean más problemas de los que hay...». LVE080196

I ALGUNOS SUSTANTIVOS QUE DESIGNAN ACTOS O EVENTOS, GENERALMENTE DE CARÁCTER DEPORTIVO O FESTIVO: **43 fiesta:** La fiesta empezó animadísima, pero se *desinfló* bastante. INDOC **44 partido:** El partido se *desinfló* poco a poco a las órdenes del reloj. EME220395 **45 eliminatoria:** De esa forma, cuando Hugo ejecutó a

Abel por segunda vez, la eliminatoria se *desinfló*. EPE011289 **46 festejo:** En un festejo que empezó de manera interesante, pero que se fue *desinflando*... EPE180799 **47 certamen:** ...preguntarse qué ha logrado *desinflar* un certamen que ha contado con un gran despliegue... EPE280699

J OTROS SUSTANTIVOS; POSIBLES USOS ESTILÍSTICOS: ...resuelvan sus transacciones bajo el *desinflado* sol de la normalidad... EME120295; ...y ante ese descubrimiento desaparecen los misterios y se *desinflan* las películas. HOY271097; Los novillos de José Luis Marca se *desinflaron* ayer bajo el temporal. EME120395

■ Se combina también con: ♦ **como un globo, poco a poco, por completo**

□ Véase también: **decrecer, deshinchar(se).**

desinterés ♦ **absoluto, aparente, completo, creciente, enorme, evidente, exasperante, extendido, extraordinario, franco, general, generalizado, imperante, irritante, manifiesto, marcado, particular, pasmoso, patente, profundo, progresivo, puro, reinante, total** ♦ **en medio (de)** ♦ **expresión (de), grado (de), motivo (de), síntoma (de)** ♦ **causar, crecer, criticar, demostrar, denunciar, evidenciar(se), existir, extender(se), exteriorizar, fomentar, manifestar(se), mostrar, producir, provocar, rayar (en)[21], revelar, sentir**

□ Véase también: **apatía.**

desliz ♦ **desafortunado, grave, importante, inadmisible, inconsciente, increíble, inexplicable, insignificante, lamentable, leve, mínimo, pequeño, serio, sin importancia, torpe, verbal** ♦ **aprovechar, arreglar, colar(se), cometer[4], enmendar, evitar, excusar, lamentar, perdonar, permitir(se), sufrir, tener**

□ Véase también: **descuido.**

deslizar(se) *v.* ▮ En su sentido literal se combina con sustantivos que designan personas *(esquiador)*, animales *(serpiente)* y otros muchos seres materiales *(trineo, barco, canoa, patín, arena, iceberg, piedra)*. Lo hace muy frecuentemente con los sustantivos que designan líquidos o el curso que siguen *(corriente, río, lágrima, sangre)*. Figuradamente admite también sustantivos temporales *(noche, hora, semana)*, así como otros que designan eventos y muy diversas cosas que se desarrollan o transcurren en el tiempo *(fiesta, conversación, alocución, vida)*. En el sentido de 'incluir con disimulo o involuntariamente' se combina con sustantivos que designan expresiones verbales *(deslizar una palabra, una mención, una alusión, una referencia, un insulto, una mentira, una insinuación)*. Se combina también con...

A SUSTANTIVOS QUE DENOTAN EQUIVOCACIÓN: **1 error ++:** ...se han *deslizado* dos errores: por un lado el nombre de la directora del New Yorker no es Tony Brown sino Tina Brown. EME050496 **2 errata +:** Olvídese por un momento de las escurridizas erratas que yo haya podido *deslizar* entre sus atareados dedos. CAN111200 **3 lapsus:** ...cuando se le *deslizó* un lapsus de aquellos que más irritan fuera de Cataluña. LVE161095 **4 gazapo:** ...se *deslizó* el gazapo: el nombre de Paco Casero en lugar del auténtico de Paco Casares, el gran e indiscutible actor. LVE270995 **5 fallo:** Se *deslizan* fallos semánticos, inexactitudes terminológicas, datos imprecisos, errores mecánicos y conceptuales... LVE030294 **6 despiste:** Y se *deslizan* en el texto algunos despistes de los que luego hacen poner el grito en el cielo. ABC250992

B EL SUSTANTIVO *IDEA* Y CON OTROS QUE DESIGNAN LA EXPRESIÓN DE UN JUICIO: **7 idea +:** Ya el título *desliza* la idea de una posible alternativa (el optar por el arquitecto o por el aparejador) que es, de todo punto, incierta... EPE170700 **8 pensamiento:** Al hilo de la acción, se *deslizan* pensamientos e ideas que redondean un sentido de la vida bastante amargo. EME040596 **9 juicio:** ...e incluso significaría *deslizar* un no demasiado bien intencionado juicio eufemístico de condena... LVE120695 **10 impresión –:** ...que se ha subestimado la complejidad biológica del cáncer, a la vez que se *deslizaba* la impresión de estar «rozando el cielo». EME030294

C OTROS SUSTANTIVOS; POSIBLES USOS ESTILÍSTICOS: Algunos *deslizaron* una sonrisa. Esperanza Aguirre también, pero por motivos aún no determinados. EME110896; ...la engañosa lucidez de un sueño hiperreal que se *desliza* insensiblemente hacia la pesadilla de una buhardilla... EPE130499

■ Se combina también con: ♦ **inexorablemente[7]**

desmán ♦ **atroz, bárbaro, flagrante, grave, impune[48], indignante, terrible, tremendo** ♦ **atajar, cometer, condenar, controlar, corregir, denunciar, evitar, justificar, permitir, provocar, sufrir, tolerar**

desmantelar *v.* ▮ Se combina con sustantivos que designan espacios o lugares que contienen algún tipo de edificación o resultan de ensamblar, componer o disponer diversas unidades *(piso, poblado, factoría, parque)*. También se combina con sustantivos que designan vehículos y maquinarias complejas *(avión, barco, imprenta)*, así como formas de gobierno o de organización *(democracia, régimen, dictadura, empresa)*. Se combina asimismo con...

A SUSTANTIVOS QUE DENOTAN CONJUNTO DE ELEMENTOS O PIEZAS QUE CONSTITUYEN UNA UNIDAD ARTICULADA U ORGANIZADA, Y PERMITEN GENERALMENTE EL FUNCIONAMIENTO DE ALGUNA COSA: **1 sistema ++:** ...45.000 sindicalistas cuya principal petición fue que no se *desmantelase* el sistema de jubilaciones anticipadas. LVE130296 **2 red ++:** ...el análisis del coste-beneficio puede acabar *desmantelando* una red pública ya existente sin ofrecer calidad a cambio... EPE070999 **3 estructura +:** ...en una operación que permitió *desmantelar* la estructura financiera y de blanqueo de dinero procedente del narcotráfico... EME171195 **4 mecanismo +:** Pero mucho más grave sería que, tomándolas como pretexto, se *desmantelasen* los pocos mecanismos redistributivos... EME070595 **5 dispositivo +:** ...no precisó si se había realizado algún hallazgo en esta zona y afirmaron que el dispositivo podría *desmantelarse* en las próximas horas. LVE251295 **6 andamiaje:** Todo el andamiaje de una burocracia corrupta que por diez años formó una pirámide tendrá que ser *desmantelado*. CAP280900 **7 infraestructura:** ...para capturar a Osama Bin Laden, *desmantelar* la infraestructura de Al Qaeda y derribar a los talibanes. EPE201001 **8 engranaje:** ...el Programa de los 500 Días –que nunca se llegó a aplicar– pensado para *desmantelar* el engranaje de la planificada economía soviética. LVE180696

B SUSTANTIVOS QUE DESIGNAN OTROS SISTEMAS, CONSTRUCCIONES Y ACTUACIONES ORGANIZADAS, MÁS FRECUENTEMENTE SI SE CARACTERIZAN POR SER SECRETAS, CONFUSAS, IRREGULARES O ARTIFICIALES: **9 entramado ++:** EE. UU. pedirá nuevamente ayuda a los Gobiernos internacionales para bloquear la financiación y *desmantelar* este entramado empresarial... EPE121001 **10 tinglado ++:** ...y que tiene la obligación moral y política de *desmantelar* este tinglado. EME030496 **11 invento:** ...para pensárselo dos veces antes de ir con luz y taquígrafos a *desmantelar* el invento fiscal. EPE220399 **12 trama +:** ...ha tardado más de lo que todos hubiéramos deseado en *desmantelar* esta trama de presuntos estafadores... LRE060103 **13 conspiración:** ...uno de los integrantes de la conspiración para matar a Hitler, *desmantelada* en noviembre del 1923, en Múnich. EME100695

C SUSTANTIVOS QUE DENOTAN PLAN, PROYECTO Y OTRAS FORMAS DE DISPONER Y ORGANIZAR LAS ACTUACIONES FUTURAS: **14 plan +:** Fraga puso toda la carne en el asador y *desmanteló* el plan asesino. LVE060996 **15 programa +:** ...y quiere que *desmantele* su programa nuclear militar tal y como estaba previsto por el acuerdo de 1994. LRE090103 **16 proyecto +:** La presión de las mafias rusas y la muerte violenta de parte del personal de la planta, obligaron a los Raventós a *desmantelar* el proyecto. EME151296 **17 planteamiento:** ...mientras Borrell ha *desmantelado* su planteamiento, señalando las «trampas» que hay en el mismo. LVE261096

D SUSTANTIVOS QUE DESIGNAN CREENCIAS O SUPOSICIONES. TAMBIÉN CON OTROS QUE EXPRESAN LA ACCIÓN O EL EFECTO DE REFLEXIONAR O ARGUMENTAR SOBRE UNA MATERIA, ASÍ COMO ALGUNAS DE LAS FORMAS DE PRESENTAR LAS CONCLUSIONES OBTENIDAS: **18 teoría +:** El informe elaborado por José Orad intenta *desmantelar* esta teoría y subrayar que el mal estado del muro es lo que tiene toda la culpa. EPE241199 **19 tesis +:** Queda por ver si los testimonios (...) son suficientes para *desmantelar* la tesis oficial. EME231196 **20 idea +:** Cuando aún estudiaba en el seminario, le encargaron una campaña para *desmantelar* las ideas teosofistas defendidas por los masones. LVE241196 **21 tópico:** ...ha permitido a Coma *desmantelar* tópicos, revisar autorías en todo caso compartidas y bucear en el Hollywood clásico, siempre un pozo de sorpresas. LVE171296 **22 criterio:** ...ha sido el de hacer una crítica a la autenticidad de la fotografía como documento y *desmantelar* el criterio de autoridad científica subyacente. LVE130395

E SUSTANTIVOS QUE DESIGNAN DIVERSOS GRUPOS HUMANOS, FRECUENTEMENTE ORGANIZADOS Y A VECES ILEGALES. TAMBIÉN CON OTROS QUE SE REFIEREN A ALGUNOS DE SUS COMPONENTES: **23 mafia +:** ...quince mafias organizadas que operan en Bolivia, de las cuales sólo cinco han sido *desmanteladas.* LTB040397 **24 clan +:** Ahora, en Fuenlabrada, la Policía ha *desmantelado* el clan del «tío José», otro elemento dedicado al narcotráfico. EME100396 **25 banda +:** Desarticulada una banda de La Policía ha conseguido *desmantelar* una violenta y peligrosa banda de «narcos» y falsificadores... EME291096 **26 comando:** ...lograron ayer *desmantelar* un comando del grupo fundamentalista islámico Hamas que en marzo voló un café en pleno centro de Tel Aviv. CLA110497 **27 compañía:** ...que la compañía no vaya a ser *desmantelada* y que vaya a seguir prestando un servicio público fundamental como es la telefonía. LVE150395 **28 ejército:** Por nuestra parte, en Haití arrojamos las armas al mar al *desmantelar* un ejército que absorbía el 40% del presupuesto nacional. EME151096 **29 cúpula:** ...los intentos del Gobierno Prodi para *desmantelar* la cúpula de los servicios secretos. EME161096 **30 dirección:** ...una eventual victoria militar para *desmantelar* la dirección del PSY y prohibir más tarde el partido. EME110594

F SUSTANTIVOS QUE DESIGNAN RECURSOS DE ATENCIÓN O VIGILANCIA: **31 control +:** ...desoyó sistemáticamente las denuncias de corrupción, como él mismo reconoce, y *desmanteló* todos los controles institucionales para detectar los abusos. EME290496 **32 alarma:** ...así que han acabado por *desmantelar* todas las alarmas que el propio sistema democrático ha creado para prever situaciones de... INDOC

G SUSTANTIVOS QUE DENOTAN MANDO, POTESTAD O DOMINIO: **33 poder:** ...la tarea no menos ardua de *desmantelar* el poder de una organización sindical estructurada verticalmente... HOY281283 **34 poderío:** ...se reveló insuficiente, porque no sirvió para *desmantelar* el poderío militar de Hezbolá. EME130596 **35 capacidad ofensiva:** ...bombardeos supuestamente dirigidos a *desmantelar* la capacidad ofensiva de sus ejércitos. INDOC

H SUSTANTIVOS QUE DENOTAN VÍNCULO, PACTO O COMPROMISO ENTRE PERSONAS O ENTIDADES. TAMBIÉN CON ALGUNOS QUE DESIGNAN LOS ESTADOS DE ARMONÍA ALCANZADOS: **36 acuerdo ++:** ...que *desmanteló* tanto el acuerdo con Telefónica para renovar las telecomunicaciones como la cooperación económica... EPD011197 **37 alianza:** Organizaciones sindicales advirtieron sobre la conveniencia de *desmantelar* la alianza económica... DYM151297 **38 consorcio:** ...y por eso están a un paso de *«desmantelar»* el consorcio que lo tiene que diseñar... EPE180599 **39 unidad:** ...y afirmó que «al *desmantelarse* esa unidad se corre el riesgo de que las drogas se deslicen por las aduanas sin ser detectadas». CLA030199

I OTROS SUSTANTIVOS; POSIBLES USOS ESTILÍSTICOS: En cambio, sus vecinos austriacos deberán *desmantelar* a tiempo a su expeditiva ministra para hacer lo propio. EME250895

▩ Se combina también con: ♦ **de un día para otro**[16]

☐ Véase también: **desarticular(se), desmembrar(se), desmontar.**

desmasificar ♦ **aula, cárcel, ciudad, clase, enseñanza, facultad, prisión, universidad,** *otros sustantivos de lugar*

[desmayo] → **sin desmayo**

desmayo ♦ **alarmante, aparatoso**[5]**, casual, fortuito, fulminante, imprevisto, leve, ligero, pasajero, pequeño, repentino, sin importancia, sorpresivo, súbito** ♦ **al borde (de), sin** ♦ **síntoma (de)** ♦ **causar, evitar, padecer, producir, pro-**

vocar, recobrarse (de), reponerse (de), simular, sufrir

☐ Véase también: **mareo.**

desmedido *adj.* ▌Se combina con gran número de sustantivos, pero especialmente con los que expresan sentimientos *(amor, celos, preocupación, miedo, odio)*, eventos *(celebración, duelo, viaje)* e informaciones *(comentario, palabra)*. Destacan en particular sus combinaciones con...

A SUSTANTIVOS QUE DENOTAN CRECIMIENTO O EXPANSIÓN: **1 aumento ++:** La comisión mencionada redujó apenas en 50 mil millones de guaraníes los aumentos *«desmedidos»* que aprobó la cámara baja. ACP271196 **2 crecimiento ++:** Por eso, alertó que actualmente el *desmedido* crecimiento de la economía informal ya alcanza el 30% del Producto Interno Bruto (PIB). DYM210197 **3 enriquecimiento ++:** ...los distintos episodios de corrupción y enriquecimiento *desmedido* que caracterizaron a la administración lacallista entre 1990 y 1995. LRU101199 **4 extensión ++:** ...unos puentes peatonales que hay que recorrer con morral y avíos de caminante, por su extensión *desmedida*, etcétera. SEM061100 **5 incremento ++:** Y la paradoja es que este *desmedido* incremento de las plantillas se ha producido en una década en que los avances de la informática y las comunicaciones han hecho posible una reducción de los puestos de trabajo... EME101296 **6 subida +:** No puedo proponer [al Gobierno andaluz] una subida *desmedida* porque me falta saber qué pasa en otras consejerías... EPE070999 **7 expansión:** El informe desaconseja «una expansión *desmedida* del consumo privado» o público... LNP040297 **8 aceleración:** Este hecho demuestra, según la central socialista, la aceleración *desmedida* de los contratos temporales... EPE011288 **9 avance:** Aquellos años han quedado muy, pero muy atrás, no por la edad de los nonos, sino por el *desmedido* avance de la tecnología. CLA030797 **10 despliegue –:** Finalmente accedieron a hablar para reconocer la ausencia de violencia explícita, aunque quejándose por el *desmedido* despliegue policial. EME130996

B SUSTANTIVOS QUE DESIGNAN DIVERSAS FORMAS DE MANIFESTAR INTERÉS O INCLINACIÓN POR ALGO, A MENUDO DE MANERA VEHEMENTE O PORFIADA. TAMBIÉN CON OTROS SUSTANTIVOS QUE DESIGNAN EL EMPEÑO QUE SE PONE EN LO QUE SE PERSIGUE: **11 afán ++:** Es el afán bastante *desmedido* de Hermoza de cosechar personalmente el éxito del rescate lo que irritó al Chino. CAP261297 **12 interés ++:** ...lastimosamente salpica al movimiento obrero, ya que por el interés *desmedido* de unos pocos, se ha perjudicado la ética y la moral sindical... ACP271196 **13 ambición ++:** ...la tierra como planta segura de vivires y vivencias, de vecindad de almas, de recreos en el vivir con la ambición *desmedida* y alcanzadora de un Dios... INF010896 **14 expectativa +:** Esta falta de orgullo por lo nacional, de decepción por lo venezolano, parece conjugarse ahora con una *desmedida* expectativa en relación al aporte extranjero. ENV170197 **15 afición +:** ...fue famoso en toda Europa y en los tabucos de los mercaderes de Asia Menor por su *desmedida* afición a los objetos raros y preciosos, a las reliquias y a los disparates. ABC070292 **16 obsesión:** «Es una experiencia fantástica, siempre y cuando no haya una obsesión *desmedida* por ganar el campeonato». LNP151097 **17 esfuerzo:** ...le espera toda una época de su vida de esfuerzos y privaciones absolutamente *desmedidos*... EXC220996 **18 pretensión +:** ...las graves violaciones denunciadas documentadamente, anteponiéndose republicanamente a las pretensiones *desmedidas* de tío y correligionario... CLA030797 **19 atención:** Tan *desmedida* atención se ha producido primeramente por cumplirse el 85 aniversario de la tragedia. LVE281296 **20 deseo:** El «yupismo», el deseo *desmedido* de éxito social, una posición acomodada, un trabajo agresivo y una ascensión fulgurante da paso al polo opuesto. EME131295 **21 empeño:** ...se plasman con acerado realismo las arrugas de la condición humana en su *desmedido* empeño por ostentar cualquier forma de poder. LVE080494 **22 ansia:** ...sectores próximos al Partido Popular, que ha demostrado unas ansias *desmedidas* de precipitar su acceso al poder... LVE260995 **23 vocación:** Hay otros toreros (...) que tienen una vocación *desmedida*, y una valentía a toda prueba... EPE100599

C SUSTANTIVOS QUE DENOTAN SENTIMIENTO AFECTIVO O PASIONAL. TAMBIÉN CON OTROS QUE DESIGNAN ALGUNAS DE SUS MANIFESTACIONES: **24 pasión ++:** Rogelio de Egusquiza es el paradigma de pasión *desmedida* de un gran maestro, que no se sentía tal y que la mayoría de las veces tampoco ha sido reconocido así. ABC011295 **25 amor ++:** Pablo, si esta tarde escandalosamente azul estuvieras aquí, pasearíamos juntos por mi jardín portuense, intentando desasirnos, divertidos, del *desmedido* amor de mis perros. ABC240993 **26 cariño +:** Sobre la escena todo fue una fiesta de luz, de cariño *desmedido*, de humanidad compartida que se calaba en los poros... LVE140494 **27 afecto:** El ciudadano israelí profesa un *desmedido* afecto hacia su automóvil, adquirido a costa de estrecheces económicas y de úlceras pépticas. EME140196 **28 sexo:** Y como ejemplo de sexo *desmedido* escojo al acaso primer catalán, su gran ímpetu, Jaume I el Conqueridor. LVE011096 **29 corazón –:** Torremozas ofrece «Edith Södergran, el corazón *desmedido*», de Carmen Díez de Alda, que incluye biografía y antología de la figura más destacada de la poesía finlandesa. ABC290592

D EL SUSTANTIVO *EMOCIÓN* Y CON OTROS QUE DESIGNAN DIVERSOS ESTADOS DE ÁNIMO RELACIONADOS CON LA ALEGRÍA, LA EXALTACIÓN Y OTRAS INCLINACIONES POSITIVAS: **30 euforia ++:** Según los expertos, no hay motivo para una euforia *desmedida*. LVE300495 **31 entusiasmo ++:** El entusiasmo *desmedido*, habitualmente, conspira contra la capacidad para el análisis. CLA170297 **32 optimismo +:** Pero creo que nada permite dar rienda suelta a un optimismo *desmedido*, como no sea la voluntad profunda, angustiada, de paz y desarme auténticos que recorre Europa. EPE010285 **33 alegría:** ...no quiere alegrías *desmedidas* ni pensar que al estar en la segunda plaza de la clasificación ya lo tenemos todo hecho, o casi. LVE080196 **34 emoción:** Y es que ante una emoción *desmedida*, como la que podría suscitar en el Perú-Paraguay un marcador abultado, no importa... CAP131197 **35 jovialidad:** Llevado por su afán de contarlo todo, de referir una anécdota tras otra, el autor provoca una sensación de *desmedida* jovialidad que a veces se podría tomar por autocomplacencia. LVE310596

E SUSTANTIVOS QUE DENOTAN REACCIÓN, A MENUDO HOSTIL. TAMBIÉN CON OTROS QUE DESIGNAN ACTITUDES Y ACCIONES COERCITIVAS O COACTIVAS CONTRA PERSONAS O COSAS: **36 ataque ++:** Fue el *desmedido* ataque del presidente lo que nos impulsó a creer que el asunto tenía mayor trascendencia... EME280595 **37 agresión +:** Lo ha dicho después del arranque de ese eufemismo llamado «precampaña» en el que ha surgido la primera agresión *desmedida*: jabalíes, cerdos. EME090495 **38 violencia +:** El éxito de las películas de Tarantino, que se debe no sólo a su afición por la violencia *desmedida* sino también por los diálogos cargados de literatura... LVE040295 **39 competencia +:** También se dijo que ya no se permitirá la venta a intermediarios en distintos rumbos de la ciudad para evitar la competencia *desmedida.* DYM061196 **40 reacción +:** ¿Por qué sólo a ustedes? ¿Por qué esta reacción *desmedida?* PME250896 **41 respuesta:** Cuesta creer que la pasión por la fiesta nacional llegue a provocar una respuesta tan vehemente y *desmedida* ante lo que resulta ser sólo una propuesta de discusión. EPE160199 **42 denuncia:** El concejal consideró *desmedida* la denuncia de IU «porque hemos sido transparentes» en todo el proceso. EPE071099 **43 crítica:** «El médico tiene que recuperar el orgullo de su profesión, que se ha perdido por las condiciones de trabajo y las críticas *desmedidas*»... LVE140595 **44 protesta:** Gabriel Cañellas, presidente del Gobierno balear, considera *desmedidas* las protestas de los indios californianos... EPE021088 **45 rechazo:** En los últimos diez años (...) han conseguido ser objeto de elogios y rechazos igualmente *desmedidos.* ABC271192

F SUSTANTIVOS QUE DENOTAN CONSUMO O GASTO. TAMBIÉN CON OTROS QUE DESIGNAN CANTIDADES ECONÓMICAS, ASÍ COMO ALGUNAS FORMAS DE ACUMULARLAS O SATISFACERLAS: **46 consumo ++:** ...la caleidoscópica ilusión que proporciona el consumo *desmedido.* DDN110101 **47 uso ++:** Precisamente, no son pocos los constitucionalistas y políticos que advierten en el uso *desmedido* del decreto un primer paso hacia la suma del poder público... LNA120792 **48 gasto +:** Con semejante aval, los candidatos del oficialismo ya comienzan con el gasto *desmedido* en propaganda... LTB141296 **49 lucro +:** Ya con esa base humanística en sus espíritus (digamos), existirían menos probabilidades de que mentalidades y procederes neoliberales, oportunismo, lucro *desmedido*, individualismo egoísta... LHG210800 **50 ganancia:** ...se llevan la mejor tajada en el tránsito de la producción hasta el consumo, encareciendo, con sus *desmedidas* ganancias, la comida del pueblo. LDD010797 **51 coste +:** ...el proyecto fue abandonado con pesar, en razón de un coste *desmedido.* LVE041096 **52 precio +:** ...ha aumentado en forma *desmedida* el precio de la ración. EOU100996 **53 presupuesto +:** ...algunos jóvenes megalómanos empeñados en fabricar los productos más extravagantes posibles con los más *desmedidos* presupuestos en juego. LVE140895 **54 compra:** ¿Qué factores intervienen en el fenómeno de la compra *desmedida?* EPE150199 **55 pago:** ...ignominia y venganza contra toda una casta como *desmedido* pago de un delito cometido por uno solo de sus parientes. EME300696 **56 fortuna:** Como ocurre habitualmente cuando el vecino amasa una fortuna *desmedida*, la riqueza del otro, aunque haya sido obtenida por medios legítimos, genera resentimiento. EPE251001

G OTROS SUSTANTIVOS QUE DESIGNAN CANTIDADES, MAGNITUDES Y DIVERSAS NOCIONES MENSURABLES: **57 cantidad +:** ...organismos chilenos exigen a organismos de aplicación argentinos una cantidad *desmedida* de informaciones que traban cualquier operación comercial. LPA240492 **58 dosis +:** Estamos, en suma, ante un extenso abanico de incumplimientos que se intenta suplir con dosis *desmedidas* de imagen. EME020796 **59 longitud +:** Éste es un documento gigantesco, un libro inmenso, una fórmula de longitud *desmedida*, y todo él cabe dentro del núcleo microscópico de una célula diminuta... EPE020700 **60 tamaño +:** ¿Somos de veras en esta caótica metrópoli los peores seres del mundo, o esta metrópoli es tan solo, por su tamaño *desmedido* y la multiplicación tan fácil de todo lo que es negativo...? EXC081296 **61 volumen +:** ...ya emocionó a sus lectores con «Un mundo para Julius» y los divirtió con aquel *desmedido* volumen de «La vida exagerada de Martín Romaña». EME040694 **62 cifra:** Una cifra absolutamente *desmedida* para un estadio igualmente desproporcionado... EPE060599 **63 número:** ...una curiosa cesta navideña que, si no mata el hambre, al menos no contribuirá a aumentar el ya *desmedido* número de obesos en Estados Unidos. EME101295 **64 medida −:** ...hacer el humor, con un jocoso sentido de las *desmedidas* medidas, sean naturales, psicológicas o sociales... EME130595 **65 tasa:** ...al permanente desajuste entre nuestras importaciones y exportaciones y a la *desmedida* tasa de paro... EME290795

H SUSTANTIVOS QUE DESIGNAN DIVERSAS MANIFESTACIONES DE ADHESIÓN, ESTIMA O ADMIRACIÓN. TAMBIÉN CON OTROS QUE EXPRESAN ESAS MISMAS ACTITUDES: **66 elogio ++:** ...lejos del voluntarismo, la pasión política y los elogios *desmedidos*... LTB030297 **67 confianza +:** Esta confianza *desmedida* es, desde luego, una petición de principio, una creencia apriorística, no corroborada hasta aquí por ningún dato empírico. HOY230996 **68 entrega:** ...resultó cogido sin importancia por la *desmedida* entrega del caballista portugués en el momento de la reunión. EME290594 **69 alabanza:** ...una buena actuación, sin duda, aunque quizá no merecía alabanzas tan *desmedidas.* INDOC **70 admiración +:** ...intrigas, algunas de ellas relacionadas con la *desmedida* admiración que profesa el coronel hacia las mujeres. EME210296 **71 apoyo:** Con todo, tampoco buscó un apoyo *desmedido* en su última producción de tintes jazzeros... EME010396 **72 devoción:** ...un hijo que parí circunstancialmente en Barcelona y de cuya catalanidad sólo queda una *desmedida* devoción por el Barça, ha sido convocado al acto. EME200494 **73 estima:** «Forman una camarilla despiadada, antinatural, venenosa, deshonrosa, carente de principios rectores, salvo una *desmedida* estima de sí mismas». ABC070795 **74 aplauso:** Armas Marcelo (ABC) escribe que no sabe «para qué sirve un Ministerio de Cultura, salvo para mantener la irritación de tantos insolentes y el aplauso *desmedido* de los agradecidos». EME291095 **75 apreciación:** El mayor riesgo en esta etapa de lanzamiento puede ser justamente una apreciación *desmedida* frente a las otras dos grandes monedas del mundo. EPE050199 **76 veneración:** ...una veneración *desmedida* hacia la crítica en letra impresa, veneración que en ocasiones se traduce en una renuncia al propio criterio. LVE160896

I SUSTANTIVOS QUE DENOTAN RELEVANCIA, FUERZA O INFLUENCIA, Y CON OTROS QUE DESIGNAN LOS ESTADOS QUE SE ASOCIAN CON ESAS NOCIONES: **77 poder ++:** Hemos puesto las maravillas de la civilización moderna a merced de nuestras ambiciones y aberraciones de poder *desmedido.* LPN060597 **78 fuerza ++:** «No actuamos «mbaretépe» (con fuerza *desmedida*), sino con mucha firmeza, como actúa todo colorado», argumentó. ACP271096 **79 influencia +:** Si así creyéramos, le estaríamos dando al comunismo una influencia exagerada y *desmedida*, justamente cuando la realidad es que en el mundo entero se está produciendo un claro retroceso de esa tendencia. HOY010278 **80 importancia +:** Diversas voces han señalado como peligros sociales a algunos efectos colaterales del modelo económico, como el consumismo, la agresividad competitiva, la importancia *desmedida* que se puede dar a la eficiencia. HOY230996 **81 protagonismo +:** Al margen del *desmedido* protagonismo que sacó de aquella corrida el presidente (...), la cuestión fue mucho más trascendente. EME090696 **82 valor +:** En la capital cateta los periodistillas siguen los pasos de la farándula dando un valor *desmedido* a si uno se acuesta con éste o se besa con la otra. EPE130799 **83 liderazgo:** ...al considerar que los nacionalistas vascos ejercen «un liderazgo *desmedido* en la estrategia antiterrorista». LVE120695

J SUSTANTIVOS QUE DENOTAN PETICIÓN O RECLAMACIÓN, ESPECIALMENTE SI SE REALIZA DE FORMA ENÉRGICA: **84 exigencia ++:** El requisito de los dos tercios es considerado una exigencia *desmedida* por los senadores radicales. CLA090497 **85 reivindicación +:** La suplantación del concepto del Estado moderno por reivindicaciones *desmedidas* y excluyentes de identidades fraccionales. LVE020696 **86 petición +:** Desde la intervención del Papa hasta una reunión de la Coordinadora con las Fuerzas Armadas son algunas de las *desmedidas* peticiones de ese grupo guerrillero para liberar a Gómez. ETC010798 **87 demanda:** La demanda febril de acciones de estas sociedades probablemente es *desmedida*, y se explica también por el retraso con que han llegado a la Bolsa española. EPE131299

K SUSTANTIVOS QUE DESIGNAN SENTIMIENTOS O ACTITUDES DE AUTOESTIMA: **88 ego ++:** ...la cantidad de bandas que han visto truncadas sus carreras por exhibir un ego *desmedido*. EPE150999 **89 megalomanía:** ...haciendo gala como siempre de su tradicional displicencia y su *desmedida* megalomanía. INDOC **90 orgullo +:** Un *desmedido* orgullo patriótico, una creencia ciega en la propia y excluyente rectitud, una justicia aplicada desigualmente según el poder, la lengua o el color del ajusticiado. EPE071101 **91 vanidad:** Es cierto que hay una inaudita dureza interna, una *desmedida* vanidad y algo paranoico en el personaje... EME080996 **92 jactancia:** El mal ejemplo en la materia viene, sobre todo, de los países que se denominan a sí mismos del Primer Mundo, con no poca *desmedida* jactancia. LNP040997

☐ Véase también: **astronómico, desmesurado, desorbitado, exorbitante.**

desmembrar(se) *v.* **I** En su sentido físico admite sustantivos que designan seres animados, así como organismos o partes del cuerpo *(persona, cuerpo, cadáver, esqueleto, hueso)*. En su sentido figurado se combina con...

A SUSTANTIVOS QUE DENOTAN ENTIDAD TERRITORIAL O GEOPOLÍTICA: **1 territorio ++:** 75 años de la firma del Tratado de Versalles, que *desmembró* el territorio alemán. EME270694 **2 país ++:** Quizá estaba cansada de tanto sufrimiento y de tanta muerte en un país *desmembrado* y fratricida. EME140294 **3 imperio ++:** Eltsin parece que lo entendió así y se apresuró a *desmembrar* un imperio que no disponía de energías para mantenerse unido. LVE071095 **4 nación +:** Por eso, consentir un departamento separado del Béarn sería abrir la puerta al éxito de un PNV galo y exponerse a una serie de reivindicaciones en cadena que acabarían por *desmembrar* la nación gala. LRE150103 **5 estado:** Eso no significa que pretendamos *desmembrar* el Estado. EPE210699 **6 república:** El 60% de las mujeres inmigrantes que ejercen la prostitución en la provincia de Alicante proceden (...) de las repúblicas *desmembradas* de la antigua Yugoslavia... EPE041099 **7 diócesis:** Y la diócesis, contra la voluntad del Papa, se *desmembró*. EPE021101

B SUSTANTIVOS QUE DENOTAN ORGANIZACIÓN POLÍTICA: **8 partido ++:** Las guerras internas –«guerristas» y «acostistas», «renovadores» y «leguinistas»– han *desmembrado* el partido... EME120395 **9 coalición +:** ...para tratar después de resolver el conflicto interno surgido en su propia coalición, que antes del verano quedó *desmembrada*... EPE100900 **10 oposición:** Pese a la unanimidad alcanzada en las protestas contra Pujol, la oposición se *desmembró* a la hora de ponerse de acuerdo en la terapia a aplicar. LVE091195 **11 derecha:** La elección presidencial de 1988 dio la segunda victoria de François Mitterrand neta y amplia ante Jacques Chirac, candidato de una derecha *desmembrada*. LVE230495

C SUSTANTIVOS QUE DESIGNAN ESTRUCTURAS HUMANAS DE CARÁCTER SOCIAL: **12 sociedad ++:** ...en línea con su pensamiento, deben ir *desmembrando* a la actual sociedad civil socialista cubana, hasta convertirla en una que satisfaga a las autoridades norteamericanas. GIC091096 **13 familia ++:** «La familia Pérez» es la interesante historia de una familia burguesa *desmembrada* entre las dos Habanas... PME120197 **14 pueblo +:** Somalia, independiente desde 1960, considera que su territorio y su pueblo fueron *desmembrados* al finalizar la segunda guerra mundial, tras la expulsión de los italianos... EPE100780 **15 pareja –:** ...ha *desmembrado* una de las parejas foráneas más potentes de la Liga Europea. EME201295

D OTROS SUSTANTIVOS QUE DENOTAN GRUPO HUMANO, GENERALMENTE DOTADO DE CIERTA VERTEBRACIÓN: **16 grupo ++:** La policía judicial analizaba ayer informes acerca de la posibilidad de que el grupo –parcialmente *desmembrado* con la detención de ocho cómplices– se trasladara a un sitio no precisado... LNC161196 **17 banda ++:** ...buscan, en San José, a un oriental vinculado con la banda *desmembrada* la semana anterior... LNC070197 **18 conjunto +:** Será necesaria una batalla conjunta de varios equipos a la vez para poder *desmembrar* al potente conjunto que protege al líder. EME120796 **19 equipo +:** Fue lo mejor porque así el equipo no se *desmembró* nunca del todo. CLA080197 **20 sector:** Por último estableció que el PARM iniciará la reorganización de su sector campesino, el cual se encontraba *desmembrado* a causa de las pésimas direcciones anteriores. EXC270596 **21 facción:** ...el múltiple degollamiento se volvió también como un bumerán contra el propio GIA del que empezaron a *desmembrarse* facciones que repudiaron semejante crueldad ciega. EME030896

E SUSTANTIVOS QUE DENOTAN ENTIDAD ADMINISTRATIVA O EMPRESARIAL: **22 administración +:** Sin *desmembrar* la administración pública, ni dejar que se conviertan en islotes de gobierno, las alcaldías menores deben cumplir el papel de nuevos ejes de la ciudad... ETC140175 **23 corporación +:** El plan (...) consiste en *desmembrar* la corporación en tres compañías menores especializadas... EME180296 **24 organismo +:** De hecho, éste fue uno de los desencadenantes de la dimisión del anterior director de la Agencia (...), junto a los intentos nacionalistas de *desmembrar* el organismo... EPE050299 **25 cártel +:** Esta petición fue formulada tres semanas después de que se inició el plan piloto para militarizar a la PGR, el cual incluía *desmembrar* al cártel más viejo de México. PME220996 **26 empresa +:** El decreto afecta fundamentalmente a la prohibición de que se pueda *desmembrar* la empresa, fusionarla, vender sus activos... LVE251195 **27 compañía:** El Santander no desea que la compañía sea *desmembrada*, como reclaman sus competidores, y para mantener su integridad nadie mejor que Fuster. LVE010696 **28 mafia:** ...datos que, de haber sido relacionados por la Justicia en su momento, acaso hubieran permitido *desmembrar* esta suerte de mafia argentina... ECA120792 **29 grandes almacenes:** ...rechazó ante los sindicatos que Comercio esté manejando la posibilidad de *desmembrar* los grandes almacenes para facilitar su venta. EME090595 **30 consorcio:** ...quieren evitar que el consorcio se vea *desmembrado* a causa de la oferta... EPE191199

F SUSTANTIVOS QUE DESIGNAN OTRAS INSTITUCIONES: **31 gobierno +:** Pero aunque el Gobierno del PP pueda superar con éxito esa difícil asignatura, lo cierto es que anda *desmembrado*, confuso y sin fuerza. EPE111001 **32 parlamento:** ...esta proliferación de grupos no *desmembra* el parlamento, sino que da voz en él a todas las ideas que representan a la ciudadanía. INDOC **33 municipalidad:** Fue el último alcalde republicano, el que dirigió una municipalidad *desmembrada*, el encargado de enterrar en nombre de la ciudad a los miles de barceloneses muertos en los bombardeos... LVE201196

☐ Véase también: **derrumbar(se), desarticular(se), desmantelar, venirse abajo**.

desmentir *v.* ▮ Admite sustantivos personales *(El ministro desmintió al periodista)*, así como otros que designan diversos hechos o acontecimientos *(masacre, guerra, escándalo, boda, hallazgo, aumento, venta, privatización)*. Destacan especialmente sus combinaciones con...

A SUSTANTIVOS QUE DENOTAN INFORMACIÓN NO FIDEDIGNA: **1 suposición ++:** En algunas ocasiones, así lo ha parecido, pero otras han *desmentido* la suposición. EPE010487 **2 rumor ++:** ...se encargó de *desmentir* los rumores durante un acto (...) celebrado en la noche del viernes. EME040296 **3 sospecha +:** ...no intentó *desmentir* las sospechas y una semana después declaró su apoyo a la candidatura... HOY061097 **4 cotilleo:** ...es difícil rebajarse a *desmentir* cotilleos maritales. EME021195

B SUSTANTIVOS QUE DENOTAN AFIRMACIÓN O NOTICIA FALSA O INSEGURA, MÁS FRECUENTEMENTE SI SE LANZA CON INTENCIÓN DE CAUSAR ALGÚN PERJUICIO: **5 calumnia ++:** ...no quita para que todos se unan para *desmentir* las «calumnias que se dicen de la Pantoja...». EME041095 **6 injuria:** ...exigió (...) que *desmienta* lo que calificó de «injurias»... EME300694 **7 mentira +:** Ya llevamos unas 600 páginas, pero solo con *desmentir* esa gran mentira que ha contado (...) en su libro, habrá que añadir algunas páginas más... EPE081199 **8 bulo:** ...los alcaldes han tenido que *desmentir* los bulos. EPE190599 **9 infundio:** Como muchas veces callar es otorgar, *desmentimos* categóricamente todos estos infundios... PLG100796 **10 falacia:** Qué lástima que el gobierno estadounidense no sepa (...) *desmentir* las falacias que se divulgan por ignorancia o mala fe. DLA040497

C SUSTANTIVOS QUE DESIGNAN LO QUE SE COMUNICA, SE TRANSMITE O SE EXPONE, PRESENTÁNDOLO INDIRECTAMENTE COMO INFORMACIÓN FIDEDIGNA: **11 información ++:** ...emitió un comunicado para *desmentir* la información facilitada el sábado... EME030495 **12 noticia ++:** ...*desmentían* la noticia del noviazgo cuando se encontraban en Manila... EME061096 **13 comunicado +:** El Gobierno ha *desmentido* un comunicado anterior... LVE140295 **14 comentario +:** ...nos vemos obligados a *desmentir* los comentarios sobre equipos transmisores... EME050296 **15 declaración:** Un portavoz (...) ha *desmentido* las declaraciones del secretario. EPD300997 **16 mensaje:** Porque los hechos, en su tozudez, ni siquiera *desmienten* el mensaje. EPE110199 **17 versión:** Lo que me cuenta el general *desmiente* esa versión pero añade algo más... EME051195 **18 alegación:** Días más tarde (...), la embajada americana en Marruecos *desmentía* tales alegaciones... LRE130103

D SUSTANTIVOS QUE DESIGNAN PENSAMIENTOS, JUICIOS, CREENCIAS, CONCEPTOS Y OTROS RESULTADOS DE LA ACTIVIDAD INTELECTIVA: **19 idea +:** Para *desmentir* esta idea sólo hace falta ver la experiencia de la segunda mitad de los ochenta. EME190194 **20 hipótesis +:** ...explicó a los periodistas su «hipótesis de trabajo, no *desmentida* públicamente»... EME240996 **21 teoría +:** ...parece *desmentir* la teoría de que sólo hubo un culpable. LVE041195 **22 tesis:** Este test electoral *desmiente* la tesis de los que aventuraban un alza de los extremos. LVE051295 **23 postulado:** Las primeras prescriben el municipio libre, pero la realidad *desmiente* tal postulado... EXC210197 **24 supuesto:** Sin embargo este supuesto fue *desmentido* ayer por el propio presidente... EME150895 **25 conjetura:** La forma (...) en que el asunto se ha llevado a cabo parece *desmentir* las conjeturas acerca de una motivación electoralista... LVE180596

E SUSTANTIVOS QUE DENOTAN ESTIMACIÓN ACERCA DEL FUTURO: **26 profecía +:** ...un futuro de la poesía que *desmiente* las profecías de vía única. EME040295 **27 presagio +:** ...los hechos comenzaron a *desmentir* los presagios. LVE130995 **28 premonición:** Vas a encargarte de *desmentir* tus premoniciones... EME091196 **29 previsión:** Un minuto le bastó para *desmentir* las previsiones de juego prudente... EME280695 **30 pronóstico:** Nadie se atrevía a *desmentir* los pronósticos realizados por los especialistas. INDOC

F SUSTANTIVOS QUE DENOTAN VÍNCULO O ACCIÓN CONCERTADA: **31 acuerdo ++:** Los inspectores fiscales *desmienten* un acuerdo con la Administración. EME010396 **32 pacto +:** ...*desmiente* el supuesto pacto (...) propalado por periodistas intoxicadores. EPE240700 **33 alianza +:** Quizá con eso Gabriel (...) quería *desmentir* su alianza con... EPE050576 **34 conexión +:** El magnate se ha apresurado a *desmentir* su conexión con la Mafia. EME250394 **35 contacto:** Desmiento cualquier contacto mío o del futbolista con el Roma. EPE081299 **36 relación:** El ELN y las FARC *desmienten* su relación con la acción terrorista... EME130695 **37 matrimonio:** La familia de Taslima (...) *desmiente* su matrimonio. LVE040695 **38 romance:** La Casa Real ha *desmentido* el romance del príncipe... LVE080495

G SUSTANTIVOS QUE DENOTAN DESACUERDO Y OTRAS FORMAS DE CONFLICTO: **39 desavenencia +:** ...intentan por todos los medios *desmentir* públicamente sus fuertes desavenencias... EME090594 **40 discrepancia +:** ...el rumbo que ha tomado la política económica *desmiente* cualquier tipo de discrepancias... LHG220597 **41 divergencia:** ...*desmintió* cualquier clase de divergencia dentro del vestuario madridista. EPE131299 **42 disensión:** El jefe del Ejército (...) *desmiente* disensiones en los cuarteles... EPD291097 **43 conflicto:** Desmiento cualquier tipo de conflicto con Cavallo... CLA290301

■ Se combina también con: ♦ **ardientemente**[20], **categóricamente**[7], **con firmeza**[21], **con rotundidad**[14], **enérgicamente**[14], **firmemente**, **por activa y por pasiva**[6], **punto por punto**[23], **rotundamente**[5], **sin paliativos**, **terminantemente**[13], **verbalmente**[57]

desmesuradamente ♦ **alargar**, **ampliar**, **aumentar**, **beber**, **comer**, **crecer**, **elogiar**, **endeudar(se)**, **engordar**, **enriquecer(se)**, **exagerar**, **gritar**, **incrementar**, **prolongar**, **subir**, *otros verbos de cambio de estado*

desmesurado *adj.* ■ Se combina con sustantivos que denotan hecho o actuación *(actuación, acción, acto, hecho, suceso)*. Admite otros muchos sustantivos, pero destacan particularmente sus combinaciones con los que expresan eventos *(celebración, reunión)*, informaciones *(comentario, afirmación)* y sentimientos o actitudes *(crueldad, preocupación, miedo, odio, dolor, violencia)*. Se combina especialmente con...

A SUSTANTIVOS QUE DENOTAN AUMENTO O PROLIFERACIÓN. TAMBIÉN CON OTROS QUE DESIGNAN DIVERSOS PROCESOS QUE MANIFIESTAN MEJORA O PROGRESO: **1 aumento ++:** ...que no había que preocuparse por el *desmesurado* aumento de las importaciones, porque se está importando bienes de capital. CAP190995 **2 incremento ++:** Nos propone que olvidemos que el *desmesurado* incremento de la delincuencia (...) sólo puede ser responsabilidad política de quien gobierna. LRE220103 **3 crecimiento ++:** El informe revela un crecimiento *desmesurado* de la deuda del ayuntamiento... EDV040599 **4 enriquecimiento:** ...todo lo que estaba ocurriendo, incluso las aprensiones acerca del enriquecimiento *desmesurado* de los grupos económicos, era para el bien de las grandes mayorías... HOY190183 **5 proliferación:** ...evitarán que la proliferación *desmesurada* de la vegetación amenace el equilibrio ecológico de la zona... LVE290695 **6 alza:** Alza *desmesurada* para los lechones, cuyas cotizaciones alcanzan cotas que se han dado en pocas ocasiones... LVE050295 **7 subida:** Algunos operadores, sin embargo, se muestran cautelosos, pues estiman que no se dan las condiciones para una subida *desmesurada*... LVE080495 **8 expansión:** Una expansión *desmesurada* de la financiación interempresarial puede contribuir a incrementar la fragilidad financiera... LVE091196

B SUSTANTIVOS QUE DENOTAN CANTIDAD ECONÓMICA, MÁS FRECUENTEMENTE SI SE OBTIENE O DEBE SATISFACERSE: **9 gasto ++:** No sólo se justifican teóricamente, sino que se favorecen prácticamente con unos gastos económicos *desmesurados*... DDN070101 **10 precio +:** ...y que, pese a no tener un precio *desmesurado*, no están al alcance de la mayoría debido a sus peculiares características. LVE260395 **11 costo:** O ¿cómo rectificar la distribución de su *desmesurado* costo? EME310796 **12 coste:** El estudio concluye que los barceloneses consideran *desmesurado* el coste de vivir en su ciudad... LVE031096 **13 beneficio:** el dato de julio demuestra (...) la acumulación de beneficios *desmesurados* en algunos sectores empresariales. EPE120800 **14 ingreso:** Pero con los ingresos *desmesurados* que perciben de las teles, lo veo proporcional y espero que los resultados lo justifiquen. LVE140996 **15 deuda:** ...y abocados, además, a enjugar una cada vez más *desmesurada* deuda. LVE141195

C OTROS SUSTANTIVOS QUE DESIGNAN MAGNITUDES FÍSICAS: **16 fuerza ++:** Ribó criticó «la fuerza *desmesurada*» que por ese hecho se da a CiU y PNV... LVE090796 **17 tamaño ++:** ...dio a entender que el *desmesurado* tamaño de los pies de Thorpe se debía al consumo de la hormona del crecimiento... EPE170900 **18 altura:** ...edificios gigantescos, de altura *desmesurada* y discutible funcionalidad. INDOC **19 extensión ++:** Una vez más, al novelista se le ha ido la mano en algunas manifestaciones de sal gruesa y en *desmesurada* extensión. ABC181292 **20 cantidad +:** ...acusado de expedir una *desmesurada* cantidad de recetas de Rohipnol, un barbitúrico empleado como sustituto de la heroína. EPD080597 **21 número +:** ...que ya durante las dos guerras mundiales sorprendió por su *desmesurado* número de bajas. LVE190196 **22 tasa +:** ...si bien tampoco registrará tasas de aumento *desmesuradas*. LVE280996 **23 nivel +:** ...su fascinación iba en aumento y podría decirse que llegó a niveles *desmesurados*... EPE201201 **24 duración:** ...una distancia enorme pese a la *desmesurada* duración del torneo y a que actualmente se concedan tres puntos por la victoria. LVE221295 **25 distancia:** ...acusaron a la Administración de no haber previsto los riesgos de esta *desmesurada* distancia. EPE171201 **26 proporción:** ...como si todas esas aguas de olor llevaran una *desmesurada* proporción de almizcle... EME060194

D SUSTANTIVOS QUE DENOTAN EMPEÑO, DESEO O INTERÉS, MUY FRECUENTEMENTE INTENSOS, HACIA ALGO: **27 expectativa +:** ...nos ha acostumbrado a esperar siempre de él lo mejor y esas *desmesuradas* expectativas aquí se sienten decepcionadas. EME180594 **28 afán +:** Todas estas rupturas sensacionales (...) han sido en gran medida dictadas por un *desmesurado* afán de poder. LVE160696 **29 ansia +:** El mercado europeo es joven, creciente y muestra *desmesuradas* ansias de compra de nuevos productos. EPE021288 **30 avidez +:** ...lo perjudicaban (...) sus ínfulas de grande («Yo soy el Maradona de Turquía») y unos representantes de avidez *desmesurada*. CLA160199 **31 apetito +:** ...satisfacía un apetito sexual *desmesurado* hasta lo patológico. EPE090700 **32 ambición +:** El líder sólo exhibió una ambición *desmesurada* en los primeros quince minutos de encuentro. EME240194 **33 querencia −:** Se adivina en los nativos del lejano y gigantesco país asiático una *desmesurada* querencia a la jamonería... LVE161296

E SUSTANTIVOS QUE DENOTAN INCLINACIÓN O PROCLIVIDAD HACIA ALGUIEN O ALGO, A MENUDO MANIFES-

TADAS DE FORMA INTENSA O VEHEMENTE. TAMBIÉN CON OTROS QUE DENOTAN APRECIO, RESPETO O ESTIMA: **34 amor** +: ..este frívolo inicio se convierte en un amor *desmesurado* y obsesivo en el que tiene cabida toda la hondura del alma enamorada. LVE081196 **35 pasión** +: Miki Vukovic, de 55 años, es un ingeniero de minas de carrera que vive el baloncesto con una pasión *desmesurada.* EPE281199 **36 elogio** +: Partidario de decir las cosas como las siente, nunca ha regalado peloteos a nadie y tampoco ha pedido elogios *desmesurados.* LRE130103 **37 atención** +: ...y advirtió que «sería absurdo que se prestara una atención *desmesurada* a esta cuestión menor». LVE011096 **38 cariño:** ...es un boxeador moderadamente sonado, que trata con *desmesurado* cariño a su meliflua compañera... LVE150195 **39 amabilidad:** La generosidad y *desmesurada* amabilidad de la gente de Medellín trata de cerrar los espacios a cualquier intento de reedición del narcoterrorismo. PME201096 **40 admiración:** Traicionado por mi *desmesurada* admiración hacia el gran editor que es Jorge Herralde... EME010495

F SUSTANTIVOS QUE DENOTAN INFLUENCIA O RELEVANCIA: **41 importancia** +: Pues cobran *desmesurada* importancia algunas de sus facetas, mientras otras se diluyen, se desdibujan y terminan por olvidarse. LNP061097 **42 influencia** +: Esto es lo que acaba de proclamar un clan de magistrados (...) al que su insistencia ha permitido lograr una influencia *desmesurada.* LVE071296 **43 alcance:** Al otorgar ese alcance abusivo y *desmesurado* al llamado derecho de réplica, el tribunal ha dado un paso peligrosísimo... LNA090792

G SUSTANTIVOS QUE DESIGNAN DIVERSAS CUALIDADES O ACTITUDES CARACTERIZADAS POR LA SOBREVALORACIÓN, EL EXCESO O LA AFECTACIÓN: **44 exageración** +: ...adobará sus ocurrencias con *desmesuradas* exageraciones, comparaciones, paradojas y amplia gesticulación. LVE240895 **45 exceso:** ...dilapida una excelente idea por un *desmesurado* exceso de pretenciosidad. LVE080795 **46 pompa:** ...en la que los elementos escenográficos, las luces, los televisores, se manejan con *desmesurada* pompa... LVE160795 **47 ínfulas:** ...le condenas porque, sucumbiendo a sus *desmesuradas* ínfulas de grandeza, contribuyó con escándalo social a... LVE180595 **48 ostentación:** Pero en lugar de celebrarlo con las habituales ostentaciones *desmesuradas*, se pueda celebrar con economía... LVE230696 **49 megalomanía:** ...esa estupenda premisa va desinflándose como un globo a medida que avanza la película, muy lastimada por una *desmesurada* megalomanía... LVE080295

H SUSTANTIVOS QUE DENOTAN ACTITUD POSITIVA Y EXPECTANTE HACIA EL FUTURO. TAMBIÉN CON ALGUNOS QUE DESIGNAN OTRAS FORMAS DE REACCIÓN FAVORABLE ANTE LOS ESTADOS DE COSAS, GENERALMENTE VENIDEROS: **50 optimismo** +: ...mostró un optimismo *desmesurado* ante la cita de este domingo: «No pasa nada por perder en Málaga». EME200595 **51 alegría:** La *desmesurada* alegría de Wall Street determinará que hoy la Bolsa española abra con tendencia alcista... EME171195 **52 confianza:** Pero sobre todo está la *desmesurada* confianza en la tecnología y en la superioridad occidental en este campo... EPE050499 **53 ilusión:** ...se ha creado una ilusión alrededor del equipo, quizás *desmesurada*, pero que ha ayudado a crear un clima muy favorable... EME120695 **54 fe:** ...pese a la *desmesurada* fe que ostenta en la capacidad de las bombas para imponer la democracia... EPE270599

I SUSTANTIVOS QUE DENOTAN TRIUNFO O RECOMPENSA, ASÍ COMO CIERTAS CUALIDADES Y ESTADOS QUE ADQUIERE GENERALMENTE EL QUE TRIUNFA EN ALGUNA ACTIVIDAD: **55 éxito** +: Haciéndole pagar viejos agravios, su arrogante certidumbre de ser el más grande, su excesiva soberbia, su *desmesurado* éxito. EME290196 **56 triunfo:** ...la del cineasta, con el triunfo *desmesurado* de «El último metro»: un millón de entradas y diez César en 1981. LVE021296 **57 honor:** Nunca recibí honor más *desmesurado.* LHG190397 **58 galardón:** Un galardón acaso *desmesurado* porque, probablemente, esta cría de rostro inolvidable sólo fuera una materia prima que Doillon moldea y manipula. LVE271196 **59 reconocimiento:** Así se explica el *desmesurado* reconocimiento de una faena poco más que voluntariosa... EME300694

J SUSTANTIVOS QUE DESIGNAN DIVERSAS MEDIDAS PUNITIVAS O CORRECTIVAS: **60 castigo** +: Despedirle de su cargo cuando únicamente faltan dos intrascendentes partidos para el final de la temporada suena a castigo *desmesurado...* LVE190596 **61 pena** +: No sé si la inhabilitación es una pena *desmesurada* para los insumisos, pero no me parece mal el concepto del castigo. EME100796 **62 condena:** ...manifestó que la condena impuesta a Moto «es claramente *desmesurada»...* EME250495 **63 multa:** Después continuó con las *desmesuradas* multas y los embargos de cuentas corrientes. LVE260395

K SUSTANTIVOS QUE DENOTAN ACTUACIÓN HOSTIL CONTRA LAS PERSONAS O LAS COSAS, MUY FRECUENTEMENTE DE CARÁCTER VERBAL: **64 crítica** +: No son de recibo sus críticas *desmesuradas* al estamento arbitral... EME150496 **65 acusación:** Por *desmesuradas* que parezcan las acusaciones de Il Cavaliere, cuya popularidad en Europa es muy limitada, la mayoría de los italianos están con él. EPE061201 **66 agresión:** ...de las agresiones constantes y *desmesuradas* de innúmeros ciudadanos que no merecen serlo. LVE100996 **67 desafío:** ...la justicia ha tenido que enfrentarse a un desafío tan *desmesurado* al tiempo que arriesgado... LVE180295 **68 ofensa:** ...han logrado evitar las *desmesuradas* ofensas de un hombre que llegó al fútbol hace menos de diez años... LVE100396 **69 amenaza:** ...nada de sutiles reconvenciones diplomáticas, sino amenazas ostensibles y hasta *desmesuradas.* INDOC

L SUSTANTIVOS QUE DENOTAN PETICIÓN O SOLICITUD, CON DIVERSOS GRADOS DE URGENCIA O FORMALIDAD: **70 exigencia** +: Y para soportar con calma una *desmesurada* exigencia del público hay que tener mucho valor. LRE270103 **71 demanda:** El número de socios, la *desmesurada* demanda de las peñas y los compromisos de jugadores y directivos del club... EME010695 **72 petición:** ...no es una petición *desmesurada* decirle a los empleados públicos que tengan su sueldo congelado en el año 97... LVE301096

M ALGUNOS SUSTANTIVOS QUE DESIGNAN DIVERSAS FORMAS DE CORRESPONDER A UNA ACCIÓN PREVIA: **73 reacción** ++: ...existen familias atribuladas y sorprendidas, desorientadas respecto de la reacción *desmesurada* de la autoridad universitaria. HOY110784 **74 respuesta** +: ...Bidezti teme que «una reacción más fuerte por nuestra parte provoque una respuesta *desmesurada,* y debemos evitar por todos los medios que haya líos». EME070496 **75 réplica:** ...una crítica constructiva, en absoluto hiriente, que recibió como respuesta una réplica *desmesurada.* INDOC

☐ Véase también: **astronómico, desmedido, exorbitante**.

desmontar *v.* ▮ En su sentido literal se combina con sustantivos que designan mecanismos, artefactos, maquinarias u objetos que las contienen *(mecanismo, dispositivo, reloj, televisor, alarma, motor).* En el sentido figurado se combina con sustantivos que designan tendencias o movimientos culturales, filosóficos o ideológicos *(socialismo, narcisismo, positivismo, neokantismo, reduccionismo),* así como nociones económicas diversas *(presupuesto, balance económico).* También acepta sustantivos que designan diversas informaciones verbales *(discurso, mensaje)* o textuales *(estudio, novela, obra).* Se combina asimismo con...

A SUSTANTIVOS QUE DENOTAN CONSTRUCTO O CONJUNTO DE ELEMENTOS O PIEZAS ARTICULADOS Y ORGANIZADOS, MÁS FRECUENTEMENTE SI CONSTITUYEN LA BASE DE ALGUNA COSA Y PERMITEN SU FUNCIONAMIENTO. SE EMPLEAN MUY A MENUDO EN SENTIDO FIGURADO: **1 estructura ++:** Además, acusó al gobierno de tratar de «*desmontar* la estructura religiosa como hicieron con Acción Democrática». ENH141100 **2 sistema ++:** ...Rodríguez dijo que el país tiene diez años para *desmontar* el sistema actual y acogerse a las disposiciones de la OMC. DED221096 **3 engranaje:** El nervio y las salidas al contrataque (...) *desmontaron* el engranaje defensivo del Espanyol a las primeras de cambio. EPE080399 **4 andamiaje +:** ...para destruir el último baluarte de la Constitución y *desmontar* el andamiaje entero que vertebra la convivencia entre los españoles... EME040895 **5 andamio +:** Sin embargo, éstos no han sido los estallidos de la semana, que después de *desmontar* todavía más el precario andamio sociata... LVE210295 **6 armazón:** No se puede *desmontar* el armazón de la Seguridad Social, un progreso europeo pero en parte factor de paro también. LVE130796 **7 entramado:** Su futuro no depende (...) de las relaciones que quiera y pueda desarrollar el candidato vencedor con el estamento militar (...) para *desmontar* el entramado de intereses económicos... LVE131195 **8 régimen:** El mandatario aspira a *desmontar* un régimen totalitario y a construir un sistema democrático en el país... EPE011288

B EL SUSTANTIVO *ARGUMENTO* Y CON OTROS QUE DENOTAN EXPOSICIÓN O APORTACIÓN DE JUICIOS, DIRIGIDOS A PROBAR, CONVENCER O JUSTIFICAR ALGO. TAMBIÉN CON OTROS QUE DESIGNAN ESTAS MISMAS RAZONES: **9 argumento ++:** El intérprete apeló a la edad de su progenitor y sus dificultades para efectuar una travesía transatlántica, argumento que *desmonta* esta imagen. EPE180700 **10 alegación +:** Pero la Justicia ha ido desestimando todos sus recursos y *desmontando* sus alegaciones. EME190796 **11 coartada +:** La acusación tampoco se dormía en los laureles, y buscaba la manera de *desmontar* la coartada que hoy ofrecerá la asistenta. EME270295 **12 argumentación:** Luego aclaró que el índice al que se refería era sobre accidentes laborales, lo que permitió al diputado (...) *desmontar* su argumentación. LVE280396 **13 razonamiento:** González *desmontó* este razonamiento afirmando que en las últimas horas ha subido la bolsa... LVE090295 **14 justificación:** ...en un crescendo que puede resultar insoportable, precisamente para *desmontar* su justificación en una sociedad que la está utilizando de forma cotidiana... LVE070696 **15 opinión:** ...no creo que resultara fácil *desmontar* la opinión de Pardo, aunque Tristán también fuera educado y agradable. LVE221296

C SUSTANTIVOS QUE DESIGNAN DIVERSOS RESULTADOS DE LA ACTIVIDAD COGNOSCITIVA O INTELECTIVA, MÁS FRECUENTEMENTE SI CONSTITUYEN CONSTRUCTOS ARTICULADOS QUE ES POSIBLE DEFENDER: **16 tesis ++:** ...Joseph Pérez *desmonta* una por una las tesis expuestas por otros historiadores... LVE280395 **17 teoría ++:** Observar la evolución de John Travolta *desmonta* teorías moderadamente extendidas del tipo «el buen actor nace». ABC040294 **18 idea +:** Lucas ha contribuido no poco a *desmontar* esa idea, lo que me parece un retroceso. LVE111095 **19 hipótesis +:** Estos datos *desmontan* la hipótesis de la Policía, que atribuyó el atentado a una genérica «extrema derecha». EME131095 **20 planteamiento +:** El folleto de 19 páginas también da sugerencias a los candidatos sobre cómo se debe elaborar un discurso o cómo «*desmontar* el planteamiento populista del PP». EME070595

D SUSTANTIVOS QUE DESIGNAN EL CONJUNTO DE RECURSOS O DIRECTRICES QUE RIGEN, ESTABLECEN U ORGANIZAN UNA ACTUACIÓN O UNA INICIATIVA: **21 política +:** En este último capítulo están las medidas, ya anunciadas, que *desmontan* la política de sometimiento a la justicia... EPD220796 **22 proyecto:** Un informe del servicio de planeamiento *desmonta* el proyecto casi al completo... EPE300499 **23 programa:** El parlamentario *desmontó* el programa económico, aplicado a partir de 16 de abril de 1996... EUV150497

E SUSTANTIVOS QUE DESIGNAN MODELOS O CONVENCIONES ESTABLECIDOS O ACEPTADOS POR UNA COMUNIDAD, QUE A VECES LOS EMPLEA COMO REFERENTES: **24 tópico +:** Herralde no fue el único empecinado en *desmontar* tópicos y lugares comunes. EME280996 **25 mito ++:** Sainz se mostró interesado en *desmontar* el mito del diagnóstico genético como una técnica cara sólo al alcance de centros especializados. END281197 **26 convencionalismo:** ...en estas historias costumbristas en las que, burla burlando, se *desmontan* también viejos tópicos y convencionalismos. LVE060794 **27 leyenda:** ...documentales exquisitamente documentados, amenos y veraces que prescinden de las leyendas épicas, las *desmontan* o las trituran... EME220196 **28 fábula:** ...se puso de ejemplo ante los dirigentes del PP al iniciar él mismo el discurso para *desmontar* las *cuatro fábulas* del mandato socialista... EPE061099

F SUSTANTIVOS QUE DENOTAN ACUSACIÓN Y, POR EXTENSIÓN, MANIFESTACIÓN DE DISENSO, PROTESTA O REPROCHE: **29 acusación ++:** Los abogados defensores (...) intentaron durante tres horas minar la credibilidad y *desmontar* el castillo de acusaciones del «arrepentido» de Cosa Nostra... LVE110196 **30 crítica +:** Por su parte, el concejal de Cultura tira de cifras para *desmontar* las críticas del PSOE. EPE100900 **31 calumnia:** ...para demostrar la fehaciente honorabilidad de una gestión y para *desmontar* la calumnia política basada en la falsedad. EPE050399 **32**

queja: ...presentó ayer ante el defensor del pueblo (...) sus alegaciones para *desmontar* las quejas. EPE271099

G EL SUSTANTIVO *CONSPIRACIÓN* Y CON OTROS QUE DESIGNAN ARGUCIAS, ESTRATEGIAS O ARDIDES, A MENUDO SECRETOS O ENCUBIERTOS, QUE PERSIGUEN ALGUNA ACCIÓN GENERALMENTE ILÍCITA. TAMBIÉN CON OTROS QUE SE REFIEREN A LAS REDES O LOS SISTEMAS ORGANIZADOS EN LOS QUE TIENEN LUGAR ESAS ACTUACIONES: **33** conspiración +: ...tuvo que ocuparse, en menos de un año, de la Presidencia europea, de la guerra de Kosovo y de *desmontar* una conspiración en sus propias filas... EPE260999 **34** tinglado +: Naturalmente, para *desmontar* un tinglado político era necesaria una actuación política. EPE010400 **35** complot +: El complot puesto en marcha contra mí, y también contra otros ex colegas, es una chapuza, que será posible *desmontar*. EME091296 **36** trama +: Ahora se comprende lo importante que fue *desmontar* la trama de protección judicial... EPE261299 **37** estrategia: Todo eso podría alterar muchos comportamientos y *desmontar* la sólida estrategia comunista. LVE020696 **38** maquinación: ...pretende hacer una operación de metalenguaje: Montar (...) la campaña presidencial del lavado gangster Molina (...) y *desmontar* sus maquinaciones demagogas. CAP141196 **39** trampa: La Guardia Civil *desmontó* ayer la trampa por orden del juez de guardia. EME240395

H SUSTANTIVOS QUE DENOTAN ENGAÑO O FALSEDAD: **40** mentira +: Y asegura que va a «*desmontar* todas las mentiras urdidas por catetos del periodismo...». LVE270696 **41** falacia: «Elliot ha contribuido a *desmontar* la falacia histórica de que España ha estado siempre aislada del resto de Europa». EME170596 **42** falsedad: ...la diputada popular cree que el presidente del PP estuvo contundente, rotundo y *desmontó* las falsedades del presidente del Gobierno... LVE120295 **43** sofisma: Quedaron *desmontados* cuatro sofismas que se habían instalado en la conciencia popular... LVE260595 **44** farsa: ...su actitud dictatorial ha *desmontado* la farsa de presentar como democracia la antigua máquina comunista. LVE271196 **45** bulo: Un libro con el que *desmontar* todos los bulos generados por el morbo. LVE280695

I ALGUNOS SUSTANTIVOS QUE DESIGNAN SITUACIONES O ESTADOS DE CRISIS, DIFICULTAD O INFORTUNIO: **46** conflicto: Ninguna de las potencias mundiales parece dispuesta a liderizar el esfuerzo requerido para *desmontar* los potenciales y reales conflictos... EUV160796 **47** paro: Esa inoportuna actitud en nada ayuda a propiciar el estado de tranquilidad en que deben surtirse las gestiones del Gobierno para *desmontar* el paro. ETC110297 **48** guerra: Las elites ofrecen *desmontar* la guerra sucia y disolver a los grupos paramilitares... SEM301000 **49** bloqueo −: El gobierno de los Estados Unidos acaba de dar un paso más para *desmontar* el férreo bloqueo impuesto a Cuba... CLA130199

J OTROS SUSTANTIVOS; POSIBLES USOS ESTILÍSTICOS: A partir de esa «anécdota», *desmontando* al poeta, asediando al hombre... LRE310103; ...no ha podido tener mejor premio que ese par de gemelas hermosas que ahora les *desmontan* las noches... LVE120295

▩ Se combina también con: ♦ **de arriba abajo, de cabo a rabo, de pies a cabeza, de un día para otro[15], por completo, totalmente**

☐ Véase también: **desmantelar, destripar**.

desmoralización ♦ **creciente, grave, intenso, preocupante, profundo, total, verdadero** ♦ **síntoma (de)** ♦ **abatir(se)[16], causar, contribuir (a), evitar, frenar, generar, provocar, reinar, sembrar[49]**

desmoronamiento ♦ **absoluto, irreversible[21], paulatino, progresivo, rápido, total** ♦ **sensación (de)** ♦ **conllevar, evitar, impedir, implicar, ocasionar, producir, provocar, suponer**

☐ Véase también: **bajón (de), caída, depresión, derrumbe, fracaso.**

desmoronar(se) *v.* ▮ En su sentido físico se combina con sustantivos que designan construcciones o edificaciones *(edificio, muralla, campanario)*. En su sentido figurado, se combina con sustantivos de persona, individuales y colectivos *(El equipo encajó el tercer tanto y se desmoronó; Al verla en ese estado me desmoroné)*, y con otros que designan comunidades y organizaciones *(El país se desmorona; Hay que evitar que la empresa se desmorone)*, o movimientos y corrientes ideológicas. También se combina con sustantivos que designan obras *(película, novela)*, así como con...

A SUSTANTIVOS QUE DENOTAN PODER, ASÍ COMO CON OTROS QUE DESIGNAN SISTEMAS DE DIRECCIÓN, GOBIERNO O CONTROL: **1** sistema ++: Creo percibir en todo ello un intento sutil de comprarnos y de remendar un sistema que se *desmorona* día a día. EME250494 **2** gobierno +: Las jornadas previas al voto sobre la inmunidad han sido especialmente dolorosas para el Gobierno belga que, a medida que pasaban las horas iba *desmoronándose*... EME160194 **3** imperio +: ...el líder serbio bosnio relataba a todo el que le quisiera escuchar que los turcos otomanos invadieron en su época a los serbios y terminaron viendo cómo se *desmoronaba* su imperio... EME030995 **4** régimen +: El régimen se *desmorona*, la crispación del portavoz del Gobierno (...) al término del Consejo de Ministros era ejemplo del caos... EME040395 **5** poder +: ...la duda que les atenaza en estos momentos es la posibilidad de que (...) al *desmoronarse* el poder en los Ayuntamientos... EME300694 **6** aparato de poder: ...Milosevic sólo puede mantenerse gracias a las sucesivas guerras y crisis, y su aparato de poder se *desmoronaría* en circunstancias democráticas normales. EPE110499

B SUSTANTIVOS QUE DESIGNAN RECURSOS O PROCEDIMIENTOS ORGANIZADOS O ARTICULADOS, A MENUDO DIRIGIDOS A ALGUNA ACTUACIÓN: **7** estructura ++: ...sigue sin saborear una victoria y su estructura se *desmorona* por la base. EME110996 **8** esquema +: ...ha crecido viendo cómo se *desmoronaban* todos los esquemas precedentes. EME040996 **9** estrategia: Se *desmorona* la estrategia defensista de los barrabravas. LNP030497 **10** táctica: ...se *desmorona* la táctica del abogado defensor de Roldán. LVE241296 **11** proyecto: Ninguno pensó que el proyecto se *desmoronaría* a poco andar. HOY120597

C SUSTANTIVOS QUE DESIGNAN DIVERSOS RESULTADOS DE LA ACTIVIDAD COGNOSCITIVA O INTELECTIVA, MÁS FRECUENTEMENTE SI SE TRATA DE CONSTRUCTOS MENTALES O ARGUMENTATIVOS: **12** idea: ...*desmoronó* la vieja idea castrense del cumplimiento irrestricto de las órdenes. LVE240396 **13** tesis: Se *desmoronará* definitivamente la tesis de que los GAL fueron iniciativa de unos cuantos policías... EME230596 **14 explicación:** ...la explicación que nos daban se *desmorona* estrepitosamente... LVE151196 **15 hipótesis:** ...mientras unas hipótesis cobraban fuerzas y otras se *desmoronaban*... LVE021195

D EL SUSTANTIVO *SUEÑO* Y CON OTROS QUE DESIGNAN AQUELLO A LO QUE SE ASPIRA O SE DESEA CONSEGUIR, MÁS FRECUENTEMENTE SI PONE DE MANIFIESTO UNA ACTITUD POSITIVA HACIA EL FUTURO: **16 sueño ++:** Poco después, debido a una intriga franco-británica, se *desmorona* el sueño árabe de constituir un imperio bajo el reinado de Feisal... EME290996 **17 aspiración +:** Martina Hingins *desmoronó* aspiración de Arantxa Sánchez. EUV030996 **18 expectativa:** ...lejos de *desmoronarse*, la expectativa a favor del cambio seguía creciendo. EPE220999 **19 esperanza:** Las esperanzas (...) se *desmoronan* en cuanto (...) abre el turno de las declaraciones... EME140494 **20 objetivo:** ...mientras lo estuve escribiendo *se desmoronó* su principal tema y objetivo... LVE270195 **21 fe:** ...hombre de una fe profunda, (...) que no se *desmorona*... LVE180896 **22 ilusión:** Ha tenido que llegar no sé quién (...) a *desmoronarles* la ilusión de ser unos, grandes y libres... EPE231101

E SUSTANTIVOS QUE DESIGNAN DIVERSAS INFORMACIONES, A MENUDO VERBALES O TEXTUALES, MÁS FRECUENTEMENTE SI CONSTITUYEN TRADICIONES O CONVENCIONES RECONOCIDAS POR ALGUNA COMUNIDAD QUE LAS EMPLEA COMO REFERENTES: **23 mito ++:** Pero el mito se *desmoronó* con una sorprendente rapidez y dejó como legado una militarización de la política... EPE310700 **24 leyenda:** De hecho, hasta los años 70 y 80, en que se establece una historia militar crítica, no se *desmorona* la leyenda creada tras la guerra... LVE100495 **25 historia:** ¿Se *desmorona* nuestra historia de la civilización? ¿Tan poco nos importa de dónde venimos, cómo nos hemos hecho y quién nos ayudó a ello? LVE250896 **26 mitología:** Al no poder diseñar metas creíbles y razonables sobre las que se pudiera discutir, sólo le queda tratar de apuntalar con la violencia una mitología que se *desmorona*. EPD170797 **27 tópico:** Esta alta productividad, que *desmorona* otro tópico, resulta de un esfuerzo importante que está generando tensión en las personas... LVE101095

F SUSTANTIVOS QUE DESIGNAN LO QUE SE CONOCE O SE SOSTIENE CON SEGURIDAD Y FIRMEZA: **28 convicción +:** ...aportar pruebas, ganar discusiones y *desmoronar* convicciones. EPE050199 **29 creencia +:** En los momentos de *desmoronamiento* de las creencias es cuando... LVE100695 **30 certidumbre:** Su genialidad radica en construir un sistema de certidumbres que se *desmoronan*... EME150696

G SUSTANTIVOS QUE DENOTAN PACTO, ALIANZA U OTROS VÍNCULOS ENTRE PERSONAS O ENTIDADES QUE SE SUPONE DEBEN SER FIRMES O SÓLIDOS: **31 compromiso:** ...a su juicio, no hay margen para que se *desmorone* el compromiso del PP y PSOE. LVE260595 **32 consenso:** ...se *desmoronó* el consenso reclamado desde el presidencialismo... EXC091196 **33 unidad:** ...se lamentó ayer de que la lucha contra ETA siga marcando la agenda política en el País Vasco y de que la unidad de Ajuria Enea se *desmorone* por la polémica... LVE201096

H SUSTANTIVOS QUE DESIGNAN LA FORMA EN QUE SE PERCIBEN O SE PRESENTAN A LA VISTA LAS PERSONAS O LAS COSAS. SE USAN MUY FRECUENTEMENTE EN SENTIDO FIGURADO: **34 imagen ++:** ...su propia imagen se *desmoronaba* en Italia. EME040695 **35 modelo:** El modelo familiar tradicional se *desmorona* en todos los países... EME290996 **36 figura:** ...se *desmorona* la figura del héroe que tenía ante sus ojos. LVE300896

I SUSTANTIVOS QUE DESIGNAN DIVERSOS CONCEPTOS FINANCIEROS, COMERCIALES O ECONÓMICOS, MÁS FRECUENTEMENTE SI SON OSCILANTES: **37 bolsa:** ...la inversión exterior en cartera saldrá huyendo, la Bolsa se *desmoronará*... EME300195 **38 deuda:** La Bolsa, la peseta y la deuda pública se *desmoronan* ante la crisis política. EME050594 **39 economía:** ...evitar que la economía se *desmorone*, se fraccione... EME250694 **40 especulación:** Se *desmorona* una especulación que quiere descubrir... EPE280399 **41 moneda:** ...monedas que se *desmoronan*, bancos centrales que luchan contra la pérfida especulación... LVE010495

J OTROS SUSTANTIVOS; POSIBLES USOS ESTILÍSTICOS: Siempre y cuando el ambiente sea grato, la temperatura agradable, la estrella no se fatigue y su maquillaje no se *desmorone* por cualquier causa. LVE090696

▩ Se combina también con: ♦ **anímicamente, a ojos vista[12], estrepitosamente[11], pesadamente[3]**

☐ Véase también: **derrumbar(se), desplomar(se), venirse abajo.**

desnaturalizar(se)

♦ **carácter, derecho, esencia, espíritu, función, hijo, ideal, institución, lenguaje, madre, misión, padre, proceso, propósito, razón, sentido**

desnivel

♦ **abismal, acusado[52], amplio, fuerte, gran(de), importante, inapreciable[25], insalvable, insuperable, ligero, notable, patente, pequeño, profundo, pronunciado, suave, terrible** ♦ **con** ♦ **caer (por), compensar, corregir, crecer, evitar, franquear, mantener, marcar, percibir, presentar, producir(se), remontar, salvar, superar, vencer**

☐ Véase también: **baremo, calibrar, desequilibrio, desigualdad, desproporción, diferencia, medir, nivel.**

desobedecer

v. **I** Admite como complementos sustantivos que designan personas, grupos, organizaciones, instituciones y otras entidades con capacidad de mando o de gobierno *(autoridad, gobierno, dirección, tribunal, juez, padre, profesor, presidente, jefe)*. También se combina con...

A SUSTANTIVOS QUE DESIGNAN CONTENIDOS REGULADOS O AJUSTADOS A NORMAS O DIRECTRICES, ASÍ COMO ALGUNAS DE LAS FORMAS EN QUE SE MANIFIESTAN O SE RECOPILAN: **1 ley ++:** ...con amenaza de trabajos forzados para los alemanes que *desobedecieran* la ley y con la orden de anulación inmediata para las parejas ya establecidas. EPE290799 **2 regla ++:** Si no las cumplen, están *desobedeciendo* sus propias reglas. CLA170199 **3 norma ++:** Las normas romanas que obligaban a rendir adoración al titular del poder, en los primeros años del cristianismo, fueron las únicas que *desobedecieron* los ciudadanos romanos que recibieron el bautismo. PME031196 **4 directriz ++:** ...señalan que «*desobedecer* las directrices de los cargos del partido» está considerado como infracción muy grave y motivo de expulsión. LVE140696 **5 reglamento +:** ...prefirió *desobedecer* el reglamento y acatar la voluntad del 7 antes que poner en peligro la seriedad de la plaza de Las Ventas. EME180494 **6 normativa +:** ...con el pago de las multas que acumulan los barcos alicantinos desde que empezaran a *desobedecer* la normativa balear. EPE171099 **7 legislación +:** La patronal valenciana está lanzando mensajes que invitan a los empresarios a *desobedecer* la legislación... EPE290499 **8 ordenanza:** ...porque no se permite a los automovilistas *desobedecer* ordenanzas e incomodar a los peatones... CAP160496 **9 precepto:** ...que la gente diga: «ese es el cadáver de un bebedor que *desobedeció* los preceptos del Corán y de Alá». EME290996 **10 disposición:** ...la inmunidad diplomática no permite *desobedecer* las disposiciones municipales sobre estacionamiento y tráfico... CLA120397 **11 medida:** La medida de emergencia ha sido *desobedecida* constantemente desde su anuncio... EPE211201

B OTROS SUSTANTIVOS QUE DESIGNAN DISPOSICIONES O INDICACIONES QUE DEBEN ACATARSE. TAMBIÉN CON ALGUNOS QUE DESIGNAN DECLARACIONES O COMUNICADOS, FRECUENTEMENTE DE CARÁCTER OFICIAL: **12 orden ++:** La sanción puede ser mayor si se *desobedecen* las órdenes expresas de la autoridad... EPE251001 **13 mandato ++:** ...la desfachatez de acogerse al secreto profesional para *desobedecer* impunemente los mandatos judiciales. EME181295 **14 instrucción ++:** ...*desobedeció* las instrucciones del gobierno laborista e informó a los kelpers sobre las negociaciones que se estaban desarrollando. CLA020199 **15 consigna +:** El político amonestado *desobedeció* la consigna del partido de votar a favor de un proyecto de mejora en el polígono industrial... LVE210996 **16 pronunciamiento +:** ...ha gobernado en esta legislatura desde una estrecha minoría *desobedeciendo* abiertamente numerosos pronunciamientos del Parlamento... EPE290599 **17 criterio:** ...que habían anunciado su expulsión del PP en caso de que se *desobedecieran* los criterios del partido... EPE271001 **18 bando:** El acto de rebelión simbólico viene esta vez del Alarde oficial, que anunció que *desobedecerá* el bando del alcalde... EPE300699

C SUSTANTIVOS QUE DENOTAN RESOLUCIÓN: **19 sentencia ++:** ...algo que sí hace la comunidad de propietarios utilizando reiteradamente procedimientos en fraude de ley y *desobedeciendo* la sentencia de la Audiencia Provincial de Madrid... EME150194 **20 resolución ++:** Todas las partes enfrentadas han *desobedecido* las resoluciones de Naciones Unidas sobre control de armas en Sarajevo... EME170695 **21 fallo +:** Los piquetes *desobedecieron* el fallo judicial sobre los servicios mínimos y bloquearon el transporte. EPE220599 **22 acuerdo:** ...tras conocer la decisión del presidente Mustafa Aberchan de *desobedecer* el acuerdo de la Junta Electoral Central (JEC)... EPE110899 **23 decisión:** ...un incumplimiento frontal y grave de una decisión judicial que, siendo suficientemente conocida por ambas entidades, ha sido deliberadamente *desobedecida*... LVE221096

D SUSTANTIVOS QUE DESIGNAN LA ACCIÓN O EL EFECTO DE IMPEDIR, BLOQUEAR O DETENER ALGO: **24 prohibición ++:** Varios miles de manifestantes bielorrusos *desobedecieron* la prohibición oficial de organizar protestas y conmemoraron ayer la fiesta del Primero de Mayo... LVE020596 **25 suspensión:** ...anunció ayer que piensan *desobedecer* la suspensión cautelar dictada hasta mañana por el máximo tribunal... EPE200800 **26 boicot:** Coe también contradijo las normas al *desobedecer* el boicot de Margaret Thatcher a los Juegos de Moscú. EME080895 **27 embargo:** Pero el embargo fue *desobedecido* por Alemania y Austria... EPE070499

E SUSTANTIVOS QUE DENOTAN SOLICITUD O PETICIÓN: **28 requerimiento +:** El fiscal asegura también que la empresa *desobedeció* los requerimientos para que cesara en los vertidos contaminantes... EPE141099 **29 petición:** ...que incluyó al Ayuntamiento en su listado de instituciones hostiles por *desobedecer* sus reiteradas peticiones de información. EPE311299 **30 llamamiento:** ...no ha perdonado a los atletas que *desobedecieran* su llamamiento para boicotear los Juegos y acudieran a Moscú. EPE020181 **31 llamado:** «Primero la insultó y después quiso escaparse, *desobedeciendo* el llamado de la suboficial», dijeron los voceros policiales. CLA300197

F SUSTANTIVOS QUE DENOTAN SUGERENCIA O ADVERTENCIA: **32 consejo +:** Rafic Hariri, como los demás gobernantes libaneses, nunca ha *desobedecido* los consejos de Siria. LVE200595 **33 recomendación +:** ...si el chantajeado ha *desobedecido* las recomendaciones de ETA y ha denunciado la extorsión a la policía. EPE040900 **34 advertencia:** No es, desde luego, prudente *desobedecer* las repetidas advertencias que los servicios secretos han venido haciendo a lo largo de... INDOC

G OTROS SUSTANTIVOS; POSIBLES USOS ESTILÍSTICOS: ...constituye el recuerdo de la realidad, una forma de «*desobedecer* los sinos» y de afirmar la «vocación de aventura en ironía». ABC131095; ...pero, sobre todo, su actitud para *desobedecer* la realidad, trabajar contra sus intereses, preferir la forma al contenido... LVE250495

■ Se combina también con: ♦ **abiertamente[45], impunemente, reiteradamente[2]**

□ Véase también: **conculcar, contravenir, incumplir, infringir, quebrantar, saltarse, transgredir, violar, vulnerar.**

desobediencia ♦ **civil, claro, culpable, flagrante, generalizado, grave, involuntario, irresponsable, pacífico, reiterado** ♦ **actitud (de), acto (de), acusación (de), campaña (de), caso (de), delito (de), movimiento (de), muestra (de)** ♦ **acusar (de), apoyar, caer (en), combatir, condenar, convocar (a), extender(se), fomentar, incitar (a)[2], justificar, juzgar (por), llamar (a), manifestar, permitir, promover, tolerar**

□ Véase también: **incumplimiento.**

de sobra *loc.adv.* ▮ Admite la variante *de sobras*, menos usada. En el sentido de 'sin necesidad' o 'de más' se combina con el verbo *estar* y con sujetos de cualquier naturaleza. En el sentido de 'sobradamente' admite numerosos verbos, pero destacan especialmente sus combinaciones con...

A VERBOS QUE DENOTAN POSESIÓN O ADQUISICIÓN DE CONOCIMIENTO: **1 conocer ++:** ...¿por qué se quedaron fuera hombres intachables e independientes *de sobra* conocidos por todos? VIS161097 **2 saber ++:** No fue fácil: Santander tiene enemigos acérrimos y él lo sabe *de sobra*. LEC050996 **3 comprender:** Así, *de sobra* se comprende la necesidad de que la programación no haga exaltación de la violencia... ETC180497 **4 percibir:** Pero percibe también, y *de sobras,* que todo reparto suena a conveniencia... LVE240596 **5 dominar:** Domina *de sobra* el temario; nadie duda de que aprobará la oposición. INDOC

B VERBOS QUE DENOTAN POSESIÓN DE OTRAS MATERIAS, CAPACIDADES O CONTENIDOS: **6 tener ++:** El ex presidente Richard Nixon de los Estados Unidos tenía talento *de sobra,* además sabía lo que tenia que saber... ACP201000 **7 contar +:** El nuevo jefe cuenta *de sobra* con experiencia en la lucha antiterrorista. INDOC **8 poseer:** No obstante Mar y Alicia salen bien paradas de esta encrucijada merced a unas canciones que poseen atractivos *de sobra...* EPE191101

C VERBOS QUE DENOTAN SATISFACCIÓN DE CONDICIONES, ASÍ COMO ADECUACIÓN, SUFICIENCIA O UTILIDAD DE ALGO PARA UN DETERMINADO FIN: **9 cumplir +:** Y el delantero argentino cumplió *de sobra,* incluso cuando tuvo que soportar la rudeza del defensor... CLA040199 **10 servir +:** ...no buscaba creaciones artísticas, sino imágenes informativas, para las que el carrete elegido servía *de sobras.* LVE211295 **11 compensar +:** Pero el respaldo social a un acuerdo consistente sería tan grande que compensaría *de sobras* tanto a Aznar como a Gutiérrez y Méndez... EME190596 **12 valer:** Con la paga que me das me vale *de sobra.* INDOC **13 merecer +:** Merecen *de sobra* todo el aplauso. LVE151095 **14 bastar:** ...la neoyorquina Sandra Wicks (...), 1,90 de dinamismo y técnica de libro en el poste bajo, y Margot Dydek se bastan *de sobra.* EME211096

D VERBOS QUE DESIGNAN LA ACCIÓN DE CORROBORAR, DEMOSTRAR, JUSTIFICAR O PONER DE MANIFIESTO ALGUNA COSA: **15 confirmar:** Ahora, con «El corazón inmóvil», se confirman, *de sobra,* todas las expectativas que levantó su obra anterior. EME010495 **16 demostrar:** Creen que han demostrado *de sobra* que ellos no eran «cuota samperista». SEM110897 **17 reflejar:** Después de ejercer como médico y bucear durante un tiempo en el mundo de la informática (su pasión por la realidad virtual queda *de sobra* reflejada en «Acoso»)... EME240195 **18 ilustrar:** ...Inglaterra o Japón ilustran *de sobra* la corrupción que puede generar un sistema privado. LVE280295 **19 resaltar:** Su extraordinaria sensibilidad en la figuración, su gran habilidad en el modelado y en el dibujo, han sido *de sobra* resaltadas... ABC201192 **20 justificar:** El pueblo mexicano sufre indignación *de sobra* justificada cuando mira la impunidad... PME150996 **21 acreditar:** Eva Armisen, por su parte, con «El maullido», «Autorretrato con Jacinto» y «Paseo enamorada» acredita *de sobra* su calidad y su capacidad artística. ABC031195

E VERBOS QUE DESIGNAN LA ACCIÓN DE SUPERAR UN LÍMITE: **22 rebasar +:** ...se negociaba a 32.85 dólares el barril, con aumento de un dólar o 3, hoy, lo que rebasa *de sobra* el límite de 30 dólares que Estados Unidos calificó como excesivo. EXC050900 **23 superar +:** Si tomamos un punto de vista estrecho, parecería que las telecomunicaciones hubieran superado *de sobra* su infancia. ABC180394 **24 pasar:** Por ello, la vida comenzó mucho antes (...) y los 6.000 años vaticinados habrían pasado *de sobra* en decenas de ocasiones. EME221096

☐ Véase también: **holgadamente, sobradamente.**

desoír *v.* ▮ Se combina con...

A SUSTANTIVOS QUE DENOTAN CONSEJO, ADVERTENCIA Y OTRAS INFORMACIONES DE INTERÉS PARA EL QUE LAS RECIBE: **1 consejo ++:** ...el presidente palestino había *desoído* los consejos que en este sentido le habían hecho... EPE171201 **2 advertencia ++:** ...la advertencia de Martí fue *desoída...* INF010896 **3 recomendación ++:** ...los operadores *desoyeron* las recomendaciones de los analistas... LNP211097 **4 sugerencia +:** ...adelantó Pérez, quien *desoyó* las sugerencias periodísticas... LNP190297 **5 indicación +:** Desoyendo las indicaciones de esperar el rescate, se lanza al camino y... CLA280601 **6 aviso +:** Pero el buque *desoyó* el aviso y partió con 1.198 personas... EME070595 **7 anuncio:** ...los excursionistas *desoyeron* los anuncios de peligrosidad... EME280795 **8 notificación:** ...se le enviaron varias notificaciones, que *desoyó* sistemáticamente. INDOC

B SUSTANTIVOS QUE DENOTAN PETICIÓN O LLAMAMIENTO, A MENUDO VEHEMENTES: **9 clamor ++:** ...y *desoye* el clamor popular de que debe haber rectificaciones. DHE290197 **10 petición ++:** El vicepresidente segundo *desoye* la petición... EPE181001 **11 voz ++:** ...*desoyó* las voces que desde la Duma reclamaban la concesión de asilo político... EPE180299 **12 reconvención:** El concejal *desoyó* las insistentes reconvenciones que le hicieron desde su partido. INDOC **13 llamamiento ++:** ...ha *desoído* los llamamientos de la comunidad internacional... EPE191101 **14 requerimiento:** La promotora *desoyó* estos requerimientos, según el edil... FDV070201 **15 solicitud:** ...y *desoye* la solicitud de la familia para que no se dañe la imagen... EXP170797 **16 demanda:** ...consiste en atender las urgencias económicas, *desoyendo* las demandas acerca de una ineludible reforma política... EPE060900 **17 ruego +:** ...el facultativo *desoyó* los ruegos del enfermo... LVE161295 **18 exhortación:** ...*desoyendo* la exhortación policial de abandonar el lugar. BRE040497 **19 plegaria:** La poderosa Iglesia Católica polaca no ha *desoído* sus plegarias. EME191195 **20 súplica:** ...actuó con una insensibilidad humana, *desoyendo* las reiteradas súplicas de la madre... EPE050900

C SUSTANTIVOS QUE DENOTAN PETICIÓN, ORDEN O INSTRUCCIÓN: **21 orden ++:** ...amenaza con represalias a quien *desoiga* la orden de paro... EUV060499 **22 mandato +:** ...me causa sorpresa ver con qué desvergüenza son nuestros políticos capaces de *desoír* el mandato del referéndum. EME181296 **23 exigencia +:** ...el destinatario *desoyó* la exigencia de dinero... ENC060599 **24 instrucción +:** ...pacten con quienes les dé la real gana, *desoyendo* las instrucciones de una dirección que pretende ir a los comicios con un cheque en blanco. EME090495 **25 consigna:** ...fue el primer artista español que se atrevió a actuar, en 1964, en la Unión Soviética *desoyendo* las consignas oficiales. LVE060296 **26 ultimátum:** ...aun en el supuesto que los serbios *desoigan* su ultimátum... EME200294 **27 directriz:** ...los dos consejeros (...) *desoyeron* las directrices dadas por su formación... CAN220101 **28 obligación:** ...han *desoído* su obligación de liberar a los prisioneros... LVE240196 **29 prohibición:** ...desde hace diez días *desoyen* la prohibición de concentraciones... EPE201099 **30 veto –:** Es la quinta vez que los vecinos *desoyen* el veto municipal a la fiesta. EPE170700

D SUSTANTIVOS QUE DESIGNAN MANIFESTACIONES DE DISCONFORMIDAD EN DIVERSOS GRADOS: **31 queja ++:** El Gobierno *desoye* las quejas sociales y cambia hoy la Ley de Extranjería. EPE040800 **32 crítica:** El Vaticano, *desoyendo* las duras críticas de los nacionalistas vascos, designó ayer... EME090995 **33 protesta:** Sus protestas han sido reiteradamente *desoídas* por los responsables... EME220896 **34 denuncia:** No contento con esto, *desoye* las continuas denuncias de los vecinos... LVE150896 **35 condena:** ...mientras el Kremlin –*desoyendo* las condenas occidentales contra el uso excesivo de fuerza en la república independentista–... EME050295 **36 amonestación:** ...*desoyó* las amonestaciones que le llovían de Roma. EME150195

E SUSTANTIVOS QUE DENOTAN OFRECIMIENTO O PROMESA: **37 oferta +:** Pale *desoye* la oferta musulmana de detener la ofensiva... LVE200695 **38 ofrecimiento:** ...el médico platense *desoyó* hasta ahora todos los discretos ofrecimientos... LNP030497 **39 promesa +:** ...la autoridad bursátil anunció ayer a los inversores que *desoyeran* las promesas de alta rentabilidad... EPE240899 **40 compromiso –:** Desoyendo los compromisos asumidos con Argentina, Paraguay y Uruguay, las autoridades de Brasilia han iniciado una política... LPA230592

F SUSTANTIVOS QUE DESIGNAN LO QUE SE DESEA, SE PRETENDE O SE PROPONE LLEVAR A CABO: **41 voluntad +:** ...se dedicó a *desoír* la voluntad de los fiscales... EME120594 **42 deseo:** ...don Juan Carlos *desoye* el deseo de su padre de que se traslade a Estoril... LVE071295 **43 intención:** ...se han profanado y *desoído* sus designios, intenciones y voluntades... ABC081093 **44 aspiración –:** ...la decisión del Consejo de Ministros de nombrar a Antoni Asunción como sustituto de Corcuera, *desoyendo* las aspiraciones del siempre «segundo» (...), origina un zafarrancho... EME011095 **45 plan –:** ...han contribuido también a que los japones dijeran basta y *desoyeran* el plan del patriarca del clan... LVE130995 **46 iniciativa –:** ...desde que goza de mayoría absoluta, *desoye* cualquier iniciativa de los demás grupos. EPE121201

G SUSTANTIVOS QUE DENOTAN DECISIÓN O DICTAMEN SOBRE ALGUNA CUESTIÓN, A MENUDO DE NATURALEZA OFICIAL. TAMBIÉN CON OTROS QUE DESIGNAN OTRAS NORMAS O DISPOSICIONES: **47 sentencia +:** ...las escuelas optaron por *desoír* la sentencia del Constitucional... EME030496 **48 fallo +:** Mientras el gobierno *desoye* los fallos judiciales e insiste en que hay que pagar... LNP030497 **49 recurso +:** El Supremo *desoyó* el recurso presentado por la defensa... EPE040499 **50 impugnación:** Muy razonadas impugnaciones se presentaron al plan especial que fueron *desoídas*... LVE240796 **51 decisión:** ...es partidario de *desoír* la decisión de la Sala Tercera del Tribunal Supremo... EME301296 **52 resolución:** ...faculta al Gobierno para *desoír* una resolución judicial si estima que... LVE151096 **53 dictamen:** El Gobierno *desoye* el dictamen del Tribunal de Defensa de la Competencia... EME140396 **54 ley:** ...las empresas que aplican o *desoyen* la Ley de Prevención de Riesgos Laborales. EPE140799 **55 legislación:** ...ha empezado a comercializar leche maternizada en tiendas de alimentación, *desoyendo* la legislación española... LVE080395 **56 norma:** Desoyendo las normas de la Comisión Ballenera Internacional (CBI), Noruega ha anunciado... EME090596 **57 regla:** ...una ley criminal aplicable a quienes *desoigan* las reglas de aprovechamiento... EME201096

H SUSTANTIVOS QUE SE REFIEREN A PERSONAS, GRUPOS O INSTITUCIONES, MÁS FRECUENTEMENTE SI SE LES DESIGNA EN FUNCIÓN DE SUS VÍNCULOS CON LA POLÍTICA, EL DERECHO O EL PAPEL QUE EJERCEN EN LA SOCIEDAD: **58 oposición +:** El IFE *desoye* a la oposición y se dispone a imponer su plan... DYM230796 **59 partido +:** ...*desoyen* a su partido y llaman a la manifestación por el Segura en Madrid. EPE080599 **60 juez +:** ...reconoce en el TSJ que *desoyó* al juez al difundir el informe clave... EPE270299 **61 dirigente:** Pero la mayoría de afiliados a la FNTR *desoyó* a sus dirigentes... EPE090900 **62 gobierno:** Bruselas *desoye* al Gobierno y decide que el caso... EME170796 **63 líder:** ...pero los dirigentes baleares *desoyeron* al líder... EPE010599 **64 pueblo:** ...pues el pueblo ha perdido la esperanza, ha sido *desoído*, ignorado... LVE221194 **65 justicia:** ...que faculta al Gobierno a *desoír* a la Justicia. EME151096 **66 magistrado:** ...*desoyó* al magistrado tras una reunión... EPE090399 **67 autoridad:** Los pescadores *desoyen* a las autoridades e impiden el tránsito... EME300895

I SUSTANTIVOS QUE DESIGNAN DIVERSAS UNIDADES DE INFORMACIÓN: **68 informe +:** Y lo hizo, según conocemos ahora, *desoyendo* algunos informes técnicos... FDV200201 **69 opinión:** Ha plantado cara al Gobierno y ha *desoído* en buena medida la opinión de... EPD030597 **70 mensaje:** El Club de Campo *desoyó* este mensaje e inició las obras sin permiso. EME280495 **71 discurso –:** ...tampoco *desoyen* el discurso estilístico de lo contemporáneo. EME230695

J SUSTANTIVOS QUE DESIGNAN JUICIOS Y OTRAS UNIDADES DE LA ARGUMENTACIÓN: **72 argumento +:** ...Van Miert *desoye* los argumentos presentados la semana pasada en Bruselas... EME170796 **73 principio:** Principios que son verbalmente reiterados (...), pero que, también reiteradamente, son *desoídos*... EPE231101 **74 idea:** ...hay ideas fugaces y hay ideas perennes; (...) las segundas pueden disminuir de intensidad, debilitarse, ocultarse, *desoírse*... EXC220996 **75 razón:** ...poderosas razones a juicio de la opinión pública, pero manifiestamente *desoídas* por los tribunales. INDOC **76 criterio:** ...aprobó el Consejo de Ministros *desoyendo* el criterio de organizaciones... EPE050800 **77 tesis –:** ...los miembros del jurado *desoyeron* la tesis del abogado... EME200494

K SUSTANTIVOS QUE DESIGNAN LO QUE SE OBTIENE DE LA EXPERIENCIA, LA EVIDENCIA O EL APRENDIZAJE: **78 lección:** ...una lección anual que la soberbia no debe *desoír*. DYM111197 **79 historia:** Entrada de la Junta en Lima y efigie de Simón Bolívar: la historia *desoída*. CAP170497 **80 enseñanza:** Han *desoído* las divinas enseñanzas de Beni de Cádiz... EME260995 **81 estudio:** Han sido capaces de *desoír* los propios estudios que hacen ellos... EPE270899 **82 sentido común:** El Barça ha fichado a los De Boer *desoyendo* el sentido común... EPE180199

L OTROS SUSTANTIVOS; POSIBLES USOS ESTILÍSTICOS: ...y a quien el amor (...) le burló y *desoyó* insistentemente. EME311295; ...y pedirles que *desoyeran* las «trampas» de la oposición. EPE150499; ...se impone un silencio apenas *desoído* por el romper del oleaje... GIC124997

desolación ♦ **absoluto, completo, comprensible, general, hondo, inmenso, íntimo, patente, profundo, terrible, total** ♦ **ambiente (de), cara (de), estado (de), imagen (de), motivo (de), paisaje (de)** ♦ **amainar[22], causar[32], crear, existir, expresar, llevar (a algo/a alguien), manifestar, mostrar,**

producir, provocar, reflejar, reinar[38], sembrar[41], sentir, sumir(se) (en), traslucir(se)

desoladamente ♦ **implorar, llamar, llorar, quejarse, sollozar**

☐ Véase también: **desaforadamente, desconsoladamente**.

desolador *adj.* ▌En su sentido de 'destruido o despoblado' se combina frecuentemente con sustantivos que designan espacios, generalmente abiertos *(lugar, paraje, descampado, ciudad)*. En el sentido de 'que produce tristeza, desazón o sufrimiento' se combina a menudo con sustantivos temporales *(momento, invierno, presente)*, con otros que designan unidades de información, más frecuentemente narrativas *(testimonio, noticia, relato, historia)*, y con otros que expresan diversas manifestaciones artísticas que se les asimilan *(obra, canción, pintura, novela, película)*. También se combina con...

A EL SUSTANTIVO *FUTURO*, ASÍ COMO CON OTROS QUE DESIGNAN LO QUE SE PRESENTA A LA VISTA, FÍSICA O FIGURADAMENTE, O SE REPRESENTA DE MANERA PLÁSTICA. POR EXTENSIÓN, TAMBIÉN CON OTROS QUE DESIGNAN ALGUNOS ASPECTOS DE LA IMAGEN QUE SE OFRECEN AL QUE LA CONTEMPLA: **1 futuro ++:** ...encauzar la solución a este conflicto que nos ahoga como pueblo y nos somete a un *desolador* futuro de odio y enfrentamiento. LVE181295 **2 panorama ++:** Es que el panorama que presentaba la fiscalía era *desolador.* CLA180497 **3 imagen ++:** Allí, la imagen es *desoladora*: hombres con overol blanco descartable y otros vestidos de azul... CLA210199 **4 paisaje ++:** ...la nube negra seguirá siendo el protagonista del *desolador* paisaje santiaguino. HOY180897 **5 visión ++:** Los países comunitarios comienzan a prepararse por un período de «vacas flacas» y el mundo ofrece una visión *desoladora...* LNA260692 **6 aspecto ++:** Aunque se han iniciado las obras de remodelación del parque, el aspecto que durante años ha presentado su fuente ha sido *desolador.* CAN141200 **7 espectáculo +:** El espectáculo que ofrece el Kombinat Textil de Tirana es *desolador.* LVE200596 **8 escena +:** ...unos temas siempre profundamente enraizados en la propia condición humana, como también lo están sus *desoladoras* escenas de la Pasión... ABC180693 **9 escenario +:** En la misiva, sin embargo, Eichel también advierte de que igualmente es posible un escenario más *desolador...* EPE011201 **10 cuadro +:** Ese cuadro *desolador* afecta a una buena parte de la población norcoreana y fue denunciado por funcionarios de las Naciones Unidas. CLA020497 **11 panorámica:** ...una panorámica *desoladora* del mundo que nos ha tocado vivir. LVE021295 **12 perspectiva:** Esta perspectiva tan *desoladora* como errónea –el conflicto bélico finalizó cuatro meses después– provocó un paro en el ya enfermo corazón... LVE040495 **13 retrato:** ...traza a su alrededor el retrato *desolador* de una España en decadencia. EPE171101 **14 perfil:** Y éstas presentaban un perfil *desolador* con ciudades dormitorio... ABC090793 **15 vista:** Uno no puede irse a la calle porque Fuencarral es una vista mucho más *desoladora* que el maravilloso río en donde las pasan moradas Meryl Streep, su marido y su niño. EME040395 **16 plano:** A los diez minutos de proyección su imán ya me ha vuelto a pillar y me impide abandonarla hasta los *desoladores* planos finales... EME200396 **17 estampa:** ...era la segunda ocasión en la que visitaba a su hermano, se encontró ante sí una estampa *desoladora...* EPE260599

B SUSTANTIVOS QUE DESIGNAN EL CONJUNTO DE CONDICIONES O FACTORES CIRCUNDANTES QUE GENERALMENTE PREVIENEN EL ÁNIMO EN ALGUNA DIRECCIÓN: **18 ambiente +:** Me gustan los ambientes duros, aunque a veces resultan *desoladores.* LRE190103 **19 atmósfera:** ...algo extraño pasa con esta pareja clasemediera en este ambiente gélido, con atmósfera *desoladora.* PME131096 **20 clima:** ...afirma que la economía española está inmersa en un clima *«desolador»* y que presenta un índice de paro «explosivo». EME060194 **21 entorno:** ...un entorno agreste y *desolador* donde pueden nacer personajes vivos, verosímiles... EME121195

C SUSTANTIVOS QUE DENOTAN FIN, DESENLACE, RESOLUCIÓN O RESULTADO DE ALGO: **22 balance ++:** El periodista y sociólogo Arturo Navarro hizo un balance *desolador...* HOY050586 **23 resultado ++:** Los resultados fueron más bien *desoladores.* HOY191083 **24 consecuencia ++:** ...auguró consecuencias *«desoladoras»* para las perspectivas de recuperación económica. EME150395 **25 conclusión ++:** El examen de las afortunadas arroja una conclusión *desoladora* sobre las preferencias dictadas por la costumbre... PME031196 **26 saldo +:** Las lluvias de noviembre advierten la fuerza del fenómeno que recién empieza. El saldo es *desolador.* VIS201197 **27 desenlace:** ...una red que crece en espesor y en complejidad a lo largo de la novela hasta desembocar en un desenlace tan *desolador* como brillante... ABC110294 **28 final:** Tiene un comienzo brillante y un final *desolador*, esquema que veremos repetido con frecuencia en este viaje. ABC130195 **29 fin:** Un fin bastante *desolador* para las dos especies de pinnípedos, la foca de «groenlandia» y la «crestada»... EME140496 **30 destino –:** Melancólico, quizá consciente de su destino, el análisis que hizo de su situación, en vísperas del partido contra el Espanyol resultó *desolador...* EPE251299 **31 fruto –:** El fruto de todo ello es *desolador*: un Estado en ruinas... EME091195

D OTROS SUSTANTIVOS QUE DENOTAN EFECTO, MÁS FRECUENTEMENTE MARCA O HUELLA DE NATURALEZA ANÍMICA: **32 impresión +:** ...mantuvo una reunión en el vestuario con la plantilla, y su impresión fue *desoladora...* EME210295 **33 efecto:** El club desatendió las necesidades del equipo en favor de un blindaje publicitario, con un efecto *desolador.* EPE041101 **34 impacto:** El impacto electoral de Tocino era *desolador.* EPE240199 **35 sensación:** De sus acciones estúpidas, crueles y vesánicas extrajo la violencia etarra la más impagable justificación para sus crímenes, y el pueblo vasco (...) una *desoladora* sensación de ultraje colectivo. EME220795

E EL SUSTANTIVO *SILENCIO*. TAMBIÉN CON OTROS QUE DESIGNAN DIVERSAS SENSACIONES, VALORACIONES Y SENTIMIENTOS, MÁS FRECUENTEMENTE SI SON CARENCIALES O AFLICTIVOS: **36 silencio +:** ¿Cuál ha sido la respuesta? Un silencio *desolador.* EPE120999 **37 soledad +:** Primero, el de su padre, «figura excepcional que emerge en una soledad *desoladora»...* LVE041296 **38 vacío +:** El mundo se encuentra cada vez más atrapado en un vacío moral *desolador...* PME151296 **39 tristeza:** Sin embargo, las muecas, frecuentemente feroces, de los vencedores me emocionan menos que la tristeza, siempre *desoladora*, del perdedor. EPE230900 **40 monotonía:** A diferencia de homínidos y primates, que son de una monotonía *desoladora*, los dinosaurios están disponibles en una amplia gama de modelos... ABC081295 **41 ausencia:** ...tres años de ausencia terrible, *desoladora*, únicamente sobrellevados por el impulso vital que nos hace subsistir... INDOC **42 pesimismo:** Va de suyo que las mujeres (...) son más que los hombres al momento de opinar sobre un futuro del país que contemplan con *desolador* pesimismo. RUM171197 **43 decepción:** El viaje (...) es la historia de una decepción, no por previsible menos *desoladora*. ABC280795 **44 quebranto –:** Los que se rebelaron, a los veinte años, en favor de un mundo distinto y hoy declinan inexorablemente hacia la cincuentena en el quebranto moral más *desolador*. EME150196

F SUSTANTIVOS QUE DESIGNAN CIFRAS O DATOS, ASÍ COMO ALGUNOS RESULTADOS DE OPERAR CON ELLOS: **45 cifra +:** Frente a esas cifras *desoladoras*, las de 1993 ya ofrecieron un flujo positivo de 70 millones. LVE290195 **46 porcentaje:** Y es que, en su opinión, el porcentaje de los madrileños que utiliza Internet es *desolador*... EPE191001 **47 dato:** Los datos sobre la evolución del desempleo (...) son, no por conocidos, menos *desoladores*. EME150394 **48 cómputo:** ...un cómputo más bien *desolador*, sobre todo si se piensa que en el Diccionario del español actual de Manuel Seco se recogen más de 75.000 voces y más de 140.000 acepciones. EPE231199 **49 estadística:** Los italianos no resistieron el empuje local ni siquiera en la primera parte, en la que firmaron unas estadísticas *desoladoras* y se quedaron en dieciocho pírricos puntos. EME170395 **50 número:** El mandato de Chávez ha dejado unos números *desoladores*... EPE270700 **51 encuesta –:** Encuesta *desoladora*: 2,5 millones de mujeres españolas trabajan a la vez dentro y fuera de casa. EME090696 **52 escrutinio –:** Ahora bien, a todo ese escrutinio *desolador* con que quiere reducirnos la ciencia, le faltan las reglas que rigen la excepción. ABC190293

G SUSTANTIVOS QUE DENOTAN CURSO O PROCESO: **53 trayectoria:** Esta trayectoria *desoladora* se rompió ayer, momentáneamente, cuando el dólar consiguió una pequeña apreciación... EME030694 **54 marcha:** El Joventut de Badalona quemó otro capítulo más de su *desoladora* marcha por la Liga Europea... EME200195 **55 racha:** La jornada dejó malherido al Atlético, que vive una racha *desoladora*. EPE150399 **56 andanza –:** Se limita a filmar con brillante distanciamiento (...) las *desoladoras* andanzas cotidianas de una pandilla de adolescentes. EME230595 **57 viaje –:** ...en «El paraíso ya no es lo que era», el *desolador* e iniciático viaje a Túnez de tres amigas... EME250596

H SUSTANTIVOS QUE DESIGNAN DIVERSAS ACCIONES Y ESTADOS DE CARENCIA E INFORTUNIO EN DIVERSOS GRADOS: **58 tragedia:** La tragedia del terrorismo no sería tan sangrienta y *desoladora* ni duraría tanto entre nosotros si no fuera por la desgracia cívica y la impotencia política... EPE220900 **59 muerte:** La *desoladora* muerte de Maria Àngels Anglada me llevó a recordar una situación ejemplar... EPE270499 **60 derrota:** ...relatar (...) la vida humana convertida, desde la muerte, en la historia de una derrota *desoladora*. ABC271095 **61 fracaso:** La cumbre de Berlín sobre el cambio climático ha sido un *desolador* fracaso. EME120495 **62 carencia:** Si compareció el alcaldable socialista José Antonio Pina, quien certificó el desastre y la más *desoladora* carencia de previsiones. EPE100599 **63 déficit:** Debería ser así, pero luego te encuentras con un déficit *desolador* de salas para actuaciones en directo... EPE290399 **64 ignorancia:** Lo peor no es su *desoladora* ignorancia sino que ni siquiera sabe que no sabe... EME010694 **65 marginalidad:** ...«El lado oscuro del corazón» evocaba la magia hurgando en el mundo de la más *desoladora* marginalidad. LVE141195 **66 pobreza:** Era una música de una pobreza *desoladora*. ABC250992 **67 desaparición:** Y es que el maestro húngaro-británico trataba entonces de sobreponerse a las «*desoladoras* y tristísimas» desapariciones de Rafael Kubelik y Celibidache... EME210996 **68 mutilación –:** ...obligar a un libro a ir por el mundo con ese muñón abrupto y cervical, con esa mutilación *desoladora*. EME120596 **69 terremoto –:** ¿Hasta qué punto es verdad que cada cien años se produce un terremoto *desolador* en zonas que ya han conocido alguno...? EME060194 **70 guerra –:** ...la guerra es cruel, implacable, *desoladora* con todas sus muertes y todos sus crímenes, heridos, odios, sometimientos, etc. EME191196

I OTROS SUSTANTIVOS; POSIBLES USOS ESTILÍSTICOS: El juego escenográfico ideado por Mónica Quintana careció de la *desoladora* grandeza prevista. LVE280695; ...exceso de temas y falta de trama, pero esas páginas arrojan una luz *desoladora* sobre la estupidez que afecta al individuo manipulado y convertido en tropa. EPE120800; ...aquel manuscrito (...) que Roberto Arlt leyó y defendió, acaso intuyendo que contenía con una *desoladora* sencillez la historia de una eternidad. EME310594

de sol a sol ♦ jornada, trabajo ♦ caminar, dedicarse, escribir, navegar, prolongarse, trabajar, transcurrir, *verbos que designan actividades laborales*

de solemnidad ♦ cursi, feo, malo, pobre, tonto

de solera *loc.adj.* ▮ Se combina a menudo con sustantivos que designan ciertos usos y costumbres asociados al folclore o a la tradición *(flamenco, cante jondo, toreo)*. También acepta sustantivos de persona, muy especialmente los que designan profesiones, actitudes o modos de ser o comportarse relacionados con dichas costumbres *(torero, aficionado, cantaor)*. Se combina asimismo con...

A ALGUNOS SUSTANTIVOS QUE DESIGNAN BEBIDAS ALCOHÓLICAS: **1 vino ++:** La calidad –los lirios de Van Gogh y los cuartetos de Beethoven– se convierte como el vino *de solera* en un best-seller... EME171296 **2 coñac +:** Nos bebimos un coñac *de solera* para celebrar el triunfo del equipo. INDOC **3 licor:** ...un restaurante con licores *de solera*, buenas carnes y mejores pescados... INDOC

B SUSTANTIVOS QUE DESIGNAN GRUPOS, ENTIDADES, ESTABLECIMIENTOS, EMPRESAS U ORGANIZACIONES DE MUY DIVERSA ÍNDOLE: **4 club ++:** Multiplicando así las canteras y oportunidades que el tradicional asociacionismo y los clubs *de solera* habían creado de manera espontánea... LVE110896 **5 entidad:** Pero el hecho de querer ir demasiado deprisa en su acción de gobierno ha ocasionado roces y un grado de comunicación –más mínimo que máximo– con algunas entidades *de solera* en la ciudad... LVE030495 **6 familia +:** Pertenece a una familia gitana *de solera* en el arte flamenco... EPE280199 **7 diario:** ...las irrepetibles anécdotas que se daban en tiempos en las redacciones de los diarios *de solera.* EME080996 **8 mesón:** La vida social transcurre en mesones *de solera*, pequeñas tabernas y restaurantes... EPE080299

C SUSTANTIVOS DENOMINATIVOS: 9 sigla: ...renunció con insólito despego a unas siglas cargadas *de solera*, a una organización modesta pero real... EPE020799 **10 nombre:** ...años de tradición y de servicio en los que esta firma se ha hecho con un nombre *de solera.* INDOC

D OTROS SUSTANTIVOS; POSIBLES USOS ESTILÍSTICOS: El pastiche arquitectónico, evocador de épocas más boyantes para el arte, carece *de solera*, pero es que tampoco alberga la propuesta de trasgresión o novedad... EPE110199

□ Véase también: **de postín.**

desorbitado *adj.* **I** En su sentido de 'fuera de órbita' se combina con el sustantivo *ojo*, empleado generalmente en plural para expresar dolor o asombro *(un hombre con los ojos desorbitados)*. En su sentido de 'exagerado' se combina con sustantivos que denotan algunas manifestaciones verbales o textuales *(declaración, discurso)* y también con otros que designan cantidades, generalmente económicas *(precio, cantidad, cifra, presupuesto, sueldo, caché, multa, coste, gasto, impuesto)*. También se combina con...

A SUSTANTIVOS QUE DENOTAN MEJORA O INCREMENTO DE ALGUNA MAGNITUD: 1 crecimiento ++: El gran reto de Norteamérica es cómo humanizar el crecimiento *desorbitado* de las grandes urbes. LVE040896 **2 aumento ++:** ...el alcalde, que tras el escándalo desatado esta semana por el *desorbitado* aumento salarial se ha apresurado a afirmar que no aceptará su nuevo sueldo... EPD300897 **3 subida +:** Las causas de la subida *desorbitada* de precios en el sector inmobiliario en Bilbao habría que buscarlas (...) en tres factores... EPE110999 **4 escalada +:** ...al tiempo que ha aventurado una reducción sustancial de la cosecha y una posible «escalada *desorbitada* de precios». LVE270495 **5 incremento +:** No es el único renglón alimentario con un incremento tan *desorbitado* de los precios en los últimos doce meses... LVE140396

B SUSTANTIVOS QUE DENOTAN PETICIÓN, A MENUDO FIRME. TAMBIÉN CON OTROS QUE DENOTAN DESEO, GENERALMENTE VEHEMENTE, DE CONSEGUIR ALGO: 6 exigencia ++: Famosa por sus *desorbitadas* exigencias (...), los productores la apodan «Gimme More»... EME090696 **7 ambición +:** Las similitudes (...) son bien visibles: la misma deformación ideológica, el mismo engreimiento «revolucionario», (...) la misma ambición *desorbitada* de poder, la misma falta de respeto por la vida humana. DLA310597 **8 pretensión +:** Su antecesor (...) acusó a Valencia de dilatar la reforma de la patronal autonómica con sus *desorbitadas* pretensiones. EPE260799 **9 demanda +:** ¿Responderá el mercado publicitario a una demanda tan *desorbitada*? EME010996 **10 petición +:** Su primera petición era *desorbitada* y nuestro deseo es que acepte nuestro ofrecimiento... EME110595 **11 plan:** Justo Alvariño, director general de Seguridad de la Xunta, quiso realizar un *desorbitado* plan de seguridad... EME020594 **12 propuesta:** ...pretensiones de favorecer al sector privado, ahora también en el tramo de educación infantil, «con unas propuestas de subvención *desorbitadas*». EPE250399 **13 solicitud:** Los sindicatos hicieron unas solicitudes *desorbitadas* que fueron rechazadas por los empresarios. INDOC

C SUSTANTIVOS QUE DESIGNAN RECURSOS, MEDIDAS O DECISIONES, A MENUDO PUNITIVAS O COERCITIVAS: 14 medida +: En ambos casos, la fantasía derivada de estas personas de medidas *desorbitadas* fue un potentísimo motivo de atracción. LVE180796 **15 sanción +:** Por su parte Juanjo Lacalle, mánager del piloto español, señaló que «la sanción es *desorbitada* y responde a un tremendo abuso de poder». EME041195 **16 pena:** El juez que aplicó la ley, tras escuchar a la acusación y a la letrada defensora que considera, con razón, *desorbitada* la pena... EME141095 **17 sentencia:** ...acatamos la sentencia porque no nos queda más remedio, pero nos parece *desorbitada.* INDOC

D SUSTANTIVOS QUE DENOTAN ADHESIÓN O INCLINACIÓN FAVORABLE A ALGO O A ALGUIEN CON DIVERSOS GRADOS DE INTENSIDAD: 18 interés +: Este *desorbitado* interés por los zapatos también se observó en grandes almacenes. LVE131095 **19 entusiasmo +:** Comprendo que quizá mi entusiasmo fue *desorbitado*, pero el pensamiento que más inmediatamente ganó mi cabeza es que la vida volvía a correr por las venas de esta ciudad... EPE150999 **20 pasión +:** Se trata de un manojo de cartas de un arrebatado y tópico romanticismo, en cuya evolución descubriremos la *desorbitada* pasión. ABC260293 **21 afición:** Lejos de mí la tentación de cuestionar la *desorbitada* afición a los perros que crece por días y es expresiva, según dicen, de sentimientos tiernos... EPE250799 **22 cariño:** El cariño *desorbitado* a la tierra de nacimiento, unido al fervor religioso y a un orgullo genealógico, son también factores que han contribuido a la creación y posterior difusión de las falsificaciones. ABC120692 **23 adicción:** De todos modos, y sin maliciar respecto a la *desorbitada* adicción europea al color blanco, el hecho pone de relieve... LVE210896 **24 culto +:** ...el *desorbitado* culto al dinero y a la ostentación de riqueza... EME190494

E ALGUNOS SUSTANTIVOS QUE DESIGNAN MANIFESTACIONES IRRACIONALES, ESPECIALMENTE LAS QUE DENOTAN FALTA DE CORDURA O DE EQUILIBRIO: 25 delirio: Todo parecía acontecer antes y después de los partidos, en una tendencia a arrastrar el fútbol hacia un *desorbitado* delirio de excitación publicitada. LVE020796 **26 locura:** ...«tras la euforia (...) y la locura *desorbitada* hay un mayor asentamiento, más reflexión, lo que es fundamental para nuestro trabajo: calma». ABC170295

F SUSTANTIVOS QUE DENOTAN LÍMITE, GENERALMENTE EL SUPERIOR DE ALGUNA ESCALA: 27 nivel +: ...quince municipios se encuentran en el área de influencia del aeropuerto y, por tanto, afectados por unos *desorbitados* niveles de ruido... EME230495 **28 extremo +:** ...su confianza en algunos líderes políticos que aprovechaban sus correspondientes mandatos para lucrarse hasta extremos *desorbitados* está avalada por los hechos. LVE271195

□ Véase también: **astronómico, desmedido, exorbitante.**

desorden ♦ **absoluto, acusado, administrativo, agobiante, aparente, caótico, completo, contro-**

lado, general, generalizado, gran(de), horrible, imperante[3], inmenso, intenso, interno, legal, mental, monumental, moral, público, reinante[13], terrible, total, tremendo ♦ adueñarse (de algo), causar, combatir, consentir, contrarrestar, controlar, corregir, cundir, dominar (algo), evitar, generar, imperar, incitar (a)[19], permitir, prevenir, producir(se), promover, provocar, registrar(se), reinar, sembrar[18], tolerar
☐ Véase también: **alboroto, anarquía, barullo, caos, desbarajuste, descontrol, disturbio, enredo, lío, tumulto.**

DESORDEN Véase: *CONFUSIÓN Y DESORDEN*

DESORDEN
♦ (SUSTANTIVOS) Véase: **aliviar[H], amainar[F], aparatoso[I], apoderar(se)[C], a resguardo (de)[C], armar(se)[A], arrebato (de)[B], ataque (de)[D], compensar[I], de campeonato[B], dejarse llevar (por)[K], desaforado[E], desbrozar[A], desenfrenado[F], desorbitado[E], destapar[F], disipar(se)[D], enderezar[E], endiablado[C], engendrar[H], enredar(se) (en)[A], enrevesado[A], entre[C], enzarzarse (en)[D], hundir(se) (en)[D], imperante[A], incitar (a)[C], inextricable[A], infernal[D], mayúsculo[E], montar[A], monumental[E], ocasionar[B], reinante[B], reinar[C], sacudir(se)[C], sarta (de)[E], sembrar[C], sofocar[A], sumir(se) (en)[J], venirse abajo[C], vertiginoso[G], zambullir(se) (en)[E]**

de sordos ♦ debate, diálogo

desorganización ♦ absoluto, conocido, creciente, dominante, espectacular, extremo, fuerte, gran(de), grave, habitual, imperante, marcado, notable, ostensible, profundo, reinante, supino, total, tremendo, visible ♦ en medio (de) ♦ ejemplo (de), estado (de), imagen (de), sensación (de) ♦ afrontar, crear, crecer, criticar, cundir, dominar (algo), enfrentar(se) (a), imperar, salir (de), subsanar

☐ Véase también: **caos, desbarajuste, desorden, lío.**

de soslayo *loc.adv./loc.adj.* ▌Se combina con...

A VERBOS QUE DENOTAN PERCEPCIÓN VISUAL O INTELECTIVA. TAMBIÉN CON OTROS QUE EXPRESAN ACCIÓN DE PONER CUIDADO O ATENCIÓN EN LO QUE SE PERCIBE: **1 mirar ++:** ...ese apóstata desaprensivo, que *de soslayo* miraba a su hermanita... ECA020792 **2 observar +:** Lagnac lo observó *de soslayo.* EME200896 **3 vigilar +:** Y hay básicamente dos controles. O en el acto, vigilando *de soslayo* si el comerciante cumple, o visitas periódicas para revisar con cuatro ojos los talonarios... CLA110197 **4 ver +:** Esa etapa española sólo está vista *de soslayo*: Corbiau le presta mayor relieve en la novela. LVE170395 **5 conocer:** Conocí después *de soslayo*, muy lateralmente, a uno de ellos... LVE160395 **6 recordar:** «Es necesario superar la imagen comercial ligada a las indulgencias», dice (...), recordando siquiera *de soslayo* la gran crisis abierta en el cristianismo... EPE180999 **7 seguir:** ...una población que seguía el tema sólo *de soslayo.* DLA060997

B VERBOS QUE DESIGNAN LA ACCIÓN DE MENCIONAR UN ASUNTO: **8 hacer afirmaciones:** El secretario general del PSOE hizo estas afirmaciones en la reunión (...) *de soslayo* a sus valoraciones sobre la nueva actitud de Julio Anguita... LVE180996 **9 tocar:** ...el cine ha tocado *de soslayo*, o directamente, el tema de la guerra civil española. LVE070495 **10 abordar:** ...un asunto espinoso que en su discurso solo ha abordado usted *de soslayo*... INDOC **11 explicar:** Escondido entre aquellos párrafos, un coronel del cuerpo de Carabinieri explicaba, casi *de soslayo*, que había indicios de implicación... EME090696

C VERBOS QUE DENOTAN APARICIÓN O MOVIMIENTO, MÁS FRECUENTEMENTE INGRESIVO. SE USAN A MENUDO EN SENTIDO FIGURADO: **12 pasar ++:** ...ha pasado *de soslayo* en campaña sobre este espinoso asunto. EPE160699 **13 introducir:** ...para introducir como *de soslayo* el problema de la mentalidad... ABC091092 **14 aparecer:** ...«los temas de sexo aparecen en el libro muy *de soslayo*». EME141195 **15 cruzar:** Entonces llegó Romario, enfiló el área y cruzó *de soslayo.* EME290694

D OTROS VERBOS; POSIBLES USOS ESTILÍSTICOS: ...mientras acarreaba *de soslayo* esa maldad crónica de los tuertos. ENV190597; Medio siglo recorre la relación entre ambos y, como *de soslayo*, la historia nacional. ABC050595; ...recordarán (...) al delantero que hacía goles *de soslayo*, y lo rememorarán con la grata impresión de quien evoca a un héroe... EME300195

E SUSTANTIVOS QUE DENOTAN PERCEPCIÓN VISUAL. SE RELACIONAN CON LOS VERBOS DEL APARTADO *A*: **16 mirada ++:** ...instaurando un odioso recelo en sus mutuas miradas *de soslayo.* ABC220995 **17 ojeada:** ...esas ojeadas *de soslayo*, tan breves y duras... LVE090196 **18 vistazo:** ...le basta un vistazo *de soslayo* para reconocerlo. LVE130196

F OTROS SUSTANTIVOS; POSIBLES USOS ESTILÍSTICOS: ...ahí donde sólo se veían gestos *de soslayo* hay confraternización familiar y alegría supuestamente sincera.... LVE090396; Mi participación en el gobierno es muy *de soslayo.* EUV300696

☐ Véase también: **de refilón.**

despachar *v.* ▌Se usa a veces como verbo intransitivo *(El presidente despachó con el rey).* En el sentido de 'vender o atender en un comercio' acepta como complementos sustantivos de persona *(despachar a los clientes)* y otros que designan géneros o mercancías *(despachar la fruta, la leche, la carne).* En el sentido de 'matar', restringido a la lengua coloquial, admite sustantivos de persona. En el sentido de 'quitarse de encima', 'dar salida a' o 'resolver' admite sustantivos de persona *(Me dio los folletos y me despachó)*; también acepta los sustantivos *trabajo, tarea* y otros que designan muy diversas cosas en las que uno puede ocuparse durante un cierto tiempo *(despachar un artículo, un encargo).* Admite asimismo sustantivos que designan lo que se envía por correo o por otros medios *(envío, correo, correspondencia, mercancía, paquete, carta).* También se combina con...

A SUSTANTIVOS QUE DESIGNAN LO QUE REQUIERE RESPUESTA, SOLUCIÓN O RESOLUCIÓN: **1 problema ++:** Pero la solución no reside en *despachar* el problema checheno como si fuera una mera cuestión policial interna. EME280896 **2 pregunta:** Pero ninguno quiso dar cifras de las ganancias previstas, *despachando* las preguntas de los periodistas con un tajante «No seáis entrometidos». EME190396 **3 incógnita:** Sin duda que si eso fue así se debe a los tres goles con los que el Madrid había *despachado* las incógnitas sobre el reparto de puntos. EME060395 **4 interrogante:** En una primera y fácil respuesta podría *despacharse* el interrogante, afirmando que la incapacidad del Gobierno municipal de la derecha se expresa en este tema de una manera ostensible e inequívoca. EME130295

B SUSTANTIVOS QUE DESIGNAN SITUACIONES CONFLICTIVAS: **5 conflicto:** ¿Qué hace ahora Badia? *Despachar* el inmenso conflicto en 8 páginas... LVE100395 **6 lío:** ...con un gobierno fuerte en Colombia y unas relaciones bilaterales sólidas, este lío se habría *despachado* hace rato sin mayores problemas para el país. SEM160796 **7 crimen:** Pues mire usted: en los cuatro últimos años he *despachado* crímenes satánicos... LVE260996 **8 crisis:** El presidente de Zaire *despacha* la crisis desde la Riviera francesa. LVE181196 **9 acoso:** Pujol *despacha* en un cuarto de hora el «acoso» de la oposición sobre política agraria. LVE140396 **10 embrollo:** ...así como la considerable facilidad con la que se deshace de los problemas y *despacha* los embrollos de mayor embergadura. INDOC

C SUSTANTIVOS QUE DENOTAN MATERIA O ASUNTO: **11 asunto ++:** ...una enfermedad que arrastraba desde hace meses pero que no le impidió seguir *despachando* sus asuntos hasta pocos días antes de su muerte. LVE150495 **12 cuestión +:** El consejero *despachó* la cuestión sobre quién será el nuevo director general respondiendo a los informadores: «Ya pueden hacer apuestas». EPE300499 **13 tema +:** De hecho, la Inquisición, uno de los instrumentos básicos de control social e ideológico, se mostrará escéptica con relación a la brujería, recomendando que se *despachasen* esos temas con más misericordia que rigor. EME300494

D OTROS SUSTANTIVOS; POSIBLES USOS ESTILÍSTICOS: ...el veterano presentador de *La clave*, José Balbín ha *despachado* su rencor diciendo que en la actualidad la prensa se encuentra más coartada que en tiempos del tardofranquismo. LVE220795

▩ Se combina también con: **♦ a la ligera[6], con cajas destempladas[5], en un santiamén, rápidamente**

□ Véase también: **desempeñar, despedir, ejecutar.**

despacharse ♦ a gusto, a {mis/tus/sus...} anchas[38], largamente

despavorido ♦ correr, escapar, huir, salir

despectivo *adj.* ▮ Admite sustantivos de persona *(crítico, vecino)*, sustantivos que designan unidades, informaciones y manifestaciones verbales *(palabra, término, frase, expresión, lenguaje, comentario, descripción, pregunta, respuesta, declaración, alusión)*. Aunque acepta otros muchos sustantivos *(una intención despectiva, una despectiva reacción)*, se perciben algunas tendencias claras en ciertas combinaciones preferentes, como las que se documentan con...

A SUSTANTIVOS QUE DESIGNAN MANIFESTACIONES DEL MODO DE COMPORTARSE O DE EXPRESARSE: **1 actitud ++:** No sólo se vino con las manos vacías, sino que el ministro de Industria (...) se dio el lujo de tener actitudes *despectivas* hacia la Argentina. CLA290199 **2 trato ++:** La ex ministra mantuvo hacia su rival un trato *despectivo* a lo largo del debate. EPE050699 **3 tono ++:** Las alusiones a Moreno tenían, por lo general, un tono *despectivo.* RUM061097 **4 arrogancia +:** ...una actitud de verdadera dignidad o, en otros casos, de arrogancia *despectiva...* LRE140103 **5 acento:** Me llaman «negro» con un acento *despectivo*, pero a mí me tiene sin cuidado el racismo... EPE250299 **6 sarcasmo:** ...ciertas reminiscencias del «pop» realizadas con *despectivo* sarcasmo... ABC061291 **7 carácter:** Hoy, la «españolada» tiene siempre una nota de carácter *despectivo*, parecida a la que también se da al concepto de «España de pandereta». ABC130392 **8 talante:** ...el talante «prepotente, amenazante, insultante y *despectivo*» que mantiene con los agentes el comisario... EPE171199 **9 comportamiento:** En el panfleto, los nacionalistas tachan el comportamiento (...) como «incívico», «insultante» y *«despectivo»* hacia los peneuvistas. LRE110103

B SUSTANTIVOS QUE DESIGNAN EXPRESIONES DENOMINATIVAS O CALIFICATIVAS: **10 calificativo ++:** Al citar a ambas cantantes de origen cubano, su única observación fue para aplicar el calificativo *despectivo* de «gusana». EXC070896 **11 apodo ++:** ...restregándoles en la cara la derrota nazi en el 45 y refiriéndose a ellos con el apodo *despectivo* de «fritz». LVE260696 **12 apelativo +:** Los niños vuelven a veces de la escuela quejándose de que les han llamado «zigeuner», el apelativo *despectivo* para denominar a los gitanos en alemán. EME120295 **13 diminutivo:** No se puede llamar con un diminutivo *despectivo* a lo que es en realidad un verso largo, una línea proliferante... PME101196 **14 epíteto:** ...calificó a Zayón con epítetos *despectivos* y criticó su supuesta falta de objetividad. DLA210497 **15 mote +:** Pese a que durante muchos años, los intelectuales de extrema izquierda le asignaron el *despectivo* mote de «revolución democrático burguesa»... LHG140797 **16 calificación +:** Tendría que eliminar las referencias agresivas contra sus opositores, las calificaciones *despectivas*, los agravios gratuitos. DHE290197 **17 etiqueta +:** No utilicen etiquetas *despectivas*, ya que se intenta solucionar un problema, no mostrar el enfado. LVE290896 **18 sinónimo:** Las cosas empezaron ya mal cuando los radicales de mi tierra optaron por usar la palabra «txakurra» (perro) como sinónimo *despectivo* de policía. EME161295 **19 nombre:** Dirigentes con escasa ética y amor propio, capaces de maltratar a los que sufren estas tropelías hasta el punto de adueñarse del nombre *despectivo* dado a sus contratos... CAN090201 **20 lema:** Seguidores serbios acusaron, con lemas *despectivos*, al dirigente político de traicionar a los serbios... EPE190899

C SUSTANTIVOS QUE DENOTAN GESTO O EXPRESIÓN CORPORAL, ESPECIALMENTE DEL ROSTRO. POR EXTENSIÓN, TAMBIÉN CON OTROS QUE DESIGNAN LA AUSENCIA DE ACCIÓN CUANDO SE CONSIDERA INTENCIONAL: **21 gesto ++:** Pirri protagonizó un incidente al despedirse del público con un gesto *despectivo*, pero la cosa no pasó a mayores. EME040296 **22 sonrisa ++:** Con una sonrisa *despectiva* ordenaba la muerte de un enemigo. CLA310199 **23 mirada +:** Después llegan las miradas *despectivas*, la imposibilidad de entrar en un bar y, para los más desafortunados, la paliza de alguna banda de cabezas rapadas. EME300895 **24 ademán:** Al ver las «machukas» (...) algunas gritaron, pero el muchacho que parecía el jefe hizo un ademán *despectivo* y los murmullos se fueron extinguiendo... EME190395 **25 mueca:** Sin que ensayemos muecas *despectivas*: si se hace política, se hace para esto. LVE100596 **26 risa:** Sé que lo que voy a decir a continuación va a causar risa *despectiva* entre los que aspiran al magnífico beneficio... EPE050399 **27 silencio +:** No respondo al señor Lluciá, que no merece otra cosa que el más *despectivo* silencio... LVE030396 **28 cara:** ...tratan de inculcar en los ciudadanos que la confrontación electoral no es entre el PSOE y el PP, sino entre la izquierda y la derecha, «y además ponen una cara *despectiva* cuando lo dicen». LVE280395

D SUSTANTIVOS QUE DENOTAN INJURIA, CRÍTICA Y OTRAS FORMAS DE ACCIÓN VERBAL DE CARÁCTER HOSTIL: **29 crítica ++:** Sus críticas *despectivas* para filósofos y teólogos, por no atenerse a una metodología experimental, me hacen recordar... LVE060395 **30 insulto +:** Sin embargo, la discusión sí parece que se produjo por un insulto *despectivo* hacia el mundo gay. LVE051096 **31 reproche:** ...nunca ha salido un reproche o un comentario *despectivo*. EME210496 **32 exabrupto:** Maragall respondió con un *despectivo* exabrupto, según el reiterado sistema de su todo o nada. LVE230596 **33 negativa:** ...la *despectiva* negativa del presidente Aznar a participar en el debate de las chapas... EPE240900 **34 improperio:** ...profirió improperios *despectivos* hacia nosotros, nos insultó... EME120394

E ALGUNOS SUSTANTIVOS QUE DENOTAN JUICIO, ESTIMACIÓN O VALORACIÓN DE ALGO: **35 juicio ++:** El pueblo español no se merece recibir, además de lo que está recibiendo de su amo, un juicio *despectivo*. EME021095 **36 consideración +:** ...preguntó «qué mancha histórica tiene el Partido Popular» que justifique esa consideración *despectiva* cuando no hostil. EPE151099 **37 opinión +:** En plena era macartista, la mayoría de los ciudadanos de EE. UU. compartían la *despectiva* opinión de Truman sobre el arte moderno... EME311095 **38 análisis:** ...remató su análisis *despectivo* con la afirmación de... EME140495 **39 comparación:** ...hace una comparación *despectiva* hacia los bufones y las lavanderas en dicho artículo. EME041195

F OTROS SUSTANTIVOS; POSIBLES USOS ESTILÍSTICOS: Y por «la señora de París», con *despectivo* dolor, la recordaba su abuela, doña Carmen. EME120596; No el del respeto a las ideas o creencias minoritarias, sino el de la *despectiva* tolerancia. EME290796

☐ Véase también: **vejatorio.**

[despedida] → de despedida

despedida ♦ **afectuoso, alegre, amable, amargo, apasionado, apático, apoteósico[20], cálido, caluroso, cariñoso, ceremonioso, clamoroso, conmovedor, cordial, cortés, de circunstancias, definitivo, del año, deslucido, de soltero, digno, distante, doloroso, dulce, efusivo[9], emocional, emotivo, en regla, entrañable, frío, gélido, indiferente, multitudinario[29], nostálgico, oficial, original, repentino, solemne, triste** ♦ **a modo (de), como, de** ♦ **acto (de), carta (de), ceremonia (de), comida (de), discurso (de), fiesta (de), foto (de), homenaje (de), hora (de), mensaje (de), momento (de), regalo (de)** ♦ **anunciar, brindar (a alguien), celebrar, comunicar (a alguien), dar (a alguien), dedicar (a alguien), detestar, dispensar (a alguien), llegar, merecer, ofrecer (a alguien), preparar, prolongar, protagonizar, realizar (a alguien), rendir, tributar[8]**

☐ Véase también: **adiós.**

despedir ▮ *(desprender o emanar)* ♦ **aroma, brillo, chispa, gas, lava, luz, olor**

▮ *(echar)* ♦ **alegremente, amablemente, con cajas destempladas[1], diplomáticamente, injustamente, masivamente, sin contemplaciones[2]** ♦ **empleado, obrero, persona, personal, trabajador**

despedir(se) ♦ **afectuosamente, a la francesa, a lo grande[24], amorosamente, a patadas[4], atentamente[28], cálidamente, cariñosamente, con cajas destempladas[1], cordialmente[7], correctamente, cortésmente, definitivamente, dignamente[9], diplomáticamente, efusivamente[9], en masa[16], formalmente, fríamente, fulminantemente[2], oficialmente, personalmente, secamente, sin contemplaciones[2], temporalmente**

☐ Véase también: **adiós, buenas noches, buenas tardes, buenos días, cortesía, saludar.**

despegar ♦ **bruscamente, definitivamente, económicamente, gradualmente, lentamente, progresivamente, sin problemas, verticalmente** ♦ **actividad, aeronave, avión, cohete, comercio, economía, empresa, exportación, industria, inflación, mercado, turismo**

☐ Véase también: **aterrizar.**

despegue ♦ **brutal, definitivo, demográfico, económico, espectacular, fallido, fuerte, fulgurante[12], incipiente, inmediato, leve, ligero, paulatino, pleno, tremendo, verdadero** ♦ **fase (de), maniobra (de), operación (de), pista (de), plataforma (de), ruta (de)** ♦ **abortar, autorizar, comenzar, conseguir, dificultar, efectuar, evitar, facilitar, favorecer, hacer, iniciar, permitir, producir(se), propiciar, realizar, suponer**

despejar(se) *v.* ▮ En el sentido de 'vaciar(se), desocupar(se) o desalojar' acepta sustantivos que designan lugares o espacios *(terreno, plaza, carretera, autopista, local)*. En el sentido de 'aclarar(se)', 'desaparecer' o 'hacer desaparecer' se combina con sustantivos que designan diversos fenómenos meteorológicos o climatológicas *(tormenta, bruma, niebla, temporal)*, así como con algunos sustantivos que se refieren al tiempo atmosférico *(día, tarde, tiempo, mañana: Por fin se ha despejado la mañana)*. En una extensión de este mismo sentido admite, en el lenguaje deportivo, sustantivos que designan la pelota o su lanzamiento *(balón, pase, centro, chut)*. En el sentido de 'aclararse' se combina a menudo con los sustantivos *mente* y *cabeza*. También se combina con...

A SUSTANTIVOS QUE DENOTAN DUDA, INCÓGNITA, SOSPECHA, RESERVA Y OTRAS MANIFESTACIONES DE LA IN-

CERTIDUMBRE: 1 duda ++: Debería hacerlo cuanto antes, y *despejar* cualquier duda. RUM031197 **2 incógnita ++:** De todas maneras la incógnita se *despejará* muy pronto. SEM210197 **3 interrogante +:** ...podría contribuir a *despejar* la interrogante acerca de cómo debe encararse el fútbol en la etapa infantil... BRE160597 **4 incertidumbre +:** El esperado fallo (...) se hizo público ayer, *despejando* la incertidumbre que venía cirniéndose sombríamente en torno al proceso privatizador... SVG100997 **5 sospecha +:** Si el comprador declara su nexo con el suplidor y delega la decisión de la compra, *despeja* posibles sospechas. EUV091096 **6 cuestión:** ...los decisivos trabajos de Peter Boyd-Bowman que *despejaban* la cuestión de modo irrecusable con datos de archivo (...) fue por completo dominante. ABC110895 **7 enigma:** Acaba de *despejarnos* el enigma sobre lo último que se le ha podido ocurrir a su delirante cerebro. EME200295 **8 misterio +:** ...publicaron el martes un informe según el cual se *despeja* el misterio de Roswell en Nuevo México... DLA250697 **9 intriga:** Pero la victoria de Sharon, con de 33 a 36 escaños según las encuestas a pie urna, no *despeja* la intriga de con quién formará Gobierno para obtener una mayoría... LRE290103 **10 laguna:** El protocolo, una vez redactado su borrador, será remitido a las asociaciones de víctimas de maltratos y a otras instituciones para que aporten ideas y *despejen* posibles lagunas... EPE201099 **11 reticencia:** ...*despeja* por completo todas las reticencias que pudieron acechar sobre la envergadura artística de su tan afortunado hasta hoy autor. ABC081191 **12 pregunta:** ...una pregunta insistente, reiterada y acuciante que resulta muy difícil de *despejar.* INDOC

B SUSTANTIVOS QUE DENOTAN TEMOR U OTROS ESTADOS DE ÁNIMO PRODUCIDOS POR SITUACIONES INCIERTAS, INSEGURAS O AMENAZANTES: **13 temor ++:** En este sentido, instó a las autoridades salvadoreñas a *despejar* sus temores y a levantar las restricciones. LNC081296 **14 angustia:** Pues eso, «la fe lo puede todo», como dice la película, pero una carcajada a tiempo *despeja* angustias. EPE281099 **15 miedo:** Con ello intentan *despejar* el miedo a que fallos en ordenadores puedan desencadenar ataques. EPE100999 **16 inquietud:** ...deben quedar *despejadas* las inquietudes de dicho municipio de no poseer capacidad para satisfacer las necesidades de toda la región. ETC110187 **17 intranquilidad:** ...con esta iniciativa se *despejan* «las intranquilidades e incertidumbres que algunos habían sembrado antes de las elecciones». LVE301196 **18 preocupación:** ...de tal forma que se fomente el crecimiento y el ahorro y se *despejen* las preocupaciones de los empresarios. DYM040796 **19 inseguridad:** ...propone establecer medidas laborales encaminadas a *despejar* la inseguridad en el futuro que paraliza las decisiones de compra. LVE130596 **20 tensión:** ...nuestras voleibolistas se dieron ayer un respiro para *despejar* tensiones... EXP011091 **21 resquemor:** Ayer, un rápido sondeo de voluntades (...) más el apoyo del radical Federico Storani, jefe de la bancada radical, terminaron por *despejar* todo resquemor en las filas del PJ. CLA120297 **22 recelo:** ...trabajaron para *despejar* los recelos que se generaron entre las segundas líneas de Acción por la República y Nueva Dirigencia. CLA200199

C SUSTANTIVOS QUE DESIGNAN LO QUE SE PRESENTA A LA VISTA O SE ENTIENDE QUE ESTÁ POR LLEGAR: **23 futuro ++:** Algunos jugadores empiezan a *despejar* su futuro lejos de la entidad. EME110596 **24 panorama ++:** De esta manera, en un corto periodo intenso y desgastante, se ha empezado a *despejar* el panorama... EXC080696 **25 horizonte +:** ...comenzaba a *despejar* el horizonte de una iniciativa que tiene mensaje de urgencia del Gobierno... ETC081196 **26 porvenir:** «...si no surgen obstáculos esperamos terminarla con rapidez para *despejar* el porvenir y empezar a tomar decisiones empresariales que ahora están aparcadas». EME101195 **27 perspectiva:** ...todavía estamos esperando alguna palabra tranquilizadora que *despeje* las oscuras perspectivas que se presentan ante todos nosotros. INDOC

D EL SUSTANTIVO *SITUACIÓN* Y CON OTROS QUE DESIGNAN JUICIOS, PUNTOS DE VISTA Y OTRAS MANIFESTACIONES DE LA FORMA EN QUE SE PERCIBEN O CONCIBEN LAS COSAS: **28 situación ++:** Únicamente, la convocatoria de elecciones generales *despejaría* la situación y eliminaría las incertidumbres políticas. EME030295 **29 idea:** Pero con el tiempo se ha ido *despejando* la idea de que el concepto de participación política que se pregona también debería incluir... EUV031196 **30 posición:** La decisión de Felipe González de retrasar hasta septiembre los nuevos intentos de negociación puede ayudar a templar los ánimos y a *despejar* las posiciones. EPE010887 **31 postura:** No obstante, las negociaciones para alcanzar el acuerdo marco se retrasarán hasta después del día 24, una vez que se *despeje* la postura a nivel federal. EPE190699 **32 condición:** ...la reunión de ayer no *despejó* las condiciones en que se cerrará el trato ni el calendario de la negociación... EPE221099 **33 impresión:** Estas declaraciones y gestos (...) no *despejaban* la impresión de que la cumbre de Moscú carece de un gran contenido... LVE140194

E SUSTANTIVOS QUE DENOTAN CONFLICTO, DIFICULTAD, IMPEDIMENTO Y OTROS ESTADOS DE ADVERSIDAD: **34 crisis ++:** Es muy difícil *despejar* la crisis política al margen de un debate abierto y valiente en el Parlamento de la nación. LVE180195 **35 conflicto +:** Agradeceríamos cuantas razones objetivas nos ayuden a *despejar* este minúsculo conflicto. LVE130296 **36 dificultad +:** ...instó a las autoridades chinas a adoptar las medidas precisas para «*despejar* las dificultades» por las que atraviesan las relaciones comerciales bilaterales. EME310395 **37 peligro:** Dos minutos antes, Savio llegó con peligro al área, pero Molina, valiente y efectivo en todo el encuentro, *despejó* el peligro. ENH110198 **38 amenaza:** ...el último informe de la patronal británica no ha conseguido *despejar* la amenaza de nuevas subidas de tipos... LVE250195 **39 desastre:** ...aseguró que el principio de acuerdo «garantiza las rentas de los agricultores españoles y *despeja* el desastre que algún aguafiestas vaticinaba para este sector». EPE130399 **40 problema:** Posterior al anuncio de la postergación Tyson declaró que la misma lo ayudaría a «*despejar*» algunos problemas que había tenido, sin especificar cuáles. ENH170497 **41 resistencia:** Durante su entrevista con Chirac y Jospin, el canciller Schröder no consiguió *despejar* las resistencias francesas. EPE200399 **42 obstáculo:** «El SIN advierte que si nos empeñamos demasiado en *despejar* los obstáculos al éxito, podríamos ser públicamente criticados de estar creando votantes demócratas (oficialistas)...». DYM090996 **43 escollo:** ...llegaron a un acuerdo para *despejar* los escollos que estaban frenando la renegociación del contrato... CLA111000

44 cabezonería: Para *despejar* esta cabezonería, el señor Rato limpiará las Quadras del PP catalán para ofrecer en bandeja a Pujol un hermoso caballo de Troya. LVE090396

F SUSTANTIVOS QUE DENOTAN SITUACIÓN ENMARAÑADA, FALTA DE CLARIDAD O CARENTE DE SALIDA. TAMBIÉN CON OTROS QUE DESIGNAN LA SENSACIÓN QUE PRODUCE VERSE EN ESTOS ESTADOS: **45 confusión +:** Y las palabras de Serra ayer en Bruselas no *despejarán* la confusión. LVE181296 **46 equívoco +:** ...lo mejor sería promover una reforma constitucional que *despeje* el equívoco. ESH120996 **47 malentendido:** Parece que hay que *despejar* ciertos malentendidos de algunos jueces con la justicia. LVE060696 **48 ambigüedad:** El PNV celebra su centenario *despejando* ambigüedades y asumiendo su carácter nacionalista... EME160495 **49 enredo:** La prisa del gobierno por *despejar* el enredo va contra reloj, porque las actuales averiguaciones pueden ensuciar el proceso electoral en puerta. PME260197 **50 perplejidad +:** En lugar de *despejar* mi perplejidad (...) ante tantos enigmas, Escohotado la refuerza... EME110496 **51 ofuscación:** ...trabajar en su famoso artículo sobre Marcelo Chiriboga tenía la virtud de *despejar* la ofuscación que habitualmente lo envolvía. ABC220995

G ALGUNOS SUSTANTIVOS QUE DENOTAN INTENCIÓN O DESIGNAN SUS MANIFESTACIONES: **52 intención:** La declaración del alcalde coincidía con las peticiones realizadas desde el PSC para que *despejara* sus intenciones políticas tras anunciar que abandonará el cargo en septiembre de 1997. LVE011296 **53 proyecto –:** ...lo consideré como un método para analizar las contradicciones de una época o una sociedad, y a partir del análisis, *despejar* un proyecto con el que superarlas. EME180195 **54 iniciativa –:** Puesta a *despejar* posibles iniciativas, completa con una currícula que la aleja del prototipo de «lolita». CLA200199

H SUSTANTIVOS QUE DENOTAN CURSO, TRAYECTORIA O ITINERARIO, A MENUDO USADOS EN SENTIDO FIGURADO: **55 camino ++:** Y aprovechando la derrota de la Fiorentina, se encaramó también en la punta el Parma, que va *despejando* el camino a fuerza de goles. CLA110199 **56 ruta:** ...el día se presenta magnífico, el pelotón empieza a estirarse y la ruta aparece *despejada*. INDOC **57 proceso:** La intervención de la cooperativa supondría *despejar* el proceso de tramitación de la suspensión de pagos... LVE020294 **58 recorrido:** ...se encargan de *despejar* cada mañana el recorrido y los vallados... LVE080796

I SUSTANTIVOS QUE DESIGNAN DIVERSAS INFORMACIONES Y MANIFESTACIONES VERBALES, MÁS FRECUENTEMENTE SI SON POLÉMICAS, HOSTILES, INCIERTAS O INSEGURAS: **59 debate:** ...fue la ocasión que eligieron Frei y sus ministros para jugarse por la idea de *despejar* el debate presidencial de la coalición con estas herramientas. HOY271097 **60 acusación:** «Esperamos así –puntualizó– *despejar* las acusaciones realizadas por ignorancia supina o mala fe por el portavoz del PP, Rodrigo Rato...». LVE281095 **61 crítica:** Él, que ha hecho del Kursaal la bandera de vanguardia de la capital guipuzcoana, *despejó* cualquier crítica sobre las cualidades del auditorio. EPE030999 **62 denuncia:** El encuentro tendrá como objetivo *despejar* denuncias de divisionismo orgánico en la COB... LTB080197 **63 mentira:** ...permite *despejar* los errores y mentiras que a menudo se han propalado. EME130796 **64 rumor:** Su declaración *despejó* los rumores que habían revolucionado la Bolsa de Tokio... EME130496

desperdicio ♦ **absoluto, abundante, aprovechable, de dinero, de espacio, de recursos, de tiempo, enorme, inútil, lleno (de), reciclable, rodeado (de), total, urbano** ♦ **en medio (de), entre, sin** ♦ **bolsa (de), montaña (de), montón (de)** ♦ **abandonar, acumular, almacenar, arrojar, denunciar, depositar, desparramar, diseminar, esparcir, generar, juntar, quemar, reciclar, recoger, reunir, separar, soterrar, tener, tirar, tratar, verter, volcar**

desperfecto ♦ **admisible, apreciable, congénito, considerable, cuantioso, desapercibido, descomunal, enorme, escaso, gran(de), grave, imperceptible, imperdonable, importante, inadmisible, inapreciable[29], irreparable, leve, lleno (de), material, mayúsculo, monumental, pequeño, perceptible, perdonable, serio, severo, tremendo** ♦ **alcance (de)[26]** ♦ **abonar, acusar, adolecer (de), advertir, aquejar, arreglar, calibrar, causar, contabilizar, corregir, cuantificar, delatar, encontrar(se), encubrir, evaluar, lamentar, localizar, ocasionar[2], originar, paliar[38], pecar (de), presentar, producir, provocar, registrar, reparar, resarcir (de), subsanar[47], sufrir, suplir, valorar**
☐ Véase también: **daño, deficiencia, deterioro, fallo.**

despertar *v.* **I** En el sentido de *interrumpir el sueño* admite como complementos sustantivos que designan personas o animales *(Un ruido despertó a la muchacha; No despiertes al gato).* En el sentido de 'provocar, excitar, estimular' se combina con...

A SUSTANTIVOS QUE DENOTAN INCLINACIÓN HACIA ALGO, MÁS FRECUENTEMENTE AL CONOCIMIENTO O LA OBTENCIÓN DE ALGUNA COSA: **1 atención ++:** ...no acaparó la atención *despertada* en otras ocasiones en las que comparecieron ante los jueces presuntos narcotraficantes. LVG301091 **2 interés ++:** La creación de un banco para los pobres, a la manera del Banco Solidaridad de Bolivia ha *despertado* interés y suscitado opiniones encontradas. CAP010896 **3 curiosidad ++:** Es sin duda un nuevo poder que empieza a *despertar* curiosidad en los medios de comunicación... SEM190696 **4 expectativa +:** La presentación será este sábado y ha *despertado* grandes expectativas. LDD120697 **5 expectación +:** Su triunfo electoral ha *despertado* expectación. LVE230596 **6 esperanza:** La forma como se produjo la selección de los magistrados y la participación activa de la sociedad civil *despertaron* esperanzas y expectativas que no podemos permitir se extingan. RUM201097

B SUSTANTIVOS QUE DENOTAN INQUIETUD O INCERTIDUMBRE EN DIVERSOS GRADOS. TAMBIÉN CON OTROS QUE EXPRESAN APRENSIÓN O TEMOR: **7 sospecha ++:** Había varios allanamientos y, para no *despertar* sospechas, me puse del lado de ellos y contra los detectives. HOY110897 **8 recelo ++:** ...además de debatir los temas del momento, en ciertos sectores *despertaba* recelo y oposición. ESH280297 **9 duda ++:** ...la incapacidad de Europa para resolver el problema del desempleo *despertó* dudas sobre la estabilidad política a largo plazo del continente. EUV230996 **10 alarma +**: Pero esta capa parece estar en vías de desaparecer, situación que ha *despertado* alarma a nivel mundial. HOY050187 **11 inquietud +**: La resolución de la Conama no sólo ha *despertado* la inquietud de los indígenas y ecologistas. LEC120696 **12 preocupación +**: ...la disposición estadounidense en este sentido ha *despertado* preocupación en el Cono Sur... ENH280497 **13 desconfianza +**: El jefe del partido y del Estado no podía ir mucho más allá sin *despertar* desconfianza y eventualmente provocar la reacción de los otros dos dirigentes... LVE040695 **14 suspicacia +**: «No hay nada en materia de leyes para las elecciones municipales y regionales que pueda *despertar* suspicacias para afectar a algún candidato»... EXP020797 **15 temor +**: ...la Ley de Inmigración norteamericana que, tras ser adoptada en abril, ha *despertado* el temor a deportaciones masivas... LPN140797 **16 miedo**: Lo que sí creo es que logra *despertar* nuestros miedos más temidos, y ello logra entorpecer nuestra labia. EME180996 **17 horror**: Pero esta compulsa no puede sino *despertar* el horror más cabal... EPE130199 **18 pánico**: ...aseguran haber abandonado sus ranchos en las riberas del Salaquí y el Truandó por el pánico que les *despertaron* los bombardeos del Ejército. ETC020497 **19 reticencia**: Este hecho, acompañado de una escritura abundante, *despertó* reticencias, sobre todo acerca de una prosa... EME280696

C SUSTANTIVOS QUE DENOTAN SORPRESA: **20 asombro**: ...realizaron una singular carrera en un circuito de 500 kilómetros (Habana-Varadero-Habana), *despertando* el asombro de las personas... GIC030997 **21 sorpresa**: Su ausencia no *despertó* sorpresa, aunque Delgado era uno de los habituales de este centro. EME040495 **22 extrañeza**: Puede *despertar* extrañeza que un canal de TV de pago pueda en España disponer de los fondos necesarios para respaldar una oferta tan generosa. EME220496 **23 perplejidad**: Algunos no estamos por dinero: eso aún debe *despertar* mayor perplejidad en el fin de siglo. LVE060794

D EL SUSTANTIVO *SENTIMIENTO* Y CON OTROS QUE DESIGNAN SENTIMIENTOS GOZOSOS, GENERALMENTE VEHEMENTES, DE INCLINACIÓN, AFECTO O COMPLACENCIA EN DIVERSOS GRADOS. TAMBIÉN ACEPTA OTROS QUE EXPRESAN ALGUNAS DE SUS MANIFESTACIONES EXPANSIVAS MÁS FRECUENTES: **24 pasión ++**: Un auténtico circo de color, que reúne todos los ingredientes necesarios para *despertar* pasiones, incluido el evidente riesgo que supone ir a velocidades cercanas a los 300 km/h. LVE010696 **25 entusiasmo ++**: El Mundial no puede *despertar* entusiasmo callejero en una compleja metrópolis como Los Angeles... LVE060794 **26 admiración ++**: ...no rehusaba la tentación de aprovecharse de la admiración que *despertaba* en las mujeres. EPE130699 **27 ilusión +**: ...un resultado que *despertaba* ilusión y hacía creer que se podía conseguir el objetivo de la permanencia... CAN150101 **28 sentimiento**: ...las conversaciones sobre el presupuesto podrían *despertar* los sentimientos partidistas... ENH120297 **29 emoción**: ...lo que no sería posible sin un candidato capaz de *despertar* emoción popular y de proyectar una imagen de seriedad... EUV050996 **30 amistad**: Se mencionó también que Dante Córdova retornaría al premierato, tras haber ratificado que logra *despertar* simpatías, amistades y ánimos. CAP080597 **31 amor**: ...¿cómo *despertar* el amor a la ciudad donde se vive? LTB041296 **32 cariño**: Y es que para *despertar* cariño hay que desear profundamente sentirse querido... LVE111195 **33 alegría**: ...con un dragón volador que ha de *despertar* la alegría de los públicos infantiles... LVE120495 **34 aplauso**: La llegada del diputado *despertó* más aplausos que la del presidente regional. LVE020596 **35 ovación**: Tras el descanso, el grupo entero volvió al escenario ofreciendo un final de concierto con alegrías, tangos y bulerías más distendido y lleno de color que *despertó* la ovación del público. LVE120296 **36 carcajada**: El material humano que tiene a la mano es variado y ofrece ricas posibilidades para ensañarse sanamente y *despertar* carcajadas en otros lectores. CAP250497

E SUSTANTIVOS QUE DESIGNAN MANIFESTACIONES DE APOYO O EMPATÍA: **37 compasión ++**: ...si dices que has perdido algo o a alguien *despertarás* compasión... EME190195 **38 comprensión +**: Tras veinticinco años de existencia ha evolucionado de una estrategia que *despertaba* la comprensión... EME020196 **39 simpatía ++**: Era la contracara de la desconfianza montevideana: quien (...) había expresado políticamente a la derecha uruguaya, no *despertaba* simpatía en la capital y, mucho menos, de la izquierda nacional. MAU210900 **40 participación**: ...la expectación que *despertó* la participación de ambos equipos en este torneo quedó frustrada. ETC120697 **41 solidaridad**: Todos estos detalles y exigencias del contrato han *despertado* la solidaridad entre los empresarios. BYN021197 **42 lástima**: ...juega a *despertar* lástima por el contraste entre su fuerza y el poderío del gobierno. EXC050996

F SUSTANTIVOS QUE DENOTAN DESEO GENERALMENTE VEHEMENTE: **43 voluntad**: En Chiapas, la «República provisional» ha *despertado* la voluntad de independencia... EME190294 **44 afán**: ...para 49 locales comerciales, área de recreación y restaurante «*despertó* el afán por renovar el comercio puentealtino». HOY070181 **45 ansia**: ...las historias que sobre náufragos y polizones por allí corrían, *despertaron* el ansia por surcar los mares y protagonizar aventuras en países exóticos. ABC050293 **46 deseo**: Sus andanzas por el mundo del grabado en madera y linóleo *despertaron* el deseo de la textura y el relieve. GIC104097 **47 apetito**: Con una producción estimada de 1 millón de onzas al año, ha *despertado* el apetito empresarial del contador australiano. CAP150198 **48 sed**: ...cuyo fracaso amoroso con Claudia sólo ha *despertado* en él una ilimitada sed de venganza. ABC070593

G SUSTANTIVOS QUE DENOTAN EXCITACIÓN, AVERSIÓN Y OTROS SENTIMIENTOS HOSTILES O EXACERBADOS: **49 ira ++**: Nuestros reportajes *despertaron* la ira del Ejecutivo y se trató de cerrar el periódico. ESP120697 **50 rechazo +**: Las medidas *despertaron* el rechazo de los sectores conservadores del partido... HOY050187 **51 rabia**: ...es una decisión que puede *despertar* la rabia popular en el caso de que mueran. EPE170800 **52 indignación**: ...en un gesto de desconfianza que ha *despertado* indignación entre algunos congresistas y senadores... EPE101001 **53 impotencia**: Todo eso *despertó* la impotencia y la precipitación del Valencia. EPE220899 **54 irritación**: ...siempre cabe la sospecha de que fue el paso del escritor al gaullismo lo que *despertó* tanta irritación en la izquierda. ABC270392 **55 odio**: ...la realización de las reformas económicas es lo que ha *despertado* el odio acérrimo de los comunistas. EPD181197 **56 antipatía:** Las simpatías o antipatías que *despertaban* catalanes, vascos, madrileños o gallegos... LVE081195 **57 envidia:** Yo creo que uno en la vida siempre está expuesto a eso y mientras más te alejes de lo común das más pie para esas cosas y para *despertar* envidias. HOY010997

H SUSTANTIVOS QUE DESIGNAN TEXTOS, JUICIOS Y OTRAS INFORMACIONES, A MENUDO VERBALES, MÁS FRECUENTEMENTE SI EXPRESAN PUNTOS DE VISTA FAVORABLES U OPUESTOS A ALGO: **58 comentario +:** La ausencia de Indurain de la Vuelta a España sigue *despertando* comentarios entre los organizadores de carreras. EME210394 **59 idea:** ...tiene la extraña propiedad de *despertar* ideas religiosas supuestamente expulsadas de las inteligencias... EME081096 **60 crítica +:** ...determinados sectores judiciales en una supuesta trama contra el Estado han *despertado* críticas en el seno del Poder Judicial. LVE081095 **61 opinión:** ...añade que la operación publicitaria ha *despertado* opiniones encontradas entre los periodistas de la redacción. LVE240895 **62 elogio:** Su música, en cambio, ha *despertado* elogios unánimes y se ha agotado en más de una gran cadena de discos. HOY240697 **63 pregunta –:** Aprovechar los viajes para *despertarles* preguntas: quién vivió en un castillo, porqué se tardó tanto en construir o cómo era entonces el pueblo. EPE290699 **64 invectiva:** ...una propuesta audaz, pero peligrosa, que ha *despertado* iras, críticas y toda clase de invectivas. INDOC **65 protesta –:** En una alusión indirecta a las protestas *despertadas* por esta reunión... EPE031299 **66 debate:** ...su puja por ganar el domingo último una banca en el Senado por la Capital Federal ha *despertado* un debate de aristas bastantes filosas en algunos ámbitos del Gobierno. LNA010792

I SUSTANTIVOS QUE DESIGNAN EL EFECTO DE RECORDAR, EVOCAR O RECAPACITAR: **67 recuerdo +:** Para ellos las luces y los villancicos de Navidad pueden, quizá, *despertar* recuerdos dulces... LVE181296 **68 añoranza:** ...paisajes brumosos que *despetaban* en ella la añoranza de su tierra. INDOC **69 reflexión:** Sin embargo, este rincón único no ha *despertado* reflexión alguna en un personaje que... EPE121299

J SUSTANTIVOS QUE DESIGNAN CIERTAS FACULTADES DE NATURALEZA CREATIVA O ARTÍSTICA: **70 imaginación +:** Los juguetes tienen que *despertar* la imaginación, avivar la fantasía. DDN090101 **71 creatividad:** ...es una sección compuesta de video-clips realizados a partir de materiales reciclados que pretende *despertar* la creatividad plástica de los niños. EME190196 **72 inspiración:** ...nos sentiremos muy felices si *despertamos* la inspiración de las estructuras democráticas de Serbia para que marchemos juntos. EPE311099

K SUSTANTIVOS QUE DESIGNAN MANIFESTACIONES DE SATISFACCIÓN PERSONAL O EXPRESIONES DE LA INTENCIÓN DE ACTUAR: **73 confianza +:** Para la recuperación, es necesario *despertar* la confianza del inversor, del empresario, del consumidor. LVE140194 **74 ánimo +:** Es un deseo de *despertar* ánimos como el mío, que necesitan amores y amigos. EME290694 **75 autoestima:** El gol *despertó* la autoestima del Athletic, que descubrió su banda izquierda. EPE170900 **76 orgullo:** El zar quizá se saldrá con la suya a la hora de *despertar* el orgullo nacional para perpetuar el poder de los suyos en el Kremlin. EPE191299 **77 motivación:** Los adultos no son capaces de transmitir los valores necesarios para *despertar* su motivación. LVE080195

L SUSTANTIVOS QUE DENOTAN SITUACIÓN CONTROVERTIDA: **78 escándalo:** ...las corrosivas obras de Roger Peyrefitte que en su momento *despertaron* escándalos mayúsculos. ABC120293 **79 polémica:** ...los jugadores contrarios y aficionados no le ponen atención, ha *despertado* polémica como pensábamos. PLG020597 **80 controversia:** La polémica resolución del Gobierno ha *despertado* controversia no sólo en círculos ecologistas... EME231096

M OTROS SUSTANTIVOS; POSIBLES USOS CRUZADOS: ...no es éste el capítulo que ha *despertado* ampollas entre los clubes... [Cf. *levantar*] EPE100699

□ Véase también: **despertar(se) (en), inspirar, levantar**.

despertar(se) (en) ♦ **ciudadanía, conciencia, conducta, memoria, opinión pública, persona, población, sociedad**

□ Véase también: **despertar**.

despido ♦ **arbitrario, colectivo, con cajas destempladas**[13]**, drástico, encubierto, en masa**[33]**, forzoso, fulminante**[2]**, ilegal, improcedente, inapelable**[25]**, indebido, individual, inesperado, injustificado, inmediato, intempestivo**[23]**, irrecusable, justificado, legal, libre, masivo, objetivo, previsto, procedente, súbito, terminante** ♦ **carta (de), causa (de), condición (de), coste (de), demanda (de/por), indemnización (por), ola (de)**[32] ♦ **abaratar, acarrear**[36]**, agilizar**[37]**, anunciar, comunicar, denunciar, evitar, facilitar, gestionar, justificar, llevar a cabo, negociar**[41]**, notificar, pactar, pedir, prever, producir(se), provocar, recusar, revocar, tramitar**

□ Véase también: **cese, dimisión**.

despiste ♦ **absoluto, admisible, apreciable, colosal, completo, defensivo, descomunal, grave, habitual, imperdonable, inadmisible, inapreciable, insignificante**[37]**, leve, ligero, momentáneo, monumental, pequeño, perdonable, puro, serio, sin importancia, sonado, supino**[14]**, tremendo** ♦ **momento (de)** ♦ **admitir, aprovechar, corregir, incurrir (en), tener**

□ Véase también: **descuido, distracción, error, fallo**.

DESPLAZAMIENTO Véase: CURSO; DIRECCIÓN; MOVIMIENTO

desplazar *v.* ▮ En su sentido literal se construye con sustantivos que designan cosas materiales *(piedra, cuerpo, vehículo, eje)*, sustancias *(agua, gas, lodo)* y ciertas magnitudes físicas *(peso, volumen)*. En sentido figurado se construye con gran número de sustantivos *(desplazar un problema, una tarea, un proceso)*, pero especialmente con...

A SUSTANTIVOS QUE DENOTAN INTERÉS Y OTRAS MANIFESTACIONES DE LA INCLINACIÓN FAVORABLE HACIA ALGUNA COSA: **1 interés ++:** El cantado triunfo de Sharon y el Likud ha *desplazado* el interés de los resultados de los comicios hacia la política de alianzas que emprenda ahora el primer ministro. LRE290103 **2 atención ++:** A veces, el brillante músico orquestal, el inspirado autor de canciones y el prolífico compositor de música para piano, puede *desplazar* la atención del Turina camerista. ABC210495 **3 preferencia +:** Nadie discute que el bombardeo publicitario es responsable de que se hayan *desplazado* las preferencias de los consumidores. INDOC **4 ilusión:** ...es meridianamente claro que prevaleció el imperio jurídico del Protocolo de Río, sus documentos anexos, *desplazando* las desbordadas ilusiones de soberanía territorial amazónica. CAP041297 **5 deseo:** ...en música, la perfección es siempre lo anhelado, deseo puro siempre *desplazado.* LVE280196 **6 afán:** ¿Se olvidan los impases y surge una vía sustitutoria que *desplaza* el afán ecuatoriano de soberanía amazónica? CAP041297

B SUSTANTIVOS QUE DENOTAN RELEVANCIA O PROMINENCIA DE ALGO. TAMBIÉN CON OTROS QUE DESIGNAN EL PUNTO CENTRAL O ESENCIAL DE ALGUNA COSA: **7 prioridad +:** ...las prioridades estratégicas de Washington se han *desplazado* a otras zonas. EPE281101 **8 énfasis:** El énfasis se ha *desplazado* al pago de enormes anticipos de lo que se espera que sean enormes éxitos de venta. LVE121196 **9 foco:** ...los atentados terroristas en EE. UU. *desplazaron* el foco de las preocupaciones... EPU041001 **10 centro:** El centro de la investigación ha sido *desplazado*, y ahora cobran relevancia cuestiones que eran antes periféricas. INDOC

▩ Se combina también con: ♦ **en persona[6], expresamente, notablemente, paulatinamente[47], previsiblemente**

desplegar(se) ♦ **abiertamente, ampliamente, aparatosamente, completamente, en orden de combate, espectacularmente, ordenadamente[18], rápidamente** ♦ **actividad, ala, arma, armamento, ataque, bandera, campaña, capacidad, cartel, conjunto, dotes, efectivos, ejército, encanto, entusiasmo, esfuerzo, fuerza, grupo, habilidad, hoja, influencia, ingenio, medio, movilización, pancarta, papel, poder, recurso, tela, tropa**
☐ Véase también: **despliegue.**

despliegue ♦ **abrumador, abundante, amplio, apabullante, aparatoso[26], armado, armamentístico, brutal, completo, creciente, defensivo, de seguridad, efectista, efectivo, espectacular, eventual, físico, generoso, gran(de), humano, intensivo[38], inusitado, mediático, militar, ofensivo, ostensible[54], pacífico, policial, propagandístico, publicitario, rápido, técnico, territorial** ♦ **proceso (de)** ♦ **autorizar, completar, disponer, frenar, iniciar, llevar a cabo, ordenar, organizar, permitir, preparar, presentar, producir, redoblar[13], resistirse (a), suspender**
☐ Véase también: **desplegar(se).**

desplomar(se) ♦ **anímicamente, aparatosamente, literalmente[53], pesadamente[4]** ♦ **bolsa, economía, edificio, entidad, muro, persona, puente, techo, tejado**
☐ Véase también: **caer, derrumbar(se), desmoronar(se).**

de sport ♦ **atuendo, carro, coche, conjunto, ropa, vestuario** ♦ **acudir, ir, pasear, vestir**

desportillar(se) ♦ **botijo, cerámica, jarrón, plato, porcelana, vasija,** *otros sustantivos que designan objetos de cerámica*

despóticamente ♦ **actuar, controlar, dirigir, exigir, gobernar, imponer, mandar, oprimir**

despreciar ♦ **absolutamente, arrogantemente, con altanería, con soberbia, manifiestamente[19], olímpicamente[13], públicamente, sistemáticamente, visiblemente**

[desprecio] → **con desprecio**

desprecio ♦ **absoluto, acendrado, altivo, claro, contundente, flagrante, gran(de), hondo, infinito, inmerecido[18], instintivo[8], notorio, olímpico, patente, profundo[40], rotundo, terrible, total, verdadero, visceral[8]** ♦ **con, sin** ♦ **ademán (de), demostración (de)[26], gesto (de), muestra (de), tono (de)** ♦ **causar, demostrar, expresar, exteriorizar, granjearse[18], inspirar[38], manifestar, merecer, mostrar, notar, provocar, recibir, rezumar, sentir[28], suscitar**
☐ Véase también: **actitud, animadversión, rechazo, trato.**

desprender(se) ♦ **alegría, aroma, calor, conclusión, consecuencia, dato, duda, energía, fuego, hedor, idea, indicio, líquido, olor, opinión, optimismo, relación, responsabilidad, resultado, sensación, sugerencia, tufo**
☐ Véase también: **emanar, emitir, soltar.**

desprestigio ♦ **absoluto, amargo, claro, considerable, creciente, grave, hondo, inevitable, injustificado, injusto, internacional, justificado, justo, profundo, progresivo, rotundo, serio, severo, total, tremendo** ♦ **campaña (de), causa (de), consecuencia (de), fuente (de), imagen (de), intento (de), motivo (de), nivel (de)** ♦ **acabar (con), acarrear, arrastrar, aumentar, caer (en), causar, constituir, cosechar, enfrentar(se) (a), evitar, generar, hundir(se) (en)[10], ir (en), ocasionar, padecer, resarcir(se) (de), salvar, sembrar, sufrir, sumir(se) (en)[40], suponer, vencer**

desprevenido ♦ **agarrar, coger, encontrar, pillar (a alguien)[1]**

desproporción ♦ **acusado[51], aparente, claro, completo, creciente, enorme, evidente, gran(de), inmenso, ligero, llamativo, marcado, notable, notorio, patente, relevante, sensible, tremendo, visible** ♦ **compensar, corregir, dar lugar (a), justificar, mantener, nivelar[5], producir(se), provocar, reducir, resolver, subrayar, subsanar**
☐ Véase también: **desequilibrio, desigualdad, desnivel, diferencia.**

desproporcionadamente ♦ **alto, amplio, bajo, grande, pequeño, reducido, violento, voluminoso** ♦ **aumentar, bajar, beneficiar, crecer, dañar, disminuir, extenderse, favorecer, gravar, perjudicar, responder, subir**

despropósito ♦ **absoluto, auténtico, bárbaro, bochornoso, completo, cruel, enorme, generalizado, gran(de), puro, semejante** ♦ **cadena (de), cúmulo (de)[4], juego (de), sarta (de)[9], serie (de)** ♦ **acumular, calificar (de), cometer, considerar, decir, dejar caer, evitar, permitir, soltar**

despuntar *v.* ▮ En el sentido de 'gastar, quitar o desprender', se combina con sustantivos que designan animales astados *(toro)* y múltiples objetos caracterizados por tener punta *(lápiz, cuchillo, lanza)*. En el sentido de 'comenzar a manifestarse' se combina con el sustantivo *sol*, con sustantivos que denotan el inicio del día *(alba, amanecer)* u otras unidades temporales *(día, año, siglo)*. En el sentido de 'destacar o sobresalir' se combina con sustantivos que designan personas o grupos humanos, especialmente con relación a su actividad profesional *(jugador, cantante, grupo)*. También se combina con...

A EL SUSTANTIVO *NOMBRE* Y CON OTROS QUE IDENTIFICAN A LAS PERSONAS: **1 nombre ++:** En el horizonte *despuntan* nuevos y prometedores nombres (...), dispuestos a tomar el relevo a las grandes bandas que ondean la bandera de la ciudad. EME170494 **2 figura +:** ...cuando *despunte* una figura importante, todos olvidarán el tiempo que ha pasado. PME011296 **3 imagen:** Sobre el breve altar *despuntaba* la imagen de una Virgen con túnica salpicada de estrellas. EME300896

B SUSTANTIVOS QUE DESIGNAN EL INICIO O EL ARRANQUE DE ALGÚN PROCESO, ASÍ COMO ALGUNA DE LAS FORMAS EN LAS QUE EVOLUCIONA POSITIVAMENTE: **4 crecimiento +:** Habrá sensores indicativos de que ese crecimiento ha comenzado a *despuntar*... EME130195 **5 mejora:** ...su impulso sobre las cotizaciones coincidió con la mejora ambiental que *despuntó* a mediados de la semana pasada. LVE211195 **6 aceleración –:** ...parece *despuntar* una cierta aceleración en el crecimiento de los costes laborales unitarios, si bien hasta ahora dentro de un tónica moderada. LVE251295

C SUSTANTIVOS QUE DESIGNAN ACTIVIDADES Y PROCESOS RELATIVOS AL MUNDO DE LA ECONOMÍA, ASÍ COMO CIERTAS INSTITUCIONES O AGRUPACIONES QUE LOS LLEVAN A CABO O LOS EXPERIMENTAN: **7 empresa:** ...se mostró así de crítico con las nuevas empresas que aspiran a *despuntar* en el sector... EPE070599 **8 compañía:** ...compañías que *despuntan* en sectores como las telecomunicaciones. EPE121199 **9 acción:** Sol Meliá ha presentado unos favorables resultados en el primer semestre, pero las acciones no acaban de *despuntar*. LVE040896 **10 beneficio:** ...los beneficios de las empresas empiezan a *despuntar*... LVE170595 **11 comercio:** Merigó afirmó que la «tendencia debe ser a la baja», ya que las tasas del 5,6 se fijaron cuando el comercio electrónico *despuntaba*... EPE150499 **12 crisis:** ...ha conseguido arrinconar el debate relativo a una crisis económica agudísima que *despunta* con el trasfondo de un irrefrenable y salvaje capitalismo. EPE121299 **13 recuperación:** ...si queremos mantener la recuperación económica que ha empezado a *despuntar*. EME260195 **14 sector:** El salario percibido será el mismo que se aplica según el convenio de cada sector, con el que se paga en construcción *despuntando* por encima de los demás. EME291296 **15 producción:** Despuntaron la producción industrial energética con una subida del 13,8 y la química con el 4. EPE110899 **16 venta –:** ...las ventas comienzan a *despuntar* positivamente... EME110795

D SUSTANTIVOS QUE DESIGNAN OBRAS, GENERALMENTE ARTÍSTICAS, O ALGUNA PARTE DE ELLAS: **17 película ++:** El año pasado, por estas fechas, *despuntaban* (...) al menos tres películas... EME230195 **18 cine:** Camilo José Cela expuso su teoría de que el cine comenzó a *despuntar* desde el momento en que se basó en un género literario como la novela... EPE111279 **19 obra:** Unas y otras de sus obras van *despuntando* en exposiciones colectivas... ABC141094 **20 pintura:** Su pintura *despunta* entre los despojos de la vanguardia como configuración de un estilo propio que se nutría de la gran tradición. EPE300399 **21 partitura –:** ¿Después del Lp del Dúo Contratiempo (...) qué partituras *despuntan* hacia el estudio de grabación? ENV110797

E SUSTANTIVOS QUE DESIGNAN CIERTAS CUALIDADES E INCLINACIONES HUMANAS: **22 habilidad:** Tanto del nuevo presidente de Gobierno, como del de la Generalitat; *despuntando* la flexibilidad y habilidad de los más directos negociadores... LVE050596 **23 iniciativa:** Resulta una agradable sorpresa encontrar bajo el rigor de la canícula iniciativas musicales que luchan por *despuntar*... EPD260797 **24 talento:** ...desde que su talento comenzara a *despuntar* hace apenas una década. EPD200997 **25 vocación:** Fue en la Facultad de Derecho de Sevilla, en los años setenta, donde *despuntó* su vocación política. EPE140299 **26 creatividad:** ...contenos de que aquella desbordante creatividad, apagada durante todos estos años, vuelva a *despuntar*. INDOC

F OTROS SUSTANTIVOS; POSIBLES USOS ESTILÍSTICOS: ...cada uno *despuntó* sus circunstancias que lo llevaron a buscar ese reparo. CLA211187; En el noroeste *despuntaron* los índices de partículas menores a 10 micras. EXC081296; ...*despuntando* un quehacer que sería arista principal en la década... BRE071197

☐ Véase también: **aparecer, brotar, crecer, destacar, romo, surgir**.

desquite ♦ **ansiado, decisivo, esperado, merecido, personal** ♦ **afán (de), ánimo (de)[7], ansia (de), ocasión (de)** ♦ **anhelar, ansiar, buscar, conseguir, desear, esperar, ir (por), llegar, lograr, perseguir, prometer, tomar(se)**

destacadamente ♦ **actuar, aparecer, ayudar, contribuir, diferenciarse, distinguirse, figurar, incluir, intervenir, llamar la atención, ocupar, participar, percibir(se), sobresalir, tomar parte**

destacar ♦ **abrumadoramente[8], a ojos vista, a toda plana[8], claramente, considerablemente[50], enormemente, especialmente, indudablemente, manifiestamente, nítidamente[44], notablemente[42], notoriamente, ostensiblemente[39], poderosamente[24], repetidamente[12], visiblemente**

☐ Véase también: **despuntar, predominar, protagonizar, sobresalir**.

[destajo] → **a destajo**

destapar *v.* ▮ En el sentido de 'desabrigar o quitar la ropa a' admite sustantivos de persona *(No* *destapes al niño).* En el sentido de 'abrir, descubrir o quitar la tapa de' se construye con sustantivos que designan recipientes *(botella, olla, cazuela, cubo).* En el sentido figurado (aproximadamente, 'sacar a la luz') se combina con sustantivos que designan acciones o situaciones delictivas o ilícitas *(fraude, corrupción, crimen, delito, estafa, escándalo, affaire, soborno),* y también con sustantivos que designan ciertas informaciones *(noticia, exclusiva).* Asimismo se combina con...

A SUSTANTIVOS QUE DESIGNAN LO QUE SE CONSIDERA INCIERTO O SE MANTIENE OCULTO O RESERVADO: **1 secreto ++:** Y enfrentarse a la red financiera del terrorismo fundamentalista islámico implicaría *destapar* secretos y recovecos de la banca occidental. CAP041001 **2 sospecha:** ...una larga investigación de Le Figaro *destapaba* «sospechas de expertos sobre la autenticidad de la obra». EME091296 **3 misterio:** Es más, su investigación ha *destapado* un misterio que posiblemente no se resolverá nunca. EPE290999 **4 rumor:** ...la persona que *destapó* el rumor de que las próximas 50 viviendas sociales que construirá la Comunidad... INDOC

B SUSTANTIVOS QUE DESIGNAN LO QUE SE CONSIDERA CIERTO O REAL: **5 verdad +:** Él *destapó* la verdad nada más saberse la noticia. LVE231295 **6 realidad:** De esto se puede deducir que la noticia *destapa* una realidad que probablemente siempre estuvo ahí, pero que no fue lo suficientemente descrita. EPE061299 **7 evidencia:** Un gesto o un cruce de palabras de este gran actor estrella, (...) basta para *destapar* la evidencia de que el principio de fascinación (...) sigue siendo el único efecto especial... EPE040900

C SUSTANTIVOS QUE DENOTAN ANOMALÍA O DEFECTO: **8 irregularidad +:** Su testimonio coincidió con la presentación de una campaña de la Guardia Civil, que ha *destapado* otra irregularidad: el alto porcentaje de conductores que circula sin seguros. LVE031195 **9 anomalía +:** ...decidido a «limpiar» de irregularidades el mundo del boxeo y a que se *destapasen* anomalías en veladas pugilísticas... EME250395 **10 deficiencia:** Los jueces han *destapado* nuevas deficiencias en la tramitación de las multas de tráfico que sigue el Ayuntamiento de Madrid. EPE281099 **11 defecto:** La «mini» *destapó* los defectos. ETC030297 **12 error:** ...Hoving *destapa* los errores y mentiras más sonados del mercado de obras... EME300996 **13 fallo +:** ...país de mujeres afortunadas en el que cada vez con más frecuencia se *destapan* fallos de esas leyes... EPE191099

D SUSTANTIVOS QUE DESIGNAN FORMAS ENCUBIERTAS DE ORGANIZACIÓN O ARTICULACIÓN. TAMBIÉN CON OTROS QUE DENOTAN PLAN O ESTRATEGIA, ESPECIALMENTE SI SE CARACTERIZAN POR SER OCULTOS Y ESTAR PREPARADOS POR VARIAS PERSONAS: **14 trama ++:** La trama mafiosa que afecta al Ayuntamiento (...) y que, aviesa y oportunamente, alguien ha inducido a un empresario a *destapar* pública y judicialmente en las últimas semanas... CAN040101 **15 conspiración +:** La celebración de fin de milenio *destapa* una conspiración de extraños socios. LVE090195 **16 entramado +:** Al margen de este muestrario de hechos fortuitos que *destapan* el entramado oculto de la realidad, hay dos cuentos... ABC251194 **17 complot:** La Prensa rusa *destapa* un complot de la CIA para simular la muerte de Dzojar Dudaev... EME270796 **18 conjura +:** Terminaba el mes de agosto del año pasado y el diario barcelonés La Vanguardia *destapaba* la «conjura republicana». EME250695 **19 plan:** El rumiante quiere que el juez Moner lo exculpe de una vez y cargue la sentencia en el haber de Barrionuevo antes de *destapar* su plan. EME021195 **20 estrategia:** Sólo 15 kilómetros, ocupados por tres puertos de medio pelo, sirvieron para medir fuerzas, *destapar* estrategias y remover clasificaciones. EME140796

E SUSTANTIVOS QUE DENOTAN TRATO O RELACIÓN. TAMBIÉN CON OTROS QUE DESIGNAN DIVERSAS FORMAS DE ACCIÓN CONCERTADA, ESPECIALMENTE EN EL ÁMBITO ECONÓMICO: **21 negocio +:** Una especie de juez Garzón colombiano ha *destapado* los negocios de la «jet» con el cártel de Medellín. EME070595 **22 relación:** El 30 de julio El Mundo *destapó* la relación societaria de Cañellas con uno de los intermediarios... EME141096 **23 gestión:** ...se ha aferrado al cargo por vanidad y para que no se *destapara* una gestión económica a todas luces nefasta. LVE261095 **24 trato:** Este testigo ha sido la pieza clave de la trama que ha ayudado a *destapar* el trato vejatorio y el engaño que sufrió este deficiente mental por parte de uno de los abogados. EPE230399 **25 negociación:** ...por qué precisamente ahora el Gobierno ha decidido *destapar* sus negociaciones secretas con el equipo jurídico... EME210995

F SUSTANTIVOS QUE DENOTAN SITUACIÓN CONFUSA, COMPLEJA O ADVERSA: **26 problema +:** ...la irrupción de estas pruebas ha *destapado* diversos problemas para los científicos... ABC160994 **27 crisis +:** Pero el pasado año (...) se *destapó* una crisis interna de proporciones inimaginables. EPE160599 **28 lío:** En la frase hay una intención implícita: sembrar la duda sobre la conveniencia de *destapar* un lío de las dimensiones de éste en un año electoral. HOY100297 **29 embrollo:** El embrollo se *destapó* a comienzos de 1992. LVE110295 **30 caos:** Los pollos belgas *destapan* el caos alimentario que existe en España. EPE060699 **31 tinglado:** La policía localizó el automóvil y tras comprobar los papeles del comprador, todos legales, se *destapó* el tinglado. EPE290699

G SUSTANTIVOS QUE DESIGNAN SENTIMIENTOS O AFECCIONES, ESPECIALMENTE LOS QUE SE MANIFIESTAN EXPANSIVAMENTE O MUESTRAN EL IMPULSO DE LA VOLUNTAD HACIA ALGUIEN O ALGO: **32 alegría +:** Con la fiesta se *destapó* la alegría y el buen humor. INDOC **33 deseo:** ...Maragall *destapó* ayer por la tarde su deseo más hondo. LVE241196 **34 euforia +:** ...se llevó las manos a la cabeza con gesto de incontenida admiración, *destapó* la euforia de todos los amantes del buen fútbol. LVE311096 **35 pasión:** ...conseguirá *destapar* la pasión contenida en mujeres y hombres. EME060595

H ALGUNOS SUSTANTIVOS QUE DESIGNAN DEFECTOS PERSONALES, ASÍ COMO CIERTOS SENTIMIENTOS CONSIDERADOS NEGATIVOS QUE SUELEN MANIFESTARSE CON INTENSIDAD: **36 hipocresía:** La realidad ha *destapado* la hipocresía de los que mucho lo pregonan en conferencias y discursos. DHE070197 **37 frustración:** Pero saben que la democracia *destapará* problemas y frustraciones. ETC020190 **38 crueldad:** Isabel Pisano *destapa* su «crueldad literaria». EME251095 **39 vergüenza:** Ha *destapado* todas las vergüenzas de un sistema en crisis y ahora pide confianza y tiempo para encontrar las soluciones. EPE251099

I ALGUNOS SUSTANTIVOS QUE DENOTAN PRUEBA O INDICIO, A MENUDO RELEVANTE: **40 pista:** Garzón *destapa* la pista española del 11-S. EPE191101 **41 clave:** Lendoiro *destapó* una de las claves para que el centrocampista haya accedido finalmente a fichar por el Deportivo. EME090996 **42 prueba:** El robo (...) ha *destapado* pruebas de supuestos excesos de varios ertzainas destinados en la zona. EPE230499

J OTROS SUSTANTIVOS; POSIBLES USOS CRUZADOS: Evidentemente él no *destapa* sus cartas; puede afectar al diálogo entre la administración y los sindicatos. [Cf. *enseñar*] EME080694

☐ Véase también: **desvelar.**

destello (de) ♦ **aislado, breve, brillante, cegador[4], efímero, fuerte, fugaz[27], inesperado, instantáneo, luminoso, ocasional, pequeño, prolongado ♦ agudeza, arte, brillantez, calidad, clase, emoción, energía, esperanza, estilo, hondura, humor, imaginación, ingenio, inteligencia, intensidad, intuición, lluvia (de), lucidez, luz, magia, optimismo, talento, torería, vitalidad ♦ aparecer, cegar (a alguien), emitir, lanzar, mostrar, notar, percibir, producir, provocar, recibir, surgir**

☐ Véase también: **brillo, fulgor, luz, resplandor.**

[destemplado] → **a cajas destempladas, con cajas destempladas**

desterrar *v.* **I** En el sentido de 'expulsar de un país' se construye con sustantivos de persona. En el sentido de 'deponer, desechar o apartar' acepta numerosos sustantivos que designan muy diversas cosas que se consideran perjudiciales para los individuos o las comunidades *(enfermedad, dolor, mal, idea, favoritismo, integrismo, hambre, miseria, venganza, pesimismo, rutina).* También se combina con otros muchos, pero lo hace especialmente con...

A SUSTANTIVOS QUE DENOTAN PRÁCTICA O CREENCIA, MÁS FRECUENTEMENTE SI SE EXTIENDE A ALGUNA COMUNIDAD Y SE TRANSMITE CON EL PASO DEL TIEMPO: **1 costumbre ++:** Pero ni él, ni nadie, ha *desterrado* la costumbre de la faca. EME111296 **2 hábito +:** Nos alegramos porque en la sentencia se reconoce la autonomía de los ayuntamientos dentro de su territorio y se *destierran* hábitos del pasado... EPE020684 **3 manía +:** Va siendo hora de *desterrar* la manía de culpar al árbitro de los errores de nuestro equipo. INDOC **4 uso +:** ...pero muchas han olvidado que es un método de emergencia, que su uso no debe repetirse en plazos cortos y, sobre todo, que no debe *desterrar* el uso del preservativo. EPE251101 **5 tradición +:** Los dirigentes del Barça parecen empeñados en *desterrar* las tradiciones más apegadas a la grada. EPE230799 **6 mito:** El doctor en Física declaró que es necesario *desterrar* mitos en cuanto a educación... DYM281096

B SUSTANTIVOS QUE DENOTAN SENTIMIENTO DE AVERSIÓN U HOSTILIDAD. TAMBIÉN CON OTROS QUE DESIGNAN ALGUNAS SITUACIONES CONFLICTIVAS CON LAS QUE SE ASOCIAN: **7 odio ++:** Que lean antecedentes y que vayan poniendo en libertad a esos hombres para que devuelvan a sus hogares el bienestar y la tranquilidad, para que podamos empezar a *desterrar* el odio... EPE200280 **8 rencor ++:** ...conseguiremos *desterrar* para siempre las divergencias irreconciliables, el rencor, el odio y la violencia, y lograremos una España unida... EPE230299 **9 oposición:** ...son medidas absurdas con las que se pretende inútilmente *desterrar* cualquier oposición al proyecto. INDOC **10 enfrentamiento:** Todos los regidores hicieron ayer llamamientos a las Administraciones estatal y autonómica para (...) *desterrar* los enfrentamientos partidistas. EPE131199 **11 confrontación:** Por contra, la representante de IU animó a sus compañeros a *desterrar* las «confrontaciones cainitas» dentro del partido... EME021196 **12 enemistad:** Utilizo la música para *desterrar* la enemistad. EPE141199

C SUSTANTIVOS QUE DENOTAN INQUIETUD EN DIVERSOS GRADOS. TAMBIÉN CON OTROS QUE DESIGNAN CIERTOS SERES IMAGINARIOS QUE LA PROVOCAN: **13 miedo +:** ...al mismo tiempo que anima a los demócratas a *desterrar* el miedo de las calles. LRE200103 **14 terror +:** Frei reiteró la voluntad de seguir trabajando por la paz para *desterrar* el terrorismo en toda nuestra América Latina... HOY050597 **15 fantasma +:** Por ningún sitio aparecen las ideas y normas básicas para *desterrar* el fantasma de la corrupción. EME230594 **16 misterio:** ...pues además de *desterrar* el misterio, la bruma, los fondos granulados y eludir el juego con el tenebrismo, encarece mucho la imagen. EPE010399 **17 temor +:** ...para que adquieran confianza y *destierren* definitivamente los temores que ahora albergan. INDOC

D OTROS SUSTANTIVOS QUE EXPRESAN MANIFESTACIONES DE LA CARENCIA DE SEGURIDAD O DE CONFIANZA: **18 duda ++:** ...que parece haber *desterrado* sus dudas hamletianas iluminado por la sabiduría de un Obi-Wan... EME090896 **19 sospecha +:** Los observadores creen que con ese despliegue los talibán tratan de *desterrar* cualquier sospecha de que su Gobierno está detrás de alguna manera del secuestro. EPE311299 **20 incertidumbre:** El canciller pretende *desterrar* la incertidumbre que rodea su gestión desde que su nombre figura en la causa como posible implicado... CLA150199 **21 sombra:** ...cuando estas sombras aparecen en el firmamento hay que saber su origen y *desterrarlas...* ETC040996 **22 reticencia −:** Más allá de descorchar un estilo u otro, «Nevermind» *desterró* las reticencias de las compañías multinacionales ante los grupos independientes... LVE090495

E SUSTANTIVOS QUE DESIGNAN MANIFESTACIONES DE LA FALTA DE VERACIDAD O DE SINCERIDAD: **23 mentira +:** Humildad hacia el lector; honestidad suficiente para *desterrar* la mentira; y humanidad para ver sin fraccionamientos a todos los habitantes del planeta. EPE020299 **24 falsedad:** Es el acto que *destierra* hipocresías y falsedades. EME031296 **25 calumnia:** ...y adelantó la promesa de *desterrar* de su ánimo todo ataque y calumnia... EUV170498 **26 corrupción:** Refrendó su compromiso a realizar una campaña que promueva el amor a la naturaleza, que *destierre* la corrupción, la ignorancia y la insensibilidad de las autoridades... EXC180197 **27 hipocresía:** ...la urgente necesidad de acabar con el doble lenguaje y de *desterrar* la hipocresía y la falsedad. INDOC **28 cinismo:** ...seamos éticos y morales, *desterremos* el cinismo y la caradura de una vez por todas... EME030694

F SUSTANTIVOS QUE DENOTAN ESQUEMA, RECURSO O PROCEDIMIENTO SUSCEPTIBLE DE SER APLICADO O

IMITADO: **29** **sistema +**: ...exigirá en estas negociaciones que se *destierre* el sistema de cuotas... EME150596 **30** **método +**: ...la crisis de la educación contemporánea está en la pretensión de *desterrar*, de un día para otro, las tradiciones y los métodos de enseñanza establecidos. EPC220597 **31** **pauta**: Si queremos llegar a los plazos previstos, habrá que *desterrar* ciertas pautas que entorpecen el trabajo. INDOC **32** **modelo**: También pueden contribuir a *desterrar* el modelo de investigación solitaria, voluntarista y a veces sólo testimonial... ABC110895

destilar *v.* ▌En su sentido literal se combina con sustantivos que designan líquidos *(agua, alcohol, jugo, licor, almíbar)*, así como diversas sustancias pastosas o volátiles que es posible segregar o extraer de algo o de alguien *(veneno, extracto, sangre, hiel, miel)*. Estos sustantivos se interpretan a veces metafóricamente. En el sentido de 'mostrar, poner de manifiesto, revelar' acepta gran número de sustantivos, pero destacan especialmente sus combinaciones con...

A SUSTANTIVOS QUE DESIGNAN IMPRESIONES SENSORIALES. SE INTERPRETAN MUY FRECUENTEMENTE EN SENTIDO FIGURADO: **1** **aroma**: ...dijo por su parte que las observaciones del fiscal jefe del TSJPV «*destilan* un claro aroma reaccionario». EME270995 **2** **sabor**: ...apoyado en todo momento por un teclista, que ora ácido, ora planeador, siempre *destiló* un inequívoco sabor a rhythm and blues. LVE201096 **3** **olor**: Hoy regresan los aficionados atléticos a su calvario semanal. Las burlas de los demás y el íntimo olor a fracaso que *destila* un equipo destrozado desde arriba y por abajo. EME030495 **4** **tufo**: «La forma como ha hecho los cambios, precedidos de risas, nos dejá atónitos y *destila* un tufo autoritario que tira para atrás», dijo... EPE200199 **5** **acidez**: ...se configuró como una emotiva comedia dramática, que *destila* acidez a través de unos diálogos que reconstruyen... EME070196 **6** **eco**: Es una familia algo desmembrada, con unos padres mayores cuya casa demasiado grande ya para ellos dos *destila* un eco que invita a la nostalgia... LVE070396

B SUSTANTIVOS QUE DESIGNAN SENTIMIENTOS Y ACTITUDES DE SIGNO NEGATIVO, MÁS FRECUENTEMENTE SI SON INTENSOS Y EXPRESAN ENCONO O ANIMADVERSIÓN HACIA ALGO O ALGUIEN: **7** **odio ++**: Pero, sobre todo, «Nixon» es Nixon porque *destila* el mismo odio por el «establishment» liberal que siempre ha notado un guisante debajo de siete colchones. LVE170396 **8** **rencor +**: Hay, continuó Arizmendi, quienes sólo exigen justicia; pero se olvidan del amor, del perdón y de la misericordia. Por ello, sólo respiran y *destilan* odio, rencor y deseos de venganza. EXC230996 **9** **ira**: La grada *destiló* ira y se ensañó con el árbitro, que señaló al final un penalti y luego se desdijo a instancias del linier. EPE131100 **10** **resentimiento +**: Víctima de la tiranía castrista, jamás *destiló* en sus poemas ni resentimiento ni hiel. ABC190894 **11** **indignación**: Todos los escándalos de la España reciente desfilan por un libro que *destila* una indignación que casi bordea el odio y que llega a hablar de... ABC201095 **12** **agresividad**: De fondo, también está la agresividad que pueda *destilar* el graderío contra el equipo que está presidido por el personaje que indignó a la población de Santiago... EME040596 **13** **belicosidad**: Es asombrosa la belicosidad que a menudo *destilan* los dirigentes de la patronal valenciana para incomodarse unos a otros. EPE300999 **14** **acritud**: ...no cesaron de condenar debilidades, yerros, corrupciones, vicios y lacras. Las plumas, airadas y sufrientes, *destilaban* acritud, sarcasmo, invectiva. ESP010897 **15** **maldad**: ...la cruel ironía de la escritora texana Patricia Highsmith. Cada uno de sus veinte libros (...) *destila* tanto humor como maldad. ABC100192 **16** **hartazgo**: La carta era larga, de varias cuartillas, y estaba escrita en un tono que *destilaba* hartazgo, aunque en la forma era extremadamente correcta... EME280294 **17** **tedio**: La política nacional *destila* tedio y rezuma inoperancia, se repite más que una olla podrida y es tan escandalosa como una jaula de grillos o un disco-pub bakaladero. EPE070499 **18** **prepotencia**: Además, todo el artículo *destila* una prepotencia chulesca, al atribuirse el señor Monzó un nivel de contacto político del que, a buen seguro (...) carece. LVE111096 **19** **sectarismo**: Pero el distanciamiento y la serenidad de juicio siguen estando ausentes en la actitud de algunos, a tenor de la visceralidad y el sectarismo que siguen *destilando* ante hechos tan lejanos. EPE180301

C SUSTANTIVOS QUE DESIGNAN OTROS SENTIMIENTOS NEGATIVOS, MÁS FRECUENTEMENTE LOS QUE EXPRESAN ABATIMIENTO O INCERTIDUMBRE: **20** **tristeza**: Es verdad que la obra de Marsé *destila* tristeza, pero el humor no es incompatible con la melancolía. EPE010601 **21** **amargura**: ...escribe editoriales para la hora radial nacionalista, donde *destila* toda su amargura contra el candidato liberal. LTH131197 **22** **desencanto**: «Al final, dice, *destilan* desencanto, porque el tiempo ha ido ensuciando y marchitando todos los valores en los que creíamos». ABC101195 **23** **pesimismo**: El pesimismo esencial que *destilan* las cuartetas persas (rechazo a la mediocridad, a la mentira, elegía del tiempo) es ahora el resultado de una lucha entre realidad y apariencia... ABC060594 **24** **fatalismo**: Saramago hablaba desde el mismo fatalismo que *destila* su obra, que contrasta con el optimismo vital de la de Fuentes. EPE261100 **25** **miedo**: Para algunos la caída del euro *destila* miedo a que la UE sea incapaz de pactar en diciembre una reforma del Tratado de Ámsterdam... EPE150900 **26** **temor**: ...en la prensa vasca *destilaba* el temor de que eso retraiga a los votantes. EPE080300 **27** **preocupación**: ...y de ahí la preocupación que *destilan* algunos medios de comunicación americanos de difusión internacional. EPD200997 **28** **desasosiego**: El mar, que goza de una puesta en escena que *destila* desasosiego, se erige en un filme innovador, atípico, excelente en definitiva. EPE260701

D ALGUNOS SUSTANTIVOS QUE EXPRESAN SENTIMIENTOS Y ACTITUDES DE SIGNO POSITIVO: **29** **alegría**: ...se limita a corregir los errores de colocación de sus hombres y algunas «frivolités» impulsadas por la alegría que *destila* el baloncesto por el que ha apostado su tropa. EME180995 **30** **entusiasmo**: Destila simpatía y entusiasmo, tanto sobre el escenario como fuera de él. ABC050595 **31** **satisfacción**: El comunicado de Antena 3 TV *destilaba* satisfacción... EME040295 **32** **felicidad**: Ronaldo, el gran protagonista de la victoria, *destilaba* felicidad y no era para menos. LVE230996 **33** **optimismo**: El optimismo que *destiló* ayer Mas contrasta con las propuestas mucho más ambiciosas que la Generalitat había planteado antes de que el PP lograra mayoría absoluta. EPE260701 **34** **triunfalismo**: Estas confusas declaraciones (...) deben enmarcarse dentro del triunfalismo que *destilaba* ayer toda la prensa turca... EPE180299

E SUSTANTIVOS QUE DESIGNAN VIRTUDES Y CUALIDADES, MÁS FRECUENTEMENTE LAS RELATIVAS A LA EXCELENCIA, LA MESURA Y OTROS ATRIBUTOS QUE EXPRESAN LA CONDICIÓN DE AJUSTARSE LAS PERSONAS O LAS COSAS A LO QUE CABE ESPERAR DE ELLAS: **35 calidad +:** ...destrozó al Athletic y reivindicó toda la calidad que atesora y que había *destilado* con cuentagotas. EME250196 **36 clase +:** Maureen O'Hara *destila* clase como sólo una estrella puede hacerlo. EPE111200 **37 sabiduría:** ...la sabiduría que *destilan* los siempre fruncidos entrecejos de los pastores. EPE130700 **38 autenticidad:** ...en cada plano, en cada quiebro narrativo, en cada cruce de miradas, en cada diálogo, *destila* autenticidad, emoción, tensa armonía, complejidad y... EME061095 **39 honestidad:** Lo directo de sus imágenes, la honestidad que *destilaban* y la objetividad y eliminación de toda manipulación técnica hizo que los críticos... EME290696 **40 humildad:** Llegó el Espanyol con piel de cordero, con la humildad que *destilan* las palabras de Camacho... EME110995 **41 sobriedad:** Meryl Streep y Liam Neeson, una pareja protagonista de probada eficacia, que *destila* convicción y sobriedad en cada fotograma. EPE201200 **42 madurez:** ...de una fiereza juvenil, muy alejada, sin duda, de la madurez que *destila* la producción más reciente del mismo autor... LVE281296 **43 honradez:** ...la actitud de sus futbolistas *destila* honradez y modestia, cualidades tan escasas en Ligas como la española, definitivamente colonizados por el vil metal. EPE150999 **44 experiencia:** ...una obra que *destila* las experiencias vividas por el escritor... EPE190799 **45 lucidez:** La presencia en el coloquio de un científico checo (...) sirve a Kundera para *destilar* su lucidez. LVE080195 **46 talento:** ...*destila* en todas un talento narrativo de primera magnitud. ABC170492 **47 inteligencia:** ...una narración (...) que *destila* tanta inteligencia como sensibilidad poética e intuición. ABC280593 **48 creatividad:** ...el habla andaluza *destila* temperamento, creatividad... EPE301199 **49 imaginación:** ...*destila* humor y tanta imaginación como implacable ironía... ABC220494

F OTROS SUSTANTIVOS QUE EXPRESAN CUALIDADES HUMANAS QUE SE TIENEN POR MERITORIAS O SOBRESALIENTES. ALGUNOS DE ELLOS SE APLICAN TAMBIÉN A LAS OBRAS DE CREACIÓN: **50 elegancia:** Esta maravilla, en la que Bogart y Holden (...) compiten por el amor de Audrey Hepburn, *destila* elegancia en cada secuencia... EPE301001 **51 lirismo:** ...donde el lirismo y la intrincada armonía que *destilan* estos pequeños formatos rozan la labor de la más lujosa orfebrería. LRE310103 **52 dulzura:** Sí, pero la etereidad *destila* dulzura, la manera anuda vivacidad y lentitud... LVE230696 **53 delicadeza:** ...aunque sin *destilar* ni la poesía ni la delicadeza del cineasta que creó a Antoine Doinel. EME210995 **54 encanto:** El París de Anaïs Nin, Henry Miller y otras elites artísticas de su tiempo *destila* un encanto, una fascinación, que siguen tentando continuamente al cine. LVE220696 **55 bondad:** Y es cierto que expresa sus opiniones -frecuentemente negativas- con vehemencia, desde la rotundidad de su cantarín registro agudo, pero también lo es que *destila* bondad y que inspira una completa confianza. ABC200195 **56 simpatía:** En una intervención que *destiló* simpatía y con un estilo que recordaba al de Alfonso Guerra... LVE111195 **57 sensibilidad:** ...uno de esos pintores cuya sensibilidad se *destila* con delectación morosa, demasiado seguro de sí como para comprometer su destino con precipitaciones. EPE150380 **58 belleza +:** ...la inconmensurable belleza que *destilan* sus mejores canciones. EME090694 **59 sensualidad:** Los efectos transparentes (...) *destilan* sensualidad, en unos cuerpos perfectos. EME210496

G SUSTANTIVOS QUE DESIGNAN EL HUMOR O ALGUNAS DE SUS MANIFESTACIONES: **60 ironía ++:** ...magníficas traducciones del maestro, que *destilan* ironía a raudales. LVE061296 **61 humor ++:** El libro *destila* humor en varios pasajes y va más allá de lo meramente testimonial. CAP250497 **62 humorismo:** ...a ese *destilado* humorismo hay que añadir una innata condición de polemista... ABC041292 **63 sátira:** Con una obra de seis películas y diez para televisión, *destiladas* sátiras urbanas, ha logrado no sólo entretener, sino meter el dedo donde más duele. EME250596 **64 sarcasmo:** Las plumas, airadas y sufrientes, *destilaban* acritud, sarcasmo, invectiva. ESP010897

H SUSTANTIVOS QUE DENOTAN AUSENCIA DE PERTURBACIÓN: **65 tranquilidad +:** El equipo *destila* tranquilidad y autoconfianza. EPE260900 **66 calma +:** Destilando calma y sosiego, pidió una «minuciosa y paciente preparación»... EME300694 **67 armonía:** ...en cada diálogo, *destila* autenticidad, emoción, tensa armonía... EME061095 **68 equilibrio:** ...tienen afiliados a un montón de jugadores magníficos y *destilan* un gran equilibrio en todas sus líneas. EPE011001

I SUSTANTIVOS QUE EXPRESAN SEGURIDAD EN LO QUE SE CREE O LO QUE SE HACE: **69 seguridad:** ...los populares *destilan* una seguridad tal en el triunfo... EPE171001 **70 convicción:** ...una pareja protagonista de probada eficacia, que *destila* convicción y sobriedad en cada fotograma. EPE201200 **71 convencimiento:** El [pedaleo] de Olano es fluido y *destila* convencimiento. EME100796 **72 confianza:** El cuadro gallego *destila* confianza ante la cita crucial de la Liga y cree que el Espanyol no se empleará a fondo. EPE190500

J SUSTANTIVOS QUE DENOTAN FUERZA O VIGOR, ASÍ COMO ALGUNAS DE SUS MANIFESTACIONES: **73 fuerza +:** ...Margarita *destila* una fuerza interior enigmática. EPE200899 **74 vitalidad:** Entre ellos, una persona *destilaba* vitalidad y tristeza al mismo tiempo. EPE161101 **75 energía:** Justito de talento, *destila* una enorme energía. EPE221101 **76 intensidad:** ...es (...) el único asimismo virtualmente dotado para expresar la intensidad emocional que *destila* el relato. LVE140196

K SUSTANTIVOS QUE EXPRESAN ENCANTO, FASCINACIÓN Y OTRAS NOCIONES QUE SE CARACTERIZAN POR SU CAPACIDAD PARA ATRAER O EMBELESAR: **77 magia:** El secreto de la magia que *destila* esta compañía no reside únicamente en su virtuosismo técnico, sino... EPE200801 **78 misterio:** ...logra extraer todo el misterio impresionista que *destila* la partitura, especialmente en el sugerente intermedio. ABC190894 **79 exotismo:** ...lo muda de inmediato por otra sala que *destila* parecido exotismo chinesco pero cuenta con mesa y sillas funcionales más a su estilo. LRE180103 **80 magnetismo:** ...la señora Boyer *destila* magnetismo y estilo allí donde va. LVE151296 **81 aura:** ...atraídos por el aura que *destila* la proximidad de la casa de Salvador Dalí. LVE010896 **82 fantasía:** Rui Costa *destila* fantasía. El jugador portugués de Fiorentina vive su mejor año en Italia. EPE190201

L SUSTANTIVOS QUE DESIGNAN AQUELLO QUE CONCENTRA LO QUE SE CONSIDERA FUNDAMENTAL: **83** **esencia** +: ...discurso del presidente (...), que *destiló* las esencias del genuino discurso peronista. EPE241201 **84** **espíritu:** ...en Mestalla *destiló* un espíritu poco resistente a las duras batallas. EME100396 **85** **quintaesencia:** ...la quintaesencia *destilada* de la música andaluza. EME230696

M SUSTANTIVOS QUE DESIGNAN DIVERSOS ESTADOS DE CONOCIMIENTO, ASÍ COMO RESULTADOS DE LA ACTIVIDAD MENTAL O COGNOSCITIVA QUE ES NORMAL SACAR A LA LUZ O TRAER A LA CONCIENCIA: **86** **recuerdo** +: ...bucles en el pelo, que *destilan* el recuerdo ingenuo de una niñez cargada de ternura. EPE250199 **87** **idea:** ...*destilar* la idea de que la solución al terrorismo sólo puede venir... EPE140900 **88** **pensamiento:** ...cuyos textos (...) *destilan* lo mejor del pensamiento machadiano. ABC070593 **89** **ignorancia:** ...un tono que *destila* odio y, a menudo, ignorancia. EME250494 **90** **desconocimiento:** ...lo que se *destila* es un mayúsculo desconocimiento de los usos propios... EME150995 **91** **conocimiento:** ...un joven (...) que abandonó su carrera de cardiólogo para dedicarse a escribir canciones para anuncios (...), *destilaba* experiencia y conocimientos en medio de otra suite del Hotel Delano. EME201095

N SUSTANTIVOS QUE DESIGNAN OTRAS MANIFESTACIONES DE LAS ACTITUDES PERSONALES: **92** **prejuicio** +: El artículo *destila* el prejuicio (...) de que toda prostituta callejera... EME190296 **93** **opinión:** Sus columnas en el «New York Times» *destilaban* opiniones sólidas... LVE091295 **94** **ideología** –: Pocas cosas *destilan* tanta ideología como el lenguaje... LVE201296

Ñ OTROS SUSTANTIVOS; POSIBLES USOS ESTILÍSTICOS: ...películas que *destilan* muerte por todos los poros... SEM091000

destino

♦ **aciago[6], azaroso[36], caprichoso, ciego, cruel, desolador[30], fatal, fatídico, fausto, forzoso, frustrado, fulminante, funesto[14], halagüeño[2], honroso[42], humano, implacable[105], imponderable, impredecible[29], imprevisible[16], incierto, ineludible, inevitable, inexorable[41], infausto[8], inmediato, inminente, irrenunciable[17], negro, obligado, providencial, trágico** ♦ **al borde (de)** ♦ **fuerza (de), golpe (de)[6], ironía (de)** ♦ **abandonar(se) (a), acatar, aceptar, adivinar, afrontar[19], alcanzar, anular, anunciar, aprobar, asumir, atisbar[15], augurar[5], burlar[41], buscar, cerrar los ojos (ante)[32], confirmar, conocer, cumplir, dar[74], deparar[2], desafiar, desentenderse (de)[18], desviar(se) (de), detener, dilucidar[42], dirigir, elegir, encarrilar[17], enderezar[54], escapar (a), esclarecer(se)[36], evitar, exigir, forjar[32], forzar, frenar, impedir, justificar, labrar, lamentar, ligar[3], llegar (a), llevar sobre {los hombros/las espaldas/la conciencia}, luchar (contra), marcar[7], nublar(se)[26], organizar, pactar, pedir, perseguir, prever, ratificar, rebelarse (contra), recomendar, regir, resignarse (a), revocar, sentenciar, solicitar, sonreír[10], sugerir, tener, vislumbrar[4]**

☐ Véase también: **final, futuro, meta, objetivo, predestinar (a), propósito.**

DESTINO

♦ (SUSTANTIVOS) Véase: **aciago[A], afrontar[D], azaroso[F], deparar[A], dilucidar[F], encarrilar[D], enderezar[G], funesto[C], inexorable[G], irrenunciable[C], marcar[A,C,E], migratorio[D]**

☐ Véase también: FINAL; LÍMITE; ORIGEN.

destitución

♦ **brusco[99], cautelar[15], efectivo, fulminante[3], inmediato, irrevocable, sin contemplaciones** ♦ **decidir, decretar, impugnar[11], producir(se), provocar, revocar**

destituir

♦ **de inmediato, en el acto, fulminantemente[3], sin vacilaciones** ♦ **de un cargo**

destreza

♦ **apreciable, creciente, enorme, envidiable, especial, evidente, físico, gran(de), habitual, incuestionable, inigualable, innegable, magistral, magnífico, manual, notable, peculiar, singular, sorprendente, sublime, técnico, verdadero** ♦ **demostración (de)[47]** ♦ **adquirir[32], aportar, cultivar, demostrar, derrochar[46], desarrollar, ganar, hacer gala (de), medir, mostrar, perder, poseer, requerir, tener, trabajar**

☐ Véase también: **habilidad, puntería.**

destripar

v. **I** En su sentido literal se combina con sustantivos que designan seres vivos, más frecuentemente animales *(paloma, caballo, pollo)* u objetos compuestos de múltiples partes internas *(teléfono, reloj, muñeca)*. En su sentido figurado se combina con sustantivos que designan textos o composiciones, a menudo artísticas *(discurso, novela, libro, película)*, así como muy diversas formas de la expresión *(destripar el lenguaje de alguien, su estilo)*. También se combina con...

A SUSTANTIVOS QUE DESIGNAN LOS ACONTECIMIENTOS QUE CONSTITUYEN EL NUDO O EL DESENLACE DE UNA OBRA NARRATIVA Y QUE SUELEN MANTENER VIVO EL INTERÉS DEL RECEPTOR. TAMBIÉN CON OTROS QUE SE REFIEREN A LOS ASPECTOS ENREDADOS U OCULTOS DE ALGUNA COSA: **1** **final** ++: No es cuestión de *destripar* ahora el final, baste conocer que la historia de la infancia acaba al mismo tiempo que la «Historia del señor Sommer». ABC131291 **2** **argumento** ++: Destripar aquí su argumento se revela una tarea tan innecesaria como imprudente... LVE171296 **3** **trama** +: Ya no me apetece tanto leer la novela, una vez que me han *destripado* la trama. INDOC **4** **intriga** +: Mejor no te cuento de qué trata la película, no vaya a ser que te *destripe* la intriga. INDOC **5** **misterio:** ...acaba de publicar «Técnicas compositivas del siglo XX», que *destripa* los misterios de la música contemporánea. EPE260199

B ALGUNOS SUSTANTIVOS QUE DESIGNAN MODELOS O PAUTAS, MÁS FRECUENTEMENTE SI SE REITERAN O SE PRESUPONEN: **6** **tópico** +: Destripando algunos tópicos acuñados por el aburrimiento, Indurain pasó al ataque en el Tour de 1995 en una etapa de pequeños puertos. EME270696 **7** **método:** En esta película Cagney *destripó* su método de interpretar, y da la impresión de que lo hizo aposta... EPE010486 **8** **prejuicio:** ...el cosmopolitismo de rompe y rasga que se lanza a *destripar* prejuicios con los ojos cerrados, pero con la mente despierta y el corazón bien abierto. EPE170799 **9** **cliché:** Para lograrlo, su diario virtual se dedica a *destripar* las mentiras y clichés del nuevo orden mundial... EPE020800

C OTROS SUSTANTIVOS; POSIBLES USOS ESTILÍSTICOS: ...Arús ha enviado a Javier Cárdenas a *destripar* la prometedora boda de Pedro Carrasco con Raquel Mosquera. LVE010996; Una meticulosa dirección dotada de una rara habilidad para *destripar* emociones consigue un retrato de la amistad mucho más grande que la propia vida. EPE110299

☐ Véase también: **apagar(se), desmontar, difuminar(se), diluir(se), disipar(se), disolver(se), extinguir(se).**

destrozar ♦ **a cañonazos, a golpes[21], agresivamente, aparatosamente, a patadas[17], a propósito, a tiros, bruscamente, brutalmente, categóricamente, completamente, con alevosía, con saña, contundentemente, dialécticamente, enérgicamente, literalmente[24], por completo, psicológicamente, sin contemplaciones[28], sin piedad[14], sistemáticamente, tajantemente, totalmente, verbalmente, violentamente**

☐ Véase también: **destruir.**

destrozo ♦ **aparatoso[24], cuantioso, grave, importante, innumerable, vandálico** ♦ **arreglar, causar, cometer, denunciar, efectuar, evitar, ocasionar[7], pagar, producir, provocar, realizar, registrar, reparar, sufrir**

☐ Véase también: **cisco, estrago.**

destrucción ♦ **absoluto, accidental[20], constante, deliberado, fatal, fulminante, gradual, implacable[48], inexorable[30], latente, lento, masivo, parcial, patente, paulatino, permanente, progresivo, sistemático, total, violento** ♦ **arma (de), proceso (de)** ♦ **abocar(se) (a)[6], causar, conseguir, engendrar[6], entrañar, evitar, generar, impedir, iniciar, llevar (a), llevar a cabo, ocasionar, oponerse (a), ordenar, originar, proceder (a), producir, proponer(se), provocar, proyectar, sufrir**

☐ Véase también: **agresión, hostilidad, supresión.**

destruir ♦ **a fondo, a golpes[24], a patadas[18], a toda costa, a todo trance[12], bruscamente, con alevosía[10], concienzudamente[30], en (mil) pedazos, furiosamente, inexorablemente[59], plenamente, por completo[2], psicológicamente, totalmente, violentamente**

☐ Véase también: **agredir, arrasar, asolar, atacar, destrozar, fulminar (con), machacar.**

desuso ♦ **absoluto, condenado (a), franco, gradual, paulatino, progresivo, repentino** ♦ **en** ♦ **caer (en), estar (en), quedarse (en), seguir (en)**

☐ Véase también: **olvido, uso.**

desvaído ♦ **apariencia, cara, color, cuadro, descripción, diálogo, figura, fondo, fotografía, gesto, huella, idea, imagen, memoria, mensaje, paisaje, pase, persona, pincelada, recuerdo, representación, sonido, sonrisa, tono, voz**

desvanecerse *v.* ▮ En el sentido de 'perder el conocimiento o desmayarse' se combina con sustantivos de persona *(Le dio un mareo y se desvaneció)*. En el de 'deshacerse, anularse, desaparecer' se combina con gran número de sustantivos. Destacan los que expresan elementos separadores *(límite, frontera, línea, borde, separación, barrera)*, fenómenos causados por ondas *(voz, luz, sonido, murmullo)* y estados de reconocimiento *(fama, popularidad)*. También se combina con...

A SUSTANTIVOS QUE DESIGNAN LO QUE SE DESEA, SE ESPERA O AQUELLO A LO QUE SE ASPIRA, A MENUDO DE MANERA INTENSA O PERSISTENTE: **1 sueño ++**: ...cuando se *desvaneció* el sueño de una rápida «reforma de mercado»... LVE080195 **2 ilusión ++**: En seguida se *desvanecieron* las ilusiones de la población... LVE020896 **3 expectativa +**: Ante esta nueva perspectiva se *desvanecen* las expectativas de subidas de los tipos... LVE250595 **4 esperanza +**: Se *desvanecen* las esperanzas de encontrar supervivientes... EPE131199 **5 aspiración +**: ...se *desvanecían* sus aspiraciones de ser la fuerza más votada... LVE300595 **6 deseo:** Todos mis deseos de conocer la China se *desvanecieron* en ese momento. LNA120792 **7 interés:** ...en lo que respecta a la enseñanza de la música parece que los intereses de la Administración se *desvanecen.* EPE091199 **8 ambición:** Esa había sido una ambición desde hacía un tiempo, pero ya se estaba *desvaneciendo.* EPU121101

B SUSTANTIVOS QUE DESIGNAN INTENCIONES, PROYECTOS, OPCIONES Y OTRAS NOCIONES PROSPECTIVAS RELACIONADAS CON LA VOLUNTAD DE ACTUAR: **9 posibilidad ++**: ...se *desvanecen* sus posibilidades de hacerse con una cartera. EPE261199 **10 oportunidad +**: ...cuando la faena adquiría relevancia y peso, el ejemplar portugués se rajó camino de las tablas hasta *desvanecer* cualquier oportunidad de lucimiento. EME030594 **11 perspectiva:** ...se *desvanecen* las perspectivas de organizar pronto una Copa del Mundo... EPE231101 **12 proyecto:** ...sin el diálogo entre el cliente y el arquitecto, el proyecto se *desvanece.* EME020896 **13 propósito:** Se había *desvanecido* su propósito de transformar el equipo. EPE181199 **14 pretensión:** ...se han *desvanecido* bastante las pretensiones de la etnosemántica... EPE120280 **15 intención:** ...atentó contra sus intenciones creativas, que se fueron *desvaneciendo*... CLA030497

C SUSTANTIVOS QUE DESIGNAN DUDA, RECELO Y OTRAS VARIACIONES DEL ÁNIMO PROVOCADAS POR LA DESCONFIANZA O LA INDECISIÓN. POR EXTENSIÓN, CON OTROS QUE DESIGNAN LO DESCONOCIDO O LO ENIGMÁTICO: **16 duda ++**: ...se *desvanecen* mis dudas sobre la procedencia de este prólogo. EME170396 **17 incertidumbre +**: ...parecen haberse *desvanecido* las incertidumbres y el futuro político se dibuja estable. EME270496 **18 prejuicio +**: ...cuando se le conoce, se *desvanecen* los prejuicios. EPE131099 **19 recelo +**: ...los hechos posteriores hayan servido para *desvanecer* recelos y dudas. LVE181295 **20 sospecha +**: Con la libertad se *desvaneció* la sospecha. CLA310199 **21 enigma:** ...se *desvanece* el enigma de esa obra, cargada de sutiles reflexiones... LVE131195 **22 incógnita:** El comportamiento de los mercados evidencia que no se *desvanecen* las incógnitas... LVE120195 **23 vacilación:** Se *desvanecieron* entonces todas sus vacilaciones iniciales... LVE210595

D SUSTANTIVOS QUE DENOTAN AMENAZA, TEMOR O DESASOSIEGO EN DIVERSAS FORMAS Y GRADOS: **24 amenaza +**: En menos de 12 horas se *desvaneció* la amenaza de romper el pacto municipal... LVE201296 **25 peligro +**: Se comienza a *desvanecer* el peligro de que los corredores se acomoden a ese ritmo cansino... EME090996 **26 miedo +**: Cada día ganado a la paz se afianzaba la seguridad y se *desvanecía* el miedo... EPE061299 **27 temor +**: La nueva esperanza de un acuerdo pacífico *desvanece* el temor de un recrudecimiento de la violencia... LVE291294 **28 fantasma +**: A medida que se *desvanece* el fantasma de la inflación potencial... LVE260295 **29 preocupación +**: ...se ha ido *desvaneciendo* una de las principales preocupaciones de la Reserva Federal... LVE210196 **30 riesgo +**: En cuanto se comprobó que se *desvanecían* los riesgos inflacionistas, la Fed relajó ligeramente su política... LVE020996

E SUSTANTIVOS QUE DESIGNAN USOS, MODELOS Y CONVENCIONES ESTABLECIDOS Y ACEPTADOS GENERALMENTE POR ALGUNA COMUNIDAD QUE LOS EMPLEA COMO REFERENTES: **31 mito +**: ...el mito que rodeaba a la familia real ya se había empezado a *desvanecer*... LVE220896 **32 tópico +**: ...se ha ido *desvaneciendo* el tópico de una visión alucinada de la realidad... ABC230695 **33 leyenda**: ...ha bastado un solo día para que se *desvaneciera* su leyenda de persona honrada, justa y ecuánime... INDOC **34 símbolo**: Clinton fue un símbolo que se *desvaneció*. LVE111095

F SUSTANTIVOS QUE DESIGNAN IDEAS, JUICIOS, CREENCIAS Y OTRAS MANIFESTACIONES DEL PENSAMIENTO O LA REFLEXIÓN: **35 idea ++**: ...se *desvanece* esa idea romántica que hace cuatro días imaginaba Europa... LVE220995 **36 hipótesis ++**: ...parece *desvanecerse* la hipótesis de espionajes políticos. LVE191195 **37 teoría +**: Se *desvanece* su teoría de que (...) fue asesinada. EME160496 **38 ideología +**: Desvanecida la ideología marxista en China (...), el elemento unificador fundamental no es otro que una especie de nacionalismo. ETC311096 **39 pensamiento**: ...esos pensamientos (...) se *desvanecieron* y ya no han vuelto. EME011095 **40 principio**: ...de no existir en la Cámara de Diputados y en la de Senadores representantes de diversas ideologías políticas, los principios de la Revolución se *desvanecerán*... EXC190696

G SUSTANTIVOS QUE DENOTAN DESARROLLO PROGRESIVO DE ALGO. TAMBIÉN CON OTROS QUE DESIGNAN DIVERSOS ESTADOS FAVORABLES, ESPECIALMENTE LOS DE SUPERIORIDAD O PREEMINENCIA: **41 victoria**: ...después de ver cómo la victoria se le *desvanecía* y se convertía en nada. EPE100900 **42 éxito**: ...un éxito que estaba al alcance de la mano y que se *desvaneció* en un santiamén. INDOC **43 triunfo**: ...el tiempo pasaba y se *desvaneció* tristemente el triunfo. EME150396 **44 mejora**: ...cualquier mejora coyuntural puede *desvanecerse* rápidamente... EME240496 **45 progreso**: ...se *desvanecen* los progresos logrados en el siglo XX. EPE140999 **46 recuperación**: La reducción de personal en una situación como ésta demuestra también la falta de confianza en la solidez de una recuperación económica que podría *desvanecerse*... EME060795

H SUSTANTIVOS QUE DESIGNAN SENTIMIENTOS Y ACTITUDES, ESPECIALMENTE LOS QUE EXPRESAN AFECTO, DICHA, CONFIANZA O BIENESTAR: **47 sentimiento +**: Cuando los años transcurren y tales sentimientos se *desvanecen*, queda más al descubierto la tremenda fuerza, el enorme amor a la vida que la alienta. EME060796 **48 amor +**: El amor es un bonito sueño mientras dura (...) y cuando se *desvanece* sufres su ira y su tormenta. EME220596 **49 cariño**: ...aun a pesar de los finales (...), cariños que se *desvanecen* sin pedir permiso, simplemente porque sí. LVE280596 **50 amistad**: ...el arribismo desenfrenado de una colectividad que ha perdido sus valores, y en la que la honradez, la verdad y hasta el amor o la amistad se han *desvanecido* como el humo. ABC180992 **51 pasión**: ...la pasión se reivindica, se *desvanece* y vuelve a resurgir una y otra vez. ABC010494 **52 felicidad**: ...la tele es un juguete mágico y maestro, que ejerce un poder seductor que se sitúa entre la droga y el ídolo familiar, prometiendo una felicidad que se *desvanece* al apagar el aparato... EME170494 **53 euforia**: ...la euforia se *desvanece* por la contundencia del resultado. LVE190594 **54 alegría**: Pasan los años y la alergia permanece y la alegría se *desvanece*... EPE040699 **55 confianza**: Si tarda más de cien días en hacerlo, la confianza surgida ayer se *desvanecerá*. LVE040596

I SUSTANTIVOS QUE DENOTAN DISPARIDAD O SEPARACIÓN ENTRE PERSONAS O COSAS: **56 diferencia +**: Una diferencia de edad que se *desvanece* cuando comentan su situación. EME140795 **57 distancia**: ...parece haberse *desvanecido* la distancia entre izquierdas y derechas... EPE270399 **58 desigualdad**: La desigualdad entre los municipios (...) se va *desvaneciendo*... LVE160596 **59 ventaja +**: ...la gran ventaja tecnológica del cable se está *desvaneciendo*. EME021196

J SUSTANTIVOS QUE DENOTAN ACUERDO, COMPROMISO, COOPERACIÓN O ADHESIÓN Y OTROS ESTADOS DE CONCORDIA Y DISPOSICIÓN FAVORABLE: **60 pacto**: ...la reducción en términos reales de los fondos estructurales han terminado por *desvanecer* el pacto por el empleo propuesto por el canciller alemán... EPE010599 **61 acuerdo**: Las fechas de la crisis siguen siendo una incógnita ya que (...) ayer se *desvaneció* el acuerdo... EPE151299 **62 apoyo**: Tuve ocasión de comprobarlo por mí mismo en la primavera del 91: el apoyo popular a Gorby se había *desvanecido*... EPE271201 **63 colaboración**: ...la colaboración se *desvaneció* por diferencias entre los dos artistas. EPE160800 **64 compromiso**: Se ha *desvanecido* el compromiso con el arte de la escritura, y la prueba radica en la aparición de libros flojos que dejan mucho que desear. PME070796 **65 solidaridad −**: De forma que con la libertad no sólo se ha *desvanecido* la solidaridad de los trabajadores, sino también... EPE061199

▩ Se combina también con: ♦ **como la espuma[10], como por encanto, paulatinamente[33], poco a poco, por completo[87], progresivamente, repentinamente**

□ Véase también: **disolver(se), extinguir(se)**.

desvelar *v.* ▮ En el sentido de 'impedir el sueño de' se combina con sustantivos de persona *(Vas a desvelar al niño)*. En el sentido de 'poner de manifiesto' se combina con grupos nominales que se interpretan como interrogativas indirectas encubiertas *(desvelar el día > desvelar cuál es el día)*. Destacan entre esos sustantivos los que designan lo que sucede, sucedió o puede suceder *(pasado, futuro, situación, panorama, suceso, hecho)*, y otros que expresan muy diversas informaciones: momentos y períodos *(día, año, fecha,* *hora)*, magnitudes y propiedades de las cosas o las personas *(coste, peso, altura, edad, importancia, profundidad, valor)* y otros rasgos fundamentales que las caracterizan *(naturaleza, origen, causa, estructura, condición, razón de ser)*. Destacan particularmente sus combinaciones con...

A SUSTANTIVOS QUE DESIGNAN LO QUE SE MANTIENE OCULTO O SE RESISTE A LA COMPRENSIÓN: **1 secreto ++:** ...durante dos décadas *desveló* los secretos ocultos de estrellas, galaxias y planetas. EME011096 **2 enigma ++:** ...quedará *desvelado* uno de los principales enigmas que hay en torno al Ébola: su origen. LVE240595 **3 misterio ++:** Muñoz Rojas confesó no haber podido ni querido nunca *desvelar* el misterio poético sino «aceptarlo». EME180196 **4 incógnita:** ...aún no ha *desvelado* la incógnita sobre cuál será su candidato... EPE070399 **5 interrogante:** ...tenemos bastantes interrogantes que todavía no han sido *desvelados*. EME180595 **6 duda:** ...sólo se desarrollará la reducción de efectivos una vez que se *desvelen* esas dudas. EPE011285

B SUSTANTIVOS QUE DESIGNAN EL CONTENIDO DE ALGO, MÁS FRECUENTEMENTE SI ES ALAMBICADO, ENGAÑOSO, ENCUBIERTO O ENMARAÑADO: **7 contenido ++:** ...nunca había querido *desvelar* el contenido de esa entrevista... EME050696 **8 trama ++:** ...cuando su compañero le solicite ayuda para *desvelar* la trama financiera... EME081295 **9 entresijo ++:** ...*desvelaron* todos los entresijos de esa supuesta inversión petrolera... EME150494 **10 montaje:** ...*desvelar* los montajes que llevan a cabo los famosos de tercera... LRE140103 **11 truco:** ...programas televisivos que *desvelan* los trucos con que los magos asombran al público... EPE310199 **12 argumento:** Un propósito difícil de cumplir cuando los padres del proyecto (...) *desvelan* el argumento: un hombre cultivado lucha por convertir... EME260696

C SUSTANTIVOS QUE DENOTAN EXPLICACIÓN, RESPUESTA O MODO DE EJECUTAR, CONCLUIR O RESOLVER ALGUNA COSA. TAMBIÉN CON OTROS QUE DESIGNAN EL ASPECTO CENTRAL O ESENCIAL DE ALGO: **13 clave ++:** El presidente del Gobierno (...) *desveló* la clave de su estrategia en un encuentro reciente... EME230696 **14 decisión +:** Y, en su jornada europea, no *desveló* su decisión final... EME161195 **15 elección:** ...ha escogido un tema emblemático para interpretarlo (...) aunque no quiso *desvelar* su elección. LVE240796 **16 conclusión:** El consejero (...) *desveló* ayer las conclusiones del informe... EPE301299 **17 resultado:** ...no quiso ayer *desvelar* el resultado de la autopsia... LVE040396 **18 fórmula:** ...al *desvelar* su fórmula para tener éxito ante los toros. EME220494 **19 solución:** El profesor no quiso *desvelar* la solución de los problemas planteados durante la clase. INDOC

D SUSTANTIVOS QUE DESIGNAN LO QUE SE CONSIDERA CIERTO O SE ENTIENDE QUE SUCEDE: **20 existencia ++:** ...puede ayudar a *desvelar* la existencia de vida en otros planetas. EPE070799 **21 verdad ++:** El pesimismo de Ceronetti *desvela* la verdad del dolor, la angustia y las miserias humanas. EME060595 **22 realidad:** ...la poesía es aquella palabra que nos *desvela* la realidad oculta del hombre... EME221096

E SUSTANTIVOS QUE DENOTAN INFORMACIÓN: **23 dato ++:** ...*desvelaba* datos que, en su momento, no eran nada conocidos. EME200695 **24 noticia +:** ...al *desvelarse* noticias más optimistas sobre la evolución de la economía... LVE230896 **25 información:** ...debe cesar en su cargo por sus declaraciones, o bien, comparecer urgentemente ante la Justicia para *desvelar* la información que tenga sobre este caso. EME021096 **26 rumor:** La novela se sitúa en 1645, justo tras el fallecimiento del poeta, y *desvela* intrigas y rumores que incrementaron el enigma... LVE260196 **27 recuerdo:** ...sus gargantas comienzan a *desvelar* las penas, los recuerdos... EME081295

F SUSTANTIVOS QUE DESIGNAN DATOS IDENTIFICATIVOS, EN PARTICULAR LOS QUE APARECEN A LA VISTA O LOS QUE AYUDAN A RECONOCER ALGO POR SU DENOMINACIÓN O POR SU ASPECTO EXTERNO: **28 identidad ++:** ...«el derecho a negarse a *desvelar* la identidad del autor o autores de la información obtenida». EME120394 **29 nombre ++:** ...le comunicó que no contaba con él, pero no le *desveló* el nombre de su sustituto... EPE220199 **30 apariencia +:** ...una novela (...) para *desvelar* apariencias o, por lo menos, para reflexionar sobre ellas. EME170296 **31 imagen:** ...ayudan a *desvelar* la imagen del mundo femenino. EME100296 **32 perfil:** ...aportarán otros datos claves para *desvelar* el perfil de esos personajes... EME240495 **33 rostro:** ...se trata de *desvelar* los rostros y los nombres de un capital humano... ABC041194

G SUSTANTIVOS QUE DENOTAN FORMA DE SER O DE COMPORTARSE, EN PARTICULAR LOS QUE EXPRESAN ACTITUD, DISPOSICIÓN ANÍMICA O TOMA DE POSTURA: **34 carácter:** El perfil biográfico *desvela* el carácter del diestro. EME080495 **35 personalidad:** ...se *desvelará* la personalidad de mujeres que han dejado huella en el mundo. EME290395 **36 naturaleza:** ...no quiso *desvelar* la naturaleza de esas gestiones... EPE230799 **37 talante:** ...se pretende *desvelar* el talante (...) que toda mujer posee. CAN080101 **38 actitud:** Sobre las aspiraciones de España en el próximo Mundial (...) *desveló* una actitud relajada y positiva. EPD090197 **39 conducta:** ...ha cumplido con su obligación de *desvelar* conductas delictivas. EME200695 **40 ademán –:** ...*desveló* sus ademanes más rockeros y vigorosos... EME180295

H SUSTANTIVOS QUE EXPRESAN PORMENORES, ESPECIALMENTE LOS QUE DENOTAN CUALIDAD DISTINTIVA, MATIZ, PARTE O FACTOR CONSTITUTIVO DE ALGUNA COSA: **41 aspecto ++:** ...se lucrara *desvelando* aspectos desconocidos del proceso de paz... EPE050900 **42 detalle ++:** ...*desvelaban* los detalles de una posible trama... EME240394 **43 pormenor:** ...aplazó *desvelar* los pormenores de este primer tijeretazo... EME110596 **44 faceta:** ...*desvela* ahora una faceta de su carrera que muy pocos –sólo los amigos íntimos– conocían. EME081096 **45 peculiaridad:** ...se *desvelan* las peculiaridades de su romanticismo... ABC190293 **46 particularidad:** Por si fuera poco, Günter Jahn, vicepresidente del Carnaval Club Calpe, *desvela* otra particularidad de estas... EPE111099 **47 característica:** Un estudio *desvela* las características del racismo... EPE180599 **48 fragmento:** El instante congelado por la cámara nos *desvela* trozos o fragmentos... EME231195 **49 circunstancia:** ...*desveló* las circunstancias en que se redactó un informe... EPE150999

I SUSTANTIVOS QUE DESIGNAN LA VOLUNTAD, EL PENSAMIENTO O EL DESIGNIO DE LLEVAR ALGO A CABO. TAMBIÉN CON OTROS QUE EXPRESAN ALGUNOS DE LOS RECURSOS QUE SE PONEN EN PRÁCTICA PARA CONSE-

GUIRLO: **50 intención ++:** ...dice que no es el momento de hablar del candidato y no *desvela* sus intenciones. LVE190995 **51 proyecto +:** ...han *desvelado* un proyecto militar ultrasecreto... EME180496 **52 objetivo:** ...*desveló* los objetivos sobre los cuales (...) deberá rendir cuentas después de las autonómicas. EPE290799 **53 idea:** A través de las conversaciones (...) se *desvelan* sus ideas, métodos y desventuras... EME110395 **54 propósito:** ...en ningún caso se *desvela* un propósito de determinar un daño... EME211196 **55 plan:** ...el derecho a la discreción que tiene todo Gobierno para no *desvelar* sus planes. EPE050399 **56 estrategia:** ...el libro (...) *desvela* «la estrategia perfectamente calculada...». EME111195 **57 propuesta:** ...*desveló* su propuesta en la asamblea federal... LVE300595

J SUSTANTIVOS QUE DENOTAN ACTUACIÓN O CONJUNTO DE ACCIONES ENCAMINADAS A CONSEGUIR UN FIN: **58 acción:** ...empezó a *desvelar* las acciones de los GAL. EME100596 **59 actuación:** ...cuando el secreto pueda impedir u obstaculizar gravemente una investigación criminal o pueda *desvelar* una actuación contraria al ordenamiento jurídico penal... LVE201096 **60 intervención:** El terrorista no quiso, en cambio, *desvelar* la intervención de los otros componentes... EPE170699 **61 operación:** ...les había *desvelado* la operación aliada desde el principio. EME260295 **62 maniobra:** ...aseguraron que la oposición y Unión Valenciana confunden el hecho de *desvelar* sus «maniobras partidistas» con un ataque al Parlamento... EPE030299 **63 misión:** El aragonés *desveló* su misión, que era seguir a Laurent... EME141096

K SUSTANTIVOS QUE DESIGNAN EL RESULTADO DE UNA ACCIÓN CONCERTADA: **64 acuerdo:** La oposición política salvadoreña ha colocado al Gobierno de Armando Calderón en el banquillo de los acusados, al *desvelar* acuerdos que se mantenían en secreto... EPD210597 **65 pacto:** Chile *desvela* un pacto con España. EPE160999

▩ Se combina también con: ♦ **crudamente[4], detalladamente[16], sin tapujos[32]**

☐ Véase también: **deducir, descifrar, destapar, dilucidar, revelar.**

desventaja ♦ **abismal, abrumador, amplio, apreciable, claro, competitivo, creciente, enorme, evidente, franco, fuerte, gran(de), grave, imperceptible, importante, inapreciable, inmenso, insalvable[11], leve, ligero, máximo, mínimo, minúsculo, notable, notorio, ostensible, pequeño, raquítico, serio, tremendo ♦ en ♦ punto (de) ♦ acusar[49], aumentar, competir (en), conllevar, constituir, contrarrestar, dejar (en), enjugar[15], entrañar, implicar, ir (en), nivelar[2], poner (en), presentar, producir, recortar, recuperar, reducir, remontar[2], superar, suponer, tener, tropezar (con), vencer**

☐ Véase también: **diferencia.**

desviación ♦ **acusado, claro, fuerte, gran(de), grave, ilegal, importante, leve, ligero, marcado, mínimo, negativo, peligroso, pequeño, positivo, presupuestario, psicológico, tremendo, visible ♦ compensar, corregir[10], evitar, existir, investigar, ocultar, presentar, producir, provocar, registrar, sufrir, suponer, tener**

desviar *v.* ▮ Se usa también en forma pronominal *(desviarse)*. Se combina con sustantivos que designan seres en movimiento *(desviar un coche, un tren, una piedra, una flecha, un balón, un avión)*, entre ellos las personas *(desviar a alguien de su camino; desviar a los transeúntes)*. Se construye muy frecuentemente con sustantivos que denotan tránsito de algo *(tráfico, circulación, paso)*, y con otros que designan las materias o los caudales que pueden fluir o seguir algún curso *(agua, lava, electricidad, aire)*. Se combina también con sustantivos que designan golpes y otros movimientos impulsivos *(disparo, golpe, tiro, remate, saque, lanzamiento)*. Acepta otros muchos sustantivos, pero destacan particularmente las combinaciones con...

A SUSTANTIVOS QUE DENOTAN CURSO, TRAYECTORIA O ITINERARIO SEGUIDO POR ALGUNA COSA. TAMBIÉN CON OTROS SUSTANTIVOS QUE DESIGNAN OTRAS NOCIONES, MATERIALES O INMATERIALES, QUE SE INTERPRETAN DE ESA MANERA: **1 trayectoria ++:** ...Ziani dispara desde fuera del área, la trayectoria del balón es *desviada* por Marcos y sorprende al portero del Valladolid adelantado. DDN290499 **2 ruta ++:** La construcción del dique Potrerillos obliga a *desviar* la ruta que conduce a Chile. CLA111000 **3 curso ++:** Su proclividad a *desviar* el curso de los diálogos con posiciones distintas a las de los partidos... PME101196 **4 cauce +:** La operación obligó a *desviar* el cauce del Onyar para reducir el nivel del agua. LVE220396 **5 río +:** Desviar una porción del Río Nilo a través de un canal de 200 millas, llevar agua al desértico occidente de Egipto... ETC190597 **6 itinerario +:** ...los exportadores marroquíes han decidido *desviar* sus itinerarios para introducir el pescado a través de otros puertos andaluces... EME040595 **7 camino:** Parece que hasta *desviaron* el camino del Presidente para que no pasara cerca de mis microbios. ENV010997 **8 recorrido +:** Las líneas de colectivos 34 y 55 tuvieron que *desviar* su recorrido. CLA290199 **9 derrotero:** ...surgen esos hombres valientes que intentan *desviar* el derrotero, poniendo como obstáculo su vida. LHG260700 **10 rumbo:** Barrios salió y en su trayecto a la cancha *desvió* el rumbo. EOU291000 **11 trazado +:** ...en referencia a las presiones ejercidas por organizaciones adscritas a la izquierda radical abertzale, que obligaron a *desviar* el trazado de este vial. EME060595 **12 corriente +:** ...debido a que las corrientes procedentes de Marsella y Génova se *desvían* y pasan de largo. EPE220599 **13 flujo:** El delegado del Gobierno, Luis Vicente Moro, reconoce que muy probablemente lo único que se logre sea *desviar* el flujo migratorio hacia otra ruta. EPE040299

B SUSTANTIVOS QUE DENOTAN CAUDAL ECONÓMICO. TAMBIÉN CON OTROS QUE DESIGNAN EL CONJUNTO DE MEDIOS (GENERALMENTE ECONÓMICOS) PUESTOS AL SERVICIO DE ALGUNA COSA: **14 dinero ++:** Aunque se reconoce que «el riesgo de *desviar* los dineros hacia otras actividades existe también». GIC030198 **15 recurso ++:** ...los recursos se han *desviado* en otras cosas, se han malgastado, se han dispersado... VEN190899 **16 fondo ++:** Organizaciones campesinas preparan una demanda contra las autoridades (...) por *desviar* fondos millonarios destinados para los pequeños productores. LPH050996 **17 inversión +:** ...la Argentina por sí no logrará *desviar* esas inversiones en su provecho. CLA030199 **18 beneficio:** ...otras personas vinculadas a la trama hacia quienes se *desviaban* los beneficios de la venta de droga... EPE270700 **19 capital:** ...han podido cometer hasta tres delitos (...) al *desviar* capital de Canal 9 a varias empresas del ramo audiovisual. EPE141099

C SUSTANTIVOS QUE DESIGNAN LO QUE SE DIRIGE A ALGO O ALGUIEN CON LA INTENCIÓN DE PERCIBIRLO, ALCANZARLO U OBTENERLO. MUCHOS DE ELLOS TIENEN SIGNIFICACIÓN INTENCIONAL: **20 atención ++:** Además, querían *desviar* la atención de la verdadera boda, que fue el sábado. CLA310501 **21 mirada ++:** ...le regateaban hasta el saludo, y *desviaban* la mirada (...) cuando se cruzaban con él. LVE160196 **22 vista ++:** «El soldado valiente un día en el campo de batalla es, al siguiente, el pordiosero mutilado en una esquina, de quien *desviamos* la vista». ABC160695 **23 ojo:** Como si nos sobrase sabiduría y experiencia, *desviamos* los ojos de nuestros mayores, que son quienes las tienen en mayor abundancia. EME111295 **24 foco:** ...en estos últimos meses, el foco de las preocupaciones se ha *desviado* hacia la capacidad de los sectores público y privado de... EPE070999 **25 llamada ++:** ...¿habrá *desviado* las llamadas al teléfono del despacho? EPE190999 **26 objetivo +:** Los manifestantes (...) *desvían* el objetivo constitucional de la libre circulación por el territorio español... EME130495 **27 interés:** ...aceptó financiación ilegal a cambio de *desviar* el interés público en beneficio privado. EPE210200 **28 intención:** Su estado de necesidad para acabar con el suplicio de la Liga le nubla las ideas y le *desvía* sus buenas intenciones. EPE010500 **29 preferencia:** El miedo al mal de las «vacas locas» sigue *desviando* las preferencias hacia otros alimentos. EPE171200 **30 curiosidad:** ...pero ha cambiado de intereses y ahora parece haber *desviado* su curiosidad hacia otro tipo de cine, muy distinto del que... INDOC **31 deseo:** ...puesto que la misma sociedad mercantil *desvía* esta violencia y estos deseos agresivos hacia un elemento que representa... EXC211096 **32 expectativa:** Sin embargo, Eduardo Zaplana consiguió *desviar* las expectativas iniciales y centrar la mirada de todos. EPE220799

D SUSTANTIVOS QUE DENOTAN INDAGACIÓN Y OTRAS ACCIONES DIRIGIDAS A OBTENER INFORMACIÓN: **33 investigación +:** A Cabezas le pusieron las esposas para *desviar* la investigación. CLA120297 **34 estudio:** El profesor me recomendó que *desviara* mis estudios hacia otras investigaciones. INDOC **35 pesquisa:** ...se produjo el ocultamiento y se *desviaron* las pesquisas. PME201096 **36 búsqueda:** ...siempre y cuando orienten las pesquisas en la dirección adecuada y no *desvíen* la búsqueda ni se distraigan en lo accesorio... INDOC

E SUSTANTIVOS QUE DESIGNAN LA ACCIÓN O EL EFECTO DE PEDIR, ENTREGAR O HACER LLEGAR ALGO: **37 pedido +:** Están *desviando* pedidos a empresas privadas del País Vasco... EME120296 **38 petición:** ...la Mesa ha *desviado* la petición al Gobierno, que es el depositario de esas informaciones... EPE260701 **39 demanda:** ...el fracaso de una gran cooperativa de viviendas puede desacreditar al sistema cooperativo, *desviando* la demanda hacia el sector privado... EME200394 **40 ayuda +:** ...un obstáculo que impedirá que ese objetivo de moneda única pueda funcionar a corto plazo y que obligaría a *desviar* ayuda económica a los países que... EME050295 **41 prestación:** El Consell *desvía* las prestaciones sociales hacia gestores privados y relaja la inspección oficial. EPE141199 **42 limosna:** La corrupción de los dirigentes africanos *desvía* las limosnas a sus cuentas particulares... EME281296 **43 entrega:** ...recibe puntualmente cada entrega y luego la *desvía* hacia sus proveedores. INDOC

F SUSTANTIVOS QUE DENOTAN QUEJA, CENSURA O INCRIMINACIÓN. TAMBIÉN CON OTROS QUE DENOTAN ATRIBUCIÓN DE RESPONSABILIDAD POR ALGO: **44 acusación +:** El padre en cuestión sabe la verdad, pero pondrá todos los medios para *desviar* las acusaciones. EPE021299 **45 crítica +:** La idea de una disuasión concertada no es en ningún caso una oferta táctica destinada a *desviar* las críticas de nuestros socios. LVE271195 **46 protesta:** ...«la policía (...) intentó *desviar* la protesta por otro recorrido diferente al pactado con la Delegación del Gobierno». EPE210800 **47 culpabilidad:** Algunos, para encubrir a los comisionistas, negaron los hechos ante los órganos judiciales o *desviaron* la culpabilidad hacia sus propios subordinados... LVE020696 **48 responsabilidad +:** ...aseguró que forman parte de una cortina de humo para *desviar* sus responsabilidades. ENV110797 **49 culpa:** Arias intentó *desviar* la culpa del desastre aéreo hacia Iberia y sus pilotos. EPE290499

G SUSTANTIVOS QUE DESIGNAN OTRAS NOCIONES QUE PUEDEN INTERPRETARSE COMO PROCESOS EN CURSO: **50 conversación ++:** Voy a *desviar* la conversación. Me interesa mucho saber si es posible elaborar una «heurística vital»... ABC210495 **51 polémica:** Quizá Partearroyo debía haber incluido en su proyecto una entrada a través de un gran calcetín, para que se *desviara* la polémica. ABC200594 **52 debate:** De este modo el presidente (...) se empleó a fondo para *desviar* el debate hacia lo que considera un logro exclusivo de los nacionalistas... EPE020999 **53 negociación:** ...los israelíes han logrado *desviar* las negociaciones hacia temas como el cierre de la franja de Gaza... LVE210295 **54 opinión:** El «Beby» no es nada de bobo y se une a enemigos de El Siglo para tratar de *desviar* la opinión pública y las investigaciones... ESP110700

H SUSTANTIVOS QUE DESIGNAN CIERTAS FACULTADES COGNITIVAS: **55 mente:** ...lo cual (...) lejos de *desviar* la mente hacia lo imaginario, convoca el mundo imaginario alrededor del lector y se lo hace real. ABC310792 **56 pensamiento:** Tal vez demasiado para Ullrich, porque podría invitarle a reflexionar en exceso, y a *desviar* sus pensamientos hacia otros lugares... EPE060900

desviar(se) (de)

♦ **a la derecha, a la izquierda, a un lado, conscientemente, considerablemente, de improviso, fácilmente, gravemente[19], inconscientemente, levemente, ligeramente, notablemente, ostensiblemente, peligrosamente, por poco[5], repentinamente, totalmente** ♦ **acuerdo, camino, carretera, cauce, compromiso, convencionalismo, destino, finalidad, función, línea, marco, mayoría, meta, norma, objetivo, plan, portería, presupuesto, previsión, rumbo, ruta, senda, trayectoria, trazado, vía**

☐ Véase también: **apartar(se).**

desvío

♦ **grave, leve, pequeño, serio** ♦ **acertado, corregir[11], de armas, de dinero, de fondos, desacertado, de tráfico, fraudulento, ilegal, injustificado, justificado, nuevo, obligatorio, presupuestario, provisional, señalizado, tomar** ♦ **abrir,**

anunciar, coger, compensar, constatar, continuar, controlar, denunciar, detectar, evitar, facilitar, impedir, investigar, justificar, permitir, prever, producir(se), realizar, trazar

detalladamente *adv.* ▮ Acepta diversos verbos de creación *(dibujar, escribir, esculpir, representar).* También se combina con otros muchos verbos, pero destacan especialmente sus combinaciones con...

A VERBOS QUE DENOTAN ANÁLISIS O EXAMEN DE ALGO: **1 analizar ++:** «Dada la reciente elección presidencial (...) hemos analizado *detalladamente* nuestro procedimiento y ejecutado algunos cambios». EDV110101 **2 estudiar ++:** ...la comunidad internacional se organizó y acordó desarrollar actividades encaminadas a estudiar *detalladamente* este fenómeno atmosférico. EXC140901 **3 examinar ++:** De ahí procede una sensación de risa nerviosa, o defensiva, si no se examina *detalladamente* el asunto. EME270496 **4 evaluar +:** se reunirán (...) para evaluar *detalladamente* el cumplimiento de lo pactado. EPC220597 **5 investigar:** La masacre de Panzós (...) será uno de los casos claves que la CEH investigará *detalladamente*... SVG020997 **6 inspeccionar:** La diligencia permitió inspeccionar *de forma detallada* los equipos técnicos de suministro de gases medicinales... EPE191199

B VERBOS QUE DENOTAN EXPLICACIÓN, RAZONAMIENTO O ACLARACIÓN DE ALGO: **7 explicar ++:** Una representación de más de dos mil productores (...) explicó *de forma detallada* (...) la difícil situación de inseguridad de este gremio en esta zona. LPN110697 **8 describir ++:** ...si no existe un marco regulatorio con carácter de ley, que describa *detalladamente* el fondo y la forma de los estudios de impacto ambiental... HOY100397 **9 justificar +:** La memoria de los administradores debe justificar *detalladamente* la propuesta y el tipo de emisión de las acciones... EME250294 **10 comentar +:** No me queda espacio para comentar *detalladamente* todos los resultados de esta subasta... ABC081191 **11 argumentar +:** La obra se titula «El arte de callar» y argumenta *detalladamente* sobre el valor de la inteligencia asociada al silencio. EPE120699 **12 aclarar:** Por lo publicado, sí parece que están en su poder, porque más adelante lo especifica y aclara *detalladamente*... EME190695 **13 indicar:** Le pregunté al policía la dirección y me indicó *detalladamente* el camino al museo. INDOC

C VERBOS QUE DENOTAN PRESENTACIÓN O DIFUSIÓN DE LA INFORMACIÓN: **14 informar ++:** Anunció que mañana jueves se informará *detalladamente* a las autoridades mexicanas... EXC110796 **15 exponer ++:** El texto de síntesis elaborado a partir de las aportaciones de los firmantes del acuerdo expone *detalladamente* en cuatro folios la estrategia... EPE080199 **16 desvelar +:** Mañana se desvelarán, *detalladamente*, las características de este regalo tan especial para todos los lectores... EME131095 **17 difundir +:** Sin dar a conocer exactamente cuántos casos se registraron por mes, pero bajo la promesa de que en los próximos días se difundirá *detalladamente* las actividades de la Brigada... LTB010497 **18 mostrar +:** Esta producción (...) muestra *detalladamente* el funcionamiento del sistema legal en Estados Unidos. EME070696 **19 reflejar +:** ...tenía la costumbre de reflejar *detalladamente* en un diario los avatares de cada jornada. EME131196 **20 presentar +:** Ese mundo que hasta entonces se representaba acá *de forma detallada* y minuciosa, era para él sólido y simple. ETC010798 **21 publicar:** ...un comunicado en el que confirma la información que El Mundo publica hoy *detalladamente* en exclusiva. EME040294 **22 comunicar:** ...deberán someterlas a la aprobación de una junta de accionistas y comunicarlas *detalladamente* a la Comisión Nacional del Mercado de Valores (CNMV). EPE301199 **23 anunciar:** En el programa de mano del fin del mundo, los columnistas más brillantes y optimistas anuncian ya *detalladamente* ese Apocalipsis. EME120494

D VERBOS QUE DESIGNAN LA ACCIÓN DE NARRAR: **24 relatar ++:** ...relata *detalladamente* las actividades de la ESMA, su intervención en secuestros, torturas y asesinatos... EPE020900 **25 contar ++:** ...los periodistas (...) que cuentan *detalladamente* cómo se gestó y realizó la famosa entrevista. EME190295 **26 narrar:** Narra *detalladamente* cómo atravesaban la montaña de Jalapa para llegar a la capital... LHG260700

E VERBOS QUE DESIGNAN LA ACCIÓN DE DETALLAR ALGUNA INFORMACIÓN O PRESENTARLA EN SUS PORMENORES: **27 especificar ++:** La segunda, que finalizó en julio de este año, se empleó para especificar *detalladamente* el sistema. EME140896 **28 concretar +:** ...ha amenazado con abandonar su tarea si los partidos políticos no concretan *detalladamente* los cambios constitucionales... LVE110296 **29 desglosar:** El informe desglosa *detalladamente* los gastos mensuales... LVE140296 **30 desgranar:** El autor (...) desgranó *detalladamente* los más de 30 años de trayectoria profesional de la soprano. EPE290999 **31 enumerar:** ...en su último libro de derecho penal publicado en São Paulo, al enumerar *detalladamente* todo el elenco de los derechos humanos individuales del preso. EPE161099

F VERBOS QUE DENOTAN ADQUISICIÓN O POSESIÓN DE CONOCIMIENTO: **32 conocer ++:** Algunos memoriosos que conocen *detalladamente* lo que pasa en la Casa Rosada... CLA050297 **33 recordar:** Recordaba *de forma detallada* todos y cada uno de los acontecimientos de aquel año. INDOC **34 saber:** A pesar de su avanzada edad, todavía sabía *detalladamente* los nombres y apellidos de todos sus alumnos. INDOC

G VERBOS QUE DENOTAN INCLUSIÓN O INSERCIÓN DE ALGO EN ALGUNA UNIDAD MAYOR: **35 recoger ++:** Recoge *detalladamente* la trayectoria de Don Juan Carlos desde su infancia hasta la muerte de Franco. EME311295 **36 incluir:** ...en el que se incluirán *detalladamente* los plazos de actuación, presupuesto y condiciones del proyecto. EPE230699 **37 constar:** Bajo este mismo epígrafe sí constan *detalladamente* los conceptos a los que corresponden los beneficios... EME200296 **38 insertar −:** ...esta nota necrológica que insertamos *detalladamente* a continuación... LVE020695

H VERBOS QUE DENOTAN PERCEPCIÓN, CAPTACIÓN O COMPROBACIÓN DE INFORMACIONES: **39 observar +:** Por eso observa *detalladamente* la situación mexicana. PME131096 **40 supervisar +:** ...aunque reconoció que no supervisó *detalladamente* estos movimientos. EME210295 **41 revisar:** Explicó que la expropiación anunciada debe revisarse *detalladamente*... EXC040901 **42 comprobar:** El titular del Ministerio Público refirió que la versión del criminal reúne todas las condiciones de plena prueba, porque está *detalladamente* comprobada. ACP311000 **43 captar:** ...captó la agitación moral tan *detalladamente* como describe una manifestación en Berlín... ABC070292 **44 seguir:** Las dramáticas circunstancias (...) han sido seguidas *detalladamente* por la prensa con los riesgos siempre presentes de estigmatizar a algunos inocentes. CAR140497 **45 escuchar:** Escucharé *detalladamente* lo que tengas que decirme. INDOC **46 ver:** Si eso de por sí es una mala noticia, mucho peor se presenta el panorama cuando se ve *detalladamente* la reducción... EME141096 **47 leer:** Leí *detalladamente* el prospecto y no decía nada de las alergias. INDOC

I VERBOS QUE DENOTAN PREPARACIÓN: **48 planear +:** El atentado contra el general Maza (...) estaba *detalladamente* planeado... EUV060499 **49 preparar +:** El plan estaba preparado *de forma detallada* para evitar cualquier contratiempo. INDOC **50 planificar +:** ...no fuimos jamás víctimas de torturas *detalladamente* planificadas y conocidas al dedillo por cada uno de los mandos militares... EPE120299 **51 urdir:** La trama de la obra está urdida *de manera detallada*, de tal forma que los personajes forman una perfecta amalgama... INDOC

J VERBOS QUE DENOTAN INTERCAMBIO DE OPINIONES O PUNTOS DE VISTA: **52 discutir:** ...declaró a AIP que había discutido *de forma detallada* con Lafrance, quien le transmitió un mensaje del secretario general de la Organización de Naciones Unidas para la Educación... EPU040301 **53 negociar:** ...no sólo fue un pacto entre caballeros sino un compromiso formal suscrito por el Gobierno español en los «documentos de traspaso», *detalladamente* negociados por el MOMA... ABC120692

K VERBOS QUE EXPRESAN LA ACCIÓN DE ESTABLECER O REGULAR ALGO EN FUNCIÓN DE ALGUNA PAUTA: **54 regular +:** ...está demostrando una alergia preocupante a la convocatoria –en algunos casos, *detalladamente* regulada por ley–... EPE231101 **55 fijar:** La ley fija *detalladamente* la composición del consejo, un órgano al que le atribuye funciones «de asesoramiento y participación». EPE171199 **56 normar:** ...un nuevo reglamento para las futuras construcciones en la ciudad de Cochabamba, normando *detalladamente* los tipos de edificaciones... LTB130297 **57 ordenar:** Intento ordenar mis notas todo lo *detalladamente* que puedo. INDOC

☐ Véase también: **con detalle, con pelos y señales, con todo lujo de detalles, escrupulosamente, exhaustivamente, extensamente, pormenorizadamente, prolijamente, punto por punto.**

detallar ♦ **con pelos y señales[5], cuidadosamente, en alguna medida, minuciosamente, paso a paso, pormenorizadamente, profusamente[50], prolijamente[22], punto por punto[36], someramente, sucintamente**

☐ Véase también: **desgranar, especificar, explicar.**

[detalle] → **al detalle, con detalle, con todo lujo de detalles**

detalle ♦ **anecdótico[8], atento (a), banal, concreto, crucial[31], curioso, decisivo[35], de peso[5], determinante[6], grave, importante, inadvertido, insignificante[20], intrascendente, irrelevante, irrisorio[15], jugoso[25], leve, llamativo[6], mínimo, minucioso[3], minúsculo, nimio[1], ornamental, parco (en)[13], pequeño, relevante, revelador[11], sin importancia, sumo, superficial, trascendente, trivial, último** ♦ **con, en** ♦ **cuestión (de), cúmulo (de)[38], lujo (de)** ♦ **aclarar, advertir, aflorar, ahondar (en)[36], ahorrar, airear[6], atisbar[20], caer en la cuenta (de), captar[21], concretar, conocer (en), contar, contemplar, dar[200], delatar[16], descubrir, descuidar, desentrañar[52], desvelar[42], dilucidar[52], discutir, entrar (en), especificar, estudiar (en), evitar, explicar, faltar, fijar, fijarse (en), ignorar, limar[10], observar, obviar[9], omitir, pasar por alto, percibir, perfilar[21], pormenorizar, precisar, preguntar, prescindir (de), prestar atención (a), recordar, relatar, reparar (en), revelar, salir a la luz[45], saltarse, ultimar**

☐ Véase también: **pormenor.**

DETALLE Véase: PRECISIÓN

DETALLE Y PRECISIÓN Véase:

♦ **con lupa, con ojo, con todo lujo de detalles, detalladamente, detenidamente, explícitamente, intensivamente, pormenorizadamente**

♦ **detalle, explicación, matiz, particularidad, pormenor, rasgo**

♦ **concretar, desgranar, detallar, documentar, especificar, explanar, explayarse, explicar**

☐ Véase también: *ADECUACIÓN Y CORRECCIÓN; CLARIDAD; ATENCIÓN Y CUIDADO.*

detectar *v.* ▮ En su sentido físico admite como complementos sustantivos personales *(detectar a los espías)*, así como otros muchos que se refieren a realidades materiales ocultas o no accesibles. Cabe señalar entre ellos los que designan las ondas o su emisión *(señal, onda, emisión, transmisión, radiación)*, los cuerpos celestes *(asteroide, cometa, estrella)*, los microorganismos *(anticuerpo, bacteria, virus)* y las enfermedades *(lesión, cáncer, úlcera)*. Se combina también con sustantivos que designan eventos, más frecuentemente si son infortunados *(incendio, inundación, terremoto)*, objetos peligrosos *(bomba, pistola)*, lugares *(paradero, sitio, zona)* y otras muchas cosas que pueden percibirse a través del rastro que dejan o las señas que muestran su existencia. Destacan particularmente las combinaciones de este verbo con...

A SUSTANTIVOS QUE DENOTAN SIGNO: **1 signo ++:** No se han *detectado* signos de lucha o violencia en su cuerpo. EME300596 **2 indicio +:** Es una satisfacción personal que no se hayan podido *detectar* indicios de deshonestidad en la gestión. EPD011197 **3 muestra +:** En una de las muestras *detectadas* se apreció un contenido de hasta el 0,10% de ciclamato... EME220895 **4 huella:** ...anunció anoche que se han *detectado* huellas de la bacteria en unas dependencias militares... EPE241001 **5 resto:** También se han *detectado* restos de ejecuciones masivas (...) al noroeste de Bosnia. EME050496 **6 rastro +:** No *detectan* rastros de golpes en conscripto, tras necropsia... ACP100996

B SUSTANTIVOS QUE DENOTAN CAUSA U ORIGEN DE ALGO: **7 causa +:** Identificado el problema y *detectadas* sus causas principales, corresponde a las distintas administraciones y a las organizaciones sociales dar un paso más allá del lamento o la indignación... EME231296 **8 origen +:** El canciller pidió una «investigación» gubernamental para *detectar* el «origen» de los trascendidos... EME240295 **9 foco +:** Parece poco democrático pasar por unas obras de puntillas, en autobús, cuando se *detecta* un foco de reivindicación... EME220295 **10 fuente:** Pero ese pórtico no fue capaz de *detectar* la fuente de cesio 137. EPE131201

C SUSTANTIVOS QUE DENOTAN ERROR O DEFICIENCIA. TAMBIÉN CON ALGUNOS QUE DESIGNAN OTRAS ALTERACIONES DEL ESTADO ÓPTIMO DE LAS COSAS: **11 fallo ++:** Detecté el fallo y corregí una de las atribuciones equivocadas. LVE271096 **12 anomalía +:** La empresa no *detectó* ninguna anomalía durante los pasados días en la conducción dañada... EME090796 **13 defecto +:** ...el maquillaje arquitectónico estará a cargo de un grupo de técnicos equipados con toda clase de diabluras electrónicas para *detectar* los defectos... CLA280297 **14 error +:** «Encierros de Cuéllar» *detecta* errores en la organización del V Centenario. ENC240599 **15 problema +:** Se *detecta* el problema, se entabla la demanda y de alguna forma se luchará dentro de la ley. DYM230796 **16 deficiencia +:** Se asegura haber *detectado* «deficiencias» que «deterioran» la imagen del Cuerpo. EME260496 **17 irregularidad +:** Los jueces estudiaban anoche esa medida como consecuencia de las irregularidades *detectadas* en el cuerpo de peritos calígrafos... CLA280297 **18 falta:** ...en la mañana de ayer, cuando se disponían a pagar los haberes de 104 agentes, se *detectó* su falta. CLA030797 **19 contradicción:** ...los datos que la mujer entrega al carabinero de turno en el hospital son (...) utilizados en el juicio para *detectar* posibles contradicciones. HOY181196 **20 contaminación:** ...Aquí no se cuenta con el equipo adecuado para *detectar* cualquier contaminación y eso representa un riesgo. ETC240996 **21 escape:** Detectan un escape de gas natural en las cercanías del CIEMAT MADRID... EME261096 **22 mal:** Las vacas a las que se les había *detectado* el mal ya han sido sacrificadas... EME040596 **23 avería:** ...el Atlantis se vio obligado a regresar a la Tierra tras *detectarse* una avería en su ordenador. EME050696

D SUSTANTIVOS QUE DESIGNAN LA CONDICIÓN DE EXISTIR O MANIFESTARSE ALGO: **24 existencia ++:** Las autoridades *detectaron* la existencia del túnel por «labores de inteligencia»... ENH090497 **25 presencia ++:** Existen pruebas de laboratorio que (...) *detectan* la presencia de marcadores de infección en sangre que indican hepatitis. CLA231000 **26 vida +:** Los sentidos son los centros donde *detectamos* la vida. EME261195

E SUSTANTIVOS QUE DESIGNAN LO QUE SE PRECISA O SE DESEA CONSEGUIR. TAMBIÉN CON OTROS QUE SE REFIEREN AL ANHELO DE LOGRARLO: **27 necesidad ++:** El CEL publica también estudios para *detectar* las necesidades logísticas del mercado... LVE260795 **28 demanda +:** ...en Punta del Este y también en Montevideo *detectaron* una demanda interesante. CLA100199 **29 deseo +:** Su difícil trabajo ha consistido en *detectar* los deseos de sus jefes para no contrariarlos... EME290595 **30 intención:** ...en la última encuesta del partido se *detecta* una intención muy elevada de participación... EME120694 **31 voluntad:** En todo caso *detecta* una voluntad de libertad y de cierto gusto al riesgo. LVE310396 **32 interés:** ...se *detecta* un interés creciente por las inversiones inmobiliarias. EPE060499

F SUSTANTIVOS QUE DENOTAN PELIGRO O RIESGO: **33 peligro ++:** ...aseguran no entender «cómo estando en marcha el estudio técnico del edificio, no se *detectó* el peligro...». EPE100299 **34 riesgo ++:** Un test *detecta* el riesgo de sufrir cáncer de mama... LVE261096 **35 amenaza:** A todo esto se suma la presencia de (...) alarmas para *detectar* posibles amenazas. EXC270796

G SUSTANTIVOS QUE DESIGNAN DIVERSOS PROCESOS DE CAMBIO, ESPECIALMENTE SI SE REFIEREN AL INCREMENTO O LA DISMINUCIÓN DE ALGUNA MAGNITUD: **36 cambio +:** ...Con el radar se pueden *detectar* los cambios en los niveles de agua del subsuelo... EME180494 **37 incremento +:** Navarro dijo que en una inspección realizada el fin de semana habían *detectado* un incremento en las actividades del volcán... LPN040797 **38 aumento +:** Adelco aclaró que se *detectó* un aumento en carnes del 1,3%... LNP010397 **39 crecimiento:** ...sofisticados instrumentos que han permitido *detectar* el crecimiento del placton en... EDV040599 **40 desaparición:** En cuanto a los rockets, la gente de Inteligencia Militar asegura que solo *detectaron* la desaparición de 15... VIS190697 **41 proliferación:** ...los federales estaban cumpliendo tarea de inteligencia al *detectarse* la proliferación de juego clandestino... LPA160592 **42 pérdida:** Todos los días pasamos revista a la tropa y no se ha *detectado* pérdida. DHE080797 **43 surgimiento:** ...para que los organismos multilaterales de crédito y los mercados de capital puedan *detectar* a tiempo el surgimiento de una crisis financiera. EXC230496

H EL SUSTANTIVO *SENTIMIENTO* Y CON OTROS QUE DESIGNAN DIVERSOS SENTIMIENTOS O ESTADOS DE ÁNIMO DE LAS PERSONAS, ESPECIALMENTE SI PONEN DE MANIFIESTO SU INQUIETUD O SU MALESTAR: **44 sentimiento +:** El experimento (...) sugiere también que los hombres son mucho menos hábiles que las mujeres a la hora de *detectar* los sentimientos de las personas que les rodean. EME270195 **45 inquietud +:** Habíamos *detectado* una inquietud entre los consumidores... LVE200196 **46 preocupación +:** Se *detecta* una preocupación por si el gasto autonómico se justifica por la mejora real de los servicios. LVE101296 **47 malestar +:** ...los responsables de la política educativa en la comunidad han *detectado* el malestar existente entre el profesorado... EPE040299 **48 nerviosismo:** Juan (...) dijo entonces que habían *detectado* «cierto nerviosismo entre los secuestradores»... EPE101201 **49 ansiedad:** En medios nacionalistas catalanes se *detecta* una profunda ansiedad... LVE070296

I SUSTANTIVOS QUE DESIGNAN DELITOS: **50 corrupción:** ...su extraña incapacidad para *detectar* la corrupción que le rodea... EME010695 **51 fraude:** Paradójicamente, nadie (...) pareció *detectar* ese fraude. EME010395 **52 falsificación:** Inicialmente, se *detectó* una falsificación realizada por una banda de delincuentes... EME250494 **53 infracción:** ...hay que perfeccionar los sistemas de control para *detectar* la primera infracción que se produzca... GIC062197 **54 robo:** Los responsables de Correos, al *detectar* el robo, cambiaban la llave e incrementaban las medidas de seguridad. EME220194 **55 atentado:** Y hablo de ese atentado, por no señalar el mío, que tampoco se *detectó*. EME121195 **56 malversación:** ...este partido tuvo problemas al *detectarse* la malversación de recursos por parte del líder... EXC181296

J SUSTANTIVOS QUE DENOTAN CONEXIÓN O VÍNCULO. TAMBIÉN CON ALGUNOS QUE DESIGNAN OTRAS RELA-

CIONES QUE SE ESTABLECEN ENTRE VARIAS COSAS O PERSONAS: **57 vinculación +:** Las indagaciones comenzaron tras *detectarse* vinculaciones entre grupos neonazis y el guardia asesinado en Barcelona... EME120895 **58 relación +:** Especialmente se ha *detectado* una relación entre sida y heroína en Bangladesh, India y Nepal. EPE240299 **59 vínculo:** Es indispensable *detectar* el vínculo de algunos personajes... PLG170997 **60 conexión:** Hace tiempo *detectamos* esas conexiones y hoy puedo decir que están desarticuladas... CLA240497 **61 diferencia:** En las pasarelas de París se ha *detectado* una diferencia abismal entre las firmas tradicionales de la moda y los creadores vanguardistas. LVE221095

▩ Se combina también con: ♦ **a simple vista**

de temporada ♦ **abono, campaña, concierto, contrato, corrida, estreno, éxito, fruta, liquidación, moda, oferta, pase, permiso, pescado, plato, programación, rebaja, ropa, saldo, trabajo, verdura**

detención ♦ **administrativo, arbitrario[7], breve, brusco[41], cautelar[26], domiciliario, en cadena[49], formal, ilegal, inmediato, preventivo[1], prolongado, provisional** ♦ **auto (de), centro (de), orden (de), serie (de)** ♦ **confirmar, decretar[17], denunciar, dictar, disponer, hacer, llevar a cabo, lograr, ordenar, pedir, practicar[10], producirse, realizar, registrar**

☐ Véase también: **alto el fuego, arresto, atasco, detener(se), estancamiento, frenazo, obstáculo, parada, paro, parón.**

DETENCIÓN

♦ (SUSTANTIVOS) Véase: **accidental[F], brusco[E], cautelar[B], en seco[C], temporalmente[A]**

♦ (VERBOS) Véase: **brevemente[B], de raíz[C], drásticamente[B], en seco[A]**

DETENCIÓN Y OBSTÁCULO Véase:

♦ **prohibitivo, reticente (a)**

♦ **arresto, atasco, atolladero, barrera, bloqueo, boicot, censura, cerco, detención, escollo, estancamiento, frenazo, impedimento, inhabilitación, inmovilización, limitación, muralla, muro, obstáculo, obstrucción, pared, parón, plantón, prohibición, punto negro, reajuste, remilgo, reparo, restricción, reticencia, zancadilla**

♦ **atenazar, atrancar(se), bloquear, boicotear, censurar, confiscar, cortar, detener(se), empantanar(se), frenar, impedir, obstaculizar, obstruir, parar(se), prohibir, restringir, segar, sojuzgar, varar(se)**

☐ Véase también: *DIFICULTAD Y ADVERSIDAD.*

detener(se) ♦ **abruptamente[10], a duras penas[20], brevemente[7], bruscamente, definitivamente, de golpe, de improviso, de inmediato, de raíz[29], de repente, en seco[3], indefinidamente, inmediatamente, por un momento[4], preventivamente[14], temporalmente[8], violentamente**

☐ Véase también: **atrancar(se), confiscar, empantanar(se), estacionar, frenar, paralizar, parar(se), varar(se).**

detenidamente ♦ **analizar, calcular, calibrar, considerar, contemplar, describir, escuchar, estudiar, examinar, explicar, fijarse, leer, meditar, mirar, observar, ocuparse, pensar, reflexionar, repasar, sopesar, valorar, visitar**

deteriorar(se) ♦ **a conciencia[51], a ojos vista[9], a pasos agigantados[24], con el tiempo, considerablemente[31], enormemente, fácilmente, gravemente, inexorablemente[50], irremediablemente[17], irreversiblemente, notablemente, ostensiblemente, paulatinamente, por completo[109], progresivamente[14], rápidamente, seriamente[14], visiblemente** ♦ **calidad, clima, democracia, economía, estructura, imagen, política, relación, salud, servicio, sistema, situación**

☐ Véase también: **enrarecer(se).**

deterioro ♦ **acelerado, acusado[10], alarmante, ambiental, brusco[87], continuo, creciente, ecológico, económico, enorme, físico, franco, fuerte, galopante[14], general, gradual, gran(de), grave, imparable[37], implacable[85], importante, incontenible, inexorable[15], intensivo[35], irreversible[20], lamentable, lento, notable, notorio, orgánico, palpable[25], paulatino, permanente, personal, progresivo, psicológico, rápido, sensible, serio[28], severo[66], significativo, social, triste, visible** ♦ **manifestación (de)[12], muestra (de), señal (de)** ♦ **acelerar, acusar[15], aminorar[42], atajar, combatir, conducir (a), detener, evitar, experimentar, frenar, impedir, mostrar, neutralizar, ocasionar[10], paliar[37], presentar, prevenir, provocar, reducir, registrar, remontar[36], subsanar[49], sufrir**

☐ Véase también: **daño, desperfecto.**

DETERIORO

♦ (SUSTANTIVOS) Véase: **abrumador[D], accidental[B,D], acusado[A], acusar[B], aminorar[F], brusco[K], combatir[H], compensar[D], grueso[E], hundir(se) (en)[B], imparable[E], implacable[M], incontenible[G], inexorable[B], intensivo[H], irreparable[D], irreversible[D], manifestación (de)[B], mitigar[E], ostensible[B], paliar[E], palpable[F], remontar[F], vertiginoso[D], vislumbrar[L]**

♦ (VERBOS) Véase: **abismalmente[B], abruptamente[D], a conciencia[J], acusadamente[C], a golpes[D], a marchas forzadas[E], a ojos vista[B], a pasos agigantados[E], a patadas[C], a pedazos[A], concienzudamente[G], considerablemente[C], echar(se) (a)[E], estratégicamente[D], estrepitosamente[B,E], gravemente[B], inexorablemente[G], irremediablemente[C], irrevocablemente[E], ostensiblemente[A], peligrosamente[C], pesadamente[A], por completo[I], progresivamente[B], seriamente[D], sin piedad[C], sustancialmente[A]**

☐ Véase también: DESCENSO; DISMINUCIÓN; PÉRDIDA.

DETERIORO Y PÉRDIDA Véase:

♦ **a pedazos**

♦ **perecedero**

♦ **degeneración, desmoronamiento, deterioro, disminución, erosión (de), menoscabo, merma, pérdida**

♦ **agarrotar(se), agostar(se), agravar(se), agriar(se), aguar(se), ajar(se), avinagrar(se), carcomer, decaer, degradar(se), derrumbar(se), desconchar-se, desequilibrar, deshinchar(se), deteriorar(se),**

devaluar(se), dilapidar, diluir(se), empeorar, ensuciar, entumecer(se), erosionar, extinguir(se), fermentar(se), marchitarse, mellar(se), mermar, minar, nublar(se), pudrirse

☐ Véase también: *DISMINUCIÓN, DESCENSO Y REDUCCIÓN.*

determinación ♦ **absoluto, acertado, categórico, claro, decidido, difícil, drástico**[32], **férreo**[85], **final, firme, irrenunciable, libre, polémico, sabio, unánime** ♦ **con** ♦ **falta (de)** ♦ **actuar (con), adoptar, anunciar, criticar, cumplir, demostrar, faltar, mostrar, poner (en algo), reafirmar, revocar**[16], **tomar**[66]

☐ Véase también: **decisión, elección, valentía, valor**.

determinante *adj.* ▌Acepta sustantivos de persona *(jugador, político, gobierno)*, otros que designan lugares *(zona, tramo, área)*, tiempo *(día, jornada, etapa)* y diversos resultados de acciones resolutivas *(voto, elección, decisión, resolución)*. Admite asimismo sustantivos que designan datos *(dato, información, cifra)*, más frecuentemente si se trata de informaciones verbales o textuales *(comunicado, informe, mensaje)*, así como de resultados, generalmente favorables *(triunfo, victoria, logro)*, requisitos o exigencias *(condición, requisito, necesidad)* y múltiples eventos *(acontecimiento, suceso, negociación, llegada)*. Acepta otros muchos sustantivos, pero destacan especialmente sus combinaciones con...

A SUSTANTIVOS QUE DENOTAN ASPECTO, CAUSA, CONSECUENCIA O FUNDAMENTO DE ALGO: **1 causa ++**: ...señalaban las materializaciones de las plusvalías generadas como causa *determinante* de las bajas de ayer. EPE100379 **2 factor ++**: En el caso de las migraciones oceánicas, el factor *determinante* no es la distancia... CAR290997 **3 prueba**: ...a menos que aparezcan pruebas *determinantes* en el otro caso y se incorporen a esta causa... EPE071199 **4 razón**: ...estima que «la razón *determinante*» de este secreto fue el miedo del Gobierno a una fuerte reacción de la opinión pública en contra. LVE160296 **5 fundamento**: ...si bien por sí mismas coadyudan a organizar un mensaje en el que la poesía tiene un fundamento *determinante*, diferenciador de opacidades y volúmenes concretos... ABC210495 **6 detalle**: Todo indica que el acuerdo entre el Once y el corredor es absoluto salvo en un detalle *determinante*: la parte económica. LVE191296 **7 motivo**: ...dicho empresario (...) es familiar directo del Gobernador de la Provincia (...), motivo esencialmente *determinante* de la parcialidad y favoritismo con que ha sido tratada y resuelta la cuestión... CLA030797

B SUSTANTIVOS QUE DENOTAN FUNCIÓN ATRIBUIDA A ALGUIEN O ALGO. TAMBIÉN CON OTROS QUE DESIGNAN ALGUNAS DE LAS OBLIGACIONES QUE CONLLEVA: **8 papel ++**: Dichas enseñanzas ocupan un papel *determinante* en la narración de los personajes. ABC040294 **9 responsabilidad +**: Este análisis explicaría el objeto del viaje del primer ministro francés a la capital USA: convencer a éstos de que su responsabilidad es *determinante*, máxime respecto a Francia... EPE150977 **10 función**: ...esta alusión también era una forma indirecta de criticar a Santiago Carrillo por su función *determinante* dentro del Grupo Parlamentario Comunista. EPE030181

C SUSTANTIVOS QUE DENOTAN FUERZA O INFLUJO EJERCIDOS POR ALGUIEN O ALGO. TAMBIÉN CON OTROS QUE SE REFIEREN A LA RELEVANCIA O LA MAGNITUD QUE PUEDE ALCANZAR: **11 fuerza ++**: Aquí, tiene la vara alta de poder dirigir la política, porque su fuerza es *determinante* para lo que sea... EME160196 **12 influencia ++**: ...pone así fin a 30 años en la vida política griega, en la que ha ejercido una influencia *determinante*. EME170196 **13 peso +**: Sin embargo, tanto en uno como en otro, los convencionalismos sociales tendrán un peso *determinante*. ABC060893 **14 impulso**: Tampoco puede descargarse toda la responsabilidad en el sector público, aunque a él le corresponda la iniciativa y el impulso *determinantes*. LVE100495 **15 poder**: La poesía está influida hoy (...) por el interés de las colecciones, de las editoriales, de la crítica y del poder, *determinantes*, todos ellos, ajenos a la labor creativa. ABC060594 **16 valor**: Nunca alcanzar este metal en unas elecciones catalanas había tenido un valor tan *determinante* ni concitado tantas claves de futuro. LVE051195

D SUSTANTIVOS QUE DENOTAN VALORACIÓN O JUICIO, GENERALMENTE PERSONALES: **17 criterio**: El deseo de abandonar la tasa de inflación como criterio *determinante* en los incrementos salariales... LVE040395 **18 carácter**: Probablemente la coalición en ciernes no tendrá carácter *determinante* si no participa en ella el Partido de Acción Nacional... EPE250599 **19 actitud**: ...ya que consideran que su actitud ha sido *determinante* en la ruptura de las conversaciones. EPE101199 **20 opinión**: ...los detractores de este sistema arguyeron que, finalmente, la opinión *determinante* en todas las causas sería la de los profesionales... EME300995 **21 postura**: ...la falta de medios económicos impide, al parecer, una postura más *determinante*. LVE210996

☐ Véase también: **concluyente, crucial, decisivo, de peso**.

determinar ♦ **a ciencia cierta**[9], **aproximadamente, categóricamente**[34], **claramente, con antelación, con certeza**[15], **con detalle**[28], **con exactitud, con precisión, cuantitativamente, de antemano**[5], **exactamente, fehacientemente**[23], **legalmente, libremente, minuciosamente, previamente, urgentemente**

☐ Véase también: **decidir, elegir**.

detestar ♦ **abiertamente, absolutamente, a rabiar**[12], **con todas {mis/tus/sus...} fuerzas**[11], **especialmente, fuertemente, intensamente, mutuamente, particularmente, profundamente, universalmente**[27], **visceralmente**[3], **vivamente**

☐ Véase también: **odiar**.

de tiros largos ♦ **asistir, ir, poner(se), venir, vestir**

☐ Véase también: **de largo**.

de todo corazón *loc.adv./loc.adj.* ▌Admite la variante *de corazón*. En el sentido de 'verdaderamente' o 'sin reparos' se combina con...

A VERBOS QUE EXPRESAN ACTOS VERBALES EN LOS QUE SE MANIFIESTA ALGÚN SENTIMIENTO HACIA LAS PER-

SONAS, MUY FRECUENTEMENTE GRATITUD, CONDOLENCIA O SOLICITUD DE INDULGENCIA: **1 agradecer ++:** ...quiero desde aquí agradecer *de todo corazón* a la UNAM haber recordado en estos días... ABC201095 **2 dar las gracias ++:** ...visiblemente conmovida, la reina madre les dio las gracias *de todo corazón* por tan hermoso día. EPE200700 **3 felicitar ++:** ...quiero volver a felicitarle *de corazón* y agradecerle su amistad. EPE251099 **4 disculparse +:** Puedo poner verde a un compañero, para más tarde disculparme *de todo corazón.* EME040294 **5 saludar:** Saludo *de corazón* al canciller de la unificación alemana. EPE220100 **6 arrepentirse:** ...para mostrarme lo antes posible ante (...) la justicia como un arrepentido *de corazón.* LVE290395 **7 dar el pésame:** ...hay un instante aterrador (...) cuya sencillez es una forma de respeto por la desdicha, como cuando damos el pésame *de todo corazón.* EPE301280 **8 perdonar:** ...antes de morir perdonaron *de corazón* a sus verdugos. EPE120301 **9 condenar:** ...me extraña que luego se indignen porque otros, condenando *de todo corazón* la atrocidad cometida, sigan... EPE110101

B OTROS VERBOS QUE EXPRESAN OTROS SENTIMIENTOS, MÁS FRECUENTEMENTE ALEGRÍA Y CONTRARIEDAD: **10 sentir +:** Lo siento, *de todo corazón.* Nadie se merece semejante final. EME111095 **11 lamentar +:** ...lamento *de todo corazón* haberles llamado atajo de indeseables. EME200595 **12 alegrarse +:** ...pese a alegrarme *de todo corazón* porque le han hallado con vida... EPE181199 **13 doler:** Aquello me dolió *de corazón.* EME201195

C VERBOS QUE EXPRESAN AMOR, DESEO, CONFIANZA, ESPERANZA Y OTRAS NOCIONES DE NATURALEZA INTENCIONAL: **14 desear ++:** Os deseo, *de corazón*, mucha suerte. ABC290995 **15 amar +:** Es obligatorio mostrarse contento, satisfecho, demostrar que se ama *de corazón* al pueblo. EPE190899 **16 querer +:** ...lo mucho que aprendí de Josep Vicent Marqués, a quien quiero *de todo corazón...* EPE200199 **17 confiar +:** Confiábamos *de corazón* en que aquel tratamiento lo sacaría del mundo de la droga y lo reintegraría a... INDOC **18 creer:** El Plan Colombia no va a fracasar. Y lo creo *de corazón.* SEM301000 **19 esperar:** Espero *de todo corazón* que su ira no la ciegue completamente. EPE301000 **20 buscar:** Que esta Cuaresma nos sirva para buscar *de todo corazón* la voluntad de Dios sobre nosotros... EME130395

D VERBOS QUE DESIGNAN MANIFESTACIONES VERBALES O COMUNICATIVAS, MÁS FRECUENTEMENTE LAS QUE EXPRESAN SOLICITUD, PERO TAMBIÉN LAS QUE ALUDEN A OTRAS INFORMACIONES RELATIVAS A LOS CONTENIDOS MENCIONADOS EN LOS APARTADOS *A* Y *B*: **21 pedir ++:** Os pido *de corazón* que levantemos la cabeza... EME220594 **22 rogar +:** ...rogamos al Señor *de todo corazón* que os conforte y acompañe siempre... EPE241099 **23 invitar +:** Señor alcalde, le invito *de todo corazón*, a usted y a toda la comparsa de técnicos... EPE311000 **24 decir +:** ...es el momento de decirle, *de todo corazón*, en nombre de... EPE270501 **25 transmitir +:** ...y el colectivo de la Ertzaintza, a quienes deseamos transmitir *de todo corazón* nuestro dolor y solidaridad. EPE230200 **26 manifestar +:** ...dio las gracias a toda la gente que le había ayudado y manifestó *de todo corazón* su deseo de... EME210996 **27 expresar +:** ...expresó *de todo corazón* la solidaridad con la familia. EPE241000 **28 prometer:** ...quiero que sepan mediante este prestigioso diario que prometemos *de corazón* la clasificación... EXP011091

E VERBOS QUE DESIGNAN LA ACCIÓN DE UNIRSE A ALGO O A ALGUIEN, A MENUDO DE MANERA FIGURADA, ASÍ COMO –POR EXTENSIÓN– LA DE APOYARLO O DEFENDERLO: **29 acompañar:** ...los Reyes han querido acompañar *de todo corazón* a la familia Segura en su pena. EME300995 **30 sumarse +:** ...aprovechó su estancia en Tuña para sumarse *de todo corazón* a la rehabilitación que del general Riego... EPE301000 **31 adherirse:** Enterado de la propuesta, (...) me adhiero *de todo corazón* a la misma... EPE120280 **32 apegarse:** El dinero es la felicidad humana en abstracto; cuando ya no somos capaces de disfrutarla en concreto, nos apegamos *de todo corazón* a él... LVE050196 **33 apoyar +:** ...allí no estaba Carreras para apoyarla *de corazón*, como sin duda hubiera hecho... ABC250394 **34 ayudar:** ...muchas gracias a los que me ayudaron *de corazón*, en estos difíciles momentos. HOY110897 **35 respaldar:** ...Brown respaldó *de todo corazón* y completamente el tratado... EPE280977

F ALGUNOS SUSTANTIVOS, A VECES USADOS COMO ENUNCIADOS: **36 gracias ++:** Gracias, *de todo corazón*, por esta obra... ABC041292 **37 llamamiento:** ...cerró ayer la campaña de su partido en Madrid con un apasionado llamamiento, *de todo corazón*, a los votantes... EME020396

☐ Véase también: **con fruición, de buen grado, gusto, gustosamente, gustoso.**

[detrimento] → **en detrimento**

de tú ♦ **dirigirse (a alguien), hablar (a alguien), llamar (a alguien), tratar (a alguien)**

de tú a tú ♦ **conversación, debate, diálogo, lucha, negociación, partido** ♦ **competir, dialogar, discutir, hablar, jugar, luchar, negociar, tratar(se)**

deuda ♦ **abultado[36], acuciante[30], acumulado, agobiado (por), agobiante, ahogado (por), apremiante, asfixiante[42], astronómico[18], atrasado, considerable, copioso[14], creciente, cuantioso, de gratitud, desmesurado[15], económico, elevado, enorme, eterno, exorbitante[1], externo, fuerte, galopante[6], gigantesco, gran(de), gravoso, hasta el cuello (de), impagable, importante, incalculable, ingente[14], inmerso (en), interno, limpio (de)[11], pendiente, pequeño, personal, público, tributario** ♦ **en** ♦ **carga (de), monto (de), pago (de)** ♦ **abrumar (a alguien), acuciar[45], acumular, adquirir[12], afrontar[34], aligerar[9], aliviar[32], aminorar[26], amortizar[1], arrojar[25], asumir[37], aumentar, cancelar, cobrar, colmar[21], compensar[29], condonar[1], contraer[8], crecer, decrecer[29], dejar, desbocar(se)[11], descargar[12], devengar, disminuir, eliminar, engrosar[56], enjugar[2], estar (en), financiar, hallarse (en), honrar[14], inflar, liquidar, negociar, pagar, rebajar[11], reconocer, reducir, refinanciar, refinar, resarcir, saldar[1], salir a la luz, satisfacer, subsanar[36], sufragar[11], tener, vencer[92], zanjar[60]**

☐ Véase también: **adeudar, endeudamiento, endeudar(se), hipoteca.**

de una vez por todas ♦ **acabar (con algo/con alguien), aclarar, afrontar, arreglar, asumir,**

cambiar, cerrar, clarificar, comenzar, conseguir, contestar, decidir, dejar claro, entender(se), esclarecer, garantizar, olvidar, poner fin, resolver(se), solucionar, superar, terminar (con algo/ con alguien), zanjar, *otros verbos que designan procesos que tienen fin natural*

☐ Véase también: **definitivamente.**

de un día para otro *loc.adv.* ▮ Se combina con verbos que denotan suceso *(ocurrir, pasar, suceder, producirse, acontecer)* y también con otros que designan múltiples acciones que tienen fin natural *(escribir un artículo; pintar un cuadro).* Destacan especialmente entre ellas las expresadas por los...

A VERBOS QUE DENOTAN RESOLUCIÓN, REPARACIÓN Y OTRAS FORMAS DE DAR TÉRMINO SATISFACTORIO A UN ESTADO DE COSAS ADVERSO, COMPLEJO O CONFLICTIVO: **1 resolver ++:** Nadie dijo nunca que la contaminación se resolvía *de un día para otro* y menos en un dos por tres. HOY110897 **2 arreglar ++:** Y estas cosas no se arreglan *de un día para otro.* LVE250194 **3 solucionar +:** Sabemos que es algo que no se puede solucionar *de un día para otro.* EME301095 **4 recuperar:** Y cuando le veamos cansado, cuando se vea que no recupera *de un día para otro,* pues a casa. EPE010700 **5 remediar:** ...no significa, sin embargo, «que el grave daño en el nivel de vida se vaya a remediar *de un día para otro*». DYM010996 **6 corregir:** ...el resto mantendrá su tendencia a medio plazo, y ésta no se corrige *de un día para otro.* EPE170499

B VERBOS QUE DENOTAN CAMBIO DE ESTADO: **7 cambiar ++:** ¿Pero, cómo se pueden superar las falencias técnicas? Eso no cambia *de un día para otro.* ENV051000 **8 variar +:** ...el listado de platos suele variar *de un día para otro...* LVE140196 **9 convertir(se) +:** ...la famosa marca de tabacos británica, se ha convertido *de un día para otro* en el principal patrocinador del equipo... EME090396 **10 pasar:** «Estamos ante toda una teoría, muy defendible, no es una moda que pasa *de un día para otro,* como Delacroix». EME140495 **11 modificar:** ...Usinor también está comprometida con sus accionistas y no puede modificar *de un día para otro* los términos de la fusión... EPE171101 **12 alterar:** La economía no (...) es una ciencia exacta, como tampoco lo son las expectativas económicas, que se alteran *de un día para otro...* LVE110395 **13 reemplazar:** El formato de 35 milímetros no será reemplazado *de un día para otro,* pero está seriamente amenazado. EME150496

C OTROS VERBOS DE CAMBIO DE ESTADO, MÁS FRECUENTEMENTE SI DESIGNAN LA ACCIÓN DE DESHACER ALGO: **14 derribar +:** ...el edificio que se había construido con esfuerzo se derribó *de un día para otro* sin dar mayores explicaciones... EPE240399 **15 desmontar +:** No es la primera vez que ocurre, pero ciertos mitos no se desmontan *de un día para otro.* EPE100999 **16 desmantelar +:** Ahora tenemos mucha complicidad, que no se puede desmantelar *de un día para otro...* ENV021000 **17 romper:** ...rompió la amistad *de un día para otro,* sin mediar palabras, alejándose para siempre. LHG190700

D VERBOS QUE DESIGNAN LA CONSECUCIÓN DE UN OBJETIVO: **18 lograr:** Claro, eso no se logra *de un día para otro*; sin embargo es una acción que puede y debe orientar el Estado. EUV170498 **19 conseguir:** Pero sabemos que lo que se pretende no se consigue *de un día para otro...* CLA230199 **20 llegar:** «La solución no llegará *de un día para otro*», subrayó Palacios... LNP150997 **21 alcanzar:** Recalcó el presidente del PNV que la paz no se alcanza *de un día para otro.* EPE221199

E VERBOS QUE DENOTAN DEJACIÓN, OLVIDO O DESESTIMACIÓN DE ALGO: **22 olvidar +:** No se olvidaban *de un día para otro* tantos años de lucha fratricida. EME260494 **23 dejar +:** Y dejar todo *de un día para otro* no es fácil. CAR091297 **24 posponer +:** ...primero se fija la fecha oficial, y luego se va posponiendo *de un día para otro* por razones técnicas y administrativas. INDOC **25 abandonar:** Moles de concreto inconclusas, torres a medio construir, abandonadas *de un día para otro,* donde se acumulan el polvo y el deterioro... EUV120996

F VERBOS QUE DENOTAN DESAPARICIÓN, CESE, SUPRESIÓN Y OTRAS NOCIONES ASOCIADAS CON LA TERMINACIÓN O LA ANULACIÓN DE ALGO: **26 desaparecer +:** De un día para otro el Hombre Goma desapareció. HOY130197 **27 cancelar +:** Y cuando ya estaba preparado, *de un día para otro* nos cancelaron la cita. INDOC **28 anular +:** ...empezó a tener problemas en su banco: *de un día para otro* le cerraron la cuenta y le anularon la tarjeta... CLA190197 **29 irse:** No entiendo cómo se pudo ir *de un día para otro* sin dar ningún tipo de explicación a sus familiares ni a sus amigos. INDOC **30 terminar:** Debemos comprender, sí, que 35 años de violencia no pueden terminarse *de un día para otro.* HOY281283 **31 suprimir:** De un día para otro suprimen el sistema vigente sin pensar en cuántas personas dejaban literalmente en el aire... LVE021196 **32 cerrar:** Cerrar *de un día para otro* el vertedero del sur puede significar el caos absoluto en la ciudad. EPE160399 **33 cesar:** Fernando Castedo (...) cesó *de un día para otro* a Iñaki Gabilondo... EME140796 **34 apagar:** El odio no se apaga *de un día para otro.* LVE220996 **35 retirar:** El PP ha dado marcha atrás y, *de un día para otro,* ha retirado del Congreso una serie de enmiendas... EPE071101 **36 atajar:** ...la contaminación del río «no se puede atajar *de un día para otro*»... EPE050599 **37 desterrar:** ...la crisis de la educación contemporánea está en la pretensión de desterrar, *de un día para otro,* las tradiciones y los métodos de enseñanza establecidos. EPC220597

de un plumazo ♦ **acabar (con algo), apartar, barrer, borrar, cargar(se) (algo/a alguien), desaparecer, desechar, eliminar, erradicar, limpiar, merendarse, perder, quitar, resolver, suprimir, zanjar**

de un sorbo ♦ **apurar, beber, ingerir, tomar(se), tragar**

☐ Véase también: **de un trago.**

de un tirón *loc.adv.* ▮ Se combina con verbos que designan acciones que tienen fin natural *(lavar los platos de un tirón; corregir los exámenes de un tirón)* y también con otros que, sin tenerlo, pasan a adquirirlo por la presencia de un límite o de algún complemento cuantitativo *(correr veinte kilómetros de un tirón; dormir toda la noche de un tirón; ir hasta el pueblo de un tirón).* Destacan principalmente las combinaciones de esta locución (a menudo en contextos cuantificativos) con...

A VERBOS QUE DENOTAN DECLARACIÓN O EXPOSICIÓN VERBAL DE ALGO: **1 contar:** La diputada de Izquierda Unida cuenta su vida *de un tirón*. LVE241295 **2 confesar:** «Un Espartaco que ha aprendido mucho todo este tiempo desde fuera: viendo a sus compañero y reflexionando», confiesa *de un tirón*. EPE180199 **3 hablar:** Gómez de Liaño bebe un largo sorbo de agua. Después, tonificado, rompe a hablar *de un tirón*. EME070595 **4 recitar:** José García aún recuerda la carta y la recita *de un tirón*: pez de espada al horno, fritura de pescado... EPE260799 **5 citar:** ...Betancourt tiene dieciocho años, y sin embargo, su entusiasta presentador puede citar *de un tirón* casi una docena de textos suyos... EUV150996 **6 decir:** «Nada de eso debe ponerse en riesgo», dijo *de un tirón*. EPE210999 **7 afirmar:** «Está mentalizado y en condiciones físicas para luchar por la victoria», afirma *de un tirón* Saiz. EME020995 **8 soltar:** «La escoba fue la primera canción protesta», suelta *de un tirón* Loquillo, que es una inagotable fuente de declaraciones. EPE070700

B VERBOS QUE DENOTAN MOVIMIENTO O TRASLADO: **9 viajar +:** ...desde las alturas de los Andes viajaron *de un tirón* hasta Filipinas. EPU120701 **10 conducir:** Continuó conduciendo *de un tirón* hasta el cruce de la N-420 que une Reus y Tarragona... EME011296 **11 ir:** A principios de siglo, los fúcares que gastaban automóvil en Madrid podían ir *de un tirón* al monasterio de El Paular por la carretera de Francia... EPE090799

C VERBOS QUE DENOTAN CONSUMO DE ALGO, MÁS FRECUENTEMENTE SI SE INTERPRETA EN SENTIDO FIGURADO: **12 tragar(se) +:** Y me tragué *de un tirón* la meditada intervención de Felipe González... EME110295 **13 devorar:** Libro que a uno le gustaría (...) devorar *de un tirón*, tan entrañable, sin jamás caer en lo nostálgico ni lo sensiblero... ABC270594 **14 beber(se):** ......llega sedienta a la barra de un bar y pide al camarero una Coca-Cola, que se bebe *de un tirón*. LRE150103 **15 tomar(se):** ...el legendario cantante y actor se sienta y pide una cerveza para aclarar la garganta, que se toma *de un tirón*. EXC000901

D VERBOS QUE DENOTAN PERCEPCIÓN, INTERPRETACIÓN O ANÁLISIS: **16 leer ++:** Este manojo de cuentos se lee *de un tirón*, sin esfuerzo alguno y con notable placer. ABC271095 **17 repasar:** ...el ser humano recuerda en un solo instante su vida entera, repasándola toda ella *de un tirón*. EPE051099

E VERBOS QUE DENOTAN PRODUCCIÓN, CREACIÓN O REPRODUCCIÓN, MÁS FRECUENTEMENTE DE TEXTOS O DE IMÁGENES: **18 escribir ++:** Escribo *de un tirón* diez versos, pero el undécimo ya no funciona. EME031295 **19 grabar:** Tanto la directora como el presentador han querido que este programa se grabe *de un tirón*, sin interrupciones. EME061096 **20 filmar:** En otras palabras, filmar las escenas *de un tirón*, sin cortes, y no hacer otra versión alternativa. EME160594 **21 rodar:** ...esta novedad, «que resulta bastante follón porque rodamos *de un tirón*, pero que queda muy bien», según el realizador. EME200196 **22 emitir:** Miniserie emitida *de un tirón* y protagonizada por Nicole Kidman... EPE261201

F VERBOS QUE DENOTAN CONSECUCIÓN FELIZ DE ALGO, MÁS FRECUENTEMENTE EN EL ÁMBITO DEL DEPORTE: **23 anotarse:** Después de levantar un 3-0 en contra en el tercer set y anotarse seis juegos, seis, *de un tirón*. EME050695 **24 adjudicarse:** El ídolo americano, intratable al resto, se adjudicó *de un tirón* once juegos seguidos... EME030995 **25 ganar:** ...veinticinco partidos ha ganado *de un tirón* el número uno, que se ha adjudicado sin paliativos cuatro torneos... EME090995 **26 llevarse:** El sexto se quedó en el ruedo a pesar de las protestas, y Manolo Sánchez se lo llevó *de un tirón*, a la carrera, al platillo. EME131096

de un trago ♦ apurar, beber, ingerir, tomar(se)

☐ Véase también: **de un sorbo**.

de usted ♦ dirigirse (a alguien), hablar (a alguien), llamar (a alguien), tratar (a alguien)

de vacío ♦ impresión, sensación ♦ ir, llegar, marchar(se), presentarse, regresar, salir, venir, volver

de valía ♦ artista, científico, cineasta, escritor, experiencia, hombre, persona, profesional

de valor *loc.adj.* ▌Admite algunas variantes *(de mucho valor, de escaso valor, de valor incalculable)* y otros similares. En el sentido de 'valioso' se combina con sustantivos que designan objetos físicos, especialmente si se presentan como pertenencias o patrimonio de alguien *(joya, cuadro, libro, casa)*. También se combina con sustantivos de persona *(mujer, muchacho)*, más frecuentemente si designan a los que ejercen alguna profesión *(cineasta, periodista, escritor, deportista)*. Se combina asimismo con...

A SUSTANTIVOS QUE DESIGNAN OBJETOS O BIENES, ESPECIALMENTE LOS QUE FORMAN PARTE DE ALGÚN PATRIMONIO, SEA ARTÍSTICO, NATURAL O DE OTRO TIPO: **1 objeto ++:** ...para ello habrían roto el vidrio de una ventana que daba al interior de una de las habitaciones, procediendo a apropiarse de algunos objetos *de valor*. VEN210899 **2 cosa ++:** Fuera de una videocámara no tocaron otras cosas *de valor*. LEC210297 **3 pieza ++:** ...el robo del códice medieval, una pieza *de valor* singular que ocupaba un lugar de privilegio... LVE011096 **4 elemento:** ...cree que la supresión del edificio de la Antiga Panissa obliga a alertar a la ciudad sobre la pérdida de algunos elementos *de valor*. LVE230396 **5 pertenencia:** ...a plena luz del día despojaban a los turistas de sus prendas y pertenencias *de valor*... LHG290597 **6 patrimonio:** ...además de «un alto grado de satisfacción personal, les proporcionará en el futuro un patrimonio *de valor*». EPE260799 **7 bien:** Antes de ser asesinados, fueron obligados a entregar (...) todo su oro, joyas y otros bienes *de valor*. EPE161099 **8 enseres:** El ladrón había puesto pies en polvorosa con el botín: algunos bolsos y enseres *de valor*. EPE210199 **9 prenda:** Los asaltantes interceptaron al conductor del bus y luego comenzaron a robar el dinero y prendas *de valor*. ESH010497 **10 mercancía:** ...el comercio de armas, drogas y mercancías *de valor* como el petróleo o los diamantes. EPE301201 **11 material:** La mayor parte de los servicios de conexión nos proporcionan recursos tales como enciclopedias, noticieros, acceso a bibliotecas y otros materiales *de valor*. ENV021000 **12 reliquia:** El paso del tiempo ha hecho que se olviden otras reliquias *de valor*, como los leones de bronce fundido... LHG210800

B SUSTANTIVOS QUE DESIGNAN RESULTADOS DE LA PRODUCCIÓN INTELECTUAL O ARTÍSTICA: **13 obra +:** Nadie puede pontificar sobre lo que se debe hacer (...) para lograr obra plástica *de valor*. PME070796 **14 creación:** Lugar vinculado a acontecimientos del pasado, tradiciones populares o creaciones culturales *de valor* histórico, etnológico o antropológico. EPE100199 **15 producción:** La universidad justifica el nombramiento en la faceta investigadora y en la profundidad de la producción literaria *de valor*. EPE271099

C SUSTANTIVOS DE INFORMACIÓN: **16 documento:** ...roban a la o las empresas que la institución bancaria contrata para transportar sus documentos *de valor*. PME290996 **17 dato:** Los datos *de valor* de mercancía registrados desde el año 94 servirán de punto de referencia... DHE031097 **18 información:** ...es posible que sólo le proporcione informaciones *de valor* limitado... ABC021294 **19 informe:** Se archivaron rutinariamente porque se entendió que no eran informes *de valor*. INDOC

D SUSTANTIVOS QUE DENOTAN CONTRIBUCIÓN: **20 aportación +:** ¿Y qué significa esa aportación *de valor*? LVE180995 **21 ayuda +:** Fue pieza fundamental en el crecimiento del club (...), en ayuda *de valor* para seis presidentes del club... LVE170595 **22 contribución:** Es de destacar la contribución, sin duda *de enorme valor*, que ha hecho este cineasta al cine ruso y al universal. INDOC

E SUSTANTIVOS QUE DENOTAN PROPIEDAD, RASGO O CUALIDAD: **23 característica:** La línea sostiene, con sus características *de valor*, elementos visuales como el volumen. PME151296 **24 cualidad:** Incluso no deja ver en esos espectadores seducidos y epatados algunas cualidades *de valor* que realmente existen en sus cuadros. EPE210699 **25 título –:** En el torneo de la popularidad cada vez hay más personas cuyo único título *de valor* es nominal: son famosos... EPE101099

▮ En el sentido de 'para valorar' se combina con...

F SUSTANTIVOS QUE DENOTAN JUICIO O CRITERIO: **26 juicio ++:** En el caso Daniel Ituarte Reynaud no habrá juicios *de valor*. DYM010996 **27 criterio +:** ...criticó el hecho de que el capitalismo haya empujado a los individuos a tomar el dinero como un criterio *de valor* en sí mismo. CLA030297

devaluar(se) *v.* **▮** Acepta sustantivos que designan unidades monetarias *(moneda, divisa, dólar, peso)* o de algún patrimonio *(bienes, botín, ahorros)*. Admite también sustantivos que designan cosas a las que se reconoce valor cultural o social *(pintura, teatro, arte, torneo, campeonato, partido, presidencia, parlamento)* o que se consideran relevantes para las personas en muy diversas formas *(enseñanza, dignidad, salud, esfuerzo, matrimonio)*. También se combina con sustantivos que designan derechos que se consideran fundamentales *(vida, derechos humanos, libertad de expresión)*. Admite otros muchos sustantivos, pero destacan especialmente sus combinaciones con...

A SUSTANTIVOS QUE DESIGNAN LA CONSIDERACIÓN SOCIAL DE LA QUE GOZA ALGUIEN, LOS RASGOS QUE MANIFIESTA LA FORMA EN QUE ES PERCIBIDO O EL RECONOCIMIENTO QUE SE LE OTORGA: **1 imagen +:** El comité considera que este tipo de actuaciones *devalúan* la imagen del centro del canal estatal en Galicia ante la sociedad. LVG301091 **2 figura +:** ...Rodríguez Ibarra advirtió de que si González se convierte en el centro del debate, se *«devaluará»* la figura del secretario general. EPE200700 **3 reputación:** «Nos llamaron locos –explicó Peter Stothard, director del rotativo londinense– y dijeron que íbamos a *devaluar* una reputación ganada durante años.». LVE100995 **4 prestigio:** Ya me he enterado de que Gorbachov quiere presentar su candidatura, aunque creo que su prestigio está muy *devaluado*. EME100396 **5 autoridad:** ...salpicó también a una de las milicias armadas, los *Mjedrioni*, que anulaban la *devaluada* autoridad del Estado. LVE041195 **6 crédito:** Y es una pena que así se *devalúe* el crédito de un periódico que como decía al principio tiene una reconocida influencia. EPE041299

B SUSTANTIVOS QUE DENOTAN TAREA O DESIGNAN LA FUNCIÓN QUE CORRESPONDE AL QUE LA REALIZA: **7 labor:** Pero el peligro de no pagar bien a los políticos es que su labor se *devalúe* socialmente hasta el punto de que... EPE201199 **8 función +:** La facultad que el artículo 4 del Código Penal atribuye al juez (...) un efecto generalizado de aplazamiento de la ejecución de las penas, *«devaluando* así de forma sustancial» su función. EPE030599 **9 papel +:** Y de ahí a las maniobras en la oscuridad de Clinton y su brazo de hierro en Naciones Unidas, Madeleine Albright, empeñados en *devaluar* el papel de la ONU... EME250996 **10 trabajo:** Deberíamos preguntarnos por qué se acepta tan fácilmente *devaluar* el trabajo (y el estatuto) de las mujeres en el hogar en lugar de criticar la explotación de la que son objeto. EPE070299

C SUSTANTIVOS QUE DENOTAN IMPORTANCIA: **11 valor +:** Si la ley jordana «excusa e incluso justifica» estos asesinatos, *«devalúa* el valor de la vida de las mujeres», añade el comunicado. EPE150899 **12 importancia:** ¿Cómo *devaluar* la importancia probatoria de los documentos del CESID...? EME031096 **13 trascendencia:** ...una serie de condicionantes *devalúan* la trascendencia de la vista oral que se inicia mañana. LVE190295 **14 relevancia:** La negativa, parece que ya oficial, a tomarlos en consideración en el juicio ha *devaluado*, sin duda alguna, la relevancia de los documentos adjuntados. INDOC

D SUSTANTIVOS QUE DENOTAN RESULTADO FAVORABLE, GENERALMENTE EN UNA COMPETICIÓN, O DESIGNAN ALGUNAS DE SUS MANIFESTACIONES FORMALES: **15 triunfo +:** Sin embargo, Lebrija inconscientemente *devaluó* el triunfo al señalar que... EXC050900 **16 premio +:** Paulina Rubio es la única latina con tres nominaciones para el *devaluado* premio Grammy Latino... EXC040901 **17 victoria:** Se trata, en cualquier caso, de una victoria *devaluada*: el resto de los candidatos renunciaron a hacer campaña... EME260296 **18 título:** ...dieciocho boxeadores diferentes han combatido en diversas versiones del título mundial, que se ha *devaluado* como una moneda tercermundista... LVE040995 **19 éxito:** ...fue cáustico (...) con los juristas que han aventurado durante estos días «disparatadas interpretaciones para *devaluar* el éxito policial» obtenido. LVE080395

E SUSTANTIVOS QUE DESIGNAN LA ACCIÓN DE REUNIRSE O DE INTERCAMBIAR OPINIONES: **20 debate +:** Pero *devalúa* el debate sobre Europa. EPE140699 **21 diálogo +:**

Anguita *devalúa* el diálogo entre IU y PSOE y descarta la futura unidad de la izquierda. EME241096 **22 sesión:** La oposición considera que el debate será una sesión «*devaluada*, descafeinada y precipitada»... EME180996 **23 reunión:** La cumbre de La Habana sin dos grandes países como Argentina y Chile sería una reunión *devaluada*... EPE250899

F SUSTANTIVOS QUE DESIGNAN JUICIOS, PENSAMIENTOS O DENOMINACIONES: **24 palabra +:** «Hijueputa» en Colombia es una palabra *devaluada*, que suena muy bien y que ya no significa nada. EPE191101 **25 idea +:** Son «feos». Representan una «huachafería contemporánea». Son una clara «imagen de una idea *devaluada* y vulgar». CAP290896 **26 adjetivo:** Reivindicando un adjetivo hoy *devaluado*, podría decirse que era un hombre caritativo. LVE090696 **27 concepto:** «Aunque lo de auténtico sea un concepto muy *devaluado* actualmente». EME100796 **28 marca:** La marca de grupo ha quedado *devaluada* a causa de la indefinición de su ideología. INDOC

▩ Se combina también con: ♦ **a marchas forzadas[39], a pasos agigantados, ligeramente[18], progresivamente, rápidamente, seriamente[32]**

☐ Véase también: **decaer.**

devanar(se) ♦ **madeja, mollera, ovillo, seso**

devastador ♦ **consecuencia, crisis, efecto, enfermedad, fuerza, golpe, guerra, impacto, incendio, mensaje, noticia, repercusión, resultado, terremoto**

de vestir ♦ **artículo, prenda, ropa**

☐ Véase también: **de gala, de largo, de noche.**

de viejo ♦ **librería, librero, libro**

de vista ♦ **conocer, perder**

de visu ♦ **comprobar, conocer, examinar**

de viva voz ♦ **aprender, conocer, contar, decir, defender, describir, entonar, escuchar, explicar, expresar, identificar, informar, oír, presentar, responder, traducir, transmitir,** *otros verbos de lengua*

devoción ♦ **absoluto, admirable, apasionado, ardiente, arrebatado, auténtico, ciego, desmedido[72], desmesurado, encendido, enfermizo, entrañable, escaso, especial, ferviente[31], fervoroso, gran(de), hondo, intenso, manifiesto, pertinaz[24], popular, profundo, religioso, sincero, sumo[47], tradicional, verdadero, viejo** ♦ **con, por** ♦ **acto (de), muestra (de), objeto (de), santo (de)** ♦ **alimentar[59], avivar, declarar, demostrar, despertar, fomentar, generar, manifestar, mostrar, ocultar, profesar[49], seguir (con), sentir[16], tener**

☐ Véase también: **admiración, adoración.**

devolución ♦ **automático, completo, inmediato, parcial, rápido, urgente** ♦ **en concepto (de)** ♦ **derecho (a), enmienda (de), intento (de), proceso (de), sistema (de)** ♦ **acelerar, aceptar, admitir, agilizar[75], bloquear, cobrar, conseguir, denegar[37], efectuar, esperar, exigir, forzar, hacer, impedir, negociar[26], obstruir, obtener, paralizar, pedir, provocar, realizar, recibir, reclamar, solicitar, tramitar[34]**

devolver ♦ **intacto[10], sano y salvo[30]** ♦ **con creces[27], en parte, ojo por ojo[1], rápidamente, totalmente, voluntariamente**

devorar ♦ **ansiosamente, ávidamente[1], compulsivamente, con fruición[2], de un tirón[13], insaciablemente, íntegramente, vorazmente[4]** ♦ **curiosidad, deseo, envidia, fuego, impaciencia, nervios, odio, pasión,** *otros sustantivos que designan sentimientos*

☐ Véase también: **arder, carcomer, comer (a alguien), consumir, corroer, engullir, reconcomer(se).**

devoto ♦ **apasionado, ferviente[12], fiel, incondicional** ♦ **atraer, confesarse, hacerse, sentirse**

de vuelta ♦ **billete, camino, encuentro, partido, tique, trayecto, viaje** ♦ **enviar, estar, llevar, mandar, traer**

☐ Véase también: **de ida y vuelta.**

[día] → **al día, buen día, buenos días, como un día sin pan, de un día para otro, día a día**

día ♦ **aciago, ajetreado, apacible, apretado, brillante, buen(o), caluroso, claro, corto, de autos, de hoy, de mañana, de perros[1], desapacible, de suerte, espléndido, fausto, favorable, feliz, festivo, frío, gris, histórico, horrible, infausto, interminable, invernal, laborable, largo, lejano, lluvioso, luminoso, mal(o), memorable, otoñal, plomizo, primaveral, propicio, radiante, redondo[13], señalado, soleado, turbulento, vano, ventoso, veraniego** ♦ **a la luz (de), en cuestión (de)** ♦ **hospital (de), turno (de)** ♦ **acabar, aguar(se)[37], alborear, alumbrar, apagarse, asomar, caer, celebrar, clarear, contar, culminar, declinar, dedicar (a algo), deparar (a alguien), despejar(se), despuntar, echar a perder, empezar, emplear, estropear(se), ganar, iniciar, llegar, malgastar, morir, nacer, nublar(se), organizar, pasar, perder, planificar, recordar, recuperar, terminar**

☐ Véase también: **alba, año, jornada, mes, noche, tiempo.**

día a día ♦ *(sust.masc.)* **afrontar[16], vivir**

[diablo] → **como alma que lleva el diablo**

diáfano *adj.* ▮ En sentido literal admite sustantivos que designan lugares, generalmente habitados *(zona, área, local, piso, salón, edificio, planta)*, ciertos elementos físicos *(agua, cielo, aire, luz, sonido)*, así como algunos materiales sólidos, no necesariamente naturales *(cristal, vidrio)*. Se combina también con sustantivos que designan el tiempo atmosférico *(día, noche, mañana: La mañana estaba totalmente diáfana)*. En su sentido figurado acepta sustantivos de persona, más frecuentemente si designan al que explica o presenta alguna cosa ante los demás *(escritor, profesor, intelectual, periodista)*. También se combina con otros que designan textos, así como algunas de sus partes o sus componentes *(libro, página, título, prosa, estilo)*, y muy diversas manifestaciones verbales *(lenguaje, palabra, declaración, comentario, expresión)*. Destacan asimismo sus combinaciones con...

A EL SUSTANTIVO *VERDAD* Y CON OTROS QUE DENOTAN AUSENCIA DE OSCURIDAD O COMPLEJIDAD, INTERPRETADA FÍSICA O FIGURADAMENTE: **1 verdad:** Ante la situación actual, hemos dicho una verdad *diáfana*: o bien hay progresos sustantivos para preservar el plan de paz... EME280696 **2 claridad:** ...para alcanzar un tratado final que, con *diáfana* claridad, asegure la paz en los términos establecidos... HOY250184 **3 sencillez:** ...ávida de la ciudad deslumbrante, pero también ávida de la *diáfana* sencillez del solar natal. LHG210800

B SUSTANTIVOS QUE DESIGNAN LÍNEAS O CURSOS PROFESIONALES, VITALES, SONOROS, TEXTUALES O DE OTRO TIPO: **4 trayectoria +:** La historia personal de este narrador (...) es un ejemplo de sencillez, pero su *diáfana* trayectoria... EPE020299 **5 hoja de servicios:** Es la persona indicada para desempeñar el cargo, ya que tiene una hoja de servicios *diáfana*. INDOC **6 pronunciación:** Es un buen locutor, transmite credibilidad y tiene una voz profunda y una pronunciación *diáfana*. INDOC **7 voz:** ...entonó su voz *diáfana*, acompañada por un cuatro y las dos guitarras afiatadas de sus jóvenes acompañantes. HOY250484 **8 línea:** ...supo rescatar siempre una línea melódica *diáfana*. EPE010699

C SUSTANTIVOS QUE DENOTAN MODO DE SER, DE COMPORTARSE O DE CONDUCIRSE UNA PERSONA: **9 personalidad:** ...cómo un director con personalidad *diáfana* puede prescincir de ella para plagiar con inteligencia, cálculo y pasteleo el identificable universo de otro autor consagrado. EME160296 **10 comportamiento:** ...y en su gestión hizo gala de un comportamiento transparente, *diáfano*, de una honradez intachable. INDOC **11 conducta:** Me caracterizo por una conducta *diáfana*, responsable y transparente... DED061196 **12 actitud:** ...somos muchos los que pensamos que una actitud clara y *diáfana*, un posicionamiento firme ante la violencia, es elemental. EPE180800

D SUSTANTIVOS QUE DESIGNAN JUICIOS, CREDOS O PUNTOS DE VISTA, A MENUDO SOBRE CUESTIONES DE CIERTA IMPORTANCIA: **13 postura:** ...el conselleiro dijo que mantendrá una «postura *diáfana*, y no permitiré que nadie intente utilizar esto como componenda o arma política». FDV070201 **14 idea:** En definitiva, las ideas del nacionalismo catalán (...) son *diáfanas*, y las del nacionalismo español, también. LVE201094 **15 filosofía:** En este sentido, su filosofía es *diáfana* como la atmósfera de sus casitas... ENH090397 **16 visión:** ...hilar pequeñas e intrascendentes historias que milagrosamente acaban conformando una visión *diáfana*, lúcida y reconocible de la vida y del azar. LVE240696 **17 opinión:** Son tan *diáfanas* como contundentes algunas opiniones del autor acerca de la Real Academia... ABC050894

E SUSTANTIVOS QUE DENOTAN TÉRMINO O RESOLUCIÓN: **18 conclusión:** ...surge, si mi interpretación es correcta, una conclusión *diáfana*: el sueño obsesivo de Cuba es la propia Cuba... LVE240295 **19 solución:** El decreto también encarga que los demás elementos «adopten una solución gráfica más moderna, *diáfana* y comprensible»... LVE020296 **20 sentencia:** ...dijeron que la sentencia pronunciada por el Supremo es «clara y *diáfana*» y no cabe más actuación que darle cumplimiento. EPE181199

F SUSTANTIVOS QUE DESIGNAN CIERTOS GESTOS Y LAS EXPRESIONES QUE CON ELLOS SE ASOCIAN: **21 mirada +:** ...una mirada *diáfana* e inteligente que volvía de inmediato a fijarse en el papel. LVE231295 **22 sonrisa +:** En Enrique de León Cabrera hay algo del destino estético de José Batres Montúfar, ora el refinado lirismo, ora la *diáfana* sonrisa... LHG130297 **23 gesto:** Conserva siempre el mismo gesto *diáfano* de cándido que pasa de alteraciones triviales... EPE280800

G SUSTANTIVOS QUE DENOTAN PAUTA CONSIDERADA DIGNA DE IMITACIÓN: **24 ejemplo +:** Los conciertos del viernes noche fueron ejemplos *diáfanos* de ambas opciones... EME200394 **25 modelo:** ...partiendo de un modelo narrativo *diáfano* en el que primero se ponen de manifiesto los conocimientos de la autora... EME180596 **26 muestra:** Los jugadores eran ayer una *diáfana* muestra de desolación. EME010394

H SUSTANTIVOS QUE DENOTAN INTENCIÓN: **27 intención +:** Su intención es muy *diáfana*: apelar al corazón y al voto de sus padres. EME290396 **28 voluntad:** Y una voluntad más *diáfana* de todas las administraciones públicas en el momento de fijar prioridades... LVE020295 **29 objetivo:** Una política dotada de claros referentes y de objetivos *diáfanos*, que se construya sobre la base sólida del respeto a la libertad y a la pluralidad... LVE051295 **30 propósito:** Ante todo, es una obra honesta, cuyo propósito de compromiso y denuncia es *diáfano*. ABC140495

I SUSTANTIVOS QUE DENOTAN ESQUEMA ORGANIZATIVO O DISPOSITIVO: **31 estructura:** ...es, por su *diáfana* estructura, un espacio muy apto para el fin al cual las autoridades municipales de la capital francesa le han destinado. ABC110992 **32 distribución:** Es con la recia autoridad del doctor Caldera como se puede aclarar definitivamente el despilfarro, desorden y distribución nada *diáfana* que el pueblo percibe con la asignación de dólares preferenciales. EUV030996

J OTROS SUSTANTIVOS; POSIBLES USOS ESTILÍSTICOS: ...y corpulento con la corpulencia moral de los grandes, que forjó día a día el pedestal de su *diáfana* gloria imperecedera. ESH030996

☐ Véase también: **cristalino, luminoso, meridiano.**

diagnosticar *v.* ▮ Se combina con sustantivos que designan enfermedades *(sida, alergia, cáncer)*, y también con...

A SUSTANTIVOS QUE DENOTAN PROBLEMA, CARENCIA, DEFECTO Y OTRAS FORMAS DE ANOMALÍA: **1 problema ++:** Estamos promoviendo por eso nuevos modelos de gestión pública, para que las parroquias ayuden a *diagnosticar* sus problemas... ENV021000 **2 avería +:** A veces se oyen ruidos misteriosos (...) y la inquietud no nos suelta hasta que el mecánico *diagnostica* la avería. LVE230196 **3 carencia +:** ...semejante apelación no es suficiente para justificar que se prolonguen en el tiempo carencias, debidamente *diagnosticadas*, que afectan de forma grave a la eficacia de la ayuda prestada. EPE161099 **4 deficiencia:** ...el objetivo fundamental era analizar la situación actual de la educación, así como *diagnosticar* sus deficiencias... EPE141101 **5 déficit:** Obiol también *diagnostica* un déficit de racionalidad ecológica y empresarial. EPE050499 **6 fallo:** ...ha permitido detectar fallos en la seguridad del 48% de los 227 inmuebles que ya han sido *diagnosticados* e informados por la Gerencia de Urbanismo. EPE140999 **7 defecto:** Están bien *diagnosticados* los defectos del sistema judicial; otra cosa es poner los remedios. INDOC

B EL SUSTANTIVO *CRISIS*, ASÍ COMO CON OTROS QUE DESIGNAN ESTADOS O SITUACIONES GRAVES, PELIGROSAS O PERJUDICIALES, GENERALMENTE PARA ALGUNA COMUNIDAD: **8 crisis ++:** ...la falta de decisión de los poderes públicos frente a una crisis conocida, *diagnosticada*, pero no atendida. EUV271096 **9 mal:** ...es urgente fortalecer y reenfocar las medidas tendientes a *diagnosticar* a tiempo ese mal. LNC011296 **10 daño:** El centro de la Generalitat ha *diagnosticado* daños en 10.677 viviendas en toda Cataluña... LVE111195

C SUSTANTIVOS QUE DENOTAN ESTADO DE COSAS. TAMBIÉN CON OTROS QUE DESIGNAN SU CAUSA O SU ORIGEN: **11 causa ++:** ...quieren conocer nuestro momento histórico, *diagnosticar* causas y direcciones, y a la vez establecer criterios y programas... ABC010592 **12 estado:** En todo caso este Instituto parece mejor dotado para *diagnosticar* el estado de la estructura y la cúpula... EPE021099 **13 situación +:** ...la creación de un libro blanco para *diagnosticar* la situación real de cada uno de los barrios... LVE250395 **14 origen:** Los síntomas son claros, pero el origen de la enfermedad no es fácil de *diagnosticar*. INDOC **15 etiología:** ...por poder *diagnosticar* con un solo nombre la auténtica etiología de tantas patologías sociales. ABC011295 **16 procedencia:** ...en cuanto el príncipe empieza a hablar, los arquitectos *diagnostican* la procedencia de todo lo que dice... EPE021089 **17 responsabilidad –:** Estamos ante un caso difícil en el que cuesta *diagnosticar* responsabilidades... EME230195

D SUSTANTIVOS QUE DENOTAN ÍNDOLE, RASGO O PROPIEDAD INHERENTE A LA NATURALEZA DE ALGUNA COSA: **18 característica +:** ...nos servirán para *diagnosticar* exactamente las características y condiciones de nuestros atletas. EUV170498 **19 condición:** Se vio incapaz de *diagnosticar* en qué condiciones aquel sueño sería realizable. INDOC **20 rasgo –:** ...sigue conservando la lucidez que lo caracterizó en su momento para *diagnosticar* los rasgos del mundo actual. INDOC

E SUSTANTIVOS QUE DESIGNAN DIVERSAS PROPIEDADES, CUALIDADES O VALORES DE LAS PERSONAS O LAS COSAS. TAMBIÉN CON OTROS QUE EXPRESAN ALGUNOS DE SUS DEFECTOS: **21 receptividad:** ...la utilización por parte de los pediatras de una técnica que permite *diagnosticar* el grado de receptividad de los padres... EPE020299 **22 fortaleza:** Le encargó en 1996 un cuadro de situación (...) para que le *diagnosticara* fortalezas y debilidades. CLA080797 **23 eficiencia:** ...y los posibles referéndum para *diagnosticar* la eficiencia y operatividad de organizaciones... VEN210899 **24 operatividad –:** La consultora *diagnosticó* con crudeza y realismo la nula operatividad de aquel organismo. INDOC **25 flaqueza:** ...no sólo deberán *diagnosticar* las flaquezas que nos aquejan... EPE171099 **26 potencialidad:** El primer paso de los redactores del plan será analizar y *diagnosticar* en breve las potencialidades y las necesidades... LVE200996

F SUSTANTIVOS QUE DESIGNAN FORMAS DE COMPORTARSE. TAMBIÉN CON OTROS QUE EXPRESAN LA ORIENTACIÓN O EL CURSO DE LAS ACCIONES O LOS ACONTECIMIENTOS: **27 comportamiento +:** ...al 96% ya se le *diagnostica* un comportamiento complejo, preámbulo de un fin de milenio alterado. LVE291295 **28 mejora +:** ...aunque puede esperarse la continuación de la mejora que la Contabilidad Nacional ha *diagnosticado* a lo largo de la primera mitad del año... LVE051096 **29 conducta:** ...dos años como alumna son suficientes para *diagnosticar* tal o cual conducta... EPE020887 **30 orientación:** Los observadores internacionales han *diagnosticado* una orientación populista en el nuevo gobierno... INDOC **31 rumbo:** No hay quien se atreva *diagnosticar* el rumbo que van a tomar los nuevos responsables de la empresa... INDOC **32 evolución:** ...la elaboración de un estudio de mercado (...) que permita *diagnosticar* la situación actual y la evolución en el futuro... EPE080999 **33 descenso:** Tanto *diagnostica* un descenso del nivel cultural del espectador medio como asegura... CLA310199 **34 mutación:** Diagnosticar la mutación es clave para que los miembros de la familia puedan disfrutar de una buena calidad de vida. EPE031201 **35 proceso +:** Estas podrán utilizarse para *diagnosticar* los procesos de degradación que afectan a las pinturas... EME210295 **36 dirección –:** ...quieren conocer nuestro momento histórico, *diagnosticar* causas y direcciones... ABC010592

G OTROS SUSTANTIVOS; POSIBLES USOS ESTILÍSTICOS: Lo único que cabe aquí es *diagnosticar*, a la vista de los resultados, las líneas maestras del cine dominante. EME230394; Hoy se piensa entre determinadas opciones empresariales, claramente *diagnosticadas* y definidas... EPE100999

▩ Se combina también con: ♦ **a ciencia cierta, certeramente, con certeza[13], con fiabilidad, con precisión, sin error, sin ningún género de dudas**

diagnóstico ♦ **acertado, acorde (con), adecuado, adverso, aproximado, atinado[38], aventurado, certero[3], claro, clínico, concluyente[22], definitivo, demoledor[29], difícil, exacto, exhaustivo[51], fallido, fidedigno[41], grave, halagüeño[15], médico, negativo, oficial, positivo, precipitado, preciso, precoz, prematuro, prudente, rotundo[43], severo, unánime[47]** ♦ **método (de), prueba (de), técnica (de)** ♦ **aclarar, afinar[19], amañar[5], anticipar, avanzar, aventurar[35], confirmar, confrontar, conocer, corroborar[11], dar, discrepar (de), elaborar, emitir[3], encargar, equivocar(se) (en), errar[7], establecer[60], formular, hacer, llevar a cabo, mejorar, ofrecer, realizar, recibir, suscribir, tener**

☐ Véase también: **dictamen, juicio.**

dialogar ♦ **abiertamente, ampliamente, cara a cara[10], civilizadamente[10], cordialmente[19], de igual a igual[24], democráticamente, directamente, distendidamente, frente a frente[18], fructíferamente, inteligentemente, largamente[24], pacíficamente, sin barrera(s), sin cortapisas, sin intermediarios, sin tapujos**

☐ Véase también: **charlar, conversar, debatir, entrevistar(se).**

diálogo ♦ abierto, absurdo, afectivo, a fondo[48], animado, anodino, a puerta cerrada[49], arduo[21], cara a cara[30], coherente, constante, constructivo[20], continuo, cordial, cuerpo a cuerpo[30], de igual a igual[39], de sordos, directo, distendido, en profundidad, epistolar, espontáneo, farragoso[2], fecundo[55], fervoroso[41], fluido, franco, frontal[28], fructífero, fuerte, igualitario[17], incoherente, inútil, jugoso[31], lacónico, manido[32], permanente, placentero, preciso, presto (a), renovado, sin barrera(s), sincero, sin condiciones[10], sin intermediarios, sin reservas[61], sin tapujos[85], sugestivo, teatral, tenso, torrencial[1], útil, vivaz, vivo ♦ en punto muerto[3] ♦ ánimo (de)[12], espíritu (de), señal (de) ♦ abocar(se) (a)[52], abrir, abrirse (a), agilizar[15], alimentar[18], bloquear, caber[23], centrar, cerrar, congelar[25], cortar[14], crear, desbloquear[17], devaluar(se)[21], dirigir, discurrir[4], distorsionar[30], encauzar, enfrascarse (en), entablar[14], entrecortar(se)[20], escuchar, establecer[51], facilitar, favorecer, fluir[9], girar[6], hilvanar[12], impulsar, incentivar[40], incorporarse (a), iniciar, interpretar, interrumpir, invitar (a)[23], mantener, mediar (en), moderar, negarse (a), obstaculizar[37], obstruir[40], oír, participar (en), perseverar (en)[45], plantear, predicar[36], prestarse (a), propiciar, prosperar[37], reabrir[37], reanudar, rechazar, revivir[45], romper, sosegar(se)[7], sostener, surtir efecto[40], suscitar, suspender, sustraer(se) (de/a)[23], terciar (en), transcurrir

☐ Véase también: **charla, conversación, debate, discusión.**

diametral ♦ cambio, contraste, diferencia, oposición

diametralmente ♦ contradictorio, diferente, distinto, enfrentado, opuesto ♦ cambiar, oponer(se)

diana ♦ certero ♦ toque (de) ♦ apuntar (a), dar (en), dirigir(se) (a), disparar (a), errar, hacer, tirar (a), tocar

diatriba ♦ cáustico, corrosivo, demoledor, duro, encendido[14], famoso, feroz[5], fuerte, implacable, intenso, terrible, tremendo, violento, virulento ♦ objeto (de) ♦ analizar, escribir, lanzar, leer, plantear, proferir, retomar, soltar

dibujar ♦ a grandes líneas, a grandes rasgos[11], ajustadamente[9], a mano alzada, aproximadamente, a pulso, armoniosamente[43], borrosamente, con precisión, detalladamente, meticulosamente, minuciosamente, nítidamente[25], perfiladamente ♦ escenario, futuro, imagen, línea, mapa, paisaje, panorama, perfil, situación

☐ Véase también: **delimitar, delinear, perfilar, plasmar, representar, trazar.**

dibujo ♦ abigarrado[35], alegórico, alusivo[11], animado, bello, borroso, claro, cuidadoso, curioso, delicioso, detallado, distorsionado, elocuente, esquemático, estilizado, fantástico, fiel, fino, grueso, ilustrativo, impecable, impreciso, infantil, inspirado, lineal, minucioso, nítido, original, perfilado, pormenorizado, preciso, sorprendente, técnico, tosco, verdadero ♦ a carboncillo, a mano alzada, a pulso ♦ colección (de), cuaderno (de), curso (de), exposición (de), lámina (de), película (de), serie (de) ♦ bocetar, borrar, calcar, colorear, contemplar, copiar, dedicar(se) (a), delinear, emborronar, esbozar, exponer, hacer, perfilar, plasmar, practicar, presentar, reproducir, trazar

☐ Véase también: **gráfico, línea, marco, trazo.**

dicha ♦ absoluto, auténtico, duradero, efímero, enorme, fugaz, imperturbable, inconmensurable, incontenible, inenarrable, inexplicable, infinito, inmenso, sumo, verdadero ♦ colmar (de), compartir, conocer, dar (a alguien), deparar (a alguien), derramar, disfrutar (de), embargar (a alguien), gozar (de), irradiar, perseguir, proporcionar (a alguien), rebosar (de), recuperar, saborear, tener, vivir

☐ Véase también: **alegría, felicidad, satisfacción, suerte.**

dicho ♦ conocido, lapidario, manido[9], ocurrente, popular, repetido, socorrido, tradicional, trillado ♦ acudir (a), acuñar[20], aplicar (a algo), circular, confirmar, corroborar, cumplir, demostrar, desmentir, desmontar, recordar, rezar, seguir

☐ Véase también: **refrán.**

dictado (de) ♦ autoridad, clase (de), conciencia, corazón, economía, emoción, estadística, estética, ley, lógica, mercado, moda, poder, velocidad (de) ♦ acatar, atender (a), atenerse (a)[18], copiar, escribir, imponer, marcar, plegarse (a)[3], seguir[6], subordinarse (a)

dictamen ♦ absolutorio[7], ambiguo, categórico, certero[11], científico, coherente, concluyente[19], consensuado, crítico, definitivo, desfavorable, favorable, fidedigno[42], final, forense, incoherente, inequívoco, judicial, jurídico, legal, médico, negativo, oficial, pericial, positivo, preceptivo, precipitado, prematuro, previo, provisional, prudente, sumario, taxativo[9], técnico, terminante[17], unánime[49], vinculante ♦ acatar[6], aceptar, acordar, apelar, aprobar, atenerse (a)[25], aventurar, conocer, desglosar[18], desoír[53], elaborar, emitir[4], entregar, esperar, establecer, expresar, formular[58], hacer público, llegar (a), oír, pedir, rechazar, recurrir, revocar[6], solicitar, suscribir

☐ Véase también: **diagnóstico, juicio.**

DICTAMEN Véase: *JUICIO*

dictaminar ♦ a favor[14], definitivamente, desfavorablemente[11], en contra, favorablemente, pericialmente ♦ causa, culpabilidad, fallo, norma, sanción, sentencia, tiempo, veredicto

dictar *v.* ▮ En el sentido de 'decir o leer algo en voz alta para que alguien lo escriba' se combina con sustantivos que designan textos *(carta, texto, párrafo, comunicado, informe)*. En el sentido de 'impartir' admite sustantivos que designan lecciones docentes o disertaciones *(clase, conferencia, lección, charla)* o el conjunto de ellas *(curso, ciclo)*. En el sentido de 'promulgar' acepta sustantivos que designan resoluciones judiciales o administrativas *(ley, decreto, condena, auto, sentencia, fallo, norma)*. En el sentido de 'precisar, determinar o sugerir' se combina con...

A SUSTANTIVOS QUE DENOTAN INCLINACIÓN O DIRECCIÓN, GENERALMENTE EN SENTIDO FIGURADO: **1 dirección** +: Su padre siempre *dictó* la dirección que debía seguir en los estudios. INDOC **2 tendencia** +: El «punk», el «dance» y lo latino *dictan* las tendencias musicales. EME290196 **3 rumbo:** En este tiempo donde el dinero parece *dictar* el rumbo de la sociedad... LVE310795

B SUSTANTIVOS QUE DESIGNAN LO QUE SUELE TOMARSE COMO REFERENTE, PROTOTIPO O PARADIGMA DE ALGO: **4 modelo** +: «Además», añadió, «se acometerán las reformas legales necesarias (...)siempre de acuerdo con el modelo que *dicte* el Organismo Nacional de Loterías y Apuestas del Estado (ONLAE)». EPE051201 **5 moda** ++: ...suponíamos que la profusión en colores vivos de tales prendas la *dictaba* una moda traída de Italia... LVE120696 **6 patrón:** ...el hecho de alterar el gen que *dicta* el patrón básico habría significado también cambios en el útero... EPD090797 **7 pauta:** Las nuevas leyes sobre la propiedad, sin embargo, *dictaron* pautas para el juego que ambas partes aceptaron... ENH120198

C SUSTANTIVOS QUE DENOTAN ALTERACIÓN O MODIFICACIÓN: **8 cambio** +: Tiene una plantilla equilibrada y no hay necesidad de cambios, excepto los que vengan *dictados* por la eficacia. EME290596 **9 reforma:** ...no respetan la independencia judicial en materia de libertad de prensa o *dictan* reformas legislativas para subordinar esa libertad. LVE010596 **10 regulación:** La ONU *dicta* las regulaciones para asumir la autoridad única de Kosovo. EPE260799 **11 oscilación** −: La prudencia *dicta* las escasas oscilaciones de las cotizaciones... LVE230395

D SUSTANTIVOS QUE DENOTAN PAUTA RÍTMICA O PROPORCIÓN EN EL MOVIMIENTO: **12 ritmo** +: ...dio rienda suelta a una inventiva inagotable que le *dictó* ritmos frenéticos, melodías transidas de emoción auténtica... LNA060792 **13 compás:** El liderazgo estadounidense debe transmitir un valor basado en los principios y no dejar que la política le *dicte* el compás. EPE140499 **14 velocidad:** La historia y auge del nacionalismo en cada miembro del Reino Unido *dicta* la velocidad que toma el proceso autonómico. EPE050599 **15 métrica** −: El propio espacio escénico es el que *dicta* la métrica del poema... LVE310595

E SUSTANTIVOS QUE DESIGNAN RECURSOS, PROCEDIMIENTOS O FORMAS DE ACTUAR APLICABLES A DIVERSOS DOMINIOS: **16 estrategia** +: Sin embargo, el embajador Iván Romero ejecutó la estrategia *dictada* por la Cancillería... LTH220797 **17 esquema:** Lo que sigue a ese choque evita decirlo Frederick Forsyth, que parece *dictar* el esquema de un libro que quizá no escriba nunca. EPE111279 **18 mecanismo:** ...el Estado está llamado a (...)utilizar su poder normativo para *dictar* los mecanismos regulatorios que permitan... ESH061000 **19 plan:** Londres pondrá fin a su boicot en cuanto la CE *dicte* un plan de control de la enfermedad. LVE110696 **20 método:** ...cronometra los entrenamientos y sigue el método que le *dictó* el británico... EPE230900 **21 criterio:** ...el que acompaña a Admeto en su dolor y cuyo buen criterio *dicta* la conveniencia de enterrar cuanto antes a los muertos. LVE310595

dictatorialmente ♦ **actuar, controlar, decidir, disponer, ejercer, elegir, gestionar, gobernar, imponer, obligar, ordenar**

[diente] → **con uñas y dientes, entre dientes**

diente ♦ **acerado, afilado, canino, cortante, de ajo, de leche, de oro, de sable, de sierra, perfecto, postizo, punzante, romo** ♦ **cepillo (de), hilera (de), palillo (de), pasta (de), rechinar (de)** ♦ **apretar, blanquear, caérse(le) (a alguien), castañear, castañetear, cepillar(se), clavar, crecer(le) (a alguien), crujir, echar, empastar, enseñar (a alguien), escarbar (en), faltar(le) (a alguien), hincar, lavar(se), mellar(se), meter(le) (a algo), perder, rechinar, romper, salir(le) (a alguien)**
☐ Véase también: **colmillo**.

[diestro] → **a diestro y siniestro**

dieta ♦ **adecuado, adelgazante, alimenticio, apropiado, básico, blando, drástico, equilibrado, espartano, estricto[20], implacable, inadecuado, inflexible, insufrible, laxo, mediterráneo, milagroso, pobre, relajado, rico, rígido, riguroso, saludable, sano, severo** ♦ **a, en concepto (de)** ♦ **aconsejar, complementar, estar (a), hacer, imponer, llevar, mantener, observar, ponerse (a), prescribir, proponer, recetar, recomendar, saltarse[20], seguir**

difamar ♦ **abiertamente, impunemente, injustamente, libremente, vilmente[17]**

diferencia ♦ **abisal[2], abismal[19], abrumador[12], abultado[32], acusado[49], ajustado, apreciable[24], banal, borroso, claro, considerable, crucial[34], cualitativo[2], discriminatorio[20], enorme, esencial, exiguo[22], flagrante[71], gran(de), grueso[8], imperceptible, importante, inalcanzable[20], inapreciable[24], ínfimo, infranqueable, insalvable[1], insignificante, insuperable, irreconciliable[4], irresoluble[28], ligero, llamativo[52], lógico, mínimo, natural, nimio[27], nítido, notable, notorio, ostensible[32], palpable[18], patente, pequeño, principal, profundo[86], revelador, sensible, serio[59], superable, sustancial, sutil, tenue, tremendo, vago, visible** ♦ **achicar[1], acortar[2], acusar[46], aflorar[43], agrandar(se), agravar(se)[58], agudizar(se)[14], ahondar (en)[13], airear[15], allanar[17], aminorar[48], aparecer, apreciar(se), arañar[13], arrojar[10], atenuar(se), avivar[14], borrar, captar[19], compensar[53], conciliar[14], deponer[11], derivar(se)[43], desbloquear[59], descubrir, destacar, desvanecerse[56], detectar[61], difuminar(se)[12], dirimir[1], distinguir, eliminar, enjugar[13], establecer, estirar[10], estrechar[1], estribar**

(en)[16], existir, limar[12], mantener, marcar[21], mitigar[44], neutralizar, nivelar[1], notar, plantear[51], pulir, quitar hierro (a)[8], reconocer, recortar, reducir(se), remontar[17], resaltar, residir (en)[24], saldar[16], salir a la luz[20], salvar, separar (algo/a alguien), suavizar, superar, surgir, tener {nuestras/vuestras...}, traslucir(se)[63], zanjar[11]
□ Véase también: **desequilibrio, desigualdad, desnivel, desproporción.**

DIFERENCIA Véase:
♦ aventajado, discontinuo, distinto
♦ a (un) tiro de piedra, apretadamente
♦ desequilibrio, desfase, desigualdad, desnivel, desproporción, desventaja, diferencia, disconformidad, discrepancia, distancia, distinción, divergencia, igualdad, semejanza, separación, ventaja
♦ aventajar, diferenciar(se), diferir, discrepar, distanciar(se), distinguir(se)
□ Véase también: *SEPARACIÓN.*

DIFERENCIA
♦ (ADJETIVOS) Véase: abismalmente[C], cariz[C], sustancialmente[H]
♦ (SUSTANTIVOS) Véase: abisal[A], abismal[C], abrumador[B], abultado[E], achicar[A], acortar[A], acusado[G], acusar[G], aflorar[F], agravar(se)[I], agudizar(se)[C], ahondar (en)[D], aminorar[G], apreciable[E], arañar[D], captar[D], compensar[I], conciliar[D], derivar(se)[J], desvanecerse[I], detectar[J], difuminar(se)[B], diluir(se)[F], dirimir[A], discriminatorio[D], dosificar[G], enjugar[B], estirar[C], estrechar[A], estrecho[B], estribar (en)[C], exiguo[D], flagrante[F], grueso[C], guardar[K], inapreciable[F], insalvable[A], irreconciliable[B], irresoluble[F], limar[E], llamativo[G], marcar[D], meridiano[F], mitigar[G], nimio[E], nivelar[A], ostensible[D], paliar[G], palpable[D], profundo[K], pulverizar[G], remontar[C], residir (en)[E], serio[M], tomar[F], toque (de)[G], tranquilizador[E], traslucir(se)[J]
♦ (VERBOS) Véase: abismalmente[A], acusadamente[A], considerablemente[F], en mucho[C], negativamente[F], nítidamente[E], notablemente[D], ostensiblemente[F], poderosamente[D], por completo[L], radicalmente[E], sustancialmente[D]
□ Véase también: DISCONFORMIDAD; SEPARACIÓN; VENTAJA.

diferenciar(se) ♦ abismalmente[2], a simple vista, claramente, considerablemente, cualitativamente, decisivamente, destacadamente, en mucho[13], enormemente, en poco, escasamente, expresamente, fácilmente, intensamente, levemente, ligeramente, maniqueamente, mínimamente, nítidamente[35], notablemente[37], notoriamente, ostensiblemente, por poco, sensiblemente, sustancialmente[41], verdaderamente, visiblemente
□ Véase también: **diferir.**

[diferido] → en diferido

diferir ♦ ampliamente, considerablemente[51], drásticamente, en mucho[11], enormemente, en poco, ligeramente, mínimamente, notablemente[35], por completo[118], radicalmente[27], significativamente, sustancialmente[43]
□ Véase también: **diferenciar(se).**

difícil ♦ endemoniadamente, endiabladamente, en extremo, enormemente, escasamente, especialmente, excesivamente, extraordinariamente, inmensamente, ligeramente, medianamente, particularmente, profundamente, sumamente, terriblemente, tremendamente

dificultad ♦ abrumador[46], absoluto, adicional, aparente, apreciable[21], apremiante[8], candente[8], coyuntural[4], demasiado, endemoniado, endiablado[16], enorme, enrevesado[14], escaso, especial, evidente, extremado, extremo, gran(de), grave, indudable, insalvable[15], insoluble[6], insoslayable[27], insuperable, invencible, irresoluble[2], leve, libre (de), ligero, lleno (de), moderado, nimio[19], notable, ostensible, particular, pasajero[25], peliagudo, peligroso, progresivo, salvable, serio[3], severo[71], sumo[63] ♦ a la vista (de)[32], a prueba (de)[2], con, sin ♦ cúmulo (de)[19] ♦ absorber[15], acarrear[12], acechar[8], acuciar[16], acusar[12], aducir[14], afrontar, agravar(se)[3], agudizar(se)[27], airear, allanar[11], aminorar[14], amoldar(se) (a)[13], arreciar[48], arrostrar[9], atenuar(se), atravesar[13], augurar[17], aumentar, avecinarse[6], bordear, bregar[3], capear[7], cerrar los ojos (ante)[21], colmar (de)[44], confluir[21], conjurar[13], constituir, crecerse (ante), derivar(se)[14], desbordar(se), despejar(se)[36], disipar(se)[31], encarar, encerrar, encontrar, enfrentarse (a), entrañar, entrar (en), estribar (en)[9], gravitar[6], hacer frente (a), implicar, lidiar, meter(se) (en)[12], mitigar, obviar[1], orillar, paliar[2], plantear[10], poner (a algo/a alguien), poner (en), presentar, reconocer, recrudecer(se)[51], remontar[4], rendirse (a/ante)[15], residir (en)[18], salir (de), salvar, sobrepasar[15], sobreponerse (a)[1], solventar, sopesar[8], sortear[6], soslayar[2], subsanar[16], sufrir[64], superar, suponer, tener, traspasar[11], tropezar(se) (con)[2], vadear[9], vencer[1], vislumbrar[57]
□ Véase también: **facilidad, problema, vicisitud.**

DIFICULTAD
♦ (ADJETIVOS) Véase: virtualmente[G]
♦ (SUSTANTIVOS) Véase: abatir(se)[B], abocar(se) (a)[D], absorber[C], acaecer[B], acarrear[B], accidental[E], acechar[B], achacar[F], acometer[D], acotar[B], acuciante[A], acuciar[C], a cuestas[A], acusar[B], adentrarse (en)[D], aducir[C], aflorar[G], afrontar[A,B], agotar(se)[I], agravar(se)[A], agudizar(se)[D], ahondar (en)[B], airear[B], a la altura (de)[E], a la medida (de)[D], a la vista (de)[H], alcance (de)[A], aligerar[G], allanar[B], aminorar[C], amoldar(se) (a)[C], ancestral[H], anclar[F], anidar[G], apagar(se)[E], aplacar(se)[E], apreciable[D], apremiante[B], a prueba (de)[A], arduo[F], arrostrar[C], asumir[E], atañer[B], atizar[E], atravesar[B], augurar[C], azotar[G], bordear[I], bregar[A], brotar[G], calmar(se)[C], candente[B], capear[B], capitalizar[I], captar[G], carcomer[D], causar[B], cernerse[D], cerrar los ojos (ante)[C], clarificar[D], colmar (de)[I], combatir[D,E], compensar[H], concurrir[F], confluir[D], congénito[C], conjurar[D], corregir[D], coyuntural[A], crucial[I], cúmulo (de)[B], decisivo[K], decretar[G], delegar[H], desactivar[D], desbloquear[A], desbocar(se)[D], despejar(se)[E], destapar[F], detectar[C], diagnosticar[A], digerir[D], disipar(se)[E],

eludir[B], emanar[H], encajar[B], encarar[E], enderezar[E], endiablado[C], endilgar[C], en punto muerto[G], enrevesado[B], escarbar (en)[E], estallar[C], estribar (en)[B], galopante[B,C], gravitar[B], grueso[B], hondo[F], hundir(se) (en)[C], ingente[J], insoslayable[F], intrincado[B], irresoluble[A], irreversible[C], librar(se) (de)[F], lidiar[A], limar[C], magnificar[A], manifestación (de)[A], mayúsculo[D], meter(se) (en)[B], mitigar[D], nimio[C], obviar[A], ocasionar[B], ocurrir[D], ostensible[K], paliar[A], pasajero[D], persistir (en)[A], pertinaz[H], planear[C], plantear[B], plegarse (a)[B], pozo (de)[C], proceloso[C], profundo[Q], pulverizar[H], purgar[F], quitar hierro (a)[C], reavivar[B], rebasar[J], recrudecer(se)[F], redoblar[G], remitir[E], remontar[A], rendirse (a/ante)[C], residir (en)[D], saldar[D], salir al paso (de)[F], secuela (de)[E], segregar[C], sembrar[G,K], serio[A], severo[G,H], silenciar[G], sobrepasar[C], sobreponerse (a)[A], so pena de[F], sopesar[B], sortear[B,E], soslayar[A], soterrado[E], subsanar[B], sufragar[D], sufrir[J], sumir(se) (en)[E], sumo[I], suplir[C], tangencial[G], traspasar[C], tropezar(se) (con)[A], vadear[B], vencer[A], venir de lejos[A], vigente[F], vislumbrar[I], zambullir(se) (en)[E], zanjar[D]

☐ Véase también: ADVERSIDAD; AFLICCIÓN; LACRA; OBSTÁCULO.

DIFICULTAD Y ADVERSIDAD Véase:

♦ **adverso, agotador, arduo, asfixiante, bizantino, denodado, difícil, enrevesado, farragoso, intrincado, numantino, reñido**

♦ **a duras penas, ahogadamente, a trancas y barrancas, contra reloj, contra viento y marea**

♦ **adversidad, agujero, aprieto, apuro, atolladero, bache, bancarrota, calamidad, catástrofe, complejidad, complicación, contratiempo, crisis, cruz, desgracia, dificultad, entuerto, inconveniente, mal, martirio, objeción, obstáculo, problema, punto negro, quebradero de cabeza, recesión, reparo, rompecabezas, sobrecarga, traba, trastorno**

♦ **cebarse, dificultar**

☐ Véase también: *DETENCIÓN Y OBSTACULO; INCERTIDUMBRE.*

dificultar

♦ **considerablemente[65], enormemente[21], gravemente, indirectamente, inmensamente, mínimamente, notablemente[25], seriamente[18], significativamente**

☐ Véase también: **facilitar.**

difuminar(se)

v. ▮ Se construye con sustantivos que designan la luz, así como diversos elementos, propiedades o manifestaciones de las representaciones gráficas o pictóricas de las cosas, especialmente si aluden a la forma en que son percibidas o se presentan a la vista: *luz, halo, imagen, color, línea, tono, dibujo, fondo, trazo.* Se combina también con otros que expresan la falta de luz o designan ciertas materias que impiden la visión *(difuminarse las sombras, la oscuridad, la bruma, la niebla).* Admite también sustantivos que designan seres materiales (personas o cosas), a veces en construcciones formadas con complementos como *en la lejanía, en la distancia* y otros similares. Destacan especialmente sus combinaciones con...

A SUSTANTIVOS QUE DESIGNAN LO QUE SEPARA LAS COSAS O MARCA SUS LÍMITES. TAMBIÉN CON OTROS QUE EXPRESAN ESOS MISMOS LÍMITES O CONTORNOS: **1 frontera ++:** Las condiciones laborales en la «nueva economía» *difuminan* la frontera entre jefes y empleados. EPE200800 **2 límite ++:** Los límites se *difuminan* y ello (...) ciertamente es bueno. EME230995 **3 contorno ++:** ...los contornos de esto, eso y aquello se *difuminan*, y el poeta flota en un «territorio final»... ABC271192 **4 perfil ++:** En la medida en que este perfil se *difumina*, el atractivo decrece... LVE151096 **5 línea divisoria:** ...el frente nacionalista, por las condiciones de sus alianzas y de sus exclusiones, está *difuminando* la línea divisoria entre enemigo y adversario. EPE090299 **6 barrera:** ...saber hablar inglés *difumina* cualquier barrera de comunicación, estés donde estés. EPE190399 **7 silueta:** Sus siluetas se confunden entre los naranjos, *difuminadas* por el humo de los tractores y cegadas por el sol de poniente. EME050296 **8 figura:** ...tuvo el acierto político, o quizá ante todo estilo psicológico, de *difuminar* su figura, de compartir su protagonismo entre todos los que le acompañaban... EPE300199

B SUSTANTIVOS QUE EXPRESAN LA ACCIÓN O EL EFECTO DE SEPARAR DOS O MÁS COSAS. TAMBIÉN CON OTROS QUE DESIGNAN DIVERSAS MANIFESTACIONES DE LA DESIGUALDAD ENTRE ELLAS: **9 división +:** La revolución tecnológica, especialmente la telemática, *difumina* la división entre lo público y lo privado... EME010795 **10 separación:** ...tiene nuevas dimensiones en un mundo en que se *difumina* la separación entre lo civil y lo militar. EPE160901 **11 distinción +:** Ése fue uno de los argumentos aducidos por el Gobierno para su reforma: que se *difuminaba* la distinción entre legales e ilegales... EPE030800 **12 diferencia +:** Sus enemigos tienden no sin motivos a *difuminar* la diferencia en un intento de volver a todos los gatos antisocialistas pardos. ABC250294 **13 ventaja +:** La ventaja de dos sets se *difuminó* en un instante y se le fue el partido. INDOC **14 contraste:** ...se extienden 49 kilómetros de paisajes a ambos lados de un camino de contrastes, que se *difuminan* entre el rojo plateado de los cultivos freseros y una alfombra verde de marismas. EPE241299

C SUSTANTIVOS QUE DESIGNAN EL SONIDO Y ALGUNAS DE LAS FORMAS EN QUE SE EXPRESA: **15 sonido:** ...aseguraba que allí empezaba a *difuminarse* el sonido directo procedente del escenario y empezaba a intervenir el rebote... EPE310399 **16 melodía:** ...se mueven al ritmo de una música cuya melodía nos llega *difuminada* por la lejanía. LVE070896 **17 ruido:** ...aumentar el número de pistas, lejos de aumentar el ruido, permite *difuminarlo* en una superficie más próxima al aeropuerto. EPE120299 **18 grito:** Los cíclicos, y tópicos-típicos gritos «déjalo ahí» se fueron *difuminando* al ver las poquitas ganas de pelea... EME260494 **19 eco:** Cuando todas las marchas triunfales ya no son más que un eco *difuminado*, queda por fin el individuo solo ante una simple lista de nombres impresa en un papel barato que caerá en una urna. EPE171099

D SUSTANTIVOS QUE EXPRESAN INCERTIDUMBRE, A VECES A TRAVÉS DE REFERENCIAS METONÍMICAS: **20 duda +:** La crispación, por exagerada, confirma, más que *difumina*, la duda. EME110195 **21 sospecha +:** Proyección es precisamente lo que le hace falta a este festival para cumplir su presunto objetivo (...) y *difuminar* la sospecha de que es un escaparate más de los muchos que promocionan la... EPE120799 **22 incertidumbre:** Suponiendo que los atentados de septiembre sean un hecho único en su género y que la confianza se reconstruya a medida que se *difuminen* las incertidumbres y la inseguridad... EPE211101 **23 fantasma:** ...para que una alianza con el PP y UA haga factible la mayoría absoluta y por tanto *difuminar* el fantasma de una moción de censura. EPE220201

E SUSTANTIVOS DE SIGNIFICACIÓN INTENCIONAL QUE DESIGNAN ACTITUDES O INCLINACIONES FAVORABLES HACIA LO QUE SE ESPERA O SE DESEA: **24 esperanza +:** Y ya se están *difuminando* las esperanzas de que (...) aquel gran país africano emprendiera un camino nuevo hacia la democratización... EPD300597 **25 sueño:** Y con su derrota vio cómo el sueño de repetir aventura europea se *difuminaba.* EME170495 **26 ilusión:** ...*difuminaron* las ilusiones de una afición que ve cómo su equipo se precipita al abismo de Segunda... EPE100599 **27 aspiración:** ...pretenden *difuminar* las viejas aspiraciones de las décadas anteriores al mayo del 68... EME050294 **28 expectativa:** El corto plazo, pues, aporta unas expectativas más *difuminadas...* LVE240196 **29 voluntad:** He vuelto pues ligera de equipaje en el sentido literal de la palabra, con (...) la voluntad *difuminada* como el agua de gaseosa. EME100895 **30 apetencia:** El hombre viejo (...) va reculando despacio, sin remisión, y, en general, para su bien, *difuminándose* las apetencias, reducidas a mínimos deseos, leves empeños y contadas esperanzas. EPE260499 **31 intención:** Ofrece tantas cosas y tan variadas que se *difumina* un poco su intención y su efecto. LVE101195 **32 interés:** El desinterés que denuncian esas tasas de abstención obstaculiza el fortalecimiento del Parlamento Europeo, lo que a su vez *difumina* el interés de los ciudadanos por la institución. EPE200699

F SUSTANTIVOS QUE DENOTAN PROPIEDAD DESTACADA O CARACTERIZADORA DE ALGO. TAMBIÉN CON OTROS QUE DESIGNAN ESAS MISMAS CUALIDADES IDENTIFICATIVAS: **33 identidad +:** Así, por ejemplo, se *difuminó* la identidad de la burguesía industrial catalana... EPE020484 **34 seña de identidad +:** ...a gran velocidad se fueron incorporando a la imagen de la izquierda diluyendo y *difuminando* sus señas de identidad. EPE230299 **35 característica +:** ...tiene una característica *difuminada,* inexistente, vaga, lejana y, por supuesto, sin voz humana. CAP161097 **36 rasgo:** ...el Gobierno así surgido empeñó su esfuerzo en *difuminar* los rasgos diferenciales de la sociedad. EPE300401 **37 carácter:** ...su carácter de secta fanatizada y ritual pareció *difuminarse.* HOY110897 **38 idiosincrasia:** ...se intenta importar el elemento más negativo (...), sin tener en cuenta el positivo (...), *difuminando* aún más la idiosincrasia de la cohesión social europea. EPE020599

G SUSTANTIVOS QUE DESIGNAN FUNCIÓN O TAREA ASIGNADA. TAMBIÉN CON OTROS QUE SE REFIEREN A LA RELEVANCIA O LA PROMINENCIA DE PERSONAS O COSAS EN ALGÚN ENTORNO, GENERALMENTE SOCIAL: **39 función:** ...si bien las funciones de este foro han quedado *difuminadas* y claramente rebajadas respecto a la intención del independentismo radical de convertirlo en... EPE150500 **40 papel:** ...el papel del padre está completamente *difuminado* y descolocado. EME260596 **41 responsabilidad:** ...está ayudando a *difuminar* la responsabilidad, que es la de ETA. EME160296 **42 obligación:** ...el cargo lo tiene, desde luego, pero las obligaciones que le corresponden están un tanto *difuminadas.* INDOC **43 protagonismo:** ...tenía como misión resituar a Alemania y Francia como motores induscutibles del continente, antes de que la llegada de nuevos socios al club *difuminara* protagonismos. EME020795 **44 presencia:** ...porque siempre estuve convencido también de que la música estuviese siempre allí, marcando una presencia más o menos *difuminada* pero latente... ABC211094

H SUSTANTIVOS QUE DENOTAN PROBLEMA O ANOMALÍA: **45 problema:** El Estado es algo muy abstracto, donde las responsabilidades de los pequeños problemas se *difuminan.* EPE050178 **46 error:** La reforma, sin embargo, no puede *difuminar* los errores que llevaron al 11-S. EPE051101 **47 imperfección:** Ninguna concesión al virtuosismo, al adorno excesivo, al pedal capaz de *difuminar* piadosamente las imperfecciones... EPE140899 **48 inconveniente:** Àlex asegura que la importancia del título logrado *difumina* estos inconvenientes. EPE270199

I SUSTANTIVOS QUE DESIGNAN RESULTADOS, SEAN FAVORABLES O DESFAVORABLES: **49 victoria:** La gesta de Michael Johnson devoró todo lo demás en la divina noche del 1 de agosto. *Difuminó* la victoria de María José Perec y extendió un piadoso manto de semindiferencia y semiolvido sobre... EME030896 **50 éxito:** Ni siquiera la ridícula cicatería del Ministerio de Educación para recontar el número de asistentes a la manifestación del pasado sábado en Madrid (...) ha logrado *difuminar* el éxito de la convocatoria estudiantil. EPE051201 **51 logro:** ...etapa de claroscuros con logros indudables que, sin embargo, van a quedar *difuminados* por tan abrupto final. INDOC **52 fracaso:** Lamento que el PNV intente sembrar confusión para *difuminar* el fracaso de su estrategia política... EME280495 **53 acierto:** ...esa fascinación que sentimos los sevillanos por la sencillez como virtud de primer orden, como cualidad capaz de borrar errores o de *difuminar* aciertos cuando ausente. EPE280199

J SUSTANTIVOS QUE DESIGNAN SENTIMIENTOS, PREDISPOSICIONES O ESTADOS EMOCIONALES, MÁS FRECUENTEMENTE SI SON NEGATIVOS: **54 animadversión:** ...los contactos personales están *difuminando* la animadversión que los polacos sentían por ellos tras la invasión nazi y la ocupación... EME120595 **55 acritud:** ...no tanto abandonar el gran designio de una política mundial, como recoger sus frutos, *difuminando* acritudes en el frente atlántico... EPE020484 **56 indignación:** No porque el cine dé la espalda a esta su época, sino porque, en general, se ha *difuminado* la indignación. EME290495 **57 tensión:** Se salvan algunas imágenes, se *difumina* la tensión teatral. EPE200800 **58 zozobra −:** El liderato del Barça ha *difuminado* la zozobra de una plantilla que aumenta cada día sus tensiones. EME261096

K SUSTANTIVOS QUE DESIGNAN SITUACIONES DE CONFRONTACIÓN, CONTROVERSIA U HOSTILIDAD, MÁS FRECUENTEMENTE SI SON VERBALES: **59 debate:** Así *difuminado* el debate sobre política europea, tiende a acentuarse aún más el interés doméstico de estas elecciones... EME270594 **60 polémica:** La presencia de don Juan Carlos y doña Sofía (...) sirvió para *difuminar* la polémica entre el presidente del Betis... EPE060599 **61 crítica:** Difuminando esa crítica e incluso al rehabilitar a Stalin (...), los sucesores de Kruschev devaluaron la figura de éste. LVE150994 **62 ataque** –: ...se basa en los tres fenomenales pitchers con que cuenta, Glavine, Maddux y Smoltz, capaces de *difuminar* el más poderoso de los ataques. LVE251096

L SUSTANTIVOS QUE DENOTAN PROYECTO O PLANIFICACIÓN DE ALGO: **63 proyecto:** ...ha decidido actuar de inmediato para que no se *difumine* su proyecto... LVE191096 **64 plan:** La OTAN anuncia próximos bombardeos, mientras parecen *difuminarse* los planes de paz. EPE160499 **65 programa:** Hubo un momento en que era tal la capacidad de arrastre ante la disolución de UCD que se optó por evitar los debates ideológicos, por *difuminar* el programa... EME211095 **66 diseño:** El pesado pasado de los GAL *difumina* el futurista diseño presidencial... EME290996 **67 planteamiento:** ...esa duradera alianza amenazaba con diluir o *difuminar* los planteamientos de Unió... LVE091296

M EL SUSTANTIVO *VIRTUD* Y CON OTROS QUE DESIGNAN VIRTUDES Y OTRAS CARACTERÍSTICAS QUE PUEDEN TENERSE POR TALES: **68 virtud:** ...se *difuminan* las virtudes de disponer de una moneda barata, que favorece la exportación... EPE291000 **69 bondad:** Lástima que casi todas las bondades mostradas en el inicio de su carrera como director se hayan ido *difuminando* en sus posteriores realizaciones. EPE210900 **70 gracia:** Los «gags» y las situaciones están calcadas, pero la gracia se ha *difuminado* y la sátira ha dado paso a la humorada farsesca. LVE300996 **71 talento:** El Barcelona logró arrastrar el partido a las trincheras y ahí se *difuminó* el talento blanco. EME281096 **72 prestigio:** ...se mantiene merced a las migajas de un viejo y *difuminado* prestigio. EME250895 **73 popularidad:** Trabajar en un canal de ámbito nacional ayuda a *difuminar* la popularidad, así que llevo bien lo de que me reconozcan por la calle... LVE040296

N SUSTANTIVOS QUE DESIGNAN EL TIEMPO PASADO O SU RECREACIÓN: **74 recuerdo** ++: Cierto es que (...) nuestra memoria no retiene como antaño y muchos recuerdos se *difuminan*. LVE310795 **75 memoria:** También digo que parece *difuminarse* la memoria de largo alcance, aunque reciente en su lección. EPE140499 **76 pasado** +: El presente lo ve confuso y el pasado se le *difuminaba*. INDOC

Ñ ALGUNOS SUSTANTIVOS QUE DENOTAN PELIGRO: **77 amenaza** +: La promoción *difuminó* su amenaza y la tranquilidad se asentó junto al Manzanares. EME140294 **78 riesgo** +: Pero a nadie se le escapa que los riesgos que hace algunos años se consideraban tan serios se han *difuminado* poco a poco. LVE010996 **79 peligro:** ...y disfrutar al fin de cierta calma ahora que el peligro parecía *difuminarse*... INDOC

■ Se combina también con: ♦ **a lo lejos**[22], **paulatinamente**

□ Véase también: **destripar, disolver(se), extinguir(se)**.

difundir(se) *v.* ▮ En el sentido de 'propagar(se) físicamente' se combina con sustantivos que designan formas de energía *(calor, luz, onda)*, así como diversas materias que se presentan en forma de partículas *(semillas, esporas)*. También se combina con otros muchos sustantivos, especialmente con...

A EL SUSTANTIVO *INFORMACIÓN* Y CON OTROS QUE DESIGNAN DIVERSAS UNIDADES EN LAS QUE SE PRESENTA LO QUE SE COMUNICA: **1 información** ++: Sus compañeras de estudio (...) hicieron lo mismo que ella: volver a sus pagos a *difundir* información. EOU291000 **2 noticia** ++: ...las noticias que (...) comienzan a *difundir*, midiendo su fuerza y calculando su dirección. LTH080997 **3 mensaje** ++: ...los medios se comprometieron a *difundir* el mensaje... ECA030792 **4 comunicado** ++: «El días 6 de noviembre no es laborable» ratificó la secretaría de Trabajo en un comunicado *difundido* a todos los medios... DED301096 **5 informe** +: Los hispanos son una comunidad de un gran potencial económico en Estados Unidos, según los datos de un informe *difundido* ayer... LDD220797 **6 nota** +: Con el trío, la misión de *difundir* notas de ancho interés y humor colegial, se asentó. CAP091097 **7 parte** +: El parte médico es el primero (...) que *difunde* la clínica. CLA280297 **8 primicia:** La primicia de Radio Mitre ha sido *difundida* también por las agencias internacionales... CLA160797 **9 reporte:** En su reporte, *difundido* casi a la medianoche, (...) resaltó que el saldo (...) sumó 929 mil 100 millones de pesos... EXC210197

B SUSTANTIVOS QUE DESIGNAN DIVERSOS RECURSOS COMERCIALES USADOS PARA EXTENDER LOS MENSAJES, DARLES NOTORIEDAD O INFLUIR EN SUS POSIBLES DESTINATARIOS: **10 anuncio** +: ...ciertos anuncios (...) han sido *difundidos* en los medios de comunicación escritos... ESP070697 **11 propaganda** +: ...organizó un sistema de emisiones radiofónicas en lengua española para *difundir* propaganda contra el Gobierno... PLG240597 **12 publicidad** +: ...desde el próximo 8 de diciembre quienes aspiren a Senado y Cámara podrán *difundir* publicidad política... EPC141097 **13 convocatoria:** Por lo pronto, la convocatoria queda *difundida* en el Perú... CAP280995 **14 slogan:** Ya no basta con levantar una bandera o *difundir* un slogan... HOY041196 **15 spot:** ...dejaron para el día de muertos la resolución de sus diferendos sobre el número de «spots» y los tiempos en que se *difundirían*... EXC011196

C LOS SUSTANTIVOS *TEXTO* Y *DISCURSO*, Y CON OTROS QUE DESIGNAN TIPOS DE TEXTOS Y GÉNEROS DISCURSIVOS, ASÍ COMO ALGUNOS DE SUS SOPORTES Y SUS COMPONENTES: **16 texto** ++: ...el Ministerio de Economía *difundió* el texto de la carta de intención... CLA040501 **17 discurso** ++: ...un discurso que pronunció ante la Cámara de Comercio (...), *difundido* por la radioemisora Quito. EXP300197 **18 documento** +: Los programas de TV que *difundieron* los documentos se han reafirmado en la autenticidad de los mismos. CAP190996 **19 entrevista** +: ...dijo en una entrevista *difundida* por la televisión pública francesa que París «se esfuerza mucho» ahora... LEC060597 **20 libro** +: ...que sea el sector editorial quien con su presencia en exposiciones como la de Chile *difunda* el libro español. ABC020493 **21 carta** +: ...en la carta escrita por el finado (...), *difundida* por el periodista (...) se sugiere una inquietante relación... ENV110796 **22 publicación** +: ¿De dónde provienen los cuantiosos recursos empleados para *difundir* tal publicación? PME241196 **23 artículo** +: En un artículo que se *difundió* en la conferencia, (...) informó que se necesitarían 10 mil millones de dólares... CLA090701 **24 boletín** +: En un boletín *difundido*, los tres ex dirigentes aseguran contar con el apoyo de los municipios... ESH310197 **25 decreto:** ...los decretos de guerra a muerte fueron *difundidos* por todos los medios posibles. ENV240700 **26 periódico:** Existen por otra parte sistemas de medición de audiencia (número de lectores, en vez de ejemplares de periódicos *difundidos*)... EME271095

D OTROS SUSTANTIVOS QUE EXPRESAN INFORMACIONES VERBALES. TAMBIÉN CON ALGUNOS NOMBRES ABSTRACTOS QUE DENOTAN MATERIA O CONTENIDO: **27 nombre +:** ...manifestó su intención de negociar algún tipo de reducción de pena a cambio de *difundir* el nombre del autor intelectual del crimen. LNP160497 **28 palabra +:** El pasado 11 de abril, la radio *difundía* las angustiosas palabras de Pilar... LVE210494 **29 tema +:** ...se debe contemplar (...) la capacidad de *difundir* un tema interesante y poco popular. EPE071299 **30 contenido +:** ...en esta ocasión omitió *difundir* el contenido del discurso... DYM041197 **31 explicación:** Se *difunden* nuevas explicaciones racionales y se investigan las causas naturales de la enfermedad mental. RUM201097

E SUSTANTIVOS QUE DESIGNAN OPINIONES, IMPRESIONES Y PUNTOS DE VISTA, A MENUDO PARTICULARES Y A VECES INFUNDADOS: **32 rumor ++:** ...alguien llamó y *difundió* el rumor... VIS200397 **33 versión ++:** La versión *difundida* (...) en diversos medios de comunicación fue desmentida... DED180996 **34 opinión +:** La avalancha de opiniones *difundidas* puede dar una idea de los intereses que se mueven... DDN070101 **35 conjetura:** ...hizo público un comunicado en el que pidió a la prensa (...) que no *difundan* «conjeturas sobre el delito»... EXP170797 **36 tesis:** ...esta tesis (...) empieza a *difundirse* en el desgarramiento de nuestra elite política... VIS180997 **37 teoría:** En los círculos en que me muevo se ha *difundido* la teoría de que soy mentalmente inestable... LVE211195 **38 sensación:** ...confirmaría la sensación de persecución que se ha *difundido* en los tribunales... HOY070797 **39 sospecha:** ...había publicado artículos en los que *difundía* la sospecha de que estaba siendo espiado... EME210695

F EL SUSTANTIVO *IDEA* Y CON OTROS QUE DESIGNAN JUICIOS Y MUY DIVERSAS UNIDADES Y FORMAS DE LA ACTIVIDAD INTELECTIVA: **40 idea ++:** No es que se deba desmerecer la elocuencia, ni siquiera la locuacidad, que valen, desde luego, en cuanto sirven para *difundir* ideas... DHE031097 **41 conocimiento +:** ...resaltó el objetivo principal, que es *difundir* los conocimientos actualizados en el campo de la medicina alternativa... ACP170996 **42 pensamiento +:** ...libertad para investigar (...) y *difundir* el pensamiento... DLA040497 **43 noción:** ...destinada a *difundir* nociones generales sobre la computación... EUV060499 **44 concepto:** ...forjaron uno de los conceptos más *difundidos* de esta tradición... LVE190295 **45 saber:** Otras editoriales intentan *difundir* el saber por medio de nuevas colecciones. ABC270594

G SUSTANTIVOS QUE DESIGNAN MANERAS, CRITERIOS O RECURSOS PARA ACTUAR: **46 principio +:** ...ayudando así a *difundir* los principios del «comercio justo» en la sociedad... EME190996 **47 método +:** Cirugía laparoscópica, un método que hoy está muy *difundido*. ACP081296 **48 criterio:** ...determinan una batalla legítima por *difundir* sus criterios y ganar apoyos... EME070294 **49 técnica:** Difundir en forma masiva (...) técnicas de preparación física y de entrenamiento deportivo. PME250896 **50 procedimiento:** El procedimiento se *difundió* rápidamente por toda Europa... ABC080494 **51 directriz:** ...actividades políticas con el objeto de hacer propaganda y *difundir* ideas, programas y directrices de los partidos... LHG120900

H SUSTANTIVOS DE NATURALEZA PROSPECTIVA E INTENCIONAL QUE DESIGNAN FORMAS ORGANIZADAS DE LAS INTENCIONES DE ACTUAR: **52 proyecto +:** ...dedicar sus esfuerzos a *difundir* la imagen y proyectos de la organización... SEM301000 **53 plan:** El plan fue *difundido* por el diario opositor... ENH170297 **54 propuesta:** ...las propuestas de algunos candidatos, *difundidas* en estas páginas permiten establecer una síntesis... DHE121197 **55 iniciativa:** El mismo día en que se *difundía* la iniciativa (...) se mostró de acuerdo con la petición de los familiares. BRE020597

I SUSTANTIVOS QUE DESIGNAN DATOS Y RESULTADOS, ASÍ COMO LAS DIVERSAS FORMAS EN QUE SE PRESENTAN. POR EXTENSIÓN, TAMBIÉN CON OTROS QUE EXPRESAN LO QUE SE CONSIDERA REAL, ATESTADO O DOCUMENTADO: **56 dato ++:** Según los datos *difundidos* el martes (...), en las principales ciudades de Cochabamba de los 778.422 habitantes censados, 403.994 son mujeres... LTB130901 **57 encuesta ++:** Treinta millones de mujeres estadounidenses declararon haber sido víctimas de la violencia en sus hogares, según una encuesta *difundida* ayer... EPC211097 **58 resultado ++:** Las esperanzas de los comunistas (...) se evaporaron tan pronto como comenzaron a *difundirse* los primeros resultados... DYM040796 **59 lista:** ...*difundió* ayer una lista de más de 50 mil deudores morosos... LPA230492 **60 cifra ++:** En varias ocasiones las autoridades han *difundido* cifras menores que las verdaderas... ENH130198 **61 estadística +:** La Corte Suprema acaba de *difundir* estadísticas, según las cuales... CLA100199 **62 conclusión +:** Las conclusiones, *difundidas* hace un mes, aludieron a que (...) mantenían contactos con los líderes... ENH100900 **63 resolución +:** ...fueron establecidos por resoluciones supremas *difundidas* en el diario oficial... GIC120900 **64 hecho +:** ...los periodistas y medios de prensa (...) *difunden* hechos u opiniones que son adversos... CLA030497 **65 realidad +:** ...la prensa y los intereses de ciertos países de Occidente se han preocupado por *difundir* la realidad de las mujeres afganas. CAP041001 **66 sondeo:** ...un sondeo *difundido* el viernes otorgaba (...) una ventaja de 16 puntos sobre su adversario... EUV031196

J SUSTANTIVOS QUE DENOTAN TRABAJO –A MENUDO INTELECTIVO O INDAGATIVO– Y CON OTROS QUE DESIGNAN DE DIVERSAS MANERAS LO QUE DE ÉL SE OBTIENE O SE CONSIGUE: **67 obra ++:** ...consideró importante *difundir* la obra de un mexicano-norteamericano... EXC230996 **68 trabajo:** Se prepara para comenzar a *difundir* el trabajo silencioso que ha desarrollado... HOY200197 **69 estudio ++:** Según un estudio *difundido* por el periódico (...), cada mes se registra una víctima mortal por trombosis... DDN110101 **70 investigación +:** Al *difundir* una investigación económica (...), señaló que el proceso (...) se ha apoyado más en el «abaratamiento de los sueldos y salarios». EXC110796 **71 producto +:** ...incentivará a las empresas que *difundan* sus productos y servicios a través de Internet... LVE240896 **72 actividad:** ...la revista *difunde* las actividades que se organizan... ABC250693 **73 labor:** ...se encargará tanto de *difundir* la labor del teatro como de canalizar la entrada de aportaciones económicas externas. ABC190393 **74 reforma:** Y se dedicó a preparar y *difundir* una reforma que afecta la estructura completa de la Corte Suprema... HOY280797 **75 logro:** ...la intendencia no había sido capaz de *difundir* sus logros... EPU060901

K SUSTANTIVOS DE REPRESENTACIÓN. DESTACAN LOS QUE DESIGNAN LOS SOPORTES MATERIALES DE LAS IMÁGENES Y LOS GÉNEROS AUDIOVISUALES EN LOS QUE SE AGRUPAN ESAS INFORMACIONES: **76 imagen ++:** ...la televisión local *difundió* imágenes inéditas para la población... LNP130397 **77 vídeo:** Al día siguiente, (...) después que se *difundió* el video, la Junta (...) se reunió... ESP041000 **78 fotografía +:** ...la Policía *difundió* la fotografía... CAP261296 **79 reportaje +:** El reportaje (...), *difundido* por la cadena en inglés (...), comenzó con las tradicionales vistas... ENH180397 **80 grabación:** El comando, integrado por unos 10 hombres armados, *difundió* una grabación por el circuito cerrado de sonido del mercado... INF010896 **81 película:** ...tras dos películas independientes y poco *difundidas* (...), Kubrick llamó la atención de la crítica... EPU170701 **82 documental:** ...un documental que será *difundido* en la noche de mañana. ENC240599 **83 retrato:** Su retrato (...) ha sido *difundido* por toda la región fronteriza. FDV180599

L SUSTANTIVOS QUE DENOTAN MÚSICA O DESIGNAN SUS MANIFESTACIONES Y SUS SOPORTES MATERIALES: **84 música ++:** Fundó el conjunto «Perú Expresión» dedicado a *difundir* la música peruana en sones y bailes típicos... CAP300197 **85 concierto +:** Colabora también (...) la sufrida Radio 2, que se encargará de grabar y *difundir* los conciertos. ABC020493 **86 álbum:** Su álbum «El deseo de oír tu voz» ha sido muy *difundido* en nuestro país. ACP081296 **87 canción:** ...aquel «reino del revés», que con fina ironía describe una *difundida* canción infantil de una popular poetisa... LPA130592 **88 voz:** La policía *difunde* la voz del segundo secuestrador. LVE200195 **89 disco –:** ...aparte de *difundir* los discos de Suicidas (...) damos oportunidades a grupos que están allí. EPE051299 **90 tape –:** ...se iban a pasar tapes *difundidos* el año pasado. LPA130592

M SUSTANTIVOS QUE DESIGNAN DIVERSAS INSTITUCIONES SOCIALES, ASÍ COMO MÚLTIPLES FORMAS DEL ARTE Y LA CULTURA: **91 cultura ++:** ...surgen las Escuelas Catedralicias, (...) encauzando y *difundiendo* la cultura. LHG190397 **92 arte +:** ¿Qué pasa con el creador popular luego de que su arte se *difunde* y se enseña? ENV221297 **93 patrimonio +:** La intención de las tres costureras, además de la puramente comercial, es *difundir* el patrimonio arquitectónico... ENV181297 **94 acervo:** ...estudia y *difunde* el acervo cultural de su propia institución. ESH141100 **95 literatura:** ...está lejos de aquella imagen de heroína romántica que ha *difundido* la literatura y que hoy presentan los grandes medios... GIC091196 **96 teatro:** ...un buen acuerdo con las televisiones para que *difundan* «nuestro teatro...». ABC230793 **97 pintura:** ...va a luchar a muerte (...) para que rayos tan poderosos como los catódicos *difundan* (...) nuestra pintura. ABC230793 **98 lengua:** ...su función de «*difundir* la lengua, la cultura y el carácter diferenciador de Galicia». EME100596 **99 folclore:** ...promueven y *difunden* el folclore tradicional de Ayacucho... EXP011091

N SUSTANTIVOS QUE DESIGNAN ENSEÑANZAS O CREENCIAS, ASÍ COMO LOS SISTEMAS EN QUE SE ORGANIZAN: **100 doctrina +:** ...la «Radio Católica» (...) *difunde* la doctrina de la misma Iglesia... DLA260297 **101 creencia:** ...ayudar a su país o a los necesitados, *difundir* creencias o respaldar al alma mater. EPE251101 **102 mito:** ...invita a replantearse la mayoría de los mitos *difundidos* por el cine. LVE031296 **103 evangelio:** ...ha dado un giro a su carrera entregándose a *difundir* el evangelio... EPE151199 **104 religión:** ...desde la época de la conquista en que el español *difunde* la religión católica entre los indios... ESH190696 **105 enseñanza:** ...un centro cultural hispano-japonés destinado a *difundir* la enseñanza del japonés y la cultura nipona. EPE270499

Ñ SUSTANTIVOS QUE DESIGNAN LA PROPIEDAD DE SER LAS COSAS CIERTAS O FALSAS. POR EXTENSIÓN, TAMBIÉN CON OTROS QUE EXPRESAN EL EFECTO DE ATRIBUIR A ALGUIEN HECHOS FALSOS, DELICTIVOS O INCONVENIENTES: **106 verdad +:** ...buscan *difundir* 'la verdad' de lo que sucede en Colombia... SEM301000 **107 mentira:** Durante la campaña el mandatario acusó a los medios de *difundir* «mentiras» y «falsedades»... ESP270700 **108 acusación:** La acusación, *difundida* ayer por los medios de comunicación, establece que (...) se dio mal uso a un millón 123 mil dólares. EXP150492 **109 denuncia:** ...*difundió* ayer una denuncia anónima que dijo recibir cuatro horas después del accidente. EPD040797 **110 falsedad:** ...personas ajenas al concello y con ocultos intereses políticos están *difundiendo* inconfesables falsedades... FDV070201 **111 calumnia:** Las calumnias *difundidas* motivaron (...) a investigar los últimos momentos de su vida. PME221296

O SUSTANTIVOS QUE DESIGNAN VICIOS Y VIRTUDES, ASÍ COMO LOS COMPORTAMIENTOS Y LAS ACTITUDES QUE LOS PONEN DE MANIFIESTO: **112 violencia:** ...la violencia sigue *difundiéndose* en círculos concéntricos, cuyo fin no se ve aún. PME010996 **113 odio:** ...arremetió ayer contra aquellos que «*difunden* el odio» y «legitiman la violencia...». EME250495 **114 amor:** ...una obra destinada a *difundir* el «amor» a la nación catalana a través de un recorrido histórico... EME010396 **115 fe:** ...hizo un llamamiento a los jóvenes católicos (...) para *difundir* la fe en Asia... LVE130195 **116 esperanza:** El político *difundió* la esperanza en un futuro mejor. INDOC **117 caridad:** Las asociaciones benéficas *difundieron* año tras año la caridad en aquellos pueblos. INDOC **118 fanatismo:** ...la increíble ignorancia y fanatismo *difundidos* precisamente por estas invenciones. ABC170993 **119 vicio –:** ...las organizaciones que medran con la prohibición, interesadas en *difundir* el vicio... ABC170792

P SUSTANTIVOS QUE DENOTAN TENDENCIA O CORRIENTE: **120 línea:** Gran parte de su poética conecta con las líneas estéticas más actuales y *difundidas*... ABC260293 **121 tendencia:** ...un espacio único para promocionar los productos escénicos vascos y *difundir* otras tendencias... EPE090699 **122 movimiento:** ...fue uno de los que más contribuyó a *difundir* el movimiento pictórico impresionista en los países centroeuropeos. LNC171296 **123 disciplina:** ...fueron los estadounidenses quienes supieron valorar, potenciar y *difundir* mejor, desde 1896, esta disciplina artística... LVE140596 **124 corriente:** ...una corriente artística que está ganando adeptos, a pesar de que aún no está muy *difundida*. INDOC

■ Se combina también con: ♦ **a bombo y platillo[3], a los cuatro vientos[17], ampliamente, comercialmente[4], como la pólvora[5], detalladamente[17],**

exhaustivamente[16], **generosamente**[28], **profusamente**[19], **universalmente**[22]
□ Véase también: **airear, esparcir, extender, extender(se), irradiar, pregonar, promulgar, propagar(se), publicar, sembrar.**

difusión ♦ **amplio, considerable, cultural, enorme, escaso, especial, extenso, gran(de), inmenso, masivo, necesario, notable, obligado, profuso, restringido, universal, vasto, voluminoso** ♦ **campaña (de), labor (de), medio (de)** ♦ **alcanzar, aprovechar, aumentar, autorizar, conceder (a algo), cuidar, dar (a algo), exigir, facilitar, favorecer, impedir, limitar, obtener, permitir, prohibir, registrar, restringir, retrasar, tener**
□ Véase también: **apoyo, ayuda, emisión, extensión, publicación.**

DIFUSIÓN Véase: *ASCENSO, INCREMENTO Y AVANCE; EXTENSIÓN*

digerir *v.* ▮ En su sentido físico se construye con sustantivos que designan objetos o materias, más frecuentemente alimentos. En su sentido figurado admite sustantivos que designan sentimientos y emociones provocados por situaciones de adversidad *(dolor, tristeza, emoción: Un cúmulo de emociones que aún no hemos logrado digerir).* También con otros que designan obras de creación *(libro, historia, película),* algunos de sus componentes *(página, escena, capítulo)* o elementos constitutivos *(estilo, retórica, sintaxis).* Se combina muy a menudo con sustantivos que designan unidades de información *(mensaje, noticia, información).* Se usa más frecuentemente en contextos negativos y en otros que ponen de manifiesto la existencia de alguna dificultad *(costar trabajo digerir; digerir mal).* También se combina con...

A EL SUSTANTIVO *DERROTA* Y CON OTROS QUE DENOTAN RESULTADO DESFAVORABLE O DESAFORTUNADO: **1 derrota ++:** ...nunca pudo *digerir* la derrota de sus protegidos. PME011296 **2 fracaso:** Ortuondo, sin *digerir* el fracaso del pasado diciembre, recoge firmas en la Eurocámara... LRE180103 **3 fallo:** ...a fin de dar tiempo a todas las partes (...) para *digerir* el fallo al que han tenido acceso (...) a fin de perfilar sus respectivas estrategias inmediatas. EPE030800 **4 fiasco –:** ...no tendremos problema alguno para *digerir* el fiasco de Austral. LVE140196

B SUSTANTIVOS QUE DENOTAN ÉXITO O RECONOCIMIENTO DE ALGÚN MÉRITO: **5 fama +:** ...venden la imagen de tipos normales que saben *digerir* la fama sin traumas. LVE300896 **6 éxito +:** ...el rock ha visto la caída de grupos que no han *digerido* un éxito demasiado rápido... LVE170996 **7 triunfo +:** ...el líder andaluz ha sabido *digerir* el triunfo electoral con una buena dosis de prudencia. EME120496 **8 victoria:** ...Tenemos que saber *digerir* una victoria como ésta. LVE120596 **9 homenaje:** ...el Atlético de Madrid *digiere* el homenaje que se dio en el abarrotado Manzanares. LVE111295 **10 popularidad:** La verdad es que no acabo de *digerir* esta repentina popularidad. EME230195 **11 reconocimiento:** ...asegura haber *digerido* bien el reconocimiento alcanzado por sus cintas anteriores... LVE250295 **12 aceptación:** ...no es frecuente el reconocimiento (...) y, menos aún, *digerir* la aceptación que sus pinturas obtienen en las galerías privadas... ABC180992

C SUSTANTIVOS QUE DESIGNAN OTRAS MANIFESTACIONES DE LOS RESULTADOS DE ALGUNA ACCIÓN: **13 resultado +:** ...se tomará varios días de asueto para acabar de *digerir* los resultados... LVE300595 **14 decisión:** ...el mercado tenía que *digerir* la decisión del Ministerio de Economía japonés... LVE040895 **15 sentencia:** ...el tiempo que lleva intentando *digerir* una sentencia de la Audiencia Provincial de Cádiz... EPE280499 **16 empate:** La selección española ocupó ayer toda la jornada en *digerir* el empate del día antes frente a Bulgaria. LVE110696

D SUSTANTIVOS QUE DESIGNAN SITUACIONES DE DIFICULTAD Y ADVERSIDAD EN DIVERSOS GRADOS, ASÍ COMO ALGUNAS DE SUS CONSECUENCIAS: **17 obstáculo:** ...un desparpajo capaz de *digerir* los más difíciles obstáculos. ABC130392 **18 inconveniente:** ...además tuvieron que *digerir* el inconveniente de unas bolsas europeas también en baja. LVE290695 **19 molestia –:** ...estamos avocados a *digerir* las molestias que sentimos, hasta que el tiempo cicatrice las heridas. DHE100297 **20 tragedia:** ...intentaba *digerir* la tragedia que le aplastó en su séptimo día de vacaciones. EME080896 **21 estrago:** ...le hizo dudar un buen rato de su capacidad para *digerir* los estragos que su sola presencia acarrea. LVE180896 **22 desastre:** La tesis se puso en práctica ayer (...), sin apenas tiempo de *digerir* el desastre. EPD250897 **23 crisis:** Los 135 países miembros de la Organización Mundial del Comercio (OMC) tendrán que *digerir* la crisis... EPE061299 **24 absurdo:** La capacidad del niño para *digerir* el absurdo es muy superior a la del adulto... ABC190894 **25 turbulencia:** Parece que el mercado no acaba de *digerir* las recientes turbulencias monetarias... LVE210395 **26 muerte:** Ahora hago estos conciertos de tributo a Willie porque todavía no he *digerido* su muerte. LVE041296

E SUSTANTIVOS QUE DENOTAN MOVIMIENTO ASCENDENTE O DESCENDENTE: **27 subida +:** Los analistas estiman, además, que el mercado tiene que *digerir* las subidas de los últimos meses. EME110796 **28 caída:** ...para acabar por *digerir* también la (...) caída en desuso de la persecución de las interrupciones del embarazo... LVE070795 **29 descenso:** Ahora hay que *digerir* dicho descenso y valorar la nueva situación. LVE260895 **30 rebaja:** Una vez *digerida* la rebaja de los tipos (...), los analistas siguen apostando por la continuidad de la tendencia alcista... LVE060296 **31 ascenso:** La subida ha sido vertiginosa y es necesario, por el bien de la continuidad alcista, que el ascenso sea *digerido.* EME120595 **32 aumento:** ...lo que indica que la demanda ha *digerido* el aumento de precio. LVE210996 **33 crecimiento:** ...«este año se han *digerido* pasados crecimientos muy fuertes»... LVE080495

F SUSTANTIVOS QUE DESIGNAN OTROS TIPOS DE CAMBIO: **34 cambio:** ...cuesta *digerir* cambios sustanciales, en algunos aspectos incluso revolucionarios... EME070596 **35 renovación:** En las próximas semanas y meses se comprobará cómo la renovación es *digerida* y aplicada por los distintos sectores del socialismo. LVE220394 **36 transformación:** Hay que darles tiempo para que *digieran* las transformaciones que vienen... EPE191199 **37 mutación –:** ...necesitan de esta treta dialéctica para intentar que sus militantes y votantes entiendan una mutación de tal calado que (...) se les hace difícil de *digerir*. LVE030596

G SUSTANTIVOS QUE DENOTAN TÉRMINO, DESAPARICIÓN O CESE EN ALGUNA ACTIVIDAD: **38 eliminación +:** «Hay que *digerir* esta eliminación y después veremos lo que hacemos». LVE160395 **39 pérdida +:** ...Rusia no ha *digerido* la pérdida de la región... LVE020495 **40 disolución:** Cinco años despúes, Rusia es un país que aún no ha *digerido* la disolución de aquella URSS... LVE180396 **41 salida:** Parece que todavía no ha *digerido* su salida del Gobierno federal... LVE300595 **42 retirada:** ...Rabin pretendía postergar la negociación con Siria hasta 1996 para dar tiempo a los israelíes a *«digerir»* la retirada de Cisjordania... LVE191195 **43 abandono:** ...la mayoría del pueblo español sigue sin *«digerir»* el abandono de la antigua colonia... EPE290977

H SUSTANTIVOS QUE DESIGNAN MOMENTOS O PERÍODOS, CASI SIEMPRE YA ACAECIDOS: **44 pasado:** ¿Cómo hemos de *digerir* el pasado? EPE241099 **45 episodio:** El primer ministro británico no ha *digerido* todavía el vergonzoso episodio del martes... EME230695 **46 época:** La ciudad ya ha *digerido* la época olímpica y debe iniciar una nueva etapa en los albores del siglo XXI. LVE110195 **47 temporada:** No ha sabido *digerir* su temporada tan nefasta. EME050696 **48 momento:** Desde el debate se puede ayudar a *digerir* momentos convulsos. LVE110195 **49 historia –:** ...«Hemos sido incapaces de *digerir* la Historia». EME200194

I SUSTANTIVOS QUE DESIGNAN CIERTOS HECHOS O DICHOS OFENSIVOS: **50 afrenta:** La expresión es alivio, venganza indirecta del que no puede *digerir* una afrenta... ABC310192 **51 humillación:** ...un medio para *digerir* la indirecta humillación de la «diplomacia de los bombardeos» con la que Washington y Bruselas han creado el nuevo clímax en el conflicto. LVE181095 **52 sátira:** ...sólo una sociedad tolerante como la catalana podía *digerir* una sátira de ese tipo y una desacralización de sus mitos. LVE170296

J OTROS SUSTANTIVOS; POSIBLES USOS ESTILÍSTICOS: ...había animado a *digerir* el acuerdo: «Es una victoria para Turquía, una gran victoria»... EPE121299; ...el proyecto que da cobertura política a ETA (...) ha fracasado y la banda busca tiempo para *digerirlo*. EPE280899

▩ Se combina también con: ♦ **con dificultad, pesadamente**[16]

□ Véase también: **encajar**.

digestión ♦ **arduo, bueno, complicado, difícil, fácil, laborioso, lento, malo, pesado** ♦ **corte (de), problema (de), proceso (de)** ♦ **alterar, cortar**[52], **dificultar, facilitar, favorecer, hacer, interrumpir, provocar, suavizar, terminar**

dignamente *adv.* ▮ Aunque son muchas las acciones que pueden realizarse de manera digna, se percibe una tendencia clara a combinar preferentemente este adverbio con...

A EL VERBO *VIVIR*, ASÍ COMO CON OTROS QUE DESIGNAN LA EXISTENCIA Y CIERTOS PROCESOS RELATIVOS AL CURSO NATURAL DE LA VIDA: **1 vivir ++:** Los parlamentarios deben acordar un salario que (...) sea «bueno» y les permitan vivir *dignamente*. ETC011291 **2 sobrevivir:** Es bueno inventarse nuevos rostros, armarse de orgullo guerrero para sobrevivir *dignamente*... LVE140494 **3 existir:** ...tenemos necesidad de hacerlo si deseamos existir *dignamente*... EPE180999 **4 subsistir:** ...muchos negocios –demasiados– se montaron más para lograr un rápido enriquecimiento que con el propósito de subsistir *dignamente*... LVE311295 **5 envejecer:** Años y años envejeciendo y pidiendo una miseria para poder vivir y envejecer *dignamente*. LVE060596 **6 habitar –:** ...poder habitar *dignamente* con su madre, sus dos hijos y sus nietos. EME190695

B EL VERBO *MORIR*, ASÍ COMO CON OTROS QUE DENOTAN EXTINCIÓN O DESAPARICIÓN, MÁS FRECUENTEMENTE DE PERSONAS. TAMBIÉN CON OTROS QUE DESIGNAN DIVERSAS FORMAS DE DAR POR TERMINADO UN ESTADO DE COSAS: **7 morir ++:** Igualmente se hablará sobre el derecho a morir *dignamente*. ETC160494 **8 acabar +:** ...«Las leyes de Australia permitirán que mi vida acabe *de forma digna*»... EME270996 **9 despedir +:** ¿No la podían haber adoptado al concluir la Liga y, así, poderlo despedir *dignamente* (...)? LVE230596 **10 enterrar:** ...ha traído a la incipiente «clase media» rusa la posibilidad de enterrar *dignamente* a sus seres queridos... ETC160494 **11 desaparecer:** Freddy Krueger debió desaparecer *dignamente* en la excitante primera entrega de esta serie. EPE050800 **12 terminar:** ...era un día importante en el que nos jugábamos terminar *dignamente* la temporada... LVE200596 **13 resolver:** ...resolver *dignamente* la situación y evitar follones innecesarios... EPE070599

C VERBOS QUE DENOTAN SALIDA O ABANDONO: **14 retirarse +:** «A González hay que dejarle retirarse *dignamente*». EME141295 **15 salir:** ...apenas les preocupan las costumbres, ni la configuración, ni la historia de un pueblo que salió *dignamente* de la colonización... EPE020880 **16 marcharse:** Rubinstein propone que a todos los ilegales se les conceda un año para regularizar su situación o marcharse *dignamente*. EME240896 **17 dimitir:** ...dimitió *dignamente* Leopoldo Calvo Sotelo. EME150395

D VERBOS QUE DESIGNAN LA ACCIÓN O EL PROCESO DE AFRONTAR ALGUNA SITUACIÓN, MÁS FRECUENTEMENTE ACEPTÁNDOLA QUE OPONIÉNDOSE A ELLA: **18 sobrellevar ++:** ...tiene muchas virtudes con las que sobrelleva *dignamente* el periodo especial... LVE260895 **19 sufrir:** ...sufriendo *dignamente* la muerte de los demás... EPE230900 **20 soportar:** Victoria de los corredores modestos de la ONCE, que han logrado soportar *dignamente* y hasta el final la bajada... EME220796 **21 encarar:** ...les legaba a cada uno un piso (...) para que pudieran encarar *dignamente* el último tramo de sus vidas. EPE280199 **22 resistir:** La colección de Tey lleva ya cuatro años resistiendo *dignamente* los embates del mercado... EPE020800 **23 asumir:** Tenían a España en el alma y asumían *dignamente* sus defectos. LVE190996 **24 absorber:** ...no puede absorber *dignamente* la demanda ni cualitativa ni cuantitativamente... EME040996 **25 encajar:** ...los próximos cuatro años permitirán determinar hasta dónde llega la «lección de humildad democrática» tan *dignamente* encajada... LVE221195

E VERBOS QUE DENOTAN LUCHA O DESIGNAN DIVERSAS FORMAS DE ACCIÓN CONTRARIA A ALGO: **26 competir +:** «Además, competir aquí *dignamente*, en una competición de este nivel, ya es un premio»... LNC240796 **27 reaccionar +:** Ante el desengaño por la alcaldía, reaccionó *dignamente*... LVE181295 **28 luchar:** Sus primeras palabras fueron dirigidas a Juan Mayor, su adversario de los últimos días: «Ha luchado muy *dignamente*». EME241195 **29 pelear:** ...lucharon por algo en lo que creyeron, pelearon *dignamente* y de manera sucia. PLG180197

F VERBOS QUE DENOTAN SOSTENIMIENTO O DEFENSA DE ALGO, GENERALMENTE DE ACTITUDES, OPINIONES O ACTUACIONES: **30 mantener +:** ...lucha por mantener *dignamente* su presencia en la carrera. EME210796 **31 sostener:** ...sostuvieron *dignamente* el legado durante los difíciles años ochenta... LVE110296 **32 defender:** ...visión que esperamos tome en cuenta para defenderla *dignamente* en los distintos foros internacionales... EME070194 **33 demostrar:** ...demostrando *dignamente* la vocación de profesionalidad y servicio de su equipo redaccional. EPE100780

G EL VERBO *CUMPLIR* Y CON OTROS QUE DESIGNAN DIVERSAS FORMAS DE ACTUAR EN ALGÚN ENTORNO SOCIAL O DE REALIZAR LAS TAREAS QUE COMPETEN A ALGUIEN: **34 cumplir ++:** ...cumplió *dignamente* en su delicado papel. LVE090695 **35 trabajar ++:** «Impedir que trabajemos *dignamente* sería como sacarnos el pan de cada día»... ACP030701 **36 comportarse +:** ...los ciudadanos se pueden comportar *dignamente*... LVE300696 **37 actuar +:** «Precisamente porque tenéis detrás tantos siglos de cristianismo estáis llamados a actuar *de manera digna* de la vocación cristiana»... EDV230996 **38 vestir:** «Es como viajar sin ropa porque sabes que en cada ciudad tienes la suficiente para vestir *dignamente* tus composiciones»... EPD181197 **39 desenvolverse:** El Sportage también se desenvuelve *dignamente* en la montaña gracias a su modesto peso... LVE050395

H VERBOS QUE DESIGNAN LA ACCIÓN DE PONER ALGUNA COSA DE MANIFIESTO, A LA VISTA O AL ACCESO DE LOS DEMÁS: **40 representar ++:** ...prometió representar *dignamente* la belleza femenina... LPH240696 **41 presentar +:** Texto digno, pues, de figurar en la colección de cualquier estudioso, y muy *dignamente* presentado también por la editorial. ABC020493 **42 encarnar +:** Ricardo Casinelli encarnó *dignamente* a Valzacchi desde un punto de vista escénico... EME020895 **43 exhibir(se):** ...nunca he abandonado su conservación y buen mantenimiento a fin de que pueda exhibirse como museo lo más *dignamente* posible. LVE031096 **44 exponer:** ...luciendo, de paso, obras que poco o nunca habían sido expuestas *dignamente*... ABC280292 **45 editar:** Y muy *dignamente* editado, cuidado, mimado... EME070996 **46 figurar:** ...la victoria de la escandinava habría figurado *dignamente* en el repertorio de la suiza. EME250296

I VERBOS QUE DESIGNAN LA CONSECUCIÓN DE ALGO, GENERALMENTE DE MANERA EXITOSA: **47 ganar +:** La idea es ponerlas a trabajar todos los días, para que se ganen *dignamente* el sueldo que les pagan los contribuyentes... EUV030996 **48 superar +:** ...sería capaz de volver a depositar su confianza (...) en el caso de que CiU supere *dignamente* la prueba de las elecciones catalanas. LVE220995 **49 vencer:** ...capaz de vencer *dignamente* a los fallos de la organización. EME170396 **50 alcanzar –:** Pero nuestro intrépido reportero no se arredra y alcanza *dignamente* –o casi– el final del camino. LVE150896

J VERBOS QUE DENOTAN EVOLUCIÓN O PROGRESIÓN: **51 avanzar +:** ...estos cambios abrirán las puertas del próximo milenio para avanzar *dignamente* en el futuro. LTB100497 **52 desarrollarse:** ...la sociedad está organizada para ofrecer a todos sus integrantes la oportunidad de desarrollarse *dignamente*. LHG130297 **53 ascender:** ...te hace ver primero una escalonada pirámide trunca teñida de sangre por la que asciendes grave y *dignamente*... ABC030993

K VERBOS QUE DESIGNAN SITUACIONES DE PROMINENCIA O MANIFESTACIONES DEL EJERCICIO DE LA AUTORIDAD: **54 dirigir +:** Ruego a usted que esta nota aclaratoria sea publicada en el periódico que usted *dignamente* dirige... EXC050996 **55 encabezar:** ...me place numerar la lista que usted tan *dignamente* ha encabezado en su carta de 16 de marzo. LVE220396 **56 gobernar:** Y que Dios nos lo conserve muchos años, visto lo que hay actualmente para elegir para poder gobernar *dignamente*... LVE200595 **57 presidir:** ...pensaba que el Instituto de Libre Comercio (Idelco) que tan *dignamente* preside era un portavoz legítimo... EPD170797

L OTROS VERBOS; POSIBLES USOS ESTILÍSTICOS: ...se mete todo lo que no importa, lo que no interesa, lo que no ofrece peligro ni merece ser archivado más *dignamente*... EME300695

☐ Véase también: **dignidad**.

dignidad ♦ **alto, atentatorio (contra)[1], gran(de), humano, personal, profundo, propio, sumo, supremo** ♦ **con, sin** ♦ **ápice (de)[16], arrebato (de)[35], falta (de), muestra (de), sentido (de)** ♦ **actuar (con), atentar (contra), carecer (de), conferir (a algo), conservar, dañar[7], defender, demostrar, empañar, herir, lesionar, mancillar, mantener, minar, mostrar, ofender[1], perder, pisar[4], pisotear[6], poseer, preservar, proteger, rebosar[31], recuperar, respetar, salir (con), salvar, socavar[25], tener, vivir (con)**

☐ Véase también: **dignamente**.

digno (de) ♦ **admiración, agradecimiento, alabanza, análisis, aplauso, atención, celebración, comentario, compasión, condecoración, confianza, consideración, credibilidad, crédito, desprecio, elogio, encomio, estima, estudio, imitación, interés, mejor causa, mención, piedad, protección, reconocimiento, recuerdo, respeto**

dilapidar *v.* ■ Se construye muy a menudo con sustantivos contables en plural o no contables en singular. Se combina con sustantivos que designan bienes materiales *(capital, dinero)*, recursos naturales *(agua, oxígeno)* y –menos frecuentemente– personas o grupos humanos cuando se entiende que es posible asimilarlos a los anteriores *(jugador, equipo)*. También se combina con...

A SUSTANTIVOS QUE DENOTAN SITUACIÓN FAVORABLE PARA EJECUTAR O CONSEGUIR ALGUNA COSA. ES USO FRECUENTE EN EL LENGUAJE DEPORTIVO: **1 ocasión +:** Más allá de las ocasiones *dilapidadas* y de la indiscutible superioridad, la Selección sigue priorizando la eficacia de los números... LNP210797 **2 oportunidad +:** ...siguen más bien el camino de sus sus actos anteriores de *dilapidar* «oportunidades de cambios para fortalecer... ACP061000 **3 opción:** Moyà *dilapida* sus opciones. EPE070900

4 situación: Villa Mitre *dilapidó* varias situaciones y, de paso, la victoria. LNP061097 **5 baza +:** ...ha *dilapidado* la mayor baza de la izquierda: la honradez. EME260295 **6 posibilidad:** Se conquista el poder para *dilapidar* posibilidades. EUV031196 **7 ventaja:** ...un cúmulo de dudas que le llevaron a *dilapidar* su ventaja. ENC001201 **8 renta:** En 10 minutos *dilapidó* su exigua renta. En ese lapso de tiempo, el Racing pasó de perdedor a ganador, merced a los goles de Víctor y Munitis. EPE180299 **9 margen:** Y lo hizo *dilapidando* 11 puntos de margen. EPD160198

B SUSTANTIVOS QUE DENOTAN ESFUERZO O INTENTO PORFIADO DE ALCANZAR ALGUNA COSA. TAMBIÉN CON OTROS QUE DESIGNAN SUS RESULTADOS DESEABLES: **10 esfuerzo +:** ...no da márgenes de acción a los dirigentes para *dilapidar* esfuerzos en estériles peleas... CLA150199 **11 victoria +:** El Recreativo *dilapidó* una victoria frente al Logroñés. EPE130999 **12 logro:** ...que UGT se sienta tentada (...) de volver a un sindicalismo de encontronazo con el poder, *dilapidando* los logros alcanzados en torno a la unidad... EME030596 **13 energía:** ...*dilapidaba* muchas de sus energías en estériles polémicas lingüísticas... EPE040699 **14 resistencia:** La pelea estaba pactada a quince asaltos y toda la energía y toda la resistencia no podían *dilapidarse* al comienzo. HOY081178 **15 intento:** Después de los intentos que *dilapidaron* Pablo Díaz, Adrián Pérez e Iturbide, a los 12 minutos apareció Barragán y esta vez no desperdició su tercera posibilidad. LNP150997 **16 trabajo:** ...todo el trabajo del año (...) podría *dilapidarse* en una sola semana. EPE200899

C SUSTANTIVOS TEMPORALES: **17 vida +:** ...no sabe qué hacer con su vida y la va *dilapidando* con patética inconsciencia. ABC181292 **18 tiempo +:** ...ven cómo su preciado tiempo se *dilapida* en una ventanilla. EPE151201 **19 historia:** ...han podido *dilapidar* en tan pocos años la inmaculada historia del partido. EME210694 **20 año:** Precisamente por *dilapidar* estos dos últimos años. EME220496 **21 carrera:** Al borde de la treintena, y casi *dilapidada* una carrera que prometía... EME080696 **22 hora:** ...horas de trabajo (...) de miles de españoles se han *dilapidado*. EPE050499 **23 instante:** No se puede *dilapidar* un solo instante en frívolas consideraciones. ETC010690 **24 momento:** Nos parecía un suicidio cultural que se *dilapidara* uno de los mejores momentos del cine... EPE170399 **25 futuro:** ...no estoy dispuesto a que España *dilapide* su futuro. LVE111195

D SUSTANTIVOS QUE DENOTAN FAMA, PRESTIGIO Y OTROS MÉRITOS Y ATRIBUTOS NOTABLES ASOCIADOS CON LA ESTIMACIÓN DE QUE UNO GOZA ANTE LOS DEMÁS U OTORGADOS A LAS COSAS O LAS PERSONAS: **26 prestigio ++:** El técnico ha *dilapidado* en un tiempo récord su prestigio... EPE031201 **27 crédito +:** Ha *dilapidado* su crédito europeo con tanta generosidad y desidia (...) que puede, incluso, parecer una acción concebida a propósito. EPE091201 **28 credibilidad +:** Belloch ha *dilapidado* su credibilidad con su actuación en el caso GAL. EME270195 **29 imagen:** De cualquier forma, su imagen pública ya estaba *dilapidada*, algo a lo que ella había contribuido con unas fotos semidesnuda... EME180695 **30 fama +:** Pero ha *dilapidado* su fama y su prestigio en el banquillo. EME270395 **31 gloria:** ...nunca entenderán a los que estando tan dotados como ellos para acceder a la gloria y hacer duraderos sus beneficios la *dilapidaron* con insensatez... EME290494 **32 grandeza:** ...ya *dilapidada* su grandeza, hemos descubierto lo mucho que... EME140294 **33 seña de identidad:** Es demencial que todavía existan actitudes que intenten *dilapidar* una de las señas de identidad más significativas del pueblo valenciano... EPE140499 **34 liderazgo:** ...ello implicaba (...) quedar fuera de la dirección del partido, *dilapidando* los votos y el liderazgo alcanzado. HOY210497

E SUSTANTIVOS QUE DESIGNAN DIVERSAS FACULTADES DEL INDIVIDUO, CASI SIEMPRE RELACIONADAS CON LA CREACIÓN, EL CONOCIMIENTO O LA CAPACIDAD DE EJECUCIÓN: **35 talento +:** Subproducto italiano de espionaje que *dilapida* el talento de un gran actor... LVE291196 **36 idea +:** ...esta brillante idea suya –que hubiera justificado un cortometraje sin duda apasionante– resulta *dilapidada*... LVE130995 **37 inteligencia:** ...a ello sacrificaba toda sutileza *dilapidando* (...) su viva inteligencia en aras de un tremendismo efectista... EME260996 **38 experiencia:** ...no ha de menoscabar la labor del SVA ni tiene que *dilapidar* su experiencia... LVE210595 **39 sapiencia:** Toda la sapiencia del Barça se *dilapida* al carecer de una partitura definida. EME081296 **40 capacidad:** ...y a ello sacrificaba toda sutileza *dilapidando* su intuición, su talento, su capacidad de comunicar... EME260996 **41 intuición:** Se le criticó muy duramente por haber *dilapidado* su intuición y haberse dejado influir por las cuotas de audiencia. INDOC

F SUSTANTIVOS QUE DESIGNAN DESEOS, ANHELOS O ASPIRACIONES: **42 esperanza:** Este 28-M del 95 (...) va a dar pie a un traspaso de poder político sólo superado en su magnitud por el de aquel otro día 28, en el que hace 13 años se acuñaron tantas esperanzas hoy *dilapidadas*. EME040695 **43 ilusión:** ...pero ha *dilapidado* la ilusión que se depositó en él. LVE240595 **44 aspiración:** ...han visto *dilapidadas* gran parte de sus aspiraciones familiares. EME101095 **45 sueño:** ...pese a la enorme cantidad de dinero y de sueños ilusos que *dilapida*. CAP100497

G EL SUSTANTIVO *SENTIMIENTO* Y CON SUSTANTIVOS QUE DENOTAN AFECTO, SOLIDARIDAD U OTROS SENTIMIENTOS Y ACTITUDES NOBLES ASOCIADOS CON LA ESTIMA QUE SE SIENTE POR LAS PERSONAS O LAS COSAS: **46 confianza +:** Ha *dilapidado* usted aquella confianza, ha perdido el tiempo... EME200494 **47 sentimiento:** ...y los buenos sentimientos *dilapidados* del modo más ingenuo. ABC290494 **48 cariño:** ...el cariño, el apoyo de los verdaderos madrileños no se *dilapida*... EME300494 **49 solidaridad:** La solidaridad (...) no se *dilapida* en tiburones caídos en desgracia... EME300494 **50 concordia:** La reconciliación y la concordia que la Constitución ha aportado a los españoles no puede ser *dilapidada*... EPE310199 **51 fe:** ...una forma absurda de *dilapidar* ingenuamente la fe que tantos ciudadanos habían depositado en él. INDOC **52 respaldo:** ...cuando se ha dispuesto de un respaldo popular tan impresionante (ahora *dilapidado*)... EME130694 **53 apoyo:** ...éste *dilapidó* el apoyo popular que consiguió... EPE241099

H OTROS SUSTANTIVOS; POSIBLES USOS CRUZADOS: Respecto a los adúlteros, añadió Gulabi, «Dios dice que deben ser *dilapidados* hasta la muerte». [Cf. *lapidar*] LVE290996

I OTROS SUSTANTIVOS; POSIBLES USOS ESTILÍSTICOS: En esta reconstrucción de una corrala *dilapidada*... ABC260595; ...y siguen *dilapidando* retórica y dinero público.

EPE101099: ...manirrotos *dilapidan* y se comen los cortijos de las herencias. EME150296

▩ Se combina también con: ♦ **a manos llenas**³

□ Véase también: **derrochar, gastar, pulverizar.**

dilatado *adj.* ▮ Algunos de sus usos adjetivales se acercan a los que corresponden al participio del verbo *dilatarse*, en especial cuando se construye con sustantivos que expresan eventos *(conversación, aplauso, análisis, descripción, conflicto)*. Se combina frecuentemente con sustantivos que designan espacios *(territorio, superficie, terreno, valle, panorama)*, períodos *(período, plazo, verano, época, fase, ciclo, adolescencia, agonía, velada)*, textos u otras obras de carácter lineal *(narración, memorias, drama, ópera, película)* y gran número de eventos. Destacan particularmente sus combinaciones con los sustantivos que designan procesos de crecimiento, avance o incremento *(desarrollo, formación, aprendizaje, expansión, evolución)*. Se combina a menudo con los sustantivos *pasado, historia* y *tradición*, y también con...

A SUSTANTIVOS QUE DENOTAN CURSO VITAL O PROFESIONAL. TAMBIÉN CON OTROS QUE DESIGNAN DE FORMA DIVERSA LA PRODUCCIÓN QUE CORRESPONDE A ESOS PERÍODOS O EL CONOCIMIENTO ACUMULADO EN ELLOS: **1 trayectoria ++:** Tan *dilatada* y versátil trayectoria fue justamente homenajeada la semana pasada. CAP280897 **2 carrera ++:** ...por los méritos contraídos en su *dilatada* y brillante carrera profesional tanto en el cine como en el teatro y la televisión. LRE060103 **3 currículo +:** El *dilatado* currículo de la directiva no ha servido para salvar situaciones ridículas... EPE110101 **4 historial +:** ...Zemeckis –el creador de «Roger Rabbit» y de «Regreso al futuro»– ha pasado ya de los cuarenta y tiene tras de sí un *dilatado* aunque irregular historial. EME270395 **5 experiencia ++:** Alicia Amiot, de *dilatada* experiencia en la organización de la actividad artístico-cultural de la Municipalidad, asumía la responsabilidad... LNP060497 **6 biografía +:** ...eso se percibe sin necesidad de estar familiarizado con su *dilatada* y sin duda densa biografía. EPE071199 **7 andadura:** Sorpresa y originalidad (...) han acompañado casi siempre, desde sus comienzos, la ya *dilatada* andadura narrativa de Vicente Soto... ABC221093 **8 discografía:** ...el artista británico, simpático y comunicativo, entremezcló canciones de este disco con un repaso a las piezas más conocidas de su *dilatada* y heterodoxa discografía. EPE050599 **9 producción +:** Además de su *dilatada* y excelente producción científica, este centro está contribuyendo decisivamente a la formación de excelentes líderes científicos... ABC221294 **10 obra +:** Fueron los que recopilaron una obra más *dilatada.* EME211296 **11 bibliografía:** En unos pocos años logró publicar una *dilatada* bibliografía. INDOC **12 correspondencia:** En 1622 buscó la paz en la ciudad holandesa de La Haya, donde conoció a la princesa Isabel de Bohemia, cuya amistad se mantuvo a lo largo de una *dilatada* correspondencia. EME230396

B SUSTANTIVOS QUE DENOTAN ACTIVIDAD O PARTICIPACIÓN ACTIVA Y ESFORZADA EN ALGUNA COSA: **13 actividad ++:** Su independencia (...), su honda preocupación por la esencialidad, están comprendidas en el transcurso de su *dilatada* actividad compositiva... ABC160493 **14 trabajo +:** En su *dilatado* trabajo de investigación y documentación previo a la restauración, Morata y Masdeu tropiezan en ocasiones con curiosidades. LVE231096 **15 labor +:** Las razones de este nombramiento podrían sintetizarse (...) en la importancia de su *dilatada* y fecunda labor literaria y en su cariño hacia nuestra ciudad. EPE150380 **16 gestión +:** La *dilatada* y brillante gestión de Bernabéu quedó algo empañada en los últimos años, cuando le faltó lucidez en la forma de llevar los asuntos del club. EPE090977 **17 colaboración:** La música (...) de Paul Claudel (cuya *dilatadísima* colaboración como libretista cabría parangonar con las legendarias de Mozart-Da Ponte o Strauss-Hoffmannstahl), contiene... ABC040992 **18 dedicación:** Los premios recayeron en Luis Matilla, por su *dilatada* dedicación al teatro infantil... EPE030300 **19 campaña:** ...poder concentrar la recolección en unos pocos días, de manera que el punto idóneo de madurez del fruto no se modifique a lo largo de una *dilatada* campaña de recogida. EPE221199 **20 atención:** ...jamás hubiera imaginado que un arte tan minoritario y furtivo iba a suscitar una atención tan profusa y *dilatada*, al menos en ciertos distritos públicos de la cultura. EPE140999

C SUSTANTIVOS QUE DESIGNAN DESPLAZAMIENTOS, FÍSICOS O FIGURADOS. TAMBIÉN CON OTROS QUE DESIGNAN LANCES, EN ESPECIAL LOS QUE SE ASOCIAN CON LAS EXPERIENCIAS PERSONALES: **21 recorrido:** La Constitución fijó el modelo y marcó el camino a seguir, pero su recorrido tenía que ser forzosamente *dilatado* en el tiempo, comprometiendo esfuerzos de largo aliento. EPE210601 **22 marcha:** Don Felipe inicia esta semana la larga marcha hacia el trono, que nunca será tan *dilatada* como la de su antepasado Eduardo VII de Inglaterra... EME210595 **23 peripecia:** ...a Fernando Fernán Gómez se le puede definir de muchísimas maneras, y todas honrosas, a tenor de su *dilatada* y rica peripecia... LVE251195 **24 aventura:** Su *dilatada* aventura compositiva ha tenido, a mi juicio, un propósito unitario desde su aparición hasta nuestros días... ABC060392 **25 correría:** ...el Reino Unido y Francia, con sus espléndidas metrópolis, Londres y París, son el espejo de su *dilatada* correría por el mundo. EPE090401 **26 periplo:** Si logra superar el cansancio que le producirá sin duda este *dilatado* periplo, tendremos la prueba de que, a pesar de todos sus avatares, Wojtyla dispone aún de energías suficientes... EME120195 **27 viaje:** El Papa culmina hoy, en la capital amazónica de Manaos, su *dilatado* viaje a Brasil de trece días de duración... EPE110780 **28 paseo:** Un *dilatado* y enriquecedor paseo por nuestra ciudad con el estímulo del pequeño detalle... LVE201296

D SUSTANTIVOS QUE DENOTAN PRESENCIA, AUSENCIA O EXISTENCIA: **29 existencia +:** ...actualmente sólo tiene un aforo de doscientas cincuenta localidades por más que en su *dilatada* y turbulenta existencia siempre gozara del favor de la crítica y el público... EME190996 **30 coexistencia:** ...cada día aparece alguno ignorado y musulmán en el subsuelo de Ciutat Vella, testimonio de una antigua y *dilatada* coexistencia que... EPE220799 **31 vida +:** No puede ser de otra manera en una vida tan *dilatada* y fecunda. ABC310395 **32 convivencia:** ...el conjunto, a pesar de su diversidad, es extraordinariamente homogéneo, y ofrece una imagen vivaz y fiel de una convivencia *dilatada* con la literatura y con la vida. ABC180895 **33 permanencia:** Una permanencia tan *dilatada* en el ejercicio del poder no se puede explicar sin la concurrencia de circunstancias... EPE050500 **34 presencia:** Su muerte deja un profundo vacío social en Cantabria por su *dilatada* y fecunda presencia en los ámbitos del derecho, la cultura y la política. EPE180900 **35 estancia:** La casualidad y el gusto me han deparado el goce de visitar Venecia varias veces con alguna estancia *dilatada*... ABC050293 **36 ausencia:** ...responde al planteamiento de la historia esbozada: un personaje vuelve, después de una *dilatada* ausencia, al lugar en que transcurrió su infancia... ABC140593 **37 silencio:** ...justificó su *dilatado* silencio afirmando que... EPE041299

E OTROS SUSTANTIVOS; POSIBLES USOS ESTILÍSTICOS: ...se privó de publicar sus memorias, de un yoísmo triste y *dilatado*... EME280195; ...conferenciante y articulista incansable, *dilatado* alto cargo con gobiernos de UCD y PSOE... LVE300495

dilema ♦ acuciante[24], alambicado, arduo, bizantino, clásico, clave, complejo, curioso, difícil, enrevesado, espinoso, eterno, ético, falso, gran(de), grave, habitual, inquietante, insoluble[10], interesante, intrincado, irresoluble[13], misterioso, moral, perpetuo, profundo, serio, sin solución, sutil, terrible, verdadero, viejo ♦ abordar, agravar(se)[78], asaltar[5], constituir, dilucidar[37], disipar(se), enfrentar(se) (a), estar (en), evitar, plantear[6], poner (en), presentar(se), resolver, salir (de), solucionar, solventar, superar, surgir, suscitar(se), tener, zanjar[30]

☐ Véase también: **cuestión, duda, incertidumbre, incógnita, interrogante, pregunta.**

diligencia ♦ debido, extremo, informativo, irreprochable, judicial, penal, policial, preliminar, previo ♦ a la vista (de)[14] ♦ abrir, archivar, concluir, constar (en), continuar, cumplir[33], extremar, incoar, iniciar, instruir, observar, ordenar, pedir, practicar[21], realizar, repetir, tramitar

☐ Véase también: **rapidez, trámite.**

dilucidar *v.* ▮ Admite numerosos sustantivos que se interpretan como interrogativas indirectas encubiertas *(dilucidar cuál es la importancia de... > dilucidar la importancia de...)*. Destacan especialmente los que designan ciertas obligaciones contraídas *(responsabilidad, culpabilidad)*, asuntos desconocidos *(secreto, enigma, incógnita, cuestión, misterio)*, medio o recurso de alguna actuación *(fórmula, manera, vía, sistema)* y ciertos eventos, más frecuentemente si designan acciones delictivas *(crimen, robo, delito)*. Admite otros muchos sustantivos, pero destacan especialmente sus combinaciones con...

A SUSTANTIVOS QUE DESIGNAN RASGOS FUNDAMENTALES, DISTINTIVOS O ESENCIALES DE LAS COSAS: **1 significado ++:** Necesita *dilucidar* el significado de tan misteriosa floración mental... ABC030395 **2 importancia +:** Se trata de una empresa de importancia para *dilucidar*, por medio de las imágenes, ciertos aspectos de la fraternidad estética... PME290996 **3 trascendencia:** ...medidas urgentes cuya trascendencia no requiere mucho esfuerzo *dilucidar*. INDOC **4 sentido +:** No le interesa a GMG indagar en sí mismo, *dilucidar* el sentido de sus deseos, para eso ya ejerce de funcionario en Psicología clínica. EME130496 **5 naturaleza:** Lo que ocurre es que, una vez aceptado ese principio, queda por *dilucidar* la naturaleza de las enseñanzas alternativas... EPE240399

B SUSTANTIVOS QUE DESIGNAN SITUACIONES DE ENFRENTAMIENTO, CONTROVERSIA O DIFICULTAD: **6 conflicto:** ...que a partir de ahora se convertirá en una Cámara de reflexión destinada a *dilucidar* conflictos regionales y constitucionales. LVE230595 **7 debate:** Lo previsible es que el debate se *dilucide* en una votación. EPE030700 **8 problema:** Con un discurso afincado en restituir a las bases democratacristianas su poder para designar candidatos parlamentarios e incluso para *dilucidar* el problema presidencial interno... HOY030297 **9 duelo:** ...donde el Betis y el actual campeón Atlético de Madrid *dilucidaron* un duelo para mantenerse a la caza al líder. PLG100397 **10 polémica:** Mientras se *dilucida* la polémica suscitada entre si la Fiesta debe regirse con autorregulación o bien debe la autoridad velar por su pureza... EME050896 **11 lidia:** Verdadera invitación del equilibrio fueron todas y cada una de las lidias *dilucidadas* en la inestable tarde del jueves. EME040596 **12 batalla:** ...se *dilucida* una soterrada batalla entre los valencianos Ponce y Barrera: la máxima expresión en la rivalidad local de la mano de dos jóvenes figuras. EME190396 **13 choque:** En esta ocasión era Sabonis el que tenía que tirar y, al igual que su compañero, sólo acertó en una ocasión, por lo que el choque se tenía que *dilucidar* en otra prórroga. EME260295 **14 controversia:** Y el órgano que *dilucide* la controversia debe ser la comisión de seguimiento creada por el reglamento de la Ley de Espectáculos... EPE200599 **15 contencioso:** Así lo dieron a entender ayer fuentes diplomáticas españolas a la hora de evaluar la delicada situación económica por la que atraviesa México y la forma de *dilucidar* sus contenciosos que han adoptado Lima y Quito. LVE070295 **16 litigio:** ...creado por ley orgánica en 1987 para *dilucidar* los litigios sobre competencias que pudieran surgir entre los diferentes poderes del Estado. LVE191095

C SUSTANTIVOS QUE DENOTAN FUNCIÓN O POSICIÓN, GENERALMENTE VENTAJOSA. TAMBIÉN CON OTROS QUE DESIGNAN AL QUE LA OCUPA: **17 posición ++:** ...su posición final dentro del grupo B de la Euroliga de la ULEB (...) se *dilucidará* la próxima semana en Atenas... EDV110101 **18 puesto ++:** Los madridistas, también si hubieran ganado, *dilucidarán* el primer puesto del grupo la próxima semana en Lisboa frente al Benfica. EME201196 **19 lugar +:** Intentamos *dilucidar* el lugar que ocupan estos fósiles en la evolución humana... EPD220796 **20 papel +:** ...queda por *dilucidar* el papel que cabe asignar a los socialistas si aspiran a encabezar la revolución que se les viene encima. EPE200699 **21 plaza:** El Madrid-Ajax, partido determinante para *dilucidar* la primera plaza se jugará el 26 de noviembre... EME191095 **22 liderato:** El Barcelona rendirá visita al Vicente Calderón en un encuentro en el que se *dilucidará* el liderato de la tabla en Primera División. EME031295 **23 liderazgo:** ...después de las elecciones generales habrá un congreso del partido para *dilucidar* de nuevo el liderazgo de una organización que ha sufrido distintos avatares... EPE120499 **24 vencedor:** El año pasado en una de las últimas etapas de la Semana Catalana, se hizo necesaria la foto finish para *dilucidar* el vencedor de la jornada. EME040594 **25 primacía –:** Un mano a mano es un desafío, más o menos, en el que se *dilucida* una primacía o el alcance de una rivalidad enconada. EME180496

D SUSTANTIVOS QUE DESIGNAN EL RESULTADO DE UN PROCESO. TAMBIÉN CON OTROS QUE EXPRESAN DIVERSAS FORMAS DE MEDIRLO O EVALUARLO: **26 resultado +:** Pero a la postre, la política interna va a ser de nuevo el elemento clave para *dilucidar* el resultado de estas elecciones... EME240594 **27 triunfo:** El máximo interés del trayecto se centró en comprobar que una escapada de dos aún sirve para *dilucidar* un triunfo parcial en una de las grandes. LVE190996 **28 pacto:** En su comparecencia de ayer Ibarretxe reconoció que queda por *dilucidar* el pacto con EH. EPE070499 **29 contrato:** Queda aún por *dilucidar* su contrato y el tipo de contraprestaciones que le serán ofrecidas por su servicio. INDOC **30 decisión:** Por ejemplo, queda sin *dilucidar* su decisión de vetar dos iniciativas republicanas para reformar el régimen de bienestar social del país... PME010996 **31 empate:** ...ya que restan tres partidas y una jornada –próximo jueves– para *dilucidar* un posible empate. EME210395 **32 balance:** ...los dos telescopios permitirán *dilucidar* el balance energético global de las atmósferas de los planetas exteriores. ABC011093 **33 final:** Hasta el último minuto, en el que se marcó el gol de la victoria, la final no se *dilucidó*. INDOC **34 punto –:** La situación tras esta derrota –después de quince encuentros sin conocerla y todavía con 36 puntos por *dilucidar*– admitió Cruyff que es complicada. LVE100396

E SUSTANTIVOS QUE DENOTAN ALTERNATIVA O POSIBILIDAD DE ELECCIÓN. TAMBIÉN CON OTROS QUE DESIGNAN COSAS QUE LA CONLLEVAN: **35 alternativa +:** Aznar explicó pocas cosas sobre Galicia, las elecciones y las diferentes alternativas que se *dilucidan* ese día en las urnas... EPE061001 **36 posibilidad:** El consejo nacional del PSC *dilucidará* hoy las posibilidades de llegar a un acuerdo sobre su futura dirección... LVE020696 **37 dilema:** ...no era capaz de *dilucidar* el eterno dilema entre lo físico y lo espiritual. LVE230896 **38 opción:** Es posible que todo este embrollo se resuelva esta semana cuando se *diluciden* las opciones internas. HOY030297

F SUSTANTIVOS QUE DESIGNAN EL FUTURO, LO QUE SE CALCULA O SE ESPERA DE ÉL O LO QUE SE ENTIENDE QUE PUEDE DEPARAR: **39 futuro +:** En estos momentos, en los que se *dilucida* el futuro del principal partido de la oposición valenciano, cabe refrescar los textos de la citada conferencia... EPE090999 **40 deseo:** Las «presencias elementales» (agua, luz) *dilucidan* –en primer lugar– el deseo. ABC160695 **41 propósito:** De esta manera, el secretario de Estado de Cultura *ha dilucidado* los propósitos que el gobierno del PP tiene en relación con el requerimiento de la Generalitat... EME200596 **42 destino:** ...descartó ayer a Europa Press que se hubiera encargado un informe jurídico para *dilucidar* el destino del premio... ENC240101 **43 pretensión –:** ...y aseguró que la Comunidad Autónoma no es ningún campo donde se *diluciden* las pretensiones o los traumas del señor Guerra... EME050194

G SUSTANTIVOS QUE DENOTAN CAUSA O FUNDAMENTO: **44 causa ++:** No obstante, cuando todavía se *dilucidan* las causas del siniestro, todo apunta a una mala jugada de la meteorología... LVE010495 **45 porqué +:** La cuestión no está en *dilucidar* el porqué de estos textos y no otros... EME251095 **46 procedencia +:** Una de nuestras mayores preocupaciones consistía en *dilucidar* la procedencia de esa depuración del espectáculo en John Ford. EME070395 **47 origen:** ...una forma todavía más primitiva que «Lucy» y que puede ser decisivo para *dilucidar* el origen de la locomoción bípeda. EME110196 **48 raíz:** ...abordamos los últimos avances obtenidos por los investigadores en su empeño por *dilucidar* las raíces biológicas de la enfermedad del «hombre elefante». ABC190393 **49 motivo:** Los equipos de investigación intentan ahora recuperar todas las partes del avión para *dilucidar* los motivos de la tragedia... LVE290796 **50 razón:** ...tres días que estuvieron marcados por *dilucidar* las razones que habrían motivado el alejamiento del profesional del instituto emisor. LEC010796 **51 móvil:** ...su mayor interés era que se *dilucidara* el móvil del crimen del candidato priísta, del que él jamás salió beneficiado. EME141095

H SUSTANTIVOS QUE DENOTAN FACETA, RASGO, PECULIARIDAD O COMPONENTE DE ALGUNA COSA: **52 detalle +:** Por lo tanto, la Junta no realizará vistas públicas en las que se *dilucidarían* los detalles sobre el proyecto turístico y residencial... END281197 **53 pormenor:** ...su partido estudiaba la vía penal para *dilucidar* los pormenores del escándalo... LRE050203 **54 circunstancia +:** La Guardia Civil ha abierto diligencias para *dilucidar* las circunstancias en las que se produjo la agresión... FDV030599 **55 matiz:** Habrá que *dilucidar* ciertos matices oscuros del contrato antes de firmarlo. INDOC

I SUSTANTIVOS QUE DENOTAN COTA O LÍMITE, GENERALMENTE APLICADOS A COSAS INMATERIALES: **56 límite +:** Y el pueblo tiene su directa representación en sus diputados y senadores a quienes lógicamente correspondería *dilucidar* los límites de este estado de secreto. EME040996 **57 demarcación +:** ...contestó que está constituida una comisión dentro de la Federación Española de Municipios para *dilucidar* las demarcaciones. EME291196 **58 margen +:** ...y nos quedaría por *dilucidar* los márgenes políticos de dicha responsabilidad. ABC151295 **59 extremo –:** Argumentó, entonces, el Tribunal que en aquel juicio no había encausado ningún funcionario público y que, por lo tanto, no se *dilucidaba* ese extremo. EME101095

J SUSTANTIVOS QUE DESIGNAN RECLAMACIONES Y OTRAS ACCIONES SIMILARES SUJETAS A TRAMITACIÓN JUDICIAL O ADMINISTRATIVA: **60 demanda:** Los tribunales alemanes han decretado prisión provisional para Nick Leeson (...) mientras se *dilucida* la demanda de extradición. EME040395 **61 querella:** Si fuera cierto que el Supremo usa el problema del catalán para *dilucidar* sus querellas con el Constitucional, me parecería un uso vil y mezquino de la lengua catalana. EME080394 **62 recurso:** ...paso obligado antes de que el tribunal *dilucide* el recurso de queja de los letrados de Romaní en el que solicitan la libertad de su cliente. LVE291294 **63 acusación:** El juicio debe *dilucidar* las acusaciones de falsedad e intento de estafa a los antiguos jeques del grupo Kuwait Investment Office... EPE290999 **64 reclamación –:** ...órganos internos para *dilucidar* cualquier reclamación que surja en el proceso de tramitación del registro de la marca... EPE030599

K OTROS SUSTANTIVOS; POSIBLES USOS ESTILÍSTICOS: Podrían imaginarse y *dilucidarse* muchos caminos, muchas lunas y muchos brillos de navajas y muchos lamentos de otros tantos personajes. EME020596

diluir(se) *v.* ▌En su sentido físico acepta sustantivos que designan cosas materiales, especialmente fluidos, gases y otras sustancias *(sangre, gas, ácido, terrón)*, así como algunas de sus propiedades físicas *(color, sabor, olor)*. En su sentido figurado se combina con numerosos sustantivos. Están entre ellos los que designan informaciones que se perciben como circunstanciales *(comentario, anécdota, detalle, matiz)*, y también los que denotan contribución a algo o modo de obrar en alguna actuación *(participación, intervención, conducta, actitud)*. Admite otros muchos sustantivos, pero destacan especialmente sus combinaciones con...

A SUSTANTIVOS QUE DESIGNAN TAREAS, ATRIBUCIONES O LAS OBLIGACIONES QUE COMPORTAN: **1 responsabilidad ++:** El diagnóstico *diluiría* la responsabilidad del astronauta... CLA110997 **2 obligación +:** Esta generalización del perfil y misión del Estado, *diluye* fundamentalmente sus obligaciones y compromisos sociales... ESH111000 **3 compromiso +:** En diciembre, ese compromiso pareció *diluirse.* CLA210199 **4 promesa:** ...y acabará *diluida* en la verborrea oficialista, como tantas otras promesas electorales. INDOC **5 función:** Colom afirmó que el Govern «lo máximo que contempla es *diluir* las funciones y el peso político de los gobernadores...». LVE110295 **6 trabajo:** Fuentes judiciales dicen que «parece que el juez tiene prisa para pedir el traslado a Madrid antes de que se *diluya* su trabajo». EPE221099 **7 labor:** Recordó que por intermedio de la UCIAPA se creó en 1991 la Cámara de Artesanos y lamentó que su labor se *diluyera* con el tiempo. LNP080397

B SUSTANTIVOS QUE DENOTAN FACULTAD, POTENCIA O ATRIBUTO QUE POSIBILITA LA CONSECUCIÓN DE ALGÚN OBJETIVO: **8 efectividad +:** ...el fracaso en conseguir un amplio apoyo de los 16 países que acudieron a la conferencia parece *diluir* la efectividad de la medida... LVE230795 **9 capacidad +:** La incorporación de una Europa Central inestable (...) *diluirá* las capacidades de resolución política y militar de la OTAN. LVE280595 **10 poder +:** Una demora vital para evitar que se *diluya* rápido su poder. CLA120199 **11 fuerza +:** Estos vaivenes de la interna gremial y el carácter más bien simbólico de la medida terminaron por licuar el acatamiento a los paros parciales y *diluyeron* la fuerza de la protesta. CLA180497 **12 virtud:** El Tenerife *diluyó* las virtudes (velocidad y verticalidad) de un Español con una buena hoja de servicios... LVE230195

C SUSTANTIVOS QUE DESIGNAN LO QUE SEPARA DOS O MÁS COSAS, Y AYUDA POR TANTO A DISTINGUIRLAS: **13 límite +:** Tras acercársele tanto y llevarlo al terreno donde los límites se *diluían* y todo, salvo la soledad compartida y la ternura, carecía de sentido, ella se alejaba de nuevo. LVE081295 **14 frontera +:** Estas poderosas fantasías que *diluyen* fronteras entre verdad y ficción, parten de pinturas, obras literarias y piezas musicales. CAP100497 **15 contorno +:** ...despliega ante nosotros el misterio de la claridad, en cuyo seno las cosas (...) no se deshacen, no *diluyen* sus contornos... ABC031293 **16 demarcación:** No es extraño que en esta situación de incertidumbre se confundan los papeles (...); se *diluyan* las demarcaciones entre arte y mercado... ABC101195 **17 perfil:** Según este experto, los fabricantes corren el riesgo de *diluir* el perfil de su marca e irritar a los clientes fieles que han pagado la ropa a precios de lanzamiento. CLA030397 **18 diferencia:** Las diferencias entre centro-izquierda y centro-derecha se han *diluido,* pero en algunos asuntos hay posturas distintas... LRE130103

D SUSTANTIVOS QUE DESIGNAN MANIFESTACIONES DE LAS CREENCIAS O LOS PENSAMIENTOS: **19 credo:** ...un punto de encuentro donde los credos y razas se *diluyen* en un solo fin: el arte. EPC190597 **20 idea:** ...muy pronto la investigación entró en un mar de conjeturas y la idea se *diluyó* para finalmente perderse. ACP081296 **21 convicción:** ...las que antes eran convicciones firmes aparecen ahora matizadas por un sinfín de reparos y *diluidas* en su mar de distingos. INDOC

E SUSTANTIVOS QUE DESIGNAN EL PASADO O SU REPRESENTACIÓN MENTAL. TAMBIÉN CON OTROS QUE EXPRESAN INFORMACIONES QUE LO REFIEREN: **22 recuerdo +:** ...entre mis lejanos recuerdos, *diluidos* por el paso del tiempo, no falta alguno de encuentro directo con el cantante, ya en sus postrimerías. ABC280892 **23 memoria:** Es cierto que sus obras permanecen con nosotros, pero su memoria ha acabado ya *diluida* por el paso inexorable del tiempo. INDOC **24 historia:** Antes de que la historia de las actas de Ramón Rosa Rodríguez se *diluya* en un enfrentamiento estéril... ACP081296

F SUSTANTIVOS QUE DENOTAN CONTROVERSIA U OPOSICIÓN. TAMBIÉN CON OTROS QUE DESIGNAN ALGUNOS DE LOS SENTIMIENTOS QUE PUEDEN GENERAR LAS SITUACIONES DE DESAVENENCIA O DE CONFLICTO: **25 escándalo:** El escándalo ocupó portadas y titulares, pero se sobreseyó el caso y quedó casi completamente *diluido.* INDOC **26 oposición:** El Plan de Calidad de Echániz ha conseguido *diluir* la oposición de todos los sindicatos de la sanidad... EPE171201 **27 polémica:** Para *diluir* la polémica, Antich citó para hoy a Matas con el fin de celebrar la primera entrevista oficial entre presidente y jefe de la oposición. EPE220999 **28 debate:** CiU ha visto cómo en las últimas semanas se *diluía* el debate sobre el autogobierno después del fracaso de la comisión parlamentaria. EPE180599 **29 hostilidad:** ...una hostilidad religiosa que, pese a todo, quedó muy *diluida* tras la etapa de laicismo militante... LVE140896 **30 animadversión:** ...y gracias sobre todo a sus buenos oficios se ha logrado *diluir* la animadversión que existía contra el grupo de emigrantes que... INDOC **31 rencor:** A los setenta, se *diluye* el rencor. EME311295 **32 recelo:** Las declaraciones presidenciales no *diluyen* los recelos sobre un eventual cambio ministerial... ECA050792 **33 tensión:** Un comité multinacional buscaba *diluir* las tensiones en el sur del Líbano... EUV151096

G SUSTANTIVOS QUE DENOTAN SENTIMIENTO GOZOSO O RESULTADO FELIZ DE ALGO. TAMBIÉN CON OTROS QUE DESIGNAN CIERTOS EVENTOS QUE LO PONEN DE MANIFIESTO: **34 alegría +:** La debilidad del dólar frente al yen (...) *diluyó* la alegría desatada por el estreno del euro... EPE050199 **35 euforia:** La euforia de la tarde quedó *diluida* por la noche, cuando el presidente defraudó las expectativas... EPE060799 **36 emoción:** No se vayan a *diluir* las emociones que promete suministrarnos. EME180995 **37 triunfo:** ...en los últimos instantes concluyeron el triunfo del conjunto de Manel Comas, que se fue *diluyendo* después de iniciar el partido con una manifiesta superioridad... EME220295 **38 celebración:** «Que no se *diluya* la celebración del centenario de mi padre en una exposición aquí y otra allá», pide Adriana Siqueiros en Querétaro. PME201096 **39 éxito:** Por lo general el éxito, si lo ha habido, se *diluye* con impactante rapidez... EPE200499

H SUSTANTIVOS QUE DESIGNAN JUICIOS. TAMBIÉN CON OTROS QUE DENOTAN SENSACIÓN, OPINIÓN PERSONAL Y OTRAS NOCIONES QUE DETERMINAN EN DIVERSA MEDIDA LA CONSTITUCIÓN DE UN JUICIO: **40 planteamiento +:** Ese planteamiento, que tuvo su cénit en las conversaciones de Argel, (...) se fue *diluyendo* poco a poco. EME070296 **41 valoración +:** La realidad actual es que aunque se mantienen el resumen y el comentario crítico, su aprendizaje y valoración quedan *diluidos* al añadirse otras dos preguntas... EME080694 **42 posición:** La emisión fue tomada como un mecanismo de defensa dispuesto por Cubiertas para *diluir* las posiciones tomadas por Ferrovial y Entrecanales... EPE011289 **43 impresión:** Lo que *diluye* la impresión de su aparente fuga en la capacidad proteica que anima sus continuos cambios... ABC231092 **44 criterio:** Este criterio más amplio (y severo) quedó *diluido* en el informe del TDC. EME230695

I SUSTANTIVOS QUE DESIGNAN LOS RASGOS ESENCIALES, Y A MENUDO VISIBLES O DISTINTIVOS, DE ALGUNA COSA: **45 identidad +:** ¿No correría la Alianza por ése y otros motivos peligro de ver *diluida* su identidad? CLA310199 **46 imagen +:** ...«se han normalizado las relaciones democráticas en el Ayuntamiento», y se ha «*diluido* la imagen de falta de transparencia». CAN250599 **47 naturaleza +:** El cine devora a la novela (...) que queda *diluida* en la formalización del tiempo cinematográfico inspirado en ella. EPE180599 **48 presencia:** ...basta con que sean conscientes de su función y por nada estén dispuestos a *diluir* la presencia del Estado en lo que esta debe manifestarse. LVE261196 **49 valor:** En consecuencia, los actuales accionistas verán *diluido* el valor de sus participaciones, cuya rentabilidad, en todo caso, se producirá a larguísimo plazo. LVE190995

J SUSTANTIVOS QUE DESIGNAN DIVERSOS ESTADOS DE CARENCIA O AFLICCIÓN, ASÍ COMO EL SENTIMIENTO QUE PROVOCAN: **50 carencia:** Se *diluye* la carencia cualificada, al mantener en dos años, dentro de los últimos 15, la exigencia de cotización para acceder a una pensión. LVE301196 **51 miseria:** ...la calidad del escritor *diluye* las miserias del hombre aunque no las borre. LVE240395 **52 penuria:** Pero estas penurias se *diluyeron* en una atmósfera de paz cuando habló la «estrella», el Dalai Lama. EME310796 **53 desaliento:** El escepticismo que dimana de las páginas del autor de «Tala o Sí» no contribuían a *diluir* el desaliento. EME210294 **54 pena:** Aquí nadie hará pública autocrítica, nadie pedirá perdón, nadie querrá asumir nada y se esperará a que el tiempo *diluya* la pena. EPE160199 **55 duelo:** Los candidatos a la presidencia de la Generalitat se vieron, por tanto, encorsetados en este esquema que *diluyó* el duelo sobre el que pivota toda la campaña... EPE021099 **56 daño:** «Debemos respetar la edificabilidad» concedida por el PGOU, asiente Baile, «pero intentaremos *diluir* el daño». EPE200799 **57 pérdida:** Rojas-Marcos aprovechó, además, la tendencia alcista que ha vivido su partido en toda la Comunidad Autónoma para *diluir* la pérdida de terreno en Sevilla... EPE140699

K SUSTANTIVOS QUE DESIGNAN CANTIDADES Y MAGNITUDES, GENERALMENTE ECONÓMICAS: **58 coste:** ...pretende establecer una fase de «pre-adhesión» de al menos 20 años a fin de *diluir* el coste multimillonario de la ampliación. EME040395 **59 cuota:** ...recurrir a aumentos de capital que *diluirían* la cuota de control de la familia hasta hacer tabla rasa de su posición de principal accionista. LVE311296 **60 porcentaje:** Es al *diluir* los porcentajes de participación en el «totum revolutum» de las clases pasivas (...) cuando cada uno puede ver la feria según le ha ido en ella... EME300194

L SUSTANTIVOS QUE DENOTAN ALTERNATIVA: **61 posibilidad +:** La búsqueda de la originalidad estética le da a la cinta un estilo pretencioso que *diluye* sus posibilidades. LVE030895 **62 opción:** Los deportivistas, que dominaron territorialmente el inicio del partido, *diluyeron* una y otra vez sus opciones de adelantarse en el marcador. EME250296

M OTROS SUSTANTIVOS; POSIBLES USOS ESTILÍSTICOS: El Comité contra el Olvido de Argelia no quiere que la tragedia se *diluya* en el manto de la censura. EPE300199
☐ Véase también: **destripar, disolver(se), extinguir(se).**

dimanar ♦ **autoridad, beneficio, código, competencia, deber, derecho, hecho, poder, responsabilidad**

dimensión ♦ **abrumador, acorde (con)[57], amplio, astronómico, auténtico, claro, colosal, considerable, cósmico, cultural, descomunal, desproporcionado, diferente, enorme, escaso, exacto, exiguo[29], extraordinario, gigantesco, gran(de), histórico, impresionante, justo, monumental, notable, nuevo, pequeño, proporcionado, real, reducido, respetable, significativo, social, verdadero** ♦ **abarcar, adquirir, alcanzar, ampliar, aumentar, averiguar, calcular, calibrar[8], cambiar, cobrar[35], dar[87], determinar, disminuir, establecer, exceder, infravalorar, menguar, rebasar[15], recobrar, subestimar, tener, tomar[17], valorar**
☐ Véase también: **altura, hondura, longitud, magnitud, mayoría, profundidad, tamaño.**

dimisión ♦ **en cadena[20], fulminante[5], inaplazable, incondicional, inesperado, inevitable, inmediato, irrevocable, masivo, obligado, repentino, sorpresivo, súbito** ♦ **carta (de)** ♦ **aceptar, admitir, anunciar, criticar, cursar, evitar, exigir, firmar[20], forzar, notificar, pedir, poner sobre la mesa, precipitar(se), presentar, producir(se), provocar, quitar hierro (a)[19], reclamar, retirar, revocar, tramitar[16]**
☐ Véase también: **cese.**

dimitir ♦ **a regañadientes[24], a tiempo, cautelarmente[16], definitivamente, de inmediato, dignamente[17], en masa[21], fulminantemente, inesperadamente, inmediatamente, irrevocablemente[2]** ♦ **de {mi/tu/su...} cargo**

dinámica ♦ agitado, bueno, desbordante, desenfrenado, frenético, inmerso (en), interno, malo, trepidante, vertiginoso ♦ con, dentro (de), en, por ♦ acelerar, adentrarse (en), adquirir, crear, desarrollar, desatarse, desplegar, frenar, generar, imprimir, iniciar, romper, seguir
☐ Véase también: **dinamismo, estrategia, movimiento, táctica, tendencia.**

dinamismo ♦ considerable, continuo, creciente, desbordante, electrizante, elevado, enorme, escaso, extraordinario, falto (de), febril, fuerte, gran(de), importante, muestra (de), notable, suficiente, trepidante, vertiginoso, vivaz ♦ cobrar, conferir (a algo), dar[111], derrochar, desplegar, ganar, gozar (de), imprimir (a algo), inyectar (a algo), manifestar(se), mostrar, necesitar, otorgar, perder, rezumar[47], tener

dinero ♦ abundante, a discreción[18], a plazo fijo, contante y sonante, escaso, fácil, insuficiente, necesario, negro, podrido (de), público, sobrado (de)[6], suficiente ♦ a espuertas, en abundancia, en cantidad ♦ al compás (de)[20] ♦ blanqueo (de), cantidad (de), inyección (de)[2], lluvia (de)[41], problema (de), suma (de) ♦ abonar, abusar (de)[21], acumular, adeudar, aflorar[57], ahorrar, atesorar, blanquear[1], canalizar[11], centralizar[31], circular, cobrar, conseguir, contar, costar, dar, deber, dedicar[15], depositar, derrochar, desviar[14], dilapidar, disipar(se), donar, emplear, escatimar, estirar[1], falsificar, faltar, fluir, ganar, gastar, invertir, inyectar, lavar, malgastar, manejar, multiplicar, necesitar, obtener, ostentar[29], pagar, pedir, perder, pillar[18], poner (en algo), prestar, pulverizar, rebañar[1], recabar[23], recaudar, recibir, recoger, recuperar, reembolsar, reventar (de), sacar, salvar, sobrar, subirse a la cabeza (a alguien), tener, valorar
☐ Véase también: **cantidad, financiación, gasto, moneda, sueldo.**

DINERO
♦ (SUSTANTIVOS) Véase: **abatir(se)[E], ablandar(se)[E], abolir[B], abultado[B,C,F,G], abusar (de)[C], abusivo[A], acarrear[F,G], achicar[B], acuciante[E], acuciar[G], acuñar[A], a discreción[E], aflojar[G], aflorar[H], a fondo perdido[A,B], afrontar[G], agilizar[B], ahuyentar[G], a la baja[K], al calor (de)[I], al compás (de)[C], aligerar[B], amañar[E], amortizar[A,B], a plazos[C], aproximado[C,D], asumir[F], a título de[E], blando[L], blanquear[A], blindar[C], boyante[C], calmar(se)[D], canalizar[B,H], centralizar[F], competitivo[A,E], compulsivo[C], conceder[C], concertar[D], condonar[A], confidencial[G], congelar[A,B], contraer[B], copioso[B], desbocar(se)[C], disuasorio[G], engrosar[D], esquilmar[B], estirar[A], exiguo[B,C], fleco (de)[E], flexible[I], incumplir[L], ingente[B], inyección (de)[A], jugoso[A], limpio (de)[C], lluvia (de)[F], mayúsculo[H], nimio[B], pillar[C], pingüe[A], rebajar[A,B,C], rebanar[A], rebañar[A], recabar[C], recaer[G], saldar[A,B], sin menoscabo (de)[D], sobrado (de)[C], subsanar[D], sufragar[A,B,C], vencer[Q,R], ventajoso[C], vigente[G]**
♦ (VERBOS) Véase: **a espuertas[A,B], a fondo perdido[D], a partes iguales[D], religiosamente[A]**
☐ Véase también: CANTIDAD; ECONOMÍA.

diplomacia ♦ activo, admirable, cauteloso, celoso, debido, eficaz, envidiable, estricto, exquisito, extraordinario, extremo, fino, impecable, ineficaz, insuperable, inteligente, pronto, prudente, refinado, representativo, sumo, sutil, tradicional ♦ con ♦ dotes (de), ejercicio (de), esfuerzos (de), jefe (de), presencia (de), responsable (de), terreno (de), toque (de) ♦ actuar (con), acudir (a), desplegar, ejercer, exhibir, extremar, faltar(le) (a alguien), hacer gala (de), llevar (con), manejar, maniobrar (con), movilizar, negociar (con), proceder (con), prodigar, recurrir (a), revelar, tener, tratar (con), utilizar
☐ Véase también: **con mano izquierda, cortesía, delicadeza, diplomáticamente, tacto.**

diplomáticamente ♦ aceptar, actuar, aislar, aludir, arreglar, asentir, calificar, callar(se), contestar, convalidar, corresponder, decir, declarar, declinar, enfrentar(se), evitar, explicar, exponer, hablar, intervenir, maniobrar, mediar, mover los hilos, plantear, presionar, rechazar, reclamar, reconocer, repartir, representar, resolver, responder, servir, solucionar, solventar, terciar, trabajar, tratar, validar, zanjar

diplomático ♦ actitud, actividad, acuerdo, agenda, ambiente, apoyo, autoridad, barrio, batalla, canal, cargo, carrera, círculo, comportamiento, conflicto, conversación, crisis, cuerpo, delegación, derrota, despliegue, enfrentamiento, error, esfuerzo, experiencia, fallo, fuente, gestión, guerra, habilidad, incidente, información, inmunidad, interés, labor, legación, manejo, maniobra, medio, misión, negociación, nota, observador, ofensiva, pasaporte, personal, plano, presión, puesto, razón, reacción, recepción, reconocimiento, recurso, relación, representación, representante, residencia, revés, salida, sede, servicio, solución, sutileza, tarea, torpeza, tradición, trampa, trato, valija, vía, victoria, vínculo, visado, visita, zona

dirección ▮ *(orientación)* ♦ centrípeto[2], claro, contrario, correcto, distinto, doble, opuesto, oscilante, prohibido, rectilíneo, único ♦ apuntar (en/a), bifurcarse, cambiar (de), caminar (en), corregir(se), decidir, dictar[1], elegir, emprender, enderezar[8], enfilar, indicar, marcar[4], orientar(se) (en), proseguir, rectificar, seguir[42], tomar[28], torcerse, trazar
▮ *(responsabilidad)* ♦ artístico, efectivo, escénico, general, musical, orquestal, político, técnico ♦ bajo ♦ asumir, centralizar[4], conllevar, dejar, delegar[22], desmantelar[30], desviar, ejercer, encargar(se) (de), encomendar, llegar (a), llevar[1], recaer[36], usurpar[5]
▮ *(personal directivo)* ♦ apasionado, concienzudo, excelente, exquisito, extraordinario, férreo, firme, magnífico, nuevo, paritario[19], preparado, rígido, riguroso, uniforme ♦ cambio (de), cargo (de), puesto (de)

DIRECCIÓN
♦ (SUSTANTIVOS) Véase: **de ida y vuelta**[A], **dictar**[A], **encarar**[C], **enderezar**[A], **errar**[B], **seguir**[E], **tomar**[D], **torcer(se)**[C]
♦ (VERBOS) Véase: **a pasos agigantados**[B], **a tientas**[C], **decididamente**[B], **de puntillas**[A]
□ Véase también: INCLINACIÓN; MOVIMIENTO; TENDENCIA.

DIRECCIÓN Y TENDENCIA Véase:
♦ **adicto (a), asiduo**
♦ **apego (a), control, dirección, inclinación, moda, movimiento, orientación, predisposición, propensión, puntería, querencia, rumbo, tendencia, tentación, timón (de)**
♦ **apuntar, conducir, dirigir, dirigir(se), encaminar(se), enfilar, guiar, llevar**
□ Véase también: *CURSO Y RECORRIDO.*

[directo] → **en directo**

director ♦ **absolutista, complaciente, despótico, dictatorial, discreto, escrupuloso, flamante, general, impecable, inoperante, permisivo, riguroso, sabio, tiránico, totalitario** ♦ **cesar, decretar, destituir, dimitir, ejercer (de), elegir, erigirse (en), llegar (a), nombrar**

directriz ♦ **acorde (con)**[6], **ambiguo, básico, claro, común, comunitario, económico, estricto, general, nuevo, oficial, político, rígido** ♦ **acatar**[14], **aceptar, ajustar(se) (a), aplicar, aprobar, apuntar, atenerse (a)**[17], **contravenir**[11], **cumplir, dar**[188], **definir, desobedecer**[4], **dictar, emanar**[3], **establecer**[5], **fijar, incumplir**[20], **marcar, obedecer, proponer, rechazar, recibir, respetar, seguir**[43], **trazar**[27]

dirigir ♦ **activamente, a distancia, autoritariamente, colegiadamente**[5], **con efectividad, con éxito**[34], **con firmeza**[35], **con mano de hierro**[1], **con mano dura**[2], **con mano férrea**[1], **con mano firme**[3], **desastrosamente, despóticamente, dignamente**[54], **eficazmente, eficientemente, férreamente**[2], **firmemente, ineficazmente, opresivamente, organizadamente, profesionalmente, sistemáticamente, tenazmente, valientemente**[21] ♦ **equipo, obra, operación, orquesta, persona, proceso, proyecto, sistema**
□ Véase también: **liderar.**

dirigir(se) ♦ **acaloradamente**[13], **amablemente, apresuradamente, atentamente**[33], **a toda máquina**[6], **decididamente**[14], **directamente, expresamente**[16], **imaginariamente, inevitablemente**[8], **inexorablemente**[9], **irremediablemente**[5], **oficialmente, personalmente, por escrito, precipitadamente, públicamente, valientemente, verbalmente**[C]
□ Véase también: **apuntar, conducir, encaminar(se), enfilar.**

dirimir *v.* ▮ Se combina con los sustantivos *asunto*, *cuestión*, *materia*, y con otros análogos, así como con...

A SUSTANTIVOS QUE DESIGNAN MANIFESTACIONES DE LA FALTA DE ENTENDIMIENTO. VARIOS DE ELLOS SE USAN MÁS FRECUENTEMENTE EN PLURAL: **1 diferencia ++:** Los opositores *dirimieron* sus diferencias a través de una encuesta que favoreció ampliamente al candidato... ACP221096 **2 discrepancia ++:** ...desde su departamento se ha promovido la creación de un tribunal arbitral para *dirimir* las discrepancias que puedan surgir... LVE120595 **3 desacuerdo +:** Además, dijo que hablará con el presidente soviético, Mijail Gorbachov, para *dirimir* sus desacuerdos. ETC010690 **4 divergencia:** ...el gobierno resolvió hacer una nueva encuesta para *dirimir* las divergencias. HOY191083 **5 desavenencia:** ...iban a dejar que la ONU *dirimiera* las desavenencias más graves. EME290795 **6 rencilla:** ...que *dirima* imparcialmente las rencillas y diferencias inevitables que genera la competencia. EPE141199 **7 enemistad −:** ...el destino acababa de ponerlos frente a frente para que intentarán *dirimir* una enemistad profunda que no surgió... LVE230296 **8 rivalidad −:** El Deportivo y el Celta *dirimen* su rivalidad en las alturas de la tabla. EPE310199

B SUSTANTIVOS QUE DENOTAN CONTROVERSIA O CONFRONTACIÓN, FRECUENTEMENTE DE NATURALEZA INCRUENTA. TAMBIÉN CON ALGUNOS QUE DESIGNAN OTROS TIPOS DE SITUACIONES CONFLICTIVAS: **9 conflicto ++:** Desde el momento en que se pone a los militares a *dirimir* los conflictos políticos, es un golpe militar. ENH130297 **10 problema ++:** ...argumentando que en ningún caso se podía acudir a la fuerza para *dirimir* problemas limítrofes... SEM100996 **11 batalla +:** Por eso, dijo no sorprenderse de que ahora se utilice el espionaje para *dirimir* batallas financieras y mediáticas... LVE290995 **12 duelo +:** Los dos equipos que prescindieron de sus entrenadores durante la semana *dirimen* un duelo a muerte. EME101196 **13 polémica +:** ...anunció ayer que ha decidido acudir a la Comisión Europea para que *dirima* sobre la polémica creada en torno a este proyecto. EME200396 **14 controversia:** ...que surgió como una suerte de árbitro para *dirimir* las controversias de la Concertación. HOY271097 **15 debate:** A la espera de que la justicia alemana *dirima* su debate interno acerca de si puede procesarse... EME270196 **16 discusión:** La discusión política debe *dirimirse* en el Parlamento, argumentó Rodríguez. EPD210597 **17 contienda:** ...pidió públicamente a los tres proclamados presidentes, que negociaran entre ellos para *dirimir* la contienda. ENH090297 **18 disputa:** ...dijo que esperaba que la OMC designe en los próximos días a los panelistas que deberán *dirimir* la disputa. ENH120297 **19 crisis:** ...en el congreso extraordinario que se celebrará dos días antes, para *dirimir* la crisis en que se encuentra sumida la organización socialista. LVE250495

C SUSTANTIVOS QUE DENOTAN COMPETICIÓN, GENERALMENTE DEPORTIVA: **20 partido +:** Espanyol y Zaragoza *dirimieron* el partido más tópico de la Liga, presidido por la laboriosidad defensiva... EPE011199 **21 encuentro:** Salieron decididos, desde el pitido inicial, a *dirimir* el encuentro como si fuera una auténtica guerra sin cuartel. EPD210497 **22 campeonato:** ...porque siempre prefiero *dirimir* un campeonato en mi terreno de juego... LVE250495 **23 derbi:** Barcelona y Joventut *dirimirán* hoy en el Palau Blaugrana (...) un derbi catalán marcado por la desigualdad. EME290195 **24 eliminatoria:** El Oporto ha *dirimido* tres eliminatorias europeas con el Barça...

EPE061199 **25 final:** ...el conjunto que mayor cantidad de puntos reunió debió *dirimir* una final que perdió con Newell's... LPA280492 **26 semifinal:** ...Sergi Bruguera y Michael Chang *dirimen* una semifinal muy táctica en el que será su primer choque... EME090695 **27 sprint –:** ...el enfrentamiento entre Fermín Cacho y el palentino Isaac Viciosa, que el año pasado *dirimieron* un emocionante sprint final... EME050594 **28 asalto –:** ...para *dirimir* con ciertas garantías el primer asalto de una eliminatoria de la UEFA. EPE221099

D SUSTANTIVOS QUE DENOTAN CAUSA O PROCESO JUDICIAL: **29 caso:** Asimismo, *dirime* los casos en los que se enfrentan las leyes autonómicas con el derecho vigente. EPE140399 **30 juicio:** ...sino también por el personaje elegido para *dirimir* un juicio de esta naturaleza. EME050294 **31 contencioso:** ...problema que podría resolverse con la puesta en marcha de juicios rápidos que *diriman* los contenciosos. LVE030294 **32 querella:** Mas los dioses enredan y *dirimen* sus querellas a través de los mortales... EME260695 **33 litigio:** ...la competencia de *dirimir* los litigios entre dos países de la UE... LVE210695 **34 pleito:** Como contrapartida, defendió la creación de nuevos órganos arbitrales que *diriman* los pleitos con mayor agilidad. LVE101296

E ALGUNOS SUSTANTIVOS QUE DESIGNAN OBLIGACIÓN CONTRAÍDA: **35 responsabilidad ++:** El fiscal ha pedido que la compañía de seguros sea llamada a juicio y allí se *dirima* su responsabilidad. LVE171296 **36 culpa:** No nos corresponde a nosotros, sino al tribunal, *dirimir* las culpas de cada uno de los implicados. EPE210999

F SUSTANTIVOS QUE DENOTAN PREMIO, DISTINCIÓN O RECOMPENSA HONORÍFICA, ASÍ COMO PUESTO O GRADO EN ALGUNA JERARQUÍA, GENERALMENTE DEPORTIVA O POLÍTICA: **37 título +:** Marinos emerge dispuesto para *dirimir* el título de liga. EUV150497 **38 premio:** ...organiza anualmente un torneo donde las mejores pistolas del Oeste *dirimen* un premio de 123.000 dólares. LVE170695 **39 medalla:** Rusia y Rumania se repartieron seis de las nueve medallas áureas *dirimidas* hasta ahora en la gimnasia rítmica. EXC250900 **40 galardón:** Rentería y Hollandsworth se perfilan para *dirimir* galardón Novato del Año. EUV061196 **41 podio:** Ya desde la primera rotación quedó claro que el primer podio olímpico de rítmica en Atlanta 96 se iba a acabar *dirimiendo* entre estos tres conjuntos... EME020896 **42 puesto:** Pamesa y Bruguer *dirimen* un puesto para la semifinal de la Copa Saporta. EPE090399 **43 escaño:** Se enteraron. Especialmente quien también necesitaba del escaso margen de votos con que se *dirime* el escaño en la isla. EPE101299

G SUSTANTIVOS QUE DESIGNAN OTRAS POSICIONES DE PRIVILEGIO: **44 victoria:** Como en anteriores ocasiones, se marcharon de sus rivales a las primeras de cambio, *dirimiéndose* la victoria entre ambos. EME020996 **45 hegemonía:** Europa no puede arrojar la toalla en estos mercados donde se *dirime* la hegemonía de la economía mundial. EME171296 **46 supremacía:** ...Europa aprovechó como ensayo de la gran conflagración en la que sus potencias esperaban *dirimir* la supremacía... HOY190183 **47 reinado –:** A las ocho de la tarde (hora española), y televisado por La 2, ambas selecciones *dirimen* su particular reinado continental. EME230795 **48 trono –:** Las promocionadas «Ridicule», «Prisoner of the Mountains» y «Kolya» *dirimirán* el trono al film extranjero. CLA120297 **49 candidatura:** ...la interna es la forma en que los partidos que integran la confederación *dirimen* sus candidaturas. CLA190199 **50 presidencia:** Una de las primeras conclusiones de ese sondeo es que una segunda vuelta parece inevitable para *dirimir* la presidencia. EPE281099 **51 mandato –:** ...a quien tendrá fuera de la escena política por lo menos hasta 1999, cuando se *dirima* el próximo mandato presidencial. LVE040896

H SUSTANTIVOS QUE DENOTAN ELECCIÓN: **52 elección:** ...no se da cuenta de que resalta el factor negativo de su edad (73 años) y olvida que Bill Clinton es el prototipo perfecto de la generación que *dirimirá* la elección el martes. LVE021196 **53 votación:** Dicho presidente no puede *dirimir* votaciones mediante un voto de calidad del que carece... LVE241196

I SUSTANTIVOS QUE DENOTAN VALIDEZ, MÁS FRECUENTEMENTE APLICADA A UNA NORMA: **54 legalidad:** ...interpondrá un recurso contencioso-administrativo para *dirimir* la legalidad de la tasa que actualmente tiene establecida... EME111096 **55 constitucionalidad:** El Alto Tribunal tiene que *dirimir* la constitucionalidad de la vigente Ley... EME090795 **56 validez:** Actualmente la validez legal de esta norma está siendo *dirimida* en la Corte Suprema de Justicia de la Nación... LNP120397

J OTROS SUSTANTIVOS; POSIBLES USOS ESTILÍSTICOS: ...sólo quedan votos anclados por inercia acrítica y personalismos *dirimiéndose* el yantar a navajazo limpio. EPE271099

▩ Se combina también con: ♦ **en sus justos términos, imparcialmente[7], objetivamente**

□ Véase también: **decidir.**

disciplina

I *(materia)* ♦ **abstruso[17], científico, deportivo** ♦ **adentrarse (en), cobrar fuerza, cursar, desarrollar, enseñar, estudiar, impartir[18], iniciar(se) (en), involucrar(se) (en)**

II *(rigor)* ♦ **adecuado, admirable, arduo, castrense, de hierro[10], drástico, duro, elástico, enorme, espartano, estricto[4], extremo, férreo[83], flexible, implacable[29], inflexible, laxo[3], militar, modélico, recio, rígido, riguroso[38], severo, social** ♦ **con** ♦ **código (de), muestra (de), regla (de)** ♦ **acatar[33], aflojar[14], aplicar, burlar, cumplir[35], degradar(se), demostrar, distender(se), ejercer, extremar, faltar(le) (a alguien), imperar, imponer[10], inculcar[4], instaurar[4], mantener, observar, pedir, perder, quebrantar, redoblar[12], regir (algo), relajar(se), romper, saltarse[54], someter (a), sustraer(se) (de/a)[16], tener**

□ Véase también: **materia, rigor.**

discípulo

♦ **adelantado, antiguo, aplicado, aventajado[1], avispado, brillante, buen(o), destacado, digno, díscolo, distinguido, excelente, excepcional, experimentado, ferviente, fiel, gran(de), ilustre, infiel, insubordinado, predilecto, prometedor, rebelde, rezagado, singular, subordinado, voluntarioso** ♦ **adiestrar, adoctrinar, aleccionar, educar, iniciar, instruir**

□ Véase también: **alumno, aprendiz.**

disconformidad

♦ **absoluto, completo, creciente, manifiesto, notorio, patente, pleno, pro-**

fundo, radical, total, visible ♦ en, en caso (de), en señal (de)[5] ♦ muestra (de), señal (de), síntoma (de) ♦ constar, estar (en), exponer, expresar, exteriorizar, manifestar, mostrar, ocultar, reflejar, transmitir[21]

☐ Véase también: **crítica, protesta, queja.**

DISCONFORMIDAD

♦ (SUSTANTIVOS) Véase: **ablandar(se)[C], acallar[C,G,K], acatar[H], agudizar(se)[C], ahogar(se)[D], ahondar (en)[D], airado[B], airear[C], alimentar[B], allanar[C], amargo[G], amortiguar[G], ánimo (de)[F], apaciguar[E], apechugar (con)[E], apreciable[E], a prueba (de)[E], arreciar[A,G], asomo (de)[D], atizar[D], auspiciar[F], avalancha (de)[A], avalar[H], avivar[B], brotar[H], caer en saco roto[D], canalizar[D,G], candente[E], capitalizar[H], cejar (en)[B], clamoroso[E], cobrar fuerza[F], combativo[E], conciliar[D], conmemorar[F], corroer[F], cundir[H], dejar caer[E], demostración (de)[E], deponer[C], desactivar[B], desaforado[D], desatar(se)[J], desatender[D], desbloquear[K], descargar[B], desmentir[G], desoír[D], desviar[F], dilucidar[B], dirimir[A], disolver(se)[B], dulcificar[G], emprender[I], en cadena[D], encendido[C], enconado[B], en señal de[A], estallar[A], exacerbar[A], exento (de)[D], ferviente[E], fluir[C], formular[B,H], fraguar(se)[F], fundado[E], fundamentado[B], granjearse[D], hacer extensivo[D], impune[G], inequívoco[J], insalvable[A], lastimero[B], levantar[I], limar[E], llamativo[G], lluvia (de)[A], marcar[D], mayúsculo[C], mitigar[I], monumental[A], multitudinario[E], objeto (de)[I], ocasionar[D], ola (de)[C], orquestar[D], paliar[I], plantear[K], plegarse (a)[G], practicar[L], recrudecer(se)[G], refutar[E], remontar[J], rotundo[B], serio[M], silenciar[A], sofocar[B], sortear[G], soterrado[B], subsanar[H], supino[B], surtir efecto[G], tenaz[A], tensar[C], terciar (en)[C], testimoniar[H], transmitir[F], traslucir(se)[G], vehemente[C], venir de lejos[B], verter[A], visceral[B], vislumbrar[J], zanjar[B]**

♦ (VERBOS) Véase: **abiertamente[G], acaloradamente[A], a coro[D], activamente[G], a gritos[C], ardientemente[D], con firmeza[A], con rotundidad[E], cordialmente[E], de antemano[H], duramente[D], en masa[B], fehacientemente[D], fuertemente[J], incansablemente[D], manifiestamente[E], por activa y por pasiva[B], radicalmente[F], rotundamente[B], seriamente[F], severamente[C], verbalmente[F], vivamente[C]**

discontinuo ♦ apoyo, camino, carrera, curso, diálogo, discurso, horario, línea, raya, recorrido, trabajador, tramo, trazado, trazo

discordante *adj.* ▌Se combina frecuentemente con los sustantivos *color* y *sonido*, así como con otros que designan elementos de esas nociones o relativos a ellas *(pintura, rima, tono, nota)*. También se combina con...

A SUSTANTIVOS QUE DENOTAN RASGO, UNIDAD, FACTOR O MATIZ, A MENUDO POR EXTENSIÓN DE LOS SUSTANTIVOS QUE DESIGNAN ESAS MISMAS NOCIONES APLICADAS AL COLOR O AL SONIDO: **1 nota ++:** La nota *discordante* del proceso se presentó en la Costa Atlántica del país, donde los indígenas misquitos boicotearon los comicios... LPH061100 **2 elemento ++:** El principal elemento *discordante* del tono optimista general fue la exclusión de Serbia, criticada por la representación de Rusia. EPE310799 **3 punto ++:** ...ya había iniciado los contactos con la directiva rayista por teléfono, pero rápido surgieron puntos *discordantes*. LRE250103 **4 tono +:** No hubo tonos *discordantes* en el réquiem nacional: Paz fue en su tiempo el escritor mexicano más importante desde Alfonso Reyes. EXC140901

B SUSTANTIVOS QUE DENOTAN JUICIO O CRITERIO PERSONAL. TAMBIÉN CON OTROS QUE DESIGNAN ALGUNAS DE LAS FORMAS EN QUE SE MANIFIESTAN ESAS INFORMACIONES: **5 opinión ++:** ...lo que persigue este colectivo es «callarle la boca» al único sacerdote del País Vasco que se ha atrevido a expresar una opinión *discordante* con el mundo nacionalista... LRE110103 **6 voz ++:** Las voces *discordantes* de las federaciones sindicales –socialistas y comunistas– no se hicieron esperar. HOY191083 **7 postura +:** ...dejaron, ayer en Taba (Egipto), bien claras sus posturas *discordantes*... EME060596 **8 posición +:** ...la posición *discordante* resultó ser la del representante del sector privado... ETC111196 **9 punto de vista:** ...ambas partes tuvieron ocasión de manifestar sus puntos de vista, *discordantes* en la mayoría de los casos. EPE010885 **10 parecer:** Decidan lo que decidan los demás, su parecer es siempre *discordante*. INDOC **11 pensamiento:** ...Maldonado opina que frente a un mundo privado de voces críticas y pensamientos *discordantes*, urge que aparezca una figura social... LVE300696

C OTROS SUSTANTIVOS; POSIBLES USOS ESTILÍSTICOS: Tantas décadas de reflexiones, flexiones e inflexiones para que le salga un ribón en el pescuezo que predique entre los humildes la gota de la concordia *discordante*... LVE180596; La casa parroquial fue la manzana *discordante*. EPE061099

▩ Se combina también con: **♦ abiertamente[121], a todas luces, ostensiblemente, visiblemente**

discordia ♦ absoluto, agrio, creciente, doloroso, imperante, permanente, reinante, viejo ♦ motivo (de), objeto (de), punto (de) ♦ agravar, apaciguar[5], atizar[32], avivar(se), causar, crear, desatar(se), desencadenar(se), encender, engendrar[4], enterrar, entrar (en), generar, ocasionar, provocar, reavivar(se), reinar, sembrar[24], suscitar, zanjar

☐ Véase también: **diferencia, discrepancia, divergencia.**

[discreción] → **a discreción**

discreción ♦ absoluto, admirable, cauteloso, conveniente, debido, diplomático, ejemplar, elegante, enorme, estricto, exquisito, extremado, extremo, forzoso, gran(de), máximo, necesario, noble, pertinaz, prudente, sereno, sumo[45], total, virtuoso ♦ con ♦ actuar (con), exigir(le) (a alguien), extremar, faltar, guardar[4], llevar (con), mantener, observar, pedir (a alguien), practicar[48], predicar[32], proceder (con), recomendar (a alguien), rezumar, tener

discrecional *adj.* ▌Se combina a menudo con sustantivos que designan servicios de transporte, o alguno de sus elementos *(servicio, autobús, lí-*

nea, parada). Asimismo se combina con sustantivos que designan diversas cantidades económicas o el efecto de emplearlas o satisfacerlas *(gasto, impuesto, salario, incentivo).* Acepta el sustantivo *fuego*, en alternancia con *a discreción*, y se combina además con...

A SUSTANTIVOS QUE DENOTAN ATRIBUCIÓN, COMPETENCIA O CAPACIDAD: **1** **poder** ++: ...los alcaldes tienen un alto poder *discrecional.* EPE060700 **2** **facultad** ++: La utilización de una facultad *discrecional*, como es la disolución anticipada del Parlamento... EPE280399 **3** **potestad** +: ...dicho acto se fundaba en una potestad *discrecional.* HOY190183 **4** **capacidad:** ...las haciendas forales tienen capacidad *discrecional* para conceder el crédito fiscal... EPE140499 **5** **derecho:** En cuanto a la pena de muerte, (...) sigue considerándola un derecho *discrecional* de las naciones... EPD110997

B SUSTANTIVOS QUE DESIGNAN MEDIDAS, ACTUACIONES Y OTRAS MANERAS DE PROCEDER EN RELACIÓN CON ALGUNA ACTIVIDAD, GENERALMENTE OFICIAL O ADMINISTRATIVA: **6** **medida** +: ...las medidas de Putin son por el momento tan oportunistas como *discrecionales.* EPE120800 **7** **actuación** +: ...impedir la actuación *discrecional* o arbitraria de las autoridades... PME020297 **8** **acto:** ...la concesión de los visados es un acto *discrecional.* EPE241199 **9** **política:** El debate entre la alternativa normas «versus», discreción en la Política Fiscal se ha revitalizado en los últimos tiempos (...) por la intensificación de las críticas a las políticas *discrecionales...* ABC260692 **10** **intervención:** ...la superexpansión de los sectores públicos (...) que se imputa a las intervenciones *discrecionales.* ABC260692 **11** **acción:** ...el acceso al generalato depende de una acción *discrecional* por parte del Gobierno. EME040895 **12** **trato:** Porque una cosa es predicar gratuitamente las bondades de la competencia y la liberalización y otra muy diferente renunciar al poder y la influencia que otorgan el trato directo y *discrecional* con tan grandes núcleos (...) de poder económico. EPE191199

C SUSTANTIVOS QUE DENOTAN UTILIZACIÓN O APROVECHAMIENTO DE ALGO: **13** **manejo** +: ...las denuncias apuntan al manejo *discrecional* que se hace del dinero. EPE211099 **14** **uso** +: ...si se confirma el uso *discrecional* de los fondos reservados... EME110394 **15** **aplicación:** La medida está encomendada a la aplicación *discrecional* de los jefes de policía de cada localidad... LVE090295 **16** **disfrute:** ...disfrute *discrecional* de eso que su mentor calificara como maravilloso instrumento del poder. LTB050497

D EL SUSTANTIVO *DECISIÓN* Y CON OTROS QUE DESIGNAN DIVERSOS RESULTADOS DE LAS DECISIONES, ASÍ COMO LA MISMA CAPACIDAD DE DECIDIR: **17** **decisión** ++: ...las decisiones *discrecionales* no pueden ser arbitrarias. LVE191296 **18** **determinación:** ...eliminando la referencia a su determinación *discrecional* por parte del aplicador del derecho. EPE170800 **19** **resolución** +: ...cuánto retroceso democrático ha ocasionado (...) con sus miles de resoluciones *discrecionales*, sin más norma que un interesado arbitrismo. EME200396 **20** **voluntad** +: ...se aplica la voluntad *discrecional* del director del centro... EPE150299 **21** **solución:** Luego, por haberle dado mucha cuerda en la solución *discrecional* de la crisis bancaria (...), debió sufrir en silencio... EPE020884 **22** **fin** –: ...autos de lujo que se usan en la administración pública con fines *discrecionales...* LNC070197

E SUSTANTIVOS QUE DESIGNAN NORMAS, PRECEPTOS Y OTROS PRINCIPIOS REGULATIVOS. TAMBIÉN CON OTROS QUE SE REFIEREN A LAS PAUTAS QUE PERMITEN ESTABLECER ALGÚN JUICIO: **23** **criterio** +: ...un derecho que en ningún momento puede ser sometido a criterios *discrecionales* de los directores... EPE170977 **24** **normativa:** ...introduciendo una normativa «menos *discrecional*» que la actual. EME060895 **25** **ley:** El Gobierno aprobará en septiembre una ley «menos *discrecional*»... EME060895 **26** **imposición:** Las penas privativas (...) quedan sustituidas por las penas pecuniarias de imposición *discrecional...* EME240594 **27** **norma:** ...dijo que en este caso las normas eran *discrecionales.* EPE050599 **28** **principio** –: La admisión y expulsión de los extranjeros es apreciada como principio *discrecional* por parte del Estado... EUV091096

F SUSTANTIVOS QUE DENOTAN CONCESIÓN O PRIVILEGIO: **29** **concesión** ++: ...la Administración no debería tener la concesión *discrecional* del tercer grado... EPE210999 **30** **permiso** +: ...es posible ofrecer legalmente (...) convenios y permisos *discrecionales...* PME010996 **31** **prerrogativa** +: ...mantiene prerrogativas *discrecionales* para atribuir directamente licencias... EME280296 **32** **excepción** –: ...una excepción temporal y *discrecional* tan amplia (...) que desvirtúa (...) el alcance de la regla general. LVE110695

G SUSTANTIVOS QUE DENOTAN DESIGNACIÓN O ELECCIÓN, GENERALMENTE DE UNA PERSONA PARA QUE DESEMPEÑE ALGUNA FUNCIÓN: **33** **nombramiento** +: ...no se contemplan correcciones, o nombramientos *discrecionales* por parte del Consejo... LVE141296 **34** **designación** +: ...autoperpetuándose en el poder a través de la designación *discrecional* de los miembros del Tribunal... EPE010485 **35** **elección:** ...los cargos de confianza son de elección *discrecional...* EPE200699

discrepancia

♦ **abierto, aparente, apreciable[25], claro, fuerte, gran(de), hondo, importante, inapreciable, ínfimo, insalvable[2], interno, irreconciliable[5], legítimo, leve, ligero, manifiesto, mínimo, notable, ostensible[38], pequeño, político, profundo[81], público, radical, reiterado, serio[58], tímido, vago, visible** ♦ **asomo (de)[18], punto (de)** ♦ **acallar[65], admitir, aflorar[45], agudizar(se)[18], airear[16], alimentar[16], apreciar(se), atemperar, conciliar[15], dejar de lado, desmentir[40], dirimir[2], dulcificar[33], emerger, evitar, existir, generar, limar[13], manifestar, mantener, marcar[26], minimizar, mostrar, negar, originar(se), plantear[53], presentar, provocar, pulir, quitar hierro (a)[7], recrudecer(se)[14], reducir, resaltar, resolver, salir a la luz[22], salvar, sofocar[13], solventar, soslayar[19], suavizar, superar, surgir, suscitar, tener, tensar[6], traslucir(se)[62], venir de lejos[8], zanjar[16]**

discrepar

♦ **abiertamente[50], absolutamente, claramente, enérgicamente, expresamente, flagrantemente, fuertemente, ligeramente, manifiestamente, notoriamente, ostensiblemente, parcialmente, profundamente, públicamente, rotundamente[13], sensiblemente, totalmente, visiblemente**

☐ Véase también: **debatir, discutir.**

discriminación ♦ **arraigado[42], claro, consciente, cultural, duro, falso, flagrante, fuerte, grave, inaceptable, injustificado, laboral, negativo, patente, positivo, profesional, racial, salarial, serio, social ♦ acto (de), asomo (de)[17], caso (de), causa (de), estado (de), ley (de), medida (de), motivo (de), problema (de), situación (de) ♦ abolir[23], acabar (con), agravar(se)[60], alegar, combatir[20], crear, denunciar, erradicar[17], evitar, existir, favorecer, generar, implicar, romper (con), sentir, soportar, sufrir[81], superar**

discriminar ♦ **abiertamente[63], afectivamente, arbitrariamente, culturalmente, flagrantemente, gravemente[21], negativamente[35], positivamente, salarialmente, socialmente, subrepticiamente, visiblemente**

discriminatorio *adj.* ▮ Se combina frecuentemente con sustantivos abstractos que designan estados *(El colectivo de los taxistas padece una grave situación discriminatoria)*, así como con otros que designan códigos y normas *(ley, normativa, código)* o diversos tipos de obligaciones, generalmente de índole económica *(impuesto, tarifa, peaje)*. Se combina además con sustantivos que designan muy diferentes tipos de mensajes, unidades de comunicación y contenidos informativos *(declaración, lenguaje, sentido, connotación)*. También se combina con...

A SUSTANTIVOS QUE DENOTAN DISPOSICIÓN, CONDUCTA O TRATO DISPENSADO: **1 trato ++:** ...falta aún la aplicación de la ley y los reglamentos relacionados con los negocios de manera generalizada, eliminando privilegios o tratos *discriminatorios.* EXC210197 **2 tratamiento ++:** ...comporta, en relación con quienes permanecieron en el antiguo régimen, un tratamiento *discriminatorio...* ETC240996 **3 práctica ++:** ...condenan las prácticas comerciales *discriminatorias* y la aplicación extraterritorial de leyes internas, en clara alusión a la Ley Helms-Burton... GIC104297 **4 actitud +:** ...fustigó al gobierno nacional por lo que calificó de «actitud *discriminatoria* en contra de la comuna capitalina». UNU041096 **5 comportamiento +:** ...constituye un acto de abuso de poder y un comportamiento *discriminatorio* en el otorgamiento de la publicidad oficial y en la asignación de los recursos públicos... ENH150198 **6 conducta +:** ...en el Concilio Vaticano II (Gaudium et spes) se habla de que (...) ha de evitarse toda conducta *discriminatoria* en materia de inmigrantes. CLA230199 **7 postura:** Frente a esa postura *discriminatoria*, el equipo intenta dar mensajes de cohesión y de unidad, reforzados por los lazos de amistad. EPE240599

B SUSTANTIVOS QUE DESIGNAN MEDIDAS, RECURSOS O RESOLUCIONES, A MENUDO DE CARÁCTER LEGAL. TAMBIÉN CON OTROS QUE EXPRESAN ALGUNAS DE LAS PAUTAS QUE LAS ORGANIZAN O LAS ESTRUCTURAS EN LAS QUE SE INSCRIBEN: **8 medida ++:** Las nuevas regulaciones impusieron restricciones de licencia y otras medidas *discriminatorias* a los plátanos latinoamericanos... LHG030597 **9 sistema +:** ...su sistema era *discriminatorio* por proteger la producción de las ex colonias europeas de la zona... LPH051000 **10 disposición +:** Su *discriminatoria* disposición impone una pronta corrección, pero además plantea la necesidad de buscar soluciones de fondo para la salud pública argentina. CLA140199 **11 resolución:** Unos dicen que se trata de una resolución *discriminatoria*, mientras otros sostienen que la medida es acertada. ACP201096 **12 método +:** Muchos padres de alumnos consideran que estos métodos son *discriminatorios*, ya que los requisitos son difíciles de lograr para los alumnos promedio. ACP111296 **13 decisión:** La decisión es *discriminatoria* e injusta. EME090495 **14 política +:** Es la llamada inversión de la carga de la prueba (...) y que obligará a una empresa denunciada a demostrar que su política no es *discriminatoria.* EPE020699

C SUSTANTIVOS QUE DESIGNAN OPINIONES, CONVICCIONES, JUICIOS DE VALOR Y OTRAS OPCIONES Y ACTITUDES ASIMILADAS A ELLAS: **15 criterio +:** Están, también, (...) las quejas de los productores ganaderos por el criterio *discriminatorio* con que se les aplicará el impuesto al valor agregado... LNA050792 **16 prejuicio +:** Sin embargo, en ciertos segmentos de la sociedad circulan prejuicios *discriminatorios* contra todo aquello que es distinto... CLA240199 **17 creencia:** ...en Francia habitan cuatro millones de musulmanes, cuyas creencias resultan, por ejemplo, *discriminatorias* contra la mujer. ABC211094 **18 preferencia:** Sin embargo, hoy existen Gobiernos que exigen a sus súbditos un cierto número de hijos y sociedades, donde la preferencia por uno de los dos sexos es marcadamente *discriminatoria.* ABC241195 **19 concepción:** Parte de una concepción racista, etnocéntrica y *discriminatoria.* EXC120197

D SUSTANTIVOS QUE DENOTAN IMPEDIMENTO U OBSTÁCULO. TAMBIÉN CON OTROS QUE DESIGNAN DIVERSAS SITUACIONES DE DESIGUALDAD O DESEQUILIBRIO: **20 diferencia +:** ...las diferencias *discriminatorias* entre hombre y mujer son problemas que hasta el momento no han sido debidamente tratados. LTB111296 **21 barrera +:** ...ha comenzado a trabajar en la elaboración de un esquema que elimine las barreras *discriminatorias* que se erigen (...) en contra de la inversión extranjera. EXC020197 **22 traba:** ...sostuvo que las trabas a los productores argentinos resultan «injustificadas y *discriminatorias*». LPA260492 **23 amarra:** Romper amarras *discriminatorias*, establecer y hacer respetar los derechos de las mujeres... ENH140797 **24 marginación:** Las dirigentes plantean preocupación por la inexplicable y *discriminatoria* marginación en la búsqueda de soluciones constructivas a los problemas nacionales... LPN040797 **25 desigualdad:** La desigualdad no siempre es *discriminatoria.* LVE301296

E OTROS SUSTANTIVOS; POSIBLES USOS ESTILÍSTICOS: Vibrante, fresco, grácil, sorprendente y mundial, este «Zebra Crossing» es un espejo no *discriminatorio*, en el que pueden mirarse y reconocerse cuantos quieran hacerlo. LVE140196

disculpa ♦ **anticipado, bueno, formal, oficial, público, sentido, sincero ♦ carta (de), mensaje (de), tono (de) ♦ aceptar, admitir, buscar, deber (a alguien), deshacerse (en)[31], exigir, formular, hacer llegar, implorar, merecer, obtener, ofrecer, pedir, poner, presentar, rechazar, recibir, rogar, tener, testimoniar, transmitir**

☐ Véase también: **absolución, coartada, excusa, perdón, pretexto.**

DISCULPA Véase: PERDÓN

disculparse ♦ **abiertamente, claramente, de todo corazón[4], directamente, discretamente, en persona[30], formalmente, honestamente, oficialmente, públicamente, sentidamente, sinceramente[36]**

☐ Véase también: **absolver (de), dispensar, perdonar**.

discurrir *v.* ▮ En el sentido de 'inventar o conjeturar' se combina con sustantivos que designan muy diversas unidades informativas *(discurrir una idea, un argumento, un pensamiento)*, más frecuentemente si designan soluciones *(remedio, solución, respuesta, arreglo)* o medios *(procedimiento, sistema, método, medio)*. En el sentido de 'pasar' se construye a menudo con complementos preposicionales encabezados por *entre* o *por* *(El arroyo discurre entre campos sin cultivar; El camino discurre por la costa)*. En su sentido de 'pasar o correr' admite como sujetos sustantivos personales *(La gente discurre por la avenida principal)*, sustantivos que designan corrientes *(río, arroyo)*, materias que las forman *(agua, lava, dinero)*, vehículos *(tren, autobús, coche)*, y cursos, vías o trayectos, materiales o no *(trayecto, ruta, itinerario, trayectoria, recorrido, camino, carretera, autopista, arteria)*. Se combina también con sustantivos temporales *(tiempo, vida, hora, infancia, juventud)*, así como con otros que designan textos y otras formas del discurso lineal *(historia, discurso, relato, película, novela, narración)*. Se combina asimismo con sustantivos que designan eventos, caracterizados por su progresión, como son los deportivos *(carrera, juego, partido, prueba, competición)* y los que designan manifestaciones colectivas públicas *(marcha, desfile, cabalgata)*. También se combina con otros muchos sustantivos que designan procesos, y especialmente con...

A SUSTANTIVOS QUE DENOTAN CONVERSACIÓN O DEBATE: **1 conversación ++:** Las últimas conversaciones *discurrieron* con normalidad y en un clima de diálogo cordial... EPE010999 **2 charla:** La charla *discurrió* amigablemente, y fue además sumamente instructiva porque... INDOC **3 debate +:** A pesar de que el debate *discurrió* por unos cauces de absoluta normalidad, no faltaron momentos de tensión. LVE041195 **4 diálogo:** ...trató de ser él quien señalase los márgenes por los que había de *discurrir* el diálogo. EME100695 **5 discusión:** Estamos muy contentos por cómo han *discurrido* las discusiones sobre la reforma del torneo... LVE080296 **6 entrevista:** ...la entrevista *discurre* entre esos tres idiomas... EME180995

B SUSTANTIVOS QUE DENOTAN REUNIÓN, GENERALMENTE DESTINADA A TRATAR UN DETERMINADO ASUNTO: **7 reunión +:** La reunión *discurrió* en calma... LVE080695 **8 sesión +:** Así *discurrió* la sesión que duró una hora y media, pero que pudo extenderse por mes y medio. RUM010997 **9 asamblea +:** La asamblea *discurrió* como una balsa de aceite. LVE250895 **10 encuentro +:** El encuentro *discurrió* «en términos apocalípticos», según los asistentes. LVE121296 **11 convención:** La convención *discurrió* muy abierta entre esos dos modelos. EPE240700 **12 congreso:** Hay un intermedio que me parece muy importante, y casi casi será la clave de cómo va a *discurrir* el congreso. EPE121099

C SUSTANTIVOS QUE DESIGNAN PLANES, INICIATIVAS, PESQUISAS, TAREAS Y OTRAS NOCIONES QUE SE PONEN EN PRÁCTICA Y SIGUEN ALGÚN CURSO: **13 proyecto:** Es cierto; me encuentro muy satisfecha de cómo *discurre* el proyecto. ABC271192 **14 misión:** La misión es arriesgada, pero confiamos en que *discurra* sin contratiempos. INDOC **15 trabajo:** ...a partir de ahora sus trabajos *discurrirán* por cauces bien distintos. LVE260395 **16 investigación:** La investigación *discurre* con el mayor de los sigilos. EME300796

D SUSTANTIVOS QUE DESIGNAN CONFLICTOS, AGRESIONES Y OTRAS FORMAS DE CONFRONTACIÓN: **17 enfrentamiento:** Las dos hinchadas tienen fama de ser exaltadas, pero esperemos que el enfrentamiento *discurra* por los cauces esperados. INDOC **18 conflicto:** El conflicto *discurrió* con un cierto paralelismo cronológico. LVE020995 **19 guerra:** ...la guerra estaba empezando a *discurrir* por el camino trazado por EE. UU. EME300196 **20 confrontación:** Sostuvo que en la actualidad la confrontación política *discurre* en mayor medida de lo que fuera prudente... LVE150995 **21 lucha:** Esa lucha *discurre* por dos caminos simultáneamente. EPE260799 **22 ataque:** El banderín firme en su mano derecha, por esa banda en la que *discurría* el ataque de Suecia. EME290694 **23 batalla:** Pero «la batalla» *discurrió* sin incidentes. EME060295

E SUSTANTIVOS QUE DESIGNAN EL CURSO DE LAS COSAS QUE SE SUCEDEN EN ALGUNA INVENCIÓN: **24 argumento:** ...«El pueblo y los atentados» es una novela heroica que *discurre* un argumento reiterado varias veces en su texto... LHG220597 **25 trama:** En este mundo *discurre* la trama creada por Alex Ollé y producida por Ovideo. EME301195 **26 guión:** Elsa llegó en un descapotable al lugar especial de la Costa Brava, pero antes, como en las películas, *discurrió* un guión especial. LVE170896

▩ Se combina también con: ♦ **a trancas y barrancas[3], con altibajos, con arreglo a lo previsto, con fluidez[2], limpiamente[12], ordenadamente[75], plácidamente[30], satisfactoriamente[14], sin contratiempos, sin obstáculos**

☐ Véase también: **fluir**.

discurso ♦ **abrupto[76], aburrido, acalorado[19], acerado[8], airado, alusivo[3], arbitrario, atropellado, beligerante[14], breve, bronco, categórico, cáustico, coherente, conciso, constructivo, crítico, demoledor, denso, desaforado, deshilvanado, directo, dominante[40], efusivo[22], electrizante[13], emocionado, encendido[1], enmarañado, enrevesado[23], entrecortado, estructurado, farragoso, fervoroso[38], hermético[9], ilusionante[23], imborrable, imparable, implacable, inapelable[10], inaugural, intempestivo[34], interesante, lineal[16], lógico, magnífico, manido, maniqueo, maratoniano, memorable, monótono, mordaz, narrativo, novedoso[41], pequeño, persuasivo, plomizo[6], poético, político, racional, reflexivo, rimbombante[11], romo[5], sofisticado, soporífero, sugestivo, tedioso, torrencial[3], tranquilizador[9], trillado[42]** ♦ **al hilo (de)[9]** ♦ **abanderar[12], abrigar[32], abrir, acortar, acotar, aderezar[16], agotar(se)[51], ahogar(se),**

alimentar[39], amenizar, apuntalar[3], armar(se)[33], articular, boicotear[30], caer como una bomba[6], centrar, cerrar, componer, configurar, conocer, construir, converger, crear, dar[274], delinear[53], desbrozar[12], desmontar, destripar, difundir(se)[17], discurrir, dulcificar, echar[79], elaborar, entrecortar(se)[18], escribir, escuchar, estructurar, evolucionar, girar[23], hilvanar, improvisar, interrumpir, jalonar, leer, ligar, madurar[28], moderar, moldear, montar, obviar[38], perfeccionar, perseverar (en)[20], persistir (en), plantear, predicar[3], proferir, pronunciar, recitar, redactar, repetir, soltar, sostener, sustentar, tejer

☐ Véase también: **mensaje, narración, sermón, texto.**

discusión ♦ **abierto, académico, acalorado[10], a fondo[45], agotador[25], agrio, airado[13], alambicado, amplio, a muerte[19], animado, a puerta cerrada[57], arduo[16], áspero, atropellado, bizantino[1], breve, bronco[4], cara a cara[34], complejo, confuso, constructivo[22], cordial, de igual a igual[40], embarullado, encarnizado[14], encendido[10], enconado[13], en profundidad, estéril, eterno, familiar, filosófico, formal, franco, fuerte, gran(de), ideológico, infinito, informal, infructuoso, intenso, interno, intrincado, largo, libre, manido[30], maratoniano, permanente, político, privado, profundo, propenso (a)[15], provechoso, público, reñido[45], serio, sincero, sin tapujos[80], tabernario, tenso, vehemente[28], verdadero, vibrante, violento, vivo** ♦ **al calor (de)[12]** ♦ **ánimo (de)[24], mesa (de), motivo (de), objeto (de)[31], proceso (de), punto (de), secuela (de)[19], tema (de)** ♦ **abrir, acabar (con), ahogar(se)[30], alimentar[14], amagar[14], amainar[11], apaciguar[4], aplacar(se)[48], arbitrar (en), armar(se)[15], atizar[33], avecinarse[24], avivar[8], brotar[46], caldear(se)[13], calmar(se)[14], cancelar[25], centrar, comenzar, congelar[26], dar lugar (a), derivar (en algo), desatar(se)[61], desbloquear[6], desencadenar(se), dirimir[16], discurrir[5], empezar, encrespar(se)[7], enfrascar(se), enfrascarse (en)[15], enredar(se) (en)[10], entablar[21], entrar (en), enzarzarse (en)[8], estallar[22], faltar, forzar, generar, girar[7], iniciar, interrumpir, involucrar(se) (en)[28], librar, mantener, merecer, meter(se) (en)[40], plantear[45], prestar(se) (a), producir, promover, provocar, reabrir[20], reanudar, reavivar[2], recrudecer(se), retomar, revivir[51], sembrar[25], serenar(se)[19], someter (a), sosegar(se)[8], surgir, suscitar, sustraer(se) (de/a)[22], tener, tensar[12], terciar (en)[3], terminar, venir de lejos[9], versar (sobre algo), zanjar[12]**

☐ Véase también: **charla, conversación, debate, diálogo, disputa.**

discutir ♦ **abiertamente[73], acaloradamente[1], acremente[7], a fondo[9], a gritos[10], amablemente, ampliamente, a puerta cerrada[3], ardientemente, arduamente[12], cara a cara, civilizadamente[7], cordialmente[20], de antemano, de igual a igual[22], democráticamente, detalladamente[52], diplomáticamente, enérgicamente[23], en profundidad, eternamente, firmemente, formalmente, indefinidamente, pacíficamente, por un quítame allá esas pajas, razonablemente, seriamente, sin tapujos[50], sin ton ni son, vigorosamente[7], violentamente**

☐ Véase también: **debatir, discrepar, disputar.**

disentir (de) *v.* ▮ Admite sustantivos de persona, individuales o colectivos *(periodista, presidente, gobierno, tribunal, partido, sindicato: Disiento respetuosamente del tribunal)*, y otros que designan instituciones u organizaciones *(régimen, sistema)* así como muy diversas manifestaciones verbales declarativas *(afirmación, explicación, declaración, manifestación)*. Más frecuentemente se combina con...

A SUSTANTIVOS QUE DENOTAN JUICIO, VISIÓN O VALORACIÓN DE ALGO: **1 opinión ++:** ...ya no se puede *disentir* de otras opiniones sin correr el riesgo de parecer sospechoso. EPE091101 **2 parecer +:** Algunas personas dicen *disentir* de nuestro parecer. INDOC **3 análisis +:** ...un análisis crítico del que podemos *disentir* o no... EPE200700 **4 interpretación:** El Gobierno *disiente* de esta interpretación... EME020396 **5 teoría:** ...*disiente* de la teoría oficial y está haciendo (...) todo el ruido que puede. EME250494 **6 valoración:** Los sindicatos *disienten* abiertamente de la valoración que el gobierno realizó de la huelga. INDOC **7 versión:** Iberia *disiente* de la versión de Antonio Abril y sostiene que... EPE010699

B SUSTANTIVOS QUE DESIGNAN MEDIDAS RESOLUTORIAS, A VECES CONCERTADAS: **8 resolución +:** ...se puede *disentir* de una resolución del Tribunal Constitucional... EPE050299 **9 decisión +:** ...no descartan la posibilidad de *disentir* oficialmente de la decisión adoptada por el fiscal... EPE021286 **10 decreto +:** La composición aconsejada por la postura que *disiente* del decreto, es la que actualmente contempla el Reglamento Orgánico de Centro (ROC). DDN290499 **11 sentencia +:** Se puede *disentir* de alguna sentencia... EME040495 **12 acuerdo:** ...las comunidades que *disientan* del acuerdo de financiación... LVE280696 **13 consenso:** ...nos permitimos *disentir* del consenso como instrumento de gobierno... LVE180596 **14 conclusión:** ...*disienten* de las conclusiones aprobadas por la comisión... EPE130499

C SUSTANTIVOS QUE DENOTAN PAUTA O MODELO DE CONDUCTA, ESPECIALMENTE SI CONSTITUYE UNA FORMA DE ORIENTAR LA ACCIÓN O EL PENSAMIENTO: **15 estrategia +:** ...una parte de IU va a *disentir* de la manera que pueda de la estrategia de Anguita... EME200396 **16 política +:** ¿Quién tendrá la osadía de *disentir* de las políticas de Estado? EME130596 **17 línea +:** ...frecuentemente *disentía* de la línea de las altas esferas de la política... EPE270800 **18 pauta:** ...su percepción de la actividad agrícola *disentía* constantemente de las pautas generales dadas... HOY300996 **19 proceder:** Disiento rotundamente de su proceder y de sus opiniones. INDOC **20 criterio:** Tardón manifestó que su asociación «*disiente* del criterio que ostenta el Tribunal»... EME161295

D OTROS SUSTANTIVOS; POSIBLES USOS ESTILÍSTICOS: Permítanme *disentir* del semáforo rojo que le endilgaron... LVE240596

▩ Se combina también con: ♦ **abiertamente[53], manifiestamente, personalmente**

diseñar ♦ **a grandes líneas, a grandes rasgos[12], al detalle[30], a medida[19], con precisión, en líneas**

generales, estratégicamente[15], experimentalmente, libremente, vagamente, virtualmente ♦ campaña, estilo, estrategia, estructura, fórmula, función, futuro, mecanismo, modelo, mueble, operación, plan, política, programa, proyecto, sistema, técnica, tratamiento

disfraz ♦ anodino, artificioso, burdo, cambiante, carnavalesco, colorido, cómico, conocido, convincente, discreto, elegante, encubridor, engañoso, gracioso, infantil, inútil, irrisorio, mero, original, perfecto, ridículo, sencillo, sofisticado, suntuoso, sutil, viejo, vistoso ♦ bajo, con, sin, tras ♦ baile (de), concurso (de), desfile (de), fiesta (de) ♦ ataviarse (con), cambiar (de), confeccionar, dejar(se) (de), descubrir(se), desenmascarar, despojar(se) (de), destapar, engañar (con), exhibir, liberar(se) (de), llevar, lucir, ocultarse (bajo), poner(se), probar(se), quitar(se), servir (de), usar (como), utilizar, vestir

disfrazar *v.* ▌Se combina con sustantivos de persona *(disfrazar a un niño)*, frecuentemente en uso pronominal y con complemento de régimen *(disfrazarse de princesa)*. En sentido figurado admite un gran número de sustantivos, entre otros los que designan creencias *(disfrazar una ideología, una doctrina, un dogma)*, formas de actuación y gobierno *(disfrazar el régimen, una dictadura, el monopolio, el proteccionismo)*, defectos personales o colectivos *(disfrazar la debilidad, la agresividad, la vulgaridad, la codicia)*, y otras muchas acciones y procesos, más frecuentemente si se asocian con situaciones inconvenientes o inapropiadas *(disfrazar la violencia, la corrupción, una confabulación, un delito)*. Destacan particularmente las combinaciones de este verbo con...

A SUSTANTIVOS QUE DESIGNAN LO QUE SUCEDE O SE CONSIDERA CIERTO, PRESENTE O ACTUAL: **1 verdad ++:** Suárez agregó que los medios de comunicación (...) *disfrazan* la verdad... DYM201297 **2 realidad +:** Estamos haciendo un pan como unas tortas al tomarnos en serio a tanto cara dura empeñado en *disfrazar* la realidad de cada día. EME140294 **3 hecho +:** Las palabras, no obstante, no han conseguido *disfrazar* los hechos... EPE301201 **4 acontecimiento:** ...forzar los acontecimientos actuales para *disfrazarlos* de «situación límite» me parece una hipocresía malvada o una actividad perversa... LVE170395

B SUSTANTIVOS QUE DESIGNAN LO QUE NO SE AJUSTA A LOS HECHOS O FALTA A LA VERDAD, MÁS FRECUENTEMENTE SI SE PRESENTA DE FORMA ENCUBIERTA: **5 mentira +:** Y, así pues, la grave crisis escolar y valenciana es un embuste, una mentira *disfrazada* con artificio... EPE291199 **6 engaño +:** ...creo que todos debiéramos (...) reconocer los hechos como son y no *disfrazar* de razón lo que es engaño o pretexto. EME170696 **7 demagogia:** Su voluntad de no dejarse arrastrar ni por el miedo, ni por la tiranía, ni por la demagogia *disfrazada* de revolución (...) es realmente ejemplar. LPN300697 **8 farsa:** La farsa derechista *disfrazada* de «democracia» (...) fue un añejo complot urdido por el extremismo empresarial... EXC200700 **9 ironía:** Su estilo está despojado de cualquier personalismo, lleno de ironía *disfrazada* de ingenuidad. LVE240396 **10 sarcasmo:** ...una inteligencia superior que usa el sarcasmo *disfrazado* de obediencia para erigirse en espejo de feria de la intimidad con corona. EXC140901

C SUSTANTIVOS QUE DENOTAN ACTUACIÓN O PARTICIPACIÓN EN ALGO, GENERALMENTE ACTIVA. TAMBIÉN CON OTROS QUE DESIGNAN LA FORMA DE COMPORTARSE ALGUIEN EN ALGUNA ACTIVIDAD: **11 gestión +:** En poco tiempo la gestión se hizo pública, mal *disfrazada.* RUM150997 **12 política +:** La política se *disfraza* a veces de servicio ciudadano, de intereses económicos contrapuestos, de convicciones étnicas o religiosas... LVE250395 **13 comportamiento:** ...una tramada operación encaminada a *disfrazar* de multilateral un comportamiento marcado por singularísimos intereses... EPE311001 **14 conducta:** ...la democracia *disfraza* muchas veces conductas y hechos muy poco demócratas... EPE200899 **15 actuación:** ...el Gobierno quiere *disfrazar* su actuación de legalismo reglamentario... EME170196 **16 intervención:** ...EE. UU. aprovechó una ausencia del representante ruso (...) para aprobar la intervención estadounidense *disfrazada* de internacional... EPE180199

D SUSTANTIVOS QUE DENOTAN INTENCIÓN, PROPENSIÓN O INCLINACIÓN HACIA ALGO. TAMBIÉN CON OTROS QUE DESIGNAN LA JUSTIFICACIÓN POR LA QUE SE REALIZA O SE PRETENDE REALIZAR LO QUE SE EMPRENDE: **17 intención ++:** La cifra animó al Partido Popular a ver la intención *disfrazada* del ahorro. EME110695 **18 interés +:** Vivimos donde los intereses personales se *disfrazan* de hipocresía ideológica. EME270396 **19 ambición:** Pero revolucionan el conocimiento social del poder, destruyendo las ilusiones ideológicas que *disfrazan* las ambiciones. EME240194 **20 aspiración:** Sanz manifiesta su gran deseo con un indisimulado y poco elegante énfasis que *disfraza* su gran aspiración de capricho pueril y primitivo. EME301095 **21 deseo:** ...lo digital es otra de las máscaras con que se *disfraza* el deseo. EPE270499 **22 razón:** ...el candidato vicepresidencial demócrata (...) no intentó *disfrazar* la razón de su constante presencia con retórica... ENH100900 **23 motivo +:** ...los motivos del subconsciente están *disfrazados* y censurados para evitar su intrusión en la conciencia. EPE161199 **24 estrategia:** Que los banyamulenge sean zairenses (...) demuestra ampliamente que la estrategia se encuentra *disfrazada* por el factor étnico... PME011296 **25 programa:** El tema del control de la natalidad ha sido combatido eficientemente por la Iglesia Católica obligando a que la Secretaría Nacional de Salud, OMS, UNICEF y otras organizaciones (...) desvíen y *disfracen* sus programas con otros menos agresivos... LTB301296 **26 proyecto:** El manifiesto acusa al promotor de (...) *disfrazar* un proyecto comercial bajo parámetros alternativos. LVE020796

E SUSTANTIVOS QUE DENOTAN CANTIDAD ECONÓMICA. TAMBIÉN CON OTROS QUE DESIGNAN CIERTAS OPERACIONES COMERCIALES EN LAS QUE INTERVIENE: **27 cifra +:** ...el enorme salvamento llevado a cabo por el gobierno de por al menos 11 mil millones de dólares, *disfraza* las cifras. EXC181296 **28 inversión +:** La prefieren para pagar sus costes, acumular su riqueza o *disfrazar* sus inversiones. EPE280299 **29 presupuesto +:** «(...) lo cierto es que nadie podrá medirlo adecuadamente alguna vez para exigir su cumplimiento», arriesgan economistas provinciales duchos en *disfrazar* presupuestos. LNA090792 **30 financiamiento** +: ...esto sería un financiamiento público indirecto y *disfrazado.* PME271096 **31 déficit** +: El Gobierno *disfraza* el déficit trasladando al Tesoro las deudas de las empresas públicas. EME161095 **32 impuesto:** ...la emisión no es más que un «impuesto *disfrazado*» porque obliga a los empresarios a adquirirlos... EME140996 **33 transacción:** Algunas de las conclusiones más inquietantes del informe dan ejemplos de transacciones repugnantes y *disfrazadas,* y de contratos falsos... EPE110299 **34 negocio:** ...la industria farmacéutica utiliza ofidios y arácnidos, y en estos casos estamos hablando de otro tipo de negocios ilícitos que se *disfrazan* fácilmente... PME220996

F SUSTANTIVOS QUE DENOTAN SITUACIÓN PROBLEMÁTICA O CONFLICTIVA: **35 problema** ++: Así los políticos se colocan la careta de campaña para *disfrazar* los problemas... EME260296 **36 crisis** ++: ...los países de la Comunidad Europea se hallan en vísperas de una crisis económica (...), los gobiernos europeos intentarán esconderla o *disfrazarla...* LVE050196 **37 conflicto** +: Un lugar en el que los conflictos políticos y agrarios, *disfrazados* de religiosos, han causado la expulsión de más de 30.000 personas en las últimas tres décadas. EPE270800 **38 confrontación** +: ...Obiols ha iniciado una ofensiva dialéctica para intentar *disfrazar* bajo el debate de las ideas otro tipo de confrontación: el de las personas. LVE110596 **39 disputa** +: Decía Lenin que las disputas por el poder siempre se *disfrazan* de confrontaciones por la ideología... PME290996 **40 pelea** −: Señaló Cebrián que (...) *disfrazar* esa pelea de tintes ideológicos como si fuera de libertad de mercados es «simplemente confundir a la gente». LVE251096

G SUSTANTIVOS QUE DENOTAN ESTADO EMOCIONAL: **41 miedo** +: Lo dijo, así, como ha escrito su última novela: directo, casi espontáneo, con un sarcasmo «para *disfrazar* el miedo»... LRE150103 **42 temor** +: ...los occidentales reaccionaron con gran temor que *disfrazaron* de prudencia. LVE150195 **43 emoción** +: Su rostro, perfectamente educado para *disfrazar* la menor de las emociones, aparecía esta vez descansado... EXC090596 **44 sentimiento** +: El Mercuccio de Harold Perrineau, con su amor denso y desfachatado por Romeo (sentimiento *disfrazado* de amistad) es tal vez una de las re-creaciones más osadas de esta versión... CLA300197 **45 pánico:** Arsenio, un técnico admirable por muchos conceptos, trata de *disfrazar* su pánico con un manto de sensatez. LVE230195 **46 ansiedad:** Escribir es una carrera contra el tiempo, cuando éste falta, como esa ansiedad *disfrazada* de serena aceptación de lo que uno es... ABC080193 **47 tensión:** ...*disfraza* su enorme tensión vital bajo un manto de oscuro fatalismo. ABC060594

H SUSTANTIVOS QUE DENOTAN IDENTIDAD PERSONAL: **48 identidad** +: ...las entidades que se constituyen en ese paraíso fiscal suelen *disfrazar* la identidad de los verdaderos socios. PME140796 **49 yo:** Colecciono pelucas para *disfrazar* mi propio yo... LVE270596

I SUSTANTIVOS QUE DESIGNAN TEXTOS Y OTRAS INFORMACIONES, MÁS FRECUENTEMENTE SI RESULTAN DE ALGUNA NARRACIÓN O EXPOSICIÓN LINEAL: **50 historia** +: O Brian ha *disfrazado* algo la historia, pero el episodio sirve para ilustrar sus métodos de trabajo. EME110596 **51 biografía:** De hecho White (...) es ya una especie de jefe de filas en la literatura de minorías estadounidense, con todos estos libros de narrativa –de su autobiografía *disfrazada*–... LVE090695 **52 leyenda:** Carnaval: Solsona *disfraza* sus leyendas. LVE230295 **53 cuento:** ...un cuento largo en primera persona *disfrazado* bajo monólogo dramático que ahora nos llega de la mano de Grijalbo-Mondadori. ABC260595 **54 relato:** ...han denunciado que al público se le están vendiendo relatos de ciencia ficción *disfrazados* como hechos científicos. EME031095 **55 reportaje:** A Lara, le han tocado el tema en el Byblos (...) en un reportaje publicitario *disfrazado* de entrevista... LVE160896 **56 melodrama** −: Melodrama *disfrazado* de producto destinado al consumo infantil... LVE241296 **57 filme** −: Escaso presupuesto (...) en este filme *disfrazado* de americano y propicio a toda clase de efectismos... LVE310795

☐ Véase también: **maquillar.**

disfrutar ♦ **agradablemente, a lo grande[7], a {mis/tus/sus...} anchas[42], a rabiar[7], a todo pulmón[19], a tope[33], como (un) loco[20], cómodamente, como un cosaco[4], como un enano, de lo lindo[2], de verdad, dignamente, en exclusiva[17], enormemente[9], en vivo, gratuitamente, horrores[3], inmensamente, intensamente[24], plácidamente[55], plenamente[74], profundamente, ricamente, tranquilamente**

☐ Véase también: **divertir(se), gozar (de).**

disgusto ♦ **amargo, claro, desagradable, evidente, general, gran(de), grave, hondo[9], leve, lógico, mayúsculo[18], monumental[12], notable, pasajero[37], pequeño, profundo[6], serio, tremendo** ♦ **en señal (de)** ♦ **acarrear[20], ahorrar, apechugar (con)[11], aplacar(se)[15], arreciar[55], causar[34], costar (a alguien), dar[356], deparar, disimular, esconder, evitar(se), experimentar, expresar, exteriorizar, llevarse, manifestar, mostrar, ocasionar[51], ocultar, olvidar, provocar, recuperar(se) (de), reponerse (de)[8], sentir, sobreponerse (a), sufrir, tener**

☐ Véase también: **desánimo, desilusión.**

disimular ♦ **a duras penas[34], con dificultad, diplomáticamente, elegantemente, magistralmente, maravillosamente, perfectamente, por completo, torpemente, totalmente** ♦ **alegría, angustia, arruga, decepción, disgusto, edad, emoción, enfado, importancia, lágrima, malestar, miedo, origen, problema, satisfacción, tristeza,** *sustantivos que designan sentimientos y sensaciones*

disipado ♦ **costumbre, hábito, persona, vida**

disipar(se) *v.* **I** En su sentido literal admite como complementos sustantivos que designan ciertas masas de gas *(niebla, viento, nube, aire, humo, gas),* así como muy diversas manifestaciones de la energía o de sus efectos, especialmente si se transmiten mediante ondas *(luz, sonido, fuerza, imagen, música).* En sentido figurado se combina con sustantivos que designan bienes materiales *(fortuna, hacienda, herencia, dinero),* y también con...

A SUSTANTIVOS QUE DESIGNAN INFORMACIONES DESCONOCIDAS, NO CONTRASTADAS O NO FUNDAMENTADAS. TAMBIÉN CON OTROS QUE EXPRESAN SENTIMIENTOS DE INCERTIDUMBRE, INSEGURIDAD O RECELO ANTE ALGÚN ESTADO DE COSAS: **1 duda ++:** ...existe la necesidad, ante la opinión pública nacional e internacional, de *disipar* cualquier duda... LTB020297 **2 sospecha ++:** ...exigirán un pronunciamiento público que *disipe* toda sospecha de un nuevo pacto... CLA050397 **3 incógnita ++:** ...cuando se *disipen* determinadas incógnitas que pesan como losas sobre la demanda. EME100896 **4 rumor +:** Hace dos semanas, tras *disipar* rumores de que un golpe militar podía ser inminente... EPE141099 **5 interrogante:** Resta esperar que el juicio oral *disipe* interrogantes pendientes. CLA270199 **6 especulación:** ...el acuerdo a que llegaron la guerrilla y la gubernamental Comisión de Paz, COPAZ, *disipa* muchas especulaciones... PLG100996 **7 suspicacia:** «No vamos a vender armas para desestabilizar la región», indicó la fuente, tratando de *disipar* suspicacias. CLA190197 **8 incertidumbre:** Divisas repatriadas gradualmente por los argentinos a medida que se *disiparon* las incertidumbres sobre el rumbo... CLA080197 **9 susceptibilidad:** ...tuvo que hacer menos esfuerzos en Bucarest (...) para *disipar* las susceptibilidades que ha levantado entre los candidatos este tema... EPE051201 **10 prejuicio +:** Espero haber *disipado* sus prejuicios sobre mi actitud hacia los empresarios del interior... CLA130199

B SUSTANTIVOS QUE DESIGNAN OTRAS NOCIONES SUSCEPTIBLES DE SER PENSADAS, EVOCADAS O RAZONADAS: **11 idea:** Es difícil que se *disipe* la idea de que lo que se ha hecho es un urbanismo brillante pero de despacho. EME061096 **12 recuerdo +:** ...supo por filtraciones a los medios que el tiempo no había *disipado* el recuerdo de la inexistente pena... EME200594 **13 teoría −:** ...con este dato de la ciencia positiva se han de *disipar* ciertas teorías muy en boga... LVE160495 **14 opinión:** ...procede de un cálculo prudente que investiga la causa de toda elección y rechaza y *disipa* las falsas opiniones de las que nacen las mayores turbaciones... ABC100295

C SUSTANTIVOS DE CARÁCTER PROSPECTIVO QUE DESIGNAN LO QUE SE DESEA O SE PRETENDE ALCANZAR: **15 ilusión +:** La selección brasileña (...) *disipó* las ilusiones de Australia... ENV221297 **16 sueño +:** ...al igual que José Luis Garci, quien ha visto *disiparse* el sueño de un nuevo Oscar. LVE150295 **17 expectativa +:** ...justo en el momento en que se han *disipado* las expectativas de sustituir al PNV. EPE150501 **18 esperanza +:** ...no estuvo presente en la cumbre de la capital keniata, lo que *disipó* cualquier esperanza de acordar una solución para la zona. EME171296 **19 utopía:** Anoche se *disipó* para siempre la utopía cuatrocaminera del 82. EME040396 **20 quimera −:** El llamado europeo debería *disipar* su quimera estalinista... LNC011296

D SUSTANTIVOS QUE DESIGNAN SITUACIONES ENREVESADAS, ENREDADAS O FALTAS DE CLARIDAD: **21 confusión ++:** Para *disipar* la confusión provocada por la descoordinación... LVE231295 **22 equívoco +:** Para *disipar* equívocos y malentendidos, confirmo que el Gobierno considerará agotado su propio programa... LVE240195 **23 caos +:** ...el objetivo ahora es sentar las bases para lanzar la candidatura (...) con fuerza y *disipar* el caos que ha vivido el PP catalán... LVE180996 **24 malentendido:** ...lo único sano es hacer un esfuerzo honesto y compartido por *disipar* ese malentendido con la verdad. HOY110784 **25 marasmo −:** ...se presentaba como el nuevo «Justino» que este año podía *disipar* el marasmo de la sección competitiva... LVE121095

E SUSTANTIVOS QUE DESIGNAN SITUACIONES DIFÍCILES, PELIGROSAS, CONFLICTIVAS O ADVERSAS: **26 amenaza +:** En pocos meses se *disipó* la amenaza de un colapso financiero... PME120197 **27 peligro +:** Argumentaron que el hecho de «desnarcotizar» la reunión de los Mandatarios, podría *disipar* el peligro detectado por funcionarios de ambos gobiernos... EXC040901 **28 problema:** ...fue una trama del PP para *disipar* los problemas que tenían sus compañeros de partido en el Ayuntamiento. EPE090699 **29 crisis:** ...Romario hizo que se *disipase* la crisis generada por dos derrotas en los últimos tres partidos... ENV050900 **30 polémica:** La citada expresión, lejos de *disipar* la polémica, contribuyó a alimentar la hipótesis... LVE150996 **31 dificultad:** El arco iris que identifica ese horizonte es el esfuerzo dirigido a *disipar* las dificultades económicas... LTB250900 **32 enfrentamiento:** ...contribuiría enormemente a *disipar* malentendidos y enfrentamientos entre las diversas culturas y lenguas... LVE190595 **33 tensión:** Clinton trató ayer de *disipar* las tensiones apelando al realismo... LVE090296

F SUSTANTIVOS QUE DENOTAN INQUIETUD EN DIVERSOS GRADOS: **34 miedo +:** Al otro lado del Atlántico se han *disipado* los miedos a una subida de los tipos de interés... EME210596 **35 temor +:** Los organizadores de la celebración esperan *disipar* esos temores... ENH300697 **36 preocupación:** Los municipios recelan del nuevo sistema, que no *disipa* sus preocupaciones. EPD250996 **37 pánico:** Con el fin de *disipar* el «pánico» que está provocando sobre el mercado nacional e internacional... EME180694 **38 susto −:** ...el árbitro pitó falta del montenegrino, *disipando* el susto de la afición sevillana... LVE170996 **39 angustia:** ...pero casi inmediatamente se va *disipando* mi angustia, ante la inmediata y eficaz intervención de las autoridades. EME080294

G OTROS SUSTANTIVOS QUE DESIGNAN OTROS ESTADOS DE AFLICCIÓN, ESPECIALMENTE LOS PROVOCADOS POR LA AUSENCIA DE VOLUNTAD, DE ÁNIMO O DE INTERÉS: **40 tristeza ++:** Diente de oro: lo que al abrir la boca *disipa* la tristeza. EXC211096 **41 tedio:** Parece que en estos días que corren, y para *disipar* el tedio de los guardianes de Torre Melina... LVE190995 **42 aburrimiento +:** ...con mayor imaginación, salvando las incongruencias (...) y *disipando* el ligero aburrimiento que produce el presenciar unas escenas estáticas... LVE191096 **43 pesimismo:** El pesimismo vivido el lunes parecía en parte haberse *disipado* ayer después de la reunión... LVE140296

H SUSTANTIVOS QUE DESIGNAN SENTIMIENTOS DE IRRITACIÓN O DE ANIMADVERSIÓN: **44 resentimiento +:** Este hecho generó un cierto distanciamiento y resentimiento entre ambas instituciones, que afortunadamente se ha ido *disipando* con el tiempo. EPE260199 **45 crispación +:** Sea cual sea el clima que se respire cuando se haya *disipado* la crispación. LVE010895 **46 hostilidad:** ...es una catarsis que puede ayudar a *disipar* la hostilidad... EPE150399 **47 ira:** La precaución no le ayudó a *disipar* el resentimiento y la ira de los unionistas... EPD141097

I OTROS SUSTANTIVOS QUE DESIGNAN SENTIMIENTOS, MÁS FRECUENTEMENTE DE SATISFACCIÓN, EXALTACIÓN

Y OTROS QUE SE OPONEN A LOS MENCIONADOS EN EL APARTADO *G*: **48** **entusiasmo +**: ...el entusiasmo se *disipó* de inmediato ante la evidente incomodidad de Jordi... LVE140995 **49** **euforia +**: Cuando se *disipa* la euforia del triunfo, la tripulación se da cuenta de que el piloto automático estaba orientado sobre el rumbo 270... EPE071199 **50** **agradecimiento**: Así como el rencor perdura, el agradecimiento se *disipa* bastante rápido... EME150296 **51** **calma**: La calma se *disipó* en el mismo momento en que por el correo electrónico de «Internet» llegó un mensaje del presidente... ABC221294

J OTROS SUSTANTIVOS; POSIBLES USOS ESTILÍSTICOS: «Estética de la serpiente» y «Una duda de Alicia» *disipan* el supuesto despiste, al que hay que añadir esta «Sin puertas», su mejor libro de poemas... EME141296

■ Se combina también con: ♦ **a lo lejos[23], paulatinamente, por completo[92]**

□ Véase también: **destripar, disolver(se), extinguir(se).**

disminución ♦ **abrupto[42], alarmante, aparente, brusco[23], claro, considerable, correlativo, drástico[3], espectacular, físico, fuerte, gradual, imparable, importante, ligero, lineal[10], moderado, modesto, necesario, notable, notorio, ostensible[11], paulatino, pausado, peligroso, pequeño, progresivo, pronunciado, proporcional[6], psíquico, sensible, significativo, sistemático, vertiginoso, visible** ♦ **acarrear[71], acusar[20], amortiguar(se), compensar[22], conseguir, detectar, estimular, generar, implicar, operar(se), paliar[54], presentar, prever, producir, provocar, realizar, reflejar, registrar, sufrir[21], suponer**

□ Véase también: **aumento, reducción.**

DISMINUCIÓN

♦ (SUSTANTIVOS) Véase: **abocar(se) (a)[C], abrupto[D], abultado[I], acarrear[I], acusado[A], acusar[B], amortiguar[H], anotar(se)[E], apreciable[B], aproximado[I], arrojar[D], astronómico[B], augurar[G], avecinarse[E], brusco[C], compensar[D], cortar[D], desglosar[F], detectar[G], digerir[E], drástico[A,B], intensivo[H], lineal[B], marcar[F], mitigar[E], ostensible[B], paliar[H], pasajero[I], proporcional[B], redundar (en)[D], severo[E], sufrir[C,H], vertiginoso[C], vislumbrar[L]**

♦ (VERBOS) Véase: **abruptamente[D], acusadamente[B], alarmantemente[B], a marchas forzadas[E], a ojos vista[A], como la espuma[B], considerablemente[B], drásticamente[D], en seco[A], escalonadamente[B], estratégicamente[D], gradualmente[B], inexorablemente[G], irremediablemente[C], ligeramente[B], ostensiblemente[A], paulatinamente[A], peligrosamente[C], progresivamente[B], seriamente[D,F], severamente[I], sustancialmente[A]**

□ Véase también: DESCENSO.

DISMINUCIÓN, DESCENSO Y REDUCCIÓN Véase:

♦ **en picado**

♦ **bajada, bajón (de), caída, declive, decadencia, desaceleración, descenso, deterioro, disminución, empeoramiento, estrechamiento (de), menoscabo, rebaja, recesión, reducción**

♦ **achicar, acortar, aflojar, agostar(se), aligerar, apaciguar, bajar, calmar(se), debilitar(se), decaer, deprimir(se), descender, descender (de), desvanecerse, deteriorar(se), disminuir, eclipsar(se), encoger, envejecer, mermar, mitigar, perder, rebajar, reducir(se)**

□ Véase también: *DETERIORO Y PÉRDIDA.*

disminuir ♦ **acusadamente[7], alarmantemente[10], a marchas forzadas[40], a ojos vista[1], aparentemente, a pasos agigantados[21], apreciablemente, bruscamente, claramente, considerablemente[15], desproporcionadamente, drásticamente[21], en número, escalonadamente[6], espectacularmente, gradualmente[15], intensamente, ligeramente[11], moderadamente, notablemente, numéricamente, ostensiblemente[1], paulatinamente[2], peligrosamente[21], progresivamente[9], rápidamente, sensiblemente, significativamente, sucesivamente, sustantivamente[5], visiblemente**

□ Véase también: **aumentar.**

disolución ♦ **automático, definitivo, ilegal, imprevisible, inmediato, inminente, insólito, irreversible[26], pleno, progresivo, rápido, sorprendente, violento** ♦ **acta (de), decreto (de), proceso (de)** ♦ **acarrear, acordar, anular, anunciar, consumar(se)[47], decidir, decretar[8], descartar, evitar, exigir, negociar, ordenar, pedir, permitir, plantear, producir(se), provocar, revocar, solicitar**

disolver(se) *v.* ■ En su sentido físico se construye con sustantivos que designan cosas materiales, especialmente líquidos *(aceite, leche)*, sustancias constituidas por partículas o corpúsculos *(azúcar, sal, café, cacao, arena)*, las materias que conforman *(grasa, salsa, pintura, niebla)* o sus señales *(mancha, huella, rastro)*. En su sentido figurado se combina con sustantivos que designan grupos, entidades u organizaciones *(grupo, orquesta, oposición, partido, empresa, entidad, sociedad, compañía, corporación, asociación)* o instituciones *(cámara, parlamento, congreso, gobierno, tribunal)*. También se combina con algunos sustantivos que designan disposiciones *(ley, norma, reglamento, constitución)* o las agrupaciones que forman *(reglamentación, jurisprudencia)*. Se combina asimismo con...

A SUSTANTIVOS DE PERSONA, USADOS EN PLURAL, MÁS FRECUENTEMENTE SI SU DENOMINACIÓN LOS VINCULA CON EL HECHO DE ASISTIR A UN ACTO O EL DE PARTICIPAR EN CONGREGACIONES O CONCENTRACIONES: **1** **manifestante ++**: Logró ese objetivo, pero no *disolvió* a los manifestantes. HOY050586 **2** **alborotador**: ...emplear abundante material antidisturbios para *disolver* a los alborotadores. LVE120896 **3** **huelguista**: ...*disolviendo* a los huelguistas. ENV100497 **4** **provocador**: ...la policía *disolvió* a algunos provocadores ajenos al movimiento estudiantil. HOY230287 **5** **asistente**: ...los numerosos asistentes al proyectado funeral se *disolvieron* pacíficamente. EPE030877 **6** **concentrado**: Al cabo de unos 30 minutos, llegaron otros tres coches, que consiguieron *disolver* a los airados concentrados. LVE230796

B SUSTANTIVOS QUE DESIGNAN EVENTOS O ACTUACIONES EN LAS QUE SE EXPRESAN REIVINDICACIONES DI-

VERSAS. TAMBIÉN CON OTROS QUE EXPRESAN ACTITUDES CARACTERÍSTICAS DEL QUE SE OPONE A ALGUNA COSA: **7 manifestación ++**: La policía (...) intentó *disolver* una manifestación de unas 5.000 personas... ENH090297 **8 marcha +**: La marcha se *disolvió* sin que se registraran incidentes. LRE190103 **9 concentración +**: ...increparon a los policías, quienes *disolvieron* la concentración... EME101196 **10 protesta**: La Policía *disolvió* una protesta por la carestía de la vida en el sur. EME050495 **11 resistencia**: ...factores que han terminado por *disolver* las viejas resistencias en bien de un nuevo orden... CLA070199 **12 disturbio +**: Un piquete de policías apareció a las 11 (...) para *disolver* disturbios. ETC120697 **13 antagonismo −**: ...intentó *disolver* el antagonismo irreconciliable de los grupos... CLA020199

C SUSTANTIVOS QUE DESIGNAN CRISIS, ASÍ COMO DIVERSAS SITUACIONES ADVERSAS DE INESTABILIDAD O DE CONFRONTACIÓN: **14 crisis**: La necesidad gala de *disolver* su crisis en política exterior precipitó a Juppé a ofrecer... EME080995 **15 conflicto**: ...es la panacea que puede *disolver* los conflictos de la mente masculina. EPE050399 **16 tensión**: ...se sentían ayudados a *disolver* sus tensiones. EPE050900 **17 pelea**: ...la policía consiguió *disolver* la pelea antes de que se produjeran heridos graves. EPE011089 **18 problema −**: Resolver, o mejor dicho, *disolver* el problema (...) es cerrar un capítulo más de nuestra historia. EME101195

D SUSTANTIVOS QUE DENOTAN ALIANZA O PACTO ENTRE DOS O MÁS PERSONAS, FRECUENTEMENTE DE NATURALEZA OFICIAL: **19 matrimonio ++**: El matrimonio se *disolvió* un año después. CLA230199 **20 vínculo ++**: Laura (...) sólo *disolvió* el vínculo de su anterior matrimonio civil y no del religioso. CLA060199 **21 coalición +**: ...amenazó continuamente con *disolver* la coalición gobernante con el bloque nacionalista... HOY180886 **22 pacto +**: ...ha aprobado *disolver* los pactos de gobierno... EME211295 **23 tratado**: ...la idea de *disolver el tratado de* la Unión de 1922 se le ocurrió a Guennadi Búrbulis... EPE081201 **24 contrato**: ...no tienen la autoridad para *disolver* un contrato por petición de una de las partes. LPN180397 **25 alianza**: ...formando y *disolviendo* alianzas internas e involucrando a los tribunales... EME280395

E SUSTANTIVOS QUE EXPRESAN DIVERSOS ESTADOS DE INCERTIDUMBRE. TAMBIÉN CON OTROS QUE DESIGNAN INFORMACIONES INFUNDADAS O NO CORROBORADAS: **26 duda +**: ...basta escuchar su música para *disolver* toda duda. ABC010592 **27 sospecha +**: Su abogado no había conseguido aún *disolver* las sospechas de culpabilidad que la prensa se había encargado de extender. INDOC **28 rumor ++**: ...los acuerdos (...) no han sido capaces de *disolver* los rumores que circulan sobre ellos. EPE020884

F SUSTANTIVOS QUE DESIGNAN LO QUE SE DESEA O SE ESPERA CONSEGUIR: **29 aspiración**: ...su aspiración de canciller se le *disolvió* un poco con el ligero progreso diplomático... CLA120197 **30 deseo**: ...ninguna inteligencia logrará *disolver* el mortífero deseo de aferrarse a esperanzas ilusorias de inmortalidad. EME071096 **31 ilusión**: Poco a poco se *disolvió* su ilusión de vivir reemplazada por la ilusión inmediata de Dios. HOY271097 **32 pretensión**: ...*disolvió* la pretensión de redención nacionalista o étnica... PME120197 **33 sueño**: ...esos dos meses recitando un papel de dos líneas en una mala comedia *disolvieron* definitivamente sus sueños de convertirse en una gran actriz. INDOC

G SUSTANTIVOS QUE EXPRESAN EVOCACIONES: **34 memoria**: Gabriela está empeñada en *disolver* la memoria de su amante. HOY081297 **35 recuerdo**

G ...muestras de una vida fecunda cuyo recuerdo tardará mucho tiempo en *diluirse*. INDOC

☐ Véase también: **apagar(se), destripar, desvanecerse, difuminar(se), diluir(se), disipar(se), extinguir(se).**

disparado

♦ **irse, salir**

☐ Véase también: **como una exhalación.**

disparar

♦ **a bocajarro[1], a bote pronto, a bulto[4], a cara descubierta[19], a ciegas, a diestro y siniestro[11], a discreción[1], a la desesperada[30], a puerta, a quemarropa, a sangre fría[4], a voleo, con precisión, de cerca[15], directamente, indiscriminadamente, peligrosamente, periódicamente, reiteradamente[14], sin contemplaciones[9], sin piedad[10], violentamente** ♦ **alarma, arma, bala, balón, cifra, cuenta, flecha, gasto, índice, misil, precio, proyectil, rumor, tiro, venta**

☐ Véase también: **tirar.**

disparate

♦ **absoluto, auténtico, colosal, como la copa de un pino, descomunal, enorme, gran(de), inmenso, mayúsculo[2], monumental[17], perfecto[32], político, puro, semejante, soberano, solemne, tremendo, verdadero** ♦ **cúmulo (de)[5], sarta (de)[8], serie (de)** ♦ **aceptar, bordear, calificar (de), cometer[15], considerar (algo), constituir, decir, enmendar[6], hacer, incurrir (en), parecer (algo), prodigar[58], proferir[18], rayar (en)[1], rozar, soltar, subsanar**

☐ Véase también: **absurdo, error, estupidez, imbecilidad, locura, majadería, tontería.**

disparo

♦ **a bocajarro[27], a bote pronto, acertado, a discreción[16], afortunado, a quemarropa, atinado, certero, débil, duro, en parábola, envenenado, excelente, fallido, fatídico, fuerte, gran(de), herido (por), impresionante, intimidatorio, peligroso, potente, preciso, raso, suave, tímido** ♦ **blanco (de), intercambio (de), ráfaga (de), salva (de), secuencia (de), serie (de)** ♦ **acertar, amortiguar[6], atinar, controlar, desviar(se), detener, efectuar, errar, escuchar, estrellar (contra algo), fallar, guarecerse (de), hacer, intercambiar, lanzar, mandar, oír, parar, realizar, recibir**

☐ Véase también: **bala, balazo, golpe (de), impulso, lanzamiento, tiro, tirón.**

dispensar

v. **I** En el sentido de 'expender' se combina con sustantivos que designan productos, más frecuentemente medicamentos o fármacos *(antibiótico, vacuna, antiinflamatorio)*, pero también productos alimenticios diversos *(agua, pan)*. Se combina asimismo con sustantivos que designan el documento que da derecho a un determinado servicio *(billete, tique, boleto, entrada)*. En el sentido de 'eximir' se construye con la preposición *de* y se combina con sustantivos que designan obligaciones *(obligación, compromiso, promesa, tarea: Le dispensamos a usted de esa obligación)*, y también con infinitivos *(Estoy dispensado de examinarme de matemáticas)*. En el sentido de 'absolver' se combina con sustantivos que expresan faltas o errores *(culpa, error)*. En el sentido de 'conceder u otorgar' se combina con sustantivos que designan manifestaciones de admiración *(elogio, aplauso)* o censura *(crítica, abucheo)* y también con...

A SUSTANTIVOS QUE DESIGNAN LA CONSIDERACIÓN O EL FAVOR QUE SE MANIFIESTAN HACIA ALGUIEN, ASÍ COMO ALGUNAS DE LAS FORMAS EN QUE SE EXPRESAN: **1 trato ++:** Como prueba de la moderación del MRTA se esgrime el buen trato que ha *dispensado* a sus rehenes... CAP261296 **2 tratamiento:** ...no han existido dificultades en el tratamiento *dispensado* a nuestro compatriota. GIC091196 **3 deferencia:** Cano *dispensaba* una especial deferencia a Carrillo Rosales, un empleado suyo que estaba muy lejano en la escala de jerarquías. RUM031197 **4 cortesía:** Para algunas personas fue también la excusa perfecta para eliminar la cortesía que antes se les *dispensaba*... EPE090999 **5 honor:** ...la acusación gratuita de que no habían acudido a *dispensarle* los honores debidos a su condición... EME070594 **6 título:** ...aborda la vida de Guillermo Grau Rifé (...), que durante cuarenta años ha *dispensado* títulos nobiliarios –falsos, naturalmente– a la burguesía española. LVE101095 **7 respeto:** En estos carteles se detecta un mayor respeto hacia el público que el que se le *dispensa* en nuestros días. EPE020688 **8 privilegio:** ...el Estado tenía un papel central en las relaciones entre trabajadores y empleadores, decidía los salarios, establecía toda clase de controles y *dispensaba* privilegios. LNA030792 **9 atención:** Y quizá, por eso mismo, la atención que *dispense* resulte mayor que si lo hubiera recibido en tiempos políticamente calmos. CLA100199 **10 favor +:** Ni el colectivo más gremial se habría comportado nunca de la manera que vosotros lo habéis hecho, tanto a la hora de *dispensar* favores, como cuando disculpáis... EME280395

B SUSTANTIVOS QUE DENOTAN LA ACCIÓN DE ACOGER O RECIBIR A ALGUIEN: **11 acogida ++:** ...el Papa ha usado discrecionalmente de la acogida, y el apoyo, que las autoridades civiles y militares quisieron *dispensarle*. DLA140497 **12 recibimiento ++:** Se trata del recibimiento *dispensado* a Don Juan Carlos y Doña Sofía en su primera visita oficial a Sevilla... ABC170395 **13 bienvenida +:** Varios cientos de miles de personas (...) le *dispensaron* una calurosa y triunfal bienvenida a lo largo de todo el recorrido... LVE130195 **14 recepción:** ...la recepción que le ha *dispensado* el ministro de Asuntos Exteriores... LVE031196

C SUSTANTIVOS QUE DESIGNAN MANIFESTACIONES DE INCLINACIÓN, ADHESIÓN, AYUDA Y OTRAS FORMAS DE ACCIÓN FAVORABLE: **15 protección +:** La protección que *dispensa* a su sobrino Tancredo para que se case con la rolliza Angelica... LVE201195 **16 apoyo:** Ciertamente por el amplio apoyo que nos *dispensa* la institución militar, el plantel sólo tendrá que abocarse a trabajar... LTB041000 **17 ayuda:** La cautela a la hora de *dispensar* ayuda obedece en buena medida al control que los republicanos ejercen en el Congreso. EME061196 **18 comprensión –:** No obstante, la tristeza que esto me provocó, se compensaba con el gran cariño y comprensión que me *dispensó* mi familia. HOY190183

D SUSTANTIVOS QUE DENOTAN AFECTO O DESIGNAN DIVERSOS GESTOS QUE SE INTERPRETAN COMO MUESTRAS DE ESE SENTIMIENTO HACIA LAS PERSONAS: **19 cariño:** Describe a Elisabeth como una mujer (...) que le *dispensó* un cariño casi maternal... ABC240492 **20 arrumaco:** El gato vive aparte, *dispensa* a voluntad sus arrumacos, no se rebaja ni acude al primer grito... EPE011085 **21 palmadita –:** Tan solo los muy presuntuosos –o sea, los muy estúpidos– se dejan engañar por las palmaditas en la espalda que *dispensa* el hostil. EME130196 **22 sonrisa:** ¿Por qué ni siquiera *dispensar* una sonrisa a la magnífica criatura con que Lucy ilustra su maleficio draculino? LVE171294

☐ Véase también: **absolver (de), brindar, disculparse, perdonar, tributar.**

displicente *adj.* **I** Se combina con sustantivos de persona, así como con otros que designan diversas manifestaciones verbales o textuales *(advertencia, respuesta, frase, expresión)*. También se combina con...

A SUSTANTIVOS QUE DENOTAN CONDUCTA O COMPORTAMIENTO EN RELACIÓN CON LOS DEMÁS. TAMBIÉN CON OTROS QUE DESIGNAN LA ACTITUD CON LA QUE SE DICE O SE HACE ALGO: **1 actitud ++:** ...si (...) sales a la cancha con una actitud *displicente*, resulta que el de enfrente te pasa por encima. PME171196 **2 aire ++:** El primer ministro, en ciertos momentos con aire *displicente* e incluso sonriendo, anunció una guerra sin descanso contra el terrorismo... EPE041201 **3 tono ++:** Ginsberg habla en tono *displicente* por los pasillos de Whitney Museum... EME101195 **4 comportamiento:** La próxima legislatura no permitirá, previsiblemente, los comportamientos *displicentes*, ya que todo apunta a que no habrá nadie con mayoría absoluta... EPE111099 **5 conducta:** ...vean las estadísticas de los hijos naturales, de los abortos, y la conducta *displicente* de sus cada día más tolerantes papás. EXC100900 **6 trato:** ...que lleva no ya al rechazo directo al extranjero, pero sí a un trato *displicente* e hipócrita con los ciudadanos de origen extracomunitario... EPE180599 **7 actuación:** Del mismo modo que el chantaje in extremis de los pilotos tampoco justifica la *displicente* actuación de Iberia. EPE170399

B SUSTANTIVOS QUE DENOTAN MOVIMIENTO EXPRESIVO REALIZADO CON EL CUERPO, MÁS FRECUENTEMENTE CON EL ROSTRO: **8 gesto ++:** ...pero sólo a los imitadores de cantantes se les mira por encima del hombro con un *displicente* gesto de conmiseración. EME190995 **9 mirada ++:** ...puestos a pulsar la cuerda de la nostalgia, ante la *displicente* o perpleja mirada de los más jóvenes... EPE191201 **10 rictus +:** ...y además de estar permanentemente de mal humor, miraba a todo el mundo con un rictus *displicente*. INDOC **11 sonrisa +:** El asunto, pues, merece algo más que una sonrisa *displicente*. EPD240997 **12 ademán:** No se sabe muy bien si saluda al tendido o si hace un ademán *displicente* (...) para intentar sacudirse de encima la presión del fotógrafo. EME090696 **13 corte de mangas:** ...o que nos hace un corte de mangas *displicente* en los conflictos del fresón y del fletán... EME020595

C SUSTANTIVOS QUE DESIGNAN PARTES DEL CUERPO, ESPECIALMENTE DEL ROSTRO, QUE PERMITEN REALIZAR

GESTOS EXPRESIVOS: **14** ojo: ...ingerían alcohol de garrafa mientras sus ojos *displicentes* intentaban intuir, a través de unas gafas ahumadas, cuánto talento escondía aquel músico... LVE150595 **15** rostro: Nadie como Walter Pater ha escrito páginas más bellas (...) sobre Botticelli y sus madonnas de rostro *displicente*... EPE281199 **16** boca: ...la mirada se va hacia los ojos saltones e introvertidos y la boca un tanto *displicente* del retratado... EME140595

D EL SUSTANTIVO *MENOSPRECIO* Y CON OTROS QUE DESIGNAN ACCIONES O ACTITUDES QUE LO SUELEN CONLLEVAR: **17** menosprecio: ...que hablen con *displicente* menosprecio del corte de su traje o inventen (...) frases que no ha pronunciado... EME080495 **18** sorna: ...acogen con sorna *displicente* la aventura separatista padana de Umberto Bossi. EME160996 **19** ironía +: ...le respondió con una ironía muy fina y muy *displicente* y le garantizó que el presupuesto está muy bien... LVE281196 **20** insolencia: Se nota en la desenvuelta seguridad con la que transita por la política y en la *displicente* insolencia que muestra en ocasiones. EME210296

E OTROS SUSTANTIVOS; POSIBLES USOS ESTILÍSTICOS: ...que mira con *displicente* ternura a hombres y a mujeres. EME191195; ...de un trabajo caracterizado por la exuberancia visual, un eclecticismo *displicente* en la manipulación y combinación de referencias... ABC250294

disponer ▮ *(colocar)* ♦ **alfabéticamente[6], armónicamente[13], armoniosamente, asimétricamente, cronológicamente[4], de antemano[7], en orden, equilibradamente, jerárquicamente, libremente, linealmente, ordenadamente[11], proporcionadamente**
▮ *(mandar)* ♦ **autoritariamente, inmediatamente, urgentemente** ♦ **venir (en)[5]**
☐ Véase también: **gozar (de).**

[disposición] → **a disposición (de algo/de alguien)**

disposición ▮ *(orden)* ♦ **abusivo, adicional, arbitrario[3], cautelar[8], constitucional, discriminatorio[10], draconiano, injusto, inviolable, judicial, justo, legal, nuevo, vigente[14]** ♦ **sin perjuicio (de)[11]** ♦ **acatar[8], arbitrar[24], burlar[24], contemplar, contravenir[7], cumplir, derogar[7], dictar, emanar[13], establecer, evadir, firmar, incluir, infringir, obedecer, promulgar, quebrantar, regir, saltarse[39], violar[20], vulnerar[3]**
▮ *(actitud)* ♦ **anímico, bueno, claro, constructivo, desfavorable, favorable, firme, lineal[30], malo, mental, personal, pleno, preventivo[24], sabio** ♦ **con** ♦ **anunciar, confirmar, cundir, existir, expresar, indicar, manifestar, mostrar, reiterar, respetar, tener**
☐ Véase también: **actitud, ánimo, consigna, edicto, enmienda, ley, norma, normativa, orden, ordenanza, precepto, regla, reglamentación, reglamento, talante.**

DISPOSICIÓN Véase: *NORMA*

DISPOSICIÓN Véase: ACTITUD; NORMA; ORDENACIÓN

dispositivo ♦ **aéreo, aparatoso[31], casero, complejo, de búsqueda, de control, defensivo[26], de protección, de seguridad, de vigilancia, eléctrico, electrónico, especial, espectacular, férreo[18], fuerte, importante, impresionante, mecánico, militar, moderno, policial, riguroso** ♦ **accionar, activar, armar, arrancar, colocar, desarmar, desmantelar[5], desplegar, disponer (de), elaborar, fallar, funcionar, instalar, montar, poner a punto, poner en marcha, preparar, programar, reforzar, romper**
☐ Véase también: **artefacto, instrumento, mecanismo, recurso.**

disputa ♦ **acalorado[15], a cara de perro[12], agitado, agrio, amargo, animado, apretado[36], arduo[29], áspero, bizantino, denodado, desenfrenado[11], desigual, encarnizado, encendido[11], enconado[1], endémico, equilibrado, espectacular, feroz, fratricida, frecuente, fronterizo, fuerte, intenso, interminable, interno, intestino, latente, perpetuo, político, prolongado, reñido[8], serio, soterrado[8], tenso, tremendo, verbal, viejo, violento, virulento, vivo** ♦ **al calor (de)[13]** ♦ **motivo (de), objeto (de)[36], tema (de)** ♦ **acallar[79], aflorar[47], agudizar(se), apaciguar[6], arbitrar[1], atemperar[42], atenuar(se), atizar[35], avivar[20], caldear(se)[9], calmar(se)[15], causar, derivar (en), desatar(se), desembocar (en), desencadenar(se), desentenderse (de)[4], dirimir[18], enfrascarse (en)[10], enredar(se) (en)[11], entablar[31], entrar (en), enzarzarse (en)[7], estallar[23], evitar, generar, iniciar, interceder (en), involucrar(se) (en)[8], librar, mantener, mediar (en), meter(se) (en)[19], ocasionar, originar, plantear, provocar, reavivar[4], recrudecer(se)[7], resolver, sellar, solucionar, sostener, suscitar, tener, terciar (en)[5], zanjar[13]**
☐ Véase también: **confrontación, discusión, enfrentamiento, litigio, lucha, pelea.**

disputar ♦ **abiertamente[78], a brazo partido[3], acaloradamente[3], a cara de perro[3], a cara o cruz[3], a muerte[4], ardientemente, arduamente[8], a tope[3], de igual a igual[15], en buena lid, espectacularmente, estrechamente[21], intensamente, por un quítame allá esas pajas, sin tregua[5], violentamente, vivamente** ♦ **amor, copa, corazón, favor, final, liderazgo, mando, partido, poder, tanto, título, torneo, trofeo, victoria**
☐ Véase también: **discutir.**

[distancia] → **a distancia**

distancia ♦ **abisal[1], abismal[20], abrumador[15], aproximado[7], considerable, corto, crítico, de seguridad, desmesurado[25], enorme, escaso, geográfico, gran(de), ideológico, inabarcable, incalculable, inconmensurable, inmenso, insalvable[8], insuperable, largo, máximo, medio, mínimo, notable, prudente, real, respetuoso, sideral, suficiente, tremendo** ♦ **abrir(se), acortar[1], agravar(se)[61], alargar, aminorar[49], aumentar, calcular, cubrir, desvanecerse[57], doblar, establecer(se), estrechar[2], franquear, ganar, guardar[55], mantener, marcar[22], medir, mitigar[46], poner, recorrer, recortar, reducir, respetar, salvar, separar (de algo/de alguien), soportar, superar, tomar[44]**
☐ Véase también: **a (un) tiro de piedra, separación.**

DISTANCIA Véase: DIFERENCIA; ESPACIO; SEPARACIÓN; VENTAJA

distanciar(se) ♦ **abiertamente[96], abisalmente, abismalmente[3], claramente, considerablemente[55], físicamente, gradualmente[36], gravemente, ideológicamente, levemente, ligeramente, notablemente[38], ostensiblemente[42], peligrosamente, políticamente, por completo[90], profundamente[61], progresivamente, públicamente, rápidamente, suficientemente, temporalmente**

distendidamente ♦ **charlar, conversar, departir, dialogar, hablar, responder**

distendido ♦ **actitud, acto, aire, ambiente, ánimo, aspecto, atmósfera, broma, charla, cita, clima, conversación, diálogo, encuentro, entrevista, estilo, gesto, intercambio, lenguaje, política, relato, reunión, sonrisa, tertulia, tono, trato,** *sustantivos que designan manifestaciones verbales o comunicativas*

□ Véase también: **informal**.

[distinción] → **sin distinción (de)**

distinción ▮ *(premio)* ♦ **alto,digno (de), honorable, honroso[3], importante, indigno (de), inmerecido, merecedor (de), merecido** ♦ **agradecer, conceder, conferir, entregar, ganar, merecer(se), obtener, otorgar, recaer[17], recibir**
▮ *(elegancia)* ♦ **especial, indudable, natural, personal, refinado** ♦ **con** ♦ **signo (de), toque (de)[7]**
▮ *(diferenciación)* ♦ **acertado, antiguo, burdo, claro, conceptual, cuidadoso, de edad, de raza, de sexo, elemental, fino, gran(de), inevitable, inusual, maniqueo, marcado, social, sutil, usual, viejo** ♦ **abolir[61], ahondar (en)[18], anular, difuminar(se)[11], establecer, existir, hacer, imponer, introducir, marcar, negar, ostentar, preservar, salvar, subrayar, sugerir, superar**

distinguir(se) ♦ **a duras penas, a la legua[3], a las claras[14], a lo lejos[3], a simple vista, claramente, con certeza, con claridad, con dificultad, con nitidez, cualitativamente, de cerca[10], en mucho[14], escrupulosamente[43], expresamente, manifiestamente, maniqueamente, nítidamente[7], perfectamente, pulcramente, rápidamente, sensiblemente, vagamente, visiblemente**

distinto ♦ **abismalmente[10], absolutamente, claramente, completamente, cualitativamente, descaradamente, diametralmente, extraordinariamente, formalmente, fundamentalmente, notoriamente, parcialmente, radicalmente, sustancialmente[61], totalmente**

distorsionar *v.* ▮ En su sentido físico se combina con sustantivos que designan percepciones auditivas o visuales *(imagen, figura, sonido, luz)*. En el sentido figurado de 'dar un significado o una interpretación equivocados', se combina con sustantivos que designan muy diversas unidades lingüísticas *(palabra, cita, título, lenguaje)*, así como con...

A SUSTANTIVOS QUE DESIGNAN LO QUE SE PRESENTA COMO CIERTO O COMO EXISTENTE: **1 realidad** ++: ...un trabajo en el que se *distorsiona* la realidad. DDN070101 **2 verdad** ++: cree que es una irresponsabilidad que la Casa Blanca se dedique a *distorsionar* la verdad y asustar a los ancianos. LVE011196 **3 hecho** ++: ...al alto precio de tener que *distorsionar* los hechos... EME210195

B SUSTANTIVOS QUE DESIGNAN LA MEMORIA O LO QUE EN ELLA SE DEPOSITA: **4 recuerdo** ++: ...habría *distorsionado* el recuerdo, no podría haber transmitido la energía (...) que mamé de pequeño. EPE190599 **5 pasado** ++: Me duele que una televisión pública *distorsione* el pasado. LVE190395 **6 historia** +: ...ultraja a la corona y *distorsiona* la historia de Tailandia. EPE291299 **7 memoria:** ...toda autobiografía (...), independientemente de que uno siempre seleccione y *distorsione* la memoria, tiene que... LVE030996

C SUSTANTIVOS QUE DESIGNAN DATOS, CIFRAS Y OTROS RESULTADOS, GENERALMENTE OBTENIDOS DE ALGÚN CÓMPUTO: **8 resultado** ++: ...al aumentar el gasto público, *distorsionó* los resultados económicos... LPH121296 **9 dato** ++: ...a fin de que el propio calor que desprenden no *distorsionen* los datos. ABC040294 **10 cifra** ++: El precio actual (...) *distorsiona* las cifras pensadas para el saneamiento... EME030294 **11 estadística:** Excluidas las convocatorias de huelga general que *distorsionan* las estadísticas (...), nunca antes había habido menos paros. EME040196 **12 sondeo:** ...no se evalúa bien su reacción final *distorsionando* así los sondeos. LVE050396

D EL SUSTANTIVO *INFORMACIÓN* Y CON OTROS QUE DESIGNAN DIVERSAS UNIDADES INFORMATIVAS: **13 información** ++: ...la periodista (...) *distorsionó* información (...) porque «está pagada por el gobierno». LTB311000 **14 noticia** ++: ...acusaron ayer a la prensa (...) de *distorsionar* las noticias... LVE111096 **15 mensaje** ++: ...además de *distorsionar* el mensaje ajeno en beneficio propio... LVE090595 **16 declaración** +: ...la declaración que prestó en la causa «fue alterada y *distorsionada*». EME080696

E SUSTANTIVOS QUE DENOTAN ENFOQUE O JUICIO DE VALOR SOBRE ALGO. COINCIDEN A VECES CON LOS SUSTANTIVOS DE PERCEPCIÓN QUE ADMITEN USOS FIGURADOS: **17 interpretación** ++: ...se hace una interpretación *distorsionada* de los hechos... EPE020289 **18 visión** ++: ...no hace más que aumentar la desinformación y dar una visión *distorsionada* de la realidad europea. LVE100695 **19 concepción** +: ...lo cual, sólo en una *distorsionada* concepción de las relaciones internacionales, puede justificar una «política exterior» seria... GIC114697 **20 punto de vista** +: ...provee un punto de vista bastante *distorsionado* de la realidad. EPE120599 **21 perspectiva:** ...las perspectivas comienzan a *distorsionarse* y los objetos pierden su colorido... EXC250700 **22 enfoque:** ...cuyos cambios y nombramientos *distorsionan* un enfoque a largo plazo. LVE270695 **23 versión:** ...muestra una versión *distorsionada* de la historia... EPE261099 **24 lectura:** ...tiene como objetivo contaminar la opinión pública e introducir confusión para que los ciudadanos hagan una lectura *distorsionada* de los resultados... EPE261099

F SUSTANTIVOS QUE DENOTAN SIGNIFICADO O ASPECTO CENTRAL O FUNDAMENTAL DE ALGO: **25 sentido** ++: El éxito (...) *distorsiona* el sentido de lo bueno y lo malo. PME020297 **26** significado +: ...se encuentra determinado por factores atípicos que *distorsionan* el significado de las tasas de variación... EME130594 **27** espíritu +: ...incorpora elementos que *distorsionarían* el espíritu de la norma europea... LVE211295 **28** esencia: Elecciones sin ley de partidos *distorsionan* la esencia democrática. LTB170397 **29** contenido: ...algunos diarios (...) *distorsionaron* su contenido global. LPA030592

G SUSTANTIVOS QUE DESIGNAN PROCESOS CONCERTADOS, ESPECIALMENTE LOS QUE REQUIEREN DE LA INTERLOCUCIÓN ENTRE DOS O MÁS PERSONAS: **30** diálogo +: ...licencias humorísticas que no *distorsionaron* un diálogo serio... LVE091194 **31** debate +: ...el ministerio quiere *distorsionar* el debate... EPE181299 **32** negociación +: ...el apoyo del pleno (...) *distorsiona* la negociación... EPE210999 **33** conversación –: No se puede hacer política sobre conversaciones privadas que pueden estar *distorsionadas.* LVE290995

H SUSTANTIVOS QUE DENOTAN ACTIVIDAD O PROCESO EN MARCHA: **34** funcionamiento +: ...alterar y *distorsionar* el buen funcionamiento de los servicios... LVE020896 **35** proceso +: ...se *distorsiona* el proceso de formación de la opinión pública... EPE130899 **36** desarrollo +: Ello *distorsiona* el desarrollo normal del mercado... LVE100896 **37** crecimiento: ...espectáculos violentos (...) que *distorsionan* el crecimiento de muchos adolescentes... LVE111196 **38** actividad: ...la actual situación *distorsiona* la actividad de nuestras Cajas... EPE131299 **39** labor: Nunca la política *distorsionó* su labor pictórica... ABC040895 **40** trabajo –: ...lo único que *distorsiona* un poco un trabajo (...) es el sistema de cristales que cubren las obras... ABC050692

I SUSTANTIVOS QUE DENOTAN META O PROPÓSITO. TAMBIÉN CON ALGUNOS QUE DESIGNAN LA INTENCIÓN DE ALCANZARLOS: **41** objetivo +: ...para no *distorsionar* los objetivos del Gobierno. LVE010296 **42** fin +: ...se han *distorsionado* los fines de la empresa turística cubana, duramente acusada de... GIC091196 **43** propósito +: ...han *distorsionado* de alguna forma tan noble propósito... LVE280695 **44** voluntad +: ...cuyo número no *distorsionará* la voluntad popular. LEC020597 **45** plan +: ...factores que pueden *distorsionar* los actuales planes de EE. UU. y Europa... EME030796 **46** intención +: El resultado final *distorsionó* las intenciones iniciales. INDOC **47** deseo +: ...pidió (...) que los candidatos no *distorsionasen* el deseo del pueblo... EPE170599 **48** meta –: ...*distorsionando* las metas de inflación y de tipo de cambio... ACP061000

J SUSTANTIVOS QUE DENOTAN ESQUEMA, NORMA O PAUTA DE ACTUACIÓN O DE CONDUCTA. TAMBIÉN CON OTROS QUE DESIGNAN EL CONJUNTO ORGANIZADO DE ESAS UNIDADES: **49** sistema +: ...*distorsiona* el sistema celular de generación de energía. ABC220794 **50** modelo +: Los expertos estiman que se *distorsiona* aún más el modelo fiscal... LVE060996 **51** estructura: ...corporaciones que vienen dedicándose sistemáticamente (...) a *distorsionar* los procesos y estructuras democráticos. EPE061099 **52** regla: ...la difusión de prácticas que (...) *distorsionan* las reglas de la competencia internacional. CLA120397 **53** pauta –: ...rigores climatológicos «que han *distorsionado* las pautas de conducta...». LVE040596

K OTROS SUSTANTIVOS; POSIBLES USOS ESTILÍSTICOS: ...el barroco *distorsionó* con sus estucos el gótico... ABC240295

☐ Véase también: **desfigurar.**

distracción ♦ *(falta de atención)* **colosal, descomunal, excusable, fatal, garrafal, imperdonable, imprudente, intolerable, leve, ligero, lógico, mayúsculo, mero, mínimo, minúsculo, momentáneo, monumental, peligroso, pequeño, perdonable, principal, serio, simple, sin importancia, tolerable, único ♦ por, por culpa (de), sin ♦ causa (de), ejercicio (de), estrategia (de), factor (de), maniobra (de), motivo (de), rato (de) ♦ admitir, aprovechar, buscar, cometer, evitar, incurrir (en), permitir (a alguien), tener**

☐ Véase también: **descuido, despiste.**

distribución ♦ **acertado, adecuado, a domicilio[32], amplio, anormal, armónico, bueno, desigual, ecuánime, equitativo[2], general, generoso, gratuito, homogéneo, igualitario[7], imparcial, injusto, internacional, justo, libre, lineal[33], malo, maniqueo, parcial, paritario[1], pésimo, proporcional[11], salarial, salomónico, simétrico, uniforme ♦ cadena (de), canal (de), centro (de), problema (de), red (de), sistema (de) ♦ agilizar[79], cambiar (de), controlar, efectuar, establecer, mejorar, modificar, organizar, proceder (a), realizar**

☐ Véase también: **reparto.**

DISTRIBUCIÓN Véase:

♦ **equitativo, paritario**

♦ **distribución, partición (de), repartición, reparto**

♦ **arrear, asestar, asignar, atribuir, descargar, dilapidar, dispensar, distribuir, emprender(la) (a), endosar, expender, impartir, lanzar, partir, propinar, repartir, sacudir(se), soltar**

☐ Véase también: *ENTREGA, ATRIBUCIÓN Y ADJUDICACIÓN.*

DISTRIBUCIÓN

♦ (SUSTANTIVOS) Véase: **a diestro y siniestro[A], a domicilio[E,H], agilizar[K], apretado[A], cortar[F], diáfano[I], en exclusiva[K], equitativo[A], igualitario[B], paritario[A], proporcional[C], salomónico[D]**

♦ (VERBOS) Véase: **a domicilio[B], a granel[B], a manos llenas[B], a partes iguales[B], armónicamente[B], armoniosamente[C], copiosamente[D], estratégicamente[B], ordenadamente[B], profusamente[D], salomónicamente[A], sano y salvo[F]**

☐ Véase también: ENTREGA.

distribuir ♦ **adecuadamente, a diestro y siniestro[3], a domicilio[17], a granel[7], a manos llenas[10], a marchas forzadas[13], amistosamente, anticipadamente, a partes iguales[6], armónicamente[15], armoniosamente[24], comercialmente[3], convenientemente, desigualmente, en exclusiva, equitativamente, estratégicamente[10], generosamente[16], gratuitamente, igualitariamente, imparcialmente[20], libremente, ordenadamente[12], profusamente[28], proporcionalmente, salomónicamente[4], solidariamente ♦ agua, alimento, ayuda, beneficio, coste, dinero, folleto, fondo, gasto, información, paquete, producto, propaganda, recurso, riqueza**

☐ Véase también: **repartir.**

disturbio ♦ **callejero, fuerte, grave, ligero, pequeño, sangriento, serio, severo, violento,**

virulento ♦ acabar (con), apaciguar(se), armar(se)[7], arreciar, causar, desatar(se), desencadenar(se), disolver(se)[12], estallar[6], evitar, generar, iniciar(se), ocasionar, ocurrir[17], organizar, promover, protagonizar, provocar, recrudecer(se), registrar, remitir[35], sofocar[9]

☐ Véase también: **alboroto, trifulca, tumulto.**

disuasorio *adj.* ▮ Se combina a menudo con sustantivos que designan objetos, instrumentos o dispositivos *(arma, mecanismo)*, y ocasionalmente también lugares y vías *(carretera, aparcamiento)*. Acepta además con sustantivos que designan informaciones y diversos tipos de unidades verbales o textuales *(sentencia, palabra, argumento)*. Se combina asimismo con...

A SUSTANTIVOS QUE DENOTAN OPERACIÓN O CONJUNTO DE OPERACIONES DESTINADAS A CAUSAR UN DETERMINADO EFECTO EN ALGUIEN O ALGO: **1 campaña** +: ...tiene derecho no a que le monten campañas *disuasorias* para que no use el coche... EPE161001 **2 acción:** Por otro lado, nos preocupa su fuerza no bien controlada y la eficacia o la ineficacia de su acción *disuasoria*... EPE250599 **3 respuesta** +: La respuesta, finalmente, se ha producido, pero podría haber sido más *disuasoria* de producirse de forma inmediata. LVE300895 **4 operación:** La operación *disuasoria* que ha emprendido la OTAN es procedente, necesaria y oportuna... LVE310895 **5 intervención:** ...se mostró ayer partidario de una intervención militar «cautelar y *disuasoria*» en Bosnia cuyo objetivo sea «desarmar al agresor». EME190795 **6 maniobra:** La primera maniobra *disuasoria* del gobierno Kohl consiste en asignarles una zona determinada para vivir... EME020396 **7 actuación:** Se trata de la primera actuación *disuasoria* de cierta envergadura que acomete la Generalitat en esta zona... LVE220596

B SUSTANTIVOS QUE DESIGNAN DISPOSICIONES O NORMAS: **8 decreto:** El decreto se promulgó por vía de urgencia porque se pretende que sea *disuasorio*. INDOC **9 norma** +: Y por otra, ha diseñado una serie de normas *disuasorias* para incitar a los estados a evitar déficit excesivos. LVE141096 **10 ley:** Además, la ley ha surtido ya efecto. Es *disuasoria* para el inversor. EPD220796 **11 normativa:** ...vuelve a proponer una normativa prácticamente contraria al coleccionismo, *disuasoria* del mecenazgo... ABC120293

C SUSTANTIVOS QUE DESIGNAN MEDIOS O RECURSOS MATERIALES U ORGANIZATIVOS: **12 estrategia** ++: Lo único que pueden hacer, dicen, es adoptar una estrategia *disuasoria* que convierta vagones, andenes y pasillos en lugares hostiles para los delincuentes. EME251195 **13 táctica** ++: Lo que sí parece claro es que poner trabas a los usuarios es una buena táctica *disuasoria*. EME131096 **14 procedimiento** ++: Si lo juzgamos desde el punto de vista del concursante, el procedimiento resulta, como poco, *disuasorio*. EPE020800 **15 medida** ++: La pena de muerte ni es, ni ha sido, ni será jamás una medida *disuasoria*. EME241196 **16 medio** +: ...y encima carece de medios *disuasorios* (véase sonómetros) para que, alertada por algún vecino, llegue al local y pueda comprobar in situ y en el momento las denuncias de ruidos... EPE060800 **17 recurso:** ...el peso de su poder o los recursos *disuasorios* al alcance de Estados Unidos sobre Beniamin Netanyahu... LVE041096

D SUSTANTIVOS QUE DENOTAN CASTIGO: **18 sanción** +: ...ha demostrado la inutilidad de la pena capital como sanción *disuasoria*... CLA120601 **19 castigo** +: Asimismo, los tribunales pueden ordenar la flagelación como castigo *disuasorio* para una serie de ofensas criminales. EME260395 **20 multa** +: ...cuenta con el apoyo del 70% de los neoyorquinos y contempla multas *disuasorias* de hasta mil dólares... EME240495 **21 pena:** ...para que se castiguen por igual este tipo de actos, con penas apropiadas, proporcionadas y *disuasorias*. EPE291101

E SUSTANTIVOS QUE DENOTAN CAPACIDAD DE ACTUAR. TAMBIÉN CON OTROS QUE DESIGNAN ALGUNOS DE SUS ATRIBUTOS O DE SUS EFECTOS: **22 fuerza** ++: La primera señal de que el Pentágono ha decidido reforzar su fuerza *disuasoria* para hacer frente a la crisis... LRE040203 **23 poder** ++: ...eran sátrapas de considerable poder *disuasorio*, al tener bajo su competencia el mantenimiento del orden público... LVE290996 **24 capacidad** ++: Una fuerza militar humillada pierde casi toda su capacidad *disuasoria* y se ve más abocada a aplicar la violencia... EME050695 **25 influencia:** ...la fuerza aérea taiwanesa es superior y los Estados Unidos ejercen aún una influencia *disuasoria* importante. EME120396

F SUSTANTIVOS QUE DENOTAN INTENCIÓN PERSEGUIDA: **26 fin** +: ...se reconoce el derecho de Israel de mantener un arsenal nuclear con fines *disuasorios*... EME170496 **27 finalidad** ++: El ataque va contra objetivos específicamente militares, con finalidad *disuasoria*. LVE310895 **28 propósito:** ...cuyo frecuente tinte escabroso se cela (...) bajo un aparente propósito moral *disuasorio*. ABC020994 **29 intención** +: ...la razón de elegir este tramo ha sido precisamente una intención *disuasoria* para concienciar a los conductores... EME191096

G SUSTANTIVOS QUE DENOTAN CUANTÍA, GENERALMENTE ALGUNA CANTIDAD ECONÓMICA QUE DEBE SATISFACERSE: **30 precio** ++: Y no es precisamente porque las antenas parabólicas tengan precios *disuasorios*... EME291295 **31 tarifa** +: ...el Ayuntamiento de Madrid cree que deben existir tarifas *disuasorias* que impidan el acceso masivo de público. EPE010400 **32 tasa** +: En los vertederos se les impondrá una tasa *disuasoria* (...) por un camión de pequeño tonelaje... EPE131101 **33 cantidad** +: ...la sanción por este motivo era de 5.000 pesetas, cantidad que se considera «poco *disuasoria*». EME270495 **34 coste:** ...en tiempos de crisis, podrán ajustar sus plantillas sin costes *disuasorios*. LVE231095

H ALGUNOS SUSTANTIVOS QUE DESIGNAN EVENTOS O SUCESOS, MÁS FRECUENTEMENTE SI CONLLEVAN AMENAZA O EXPRESAN OTRAS FORMAS DE ACCIÓN COERCITIVA U HOSTIL: **35 ataque** +: ...la aviación aliada lanza ataques *disuasorios* sobre las zonas desmilitarizadas... LVE030996 **36 amenaza** +: Si alguien opina que los temores nucleares, que nos tuvieron en un ay cuando las amenazas *disuasorias*, han de ser desechados, va listo. EME160695 **37 vigilancia** +: La vigilancia que se aplica a empresas y particulares es más *disuasoria* que recaudatoria... EPE180499 **38 presencia** +: La presencia policial, más activa y *disuasoria* que en las noches anteriores... LVE250796 **39 vuelo:** ...caza-bombarderos de la OTAN realizaron vuelos *disuasorios* sobre las posiciones serbias en torno a Sarajevo. EME080595 **40 disparo:** La Ertzaintza, obligada a hacer disparos *disuasorios* para evitar un ataque. ENC271100

I SUSTANTIVOS QUE DENOTAN TRABA O IMPEDIMENTO: **41 obstáculo** +: ...es facilitar el empleo fijo incentivando las contrataciones y removiendo obstáculos *disuasorios* para muchas empresas... LVE020295 **42 barrera** +: Algunas que se pusieron como mera barrera *disuasoria*, dando por supuesto que nadie estaría dispuesto a pagarla... EPE280800 **43 alambrada** +: Todo el perímetro penitenciario está rodeado por alambradas *disuasorias*. INDOC **44 barricada**: ...ha instalado una *disuasoria* barricada para salvaguardar el acceso al edificio. LVE051196 **45 valla**: La presencia de vallas *disuasorias* y otras obras pueden frenar estos robos... LVE240596 **46 inconveniente** –: ...acabó con la obligación (...), aunque manteniendo tantos inconvenientes que resultan casi *disuasorios*. EPE270199

J SUSTANTIVOS QUE DESIGNAN MUESTRAS O MANIFESTACIONES DE LO QUE SE DESEA PROBAR O PRESENTAR COMO PAUTA DE CONDUCTA: **47 ejemplo** +: Algunos estados aliados de Polonia añoran en silencio que esto ocurra para poder presentar a sus pueblos un ejemplo *disuasorio*. EPE020689 **48 demostración**: Lo que sí es ejemplar –y *disuasorio*– es la demostración palpable de que la Policía es capaz de perseguir y atrapar al criminal. EME300995 **49 exhibición**: ...hizo exactamente ese tipo de exhibición ambiciosa, voraz, agresiva, *disuasoria*, que deja pasmado al personal... EPE110999

K OTROS SUSTANTIVOS; POSIBLES USOS ESTILÍSTICOS: Estupendo cine *disuasorio*, que quita las ganas de volver a pisar una sala. EPE200599

divergencia ♦ **abismal, claro, creciente, frecuente, fuerte, gran(de), grave, hondo, ideológico, importante, insalvable[3], interno, ligero, marcado, mínimo, notable, notorio, ostensible, pequeño, político, principal, profundo[89], serio, tangible, viejo, visible ♦ punto (de) ♦ acentuar, aflorar, apreciar(se), dar lugar (a), dirimir[4], evidenciar, existir, generar, limar[14], mantener, mostrar, nacer, provocar, resolver, respetar, salvar, superar, tener, traslucir(se)[64], zanjar[25]**
☐ Véase también: **diferencia, discrepancia.**

diversión ♦ **abierto (a), abundante, alternativo, arriesgado, auténtico, desbordante, desenfrenado, incontenible, insano, juvenil, macabro, mero, nocturno, particular, peligroso, popular, prohibido, público, puro, sano, simple, tumultuoso, único ♦ como, por ♦ centro (de), ganas (de), local (de), lugar (de), motivo (de), objeto (de) ♦ aguar (a alguien), asegurar (a alguien), buscar, contribuir (a), disfrutar (con), entretener(se) (con), estropear (a alguien), frustrar, garantizar (a alguien), gastar (en), llevar (a alguien), ofrecer (a alguien), preferir, prometer (a alguien), proporcionar (a alguien)**
☐ Véase también: **alegría, gresca, guirigay, jarana, jolgorio, juerga, lío.**

DIVERSIÓN
♦ (SUSTANTIVOS) Véase: **absorbente[A], aguar(se)[A], a medida[C], a raudales[G], decaer[B], de salón[A], febril[F], fleco (de)[D], montar[B], pasajero[J], pegar[F], prender[B]**
♦ (VERBOS) Véase: **a lo grande[B], a {mis/tus/sus...} anchas[G], a morir[C], como (un) loco[C], como un cosaco[B], con alborozo[C], de incógnito[C], de lo lindo[A], horrores[B], plácidamente[H]**
☐ Véase también: ALEGRÍA; PLACER.

divertir(se) ♦ **a costa de (algo/alguien), a lo grande[8], a tope[32], como (un) loco[22], como un enano, de lo lindo[1], desmesuradamente, desproporcionadamente, enormemente[11], extraordinariamente, horrores[4], inconscientemente, inmensamente, sanamente, tranquilamente**
☐ Véase también: **disfrutar, gozar (de).**

dividir ♦ **a partes iguales[1], armoniosamente[22], en justicia, equitativamente, igualitariamente, irrevocablemente[28], justamente, limpiamente[18], maniqueamente, por la mitad, profundamente[60], salomónicamente[2]**

[divinis] → **a divinis**

divisar ♦ **a lo lejos[2], claramente, difusamente, en el horizonte, en lontananza, vagamente**
☐ Véase también: **avistar.**

división **I** *(separación)* ♦ **arbitrario[25], aritmético, claro, clásico, cruel, difuso, drástico, efectivo, enconado[18], equitativo[5], equívoco, eterno, existente, gran(de), hondo, impreciso, inequívoco, interno, maniqueo, matemático, nítido, permanente, preciso, profundo[90], salomónico[20], sencillo, tajante[33], territorial, trágico, traumático ♦ asomo (de)[16], problema (de), riesgo (de) ♦ abolir, abrir(se), atizar[38], aumentar ♦ agravar(se)[59], causar, conjurar[41], consumar(se)[42], crear, demarcar, difuminar(se)[9], efectuar, establecer[45], evitar, fomentar, fraguar(se)[58], generar, hacer, incitar (a), llevar (a), pedir, provocar, realizar, resolver, respetar, salvar, subrayar, surgir, trazar**
II *(unidad)* ♦ **aéreo, aerotransportado, antidroga, blindado, criminal, de infantería, de inteligencia, de investigación, militar, poderoso, potente, profesional ♦ atacar (algo), enviar, reforzar**
☐ Véase también: **distinción, distribución, escisión, separación.**

divisorio ♦ **efecto, frontera, límite, línea, margen, muro**

divorcio ♦ **civil, desagradable, efectivo, forzado, fulminante, terrible ♦ causa (de), demanda (de), ley (de), proceso (de) ♦ aceptar, conceder[22], conseguir, consumar(se)[51], dar(le) (a alguien), dictar, existir, legalizar, obtener, pedir, producir(se), reponerse (de), resolver(se), solicitar, terminar (en), tramitar[19]**

divulgar ♦ **a bombo y platillo, a los cuatro vientos[20], ampliamente, a voces[5], de boca en boca[18], detalladamente, exhaustivamente[17], íntegramente, minuciosamente, por todas partes, profusamente[20], públicamente ♦ contenido, cultura, dato, documento, historia, idea, imagen, infor-**

mación, informe, música, nombre, obra, opinión, pensamiento, resultado, secreto, trabajo
☐ Véase también: **pregonar**.

doblar ▮ *(plegar)* ♦ cuidadosamente, en {una/dos/tres...} partes, por la mitad ♦ brazo, mano, papel, pierna, pliegue, rodilla, tela, tejido
▮ *(duplicar)* ♦ altura, apuesta, beneficio, cantidad, edad, ganancia, inversión, sueldo, *otros sustantivos que designan cantidades*
▮ *(sonar)* ♦ campana
▮ *(doblegar)* ♦ espíritu, voluntad
▮ *(pasar girando)* ♦ calle, esquina
▮ *(hacer doblaje)* ♦ película, programa, serie
▮ *(caer)* ♦ toro
☐ Véase también: **duplicar, plegarse (a), plisar**.

doblegar ♦ definitivamente, espectacularmente, finalmente, pacíficamente, por la fuerza ♦ actitud, adversario, deseo, equipo, esfuerzo, esperanza, espíritu, fe, independencia, intransigencia, naturaleza, persona, principio, resistencia, rival, sentimiento, voluntad

doblegar(se) (a) ♦ adversidad, capricho, deseo, designio, interés, justicia, necesidad, poder, presión, pretensión, propósito, voluntad

docencia ♦ años (de), labor (de), libertad (de), método (de), período (de) ♦ abandonar, dedicar(se) (a), dejar, ejercer[7], impartir, mejorar, planificar, practicar, regresar (a)
☐ Véase también: **enseñanza**.

doctrina ♦ antiguo, arraigado[14], dominante, económico, enraizado, estricto, extendido, extremo, jurídico, novedoso, nuevo, obsoleto, oficial, político, religioso, social, sólido, tradicional, viejo ♦ a la luz (de)[47] ♦ cuerpo (de), manifestación (de), partidario (de) ♦ abdicar (de)[10], abjurar (de), abrazar, adherirse (a)[5], adoptar, aplicar, arraigar, calar (en alguien), combatir, comulgar (con), contradecir, convertir(se) (en), creer (en), criticar, defender, difundir(se)[100], divulgar, esgrimir[24], establecer, fundar, hacer, impartir, incardinar, inculcar[24], interpretar, poner en práctica, practicar, predicar[15], profesar[6], propagar(se), recordar, respetar, revisar, seguir, sentar, sustentar
☐ Véase también: **información, ley, norma**.

documentación ♦ abundante, amplio, aplastante[23], auténtico, confidencial[5], convincente, copioso[37], ejemplar, en regla, escaso, exhaustivo, extenso, falso, fehaciente[15], fidedigno[3], importante, insuficiente, necesario, numeroso, nutrido, oficial, personal, preceptivo, rico, riguroso, sólido, suficiente, valioso ♦ entre[33] ♦ centro (de), labor (de), trabajo (de) ♦ analizar, aportar, archivar, bucear (en)[19], buscar, carecer (de), confrontar, controlar, encontrar, entregar, exigir, falsificar, faltar, guardar, incautar, incluir, legalizar, llevar, manejar, mostrar, obrar en poder[2], obtener, ocultar, pedir, pertrechar(se)[7], preparar, presentar, recabar[7], recibir, recopilar, rellenar, repasar, retirar, revisar, solicitar, traducir, traspapelar(se), verificar
☐ Véase también: **burocracia, documento, información, papeleo, tramitación, trámite**.

documental ♦ archivo, base, constancia, falsedad, falsificación, fondo, fuente, información, interés, material, patrimonio, película, prueba, reportaje, rigor, serie, soporte, testimonio, trabajo, valor
☐ Véase también: **película**.

documentalmente ♦ acreditar, atentar, confirmar, constar, constatar, demostrar, informar, plasmar, probar, reclamar, reconocer, registrar, respaldar, verificar

documentar ♦ adecuadamente, científicamente, debidamente[4], detalladamente, escasamente, escrupulosamente[39], exhaustivamente[9], fehacientemente[7], formalmente, jurídicamente, por escrito, pormenorizadamente, profusamente[44], prolijamente[16], suficientemente

documento ♦ absurdo, acreditativo, anexo, apasionante, confidencial[1], curioso, de valor[16], en regla, estremecedor, excepcional, fehaciente[14], fidedigno[7], gráfico, histórico, imborrable, impecable, impresionante, inédito, insólito, interesante, inútil, manuscrito, nacional de identidad, original, personal, preciado, privado, profuso, prolijo[4], real, relevante, revelador, rotundo[51], secreto, significativo, testimonial[9], único, útil, valioso, verídico, visual, vivo[40] ♦ a la luz (de) ♦ arsenal (de)[4], legajo (de) ♦ acumular, alterar, amañar, analizar, anular, aportar, archivar, autentificar, circular, clasificar, compulsar, conseguir, contrastar, crear, cumplimentar, desenterrar, difundir(se)[18], emanar, encontrar, enmendar, escribir, estudiar, exhumar, expedir, extender, falsificar, faltar, fechar, filtrar(se)[9], firmar, formalizar, guardar, imprimir, incluir, invalidar, leer, legalizar, obrar en poder[1], ocultar, ofrecer, presentar, redactar, rellenar, sellar, traspapelar(se), validar[1], versar
☐ Véase también: **acta, carta, cheque, documentación, papeleta, pasaporte, póliza, testamento, texto**.

DOCUMENTO
♦ (SUSTANTIVOS) Véase: **adherirse (a)[F], adulterar[D], blindar[F], bucear (en)[C], confidencial[A], de ida y vuelta[D], de {mi/tu/su...} puño y letra[D], denegar[D], echar[I], engrosar[I], fehaciente[B], migratorio[G], obrar en poder[A,E], rescindir[A], revocar[B], tergiversar[B], validar[A], vencer[O,P]**
☐ Véase también: DATO; INFORMACIÓN; TESTIMONIO; TEXTO.

dogma ♦ antiguo, cuestionable, de fe, discutible, falso, ideológico, inapelable, incuestionable, indiscutible, infalible, irrefutable[31], nuevo, político, religioso, viejo ♦ materia (de) ♦ abrazar, acatar[36], constituir, convertir (en), cuestionar(se),

defender, discutir, enterrar, establecer, fundar, imponer, predicar, proclamar, replantear(se), seguir, sentar, socavar[84]
☐ Véase también: **fe, moral, seguridad.**

dogmáticamente ♦ **acusar, afirmar, creer, decidir, defender, imponer, juzgar, prejuzgar, proclamar, repetir, sostener, zanjar**

dolencia ♦ **agudo, anímico, congénito, crónico, extraño, grave, hereditario, incurable, irreversible, largo, leve, ligero, localizado, misterioso, molesto, mortal, repentino, serio[30], terrible** ♦ **alcance (de)[22]** ♦ **acusar, agravar(se), agudizarse, aliviar, aparecer, aquejar (a alguien), arrastrar, atajar, combatir, curar(se) (de), desarrollar, determinar, diagnosticar, heredar, librar(se) (de), mejorar (de), mitigar, ocasionar, ocultar, padecer, prevenir, provocar, recuperarse (de), sobreponerse (a), soportar, sufrir, superar, tener, transmitir, tratar**
☐ Véase también: **enfermedad, lesión.**

DOLENCIA Véase: *ENFERMEDAD Y DOLENCIA*

DOLENCIA Véase: ENFERMEDAD

doler(se) ♦ **en el alma[2], enormemente[33], fuertemente, infinitamente, ligeramente, profundamente[42], sinceramente[11], tremendamente**

dolor ♦ **acerbo, acuciante, agudo, amargo, angustioso, anímico, atenazante, atroz, auténtico, ciego (de)[16], crónico, extraño, físico, fuerte, gran(de), hondo[2], indefinido, inhumano[24], inmenso, insoportable, insufrible, intenso, interno, leve, ligero, llevadero[16], localizado, mortificante, pasajero[19], penetrante, persistente, pertinaz[9], profundo[2], punzante[1], repentino, sentido, sincero, soportable, sordo, suave, tremendo, verdadero** ♦ **en señal (de)[12]** ♦ **escena (de), expresión (de)[12], gesto (de), grito (de), manifestación (de), muestra (de)** ♦ **acallar, acechar[44], acentuar(se), acusar, adherirse (a)[26], agravar(se)[52], aguantar, agudizar(se)[8], ahogar(se)[15], ahuyentar, aligerar[53], aliviar[9], amainar[27], aminorar, amortiguar[68], anegar(se) (en), aparecer, aplacar(se), aquejar (a alguien), asaltar (a alguien), atajar, atenazar (a alguien), atenuar(se), aumentar, avivar[47], calmar(se), cargar (con)[26], causar[30], ceder (a), cerrar los ojos (ante), combatir, compartir, compensar[43], confesar[52], conjurar[15], crecer, dar[360], desaparecer, desfogar[12], eliminar, embargar[4], enjugar[26], entrar (a alguien), estremecerse (de), evitar, exacerbar, experimentar, expresar, fingir, infligir[2], mitigar[5], ocasionar[50], ocultar, olvidar, padecer, paliar[41], producir, provocar, quitarse, reducir, reflejar, emitir[14], reponerse (de)[12], reprimir, retorcerse (de), reventar (de)[10], sembrar[39], sentir, sobreponerse (a), soportar, sucumbir (a), sufrir, sumir(se) (en), tener, teñir (de)[6], testimoniar[26], transmitir[23], traslucir(se)[56], traspasar[15], tratar, vencer[13]**
☐ Véase también: **aflicción, calambre, lamento, mal, malestar, pésame, queja, quejido.**

DOLOR Véase: AFLICCIÓN; SUFRIMIENTO

domar ♦ **animal, balón, bestia, carácter, fiera, intemperancia, pelo, temperamento,** *sustantivos de persona*

domiciliar ♦ **cobro, nómina, pago, recibo**

domiciliario ♦ **arresto, asistencia, atención, ayuda, detención, prisión, reclusión, recogida, registro, reparto, servicio, venta, visita**

[domicilio] → **a domicilio**

dominante *adj.* ▮ Admite sustantivos que designan individuos o colectivos, generalmente humanos, pero no necesariamente *(jefe, equipo, macho: Este gorila es el macho dominante del grupo).* Lo hace muy frecuentemente con los sustantivos que designan grupos u organizaciones sociales o naturales *(grupo, clase, clan, especie, sector, empresa, sociedad, país).* Asimismo se combina con sustantivos que denotan conducta o forma de ser *(conducta, comportamiento, carácter).* Admite con frecuencia algunos que designan diversos elementos pertenecientes al mundo natural *(gen, planta, hierba, hemisferio).* Se combina además con...

A SUSTANTIVOS QUE DENOTAN RASGO, ASPECTO O FACTOR DISTINTIVO: **1 rasgo ++**: El rasgo *dominante* de estos artistas jóvenes es una voluntad de hacer una obra con medios fotográficos... LVE240895 **2 característica ++**: La asociación gregaria es la característica *dominante* de muchas especies animales. INDOC **3 nota +**: La jornada electoral transcurrió con normalidad y el factor buen tiempo fueron las notas *dominantes.* LEC020597 **4 elemento:** En su obra, las líneas curvas conforman un elemento *dominante.* EUV151096 **5 defecto:** El defecto *dominante* en el grupo es la egolatría de muchos de sus miembros. ABC241293 **6 aspecto:** El aspecto *dominante* de la Fiesta de la Reina es la de convertirse en la Fiesta del Comercio y la Alegría. LVE040596

B SUSTANTIVOS QUE DENOTAN FUERZA O ENERGÍA. TAMBIÉN CON OTROS QUE DESIGNAN ALGUNOS DE SUS EFECTOS O SUS MANIFESTACIONES: **7 fuerza ++**: ...había sido el partido más poderoso del país, la fuerza *dominante* por casi tres décadas... HOY120597 **8 poder ++**: China fue el poder *dominante* en Asia oriental durante 2.000 años... LVE270895 **9 influencia +**: ...el segundo objetivo (...) será establecer una influencia *dominante* sobre los miembros de la Comunidad... EME271196 **10 viento +**: ...un poderoso comerciante de origen hispano que (...) parece ignorar qué clase de vientos efusivos son los *dominantes* por estas trochas. EPE030899 **11 presión:** Con el afán didáctico y político de explicarla por la presión *dominante* de la sociedad de su tiempo... EPE101080

C SUSTANTIVOS QUE DENOTAN COLOR O EXPRESAN ALGUNA DE SUS CARACTERÍSTICAS. TAMBIÉN CON OTROS QUE DESIGNAN OTRAS NOCIONES RELACIONADAS CON LA VALORACIÓN QUE SE HACE DE LA FORMA EXTERNA DE LAS COSAS: **12 color ++**: «Empieza en un tono gris para después volverse más alegre y regresar finalmente al gris como color *dominante* de la situación». LVE180195

13 tono +: ...sobre todo por la novedad de su lenguaje, que suponía una ruptura con el tono *dominante* entonces... EME300494 **14 tonalidad +:** ...la tonalidad *dominante* en estos cuadros es el gris. ABC230793 **15 estética +:** Imagino que quienes han dirigido sus obras han tratado de ser fieles al autor, aunque sus espectáculos fueran producto cada época, a corriente o contracorriente de la estética *dominante*. ABC061095 **16 colorido:** En su serie de «Narciso», definitivamente ha regresado al colorido *dominante*. ABC030792

D SUSTANTIVOS QUE DENOTAN JUICIO, CONCEPTO Y OTRAS NOCIONES QUE ARTICULAN LA CAPACIDAD DE RAZONAR O SUS RESULTADOS NATURALES: **17 idea ++:** Su idea *dominante* es que la vida de los hombres está regida por los astros. EUV031196 **18 noción ++:** Verlaine, pues, no sólo es un instante, sino un espíritu, un clima y un tipo de verso que imantan la noción *dominante*... ABC150592 **19 concepto +:** El nacionalismo (...) fue el concepto político *dominante* que se impuso sobre los pueblos... PME081296 **20 concepción:** Es, de acuerdo con la concepción *dominante*, una complementación que resulta indispensable en estos tiempos. LNA110792 **21 opinión:** La única incógnita es si González aceptará mañana la opinión *dominante* en su partido... LVE171295 **22 pensamiento:** ...mucho va a tener que ver con la corriente de pensamiento *dominante* entre los concursantes... DYM061196 **23 razonamiento:** Ha sido, tal vez, el razonamiento *dominante* en algunos directivos de la televisión estatal... HOY010997 **24 teoría:** Según Vincent, las teorías *dominantes* en los dos últimos siglos tienden a ver el organismo como un elemento con constantes de equilibrio. EPE011287 **25 dogma –:** ¿Cuál es (...), allá por los años 70 en París, el dogma *dominante*, sino el marxismo-leninismo? ABC010592

E SUSTANTIVOS QUE DENOTAN TENDENCIA O CORRIENTE A MENUDO SOCIAL O IDEOLÓGICA: **26 tendencia ++:** ...la globalización y la concentración serían, como para otros sectores, una tendencia *dominante*. CLA180199 **27 corriente ++:** ...una vocación defensiva, contraria a los aires de liberalismo y apertura que caracterizan las corrientes *dominantes* del pensamiento económico actuales. BRE040797 **28 ideología +:** ...su vida íntima es historia patria y sus conceptos y prejuicios se convierten en la ideología *dominante*. EXC210197 **29 filosofía:** Coffa reconoce tres filosofías *dominantes* en el siglo XIX: el kantismo, el positivismo y lo que él ha llamado, afortunadamente, «la tradición semántica». ABC150592 **30 movimiento:** ...no pudieron impedir la aparición de una figura excepcional e independiente del movimiento *dominante*... EME140595 **31 tónica +:** En el mercado de bonos la apatía fue, también, la tónica *dominante* de la sesión. EME051196 **32 creencia:** ¿Por qué es tan *dominante* la creencia en el calentamiento inexorable de la Tierra? LRE190103

F SUSTANTIVOS QUE DENOTAN SENTIMIENTO O EMOCIÓN: **33 sentimiento +:** ...el miedo se está convirtiendo cada vez más en el sentimiento *dominante*. LVE201094 **34 sensación +:** La sensación de que su esfuerzo por presentar un documento convincente no habría servido de nada era *dominante*. HOY070797 **35 emoción:** «El estilo es la emoción *dominante* que matiza un escrito». LHG280897 **36 pasión:** La Habana tiene fama de ser una ciudad muy alegre, la pasión *dominante*, desde luego, es el baile... GIC083097

G SUSTANTIVOS QUE DENOTAN UBICACIÓN, GENERALMENTE INTERPRETADA EN SENTIDO FIGURADO: **37 posición +:** ...se busca hacer frente a la «posición *dominante*» de las distribuidoras... ACP280901 **38 situación:** Estas temperaturas extremas se alcanzan por la persistencia de una situación *dominante* de vientos cálidos del sur... LVE220795 **39 lugar:** ...incapaz de conceder a la religión un lugar *dominante* y central en sus asuntos propios... ABC230695

H EL SUSTANTIVO *DISCURSO* Y CON OTROS QUE DESIGNAN MANIFESTACIONES VERBALES: **40 discurso +:** ...no soportan que siquiera por una vez se contradiga el discurso *dominante*... ABC160695 **41 lenguaje:** ...tienen la fuerza suficiente para provocar una saludable reorientación de los propósitos y del lenguaje *dominantes* hasta el momento. HOY030397 **42 mensaje:** El shopping center (...) es un buen símbolo de los mensajes *dominantes* en la época nuestra... BRE040497 **43 respuesta –:** El «no, porque no», sin más argumentos, suele ser la respuesta *dominante* entre aquellos familiares del difunto que se niegan a facilitar una donación. LVE150595

I SUSTANTIVOS QUE DESIGNAN PAUTAS O SISTEMAS ORGANIZATIVOS: **44 estructura:** ...no desprecia el discurso filosófico, asumiendo la belleza y el misterio formal como estructura *dominante*... ABC081295 **45 esquema:** ...un moralista severo y, naturalmente, heterodoxo, ajeno a los esquemas *dominantes* en la moral al uso. ABC080193 **46 paradigma:** ...el paradigma *dominante* entre los especialistas en ciencias sociales excluía de hecho la posibilidad de que... ABC010494 **47 patrón:** ...se transmite con un aparente patrón autosómico *dominante* de penetración variable... ABC010794 **48 modelo:** ...su policonsumo (...) se está convirtiendo en el modelo *dominante*. LVE191196

dominar *v.* **■** En el sentido de 'controlar o ejercer algún dominio sobre' admite sustantivos de persona *(sociedad, ejército, empleado: El jefe dominaba a todos sus empleados)*, así como otros que designan algunos animales *(caballo, toro)*, vehículos *(barco, coche, avión)*, lugares *(zona, región, ciudad, país)* y competiciones *(partido, torneo, carrera, lucha, batalla, combate, contienda)*. En su sentido de 'divisar o ver desde una altura' se combina con sustantivos que denotan lugar *(paisaje, valle, terreno)*. En su sentido de 'conocer o saber con profundidad o suficiencia' acepta sustantivos que designan conocimientos, artes, técnicas, aficiones u oficios *(astronomía, idioma, pintura, guitarra, artesanía)*. En su sentido de 'contener o reprimir', se combina con...

A SUSTANTIVOS QUE DENOTAN INCLINACIÓN INTENSA O VEHEMENTE. TAMBIÉN CON OTROS QUE DESIGNAN ESTADOS ANÍMICOS DE AGITACIÓN Y LAS REACCIONES QUE PROVOCAN: **1 impulso ++:** ...destaca la capacidad de la razón de *dominar* los impulsos naturales y de elevarse sobre las valoraciones del grupo... ABC281094 **2 instinto ++:** En ellas vuelve a manifestarse el mejor Farreras, con su sabiduría de pintor *dominando* el instinto extraordinario que tiene para lo ornamental. ABC311293 **3 nervios ++:** ...desde la falta de paciencia para jugar con más cabeza que prisas, hasta la falta de concentración para *dominar* los nervios en momentos decisivos.

LVE031294 **4 pasión +:** ...un personaje de su mundo familiar, en el que *dominaba* la pasión llevada al paroxismo de la locura... ABC090994 **5 deseo +:** Yo creo que en este campo temático *domina* aún el deseo de que el artista dé pruebas materiales de que nada se le resiste... ABC201095 **6 malhumor:** ...Punta del Este no puede *dominar* el malhumor climático ni los tropezones del real... CLA310199

B SUSTANTIVOS QUE DENOTAN INQUIETUD EN DIVERSOS GRADOS: **7 miedo +:** ...resolvió a los 6 meses de ejercicio, *dominar* el miedo a los fantasmas de Carondelet y hacerse fuerte en el despacho oficial. DHE100297 **8 pánico:** ...la camaradería se convertiría en paranoia y el pánico *dominaría* sobre las técnicas de filmación. EPE050899 **9 fobia:** Tuvo que *dominar* la fobia que sentía hacia los coches para poder sacarse el carné de conducir. INDOC

C SUSTANTIVOS QUE DENOTAN MODO DE SER O CONDUCIRSE UNA PERSONA: **10 comportamiento:** ...dos imágenes distintas de la ley universal que siempre ha *dominado* el comportamiento humano... HOY020697 **11 carácter:** ...adusto, antipático y con un terrible carácter que ni siquiera intentaba *dominar.* INDOC **12 espíritu:** Desde el milenarismo franciscano (...) *dominó* el espíritu altruista de unos religiosos... ABC270195 **13 actitud:** En el campo de los intereses materiales *domina* una actitud precavida que se torna ciegamente desconfiada al menor signo de peligro. EME100194 **14 reacción:** Hoy es todavía su espíritu cívico el que *domina* sus reacciones. EPE211201

D ALGUNOS SUSTANTIVOS QUE DESIGNAN CAPACIDADES INTELECTIVAS O VOLITIVAS: **15 voluntad:** Tiene riesgo además de convertirse en un pesebre cultural para bocas, *dominar* voluntades y ceñir mordazas. ABC210892 **16 pensamiento +:** Lo más importante (...) es sin duda el inmenso vacío que ha ocasionado la crisis, casi irreparable, de las ideologías que *dominaron* el pensamiento y la acción política de todo el planeta por más de dos siglos. EUV010996 **17 racionalidad:** ...causa entre otras causas, de ese vacío de sentido y valor al que lleva la racionalidad *dominante...* ABC271192

E SUSTANTIVOS QUE DENOTAN VIOLENCIA O DESIGNAN DIVERSOS ESTADOS CRÍTICOS DE DESCONTROL O INESTABILIDAD: **18 violencia +:** ...recibe una media de una llamada por semana de padres angustiados porque no pueden *dominar* la violencia de sus hijos. LVE030395 **19 tensión +:** La tensión *dominó* ayer a los agentes de la Bolsa de San Pablo. CLA160797 **20 caos:** ...no es de extrañar la dictadura fiscal y el caos económico que *domina* el país. LVE031294 **21 crisis:** ...hasta que la crisis llega a *dominar* y desestructurar la vida de todos los habitantes. LEC020597 **22 confusión:** Así no podrán seguir y tendrán que inventar otra cosa, aunque por ahora *domina* la confusión. CLA280601

F OTROS SUSTANTIVOS; POSIBLES USOS ESTILÍSTICOS: La muerte *domina* el imaginario sevillano desde mediados del trágico siglo XVII... EME050496

■ Se combina también con: ♦ **abrumadoramente[15], abusivamente[32], a duras penas[16], a las mil maravillas[23], al dedillo[4], ampliamente, arrolladoramente[7], cómodamente, con mano de hierro[5], con mano firme[11], de cabo a rabo, de extremo a extremo, de punta a cabo, de punta a punta[15], de sobra[5], en exclusiva[26], férreamente[5], por completo[161], rotundamente[33], totalmente**

□ Véase también: **pilotar, primar, sojuzgar.**

dominio ♦ **abrumador[2], absoluto, abusivo, admirable, amplio, aplastante[15], arrollador[6], claro, efectivo[41], eficaz, excelente, férreo[5], formal, gran(de), hegemónico, implacable[10], infructuoso[30], innegable, insuficiente, local, magistral, ostensible[40], perfecto[26], pleno, pobre, poderoso, portentoso[21], privado, público, restringido, soberbio, técnico, territorial, total, vasto** ♦ **bajo** ♦ **extinción (de), muestra (de), posición (de)** ♦ **afianzar(se)[19], apagar(se)[6], condenar, confirmar, conseguir, detentar, devolver, ejercer[26], ejercitarse (en), estar (bajo), fortalecer(se)[15], imponer[2], mantener, mostrar, ostentar, perder[34], reclamar, recuperar, someter (a), tener**

□ Véase también: **control, poder, primacía.**

don ♦ **carismático, de gentes, del cielo, de mando, de palabra, divino, envidiable, especial, extraordinario, impagable, inapreciable[3], milagroso, natural, portentoso[5], preciado, prodigioso, sobrenatural, supremo** ♦ **aprovechar, atesorar, conceder (a alguien), conseguir, cultivar, desperdiciarse, disfrutar (de), ejercer, estar en poder (de), gozar (de), infundir[32], malgastar[8], nacer (con), otorgar, poseer, recibir, recuperar, tener**

□ Véase también: **privilegio, virtud.**

donación ♦ **copioso[17], cuantioso, desinteresado, económico, espectacular, exiguo, generoso, importante, voluntario** ♦ **a título (de)[11], en concepto (de)** ♦ **aceptar, bloquear, canalizar[4], declinar, efectuar, entregar, enviar, hacer, ofrecer, pedir, realizar, recibir, repartir, solicitar**

□ Véase también: **entrega, limosna, préstamo, suministro.**

DONACIÓN Véase: ADJUDICACIÓN; AYUDA; DISTRIBUCIÓN; ENTREGA

dorado *adj.* ■ En el sentido 'de color de oro' admite sustantivos que designan cosas materiales *(piedra, líquido, cielo, llave, puerta, papel, piel).* En su sentido figurado (aproximadamente, 'esplendoroso') se combina con sustantivos que designan períodos característicos de la vida de las personas o las comunidades *(época, edad, siglo, juventud, adolescencia, infancia),* y algunos elementos que los describen o los caracterizan *(leyenda, mito).* La expresión *sueño dorado* se usa con el sentido de 'deseo vehementemente perseguido'. También se combina con...

A SUSTANTIVOS QUE DESIGNAN LA ACCIÓN O EL EFECTO DE ABANDONAR, A MENUDO FORZOSAMENTE, UN LUGAR O UNA POSICIÓN: **1 exilio ++:** Pensaban que todos habíamos tenido un exilio *dorado* y que volvimos ricos. LEC060497 **2 retiro +:** «No me voy a un retiro *dorado*», advirtió, «busco nuevas metas». EPE290599 **3 destierro:** ...se lo sacó de encima en 1984 y lo mandó al destierro *dorado* de Bruselas... LVE171294

B SUSTANTIVOS QUE DENOTAN COYUNTURA PROPICIA: **4 oportunidad +:** Morales y Manel comenzaron a entenderse y el primero le sirvió al segundo dos oportunidades *doradas*. EME220996 **5 ocasión:** Hemos perdido una ocasión *dorada*; ahora habremos de comenzar desde el principio. EME241195

C SUSTANTIVOS QUE DESIGNAN SENTIMIENTOS O ESTADOS DE FELICIDAD, RECONOCIMIENTO, SUERTE O PLENITUD: **6 felicidad:** ...está a un paso de encontrar la *dorada* felicidad o la satisfacción consigo misma que para el caso en la novela es lo mismo. EME291095 **7 esplendor:** ...acompasadas sirenas cuyos cabellos tienen el largo ondulado de un saxofón y el esplendor *dorado* de una trompeta. ABC220794 **8 fama:** Desde fuera vemos la fama *dorada* de los Reyes, el gran éxito de Felipe González... LVE020695 **9 éxito:** El nuevo campeón del mundo de fondo en carretera eligió Valladolid como primer escenario después del *dorado* éxito conseguido en Colombia el pasado domingo. EME131095 **10 fortuna:** ...son los que miran, como todos los años a estas alturas, hacia el Oeste norteamericano en busca de fortuna *dorada* en forma de estatuilla... EME120296

D OTROS SUSTANTIVOS; POSIBLES USOS ESTILÍSTICOS: Todos anhelan la *dorada* caricia de la fortuna. EPE110699

dormir ♦ al raso, a pierna suelta, beatíficamente, como una marmota, como un bendito, como un cesto, como un lirón, como un tronco, con dificultad, de un tirón, en paz, pesadamente[17], plácidamente[1], profundamente[88], relajadamente, ricamente, tranquilamente ♦ echar(se) (a)[1]

dosificar *v.* **▮** Se construye con sustantivos contables en plural *(dosificar los datos)* o no contables en singular *(dosificar la información)*. Se combina con sustantivos que designan unidades de medición *(dosificar las medidas, las tomas, las entregas)* y también con otros que designan diversas sustancias, productos y recursos que es normal gastar o consumir, especialmente los destinados al consumo o al cuidado de los seres vivos *(agua, alimento, abono, medicación, píldora)*. En sentido figurado admite sustantivos de persona, individuales o colectivos, especialmente en el lenguaje del deporte *(jugador, delantero, plantilla: Este jugador no se dosifica)*. Asimismo se combina a menudo con sustantivos temporales *(tiempo, hora, vacaciones)* y con otros que designan informaciones *(dato, noticia, cifra, información: Un buen periodista debe dosificar la información)* y manifestaciones de apoyo o rechazo *(críticas, aplausos, elogios)*. Admite otros muchos sustantivos, pero destacan especialmente sus combinaciones con los que designan virtudes *(dosificar la paciencia)* y actitudes diversas, así como con...

A SUSTANTIVOS QUE DENOTAN VIGOR O ESFUERZO EMPLEADO EN UNA ACTIVIDAD: **1 fuerza ++:** El técnico confirmó que hará algunos cambios, no para reservar futbolistas sino para *dosificar* fuerzas... LVG131200 **2 esfuerzo ++:** Hay que *dosificar* esfuerzos porque en este tema conviene un poco de tranquilidad... LVE181095 **3 energía +:** Dosificaría sus energías, porque el match tenía que decidirse después del décimo round. HOY081178 **4 trabajo +:** ...es necesario reordenar el horario laboral para conseguir *dosificar* su trabajo... LVE301095 **5 entrega:** Sus triunfos los pagaba a precio muy alto, ya que arriesgaba demasiado, pese a que nosotros intentábamos *dosificar* su entrega. LVE010695 **6 afán:** ...reacciones debidas a su afán reorganizador, que tal vez debería *dosificar* convenientemente. INDOC

B SUSTANTIVOS QUE DENOTAN RECURSO O FACULTAD PARA REALIZAR ALGO: **7 recurso +:** La historia se reduce a lo esencial y la música *dosifica* sus recursos para que sea la voz... EME210394 **8 capacidad +:** ...no ha *dosificado* su capacidad narrativa, no ha reservado parte de la historia que puede contar en su siguiente novela. ABC031195 **9 talento +:** ...se negó a juzgar la ausencia, él también proclive a *dosificar* el talento, siempre atento a su política de rotaciones. EPE240199

C SUSTANTIVOS QUE DENOTAN PARTE INCLUIDA EN UN TODO: **10 elemento +:** ...el filme *dosifica* los elementos de intriga policial con los de crítica a la actuación militar... LVE301096 **11 ingrediente +:** ...estos tres ingredientes, que entre semana se *dosifican*, aumentan considerablemente su proporción... EME191096 **12 detalle:** En estas sutiles antítesis y en detalles de extremada levedad convenientemente dispuestos y *dosificados* descansan algunos de los ejes... ABC080794

D SUSTANTIVOS QUE DENOTAN FUSIÓN DE DOS O MÁS ELEMENTOS EN UNO SOLO: **13 mezcla +:** Y existen otros ingredientes de los que más de un escritor podría tomar buena nota, como la *dosificada* mezcla de humor y seriedad... ABC040693 **14 combinación:** El grupo optó por *dosificar* la combinación de rock y hard-core para intentar llegar a un público más amplio. INDOC **15 cóctel –:** ...reformular la carrera sobre la base de un cóctel bien *dosificado* de continente rosado y de contenido independiente. LTB090297

E SUSTANTIVOS QUE DESIGNAN LAS SENSACIONES O LAS EMOCIONES QUE SUELE PROVOCAR LO QUE SE DESCONOCE O LO QUE NO SE ESPERA. TAMBIÉN CON OTROS QUE EXPRESAN EL MISTERIO QUE ESAS COSAS PUEDEN ESCONDER: **16 suspense ++:** Los actores están perfectos y el suspense, muy bien *dosificado*, sin que se quiebre en el clímax final. LVE250295 **17 intriga +:** ...conoce cómo *dosificar* la intriga, construir matemática y líricamente la trabazón estructural... ABC190894 **18 sorpresa +:** La construcción es perfecta con sus sorpresas bien *dosificadas* al final del primer y del segundo acto... EUV060499

F ALGUNOS SUSTANTIVOS QUE DESIGNAN LA ACCIÓN O EL PROCESO DE COMPARECER ALGUIEN EN UN LUGAR O EN UN EVENTO: **19 aparición +:** Retirado en una ilustre ciudad castellana, discreto hasta la exageración, *dosifica* sus apariciones en público... ABC310792 **20 presencia:** Destinada como está a *dosificar* la presencia en el primer equipo... EPE180999

G SUSTANTIVOS QUE DENOTAN DIFERENCIA, PRIMACÍA O PREDOMINIO DE UN ELEMENTO SOBRE OTROS: **21 ventaja +:** ...optó ayer por *dosificar* su ventaja sobre unas zonas de elevada dificultad... LVE290595 **22 superioridad:** Juppé *dosifica* felizmente una superioridad subyacente en cada uno de sus actos... LVE140895

dosis ♦ alto, apreciable[35], bajo, bueno, desmedido[58], diario, elevado, equilibrado, exacto, exi-

guo, fuerte, gran(de), ínfimo, insignificante, justo, letal, máximo, mínimo, necesario, pequeño, preciso, preventivo[58], significativo, suficiente, suplementario ♦ administrar, aumentar, dar, disminuir, elevar, graduar, inocular, inyectar, medir, obtener, percibir, precisar, prescribir, recetar, recibir, requerir, sobrepasar, suministrar, tomar

dotación ♦ económico, elevado, escaso, fuerte, generoso, gran(de), importante, notable, presupuestario, técnico ♦ ampliar, aportar, aprobar, asignar, aumentar, bajar, dar, duplicar, esperar, establecer, faltar, incrementar, ofrecer, rebajar[25], recibir, solicitar, tener

dotes ♦ artístico, asombroso, claro, deportivo, dialéctico, diplomático, enorme, escénico, excelente, excepcional, expresivo, extraordinario, gran(de), indudable, innato, innegable, intelectual, interpretativo, natural, notable, oculto, organizativo, persuasivo, privilegiado, sorprendente, técnico ♦ aplicar, aportar, aprovechar, carecer (de), cultivar, demostrar, derrochar[44], ejercitar[19], evidenciar, exigir, exponer, mostrar, poner en práctica, poseer, reconocer, requerir, revelar, sacar, tener, utilizar

draconiano ♦ austeridad, cláusula, condición, convenio, legislación, ley, medida, norma, plan, política, programa, régimen, represión, sentencia, *otros sustantivos que designan disposiciones*
☐ Véase también: **severo**.

drama ♦ auténtico, catártico, célebre, colectivo, denso, familiar, fuerte, histórico, humanitario[32], humano, interior, moderno, pavoroso, pequeño, personal, político, social, terrible, tremendo ♦ cocinar(se)[14], compartir, consumar(se)[26], escribir, hundir(se) (en)[14], mitigar[25], ocasionar[27], provocar, quitar, quitar hierro (a)[15], recrear, representar, resolver, solucionar, sufrir, vivir
☐ Véase también: **crisis, tragedia**.

drásticamente *adv.* ▮ Se combina con...

A VERBOS QUE DENOTAN CAMBIO: **1 cambiar:** Es decir, en el caso de que se observe que sus rutinas de descanso, alimentación y esparcimiento han cambiado *drásticamente*. RUM201097 **2 alterar:** ...generó una abrupta y masiva acumulación de reservas internacionales que alteró *drásticamente* la política macroeconómica. ETC110297 **3 modificar:** Para satisfacer estas nuevas expectativas, los editores han modificado *drásticamente* la naturaleza de lo que publican. LVE121196 **4 variar:** Las expectativas económicas han variado *drásticamente*, y los Gobiernos y los agentes privados admiten que puede producirse un periodo de inflación... EPE110900 **5 evolucionar:** ...Hillary soñaba con que, bajo la presidencia de su marido, la sociedad americana evolucionara *drásticamente*. LVE050296

B VERBOS QUE DESIGNAN LA ACCIÓN DE LIMITAR O IMPEDIR EL CURSO O EL DESARROLLO DE ALGO: **6 restringir ++:** Las protestas contra las medidas bancarias que restringen *drásticamente* la circulación de dinero en efectivo fueron el prólogo de la huelga... EPE131201 **7 limitar ++:** Llegamos a un acuerdo con China para limitar *drásticamente* sus exportaciones de misiles. LVE290195 **8 cortar +:** Yamani previó una ingeniería híbrida para automóviles con células de combustible hidrogenado que cortará *drásticamente* el consumo de gasolina... EXC050900 **9 eliminar +:** ...estos ascensos honoríficos que venían concediéndose con toda regularidad hasta el año 1989, han sido eliminados *drásticamente*... LRE070103 **10 atajar:** Aquí no han calado los planteamientos xenófobos de Jörg Haider, que pide atajar *drásticamente* la inmigración... EME120295 **11 frenar:** La división en islas y espacios abiertos puede frenar *drásticamente* el crecimiento de algunas zonas en expansión. LVE250596 **12 suprimir:** Ni ha reducido la cifra de altos cargos y directivos de la Administración ni ha suprimido *drásticamente* organismos públicos... EPE040399 **13 zanjar:** El Concejo zanjó el asunto *drásticamente*: sacó a los pobres «desvergonzados» para dejar sitio a los pobres «vergonzantes». EPE190299 **14 erradicar:** Si se quiere erradicar *drásticamente* el sistema analógico de emisión y sustituirlo por el digital, tienen que darse dos factores. LRE150103 **15 truncar(se):** ...un proyecto de país como el que se inició con Prat de la Riba y los novecentistas y se truncó *drásticamente* con la Guerra Civil. LVE120796 **16 cercenar:** ...una ley a la medida que (...) cercena *drásticamente* los derechos y poderes de Montenegro en la federación. EPE070800

C VERBOS QUE DENOTAN AMPLIACIÓN O INCREMENTO: **17 aumentar:** ...que genere oportunidades de trabajo y aumente *drásticamente* el nivel de vida de los centroamericanos. ESH120597 **18 elevar:** El criterio del Fondo Monetario Internacional es opuesto a elevar *drásticamente* los salarios... DED041096 **19 ampliar:** El Renacimiento había roto el cascarón estático del cosmos medieval: tanto la tierra como el cielo se habían ampliado *drásticamente*... EME140594

D VERBOS QUE DENOTAN REDUCCIÓN, DESCENSO O DEGRADACIÓN: **20 recortar:** ...la Consejería de Hacienda había recortado *drásticamente* los presupuestos... EPE261101 **21 disminuir:** ...sus porcentajes de ocupación van disminuyendo *drásticamente* en cuanto uno se acerca a los niveles medios y altos. CAN070599 **22 reducir:** Cambios estructurales en la economía, que han reducido *drásticamente* los empleos bien pagados de la clase obrera... ENH100297 **23 rebajar:** La Comisión Europea rebaja *drásticamente* el crecimiento económico en España y la UE. EPE221101 **24 bajar:** ...la situación económica y financiera (...), que le obliga a bajar *drásticamente* el presupuesto del fútbol profesional, permitió su salida. ACP311000 **25 empeorar:** ...desde que los liberales asumieron el poder las cosas han empeorado *drásticamente*. LTH170497 **26 degradar:** El agua degrada *drásticamente* el encuentro. EME250695

E VERBOS QUE DENOTAN PERSECUCIÓN, PROHIBICIÓN Y OTRAS FORMAS DE OPOSICIÓN O ACCIÓN COERCITIVA: **27 perseguir:** ...añadió que le «parecía bastante idiota y absurdo» que la Administración persiguiese tan *drásticamente* el tabaco. EPE161199 **28 prohibir:** ...Viridiana (1961) supuso un regreso fugaz a España respaldado con un prestigio internacional y unánime, pero indigerible para las autoridades franquistas que la prohibieron *drásticamente*. EME021296 **29 sancionar:** Es la que le da «poderes discrecionales al gobernante como para perseguir y sancionar *drásticamente* a los medios de comunicación social». HOY250484 **30 castigar:** ...no existe voluntad en los partidos tradicionales de castigar, *drásticamente*, el transfugio político, la impunidad ni la corrupción... LTB170397 **31 condenar:** El alcalde de Getxo, Iñaki Zarraoa (PNV), condenó *drásticamente* el ataque de los violentos... EPE131299 **32 oponerse:** Otro de los asuntos a los que el PSOE se opone *drásticamente* es la gestión de las multas de tráfico de Madrid... EME030696 **33 combatir:** «Una situación atmosférica grave, pero no crítica, en cuanto a polución fotoquímica pero que convenía combatir rápida y *drásticamente*». EME070795 **34 anular –:** La resolución de la ONU tiene una importancia relativa, pero Chirac ha querido dársela anulando *drásticamente* una cumbre... LVE201195

F VERBOS QUE DESIGNAN DIVERSAS FORMAS DE PARTICIPACIÓN ACTIVA EN ALGUNA COSA: **35 actuar +:** ...la Municipalidad se ha comprometido (...) a actuar *drásticamente* cuando esos espacios sean ocupados por vehículos particulares. CLA120397 **36 intervenir:** La policía se vio precisada a intervenir *drásticamente* para poner orden cuando se produjo un violento enfrentamiento... ECP140175 **37 reaccionar:** En lo que sí sobresalimos (...) es en ser los que más *drásticamente* reaccionaríamos ante el descubrimiento de que nuestra pareja se perdió en dormitorio ajeno. EME280895 **38 tomar medidas:** ...y así atenuar las medidas que tan *drásticamente* han tomado los dirigentes del sector educativo... EUV080197 **39 obrar:** Anunció que la institución obrará *drásticamente* para que todo quede claro. ETC011287 **40 afrontar:** Para el filósofo, lo primordial ahora es «afrontar *drásticamente* una realidad difícil». EME020695

G VERBOS QUE DENOTAN LA ACCIÓN DE PROVOCAR UNA ESCISIÓN O UNA SEPARACIÓN DE ALGO: **41 romper:** Las tazas sucesivas de este caldo cuiñista rompieron *drásticamente* el grupo de Pérez... EPE180599 **42 fragmentar:** ...esta ciudad que ha crecido tan inorgánicamente y que ha sido tan *drásticamente* fragmentada... HOY160996 **43 dividir:** La primera vuelta electoral deja a Chile *drásticamente* dividido en dos mitades. EPE141299 **44 separar:** ...en lugar de separar *drásticamente* la luz de la sombra, permitía la construcción de todo tipo de penumbras. EPE191199

H VERBOS QUE DESIGNAN LA ACCIÓN DE PROVOCAR ALGÚN EFECTO. TAMBIÉN CON OTROS QUE EXPRESAN EL PROCESO DE EXPERIMENTARLO: **45 afectar:** ...el saber que uno tiene un alto riesgo de padecer esquizofrenia u otra enfermedad mental grave puede afectar *drásticamente* a la propia imagen... EPE281299 **46 repercutir:** ...y que, por consiguiente, no repercuta tan *drásticamente* sobre el dato de inflación el próximo enero. EPE311201 **47 influir:** Pero es difícil que los contenidos televisivos influyan *drásticamente* si no son reforzados por el ambiente familiar, educativo y social. ABC101195 **48 sufrir:** Por fin se desvelará cuáles serán las partidas y las políticas que sufrirán más *drásticamente* el ahorro. EME020696

I VERBOS QUE DESIGNAN LA ACCIÓN DE REORIENTAR O RECONSIDERAR ALGUNA COSA: **49 revisar:** La resolución judicial (...) parece que obliga a revisar *drásticamente* su actual gestión... EPE060700 **50 rectificar:** ...consideren la conveniencia de rectificar *drásticamente* un modelo que prevalece entre nosotros desde el régimen anterior... LVE050395 **51 corregir:** Las conclusiones del extenso documento corrigen *drásticamente* las cuentas triunfalistas que se presentaron en su día... EPD011197 **52 reconducir:** ...no podrá reconducir tan *drásticamente* como se precisa los desequilibrios de la economía española por sí solo. LVE290296 **53 reconsiderar:** ...quien en pleno mes de agosto propuso reconsiderar *drásticamente* la política antidrogas del gobierno. EPE170999 **54 redefinir:** Sostiene Maldonado que en los países industrializados, gran parte del trabajo intelectual ha sido *drásticamente* redefinido por tres causas... LVE300696

☐ Véase también: **abruptamente**.

drástico *adj.*

■ Admite sustantivos de persona *(No seas tan drástico)*, más frecuentemente si designan individuos con capacidad de decisión *(profesor, árbitro, entrenador, juez, presidente)*. También se combina con sustantivos que designan ideas *(idea, opinión, punto de vista)*, actitudes *(actitud, posición, mentalidad)*, textos *(artículo, libro, editorial)* y manifestaciones verbales o comunicativas *(declaración, información, afirmación)*. Acepta otros muchos sustantivos, pero destacan especialmente sus combinaciones con...

A SUSTANTIVOS QUE DENOTAN CAÍDA, PÉRDIDA O DISMINUCIÓN DE ALGO: **1 caída ++:** La Bolsa de Valores de Lima (BVL) fue arrastrada nuevamente por la *drástica* caída en las bolsas del sudeste asiático... DLA281097 **2 descenso ++:** Cargill, tercera comercializadora mundial de café, pronosticó el *drástico* descenso en la producción brasileña. ETC070198 **3 disminución ++:** Explicó que lo anterior se debe a que la matanza de bovinos y cerdos tuvo una «*drástica*» disminución... DYM010996 **4 recorte ++:** ...el recorte del gasto público tendría que ser aún más *drástico* de lo planeado. SEM301000 **5 pérdida +:** En los pacientes de sida parece ser eficaz en los casos en los que se produce una *drástica* pérdida de peso. EME121196 **6 desabastecimiento:** Dijo que el presupuesto de SEMAPA virtualmente fue consensuado (...) en la perspectiva de superar el *drástico* desabastecimiento de agua potable en Cochabamba. LTB071296 **7 empobrecimiento:** Las consecuencias en los primeros años va a ser el empobrecimiento *drástico* de la población... EUV080197 **8 bajada:** Pero se están realizando exportaciones lo que ha permitido que la bajada no haya sido tan *drástica* como en otros países. ENC300301 **9 baja:** La *drástica* baja de la inflación gracias al Plan Real, es uno de los méritos que se registran en el haber de Cardoso... LVE300994 **10 rebaja:** ...el origen de los problemas nacionales proviene de la apertura con su liberación comercial y *drástica* rebaja de aranceles... ETC280497

B SUSTANTIVOS QUE DENOTAN REDUCCIÓN O LIMITACIÓN: **11 reducción ++:** ...aseguró que la producción de petróleo en el trópico cochabambino es normal y desmintió informaciones que dan cuenta de una *drástica* reducción... LTB190197 **12 ajuste ++:** El Gobierno anuncia un *drástico* ajuste en los ministerios de Fomento y Medio Ambiente. LVE040696 **13 limitación +:** Pues bien, las reducciones en el presupuesto asignado a Cultura determinan una *drástica* limitación en las cifras que tiene asignadas el Centro para la Difusión de la Música Contemporánea. ABC010494 **14 devaluación:** Los 4,500 millones de dólares que recibió México en los 12 meses que siguieron a la crisis provocada por la última devaluación *drástica* lo colocan muy por debajo de... EXC020197

C EL SUSTANTIVO *AUMENTO* Y CON OTROS QUE DENOTAN INCREMENTO, GENERALMENTE ECONÓMICO: **15 aumento ++:** ...afectaría a la comercialización del pollo y los huevos, productos que experimentarían un *drástico* aumento en los precios de distribución. LPN070597 **16 incremento +:** Fischer y otros importantes funcionarios del FMI han exhortado a un *drástico* incremento... EXC130996 **17 subida +:** Medios monetarios consideran que, con esta *drástica* subida, quedan despejadas las incertidumbres de tipos de interés hasta el próximo mes de abril... LVE050195 **18 crecimiento +:** El crecimiento del paro ha sido *drástico* este otoño. INDOC **19 alza:** ...ordenó el jueves por la noche (...) un alza *drástica* de hasta el 165% en el precio de los combustibles, entre otras medidas. EPE130399

D EL SUSTANTIVO *CAMBIO* Y CON OTROS QUE DENOTAN VARIACIÓN O SUSTITUCIÓN: **20 cambio ++:** ...una de las cosas primarias es la obtención de fondos trascendentales (...), que le permita hacer cambios *drásticos* en poco tiempo... DLA190497 **21 reforma ++:** Durante 1992, mientras el «zar» intentaba que arraigaran sus *drásticas* reformas económicas, delegó en su segundo de a bordo dos temas extremadamente delicados... EME270294 **22 transformación +:** Aclara que esto no significa que se vayan a realizar transformaciones *drásticas* en el Centro y sus programas de estudio. PME090297 **23 modificación +:** ...los peces crecen a lo largo de sus vidas, y cualquier cambio por pequeño que sea en su tasa de crecimiento quizá produzca modificaciones *drásticas* en el tamaño... ABC300994 **24 giro:** ...merece que se vuelque sobre él toda la energía del Gobierno para adoptar medidas de fondo que permitan un giro *drástico* en las expectativas de los agentes económicos... EPC080797 **25 vuelco:** En octubre de 1979, Amnesty produjo un *drástico* vuelco en el juicio... HOY110897 **26 variación:** La variación más *drástica* observada durante el período del 1 de agosto al 1 de septiembre, se registró en el costo del cilindro de 35 libras... LHG230900 **27 fluctuación:** ...no hay peligro de que esas fluctuaciones sean muy *drásticas* siempre y cuando el Banco Central no financie el déficit fiscal ni haga emisiones inorgánicas. DED030896 **28 relevo:** Aznar llegó al poder en el Partido Popular propiciando un *drástico* relevo generacional. CLA190199

E SUSTANTIVOS QUE DENOTAN SOLUCIÓN O RESOLUCIÓN. TAMBIÉN CON ALGUNOS QUE DESIGNAN OTRAS FORMAS DE DAR FIN A ALGÚN ASUNTO PROBLEMÁTICO: **29 solución ++:** Consideró que mientras los líderes políticos tengan «sano el espíritu y las mentes claras» en el país no se llegaría a arribar a soluciones *drásticas* que nos afectarían a todos. DED260996 **30 decisión ++:** Sin saber si estaba totalmente curada, tuvo que tomar una decisión *drástica*: seguir cantando o no. ABC030993 **31 resolución +:** ...dictamos una *drástica* resolución, sólo cinco días después de los lamentables hechos. LHG030597 **32 determinación +:** ¿No crees que fue inmadurez tuya haber tomado esta *drástica* determinación de volver en forma tan repentina? CAR010997 **33 remedio:** Tal vez se habría salvado de aceptar que sus males requerían remedios *drásticos*, de mal sabor, pero de excelentes cualidades curativas. ETC110297 **34 fallo:** ...ayer se supo del *drástico* fallo de seis meses de suspensión de los derechos partidarios de Alvarado Contreras... EXP010489

F OTROS SUSTANTIVOS QUE DESIGNAN LA ÚLTIMA FASE DE UN PROCESO: **35 final +:** Una enfermedad que ha convertido a una generación de la que él se siente miembro en la única que ha vivido la liberación sexual y el *drástico* final de ésta ante la amenaza del mortal virus. EME280195 **36 fin:** El Estado peruano (...) puso en 1992 *drástico* fin a una verdadera amenaza a la convivencia civilizada... EXP120997 **37 desenlace:** El desenlace más *drástico* sería la moción de censura... EPE181099 **38 conclusión:** Creemos que ya es hora de abandonar (...) los intentos de instrumentalizar a la opinión pública hacia una conclusión *drástica* y rentable para algunos sectores. EME040195 **39 término −:** Por lo demás, y según la verdadera leyenda, Atys se castraba a sí mismo, y por ello los sacerdotes de Cibeles debían ser eunucos: la ópera propone término menos *drástico*. ABC140292

G ALGUNOS SUSTANTIVOS QUE DESIGNAN RECURSOS, MEDIOS, FORMAS DE ACTUAR Y DE PREVER LAS ACTUACIONES, ASÍ COMO ALGUNAS DE LAS MANERAS EN QUE ESAS NOCIONES SE ARTICULAN O SE ORGANIZAN: **40 medida ++:** ...reiteró ayer que los maestros de las Normales tomarán «medidas más *drásticas*» de no resolverse favorablemente sus peticiones. DYM210197 **41 plan ++:** Gobierno de Nicaragua anuncia «*drástico*» plan de austeridad fiscal. LPH180297 **42 política +:** Su objetivo: denunciar las consecuencias de la *drástica* política de planificación familiar del gigante asiático. EME211095 **43 programa +:** Estas previsiones tienen su origen (...) en los buenos resultados obtenidos con el *drástico* programa de reducción de costes aplicado por la compañía. EME041195 **44 planificación +:** ¿Se trata de realizar una planificación *drástica* y de permitir matricularse sólo a un número de alumnos semejante al de los puestos de trabajo libres para esa profesión? ABC241195 **45 estrategia +:** ...quieren que el gobierno pague toda la deuda de forma inmediata, no importa cual sea el costo social de una estrategia tan *drástica*. LNC171296 **46 estilo:** Quizás porque sus estilos *drásticos* de legislación no han sido el mejor combustible para encender, con carácter permanente, la mecha del tema de status en el Congreso. END081097 **47 método:** Unos apuestan por el método *drástico*, el «big bang», es decir de un día para otro. EME010795 **48 fórmula:** Pero no es sólo el nuevo decretazo con lo que supone de coriácea sensibilidad social, el imponer fórmulas *drásticas* en este terreno; es, antes que otra cosa, el estilo que se gasta el caballero. EME250194 **49 tono:** En estos días, un periodista radial, usando un tono *drástico*, decía que... ENH110198 **50 mano −:** ...diremos que el autor resuelve con mano hábil y *drástica* una historia difícil de contar. ABC091092 **51 opción −:** Es cierto que no podemos contar con la opción *drástica* para resolver dicha situación... DLA010297

H SUSTANTIVOS QUE DENOTAN CASTIGO O DESIGNAN OTRAS FORMAS DE ACCIÓN COERCITIVA, AGRESIVA U HOSTIL: **52 sanción ++:** La doble inscripción en los partidos políticos será objeto de *drásticas* sanciones... ESP050297 **53 castigo +:** ...se mostró a favor de que su país restablezca la extradición y de reformar la legislación para que sea más *drástico* el castigo a los narcotraficantes. EUV210197 **54 pena:** La castración es una pena *drástica* e irreversible de consecuencias dudosas, y no es la mejor solución al problema. LVE021096 **55 represión:** Es decir, perpetrando su correspondiente golpe militar, seguido de su *drástica* represión, y poniendo en tal empeño todo el crimen, toda la tortura y toda la brutalidad... EPE130199 **56 crítica –:** Y de sus letras ellos señalan que «tienen crítica social, a veces *drástica*, a veces con humor». LPA160592

I SUSTANTIVOS QUE DENOTAN INTERVENCIÓN U OPERACIÓN ACTIVA A FAVOR O EN CONTRA DE ALGO: **57 campaña +:** La sensibilidad del remitente refleja (...) la *drástica* campaña que acaba de emprender contra el hábito de fumar entre los menores de edad. CAP290896 **58 acción +:** ...modestas acciones preventivas pueden obviar la necesidad de acciones más *drásticas* más tarde, que podrían desestabilizar la economía. EPE180699 **59 actuación +:** La ausencia de esta *drástica* actuación no significa que (...) los piquetes italianos no puedan adoptar de nuevo la «Línea dura» que los caracterizó. EME230194 **60 ofensiva:** Lo que pretendemos lograr es que los gobiernos de todo el mundo se unan a la OMS en una *drástica* ofensiva contra el tabaco... ETC010690 **61 movilización:** ...si el viernes no obtiene respuestas satisfactorias, «comenzará otro tipo de movilizaciones más *drásticas*». LEC120696

J SUSTANTIVOS QUE DENOTAN CONSECUENCIA O RESULTADO: **62 consecuencia +:** El ministro (...) cumplió mal su papel, empezando a negociar el pacto poniendo sobre la mesa un recorte del desempleo de *drásticas* consecuencias. EME030194 **63 efecto +:** Se espera que las nuevas reglas tengan un efecto *drástico* en centenares de lugares de Internet muy populares entre los niños... EPE231099 **64 impacto:** «Va a haber un impacto en el feriado de San Valentín y no sabemos cuán *drástico* será»... ENH100297 **65 resultado:** «...un documento de trabajo, que no asumimos y al que presentaremos alternativas que puedan dar un resultado final menos *drástico*»... LVE051096

K OTROS SUSTANTIVOS; POSIBLES USOS ESTILÍSTICOS: ...«Encuentros en el zócalo-Encuentro de dos mundos» es una obra *drástica*, resultado de un intercambio entre la Politécnica de Valencia y la Autónoma de México... EME250195; ...advierte en la magra, agostada, *drástica* geografía de un desierto entrañable. PME081296

☐ Véase también: **abrupto, abstruso, brusco.**

droga ♦ **adictivo, adicto (a), blando, de diseño, duro, extraño, ilegal, ilícito, impuro, legal, letal, nocivo, peligroso, pernicioso, psicotrópico, puro, sintético, tóxico** ♦ **abuso (de), adicción (a), alijo (de), cargamento (de), comercio (de), consumidor (de), consumo (de), distribución (de), dosis (de), efecto (de), incautación (de), partida (de), posesión (de), problema (de), sobredosis (de), suministro (de), tenencia (de), traficante (de), tráfico (de), trapicheo (de), venta (de)** ♦ **abocar(se) (a)[18], abusar (de), adulterar, arrastrar (a), circular, combatir, comprar, conseguir, consumir, cortar, darse (a)[3], dejar, distribuir, erradicar, ilegalizar, incautar, interceptar, introducir, legalizar, llevar, luchar (contra), mezclar, pasar, pillar[30], probar, prohibir, requisar, suministrar, tomar, traficar (con), transportar, trapichear (con), vencer, vender**

☐ Véase también: **adicción, heroína.**

ducha ♦ **caliente, frío, rápido, reconfortante, reparador** ♦ **aconsejar, dar(se), pegar(se), recibir, tomar**

☐ Véase también: **baño (de).**

duda ♦ **acuciante[22], cartesiano[4], continuo, fuerte, fundado[18], fundamentado[14], gran(de), infundado, injustificado, irresoluble[11], justificado, latente, legítimo, ligero, obsesivo, persistente, preso (de)[31], profundo[130], razonable, serio[36], tremendo** ♦ **con, sin, sin lugar (a), sin sombra (de)** ♦ **ápice (de)[12], asomo (de)[1], atisbo (de), mar (de), pozo (de)[36], resquicio (de)** ♦ **abrigar[20], acallar[40], acechar[6], aclarar, acometer, acosar (a alguien), acuciar[61], admitir, aflorar[15], agravar(se)[76], agudizar(se)[52], ahuyentar[22], albergar[11], alejar(se), alimentar[45], anidar[23], apaciguar[38], aplacar(se)[66], apoderar(se)[3], arreciar[51], arrojar[40], asaltar[1], asediar (a alguien), atizar[53], avivar[51], brotar[21], caber[1], carcomer[34], cernerse[6], clarificar[2], concitar[47], constituir, consultar, corroer[7], crear, cundir[4], decrecer[78], dejar caer[1], dejarse llevar (por)[75], derivar(se)[47], desatar(se)[39], despejar(se)[1], despertar[9], desterrar[18], desvanecerse[16], desvelar[6], devorar (a alguien), disipar(se)[1], disolver(se)[26], embargar[19], engendrar[42], entrar[36], escampar, esclarecer(se)[1], esfumarse, esparcir[15], existir, experimentar, expresar, flotar, girar[34], hundir(se) (en)[41], incitar (a)[18], infundir[17], invadir (a alguien), levantar[52], librar(se) (de)[36], no haber lugar (a), ofrecer, persistir, planear[7], plantear[4], poner (en), preguntar, prender (en alguien), presentar, prestarse (a), quedar, quitar, reavivar[41], rebatir[47], recaer[70], resolver, responder, sacar (de), salir (de), salir al paso (de)[25], sembrar[7], sobrevenir[1], solucionar, subsanar[59], subsistir, sumir(se) (en)[25], surgir, suscitar, tener, teñir (de)[21], transmitir[18], traslucir(se)[24], vencer[51], venir (a alguien), verter[26], vislumbrar[91], zanjar[27]**

☐ Véase también: **dilema, incertidumbre, incógnita, indecisión, interrogante, misterio, pregunta, recelo, sospecha, temor.**

DUDA Véase: *INCERTIDUMBRE*

DUDA Véase: INCERTIDUMBRE; INCÓGNITA

dudosamente ♦ **científico, culpable, democrático, deseable, ilegal, justificable, legal, legítimo, necesario, oportuno, original, punible, realizable, recomendable, rentable, seguro, sensato, soluble, viable, visible**

dudoso ♦ **acierto, actuación, autenticidad, calidad, catadura, cobro, conducta, constitucionalidad, credibilidad, crédito, cumplimiento, efectividad, eficacia, empleo, equilibrio, éxito, fiabilidad, fidelidad, finalidad, financiación, frontera, futuro, gestión, gol, gusto, honor, humor, intención, interés, interpretación, jugada, justificación, legalidad, legitimidad, límite, mérito, moralidad, nombre, origen, originalidad, paternidad, penalti, posición, prestigio, privilegio, procedencia, propiedad, rendimiento, reputación, resul-**

tado, solvencia, título, trayectoria, utilidad, valor, verosimilitud

duelo ▮ *(enfrentamiento)* ♦ **a capa y espada[9], a cara de perro[13], a cara o cruz[9], a espada, amistoso, a muerte[21], bronco[6], cara a cara[36], cruento, cuerpo a cuerpo[22], de ingenio, decisivo, dialéctico, emocionante, encarnizado[16], épico, fratricida, frontal, incruento, mano a mano[18], mortal, poético, reñido[11], soterrado[9], verbal, violento, virulento** ♦ **arbitrar[6], batir(se) (en), dilucidar[9], dirimir[12], ganar, librar, mantener, perder, presenciar, protagonizar, provocar, rehuir, retar (a/en), superar (en), terciar (en)[8], vivir**
▮ *(aflicción)* ♦ **oficial** ♦ **en señal (de)[11]** ♦ **día (de), manifestación (de)** ♦ **adherirse (a)[27], decretar[50], declarar, estar (de), poner(se) (de)**
☐ Véase también: **batalla, confrontación, disputa, dolor, funeral, luto, tristeza.**

dueño ♦ **absoluto, actual, antiguo, auténtico, futuro, legítimo, lícito, nuevo, reconocido, verdadero** ♦ **condición (de)** ♦ **cambiar (de), convertir(se) (en), creer(se), devolver (a), ejercer (de), restituir (a)**

dulce ♦ *(adj.)* **acento, agonía, amargura, amor, armonía, aroma, belleza, cadencia, canción, canto, cara, caramelo, castigo, cautiverio, comida, compañía, criatura, decepción, deleite, derrota, desasosiego, dolor, encanto, envoltorio, época, espera, evocación, final, fruto, gusto, hogar, hombre, ilusión, libertad, líquido, melancolía, melodía, mentira, mira, mirada, momento, muchacha, muerte, mujer, música, niña, nostalgia, olor, olvido, palabra, pensamiento, período, persona, placer, porvenir, promesa, recuerdo, retiro, revancha, rostro, rutina, sabor, sensación, sonido, sonrisa, sopor, sueño, tentación, tono, tristeza, veneno, venganza, voz**

dulcificar *v.* ▮ En su sentido figurado, se combina con sustantivos que designan textos *(informe, versión, cartel, crónica)* y muy diversas informaciones o manifestaciones verbales *(oratoria, discurso, declaración)*. Se combina también con sustantivos que denotan rasgo o característica distintiva de algo, a menudo externa *(estilo, aspecto, imagen, tono)*, así como con...

A SUSTANTIVOS QUE DESIGNAN EL ROSTRO Y CIERTAS EXPRESIONES FACIALES, A VECES INTERPRETADAS FIGURADAMENTE: **1 rostro +:** Un desvanecimiento en la imagen que *dulcificaba* los rostros. EPE020899 **2 gesto +:** Definitivamente es la ternura lo que *dulcifica* el gesto adusto del moralista... LVE070596 **3 expresión +:** El entrañable tierno contrapunto de María Rosa *dulcifica* la expresión que, por escueta y algo cortante, puede engañarnos en él. ABC110992 **4 semblante:** Su semblante se *dulcifica* un tanto cuando anuncia que va a empezar a reedificar su chiringuito para no perderse la temporada de verano. EPE090599 **5 mirada:** Como él, sólo *dulcifica* la mirada ante bellezas mundanas. EME180896

B SUSTANTIVOS QUE DENOTAN TALANTE, TEMPERAMENTO, DISPOSICIÓN ANÍMICA O CONDUCTA. TAMBIÉN CON OTROS QUE DESIGNAN ALGUNAS DE SUS MANIFESTACIONES: **6 carácter +:** Y el veterano político, *dulcificado* el carácter por el paso de los años (...), se responde a sí mismo... EME120395 **7 personalidad +:** El lento paso del tiempo *dulcificara* un poco su personalidad. INDOC **8 comportamiento +:** Los testimonios de algunos de los acusados no *dulcifican* precisamente el comportamiento de Sandra... EPE021099 **9 espíritu:** ...Stoichkov exhibe esa sonrisa brillante que *dulcifica* su espíritu de demonio, de futbolista justiciero... EPE110699 **10 genio:** ...hay una mano traidora y torpona, supongo que profesional, que pretende *dulcificar* su genio... EME080696 **11 ánimo:** En un momento, su sonrisa sincera y abierta le *dulcificó* el ánimo. INDOC **12 humor:** ...los artistas son muy ingenuos cuando se imaginan que pueden *dulcificar* el humor de los políticos con su trabajo o sus sabios consejos. ABC081295 **13 actitud:** ...el general les había pedido que el grupo popular «no le acosase en su comparecencia, que fuera un tanto *dulcificada* la actitud del grupo en relación a él...». LVE270196

C SUSTANTIVOS QUE DENOTAN CRITERIO, JUICIO O POSTURA ADOPTADA ANTE ALGÚN ASUNTO: **14 posición +:** «Los próximos meses *dulcificarán* las posiciones», declaró. EPE311201 **15 postura:** Newt Gingrich (...) dijo que el Congreso revisaría esta parte pero que estaba dispuesto a *dulcificar* su postura. EME221195 **16 punto de vista:** ...la UE (...) *dulcificaba* ayer su punto de vista sobre lo que ocurre en el Cáucaso... EPE041001 **17 visión:** La inocencia de los niños, sin embargo, hace que muchos aspectos realmente dolorosos cobren una visión más *dulcificada.* EPE150499 **18 criterio:** ...consejeros experimentados y diplomáticos que contribuyeron a *dulcificar* los rígidos criterios con los que operaba el ministro. INDOC **19 estimación –:** El cierre del año no ha *dulcificado* la estimaciones. EME190194

D ALGUNOS SUSTANTIVOS QUE DENOTAN REQUISITO, DISPOSICIÓN O ESTIPULACIÓN: **20 condición +:** ...si bien recogía las aspiraciones españolas, *dulcificaba* las condiciones que exigía Madrid para que Bruselas firme un acuerdo de cooperación económica con el Gobierno de La Habana. LVE261196 **21 exigencia +:** ...ayer regresó a Sarajevo para intentar *«dulcificar»* las exigencias del Gobierno bosnio respecto a un posible cese de las hostilidades. EME031095 **22 ley:** ...una de las modificaciones más trascendentales, la que *dulcifica* la reciente Ley de Contratos de las Administraciones Públicas, queda camuflada entre los artículos... EME271295 **23 norma:** Han *dulcificado* un tanto las normas dirigidas a defender el medio ambiente y castigar a los responsables de su destrucción. INDOC **24 decreto –:** ...el Gobierno *dulcifica* el decreto, estableciendo que los jóvenes que suscriban esos contratos cobrarán al menos (...) el 80% del salario medio de la empresa para la que sean contratados. EME290394

E SUSTANTIVOS QUE DESIGNAN MEDIOS O SU CONJUNCIÓN. TAMBIÉN CON OTROS QUE DESIGNAN FORMAS DE GOBIERNO O DE CONTROL: **25 sistema:** Algo así como *dulcificar* un salvaje sistema que potencia la subida de los mejores pero olvidándose en muchos casos de los más débiles. EME200194 **26 régimen:** Y en otras, el régimen carcelario se ha *dulcificado*, ha pasado a la fórmula de régimen abierto, aunque siga siendo cárcel. EPE111101 **27 medida:** Bonino no ha querido seguir las recomendaciones de los científicos (...) y ha *dulcificado* la medida de choque... EME300596 **28 política:** Para el líder de IU, «eso es continuismo» y la única incógnita que se plantea es si «va a *dulcificar*, mantener o endurecer la política seguida por el PSOE». LVE030596

F SUSTANTIVOS QUE DENOTAN ACCIÓN VIOLENTA U HOSTIL DIRIGIDA CONTRA ALGO O ALGUIEN. TAMBIÉN CON OTROS QUE DESIGNAN LAS ACTITUDES QUE CARACTERIZAN ESAS FORMAS DE COMPORTAMIENTO: **29 agresión:** No se puede decir que tuvieran una actuación estelar, pero al menos dejaron algunas jugadas (...) que *dulcificaron* la agresión que, por momentos, debido a la mediocridad general vivió la retina. EPE281199 **30 ataque:** Todo deberá tener antes el visto bueno de la Administración del Estado, por lo que el GIL está *dulcificando* sus ataques contra su representante en Ceuta... EPE071299 **31 violencia –:** El toro no acabó de romper ni *dulcificó* nunca su violencia. LVE040995

G ALGUNOS SUSTANTIVOS QUE DENOTAN DIFERENCIA DE OPINIÓN: **32 desacuerdo:** Para *dulcificar* desacuerdos políticos, Morán intentó ganar ahí un gramo de simpatía... EME291095 **33 discrepancia:** ...en un gesto final orientado a *dulcificar* las discrepancias con sus socios, optaron por una amable abstención. LVE260996

H OTROS SUSTANTIVOS; POSIBLES USOS ESTILÍSTICOS: ...acordaron la puesta en marcha de una «comisión» bilateral encargada de explorar diversas fórmulas que permitieran *dulcificar* la deuda. EME270596; ...mi ruego es simple: que cuidemos este planeta, que miremos siempre en el desposeído y abandonemos la soberbia, y que las palabras sirvan para *dulcificar* heridas... EPE150699

☐ Véase también: **amainar, apaciguar, atemperar, calmar(se), mitigar, sosegar(se).**

duplicar ♦ **con creces[11], en breve tiempo, notablemente, ostensiblemente, rápidamente, visiblemente** ♦ **altura, beneficio, cantidad, capacidad, cifra, edad, esfuerzo, espacio, facturación, ganancia, gasto, ingreso, número, oferta, participación, pérdida, peso, precio, producción, sueldo, venta, volumen,** ***otros sustantivos que expresan cantidades y magnitudes***

☐ Véase también: **calcar, copiar, doblar, imitar, reproducir.**

duración ♦ **aproximado[1], breve, corto, desmesurado[24], efímero[55], escaso, eterno, exacto, exagerado, excesivo, ilimitado, indefinido, infinito, insuficiente, largo, suficiente** ♦ **fin (de), media (de), récord (de), tiempo (de)** ♦ **acortar[7], alargar, averiguar, calcular, cumplir, decidir, determinar, establecer, estipular, fijar, limitar, reducir, señalar, tener**

☐ Véase también: **extensión, tiempo.**

duramente *adv.* ▮ Se combina con verbos que denotan comportamiento o trato *(proceder, actuar, comportarse, tratar)* y con otros que designan diversas manifestaciones verbales dirigidas a alguien *(hablar, contestar, replicar, manifestar(se), expresar(se), pronunciar(se), comentar)*. Se combina asimismo con...

A VERBOS QUE DESIGNAN LA ACCIÓN DE EJERCER UNA LABOR, LA DE OCUPARSE DE ALGUNA COSA O LA DE DEDICARSE A ELLA: **1 trabajar ++:** Sus padres trabajan *duramente* para ganar alrededor de $40,000 anuales. ENH300697 **2 estudiar +:** Estudiaréis *duramente* durante varios años, en condiciones de masificación injustificables. EME221195 **3 entrenar +:** Algunas de estas niñas entrenan *duramente* hasta 45 horas semanales. EME030896 **4 negociar +:** Se negoció *duramente* para fijar la diferencia de precios y el volumen de ayudas con la Comunidad... LVE120695 **5 ganarse la vida:** ...al día siguiente tendríamos que ganarnos la vida *duramente.* EPE241099 **6 vivir:** ...tiempos de escasez y de incertidumbre en los que se vivía muy *duramente.* INDOC **7 hincar el codo:** Pero para eso va a tener que hincar el codo *duramente.* EME270494

B VERBOS QUE DESIGNAN MANIFESTACIONES DE OPOSICIÓN O ENFRENTAMIENTO: **8 oponerse ++:** Y aunque siempre hubo protestantes que se oponían *duramente* a la independencia de la isla... EPE081201 **9 enfrentarse +:** ...el mundo industrial y la banca no podrían enfrentar *duramente* a la aún frágil democracia argentina. HOY281283 **10 luchar +:** En vez de eso, muchos estaban en prisión ese diciembre, después de luchar *duramente* contra la adversidad... ENH210497 **11 chocar +:** ...contó que Fernando Persia lo chocó *duramente* en la segunda vuelta y «por ese motivo perdí todas las chances». CLA250199 **12 competir +:** ...ha dado un empujón a las esperanzas conservadoras de competir *duramente* con los laboristas por la victoria en las elecciones generales... LVE121096 **13 protestar:** El Gobierno marroquí ha protestado *duramente* ante el español y exigido la aplicación de la Convención de Viena. LVE230695 **14 pelear:** Dada la rivalidad que existe entre Antena 3 y TVE-1, las dos han peleado *duramente* este mes por alzarse con el triunfo. EME021096 **15 disputar:** ...les ha convertido en objeto de litigio entre las administraciones central y la autonómica, que se disputan *duramente* su gestión y control. EME200296

C VERBOS QUE DENOTAN CASTIGO O SANCIÓN: **16 castigar ++:** Por ejemplo allí, el público castiga *duramente*, con razón, a sus candidatos o políticos si incurren en relaciones extramatrimoniales. LPA070592 **17 condenar:** Todo parece indicar que mientras no exista una legislación fuerte que permita condenar *duramente* a los falsificadores... SEM010897 **18 sancionar:** ...que deben terminarse inmediatamente y ser sancionados *duramente* para acabar con la corrupción. LPN120197 **19 amonestar:** ...al mismo tiempo le han amonestado *duramente* por no haber sabido frenar a tiempo la corrupción. LVE180396 **20 penar:** ...cuando el inmigrante comete algún delito que en su país de origen sería *duramente* penado y aquí queda impune. EPE271001 **21 expedientar:** ...los infractores serán *duramente* expedientados, unas sanciones que pueden llegar a ser de hasta cinco años de inhabilitación. LVE250796 **22 reprimir:** ...salvo algunas revueltas esporádicas que fueron *duramente* reprimidas. INDOC **23 reprender:** ...en el que se investigó al conseller (...) por los avales a empresas en crisis y que acabó archivando, no sin reprender *duramente* al político. LVE221196 **24 represaliar:** Fischer arrebató después la corona a Borís Spasski, que también fue *duramente* represaliado... EPE221099

D VERBOS QUE DESIGNAN DIVERSAS FORMAS DE MANIFESTAR CRÍTICA O CENSURA: **25 criticar ++:** Recordó que el gobernante Partido de la Liberación Dominicana (PLD) criticó *duramente* al gobierno perredeista...

DED060297 **26 recriminar +:** Incluso se enfadó en varias ocasiones con sus jugadores, a los que recriminó *duramente* por varias acciones. EME231096 **27 descalificar:** Sirva de ejemplo su artículo (...) descalificando *duramente* a los profesores que intentaron una solución mediadora. EPE251199 **28 reprochar:** ...a quien ha reprochado *duramente* las dificultades que plantea para que España ingrese en la CEE. EPE010684 **29 echar en cara:** ...y él, muy *duramente*, nos echaba en cara nuestro amor, como si lo nuestro fuera un pecado mortal. EPE040899 **30 censurar:** Pastrana reiteró sus críticas al contrabando y censuró *duramente* a quienes se han mostrado complacientes... ETC160494 **31 acusar:** ...se han distorsionado los fines de la empresa turística cubana, *duramente* acusada de aumentar sus rentas... GIC091196 **32 denunciar:** Ayer en el Parlamento Europeo, Izquierda Unida denunció *duramente* los acuerdos europeos con Marruecos... LVE231195 **33 fustigar:** El ex secretario general comunista fustiga *duramente* la «verborragia guerrillerista»... BUS031096

E VERBOS QUE DENOTAN AGRESIÓN FÍSICA O VERBAL: **34 atacar +:** ...así como políticos vinculados al partido oficialista, atacaron *duramente* a la prensa extranjera en los últimos días... ACP060197 **35 arremeter +:** Y, en lugar de proyectar luz sobre estos acontecimientos, ayer optó por arremeter *duramente* contra el PP... LVE080395 **36 golpear +:** Esta amenaza golpearía a los bancos *de modo duro*, pues las reestructuraciones de pasivos abarcan el equivalente a 8% del PIB. EXC020197 **37 dañar:** La aguja gótica de la catedral de San Esteban, *duramente* dañada por la acción de la artillería soviética, presidía la vida de la ciudad. EME070196 **38 cargar:** ...cargó ayer *duramente* contra el Gobierno por su postura en la crisis de Irak y acusó a José María Aznar de seguidismo... LRE030203 **39 perjudicar:** Lesionando, de paso, el aparato de seguridad del Estado, *duramente* perjudicado, y haciendo el juego al terrorismo. LVE100995 **40 agredir:** ...en una carretera de Los Ángeles, agredieron *duramente* con bastones y puntapiés a un joven automovilista... LPA070592 **41 azotar:** ...consiguiendo así frenar el descenso provocado por la crisis, que azotó *duramente* al sector del automóvil durante el pasado ejercicio. EME010395

F VERBOS QUE DENOTAN AMENAZA, ACOSO Y OTRAS FORMAS DE ACCIÓN COERCITIVA CONTRA ALGUIEN O ALGO: **42 amenazar:** Netanyahu también amenazó *duramente* a la guerrilla... EPE010399 **43 acosar:** Cogen a un barco y le ponen nervioso. Le acosan *duramente*. LVE210395 **44 perseguir:** ...la vulneración de las leyes preventivas es *duramente* perseguida por el sistema penal... EPE290499 **45 presionar:** Las potencias del Grupo de Contacto presionan *duramente* a las delegaciones serbia y albanokosovar... EPE110299 **46 acechar:** En Callao, el peligro acecha *duramente*, aquí están los carteristas, ladrones y asaltantes... EPE150699 **47 hostigar:** ...había sido sometido en la comisión de economía del Congreso de los Diputados a un interrogatorio en el que fue *duramente* hostigado por el portavoz socialista... LVE170596

G VERBOS QUE DESIGNAN EL PROCESO DE EXPERIMENTAR EL EFECTO, GENERALMENTE NEGATIVO, CAUSADO POR ALGO: **48 sufrir +:** ...esta minoría que tan *duramente* sufrió durante los años de la guerra, y que implicó también a obispos, sacerdotes y religiosos. DLA110497 **49 sentir:** Y concluyó: «Su ausencia será *duramente* sentida». EPE240799 **50 pesar:** Sin embargo, sobre Belgrado pesan *duramente* las sanciones decretadas por la ONU contra Yugoslavia... LVE021195 **51 resentirse:** ...podría haberse resentido *duramente* si el fugaz reinado de su escasamente Graciosa Majestad Eduardo VIII hubiese durado más de 327 días. LRE040203 **52 impactar:** Sin embargo, el sentimiento que se desprende de ellas y de su música me impacta tan *duramente* como lo hizo Patty Smith. LVE180295 **53 afectar:** Indicó que la situación que vive el sector avícola afecta *duramente* a más de 800 medianos y pequeños productores... DED130996 **54 pagar –:** ...impuso una política de agresión sistemática contra la comunidad científica del país, pagó *duramente* las cuentas del cinismo político... EXC170896

☐ Véase también: **con dureza, con mano dura, dureza, severamente.**

durar ♦ **aproximadamente, escasamente, eternamente, ilimitadamente, indefinidamente, infinitamente, largamente, para siempre, perfectamente**

☐ Véase también: **transcurrir.**

[dureza] → **con dureza**

dureza ♦ **considerable, crudo, desmesurado, desnudo, desproporcionado, dialéctico, económico, ejemplar, enorme, espartano, especial, excesivo, expresivo, extraordinario, extremo, férreo[135], gran(de), granítico, implacable, inaudito, inflexible, innecesario, inusitado, máximo, necesario, negociador, personal, pétreo, proporcionado, psicológico, robusto, suficiente, sumo[93], tremendo** ♦ **con, sin** ♦ **grado (de)** ♦ **acentuar, aplicar, atenuar, conservar, criticar (con), demostrar, emplear, extremar, faltar(le) (a alguien), mitigar, mostrar, pedir (a alguien), rebajar, reforzar, soportar, sufrir**

☐ Véase también: **con dureza, duramente, fortaleza, solidez.**

[duro] → **a duras penas, con mano dura**

duro ♦ **como el acero, como el hierro, como el mármol, como el pedernal, como una piedra, como una roca, considerablemente, de corazón, de mollera, de oído, de pelar, de roer, inesperadamente, insoportablemente, insuficientemente, necesariamente, suficientemente, sumamente, terriblemente**

E

echar *v.* ▮ En el sentido de 'colocar en posición horizontal' o 'recostar' se combina con sustantivos que designan seres materiales de cualquier naturaleza *(echar el respaldo del asiento; echar al paciente en el sillón)*. En el sentido de 'arrojar' o en el de 'dejar caer' se combina con sustantivos que designan objetos, materias o personas *(echar aire; echar un papel al suelo; echar el ancla; echar una carta al buzón)*. En el sentido de 'añadir' se combina libremente con sustantivos que designan materias *(echar arsénico en el champán)* u objetos físicos *(echar tomates a la ensalada)*. La locución *echar leña al fuego* significa 'insistir inoportunamente en algo ya conocido'; la locución *echar toda la carne en el asador* (también con *poner*) significa 'arriesgarlo todo de una vez'; la locución *echar las campanas al vuelo* significa 'celebrar o difundir con alegría, a menudo anticipadamente'; la locución *echarse las manos a la cabeza* significa 'alarmarse'; las locuciones *echar un cable, echar una mano, echar un capote* y *echar el hombro* significan, en la lengua coloquial, 'ayudar'; la locución *echar tierra (sobre algo)* significa 'olvidarlo deliberadamente'; la locución *echar luz (sobre algo)* significa 'aclararlo'; la locución *echar balones fuera* significa, en la lengua coloquial, 'desviarse conscientemente del asunto que se trata'; la locución *echar mano (de)* significa 'acudir a'; las locuciones *echar el guante* y *echar el lazo* significan 'atrapar'; la locución *echar el ojo* significa 'fijarse'; la locución *echar un pulso* significa 'desafiar'; la locución *echar al suelo* significa 'derribar'; la locución *echar en saco roto* significa 'desatender u olvidar'; la locución *echar en cara* significa 'acusar de'; la locución *echar hilo a la cometa* significa 'posponer indefinidamente'. En el sentido de 'dar o proporcionar para ingerir o consumir' se suele combinar con sustantivos que designan lo que puede servir de alimento, casi siempre a los animales *(echarle pienso a la mula)*. En el sentido de 'despedir' o 'hacer salir' se combina con sustantivos de persona, a menudo en construcciones con complementos de procedencia introducidos por la preposición *de (Echaron al conserje de la oficina; Te voy a echar de esta casa)*. En el sentido de 'hacer salir, manifestar o mostrar' se combina con sustantivos que designan hojas, flores, yemas, raíces o frutos *(El geranio ha empezado a echar flores)*, ciertas partes o componentes naturales del cuerpo *(diente, pelo, barriga: El niño ya ha echado su primer diente; Estás echando barriga)*, así como materias o cosas que se desprenden de alguna otra *(El coche echa humo; La televisión echa chispas)*. La locución *echar raíces* significa 'instalarse durante un cierto tiempo'; la locución *echar rayos* se usa figuradamente con el sentido de 'estar sumamente enojado'. En el sentido de 'jugar' se combina, en la lengua coloquial, con los sustantivos *partida, mano (de cartas)* y ciertos juegos de mesa *(¿Echamos un parchís?)*, así como con los sustantivos *carta* y *ficha*. Las locuciones *echar un órdago* y *echar un cuarto a espadas* significan 'hacer una apuesta fuerte o arriesgada'; la locución *echar el resto* significa 'tomar un riesgo elevado como último recurso o dar lo último de sí'. En el sentido de 'suponer en alguien' se combina con sustantivos que denotan edad *(¿Cuántos años me echas?)*. En el sentido de 'asignar' se combina con sustantivos que designan tareas *(tarea, deberes, encargo: El maestro nos ha echado demasiados deberes)* o unidades temporales que forman parte de algún plazo *(El juez le echó veinte años de cárcel)*. La locución *echar flores (a alguien)* significa 'alabarlo'. En el sentido de 'emplear en' o 'gastar en' se combina, en la lengua coloquial, con sustantivos temporales *(echar varias horas de trabajo para no conseguir nada positivo)* y con otros que designan cantidades de dinero *(echar cinco euros a la lotería)* o de otras materias. En el sentido de 'exhibir', se combina, sobre todo en la lengua conversacional, con sustantivos que designan espectáculos *(echar una película, un programa de televisión, una comedia, un combate de boxeo)*. En el sentido de 'hacer' o 'llevar' se usa *echar preso (a alguien)* en algunos países centroamericanos. Alterna con *poner* en *echar las bases (de algo)*. En el sentido de 'actuar con' se construye generalmente con complementos que designan algún destinatario presente o tácito, y a la vez con...

A SUSTANTIVOS QUE DENOTAN ENERGÍA, AFÁN O EMPEÑO PUESTOS EN ALGUNA COSA, ASÍ COMO OTRAS CUALIDADES Y ACTITUDES NECESARIAS PARA LLEVAR A CABO LO QUE SE CONSIDERA DIFÍCIL O ARRIESGADO: **1 entusiasmo ++**: Pero él *echa* mucho entusiasmo, sobre todo poniendo a caldo al... EPE230599 **2 valor ++**: ...los grupos de la sociedad civil que, *echándole* también mucho valor, se han ido constituyendo últimamente para... LRE180103 **3 coraje ++**: ...hay que estar cerca del amor y de la felicidad, y para eso hay que *echarle* mucho coraje. LVE230695 **4 tesón +**: Es (...) un futbolista que no tiene repuesto por mucho tesón que le *eche*... EPE200800 **5 valentía +:** Lo compensaba con la valentía que le *echaba* a la faena, con pases a un milímetro de los pitones. EPE130200 **6 atrevimiento:** Es cuestión de *echarle* a la cosa un poco de atrevimiento. INDOC **7 corazón:** ...a falta de otras virtudes, los alemanes le *echaron* mucho corazón y el Barça careció de... LVE061296 **8 arrojo:** ...Nostradamus le *echó* bastante arrojo al formular, a mediados del siglo XVI, uno de sus más celebrados augurios... EPE030799 **9 esfuerzo:** El Lleida le *echó* esfuerzo a la tarea y redujo distancias. EPE200100 **10 tensión:** ...debería hacer un esfuerzo en sus intervenciones por no *echar* más tensión en la vida política nacional... EME260395 **11 cojones:** Y hay que *echarle* muchos cojones para regresar a un lugar del que uno está hasta los cojones. EME150194 **12 gana ++:** «No sé si yo vaya a quedar bien, si voy a quedar mal, pero le voy *echar* muchísimas ganas...». ESH141100 **13 trabajo:** ...me temo que el alcalde va a tener que *echarle* algo más de trabajo y de imaginación al tema. EPE210401 **14 moral:** ...hay que *echarle* mucha moral a lo uno y lo otro: estoico aguante y darwiniana adaptación. LVE060794 **15 emoción +:** Sólo el citado amago de reacción estudiantil (...) le *echó* algo de emoción a un choque de una sola dirección. EPE100400 **16 paciencia +:** Para dar el paso hasta 500 cc hubo que *echar* muchas dosis de paciencia... LVE090595 **17 raza –:** ...quedó patente en su estudio de grabación, donde la banda le *echó* raza a la faena y gozó de un excelente sonido. EME210396 **18 verdad –:** ...Ponce *echó* algo de verdad a la faena y aprovechó la franca embestida del toro toreando más en redondo... EPE180601

B SUSTANTIVOS QUE DESIGNAN FACULTADES HUMANAS RELATIVAS A LA CAPACIDAD DE CREAR: 19 imaginación ++: Entiendo que no resulta fácil *echarle* siempre imaginación a la cosa, pero recuerdo... ABC220794 **20 fantasía +:** Si no le *echas* un poco de fantasía a la vida cotidiana, se te amarga. INDOC **21 ingenio:** «En el teatro de Baena tuvieron que *echarle* mucho ingenio», relata Verdú. EPE050999 **22 talento:** ...háganlo bien, *echen* talento, que muchos de la Academia lo tienen... LRE050203

C SUSTANTIVOS QUE DESIGNAN LO QUE SE CONSIDERA FINGIDO, DISIMULADO O FALTO DE MESURA Y CONTENCIÓN: 23 cuento ++: Richardson, la estrella gala, le *echa* un poco de cuento a la cosa y llora por los suelos. EME250796 **24 teatro ++:** Es cuestión de temperamento, de morbo y de *echarle* algo de teatro... EME131195 **25 cara ++:** Y a fuerza de imaginación y de *echarle* mucha cara al asunto se convirtieron en... EME300795 **26 descaro +:** Djalminha decidió *echarle* descaro y tiró a lo Panenka. EPE201099 **27 rollo:** ...difícilmente se puede responder con un mínimo de coherencia por muchas habilidades con el lenguaje que se tengan. Es decir, *echarle* rollo no basta. EME280695 **28 literatura:** ...lo de Chiapas está tan claro que no cabe *echarle* mucha literatura. EME120294 **29 interpretación –:** Pueden *echarle* mucha interpretación y teatro al asunto, pero no son actores. EME080296

D SUSTANTIVOS QUE DENOTAN HUMOR, DESENVOLTURA Y DIVERSAS CUALIDADES RELACIONADAS CON LA CAPACIDAD DE DIVERTIR O ENTRETENER: 30 humor ++: Pero le *echó* mucho humor, y sabiduría, porque a cada cual contestó, sin cambiar la compostura, como correspondía a la pregunta. EPE300501 **31 gracia ++:** ...aprovechó el momento para *echar* un poco de gracia al asunto... EPE190299 **32 ironía +:** Los políticos casi nunca *echan* ironía a sus intervenciones. INDOC **33 salero +:** ...una dirección temperamental del barcelonés Alberto Hold-Garrido y unos cantantes que le *echan* salero al asunto... EPE190701 **34 broma:** ...ambos estamos viviendo una etapa diferente. De *echar* muchísima broma y divertirnos con el público, hemos pasado a... EUV230996 **35 guinda –:** ...procuro *echarle* un poco de guinda particular a mi historia. A veces lo consigo y otras no... EPE060899

▌En el sentido de 'aplicar' o de 'hacer cumplir su función' se combina con...

E SUSTANTIVOS QUE DESIGNAN INSTRUMENTOS DE CIERRE, PROTECCIÓN O DETENCIÓN, USADOS MUY FRECUENTEMENTE EN SENTIDO FIGURADO: 36 cierre ++: ...Vía Digital será la primera en *echar* el cierre si la fusión se frustra... LRE210103 **37 llave ++:** ...cuando un castellano *echa* la llave a la antigua casa del pueblo y se va a vivir a... EME200396 **38 candado +:** ...tampoco está dispuesto a *echarle* un candado a su boca, a renunciar a sus ideas para no convertirse en blanco de los asesinos. EPE291000 **39 cerrojo ++:** Tan crítica es la situación que se habla de *echar* el cerrojo, de clausurar la temporada recién abierta. ABC091092 **40 persiana ++:** ...*echó* la persiana a la puerta de su establecimiento a las dos de la tarde del sábado... EPE250701 **41 cortina ++:** ...dijo que las declaraciones de la funcionaria cubana trataron de *echar* una cortina de humo sobre la condena al régimen de Castro... ENH210497 **42 pestillo +:** La dependienta reconoció su imprudencia por no haber *echado* el pestillo de la puerta acristalada... EPE220801 **43 toldo +:** Como no *eches* el toldo, nos vamos asar vivos. INDOC **44 seguro +:** «Vaya pegadita a sus amigos, con la ventanilla subida y el seguro *echado*, todo recto y sin parar». EPE100701 **45 freno +:** Corriendo con el freno *echado* (...) ha realizado marcas magníficas. EME090895

▌En los sentidos de 'efectuar' y 'hacer efectivo o real' se combina con...

F SUSTANTIVOS QUE DESIGNAN LA ACCIÓN O EL EFECTO DE MIRAR, A VECES INTERPRETADOS FIGURADAMENTE: 46 vistazo ++: ...debe *echar* un vistazo a la cabaña de una amiga que está cuidando a su marido... EPU060901 **47 ojeada ++:** Llevaré conmigo la novela de Agatha Christie (...) por si se te antoja *echarle* una ojeada... CAP100497 **48 ojo +:** No he podido hablar contigo pero le *echaré* un ojo a ver cómo va lo nuestro... EME080595 **49 mirada +:** ...basta *echar* una mirada a la facturación para darnos cuenta del aumento. LPH200696 **50 visual:** ...ayer se fue a Arizona Alex de la Iglesia, para *echar* una visual al panorama... EME130196

G SUSTANTIVOS QUE DESIGNAN EL RESULTADO DE DIVERSAS ACCIONES VOLUNTARIAS DE NATURALEZA CORPORAL, MÁS FRECUENTEMENTE SI SE RELACIONAN CON EL CONSUMO O EL SUEÑO. TAMBIÉN CON ALGUNOS QUE SE REFIEREN A CIERTOS OBJETOS FÍSICOS USADOS METONÍMICAMENTE PARA DESIGNARLAS. ES USO PROPIO DE LA LENGUA COLOQUIAL: 51 siesta ++: Parece que se *echaba* muchas siestas y su arado permanecía inactivo... EME170594 **52 cabezada ++:** ...le propuso a su hermano que *echasen* una cabezada para descansar, se sentía agotado. EPE180700 **53 sueño +:** ...soñé con regresar al campo, a la litera sin colchón donde *echar* un sueño entre compañeros que no fueran a ser gaseados esa noche. LVE270195 **54 trago ++:** ...cuando tengo ganas de *echarme* un trago es la hora de desayunar y así. LPN080997 **55 sorbo +:** ...un hombre con el pelo ya canoso y una barriga con mucha cerveza encima, después de *echarle* un sorbo a su pinta de Guinness. LVE130796 **56 bocado +:** Tras horas de deliberaciones, los magistrados se morían por *echar* un bocado. LVE101196 **57 cigarro +:** ...se *echan* su cigarro, con toda la tranquilidad y parsimonia. EME080896 **58 cigarrillo +:** ...*echan* un cigarrillo antes del alba e intercambian comentarios de cómo ha criado la perdiz... EPE131001 **59 meada +:** ...se cepilla los dientes, reza sus oraciones, *echa* su meadita y se pone el pijama. EME160695

H SUSTANTIVOS QUE DENOTAN LA ACCIÓN O EL EFECTO DE COMPUTAR ALGO: **60 cálculo ++:** ¿Quiénes realmente compraron? *Echa* un rápido cálculo: «Unas 260.000 personas». EPE270501 **61 cuenta ++:** Jamás se había ocupado del dinero ni *echó* una cuenta en su vida. ABC191193 **62 números +:** Puestos a *echar* números, las acciones que ayer compró Argentaria a 8.160 pesetas costaban pocos minutos después... LVE010696

I SUSTANTIVOS QUE DENOTAN SOLICITUD. TAMBIÉN CON OTROS QUE DESIGNAN DIVERSOS DOCUMENTOS QUE SE PRESENTAN PARA OBTENER ALGUNA COSA: **63 solicitud ++:** Cuando *eché* la solicitud de homologación de mi título en el Ministerio de Educación y Cultura en 1997... EPE091200 **64 instancia +:** ...una jungla de oficinas donde es necesario saber *echar* una instancia, solicitar una beca, protestar ante un abuso... EME090596 **65 quiniela +:** Todavía no he *echado* la quiniela de esta semana. INDOC **66 papel:** Echas un montón de papeles para solicitar el puesto y luego te dicen que se lo dan a otro. INDOC

J SUSTANTIVOS QUE DENOTAN ADMONICIÓN O REPRENSIÓN, A MENUDO INTENSAS: **67 bronca ++:** ...hasta las porteras se permitían *echarte* una bronca por bajar en el ascensor... DDN050599 **68 sermón ++:** El jinete predicador dirigirá el linchamiento de Cosey y acabará *echándoles* sermones a los sapos. ABC200392 **69 reprimenda +:** ...*echar* una reprimenda al electorado es lo que hicieron ayer algunos tertulianos... LVE050396 **70 rapapolvo +:** ...*echó* un rapapolvo a los mandos militares por su incapacidad para cambiar el Ejército... EPE120399 **71 responso +:** ...el encolerizado gendarme le *echó* un responso de órdago... EME060595

K SUSTANTIVOS QUE DESIGNAN OTRAS MANIFESTACIONES VERBALES QUE SE DIRIGEN A LOS DEMÁS, MÁS FRECUENTEMENTE PARA OFENDERLES O CAUSARLES ALGÚN MAL, PERO A VECES PARA PRODUCIRLES ALGUNA SATISFACCIÓN: **72 maldición ++:** Le *echan* la maldición gitana, con todas las desgracias posibles... EME130294 **73 mal de ojo +:** Los pensamientos potentes que pueden atravesar montañas, dar valor y *echar* mal de ojo al enemigo. LVE010296 **74 insulto:** Un taxi ruge, arranca y me *echa* un insulto; logro llegar corriendo a la acera del otro lado. EPE091000 **75 bendición:** ...cuando un recluso entra a la cárcel lo primero que hace es *echarse* la bendición. ETC100497 **76 piropo:** Tras establecer que le gusta «hablar claro», y que no acude a los congresos a «*echar* piropos»... CAN141200 **77 beso:** Y en éstas llega Imanol Arias, que *echa* besos y señala al público... EME190995 **78 saludo –:** ...el camastro pavoroso de los pinchos donde nos acostamos todos para *echarle* un saludo temporal a la aguardadora muerte. ABC100192

L SUSTANTIVOS QUE DESIGNAN OTRAS MANIFESTACIONES VERBALES: **79 discurso ++:** «Por un lado, está el presidente Andrés Pastrana *echando* un discurso sobre la paz y, por otro, el Ejército matando gente»... CAN250599 **80 cuento:** Yo no hago sino *echar* un cuento al estilo de los juglares de la edad media. ETC180497 **81 pregón:** Voy a Aranjuez con Alberto Ruiz-Gallardón y Gustavo Villapalos a *echar* el pregón de las fiestas de la Comunidad. EME280496

M ALGUNOS SUSTANTIVOS QUE DENOTAN AYUDA O SOLUCIÓN, A MENUDO USADOS METONÍMICAMENTE: **82 mano ++:** ...si necesitas ayuda, gustosos te *echaremos* una mano. EME111296 **83 ayuda:** ...Dios no le quiso *echar* una ayuda, porque esa suerte sólo la tiene Maradona. LVE140696 **84 remiendo:** ...«ya que acude a *echarle* un remiendo electoral» al candidato a la presidencia de la Generalitat... LRE140103

N LOS SUSTANTIVOS *CULPA* Y *RESPONSABILIDAD*: **85 culpa ++:** Mire, yo no *echo* la culpa de lo que pasa a los jóvenes. EME270396 **86 responsabilidad:** ...*echan* la responsabilidad del resultado logrado por el PSOE a... EME050396

Ñ OTROS SUSTANTIVOS ABSTRACTOS: **87 carrera +:** Si hay que *echar* una carrera, yo quiero ser la primera, si puedo. EME130696 **88 apuesta:** También *echa* una apuesta ecológica. Evitar que desaparezca una especie en vías de extinción. LVE280396

▩ Se combina también con: ♦ **a cara o cruz[2], a empujones[16], a golpes[37], al vuelo[18], a palos, a patadas[1], a pique, a puñetazos, con cajas destempladas[2], en cara, en saco roto, fulminantemente[1], sin contemplaciones[4], sin miramientos, violentamente**

☐ Véase también: **expulsar**.

echar en saco roto Véase: caer en saco roto

echar(se) (a)

echar(se) (a) *v.* **▮** Con el valor incoativo de 'empezar a' admite combinaciones con diversos infinitivos de verbos de acción *(bailar, tocar)*, a veces en secuencias muy cercanas a las locuciones verbales, pero destacan sus combinaciones con...

A VERBOS QUE DESIGNAN EL PROCESO DEL SUEÑO: **1 dormir ++:** ...los mercaderes bajaron a la cabina para *echarse* a dormir. ABC060195 **2 dormitar –:** Muchos otros se rindieron al cansancio y se *echaron* a dormitar sobre sus maletas... EPE101299

B ALGUNOS VERBOS QUE DESIGNAN LA MANIFESTACIÓN DE UN SENTIMIENTO O UNA EMOCIÓN GENERALMENTE INTENSOS: **3 reír ++:** ¿Por qué Alfred, que también seguía la partida, sintió la necesidad de *echarse* a reír con una risa silenciosa? EME040895 **4 llorar ++:** Se *echó* a llorar y el funcionario que la atendió le dijo que... LEC190198 **5 temblar ++:** ...un ataque como para *echarse* a temblar. ENC130599

C ALGUNOS VERBOS DE LENGUA: **6 hablar:** Para *echarse* a hablar, hay que pensar primero... EME190196 **7 gritar:** ...la música que se hace es para *echarse* a gritar (hace un gesto de dolor y se cubre los oídos)... LVE310596

D VERBOS DE MOVIMIENTO: **8 correr** +: El muchacho se *echó* a correr apenas la vio parada en la carretera. ETC070497 **9 andar** ++: No era cuestión de poner piedras en el camino de un régimen que recién se *echa* a andar. CAP290801 **10 volar** ++: La pequeña navarra parece que va a *echarse* a volar, abiertos los brazos... ABC081093 **11 recorrer**: No tenía auto, y eso implicaba *echarse* a recorrer Caracas... HOY281283 **12 nadar**: ...reúne la alegría y la fuerza suficientes para *echarse* a nadar... ABC041194 **13 rodar**: ...todo un ajuste de cuentas con la banda «punkie» que habría sido, de *echarse* a rodar hace quince años. EME041195 **14 caminar**: ...se despidió de su madre, cogió una maleta con cada mano y *echó* a caminar. INDOC **15 pedalear** –: Algunas ciclistas no escatiman una cierta dosis de maquillaje o de arreglo de las uñas antes de *echarse* a pedalear. EPE180801

E VERBOS QUE DENOTAN AUSENCIA O DETERIORO. SE USAN EN SENTIDO FÍSICO Y TAMBIÉN EN EL FIGURADO: **16 perder** ++: Pero debido a la incapacidad y a la falta de sentido estratégico se ha *echado* a perder la gran victoria... DLA280297 **17 morir** ++: ...dignifica a esas personas que no se *echan* a morir ante la adversidad. HOY050187 **18 faltar** ++: ...el ex tesorero ha sido incapaz de presentar justificantes por las cantidades que se han *echado* a faltar... LVE290395

F OTROS VERBOS; POSIBLES USOS ESTILÍSTICOS: Pero para no *echarse* a sudar, se puede consumir en forma de ensalada. EPE080899

▨ Se combina también con: ♦ **a la bartola**

☐ Véase también: **arrojar, entregar(se), esforzarse, lanzarse (a), tirarse, volcar(se).**

eclipsar(se) ♦ **buena fortuna, estrella, fama, luna, prestigio, sol,** *sustantivos de persona*

[eco] → **hacerse eco (de)**

eco ♦ **amplio, comercial, escaso, estentóreo, inmediato, lejano, mediático, moderado, notable, popular, profundo, público, social, tardío** ♦ **amortiguar, amplificar, apagar(se), atenuar, contestar, despertar, difundir(se), encontrar (en algo/en alguien), esparcir(se), hacerse (de algo), hallar (en algo/en alguien), lograr, obtener, oír, percibir, repetir, sonar, suscitar, tener**

☐ Véase también: **consecuencia, efecto, huella, impronta, poso, repercusión, secuela (de), sonido.**

economía ♦ **aireado, boyante[11], casero[34], competitivo[10], desahogado[3], dinámico, doméstico, flexible[30], frágil, liberal, político, precario[43], productivo, pujante, puntero, ruinoso, solvente** ♦ **a pique[7]** ♦ **afianzar(se)[39], ahogar(se)[49], aletargar(se), aliviar[38], apuntalar[27], arbitrar, asentar(se), atenazar[20], blanquear[15], blindar[17], colapsar(se), converger[30], debilitar, decaer[56], declinar[14], decrecer[15], derrumbar(se)[4], desarrollar(se), desequilibrar[1], desestabilizar[1], desmoronar(se)[39], enderezar[20], enfriar(se)[16], estrangular(se)[1], expandir(se), fortalecer(se), incentivar, nivelar[9], prosperar[50], recalentarse, reflotar, relanzar[13], repuntar, revitalizar, robustecer(se)[33], sanear, socavar[103]**

ECONOMÍA

♦ (SUSTANTIVOS) Véase: **acometer[A], a crédito[E,F,G], a destajo[I], afianzar(se)[F], a fondo perdido[B], agilizar[I], ahogar(se)[F], ahuyentar[G], a la baja[J], al compás (de)[C], aliviar[F], amañar[D], aminorar[E], amortizar[A,B], apagar(se)[I], a pique[B], a plazos[B], apuntalar[F], arbitrar[F], asfixiante[F], astronómico[A], batir[C], blando[L], blanquear[C], blindar[C], boicotear[H], boyante[A,B,E], calmar(se)[D], canalizar[H], cancelar[C], carnal[E], centralizar[F], competitivo[B,D], concertar[E], congestionar(se)[E], converger[F], copar[D], decaer[J], de capa caída[A], declinar[D], decrecer[B], dedicar[C], derrumbar(se)[A], desahogado[A], desbloquear[G], desbocar(se)[C], descargar[C], desequilibrar[A], desestabilizar[A], desinflar(se)[D], desmedido[F], desmesurado[B], desmoronar(se)[I], despuntar[C], desviar[B], disfrazar[E], eludir[E], enderezar[C], enfriar(se)[D], engrosar[C,E], enjugar[C], enrarecer(se)[D], en serie[G], equitativo[D], esquilmar[B], estrangular(se)[A], exento (de)[A], exiguo[C], eximir (de)[C], flexible[H], jugoso[B], llevar adelante[H], nivelar[B], objeto (de)[O], propicio[H], propulsar[C], prosperar[G], rebajar[C], redondo[C], relanzar[C], robustecer(se)[G], saldar[B], severo[E], sosegar(se)[D], sufragar[B], vencer[Q,R], verter[D], zanjar[F]**

♦ (VERBOS) Véase: **a bombo y platillo[F], abusivamente[B], a crédito[A,B,C], a destajo[E], a fondo perdido[D], a la baja[A,C], a partes iguales[D], a plazo fijo[A], a plazos[A], ávidamente[F], escrupulosamente[E], febrilmente[E], generosamente[F], íntegramente[A], ventajosamente[E]**

☐ Véase también: DINERO.

económicamente ♦ **actuar, ahogar, apoyar, ayudar, beneficiar, colaborar, compensar, controlar, cuantificar, depender, dividir, dotar, estimular, garantizar, influir, mejorar, perder, perjudicar, potenciar, reactivar, rentabilizar, resarcir, sancionar, sanear, sostener**

ecuánime *adj.* ▮ Se combina con sustantivos de persona, individuales o colectivos, más frecuentemente si la actividad de esos individuos está relacionada con la manifestación de puntos de vista o la toma de decisiones *(público, periodista, juez, profesor, gobierno, judicatura)*. También con otros que designan las obras que difunden esas informaciones *(libro, artículo, enciclopedia, canal, medio)* o las acciones en las que se ponen de manifiesto *(defensa, explicación, testimonio, respuesta)*. Asimismo se combina con...

A SUSTANTIVOS QUE DENOTAN DECISIÓN O RESOLUCIÓN. TAMBIÉN CON OTROS QUE DESIGNAN ALGUNAS DE LAS FORMAS EN LAS QUE ESTA SE MATERIALIZA: **1 decisión** ++: Este silencio, sin embargo, se podrá disipar con el paso de los días para hacer más claras y *ecuánimes* las decisiones del Presidente... ETC210197 **2 acuerdo** ++: Recogieron las sugerencias del gremio, lo que permitió alcanzar un acuerdo casi *ecuánime*... INDOC **3 solución** ++: ...en un marco como éste es difícil imaginar soluciones *ecuánimes* a problemas como el planteado por la Chechenia de Dudaev. EME200295 **4 fallo** +: ...no puso en duda que la Cámara va a dictar un fallo *ecuánime*... CLA120379 **5 deliberación**: Boyer usa de su predicamento económico (...) para organizar con una sutil deliberación aparentemente *ecuánime* e impertérrita la tesis... EME130296 **6 salida:** Se le acusó de ser juez y parte, lo que no favorecía una salida *ecuánime* de la crisis. EPE211199

B SUSTANTIVOS QUE DENOTAN OPINIÓN, PUNTO DE VISTA O VALORACIÓN DE ALGO: **7 visión ++:** Siempre que abordo temas considerados polémicos me esfuerzo por ofrecer una visión *ecuánime* y sincera... LVE180296 **8 juicio ++:** ...«solamente en el teatro cabe la formulación de un juicio *ecuánime* acerca de la música destinada a la escena»... ABC070292 **9 opinión ++:** Coincido en muchas ocasiones con su opinión, que me parece valiente y *ecuánime.* LVE220795 **10 valoración:** ...nunca gravita en exceso sobre las valoraciones de lo Otro, siempre *ecuánimes...* ABC300695 **11 crítica:** La respuesta a una *ecuánime* crítica (...) es una prueba más de la manifiesta incapacidad del señor... LVE150395 **12 reflexión:** Y, al final, terminará nuestra famosa «voluntad histórica» como la vertiente más lamentable de nuestra incapacidad para la reflexión *ecuánime...* ABC230493 **13 posición:** ...creo que él debería tener una posición *ecuánime* ante las demás provincias... LTB210700 **14 postura:** ...no parece una postura demasiado *ecuánime.* EME280896 **15 razonamiento –:** ¿Quién que no fuera un facineroso podría poner en cuestión tan *ecuánime* razonamiento? EME030396

C SUSTANTIVOS QUE DENOTAN ACTITUD, FORMA DE SER O DE COMPORTARSE: **16 carácter +:** Tener poder en las manos y administrar justicia requiere un carácter *ecuánime* y unos principios sólidos. INDOC **17 actitud +:** Estas fuentes han señalado que su actitud fue muy *«ecuánime»* y que no hizo valoración alguna. EME170496 **18 conducta +:** La profunda crisis económica reduce considerablemente el espacio para el sosiego social en el interior y la conducta *ecuánime* en el exterior. LVE241095 **19 trato +:** ...modelo para las promociones que le han sucedido y objeto de un trato no siempre *ecuánime.* LVE190296 **20 talante +:** Con esta decisión, demuestra que no tiene precisamente un talante *ecuánime...* INDOC **21 condición:** Este militar de carrera está caracterizado por su estricta profesionalidad y por su condición *ecuánime* en el terreno ideológico... EME120494 **22 proceder:** ...entonces esos libritos de orientación moral no serían sólo síntomas de flaqueza (...), sino también el proceder *ecuánime...* LVE070495 **23 tratamiento:** ...pretendía garantizar un tratamiento *ecuánime* de todos los partidos durante la próxima campaña electoral. EPE140399

D SUSTANTIVOS QUE DESIGNAN NORMAS, PRECEPTOS Y ALGUNOS PRINCIPIOS QUE LOS GUÍAN: **24 sistema +:** Nosotros defendemos un sistema justo, *ecuánime.* LVE260395 **25 ley:** Yo creo que esta es una ley *ecuánime* y que no se puede tachar de amnistía general. EME211296 **26 fórmula:** La fórmula selectiva parece justa y *ecuánime...* ABC070892 **27 régimen:** ...si fuera cierta su aplicación estaríamos dentro de un régimen *ecuánime...* LTB090397 **28 criterio:** Conforta observar cómo antes o después la historia es juzgada con criterios progresivamente *ecuánimes* y verosímiles. LVE011295

E SUSTANTIVOS QUE DENOTAN JUSTICIA, EQUILIBRIO Y OTRAS CUALIDADES Y ESTADOS QUE SE ASOCIAN CON LA AUSENCIA DE CONFLICTO O DE DIFERENCIACIÓN: **29 balanza +:** ...ha cometido más errores de los que Menem supone, aunque colocados en una balanza más *ecuánime* sus méritos sean superiores... LNA090792 **30 justicia:** Para ser verdaderamente justa y útil, la justicia tiene que ser independiente, apolítica, *ecuánime*, honesta y valiente. LPN140797 **31 equilibrio:** ...subrayaron la vocación de Alemania de impulsar la ampliación de la Unión Europea al Este, sobre la base de una Agenda 2000 que represente un «equilibrio *ecuánime*». EPE250299 **32 paz:** Ahora, la paz –la *ecuánime* paz– será posible. LVE020995 **33 serenidad –:** Su serenidad *ecuánime* hace posible la insólita capacidad que Guy de Rotschild demuestra para prever la realidad futura... EPE021084

F OTROS SUSTANTIVOS; POSIBLES USOS ESTILÍSTICOS: Sólo puedo desear para mi país, para mí (y para usted) la llegada de tiempos más justos, más *ecuánimes* y más decentes. EME180196; ...una operación fundamentalmente destinada a hacer pasar por *ecuánime* y democrático el saqueo de los recursos nacionales... LVE271096

☐ Véase también: **equitativo.**

edad ♦ **acorde (con), adulto, antiguo, avanzado[1], corto, de oro, dorado, escolar, fértil, maduro, máximo, mayor (de), mediano, medio, menor (de), militar, mínimo, moderno, necesario, núbil, obligatorio, púber, respetable, tardío, temprano, tercero, tierno, varonil** ♦ **al borde (de), sin distinción (de)** ♦ **mayoría (de), persona (de)** ♦ **alcanzar, aparentar, bordear, cumplir, desvelar, llegar (a), rebasar[40], sobrepasar, superar, tener**

☐ Véase también: **tiempo.**

edición ♦ **a toda plana, austero, crítico, cuidado, de lujo, digital, electrónico, especial, exclusivo, facsímil, fidedigno[29], impreso, limitado, lujoso, minucioso, modesto, periodístico, príncipe, pulcro, remozado, restringido, riguroso** ♦ **al cierre (de)** ♦ **agotar(se), aparecer, cerrar, circular, difundir, distribuir, hacer, imprimir, lanzar, publicar, realizar, reimprimir, relanzar, retirar, sacar**

☐ Véase también: **editar, publicación.**

edicto ♦ **judicial, municipal, oficial, público** ♦ **aplicar, cumplir, dictar, emitir, incumplir, obedecer, promulgar, publicar**

☐ Véase también: **disposición, ley, norma, orden.**

edificio ♦ **adosado, antiguo, colindante, contiguo, de nueva planta, de pisos, en construcción, endeble, en ruinas, faraónico, flamante, histórico, imponente, majestuoso, moderno, precario[20], señorial, singular, sólido, vecino** ♦ **afianzar, albergar (algo), apuntalar, blanquear, caer(se), cimentar, clausurar, construir, custodiar, dedicar (a algo), derribar, derruir, derrumbar(se), desconcharse, desmoronar(se), desplomar(se), destinar (a algo), destruir, diseñar, erguir(se), habilitar, habitar (en), inaugurar, levantar(se), plantar, reformar, rehabilitar, resquebrajar(se), revocar, tambalear(se), tirar, venirse abajo**

☐ Véase también: **construcción, monumento.**

editar ♦ **a toda plana[4], cuidadosamente, lujosamente, modestamente, pulcramente[15], rigurosamente**

☐ Véase también: **edición, publicar.**

educación ♦ **básico, bueno, continuado, continuo, elemental, escaso, esmerado, espartano, especial, estricto, exquisito, físico, flexible, impecable, indulgente, inflexible, integral, laico, laxo, malo, moral, permisivo**[32]**, primario, privado, proverbial, público, recto, refinado, relajado, religioso, riguroso, secundario, superior, universitario, vial** ♦ **barniz (de), falta (de)** ♦ **actuar (con), adquirir**[30]**, brindar**[65]**, dar (a alguien), dedicar (a), demostrar, desatender**[30]**, descuidar, dispensar, favorecer, impartir, modernizar, ofrecer, recibir, revelar, tener**

☐ Véase también: **civismo, cortesía, cultura, enseñanza, formación.**

[efectivo] → **en efectivo, hacer efectivo**

efectivo *adj.* ▮ Forma las locuciones *en efectivo* ('al contado') y *hacer efectivo* ('realizar, cumplir'). Admite sustantivos de persona, individuales o colectivos *(jugador, empleado, ejército)*, así como otros que designan instrumentos *(arma, medicamento)* y otras cosas que, sin serlo inherentemente, se asimilan a ellos en cuanto que pueden perseguir un fin específico *(impuesto, gasto, libro, película)*. Se combina también con...

A SUSTANTIVOS QUE DENOTAN MÉTODO, PROCEDIMIENTO O MEDIO DIRIGIDO A CONSEGUIR ALGO: **1 método ++**: ...apostaron por la combinación de incineración y reciclado como método más *efectivo* y seguro para deshacerse de las basuras. EME150296 **2 medida +**: El CCE pide medidas más *efectivas* contra el lavado de dinero. DYM230796 **3 recurso ++**: En mi modesta opinión, el último y el único recurso *efectivo* contra los infractores es el utilizado por los pueblos maduros y civilizados: el boicot. EPC050797 **4 fórmula ++**: Una de las fórmulas más *efectivas* es el ejercicio, que nos permite descargar tensiones... EUV060499 **5 remedio ++**: Más que un *efectivo* remedio para solucionar un problema, que por momentos amenazó severamente la estabilidad de la alianza oficialista, las primarias fueron un real aporte a la democracia chilena. HOY271097 **6 mecanismo +**: ...una cierta dosis de eficacia en la gestión pública, algún sistema de control de calidad en la labor administrativa, un mecanismo *efectivo* de fiscalización que impida la alegre utilización del dinero del contribuyente. EME081295 **7 sistema +**: ...instrumentos de control y participación ciudadana, autonomía en la administración de recursos y un *efectivo* sistema de premios y castigos. CLA030199 **8 herramienta +**: El gobierno confía en que la diplomacia por la paz será la herramienta más *efectiva* para contrarrestar esta agresiva diplomacia guerrillera. SEM301000 **9 medio +**: ...señalaron que es ampliamente reconocido el método de subastas simultáneas y ascendentes como uno de los más *efectivos* y transparentes. DYM090996 **10 procedimiento +**: En la lucha contra la droga, el de anteayer fue el procedimiento más *efectivo* en cuanto al secuestro de marihuana. LNP120397

B SUSTANTIVOS QUE DENOTAN APOYO O PARTICIPACIÓN EN ALGUNA COSA: **11 apoyo ++**: En esta situación, el apoyo *efectivo* al acuerdo con Sanidad sería mínimo... EME150996 **12 participación ++**: No constan en el sumario secreto –que a estas alturas ha sido exhaustiva y sospechosamente ventilado– las pruebas sobre la participación *efectiva* del inculpado... LEC010796 **13 ayuda +**: Se trataba de ver sobre el terreno cómo hacer más *efectiva* la ayuda de Cáritas a esos campos. LVE171196 **14 colaboración +**: Necesitamos la colaboración *efectiva* de todos para obtener resultados más rápidos. EME030696 **15 protección +**: ...actúa conforme a sus propios valores, contrarios, por su naturaleza, a la protección *efectiva* de los derechos humanos. HOY230287 **16 respaldo**: El presidente dominicano Leonel Fernández pidió ayer (...) un respaldo *efectivo* de la comunidad internacional al proceso democrático de Haití. DED041096 **17 contribución**: ...alababa la tranquilidad, la paz y la convivencia, y servir al país desde una posición de moral periodística que signifique contribución *efectiva* al devenir armonioso... ACP111296 **18 solidaridad**: La cuestión es (...) cómo colocar esta discusión en un nivel de solidaridad *efectiva* y de apoyo a los procesos democráticos... HOY250385 **19 acompañamiento –**: Estos jugadores van paulatinamente tomando un buen nivel con el *efectivo* acompañamiento de los demás. ACP090996

C SUSTANTIVOS QUE DESIGNAN IDEAS, INTENCIONES O RECURSOS, GENERALMENTE ORGANIZATIVOS: **20 plan +**: El gobierno de nuestro estimado presidente Caldera no sólo ha tomado medidas *efectivas*... EUV151096 **21 programa +**: ...decidieron reunirse con las autoridades para negociar la destrucción voluntaria de sus cultivos a cambio de programas más *efectivos* de desarrollo alternativo a las plantaciones ilegales. EPD270897 **22 idea**: ...y demostró que es posible hacer *efectiva* la idea de un gobierno del pueblo, por el pueblo y para el pueblo. GIC062097 **23 táctica**: Mantiene así una táctica *efectiva* con el fin de retrasar el despliegue de la OTAN en la zona. LVE261195 **24 estrategia**: La maquinaria militar serbia está profundamente deteriorada y a corto plazo nuestra estrategia será *efectiva*... ENC240599

D SUSTANTIVOS QUE DENOTAN RESULTADO O RESOLUCIÓN: **25 resultado +**: ...que conduzca a resultados más *efectivos*, que reflejen una visión integral y equilibrada de la problemática del narcotráfico. ETC060996 **26 solución +**: Si lo recordamos, es por amor al mismo pueblo y para estimular la búsqueda sostenida de soluciones *efectivas* aunque no sean fáciles... LPA300492 **27 respuesta +**: ...para establecer un asentamiento humano con los requerimientos básicos (...), como respuesta *efectiva* del Gobierno Nacional... ESP160101 **28 sentencia**: ...en protesta por la prolongada y sistemática ausencia de voluntad de hacer *efectivas* las distintas sentencias que hemos venido obteniendo en relación a la regulación laboral desde 1992. EPE230299 **29 decisión**: Juana Lázaro explicó que aún no está decidido qué mecanismo legal se utilizará para hacer *efectiva* esta decisión. EME291095

E SUSTANTIVOS QUE DENOTAN TRABAJO O ACTIVIDAD, MÁS FRECUENTEMENTE SI ESTÁ ORIENTADO EN ALGUNA DIRECCIÓN Y POSEE OBJETIVOS PREDETERMINADOS: **30 trabajo**: En esa evidencia, entonces, se podía esperar un trabajo *efectivo* al nivel de la entretención simple. LEC210297 **31 labor +**: ...valoró como muy *efectiva* la labor periodística en función del perfeccionamiento de la economía y la sociedad. GIC040696 **32 campaña +**: ...la administración Clinton emitió sus más claros signos conciliadores en este conflictivo terreno y reconoció que el vecino país mantiene la campaña de erradicación más *efectiva* del mundo. EXC020496 **33 tarea:** Como juez, podrá, sin duda, realizar una tarea mucho más *efectiva* contra una corrupción de la que ha sido involuntario cómplice... EME070594 **34 búsqueda:** ...acerca de los juicios pendientes a los militares y de la búsqueda *efectiva* del paradero de los detenidos-desaparecidos durante la dictadura. LVE100795 **35 gestión:** Zorita explicó que en los nueve días de gestión *efectiva* por los nuevos responsables de la compañía se ha logrado recuperar el pulso de su actividad... EME010396

F ALGUNOS SUSTANTIVOS QUE DENOTAN LA ACCIÓN DE PONER EN PRÁCTICA O LLEVAR A CABO ALGUNA COSA: **36 tratamiento +:** La investigación (...) fue un intento de encontrar un tratamiento *efectivo* para los países en desarrollo... ENV100497 **37 aplicación +:** Para que la aplicación sea *efectiva* se realizará durante el año con apoyo de personal especializado sobre todo en las áreas de matemáticas y lengua... CLA120379 **38 ejecución:** ...ambas partes comprometen sus esfuerzos para la ejecución *efectiva* de los puntos acordados, inspirados en la buena fe y equidad... ESP090897

G SUSTANTIVOS QUE DENOTAN CONTROL, DOMINIO Y OTRAS FORMAS DE HEGEMONÍA, ASÍ COMO ALGUNAS CUALIDADES O ESTADOS CARACTERÍSTICOS DE QUIEN LAS EJERCE: **39 control ++:** A pesar de todo, los mujahidin han logrado mantener el 75 por ciento de las zonas rurales fuera del control *efectivo* del gobierno. HOY070181 **40 poder +:** ...cuanto más se haga notar, cuanto más poder *efectivo* pretenda tener, tanto más incitará a pensar en lo absurdo de su cargo. EME210896 **41 dominio +:** Este dominio territorial se hizo *efectivo* sobre los 32 minutos de la primera parte por intermedio de Víctor Miranda, el jugador más sobresaliente del partido. EPC190597 **42 autoridad:** Pero bien se sabe que en Cisjordania ninguna autoridad es *efectiva* si no se apoya en las armas. EME260995 **43 soberanía:** La nueva ley minera implica una pérdida de soberanía *efectiva* sobre los yacimientos chilenos ya que impone (...) la inexpropiabilidad de las empresas extranjeras. HOY250184 **44 patronazgo:** ...ha conseguido el patronazgo *efectivo* de las dos Generalitats de Valencia y Cataluña y del Govern de les Illes Balears para llevar a cabo la edición... LVE170194 **45 reinado –:** ...cierta mala conciencia parece sacudir a determinados estamentos del país, incluidos aquéllos que se opusieron por activa y por pasiva a la posibilidad de su reinado *efectivo*... EME100396

H SUSTANTIVOS QUE DENOTAN SANCIÓN: **46 castigo +:** Multas muy fuertes a los usuarios: el castigo más *efectivo* para los usuarios es el imponer una multa proporcional a la riqueza del individuo. ETC020497 **47 pena +:** Aún suponiendo que no se les compute un aumento adicional de 15 años por concurso de delitos, lo más seguro es que Mauss y su esposa puedan ser condenados a una pena *efectiva* de cerca de 20 años... SEM031096 **48 prisión +:** ...condenó a dos años de prisión *efectiva* a un médico que atropelló y mató a un joven motociclista... CLA050297 **49 penalización:** La construcción de la cultura de la paz y del desarrollo para el siglo XXI debe estar basada en la penalización *efectiva* de la producción y venta de armas. DHE180797

I SUSTANTIVOS QUE DENOTAN SITUACIÓN CONFLICTIVA, ASÍ COMO OPOSICIÓN O RESISTENCIA EN RELACIÓN CON ALGÚN AGENTE EXTERNO: **50 oposición +:** ...Jospin se ha pronunciado por una oposición *efectiva*, absolutamente limpia, y al mismo tiempo inteligente y honesta intelectualmente. LVE050795 **51 ataque +:** Atlético Pompeya mejoró su producción con relación a sus últimas presentaciones y demostró un ataque *efectivo*... LTB061100 **52 defensa +:** ...lo que al menos les daría la posibilidad de contar con una defensa *efectiva* para intimidar a sus enemigos. EME010394 **53 lucha +:** ...dificultades que el pacto de estabilidad europeo y el paso al euro suponen (...) a la hora de aplicar una política de lucha *efectiva* contra el problema del paro. EPD090197 **54 protesta:** Aquello sí que eran protestas: *efectivas*, porque captaban el interés de los medios, y nunca violentas, que yo recuerde. EPE170499 **55 competencia:** Pero el reglamento persigue también concentraciones sin dimensión comunitaria que obstaculicen la competencia *efectiva*... EPD290797 **56 rechazo:** Sebastián insistió en el rechazo *efectivo* de la violencia. DDN070101 **57 combate:** ...que solucionaría en lo inmediato la situación planteada con los banqueros prófugos pero que servirá en el futuro para el combate *efectivo* contra este mal. ENV110796 **58 jugada:** Hay que perfeccionar los sistemas y crear jugadas más *efectivas* en defensa y ataque. EPE021088

J SUSTANTIVOS QUE DENOTAN EVOLUCIÓN, GENERALMENTE PROGRESIVA O ASCENDENTE: **59 aumento +:** ...todo lo cual eleva dicha presión en 0,2 puntos y sitúa el aumento *efectivo* sobre la recaudación esperada para 1985 en 0,7 puntos. EPE021985 **60 avance +:** ...han convocado una macromanifestación en Madrid para reclamar ya mismo un avance *efectivo* en las reivindicaciones legales que tienen planteadas desde hace tiempo. EME051195 **61 recuperación +:** Por otra parte, el profesor Prat maneja varios estudios según los cuales ni el Bess ni el Llobregat dan muestras de una recuperación *efectiva*. LVE040396 **62 desarrollo +:** Los dirigentes sindicales solicitan una profunda reforma del PER para conseguir un desarrollo *efectivo* del medio rural y no simples subsidios de supervivencia. EME090594 **63 mejora:** El fracaso del CGPJ en cuanto a la mejora *efectiva* de la prestación del servicio judicial resulta bien palmario. LVE241095 **64 ampliación:** ...la ampliación *efectiva* en 12 millas dejaría en manos griegas el 70% del Egeo... EME090695 **65 crecimiento:** En aquello que fue una euforia, la cual hay, que reconocerlo, se alimentaba de un crecimiento *efectivo* de la economía... EXC170896 **66 evolución:** El dispositivo de pago de la ayuda deberá permitir tener en cuenta la evolución *efectiva* futura de la competencia. EPE170599

K OTROS SUSTANTIVOS; POSIBLES USOS ESTILÍSTICOS: Con *efectivas* serpentinas de Edward Solorio, los orientales se impusieron 8-3, en el primer juego. DYM040796

▩ Se combina también con: ♦ **dedicar[17], movilizar**

[efecto] → sin efecto, surtir efecto

efecto ♦ **adverso, beneficioso, benéfico, buen(o), cálido[47], catártico, catastrófico[2], centrípeto[5], colateral, contraproducente, curativo[3], dantesco[18], dañino, decisivo[43], demoledor[12], deplorable, desastroso, desencadenante, desolador[33], destructivo, destructor, devastador,**

disuasorio, drástico[63], en cadena[6], encadenado, especial, espectacular, explosivo, fulminante[47], impredecible[2], imprevisible, inapreciable[28], incalculable, indeseable, indirecto, indudable, inmediato, inocuo, insignificante[14], insospechado, instantáneo, invernadero, irreparable[17], irreversible[2], letal[1], llamativo[13], mal(o), nefasto, negativo, nocivo, nulo, palpable[9], peligroso, perjudicial, pernicioso, positivo, potente, práctico, profundo[123], público, retardado, retroactivo, saludable[31], secundario, serio[33], severo[59], terrible, trascendental, traumático ♦ a la vista (de)[10], bajo ♦ golpe (de)[16] ♦ acarrear[2], acusar[53], agravar(se)[35], ahondar (en), aliviar[30], aminorar[1], amortiguar[29], ampliar, anular, arrostrar[32], asumir[21], atemperar[51], aumentar, calcular, compensar[15], deducir[12], derivar(se)[2], desencadenar(se)[19], desentenderse (de)[25], disminuir, ejercer[21], experimentar, extender(se), hacer, llevar (a), llevar aparejado, magnificar[13], mantener, mitigar[1], multiplicar(se), negar[11], neutralizar, notar, operar, paliar[17], percibir, perder, producir, propagar(se), provocar, reducir, repercutir (en algo), sentir, sobreponerse (a)[8], sopesar[18], sufrir[3], surtir, tener, valorar, vislumbrar[32]

☐ Véase también: **consecuencia, eco, estigma, huella, impacto, influencia, influjo, rastro, repercusión, secuela (de).**

EFECTO Véase: *INFLUENCIA, EFECTO Y CONSECUENCIA*

EFECTO Véase: CONSECUENCIA; RESULTADO

efeméride ♦ destacado, especial, histórico, importante, señalado ♦ con motivo (de) ♦ celebrar, conmemorar[5], pasar inadvertido, tener lugar

☐ Véase también: **aniversario, fecha, onomástica.**

eficacia ♦ aplastante[30], consumado, extraordinario, habitual, innegable, probado, proverbial, sumo[30] ♦ en aras (de)[22] ♦ calibrar[53], comprobar, constatar, demostrar, hacer gala (de), medir, mostrar, perder, tener, velar (por)[41]

☐ Véase también: **corrección, justicia, utilidad.**

efímero *adj.* ▌Admite sustantivos personales individuales o colectivos *(amante, director, ministro, gobierno)*, sustantivos temporales, más frecuentemente si designan períodos destacables o señalados *(momento, instante, tiempo, juventud, reinado, época, pasado)* o su rememoración *(recuerdo, memoria)*. Admite asimismo sustantivos que designan géneros y obras artísticas *(arte, cine, música, arquitectura, novela, obra)* o textos *(periódico, texto, edición)*. También se combina con sustantivos que denotan hecho *(suceso, episodio, acontecimiento, circunstancia)* y con otros muchos sustantivos de diversa naturaleza, algunos de las cuales designan cosas que se caracterizan inherentemente por su escasa duración *(flor, resplandor, fogonazo)*. Destacan especialmente sus combinaciones con...

A SUSTANTIVOS QUE DENOTAN ÉXITO O LOGRO, ASÍ COMO CON OTROS QUE DESIGNAN ESTADOS DE NOTORIEDAD, ACTUALIDAD Y GENERAL ACEPTACIÓN O RECONOCIMIENTO: **1 éxito ++**: Trabajar a largo plazo y en profundidad, no para conseguir éxitos inmediatos o *efímeros*. LVE181095 **2 fama +**: ...como para saber que la fama es *efímera* y uno tiene que seguir trabajando para ser campeón. ETC111196 **3 gloria**: ...cuando su retoño accede a esos minutos de *efímera* gloria televisiva. LVE070695 **4 auge**: Pero se trató de un auge *efímero*. ABC250992 **5 prestigio**: ...salen triunfantes en la sociedad, envueltos en la aureola del *efímero* prestigio que derivan de su posición artificial... RUM101197 **6 logro**: Si a ellas, no se suma una mayor justicia, y un nivel de vida más humano, los logros políticos son *efímeros* y reversibles. LHG130297 **7 victoria**: ...en el que se destrozan monumentos con el pretexto de una *efímera* victoria y en cuyos pueblos se acude al flamear de las peñas... EME200895 **8 popularidad**: ...para hacer negocios dudosos basados en una *efímera* popularidad y la presunta autoridad de sus conocimientos científicos. LVE210595 **9 moda**: Sólo a la movida posmoderna se la tragó el fin de temporada, como a las modas *efímeras*. EME010394 **10 actualidad**: Los medios de comunicación, anclados por definición en la *efímera* actualidad, no tienen más remedio que ser «sincrónicos»... EPE070799

B SUSTANTIVOS QUE DENOTAN ALEGRÍA O FELICIDAD, ASÍ COMO OTROS SENTIMIENTOS Y SENSACIONES SATISFACTORIAS O PLACENTERAS: **11 alegría +**: Como ocurre en los campeonatos deportivos, ganar una elección va a suponer tan solo una noche de *efímera* alegría. EPE131199 **12 placer +**: ...cuando el arte de la seducción no se vive como arte sino como transitoriedad y como placer *efímero* de libertad... EME080996 **13 felicidad +**: Cuando las cosas no funcionan bien en una casa la felicidad es *efímera*. EME041096 **14 euforia**: ...un seleccionado argentino que, en apenas 10 minutos, vivió la *efímera* euforia de empatar... LNA120792 **15 satisfacción**: Son tan solo *efímeras* satisfacciones, en las que sale a relucir el lado más irracional y deplorable de la condición humana. EPE310399 **16 consuelo**: Es el consuelo *efímero* una vez hecho descansar todo el ajuste en una sola variable... EUV160796 **17 alivio**: Los ciclistas buscan el alivio *efímero* de esos arcenes de tierra. EME090495

C LOS SUSTANTIVOS *VIDA* Y *EXISTENCIA*: **18 existencia ++**: Cuando éste fue disuelto tras una existencia *efímera*, se instaló otro banco, de capitales árabes. LVE240995 **19 vida ++**: En estos noventa, esta vida *efímera* se palpa, sobre todo, en las cadenas musicales. CLA140297

D SUSTANTIVOS QUE DENOTAN BELLEZA O DESIGNAN ALGUNAS DE SUS MANIFESTACIONES: **20 belleza ++**: Dentro de un mes gozaremos la belleza *efímera* y preciosa de la flor de la jacaranda. EXC060197 **21 hermosura +**: El arte del toreo pasa más súbitamente que ningún otro y nos aflige su «hermosura caduca y *efímera*». EPE020688 **22 esplendor**: El *efímero* esplendor, que ilustraba la fotografía que dio la vuelta al mundo, fue sustituido con premura. EME170494

E SUSTANTIVOS QUE DENOTAN ILUSIÓN O ESPERANZA. TAMBIÉN CON OTROS QUE DESIGNAN LO QUE SE ANHELA O SE ESPERA LOGRAR: **23 ilusión ++**: Al Barcelona le bastó entonces con recuperar su intensidad defensiva para enterrar las *efímeras* ilusiones del equipo vitoriano. EME140196 **24 sueño +**: Lo único que sacó en limpio de su *efímero* sueño de riqueza fue un contrato de 1.300.000 pesetas... EME210495 **25 optimismo:** ...sólo equiparable al optimismo *efímero* que saludó la elección de... EPE160899 **26 esperanza:** ...esta esperanza puede resultar *efímera* si no se encuentra una solución al problema... LVE140196

F SUSTANTIVOS QUE DESIGNAN RELACIONES GENERALMENTE HUMANAS, ASÍ COMO ALGUNOS SENTIMIENTOS QUE SUELEN ASOCIÁRSELES: **27 amor +:** Por ejemplo, la huella del amor *efímero* dura siempre, porque yo la convierto en teatro. LRE050203 **28 matrimonio +:** El matrimonio fue *efímero*: un año después se divorciaban. EME130396 **29 pasión:** Sospecho que me convierto en un ser de pasiones *efímeras*, cuando creo que las hay al menos para una vida. LVE160195 **30 relación:** La vida está montada sobre muy *efímeras* relaciones... EME220696 **31 experiencia:** El dominicano, de 25 años –cumplirá 26 el 20 de marzo– recuerda muy bien su *efímera* experiencia en el montículo. ENH090397

G OTROS SUSTANTIVOS QUE DESIGNAN ACUERDOS, PACTOS, COMPROMISOS O SITUACIONES DE AVENENCIA: **32 pacto +:** «una solución estable y aceptada por todos, ya que los pactos actuales son *efímeros* si es que alguna vez podrán aplicarse». LVE171196 **33 acuerdo +:** Y, tras un *efímero* acuerdo de colaboración, firmado el 15 de julio último (...) rompieron relaciones el 20 de julio... LVE280795 **34 alianza:** La *efímera* alianza entre ambos primos fue sellada en Ginebra (Suiza) tras un mes de negociaciones. EME020495 **35 amistad:** El mítico oyente sin rostro ni señas cuya amistad minúscula y *efímera* procuraban a cualquier precio los locutores... EME080496 **36 unión:** ...tiene lugar en el momento en que se resquebraja la *efímera* unión de los libaneses... LVE310596 **37 coalición:** ...la exitosa pero *efímera* coalición electoral de mayoría nacionalista que arrasó en las elecciones del año 1906 en Cataluña. EPE040999 **38 promesa:** ...no ha logrado nada –quizás solo promesas *efímeras*– en sus viajes al extranjero. EXC190900

H SUSTANTIVOS QUE DENOTAN TRAYECTO O TRÁNSITO. SE USAN A MENUDO EN SENTIDO FIGURADO: **39 paso +:** En el *efímero* paso de las mariposas, en ese eterno paso, está la mejor alabanza y defensa de la vida. DYM111197 **40 trayecto:** Desde ella, el escritor valora la vida como un trayecto *efímero*, que empezó a recordar en 1986... ABC310395 **41 vuelo:** Nuestro patrimonio moral rebasa con mucho el vuelo *efímero* de una administración municipal. PME241196 **42 carrera:** El camino de Fiorella Burato guarda estrecha relación con su anterior y *efímera* carrera de concertista de violín. EME180395 **43 periplo:** Tras el *efímero* periplo de «La trituradora» (...), Antena 3 enfoca nuevamente su programación hacia los concursos... EPE090899 **44 trayectoria:** Su técnico, (...), ex jugador del Sampdoria, ha obrado el segundo milagro en la *efímera* trayectoria eslovena. EPE021201

I SUSTANTIVOS QUE DENOTAN AUTORIDAD O DESIGNAN ATRIBUCIONES PROPIAS DE UN CARGO: **45 poder +:** Incluso desplazarles o moverles la silla de su *efímero* poder. LVE080396 **46 cargo:** En este *efímero* cargo, apenas le dio tiempo de concentrar el dinero recaudado en una agencia... LHG140797 **47 soberanía:** Es por ello, que los ciudadanos debemos de aprovechar esa *efímera* soberanía que en la realidad nos otorga la Constitución... CAN070599 **48 cetro:** Ni siquiera los *efímeros* cetros que las más diversas instancias conceden a la belleza de las mujeres. EUV170498 **49 puesto:** ...que no se identifiquen con la empresa en la que tienen un puesto *efímero* o con un sindicato. EME010596 **50 mandato:** Durante su *efímero* mandato, ordenó expulsar del ayuntamiento a los concejales de la oposición... EPE290799 **51 rectorado:** Teniendo en cuenta que a usted le ha elegido un Gobierno socialista, ¿no teme que su rectorado sea un tanto *efímero*? LVE071295

J SUSTANTIVOS QUE DENOTAN INCLINACIÓN O TENDENCIA HACIA ALGO, A MENUDO CON CIERTA INTENSIDAD: **52 fiebre:** ...la *efímera* fiebre del break dance, la explosión indie y la definitiva reválida del hip hop. EPE060299 **53 fascinación:** Pero da la impresión de que es una fascinación *efímera*. EPE250899 **54 admiración:** ...tras tanta admiración *efímera* y superficial, solamente queda aquello en lo que Umberto Eco cifró el rumbo de la «posmodemidad»... ABC280892

K SUSTANTIVOS QUE DENOTAN DURACIÓN O PERÍODO DE VIGENCIA DE ALGUNA COSA: **55 duración +:** ...con el fin explícito de reconocer la trascendencia de este movimiento que, pese a su *efímera* duración, marcó la renovación de las artes... EPE021199 **56 trascendencia:** De aquellos paseos dejó «Tatuaje» (1910), obra de inspiración «wildeana» y *efímera* trascendencia. ABC181194 **57 vigencia:** Lanzaba misivas con la *efímera* vigencia de un día. LVE040895 **58 estancia:** ...pocos apostaban un escudo a que sobreviviría a la *efímera* media de estancia en el poder de los dirigentes del partido de centroderecha. EME011095 **59 caducidad +:** ...desconocen u olvidan ahora ese campo y siembran otros, incluidos los ligeros, de caducidad tan *efímera* como puede ser brillante en lo inmediato. ABC081191

L SUSTANTIVOS QUE DESIGNAN ALGUNAS SITUACIONES ADVERSAS O CONFLICTIVAS: **60 crisis:** La *efímera* crisis dejó, de todos modos, una tremenda huella en la población. INDOC **61 bloqueo:** En Chiapas, hubo bloqueo carretero tan *efímero* como simbólico. PME010996 **62 contienda:** Sobre todo en estos días de *efímera* contienda electoral en la que, por primera vez en la historia reciente española, cada partido y agrupación política discute... ABC210593 **63 inflación:** ...casas de asistencia improvisadas o alquiladas a abusivos precios de inflación *efímera*, con la ilusión de ver competencias emocionantes... PME210796

M OTROS SUSTANTIVOS; POSIBLES USOS ESTILÍSTICOS: Tal vez sea, sin embargo, una ilusión del deseo inmenso de conocer; tal vez, dice, apenas «un encuentro que dura una *efímera* eternidad». ABC201291; ...no inmortalizar (se), sino desvanecerse en su palabra *efímera*, gozarse en su mortalidad. ABC010995

☐ Véase también: **fugaz, pasajero.**

efusivamente *adv.* ▮ Admite verbos que denotan invitación o incitación a hacer algo *(recomendar, animar, incitar, invitar)*. También se combina con...

A VERBOS QUE DENOTAN FELICITACIÓN O ACLAMACIÓN: **1 felicitar ++:** Felicito *efusivamente* a Tere de Zarco por su libro tan lleno de amor a su esposo. LHG130297 **2 aplaudir ++:** ...los congresistas norteamericanos aplaudieron *efusivamente* esa afirmación. LEC280297 **3 ovacionar:** El alcalde de Madrid, Enrique Tierno, *efusivamente* ovacionado por los cerca de 1.000 alcaldes reunidos en Madrid... EPE021285 **4 elogiar:** Ante unas 1.500 personas, elogió *efusivamente* a Emilio Pérez Touriño y pidió un empuje a los gallegos... EPE011001 **5 congratularse:** No seré precisamente yo (...) quien no se congratule *efusivamente*, como ya ha hecho todo el mundo... LVE121296 **6 aclamar:** Un homenaje a Víctor Jara en Barcelona tendría que ser siempre *efusivamente* aclamado. EPE031099

B VERBOS QUE DENOTAN SALUDO, DESPEDIDA O RECIBIMIENTO: **7 saludar ++:** Saludaron *efusivamente* a Armando y ahí le pedí a Flora Ileana que preguntara a los sacerdotes «cómo era ese muchacho». DYM061196 **8 estrechar la mano +:** Berlusconi –que el día anterior había estrechado *efusivamente* la mano del ex comunista Napolitano (...)– tomó nota de las palabras de Achille Occhetto... LVE210594 **9 despedirse +:** ...Carmen Alborch y Rita Barberá se dieron besos, se pusieron los «pins» (...) y se despidieron después *efusivamente.* EME240695 **10 recibir +:** ...después que se diera a conocer que recibió *efusivamente* y se tomó fotos con el cantante cubano Silvio Rodríguez... DLA060397 **11 acoger:** Los emisarios de Nueva York fueron *efusivamente* acogidos por el alcalde de Jerusalén... EPE101201 **12 presentar:** ...no faltó nadie; ni sus padres, a quienes besó y presentó *efusivamente*... EPE310199

C VERBOS QUE DESIGNAN OTRAS MUESTRAS DE AFECTO, GENERALMENTE MANIFESTADAS FÍSICAMENTE: **13 abrazar ++:** Abrazó *efusivamente* y se retrató en Puerto Rico con el cantante cubano Silvio Rodríguez. DLA060397 **14 besar ++:** ...se levantó de su asiento para felicitar y besar *efusivamente* a una parlamentaria... LVE080696 **15 sonreír –:** ...ese señor (...) que pasa su ajetreada vida sonriendo *efusivamente* a los amigos y a los enemigos... EME310895

D VERBOS QUE DENOTAN AGRADECIMIENTO: **16 agradecer ++:** ...celebraron el vigésimo tercer aniversario del asalto al poder, agradecieron *efusivamente* a Pinochet por su «labor cumplida»... PME150996 **17 dar las gracias +:** Terminado el concierto me pidió que fuera a su camerino y tras darme las gracias *efusivamente* me dijo... ABC010995

E VERBOS QUE DENOTAN CELEBRACIÓN: **18 festejar:** ...se festeja *efusivamente* una «confesión» que no es tal... BRE160597 **19 celebrar:** ...el miércoles por la noche celebraron *de manera efusiva* su triunfo provisional... EME160695

F ALGUNOS VERBOS QUE DENOTAN COMUNICACIÓN VERBAL: **20 hablar:** El lanzador (...) hablaba *efusivamente*, dando gracias a su esposa y mejor amiga, Michele. DYM281096 **21 comunicar:** ¿También cuando mi verdad no es una opinión apresurada o petulante, sino un contenido de la intimidad del otro *efusivamente* comunicado? ABC120595 **22 dedicar:** ...o también el lienzo del «Cante grande», *efusivamente* dedicado, con «amistad eterna», a Fosforito en 1964... ABC090695 **23 manifestarse:** ...los mandatarios compartieron un almuerzo en el que el político francés se manifestó *efusivamente* respecto a la personalidad de su par uruguayo. EOU070297

☐ Véase también: **elocuentemente.**

efusividad Véase: **efusivamente**

efusivo *adj.* ▮ Se combina con sustantivos de persona *(amigo, mujer)*, y también con...

A SUSTANTIVOS QUE DESIGNAN GESTOS, GENERALMENTE AFECTUOSOS: **1 abrazo ++:** ...unos *efusivos* abrazos que excedieron largamente las exigencias del protocolo. BRE150897 **2 beso +:** ...por sus *efusivos* besos en público con la bella y desconocida rusa... EME220795 **3 gesto +:** ...se volcó en gestos *efusivos* con su huésped, a quien recibió en el jardín de su residencia oficial... EPE150499 **4 apretón de manos +:** ...se apartó del protocolo para distinguir a Tung con un *efusivo* apretón de manos. EME121296

B SUSTANTIVOS QUE DESIGNAN OTRAS MANIFESTACIONES DE AFECTO PROPIAS DE UN ENCUENTRO O UNA SEPARACIÓN: **5 saludo ++:** ...al dedicarles un saludo *efusivo* poco antes de que el silbato de López Nieto anunciase el inicio... EME040695 **6 bienvenida +:** ...dieron la bienvenida *efusiva* a la tripulación y celebraron el éxito de la nueva entente espacial... EME080795 **7 recibimiento +:** El *efusivo* recibimiento que dio el pueblo peruano contrastó con la cautela... VIS181297 **8 acogida:** ...tuvo una acogida calurosa y *efusiva* por parte del público. LVE210695 **9 despedida:** ...la despedida entre Helmut y Jacques no fue excesivamente *efusiva.* LVE261095

C SUSTANTIVOS QUE DESIGNAN MANIFESTACIONES DE ELOGIO, APOYO O RECONOCIMIENTO: **10 aplauso +:** ...expresó en medio de un *efusivo* aplauso de los presentes. LNP040997 **11 felicitación ++:** ...recibió ayer recriminaciones, pero también felicitaciones *efusivas.* EPE080499 **12 ovación +:** Fue celebrado con largas y *efusivas* ovaciones reclamando un bis... LVE211196 **13 homenaje +:** ...ayer fue objeto de un *efusivo* homenaje por parte de una aficionada... EME300996 **14 elogio +:** ...las Fuerzas de Seguridad del Estado, de las que hizo un *efusivo* elogio... LVE011296 **15 agradecimiento +:** Tras recibir el premio, expresó un *efusivo* agradecimiento al que había sido su maestro. INDOC **16 congratulación:** Efusivas congratulaciones de colegas Pilar Yalán y Deborah Price. CAP141196 **17 palmas:** ...y se pasan el mitin dando palmas *efusivas* y gritando... LVE180595 **18 respaldo:** ...es muy probable que sus planes cuenten con un *efusivo* respaldo retórico... LPA200592 **19 defensa:** ...realizase una *efusiva* defensa de su trabajo al frente de la institución... EPE281299 **20 reconocimiento:** ...el capitán general mostró su más *efusivo* reconocimiento por la ofrenda. EPE030680 **21 lisonja –:** ...a los jefes militares y de policía se les prodigan *efusivas* lisonjas, pero se les niega credibilidad... ETC110297

D EL SUSTANTIVO *DISCURSO* Y CON ALGUNOS OTROS QUE DESIGNAN DIVERSAS MANIFESTACIONES ORALES O ESCRITAS: **22 discurso:** Desde allí y en *efusivos* discursos, los dirigentes fabriles demandaron consenso... LTB201196 **23 carta:** ...se apresuró a enviar a Felipe González una *efusiva* carta de felicitación. LVE171196 **24 comentario:** ...ese *efusivo* comentario del director se ha convertido en la tarjeta de presentación... LVE150896 **25 intervención:** ...las intervenciones *efusivas* de las estrellas en determinados espacios de telepromoción. EME280596 **26 declaración:** ...hicieron en la reunión *efusivas* declaraciones de amor... EPE081199 **27 nota –:** La virtuosa discreción de Mamá Noel merece, cuando menos, una *efusiva* nota a pie de página. LVE231296

E SUSTANTIVOS QUE DESIGNAN LA EXPRESIÓN EXTERNA DE ALGÚN SENTIMIENTO PARTICULAR: **28 exteriorización:** ...en las que han bailado, o incluso en Viena, la exteriorización ha sido mucho más *efusiva.* EME180394 **29 muestra de cariño:** ...lograron retenerle entre *efusivas* muestras de cariño y adhesión... EME070595 **30 manifestación:** ...nos bastará la última de esas *efusivas* manifestaciones con las que él va prometiendo el oro y el moro por doquier. EPE100199 **31 acceso –:** ...sus rutinas se han modificado y de pronto sufre *efusivos* accesos de amor. HOY201097

F LOS SUSTANTIVOS *SENTIMIENTO* O *AFECTO*, ASÍ COMO CON OTROS QUE DENOTAN INCLINACIÓN FAVORABLE HACIA LAS PERSONAS Y ALGUNAS DE LAS CUALIDADES QUE LAS CARACTERIZAN: **32 afecto:** Vuestro afecto, del que constantemente recibo las más *efusivas* pruebas... EME261295 **33 sentimiento:** ...más serio o menos contaminado por sentimientos tan *efusivos.* ABC271095 **34 campechanía:** Esta reserva contrastaba con la *efusiva* campechanía de la mayor parte de los residentes... ABC170395 **35 expresividad:** ...expuesta con una expresividad apasionada, *efusiva...* LVE050895 **36 cordialidad:** ...supo, en todo caso, suplir con *efusiva* cordialidad su premura de tiempo. LVE071196 **37 calidez:** Ni la *efusiva* calidez de Roma ni los gritos histéricos... LNA240692

ego ♦ **desmedido[88], exacerbado, inmenso, insaciable, monumental, retorcido[4]** ♦ **culto (a)** ♦ **alimentar, colmar, dañar, saciar, satisfacer, tener**
☐ Véase también: **egoísmo, individualismo.**

egoísmo ♦ **absoluto, acendrado, ciego, descomunal, desmedido, desprovisto (de), exacerbado, individualista, insaciable, libre (de), personal, profundo, propio, puro, reinante, sectario, simple, total** ♦ **causa (de), dosis (de), exceso (de), falta (de), forma (de), fruto (de), fuente (de), sentimiento (de)** ♦ **caer (en), fomentar, satisfacer, superar, tender (a)**
☐ Véase también: **ego, individualismo.**

ejecución ▮ *(asesinato)* ♦ **arbitrario[8], a sangre fría[18], en masa[23], sumario** ♦ **decretar**
▮ *(realización)* ♦ **artístico, concienzudo, correcto, cuidado, depurado, escrupuloso, esmerado, espectacular, impecable[25], magistral, meticuloso, minucioso, portentoso, pulcro** ♦ **agilizar[46], delegar[29], llevar a cabo, realizar**
☐ Véase también: **aplicación, cumplimiento, realización.**

ejecutar *v.* ▮ En el sentido de 'ajusticiar' se construye con sustantivos de persona *(preso, criminal).* En el sentido de 'tocar o interpretar' se combina con sustantivos que designan piezas musicales *(melodía, baile, vals, sinfonía).* En el sentido de 'reclamar por vía judicial' acepta sustantivos que designan deudas o impagos *(crédito, hipoteca, pago, deuda).* En el sentido de 'iniciar o lanzar' se construye con sustantivos que designan programas u operaciones informáticas *(archivo, programa, instalación, borrado, conexión).* También admite sustantivos que designan lances deportivos o taurinos *(falta, saque, verónica),* así como diversos ejercicios físicos que generalmente requieren cierta habilidad *(juego de manos, salto mortal, pirueta).* Asimismo se combina con...

A SUSTANTIVOS QUE DESIGNAN IDEAS, PLANES, PROYECTOS Y OTRAS FORMAS ORGANIZADAS DE LA INTENCIÓN DE ACTUAR: **1 plan ++:** ...se está a punto de *ejecutar* un plan de asesinato contra un senador. ACP061000 **2 proyecto ++:** Afirma tener convenios firmados (...) para *ejecutar* proyectos en el pueblo... EME130595 **3 programa ++:** ...va a obligar al Estado (...) a *ejecutar* un amplio programa de privatizaciones... EME040195 **4 política ++:** Ahora sí se pueden planificar y *ejecutar* políticas públicas... CLA110197 **5 intención:** ...si el diablo empujara al enemigo a *ejecutar* sus viles intenciones. ETC150996 **6 idea:** ...parece inclinado a discurrir y *ejecutar* sus ideas a una velocidad perfecta para estrellarse. EME080996 **7 estrategia:** ...el embajador (...) *ejecutó* la estrategia dictada por la Cancillería... LTH220797 **8 criterio –:** Lo que yo he hecho es, sencillamente, *ejecutar* los criterios que (...) nos ha trasladado a todos... EME010496

B SUSTANTIVOS QUE DENOTAN ACCIÓN O ACTUACIÓN. TAMBIÉN CON OTROS QUE DESIGNAN ALGUNOS DE SUS EFECTOS: **9 acción ++:** ...buscarían venganza por acciones *ejecutadas* por la guerrilla. EME090996 **10 obra ++:** ...el gesto que *ejecute* esa obra con energía. ABC190393 **11 operación ++:** Ya hay, incluso, intermediario para *ejecutar* la operación. EME070696 **12 acto –:** El acusado actuó (...) con pleno conocimiento de que *ejecutaba* un acto injusto... EPE200299 **13 actuación:** Para *ejecutar* esta y otras actuaciones en la zona... EPE020289

C SUSTANTIVOS QUE DENOTAN RESOLUCIÓN, ESPECIALMENTE SI ES DE NATURALEZA OFICIAL. TAMBIÉN CON OTROS QUE DESIGNAN ALGUNAS DE ESAS MEDIDAS: **14 sentencia ++:** Con todo, debe ser la Audiencia de Toledo la que decida al *ejecutar* la sentencia. EPE110399 **15 decisión ++:** ...estaría *ejecutando* la decisión creadora de Dios. CAP190995 **16 fallo +:** ...*ejecutar* un fallo de tan graves consecuencias. EME171096 **17 embargo +:** ...cuando se *ejecuta* un embargo lo que procede legalmente es... DED060297 **18 resolución:** La Administración cuenta desde este momento dos meses para *ejecutar* esta resolución. EME050296 **19 decreto:** Cuando se *ejecutó* el decreto, se pagaron únicamente 2.85 millones de pesos... PME250896 **20 medida:** El juez (...) podría ser el encargado de *ejecutar* la medida. EME150296

D SUSTANTIVOS QUE DESIGNAN ÓRDENES, CONSIGNAS Y OTRAS ESTIPULACIONES QUE HAN DE CUMPLIRSE: **21 orden ++:** Pero el director de la Policía hizo caso omiso y no *ejecutó* la orden. EME031295 **22 norma:** ...la incompetencia del Ministerio de Fomento para *ejecutar* sus propias normas. EPE211099 **23 disposición:** ...se *ejecutara* la disposición que está en manos del ministro del ramo. LDD170797 **24 cláusula:** ...si la directiva no *ejecuta* la cláusula de prórroga de su compromiso... LVE250695 **25 instrucción +:** Simplemente *ejecuta* las instrucciones de los programas. ABC140194 **26 normativa:** De *ejecutarse* la normativa, miles de extranjeros (...) serán expulsados del país. EME191195

E SUSTANTIVOS QUE DENOTAN TAREA, FUNCIÓN O PAPEL DESEMPEÑADO: **27 trabajo +:** En el caso de no *ejecutar* los trabajos en el tiempo establecido... EDV300101 **28 actividad:** En todo caso, las personas que *ejecutan* esas actividades... EPE010286 **29 faena:** El choque dejó la victoria de Estudiantes pero dejó también, escrito con mayúsculas, el nombre de Alfonso Reyes, que *ejecutó* una faena extraordinaria. EPE311099 **30 labor:** ...tomó la capitanía y *ejecutó* una labor estupenda como organizador. LVE150295 **31 misión:** ...todos deben *ejecutar* la misión que les ha sido encomendada por la empresa. EPE230899 **32 ejercicio:** Ejecuto un ejercicio de contorsionismo y le doy la vuelta a la cinta. EME070396 **33 tarea:** ...su preocupación principal era que el grupo de expertos *ejecutase* su tarea con todo rigor, antes de mantener una fecha inamovible de finalización del informe. EME181095

F SUSTANTIVOS QUE DENOTAN SANCIÓN: **34 pena +:** Amnistía Internacional envía (...) información sobre presos condenados a muerte en todos los lugares del mundo para que manden cartas a las autoridades de los que depende la sentencia de muerte (...) y les pidan que no se *ejecute* la pena. EME250195 **35 condena:** ...está encarcelado (...) a la espera de que se *ejecute* su condena a muerte... EPE061201 **36 sanción:** ...un sistema eficaz, capaz de *ejecutar* la sanción cuando existe incumplimiento de la norma... EPE281299 **37 castigo:** El castigo se estaría *ejecutando*, pese a la promesa que realizó el presidente Juan Carlos Wasmosy al... ACP081296

G SUSTANTIVOS QUE DENOTAN AMENAZA O ATAQUE. TAMBIÉN CON ALGUNOS QUE DESIGNAN OTRAS ACCIONES DE CARÁCTER HOSTIL Y A MENUDO VIOLENTO: **38 crimen +:** ...una mujer casi logra *ejecutar* el crimen perfecto. EPE221199 **39 ataque:** ...debe tomar la decisión última para *ejecutar* el ataque aéreo... EME200294 **40 atentado:** ...ha relatado con detalles cómo se ha *ejecutado* el atentado... EME260295 **41 matanza:** ...está acusado de *ejecutar* la matanza (...) a finales de la II Guerra Mundial... EME150696 **42 venganza:** El comando que *ejecutó* la venganza estaba dirigido (...) por un comandante rebelde... EPE060199 **43 amenaza:** ...le vieron capaz de *ejecutar* su amenaza. LVE161195 **44 robo:** Los tres individuos que *ejecutaron* el robo fueron apresados por los agentes. INDOC

H OTROS SUSTANTIVOS; POSIBLES USOS ESTILÍSTICOS: ...una secta de «iluminados» *ejecuta* un ritual de muerte... LVE030495

▩ Se combina también con: ♦ **a cámara lenta[25], al pie de la letra[30], a sangre fría[3], con arrojo, con decisión, de memoria[19], en masa[11], escrupulosamente[13], limpiamente[23,30], sin contemplaciones[7]**
☐ Véase también: **cometer, desempeñar, ejercer, llevar a la práctica, profesar.**

eje (de) ♦ **argumental, central, dinamizador, dominante, estratégico, gravitatorio, medular, organizador, temático, vertebrador, vial** ♦ **alrededor (de), en torno (a)** ♦ **acción, actividad, campaña, controversia, cuestión, desarrollo, discurso, disputa, existencia, lucha, maquinaria, motor, movimiento, narración, negociación, obra, pensamiento, política, proyecto, reflexión, rotación, simetría, sistema, trayectoria, vehículo, vertebración, vida** ♦ **circundar, girar (sobre)**
☐ Véase también: **centro, esencia.**

ejemplar ▮ *(adj.) (modélico)* ♦ **actitud, actuación, castigo, comportamiento, conducta, cumplimiento, decisión, estudiante, firmeza, honradez, lección, medida, profesional, sanción, sentencia, trabajador, trato, vida**

▮ *(sust.masc.) (muestra, publicación)* ♦ **defectuoso, raro, único** ♦ **agotar(se), distribuir, editar, imprimir, publicar, retirar (de la circulación), vender**

ejemplarmente ♦ **apoyar, aunar, ayudar, castigar, combinar, compaginar, contribuir, demostrar, describir, editar, emplear, encarnar, funcionar, gestionar, ilustrar, interpretar, llevar, luchar, mostrar, narrar, relatar, representar, resolver, sancionar, servirse, solucionar, usar, utilizar**

ejemplo ♦ **aclarador, aleccionador[12], buen(o), clamoroso[23], clarificador, claro, concluyente[2], convincente, diáfano[24], disuasorio[47], esclarecedor, evidente, fecundo[75], ilustrativo, imborrable[17], llamativo[32], luminoso[38], mal(o), manido[42], manifiesto, memorable, meridiano[12], palmario, palpable[1], paradigmático, representativo, revelador[3], rotundo[58], significativo, somero[69], testimonial[8], típico, vivo[34]** ♦ **a la vista (de)[7], a título (de)[1]** ♦ **aducir[8], citar, constituir, cundir[28], dar[176], decir, esgrimir[6], explicar, poner (como/de), presentar, proponer, seguir[47], servir (de), suponer, tener (como/de), tomar (como)**
☐ Véase también: **caso, exponente, modelo, muestra, supuesto, testimonio.**

EJEMPLO Véase: DEMOSTRACIÓN; MODELO; MUESTRA; PRUEBA

ejercer *v.* ▮ En el sentido de 'realizar acciones propias de', se combina con sustantivos que designan profesiones *(abogacía, medicina, periodismo, prostitución)*. También se combina con...

A SUSTANTIVOS QUE DENOTAN ACTIVIDAD O FUNCIÓN, ASÍ COMO SU EJERCICIO: **1 actividad ++:** Arnaud informó que la institución financiera *ejerce* sus actividades en 94 Estados y entidades territoriales... LDD110797 **2 función ++:** La Intendencia de Tributos Internos *ejercerá* las funciones de la administración, control, recaudación y recuperación de los tributos internos... LHG300497 **3 papel ++:** Las asambleas (...) hacen posible la participación efectiva de los trabajadores en la discusión de los problemas y planes de la economía; son vías para el *ejercicio* de su papel como dueños colectivos de los medios de producción. GIC200697 **4 oficio ++:** Ejerció su oficio en más de 300 películas que fueron rodadas en la Argentina, los Estados Unidos y Europa. CLA190597 **5 labor +:** ...*ejercerá* una labor política más autónoma de relaciones informales con los partidos de la Concertación y especialmente con el PDC. HOY250897 **6 profesión +:** ...la mayoría de estos lugares encubre la práctica de la profesión más antigua del mundo, *ejercida* al margen de la Ley... VIS230197 **7 docencia +:** Actualmente *ejerce* la docencia en varias instituciones de arte, en las cátedras de grabado, teoría de la comunicación y teatro latinoamericano. ACP061000 **8 menester:** Padorno no es un poeta que pinta como actividad subsidiaria; *ejerce* ese menester con dedicación intensa y tratando de conseguir un lenguaje autónomo. ABC170694 **9 tarea:** Ejerció su tarea periodística desde distintos frentes, como la corresponsalía de la United Press International (UPI)... ETC211096 **10**

misión: Solo sé que es mi deber trabajar con responsabilidad hasta el último segundo en que *ejerza* la misión encomendada. ETC011287

▌ En el sentido de 'hacer uso de' se combina con...

B SUSTANTIVOS QUE DESIGNAN DIVERSOS DERECHOS HUMANOS, MÁS FRECUENTEMENTE SI SE RELACIONAN CON LA INDEPENDENCIA, LA RESPONSABILIDAD O LA CAPACIDAD DE ELEGIR. POR EXTENSIÓN, TAMBIÉN CON OTROS QUE SE REFIEREN A ALGUNAS DE SUS MANIFESTACIONES MATERIALES: **11 derecho ++:** Se requiere además una gran dosis de información para que los ciudadanos puedan *ejercer* el derecho democrático de controlar a la Corte y coetáneamente de defenderla... SEM190696 **12 libertad ++:** Se trata así, por ejemplo, de *ejercer* la libertad de opinión, no sólo de pensar con libertad. EXC080696 **13 autonomía:** ...los indígenas mexicanos a los que se niega el derecho de *ejercer* su autonomía y su libre determinación, a ser reconocidos en México y en el mundo como pueblos indígenas, como entidades de derecho público. PME221296 **14 justicia:** ...contar con vehículos y con armas que son propios y privativos de la repartición, para «*ejercer* justicia» por su cuenta, lo que configura una deleznable expresión de barbarie. CLA120379

▌ En el sentido de 'llevar a cabo' o 'hacer efectivo' se combina con...

C SUSTANTIVOS QUE DENOTAN ATRACCIÓN, INFLUENCIA O PERSUASIÓN, A MENUDO PODEROSA O INTENSA: **15 atracción ++:** ...al final de la temporada, la provincia confirma la atracción que *ejerce*; sin embargo, hay interrogantes sobre la explotación del ciervo con fines ganaderos. LNA260692 **16 fascinación ++:** ...la estética del poder *ejerce* mayor fascinación que la ética del servicio. BRE130697 **17 seducción ++:** Y que acepten que una enorme pila de billetes *ejerce* una seducción irresistible. CLA150199 **18 influencia ++:** ...un poderoso grupo *ejerce* su influencia para salirse con la suya, sin importar que eso tenga un fuerte impacto sobre los consumidores. DYM040796 **19 influjo ++:** ...puede sospecharse que la pampa prometida *ejercía* un influjo mítico en la Galicia pobre y seca, en los desheredados de la España palaciega, disputada como un botín por Borbones y Bonapartes. HOY281283 **20 impacto:** Además, los sistemas intensivos de producción ganadera, avícola y porcina existentes a nivel mundial, *ejercen* otro impacto indirecto sobre el planeta... EUV061196 **21 efecto:** Estoy segura que los diseños y el colorido de Ferré *ejercerá* un efecto sensacional en nuestro país. EUV150497 **22 magia:** Descender al detalle con la frialdad del cirujano, observar y juzgar con la serena objetividad del astrónomo, así *ejercía* ella la magia de las palabras. EME040596 **23 magnetismo –:** ...Felipe González (...) consigue *ejercer* todavía un magnetismo personal sin precedentes en la historia de la democracia, ni parangón entre sus inmediatos seguidores. LVE040695

D SUSTANTIVOS QUE DENOTAN PODER, HEGEMONÍA O SUPREMACÍA EN DIVERSAS FORMAS. TAMBIÉN CON OTROS QUE DESIGNAN ALGUNAS DE LAS CAPACIDADES QUE CARACTERIZAN A ESOS ATRIBUTOS: **24 control ++:** ...nació como un ente para *ejercer* el control sobre las tarifas del servicio y el comportamiento de las compañías... EUV010996 **25 poder ++:** Es el cuerpo parlamentario elegido por el pueblo y reunido para *ejercer* el poder constituyente, esto es, la facultad soberana de ordenar. VIS040997 **26 dominio +:** ...Horia no ahorró su crítica severa a la deshumanización del mundo actual, especialmente a través de la literatura, campo en el cual *ejercía* un dominio magistral. LPA170592 **27 autoridad +:** Mientras el poder político no sea capaz de *ejercer* autoridad moral para conducir los destinos del país, será imposible lograr en el futuro esas transformaciones que urgen. LHG230900 **28 señorío:** Añade el documento que Dios quiere que el ser humano, racional y libre, *ejerza* el señorío sobre la tierra. ACP111296 **29 liderazgo:** Defendió la administración Barco y dijo que el Presidente ha *ejercido* un liderazgo que se ha reconocido más internacional que nacionalmente. ETC020190 **30 monopolio:** ...el Estado *ejercería* el monopolio de la represión de los delitos y que, en consecuencia, se actuaría drásticamente para eliminar los grupos... CLA120379 **31 predominancia:** ...los dos magníficos tapices (...) *ejercen* cierta predominancia –objetual y cromática– sobre el resto de la obra colgada... ABC100492 **32 soberanía:** ...el país no *ejerce* su soberanía crediticia, ni puede orientarla a buscar la prosperidad de sus habitantes, pues está sujeta a los memorándum del Fondo Monetario Internacional (FMI)... EXC270596 **33 potestad:** Otro de los objetivos acordados (...) fue dotar a los ayuntamientos de las ordenanzas adecuadas para *ejercer* su potestad coercitiva contra la venta y consumo de alcohol a menores. EME191295 **34 privilegio:** En España, salvo el paréntesis de la Segunda República, siempre el Estado *ejerció* el privilegio de proponer ternas episcopales. EME110995

E SUSTANTIVOS QUE DENOTAN FUERZA, A MENUDO IMPUESTA. TAMBIÉN CON OTROS QUE DESIGNAN DIVERSAS FORMAS DE COACCIÓN FÍSICA O PSÍQUICA: **35 presión ++:** EE. UU. ha *ejercido* una fuerte presión sobre el Gobierno egipcio. LVE240395 **36 fuerza +:** ...un cuerpo que devora todo lo que se le acerca –incluyendo la luz y a sí mismo– hasta dejar un... ¿vacío? que, sin embargo, continúa *ejerciendo* fuerza gravitatoria sobre los objetos cercanos. EXC270596 **37 censura:** ...en realidad lo que le está otorgando es más poder al Estado –y al gobierno de turno– para *ejercer* la censura, para controlar a los medios de comunicación o para inducirlos a la autocensura. LNA120792 **38 represalia:** Taiwán advirtió que *ejercería* represalias si algún cohetes caía en sus aguas territoriales. LVE080396 **39 violencia:** No sólo se *ejerce* violencia golpeando o hiriendo, sino también cuando se quita a un individuo el aire, la comida o el techo que le son necesarios para vivir. PME010996 **40 injusticia:** Consideramos que seguir penalizando la objeción de conciencia (...) es una muestra más de la injusticia y la represión que viene *ejerciendo* el Gobierno, presionado por las Fuerzas Armadas... EME030196

F SUSTANTIVOS QUE DENOTAN OPOSICIÓN O ACCIÓN CONTRARIA A ALGO O A ALGUIEN. TAMBIÉN CON OTROS QUE DESIGNAN ALGUNOS DE LOS SENTIMIENTOS QUE CARACTERIZAN ESAS ACCIONES, ACTITUDES Y REACCIONES: **41 oposición +:** ...sostuvo que Rodríguez ha perdido liderazgo, pero admitió que existen sectores dentro del partido que *ejercen* una oposición radical. LNC071100 **42 crítica +:** ...mencionó por primera vez el nombre del nuevo proyecto legislativo anticubano y extraterritorial, al *ejercer* su crítica a Washington por aplicar esa medida... GIC191296 **43 rechazo:** El presidente chileno advirtió de que apelará «al pueblo» para que «dirima el conflicto de poderes», al aludir al repetido rechazo de los proyectos de reforma constitucional que *ejerce* el Senado, donde los pinochetistas pueden bloquear las leyes. EPE220599 **44 resistencia:** Otro testigo declaró que vio cómo los agentes golpeaban de «una manera brutal» al muchacho. (...) La única resistencia que *ejerció* fue que «le cogieron del brazo y se zafó». EME230995 **45 rebelión:** Y al mismo tiempo, *ejercía* una rebelión política contra el régimen anterior y depuraba su estilo. ABC250394 **46 odio –:** ...ha *ejercido*, a conciencia además, el desprecio, el odio racial... ABC201095 **47 desprecio –:** ...ha *ejercido*, a conciencia además, el desprecio, el odio racial, ese mal cuya existencia niegan los más escépticos... ABC201095 **48 autocensura:** De hecho, la autocensura que *ejerce* el autor es tal que apenas se permite comentario alguno sobre los dirigentes comunistas españoles de la época... ABC251194

G SUSTANTIVOS QUE DESIGNAN ACTITUDES BASADAS EN TENDENCIAS, MOVIMIENTOS, DOCTRINAS O IDEOLOGÍAS: **49 didactismo:** Los centros oficiales y las instituciones privadas han exhibido su gusto y su poder, *ejerciendo* un didactismo útil. ABC220794 **50 nacionalismo:** Sin embargo, en la mayoría de los casos los coleccionistas procuran *ejercer* un cierto nacionalismo y poco acceden a deshacerse de su placer coleccionista. EXC070901 **51 narcisismo:** De cualquier autor que no asuma esto, que no lo admita, cabría pensarse que *ejerce* un infantil narcisismo. ABC180693 **52 realismo:** ...a nuestro juicio su texto se detiene antes de cruzar la puerta «del realismo analítico» que Carlos Díez Bustos *ejerce*. ABC241293 **53 feminismo:** La poeta, y ahora también novelista, Fanny Rubio (...) trata la literatura femenina sin *ejercer* el feminismo doctrinal. ABC280892 **54 catalanismo:** El catalanismo que se *ejerce* hoy en día es un ejemplo de pluralidad y apertura a la modernidad. INDOC

H ALGUNOS SUSTANTIVOS QUE DENOTAN APOYO, PROTECCIÓN, FAVOR O SOLIDARIDAD PARA CON LOS DEMÁS. POR EXTENSIÓN, TAMBIÉN CON OTROS QUE DESIGNAN LAS ACTITUDES QUE LES CORRESPONDEN Y ALGUNAS DE SUS MANIFESTACIONES FORMALES: **55 apoyo:** ...el Centro para la Difusión de la Música Contemporánea –CDMC– del INAEM, con sus muchos conciertos en el curso (...) *ejerce* un saludable apoyo. ABC020493 **56 caridad:** Sabe que la pueden tachar de *ejercer* la caridad al más típico estilo de la derecha española, pero le da igual, piensa hacerlo. LVE040596 **57 mecenazgo:** ...el cardenal Mendoza *ejerció* el mecenazgo y contribuyó notablemente al triunfo de la arquitectura renacentista. ABC221294 **58 defensa:** ...autorizó ayer al general Guillermo Samaniego a *ejercer* su defensa y aclarar la denuncia que pesa contra su persona. ACP250996 **59 amparo:** Al no ser así, el Constitucional no puede *ejercer* el amparo solicitado. EPD090797 **60 magnanimidad:** ...desprendimiento y magnanimidad encomiables, largo tiempo *ejercidos* con espíritu abierto y generoso. INDOC

I SUSTANTIVOS QUE DENOTAN CAMBIO O MODIFICACIÓN. USO INFRECUENTE: **61 alteración –:** ...cualquier señal procedente del futuro podrá *ejercer* alteraciones en los fenómenos físicos sujetos a estas condiciones. ABC031195 **62 cambio –:** Es sobre todo en la escultura donde se han *ejercido* con más fuerza los cambios que han definido al arte contemporáneo en los últimos años. ABC300994 **63 reforma –:** ¿Usted considera que las reformas económicas de reactivación, *ejercidas* con supuestos económicos sólidos del Vicepresidente, han apoyado, reprimido o distorsionado la capitalización? LTB180900

J OTROS SUSTANTIVOS; POSIBLES USOS ESTILÍSTICOS: Dicho y hecho, comenzó a *ejercer* esta afición en el año 70, cuando fue alcalde de Ibiza, todavía en la época de la dictadura. EME310594

■ Se combina también con: ♦ **con mano dura[9], dictatorialmente, imparcialmente[13], por cuenta {ajena/propia}, temporalmente**

□ Véase también: **desempeñar, ejecutar, ejercitar, profesar.**

ejercicio ♦ **académico, correcto, democrático, efectivo, escolar, escrito, espiritual, fiscal, físico, irreversible, memorístico, militar, oral, periodístico, práctico, profesional, saludable** ♦ **durante** ♦ **hacer, practicar, proponer, realizar, resolver**

□ Véase también: **práctica.**

ejercitar *v.* ▮ En el sentido de ‘hacer uso de’ se combina con los sustantivos *derecho* y *voto.* En el sentido de ‘usar repetidamente para estimular su actividad’ se combina con sustantivos que designan partes del cuerpo o sentidos corporales *(músculo, corazón, pierna, oído, tacto, vista).* Se aplica también a otros que expresan muy diversas actividades físicas, deportivas o intelectivas que precisan de aprendizaje o entrenamiento *(tiro, esgrima, lectura, escritura, pronunciación).* Se combina asimismo con sustantivos que designan actividades profesionales o artísticas *(medicina, abogacía, pintura, artesanía).* Lo hace, además, con...

A SUSTANTIVOS QUE DESIGNAN DIVERSAS FACULTADES PSÍQUICAS O CAPACIDADES INTELECTIVAS. TAMBIÉN CON OTROS QUE DESIGNAN LOS ÓRGANOS EN LOS QUE RADICAN: **1 memoria ++:** ...debemos *ejercitar* la memoria y no aceptar el retorno de aquellos que ya estuvieron en el poder... CAP100797 **2 mente ++:** Eso *ejercita* su mente, su intelecto, sus dedos, su sentido musical. ABC291093 **3 cerebro +:** ...el tiempo libre se utilizaba para leer y *ejercitar* el cerebro o el cuerpo... EXC200700 **4 pensamiento:** ...se obsesiona en sus pequeñas vicisitudes, sin *ejercitar* su pensamiento. LVE170995 **5 razón:** La razón *ejercitada* de espaldas a la experiencia (...) produce efectos letales en el bienestar y en el progreso. EME041195 **6 razonamiento:** ...esas discusiones (...) nos servían para *ejercitar* el razonamiento y para acumular argumentos. EME290496 **7 inteligencia:** ...lo que antes ha ocurrido es bueno, *ejercita* la inteligencia y mantiene en forma las neuronas. EPE191101 **8 intelecto:** ...una oportunidad para realizar dos actividades a la vez y *ejercitar* un poco el intelecto. EPE110299 **9 reflexión:** ...se presentan como un juego que *ejercita* la reflexión y el ingenio. LVE220495 **10 evocación:** En su más reciente libro (...) *ejercita* la evocación... PME201096 **11 neurona:** ¿Desde dónde llegan estos elementos que permiten *ejercitar* neuronas y abrir horizontes? BRE240498

B OTROS SUSTANTIVOS QUE DENOTAN FACULTAD, CAPACIDAD O DESTREZA, MÁS FRECUENTEMENTE SI ESTÁ RELACIONADA CON LA INVENCIÓN O LA CREATIVIDAD:

12 imaginación ++: tener un libro siempre a la mano, *ejercitar* la imaginación y disponer del instrumento de preferencia para escribir. ENH150398 **13 fantasía +:** ...*ejercitar* la fantasía es fundamental para formar individuos completos. EPE050680 **14 ingenio +:** Sólo aceptan juguetes con los que puedan *ejercitar* su ingenio y sus dotes intelectuales... EXP011091 **15 creatividad:** Puedo *ejercitar* más mi creatividad. EME091296 **16 talento:** ...experimentando en el color (...), *ejercitando*, así, su talento para la pintura. ABC070795 **17 agudeza:** ...el humor británico (...) le permitirá *ejercitar* una agudeza menos sangrante. LVE100596 **18 habilidad +:** Al trabajar en colaboración no estamos creando un «supra-sujeto», sino *ejercitando* habilidades... ABC220995 **19 dotes +:** ...volvió a Barcelona más para *ejercitar* sus dotes diplomáticas que para escribir editoriales. LVE111195 **20 aptitud:** Ah, si la materia argumental le hubiera permitido *ejercitar* sus aptitudes de manera más consistente. ABC210292 **21 capacidad:** ...debió *ejercitar* entonces la capacidad inhumana para el sufrimiento y la esperanza... ETC180497 **22 facultad:** ...abordaba las traducciones, convencido (...) de que suponían la práctica más completa para *ejercitar* un poeta sus facultades. ABC201095

C SUSTANTIVOS QUE DESIGNAN OTRAS CUALIDADES HUMANAS, A MENUDO VIRTUDES: **23 paciencia +:** ...a la espera de resolver aspectos de verdad importantes de su vida tuvieron que seguir *ejercitando* la paciencia... ETC130297 **24 virtud +:** ...era un hombre de paz, completamente ajeno a las intrigas políticas: un fraile que vivió fiel a la regla franciscana y que *ejercitó* hasta el final las virtudes cristianas... LRE220103 **25 templanza:** ...les cuesta cada vez más (...) *ejercitar* la prudencia, la templanza, la fortaleza y la justicia. EPE031101 **26 tolerancia:** Ejercite la tolerancia en los tratos con aquellos que piensan diferente que usted. EUV060499 **27 constancia:** Eso sí, se debe ir dispuesto a *ejercitar* (...) la constancia y la concentración. LVE040796 **28 generosidad:** ...podrán recorrer multitud de ejemplos en los que poder *ejercitar* su generosidad... ABC220794 **29 humildad:** ...uno de los mejores caminos de aprendizaje (...), a condición de *ejercitar* una inteligente humildad... LVE270294 **30 prudencia:** Pero lo que ahora debemos hacer todos es *ejercitar* la prudencia... LVE280796 **31 humor:** ...podía llegar a ser cruel, *ejercitando* un humor sarcástico... EME030396 **32 conciencia –:** El estado del malestar es un espectáculo para reírse de la actualidad y para *ejercitar* un poquito la conciencia. EPE270999

□ Véase también: **ejercer, llevar a la práctica, practicar**.

ejército ♦ **belicoso, beligerante, combativo, compacto, curtido, disciplinado, gigantesco, indisciplinado, insubordinado, menguado, mercenario, profesional, temerario, triunfante, victorioso** ♦ **a la cabeza (de)** ♦ **acechar, acuartelar(se), adiestrar, agrupar(se), amotinar(se), aplastar, apuntarse (a), armar, atacar (algo), avanzar, capitanear, combatir, derrotar, desarmar, desplegar, destacar, dispersar(se), enrolar(se) (en), fragmentar(se), incorporar(se) (a), ingresar (en), intervenir (en algo), lanzar (contra algo/contra alguien), maniobrar, mantener, movilizar, neutralizar, pertrechar, reclutar, retirar(se), sublevar(se), vencer**

□ Véase también: **tropa**.

elaborar ♦ **a conciencia[8], a marchas forzadas[7], a medida[22], concienzudamente[6], en equipo[16], escrupulosamente[37]**

□ Véase también: **preparar(se)**.

elástico ♦ *(adj.)* **actor, calendario, cama, canon, cantidad, capacidad, cinta, cintura, colchón, concepto, conciencia, criterio, cuerda, defensa, electorado, energía, esquema, frontera, goma, horario, juez, jugador, ley, medida, moral, motor, movimiento, músculo, noción, norma, normativa, oferta, persona, precepto, prenda, presupuesto, propuesta, regla, reglamento, relación, ritmo, salto, tejido, tela, tiempo, tirante, tratamiento, venda, voz**

elección ♦ **a cara de perro[20], acertado, a dedo[29], arbitrario[24], certero, correcto, crucial[50], cuidadoso, delicado, desacertado, desesperado, difícil, en firme[4], equitativo[54], equivocado, fácil, inequívoco[77], injusto, inobjetable, juicioso, justo, meditado, meticuloso, particular, personal, precipitado, reñido[26], salomónico[6], unánime[52]** ♦ **al filo (de)** ♦ **día (de), época (de)** ♦ **acudir (a), adulterar[10], amañar, anular, apoyar, boicotear[1], carecer (de), celebrar, condicionar, convocar, desvelar[15], dirimir[52], disputar, forzar, ganar, hacer, impugnar[30], justificar, llevar a cabo, participar (en), perder, plantear, presentarse (a), realizar, recaer[74], reventar, terciar (en)[7]**

□ Véase también: **comicios, decisión, designación, determinación, opción, votación, voto**.

ELECCIÓN

♦ (SUSTANTIVOS) Véase: **abanico (de)[A], acatar[F], aciago[E], a dedo[D], adulterar[B], a favor[H], afianzar(se)[F], afirmativo[B], agotar(se)[A], anclar[E], aunar[D], barajar[A], bloquear[G], boicotear[A], brindar[B], calibrar[F], cancelar[E], comunal[C], crucial[M], dilucidar[E], dirimir[H], discrecional[G], en blanco[A], equitativo[I], impugnar[D,H], instaurar[F], integral[J], irreversible[J], negar[N], paritario[F], plantear[G], recaer[I], refrendar[E], reñido[C], riguroso[F], someter(se) (a)[B], sopesar[C], tomar[K], validar[E], ventajoso[B], vislumbrar[G]**

♦ (VERBOS) Véase: **abiertamente[N], abrumadoramente[E], a conciencia[F], a dedo[A], a favor[A], a mano alzada[B], con cautela[J], con reservas[D], dar (a)[D], democráticamente[A], en blanco[C], en frío[E], equivocadamente[E], por mayoría[A], soberanamente[A]**

□ Véase también: DECISIÓN.

ELECCIÓN Y DECISIÓN Véase:

♦ **candidatura, comicios, decisión, designación, determinación, elección, nombramiento, opción, plebiscito, predilección, preferencia, referéndum, selección, votación, voto**

♦ **decantar(se), decidir, determinar, dirimir, elegir, escoger, optar, preferir, seleccionar, sentenciar, tomar partido, tomar una decisión**

electoral ♦ **descaradamente, marcadamente** ♦ **abstención, acto, acuerdo, alianza, ambiente, ámbito, año, apuesta, base, batalla, boleta, calendario, campaña, circunscripción, cita, clima,**

código, colegio, comicios, compromiso, consecuencia, consenso, consulta, contienda, convocatoria, corte, cuerpo, debacle, decisión, delito, derrota, desgaste, discurso, distrito, época, estrategia, evento, expectativa, farsa, fecha, fiesta, fin, fondo, fraude, fuerza, futuro, gasto, inscripción, junta, justicia, ley, lucha, mesa, objetivo, opción, padrón, panorama, papeleta, período, peso, plataforma, preferencia, proceso, promesa, propaganda, proyección, razón, reforma, reglamento, resultado, revés, robo, simpatía, sistema, táctica, torneo, tribunal, triunfo, truco, urna, victoria, voluntad, voto, vuelco

electoralmente ♦ **atractivo, beneficioso, costoso, débil, decisivo, digno, fuerte, influyente, inocuo, interesante, nocivo, numeroso, peligroso, perjudicial, potente, rentable, representativo, útil, viable** ♦ **aglutinar, aplastar, apoyar, aprovechar, arrasar, avanzar, ayudar, bajar, barrer, caer, capitalizar, castigar, competir, consolidar(se), crecer, cuantificar, dañar, debilitar, derrotar, derrumbarse, desafiar, despegar, dividir(se), emplear, enfrentarse, evaluar, explotar, fortalecer(se), fracasar, fracturar(se), ganar, hundir, imponerse, instrumentalizar, intervenir, medir, perder, perjudicar, reforzar, rentabilizar, respaldar, retar, retroceder, revalidar, subir, superar, triunfar, usar, vencer**

electricidad ♦ **estático** ♦ **acceso (a), cable (de), corte (de), crisis (de), demanda (de), falta (de), gasto (de), servicio (de), tarifa (de)** ♦ **abastecer (de), alimentar(se) (de), circular, consumir, correr, cortar, dar (a algo/a alguien), distribuir, exportar, fluir, funcionar (con), generar, medir, producir, tener, transmitir**

electrizante *adj.* ▮ En su sentido literal ('que produce o comunica electricidad') se combina con sustantivos que designan diversos objetos que funcionan generalmente como obstáculo *(alambrada, valla)*. En su sentido figurado ('que exalta o entusiasma') se combina con sustantivos de persona, individuales o colectivos, más frecuentemente si designan individuos con capacidad de conmover o de trasmitir alguna emoción *(escritor, cantante, reparto)*. También admite sustantivos que designan creaciones diversas *(novela, película, música, canción)* o espectáculos *(corrida, ceremonia, carrera)*. En el lenguaje deportivo se combina frecuentemente con sustantivos que designan enfrentamientos o torneos *(partido, encuentro, final)*, así como con otros que designan diversos lances propios de un determinado deporte *(jugada, canasta, parada)*. También se combina con...

A SUSTANTIVOS QUE DESIGNAN EL SONIDO, ALGUNOS DE SUS COMPONENTES Y ALGUNAS DE LAS FORMAS EN QUE SE PRESENTA: **1 ritmo ++:** Flavio César y el *electrizante* ritmo de Fey fueron las atracciones internacionales en esta oportunidad. ENV100497 **2 música +:** Solo ante el peligro, con esa *electrizante* música de fondo que hace que corran aún más rápido los fatídicos 60 segundos... EME130295 **3 sonido +:** El saxofonista del grupo produce un sonido *electrizante*, que a veces nos recuerda a John Coltrane. INDOC **4 melodía:** Su fluido taconeo frena y cede creando una melodía *electrizante* a la que acompaña con su expresivo movimiento de brazos. EPE311099

B ALGUNOS SUSTANTIVOS QUE DENOTAN ENFRENTAMIENTO, FÍSICO O FIGURADO: **5 guerra:** ...narraba con tono épico y a lo largo de una noche una *electrizante* guerra de bandas urbanas en Nueva York... EME021196 **6 batalla:** Cuando todo el mundo auguraba que la batalla para acceder a la alcaldía de Barcelona sería *electrizante*, llegó Margaret Thatcher y saltó la sorpresa. LVE070195 **7 lucha:** La lucha *electrizante* de ambos boxeadores dejó boquiabiertos a todos los asistentes... INDOC

C SUSTANTIVOS QUE DENOTAN EJECUCIÓN, MUCHAS VECES DE CARÁCTER DECLAMATORIO, PERO TAMBIÉN DE OTROS TIPOS: **8 actuación +:** ...la pequeña de la familia González Flores es la artista española que realiza actualmente las más *electrizantes* actuaciones en vivo. LVE150995 **9 interpretación +:** Y sin embargo, Abbado jamás cae en la asepsia, de manera que, si la interpretación es *electrizante*, también es verdadera, sinceramente emotiva. ABC051193 **10 representación +:** Hay que reconocer que la *electrizante* representación de anoche puso un broche de oro al festival de teatro. INDOC **11 declamación:** ...con la declamación *electrizante* de Gabriel Ferrater, la maestría comunicativa de Pere Quart o la voz cadenciosa y única de Núria Candela... LVE280495 **12 lectura –:** Acompañó maravillosamente a Holliger y a Schreier (...) y se sumó a Shiokawa y Perényi en la *electrizante* lectura del Trío. EPE190800

D SUSTANTIVOS QUE DESIGNAN MANIFESTACIONES VERBALES O TEXTUALES, A MENUDO LAS QUE EXPRESAN INTERCAMBIO VERBAL DE OPINIONES: **13 discurso +:** La candidata republicana levantó a los asistentes de sus asientos en medio del ondear de ikurriñas y de una senyera estrellada que se le entregó al comenzar su *electrizante* discurso. LVE260296 **14 debate +:** ...se tomaba en serio la edad adulta de los espectadores, que asistían a un debate ideológico *electrizante*... EME120294 **15 diálogo:** Los *electrizantes* diálogos de la historia (...) le han dado al filme un halo de leyenda. LVE230795 **16 entrevista –:** Intentar trazar esa frontera a partir de los secretarios de Estado, como en algún momento pareció durante la *electrizante* entrevista con Iñaki Gabilondo... LVE110195

E OTROS SUSTANTIVOS; POSIBLES USOS ESTILÍSTICOS: Los ojos, llameantes; las cejas, alerta, como el buen centinela; el bigote, *electrizante*; y por la boca apenas abierta, el tableteo entre lengua y dientes de una definitiva ametralladora dialéctica... LVE021296; ...su archifamoso gin tonic helado y el no menos impactante cienhojas de melocotón asado con un *electrizante* helado de su escabeche... EPE190999

[elefante] → **de elefante**

elegancia ♦ **acostumbrado, admirable, apolíneo, atractivo, decadente, decorativo, discreto, en el juego, en el trato, en el vestir, expresivo, exquisito, extremo, forzado, impasible, impecable, innato, insuperable, narrativo, natural, sin-**

gular, sumo[74], verdadero, visual ♦ ápice (de)[55], muestra (de) ♦ actuar (con), derrochar[64], tener, vestir (con)

☐ Véase también: **actitud, estilo.**

elegir ♦ abrumadoramente[24], a conciencia[32], a dedo[6], al tuntún, a ojo, a(l) voleo, con cautela[72], cuidadosamente, de antemano, democráticamente[1], equivocadamente[19], personalmente, por aclamación[2], por mayoría[3], soberanamente[2], voluntariamente ♦ dar (a)[14]

☐ Véase también: **escoger, optar, preferir, seleccionar, votar.**

elemento ♦ accesorio, acelerador, adicional, aglutinador, aislado, ajeno, básico, buen(o), capital, catalizador, central, clave, compositivo, común, conductor, constitutivo, crucial[32], decisivo, decorativo, de juicio, desconcertante, desencadenante, desequilibrador, desestabilizador, determinante, de valor[4], diferenciador, discordante[2], distorsionador, disuasorio, dominante[4], enriquecedor, esencial, estratégico, fundamental, humano, importante, imprescindible, indisociable, indispensable, insustituible, integrante, líquido, medular, necesario, neutro, novedoso[67], original, perturbador, preponderante, primordial, químico, regulador, representativo, secundario, sine qua non[8], sorpresa, sustitutorio ♦ concurrir[3], confluir[3], conjugar[3], dosificar[10], estar alguien en {mi/tu/su...}

☐ Véase también: **parte.**

[elevación] → por elevación

elevación ♦ artístico, considerable, consiguiente, constante, continuo, desmesurado, discreto, económico, emocional, escaso, espiritual, estético, exagerado, fuerte, galopante, geográfico, gradual, homologable, imparable, ininterrumpido, intenso, leve, ligero, meteórico, moderado, monetario, paulatino, pequeño, presupuestario, progresivo, pronunciado, proporcional, salarial, sistemático, sostenido, sustancial, uniforme, vertiginoso ♦ por ♦ medio (de), sistema (de) ♦ experimentar, mantener, mitigar, producir(se), registrar(se), suponer

☐ Véase también: **altura, alza, ascensión, ascenso, auge, descenso, incremento, por elevación, subida.**

elevar(se) ♦ a la {enésima/...} potencia, alarmantemente[4], al cuadrado, al cubo, a pulso[3], considerablemente[5], gradualmente[6], ligeramente[7], paulatinamente[20], por encima (de algo/de alguien), significativamente

☐ Véase también: **alzar(se), ascender, subir.**

eliminación ♦ absoluto, acelerado, completo, consiguiente, definitivo, desastroso, drástico, físico, forzoso, fulminante[9], gradual, inesperado, necesario, político, previo, provisional, radical, repentino, sistemático, súbito, total, violento, virtual ♦ causar, decretar, digerir[38], encajar[35], evitar, producir(se), propugnar, prosperar, provocar

☐ Véase también: **abolición (de), anulación, cancelación, desaparición, exclusión, extinción, incautación, privación (de), quiebra, rechazo, ruptura, sobreseimiento, supresión, suspensión (de).**

ELIMINACIÓN Véase: *SUPRESIÓN, CANCELACIÓN Y ELIMINACIÓN*

ELIMINACIÓN Véase: SUPRESIÓN

eliminar ♦ abruptamente[18], a marchas forzadas[20], a toda costa, de antemano[40], de plano[10], de raíz[10], de un plumazo, drásticamente[9], escalonadamente[10], gradualmente[24], lisa y llanamente[25], paulatinamente[31], por completo[1], radicalmente[31], temporalmente[9], virtualmente[14]

☐ Véase también: **abolir, aniquilar, barrer, desechar, exterminar, omitir, prescindir, quitar(se), suprimir.**

eliminatoria ♦ de ida y vuelta[22] ♦ disputar, encauzar, enderezar[48], ganar, participar (en), pasar, perder, preparar, remontar[26], salvar, superar

☐ Véase también: **fase.**

elocuencia Véase: **elocuentemente**

elocuentemente *adv.* ▮ Se combina con...

A VERBOS QUE DENOTAN EXPRESIÓN VERBAL DE UNA IDEA, UNA OPINIÓN O UN COMENTARIO: **1 hablar ++:** Aunque es bueno promoviéndose en los negocios y hablando *elocuentemente* en los intereses culturales, podría ser un poco duro con un miembro de la familia. ETC010798 **2 expresar ++:** ...António Guterres, expresaba *elocuentemente* su irritación por el acuerdo, al explicar que «Portugal no es una república bananera»... EPE230699 **3 contar +:** Las que quieren ser ahora amigas de la URSS son algunas marquesas de esas que, según gusta de contar *elocuentemente* Torcuato Luca de Tena, dieron sus sortijas cuando la guerra... EPE110977 **4 contestar:** ...cuando a Jean Louis Forain le interrogaron sobre dónde abriría su próxima exposición, contestó *de forma elocuente*: «En los kioscos». EME100294 **5 decir:** ...un documento monográfico de 35 puntos cuyo comienzo decía *elocuentemente* lo siguiente... EME010996 **6 manifestar:** ...el cine no aparece de repente como un invento ocasional, sino como el lógico desenlace de una querencia popular manifestada *de manera elocuente*. ABC100395 **7 denunciar:** Hace años que Susan Langer lo denunció *elocuentemente*: «Todo lo que cae fuera del pensamiento analítico, proposicional y formal se clasifica como meramente emotivo, irracional y animal.». ABC091294 **8 exponer:** Y refiriéndome a la cuestión del Heraldo, tan *elocuentemente* expuesta por el señor Montilla, he de hacer una declaración. EPE180499 **9 responder:** De esta forma tan *elocuente*, echando mano del refranero, respondió ayer el Gobierno en el Congreso a los ataques del PSOE... EME181096 **10 describir:** Sylvia Lange, una ex empleada en el comercio pesquero de Alaska, describe la situación *de manera elocuente*: «Nos hablan de recuperación, pero eso es imposible.». EPE240399

B VERBOS QUE DENOTAN DEMOSTRACIÓN O PUESTA EN EVIDENCIA DE ALGO: **11 mostrar ++:** Los comicios de diciembre mostraron *elocuentemente* de qué lado estaban las simpatías de una mayoría del electorado. EME240294 **12 reflejar ++:** Creo que la decena de ventas espigadas aquí reflejan *elocuentemente* los buenos resultados de las primeras subastas del año dedicadas a la pintura antigua. ABC310192 **13 demostrar:** La alianza con China, tan *elocuentemente* demostrada ayer en Pekín, no es sino una comunión de hostilidades hacia Occidente. EPE101299 **14 evidenciar:** Por supuesto que los tiene, y las tensiones que el PSOE ha sufrido durante los últimos meses lo han evidenciado *elocuentemente.* EME180394

C VERBOS QUE DESIGNAN DIVERSAS FORMAS DE ABREVIAR ALGUNA COSA: **15 condensar:** Las lágrimas de la niña condensan *elocuentemente* su dolor, su soledad, su indefensión. EME180696 **16 resumir:** ...una sociedad machista, *elocuentemente* resumida en ese espacio claustrofóbico en el que transcurre la totalidad de la acción. LVE101195 **17 simplificar:** Urnas y comida –por simplificar quizás excesiva pero *elocuentemente*– no se repartían de la misma forma en los dos colosos del socialismo. ABC010592

D VERBOS QUE DESIGNAN LA ACCIÓN DE HACER HINCAPIÉ EN ALGO: **18 incidir:** ...la dimensión de las escuelas o su carácter de públicas o privadas no parece incidir *de forma elocuente* sobre los alumnos. LVE240295 **19 reiterar:** Asimismo reitera *de manera elocuente* la especificidad de la práctica pictórica como lugar del placer derivado del ejercicio constante de una subjetividad trascendente. CLA211187 **20 subrayar:** ...la tesis wittgensteiniana según la cual, como tan *elocuentemente* subraya Reguera, «no puede haber una teoría o un lenguaje con sentido de la ética...». ABC201095

E VERBOS QUE DESIGNAN LA ACCIÓN DE EXPLICAR, ACLARAR O ILUSTRAR ALGÚN ASUNTO: **21 explicar ++:** ...explicaban *elocuentemente* los hermanos Gallardo en la entrevista que les hizo La Vanguardia. LVE230795 **22 esclarecer:** Hay aquel pasaje del Evangelio que esclarece *elocuentemente* este desplazamiento del yo por el Ser (el Padre). EUV170498 **23 revelar:** En su caricatura del día, *Süddeutsche Zeitung* revelaba *de forma elocuente* su actitud ante la crisis... EPE180399 **24 razonar:** ...tanto y tan *elocuentemente* razonó hace apenas unos meses, refiriéndose precisamente a los «papeles del CESID», que el secreto oficial no puede amparar la comisión de crímenes. EME080996 **25 ilustrar:** El hecho de que tanto el tráfico como el aparcamiento aparezcan al mismo tiempo como dos grandes preocupaciones en la encuesta ilustra *de forma elocuente* cuáles son las inquietudes ciudadanas. LVE120595 **26 ejemplificar:** ...ejemplifica *elocuentemente* el carácter polivalente, abierto a múltiples variaciones, de la obra frankensteinina... LVE010395

F OTROS VERBOS QUE DESIGNAN DIVERSAS ACCIONES QUE SE REALIZAN POR LO GENERAL CON LA PALABRA: **27 agradecer:** Stein ha agradecido también *de forma elocuente* «el trabajo político fundamental» que España ha prestado sistemáticamente entre bastidores al proceso de paz guatemalteco... EME060596 **28 recomendar:** ...corrió a mostrar de nuevo su apoyo a Fidel Castro, célebre entre otras cosas por encarcelar a los cubanos que se portan como recomienda *elocuentemente* Saramago. EPE170199

☐ Véase también: **efusivamente**.

elogiar ♦ **amablemente, calurosamente[10], cariñosamente, decididamente[48], desmesuradamente, efusivamente[4], encarecidamente[12], en exceso, excesivamente, generosamente, insuficientemente, justamente, profusamente[68], sinceramente[33], sin medida, sin reservas[6], vivamente[25]**

☐ Véase también: **alabar**.

elogio ♦ **afectuoso, apoteósico[26], cálido[10], caluroso[11], cariñoso, cordial, cumplido, desacostumbrado, desmedido[66], desmesurado[36], digno (de), efusivo[14], encendido[16], entusiasta, exagerado, fervoroso[15], franco, gran(de), incondicional, injusto, inmerecido[7], justo, mayor, merecido, parco (en)[5], personal, sin reservas[48], unánime[17], vivo[70]** ♦ **lluvia (de), palabras (de)** ♦ **acaparar, acumular, ahorrar, colmar (de)[8], concitar, corresponder (a), cosechar[16], cruzar, cubrir(se) (de)[7], derramar[2], deshacerse (en)[2], dispensar, escatimar, extender (a alguien), hacer, merecer, obtener, prodigar[11], recibir, regatear[8], responder (a), tributar[20], verter[46]**

☐ Véase también: **adulación, alabanza, halago, homenaje, piropo.**

eludir *v.* ■ Se construye con oraciones de infinitivo *(Eludió comentar la noticia; Siempre eludía pagar las multas).* Se combina también con sustantivos que designan manifestaciones verbales *(pregunta, invectiva, respuesta, declaración, comentario, referencia, mención, explicación).* También lo hace con sustantivos que denotan actuación *(participación, intervención, pronunciamiento)*, y con otros que designan ciertas nociones, verbales o no, que se caracterizan por tener destinatario *(mirada, maleficio, destino).* Admite otros muchos sustantivos, pero destacan sus combinaciones con...

A SUSTANTIVOS QUE DENOTAN RESPONSABILIDAD U OBLIGACIÓN: **1 responsabilidad ++:** ...la mujer trató de *eludir* responsabilidades al afirmar que no tenía conocimiento de lo que se encontraba en la maleta con doble fondo... ACP150996 **2 compromiso ++:** ...Colombia estaría apareciendo como un país que *elude* sus compromisos internacionales. ETC251096 **3 culpa ++:** Pero sí, de momento, para el director del internado, que ha logrado *eludir* las culpas con un simple expediente abierto. EPE071199 **4 obligación +:** ...a algunos de los contribuyentes se les está aplicando la rigidez penal porque deliberadamente *eludieron* sus obligaciones fiscales o bien las falsearon. PME290996 **5 deber:** ...mientras que los socialistas se inventan argumentos para *eludir* sus deberes parlamentarios. EME160196

B SUSTANTIVOS QUE DENOTAN SITUACIÓN DIFÍCIL, CONFLICTIVA O ARRIESGADA: **6 problema ++:** Los ciudadanos que intentaron *eludir* los problemas de desabastecimiento en las gasolineras de su país... EPE080900 **7 peligro ++:** ...no dejarle respirar, ahogar a su centro del campo para *eludir* el peligro de la velocidad que desarollan Benítez y Lardín. EME220996 **8 riesgo ++:** ...llegando algunas firmas a utilizar intermediarios para *eludir* los riesgos y poder continuar sus relaciones comerciales con Cuba... GIC101496 **9 amenaza +:** Guardiola, pues, ha *eludido* la amenaza de quirófano que estuvo planeando sobre él durante todo el día. LVE190495 **10 dificultad:**

Pero, al parecer, Barbero *elude* esta dificultad técnica argumentando que Filesa fue una trama empresarial... EME230295

C SUSTANTIVOS QUE DESIGNAN NORMAS Y DISPOSICIONES, ASÍ COMO LA AUTORIDAD DE LA QUE EMANAN: **11 ley** ++: ...detalló el funcionario como si el número de los que *eluden* la ley también fuera un dato para festejar. CLA090597 **12 justicia** ++: ...fundamentado en su condición de indocumentado y por *eludir* la justicia chilena... HOY070797 **13 tribunal:** Los defraudadores que regularicen su situación con el fisco antes de la inspección *eludirán* los tribunales. LVE160695 **14 legislación:** ...Scorsese hizo lo mismo con Taxi Driver, para *eludir* la legislación que le hubiera impedido rodar en Hollywood las escenas eróticas de Jodie Foster. EME150996 **15 normativa:** Lo que se busca no es la ausencia de control, sino *eludir* una normativa más rigurosa en materia presupuestaria. EPE190699 **16 norma:** Holanda engorda sus cerdos en Cataluña para *eludir* sus normas medioambientales. LVE300996 **17 sentencia:** ...considera que cualquier intento de *eludir* la sentencia del caso del belga Jean-Marc Bosman conlleva serios peligros para el proceso de integración europea. EME240296

D SUSTANTIVOS QUE DESIGNAN DIVERSAS MANIFESTACIONES DE LA ACCIÓN DE LA JUSTICIA, EN ESPECIAL CON LOS QUE DENOTAN CASTIGO O SANCIÓN, O EXPRESAN ALGUNAS MEDIDAS QUE SON ENTENDIDAS FRECUENTEMENTE COMO TALES: **18 proceso** +: Si se le permite al general (...) *eludir* su proceso, no puede deberse a que esté enfrentando el vago peligro de una vaga muerte... EPE271199 **19 juicio** +: ...es que no hay gobernante alguno que pueda *eludir* el juicio de la historia... HOY140497 **20 cárcel** ++: ...antes de recibir su sentencia, llegó a un acuerdo con los fiscales para *eludir* la cárcel a cambio de cooperación. ENH100297 **21 prisión** ++: Zola *eludió* la prisión exiliándose en Gran Bretaña. LVE090195 **22 embargo** +: El alcalde de Alicante renunciará a su sueldo para *eludir* un embargo. LVE021195 **23 sanción:** No obstante, también podrán *eludir* esta sanción ya que en el sector es habitual el cambio de nombre de empresa. EPE130199 **24 castigo:** ...no cuenta con la estructura necesaria para procesar los sumarios que recibe, muchas causas prescriben y los culpables *eluden* el castigo. CLA260199 **25 pena:** ...el Código Penal contemplaba expresamente la posibilidad de que el culpable *eludiera* la pena casándose con su víctima... EME010494 **26 expulsión:** Para evitar que muchos ilegales *eludan* la expulsión gracias a sus hijos menores... EME170496 **27 detención:** Un tercero logró *eludir* la detención y escapó por las calles de esta localidad. EPE280899 **28 fianza** –: La constructora vinculada a cuadros del PSC *eludió* una fianza de 34 millones. LVE110596

E SUSTANTIVOS QUE DESIGNAN PAGOS, ESPECIALMENTE DE NATURALEZA FISCAL, ASÍ COMO LA INSTITUCIÓN QUE LOS RECAUDA: **29 pago** ++: ...explicaron los inspectores, fue instrumentalizada para *eludir* el pago del impuesto de sociedades. EPE300499 **30 impuesto** ++: ...debería proponer una reforma tributaria fundamental que no tenga «pretextos ni excusas para *eludir* impuestos...». ENH100297 **31 fisco** ++: ...Los modistos, acusados de pagar comisiones para *eludir* el fisco... EME070795 **32 hacienda:** La «ingeniería fiscal» del «rico hacendado», que se servía de «sociedades instrumentales» para «*eludir* a la Hacienda pública»... EME120696 **33 fiscalidad** –: Gutiérrez sugirió que aquellos patrimonios o rentas de capital que hoy *eluden* la fiscalidad o que no contribuyen al Estado... EME080394

F SUSTANTIVOS QUE DESIGNAN MANIFESTACIONES HOSTILES DIVERSAS, FRECUENTEMENTE AGRESIONES VERBALES. TAMBIÉN CON ALGUNOS QUE SE REFIEREN A OTRAS ACCIONES QUE NO EXPRESAN OPOSICIÓN NI ANIMADVERSIÓN, PERO QUE EL HABLANTE PUEDE INTERPRETAR COMO INCONVENIENTES: **34 crítica** ++: Riccha no *eludió* críticas al gobierno, al que calificó de «prejuicioso respecto de la clase política»... CLA030797 **35 debate** +: ...se quejó de que el texto firmado ayer en Bruselas no hubiera llegado aún a manos de los diputados, *eludiendo* un debate. LVE230694 **36 polémica** +: ...señaló su deseo de *eludir* polémicas de cara a un partido tan especial para él... LVE020195 **37 acusación:** ...vuelve a *eludir* acusaciones de corrupción por la prescripción legal del delito... FDV260601 **38 denuncia:** ...notables intelectuales de la España de hoy utilicen la ironía para *eludir* la denuncia de la corrupción y seguir disfrutando de las regalías del poder. EME080594 **39 enfrentamiento:** Pero el líder andalucista *elude* el enfrentamiento directo, el cuerpo a cuerpo. EPE050699 **40 confrontación:** ...un camino tamizado y cauteloso, que *elude* la confrontación pero busca la reparación. BRE020597

G SUSTANTIVOS QUE DESIGNAN PÉRDIDA DE UNA POSICIÓN DE FAVOR, MÁS FRECUENTEMENTE EN LAS COMPETICIONES DEPORTIVAS: **41 descenso** ++: El Eje Atlántico ha salvado el primer escollo para *eludir* del descenso tras derrotar con muchos apuros al Ciudad Encantada... FDV030599 **42 promoción** ++: El Racing mantiene sus opciones de *eludir* la promoción tras el segundo gol logrado por Quique Setién de penalti. EME050695 **43 play-off:** Mucho más complicada es la situación del Valvi, que intenta *eludir* el «play-off» de permanencia. LVE020495

H SUSTANTIVOS QUE DENOTAN CONTROL, SUPERVISIÓN, ACOSO, LIMITACIÓN Y OTRAS FORMAS DE ACTUACIÓN COERCITIVA: **44 control** ++: El narcotráfico utiliza todas las estratagemas para *eludir* los controles. ENH030697 **45 vigilancia:** Reflexionando mejor, creo que el travieso gazapo aprovechó lo «oculto» del Diario para *eludir* la vigilancia... HOY010278 **46 presión** +: Fue el único que entendió cómo *eludir* la presión del visitante... ETC111196 **47 prohibición** +: A lo largo de 11 años, la época dorada de los combinados, miles de estadounidenses viajaban a la isla para *eludir* la prohibición. LVE030396 **48 persecución** +: ...casi tanto como hablar del tiempo de silencio que sufrió enterrado vivo para *eludir* la persecución franquista de la posguerra. EME191195 **49 cerco** +: En uno se relacionan los controles fijos y en el otro se especifican los recomendados para *eludir* el cerco policial. EME021095

▩ Se combina también con: ♦ **a toda costa**[12]

☐ Véase también: **capear, esquivar, evitar, sortear.**

emanar *v.* ▮ En el sentido de 'desprender(se) o emitir', se combina con sustantivos que designan sustancias volátiles, gases o fluidos *(olor, aroma, gas, sudor, humo, agua, sangre)*, así como diversas formas de energía *(luz, calor, radiación)*. Figuradamente se combina con sustantivos que designan sentimientos o estados de ánimo *(odio, atracción, tranquilidad, simpatía)*. En el sentido figurado de 'proceder, derivar(se) o venir originariamente', se construye con complementos preposicionales encabezados por *de (El poder emana del pueblo)* y admite como sujetos sustantivos que designan diversos escritos *(documento, texto, informe, boletín, memorándum)*. Asimismo se combina con...

A SUSTANTIVOS QUE DESIGNAN NORMAS, PRECEPTOS Y OTRAS FORMAS DE REGULACIÓN, ESPECIALMENTE SI SE REFIEREN AL ÁMBITO LEGISLATIVO O AL JUDICIAL: **1 ley ++:** ...además de peligroso para todos es olvidar intencionadamente las leyes *emanadas* del pacto constitucional... EME280294 **2 norma ++:** La explicación que el sector da a esta fuerte baja de licitación pasa por las nuevas normas que *emanan* de la nueva Ley de Contratos de las Administraciones Públicas... LVE041195 **3 directriz +:** Esta sana práctica previsora se basa en una directriz *emanada* de la Unión Europea. LVE061096 **4 consigna +:** ...atribuyó este ataque a un grupo autónomo cuyos autores están interpretando a su manera las consignas que *emanan* desde la izquierda abertzale... EPE070900 **5 derecho:** ...no se pueden oponer un conjunto definido de acuerdo con su aplicación (el derecho positivo) a otro conjunto definido sobre la base de sus fundamentos (el derecho *emanado* del Corán). LVE170195 **6 normativa:** ...«es un hecho y no objeto de estipulación», y que todos ellos utilizan la normativa que *emana* del IEC. EPE300399 **7 principio:** ...cada vez hay una mayor identificación de la sociedad vasca con los principios que *emanan* del acuerdo de Ajuria-Enea. LVE070195 **8 decreto:** La lengua catalana ahora no recibe ninguna amenaza que pueda venir de leyes o decretos *emanados* del Gobierno de Madrid. LVE280196 **9 directiva:** Con qué autoridad moral pueden objetarse hechos que fueron consumados bajo directivas *emanadas* de la Presidencia de la República... LTB020297 **10 reglamentación:** ...decidieron tomar hoy la Cámara Municipal de Libertador en protesta por una reciente reglamentación *emanada* de la Alcaldía para los vendedores ambulantes. EUV210197

B SUSTANTIVOS QUE DENOTAN MANDATO U OBLIGACIÓN: **11 mandato +:** Según el mandato *emanado* ayer de Berlín, la Unión Europea Occidental –UEO, considerada columna continental de la Alianza– podrá intervenir en operaciones de interés particular... EME040696 **12 orden +:** Informó además que el Ministerio Público solicitó ayer un amparo en contra de la orden *emanada* de la Federación Médica Venezolana... EUV080197 **13 disposición +:** ...no hay ley provincial que pueda facultar a un intendente a avasallar una disposición *emanada* del organismo normal para legislar en un municipio... LNP120597 **14 instrucción +:** ...sólo tienen como objetivo acatar las instrucciones *emanadas* de la Federación Internacional de Fútbol Asociado... LEC220796 **15 obligación:** ...Bélgica no ha respetado las obligaciones que *emanan* de las directivas comunitarias sobre intercambios intracomunitarios... EPE220699

C SUSTANTIVOS QUE DENOTAN CONCLUSIÓN O RESOLUCIÓN, A VECES CONCERTADA. TAMBIÉN CON ALGUNOS QUE DESIGNAN SUS MANIFESTACIONES OFICIALES: **16 decisión ++:** El propio comandante señaló ayer que su mensaje no fue a título personal, sino que se trató de una decisión que *emana* de lo que era una petición de todo el Ejército. EME280495 **17 acuerdo +:** También asegura que ponen todo tipo de zancadillas a la realización de los acuerdos *emanados* del comité federal. LVE081196 **18 solución +:** Las grandes soluciones deben *emanar* de grandes bloques. HOY110784 **19 resolución +:** ...debe asegurarse de que China no bloquee con su derecho de veto la resolución que debe *emanar* del Consejo de Seguridad de Naciones Unidas... EPE100599 **20 conclusión:** Vamos a mostrar algunas conclusiones que *emanan* del estudio pormenorizado de los mismos. EPE201199 **21 tratado:** De la Cumbre de la Tierra, convocada por Naciones Unidas en Río de Janeiro en 1992, *emanaron* dos tratados... EPE230800

D SUSTANTIVOS QUE DESIGNAN POSICIONES DE PREEMINENCIA, ASÍ COMO ALGUNAS ATRIBUCIONES DEL QUE LAS OCUPA: **22 poder ++:** ...deseosos de controlar el poder que *emana* de los cientos de miles de millones que se mueven cada año por esas redes financieras. EME100595 **23 gobierno +:** ...buscan minar (...) la credibilidad del Gobierno *emanado* de un partido que hizo de la lucha contra la corrupción su bandera... LVE150996 **24 soberanía:** Del resultado de un acto electoral libre se dice que *emana* la soberanía popular, es decir, la capacidad de las personas de gobernarse a sí mismas. HOY291297 **25 liderazgo:** La mayoría republicana en el Capitolio, de donde parece *emanar* ahora el buen o mal liderazgo del país, va a fustigar a Bill Clinton todo lo que pueda. LVE200795 **26 autoridad:** Su autoridad *emanaba* de nosotros y no de él, porque él nunca la ejerció. EME200694

E SUSTANTIVOS QUE DENOTAN IDEA, PROPUESTA, ADVERTENCIA Y OTRAS INFORMACIONES QUE SUELEN DIRIGIRSE A ALGÚN DESTINATARIO: **27 propuesta +:** Si la Cámara acepta las propuestas que *emanen* de este grupo de trabajo, la nueva regulación se pondría en marcha en el curso 2000-2001. EPE220499 **28 sugerencia +:** Entre las sugerencias *emanadas* del congreso estuvo la agilización de los trámites aeroportuarios. GIC051797 **29 idea +:** ...las ideas que *emanan* del texto son válidas para otros ámbitos históricos, para otras culturas. EME071095 **30 planteamiento:** ...todos los trabajos que se llevarán a cabo en ella seguirán los planteamientos *emanados* de la reforma educativa. LVE150296 **31 consideración:** Este comunicado cobra doble importancia cuando se le enfrenta con otro, el emitido por Herri Batasuna el jueves, en respuesta a las consideraciones *emanadas* de la Mesa de Ajuria Enea. EME290696 **32 recomendación:** ...suscribimos el Acuerdo de Pensiones en el año 1996, en el que se desarrollaron las recomendaciones *emanadas* del Pacto de Toledo... EPE220899 **33 consejo:** Una larga experiencia de la que *emanan* algunos consejos y una puntualización. LVE301196 **34 iniciativa:** ...se comprometió a acometer un profundo cambio legislativo para aplicar este nuevo sistema judicial siempre que la iniciativa *emane* de la Comisión Europea. EDV300101 **35 opinión –:** ...la opinión *emanada* desde el señor Martínez Soler sirviera para conformar un titular insultante para TVE y lesivo para la imagen de España. LVE130796

F OTROS SUSTANTIVOS QUE DESIGNAN INFORMACIONES: **36 información +:** Según información *emanada* de la Gerencia de Operaciones Monetarias del instituto emisor, las reservas internacionales en poder del país aumentaron... EUV090796 **37 dato:** Creo que el precedente comentario interpreta cabalmente los datos *emanados* de la encuesta. EXP011091 **38 cifra –:** ...sus ráfagas de viento eran de 108 kilómetros por hora (aquí difiere de las cifras *emanadas* del organismo estadounidense). ENV021000

G SUSTANTIVOS QUE DESIGNAN PROYECTOS, ESQUEMAS Y OTRAS FORMAS DE ORGANIZACIÓN: **39 esquema:** ...y acuerdos concretos que, generalmente, no son una manifestación directa de un esquema *emanado* directamente del devenir necesario de la historia. LVE170396 **40 modelo:** La marca italiana pone a disposición de sus clientes una serie de modelos que *emanan* una personalidad propia. LVE090495 **41 programa:** ...insistió que apoyará los programas que *emanarán* del régimen y que presidirá a partir del 1° de diciembre... EXC050900 **42 proyecto:** La autoconcertación es un proyecto que *emanó* de una resolución del Parlamento vasco en 1992. EPE170199

H SUSTANTIVOS QUE DESIGNAN PROBLEMAS, DIFICULTADES Y OTRAS SITUACIONES ADVERSAS O CONFLICTIVAS: **43 irregularidad:** En los municipios, las irregularidades que *emanan* de los dictámenes de la Contraloría General de la República son copiosas y variadas. HOY141096 **44 dificultad:** Algunos atribuyen esas objeciones planteadas por la comisión a las dificultades que *emanan* del idioma, que hacen obligatoria la presencia de intérpretes... EPU120701 **45 problema:** Según el presidente argelino los problemas citados *emanan* del gran desarrollo que vive Argelia donde la población alcanza los dieciocho millones de personas... EPE200977 **46 rebelión:** Parada tiene orden de captura desde el 29 de agosto pasado por rebelión, *emanada* de la Fiscalía General de la Nación. ETC240996 **47 conflicto:** ...en ellos está todo ese rincón oscuro que me interesa, donde *emanan* conflictos, soledad, guerras, gente deseperada que ha perdido la esperanza... EPE221001 **48 guerra:** ...guerra larga y cruenta que *emanó* de una situación de crisis económica y social profundamente injusta. INDOC **49 error –:** Conociendo a Villalobos, resultan verosímiles tanto el error *emanado* de su vehemencia como el chitón intencionado. EPE010299

☐ Véase también: **aflorar, brotar, derrochar, emitir, irradiar, rebosar, rezumar.**

embadurnar(se) ♦ **de pies a cabeza**[16], **hasta las cejas**[6], **por completo**

☐ Véase también: **embarrar(se), ensuciar, pringar(se).**

embalse ♦ **aliviar, construir, desbordar(se), llenar, rebosar, vaciar, verter (agua)**

embarcación ♦ **comercial, deportivo, ilegal, legal, patrullero, pesquero, pirata, precario**[68] ♦ **a bordo (de)** ♦ **abordar, accidentar(se), amarrar, anclar, atracar, botar, capotar, capturar, dirigir, encallar(se), equipar, escorar(se), fletar, hundir(se), interceptar, ir a la deriva, irse a pique, naufragar, navegar, pilotar, tripular, varar, zarpar, zozobrar**

☐ Véase también: **barco, buque, navío.**

embarcarse (en) ♦ **buque, campaña, empresa, iniciativa, plan, proyecto**

☐ Véase también: **emprender, lanzarse (a), volcar(se).**

embargar *v.* **I** En el sentido de 'verse intensamente afectado por' se construye con complementos directos o indirectos de persona *(Le/Lo embarga la tristeza)*. En esta interpretación admite como sujetos los sustantivos *sentimiento, emoción, sensación*, y también...

A SUSTANTIVOS QUE DENOTAN TRISTEZA EN DIVERSOS GRADOS: **1 tristeza ++:** Dio esquinazo a todo su equipo porque le *embargaba* la tristeza. EME051095 **2 nostalgia +:** El último día del presidente Coll i Alentorn (...) me hizo la confidencia de la nostalgia que le *embargaría*. LVE090296 **3 pena:** ...se une a la pena que *embarga* a los familiares de nuestro compañero... EXC020197

B SUSTANTIVOS QUE DENOTAN DOLOR Y OTRAS FORMAS DE PADECIMIENTO: **4 dolor ++:** ...el dolor que *embarga* a todos los franceses por su desaparición. EXP260697 **5 sufrimiento:** ...esa especie de sufrimiento que *embarga* hoy en día hasta a los más optimistas... LVE080396 **6 angustia +:** Si la angustia le *embarga* y está entre las ocho provincias señaladas... EME220996 **7 desolación:** La desolación que *embargaba* a los familiares era particularmente perceptible... LVE110896 **8 aflicción:** ...la indignada aflicción que *embarga* a la sociedad norteamericana... EPE231101

C SUSTANTIVOS QUE DESIGNAN ESTADOS DE ÁNIMO CARACTERIZADOS POR LA INTRANQUILIDAD, LA INCERTIDUMBRE O LA PÉRDIDA DE MOTIVACIÓN, ILUSIÓN O ESTÍMULO PARA ACTUAR: **9 preocupación +:** ...se ha expresado la preocupación que *embarga* a todos los directivos... LDD030797 **10 decepción:** ...la decepción que me *embarga* tras leer la bajada de título en el artículo... HOY130197 **11 desánimo:** A veces es tan difícil abstraerse de la euforia como del desánimo que te *embarga* tras una derrota contundente. LVE120596 **12 desazón:** ...trató de calmar la desazón y la angustia que los *embarga*... DLA080397 **13 impotencia:** Y entonces la impotencia *embarga* a gobernantes y gobernados. LVE200296 **14 pesimismo:** ...el pesimismo *embarga* a los países avanzados. EME030494 **15 escepticismo:** ...a pesar del escepticismo que nos *embarga* forzosamente... LVE091095 **16 desencanto:** ...darse cuenta del desencanto que *embarga* a una gran mayoría de la sociedad... EME090996

D SUSTANTIVOS QUE DENOTAN MIEDO: **17 miedo +:** ...era alegremente humillada por sus enemigos y estaba *embargada* por el miedo... ABC291191 **18 temor:** Afirma que algunas de sus clientas le han reconocido el temor que las *embarga* cada vez que piensan en un encuentro con Cándido... EME280396

E ALGUNOS SUSTANTIVOS QUE DENOTAN FALTA DE CERTEZA O SEGURIDAD: **19 duda +:** ...Batigol (...) despejó las dudas que *embargaban* a su equipo en los últimos días. EPE200999 **20 incertidumbre:** ...mucha más incertidumbre parece *embargar* a países latinoamericanos de cara a una posible apertura de mercados con EE. UU. ESH090497

F SUSTANTIVOS QUE DESIGNAN DIVERSOS ESTADOS DE ÁNIMO POSITIVOS, PRINCIPALMENTE LA ALEGRÍA Y LA BUENA DISPOSICIÓN EN RELACIÓN CON EL FUTURO: **21 felicidad +:** ...la disciplinada felicidad que *embargaba* a los pintorescos habitantes del pueblo... EME030694 **22 alegría +:** ...con el fin de compartir la alegría que me *embarga*... EPE190699 **23 euforia:** ...les *embargaba* una euforia apenas contenida. LVE050396 **24 optimismo:** ...con las elecciones recién ganadas, *embargaba* al partido un gran optimismo. INDOC **25 ilusión:** ...la ilusión que *embargaba* a la ciudadanía y a los dirigentes públicos... EME090295 **26** **entusiasmo:** ...el entusiasmo que ayer *embargaba* a conspicuos comentaristas... EME090695 **27** **satisfacción:** ...la satisfacción que les *embarga* por este reconocimiento... EPE110599 **28** **alborozo:** ...aquel alborozo que la *embargaba* después de otra mala noche... EPE060899

G SUSTANTIVOS QUE DENOTAN ENFADO O IRA. TAMBIÉN CON OTROS QUE DESIGNAN DIVERSAS MANIFESTACIONES DE LA AVERSIÓN: **29** **irritación:** Otro tipo de irritación, pero concordante, es la que *embarga* al arquitecto... LVE120996 **30** **indignación:** Pero qué les voy a contar de la indignación que me *embarga*... EME080596 **31** **cólera:** ...sin la cólera que tantas veces nos *embarga* a todos cuando tropezamos con la dificultad... EME040695 **32** **espanto:** ...el espanto que *embargará* a su enemigo con sólo verlo. EME090895 **33** **odio:** ...están crecientemente *embargados* de odio (...), pero también de hastío, frustración, indignación, desencanto y escepticismo hacia lo que durante algún tiempo pudo denominarse proceso de paz. EPE301101

H SUSTANTIVOS QUE DESIGNAN OTROS SENTIMIENTOS INTENSOS O ARREBATADOS, MÁS FRECUENTEMENTE DE NATURALEZA INTENCIONAL: **34** **pasión:** He sentido que la pasión me *embargaba* viendo como jóvenes que quieren ser toreros superaban el peso de la responsabilidad... EME020694 **35** **fervor:** ...todavía le *embargaba* el fervor geométrico que reinaba en el entorno... ABC041194 **36** **afán:** ...afán regeneracionista que *embargaba* el ánimo del Partido... EME090195 **37** **ansia:** ...las ansias que me *embargan* de saber con qué estaba haciendo... EPE120499 **38** **ansiedad:** Como educadora, me *embarga* la ansiedad por nuestra juventud universitaria. HOY250484 **39** **excitación:** La excitación que *embarga* a la comunidad arqueológica... EME010295

embargo ♦ **cautelar[31], férreo[62], implacable[27], injusto, justo, preventivo[6] ♦ aliviar[42], aplicar, decretar[19], ejecutar[17], eludir[22], levantar[18], llevar a cabo, prorrogar[5], realizar, recrudecer(se)[29], saltarse[46], sortear**
☐ Véase también: **limitación, prohibición.**

embarrar(se) ♦ **de pies a cabeza[17], hasta las cejas, por completo**
☐ Véase también: **embadurnar(se), ensuciar, pringar(se).**

embestida ♦ **brutal, frontal[6], fuerte, grave, lateral, peligroso, tremendo, violento, virulento ♦ aguantar, detener, esquivar, parar, resistir, soportar, temer, templar**
☐ Véase también: **acometida, fuerza, ímpetu, impulso.**

emblemáticamente ♦ **caracterizar, encarnar, plasmar, representar, significar**
☐ Véase también: **emblemático.**

emblemático ♦ **acto, actor, alcalde, animal, arquitectura, asunto, autor, barrio, canción, candidato, carácter, caso, ciudad, compositor, construcción, deportista, edificio, ejemplo, elemento, empresa, episodio, escritor, espacio, fecha, figura, filme, frase, imagen, institución, jugador, local, lugar, monumento, muestra, obra, persona, personaje, pieza, político, protagonista, proyecto, publicación, representación, símbolo, título, trabajo, zona**
☐ Véase también: **emblemáticamente.**

emboscada ♦ **caer (en), escapar (de), frustrar(se), librar(se) (de), tender**
☐ Véase también: **acoso, asedio, ataque (de), celada, trampa.**

embotar(se) ♦ **ardor, cabeza, capacidad, cara, cerebro, entendimiento, entusiasmo, espíritu, imaginación, juicio, mente, mirada, oído, pensamiento, persona, rostro, sentido**
☐ Véase también: **nublar(se).**

embrollo ♦ **burocrático, complejo, descomunal, económico, enrevesado[1], escandaloso, espinoso, grave, intrincado[13], irresoluble[5], jurídico, monumental[44], semejante, verdadero ♦ aclarar, armar, causar, crear, desencadenar(se), deshacer, destapar[29], enderezar[42], escapar (de), investigar, liar, montar, organizar(se), perder(se) (en), resolver, salir (de)**
☐ Véase también: **berenjenal, cisco, desbarajuste, desorden, enredo, follón, fregado, jaleo, lío, maraña, pitote.**

embrujo ♦ **arrebatador, artístico, atractivo, cautivador, especial, fascinante, hechicero, irresistible, magnético, tentador ♦ brotar, caer (en), emanar, escapar (de), irradiar, prendar(se) (de), rendir(se) (a), salir (de), sentir, sucumbir (a), suscitar, sustraer(se) (a), tener**
☐ Véase también: **atractivo, encanto, fascinación, influjo.**

embuste ♦ **colosal, descomunal, enorme, lleno (de), transparente ♦ sarta (de)[2] ♦ contar, creer(se), decir, desmentir, difundir, disimular, lanzar, montar, proferir, tramar, urdir[28]**
☐ Véase también: **mentira.**

embustero ♦ **absoluto, compulsivo, contumaz, gran(de), incorregible, patológico, redomado[6] ♦ considerar, dejar (por), pasar (por), tachar (de), tener (por)**
☐ Véase también: **mentiroso.**

emerger ♦ **con brío, con fuerza, vigorosamente[20]**
☐ Véase también: **resurgir, salir, surgir.**

emigración ♦ **ilegal, legal ♦ ola (de)[41]**
☐ Véase también: **fuga, huida, inmigración, salida.**

emisión ♦ **bancario, contaminante, en abierto, en diferido, en directo, en vivo, fraudulento, gaseoso, monetario, televisivo ♦ horario (de) ♦ ampliar, aprobar, asegurar, autorizar, captar, cortar[35], detectar, impedir, interceptar, interrumpir, lanzar, permitir, realizar, suspender**
☐ Véase también: **brillar, brillo, difusión, emitir, extensión, exudar, llover, sangrar, sudar.**

EMISIÓN Véase:
♦ **brillo, calor, emisión, expulsión, luz, sudor**
♦ **afluir, brillar, dimanar, emanar, emitir, expulsar, exudar, fluir, manar, rezumar, sudar**
☐ Véase también: *CURSO Y RECORRIDO; SALIDA, PARTIDA Y EXPULSIÓN.*

EMISIÓN
♦ (SUSTANTIVOS) Véase: **cortar[F], de oro[C], desatar(se)[H], fugaz[D], soplo (de)[A,B]**
♦ (VERBOS) Véase: **a borbotones[A], a chorro(s)[A], a lo lejos[C,F], al unísono[A], a toda pastilla[B], a todo pulmón[A], como (un) loco[A], copiosamente[A], de lo lindo[E], de refilón[G], de un tirón[E], fugazmente[G], intensamente[A], profusamente[A], romper (a)[A]**
☐ Véase también: SALIDA.

emitir *v.* **I** En el sentido de 'arrojar o exhalar' se combina con sustantivos que designan algunas formas de energía *(luz, calor, radiación)*, diversas sustancias o emanaciones *(gas, olor, vapor, lava)* y sonidos *(ruido, sonido, gruñido, grito, quejido)*. En su sentido de 'poner en circulación' admite sustantivos que designan documentos, monedas o efectos públicos *(bono, cédula, pasaporte, billete, título, valor, acción, sello)*. En el sentido de 'transmitir mediante ondas' se construye con sustantivos que designan producciones radiofónicas o televisivas, así como algunos de sus contenidos *(programa, concurso, música)*. En el sentido de 'manifestar, expresar o hacer público' se combina con...

A SUSTANTIVOS QUE DENOTAN RESULTADO, SOLUCIÓN, CONCLUSIÓN O DETERMINACIÓN TOMADA ACERCA DE UN HECHO PREVIO: **1 resultado +:** El Tribunal Supremo Electoral (TSE) no había *emitido* ningún resultado de las elecciones hacia las 22:00... SVG170397 **2 decisión +:** La decisión de culpabilidad o inocencia *emitida* por el jurado, generalmente es el veredicto final y el juez se encarga de concretar la pena... EME051095 **3 diagnóstico +:** ...les basta una impresión para *emitir* un diagnóstico de carácter general... EPE020700 **4 dictamen +:** Hasta que se *emita* un dictamen definitivo el Ministerio de Defensa guarda silencio sobre los diagnósticos. FDV200201 **5 resolución:** ...en México y el mundo, es que cortes extranacionales puedan definir, atender y *emitir* resoluciones al respecto. EXC180996 **6 sentencia +:** Con esto queda claro que la sentencia *emitida* el pasado miércoles por el Juzgado Superior en lo Civil y Contencioso Administrativo de la Circunscripción Judicial de la Región de Los Andes... VEN210899 **7 veredicto +:** Entonces, el máximo organismo del olimpismo mundial *emitirá* su primer veredicto y seleccionará a las ciudades finalistas. LRE260103 **8 conclusión:** ...un perfecto estudio de los elementos a juicio, como para *emitir* conclusiones y recomendaciones dentro del rigor científico... LHG190900 **9 fallo +:** ...al *emitir* el fallo favorecieron a Ovalle. ESP050597

B SUSTANTIVOS QUE DESIGNAN NORMAS U OTRAS DISPOSICIONES Y ACTUACIONES DE CARÁCTER OBLIGATORIO: **10 norma:** ...hacer acopio de todas las leyes y unificar criterios para *emitir* normas generales a nivel regional. LHG190397 **11 ley:** En julio de 1960 el Gobierno cubano *emitió* la Ley 851, que establecía la autoridad para efectuar las nacionalizaciones... GIC080896 **12 orden:** ...dijo ayer el comandante de la escuadra al *emitir* la orden de zarpada de las corbetas «Parker» y «Rosales». LNP010397 **13 imposición:** ...en el gobierno que *emite* y autoriza la imposición de semejante castigo... ENH240700 **14 directiva:** ...había *emitido* una directiva para el desarrollo de «armas ofensivas y defensivas químicas, biológicas y radiológicas». ABC020793 **15 disposición:** Aunque el Gobierno *emitió* varias disposiciones que prohíben la pesca en las Galápagos... DHE030997 **16 instrucción:** ...el Gobierno regional ha *emitido* una instrucción complementaria que matiza las limitaciones al movimiento del ganado... EPE171201 **17 directriz –:** ...que *emitiera* una directriz al respecto sobre la remoción o destrucción de documentos, que es una violación de ley... END141100 **18 precepto –:** Sin embargo, considera necesario *emitir* leyes, preceptos, decretos. PME291296

C SUSTANTIVOS QUE DENOTAN CONJETURA ACERCA DE LOS ACONTECIMIENTOS FUTUROS: **19 pronóstico +:** Y puesto a derribar retos y estadísticas, el técnico *emitió* un pronóstico: «El año pasado ganamos por primera vez en el Camp Nou... EPE181001 **20 predicción +:** ...continuar, cesar o repertirse una sequía, a pesar de que algunos servicios pueden *emitir* predicciones experimentales. LDD190797 **21 premonición +:** «No soy profeta, no me gusta *emitir* premoniciones», explicó. LVE241196 **22 augurio:** Todos los años, las máximas autoridades del país *emiten* augurios y patrocinios en favor de dicha programación... LNP270297

D SUSTANTIVOS QUE DESIGNAN PENSAMIENTOS, JUICIOS Y OTROS RESULTADOS DE LA ACTIVIDAD RAZONADORA: **23 idea ++:** Esta es la idea que se *emitía* ayer desde CiU. EME160496 **24 opinión +:** ...quienes sólo podrán observar los exámenes y *emitir* su opinión sobre puntos muy específicos. EDV110101 **25 juicio ++:** Reconocemos que aún es muy pronto para poder *emitir* juicios de valor definitivos... ABC061291 **26 teoría:** La policía, por su parte, no *emitió* teorías, excepto para decir que era obvio que a Adam no le robaron. ENH110297 **27 hipótesis:** Los magistrados *emitieron* la hipótesis de que los Gobiernos italianos, tanto de derecha como de izquierda, se mostraron «sensibles» ante los «lobbies» militares... EME230996 **28 valoración:** Al fin y al cabo, nadie más legitimado para *emitir* valoraciones políticas que el Parlamento... EME160996

E SUSTANTIVOS QUE DENOTAN LLAMADA: **29 llamamiento:** ...*emitieron* un llamamiento político y solidario con vistas a anular tales prohibiciones y lograr que la cercana cita juvenil sea un espacio para todos. GIC072697 **30 aviso:** Durante toda la noche del viernes y sábado, las estaciones costeras *emitieron* avisos por radio a todos los buques que navegaban por la zona. EPE090899 **31 advertencia:** ...se comprometió a realizar una investigación transparente e imparcial de este caso, ante las advertencias *emitidas* por los altos jefes policiales... LTB030297 **32 convocatoria:** «Para todos aquellos interesados se *emitió* una convocatoria que semanas atrás cerró la recepción de trabajos», mencionó. EXC040901 **33 llamado:** El primer ministro Benjamín Netanyahu *emitió* un llamado a la unidad nacional... EUV230996

F SUSTANTIVOS QUE DENOTAN PETICIÓN: **34 solicitud:** La Junta Comunal de El Chorrillo, *emitió* una solicitud de precio para que todos los interesados presenten propuestas... ESP220597 **35 rogatoria:** ...han sido objeto de una rogatoria internacional *emitida* por los fiscales de Torre Annunziata para intentar esclarecer las imputaciones... LVE121195 **36 requerimiento:** Inmediatamente la Policía de Seguranza portuguesa *emitió* un requerimiento de búsqueda y captura de los dos fugitivos. FDV160601

G SUSTANTIVOS QUE DENOTAN CAMBIO O ALTERACIÓN, INTERPRETADOS COMO CONTENIDOS DE ALGUNA DISPOSICIÓN LEGAL. USO INFRECUENTE: **37 reforma** –: ...el gobierno guatemalteco *emitió* una reforma a la Ley de Extranjería, conforme la cual los hijos de extranjeros nacidos en Guatemala... LHG120900 **38 modificación** –: La federación de fútbol *emitió* ayer por la tarde la modificación a uno de los artículos del reglamento... PLG100197 **39 rectificación** –: Precisiones, observaciones y rectificaciones al antiguo colega, *emitidas* desde la autorizada suficiencia del dominio de la especialidad. ABC090493

■ Se combina también con: ♦ **de un tirón**[22], **en abierto, en directo, insistentemente**[15]

□ Véase también: **emanar, emisión.**

emoción ♦ **a flor de piel**[10], **a raudales**[32], **arrollador**[37], **básico, candente**[26], **cargado (de), colectivo, desbordante**[6], **desmedido**[34], **dominante**[35], **encendido, especial, estético, exaltado, fuerte, gran(de), hondo, humano, imborrable, imperecedero, incontenible, intenso, íntimo, latente, lleno (de), máximo, preso (de)**[10], **primario, profundo**[42], **sentido, sincero, verdadero, vívido**[18], **vivo**[25] ♦ **con, en medio (de)** ♦ **ápice (de)**[5], **arranque (de), asomo (de), clima (de), cúmulo (de)**[46], **dosis (de), estado (de), hálito (de), lágrima (de), lluvia (de), manifestación (de), pizca (de), toque (de)**[26] ♦ **adueñarse (de alguien), afectar, aflorar**[3], **anclar**[49], **apoderar(se)**[34], **asaltar (a alguien), atizar**[54], **avivar**[30], **brotar**[9], **canalizar**[56], **captar**[30], **causar**[43], **condensar**[24], **contener, controlar, cundir, dar rienda suelta (a), decaer**[5], **dejarse llevar (por)**[13], **desatar(se)**[22], **desbordar(se)**[22], **despertar**[29], **diluir(se)**[36], **disimular, echar**[15], **embargar (a alguien), estremecerse (de), experimentar, expresar, gritar (de), henchir(se) (de)**[9], **invadir (a alguien), llorar (de), mostrar, palpitar**[4], **poner (en algo), presidir (algo), provocar, recorrer (a alguien), reponerse (de)**[5], **sentir, sufrir, temblar (de)**[8], **transmitir, traslucir(se)**[22], **vibrar (de), vivir**

□ Véase también: **sensación, sentimiento.**

EMOCIÓN Véase: AFLICCIÓN; EXALTACIÓN; EXCITACIÓN; IMPRESIÓN; REACCIÓN; SENSACIÓN; SENTIMIENTO

emocionar(se) ♦ **enormemente, intensamente, profundamente**[34], **sumamente, vivamente**

empantanar(se) ♦ **diálogo, discusión, negociación, obra, país, proyecto**

□ Véase también: **detener(se), frenar, parar(se), varar(se).**

empañar(se) *v.* ▮ En su sentido literal se combina con sustantivos que designan superficies lisas y pulimentadas *(cristal, espejo, ventana, metal)*, y también con otros que designan los ojos o el acto de ver *(ojo, vista, mirada)*. En su sentido figurado se combina con...

A SUSTANTIVOS QUE DESIGNAN LA IMAGEN, EL RECUERDO O LA CONSIDERACIÓN QUE SE TIENE DE ALGUIEN O ALGO, ESPECIALMENTE SI AFECTAN A SU RECONOCIMIENTO O SU PRESTIGIO: **1 imagen** ++: Por otro lado, Rosalía debe defender sus derechos sin *empañar*, aún más, la gastada imagen del país a nivel internacional. VIS030497 **2 reputación** ++: Continuamente vive desvelándose por encontrar motivos que *empañen* la buena reputación de un funcionario... ESP190597 **3 fama:** En su caso no hay ni un rumor que le ponga en entredicho o que *empañe* su fama. EME190596 **4 nombre:** ...obedece a una manipulación adelantada desde afuera de la institución por personas deseosas de *empañar* su buen nombre. ETC020188 **5 prestigio:** ...debilita el sistema democrático y *empaña* el prestigio de sus instituciones... EME181095 **6 credibilidad:** ...no podemos permitir que se confundan y con ello se *empañe* la credibilidad de los medios de comunicación... EXC080696 **7 crédito:** La temeridad de Chirac y el silencio de Balladur *empañan* el crédito exterior del Gobierno francés. LVE151194 **8 recuerdo:** ...pero eso no *empaña* su recuerdo, sólo lo delimita... ABC010494 **9 memoria:** ...con respecto a las informaciones y falsas aseveraciones que pretenden *empañar* la memoria de mi hermano. LVE280795

B SUSTANTIVOS QUE DENOTAN RESULTADO DE ALGO, GENERALMENTE FELIZ: **10 éxito** ++: Excusas absurdas, pero con todo y todo, han tenido su efecto en *empañar* el éxito de los chilenos. DLA120597 **11 triunfo** ++: El triunfo visitante (...) estuvo *empañado*, sin embargo, por la grave lesión sufrida de manera fortuita... DDN290499 **12 victoria** ++: Ni los errores arbitrales *empañan* la merecida victoria del líder. LVE040196 **13 resultado:** Ese reclamo (...) *empañó* en parte el resultado de la visita del Presidente al Reino Unido. CLA020199 **14 logro:** Todos esos logros que muestran los empresarios se *empañaron* con la condena... ETC110297

C SUSTANTIVOS QUE DESIGNAN DIVERSAS REACCIONES DE SATISFACCIÓN, GENERALMENTE INTENSA: **15 alegría** +: En medio de una torrencial lluvia que no alcanzó a *empañar* la alegría por la nueva victoria en el superclásico... CLA290199 **16 felicidad** +: Colgando la medalla de oro sobre sus anatomías y con los rostros *empañados* de felicidad. ESP190597 **17 entusiasmo:** Pero una mota de tristeza *empañará* su entusiasmo. EME200796 **18 júbilo:** La lluvia no *empañó* el júbilo general. LVE190594 **19 satisfacción:** ...una satisfacción que no parecía *empañada* por el hecho de que la quinta parte de los centros concertados hubiera incumplido la norma. EPE180700 **20 optimismo:** El conflicto *empañó* el optimismo oficial para 1997... EUV210197

D SUSTANTIVOS QUE DESIGNAN EVENTOS GENERALMENTE CONCURRIDOS O PÚBLICOS, ESPECIALMENTE SI SE REALIZAN PARA CELEBRAR O FESTEJAR ALGUNA COSA: **21 fiesta** ++: El técnico quiso mostrarse generoso para no *empañar* la fiesta... FDV180601 **22 celebración** +: Es una lástima que grupos que no representan a la mayoría de la juventud española *empañen* la celebración... EME181195 **23 espectáculo:** El espectáculo del clásico capitalino fue *empañado* por el pésimo arbitraje... DHE201097 **24 ceremonia:** ...a fin de no «*empañar*» la ceremonia de ascenso del líder nacional de su partido. DYM170796 **25 desfile:** Las autoridades temen que el primer desfile (...) se vea *empañado* por un gesto espectacular de los ecologistas... LVE140795 **26 partido:** ...los graves altercados que *empañaron* el último partido entre ambos equipos... EPE281199 **27 encuentro:** La muy crítica intervención del líder cubano y las reservas de la Santa Sede al plan de acción de la FAO *empañan* el encuentro internacional y reabren las desavenencias... LVE171196 **28 sesión –:** ...orquestas rara vez identificadas con su labor han ido *empañando* sesiones que pudieron por lo demás haber sido gloriosas. ABC090994

E SUSTANTIVOS QUE DENOTAN TRANSCURSO VITAL O PROFESIONAL. TAMBIÉN CON OTROS QUE DESIGNAN ALGUNOS DE LOS ELEMENTOS QUE CONFIGURAN ESA TRAYECTORIA: **29 carrera ++:** ...anunció a este periódico que no estaba dispuesto a dejar *empañar* su carrera. EME300494 **30 trayectoria +:** Considera que las «prácticas antisocialistas» (...) han *empañado* una trayectoria brillante al frente del Gobierno... EME201295 **31 vida:** Esa es tal vez la única nube que *empaña* su vida como madre. VIS080597 **32 pasado:** ...una frágil memoria de los hechos, no esclarecidos, que *empañan* su pasado y el de su partido. LTB130297 **33 historia:** En 1992 tres acontecimientos posteriores a la celebración de su cumpleaños número 67, *empañaron* nuevamente su historia. HOY140497 **34 historial +:** ¿La coalición con Balaguer no *empaña* su historial democrático? LVE020796 **35 biografía +:** Todos se estrellaron contra un muro nada receptivo y *empañaron* ligeramente su biografía con un baldón benévolamente juzgado... EME190896 **36 trabajo:** El mal comportamiento de uno o dos diplomáticos en modo alguno puede *empañar* el buen trabajo de la inmensa mayoría... LVE140494 **37 gestión:** El «Nani» y los GAL fueron las principales manchas que *empañaron* la gestión de Barrionuevo al frente de Interior. LVE120195

F SUSTANTIVOS QUE DESIGNAN EL VALOR O LA IMPORTANCIA DE ALGO, A MENUDO EN CONTEXTOS EN LOS QUE SE EXPRESA ESTIMACIÓN O RECONOCIMIENTO: **38 interés +:** Una estética en exceso formalista no *empaña* el interés de la trama ni el convincente trabajo de Brando o Salvatore. LVE011295 **39 importancia +:** Pero la suma de todos los engendros que llevan su firma difícilmente puede *empañar* la importancia de un puñado de títulos... EME170695 **40 valor:** Pero esto no *empaña* el valor de los análisis de Minc que, aunque tal vez exagerados, son muy preferibles al ciego optimismo. ABC211094 **41 mérito +:** Pero estas críticas no deben *empañar* los méritos reales de Popper. ABC080494 **42 trascendencia:** «Quiero destacar que la tristeza (...) no debe *empañar* mínimamente la trascendencia y la importancia que han tenido las actuaciones de Francia y España...». LVE280796

G SUSTANTIVOS QUE DESIGNAN RELACIONES Y VÍNCULOS AFECTIVOS: **43 relación +:** A este nuevo encuentro llegan sin grandes conflictos que *empañen* las relaciones en el Mercosur... CLA030199 **44 amistad +:** Fue la convivencia diaria lo que acabó por *empañar* su larga amistad. INDOC **45 idilio:** Precisamente la única mancha que *empaña* su idilio con los periodistas americanos... LVE290895

H SUSTANTIVOS QUE DENOTAN LIMPIEZA O TERSURA EN ALTO GRADO. TAMBIÉN CON OTROS QUE DESIGNAN, POR EXTENSIÓN, LO QUE SE CONSIDERA CARENTE DE AMBIGÜEDAD Y CONFUSIÓN: **46 nitidez:** ...pueden llegar a *empañar* la nitidez de la exposición, que deviene en ocasiones sinuosa y zigzagueante. ABC050393 **47 limpieza:** ...debería de ser corregida para no *empañar* la limpieza del proceso democrático. EME010396 **48 claridad:** ...un punto pícaro en sus guiños irónicos, sus choques disonantes, que ni *empañan* la claridad ni limitan la fuerza comunicativa directa. ABC221191 **49 transparencia:** ...«ninguno de los incidentes que se han producido debe *empañar* la transparencia en la adjudicación». EME270494

I OTROS SUSTANTIVOS; POSIBLES USOS ESTILÍSTICOS: ...no logran *empañar* la diáfana rotundidad de la prosa, superior a la trama de la historia. ABC280593; ...pero no es más que un solterón *empañado* por el hastío... ABC180895; Algunos incómodos «flash-backs» no *empañan* el realismo de la acción. LVE160195

empapar(se) ♦ completamente, de pies a cabeza[14], hasta los huesos[3], por completo

□ Véase también: **calar(se)**, **mojar(se)**.

emparentar ♦ de cerca[45], estrechamente[10], lejanamente

□ Véase también: **parentesco**.

empatar ♦ a domicilio[6], a duras penas[5] ♦ eliminatoria, encuentro, partido

□ Véase también: **ganar**, **perder**.

empate ♦ a domicilio[24], honroso[14], injusto, justo, merecido ♦ acabar (en), acariciar[48], alcanzar, arrancar (a alguien), bastar, conseguir, cosechar[27], deshacer, firmar[27], llegar (a), lograr, merecer, producir(se), registrar(se), sellar, sumar, terminar (en)

□ Véase también: **equilibrio**, **igualdad**.

empedernido *adj.* ■ Se combina con...

A SUSTANTIVOS DE PERSONA QUE DESIGNAN AL QUE FUMA, BEBE, JUEGA O GASTA EN EXCESO: **1 fumador ++:** Fumador *empedernido*, afectado de cáncer de pulmón y enfisema, la muerte le llegó mientras dormía... EXP020797 **2 jugador ++:** El man era un *empedernido* jugador de la lotería... ESP031100 **3 bebedor +:** De anticlerical pasó a ratón de sacristía –por lo menos en público–; de bebedor *empedernido*, a abstemio... RUM250897 **4 ludópata:** Atractiva, mentirosa, inteligente y ludópata *empedernida*... EME210196 **5 borracho:** Un borracho *empedernido* se convierte en alcalde de su pueblo... EPE180699 **6 alcohólico:** ...un alcohólico *empedernido* que galopa hacia la muerte en su recta final. LVE220796 **7 adicto:** ...por un intento del Ministro Rey de saldar una de sus numerosas deudas de juego, pues era un *empedernido* adicto. GIC114697 **8 consumista:** ...somos irresponsables, egoístas, (...) *empedernidos* consumistas, vagos, alcohólicos... EME100196

B SUSTANTIVOS DE PERSONA QUE DESIGNAN AL QUE APOYA O ADMIRA A ALGUIEN O ALGO, A MENUDO DE MANERA APASIONADA: **9 admirador:** ...yo soy un admirador *empedernido* de la literatura española, y especialmente de Valle-Inclán... ABC010494 **10 aficionado:** ...*empedernido* aficionado al ciclismo, ya está pensando en el Tour... EME150694 **11 seguidor:** En la opinión de Pinochet –seguidor *empedernido* y contumaz de las doctrinas de Diego Portales– la capacidad disuasiva de Chile ha sido fundamental... LTB141296 **12 entusiasta:** ...era un entusiasta *empedernido* del balompié... EME180694 **13 forofo:** ...fútbol nacional para los forofos más *empedernidos.* EME200796 **14 hincha:** ...es una hincha *empedernida* del Barça, como su padre. EME161195 **15 mitómano:** Mitómano *empedernido* y asiduo visitante (o revisitador) de las deidades que pueblan los altares del Olimpo... ABC140292 **16 defensor:** Defensor *empedernido* del examen de ingreso y los cupos... CLA240199 **17 activista –:** Activista *empedernido*, se convirtió en un viajero incansable para transmitir directamente... EPE150599

C SUSTANTIVOS DE PERSONA QUE DESIGNAN AL QUE REALIZA DE FORMA HABITUAL OTRAS ACTIVIDADES, GENERALMENTE LÚDICAS, ASÍ COMO AL QUE SE AFICIONA O SE DEDICA A ELLAS CON PERSISTENCIA Y ENTUSIASMO: **18 lector ++:** ...mi amigo acaso poeta es un lector *empedernido* de Pezoa Véliz... LEC280297 **19 viajero +:** Viajero *empedernido*, está siempre llano a captar las nuevas tendencias... CAP160496 **20 deportista:** Deportista *empedernido* (...), su principal cualidad humana era (...) la entrega de que hacía gala... LVE270996 **21 trabajador:** Todos sus compañeros (...) le recuerdan como un «hombre noble, investigador riguroso y trabajador *empedernido*». EME120995 **22 cinéfilo:** Cinéfilo *empedernido*, imagina Talens un escenario de novela gótica... ABC111194 **23 bibliófilo:** La propia sor Juana Inés de la Cruz y Góngora fueron bibliófilos *empedernidos.* PME171196 **24 melómano:** La música corrió a cargo del novio, un melómano *empedernido...* EME130196 **25 coleccionista:** Este guía veterano y coleccionista *empedernido* de folletos tiene una colección de miles de ejemplares... LVE140795 **26 bibliómano:** ...quien firma estas líneas es bibliómano *empedernido...* ABC160695

D OTROS SUSTANTIVOS DE PERSONA, MÁS FRECUENTEMENTE SI DESIGNAN AL QUE PRACTICA ALGÚN HÁBITO QUE DESTACA SOCIALMENTE: **27 mujeriego +:** ...aparte de ser un mujeriego *empedernido* empezó a gustarle la piedra, vicio que continuó dañándolo hasta el presente. ESP010897 **28 romántico +:** ¿No demuestran estas palabras que era un romántico *empedernido*? GIC072597 **29 seductor:** ...coincide en itinerario con el de un camión conducido por un seductor *empedernido.* LVE230996 **30 noctámbulo:** El «after hours» se presenta como la alternativa necesaria para el trabajador de noche, para el noctámbulo *empedernido.* EME050295 **31 juerguista:** ...tenía dos caras. A la de eficiente fontanero y ejemplar padre de familia, se unía «la de juerguista *empedernido*» según quienes le conocen. EME011095 **32 trasnochador:** ...era trasnochador *empedernido*, y le encantaba caminar a la buena de Dios o ir de visita donde amigos. HOY281283 **33 nostálgico:** ...era un nostálgico *empedernido* de aquella época... ABC090695 **34 monárquico:** ...era además un monárquico *empedernido.* EME241295

E OTROS SUSTANTIVOS; POSIBLES USOS ESTILÍSTICOS: ...aportará ventajosas defensas a los perjudicados y serios inconvenientes legales a los morosos *empedernidos...* LVE021196; Figuras gloriosas, pedantes *empedernidos* (...) ejercitaban uno de los más enraizados deportes hispánicos: perder el tiempo... EPE210800

☐ Véase también: **compulsivo.**

empeñar(se) ♦ **a conciencia[3], a toda costa[7], contra viento y marea[14], denodadamente, febrilmente, frenéticamente, hasta el cuello[11], hasta las cejas[2], tenazmente[19], vanamente**

☐ Véase también: **dedicar(se), echar(se) (a), entregar(se), esforzarse, lanzarse (a), volcar(se).**

empeño ♦ **acendrado[42], arduo[13], arriesgado, colectivo, común, consciente, decidido, denodado[2], desaforado[48], desmedido[21], digno, encomiable, enconado[55], escaso, esforzado, especial, estéril, febril[3], firme, frenético[31], generoso, indudable, inútil, irrefrenable[20], loable, máximo, mayor, noble, numantino[22], obstinado, particular, personal, pertinaz[15], sacrificado, tenaz[6], valeroso, vano[3], vivo** ♦ **con** ♦ **manifestación (de)[28]** ♦ **abandonar, ceder (en), cejar (en)[1], dedicar[5], derrochar[21], desistir (de), desmayar (en), fallar (en), fracasar (en), invertir[5], malograr(se)[16], mostrar, obstinar(se), perseverar (en)[1], persistir (en)[17], poner (en algo), tener (en algo)**

☐ Véase también: **abnegación, afán (de), a trancas y barrancas, bravamente, contra viento y marea, sacrificio, tesón.**

empeoramiento ♦ **a** {corto/medio/largo} **plazo, acusado[13], apreciable, brusco[85], grave, irremediable, irreversible, lento, notable, ostensible[17], palpable[26], patente, paulatino, peligroso, perceptible, progresivo, pronunciado, serio, severo, sistemático, visible**

☐ Véase también: **deterioro, mejora.**

EMPEORAMIENTO Véase: DETERIORO; PÉRDIDA

empeorar ♦ **a marchas forzadas[34], a ojos vista[10], considerablemente[33], drásticamente[25], enormemente, espectacularmente, gradualmente[18], gravemente[11], irremediablemente[16], manifiestamente, notablemente, ostensiblemente[6], paulatinamente[10], peligrosamente[22], progresivamente[10], seriamente[30]**

☐ Véase también: **mejorar.**

empezar ♦ **a lo grande[18], a medio gas[14], a tope[16], a trancas y barrancas, con** {buen/mal} **pie[2], de cero[1], desde el principio**

☐ Véase también: **abrir(se), acabar, arrancar, comenzar, inaugurar, iniciar.**

empíricamente ♦ **comprobar, constatar, demostrar, probar, verificar**

emplear ♦ **abundantemente[43], abusivamente[3], a conciencia, a discreción[14], con cautela[65], inútilmente[26], profusamente[16], sin límite**

☐ Véase también: **aplicar, emplearse, funcionar, gastar, manejar, manipular, usar.**

emplearse ♦ **a conciencia, a fondo[18]**

☐ Véase también: **emplear.**

empleo ♦ **abusivo[19], directo, fijo, indirecto, permanente, precario[9]** ♦ **abusar (de)[47], buscar, con-**

seguir, conservar[2], dar[246], encontrar, estimular, incentivar, mantener, remunerar, rescindir[6], solicitar, tener

□ Véase también: **cargo, función, funcionamiento, manejo, ocupación, uso.**

EMPLEO Véase: *USO Y APLICACIÓN*

EMPLEO Véase: USO

empotrado ♦ armario

emprender *v.* ▌ En el sentido de 'acometer o comenzar' se combina con sustantivos temporales *(etapa, ciclo, periodo, fase)* y también con...

A SUSTANTIVOS QUE DENOTAN TRAYECTO, CURSO O RECORRIDO, SEA FÍSICO O FIGURADO: **1** camino ++: Cuando tenía 10 años sus padres *emprendieron* el camino de la emigración. LVE030294 **2** travesía +: ...los familiares de los soldados decidirán si *emprenden* una travesía por la zona rural para tener algún contacto con la guerrilla. EPC160198 **3** carrera +: ...Madrid se apresta a *emprender* la carrera en la que había quedado rezagada con respecto a Barcelona y Sevilla. LRE220103 **4** aventura +: ...y el empresario navarro decide *emprender* su aventura hotelera en solitario, constituyendo la cadena Zenit. DDN050599 **5** vuelo +: Durante sus primeros años, bajo la dirección de Oscar Augusto Machado Zuloaga, la firma *emprendió* un rápido vuelo hacia el éxito. ENH300697 **6** gira +: Se estrenará el día 17 y, tras permanecer un mes en la cartelera, *emprenderá* una gira por toda España. EME101095 **7** viaje +: Después de la gira española de Raíz, Pedro Guerra *emprenderá* su viaje a las américas... CAN300499 **8** recorrido: ...el bueno de Leopold Bloom –personaje vulgar, esposo, padre, amigo, amante y cornudo– *emprende* un recorrido por el laberíntico Dublín. LVE170695 **9** trayecto: El Barcelona se queda sin duende, *emprende* el trayecto de vuelta tras un periodo de absoluto esplendor. EME090195 **10** rumbo –: ...y señaló que la caravana que *emprendió* ayer rumbo hacia Córdoba y Madrid «está abocada al fracaso». LRE140103 **11** ruta: Es el año 2047 y otra nave, la Lewis & Clark, *emprende* la ruta del rescate... HOY011297 **12** expedición: Estamos ante el relato de la expedición que Mathiessen y George Schaller *emprendieron* hacia la Tierra de Dolpo... ABC040294

B SUSTANTIVOS QUE DENOTAN PARTIDA O HUIDA: **13** huida ++: Presos del nerviosismo, los asaltantes dejaron el botín, y *emprendieron* la huida a España. FDV160601 **14** fuga ++: Los ocupantes del Cessna *emprendieron* la fuga en vehículos bajo la mirada de policías y militares... ETC130297 **15** marcha ++: «No tenemos la menor idea de cómo vamos a vivir ahora, pero no podemos permanecer aquí esperando que nos degüellen», asegura otra de las personas que han *emprendido* la marcha. EPD090197 **16** retirada ++: Recién en diciembre deberá respirar hondo y juntar las cosas de su despacho para *emprender* la retirada. ECA030792 **17** éxodo: ...acoger con garantías de seguridad a los miles de personas que *emprenden* el éxodo para huir de la muerte. EME180594

C SUSTANTIVOS QUE DENOTAN LUCHA Y CON ALGUNOS QUE DESIGNAN OTRAS FORMAS DE ACCIÓN OFENSIVA, GENERALMENTE BÉLICA. SE USAN FRECUENTEMENTE EN SENTIDO FIGURADO: **18** batalla ++: ...*emprendió* una batalla en los tribunales para lograr la nulidad «absoluta» del proceso de privatización... DLA190797 **19** guerra: ...ha pedido a los consumidores que *emprendan* una guerra comercial contra Francia, con un boicot total contra sus productos y contra las grandes superficies... LVE220495 **20** lucha: ...sólo apoyará las luchas que *emprendan* los sectores populares en defensa de sus reivindicaciones. DLA110497 **21** asalto +: Los socialistas *emprenden* un nuevo asalto a la fortaleza de Jordi Pujol. LVE301095 **22** ofensiva: El Gobierno de Nicaragua *emprenderá* una ofensiva diplomática internacional este año con el objeto de conseguir una reducción de la deuda exterior nicaragüense... DLA280297 **23** ataque: ...sus aviones preparados en las bases aéreas de Nápoles para *emprender* nuevos ataques contra posiciones serbias en Bosnia. EME280595 **24** oposición: El memorándum de entendimiento nunca llegó a difundirse porque los kelpers se enteraron del proyecto antes de lo esperado y *emprendieron* una feroz oposición... CLA020199 **25** cruzada: ...y a *emprender* una especie de cruzada contra quienes preferían un tipo de poesía distinto al que él buscaba... EPE041001

D SUSTANTIVOS QUE DESIGNAN ACCIONES O ACTUACIONES A MENUDO SUJETAS A UN PLAN: **26** acción ++: ...decidió ayer *emprender* acciones legales contra el Gobierno, como responsable de las escuchas telefónicas de las que ha sido objeto... EME140695 **27** obra: Muchos años después ha *emprendido* una obra titánica, una edición del «Ulises» con 170 páginas de notas. EME280796 **28** actuación: Pero según Rivero, las últimas actuaciones que se están *emprendiendo* desde todos los organismos, tanto Gobierno Regional, Central, Cabildo y Ayuntamientos... CAN080101 **29** campaña: Pero obligado por sus hombres a poblar en la costa mexicana, *emprende* una campaña política de pactos cuya finalidad es establecer un nuevo orden... ABC160493 **30** operación: Decenas de policías y militares ocuparon el presidio tras el incidente y *emprendieron* una operación de búsqueda de los huidos. DLA281097

E SUSTANTIVOS QUE DENOTAN PLAN DE ACTUACIÓN O EJECUCIÓN DESTINADO A LLEVAR A CABO UNA DETERMINADA ACCIÓN. TAMBIÉN CON OTROS QUE DESIGNAN CIERTOS RECURSOS QUE SE PONEN EN ESAS EMPRESAS: **31** programa +: ...que en 1996 *emprendió* el programa de estancias de niños rusos en Asturias... EPE280999 **32** proyecto +: La dependencia *emprenderá* proyectos conjuntos con autoridades y organizaciones civiles de ese país y de mexicanos residentes en el mismo... DYM230796 **33** política: ...para *emprender* una «política de austeridad dirigida a reducir el déficit público, controlar la inflación». EME040596 **34** medida: ...mediante el cual se establece la cooperación entre las dos instituciones para *emprender* medidas concretas de interés mutuo. EUV170498 **35** plan: ...el BBV ha *emprendido* un plan de remodelación de la imagen y mobiliario de sus oficinas, en el que invertirá 1.000 millones. LVE150695

F SUSTANTIVOS QUE DENOTAN TAREA, LABOR O ACTIVIDAD. TAMBIÉN CON OTROS QUE DESIGNAN LA INTENCIÓN DE ACTUAR CON OBJETIVOS PREESTABLECIDOS: **36** tarea ++: Se *emprende* la tarea de movernos hacia una economía única y una política única'. DDN050599 **37** negocio ++: ...alguna información propia para votar, para trabajar, para comprar, *emprender* un negocio, hacerse socio de un club... EPE041101 **38 sesión:** Wall Street *emprendió* la sesión al alza, gracias al favorable entorno internacional. LVE090995 **39 cometido:** Para *emprender* su cometido, lo primero que hace James, es enfundarse en un traje de buzo... LTB030297 **40 labor:** ...por el margen de confianza que se merece quien *emprende* su labor sin cometer errores de mayor peso. EME120896 **41 actividad:** ...le obligó a intentar asentarse al otro lado de la frontera y dirigir sus actividades desde aquí o *emprender* otras nuevas. LVE170696 **42 misión:** Para hacerlo, *emprendí* muchas misiones, enfrentando no sólo las dudas de los demás, sino también las mías. CLA230199 **43 trabajo:** ...organizar actividades de auto-ayuda y *emprender* trabajos colectivos para mejorar las condiciones de vida de una localidad. DYM040796 **44 iniciativa:** La iniciativa *emprendida* por el Gabinete Socioeconómico del Plan Urban ha partido de un análisis previo de la oferta de servicios... CAN250599 **45 intento:** ...que recoge el clima obsesivo de un internado de monjas en el que una de ellas *emprende* el intento de seducir al único sacerdote. EPE300700

G SUSTANTIVOS QUE DENOTAN CAMBIO, A MENUDO DE NATURALEZA RENOVADORA. TAMBIÉN CON OTROS QUE DESIGNAN LA VUELTA A UNA SITUACIÓN ANTERIOR: **46 reforma ++:** ...el gobierno no logró fortalecer el Estado, ni *emprender* grandes reformas... CLA120297 **47 regreso ++:** La jornada de paro coincidió con el comienzo del fin de semana, cuando muchos universitarios *emprenden* el regreso a sus casas. LVG231191 **48 cambio:** Dijo que en cuanto a la CDE se debe *emprender* un cambio en la conducción de la empresa de energía eléctrica para eficientizar sus labores. DED041096 **49 mudanza:** Marcelo en aquel instante tuvo un proyecto delante y decidió sin tardanza *emprender* una mudanza. ABC070292 **50 reconversión:** El gobierno francés *emprende* la reconversión industrial, que prevé la pérdida de numerosos puestos de trabajo. LVE090196 **51 reestructuración:** La Dirección General de la Guardia Civil ha *emprendido* una reestructuración orgánica de todos sus servicios centrales... EPE231101 **52 regeneración:** ...que en las pasadas elecciones prometió *emprender* una regeneración democrática que aún sigue pendiente. EME060996

H SUSTANTIVOS QUE DENOTAN BÚSQUEDA, PERSECUCIÓN Y OTRAS FORMAS DE ACCIÓN ORIENTADA: **53 búsqueda ++:** ...*emprende* la búsqueda del mercado que perdió en los últimos dos años. ETC010796 **54 investigación +:** ...aprovechó para recordar que el Gobierno ha *emprendido* una investigación para saber dónde está el dinero del estudio... CAN291100 **55 negociación:** Hasta ahora las negociaciones *emprendidas* comprenden sólo a los conjuntos europeos. CLA300199 **56 proceso:** Acabada la guerra, la fábrica *emprendió* un proceso de ampliación de su recinto... DDN050599 **57 estudio:** ...que acaba de *emprender* un estudio internacional con Antonio Bayés de Luna, director del Instituto Catalán de Cardiología... EPE260900

I SUSTANTIVOS QUE DESIGNAN DIVERSAS ACTUACIONES, A MENUDO DE NATURALEZA REIVINDICATIVA, EN LAS QUE SE MANIFIESTA OPOSICIÓN A ALGÚN ESTADO DE COSAS: **58 huelga:** ...los deterioros y problemas de salud que afrontan las personas que han *emprendido* la huelga de hambre... LHG280900 **59 movilización:** Las federaciones de pensionistas de CCOO y UGT reiteraron ayer su amenaza de *emprender* movilizaciones. EME040996 **60 revolución:** ...el Gobierno laborista que en mayo de 1997 echó a andar, con una mayoría absoluta casi única en el siglo, sí ha *emprendido* una gran revolución en el Reino. EPE160700 **61 sentada:** ...y ha prometido no *emprender* más sentadas en los árboles situados en las propiedades de la compañía. EPE201299

J ALGUNOS SUSTANTIVOS QUE DENOTAN ACCIÓN ADMINISTRATIVA U OFICIAL: **62 diligencia:** El registro forma parte de las diligencias *emprendidas* por el juzgado de instrucción número 17 de Barcelona... LVE280695 **63 trámite:** Ayer mismo *emprendió* los trámites para iniciar una investigación y solicitó a Interior un informe sobre la operación... EPE100999 **64 gestión:** Rabat ha *emprendido* gestiones diplomáticas ante varias capitales de Europa para «denunciar las artimañas»... EME260595

▩ Se combina también con: ♦ **animosamente, decididamente**[19]**, por cuenta {ajena/propia}**

☐ Véase también: **afrontar, embarcarse (en), emprender(la) (a), encarar, hacer frente (a), lanzarse (a), trabar, volcar(se).**

emprender(la) (a) ♦ bofetada, golpe, grito, palo, patada, puntapié, tiro, voz

☐ Véase también: **arrear, asestar, emprender, endosar, lanzar, propinar, sacudir(se), soltar.**

empresa ♦ arduo[4], arriesgado, boyante[1], competitivo[18], consignatario, de capa caída[1], deficitario, dinámico, estable, floreciente, gran(de), improductivo, inhumano[5], insolvente, lucrativo, mediano, pequeño, privado, productivo, próspero, proveedor, público, pujante, puntero, ruinoso, solvente, subsidiario, transnacional ♦ a pique[10] ♦ acometer, administrar, afrontar, aglutinar[10], ahuyentar[35], arruinar(se), boicotear, capitalizar(se), capitanear[37], centralizar, constituir, crear, dedicar(se) (a algo), descapitalizar(se), desestabilizar, desmembrar(se)[26], desmontar, dinamizar, dirigir, disolver(se), embarcarse (en), encarar, endeudar(se), enrolar(se) (en)[7], expandir(se), expansionar(se), explotar, formar, fraguar(se)[47], gestionar, gobernar, hundir(se), industrializar, intentar, invertir (en), llevar adelante, montar, operar (en algo), plegarse (a), privatizar, prosperar[48], quebrar, reactivar, reflotar, refundir, regentar, renovar, sacar a flote, salir a flote, sanear, sangrar, sostener, surgir, trabajar (en)

☐ Véase también: **asociación, aventura, labor, organismo, organización, tarea, trabajo.**

EMPRESA Véase: ORGANIZACIÓN

empresario ♦ boyante[38], destacado, emprendedor ♦ arruinarse, tener éxito, triunfar

empujar ♦ a la baja[25], con fuerza, fatalmente, fuertemente[29], inexorablemente[13], irresistiblemente, pesadamente[11]

empuje ♦ arrollador[19], avasallador, continuo, dinámico, económico, fuerte, imparable[43], inicial, innovador, irrefrenable, irresistible[30], notable,

poderoso, potente, sostenido, uniforme ♦ ante, con, sin ♦ gracias (a) ♦ actuar (con), aguantar, detener, experimentar, frenar, parar, perder, resistir, sostener, tener, tomar, vencer
☐ Véase también: **brío, fuerza, ímpetu, impulso.**

[empujón] → **a empujones, a empujón limpio**

empujón ♦ brusco[60], contundente, decisivo, definitivo, económico, final, financiero, fuerte, importante, inicial, ligero, necesario, pequeño, súbito, violento ♦ aguantar, dar[228], esquivar, necesitar, pegar[15], propinar, recibir, resistir, sufrir
☐ Véase también: **golpe (de), impulso.**

empuñar ♦ arma, batuta, cuchillo, espada, fusil, navaja, pistola
☐ Véase también: **blandir, enarbolar.**

en abierto ♦ canal, emisión, fútbol, partido, programación, retransmisión, televisión ♦ difundir, emitir, ofrecer, retransmitir, televisar, transmitir
☐ Véase también: **en diferido, en directo.**

en activo ♦ médico, militar, persona, profesional, profesor, trabajador, *otros sustantivos que designan profesiones*

en alza ♦ acción, actividad, artista, autor, consumo, cotización, credibilidad, demanda, deportista, economía, equipo, expectativa, fenómeno, figura, género, ideal, ideología, indicador, jugador, mercado, moda, negocio, opción, participación, personaje, político, popularidad, precio, prestigio, sector, servicio, táctica, tarifa, tasa, temperatura, tendencia, turismo, valor ♦ cerrar, estar, mantenerse, seguir
☐ Véase también: **a la baja, rampante.**

enamorar(se) ♦ a primera vista, ciegamente[16], como (un) loco[23], hasta el tuétano[12], hasta la médula, locamente, paulatinamente, peligrosamente, perdidamente, platónicamente, profundamente[12], rendidamente

[enano] → **como un enano**

en aras (de) *loc.prep.* ▮ Admite la variante, menos usada, *en aras a.* Se combina con infinitivos *(en aras de mantener la unidad; en aras de lograr mejores beneficios).* Se combina asimismo con...

A SUSTANTIVOS QUE DESIGNAN ESTADOS CARACTERIZADOS POR LA ESTABILIDAD, LA PAZ O LA ARMONÍA: **1 estabilidad ++:** ...el Ministerio del Trabajo podrá evitar despidos masivos o reducción de personal *en aras* de la estabilidad... EUV091096 **2 seguridad ++:** En aras de la seguridad, la FIA ha tomado una serie de medidas para reducir la velocidad de los coches... LVE240395 **3 equilibrio:** Quizá pueda alcanzar, *en aras* del equilibrio geográfico, la vicepresidencia... EPD101197 **4 armonía:** Ya estamos viendo las consecuencias *en aras* de la armonía. EPE080999 **5 amistad:** Porque éste no solamente no tiene nada que dar, sino que, si te descuidas, *en aras* de la amistad te quedas sin cincuenta millones... EME160295 **6 paz:** Y, en este caso, sabe que, *en aras* de la paz, tiene buena imagen dialogar con «rebeldes políticos»... ENH141100 **7 libertad +:** ...arriesgaron sus vidas *en aras* de la libertad de su patria. DLA170697 **8 concordia:** ...el Gobierno decidió perdonar *en aras* de la concordia nacional a los miembros de la Junta Militar... EME200795 **9 entendimiento:** ...habló de «sacrificios personales y políticos» *en aras* del entendimiento con CiU... LVE150396 **10 tranquilidad:** En aras de la tranquilidad, se deja que asesinos y ladrones se hagan autorizados portavoces de la ética y de la justicia. EME100696 **11 sosiego:** UGT pide la jornada escolar continua en Alcalá «*en aras* al sosiego». EPE061199 **12 normalidad:** Claro que debería dimitir, *en aras* a la normalidad democrática. EME260595

B SUSTANTIVOS QUE DENOTAN COMODIDAD, BIENESTAR Y OTROS ESTADOS Y OBJETIVOS QUE SE CONSIDERAN BENEFICIOSOS PARA LAS PERSONAS O LAS COMUNIDADES: **13 comodidad:** Ha desaparecido el encanto *en aras* de la comodidad, pero los melómanos han recuperado el santuario mudo desde julio del 92. EME300594 **14 bienestar:** El gobierno no obstruye la iniciativa privada, sino que la favorece *en aras* del bienestar de los mendocinos. LPA210592 **15 bien común:** ...denotan una conciencia ciudadana verdaderamente admirable y un espíritu de sacrificio *en aras* del bien común... ETC190597 **16 confort:** Todo *en aras* del confort, de la comodidad. EXC230996

C SUSTANTIVOS QUE DENOTAN CLARIDAD U ORDEN: **17 transparencia +:** ...optó por acudir a la justicia *en aras* de la transparencia. EPE031299 **18 objetividad +:** ...*en aras* de la objetividad de las pruebas, las Universidades de Alicante y Miguel Hernández pondrán todas las garantías para homogeneizar los criterios... EPE080699 **19 claridad:** La oposición ha pedido repetidamente al equipo de gobierno que modifique, «*en aras* de la claridad», el sistema retributivo de los concejales. EPE041199 **20 orden:** A través de la represión normativa y *en aras* de un orden social, la institución constriñe expresiones, manifestaciones... ETC111196 **21 credibilidad:** A Robertson le tocará convencer a los socios europeos de la necesidad de corregir ese desfase *en aras* de la credibilidad y la armonía de la Alianza. EPE050899

D SUSTANTIVOS QUE DENOTAN CALIDAD, PROPIEDAD O EFICACIA EN LA REALIZACIÓN DE LAS ACCIONES O EN LA TOMA DE DECISIONES: **22 eficacia +:** ...no puede eludirse el cumplimiento de la ley (...) *en aras* de la eficacia... LVE020795 **23 efectividad:** Todo ello, explicó, *en aras* de una mayor efectividad. EME200696 **24 rentabilidad:** ...los periodistas se alejan de la actualidad *en aras* de la rentabilidad. EPE130900 **25 calidad:** ...Bruselas señala con carácter general que el reparto se haga fundamentalmente *en aras* de la calidad... EPE011199 **26 desenvolvimiento:** ...el Concejo (...) podrá establecer competencias administrativas (...) *en aras* del mejor desenvolvimiento y superación de la comunidad... EUV170498 **27 eficiencia:** Y *en aras* de esa eficiencia contrajo matrimonio... EME030995 **28 rigor:** En aras del rigor presupuestario el Departament de Benestar Social parecía uno de los predestinados a la desaparición. LVE060696

E SUSTANTIVOS QUE DESIGNAN DIVERSOS VALORES HUMANOS, MÁS FRECUENTEMENTE SI SE RELACIONAN CON

LA CONSIDERACIÓN QUE SE TIENE DE ALGO O LA INCLINACIÓN FAVORABLE HACIA LOS DEMÁS: **29 solidaridad:** ...es una medida dura, que se ha adoptado *en aras* de la solidaridad... LVE260796 **30 tolerancia:** ...vale que, *en aras* de la tolerancia y la comprensión universales, el entrenador del Athletic sea holandés... EME270895 **31 respeto +:** Numerosos periodistas han pedido a Ruiz-Mateos (...) que retire la querella contra Martín Prieto *en aras* del respeto a la libertad de expresión. EME151295 **32 comprensión:** Los derechos humanos son universales y no cabe aceptar su merma (...) *en aras* a una pretendida comprensión de otras culturas. EME231195 **33 compromiso:** Alemania renunció, finalmente, a la profunda reforma presupuestaria que quería *en aras* de un compromiso... EPE270399 **34 convivencia:** Fue la otra mitad la que cedió, *en aras* de la convivencia... EPE170699 **35 idealismo:** Es la pescadilla que se muerde la cola(...), *en aras* de un idealismo librecambista que todo el mundo proclama y nadie se decide a practicar. LVE030294 **36 igualdad:** Finalmente, y *en aras* de la igualdad de sexos, subirá al trono el primogénito, ya sea varón o mujer. EME200896

F SUSTANTIVOS QUE DENOTAN CAMBIO, GENERALMENTE POSITIVO: **37 progreso +:** ...María en un alarde de filantropía lo oferta *en aras* del progreso de la ciencia médica. LVE150395 **38 desarrollo:** ...el hinduismo es un fuerte obstáculo para quienes, *en aras* del desarrollo, desean modernizar las explotaciones agrícolas... EME050395 **39 crecimiento:** En aras del crecimiento económico es necesario ignorar la triste mirada de la viuda de García Goena... EME180195 **40 superación:** ...nuevas medidas que se intentó *en aras* de la superación de una crisis larga y traumática. INDOC **41 renovación:** ...quiso ser el primero en sacrificarse *en aras* de la renovación. EPE310899 **42 cambio:** Porque estos dos lo hacen *en aras* del cambio, de la «rectificación», de la «regeneración». EME260694 **43 mejora:** Aunque se equivocaron, hay que pensar que lo hicieron *en aras* de la mejora general de la situación. INDOC

G SUSTANTIVOS QUE DENOTAN BENEFICIO: **44 interés +:** En un partido donde, *en aras* de los intereses de grupo, se respeta muy poco la conciencia del individuo... EME120295 **45 beneficio +:** ...las reformas deberán hacerse cuanto antes, *en aras* del beneficio de todos. SVG020497 **46 ganancia:** Por ello no resulta nada extraño que los comerciantes, *en aras* de las ganancias (...), elaboren (...) perfectas imitaciones de armas. GIC260700

H SUSTANTIVOS QUE DENOTAN UNIDAD O UNIFORMIDAD. TAMBIÉN CON OTROS QUE DESIGNAN ALGUNAS ACCIONES QUE CONSISTEN EN LLEVAR A CABO ESOS OBJETIVOS: **47 unidad ++:** Ortega dijo que estaba dispuesto a retirarse *en aras* de la unidad. PME070796 **48 consenso +:** En aras al consenso, socialistas y andalucistas están dispuestos a aceptar... EPE241099 **49 unanimidad:** En aras de la unanimidad de los cinco miembros de la comisión, las críticas se han suavizado... EPE270900 **50 acuerdo:** ...*en aras* del acuerdo decidió apoyar la propuesta del Gobierno. EPE111299 **51 coherencia:** ...se encuentra en la situación de tener que asumir responsabilidades complicadas *en aras* de su coherencia comunista. EPE261299 **52 cohesión:** Los socialistas optaron por el aplazamiento *en aras* de la «cohesión de la mayoría gubernamental». EPE191199 **53 reunificación:** Incluso la nueva Alemania, *en aras* de la reunificación, no ha tenido más remedio que grabar los nombres... EPE060800

I SUSTANTIVOS QUE DESIGNAN DIVERSAS MANIFESTACIONES SOCIALES O ARTÍSTICAS: **54 arte:** ...surge el dilema de si es o no ético sacrificar la inocencia de una niña *en aras* del arte. EME150996 **55 cultura:** En aras de la cultura (...) los mandatarios institucionales toman decisiones que afectan a la vida ciudadana... EPE121299 **56 creación:** Ahí desarrolla su visión de Poe como uno de los «lamentables Cristos del arte», que se autoinmolan *en aras* de su creación. LPN130397 **57 espectáculo:** ...han acusado a los responsables del reportaje de «inventar» la historia *en aras* del espectáculo televisivo. EME140495

enarbolar *v.* **I** Se combina con sustantivos que designan diversos objetos físicos que se exhiben, a menudo para reclamar alguna cosa *(trofeo, pañuelo, pancarta, cartel)*. Se combina también con sustantivos que designan armas *(machete, arma, espada, hacha)* u objetos susceptibles de ser empleados como tales *(candelabro, perchero, garrote)*. Acepta también sustantivos que designan partes de las extremidades superiores que pueden moverse como expresión o manifestación de diversas intenciones *(dedo, puño, brazo)* y con otros que expresan diversas tendencias o ideologías *(patriotismo, marxismo, nacionalismo)* que se interpretan figuradamente como banderas. Se combina asimismo con...

A SUSTANTIVOS QUE DESIGNAN PABELLONES, EMBLEMAS, DISTINTIVOS Y OTROS SÍMBOLOS. SE USAN MUY A MENUDO CON INTERPRETACIÓN FIGURADA: **1 bandera ++:** No es diferente a *enarbolar* la bandera nacional como símbolo de una campaña electoral... LRU071199 **2 enseña +:** ...es el momento de arriar banderas de combate para *enarbolar* la enseña de paz y concordia que pide la mayoría del pueblo boliviano... LTB030297 **3 insignia:** ...y en un ambiente inquietante, se *enarbola* la insignia agorera y desaprensiva de la riqueza y de los negocios fáciles... EUV060499 **4 estandarte:** Pero *enarbolar* en Francia el estandarte de la República carece de poder diferencial, de atracción específica... EPE060900 **5 símbolo:** ...el presidente Jiang Zemin intentará *enarbolar* unos símbolos poderosos de autoridad y continuidad política cuando hable desde lo alto de la Puerta de la Paz Celestial... EPE260999 **6 imagen:** Contrariamente a otros de su partido que acudían al Cerro del Cubilete *enarbolando* la imagen de Cristo Rey... EPE050700

B ALGUNOS SUSTANTIVOS QUE DENOTAN RECLAMACIÓN, EXIGENCIA O ASPIRACIÓN: **7 reivindicación +:** ...ni el Gobierno tiene la voluntad de exterminar a un grupo insurgente que *enarbola* las más nobles reivindicaciones de los indígenas. LVE180296 **8 pretensión:** El hermano pequeño, listísimo también, *enarbola* una pretensión anacrónica en este crudo país nuestro: el derecho al dandismo. EME180295 **9 demanda:** ...para *enarbolar* sus demandas salariales en la antesala de la negociación del contrato colectivo de trabajo. EXC031000

C SUSTANTIVOS QUE DESIGNAN DE DIVERSAS FORMAS LO QUE SE PIENSA, SE CREE, SE SOSTIENE O SE PROPONE ALGUIEN LLEVAR A CABO: **10 mensaje:** Y lo hizo *enarbolando* el mensaje central de su programa: «El resurgimiento de Andalucía». EPE121299 **11 idea:** Porque un partido político puede fijarse muchas metas: defender intereses o combatirlos, *enarbolar* ideas o arrumbarlas... EPE120399 **12 premisa:** Pues bien, ahora que se da una de las premisas *enarboladas* por quienes se la cogían con papel de fumar... EPE120999 **13 propuesta:** La propuesta *enarbolada* ayer por Euskal Herritarrok para congelar las tarifas del precio del autobús en San Sebastián... EPE141099 **14 postura +:** ...el asegurar si el suceso se produjo gracias a mantener esas posturas, y no a pesar de *enarbolarlas*. EPE011284 **15 consigna:** Esto de colgarse medallas como izquierdista mientras se habla (...) de que es amargo que se *enarbole* la consigna de la no intervención... EME051296 **16 ideología:** ...Milosevic *enarbola* la ideología de un nacionalismo excluyente. EME040694 **17 tesis:** Es la tesis que sustenta lady Thatcher y la que *enarbolan* los euroescépticos de la más diversa procedencia. LVE170896 **18 discurso:** ...y el hombre le pega a todo lo que se mueve, *enarbola* un discurso ecológico y se viste con las mismas chaquetas largas y anchas... HOY081297 **19 manifiesto:** ...todo el país escuchó su famoso discurso «I've had a dream» («He tenido un sueño»), un manifiesto *enarbolado* por igual por negros y blancos. EME221095

D SUSTANTIVOS QUE DESIGNAN DERECHOS, ASPIRACIONES COMUNES O NATURALES Y DIVERSOS FUNDAMENTOS ÉTICOS DE LA CONDUCTA: **20 principio +:** ...ha sido secuestrado por los mismos que, hace 40 años, *enarbolaban* los principios de la Constitución de 1940... EPE130199 **21 valor +:** De ahí puede derivarse, por último, la resistencia oficial a creer que el EZLN *enarbola* valores de cambios y transformaciones integrales de orden social... PME020297 **22 derecho +:** También criticó que se *enarbole* el derecho a la libertad de expresión sin ningún límite... EME130394 **23 verdad:** Forma parte del debate ideológico. En el que se *enarbola* la verdad y la virtud como argumento... LVE110795 **24 honra:** La primera costumbre de un dandy, de un hombre como él, es *enarbolar* la honra de la dama que se le cruza de tal manera en el camino. EME250295 **25 libertad:** La red enfrenta a los que *enarbolan* la libertad de expresión y a los añejos defensores de la moral. EME131096 **26 código –:** ...una concepción tradicional de la familia, agravado por un padre que *enarbola* el código del honor calderoniano. EME091196

E SUSTANTIVOS QUE DENOTAN MANTENIMIENTO O SOSTENIMIENTO DE ALGO: **27 defensa +:** Asimismo, la defensa del empleo en los astilleros andaluces fue *enarbolada* por diversos grupos políticos e instituciones. LVE140795 **28 interés:** ...que nunca ha beneficiado al colectivo más débil cuyo interés *enarbola*. EME220595 **29 protección:** Todos los partidos ecologistas *enarbolan* la protección del medio ambiente como parte sustancial de su programa. INDOC

F SUSTANTIVOS QUE DENOTAN PRECEPTO, REGLA, DISPOSICIÓN, MANDATO O DECISIÓN, GENERALMENTE LEGAL O ADMINISTRATIVA: **30 constitución:** ...que *enarbola* la Constitución como emblema de sus aspiraciones inmediatas y que se sirve de las libertades definidas en ella para expresar sin tapujos sus opiniones... EME131096 **31 decreto:** ...dijo que su partido no puede tener confianza «en una formación política que *enarbola* decretos del final de la Guerra Civil»... LVE140595 **32 edicto:** De los congresistas norteamericanos que se presentaron como supuestas cabezas de turco para *enarbolar* este edicto de venganza... EME221195 **33 expediente:** El PSOE *enarboló* los siguientes expedientes fiscales para argumentar estos «fallos» de Hacienda... EPE301001 **34 resolución:** ...llevamos cinco años *enarbolando* las resoluciones de la ONU y de la Unión Europea... EPE111001 **35 sentencia:** El primero *enarbola* una reciente sentencia judicial que reconoce a la Iglesia como dueña de un terreno en el que ahora hay un parque infantil. EPE221101

☐ Véase también: **abanderar, blandir, empuñar, esgrimir.**

enarcar ♦ **ceja**

☐ Véase también: **arquear.**

enardecer(se) *v.* ▮ Se combina con diversos sustantivos que designan personas o colectivos, especialmente si expresan una aglomeración de individuos *(muchedumbre, multitud, cofradía, público)* o se refieren al seguidor constante o voluntarioso de algo o alguien *(fiel, fan, seguidor)*. También se combina con...

A SUSTANTIVOS QUE DENOTAN ESTADO ANÍMICO, GENERALMENTE DE INCLINACIÓN O EXALTACIÓN INTENSA. TAMBIÉN SE COMBINA CON ALGUNOS SUSTANTIVOS QUE DESIGNAN METONÍMICAMENTE ESAS NOCIONES: **1 ánimo ++:** Es claro que discusiones políticas *enardecieron* los ánimos de muchos... EUV061196 **2 pasión +:** ...todavía persisten las dudas y las pasiones siguen *enardecidas*... EPE240877 **3 frenesí:** El dominicano es la sublimación del optimismo exaltado y del frenesí *enardecido*. EPE031101 **4 sentimiento:** ...este instrumento ha sido utilizado por compositores de múltiples generaciones a la hora de expresar sus sentimientos más *enardecidos*. EME120696 **5 corazón:** A pesar de la cuenta regresiva para la retirada de Israel de Jericó y Gaza, el conflicto aún *enardece* los corazones y las calles de los campamentos. EME040194

B ALGUNOS SUSTANTIVOS QUE DESIGNAN MANIFESTACIONES VERBALES, A MENUDO DE INTERCAMBIO: **6 debate +:** ...con la habilidad que le caracteriza, introducirse en el *enardecido* debate que se libra entre Alemania y otros países de la Unión Europea... EME300995 **7 comentario:** Sus comentarios *enardecidos* no gustaron en Washington. EPE230599 **8 conversación:** ...el triunfo, o su hermano siamés, el fracaso, no *enardecieron* su ansiedad y aún menos su conversación. EME090395

C OTROS SUSTANTIVOS; POSIBLES USOS ESTILÍSTICOS: Después se *enardeció* la arena del coso, él pisó el acelerador y sonaron clásicos... EME060594

en ayuda (de alguien) ♦ **acudir, correr, ir, ofrecer(se), salir, venir**

en balde Véase: **inútilmente**

en bandeja *loc.adv.* ▮ Se construye con verbos que denotan entrega u ofrecimiento *(brindar, servir, poner, ofrecer, entregar, presentar, dar, traer, enviar)*. En coaparición con estos verbos, la locución *en bandeja* se combina con sustantivos que designan cosas materiales *(servir el café en bandeja; ofrecer el aperitivo en bandeja)*, eventos deportivos o competiciones *(partido, campeona-*

to), así como con otros que designan tantos, lances o jugadas propias de estos deportes, a veces en sentido metonímico *(gol, balón, pase: Le sirvió el pase en bandeja)*. También se combina, en construcciones con los verbos citados, con...

A SUSTANTIVOS QUE DESIGNAN EL RESULTADO FELIZ DE ALGO, ASÍ COMO LOS PREMIOS O RECONOCIMIENTOS OBTENIDOS, GENERALMENTE EN UNA COMPETICIÓN: **1 triunfo ++:** Ya se han elevado los primeros llamamientos por una parte de esa oposición que le sirvió *en bandeja* el triunfo democrático a Chávez... EPE060999 **2 victoria ++:** ...donde se hizo con el triunfo gracias a la colisión entre Hill y Schumacher, que le dejó la victoria *en bandeja.* EME110995 **3 éxito +:** El Real ha visto compensado su riesgo con un éxito rotundo y, de paso, le ha servido *en bandeja* un éxito al Liceo. EPE031099 **4 título +:** Los sucesivos abandonos del escocés Colin McRae, el finés Tommi Makinen y Carlos Sainz le pusieron el título *en bandeja.* EPE261101 **5 oro +:** Indurain le puso *en bandeja* el oro a Olano. EME101095 **6 podio:** La ventaja a priori era para el de Barcelona, pero un error en las últimas curvas le dejó *en bandeja* el podio al de Seva. EME260694 **7 estrellato –:** El estrellato fue servido *en bandeja* a alguien que no tenía dotes para alcanzarlo, pero que se las ingenió para hacerse dueño de sus limitaciones... EPE040199

B SUSTANTIVOS QUE DENOTAN OPORTUNIDAD U OCASIÓN FAVORABLE PARA CONSEGUIR ALGO, ASÍ COMO CON OTROS QUE SE INTERPRETAN COMO OPCIONES PROPICIAS O VENTAJOSAS PARA ALGO: **8 posibilidad ++:** El reto que éste le ha planteado le ha puesto *en bandeja* la posibilidad de una intervención heroica en la escena internacional. EME010996 **9 oportunidad +:** Tampoco se trata de servirle a la guerrilla *en bandeja* de plata la oportunidad de que haga el «show» e internacionalice el conflicto. SEM240996 **10 ocasión +:** Sabiéndose inferior se mantuvo al acecho durante un largo periodo y aprovechó la ocasión que le ponían *en bandeja.* EME230296 **11 alternativa:** Para los madrileños que no quieren o no pueden poner las manos en la masa, existen alternativas servidas *en bandeja* y a domicilio. EPE211201 **12 baza:** Una baza preelectoral puesta *en bandeja* por el propio Prado, que no ha dudado en recurrir a la Corona como escudo protector. EME121195 **13 regalo:** A falta de dos meses para las elecciones, Bill Clinton ha recibido la provocación de Sadam Husein como un regalo *en bandeja.* EME050996 **14 bocado:** ...hay que rectificar la trayectoria para no ofrecer *en bandeja* al PP el apetitoso bocado del electorado más moderado de CiU. EPE180199 **15 voto:** ...no sin antes servirle *en bandeja* al ex presidente cientos de votos decisivos del ala derecha del partido. EME180296

C SUSTANTIVOS QUE DESIGNAN DIVERSAS FORMAS DE MANIFESTACIÓN VERBAL, MÁS FRECUENTEMENTE RÉPLICAS, EXPOSICIONES O INTERCAMBIOS DE OPINIONES O PUNTOS DE VISTA: **16 argumento +:** ...encontraban servido *en bandeja* el argumento que necesitaban para movilizar de nuevo a sus bases contra un plan de ajuste... LVE190596 **17 polémica +:** La presentada en el Teatro Real, marcada por los figurines futuristas del diseñador de moda Jesús del Pozo, pone *en bandeja* la polémica. EPE100499 **18 excusa +:** Le habían puesto *en bandeja* la excusa ideal para comenzar a despotricar sobre la dudosa moralidad de sus convecinos... EME180194 **19 discusión:** Y porque la diputada de IU le sirvió *en bandeja* una discusión sobre el modelo de gestión que representa el Medtec... EPE110299 **20 respuesta:** Y pregunta Luis Mariñas, (al tiempo que le pone *en bandeja* la respuesta)... EME290296 **21 réplica:** Miras Portugal habló también de conversión y le puso *en bandeja* a Santos Oujo la réplica... LVG221191 **22 chiste:** ...para citar mal a Virgilio, adjudicándole «La Eneida» a Ovidio, y de servirle *en bandeja* el chiste a Bautista Alvarez... LVG231191 **23 promesa –:** Su preparación le ha permitido poner *en bandeja* al presidente una de sus promesas más llamativas... EME060696

D EL SUSTANTIVO *PODER* Y OTROS QUE DESIGNAN POSICIONES DE PREEMINENCIA: **24 poder +:** El calamitoso gobierno conservador sirvió *en bandeja* el poder a Papandreu en 1993. EME291095 **25 alcaldía:** ...pero en ningún momento se ha planteado renunciar a las siglas del partido independiente que le ha servido la alcaldía *en bandeja* desde 1979. EPE020699 **26 candidatura:** ...que peregrinan a Washington para ofrecerle *en bandeja* a Hillary la candidatura al Senado que dejará vacante... EPE250299 **27 mayoría +:** En 1980 fue elegido presidente del Parlament, después de ponerle la mayoría *en bandeja* a Jordi Pujol... LVE081195

E OTROS SUSTANTIVOS; POSIBLES USOS ESTILÍSTICOS: El sexo mercantilizado, empaquetado y servido *en bandeja* para todos los gustos y todas las posibilidades... EPE020977

en blanco *loc.adv./loc.adj.* ▮ En el sentido de 'sin capacidad para pensar o recordar' se combina con los verbos *quedarse* y *estar*, y con el sustantivo *mente*. En el sentido de 'sin actividad' se combina con sustantivos temporales *(un año en blanco; una temporada en blanco)*. Se combina asimismo con el sustantivo *noche* y con los verbos *pasar(se)* y *llevar* en el sentido de 'sin dormir' *(Pasaba las noches en blanco)*. Se construye con el sustantivo *ojo*, usado generalmente en plural *(con los ojos en blanco)*, para significar que prácticamente se ve solo el blanco del ojo. En el sentido de 'sin texto escrito', 'sin estar pintado o dibujado' se combina con el sustantivo *cheque* y con otros que designan documentos de pago *(pagaré, factura, talón)* para indicar que no ha sido escrita la cifra o la cantidad que debe pagarse o cobrarse. También en el sentido de 'que no está escrito' se combina con sustantivos que designan papeles o documentos *(página, papel, hoja, examen, documento, folio)*. Se combina además con...

A SUSTANTIVOS QUE DESIGNAN EL VOTO O SU SOPORTE MATERIAL: **1 voto ++:** Y defendí el voto *en blanco*, porque entendía que era el momento de presentar un candidato de consenso. EME150594 **2 papeleta ++:** Esa exigencia se puede plasmar dejando la papeleta *en blanco* o manchándola con toda intención. ESH240397 **3 boleta +:** Incluso si el elector deja su boleta *en blanco*, no se cuenta como «voto válido». ENH110198 **4 sufragio:** ...haya alcanzado una ventaja de al menos 10 puntos porcentuales sobre el segundo candidato más votado, sin considerar los sufragios *en blanco* o anulados. ENH210900

B SUSTANTIVOS QUE DESIGNAN ESPACIOS O HUECOS EN ALGÚN ESCRITO SUSCEPTIBLES DE SER RELLENADOS: **5**

espacio ++: Con frecuencia escribía sobre el mínimo espacio *en blanco* de un escrito anterior. LVE210196 **6 columna:** ...cuando vi el Heraldo con aquella columna *en blanco*, me imaginé lo menos que el señor Canalejas se había unido a nosotros, se había hecho republicano... EPE180499 **7 casilla:** ...el 35% de los contribuyentes favoreció a la Iglesia y el 53% dejó la casilla *en blanco*. EPE220999

C ALGUNOS VERBOS QUE DENOTAN VOTACIÓN O MANIFESTACIÓN ESCRITA DE UN PARECER, RELACIONADOS CON LOS SUSTANTIVOS DEL APARTADO *A*: **8 votar** ++: ...lo que sólo dejaba la posibilidad de elegir la lista presentada por el régimen o votar *en blanco*. LRE210103 **9 firmar** ++: En esta ocasión, las maniobras consisten en difundir documentos judiciales que el magistrado firmó *en blanco* en junio de 1990... EME070695

▌ En el sentido de 'sin anotar tanto' se combina con sustantivos que designan deportes, así como algunos de sus lances o de sus componentes *(juego, marcador, saque)* y también con...

D VERBOS QUE DENOTAN RESULTADO DE UNA COMPETICIÓN, GENERALMENTE DEPORTIVA: **10 ganar:** Agassi levantó una pelota de «break» en el primer juego y luego ganó *en blanco* el tercero... LVE110995 **11 perder:** Perdió el primer set *en blanco* con su propio servicio, tras cometer una doble falta y enviar dos bolas a la red. EME090695 **12 terminar:** Terminó el partido *en blanco* y por eso ocupa el último puesto de la clasificación. INDOC

en brazos (de)

Véase: **en {mis/tus/sus...} brazos**

en buena lid

♦ **competir, disputar, enfrentarse, ganar, jugar, luchar, perder, triunfar,** *otros verbos que denotan enfrentamiento*

encabezar

♦ **ataque, candidatura, cartel, clasificación, escrito, libro, lista, lucha, manifestación, movimiento, oposición, protesta, proyecto, rebelión, relación, texto**

en cadena

loc.adv./loc.adj. **▌** Aparece frecuentemente en combinaciones con sustantivos en plural. Se combina con...

A SUSTANTIVOS QUE DESIGNAN ACCIDENTES, A MENUDO PRODUCIDOS POR COLISIÓN: **1 choque** ++: ...provocó un choque *en cadena* contra otros cuatro turismos. LVE181295 **2 colisión** ++: ...provocó anteanoche una colisión *en cadena* en la que resultaron implicados seis turismos. LVE150595 **3 accidente** ++: ...resultaron heridas en dos grandes accidentes *en cadena* en la autopista... LVE280296 **4 alcance:** Tras la primera colisión, se produjeron alcances *en cadena* que afectaron a otros 19 vehículos... LVE080295

B EL SUSTANTIVO *REACCIÓN* Y CON OTROS QUE DENOTAN EFECTO: **5 reacción** ++: ...se han movilizado en muchos países, creando una horrible reacción *en cadena* en todo el mundo. EME080396 **6 efecto** +: La repercusión va a tener un efecto *en cadena* porque a 30 peniques, muchos lectores pueden verse tentados a desertar de The Daily Express o The Mail... EME240694 **7 consecuencia:** ...revelar las consecuencias *en cadena* del conflicto... EME190895

C SUSTANTIVOS QUE DESIGNAN LA ACCIÓN O EL EFECTO DE PRODUCIR ALGO O TRABAJAR EN ALGUNA COSA: **8 producción** ++: ...ha diseñado cada uno de los elementos (...) bajo la óptica de la producción *en cadena*... LVE210196 **9 trabajo** +: ...desde entonces, el trabajo *en cadena* se ha mantenido prácticamente sin cambios. EPE020899 **10 fabricación:** ...en toda fabricación *en cadena* hay piezas que salen bien y otras que no tanto... LVE180695 **11 ensamblaje:** ...el ensamblaje *en cadena* de numerosas piezas de aviones... EME240396 **12 montaje:** ...los componentes para el montaje de coches *en cadena*. EPE200699

D SUSTANTIVOS QUE DESIGNAN DIVERSOS MODOS, CASI SIEMPRE VERBALES, DE EXPRESAR DISCONFORMIDAD: **13 protesta** +: Los sindicatos (...) han programado protestas *en cadena*. LVE190596 **14 huelga** +: ...los pilotos decidieron convocar una serie de huelgas *en cadena*... LVE021195 **15 apelación:** ...intentar bloquear con apelaciones *en cadena* el envío de pruebas a Madrid... EME070596 **16 denuncia:** Pero nada de denuncias *en cadena*, de plante en el Parlamento... EME070294 **17 paro:** ...crearía un paro *en cadena*, en unas regiones de por sí conflictivas... EPE230877 **18 rechazo:** ...provocó el rechazo *en cadena* del resto de votantes... LVE270996 **19 reivindicación:** ...reivindicaciones *en cadena* que acabarían por desmembrar la nación... LRE150103

E SUSTANTIVOS QUE DENOTAN CESE, TÉRMINO, RUPTURA O ANULACIÓN DE ALGUNA COSA: **20 dimisión** +: La dimisión *en cadena* de los tres hombres claves, situados en el poder... EME230194 **21 quiebra:** ...una crisis bancaria que (...) hizo tambalear la confianza (...), suscitando ciclos de quiebras *en cadena*. CLA030797 **22 cierre** +: La falta de combustible (...) provocó el cierre *en cadena* de numerosas gasolineras... EPE290900 **23 cancelación:** ...la quiebra de la confianza podría suponer una cancelación *en cadena* de contratos... EME190396 **24 denegación:** ...una ronda de «denegaciones *en cadena*» por parte de los países... EME150596 **25 retirada:** La retirada *en cadena* de tres candidatos a primer ministro... EPE170599 **26 despido:** ...un plan económico que va a provocar (...) despidos *en cadena*... LVE100395 **27 suspensión:** ...la suspensión de pagos *en cadena* de las principales empresas... LVE090495 **28 divorcio:** En el país de las bodas relámpago y los divorcios *en cadena*... EME221095 **29 amnistía:** ...parece ser el único remedio: el indulto o la amnistía *en cadena*. EPE050178

F SUSTANTIVOS QUE DENOTAN ACCIÓN VIOLENTA, A MENUDO CON CONSECUENCIAS GRAVES: **30 asesinato** +: ...una típica película de acción con asesinatos *en cadena*. LVE101295 **31 atentado:** ...psicosis que se ha generado (...) por los últimos seis atentados *en cadena*. LVE100995 **32 muerte:** ...una serie de muertes *en cadena* de estos simios con síntomas de fiebres... LVE200595 **33 matanza:** ...el sacrificio no tiene nada que ver con las matanzas «*en cadena*»... EME270494 **34 suicidio:** ...los suicidios *en cadena* en las celdas de la prisión... EME020495 **35 robo:** Se han producido varios robos *en cadena* en la misma urbanización. INDOC **36 estallido** +: ...los estallidos *en cadena* de las bombonas de butano y depósitos de gasolina... EPE110780 **37 explosión:** ...la Fábrica Militar de Armas (...), arrasada por una explosión *en cadena* de municiones... EME051195 **38 implosión** –: Una implosión *en cadena* destroza el detector de neutrinos japonés. EPE211101

G OTROS SUSTANTIVOS QUE DESIGNAN DESASTRES U OTRAS CIRCUNSTANCIAS ADVERSAS, FRECUENTEMENTE

DE CARÁCTER INESPERADO O VIOLENTO: **39 catástrofe:** ...provocar catástrofes *en cadena* a partir de situaciones sencillas. LVE210495 **40 desastre:** ...puede hacer crecer peligrosamente la ya grave contaminación (...), provocando un desastre *en cadena.* EPE100977 **41 convulsión:** De ahí las grandes convulsiones *en cadena.* LVE011296 **42 cataclismo:** ...un mundo cuya ambigüedad tiende al cataclismo *en cadena.* EME100895 **43 intoxicación –:** ...animales previamente muertos por envenenamiento, lo que inicia una intoxicación *en cadena...* EPE061299

H SUSTANTIVOS QUE DENOTAN ERROR O FALLO: **44 fallo ++:** ...se cometieron diversos fallos *en cadena.* EPE090399 **45 error +:** Unos errores *en cadena* que ven hoy su traducción en los sondeos. LVE250995 **46 avería:** El resultado de las averías *en cadena* de los transformadores... EME220795 **47 descalabro:** ...ha conocido descalabros *en cadena...* EPE080900 **48 negligencia:** ...se pudieron producir negligencias *en cadena...* EPE020199

I ALGUNOS SUSTANTIVOS QUE DESIGNAN ACTUACIONES OFICIALES EMPRENDIDAS CONTRA ALGUIEN: **49 detención +:** Desde 1990 (...) se han practicado cientos de detenciones *en cadena...* EME051295 **50 juicio:** Los juicios *en cadena* le acechan: en diciembre se conocerá otra sentencia sobre su fortuna personal... LVE291195

J SUSTANTIVOS QUE DENOTAN DIVERSAS MANIFESTACIONES VERBALES, A MENUDO DIRIGIDAS CONTRA ALGUIEN, MÁS FRECUENTEMENTE SI NO SON HALAGÜEÑAS: **51 acusación +:** La investigación de los hechos provocó una serie de acusaciones *en cadena* que están siendo investigadas. INDOC **52 descalificación +:** En el Congreso se escucharon descalificaciones *en cadena* por parte de los miembros de la oposición. INDOC **53 pregunta:** Empezaba al principio con una serie de preguntas *en cadena*, con una conclusión final... LRE150103 **54 mensaje:** ...resistir el conjunto de mensajes *en cadena* que solicitan su inteligencia... EPE110399 **55 declaración –:** ...impedir que se produzca esta especie de declaraciones *en cadena* o espiral... EPE241199

K OTROS SUSTANTIVOS; POSIBLES USOS CRUZADOS: Pensamos que no se trata de un asesino *en cadena* sino de autores con perfiles distintos... [Cf. *en serie*] EPE281199; ...facilitar a los «fumadores *en cadena*» poderse dar el gusto de llenar sus pulmones de nicotina. [Cf. *empedernido*] EME120195

L VERBOS QUE DENOTAN CHOQUE O COLISIÓN, RELACIONADOS CON LOS SUSTANTIVOS DEL APARTADO *A*: **56 colisionar +:** ...cuatro vehículos que colisionaron *en cadena...* EME050995 **57 chocar:** Los vehículos (...) empezaron a chocar *en cadena...* EPE030999

M VERBOS QUE DENOTAN CESE O TÉRMINO DE ALGO, RELACIONADOS CON LOS SUSTANTIVOS DEL APARTADO *E*: **58 cerrar +:** Las gasolineras de Barcelona cierran *en cadena* por falta de combustible... EPE290900 **59 desaparecer:** ...se animaron a llevarse un «recuerdo más», y, así, han ido desapareciendo *en cadena...* EPE140899 **60 anular:** ...las reservas se han anulado *en cadena* y sólo queda un 15% de la ocupación... LVE120896 **61 quebrar:** ...las quiebras *en cadena* condujeran a la ruina de los ahorradores... EPE040800

N VERBOS QUE DENOTAN FABRICACIÓN O CREACIÓN, RELACIONADOS CON LOS SUSTANTIVOS DEL APARTADO *C*: **62 reproducir +:** Los efectos de la crisis se reproducen *en cadena.* INDOC **63 montar:** ...montar *en cadena* otros 600 vehículos... EME030594 **64 fabricar:** ...el primero que la firma automovilística (...) fabricó *en cadena...* LVE240396 **65 producir +:** ...un modelo concreto que pasaba a producirse *en cadena...* LVE110296 **66 trabajar +:** Se trabaja *en cadena*: todo está perfectamente sincronizado. EPE290399

☐ Véase también: **cadena (de), en serie.**

encajar *v.* **I** En su sentido de 'tener cabida en algo' o 'ajustar(se)' se combina con sustantivos que designan diversos objetos físicos generalmente rígidos, o algunos de sus componentes *(pieza, tornillo, palanca, llave: La llave no encaja en la cerradura).* También lo hace con otros que designan prendas de cabeza *(gorro, boina: No se podía encajar el gorro, aunque parecía de su talla),* personas *(No acabo de encajar en ese ambiente)* y muy diversas nociones abstractas *(Una norma que no encaja en el presente ordenamiento constitucional; El régimen fiscal no encaja con los criterios comunitarios).* Se construye a menudo en este sentido con la locución adverbial *como anillo al dedo.* En el sentido de 'recibir o aceptar' se combina con muy diversos sustantivos, entre los que destacan los que expresan informaciones verbales, frecuentemente de carácter informativo *(noticia, editorial, aviso, mensaje, artículo, discurso: La oposición ha encajado mal el discurso del presidente).* También se combina con sustantivos que designan unidades de tanteo en el juego o el deporte *(gol, punto, tanto, canasta: El equipo encajó un gol al comienzo de la segunda parte).* Se combina en este mismo sentido con un gran número de sustantivos que designan nociones que pueden tenerse por adversas *(encajar el paso del tiempo, un pacto, un cambio, una iniciativa, la nueva situación administrativa).* Destacan especialmente sus combinaciones con...

A SUSTANTIVOS QUE DESIGNAN GOLPE, AGRESIÓN Y OTRAS FORMAS DE ACCIÓN HOSTIL. SE EMPLEAN EN SENTIDO FÍSICO Y EN EL FIGURADO: **1 golpe ++:** ...ahora valoro muy por encima la paciencia, la constancia, el saber *encajar* los golpes, el don de mantener la esperanza... DYM240796 **2 varapalo +:** Fue el varapalo más mal *encajado* por la afición azulgrana, que se había desplazado en un buen número hasta Múnich. EPD210497 **3 revés +:** El estadounidense, quien debutará hoy ante el holandés Sjeng Schalken, *encajó* su segundo revés del año... ENH190198 **4 bofetada:** «*Encajé* una bofetada inmerecida y tengo que devolverla». LVE031295 **5 puñetazo:** ...pero con la certidumbre de no *encajar* un puñetazo en el ojo debido a la enormidad de una columna... EPE141199 **6 mazazo:** La desorientación oficial era palpable en Washington y Atlanta, donde intentan *encajar* el mazazo con balones fuera. LVE280796 **7 palo +:** ...el peor año vivido jamás por el madridismo han incrementado la ansiedad de una afición que *encaja* como puede los «palos» que se ha llevado en los últimos seis años... EME140696 **8 envite:** Roca *encaja* en silencio el envite de Duran Lleida, que aboga por el no. LVE240996 **9 chantaje:** ...para explicarle cómo hay que hacer para *encajar* con buen ánimo los chantajes intolerables del enano que... EME120396

B SUSTANTIVOS QUE DESIGNAN OTRAS SITUACIONES DE DIFICULTAD, CONTRARIEDAD O ADVERSIDAD: **10 problema +**: ...a lo mejor la adhesión a una «nación cosmopolita» exige *encajar* los problemas colectivos de identidad... EPE190799 **11 crisis**: El partido supo *encajar* la crisis con elegancia, a pesar de que afectaba a los cabezas de lista. INDOC **12 dificultad**: ...en tanto que son políticos avezados, bien curtidos en la amarga práctica cotidiana de sortear imprevistos y *encajar* dificultades. INDOC **13 adversidad**: ...un rasgo que sus biógrafos dan como predominante a lo largo de su vida es el haber tenido que jugar a la contra y *encajar* no pocas adversidades. LVE310396

C SUSTANTIVOS QUE DESIGNAN ACCIONES VERBALES DE CARÁCTER OFENSIVO, A MENUDO BURLESCO Y CON FRECUENCIA HIRIENTE: **14 crítica ++**: La presión de miles de manifestantes en la calle y las críticas devastadoras *encajadas* esta semana han sumido en una crisis al Fondo Monetario Internacional... EPE280900 **15 descalificación**: Rutelli ha demostrado ser un fajador, *encajando* las descalificaciones de su adversario, por un lado, y los desprecios de sus aliados, por el otro. EPE120501 **16 broma +**: ...no se fue, *encajó* la broma sin inmutarse y prefirió continuar su labor antes que enfrentarse al público. EME190595 **17 invectiva**: Las invectivas *encajadas* por Chávez, a quien se ha llamado tirano, Hitler en potencia... EPE131299 **18 novatada**: ...los nuevos tunos tienen que saber *encajar* las novatadas que, el primer año, se le suelen gastar a los principiantes. LVG301091 **19 insulto**: ...dice que le duelen mucho todos los insultos que está *encajando* este catalán amante de la mortadela... EME210694 **20 boutade –**: ...*encajó* francamente mal la boutade y se puso atropelladamente a dar cuenta de las razones... EME020394 **21 ironía**: ...calificó a De Gaulle de socialista por haber nacionalizado el Crédit Lyonnais, ironía que Chirac *encajó* con aparente impasibilidad... LVE040595

D SUSTANTIVOS QUE DESIGNAN ACCIONES O GESTOS DE SATISFACCIÓN, BENEPLÁCITO Y OTRAS NOCIONES CONTRARIAS A LAS DESCRITAS EN EL APARTADO ANTERIOR: **22 aplauso**: Su hermosa voz circuló más tarde por tangos y bulerías, y después de *encajar* la salva de aplausos que se le vino encima... LVE120395 **23 piropo +**: También supo *encajar* con elegancia los piropos que le lanzaron algunos periodistas... EME141095 **24 elogio**: En esa estrategia *encajan* los elogios que Cavallo esparció –generosamente– a los radicales... CLA030497 **25 agasajo**: Pero, a sus 60 años, Moreno está acostumbrado a *encajar* agasajos. EPE130699

E SUSTANTIVOS QUE DENOTAN ACCIÓN PUNITIVA O COERCITIVA: **26 castigo ++**: ...o bien agarrando al toro por los cuernos, delimitando y asumiendo los errores cometidos, *encajando* el castigo con decidido propósito de enmienda. EPE180699 **27 condena**: El equipo de Benito Floro *encajó* su condena con un talante de grupo patibulario y pendenciero. EME020294 **28 reprimenda**: ...escuchará (...) más de una severa reprimenda, pero él las *encaja* con buen talante: admite su error. EME220494 **29 correctivo**: Hizo méritos suficientes en la primera parte, pero repitió todas sus carencias tras el descanso y *encajó* un duro correctivo ante el Buckler. EME271095

F SUSTANTIVOS QUE DENOTAN RESULTADO O RESOLUCIÓN DE UN PROCESO, ESPECIALMENTE SI ES ADVERSO O SE INTERPRETA COMO TAL: **30 resultado ++**: El resultado *encaja* más con el talante desenfadado que con la voluntad de trazar una pieza literario-artística. LVE050796 **31 fallo**: ...*encajó* el fallo del tribunal con su habitual sentido de la ironía política. EME281095 **32 sentencia**: ...buena parte de la izquierda *encajaban* la sentencia como un duro golpe... EME150596 **33 derrota +**: Llevo un mes en Estados Unidos y sólo había *encajado* derrotas. LVE140396 **34 fracaso +**: «No resulta fácil *encajar* el fracaso, pero la política emprendida por el Gobierno es la correcta y no hay alternativa». EPE130999 **35 eliminación +**: ...*encajó* la eliminación de su equipo con absoluta tranquilidad. EME100595 **36 caída**: ...*encajó* bien la caída de la cotización derivada del pago del dividendo a cuenta de 1996. LVE261096

▩ Se combina también con: ♦ **a las mil maravillas[12], armoniosamente[17], como anillo al dedo, con deportividad, con resignación, de buen grado[4], deportivamente[3], ni a la de tres, perfectamente, plenamente[46], por completo[132], resignadamente**

☐ Véase también: **asumir, digerir.**

en caliente

♦ **abordar, comprobar, contestar, decidir, decir, declarar, discutir, elegir, escoger, escribir, hablar, intervenir, operar, reaccionar, resolver, responder,** *otros verbos de lengua*

☐ Véase también: **en frío.**

en cámara lenta

Véase: **a cámara lenta**

encaminar(se)

♦ **decididamente[13], directamente, inevitablemente[4], inexorablemente[5]**

☐ Véase también: **apuntar, dirigir(se), enfilar.**

en camino

♦ **ayuda, bebé, cambio, medida, mercancía, peregrino, vehículo, viajero** ♦ **continuar, encontrar(se), estar, hallar(se), ir, poner(se), seguir, venir**

en campaña

♦ **candidato, equipo, ministro, político** ♦ **andar, continuar, entrar, estar, prometer (algo), recorrer (algo), seguir, visitar (algo)**

[encanto]

→ **como por encanto**

encanto

♦ **arrollador, cautivador, discreto, dulce, especial, exclusivo, femenino, incomparable, indefinible, inefable, ingenuo, irresistible[11], lleno (de), misterioso, natural, oculto, particular, peculiar, personal, raro, sencillo, sensible (a), singular, subyugante, verdadero** ♦ **ápice (de)[53]** ♦ **ceder (a), conservar, contribuir (a), derramar, derrochar[78], descubrir, desplegar, disfrutar (de), dotar (de), emanar (de algo/de alguien), exhibir, ganar, gozar (de)[16], lucir, mantener, marchitar(se), mostrar, ofrecer, perder, poseer, radicar (en algo), rendirse (a/ante)[9], residir (en)[45], resistir(se) (a), revelar, romper, sucumbir (a), sustraer(se) (a), tener, transmitir, usar, utilizar**

☐ Véase también: **atractivo, embrujo, fascinación, influjo.**

encapotarse ♦ **cielo**

encarar *v.* ■ En su forma transitiva y en su sentido literal de 'situarse cara a cara (respecto de)', admite sustantivos que designan seres vivos *(toro, portero)*, así como objetos o lugares *(portería, plaza)*. En su sentido figurado de 'hacer frente a (una situación)', se construye con sustantivos que designan conceptos temporales prospectivos que se consideran azarosos o imprevisibles *(encarar el futuro, la legislatura)*. También lo hace con otros que denotan curso o trayecto *(vida, camino, curso, carrera)* u otro tipo de eventos a los que se asigna cierta importancia *(boda, partido)*. Se combina también con sustantivos que designan fenómenos meteorológicos o climáticos (*ola de frío, nevada, viento, vendaval* –el último usado también metafóricamente–). Se combina, además, con sustantivos que designan manifestaciones comunicativas *(respuesta, acusación, crítica)* o los géneros en que se vierten *(reportaje, entrevista)*. También lo hace con sustantivos que designan sensaciones o sentimientos negativos *(pena, decepción, necesidad, sufrimiento, suplicio, tribulación, drama)*. En su forma no transitiva y pronominal *(encararse con)* se combina con sustantivos que designan personas, agrupaciones o instituciones *(rival, reportero, agresor, gobierno, judicatura)*. Además, se combina con...

A SUSTANTIVOS QUE DENOTAN CAMBIO DE ESTADO O MODIFICACIÓN, MÁS FRECUENTEMENTE SI SUPONE MEJORA O RENOVACIÓN: **1 cambio** ++: En esta tesitura, los que con más seguridad *encaran* el cambio son el presidente de la Ciudad Autónoma... EPE241199 **2 reforma** +: Con anterioridad al encuentro de funcionarios, (...) había criticado a (...) por no *encarar* la reforma del Estado provincial. LNP160497 **3 transformación** +: ...también *encaró* transformaciones: apostaron sobre todo a los cines, a un Jumbo más grande y a más cocheras. CLA100297 **4 adecuación:** ...la necesidad de construir un consenso a partir del cual poder *encarar* una adecuación de las instituciones... LNA230692 **5 renovación:** ...y se comprometerá a *encarar* la renovación de su flota. EME190296 **6 reestructuración:** La petrolera Esso *encara* una fuerte reestructuración. CLA280297 **7 restauración:** Sin embargo, hace más de cien años que no *encarábamos* una restauración importante. CLA030497 **8 reconversión:** ...para que ocupe el difícil puesto de director general de (...), desde el que tendrá que *encarar* la reconversión del sector. EME031295

B SUSTANTIVOS QUE DENOTAN ASPIRACIÓN O FIN QUE SE PERSIGUE. TAMBIÉN CON OTROS QUE DESIGNAN LAS PROPIAS ACCIONES TENDENTES A SU CONSECUCIÓN: **9 meta** ++: ...sólo la incapacidad manifiesta de los bilbaínos para *encarar* con enjundia la meta de Mora evitó males mayores. EME250995 **10 objetivo** ++: ...sólo piensa en la congelación salarial de los empleados públicos, para *encarar* el objetivo de déficit público... EME071096 **11 reto** +: ...Kuerten está dispuesto a *encarar* el reto y regresar. ENH250697 **12 desafío** +: ...los llamados «mercados emergentes» deben *encarar* el desafío de «tomar todas las ventajas del ambiente positivo...». EXC250900 **13 reivindicación** +: ...ha desatendido la tentación de que primero había que resolver la cuestión económica para, después, *encarar* las reivindicaciones políticas. LVE180195 **14 solicitud:** ...parece trabado en un conflicto político que involucra inclusive al juez (...), que *encara* cinco solicitudes de juicio político... EPE090900 **15 horizonte** +: Sin ganas de *encarar* un horizonte muy negro de crisis económica... EME230394 **16 perspectiva:** El Gobierno gallego deberá *encarar* en 1992 esta perspectiva, si pretende atenerse a los plazos. LVG301091

C SUSTANTIVOS QUE DENOTAN RECORRIDO, DESPLAZAMIENTO O DIRECCIÓN, A MENUDO EMPLEADOS METAFÓRICAMENTE: **17 viaje** ++: El neocelandés *encaró* este viaje con una premonición. CLA030199 **18 gira** +: Así también pretende el grupo *encarar* su gira veraniega... EME300796 **19 rumbo:** ...evolución de la sociedad tanto española como latinoamericana, Ediciones B piensa seguir *encarando* su rumbo. EME071196

D SUSTANTIVOS QUE DENOTAN SITUACIÓN PELIGROSA. TAMBIÉN CON OTROS QUE DENOTAN AGRESIÓN O ACOMETIDA Y CON ALGUNOS QUE DESIGNAN OTRAS ACCIONES INTEMPESTIVAS O IMPETUOSAS QUE SE ASIMILAN A ESTAS: **20 amenaza** +: Hay que *encarar* las amenazas con determinación y con valentía, pero con serenidad. INDOC **21 aventura** +: ...auparon al Tenerife a una inmejorable posición para *encarar* la aventura europea en esta recta final. EME010496 **22 riesgo** +: ...optar entre destrozar parcialmente nuestras vidas renunciando a la intimidad (...) o *encarar* el riesgo cierto de que nos vuelen la tapa de los sesos... ENC210301 **23 ataque** +: ...con la voluntad del mexicano de *encarar* siempre el ataque, pese a su condición de campeón. DYM080996 **24 presión** +: ...a buen seguro deberemos *encarar* una nueva presión contra nuestra moneda. LVE090995 **25 embestida:** El demócrata *encaró* una embestida para que se sancionara una ley de patentes medicinales... CLA110199

E OTROS SUSTANTIVOS QUE DENOTAN SITUACIÓN DIFÍCIL, IRRESUELTA O CONFLICTIVA, A MENUDO POR LA EXISTENCIA DE PUNTOS DE VISTA ENFRENTADOS: **26 polémica** ++: ...para desde ellas explorar la filosofía de las ciencias humanas y sociales y *encarar* la polémica de las ciencias de la naturaleza «versus» ciencias del espíritu. ABC050692 **27 problema** ++: Los esfuerzos de Japón por *encarar* el problema han sido demasiado escasos y tardíos. CLA030797 **28 dilema:** Pero como el nacionalista moderado no se atreve a *encarar* semejante dilema... EPE110699

F SUSTANTIVOS QUE DENOTAN INTERCAMBIO COMUNICATIVO ENTRE DOS O MÁS PERSONAS: **29 debate** +: ...es ya un hito para *encarar* un debate sobre las políticas de empleo... EME310396 **30 diálogo:** Una postura es siempre una disposición, una propuesta, una forma de *encarar* el diálogo, el intercambio, la relación... EME070595

G SUSTANTIVOS QUE DENOTAN BÚSQUEDA O EXAMEN: **31 investigación** +: Lo importante es que el flamante organismo ha *encarado* una investigación, al propio tiempo que un relevamiento... LPA220492 **32 análisis:** ...al margen del homenaje, al margen de la seriedad con que Fernán-Gómez *encara* su análisis, existe otra clave que resulta esencial para el artista... EME300995 **33 búsqueda:** ...completó, escéptico ante la búsqueda *encarada* desde el martes por los investigadores de la Policía Bonaerense. CLA170497

H SUSTANTIVOS QUE DENOTAN CAUSA U ORIGEN: **34 causa:** Ellos no están convencidos de que Londres esté empeñada en *encarar* «las causas fundamentales del conflicto»... EME110796 **35 motivo:** Antes de proseguir con los juegos, se hacía necesario *encarar* los motivos de la caída del niño. INDOC **36 raíz:** ...se empeñan en decir que todo va bien para no *encarar* con firmeza la raíz del conflicto con los nacionalistas desde la base constitucional... EPE110199

I SUSTANTIVOS QUE DENOTAN OBLIGACIÓN: **37 compromiso ++:** ...que se presentó por la falta de dinero de la cartera deportiva para *encarar* el compromiso del volibol dominicano... LDD170797 **38 responsabilidad ++:** ...un combate frontal de las organizaciones criminales y ha *encarado* la responsabilidad de detener y procesar a importantes líderes... EXC020496 **39 obligación ++:** Por el contrario, giró cheques sin fondos para tratar de *encarar* esa obligación en el exterior. ESH260896

J SUSTANTIVOS QUE DENOTAN IDEA EN CIERNES, PERO CONSIDERADA POSIBLE: **40 posibilidad ++:** Hay que *encarar* la posibilidad de que las cosas no funcionen como pensamos. INDOC **41 hipótesis +:** ...ha preferido extremar las precauciones y *encarar* la peor hipótesis. EPE251001 **42 iniciativa +:** ...hipermercado que se apresta a *encarar* esa nueva iniciativa en materia de alimentación, en una entrevista con La Nación. LNA270692

▩ Se combina también con: ♦ **a fondo[24], con arrojo, con decisión, con éxito[23], con firmeza[27], con valentía, frontalmente[28], valientemente[7]**

☐ Véase también: **abordar, acometer, afrontar, hacer frente (a).**

encarecer ♦ **abusivamente[9], considerablemente[6], espectacularmente, notablemente[26]**

encarecidamente *adv.* ▌Se combina con...

A VERBOS QUE DENOTAN PETICIÓN O REQUERIMIENTO CON DIVERSOS GRADOS DE URGENCIA Y FORMALIDAD: **1 rogar ++:** ...les rogamos *encarecidamente* que cancelen esos planes... DLA020997 **2 pedir ++:** ...me pidió *encarecidamente* que en este lado del mundo se hiciera algo por ayudar... ENH280497 **3 solicitar ++:** ...un hipermercado de la droga cuyo derribo solicitaban *encarecidamente* los vecinos. EPE210799 **4 reclamar +:** Y a pesar de que tanto las ONG como ACNUR reclaman *encarecidamente* su presencia... EPE210499 **5 requerir:** También Rafael Rodríguez requirió *encarecidamente* su presencia. EPE240999 **6 instar:** ...instándole *encarecidamente* a que abandonase París y viniese... ABC040294 **7 invitar:** ...invitan «*encarecidamente* a todas esas personas a quedarse en Kosovo»... EPE240799

B VERBOS QUE DENOTAN LA ACCIÓN DE PROCURAR CONSEJO O REALIZAR UNA ADVERTENCIA: **8 recomendar ++:** Se ha recomendado *encarecidamente* a sus visitantes que, de todas formas, no abandonen... EME040795 **9 aconsejar +:** le aconsejo *encarecidamente* que no deje de pagar, ya que de lo contrario... LVE040996 **10 advertir +:** ...tal como han advertido *encarecidamente* tanto el gobernador... LVE121096

C ALGUNOS VERBOS QUE DESIGNAN DIVERSAS MANIFESTACIONES DE APOYO O DISPOSICIÓN FAVORABLE HACIA LAS PERSONAS O LAS COSAS: **11 defender ++:** ...y defendió *encarecidamente* un pacto social europeo. LVE070395 **12 elogiar +:** ...a agradecer la actitud de bancos y cajas y a elogiar *encarecidamente* su solidez... EME301096 **13 respetar:** Defiende y respeta *encarecidamente* la labor de Sussman situándola... LVE250395

encarecido ♦ **defensa, demanda, llamamiento, petición, recomendación, ruego, súplica**

encarecimiento ♦ **alto, fuerte, general, ostensible[10], progresivo, sostenido, sumo** ♦ **derivar(se) (de), llevar (a), ocasionar, producir(se), provocar**

☐ Véase también: **ascenso, incremento, subida.**

encargar(se) ♦ **en persona[20], personalmente**

☐ Véase también: **atender, controlar, cuidar, ocupar(se).**

encargo ♦ **agradable, comprometido, delicado, difícil, directo, especial, expreso, honroso, ingrato, personal, regular, verbal** ♦ **por** ♦ **aceptar, asignar, asumir[58], atender, caer en suerte, confiar (a alguien), corresponder (a alguien), cumplir[76], endosar[3], hacer, incumplir, mandar, realizar, recaer[5], rechazar, recibir, tener**

☐ Véase también: **pedido, petición, solicitud.**

encarnar ♦ **convincentemente[16], dignamente[42], ejemplarmente, emblemáticamente, prototípicamente, típicamente** ♦ **figura, historia, personaje**

en carne propia *loc.adv./loc.adj.* ▌Se combina con...

A VERBOS QUE DESIGNAN EL PROCESO DE PADECER ALGÚN SUFRIMIENTO O EL DE VERSE AFECTADO POR UN ESTADO AFLICTIVO: **1 sufrir ++:** Pero ninguna suma –acotó– es suficiente para compensar lo que ha sufrido el pueblo paraguayo *en carne propia*, a través de miles y miles de compatriotas. ACP141196 **2 padecer +:** Como si no hubiera bastante con todos los fenómenos de violencia que ya padecemos, muchos de ellos *en carne propia*. ETC110297 **3 soportar:** ...lo apuntado es sencillamente estremecedor aunque se trate de datos ya conocidos y soportados *en carne propia* por el grueso de los mexicanos. EXC020496 **4 recibir:** ...se muestra «avergonzado» por ese «pago a quienes recibieron *en carne propia* la represión de todo un pueblo». EPE270801 **5 aceptar –:** ...para obligarle ahora a que señale a los culpables o acepte la responsabilidad *en carne propia*. EPE270901 **6 pagar –:** ...el jefe de los canallas pagará *en carne propia* sus abusos. EME200295

B VERBOS QUE DESIGNAN EL PROCESO DE EXPERIMENTAR ALGUNA COSA O TENER CONOCIMIENTO DIRECTO DE ELLA: **7 experimentar ++:** Avezado en las negociaciones con el vecino trasandino, experimentó *en carne propia* su desparpajo cuando... LTB201196 **8 vivir ++:** ...el Patronato ha recibido más de 700 tarjetas de adhesión de representantes de empresas, profesionales o personas que han vivido *en carne propia* la violencia... CAP031096 **9 sentir +:** ...la anarquista crítica que contenían sus obras, lanzada sobre todo contra el régimen franquista y su secuela de odios, que Arrabal sintió *en carne propia*. HOY010278 **10 comprobar:** Emma Bonino comprobó *en* *carne propia* el rango especial que ocupa la mujer en un país sometido a un Gobierno de integristas islámicos. EPD300997 **11 probar:** ...España ha probado *en carne propia* lo que muchos expertos consideran una consecuencia del «cambio climático». EME110895 **12 conocer:** Puede ocurrir que a quien lee le traiga sin cuidado lo que al narrador protagonista le ocurra, sobre todo por conocer ya *en carne propia* tal historia. EPE021180 **13 palpar –:** No todo es perfecto. Y River Plate lo palpó *en carne propia*. Pudo ganar, jugó mejor durante los noventa minutos, pero... ACP081296

C OTROS VERBOS; POSIBLES USOS ESTILÍSTICOS: El salir del armario es tan reciente en España que ser tolerante *en carne propia* es todavía una lección pendiente. EPE020700

en carne y hueso *loc.adv./loc.adj.* **I** Se combina, a menudo, en construcciones apositivas, con sustantivos que designan personas. También se usa como complemento predicativo del sujeto *(Apareció allí en carne y hueso)* o del complemento directo *(La vimos en carne y hueso)*. Se combina con...

A VERBOS QUE DENOTAN PRESENCIA, COMPARECENCIA Y OTRAS FORMAS DE MANIFESTACIÓN FÍSICA: **1 aparecer ++:** A ella se le aparece *en carne y hueso* la propia ficción. EME050394 **2 comparecer +:** No se descarta que varios de sus pacientes comparezcan *en carne y hueso* para dar fe de sus experiencias... EME060595 **3 desembarcar:** ...quienes serán los primeros en desembarcar *en carne y hueso* en la ciudad de los canales. EME300895 **4 presentarse:** Para nuestra sorpresa se presentó ante todos *en carne y hueso*. INDOC **5 estar presente:** Esos mismos poetas cibernéticos y algunos otros (...) estuvieron presentes *en carne y hueso* y recitaron también sus poemas. LVE210996

B ALGUNOS VERBOS DE PERCEPCIÓN VISUAL O AUDITIVA: **6 ver ++:** En fotos, la imagen seguramente ha recorrido el mundo; aquí, en las ciudades, solemos verla *en carne y hueso*. HOY050586 **7 escuchar –:** Una cosa es leer el testimonio de Lewinsky y otra escucharla *en carne y hueso*. EPE250199

C OTROS VERBOS QUE DENOTAN TOMA DE CONTACTO CON PERSONAS, COSAS O SITUACIONES: **8 conocer +:** Aunque sabía de su participación en el Festival, al conocerlo *en carne y hueso* sentí el sobresalto de enfrentarme a un fantasma... ABC300695 **9 encontrarse:** ...ahí se encontraban, increíblemente, *en carne y hueso*, los defensores mismos, las mismas personas cuyas experiencias se acababan de escenificar. EPE270900

D OTROS VERBOS; POSIBLES USOS ESTILÍSTICOS: ...quiso dedicar en los treinta por lo menos un año a aprender *en carne y hueso* la condición obrera... LVE060395
☐ Véase también: **en persona**.

encarnizadamente *adv.* **I** se combina con...

A VERBOS QUE DENOTAN CONFRONTACIÓN O RESISTENCIA: **1 combatir ++:** ...combatieron *encarnizadamente* entre ellos hasta dejar al país en ruinas. EPE271101 **2 luchar ++:** ...que luchaba *encarnizadamente* entre sí antes del inicio de la guerra. LVE050795 **3 defender +:** ...que el PP defenderá *encarnizadamente*... LVE260296 **4 disputar:** ...pero disputaban *encarnizadamente* por los aditamentos que cada uno colgaba... LTB170397 **5 competir:** Cada Ministerio compite *encarnizadamente* con los demás. EME040294 **6 enfrentar:** Asuntos religiosos, étnicos o culturales enfrentan *encarnizadamente* a los hombres. ABC131095 **7 pelear:** Por su patente pelean *encarnizadamente*... EME160295

B VERBOS DE MOVIMIENTO O PROCESO EN CURSO, A MENUDO CON SUJETOS RELACIONADOS CON LOS VERBOS DEL APARTADO *A*: **8 continuar:** Los enfrentamientos entre jóvenes de las tribus (...) continúan *de manera encarnizada*... EDV230101 **9 desarrollar:** La batalla (...) continúa desarrollándose *de forma encarnizada*... EPE251080 **10 proseguir:** ...mientras prosigue *encarnizadamente* (...) el debate sobre los futuros suministros mundiales de alimentos, el número de pobres... LVE280696 **11 perseguir:** Durante un buen número de años fue perseguido *encarnizadamente*... EPE130899

encarnizado *adj.* **I** Se combina con...

A SUSTANTIVOS QUE DENOTAN CONFRONTACIÓN O ACOSO. TAMBIÉN CON OTROS QUE DESIGNAN OTRAS ACCIONES Y SITUACIONES EN LAS QUE SE MANIFIESTA HOSTILIDAD EN DIVERSAS FORMAS Y GRADOS: **1 lucha ++:** Mientras al interior de la residencia se desarrollaba una lucha *encarnizada*, una densa humareda hacía temer lo peor. CAP250497 **2 combate ++:** Puerto Darwin (...) es recordada por ser el escenario de los más *encarnizados* combates entre soldados argentinos y británicos durante la guerra de 1982. CLA200297 **3 guerra ++:** Pero la atención todavía estaba centrada en la guerra *encarnizada* entre el ministerio y Copeva... HOY280797 **4 enfrentamiento:** Su forma de actuar y comportarse dentro de ETA le ha llevado a *encarnizados* enfrentamientos con la dirección... EME300796 **5 batalla:** Quizá la característica que más distingue al partido (...) es que no escenifica nunca esas *encarnizadas* batallas... HOY061097 **6 pelea:** Pero en el frente jurídico (...) la pelea no es menos *encarnizada*. LVE110195 **7 ataque:** Tal apreciación ha dado lugar a no pocas críticas y a los más *encarnizados* ataques... ABC140795 **8 contienda:** Fue una contienda *encarnizada*, que duró de 1914 a 1927... LVE011295 **9 debate:** Esta circunstancia, unida a las descalificaciones que se han cruzado en los últimos años, hacían presagiar un debate *encarnizado*. LVE280196 **10 competición:** ...la *encarnizada* competición actual entre científicos públicos y privados podría verse abocada a relajar sus formas y abrir una vía a la colaboración. EPE110999 **11 conflicto:** En 47 años, el de Palestina ha sido el conflicto más duradero y *encarnizado*. LVE240995 **12 campaña:** Francia entra así en una campaña interna *encarnizada*, marcada ahora por agudas tensiones sociales. EPE121201 **13 riña:** Escobar salió en defensa de las damas y ambos terminaron protagonizando *encarnizada* riña callejera con asistencia de la policía. HOY291297 **14 discusión:** Fue una discusión particularmente apasionada y hasta *encarnizada*... EME151196 **15 persecución:** Los secuestradores enfrentaban una muerte segura y sus colaboradores en tierra una fatal persecución *encarnizada*. EXC140901 **16 duelo:** ...subirá este martes el telón (...) con 13 importantes choques, entre los que destacan el *encarnizado* duelo que protagonizarán Los Angeles Lakers... LHG031100 **17 ofensiva:** ...han protagonizado una *encarnizada* ofensiva bajo la que han caído degollados o destrozados... EME271196 **18 partida:** El campeón del mundo de ajedrez Gari Kasparov sufrió lo indecible, incluso más que en sus *encarnizadas* partidas con Anatoli Karpov... LVE190296 **19 juego:** La democracia en USA es ya apenas una representación en la que juegan –aunque el juego resulte *encarnizado*– opciones que sólo varían en el rostro del candidato. EME180896 **20 negociación:** Estas preguntas continúan sin respuesta (...) pero son objeto de negociaciones *encarnizadas* entre los diferentes protagonistas. EUV150996 **21 matanza:** Esta acción desencadenó una larguísima y *encarnizada* matanza de vietnamitas. EPE030699 **22 mutilación –:** ...incluyendo una *encarnizada* mutilación de sus víctimas. LVE151194

B SUSTANTIVOS QUE DESIGNAN DIVERSAS MANIFESTACIONES VERBALES O TEXTUALES, MÁS FRECUENTEMENTE SI CONTIENEN ALGUNA FORMA DE CENSURA: **23 sátira:** ...original historia que se mueve entre la sátira más *encarnizada* del poder del dinero y la ficción de un cuento fantástico. EPE220199 **24 denuesto:** ...no recibió de sus correligionarios ni la cantidad ni la calidad de los *encarnizados* denuestos... EME130295 **25 polémica:** Pero las historias de la literatura apenas ofrecían (...) las inevitables y *encarnizadas* polémicas de los bandos que rechazaban o defendían el teatro del Siglo de Oro... ABC300493 **26 crítica:** La trayectoria del festival es más bien irregular y no se ha librado de las *encarnizadas* críticas de buena parte del sector. LVE110696 **27 literatura –:** Es posible que la literatura de Thomas Bernhard sea contradictoria, exagerada (...) *encarnizada*, monótona... ABC250992 **28 novela –:** He aquí una novela *encarnizada*: su extensión, su densidad (...) dan cuenta de este encarnizamiento evidente... ABC061291 **29 reportaje –:** Amor de doble cauce: bastaría para confirmarlo el «*encarnizado* reportaje» «Hemingway en Cuba» (1984), de Norberto Fuentes. ABC290995 **30 rezo –:** En realidad, el único alivio de Marina en aquella crisis de postrimerías fueron los rezos *encarnizados*... EME050596

C SUSTANTIVOS QUE DENOTAN OPOSICIÓN O RESISTENCIA: **31 resistencia ++:** ...los rusos encontraron una *encarnizada* resistencia en Lituania y Ucrania... EME070694 **32 defensa ++:** El centralismo no se cebó en España, como en otros países, gracias a una *encarnizada* defensa de los fueros por parte del carlismo. LVE271195 **33 obstinación:** Aunque las obstinaciones más *encarnizadas* de Agustín (...) recordaban a otros cristianos (...), su teología llegó a convertirse en uno de los cimientos... ABC090793 **34 oposición +:** ...ha sido más bien la oposición *encarnizada* del aparato federal (...) la que ha transformado en separatismos radicalizados las aspiraciones... LVE300696

D SUSTANTIVOS QUE DESIGNAN PERSONAS O GRUPOS HUMANOS, MÁS FRECUENTEMENTE SI ESTÁN RELACIONADOS CON LAS NOCIONES DE OPOSICIÓN U HOSTILIDAD DESCRITAS EN LOS APARTADOS *A* Y *C*: **35 rival +:** Los tetracampeones «recibirán» a su más *encarnizado* rival en la ciudad de Rivera... EME160795 **36 enemigo +:** Necesariamente se concluye que debió ser una celada tendida por sus *encarnizados* enemigos. ETC240996 **37 defensor +:** Los jueces tienen allí un poder omnímodo y entre ellos destaca Dredd, inflexible, *encarnizado* defensor de la ley. LVE230795 **38 adversario:** ...un poderoso proyecto empresarial puede colocar de rodillas frente a su altar a los más *encarnizados* adversarios ideológicos... BRE130697 **39 detractor:** Este sevillano de 54 años ha demostrado (...) que goza de mejor salud política de la que le atribuyen sus más *encarnizados* detractores. EME210394 **40 opositor:** ...la propuesta del PJ (...) había sido pública y dedicadamente ridiculizada por (...) opositores *encarnizados* de la ley. CLA040501 **41 crítico:** Además, el cuñado de Turki (...) es uno de los críticos más *encarnizados* del régimen. EME011295 **42 cazador:** Antonio Veciana fue uno de sus fundadores, en 1961, y está considerado como uno de los más *encarnizados* «cazadores» del presidente cubano. EME060596 **43 jauría:** Se deja de ser jauría *encarnizada*, cuando se deja de oler la presa. EME060595 **44 fiscal:** «Cabrera Infante y Heberto Padilla fueron los más *encarnizados* fiscales de Lezama Lima». ABC251194 **45 jugador:** «La variante Lüneburg» es, en parte, una historia de jugadores de ajedrez, empedernidos, *encarnizados*... ABC201095 **46 escritor –:** García Sánchez es un escritor perfectamente *encarnizado*, y lo ha demostrado con creces en alguna que otra memorable ocasión... ABC061291 **47 miembro –:** Félix Chilavert, su padre, era un *encarnizado* miembro del partido colorado... ETC020497 **48 antieuropeísta –:** El potencial de antieuropeístas *encarnizados* no sobrepasa el 7%, lo que no es una gran cosa. EME030694 **49 paparazzi –:** ...la mortal persecución del potente Mercedes negro donde viajaba la princesa Diana por un tropel de *encarnizados* «paparazzi». DLA020997

E SUSTANTIVOS QUE DESIGNAN SENTIMIENTOS Y ACTITUDES, GENERALMENTE HOSTILES: **50 odio +:** ...que has alimentado el odio *encarnizado* a todo lo español. FDV210601 **51 desprecio:** ¿Sus armas?, muy escasas: el desprecio más *encarnizado*... EME050394 **52 racismo –:** ...el racismo cada día más *encarnizado* que los actuales dirigentes políticos en Francia difunden como paradigma de la civilización. EME291096 **53 olvido –:** El «*encarnizado* olvido» de la historiografía española hacia Casares Quiroga tiene un claro ejemplo en la ausencia de su hoja de inscripción... EPE010885

F OTROS SUSTANTIVOS; POSIBLES USOS ESTILÍSTICOS: Estos cuadros donde la luz se pasea y se posa como por casualidad son fruto de un trabajo *encarnizado*... ABC220592; ...no pierda su tiempo ni el de los demás en prolongar esta su actual agonía en la medicina *encarnizada* que se está autoimponiendo. EME110195

☐ Véase también: **descarnado, enconado, feroz.**

encarrilar *v.* ■ En su sentido de 'colocar sobre los carriles o rieles' se combina con sustantivos que designan vehículos ferroviarios *(tren, vagón, locomotora, tranvía)*. En su sentido figurado (aproximadamente, 'encaminar, encauzar o dirigir acertadamente'), más propio de la lengua coloquial, se combina con sustantivos de persona *(hijo, familia)*, y con otros que designan diversas organizaciones o instituciones *(sindicato, empresa, país)*. También se combina con sustantivos que designan competiciones, generalmente deportivas *(partido, encuentro, eliminatoria)*, así como sus posibles resultados *(triunfo, clasificación, victoria)*. Además se combina con...

A SUSTANTIVOS ABSTRACTOS QUE DENOTAN MATERIA, ASUNTO O CUESTIÓN: **1 asunto ++:** Además de tener el asunto del aeropuerto *encarrilado* ¿qué otros proyectos de esta legislatura que acaba han sido los ejes de su gobierno? LRE110103 **2 cuestión ++:** ...no acaba de solucionarse, aunque la cuestión esté *encarrilada* desde hace tiempo... ABC181292 **3 situación ++:** El gran interrogante de los analistas es si Brasil podrá *encarrilar* su situación o seguirá el camino de México en 1995 y Rusia en 1998. CLA170199 **4 tema:** Cuando el 1° del actual el Gobierno logró finalmente respaldo y consenso para el lanzamiento del nuevo sistema de comercialización de carnes (...) comenzó a *encarrilarse* un tema que había agitado a parte del sector. LNA100792

B SUSTANTIVOS QUE DENOTAN TRATO O RELACIÓN CUYO FIN ES ALCANZAR UN CONVENIO O UN PACTO. TAMBIÉN CON OTROS QUE DESIGNAN ESOS MISMOS RESULTADOS: **5 proceso de paz +:** Mubarak da un plazo de dos meses a Barak para *encarrilar* el proceso de paz. EPE100799 **6 negociación +:** ...ha sido una condena del «terrorismo y la violencia» y el compromiso para *encarrilar* las negociaciones entre Israel y la Autoridad Nacional Palestina. LVE060295 **7 conversación +:** ...la actitud de Rabin viola la declaración de principios, que sirvió ese año para *encarrilar* las conversaciones de paz entre la OLP e Israel. LVE070995 **8 acuerdo:** Los grupos políticos van *encarrilando* los acuerdos que permitirán la formación del gobierno. INDOC **9 pacto:** Como los pactos están *encarrilados* y encarruchados, y ya es primavera en el Pepé y en el Cortinglés, podemos dejar de hablar de Rodrigo un rato... EME210396 **10 paz:** Un acuerdo entre Israel y Siria sobre el Golán sigue siendo clave para *encarrilar* la paz... EPE260800

C SUSTANTIVOS QUE DESIGNAN PROCESOS DE DESARROLLO, EVOLUCIÓN O TRANSFORMACIÓN: **11 desarrollo:** ...Chirac recalcó que ni Francia ni Alemania se mueven «por causas ideológicas, sino porque son criterios de la razón, el justo medio para *encarrilar* el desarrollo por cauces adecuados». LVE020996 **12 evolución:** ...los pasó como director de marketing y, posteriormente, como director general comercial. Ahora trata de *encarrilar* la evolución comercial... EME091296 **13 transición:** La idea de los pactos de Estado es una pequeña herencia de aquellos pactos de la Moncloa sobre los que se *encarriló* la transición en 1977. LVE180195 **14 reforma:** ...ha logrado *encarrilar* la reforma del sector eléctrico con la firma de un ambicioso protocolo con las compañías del sector. LVE211296 **15 cambio:** ...utiliza el control de los medios de comunicación para *encarrilar* cambios que confirmen su monopolio del poder... LVE291196

D ALGUNOS SUSTANTIVOS DE SIGNIFICACIÓN PROSPECTIVA: **16 futuro +:** La realidad es que a Ende le costó bastante *encarrilar* su futuro literario. EME300895 **17 destino:** Los primeros hechos de armas obran una transformación total en el Félix que, tras diversos avatares, *encarrilará* su destino hacia dos fines: el ajuste de cuentas con «Ninetes» y la conquista de la niña Grau. LVE280696 **18 previsión −:** ¿Cómo, si no, poder *encarrilar* todas las previsiones financieras y las perspectivas crediticias del Fondo Monetario Internacional y el Banco Mundial? EME080295

E SUSTANTIVOS QUE DENOTAN CURSO, GENERALMENTE VITAL O PROFESIONAL: **19 vida +:** Kutin es el presidente de la organización, pero también es el exponente más claro de cómo un niño de Aldeas Infantiles como él puede *encarrilar* su vida, integrarse y hasta triunfar en la sociedad. EPE270999 **20 carrera +:** Gene Kelly *encarriló* su carrera al final de los 50 hacía papeles dramáticos... LVE030296 **21 trayectoria:** ...parecen haber *encarrilado* una trayectoria en la que el siguiente paso es enfrentarse al mismísimo Robert De Niro. EME230396

F SUSTANTIVOS TEMPORALES, MÁS FRECUENTEMENTE SI SE REFIEREN AL TIEMPO EN EL CUAL SE EJERCE UN PODER POLÍTICO: **22 legislatura:** ...declaró ayer que el Ejecutivo vasco se encuentra en una situación de provisionalidad porque todavía no ha conseguido la mayoría suficiente para «*encarrilar* la legislatura». EPE020299 **23 mandato:** Maragall (...) dijo que quiere «dejar el mandato *encarrilado*» y la ciudad «con el máximo prestigio y bien orientada». LVE241196 **24 año:** Muchas felicidades a todos y a ver si *encarrilamos* bien el año. INDOC

G OTROS SUSTANTIVOS; POSIBLES USOS ESTILÍSTICOS: Son nombres populares que *encarrilan* el buen humor y ayudan a la mejor digestión que existe, que es la que se hace entre amigos. LVE201196

☐ Véase también: **canalizar, enderezar.**

en caso (de) ♦ **accidente, anomalía, ataque, ausencia, choque, conflicto, crisis, delito, desastre, desfalco, desobediencia, disolución, duda, emergencia, empate, enfermedad, expropiación, fallo, fuga, guerra, huelga, igualdad, incendio, incumplimiento, infracción, interrupción, inundación, liquidación, malformación, muerte, necesidad, peligro, pérdida, reincidencia, renuncia, sanción, siniestro, suspensión, urgencia, victoria**

encasquetar ▮ *(encajar)* ♦ **boina, gorra, gorro, sombrero,** *otros sustantivos que designan prendas de cabeza*

▮ *(adjudicar)* ♦ **apelativo, apodo, encargo, gestión, misión, nombre, tarea, trabajo**

☐ Véase también: **asignar, atribuir, calar(se), endilgar, endosar.**

encasquillar(se) ♦ **arma, cerradura, escopeta, gatillo, pistola**

encender ▮ *(prender)* ♦ **antorcha, cigarro, cólera, farol, fósforo, fuego, hoguera, ira, lámpara, llama, luz, odio, pasión,** *otros sustantivos que designan sentimientos*

▮ *(poner en funcionamiento)* ♦ **bombilla, radio, televisor,** *otros sustantivos que designan dispositivos eléctricos*

☐ Véase también: **alumbrar, prender.**

encendido *adj.* ▮ En el sentido de 'vivo o intenso' se combina frecuentemente con sustantivos que designan colores *(azul encendido; rojo encendido)*, así como con los sustantivos *color* y *cromatismo*. También admite otros que designan ciertas partes del cuerpo humano susceptibles de adquirirlos, especialmente en tonos semejantes al rojo *(mejilla, cara)*. En su sentido de 'con enardecimiento o entusiasmo' se combina con algunos sustantivos de persona *(partidario encendido de...; defensor encendido de...)*. También con los sustantivos *verbo* y *palabra (Destacaba por su* *verbo encendido)* y con otros que designan textos, generalmente obras literarias o partes de ellas *(libro, ensayo, párrafo, verso)*. Asimismo se combina con...

A SUSTANTIVOS QUE DESIGNAN DIVERSAS MANIFESTACIONES VERBALES, ESPECIALMENTE DECLARACIONES PÚBLICAS Y A MENUDO PROPAGANDÍSTICAS: **1 discurso ++:** Los *encendidos* discursos no distrajeron a Víctor Joy Way de sus avioncitos de papel. CAP171096 **2 proclama +:** ...está compuesta por un largo texto de *encendida* proclama ideológica, más cuatro montajes fotográficos... ABC081295 **3 declaración +:** La televisión y las emisoras de radio difundían himnos patrióticos, canciones a la gloria del *rais* de Takriti, *encendidas* declaraciones de adhesión a sus ciudadanos... LVE060996 **4 manifiesto +:** De un conato de novela de Salvador Dalí (un Dalí adolescente, veraniego, filosoviético) a un *encendido* manifiesto contra la censura en Internet. LVE120796 **5 mensaje +:** ...un *encendido* mensaje que incluyó la amenaza de: «Vamos a chocar con quien sea pero no vamos a entregar las conquistas legales heredadas por los nuestros luchadores sociales»... EXC070901 **6 intervención:** ...cometió un sorprendente lapsus argumental al pronunciarse contra «el sainete de la investigación parlamentaria» en su *encendida* intervención... CLA030797

B SUSTANTIVOS QUE DENOTAN INTERCAMBIO VERBAL. TAMBIÉN CON OTROS QUE DESIGNAN MANIFESTACIONES DE LA DIFERENCIA DE OPINIONES O INTERESES: **7 polémica ++:** Tras meses de *encendida* polémica y manifestaciones de todo tipo, (...) alcanzaron poco antes de media noche un acuerdo... DLA170697 **8 debate ++:** ...la película cuya prohibición legal ha provocado un *encendido* debate que dista bastante de terminar. CAR230697 **9 controversia +:** El violento desalojo policial de los 300 africanos (...) puso fin ayer a un largo encierro y abrió una nueva y *encendida* controversia sobre el problema de la inmigración en Francia. LVE240896 **10 discusión +:** Los debates (...) se dieron este martes en un ambiente tenso, de *encendidas* discusiones entre diputados liberales y sandinistas. DLA120397 **11 disputa:** ...protagonizó *encendidas* disputas con varios jugadores... ENH150398

C SUSTANTIVOS QUE DENOTAN OPOSICIÓN O DESACUERDO, A MENUDO VERBAL: **12 protesta ++:** Una *encendida* protesta lo obligó a darles la palabra a todos. CAP290896 **13 crítica ++:** ...ordenó bolear intencionalmente a David Arias, en una jugada que recibió las más *encendidas* críticas... DED041296 **14 diatriba +:** Atacó al escritor con una feroz y *encendida* diatriba. INDOC

D SUSTANTIVOS QUE DENOTAN MANIFESTACIÓN, GENERALMENTE VERBAL, DE APOYO O ADHESIÓN A ALGO O A ALGUIEN: **15 defensa ++:** ...realizó una *encendida* defensa de los productores al destacar que detrás de los reclamos del sector «no hay especulaciones político-electorales...». LNP060597 **16 elogio ++:** Su debut en la prestigiosa sala ha provocado los más *encendidos* elogios de la prensa especializada... LDD250997 **17 admiración +:** Que me perdonen, pues, aquellas que, pese a mi *encendida* admiración, tengo que pasar en silencio en este concurso de belleza a que me veo obligado. ABC091092 **18 lisonja:** A esa mezcla de Cisneros y Cánovas que es, según Tusell, Don Juan Carlos, le dedica el historiador arrobado la más *encendida* lisonja. ABC081295

E SUSTANTIVOS QUE DENOTAN CONFRONTACIÓN: **19 lucha +:** Su larga trayectoria profesional y personal y esa *encendida* lucha por la libertades le llevaron a participar en varios hechos que le enfrentaron con el régimen franquista en diversas ocasiones. LRE210103 **20 guerra +:** ...inclinó la balanza a favor de los sevillanos y provocó una *encendida* guerra entre ambos conjuntos. FDV260601 **21 batalla:** ...en Gorazde, durante las últimas tres semanas se ha librado una de las batallas más *encendidas* de Bosnia. EME260494

F SUSTANTIVOS QUE DESIGNAN SENTIMIENTOS, EMOCIONES Y DIVERSAS AFECCIONES E INCLINACIONES DEL ÁNIMO, MÁS FRECUENTEMENTE FAVORABLES A ALGO O A ALGUIEN: **22 ánimo +:** La imagen que ha quedado grabada en millones de memorias es la del Presidente del Perú (...) con sus bien *encendidos* ánimos triunfalistas delante de los terroristas abatidos. CAP080597 **23 amor +:** El juez Baltasar Garzón ya es material de novela, protagonista de George Orwell y su 1984, sujeto y objeto de odios y amores *encendidos*, compañero del poder y crítico despiadado de sus vergüenzas. EME160295 **24 odio +:** Empresarios y profesionales españoles se han lanzado a la aventura de reconstruir Mostar, donde se mantiene *encendido* el odio de la guerra. EME150296 **25 pasión +:** Es tiempo de contribuir a moderar *encendidas* pasiones. LVE031196 **26 entusiasmo:** Acompañado por mil arpegios de frases llenas de *encendido* entusiasmo, salgo del teatro y me pierdo por el parque. EME200896

G OTROS SUSTANTIVOS; POSIBLES USOS ESTILÍSTICOS: Entre platos y búcaros asoma la durmiente del «Sueño del Patricio», (...) el recuerdo de la penumbra *encendida* de Fortuny... ABC220995

encerrar ♦ **a cal y canto, bajo llave, entre cuatro paredes, en vida, herméticamente**[6]**, indefinidamente**

[encima] → **por encima**

en circulación ♦ **billete, dinero, edición, letra, libro, moneda, noticia, novedad, parque móvil, rumor, sello, vehículo** ♦ **entrar, estar, mantener, poner**

encoger ♦ **a ojos vista**[4]**, poco a poco, repentinamente**

en compensación ♦ **abonar, dar, entregar, obtener, ofrecer, pagar, pedir, recibir**

en común ♦ **futuro, hijo, proyecto, punto, relación, tarea, trabajo, trayectoria, vida, vínculo** ♦ **construir, lograr, mantener, poner, poseer, tener, trabajar, vivir**
□ Véase también: **en equipo.**

enconado *adj.* ▌Se combina con...

A SUSTANTIVOS QUE DENOTAN CONFRONTACIÓN O ENFRENTAMIENTO, A MENUDO VIOLENTO: **1 disputa ++:** Se ha cerrado así la *enconada* disputa entre clubs, cadenas e intereses... LVE250896 **2 lucha ++:** ...provocado por el grado de pobreza que padece el país (...) y por las *enconadas* luchas internas de poder. LHG140797 **3 enfren-**

tamiento +: El despido se produjo después de un *enconado* enfrentamiento el miércoles... EXC270796 **4 conflicto +**: ...las condiciones del país con sus 93 millones de habitantes, sus deudas históricas y *enconados* conflictos. PME291296 **5 batalla +**: Aquí la fantasía suele reñir una batalla *enconada* con la realidad. LVE020396 **6 pugna**: ...no debía ser obstáculo a otras fuerzas avasalladoras y menos motivo de *enconadas* pugnas que podían ensangrentar el suelo Americano... LHG220597 **7 guerra**: ...la guerra por romperse el saque o mantener el propio fue *enconada*. ESH061000 **8 pelea**: Estas *enconadas* peleas entre liberales y conservadores, lascasianos e hispanistas... ABC170694 **9 combate**: ...sino con el *enconado* combate por el respeto a la identidad propia expresado de muy diversas maneras. LVE300795 **10 pleito**: Y los pleitos familiares suelen ser los más *enconados*. EME011296 **11 confrontación**: Una de las confrontaciones más *enconadas* se produjo cuando el diario publicó una carta... CLA090199 **12 contencioso −**: «El contencioso –dirán– está demasiado *enconado*...». EME160394

B SUSTANTIVOS QUE DESIGNAN DIVERSAS FORMAS EN LAS QUE SE MANIFIESTA EL DESACUERDO DE OPINIONES O INTERESES: **13 discusión +**: Actualmente, está a discusión *enconada* si la poesía ha de ser, como el que la porta, una militante agresiva... LHG030597 **14 debate +**: El primer concursante eliminado del programa (...) ha generado con su marcha un *enconado* debate racial... ENH240700 **15 polémica +**: Una *enconada* y prolongada polémica enfrenta en Cantabria a populares y socialistas... EPD300697 **16 crítica +**: A pesar de Álvaro Martínez y de sus *enconadas* críticas al proyecto... EME250296 **17 controversia**: Este combate (...) ha venido suscitando una singular y a veces *enconada* controversia... ABC170395 **18 división**: ...un ejercicio de arte y ensayo, que produjo *enconada* división de opiniones entre la crítica... LVE250695 **19 diferencia**: ...con el objeto de salvar las *enconadas* diferencias que existen... EPE020799 **20 discrepancia**: Esto no significa, sin embargo, que las *enconadas* discrepancias que dividieron al país (...) hayan desaparecido. EPE010684 **21 negociación**: Una de las obsesiones de los representantes blancos durante la *enconada* negociación que precedió a las elecciones... EME010594 **22 contradicción −**: Esa «contradicción de los buenos» llegó a ser *enconadísima* entre 1951 y 1952... EME150195

C SUSTANTIVOS QUE DENOTAN RIVALIDAD O ANIMADVERSIÓN. TAMBIÉN CON ALGUNOS QUE DESIGNAN OTROS SENTIMIENTOS Y ACTITUDES QUE MANIFIESTAN HOSTILIDAD HACIA LAS PERSONAS O LAS COSAS EN DIVERSAS FORMAS Y GRADOS: **23 rivalidad ++**: Es cosa más que conocida la rivalidad *enconada* entre las dos divisas... LNA220692 **24 enemistad +**: ...después de que una vieja amistad se convirtiera en una *enconada* enemistad. EME170195 **25 oposición**: La *enconada* oposición de Amis al poder nuclear... ABC140795 **26 competencia**: ...ya se ha establecido en EE. UU. una *enconada* competencia nacional entre su orquesta y la de Wynton Marsalis. LVE180796 **27 hostilidad**: Aunque parezca más *enconada* la hostilidad de pueblo a pueblo, de calle a calle en Bosnia... LVE011095 **28 odio +**: ...sobre él se depositaron los odios más *enconados*, sobre todo, cada vez que trataba de justificar las acciones terroristas de ETA. EME250296 **29 resentimiento**: Pero por mucho que esa votación refleje un resentimiento *enconado* hacia la OTAN... EPE200699 **30 tensión −**: Esta división ha provocado tensiones mucho más *enconadas* que las que se presumían. EPE210700

D SUSTANTIVOS QUE DESIGNAN MANIFESTACIONES DE OFENSA, ACOSO Y OTRAS FORMAS DE ACCIÓN HOSTIL: **31 persecución +**: ...en los últimos años del siglo primero, tiempo de *enconada* persecución contra los cristianos. LVE090896 **32 diatriba**: ...sin dejarse afectar por los prejuicios o *enconadas* diatribas del logicismo positivista... EME020396 **33 acometida**: La riña suele ser tan feroz y las acometidas tan *enconadas* que lo habitual es que la cabra termine desmembrada... EME171096 **34 ataque +**: Los *enconados* ataques del régimen, mediante los distintos medios de difusión... DLA010497 **35 agravio −**: Y, con toda certeza, cimentado por intereses contrapuestos, por *enconados* agravios sin inocencia. EME160396

E SUSTANTIVOS QUE DENOTAN REACCIÓN, A MENUDO FIRME Y DECIDIDA Y EN OCASIONES CON ALGÚN GRADO DE VIOLENCIA, FRENTE A SITUACIONES QUE SE CONSIDERAN INJUSTAS, AGRAVIANTES U OPRESIVAS: **36 defensa ++**: Joan Antoni González hizo una *enconada* defensa de la ficción en televisión... LVE210494 **37 reacción +**: La reacción por sus decisiones suele ser *enconada* y provenir de sectores muy poderosos. SEM190696 **38 resistencia +**: Ante la *enconada* resistencia de los ocupantes, el desalojo fue suspendido por algunas horas. EPD210597 **39 protesta +**: El perdón generó *enconadas* protestas de los críticos del ex presidente... FDV200201 **40 huelga**: ...tendría paralizado el país con una huelga general, *enconada* por los intentos de autogobierno pleno... EME071295 **41 rebelión**: La *enconada* rebelión de la película contra la estridencia sentimental se resuelve en una apoteosis sentimental igualmente estridente. EME140195 **42 venganza**: Boyer apoyando con ímpetu a Aznar, en *enconada* venganza contra sus antiguos compañeros... LVE160296

F SUSTANTIVOS QUE DENOTAN ACTITUD O TOMA DE POSICIÓN FRENTE A LAS PERSONAS O LAS COSAS: **43 postura**: Las dos sesiones habidas hasta ahora sólo han servido para constatar lo *enconado* de las posturas. LVE110596 **44 posición**: La *enconada* posición de los sindicatos en la materia hizo rememorar las disputas... EPE280900 **45 perspectiva**: ...puntos de vista claramente enfrentados desde perspectivas radicales y *enconadas*. INDOC **46 actitud**: Nunca en la historia reciente fue tan *enconada* la actitud antiobrera de esa casta... EME290194 **47 sentimiento**: Nace siempre de sentimientos negativos y *enconados*. EME030495

G SUSTANTIVOS QUE DESIGNAN EVENTOS, MÁS FRECUENTEMENTE REUNIONES O ACCIONES CONJUNTAS DE GRUPOS HUMANOS: **48 proceso +**: ...para agilizar el *enconado* proceso de paz en Oriente Medio. EME020194 **49 campaña +**: ...como la campaña fue larga y *enconada*, puede haber una reacción de la gente... CAR120597 **50 evento**: ...un segundo evento electoral que se prevé más feroz y *enconado* que el primero. HOY210497 **51 reunión**: ...reuniones y discusiones *enconadas* sobre la conveniencia de acuñar un nuevo término, el de «género» en lugar de «sexo»... ABC150995 **52 pleno**: ...tras un *enconado* pleno de cuatro horas en el que se debatieron las repercusiones de las cuentas estatales... EPE141099 **53 audiencia −**: Sólo temo a los hermanos Salinas, dijo el teniente coronel Chávez Ramírez durante una *enconada* audiencia. PME241196

H SUSTANTIVOS QUE DENOTAN INTENCIÓN TENAZ Y PORFIADA DE LOGRAR ALGO. TAMBIÉN CON OTROS QUE DESIGNAN ALGUNAS ACTITUDES QUE REFLEJAN LA VOLUNTAD QUE SE PONE EN ELLO: **54 esfuerzo** +: ...pese a los *enconados* esfuerzos de la censura franquista para evitarlo. LVE130195 **55 empeño** +: ...otros que, pese al *enconado* empeño de los críticos, no lo tienen... ABC060893 **56 entusiasmo:** La ciencia-ficción siempre ha tenido mala prensa en cuanto a sus aportaciones literarias y el *enconado* entusiasmo de sus fans... EPE310877 **57 interés:** ...la verdad es que, aparte de su *enconado* interés en que se marche González... LVE140195

I SUSTANTIVOS DE PERSONA QUE DESIGNAN AL RIVAL DE UN ENFRENTAMIENTO, Y –POR EXTENSIÓN– AL QUE MANIFIESTA SU DISCREPANCIA SOBRE ALGUNA COSA: **58 enemigo** ++: Herrera fue conocido en el mundo de las organizaciones de la droga como el más *enconado* enemigo de Pablo Escobar. SEM100996 **59 adversario** +: Tras Martínez se han agrupado parte de sus más *enconados* adversarios de otros tiempos... HOY100397 **60 rival** +: ...después de una *enconada* lucha con su compañero de escudería... FDV100599 **61 opositor** +: ...eso lo saben hasta sus más *enconados* opositores. LTB020297 **62 detractor:** Tanto sus *enconados* detractores como sus rendidos apologistas coinciden... EME130296 **63 crítico:** Incluso, algunos de los críticos más *enconados* de la junta supervisora... ENH050597 **64 debelador** –: Esa es precisamente la peculiaridad que ni sus más *enconados* debeladores discuten... EME090495

J OTROS SUSTANTIVOS; POSIBLES USOS ESTILÍSTICOS: ...la figura femenina en su, por así decirlo, más *enconada* carnalidad... ABC110294; Se oyó *enconada* música de viento y estruendo de palmas cabreadas... EME290595

☐ Véase también: **descarnado, encarnizado, feroz.**

en concepto (de) ♦ **anticipo, deuda, dieta, enfermedad, fianza, indemnización, inversión, mantenimiento, manutención, multa, organización, pérdida, préstamo, publicidad, remuneración, salario, sanción**

☐ Véase también: **en señal (de).**

en consecuencia ♦ **actuar, obrar, proceder**

en construcción ♦ **edificio, página web, portal, proyecto, trabajo**

en contra Véase: **a favor**

encontronazo ♦ **accidental, brusco[62], desagradable, fuerte, violento** ♦ **darse, provocar, sufrir, tener (con alguien)**

☐ Véase también: **choque.**

encrespar(se) *v.* ▮ En su sentido físico, se combina con sustantivos que designan superficies líquidas *(mar, aguas)* y con los sustantivos *pelo* y *cabello*. En el sentido de 'alterar o soliviantar' se combina con nombres de persona, individuales o colectivos *(gente, público, aficionados: No te encrespes; El público se encrespó con toda razón)*, a veces en referencias metonímicas *(Se encresparon las gradas)*. También se combina con...

A SUSTANTIVOS QUE DENOTAN ESTADO ANÍMICO O EXPRESAN ALGUNAS DE SUS MANIFESTACIONES. TAMBIÉN CON OTROS QUE DESIGNAN ALGUNOS ELEMENTOS DEL ENTORNO FÍSICO QUE ACUSAN NOTABLEMENTE ESAS ALTERACIONES: **1 ánimo** ++: Suele decir que sí, supongo que para no *encrespar* los ánimos, pero casi nunca dice cuándo. LRE180103 **2 ambiente** +: Semejante falta de fuerzas, en otras circunstancias, metida de lleno la temporada, seguro que hubiera *encrespado* terriblemente el ambiente. EME130395 **3 nervios** +: ...el deficiente servicio al cliente en tiendas y comercios llega a *encrespar* los nervios. LVE130196 **4 tensión:** Pero un plan de ese género contribuirá sin duda a *encrespar* aún más las tensiones políticas internas. EME310194 **5 clima** –: La ruidosa protesta de los manifestantes, que fueron desalojados de la tribuna de invitados a instancias del alcalde, *encrespó* el clima de la sesión plenaria... LVE110395

B ALGUNOS SUSTANTIVOS QUE DENOTAN CONTROVERSIA O ENFRENTAMIENTO VERBAL: **6 debate** +: Brotes de racismo en Italia, en el *encrespado* debate sobre la ley de inmigración. LVE261195 **7 discusión** +: Por Albania, país donde nunca he puesto los pies y que sólo conozco por las buenas novelas de Ismail Kadaré, tuve una de las más *encrespadas* discusiones que recuerdo. CAP270397 **8 litigio** –: Porque incluso durante los litigios más *encrespados* entre partes ningún abogado cierra las puertas a un diálogo que pueda propiciar una posible transacción. LVE210396

☐ Véase también: **exacerbar.**

encubrir ♦ **a duras penas[35], astutamente, maliciosamente[12], veladamente**

☐ Véase también: **ocultar(se) (a), tapar(se).**

encuentro ♦ **a cara de perro[14], accidental[17], agotador[28], amistoso, a puerta cerrada[36], bilateral, cálido[18], caluroso[22], cara a cara[24], casual, clandestino, cordial, crucial[48], decisivo, de ida y vuelta[21], de igual a igual[31], deportivo, distendido, eliminatorio, fortuito, fraternal, fructífero, fugaz[4], furtivo, infructuoso, internacional, mano a mano[22], propicio[22], reñido[17], tenso, trascendental, valedero** ♦ **lugar (de), objetivo (de), objeto (de), punto (de), tema (de)** ♦ **acudir (a), aguar(se)[15], asistir (a), auspiciar[1], caldear(se)[20], celebrar, concertar[1], convocar, cuajar[10], dirimir[21], discurrir[10], disputar, enderezar[47], enfriar(se)[43], facilitar, favorecer, forzar, ganar, girar[11], iniciar(se), mantener, participar (en), patrocinar, perder[46], preparar, reanudar, revivir, salir (a), salir reforzado (de), sostener, suspender, tener, terminar(se)**

☐ Véase también: **descubrimiento, hallazgo, invento, reunión, simposio.**

en cuerpo y alma ♦ **apoyar, arrojarse, darse, dedicarse, entregarse, estar, vivir, volcarse**

encuesta ♦ **a domicilio[45], amplio, de opinión, de popularidad, electoral, fiable, fidedigno[32], informal, jugoso[24], preelectoral, reciente, restringido, revelador[37], seguro, telefónico, veraz** ♦ **a la luz (de)[11], a tenor (de)[23], según** ♦ **resultado (de)** ♦ **acertar, amañar, arrojar (datos), coincidir,**

consultar, dar a conocer, demostrar (algo), difundir(se)[57], divergir, divulgar, efectuar, elaborar, encargar, equivocarse, fallar, hacer, mostrar (algo), obrar en poder[23], probar (algo), publicar, realizar, revelar (algo), señalar

en cuestión (de) ♦ **día, hora, minuto, segundo,** *otros sustantivos temporales*

en custodia ♦ **dar, dejar, depositar, entregar, guardar, mantener, poner, quedar, tomar**

endemoniadamente → **endiabladamente**

endemoniado → **endiablado**

en depósito ♦ **dejar, entregar, guardar, mantener, poner, quedar, recibir, tener**

enderezar *v.* ▌En su sentido literal 'poner derecho lo que está torcido o inclinado', se combina con sustantivos que designan objetos que suelen aparecer rígidos o erguidos *(tubería, mástil)*. En su sentido figurado se combina sustantivos que designan entidades u organizaciones *(empresa, compañía)* y con sustantivos temporales *(año, temporada)*. Además se combina con...

A SUSTANTIVOS QUE DESIGNAN EL CURSO QUE SIGUEN LAS PERSONAS O LAS COSAS, Y –POR EXTENSIÓN– ALGUNOS OBJETOS CONCEBIDOS PARA GUIAR O DIRIGIR ALGO O A ALGUIEN: **1 rumbo ++:** En realidad, sobran presidenciables capaces de *enderezar* el rumbo del país. SEM210197 **2 trayectoria +:** ...parecía el contrincante idóneo para *enderezar* una trayectoria titubeante. EME010695 **3 vida ++:** ...para sacar adelante a sus hijos y para *enderezar* sus vidas. EME210196 **4 camino ++:** Municipal se apresta a *enderezar* su camino. PLG180197 **5 existencia +:** Unas semanas de meditación que le ayudaron a *enderezar* su no poco azarosa existencia. INDOC **6 carrera +:** ...no *endereza* su carrera y cancela por lesión la anhelada pelea con el nuevo campeón de los pesados... LVE270395 **7 marcha +:** ...lo que contribuirá a *enderezar* la marcha de este segmento de actividad. EME170496 **8 dirección +:** ...y el aroma de las panaderías al cerrarse la corola nocturna mientras *enderezaba* mi vaga dirección hacia Cuatro Caminos... ABC240993 **9 historia +:** Jugadas vistosas, esfuerzo, transpiración, ganas de *enderezar* la historia. ETC130297 **10 timón:** Ciampi se hizo con las riendas del gobierno con el cometido de *enderezar* el timón económico... EME160194 **11 curso:** ...no introducirá cambios bruscos en la actual política económica, con el fin de *enderezar* el curso de las reformas. EME070696 **12 paso:** Y aún hoy, cuando el Gobierno de centroizquierda parece *enderezar* los pasos del Ejecutivo... LVE011296

B DIVERSOS SUSTANTIVOS ABSTRACTOS QUE DENOTAN SITUACIÓN O ESTADO DE COSAS: **13 situación ++:** ...esta nueva mayoría parlamentaria tomará rápidamente la iniciativa política para *enderezar* la caótica situación... EDV110101 **14 cosa:** Son muchas las cosas que hace falta *enderezar*. RUM290997 **15 panorama:** En las últimas semanas, el panorama parece haberse *enderezado* de forma notable... LVE251095 **16 asunto +:** Pedro Ferrándiz y Mario Pesquera han *enderezado* el asunto. EME120695 **17 caso:** ...una serie de medidas reglamentarias para *enderezar* un caso tan complejo. EPE110599 **18 estado:** La voluntad de (...) no es suficiente para *enderezar* un estado de cosas desfavorable para las pretensiones europeas. LVE281096 **19 clima –:** ...no pudieron, ellos solos, *enderezar* el clima plomizo y gris que presidió el concierto. LVE200695

C EL SUSTANTIVO *ECONOMÍA* Y CON OTROS QUE DESIGNAN CIERTAS NOCIONES ECONÓMICAS QUE SE CARACTERIZAN POR ESTAR SUJETAS A OSCILACIÓN: **20 economía ++:** ...muchos cuestionaban la posibilidad de que la economía se *enderezara* dentro de un plazo razonable. SEM241197 **21 cuenta:** Parece que les preocupa más empezar a no perder las próximas elecciones que *enderezar* las cuentas públicas. LVE050696 **22 finanzas:** ...miedo a que (...) no pueda con el recorte de las pensiones y *enderezar* las finanzas públicas. LVE180395 **23 cotización:** ...las cifras que se conocieron poco aportaron para *enderezar* a las cotizaciones. LVE160396 **24 negocio:** El negocio de la nueva compañía no acaba de *enderezarse*. LVE121195 **25 actividad económica:** Un recorte que es necesario para *enderezar* la actividad económica... LVE191295 **26 precio:** Mal comportamiento de los precios y escasa acción del Gobierno para *enderezarlos*. EPE171099 **27 indicador:** Y pudieron (...) *enderezarse* muchos indicadores económicos y entrar en una nueva fase... LVE210695

D SUSTANTIVOS QUE DESIGNAN FORMAS DE MOSTRARSE O ACTUAR ALGO O ALGUIEN: **28 conducta +:** ...en un gendarme dedicado a *enderezar* las conductas descarriadas de los países endeudados... EPE020489 **29 actuación +:** Los editores esperan que el castigo de su ausencia este año *enderece* en próximas ediciones la actuación del salón... LVE101295 **30 imagen +:** El congreso americano se valió de la pulga para *enderezar* la imagen televisiva. VIS060297 **31 actividad:** ...años de yerros y dislates que tratarían de enmendar, ahora que se *enderezan* las actividades del partido. INDOC **32 política:** Si queremos *enderezar* nuestra política y acabar con la corrupción, hemos de tenerlo en cuenta. EME100594 **33 funcionamiento –:** Para Moody's, las autonomías han comenzado a *enderezar* su débil funcionamiento... LVE060396

E SUSTANTIVOS QUE DESIGNAN ESTADOS DE CONFLICTO, ERROR, DIFICULTAD O CRISIS: **34 entuerto ++:** ...a imaginar que conquistamos utopías y *enderezamos* entuertos, en montura de plata y espuelas con adornos del barroco. LTB141296 **35 problema +:** Los ecologistas echan a faltar voluntad política para *enderezar* el problema. LVE060495 **36 crisis +:** ...con el fin de celebrar una reunión conjunta para *enderezar* la crisis de la actual mayoría en el Gobierno. LVE201094 **37 desequilibrio:** ...nuestro desequilibrio presupuestario se ha agravado en relación con los de nuestros socios europeos y *enderezarlo* supondrá ahora y en el futuro (...) sacrificios mayores... LVE160795 **38 desajuste:** Se trata de *enderezar* el desajuste existente en cuanto a la relación entre los impuestos directos (...) y los indirectos... EME120896 **39 desacierto:** Ni las idas y venidas del Gobierno (...) pudieron *enderezar* tal cantidad de desaciertos en tan corto tiempo. LTB090297 **40 declive:** Además, pueden *enderezar* su declive dentro del rugby mundial... EME190394 **41 desgaste:** El desgaste y la perdida de crédito que ha tenido (...) es grave y exige un esfuerzo muy notable para cambiarlo y *enderezarlo*. LVE230795 **42 embrollo:** ...es el hombre que cuenta con la confianza de la dirección federal del PSOE para *enderezar* el embrollo murciano... EPE020484 **43 disparate:** ...envía alguaciles por ahí a ver si se puede calmar algún ánimo o *enderezar* un disparate. EME060295 **44 tontería –:** ¡Señor, el tiempo que perdemos en oír tonterías y en *enderezarlas*! EPE120899

F SUSTANTIVOS QUE DESIGNAN JUEGOS, COMPETICIONES, ESPECTÁCULOS Y LOS RESULTADOS QUE SE OBTIENEN DE ELLOS: **45 partido ++:** A los tres minutos se produjo la que sería última gran oportunidad española de *enderezar* este partido de semifinales. LVE260495 **46 resultado ++:** El Atlético luchó hasta el final por *enderezar* el resultado, pero no encontró puerta. EME100196 **47 encuentro +:** El PAOK Salónica *enderezó* en la segunda parte un encuentro que se le había puesto cuesta arriba... EME070296 **48 eliminatoria +:** La eliminatoria ha ido y venido, se ha torcido y vuelto a *enderezar*... ENV110797 **49 contienda:** Ni siquiera el esfuerzo por *enderezar* la contienda que desarrolló la Real tras el intermedio evitó... EME190896 **50 campeonato:** Otro buen aliciente para *enderezar* un campeonato que arrancó complicado. CLA020401 **51 faena:** Quizá por estar en Las Ventas la crónica, decidió echarse al ruedo y *enderezar* una faena verdaderamente peligrosa... EPE190999 **52 corrida:** Los remiendos que le echaron a la corrida no sirvieron para *enderezarla*. EPE200700 **53 juego:** Finalmente, cuando faltaban diez minutos para terminar el angustioso encuentro, García Mauriño, Escarré y el menor de los Amat *enderezaron* el juego español... LVE250796

G EL SUSTANTIVO *FUTURO* Y CON OTROS QUE DESIGNAN DIVERSAS NOCIONES PROSPECTIVAS: **54 destino ++:** Y al final, lo único que le faltó fue un poquito de suerte para *enderezar* su destino. CLA280297 **55 proyecto +:** El inicio del primer bloque de oficinas, sin embargo, parece *enderezar* el proyecto inicial del parque de empresas. LVE270796 **56 futuro:** Entonces surgió el genio de Vlaovic y *enderezó* el futuro de su selección. EME120696 **57 expectativa –:** ...pero las expectativas se han *enderezado* en las últimas semanas. LVE110896

H SUSTANTIVOS QUE DENOTAN TENDENCIA, GENERALMENTE PROVOCADA POR EL AZAR O LA FORTUNA: **58 tendencia +:** Pero el buen momento de los valores eléctricos *enderezó* la tendencia y actuó de motor... LVE270695 **59 racha +:** Esta vez (...) necesita *enderezar* la mala racha que arrastra desde que perdió el título la temporada pasada. EPE120299 **60 suerte:** ...no le va a bastar con cancelar contratos si quiere *enderezar* la suerte del país más poblado de África. EPE020699 **61 tónica:** Y, si la tónica no se *endereza* audazmente, el año 2015 serán africanos tres de cada cuatro niños sin escuela. EPE130499

I SUSTANTIVOS QUE DESIGNAN OTRAS NOCIONES SUJETAS A UN CURSO, ESPECIALMENTE VÍNCULOS O SITUACIONES QUE MANIFIESTAN EL INTERCAMBIO DE PUNTOS DE VISTA, CON DIVERSO GRADO DE CONSENSO ENTRE LOS PARTICIPANTES: **62 relación ++:** ...deber de justicia social, *enderezando* las relaciones comerciales defectuosas entre los pueblos fuertes y débiles... RUM171197 **63 negociación:** El alcalde de Sevilla (...) confía aún en que pueda *enderezarse* la negociación con el Betis. EPE310899 **64 conversación:** La aparición de un mediador dio esperanzas para que se *enderezaran* las conversaciones. INDOC **65 controversia –:** Ministro y consejero *enderezaron* en esa primera entrevista la controversia sobre la protección... EPE010299

J OTROS SUSTANTIVOS; POSIBLES USOS ESTILÍSTICOS: ...un equipo de medianías que supo *enderezar* su timidez inicial para obtener un punto y seguir su camino. EPE291001; ...optaron por la arbitrariedad como instrumento justiciero para *enderezar* el canon. ABC291093

☐ Véase también: **arreglar, corregir, encarrilar, solucionar(se), solventar.**

en desbandada ♦ acudir, correr, entrar, escapar, huir, poner, retirarse, salir

☐ Véase también: **en tromba, en tropel.**

en detrimento ♦ actuar, aumentar, crecer, ir, redundar

endeudamiento ♦ abultado[38], a {corto/medio/largo} plazo, astronómico[20], externo, interno, progresivo, público ♦ aumento (de), capacidad (de), crisis (de), estado (de), exceso (de), impuesto (a), nivel (de) ♦ acuciar[46], aumentar, contraer, crecer, financiar, incrementar(se), reducir(se), sufragar[24]

☐ Véase también: **deuda, hipoteca.**

endeudar(se) ♦ hasta el cuello[10], hasta las cejas[1], peligrosamente, por completo, progresivamente

☐ Véase también: **adeudar.**

endiabladamente ♦ complejo, complicado, difícil, enrevesado

endiablado *adj.* ▌Se combina con sustantivos que designan personas *(jugador, boxeador, escritor, rival)* y algunos objetos físicos, más frecuentemente si se trata de artefactos *(reloj, vídeo, ordenador)* o de instrumentos *(destornillador, trombón)*, en particular si se reconoce cierta complejidad en su estructura o en su funcionamiento, o cierta pericia en el que los usa *(violín, batuta)*. También se combina a menudo con sustantivos que designan deportes o lances deportivos *(tenis, juego, remate, regate, disparo)*, así como con...

A SUSTANTIVOS QUE DENOTAN RITMO, CADENCIA Y OTRAS FORMAS DE MOVIMIENTO, GENERALMENTE CONSTANTE O REPETIDO: **1 ritmo ++:** Sólo los mejor preparados acabarán resistiendo este *endiablado* ritmo cuando lleguen las jornadas más duras. LVE070795 **2 velocidad ++:** Sergi y Ferrer tienen una velocidad *endiablada* que les permite corregir fallos o correr en ayuda del líbero. LVE010794 **3 rapidez +:** Ataca como el mejor extremo y se repliega con una rapidez *endiablada*. LVE080696 **4 compás:** Fernando de la Morena (...) demostró su *endiablado* compás por bulerías. EME190496 **5 frecuencia:** Michael Johnson compensa la corta longitud de sus piernas con una frecuencia *endiablada*. EME140895 **6 traqueteo:** Iba yo soportando el traqueteo *endiablado* del vehículo cuando mi compañero de asiento (...) me preguntó a media voz: «¿No le parece apasionante?». EME101096

B SUSTANTIVOS QUE DENOTAN TALENTO, DESTREZA, IMAGINACIÓN Y OTRAS CAPACIDADES FÍSICAS E INTELECTIVAS DE LOS INDIVIDUOS: **7 habilidad ++:** ...los lectores de Fernán-Gómez conocen su *endiablada* habilidad para elaborar la pócima. ABC051193 **8 técnica +:** Cantaron (...) con intención, con teatralidad, con humor, con nervio, con una técnica *endiablada.* EPE030700 **9 genio:** Pero pesa mucho más el talante vitalista del artista que se siente fascinado por una bailaora de flamenco, La Chunga, de *endiablado* genio. ABC021294 **10 inteligencia:** ¿Qué podía, pues, cohibirlo, entrecortarlo así? Por una parte, el peso, el contrapeso de su *endiablada* inteligencia... ABC221295 **11 talento:** ...están forrando de oro la desnudez de su *endiablado* talento... EPE100599 **12 agilidad:** ...bajo una estructura de diálogo de agilidad *endiablada* en situaciones descabelladas, no deja de ser nunca una sátira... EPE050799 **13 ingenio:** ...esta ranciedad formal ha sido sorteada con *endiablado* ingenio en el caso de Egoyan y con severa autoexigencia en el de Ripstein. EPE180599 **14 virtuosismo:** Fue una maravilla la sonata para violín solo de Prokofiev, obra de virtuosismo *endiablado*... EME190296

C SUSTANTIVOS QUE DESIGNAN SITUACIONES DIFÍCILES O CONFLICTIVAS, MÁS FRECUENTEMENTE SI SE CARACTERIZAN POR SU CARÁCTER CONFUSO O ENREDADO. TAMBIÉN CON OTROS QUE EXPRESAN LAS CARACTERÍSTICAS QUE LES CORRESPONDEN: **15 problema +:** Escribir bien a veces se convierte en un problema *endiablado.* LPN150697 **16 dificultad:** Lo asustador, al menos en esta etapa, es la *endiablada* dificultad para entender el asunto a fondo. EPE151001 **17 complejidad +:** Me habló de las dificultades y la *endiablada* complejidad con que tuvo que enfrentarse al traducir «La cámara de Baltus»... EPE130299 **18 equívoco:** ...los indicios de todo ello son sólo un truco para idear el *endiablado* equívoco. LVE130395 **19 caos:** Muchos países postcomunistas están en medio de un caos *endiablado,* por supuesto. EPE061199 **20 crisis:** ...han convulsionado un vestuario que vuelve a sentirse en entredicho tras ganar tres partidos consecutivos y haber echado tierra sobre una *endiablada* crisis. EPE170199 **21 embrollo:** Un *endiablado* embrollo que nunca debió producirse y que debería haberse resuelto en 24 horas... LVE040196 **22 maraña +:** ...a esta *endiablada* maraña que nunca lograremos desenrollar, me refería diciendo «¡tiren del hilo!». EME100496

D SUSTANTIVOS QUE DENOTAN CÓDIGO LINGÜÍSTICO Y, POR EXTENSIÓN, ESTILO Y FORMA DE EXPRESARSE: **23 jerga ++:** Las ONG tienen también una jerga *endiablada.* LVE111296 **24 idioma:** ...el hermoso y *endiablado* idioma arcangélico heredad, el español, el castellano, la buena habla correcta con la que nos comunicamos... EXC090596 **25 dialecto:** ...respondía siempre a las preguntas de ésta con una sonrisa perenne en la boca y en impenetrable schwyzertutsch, el *endiablado* dialecto suizo-alemán... EME200495 **26 verborrea:** ...cada vez que abre la boca hace gala de una verborrea *endiablada*... EME010995 **27 vocablo:** ...la subasta del pescado se presenta como una suerte de caos en el que parece imposible descifrar los *endiablados* vocablos... EPE180899 **28 sintaxis –:** Los datos se encaballan con sintaxis *endiabladas*... EPE290199

E SUSTANTIVOS QUE DENOTAN PROYECTO O PAUTA PREFIJADA DE ACTUACIÓN: **29 plan:** ...se reclama a Dios que «(...) dañe los proyectos de todos aquellos que planeen un plan *endiablado* contra tu nación, la casa de Israel». EPE170700 **30 programa:** Se nos exigía un *endiablado* programa para el que no estábamos preparados. INDOC **31 estrategia:** Pero su comprensión de la *endiablada* estrategia del ajedrez es asombrosa. EPE030999 **32 calendario:** El plazo para convocar las elecciones en Cataluña en noviembre concluye el 26 de septiembre, según el *endiablado* calendario electoral... EME140995

F OTROS SUSTANTIVOS; POSIBLES USOS ESTILÍSTICOS: ...sorprende la sensualidad, la facundia, la *endiablada* pirueta de las metáforas, la riqueza de las citas... LVE080494

en diferido ♦ **emisión, partido, retransmisión** ♦ **dar (una emisión), emitir, ofrecer, retransmitir, televisar, transmitir**
☐ Véase también: **en abierto, en directo.**

endilgar *v.* ▮ Se usa solo en la lengua coloquial. La locución verbal *endilgar el muerto* significa 'traspasar (a otros) alguna responsabilidad'. Se combina con sustantivos que designan golpes *(patada, golpe, bofetón, cabezazo, puntapié)* y –por extensión– ciertos lances propios del deporte *(gol, ataque, patada).* También se combina con...

A SUSTANTIVOS QUE DENOTAN TAREA U OBLIGACIÓN, ASÍ COMO EL COMPROMISO QUE CON ELLAS SE CONTRAE: **1 responsabilidad +:** Pero aunque eso sea cierto, la responsabilidad le será de todos modos *endilgada* a La Moneda, porque de ella se espera que imponga la agenda y la velocidad con que se ejecuta. HOY260597 **2 cargo:** Pero no se nos puede *endilgar* el cargo de no haber puesto una parte importante en tan decisiva lucha. ETC070198 **3 culpa +:** El hincha de Peñarol le *endilga* todas las culpas al técnico Fossati. EOU170996 **4 encargo +:** Es un lío de mucho cuidado, así que no me *endilgues* el encargo, que te veo venir. INDOC **5 tarea +:** La verdad es que tiene mala suerte porque justo cuando se iba a marchar le *endilgaron* una tarea de mucho cuidado. INDOC

B SUSTANTIVOS QUE DENOTAN DENOMINACIÓN, GENERALMENTE PEYORATIVA: **6 calificativo +:** Mencionan los calificativos que le *endilgaban* en las elecciones, pero así es la política. CAP200901 **7 mote:** ...no era su verdadero nombre, sino un mote que le *endilgaron* al llegar al pueblo. INDOC **8 apodo:** Lo de «El Manitas» era un apodo que le *endilgaron* cuando arregló el reloj de la iglesia. INDOC **9 sambenito:** Recuerdo que se me había *endilgado* el sambenito de «rebelde», por la sencilla (y monstruosa) razón que me negaba a pasarme los recreos pateando un balón... INF010896 **10 adjetivo:** Estos son los adjetivos *endilgados* a la persona víctima de la infidelidad de su esposo o concubina. ESP120697

C SUSTANTIVOS QUE DESIGNAN MANIFESTACIONES DE DIVERSAS SITUACIONES CONFLICTIVAS O EMBARAZOSAS: **11 problema +:** La presión de los ayuntamientos circundantes ha conseguido el desvío de los aviones y *endilgarle* el problema a «otros». EPE210399 **12 deuda:** ...a cuyas cuentas «Il Cavaliere» querría *endilgar* incluso sus deudas, cuyas cifras se guarda muy bien de dar. LVE300495

D ALGUNOS SUSTANTIVOS QUE DESIGNAN ACTOS DELICTIVOS: **13 estafa:** ...sin agallas para reventar la caja de un banco, sin cabeza para *endilgarle* a un ricachón una estafa guapa, sin nada a que agarrarme... EME250196 **14 delito:** Alegó que negar ese derecho equivalía a la nulidad del fallo, que impediría investigar sobre el dolo o la culpa inherentes al delito que les *endilga*. EOU210696

E SUSTANTIVOS QUE DENOTAN MENSAJE VERBAL DIRIGIDO A OTROS, GENERALMENTE DE CARÁCTER INFORMATIVO O EXPOSITIVO: **15 alocución:** Los personajes desplazan al narrador en el uso de la palabra no para dialogar (...) sino para *endilgar* verdaderas «alocuciones» o discursos que no reclaman respuesta... ABC191193 **16 declaración:** ...por la inteligencia general de los ciudadanos, a los que *endilgó* unas declaraciones exculpatorias que no resultarían creíbles ni en un cuento de los Hermanos Grimm. EPE030299 **17 discurso:** Y es que hay excelentes poetas que tendrían que haberse limitado a escribir poesías y no a *endilgarnos* discursos críticos enlazados de forma gratuita e inconexa. ABC141094 **18 anuncio:** No contentos con *endilgarnos* una buena ración de anuncios, los exhibidores permiten que los espectadores sigan entrando en la sala una vez iniciada la proyección. EPE020699 **19 exclusiva:** Me da que el mando felipista está tratando ahora de *endilgar* a Barrionuevo la exclusiva del desaguisado. EME260895

F OTROS SUSTANTIVOS; POSIBLES USOS ESTILÍSTICOS: «¿Quién soy yo para *endilgar* al mundo mi vida y mis impresiones?». EME070696

☐ Véase también: **asestar, encasquetar, endosar.**

en directo

♦ **emisión, partido, programa, retransmisión** ♦ **difundir, emitir, ofrecer, radiar, retransmitir, televisar, transmitir**

☐ Véase también: **en abierto, en diferido.**

endosar

v. ▮ En el sentido de 'ceder en favor de alguien' se combina con los sustantivos *cheque*, *talón* y otros que designan documentos generalmente bancarios. En el sentido de 'transmitir, trasladar, hacer, sufrir, dar o dispensar' se combina con sustantivos que designan golpes u otras formas de agresión física *(puñetazo, bofetada)* y con otros que designan tantos o resultados deportivos adversos *(gol, derrota, goleada)*. Forma la locución verbal coloquial *endosar el muerto*. También se combina con...

A EL SUSTANTIVO *PROBLEMA* Y CON ALGUNOS QUE DENOTAN OBLIGACIÓN CONTRAÍDA O ACTIVIDAD QUE HA DE SER REALIZADA: **1 problema:** ...mientras se muestran indignados con la ministra de Medio Ambiente, (...), que le *endosó* el problema al alcalde. LVE290996 **2 responsabilidad:** ...fueron rápidamente liquidados consolidándose un sismo en las altas esferas que *endosaba* toda la responsabilidad en el Presidente. EUV050996 **3 encargo:** Le *endosó* el encargo sin preguntarle si tenía tiempo para hacerlo. INDOC **4 tarea:** Siempre le *endosaban* las tareas más penosas y él nunca protestaba. INDOC

B SUSTANTIVOS QUE DENOTAN AMONESTACIÓN O CASTIGO, FRECUENTEMENTE DE CARÁCTER ECONÓMICO: **5 multa:** ...el encolerizado gendarme le echó un responso de órdago y le *endosó* una multa de 240 francos: 6.000 pesetas. EME060595 **6 bronca:** «Hola, conspirador», le saludé, y me *endosa* una bronca por culpa de... EME040394 **7 sanción:** El comité de competición le *endosó* una sanción económica más que simbólica. INDOC

C SUSTANTIVOS QUE DENOTAN DENOMINACIÓN O APELACIÓN: **8 nombre:** ...los usuarios de la máquina de rasurar podrán *endosar* su nombre y apellido a los vegetales leñosos y recibirán un plano del plantío. LVE301196 **9 apelativo +:** A uno se le antoja que *endosarle* a un hijo apelativos de esta naturaleza constituye por lo menos una falta de respeto... LVE190695 **10 calificativo:** ...que su referencia a los versos de Neruda se propusiera *endosar* a los dos magistrados aludidos el calificativo de hijos de perra. EPE101199

D OTROS SUSTANTIVOS; POSIBLES USOS ESTILÍSTICOS: ...la telenovela limeña puede enjuagarse las lágrimas y *endosar* su energía a otros géneros... CAP261296; ...para distanciarse de las vacuas «crónicas de posguerra» que algunos aficionados al arte de narrar nos han ido *endosando* durante los últimos años. ABC250992

☐ Véase también: **arrear, asestar, emprender(la) (a), encasquetar, endilgar, lanzar, propinar, sacudir(se), soltar.**

en efectivo

♦ **cantidad, dinero, pago, sueldo** ♦ **abonar, cobrar, entregar, pagar, recibir**

☐ Véase también: **en especie, en mano, en metálico.**

en el alma

loc.adv. ▮ En el sentido de 'entrañablemente' se combina con...

A VERBOS QUE DENOTAN SENTIMIENTO DE PENA, DE DISGUSTO O DE CONTRARIEDAD POR ALGUNA COSA: **1 sentir ++:** Balaguer cortó toda posibilidad de dar a conocer sus opiniones sobre aspectos políticos con un lacónico «lo siento muchísimo, lo siento *en el alma*, pero soy sordo y mudo». DED281096 **2 doler +:** «Nos duele *en el alma*, pero no nos quedaba otro camino», confesó ayer a Clarín Pascual Mastellone. CLA270199 **3 lamentar +:** Lo lamento *en el alma* pero no voy a transar. CLA020497 **4 escocer:** ...algo me escuece *en el alma* cada vez que paso junto a ellos y los veo rompiendo el aire con su postura de hielo. EME241095

B EL VERBO *AGRADECER*: **5 agradecer ++:** Te agradezco *en el alma* y me produce estupor siempre que me citas como pintor. ABC050692

enemigo

♦ **a batir, acérrimo[13], a muerte[24], ancestral, antiguo, asequible[15], atávico, auténtico, común, correoso, declarado, desalmado, directo, encarnizado[36], enconado[58], escurridizo, hipotético, implacable[102], irreconciliable[1], mayor, mortal, natural, odiado, peligroso, peor, personal, poderoso, político, potencial, principal, radical, secular, verdadero, viejo, visceral** ♦ **contra, en poder (de), frente (a)** ♦ **abalanzar(se) (contra), acechar, acosar, ahuyentar, aniquilar, aplastar, apresar, arremeter (contra), asediar, burlar, buscar(se), capturar, combatir, convertir(se) (en), derrotar, desgastar, despistar, destruir, doblegar, enfrentar(se) (a), exterminar, granjearse[32], hacer, hostigar, huir (de), liquidar, negociar (con), neutralizar, pasarse (a), reconciliar(se) (con), rendirse (a/ante), rodear, sitiar, superar, vencer**

☐ Véase también: **adversario, amigo, opositor.**

enemistad

♦ **abierto, agrio, antiguo, declarado, enconado[24], franco, largo, larvado, manifiesto, notorio, patente, personal, profundo, secular, soterrado, supuesto, viejo, visceral[5], visible** ♦ **acabar (con), avivar(se), cosechar[44], costar(le)**

(a alguien), crear, despertar, desterrar[12], engendrar[26], fraguar(se)[60], ganarse, generar, granjearse[16], incubar, limar, manifestar, mantener, nacer, profesar[69], sentir, separar (a alguien), superar, surgir, tener (con alguien), valer(le) (a alguien)
☐ Véase también: **amistad, animadversión, aversión.**

en equipo *loc.adv./loc.adj.* ▮ Se combina frecuentemente con sustantivos que designan diversas actividades lúdicas o deportivas *(juego, fútbol, deporte, carrera)*, así como con muy diversos verbos de acción, entre los que destacan los que designan la acción de participar o competir en cualquiera de ellas *(jugar, escalar, correr)*. También se combina con verbos de creación *(crear, escribir, pintar, decorar, fabricar, construir, editar, modelar)*, así como con...

A SUSTANTIVOS QUE DENOTAN TAREA O ACTIVIDAD, A VECES ENCOMENDADA: **1 trabajo +:** Mencionó que existe un nivel de participación y comunicación muy fluida, que alienta el trabajo *en equipo*... LNP270297 **2 labor +:** ...dos secretos se «esconden» en los éxitos (...): una admirable labor *en equipo* de sus profesionales y técnicos... y la humanidad de su gente. GIC072797 **3 gestión:** ...la elección debería recaer sobre una persona independiente, (...) con una trayectoria profesional adecuada, una capacidad demostrada de gestión y dirección *en equipo*... EPE060399

B SUSTANTIVOS QUE DESIGNAN ACTUACIONES DIVERSAS, MÁS FRECUENTEMENTE SI SON CREATIVAS, PARTICIPATIVAS O SE DIRIGEN A ALGÚN OBJETIVO PREESTABLECIDO: **4 proyecto +:** ...anunció la destitución de Barrionuevo por su falta de adaptación al proyecto *en equipo* que se lleva a cabo... CLA180497 **5 estudio:** La estrategia del estudio *en equipo* no sólo sirve para los que van peor. EME260495 **6 creación:** ...se produce «la emancipación de una serie de individualidades vanguardistas y geniales» tras un periodo de clasicismo en que «la industria había encauzado la creación *en equipo*». LVE110695 **7 traducción:** Creo que la traducción *en equipo* es la que puede garantizar con mayor exactitud la corrección del trabajo... EPE190699 **8 colaboración:** El acierto de Plaff es también fruto de la colaboración *en equipo*... EPE021288 **9 actuación:** Se trataría de fomentar la conciencia de la autoevaluación entre el profesorado universitario, la actuación coordinada y *en equipo* de los docentes... EPE211101 **10 participación:** Fue la participación *en equipo* lo que permitió resolver rápidamente el trabajo. INDOC

C EL VERBO *ACTUAR* Y DIVERSOS VERBOS QUE DESIGNAN LA EJECUCIÓN O LA REALIZACIÓN DE UN PROCESO O EL MANTENIMIENTO DE UNA ACTIVIDAD, A MENUDO RELACIONADOS CON LOS SUSTANTIVOS DEL APARTADO *A*: **11 actuar +:** ...actuando *en equipo*, como en este caso, se dedican a perpetrar estos hechos. ACP280901 **12 trabajar +:** El segundo componente fundamental en una alianza es tener una vocación para trabajar *en equipo*. CLA240199 **13 realizar +:** Los premios serán únicos e indivisibles, aunque pueden ser otorgados a un trabajo realizado *en equipo*. EPD090197 **14 llevar a cabo +:** Hay investigaciones que, por su extensión y complejidad, sólo pueden llevarse a cabo *en equipo*. ABC311293 **15 desarrollar +:** ...los cinco últimos responden al trabajo desarrollado *en equipo* por 30 alumnos de la escuela. EPE080999 **16 elaborar +:** No es extraño que en la primera edición de la Antología de Gerardo Diego –una antología programática y elaborada *en equipo* por todo el grupo– ocupara un lugar destacado. EPE281099 **17 funcionar:** Tener que funcionar *en equipo* desarrolla un aspecto vital en la profesión médica... EUV151096 **18 crear:** La danza, la música, el cine, son artes muy complejas, con mucha técnica, que se crean *en equipo*. LVE310796

D VERBOS QUE DENOTAN CONSECUCIÓN DE UN RESULTADO: **19 alcanzar:** ...tres niveles de distribución: las retribuciones que se fijan por los objetivos individuales, las que se establecen por los resultados que se alcanzan *en equipo*... EPD101197 **20 obtener:** Todo lo que son ahora lo han obtenido *en equipo* a lo largo de muchos años. INDOC
☐ Véase también: **codo con codo, en común, equipo.**

energía ♦ **arrollador, barato, calorífico, caro, contaminante, desbordante[26], eléctrico, eólico, hidroeléctrico, impetuoso, inagotable, limpio, lleno (de), motor, motriz, nuclear, personal, planetario, pletórico (de)[2], rebosante (de)[13], sexual, sobrado (de)[3], solar, soterrado[71], térmico, vital** ♦ **ahorro (de), ápice (de)[74], arranque (de)[39], consumo (de), coste (de), crisis (de), demanda (de), demostración (de)[5], factura (de), flujo (de), fuente (de), gasto (de), inyección (de)[17], manifestación (de)[39], planta (de)** ♦ **abastecer (de), absorber, adquirir[71], agotar(se)[27], ahorrar, alimentar(se) (de), almacenar, aprovechar, aunar, canalizar[44], cargar, cargarse (de), circular, cobrar, concentrar, confluir, conjuntar, conservar, consumir, contener, convertir, dar, dar rienda suelta (a), decaer[33], dedicar[2], derrochar[33], desbordar(se)[31], desprender, distribuir, dosificar[3], dotar (de), economizar, emanar, emplear, escatimar, extraer, galvanizar[6], generar, gozar (de), guardar, imprimir[12], infundir[11], insuflar[7], invertir[2], inyectar, irradiar, liberar, malgastar[2], malograr(se)[17], menguar, mermar, minar, obtener, perder[17], poseer, precisar, producir, proporcionar, proveer, rebosar[8], recobrar, renovar, reponer[2], requerir, sentir, socavar[65], suministrar, suplir, tener, transformar, transmitir[8]**
☐ Véase también: **enérgicamente, fuerza, ímpetu.**

enérgicamente *adv.* ▮ En su sentido físico se combina con verbos que denotan la acción de ejercer alguna presión sobre algo o la de ocasionar algún movimiento *(pisar, golpear, frotar, impulsar, sacudir, acelerar, balancear)*. En su sentido figurado se combina con diversos verbos que denotan actuación, participación *(actuar, reaccionar, intervenir)* o manifestación verbal *(declarar, proclamar, hablar, señalar)* Destacan sus combinaciones con...

A VERBOS QUE DENOTAN OPOSICIÓN O RECHAZO, A MENUDO MANIFESTADAS VERBALMENTE: **1 condenar ++:** El Centro Coordinador Empresarial condena *enérgicamente* esa medida. DYM080996 **2 protestar ++:** Protesto *enérgicamente* contra este atropello, pues he sido vejado sin motivo ni justificación. CAP180196 **3 oponerse +:** La UE, Canadá y otras naciones se oponen *enérgicamente* a la ley y sostienen que viola las reglas del comercio mundial. ENH130297 **4 denunciar +:** Denunciamos *enérgicamente* la expansión de la OTAN y exigimos la disolución de esa alianza militar. GIC083197 **5 rechazar +:** ...el propósito es que el pueblo haga acto de presencia para rechazar *enérgicamente* el incremento al coste de la vida. LHG190900 **6 criticar +:** También criticó *enérgicamente* a quienes habían calificado de *antieuropeísta* su actitud en las negociaciones. LVE270394 **7 reprobar +:** El líder del PRD reprobó *«enérgicamente»* la presencia del grupo armado... LVE300696 **8 repudiar:** ...gremios del IPS repudian *enérgicamente* la promulgación de la cuestionada ley... ACP060197 **9 descartar:** Aunque el inspector Michael Bromwich (...) descartó *enérgicamente* que el laboratorio del FBI haya fabricado con malicia pruebas incriminatorias... CLA170497

B LOS VERBOS *DEFENDER* Y *APOYAR*: **10 defender +:** Los socialistas le acusaron de hacer demagogia y Aznar defendió *de forma enérgica* la coherencia de sus propuestas fiscales. LVE170796 **11 apoyar +:** Apoyamos *enérgicamente* los esfuerzos de la Junta Nacional de Mediación... ENH120297

C VERBOS QUE DENOTAN LA ACCIÓN DE AFIRMAR O NEGAR ALGUNA COSA: **12 afirmar +:** Un general, senador también, se oponía al túnel de Canfranc, afirmando *enérgicamente* que, si se abriese, renunciaría a su escaño... ABC030792 **13 asegurar +:** ...el Papa aseguró *enérgicamente* que se perfila «una derrota del hombre»... EME180494 **14 desmentir +:** Silvio Berlusconi ha desmentido *enérgicamente* la posibilidad de que su imperio de la comunicación vaya a desprenderse de uno de sus tres grandes canales... LVE040495 **15 negar +:** Los talibanes que ocupan Kabul han negado *enérgicamente* ambas derrotas... EME141096

D VERBOS QUE DENOTAN SOLICITUD: **16 reclamar +:** Con un nuevo y joven monarca, a Marruecos le resultará difícil resistirse a reclamar más *enérgicamente* estos territorios. EPE050999 **17 exigir +:** Este partido reitera su postura ya clásica de exigir *«enérgicamente»* el respeto a los derechos humanos... EME160495 **18 pedir:** ...como colofón pidió *de forma enérgica* «el retorno inmediato a la mesa de negociaciones». EPE171201 **19 demandar:** ...hace un llamado a todas las organizaciones populares, campesinas y de mujeres para (...) demandar *enérgicamente* el cumplimiento de los Acuerdos de Paz... LHG280900 **20 preguntar:** ...Ruggiero le preguntó *enérgicamente* al testigo: «¿Usted dijo o no dijo eso?». CLA030497

E VERBOS QUE DENOTAN ENFRENTAMIENTO O CONFRONTACIÓN, A MENUDO NO FÍSICA: **21 luchar +:** Estamos decididos a luchar *enérgicamente* contra este mal, que es resultado de las reformas económicas... EPE201099 **22 combatir:** ...aludió a la necesidad de combatir *enérgicamente* el paro y de asegurar los niveles alcanzados de bienestar social. EME090596 **23 discutir:** Otros expertos discuten *enérgicamente* la idea de que los test de CI confirmen la existencia de diferencias de inteligencia genéticas entre las razas... ABC281094

F VERBOS QUE DENOTAN AMENAZA O ADMONICIÓN: **24 amenazar:** Habían sido seriamente advertidos y *enérgicamente* amenazados. INDOC **25 advertir:** Clinton, que con este desafío afronta su primera crisis exterior grave, ha advertido *enérgicamente* a Irak. LVE020996 **26 recomendar:** ...recomendaba *enérgicamente* a sus alumnos que leyeran esa joya de la historia económica que es «Le avventure della lira». EPE280900

G VERBOS QUE DESIGNAN DIVERSAS MANIFESTACIONES VERBALES CARACTERIZADAS POR LA REITERACIÓN O EL ÉNFASIS: **27 reiterar:** España estuvo batalladora en favor de la declaración que «reitera *enérgicamente* que la paz es el único camino»... EME230696 **28 recalcar:** «La unidad es la condición básica para sacar a Yugoslavia de la crisis (...)» recalcó *enérgicamente* en su discurso de clausura Stipe Suvar... EPE020289 **29 repetir:** Es hora de darle un cambio drástico a mi vida, dice y se repite *enérgicamente*... EPE120399

☐ Véase también: **energía, vigorosamente**.

en especie ♦ aportación, cobro, compensación, ingreso, pago, renta, retribución, salario ♦ abonar, cobrar, pagar, retribuir

☐ Véase también: **en efectivo**.

en exclusiva *loc.adv./loc.adj.*

▮ Se combina a menudo con verbos de voluntad *(querer, pedir, reclamar)*, así como con otros que denotan transmisión o difusión de datos o informaciones *(informar, publicar, reproducir, emitir, hablar)* o designan diversas acciones contractuales o mercantiles *(fichar, contratar, alquilar, importar, distribuir, comercializar, vender)*. Se combina además con un gran número de sustantivos y verbos, pero destacan especialmente sus combinaciones con...

A VERBOS QUE DENOTAN DEDICACIÓN A ALGO, A MENUDO INTENSA O ESFORZADA: **1 trabajar:** Se trata de la obra más reciente de cinco artistas españoles que trabajan *en exclusiva* con la Galería Marlborough. ABC061192 **2 dedicarse +:** Entre los menores de 20 años, tan solo un 14,4% de los varones y un 9,1% de las mujeres se dedica *en exclusiva* a cumplir con un empleo remunerado. EME120194 **3 colaborar:** Queremos dejar de colaborar *en exclusiva* con esa empresa. INDOC **4 investigar:** ...anunció ayer que dos fiscales especializados en Derecho Económico, Luis Jordana y Josefa Checa, investigarán *en exclusiva* el asunto. LVE140494 **5 volcarse:** Hoy los gobiernos locales ya no son aquellas administraciones volcadas casi *en exclusiva* en asfaltar calles, poner multas, reparar el alumbrado o recoger la basura. EPE120699 **6 ocuparse:** En 1847, la comisión se amplió para dejar de ocuparse *en exclusiva* del sector textil y adoptó el nombre de Junta de Fábricas. LVE170996

B VERBOS QUE DESIGNAN LA ACCIÓN DE OTORGAR U OFRECER ALGO: **7 conceder ++:** ...la situación política española hace prácticamente imposible un acuerdo con la izquierda abertzale que concedería *en exclusiva* al PP el espacio del marcaje al nacionalismo... EDV270499 **8 ofrecer +:** Es decir, que ofrecen *en exclusiva* una serie de mercancías y prestaciones. EME201096 **9 suministrar +:** Esta fábrica, que suministra *en exclusiva* este tipo de cubiertas para toda Europa, produce al año 900.000 neumáticos de las dos marcas del grupo. EME220796 **10 entregar:** ...ese papelito que certifica la «bondad» del producto y que en España entrega *en exclusiva* la Asociación Española de Normalización y Certificación. EME150396

C VERBOS QUE DENOTAN POSESIÓN O ADQUISICIÓN: **11 tener:** Asimismo, posee los derechos de televisión del

Atlético de Madrid en competiciones europeas, imágenes que tiene *en exclusiva* Antena 3-TV... EME040194 **12 pertenecer +:** Al profesor Allen pertenecen *en exclusiva* el prefacio explicativo, los estudios referentes a las relaciones «corrales de comedias/sociedad»... ABC030395 **13 conseguir +:** Del bando indochino la confusión fue similar, según comprobamos en un informe del capitán Khan, conseguido *en exclusiva* por Ulises & Ortiz, SL... EME070395 **14 adquirir +:** Los clientes podrían elegir el número de asientos que desean en cada coche, que adquirirían *en exclusiva* en centros comerciales... EPE300999 **15 apropiarse +:** Nadie tiene derecho a apropiarse *en exclusiva* de determinadas ideas o de la defensa de ciertos colectivos. EME030995 **16 poseer:** ...y poseía *en exclusiva* los derechos televisivos de los clubes de fútbol de Primera División. EME101296

D VERBOS QUE DESIGNAN LA ACCIÓN O EL PROCESO DE USAR ALGUNA COSA O DISFRUTAR DE ELLA: **17 disfrutar ++:** La única explicación para ello es que o bien, el celoso de Sean Penn la esconda en casa con nueve llaves para poder disfrutarla *en exclusiva* o que los directores y productores del cine americano sufren una alarmante ceguera. EME070995 **18 disponer:** En la actualidad, la plataforma dispone *en exclusiva* de los derechos de emisión del 75% de las últimas producciones españolas... EPE230999 **19 gozar +:** Y da como vencedores a los primeros, que gozarán *en exclusiva* del derecho a construir edificios de oficinas, hospitales, iglesias, viviendas, colegios y centros culturales. EPE221099 **20 usar +:** Hay otra, pero la usa *en exclusiva* el rey Fahd. EPE120899 **21 explotar +:** La compañía CRT explota *en exclusiva* los servicios de telefonía básica, transmisión de datos y móviles en el estado de Rio Grande do Sul. LVE181296

E VERBOS QUE DENOTAN CONTROL O GOBIERNO: **22 controlar ++:** ...su traductor exclusivo al español –al menos quien lo está controlando *en exclusiva* en los últimos años, también para la misma editorial–, alterando el plan establecido... ABC190293 **23 manipular +:** ...tenía un estilo presidencialista y autoritario, sólo él disponía de toda la información y manipulaba casi *en exclusiva* las relaciones con el Gobierno y el Ministerio de Economía. EME270694 **24 manejar +:** Recuerda que la firma italiana manejará *en exclusiva* la marca «La Perla», luego del acuerdo firmado con el grupo mexicano. DYM210197 **25 dirigir:** Por otra parte, la juez Ana Ferrer recordó ayer a Garzón que es ella quien dirige *en exclusiva* el sumario del ex director de la Guardia Civil. LVE310395 **26 dominar:** ...otro personaje de la ejecutiva del pequeño partido mallorquín que con el 7,3% de los votos –26.600– de Baleares determina la mayoría regional y domina *en exclusiva* el poder en Mallorca. EPE190999

F VERBOS QUE DENOTAN ASIGNACIÓN DE ALGO A ALGUNA FUNCIÓN. TAMBIÉN CON OTROS QUE DESIGNAN OTRAS ACCIONES QUE IMPLICAN LA ACCIÓN DE DESTINAR ALGUNA COSA A DETERMINADO FIN: **27 reservar ++:** ...la OTAN se hace cargo del patio trasero europeo, mientras que EE. UU. se reserva *en exclusiva* el papel de policía mundial. EPE061001 **28 asignar +:** La compañía de bandera realiza hasta 35 frecuencias en cada sentido en esta ruta, tiene asignadas *en exclusiva* una flota de 12 aviones Boeing 727... EME180796 **29 destinar +:** De ahí, pues, que cualquier obstáculo instalado en la limpia, perfecta, atractiva e insuperable rambla de Catalunya sea una agresión a la idea básica y única del proyecto, destinado *en exclusiva* al paseante. LVE090796 **30 encomendar +:** ...el organismo de la Administración del Estado que tiene encomendada –*en exclusiva*– la explotación de los aeropuertos y organización, control y regulación del espacio aéreo españoles. LVE241196 **31 encargar:** ...para que haya una persona en el partido que se encargue *en exclusiva* de la tarea diaria desde la calle Génova, sede central de la formación. LVE120596

G VERBOS QUE DENOTAN FABRICACIÓN O CREACIÓN: **32 fabricar +:** La compañía automovilística Ford estudia la introducción en los mercados estadounidense y japonés del modelo KA, fabricado *en exclusiva* para Europa en la planta de Almusafes... DLA310597 **33 producir +:** Este último proyecto dará lugar a un modelo que se producirá *en exclusiva* en la fábrica de Vigo... EME100295 **34 diseñar:** El tablero ha sido diseñado *en exclusiva* por un equipo de ilustradores de El Mundo. EME141095 **35 elaborar:** En ellas se incluirá también un perfil elaborado *en exclusiva* por Pello Ruiz Cabestany, uno de los corredores españoles más brillantes de los últimos años. EME070795 **36 crear:** ...una cifra muy inferior a la que suelen pagar famosos como Rocío Jurado por un traje de novia creado *en exclusiva* por un diseñador de renombre. EME190295

H VERBOS QUE DENOTAN LA ACCIÓN DE RESTRINGIRSE, CEÑIRSE O LIMITARSE A ALGUNA COSA: **37 limitarse +:** Y lo hará por vez primera en su carrera profesional, dado que, hasta el momento, su carrera se había limitado, *en exclusiva*, al Tour. EPE260999 **38 concentrarse:** Los descensos que se han venido registrando a lo largo de 1995 se han concentrado casi *en exclusiva* en los precios de los bienes intermedios... LVE130296 **39 circunscribirse:** ...el candidato a la alcaldía de Málaga consideró que los fondos reservados no deben circunscribirse *en exclusiva* al ámbito de los tribunales... EME210395

I SUSTANTIVOS QUE DESIGNAN CIERTAS ACCIONES PERIODÍSTICAS, ASÍ COMO ALGUNAS DE LAS FORMAS EN QUE SE PRESENTAN O SE TRANSMITEN: **40 entrevista ++:** Con una entrevista *en exclusiva* concedida al canal de televisión Ostankino, Yeltsin salió al paso de los rumores sobre un agravamiento de su estado de salud... EME190795 **41 declaración +:** La crispación La Vanguardia consiguió a las 11 horas de ayer unas escuetas declaraciones *en exclusiva* de F.G. LVE040396 **42 noticia:** ...experto en cuestiones jurídicas, ha calificado como un «falso scoop» (noticia *en exclusiva*) el anuncio hecho por... LVE080995 **43 transmisión:** TV3 se asegura de 1998 al 2003 la transmisión *en exclusiva* del Barcelona, Espanyol, Real Madrid... LVE311096

J SUSTANTIVOS QUE DENOTAN CONTRATO O ACUERDO ENTRE DOS PARTES: **44 contrato ++:** La Comisión Europea pide la anulación de los contratos *en exclusiva* que tiene Boeing con tres compañías estadounidenses... EPD170797 **45 venta +:** Esta reglamentación específica para alimentos de lactantes y postlactantes deroga la disposición anterior y no hace ninguna mención a la venta *en exclusiva* en farmacias. EME290395 **46 negociación:** En consecuencia, propone a Nissan emprender una negociación *en exclusiva* sobre las condiciones de esta alianza... EPE170399

K SUSTANTIVOS QUE DENOTAN CONTROL. TAMBIÉN CON OTROS QUE DESIGNAN ACTIVIDADES QUE IMPLICAN DO-

MINIO, POSESIÓN O GESTIÓN DE ALGUNA COSA: **47 control** +: ...unos comicios que constituían la primera consulta a escala nacional desde que el Partido Liberal Democrático cedió su control *en exclusiva* del poder. LVE240795 **48 explotación:** ...se ha comprometido a entregarle en cinco años más de 26.000 millones de pesetas, a cambio de lo cual obtendrá la explotación *en exclusiva* de los datos obtenidos sobre una docena de enfermedades graves... EPE100299 **49 distribución:** Además, Fresh IT ha firmado un acuerdo para la distribución *en exclusiva* en España de tecnología francesa de publicidad interactiva. EPE290700 **50 suministro:** ...incluyen la total eliminación de las distancias mínimas entre gasolineras y el fin de los contratos de suministro *en exclusiva* a las estaciones de servicio. LVE040195

enfadar(se) ♦ **considerablemente**[73], **ostensiblemente**[22], **visiblemente**[5]

enfado ♦ **comprensible, descomunal, intenso, largo, malhumorado, mayúsculo**[14], **monumental**[77], **ostensible**[62], **pasajero**[38], **profundo, supino**[21], **tremendo, virulento, visible** ♦ **reacción (de)** ♦ **apaciguar, aplacar(se)**[5], **atemperar**[29], **causar, desencadenar(se)**[32], **dirigir (contra alguien), entrar(le) (a alguien), expresar, exteriorizar, hacer notar, írse(le) (a alguien), manifestar, mostrar, ocasionar, pasárse(le) (a alguien), provocar, reprimir, sentir, sufrir, tener**

□ Véase también: **cabreo, enojo, indignación.**

en falso *loc.adv./loc.adj.* ▌En el sentido de 'sin fundamento o sin apoyo' se combina con verbos que denotan edificación *(construir, edificar: Construyeron el bloque en falso y se derrumbó a los dos meses).* Además se combina con...

A VERBOS DE MOVIMIENTO, MÁS FRECUENTEMENTE SI DENOTAN INICIO O MARCHA. TAMBIÉN CON ALGUNOS GRUPOS VERBALES SEMILEXICALIZADOS QUE SE ASIMILAN A ELLOS: **1 dar un paso** ++: Los diputados aliancistas no quieren dar un paso *en falso*... CLA080199 **2 salir** +: ...cometió un fallo garrafal al salir *en falso*... LVE020495 **3 pisar:** De repente, Roy pisó *en falso* y cayó al vacío. EPE240799 **4 escalar:** ...escaló *en falso* durante mucho tiempo, sin subir siquiera un peldaño. EPC220797 **5 girar:** Pero aún Tailandia y Corea siguen al costado de la ruta, con las ruedas girando *en falso*. CLA310199

B VERBOS QUE DENOTAN CIERRE, Y –POR EXTENSIÓN– CURACIÓN: **6 cerrar** ++: El congreso del 94 se cerró *en falso* por la ausencia de los renovadores... LVE020795 **7 suturar:** Un gesto amantísimo que deja en la estacada a las reclamaciones de las víctimas y sutura *en falso* la deuda. EDV130301 **8 curarse:** Una gripe curada *en falso* te puede durar meses. INDOC

C VERBOS QUE DENOTAN APERTURA O INICIO: **9 abrir** +: El fallo condenatorio concluye que el caso Sogecable se abrió *en falso*... EPE161099 **10 iniciar:** Es un debate que por parte de muchos ponentes y escribientes se inicia *en falso*... LVE100896

D VERBOS QUE DENOTAN LA ACCIÓN DE DESCUBRIR ALGO REPENTINAMENTE: **11 pillar** ++: ...demasiadas veces ha sido pillado *en falso*. LVE160196 **12 coger:** ...fue cogido *en falso* en un documento que luego se ha demostrado que era ful. LVE090395 **13 sorprender:** ...como siempre que se siente sorprendido *en falso*, salió por la tangente. LVE091195

E SUSTANTIVOS QUE DENOTAN LA ACCIÓN O EL EFECTO DE REALIZAR UN MOVIMIENTO. SE RELACIONAN CON LOS VERBOS DEL APARTADO *A*: **14 paso** ++: ...cualquier paso *en falso* tendrá un alto costo político para quienes resulten identificados con el intento de fraude. ACP150996 **15 salida** ++: El juez ha considerado que el trinitario ha hecho una salida *en falso*. EXC270796 **16 movimiento** ++: El mar es también un tablero de ajedrez para el deportista, donde un movimiento *en falso* puede decidir una regata. LVE250596 **17 pasada** +: Tuvo, además, demasiadas pasadas *en falso*. EPE150899 **18 giro:** ...hizo uno de esos giros *en falso* que suelen costar una fractura de cadera... EPE271199

F SUSTANTIVOS QUE DENOTAN LA ACCIÓN DE CERRAR O CURAR, RELACIONADOS CON LOS VERBOS DEL APARTADO *B*: **19 cierre** +: No hay nada como el cierre *en falso* de una herida para que termine por supurar, y en eso Europa es maestra. EPE301199 **20 cicatrización:** Su cicatrización *en falso* podría tal vez conducir a nuevas situaciones insalubres... EME050496 **21 cura:** Es una cura *en falso* porque el problema va a seguir... SEM290497 **22 recuperación:** Parecía haberse recuperado, pero era una recuperación *en falso* porque a las dos semanas estaba otra vez igual. INDOC

▌En el sentido de 'falsamente' se combina con...

G VERBOS QUE DENOTAN AFIRMACIÓN O PROMESA ROTUNDA O SOLEMNE, GENERALMENTE HECHA ANTE TESTIGOS: **23 jurar** ++: «¿Dónde puede ir un hombre si se descubriese que ha jurado *en falso* por sus hijos?»... EME151095 **24 prometer** +: Damborenea, el que fuera uno de los ideólogos de los GAL, no prometió *en falso*. EME100995 **25 declarar** +: Declaró *en falso* ante el Departamento de Justicia norteamericano no haber recibido dinero de Libia... EPE010880 **26 alegar** –: Ningún cazador que posea una piel de oso podrá alegar *en falso* que fue su padre o su abuelo el que mató al animal hace décadas... LVE191195

H ALGUNOS VERBOS QUE DENOTAN ATRIBUCIÓN DE UNA CULPA, UN MAL O UN DELITO A ALGUIEN: **27 acusar** +: A Xénius se le acusó, *en falso*, de indelicadezas administrativas y fue expulsado de todos sus cargos. EME110495 **28 denunciar** +: ...tendrán que apechar con sus responsabilidades, si resultare después que han denunciado *en falso*. EME250195

I VERBOS QUE DENOTAN ARGUMENTACIÓN: **29 argumentar:** Hacemos notar que es común para los narcotraficantes argumentar, *en falso*, que tienen conexiones de alto nivel con el Gobierno mexicano... EPE180399 **30 razonar:** Quería ser convincente y no se daba cuenta de que razonaba *en falso*. INDOC **31 argüir** –: De manera que, una vez más, Felipe arguye *en falso*. EME100694

J OTROS VERBOS; POSIBLES USOS ESTILÍSTICOS: ...en estos días me viene a la cabeza (...) ese gran acontecimiento que bautizamos *en falso* y seguimos llamando la «caída» del Muro de Berlín. EPE091199

K SUSTANTIVOS QUE DENOTAN LA ACCIÓN DE PROMETER O TESTIFICAR, RELACIONADOS CON LOS VERBOS DEL

APARTADO *G*: **32** juramento +: Que un juramento *en falso* se perdona en el confesionario y un incumplimiento de una promesa pasa factura ante los electores. LVE070596 **33** promesa: Hicimos una promesa *en falso*, pero ahora nos arrepentimos. INDOC **34** declaración: Aunque parezca mentira la declaración que nos hicieron fue *en falso*. LVE070596

énfasis ♦ dar[110], hacer, poner, recaer[90]
☐ Véase también: **acento, acentuar(se), enfáticamente, insistencia, insistir, recalcar, subrayar.**

enfáticamente ♦ afirmar, anunciar, decir, declarar, hablar, llamar, negar, preguntar, proclamar, *otros verbos de lengua*

enfermar ♦ gravemente[10], mortalmente, repentinamente, seriamente
☐ Véase también: **lesionar.**

enfermedad ♦ accidental[10], acerbo, afectado (por), angustioso, aquejado (de), arduo, avanzado, benigno, catastrófico[15], congénito, contagioso, corto, crítico, crónico, doloroso, duro, endémico, extraño, fatal, fulminante, galopante, grave, hereditario, imparable, implacable, incurable, infeccioso, irreversible, largo, lento, letal, leve, llevadero, localizado, maligno, mental, mortal, mortificante, nervioso, pasajero[21], peligroso, penoso, pertinaz[8], portador (de), progresivo, prolongado, propenso (a), raro, reincidente, repentino, serio[29], severo, social, súbito, terminal, venéreo ♦ a cuestas ♦ brote (de), diagnóstico (de), manifestación (de), origen (de), recidiva (de), riesgo (de), secuela (de), síntoma (de), tratamiento (de), víctima (de) ♦ acentuar(se), acometer, adquirir, afrontar[21], agravar(se), agudizar(se), ahuyentar[6], aliviar, anidar, aplacar(se), aquejar (a alguien), arrastrar, arrostrar[12], atacar (a alguien), atajar, bregar[6], brotar[38], causar, coger, combatir, conjurar[16], contagiar (a alguien), contraer, contrarrestar, convalecer (de), curar(se), declarar(se), degenerar, desarrollar, detectar, diagnosticar, erradicar, exacerbar, extender(se), incubar, inmunizar(se) (contra), invadir (a alguien), librar(se) (de), lidiar, llevar a cuestas, luchar (contra), manifestar(se), mitigar[7], neutralizar, padecer, pegar, pillar[8], presentar(se), prevenir, producir, propagar(se), recobrarse (de), recrudecer(se)[33], remitir[11], reponerse (de), reproducir(se), restablecerse (de), sobreponerse (a), sobrevenir, sufrir (de), superar, tener, transmitir, vencer
☐ Véase también: **acechar, alcance (de), carcomer, conjurar, dolencia, dolor, gripe, paliar, pasajero, pertinaz, pillar, recrudecer(se), remitir, sida.**

ENFERMEDAD
♦ (SUSTANTIVOS) Véase: **acceso (de)[A], accidental[B], acechar[D], alcance (de)[D], bregar[B], carcomer[C], conjurar[D], levantar[G], paliar[F], pasajero[C], pertinaz[B], pillar[A], recrudecer(se)[D], remitir[B]**
☐ Véase también: ADVERSIDAD; AFLICCIÓN.

ENFERMEDAD Y DOLENCIA Véase:
♦ **enfermizo, enfermo, sano**
♦ **cáncer, catarro, cólera, contusión, curación, cura (de), delirio, desmayo, dolencia, enfermedad, epidemia, epilepsia, fiebre, gripe, histeria, infarto, infección, lesión, locura, mareo, paranoia, pulmonía, salud, sida, telele, tumor**
♦ **enfermar, lesionar**

enfermizo ♦ adicción, afán, afición, ambición, amor, aspecto, atracción, celos, conducta, crueldad, dependencia, deseo, devoción, duda, fijación, gusto, manía, miedo, necesidad, obsesión, odio, pasión, perfeccionismo, persona, personalidad, pesimismo, preocupación, reacción, relación, respeto, salud, síntoma, sospecha, timidez, tozudez, vicio

enfermo ▮ *(adj.)* ♦ mortalmente, gravemente, levemente, seriamente, sumamente ♦ caer, encontrar(se), estar, poner(se), seguir
▮ *(sust.)* ♦ crónico, grave, leve, terminal ♦ agravar(se), aliviar(se), atender, cuidar, curar(se), desatender, empeorar, mejorar(se), recobrar(se), recuperar(se), sanar

enfilar ♦ autopista, calle, carretera, cuesta, paseo, recta
☐ Véase también: **apuntar, dirigir(se), encaminar(se).**

en firme *loc.adv./loc.adj.* ▮ Se combina con...

A SUSTANTIVOS QUE DENOTAN DECISIÓN, RESOLUCIÓN O RESPUESTA. TAMBIÉN CON ALGUNOS QUE DESIGNAN OTRAS ACCIONES CARACTERIZADAS POR ALGUNA TOMA DE POSTURA: **1** decisión ++: ...ha tomado ya la decisión *en firme* de difundir vía satélite... LVE190795 **2** sentencia ++: ...cuando estén condenados en sentencia *en firme*. LVE111296 **3** paso ++: ...va a ser muy difícil que alguien dé un paso *en firme*. LVE071095 **4** elección: ...la elección *en firme* se producirá después del verano. EPE260199 **5** resolución: La sala no ha tomado aún (...) una resolución *en firme*... LVE090195 **6** fallo: ...hasta que la ley colombiana no lo hubiera confirmado con un fallo *en firme*... SEM110897 **7** acusación: ...todavía no hay ninguna acusación *en firme*... EME270195

B SUSTANTIVOS QUE DENOTAN VÍNCULO U OBLIGACIÓN CONTRAÍDA ENTRE DOS O MÁS PARTES: **8** acuerdo +: ...no se ha llegado a un acuerdo *en firme*. LVE020396 **9** compromiso +: ...sociedades y empresas con las que ya se han adquirido compromisos *en firme*... EME280494 **10** contrato +: ...todavía es prematuro hablar de un contrato *en firme*. EME130595 **11** promesa: ...parece una promesa *en firme* de que los incidentes no se repetirán... LVE020596

C SUSTANTIVOS QUE DESIGNAN OFRECIMIENTOS Y OTRAS MANIFESTACIONES DE LA INTENCIÓN DE ACTUAR: **12** propuesta +: El delantero, que recibió una propuesta *en firme*... LVE160795 **13** oferta +: ...todavía no han planteado (...) ninguna oferta *en firme*... EPE031199 **14** proyecto: ...para expropiar hay que tener un proyecto *en firme*... LVE220396

D SUSTANTIVOS QUE DENOTAN CASTIGO: **15** condena ++: ...cada año cumplido antes de la condena *en* *firme* contará el doble. EME080496 **16 prisión:** ...tras ser condenado (...) a cuatro años de prisión *en firme* por corrupción. LVE100796 **17 sanción:** ...dar publicidad a los casos (...), siempre que la sanción sea *en firme.* LVE140194

E SUSTANTIVOS QUE DENOTAN DEMANDA: **18 pedido ++:** ...se realizaron pedidos *en firme* de casi 4.000 vehículos. EME051096 **19 petición:** ...han presentado 388.051 peticiones *en firme* de compra... EPE200399 **20 orden:** ...solamente se fabrican tras una orden *en firme* por parte del cliente. EME280996

F SUSTANTIVOS QUE DENOTAN RECHAZO: **21 oposición +:** ...contra los acuerdos adoptados, no existió oposición *en firme.* EPE021287 **22 negativa:** ...el ex presidente del Gobierno no ha dado una negativa *en firme*... EPE021199 **23 rechazo:** En firme rechazo a gobierno de 5 años. LNC120996

G SUSTANTIVOS QUE DESIGNAN MANIFESTACIONES DE CONFIANZA: **24 apuesta +:** ...tratan de encubrir ante su electorado una apuesta *en firme* a favor de... EPE091199 **25 colaboración:** En esta reunión (...) entrega una pequeña cantidad de dinero a (...) y, posteriormente, cuando ya se acuerda la colaboración *en firme,* 50. EME190495 **26 apoyo:** Han mostrado un apoyo *en firme* a sus posiciones ideológicas. EME190495

H VERBOS QUE DESIGNAN MANIFESTACIONES DE REPULSA, OPOSICIÓN Y OTRAS FORMAS DE ACCIÓN CONTRARIA A ALGO O ALGUIEN: **27 condenar ++:** El Tribunal Supremo ha condenado *en firme* al Servicio... EPE010699 **28 rechazar +:** ... después de que la dirección (...) haya dedicido rechazar *en firme* cualquier posibilidad de reeditar los cara a cara que ambos líderes políticos ... LVE090296 **29 acusar:** ...algunos altos cargos están acusados *en firme* por el juez de organizar la trama... EME131095 **30 expulsar:** Estaban decidos a expulsar *en firme* aquella idea de sus cabezas. INDOC **31 oponerse:** La eventualidad de que Jordi Pujol se oponga *en firme* a dar entrada a los socialistas en el Govern... LVE130396 **32 descartar:** El vicepresidente económico (...) descartó *en firme* la imposición de una tasa para las autovías... LVE030996 **33 denegar:** ...las autoridades mexicanas devolverán a España a los terroristas reclamados por la Justicia y cuya extradición no haya sido denegada ya *en firme*... EME060996

I VERBOS QUE DENOTAN ESTABLECIMIENTO DE UN ACUERDO O UN VÍNCULO ENTRE DOS O MÁS PARTES: **34 comprometerse ++:** ...sin comprometerse *en firme* a una renacionalización... LVE031096 **35 contratar:** ...contratar *en firme* los carteles de la próxima feria de agosto... EPE090700 **36 pactar:** ...convocar, pactar *en firme,* con pelos y señales, con luz y taquígrafos. EPE240699 **37 acordar:** Acordando *en firme* finalmente mi inclusión en el programa... EME071095

J VERBOS QUE DENOTAN ACEPTACIÓN, ADHESIÓN O MANIFESTACIÓN DE CONFIANZA: **38 apostar +:** La casa real ha apostado *en firme* por... LVE300796 **39 mantener:** ...mantiene *en firme* sus planes de expansión... EPE151099 **40 admitir:** El juez la admitió *en firme* y fijó la fecha de retroactividad... EME230996 **41 ratificar:** ...ha ratificado *en firme* (...) su intención de hacerse cargo de... EPE010880 **42 aceptar:** Las ofertas (...) no fueron aceptadas *en firme* ayer por los afectados... EPE020799

K VERBOS QUE DENOTAN TOMA DE DECISIÓN: **43 decidir +:** ...aún no tienen decidido *en firme* si (...) será por tercera vez su candidato... EPE160199 **44 sentenciar:** ...el Supremo, al sentenciar *en firme* el caso en 1993... EPE300499 **45 responder:** El candidato debe responder *en firme* a la oferta de coalición electoral que se le ha planteado. INDOC **46 resolver:** ...interpuso un escrito en el que alegaba que el asunto de la deuda estaba aún sin resolver *en firme* por los tribunales... EPE080700

L ALGUNOS VERBOS DE LENGUA, MÁS FRECUENTEMENTE SI DENOTAN ANUNCIO O SUGERENCIA: **47 hablar:** ...todavía falta año y medio para que se hable *en firme* de coaliciones. ETC150996 **48 proponer +:** ...había sido incapaz de proponerle *en firme* una salida política... EPE010599 **49 ofertar:** ...el Ayuntamiento de Porriño ofertó ya *en firme* esa superficie a dos kilómetros de la carretera de Orense... EPE111279 **50 anunciar:** ...ya son tres los candidatos que han anunciado *en firme* sus aspiraciones... LVE270395 **51 declarar:** ...una vez declarada *en firme* la insolvencia definitiva, se propondrá un convenio de acreedores... LVE010694

M VERBOS QUE DENOTAN LA ACCIÓN DE COMENZAR ALGO: **52 comenzar +:** ...un proceso que (...) ni siquiera ha comenzado *en firme.* EPE100199 **53 emprender:** ...antes de emprender *en firme* una acción que luce prometedora. VIS040997 **54 iniciar:** ...inició *en firme* la reorganización de las ventas... ETC010798

N VERBOS QUE DENOTAN DEMANDA: **55 solicitar +:** ...solicitó *en firme* 17 aviones y se reservó la opción a 60 más. EPE291001 **56 pedir +:** Los afectados han pedido *en firme* que se les conceda la ayuda que el gobierno ofreció. INDOC **57 requerir:** ...Barrero no fue requerido *en firme,* no hubo negativa y no presentaba síntomas de embriaguez... EPE041299

enfoque ♦ **acertado, alternativo, apropiado, certero[21], complementario, correcto, crítico, desacertado, directo, dogmático, equivocado, erróneo, fructífero, general, global, histórico, incorrecto, indirecto, institucional, inteligente, metodológico, neutral, novedoso[32], nuevo, original, particular, personal, plural, pluralista, práctico, pragmático, profundo, radical, renovado, renovador, sesgado[14], simplista ♦ a la luz (de)[31], de acuerdo (con), desde, en función (de) ♦ diferencia (de), pérdida (de) ♦ abandonar, adoptar, cambiar, compartir, considerar, contrastar, criticar, dar (a algo), defender, distorsionar[22], modificar, plantear[48], proponer, someter (a)**

□ Véase también: **criterio, orientación, perspectiva, punto de vista.**

enfrascarse (en) *v.* ▮ Admite un gran número de sustantivos que designan obras de creación, a menudo artística, que posean cierta entidad *(novela, libro, drama, película, cuadro).* También se combina con...

A SUSTANTIVOS QUE DENOTAN LUCHA Y OTRAS FORMAS DE CONFRONTACIÓN: **1 lucha +:** ...se *enfrascaron* en una lucha a muerte no sólo San Diego y los Yanquis, que finalmente se salieron con la suya, sino también los Mets de Nueva York y los Rojos de Cincinnati... LDD020597 **2 guerra +:** Sin embargo, en todo el reinado de este último «es difícil encontrar un solo mes en el que Castilla no estuviera *enfrascada* en alguna guerra». EPD270897 **3 batalla +:** Los ecologistas y la forestal norteamericana están *enfrascados* en una batalla de ribetes insospechados. HOY100397 **4 pelea +:** Nos *enfrascamos* en peleas dialécticas (¡menos mal que sólo son dialécticas!) mientras que el lobo, entiéndase por marea negra, está ahí: en un pedazo entrañable de España. En nuestra añorada Galicia. LRE140103 **5 enfrentamiento:** ...es importante que aúnen sus esfuerzos y no se *enfrasquen* en enfrentamientos verbales y terminen en enemistades. LTB130297 **6 confrontación:** Se trata de unas elecciones respaldadas por todos los partidos políticos, pero no por los militares –que gobiernan el país– ni por la guerrilla del Frente Revolucionario Unido (FRU), *enfrascados* en una confrontación bélica desencadenada el 23 de marzo de 1992. EME270296 **7 pugna:** ...fijó ahora su atención en la persona de Larry Flynt, editor de una conocida revista erótica que se *enfrascó* en una dura pugna con la sociedad más conservadora. EPE181299 **8 conflicto:** ...es una buena oportunidad (...) para ayudar a parar este absurdo e inútil conflicto armado en que estamos *enfrascados* hace ya casi cuarenta años. ETC040997 **9 combate:** Apenas a 60 kilómetros de Tuzla, croatas y musulmanes se *enfrascaron* en un combate artillero. LVE140196 **10 disputa:** Ya en los 20 minutos complementarios, ambos equipos se *enfrascaron* en una disputa alrededor del que jugara peor... LDD300697 **11 duelo:** Con gran destreza y pericia al volante de su Honda, Fomfor Jr. se *enfrascó* en un cerrado duelo con Roberto Auspurg Meza... ESH120597 **12 riña:** En eso venía llegando Antonio y al ver la pelea, lo comprendió todo, y se *enfrascó* en una fea riña con el colombiano. ESP090597 **13 ataque:** Lo hizo *enfrascada* en su primer ataque contra un país soberano. EPE050499 **14 pulso:** Lo paradójico del caso es que fue el propio Yeltsin, *enfrascado* en el pulso con la cúpula de la URSS, quien dio alas a Dudaev en 1991, con su frase «Tragaos toda la soberanía que podáis». EME040195

B SUSTANTIVOS QUE DENOTAN DISCUSIÓN, DEBATE Y OTRAS MANIFESTACIONES VERBALES EN LAS QUE SE EXPONEN O SE INTERCAMBIAN PUNTOS DE VISTA: **15 discusión ++:** Durante el debate esta semana en el pleno legislativo del anteproyecto de ley, Alemán Boyd se *enfrascó* en una discusión con su copartidario Lorenzo Acosta... LNC011296 **16 debate ++:** Mientras científicos y manifestantes se *enfrascan* en debates éticos la pequeña Jodie hace grandes esfuerzos por recuperarse... SEM131100 **17 conversación ++:** Se *enfrascó* en una larga conversación, mientras yo aproveché de relajarme cada vez más, hasta escuchar los latidos de mi corazón y mi propio respirar. LEC030396 **18 polémica:** El comando sur del ejército estadounidense y un organismo privado panameño se han *enfrascado* en una polémica sobre el nivel de contaminación... LPH050996 **19 controversia:** Verse *enfrascado* en una gran controversia por motivo de acusaciones sobre acontecimientos que tuvieron lugar hace cincuenta años perjudicaría su salud. EME080396 **20 charla:** La llegada del salpicón de ave y el plato con fiambres y quesos pasa desapercibida por los protagonistas, «*enfrascados*» en la charla. EPU121101 **21 lección:** Ya, *enfrascado* en plena lección magistral, ante el auditorio de la Universitat Rovira i Virgili sobre Ética y Política, el jurista italiano se saltó en varias ocasiones su guión... LVE151096 **22 entrevista –:** Andaba *enfrascado* en plena entrevista en directo cuando le comunicaron que el mismísimo O.J. estaba al otro lado de la línea. EME061095 **23 explicación –:** ...el presentador César Lechiguero hizo como que llegaba tarde y se *enfrascó* en una farragosa explicación ¡sobre problemas de tráfico! EPE250399

C EL SUSTANTIVO *LECTURA*. TAMBIÉN CON ALGUNOS QUE DESIGNAN OTRAS ACCIONES DE NATURALEZA INDAGATORIA O INTELECTIVA: **24 lectura ++:** ...cuando lo que prefería era *enfrascarme* en la lectura de una buena novela de Julio Verne. INF010896 **25 análisis:** ...casi nadie pareció demasiado interesado en *enfrascarse* en análisis y discusiones del resultado electoral... ECA070792 **26 estudio:** ...Galileo se *enfrascaba* junto a Francis Bacon en el estudio de los métodos experimentales. LVE040396 **27 investigación:** Efectivos de la comisaría primera continuaban ayer *enfrascados* en la investigación del audaz atraco... LNP040997 **28 pensamiento:** –Ya sé– dijo, *enfrascado* en sus propios pensamientos. ABC030492 **29 relectura:** Nada más y nada menos que versionar a Kurt Weill *enfrascándose* en una relectura de «La Ópera de los Tres Peniques». EPE011199

D SUSTANTIVOS QUE DENOTAN OCUPACIÓN O ACTIVIDAD EN CURSO: **30 tarea ++:** ...consiste en enfrentarse a los textos con la clara conciencia de estar *enfrascados* en una tarea infinita... EUV170498 **31 proyecto ++:** También estamos *enfrascados* en un proyecto con la industria pesquera en la construcción de embalses para la cría de especies de agua dulce. GIC101596 **32 trabajo:** Luego la vida me *enfrascó* en el trabajo y ya sólo me quedó tiempo para leer algunos periódicos y las señales de tráfico cada vez que embisto con alguien. LRE050203 **33 labor:** Enfrascado en su labor, Villar había descuidado la retaguardia. LVE180296 **34 actividad:** El presidente Boris Yeltsin reanudó el lunes sus tareas en el Kremlin tras varias semanas de descanso, *enfrascándose* en una intensa actividad... ENH200198 **35 faena:** ...se *enfrascó* en una larga y monótona faena al quinto novillo, que ya no estaba arruinado ni nada. EPD110997 **36 empresa:** ...recorre la selva, la montaña, el mar y los desiertos (...) o se pierde en oscuros socavones en medio de la cordillera *enfrascado* en empresas descabelladas que no conducen a ninguna parte... EPE161201 **37 trámite:** ...se ven empujados a acarrear con la carga suplementaria, e indeseada y aborrecida, de solventar unas papeletas, superar unas trabas y *enfrascarse* en unos trámites de tal envergadura... EPE250399

E SUSTANTIVOS QUE DESIGNAN PROCESOS DE CONSTRUCCIÓN, COMPOSICIÓN O CREACIÓN DE ALGO: **38 construcción:** La primera dedicada a la fabricación de relojes de bajo precio y la segunda *enfrascada* en la construcción de coches lujosos y caros. EME110394 **39 composición:** Y es que tanto Ana Torroja (la que menos) como José María Cano (*enfrascado* en la composición de una ópera) y Nacho Cano andan por libre y no acaban de encontrar el momento de una nueva aventura conjunta. EME151096 **40 preparación:** Enfrascado ya en la preparación de la campaña del partido que fundó en 1995, Movimiento Renovación Sandinista, por el que tiene previsto presentarse como candidato presidencial... EME251095 **41 producción:** ...se encuentra *enfrascada* en la producción de su primer guion, «Sense and sensibility», una comedia que dirige Ang Lee. LVE220595 **42 rodaje:** Echanove en estos momentos está *enfrascado* en el rodaje del capítulo XIII... EME310895 **43 escritura:** Peter Jackson se ha *enfrascado* durante tres años en la escritura de un guión de casi trescientas páginas. EPE201201 **44 redacción:** El Departamento de Vivienda está *enfrascado* en la redacción del borrador de lo que será la futura ley de suelo, el gran reto de la legislatura. EPE210299 **45 grabación:** ...dejó bien claro que Silvio no realizaría este año ninguna gira por encontrarse *enfrascado* en la grabación del disco «Domínguez»... EME200496 **46 publicación –:** ...Susan Lord Williams, *enfrascada* en la publicación de un libro de historia sobre la dinastía de los Trastámara. EME180695 **47 montaje –:** Lucrecia Mba está estos días *enfrascada* en el montaje de un «pessebre vivent» multicolor, organizado por SOS África. LVE191296 **48 formación –:** Adicionalmente, ese mismo Gobierno de país serio y vitalista, pero sin grandes capitales propios, debería estar *enfrascado* en la formación de un núcleo duro de accionistas nacionales... EME050795

F ALGUNOS SUSTANTIVOS QUE DESIGNAN EVENTOS DEPORTIVOS: **49 liga:** Enfrascados en sus célebres Ligas profesionales, los estadounidenses se han obligado a enviar equipos integrados por jóvenes prometedores y algún que otro profesional en declive. EPE280900 **50 torneo:** Mientras tanto, Howell seguía *enfrascado* en el torneo, disputado en la espectacular modalidad de partidas rápidas... EPE310899 **51 partida:** También Sergio Giardelli y Juan Carlos de las Heras se *enfrascaron* en una partida muy complicada, plagada de golpes tácticos en la que Giardelli logró imponerse. CLA080197 **52 final –:** El resto de Estambul apenas se ha enterado de nada. Tampoco el Taugrés ni la Benetton, *enfrascados* como estaban en preparar la final de la Copa de Europa de baloncesto. EME150395

G OTROS SUSTANTIVOS; POSIBLES USOS ESTILÍSTICOS: Otro *enfrascado* en el silencio es Nicolás Yerovi quien, irónico y divertido desde siempre, esta vez ha parado de reír. CAP030497; ...una naturaleza que se siente viva, serena, meditada, que se mueve en unas gamas cromáticas *enfrascadas* en tonos ocres, terrosos, violáceos. ABC060893

☐ Véase también: **enredar(se) (en), enzarzarse (en), involucrar(se) (en), meter(se) (en).**

enfrentamiento ♦ **a {balazos/pedradas/golpes...}, abierto, acalorado, a cara de perro[8], a golpes, agrio, airado[12], a mano armada, a muerte[18], armado, a ultranza[25], bélico, bizantino[5], bronco[5], callejero, cara a cara, civil, controvertido[35], cruel, cruento, cuerpo a cuerpo[20], de igual a igual[30], deportivo, desaforado[19], descarnado[33], desnivelado, directo, duro, encarnizado[4], enconado[3], estéril, feroz[12], fratricida, frente a frente[21], frontal[13], fuerte, grave, implacable[39], incruento, inequívoco[58], intenso, interno, intestino, irresoluble[19], maniqueo, masivo, mortal, multitudinario[37], personal, profundo, progresivo, reñido[10], sangriento, secular, serio[41], social, soterrado[4], tenaz[19], tenso, velado, verbal, violento, virulento, visceral[14], vivo** ♦ **durante, en medio (de)** ♦ **abocar(se) (a)[56], acarrear[91], aderezar[8], agravar(se)[12], agudizar(se), alimentar[24], apaciguar[7], arbitrar[3], arreciar[25], atenuar, atizar[20], augurar[26], avecinarse[21], avivar[15], causar, dar(se), dar lugar (a), desactivar[16], desbloquear[7], desembocar (en), desencadenar(se)[7], desequilibrar, dirimir, discurrir[17], enzarzarse (en)[11], equilibrar, estallar[9], huir (de), hundir(se) (en)[30], incentivar[32], incitar (a)[22], instigar (a), involucrar(se) (en)[9], librar(se)[5], llegar (a), llevar (a), mantener, mediar (en), mitigar[56], motivar, ocasionar[30], originar, persistir (en)[51], poner fin (a), producir(se), protagonizar, provocar, quitar hierro (a)[11], reabrir[22], reavivar[6], recrudecer(se)[2], rehuir, salir a la luz[18], sembrar, solucionar, sufrir, superar, tener, tener lugar, tensar[4], venir de lejos[6]**

☐ Véase también: **confrontación, lucha, oposición.**

ENFRENTAMIENTO Véase: ACCIÓN HOSTIL; CONFLICTO; CONFRONTACIÓN; OPOSICIÓN

enfrentar(se) ♦ **abiertamente[70], a cara de perro[1], a cara descubierta[30], acremente[6], activamente[34], a golpes[4], a gritos[11], a la desesperada[28], a muerte[2], a pecho descubierto[10], cara a cara[13], civilizadamente[13], comercialmente[39], con éxito[17], con firmeza[25], cuerpo a cuerpo[4], decididamente[30], de igual a igual[14], deportivamente, duramente[9], electoralmente, en buena lid, en primera línea[5], férreamente[41], frontalmente[10], heroicamente[13], mano a mano[1], militarmente, políticamente, radicalmente[17], sin tregua[4], valientemente[2], verbalmente[38], violentamente, visceralmente[4]**

☐ Véase también: **luchar, oponer(se), plantar cara (a).**

enfriar(se) *v.* ▮ En su sentido físico se aplica a sustantivos que designan múltiples seres materiales *(piedra, sopa, dormitorio, universo)*. En su sentido figurado se combina con...

A EL SUSTANTIVO *ÁNIMO* Y CON OTROS QUE DESIGNAN DIVERSAS REACCIONES EMOCIONALES POSITIVAS ANTE ALGO O ALGUIEN, MÁS FRECUENTEMENTE SI MANIFIESTAN ESTADOS DE EXALTACIÓN: **1 ánimo ++:** En el sexto hubo hit de Bonilla y un pequeño conato (...) pero con la temperatura tan baja, los ánimos se *enfriaron* rápidamente. DLA110497 **2 entusiasmo ++:** ...ha *enfriado* el entusiasmo por el lanzamiento de la moneda única... CLA050199 **3 euforia:** ...indicaba así que los tipos a corto plazo podrían subir para *enfriar* la euforia bursátil... LVE071296 **4 alegría:** ...la decepción por los bajos sueldos no ha *enfriado* la alegría por la apertura del parque... LVE070595 **5 optimismo:** ...el descenso de las ventas (...) ha *enfriado* el optimismo y ha desatado nuevas incertidumbres... LVE110295 **6 ilusión +:** ...se recuperarán ilusiones, que en los últimos tiempos andaban *enfriadas* en la fusión. EPE010689

B EL SUSTANTIVO *SITUACIÓN* Y CON OTROS QUE DESIGNAN LAS CONDICIONES Y CIRCUNSTANCIAS FÍSICAS O EMOCIONALES QUE RODEAN O CARACTERIZAN ALGÚN ESTADO DE COSAS. CASI TODOS ELLOS ADMITEN USOS FÍSICOS Y TAMBIÉN FIGURADOS: **7 ambiente ++:** El vapuleo de anteayer no sólo *enfrió* el ambiente, sino que además limitó la capacidad de reacción. LVE220795 **8 situación ++:** ...desde las automotrices percibieron en la gobernación un intento de *enfriar* la situación. CLA220199 **9 clima ++:** ...no parece (...) muy dispuesto a pasar página del incidente y a *enfriar* el clima de enfrentamiento... LVE061295 **10 atmósfera +:** ...crear una nueva atmósfera de contacto y cordialidad entre las dos formaciones, que desgraciadamente se había *enfriado* mucho en los últimos años... EME100395

C SUSTANTIVOS QUE DENOTAN RELACIÓN O VÍNCULO ENTRE PERSONAS O INSTITUCIONES, FRECUENTEMENTE DE CARÁCTER AFECTIVO: **11 relación ++:** ...la acusación de «especuladores» (...) ha *enfriado* sus relaciones con los comerciantes. DED140197 **12 alianza:** Lo que quedó claro después de este primer día de gira (...) es que el Frente quiere *enfriar* la alianza con la UCR. CLA200297 **13 lazo:** ...va a trabajar por «mejorar los lazos», que se *enfriaron* a raíz del bombardeo accidental de la Embajada... EPE200799 **14 vínculo:** ...están *enfriando* los vínculos emocionales de los aficionados con los colores de sus clubes... EPE060199 **15 amistad +:** Nuestra amistad se *enfrió* un poco un par de meses. EPE271001

D EL SUSTANTIVO *ECONOMÍA* Y CON OTROS QUE DESIGNAN CONCEPTOS ECONÓMICOS QUE SE CARACTERIZAN POR SU NATURALEZA OSCILANTE: **16 economía ++:** ...necesita subir las tasas de interés para *enfriar* la economía y prevenir la inflación. DYM040996 **17 inversión:** ...los alzados intentaban fomentar el temor y *enfriar* las inversiones extranjeras. DYM120996 **18 precio:** La OPEP está ya produciendo cuando menos un nivel extra de 500 mil barriles diarios (...) y que eso está *enfriando* los precios... EXC000901 **19 mercado +:** La directiva (...) espera, al igual que otros años, que se *enfríe* el mercado para reforzar un equipo... EPE020900 **20 tipo de cambio:** ...las autoridades (...) podrían haber intervenido para *enfriar* el tipo de cambio de su divisa en relación con el dólar. LVE230295 **21 costo:** ...habrá una reunión con los banqueros para buscar *enfriar* el costo del dinero. CLA090701 **22 bolsa:** La Bolsa (...) se fue *enfriando* a medida que avanzaba la sesión... LVE270795

E SUSTANTIVOS QUE DENOTAN EXPECTATIVA Y OTRAS NOCIONES PROSPECTIVAS DE NATURALEZA INTENCIONAL: **23 expectativa +:** Al *enfriarse* las expectativas de una inminente suba de tasas, los mercados de Europa acompañaron la reacción de Wall Street... LNP150397 **24 esperanza +:** ...esa esperanza se *enfrió* con la guerra en Yugoslavia, Georgia y Chechenia... LVE160595 **25 propósito:** ...la posible aplicación de nuevas tasas, un propósito que se ha *enfriado* en los últimos días... LVE010996 **26 propuesta:** ...la intención (...) de *«enfriar»* la propuesta del presidente del Congreso (...), de limitar el poder de la Audiencia... LVE081296 **27 perspectiva:** La decisión (...) de mantener sus tipos estables (...) ha *enfriado* las perspectivas. LVE010696 **28 especulación:** ...intentar *enfriar* las constantes especulaciones contra las monedas. EME150395 **29 plan −:** Este paréntesis *enfrió* los planes iniciales de la compañía. LVE180895

F SUSTANTIVOS QUE DESIGNAN DIVERSOS GRADOS Y FORMAS DE CONFRONTACIÓN, A MENUDO PORFIADA O AGRESIVA: **30 debate +:** ...se encargó de *enfriar* el debate sobre el tema de la responsabilidad penal de los diputados... LHG190900 **31 controversia:** ...la controversia política sobre los símbolos de la ciudad de Barcelona (...) comienza a *enfriarse*. LVE300196 **32 polémica:** ...precisó que su partido no se resiste a dejar *enfriar* la polémica sobre los documentos... LVE080896 **33 guerra:** ...se reunirá hoy (...) para intentar *enfriar* la «guerra» entre ambos. EME090195 **34 discusión:** Se trata de «calentar» mucho el ambiente (...) en lugar de *«enfriar»* la discusión... EME010296 **35 disputa:** ...descarta ambas opciones y opta por *enfriar* la disputa. EPE051001 **36 conflicto:** ...ha decidido personalmente *enfriar* el conflicto y dar por zanjada la crisis... EME291196 **37 tensión:** ...se transformó en una suerte de tregua entre el presidente y el gobernador, para *enfriar* la tensión... CLA120197

G SUSTANTIVOS QUE DENOTAN INCLINACIÓN DEL ÁNIMO HACIA LAS PERSONAS O LAS COSAS, A MENUDO DE FORMA VEHEMENTE Y APASIONADA: **38 pasión ++:** ...eso es precisamente lo que empezó a temer (...) cuando se *enfrió* su pasión por la periodista. EME260395 **39 fervor +:** ...se expresa el temor que (...) pueda haber *«enfriado* el fervor de nuestras iglesias». LVE130196 **40 interés +:** La cifra solicitada por el Oporto, según la misma fuente, ha *enfriado* el interés del Real Madrid... EME170494 **41 ansia +:** ...una variedad de cambios sociales y económicos ha *enfriado* sus ansias por tener su propio pedazo de tierra para cultivar. EUV170498 **42 ardor +:** De ahí la razón de que mientras Fini seguía pidiendo elecciones, Berlusconi *enfriaba* su ardor electoralista. LVE040296

H SUSTANTIVOS QUE DESIGNAN EVENTOS, GENERALMENTE DE CARÁCTER PÚBLICO, Y MÁS FRECUENTEMENTE EN LOS ÁMBITOS ARTÍSTICO O DEPORTIVO: **43 encuentro +:** El Celta se decidió por *enfriar* el encuentro ante un Logroñés que optó por jugar a la contra. EME190695 **44 ceremonia +:** Un día lluvioso y fresco, en esta capital, contribuyó para *enfriar* la ceremonia... CLA020199 **45 espectáculo:** ...los índices de la cultura artística andan bajo cero, e inclusive se han *enfriado* el mercado y el espectáculo. ABC030295 **46 partido:** Con el marcador a favor, el Barça quiso *enfriar* el partido pero el Espanyol se lo impidió. EDV300101 **47 competición:** La retirada del subcampeón mundial (...) *enfrió* totalmente la competición... LVE250396 **48 fiesta +:** La fiesta estaba muy animada al principio, pero luego se *enfrió* un poco. INDOC

I OTROS SUSTANTIVOS; POSIBLES USOS ESTILÍSTICOS: ...dilapida un tiempo precioso y necesario para *enfriar* el análisis. LVE290996

en frío *loc.adv./loc.adj.* ▌En su sentido de 'a baja temperatura', se combina con...

A VERBOS QUE DENOTAN LA ACCIÓN DE PRESERVAR O ALMACENAR ALGO: **1 conservar ++:** ...la escasa cantidad de intervenciones hace pensar que las piernas halladas en el lago podrían haber sido conservadas *en frío* antes de ser arrojadas. CLA020497 **2 mantener +:** Es aconsejable mantenerlo *en frío* para que se conserve adecuadamente. INDOC **3 guardar:** Una vez elaborada, se cuela y se guarda *en frío*. LVE120296

B ALGUNOS VERBOS QUE DESIGNAN LA ACCIÓN DE DEGUSTAR ALIMENTOS, ASÍ COMO LA DE PRESENTARLOS O LA DE CONSUMIRLOS: **4 saborear:** ...«la reina del Arte» podrá saborear *en frío* la tan ansiada paella de la venganza. EME110495 **5 servir +:** Al servir, bien *en frío* o en caliente, se dispone sobre una cama de vegetales... EPE050800 **6 probar:** Para que esté verdaderamente sabroso se debe probar *en frío*. INDOC **7 desmoldar:** Se desmolda *en frío* y se sirve. LVE020695

C VERBOS QUE DESIGNAN DIVERSOS TRATAMIENTOS APLICADOS GENERALMENTE AL METAL O A OTRAS MA-

TERIAS, A MENUDO EN PROCESOS INDUSTRIALES: **8 laminar:** Los productos laminados *en frío* (...) tienen destinos tan diversos como fregaderos, cubiertos... LVE211295 **9 labrar:** Sin concesiones, y ajena a todo tipo de lecturas o juicios, se presenta una cinta labrada *en frío* sobre adolescentes. EPE251199 **10 forjar:** ¿Y qué otra cosa son los famosos Galayos de Gredos sino gigantescas espadas de granito? Espadas forjadas *en frío* por la gelifracción... EPE210700

I En su sentido de 'libre de los efectos o las circunstancias inmediatas', se combina con...

D VERBOS DE PENSAMIENTO Y JUICIO. TAMBIÉN CON OTROS QUE DESIGNAN LA ACCIÓN DE ANALIZAR O EXAMINAR ALGUNA COSA: **11 analizar ++:** Si se analizan *en frío* las causas del estrellamiento de la aerolínea bandera, no pueden ser dejadas de lado las condiciones laborales... ENV110497 **12 pensar ++:** ...tienen la cabeza demasiado caliente para pensar *en frío* lo que hacer ante la sociedad... EME020594 **13 reflexionar +:** «Hay que reflexionar *en frío*» este tipo de propuestas planteadas en «el fragor de la campaña electoral»... EPE050699 **14 meditar:** Estos mercaderes del poder deben recapacitar y meditar muy detenidamente y *en frío* la clase de «democracia» real que están fomentando. EME140695 **15 estudiar:** ...«este asunto lo estudiaremos *en frío* y considerando todas las circunstancias»... EME121196 **16 considerar:** Aunque, «considerado *en frío*, imparcialmente» (...), esta teoría puede voltearse como un guante... EME140494 **17 mirar:** Cuando uno lo mira *en frío* y de golpe, sí. EPE020999 **18 ver:** Según el presidente del tribunal, vista *en frío*, la cifra puede despertar «cierta intranquilidad»... EPE130599

E VERBOS QUE DESIGNAN LA ACCIÓN DE ADOPTAR UNA DETERMINACIÓN O UNA RESOLUCIÓN: **19 tomar una decisión ++:** Se trata de una decisión tomada *en frío*, con el cuchillo de cortar tartas electorales en una mano y una agenda contable en la otra. EPE250900 **20 decidir +:** Queremos decidir *en frío*, añadieron otras fuentes. EPE121201 **21 resolver:** ...cuestiones complejas que hay que pensar largamente y que no se pueden resolver *en frío*. INDOC **22 elegir:** Tras casi medio año de campaña, es evidente que los votantes no van a elegir *en frío*. INDOC

F VERBOS QUE DESIGNAN MANIFESTACIONES VERBALES: **23 responder:** Jospin respondió *en frío* y de forma solemne, durante la reunión del consejo de ministros presidida por Chirac. EPD170797 **24 contestar:** En frío contestó con un gran respeto, justificó el vicepresidente azulgrana. LVE251296 **25 conversar:** La idea venezolana es sentarlos a ambos a «conversar *en frío*» bajo los auspicios de sus cuatro colegas... LVE310195 **26 hablar:** Hablar *en frío* de otoños calientes no sirve para nada. EME140896 **27 decir:** En frío se pueden decir muchas cosas, cuando están bien meditadas. INDOC **28 escribir –:** En pocas horas supe que los poetas no escriben en caliente sino *en frío*... EPE180399

G ALGUNOS VERBOS QUE DESIGNAN LA ACCIÓN DE APREHENDER, DESCUBRIR O CAPTAR ALGO O ALGUIEN: **29 sorprender:** Una jugada suya pudo abrir el marcador, pero tuvo la mala fortuna de sorprender *en frío* a García Aranda. EPE120499 **30 pillar:** ...se dieron dos momentos clave, el rápido gol de ellos, que nos pilló *en frío*, y el tiro al palo de Stosic en el saque de la falta. EME071295

H OTROS VERBOS; POSIBLES USOS ESTILÍSTICOS: Subirse a una cama y «quererse» así, *en frío*, delante de una cámara y de un equipo de rodaje, no debe ser fácil. EME230996

I SUSTANTIVOS QUE DENOTAN ANÁLISIS O VALORACIÓN, RELACIONADOS FORMALMENTE CON LOS VERBOS DEL APARTADO *D*: **31 análisis:** El análisis *en frío* del retroceso electoral de Convergència (...) no le ha movido a replantearse su acción en este campo. EME211195 **32 examen:** Un examen *en frío*. EME010396 **33 evaluación:** Tenemos que hacer una evaluación *en frío* para poder determinar el daño ecológico y económico que se ha causado... CLA210199

J ALGUNOS SUSTANTIVOS QUE DENOTAN ACCIÓN HOSTIL O LESIVA CONTRA ALGUIEN, A MENUDO PREMEDITADA O ALEVOSA: **34 venganza +:** Una venganza legítima y social. *En frío*, como toda venganza. EME060595 **35 asesinato +:** ...«resultaba imposible devolver los buenos días a quienes habían sido incapaces de denunciar no el asesinato de un concejal *en frío*, sino el crimen atroz cometido contra un compañero de corporación». DDN050599 **36 estocada –:** El de las estocadas *en frío* y de las debilidades. LVE230695

□ Véase también: **en caliente**.

en funciones ♦ **cargo, director, gobierno, presidente, responsable** ♦ **ejercer**

enfundar(se) ♦ **abrigo, bata, camiseta, chaqueta, espada, gabardina, guante, traje, uniforme,** *sustantivos que designan prendas de vestir*

engañar ♦ **astutamente, descaradamente[3], hábilmente, inteligentemente, torpemente, vilmente[11]**

□ Véase también: **amañar, mentir**.

engaño ♦ **burdo, claro, cruel, descarado, descarnado, descomunal, doloroso, falaz, flagrante[8], impune, ingenioso, manifiesto, monumental[59], ostensible[82], premeditado, sutil, verdadero, vil** ♦ **al descubierto[30]** ♦ **a prueba (de)[13], mediante** ♦ **posibilidad (de), víctima (de)** ♦ **amparar(se) (en), castigar, constituir, consumar(se)[13], dejarse llevar (por)[9], descubrir, deshacer, destapar, disfrazar[6], encubrir, estar (en), evitar, exponer(se) (a), frustrar(se), inducir (a)[3], llamarse (a), llevar (a), padecer, salir a la luz[29], sufrir, tapar, traducir(se) (en), tramar, urdir**

□ Véase también: **argucia, artimaña, estafa, estratagema, trampa, truco**.

ENGAÑO

♦ (ADJETIVOS) Véase: **terminantemente[G]**

♦ (SUSTANTIVOS) Véase: **abusar (de)[G], airear[E], alcance (de)[K], al descubierto[F], a prueba (de)[C], carcomer[B], dejar caer[A], dejarse llevar (por)[A], desbaratar[G], desmentir[B], desmontar[H], desterrar[E], desvelar[B], difundir(se)[D], disfrazar[B], echar[C], esclarecer(se)[F], esparcir[D], impune[E], maquinar[B], monumental[H], orquestar[C], ostensible[J], plegarse (a)[B], practicar[I], redomado[A,B,E,F], refutar[F], retorcido[F], salir a la luz[D], sarta (de)[A], urdir[C], venial[A], verter[C]**

♦ (VERBOS) Véase: **a duras penas[D], de raíz[J], descaradamente[A], maliciosamente[A], vilmente[C]**

□ Véase también: ACTUACIÓN ILEGÍTIMA; DELITO.

engañoso ♦ **afirmación, ambiente, apariencia, aspecto, cifra, comparación, concepto, conclusión, contraposición, dato, demagogia, envoltorio, espejismo, estadística, felicidad, idea, ilusión, imagen, impresión, información, juego, lenguaje, magia, moral, moralidad, nombre, oposición, precio, pregunta, prueba, publicidad, resultado, retórica, sencillez, sensación, término, testimonio, trampa, utopía, visión**

engendrar *v.* ▮ En su sentido literal se combina con sustantivos que designan seres vivos *(bebé, hijo, criatura)*. En su sentido figurado, se combina con...

A SUSTANTIVOS QUE DESIGNAN MALES. DESTACAN ENTRE ELLOS LOS QUE DENOTAN CONFRONTACIÓN O DESAVENENCIA EXACERBADAS, LAS ACTITUDES QUE CORRESPONDEN A ESAS NOCIONES Y SUS CONSECUENCIAS NO DESEADAS: **1 violencia ++:** Al final, un mensaje subliminal, dirigido al 75% de los americanos que apoya la pena de muerte: «La violencia *engendra* violencia». EME270396 **2 agresividad +:** Mi suegro dijo: «Parece que van a tirar la casa», y yo pensé que las frases tópicas en los momentos difíciles de la vida *engendran* una gran agresividad (a mí por lo menos). EPE240899 **3 barbarie +:** Participar en un régimen que *engendra* barbarie –o compartir sus ideas sin oponerse– es un delito. LVE160595 **4 discordia +:** El pensamiento clásico afirma que la adversidad *engendra* discordias. LVE161195 **5 polémica +:** Por ello me duelen las críticas de un artista a otro que ha *engendrado* una polémica no deseada. LVE030596 **6 destrucción +:** Y los extremismos *engendran* su propia destrucción. EPE211001 **7 muerte +:** Una cultura que celebra la vida perpetrando la muerte, por muy antigua que sea su tradición, sólo *engendra* muerte y sufrimiento. EME040796 **8 vacío +:** Vacío *engendrado* por el empuje poderoso de formas sólidas que, paradójicamente, hacen brotar de sí la intensidad de la impresencia. ABC260692 **9 desolación:** ...provoca la destrucción de las estructuras de convivencia preexistentes, sin alumbrar una alternativa mejor. Sólo *engendra* enfrentamiento, muerte y desolación. LVE140896 **10 terrorismo:** Así surgió un nuevo espíritu apocalíptico (...), y así se *engendró* el viejo terrorismo anarquista... EPE020297 **11 conflicto:** Y, sin embargo, sabemos que la exclusión puede *engendrar* un conflicto violento. EPE161001 **12 enfrentamiento:** ...una consulta en un momento en que «la familia colombiana está dividida» *engendraría* un enfrentamiento «cercano a una guerra civil...». LVE260196 **13 guerra:** Antes el capitalismo se concebía como el origen de la competición y los conflictos internacionales, se consideraba el padre que *engendraba* la guerra. EME040294

B SUSTANTIVOS QUE DESIGNAN OTRAS CIRCUNSTANCIAS O SITUACIONES ADVERSAS, DIFÍCILES, DESFAVORABLES O INDESEABLES: **14 problema:** El líder empresarial añadió que el cambio *engendra* problemas y desajustes, pero que no significa ingobernabilidad ni ruptura institucional. DYM240796 **15 contrariedad:** Las avasalladoras contrariedades que *engendra* la pobreza en nuestros campos han contribuido a ese socavamiento de los recursos... LDD030797 **16 mal:** Todas estas personas, religiosas o no, harían mucho más si dedicasen su vida a la lucha contra el poder, en vez de dedicarse a amortiguar los males que éste *engendra*. EME131296 **17 injusticia:** La pasión *engendra* injusticia, como la razón produce monstruos, pero en el fondo es sana para el alma. EME240194 **18 desigualdad:** ...remediar (...) la desigualdad social *engendrada* por un sistema que la transforma en estructura de dominación. EPE171299 **19 burocracia:** ...tiene delante un Congreso con mayoría republicana y la percepción popular de que el plan *engendra* burocracia, la idea tabú en la política americana. LVE150195

C SUSTANTIVOS QUE DENOTAN CONTINGENCIA DE UN MAL O UN DAÑO: **20 riesgo:** ...no pudieron evaluar los riesgos que *engendraba* realizar operaciones con dichas sociedades... EPE040699 **21 peligro:** A pesar de todo, los especialistas consideran que la nube radiactiva producida por el accidente no *engendra* peligro para la población europea, dado que los niveles de radiación son bajos. HOY050586 **22 amenaza:** ...sólo agravan la crítica situación que *engendra* una amenaza para la paz internacional y la estabilidad en el área. EME300996 **23 fracaso:** ...sucedió que muchos de sus éxitos más espectaculares *engendraron* posteriores fracasos. ETC110187

D SUSTANTIVOS QUE DESIGNAN SENTIMIENTOS DE AVERSIÓN, HOSTILIDAD O RESENTIMIENTO HACIA ALGUIEN, ASÍ COMO OTRAS ACTITUDES DE RECHAZO O FALTA DE CONSIDERACIÓN HACIA LAS PERSONAS O LAS IDEAS: **24 odio ++:** «Temen al judío como temen a la realidad», dice Miller, el miedo *engendra* un odio irracional, y esta situación, alimentada por rumores, tópicos y salvajismo, termina por modificar la realidad... ABC290995 **25 rencor +:** ...el rencor *engendrado* en sus entrañas por la desobediencia de su otrora amigo no tendrá más orilla que la muerte. EPE090700 **26 enemistad +:** ...podría afirmarse que a partir de aquella fecha comenzó a *engendrarse* la enemistad entre Ortega Cano y Las Ventas. EME110596 **27 intolerancia +:** ...ha introducido la especie de que las religiones *engendran* la intolerancia y ésta a su vez produce el terrorismo fanático. EPE041001 **28 antipatía:** Tanta fuerza acumulada, aunque fuera razonable(...) *engendra* naturales antipatías, celos, menosprecios o rencores entre los propios amigos... LVE171196 **29 animosidad:** ...una mezquina herramienta para (...) burlar leyes y *engendrar* animosidades entre los hombres... EPE110799 **30 racismo:** Es abominable que el racismo de los verdugos pueda *engendrar* el racismo de las víctimas, que éstas sólo anhelen intercambiar los papeles. EME231095 **31 impiedad –:** El dolor, de cada hora, y la impiedad que nos *engendra* este dolor, nos han unido. HOY070181

E SUSTANTIVOS QUE DESIGNAN SENTIMIENTOS DE INCLINACIÓN O PROPENSIÓN AFECTIVA O EMOCIONAL HACIA LAS PERSONAS O LAS COSAS: **32 amor:** Un axioma básico sobre el desarrollo de la personalidad es que el amor *engendra* más amor y la violencia *engendra* más violencia. ABC101195 **33 simpatía:** La entrevista no pasó de un cuarto de hora, lo suficiente para *engendrar* una gran simpatía mutua. LVE221194 **34 pasión:** Es (...) natural que el casado tenga presente ese ornato llamativo, capaz de *engendrar* locas pasiones. LVE210995 **35 deseo:** El miedo a ser robado, a ser asaltado, magnificado por los medios de comunicación, *engendra* ese deseo de autoprotegerse, de tener armas... EME041196 **36 ansia –:** ¿Hasta dónde están dispuestos los nuevos poderes fácticos a llegar para (...) sembrar el caos que ensordezca cualquier denuncia y *engendre* el ansia de restablecer el orden en el que han prosperado sus negocios ventajistas? EME081095

F SUSTANTIVOS QUE DENOTAN CONFIANZA EN ALGO O SEGURIDAD EN LAS POSIBILIDADES FUTURAS DE ALGUNA COSA: **37 fe:** O que la terquedad de ETA viene de que «los mártires *engendran* la fe» y no al revés. LVE061196 **38 ilusión:** ...se ha interrumpido voluntariamente por el Gobierno el embarazo embarazoso de la ilusión *engendrada* en aquella loca noche de amor de primavera... EME300694 **39 esperanza:** Justamente éste es el legado que él quiere transmitir al mundo actualizándolo: La fe en Dios quita el miedo y *engendra* esperanza. ABC281094 **40 confianza:** Es el ejercicio del amor, del continuo esforzarse por abrir al amor misericordioso, lo que *engendra* en nosotros la audaz confianza que nos mueve a entregarnos sin límite. LPN051097 **41 expectativa:** Estos factores, unidos a la recuperación de las carteras de pedidos, están contribuyendo a *engendrar* expectativas favorables de cara a la mejora futura de los beneficios. LVE151194

G SUSTANTIVOS QUE DENOTAN INCERTIDUMBRE, RECELO, SUSPICACIA O INCREDULIDAD: **42 duda +:** Si eres feliz, continúa trabajando: la ociosidad *engendra* dudas y temores. LVE301196 **43 sospecha +:** ...un águila criolla de dos cabezas que echa las bases de la estabilidad económica y, al mismo tiempo, *engendra* sospechas de corrupción y hegemonía... LNA010792 **44 desconfianza +:** Se trata de un asunto que, aparte de generar confiadas expectativas, a esta altura *engendra* comprensibles desconfianzas. LNP280897 **45 escepticismo:** En el fondo de todo ello late una profunda crisis de la cultura, que *engendra* escepticismo y no se ve con claridad el sentido del hombre, de sus derechos y deberes. LVE300495

H SUSTANTIVOS QUE DESIGNAN SENTIMIENTOS DE TEMOR O APRENSIÓN EN DISTINTOS GRADOS. TAMBIÉN CON OTROS QUE EXPRESAN PERTURBACIONES O TRASTORNOS ANÍMICOS O MENTALES: **46 miedo +:** Ello, unido a los factores de inestabilidad política que se han acentuado en las últimas semanas, puede *engendrar* el miedo suficiente como para dar al traste con la recuperación de las dos variables clave. LVE070195 **47 temor +:** «El régimen intenta además manipular la información sobre las condiciones internas y sobre los acontecimientos en el exterior para *engendrar* temor en el pueblo con respecto a las perspectivas de una Cuba sin Castro», dice Clinton... DLA060297 **48 terror:** Es la única manera de darle una opción de salida a la miseria que *engendra* el terror en la juventud del Perú. CAP080597 **49 angustia:** El autor no es un ingenuo milenarista que, ante el final de siglo, propone una receta mágica para escapar a la angustia que todo gran cambio de época *engendra*. ABC281094 **50 locura:** Porque ésta es una guerra tan atroz y tan inhumana que *engendra* locura. EME100194 **51 paranoia:** ...sus súplicas de comprensión –por la psicosis de guerra, la paranoia *engendrada* por la conocida filtración de agentes (...)– consiguieron la suspensión del juicio. EME280494 **52 esquizofrenia –:** Puede *engendrar* una peligrosa esquizofrenia entre los chinos, que, siendo admitidos en la antecámara de la modernidad, estarán excluidos de la esfera de decisión... EPE021099

I SUSTANTIVOS QUE DESIGNAN OTROS ESTADOS Y SENTIMIENTOS DE AFLICCIÓN, MÁS FRECUENTEMENTE SI SE RELACIONAN CON LA AUSENCIA DE VOLUNTAD O DETERMINACIÓN: **53 pesimismo +:** La dificultad para elevar las protestas de la sociedad a las instancias gubernativas ha *engendrado* un profundo pesimismo en la población. INDOC **54 desánimo +:** La UPV reclamó «a los autores de estos ataques y a quienes los alientan y asumen» que les pongan fin porque «sólo *engendran* miedo, desánimo y hartazgo». EPE170800 **55 frustración +:** La ministra Aguirre anuncia la desaparición de esta prueba tan controvertida y polémica que hasta ahora sólo ha servido para *engendrar* frustraciones y convertirse en una especie de tómbola... EME150996 **56 melancolía:** A estas alturas es inútil buscar culpables y además *engendra* melancolía, la hermana enferma de la nostalgia. EME140696 **57 amargura:** Es más, las grandes esperanzas suscitadas durante el decenio transcurrido en el proceso de paz entre israelíes y palestinos bajo los auspicios estadounidenses han *engendrado* una amargura de las mismas dimensiones... EPE111101 **58 decepción:** El eurocomunismo ha suscitado un gran interés pero, como las grandes esperanzas que no se realizan, podría *engendrar* grandes decepciones. EPE040977

J SUSTANTIVOS QUE DESIGNAN DIVERSOS RESULTADOS DE LA ACTIVIDAD INTELECTIVA: **59 idea:** Los muertos y heridos que yacían en aquel campo, le llevaron a *engendrar* la idea de crear una organización... EME170594 **60 pensamiento:** Esta visión genocéntrica de la biología es tan engañosa como peligrosa, dijo Goodwin, porque *engendra* un pensamiento simplista... EPD240997

☐ Véase también: **acarrear, concebir, derivar(se), ocasionar.**

engorroso ♦ **adversario, asunto, burocracia, cambio, circunstancia, cita, contratiempo, cuestión, debate, decisión, discusión, elección, examen, herramienta, medida, método, necesidad, obligación, operación, papeleo, paso, período, pregunta, problema, procedimiento, proceso, recurso, rival, seguimiento, servidumbre, sistema, situación, tarea, tema, trabajo, trámite, trance, transbordo**

engrasar ♦ **aparato, cerebro, eje, equipo, herramienta, instrumento, intelecto, máquina, maquinaria, mecanismo, molde, pieza, rueda**

engrosar *v.* **I** Se combina con...

A SUSTANTIVOS QUE DENOTAN AGRUPACIÓN, COLECCIÓN O SERIE DE VARIOS ELEMENTOS: **1 lista ++:** ...la Guardia Civil habría aclarado un crimen que *engrosaba* ya la lista de casos de los conocidos como imposibles... CAN170599 **2 filas ++:** Después de *engrosar* las filas de un grupo de actores amateurs, Luchino Visconti le dio la oportunidad de convertirse en un profesional de las tablas. ENV201296 **3 nómina ++:** ...a los internacionales nigerianos, quienes han pasado a *engrosar* las nóminas de los equipos europeos más laureados, de los que han recibido apetitosas ofertas. EUV080996 **4 colección ++:** ...que se exhibirá en la sala de exposiciones temporales antes de pasar a *engrosar* la colección permanente que la Fundición Capa ha habilitado en la fortaleza alicantina. EPE150399 **5 conjunto:** El conjunto de Miquel Nolis no aguantó el empuje local en los segundos veinte minutos y *engrosó* sus motivos de desmoralización con un paupérrimo marcador de 46 puntos... EME200195 **6 grupo +:** Diecinueve de los nominados pasaron a *engrosar* el grupo de 123 «cardenales electores»... ENH190198 **7 serie:**

El 25 de la calle Cronwell pasará a partir de ahora a *engrosar* la serie de casas macabras de Gran Bretaña. EME070394 **8 legión:** Perdió por 6-1, (...) y 6-3 y *engrosó* la legión de quienes dejaron de predicar en la catedral del tenis. LNA240692 **9 inventario:** ...porque ese incremento iría a *engrosar* los inventarios de crudo, en el caso de que encontrase comprador. EXC000901 **10 listado:** Además de los pingües beneficios, consiguió que su hazaña pasara a *engrosar* el listado de aberraciones urbanísticas... EPE311299 **11 galería:** Candidatos sin duda a *engrosar* la galería de los locos del volante. CAP041001 **12 repertorio:** ...cuyas mejores composiciones de rock and roll, «Slow Down» y «Boney Moronie», entre otras, acabaron *engrosando* el repertorio de los mismos Beatles. EME190596 **13 conglomerado −:** ...comenzaron a cursar estudios secundarios y al cabo del tiempo abandonaron el colegio para salir a buscar trabajo o *engrosar* directamente el conglomerado de desocupados. CLA030397 **14 cúmulo −:** ...en el ejercicio correspondiente a 1997, pasan a *engrosar* el cúmulo de ingresos dudosos. EPE060199 **15 cosecha −:** ...los que perdió Shas, el partido ultraortodoxo, agregan, *engrosaron* la cosecha del Likud. LRE300103 **16 rosario −:** ...este enclave comercial *engrosa* el rosario de grandes superficies de Alcobendas... EME060495 **17 paquete −:** la disminución numérica de casi medio millón de votos, que presumiblemente se fueron a *engrosar* el paquete de nulos y blancos... HOY151297

B SUSTANTIVOS QUE DESIGNAN GRUPOS DE PERSONAS: **18 equipo ++:** Pasó rápidamente a *engrosar* el equipo tras superar con éxito las pruebas de admisión. INDOC **19 plantilla +:** Un buen expediente académico y capacidad de trabajar en equipo y relacionarse son las premisas para *engrosar* la plantilla... EPE020499 **20 pelotón +:** En total, 25 equipos compuestos por ocho miembros *engrosarán* el pelotón de 200 corredores que mejoran notablemente el nivel de la ronda francesa. EPE300799 **21 comitiva:** Poco a poco los tricantinos fueron *engrosando* la comitiva y los niños boquiabiertos ante tanto alboroto se sumaron al baile y a las palmas. EME150996 **22 población:** ...el número de mujeres en edad fértil es también el mayor de la historia, por lo que la población sigue *engrosándose* con 78 millones de personas cada año. EPE230999 **23 público:** Los músicos son, raras veces, propicios a *engrosar* el público de los conciertos... ABC240492 **24 tribu:** El creador-intérprete opta finalmente por sacarse la peluca, saliéndose así de la corriente, libre ya del afán de *engrosar* la tribu de los más «in». LVE040395 **25 colectivo:** Si esta amenaza se cumple (...) a la mayoría de nosotros le espera, bien *engrosar* el colectivo de «doctores altamente cualificados en paro»... EME040795 **26 banda:** La ONU deja detrás, sin embargo, un cuerpo de ocho mil policías, (...) pasando a *engrosar* las bandas armadas que pululan por la ciudad. LVE120295 **27 tropa:** ...han demostrado una efectiva capacidad para *engrosar* su tropas de base pero tienen dificultades en encontrar quien las lidere. SEM161000

C SUSTANTIVOS QUE DESIGNAN CANTIDADES ECONÓMICAS O BIENES DIVERSOS, A MENUDO, PATRIMONIALES: **28 cuenta ++:** Los 426 millones de dólares de la deuda interna ya fueron *privatizados*, es decir, ya pasaron a *engrosar* las cuentas privadas en Suiza... ACP141196 **29 fondo ++:** 827 pesetas (descontadas las multas), que pasaron a *engrosar* los fondos de la Comissió de Solidaritat. LVE260495 **30 patrimonio ++:** ...una sabrosa superficie que vino a *engrosar* el patrimonio madridista. EME140995 **31 fortuna:** Las ganancias obtenidas gracias a los caballos vienen a *engrosar* la fortuna personal de Aga Khan... LVE140896 **32 finanzas:** Alguien ignoró jamás el alegre reparto de comisiones que *engrosaban* las finanzas socialistas desde el día mismo de su acceso... EME020296 **33 presupuesto:** Este dinero servirá también para *engrosar* el presupuesto de 15 millones de pesos... CLA280601 **34 reserva:** ...un beneficio después de impuestos de 433 millones de pesetas, frente a los 242 del año anterior, y que pasará íntegramente a *engrosar* las reservas de la entidad. DDN290499 **35 caudal:** ...muchos indecisos votaron por la Centro-Derecha, y en Córdoba *engrosaron* el caudal de los peronistas. HOY230287 **36 tesoro:** «...pero sólo en el caso de que nosotros no contribuyéramos a *engrosar* el tesoro público». EPE111279 **37 partida:** ...desvela que las multas de tráfico iban a *engrosar* las partidas de fondos reservados, tan a menudo con destino fraudulento. LVE280696 **38 pensión:** De ese porcentaje, 10 puntos servirán para *engrosar* su futura pensión... EME210796 **39 renta:** No es quizá el momento de exigir que las mejoras en la productividad, lejos de orientarse a *engrosar* las rentas del capital... EME161195 **40 ahorro:** Una inmensa legión de ciudadanos ha acordado comprimir el gasto y *engrosar* sus ahorros. LVE191195

D SUSTANTIVOS QUE DESIGNAN BOLSAS, CAJAS Y OTROS CONTENEDORES DE MAGNITUDES ECONÓMICAS O DE BIENES VALIOSOS. POR ASOCIACIÓN METONÍMICA, DESIGNAN A MENUDO ESAS MISMAS MAGNITUDES: **41 arca ++:** Las loas para Colo Colo, que de alguna forma revivió los añorados certámenes de verano de los 60, deleitando al aficionado y *engrosando* las arcas. LEC130197 **42 bolsillo +:** ...unos recursos que dejarían de *engrosar* el bolsillo de los amos del grupito político que nos gobierna. EXC220996 **43 bolsa:** Tanto la ONCE como Mapei-CLAS aspiran a mucho más que a *engrosar* su bolsa. EME020594 **44 caja:** La investigación judicial se había abierto por contradicciones sobre cómo se entregó el dinero que pasó a *engrosar* las cajas negras de los conservadores. EPE021101 **45 hucha:** Por consenso, decidieron que guardarían las monedas que les sobrasen para *engrosar* las huchas de la solidaridad con África... EPE301201 **46 cartera:** Estas deudas por reclamos *engrosan* la cartera vencida de Ecapap que alcanza los 40 millones de dólares. VIS180997 **47 alforja −:** ...en las autonómicas de 1984 perdió la mitad de los votantes de 1980, muchos de las cuales, sin duda, fueron a *engrosar* las alforjas de... LVE231196 **48 faltriquera −:** ...el dador de los fondos reservados que financiaron las andanzas terroristas de los GAL, *engrosando* la faltriquera de sus dirigentes... EME130196

E SUSTANTIVOS QUE DENOTAN BENEFICIO O GANANCIA. TAMBIÉN CON ALGUNOS QUE DESIGNAN OTROS RESULTADOS ECONÓMICOS DE LAS OPERACIONES COMERCIALES: **49 beneficio +:** ...una parte de sus impuestos será destinada a *engrosar* los beneficios de estas compañías privadas. EPE020700 **50 ganancia:** ...pluriempleados que *engrosan* con ello las ganancias obtenidas con sus trabajos regulares, gravemente golpeadas por las sanciones. EME120795 **51 recaudación:** ...con lo que las películas más recientes tienen más probabilidades de *engrosar* su recaudación que las que se estrenaron hace tiempo.

EME050195 **52 facturación:** ...efectuar una inversión de 40.000 millones de pesetas, que pasarán a *engrosar* la facturación de los fabricantes de automóviles. EME220694 **53 negocio:** Esta secta es una especie de mafia religiosa que, como otras, busca apoyo social para moverse en el medio y *engrosar* sus negocios. BRE130697 **54 dividendo:** El agua que por la mañana sale de la ducha *engrosa* los dividendos de... LVE200196 **55 venta:** Ahora, con la devaluación, las exportaciones brasileñas son más «competitivas», lo que puede *engrosar* las ventas brasileñas... CLA140199

F SUSTANTIVOS QUE DENOTAN ENDEUDAMIENTO O PÉRDIDA ECONÓMICA, EN REFERENCIA A LAS CANTIDADES QUE REPRESENTAN ESOS PROCESOS: **56 deuda +:** El saldo fue un creciente endeudamiento de las empresas del Estado, que *engrosaba* una deuda pública externa... CLA220301 **57 déficit:** El monto pasa a *engrosar* el déficit (más gastos que ingresos) supuesto inicialmente por Hacienda... ACP271196 **58 endeudamiento:** El déficit público de las administraciones centrales, pese a haberse reducido, ha sido de 3,15 billones de pesetas, que pasan a *engrosar* el endeudamiento acumulado... LVE270196 **59 pérdida:** Si no quieren que dichas deudas pasen definitivamente a *engrosar* las pérdidas de la sociedad estatal... EME300196 **60 coste:** Irán a *engrosar* el coste de las obras que están para iniciarse. LVE010295

G SUSTANTIVOS QUE DENOTAN COLECCIÓN O RECOPILACIÓN DE OBRAS, A MENUDO ARTÍSTICAS: **61 biblioteca:** El nuevo «El Quijote» vendrá a *engrosar* una «Biblioteca Clásica» que cuenta con 111 volúmenes... LVE040996 **62 discoteca:** «Havana Jam» y «Havana Jam II» son los discos históricos que, a partir de aquellas fechas, pasaron a *engrosar* las discotecas de vanguardia... EME150796 **63 filmoteca:** Este acuerdo compromete a Cultura a ceder a Exteriores copias de películas españolas subtituladas en diferentes idiomas, que pasarán a *engrosar* la filmoteca del departamento de Relaciones Culturales... EPD080597 **64 pinacoteca:** ...Goya, que siempre tuvo buen ojo para esto de los mecenazgos, *engrosó* con varias de sus obras la pinacoteca de este modelo decimonono... EPE280499 **65 museo:** ...más de cuatrocientas obras del pintor en pago de los derechos de sucesión, que pasarían a *engrosar* el Museo Picasso de París... ABC030694 **66 discografía:** ...el octeto ha *engrosado* una discografía que incluye un par de compactos con cinco temas cada uno... EPE230999 **67 bibliografía:** ...este mes aparecen diversas contribuciones críticas y biográficas que vienen a *engrosar* una bibliografía hasta hoy insuficiente. LVE221196 **68 librería:** Desde comprar el libro del año –el único, el que va *engrosando*, despacito, la librería del comedor– hasta tirar la casa por la ventana... EME230494

H SUSTANTIVOS QUE DESIGNAN OTROS CONJUNTOS DE DATOS O DE INFORMACIONES: **69 archivo +:** Los planos son indicativos y sólo sirven para *engrosar* los archivos, que nada tienen que ver con la realidad. EME290495 **70 sumario +:** A instancias del fiscal jefe de la Audiencia Nacional, José Leopoldo Aranda, este incidente pasó a *engrosar* el sumario del «caso Lasa y Zabala». EME091096 **71 dossier:** Sin embargo, no quisieron precisar detalles sobre sus recientes revelaciones, destinadas a *engrosar* el dossier de... EME030294 **72 fichero:** El argumento de este trabajo no iba a pasar desapercibido y convertirse en uno más de los millones de estudios que *engrosan* los ficheros de la Biblioteca Nacional... EME230694 **73 diccionario –:** Sus saberes sobre la Alemania de entreguerras son de recibo; es decir, *engrosan* directamente el diccionario flaubertiano de ideas recibidas. LVE250795 **74 libro –:** ...el relato de las experiencias vitales que hicieron *engrosar* el libro y el que va «expurgando» capítulos que considera ahora vanos. ABC200594

I SUSTANTIVOS QUE DESIGNAN MANIFESTACIONES DE LA TRAYECTORIA PROFESIONAL O VITAL DE LAS PERSONAS: **75 currículum:** El suizo de la ONCE aprovechó la prueba catalana para *engrosar* su currículum y, sobre todo, para perfilar su forma antes de acudir a Francia. EME210696 **76 historial:** la misma cantidad que percibirán los 67 deportistas (...) que han conquistado los 17 nuevos metales que ya *engrosan* el historial olímpico del deporte español. EME060896 **77 palmarés:** ...una nueva oportunidad para que los velocistas sigan cosechando victorias con las que *engrosar* su palmarés. LVE090996 **78 expediente:** Datos y más datos *engrosando* un expediente tan voluminoso como inútil... EME050694 **79 carrera:** ...el conjunto de lances, muletazos, desplantes y estocadas que han *engrosado* la carrera de 25 años de Curro Vázquez. EME110595 **80 biografía –:** ...está *engrosando* una biografía de gestor que a él mismo puede que le sorprenda, dado su carácter tímido, casi huidizo. EPE260700

J SUSTANTIVOS QUE DESIGNAN OTRAS INFORMACIONES, A MENUDO DE NATURALEZA NARRATIVA O DOCUMENTAL. TAMBIÉN CON ALGUNOS QUE HACEN REFERENCIA A LA FORMA EN QUE SE DESCRIBEN O SE RELATAN: **81 crónica:** Una operación que quizá habría *engrosado* la abultada crónica de sucesos... EPE050599 **82 anales:** No es que se pueda dudar que *engrosará* los anales de la música contemporánea... EME170795 **83 leyenda:** Muchos de ellos acabaron *engrosando* la leyenda-historia negra del boxeo. EME101196 **84 historia:** ...los pigmentos y los grandes pintores que *engrosan* la historia del arte. ENV051000

engullir
♦ **ávidamente, compulsivamente, con fruición[5], de un tirón, vorazmente**
☐ Véase también: **devorar.**

enhebrar
♦ **aguja**

en hora
♦ **reloj** ♦ **poner el reloj**

enhorabuena
♦ **amable, cálido, caluroso[12], cariñoso, cordial, efusivo, frío, sincero** ♦ **dar, estar (de), expresar, hacer extensivo, recibir, transmitir**
☐ Véase también: **cortesía, felicitación, parabién.**

enigma
♦ **alambicado, antiguo, capital, complejo, difícil, enrevesado, gran(de), histórico, hondo[42], impenetrable, incomprensible, indescifrable, inescrutable, insoluble[8], insondable[3], intrincado[44], irresoluble[9], misterioso, nebuloso, obsesivo, oculto, oscuro, pendiente, profundo, viejo** ♦ **clave (de), solución (de)** ♦ **aclarar, adentrarse (en), afrontar, comprender, constituir, descifrar[1], desentrañar[2], deshacer, despejar(se)[7], destapar, desvanecerse[21], desvelar[2], encarnar, encerrar, esclarecer(se)[3], interpretar, penetrar (en), plantear[7], resolver, rodear (algo), solucionar, solventar, subyacer (en algo), suponer**
☐ Véase también: **misterio, secreto.**

enigmáticamente ♦ **actuar, advertir, apuntar, asegurar, decir, desaparecer, hablar, mirar, preguntar, señalar, sonreír**

enjambre (de) ♦ **abigarrado**[10] ♦ **abeja, avispa, insecto, persona**

enjugar *v.* ■ En el sentido físico se combina con sustantivos que designan fluidos, generalmente emanados del cuerpo, así como la acción de verterlos *(sudor, lágrima, llanto, líquido)*. Asimismo, se combina con sustantivos que designan algunas partes del cuerpo susceptibles de verse cubiertas por ellos *(rostro, frente, ojo)*. En el sentido figurado se combina con sustantivos que designan magnitudes económicas específicas *(enjugar los dos mil euros perdidos)*. También se combina con...

A SUSTANTIVOS QUE DENOTAN DEUDA O PÉRDIDA, GENERALMENTE DE CARÁCTER ECONÓMICO: **1 pérdida** ++: ...una reducción de capital (...) para *enjugar* las pérdidas netas del pasado año... EME240695 **2 deuda** ++: ...piden saber las fórmulas para *enjugar* la deuda... DDN030101 **3 déficit** ++: ...una «macroadministración» que no ha conseguido *enjugar* el déficit... ABC291191 **4 endeudamiento:** ...fórmulas (...) para *enjugar* el gigantesco endeudamiento... EPE260900 **5 devaluación:** ...*enjugando* la devaluación que había sufrido tiempo atrás. EME030396 **6 números rojos:** Reduce capital (...) para *enjugar* números rojos... LVE240696 **7 pasivo:** ... la respuesta no sea otra que la destrucción de la compañía y la liquidación de su patrimonio para *enjugar* su pasivo... LVE170296 **8 débito:** ...los 4.000 millones de pesetas que generó la venta de la empresa (...) fueron destinados a *enjugar* el débito a los proveedores... EPE180899 **9 quebranto:** ...la legislación anterior obligaba a trasladar los beneficios a un fondo general, cuyo inseguro destino era el de *enjugar* los quebrantos de los puertos que arrojaban pérdidas... LNA100792 **10 agujero:** ...medidas (...) para ayudar a *enjugar* el agujero de 800.000 millones... LVE141095 **11 ganancia** +: ...*enjugó* las ganancias de la sesión... LVE210594 **12 renta:** Para *enjugar* la renta desfavorable que había encajado... EME180394

B SUSTANTIVOS QUE DENOTAN DIFERENCIA O VENTAJA: **13 diferencia** ++: La selección española sub21 comenzó ayer a cumplir su objetivo de *enjugar* la diferencia de tantos con Bélgica... EME070695 **14 ventaja** ++: En los tres primeros tramos había *enjugado* la ventaja de Sainz y luego la incrementó hasta nueve segundos. LVE261095 **15 desventaja** +: Doohan está obligado a ganar las cinco próximas carreras si quiere *enjugar* la desventaja acumulada... EME120695 **16 distancia:** El voto inmigrante fue insuficiente para *enjugar* la distancia entre los partidos. EME080396 **17 desequilibrio:** ...para *enjugar* su desequilibrio presupuestario. EME171196 **18 desfase:** ...el vicepresidente económico (...) cumplirá este año el plan de convergencia en materia de déficit público tras *enjugar* el fuerte desfase presupuestario... EME301096

C SUSTANTIVOS QUE DENOTAN COSTE O APORTACIÓN, GENERALMENTE DE CARÁCTER ECONÓMICO: **19 coste** +: ...ha dedicado otros 330 millones de euros (...) a *enjugar* el coste de los planes de pensiones. EPE020999 **20 gasto** +: ...buena parte del gasto será *enjugado* gracias a los mayores ingresos... EPE151201 **21 presupuesto** +: ...hay bastante gente (...), pero no la suficiente para *enjugar* estos enormes presupuestos. EME120294 **22 cuenta:** ...no permite recurrir a esa vía para *enjugar* las cuentas públicas. EPE140700 **23 inversión:** ...éste le pidió un porcentaje sobre la contratación de obras municipales para *enjugar* su inversión política. LVE050395 **24 subvención:** ...cuyos ingresos *enjugarán* la menor subvención. EME140496 **25 ayuda** –: ...una ayuda adicional (...) a *enjugar* con la entrega de material de guerra usado. EPE310199

D SUSTANTIVOS QUE DESIGNAN DIVERSOS TIPOS DE AFLICCIÓN: **26 dolor** +: Desde el primer momento os volcasteis, abristeis vuestras casas y quisisteis *enjugar* el dolor... EME160896 **27 pena** +: ...al *enjugar* sus penas en el manido refugio del «síndrome de Estocolmo». EME251096 **28 nostalgia:** No sólo porque pueda *enjugar* la nostalgia con sus inversiones inmobiliarias (...), sino porque su relación con el universo, con el cosmos, es muy distinta a la habitual. EME230495 **29 soledad** –: Necesita un rincón (...) para *enjugar* su soledad. EPE170599

E SUSTANTIVOS QUE DESIGNAN ESTADOS DE DIFICULTAD O ADVERSIDAD, MÁS FRECUENTEMENTE LA DERROTA, EL FRACASO O EL CASTIGO RECIBIDO: **30 derrota** +: ...al intentar *enjugar* con lágrimas las derrotas. EPE250899 **31 fracaso** +: Oyendo cantar es la forma con que, muchas veces, celebró sus triunfos o *enjugó* los fracasos. EME140496 **32 varapalo:** El varapalo lo *enjuga* con su mujer y dos hijos... EME271096 **33 correctivo:** ...el correctivo encajado en pista gala (...) que no pudo ser *enjugado* en el Palacio de los Deportes. EME150296 **34 afrenta:** ...le van a hacer tragar quina hasta que *enjugue* semejante afrenta. EPE080299

F OTROS SUSTANTIVOS; POSIBLES USOS ESTILÍSTICOS: ...*enjuga* con dificultad su dolorosa imagen... EPE270499; ...*enjugar* el ansia de imaginación que padece la sociedad. EME290696; ...profesa una segunda fe (...) que *enjuga* el gusto general por el deporte... EPE120699

☐ Véase también: **cancelar, saldar.**

enjuiciar ♦ **con rigor, debidamente**[56]**, duramente, imparcialmente**[4]**, objetivamente, por el mismo rasero**[4]**, severamente**[39]**, subjetivamente**

☐ Véase también: **aquilatar, juzgar, medir, validar, valorar.**

enlace ♦ **aéreo, aeronáutico, armónico, comunicativo, comunitario, covalente, directo, duradero, efímero, especial, familiar, ferroviario, indirecto, indisoluble, informático, intercontinental, internacional, marítimo, matrimonial, militar, nacional, natural, oficial, parlamentario, permanente, perpetuo, químico, real, regio, secreto, sindical, subterráneo, telefónico, terrestre, urbano, viario** ♦ **punto (de), vía (de)** ♦ **consumar, disolver, efectuar, establecer, facilitar, formalizar, fortalecer, garantizar, perder, perdurar, romper, sellar, servir (de), tender**

☐ Véase también: **boda, conexión, nexo, puente, relación, vínculo.**

en la cuerda floja ♦ **equilibrio, negociación, paso, plan, proyecto, tanteo** ♦ **andar, caminar, encontrar(se), estar, hallar(se), trabajar,** ***sustantivos de persona***

en legítima defensa ♦ actuar, atacar, disparar, golpear, matar, reaccionar

en libertad ♦ animal, especie, voto, vuelo ♦ dejar, encontrar(se), moverse, poner, quedar, reproducir(se), salir, trabajar, vivir

en limpio ♦ dibujar, escribir, sacar
□ Véase también: **en sucio.**

en líneas generales *loc.adv.* ▮ Se construye a veces separado de la expresión a la que modifica mediante una pausa. Admite diversos adjetivos, más frecuentemente si denotan juicio positivo o aprobación *(bueno, excelente, espléndido, aceptable, correcto: una propuesta aceptable en líneas generales)* y –más raramente– también rechazo *(un artículo deplorable, en líneas generales).* Acepta también adjetivos que expresan coincidencia o similitud *(parecido, coincidente, similar: dos proyectos coincidentes en líneas generales).* Se construye asimismo con los adverbios *bien* y *mal* y con diversos verbos de lengua *(exponer, comentar, manifestar).* También se combina con...

A VERBOS QUE DENOTAN COINCIDENCIA O CONFLUENCIA DE DOS O MÁS COSAS: **1 coincidir ++:** Aunque *en líneas generales* el borrador y el texto final coinciden, después de la discusión quedó afuera un punto... CLA220199 **2 estar de acuerdo ++:** Keith Bowers estuvo de acuerdo *en líneas generales* con su colega español y añadió una nueva idea a lo dicho por él. EPE031299 **3 compartir ++:** Comparto *en líneas generales* la opinión del señor Angel Ferrer i Casals... LVE280495 **4 identificarse +:** El resto de los diputados son independientes que, *en líneas generales,* se identifican con la línea de Al Fatah. LVE230196 **5 corresponderse:** Los niveles actuales se corresponden *en líneas generales* con la presente situación cíclica de la economía... LVE151194

B VERBOS QUE DENOTAN OBSERVACIÓN DE UNA PAUTA, UNA NORMA, UN ACUERDO O UN COMPROMISO: **6 respetar +:** Si bien el acuerdo de alto el fuego se respeta *en líneas generales...* LVE070295 **7 cumplir +:** Las noticias que diariamente ofrecen las televisiones sobre el desarrollo de la campaña electoral no cumplen, *en líneas generales,* el fin que se les supone: informar al ciudadano... EME260595 **8 seguir +:** El magistrado seguirá, *en líneas generales,* el escrito de acusación del fiscal... EME280596 **9 ajustarse +:** Los sueldos fijados en este documento se ajustan, *en líneas generales,* a los criterios pactados en el año 1991... LVE050795 **10 mantener:** Esta evolución contrasta claramente con la mantenida, *en líneas generales,* durante el año anterior por el consumo energético. LVE210494 **11 asumir:** Esta pretensión forma parte de las conclusiones del Congreso de la Abogacía celebrado en La Coruña, que asumió *en líneas generales* el ministro de Justicia e Interior... LVE091195 **12 atenerse:** Los criterios de selección de los proyectos que surjan deben, *en líneas generales,* atenerse a nuevos negocios... LVE090396

C VERBOS QUE DENOTAN LA ACCIÓN DE OTORGAR VALIDEZ A UNA INFORMACIÓN O A UN HECHO: **13 confirmar +:** El decano señaló que la composición del gabinete «confirma *en líneas generales* la continuidad de la línea política y económica del gobierno». HOY070181 **14 ratificar:** ...confirmó íntegramente las denuncias (...) y ratificó *en líneas generales* las declaraciones de Planchuelo. EME190795 **15 corroborar:** ...las conclusiones previas del informe (...) corroboran, *en líneas generales,* el análisis del Banco de España. EME130194

D VERBOS QUE DENOTAN DISEÑO, ESBOZO O PLANIFICACIÓN DE ALGO: **16 trazar +:** En él hemos trazado *en líneas generales* los pasos que vamos a seguir para asegurar una mejor vida para todos los sudafricanos. EME040594 **17 establecer +:** El futuro Código Penal establece *en líneas generales* unas penas más suaves, aunque no en este caso. LVE011095 **18 configurar:** Las emisiones por satélite de ayer configuraron, *en líneas generales,* una antología y hasta un repaso histórico a sus doce años de vida... LVE110995 **19 esbozar:** ...el Sumo Pontífice esbozó *en líneas generales* las necesidades pastorales de Eslovenia... LVE180596 **20 dibujar –:** ...plan que dibuja *en líneas generales* por dónde debe ir la promoción del uso del euskera en el País Vasco... EPE111299

E VERBOS QUE DENOTAN ADQUISICIÓN O POSESIÓN DE INFORMACIÓN: **21 conocer +:** Según Baixauli, las instituciones públicas, Ayuntamiento de Valencia y Generalitat, conocen, *en líneas generales,* el perfil de esta reforma. EPE111299 **22 saber:** ...de forma que ambos sepan qué van a emprender por lo menos *en líneas generales...* LVE251296

F ALGUNOS VERBOS QUE DENOTAN OPOSICIÓN O RECHAZO: **23 prohibir:** Tienen prohibido, además, *en líneas generales,* contratar nuevas fuentes implicadas en abusos a los derechos humanos o en actividad criminal. CLA030397 **24 rechazar:** Los empresarios rechazan *en líneas generales* la posibilidad de construir nuevos puertos deportivos... LVE141196
□ Véase también: **a grandes rasgos, de pasada, vagamente.**

enloquecido ♦ ajetreo, aventura, carrera, deseo, dinámica, lucha, movimiento, pretensión, ritmo, trasiego, vida
□ Véase también: **ajetreado.**

enlutar(se) ♦ de pies a cabeza[8]

en mano ♦ llave ♦ cobrar, dar, entregar, llevar, ofrecer, pagar
□ Véase también: **en efectivo.**

en mantillas ♦ ciencia, idea, iniciativa, investigación, negocio, plan, proceso, propuesta, proyecto, reforma, tecnología

en masa *loc.adv./loc.adj.* ▮ Aparece en construcciones formadas con sustantivos contables en plural, o con no contables y colectivos en singular *(Los estudiantes entraron en masa; La gente entró en masa).* Se combina con muy diversos verbos de movimiento, especialmente si denotan huida o alejamiento *(huir, escaparse, fugarse, escabullirse),* así como presencia o manifestación *(llegar, regresar, acudir, ir, desplazarse, salir).* También se combina con los sustantivos deverbales derivados de ellas (*fuga, huida, escapada, llegada, regreso, asistencia)*, y con otros muchos sustantivos y verbos. Destacan entre ellos los...

A VERBOS QUE DENOTAN APOYO O ADHESIÓN: **1 votar ++:** Puede usted estar seguro de que si fuera candidato, la gente acudiría a votar *en masa.* LVE291295 **2 apoyar:** Los nórdicos le apoyaron *en masa* sin distinción apenas de grupos políticos. EME130795 **3 respaldar:** Los musulmanes respaldarán *en masa* al Partido de Acción Democrática (SDA)... EME140996 **4 volcarse:** ...los ciudadanos se han volcado *en masa* para contemplar la remodelación... LVE221295 **5 inclinarse:** ...los croatas se han inclinado *en masa* por la Unión Democrática Croata... EME160996

B VERBOS QUE DENOTAN PARTICIPACIÓN ACTIVA, A MENUDO EN ACCIONES CONTRARIAS A ALGO O A ALGUIEN: **6 participar +:** Villalobos debería llamar a los malagueños a que participen *en masa* en la manifestación del sábado... EPE030999 **7 manifestarse:** ...se manifestaron *en masa* en toda Francia para exigir un plan de ayudas de 2.000 millones de francos. LVE011295 **8 movilizarse:** La gente se moviliza *en masa* para escuchar su voz. EPE030699 **9 protestar:** ...el público de Madrid protestaría hoy *en masa* por sentirse víctima de un engaño. EPE290199

C VERBOS QUE DESIGNAN FORMAS EXTREMAS DE AGRESIÓN, MUY A MENUDO LAS QUE QUITAN LA VIDA: **10 asesinar +:** ...un tipo humano que se caracterizaría por asesinar *en masa* con una sangre fría propiciada por la apatía moral de una sociedad... ABC291093 **11 ejecutar:** El resto, incluido Zyad Jagic, fue masacrado, reventados a morterazos o capturados y ejecutados *en masa.* EME150996 **12 matar:** Aunque las focas sean responsables de algunas de las desgracias de los pescadores, no existe razón para matarlas *en masa...* EME090496 **13 violar:** Otros delincuentes la capturaron, eran takhures, una casta alta, y la violaron *en masa.* LVE030596 **14 exterminar:** Al parecer la humanidad está a medio cocer todavía y se extermina mutuamente *en masa* por etnias y creencias... EPE110499 **15 fusilar:** Dicen que los fusilaron *en masa* y los enterraron en una fosa. EME151195

D VERBOS QUE DENOTAN EXPULSIÓN O CESE: **16 despedir:** Hubo un tiempo en que despedir *en masa* era la mejor prueba de que los directivos habían metido la pata en exceso. EME030396 **17 deportar:** ...los chechenos, un pueblo de un millón de personas, ya fueron deportados *en masa* por Stalin... LVE280695 **18 expulsar:** ...la Italia fascista no expulsó *en masa* a sus talentos creadores... LVE020196

E VERBOS QUE DENOTAN RENUNCIA O DEJACIÓN: **19 desertar +:** Cuando Ziganda obtuvo su gol número 100 en Primera, los seguidores del Sporting desertaron *en masa.* EME181196 **20 abandonar +:** Miles de refugiados serbio bosnios se preparan a abandonar *en masa* sus hogares sarajevitas antes del 31 de enero... EME230196 **21 dimitir:** Los delegados han optado por dimitir *en masa* y presentar un informe a la Junta de Gobierno... CAN291100

F SUSTANTIVOS QUE DENOTAN HOMICIDIO O AGRESIÓN EXTREMA, GENERALMENTE RELACIONADOS CON LOS VERBOS DEL APARTADO *C*: **22 asesinato ++:** Con sus temibles purgas, sus deportaciones y sus asesinatos *en masa* se ganó un puesto en la historia al lado de Hitler. EPC190597 **23 ejecución ++:** Uno de los asesinos en serie más brutales de la guerra lo convirtió en un lugar público de ejecución *en masa.* EME200396 **24 matanza +:** Las matanzas *en masa* de soldados rusos han cundido entre los jóvenes y les han desesperado. EME201096 **25 violación:** Nunca en la historia de la Humanidad el genocidio, la violación *en masa*, la barbarie, habían sido detectados, contemplados... EME240396 **26 fusilamiento:** Para Stalin el problema no existía: lo que procedía era el fusilamiento *en masa* sin previo juicio. EME201195 **27 suicidio:** Israel: frustran ataques y suicidios *en masa.* CLA040199 **28 crimen:** Muchos que se dicen paladines de los derechos humanos se han hecho los distraídos frente al crimen *en masa* de jóvenes argentinos... LNP010497 **29 exterminio:** Ahora se cumplen 80 años del exterminio *en masa* que sufrieron en esos años, sobre todo en 1915. LVE020595 **30 masacre:** ...los generales argentinos (...) provocaron muchas más víctimas, por no evocar las masacres *en masa* de los jemeres rojos. EPE030199 **31 liquidación:** ...el «reichs-führer» de la SS (...) me dio personalmente la orden de que preparara en Auschwitz un lugar para la liquidación *en masa...* LVE270195

G SUSTANTIVOS QUE DENOTAN EXPULSIÓN, CESE O TRASLADO FORZOSO, A MENUDO RELACIONADOS CON LOS VERBOS DEL APARTADO *D*: **32 deportación +:** En este siglo, Europa ha visto muchas deportaciones *en masa*, genocidios y limpiezas étnicas. EPE050499 **33 despido +:** Los problemas económicos (...) están provocando despidos *en masa* en las grandes compañías. EPE141001 **34 expulsión:** ...termina un siglo dedicado a guerras de exterminio, expulsiones *en masa*, muertes innumerables. ABC021092 **35 evacuación:** Pero aquel día no hubo evacuaciones *en masa* ni tampoco sorpresas. LVE011095

H SUSTANTIVOS QUE DENOTAN RENUNCIA O DEJACIÓN, A MENUDO RELACIONADOS CON LOS VERBOS DEL APARTADO *E*: **36 deserción +:** ...el vacío de poder y el consiguiente desorden (...) puede provocar la deserción *en masa* de areneros militantes. ESH180996 **37 abandono +:** Lluvia desde el principio hasta el fin de la carrera, abandonos *en masa*, accidentes, salidas de pista y, sobre todo, pocos pilotos clasificados. EME030696 **38 dimisión:** ...la dimisión *en masa* del Ejecutivo comunitario oscureció más el negro futuro de la ZEC. CAN170599

I SUSTANTIVOS DE PERSONA QUE DESIGNAN AL QUE COMETE UN HOMICIDIO: **39 asesino +:** Es como el vecino de al lado, a quien vemos cariñoso con los niños y los animales, pero resulta ser un asesino *en masa.* LVE040594 **40 criminal:** «Si permitimos que las Naciones Unidas se conviertan en un refugio de genocidas o criminales *en masa*, estaremos traicionando los ideales que inspiraron la fundación de la ONU». EPE080499

J SUSTANTIVOS QUE DENOTAN PRODUCCIÓN O DISTRIBUCIÓN, GENERALMENTE INDUSTRIAL: **41 producción +:** La Compañía Ford Motor tuvo un papel histórico en el desarrollo de la producción *en masa...* LVE270995 **42 fabricación:** ...la comercialización de Internet es análoga a la fabricación *en masa* de los ordenadores personales hace algunas décadas... EME200895 **43 exportación:** ...fabricación acelerada de miles de vehículos utilitarios y su exportación *en masa* a otros países. INDOC

enmendar *v.* **I** Forma la locución verbal *enmendar la plana.* Se combina además con sustantivos que designan textos *(documento, verso, capítulo)* o el efecto de construirlos *(enmendar la redacción, una composición)*. También se combina con...

A SUSTANTIVOS QUE DENOTAN EQUIVOCACIÓN O DESACIERTO: **1 fallo** ++: Pasó apuros cuando tuvo que salir a *enmendar* un fallo de Sergi, y su despeje fue a parar a un delantero atlético. LVE080295 **2 error** ++: ...devolverle al pueblo el poder *enmendar* errores como haber elegido a estos señores. LNC161100 **3 equivocación** +: Ahora quieren *enmendar* la equivocación y, por el bien del deporte, ojalá Dios los ilumine y acierten. ETC210197 **4 defecto:** Exigimos a los demás la perfección, pero nosotros no *enmendamos* nuestros defectos. DYM201297 **5 anomalía:** ...le pidió al fiscal (...) adoptar los correctivos inmediatos para *enmendar* una serie de anomalías en los trámites de procesos asignados a fiscales regionales. ETC180497 **6 disparate:** Decía después que «sólo una rectificación del Supremo puede *enmendar* el disparate». LVE050796

B SUSTANTIVOS QUE DENOTAN NORMA O DECISIÓN NORMATIVA: **7 ley** ++: ...le solicitó que *enmendara* la ley vigente, para que fueran patrocinados eventos de artistas procedentes de Cuba comunista con fondos públicos... DLA141097 **8 precepto:** También propuso *enmendar* el precepto que propone reducir de dos años a 18 meses el tiempo de estancia en la Escuela Judicial... EPE290900 **9 sentencia:** Un juez de Ohio le dio la razón en primera instancia, pero luego el Tribunal Supremo *enmendó* la sentencia. LVE180595

C SUSTANTIVOS QUE DESIGNAN ESTADOS DE DIFICULTAD, PERJUICIO, ADVERSIDAD O CONFLICTO: **10 daño:** Ahora, el Foro El Salvador pone las cosas en su justo lugar: «ETA y sus cómplices deben pedir perdón, arrepentirse del daño hecho y adoptar el propósito de *enmendarlo*». EPE130699 **11 problema:** Una vez *enmendados* los problemas de oxidación que presentan como consecuencia del efecto del salitre marino, serán anclados nuevamente... EPE170399 **12 conflicto:** Hay demasiada informalidad y picaresca arraigadas para *enmendar* el conflicto con celeridad. LVE311096 **13 injusticia:** Decidió entonces, aconsejada por su abogada (...), luchar ante los tribunales para *enmendar* «esa injusticia». EME011195 **14 derrota** –: En la próxima jornada, los mahoneros repiten en casa ante el Pasajes, que quiere *enmendar* la derrota frente al Antzuola. EDV130301

D SUSTANTIVOS QUE DESIGNAN LO QUE SE PRESENTA COMO META U OBJETIVO: **15 propuesta:** Los nacionalistas *enmendaron* las propuestas de populares y socialistas y sacaron adelante un texto en el que reclaman... EPE091099 **16 proposición:** ...advirtió que su grupo *enmendará* la proposición en el trámite parlamentario... EPD160497 **17 plan:** Este documento, todavía no concluido, no *enmendará* el plan del Espanyol... LVE090196 **18 proyecto:** Los miembros de la Asamblea constituyente tendrán ahora tres meses para *enmendar* el proyecto... LVE070996

E SUSTANTIVOS QUE DENOTAN CÁLCULO O DESIGNAN SU RESULTADO: **19 presupuesto:** El PP *enmendará* los presupuestos para incluir obras en Castellón. EPE131199 **20 balance:** El tiempo dirá (...) si realmente está en vías de *enmendar* el magro balance empresarial... LVE030995 **21 recuento:** La Administración *enmendó* el recuento el pasado viernes: «Menos de una docena». LVE100295 **22 cifra:** ...trató de *enmendar* las cifras de escolarización que reflejan que durante el curso pasado... EPE070999 **23 cuenta** +: ...solo ha transcurrido un año y el ministerio tiene ya que *enmendar* sus cuentas. INDOC

F SUSTANTIVOS QUE DESIGNAN EL MODO DE CONDUCIRSE O COMPORTARSE UNA PERSONA: **24 comportamiento** +: Es inadmisible que se aplique la brutalidad para *enmendar* ciertos comportamientos que, en los locales donde se expenden bebidas alcohólicas, deberían ser comprensibles... EME250895 **25 actitud** +: «Es una cuestión de honor para *enmendar* mi actitud cobarde cuando era jugador», dijo Pelé. EME121196 **26 conducta** +: Hasta fines del 96 se daba tiempo para que el nuevo mandatario *enmendara* su conducta. VIS181297 **27 tendencia:** ...consideran que la libertad es peligrosa y sueñan con *enmendar* las tendencias planetarias a golpe de legislación. LVE180695

G OTROS SUSTANTIVOS; POSIBLES USOS ESTILÍSTICOS: La prisión puede *enmendarse*, no así la suspensión de la vida. LVE020996

□ Véase también: **corregir, paliar, rectificar, subsanar**.

en metálico ♦ **abono, cantidad, dinero, sueldo** ♦ **abonar, cobrar, dar, devolver, entregar, ingresar, pagar, recibir**

□ Véase también: **en efectivo**.

enmienda ♦ **aceptar, apoyar, aprobar, debatir, discutir, hacer, introducir, plantear, poner, presentar, promulgar, prosperar, rechazar, refundir**[4]**, revisar, votar**

en (mil) pedazos ♦ **caer(se), deshacer(se), destruir(se), estallar, explotar, partir(se), quebrar(se), romper(se), saltar, volar**

en {mis/tus/sus...} brazos ♦ **abandonar(se), acoger, apretar, arrojar(se), coger, echarse, estrechar, fallecer, lanzar(se), morir, recibir**

en mucho *loc.adv.* ▌Se combina con...

A VERBOS QUE DESIGNAN LA ACCIÓN O EL PROCESO DE PASAR O CRUZAR ALGÚN LÍMITE. POR EXTENSIÓN, TAMBIÉN CON OTROS QUE DESIGNAN ESTADOS DE PRIMACÍA O SUPERIORIDAD: **1 sobrepasar** ++: Los seis módulos de la Mir, llenos de paneles solares y antenas, sobrepasaron *en mucho* las expectativas originales de los ingenieros. CLA171100 **2 superar** ++: Estamos haciendo frente a un talante y a un movimiento que superan *en mucho* el nivel de los problemas y de las políticas y de los gobiernos que las propugnan. ABC020793 **3 exceder** ++: ...las cuotas exceden *en mucho* el 25 por ciento de los ingresos económicos del beneficiario previsto en las normas reguladoras. ACP071100 **4 desbordar:** ...recordemos que Arthur Miller sigue escribiendo todavía (y al menos políticamente su trayectoria desborda *en mucho* la de Fo)... EPD141097 **5 rebasar:** ...el cargo más poderoso del planeta, cuyas responsabilidades rebasaban *en mucho* su capacidad. LTB131296

B VERBOS QUE DENOTAN INCREMENTO, MEJORA O PROLIFERACIÓN DE ALGO: **6 aumentar** +: Tomando en cuenta el tiempo que demoran en conseguir locomoción, su salida de casa y el retorno a ella, aumenta, *en mucho*, las dos horas señaladas. HOY180385 **7 mejorar +:** Este salto mejora *en mucho* su última marca. INDOC **8 multiplicar:** ...los lectores de las primeras páginas de tan densa obra multiplican *en mucho* a los de la obra completa. LVE170695 **9 reforzar:** Su cuadro flamenco reforzaría *en mucho* un atractivo certamen de baccarat... EUV120996 **10 incrementar:** Parece un complemento pequeño, pero incrementa *en mucho* mi sueldo. IDOC

C VERBOS QUE DENOTAN DISTANCIA O DIFERENCIA: **11 diferir ++:** ...concepciones, estas últimas, que no difieren *en mucho* de las filosofías orientales y mesoamericanas. EXC230996 **12 alejarse:** La cifra contratada, tres millones de pesetas, se aleja, *en mucho*, de la dada por El Mundo. EME120495 **13 diferenciar(se):** En entrevista telefónica, Prueitt comenta que su sistema de purificación de aire no se diferencia *en mucho* del fenómeno natural... PME260197 **14 distinguir(se):** La empresa donó los uniformes de los jugadores, que no se distinguen *en mucho* de los que usan actualmente. PME190197 **15 distar:** ...lo cierto es que el estado presente dista *en mucho* del necesario. CLA080797

D VERBOS QUE DENOTAN SEMEJANZA ENTRE DOS O MÁS COSAS. TAMBIÉN CON OTROS QUE DESIGNAN ALGUNAS FORMAS DE PERCIBIRLA O PONERLA DE MANIFIESTO: **16 recordar ++:** El encuentro recordó *en mucho* al que se disputó la pasada temporada. EME060295 **17 parecerse +:** ...y seguramente se parecerá *en mucho* a la toma de control que también está por hacer Peugeot en Sevel. CLA110497 **18 asemejarse:** ...deleitar a los porteños con su alegría y el buen ritmo de sus coreografías que se asemejan *en mucho* a las famosas murgas brasileras. CLA110197 **19 coincidir:** ...se impide cualquier posibilidad de corresponsabilidad en la dirección diaria de aquéllos que no coinciden al 100% con Antonio Gutiérrez, aunque se coincida *en mucho* e importante. EME190396

E VERBOS QUE DENOTAN INFLUENCIA: **20 incidir:** Dentro de ese marco tratamos de aliviar al productor con rebajas en las dos primeras cuotas de la tasa vial, que seguramente no incidieron *en mucho* frente a las pérdidas... LNP211097 **21 influir:** Porque forzosamente estas luchas internas influyen *en mucho* en el desarrollo de una buena, sana y honesta administración. LVE020896 **22 afectar:** ...así se plantee claramente, sin alharacas confusionistas que *en mucho* afectan la seriedad... EUV150996

F VERBOS QUE DENOTAN VALORACIÓN: **23 estimar +:** Desde mis años infantiles he amado el estudio (...) estimaba *en mucho* la elocuencia y era un enamorado de la poesía... EME230396 **24 apreciar +:** Así que, como aprecia *en mucho* sus aficiones, fue ordenando su vida para complementarlas. EPE290399 **25 valorar +:** La exposición valora *en mucho* el trabajo de arquitectos como Francesc Mitjans... LVE030696

G ALGUNOS VERBOS QUE DENOTAN CAMBIO: **26 variar:** ...lo que es más importante, que el resultado electoral no ha variado *en mucho* sus criterios esenciales. EME050596 **27 cambiar:** ...el PRI ha cambiado *en mucho*, no solamente en su rostro, sino también en su interior. EXC011196

enojo

♦ **comprensible, creciente, explicable, injustificado, justificado, legítimo, lógico, súbito, visible** ♦ **en medio (de)** ♦ **cara (de), causa (de), gesto (de), grito (de), razón (de)** ♦ **abandonar, aflorar[13], apaciguar, aplacar(se)[9], atemperar[24], atribuir (a algo), aumentar, calmar(se), canalizar[55], causar (a alguien), demostrar, desviar, disimular, disipar, disminuir, encauzar, engendrar, entrar(le) (a alguien), evidenciar, evitar, exteriorizar, fingir, generar, incrementar(se), írse(le) (a alguien), manifestar, mostrar, ocasionar, ocultar, pasárse(le) (a alguien), producir (a alguien), provocar (a alguien), reprimir, sentir, sufrir, sumar(se) (a), superar**

□ Véase también: **cabreo, enfado.**

en oleadas

♦ **acudir, atacar, entrar, invadir, llegar, mover(se), propagarse, salir, venir**

enormemente

adv. ▌Admite muy diversos verbos de acción *(trabajar enormemente; viajar enormemente; leer enormemente)*, pero se combina especialmente con los que designan cambios de estado *(crecer, aumentar, ampliar, reducirse, descender, cambiar, modificar, alterar, evolucionar, mejorar, abaratarse, empeorar: La producción ha aumentado enormemente)*, y especialmente con...

A EL VERBO *AGRADECER*. TAMBIÉN CON OTROS QUE DENOTAN ADHESIÓN, PARTICIPACIÓN O INTERVENCIÓN ACTIVA EN ALGO, ASÍ COMO DIVERSAS FORMAS DE PRESTAR UN SERVICIO O UN FAVOR A ALGUIEN: **1 contribuir ++:** Si Cárdenas gana y gobierna bien, contribuirá *enormemente* a la transición mexicana... EPD040797 **2 agradecer ++:** Le agradezco *enormemente* su reacción, y la conversación que tuvo con Ana, mi mujer. EME220495 **3 facilitar ++:** El comprar las semillas, fertilizantes o maquinarias al banco, por medio de créditos otorgados por el mismo, facilitaba *enormemente* la operación. HOY010278 **4 ayudar +:** ...lo menos que puede hacerse es bajar la tasa de interés sobre los préstamos, con lo cual se ayudaría *enormemente* al sector productivo. ESH120597 **5 apoyar +:** ...sus lazos con Portugal y España son excelentes y el Gobierno está apoyando *enormemente* estas relaciones comerciales. EME090695 **6 favorecer +:** Evidentemente, una devaluación favorece, *enormemente*, a muchas de las empresas que cotizan en Bolsa y que son exportadoras. EME070395

B VERBOS QUE DESIGNAN LA ACCIÓN O EL PROCESO DE OBTENER UN PROVECHO: **7 beneficiar(se) ++:** El proyecto del genoma humano sin duda beneficiará *enormemente* el descubrimiento de oncogenes adicionales... ABC020493 **8 enriquecerse +:** Mientras tanto, los movimientos sociales van enriqueciéndose *enormemente*, pero sin encontrar una expresión política... DHE100297

C VERBOS QUE DESIGNAN LA PRESENCIA DE SENTIMIENTOS Y SENSACIONES SATISFACTORIAS, PLACENTERAS O GOZOSAS. TAMBIÉN CON OTROS QUE EXPRESAN LA ACCIÓN DE HACERLOS SENTIR A LOS DEMÁS: **9 disfrutar ++:** Además, creo que disfruta *enormemente* siendo sólo «la esposa» de la gira. CAR101197 **10 entretenerse +:** Yo lo he escuchado en el coche mientras iba de viaje y me he entretenido *enormemente* con el popurrí montado por Lalo Schifrin. ABC020994 **11 divertir(se) +:** ...llevó una vida a tono con su lema, vivió a lo grande, derrochó sin cuento, se divirtió *enormemente*... EPE140399 **12 gustar:** Un interesante contrapunteo entre el baterista y Michael Sadler –con un mágico instrumento en sus manos– gustó *enormemente* a los asistentes al Poliedro... EUV170498 **13 alegrar:** Ahora el nombramiento la ha trastocado y la ha «alegrado *enormemente*»... EME280696 **14 reírse:** Uno se ríe *enormemente* durante una hora y media –sigue Gérard–, pero el asunto es serio... CLA030797 **15 entusiasmar(se):** El proyecto, según declaraciones del propio artista, lo entusiasma *enormemente*. ENH110198 **16 tranquilizar +:** Tus palabras me tranquilizan *enormemente*. INDOC **17 ilusionar +:** Le ilusiona *enormemente* su nuevo trabajo. INDOC **18 animar +:** La chica guapa (Julia Roberts, convertida en una improbable experta de arte) tiene poco papel, pero anima *enormemente* la pantalla. EPE111201 **19 satisfacer +:** ...era algo que satisfacía *enormemente* a los sectores conservadores de la sociedad. LVE090195 **20 congratular:** Eso me congratula *enormemente*. LVE260596

D VERBOS QUE DESIGNAN LA ACCIÓN DE OBSTACULIZAR ALGO Y OTRAS FORMAS DE CAUSAR UN PERJUICIO FÍSICO O MORAL A ALGUIEN: **21 dificultar ++:** La zona central, en cambio, acumula mucha agua y barro, lo que dificulta *enormemente* el desarrollo del juego. ENC121200 **22 perjudicar +:** Pero mientras la Municipalidad busca más dinero a nosotros nos perjudicaría *enormemente*... LHG190700 **23 herir:** ...los socialistas están *enormemente* heridos por la «utilización bestial» y la «agresión indecente»... EPE281201 **24 cansar:** Me cansa *enormemente* tener que repetir todos los días las mismas explicaciones. INDOC **25 maltratar:** Se la ha maltratado *enormemente*. ABC130392 **26 molestar:** ...subrayó que les molesta *enormemente* que la inmensa mayoría de los navarros pasemos olímpicamente de ese tipo de elucubraciones falsas... DDN070101 **27 dañar:** Esta situación de indefinición, unida a la fuerte recesión que ha vivido la economía española, ha dañado *enormemente* la reputación de los altos ejecutivos con contratos blindados. EME240396

E VERBOS QUE DESIGNAN LA PRESENCIA DE SENTIMIENTOS DE INQUIETUD O MALESTAR EN DIVERSOS GRADOS. TAMBIÉN CON OTROS QUE EXPRESAN LA ACCIÓN DE HACERLOS SENTIR A LOS DEMÁS: **28 preocupar(se) +:** La «huida» del usuario hacia los motores movidos por gasóleo en busca de una mayor economía de uso está preocupando *enormemente* a los responsables del Ministerio de Hacienda... EME121196 **29 decepcionar +:** ...ya que el conjunto gallego venció ayer por 3-0 al Flamengo, en el que Romario decepcionó *enormemente*. EME180895 **30 inquietar(se):** ...nos inquieta *enormemente* que un partido que está en la cúspide de todas las instituciones ponga en tela de juicio esa norma de convivencia... LVE150495 **31 alarmar(se):** La valiente y feroz resistencia que presentaron los soldados nipones (...) alarmó *enormemente* al Estado Mayor norteamericano... EME010795 **32 asustar(se):** ...la intensidad y la ferocidad de la respuesta talibán asustó a todos *enormemente*... EPE051101

F VERBOS QUE DENOTAN PADECIMIENTO: **33 doler:** ...me dolería *enormemente* que algunos fieles pudieran llegar a pensar que tienen un obispo que no es digno de ser seguido en sus enseñanzas. LVE221095 **34 sufrir:** ...que gozaba ayudando a los pobres y sufría *enormemente* si éstos se lo agradecían. EME311295 **35 padecer:** De hecho, padecía *enormemente* escribiendo, sus manuscritos están llenos de tachaduras... LVE230795 **36 sentir:** La verdad es que sentimos *enormemente* la desaparición del hijo del presidente... EME151196

☐ Véase también: **infinitamente**.

en parábola ♦ disparo, lanzamiento, tiro ♦ disparar, lanzar, tirar

en paralelo ♦ avanzar, circular, correr, desarrollar, discurrir, instalar, ir, marchar, montar, mover(se), negociar, ocurrir, organizar, producir, seguir, trabajar, transcurrir, transmitir

en paz ♦ convivir, dejar, descansar, estar, quedar(se), trabajar, vivir

en pedazos Véase: **en (mil) pedazos**

en peligro ♦ encontrar(se), estar, hallar(se), poner (algo/a alguien), seguir, vivir

en persona *loc.adv./loc.adj.* ▌Aparece a menudo en construcciones atributivas en las que incide sobre sustantivos de persona, con frecuencia nombres propios *(Era Juan en persona)* o grupos nominales definidos *(Es el Rey en persona; Resultó ser mi tía Luisa en persona)*. En el sentido de 'personificado' aparece frecuentemente en construcciones atributivas modificando a sustantivos que designan muy diversas actividades y características humanas *(Pedro es la alegría en persona; Siempre fue cachazudo: la tranquilidad en persona)*. En el sentido de 'personalmente' se combina frecuentemente con verbos de lengua *(comunicar, decir, explicar, denunciar, entrevistar)* y también con numerosos verbos de acción *(Solucionó el problema en persona; El Pontífice recorrió todo el hospital en persona)*, pero destacan especialmente algunas combinaciones, en particular las que se forman con...

A VERBOS QUE DENOTAN ASISTENCIA O DESPLAZAMIENTO DE ALGUIEN A ALGÚN LUGAR: **1 asistir ++:** ...porque podrá asistir –*en persona* o a través de los medios de comunicación– a las deliberaciones públicas del jurado. EME201196 **2 acudir ++:** ...la característica más importante que debe cumplir un candidato es que pueda acudir *en persona* a la ceremonia de graduación. ENH120597 **3 presentarse +:** ...ya se han pagado, en metálico o por transferencia, 200 peticiones de pequeña cuantía (todas presentadas *en persona* en la oficina de la calle de Goya, 36). EPE030899 **4 aparecer:** También aparece, pero *en persona*, por algún interminable pasillo del hotel... CLA150199 **5 concurrir:** ...no ha revelado aún si piensa concurrir *en persona* –tiene hasta el verano para decidirse–, o si ha encontrado ya un candidato. EME090396 **6 desplazarse:** Si ya parece extraño que el propio presidente se tenga que desplazar *en persona*... EME210896 **7 venir:** Los padres tienen que venir *en persona* a recoger las notas de sus retoños. EME110296

B VERBOS QUE DENOTAN CONOCIMIENTO Y PERCEPCIÓN: **8 conocer ++:** Serviría para conocerlo *en persona* y hacerle preguntas. EXC120197 **9 ver ++:** Al menos siete de ellos la habían acompañado hasta el estudio, no se sabe si para asesorarla o para ver *en persona* a la diva de la televisión. CLA241097 **10 escuchar +:** ...antes de hacer nada, quiere escuchar hoy *en persona* a sus concejales melillenses. EPE050799 **11 contemplar:** ...decidió realizar un viaje a Londres para contemplar *en persona* el ambiente, los lugares frecuentados por quienes entonces lo eran todo para él: los Beatles y su música. EME090895 **12 descubrir:** ...piensa descubrir *en persona* el motivo que llevó a su hijo mayor a cometer el terrible crimen. EME021296 **13 percibir:** ...uno de los constructores llamados a declarar, percibió *en persona* un donativo de tres millones para financiar su campaña electoral en 1987. EDV270499

C VERBOS QUE DENOTAN DEMOSTRACIÓN O COMPROBACIÓN: **14 comprobar +:** ...forma parte de un programa de acceso al mercado laboral, comprobaba *en persona* cómo es eso de navegar por Internet. EME061196 **15 cerciorarse:** No hay más opción que ir a cerciorarse *en persona*, porque nuestro sufrido baloncesto... EME211096 **16 probar:** El presidente estadounidense, (...), quiso probar *en persona* los efectos de la remodelación acústica... EPD291097 **17 verificar:** Una vez lo verifiqué *en persona*, y lo escuché: es cierto que escribió Pedro Páramo... EPE270299

D VERBOS QUE DENOTAN CONTROL, PARTICIPACIÓN ACTIVA Y OTRAS FORMAS DE HACERSE CARGO DE ALGÚN ASUNTO, APOYARLO O PROMOVERLO: **18 controlar +:** Yeltsin controlará *en persona* estas medidas antiterroristas. EME130796 **19 dirigir +:** ...y el ministro *en persona* dirigió en Navidades la operación de liberación del Airbus de Air France. LVE240395 **20 encargarse +:** ...melómano confeso, se suele encargar *en persona* de invitar a estos artistas. EPE201101 **21 ocuparse +:** El comisario *en persona* ocupó el lugar de uno de ellos, y perdió tres mil francos en pocos minutos. EME200895 **22 supervisar:** ...supervisó *en persona* el registro de diversas oficinas en la sede de HB... EPE140900 **23 asumir:** Él ha asumido *en persona* la responsabilidad de aumentar el número de camas... EPE280700 **24 garantizar:** ...Mladic les garantizó *en persona* que no tenían nada que temer... EME190795 **25 intervenir:** ...con posibilidad de intervenir *en persona*, mediante un plus, en el socorro o aprehensión de los ilegales... EPE270800 **26 impulsar:** ...«descolgó ayer por la mañana el teléfono para impulsar *en persona* los contactos». EME130396

E VERBOS QUE DENOTAN ATENCIÓN Y OTRAS MANIFESTACIONES DE CORTESÍA O TRATO AMABLE QUE ES NORMAL DISPENSAR A LOS DEMÁS: **27 recibir +:** ...viajó ese día a Teherán con la intención de recibir *en persona* a los liberados. EPE010999 **28 atender +:** ...vendrá próximamente a Girona para atender *en persona* las quejas de los gerundenses. LVE091196 **29 acompañar:** ...«había acompañado *en persona* a Asunción a La Moncloa y que el presidente del Gobierno les había dado el visto...». EME161095 **30 disculparse +:** ...se disculpó *en persona* cuando visitó a Sue Edwards, quien saldrá de prisión en un mes. EME290494 **31 saludar:** ...una cola de varios metros de invitados que se formaron para saludar *en persona* al presidente... CLA140199

F VERBOS QUE DENOTAN LA ACCIÓN DE HACER LLEGAR ALGO A ALGUIEN O CAMBIARLO DE UBICACIÓN, ESPECIALMENTE SI SE PONE EN MANOS DE OTRA PERSONA: **32 entregar +:** ...se hubiese desplazado a Suiza para entregar *en persona* parte del dinero que éstos aseguran haber recibido. EME100195 **33 llevar +:** El director del museo, José Guirao, ha llevado *en persona* el peso de la negociación... EME150396 **34 recoger +:** ...ha mostrado su disposición a recoger *en persona* –con resignación cristiana– la dudosa distinción de la que es sujeto. FDV210601 **35 depositar:** ...depositará *en persona* hoy la fianza de 126 millones de pesetas para que salga de prisión su hijo... DDN110101 **36 traer:** ...le devolvería a Mario esa misma cantidad a razón de mil dólares mensuales, que le traería Alejo *en persona*... ABC131192

☐ Véase también: **en carne y hueso.**

en picado ♦ **bajar, caer, descender, lanzar(se), tirar(se)**

en precario ♦ **construcción, contrato, empleado, empleo, investigador, trabajador, trabajo, vivienda** ♦ **construir, contratar, edificar, emplear, gobernar, trabajar, vivir**

en primera línea *loc.adv./loc.adj.* ▌Las expresiones *en primera línea (de playa)* o *en primera línea (de mar)* se combinan con sustantivos que designan viviendas *(piso, hotel, casa, apartamento)*, con los verbos *construir* y *edificar* y con otros que denotan ubicación *(estar, situar(se), colocar(se), encontrarse)*. Con el sentido de 'en el frente bélico' admite sustantivos de persona que designan a los combatientes *(un batallón de reservistas en primera línea)*, así como con los verbos que denotan ubicación ya mencionados. También se combina con...

A VERBOS QUE DENOTAN ENFRENTAMIENTO, DEFENSA O PROTECCIÓN: **1 combatir ++:** ...unas fuerzas que se resienten por pertenecer a un Ejército en caída libre que pone a reclutas de 17 años a combatir *en primera línea*. EME011195 **2 batallar +:** ...algunos de los generales que batallaron *en primera línea* fueron sacrificados en puestos más o menos dignos. EME301296 **3 luchar +:** ...y se despidieron de su padre, que prefirió luchar *en primera línea* de guerra, y eligieron refugiarse en Londres (Reino Unido) porque tenían varias amigas. EPE120499 **4 defender +:** Y en este flanco, defendido *en primera línea* por los franceses, se alinearán otras muchas fuerzas... EPD290797 **5 enfrentarse:** Chacho se integra en un cuerpo revolucionario de mineros, los de la revuelta del 34, comandados por Mamel, el héroe, un zapatero de Sama de Langreo que se enfrenta *en primera línea* a los rebeldes del general Aranda. EME090494 **6 escoltar:** De entrada, el bajista José Luis Yagüe, el guitarra Enrique García y el teclista Mariano Díaz, que escoltarán *en primera línea* la actuación de Larry Martin. EME061096 **7 vigilar –:** Vigilaron *en primera línea* miles de kilómetros de frontera cuando el comunismo soviético parecía un peligro mortal para Occidente. EME250796

B VERBOS QUE DENOTAN PRESENCIA, PARTICIPACIÓN O INTERVENCIÓN: **8 presenciar ++:** De esta manera, ayer pude presenciar *en primera línea* la salida de la mayoría de los participantes en el prólogo del Tour. EME300696 **9 participar +:** Su incursión en la vida política del País Vasco le daría la oportunidad de participar *en primera* *línea* en el proceso de desarrollo autonómico... EPE051299 **10 protagonizar +:** The Busters hurgan en un interesante y fresco pasado; The Specials, no sólo lo protagonizaron *en primera línea*, sino que miran hacia adelante. LVE100795 **11 asistir +:** ...Susanna vivió en Quito, donde tuvo la oportunidad de asistir *en primera línea* a la gran marcha de indígenas sobre la capital, en enero de este año. EPE140800

C VERBOS QUE DENOTAN CONTINUIDAD O PERMANENCIA EN UN LUGAR O UN ESTADO: **12 seguir ++:** ...ya que el CERN cuenta con dos opciones para seguir *en primera línea*. ABC120393 **13 continuar +:** Europa no puede bajar la guardia en la carrera espacial y, por lo tanto, debe de seguir adelante si quiere continuar *en primera línea* del mercado. EME090696 **14 mantenerse:** El percance hipotecó sus opciones de mantenerse *en primera línea*, aunque finalmente el resultado fue positivo al situarse en la segunda. LVE210595 **15 quedarse:** Los Buturovic, una familia acomodada de Sarajevo, decidieron quedarse *en primera línea* porque pensaron que la guerra terminaría en «unos cuantos días». EME301295

D OTROS VERBOS; POSIBLES USOS ESTILÍSTICOS: Con un poco de suerte habrán sabido también que Ainhoa Arteta vibró *en primera línea* y con dorados ritmo y musicalidad... EPE220199

en profundidad ♦ análisis, ataque, balón, cambio, crítica, debate, diálogo, discusión, encuentro, entrevista, estudio, exploración, investigación, lanzamiento, limpieza, negociación, pase, reforma, revisión, valoración ♦ abordar, analizar, cambiar, comprender, conocer, criticar, debatir, dialogar, discutir, entender, estudiar, examinar, explorar, implicarse, inspeccionar, investigar, lanzar, modificar, pasar, reflexionar, reformar, renovar, revisar, tratar

☐ Véase también: **profundamente**.

en punto ♦ hora ♦ dar la hora, llevar el reloj

en punto muerto *loc.adv.* ▮ Se construye generalmente con el verbo *estar* y con varios verbos semicopulativos *(encontrarse, quedar, seguir, hallarse, dejar, poner)*. En su sentido literal se combina con sustantivos que designan vehículos o ciertas partes de ellos *(coche, motor, caja de cambios)*. En su sentido figurado se combina con sustantivos que designan textos y obras de creación de naturaleza lineal *(novela, composición musical, tesis: Dice que tiene la tesis en punto muerto)*, y también con...

A SUSTANTIVOS QUE DENOTAN ACCIÓN CONCERTADA. TAMBIÉN CON OTROS QUE DESIGNAN PROCESOS DE INTERCAMBIO DE OPINIONES O INTERESES DIRIGIDOS A ALCANZAR UN ACUERDO O RESOLVER UN ASUNTO: **1 negociación ++:** Esas negociaciones, *en punto muerto* al menos hasta que se celebren las elecciones locales y autonómicas... EPE220299 **2 conversación ++:** ...el sector ha señalado ya que recrudecerá sus protestas a la vista de que las conversaciones están *en punto muerto*... EME220895 **3 diálogo +:** También señaló que no habrá solución sin un diálogo, *en punto muerto* desde 1994. EME160896 **4 proceso de paz:** ...puede poner en peligro todo el proceso de paz entre árabes e israelíes, que de hecho se encuentra *en punto muerto* desde la llegada al poder... EME021296 **5 reunión:** ...no ha convencido a una gran parte de las asociaciones empresariales afiliadas, ya que las reuniones con los sindicatos siguen *en punto muerto*. LVE121296 **6 debate:** ...el debate quedó *en punto muerto* y desde entonces está atascado. EPE150199 **7 discusión:** Las discusiones sobre el protocolo que regulará en todo el mundo el tráfico de organismos (...) transgénicos se encontraban ayer *en punto muerto*... EPE210299

B SUSTANTIVOS QUE DESIGNAN DIVERSAS FORMAS DE UNIÓN, ASOCIACIÓN O COMPROMISO: **8 relación +:** Las relaciones entre ambas instituciones entraron *en punto muerto* en ese preciso instante. EME180596 **9 alianza +:** Fuentes solventes aseguran que (...) ha dejado *en punto muerto* su alianza con (...) para acercarse a Canal Plus... EME111096 **10 convenio +:** El convenio colectivo de la empresa está actualmente *en punto muerto*. EME210294 **11 pacto:** ...han dado un impulso al pacto que firmaron en febrero y que llevaba varios meses *en punto muerto*. EPE070700 **12 concertación:** La Concertación Social entra *en punto muerto*. DHE050297 **13 matrimonio:** Tras muchos meses de terapia, el matrimonio entró *en punto muerto*, y los amigos cercanos a la familia se temieron lo peor. INDOC

C ALGUNOS SUSTANTIVOS QUE DENOTAN INDAGACIÓN O AVERIGUACIÓN: **14 investigación +:** Tras la liberación de los dos únicos detenidos en la causa, (...), la investigación pareció quedar *en punto muerto*... LNP050297 **15 pesquisa:** Las pesquisas para aclarar el crimen estuvieron *en punto muerto* hasta que un policía burgalés reunió el pasado septiembre suficientes indicios... EPE061199

D SUSTANTIVOS QUE DENOTAN INTENCIÓN O DESIGNIO DE OBTENER ALGO O DE LLEVARLO A CABO. TAMBIÉN CON OTROS QUE EXPRESAN LA DISPOSICIÓN DE LAS ACCIONES NECESARIAS PARA CONSEGUIRLO: **16 proyecto +:** El proyecto, presupuestado en unos 160.000 millones de pesetas, está *en punto muerto* desde hace 10 años. EPE150599 **17 plan +:** El plan de paz está *en punto muerto* y las batallas diplomáticas podrían dejar paso a las militares. EME111196 **18 iniciativa:** La iniciativa trata de continuar de alguna forma la experiencia (...) que había quedado *en punto muerto* ante la decidida apuesta. EPE160299 **19 expectativa:** «Todas las expectativas de democratización que se obtuvieron el primero de enero de 1994 se encuentran actualmente *en punto muerto*...». PME080996

E SUSTANTIVOS QUE DENOTAN EVOLUCIÓN, DESARROLLO O PROGRESO EN DISTINTAS FORMAS: **20 recuperación +:** Jordi seguirá haciendo reposo absoluto y su recuperación continuará *en punto muerto* hasta principios de año. LVE061295 **21 crecimiento +:** El crecimiento urbanístico de Sarrià de Ter se encuentra *en punto muerto*. LVE190996 **22 ampliación:** La ampliación de la pinacoteca ha quedado de momento *en punto muerto*, tras quedar desierto el polémico concurso... EME011096

F SUSTANTIVOS QUE DESIGNAN ACTUACIONES DE CARÁCTER ADMINISTRATIVO, MÁS FRECUENTEMENTE LA CONTRATACIÓN: **23 contratación +:** La contratación del portero del Oporto y de la selección portuguesa, Vitor Baia, se encuentra *en punto muerto*... LVE150696 **24 fichaje +:** El fichaje del defensa Julio César quedó ayer *en* *punto muerto.* EPE210799 **25 gestión +:** ...las gestiones para conseguir la apertura de las rutas que se cruzan en el aeropuerto de Sarajevo (...) siguen *en punto muerto.* LVE170195 **26 renovación:** Sus compañeros de junta aprovecharon la sentencia (...) para dejar *en punto muerto* las renovaciones de algunos jugadores como Jordi. EME201295

G SUSTANTIVOS QUE DENOTAN ENFRENTAMIENTO O DESIGNAN OTRAS SITUACIONES DE CONFLICTO, DIFICULTAD O ADVERSIDAD: **27 batalla +:** La batalla por el Valle de Panshir (...) parece estar *en punto muerto.* EME081096 **28 guerra:** La guerra por el control de la zona de tránsito se encuentra *en punto muerto* a la espera de los resultados de las negociaciones. INDOC **29 crisis:** ...se reunió ayer con sus principales consejeros de política exterior para tratar de la crisis de Irán, que se encuentra *en punto muerto.* EPE150380 **30 problema:** El problema de Crimidesa volvió a entrar *en punto muerto* debido a que la empresa, que en un primer momento aceptó la readmisión... EPE030181

enrarecer(se) *v.* ▌ Se combina con algunos sustantivos que designan diversos procesos *(proceso, negociación, conversación)* y también con...

A EL SUSTANTIVO *AIRE*, EMPLEADO EN SENTIDO FÍSICO O EN EL FIGURADO, ASÍ COMO CON OTROS QUE DENOTAN SITUACIÓN O CONJUNTO DE CONDICIONES CIRCUNDANTES: **1 aire ++:** De pronto, mi bisabuelo se dio cuenta de que el aire se *enrarecía* y de que había menos oxígeno. EME160194 **2 ambiente ++:** Creo más bien que son personas que buscan *enrarecer* el ambiente en la víspera de las elecciones de octubre. PME070796 **3 atmósfera +:** Pienso que la razón de esta medida es el producto de la combustión, (...) ya que puede *enrarecer* la atmósfera del local. LVE180996 **4 clima +:** Japón vuelve a reclamar una solución pacífica a la crisis de los rehenes, mientras extraños atentados *enrarecen* clima político. CAP200397 **5 situación +:** Los atentados del 11 de septiembre y los bombardeos sobre Afganistán han contribuido a *enrarecer* la situación. EPE171001 **6 panorama +:** El panorama se *enrarece* aún más cuando se publican denuncias de enriquecimiento ilícito del comandante... EPE180900

B SUSTANTIVOS QUE DENOTAN VÍNCULO ENTRE DOS O MÁS PERSONAS, GRUPOS O INSTITUCIONES, GENERALMENTE DE CARÁCTER AMISTOSO: **7 relación ++:** ...mientras que se *enrarecieron* las relaciones entre Lima y Montevideo a consecuencia de la excarcelación en Uruguay de dos presuntos miembros de esa banda armada. LTB261296 **8 amistad:** La amistad entre los dos jóvenes era franca, abierta y sincera, pero se fue *enrareciendo* a medida que pasaban los años. INDOC **9 compadreo:** En las cimas de la desesperación de ese barco en trance de naufragio se recrudece la guerra de dossiers y *enrarecen* los compadreos entre gobernantes... LVE010396 **10 alianza:** ¿Pueden estos desencuentros *enrarecer* la alianza entre socialistas y Nueva Izquierda? EPE050299

C ALGUNOS SUSTANTIVOS QUE DENOTAN CONFLICTO O ENFRENTAMIENTO INCRUENTO: **11 debate +:** «sólo le interesa esta campaña para *enrarecer* el debate político y seguir pidiendo elecciones generales anticipadas». LVE120595 **12 polémica:** La agria respuesta del representante acabó por *enrarecer* aun más la polémica que se arrastraba desde hacía semanas. INDOC **13 enfrentamiento:** El enfrentamiento electoral, ya de por sí virulento, se veía *enrarecido* por el recuerdo... LVE010396

D ALGUNOS SUSTANTIVOS QUE DESIGNAN SISTEMAS O ACTIVIDADES ECONÓMICAS: **14 mercado +:** Pronostican que en las próximas sesiones, el mercado alcance nuevos máximos, sin que se *enrarezca* el mercado. EXC020496 **15 bolsa +:** La Bolsa de París sigue muy *enrarecida* por los problemas sociales que afectan al país... LVE141295

E OTROS SUSTANTIVOS; POSIBLES USOS ESTILÍSTICOS: ...los hechos de violencia que nublaban y *enrarecían* el horizonte... PME131096

☐ Véase también: **deteriorar(se)**.

en rebeldía *loc.adv.* ▌ Se usa muy frecuentemente con los verbos semicopulativos *encontrarse, hallarse, seguir* y *permanecer.* También se combina con...

A VERBOS QUE DENOTAN LA ACCIÓN DE ENJUICIAR, CONDENAR O SENTENCIAR A ALGUIEN: **1 condenar ++:** ...pesa una orden internacional de busca y captura dictada por el Tribunal Supremo, que le condenó *en rebeldía* en 1989 por pertenencia a banda armada. LRE060103 **2 declarar ++:** Ayer, a última hora de la noche, el gobierno de Río Grande del Sur se declaró *en rebeldía* frente al gobierno federal. CLA150199 **3 juzgar ++:** ...señala que en caso de no acudir al juicio político, los diputados procederán a juzgarla *en rebeldía.* DHE290197 **4 procesar +:** ...se encuentra procesado *en rebeldía* en el sumario instruido por el juez Carlos Bueren tras el descubrimiento del zulo de la fábrica Sokoa en 1986. LVE230396 **5 inculpar:** En ningún caso se puede juzgar a los inculpados *en rebeldía*, es decir, sin estar presentes en la vista. EPE280599 **6 dictar:** ...que preste las garantías necesarias para una posible impugnación de la sentencia condenatoria dictada *en rebeldía.* EPE120700

B OTROS VERBOS; POSIBLES USOS ESTILÍSTICOS: ...siguiendo la jurisprudencia del Tribunal Europeo de Derechos Humanos (TEDH) en materia de juicios penales celebrados *en rebeldía.* EPE310899

en recompensa ♦ **lograr, obtener, ofrecer, recibir**

en reconocimiento (de) ♦ **carrera, fidelidad, labor, mérito, obra, servicio, trayectoria**

enredar(se) (en) *v.* ▌ Se contruye a veces con la preposición *entre* en lugar de con *en.* En su sentido físico se combina con sustantivos que designan objetos que pueden presentarse revueltos, liados o enmarañados por su longitud o su forma *(cable, pelo, hilo, zarza).* En su sentido figurado se combina con...

A SUSTANTIVOS QUE DESIGNAN COSAS O LUGARES DE DIFÍCIL ACCESO O DE NATURALEZA CAÓTICA, CONFUSA, DIFICULTOSA O ENREVESADA. SE EMPLEAN MUY A MENUDO EN SENTIDO FIGURADO: **1 maraña ++:** ...se *enredó* en tal maraña de justificaciones que nos invitó a sólo tomar por cierto lo que vimos y oímos en un inicio... CAP220900 **2 lío ++:** Entonces estos dijeron hay que parar a Mario Galdámez y fue que me *enredaron* en este lío de la financiera. ESH220797 **3 hilo +:** No Fausto que busca el poder y pierde el alma sino la araña sutil *enredada* en sus hilos finísimos. ABC291191 **4 laberinto:** El equipo falló demasiados pases, no se lanzó a la aventura del gambeteo y se *enredó* en el primario laberinto de la selección chipriota. EME070995 **5 red +:** Según cuenta Luis Almonacid en el último tiempo han muerto muchos lobos, sobre todo *enredados* en las redes antilobos de las balsas-jaulas... LEC160397 **6 trama +:** El filme narra la historia de un joven policía oriental *enredado* en una trama de narcotráfico... EME090995 **7 telaraña:** El Deportivo se *enredó* entre la telaraña extremeña y no encontró el modo de liberarse. EPE130699 **8 galimatías:** El viceministro Julio González se *enreda* en sus propios galimatías... LPH070497

B SUSTANTIVOS QUE DENOTAN ENFRENTAMIENTO, GENERALMENTE DE NATURALEZA VERBAL Y A VECES VIOLENTA: **9 pelea ++:** Los dos banquillos se *enredaron* en una pelea a cuatro minutos del final provocada por un puñetazo del canadiense McKay sobre Herreros. LVE010794 **10 discusión ++:** «Una de las cosas que quiero evitar (...) es que la gente se *enrede* en discusiones interminables sobre la ciencia y la no ciencia...». EME080495 **11 disputa +:** Andaba por allí, desterrada de sus partidarios y familiares, doña Isabel II, *enredada* en las disputas entre los herederos de doña Cristina de Borbón. EPE110199 **12 refriega +:** ...se *enredaron* en una compleja y estruendosa refriega a cuenta de si los animales tenían alma o algún grado de inteligencia. EPE190799 **13 polémica:** Me tiene sin cuidado, y no pienso hacerles el juego *enredándome* en una polémica sin sentido y escamoteadora de la verdad. EUV300696 **14 conflicto:** ...sigue con la historia de sus hijos, que se *enredan* en todos los conflictos creados por la barbarie humana durante los últimos 100 años. SEM031096 **15 bronca:** ...se ha pintado sólo para *enredarse* en broncas ajenas... PME120197

C SUSTANTIVOS QUE DENOTAN RELACIÓN O VÍNCULO AFECTIVO ENTRE DOS O MÁS PERSONAS. TAMBIÉN CON OTROS QUE DESIGNAN LOS SENTIMIENTOS QUE CORRESPONDEN A ESOS ESTADOS: **16 amor:** Los productores querían historias sobre mujeres sofisticadas, cultas y modernas, *enredadas* en complicados amores y disquisiciones dignas del psicoanalista argentino más afamado. EPE010399 **17 alianza:** «De momento, no quiero *enredarme* en alianzas para las autonómicas», afirmó. EPE150699 **18 amistad:** Se *enredó* en una amistad complicada, que le trajo muchas cavilaciones. INDOC

D SUSTANTIVOS QUE DESIGNAN HECHOS DE DIFÍCIL EXPLICACIÓN Y DE NATURALEZA IRRACIONAL: **19 misterio +:** La novela nos *enreda* en un misterio de criminales e investigadores en el que deja de saberse quién persigue a quién. INDOC **20 magia:** ...el público de los recitales que se *enredan* en la magia de esos textos que transitan desde la historia de la cebolla hasta el fin del mundo. EPE090199 **21 incógnita:** ...*enredado* como estaba en la difícil incógnita de cómo orientar su vida profesional. INDOC **22 enigma:** Sentada frente a las rocas, que se compilan en una formación de 25 mts. de altura, no dejo de *enredarme* en el enigma: ¿De dónde habrá salido una belleza tan majestuosa, que es capaz de dejarnos sin habla? ESH061000

☐ Véase también: **enfrascarse (en), enzarzarse (en), involucrar(se) (en), meter(se) (en).**

enredo ♦ **amoroso, complejo, confuso, enmarañado, intrincado, mayúsculo[34], monumental, policíaco, político, sentimental** ♦ **en medio (de)** ♦ **armar, capear[10], causar, desbrozar[4], deshacer, formar(se), meter(se) (en)[11], montar, originar, resolver, salir (de), salir a la luz[13], solucionar, tejer[26], urdir[16]**

☐ Véase también: **berenjenal, cisco, desbarajuste, desorden, embrollo, follón, lío, maraña, ovillo.**

en redondo *loc.adv.* ▮ En el sentido de 'circularmente' se combina con los verbos *girar* y *virar*, así como con la locución verbal *dar la vuelta*. Lo hace asimismo en el lenguaje taurino con los verbos *torear* y *citar*. En el sentido de *rotundamente* se combina con...

A VERBOS QUE DENOTAN RECHAZO O NEGACIÓN: **1 negar(se) +:** ...puede ser muy positivo y negarse *en redondo* significa que hay una voluntad política de que la Constitución se siga aplicando... FDV100599 **2 rechazar +:** Chirac rechaza *en redondo* reunirse con el «estado mayor» de Balladur. LVE270495 **3 descartar:** ...va a presionar para que se convoquen nuevas elecciones legislativas, algo que Chirac ha descartado *en redondo*. EME090595 **4 oponerse +:** Sin embargo, mi familia se oponía *en redondo*. EME300895

en regla ♦ **contrato, documentación, licencia, papel, pasaporte, permiso, solicitud, trámite,** *otros sustantivos que designan documentos*

enrevesado *adj.* ▮ Puede aplicarse a las personas *(personaje, novelista)*. Habitualmente se combina con...

A SUSTANTIVOS QUE DESIGNAN COSAS DE CONTEXTURA COMPLEJA Y, POR EXTENSIÓN METAFÓRICA, NOCIONES CARACTERIZADAS GENERALMENTE POR SU COMPLEJIDAD, SU CONFUSIÓN O SU INNECESARIO ARTIFICIO: **1 embrollo ++:** Un *enrevesado* embrollo judicial pone a la familia Medina al borde del desahucio. LVE110195 **2 rompecabezas +:** ...la intervención de factores ambientales y la incertidumbre (...) convierten la cuestión en un *enrevesado* rompecabezas. ABC100295 **3 caos +:** ...emocionante ver el juego geométrico con que Scola dibuja con tiralíneas el *enrevesado* caos... EPE020488 **4 lío:** ...un *enrevesado* lío de términos que en el fondo recubren la misma noción. INDOC **5 entramado:** El *enrevesado* entramado familiar y político que rodea la historia del pequeño... EPE081299 **6 urdimbre:** ...y esa urdimbre es más *enrevesada* y espesa cuanto mayor es la antigüedad de sus instituciones. EME110995 **7 madeja:** ...va tirando del hilo de una *enrevesada* madeja por la que desfilarán el presente y el pasado... LVE141196 **8 maraña:** ...da recios frutos ante la perpleja esterilidad del cine-escaparate procedente de *enrevesadas* marañas financieras. EPE100599 **9 entresijo:** ...ha sido testigo de sus más *enrevesados* entresijos. EPE261299 **10 mezcla:** Motivo oculto: una *enrevesada* mezcla de intereses... LVE050295 **11 laberinto:** ...podía circular libremente por cualquier punto de este *enrevesado* laberinto que es la ciudad rodante del Tour. EME300696

B SUSTANTIVOS QUE DENOTAN PROBLEMA O SITUACIÓN DIFICULTOSA: **12 problema ++:** ...se limitó ayer a un amable debate académico sobre los *enrevesados* problemas de las finanzas locales en España... LVE200696 **13 obstáculo:** ...la familia entera le reconoce su don para hendir su eficiente inteligencia sobre los más *enrevesados* obstáculos. EPE310800 **14 dificultad:** El desarrollo de estos imanes se enfrenta a *enrevesadas* dificultades tecnológicas. ABC240694 **15 crisis:** Lo ha visto manejar las más *enrevesadas* crisis, como la de los balseros o la de las avionetas. EPE130699

C SUSTANTIVOS QUE DESIGNAN UNIDADES DE INFORMACIÓN O COMUNICACIÓN, GENERALMENTE DE NATURALEZA VERBAL, ASÍ COMO ESTILOS, GÉNEROS, OBRAS DE CREACIÓN Y ALGUNOS DE SUS COMPONENTES Y SOPORTES: **16 texto ++:** ...que ha tenido que vérselas con un texto *enrevesado* y que ha salido victoriosa. EME160494 **17 pregunta ++:** ...con las otras dos famosas premisas previas a la *enrevesada* pregunta que se nos endosó... EME150696 **18 estilo ++:** Para quienes conocen la política boliviana (...) no es nuevo ni extraño este estilo *enrevesado.* HOY250484 **19 lengua +:** La *enrevesada* lengua de Goethe será simplificada, para alivio de alemanes y extranjeros. LVE021295 **20 frase +:** El juez (...) señalaba en su fallo que en el caso de Pablo Luis no había habido falta de estafa. Una *enrevesada* frase jurídica le exculpaba... EME091095 **21 mensaje:** Éste era el mensaje –críptico, *enrevesado* y en un mal castellano– que contenían las tres cartas bomba enviadas el lunes... EPE130699 **22 lenguaje:** Las matemáticas tienen un lenguaje *enrevesado.* LVE080795 **23 discurso:** ...sino que largó un *enrevesado* discurso sobre la evolución política y urbanística de la ciudad... LVE010396 **24 poema:** Y estoy hablando sólo de América, del cine comercial (...), no del *enrevesado* poema de un autor europeo con vocación minoritaria. EPE020399 **25 novela:** Hay novelas policiacas *enrevesadas* y las hay psicológicas. LVE060295 **26 película:** ...repitiendo sus *enrevesadas* películas, diseminando sus insidias... EME121195 **27 dialecto:** El libreto (...) está escrito en el *enrevesado* dialecto napolitano y es francamente difícil de seguir... EPE080299

D SUSTANTIVOS QUE DESIGNAN EXPRESIONES DENOMINATIVAS O IDENTIFICATIVAS, ASÍ COMO ALGUNAS DE LAS FORMAS EN QUE SE AGRUPAN: **28 jerga +:** Pasaron los tiempos en que la filosofía justificaba el sueldo con una jerga esotérica y *enrevesada*, de la que el público sacaba lo que el moro del sermón. ABC141094 **29 palabrería:** En segundo lugar, la palabrería *enrevesada*, el histrionismo gratuito. EPE010887 **30 expresión:** ...aún es más evidente su semejanza de expresión, *enrevesada*, arcaica y de apariencia culta... LVE130195 **31 definición:** O en el cantautor reinterpretado, por *enrevesada* que parezca la definición. LVE190995 **32 nombre:** Habrían de explorar las fisonomías más extrañas, memorizar los nombres más *enrevesados*, tratar a los tipos más exóticos... EPE170199 **33 apellido:** Una buena elección, tanto por tratarse de un premio Planeta con un apellido *enrevesado* como por ser un personaje televisivo. EPE110499 **34 título:** La crítica (...) supera de largo –pese a lo *enrevesado* del título– las mejores expectativas. EPE200499 **35 terminología:** ...laborioso resulta redactar una memoria ajustada a la *enrevesada* terminología de la Reforma... LVE110595 **36 denominación –:** ...cuya denominación italiana de «expulsapensamientos» es tan *enrevesada* como el apellido del compositor austríaco... ETC020190

E SUSTANTIVOS QUE DENOTAN ARGUMENTO O TRAMA, ASÍ COMO EL ASUNTO QUE SE EXPONE O SE RELATA: **37 argumento ++:** ...intentan explicar el *enrevesado* argumento sin ningún esfuerzo actoral mínimamente apreciable. LVE190395 **38 guión ++:** Un *enrevesado* guión para una nueva aventura de Sherlock Holmes y el doctor Watson, en esta ocasión tras la pista de Jack el Destripador. LVE190296 **39 historia +:** Una historia *enrevesada* que puede reabrir el debate parlamentario sobre las escuchas del CESID... EME010795 **40 caso +:** El *enrevesado* caso levanta ampollas desde el pasado mes de noviembre... EME040296 **41 intriga:** El mundo de la ópera, como bien sabemos ahora en España, está sometido a *enrevesadas* intrigas. ABC040992 **42 trama:** No les voy a contar la *enrevesada* trama del cuento de mañana que pone a prueba la capacidad visionaria... LVE171195

F SUSTANTIVOS QUE DENOTAN ANÁLISIS, JUSTIFICACIÓN O EXPOSICIÓN RAZONADA DE ALGO: **43 explicación ++:** Y una segunda explicación mucho más *enrevesada*... EPE090399 **44 análisis +:** Olvidándonos de análisis *enrevesados* por su propia naturaleza bifronte, lo cierto es... EME250494 **45 interpretación:** Otro patinazo de Nostradamus, aunque sus fieles lo explicarán con alguna *enrevesada* interpretación... EME291296 **46 conclusión:** Una *enrevesada* conclusión musical. De los metales el que más me gusta es el death... EME291195

G SUSTANTIVOS QUE DENOTAN CURSO, CAMINO, VÍA O TRAYECTORIA. SE USAN EN SENTIDO FÍSICO Y TAMBIÉN EN EL FIGURADO: **47 camino ++:** Los caminos del fútbol son muy *enrevesados* y crean insospechadas relaciones mitad leales, mitad traicioneras, entre sentimentales y mercantilistas. EME050596 **48 cauce:** Cerca de dos horas nos llevará seguir su *enrevesado* cauce entre paredones verticales de roca caliza... EPE130899 **49 circuito:** ...se trata de una máquina menos pesada (...) y es más manejable en un circuito que es muy *enrevesado.* LVE020495 **50 carretera:** ...que se disputa totalmente sobre asfalto por las *enrevesadas* carreteras de la isla francesa. LVE030595 **51 travesía:** Más *enrevesada* si cabe fue la travesía de los internacionales portugueses. EME020996 **52 trayecto:** Una reciente película (...) narraba el *enrevesado* trayecto de un cadáver por la isla de Cuba. LVE200696 **53 senda:** ...en lugar de escoger la más *enrevesada* senda de Led Zeppelin, las bases stonianas y el blues. EPE080799 **54 calleja:** Los poetas y escritores del Siglo de Oro están en callejas *enrevesadas* y sucias. EME060494

H SUSTANTIVOS QUE DENOTAN ESTRUCTURA, MECANISMO O SISTEMA: **55 estructura ++:** La *enrevesada* y polémica estructura de seguridad europea que se está creando... LVE030196 **56 sistema ++:** La policía, poco sensible al *enrevesado* sistema de remuneraciones del fútbol... EPE311001 **57 disposición:** ...la *enrevesada* y caótica disposición operativa produce (...) enormes aglomeraciones ante los insuficientes mostradores disponibles. EPE081199 **58 mecanismo:** Todo ello aliñado por un *enrevesado* mecanismo electoral, que al combinar los sistemas mayoritario y proporcional, facilita la creación de grandes coaliciones... LVE210596 **59 composición:** ...de las insalvables contradicciones interiores de su *enrevesada* composición... EPE020999

I SUSTANTIVOS QUE DENOTAN PLAN O PROYECTO: **60 plan +:** Los *enrevesados* planes del presidente del grupo tienen un aliado. EME190296 **61 proyecto:** ...cumplieron misiones muy parecidas en el *enrevesado* proyecto político internacional de pacificación de la zona... EME211195 **62 estrategia:** ...al margen de mociones de censura y *enrevesadas* estrategias políticas... EME110796 **63 treta –:** ...va dándonos su auténtico rostro de *enrevesada* treta, de sofisticada teología cinéfila... EPE211201

J SUSTANTIVOS QUE DENOTAN ENFRENTAMIENTO, MUY FRECUENTEMENTE VERBAL, LEGAL, POLÍTICO O ADMINISTRATIVO: **64 conflicto ++:** ...para buscar la confrontación con el Estado «ha creado un *enrevesado* conflicto jurídico que ha dado consecuencias paradójicas...». EPD270697 **65 polémica +:** La que puede ser la solución definitiva a la *enrevesada* polémica sobre los símbolos institucionales... LVE010596 **66 discusión:** No es seguro, sin embargo, que los ciudadanos muestren entusiasmo o siquiera interés ante una discusión *enrevesada* sobre las instituciones... EPE161201 **67 bronca:** ...y amenaza con derivar en una bronca de lo más *enrevesada*... EPE100199 **68 debate:** ...he tenido ocasión de escuchar un largo y *enrevesado* debate sobre los ruidos de una discoteca. LVE301296 **69 batalla:** La batalla –compleja, *enrevesada* en sus muchos vericuetos técnicos– tiene finalmente una traducción... EME291296 **70 pugna:** De momento, la única realidad es una *enrevesada* pugna burocrática entre la Comisión y el Consejo de Ministros. EPE061001 **71 lucha:** Desde marzo, Cunit vive una *enrevesada* lucha por la alcaldía que ha dividido en dos al pueblo. LVE101296

K SUSTANTIVOS QUE DENOTAN CAUSA U ORIGEN: **72 causa +:** ...la guerra y el hambre son efectos de causas *enrevesadas* y complejas, pero no desconocidas... LVE050296 **73 origen:** ...aquella etapa de la vida colombiana dirimida entre una violencia de *enrevesado* origen político y una confusa variante de la criminalidad. EME050895 **74 razón:** ...éste lo desmintió, pero con razones tan *enrevesadas* que Maruja y Beatriz no supieron qué pensar. EME050596 **75 antecedente:** Todo ello hizo que el presidente de la Sala Segunda entendiera especialmente *enrevesados* los antecedentes de la llamada... LVE081196

☐ Véase también: **inextricable, intrincado, retorcido.**

enriquecimiento ♦ abusivo, acelerado, artístico, continuo, cultural, desaforado[35], desmedido[3], desmesurado[4], especulativo, extraño, fraudulento, fulgurante, ilegítimo, ilícito, intelectual, legítimo, lícito, literario, ostensible[5], personal, presunto, progresivo, rápido, relativo, repentino, súbito, supuesto, vertiginoso, visible ♦ ánimo (de)[4], delito (de), oportunidad (de), posibilidad (de) ♦ acusar (de), aportar (a), ayudar (a), contribuir (a), favorecer, investigar, producir(se), propiciar

☐ Véase también: **mejora, riqueza.**

enrolar(se) (en) *v.* ■ Se combina con sustantivos que designan embarcaciones *(barco, buque)*, organizaciones militares o sus componentes *(ejército, regimiento, legión, guerrilla)*, así como con sustantivos que designan otros grupos humanos u organizaciones *(equipo, compañía, partido, plantilla)*. También se combina con...

A SUSTANTIVOS QUE DENOTAN TENDENCIA O MOVIMIENTO DE NATURALEZA POLÍTICA O IDEOLÓGICA: **1 movimiento +:** ...los miembros de la congregación se *enrolaron* en movimientos políticos... EME060195 **2 corriente:** ...y está *enrolado* en la corriente ultramenemista. CLA300197 **3 causa:** ...entre guerrilleros *enrolados* en la «causa internacional de los pueblos». LPA250592 **4 escuela:** ...Las Casas expresaba ideas y adoptaba tácticas que casi permiten *enrolarlo* en la escuela marxista moderna. EPE020380 **5 cruzada:** ...ha hecho de Guevara un héroe romántico (...) que ofrendó la vida *enrolado* en una cruzada redentora. LNP061097

B SUSTANTIVOS QUE DENOTAN PROYECTO, PLAN DE ACTUACIÓN O ACTIVIDAD EN DESARROLLO: **6 proyecto +:** ...que es *enrolado* en un proyecto –teóricamente conjunto– de los servicios de espionaje... LVE170495 **7 empresa +:** ...la diplomacia británica había logrado *enrolar* en la empresa a Mauricio de Nassau... EME160696 **8 iniciativa:** ...la vida musical de la ciudad se reactivó y cada cual se *enroló* en diversas iniciativas... LVE230296 **9 programa:** ...programas que ya funcionan, como los de metadona, en los que están *enrolados*... EPE210699 **10 experimento –:** ...propuso a estos pacientes que se *enrolaran* en un experimento muy especial. EME120796 **11 estudio –:** 171 de las 178 gestantes *enroladas* en el estudio (96%) tuvieron un aborto... EME070995 **12 idea –:** Ríos *enroló* a Ana Belén en la idea. EPE020799

C SUSTANTIVOS QUE DENOTAN VIAJE Y, POR EXTENSIÓN, EMPRESA INCIERTA: **13 expedición +:** ...*enrolado* como secretario en la expedición etnográfica de un aristócrata prusiano... EPE180399 **14 viaje:** ...no le ha impedido, sin embargo, convencer a ciento veinte miembros de la Asociación de Amigos de la Ópera de Madrid a *enrolarse* en un viaje organizado a Salzburgo... ABC040693 **15 safari:** ...después de atravesar el desierto se *enroló* en un safari en el Congo que le mantuvo ocupado un par de semanas. INDOC **16 aventura:** ...lo prioritario era mantener lo poco existente, en lugar de *enrolarse* en aventuras... EPE260700

D SUSTANTIVOS QUE DESIGNAN ACTIVIDADES RELACIONADAS CON EL ESPECTÁCULO: **17 gira:** ...durante una gira artística en la que se había *enrolado* como bailarina... EPE240899 **18 espectáculo:** Collins se ha *enrolado* en un espectáculo «muy teatral»... LVE040594 **19 rodaje:** Y con la perspectiva de que sus sugerencias fueran aceptadas, se *enroló* en el rodaje. LVE010296 **20 cine –:** ...la fuerza fotogénica de la actriz italiana, *enrolada* últimamente en el cine francés... EPE090999

E OTROS SUSTANTIVOS; POSIBLES USOS ESTILÍSTICOS: ...y demás personajes *enrolados* en el glamour londinense. EPE260499; ...si el público no se *enrola* en el blues, el concierto le debe resultar muy pesado... LVE050795

en saco roto Véase: **caer en saco roto**

ensalada (de) ♦ barbaridad, cita, disparate, fruta, hierba, lechuga, nombre, partido, sigla, término ♦ aderezar, aliñar, condimentar

ensayo ♦ académico, apresurado, a puerta cerrada[70], biográfico, breve, célebre, clínico, comercial, conjunto, de campo[13], de laboratorio, delicioso, democrático, denso, emotivo, enjundioso, exitoso, extenso, fallido, filológico, filosófico,

general, histórico, inteligente, literario, nuclear, oficial, penetrante[25], previo, profundo, sugerente, teatral ♦ acerca (de), sobre ♦ componer, cultivar, dedicar (a algo/a alguien), dirigir, escribir, fallar, fracasar, publicar, recopilar, titular
☐ Véase también: **intento, nexo.**

en seco *loc.adv./loc.adj.* ▌En su sentido físico se combina con ciertos verbos que designan actividades relativas al mantenimiento de las cosas, a menudo las prendas *(lavar, cepillar, planchar)* o al aseo de las personas *(afeitar)* en las que suele intervenir el agua. También admite algunos sustantivos que designan estos mismos procesos *(lavado, afeitado, cepillado)*, así como otros que expresan formas de tratar productos o mercancías *(tratamiento, congelación, maceración)*. Se combina asimismo con...

A VERBOS QUE DENOTAN DETENCIÓN O DISMINUCIÓN PROGRESIVA DE LA VELOCIDAD: **1 frenar ++:** El accidente ocurrió el pasado sábado al caer de su montura, «Eastern Express», que frenó *en seco* ante un obstáculo durante un concurso. LVE010695 **2 parar(se) ++:** Ya, en presencia de los hechos cumplidos, se optó por parar *en seco* el tren a toda marcha... ETC011287 **3 detener(se) ++:** El vehículo, de la Empresa Municipal de Transportes, se detuvo *en seco* para evitar una colisión cuando rodaba por la calle de Cartagena. EPE180899

B VERBOS QUE DENOTAN CORTE, INTERRUPCIÓN O FINALIZACIÓN DE ALGO: **4 cortar ++:** Las advertencias de que el asunto podría desembocar en un escándalo público le llevaron a cortar *en seco* la relación. LVE241094 **5 quebrar:** La muerte de su mujer quebró *en seco* todas sus ilusiones. INDOC **6 romper:** ...y en contra del intento de Hamas de romper *en seco* la sucesión de avances en la autonomía palestina. LVE090396 **7 zanjar:** Soy testigo de la energía con que ha zanjado *en seco* lisonjas del estilo «¿y por qué Aznar, y no tú?». EME040296 **8 interrumpir +:** ...porque trata sobre la negación de la grandeza, sobre la felicidad interrumpida *en seco* por la escritura de una mina y un puñado de dólares... EME080795 **9 concluir:** Posteriormente, concluyó *en seco* su intervención tras ser advertido por dos veces por el presidente de la Cámara... LVE210995 **10 acabar:** Tras más de cuarenta días de combates, la guerra acabó *en seco* el 28 de febrero, cuando la Guardia Republicana iraquí estaba a punto de hundirse. LVE180196 **11 terminar:** De aquel trabajo codo con codo que terminó *en seco* ante el primer pistoletazo electoral. LVE161195 **12 cesar:** ...dio un fuerte golpe en la mesa y un grito contundente: «Prou» –para que cesasen *en seco*–. LVE201195

C SUSTANTIVOS QUE DENOTAN DETENCIÓN O DISMINUCIÓN DE LA VELOCIDAD, DERIVADOS FORMALMENTE DE LOS VERBOS DEL APARTADO *A*: **13 frenazo ++:** La suma de todos estos factores supondría un frenazo *en seco* de la recuperación de la zona euro. LRE020203 **14 frenada:** Sudó, gritó y pegó más de una frenada *en seco* y al final en medio del fuerte sol mañanero salió del trancón para llegar a su oficina. EPC290797 **15 parada:** Una Huelga General aspira a ser general, pero como huelga, o sea, como espectacular parada *en seco* de la producción de un país... EME260194 **16 parón +:** Las ventas sufrieron un parón *en seco.* LVE220996

D ALGUNOS SUSTANTIVOS QUE DENOTAN CONTACTO BRUSCO: **17 golpe +:** Su rasgo final se eleva rápido pero termina con un grueso punto. Un golpe *en seco*, que sirve de freno al grafismo. EME300696 **18 impacto:** Lo mío fue un impacto *en seco* contra una valla. EME070895

E OTROS SUSTANTIVOS; POSIBLES USOS ESTILÍSTICOS: Lo controló el croata, encaró al gaditano y le hizo un siete con un regate *en seco* para sacar un centro medido al punto de penalti. LVE021096
☐ Véase también: **abruptamente, seco.**

en secreto ♦ acordar, conservar, construir, encontrar(se), esconder, guardar, hablar, mantener, negociar, ocultar, permanecer, preguntar, reunirse, ver(se)

enseña ♦ nacional, patrio ♦ arriar[3], desplegar, enarbolar[2], flamear, izar, lucir
☐ Véase también: **bandera, estandarte, insignia.**

en señal (de) *loc.prep.* ▌Se combina con...

A SUSTANTIVOS QUE DENOTAN EXPRESIÓN DE RECHAZO O DISCONFORMIDAD EN RELACIÓN CON ALGUIEN O ALGO: **1 protesta ++:** Por ello, el «conseller en cap» del gobierno catalán, Artur Mas, anunció ayer que *en señal* de protesta no asistirán a los actos del XXV aniversario de la Carta Magna... LRE220103 **2 repulsa ++:** Cientos de miles de personas participaron ayer (...) en una manifestación que recorrió las calles de Zaragoza *en señal* de repulsa por el asesinato. CLA160797 **3 rechazo +:** ...los aliados europeos de Estados Unidos, que en los inicios de estos debates en 1992 se abstenían, continúan ahora votando en contra del bloqueo *en señal* de rechazo a la intención de Washington de imponer sus legislaciones a terceros. GIC114497 **4 condena +:** Todos los partidos vascos con representación en el Parlamento de Vitoria, salvo HB, convocaron para el mediodía de hoy un paro de cinco minutos *en señal* de condena. EME240195 **5 disconformidad +:** ...los dos concejales de Esquerra Republicana se ausentarán de la votación *en señal* de disconformidad. LVE240996 **6 desacuerdo +:** ...Israel retiró a su embajador de Viena, el año pasado, *en señal* de desacuerdo por la entrada en el Gobierno austriaco del FPÖ... EPE031001 **7 desagrado +:** Me atrevería a decir que entre las referencias (...) ésta es la que siempre lleva a los presentes a fruncir el ceño *en señal* de desagrado. LVE290495 **8 desaprobación:** El público del Lleida despidió a sus jugadores con pañuelos *en señal* de desaprobación por la nefasta temporada realizada. LVE200596 **9 descontento:** ¡Sigan adelante en su coche parado, toquen el claxon *en señal* de descontento, hasta que consigamos que las cosas cambien...! LVE201096

B SUSTANTIVOS QUE DESIGNAN DIVERSAS MANIFESTACIONES EXTERNAS DE LA AFLICCIÓN: **10 luto ++:** «Todos iremos vestidos de negro *en señal* de luto», dijo uno de los dirigentes magisteriales... PLG120497 **11 duelo ++:** ...rechazó la propuesta para que cada «2 de octubre» se izara la bandera nacional a media asta *en señal* de duelo por los muertos de 1968. DYM151297 **12 dolor +:** Un espectacular despliegue policial volvió a impedir ayer el acceso a la localidad, que vivió su segunda jornada de huelga *en señal* de dolor por la muerte de su convecino. EPE010580

C SUSTANTIVOS QUE DESIGNAN LA CONSIDERACIÓN MOSTRADA HACIA ALGUIEN A QUIEN SE ESTIMA. TAMBIÉN CON OTROS QUE EXPRESAN DIVERSAS MANIFESTACIONES DE AFECTO: **13** **respeto** ++: Llamó la atención el hecho de que, *en señal* de respeto, los juegos mecánicos dejaron de funcionar durante el paso de la procesión... DYM210197 **14** **reconocimiento** +: ...unos cuantos discípulos y amigos le hemos dedicado un libro de homenaje (...) *en señal* de reconocimiento. LVE160596 **15** **deferencia:** El mito en el que Naylamp entrega el pututo al pueblo Moche *en señal* de deferencia a los músicos es uno de ellos. CAP290597 **16** **cortesía:** ...el Papa, *en señal* de cortesía y de reconocimiento, le ha permitido seguir llevando el anillo y la cruz pectoral de los obispos, despojados, sin embargo, de valor sacramental. LVE190295 **17** **cariño:** ...asió de los brazos a Leopoldo Calvo Sotelo, *en señal* de cariño. LVE231195

D SUSTANTIVOS QUE DENOTAN ADHESIÓN Y OTRAS FORMAS DE INCLINACIÓN FAVORABLE HACIA ALGUIEN. TAMBIÉN CON OTROS QUE DESIGNAN LAS SITUACIONES DE CONCORDIA A LAS QUE DICHOS VÍNCULOS PUEDEN DAR LUGAR: **18** **solidaridad** +: En la manifestación participaron, *en señal* de solidaridad, representantes de asociaciones de maestros... PLG120497 **19** **apoyo** +: ...75.000 conciudadanos firmaron una petición *en señal* de apoyo al docente. CLA100297 **20** **amistad** +: Los griegos se han llevado una placa ofrecida por el Ayuntamiento veneciano *en señal* de amistad. LVE121195 **21** **paz:** Como respuesta, uno de ellos sostiene una bandera *en señal* de paz. LNC061000 **22** **concordia:** Cuando él volvió del exilio dijo que se fue con el puño cerrado y volvía con la mano tendida *en señal* de concordia. LVE100996 **23** **acuerdo:** Firmaron el documento y se estrecharon la mano *en señal* de acuerdo. INDOC **24** **reconciliación:** ...participaron sus aliados Gianfranco Fini, el líder posfascista a quien estrechó la mano *en señal* de reconciliación, Cassini y Buttiglione. LVE120595

E SUSTANTIVOS QUE DENOTAN SENTIMIENTO GOZOSO O FESTIVO: **25** **alegría** +: Unos doscientos miembros de la oposición hicieron disparos al aire *en señal* de alegría en la ciudad de Rawalpindi, a unos diez kilómetros de la capital paquistaní. EUV061196 **26** **regocijo** +: ...el viejo hábito de clavar esos rejones, o simplemente enarbolarlos *en señal* de venganza, regocijo, victoria u holocausto. LVE260396 **27** **júbilo** +: Otros aficionados ondearon gigantescas banderas de Dominicana *en señal* de victoria y júbilo. ENH100297

F SUSTANTIVOS QUE DENOTAN GRATITUD: **28** **agradecimiento** +: Allí, Kuerten dibujó un corazón en la cancha, *en señal* de agradecimiento al público que no dejó de apoyarle. EPU110601 **29** **gratitud:** A cambio, y *en señal* de gratitud, condujo un convoy, porque un consejero no va a ser menos que la presidenta de Renfe. EME301195

G SUSTANTIVOS QUE DESIGNAN GESTOS Y ACTITUDES RELATIVAS A LA ACOGIDA FAVORABLE QUE SE DISPENSA A LOS DEMÁS: **30** **saludo** +: Efraín Lucas no tomó en cuenta la advertencia; se echó la escopeta al hombro; se levantó levemente el sombrero *en señal* de saludo de despedida y siguió su camino. LHG240697 **31** **bienvenida** +: ...hicieron sonar sus instrumentos de percusión tradicionales y sus conchas marinas *en señal* de bienvenida. LVE220195

H SUSTANTIVOS QUE DENOTAN ÉXITO: **32** **victoria** ++: Todos los pilotos que cruzaron la línea de meta, excepto algunos que seguramente debían estar demasiado cansados para ello, levantaron el puño *en señal* de victoria. LVE150796 **33** **triunfo** +: Faltando unos 25 metros para la meta (...) levantó los brazos *en señal* de triunfo... EPU060901

I SUSTANTIVOS QUE DENOTAN ACEPTACIÓN O ACATAMIENTO DE ALGÚN ESTADO DE COSAS: **34** **aprobación** +: ...si es otro quien la imprime, como el caso de Mourlot, debe hacerlo constar, aunque el autor la firmará a mano *en señal* de aprobación. ABC111292 **35** **aceptación** +: La cubrición es el acto sumo de amor, en el que el macho abraza solícito con sus patas delanteras los flancos de la hembra, mientras ésta permanece inmóvil *en señal* de aceptación y placer. EPE080700 **36** **sumisión** +: Me parece que va menguando la vieja costumbre de besar anillos pastorales *en señal* de sumisión y respeto... LVE070296 **37** **rendición** +: ...a las seis de la tarde se izó la bandera blanca en el balcón central del edificio de la Comandancia Militar *en señal* de rendición. LVE170796

J ALGUNOS SUSTANTIVOS QUE DESIGNAN SITUACIONES DE RIESGO O DE ESPECIAL VIGILANCIA: **38** **alerta** +: Extraoficialmente trascendió que aproximadamente 16 puestos y bases de protección fronteriza fueron redoblados y están *en señal* de alerta continua. ENV260700 **39** **alarma:** Zapata Mendía trabajará una columna denominada «Tic Tac», la cual se convertirá como un sonido del reloj *en señal* de alarma... LHG190700 **40** **advertencia** +: Como se acercaban demasiado, disparó un tiro al aire *en señal* de advertencia. INDOC **41** **peligro** +: ...agitan en la entrada sendas banderas verdes y faroles amarillos *en señal* de peligro. LVE170996

☐ Véase también: **en concepto (de).**

enseñanza ♦ **académico, aleccionador**[25], **amargo**[67], **básico, bilingüe, estricto, fecundo**[71], **fructífero, impagable**[16], **imprescindible, inestimable, magistral, medio, obligatorio, permisivo**[33], **primario, privado, profundo**[61], **provechoso, público, religioso, secundario, superior, técnico, universitario, valioso** ♦ **calidad (de), centro (de), gratuidad (de), labor (de), libertad (de), método (de), nivel (de), sistema (de)** ♦ **aplicar, aprovechar, arraigar (en alguien), asimilar, atender, calar (en alguien), conservar, cumplir, cursar, desatender**[31], **desoír**[80], **esparcir**[7], **extender(se), extraer (de algo), impartir, informar, integrar, intensificar, obtener, programar, recibir, sacar, sacar partido (a/de), seguir**[51]

☐ Véase también: **aprendizaje, conocimiento, docencia, educación, magisterio.**

enseres ♦ **desprovisto (de), de valor**[8], **doméstico, familiar, imprescindible, personal** ♦ **conservar, entregar, guardar, perder, robar**

en serie *loc.adv./loc.adj.* ▮ Admite numerosos verbos de acción, más frecuentemente si denotan ordenación *(colocar, disponer, ordenar)*, creación *(pintar, escribir, coser)* o manipulación de algo *(decorar, reparar, enviar)*. También combina con...

A VERBOS QUE DENOTAN TRABAJO, CREACIÓN O PRODUCCIÓN: **1** **fabricar** ++: No son un objeto que se pueda moldear o fabricar *en serie* o para ser utilizados como pretexto en procesos políticos. LTB041296 **2** **producir** ++: El fabricante alemán de automóviles (...) producirá *en serie* antes del 2003 un modelo que consumirá un galón de carburante por cada 219 millas... ENH210900 **3** **trabajar**: Me gusta trabajar *en serie*, con motivos que voy desarrollando en un proyecto tras otro. EPE080800 **4** **hacer**: No hay, por el momento, un anuncio oficial de que este coche se vaya a hacer *en serie* en un futuro... EME010396 **5** **crear**: ...ha ido cobrando cuerpo y haciéndose realidad el antiguo sueño de poder crear obras originales *en serie*... ABC101195 **6** **montar**: Para evitar este problema, la marca coreana ha elaborado un precalentador eléctrico que podrá montarse *en serie* en un futuro próximo. LVE201096 **7** **engendrar** –: Contemplen, si no, cualquiera de esos chicos clónicos que la CCRTV ha engendrado *en serie*... EPE110599

B VERBOS QUE DENOTAN REPRODUCCIÓN O REPETICIÓN: **8** **reproducir** +: Lo mismo pasa con las sillas, los candelabros o cualquier objeto utilitario, siempre son piezas únicas, que el artista no acepta reproducir *en serie*. ENV110797 **9** **repetir**: ...son como meros elementos plásticos en un entorno de objetos y naturaleza que se geometrizan y se repiten *en serie*... LVE150995 **10** **copiar**: El ordenador crea un ritmo bailable y los técnicos lo copian *en serie*. INDOC

C SUSTANTIVOS RELACIONADOS CON LOS VERBOS DEL APARTADO *A* QUE DENOTAN PRODUCCIÓN, CREACIÓN O CONSTRUCCIÓN, FRECUENTEMENTE INDUSTRIAL: **11** **producción** ++: Entre 1959 y 1969 presentó 12 obras: le gustaba la perfección y detestaba la producción *en serie*. CLA160199 **12** **fabricación** ++: Sólo después de superar con éxito los exámenes más duros se permitirá que un nuevo elemento pase a la fabricación *en serie*. LVE030995 **13** **construcción**: Ese modelo era altamente centralizado y orientado a la construcción *en serie* de edificios multifamiliares prefabricados en conjuntos anónimos y amorfos separados por una tierra de nadie... GIC072897 **14** **confección**: ...actividades de comercio al por menor (...), carpintería metálica y confección *en serie* de prendas de vestir... LVE301195 **15** **trabajo**: La mayor probabilidad de éxito parece estar asociada con el cambio del trabajo *en serie* al trabajo en grupo... LPA260492 **16** **montaje**: Además cuenta con una filial en Hernani que realiza el montaje de productos *en serie*. EPE170599 **17** **ensamblado**: A finales del próximo año entrará en funcionamiento en la ciudad belga de Ostende la primera fábrica europea de ensamblado *en serie* de vehículos eléctricos... EPE020181 **18** **composición**: Su autor quiere huir de una definición clásica, que enmarcaría la composición *en serie* de variaciones sobre la obra del autor renacentista Antonio Cabezón. EPE130599 **19** **generación** –: Pero el monoteísmo necesita del politeísmo (...) y así es como la generación de Vírgenes *en serie* se corresponde con la aglomeración del santoral... EPE020686

D SUSTANTIVOS QUE DENOTAN REPRODUCCIÓN, REPETICIÓN O COPIA. SE RELACIONAN CON LOS VERBOS DEL APARTADO *B*: **20** **reproducción** +: Con la reproducción *en serie*, el libro impreso ha sido y sigue siendo el vehículo de difusión, en un público cada vez mas amplio, de la literatura y de la ciencia... ABC141094 **21** **copia** +: Esta litografía forma parte de un conjunto de copias *en serie* que la galería realizó el mes pasado. INDOC **22** **repetición**: Aunque también lleva en su interior la semilla de su propia autodestrucción, fagocitado por la repetición *en serie* que viene a suponer cada nueva entrega de mujeres quejumbrosas. LRE250103 **23** **imitación**: Casi ignorada y poco valorada en el mercado, debido a las imitaciones *en serie*, la cerámica de Pablo Picasso ha estado siempre en la frontera del olvido. EPE040399 **24** **clonación**: La clonación *en serie* de animales sirve para obtener numerosos embriones de calidad genética que se pueden criopreservar. ABC291093

E SUSTANTIVOS QUE DENOTAN CRIMEN, ESPECIALMENTE EL ASESINATO: **25** **asesinato** ++: ...la explosión del Columbia, y la psicosis del ántrax, y los asesinatos *en serie* han tenido lugar en su territorio... LRE030203 **26** **crimen**: ...narra una barroca historia de crímenes *en serie*. EME010795 **27** **atentado**: ...puede suponer una nueva marcha atrás que reanudaría los atentados *en serie*. EME140394 **28** **muerte** –: Tras el justificadó éxito de «El silencio de los corderos», otra de muertes *en serie* y guiones poco serios. EPE060599

F SUSTANTIVOS DE PERSONA QUE DESIGNAN AL AUTOR DE ALGÚN CRIMEN, FRECUENTEMENTE EL ASESINATO: **29** **asesino** ++: ...podía ser un nuevo blanco del presunto asesino *en serie*. EPC220797 **30** **violador** ++: Instalan audiencia contra presunto violador *en serie*. ESH021100 **31** **homicida**: Existe la sospecha de que el homicida *en serie* esté obteniendo las balas en el mercado negro. LNC051196 **32** **criminal**: Es el mayor criminal *en serie* de la crónica de sucesos de la capital. EME020396 **33** **terrorista** –: ...el ermitaño norteamericano acusado de ser el terrorista *en serie* (...) intentó suicidarse ayer en una celda de los juzgados de Sacramento... EPD090197 **34** **agresor** –: El agresor *en serie* es quien escoge a sus víctimas según un arquetipo. LVE260996

G SUSTANTIVOS QUE DENOTAN VENTA O COMERCIALIZACIÓN: **35** **venta** +: El cine independiente es hoy más importante que nunca, porque más que nunca se ha convertido en la lucha contra la venta *en serie* de las hamburguesas de Hollywood. EPE210499 **36** **comercialización** +: ...veía la luz como el más próximo vehículo eléctrico listo para la comercialización *en serie*. EME210694

☐ Véase también: **en cadena**.

ensombrecer(se)

♦ **acierto, acto, actuación, alegría, ambiente, ánimo, biografía, carrera, celebración, cielo, clima, debut, destino, día, espectáculo, esperanza, éxito, expediente, futuro, gestión, horizonte, jornada, liderazgo, logro, luz, mirada, oportunidad, paisaje, panorama, perspectiva, plan, porvenir, preparativo, proceso de paz, proeza, proyecto, resultado, rostro, situación, trayectoria, victoria, virtud**

☐ Véase también: **nublar(se)**.

en son de guerra

Véase: **en son de paz**

en son de paz

loc.adv./loc.adj. ▮ Se combina con...

A VERBOS DE MOVIMIENTO: **1** **venir** ++: Los marcianos, mentirosos como cualquiera, dicen venir *en son de paz* pero atacan a mansalva. HOY170397 **2 ir +:** ...fue ayer *en son de paz* a una guerra que no es la suya... EME140194 **3 llegar +:** ...a comienzos de agosto llegó a la república norcaucásica (...) *en son de paz.* LVE210896 **4 acudir:** Acude de Gloria *en son de paz*: Ni que decir tiene que no nos gusta todo de Serrat... EPE011180 **5 marcharse:** No se marchó (...) *en son de paz*, le hicieron la vida imposible... EME241196 **6 regresar:** ¿Les interesará (...) regresar ahora *en son de paz*? EME030294 **7 volver:** ...los exiliados (...) volverán *en son de paz.* LVE081296 **8 visitar:** El capitán grande de los indígenas guaraníes del alto y del bajo Isoso (...) visitó ayer la Generalitat Valenciana *en son de paz.* EPE280199 **9 desfilar:** ...volvieron a desfilar en París, pero esta vez *en son de paz*... LVE281295

B ALGUNOS VERBOS QUE DESIGNAN LA ACCIÓN DE PONER ALGO DE MANIFIESTO. USO INFRECUENTE: **10 llamar –:** ...Señor, es que no sabía si me llamaba *en son de paz* o no. LVE050596 **11 señalar –:** El obispo Abelardo Alvarado Alcántara, vocero de la CEM, señala también *en son de paz.* PME171196 **12 pronunciarse –:** ...se pronunció *en son de paz*: «Lo que importa es que todos queremos cambiar la racha...». EPE260399

C SUSTANTIVOS QUE DENOTAN ENCUENTRO: **13 visita:** No se sabe aún si su visita es *en son de paz* o de guerra... EME020294 **14 reunión:** La reunión *en son de paz* que celebrarán ambos causó ayer fuertes reacciones en el Gobierno... EME250596 **15 reencuentro:** Un reencuentro *en son de paz.* EPE260399

D SUSTANTIVOS QUE DESIGNAN PERSONAS O COLECTIVOS, MÁS FRECUENTEMENTE SI SE ASOCIAN CON LOS MOVIMIENTOS A LOS QUE SE REFIERE EL APARTADO *A*: **16 soldado:** Tanta tienda de campaña, tanto barracón de feria y tanto soldadito *en son de paz*... EME190796 **17 músico:** ...se celebrará un gran concierto bajo el lema «Músicos *en son de paz*». LVE260895 **18 okupa:** «Okupas» *en son de paz.* EPE020699 **19 tanda:** 18 de ellos forman la primera tanda que, *en son de paz* (...) se van a encontrar (...) con la guerra. EME130194

ensortijarse ♦ cabello, pelo
☐ Véase también: **erizar(se), rizar(se).**

ensuciar *v.* ▮ En su sentido literal se combina con sustantivos que designan seres materiales de cualquier naturaleza. En su sentido figurado admite sustantivos que se refieren a instituciones y sistemas muy diversos *(administración, arte, política, patria, democracia, deporte, idioma)*. Destacan sus combinaciones con...

A SUSTANTIVOS QUE DESIGNAN EL ASPECTO QUE ALGO O ALGUIEN PRESENTA HACIA LOS DEMÁS Y –POR EXTENSIÓN– LA CONSIDERACIÓN QUE LAS PERSONAS MERECEN EN RELACIÓN CON SU HONESTIDAD O SU PRESTIGIO: **1 imagen ++:** ...organizó la huelga con la esperanza de *ensuciar* la imagen del nuevo presidente... EXC091196 **2 apariencia:** ...los propietarios puedan soportar el *ensuciar* su prístina apariencia... EXC050900 **3 reputación +:** ...intentos de considerarle responsable del desastre y *ensuciar* su reputación de hombre y piloto... EPE241199 **4 fama:** No vamos a permitir que se *ensucie* nuestra fama ni nuestro nombre en este campo... EPE131201 **5 honor +:** «Yo no tengo nada en la vida, no tengo bienes ni dinero, pero tengo honor y no dejaré que nadie lo *ensucie*», indica. LVE051195 **6 honorabilidad +:** ...no sin antes pasar a los medios de comunicación sus demandas para intentar *ensuciar* mi honorabilidad. EME280195

B SUSTANTIVOS DE CARÁCTER APELATIVO QUE DENOTAN IDENTIDAD PERSONAL: **7 nombre ++:** ...porque, desgraciadamente, habrá quienes quieran *ensuciar* el nombre de su hijo. CLA200297 **8 figura +:** ...le ha producido «asombro e indignación» el intento «de *ensuciar* la figura del jefe del Estado». LVE121195 **9 personalidad:** ...entre más se hunda, se degrade, se *ensucie* la personalidad del rival... ESH050297 **10 apellido:** ...del uso de la prensa rosa y de las declaraciones, que muchas veces ni lo son, para *ensuciar* apellidos... LVE110296

C EL SUSTANTIVO *MEMORIA* Y CON OTROS QUE DESIGNAN HECHOS PRETÉRITOS: **11 memoria ++:** ...ya que han *ensuciado* la memoria histórica de los presidentes de Cataluña... LVE010694 **12 pasado:** ...haber dejado su vida por «la causa revolucionaria» que *ensucia* su pasado... EPE180799 **13 historia:** Su mensaje era lacónico: «No dejes *ensuciar* la historia de este pueblo». LVE260395

D SUSTANTIVOS QUE DESIGNAN EL CURSO VITAL DE ALGUIEN O ALGO, ASÍ COMO ALGUNAS DE LAS FORMAS EN QUE SE PRESENTA O SE PONE DE MANIFIESTO: **14 trayectoria +:** ...no podía *ensuciar* su trayectoria con una declaración ante un tribunal de la Alemania... EPD160198 **15 historial:** ...empozoñando el aire de la ciudad y *ensuciando* el historial del alcalde más votado... LVE290996 **16 expediente:** Yo tengo 40 años de un expediente limpio, hasta que trató de *ensuciarlo* este tipo. PME250896 **17 biografía:** ...no se puede seguir alentando una «plebeyización» de las actitudes que *ensucia* cualquier biografía y humilla a quien se arriesga. EME250295 **18 carrera:** «No *ensuciaré* mi carrera de perdedor con un éxito de mierda». EME190294

E SUSTANTIVOS DE PERSONA, MÁS FRECUENTEMENTE SI DESIGNAN ENEMIGOS O COMPETIDORES: **19 adversario:** ...se han centrado en atacar, calumniar y *ensuciar* al adversario. LVE180695 **20 enemigo:** ...el sistema es una modalidad de dominación que atonta a la oposición, extermina o *ensucia* a sus enemigos... EME100295 **21 rival:** ...tal agitación tapará los profundos problemas de su propio partido y *ensuciará* al rival. EPE080199 **22 contrincante:** Como lo es, por otro lado, *ensuciar* al contrincante de manera generalizada... LVE120196

F OTROS SUSTANTIVOS; POSIBLES USOS ESTILÍSTICOS: ...se vio sometido a un verdadero tironeo entre los poderes del Estado, *ensuciaron* la nominación. HOY160996; ...que se empeñan en *ensuciarnos* el ensueño. EPE010489
☐ Véase también: **embadurnar(se), embarrar(se), pringar(se).**

en sucio ♦ anotar, dibujar, esbozar, escribir, preparar (un escrito), redactar
☐ Véase también: **en limpio.**

en suspenso ♦ acuerdo, castigo, condena, decisión, denuncia, ejecución, expediente, pena, petición, plan, proyecto, resolución, sanción, sentencia, trámite ♦ dejar, estar, quedar(se), seguir

entablar *v.* ▮ Se combina con...

A SUSTANTIVOS QUE DENOTAN VÍNCULO O RELACIÓN, GENERALMENTE AMISTOSA, COOPERATIVA O SENTIMENTAL, ENTRE DOS O MÁS PERSONAS: **1 relación** ++: Es el principio de una carta suya escrita desde Suiza el 27 de octubre de 1974, cuando, vuelto yo a España, conseguí *entablar* relación epistolar con él. HOY230287 **2 amistad** ++: El buen humor y las ganas de *entablar* nuevas amistades fueron las notas características de la jornada... LNP151297 **3 contacto** +: El representante en Uruguay puso a disposición la sede diplomática para todo aquel que desee *entablar* contacto comercial con EE. UU. EOU100996 **4 alianza:** ...en un caso así, ejemplificó, los palestinos podrían *entablar* alianzas militares contra Israel... EUV210197 **5 vínculo:** ...comentó con una dureza poco diplomática las críticas de los Estados Unidos a la decisión del Vaticano de *entablar* vínculos con... CLA120397 **6 romance:** ...aunque sea de ficción y se acaba por *entablar* un romance con ella ante las propias narices del lector. EME280195 **7 amorío** –: ...las facilidades y libertades que el uno y la otra les proporcionan para *entablar* los amoríos simultáneos, rotativos o promiscuos que muchos plebeyos les envidian. LVE291196

B SUSTANTIVOS QUE DENOTAN ACCIÓN CONCERTADA DIRIGIDA A LA CONSECUCIÓN DE ALGÚN ACUERDO: **8 negociación** ++: ...el futuro del país dependerá de la capacidad que demuestre el nuevo gobierno para *entablar* negociaciones con los otros sectores políticos... LNA080792 **9 convenio:** ...protestaban por la negativa de la dirección a *entablar* negociaciones serias sobre el convenio y contra el cierre patronal. EPE120280 **10 acuerdo:** El Gobierno aspira a *entablar* un nuevo acuerdo con Alfonsín... LVE110595 **11 contrato:** ...se negó a *entablar* un contrato de franquicia para la empresa, restándole así un gran atractivo al negocio... EUV091096 **12 compromiso:** ...dejando en manos de la delegación nacionalista la capacidad para negociar y *entablar* los compromisos que considere convenientes... EME240496 **13 trato:** Nunca había podido verla en persona, ni menos aún *entablar* trato directo con ella. LVE180596

C SUSTANTIVOS QUE DENOTAN COMUNICACIÓN VERBAL ENTRE DOS O MÁS PERSONAS: **14 diálogo** ++: Sumado a ello, no les señalaron día para *entablar* diálogo y arreglar la situación de fichaje y sueldo. PLG100996 **15 conversación** ++: ...agregó que nunca ha tenido la intención de *entablar* conversaciones con carteles de la droga... SEM280197 **16 coloquio** +: «Hemos buscado voces capaces de hacerse oír para *entablar* con ellas un coloquio a fondo». EPE160299 **17 comunicación:** Su voz andaba buscando los mejores canales para *entablar* una comunicación con la gente. LHG020797 **18 plática:** De ninguna manera!, enfatizó el mandatario al rechazar la posibilidad de *entablar* pláticas con los rebeldes. DYM010996 **19 charla:** ...sólo había una manera de *entablar* charla y ver una sonrisa: hablar de Ainhoa. LRE020203 **20 videoconferencia** –: ...la empresa tiene previsto añadir otros servicios a la cabina, como la posibilidad de *entablar* videoconferencias... ENV100497

D SUSTANTIVOS QUE DESIGNAN DIVERSAS FORMAS DE CONFLICTO O ENFRENTAMIENTO DE NATURALEZA FÍSICA O VERBAL: **21 discusión** ++: «Soy anarquista y no me gusta *entablar* discusiones con los tribunales». EPE130699 **22 lucha** ++: Nosotros vamos a *entablar* una lucha emblemática en favor de la transformación de la planta incineradora. EME021295 **23 batalla** +: «Sabemos que esto va a obligar a *entablar* una batalla con la industria». EPE121299 **24 guerra** +: La lucha no rebasará el ámbito diplomático, porque *entablar* una guerra comercial con Estados Unidos y sus empresas es una utopía... EXC080696 **25 polémica** +: No es mi intención *entablar* una polémica por cada error que contiene el artículo... HOY250484 **26 debate** +: El diputado general se opuso a *entablar* un debate público con los representantes de EH porque, a su juicio, esa discusión debe celebrarse en las Juntas Generales. EPE151099 **27 pelea** +: Tras mantener una discusión, *entabló* una pelea con el actual compañero sentimental de la mujer, quien utilizó un candelabro para repeler la agresión. EME150194 **28 pulso** +: ...las fuerzas de Seguridad del Estado *entablaron* un pulso con la Justicia para encubrir al mercenario... EME230494 **29 conflicto:** De un lado, no merecía la pena *entablar* conflictos con la autoridad gubernativa... ENC240101 **30 controversia:** No *entablaré* una controversia con el señor Miguel... EXC091196 **31 disputa:** Ante la negativa del portero, se *entabló* una disputa en la que intervino Lara... LVE290196 **32 duelo** –: Por divergencias de esta índole las entidades investigadoras *entablan* duelos en Internet. EME281296

E SUSTANTIVOS QUE DESIGNAN DIVERSAS FORMAS DE CONTIENDA JUDICIAL: **33 demanda** ++: Otras víctimas han aceptado compensaciones extrajudiciales o no *entablaron* demanda, agregó. ENH130198 **34 denuncia** +: ...se le dio poder a dos abogados para *entablar* la denuncia penal. ETC120697 **35 querella** +: «Yo hace siete años que le *entablé* querella a la revista Humor y todavía estoy esperando». CLA280297 **36 pleito** +: La ley aprobada en marzo permite (...) a los ciudadanos estadounidenses *entablar* pleito contra empresas foráneas... EUV160796 **37 juicio** +: ...la policía recomendó ayer *entablar* juicio al primer ministro Benjamin Netanyahu por fraude... CLA170497 **38 competencia** +: Aquí la competencia se *entabla* con el grupo formado por las empresas... CLA030397 **39 competición:** Es como si se *entablara* una competición en términos de belleza, y competir en este terreno es un gran error. ABC240492 **40 boicot:** Contra ese abuso de poder, la ATP *entabló* años atrás un durísimo boicot. LNA250692 **41 procedimiento:** ...la asociación no descarta *entablar* procedimientos legales e instará a PP y CiU a que recurran el acuerdo en los tribunales. LVE310596 **42 litigio:** El litigio *entablado* por el jugador se centra en dos puntos. LVE151295 **43 reclamación:** ...informaron este lunes que *entablaron* una reclamación antidumping... EXC050900 **44 apelación** –: La apelación fue *entablada* por familiares de israelíes muertos por palestinos. ENH110297

F OTROS SUSTANTIVOS; POSIBLES USOS ESTILÍSTICOS: Naturalmente, se *entabla* el más cordial y absoluto desacuerdo. LVE241296

☐ Véase también: **establecer, trabar.**

entender(se) ♦ **adecuadamente, a derechas, a duras penas, a grandes rasgos**[22]**, a las mil maravillas**[8]**, al pie de la letra**[1]**, al vuelo**[14]**, a medias**[44]**, con dificultad, correctamente, en sus justos términos, entre líneas**[3]**, equivocadamente**[5]**, estupendamente, ni por asomo, perfectamente, sin problemas, torcidamente, universalmente**[20]**, vagamente**[19] ♦ **ni jota, ni media palabra, ni palabra, ni papa, ni torta** ♦ **dar (a)**[5]

☐ Véase también: **comprender, enterarse.**

entendimiento ♦ adecuado, amistoso, amplio, buen(o), con matices[25], corto, deseable, difícil, duradero, limitado, mal(o), mutuo, necesario, pacífico, posible, profundo[62], recto, secreto ♦ en aras (de)[9] ♦ base (de), camino (de), cauce (de), clima (de), falta (de), fórmula (de), gesto (de), grado (de), marco (de) ♦ afianzar, alcanzar, boicotear[29], buscar, cimentar[5], conseguir, deshacer(se), dificultar, embotar(se), fomentar, hallar, llamar (a), lograr, mejorar, nublar(se)[11], obnubilar(se), obstaculizar[20], ofuscar(se), perder(se), perseguir, promover, propiciar, reinar[8], restablecer, romper(se)
☐ Véase también: **comprensión, conocimiento.**

ENTENDIMIENTO Véase: CONOCIMIENTO; INDAGACIÓN; JUICIO; PENSAMIENTO; PERCEPCIÓN

enterarse ♦ casualmente, con sorpresa, de oídas, de primera mano[6], de refilón[22], por casualidad

entereza ♦ absoluto, admirable, anímico, asombroso, cívico, ejemplar, emocionante, encomiable, enorme, envidiable, estoico, ético, gran(de), impresionante, inagotable, loable, moral, necesario, personal, profesional, público, singular, sobrehumano, sorprendente, sumo, total ♦ con ♦ ejemplo (de), falta (de), lección (de), muestra (de) ♦ aceptar (con), acoger (con), admirar, aguantar (con), aplaudir, armar(se) (de), asumir (con), demostrar, elogiar, encajar (con), faltar, lucir, manifestar, mantener, mostrar, poner a prueba, recibir (con), soportar (con)
☐ Véase también: **actitud, aguante, paciencia.**

entidad ♦ arraigado[29], autónomo, bancario, económico, empresarial, estatal, financiero, gubernamental, indiscutible, internacional, mercantil, político, principal, privado, público, representativo, social, suficiente ♦ adquirir[76], adscribir(se) (a algo), asociar(se), crear, dar[82], dotar (de), integrar(se) (en algo), mantener, organizar(se), perder, tener
☐ Véase también: **cuerpo, identidad.**

en tierra ♦ dejar, estar, permanecer, quedarse, seguir

en tierra de nadie ♦ encontrar(se), estar, quedar(se), situar(se)

en toda la línea ♦ batir(se), castigar, derrotar, ganar, superar, vencer

entonar ♦ a coro[2], a gritos, al unísono[5], a todo volumen, a voces ♦ canción, canto, lamento, pieza musical
☐ Véase también: **cantar, corear.**

entornar ♦ cortina, ojo, puerta, ventana

entorno ♦ abrumador, acogedor[6], acorde (con), adverso, agradable, ambiental, árido, cálido[4], cercano, cotidiano, desagradable, desfavorable, desolador[21], familiar, favorable, geográfico, hermético, histórico, hostil, humano, incierto, inmediato, laboral, local, monumental, natural, permisivo[21], personal, privilegiado, propicio[15], restringido, saludable, social, urbano ♦ aclimatar(se) (a), adaptar(se) (a), aislar(se) (de), alterar[32], ceñir(se) (a), circunscribir(se) (a), conocer, cuidar, dañar, destruir, deteriorar(se), integrar(se) (en), limitar(se) (a), perjudicar, proteger, recuperar, reflejar, sobrepasar, vivir (en)
☐ Véase también: **ambiente (de), ámbito, atmósfera, contexto, marco, panorama, situación.**

ENTORNO
♦ (SUSTANTIVOS) Véase: abigarrado[B], absorber[D], aclimatar(se) (a)[B], acogedor[A], acomodado[D], aderezar[D], aleccionador[B], alterar[H], amoldar(se) (a)[A], asfixiante[C], atenerse (a)[E], atravesar[C], azaroso[B], bosquejar[D], bronco[C], caldear(se)[A], cálido[A], calmar(se)[A], caluroso[G], candente[D], cegador[D], conmocionar(se)[A], constructivo[E], dejarse llevar (por)[D], desolador[B], enderezar[B], enfriar(se)[B], enrarecer(se)[A], equitativo[C], fantasmal[B], flexible[G], halagüeño[E], imbuir(se) (de)[B], impredecible[I], inhumano[C], irreconciliable[G], novedoso[K], permisivo[C], precario[A], proceloso[B], propicio[B], reinante[D], retorcido[G], revelador[H], serenar(se)[A], severo[L], sosegar(se)[C], tensar[E], tranquilizador[A], transgredir[C], ventajoso[A]
☐ Véase también: CIRCUNSTANCIA; CLIMA.

entrada ▮ *(acción y efecto de entrar)* ♦ apoteósico[13], de servicio, en vigor, fulgurante[14], fulminante[35], gratuito, ilegal, intempestivo[16], legal, libre, principal, solemne, triunfal ♦ control (de), fecha (de), permiso (de), puerta (de), puesto (de), visa (de) ♦ aclamar[10], conceder, dar[237], denegar[59], efectuar, facilitar, hacer, impedir, interrumpir, negar, obstaculizar[14], obstruir[5], pedir, permitir, prohibir, realizar, restringir, sellar, solicitar
▮ *(tique)* ♦ caro, barato, numerado ♦ agotar(se), cobrar, comprar, costar (algo), dispensar, pedir, reservar, vender
☐ Véase también: **boleto, ingreso, localidad, tique.**

ENTRADA Véase: *INGRESO*

ENTRADA Véase: INGRESO

entramado (de) ♦ administrativo, argumental, burocrático, complejo, delictivo[12], económico, financiero, ilegal, informativo, institucional, judicial, jurídico, logístico, mafioso, oculto, político, social, sutil, urbano ♦ cable, calle, conexión, filamento, galería, organismo, sociedad ♦ armar, denunciar, desarticular(se)[5], descubrir, desmantelar[9], desmontar[7], destapar[16], montar, ocultar, sacar a la luz, salir a la luz[9], tapar, tejer[2], trabar[11], urdir
☐ Véase también: **mezcla, montaje, red, relación, tinglado, trama, urdimbre.**

entrañable ♦ abrazo, acto, afecto, amigo, amistad, anécdota, aplauso, canción, celebración,

compañero, cordialidad, costumbre, descripción, estampa, fiesta, figura, gesto, homenaje, imagen, lugar, persona, personaje, presencia, recuerdo, relación, retrato, tradición

entrañablemente ♦ **acoger, amar, apreciar, querer, recordar, saludar, sentir**

entraña (de) ♦ **financiero, oculto, oscuro, profundo** ♦ **de {mis/tus/sus...}, sin** ♦ **buque, cadáver, colectividad, corrupción, cuerpo, espacio, estructura, ministerio, país, sociedad, territorio, tierra** ♦ **adentrarse (en), bucear (en)[30], corroer, desgarrar(se), devorar, escarbar (en), esconder (en), guardar (en), hurgar (en), nacer (de), purgar, sacar, subsistir (en), surgir (de), tener**
☐ Véase también: **entresijo**.

entrañar ♦ **ataque, aumento, cambio, censura, complejidad, contradicción, crítica, delito, dificultad, disminución, inconveniente, incremento, peligro, problema, recorte, reducción, responsabilidad, riesgo, servidumbre**

entrar *v.* ▮ En el sentido de 'pasar de fuera a dentro' (física o figuradamente) acepta como sujetos sustantivos que designan seres materiales o inmateriales de cualquier naturaleza *(Tu padre acaba de entrar; Este tornillo no entra aquí; Abre la ventana, que entre la luz; A ver si entra por fin el verano; El mes que entra tengo que hacer un viaje; No me puede entrar en la cabeza una solución tan disparatada).* Como términos de la preposición *en* acepta sustantivos que designan objetos físicos y lugares *(entrar en un agujero, en una habitación, en el pulmón),* periodos *(Entramos en una etapa trascendental),* objetos de información o su contenido *(Suprime este párrafo, porque no entra bien en el capítulo),* estados físicos *(entrar en la pubertad, en coma, en un letargo)* o de otro tipo *(entrar en un estado de indecisión; entrar en una situación complicada; entrar en la vida académica).* Se combina con los sustantivos *asunto, tema, cuestión, materia, forma, aspecto* y con otros similares igualmente abstractos *(No entraremos en la cuestión de si...; He evitado entrar en los aspectos más oscuros de...),* y con varios que designan situaciones controvertidas o conflictivas *(polémica, controversia, debate, discusión),* no necesariamente de naturaleza verbal *(entrar en una crisis, en el juego, en la lucha, en la pelea, en una batalla, en la guerra).* Acepta asimismo gran número de sustantivos abstractos con los que forma numerosas locuciones verbales: *entrar en actividad, entrar en acción, entrar en razón, entrar en crisis, entrar en calor, entrar en vereda, entrar en contacto, entrar en relación, entrar en posesión, entrar en servicio.* En el sentido de 'acometer' o 'abordar' se combina con sustantivos de persona *(Entró al defensa, lo derribó y le sacaron la tarjeta; Si quieres ese aumento de sueldo, tienes que entrar bien a tu jefe)* y también con otros que designan informaciones *(No sé cómo entrarle a ese asunto).* En el sentido de 'contenerse, incluirse', acepta también un gran número de sustantivos. Predominan los que designan informaciones *(La geografía física no entra en el examen del martes),* pero también son posibles los que se refieren a eventos *(La llegada de tu madre no entraba en mis planes; Es un contratiempo, pero entra en lo previsto),* personas u objetos materiales *(Por ese precio te entran dos más en el paquete).* El sentido estativo de 'caber' se obtiene por extensión del significado dinámico *(El coche no entra en este garaje; En este taxi no entramos los cinco).* Construido con complementos indirectos, generalmente de persona, acepta igualmente un gran número de sustantivos como sujetos. Destacan entre ellos los que designan alimentos *(No me entra el postre después de una comida así),* prendas *(No le entraban los pantalones del año pasado),* ideas o pensamientos *(Es un razonamiento difícil: no le entra a cualquiera)* y otras informaciones *(El chico dice que las matemáticas no le entran).* También se combina con un gran número de sustantivos que expresan reacciones físicas a alguna cosa, a veces reinterpretadas como anímicas *(mareo, calor, fiebre, dolor, tos, sudor: Le ha entrado la fiebre de la informática y se pasa el día delante del ordenador).* Un grupo de ellos se caracteriza por designar movimientos compulsivos *(escalofríos, temblor, convulsión, tembleque, taquicardia, palpitaciones, calambre).* En este mismo sentido se combina con los sustantivos que designan síntomas de alguna necesidad corporal *(sueño, somnolencia, modorra, sed, hambre, apetito: Me está entrando un hambre terrible),* que también admiten usos figurados. Se combina asimismo con los sustantivos *sensación, sentimiento* y *ataque,* que a su vez admiten muy diversos complementos nominales *(Le entra a uno una sensación de felicidad...; Cuando le entra ese ataque de locura...).* Admite otros muchos sustantivos, pero destacan especialmente sus combinaciones con...

A SUSTANTIVOS QUE DENOTAN DESEO O NECESIDAD ANÍMICA CON DIVERSOS GRADOS DE INTENSIDAD O VEHEMENCIA. EL SUSTANTIVO *MONO* ESTÁ RESTRINGIDO A LA LENGUA CONVERSACIONAL: **1 gana ++:** Yo vi a mi tío (...) en un vídeo y me *entraron* ganas de seguir sus pasos. EME060796 **2 deseo ++:** ...le *entran* deseos irresistibles de ponerse a escribir... EME220495 **3 impulso:** ...confieso que me *entra* un impulso homicida. LVE130996 **4 tentación ++:** ...esta vez también le ha *entrado* la tentación de minimizar para dejarlo todo en poco menos que nada... EME010694 **5 prisa ++:** ...les han *entrado* las prisas porque, argumentan, es poco responsable que el Consejo del Poder Judicial expire su mandato y no se renueve. EME011195 **6 mono +:** Ahora Garzón ha reaccionado, o más bien se ha cabreado, le ha *entrado* el mono ministerial. No quiere seguir siendo la gheisa... EME080594 **7 afición +:** Te va *entrando* afición y como en mi caso, llegas a tener una buena colección. DDN030101 **8 obsesión:** A mucha gente nos *entra* una obsesión febril por la morenez y somos capaces de asarnos vivos. EME160596

B SUSTANTIVOS QUE DENOTAN AFLICCIONES CARACTERIZADAS POR LA FALTA DE ÁNIMO, DE INQUIETUD, DE

VOLUNTAD O DE DINAMISMO: **9 tristeza ++**: Uno que andaba de suplente, pilló el tomate, por ver si a Max le *entraba* tristeza... EME130396 **10 pena ++**: ...luego nos *entra* pena por esta pobre «Montiel» provinciana y revuelta. EME270395 **11 desazón +**: No es que el asunto fuera terrible, pero la noticia provocó que le *entrara* una cierta desazón. INDOC **12 morriña +**: No lo he visto nunca porque me *entra* «morriña» y porque no quiero opinar. LVE310596 **13 nostalgia +**: A veces le *entra* la nostalgia y desfallece en una etapa... EPE160700 **14 desánimo**: No pienso *entrar* en una situación de desánimo nacional. EME310896 **15 apatía**: Una defensa en zona de los murcianos bastó para que (...) *entrase* en otra incomprensible fase de apatía que le costó la derrota. EME200395

C SUSTANTIVOS QUE DENOTAN FALTA DE FUERZA, ATENCIÓN, DISPOSICIÓN O INTERÉS POR LAS COSAS: **16 cansancio +**: Me *entra* cansancio lingüístico cada vez que oigo a las políticas/os. EPE161201 **17 fatiga +**: ...correr sólo he corrido cuando me ha *entrado* la fatiga... ABC270392 **18 agotamiento +**: Intenta hacer deporte, pero dice que en seguida le *entra* el agotamiento y tiene que dejarlo. INDOC **19 pereza +**: Cuando vuelve a casa, le *entra* la pereza y se entrena a medio gas... EPD080697 **20 aburrimiento +**: Y ya se sabe: cuando a uno le *entra* el aburrimiento, le da por comer. EPE050899 **21 flojera +**: ...dejó cuatro goles para combatir la flojera que le había *entrado* a la sufrida hinchada... EPE080399 **22 debilidad**: Le ha *entrado* una gran debilidad; debería cuidarse más. INDOC

D SUSTANTIVOS QUE DESIGNAN LA RISA, EL LLANTO Y OTRAS MANIFESTACIONES EXPANSIVAS EMOCIONALES DE NATURALEZA FÍSICA, FRECUENTEMENTE NEGATIVAS, AUNQUE NO EN TODOS LOS CASOS: **23 risa ++**: Siempre me *entra* risa, y lo bueno de Woody es que nos dejaba reír. LVE021096 **24 rabia +**: No es por tocar la moral a nadie, pero es que me *entra* una rabia... EME210296 **25 cabreo +**: Sin saber muy bien por qué, nos *entró* un horrible cabreo. INDOC **26 llantina**: Eso sí, al no tener escapatoria le *entró* la llantina. EME010496 **27 llorera +**: ...era el público el que creía que la había cogido de zapatero. Y a algunos les *entró* la llorera. EPE170999 **28 soponcio +**: No entiendo cómo les pudo *entrar* ese soponcio por una minucia. INDOC **29 berrinche**: Y le *entra* tal berrinche que le salen estigmas de salchichón por los sobacos. EME170296

E SUSTANTIVOS QUE DENOTAN TEMOR: **30 temor ++**: Ahí *entra* el temor de la ya oposición. EPE170699 **31 miedo ++**: Ahora sí que le *entra* miedo al cuerpo de Luci. EME010795 **32 pavor +**: Escucha uno con delectación un disco, y le *entra* el pavor de si estará afirmando la fama de un enchufado. EME260495 **33 terror +**: De repente se preguntó si había subido en el autobús correcto, y le *entró* terror. INDOC **34 pánico +**: Me *entró* pánico: ¿qué significa esto? Abrí uno y tenía escrito el número 17. EME060494

F SUSTANTIVOS QUE EXPRESAN INCERTIDUMBRE O PREOCUPACIÓN. TAMBIÉN CON OTROS QUE DESIGNAN CIERTOS MOVIMIENTOS COMPULSIVOS INTERNOS QUE, USADOS FIGURADAMENTE, DENOTAN INQUIETUD, INTERÉS O CURIOSIDAD: **35 preocupación ++**: Entró la preocupación en el clan español del Festina. EPE220700 **36 duda ++**: Y nos *entró* la duda. EME020194 **37 gusanillo +**: Le *entró* el gusanillo hace casi 50 años y desde entonces no ha dejado de actuar. EME111195 **38 cosquilleo +**: ...con cerca de quinientas páginas, al lector le *entra* siempre ese cosquilleo morboso de verse en disposición de disfrutar de la carnaza. ABC281094 **39 sospecha**: «Al gran capital le *entra* la sospecha de que sea el PSOE el que represente sus intereses»... EME070694 **40 vacilación**: Si le *entra* a usted la más pequeña vacilación, debería paralizar el proceso. INDOC

■ Se combina también con: ♦ **abiertamente[80], abruptamente[29], a cara descubierta[7], a empujones[3], a espuertas[4], a fondo[27], a golpes, a hurtadillas[11], al abordaje, a mano armada[5], a pecho descubierto[5], arrolladoramente[11], a sangre y fuego, a tientas[14], a tiros, atropelladamente[12], como una bala, como una exhalación[7], con {buen/mal} pie[3], decididamente[15], de extranjis, de lleno[7], de pleno[15], de puntillas[16], de rondón, en desbandada, en oleadas, en tropel, ni a la de tres, pacíficamente, por {mi/tu/su...} propio pie, profundamente[4]**

☐ Véase también: **ingresar**.

entre *prep.* ▮ Se combina con sustantivos en plural *(entre las flores)* o unidos por coordinación *(entre la puerta y la ventana)*. Se construye asimismo con numerosos sustantivos colectivos, más frecuentemente si son nombres de persona *(tripulación, muchedumbre, público, vecindario, población, clero, gentío, séquito)*, pero también si designan conjuntos de cosas *(anecdotario, mobiliario, arboleda)*. Admite sustantivos no contables que designan materias formadas por corpúsculos semejantes, sean granulosos *(arena, azúcar, trigo, centeno)*, filamentosos *(pelo, paja, lana, césped, pasto)* o de otro tipo *(dinero, ropa: Guardaba el dinero entre la ropa)*. No suele aceptar los sustantivos que designan líquidos, pero se combina con otros sustantivos, generalmente no contables, en particular con...

A EL SUSTANTIVO *HIERBA* Y CON OTROS QUE DESIGNAN CONJUNTOS DE HIERBAS, MATAS O RAMAS, A VECES INTERPRETADOS FIGURADAMENTE: **1 hierba ++**: En el patio, *entre* la hierba, se ahondaba una cisterna. ABC181194 **2 hojarasca +**: ...*entre* la hojarasca de mala literatura que nos invade... EME241295 **3 espesura +**: Estaba escondido *entre* la espesura cuando llegó la policía... CLA100297 **4 maleza +**: ...cayó de rodillas *entre* la maleza, bañado en fango... SEM061100 **5 follaje**: ...halló el cadáver oculto *entre* el follaje del árbol. ACP120996 **6 fronda**: ...sólo alguno emergía tímidamente *entre* la fronda. EPE050299 **7 ramaje**: Asomaba la punta de la cola *entre* el ramaje. INDOC

B SUSTANTIVOS QUE DESIGNAN MATERIAS ESPESAS O COMPACTAS: **8 barro +**: Algunos llevan ahí, *entre* el barro, más de dos semanas. EPE180499 **9 lodo +**: ...hizo una restauración radical. Sacó de *entre* el lodo una Florencia perdida. ETC100497 **10 fango +**: Buscaba a sus cuatro hijos *entre* el fango de una avalancha. EPE111099 **11 humo +**: Fuimos avanzando *entre* el humo con toallas, como podíamos. EPE020701 **12 humareda +**: Entre la humareda avanzaban las llamas... EPE220899 **13 bruma +**: ...*entre* la bruma londinense reapareció Camila... ETC040997 **14 niebla +**: Al montañero despeñado le buscan helicópteros *entre* la niebla... EME190394 **15 neblina +**: Entre la neblina surgen las primeras casas de Vedenó. EME040396 **16 piel**:

...se reprodujeran entre los asistentes como las garrapatas *entre* la piel de un chucho callejero. EME100596 **17 asfalto:** Aquellas cicatrices históricas asomando *entre* el asfalto producían malestar... EPE020488

C SUSTANTIVOS QUE DENOTAN CONFUSIÓN O MEZCLA DESORDENADA DE COSAS: **18 confusión:** Entre la confusión siempre se puede pillar algo. EPE070699 **19 desorden:** ...no es calle, sino amable pendiente *entre* el desorden reinante. LVE210594 **20 caos:** ...las clasificaciones que después se harán para orientarnos *entre* el caos. PME190197 **21 desconcierto:** ...en busca de la inspiración salvadora *entre* el desconcierto general. EME150196 **22 lío:** ...no sufriría mayor shock que el de hallar a Luis Ramallo *entre* el lío de Gescartera. EPE050801 **23 laberinto:** ...sigue una ruta de encantamiento *entre* el laberinto del sentido. EPE151201 **24 maraña:** ¿Cuál es la contribución de McBride? Haber buscado *entre* la maraña documental, jurídica y política... CAP270696 **25 jungla:** ...le creció una iglesia casi de camuflaje *entre* la jungla. EPE280699 **26 palabrería:** ...la firmeza de la ciencia consigue asentarse por méritos propios *entre* la palabrería. LVE290695

D SUSTANTIVOS QUE DENOTAN SONIDO, MÁS FRECUENTEMENTE SI ES PERSISTENTE O POCO AGRADABLE: **27 ruido +:** Entre el ruido ensordecedor de cien máquinas se movían adolescentes condenados por alguna fuerza superior... EXP150492 **28 estruendo +:** Desaparecido John-John *entre* el estruendo del océano no pervive figura alguna... EPE190799 **29 fragor +:** Entre el fragor de la censura, la Cámara dio ayer cuerpo a una gran idea de futuro... EPE130199 **30 sonido:** ...y comenzar una excursión a pie junto al río, *entre* el sonido envolvente del murmullo del agua. EPE180699 **31 murmullo:** ...un chico de cerca de Bilbao que, *entre* el murmullo ronco e incrédulo de la Pista Central... EME020694

E SUSTANTIVOS QUE DESIGNAN CONJUNTOS DE DATOS: **32 información +:** Entre la información que registran se encuentran el lugar y la fecha... ESH030797 **33 documentación ++:** Entre la documentación intervenida aparecen los nombres... ENC010201 **34 bibliografía ++:** Entre la bibliografía a consultar por los alumnos –de entre 18 y 35 años– figura «Los temas de la diva»... CLA070497

F SUSTANTIVOS NO CONTABLES QUE DESIGNAN OTROS CONJUNTOS DE COSAS, GENERALMENTE DESIGUALES Y POCO ÚTILES: **35 basura +:** Más de alguna vez tuvo que hurgar *entre* la basura para encontrar comida... ESH061000 **36 chatarra +:** ¿Se estremece cuando ve los videos con su humanidad *entre* la chatarra? HOY230297 **37 porquería +:** Un brazo inerte surgió de *entre* la porquería. EME130496

G SUSTANTIVOS QUE DESIGNAN PROPIEDADES, USADOS PARA REFERIRSE A LA MATERIA QUE LAS MANIFIESTA: **38 verdor:** ...no todo era alegría *entre* el verdor rodeado de blancura. ABC200594 **39 oscuridad:** Siempre actuaba en noches de intenso calor y *entre* la oscuridad. EPE100799

entre algodones ♦ **conservar, crecer, criar(se), guardar, tener, vivir**

entrecortadamente ♦ **balbucear, decir, explicar, hablar, jadear, reír, respirar, roncar, sollozar, suspirar,** *otros verbos que designan manifestaciones sonoras*

☐ Véase también: **cortar, interceptar, interrumpir.**

entrecortar(se) *v.* ▮ Se usa más frecuentemente en forma participial. Se combina con los sustantivos *línea, cadencia, movimiento, señal* y con otros que designan magnitudes continuas que siguen algún curso. Destacan especialmente sus combinaciones con...

A SUSTANTIVOS QUE DESIGNAN SONIDOS, A MENUDO ARMONIOSOS, ASÍ COMO ALGUNOS DE SUS COMPONENTES Y SUS CARACTERÍSTICAS DEFINITORIAS: **1 ritmo ++:** Los acordes musicales, ritmo *entrecortado* e imágenes en proyección son buenas ayudas en estos momentos. ABC070292 **2 música +:** ...en medio de la música de Héctor Berlioz *entrecortada* por ruidos de bombardeos y ametralladoras... CLA190197 **3 melodía +:** ...un contracanto irreal y huidizo de los violines que acompaña a la melodía *entrecortada*... ABC050293 **4 tono +:** Con (...) rostro compungido y tono *entrecortado,* (...) rindió homenaje al «gran patriota...». LVE090196

B EL SUSTANTIVO *VOZ,* Y CON OTROS QUE DESIGNAN DIVERSAS FORMAS DE INSPIRAR Y EXHALAR AIRE: **5 voz ++:** ...se le oye gritar bajito, con la voz *entrecortada.* GIC121996 **6 respiración ++:** De ello se obtiene una respiración *entrecortada,* sujeta a un sistema de tensiones invisibles. EPU060901 **7 aliento +:** Se les *entrecorta* el aliento por el derroche de energía que acaban de realizar. EPE010399 **8 suspiro:** ...los ojos siempre con la lágrima a punto (...) y suspiros *entrecortados*... LVE011295 **9 resuello:** Ya me veo subiendo, con el resuello *entrecortado* y la lengua fuera, el Alpe d'Huez... LVE140795 **10 jadeo:** Del silencio surgían unos jadeos *entrecortados,* verdaderamente estremecedores. INDOC **11 ronquido:** Su sintomatología, básicamente, se resume en ronquidos *entrecortados*... EPE250700

C SUSTANTIVOS QUE DESIGNAN SONIDOS NO VERBALES REPRESENTATIVOS DE DIVERSOS SENTIMIENTOS, A MENUDO VEHEMENTES: **12 sollozo +:** No hubo gritos ni voces de protesta, sólo sollozos *entrecortados* y un pesado silencio. EPD210497 **13 risa +:** Gritos de admiración y risas *entrecortadas* acompañaron a una pregunta recurrente... EPE120899 **14 grito:** Desde el patio, escuchábamos los gritos *entrecortados* de nuestros compañeros. Era evidente que había sucedido algo grave. INDOC **15 alarido:** Llora y lanza alaridos *entrecortados.* EME250694

D SUSTANTIVOS QUE DESIGNAN DIVERSAS MANIFESTACIONES ORALES O ESCRITAS, ASÍ COMO ALGUNOS DE SUS CONTENIDOS, COMPONENTES Y ELEMENTOS ESTRUCTURALES: **16 frase ++:** Sus frases, *entrecortadas,* sólo hacían referencia al agua y a la suciedad. LVE021096 **17 palabra ++:** ...me impresionó, más que las palabras *entrecortadas* por las lágrimas, ese sentimiento... ENC010301 **18 discurso +:** Michaela continúa su discurso *entrecortado* por el llanto. EME030594 **19 conversación +:** Prepárese para conversaciones *entrecortadas* cuando hay «paquetes» que se pierden... ENV010796 **20 diálogo +:** ...diálogos *entrecortados* donde el punto de vista de la narración se entremezcla... ABC051193 **21 declaración +:** Juntos (...) empujaron para obtener una buena foto o una declaración *entrecortada.* CAP290801 **22 relato +:** El relato se rompe, se rasga (...), *entrecortado* constantemente por una mirada visceral... EME180596 **23 historia:** Los personajes, al relacionarse entre sí, van componiendo una historia *entrecortada,* titubeante... HOY110784 **24**

párrafo: ...hizo un uso sectario de éstos, reproduciendo párrafos *entrecortados*... LVE291296 **25 descripción:** La estructura fragmentaria y evocadora (preguntas iniciales, descripciones *entrecortadas*)... ABC161092 **26 comunicación:** Surge así una comunicación *entrecortada*, un espeso silencio, sólo roto con las personas de confianza y en voz baja (por ejemplo, en un bar o lugar público)... EPE110900

E SUSTANTIVOS QUE DESIGNAN FORMAS DE HABLAR. POR EXTENSIÓN, TAMBIÉN OTROS QUE DESIGNAN DIVERSAS NOCIONES RELACIONADAS CON LAS REALIZACIONES PARTICULARES DE LA LENGUA Y ALGUNAS DE SUS PROPIEDADES: **27 estilo ++:** ...escrito en un estilo diferente, *entrecortado* y elíptico... ABC060594 **28 lenguaje +:** Con un lenguaje *entrecortado* (...), juró que ella nunca había hecho nada ilegal... LVE221095 **29 sintaxis +:** En ambas la sintaxis se *entrecorta* con el artificio de las imágenes sobre el golpe rítmico... ABC250992 **30 hablar:** Con su hablar corto y *entrecortado*, como para adentro, el isleño no entiende de centimetrajes... ECA090792 **31 habla:** Tenían un habla bronca, *entrecortada*, casi gutural, agraria. EME180694 **32 acento:** ...se veía ya en lo *entrecortado* de su acento que aquel pobre hombre venía presa de descriptibles desasosiegos. LVE160295 **33 español:** ...idioma que dominan mejor que su español *entrecortado*. EPC050797

F ALGUNOS SUSTANTIVOS TEMPORALES: **34 período:** ...los tranvías, transportes inseparables de los *entrecortados* periodos de calma... LVE121095 **35 año:** Diez años de embargo contra Irak, *entrecortados* por los bombardeos... EPE111101

G OTROS SUSTANTIVOS; POSIBLES USOS ESTILÍSTICOS: ...el recuerdo de la penumbra encendida de Fortuny, *entrecortada* de reflejos... ABC220995; ...una trascendencia meditativa *entrecortada* formalmente por el juego léxico y rítmico. ABC100395

entre cuatro paredes ♦ **encerrar(se), meter(se), recluir(se), vivir**

entre dientes ♦ **decir, hablar, mascullar, murmurar, musitar,** *otros verbos de lengua*

entrega ▮ *(donación)* ♦ **a crédito[19], a cuenta, a domicilio[31], anticipado, en mano, escalonado, esporádico, periódico, puntual** ♦ **aceptar, agilizar[74], cursar, denegar[38], hacer, negociar[25], rechazar**

▮ *(esfuerzo)* ♦ **abnegado, absoluto, admirable, callado, ciego[32], completo, decidido, desinteresado, ejemplar, generoso, incondicional[26], loable, sacrificado, sin condiciones[2], sin reservas[64], total, voluntarioso** ♦ **a una causa** ♦ **demostrar, derrochar[19]**

☐ Véase también: **a crédito, a domicilio, agilizar, concesión, congelar, cortar, denegar, desviar, devolución, donación, dotes, negociar.**

ENTREGA

♦ (SUSTANTIVOS) Véase: **a crédito[G], a domicilio[E], agilizar[K], a título de[E], congelar[K], cortar[F], denegar[E], desviar[E], equitativo[A], negociar[E], sin condiciones[A]**

♦ (VERBOS) Véase: **a crédito[C], a diestro y siniestro[A], a domicilio[B], a espuertas[B], a granel[B], a manos llenas[B], a raudales[D], a regañadientes[G], copiosamente[D], de antemano[F], debidamente[E], de buen grado[D], en exclusiva[B], en persona[F], generosamente[D], gentilmente[A], gratis et amore[B], gustoso[D], imparcialmente[D], incondicionalmente[D], intacto[B], ordenadamente[B], por mayoría[E], religiosamente[A], sano y salvo[F], sobradamente[C], temporalmente[G], venir (en)[B]**

☐ Véase también: AYUDA; DISTRIBUCIÓN; OFRECIMIENTO.

ENTREGA, ATRIBUCIÓN Y ADJUDICACIÓN Véase:

♦ **aportación, ayuda, concesión, contribución, depósito, devolución, don, donación, entrega, prerrogativa, préstamo, privilegio, propina, regalo, suministro, transferencia**

♦ **adjudicar, aportar, asignar, atribuir, ceder, conceder, dar, depositar, devolver, encasquetar, entregar, enviar, otorgar, prestar, regalar, subrogar, suministrar**

☐ Véase también: *DISTRIBUCIÓN.*

entregar ♦ **gustoso[39], sano y salvo[33]** ♦ **a cuenta, a domicilio[11], amablemente, a regañadientes[27], como anticipo, con retraso, en compensación, en custodia, en mano, en persona[32], generosamente[13], gratis et amore[6], gustosamente, incondicionalmente[19], íntegramente[6], puntualmente**

☐ Véase también: **asignar, atribuir, conceder, dar, devolver, encasquetar, entregar(se), enviar, prestar, subrogar.**

entregar(se) ♦ **abnegadamente, a conciencia[2], a tope[10], ciegamente[19], con fruición[16], de lleno[2], de pleno[21], en carne y hueso, en cuerpo y alma, febrilmente[5], generosamente[13], por completo[122], sin condiciones[24], sin reservas[32], totalmente, de buen grado[16]**

☐ Véase también: **darse (a), entregar.**

entre horas ♦ **beber, comer, picar, tomar**

entre líneas *loc.adv./loc.adj.* ▮ Se combina con...

A EL VERBO *LEER*, ASÍ COMO CON OTROS QUE DENOTAN INTERPRETACIÓN, CAPTACIÓN O PERCEPCIÓN INTELECTIVA DE ALGO: **1 leer ++:** En la entrevista, se lee *entre líneas* el intento del DEP de justificar las acciones terroristas del PKK... EME170594 **2 adivinar +:** Dejando aparte al protagonista del relato que se adivinaba *entre líneas*, a medida que leía el artículo iba saboreándolo con mayor placer... LVE270996 **3 entender +:** A Butragueño hay que entenderle *entre líneas* y cuando asegura que se siente «agradecido a Mendoza por su comportamiento en las negociaciones»... EME190495 **4 interpretar +:** ...con lo que los operadores e inversores interpretaron, *entre líneas*, que se incrementaba significativamente la posibilidad de una subida en el tipo... LVE150996 **5 atisbar:** Una amenaza que no es explícita, porque rara vez puede serlo, pero que se atisba *entre líneas* en el comunicado final... EPE090900 **6 percibir:** ...los cambios deben percibirse *entre líneas*, a través de figuras retóricas (...), nunca de manera clara y llana. EME151196 **7 observar:** Y *entre líneas* se puede observar otra clave del discurso de Adams (...) cuando, dirigiéndose de forma explícita a sus compañeros republicanos... EPE241001 **8 ver:** ...cuando el televidente sepa oír y ver entre anuncios, *entre líneas* y entre telas de banderas desplegadas. EME070195 **9 escuchar –:** Con este cantaor no se puede esperar veladas alusiones ni hace falta «escuchar *entre líneas*»... LVE191295

B VERBOS DE COMUNICACIÓN, MÁS FRECUENTEMENTE SI DESIGNAN LA EMISIÓN DE ALGÚN MENSAJE: **10 decir:** Libro que dice muchísimo en líneas y más *entre líneas* sobre muchos temas ardientes... ABC130893 **11 hablar:** Así, a bote pronto, pensé que hablaba *entre líneas* de luchas y de «gorrones». EME280194 **12 contar:** Además, los compañeros que viajan estos días acompañando a los socialistas cuentan *entre líneas* que, salvo excepciones, es escasa la afluencia a los mítines. EME170595 **13 escribir:** ...a las viejas técnicas de la Dictadura, cuando se escribía *entre líneas* para los iniciados... EME271195 **14 expresar:** ...en el que el autor, modestamente, sólo expresa *entre líneas* alguna etapa en la que se vio directamente implicado... EME201095 **15 anunciar:** ...hizo tres días antes de los fusilamientos un discurso que anunciaba *entre líneas* que Franco se llevaría su Régimen al Valle de los Caídos. LVE011095 **16 comentar:** Y aunque la mayoría lo comenta *entre líneas*, hay quienes se atreven a declararlo sin tapujos. CAR260597 **17 explicar:** ...explica, *entre líneas*, cómo ve al país bajo el mandato de la derecha. EME040496

C VERBOS QUE DESIGNAN LA ACCIÓN DE PONER DE MANIFIESTO, REVELAR O TRANSMITIR ALGUNA INFORMACIÓN, A VECES INDIRECTAMENTE: **18 sugerir +:** La minuciosidad de la escritura se reafirma al sugerir *entre líneas* un juego de contrastes que implica al autor del diario y a su personaje. ABC301092 **19 apuntar +:** En cuanto al tipo de música emitida, como Ud. apunta *entre líneas*, ha sido muy variada... EDV300101 **20 esbozar:** Entre líneas ha esbozado el ex presidente una rectificación de estrategia... EME031096 **21 demostrar:** El propio presidente del partido, José María Aznar, demostró *entre líneas* su malestar por la actitud de Gallardón. EME100296 **22 denotar:** Entre líneas, incluso el comunicado del presidente Bill Clinton tras la sentencia denotaba cierto escepticismo... LVE051095 **23 enseñar:** ...para ayudarnos a unificar nuestras vidas y conocimientos, cada vez más fragmentados, y enseñarnos –*entre líneas*– algo sobre el amor, la elegancia, la claridad y la comprensión. ABC210194 **24 señalar:** Zedillo pretende señalar *entre líneas* el descontento de su país por las duras condiciones impuestas por EE. UU... EME050395 **25 aludir:** ...Lorca alude *entre líneas* a Dalí: «He suprimido algunas canciones rítmicas a pesar de su éxito porque así lo quería la Claridad». EPE310199 **26 consignar –:** Si *entre líneas* se consigna un banco, sólo en éste se puede negociar. EME100396

D VERBOS QUE DENOTAN JUICIO. TAMBIÉN CON OTROS QUE DESIGNAN CIERTAS ACCIONES VERBALES DE NATURALEZA HOSTIL: **27 condenar +:** O se condenan con peor estilo, *entre líneas*, los amores de un político senior con la subordinada junior... EPE020288 **28 fustigar:** Entre líneas, su mensaje fustigó la tentación del poder pero se las arregló para adaptar sus palabras a la tentación ante la cual todos los yugoslavos deberían patrióticamente sucumbir. EPE070699 **29 amenazar:** ...y amenazó *entre líneas* con un voto contrario de la eurocámara. EPE250499 **30 tildar –:** ...mientras la joven dirección de Addis Abeba es tildada *entre líneas* de precipitación política y tozudez en su empeño... EPE280877

E VERBOS QUE DENOTAN APARICIÓN O SURGIMIENTO DE ALGO O DE ALGUIEN, A MENUDO DE MANERA INESPERADA O SUBREPTICIA: **31 aparecer +:** En las falsificaciones algunos de esos cuadros aparecen *entre líneas* y es posible que muchas de las delicadas líneas del retrato estén interrumpidas... ESH090497 **32 asomar:** Y no rehúye el aprovechamiento de modelos literarios que a veces asoman *entre líneas*. ABC020493 **33 venir:** El mensaje real vino *entre líneas*, y la audiencia no lo tardó en descifrar: «¡Doce años más! ¡Doce años más!». EME290896 **34 colarse:** A Ramón Ayerra se le cuela un soplo de greguería ramoniana *entre líneas*... EPE050900 **35 escurrirse:** Si busca el lector entre los listados de la cartelera de Madrid de las doce últimas temporadas los nombres y los títulos de los más jóvenes escritores teatrales, verá cómo se escurren *entre líneas*. ABC230695

F ALGUNOS VERBOS QUE DENOTAN OFRECIMIENTO O ACEPTACIÓN: **36 ofrecer +:** ...y al mismo tiempo un sexto sentido para ofrecer, *entre líneas*, lo más destilado de una tradición musical de Europa y, en especial, de su propio país. LVE070495 **37 reconocer +:** Y es que, como reconoció *entre líneas* el prelado catalán, muchos obispos se opusieron a la redacción original del documento... EME110294

G OTROS VERBOS; POSIBLES USOS ESTILÍSTICOS: ...Menéndez Morán sonríe *entre líneas* –«tengo mucha suerte»– y se felicita por los resultados obtenidos. ABC170295

H LOS SUSTANTIVOS *LECTURA* Y *ESCRITURA*: **38 lectura ++:** Así que, frente a esa desmesura, que puede provocar cierto rechazo de su obra, yo creo que hoy tenemos que hacer una lectura *entre líneas*, sintética, de «Hojas de hierba». ABC270392 **39 escritura:** ...un autor instalado, inicialmente, en el arte de la parábola y de la escritura *entre líneas*. LVE220296

I EL SUSTANTIVO *MENSAJE* Y CON OTROS QUE DESIGNAN DIVERSAS MANIFESTACIONES ORALES O ESCRITAS: **40 mensaje +:** El mensaje *entre líneas* de Ferguson, que en una indirecta obviamente dirigida a Beckham resaltó «la vida tranquila de familia»... EPE281299 **41 frase:** Cualquier comentario crítico, cualquier frase *entre líneas*, cualquier pregunta con segundas puede destapar la caja de los truenos. EME210694 **42 consejo:** Entre líneas, muchos sabios consejos para investigadores del ángulo oscuro de la condición humana. LVE111296 **43 sentencia –:** Más sentencias *entre líneas*: «Zülle va a intentar defenderse; Riis atacará». EME180795

entrenamiento ♦ agotador[7], a puerta cerrada[69], arduo, completo, concienzudo, continuo, deportivo, diario, duro, especial, fuerte, intenso, ligero, liviano, metódico, militar, permanente, pleno, político, suave, técnico, vocal ♦ campo (de), cancha (de), curso (de), ejercicio (de), grado (de), partido (de), programa (de), sesión (de) ♦ acelerar, culminar, dar, dirigir, impartir[10], intensificar, practicar, proporcionar, realizar, recibir, reforzar, requerir

entrenar(se) ♦ a conciencia[15], a fondo[23], a medio gas, a morir[13], a puerta cerrada[21], arduamente, a tope[8], concienzudamente[4], continuadamente, duramente[3], esporádicamente, intensamente[32], metódicamente
☐ Véase también: **preparar(se)**.

entre pecho y espalda ♦ administrarse, meterse

entresijo ♦ administrativo, financiero, intrincado, misterioso, oculto, oscuro, político, profundo, recóndito, verdadero ♦ aclarar, adentrarse (en)[13], airear, averiguar, buscar, conocer, descubrir, desentrañar[8], destapar, desvelar[9], enseñar, explicar, explorar, indagar (en), introducir(se) (en), meter(se) (en)[3], mostrar, penetrar (en), revelar, sacar, salir a la luz[10], tener, zambullir(se) (en)
☐ Véase también: **entraña (de)**.

entrevista ♦ a fondo, amplio, breve, cara a cara[35], de prensa, detallado, en exclusiva[40], en profundidad, exclusivo, informal, largo, mano a mano, personal, político, prolongado, telefónico ♦ aceptar, celebrar(se), conceder, concertar[2], conseguir, dar[278], desarrollar(se), difundir(se)[19], girar[4], hacer, mantener, planificar, preparar, publicar, realizar, solicitar, sostener, televisar, tener, tener lugar, tergiversar[18], transcurrir, transmitir, versar (sobre algo)
☐ Véase también: **charla, conversación, diálogo**.

entrevistar(se) ♦ a fondo, informalmente[4], personalmente
☐ Véase también: **charlar, debatir, dialogar**.

entristecer ♦ enormemente, profundamente[43], sumamente

en tromba ♦ acudir, atacar, entrar, lanzarse, llegar, salir, venir
☐ Véase también: **en desbandada, en tropel**.

entroncar ♦ de lleno[30], de pleno, directamente, estrechamente, indirectamente, plenamente, tangencialmente

en tropel ♦ acudir, entrar, escapar, huir, llegar, retirarse, salir, venir
☐ Véase también: **en desbandada, en tromba**.

entuerto ♦ arreglar, corregir, desenredar, deshacer, enderezar[34], formar(se), remediar, reparar, resolver, solucionar
☐ Véase también: **apuro, dificultad, problema**.

entumecer(se) ♦ dedo, mente, músculo, pie, *sustantivos que designan otras partes del cuerpo*
☐ Véase también: **desentumecer(se)**.

entusiasmo ♦ caluroso[26], delirante, desaforado[5], desatado, desbordante[2], desmedido[31], desorbitado[19], enorme, escaso, frenético[32], irrefrenable, pletórico (de)[12], rebosante (de)[20], vibrante, vivo ♦ acceso (de)[28], ápice (de)[8], arrebato (de)[27], demostración (de)[52] ♦ adueñarse (de alguien), alimentar(se) (de)[23], apagar(se), atemperar[4], atizar, avivar[31], brincar (de), causar, concitar[44], conservar, contagiar, cundir[37], decaer[8], decrecer[36], derrochar[3], desatar(se)[18], desbordar(se)[18], deshinchar(se)[3], desinflar(se)[1], despertar[25], desplegar, disipar(se)[48], echar[1], embargar (a alguien), enfriar(se)[2], exaltar(se), extender(se), infundir[13], insuflar[14], invadir (a alguien), irradiar, manifestar, mostrar, provocar, reinar, rezumar[13], sentir, transmitir[5], verter[49], vibrar (de)
☐ Véase también: **afán (de), alegría, ardor, fervor, ímpetu, pasión**.

enumeración ♦ aburrido, detallado, extenso, impecable, largo, meticuloso, minucioso, preciso, prolijo[6], somero[48], sucinto[16], tedioso

enumerar ♦ de memoria[8], detalladamente[31], exhaustivamente, minuciosamente, prolijamente[21], punto por punto, uno {a/por} uno

en un pedestal ♦ colocar, poner, subir, tener

en uso (de) ♦ atribución, derecho, facultad, libertad, poder, soberanía

envainar ♦ cuchillo, espada, *otros sustantivos que designan armas blancas*

en vano Véase: **vanamente**

envasar ♦ al vacío

envejecer ♦ a marchas forzadas[42], a pasos agigantados[23], dignamente[5], prematuramente

envejecimiento ♦ acusado, cerebral, de la población, demográfico, gradual, inevitable, irreversible, paulatino, prematuro, progresivo, repentino, visible ♦ proceso (de), riesgo (de), señal (de), signo (de) ♦ acelerar(se), acentuar(se), acusar, aminorar[43], atajar, avanzar, causar, mitigar, prevenir, provocar, retrasar, sufrir
☐ Véase también: **cambio, deterioro, empeoramiento, pérdida**.

en vena ♦ chutarse, inyectarse, meterse

[envergadura] → de envergadura

envergadura ♦ apabullante, artístico, colosal, considerable, descomunal, desproporcionado, diplomático, económico, enorme, escaso, exagerado, extraordinario, físico, gran(de), impresionante, intelectual, internacional, jurídico, legal, limitado, militar, monumental, mundial, notable, político, reducido, social, suficiente, territorial, tremendo ♦ acrecentar(se), adquirir, alcanzar, analizar, calcular, carecer (de), considerar, disminuir, incrementar(se), medir, poseer, tener
☐ Véase también: **estatura, importancia, peso, relevancia**.

enviar ♦ **a domicilio[12], a granel[12], en serie, masivamente, por correo**

en vida ♦ **homenaje, muerte** ♦ **alcanzar, cosechar, encerrar, enterrar, lograr, recibir**

envidia ♦ **ajeno, atroz, ciego (de)[17], cochino, corrosivo, despreciable, enconado, irrefrenable, mortal, mutuo, obsesivo, oculto, preso (de), puro, sano** ♦ **con, sin** ♦ **ataque (de)[13]** ♦ **anidar[8], apoderar(se)[17], calmar, carcomer[1], causar, cegar (a alguien), concitar[23], consumir(se), consumirse (de), contener, corroer[1], dar[331], desatar(se), despertar[57], devorar (a alguien), disimular, engendrar, envenenar (algo), generar, morirse (de), motivar (algo), provocar, reconcomer(se)[1], refrenar, salir a flote, sentir, sufrir, tener (a alguien)**
☐ Véase también: **defecto**.

en vigor ♦ **acuerdo, autorización, bloqueo, cambio, contrato, convenio, decisión, derecho, enmienda, entrada, incremento, legislación, ley, liberalización, licencia, medida, método, modificación, moneda, norma, obligación, ordenanza, orden social, pacto, permiso, plan, política, precepto, prohibición, puesta, reducción, regla, reglamento, sistema, tarifa, tasa, texto, tratado, unión** ♦ **entrar, estar, mantener(se), poner(se), seguir**
☐ Véase también: **vigente**.

envío ♦ **a domicilio[34], aéreo, ingente, terrestre, urgente** ♦ **por {barco/avión/tren...}** ♦ **agilizar, cortar[32], detener(se), disponer, estancar(se), franquear, hacer, interceptar, paralizar, realizar, recibir**
☐ Véase también: **entrega**.

en virtud (de) ♦ **acuerdo, cargo, convenio, dato, decisión, decreto, ley, lo acordado, lo decidido, lo pactado, normativa, noticia, orden, pacto, resultado, sentencia, tratado**

en vivo Véase: **en directo**

en volandas ♦ **alzar, coger, levantar, llevar, sacar, salir**

enzarzarse (en) *v.* ▌En su sentido físico se combina generalmente con sustantivos que designan plantas, matas o arbustos. En su sentido figurado se combina con...

A SUSTANTIVOS QUE DESIGNAN DIVERSAS FORMAS DE CONFRONTACIÓN, VERBAL O DE OTRO TIPO: **1 batalla ++**: ...los dos países se *enzarzaron* en una batalla sin cuartel sobre el uso de la fuerza... EME291195 **2 combate ++**: ...que a su vez también se *enzarzaron* en combates con las tropas uzbekas... EPE221101 **3 lucha ++**: ...destaca la relación entre Mario y su mujer, *enzarzados* en una sorda lucha... ABC030192 **4 guerra +**: ...se hallan *enzarzados* en una «guerra verbal» que no apuntala la frágil estabilidad en esta nación... LNC110497 **5 polémica ++**: ...el PP y el PSOE se *enzarzaron* en una nueva polémica... EDV270499 **6 pelea ++**: Jóvenes de Monte Porreiro y Campelo se *enzarzan* en una pelea callejera... FDV120601 **7 disputa ++**: ...se *enzarzaron* en una agria disputa y hasta llegaron a las manos. EPE270699 **8 discusión ++**: En el lugar, los agentes vieron a dos jóvenes *enzarzados* en una discusión. DDN030101 **9 debate ++**: Periodistas y escritores se *enzarzaron* en un debate nacional que no habría sido inteligible si... EME100696 **10 riña +**: Dos conductores se *enzarzaron* en una riña. EME210294 **11 enfrentamiento +**: ...se han *enzarzado* en un enfrentamiento verbal a pocos días de la apertura... DLA170697 **12 pleito**: ...de que el país vaya a derrumbarse o a *enzarzarse* en un pleito irresoluble. LVE030396 **13 bronca**: ...terminó con 30 personas *enzarzadas* en la bronca y dos heridos leves... EPE150799 **14 competición**: ...que se *enzarzaron* en una competición para ver quién apoyaba más las reivindicaciones... EPE120299

B SUSTANTIVOS QUE DENOTAN ACUSACIÓN Y OTRAS FORMAS DE HOSTILIDAD VERBAL. SE USAN MÁS FRECUENTEMENTE EN PLURAL: **15 acusación ++**: ... los partidarios del actual secretario general en funciones (...) y de su oponente (...) se *enzarzaron* ayer en graves acusaciones. LVE190495 **16 descalificación +**: Las seis empresas que concurrieron se *enzarzaron* en descalificaciones mutuas... EME260595 **17 insulto**: Se *enzarzaron* en insultos y de las palabras pasaron al enfrentamiento físico. EME021296 **18 crítica**: ...se proclamó «alcalde moral» y se *enzarzó* en críticas con Martín Toval. EME180695 **19 reproche**: ...se *enzarzaron* ayer en duros reproches sobre la responsabilidad política... EPE191201 **20 diatriba**: ...lo esencial ahora no es *enzarzarse* en inútiles diatribas estéticas... LVE130196 **21 ataque**: ...se *enzarzaron* en ataques personales durante casi dos horas. EME170295 **22 denuesto –**: ...y que las cofradías del uno y otro festejo se *enzarzaran* en denuestos... EPE200599

C SUSTANTIVOS QUE DESIGNAN GOLPES Y OTROS MOVIMIENTOS IMPULSIVOS. SE USAN FRECUENTEMENTE EN PLURAL: **23 agarrón**: ...se *enzarzaran* en (...) agarrones y al fin cachiporrazos, como manda la tradición de los títeres... EPE200599 **24 bofetada**: ...y, al estilo de verdaderos energúmenos, se *enzarzaron* en bofetadas. LVE241095 **25 puñetazo**: ...por *enzarzarse* a puñetazos en una etapa de la última Vuelta a España. LVE111095

D SUSTANTIVOS QUE DENOTAN ENREDO O DESIGNAN DIVERSAS MANIFESTACIONES DE LA AUSENCIA DE ORDEN, CLARIDAD O COHERENCIA: **26 embrollo**: ...el objetivo predilecto del hispano-argentino, que se ha *enzarzado* en un auténtico embrollo... LVE120995 **27 galimatías**: ...unos y otros se encuentran *enzarzados* en un galimatías de negociaciones... LVE160795 **28 contradicción**: ...desconsideración a la Europa de hoy, *enzarzada* en sus contradicciones y debilidades. LVE100595 **29 dilema**: ...está *enzarzada* en serios dilemas acerca de lo que es o no es publicable. EPD280198

E SUSTANTIVOS QUE DENOTAN INDAGACIÓN: **30 investigación**: ...cree ya innecesario «*enzarzarse*» en la investigación parlamentaria del caso. LVE230196 **31 esclarecimiento –**: Mientras, dos comisiones parlamentarias siguen *enzarzadas* en el esclarecimiento del caso.

EME220596 **32 búsqueda:** ...esta serie de personajes pintorescos *enzarzados* en la búsqueda de una tradición... ABC221295 **33 consideración:** Si esto fuera cierto (...) durante los últimos 250 años habríamos estado *enzarzados* torpemente en complejas consideraciones, cuando la piedra filosofal estaba a mano... EPD181197

▩ Se combina también con: ♦ **a golpes[1], verbalmente[39]**

☐ Véase también: **enfrascarse (en), enredar(se) (en), involucrar(se) (en), meter(se) (en).**

epidemia ♦ **grave, imparable, inexorable, infantil, letal, masivo, pavoroso, terrible, virulento** ♦ **alcance (de), brote (de), caso (de), foco (de), magnitud (de), riesgo (de), víctima (de)** ♦ **afectar (a alguien), agudizar(se), avanzar, azotar (a alguien), causar, combatir, contraer, declarar(se), derrotar, desatar(se), desencadenar, detener, erradicar, evitar, extender(se), extinguir(se)[30], frenar, infestar (algo/a alguien), parar, propagarse, recrudecer(se)[34], remitir[17]**

☐ Véase también: **enfermedad.**

epilepsia ♦ **ataque (de)**

episodio ♦ **accidentado[17], aislado, amargo[7], anecdótico[5], azaroso[29], bochornoso, confuso, cruento, desafortunado, desgraciado, dramático, escandaloso, grave, histórico, insólito, lamentable, luctuoso, memorable, oscuro, revelador[20], sangriento, tenebroso, tormentoso, tortuoso, traumático, triste** ♦ **contar, desencadenar(se), narrar, ocurrir[9], protagonizar, reconstruir, referir, salir a la luz[48], suceder, vivir, zanjar[6]**

☐ Véase también: **escena, espectáculo.**

epistolar ♦ **amistad, comunicación, confesión, diálogo, intercambio, prosa, relación, testimonio, vía**

☐ Véase también: **carta.**

época ♦ **actual, álgido[4], anterior, antiguo, borroso[23], boyante[45], clásico, confuso, convulsionado, crucial[7], decadente, dorado, esplendoroso, floreciente, florido, fundamental, glorioso, inmemorial, juvenil, moderno, navideño, oscuro, pasado, posterior, primero, primitivo, remoto, rutilante[16], segundo, último** ♦ **a lo largo (de), durante, en** ♦ **adaptar(se) (a), adentrarse (en), amoldar(se) (a)[9], asistir (a), atravesar[2], avecinar(se), bucear (en), cerrar, datar (de), empezar, entrar (en), hacer, jalonar[19], marcar, pasar, remontar(se) (a), retroceder (a), revivir, terminar, vivir**

☐ Véase también: **etapa, período, tiempo.**

equilibrar ♦ **balanza, cantidad, carga, fuerza, peso, reparto, responsabilidad, situación**

☐ Véase también: **desequilibrar, equiparar, equivaler.**

equilibrio ♦ **absoluto, adecuado, ambiental, aparente, armamentístico, armonioso, climático, delicado, difícil, ecológico, económico, ecuánime[31], emocional, escaso, estable, estratégico, financiero, fiscal, frágil[15], inestable, inseguro, mental, militar, mundial, perfecto[16], precario[30], presupuestario, quebradizo[16], social, sostenido, vacilante** ♦ **factor (de), grado (de), punto (de), sentido (de)** ♦ **alterar[39], amenazar, buscar, conseguir, conservar, consolidar, dañar[29], derrumbar(se)[64], descompensar(se), deshacer(se), encontrar, guardar[32], hacer, mantener, mantenerse (en), minar[6], perder[6], perturbar, preservar, primar[21], quebrar(se)[19], restablecer, restaurar, robustecer(se)[19], romper(se), tambalearse, tener, trastocar, velar (por)[37]**

☐ Véase también: **armonía, correspondencia, desequilibrio, empate, estabilidad, igualdad, proporción, simetría.**

EQUILIBRIO

♦ (SUSTANTIVOS) Véase: **dañar[F], derrumbar(se)[N], descomponer(se)[D], desequilibrar[C], ecuánime[E], en aras de[A], estricto[H], guardar[F], impartir[G], quebradizo[C], reinante[C], reinar[A], robustecer(se)[D], velar (por)[E]**

equipaje ♦ **abultado, abundante, escaso, excesivo, imprescindible, ligero (de), pesado, voluminoso** ♦ **con, entre** ♦ **exceso (de)** ♦ **acarrear, aligerar[7], cargar (con), deshacer, facturar, hacer, inspeccionar, llevar, perder(se), pertrechar(se) (de), recoger, transportar, viajar (con/sin)**

☐ Véase también: **bagaje, maleta.**

equiparación ♦ **gradual, pleno, progresivo, total**

☐ Véase también: **equilibrio.**

equiparar ♦ **gradualmente[62], progresivamente, ventajosamente[2]**

☐ Véase también: **corresponder, equilibrar, equivaler.**

[equipo] → **de equipo, en equipo**

equipo ♦ **a medio gas, arrollador, atacante, aventajado, campeón, compacto, conjuntado, correoso, curtido, defensivo, de gala, demoledor, deportivo, de sonido, de trabajo, económico, eléctrico, empresarial, endeble, especial, fuerte, ganador, goleador, gubernamental, imprevisible, investigador, ligero, local, médico, modesto, ofensivo, perdedor, pesado, profesional, puntero, romo[1], vertebrado, victorioso, visitante** ♦ **bienes (de), espíritu (de), miembro (de)** ♦ **abandonar, aglutinar[13], animar, apostar (por), apoyar, armar, blindar[6], capitanear, comprar(se), conformar, conjuntar, constituir, crear, desarticular(se), descomponer(se), deshacer(se), deshinchar(se), desinflar(se)[37], desmembrar(se)[19], desmoralizar(se), desperdigar(se), dirigir, encabezar, engrosar[18], enrolar(se) (en), entrenar, escindir(se), favorecer, formar, formar parte (de), fracasar, fraccionar(se), fragmentar(se), galvanizar, ganar, hacer, jugar, liderar, mejorar, modernizar, naufragar, perder, pertenecer (a), recuperar(se), reforzar, reunir, salir adelante, supervisar, triunfar, vencer, venirse abajo**

☐ Véase también: **conjunto, en equipo, grupo.**

equitativamente ♦ **beneficiar, compartir, contribuir, distribuir, dividir, redistribuir, repartir, tratar**

equitativo *adj.* ▮ Admite sustantivos de persona *(un juez equitativo)*. También se combina con...

A SUSTANTIVOS QUE DENOTAN DISTRIBUCIÓN, ENTREGA O ASIGNACIÓN DE ALGO: **1 reparto ++**: Las Administraciones avanzaron ya el año pasado en la coordinación de las ayudas para (...) alcanzar un reparto más *equitativo.* ENC130599 **2 distribución ++**: ...es urgente una mayor y más *equitativa* distribución de la riqueza... EXC020496 **3 redistribución +**: La lucha contra la pobreza, contra la injusticia social y una más *equitativa* redistribución de la riqueza no son en México simples slogans electorales... DLA040397 **4 repartición:** ...«que todos nuestros gobernantes hagan la repartición *equitativa* de los bienes, para que no haya pocos que lo tienen todo...». ETC111196 **5 división:** ...el consejo de administración muestra una división *equitativa* entre los cargos socialistas... EPE231099 **6 asignación:** ¿Cree usted que tal baremo es acorde a los principios de asignación *equitativa*? EPE100399 **7 administración:** De ahí que el personalismo sea poco compatible con la imagen de una administración *equitativa* e imparcial. LVE151095 **8 correspondencia −**: ...había cierta simetría, sana y *equitativa* correspondencia entre la emigración masiva de ciudadanos al campo (...) y el desembarco en la urbe de los pastores... EPE031199

B LOS SUSTANTIVOS *JUSTICIA* Y *DERECHO*, ASÍ COMO CON OTROS QUE DESIGNAN DIVERSAS FORMAS DE REGULAR OFICIALMENTE LAS ACTUACIONES DE LOS INDIVIDUOS: **9 justicia ++**: La justicia *equitativa* no transgrede ni obstaculiza los derechos del otro... LPN270197 **10 ley +**: ...Clinton aseguró ayer que va a trabajar «con el Congreso para redactar una ley *equitativa* y no discriminatoria». EPE110399 **11 juicio +**: Libia subrayó que no entregará a su compatriotas hasta que se les garantice un «juicio *equitativo*». EPE280299 **12 proceso +**: Según el letrado, se produjo «una violación a un proceso *equitativo* en su fase de ejecución». EPE300599 **13 regla:** Tiene que haber unas reglas *equitativas.* LVE090495 **14 norma:** En su lugar, se propone aplicar «normas más *equitativas* y adecuadas a la realidad»... EPE221299 **15 regulación:** ...Si se quiere que la regulación sea objetiva y *equitativa* parece razonable que debe existir una separación entre regulación y propiedad. EME060295 **16 derecho:** Los islamistas son contrarios a esto por creer que los derechos de hombre y mujer son *equitativos*, no iguales. LVE170995

C SUSTANTIVOS QUE DESIGNAN GRUPOS HUMANOS, LUGARES Y SISTEMAS DE CONVIVENCIA, ASÍ COMO OTRAS NOCIONES QUE CARACTERIZAN LA VIDA EN COMÚN: **17 sociedad ++**: ...ese esfuerzo se debe orientar a la construcción de sociedades *equitativas* y cohesionadas... EUV080996 **18 mundo ++**: Sabía que no vivíamos en un mundo *equitativo* pero ignoraba que el desequilibrio fuera tan obsceno... EME190796 **19 sistema ++**: El jurado incluyó una nota en la que lamentaba el hecho de no disponer de un sistema *equitativo*... EPE010600 **20 orden:** ...las políticas y los fondos sociales demandan criterios transparentes de inversión y herramientas eficientes tendientes a establecer un orden *equitativo.* CLA030497 **21 democracia:** ...la democracia, en cuyo nombre se subvenciona la cultura, se supone transparente y *equitativa*... EME040394 **22 ciudad:** Obtener una ciudad solidaria y *equitativa* con sus habitantes y respetar el entorno natural es el principal mensaje del «manifiesto socialista del medio ambiente»... EME070595 **23 entorno:** ...enfrentar un nuevo año promisorio (...) es proporcional a nuestro empeño de construir un entorno más justo y *equitativo*... EUV230996

D SUSTANTIVOS QUE DESIGNAN MAGNITUDES ECONÓMICAS Y ALGUNAS DE LAS ACCIONES EN LAS QUE INTERVIENEN: **24 precio ++**: Si es imprudente llamar bonanza a lo que ahora acontece, pues hablemos de los precios *equitativos* para el café. EPC220597 **25 impuesto ++**: Pero si a un impuesto *equitativo* y eficiente no lo puedo fiscalizar, no es *equitativo* y tampoco, es eficiente... LNP190397 **26 tarifa:** El estudio pretende que salga una tarifa realista, consensuada y *equitativa* para el consumidor... LPN240797 **27 tributo:** ...todos los tributos deben ser *equitativos* y proporcionales... PME010996 **28 fiscalidad:** El PP e IU justificaron ambas reformas en la necesidad de (...) dar mayor transparencia al sistema de opciones y establecer una fiscalidad más *equitativa.* EPE111199 **29 financiación:** La plataforma resume sus demandas de defensa de la enseñanza pública: (...) financiación *equitativa* de las universidades públicas... LVE121296 **30 remuneración:** ...la citada Comisión Arbitral podrá «fijar remuneraciones *equitativas*, en caso de falta de acuerdo entre el usuario y la entidad». LRE220103 **31 fianza:** La Audiencia de Mannheim impuso por fin una fianza «*equitativa*» a Peter Graf... EME161196 **32 gasto:** El mejor método para reducir el gasto agrícola y hacerlo más *equitativo* es aprobar e incluso endurecer los límites a las ayudas directas... EPE160299 **33 tarificación:** ...la ex ministra de Agricultura propone incluir los automóviles privados en lo que denomina «principios de tarificación *equitativa* y eficaz»... EPE240899 **34 compensación:** ...Fija en US$20.000 (...), el monto que el Estado de Nicaragua debe pagar de compensación *equitativa* al señor Raymond Genie Peñalba. DLA040297

E SUSTANTIVOS QUE DENOTAN SOLUCIÓN, Y CON ALGUNOS QUE DESIGNAN OTRAS FORMAS DE DAR TÉRMINO O SALIDA A ALGUNA CUESTIÓN PROBLEMÁTICA: **35 solución ++**: ...ahora le toca a Marruecos demostrar que también está por una solución *equitativa.* LVE120695 **36 acuerdo +**: Reagan reitera su deseo de llegar a acuerdos *equitativos* con la URSS. EPE010686 **37 decisión:** Era una decisión «*equitativa*», para evitar discriminaciones entre los agentes del CESID y los policías y guardias civiles actuantes contra el terrorismo. EME100496 **38 resolución:** Firme defensor también de una resolución negociada, natural, auténticamente justa y *equitativa*... EME020396 **39 respuesta:** El apelar a los organismos de justicia y no obtener respuestas seguras, oportunas y *equitativas.* EUV230996

F SUSTANTIVOS QUE DESIGNAN LA ACCIÓN O EL EFECTO DE AUMENTAR, MEJORAR O HACER PROGRESAR ALGUNA COSA: **40 desarrollo ++**: La Federación, los estados y los municipios deberán (...) con el concurso de los pueblos indígenas, promover su desarrollo *equitativo*... PME151296 **41 crecimiento ++**: Queremos retomar el camino del crecimiento acelerado y *equitativo.* DLA120597 **42 aumento:** ¿No basta un aumento *equitativo* del alquiler, que la misma ley contempla? LVE170194 **43 incremento:**

El incremento no será *equitativo* en todas las regiones del globo... LVE090495 **44 prosperidad:** Puede ser que (...) todos sus políticos se empeñaran con discreta voluntad en la consecución y el mantenimiento de una sosegada y *equitativa* prosperidad, y lo lograran. EME090296

G SUSTANTIVOS QUE DENOTAN INTERVENCIÓN ACTIVA EN ALGÚN ASUNTO: **45 participación +:** Creación de una agencia civil de reclutamiento con la misión de asegurar la participación *equitativa* de católicos y protestantes. EPE100999 **46 actuación:** Podría ser una actuación unilateral no *equitativa.* EPE160899 **47 aportación:** Y la «aportación *equitativa*» implica, según Matutes, «recortar en todos y cada uno de los capítulos de gastos»... EPE260199 **48 colaboración:** ...«se plasma el deseo de desarrollar la colaboración *equitativa* y mutuamente ventajosa en todas las esferas»... GIC090300 **49 cooperación:** «Si las mayores potencias del mundo nos invitan a una cooperación *equitativa* en la esfera política y militar sería lógico que la colaboración se extendiese a la economía»... EME090494 **50 apoyo:** Prometió que su administración mantendrá la imparcialidad y el apoyo *equitativo* con todos los sectores. ACP111296

H SUSTANTIVOS QUE DENOTAN TRATO, DISPOSICIÓN Y OTRAS ACTITUDES QUE SE MANIFIESTAN O SE DISPENSAN EN RELACIÓN CON LOS DEMÁS: **51 trato ++:** ...la ley de reconciliación establece «un trato *equitativo* para todos aquellos que estuvieron directamente involucrados en el conflicto». BRE040497 **52 tratamiento ++:** La cadena privada se compromete a que todos los grupos con representación parlamentaria tengan un tratamiento *equitativo* hasta el 3 de marzo. EME180196 **53 atención:** Incluso los incluidos en el círculo social han reconocido que (...) no se distinguió por su atención *equitativa.* EPE130800

I SUSTANTIVOS QUE DENOTAN ELECCIÓN Y CON OTROS QUE DESIGNAN ALGUNOS DE LOS COMPONENTES DE LOS PROCESOS ELECTORALES: **54 elección ++:** ...manifiesta su preocupación por dos hechos que podrían impedir que en la entidad tengamos elecciones imparciales, *equitativas,* legales y transparentes. PME080996 **55 comicios:** La oposición afirma que los comicios no pueden ser libres ni *equitativos* con un gobierno «incompetente y corrupto»... LVE160296 **56 referéndum:** Al reiterar su compromiso de celebrar «lo antes posible» un referéndum «libre, *equitativo* e imparcial»... EME300596 **57 votación:** ...Yeltsin se había impuesto mediante una votación que no fue ni libre ni *equitativa.* EPE121299

J OTROS SUSTANTIVOS; POSIBLES USOS ESTILÍSTICOS: También está íntimamente unida a la mano *equitativa* de los dioses... EPE060999; ...dispensando a IU una cobertura informativa proporcional y *equitativa* a la ofrecida por el PSOE y el PP... EME010396

☐ Véase también: **ecuánime, paritario.**

equivaler ♦ **aproximadamente, con seguridad, exactamente, poco más o menos, remotamente**[14]

☐ Véase también: **corresponder, equilibrar, equiparar.**

equivocación ♦ **absoluto, aislado, catastrófico**[40]**, completo, de bulto, fatal, flagrante, garrafal**[4]**, gran(de), grave, grueso**[4]**, imperceptible, imperdonable, inadmisible, involuntario, leve, ligero, patente, peligroso, pequeño, perdonable, persistente, profundo**[140]**, rotundo, serio, sonado, torpe, total, tremendo** ♦ **por** ♦ **achacar, admitir, advertir, cometer**[3]**, confesar**[18]**, constituir, corregir, deslizar(se), enmendar**[3]**, incurrir (en), inducir (a)**[4]**, lamentar, llevar (a), perdonar, persistir (en)**[2]**, prestarse (a), propiciar, reconocer, rectificar**[50]**, reparar (en), reprochar (a alguien), subsanar, sufrir, suponer, tener**

☐ Véase también: **aberración, anomalía, defecto, errata, error, fallo, gazapo, irregularidad, patinazo.**

EQUIVOCACIÓN Véase: *ERROR; DEJACIÓN; INADECUACIÓN E INCORRECCIÓN*

equivocadamente *adv.* **I** Se combina con muy diversos verbos de acción *(Me senté equivocadamente en la primera fila; Había corregido equivocadamente el texto; Se dirigen equivocadamente hacia la autopista del sur),* pero destacan los que designan manifestaciones verbales *(afirmar, decir, sugerir, anunciar),* y también los...

A VERBOS QUE DENOTAN JUICIO O VALORACIÓN: **1 creer ++:** Muchas personas creen *equivocadamente* que debemos eliminar toda la grasa de nuestras dietas. ETC150996 **2 pensar ++:** Otra cosa es si alguien se pensaba *equivocadamente* que esto estaría liquidado en cuatro días. EPE110499 **3 considerar +:** Entonces, al menos en un primer momento, los indígenas fueron considerados *equivocadamente* como «salvajes». EME110896 **4 juzgar +:** Desde el primer momento los demás compañeros le juzgaron *equivocadamente.* INDOC

B VERBOS QUE DENOTAN INTELECCIÓN O PERCEPCIÓN: **5 entender +:** ...no entorpezca o no se inmiscuya en su investigación, entendiendo *de forma equivocada* que la labor parlamentaria puede invadir sus competencias. EME300694 **6 interpretar +:** Dijeron que la salida de dólares se estaba interpretando *equivocadamente* como salida de reservas. CLA300199 **7 percibir:** ...matices sutiles y delicados, pero importantes, y a menudo percibidos *equivocadamente.* INDOC

C VERBOS QUE DENOTAN SOSPECHA O SUPOSICIÓN: **8 sospechar +:** Es entonces cuando muchos, *equivocadamente,* sospechan que con los tiempos que corren... EME171096 **9 suponer +:** ...y supone a continuación, *equivocadamente,* que las contiendas a las que me refiero sólo pueden ser políticas. EPE230699 **10 calcular +:** Los escaladores se habían preparado bien, pero calcularon *equivocadamente* el tiempo que iban a tardar en hacer cumbre. INDOC **11 presuponer:** ...la sorpresa especial que producen los cuadros constructivistas, a los que *equivocadamente* presuponemos poder... EPE021287 **12 presumir:** ...*equivocadamente,* presumían que (...) habrían informado a Asunción, pero no sucedió así. EME161095

D VERBOS QUE DENOTAN MENCIÓN, DENOMINACIÓN O ATRIBUCIÓN DE ALGO A ALGUIEN: **13 llamar +:** Después de descubrir el sexo del animal, se dieron cuenta que lo habían llamado *equivocadamente.* INDOC **14 identificar +:** El enfermo, ingresado por otras causas totalmente distintas, fue identificado *equivocadamente* y trasladado a la sala quirúrgica... EME291095 **15 citar +:** Simplemente había citado *equivocadamente* a la Academia. LPN270197 **16 denominar:** ...o sí, por el contrario, denomina *equi-*

vocadamente «entrega» a lo que no es tal; o la califica de «total» sin serlo. ABC070495 **17 atribuir +:** En un principio, fue atribuido *equivocadamente* al maestro, pintor y escultor Miguel Tomás de Carcastillo... EPE230299

E VERBOS QUE EXPRESAN LA SELECCIÓN DE UNA ALTERNATIVA ENTRE VARIAS. TAMBIÉN CON OTROS QUE DESIGNAN LA ACCIÓN DE LLEVAR ADELANTE UNA OPCIÓN, ELEGIDA O NO ENTRE OTRAS: **18 escoger +:** Casi siempre escogemos *equivocadamente* en la política, en el fútbol y hasta en los torneos de belleza. DHE180797 **19 elegir +:** Sigue teniendo grandes interpretaciones, aunque también hay que reprocharle la presencia de actores elegidos *equivocadamente...* LVE241096 **20 preferir:** Yo creo que preferirá, aunque sea *equivocadamente*, abadonar los estudios y aceptar el trabajo. INDOC **21 apostar:** Sólo que en esta ocasión apostaron *equivocadamente*. GIC020597 **22 impulsar:** Cuando llegó la última crisis e impulsados, *equivocadamente*, por el FMI, redujeron el subsidio... EPE090800 **23 emprender:** ...una renovación necesaria, urgente y no emprendida *equivocadamente*, sino en el momento oportuno y con medios suficientes. INDOC

F VERBOS QUE DENOTAN RECHAZO O ACEPTACIÓN: **24 rechazar +:** Representan ese viejo sistema que ahora le gente rechaza, *equivocadamente* o con razón. EME210394 **25 aceptar:** ...como la oferta era golosa la aceptaron, pero lo hicieron *equivocadamente*, como el tiempo ha tenido ocasión de demostrar. INDOC **26 expulsar:** La observación de Rafa fue correcta aunque se expulsó a un jugador *de forma equivocada*. EPE010299

equivocar(se) ♦ **absolutamente, clamorosamente[2], de cabo a rabo, de medio a medio, de plano[36], de pleno[3], de punta a punta, de raíz[55], estrepitosamente[18], estruendosamente, gravemente[1], impunemente, ostensiblemente[54], por completo[115], por poco[2], rotundamente[26], totalmente**
☐ Véase también: **errar, fallar, faltar (a), pecar.**

equívoco ▮ *(adj.)* ♦ **concepto, contenido, dato, denominación, mensaje, nombre, signo, término, título**
▮ *(sust.masc.)* ♦ **conceptual, grave, histórico, involuntario, irreparable, lamentable, monumental[30], pequeño, posible** ♦ **origen (de), causa (de)** ♦ **aclarar, dar lugar (a), desentrañar, deshacer(se), despejar(se)[46], desterrar, disipar(se)[22], evitar, explicar, generar, motivar, originar(se), poner fin (a), producir(se), resolver(se), salir (de), surgir**
☐ Véase también: **error, malentendido.**

erigir(se) *v.* ▮ En su sentido de 'fundar, instituir o levantar' se combina con sustantivos que designan construcciones *(torre, templo)*, más frecuentemente si son de carácter defensivo o conmemorativo *(muro, estatua, barrera, monumento: El monumento que han erigido al fundador)*. En ocasiones, estos mismos sustantivos se emplean en sentido figurado *(El gobierno ha erigido barreras que impiden la negociación)*. Usado como transitivo o como pronominal en el sentido de 'convertirse inesperadamente en' o 'alzarse como' se construye a menudo con la preposición *en* y se combina con...

A SUSTANTIVOS QUE DENOTAN REFERENTE O PAUTA CONSIDERADA DIGNA DE SEGUIMIENTO O IMITACIÓN: **1 modelo ++:** ...pretende *erigirse* en modelo para el mundo. GIC062097 **2 símbolo:** Asediada desde abril de 1992, se ha *erigido* en un símbolo de resistencia. LVE221195 **3 motivo:** ...unas veces es un paseo irrelevante que deja de serlo al *erigirse* en motivo de un pasaje costumbrista... ABC200195 **4 arquetipo:** El hipocondriaco es el enfermo de aprensión que, llevado a las tablas, se *erigió* en un arquetipo humano del teatro mundial... LVE260296 **5 norma:** Se queja (...) de que no hay opinión, por extravagante que sea, que no haya sido *erigida* en norma por algún filósofo... LVE260396

B SUSTANTIVOS QUE DENOTAN FUERZA GENERADORA, IMPULSORA O CREADORA DE ALGO, FRECUENTEMENTE INMATERIAL: **6 fuerza +:** ...los sindicatos se *erigen* en la fuerza moderadora de los excesos del intervencionismo estatal... LVE170795 **7 motor:** ...la industria del calzado (...) se había *erigido* en el motor económico del eje Elche-Villena. EPE260799 **8 artífice:** ...con cinco anotaciones se *erigió* en el artífice de la victoria que el Cumbres se apuntó sobre el Hidalgo. DYM061196

C SUSTANTIVOS DE PERSONA QUE DESIGNAN AL QUE ADQUIERE RELEVANCIA, PROTAGONISMO O CONTROL SOBRE ALGUNA COSA: **9 protagonista ++:** Y cuando así ocurrió, Núñez Manrique se *erigió* en el protagonista negativo del partido. EME040995 **10 figura +:** Se *erigió* en la figura del partido. EPC220597 **11 portavoz +:** Ayer, de pronto, se *erigió* en portavoz de Occidente y extendió la amenaza contra los serbios a otras zonas en conflicto. EME150294 **12 mesías:** ...resulta inexacto afirmar que murió por *erigirse* en Mesías político. EME311296 **13 héroe:** El Celta reculó y Villanueva se *erigió* en el héroe de los suyos. LVE230195 **14 redentor:** No queremos a los violentos, ni a los que proclaman la santidad de las guerras ni a los que se *erigen* en falsos redentores... HOY180886 **15 cabeza:** ...Domínguez no tardó en *erigirse* en una de las cabezas de la hidra surrealista. ABC161294 **16 director:** ...Dueñas se *erigió* en director de orquesta por obra de su apabullante reinado en zona propia y ajena. EPE121199

D SUSTANTIVOS DE PERSONA QUE DESIGNAN AL QUE DEFIENDE, LIDERA O ENJUICIA ALGO O A ALGUIEN: **17 defensor +:** Jesse Jackson se *erige* en defensor de las minorías. EME280896 **18 jefe +:** Cede la presidencia, pero se *erige* en jefe del Estado serbio bosnio... LVE010796 **19 paladín:** El alcalde no estuvo a la altura de las circunstancias, perdió la ocasión de *erigirse* en paladín de la cerámica tradicional... LVE160896 **20 baluarte:** Fue el único lunar aéreo de Porto, que se *erigió* en uno de los baluartes en la línea de contención azulgrana. LVE020996 **21 censor:** ...se *erige* en censor estético y mediador decisivo entre el texto en sí y la industria editorial. ABC220494 **22 juez:** ...pretende a toda costa *erigirse* en juez supremo del mundo. EXC050996 **23 acusador:** También se ha *erigido* en acusador del juez Garzón ante el Supremo. EPD240997

E EL SUSTANTIVO *GARANTÍA*: **24 garantía +:** Yeltsin se ha *erigido* en la única garantía para que el país no caiga en el caos... EME130696
☐ Véase también: **establecer, implantar, instaurar, reinstaurar.**

erizar(se) ♦ **cabello, pelo**
□ Véase también: **ensortijarse, rizar(se).**

erosionar *v.* ▮ En su sentido literal se combina con sustantivos que designan diversos elementos geológicos *(roca, suelo, tierra)*. En su sentido figurado de 'desgastar o minar', se combina con...

A SUSTANTIVOS QUE DESIGNAN COLECTIVOS, ORGANIZACIONES O INSTITUCIONES, GENERALMENTE DE NATURALEZA POLÍTICA: **1 gobierno** ++: ...la estrategia de Partido Popular e Izquierda Unida es «*erosionar* al Gobierno». LVE070395 **2 institución** ++: ...estas afirmaciones son «explicaciones deleznables y frágiles que *erosionan* la institución y al mundo cultural de Alicante». LVE040295 **3 ejecutivo** +: ...reconoció que el caso GAL está *erosionando* al Ejecutivo. LVE200195 **4 empresa:** No conseguirán que una empresa de tan larga tradición se vea *erosionada* en su prestigio ni en la confianza que... INDOC

B SUSTANTIVOS QUE DENOTAN ESTIMACIÓN SOCIAL Y OTRAS FORMAS DE RECONOCIMIENTO: **5 credibilidad** ++: ...la participación policial en actividades delictivas aumenta la inseguridad ciudadana y *erosiona* la credibilidad de la institución. CLA060199 **6 legitimidad:** La central piensa que estas actuaciones *erosionan* la legitimidad social de la policía vasca... EPE190900 **7 imagen** +: ...ha levantado una campaña de protestas que *erosiona* la imagen de Francia. LVE080995 **8 confianza** +: La caída de la peseta ha *erosionado* la confianza en esta sociedad... LVE150195 **9 popularidad:** ...el venerado presidente no puede permitir disensiones que *erosionen* la popularidad de su Gobierno. EME120395 **10 crédito:** ...los socialistas han creído que imprimir una deriva liberal a su política no *erosionaría* su crédito progresista... LVE270596 **11 prestigio:** González les acusó de «*erosionar* el prestigio internacional»... EME030495 **12 buen nombre:** Esas prácticas no hacen sino *erosionar* el buen nombre de nuestra empresa. INDOC

C SUSTANTIVOS QUE DENOTAN POTESTAD O FACULTAD DE MANDO: **13 autoridad** +: ...el país *erosionó* la autoridad que había consolidado a lo largo de varios años entre sus socios regionales. SEM010897 **14 poder:** Ahora incluso tiene una organización destinada únicamente a *erosionar* el poder fáctico de Cruyff. EME260296

D SUSTANTIVOS QUE DENOTAN FACULTAD O APTITUD PARA LA ACCIÓN, MÁS FRECUENTEMENTE EN EL ÁMBITO DE LA ACTIVIDAD LABORAL O ECONÓMICA: **15 capacidad** +: ...los esquemas protectores acaban *erosionando* las capacidades de adaptación... LVE261195 **16 potencial** +: La política económica del PP está *erosionando* irreversiblemente el potencial de crecimiento económico que tiene Segovia... ENC060201 **17 competitividad:** ...no es menos cierto que también *erosiona* la competitividad del sector exportador... ENV110797

E SUSTANTIVOS QUE DENOTAN VÍNCULO O ALIANZA ENTRE DOS O MÁS PARTES: **18 relación** +: ...la obstinación del Gobierno por sacar adelante la ley del aborto está *erosionando* su relación con sus socios catalanes. EME100695 **19 pacto:** Esta pugna ha comenzado a *erosionar* el pacto electoral... LVE231196 **20 vínculo:** Sin embargo, agrega, esos vínculos se *erosionaron* poco después, al comenzar el sexenio de José López Portillo... PME150996

▩ Se combina también con: ♦ **a largo plazo, a pasos agigantados**[25], **progresivamente**
□ Véase también: **ajar(se), erosión (de), minar, socavar.**

erosión (de) ♦ **constante, continuo, destructivo, devastador, económico, eólico, facial, feroz, fluvial, fuerte, grave, hídrico, irremediable, marino, natural, peligroso, persistente, pleno, prolongado, severo, superficial** ♦ **a resultas (de)** ♦ **confianza, credibilidad, efecto (de), entorno, estima, ética, identidad, imagen, institución, legitimidad, liderazgo, memoria, peligro (de), poder, prestigio, suelo, superficie, terreno, tiempo, tierra** ♦ **acarrear, acelerar(se), acusar, afectar (a algo), aminorar**[44]**, combatir, desgastar (algo), detener, evitar, minimizar, ocasionar, padecer, paliar**[36]**, prevenir, producir(se), provocar, sufrir**
□ Véase también: **erosionar.**

erradicar *v.* ▮ Se combina muy frecuentemente con nombres de enfermedades *(enfermedad, virus, rabia)*, así como con sustantivos que designan lacras y otras situaciones que se consideran negativas, perjudiciales o calamitosas para las personas o para las comunidades *(pobreza, miseria, hambre, analfabetismo, chabolismo, paro)*. También se combina con sustantivos que designan actividades violentas o delictivas *(terrorismo, corrupción, violencia, delincuencia, robo)*, así como con otros que designan sustancias ilegales o adictivas *(droga, coca)*. Se combina además con sustantivos que designan corrientes, tendencias, creencias y movimientos *(ideología, marxismo, fascismo, comunismo, nazismo)* y también con...

A SUSTANTIVOS QUE DENOTAN SITUACIÓN DIFÍCIL, ACUCIANTE O GRAVEMENTE PERJUDICIAL: **1 problema** ++: ...reconoce que no se ha *erradicado* el problema por existir áreas en litigio... PME020297 **2 lacra** ++: ...ayude a *erradicar* esa lacra de la corrupción que ha condicionado nuestra vida... LVE070495 **3 flagelo:** ...su funcionamiento debe ser transparente para *erradicar* el flagelo de la corrupción. CLA060597 **4 azote:** ...el azote de las armas biológicas no ha sido *erradicado.* EPE021101 **5 cáncer:** ...han mostrado gran valor y determinación para *erradicar* ese cáncer social. EXC091196

B SUSTANTIVOS QUE DENOTAN PRÁCTICA O HÁBITO: **6 práctica** ++: Es necesario modificar el sistema de financiación para *erradicar* las prácticas irregulares. EME210296 **7 costumbre** ++: El Defensor del Menor quiere *erradicar* la costumbre de que los padres peguen a sus hijos. EPE130899 **8 hábito** +: ...¿verdaderamente el hábito de fumar se *erradica* mediante la prohibición? EPE130999 **9 uso:** Y ésos son los viejos usos que hay que *erradicar.* EME210294 **10 tradición:** Las autoridades intentaron *erradicar* las tradiciones decadentes... EPE310199 **11 vicio:** Creo que costará *erradicar* estos vicios que están muy inspirados en planteamientos estrictamente electoralistas. LVE020195

C OTROS SUSTANTIVOS QUE DENOTAN ACTITUD O MODO DE ACTUAR: **12 actitud** +: ...Del Moral elogió las buenas palabras de las administraciones respecto a *erradicar* cualquier actitud racista... EPE210799 **13 comportamiento** +: ...*erradicar* todos los comportamientos y hechos que tengan que ver con la corrupción... EME100594 **14 conducta:** Deberán *erradicarse* conductas muy arraigadas en los policías... CLA060199 **15 postura:** El tiempo *erradicará* estas posturas cuando el sida sea una enfermedad vulgar. LVE180796

D SUSTANTIVOS QUE DESIGNAN ACTITUDES DE RECHAZO, AVERSIÓN O EXCLUSIÓN: **16 odio** +: Habría que investigar y *erradicar* ese odio (...) tan específico como a una enfermedad mortal... LVE220995 **17 discriminación** +: ...la ONU recomienda *erradicar* la discriminación y sobreexplotación laboral... LVE091196 **18 marginación** +: ...ha tenido una «genial» idea para *erradicar* la marginación de esa capital. EME160596 **19 segregación**: ...la destacada contribución de los miembros de la Iglesia católica local en la lucha para *erradicar* la segregación racial. LVE170995 **20 racismo**: Es necesaria una respuesta penal más contundente y mayor concienciación social para *erradicar* el racismo. LVE061095 **21 machismo**: ...el machismo dominante en nuestra sociedad no se ha *erradicado* todavía... EPE280977 **22 sexismo**: ...hacer un esfuerzo para *erradicar* el sexismo en las aulas... EME260195

E OTROS SUSTANTIVOS; POSIBLES USOS ESTILÍSTICOS: ...un humor que los intérpretes cargan de muecas y guiños, *erradicando* del mismo cualquier sutileza. LVE021195

▩ Se combina también con: ♦ **de plano[9], de raíz[11], por completo**

☐ Véase también: **cortar, extirpar, zanjar.**

errar *v.* ▮ Alterna los complementos directos *(errar los cálculos)* y los preposicionales *(errar en los cálculos)*. Se combina con sustantivos que designan lanzamientos dirigidos contra algo o alguien *(tiro, disparo, penalti, lanzamiento)* o la meta que pretenden alcanzar *(diana, blanco, portería, meta)*. Ambas nociones se interpretan muy a menudo figuradamente. También acepta otras que designan golpes diversos dirigidos contra algún destinatario *(manotazo, pisotón, puñetazo)*. Se combina asimismo con...

A SUSTANTIVOS QUE DENOTAN SITUACIÓN O COYUNTURA FAVORABLE: **1 oportunidad** +: ...Esnaider también *erró* una oportunidad clarísima de gol tan solo cuatro minutos más tarde. LVE200395 **2 ocasión** +: Con 0-0 y 0-1 *erró* dos ocasiones de gol clamorosas. EME310396 **3 opción**: El delantero centro azulgrana está negado con las porterías del enemigo (...), *errando* las dos opciones más claras de que dispuso... EME050296

B SUSTANTIVOS QUE DENOTAN DIRECCIÓN HACIA LA QUE SE ENCAMINA EL MOVIMIENTO O LA INTENCIÓN: **4 camino** +: Si es cierto que hay desempleo, no lo es menos que muchos titulados universitarios están *errando* el camino a la hora de acceder a un trabajo. EPE260199 **5 rumbo** +: Y esta broma trágica que dura ya tantos años puede hacernos variar e incluso *errar* el rumbo... LRE310103 **6 vocación**: A veces pienso si no será que el camino que estoy siguiendo me está haciendo *errar* mi verdadera vocación. INDOC

C SUSTANTIVOS QUE DESIGNAN LA CONCLUSIÓN OBTENIDA A PARTIR DE UN EXAMEN. POR EXTENSIÓN, TAMBIÉN CON OTROS QUE EXPRESAN ESA MISMA INDAGACIÓN: **7 diagnóstico** ++: Pero no sería bueno *errar* el diagnóstico, pensando que estamos ante un problema coyuntural. LVE080195 **8 análisis**: ¿Pero de verdad alguien se había imaginado a Alvarez Cascos (...) o Mayor Oreja en otro papel cuando estuvieran en el poder? Sí, los que *erraron* todos sus análisis preelectorales. EME220596 **9 solución**: Se convierte en un prejuicio cultural que contribuye a *errar* la solución. EPE021089

D SUSTANTIVOS QUE DENOTAN PREDICCIÓN: **10 vaticinio**: ...uno de los árboles que inspiraron los «Campos de Castilla» de Antonio Machado se va en silencio, después de que el poeta *errara* el vaticinio. LVE140196 **11 pronóstico** +: ...*erró* el pronóstico aunque apuntaba bien... EME261195 **12 cálculo**: ...quería retener al jugador hasta el jueves, pero *erró* el cálculo... EPE011001 **13 predicción** +: El hombre del tiempo *yerra* la mayor parte de sus predicciones. INDOC

E SUSTANTIVOS QUE DENOTAN RESPUESTA: **14 respuesta** +: Un total de 43 concursantes *erraron* la respuesta correcta... EME070695 **15 contestación**: Fue verdadera mala suerte el *errar* en la última contestación. INDOC

▩ Se combina también con: ♦ **a la deriva[7], clamorosamente[3], de pleno[5], de todas todas, impunemente, por completo**

☐ Véase también: **acertar, equivocar(se), certero, fallar, pecar, perder(se).**

errata ♦ **de imprenta, imperceptible, insignificante, limpio (de)[17], mecanográfico** ♦ **fe (de)** ♦ **advertir, aparecer, buscar, corregir, descubrir, deslizar(se)[2], detectar, encontrar, escapárse(le) (a alguien), hallar, notar, pasar inadvertido, subsanar[8]**

☐ Véase también: **equivocación, error, fallo, gazapo.**

error ♦ **abismal[58], absoluto, abultado[69], accidental[29], apreciable[22], catastrófico[39], clamoroso[10], clásico, colosal, como una catedral, conceptual, craso[1], crucial[59], de apreciación, de bulto, de cálculo, defensivo[12], desafortunado, descomunal, en cadena[45], enorme, escandaloso, estratégico, estrepitoso[12], fatal, flagrante[30], fortuito, funesto[26], garrafal[1], grave, grueso[3], histórico, humano, imperdonable, inadmisible, inadvertido, inapreciable, inevitable, inexcusable, insignificante[36], intencionado, involuntario, irreparable[21], leve, ligero, llamativo[71], manifiesto, mayúsculo[1], monumental[18], mortal, nimio[33], ocasional, ostensible[69], palpable, perdonable, persistente, personal, preso (de)[32], profundo[139], reiterado, serio[14], sonado, supino[5], técnico, típico, tremendo** ♦ **a prueba (de)[10]** ♦ **cadena (de), cúmulo (de)[1], margen (de), rosario (de), serie (de), sucesión (de)** ♦ **abjurar (de)[32], acaecer[8], achacar[5], acusar[59], admitir, advertir, agravar(se)[87], anidar[32], apechugar (con)[6], apreciar, caer (en), capitalizar[46], causar, cerrar los ojos (ante), cometer[1], compensar[58], confesar[17], considerar, constituir, contabilizar, contener, corregir[1], delatar[41], denunciar, deslizar(se)[1], destapar[12], detectar[14], difuminar(se)[46], disculpar, encubrir, enmendar[2], estar (en), estribar (en)[12], evidenciar(se), evitar, exagerar, extirpar[3], imputar[20], incurrir (en), inducir (a)[1], lamentar, localizar, magnificar[42], obviar, ocultar, padecer, paliar[3], pasar desapercibido, perseverar (en)[5], persistir (en)[1], prestar(se) (a), prodigar[59], propiciar, provocar, purgar[13], reconocer, recriminar (a alguien), rectificar[46], reparar, repetir, reprochar (a alguien), sacar (de), salir (de), se-

ñalar, soslayar[12], subsanar[1], sufrir, suplir[13], suponer, tapar, tener

☐ Véase también: **anomalía, chapuza, contradicción, defecto, deficiencia, desatino, desperfecto, disparate, equivocación, equivocar(se), equívoco, errar, errata, fallar, fallo, gazapo, imperfección, incorrección, indiscreción, patinazo, pecar.**

ERROR Véase:

♦ **aberrración, anomalía, avería, caída, chapuza, confusión, contradicción, defecto, deficiencia, desajuste, desatino, descosido, descuido, desliz, despiste, disparate, equivocación, equívoco, errata, error, fallo, fracaso, gazapo, imperfección, imprudencia, irregularidad, laguna, malentendido, patinazo, tropiezo**

♦ **desaprovechar, equivocar(se), errar, fallar, faltar (a), pecar, perder(se)**

☐ Véase también: *AUSENCIA Y CARENCIA; CONFUSIÓN Y DESORDEN; DEFECTO Y CUALIDAD NEGATIVA; INADECUACIÓN E INCORRECCIÓN.*

ERROR

♦ (ADJETIVOS) Véase: **gravemente[I], ostensiblemente[M], pillar (a alguien)[A]**

♦ (SUSTANTIVOS) Véase: **abismal[G], abjurar (de)[F], abrumador[D], abultado[J], acaecer[C], accidental[E], achacar[B], acusar[I], adecentar[C], agravar(se)[N], al descubierto[C], anecdótico[E], apechugar (con)[C], apreciable[D], a prueba (de)[B], atávico[C], capitalizar[J], carcomer[G], catastrófico[F], clamoroso[B], cometer[A], compensar[J], confesar[C], corregir[A,C], craso[A], crucial[I], cúmulo (de)[A], defensivo[C], delatar[F], deslizar(se)[A], destapar[C], detectar[C], difuminar(se)[H], emanar[H], en cadena[H], enderezar[E], enmendar[A], estrepitoso[B], estribar (en)[B], execrable[C], expiar[A], extirpar[A], fecundo[M], flagrante[C], funesto[E], garrafal[A], grueso[A], imputar[D], inducir (a)[A], insalvable[E], insignificante[E], irreparable[E], limpio (de)[D], llamativo[J], magnificar[F], mayúsculo[A], monumental[C], nimio[G], ostensible[J], paliar[A], perfecto[D], perseverar (en)[B], persistir (en)[A], pertinaz[J], plomizo[C], pozo (de)[B], preso (de)[D], prodigar[H], proferir[D], profundo[J,Q], purgar[E], rayar (en)[A], rectificar[J], reponerse (de)[D], sarta (de)[E], serio[C], sin paliativos[J], soslayar[D], subsanar[A], sufrir[E], suplir[B], venial[B]**

♦ (VERBOS) Véase: **clamorosamente[A], de lo lindo[B], de plano[G], de pleno[B], de raíz[J], estrepitosamente[C], gravemente[A], inevitablemente[I], ostensiblemente[I], por completo[J], por poco[A], rotundamente[D]**

☐ Véase también: CONFUSIÓN; DEFECTO; FRACASO; INFRACCIÓN.

esbozar ♦ **apunte, artículo, borrador, dibujo, sonrisa, texto**

escalada (de) ♦ **alcista, armamentístico, bélico, constante, creciente, criminal, cualitativo[10], desorbitado[4], disparatado, espectacular, golpista, guerrillero, imparable, impresionante, inflacionario, inflacionista, militar, represivo, subversivo, terrorista, vertiginoso[15]** ♦ **en medio (de)** ♦ **accidente, agresión, amenaza, asesinato, ataque, atentado, bolsa, conflicto, criminalidad, enfrentamiento, incidente, inflación, precio, tensión, terror, tipo de interés, violencia** ♦ **avanzar, detener, progresar, proseguir**

☐ Véase también: **ascensión, ascenso, aumento, incremento, subida.**

escalar *v.* ▌En el sentido de 'acceder a', se combina con sustantivos que designan lugares altos *(muro, castillo, rascacielos)*, a veces naturales *(montaña, volcán, arrecife, acantilado)*. También se combina con...

A SUSTANTIVOS QUE DENOTAN LUGAR QUE SE OCUPA, FRECUENTEMENTE EN UNA ESCALA SOCIAL O PROFESIONAL: **1 posición ++:** Necesitamos el esfuerzo de todos para *escalar* posiciones. ESH190297 **2 puesto ++:** ...poco a poco está *escalando* puestos en la clasificación. EPE011201 **3 nivel +:** ...ven como el conflicto *escala* cada día niveles de barbarie más elevados... ENH001101 **4 cargo +:** Leone, que *escaló* uno tras otro todos los cargos institucionales hasta llegar al Quirinal... EPE101101 **5 casilla:** Segundo triunfo en igual número de jornadas de los occidentales que consiguieron *escalar* la tercera casilla con 17 unidades... EUV151096 **6 plaza:** ...se dispone a *escalar* plazas de poder en el interior de su partido... EPE040199 **7 rango:** El problema de la educación está *escalando* el primer rango de la agenda finisecular... EPE160399

B SUSTANTIVOS QUE DESIGNAN LUGARES MUY ALTOS O DE DIFÍCIL ACCESO, EMPLEADOS A MENUDO EN SENTIDO FIGURADO: **8 cielo ++:** Se puede intentar bloquear las avenidas del infierno, en vez de agotarse *escalando* el cielo. LVE221194 **9 cumbre ++:** Para alcanzar su objetivo final debieron cruzar ríos caudalosos y *escalar* altas cumbres. EME151095 **10 cima +:** España, en su conversión en un país de servicios, pretende *escalar* las cimas del turismo rural. LVE140696 **11 pico:** Te pasas la vida queriendo *escalar* el pico más alto de una montaña. LVE071096 **12 aguja:** ...otros lo imaginan reuniéndose con su hermano Ignacio, fallecido en 1987, mientras *escalaba* una de las agujas de Montserrat... LVE161195 **13 pináculo –:** ...sus posibilidades de *escalar* al pináculo político del gran aparato tory no son del todo definidas. EPE280299

C SUSTANTIVOS QUE DENOTAN NIVEL, SEÑAL O REFERENCIA EN UN CURSO, UNA ESCALA O UNA JERARQUÍA: **14 punto:** El crimen no paga bien pero sí permite *escalar* algunos puntos... CAP261296 **15 entero:** A la hora de interpretar el tiempo lento de «Love Bites», *escaló* enteros en la gama siempre vistosa de los agudos. EME301096 **16 marca:** Urbina *escaló* su marca a 7-3... INF010896 **17 meta:** ...«Ahí te quedas» narra con dinamismo y humor los avatares amorosos de Zora y Franklin, negros, con un poco más de treinta años y deseosos de *escalar* metas. EME090396 **18 renglón:** ...realizó la mejor operación de la semana al *escalar* 24 renglones –del 92 al 68– en la clasificación... LEC060597 **19 peldaño:** ...Shea llegó a la OTAN en 1980 y ha ido *escalando* peldaños hasta que en julio de 1993 fue nombrado portavoz de la Alianza. EPE040499 **20 cota:** El desarrollo económico permite que una sociedad vaya *escalando* cotas de cultura y bienestar social. EPE080399

D ALGUNOS SUSTANTIVOS QUE DENOTAN FUERZA, ENERGÍA O PODER: **21 intensidad +:** ...la guerra de Kosovo se ha librado desde el aire y ha ido *escalando* su intensidad hasta minar la capacidad de resistencia yugoslava.

EPE060699 **22 poder:** ...la izquierda no totalitaria comprendió hasta qué punto era certera la teoría del intelectual italiano, (...) para *escalar* democráticamente el poder. LRE040203

E SUSTANTIVOS QUE DENOTAN LUCHA O ENFRENTAMIENTO: **23 guerra** –: Ministro crea comisión mientras los guerrilleros *escalan* la guerra. ENH140497 **24 conflicto** –: Es que ambos países disputan una porción de Macedonia, litigio que se convertiría en una crisis global en caso de *escalar* el conflicto. CLA170199

▩ Se combina también con: ♦ **a pulso**[6]

escalofrío ♦ **causar, dar**[322], **entrar (a alguien), notar, producir (en alguien), provocar, recorrer (algo/a alguien), sentir, tener, venir (a alguien)**

☐ Véase también: **ataque (de), patatús.**

escalón ♦ **académico, administrativo, alto, bajo, burocrático, deportivo, encadenado, gradual, inferior, inmediato, intermedio, jerárquico, laboral, logístico, médico, militar, ministerial, preliminar, progresivo, sucesivo, superior, temporal** ♦ **acceder (a), alcanzar, ascender, avanzar, bajar, ganar, remontar, saltar(se), salvar, separar (algo), subir, superar, trepar**

☐ Véase también: **paso, peldaño.**

escalonadamente *adv.* ▮ Se construye generalmente con sustantivos contables en plural o no contables en singular. Se combina con muy diversos verbos de acción *(leer escalonadamente una serie de documentos; realizar escalonadamente las tareas; producir beneficios escalonadamente)* y más frecuentemente con los que denotan movimiento *(regresar, salir, llegar, acudir, venir)*. Se combina asimismo con...

A VERBOS QUE DENOTAN CRECIMIENTO, AUMENTO O PROGRESIÓN: **1 subir** ++: ...los precios de los carburantes han continuado subiendo *de forma escalonada*, hasta un 40% en el carburante de automoción y un 75% en el agrícola. EPE150900 **2 incorporar(se)** +: ...tres centenares de soldados, la mayoría legionarios, se incorporaron *escalonadamente* al nuevo cuartel español de Istok... EPE290699 **3 aumentar:** Los ajustes de cuentas por venganzas o deudas han aumentado *escalonadamente*. EME010595 **4 extenderse:** ...una cadena de emisoras que se extenderán *escalonadamente* por otros puntos de la Comunidad de Madrid y del resto del país. EME080895 **5 incrementar:** ...suscribieron el 3 de octubre un convenio de incrementar *de manera escalonada* el salario mínimo en unos 350 lempiras... LPH051000

B VERBOS QUE DENOTAN DISMINUCIÓN O DESCENSO: **6 disminuir:** ...la corriente aumenta o disminuye *escalonadamente*, es decir, está cuantizada. ABC031195 **7 bajar:** Reducir los impuestos, bajando, también de forma *escalonada*, el tipo marginal máximo del IRPF del 56 al 40 por 100... EME060795 **8 reducir:** ...la oferta de Bruselas de reducir las capturas en los caladeros marroquíes un 21 por ciento, *escalonadamente* en los próximos tres años. LVE130895 **9 decrecer:** El número de turistas decreció *escalonadamente* los cinco primeros años para subir abruptamente los cinco siguientes. INDOC

C VERBOS QUE DESIGNAN DIVERSAS FORMAS DE SUPRIMIR O CANCELAR ALGUNA COSA: **10 eliminar:** Un asunto clave en la reunión de Viena es la enmienda para eliminar de manera *escalonada* antes del 2001 el bromuro de metilo. LVE281195 **11 liquidar:** ...que quiere liquidar *escalonadamente* la energía nuclear en el plazo de 25 años. EPE211199 **12 retirar:** ...alegara que ese ciclo no era competencia exclusiva suya y acordara retirar las subvenciones de forma *escalonada*. EPE111299

D VERBOS QUE DENOTAN INICIO O COMIENZO: **13 comenzar:** La campaña de la Renta comenzará de forma *escalonada* en las tres provincias. EPE090399 **14 emprender:** ...una marea humana que se agolpa progresivamente hacia la valla para emprender, también de modo *escalonado*, el camino de regreso. EME150996 **15 inaugurar:** De Gispert espera que las obras se prolonguen dos años –se inaugurarán *escalonadamente*–... LVE140795 **16 iniciar:** Algunas se han iniciado ya de manera *escalonada*, como ha ocurrido con los transportistas en Boaco y otros sectores. LPN250697

☐ Véase también: **gradualmente, paulatinamente, progresivamente.**

escampar ♦ **borrasca, chaparrón, denuncia, discusión, duda, situación, temporal, tormenta**

escanciar ♦ **copa, sidra, vaso, vino,** *sustantivos que designan otras bebidas*

☐ Véase también: **servir.**

escándalo ♦ **artificial, descomunal, económico, enorme, envuelto (en), financiero, fiscal, implicado (en), involucrado (en), literario, mayúsculo**[15], **monumental**[5], **político, serio, sexual, sonado, tremendo, turbio, turbulento, verdadero, vergonzoso** ♦ **a prueba (de)**[3] ♦ **alcance (de)**[70], **cúmulo (de)**[3], **piedra (de), ribetes (de), sarta (de)**[50] ♦ **acallar**[100], **airear**[9], **alimentar**[35], **amainar**[16], **anidar**[34], **apaciguar, apagar(se), armar(se)**[3], **arreciar**[49], **atizar**[42], **avecinarse**[9], **avivar**[45], **bordear**[18], **constituir, cosechar**[45], **crear, dar, dar lugar (a), denunciar, desatar(se)**[5], **desbocar(se)**[15], **desencadenar(se), despertar**[78], **destapar, estallar**[16], **explotar, formar(se), generar, investigar, involucrar(se) (en)**[4], **levantar**[41], **liar(se), magnificar**[3], **mitigar, montar**[1], **organizar, prodigar**[34], **promover, protagonizar, provocar, rayar (en), reavivar**[15], **recrudecer(se)**[48], **reponerse (de), revivir, sacudir (a alguien), salir a la luz**[24], **salpicar**[1], **sembrar, suponer, tapar, tejer**[46], **venir de lejos**[3], **zanjar**[40]

☐ Véase también: **cisco, comportamiento, desorden, espectáculo, follón, gresca, guirigay, jaleo, moral, notoriedad.**

escandalosamente ♦ **absolver, acaparar, acumular, aumentar, bajar, beneficiarse, chillar, crecer, derrotar, desatender, despilfarrar, destapar, discriminar, disminuir, elevar(se), endeudar(se), enriquecerse, fomentar, gastar, gritar, impulsar, maniobrar, manipular, marginar, omitir, perder, perjudicar, reducir(se), sonar, subir**

escapar ♦ **despavorido, ileso, sano y salvo**[23] ♦ **a hurtadillas**[7], **airosamente, a la desesperada**[4], **a**

marchas forzadas, a toda pastilla[2], a toda velocidad, a todo correr, a uña de caballo, como alma que lleva el diablo[4], como una exhalación[17], con suerte, de milagro, en desbandada, en masa, espectacularmente, por los pelos[2], por poco[13], rápidamente, velozmente

☐ Véase también: **furtivo, huir, ir(se), marchar(se), salir.**

escapar (a) ♦ **acción (de algo), atracción, búsqueda, cálculo, capacidad, comprensión, control, corriente, crisis, crítica, decisión, definición, deseo, destino, detención, dictado, entendimiento, esclavitud, escrutinio, fascinación, fuerza, impulso, inclinación, influencia, intento, justicia, ley, maldición, masacre, matanza, mirada, necesidad, norma, ojo, persecución, posibilidad, presión, previsión, purga, racionalidad, razón, red, redada, regla, responsabilidad, sanción, seducción, sensación, suerte, telescopio, tendencia, tentación, tentáculo, trampa, vigilancia, violencia, voluntad, vulgaridad**

[escape] → **a escape**

escarbar (en) *v.* ▮ Admite como complementos directos los sustantivos *tierra, terreno* y otros análogos, en alternancia con complementos construidos con la preposición *en (escarbar el suelo / escarbar en el suelo).* También alternan en estas construcciones los sustantivos que designan objetos o partes de ellos susceptibles de contener oquedades o recovecos *(diente, nariz).* Se usa solo como transitivo en la interpretación de 'construir bajo tierra o a través de la tierra' *(escarbar un túnel).* También se combina con sustantivos que designan lugares o sistemas donde se contienen o almacenan documentos, datos u otras cosas *(archivo, base de datos, biblioteca, depósito, almacén: Toda la mañana escarbando en el almacén y no aparece),* así como con...

A SUSTANTIVOS QUE DESIGNAN HECHOS O ACONTECIMIENTOS PRETÉRITOS, EL TIEMPO YA TRANSCURRIDO O SU PRESENCIA EN EL RECUERDO: **1 historia ++:** ...guarda detrás de la unidad de la República viejas diferencias territoriales, identificables a poco que se *escarbe* en la historia. LRE150103 **2 memoria ++:** Un trabajo agotador, agobiante e impúdico ése de *escarbar* en la memoria. LVE100595 **3 pasado +:** Escarbas en el pasado y encuentras las raíces de tu país en tu música. EPE131099

B SUSTANTIVOS QUE DENOTAN PRINCIPIO, FUNDAMENTO O PROCEDENCIA DE ALGO: **4 origen:** Si ser radical es *escarbar* en el origen, atrapar la raíz, hay dos formas de proceder. LVE260396 **5 raíz:** Y leyendo periódicos ingleses *escarbé* también un poco en las raíces personales de las preferencias políticas, allá donde se nutren de corrientes profundas. LVE060596

C EL SUSTANTIVO *VIDA* Y CON OTROS QUE DESIGNAN ALGUNOS ASPECTOS ÍNTIMOS O RESERVADOS DE LAS PERSONAS: **6 vida:** Según ha probado el tribunal, que también *escarbó* en su vida y circunstancias personales... EPD080597 **7 sentimiento:** ...los que más han tratado de *escarbar* en el sentimiento colectivo frente a la grave crisis. CLA131100 **8 intimidad +:** «Si no estoy loco y no necesito a nadie que esté *escarbando* mis intimidades», es la respuesta común. EXC050900 **9 secreto +:** El libro *escarba* en los secretos más íntimos de este peculiar personaje. INDOC **10 mundo secreto:** Su computador asume que usted no tiene los recursos suficientes para *escarbar* de manera profunda en su mundo secreto. ETC110297

D SUSTANTIVOS QUE DENOTAN SUCIEDAD, DESECHO O DESPOJO. SE USAN MUY FRECUENTEMENTE EN SENTIDO FIGURADO: **11 basura ++:** ...La nueva economía no se ha salvado de una de las prácticas más rancias del espionaje industrial: *escarbar* en la basura de la competencia. EPE090700 **12 escombro +:** ...de sus carteles de busca y captura que ahora vuelven a la palestra para *escarbar* entre los escombros. EPE311201 **13 inmundicia +:** Grupos de muchachos *escarban* en las inmundicias. EME131195 **14 ruina +:** ...el polvo y el hollín desdibujan sus contornos y las siluetas de los arqueólogos, que siguen *escarbando* entre las ruinas del palacio cananeo. EME150896 **15 despojo +:** ...más que periodistas de sociedad parecen buitres *escarbando* en los despojos que dejan al aire las miserias ajenas. INDOC **16 porquería:** ...o bien la del vicioso diabólico que se solaza *escarbando* en las miserias y porquerías de sus víctimas... ABC130594

E SUSTANTIVOS QUE DENOTAN SITUACIÓN O ESTADO DIFÍCIL O CONFLICTIVO: **17 miseria:** ...hizo un trabajo digno de The Washingron Post, *escarbando* en la miseria y la corrupción que se había amontonado después de una década de impunidad. EME210194 **18 crisis:** ...sacrificado trabajo para *escarbar* en la eterna crisis rojiblanca y conquistar un jugoso botín que pudo ser más cuantioso. EME160195 **19 problema:** ...sean menos morbosos y no *escarben* en problemas menores, en asuntos de unos cuantos cientos... EME260195 **20 problemática:** Escarbando más a fondo en la problemática del sector agropecuario... LNA100792

escarpado ♦ **camino, carretera, montaña, terreno,** ***otros sustantivos de lugar***

☐ Véase también: **abrupto.**

escasez ♦ **acuciante[17], acusado[34], agudo, alimentario, creciente, enorme, eterno, grave, perenne, persistente, relativo, severo[74], sumo, tremendo** ♦ **al descubierto[9]** ♦ **causa (de)** ♦ **acentuar(se), acuciar[2], acusar[39], afrontar, agudizar(se)[29], aliviar[20], causar, compensar[36], cubrir, denunciar, evitar, luchar (contra), mitigar[38], notar, padecer, paliar[8], persistir, solventar, subsanar[29], sufrir[55], superar**

☐ Véase también: **ausencia, carencia, carestía, falta.**

escatimar ♦ **alabanza, ayuda, crítica, dinero, elogio, energía, esfuerzo, gasto, información, insulto, medio, recurso, tiempo**

☐ Véase también: **ahorrar, derrochar, dilapidar, gastar, malgastar.**

escena ♦ **antológico, apoteósico, artístico, atroz, bíblico, cinematográfico, conmovedor, cotidiano, dantesco[3], de amor, de cama, de celos, de dolor, de exterior, de interior, del crimen, del delito, de pánico, de sexo, desolador[8], de violencia, divertido, doloroso, dramático, electoral, emotivo,**

espantoso, espectacular, espeluznante, estremecedor, fantasmal, fuerte, grotesco, indescriptible, internacional, lamentable, literario, macabro, memorable, nacional, patético, pintoresco, político, público, sobrecogedor, teatral, terrible, violento ♦ fuera (de) ♦ puesta (en) ♦ abandonar, censurar, completar, copar[18], dar, describir, dominar, eliminar, entrar (en), estar (en), evocar, hacer, llevar (a), montar, mostrar, organizar(se), poner (en), presenciar, protagonizar, recrear, reflejar, registrar, revivir, rodar, sacar (a), salir (a), soportar, subir (a)

☐ Véase también: **episodio, espectáculo, situación**.

escenario ♦ abierto, adecuado, amplio, apocalíptico, bélico, cambiante, competitivo, cotidiano, de disturbios, de enfrentamiento, deportivo, de tensiones, de violencia, diplomático, económico, electoral, espectacular, favorable, grandioso, histórico, ideal, idóneo, incomparable, internacional, nacional, occidental, político, posible, previsible, principal, privilegiado, propicio[11], público, real, urbano, válido, violento ♦ sobre ♦ abandonar, actuar (en), aparecer (en), componer, debutar (en), decorar, desarrollar(se) (en), desmontar, dibujar, disputar(se) (en), entrar (en), escoger, flanquear, improvisar, irrumpir (en), jugar (en), levantar, montar, preparar, presentar(se) (en), regresar (a), salir (de/a), saltar (a), subir (a)

☐ Véase también: **panorama**.

escenografía ♦ aparatoso[37], barroco, bello, brillante, clásico, complejo, cuidado, espectacular, espléndido, impactante, minimalista, original, pobre, rimbombante[29], sencillo, simple, teatral, trabajado, vistoso ♦ componer, desmontar, diseñar, montar, realizar

escepticismo ♦ amargo, cáustico, cierto, circundante, irónico, profundo, rotundo[72], social, visceral ♦ con, sin ♦ ambiente (de), efecto (de), muestra (de), punto (de), reacción (ante), sentimiento (de) ♦ acoger (con), alimentar, caer (en), crecer, disfrazar, eludir, evidenciar, expresar, instalar(se) (en), invitar (a)[11], provocar, recibir (con), reflejar, superar, suscitar

escisión ♦ doloroso, grave, inevitable, profundo, radical, traumático ♦ peligro (de), proceso (de) ♦ consumar(se)[43], dar lugar (a), encabezar, evitar, fraguar(se)[59], nacer (de), ocasionar, producir(se), protagonizar, provocar

☐ Véase también: **corte, división, separación**.

esclarecer(se) *v.* ▮ En su sentido físico se combina con los sustantivos *noche*, *cielo* y otros análogos. Se usa más frecuentemente en sentido figurado, en el que se combina con sustantivos que designan delitos o acciones que suelen considerarse como tales *(delito, crimen, asesinato, agresión)*, así como con otros que designan sucesos considerados infortunados *(muerte, guerra, matanza, escándalo)*. Acepta interrogativas indirectas reducidas, como en *esclarecer cuál es el motivo* > *esclarecer el motivo*. Asimismo se combina con...

A SUSTANTIVOS QUE DESIGNAN DIVERSAS MANIFESTACIONES DE LO INCIERTO O LO DESCONOCIDO: **1 duda ++**: La lectura del texto (...) *esclarece* muchas dudas, al respecto de los juicios históricos... LHG080497 **2 misterio +**: El testimonio citado *esclarece* parte de este misterio. HOY110897 **3 enigma**: La presente semana *esclarecerá* el enigma. En el curso de las próximas 72 horas se sabrá dónde desemboca el contencioso... EME220496 **4 incógnita**: Un hallazgo que puede *esclarecer* parcialmente esta incógnita científica... ABC071094 **5 incertidumbre**: Los mercados están pendientes de que se *esclarezcan* las incertidumbres que en torno a los tipos de interés se han desatado. EME090494 **6 pregunta +**: ...Camus nos *esclarece* muchas preguntas oscuras. EME190195 **7 rumor**: ...la necesidad de *esclarecer* algunos rumores que en los últimos días han contaminado la vida y los corros, los mentideros... EPE150599 **8 problema**: Nuestra posición es de colaboración con el Gobierno venezolano, y con cualquier otro régimen que quiera *esclarecer* el problema de la intervención cubana. ENV260700

B SUSTANTIVOS QUE DESIGNAN LO CONFUSO, ENREDADO Y FALTO DE CLARIDAD, PROPIEDAD O TRANSPARENCIA: **9 trama**: ...incluían un claro pronunciamiento en favor de que se *esclarezca* la trama de los GAL... EME250195 **10 entramado**: ...actuaciones pertinentes en los procedimientos judiciales ya incoados, para *esclarecer* el entramado económico y financiero entre... EME021295 **11 maraña**: Caso Kio: Operación Pincinco. Una maraña todavía sin *esclarecer*. EME070694 **12 tramoya**: Trabajo costó *esclarecer* la inicua tramoya, parte de la cual consistía en pagar altísimos precios por declaraciones... ETC251096 **13 polémica**: Al margen de la polémica que seguramente nunca se *esclarecerá* sobre si hubo conspiración o no la hubo... LVE300596 **14 anomalía –**: ...porque queremos que continúe hasta que se *esclarezcan* las anomalías. EPE291199

C SUSTANTIVOS QUE DENOTAN HECHO O ESTADO DE COSAS: **15 caso ++**: ...designar un ministro en visita de la justicia ordinaria para *esclarecer* el caso. CAR241197 **16 situación ++**: ...para contribuir con sus luces a *esclarecer* la situación nacional... DED201096 **17 hecho ++**: ...buscaremos cualquier otro elemento de juicio que sirva para *esclarecer* definitivamente los hechos. LPA260592 **18 panorama +**: ...si no se *esclarece* un poco el panorama político parece muy difícil que el consumo privado pueda reaccionar... LVE300995 **19 asunto**: ...hasta el punto de recurrir en última instancia a la vía penal para *esclarecer* oficialmente el asunto. EPE010580 **20 cuestión**: Cauteloso, no revela ni un simple detalle de la operación; tampoco *esclarece* ninguna de las cuestiones más complejas. LVE120896 **21 tema**: Temas son éstos que los historiadores *esclarecen* cada vez más... PME131096 **22 actuación**: ...solicitudes de comisiones de investigación para *esclarecer* actuaciones oscuras de la Administración. EPE150199

D SUSTANTIVOS QUE DESIGNAN LA CAUSA, LA MANERA, EL PROPÓSITO, LA RAZÓN DE SER Y OTRAS CIRCUNSTANCIAS CONCOMITANTES DE LAS ACCIONES O LAS SITUACIONES: **23 causa ++**: ...para pedir auxilio y con ello tratar de *esclarecer* las causas de la muerte de su pequeño hijo. LHG190900 **24 motivo ++**: ...hasta que se *es-*

clarezcan los oscuros motivos que provocaron la sangrienta reyerta... EME250396 **25 circunstancia ++:** Dentro de los movimientos o tendencias de la estética contemporánea (...) el que *esclarece* todas y cada una de las circunstancias emotivas de la realidad y todas las minucias del espíritu es el Surrealismo... LHG010397 **26 razón +:** ...para que *esclarezca* las razones por las que autorizó la construcción de inmuebles de dos niveles... LHG100697 **27 significado ++:** Salvador Pániker (...) *esclarece* bastante el significado de lo místico. EUV260696 **28 relación +:** Mujica cita a Carlos Stoetzer para *esclarecer* esta singular relación política. CAP100797 **29 base:** ...el proyecto Genoma Humano *esclarecerá,* cuando esté concluido, las bases moleculares del envejecimiento. ABC101293 **30 objetivo +:** ...espera que la lectura de sus planteamientos «*esclarezca* los objetivos de nuestra organización para construir un Perú justo y solidario». LVE221296 **31 procedimiento:** ...solicitará la apertura de dos investigaciones (...) que *esclarezcan* el procedimiento y los criterios de selección... EPE050199 **32 uso:** ...la comisión se pide para *esclarecer* «el posible uso de información privilegiada y tráfico de influencias en operaciones privadas». EME150494

E SUSTANTIVOS QUE DESIGNAN EL ORIGEN O EL DESTINO DE ALGO: **33 origen +:** ...los científicos esperan *esclarecer* además el controvertido origen de los seres humanos... ABC200893 **34 procedencia +:** ...exigen que se *esclarezca* la procedencia de las propiedades que en los últimos años González ha adquirido... ESP090597 **35 destinatario:** ...solicitó que se tome declaración a Jorge Ventosa para *esclarecer* el destinatario final de este crédito... EME090295 **36 destino:** ...la propuesta del obispo de San José, monseñor Pablo Galimberti, para *esclarecer* el destino de los desaparecidos... EOU290497

F SUSTANTIVOS QUE DESIGNAN LA CONDICIÓN DE SER ALGO CIERTO, AUTÉNTICO O FALSO, Y –POR EXTENSIÓN– OTRAS PROPIEDADES RELATIVAS A DIVERSOS ASPECTOS DE LA NATURALEZA DE LAS PERSONAS O LAS COSAS QUE SE TIENEN POR FUNDAMENTALES: **37 verdad ++:** Me juego la cabeza por hacer todo lo que esté a mi alcance para *esclarecer* la verdad... CAR090198 **38 realidad +:** ...que su herramienta favorita, las palabras y la lógica, se haya quedado pequeña, agotada en su intento por *esclarecer* la realidad. ABC100694 **39 falsedad:** ...mientras no se *esclarezca* la falsedad de los «papeles de Laos»... EME200495 **40 identidad:** ...se *esclarezca* la identidad de Mario Aburto Martínez; se aclaren las dudas en torno del ambiente político... EXC180996 **41 responsabilidad +:** ...una comisión (...) que reúna los antecedentes y las pruebas respectivas para *esclarecer* las responsabilidades. LTB280197 **42 culpabilidad:** ...la Comisión de la Verdad encargada de *esclarecer* las culpabilidades de los crímenes cometidos durante el «apartheid»... EME120396 **43 autoría:** La empresa confía en que la Policía *esclarezca* la autoría de los hechos... EME010694 **44 constitucionalidad:** ...elaborando dictámenes que *esclarezcan* la constitucionalidad de las leyes... EPD160198

G DIVERSOS NOMBRES DE ACCIÓN: **45 acción:** Estamos trabajando con las autoridades para *esclarecer* esta deplorable acción de espionaje industrial... EOU291000 **46 gestión:** ...pidió que se *esclarezca* la gestión de la Expo para estudiar después las posibles responsabilidades. EPD181197 **47 operación:** Varias iniciativas se debatirán en el Parlamento para *esclarecer* esta operación financiera. LVG221191 **48 investigación:** La investigación continúa. A más de un año y tres meses de iniciada, aún no se *esclarece* judicialmente. CAR210797

H OTROS SUSTANTIVOS; POSIBLES USOS ESTILÍSTICOS: Una armonía consonante *esclarece* la emisión de las palabras. ABC280194; ...incitando a la lectura y estimulando las satisfacciones que en ella se encuentran: abre los ojos y *esclarece* la conciencias. ABC300493

▩ Se combina también con: ♦ **a fondo[7], elocuentemente[22], felizmente**

☐ Véase también: **aclarar, clarificar.**

esclavitud ♦ **abrumador, asfixiante, duro, económico, encubierto, humillante, infantil, opresivo, sexual, subyugante, tiránico, trágico** ♦ **abolición (de), estado (de), forma (de), régimen (de), situación (de), yugo (de)** ♦ **abolir[17], acabar (con), combatir, condenar, denunciar, disfrazar, eliminar, enmascarar, erradicar, escapar (de), establecer, frenar, huir (de), introducir, liberar(se) (de), luchar (contra), rescatar (de), someter (a), tolerar**

☐ Véase también: **atadura, dependencia, lacra.**

[escoba] → **como una escoba**

escoger ♦ **abrumadoramente[25], a conciencia[33], adecuadamente, a dedo[5], al tuntún, arbitrariamente, a voleo, concienzudamente, cuidadosamente, democráticamente[3], equivocadamente[18], escrupulosamente, individualmente** ♦ **dar (a)[15]**

☐ Véase también: **elección, elegir, optar, preferir, seleccionar.**

escollo ♦ **administrativo, burocrático, difícil, duro, económico, fundamental, grave, idiomático, imprevisto, infranqueable, insalvable[14], insuperable, jurídico, legal, lleno (de), montañoso, plagado (de), principal, salvable** ♦ **en el camino, en el desarrollo (de algo), en el proceso, en la negociación** ♦ **aparecer, constituir, emerger, encontrar, esquivar, levantar[3], orillar, pasar, presentar(se), salvar, sembrar (de), solucionar, sortear[7], superar, suponer, surgir, tropezar(se) (con)[4], vencer**

☐ Véase también: **obstáculo, problema, trama.**

escombro ♦ **cubierto (de), de una ideología, de una vivienda, de un edificio, de un imperio, de un terremoto, humeante** ♦ **bajo, entre** ♦ **contenedor (de), montaña (de), montón (de), pila (de), toneladas (de)** ♦ **amontonar, arrojar, convertir (en), desparramar, diseminar, escarbar (en)[12], esparcir, generar, recoger, reducir (a), remover, rescatar (de), retirar, sacar (de), salir (de), surgir (de), verter**

☐ Véase también: **basura, resto.**

escondite ♦ **apartado, habitual, idóneo, ignorado, inaccesible, inexpugnable, inseguro, perfecto, recóndito, remoto, retirado, secreto, seguro** ♦ **desde, en, fuera (de), lejos (de)** ♦ **aban-**

donar, buscar, cambiar (de), descubrir, jugar (a), localizar, ocultar(se) (en), retirar(se) (a), salir (de), usar (como/de)
□ Véase también: **ocultar(se) (a), refugio.**

escorar(se) *v.* ▮ En el sentido de 'inclinar(se) hacia un costado' se combina con sustantivos que designan embarcaciones *(barco, buque, bote).* También se combina con sustantivos que designan movimientos, en particular lanzamientos en los deportes *(chute, remate, trallazo).* En el lenguaje deportivo y en el político se combina a menudo con sustantivos de persona *(escorarse hacia la derecha un delantero, un ministro, un concejal).* Asimismo se combina con...

A EL SUSTANTIVO *POLÍTICA*, ASÍ COMO CON OTROS QUE DESIGNAN SUS INSTITUCIONES Y ALGUNAS DE LAS ACTITUDES RELACIONADAS CON ELLAS: **1 política ++:** Estaba cantado. Pero ha sido un palo muy gordo para el PSOE. Por cansancio, por hechos de corrupción, por una política económica y social muy *escorada* a la derecha... EME110695 **2 poder +:** ¿El poder continúa, pues, *escorado* hacia el conservadurismo? Evidentemente, sí. LVE101196 **3 gobierno +:** Es el Gobierno el que se ha *escorado*, no la sociedad que ahora les critica. EME020996 **4 partido +:** En la etapa anterior al congreso de Lleida de 1989, cuando Colom se hizo con el partido y lo *escoró* hacia el independentismo, ya se habían producido notables discrepancias... LVE110795

B SUSTANTIVOS QUE DESIGNAN IDEAS, OPINIONES O IDEOLOGÍAS: **5 posición ++:** ...deberá «articular un marco que permita la gobernabilidad *escorando* sus posiciones más hacia el centro y asumiendo la realidad plurinacional del Estado». EME050396 **6 idea +:** ¿Debemos los catalanes tener esperanza o temor? Creo que más bien mucho temor porque ya conocemos que sus ideas *escoran* mucho a la derecha... LVE261095 **7 nacionalismo:** ...se comprobará si esta peculiar forma de nacionalismo *escorado* a la izquierda es un fenómeno en estancamiento (...) o, por el contrario... EPE211001 **8 punto de vista:** Sus puntos de vista se han *escorado* hacia posiciones más acomodaticias y conservadoras. INDOC

C ALGUNOS SUSTANTIVOS QUE DESIGNAN RASGOS DE LA APARIENCIA, USADOS A MENUDO FIGURADAMENTE COMO INDICADORES DE LA IMPRESIÓN QUE PRODUCEN LOS INDIVIDUOS O LA OPINIÓN GENERAL QUE SE TIENE SOBRE ELLOS: **9 imagen ++:** Además, esta imagen de Roca *escorado* hacia la derecha es tan distinta de aquella en que habíamos coincidido... LVE260595 **10 perfil:** ...interesa al PSOE (...) presentar un perfil al menos verbalmente más *escorado* a la izquierda en la Andalucía abandonada por... EME220394

D OTROS SUSTANTIVOS, MÁS FRECUENTEMENTE SI DESIGNAN ACTIVIDADES VERBALES: **11 debate +:** ...pidió una y otra vez que se le escuchara «sin prejuicios» y se evitara *escorar* el debate hacia el adelanto electoral o las mociones de censura. EPE230900 **12 ponencia:** ¿Se imaginan ustedes una ponencia marco *escorada* a la izquierda, unas resoluciones que González no esté dispuesto a aceptar? EME080394 **13 lenguaje:** Clinton emplea un lenguaje cada vez más *escorado* hacia la derecha para ganar votos. EME250195
□ Véase también: **inclinarse (a).**

[escote] → **a escote**

escribir ♦ **a favor[24], a la ligera[25], a lápiz, a las mil maravillas, al dictado, a mano, a máquina, apasionadamente, apretadamente, a vuelapluma[1], caligráficamente, claro, compulsivamente, con brillantez, confidencialmente, con fluidez, correctamente, cuidadosamente, de memoria[19], de {mi/tu/su...} puño y letra[1], de un tirón[18], en limpio, en sucio, entre líneas[13], especialmente, expresamente, extensamente, febrilmente[33], hábilmente, incesantemente, incorrectamente, íntegramente, limpiamente, literariamente, mecánicamente, perfectamente, periódicamente, profesionalmente, prolijamente[4], pulcramente[11], regularmente, sin tapujos[25], textualmente, valientemente, vertiginosamente**
□ Véase también: **describir, narrar, pasar a limpio, redactar, texto.**

[escrito] → **por escrito**

escritura ♦ **ágil, automático, bello, caligráfico, creativo, de {mi/tu/su...} puño y letra[22], denso, enigmático, entre líneas[39], febril, hermético[24], jeroglífico, lineal, literario, mordaz[23], narrativo, nervioso, opaco, personal, poético, precipitado, público, ramplón, riguroso, sagrado, tenso, transparente, vivaz[22], vivo** ♦ **copia (de), dominio (de), forma (de), rasgo (de), taller (de)** ♦ **conocer, descifrar[20], desentrañar[37], entender, fluir, hilvanar, leer, legalizar, refugiar(se) (en), registrar**

escrúpulo ♦ **arraigado, carente (de), escaso, ético, hondo, íntimo, legal, libre (de), lleno (de), moral, profesional, profundo, puritano, religioso, visceral** ♦ **con, sin** ♦ **carencia (de), falta (de)** ♦ **asaltar (a alguien), caber, carecer (de), despreciar, entrar(le) (a alguien), faltar(le) (a alguien), inculcar, liberar, ocultar, reparar (en), sentir, tener, vencer[55]**
□ Véase también: **inconveniente, miramiento, obstáculo, reparo.**

escrupulosamente *adv.* ▮ Son muchos los verbos que designan acciones que pueden o deben realizarse de forma escrupulosa *(desinfectar, ordenar, evitar)*, pero se percibe una tendencia clara a combinar este adverbio con...

A VERBOS QUE DENOTAN CUMPLIMIENTO O ACEPTACIÓN DE ALGO, FRECUENTEMENTE UNA NORMA O UNA LEY: **1 cumplir ++:** ...por lo que cumplir sería y *escrupulosamente* con las obligaciones fiscales... LDD260697 **2 respetar ++:** ...la acción en contra del EPR respete *escrupulosamente* los derechos humanos. DYM010996 **3 observar +:** ...observan *escrupulosamente* los dictados del imam, situado en lo alto del estrado. EME171096 **4 atenerse +:** ...conoce perfectamente la normativa vigente (...) y sabe que la Consejería de Hacienda se ha atenido a ella *escrupulosamente.* EPE060900 **5 ajustar(se):** ...y ajustarse *escrupulosamente* a los estatutos de la organización. EPD291097 **6 someter:** ...deben estar «sometidos al imperio de la ley *escrupulosamente*». EME040996 **7 acatar:**

...este tipo de acción debe acatar *escrupulosamente* tanto las leyes de la guerra... EPE081001 **8 ceñir(se):** ...el fiscal se ciñe *escrupulosamente* a dar respuesta... LVE080895 **9 adecuar –:** ...la Ley de Televisiones Locales, «para adecuar *escrupulosamente* nuestro proyecto a la misma... EME110594 **10 adaptar –:** ...el texto de los estatutos se adapta *escrupulosamente* a lo establecido por la ley... EPE010885

B VERBOS QUE DENOTAN APLICACIÓN, SEGUIMIENTO O PUESTA EN PRÁCTICA DE ALGO: **11 aplicar ++:** ...prestas a aplicar *escrupulosamente* la legislación «antitrust». EME211195 **12 seguir ++:** ...debe seguir *escrupulosamente* la decisión del Consejo de Estado... LVE090296 **13 ejecutar:** ...se ejecutan, punto por punto, *escrupulosamente*, las prescripciones... EPE020285

C VERBOS QUE DENOTAN EXAMEN, ANÁLISIS Y OTRAS FORMAS DE INDAGACIÓN: **14 examinar +:** Deberá examinar *escrupulosamente* cada una de las ofertas... EME131096 **15 fijarse:** Los más de 200 clientes que tenemos se fijan *escrupulosamente* en nuestro trabajo. LVE021295 **16 estudiar:** ...700 elementos arqueológicos que todavía deben ser estudiados *escrupulosamente*. LVE051296 **17 escrutar:** ...para escrutar *escrupulosamente* hasta el último fotograma rodado por el maestro. EME160396 **18 revisar:** ...un interventor de Hacienda revisa *escrupulosamente* las cuentas. EME261095 **19 chequear –:** Cuando una persona se dirige a ese país de cualquier parte del mundo es *escrupulosamente* chequeado. CAP200901 **20 leer –:** Conviene leer a Cossery con calma, *escrupulosamente*... LVE111096

D VERBOS QUE DENOTAN CONTROL, SUPERVISIÓN O PROTECCIÓN: **21 controlar +:** «El portero del Zoo controla *escrupulosamente* los carnés de todos los chicos... EME241095 **22 cuidar:** ...cuidar *escrupulosamente* a los clientes que tengan capacidad de compra... EXC070901 **23 vigilar:** ...dejó claro que pensaba vigilar *escrupulosamente* su gestión. LVE150696 **24 supervisar:** ...confeccionados para ser manejados por parceleros *escrupulosamente* supervisados... LDD030797 **25 proteger:** ...«en aras de proteger *escrupulosamente* los derechos de la menor». EPE241299 **26 conservar:** Al frente de cada uno de los diecinueve capítulos Bédier ponía –y Todó conserva, *escrupulosamente*–... ABC150995

E VERBOS QUE DESIGNAN LA ACCIÓN DE PAGAR: **27 pagar ++:** Los intereses corren a cargo del consistorio y nadie le garantiza al ciento por ciento que Sanitat pague *de forma escrupulosa* todos los plazos. LVE301296 **28 liquidar:** ...los editores liquidan *escrupulosamente* los derechos de autor... EME231095

F VERBOS QUE DESIGNAN LA ACCIÓN DE REFERIR ALGO, EXPONERLO O DAR CUENTA DE ELLO: **29 narrar:** ...narra *escrupulosamente* todas las jugadas como si la imagen no existiera... LVE140896 **30 describir:** También describe *escrupulosamente* los órganos sexuales femeninos... LVE150395 **31 apuntar:** ...que en su momento apuntaba *escrupulosamente*, como quien llena un cuaderno de campo. LVE030996 **32 anotar:** ...todo lo que le pasaba lo anotaba *escrupulosamente*... ABC061291 **33 transcribir:** ...del «Libro de Horas» de Carlos VIII de Francia (1470-1498), *escrupulosamente* transcrito y traducido... ABC180895 **34 informar:** ...la misión de informar *escrupulosamente* sobre la realidad... EME131296 **35 declarar:** ...fueron «*escrupulosamente* declarados» a Hacienda... EPE150599

G VERBOS QUE DENOTAN DISPOSICIÓN O ELABORACIÓN DE ALGO PARA UN FIN DETERMINADO: **36 preparar:** ...expulsado de Francia por su mujer prepara *escrupulosamente* su venganza. EME120294 **37 elaborar:** El censo electoral ha sido *escrupulosamente* elaborado sobre las cartillas... LVE151095 **38 organizar:** A la vez *escrupulosamente* organizadas, geométricamente exactas, su propia multitud y su relativa pequeñez... ABC240395 **39 documentar(se):** Escrupulosamente documentado, Julio Anguita realizó ayer una implacable requisitoria... EME280795

H VERBOS QUE DENOTAN SEPARACIÓN O DELIMITACIÓN ENTRE COSAS: **40 seleccionar:** ...intelectuales y líderes sindicales, todos *escrupulosamente* seleccionados por su vocación... GIC091096 **41 delimitar:** ...exige que se delimiten *escrupulosamente* las competencias. EPE140700 **42 deslindar:** ...las distintas cadenas deslinden *escrupulosamente* lo que es la actividad natural... EME080196 **43 distinguir:** ...Azaña es capaz de distinguir *escrupulosamente* la frontera entre lo público y lo privado. EME100494 **44 dividir:** ...se cuidan mucho de dividir *escrupulosamente* sus «afectos». EME061196

I VERBOS QUE DENOTAN CÁLCULO, MEDICIÓN O RECUENTO: **45 medir +:** ...se fijan atentamente en los muslos de los toreros, los miden *escrupulosamente*... EPE200999 **46 contabilizar:** ...se contabilizaba *escrupulosamente* el número de visitantes –hasta 2.285–... LVE111196 **47 contar:** ...en que el voto es libremente emitido y *escrupulosamente* contado... ESP150597

J OTROS VERBOS; POSIBLES USOS ESTILÍSTICOS: ...han rifado *escrupulosamente* un jamón por función. LVE060295; ...aparecieran *escrupulosamente* «suicidados» en sus celdas de alta seguridad. EME280796; ...queden *escrupulosamente* orientados hacia La Meca... EPE230899

K ADJETIVOS QUE DENOTAN LEGALIDAD O INTEGRIDAD, Y CON ALGUNOS QUE DESIGNAN OTRAS NOCIONES CERCANAS RELACIONADAS CON LA HONESTIDAD, EL RESPETO Y EL CUMPLIMIENTO DE LAS NORMAS: **48 legal +:** ...las licencias municipales ahora anuladas son «*escrupulosamente* legales»... EPE230499 **49 democrático +:** ...la misma organización política con criterios *escrupulosamente* democráticos... EME071096 **50 reglamentario:** ...pero subrayó que todo es *escrupulosamente* reglamentario. EPE250199 **51 honesto:** ...son *escrupulosamente* honestas en la administración del dinero que reciben... LVE120595 **52 correcto:** ...su relación con Gescartera ha sido *escrupulosamente* correcta... EPE281001 **53 respetuoso:** ...es *escrupulosamente* respetuoso con los principios democráticos y con la voluntad de la mayoría. EPE150800 **54 transparente:** Tiene que ser una operación *escrupulosamente* transparente... PME290996 **55 veraz:** ...para no ser *escrupulosamente* veraz en la salida –si la hay– de este feísimo asunto. LVE150695 **56 cierto:** Todo cuanto cuento en el prólogo es *escrupulosamente* cierto. EME100595

L ADJETIVOS QUE DENOTAN IMPARCIALIDAD: **57 imparcial:** ...el carácter *escrupulosamente* imparcial que debe tener toda instrucción. EME211096 **58 neutral:** ...que sea «*escrupulosamente*» neutral durante el periodo precongresual... EME100294 **59 objetivo:** Queirolo contornea esta figura con un mirar *escrupulosamente* objetivo... LVE230695

☐ Véase también: **con detalle, con pelos y señales, con todo lujo de detalles, detalladamente, exhaustivamente, prolijamente, punto por punto.**

escrutador ♦ gesto, lectura, mirada, ojo

escrutar ♦ futuro, gesto, mirada, misterio, opinión, papeleta, secreto, señal, signo, votación, voto

☐ Véase también: **mirar, observar, ver.**

escuchar ♦ a distancia, a lo lejos[28], al vuelo[15], atentamente[2], ávidamente[20], con atención, con interés[1], de pasada[18], de primera mano[1], detalladamente[45], detenidamente, de viva voz, nítidamente[3], por un momento[22]

escudo ♦ aéreo, aislante, antibalas, antimisiles, argumental, balístico, constitucional, defensivo, endeble, espacial, estratégico, férreo, firme, frágil, humano, ideológico, legal, nacional, nuclear, protector, real, sólido, térmico ♦ abatir, alzar, bajar, defender(se) (con), desplegar, evitar (algo), formar, impedir (algo), levantar, llevar, lucir, portar, proteger(se) (con), quebrar(se)

☐ Véase también: **defensa, protección.**

escudriñar (en) ♦ insistentemente, minuciosamente, obsesivamente, sin descanso ♦ astro, cielo, dato, entraña, estrella, futuro, horizonte, intención, interioridad, intimidad, lenguaje, misterio, obra, pasado, personalidad, problema, realidad, rincón, rostro, secreto, sentimiento, texto, tripas, vericueto, vida

esencia ♦ auténtico, fundamental, histórico, humano, íntegro, íntimo, mismo, propio, puro, último, verdadero ♦ tarro (de) ♦ acreditar, adulterar[47], ahondar (en)[44], alcanzar, alterar[1], amenazar, averiguar, bucear (en)[33], buscar, cambiar, captar[13], comprender, condensar[13], conocer, conservar, consistir (en algo), constituir, depositar, descomponer, descubrir, desentrañar[49], desnaturalizar(se), destapar, destilar[83], desvirtuar, distorsionar[28], encontrar, entender, extraer, llegar (a), negar[51], percibir, perder, perturbar, reflejar, rescatar, residir (en)[13], respetar, salvaguardar, tergiversar[28], traslucir(se)

☐ Véase también: **base, centro, espíritu (de), fundamento.**

ESENCIA

♦ (SUSTANTIVOS) Véase: adulterar[E], ahondar (en)[F], alterar[A], ardiente[F], bucear (en)[D], captar[C], condensar[C], cultivar[F], desentrañar[H], destilar[L], dilucidar[A], distorsionar[F], inculcar[C], insuflar[B], lavar[C], negar[H], perder[B], renegar (de)[D], residir (en)[C], serenar(se)[B], sine qua non[B], suplantar[E], tergiversar[C], violar[E], vivo[G]

☐ Véase también: CONTENIDO; FUNDAMENTO.

esfera ♦ administrativo, alto, artístico, castrense, celeste, cerrado, científico, cultural, de influencia, de la intimidad, de la vida, de los negocios, del poder, deportivo, diplomático, económico, educativo, emocional, específico, estrecho, extenso, gran(de), gubernamental, gubernativo, íntimo, judicial, limitado, militar, mundial, oficial, particular, perfecto, personal, político, privado, profesional, público, redondo, reducido, terrestre ♦ dentro (de), en ♦ ceñir(se) (a), circunscribir(se) (a), encerrar(se) (en), entrar (en), girar, invadir, limitar(se) (a), mantener(se) (en), rebasar, traspasar

☐ Véase también: **ámbito, campo, círculo, entorno.**

esforzarse ♦ afanosamente, amablemente, aplicadamente, arduamente, a tope[9], como un loco, denodadamente, en balde, febrilmente[4], intensamente[34], inútilmente[5], seriamente, sin éxito, tenazmente, voluntariosamente

☐ Véase también: **bregar, dedicar(se), empeñar(se), intentar, trabajar, volcar(se).**

esfuerzo ♦ abnegado, abrumador[74], a destajo, a favor[55], agotador[10], a la desesperada[50], arduo[12], asequible[6], baldío, colectivo, colosal, complementario, continuo, contraproducente, denodado[1], desaforado[49], descomunal, desesperado, desinteresado, desmedido[17], diario, económico, encomiable, enconado[54], enorme, estéril, extraordinario, fecundo[20], ferviente[51], físico, frenético[28], generoso, gigantesco, gran(de), humanitario[40], ilusionante[39], impagable[8], ímprobo[5], individual, infructuoso[12], ingente[37], inhumano[6], intensivo[13], intenso, inútil, leve, ligero, llevadero[13], loable, mental, meritorio, monumental[33], noble, ostensible[76], penoso, personal, preventivo[74], prolongado, renovado, serio[55], sobrehumano, sostenido, supremo, tenaz[7], tendente (a algo), titánico, tremendo, último, vano[4] ♦ a base (de), a fuerza (de)[10], a resultas (de), a través (de), con, mediante ♦ conjunción (de), fruto (de), resultado (de), suma (de) ♦ acusar[3], aglutinar[23], agradecer, ahorrar, amortizar[10], atenuar, aunar[1], avalar[85], caer en saco roto[28], canalizar[46], capitalizar[19], cejar (en)[3], centrar, compensar[9], concentrar, concertar[36], conciliar[5], concurrir[25], conjugar[7], converger[1], coordinar, coronar, corresponder (a), costar, cristalizar, dedicar[1], desperdiciar, dilapidar[10], dirigir, doblar, dosificar[2], duplicar, enaltecer, encaminar, encauzar, enmarcar(se) (en), escatimar, exigir, fortalecer(se)[24], fructificar, hacer, incentivar[26], intensificar, invertir[1], malgastar[3], malograr(se)[15], menospreciar, perseverar (en)[3], persistir (en)[16], poner (en algo), primar[12], prosperar[30], realizar, recompensar, reconocer, redoblar[1], regatear[1], reparar (en), requerir, secundar, socavar[55], sumar, triplicar, unificar, valorar, venirse abajo[23], volcar

☐ Véase también: **abnegación, acometida, afán (de), a trancas y barrancas, bravamente, contra viento y marea, dedicación, empeño, esmero, fuerza, ímpetu, impulso, sacrificio, tesón, trabajo.**

ESFUERZO

♦ (SUSTANTIVOS) Véase: abrumador[N], acallar[J], acendrado[E], acusar[A], a destajo[G], a fuerza de[B], aglutinar[B], agotador[B], a la desesperada[F], arduo[B], asequible[A], aunar[A], avalar[O], boicotear[I], bregar[C], caer en saco roto[G], canalizar[F], capitalizar[E], cejar (en)[A], ciego[G,H], cimentar[L], compensar[B], concertar[G], conciliar[B], concurrir[E], confluir[C], conjugar[B],

conmemorar[D], contra reloj[C], converger[A], culminar[C], dedicar[A], defensivo[D], demostración (de)[F], denodado[A], desfigurar[F], dilapidar[B], dosificar[A], echar[A], enconado[H], febril[A], fecundo[C], fortalecer(se)[D], frenético[G], galvanizar[B], humanitario[F], ilusionante[F], impagable[B], imparable[F], ímprobo[B], infructuoso[C], ingente[D], invertir[A], llevadero[B], llevar a buen puerto[E], malgastar[A], malograr(se)[D], minar[D], monumental[D], multitudinario[C], numantino[E], ostensible[K], pegar[E], perseverar (en)[A], persistir (en)[C], pertinaz[C], pisotear[G], preventivo[K], primar[B], prosperar[D], redoblar[A], regatear[A], serio[L], surtir efecto[H], tenaz[B], venirse abajo[E]

♦ (VERBOS) Véase: **a conciencia[A], a destajo[A], a favor[F], a fondo[D], a la desesperada[B], a tope[B], ciegamente[E], codo con codo[E], con franqueza[C], con todas {mis/tus/sus...} fuerzas[B], contra viento y marea[C], de lo lindo[C], febrilmente[A], frontalmente[E], hasta el cuello[A], hasta las cejas[C], heroicamente[B], horrores[A], humildemente[E], incansablemente[A], intensamente[E], inútilmente[B], largamente[C], meritoriamente[A], por activa y por pasiva[F]**

☐ Véase también: ACTUACIÓN FUTURA; ASPIRACIÓN; FUERZA; INTENCIÓN; PROYECTO; TRABAJO.

esfumarse ♦ **como por encanto[2], completamente, del todo, discretamente, misteriosamente, por completo[86], por sorpresa, rápidamente, sorprendentemente, totalmente** ♦ **amor, deseo, dinero, efecto, esperanza, futuro, ilusión, ímpetu, ocasión, oportunidad, posibilidad, promesa, recuerdo, sueño, voluntad,** *sustantivos que designan sentimientos*

☐ Véase también: **desaparecer**.

esgrimir *v.* ▌ En su sentido literal se combina con sustantivos que designan armas blancas *(navaja, sable, cuchillo)*. En su sentido figurado se combina con sustantivos que designan facultades o atributos *(retórica, responsabilidad, autoridad)*. También se combina con otros que designan diversos tipos de textos, especialmente de carácter informativo o expositivo *(demanda, comunicado, informe)*, así como datos o fuentes de información *(cifra, sondeo, balance)*. Se combina además con...

A SUSTANTIVOS QUE DESIGNAN SÍMBOLOS, DISTINTIVOS O LEMAS, FRECUENTEMENTE REPRESENTATIVOS DE UN GRUPO, DE UNA CORRIENTE O DE UNA FORMA DE PENSAR: **1 bandera ++:** Uno de los factores que impide un mayor crecimiento del número de usuarios de las finanzas online –y bandera *esgrimida* por los bancos tradicionales para mostrar sus ventajas frente a la red– reside en la falta de seguridad. EPE020800 **2 consigna ++:** ...ha ordenado a sus ministros que *esgriman* la consigna de que los banqueros y la patronal le están marcando el camino... EME040296 **3 eslogan +:** «Sarajevo, primero», es el eslogan *esgrimido* por la UE para anunciar que «este es el primer paso para permitir el seguimiento de las negociaciones de paz». EME080294 **4 lema:** ...recordó el talante liberal que encontró en la redacción de aquel semanario que *esgrimía* el lema «Esport i ciutadania»... LVE030596

B SUSTANTIVOS QUE DENOTAN DATO, ARGUMENTO O RAZÓN. TAMBIÉN CON ALGUNOS QUE DESIGNAN OTRAS INFORMACIONES QUE SE SUELEN CONSIDERAR ILUSTRATIVAS O PROBATORIAS: **5 argumento ++:** ...una mayoría parlamentaria que no *esgrimió* nunca argumentos jurídicos ni legales para proceder a la destitución de mis colegas... DLA310597 **6 ejemplo +:** El político republicano también *esgrimió* el ejemplo de las anteriores elecciones generales... EPE101099 **7 excusa +:** En la mayoría de los casos, la excusa *esgrimida* por los funcionarios sospechosos es siempre la misma: el dinero se recibió por «trabajos de asesoramiento». EME101196 **8 prueba +:** Dos fueron las pruebas *esgrimidas* por Chaves para defender dicha tesis... EPE261299 **9 motivo +:** Los motivos que *esgrimen* los jóvenes para no tener que llevar la estrella roja en el gorro es, en primer lugar, la preocupación por sus vidas y su salud... EME141196 **10 pretexto +:** El pretexto de las turbulencias de los mercados internacionales había sido ya *esgrimido* por Reuter ante la misma Junta de Accionistas. EME300695 **11 razón +:** Esta, al menos, ha sido una de las razones *esgrimidas* por la comisión de control del fondo de pensiones de Telefónica para retrasar el remate de la operación... EME010696 **12 justificación:** Esta justificación aún es *esgrimida* por el propio Tibbets y por otros veteranos de aquella misión... EME040895 **13 causa:** ...reconoció a este periódico que había sido apartado de su cargo, pero se negó a explicar las causas *esgrimidas* por sus superiores. EME150695

C SUSTANTIVOS QUE DESIGNAN DIVERSOS RESULTADOS DE LA ACTIVIDAD COGNOSCITIVA, MÁS FRECUENTEMENTE JUICIOS, EXPLICACIONES Y PUNTOS DE VISTA: **14 razonamiento ++:** Desde otro ángulo, el entorno del candidato *esgrime* un razonamiento opuesto al anterior. LVE310595 **15 teoría ++:** Por eso se presenta como una víctima y *esgrime* la teoría del complot contra su persona. LVE270394 **16 tesis ++:** De un total de 103 compañías encuestadas, 62 dijeron no conocer la tesis *esgrimida* por la Asociación de Industriales del Aluminio... ENV180497 **17 hipótesis +:** Los investigadores esperaban que los restos del depósito central del 747 permitirían darle más peso a una de las tres hipótesis que *esgrimen* los investigadores sobre el accidente... DYM120996 **18 idea +:** ...sigue en parte los primitivos y eclécticos planteamientos y enlaza de manera coherente con las no del todo firmes ideas ya *esgrimidas* en las dos pasadas ediciones. ABC290995 **19 explicación:** La Sociedad Estatal de Participaciones Industriales (SEPI) *esgrime* una explicación para todos y cada uno de los argumentos que se ponen en su contra... EPE291299 **20 pensamiento:** ...jamás he oído a esa señora de Esquerra Republicana *esgrimir* un pensamiento de izquierda ni aludir jamás a la República... EME300694 **21 planteamiento:** A ese propósito cobra mayor entidad el planteamiento *esgrimido* recientemente por Miguel Herrero de Miñón en el libro «Derechos Históricos y Constitución»... EPE120599

D SUSTANTIVOS QUE DESIGNAN FUNDAMENTOS, CONVICCIONES O PRINCIPIOS QUE ES NORMAL SUSTENTAR O DEFENDER: **22 principio +:** Se realizan colectas a favor de estos grupos *esgrimiendo* el principio musulmán de la «zakat» (donación). LVE130396 **23 precepto +:** En la mesa del juego jurídico-interpretativo se ha *esgrimido* otro precepto, recordado en su vigencia por la propia información de este rotativo... LVE090196 **24 doctrina +:**

La curiosa doctrina de la legitimidad que *esgrime* Felipe González se vendrá abajo también por las urnas... EME110595 **25 máxima:** ...siempre ha *esgrimido* la máxima de que cuando alguien tiene poder lo debe utilizar para buscarse amigos y no enemigos. EPE190999

E SUSTANTIVOS QUE DENOTAN LEY, NORMA Y OTROS CONTENIDOS ESTIPULADOS O REGLAMENTADOS, MÁS FRECUENTEMENTE DE CARÁCTER OFICIAL. TAMBIÉN CON ALGUNOS QUE DESIGNAN ALGUNAS DE LAS FORMAS EN QUE SE MANIFIESTAN O SE RECOPILAN: **26 ley ++:** Se *esgrimiría* la ley como límite a la tradición y punto. EPE030399 **27 legislación:** La UE *esgrimió* la legislación comunitaria que exime a las instituciones europeas del pago de impuestos, y ganó la batalla. EPE041099 **28 normativa +:** Tan solo pido igualdad, ya que se nos exige demasiado para que en diez minutos de ineficaz revisión nos *esgriman* una normativa general del todo vejatoria. LVE270395 **29 constitución:** Este operador *esgrime* la LORTA y la Constitución como soporte legal a su posición. EPE071199 **30 código penal:** Pero seguramente basta y sobra con *esgrimir* el Código Penal a la hora de amenazar al ocupante de la Casa Blanca... EPE080899 **31 orden:** Según el denunciante, los funcionarios municipales *esgrimieron* una orden firmada por Bolin en la que se fundamentaba la decisión en que la parcela era zona verde. EPE070899

F SUSTANTIVOS QUE DENOTAN ACTITUD, CREENCIA, NORMA DE CONDUCTA O TOMA DE POSICIÓN FRENTE A ALGUIEN O ALGO: **32 criterio ++:** ...el Ministerio de Finanzas portugués *esgrime* criterios que no demuestran que la gestión de Mundial Confiança pueda verse afectada... EPE230699 **33 opinión ++:** La historia ha demostrado que cuando adquirimos la seriedad del burro para *esgrimir* cualquier opinión o comentario, vamos mal encaminados y a la menor volvemos otra vez a ser cainitas. LVE100895 **34 consideración +:** El 60-40 de la lista inicial fue sustituido por un 50-50 tras las consideraciones *esgrimidas* por un sector encabezado por la diputada... EME031196 **35 convicción +:** Esgrimió su convicción de que no se puede regular una cuestión que debería permanecer en el ámbito privado... LVE230796 **36 concepción:** Sólo se enturbia el debate al *esgrimir* concepciones nacionalistas antiguas o al suponer que sólo el Estado defiende el interés nacional en contra de un puñado de saqueadores. HOY070181 **37 visión:** ...no me refiero a las derivadas de la confrontación de proyectos políticos que, legítimamente, *esgrimen* visiones distintas con respecto a la conveniencia de una u otra fórmula. EPE080199 **38 posición:** Envíe (como) representantes del gobierno federal a personas que no estén llenas de odios y resentimientos, que *esgriman* la posición del gobierno y discutan a fondo... PME080996 **39 juicio:** Este juicio fue *esgrimido* por el Frente Polisario para retirarse del proceso de identificación de los votantes en el referéndum del Sáhara... EME050795 **40 moral:** La moral se *esgrime* cuando se está en la oposición; la política cuando se está en el poder. EME220496 **41 perspectiva –:** Un nuevo Vietnam o Afganistán, esta vez en los Balcanes, es la perspectiva tétrica que se *esgrimó* ayer en el Kremlin como argumento contra la intervención aérea en Bosnia que la OTAN... EME150294 **42 versión –:** Mas allá de estas cifras, la versión israelí de los hechos difiere diametralmente de la que *esgrimen* las autoridades palestinas. EME040195

G SUSTANTIVOS QUE DESIGNAN DIVERSAS FORMAS DE DAR RESOLUCIÓN A UN ASUNTO, GENERALMENTE DE MODO SATISFACTORIO. POR EXTENSIÓN, CON OTROS QUE EXPRESAN EL RESULTADO FELIZ DE LO QUE SE EMPRENDE: **43 acuerdo ++:** ...expuso una batería de argumentos en contra de la actual redacción de la ley, y *esgrimió* los acuerdos de la reciente cumbre de Tampere... EPE241199 **44 sentencia ++:** Endesa *esgrimirá* también a su favor dos sentencias de la propia Comisión Resolutiva de Chile... EPE300499 **45 conclusión +:** Al menos, las conclusiones *esgrimidas* por el director del seminario –Antonio Iglesias– en la jornada de clausura aparecen encabezadas por una idea fundamental... EME090795 **46 pacto +:** ...los gaullistas han promovido una petición nacional por Córcega en la República, y Jospin ha vuelto a *esgrimir* su pacto republicano. EPE060900 **47 resultado +:** ...se le reprocha con frecuencia, incluso desde dentro del propio partido, sus métodos caciquiles, pero ambos se defienden *esgrimiendo* los resultados electorales en sus provincias... EPE010999 **48 fallo:** ...*esgrimió* ayer el fallo absolutorio de la Audiencia de Barcelona que le exime de cooperación necesaria en el delito fiscal... EPE141201 **49 triunfo:** Unos y otros son los triunfos que *esgrime* el presidente Eltsin: ochenta rehenes «liberados», dice él, y veinte «bandidos prisioneros». LVE210196 **50 éxito:** «Estoy convencido de que podemos ganar la apuesta», asegura Rousselet, que *esgrime* su éxito como fundador de Canal +. LVE190995 **51 decisión –:** Así también cuando en varias ocasiones *esgrimió* las recientes decisiones del Supremo sobre los papeles de Laos y el informe Crillon... EME300795 **52 resolución –:** Mientras el sindicato *esgrime* una resolución de la Inspección de Trabajo de Huelva que confirma el incumplimiento de la empresa... EPE070999

H SUSTANTIVOS QUE DENOTAN PLAN, PROPÓSITO Y OTRAS NOCIONES DE CARÁCTER PROSPECTIVO QUE MANIFIESTAN LA VOLUNTAD DE ACTUAR: **53 plan:** Para ello se basa en las normas urbanísticas vigentes, en contra de los vecinos, que *esgrimen* un plan general de la propia urbanización, anterior a las normas. EME300896 **54 proyecto:** ...¿no lo hay, porque alguno de ellos *esgrime* el proyecto como triunfo (...) sobre los demás partidos? EPE030599 **55 programa:** El líder socialista llega al gobierno *esgrimiendo* un programa nada rupturista que... LVE031095 **56 propuesta:** El presidente de la patronal catalana respaldó también la propuesta *esgrimida* por el conseller de Treball... LVE040495

I SUSTANTIVOS QUE DESIGNAN EL RESULTADO DE ALGUNA INDAGACIÓN: **58 estudio:** Para demostrar estas teorías se *esgrime* otro estudio sobre la sexualidad de parejas que se trasladaron de un medio rural a otro urbano. EME200496 **59 análisis:** El presidente de los reumatólogos *esgrime* los análisis de muchos pacientes en los que se han hallado anticuerpos frente a unas proteínas de microorganismos... EPE030599

☐ Véase también: **aducir, enarbolar.**

eslogan ♦ **conocido, pegadizo, publicitario, socorrido, trillado[37]** ♦ **acuñar[15], crear, dar (con), difundir, idear, lanzar, pegárse(le) (a alguien), sonar**

☐ Véase también: **lema.**

esmero ♦ especial, gran(de), sumo[27] ♦ con ♦ dedicar[7], poner (en algo)
☐ Véase también: **atención, cuidado, esfuerzo, miramiento, prudencia, tiento.**

espaciar ♦ en el tiempo ♦ actuación, celebración, cita, clase, comida, encuentro, entrenamiento, envío, fiesta, reunión, salida, viaje, visita, vuelo

espacio ♦ abierto, aéreo, amplio, cerrado, desahogado, despejado, diáfano, dilatado, disponible, escénico, estelar, exiguo, físico, infinito, informativo, inmenso, libre, luminoso, natural, político, precario[21], público, reducido, saludable, sideral, útil, vacío, verde ♦ en blanco[5] ♦ falta (de), problema (de) ♦ abrir(se), acceder (a), achicar, acortar[15], administrar, ampliar, aprovechar, cerrar, conceder, congestionar(se)[14], crear, dar[64], dedicar, dejar, delimitar, disponer (de), escasear, explorar, faltar, ganar, habitar, limitar, llenar, mediar, meter(se) (en), ocupar, rebasar[13], surcar, tener, violar
☐ Véase también: **andadura, andanza, área, campo, curso, habitación, itinerario, lugar, margen (de), recorrido, sala, selva, terreno, territorio, trayecto, trazado, vía, vivienda, zona.**

ESPACIO
♦ (SUSTANTIVOS) Véase: **abismal[B], acortar[C], álgido[C], allanar[A], apretado[E], atávico[H], azaroso[B], cenital[A], comunal[D], congestionar(se)[C], dantesco[E], dar[E], defensivo[A], delinear[G], desmembrar(se)[A], desolador[A], en blanco[B], estrechar[B], extinguir(se)[D], exuberante[A], fantasmal[A], farragoso[D], forjar[M], galvanizar[A], honroso[F], insalvable[B], meter(se) (en)[J], patas arriba[A], platónico[C], precario[C], preventivo[B], proceloso[B], profanar[A,C], profesar (en)[A,B], rebanar[B], rebañar[D], rebasar[B], resbaladizo[A], sojuzgar[B], transgredir[C], vadear[A]**
♦ (VERBOS) Véase: **holgadamente[D]**
☐ Véase también: APROXIMACIÓN; CURSO; LUGAR; SEPARACIÓN.

espacioso ♦ *sustantivos de lugar*

[espada] → a capa y espada, a espada

espada ♦ afilado, certero, de doble filo, noble, romo ♦ afilar, blandir, ceñir(se), desenvainar, empuñar, enfundar, envainar, esgrimir, forjar, fraguar(se)
☐ Véase también: **arma, navaja, puñal, sable.**

[espalda] → entre pecho y espalda, llevar sobre {los hombros/las espaldas/la conciencia}, por la espalda

espalda ♦ ancho, arqueado, cargado, combado, cubierto, descubierto, dolorido, encorvado, endeble, fornido, fuerte, hercúleo, prominente, pronunciado, robusto, torcido ♦ de, sobre ♦ dolor (de), problema (de) ♦ apoyar, arquear(se), azotar, cargar (sobre), combar(se), cubrir(se), dar(le) (a algo/a alguien), doler(le) (a alguien), enarcar, encorvar(se), erguir, flaquear, flexionar, fustigar, golpear, impactar (en), llevar (sobre), rascar, volver (a algo/a alguien)
☐ Véase también: **cuerpo.**

espaldarazo ♦ decisivo, enorme, fuerte, notable, verdadero ♦ constituir, dar[222], recibir, representar, resultar, suponer

esparcir *v.* ▮ Admite gran número de sustantivos contables usados en plural *(esparcir papeles, trapos, soldados)*. Acepta también nombres no contables en singular, más frecuentemente si designan sustancias formadas por partículas pequeñas y semejantes entre sí *(esparcir sal, polvo, el polen)*, así como emisiones o emanaciones *(esparcir un olor, la iluminación, una radiación)*. Se asimilan a los primeros los sustantivos *ceniza* y *brasa*, aunque se suelen construir en plural *(esparcir las cenizas, las brasas)*. Usado en sentido figurado, admite sustantivos que designan sentimientos *(odio, felicidad, tristeza)* y algunas sensaciones *(picor, escozor, molestia)*. También se combina con sustantivos que designan muy diversos ámbitos del conocimiento y la cultura *(esparcir la música, la literatura, la poesía, la filosofía, el interés por algo)*. Se construye asimismo con...

A SUSTANTIVOS QUE DESIGNAN INFORMACIONES: **1 rumor ++**: Dos años antes se habían *esparcido* rumores de problemas entre ambos, pero en aquellos días Julio César hizo la broma... PME081296 **2 noticia +**: ...la noticia de este secuestro se *esparció* ayer como un reguero de pólvora y provocó la solidaridad popular con la familia. EME060594 **3 mensaje +**: Y no para hablar de literatura y ventas, sino para aprovecharse del medio y *esparcir* el mensaje: solidaridad. LVE120595 **4 nueva**: En días sucesivos, el de Tuy se encargó de *esparcir* la nueva por todo Madrid... EME110295

B SUSTANTIVOS QUE DESIGNAN IDEAS, CREENCIAS Y OTRAS FORMAS EN QUE SE SUELEN PRESENTAR O DIFUNDIR LOS PENSAMIENTOS O LAS DOCTRINAS: **5 idea**: El partido *esparció* algunas ideas para las tertulias de este país. EME200194 **6 consigna**: ...el partido convertido en una elite al servicio expreso de la voluntad del conductor, *esparciendo* sus consignas por el movimiento... EME100596 **7 enseñanza**: Sus enseñanzas se *esparcieron* por todo el mundo y hoy en día constituyen un punto de referencia para todos los... INDOC **8 pensamiento**: ...una iniciativa conjunta de la Coordinadora de Sales Alternatives para *esparcir* por Barcelona la obra y pensamiento del dramaturgo inglés... LVE170996 **9 prejuicio**: Sobre la reacción internacional en su contra, Haider acusó al SPOE de haber *esparcido* prejuicios sobre él. EPE131099

C SUSTANTIVOS QUE DENOTAN TEMOR, SOSPECHA O RECELO: **10 miedo +**: Los bombardeos humanos palestinos, que han *esparcido* el miedo y la desesperación entre los israelíes, han demostrado ser el arma más mortal... EPU120701 **11 terror**: Esa palabra «víctima», ese terror *esparcido* por doquier, ese pensamiento adormecido, ese odio y esa repulsión... EME070295 **12 horror**: ...el convoy burló los controles a través de 140 kilómetros, atacando donde no se le esperaba y *esparciendo* en tierra rusa el horror que los chechenos vienen sufriendo desde hace seis meses. LVE150695 **13 pánico:** ...un nutrido grupo de skinheads (cabezas rapadas) fue *esparciendo* el pánico por Barcelona apaleando a toda persona que, por su vestimenta, pudiera parecer progre. EPE131099 **14 sospecha:** Los más desconfiados de la derecha *esparcen* la sospecha de que «los socialistas tienen mal perder»... EME260494 **15 duda:** Lo que no se puede hacer es *esparcir* dudas. LVE190195

D SUSTANTIVOS QUE DESIGNAN DIVERSAS FORMAS DE ATRIBUIR INJUSTAMENTE A OTROS PALABRAS, ACCIONES O RESPONSABILIDADES: **16 calumnia:** ...la alarma social que causa que se pueda *esparcir* la calumnia utilizando impresos del Ayuntamiento y papel oficial... EPE101299 **17 maledicencia:** Para minar su ánimo, hacen entradas en su casa, cuando está ausente, o *esparcen* la maledicencia... EME010996 **18 acusación:** La izquierda ha *esparcido* veladas acusaciones sobre posibles casos de corrupción municipal... EME090194 **19 mentira:** Que se nutra de la verdad, no de mentiras *esparcidas* por lobos que utilizan las buenas intenciones como suelo para sembrar discordia. PLG100996 **20 infundio:** Hizo esas declaraciones para desmentir el infundio que se había *esparcido* por todos los círculos de la ciudad. INDOC

☐ Véase también: **airear, circular, difundir(se), salpicar.**

espartano ♦ **actitud, ambiente, austeridad, carácter, condición, defensa, desnudez, disciplina, dureza, economía, educación, hábito, paciencia, régimen, sencillez, sobriedad, valor, vida**

[especie] → **en especie**

especie ♦ **al borde de la extinción, amenazado, animal, autóctono, desaparecido, dominante, en peligro, en vías de extinción, extinto, protegido** ♦ **abundar, amenazar, conservar, desaparecer, extinguir(se), mantener, perder(se), perpetuar(se), proteger, sobrevivir**

☐ Véase también: **clase, estirpe, tipo, variedad.**

ESPECIFICACIÓN Véase: *DETALLE Y PRECISIÓN*

especificar ♦ **al detalle[8], detalladamente[27], detenidamente, minuciosamente, pormenorizadamente, punto por punto**

☐ Véase también: **detallar.**

espectacularmente ♦ **acortar(se), alargar(se), anunciar, aumentar, avanzar, caer, chocar, colisionar, consolidar(se), contrastar, crecer, decaer, derrotar, derrumbar(se), desarrollarse, disminuir, doblegar, elevar(se), empeorar, encarecer(se), endeudar(se), engañar, escapar(se), estrellar(se), explotar, fugar(se), huir, incrementar(se), irrumpir, lanzar(se), maniobrar, mejorar, modernizar(se), multiplicar(se), presentar, progresar, prosperar, quebrar, rebajar, recobrarse, reforzar, refrendar, remontar, retroceder, superar, variar, vencer,** *otros verbos de cambio de estado*

espectáculo ♦ **aberrante, aleccionador[5], apagado, aparatoso[35], apoteósico, arrollador, artístico, bochornoso, brillante, circense, dantesco[1], de estreno, deportivo, deslumbrante, desolador[7], dramático, electrizante, emocionante, espantoso, fantástico, grandioso, impresionante, indescriptible, inolvidable, itinerante, lamentable, magnífico, memorable, musical, pobre, público, redondo[20], rutilante[7], soberbio, sobrecogedor, teatral, triste, verdadero, vergonzoso** ♦ **acudir (a), aderezar, ambientar(se) (en), armar, asistir (a), brindar[70], constituir, crear, dar[281], decaer[39], deslucir, disfrutar (de), empañar(se)[23], estrenar, filmar, fracasar, montar, ofrecer, participar (en), presenciar, presentar, prodigar[40], prorrogar, protagonizar, reventar, tener éxito, triunfar, ver**

☐ Véase también: **diversión, episodio, escándalo, escena, exhibición (de), notoriedad.**

espectador ♦ **asiduo[20], atento, electrizado, enardecido, entusiasta, fiel, habitual, imparcial, indignado, involuntario, televisivo** ♦ **abuchear (algo/a alguien), aburrir (a), adormecer (a), aglomerar(se), agolpar(se), albergar, aplaudir (algo), asistir (a algo), atraer, cautivar (a), congregar, dar(se) cita, disfrutar (de algo), ovacionar (a alguien), presenciar (algo), registrar, reunir, soportar (algo)**

☐ Véase también: **público.**

espectro ♦ **amplio, del pasado, electromagnético, ideológico, infrarrojo, intelectual, óptico, político, químico, radioeléctrico, radiofónico, social, ultravioleta, visual** ♦ **dentro (de)** ♦ **acechar[32], agotar, ahuyentar[13], ampliar, completar, conjurar[6], cubrir, dominar, medir, recortar, reducir**

☐ Véase también: **espíritu (de), fantasma.**

especulación **I** *(información)* ♦ **descabellado[21], disparatado, gratuito, infundado, retorcido, sin fundamento[11], vano** ♦ **aventurar[6], circular[28], desatar(se), reavivar[42], salir al paso (de)[21], tejer[39]**

II *(actividad)* ♦ **creciente, galopante[9], inmobiliario, urbanístico** ♦ **dedicarse (a)**

☐ Véase también: **conjetura, habladuría, rumor, teoría.**

espejismo ♦ **colectivo, económico, electoral, engañoso, equívoco, falso, fugaz, iluso, irreal, mero, navideño, óptico, pasajero, puro, simple** ♦ **causar, crear(se), dejarse llevar (por)[8], deslumbrar (a alguien), desvanecer(se), diluir(se), producir(se), provocar, salir (de), sufrir, surgir, tener, ver**

espejo ♦ **cóncavo, convexo, deformante, del alma, de la nación, de la realidad, de la situación, de la sociedad, de los actos, de pared, fiel, humano, lateral, mágico, multiforme, multiplicador, oscuro, portátil, público, reflector, refractado, retrovisor, roto, simbólico, simétrico, social, sombrío, transparente** ♦ **a través (de)** ♦ **cara (de)** ♦ **brillar, consultar, deslumbrar (a alguien), devolver (algo), fragmentar(se), mirar(se) (en/a), mostrar (algo), proyectar(se) (en), reflejar (algo), romper(se), servir (de), ver(se) (en)**

☐ Véase también: **imagen, reproducción.**

[espera] → compás de espera, de espera

espera ♦ agotador[39], angustioso, atormentado, breve, confiado, corto, dilatado, fugaz, inevitable, inquietante, interminable, inútil, largo, llevadero, monótono, necesario, paciente, prolongado, prudencial ♦ durante, en ♦ lista (de), sala (de), tiempo (de) ♦ acortar(se), alargar(se), dilatarse, eternizar(se), iniciar, perpetuar(se), prolongar(se), terminar

☐ Véase también: **demora, plantón, retraso.**

ESPERA

♦ (SUSTANTIVOS) Véase: **agotador[H], sufrir[D]**

♦ (VERBOS) Véase: **con interés[D], impaciente[A], mano sobre mano[A]**

☐ Véase también: TIEMPO.

esperanza ♦ ciego[3], cierto, escaso, falso, fundado[33], fundamentado[21], gran(de), infundado[6], lleno (de), remoto, renovado, tímido, último, único, vago, vano[14], vivo[16] ♦ brizna (de), cúmulo (de)[62], hálito (de), hilo (de), inyección (de)[13], ráfaga (de)[9], soplo (de)[9] ♦ abandonar, abrigar[1], acariciar[15], acotar[25], aferrarse (a)[24], afianzar(se)[26], agotar(se)[19], aguar(se)[25], albergar[1], alentar, alimentar[1], alumbrar[23], anidar[43], arrojar[52], atisbar[22], avivar[60], borrar(se), brindar[32], brotar[26], burlar, caber[15], canalizar[36], cifrar (en algo/en alguien), cimentar[18], colmar (de)[31], colmar[6], concebir[14], concitar[32], confesar[29], confluir[19], conservar[45], crear, crecer, cumplir, dar[30], decaer[7], decepcionar, decrecer[42], defraudar[2], depositar[2], derrumbar(se)[52], desbordar, desechar, desinflar(se)[4], desmoronar(se)[19], despertar[6], desvanecerse[4], devolver (a alguien), difuminar(se)[24], difundir(se)[116], disipar(se)[18], enfriar(se)[24], engendrar[39], esfumarse, expresar, extinguir(se)[44], forjar[31], fortalecer(se)[34], fraguar(se), frustrar(se), guardar[57], hacer(se) realidad[24], henchir(se) (de)[6], incentivar[24], infundir[26], invitar (a)[2], latir (en algo), levantar[60], manifestar, mantener, menguar, mostrar, nacer, ofrecer, perder[19], pisotear[18], poner (en algo/en alguien), pulverizar[22], quebrar(se)[7], quitar, reabrir[32], reafirmar, reavivar[22], recobrar, recuperar, reiterar, renovar, representar, responder (a), reverdecer, revivir, segar, sembrar[87], socavar[51], tejer[32], tener, truncar(se)[1], venirse abajo[3], vislumbrar[7], vivir (de)

☐ Véase también: **desesperanza, expectativa, ilusión.**

esperanzadamente ♦ actuar, buscar, decir, expresar, intervenir, mirar, participar, proseguir, seguir, vivir

esperanzador ♦ avance, dato, discurso, futuro, mensaje, momento, noticia, panorama, progreso, respuesta, resultado, tiempo

☐ Véase también: **halagüeño, ilusionante.**

esperar ♦ impaciente[1] ♦ angustiadamente, ansiosamente, a pie firme[3], ardientemente[3], como agua de mayo, con ansiedad, con cautela, con confianza, confiadamente, con interés[16], con los brazos abiertos, de todo corazón[19], eternamente, indefinidamente, inútilmente, largamente[13], mano sobre mano[4], pacientemente, plácidamente[7], remotamente[10], tranquilamente

☐ Véase también: **aguardar.**

espetar ♦ a bocajarro[16], a la cara[6], directamente

espina ♦ agudo, dorsal, punzante ♦ clavar, sacar, tener (clavado)

☐ Véase también: **obstáculo.**

espinoso ♦ aspecto, asunto, cuestión, problema, tema

☐ Véase también: **dificultad.**

espiral (de) ♦ acusación, atentado, brutalidad, conflicto, corrupción, crecimiento, descalificación, destrucción, endeudamiento, escándalo, fanatismo, miedo, muerte, odio, represión, robo, secuestro, suicidio, terror, violencia

espíritu (de) ♦ abierto, acendrado[1], acogedor[13], afligido, aguerrido, alegre, analítico[19], anárquico, animoso, ardiente[29], aventurero, beligerante[8], cívico, combativo[1], comercial, conciliador, constructivo[10], cristiano, crítico, cultivado, débil, decaído, delicado, democrático, denodado[20], deportivo, dialogante, emprendedor, entusiasta, frágil[8], fuerte, genuino, guerrero, humano, independiente, inquebrantable[10], inquieto, joven (de), jovial, liberal, libre, libre (de), lugareño, mal(o), maléfico, maligno, nacional, original, pobre (de), polémico, propicio[26], puro, quebradizo[3], rebelde, revolucionario, santo, selecto, social, solidario, universalista, vengativo, verdadero, viajero ♦ abnegación, apertura, austeridad, aventura, colaboración, competición, consenso, conservación, contradicción, convivencia, cooperación, cuerpo, defensa, diálogo, empresa, entendimiento, entrega, equipo, familia, fidelidad, ganador, grupo, guerra, humildad, independencia, iniciativa, innovación, justicia, lucha, mejora, modernidad, negociación, participación, paz, rebeldía, reconciliación, renovación, resistencia, respeto, revancha, sacrificio, servicio, superación, supervivencia, tolerancia, trabajo, unidad, vanguardia, venganza, victoria ♦ ablandar(se)[3], adulterar[48], agriar(se)[4], ahuyentar[10], alegrar, alimentar[67], alterar[2], amoldar(se) (a)[16], apelar (a), aplicar, atemperar[3], atenazar[18], atenerse (a)[14], condensar[14], conjurar, contravenir[26], convocar, cultivar[26], demostrar, desahogar, desnaturalizar(se), despertar(se), desvirtuar, distorsionar[27], doblegar, elevar, embargar, entristecer, exacerbar, exaltar(se), florecer, fomentar, imbuir(se) (de)[1], infundir[15], insuflar[3], levantar, mantener, ofuscar(se)[13], planear[3], prevalecer, purgar, purificar, quebrar(se)[6], recrear(se) (en algo), recuperar, renovar, reposar, serenar(se)[8], sosegar(se)[2], tener, transgredir[44], turbar, violar[35]

☐ Véase también: **actitud, alma (de), ánimo, ánimo (de), carácter, talante.**

esplendor ♦ actual, antiguo, brillante, dorado[7], fascinante, genuino, máximo, mayor, pasado, pleno ♦ con ♦ ejemplo (de), época (de), momento (de), período (de) ♦ alcanzar, añorar, apagar(se)[5], cobrar[26], contribuir (a), dar (a algo), devolver (a algo), gozar (de), lucir, mantener, mostrar, perdurar, realzar, recuperar, resurgir, reverdecer[6], revestir(se) (de)[11], revivir, tener
□ Véase también: **apogeo, brillo, gloria.**

espontaneidad ♦ característico, engañoso, falso, franco, natural ♦ con ♦ alarde (de), gesto (de), muestra (de) ♦ brotar, ganar, mostrar, perder, rezumar[15]
□ Véase también: **frescura, naturalidad.**

[espontáneo] → por generación espontánea

[espuerta] → a espuertas

[espuma] → como la espuma

esqueleto ♦ arquitectónico, celular, cibernético, cinematográfico, completo, de la composición, de la idea, de la novela, de la obra, del argumento, del edificio, del proyecto, descarnado, desmembrado, económico, endeble, enjuto, enterrado, férreo[46], fílmico, firme, fornido, fósil, fosilizado, frágil, incompleto, inconsistente, jurídico, literario, metálico, musical, narrativo, orgánico, organizativo, pétreo, prehistórico, principal, puro, quebradizo, raquítico, recio, robusto, ruinoso, simple, sintáctico, sólido, viviente ♦ amontonar(se), conformar, conservar(se), constituir, desmontar, exhumar, formar, identificar, inhumar, menear, montar, mover, reconstruir, reducir(se) (a), reforzar
□ Véase también: **cuerpo, esquema, resumen.**

esquema ♦ breve, cartesiano[17], conciso, defensivo[25], didáctico, dominante[45], estratégico, férreo[23], general, ilustrativo, lineal[35], maniqueo, mental, novedoso[17], panorámico, rígido, sencillo, sinóptico, somero[57], táctico, trillado[19], viejo, vigente[27] ♦ con arreglo (a)[28] ♦ agotar(se), alterar[11], anclar[17], arbitrar[29], caber (en), caérse(le) (a alguien), cambiar, crear, delinear[36], desarticular(se)[2], desmoronar(se)[8], destruir, dibujar, dictar[17], diseñar, emplear, encajar (en), esbozar, hacer, implantar[19], invertir, madurar[19], renunciar (a), repetir, responder (a), romper, seguir[21], subvertir[3], tener cabida (en), trabar[12], trazar, usar, utilizar, venirse abajo[16], visualizar
□ Véase también: **esqueleto, estereotipo, estructura, modelo, patrón, pauta, resumen.**

esquemáticamente ♦ contar, describir, escribir, explicar, exponer, hablar, relatar, representar, resumir, sintetizar, *otros verbos de lengua*

esquilmar *v.* ▮ Se combina con sustantivos de persona, individuales o colectivos, más frecuentemente si designan a los miembros de algún conjunto social *(contribuyente, ciudadano, población)*. También acepta sustantivos de lugar que designan extensiones *(terreno, zona, territorio)* o espacios naturales, más frecuentemente si son marinos *(aguas, mar, océano)*. Se combina asimismo con...

A EL SUSTANTIVO *RECURSO* Y CON OTROS QUE DESIGNAN DIVERSOS CONJUNTOS DE BIENES COMUNES: **1 recurso** ++: ...el número de capturas (...) debería limitarse para evitar que se *esquilmen* los recursos. EPE130799 **2 reserva:** ...ha *esquilmado* las reservas de los embalses... EPE190999 **3 riqueza:** Europa se dedicó a *esquilmar* todas las riquezas del continente. LVE171196 **4 patrimonio:** ...se permitió incluso el lujo de apelar ante la Audiencia Provincial de Madrid, como si la resolución de los tribunales hubiera *esquilmado* su patrimonio... EME250494 **5 tesoro:** ...estamos *esquilmando* los tesoros del mar... EME100495

B SUSTANTIVOS QUE EXPRESAN MAGNITUDES O INSTITUCIONES ECONÓMICAS. TAMBIÉN CON OTRAS QUE DESIGNAN LOS LUGARES EN QUE EL DINERO SE SUELE DEPOSITAR Y ALGUNAS DE LAS FORMAS EN QUE SE PRESENTA: **6 fondo** +: ...iniciaran una relación comercial que *esquilmó* los fondos del Obispado... ENC300301 **7 economía:** ...quién es el feo que le mete cuatro pases a ese toro europeo que está *esquilmando* la economía española... EME290594 **8 cuenta:** ...se forjó una carrera en Hollywood y *esquilmó* sus cuentas bancarias. EME160495 **9 bolsillo:** ...a costa de los bolsillos *esquilmados* de mi hijo y de otras personas... EPE071299 **10 arca:** ...*esquilmaron* las arcas del tercer exportador mundial de petróleo. EPE270799 **11 presupuesto:** ...*esquilmando* nuestros paupérrimos presupuestos culturales. ABC210892

C SUSTANTIVOS QUE DESIGNAN DIVISIONES SOCIOPOLÍTICAS Y GEOGRÁFICAS QUE SE APLICAN A LAS COMUNIDADES: **12 país** +: ...para poder *esquilmar* el país y la legalidad. EME070795 **13 provincia:** ...un gobernador corrupto, que estaba *esquilmando* la provincia... EPE270599 **14 sociedad:** ...a fin de financiar sus necesidades, se dedica a *esquilmar* a la sociedad civil... CAP080198

D SUSTANTIVOS QUE DESIGNAN CONJUNTOS DE PECES O LOS LUGARES EN QUE SE LOS ENCUENTRA: **15 caladero** ++: ...son los propios pescadores (...) los que están *esquilmando* sus caladeros. LVE200595 **16 banco** ++: ...los barcos (...), a los que acusan de *esquilmar* los bancos de anchoa. EME240494 **17 pesca:** ...«piratas» y «depredadores» sin escrúpulos que *esquilman* la pesca. EME170495 **18 pesquería:** ...pedirá que ese sistema no sea sustituido por otro que *esquilme* igual la pesquería. EPE291199

E OTROS SUSTANTIVOS; POSIBLES USOS ESTILÍSTICOS: Si llega a presidente, nos *esquilma* los hígados. EME201095; ...acusado de manipular los cómputos electorales y de *esquilmar* el triunfo del octogenario... EME260594
□ Véase también: **agostar(se).**

esquina ♦ céntrico, concurrido, opuesto ♦ a la vuelta (de) ♦ lanzamiento (de), saque (de), tiro (de) ♦ doblar, ocupar

esquivar ♦ asunto, ataque, bulto, censura, compromiso, contratiempo, control, crisis, crítica, deber, defensa, destino, dificultad, disparo, embestida, encontronazo, encuentro, escollo, golpe, justicia, ley, mirada, muerte, obligación, obstáculo,

ojo, peligro, periodista, perseguidor, persona, polémica, pregunta, presencia, presión, problema, responsabilidad, riesgo, tema, tentación, tiro
□ Véase también: **eludir, sortear, soslayar.**

estabilidad ♦ **bajo, confortable, delicado, democrático, difícil, económico, emocional, escaso, familiar, frágil[19], gran(de), laboral, monetario, perfecto, personal, político, precario[31], social, vacilante** ♦ **ausencia (de), clima (de), factor (de), garantía (de), marco (de)** ♦ **afectar (a), afianzar(se)[50], alterar[44], amenazar, aportar, asegurar, augurar[61], buscar, cobrar, conquistar, conseguir, conservar, consolidar, contribuir (a), dañar[28], dar[133], defender, encontrar, ganar, garantizar, generar, hallar, lograr, mantener, minar[4], ofrecer, perder, perturbar, poner en riesgo, proteger, quebrar(se)[25], reinar[11], renunciar (a), robustecer(se)[20], socavar[28], tener, transgredir[51], velar (por)[27]**
□ Véase también: **armonía, equilibrio.**

establecer *v.* ▮ Se combina con sustantivos que designan cantidades *(número, cuota)* y magnitudes económicas *(pago, precio, tarifa, salario, impuesto)*, así como con otros que designan sistemas y modos de organización *(sistema, esquema, régimen, infraestructura, democracia)*. En su forma pronominal *(establecerse)* se construye a menudo con la preposición *en* y se combina con sustantivos que designan lugares. En el ámbito deportivo se combina muy frecuentemente con los sustantivos *marca* y *récord*. Además se combina con...

A SUSTANTIVOS QUE DENOTAN LEY, NORMA O DISPOSICIÓN, Y CON OTROS QUE DESIGNAN EL CONJUNTO DE ELLAS: **1 ley:** ...a la iniciativa legal que busca *establecer* una ley de cuotas en Chile... HOY021296 **2 norma ++:** Según este modelo, la Administración *establece* normas, previa negociación con los sindicatos y las organizaciones empresariales... EPE301299 **3 regla ++:** Madrid quiere que se *establezcan* «reglas muy claras» que permitan distinguir cuándo un abogado está ejerciendo de defensor... EPE180700 **4 orden +:** ...los incumplimientos de algunas órdenes *establecidas* en el acuerdo... LRE140103 **5 directriz +:** Hasta ahora, en respuesta a las demandas de organizaciones civiles y religiosas, el alto tribunal ha *establecido* las siguientes directrices... EPE130399 **6 medida:** La citada modificación *establecerá* medidas para hacer «más contundente», según dijo el titular de Justicia... LRE170103 **7 legislación:** ...creen que la legislación vigente *establecida* para prevenir la lacra de las drogas en nuestra sociedad... LVL230796 **8 normativa:** ...ha *establecido* una normativa nueva en cuanto al control de los fondos reservados... LVE031195 **9 código:** ...instó hoy a diarios, emisoras y agencias de prensa a *establecer* códigos internos de conducta... DLA020997 **10 reglamento:** Por eso pedimos que plantee la posibilidad de *establecer* un reglamento que incluya garantías jurídicas para la pareja solicitante. LVE200896

B SUSTANTIVOS QUE DENOTAN RELACIÓN O COLABORACIÓN ENTRE VARIAS PARTES: **11 relación ++:** Las repúblicas de Cuba y Malawi *establecieron* relaciones diplomáticas en una ceremonia celebrada en la Cancillería de esta capital africana. GIC124997 **12 contacto ++:** Dicho rumor fue desmentido por representantes de las dos fuerzas políticas negando que en algún momento se hayan *establecido* dichos contactos. LVL190996 **13 vínculo ++:** La coincidencia del modelo del coche (...) *estableció* los vínculos con el posible intento de secuestro del futbolista profesional. EDV300101 **14 vinculación +:** ...nos permiten *establecer* esa vinculación con mayor efectividad es el que hemos logrado hoy a través de un convenio de cooperación mutua. ESP010601 **15 conexión +:** He llegado a la conclusión –explica el reconocido autor– de que la auténtica estupidez consiste en ser incapaz de *establecer* una conexión con los demás... LVE080695 **16 colaboración:** ...cumpliendo con el mandato constitucional que *establece* la colaboración de los poderes públicos. EUV210197 **17 lazo:** ...rasgos esquizotímicos, escasos sentimientos de culpa e incapacidad para *establecer* lazos afectivos responsables y duraderos. CLA190597

C SUSTANTIVOS QUE EXPRESAN LA RESOLUCIÓN DE UN PROCESO. TAMBIÉN CON OTROS QUE DESIGNAN DIVERSAS FORMAS DE ACUERDO ENTRE VARIAS PARTES Y OTRAS CONSECUENCIAS BENEFICIOSAS DE LAS ACCIONES CONCERTADAS: **18 paz +:** «Creo que Yeltsin sinceramente desea parar la guerra y *establecer* la paz en Chechenia». EME060696 **19 alianza +:** ...está preparada para competir en el mercado europeo y dispuesta a *establecer* alianzas con otras empresas... ENC120101 **20 pacto +:** ...encaminada a *establecer* un gran pacto modernizador en la sociedad española. ABC210292 **21 decisión:** Cuando se *establece* la decisión de las mayorías o el consenso como criterio supremo de legitimación de las leyes... LVE180296 **22 solución:** Sobre la crisis de Bosnia, el ministro aseguró que no se trata de *establecer* una solución bélica... EME200795 **23 consenso:** ...exige que se *establezcan* consensos duraderos, que difícilmente puedan lograrse con actitudes imperativas del Ejecutivo... CLA120197 **24 negociación:** ...lleven a cabo un alto el fuego y *establezcan* negociaciones con el fin de llegar a un acuerdo para solucionar el conflicto kurdo. LVE160495 **25 tregua:** Mientras las Naciones Unidas siguen intentando, hasta ahora en vano, lograr que los beligerantes *establezcan* una tregua... LVE210494 **26 trato:** ...o la renuncia a *establecer* tratos con los captores... EPE161280 **27 desenlace:** En el caso de las potencias coloniales, la hipótesis mencionada *establece* un desenlace de signo inverso. ABC230793

D SUSTANTIVOS QUE DESIGNAN MODOS DE ORGANIZAR EL TIEMPO O DE DISTRIBUIR TEMPORALMENTE LAS ACCIONES O LOS ACONTECIMIENTOS: **28 calendario ++:** ...además, se *establecerán* nuevos calendarios de vacunaciones universales... ABC090695 **29 plazo ++:** ...*establece* un plazo de 30 días para presentar solicitud de subvención. DDN070101 **30 horario +:** En varias reuniones hemos logrado *establecer* horarios de trabajo, pero la promesa de que no se colocarán en lugares prohibidos no ha sido fácil... ENV051000 **31 cronología:** No podemos *establecer* una cronología de sus obras ni siquiera de modo aproximado... ABC280194

E SUSTANTIVOS QUE DESIGNAN PUNTOS DE VISTA, INICIATIVAS Y OTRAS NOCIONES SUSCEPTIBLES DE DEBATE O ANÁLISIS: **32 criterio ++:** Necesita un nuevo Plan General que *establezca* criterios comparativos y de actuación con grandes ciudades: Milán, Munich, Berlín...

EME200295 **33 propuesta ++:** Con la nueva Ordenanza el Ayuntamiento *establece* una propuesta para modernizar el andamiaje edilicio. EUV170498 **34 plan +:** ...el Ayuntamiento de San Sebastián y el Gobierno vasco acordaron ayer *establecer* un plan operativo que garantice la seguridad en las calles de la capital... EPE220800 **35 proyecto:** Me convencí de que se podía *establecer* un proyecto humanitario no sólo en favor de Cuba... GIC093697 **36 programa:** Requiere al Departamento de Educación *establecer* un programa de becas para estudiantes elegibles en escuelas públicas o privadas. DLA050497 **37 perspectiva:** ...para intentar cierta ubicación clara y justa, a fin de *establecer* una perspectiva dotada de sensatez... PME150996 **38 razón:** La Cear *establece* cinco razones: la venganza, la pobreza, el intento de sentirse protegidos, el desamparo y la perspectiva de una vida mejor. EME021196 **39 base:** ...en la que *establezca* las bases del programa de modernización del sector público empresarial para su debate en la comisión de Industria. LVE160796

F SUSTANTIVOS QUE DESIGNAN LO QUE SE PRETENDE CONSEGUIR O SE ESTIMA QUE PUEDE SUCEDER: **40 objetivo ++:** ...un sistema de salud que carece de flexibilidad laboral a la hora de *establecer* sus objetivos... LRE170103 **41 meta +:** En tal sentido se están programando reuniones con los registradores y notarios fronterizos a fin de *establecer* metas comunes... EUV061196 **42 pronóstico:** Ya que el problema no tiene ningún marcador capaz de *establecer* su pronóstico y es muy difícil predecir desde su inicio qué es lo que va a pasar... EME020395

G SUSTANTIVOS QUE DENOTAN MARGEN DIVISORIO, A MENUDO USADOS EN SENTIDO FIGURADO: **43 límite ++:** La democracia es un régimen político de gobierno caracterizado por reglas de juego estables, respetadas por todos, que *establecen* límites al ejercicio del poder. CAP190995 **44 frontera ++:** ...es necesario *establecer* las fronteras entre información y escándalo. PME090297 **45 división +:** No digo que necesariamente tenga que ser así, pero tampoco hay que *establecer* una especie de división entre lo divino y lo humano. LVE050796

H SUSTANTIVOS QUE DESIGNAN SITUACIONES EN LAS QUE SE ENFRENTAN VARIAS PARTES: **46 confrontación:** La Bienal no trata de *establecer* confrontaciones elitistas, sino de mostrar a la reflexión crítica de los profesionales... ABC200893 **47 polémica +:** ...se produjo una quiebra muy importante cuando se *establece* una polémica absurda sobre la política de reinserción. LVE180296 **48 batalla −:** «Aquí lo importante es ganar y no *establecer* batallas contra alguien en concreto». LVE070796 **49 lucha:** La lucha por la posesión de la gran mansión que han ido decorando se *establece* sin cuartel y hace aflorar todos sus instintos violentos hasta la apoteosis final. LVE090596 **50 pugna −:** ...los grupos mallorquinistas, UM y PSM, que han *establecido* una dura pugna entre sí por el ejecutivo insular de Mallorca. EPE120799

I SUSTANTIVOS QUE DENOTAN INTERCAMBIO VERBAL DE OPINIONES: **51 diálogo +:** ...aceptó que podría *establecer* un diálogo con las distintas bancadas para encontrar una salida a la crisis parlamentaria... ENH140198 **52 comunicación +:** Misiti explicó a Clarín que la denuncia es evaluada y para mayor precisión se *establece* una comunicación con la persona que llamó. CLA160797 **53 debate +:** En su opinión, ésta es aún una sociedad «que vive de una cultura de quiosco» y faltan espacios para *establecer* un debate crítico en profundidad. EPE070999

J SUSTANTIVOS QUE DESIGNAN DIVERSAS FORMAS DE CASTIGO: **54 condena +:** No sé si lo que le queda a la jueza es simplemente *establecer* la condena. EME030594 **55 sanción +:** Se podrá discutir si se deben *establecer* sanciones administrativas además de las penales; lo que no se puede decir es que es un debate sobre una cuestión inconstitucional. LVE070996 **56 castigo +:** ...a tipificar con mayor precisión el delito de asonada y *establecer* castigos mucho más severos a quienes las instiguen y participen en ellas. LPN110697 **57 pena +:** ...y atentar contra la seguridad colectiva que *establecen* penas hasta de 3 años... ESP110397

K SUSTANTIVOS QUE DESIGNAN EL RESULTADO DE ANALIZAR, JUZGAR O COMPUTAR ALGUNA COSA: **58 balance:** Como ahora, se someterá al joven a exámenes médicos, psicotécnicos y se *establecerá* un balance escolar y socioprofesional. EME281196 **59 baremo:** Por ello, no consideraban justo que se *estableciese* el mismo baremo de pulsaciones y errores para todos. LVG221191 **60 diagnóstico:** Con auxilio de este examen se pudo *establecer* el diagnóstico de certeza: siringomielia. GIC072797 **61 evaluación:** ...impedía la prórroga de los contratos de adjudicación que tienen los noticieros de televisión, *establecía* una evaluación semestral de toda la programación... ETC170797

L OTROS SUSTANTIVOS; POSIBLES USOS ESTILÍSTICOS: Ven que el intento de *establecer* una ética política en la casa y en su grupo no se sostiene en la realidad cotidiana. LVE290896

▩ Se combina también con: ♦ **a ciencia cierta[10], categóricamente[35], con certeza[14], con detalle[27], con rotundidad[41], de antemano[3], democráticamente[14], en líneas generales[17], fehacientemente[24], firmemente, nítidamente[30], por cuenta {ajena/propia}, por libre, unilateralmente[4]**

☐ Véase también: **entablar, erigir(se), establecimiento, estipular, fijar, implantar, instaurar, reinstaurar.**

establecimiento ♦ **asistencial, bancario, castrense, comercial, de postín[1], educacional, educativo, eficaz, escolar, fiscal, público ♦ abrir, cerrar, clausurar, dirigir, equipar, estar a cargo (de), inaugurar, llevar, regentar**

☐ Véase también: **comercio, determinación, establecer.**

estacionar ♦ **vehículo**

estadística ♦ **alarmante, fiable, fidedigno[31], frío, impreciso, inquietante, revelador[36], sesgado, tendencioso, veraz ♦ a la luz (de)[9], a la vista (de)[5], según ♦ acertar, adulterar[39], amañar, analizar, atenerse (a)[80], comparar, consultar, difundir(se)[61], engrosar, falsear, fiarse (de), interpretar, manipular, maquillar, publicar, realizar**

☐ Véase también: **cálculo, dato.**

[estado] → **golpe de estado**

estado (de) ▮ *(gobierno)* ♦ **atentatorio (contra)[22], autonómico, confederado, de derecho,**

democrático, federal, independiente, totalitario ♦ asunto (de), cuestión (de), golpe (de) ♦ centralizar, gobernar, pertenecer (a)
▮ *(situación)* ♦ **asfixiante**[23], **avanzado**[4], **civil, convaleciente, delicado, deplorable, emocional, febril, financiero, físico, impecable, lamentable, lastimoso, miserable, personal, precario**[3], **ruinoso, sanitario, social ♦ abandono, alerta, ánimo, ansiedad, bienestar, buena esperanza, coma, conmoción, conservación, convalecencia, cosa, crisis, debilidad, depresión, desarrollo, descomposición, desnutrición, deterioro, ebriedad, embriaguez, emergencia, equilibrio, euforia, excepción, felicidad, forma, gestación, gracia, guerra, hibernación, incertidumbre, indefensión, inseguridad, necesidad, opinión, peligro, pobreza, privación, salud, sitio, urgencia, zozobra ♦ agravar(se)**[40], **alterar, atravesar**[28], **declarar, desarrollar, diagnosticar**[11], **estar (en), mantenerse (en), presentar, seguir (en)**

estafa ♦ **al descubierto**[46], **burdo, descomunal, financiero, gran(de), impune**[24], **involucrado (en), millonario, monumental**[61], **pequeño, presunto, supuesto, verdadero ♦ alcance (de)**[69], **delito (de), prueba (de) ♦ acusar (de), cometer, constituir, consumar, demostrar, denunciar, desbaratar**[48], **descubrir, desvelar, frustrar(se), perpetrar, revelar, salir a la luz**[30], **sufrir, suponer, tramar**[4], **urdir**[30]
☐ Véase también: **delito, trampa**.

estallar *v.* ▮ En el sentido de 'reventar o explotar' se combina con sustantivos que designan artefactos y sustancias *(bomba, explosivo, dinamita)* y muy diversos objetos materiales *(edificio, coche: El coche estalló en mil pedazos)*. En su sentido figurado se combina con sustantivos de persona, individuales o colectivos *(profesor, afición, comunidad: Después de tres partidos perdidos en campo propio, la afición estalló)*. En su sentido de 'ocurrir de repente o de manera violenta', se combina con...

A SUSTANTIVOS QUE DESIGNAN ACCIONES QUE CONSTITUYEN MANIFESTACIONES O EXPRESIONES DE DISCONFORMIDAD O REBELDÍA, GENERALMENTE DIRIGIDAS CONTRA UNA AUTORIDAD ESTABLECIDA: **1 revolución ++:** Se puede decir que el cartesianismo francés fue presentado en sociedad al *estallar* la Revolución. LVE250995 **2 rebelión ++:** En la calle ha *estallado* la rebelión de los obreros berlineses contra los soviéticos. EME220296 **3 protesta ++:** Y muchos de quienes me leen recordarán que en época no tan remota, el año 1951, por un aumento de veinte céntimos (de 50 a 70) *estalló* una protesta general... LVE110896 **4 revuelta ++:** ...todo el mundo estaba convencido de que en cualquier momento podía *estallar* una revuelta. EME240996 **5 sublevación +:** Cuando *estalla* la sublevación de tropas al mando de Franco en Melilla, se le unen rápidamente las guarniciones de Navarra, Zaragoza, Alava y Burgos... GIC091296 **6 disturbio +:** Estallan disturbios en la capital de Burundi a causa de luchas entre hutus y tutsis. LVE100894 **7 huelga:** ...se preparan para lo que ellos llaman «un caos controlado» si *estalla* la huelga en la mayor de las líneas aéreas domésticas de Estados Unidos. DLA120297

B SUSTANTIVOS QUE DESIGNAN SITUACIONES, A MENUDO VIOLENTAS, DE CONFRONTACIÓN U HOSTILIDAD ENTRE VARIAS PARTES: **8 guerra ++:** Se suponía que el pacto entre Holbrooke y Milosevic debía evitar que *estallara* la guerra en Kosovo... CLA130199 **9 enfrentamiento ++:** Argelia vivió ayer una de las jornadas más sangrientas desde que hace más de cuatro años *estallaron* los enfrentamientos en el país. LVE120296 **10 batalla:** Estalla la batalla sucesoria en la CEOE ante la decisión de Cuevas de no continuar... LVE121296 **11 conflicto +:** Antes de que *estallara* el conflicto, los dos mandatarios mantuvieron un encuentro «entre militares». EME030396 **12 combate:** Estallan combates entre talibanes y uzbekos por el control de Afganistán. EUV091096 **13 contencioso:** El contencioso *estalló* el día en que la administración instó a Jiang Wei a retirar del mercado su fortalecedor sexual... EPE021099 **14 litigio:** El litigio *estalló* en un momento oportuno. EME300195 **15 lucha:** Estallaron luchas intestinas por el poder y se nombró administradores incompetentes que perdieron el control de la gestión. LVE280196

C SUSTANTIVOS QUE DESIGNAN SITUACIONES DIFÍCILES, ADVERSAS, DISPUTADAS O INCONVENIENTES: **16 escándalo ++:** Tres días más tarde, el escándalo *estalló* en toda su magnitud. HOY230297 **17 crisis ++:** En 1982, *estalló* la crisis de la deuda externa de América latina. CLA300199 **18 polémica +:** Pero la mayor polémica *estalló* cuando se conocieron públicamente las condiciones en que Yuraszeck cerró el contrato de la alianza estratégica. HOY271097 **19 controversia +:** La controversia *estalló* en medio del escándalo que se inició la semana pasada... CLA280297 **20 alarma +:** La alarma *estalló* cuando varios clientes descubrieron que tenían acceso a las cuentas de otros usuarios... EPE020800 **21 problema:** «Cuando *estallaron* los problemas hace dos años, los que representaban la ley aquí eran los croatas»... EME270795

D SUSTANTIVOS QUE DENOTAN ENFRENTAMIENTO VERBAL: **22 discusión +:** ...la discusión sobre su conveniencia ha *estallado* de nuevo de forma virulenta... EPE280700 **23 disputa +:** Tras unos meses de sosiego, en el verano de 1997 *estalló* la primera disputa verbal. EPE041099 **24 bronca +:** La bronca del defensor *estalló* durante la práctica que River realizó ayer en Tandil. CLA120297

E SUSTANTIVOS QUE DESIGNAN INFORMACIONES, A VECES DE CARÁCTER PÚBLICO: **25 rumor ++:** Los rumores *estallaban* por todos lados. CLA090701 **26 noticia ++:** La noticia *estalló* como la pólvora por todo el país... EME200896 **27 habladuría:** ...la noticia corrió como la pólvora y las habladurías *estallaron* inmediatamente. INDOC

F SUSTANTIVOS QUE DENOTAN EVENTO O ESTADO DE COSAS: **28 tema:** ...un tema conflictivo como el de las pensiones de jubilación que antes o después acaba *estallando*. INDOC **29 asunto +:** ¿Cómo es posible que diez años después se haga *estallar* este asunto, cuando incluso ha desaparecido? EME200195 **30 caso:** Fue casi por casualidad que *estalló* el caso. En el transcurso de una investigación de rutina, la tercera hija de West denunció a su padre. LVE020195

G OTROS SUSTANTIVOS; POSIBLES USOS ESTILÍSTICOS: César Alonso de los Ríos, (...) en un libro que acaba de *estallar*, dice que el franquismo cegó (...) a la izquierda... EME140594; Las críticas no pueden olvidar que cuando *estalló* la enfermedad del virus Ébola, los primeros en llegar fueron médicos de la Organización Mundial de la Salud... LVE260695

▩ Se combina también con: ♦ **en (mil) pedazos**

☐ Véase también: **desencadenar(se), desfogar, estallar (de), estallar (en), reventar (de).**

estallar (de) *v.* ▮ Se combina con...

A SUSTANTIVOS QUE DENOTAN SENTIMIENTO GOZOSO Y, POR EXTENSIÓN, SU MANIFESTACIÓN O SU EXPRESIÓN: **1 alegría ++:** Cuando llegaron, en camiones desvencijados, una ciudad tan acostumbrada al dolor *estalló* de alegría. EME230394 **2 risa ++:** Susan, chonguea hasta sacar de quicio a los técnicos y prepara una broma que hace *estallar* de risa a todos los colados. CAP270397 **3 júbilo:** En el coliseo los admiradores de la Señorita Cali *estallaron* de júbilo. EPC190597 **4 felicidad:** ...después de un doblete que hizo *estallar* de felicidad la localidad de Maranello... EPE191099 **5 carcajada:** Impresentables esas cabezas tan poco serias, más bien que harían *estallar* de carcajadas a las cabras. EPE020800

B SUSTANTIVOS QUE DENOTAN IRRITACIÓN O DESIGNAN OTROS SENTIMIENTOS VIOLENTOS O EXALTADOS: **6 ira:** ...pero *estalló* de ira con sus colaboradores por entender que (...) le habia tratado con desdén. LVE120696 **7 indignación:** El corazón me *estallaba* de indignación. ABC050894 **8 rabia:** Los aficionados tenían sobradas razones para *estallar* de rabia ante la pusilanimidad de su equipo. INDOC

☐ Véase también: **estallar, estallar (en), reventar (de).**

estallar (en) *v.* ▮ Se construye generalmente con sustantivos contables en plural o no contables en singular. Se combina con...

A EL SUSTANTIVO *LÁGRIMA* Y CON OTROS QUE DESIGNAN LA ACCIÓN O EL EFECTO DE LLORAR: **1 lágrima ++:** ...cuando otros se atrevieron a hacerlo, ha *estallado* en lágrimas. EUV050996 **2 llanto ++:** ...se dejaron llevar por la emoción contenida y *estallaron* en llanto. EPE090700 **3 sollozo +:** Algunos *estallan* en sollozos y el ambiente es sobrecogedor... EPE030599

B SUSTANTIVOS QUE DESIGNAN MANIFESTACIONES RUIDOSAS DE LAS PERSONAS QUE SE INTERPRETAN COMO SIGNOS DE ELOGIO O DE DESAPROBACIÓN: **4 aplauso ++:** ...miles de personas (...) que *estallaban* en aplausos... EPE190899 **5 ovación ++:** Sus seguidores *estallaron* en una interminable ovación. EME250694 **6 vítores +:** ...la multitud que aguardaba (...) *estalló* en vítores. EME010695 **7 silbido +:** Y los hinchas *estallaron* en silbidos contra el técnico... CLA030497 **8 clamor:** Inmediatamente, antes de comprobarse la medición, el público *estalló* en un clamor... LVE310796 **9 vituperio:** ...«¡Fuera... mercenario...!», la muchedumbre *estalló* en vituperios. EPE071299 **10 grito:** ...todo el estadio (...) *estalló* en gritos de «¡Nelson! ¡Nelson!». EPE160699

C SUSTANTIVOS QUE DESIGNAN OTRAS MANIFESTACIONES EXPANSIVAS DE UN SENTIMIENTO GOZOSO: **11 carcajada ++:** ...*estalló* en una carcajada, como si el destino le hubiera jugado una broma pesada. LNP050297 **12 risa:** Su desasosiego no pasó inadvertido para el resto de sus compañeros que *estallaron* en risas cuando el presidente se limitó a... EME280694 **13 jolgorio +:** ...la chavalería *estalló* en un jolgorio de vítores y bravos... EPE290199 **14 alborozo −:** ...miles de paraguayos *estallaron* ayer en muestras de alborozo... EME260496

D SUSTANTIVOS QUE DESIGNAN IRRITACIÓN EN DIVERSOS GRADOS, ASÍ COMO ALGUNOS DE SUS EFECTOS: **15 cólera +:** ...el ministro de Exteriores (...) *estalló* en cólera... EPE180999 **16 rabia:** ...decenas de amigos (...) *estallaron* en rabia y llanto. EPE031199 **17 indignación:** Los responsables (...) *estallaron* ayer en indignación... EPE010499 **18 ira:** ...el muchacho tenía tendencia a *estallar* en ira... ENH030697 **19 violencia:** ...esas fuerzas en tensión que *estallan* en la violencia... LPN270197

E SUSTANTIVOS QUE DENOTAN POLÉMICA O CONTROVERSIA ENTRE DOS O MÁS PARTES: **20 protesta +:** El personal (...) *estalló* en una ruidosa protesta. EPE170399 **21 bronca:** La plaza entera *estalló* en una bronca contra el toro... EPE270999 **22 controversia −:** ...terminó por *estallar* en una controversia en el interior del Parlamento... EPE260699

F OTROS SUSTANTIVOS; POSIBLES USOS ESTILÍSTICOS: ...la sobria parroquia *estalla* en luces y reflejos. LVE040996; ...el aro recibió el esférico como una bomba, y el Palau *estalló* en silencio. EME160995

☐ Véase también: **estallar, estallar (de).**

estampa ♦ **antiguo, bello, campestre, clásico, costumbrista, desvaído, evocador, fino, navideño, noble, original, romántico, típico, tradicional, viejo, vívido[5], vivo[10] ♦ colección (de), serie (de) ♦ componer**

☐ Véase también: **fotografía, imagen.**

estampar *v.* ▮ En su sentido de 'propinar o dar con mucha fuerza' se combina, en la lengua coloquial, con sustantivos que designan golpes, casi siempre dados con la mano *(guantazo, manotazo, bofetón, bofetada, derechazo: Te voy a estampar un bofetón)*. También acepta sustantivos que designan otros gestos o movimientos que pueden ser impetuosos *(Le estampó dos besos)*. En su sentido de 'imprimir o grabar', a menudo utilizado en sentido figurado, se combina con sustantivos que designan materiales donde se imprime *(tela, papel)*, así como con otros que se refieren a técnicas de grabado o representación gráfica *(tatuaje, aguafuerte, bajorrelieve)*. También se combina frecuentemente con sustantivos que designan emblemas y otros signos distintivos o representativos de algo *(sello, símbolo, escudo, inicial, sigla, logotipo)*. Lo hace a veces con algunos que designan diversos mensajes verbales especialmente si son rudos o impetuosos *(grosería, ordinariez)* o están destinados a permanecer *(dedicatoria, pésame)*. También se combina con...

A SUSTANTIVOS QUE DESIGNAN LA FIRMA DE UNA PERSONA O EL NOMBRE QUE LA REPRESENTA: **1 firma ++:** ...para recortar las atribuciones del futuro TPI y el pasado 31 de diciembre había que *estampar* la firma para seguir metiendo tijera al proyecto. CAN040101 **2 rúbrica ++:** Por parte de la UE, *estamparon* su rúbrica los ministros de Asuntos Exteriores de la misma. EME161295 **3 nombre +:** Arriba, en el margen derecho de la pintura, *estampa* su nombre, mira durante un rato la composición y decide estampar el nombre del estudio... LVE040895 **4 autógrafo:** «Pues llama a la Alcaldía, que es donde voy a estar a partir de este lunes», profetiza sin miedo, mientras *estampa* un autógrafo. EME270595 **5 garabato:** Unos 26 años después de que John Lennon *estampara* aquellos artísticos garabatos en la copia del *White album*... LVE291095 **6 cruz:** Dícese que los que acompañaban a Cristóbal Colón rumbo a lo desconocido *estampaban* una cruz en el contrato, ya que no sabían firmar. LVE190795

B SUSTANTIVOS QUE DENOTAN RASTRO DEJADO POR ALGUIEN. TAMBIÉN CON OTROS QUE DESIGNAN COSAS QUE PUEDEN DEJARLO: **7 huella ++:** ...a alguien capaz de aglutinar e implantar la disciplina necesaria en todo en el MLNV, en el momento de *estampar* su huella en el acuerdo de paz. EME091295 **8 mano:** ...desde que Richard Gere se trajera hasta Hollywood al Dalai Lama, que al paso que va acabará *estampando* su mano frente al Teatro Chino, en el paseo de las estrellas. EME171196 **9 pie:** ...la «alfombra» de hormigón donde *estamparon* pies y manos los más grandes... EME200194

▩ Se combina también con: ♦ **de {mi/tu/su...} puño y letra[9]**

☐ Véase también: **imprimir, inculcar, infligir, infundir**.

estancamiento ♦ **creativo, cultural, demográfico, diplomático, económico, electoral, industrial, laboral, militar, político, salarial** ♦ **producir(se), provocar, remontar[41], resolver, salir (de), sufrir, superar**

☐ Véase también: **atasco, detención, parón**.

estancia ♦ **agradable, breve, corto, dilatado[35], fecundo, feliz, fugaz[2], largo, placentero, reciente** ♦ **acortar[9], alargar, disfrutar (de), durar, prologar, prolongar, tener**

estandarte ♦ **arriar[4], enarbolar[4], flamear, izar, ondear**

☐ Véase también: **bandera, enseña, insignia**.

estatua ♦ **colosal, ecuestre, faraónico, gigante, imponente, monumental, totémico, viviente** ♦ **alzar(se), dedicar (a algo/a alguien), derribar, destruir, erigir, esculpir, instalar, levantar(se), recubrir, tallar**

☐ Véase también: **edificio, monumento**.

estatura ♦ **adecuado, aproximado, artístico, atlético, aventajado, bajo, colosal, corto (de), elevado, enorme, escaso, exacto, extraordinario, gran(de), humano, imponente, impresionante, inferior, insuficiente, intelectual, internacional, intimidatorio, inusitado, justo, limitado, mediano, medio, menudo, mínimo, mitológico, monumental, moral, mundial, normal, pequeño, político, profesional, reducido, requerido, respetable, suficiente, superior, tremendo, universal** ♦ **exceso (de), falta (de)** ♦ **acercar(se) (a) (una cantidad), alcanzar, aventajar (en), calcular, elevar, estimar, exhibir, faltar, ganar (en), medir, ostentar, poseer, rondar (una cantidad), sobrepasar (una cantidad), tener, valorar**

☐ Véase también: **altura, envergadura, tamaño**.

estatus ♦ **acomodado[4], alto, bajo, definitivo, económico, elevado, permanente, provisional, social** ♦ **alcanzar, alterar[28], cambiar (de), conceder, conseguir, conservar[6], mantener, perder, preservar, solicitar, tener**

☐ Véase también: **posición**.

estatuto ♦ **acordar, actualizar, alcanzar, aprobar, blindar[35], derogar[10], discutir, establecer, incumplir[10], infringir[11], mantener, quebrantar[8], seguir, transgredir[10], violar[19]**

☐ Véase también: **ley, reglamento**.

estela ♦ **brillante, funerario, largo, luminoso[11]** ♦ **apagar(se)[10], continuar, dejar, desvanecer(se), seguir[61], soltar**

estentóreo ♦ **eco, grito, risa, sonido, voz**

estereotipo ♦ **anticuado, en boga, extendido, fijo, manido[2], socorrido, tradicional, trillado, viejo** ♦ **acabar (con), acudir (a), acuñar[46], caer (en), combatir, crear, creer (en), dejarse llevar (por)[3], derribar, desprender(se) (de), difundir, extender(se), forjar(se), huir (de), ir (contra), librar(se) (de), luchar (contra), persistir, predominar, proyectar, reducir(se) (a), renunciar (a), responder (a), romper (con), sentar, tender (a), transmitir, usar**

☐ Véase también: **esquema, modelo, pauta, personaje, tipo, tópico**.

estibar ♦ **bulto, carga**

estigma ♦ **ignominioso, indeleble[12], injusto, pesado, público, vergonzoso** ♦ **acarrear, cargar (con)[12], deshacer, eliminar, liberar (de), librar(se) (de), llevar, llevar sobre {los hombros/las espaldas/la conciencia}, sentir, sobrellevar, soportar, sufrir**

☐ Véase también: **huella, secuela (de)**.

estilo ♦ **abigarrado[23], abrupto[83], accesible[2], afectado, ágil, altisonante, ampuloso, antiguo, artístico, brillante, bronco[10], característico, circunspecto[8], claro, clásico, coloquial, conciso, confuso, cuidado, depurado, diáfano, diferenciador, ecléctico, elegante, enrevesado[18], florido, fluido, galante, grandilocuente, heterodoxo, impecable, impersonal, incisivo, indirecto, indiscutible, inigualable, irónico, jugoso[38], lacónico, llamativo[4], llano, manido[23], mordaz[22], narrativo, ortodoxo, particular, peculiar, pegadizo[27], periodístico, personal, pomposo, prolijo[15], propio, puro, realista, rebuscado, refinado, retorcido, retórico, rimbombante, sencillo, sobrecargado, tajante[41], torrencial[8], tradicional, transparente, trillado[21], vivaz[12]** ♦ **abanico (de)[11], mezcla (de), rasgo (de)** ♦ **abandonar, aclimatar(se) (a)[10],**

acuñar[62], adherirse (a)[20], adoptar, adquirir, afianzar(se)[57], amoldar(se) (a)[18], cambiar (de), carecer (de), conservar, consolidar(se), copiar, crear, cultivar[33], definir, derrochar[63], desarrollar, difundir, dulcificar, entrecortar(se)[27], forjar[24], identificar, imitar, implantar[39], imponer, imprimir[4], inculcar[13], influir (en), introducir, madurar[27], mantener, marcar, mostrar, perder, perfilar[41], practicar, propagar, reinar, rezumar[41], seguir[15], tener, trazar
☐ Véase también: **carácter, elegancia.**

estima ♦ **alto, bajo, considerable, elevado, gran(de), propio, sincero** ♦ **ganarse, gozar (de), granjear(se), guardar (a alguien), manifestar, merecer, perder, sentir (por algo/por alguien), tener (a algo/a alguien), tener (en)**
☐ Véase también: **apreciación, estimación, evaluación, valoración.**

estimación ♦ **ajustado, aproximado[37], atinado, certero, de beneficios, de costes, de daños, de gastos, de pérdidas, de ventas, justo, mero, optimista, preciso, preliminar, previo, provisional, prudente** ♦ **a tenor (de)[6]** ♦ **aumentar, aventurar[33], calcular, disminuir, duplicar, hacer, lanzar, rebasar[21], sobrepasar[39], tener**
☐ Véase también: **cálculo, puntuación, valoración.**

estimar ▮ *(calcular)* ♦ **a ojo[9], aproximadamente** ▮ *(apreciar)* ♦ **en lo que vale, en mucho[23], enormemente, en poco, escasamente, sinceramente[30], sobremanera, sumamente**

estímulo ♦ **artificial, audiovisual, auténtico, económico, educativo, eficaz, firme, fiscal, fuerte, gran(de), intelectual, material, mayor, menor, mental, notable, nuevo, poderoso, potente, principal, profundo, sonoro, tentador, visual** ♦ **ante, bajo** ♦ **inyección (de)[15]** ♦ **abrigar[34], aplicar, aprovechar, atender (a), brindar, captar, constituir, dar[28], despertar, lanzar, necesitar, ofrecer, provocar, reaccionar (ante), recibir, representar, responder (a/ante), servir (de/como), sofocar[38], someter (a), suponer, tener, transmitir**
☐ Véase también: **aliento, apoyo, incentivo.**

estipular ♦ **base, cantidad, condición, medida, norma, pago, precio, sanción**
☐ Véase también: **establecer, fijar.**

estirar *v.* ▮ Forma la locución verbal *estirar la pata* ('morir'). Se combina con sustantivos que designan cosas materiales *(brazo, sábana, goma, pelo, arco, cuerda).* Algunos sustantivos admiten usos físicos a la vez que figurados *(estirar el hilo, la cuerda).* Se combina a menudo con sustantivos que designan textos y otras unidades de información *(estirar un libro, una película, un discurso).* También se combina con...

A SUSTANTIVOS QUE DENOTAN CANTIDAD ECONÓMICA: **1 dinero** ++: Durmiendo en cualquier suelo, comiendo menos de lo imprescindible, haciendo milagros para *estirar* su dinero. EME280796 **2 presupuesto** +: ...la vocación de servicio supera con creces las eventuales dificultades de estrechos presupuestos, que es preciso *«estirar»* casi mágicamente. LNP061097 **3 sueldo** +: Luisa tiene que hacer cálculos y equilibrios para *estirar* el sueldo de su marido... LVE030296 **4 nómina**: El resto (48,4%) consigue *estirar* la nómina, aunque este porcentaje ha caído 0,6 puntos con respecto al registrado en el mismo trimestre del año anterior. EPE221201

B SUSTANTIVOS TEMPORALES, MÁS FRECUENTEMENTE SI DESIGNAN PERÍODOS ACOTADOS. TAMBIÉN CON OTROS QUE SE REFIEREN A SU TÉRMINO: **5 tiempo** +: Las clases implementadas por la comuna porteña (...) *estiran* aún más los tiempos previstos por las autoridades para realizar el trámite. CLA160797 **6 plazo** +: ...se consiguen *estirar* los plazos de vencimiento y se incrementa la presencia de México en los mercados de capitales. CLA150197 **7 límite**: «A medida que la epidemiología intenta *estirar* sus límites y más presión exista sobre la profesión nos encontraremos con más y más estudios en los que existan falsos positivos y falsos negativos»... EME140995 **8 vencimiento**: Al *estirar* los vencimientos de la deuda de los próximos años se supone que habrá un alivio en la situación financiera del país. CLA170501 **9 hora**: Un ajetreo tan intenso le ha obligado a *estirar* las horas para poder estar con sus dos hijos, ambos varones, que aún no han llegado a la adolescencia. EPE011299

C ALGUNOS SUSTANTIVOS QUE DENOTAN DESIGUALDAD, A MENUDO EN ALGUNA COMPARACIÓN: **10 diferencia** +: Hoy, ante Vicenza (10.35 hora argentina, televisa ESPN), podría *estirar* la diferencia de tres puntos que lo separan de Lazio. CLA310199 **11 ventaja** +: Luego de aquel doble inaugural de Bird, los norteamericanos fueron *estirando* la ventaja en la misma proporción en que el partido se transformaba en una función de habilidades. LNA290692

estirón ♦ **brusco, repentino** ♦ **dar[230], pegar[16]**

estirpe ♦ **aristocrático, ilustre, noble, rancio, regio, torero** ♦ **continuar, descender (de), pertenecer (a), proceder (de), ser (de), venir (de)**
☐ Véase también: **descendencia, especie, familia, linaje, parentesco, paternidad.**

estoicamente ♦ **aceptar, aguantar, resignarse, resistir, soportar**

estómago ♦ **agradecido, de hierro[6], de punta, lleno, prominente, vacío** ♦ **cáncer (de), dolor (de), lavado (de), úlcera (de)** ♦ **doler(le) (a alguien), encogérse(le) (a alguien), padecer (de), reducir, revolvérse(le) (a alguien), tener (para algo)**

estrago ♦ **aterrador, gran(de), irreparable[4], serio[23]** ♦ **aliviar, causar[4], hacer, ocasionar, producir, provocar, reparar, sufrir**
☐ Véase también: **consecuencia, destrozo.**

estrangular(se) *v.* ▮ En su sentido de 'ahogar' se combina con sustantivos que denotan persona o animal *(perro, joven).* Se emplea frecuentemente de forma figurada con sustantivos que designan grupos y entidades *(gobierno, ejército, partido: Medidas coercitivas que van a acabar por estrangular el partido...).* En el sentido de 'dificultar o impedir el paso en' se combina con sustantivos que denotan vía o lugar de tránsito *(calle, acceso).* En el sentido de 'impedir o hacer muy difícil la realización de' se combina con...

A SUSTANTIVOS QUE DENOTAN ACTIVIDAD ECONÓMICA O MERCANTIL. TAMBIÉN CON OTROS QUE DESIGNAN ALGUNAS DE LAS INSTITUCIONES QUE LA HACEN POSIBLE: **1 economía** ++: ...declaró en la madrugada de ayer una tregua unilateral para buscar una salida al conflicto que *estrangula* la economía de esta isla francesa... EME130196 **2 mercado** ++: ...las compañías rusas prefieren vender su petróleo en el extranjero y *estrangulan* el mercado interior. EPE070899 **3 finanzas:** Habrá de sacarse a subasta no menos del doble de esa cantidad, sólo para enjugar el recrecido déficit que *estrangula* las finanzas oficiales. LVE260395 **4 importación:** ...importar y exportar sin depender, para pagar la deuda externa, de *estrangular* las importaciones... EXC020496 **5 producción:** ...una facilidad de entrada en el mercado europeo que le ha permitido estar en situación de ventaja y ha *estrangulado* a las producciones europeas. EME070495

B SUSTANTIVOS QUE DENOTAN INCREMENTO O MEJORA: **6 crecimiento** ++: «No podemos seguir buscando la credibilidad exclusivamente en la política monetaria porque ésta acaba *estrangulando* el crecimiento». EME120196 **7 desarrollo:** ...los debates sobre los déficit de energía y agua que amenazan con *estrangular* el desarrollo de la cuenca sur... LVE011295 **8 despliegue:** Una aplicación estricta de esta norma *estrangularía* el despliegue de los Mossos. LVE020296 **9 recuperación:** La permanente invocación de los obstáculos políticos a la recuperación económica puede *estrangular* dicha recuperación. EME150195

C ALGUNOS SUSTANTIVOS DE SIGNIFICACIÓN PROSPECTIVA, MÁS FRECUENTEMENTE SI DESIGNAN LO QUE SE ANHELA O SE PRETENDE CONSEGUIR: **10 aspiración:** ...algunos buitres de su propia especie profesional se abalanzaron sobre ella intentando *estrangular* sus aspiraciones. EME140496 **11 deseo:** ...su elocuente necesidad se hace palpable por ese espíritu que curiosamente lo aprisionaba, puesto que el deseo puede *estrangular* al deseo. ABC090994 **12 posibilidad:** ...tienen que reconocer que han *estrangulado* las posibilidades de hacer efectivos los derechos naturales de sus propios pueblos. LPN150697 **13 futuro:** ...no pueden entenderse sin la apelación al deseo de algunos de permanecer en el puesto o de recuperar antiguas posiciones o de conquistar nuevas aún a costa de *estrangular* el futuro de su partido. EPE190999

estratagema ♦ **crear, fracasar, idear, maquinar, planear, tramar, urdir**[11]

☐ Véase también: **argucia, artimaña, engaño, estrategia, maniobra, trampa, truco.**

estrategia ♦ **audaz, calculado, coherente, comercial, conjunto, defensivo**[32]**, dilatorio, disuasorio**[12]**, drástico**[45]**, electoral, estudiado, flexible**[19]**, global, infructuoso**[32]**, integral**[35]**, intensivo**[33]**, lógico, militar, nuevo, peregrino**[15]**, perverso, político, preventivo**[29]**, propagandístico, publicitario, sutil, ventajista, viejo** ♦ **al descubierto**[4] ♦ **abjurar (de)**[27]**, adherirse (a)**[41]**, adoptar, afinar**[5]**, alimentar**[81]**, alterar, aplicar, apoyar, apuntalar**[19]**, armar(se)**[25]**, atenerse (a)**[57]**, aunar**[27]**, avalar**[7]**, bosquejar**[3]**, buscar, cambiar (de), cimentar**[14]**, concebir**[10]**, concertar**[16]**, definir, delinear**[1]**, derrumbar(se)**[48]**, desactivar**[30]**, desarbolar, desbaratar**[2]**, desentrañar, desmontar**[37]**, desmoronar(se)**[9]**, destapar**[20]**, desvelar**[56]**, dictar**[16]**, disentir (de)**[15]**, diseñar, disfrazar**[24]**, elegir, emplear, establecer, fallar, fortalecer(se)**[37]**, fracasar, fraguar(se)**[49]**, girar**[18]**, idear, llevar a la práctica**[5]**, mantener, maquinar**[2]**, oponer**[17]**, orientar, pensar, perfilar**[2]**, pergeñar**[3]**, perseverar (en)**[12]**, pilotar**[6]**, planear, planificar, plantear**[23]**, preparar, prosperar**[16]**, rebatir**[23]**, refrendar**[35]**, replantear, responder (a), seguir**[17]**, sumar(se) (a), surtir efecto**[6]**, tejer**[5]**, tener, tramar**[8]**, trazar**[2]**, trenzar, urdir**[7]**, urgir**[14]**, usar, utilizar**

☐ Véase también: **estratagema, estratégicamente, maniobra, táctica, técnica, tecnología.**

estratégicamente *adv.* ▮ Se combina con...

A VERBOS QUE DENOTAN SITUACIÓN O UBICACIÓN: **1 situa(se)** ++: ...no hayan querido o sabido sacarle mayor utilidad a unas instalaciones tan *estratégicamente* situadas para el uso y disfrute de los ciudadanos. FDV030599 **2 colocar(se)** ++: ...la explosión de una serie de petardos que fueron colocados *estratégicamente* en la ciudad... SEM161000 **3 posicionar(se):** Consolidó su participación histórica en Iberduero tras la creación de Iberdrola y se posicionó *estratégicamente* en Sevillana... EME290696 **4 disponer:** ...un discurso narrativo compuesto con significativas simetrías y contrastes *estratégicamente* dispuestos en la novela. ABC161294 **5 apostar(se):** Vigilantes *estratégicamente* apostados instarán a apagar su cigarrillo a todo aquél que penetre en la zona demarcada por signos de «prohibido fumar». EME270694 **6 poner:** ...aparte de que en las cocheras se ha puesto *estratégicamente* un autobús para impedir la salida del resto... EPE220599 **7 ubicar:** Otro aspecto destacado fue que algunos establecimientos ubican *de forma estratégica* productos no rebajados entre los rebajados. EPE080199 **8 localizar:** Según las primeras investigaciones, el lugar de fuga está *estratégicamente* localizado, ya que ahí se ubican permanentemente los presidiarios... ESP100701 **9 emplazar:** Las cuarenta y cuatro láminas de la exposición «Imatges contra la sida» se han emplazado *estratégicamente* en el camino de los vestuarios... LVE060795

B VERBOS QUE DENOTAN DISTRIBUCIÓN: **10 distribuir** +: ...lo que le permitió mantener libres los espacios de los pisos, en donde le bastó con distribuir *estratégicamente* las columnas. LVE250696 **11 repartir:** Un ejército de voluntarios, capitaneados por una tal Pam Dougherty, se encarga de repartirlas *estratégicamente* momentos antes de que empiece la función. EME301096 **12 esparcir:** En cada episodio hay, *estratégicamente* esparcidas, anécdotas y curiosidades sobre los humanos y los animales... EME010595

C VERBOS QUE DESIGNAN LA ACCIÓN DE IDEAR O TRAZAR UN PLAN O EL CURSO DE UNA ACCIÓN FUTURA: **13 planear** ++: ...ya que la ruta ha sido planeada *estra-*

tégicamente durante más de dos años por los patrocinadores de una marcha... LVE310396 **14 pensar +:** Yo no infravaloro las dificultades, pero creo que ha llegado la hora de pensar *estratégicamente.* EPE251001 **15 diseñar +:** ...va a remolque de determinadas informaciones tergiversadas, transmitidas por una determinada empresa periodística y diseñadas *estratégicamente* por su director. EME250695 **16 preparar +:** Contra Chang todo el mundo estaba pendiente de lo que «el chino» hubiera preparado *estratégicamente.* LVE120695 **17 orientar:** ...venimos insistiendo que la inversión pública *estratégicamente* orientada tiene efectos económicos y sociales multiplicadores... CLA120601 **18 urdir:** Pero un programa *estratégicamente* urdido mantiene al curioso grupo de tuistas convenientemente alejado de las miradas aviesas... EME150796 **19 articular −:** ...en donde se genere una agenda *estratégicamente* articulada, y en donde todos los actores logren beneficiarse de un desarrollo... LHG010397

D VERBOS DE CAMBIO, MÁS FRECUENTEMENTE SI DESIGNAN LA ACCIÓN DE PERJUDICAR O DEBILITAR ALGO O A ALGUIEN, O LA DE ALTERAR LAS CONDICIONES DE ALGUNA COSA: **20 desequilibrar:** ...la destrucción de Irak, a pesar de los lamentos de quienes pretendían entrar en Bagdad, habría desequilibrado *estratégicamente* a la región... LVE080996 **21 desfavorecer:** ...asegurarse la fidelidad armenia que es, de los tres países caucásicos, el más desfavorecido *estratégicamente.* EME130195 **22 reducir:** Frente a un aforo *estratégicamente* reducido mediante unas cortinas... LVE280395

E ALGUNOS VERBOS QUE DENOTAN APOYO: **23 defender +:** Además, defendió *estratégicamente* la búsqueda de alianzas que permitan a IU ser una alternativa política real. EME241096 **24 favorecer:** Se sabe de sobra que la troika favorece, *estratégicamente*, los acuerdos obtenidos con Palestina, Jordania y Egipto. EME221296

F ALGUNOS ADJETIVOS, MÁS FRECUENTEMENTE SI DENOTAN RELEVANCIA O TRASCENDENCIA: **25 importante:** ...donde reconquistó varios kilómetros cuadrados de un territorio *estratégicamente* importante. LVE290595 **26 decisivo:** Es el momento *estratégicamente* decisivo. EME170194 **27 fundamental:** ...los miles de militares destinados a esta zona, *estratégicamente* fundamental por su posición en el corazón de Asia... EME211096 **28 crucial:** ...y, por tanto, como Estado *estratégicamente* crucial en la guerra contra el terrorismo... EPE081101 **29 vital:** ...es vital *estratégicamente* la persistencia de una bolsa musulmana, que separe a... EME240795

☐ Véase también: **estrategia.**

estrechamente *adv.* ▌Se combina con...

A VERBOS QUE DENOTAN LABOR CONJUNTA DE DOS O MÁS PERSONAS: **1 colaborar ++:** ...colaborar muy *estrechamente* con el régimen republicano. EME130796 **2 trabajar:** ...trabajó *estrechamente* con la mítica Mademoiselle... EME240795 **3 cooperar +:** ...cooperan *estrechamente* con estamentos y entidades científicas... EPE210699 **4 coordinar +:** ...habrá que coordinar *estrechamente* las políticas monetarias... EPE021086

B VERBOS QUE DENOTAN VINCULACIÓN O RELACIÓN ENTRE PERSONAS O COSAS: **5 vincular ++:** Estas cuestiones (...) están vinculadas *estrechamente* a la búsqueda de modelos alternativos... EME080795 **6 relacionar ++:** ...estos agentes ambientales (...) se relacionan *estrechamente* con la climatología de cada zona. ABC280495 **7 ligar +:** ...el futuro de la peseta está *estrechamente* ligado al desenlace de la crisis... EME170895 **8 unir ++:** ...el tiempo está unido *estrechamente* a la realidad física... EPE060899 **9 asociar ++:** ...un país *estrechamente* asociado a la Unión Europea... EME240394 **10 emparentar +:** ...lo *estrechamente* emparentados que estamos todos los mamíferos... EME290796 **11 conectar +:** ...estos trabajos están *estrechamente* conectados con la población local. FDV020101 **12 entrelazar:** ...la investigación, la producción y la difusión estén *estrechamente* entrelazadas... EPE051001 **13 encadenar:** Cuando no se suceden *estrechamente* encadenados, aquellos se debilitan y mueren estériles. EXC220996 **14 maridar −:** Lengua y vida aparecen, así, *estrechamente* maridadas en la poética y en la obra de Walcott. ABC090493

C VERBOS QUE DENOTAN VIGILANCIA O CONTROL: **15 vigilar ++:** ...la aplicación de estas últimas aportaciones son *estrechamente* vigiladas por los expertos... EPE010299 **16 controlar +:** ...otros miembros destacados de la organización (...) fueron también *estrechamente* controlados... EME041095 **17 observar:** Es una historia que subraya un importante punto sobre aquellas cifras de la reserva monetaria *estrechamente* observadas... EXC210197 **18 gobernar −:** ...tendrá que gobernar *estrechamente* con la colectividad... HOY041196

D VERBOS QUE DENOTAN EL HECHO DE SER ALGO RELEVANTE O PERTINENTE PARA ALGUNA COSA: **19 atañer +:** ...–que le atañen *estrechamente*– el presidente de Francia reaccionó con cierta lentitud y criterios dudosos. LPA270492 **20 afectar:** ...lo que ocurré allí nos afecta muy *estrechamente.* EME081295

E ALGUNOS VERBOS QUE DENOTAN DISPUTA O CONFRONTACIÓN: **21 disputar:** El segundo lugar se lo disputarán *estrechamente* el ecologista Gustavo Wilchez Chaux y César Alberto Trujillo Solarte. SEM201097 **22 competir:** Se imponen en las pistas de baile (...), aunque durante los últimos años han competido *estrechamente* con los sonidos caribeños. EME180895

F VERBOS QUE DESIGNAN LA ACCIÓN DE OBTENER LA VICTORIA SOBRE UN RIVAL: **23 ganar +:** ...Pimm's lo ganó *estrechamente* para luego ganar lejos a Don Jorgito... EXP150492 **24 imponerse:** ...antes de imponerse *estrechamente* (6-5) sobre el jamaiquino... DYM230796

estrechamiento (de) ♦ **conducto, contacto, lazo, relación, vínculo,** ***sustantivos de lugar***

estrechar *v.* ▌En su sentido de 'abrazar o apretar en señal de afecto' admite sustantivos de persona *(La estrechó entre sus brazos)* y también otros que designan el cuerpo o alguna de sus partes, especialmente los brazos y las manos *(mano, brazo, palma, cuerpo).* En su sentido físico de 'reducir o ajustar', se construye con sustantivos que designan múltiples cosas materiales, frecuentemente las vías *(calle, paseo, canal, túnel, carretera)* y las prendas *(falda, vestido).* En su sentido figurado se combina con...

A SUSTANTIVOS QUE DENOTAN EL ESPACIO QUE SEPARA FÍSICA O FIGURADAMENTE DOS COSAS. POR EXTENSIÓN, TAMBIÉN CON OTROS QUE DESIGNAN LA DIFERENCIA

QUE SE RECONOCE ENTRE ELLAS: **1 diferencia ++:** Le alcanzó para *estrechar* la diferencia a 4-2. LNA300692 **2 distancia ++:** ...el Deportivo de La Coruña tratará de *estrechar* las distancias con el Real Madrid... EME290195 **3 ventaja ++:** La Convención Republicana no ha servido para *estrechar* la ventaja... EME170896 **4 diferencial:** Se *estrecha* el diferencial de tipos entre Alemania y Estados Unidos. EME210494 **5 abismo:** Wolfensohn retó a las agencias de desarrollo a cooperar con el Banco Mundial para *estrechar* el abismo que separa a los pobres y ricos del planeta. EPD240997

B SUSTANTIVOS QUE DENOTAN MARGEN, LÍMITE Y OTROS ESPACIOS FÍSICOS, QUE DELIMITAN O CIRCUNDAN LAS COSAS: **6 margen ++:** El azar ha *estrechado* el margen de maniobra... LVE111295 **7 cerco ++:** ...la alianza de los rebeldes del Zaire *estrecha* el cerco a la capital del país... ENH120597 **8 espacio +:** ...el espacio que los separa es pequeño, y cada vez se *estrecha* más. INDOC **9 círculo ++:** Se habría *estrechado* el círculo de sus crímenes estratégicos, como hemos visto, a los símbolos representativos de la dictadura. EXP150492 **10 límite:** ...paraliza y *estrecha* los límites de las pequeñas libertades... EPD181197 **11 franja:** La lucha contra el trabajo infantil es lo mismo que la jubilación anticipada: *estrechar* la franja de los que se reparten el corto trabajo. EPE131099

C SUSTANTIVOS QUE DESIGNAN CÓMPUTOS Y DIVERSOS RESULTADOS DE NATURALEZA CUANTITATIVA: **12 marcador +:** ...la defensa griega sobre Perasovic y el trabajo de Papajronis en ataque *estrecharon* aún más el marcador... EME220295 **13 porcentaje:** ...el empuje de Los Verdes y el renacimiento de la extrema izquierda han *estrechado* hasta el 8% su porcentaje de voto... EPE281001 **14 déficit −:** A nadie se le oculta que la persistencia de un diferencial tan amplio puede incidir (...) en la capacidad para *estrechar* nuestro déficit exterior... EPE150999

D ALGUNOS SUSTANTIVOS QUE DESIGNAN LA CAPACIDAD DE PERCIBIR O EL ESPACIO PERCIBIDO. SE USAN GENERALMENTE EN SENTIDO FIGURADO: **15 visión +:** Se *estrechará* la visión sobre el trabajo de los protagonistas (...), pero también se evitará que el programa se alargue... EPE030699 **16 mira:** ...su innegable función de moldeador de conciencias y el que colabore, además, a *estrechar* las miras de la gente. EME290495

E SUSTANTIVOS QUE DENOTAN OBSERVACIÓN O SEGUIMIENTO, A VECES EXHAUSTIVO U OBSTINADO, DE ALGO O ALGUIEN: **17 control +:** El programa prevé *estrechar* los controles fronterizos... EPD160198 **18 vigilancia +:** ...el Gobierno nacional se apresta *estrechar* la vigilancia sobre las casas de cambio que operan en todo el país. ETC020497 **19 búsqueda:** ...insertaran una *huella* química en sus productos que ayudara a las autoridades a *estrechar* la búsqueda de un posible terrorista. LVE300796 **20 persecución:** ...la persecución al Real Madrid se *estrecha* cada vez más. EME021296 **21 acoso:** El acoso de la oposición al equipo de gobierno se ha ido *estrechando* a medida que avanzaba la legislatura. LVE210595

F SUSTANTIVOS QUE DENOTAN VÍNCULO PERSONAL, MÁS FRECUENTEMENTE SI SE CARACTERIZA POR MANTENERSE A LO LARGO DE CIERTO TIEMPO: **22 relación ++:** ...ese cargo le ha permitido *estrechar* relaciones con el poder político... CAR080997 **23 vínculo ++:** ...la población exige *estrechar* los vínculos económicos con Rusia. EME270394 **24 amistad +:** ...nunca nos tocó trabajar en una misma comisión, que era donde se *estrechaban* las amistades entre parlamentarios de distintos partidos. HOY190183 **25 contacto:** Este año, el festival granadino se propone *estrechar* los contactos entre la música europea y las culturas del sur. EME230695 **26 convivencia:** Como colaborador de los diarios El Sol y La Voz, *estrecha* su convivencia con los escritores liberales de la época. EPE311299 **27 hermandad:** ...las repúblicas ex soviéticas *estrechan* su «hermandad» con relaciones directas nuevas. LVE221296

G SUSTANTIVOS QUE DENOTAN ACUERDO, ALIANZA O UNIÓN: **28 lazo ++:** Microsoft *estrecha* sus lazos con Apple. ENV120197 **29 acuerdo:** Toyota está *estrechando* sus acuerdos con General Motors... EME021195 **30 nexo:** ...firmará con ellos una declaración conjunta, la cual procurará *estrechar* los nexos en cooperación técnica, capacitación policial e intercambio comercial. LNC100796 **31 vinculación:** España se halla en condiciones concretas y positivas de *estrechar* sus vinculaciones (...) con las repúblicas del otro lado del Atlántico. EPE090977 **32 unidad:** ...once países de la Unión Europea han lanzado el euro dando la más seria muestra de que quieren *estrechar* su unidad económica y política y su influencia mundial. EPE120399 **33 cohesión:** ...valoró positivamente la reunión entre los números «uno» y «dos» del partido, ya que, en su opinión, contribuirá a *estrechar* la cohesión interna. EME130596 **34 alianza +:** Mazda *estrechará* la alianza que tiene desde hace 15 años con su socio estadounidense Ford Motor... EME130194

H ALGUNOS SUSTANTIVOS QUE DENOTAN AYUDA: **35 cooperación ++:** El consorcio automovilístico japonés Mitsubishi Motor y el sueco Volvo han decidido *estrechar* su cooperación en los mercados mundiales... EPE091099 **36 colaboración +:** ...*estrechará* la colaboración entre Exteriores y Comercio. EME070596

I SUSTANTIVOS QUE DENOTAN EMPEÑO O INTENCIÓN PORFIADA: **37 lucha −:** Cotino puso como prueba de esta voluntad la reunión ayer entre el ministro del Interior español (...) y su homólogo italiano (...) para *estrechar* la lucha contra la colaboración en este sentido. EME241196 **38 esfuerzo −:** ...la Unión Europea (UE) y EE. UU. acordaron ayer *estrechar* y coordinar sus esfuerzos en su lucha contra el terrorismo... EME070396 **39 voluntad −:** La explosión patriótica (...) –nada como el frente de batalla para *estrechar* las voluntades hispanas– favorece el apiñamiento popular... ABC031195

J OTROS SUSTANTIVOS; POSIBLES USOS ESTILÍSTICOS: ...Mondrian ha sido ejemplar, ha marcado una época, por su forma, su intento de *estrechar* el vacío... ABC040294

▩ Se combina también con: ♦ **efusivamente**[8], **fuertemente**[2]

☐ Véase también: **achicar, acortar.**

estrechez ♦ **angustioso, de espacio, de espíritu, de miras, económico, financiero, presupuestario** ♦ **con, en medio (de), sin** ♦ **ceñirse (a), combatir, compensar, mitigar, padecer, paliar, pasar, soportar, sufrir, vivir (en/con)**

estrecho *adj.* **I** En el sentido de 'tacaño' y en el de 'demasiado estricto' se construye con sustantivos personales en la lengua conversacional. En el sentido literal de 'poco ancho, apretado, reducido', se combina con sustantivos que designan cosas materiales *(silla, falda, caja, calle, casa, río, carretera)*. Se usa figuradamente combinado con...

A SUSTANTIVOS QUE DENOTAN MARGEN, Y –MÁS GENERALMENTE– LO QUE SIRVE PARA CEÑIR O DELIMITAR ALGUNA COSA: **1 margen** ++: Trabajan haciendo equilibrios en el *estrecho* margen que les dejan las grandes discográficas. EME030796 **2 límite** ++: ...encerrar la crisis en unos *estrechos* límites temporales. EME270695 **3 cerco** ++: El cerco es cada vez más *estrecho* en torno a los seguidores de... EPE151201 **4 marco** +: ...gobernar superando el *estrecho* marco de sus respectivos partidos. EME190694 **5 círculo** +: ...conocido por el *estrecho* círculo social donde se desarrolla... EME250494 **6 franja** ++: ...la *estrecha* franja de días comprendida entre finales de septiembre y el 10 de octubre... EPE011199 **7 banda** +: ...está manteniendo la peseta en una banda *estrecha* con respecto al marco alemán. EME240696

B SUSTANTIVOS QUE DESIGNAN EL ESPACIO QUE SEPARA FÍSICA O FIGURADAMENTE DOS COSAS. POR EXTENSIÓN, TAMBIÉN CON OTROS QUE DESIGNAN LA DIFERENCIA QUE SE RECONOCE ENTRE ELLAS: **8 frontera**: Pero la frontera entre la gloria y el fracaso es a veces muy *estrecha*. EPE110699 **9 ventaja** ++: ...ha obtenido así el poder de las urnas, aunque con una *estrecha* ventaja... LVE230996 **10 distancia**: La distancia entre la comedia y la tragedia es aquí muy *estrecha*... LVE221196 **11 diferencia**: ...la diferencia de votos negativos y favorables será *estrecha*. EME160395 **12 diferencial** –: El *estrecho* diferencial de tipos con países como Alemania y Francia... EME040394

C SUSTANTIVOS QUE DENOTAN RESULTADO, ESPECIALMENTE SI ES EXITOSO: **13 victoria**: Otro caso de confundir una victoria *estrecha* con una derrota como la de 1993... EME080396 **14 resultado** +: ...perdió anoche en el estadio (...) por el *estrecho* resultado de 1-2... EPE200599 **15 triunfo**: El *estrecho* triunfo de la reforma ha sorprendido a muchos... [illegible]070197

D SUSTANTIVOS QUE DESIGNAN LA CONCEPCIÓN PERSONAL QUE SE TIENE DE LAS COSAS O EL PUNTO DE VISTA DESDE EL QUE SE JUZGAN: **16 visión** +: Un presidente con una *estrecha* visión de la soberanía. EME080995 **17 mente**: ...los profesores de mente *estrecha* se sorprenderán de ver junto a largas citas (...) de Keats, poemas desconocidos del propio Cortázar... EME160396 **18 mentalidad** +: ...algo inaudito para la *estrecha* mentalidad empresarial de la época... ABC010794 **19 criterio** +: Ante ese criterio tan *estrecho* (...) sobre el concepto de *estabilidad*... DLA010497 **20 mira** +: Y es que el españolismo de mira *estrecha* es una mina para ese Romario del nacionalismo... LVE131195 **21 óptica**: ...no podían abordarse desde la *estrecha* óptica de los intereses de cada Estado... EME010594

E SUSTANTIVOS QUE DENOTAN OBSERVACIÓN O SUPERVISIÓN. TAMBIÉN CON ALGUNOS QUE DESIGNAN OTRAS ACTUACIONES QUE EXIGEN ATENCIÓN Y CUIDADO: **22 seguimiento** ++: ...manteniendo un *estrecho* seguimiento del trato recibido por los niños acogidos... EPE090799 **23 vigilancia** ++: ...lejos de intimidarse por la *estrecha* vigilancia del que podría ser su futuro entrenador... EME200695 **24 control** ++: ...burlando el *estrecho* control policial que se ejerce sobre la familia. EME031296 **25 marcaje** ++: ...el *estrecho* marcaje al que le han sometido los mercados financieros. EME120896 **26 observación**: Los expertos italianos sostienen que no debe ser así e invitan a las entidades deportivas a que tengan bajo más *estrecha* observación las actividades... LVE050295 **27 análisis**: ...este análisis es un tanto *estrecho*, y no hace justicia a las capacidades intelectuales del senador... HOY130197

F SUSTANTIVOS QUE DENOTAN VÍNCULO, MÁS FRECUENTEMENTE SI SE CARACTERIZA POR MANTENERSE A LO LARGO DE CIERTO TIEMPO: **28 relación** ++: ...la relación tan *estrecha* que esta orquesta tuvo con Richard Strauss... ABC230493 **29 amistad** ++: ...la *estrecha* amistad que tenía el mandatario colombiano y Elizabeth... EME030296 **30 vínculo** ++: ...se va a establecer un *estrecho* vínculo entre usted y el niño ajeno... EPC080797 **31 vinculación** ++: ...advertían del riesgo de una *estrecha* vinculación con un político tan impulsivo... EME290396 **32 lazo** ++: El escritor guarda un *estrecho* lazo con el séptimo arte. ETC010690 **33 contacto** ++: ...algunos políticos que mantuvieron *estrecho* contacto con el desaparecido... EME190594 **34 comunicación** +: Mantengan una *estrecha* comunicación y colaboración con el médico... EME060696 **35 parentesco** +: ...el *estrecho* parentesco que hay entre personas, chimpancés y gorilas... LVE040596 **36 convivencia** +: ...hay quien, tras larga y *estrecha* convivencia con los chinos... LVE271095 **37 confianza** +: A las razones de una *estrecha* confianza personal... EME090696 **38 sintonía**: ...estar en *estrecha* sintonía con el del presidente del Patronato... EPE021201

G SUSTANTIVOS QUE DENOTAN UNIÓN O CORRESPONDENCIA: **39 unión** +: ...su contribución a una unión cada vez más *estrecha* entre los pueblos del continente... EME070996 **40 conexión** +: ...al existir una *estrecha* conexión entre las distintas economías... EPE290977 **41 alianza** +: ...sólo será posible mediante una *estrecha* alianza con Alemania... EME061295 **42 coordinación** +: ...la clave del operativo es la «*estrecha* coordinación» entre las diferentes instancias... EME210294 **43 nexo**: En *estrecho* nexo con el anterior está el tema de... EPE090499 **44 correlación**: ...la política de dividendos (...) tiene una «*estrecha* correlación» con el pago de estos compromisos. EME050394 **45 asociación** +: Existe una *estrecha* asociación entre insomnio y escasa auto-estima. EME120594 **46 correspondencia** +: ...la *estrecha* correspondencia que se establece entre el proceso literario y cultural y el proceso socio-político. LHG300497 **47 simbiosis**: ...existe una *estrecha* simbiosis entre la democracia y la paz... EPE141199 **48 comunión**: Juan Goytisolo defiende una *estrecha* comunión entre autor y traductor. EPE181099 **49 unidad**: ...el país forma una *estrecha* unidad interconectada... LVE030595 **50 interrelación**: ...favorecer una más *estrecha* interrelación con los mercados exteriores... EPE240299 **51 integración**: ...partidarios de la *estrecha* integración con Rusia... LVE101295 **52 coalición** –: ...esté de acuerdo en formar una *estrecha* coalición... LRE290103 **53 complicidad**: Sus seguidores, incluso los que nunca los han visto en directo, mantienen una *estrecha* complicidad con ellos... LVE061195

H SUSTANTIVOS QUE DENOTAN COLABORACIÓN O INTERVENCIÓN FAVORABLE EN ALGUNA COSA: **54 colaboración** ++: ...han mantenido durante los últimos diez años una *estrecha* colaboración... EME020694 **55 coopera-**

ción ++: Creemos que una *estrecha* cooperación económica y monetaria... EME090394 **56 participación:** ...vive (...) en vecindad y *estrecha* participación creadora con artistas... ABC131291

I SUSTANTIVOS QUE DENOTAN SEMEJANZA O PROXIMIDAD: **57 afinidad** +: ...la *estrecha* afinidad que manifestaron en vida las dos grandes figuras granadinas. LVE040594 **58 similitud** +: Las tres llamadas guardan una *estrecha* similitud con las efectuadas por el pirata informático. LVE170196 **59 proximidad:** ...dada su *estrecha* proximidad con Alfonso... EME150594 **60 vecindad:** ...una obra que tiene *estrecha* vecindad con las preocupaciones que animan las novelas y ensayos de un Orwell. DLA050497 **61 cercanía:** ...sobre todo por la afinidad de sus caracteres y la *estrecha* cercanía de sus posiciones ideológicas. INDOC

☐ Véase también: **estricto**.

estrella ▮ *(adj.)* ♦ **producto**
▮ *(sust.fem.)* ♦ **brillante, bueno, de cine, de mar, de pies a cabeza[43], de relumbrón, deslumbrante, fugaz, fulgurante, luminoso, malo, polar, radiante, resplandeciente, rutilante, sideral, solar** ♦ **lluvia (de)** ♦ **apagar(se)[3], brillar, centellear, convertirse (en), decaer[50], declinar[1], descubrir, deslumbrar (a alguien), eclipsar(se), leer (en), resplandecer, surgir, tener, ver**

☐ Véase también: **astro**.

estrellarse ♦ **aparatosamente, espectacularmente, frontalmente[4], inevitablemente, lateralmente**

☐ Véase también: **chocar, golpear**.

estrellato ♦ **alcanzar, lanzarse (a)[14], mantenerse (en)**

estrenar ♦ **a bombo y platillo[20], a lo grande[32], a medio gas[12], con éxito[47]** ♦ **espectáculo, improvisadamente, local, medida, ropa**

[estreno] → **de estreno**

estrépito ♦ **gran(de), infernal[4], insoportable** ♦ **con, en medio (de), sin** ♦ **acallar, arreciar, causar, escuchar, formar, oír, producir(se), provocar, resonar, sentir, sofocar, sonar**

☐ Véase también: **alboroto, bronca, estrepitosamente, estruendo, ruido, sonido**.

estrepitosamente *adv.* ▮ Se combina con...

A VERBOS QUE DESIGNAN EL PROCESO DE OBTENER UN RESULTADO ADVERSO. TAMBIÉN CON OTROS QUE DESIGNAN ACCIONES QUE PROVOCAN CONSECUENCIAS DESAFORTUNADAS EN DIVERSOS GRADOS: **1 fracasar** ++: ...fracasó *estrepitosamente* en sus intentos de convencer a los militares... EME220896 **2 perder** ++: ...el mismo equipo que perdió *estrepitosamente* ante los brasileños. EME280694 **3 sucumbir:** ...el mejor jugador europeo (...) sucumbía *estrepitosamente*, solo... EPE270999 **4 naufragar:** Bastante ridículo melodrama (...) en el que naufragan *estrepitosamente* sus intérpretes. LVE281095 **5 pinchar:** ...pinchó *estrepitosamente* el mes pasado en las elecciones... EPE120799 **6 embarrancar** –: ...exponerse (...) a embarrancar *estrepitosamente* en el intento. LVE210896 **7 malograr(se)** –: ...la intervención de determinadas empresas (...) malogró *de forma estrepitosa* la operación... EPE061077

B VERBOS QUE DENOTAN DESCENSO, DERRUMBE O DESFALLECIMIENTO: **8 caer** ++: Sin embargo, el dólar volvió a caer *estrepitosamente*, por debajo del 1,435 y 94,2. LVE040395 **9 derrumbarse** ++: ...barreras consideradas insalvables se derrumban *estrepitosamente*... EME170895 **10 hundirse** ++: ...el volumen mundial de exportación de tecnología militar se ha hundido *estrepitosamente*. EME070196 **11 desmoronarse** +: ...la explicación que nos daban se desmorona *estrepitosamente*... LVE151196 **12 venirse abajo** +: ...los precios (...) se están viniendo abajo *estrepitosamente* en los mercados internacionales... LVE190296 **13 decaer** +: Las manifestaciones decaen *estrepitosamente* mientras se desmorona el régimen. EPE171101 **14 desplomarse:** ...se desploman de forma *estrepitosa* y desaparecen de la escena política. EPE140699 **15 derribar:** Los tópicos sobre el «latin lover» o el mito donjuanista se han derribado *«estrepitosamente»* ante una encuesta realizada... LVE230596 **16 bajar:** ...las ventas (...) han bajado *estrepitosamente* en los primeros meses... EPE120899

C VERBOS QUE DENOTAN LA ACCIÓN DE COMETER UN ERROR O EL PROCESO DE CAER EN ÉL: **17 fallar** ++: La defensa antiaérea india falló *estrepitosamente* el pasado viernes. LVE281295 **18 equivocarse** +: ...nos hemos equivocado *estrepitosamente* y tendremos que replantearnos nuestra vía de expansión... EPE060299 **19 cantar** –: Se encaró con su rival y consiguió echarse a todo el público encima. En el primer gol «cantó» *estrepitosamente*. EME030494

D VERBOS DE CONTACTO, MÁS FRECUENTEMENTE SI DESIGNAN LA ACCIÓN DE GOLPEARSE CONTRA ALGO O PERDER LA POSICIÓN HASTA CAER. SE EMPLEAN A MENUDO EN SENTIDO FIGURADO: **20 tropezar:** ...tropezó *estrepitosamente* contra un equipo japonés... LVE230796 **21 patinar:** ...no es hoy un hombre de su tiempo, pues patina *estrepitosamente* sobre la realidad. EPE161199 **22 chocar:** ...consignas que chocan *estrepitosamente* con los postulados de la cumbre... EME100696 **23 estrellarse:** No sabemos si será para aterrizar a buen destino, o estrellarnos, *estrepitosamente*, protagonizando así, una nueva idiotez histórica. LTB261296 **24 volcar:** ...la gran motobomba (...) volcó *estrepitosamente*... MAU210900

E VERBOS QUE DENOTAN EMPEORAMIENTO: **25 devaluarse:** ...el peso se devaluó *estrepitosamente*... EME160995 **26 degradarse:** ...un río que, con los años, ha ido degradándose *estrepitosamente*. EPE060499 **27 deteriorarse:** ...la situación política en Brasil se había deteriorado *de modo estrepitoso*. EPE100299

F VERBOS QUE DESIGNAN DIVERSAS ACCIONES SONORAS: **28 reír** +: Me miran, se miran y ríen *«estrepitosamente»* sin querer contestarme. EME080295 **29 resonar:** La campana de la catedral resuena *«estrepitosamente»*. LRE010203 **30 sonar:** ...haciendo sonar *estrepitosamente* las bocinas... EPE100900 **31 desafinar:** se presenta de nuevo como solista, esta vez de una sinfónica (...), que en sus oídos sordos desafina *estrepitosamente*. LVE070495 **32 piar** –: ...aparecen unos pájaros que pían *estrepitosamente*. LVE060596

G OTROS VERBOS; POSIBLES USOS ESTILÍSTICOS: Su afición ha contagiado *estrepitosamente* a sus madres... EME171096

□ Véase también: **clamorosamente, estrépito, estrepitoso.**

estrepitoso *adj.* ▌En el sentido de 'que causa estrépito' se combina con sustantivos que denotan ruido o sonido *(ruido, crujido, melodía, carcajada)*, así como con otros que designan cosas que habitualmente se caracterizan por emitirlo o registrarlo *(ciudad, verbena, festejo)*. En su sentido de 'desmedido, exagerado o muy notorio' se combina con...

A SUSTANTIVOS QUE DENOTAN RESULTADO, A MENUDO ADVERSO. TAMBIÉN CON OTROS QUE DESIGNAN LA CAÍDA O EL DERRUMBAMIENTO DE ALGO: **1 fracaso ++:** ...es otra muestra del *estrepitoso* fracaso de esas comisiones especiales. LTH170497 **2 derrota ++:** ...el liberalismo podría sufrir una derrota *estrepitosa* en las próximas elecciones. LPN051297 **3 caída ++:** Los años ochenta terminaron en la URSS con la caída *estrepitosa* del sistema de gobierno instaurado por la Revolución de octubre de 1917. EPU170701 **4 goleada +:** El antecedente, la *estrepitosa* goleada que consiguieron sus nuevos pupilos la pasada jornada... LVE290196 **5 resultado +:** ...cayó el pasado sábado 5-0 ante su similar de Honduras, en un resultado *estrepitoso* que acabó con las aspiraciones de los salvadoreños... LHG210800 **6 patinazo:** ...los editores del New York Times no han podido pasar por alto alguno de los más *estrepitosos* patinazos. EME131096 **7 derrumbe:** Concluida la guerra fría con el derrumbe *estrepitoso* de los regímenes comunistas... EPD030597 **8 desplome:** Un desplome tan *estrepitoso* no se producía desde el intento de golpe de Estado en Rusia. CLA150199 **9 descalabro:** ...obtuvo un *estrepitoso* descalabro en beneficio de un rotundo triunfo de los ex comunistas... LVE211096 **10 fiasco:** Cierto es que los augures profesionales, escarmentados tal vez por sus *estrepitosos* fiascos anteriores... FDV020101 **11 quiebra:** Estrepitosa quiebra del Consejo Nacional para la Superación de la Pobreza. HOY301296

B SUSTANTIVOS QUE DENOTAN DESACIERTO: **12 error +:** Heiko Herrlich aprovechó dos *estrepitosos* errores del defensa Radolav Michalski para dar al equipo alemán su primer triunfo. EME120996 **13 fallo +:** ...por tratar de evitar que se supiera un fallo *estrepitoso* en la fabricación de un medicamento que hacía perder la eficacia del mismo al cabo de poco tiempo. EME071295 **14 equivocación:** ...una *estrepitosa* equivocación que causó la hilaridad del público. INDOC

C SUSTANTIVOS QUE DENOTAN COMIENZO O INGRESO: **15 comienzo:** A nadie ha sorprendido el comienzo tan *estrepitoso* del equipo. EPE191101 **16 inicio:** Vivía el Madrid, tras su *estrepitoso* inicio de temporada, tiempos de bonanza. EPE051199 **17 llegada:** ...fue la *estrepitosa* llegada de León Degrelle, jefe del partido nazi belga, buscando refugio en España. EPE270999 **18 entrada:** ...mantener su posición y castigar a Endesa por su *estrepitosa* entrada en el país en 1997. EPE050299

D OTROS SUSTANTIVOS; POSIBLES USOS ESTILÍSTICOS: ...respondió con un *estrepitoso* silencio perfectamente audible. EME020594; El jardinero detiene su *estrepitoso* ingenio afeita-césped y quebranta-oídos. EME070195

□ Véase también: **aparatoso, clamoroso, estrepitosamente, estridente.**

estrés ♦ **agudo, cotidiano, crónico, diario, emocional, excesivo, fuerte, intenso, laboral, ocupacional, permanente, postraumático, profesional, severo, traumático, vulnerable (a)** ♦ **al borde (de), con, contra, sin** ♦ **grado (de), nivel (de), síntoma (de), situación (de)** ♦ **acabar (con), acuciar[27], aliviar, aplacar, aumentar, caer (en), canalizar[57], combatir, controlar, curar(se) (de), dar (a alguien), desahogar, diagnosticar, disminuir, encauzar, evitar, favorecer, generar, incrementar(se), librar(se) (de), originar, padecer, paliar[74], perder, producir, provocar, quejar(se) (de), quitar(se), reaccionar (ante), rebajar, reducir(se), resistir, sentir, sucumbir (a), sufrir, superar, tener, tratar, vencer**

□ Véase también: **agobio, ansiedad, nervios, tensión.**

estribar (en) *v.* ▌Acepta como sujetos los sustantivos *asunto*, *cuestión* y otros que denotan estado de cosas. También admite...

A SUSTANTIVOS QUE DENOTAN RAZÓN O MOTIVO, MÁS FRECUENTEMENTE SI CONSTITUYEN LA BASE O EL ORIGEN DE ALGO: **1 causa ++:** La causa *estriba* en las relaciones comerciales (...) con los dos socios más importantes, los EE. UU. y la UE. EME170394 **2 razón ++:** ...la razón *estriba* en los bajos salarios y las pésimas condiciones laborales... ENC010301 **3 justificación +:** ...cuya única justificación *estriba* en que están dispuestos a morir matando. PME150996 **4 motivo +:** Tengo para mí que el motivo *estriba* en que la economía productiva... LVE030995 **5 argumento:** El gran argumento hacia el Gobierno (...) *estriba* en que nueve años de represión política... EPE030399 **6 origen:** ...el origen de la crisis *estriba* en el enfrentamiento político... EPE301199 **7 fundamento:** ...el único fundamento del procesamiento *estriba* en los papeles... LVE241096 **8 quid:** El quid de la cuestión *estriba*, cómo no, en la edificabilidad. EME010796

B SUSTANTIVOS QUE DENOTAN CONFLICTO, DIFICULTAD O EQUIVOCACIÓN. TAMBIÉN ACEPTA ALGUNOS QUE DESIGNAN OTRAS SITUACIONES ADVERSAS QUE SUELEN OCASIONAR INCONVENIENTES O PERJUICIOS: **9 dificultad ++:** La dificultad *estriba* ahora en calcular cuántas son esas personas. EPE021001 **10 problema ++:** El problema *estriba* en quien oficiará como «primera dama del país» durante la presente legislatura. EME110594 **11 obstáculo:** El obstáculo *estriba* en que aún no se han puesto de acuerdo... ETC280497 **12 error:** ...su error *estriba* en creer que el opresor es el hombre... EPE240199 **13 fallo:** Otro fallo importante de este libro *estriba* en que (...) no llegan a exponer ningún argumento convincente... EME160194 **14 riesgo:** El riesgo *estriba* en que una fisura podría poner en contacto... EME041095 **15 peligro:** El peligro *estriba* en dejarse llevar por la autocomplacencia... LVE080695

C SUSTANTIVOS QUE DENOTAN DIFERENCIA, PECULIARIDAD U OTRAS CARACTERÍSTICAS QUE INDIVIDUALIZAN LAS PERSONAS O LAS COSAS: **16 diferencia ++:** La diferencia *estriba* en las armas a utilizar... EME121195 **17 novedad +:** Su novedad *estriba* en que carece de cualquier envoltorio ideológico. ABC220794 **18 discrepancia:** ...pero que la discrepancia *estriba* en concretar qué es delito político. LVE190396 **19 particularidad:** Su particularidad *estriba* en que es el primero de toda una larga cadena de secuestros... EME241296 **20 singularidad:** Su singularidad *estriba* en que no se dispersa, sino que se concentra; en que emite pocas imágenes por segundo... ABC221093 **21 peculiaridad:** Nuestra peculiaridad *estriba* en que al ejecutivo no le medimos por lo que sabe hacer, sino por lo que puede hacer. LVE160995 **22 originalidad:** ...la originalidad *estriba* en presentar una variedad de opiniones... LVE280795

D SUSTANTIVOS QUE DENOTAN VALOR, SIGNIFICACIÓN U OTRAS ACTITUDES DE LO QUE DESTACA POR ALGUNA CARACTERÍSTICA NOTORIA: **23 valor** +: ...cuyo valor *estriba* en haber sabido dar fe... EME180395 **24 importancia** +: ...diciendo que su importancia *estriba* primordialmente en su carácter compilatorio... ABC021092 **25 interés** +: Su interés *estriba* en que transcurre en la Inglaterra de fin del siglo XIX... LVE030196 **26 mérito** +: ...su mayor mérito *estriba* en «ser un superviviente»... ABC221093 **27 relevancia:** Su relevancia *estriba* en que proyecta la imagen de Sevilla... EME270295

E SUSTANTIVOS QUE DESIGNAN OTRAS CUALIDADES DE LAS PERSONAS QUE SE TIENEN POR ESTIMABLES, MÁS FRECUENTEMENTE SI ESTÁN RELACIONADAS CON SUS CONOCIMIENTOS O SU POSICIÓN ANTE LOS DEMÁS: **28 sabiduría:** ...la sabiduría máxima *estriba* en cómo llegar... EPE040700 **29 sapiencia** −: ...toda su sapiencia *estriba* en el talento para escoger a los universitarios... ABC110394 **30 fama** −: ...este libro, cuya fama *estriba* en haber introducido la interpretación... ABC140495

F SUSTANTIVOS QUE DENOTAN MANIFESTACIÓN CONTRARIA A ALGO O A ALGUIEN: **31 crítica:** La crítica a su gestión *estriba* en las pérdidas económicas que provocó. INDOC **32 acusación:** La acusación de la Fiscalía *estriba* en que (...) intentó comercializar internacionalmente... PME070796 **33 objeción:** Su otra objeción *estriba* en que la venta se realizó... EUV050996

G ALGUNOS SUSTANTIVOS QUE DENOTAN MIEDO O INQUIETUD: **34 preocupación:** La principal preocupación (...) *estriba* en buscar una fórmula adecuada... EME220396 **35 temor:** Su temor *estriba* en que (...) el nivel de los tipos de interés... EME240995

☐ Véase también: **residir (en).**

estribillo ♦ **alusivo**[8], **contagioso**[12], **pegadizo**[5] ♦ **aprender, cantar, canturrear, corear, memorizar, repetir, saber**

estricto *adj.* ▮ Se combina con sustantivos que designan personas *(jefe, árbitro, hombre)*, tendencias, creencias o ideologías *(catolicismo, cubismo, estalinismo)* y formas de organizar el tiempo *(calendario, horario)*. Se combina además con sustantivos que designan textos o manifestaciones verbales en alusión a su contenido, y también con...

A SUSTANTIVOS QUE DESIGNAN REGLAS, LEYES Y OTROS CONTENIDOS ESTIPULADOS QUE DEBEN OBSERVARSE U OBEDECERSE. TAMBIÉN CON OTROS QUE DESIGNAN ALGUNAS DE LAS FORMAS EN QUE SE APLICAN: **1 regla** ++: ...son «vigilados cuidadosamente y tienen que obedecer reglas muy *estrictas*». DLA020597 **2 norma** ++: ...fueron posteriormente retocados dentro de las *estrictas* normas morales de la Contrarreforma... DHE121296 **3 orden** ++: Eran los propios hijos de Barrios, a quien su padre les había dado *estricta* orden de no apartarse de los rieles... LNP050397 **4 disciplina** +: Estoy más consciente de mi responsabilidad y listo para esforzarme al máximo mientras me someto a una *estricta* disciplina... LPN241100 **5 precepto:** El objeto era, según se expresaba textualmente: «pasear el agua obedeciendo a los más *estrictos* preceptos de la higiene hidroterápica». EPU041001 **6 principio:** La responsabilidad penal deriva de un proceso judicial presidido por unos *estrictos* principios de inocencia y legalidad... EME110795 **7 normativa:** ...es injusto que te cobren por las terrazas, te pongan una normativa *estricta*, pagues un dineral por mesa... CAN050201 **8 ley:** «Estamos profesionalizando la policía, dotando de más medios, promoviendo leyes más *estrictas*...». LNC161100 **9 política:** ...consideró necesaria la adopción de *estrictas* políticas monetarias y la liberalización comercial... DYM041197

B SUSTANTIVOS QUE DENOTAN CONTROL, VERIFICACIÓN O PROTECCIÓN. TAMBIÉN CON ALGUNOS QUE DESIGNAN OTRAS ACCIONES QUE REQUIEREN ATENCIÓN, PRECISIÓN O CUIDADO: **10 control** ++: Además, deben tener un *estricto* control de calidad e higiene. BYN021197 **11 vigilancia** ++: Las autoridades antinarcóticos en Miami montaron una *estricta* vigilancia al lugar donde el agente de Aduanas descubrió los postes tacados con cocaína. SEM280197 **12 regulación** +: El citado proyecto propone la *estricta* regulación de la importación, tenencia y portación de armas y municiones. ACP221096 **13 seguimiento** +: Según la comisión dictaminante, la nueva ley establece un *estricto* seguimiento del menor paraguayo adoptado por familias residentes en el extranjero. ACP271196 **14 supervisión:** ...el patrimonio mayor y seguro de cada trabajador y su familia, manejado en cuentas individuales con *estricta* supervisión. EXC230996 **15 revisión:** ...de modo que algún día habrá que someter a *estricta* revisión esa aureola que siempre ha rodeado a la escuela gerencial... EME010496 **16 seguridad:** ...los estudios que se realizaron en el hospital japonés de esta ciudad y en medio de una *estricta* seguridad. DHE130797 **17 tutela:** En Turquía, los políticos están bajo *estricta* tutela militar. EPE210299

C SUSTANTIVOS QUE DESIGNAN RESTRICCIONES O LIMITACIONES, SEAN FÍSICAS O FIGURADAS: **18 bloqueo** ++: Azerbaiyán, derrotado en la guerra con el Karabaj, ha impuesto un *estricto* bloqueo a Armenia, y Turquía... EPD080597 **19 límite** ++: ...forja relaciones que rebasan con mucho el *estricto* límite del compromiso contractual. ABC300994 **20 dieta** ++: Los excesos gastronómicos de las navidades se quieren penalizar con una *estricta* dieta post navideña. EDV110101 **21 régimen** ++: Mientras navegamos llevamos un régimen *estricto* de no subir a cubierta excepto por la noche, y mantenernos cada cual en su puesto. GIC121996 **22 limitación** +: Las limitaciones de uso dentro de los Biotopos (...) no son tan *estrictas* como aquellas que se establecen para los Parques Nacionales. LHG190900 **23 barrera:** ...permite el salto directo del sector público a la empresa privada sin ningún control, a diferencia de las *estrictas* barreras fijadas para los ex del Gobierno central. EPE150199 **24**

perímetro: ...sus devastadores efectos sobre la vida pública española parecen trascender cada vez más el perímetro *estricto* de los administradores políticos de la época. LVE131196

D SUSTANTIVOS QUE DENOTAN CONDICIÓN NECESARIA. TAMBIÉN CON OTROS QUE DESIGNAN ALGUNAS MANIFESTACIONES DE ESOS REQUISITOS O CIERTOS FACTORES QUE LOS DETERMINAN: **25 término ++:** ...no puede ser llamado eurocéntrico en términos *estrictos* porque no fueron insensibles a él muchos miles de negros y asiáticos. DLA060997 **26 condición +:** Los participantes tienen que cumplir *estrictas* condiciones... EPE111001 **27 requisito +:** ...sin ningún control por parte de las autoridades financieras y ninguno de los *estrictos* requisitos de capitalización... EXC270596 **28 exigencia:** Por ello, requiere que apliquemos una *estricta* exigencia en el cumplimiento de las del pago de los impuestos... GIC020197 **29 cláusula:** Esta autora ha demostrado que la técnica más refinada, cuando es plenamente asumida, permite renovar de arriba a abajo un género sujeto a cláusulas *estrictas.* EME080896

E SUSTANTIVOS QUE DESIGNAN EL CUMPLIMIENTO O EL SEGUIMIENTO DE UNA OBLIGACIÓN. TAMBIÉN CON OTROS QUE EXPRESAN LA ACTITUD QUE CORRESPONDE A ESE COMPORTAMIENTO: **30 obediencia ++:** ...los actos presididos por el Papa eran retransmitidos por la RAI-TV Italiana, de *estricta* obediencia democristiana en aquella época. LVE061295 **31 respeto ++:** ...para que aseguren la paz de la población en el marco de un *estricto* respeto de la legalidad. CLA190197 **32 cumplimiento ++:** Sin embargo, Marcelo de Manuel asegura que no tiene más remedio que aplicar la ley y velar siempre por su *estricto* cumplimiento. ENC271100 **33 observancia ++:** ...que sea coherente con la *estricta* observancia de la disciplina fiscal y monetaria. DYM240796 **34 acatamiento +:** Hay una clara diferenciación conceptual entre el *estricto* acatamiento a las tradiciones culturales de los pueblos indígenas... ESP110700

F SUSTANTIVOS QUE DESIGNAN EL USO O LA PUESTA EN PRÁCTICA DE ALGO: **35 aplicación ++:** Más tarde, la *estricta* aplicación en España de las normas del Concilio de Trento: España, la fortaleza de la Contrarreforma. ABC030993 **36 empleo:** ...todo ello suponiendo que no se excede el empleo *estricto* de los medios y las facilidades que la ley otorga. INDOC **37 uso:** Eso y no otra cosa debería significar el más que *estricto* uso del adjetivo «impagable»... EME180695

G SUSTANTIVOS QUE DENOTAN VÍNCULO PERSONAL: **38 apego +:** ...el Ejecutivo actual tomó bajo su responsabilidad la dirección de la Nación con apego *estricto* a la ley. DLA040397 **39 confianza:** ...e incluso se asegura que hombres de su más *estricta* confianza, garantes de las libertades –según dice– y de la democracia... EME090795 **40 amistad:** ...estaban invitados a pasar unos días en su masía por razones de *estricta* amistad. LVE270795

H SUSTANTIVOS QUE DENOTAN EQUIDAD O ECUANIMIDAD: **41 justicia ++:** Pero es indudable que la inclusión o exclusión de un nombre en repertorios y catálogos de urgencia se debe en ocasiones a motivos azarosos y no a razones de *estricta* justicia. ABC080193 **42 objetividad:** ...en *estricta* objetividad y justicia, debe aceptarse que el saldo es positivo. PME011296 **43 neutralidad:** Interrogada sobre la posición española, la ministra Ana Palacio declaró que «sigue siendo la misma, la de *estricta* neutralidad». LRE310103 **44 coherencia:** ...resplandece más la yuxtaposición de ideas que una rigurosa y *estricta* coherencia. LVE040596

I SUSTANTIVOS QUE DENOTAN SIGNIFICACIÓN O SENTIDO. TAMBIÉN CON OTROS QUE DESIGNAN LA CONCEPCIÓN PERSONAL QUE PUEDE TENERSE DE UNA COSA: **45 sentido ++:** Sin embargo, aclaró en tono sarcástico, que la invitación no era un reto en el *estricto* sentido físico de una confrontación... LPN021001 **46 interpretación ++:** Dostum rechaza la *estricta* interpretación del derecho islámico según la interpretación de los talibanes... EUV061196 **47 acepción:** En Glasgow se recuerda aún con especial desagrado el anterior enfrentamiento –en la más *estricta* acepción del término– entre el Celtic y el Atlético. EPE021985 **48 significado:** El empleo de la palabra «concubinato» en una sesión parlamentaria apelando a su significado *estricto* y omitiendo el tono despectivo... LVE041096 **49 semántica –:** Nada más lógico en *estricta* semántica. LVE130296 **50 versión:** En su versión más *estricta* de retrato de rostros y lugares, de hombres, mujeres... EME291095

J SUSTANTIVOS QUE DENOTAN PRECAUCIÓN, RECELO O RECATO: **51 intimidad ++:** La ceremonia (...) se efectuó en *estricta* intimidad. DED210197 **52 temor:** Yo creo que todo eso sugería que alguna parte de la inversión que teníamos en el país, tendería a salir. No porque hubiera un temor *estricto.* PME290996 **53 celo:** ...deberá aplicarse el más *estricto* y escrupuloso celo a la hora de desarrollar cualquier actividad mercantil... EPE060999 **54 cautela:** ...la espontaneidad y arrojo en los mensajes a la sociedad junto a la más *estricta* cautela disciplinada... EPE110699 **55 prudencia:** ...una cuestión de *estricta* prudencia y elegancia políticas. LVE260696 **56 pudor:** ...un documento hecho desde el más *estricto* pudor... EPE030699

K SUSTANTIVOS QUE DESIGNAN LO QUE SE PRETENDE OCULTAR O ENCUBRIR, ASÍ COMO LA ACTITUD CAUTELOSA CON QUE SE INTENTA HACERLO: **57 secreto ++:** No hay duda de que lo que se dijo en el recinto militar pudo haber quedado, como en muchas otras ocasiones anteriores, en el más *estricto* secreto. CAP261297 **58 silencio:** ...se les reclamó silencio «*estricto* y absoluto» sobre lo ocurrido durante el asalto... BRE020597 **59 mutismo:** Y es cierto que en todo el área reina un *estricto* mutismo. EME280895 **60 hermetismo:** Un *estricto* hermetismo rodea todo lo referido a la colección permanente, ya sea su contenido o su proyecto de exposición. ABC280292 **61 sigilo:** Los argentinos se enteraron ayer del viaje, rodeado del más *estricto* sigilo, cuando el ministro llevaba ya un día en Nueva York. EPE251001

L EL SUSTANTIVO *RAZÓN* Y CON OTROS QUE DESIGNAN LA CONDICIÓN DE SER ALGO CONFORME A ELLA: **62 lógica +:** ...cuando en *estricta* lógica, debiera ser el servicio mejor atendido en todo sentido... LTB040397 **63 razón +:** ...una compleja obra de ingeniería en la que incluso la separación entre piedras y su hendidura tiene una *estricta* razón de ser. EPE090599 **64 racionalidad:** Creo que es muy importante que la sociedad y los políticos acepten el carácter crítico de la economía, derivado de su racionalidad *estricta.* LVE201195 **65 ética:** ...un programa que quiera introducir, dentro de la más *estricta* ética, todo lo relacionado con los clubs de elite del fútbol... LVE120495

M SUSTANTIVOS QUE DENOTAN MODO, PROCEDIMIENTO O TÁCTICA PARA ABORDAR O RESOLVER UN ASUNTO: **66 procedimiento** +: ...el principio de confianza debe ser «completado por procedimientos de control interno más *estrictos*». LVE300695 **67 medida** ++: Bajo *estrictas* medidas de seguridad, hoy, desde las 22.10, se disputará en el estadio Panamericano de Necochea el clásico entre Central y Newells. CLA030297 **68 método** +: Tienes que organizar los contactos, las citas, imponer un método *estricto* para rastrear oportunidades. EME010596 **69 sistema** +: Salvo que esa cifra es el tope para acogerse al mecanismo de contratación directa, que tiene sistemas de control menos *estrictos*. CLA231000 **70 técnica**: ...hablemos en términos de *estricta* técnica y realización televisivas. EME260394 **71 trámite**: Entonces hacer el trámite más *estricto* no significa fomentar la corrupción, sino buscar que esto se maneje con transparencia. PME250896

N SUSTANTIVOS QUE DENOTAN TAREA U OBLIGACIÓN CONTRAÍDA: **72 deber** +: Quiero –y repito que por un *estricto* deber de justicia– admitir la parte «positiva» de la hoy tan denostada «herencia recibida». LVE211296 **73 función**: ...una investigación sobre terrorismo de ETA encomendada a dichos agentes en *estricta* función de Policía Judicial. EME040996 **74 obligación**: Los políticos de uno y otro lado tienen la *estricta* obligación de contarnos y explicarnos lo que cada uno propone como programa... EME170594 **75 responsabilidad**: ...se trata de un tema de *estricta* responsabilidad penal... EME070696

Ñ SUSTANTIVOS QUE DESIGNAN EL CONJUNTO DE REGLAS Y NORMAS QUE RIGEN UNA ACTUACIÓN O UN EVENTO, MÁS FRECUENTEMENTE SI SON DE CARÁCTER OFICIAL: **76 protocolo** +: Una monarquía que, por primera vez en la historia, debió abandonar sus *estrictos* y centenarios protocolos ante las críticas del pueblo. CAR080997 **77 ritual**: Sólo la rigidez del granito y la lucidez del cielo ibérico reposaban aquel espíritu moldeado en el *estricto* ritual de la conservación. ABC241292 **78 burocracia**: ...desde la *estricta* burocracia estatal, que entendía la lectura y la escritura como fuentes de poder... EME300396

☐ Véase también: **estrecho, rígido, severo.**

estridente *adj.* ▮ Admite sustantivos de persona *(un ministro estridente; El grupo era demasiado estridente)*. Se combina a menudo con los sustantivos *color, tono, gama, cromatismo* y con otros análogos. También lo hace con...

A EL SUSTANTIVO *SONIDO* Y CON OTROS QUE DESIGNAN SU EMISIÓN NO ARTICULADA: **1 sonido** ++: Pero su maestro es John Popper, el líder de Blues Traveler, otro grupo ajeno a las letras y sonidos *estridentes*. HOY300996 **2 ruido** ++: Los ruidos *estridentes* también interfieren con otros sentidos: por caso, un bocinazo a dos metros reduce momentáneamente la visión en un veinticinco por ciento. LNP110297 **3 música** +: ...ahuyentar a los jóvenes que hacía un tiempo invadían el Parque Municipal de Barranco entre risas, música *estridente* y botellas de cerveza... CAP270696 **4 silbido** +: ...no fueran capaces de enmudecer por unos segundos, dejando sus gritos y silbidos *estridentes*, para mostrar un mínimo de respeto... EPE160999 **5 risa** +: Y además tengo una risa muy *estridente*, que se convierte en un gruñido repugnante cuando me río a carcajadas... EPE050799 **6 grito** +: Son los gritos *estridentes* de grupos que dicen ser maestros, pero que dedican más tiempo a la actividad politiquera. LTB230197 **7 pitido**: Porque ¿se justificaría su vida consumida entre libros y papeles viejos, desojándose, si luego no se pudiera pitar falta con pitido *estridente* a quien se pilla en fuera de juego...? ABC160493 **8 chirrido**: Cuando Madrid está en silencio se escucha más y mejor el chirrido *estridente* de los demagogos. LVE160296

B EL SUSTANTIVO *VOZ* Y, POR EXTENSIÓN, CON OTROS SUSTANTIVOS DE LENGUA QUE DESIGNAN EXPRESIONES ORALES O ESCRITAS: **9 voz** ++: ...el barullo de los transeúntes se confunde con los gritos de un pequeño payaso, que con su *estridente* voz conmina a las personas a que se acerquen... LTB210700 **10 declaración** +: «Breton y sus amigos, contrariando y desmintiendo sus *estridentes* declaraciones de fe marxista, siguieron siendo (...) unos intelectuales anarquistas incurables». ABC130392 **11 manifestación** +: ...«abstenerse de hacer manifestaciones *estridentes*» en la ceremonia del II Informe Presidencial, debido a la situación del país. DYM010996 **12 clamor** +: Esto me ha recordado aquella banda de los peruanos que asolaba la autopista, hasta que el clamor popular se hizo tan *estridente* que finalmente unas órdenes superiores exigieron poner coto a los delincuentes. LVE050996 **13 mensaje**: Los mensajes electorales se tornan más y más *estridentes*, cercanos a la caricatura. EME250296

C OTROS SUSTANTIVOS; POSIBLES USOS ESTILÍSTICOS: El disco se abre con «Si tú pudieras», una balada con cara de éxito, y sigue por la senda nada *estridente* que caracteriza el trabajo de Herrera. HOY281096; «Debemos hacer como Clos, vender gestión, hacer una campaña poco *estridente* y evitar caer en descalificaciones», subraya la coalición. EPE210699

☐ Véase también: **aparatoso, clamoroso, estrepitoso.**

estropajoso ♦ **cutis, lengua, pelo, tacto, tela**

estructura ♦ **anquilosado, arcaico, arraigado[28], articulado, asfixiante[30], centrífugo[12], compacto, complejo, defensivo[24], deficiente, delicado, delictivo[10], dominante[44], eficaz, endeble, enrevesado[55], farragoso[19], férreo[39], firme, flexible, frágil[23], igualitario, imperante[14], inseguro, integral[28], intrincado[50], lineal[29], narrativo, obsoleto, patas arriba[8], precario[65], recio, rígido, robusto, sencillo, sólido, vertebral, vigente** ♦ **actualizar, afectar (a), afianzar, aligerar[29], alterar[14], ampliar, anclar[19], apuntalar[37], armar(se)[40], centralizar[7], cimentar[67], componer, conformar, convulsionar(se), crear, dañar, delinear[35], desestabilizar[4], desmantelar[3], desmontar[1], desmoronar(se)[7], destruir, deteriorar(se), dirigir, elaborar, eliminar, enderezar, enmarcar, forjar[68], formar, fortalecer, habilitar, inspeccionar, madurar[16], manipular, mantener, mejorar, modernizar, organizar, persistir (en)[55], reforzar, remover, replantear, respetar, revisar, robustecer(se)[15], socavar[30], subvertir[4], tambalear(se), temblar, tener, tirar, transformar, vertebrar**

☐ Véase también: **esquema, modelo, organización, sistema.**

estruendo ♦ ajeno (a), descomunal, estremecedor, gran(de), impresionante, infernal[2], insoportable, pavoroso, salvaje, terrible ♦ en medio (de), entre[28] ♦ acallar[9], alejar(se), amortiguar[12], amplificar, apagar(se), escuchar, estallar, generar, oír, paliar, producir, provocar, sentir, sonar

☐ Véase también: **alboroto, estrépito, ruido**.

estruendosamente ♦ caer, chillar, equivocarse, fracasar, gritar, perder, reír, resonar, sonar

estudiar ♦ a conciencia[19], activamente[38], a fondo[3], a la ligera[3], al detalle[2], a medias[48], aplicadamente, arduamente, atentamente[16], científicamente[5], con cautela[21], concienzudamente[9], con detalle[3], con interés[9], con lupa, debidamente[51], de cerca[31], detalladamente[2], documentalmente, duramente[2], en frío[15], en profundidad, escrupulosamente[16], exhaustivamente[12], extensamente[16], intensamente[54], por encima, pormenorizadamente, profundamente[63], prolijamente[17], seriamente, sesgadamente, someramente, superficialmente ♦ invitar (a)[43]

☐ Véase también: **analizar, barajar, considerar, inspeccionar, investigar**.

estudio ♦ aleccionador, amplio, analítico[2], atento, atinado[41], avanzado[39], breve, chapucero, científico, concienzudo, concluyente[16], confidencial[28], convincente, cualitativo[20], de campo[5], demoledor[20], desenfocado, detallado, documentado, elemental, en equipo[5], escrupuloso, esmerado, exhaustivo[4], farragoso[25], fecundo[11], fidedigno[40], intensivo[8], lúcido, meticuloso, metódico, minucioso[1], monográfico, novedoso[11], penetrante[9], pormenorizado, preliminar, profundo[112], prolijo[25], revelador[40], riguroso[2], serio, sesgado, sistemático, somero[6], superficial, técnico ♦ a fuerza (de)[2], a tenor (de)[25], según ♦ alcance (de)[52], objeto (de)[22] ♦ abandonar, abocar(se) (a)[38], abordar, absorber, acceder (a), acometer, adentrarse (en)[1], agilizar[52], ahondar (en)[1], amañar, amenizar[5], ampliar, analizar (algo), auspiciar[34], avalar[21], basar(se) (en algo), centrarse (en), completar, concluir (algo), continuar, convalidar, culminar[1], cultivar[19], cursar, dar, dedicar[23], dedicarse (a), dejar, demostrar (algo), desarrollar, desviar[34], difundir(se)[69], efectuar, elaborar, emprender[57], enfrascarse (en)[26], estar (en), financiar, hacer, iniciar, invitar (a)[17], llevar adelante[29], obrar en poder[21], pagar, persistir (en)[22], planificar, presentar, promover, publicar, realizar, retomar, revelar (algo), someter(se) (a)[1], sostener (algo), sustanciar, tener, terminar, tratar (de algo/sobre algo), validar[19], versar (sobre algo), zambullir(se) (en)[6]

☐ Véase también: **análisis, búsqueda, examen, informe, investigación, pesquisa, rastreo**.

ESTUDIO Véase: INDAGACIÓN

estupidez ♦ absoluto, auténtico, congénito, descomunal, fatal, humano, innumerable, monumental, perfecto, pretencioso, profundo[75], puro, simple, solemne, superlativo, supino[3], total, trivial ♦ sarta (de)[17] ♦ bordear, combatir, cometer[22], constituir, decir, delatar (algo), hacer, rayar (en)[16], reír(se) (de), soportar, *verbos de lengua*

☐ Véase también: **bobada, disparate, idiotez, imbecilidad, majadería, perogrullada, sandez, tontería**.

estupor ♦ ante, con, en medio (de) ♦ sensación (de) ♦ asistir (con), causar[20], llenar (de), producir, provocar, recordar (con), sentir, ver (con)

☐ Véase también: **asombro**.

etapa ♦ avanzado[8], azaroso, boyante[49], brillante, contra reloj, crucial[4], decisivo, determinante, dilatado, eliminatorio, fundamental, ilusionante[12], nuevo, pasajero[55], prolongado, trascendental, vital ♦ abrir(se), adentrarse (en), afrontar[15], amoldar(se) (a)[10], atravesar[5], avanzar, cerrar(se), consumar, cubrir, culminar, empezar, emprender, hacer, iniciar, pasar, quemar, remontar, saltarse[12], superar, terminar, transcurrir, vivir, zanjar[82]

☐ Véase también: **época, fase, período, temporada, tiempo**.

ética ♦ arraigado, carente (de), ciudadano, comercial, elemental, intachable[38], irreprochable, judicial, laboral, leso[9], profesional, sujeto (a) ♦ con, sin ♦ ataque (a) ♦ apegarse (a)[25], atentar (contra), carecer (de), ir (contra), pisotear[13], predicar[20], reinstaurar[17], saltarse, tener

☐ Véase también: **juicio, moral**.

etimológicamente ♦ ajustar(se), corresponder, derivar(se), proceder, significar

[etiqueta] → de etiqueta

etiqueta ▮ *(marbete)* ♦ despectivo[17], consabido, engañoso, identificativo, impreciso, publicitario ♦ bajo ♦ acuñar[28], asignar, atribuir, calificar (con), colgar, despegar(se), llevar, pegar (a algo), poner (a algo), recibir

▮ *(ceremonia, protocolo)* ♦ estricto, riguroso ♦ saltarse, seguir, respetar

☐ Véase también: **de corto, de gala, de largo, denominación, de tiros largos, nombre, título, vestido**.

eufemismo ♦ encubridor, grueso, mero ♦ con, sin ♦ andarse (con)[24], disfrazar (con), emplear, hablar (con), interpretar, ocultar (con), recurrir (a), valerse (de)

euforia ♦ bursátil, colectivo, comprador, contagioso, contenido, creciente, desaforado[6], desatado, desbordante[4], desenfrenado, desmedido[30], económico, electoral, especulador, exagerado, general, generalizado, incontenido, inversor, loco, lógico, moderado, pleno ♦ arranque (de)[46], arrebato (de)[29], clima (de), demostración (de)[53], eco (de), explosión (de), expresión (de)[35], fruto (de), grado (de), reacción (de) ♦ apagar(se)[25], aplacar, apoderar(se)[36], atemperar[5], aumentar, causar, contagiar, contener, decaer[2],

dejarse llevar (por)[14], derrochar[6], derrumbar(se)[62], desatar(se)[15], desbocar(se)[4], desbordar(se)[17], desinflar(se)[2], destapar[34], desvanecerse[53], diluir(se)[35], disipar(se)[49], embargar[23], enfriar(se)[3], frenar, invadir (a alguien), ocasionar, provocar, rebosar[4], reinar[14], remitir[24], saltar (de), segregar[3], sentir, suscitar, teñir (de)[3]
☐ Véase también: **alegría, entusiasmo.**

evaluación ♦ **académico, adecuado, apresurado, atinado, científico, completo, crítico, cuidadoso, detallado, docente, exhaustivo[48], externo, interno, jurídico, justo, médico, negativo, objetivo, oficial, parcial, personal, positivo, prudente, resultante, riguroso[17], sesgado, somero, subjetivo, sujeto (a), técnico, tendencioso ♦ comisión (de), criterio (de), procedimiento (de), proceso (de), sistema (de) ♦ aprobar, aventurar[32], efectuar, hacer, llevar a cabo, obtener, pasar, realizar, someter(se) (a)[2], superar**
☐ Véase también: **calificación, estimación, juicio, valoración.**

evaluar ♦ **a fondo, científicamente, con certeza[18], cuidadosamente, debidamente[57], desfavorablemente[13], detalladamente[4], electoralmente, exhaustivamente, favorablemente, imparcialmente[3], negativamente, positivamente, someramente, técnicamente**
☐ Véase también: **valorar.**

evaporarse ♦ **como por encanto[3], por arte de magia, por completo, repentinamente, sin dejar rastro**

[evasión] → **de evasión**

evento ♦ **accidentado, aislado, concurrido, extraordinario, festivo, habitual, histórico, insólito, internacional, lamentable, magno, masivo, memorable, multitudinario, prestigioso, protocolario, puntual, señalado, solemne, trascendental ♦ escenario (de), marco (de) ♦ acaecer, acontecer, acudir (a), amenizar, asistir (a), auspiciar[20], cancelar, capitalizar, celebrar(se), conmemorar, convocar, coordinar, evocar, faltar (a), fechar, gozar (de), inaugurar, invitar (a), llevar a cabo, narrar, ocurrir, organizar, orquestar, participar (en), patrocinar, presenciar, producir(se), programar, protagonizar, proyectar, reventar, simultanear, suceder, tener lugar**
☐ Véase también: **acontecimiento, suceso.**

EVENTO Véase: ACONTECIMIENTO

evidencia ♦ **abrumador[37], aplastante[22], científico, clamoroso[25], claro, concluyente[3], decisivo[18], demoledor[41], documentado, empírico, inapelable, incriminatorio, incuestionable, irrebatible[7], irrefutable[2], lógico, meridiano[15], palmario, palpable[6], suficiente ♦ cúmulo (de)[51] ♦ afrontar, analizar, arrojar[44], atestiguar, buscar, cerrar los ojos (ante)[2], constatar, constituir, dejar (en), demostrar (algo), destapar[7], disfrazar, distorsionar, encontrar, encubrir, hallar, mostrar, negar[1], ocultar, ofrecer, poner (en), presentar, recabar[6], rendirse (a/ante)[1], tapar, tener, tergiversar**
☐ Véase también: **demostración (de), prueba, testimonio.**

evitar ♦ **a duras penas, a la desesperada[33], a medias[11], a toda costa[10], a todo trance[1], de milagro, en la medida de lo posible, por poco[14]**
☐ Véase también: **eludir, omitir, prescindir, sustraer(se) (de/a).**

EVOCACIÓN Véase: MEMORIA

evolución ♦ **acorde (con), a la baja[48], al alza, apreciable[4], biológico, desfavorable, económico, favorable, fulgurante[23], futuro, gradual, histórico, humano, imparable[22], impecable[12], impredecible[11], inapreciable, intelectual, lineal[3], moderado, natural, negativo, pendiente, personal, político, positivo, salarial, significativo, técnico, tecnológico, vertiginoso[17] ♦ acusar[34], controlar, corregir, encarrilar[12], enderezar, experimentar, impulsar, invertir(se), jalonar, observar, operar(se), quebrar(se), rectificar, registrar(se), seguir[34], sufrir, torcer(se), truncar(se)[25], vigilar**
☐ Véase también: **desarrollo, proceso.**

evolucionar ♦ **a la baja[9], al alza, a marchas forzadas[32], a pasos agigantados[31], considerablemente[45], desfavorablemente, favorablemente[1], gradualmente[69], negativamente[18], positivamente, progresivamente[26], satisfactoriamente[15]**
☐ Véase también: **desarrollar(se).**

exacerbado ♦ **ambiente, amor, ánimo, apetito, clima, competencia, competitividad, conservadurismo, consumo, crítica, defensa, deseo, egocentrismo, emoción, emotividad, fanatismo, ideología, individualismo, liberalismo, lirismo, nacionalismo, odio, pasión, patriotismo, persona, racismo, radicalidad, rasgo, rechazo, réplica, sensibilidad, sentimiento, temor**

exacerbar *v.* ▮ El participio *exacerbado* alterna los usos verbales con los adjetivales. En su sentido de 'irritar o causar grave enfado' se combina con los sustantivos *ánimo* y *espíritu*, y también con sustantivos de persona *(Las críticas exacerbaron a los actores)*. En su sentido de 'agravar' se combina con sustantivos que designan enfermedades o padecimientos *(dolor, enfermedad, dolencia, mal)*, así como con otros que designan situaciones de carácter adverso *(problema, crisis)*. En el sentido de 'extremar o exagerar' se combina con sustantivos que denotan movimiento o tendencia *(movimiento, moda)*. También lo hace con otros que designan esas nociones, especialmente ideologías, creencias o prácticas *(nacionalismo exacerbado; consumismo exacerbado)*, más frecuentemente si se caracterizan por su carácter radical *(anticlericalismo, xenofobia, racismo)*. También se combina con sustantivos de persona que designan a los partidarios de esas formas de pensar o actuar *(nacionalista exacerbado)*. Además se combina con...

A SUSTANTIVOS QUE DESIGNAN DIVERSAS FORMAS DE CONFRONTACIÓN, DESACUERDO O RIVALIDAD, ASÍ COMO ALGUNOS DE SUS ELEMENTOS CONSTITUTIVOS: **1 violencia** ++: ...los puntales de un gobierno supuestamente anticomunista que justificó la violencia *exacerbada* del «doble sexenio»... LTB040397 **2 competencia** +: Sin embargo, entre sus desventajas parece central la posibilidad de que se produzca una competencia *exacerbada*, poniendo en riesgo la integridad de la coalición. HOY271097 **3 tensión** +: ...la agresividad de los líderes sindicales de la época *exacerbaron* las tensiones inflacionistas y sobrevaluaron todavía más nuestra moneda... LVE120395 **4 conflicto** +: ...hay que vigilar muy de cerca los desencadenantes que están en tu propio bando y que pueden estar *exacerbando* el conflicto. EPE040499 **5 debate** +: El *exacerbado* debate entre laicos y confesionales sobre derechos humanos... LVE140995 **6 rivalidad:** Está listo el escenario, está peligrosamente *exacerbada* la rivalidad y está potenciada la expectativa. CLA120197 **7 discrepancia:** Pero las discrepancias se *exacerban* cuando se discuten los detalles del camino... LVE070196

B SUSTANTIVOS QUE DESIGNAN DIVERSAS MANIFESTACIONES VERBALES O TEXTUALES, MUY FRECUENTEMENTE DE NATURALEZA HOSTIL: **8 crítica** +: «La actividad contraterrorista de este tipo *exacerbaría* aún más la crítica mundial de los Gobiernos implicados». EPE030799 **9 réplica:** Así, cuando un periodista le preguntó si acaso las réplicas más *exacerbadas* de algunos dirigentes de CiU le reforzaban en sus tesis... LVE080896 **10 amenaza** +: En medio de grandes llantos, gritos de «Allah ua akbar» (Dios es grande) y *exacerbadas* amenazas de muerte a Israel... LVE220796 **11 discurso:** ...durante el segundo informe de gobierno del presidente Ernesto Zedillo, con una máscara de cerdo y 30 carteles con los que *exacerbó* el discurso gubernamental... PME080996

C SUSTANTIVOS QUE DENOTAN FUERTE INCLINACIÓN DEL ÁNIMO, MUY FRECUENTEMENTE DE CARÁCTER AFECTIVO, HACIA LAS PERSONAS O LAS COSAS: **12 deseo** +: Lejos de apagar los recuerdos, el paso de los años ha ido *exacerbando* los deseos de saber qué fue lo que ocurrió... EPD041097 **13 pasión** +: Nos preocupa, porque *exacerban* pasiones y en cualquier momento se producen incidentes... LEC031097 **14 afán:** En el caso particular de Chiclayo, existe un *exacerbado* afán de confundir a la ciudadanía... CAP150198 **15 impulso:** ...ante lo cual se *exacerban* los impulsos violentos en un contexto en el que la pobreza... EXC220996 **16 apego:** ...se hicieron visibles los dejos descalificatorios y las alusiones al *«exacerbado»* apego a la tradición católica... HOY270197

D SUSTANTIVOS QUE DENOTAN TEMOR, INQUIETUD, ANGUSTIA Y OTRAS PERTURBACIONES DEL ÁNIMO: **17 miedo** +: ...ha adoptado un tono prudente para no *exacerbar* el miedo, el gobierno sabe que se enfrenta a una crisis... LVE230396 **18 angustia:** Hoy la desesperación, la miseria y el desempleo destruyen a las familias de los sectores populares y *exacerban* su angustia. HOY250184 **19 preocupación:** ...hace mucho más agudo el peligro y debe, por lo mismo, *exacerbar* la preocupación nacional. CAP070897 **20 frustración:** El bloqueo israelí ha *exacerbado* las frustraciones acumuladas por los palestinos. LVE091096 **21 intranquilidad:** ...no cree que ese «momento convulso, a veces de intranquilidad *exacerbada*» que vive España tenga necesariamente un reflejo en el trabajo... LVE220695

E SUSTANTIVOS QUE DENOTAN ENOJO O ANIMOSIDAD: **22 odio** +: En su trasfondo, asimismo, contribuye a agravar los odios *exacerbados* el componente religioso y cultural... CLA220199 **23 rencor** +: ...desde el fin del socialismo totalitario, lejos de disipar sus delitos y suavizar sus rencores, los ha *exacerbado*. LVE250194 **24 indignación** +: ...evitó decir una sola palabra que pudiera *exacerbar* la indignación de los opositores de la dictadura. SEM190198 **25 descontento:** La destitución del representante sindical *exacerbó* el descontento de los trabajadores de la empresa. INDOC **26 resentimiento:** «la liberalización agrava la desigualdad y *exacerba* el resentimiento entre los pobres». LVE100395

☐ Véase también: **encrespar(se)**.

exageración ♦ **absurdo, abusivo, burdo, delirante, desmedido, desmesurado[44], doctrinal, evidente, gran(de), gratuito, habitual, interesado, peligroso, pequeño, propenso (a)[23], tremendo** ♦ **colmo (de), tendencia (a)** ♦ **bordear, caer (en), calificar (de), cometer, incurrir (en), pecar (de), rozar**

☐ Véase también: **exceso**.

EXALTACIÓN

♦ (SUSTANTIVOS) Véase: **acalorado[D], acceso (de)[G], aguar(se)[F], al borde (de)[A], borracho (de)[C], calenturiento[E], caluroso[F], capitalizar[F], cegador[C], concitar[H], contumaz[C], denodado[D], desaforado[B], desinflar(se)[A], diluir(se)[G], disipar(se)[I], efímero[B], embargar[F], enfriar(se)[A], imbuir(se) (de)[E], incandescente[C], luminoso[E], multitudinario[F], pegadizo[C], pletórico (de)[B], prender[B], rapto (de)[C], rebosar[A]**

♦ (VERBOS) Véase: **efusivamente[A]**

☐ Véase también: ALEGRÍA; SENSACIÓN.

exaltar(se) ♦ **ánimo, entusiasmo, espíritu, fervor, pasión**

examen ♦ **atento, concienzudo, cuidadoso, de admisión, de conciencia, de grado, de rigor, detallado, escrito, estricto, exhaustivo[3], final, intensivo[10], irreversible, ligero, médico, meticuloso, minucioso[10], ocular[4], oral, parcial, periódico, pormenorizado, práctico, profundo[115], prolijo[24], psicológico, retrospectivo, riguroso[3], rutinario, severo[92], somero[7], sucinto[5], sujeto (a), superficial, teórico, total** ♦ **objeto (de)[27], resultado (de)** ♦ **aprobar, bordar[14], catear, clavar, corregir, delatar[44], efectuar, hacer, pasar, practicar[5], preparar, presentarse (a), realizar, rendir, reprobar, revelar (algo), revisar, salvar, someter(se) (a)[4], superar, suspender**

☐ Véase también: **análisis, estudio, investigación**.

examinar ♦ **a conciencia[20], al detalle[1], atentamente[13], brevemente[12], con atención, con cautela[20], concienzudamente[11], con detalle[2], con interés[8], con {mis/tus/sus...} propios ojos, cuidadosamente, de arriba abajo[12], de cerca[30], detalladamente[3], detenidamente, de visu, en profundidad, escrupulosamente[14], exhaustivamente[13], meticulosamente, minuciosamente, palmo a palmo[6], por encima, por extenso, pormenorizada-**

mente, profundamente[66], someramente, superficialmente
☐ Véase también: **analizar, aquilatar, registrar.**

excarcelación ♦ decretar[28], denegar[42], ordenar, solicitar, tramitar

excavar ♦ agujero, aparcamiento, área, asentamiento, cementerio, corredor, cráter, cripta, fosa, hoyo, hueco, madriguera, montaña, oquedad, orificio, pasadizo, pozo, ruina, silo, subsuelo, suelo, superficie, surco, terreno, tumba, túnel, yacimiento, zanja, zona, zulo
☐ Véase también: **cavar.**

exceder ♦ considerablemente, en mucho[3], en poco, largamente[6], ligeramente[24], notablemente[46], por poco[10]
☐ Véase también: **sobrepasar.**

excepción ♦ a la regla, contado, curioso, escaso, honroso, raro, sano ♦ vía (de) ♦ confirmar, constituir, encontrar, hacer, hallar, justificar, plantear, presentar, suponer
☐ Véase también: **exclusión, exclusiva, eximente.**

exceso ♦ auténtico, causado (por), climático, consciente (de), criminal, desmedido, expresivo, gastronómico, navideño, ocasional, peligroso, policial, posible, probado, sentimental, sexual, supuesto, tremendo, verbal, verdadero ♦ en, por, sin ♦ acabar (con), arrepentir(se) (de), atajar, caer (en), censurar, cometer, constituir, corregir, cortar (con), criticar, detectar, eliminar, evitar, frenar, incurrir (en), llevar (a), producir(se), reprobar, señalar
☐ Véase también: **abuso, exageración.**

EXCESO
♦ (SUSTANTIVOS) Véase: **acceso (de)[H], carnal[D], exuberante[D], henchir(se) (de)[A], propenso (a)[E], rayar (en)[A]**

excitación ♦ compulsivo, contenido, desmedido, enloquecido, enorme, evidente, febril[24], frenético[47], incontenible, nervioso, preso (de)[5], sexual ♦ ataque (de), estado (de) ♦ aumentar, contagiar, contener, desbordar(se), disminuir, mostrar, notar(se), palpar(se), refrenar, reinar, reprimir, resistir, sentir, subir (de tono), sufrir, tener
☐ Véase también: **euforia, nerviosismo, pasión, sensación.**

EXCITACIÓN
♦ (SUSTANTIVOS) Véase: **acuciar[D], a flor de piel[A], agudizar(se)[F], aligerar[H], febril[E], frenético[K]**
♦ (VERBOS) Véase: **como (un) loco[B]**
☐ Véase también: ALEGRÍA; EXALTACIÓN; SENSACIÓN.

exclamación ♦ acallar[53], escuchar, lanzar, oír, prorrumpir (en)
☐ Véase también: **admiración, asombro, sorpresa.**

excluir ♦ abiertamente[64], arbitrariamente, categóricamente[13], decididamente, para siempre, rotundamente, sin contemplaciones

exclusión ♦ aéreo, arbitrario[26], cautelar[22], injusto, justo, militar, social, tajante, total ♦ área (de), riesgo (de), zona (de) ♦ consumar(se)[52], decidir, decretar, evitar, generar, motivar, producir(se)
☐ Véase también: **eliminación, excepción, eximente, supresión.**

EXCLUSIÓN Véase: SEPARACIÓN; SUPRESIÓN

exclusiva ♦ arrogarse[43], conceder, dar, hacer, lanzar, publicar, tener, vender
☐ Véase también: **excepción, exclusión, noticia.**

[exclusivo] → en exclusiva

excusa ♦ absolutorio[10], barato, bueno, consabido, creíble, descabellado[29], endeble, excelente, falso, hipócrita, inconsistente, inmejorable, innecesario, insostenible, insuficiente, legítimo, manido[34], mezquino, novelesco, peregrino[28], perfecto, pintiparado, razonable, rebuscado, rocambolesco, simple, socorrido, suficiente, vano[27], viejo ♦ en bandeja[18] ♦ a modo (de), bajo, con ♦ sarta (de)[7] ♦ aceptar, aducir[6], ahorrar, alegar, aventurar[28], dar[211], deshacerse (en)[29], encontrar, escudar(se) (en), esgrimir[7], formular, hallar, inventar, ofrecer, pedir, poner (como), presentar, rebatir, recibir, refutar, servir (de), sobrar, tener, utilizar, valer
☐ Véase también: **coartada, disculpa, pretexto.**

EXCUSA Véase: PERDÓN

execrable *adj.* ▮ Se combina con los sustantivos *asunto, acto* y *hecho*, con sustantivos de persona *(dictador, escritor, tirano)* y con sustantivos que designan ideologías, actitudes, tendencias o movimientos *(patrioterismo, terrorismo)*, así como formas de gobierno *(régimen, dictadura, tiranía)*. También se combina con...

A SUSTANTIVOS QUE DESIGNAN DIVERSAS FORMAS DE ACCIÓN LESIVA EJERCIDA CONTRA ALGUIEN: **1 crimen ++**: Este crimen *execrable* e imperdonable se ha venido convirtiendo escasamente en otro tipo de delito al lado del robo de carros o del asalto a los bancos. ETC240996 **2 delito ++**: No hay duda de que la violación es un delito *execrable* que hay que castigar... LVE111296 **3 violencia ++**: Imaz considera «*execrable*» la violencia desde el punto de vista «ético» e «injustificable» desde una perspectiva política. EPE080700 **4 asesinato:** El *execrable* asesinato de la niña Roxana Castro (...) levantó anoche una ola de indignación en el Senado... EXP011091 **5 atentado:** El comunicado critica duramente a ETA y «a quienes les jalean», al tiempo que califica de «vil y *execrable*» el atentado frustrado... EDV110101 **6 guerra:** ...por más que aquella *execrable* «guerra sucia» de ayer contra ETA se haya convertido hoy en una pestilente «guerra sucia» contra él. LVE150195

B SUSTANTIVOS QUE DENOTAN FORMA DE CONDUCIRSE O COMPORTARSE UNA PERSONA: **7 comportamiento ++:** La actual Ley del Deporte no contempla castigar comportamientos tan *execrables* como los protagonizados por Caneda, Penev... LVE150396 **8 actuación +:** La mejor prestación del alero (...) enmascaró una actuación *execrable* del equipo que aspira a recuperar el reinado perdido en Europa hace tres lustros. EME120195 **9 acción +:** «La responsabilidad de esta *execrable* y cobarde acción, así como la de sus consecuencias, recaen exclusivamente en India», declaró el jefe de la diplomacia... EPE110899 **10 conducta +:** ...ha reconocido ser el autor de tan *execrable* conducta, digna de los más cutres episodios de Makoki... LRE230103 **11 procedimiento:** Lo peor de ello, si no lo son bastante los *execrables* procedimientos usados, es que desde hace demasiado tiempo (...) están hurtando... LVE111195 **12 hábito:** ...cortar de raíz el *execrable* hábito de los barceloneses de encaramar sus coches a las aceras... LVE281096

C ALGUNOS SUSTANTIVOS QUE DESIGNAN DEFECTOS, ERRORES O CARENCIAS: **13 vicio:** El pasado lunes salía yo de casa cuando, víctima de un vicio tan *execrable* y a partir de ahora millonario, entré en un estanco de mi barrio para adquirir dos paquetes de cigarrillos. LVE020896 **14 lacra:** ...expresó la firme determinación de los grupos parlamentarios de la Cámara de acabar con la «*execrable* lacra» del terrorismo. EME240594 **15 herejía:** Con la reducción del tráfico rodado urbano estamos a las mismas: al principio suena a herejía *execrable*, a crimen de lesa patria industrial. LVE201296

D OTROS SUSTANTIVOS; POSIBLES USOS ESTILÍSTICOS: ...que «no vuelva a herir ni a profanar el alma de este pueblo con nuevos crímenes, porque nada justo ni duradero se puede construir sobre el cimiento *execrable* de los asesinatos». EPE301199

☐ Véase también: **nefando.**

exento (de) *adj.* ▌Se usa frecuentemente en el sentido de 'falto, carente' en construcciones censuradas normativamente *(humor, interés, emoción).* Se combina con...

A SUSTANTIVOS QUE DENOTAN PAGO O GRAVAMEN, MUY FRECUENTEMENTE DE NATURALEZA FISCAL. TAMBIÉN CON OTROS QUE DESIGNAN ALGUNAS ACCIONES QUE SON PRECISAS PARA ESTIPULAR LA NATURALEZA Y LA CUANTÍA DE ESAS APORTACIONES: **1 impuesto ++:** Asimismo, están *exentas* del impuesto sobre la renta por un período de... ESH300197 **2 tributación ++:** ...otras entidades de la Zona Especial Canaria estarán *exentas* de tributación... CAN020201 **3 pago +:** ...por lo tanto está *exenta* del pago de impuestos de introducción. LPH110996 **4 gravamen:** ...comunidades y locales estarían *exentos* de dicho gravamen... EPE221101 **5 tributo:** ...el dinero procedente de indemnizaciones debería estar *exento* de pagar tributos. EME280194 **6 tasación:** ...las contribuciones sociales por trabajador *exentas* de tasación. LVE200696 **7 tasa:** Hasta ahora, las televisiones estaban *exentas* de esta tasa y ahora habrán de pagar en conjunto 1.790 millones de pesetas al año. EPE230900 **8 carga:** Una actividad económica que está *exenta* de carga fiscal. INDOC **9 arancel:** Las exportaciones de aquel país están *exentas* de aranceles por considerarse una región en vías de desarrollo. EME130395 **10 contribución:** ...seis millones de pseudoempleados, hasta ahora *exentos* de contribución. EME180896 **11 cuota:** ...las llamadas a números con código 800, supuestamente *exentos* de cuota... ETC010996 **12 peaje:** ...autovías sin cargo al Estado y *exentas* de peaje. EPE151299 **13 IVA:** ...el sector continuaría *exento* del IVA como antes de la reforma tributaria... CLA080199

B SUSTANTIVOS QUE DENOTAN CASTIGO O SANCIÓN, FRECUENTEMENTE DE CARÁCTER ECONÓMICO, POR INCUMPLIMIENTO DE LEYES O NORMAS: **14 pena:** ...estarán *exentos* de las penas impuestas a los encubridores... ACP150996 **15 castigo:** ...que quede *exenta* de castigo la acción democrática en favor de la independencia... LVE090795 **16 sanción:** El consumo privado de cannabis está *exento* de cualquier sanción legal. EME280496 **17 multa:** ...si lo hacían antes de que se detectara una infracción, quedaban *exentas* de multas. EPE270900

C SUSTANTIVOS QUE DENOTAN RESPONSABILIDAD, OBLIGACIÓN Y COMPROMISO CON LAS TAREAS O LOS DEBERES ASIGNADOS: **18 responsabilidad ++:** ...no hay ciudadano *exento* de responsabilidad cuando ejerce la función pública. BYN281297 **19 obligación ++:** ...ese municipio quedará *exento* de la obligación de extender la jornada... HOY230297 **20 imposición:** ...que quedan *exentos* de esta imposición los abogados... LVE080595 **21 deber:** Desde la tranquilidad que me proporciona el estar *exento* del deber de defender a nadie (...), quiero también analizar mi propio desconcierto... LVE020895 **22 compromiso:** ...el discurso resultó «poco ilusionado, vacío, carente de contenido y *exento* de compromisos». LVE010795

D SUSTANTIVOS QUE DESIGNAN DIVERSAS FORMAS Y GRADOS DE MANIFESTAR DISENSO ACERCA DE OPINIONES E INTERESES, ASÍ COMO VARIAS ACCIONES Y PROCESOS QUE CONDUCEN A LA CONTROVERSIA O SON CONSECUENCIA DE ELLA: **23 polémica ++:** ...y no estuvieron *exentas* de polémica por la actuación arbitral. FDV200201 **24 crítica ++:** ...para entender que, no siempre *exento* de críticas, hay un dinámico proceso de readaptación... SVG110597 **25 tensión:** ...se mantenía en un clima de calma, pero no *exento* de tensión... DLA140497 **26 controversia:** ...el boletín trataba «temas y gentes locales y que estaba *exento* de controversia». EPE260399 **27 discrepancia:** La dirección local (...) tomó la decisión el martes en una reunión no *exenta* de discrepancias. LVE061296 **28 discusión:** ... las relaciones entre los ciudadanos que escriben en catalán y los que escriben en castellano desde Catalunya son (...) excelentes, y totalmente *exentas* de discusiones... EME181196 **29 debate:** ...una historia centenaria, que lógicamente no ha estado *exenta* de debates... EME010394 **30 contradicción:** ...declaraciones sobre el asunto, no *exentas* de contradicciones... GIC060496 **31 escándalo:** ...decidido a dejar atrás un pasado no *exento* de escándalos... EME250394 **32 tirantez –:** Las relaciones (...) tampoco han estado *exentas* de tiranteces. LVE231095

☐ Véase también: **eximir (de), limpio (de).**

[exhalación] → **como una exhalación**

exhaustivamente *adv.* ▌Se combina con muy diversos verbos de lengua *(interrogar, dialogar, entrevistar),* especialmente con los que denotan mención *(enumerar, referirse, apuntar)* o descripción *(detallar, explicar, aclarar).* Se combina además con...

A VERBOS QUE DENOTAN BÚSQUEDA O INDAGACIÓN: **1 buscar** ++: El heraldista Armand de Fluvià lo ha buscado *exhaustivamente* –así lo reconocía la semana pasada a este diario– pero sin éxito hasta la fecha. LVE120196 **2 investigar** ++: Amnistía Internacional sostiene que si las autoridades anteriores o las actuales hubieran tomado las medidas adecuadas, investigando *exhaustivamente* las amenazas recibidas... EPE041101 **3 rastrear** +: Después del atentado, sin embargo, sus agentes rastrearon *exhaustivamente* el área... EME190296 **4 escrutar:** El responsable del equipo de inspectores que escrutó *exhaustivamente* la financiación de los cursos de formación... EPE170799 **5 peinar:** ...y han pasado los últimos días peinando *exhaustivamente* la zona donde apareció el cadáver. EPE051199 **6 explorar:** Se trata de una especie de rotundidad que, sin abandonar el detalle, explora *exhaustivamente* un tema hasta que el lector o espectador se hace con él hasta la raíz. EME290696

B VERBOS QUE DESIGNAN OTRAS ACCIONES INDAGATIVAS, FRECUENTEMENTE LA DE ARCHIVAR, CLASIFICAR U ORDENAR ALGUNA INFORMACIÓN: **7 registrar:** Poco después, tras registrar *de forma exhaustiva* el chalé en busca de la mercancía... EME290796 **8 revisar** +: ...los diputados revisaron *exhaustivamente* la resolución de los jueces que dieron la libertad al narcotraficante... LEC280797 **9 documentar** +: ...con un propósito de documentar *exhaustivamente* el arte de las últimas dos décadas... LVE070696 **10 catalogar:** ...y señaló que la actuación «ideal» es que se «digitalicen, se cataloguen *exhaustivamente* y se deje todo en su sitio». LVE060296

C VERBOS QUE DESIGNAN LA ACCIÓN DE EXAMINAR UN ASUNTO: **11 analizar** ++: Después de analizar *exhaustivamente* la mayoría de las obras citadas, que para el autor son vitales en el decurso de nuestra novelística... HOY191083 **12 estudiar** ++: Los temas que serán los cardinales de su campaña, como el empleo y el restablecimiento de la convivencia nacional, los ha estudiado *exhaustivamente* y los expone de corrido. SEM201097 **13 examinar** +: La perspicacia con que su autor examina *exhaustivamente* la literatura crítica sobre Cortés... ABC160493 **14 considerar:** ...por supuesto que hemos tenido en cuenta esa posibilidad; de hecho, la hemos considerado *exhaustivamente*, y la hemos desechado porque... INDOC

D VERBOS QUE DENOTAN DIVULGACIÓN O TRANSMISIÓN DE INFORMACIÓN: **15 informar** +: ...aunque no les informen *exhaustivamente* sobre sus investigaciones. EME140895 **16 difundir** +: ...a pesar de que el asunto ha sido difundido de forma *exhaustiva* por los medios de comunicación de todo el país... EME070394 **17 divulgar:** La campaña institucional previa al referéndum divulga de forma *exhaustiva* los términos de la pregunta formulada por el Gobierno... EPE010286 **18 publicar:** ...los franceses siempre le hicieron el honor de publicar *exhaustivamente* su obra y admirarle. EME010795

E VERBOS QUE DENOTAN CONTROL O SUPERVISIÓN. TAMBIÉN CON ALGUNOS QUE DESIGNAN OTRAS ACCIONES QUE REQUIEREN ATENCIÓN, VIGILANCIA O CUIDADO: **19 controlar** ++: Las autoridades de Pesca pidieron a las empresas aéreas que sirven a las Islas Galápagos, que controlen *de forma exhaustiva* la carga que se envía al continente... DHE030997 **20 comprobar:** El Ayuntamiento, que comprueba *exhaustivamente* que los camiones cumplan toda la normativa sanitaria y de circulación... LVE030595 **21 supervisar:** ...al cántabro le gusta supervisar *exhaustivamente* el trabajo de sus corredores. EME201296 **22 preparar:** ...ha renunciado a los ensayos de su próxima obra teatral, que se estrena en breve en la Ciudad Condal, para preparar *exhaustivamente* los pormenores del acto. EME210194

☐ Véase también: **con detalle, con pelos y señales, con todo lujo de detalles, detalladamente, escrupulosamente, exhaustivo, extensamente, prolijamente, punto por punto.**

exhaustividad Véase: **exhaustivamente**

exhaustivo *adj.* ▮ Admite sustantivos de persona *(lector, crítico, historiador)*, sustantivos que designan escritos, generalmente de carácter informativo o expositivo *(libro, informe, artículo)* y otros que designan eventos y períodos que expresan el curso de alguna cosa, más frecuentemente si cabe reconocer en ellos varios estadios ordenados secuencialmente *(recorrido, calendario, campaña, gira, visita)*. También se combina con sustantivos que designan fuentes de información *(dato, fuente, cifra, documentación)*, así como sus recopilaciones *(catálogo, listado, clasificación, inventario, diccionario, archivo, repertorio, antología, relación, lista)*. Se combina asimismo con...

A SUSTANTIVOS QUE DENOTAN ANÁLISIS O BÚSQUEDA DE INFORMACIÓN. TAMBIÉN CON OTROS QUE DESIGNAN EL RESULTADO DE ESAS PESQUISAS: **1 análisis** ++: ...solicitó a la comisión asesora en materia legal y hacendaria de la CGC que se pronuncie, luego de un *exhaustivo* análisis... PLG180197 **2 repaso** ++: En la media hora siguiente hay un repaso *exhaustivo* de la opinión de toda la prensa sobre un asunto destacado del día... LVE190995 **3 examen** ++: Un *exhaustivo* examen sobre el Plan de la Economía y la ejecución del Presupuesto (...) figuraron como punto central de la 15ª Reunión de presidentes... GIC104097 **4 estudio** ++: También es un diccionario etimológico, ya que presenta un estudio *exhaustivo* sobre el origen de cada palabra... ABC300695 **5 investigación** ++: ...y anunciar una *exhaustiva* investigación de ellas y la supresión de los trámites de nuevas. BYN180198 **6 lectura** ++: Las ocho secciones que componen la exposición (...) ofrecen una lectura *exhaustiva* de la obra de Terragni. LVE290596 **7 reconocimiento** +: ...serán admitidas el próximo mes de enero tras pasar un nuevo y *exhaustivo* reconocimiento médico que certifique que están en perfectas condiciones para su nuevo trabajo. EME011195 **8 exploración** +: Atrás ha quedado una *exhaustiva* exploración científica que ha revelado el verdadero rostro de Venus... ABC211094 **9 indagación:** ...una indagación meticulosa y *exhaustiva* en la que se tengan en cuenta todos los factores. INDOC **10 chequeo** +: Lo que habría ocurrido es que los chequeos a los que se sometió durante todo 1996 no habrían sido lo suficientemente *exhaustivos* y habrían faltado algunos exámenes... CAR070797 **11 búsqueda** +: Pese a la *exhaustiva* búsqueda por todo el centro médico, no se le encontró. LVE020895 **12 rastreo** +: Los *exhaustivos* rastreos del fondo del canal y de las orillas no han dado ningún resultado... LVE010795 **13 reflexión:** ...éste es un tema suficientemente serio y que, por tanto, merece una reflexión profunda y *exhaustiva*. LVE030396

B SUSTANTIVOS QUE DENOTAN MANIFESTACIÓN VERBAL, MÁS FRECUENTEMENTE SI SU OBJETIVO ES OBTENER INFORMACIÓN: **14 interrogatorio ++:** No obstante, antes de tomar una determinación respecto a la suerte del militar cubano, EE. UU. lleva a cabo un *exhaustivo* interrogatorio... EUV090796 **15 conversación +:** ...se encontraba, según las últimas informaciones, en una UVI del hospital, sin que se haya podido mantener con él una *exhaustiva* conversación. EPE251080 **16 debate +:** El COI aprobó los controles contra la EPO el mes pasado, luego de una serie de consultas legales y un *exhaustivo* debate en su seno. ENV120900 **17 declaración +:** Desde el aeropuerto fue conducido a la Audiencia Nacional, donde prestó una larga y *exhaustiva* declaración ante el juez... EME250995 **18 consulta:** Elaborada tras una *exhaustiva* consulta pública, su recomendación está siendo estudiada por el Ejecutivo de Tony Blair. EPE210199 **19 manifestación:** Con una tan brillante como *exhaustiva* manifestación de todo lo expuesto, Serafini quiso despedir el verano... LVE041095 **20 testimonio:** ...organismo que guardará para el futuro los testimonios, que pretenden ser *exhaustivos* y de una calidad técnica irreprochable. EME210495

C SUSTANTIVOS QUE DESIGNAN DIVERSAS FORMAS DE SUPERVISIÓN, COMPROBACIÓN O SEGUIMIENTO DE ALGO: **21 control ++:** ...si bien admite que no es posible ejercer un control más *exhaustivo* en los hospitales. FDV050401 **22 revisión ++:** En los diferentes puentes internacionales de los citados estados, así como Tamaulipas y Sonora, continúa la *exhaustiva* revisión y vigilancia para cruzar hacia Estados Unidos... EXC140901 **23 supervisión:** ...bajo el atento control de los responsables políticos, y la *exhaustiva* supervisión de los delegados de cada sede. INDOC **24 seguimiento ++:** El programa de detección precoz de la hiperactividad iniciado en Mataró tendrá una duración de tres años, tiempo en el que se realizará un seguimiento *exhaustivo* de los casos encontrados. EPE010299 **25 registro ++:** ...ordenó un *exhaustivo* registro de las dependencias del circuito y de la alta valla que lo rodea como si fuera una fortaleza. LVE270896 **26 inspección +:** Estos despidos fueron el resultado de una inspección de un año de duración a todos los informantes, que se inició en 1995 y fue la más *exhaustiva* que realizó la CIA desde su creación. CLA030397 **27 vigilancia +:** ...las organizaciones mafiosas de tráfico de personas están modificando la estrategia para eludir la *exhaustiva* vigilancia de las aguas del Estrecho. EPE110700 **28 comprobación +:** Mediante este proceso se hace una *exhaustiva* comprobación de la geometría de la dirección y de las cotas de carrocería o bastidor. EME260596 **29 cacheo:** Las medidas de seguridad son excepcionales: filtros y cacheos *exhaustivos* de público y prensa... EME250394 **30 prueba:** Aclaran que los alimentos han pasado pruebas *exhaustivas* y que su seguridad ha quedado demostrada. EPE210399

D SUSTANTIVOS QUE DENOTAN PRESENTACIÓN, EXPOSICIÓN O EXPLICACIÓN DE ALGUNA INFORMACIÓN: **31 explicación ++:** Nos dieron explicaciones *exhaustivas* sobre la vegetación mediterránea. LVE030795 **32 aclaración:** Ninguno esperábamos explicaciones detalladas ni aclaraciones *exhaustivas*, pero sí alguna información, aunque fuera somera, sobre... INDOC **33 argumentación:** ...a partir de una *exhaustiva* argumentación jurídica, denunció ayer la ilegalidad del sistema de adjudicaciones de obras... LVE200695 **34 justificación:** ...apoyan completamente la aprobación de esa doble escala salarial porque existe una justificación *exhaustiva* de la necesidad de llevar a cabo esa doble retribución. LVE081096

E SUSTANTIVOS QUE DESIGNAN EL PROCEDIMIENTO MEDIANTE EL QUE SE EJECUTA O SE PROYECTA UNA ACCIÓN: **35 procedimiento +:** El concejal, sin embargo, defendió el procedimiento *exhaustivo* con el que se redactó el catálogo de los edificios protegidos... EPE240799 **36 método +:** ...porque su elaboración no ha seguido un método *exhaustivo* y porque no existe una valoración exacta... LVE280295 **37 propuesta +:** Ya en 1996 presentó una *exhaustiva* propuesta que fue mal acogida desde el primer momento... EPE200499 **38 proceso:** Era necesario que siguiera un proceso *exhaustivo* de hidratación y nutrición. EPE031299 **39 técnica:** Dotado de la técnica *exhaustiva* propia de los que han pasado por la criba de la Julliard School... LVE211196 **40 estrategia:** Cualquier estrategia terapéutica *exhaustiva* debe considerar la complejidad de los mecanismos patogénicos de la enfermedad causada por el VIH. ABC261193 **41 plan:** A pesar de la puesta en marcha de este *exhaustivo* plan, el Gobierno reconoce que no conseguirá recaudar ingresos adicionales para las arcas públicas. EME290195 **42 planteamiento:** Un correcto y *exhaustivo* planteamiento de la presente muestra (...) hubiera permitido al museo reclamar definitivamente para este artista los honores que merece. ABC140495 **43 proyecto:** ...la necesidad de elaborar un proyecto completo, *exhaustivo*, suficientemente pormenorizado en todos sus aspectos. INDOC

F SUSTANTIVOS QUE DENOTAN FUNCIÓN O TAREA: **44 trabajo:** Un trabajo *exhaustivo* que esperan que sirva para situar la industria de la óptica española a la altura de sus competidores internacionales. LVE081195 **45 función:** ...promete volver a una función interventora más *exhaustiva* en su fase previa y más completa en la realización de un control financiero posterior. EME231095 **46 labor:** Tras cinco meses de labor *exhaustiva*, el binomio Rubiato-Ben Tor ha reunido suficientes datos como para establecer que al este del Valle del Jordán floreció una de las ciudades más importantes de la era bíblica... EME300796 **47 tarea:** ...completa una *exhaustiva* tarea consciente de que el destinatario de su obra es un aficionado. EME180596

G SUSTANTIVOS QUE DENOTAN PUNTO DE VISTA O JUICIO DE VALOR: **48 evaluación ++:** ...anunció que se comenzará a hacer una evaluación *exhaustiva* a los grupos e instituciones que recibirán subsidios este año. ENV100497 **49 valoración +:** Para Alfonso Guerra, que también hizo una *exhaustiva* valoración, la clave de las elecciones catalanas celebradas el domingo hay que buscarla en el alto grado de participación... EME211195 **50 opinión:** ...es un hombre que debatea cantidad y posee documentada y *exhaustiva* opinión sobre todo lo divino y lo humano... EME150494 **51 diagnóstico:** Esta ambición mundial ha llevado a González y a su equipo a hacer un *exhaustivo* diagnóstico de los retos de la globalización... EPE071199 **52 balance:** No fue un balance *exhaustivo* en tono triunfalista, sino un repaso por la geografía de un país... LVE190796 **53 visión:** «Arte español de fin de siglo», nombre con el que se ha bautizado la exposición, es, según su comisario, una visión que no intenta ser *exhaustiva*. EPE250199

☐ Véase también: **exhaustivamente, minucioso, prolijo.**

exhibición (de) ♦ **acrobático, admirable, aéreo, antológico, armamentístico, arqueológico, asombroso, bárbaro, bochornoso, brillante, burdo, cinematográfico, comercial, continuo, deportivo, documental, ecuestre, especial, espectacular, exquisito, formidable, fotográfico, futbolístico, goleador, grandioso, gratuito, grosero, hípico, impecable, impúdico, increíble, indecente, intelectual, lamentable, macabro, magistral, magnífico, malabar, masivo, memorable, modesto, museístico, obsceno, olímpico, ostentoso, perfecto, permanente, personal, pésimo, pictórico, pirotécnico, popular, propio, público, puro, sensacional, soberbio, verdadero, vergonzoso** ♦ **afán (de), alegría, arte, bravura, brutalidad, conocimiento, facultad, frialdad, fuerza, grandeza, habilidad, inteligencia, musculatura, partido (de), poder, poderío, sala (de), talento, torneo (de), valor, vuelo (de)** ♦ **acudir (a), asistir (a), bordar, cuajar, dar, efectuar, hacer, ofrecer, organizar, presenciar, protagonizar, realizar, redondear, rematar, rubricar**

☐ Véase también: **demostración (de), espectáculo, manifestación (de).**

exhibir ♦ **abiertamente[11], a pelo[8], de refilón[31], dignamente[43], generosamente[30], públicamente, sin tapujos[31]**

☐ Véase también: **airear.**

exhumar ♦ **cadáver, cuerpo, muerto**

☐ Véase también: **desenterrar.**

exigencia ♦ **abusivo, acorde (con)[11], actual, acuciante[31], apremiante[29], desmedido[84], desmesurado[70], desorbitado[6], económico, elevado, enérgico, expreso, extremo, firme, imperioso[4], inaceptable, inalcanzable[16], inaplazable, inexcusable[11], inexorable[51], injustificado, insoslayable[19], intolerable, inútil, irrenunciable[24], justo, legal, legítimo, perentorio[9], prioritario, razonable, salarial, severo[51], sine qua non[3], técnico, terminante** ♦ **a la altura (de)[6], a la medida (de)[13]** ♦ **nivel (de)** ♦ **acallar[38], acatar[19], acceder (a), aceptar, adaptar(se) (a), adecuar (a), aflojar[13], amoldar(se) (a)[44], asumir[54], atender, atenerse (a)[23], canalizar[26], ceder (a), constituir, contraer[5], cumplir[73], desatender[6], desestimar, desoír[23], dulcificar[21], eludir, establecer, formular[21], imponer[38], incrementar, ir (con), justificar, negociar[37], oponer(se) (a), plantear[16], plegarse (a)[1], presentar (a alguien), rebajar[49], responder (a), satisfacer, someter(se) (a)[46], venir (con)**

☐ Véase también: **demanda, necesidad, petición, reclamación, solicitud.**

exigir ♦ **a gritos[3], a voces[9], con firmeza[46], con todas {mis/tus/sus...} fuerzas, enérgicamente[17], expresamente, firmemente, insistentemente[5], inútilmente[17], machaconamente[17], por activa y por pasiva[14], reiteradamente**

☐ Véase también: **pedir, reclamar.**

exiguo *adj.* ▮ Admite sustantivos colectivos de persona *(público, auditorio, grupo, representación)*. También admite algunos sustantivos locativos *(territorio, espacio, dormitorio, terreno)*. Se combina asimismo con múltiples sustantivos que designan cantidades y magnitudes, y especialmente con...

A SUSTANTIVOS QUE DENOTAN CIFRA, CUANTÍA Y OTROS CONCEPTOS INHERENTEMENTE CUANTITATIVOS: **1 cifra ++:** ...el crecimiento per cápita alcanzó la *exigua* cifra de dos por ciento anual... HOY081178 **2 cantidad ++:** Es una cantidad *exigua* para el número de alumnos que deben utilizarlos. EME010694 **3 número +:** ...el esqueleto tiene muchísimos más huesos que el *exiguo* número que le remiten a su laboratorio para que identifique al cadáver. EPE021199 **4 cuota +:** ...haría falta toda una cadena de «milagros» para que el cine español consiga recuperar su *exigua* cuota de público español... LVE270394 **5 tasa:** Con tasas básicas tan *exiguas* como las impuestas en Eurolandia... CLA070199 **6 índice:** En cuanto al índice más *exiguo* (4,3), le representa a Japón el techo de la posguerra... CLA070199

B SUSTANTIVOS QUE DESIGNAN LAS CANTIDADES QUE SE PERCIBEN COMO RETRIBUCIÓN O EMOLUMENTO: **7 nómina ++:** A esta *exigua* nómina se une ahora la traducción de «Le manège espagnol», publicada en francés hace ya treinta años. ABC100192 **8 pensión ++:** Si a ello, en su conjunto, sumamos (...) la ampliación de los beneficios (...) a los hijos hasta su mayoría de edad hasta que trabajen, la revalorización de las *exiguas* pensiones, apreciaremos otra imagen más positiva y atractiva del Seguro Social. LPH280896 **9 renta ++:** ...la repercusión de todo ello sobre las ya *exiguas* rentas de los ciudadanos del gigantesco país... EDV300101 **10 salario +:** ...como sujetos de prueba a varios de los profesores inconformes con sus *exiguos* salarios. EXC170896 **11 sueldo +:** ...empresas al borde del cierre y reciben sueldos *exiguos*, inferiores al mínimo vital por persona. LVE131096

C SUSTANTIVOS QUE DESIGNAN OTRAS FORMAS DE REFERIRSE A LOS RECURSOS ECONÓMICOS EN FUNCIÓN DE LAS OPERACIONES EN QUE INTERVIENEN: **12 recurso ++:** ...los recursos son tan *exiguos* que sólo comprenden 7,4 millardos de bolívares y 15 millones de dólares. ENV110797 **13 medio ++:** ...la responsabilidad de formar buenos cantantes recae en los *exiguos* medios de los profesores particulares... ABC230793 **14 presupuesto ++:** Son conocedores asimismo de las limitadas posibilidades que brinda el *exiguo* presupuesto municipal... LNP110297 **15 financiación +:** Con ayuda de una oportuna y diplomática financiación, ahora *exigua*, (...) y la tenacidad de estos clínicos... ABC081093 **16 ingreso:** ...la prostitución como un modo de sobrevivencia, habida cuenta de que sus *exiguos* ingresos no les permiten paliar las necesidades básicas de la familia. EXC210197 **17 dotación:** Uno, apenas le reclama al taquero la *exigua* dotación de pastor y ya su cuchillo nos papalotea el vientre. EXC110796

D SUSTANTIVOS QUE DENOTAN DIFERENCIA O SEPARACIÓN ENTRE PERSONAS O COSAS. POR EXTENSIÓN, CON

OTROS QUE DENOTAN FRACCIÓN O SECTOR MAYOR O MENOR DE UN CONJUNTO: **18** **ventaja** ++: Escocia, que fue la sorpresa de la edición 95 del torneo con su segundo puesto (...), se fue al descanso con una *exigua* ventaja de tres puntos... CLA190197 **19** **margen** ++: Se presentaron a votar 2.461 cebrereños y ganaron los del «no» por el *exiguo* margen de 77 papeletas. EME080296 **20** **mayoría** ++: Esto es así porque uno de los concejales populares, imprescindible para consolidar la *exigua* mayoría con la que gobierna... CAN080101 **21** **minoría** ++: Es igual porque somos una *exigua* minoría, principal y lógicamente por los años que han pasado... LVE170694 **22** **diferencia** +: El prometedor inicio propició que el Valvi se pusiera delante en el marcador, aunque con *exiguas* diferencias. LVE110396

E SUSTANTIVOS QUE DENOTAN RESULTADO, GENERALMENTE FELIZ: **23** **victoria** +: Tuvo que salir uno de los habituales, Víctor, para otorgar a los gallegos su *exigua* victoria. EPE151299 **24** **triunfo** +: A pesar del *exiguo* triunfo electoral de los conservadores, miles de madrileños salieron a la calle... LVE090396 **25** **resultado** +: El *exiguo* resultado cosechado por la selección balcánica es positivo para España... EME250496

F SUSTANTIVOS QUE DENOTAN ASCENSO O INCREMENTO: **26** **aumento** +: Con un ya *exiguo* aumento de doce por ciento en el salario mínimo que aún sin cumplir un día se vio absolutamente rebasado... EXC020496 **27** **subida**: Los nervios volvieron a dominar la situación al considerarse que la *exigua* subida de los tipos de interés... LVE270394

G SUSTANTIVOS QUE DESIGNAN DIMENSIONES FÍSICAS: **28** **talla** +: Valiente hasta la temeridad, su voz y su *exigua* talla habían hecho de él un hombrecillo vengativo y rencoroso. LVE010595 **29** **dimensión** +: ...carece de espacios verdes y sólo cuenta con un mal llamado parque de dimensiones *exiguas*... EPE271101 **30** **tamaño**: Y ése es uno de los males del «paraíso»: un turismo excesivo, dado el *exiguo* tamaño de algunas de sus islas. LVE160995 **31** **peso**: ...el problema que presentan los supervivientes no reside tanto en sus dimensiones reducidas (...) ni en su peso *exiguo*, sino en la inmadurez del organismo. EPE190900 **32** **espesor**: ...agotan en el simple ejercicio de un humorismo ligero, de muy *exiguo* espesor verbal... ABC200893

H ALGUNOS SUSTANTIVOS QUE DENOTAN ESPACIO O INTERVALO TEMPORAL: **33** **plazo** +: La convocatoria fue dirigida a todos los escribanos el día 10 de septiembre, con plazos muy *exiguos* para cumplir los recaudos. LNP220497 **34** **período**: ...una información pública confusa e interesada o un período de reflexión *exiguo*. LVE250596 **35** **tiempo**: Un horario tan restringido y un (...) tiempo tan *exiguo* dificultan la consulta de sus excelentes y abundantes fondos. EPE180299

eximente ▮ *(adj.)* ♦ **circunstancia, factor, razón** ▮ *(sust.fem.)* ♦ **aplicable, completo, de responsabilidad, incompleto, judicial, parcial, total** ♦ **alegar, aplicar, caber, concurrir**[17]**, considerar, constituir, descartar, presentar (como)**
☐ Véase también: **excepción**.

eximio ♦ **artista, escritor, intelectual, intérprete,** *otros sustantivos de persona*

eximir (de) *v.* ▮ Se construye con infinitivos de verbos que designan cualquier acción que pueda interpretarse como forzosa *(redactar un informe; hacer la compra; jugar un partido)*, pero mucho más frecuentemente con los de las que expresan ciertas obligaciones económicas *(pagar, declarar, tributar)*. También se combina con...

A SUSTANTIVOS QUE DENOTAN RESPONSABILIDAD, DEBER U OBLIGACIÓN: **1** **responsabilidad** ++: Rault precisó que el prestador de servicios ya no podrá *eximirse* de responsabilidades. LEC050697 **2** **obligación** ++: Tal indiferencia, tal pasividad, resultan cómodas porque *eximen* de la obligación de pensar en profundidad... EUV050996 **3** **deber** ++: Por tales motivos nos pedía que se le *eximiera* de los deberes de candidato... PME190197 **4** **exigencia**: Allí, no sólo debe conseguir que *eximan* al piloto de las exigencias en cuanto a afiliación... CLA050297 **5** **compromiso**: ...quien *eximió* a la nueva directiva de todo compromiso al anunciar antes de las elecciones que, si ganaba Macri, él se iría. EME051295 **6** **cumplimiento**: ...«la ignorancia de la Ley no *exime* de su cumplimiento». LTB080197 **7** **imperativo**: Pero ello no nos *exime* del imperativo de hacer que el mensaje sea correcto... LVE030294 **8** **débito** −: ...cuyo mayor triunfo, a su propio decir, fue lograr *eximirle* del débito castrense. ABC280292

B SUSTANTIVOS QUE DENOTAN CULPA O DESIGNAN LA ACCIÓN DE ATRIBUIRLA: **9** **culpa** ++: ...debido a la desorientación generada por la aerolínea estadounidense a través de comunicados en los que se *exime* de toda culpa. ETC130996 **10** **culpabilidad**: ...por cuanto sólo se puede *eximir* de culpabilidad a los que sean declarados dementes. ENH240700 **11** **acusación**: PSOE, PP y CiU pactan que la regularización voluntaria *exima* de acusación de delito fiscal. LVE220395 **12** **cargo**: Segundo, si (...) no es *eximido* de sus cargos, la decisión final respeto a su extradición a España compete al ministro del Interior y no a los tribunales. EPE091099

C SUSTANTIVOS QUE DENOTAN PAGO, IMPUESTO U OTRO TIPO DE CARGA ECONÓMICA: **13** **pago** ++: También acordaron *eximir* del pago del impuesto del activo... PME031196 **14** **impuesto** ++: ...sin violar las leyes estatales que *eximen* de impuestos a los gobiernos y a las organizaciones no lucrativas. ENH020397 **15** **tributación** +: ...se *exime* de tributación por plusvalías inferiores a 50 millones si se reinvierten en la actividad empresarial... LVE060995 **16** **gravamen**: También *exime* de pagar derechos, tasas, «o cualquier otro gravamen»... CLA040501 **17** **tributo**: Es inaceptable que mientras el Gobierno (...) *exima* de tributos a esa compañía. ENV110497 **18** **contribución**: ...la Suprema Corte determinó que la Ley del Impuesto al Activo de las Empresas, al *eximir* de esta contribución a los bancos... DYM170796 **19** **abono**: El concesionario suma a estas peticiones de indemnización que se le *exima* del abono de los recibos... FDV150601 **20** **cotización**: Exime prácticamente a los empresarios de pagar las cotizaciones sociales. EME030494 **21** **tasa**: ...ya que la Administración *exime* de esta tasa a los «rent a car», a los taxistas y a otros colectivos. LVE100795 **22** **plusvalía** −: Reducir los plazos para *eximir* las plusvalías de 15 a 8 años. LVE110396

D SUSTANTIVOS QUE DENOTAN SANCIÓN O CASTIGO: **23** **pena** +: Si es aceptado, tiene opción a cambiar de nombre y, dependiendo de lo proporcionado, *eximirse* totalmente de la pena carcelaria... CAP041001 **24** castigo +: ...aunque no *eximiría* de castigo al marido. LVE130295 **25** sanción: La CNMV ha *eximido* al banco de la sanción que le hubiera correspondido... LVE301195 **26** multa: Si el descenso del PIB en un año es superior al 2 por ciento, se *exime* al país de la multa correspondiente. LVE161296

E SUSTANTIVOS QUE DENOTAN REVISIÓN O COMPROBACIÓN: **27** control: Declarar en emergencia a un sector o zona, *eximiendo* de todo tipo de control al gasto público... CAP200397 **28** prueba: La actual ley (...) *exime* de dicha prueba a diplomáticos y residentes... LVE040495 **29** examen: Más de 2.000 asociados de dicho centro han solicitado que se les *exima* del examen en inglés... DLA070497

F SUSTANTIVOS QUE DENOTAN PERMISO O CONDICIÓN NECESARIA: **30** requisito: ...las de la Iglesia quedan *eximidas* de los requisitos que impone la nueva ley... EPE231101 **31** licencia: ...lo que *exime* a las mismas de licencia municipal. EPE040399 **32** autorización: ...quedan así *eximidos* de la preceptiva autorización que los demás hemos de presentar puntualmente. INDOC

☐ Véase también: **absolver (de), exento (de), preso (de).**

existencia ♦ **accidentado[21], acomodado[17], amargo[9], anodino, apacible, atormentado, atribulado, azaroso[20], banal, breve, cómodo, corto, cotidiano, difícil, dilatado[29], duro, efímero[18], eventual, fugaz[8], humano, lánguido, largo, pacífico, precario[36], probable, prolongado, sedentario, tormentoso** ♦ **acabar (con), adaptar(se) (a), admitir, agotar(se), alterar[55], amargar, anunciar, asegurar, basar(se) (en), comprobar, condensar[2], confirmar, demostrar, desvelar[20], detectar[24], determinar, disfrutar (de), enderezar[5], extinguir(se)[8], hacer imposible (la), intuir, jalonar[11], justificar, llevar (una), luchar (por), negar[3], peligrar, poner en peligro, probar, prolongar, reconocer, revelar, tener, truncar(se)[20]**

☐ Véase también: **presencia, realidad, verdad.**

EXISTENCIA

♦ (SUSTANTIVOS) Véase: **accidentado[C], aferrarse (a)[E], agotador[C], amargo[B], amenizar[B], apegarse (a)[D], atesorar[F], azaroso[C], bucear (en)[B], condensar[A], desvelar[D], detectar[D], dilatado[D], efímero[C], engrosar[I], escarbar (en)[C], extinguir(se)[B], fantasmal[G], hipotecar[C], imborrable[B], jalonar[B], perder[B], precario[F], reverdecer[D], truncar(se)[C], turbulento[B], vertiginoso[F], vívido[G], vulnerar[B]**

♦ (VERBOS) Véase: **abundantemente[B], a duras penas[E], a lo grande[B], ávidamente[G], cara a cara[E], contra viento y marea[E], dignamente[A]**

☐ Véase también: APARICIÓN; PRESENCIA; REALIDAD; VERDAD.

[éxito] → **con éxito, sin éxito**

éxito ♦ **abocado (a), abrumador[18], a medias[73], ansiado, aplastante[6], apoteósico[7], apreciable[18], arrasador[7], arrollador[3], borracho (de)[1], casual, clamoroso[1], comercial, completo, concluyente[25], decisivo[48], de público, desbordante[36], deslumbrante, desmesurado[55], de ventas, dorado[9], efímero[1], escaso, esplendoroso, flamante, fugaz[21], fulgurante[1], fulminante[38], grandioso, imparable[48], imprevisible[10], indescriptible, indudable, inequívoco[76], irresistible[24], monumental[69], multitudinario[1], notable, ostensible[4], pasajero[4], pleno, popular, rebosante, redondo[28], reparador, rotundo[2], rutilante[1], sin paliativos[51], sin precedentes, sonado, vertiginoso[16]** ♦ **en bandeja[3]** ♦ **al calor (de)[37], con posibilidad (de)[1]** ♦ **ápice (de)[96], clave (de), garantía (de)** ♦ **abocar(se) (a)[42], acaparar, acariciar[1], acostumbrar(se) (a), airear[41], anotar(se)[3], apagar(se)[2], apuntalar[24], arrebatar, arrogarse[36], arrojar[38], asumir[45], atesorar[4], atribuir (a algo), augurar[6], auspiciar, avalar[49], capitalizar[1], cimentar[20], colmar (de)[15], compartir, conquistar[2], conseguir, consolidar(se), corroborar[35], cosechar[3], deber, dedicar, devaluar(se)[19], digerir[6], diluir(se)[39], disfrutar (de), empañar(se)[10], favorecer (a alguien), fraguar(se)[14], gozar (de)[42], lanzarse (a)[15], llegar (a alguien), lograr, magnificar[37], malgastar[24], nublar(se)[28], obtener, paladear, perseguir, refrendar[57], remachar[4], residir (en)[29], revalidar[32], reverdecer[4], saborear[10], sobrevenir, sonreír[13], subirse a la cabeza (a alguien), tener**

☐ Véase también: **acierto, derrota, fracaso, gloria, logro, triunfo, victoria.**

ÉXITO Véase: *MÉRITO, TRIUNFO Y RECONOCIMIENTO*

ÉXITO

♦ (SUSTANTIVOS) Véase: **abocar(se) (a)[G], abrumador[C], abultado[D], acariciar[A,I], acatar[L], aclamar[C], aderezar[A], agridulce[B], aguar(se)[E], airear[G], a la desesperada[F], al borde (de)[D], al calor (de)[G], amañar[C], amasar[B], a medias[N], ánimo (de)[D], anotar(se)[A], apagar(se)[A], a pecho descubierto[F], ápice (de)[L], aplastante[A], apoteósico[B], apreciable[C], apretado[F], apuntalar[E], apuntillar[B], arañar[B], arrasador[B], arrogarse[F], arrojar[F], arrollador[A], asumir[H], atesorar[A], atinado[E], augurar[B], avalar[I], borracho (de)[A], capitalizar[A], cimentar[C], clamoroso[A], colmar (de)[C], concluyente[D], conmemorar[B], con posibilidad de[A], conquistar[A], corroborar[G], cosechar[A], crucial[N], dar[Q], demoledor[H], desahogado[B], desbordante[F], descollante[D], desmesurado[I], desvanecerse[G], devaluar(se)[D], digerir[B], diluir(se)[G], dirimir[F], dorado[C], efímero[A], empañar(se)[B], en bandeja[A], en señal de[H], esgrimir[G], estrecho[C], exiguo[E], firmar[D], forjar[F,G], fraguar(se)[B], fugaz[C], fulgurante[A], fulminante[G], gozar (de)[F], granjearse[F], hipotecar[J], honrar[B], ilusionante[D], imparable[G], inapelable[D], inequívoco[L], lanzarse (a)[C], lidiar[F], lluvia (de)[E], magnificar[E], malgastar[D], malograr(se)[F], monumental[J], multitudinario[A], negar[J], nublar(se)[F], orquestar[G], parco (en)[D], pasajero[A], pírrico[A], por los pelos[E], precario[L], redondo[E], redundar (en)[C], refrendar[J], remachar[A], residir (en)[F], revalidar[E], reverdecer[B], rotundo[A], rutilante[A], saborear[B], sin paliativos[I], sonreír[C], unánime[K], valedero[D], vertiginoso[B]**

♦ (VERBOS) Véase: **abrumadoramente[A], ajustadamente[A], a lo grande[C], a medias[D], a pecho**

descubierto[C], arrolladoramente[A], comercialmente[E], con rotundidad[G], convincentemente[G], de pleno[A], deportivamente[B], de un tirón[F], dignamente[I], estrechamente[F], holgadamente[A], limpiamente[A], literalmente[D], meritoriamente[A], nítidamente[H], plenamente[F], por completo[F], por los pelos[C], por mayoría[C], por poco[B], rotundamente[E], sin paliativos[C]

☐ Véase también: CONSECUCIÓN; PREMIO; RECUPERACIÓN; RESULTADO; SUPERACIÓN.

exonerar (de) ♦ **cargo, cotización, culpa, deber, impuesto, obligación, pago, papeleo, responsabilidad, trámite, tributo**

☐ Véase también: **librar(se) (de).**

exorbitante *adj.* ▮ Se combina con sustantivos que designan cantidades *(cantidad, cifra, suma),* muy especialmente si se trata de desembolsos o de importes que han de satisfacerse *(gasto, precio, salario, remuneración, coste, tasa, arancel, peaje).* Destacan, además de estos, sus combinaciones con...

A SUSTANTIVOS QUE DESIGNAN CANTIDADES ADEUDAS: **1 deuda:** ...en pocos años se ha visto embarrancada en una situación económica, cuyo más preocupante índice es una *exorbitante* deuda externa, de no fácil resolución. EME130396 **2 endeudamiento:** ...tiene su expresión en los pobres resultados en materia de crecimiento del Producto (...), caída de la inversión y el ahorro interno y endeudamiento externo *exorbitante*... HOY071287

B SUSTANTIVOS QUE DENOTAN PROVECHO O MARGEN ECONÓMICO: **3 ganancia:** ...agregaron que esos papeles han sido lanzados en el mercado a través de corredores y bancos privados, que habrían obtenido ganancias «*exorbitantes*» con el negocio. CLA050397 **4 beneficio:** Yo creo que durante un tiempo será más difícil para todos nosotros aceptar los *exorbitantes* beneficios de las empresas que en los últimos años habíamos considerado como un hecho. EPE181001

C SUSTANTIVOS QUE DENOTAN AUMENTO O, MENOS FRECUENTEMENTE, FORTALECIMIENTO: **5 aumento:** Schröder calificó de «*exorbitante*» el aumento de los precios y señaló que éste no tiene nada que ver con los impuestos. EPE230900 **6 incremento:** El Ministro, además, pide un *exorbitante* incremento en el presupuesto del Ejército, so pretexto de que tengan que dar de baja a tres mil soldados. LHG141100 **7 reforzamiento –:** Supone el mayor recorte de derechos laborales del período democrático: (...) reforzamiento *exorbitante* del poder empresarial en la relación laboral... EME030694

D ALGUNOS SUSTANTIVOS QUE DENOTAN PODER O AUTORIDAD. TAMBIÉN CON OTROS QUE DESIGNAN LOS DERECHOS O LAS VENTAJAS REPORTADAS POR ELLOS: **8 poder +:** ...explica la elección de ese seudónimo en memoria de un héroe romano defensor de los derechos de los ciudadanos ante «el poder *exorbitante* del aparato republicano». LVE271195 **9 privilegio:** Hacienda disfruta del *exorbitante* privilegio de actuar como juez y parte en los apremios y embargos que sufren a menudo los contribuyentes. LVE110295 **10 prerrogativa –:** Tampoco hemos seguido la fórmula de Inglaterra, una privatización en el capital con el mantenimiento de unas prerrogativas *exorbitantes* a favor del Estado, lo que crea ciertos desequilibrios. LVE081095

E ALGUNOS SUSTANTIVOS QUE DENOTAN CASTIGO O SANCIÓN: **11 pena:** Me vienen a la memoria mínimos hechos delictivos protagonizados por ladronzuelos (...), a quienes la justicia ha aplicado penas *exorbitantes*... EPE141299 **12 castigo:** El castigo era *exorbitante* en opinión del abogado, pero justo a juicio del fiscal y también de la opinión pública. INDOC **13 correctivo –:** El «papelito» del fiscal ha venido a la OLAF como anillo al dedo para proponer un correctivo tan *exorbitante* como es la devolución de la totalidad de las subvenciones... EPE261201

F OTROS SUSTANTIVOS; POSIBLES USOS ESTILÍSTICOS: En el marco espléndido, agobiador y tapizado de los Reales Alcázares sevillanos (un marco cinematográfico y *exorbitante*)... EME140996; Todo el espacio está ocupado por argumentos de incendios, culos, reflejos y armarios *exorbitantes.* EPE300700

☐ Véase también: **abismal, astronómico, desmedido, desmesurado, desorbitado.**

expandir(se) ♦ **como la peste, como la pólvora[6], gradualmente[12], por todas partes, progresivamente, sin control, vigorosamente[19]**

☐ Véase también: **alargar, difundir(se), extender(se), prolongar.**

expansión ♦ **acelerado, acusado[20], arrollador[12], comercial, desenfrenado[30], desmesurado[8], escalonado, espectacular, fuerte, fulgurante[20], futuro, gradual, imparable[5], notable, paulatino, permanente, pujante, uniforme, urbano, vertiginoso[11]** ♦ **amenaza (de), ciclo (de), fuerza (de), plan (de), polo (de), proceso (de), ritmo (de)** ♦ **acelerar(se), consolidar(se), controlar, detener, evitar, experimentar, facilitar, fomentar, fortalecer, frenar, limitar, potenciar, producir(se), promover, provocar, ralentizar, sufrir**

☐ Véase también: **difusión, extensión.**

expectación ♦ **desbordante[43], gran(de)** ♦ **apagar(se), aumentar, concitar[3], crear, decrecer[41], despertar[5], generar, levantar[62], provocar**

expectativa ♦ **acorde (con)[22], ambicioso, amplio, arraigado[54], catastrófico[51], desfavorable, desmedido[14], desmesurado[27], enorme, exagerado, falso, favorable, fundado[34], gran(de), halagüeño[3], infundado, irreal, negativo, oficial, positivo, vivo[17]** ♦ **a la altura (de)[5], al calor (de)[31], con arreglo (a)[25], según** ♦ **abrigar[3], afianzar(se)[24], aguar(se)[27], albergar[3], alcanzar, alimentar[2], ampliar, aumentar, avivar[61], batir[8], canalizar[39], colmar[1], confirmar, conservar[46], corroborar, crear, crecer, cubrir, cumplir[15], cumplirse, decepcionar, defraudar[1], depositar[4], desbordar(se)[10], desinflar(se)[5], desmentir, desmoronar(se)[18], despejar(se), despertar[4], desvanecerse[3], disminuir, enfriar(se)[23], frustrar(se), generar, incumplir, inflar, justificar, mantener, pulverizar[26], reabrir[33], reavivar[26], rebasar[20], reducir, reforzar, renovar, responder (a), satisfacer, sembrar[88], sobrepasar[35],**

superar, tener (en algo/en alguien), traicionar, truncar(se)[2]

☐ Véase también: **esperanza.**

expedición ♦ **acometer[18], afrontar, capitanear[16], enrolar(se) (en)[13], financiar, formar parte (de), fracasar, frustrar(se), hacer, montar, organizar, promover, tener éxito, zarpar**

☐ Véase también: **aventura, travesía, viaje.**

expediente ♦ **académico, acusatorio, administrativo, anexo (a), buen(o), burocrático, clínico, confidencial[4], correspondiente, criminal, curricular, disciplinario, impecable[17], informativo, inigualable, inmejorable, intachable[10], judicial, mal(o), militar, oficial, penal, personal, preceptivo, público, recusatorio, reglamentario, rutinario, secreto, voluminoso** ♦ **conforme (a), de acuerdo (con), según** ♦ **acceso (a), apertura (de), curso (de), examen (de), instrucción (de), lectura (de), número (de), revisión (de), traslado (de)** ♦ **abrir(se)[1], acceder (a), amenazar (con), amontonarse, anexar (a), anotar (en), aprobar, archivar, basar(se) (en algo), bucear (en)[24], calificar, cerrar, consignar (algo), constar (en), cumplimentar, cursar, dar carpetazo (a), dar curso (a), demostrar (algo), denegar[29], ensuciar[16], estancar(se), extraviar, figurar (en), formar, incoar, incorporar(se) (a), iniciar, inspeccionar, instruir, levantar, obrar en poder[4], paralizar, prescribir, presentar, quitar hierro (a), reabrir[7], remitir (a alguien), revisar, sellar, sobreseer[4], sustanciar, tramitar, trasladar**

☐ Véase también: **biografía, currículum, historial, hoja de servicios, trayectoria.**

expedir ♦ **carné, licencia, pasaporte,** *otros sustantivos que designan documentos*

expeditivo *adj.* ▮ Admite sustantivos de persona, especialmente si designan al que ostenta autoridad *(jefe, director, presidente)*. Se combina también con los sustantivos *actuación, acción, reacción* y con otros análogos, así como con...

A SUSTANTIVOS QUE DESIGNAN LAS PAUTAS O LAS NORMAS QUE REGULAN O PERMITEN EL DESARROLLO DE UNA ACCIÓN. TAMBIÉN CON OTROS QUE EXPRESAN ALGUNAS DE LAS FORMAS EN QUE SE AGRUPAN ESOS RECURSOS: **1 procedimiento ++:** El procedimiento para realizar los atracos era bastante *expeditivo*: en primer lugar, sin mediar explicación, golpeaban a su víctima y le ponían un cuchillo en el cuello... EME060495 **2 método ++:** Fui juzgada por un tribunal militar, con los métodos *expeditivos* que los caracterizan en todo el mundo. EPU120701 **3 vía +:** ...presto siempre a vengar cualquier afrenta deportiva por la *expeditiva* vía de la patada en la espinilla. EPE011289 **4 sistema +:** Cuando existían los dos grandes bloques, en Europa la paz se aseguraba por el *expeditivo* sistema del equilibrio del terror nuclear. LVE010995 **5 trámite:** ...admitió que no se deberían descartar impugnaciones, aunque confió que esta vez el trámite sea más *expeditivo*. LNP150397 **6 medio:** ...las asociaciones de derechos humanos han denunciado los medios *expeditivos* utilizados... LVE070495 **7 recurso:** ...decidió rebelarse contra un mundo cuyas normas empezaba a no aceptar mediante el *expeditivo* recurso de encaramarse en los árboles para no volver a pisar nunca más el suelo. EPE281299 **8 táctica:** ...y las *expeditivas* «tácticas» aplicadas por las tropas croatas y sus aliados del V Cuerpo de la «Armija» musulmana. EME100895

B SUSTANTIVOS QUE DENOTAN RESOLUCIÓN, A MENUDO DE CARÁCTER OFICIAL: **9 medida:** Delort llegó a sugerir ayer la adopción de «medidas más *expeditivas*», como impedir la circulación de todo tipo de vehículos en la red viaria. EPE171201 **10 solución:** ...el Ayuntamiento ha decidido poner en marcha una solución *expeditiva*: dentro de unos meses se soltarán otras tres parejas a fin de que, si todo marcha bien, la población se enderece de nuevo. EPE141001 **11 remedio:** ...y atajó el conflicto con el remedio más *expeditivo* y radical: suprimir uno de los dos términos conflictivos. EPE280877 **12 decisión:** ...cuando las necesidades económicas le empujen a tomar decisiones *expeditivas*. LVE130596

C SUSTANTIVOS QUE DENOTAN ANULACIÓN, ELIMINACIÓN O DESOCUPACIÓN DE ALGUNA COSA: **13 eliminación:** Narcotráfico, contrabando de armas, prostitución, eliminación *expeditiva* de adversarios políticos, tráfico de influencias... EME210796 **14 desalojo:** ...que la policía francesa zanjó con un desalojo *expeditivo*. LVE040896 **15 evacuación:** La evacuación del campo era *expeditiva*. La policía espabilaba a culatazos a quienes se rezagaban. EPE070499

D OTROS SUSTANTIVOS; POSIBLES USOS ESTILÍSTICOS: ...es nuestra ligera y levitante novela actual, tan proclive a demagogias *expeditivas*. ABC031195

expedito ♦ **aprobación, autopista, autorización, camino, carretera, paso, ruta, vía**

expeler ♦ **fluido, gas**

expender ♦ **alcohol, bebida, billete, tabaco,** *otros sustantivos que designan mercancías*

☐ Véase también: **vender.**

experiencia ♦ **accidentado[23], aciago[9], acorde (con)[43], a cuestas[15], agotador[13], agridulce[6], aleccionador[1], amargo[5], amplio, anterior, catártico, contrastado, corto, dilatado[5], directo, doloroso, duro, enriquecedor, escaso, extenso, fuerte, gran(de), histórico, humano, imborrable[8], impagable[14], indispensable, indudable, inédito, internacional, laboral, lamentable, largo, negativo, nutrido, personal, piloto, positivo, previo, probado, profesional, profundo, reconocido, religioso, revelador[23], rico, sobrado (de)[18], tormentoso, traumático, útil, vasto[1], vívido[37]** ♦ **a fuerza (de)[13], a la luz (de)[24]** ♦ **cúmulo (de)[48], dosis (de)** ♦ **acumular, adquirir[20], aflorar[30], alimentar(se) (de)[4], apegarse (a)[16], aportar, aprender (de), aprovechar, aquilatar, atesorar[33], avalar[16], blanquear[38], capitalizar[10], compartir, condensar[3], contar, contar (con), demostrar, deparar[9], depositar[18], destilar[44], exigir, ganar, intercambiar, obtener, proporcionar, revivir[30], rezumar[59], tener, transmitir, valorar, vivir**

☐ Véase también: **trayectoria, vivencia.**

experimentalmente *adv.* ▌Se combina con...

A VERBOS QUE DENOTAN COMPROBACIÓN, ACLARACIÓN, ANÁLISIS O DEMOSTRACIÓN DE ALGO: **1 comprobar** +: Estas y otras conclusiones de Einstein se comprobaron *experimentalmente* mucho después... ABC220193 **2 demostrar** +: Un grupo de expertos ha demostrado *de forma experimental* que pueden infectarse por el mal de las «vacas locas». LVE230796 **3 probar** +: La física de partículas probó *experimentalmente* hace décadas la existencia de los neutrinos... EPE210700 **4 esclarecer:** ...la exploración de fuentes de rayos gamma será capital para esclarecer *experimentalmente* la existencia de agujeros negros. ABC040294 **5 certificar:** Su última aportación puede hacer historia en la Ciencia, pues certifica *experimentalmente* la existencia de los «agujeros negros»... ABC170694 **6 estudiar:** Ya se están estudiando *experimentalmente* anticuerpos anti-IgE. EME171096

B VERBOS QUE DESIGNAN LA ACCIÓN DE COMENZAR O PONER EN MARCHA ALGUNA COSA: **7 poner en marcha** +: El proyecto «Vivim a l'Eixample», que se ha puesto en marcha *de manera experimental*... LVE200996 **8 implantar:** ...proyecto, que ha sido implantado *de manera experimental* en 50 taxis de la capital. EPE200599 **9 instalar:** Se instalarán *de manera experimental* nuevos carriles bus... LVE031296 **10 arrancar:** La iniciativa, que se aplica ya con éxito en Gran Bretaña, arrancará *de manera experimental* en uno o dos centros... LVE280195 **11 comenzar:** ...la firma del acuerdo de Gobierno es un episodio más de la fructífera relación que comenzaron *de manera experimental* la pasada legislatura... EPE190599

C OTROS VERBOS; POSIBLES USOS ESTILÍSTICOS: Se me daba la oportunidad de alucinar *experimentalmente* dentro del sistema. LVE260896

experimentar ♦ **angustiosamente, día a día, en carne propia[7], intensamente[22], vivamente** ♦ **aceleración, acelerón, agravamiento, alegría, alza, amor, ascensión, auge, aumento, avance, baja, bajada, bajón, caída, cambio, crecimiento, decaimiento, desamparo, desarrollo, desazón, descenso, desgaste, dolor, duda, emoción, empeoramiento, empuje, evolución, expansión, fracaso, giro, incremento, mejora, mejoría, modificación, movimiento, odio, pena, pérdida, placer, proceso, reactivación, recuperación, remodelación, repunte, retroceso, salto, sensación, sentimiento, síndrome, sistema, subida, técnica, transformación, trauma, tristeza, vaivén, variación, visión,** *otros sustantivos que designan cambios, otros sustantivos que designan emociones*

experimento ♦ **científico, concluyente, crucial, determinante, esencial, fallido, polémico** ♦ **a través (de), mediante** ♦ **éxito (de), fracaso (de), resultado (de)** ♦ **acometer[10], controlar, demostrar (algo), emprender, ensayar, fracasar, hacer, idear, llevar a cabo, ostentar, prestar(se) (a), probar (algo), prohibir, realizar, someter(se) (a), tener éxito**

☐ Véase también: **demostración (de), ejercicio, prueba.**

expiar *v.* ▌Se combina con...

A SUSTANTIVOS QUE DESIGNAN ERRORES, DELITOS O FALTAS, ASÍ COMO LA RESPONSABILIDAD QUE CON ELLOS SE CONTRAE: **1 culpa** ++: Se someten también a duros ejercicios físicos para *expiar* la culpa y siguen una dieta vegetariana. EME230395 **2 pecado** ++: Curro Jiménez es un condenado, un alma que *expía* un pecado espantoso, un Comte Arnau con trabuco y con patillas. LVE311096 **3 crimen** ++: Por esto pudo ofrecer su humillación para *expiar* los crímenes cometidos por los violadores anónimos y, sobre todo, por la paz entre las etnias opuestas en su país. LVE251295 **4 delito** +: ...suplico al juez no me imponga más severa condena que la del criminal al que se le permite *expiar* su delito en la cárcel sin envejecer en ella. LVE020595 **5 falta** +: ...está *expiando* en vida todas sus faltas. EME220996

B SUSTANTIVOS QUE DESIGNAN OTRAS ACCIONES CONTRARIAS A LA ÉTICA O A LA MORAL: **6 iniquidad:** ...hace que los culpables materiales y morales *expíen* cumplidamente tales iniquidades. HOY250184 **7 infamia:** «La hora final...» no caerá bien entre los vocingleros del exilio cubano, esa mezcla de conversos que *expían* infamias propias... ABC260393 **8 mal:** Debo *expiar* el mal que le hice nombrando a Galinsoga. LVE161196

C ALGUNOS SUSTANTIVOS QUE DESIGNAN LA ACCIÓN DE FALLAR EN ALGUNA TAREA: **9 derrota:** ...siguieron llevando aquí una vida montaraz, marginal, insegura, condenados para sécula a *expiar* su derrota en este alto cadalso de piedra. EPE240999 **10 fracaso:** Un fracaso vivido como tal, y que Azaña *expía* en esos momentos finales. EME170294

D OTROS SUSTANTIVOS; POSIBLES USOS ESTILÍSTICOS: ...el «soliloquio *expiado*» de esta lírica se convierte, poco a poco, en manifestación objetivada de la propia voz personal... ABC280495

expirar ♦ **período, persona, plazo**

explanar ♦ **superficie, terreno,** *otros sustantivos de lugar*

explayarse ♦ **a conciencia, a fondo, a gusto, a {mis/tus/sus...} anchas[37], a placer**

explicación ♦ **absurdo, adecuado, amplio, atinado[14], atropellado, breve, certero[5], claro, coherente, concluyente[36], confuso, contradictorio, convincente, cumplido, debido, desconcertante, detallado, didáctico, elocuente, endeble, enmarañado, enrevesado[43], exhaustivo[31], extenso, general, genérico, inconsistente, insostenible, insuficiente, inútil, irrefutable, lacónico, largo, lineal[20], literal[11], lógico, meridiano[19], minucioso[18], oficial, peregrino[29], pertinente, plausible, pormenorizado, público, racional, razonado, rebuscado, retorcido, rudimentario, satisfactorio, sintético, somero[8], sucinto[7], suficiente, técnico, torpe, vago, verbal** ♦ **aceptar, aderezar[20], atender (a), atenerse (a)[45], aventurar[27], brindar[62], buscar (a algo), dar[195], deber, delegar[39], deshacerse (en)[30], encontrar (a algo), entender, evitar, exigir, exponer, formular, hilvanar[13], negar, obviar, ofrecer, pedir, rebatir[4], recibir, reclamar, refutar, remachar[15], rendir, seguir, tejer[29], tener**

☐ Véase también: **aclaración, declaración, demostración (de), descripción, exposición.**

explicar ♦ adecuadamente, a duras penas, a fondo[11], a grandes rasgos[1], a grandes trazos, al unísono[26], ampliamente, atropelladamente[6], brevemente, ce por be, claramente, coherentemente[7], completamente, con detalle[22], confusamente, con pelos y señales[6], con todo lujo de detalles[2], convincentemente[7], cumplidamente, debidamente[61], de pe a pa, de primera mano[14], de soslayo[11], detalladamente[7], elocuentemente[21], enrevesadamente, esquemáticamente, exhaustivamente, extensamente[1], insuficientemente, inútilmente, lacónicamente, largamente, lisa y llanamente[6], minuciosamente, nítidamente, oralmente, ordenadamente[52], pomposamente[13], por activa y por pasiva[2], por encima, por escrito, por extenso, pormenorizadamente, profusamente[48], prolijamente[8], punto por punto[41], razonadamente, satisfactoriamente[28], sin ambages[8], sin tapujos[24], sintéticamente, sucintamente, suficientemente, vagamente[22]

☐ Véase también: **contar, describir, documentar, exponer, expresar(se), narrar.**

explícitamente ♦ aludir, citar, decir, introducir, mencionar, nombrar, referirse, señalar, *otros verbos de lengua*

☐ Véase también: **expresamente.**

EXPLICITUD Véase: *CLARIDAD; DETALLE Y PRECISIÓN*

exploración ♦ atento, completo, concienzudo, cuidadoso, de cerca, detallado, en profundidad, exhaustivo[8], médico, meticuloso, minucioso, parcial, riguroso[8], rutinario ♦ efectuar, hacer, llevar a cabo, ocurrir, practicar, realizar, someter(se) (a)

☐ Véase también: **análisis.**

explosión ♦ apagado, atómico, atronador, controlado, de alegría, de creatividad, de fuerza, demográfico, devastador, de violencia, de vitalidad, ensordecedor, fuerte, gran(de), grave, liberador, nuclear, pequeño, poderoso, popular, ruidoso, social, sordo, terrible, violento ♦ a resultas (de) ♦ cadena (de), efecto (de), fuerza (de), onda (de), riesgo (de) ♦ amortiguar[19], desatar(se), detonar, escuchar, hacer, oír, percibir, producir(se), provocar, registrar(se), resonar, sufrir

explosionar ♦ artefacto, bomba

explotación ♦ abusivo[18], agrario, comercial, conjunto, económico, forestal, ganadero, ilegal, intensivo, laboral, minero, obrero, pesquero, privado, racional, salvaje, sexual, turístico ♦ abolir[21], condenar, dedicar(se) (a), denunciar, fomentar, incrementar, someter (a), suspender, tener lugar

explotar ▮ *(sacar provecho)* ♦ a conciencia[41], abusivamente, al máximo, comercialmente[12], descaradamente[22], económicamente, electoralmente, en exclusiva[21], intensamente, políticamente, vilmente[12] ♦ recurso, trabajador
▮ *(explosionar)* ♦ artefacto, bomba, globo

exponencialmente ♦ aumentar, crecer, elevar(se), incrementar(se), multiplicar(se)

exponente ♦ auténtico, buen(o), claro, clásico, destacado, fiel, magnífico, máximo, mayor, mejor, palmario, perfecto, principal, típico, valioso

☐ Véase también: **ejemplo, muestra, prueba.**

exponer ♦ a bombo y platillo[12], a fondo[13], a grandes rasgos, a los cuatro vientos[3], atropelladamente[7], a voces[15], a vuelapluma[5], claramente, coherentemente, con detalle, confusamente, con pelos y señales, con rotundidad[28], con todo lujo de detalles[7], convincentemente[11], crudamente[13], detalladamente[15], elocuentemente[8], esquemáticamente, extensamente[2], fugazmente[36], gráficamente, nítidamente[14], ordenadamente[49], por escrito, pormenorizadamente, profusamente[30], prolijamente[5], repetidamente[9], sin ambages[6], sin tapujos[6], sintéticamente, sumariamente

☐ Véase también: **describir, explicar, expresar(se), manifestar(se), presentar(se).**

exponerse (a) ♦ abiertamente[9], absurdamente, arriesgadamente, con riesgo, injustificadamente, innecesariamente, insensatamente, inútilmente ♦ castigo, crítica, inclemencia, juicio, peligro, público, reprimenda, riesgo, sanción

exportación ♦ aumentar, beneficiar, canalizar[63], crecer, decrecer[17], dedicar(se) (a), destinar (a), disminuir, encauzar, facilitar, fomentar, gravar, impedir, incrementar, obstaculizar, perjudicar, permitir, prohibir, promover, recortar, relanzar[17], restringir

☐ Véase también: **comercio, deportación, expulsión.**

exposición ♦ abigarrado[26], amplio, antológico, artístico, atinado, atractivo, breve, caótico, claro, colectivo, confuso, cultural, descarnado[5], deshilvanado, detallado, didáctico, dramático, elocuente, espléndido, exhaustivo, extenso, itinerante[1], largo, lineal[21], minucioso[17], monográfico, permanente, pormenorizado, profuso, prolijo, público, somero[9], sucinto[10], surtido, telegráfico, temporal ♦ galería (de), sala (de) ♦ abrir(se), avalar, cerrar(se), dedicar (a algo), hacer, inaugurar, montar, organizar, participar (en), preparar, prodigar[41], prorrogar, realizar, ver, visitar

☐ Véase también: **declaración, descripción, explicación.**

expresamente *adv.* ▮ Admite los sentidos 'adrede, a propósito' *(Vino expresamente a la cena)* y 'de manera no encubierta' *(Mencionó expresamente el problema de...)*, que a menudo se entrecruzan o se solapan. Aunque acepta múltiples verbos de acción *(leer expresamente un documento; encender expresamente la calefacción)*, destacan marcadamente las combinaciones de este adverbio con los verbos que denotan movimiento *(viajar, ir, venir, desplazarse)* y presencia *(acudir, asistir, presentarse)*. También destacan otras en las que se construye con...

A VERBOS QUE DENOTAN MENCIÓN: **1** **aludir ++**: ...aludió *expresamente* a la transformación del vicepresidente...

EME010696 **2 mencionar** ++: ...menciona *expresamente* esa posibilidad de dejar en suspenso la sentencia... EPD181197 **3 citar** ++: Citó *expresamente*, a este respecto, a los dos máximos dirigentes... EME090296 **4 referirse** +: ...se refirió *expresamente* al «aprovechamiento sostenible...». EME210596 **5 nombrar:** Refiriéndose, sin nombrarla *expresamente*, a la manifestación... EPE100700

B VERBOS QUE DESIGNAN MANIFESTACIONES VERBALES, MÁS FRECUENTEMENTE DE CARÁCTER ENUNCIATIVO O ASEVERATIVO. TAMBIÉN CON ALGUNOS QUE EXPRESAN OTRAS FORMAS DE PONER ALGO DE MANIFIESTO: **6 decir** ++: ...la declaración conjunta dice *expresamente* que las regalías... CLA020497 **7 reconocer** ++: ...no reconoce *expresamente* el intento de bloquear dicha operación... EPE090699 **8 declarar** +: ...declarando *expresamente* que los derechos sucesorios correspondían a don Juan, a fin de que no hubiese discusión ninguna al respecto... EME100396 **9 afirmar** +: ...afirman *expresamente*, en consonancia con la Constitución... EME291096 **10 indicar** +: ...el Congreso no indica *expresamente* cuándo entrará en vigencia dicho tributo. ENV020796 **11 manifestar:** ...ha manifestado *expresamente* que no constan ni en los archivos... EPE040699 **12 señalar:** ...se señala *expresamente* que el mar territorial venezolano en el golfo se extiende hacia el exterior desde la línea recta de Castilletes (...) y Punta Salinas... ENH001101

C VERBOS QUE DENOTAN SOLICITUD. TAMBIÉN CON OTROS QUE DESIGNAN LA ACCIÓN DE ALUDIR O RECURRIR A ALGUIEN, A MENUDO O PARA DIRIGIRLE UNA PETICIÓN: **13 pedir** ++: ...se niegan a dimitir pese a que se les ha pedido *expresamente* que lo hagan... EME010295 **14 solicitar** ++: ...no ha solicitado *expresamente* la iniciación de actuación alguna... EPE200799 **15 apelar** +: El líder de la coalición tiene previsto apelar *expresamente* a las bases... EME080694 **16 dirigirse** +: ...se dirigió *expresamente* al secretario general... EPE121199

D VERBOS QUE EXPRESAN LA ACCIÓN DE CONCEDER O NEGAR UN PERMISO O UNA AUTORIZACIÓN: **17 prohibir** ++: ...la disolución en tres ocasiones de las Cámaras, algo que prohibía *expresamente* la Constitución, fue la base legal para plantear su destitución. EME070496 **18 autorizar** +: ...han autorizado *expresamente* sus apariciones en antena. EPE150199 **19 permitir:** Si lo hubiera hecho, y Pradales le hubiera permitido *expresamente* la utilización de su obra... EPE071299 **20 otorgar:** ...la Constitución (...) otorga *de forma expresa* la facultad de convocar elecciones... EME181195

E VERBOS QUE DENOTAN EXPRESIÓN DE RECHAZO U OPOSICIÓN RESPECTO DE ALGUNA COSA: **21 renunciar** ++: El ministro del Interior pretende beneficiar con esta medida a los presos que renuncien *expresamente* a la violencia... EME160896 **22 rechazar:** ...apoyar la iniciativa francesa, rechazada *expresamente* por el canciller... EME190795 **23 negar:** ...se negaron *expresamente* a prestar su firma en apoyo del secuestrado... EME130895 **24 renegar:** Durante 70 años, el PNV ha desarrollado una política autonomista, aunque sin renegar *expresamente* de los principios aranistas. EPE241099 **25 condenar:** ...la Unión Europea (...) dio la razón al reino alauita al condenar *expresamente* el bloqueo a las exportaciones del país africano. EME230595

☐ Véase también: **explícitamente**.

expresar(se) ♦ **abiertamente[39], abrumadoramente[20], acaloradamente[14], acremente, a las claras, atropelladamente[8], a vuelapluma[4], categóricamente[22], claramente, coherentemente[1], como un libro abierto, con cautela[33], con dificultad, con franqueza, confusamente, con reservas[11], con rotundidad[1], convincentemente[10], cordialmente[24], crudamente[12], debidamente[62], democráticamente[8], de todo corazón[27], de viva voz, duramente, elocuentemente[2], gráficamente, lisa y llanamente[7], literalmente[14], manifiestamente[11], nítidamente[18], oralmente, por escrito, radicalmente[12], sin ambages[4], sin reservas[25], sin tapujos[5], sintéticamente, vagamente[23], verbalmente[4], vivamente[20]**

☐ Véase también: **describir, explicar, exponer**.

expresión ▮ *(manifestación)* ♦ **abstruso[11], afortunado, alambicado, amable, amargo, cadencioso, claro, coloquial, confuso, conocido, controvertido, crudo, culto, desafortunado, descabellado, descarnado[3], diáfano, elevado, elocuente, escrito, escueto, estético, formal, genuino, gráfico, grosero, hablado, individual, insultante, irónico, lapidario, libre, literal, llamativo[23], malsonante, manido[10], máximo, meridiano[21], mínimo, nítido, oral, pegadizo[23], plástico, procaz, público, redundante, rimbombante[12], rotundo[27], simbólico, social, socorrido, soez, solemne, tópico, trillado[41], vejatorio[11], verbal, verdadero** ♦ **capacidad (de), cauce (de), facilidad (de), forma (de), libertad (de), medio (de)** ♦ **acuñar[13], analizar, aplicar, cuidar, dar[180], denotar, difundir, emplear, encontrar, entorpecer, lanzar, manejar, popularizar, proferir, soltar, traducir, usar, utilizar, vigilar**

▮ *(gesto)* ♦ **airado, apacible, artístico, corporal, displicente, impasible, natural, sereno** ♦ **agriar(se)[5], delatar[17], demudarse[5], dulcificar[3], cuidar**

☐ Véase también: **declaración, expresión (de), gesto (de), manifestación (de), rictus (de)**.

EXPRESIÓN

♦ (SUSTANTIVOS) Véase: **abigarrado[C], acallar[A], accesible[A], acuñar[B], a flor de piel[H], agridulce[F], ajar(se)[E], aleccionador[E], andarse (con)[B,E], apuntalar[A], armarse (de)[C], atinado[D], beligerante[C], bordear[F], brotar[F], brusco[N], cartesiano[C], combativo[C], cristalino[C], cultivar[H,I], decodificar[B], delatar[A], desbordante[I], descarnado[A], descifrar[B], despectivo[A], devaluar(se)[F], difundir(se)[D], endiablado[D], enrevesado[C,D], entrecortar(se)[E], escorar(se)[D], estridente[B], fervoroso[G], fluir[B], hilvanar[B], intempestivo[E], lastimero[B], limpio (de)[D], lineal[C], llamativo[C], madurar[G], malgastar[E], manido[B], pegadizo[B], proferir[C], prolijo[C], rimbombante[B], romo[B], rotundo[C], sarta (de)[B], silenciar[B], sin fundamento[E], tajante[H], torrencial[B], trillado[E], usurpar[F], vejatorio[B], viperino[A], vivaz[D], vívido[E]**

♦ (VERBOS) Véase: **a contrapelo[D], a coro[B,C], activamente[G], a favor[B], afirmativamente[A], a vuelapluma[A], calurosamente[D], categóricamente[F], colegiadamente[C], como (un) loco[A], con cautela[E], con ganas[B], con reservas[B], con rotundidad[A], con-**

vincentemente[B], crudamente[B], extensamente[A], favorablemente[D], febrilmente[F], fehacientemente[G], frente a frente[E], fugazmente[F], lisa y llanamente[A], literalmente[C], nítidamente[B], ordenadamente[F], por lo bajo[C], profusamente[I], radicalmente[C]

☐ Véase también: COMUNICACIÓN; LLAMAMIENTO; MANIFESTACIÓN VERBAL; MENCIÓN; REPRESENTACIÓN.

expresión (de) *sust.* ▮ Se combina con...

A SUSTANTIVOS QUE DESIGNAN SENTIMIENTOS DE ADHESIÓN, PROCLIVIDAD O INCLINACIÓN A ALGUIEN EN DIVERSOS GRADOS. TAMBIÉN CON ALGUNOS QUE EXPRESAN OTRAS MANIFESTACIONES AFECTIVAS RELACIONADAS CON ELLOS: **1 apoyo ++:** Pudo éste recoger, del Presidente Alejandro Toledo y de los cancilleres en su conjunto, una *expresión* de apoyo continental. CAP200901 **2 afecto +:** La máxima *expresión* de afecto y la plenitud de «creación» clarifica la «música» (la luz) sobre los ojos ausentes, como correlato de la experiencia lírica. ABC150995 **3 amistad +:** El presidente calificó su elección de «*expresión* de amistad y confianza hacia una Colombia renovada». EME280394 **4 amor +:** El religioso dijo que «la pareja debe estar en plena armonía, en particular a nivel sexual, considerado como *expresión* de amor y debe realizarse en el sentido más pleno y satisfactorio». EME031296 **5 respeto +:** Esta comisión de conflictos (...) afirma en un comunicado que «las campañas deben ser *expresión* de respeto y de democracia». EPE010687 **6 gratitud +:** ...conducen a una, llamémosla, colectiva *expresión* de gratitud. ABC261193 **7 solidaridad +:** Sus canciones –y su misma presencia física– han sido en más de una ocasión símbolo de tolerancia y libertad, y *expresión* de solidaridad con América Latina. EME270195 **8 ayuda:** Las *expresiones* de ayuda con los damnificados son múltiples, generosas, reunidas por distintos sectores (Iglesia, gobierno, sindicatos y otros países). HOY250385 **9 cariño:** La única *expresión* de cariño permitida por los cánones rabínicos consistía en besar el vuelo de la túnica... EME070496 **10 simpatía:** ...presente en el multitudinario acto de homenaje para «agradecer a todo el mundo la inmensa *expresión* de simpatía manifestada durante el duelo»... LVE131195 **11 reconocimiento:** Fue una bella *expresión* de reconocimiento al indiscutible liderazgo de Urralburu: «Yo no tengo todavía su autoridad política y moral». LVE230696

B SUSTANTIVOS QUE DESIGNAN SENTIMIENTOS DE AFLICCIÓN: **12 dolor ++:** Siento mucho que esta *expresión* de dolor parezca tan tardía, pero no por eso creo que menos sincera. EXC211096 **13 angustia +:** El «adagio» es un llanto (...), pero también quizá una *expresión* de angustia por lo que estaba sufriendo España... ABC221191 **14 sufrimiento +:** La *expresión* de sufrimiento resignado de la cabeza de Cristo coronado de espinas es, en ambos lienzos, admirable... ABC140495 **15 descontento:** La protesta y las marchas son *expresión* de descontento y no las inventó Toledo. CAP041001 **16 pena:** Su *expresión* de pena con la familia es correcta. PME220996 **17 desánimo:** ...invade su rostro una *expresión* de desánimo cuando alude a la precariedad de medios de su colegio... LVG221191 **18 indignación:** La protesta por la muerte de Brahim ha sido en estos días de campaña electoral la *expresión* de la indignación de un amplio sector... LVE070595 **19 tristeza:** En Schumann: la *expresión* de tristeza de la tenue voz de Banse en el nº 2, la línea elegante y la media voz del barítono, en la estela de Prey, en el nº 5... LRE020203 **20 amargura:** La temática es algo más compleja: San José, anciano, muestra una extraña *expresión* de amargura, mientras mesa su barba, a la manera del «Moisés» de Miguel Ángel... ABC120894

C SUSTANTIVOS QUE DENOTAN SENSACIÓN DE INTRANQUILIDAD, TEMOR O INCERTIDUMBRE EN DIVERSOS GRADOS: **21 preocupación +:** Es probable que su arraigo histórico sea la razón que permita explicar la intensa vitalidad que lo ha caracterizado siempre, todavía hoy vehículo de *expresión* de preocupaciones... ABC050293 **22 ansiedad +:** En la intemperie barroca es posible optar por la *expresión* de la ansiedad y del deseo o por buscar refugio en el sometimiento al orden y al poder. LVE240596 **23 miedo:** ...la *expresión* de miedo (...) asoma en el rostro de las decenas de inmigrantes a los que este periódico ha preguntado por «la cámara». EME031096 **24 desasosiego:** Expresión de este desasosiego es el contraste entre la incomodidad embarazosa de hoy y la actitud valiente con la que los socialistas denunciaron el asesinato... EME051196 **25 temor:** ...no son otra cosa que la *expresión* de su temor ante los avances obtenidos por la mujer en los últimos años. HOY101197 **26 inquietud:** ...la Cámara de Productores (...) «se convierta en el lugar de *expresión* de inquietudes e iniciativas tendientes a solucionar los problemas productivos y de mercado». LNA270692

D SUSTANTIVOS QUE DENOTAN AVERSIÓN U HOSTILIDAD CONTRA ALGUIEN O ALGO. TAMBIÉN CON OTROS QUE DESIGNAN DIVERSAS MANIFESTACIONES DE DISCONFORMIDAD: **27 rechazo ++:** Ni siquiera los gobiernos militares de la década de los setenta tuvieron una *expresión* de rechazo como ésta. PME090297 **28 protesta +:** Y con eso se legitima mucho más la *expresión* de protesta de la gente. HOY020697 **29 odio +:** ...han comprendido que nada supieron decirle en vida, ni tan siquiera como *expresión* de odio. ABC090793 **30 repudio:** El triunfo del FIS en diciembre constituyó una *expresión* de repudio al FLN y el deseo de profundos cambios económicos y sociales. ECA010792 **31 crítica:** ...descubre imposturas, resquebraja falsas certezas y verdades, es *expresión* de libertad y crítica, diluye la diferencia entre el ser y el parecer, restituye las diferencias a su justa medida. LVE060996 **32 descalificación:** Yo no tengo nada personal con el presidente; al contrario, le vuelvo a expresar mis respetos frente a sus *expresiones* de descalificación. EXC000901

E SUSTANTIVOS QUE DENOTAN SENTIMIENTO GOZOSO: **33 alegría ++:** Testigo junto a los facultativos cuando le retiraron el vendaje, recuerdo aún muy nítidamente su *expresión* de alegría al percibir a su mamá... GIC060596 **34 contento:** La casa no valía un millón de dólares, pero al observar la *expresión* de contento reflejada en el rostro de Rizzole de pronto comprendí que (...) la película la hubiera rebasado igualmente el presupuesto... ABC100792 **35 euforia:** Coherente con esta adicción a la exageración, sus broncas tienen doble intensidad (...), al igual que sus *expresiones* de euforia. EPE290599 **36 júbilo:** ...podemos llevarnos un susto de muerte al encontrarnos con la brutal *expresión* de júbilo del vencedor... EME250796

☐ Véase también: **expresión.**

expresividad ♦ artístico, cargado (de), contenido, corporal, cromático, desbordante[56], des-

lumbrante, efusivo[35], emocional, escaso, espontáneo, falto (de), fluido, fuerte, gran(de), hondo, intenso, literario, lleno (de), máximo, musical, profundo, puro, rotundo[61], sumo, torrencial[7], total ♦ alcanzar, aumentar, disminuir, dotar (de), lograr, manifestar

exprimir ♦ **al máximo, como un limón, hasta el límite, hasta la última gota ♦ abonado, beneficio, bolsillo, capacidad, cerebro, ciudadano, cliente, cualidad, cultura, empleado, equipo, facultad, fruta, idea, imaginación, información, jugo, lenguaje, persona, posibilidad, público, recurso, rendimiento, resorte, servicio, sustancia, talento, texto, usuario, vacaciones, zumo**

expulsar ♦ **a empujones[19], a golpes, a patadas[2], arbitrariamente, con cajas destempladas[3], en masa[18], extemporáneamente, fulminantemente[4], injustamente, sin contemplaciones[1], sin miramientos, terminantemente, violentamente**

☐ Véase también: **echar**.

expulsión ♦ **en masa[34], extemporáneo, forzoso, fulminante[4], ilegal, inapelable, injustificado, injusto, inmediato, justificado, justo, masivo, polémico, temporal, terminante[3] ♦ decreto (de), orden (de) ♦ acordar, causar, decidir, decretar[9], firmar, impugnar[12], llevar a cabo, ocasionar, ordenar, originar, pedir, sobrevenir, tramitar[33], valer(le) (a alguien)**

☐ Véase también: **deportación, exportación**.

EXPULSIÓN Véase: *SALIDA, PARTIDA Y EXPULSIÓN*

EXPULSIÓN

♦ (SUSTANTIVOS) Véase: **acatar[G], agilizar[F], arbitrario[E], bloquear[D], brusco[M], cautelar[B], con cajas destempladas[C], en masa[G], expeditivo[B], negociar[H], ola (de)[E], tramitar[D]**

♦ (VERBOS) Véase: **a empujones[B], a patadas[A], cautelarmente[B], con cajas destempladas[A], en masa[D], sin contemplaciones[A]**

☐ Véase también: OPOSICIÓN; RECHAZO; SALIDA; SUPRESIÓN.

exquisito ♦ **bebida, comida, comportamiento, educación, gusto, manjar, modales, persona**

extender ♦ *(expedir)* **cheque, documento, pasaporte**

extender(se) ♦ **a {mis/tus/sus...} anchas[31], ampliamente, a pasos agigantados[18], como la peste, como la pólvora[3], como una mancha de aceite, de punta a punta[18], desproporcionadamente, gradualmente[11], por todas partes, progresivamente[5], prolijamente[7], rápidamente**

☐ Véase también: **abrirse camino, abrirse paso, abundar, alargar, aplazar, aumentar, crecer, de mano en mano, demorar(se), desplegar(se), difundir(se), divulgar, expandir(se), incrementar(se), multiplicar(se), posponer, predominar, pregonar, proliferar, propagar(se), publicar, sembrar**.

extensamente *adv.* ▌Se combina con verbos que designan muy diversas manifestaciones comunicativas *(comentar, hablar, conversar, opinar, responder, informar, comunicar)*. Destacan sus combinaciones con...

A VERBOS QUE DENOTAN EXPOSICIÓN O PRESENTACIÓN DE ALGO: **1 explicar ++**: Aunque ha explicado *extensamente* que lo que ha hecho Convergència i Unió no ha sido suscribir un pacto de legislatura... LVE100596 **2 exponer ++**: ...hoy serán los estadounidenses los que expongan más *extensamente* sus posiciones. EPE021286 **3 argumentar +**: El fiscal argumentó *extensamente* las razones que existen a su juicio para que Galindo y sus antiguos subordinados sigan en prisión. LVE010896 **4 defender +**: La necesidad de la jurisdicción militar fue *extensamente* defendida ayer por el teniente general Emilio Villaescusa... EPE160977 **5 relatar +**: ...meditaron en la necesidad de relatar *extensamente* aquella aventura que empezaba. EPE010284 **6 desarrollar +**: Por la brevedad del prólogo (26 páginas) quedan tan solo insinuadas algunas cuestiones que tal vez hubiera sido interesante desarrollar más *extensamente*. ABC280194 **7 teorizar**: ...puntualizó que en su biblioteca tiene media docena de volúmenes en los cuales se teoriza *extensamente* sobre la cuestión. EME120995

B VERBOS QUE DENOTAN MENCIÓN O ALUSIÓN: **8 referirse ++**: El ex socialista García Damborenea, ahora situado en la órbita del PP, ha sido quien más *extensamente* se ha referido ante Garzón a ese documento. EME050895 **9 citar +**: Más adelante, Eusebio cita *extensamente* a un historiador de la Iglesia del siglo II, Hegesipo. ABC270392 **10 recordar +**: Se extendió recordando al que días más tarde fue *extensamente* recordado, su padrino de alternativa, Luis Miguel Dominguín. EME220596

C VERBOS QUE DENOTAN OPOSICIÓN O CONFRONTACIÓN VERBALES: **11 debatir +**: El Consell Executiu de la Generalitat debatió *extensamente* el pasado martes la actual situación política... LVE100395 **12 discutir**: En la conferencia de Berlín se discutió *extensamente* sobre los posibles efectos de la revolución tecnológica en los informativos de televisión. EME171195 **13 criticar**: Ahora, con esa reunión ficticia y *extensamente* criticada que ellos han calificado de la gira del «sucio lucro»... EME290696

D VERBOS QUE DENOTAN EXAMEN, ESTUDIO O ANÁLISIS DE UN ASUNTO: **14 abordar ++**: Otro tema abordado *extensamente* es el referido al financiamiento de los partidos políticos y de los candidatos a diputados. GIC030198 **15 revisar +**: ...tienen como orgullo no difundir nunca algún trabajo que no haya sido *extensamente* revisado por expertos. EME250196 **16 estudiar +**: No hay un solo producto en Medicina que haya sido más *extensamente* estudiado que los fibrinolíticos en el infarto agudo de miocardio. EME240394 **17 analizar +**: Los resultados electorales fueron analizados *extensamente* en la reunión que celebró en la noche del lunes el comité ejecutivo de Convergéncia. LVE221195 **18 tratar +**: Mientras tanto se aguarda un comunicado de la CDA del Automóvil Club (...) que, según confirmó Clarín, trató *extensamente* el tema. CLA030497 **19 reflexionar +**: Tuvo que conformarse con entregar un escrito en el que reflexiona *extensamente* sobre el derecho de los individuos «a una muerte racional y voluntariamente decidida». EME141196

E VERBOS QUE DESIGNAN LA ACCIÓN DE EMPRENDER ALGO, PARTICIPAR EN ELLO O TOMAR INICIATIVAS EN RELACIÓN CON ALGÚN ESTADO DE COSAS: **20 dedicar(se):** Me dedicaré más *extensamente* a todo lo que se refiere a proyectos nuevos y de desarrollo del Grupo Árbol en el ámbito audiovisual. EPE300800 **21 cultivar:** De aquí que los investigadores centraran sus esfuerzos en los plátanos, fruta cultivada *extensamente* en el mundo en desarrollo. EME211196 **22 ocuparse:** Tal vez la crítica, que se ha ocupado tan *extensamente* de la obra de Cela, no ha tomado suficientemente en consideración la tradición autóctona, de la que bebió también Valle-Inclán. ABC281094 **23 trabajar:** ...es un caso totalmente atípico: el único chileno que trabajó *extensamente* en el cine de la URSS y luego de Rusia... HOY201097

F VERBOS QUE DENOTAN USO: **24 emplear:** ...está en contra del nombre que le dan algunos alemanes de «Tcheschel», palabra que fue empleada *extensamente* por los nazis durante la ocupación en la Segunda Guerra Mundial. EME050196 **25 usar:** La de Velasco Alvarado lo usó *extensamente*, de manera formal e informal... EXP040697

☐ Véase también: **con detalle, con pelos y señales, con todo lujo de detalles, detalladamente, exhaustivamente, prolijamente, punto por punto.**

extensión ♦ amplio, aproximado[9], desmedido[4], desmesurado[19], dilatado, escaso, exacto, gran(de), inabarcable, inmenso, pequeño, prolijo[14], vasto ♦ abarcar, aumentar, calcular, cubrir, cultivar, exceder, incrementar, indicar, mediar, medir, ocupar, poseer, rebasar, recortar, sobrepasar, tener

☐ Véase también: **ascensión, ascenso, aumento, crecimiento, despliegue, difusión, emisión, escalada (de), expansión, incremento, mejora, proliferación, prórroga, subida.**

EXTENSIÓN Véase:

♦ **prolijo**

♦ **por generación espontánea, prolijamente**

♦ **amplitud (de), ascenso, aumento, crecimiento, despliegue, difusión, emisión, expansión, progresión, progreso, proliferación, prórroga, subida**

♦ **abundar, alargar, aplazar, aumentar, demorar(se), desplegar(se), difundir(se), divulgar, expandir(se), extender(se), multiplicar(se), posponer, predominar, pregonar, proliferar, propagar(se), publicar, retrasar(se), sembrar**

☐ Véase también: *ASCENSO, INCREMENTO Y AVANCE.*

EXTENSIÓN

♦ (SUSTANTIVOS) Véase: **abusivo[H], desbordante[K], desmedido[A]**

♦ (VERBOS) Véase: **a bombo y platillo[A], como la pólvora[A], cronológicamente[D], de boca en boca[A], de punta a punta[C], generosamente[H], maliciosamente[G], por completo[O]**

[extensivo] → hacer extensivo

[extenso] → por extenso

exteriorizar ♦ abiertamente, comedidamente, sin reservas, sin rubor ♦ afectividad, alegría, aspiración, confianza, desacuerdo, desagrado, descontento, deseo, desilusión, desprecio, discrepancia, dolor, emoción, enfado, euforia, felicidad, horror, impaciencia, indignación, inquietud, insatisfacción, ira, júbilo, malestar, odio, opinión, oposición, pena, preocupación, queja, rabia, rechazo, repulsa, satisfacción, sentimiento, sorpresa, temor, *otros sustantivos que designan sentimientos y sensaciones*

exterminar ♦ completamente, de raíz[15], por completo ♦ plaga, población, raza, *sustantivos que designan grupos de seres vivos*

☐ Véase también: **masacrar.**

exterminio ♦ absoluto, amenazado (de), atroz, bárbaro, brutal, completo, deliberado, despiadado, espantoso, étnico, execrable, físico, genocida, horrendo, ideológico, judío, macabro, masivo, mediático, metódico, monstruoso, nazi, político, preventivo, sádico, salvaje, silencioso, sistemático, total ♦ arma (de), campaña (de), campo (de), guerra (de), operación (de), partidario (de), víctima (de) ♦ condenar, consumar(se), encubrir, evitar, librar(se) (de), llevar a cabo, negar, ocultar, ordenar, padecer, perpetrar, sobrevivir (a), someter (a), sufrir, vivir

☐ Véase también: **eliminación, masacre, matanza.**

extinción ♦ amenazado (de), definitivo, inevitable, irremediable, posible, práctico, probable, progresivo, seguro, total ♦ al borde (de)[16], en estado (de), en peligro (de), en trance (de), en vías (de) ♦ causa (de), especie (en), fase (de), labor (de), proceso (de), riesgo (de) ♦ abocar(se) (a)[4], causar, originar, provocar

extinguir(se) *v.* ▮ Se combina con el sustantivo *especie* y con cualquier otro que designe algún ser vivo por referencia a la especie a la que pertenece *(Los dinosaurios se extinguieron)*. También se combina con...

A SUSTANTIVOS QUE DENOTAN FUEGO O INCENDIO, Y CON OTROS QUE DESIGNAN ALGUNOS DE LOS ELEMENTOS QUE INTEGRAN ESAS NOCIONES: **1 fuego ++:** El título de su libro inicial, «Las brasas», es sintomático: se *extingue* el fuego de lo que fue, de lo que ha sido. EPE241199 **2 incendio ++:** La Autoridad Palestina solicitó el domingo la asistencia de Israel para *extinguir* un incendio en dos fábricas palestinas... ENH300697 **3 llama +:** Fueron necesarias más de tres horas de esfuerzo de parte de bomberos, policías y vecinos para *extinguir* las llamas. ESH210497 **4 foco +:** A última hora de ayer, este foco estaba casi *extinguido*, aunque el fuerte viento lo reavivaba débilmente en algunas zonas. EPE180899 **5 brasa:** Cuando *extinguimos* esa brasa antigua que nos induce a contar historias (...) podemos afirmar (...) que todo ha terminado. ABC050293

B EL SUSTANTIVO *VIDA* Y CON OTROS QUE DESIGNAN PERÍODOS TEMPORALES: **6 vida ++:** ...«no sólo arde el bosque, sino que la vida se va *extinguiendo*, tan rápidamente como una llama»... ABC280495 **7 mandato +:** ...dio por *extinguido* el mandato que el artista catalán concedió a Demart... LVE040895 **8 existencia:** ...*extinguía* su breve y fulgurante vida, su gloriosa y desdichada existencia. ABC240792 **9 tarde:** Apenas si puede él mismo hacer mover el aire desde el hueco seco de su tronco para que en sus ramas canten los viejos pájaros. La tarde está *extinguida*... ABC240395 **10 legislatura:** Daba la impresión de que, según se *extingue* la legislatura, todos se envalentonan contra el partido del Gobierno. EPE210999

C SUSTANTIVOS QUE DESIGNAN SISTEMAS, CÓDIGOS, USOS, TRADICIONES Y CONVENCIONES, MÁS FRECUENTEMENTE SI SE LES RECONOCE CIERTA RELEVANCIA EN EL DESARROLLO DE LAS SOCIEDADES: **11 cultura ++:** Una cultura no se *extingue* cuando fuerzas extrañas a ella así lo quieren. EPE010284 **12 tradición +:** Se recupera así una tradición que se *extinguió* en 1968. EPE010499 **13 costumbre +:** No quiso el director presentar la sinfonía sola, según la plausible costumbre que se va *extinguiendo*... EME121296 **14 uso:** Ese dinamismo existencial que caracteriza hoy la vida en las ciudades, dará lugar a un nuevo tejido urbano, pues los usos tradicionales se *extinguirán* pronto. EME100495 **15 lengua:** Algunos grupos lingüísticos tienen escasa proyección (...), porque son lenguas prácticamente *extinguidas*. LVE270996 **16 escritura:** ...clasicismo y barroquismo, tensión perpetua sin la cual toda escritura se *extinguiría* bajo la uniformidad aniquiladora... PME011296

D EL SUSTANTIVO *MUNDO* Y, POR EXTENSIÓN, CON OTROS QUE DESIGNAN EL CONJUNTO DE TODO LO EXISTENTE: **17 mundo ++:** Deseo testimoniar a este mundo rural, que se *extingue* día a día... LVE040594 **18 planeta:** Era la única superviviente de un planeta *extinguido*... EPE160599 **19 universo:** ...se pueden concebir universos exóticos como, por ejemplo, universos que estallan y se *extinguen* en sólo un segundo... LVE290596

E SUSTANTIVOS QUE DESIGNAN DIVERSOS TIPOS DE RELACIÓN, PACTO O COMPROMISO ENTRE PERSONAS O ENTIDADES: **20 contrato:** Se puede *extinguir* el contrato si el arrendador no realiza las reparaciones necesarias para conservar habitable la vivienda. EME080195 **21 acuerdo:** Cuando el acuerdo se *extinga* (...) habrán ingresado 34.000 millones... LVE100196 **22 convenio:** El convenio se *extinguió* el pasado 18 de enero, aunque ambas partes acordaron verbalmente su prórroga... EPE190399 **23 arrendamiento:** ¿Con la nueva ley, pueden efectuarse traspasos en los locales de negocio? ¿Cuándo se *extinguiría* el arrendamiento? LVE110395 **24 relación laboral:** El ejercicio del derecho a la huelga no *extingue* la relación laboral, pero durante esas veinticuatro horas el contrato se considera en suspensión... EME230194 **25 vínculo –:** La vivencia amorosa de un san José (...), sometido a las apariciones de los ángeles, portadores de fuerzas inexplicables destinadas a aplastar y a *extinguir* los vínculos terrenos que le unen a su mujer... LVE091194

F SUSTANTIVOS QUE DESIGNAN MALES, ASÍ COMO DIVERSAS SITUACIONES DE CONFLICTO, DIFICULTAD O ADVERSIDAD EN MUY DIVERSOS GRADOS: **26 problema:** ...aportó su grano de arena sobre un problema que aún no se ha *extinguido* en las Fuerzas Armadas... EME270294 **27 polémica:** La polémica desatada por Aleix Vidal-Quadras parece lejos de *extinguirse*. EME110896 **28 delito:** ...ya no hay peligro legal de que se *extingan* los delitos por no comparecencia de los acusados ante el Tribunal. EME090796 **29 crimen:** Pero avivar el recuerdo de aquellos crímenes cuando hacía años que se habían *extinguido* (...) era una operación que muchos no quisieron ponderar. LVE150296 **30 epidemia:** En su opinión proseguirán incluso una vez *extinguida* la epidemia, como ocurrió con la tuberculosis. EDV110101 **31 dolencia:** ...la dolencia se *extinguirá* de cualquier manera en los próximos cinco años. LVE160996 **32 peligro:** Sólo dos materiales pueden *extinguir* el mortal peligro: el fuego y el agua. ABC230493 **33 mal:** Pero Dios, en la historia, no *extingue* todo el mal que aplasta al hombre. LVE280595

G SUSTANTIVOS QUE DENOTAN RESPONSABILIDAD Y COMPROMISO CON LAS TAREAS Y LOS DEBERES ASIGNADOS, ASÍ COMO, POR EXTENSIÓN, CON OTROS QUE DESIGNAN ESTAS MISMAS FUNCIONES: **34 responsabilidad +:** ...rechazan el enjuiciamiento de oficiales alegando que una amnistía *extinguió* su responsabilidad penal por las desapariciones. LNC130297 **35 obligación:** ...la obligación de Conasupo (...) se *extinguió* por completo en este acto. PME070796 **36 deber:** ...piden al juez que les sea *extinguido* el deber que los progenitores tienen de alimentar a los hijos incluso cuando alcanzan la mayoría de edad... EPE290599 **37 función:** Las funciones cerebrales del joven se *extinguieron* por falta de oxígeno tras quedar sepultado bajo una avalancha humana. EME260795 **38 cargo:** Pero el de portavoz es un cargo a *extinguir*... LVE280195 **39 puesto:** Yo nunca voy a proponer que baste la relación entre el empresario y el trabajador para *extinguir* un puesto de trabajo... EME170595

H SUSTANTIVOS QUE DESIGNAN DIVERSOS ESTADOS DE SATISFACCIÓN, BIENESTAR O DISPOSICIÓN FAVORABLE HACIA ALGO, ASÍ COMO LAS REACCIONES AFECTIVAS QUE SE ASOCIAN A ELLOS: **40 felicidad +:** Esa es para Kundera una forma de felicidad lamentablemente *extinguida*. LVE030295 **41 alegría:** Si hoy el Bundesbank no baja los tipos de interés, la repentina alegría se *extinguirá*. EME110594 **42 gloria:** ...Grecia y Roma son esfumino de historia o escenarios para la exhibición de ruinas que sobreviven a las glorias *extinguidas*. PME291296 **43 satisfacción:** La vieja satisfacción de las leyes con nombre fue *extinguida* por la Constitución... HOY050198 **44 esperanza:** Cuando la esperanza ya casi se había *extinguido*, surgieron los acuerdos de Oslo... EME290996 **45 ilusión:** A comienzos de siglo Argentina vivió una ilusión de grandeza que quedó truncada (...) que se *extinguió* cuando apenas tenía 33 años. EME261095 **46 fe:** ...«Séneca aparecerá siempre que (...) se encuentre, entre una fe que se *extingue* y otra que llega, una Razón desvalida». ABC100295

I SUSTANTIVOS QUE DENOTAN TEMOR, DESASOSIEGO Y OTRAS VARIACIONES DEL ÁNIMO QUE PROVOCAN TURBACIÓN E INTRANQUILIDAD: **47 miedo:** Y cuando una organización fundamentada en el miedo (..) ve cómo el miedo se va venciendo no duda en matar para que el miedo no se *extinga*. LVE250195 **48 obsesión:** A medida que pasaba el tiempo, esta obsesión, lejos de *extinguirse*, se mantenía viva. ABC140892 **49 pesadilla:** ...el interminable tiempo que tuvo que pasar antes de encontrar la forma de compartirlo con alguien para que empezara a *extinguirse* la pesadilla. ETC110297 **50 inquietud:** Las inquietudes políticas de los más jóvenes comenzaron a *extinguirse* a medida que la política se fue profesionalizando... EME280296

J OTROS SUSTANTIVOS; POSIBLES USOS ESTILÍSTICOS: El vodka se *extinguió* dejando tras de sí colas kilométricas en tiendas vacías. ECA190792; ...el excepcional motor se *extinguía* precisamente con su éxito. LVE250796; Pero, el aumento previsto de la recaudación resultante (...) no llega, ni de lejos, a cubrir el mencionado desfase, que no se *extinguirá* hasta dentro de seis años. LVE290796

■ Se combina también con: ♦ **progresivamente**

☐ Véase también: **apagar(se), desvanecerse, difuminar(se), diluir(se), disipar(se), disolver(se).**

extirpar *v.* ▮ En su sentido físico se combina con sustantivos que designan diversos órganos o partes del cuerpo, así como formaciones anormales o tejidos enfermos dentro de él *(bazo, colon, riñón, amígdala, tumor, quiste, cáncer)*. En su sentido figurado se combina con...

A SUSTANTIVOS QUE DESIGNAN ESTADOS DE DIFICULTAD, ADVERSIDAD O CONTRARIEDAD. TAMBIÉN CON OTROS QUE SE REFIEREN A MALES FÍSICOS, INTERPRETADOS FIGURADAMENTE: **1 mal ++:** ...han llegado a pensar que sólo la violencia puede *extirpar* el mal del mundo. ABC250394 **2 problema +:** ¿Para intentar *extirpar* el problema, no hay que saber dónde está su raíz profunda? EPE031001 **3 error +:** ...para volver a caer en los mismos errores que quiso *extirpar*. EME040295 **4 lacra +:** ...para *extirpar* las lacras que no cesan de azotar el planeta. LVE220996 **5 cáncer:** ...*extirpan* el cáncer que corroe las entrañas de la sociedad... EPE290199 **6 llaga –:** ...los malos pasos que han dado también malos políticos, ciertamente es un mal, mejor dicho llaga incurable, difícil de *extirpar*, porque somos humanos... EXC180197

B SUSTANTIVOS QUE DESIGNAN SITUACIONES O PRÁCTICAS CARACTERIZADAS POR LA AUSENCIA DE JUSTICIA Y RECTITUD, O POR LA ESCASEZ DE RECURSOS: **7 corrupción ++:** ...o el gobierno ecuatoriano *extirpa* la corrupción o no hay inversión extranjera... VIS060297 **8 impunidad +:** La impunidad debe ser *extirpada* de raíz, enfatizó el mandatario... DLA040497 **9 injusticia +:** ...para *extirpar* el mal, la injusticia y la miseria del mundo. ABC250394 **10 miseria:** Nuestra candidatura se compromete firmemente con los ciudadanos a *extirpar* la miseria de todos los rincones del país. INDOC **11 ignorancia:** ...una ignorancia armada y arrogante como herencia que será muy difícil *extirpar*. ABC300793

C SUSTANTIVOS QUE DESIGNAN LA MEMORIA O LO QUE EN ELLA SE DEPOSITA: **12 memoria +:** ...*extirpar* la memoria significa dejar la historia sin culpables... EPE060399 **13 pasado +:** ...con el deseo de recuperar una memoria que fue mutilada en el intento de *extirpar* un pasado difícil de justificar. EME231096 **14 recuerdo:** Los nuevos amos de Moscú pretenden *extirpar* un recuerdo que les hace sombra. EPE160700

D ALGUNOS SUSTANTIVOS QUE DESIGNAN CUALIDADES DE LAS PERSONAS O LAS COSAS QUE SE TIENEN POR ASPECTOS FUNDAMENTALES DE SU NATURALEZA: **15 espíritu:** ...contra la ceguedad ideológica que busca *extirpar* el espíritu crítico, y, consecuentemente, contra las regresiones históricas. LPN011297 **16 sentimiento:** ...los sentimientos humanitarios sobran, para que no interfieran los han *extirpado* del alma y han reemplazado el corazón por una tarjeta de crédito. LTB060297 **17 capacidad:** ... en una individualidad dada a expresarse y a crear belleza mediante la palabra es arduo imaginar *extirpada* toda capacidad... ABC280892

E SUSTANTIVOS QUE DENOTAN OPINIÓN O JUICIO SOBRE ALGO, MUY FRECUENTEMENTE PARCIAL O CARENTE DE ORIGINALIDAD. TAMBIÉN CON OTROS QUE DENOTAN ACTITUD O COMPORTAMIENTO ARRAIGADO O REGULADO POR LA COSTUMBRE: **18 idea +:** Después de muchos años, y por suerte, hemos *extirpado* la idea de una sola línea (...). No hay dos personas iguales. LNA020792 **19 prejuicio +:** ...cuán difícil es *extirpar* los prejuicios (...) de nuestra sensibilidad occidental... LVE131296 **20 tópico +:** ...persisten algunos tópicos que la natural reacción (...) hace difícil *extirpar*. LVE310894 **21 hábito +:** Extirpar los hábitos de impunidad será una de las tareas más titánicas del nuevo Gobierno. EPE061199

F ALGUNOS SUSTANTIVOS QUE DENOTAN CAUSA: **22 causa:** ...aunque permiten contener los problemas (...), no pueden *extirpar* sus causas... EPE260799 **23 razón:** ...saldar algunas cuentas pendientes y *extirpar* docenas de razones enquistadas. LVE201296

■ Se combina también con: ♦ **de raíz[3]**

☐ Véase también: **cortar, erradicar, zanjar.**

extradición ♦ **conceder, denegar[36], evitar, lograr, negar, pedir, solicitar, tramitar[31]**

extraer ♦ **a pelo[11], de cuajo, de raíz** ♦ **cita, conclusión, dato, enseñanza, idea, lección, muela,** *sustantivos que designan manifestaciones verbales*

☐ Véase también: **sacar.**

extrañeza ♦ **absoluto, patente, profundo** ♦ **con, en medio (de), sin** ♦ **expresión (de), sensación (de)** ♦ **acoger (con), aumentar, causar[18], evidenciar(se), expresar, hacer, manifestar, mostrar, ocultar, producir (a alguien), provocar, reflejar**

☐ Véase también: **asombro, sorpresa.**

extrapolar *v.* ▮ Se combina frecuentemente con sustantivos abstractos que denotan tema o asunto *(cuestión, caso)*, o designan las circunstancias o las situaciones en que se inscriben *(escenario, atmósfera, situación)*. También se combina con...

A SUSTANTIVOS QUE DESIGNAN RESULTADOS, DATOS O CONSECUENCIAS DE ALGO: **1 consecuencia ++:** Si *extrapolas* las consecuencias de la situación anterior a esta otra, estarás falseando la realidad. INDOC **2 resultado ++:** La falta de mapas topográficos y de geomorfología ha impedido (a los científicos) *extrapolar* los resultados de los suelos a nivel de paisaje. HOY100397 **3 conclusión ++:** ...y no se deben *extrapolar* las conclusiones de una investigación a otra distinta. EME270795 **4 dato +:** ...hay que ser muy cautelosos a la hora de *extrapolar* los datos obtenidos hasta ahora sobre el virus del sida... EPE291299 **5 cifra +:** ...y no se pueden *extrapolar* sin más las cifras de edificabilidad. EPE311001 **6 número +:** ...se podría *extrapolar* el número de conversaciones sobre el tiempo mantenidas cada día en Cataluña... LVE230195

B SUSTANTIVOS QUE DENOTAN JUICIO, A MENUDO PERSONAL, SOBRE ALGÚN ASUNTO, A VECES CIRCUNSTANCIAL. TAMBIÉN CON ALGUNOS QUE DESIGNAN PENSAMIENTOS Y OTROS RESULTADOS NATURALES DE LA ACTIVIDAD INTELECTIVA: **7 consideración +:** ...procede de esa consideración, *extrapolada* al ámbito político, de que es la detentadora y la administradora de la Verdad con mayúsculas... EPE271101 **8 idea** +: ...para, al *extrapolar* la idea, llegar a afirmar: «Somos neófitos en el campo de la comunicación interestelar, mientras que ellos serían ya veteranos». ABC100694 **9 concepto** +: ...pues siempre hay que andar con cuidado al *extrapolar* conceptos de una época a otra. ABC170792 **10 disquisición:** ...desentonan algunas disquisiciones sobre artes plásticas, *extrapoladas* de conferencias y otros escritos... LVE190595

C SUSTANTIVOS QUE DENOTAN CONDUCTA O MODO DE COMPORTARSE EN RELACIÓN CON ALGO: **11 comportamiento** +: ...el resto del comportamiento ha de ser *extrapolado* a partir de la etología de los dinosaurios contemporáneos, es decir, aves y reptiles. ABC140795 **12 actitud:** Y sobre todo, que *extrapolen* una actitud privada al ámbito de lo público y eso les lleve a poner en cuestión su valía como político. EME251096 **13 tratamiento:** Al *extrapolar* el tratamiento de los factores de riesgo se podría decir que si buena parte de la población dejara de fumar... EME250595 **14 actuación:** Quique *extrapoló* la actuación de Barrenechea Montero explicando que los errores arbitrales justifican en buena parte la pobre aportación de su equipo... LVE260995

D SUSTANTIVOS QUE DESIGNAN DIVERSAS MANIFESTACIONES VERBALES: **15 frase:** No quiero que puedan *extrapolarse* frases que, fuera de su contexto, puedan tener otro significado u otra interpretación. LVE061096 **16 palabra:** Las agencias internacionales han *extrapolado* también las palabras del presidente Abdala Bucaram... CAP051296 **17 discurso:** La capacidad que tiene de fabular, de *extrapolar* los discursos cotidianos. LVE080494

E OTROS SUSTANTIVOS; POSIBLES USOS ESTILÍSTICOS: ...un cronista satírico de la sociedad de nuestros días, concretamente la canadiense, aunque es fácil *extrapolar* sus meandros. LVE080295

extremar ♦ **atención, cautela, control, cuidado, disciplina, garantía, importancia, influencia, medida, precaución, prudencia, rigor, seguridad, tacto, vigilancia**

extremaunción ♦ **dar[297], recibir**

extremo ▌ *(adj.)* ♦ **actitud, calidad, carencia, caso, cautela, circunstancia, concisión, condición, debilidad, dejadez, ejemplo, gravedad, importancia, libertad, medida, miseria, necesidad, pobreza, posición, precaución, punto, rapidez, reacción, recurso, rigor, riqueza, situación, temperatura, violencia,** *sustantivos que designan magnitudes* ▌ *(sust.masc.)* ♦ **aberrante, absurdo, alarmante, derecho, desorbitado[28], impensable, indeseable, inhumano[48], inimaginable, innecesario, insoportable, insospechado, insostenible, intolerable, irreconciliable[34], izquierdo, opuesto, peligroso, remoto, sorprendente, último, vergonzoso** ♦ **entre** ♦ **acercar, alcanzar, conciliar[16], conducir (a), llegar (a), llevar (a), mover(se) (entre), oscilar (entre), tocar(se)**

☐ Véase también: **final, límite.**

exuberante *adj.* ▌ Se combina con sustantivos de lugar *(región, país, isla)*. También admite sustantivos de persona, más frecuentemente femeninos *(mujer, actriz)*, así como otros que designan partes del cuerpo, especialmente el busto y el cabello *(pecho, seno, busto, melena, cabellera)*. Se combina con algunos sustantivos temporales, en particular con el sustantivo *primavera*, y también con...

A EL SUSTANTIVO *VEGETACIÓN* Y CON OTROS QUE DESIGNAN LUGARES QUE LOS CONTIENEN, ASÍ COMO DIVERSOS ESPACIOS NATURALES: **1 vegetación** ++: La instalación, rodeada por una *exuberante* vegetación semiboscosa, comprende un área de 29.27 hectáreas... ENH080198 **2 flora** +: Y, frente a ellas, una Naturaleza representada por una flora *exuberante* y el descubrimiento final de la selva amazónica... ABC300994 **3 naturaleza** +: ...para poder enterrarle donde él deseaba: en un paraje que domina la *exuberante* naturaleza de la isla. EME240594 **4 selva** +: En medio de una selva *exuberante* y ante el color turquesa del mar, se erige una impresionante construcción. PME011296 **5 jardín:** Mi conversación con Eric Hilton discurrió en el marco de los *exuberantes* jardines que circundan el hotel. LVE280796 **6 parque:** En cambio, en los parques ingleses, tan *exuberantes*, a veces tan salvajes, los pájaros no paran de cantar. LVE200295 **7 plantación:** ...en uno de sus innumerables rastreos, habían descubierto la *exuberante* plantación de marihuana... HOY201097 **8 espesura:** ...arrojamos nuestros palos a la espesura *exuberante* de las hierbas estivales... ABC091294 **9 vergel:** ...o los de la Orotava, un *exuberante* vergel en la isla de Tenerife. LVE061196 **10 pradera:** ...con *exuberantes* praderas de gorgonias, o las tres montañas submarinas de Els Ullastres... LVE210896 **11 pasto:** ...a su laguna, pequeña y tranquila, situada en los pastos *exuberantes* del este de Bolivia. EPE150499

B SUSTANTIVOS QUE DESIGNAN DE DIVERSA FORMA EL CUERPO HUMANO, ASÍ COMO ALGUNOS DE SUS ATRIBUTOS: **12 anatomía:** ...que cortara algunos de los numerosos planos que retratan su *exuberante* anatomía. EME061096 **13 cuerpo:** Mi problema llegó a través de la publicidad y la televisión, que muestra continuamente cuerpos *exuberantes*. EME270294 **14 figura:** Carolina Fonseca fue la sirena que acaparó la admiración de quienes se recrearon con su *exuberante* figura. EUV060499 **15 físico:** ...hemos podido observar su *exuberante* físico, además de en el programa de Chicho Ibáñez Serrador, en «Tal como somos»... EME090696 **16 musculatura:** El primero está equipado con una musculatura *exuberante*, ideal para la danza y el decatlón... EPE031101 **17 desnudez** –: ...mostrarlo desde una desnudez *exuberante* (valga la aparente contradicción). EPE311099

C SUSTANTIVOS QUE DESIGNAN CUALIDADES Y CARACTERÍSTICAS FUERTEMENTE ASOCIADAS A LA ATRACCIÓN, EL DESEO SEXUAL O A ALGUNAS DE SUS MANIFESTACIONES: **18 belleza** +: ...lució con un gran desparpajo su *exuberante* belleza ofreciéndose de múltiples maneras para posar ante los fotógrafos y ante el público. EPE151099 **19 sensualidad** +: Algo fácil es la presencia de Kelly LeBrock, cuya *exuberante* sensualidad, como en «La Chica de rojo», es uno de los hallazgos del cine norteamericano actual. HOY050586 **20 sexualidad:** ...los reproches de la familia acerca de su falta de contención parecen fundados en una sexualidad *exuberante*... HOY091296

D SUSTANTIVOS QUE DENOTAN PROFUSIÓN, VARIEDAD O EXCESO DE COSAS: **21 riqueza** +: ...su riqueza y variedad de especies marinas y terrestres es singular, y *exuberante* hasta el punto de que hay biólogos que opinan que no existe otro lugar semejante en el mundo. LNC070497 **22 abundancia:** Modestia incomparable con la *exuberante* abundancia de cuadros de la escuela flamenca... ABC141094 **23 barroquismo:** La evolución de Lipchitz desde lo rectilíneo más austero hacia un *exuberante* barroquismo pudiera compararse con la del escultor francés... ABC260393 **24 diversidad:** Constituimos, esta Europa latina, una *exuberante* diversidad unida por una profunda maternidad idiomática, de creencia religiosa, de hábitos sociológicos... LVE190594

E SUSTANTIVOS QUE DENOTAN COLOR O RIQUEZA CROMÁTICA: **25 cromatismo:** ...y vertido con *exuberante* cromatismo en contraste con la austeridad de color de sus otras obras. ABC021294 **26 colorido:** ...pintaba cuadros pequeños, de colorido *exuberante*, donde manifestaba el dolor y las mutilaciones que padeció. CLA190199 **27 color:** ...los paisajes impactantes de sus tierras mexicanas llenos de una luz y un color *exuberante*... ABC250895

F SUSTANTIVOS QUE DESIGNAN CIERTAS CARACTERÍSTICAS ESENCIALES DE LAS PERSONAS QUE DETERMINAN SU FORMA DE SER O DE COMPORTARSE: **28 personalidad:** ...es muy divertido y dueño de un gran sentido del humor y de una personalidad *exuberante*. CAR040897 **29 carácter +:** ...es persona expansiva, abierta, de carácter extravertido y *exuberante*. INDOC **30 espíritu:** Una de las principales características de ese artista es su espíritu inquieto, creativo y *exuberante*. INDOC

G SUSTANTIVOS QUE DESIGNAN FACULTADES O CAPACIDADES HUMANAS RELACIONADAS CON EL TALENTO Y LA CREACIÓN: **31 imaginación +:** La imaginación *exuberante* de su autor, fustigada eso sí dentro de los marcos de una notable parsimonia narrativa... HOY280497 **32 creatividad:** ...es un proceso de creatividad *exuberante*, un incesante raudal de innovación... EPE151299 **33 genio:** ...del teatro de Lope, aquel enamoradizo (...), genio *exuberante*, del que este filme nos devuelve todo el esplendor de privilegiadas palabras... LVE081296

H EL SUSTANTIVO *MÚSICA* Y CON OTROS QUE DESIGNAN ALGUNAS DE SUS MANIFESTACIONES, SUS ELEMENTOS CONSTITUTIVOS, SUS CARACTERÍSTICAS O SU PROCEDENCIA: **34 música:** ...hay personas que no dejan de pensar en Jamaica y en su *exuberante* música. EPE210199 **35 canción:** Pero cambió de opinión al escuchar las *exuberantes* canciones de un joven profesor de conservatorio... EPE231199 **36 disco:** Masada era un valor seguro, con el aval de tres *exuberantes* discos y la reputación de los cuatro instrumentistas... LVE271095 **37 ritmo:** Una opereta sobre un intrigante cuento de hadas ambientado en una isla, donde conviven los conflictos sociales y políticos con los ritmos más *exuberantes* y dramáticos. EME310394 **38 orquesta –:** ...en el que con una orquesta *exuberante* doblada en su plantilla se obtienen estructuras instrumentales y contrastes tímbricos... LVE110596 **39 sinfonismo –:** Uno, el Júpiter del gran sinfonismo *exuberante*, con los nombres de Rindemith y Berlioz. EME170296

I OTROS SUSTANTIVOS; POSIBLES USOS ESTILÍSTICOS: ...su materialismo sudoroso, sus apetitos desatados y su *exuberante* vulgaridad como una apoteosis de vida... EPE010399; «El caso del Brasil es de una irracionalidad *exuberante*», comentó. CLA160797; El *exuberante* baño de humedad disminuyó reemplazado por una sensación de suciedad polvorienta en mi frente. LVE121096

☐ Véase también: **llamativo.**

exudar ♦ **líquido, sudor**

exultante (de) ♦ **alegría, júbilo, juventud, regocijo, satisfacción**

F f

fábrica ♦ desvencijado, obsoleto, pionero, puntero, ruinoso, sofisticado, vanguardista, viejo ♦ cerrar, constituir, construir, desmantelar, gestionar, instalar, invertir (en), montar, reflotar, regentar, trabajar (en)
☐ Véase también: **edificio, empresa.**

fabricación ♦ artesanal, casero[1], en cadena[10], en serie[12], industrial
☐ Véase también: **creación, realización.**

fabricar ♦ a medida[18], en cadena[64], en exclusiva[32], en masa, en serie[1], integramente
☐ Véase también: **crear, producir, realizar.**

[fábula] → de fábula

fabulosamente ♦ adornar, decorar, engalanar, ilustrar, ornamentar, pagar, portarse, responder, retribuir

facción ♦ aglutinar[34], conciliar[17], constituir, disolver, formar
☐ Véase también: **elemento, parte, sector.**

FACCIÓN Véase: PARTE

FACETA Véase: ASPECTO

faceta (de) ♦ antiguo, característico, conocido, curioso, desconocido, diferente, distinto, diverso, doble, enigmático, especial, ignorado, innumerable, múltiple, nuevo, olvidado, peculiar ♦ a través (de), mediante ♦ actividad, arte, artista, biografía, conducta, creación, cultura, enfermedad, estilo, investigación, juego, labor, negocio, obra, persona, personalidad, proceso, programa, proyecto, realidad, talento, trabajo, trayectoria, vida ♦ abarcar, aceptar, combinar, confluir, conocer, cultivar, descubrir, descuidar, desplegar, exhibir, explorar, explotar, investigar, lucir, mostrar, ocultar, presentar, reconocer, tener

fachada ♦ adecentar, blanquear[28], camuflarse (tras)[2], encalar, enjalbegar, presentar, remozar, restaurar

facilidad ♦ absoluto, aparente, asombroso, camaleónico[5], escaso, excesivo, extraordinario, gran(de), pasmoso, portentoso[13], sumo[62] ♦ brindar[17], conceder[29], dar[145], desplegar, encontrar, mostrar, perder, poner, poseer, tener
☐ Véase también: **capacidad, comodidad, desahogadamente, dificultad, facilitar, fluidez, sencillez, ventajosamente, ventajoso.**

FACILIDAD
♦ (SUSTANTIVOS) Véase: **sumo[I]**

facilitar ♦ claramente, considerablemente[89], en escasa medida, en gran medida, en lo posible, enormemente[3], inmensamente, notablemente[12]
☐ Véase también: **agilizar, allanar, dificultar, favorecer, franquear, resolver.**

fáctico ♦ poder

FACTOR Véase: CIRCUNSTANCIA; PARTE

factor (de) ♦ agravante, atenuante, capital, característico, coadyuvante, común, congénito[11], coyuntural[6], crucial[33], decisivo[37], de peso[4], desencadenante, determinante[2], detonante, esencial, fundamental, humano, importante, incontrolable, irrelevante, preponderante, primordial, principal, propicio[7], relevante, secundario, sustancial ♦ coherencia, cúmulo (de)[35], distorsión, división, equilibrio, estabilidad, integración, riesgo, unidad, vertebración ♦ asumir[41], concurrir[2], confluir[1], conjugar[1], constituir, converger[27]
☐ Véase también: **aspecto, elemento, lado.**

factura ▮ *(conformación)* ♦ bello, cuidado, impecable[26]
▮ *(comprobante o cantidad)* ♦ abultado[6], abusivo[11], astronómico[10], elevado, millonario ♦ abonar, aligerar[12], amañar[4], cargar (con), finiquitar, hacer, hacerse cargo (de), obrar en poder[28], pagar, pasar, pedir, presentar, rebajar

facultad ♦ adquirido, discrecional[2], ilimitado, innato, mermado, pleno, pletórico (de)[5], portentoso[1], sobrado (de)[8] ♦ en uso (de), sin perjuicio (de)[5] ♦ abusar (de)[29], acotar[14], alterar[69], arrogarse[9], atribuir(se), conceder[75], dañar[12], delegar[18], desarrollar, desperdiciar, ejercer, emplear, faltar (a), gozar (de), hacer uso (de), malgastar, menguar, perder, poseer, restringir, tener, usar, usurpar[38]
☐ Véase también: **capacidad, virtud.**

FACULTAD
♦ (SUSTANTIVOS) Véase: **abdicar (de)[C,E], ablandar(se)[A], abrigar[D], abusar (de)[E], acallar[I], acapa-**

rador[B], acerado[C,D], ácido[E], acotar[D], adquirir[E], afilado[C], afinar[A,C,D], a flor de piel[H], a fuerza de[D], agotar(se)[C], agudizar(se)[A], aguzar[B], a la medida (de)[B], alimentar[I], alterar[N], amasar[C], analítico[B], ápice (de)[E], ardiente[F,G], armarse (de)[B], arranque (de)[D,F], arrogarse[B], atemperar[A], atenazar[A], atesorar[D], atinado[E], avivar[J], bloquear[F], borroso[C], bucear (en)[F], calenturiento[A,B], camaleónico[A], canalizar[J], capitalizar[C], carnal[F], cartesiano[B], colmar[C], conceder[O], conmocionar(se)[B], contagioso[C], contravenir[E], cultivar[C], curativo[A], dañar[B], de hierro[C,D], dejarse llevar (por)[I], derretir(se)[A], derrochar[F,H], desbocar(se)[B], descomponer(se)[B], desenfrenado[I], desentrañar[H], despertar[J], dilapidar[E], diluir(se)[B], discrecional[A], disuasorio[E], dosificar[B], echar[B], ejercitar[A,B], erosionar[D], estricto[L], exuberante[G], febril[G], fecundo[A], fértil[A], flaco[C], frágil[B], golpe (de)[C], hipotecar[D], lavar[C], leso[B], luminoso[D], malgastar[B], malograr(se)[C], minar[D], moldear[D], negar[P], nublar(se)[C], ofender[B], ofuscar(se)[A], penetrante[G], perder[B], perfecto[C], pletórico (de)[A], portentoso[A], quebradizo[A], rapto (de)[B], rebasar[I], rebosante (de)[E], rebosar[D], regatear[A], rendirse (a/ante)[E], residir (en)[H], rezumar[E], robustecer(se)[F], serenar(se)[B], sin perjuicio (de)[B], sobrado (de)[B,D,F], sojuzgar[C], soplo (de)[D], sumo[D,J], tensar[D], toque (de)[F,H], transgredir[F], usurpar[D], valedero[C], vehemente[G], violar[C], vívido[F], vulnerar[D]

☐ Véase también: ATRIBUCIÓN; CAPACIDAD.

faena ♦ completo, de aliño, de relumbrón, espléndido, pleno ♦ aclamar[15], bordar[20], brindar, completar, cuajar[9], culminar[8], echar a perder, ejecutar[29], enderezar[51], entrar (en), hacer, malograr, meter(se) (en)[31], redondear, remachar[2], rematar, ventilar

☐ Véase también: **actividad, labor, tarea, trabajo.**

fajo (de) ♦ billete

falacia ♦ absoluto, absurdo, burdo, completo, evidente, total, verdadero ♦ calificar (de), combatir, constituir, delatar, demostrar, denunciar, desmentir[10], entrañar, negar, rechazar, representar, tachar (de)

☐ Véase también: **bulo, falsedad, mentira, patraña.**

fallar ▮ *(decidir)* ♦ a favor[13], en contra, salomónicamente[9]

▮ *(fracasar)* ♦ clamorosamente[1], estrepitosamente[17], gravemente[4], por completo[81], por poco[1]

☐ Véase también: **decidir, defraudar, desaprovechar, equivocar(se), errar, faltar (a), flaquear, fracasar.**

fallecer ♦ cristianamente, inesperadamente, trágicamente[2]

☐ Véase también: **morir.**

fallecido ♦ recientemente, tristemente[8]

fallecimiento ♦ accidental[2], doloroso, imprevisible, inesperado, repentino, terrible ♦ producir(se), sobrevenir, tener lugar

☐ Véase también: **asesinato, muerte.**

fallo ♦ absolutorio[2], abultado[70], a favor[50], al descubierto[14], anecdótico[28], apreciable[23], catastrófico[41], clamoroso[9], de bulto, defensivo[14], disculpable, ecuánime[4], en cadena[44], estrepitoso[13], estruendoso, flagrante[33], garrafal[2], grave, grueso[2], humano, imperdonable, inadmisible, inadvertido, inapelable[4], incomprensible, inexcusable, intolerable, involuntario, irreparable[22], leve, ligero, llamativo[75], manifiesto, mayúsculo[3], monumental[20], ostensible[70], reiterado, salomónico[9], simple, sonado, unánime[43] ♦ a prueba (de)[11] ♦ cúmulo (de)[7] ♦ acatar[4], achacar[6], acusar[58], aferrarse (a)[11], arreglar, burlar[37], buscar, caer (en), causar, cometer[2], compensar[59], corregir[2], delatar[40], derogar[16], deslizar(se)[5], desobedecer[21], desoír[48], destapar[13], detectar[11], disculpar, ejecutar[16], emitir[9], encontrar, enmendar[1], hallar, impugnar[8], imputar[19], magnificar[43], ocultar, originar, perdonar, prescribir, proclamar, provocar, rectificar[47], recurrir, revocar[2], salir a la luz[58], soslayar[13], subsanar[4], sufrir[30], tener

☐ Véase también: **anomalía, avería, caída, confusión, defecto, deficiencia, desatino, desliz, desperfecto, despiste, equivocación, error, fracaso, gazapo, laguna, patinazo, sentencia, tropiezo, veredicto.**

FALLO Véase: *ERROR*

FALLO Véase: DEFECTO; ERROR; FRACASO

falsamente ♦ actuar, acusar, afirmar, asegurar, atribuir, avalar, calificar, certificar, declarar, denominar, denunciar, documentar, escudarse, imputar, informar, justificar, prometer, reprochar, sonreír, testificar, vender

falsear ♦ acta, balance, causa, certificado, cifra, contabilidad, contenido, dato, declaración, documento, elección, estadística, factura, firma, hecho, historia, idea, información, licencia, lógica, número, postura, precio, presupuesto, prueba, realidad, respuesta, resultado, situación, testimonio, traducción, verdad

falsedad ♦ absoluto, completo, documental, manifiesto, ostensible, palpable, rotundo, total ♦ al descubierto[34] ♦ sarta (de)[3], serie (de) ♦ demostrar, denunciar, descubrir, desenmascarar, destapar, salir a la luz[3], verter[32]

☐ Véase también: **bulo, cuento, deformación, embuste, falacia, fraude, habladuría, mentira, patraña, rumor.**

FALSEDAD Y FALSIFICACIÓN Véase:

♦ bulo, deformación, embuste, falacia, falsedad, falsificación, habladuría, mentira, patraña, plagio, rumor

falsificación ♦ burdo, conseguido, descarado, mero, perfecto, simple, tosco ♦ a prueba (de)[14] ♦ constituir, descubrir, detectar[52], hacer, realizar

☐ Véase también: **plagio.**

FALSIFICACIÓN Véase: *FALSEDAD Y FALSIFICACIÓN*

falsificar ♦ acta, billete, carné, certificado, cheque, cifra, cuadro, dato, dinero, disco, docu-

mento, firma, historia, ideal, identidad, identificación, insignia, joya, licencia, marca, moneda, nómina, obra, pasado, pasaporte, pase, pintura, placa, prueba, sello, tarjeta, título, visado, *otros sustantivos que designan documentos e identificaciones*

[falso] → **en falso**

falso ♦ **absolutamente, clamorosamente, completamente, de pies a cabeza, en parte, ostensiblemente**[70]**, parcialmente, rematadamente**[5]**, rotundamente, sin lugar a dudas, totalmente**

falta ▮ *(ausencia)* ♦ **absoluto, acuciante**[15]**, acusado**[32]**, apremiante**[5]**, clamoroso**[17]**, completo, evidente, inequívoco**[69]**, ostensible**[22]**, profundo**[92]**, total** ♦ **al descubierto**[8] ♦ **achacar, acuciar**[3]**, acusar**[36]**, aducir**[16]**, agravar(se)**[20]**, agudizar(se)**[28]**, amortiguar**[42]**, compensar**[34]**, neutralizar, paliar**[11]**, salir a la luz**[51]**, solventar, subsanar**[28]**, sufrir**[52]**, suplir**[2]**, tropezar(se) (con)**[21]

▮ *(infracción)* ♦ **deliberado, garrafal**[3]**, grave, imperdonable, intolerable, leve, menor, punible, reiterado** ♦ **cúmulo (de)**[15] ♦ **absolver (de)**[5]**, castigar, cometer**[28]**, confesar, constituir, detectar**[18]**, disculpar, dispensar, encubrir, exculpar, expiar**[5]**, hacer, imputar**[8]**, pasar por alto, perdonar, pitar, realizar, reconocer, reparar, reprochar, señalar, subsanar**[28]**, tirar**

□ Véase también: **ausencia, carencia, desequilibrio, desigualdad, desproporción, error, fallo, indiscreción, laguna, negligencia, omisión, pecado.**

FALTA Véase: *AUSENCIA Y CARENCIA; DEJACIÓN; ERROR; INADECUACIÓN E INCORRECCIÓN*

FALTA Véase: DELITO; INFRACCIÓN

faltar (a) *v.* ▮ En su sentido de 'fallar, mentir o tratar desconsideradamente' se combina con sustantivos que denotan personas *(faltar a un profesor, a una madre)*. En el sentido de 'no acudir a' o 'no estar presente (debiendo estarlo) en' se combina con sustantivos que designan eventos, a menudo reuniones *(reunión, comida, cumpleaños)*, pero también tareas o lugares en los que se realizan *(faltar al trabajo, a la consulta, a clase)*. También se combina con...

A SUSTANTIVOS QUE DENOTAN OBLIGACIÓN CONTRAÍDA POR ALGUIEN, GENERALMENTE MEDIANTE UNA PROMESA, UN ACUERDO O UN CONTRATO: **1 palabra** ++: ...el presidente del Gobierno tenga el mal hábito de *faltar* a su palabra. EME120295 **2 compromiso** ++: ...*falta* al compromiso de no cuestionar la autoridad... CAP060297 **3 deber** ++: ...sancione a ese funcionario que ha *faltado* a su deber... CAP170797 **4 promesa** ++: La NBA (...) no *falta* a su promesa de actuaciones estelares. LVE041196 **5 acuerdo** +: ...la sociedad le acusa de *faltar* por completo al acuerdo. LVE110996 **6 obligación** +: ...Las sanciones (...) por lo visto sólo valen para algunos alcaldes (...), pero no para quien se permite *faltar* a sus obligaciones... EME080194

B SUSTANTIVOS QUE DENOTAN VERACIDAD O RIGOR, ESPECIALMENTE EN LA TRANSMISIÓN DE INFORMACIONES: **7 verdad** ++: Garzón critica al ministro Gustavo Suárez Pertierra por no colaborar con la Justicia y le acusa de *faltar* a la verdad en el escrito... EME031195 **8 rigor** +: ...es *faltar* al rigor y a la verdad decir que Picasso... LVE271096 **9 sinceridad**: Añade que muchos productores venden libras de 14 onzas, además de que *faltan* a la sinceridad y honestidad en sus campañas... LHG190397 **10 honestidad**: ...actitudes que *faltan* a la honestidad y a la seriedad que deberían caracterizar a una persona de su posición social. INDOC

C SUSTANTIVOS QUE DESIGNAN ACTITUDES RELATIVAS A LA CONSIDERACIÓN O LA ESTIMA QUE SE TIENE HACIA ALGUIEN: **11 respeto** ++: «No voy a permitir que se le *falte* al respeto». EME210695 **12 lealtad** +: Y es el más dado (...) a *faltar* a la lealtad y la amistad... LVE090696 **13 amistad** +: ...creía que *faltó* a la amistad o la debida lealtad. LVE090696

▩ Se combina también con: ♦ **gravemente**[3]**, por completo**[117]**, reiteradamente**[5] ♦ **echar(se) (a)**[18]

□ Véase también: **desatender, equivocar(se), errar, fallar, flaquear, pecar.**

fama ♦ **ávido (de), bueno, considerable, constatado, dilatado, dorado**[8]**, efímero**[2]**, extendido, fugaz**[22]**, gran(de), honroso, incuestionable, indudable, inmerecido**[1]**, internacional, malo, merecido, mundial, notable, pasajero**[5]**, reconocido, relativo, sobrado (de)**[38]**, sólido, universal** ♦ **a la altura (de)**[20]**, al calor (de)**[39] ♦ **ápice (de)**[93]**, halo (de)** ♦ **acaparar, acrecentar(se), acreditar, adquirir**[1]**, afianzar(se), alcanzar, apagar(se)**[1]**, aspirar (a), atesorar**[6]**, buscar, capitalizar**[17]**, catapultar(se), cimentar**[35]**, cobrar**[21]**, comprometer, conquistar**[14]**, conseguir, consolidar(se), dañar, decaer**[72]**, declinar, decrecer**[46]**, derrumbar(se)**[22]**, digerir**[5]**, dilapidar**[30]**, disfrutar (de), eclipsar(se), empañar(se)**[3]**, encumbrar(se) (a), ensombrecer, ensuciar**[4]**, erosionar, forjar(se), ganarse, gozar (de)**[2]**, granjearse**[55]**, honrar**[6]**, ir en aumento, labrar(se), lanzarse (a)**[13]**, llegar(le) (a alguien), mantener, minar, perder, periclitar(se), perjudicar, perseguir, saborear**[16]**, saltar (a), sobrellevar, sobrevenir, sonreír**[17]**, subirse a la cabeza (a alguien), tener, tomar**

□ Véase también: **estrellato, notoriedad, popularidad, prestigio, reconocimiento, renombre, reputación.**

FAMA Véase: *MÉRITO, TRIUNFO Y RECONOCIMIENTO*

familia ♦ **abultado**[52]**, abundante, acomodado, adinerado, bien avenido, cohesionado, compacto, compenetrado, de clase {alta/media/baja}, desavenido, desnaturalizado, de solera**[6]**, distinguido, escaso, heterogéneo, homogéneo, humilde, inseparable, numeroso, nutrido, político, vertebrado** ♦ **espíritu (de)** ♦ **aglutinar**[35]**, alimentar, apoyarse (en), atender, continuar, crear, criar(se) (en), desatender, descender (de), descomponer(se), desmembrar(se)**[13]**, desperdigar(se), disgregar(se), distanciar(se), emparentar (con), escindir(se), formar, fraccionar(se), fragmentar(se),**

integrar, mantener, nacer (en), pertenecer (a), proceder (de), provenir (de), quebrar(se)[15], romper, sostener, tener, unir(se), venir (de), vivir (en)
□ Véase también: **descendencia, estirpe, parentesco.**

familiarmente ♦ aceptar, conocer(se), decir, emparentar, emplear, ligar(se), recibir, relacionar, tratar, usar, vincular

famoso ♦ mundialmente, tremendamente, tristemente[2], universalmente
□ Véase también: **conocido.**

fanatismo ♦ acérrimo, apasionado, asesino, cegado (por), ciego, contagioso, del peor signo, encendido, enfervorizado, entusiasta, étnico, exacerbado, exaltado, ferviente, fogoso, ideológico, imbuido (por), impulsivo, irracional, nacionalista, partidista, patriótico, radical, recalcitrante, redentor, religioso, revolucionario, sectario, suicida, teocrático, terrorista, violento ♦ contra ♦ espiral (de), foco (de), forma (de), oleada (de), víctima (de) ♦ alimentar, aplacar, atemperar[34], cegar (a alguien), combatir, conducir (a), dar alas (a), enfrentar(se) (a), imbuir (en alguien), impulsar, inculcar (a alguien), oponerse (a), plantar cara (a), reprimir

[fantasía] → de fantasía

fantasía ♦ ardiente[31], contagioso[17], desbordante[21], excéntrico, exuberante, fecundo, fértil[2], incontenible, infantil, lleno (de), onírico, rebosante (de), vivo ♦ alarde (de), brizna (de), mundo (de), toque (de)[32] ♦ acariciar[17], alimentar, avivar[64], canalizar[83], contagiar (a alguien), correr, crear, crecer, derrochar[59], desarrollar, desbordarse, echar[20], ejercitar[13], hacer(se) realidad[3], hacer volar, inflar, inundar (algo), propender (a), tener, volar
□ Véase también: **imaginación, leyenda, mito.**

fantasma ♦ acabar (con), acechar[30], ahuyentar[9], alejar(se), aparecer, atormentar, avivar[53], cernerse[4], conjurar[4], desaparecer, desenterrar[7], despertar, desterrar[15], desvanecerse[28], enterrar, evitar, invocar, planear[2], revivir[13], surgir, tener, vencer[61], ver
□ Véase también: **espectro, espíritu (de).**

fantasmal *adj.* ▌En su sentido de 'similar a un fantasma por su apariencia o por los efectos que provoca' se combina con sustantivos que denotan un gran número de realidades físicas e inmateriales. Se aplica ocasionalmente a los sustantivos de persona *(candidato, enemigo)*, pero más frecuentemente se combina con...

A SUSTANTIVOS QUE DESIGNAN ESPACIOS Y LUGARES, NATURALES O NO, GENERALMENTE DESTINADOS A LA OCUPACIÓN HUMANA. POR EXTENSIÓN, TAMBIÉN OTROS QUE DESIGNAN ALGUNOS DE SUS COMPONENTES: **1 ciudad** ++: ...Lima suele ya estar cubierta por ese velo blanco que hizo llamarla a Melville «ciudad *fantasmal*». ENV190597 **2 pueblo** ++: En medio de la selva, en zona zapatista, en un pueblo *fantasmal.* PME090297 **3 paisaje** +: Lo que viene después son paisajes *fantasmales.* ABC240295 **4 poblado** +: Dos periodistas le siguen (...) hasta un poblado *fantasmal*... EPE011101 **5 barrio**: Cuando llega la noche parece un barrio *fantasmal*... EME240495 **6 casa**: ...la casa ofrecía un aspecto *fantasmal.* EME171196 **7 cuarto**: ...da miedo pensar en ellas, en sus luces fundidas, sus paredes sin nada y sus cuartos *fantasmales*... EPE141099 **8 desierto**: ...una tormenta de arena en un desierto pedregoso y *fantasmal.* EPE071001 **9 mansión**: ...una situación (...) claustrofóbica (...) va creciendo en el interior de una mansión *fantasmal.* EPE110780 **10 páramo**: ...convertir a España en el páramo *fantasmal* de finales del siglo XVII... EPD280198

B SUSTANTIVOS QUE DESIGNAN LAS CIRCUNSTANCIAS SUBJETIVAS QUE CARACTERIZAN UN LUGAR Y PREVIENEN EL ÁNIMO EN ALGUNA DIRECCIÓN: **11 ambiente**: ...es exhibida con notable realismo a pesar del ambiente *fantasmal* creado por James. CLA200297 **12 atmósfera**: ...se mueven en una espléndida atmósfera a menudo *fantasmal*... ABC201095 **13 entorno**: Había creado un entorno brumoso, lúgubre y *fantasmal.* INDOC

C EL SUSTANTIVO *LUZ* Y CON OTROS QUE DESIGNAN COSAS QUE LA TRANSMITEN. TAMBIÉN CON NOMBRES QUE DESIGNAN EL CONCEPTO DE IMAGEN, LO QUE ESTA PROYECTA (A MENUDO DIFUSAMENTE), SU CONTORNO O SU MANIFESTACIÓN SÚBITA: **14 luz**: El que sueña se adueña de la luz *fantasmal.* ABC270594 **15 halo**: El caso es que un halo *fantasmal* ronda La Moncloa... EME030396 **16 sombra**: ...hasta convertirse en una sombra *fantasmal* de la superpotencia con pies de barro que fue... EPE250800 **17 llama**: A través de la bruma se siguen observando las llamas *fantasmales* que se elevan sobre las casas... EME170196 **18 aparición**: ...la tradición (...) señala la presencia de *fantasmales* apariciones por sus vetustos corredores... LNP160497 **19 figura**: ...evocan las figuras *fantasmales* de sus ancestros... ENH150398 **20 silueta**: ...el toro de Osborne es en la cámara de Mangino un ejemplar solitario (...), silueta *fantasmal* y equívoco animal... EME030796 **21 línea**: A eso de las diez de la noche, con la *fantasmal* línea del cielo de Chicago presidiendo la escena... EME290694

D SUSTANTIVOS QUE DESIGNAN GESTOS Y MOVIMIENTOS: **22 paso**: Era el paso *fantasmal* de un pueblo cargado de sufrimientos. LVE140595 **23 andar**: Un limpiador de una galería comercial, mirada y andar *fantasmal*, un inmigrante... EPE180800 **24 movimiento**: ...los empleados de la limpieza pasaban ante nosotros con movimientos *fantasmales*... EPE260999 **25 mueca**: ...son muecas *fantasmales*, perfiles de la bobería o del extravío, que ya evocan a Munch o a Bacon. LVE110796

E SUSTANTIVOS QUE DESIGNAN SONIDOS, A MENUDO VEHEMENTES O DESAGRADABLES: **26 grito** +: Del fondo del corredor surgió un grito *fantasmal.* INDOC **27 voz** +: El texto se nutre de las voces *fantasmales* de espectros urbanos... ABC080794 **28 alarido**: ...frente al cementerio de Casabermeja, un *fantasmal* alarido computerizado. EPE121299 **29 chirrido**: Todos pudieron oír el chirrido *fantasmal* de una puerta. INDOC

F SUSTANTIVOS QUE DESIGNAN CIERTAS PERCEPCIONES SENSORIALES RELATIVAS A LA AUSENCIA O LA FALTA DE ALGO: **30 vacío**: Este vacío es *fantasmal.* EPE010499 **31** si-

lencio: Un silencio *fantasmal* cayó sobre Tokaimura en la noche del jueves... EPE021099

G SUSTANTIVOS QUE DENOTAN EXISTENCIA: **32 vida ++:** Nuestro Gobierno puede arrastrar una vida *fantasmal*, pero hay algo muy evidente: no tiene la confianza del Parlamento. EME071295 **33 presencia:** Su figuración es desvaída para que lo reflejado cobre una presencia casi *fantasmal*. LPA170592 **34 existencia:** ...tras su muerte debe iniciarse en su nueva y *fantasmal* existencia... EPE010286

H SUSTANTIVOS QUE DESIGNAN LA ACCIÓN O EL EFECTO DE ACTUAR CONJUNTAMENTE Y DE MANERA OCULTA CONTRA PERSONAS U ORGANIZACIONES, ASÍ COMO EL USO CAUTELOSO DE MEDIOS DISPUESTOS PARA ALCANZAR ESTOS FINES: **35 conjura ++:** ...frente a tanto escándalo y tantas conjuras *fantasmales*, una democracia seria responde en las urnas y nosotros vamos llenar las urnas de votos para el cambio. LVE181195 **36 conspiración:** ...existe una conspiración *fantasmal* y discretísima... EPE011299 **37 trama:** Aquí arranca toda una trama *fantasmal* de filiación gótica... ABC160695 **38 intriga:** ...intrigas *fantasmales*, ocultas y misteriosas que no tardarán en salir a la luz. INDOC

I SUSTANTIVOS QUE DESIGNAN GRUPOS HUMANOS, MÁS FRECUENTEMENTE SI SE REFIEREN A INSTITUCIONES, ENTIDADES Y ORGANIZACIONES SOCIALES O POLÍTICAS: **39 sociedad +:** ...viajan hasta Albania para aprovechar la situación del país y constituir una *fantasmal* sociedad mixta. LVE040795 **40 gobierno:** ...el *fantasmal* y corrupto Gobierno (...) navega a la deriva... EME060395 **41 comisión:** ...hubo que echar mano de una *fantasmal* comisión gestora... LVE290996 **42 cortejo:** ...el cortejo cuasi *fantasmal* (...) que le acompaña... LVE070296 **43 congreso:** ...en un Congreso ya *fantasmal*, diose el aberrante espectáculo de ver al propietario de la peor prensa chicha, colocado como congresista... CAP220900 **44 consejo:** ...me adscribió a mí y a otros colegas a su *fantasmal* consejo asesor. EME170596 **45 grupo:** ...una serie de ventas a empresarios cada vez más misteriosos, incluido un *fantasmal* grupo mexicano. EME280194 **46 partido:** Este le había encargado la puesta en marcha de un *fantasmal* partido... EPE010277 **47 entidad:** ...son personajes novelescos, no entidades *fantasmales* y abstractas... ABC170792

J SUSTANTIVOS QUE DESIGNAN DIVERSOS PRODUCTOS DE LA IMAGINACIÓN O LA MEMORIA: **48 sueño +:** ...la idea de poder volver a ser el «trabuco» del sueño retrospectivo, *fantasmal*, de don Alfonso... EXC230996 **49 recuerdo +:** ...el recuerdo *fantasmal* de un tiempo ya ido y difícilmente recuperable. ABC170192 **50 pensamiento:** Le venían a la cabeza pensamientos turbios y *fantasmales*. INDOC

faraónico ♦ **construcción, cultura, dimensión, dinastía, edificio, época, escultura, espectáculo, estructura, grandeza, medida, monumento, obra, operación, pirámide, plan, proyecto, suma, templo, trabajo, tumba**

farragoso *adj.* ▮ Se combina con sustantivos que designan unidades verbales, especialmente textos o sus componentes *(texto, mensaje, novela, párrafo, artículo, noticia)*, formas de expresarse *(estilo, expresión, lenguaje)* o resultados de actos verbales diversos *(explicación, narración, pregunta, respuesta)*. También se combina con los sustantivos *proceso, desarrollo* y con otros que designan el curso de alguna cosa, además de con...

A SUSTANTIVOS QUE DENOTAN INTERCAMBIO DE PALABRAS E IDEAS, GENERALMENTE CON UN OBJETIVO COMÚN: **1 debate ++:** El debate de «Los unos y los otros», como casi siempre, es *farragoso*. EME150395 **2 diálogo ++:** ...un ritmo muy lento, con diálogos *farragosos* y escenas de una cierta osadía en su momento que hoy se ha perdido casi por completo. LVE170495 **3 negociación +:** ...ha comparecido el mejor «caviar» del continente europeo después de *farragosas* negociaciones a varias bandas con los clubes... EME171095 **4 discusión:** Las discusiones para la realización de este tramo han sido ciertamente *farragosas*. EME270296 **5 polémica:** ...la polémica *farragosa* esconde tan solo la esencia o quinta esencia culinaria... EPE180199

B SUSTANTIVOS QUE DESIGNAN LAS ACCIONES Y DILIGENCIAS NECESARIAS EN EL CURSO DE ALGUNA TAREA, A MENUDO ADMINISTRATIVA. TAMBIÉN CON OTROS QUE SE REFIEREN A ALGUNAS DE LAS INSTITUCIONES CON LAS QUE SE RELACIONAN: **6 administración +:** Defiendo tener una administración municipal más corta, más fuerte, más flexible y competitiva, menos *farragosa*... EME120395 **7 trámite ++:** ...tiene frente a sí el *farragoso* trámite de la «certificación» de los esfuerzos de México en la lucha contra las drogas... EXC210197 **8 práctica:** Porque desde dentro su práctica no puede resultar más *farragosa* desde los presupuestos legales. EPE261201 **9 burocracia +:** La publicidad no simplifica la tan inevitable como *farragosa* burocracia, pero intentar comprar un piso o un turismo a buen precio no es tan difícil. EPE180199

C SUSTANTIVOS QUE DENOTAN RELACIÓN O CONJUNCIÓN DE DOS O MÁS ELEMENTOS: **10 mezcla +:** Las conclusiones eran una larga y *farragosa* mezcla de descripción y calificación, donde se advertía una mano jurídica. LVE250696 **11 relación:** ...fue una relación *farragosa* de cifras y supuestos logros muy en la tradición del partido gobernante. EME020996 **12 reunión:** La reunión de la Comisión Informativa de Deportes fue *farragosa* y tensa. EPE221099 **13 acumulación:** La acumulación de efectos era *farragosa* e incluso pretenciosa. EPE100700 **14 ensamblaje –:** ...entre el pasado y el presente es a veces *farragoso* y lo que acaba por quedar es una serie de ley y orden... LVE190695

D ALGUNOS SUSTANTIVOS QUE DESIGNAN ESPACIOS, A MENUDO USADOS EN SENTIDO FIGURADO: **15 terreno +:** Poeta, cantante, músico, Muñoz acompaña con tangos (...) y se ubica en el *farragoso* terreno de la parodia. CLA190199 **16 mundo:** ...a la gente bien hablada y mejor leída, muy desenvuelta en el *farragoso* mundo de la táctica, la técnica y la estrategia. EME021095 **17 campo:** Los que tienen que moverse a diario en el *farragoso* campo de la política local... INDOC

E SUSTANTIVOS QUE DENOTAN SISTEMA O CONJUNTO DE PRINCIPIOS ORDENADOS O REGLADOS: **18 sistema +:** El *farragoso* sistema tendrá una vigencia, en principio, de cuatro años. EME160996 **19 estructura:** ...estamos peleando todavía sobre nuevas fronteras que crearán otras *farragosas* estructuras que, más pronto que tarde, serán barridas por la revolución... LVE110995 **20 ley:** Aunque la *farragosa* ley del Deporte no recoge la posibilidad de que los ex directivos de clubs... LVE101195 **21 normativa:** ...«hace casi imposible conseguir la RU-486» en España porque la normativa es «*farragosa*, burocrática y lenta». EPE201199 **22 metodología:** ...establecen a través de 100.000 encuestas en Gran Bretaña y los EE. UU. que –haciendo obvia salvedad de su *farragosa* metodología– existe una correlación directa... EPE141199

F SUSTANTIVOS QUE DESIGNAN EL EFECTO DE ANALIZAR O ESTUDIAR ALGO, ASÍ COMO ALGUNOS DE SUS FACTORES CONCOMITANTES: **23 erudición +:** ...pretende aunar, sin cansancio por exhaustividad o erudición *farragosa*, interés por el significado de los animales... ABC181194 **24 saber:** ...consigue que sus saberes y estudios (como varias traducciones de poemas por medio) nunca sean *farragosos* ni secos. EME170296 **25 estudio:** Nadie piense que estamos ante un *farragoso* estudio teórico de complicada y obtusa terminología. ABC210593 **26 análisis:** ...«El sistema» (1994), un *farragoso* análisis de la crisis política española... LVE141095

☐ Véase también: **aparatoso.**

farsa ♦ **antiguo, burdo, cínico, completo, democrático, descomunal, electoral, esperpéntico, grandioso, grotesco, jurídico, lamentable, legal, monumental, político, puro, repugnante, retorcido, ridículo, sacramental, solemne, total, trágico, tremendo** ♦ **aire (de), clave (de), problema (de), tono (de)** ♦ **boicotear, bordear, caer (en), calificar (de), colaborar (en), construir, consumar, contribuir (a), denunciar, desbaratar, descubrir, desenmascarar, desmontar[44], destapar, desvelar, esclarecer, escribir, estrenar, levantar, maquinar, montar, oficiar, organizar, participar (en), rozar, tejer, urdir**

☐ Véase también: **engaño, patraña.**

fascinación ♦ **absoluto, arrebatador, cautivador, deslumbrante, enorme, incontenible, irremediable, irresistible[13], magnético, persistente, poderoso, profundo, subyugante** ♦ **ceder (a), confesar[38], dejarse llevar (por)[81], demostrar, despertar (en alguien), ejercer[16], experimentar, generar, mostrar, provocar, rendirse (a/ante)[8], sentir[17], sentirse atraído (por), sucumbir (a), sustraer(se) (de/a)[7]**

☐ Véase también: **admiración, asombro, atracción, encanto, perplejidad, sorpresa.**

fase ♦ **álgido[7], avanzado[3], crucial, incipiente, inicial, intermedio, irreversible, preliminar, preparatorio, temprano, terminal, valedero (para)** ♦ **abrir(se), alcanzar, atravesar[6], cerrar, culminar, empezar, encontrar(se), escalonar, ordenar, pasar (por), tener, terminar**

☐ Véase también: **circunstancia, etapa, período.**

fastuosamente ♦ **adornar, celebrar, conmemorar, decorar, recibir**

☐ Véase también: **a cuerpo de rey, de tiros largos, lujosamente, por todo lo alto.**

fatal ♦ *(adj.)* **accidente, atracción, avería, caída, casualidad, choque, coincidencia, combinación, consecuencia, decisión, desenlace, destino, disparo, distracción, enfermedad, equivocación, error, golpe, herida, impulso, incidente, mezcla, movimiento, mujer, noticia, paso, plazo, resultado, sucesión, suerte, tropiezo, viaje, víctima,** *otros sustantivos que designan eventos*

fatalidad ♦ **amargo, casual, del destino, histórico, imprevisible, ineludible, inexorable[42], irremediable, sin remedio, terrible, triste, verdadero** ♦ **cadena (de), cúmulo (de), fruto (de), serie (de), signo (de), víctima (de)** ♦ **abandonar(se) (a), abocar(se) (a), aceptar, amenazar, atribuir (a), darse, dejarse llevar (por), luchar (contra), ocurrir, producir(se), resignarse (a), sobrellevar, vencer**

☐ Véase también: **casualidad, desgracia, fortuna, suerte, tragedia.**

fatalmente ♦ **abocar, acabar, agravar(se), aproximar(se), arrastrar, caer, concluir, conducir, cruzar(se), cumplir(se), dañar, desembocar, destinar, dividir(se), empujar, enloquecer, equivocarse, evolucionar, finalizar, golpear, llegar, llevar, perjudicar, repetir(se), resbalar, suceder, truncar(se)**

fatiga ♦ **acumulado, acusado, extenuador, profundo, tremendo, vital** ♦ **muestra (de), señal (de)** ♦ **acumular, acusar[2], combatir, entrar[17], experimentar, exteriorizar, manifestar, provocar, sentir, sufrir, tener, vencer[46], venir (a alguien)**

☐ Véase también: **agotamiento, cansancio.**

[favor] → **a favor**

favor ♦ **enorme, flaco[1], gran(de), impagable[3], inestimable, pequeño, valioso** ♦ **arrancar (a alguien), colmar (de)[28], conceder[32], deber, denegar, devolver, disfrutar (de), dispensar[10], escatimar, gozar (de)[21], hacer, implorar[8], mendigar, negar[81], obtener, otorgar, pagar, pedir, prodigar, regatear, solicitar, tener**

☐ Véase también: **apoyo, ayuda.**

FAVOR

♦ (ADJETIVOS) Véase: **tristemente[A]**

♦ (SUSTANTIVOS) Véase: **adquirir[A], afianzar(se)[B], a la altura (de)[D], amañar[C], anotar(se)[B], apagar(se)[A], ápice (de)[L], apoteósico[B], apoteósico[D], apoteósico[E], arañar[B], arrasador[B], arrogarse[F], asumir[H], atesorar[B], augurar[B], avalar[I], brindar[G], cálido[C], caluroso[B], capitalizar[D], cimentar[E], clamoroso[A], cobrar[D], colmar (de)[B], colmar (de)[C], concitar[G], conquistar[C], corroborar[G], cosechar[B], cosechar[C], cubrir(se) (de)[C], cubrir(se) (de)[D], cultivar[G], dañar[A], dar[A], dar[J], decaer[L], declinar[B], decrecer[E], dejarse llevar (por)[L], derrumbar(se)[D], desbordante[F], desbordante[G], desfigurar[B], deshacerse (en)[A], desmedido[H], desmesurado[E,I], despertar[D], devaluar(se)[A], digerir[B], dilapidar[D], dirimir[F], dispensar[A], dorado[C], efímero[A], efímero[J], efusivo[C], empañar(se)[F], en bandeja[A], encajar[D], encendido[D], en señal de[C], ensuciar[A], erosionar[B], estallar (en)[B],**

expresión (de)[A], forjar[F], fraguar(se)[B], fugaz[C], gozar (de)[A], granjearse[F], hipotecar[J], honrar[B], inmerecido[A], intachable[E], irresistible[E], lanzarse (a)[C], lavar[B], lidiar[F], lluvia (de)[E], malgastar[B], minar[C], multitudinario[E], nublar(se)[F], ostentar[G], parco (en)[A], pasajero[A], pisar[B], pisotear[B], prodigar[B], profesar[H], recaer[B], redundar (en)[C], regatear[B], reponer[C], restañar[C], revalidar[E], reverdecer[B], robustecer(se)[B], sin perjuicio (de)[K], sin reservas[G], sin tapujos[M], sobrado (de)[J], sonreír[C], testimoniar[C], tributar[C], unánime[C], vasto[A], verter[F], vivo[L]
♦ (VERBOS) Véase: **a bombo y platillo[E], a coro[G], a rabiar[A], arrolladoramente[C], calurosamente[B], decididamente[H], deportivamente[C], efusivamente[A], encarecidamente[C], largamente[H], por mayoría[E], profusamente[K], repetidamente[F], sin ambages[C], sinceramente[F], sin reservas[A], sin tapujos[E], universalmente[A,B,C,G], vivamente[F]**
☐ Véase también: ACEPTACIÓN; ATENCIÓN.

favorable ♦ **absolutamente, clamorosamente, con reparos, decididamente[51], declaradamente, en absoluto, enteramente, escasamente, parcialmente, sin reparos, totalmente** ♦ **actitud, acuerdo, atmósfera, clima, comentario, consecuencia, decisión, época, fallo, influencia, juicio, marcador, opinión, período, resolución, resultado, saldo, sentencia, suerte, viento,** *otros sustantivos temporales*
☐ Véase también: **favorablemente, halagüeño, propicio.**

favorablemente *adv.* ▮ Se combina con...

A VERBOS QUE DESIGNAN PROCESOS, ESPECIALMENTE SI AVANZAN EN LA DIRECCIÓN QUE SE CONSIDERA POSITIVA: **1 evolucionar ++:** Guillermo Morigi, quien sufrió un esguince en su tobillo derecho ante San Lorenzo, también evoluciona *favorablemente.* CLA111000 **2 desarrollarse ++:** ...está convencida de que esos implementos son indispensables para desarrollar *favorablemente* el trabajo de enseñanza. ETC020190 **3 recuperarse +:** A raíz del choque sufrió lesiones de las que se recupera *favorablemente* y en 15 días volverá a los entrenamientos. CLA240497 **4 progresar:** Progresan *favorablemente* las actividades de Industria Española del Poliester... LVE081296 **5 cambiar:** No me veo muy bien, pero a veces la motivación puede hacer muchas cosas, o pasa una sorpresa que nadie espera y todo cambia *favorablemente.* LVE100495 **6 crecer:** ...la compañía aérea nacional Cubana de Aviación crece *favorablemente* en sus indicadores de seguridad, eficiencia y realización empresarial. GIC091096

B LOS VERBOS *RESPONDER* Y *REACCIONAR*: **7 responder ++:** Estados Unidos dispondrá de dos tipos de opciones si decide responder *favorablemente* a la propuesta francesa de llevar a cabo una acción común en Bosnia... EME190795 **8 reaccionar ++:** El Senador republicano John Warner, uno de los partidarios de esa comisión no reaccionó muy *favorablemente* ante el anuncio de Clinton. CLA060199

C VERBOS QUE DENOTAN EFECTO O IMPRESIÓN EN EL ÁNIMO O EN LA CONDUCTA: **9 influir ++:** Pero no sólo la inversión extranjera ha influido *favorablemente* en la recuperación económica. EME051095 **10 repercutir +:** No obstante, las manifestaciones de Alan Greenspan sobre la necesidad de ayudar a México repercutieron *favorablemente* en el dólar... LVE260195 **11 afectar +:** El poder controlar estos factores afectaría *favorablemente* al fibrinógeno. EME160395

D VERBOS QUE DESIGNAN LA ACCIÓN DE DECIDIR, DETERMINAR O ENJUICIAR ALGO. TAMBIÉN CON OTROS QUE EXPRESAN MANIFESTACIONES VERBALES DE CARÁCTER ENUNCIATIVO: **12 informar ++:** ...la Junta Superior de Precios ha informado *favorablemente* sobre la propuesta del Ministerio de Industria, que ha sido aceptada por la comisión delegada de asuntos económicos. LVE281295 **13 pronunciarse +:** Sobre el papel de la Administración, se pronunciaron *favorablemente* en que se redujeran las cotizaciones a la Seguridad Social (35%) y que se implante un contrato estable (29%). LVE240296 **14 comentar +:** Usuarios que circularon por las zonas comentaron *favorablemente* la actividad. ESH100797 **15 hablar:** Habló *favorablemente* del «Contrato con Estados Unidos», plataforma de campaña de los republicanos diseñada para desmantelar la estructura de gobierno creada por los presidentes demócratas. PME010996 **16 valorar +:** ...pero, en cambio, valoró *favorablemente* la política económica pese a que esta mejora no se refleje en los sondeos. LVE221296 **17 juzgar +:** Para ello, y sólo para ello, están los neoliberales en el poder, y sólo se les juzga *favorablemente* por sus jefes foráneos si cumplen bien esas sencillas tareas. EXC220996 **18 considerar:** El dictamen presentado ayer por Icomos recoge que la organización mundial está dispuesta a considerar *favorablemente* la propuesta del Palmeral en la convención que se celebrará el próximo año. EPE021299 **19 examinar:** Sin embargo, se cree que en los pasillos los aliados socialistas de Moscú pidieron a la URSS que examinase *favorablemente* ciertas medidas a favor de la distensión. EPE150580

E VERBOS QUE DENOTAN RECEPCIÓN O ACEPTACIÓN: **20 acoger ++:** La Iglesia católica de Inglaterra ha acogido *favorablemente* la propuesta de que el monarca pueda casarse con un católico... EME210896 **21 recibir +:** ...es concebible que un eventual despliegue de tropas estadounidenses en México sea recibido *favorablemente* si el gobierno de México se enfrenta a la amenaza de ser derrocado... DYM010996 **22 aceptar:** ...mostraron su confianza en que ante estas nuevas medidas presupuestarias el Banco de España reaccione (...) y en que los mercados financieros las acepten *favorablemente.* EME290996

F VERBOS QUE DENOTAN RESOLUCIÓN O TOMA DE MEDIDAS PARA PONER FIN A UNA SITUACIÓN COMPLEJA: **23 resolver +:** Sin embargo, existe el propósito declarado de resolver *favorablemente* el reembolso y no embarcarse en largos y costosos pleitos que afectan negativamente a las partes. LTB190197 **24 saldar:** Esta relación entre el consejero y el ejecutivo se saldó *favorablemente* para el segundo, quien obtuvo el cargo citado... EPE011299 **25 solucionar:** ...termina de leer el comunicado, haciendo una llamada al Gobierno y a la Unión Europea para que solucionen *favorablemente* el conflicto. EME070495

G VERBOS QUE DENOTAN SUPERACIÓN DE ALGO: **26 pasar +:** Aunque el MAP se niega a revelar los nombres de los sectores examinados, la conclusión es que cuatro sistemas pasaron *favorablemente* la prueba... EPE031099 **27 superar +:** En resumen, el autor del reportaje ratifica que Barcelona ha superado *favorablemente* el síndrome postolímpico y se pregunta si Atlanta lo conseguirá. LVE080895

☐ Véase también: **favorable.**

favorecer ♦ **a las claras, claramente, considerablemente[90], decisivamente[21], descaradamente[11], desproporcionadamente, enormemente[6], notablemente[16], notoriamente, ostensiblemente[66], sin tapujos** ♦ **acercamiento, acuerdo, desarrollo, diálogo, encuentro, entendimiento, pacto, paz, proyecto, reconciliación, solución, tregua,** *sustantivos de persona*

☐ Véase también: **animar, apoyar(se), ayudar, facilitar, impulsar, potenciar, propiciar, propulsar.**

[fe] → **buena fe, de buena fe**

fe ♦ **absoluto, apasionado, ardiente, cándido[25], ciego[1], del carbonero, entusiasta, escaso, ferviente[54], fervoroso, ilimitado, imperecedero, inalterable, incondicional[15], inconfesado, infundado, inquebrantable[8], profundo[58], total, vivo** ♦ **sin menoscabo (de)[11]** ♦ **acto (de), misterio (de), prueba (de)** ♦ **abjurar (de)[1], abrazar, abrigar[18], adherirse (a)[7], afianzar(se)[52], alcanzar, alimentar[57], arraigar (en alguien), brotar, compartir, conservar[35], cuartear(se), dar[197], defender, defraudar[11], difundir(se)[115], erosionar, extinguir(se)[46], fortalecer(se)[39], infundir[27], inspirar, irradiar[8], manifestar, mantener, mellar(se)[2], minar, perder, perseverar (en)[18], predicar[6], profesar[2], quebrantar[42], quebrar(se), reavivar[25], recobrar, recuperar, refugiar(se), renovar, socavar[50], tener, traicionar**

☐ Véase también: **buena fe, certeza, confianza, creencia, seguridad.**

febril *adj.* ▮ En su sentido literal se combina con el sustantivo *estado* y con otros sustantivos que designan reacciones físicas ante la fiebre *(delirio, sopor, temblor)*. En su sentido figurado admite algunos sustantivos de persona *(un poeta febril)*. También figuradamente se combina con sustantivos que designan períodos *(día, hora, etapa)* y lugares *(ciudad, mundo, ambiente)*. Se construye asimismo con sustantivos verbales *(lenguaje, escritura)* y con los que designan unidades, géneros y soportes de la narración *(relato, novela, película, cinta, comedia)*. Se combina asimismo con...

A SUSTANTIVOS QUE DENOTAN ACTIVIDAD O TAREA. TAMBIÉN CON OTROS QUE DESIGNAN LA ENERGÍA O EL VIGOR QUE EN ELLA SE PONE: **1 actividad ++:** Montañas de panfletos por desempaquetar y una *febril* actividad telefónica son algo habitual en estos días. LVE121195 **2 trabajo ++:** Nueve meses de trabajo intenso, *febril.* ABC260692 **3 empeño +:** En cierto modo una meta enfermiza por lo que tenía de empeño *febril* y anhelo incurable. EME151195 **4 esfuerzo:** ...donde se están haciendo *febriles* esfuerzos para construir campos y proporcionar servicios. EPE240499

B SUSTANTIVOS QUE DENOTAN MOVIMIENTO O DESPLAZAMIENTO, A MENUDO INTENSO O CONTINUO: **5 ritmo ++:** Carnaval brasileño a pleno ritmo *febril.* ENH100297 **6 movimiento +:** ...denuncian su emoción los *febriles* movimientos de sus manos a medida que sus ojos recorren las impresas estrofas... LPN030297 **7 ajetreo +:** ...ofrece en horas diurnas un ajetreo *febril* por la concurrencia de unos grandes almacenes y del tejido subterráneo de los centros comerciales... EPE021285 **8 trasiego:** Nunca se había producido un trasiego tan *febril* de extranjeros entre equipos españoles. LVE020994 **9 vorágine:** Engullido por la *febril* vorágine como creador y regente de la discográfica... EPE300199 **10 viaje:** ...la cinta propone un gélido, lírico y *febril* viaje a los lugares donde habita el vacío. EPE200399 **11 pulso –:** ...la bolsa nació junto a las minas y ha vivido durante más de un siglo su pulso *febril.* LVE210594

C SUSTANTIVOS QUE DENOTAN CURSO SEGUIDO POR ALGO O ALGUIEN: **12 carrera +:** Las dudas atribulaban al aficionado coruñés al final de la campaña pasada, durante la *febril* carrera estival de los fichajes millonarios... EME090896 **13 proceso:** ...tuvo que suspender sus actividades durante algunos días a causa de un proceso *febril* provocado por problemas digestivos. ETC150996 **14 desarrollo:** Una ciudad taquicárdica como consecuencia de su *febril* y desnortado desarrollo urbanístico. EPE210299 **15 desfile:** ...uno añoraba la excitación de esos desfiles *febriles* de la época del Museo del Ferrocarril. EME140996

D SUSTANTIVOS QUE DENOTAN AFÁN, TENDENCIA O INCLINACIÓN, A MENUDO INTENSOS O VEHEMENTES, HACIA ALGUNA COSA. TAMBIÉN CON OTROS QUE DESIGNAN ALGUNAS DE LAS ACCIONES QUE SE EMPRENDEN PARA OBTENERLA: **16 deseo +:** Aquiles nunca dará alcance a la tortuga, me dije, y tampoco será impulso suficiente este *febril* deseo para llegar hasta ella... EPE201199 **17 demanda +:** La demanda *febril* de acciones de estas sociedades probablemente es desmedida... EPE131299 **18 pasión +:** ...dibuja un campo de batalla en el que la solidaridad es barrida por la pasión *febril.* ABC220995 **19 voluntad:** ...su minifalda pegada a unas piernas infinitas, todo el espíritu y voluntad *febril* de los sesenta... ABC011295 **20 insistencia:** Los caminos que emprendió Freixas son numerosos y trabajados con *febril* insistencia. EPE270599 **21 búsqueda:** ...no abandonaba nunca el papel y la pluma, el dibujo y el poema, en una búsqueda *febril* del sentido profundo de todas las cosas que le iluminaban la vida... EPE150599 **22 obsesión:** A mucha gente nos entra una obsesión *febril* por la morenez y somos capaces de asarnos vivos. EME160596 **23 fascinación:** ¿Qué importa? Igual es la *febril* fascinación por el hogar paterno. EME141096

E SUSTANTIVOS QUE DESIGNAN ESTADOS DE AGITACIÓN, COMPULSIÓN O HIPERACTIVIDAD, ASÍ COMO OTRAS MANIFESTACIONES FÍSICAS O ANÍMICAS QUE SE CARACTERIZAN POR SU INTENSIDAD: **24 excitación +:** ...cuadro clínico difuso y la excitación *febril,* la conducta desesperante de doña Blanca y la curiosidad al acecho de los vecinos... LPN051097 **25 impaciencia:** ...el terreno abonado para los diputados jabalíes fomentaría una impaciencia *febril* ante el plazo de respeto de los 100 días. EPE300799 **26 furia:** Abraham, con furia *febril,* se pasó horas arrastrándose por el suelo en busca de lo mágico. ABC201095 **27 tensión:** La curva descendente de la obra, desde la tensión *febril* del primer movimiento hasta la meditación íntima y lírica del final... ABC280593 **28 intensidad:** Habría que atribuir al eterno sentimiento de la nostalgia humana (...) la *febril* intensidad con que bandas de todo calibre... HOY060197 **29 extroversión:** Como negándose a que la *febril* extroversión de la obra pusiera punto final al recital... ABC280593 **30 extravagancia:** El artífice de *febriles* extravagancias como «Amor que mata». EPE240199 **31 competitividad:** La voracidad de los aparatos conduce a una *febril* competitividad. EME030494 **32 consumismo:** ...unos arremeten contra el consumismo *febril* («compro luego existo»), otros lo achacan a la desintegración de las familias. EME110896 **33 fuerza –:** En el verano, que se deja padecer o disfrutar con toda su fuerza *febril* y disgregadora en agosto... EME010996

F SUSTANTIVOS QUE DESIGNAN ACTIVIDADES DE NATURALEZA GENERALMENTE EXPANSIVA: **34 animación:** Con todo, por unos breves momentos, recuperamos la *febril* animación de los años de La Movida... EME080495 **35 baile:** Si rebobinamos a velocidad de cine mudo, asistiremos a un *febril* baile de mascotas y logotipos... EPE061299 **36 música:** Fueron dos horas y cuarto de música *febril* que ignoró el contenido de su apreciable nuevo disco, «Rave un2 the joy fantastic». EPE251199 **37 juego:** Se siente en su hábitat en medio del fútbol de su equipo, un juego *febril* que naturalmente acaba por expresarse en Esnáider. EPD120996

G SUSTANTIVOS QUE DESIGNAN FACULTADES QUE SE ASOCIAN CON LA CAPACIDAD DE CREAR, IDEAR O REPRESENTAR ALGO, POR LO GENERAL MENTALMENTE, ASÍ COMO CON ALGUNOS DE LOS RESULTADOS NATURALES DE ESAS ACCIONES: **38 imaginación ++:** ...esponjas traídas de los fondos marinos, donde afirma la poesía –o la imaginación *febril*– que habitan las sirenas. ABC231092 **39 mente +:** Pero la paradoja no entra en su mente *febril* ni en la de sus colaboradores... EME150395 **40 idea:** En su lugar, hoy pueden admirarse toneladas de cemento, resultado de la idea *febril* de un arquitecto y las alucinaciones de algunos arqueólogos. EPE260199 **41 ocurrencia:** ...Agotados todos los recursos de adulación, Herodes tuvo una ocurrencia *febril*. EME221296 **42 invención:** Ojalá fuera cierto que se tratara sólo de una invención *febril* de una poderosa oposición. CAP170797 **43 inspiración:** ...el hombre que estuvo detrás del escándalo Irán-contras tiene la misma inspiración *febril* de un adolescente. SEM091000 **44 interpretación:** ...en una interpretación voluntariamente desmesurada y *febril* confiere a su personaje (...) un status peculiar. ENC240599 **45 sueño:** ...apareció ese sueño *febril* narrado en un estilo gélido que se titula «El almuerzo desnudo». EME071296 **46 pesadilla:** ...en los laberintos de la pesadilla *febril*, en los abismos donde lo racional se precipita como un cuerpo inerte... ABC210292 **47 plan:** ...está haciendo *febriles* planes para las vacaciones. LVE280595 **48 propuesta –:** Cultomanía ofrece la propuesta más *febril* del director de Repulsión. EPE251199 **49 especulación –:** ...esquiva a sus propios votantes, fomentando *febriles* especulaciones sobre su dimisión. EME021295

H ALGUNOS SUSTANTIVOS DE PERCEPCIÓN Y REPRESENTACIÓN, Y CON OTROS QUE DESIGNAN NOCIONES QUE INTERVIENEN EN ESAS ACCIONES O PARTICIPAN EN ELLAS: **50 mirada +:** ...a alimentar en los ojos de su hijo la mirada *febril* y atormentada del monstruo. EME170396 **51 ojo +:** Apareció demacrado, con los huesos del esqueleto marcándose bajo la piel y esos ojos *febriles* que se les ponen a los soldados... EME140796 **52 signo:** ...ha reunido 63 obras sobre papel donde aparecen los signos «*febriles* y frágiles» y manchas de su universo... EPE151299 **53 trazo:** La situación en Rusia en el umbral del siglo XXI está marcada por el trazo *febril* e incoherente de Yeltsin... EPE150899 **54 imagen:** En la segunda planta, revivió la imagen fabril y *febril* de la Cataluña de la revolución industrial... LVE010396

I SUSTANTIVOS QUE DENOTAN FORMA DE SER O PRESENTARSE ALGO, Y CON OTROS QUE DESIGNAN ALGUNAS DE SUS CARACTERÍSTICAS EXTERNAS: **55 tono +:** ...sobredosis de violencia, un tono esforzadamente *febril*, actores tan realistas que cuesta entenderles lo que dicen... EME190295 **56 brillo:** «¡Cayó Madrid, cayó Madrid!», se enronquecían con un brillo *febril* en los ojos negrísimos. EXP150492 **57 aspecto:** ...dijo con voz vacilante y mostrando su aspecto *febril* al final de un día duro. EPE160699

J OTROS SUSTANTIVOS; POSIBLES USOS ESTILÍSTICOS: Esa horda de muñecos –muñecos gritones, muñecos llorones, chupones, eructadores, bulímicos, aerofágicos, halitósicos, *febriles*, que corren, que caminan, que patalean y también que disparan toda suerte de proyectiles–... LVE081296; ...asesinos convictos, narcotraficantes caídos, todos entre rejas: da escalofríos imaginarlos en las manos *febriles* de... LVE020296; ...en la orilla en donde se provee, entre redes abiertas, el sueño comunal en *febriles* crepúsculos. ABC290193

febrilmente *adv.* ■ Se combina con...

A VERBOS QUE DESIGNAN LA ACCIÓN DE PONER EMPEÑO, TRABAJO O DEDICACIÓN EN ALGO: **1 trabajar ++:** Brigadas del ejército trabajaban *febrilmente* para conectar el agua... LPN051297 **2 buscar ++:** Las fuerzas rusas buscan *febrilmente* al líder checheno... EME150695 **3 dedicarse +:** ...los comités técnicos que se han dedicado *febrilmente* a preparar la declaración... ETC111196 **4 esforzarse +:** ...encargos y peticiones que se esforzaban *febrilmente* en atender. INDOC **5 entregarse +:** ...se entregó *febrilmente* a la vida mundana... EME050295 **6 laborar:** ...los médicos del III Reich laboraron *febrilmente* para que los alemanes... EME070294 **7 aplicarse:** Estaban tan entusiasmados y se aplicaron tan *febrilmente* a la tarea, que no repararon en que... INDOC **8 comprometerse:** ...tendré que preguntarme por qué Bergamín se comprometió tanto, tan *febrilmente*, en política. LVE080196 **9 impulsar:** ...cada dolor, cada herida, cada desengaño me impulsaban *febrilmente* a hacer tres cosas: el amor, un soneto o una revolución... EME221095 **10 tratar:** ...donde trataba *febrilmente* de sintetizar en dibujos la sensualidad... PME290996

B VERBOS QUE DESIGNAN ALGUNAS ACTIVIDADES ARTÍSTICAS: **11 pintar:** ...es la primera acuarela abstracta que se conoce de Kandinsky, *febrilmente* pintada una noche para fijar el impacto que le había producido la visión... ABC111292 **12 dibujar:** ...empezó a dibujar *de forma febril* desde muy joven. EME060696 **13 diseñar:** ...Rafael, que, explican los estudiosos, diseñaba *febrilmente* bocetos... EPE110499

C VERBOS QUE DESIGNAN DIVERSAS ACCIONES RELATIVAS A LA INTERPRETACIÓN O EL ANÁLISIS: **14 leer:** ...pero es una narración excepcional que se lee *febril*-

mente. LVE040295 **15 estudiar:** Se pasaba los fines de semana estudiando *febrilmente* un temario que deseaba olvidar cuanto antes. INDOC **16 repasar:** ...cada noche me desvelo repasando *febrilmente* un voluminoso dossier. EPE280899 **17 examinar:** ...examinaba *febrilmente* un voluminoso dossier... EPE010876 **18 anotar:** ...que se limita a tomar notas *febrilmente* y abandona la sala... EPE291199

D ALGUNOS VERBOS DE MOVIMIENTO: **19 recorrer +:** ...recorría *febrilmente* las salas subterráneas del Centro Cultural de la Villa... EME080396 **20 correr:** Se trata de valores que a nosotros, siempre corriendo *de manera febril*... EPE181101 **21 lanzarse:** ...la ofensiva diplomática a la que se ha lanzado *febrilmente*... EPE300499 **22 circular:** ...y circulan *febrilmente* por las carreteras. EPE240599 **23 mover:** ...el gatazo gordinflón mueve *febrilmente* sus peones... EME111295 **24 rotar:** ...empezó a rotar *febrilmente* a su gente... EME070595

E VERBOS QUE DENOTAN PRODUCCIÓN, CREACIÓN, INTERCAMBIO Y OTRAS ACCIONES DINÁMICAS, A MENUDO VINCULADAS CON LA GESTIÓN ECONÓMICA O COMERCIAL: **25 comprar +:** ...se dedicó a comprar *febrilmente* las compañías de la competencia... LVE220995 **26 construir:** ...por medio de objetos de fabricación casera construidos *febrilmente*... EME170896 **27 producir:** ...produce *febrilmente* boletines de versiones oficiales... EME110194 **28 edificar:** Se estaba edificando *febrilmente* en todos los sitios... ABC240295 **29 amplificar:** ...y se amplifique *febrilmente* la desconfianza hacia nuestras iniciativas. EPE021985 **30 negociar:** ...negociando *febrilmente* la radicación de la automotriz germana... CLA300199 **31 exportar:** ...esos productos, que tan *febrilmente* se exportan... LVE100195 **32 distribuir:** ...cuando la paleta distribuye *febrilmente* las notas de color... ABC210593

F ALGUNOS VERBOS QUE DESIGNAN LA ACCIÓN DE EXPRESARSE VERBALMENTE O POR ESCRITO: **33 escribir +:** ...Cecilia Böhl de Faber comenzó a escribir *febrilmente*. EPE300599 **34 garabatear +:** En un arrebato de inspiración, se puso a garabatear notas *febrilmente* en un cuaderno. INDOC **35 debatir:** En las cancillerías occidentales se debatía *febrilmente*... EME260595 **36 llamar:** ...empezó a llamar *febrilmente* a los medios informativos... EME210594 **37 denunciar:** ...calla en México lo que denuncia *febrilmente* en Colombia. SEM170996 **38 teclear:** ...media docena más de infectados plumillas, todos han tecleado *febrilmente*... EPE020399

G OTROS VERBOS; POSIBLES USOS ESTILÍSTICOS: ...un partido perdedor, por definición, se destroza *febrilmente* a sí mismo. EPE140399; ...apretando *febrilmente* los muchos botones que encontró en el interior... EPE011299; ...y necesita *febrilmente* acaparar portadas. EME191296

H ALGUNOS ADJETIVOS: **39 entusiasta:** ...*febrilmente* entusiasta por una declaración del canciller... LTB141296 **40 honesto:** ...como la mayoría de la gente *febrilmente* honesta que conozco. EME021296 **41 intenso:** ...pueblan los *febrilmente* intensos fotogramas de las películas... EME160396

fecha ♦ **anecdótico[21], aproximado[5], crucial[8], decisivo, exacto, perentorio[25], señalado** ♦ **asignar, atenerse (a)[68], aventurar[25], celebrar, concertar, conmemorar, cuadrar[10], dar, fijar, olvidar, poner, recordar, rememorar, saltarse, tener, vencer[73]**
☐ Véase también: **aniversario, efeméride, onomástica, plazo, tiempo.**

fechar ♦ **carta, escrito, informe, obra,** *otros sustantivos que designan documentos*

fechoría ♦ **grave, implicado (en), innumerable, monumental, presunto, terrible** ♦ **autor (de), compañero (de), víctima (de)** ♦ **arrepentirse (de), asumir, cometer, consumar, encubrir, hacer, juzgar, pagar (por), perdonar, perpetrar, perseguir, planear**
☐ Véase también: **abuso, agresión, atraco, atropello, crimen, delito, injusticia, tropelía.**

fecundo *adj.* ▮ Se combina con sustantivos que designan momentos o periodos *(año, legislatura, instante)*. También lo hace con sustantivos de persona, especialmente si designan profesionales relacionados con la creación o el estudio *(escritor, artista, investigador, medievalista)*. Se combina asimismo con...

A SUSTANTIVOS QUE DESIGNAN FACULTADES RELATIVAS A LA CAPACIDAD DE CREAR, IDEAR, RECORDAR O REPRESENTAR ALGO, ASÍ COMO ALGUNOS DE LOS EFECTOS DE TALES ACCIONES: **1 imaginación ++:** ...el angelito va descubriendo unos personajes mitológicos salidos de la *fecunda* imaginación de adultos... ENV180497 **2 ingenio +:** ...la idea de una cita tan extraña, tan nada acostumbrada, surreal, sólo podía ocurrírsele a ingenio tan sorprendente y *fecundo* como... ABC221191 **3 genio:** Velázquez tenía un genio sublime, *fecundo*, vivo, fácil y universal. ABC301294 **4 talento:** Ningún gremio acepta de buen grado el talento versátil y *fecundo* de este creador insultantemente precoz... EPE270599 **5 memoria:** ...la actuación de José Antonio y los Ballets Españoles, en la memoria más *fecunda* de la actual edición del Festival Internacional de Música y Danza. EME020796 **6 intuición:** ...hay que saludar una voz bien timbrada y fresca, que sobresale entre la masa monocorde con propuestas de *fecunda* intuición poética. ABC170395 **7 idea:** ...todos los interesados en la producción de películas de bajo costo y en el intercambio de ideas *fecundas* sobre el futuro de este arte en Chile. HOY250184 **8 ocurrencia:** ...sirven sólo para resumir someramente la biografía de su longeva y *fecunda* «ocurrencia». EPE210199 **9 invención:** ...la veracidad de lo transcrito fue una de las innumerables y *fecundas* invenciones de Cervantes... ABC050692 **10 musa –:** ...con aquella picardía musical que brota de su musa siempre *fecunda*, en palabras de un crítico de la época. ABC070892

B SUSTANTIVOS QUE DENOTAN EXAMEN O ANÁLISIS DE ALGUNA COSA: **11 estudio:** Entre los estudios dedicados a Poesía y Retórica, tan prietos de erudición y *fecundos* de perspectivas, me han interesado vivamente dos. ABC170295 **12 reflexión:** Este recorrido por los siglos centrales de la Edad Media es fruto de una larga y *fecunda* reflexión en un seminario universitario... ABC061192 **13 análisis:** Existe una sincronía cuyo análisis sería *fecundo* intelectualmente... LVE160995 **14 investigación:** Este prestigioso centro cultural colombiano recibe así un espaldarazo a su labor científica y a sus *fecundas* investigaciones... EPE130599

C SUSTANTIVOS QUE DENOTAN ACTIVIDAD O TAREA, ASÍ COMO EL EMPEÑO QUE SE PONE EN ELLA: **15 actividad** +: ...una exposición antológica cuyo contenido ofrecía un apretado resumen de la *fecunda* actividad profesional, documental y artística... ABC190692 **16 labor** ++: ...después de muchos años de *fecunda* labor como director de la sección española del Liceo Francés. LVE220396 **17 trabajo:** ...se reconocía como hijo de una cultura del esfuerzo, es decir, del trabajo *fecundo* y no de la especulación... EXC220996 **18 tarea:** ...y además la obra que ha cumplido constituye una *fecunda* e histórica tarea. EUV230996 **19 dedicación:** De la amplia y *fecunda* dedicación al estudio de la historia española por parte del autor... ABC300493 **20 esfuerzo:** ...intenta responder otro volumen debido también al incansable y *fecundo* esfuerzo editor (además de investigador)... ABC230793 **21 quehacer:** ...precisa dar garantías de credibilidad para que su quehacer sea *fecundo*, y si esa garantía ha de basarse en hechos... EPE010876

D SUSTANTIVOS QUE DENOTAN PLAN DE ACTUACIÓN O FORMA DE ABORDAR RACIONALMENTE ALGUNA TAREA: **22 procedimiento:** Y en su desarrollo la novela se apropia de *fecundos* procedimientos de la antigua tragedia griega... ABC160994 **23 programa:** En conjunto, es un programa muy denso y *fecundo*. LVE040695 **24 sistema:** ...tengo la tentación de sentirme en plena Edad Media, de ser una destinataria de ese sistema ilustrativo y docente tan hábil, *fecundo* y eficaz en su momento. ABC081295 **25 planteamiento:** ...hoy existen planteamientos más serios, maduros y *fecundos*... LHG280897 **26 estrategia** –: Pero la estrategia demostró ser especialmente *fecunda* cuando se aplicó para definir el voto por Sí o No en las consultas populares. BRE080199

E SUSTANTIVOS QUE DESIGNAN EL CURSO SEGUIDO POR ALGO O ALGUIEN, MUY FRECUENTEMENTE INTERPRETADO EN SENTIDO FIGURADO. TAMBIÉN CON OTROS QUE SE REFIEREN A ALGUNOS CONTENIDOS QUE LO CARACTERIZAN: **27 trayectoria** +: Con una dilatada y *fecunda* trayectoria, caracterizada por su preocupación existencial y social... EME180696 **28 carrera** +: A lo largo de su *fecunda* carrera de diplomático muchos fueron sus destinos... LVE230495 **29 camino:** Tal vez, un camino más *fecundo* sea preguntarse ¿qué significado tiene el gesto paterno?... CLA050199 **30 senda:** No es extraño, por lo tanto, que la revelación de nuevas voces se produzca por esta senda, siempre *fecunda*, de la recuperación de la infancia perdida. ABC271291 **31 itinerario:** ...una vocación que se vio colmada a lo largo del *fecundo* itinerario vital del autor. LVE020696 **32 recorrido:** Podía haber sido un *fecundo*, hermoso y divertido recorrido en torno a los avances tecnológicos... EPE221199 **33 andadura:** Es en la universidad donde Roca inicia su larga y *fecunda* andadura política. LVE181295 **34 derrotero:** ...nuestra literatura de aquellos años hubiera seguido otros derroteros, probablemente mucho menos *fecundos*. ABC220794 **35 vida** +: Al cumplir sus primeros treinta y cinco años de *fecunda* vida institucional, ya investida con el título de Pontificia... RUM150997 **36 biografía** +: Dos *fecundas* biografías justamente valoradas por el jurado de este prestigioso premio. EME040596 **37 experiencia:** Experiencias *fecundas*, pues de ellas nacerían formas hispanas tan evocadoras como Tartesos o las civilizaciones iberas. ABC031195 **38 viaje** –: La lista de nombres que, de una u otra forma y en uno u otro momento, han acompañado a Glass (taxista y fontanero antes que mito) en este viaje largo y *fecundo* por la cultura universal... EPE221199 **39 aventura** –: ...todos ellos autores que acompañaron a Motherwell en su *fecunda* aventura intelectual y artística. EME091196 **40 vía** –: Pero ante todo hay que restablecer las vías de la comunicación *fecunda*. EXC130996

F SUSTANTIVOS QUE DENOTAN UNIÓN, ASÍ COMO ACCIÓN CONJUNTA O CONCERTADA. TAMBIÉN CON OTROS QUE DESIGNAN NOCIONES QUE REQUIEREN LA PARTICIPACIÓN DE DOS O MÁS PERSONAS O COSAS ENTRE LAS QUE SE ESTABLECE ALGUNA RELACIÓN, MUY FRECUENTEMENTE COOPERATIVA: **41 relación:** «Si se hiciese una encuesta entre quienes ven en la *fecunda* relación (...) algo criticable o algo elogiable, creo que la segunda opción ganaría...». LNP040997 **42 contacto** +: ...la incorporación de informes sobre la poesía en lengua portuguesa, con la que el resto mantiene un *fecundo* contacto. ABC060195 **43 amistad:** Josep Maria Benet i Jornet y Sergi Belbel mantienen desde hace años una *fecunda* amistad. EPE010299 **44 complicidad:** La espontaneidad y la reflexión viven en él con *fecunda* complicidad enemiga. LHG190397 **45 encuentro:** ...simbolismos que, a través de un instrumento y de su música, facilitaron aquel *fecundo* encuentro. ABC261193 **46 convivencia:** ...no se halla en las armas, sino en el diálogo, en la convivencia *fecunda* que fortalezca el diálogo hacia la paz, la justicia y la libertad. LPH240696 **47 colaboración** +: La historia de cómo «Trimalchio» se convirtió en «El gran Gatsby» es la de una *fecunda* colaboración entre un editor, Maxwell Perkins, y un escritor, Francis Scott Fitzgerald. EPE121299 **48 consenso:** La Constitución de 1978 es la primera que se elaboró en España con un consenso político admirable y *fecundo*. LVE071295 **49 alianza:** ...como teóricos de esa nueva forma de religión civil o de política capitalista en *fecunda* alianza. ABC280292 **50 unión:** La *fecunda* unión profesional entre el novelista Javier Marías y el editor Jorge Herralde (Anagrama) ha terminado en un ambiente de tangana futbolística. LVE130595 **51 intercambio** +: A ver, por cierto, cuándo ese *fecundo* intercambio de bienes culturales se extiende a la pujante y no menos artística producción... EPE211199 **52 mezcla:** Pero el escenario de América Latina tras la conquista abre una mezcla *fecunda* entre españoles, indígenas y, más tarde, africanos... EPD210597 **53 mestizaje:** Fue gran amigo de Juan Larrea, cuyas visiones finales ha asumido como un legado, aunque su mestizaje filosófico, simbólico y mitológico es evidente y *fecundo*. ABC030993 **54 síntesis:** ...el deslumbrante idioma de Umbral, síntesis creadora y *fecunda* de la tradición quevediana... EPD181197

G SUSTANTIVOS QUE DENOTAN INTERACCIÓN VERBAL O CONTRASTE DE IDEAS: **55 diálogo** +: Y, más allá de él, para comprender el *fecundo* diálogo de la tradición simbolista con la vanguardia hispánica. ABC300793 **56 comunicación:** El caso de Guatemala es el ejemplo más reciente de las posibilidades de la comunicación *fecunda*. EXC020197 **57 debate:** Aquel debate *fecundo* sirvió para cimentar la reforma fiscal como una gran tarea de convergencia... EPE130479 **58 controversia:** Un liberalismo que conviva, en el respeto de una *fecunda* controversia, con el socialismo democrático... EPD250897 **59 discrepancia:** ...los deseos de la mayoría de los españoles, que permite y encauza las naturales, inevitables y *fecundas* discrepancias, estableciendo las reglas y los mecanismos necesarios para la gestión... EPE161280 **60 discusión:** Y como una gota de agua recuerda a otra, no debería faltar en Soria la discusión, siempre *fecunda*... LVE020296 **61 polémica:** ...centrada siempre en el objeto formal de su estudio, puede dar lugar a *fecundas* polémicas, refrendos y puntualizaciones. ABC180693

H SUSTANTIVOS QUE DESIGNAN EL CONJUNTO DE COSAS QUE SE HEREDAN, SE TRANSMITEN O SE ASUMEN GENERALMENTE EN ALGUNA COMUNIDAD: **62 tradición +:** ...único fotógrafo propiamente dicho presente, se inscribe en la *fecunda* tradición del objeto surrealista. ABC230695 **63 cultura:** ...contrariamente a la esperanza revolucionaria o republicana, ese tiempo libre no se consagra a una *fecunda* cultura del ocio. EME080696 **64 historia:** El Colúlegi d'Advocats de Barcelona vivió ayer uno de sus días de gloria, en su *fecunda* historia. LVE221295 **65 legado:** ...amén de ilustrarnos acerca de ese sincretismo cultural que constituye el legado menos controvertido, y el no menos *fecundo*, del descubrimiento. ABC301092 **66 mito:** En 1992, el Estado español debe celebrar solemnemente, sin complejo alguno, el mito *fecundo* de la universalidad... EPE020889

I EL SUSTANTIVO *INFLUENCIA* Y CON OTROS QUE DENOTAN ENSEÑANZA O INSTRUCCIÓN: **67 influencia +:** Treinta y cinco años después, no podría concebirse la República Dominicana de hoy sin la influencia positiva, *fecunda*, de la Universidad Católica Madre y Maestra. RUM150997 **68 magisterio ++:** ...se le recordará, sobre todo, por su magisterio *fecundo*; por la capacidad regeneradora del actor inseguro, bloqueado o desconcertado. EME010795 **69 escuela:** Es completa y bien documentada la exposición de la *fecunda* escuela organística de los siglos XVI, XVII y XVIII... EPE280877 **70 docencia:** ...somos muchos, y más si se cuentan los cientos de ciudadanos a quienes en sus estudios medios enseñó durante su larga y *fecunda* docencia... EPE300399 **71 enseñanza +:** ...hurgan en las tradiciones, en las *fecundas* enseñanzas científicas de la Antigüedad... ABC120393 **72 aprendizaje:** «Una muestra de que el aprendizaje fue *fecundo*», dijo Rodríguez Sahagún, «es este hecho». EPE020580 **73 lección:** Fecunda y copiosa es la lección del estoico Xirinacs y su mensaje ha tenido un eco palpable en el pueblo que le ha llevado al Senado. EPE030877

J SUSTANTIVOS QUE DESIGNAN COSAS QUE SE TIENEN POR DIGNAS DE IMITACIÓN: **74 modelo +:** Esto nos obliga al reencuentro con el *fecundo* modelo narrativo que diseñó este escritor culto. EUV070497 **75 ejemplo:** El ejemplo, cegador, abrasador, *fecundo* –debería– del empeño por la obra bien hecha. EME230995

K ALGUNOS SUSTANTIVOS QUE DESIGNAN MANIFESTACIONES VERBALES: **76 mensaje:** El mensaje recto de destino y enderezador de Historia que (...) traía es *fecundo* y genial en el cerebro... EPE200399 **77 palabra:** ...procuró llenar este vacío con una elocuente y *fecunda* palabra, anunciando ese futuro. ETC010690 **78 metáfora:** Es una de esas metáforas *fecundas* capaces de producir un efecto similar al de una nana. EPE060299 **79 soliloquio:** ...su contrastada capacidad para establecer por sí mismos un diálogo o un soliloquio *fecundos*. ABC280795 **80 artículo:** Queremos que Dios nos lo conserve muchos más años de *fecundos* artículos «de perfil» y abrimos los brazos para estrechar fuertemente al cochabambino meritorio... LTB170397 **81 afirmación:** ...vio el momento de que surgiera en Cataluña una *fecunda* y a la vez afirmación catalanista y españolista. LVE121094 **82 testimonio:** Es de un gran patetismo, al mismo tiempo que un testimonio *fecundísimo*... ABC160493

L SUSTANTIVOS QUE DESIGNAN OTRAS MANIFESTACIONES VERBALES O COMUNICATIVAS, ESPECIALMENTE SI SE DIRIGEN A LOS DEMÁS PARA SOLICITAR UNA RESPUESTA U OTRO TIPO DE REACCIÓN: **83 propuesta:** ...fue la cima de una inquietud que nutría otras probaturas y a su alrededor germinaron propuestas también válidas y *fecundas*. LVE111095 **84 sugerencia:** ...queda abierto a las más ricas y *fecundas* sugerencias y que sigue siendo hoy por hoy una de las propuestas más brillantes... ABC260293 **85 interrogante:** ...lleva a plantear al lector uno de los interrogantes más *fecundos* de los últimos años, ¿existió en realidad el Renacimiento o fue una invención? ABC240395 **86 pregunta:** Los estudiantes bombardearon al profesor con preguntas sumamente *fecundas*, lo que permitió un interesante coloquio. INDOC

M ALGUNOS SUSTANTIVOS QUE DESIGNAN MANIFESTACIONES DE LO QUE SE CONSIDERA EQUIVOCADO O INSEGURO: **87 error:** En la vida los errores son una posibilidad de conocer zonas desconocidas de nosotros, otras posibilidades de cosas inesperadas; son errores *fecundos*. LVE041196 **88 duda:** Agradezcamos las *fecundas* dudas –camusianas y nuestras–: en ellas se encierra el porvenir. ABC051193 **89 contradicción:** Alianza Nacional también nace sobre una contradicción, que podrá revelarse paralizante o, al contrario, *fecunda*. LVE070295

N SUSTANTIVOS QUE DENOTAN CONJUNTO O SERIE DE ELEMENTOS: **90 serie:** ...compete a «Fernán Caballero» el mérito de haber sentado las bases de lo que llegaría a ser una *fecunda* serie literaria para la que, no obstante, Cecilia Böhl de Faber utilizaba preferentemente el nombre de «relación». ABC240492 **91 gama:** ...atraídos también por los incentivos de carácter económico y una *fecunda* gama de oportunidades, acudirían a Cuba para ayudarle... DLA180497 **92 género:** ...es improductivo, es estéril de frutos provechosos y *fecundo* en todo género de vicios, desenfreno y desviación civil. EUV060499

Ñ OTROS SUSTANTIVOS; POSIBLES USOS ESTILÍSTICOS: El jurado destaca la contribución del Instituto al *fecundo* bilingüismo y a la cohesión social y cultural. EPE130599; Esta mujer tiene una garganta *fecunda* y bien armada que todos han envidiado durante décadas... EME240695

☐ Véase también: **fértil**.

fehaciente *adj.* ▮ Se combina con...

A SUSTANTIVOS QUE DENOTAN PRUEBA, DEMOSTRACIÓN, CONFIRMACIÓN O CONOCIMIENTO DE ALGUNA COSA: **1 prueba ++:** Lo peor que le puede pasar es atreverse a asegurar algo sin tener las pruebas *fehacientes*... LHG040900 **2 demostración ++:** Los enojosos incidentes (...) son una demostración *fehaciente* de que además de la diferencia de criterio, hay entre bambalinas otros intereses... LTB080497 **3 muestra ++:** Ello es una muestra *fehaciente* de la confianza que existe hacia el mercado cubano. GIC114497 **4 testimonio ++:** Sería el testimonio más *fehaciente* de las jornadas románticas de aquel ameno escritor tan enamorado de todo lo español. GIC072597

5 constancia ++: Ningún científico serio tenía dudas de la existencia de la antimateria, pero jamás hasta ahora se había conseguido constancia *fehaciente*. EME060196 **6 conocimiento ++:** Por eso es posible lograr un conocimiento *fehaciente* y riguroso de la historia de Franco y su régimen. ABC061192 **7 constatación:** ...asombraba en su tierra con la constatación *fehaciente* de su buena forma... ABC280495 **8 confirmación:** ...nunca llegó a dar totalmente por buenas unas noticias de las que no había confirmación *fehaciente*. EME010995 **9 manifestación:** Pero también es posible que esta locura sea la manifestación *fehaciente* de una asfixiante falta de ilusiones. EME140296 **10 ejemplo:** Un *fehaciente* ejemplo de cómo aún puede hacerse cine con muy pocos medios si hay talento de por medio. LVE180696 **11 garantía –:** ...se mantienen en huelga hasta que no tengan «garantías *fehacientes*» de que han sido aceptadas sus peticiones. EPE010286

B LOS SUSTANTIVOS *HECHO* Y *DATO* Y CON OTROS QUE DENOTAN INFORMACIÓN, A MENUDO DE NATURALEZA CUANTITATIVA: **12 hecho ++:** Es un hecho *fehaciente* y, en este caso, lamentable. EME210796 **13 dato ++:** No iba conmigo eso de tener que demostrar cada cosa que decía, con *fehacientes* datos. EPE141099 **14 documento +:** «Al no haber ningún documento *fehaciente* que avale lo que hay en los sumarios, muchos no tienen ninguna validez, son burdas fotocopias». LVE060896 **15 documentación:** ...le corresponde ahora la tarea de establecer las necesarias cautelas procesales (dictámenes médicos, testigos imparciales, documentación *fehaciente*)... EPD280198 **16 información:** Conseguir los datos del cuadro que se publica demandó una espera de dos semanas y aún no se cuenta con información *fehaciente*... LNA260692 **17 cifra –:** A menudo las cifras son *fehacientes*, sí, pero también, no pocas veces, irrelevantes. EPE050700 **18 estadística –:** La tuberculosis (...) según estadísticas *fehacientes*, produce 14.000 nuevos casos en nuestro país. LNP080497

C EL SUSTANTIVO *SEÑAL* Y CON OTROS QUE EXPRESAN SIGNOS O REPRESENTACIONES DE ALGO: **19 señal +:** ...los varios grupos guerrilleros no dan señales *fehacientes* de querer la paz pues siguen matando... LTB050900 **20 símbolo:** Es un símbolo *fehaciente* de voluntad constructiva. LVE271295 **21 indicio:** ...no tiene propiedades a su nombre, ni tampoco surgieron indicios *fehacientes* de que las tuviera a nombre de un testaferro. LPA080592 **22 estigma –:** ...se revela uno de los mejores actores del momento (...), estigma *fehaciente* de la contradicción humana. LVE031095

D SUSTANTIVOS QUE DESIGNAN UNIDADES TEXTUALES, MÁS FRECUENTEMENTE SI SE REFIEREN A LA PRESENTACIÓN DE ALGUNA INFORMACIÓN: **23 narración:** Más *fehaciente* es aquella narración de la apuesta que Rossini ganó en París... EPE191299 **24 crónica:** ...al filme no puede negársele que es una *fehaciente* crónica de lo ocurrido en Vietnam... LVE270395 **25 traducción –:** La traducción que se realice por el organismo o persona designada por la institución, se tendrá por legítima y *fehaciente*... ENH090497

E SUSTANTIVOS QUE DENOTAN RESULTADO, O DESIGNAN EL EFECTO DE ANALIZAR ALGUNA COSA O DE DECIDIR SOBRE ELLA: **26 resultado:** El diseño establece la incorporación de todos los grupos sociales para que arroje resultados *fehacientes*. LTH300997 **27 conclusión:** ...la única conclusión *fehaciente* recogida en el acta fue que nosotros no estábamos allí. EPE200799 **28 resolución –:** ...la resolución del Vaticano «es totalmente *fehaciente* no sólo de oído, sino también escrita». EPE170999 **29 fallo –:** ...el fallo del Vaticano es «totalmente *fehaciente*». EPE170999

F SUSTANTIVOS QUE DENOTAN AUTORIZACIÓN, SOLICITUD O PERMISO Y, POR EXTENSIÓN, TAMBIÉN DENEGACIÓN O RECHAZO: **30 autorización:** ...«ninguna persona física o jurídica puede adquirir derechos televisivos (...) salvo autorización expresa y *fehaciente* de las televisiones autonómicas». LVE310796 **31 requerimiento:** La ley exige un requerimiento *fehaciente* previo al momento en que pueda iniciarse la actualización. LVE250295 **32 permiso:** ...ha decidido registrar en exclusiva para que nadie pueda usarlas sin su permiso *fehaciente* las expresiones «Trias de Res», «Trias de Pes»... LVE041195 **33 negativa:** La Fiscalía de Menores de Madrid, ante la *fehaciente* negativa de la ONCE a afiliar a estos niños, ha puesto ahora los hechos en conocimiento del Ministerio... EPE181299

G OTROS SUSTANTIVOS; POSIBLES USOS ESTILÍSTICOS: ...puede palparse con una claridad constante, *fehaciente*, su pasión carnal y espiritual... ABC010494; ...se presentará en todas las instancias que sean necesarias para demostrar la *fehaciente* honorabilidad de una gestión y para desmontar la calumnia política basada en la falsedad... EPE050399; Dichos recursos, pocos en realidad para establecer una *fehaciente* vigilancia sobre tan dilatado territorio, podrían aumentar... LNP010397

☐ Véase también: **fidedigno, inapelable, incontrovertible, irrebatible, irrefutable, taxativo.**

fehacientemente *adv.* ▮ Se combina con verbos que designan manifestaciones verbales o comunicativas *(afirmar, expresar, explicar, contar, aclarar, asegurar, contestar)* y también con...

A VERBOS QUE DENOTAN DEMOSTRACIÓN O CERTIFICACIÓN, A MENUDO REALIZADA CON ALGUNA PRUEBA DOCUMENTAL: **1 demostrar ++:** Cabe destacar que el juez electoral Jorge Rolón Luna dictó una orden prohibiendo que Ruiz Díaz jure como concejal en caso que no demuestre *fehacientemente* el haber renunciado a su banca en Diputados... ACP191296 **2 acreditar ++:** De acuerdo con lo que trascendió, en esta causa hay dificultades para acreditar *fehacientemente* la existencia del cuerpo del delito... CLA211187 **3 probar ++:** Seguramente porque la responsabilidad penal era difícil de probar *fehacientemente*. LTB100497 **4 certificar:** Así lo ha certificado *fehacientemente* la Dirección General de Instituciones Penitenciarias a instancias de la nueva abogada del reo... EPE160399 **5 constar:** ...debería constar *fehacientemente* en cada expediente como prueba de que los créditos se aplican a los fines para los que fueron aprobados. EME130695 **6 notificar:** A tal efecto, el arrendador deberá notificar *fehacientemente* al arrendatario su propósito de celebrar un nuevo contrato de arrendamiento... EME290194 **7 documentar:** Convendría que Luis Antonio de Villena, ante semejantes imputaciones, documentase (no sólo lo que Spender sutilmente pueda haber manifestado) *fehacientemente* sus afirmaciones. EME040895 **8 registrar:** En estos casos, es esencial que la fecha de embarque sea registrada *fehacientemente* pues es dato clave para la aplicación de la sobretasa. CAP180196

B VERBOS QUE DENOTAN COMPROBACIÓN O CONFIRMACIÓN: **9 comprobar ++:** La pena impuesta a Huamán Canchari se deriva de haberse comprobado *fehacientemente* que fue integrante del Partido Comunista Peruano... CAP170797 **10 corroborar +:** Ahí están los supervivientes para corroborarlo *fehacientemente.* EME300494 **11 constatar +:** Indicó que él pudo constatar *fehacientemente* que la imagen de nuestro país ha cambiado en el extranjero. ACP081296 **12 confirmar:** Sin embargo, para que el magistrado, en el estricto terreno judicial, pudiera confirmar *fehacientemente* la identidad de la víctima, necesitaría un resultado superior al 99 por ciento... LNP080497 **13 verificar:** ...ese mecanismo permitió a muchas empresas despedir a sus trabajadores (...) sin que se haya podido verificar *fehacientemente* si esas empresas estaban en crisis. CLA030397

C VERBOS QUE DESIGNAN LA ACCIÓN DE PRESTAR UN TESTIMONIO: **14 atestiguar:** Sencillo, limpio y generoso hasta la prodigalidad, como su muerte ha atestiguado, atroz y *fehacientemente.* EME050295 **15 testificar:** ...decenas de guardias civiles de Tráfico que se han visto obligados a dejar Cataluña bajo la presión homogeneizadora del pujolismo pueden testificar *fehacientemente.* EPD160198 **16 testimoniar:** Es más, lo que testimonia *fehacientemente* que el terreno es municipal es la Ley 46/89, que fue sancionada por el Congreso de la nación... ACP030701

D VERBOS QUE DESIGNAN MANIFESTACIONES DE RECHAZO O DE DENUNCIA: **17 negar:** La última revista Gestión también ratifica una noticia publicada por HOY y negada *fehacientemente* por el ministro de Finanzas... DHE201097 **18 desmentir:** ...y sin que pueda desmentir *fehacientemente* mi relación con ninguna de ellas, dada mi situación de total indefensión. EPE310599 **19 rechazar:** Seis miembros de una familia que fueron mordidos por un perro infectado con rabia, el pasado 29 de diciembre, rechazan *fehacientemente* la vacunación pertinente... LTB190197 **20 denunciar −:** ...por lo cual recién ahora se denuncian *fehacientemente* a las autoridades todos los casos que aparecen. LNA300692

E VERBOS QUE DENOTAN POSESIÓN DE CONOCIMIENTO: **21 conocer +:** Sus responsables suelen ser músicos con experiencia que conocen *fehacientemente* las carencias del mercado... EPE220399 **22 saber +:** ...lo único que sabíamos *fehacientemente* es que Kosovo era una zona balcánica más... EPE280399

F ALGUNOS VERBOS QUE DESIGNAN EL ESTABLECIMIENTO DE LOS TÉRMINOS O LOS LÍMITES DE UNA ACTUACIÓN: **23 determinar:** ...para determinar *fehacientemente* el trámite seguido en el procedimiento desde la finalización de las alegaciones hasta la notificación y publicación de la sentencia... EPE010284 **24 establecer:** Hay que establecer *fehacientemente* las causas del accidente y sancionar con severidad a los responsables... LPA160592 **25 fijar:** Estas acusaciones se fijaron *fehacientemente* antes de interponer la querella. INDOC

G VERBOS QUE DESIGNAN LA ACCIÓN DE MOSTRAR, PRESENTAR O PONER ALGO DE MANIFIESTO: **26 mostrar:** Qué mejor que un escándalo que salpicase de lleno al Cesid y mostrase *fehacientemente* su incompetencia en asuntos de espionaje interior... LVE120195 **27 revelar:** Conceder estos descuentos únicamente a los productores agrícolas venezolanos, a través de un mecanismo que revele de manera *fehaciente* los verdaderos volúmenes... EUV050996 **28 reflejar −:** El extraordinario potencial del baloncesto en los Balcanes queda reflejado *de forma fehaciente* en el Eurobasket que empieza hoy. EPE210699

H VERBOS QUE DENOTAN CONTRIBUCIÓN, AYUDA O INCLINACIÓN FAVORABLE A ALGO: **29 participar:** ¿Cómo es posible que Felipe González se haya negado durante tantos años a otorgar reconocimiento público a los méritos de quienes participaron, *de modo fehaciente,* en la resistencia al franquismo...? EME190495 **30 contribuir:** Sus propuestas han contribuido *fehacientemente* a la mejora de los resultados. INDOC **31 respaldar:** Las explicaciones brindadas por la citada encausada no se hallan comprobadas ni respaldadas *de manera fehaciente* por evidencias... ACP250996 **32 apoyar:** ...ha llegado el momento de empezar los trabajos que puedan apoyar *de forma fehaciente* lo que ahora sólo es una relación prometedora. EME160596 **33 defender:** A lo largo de su mandato al frente de la diplomacia americana defendió *fehacientemente* el uso de la fuerza para evitar el avance del comunismo... EPE150899

I OTROS VERBOS; POSIBLES USOS ESTILÍSTICOS: La falta de inscripción de las personas que residen *fehacientemente* en esos domicilios ocasiona la distorsión de los datos del padrón... LVE291096

☐ Véase también: **a ciencia cierta, con certeza.**

felicidad ♦ absoluto, a raudales[36], arrebatador, borracho (de)[7], contagioso, desbordante[7], dorado[6], duradero, efímero[13], enorme, eterno, fugaz[45], idílico, imperecedero, incontenible, infinito, inmenso, irrefrenable, máximo, pleno, pletórico (de)[27], radiante (de), rebosante (de)[2], resplandeciente (de), sumo[84], supremo ♦ al borde (de)[27] ♦ arrebato (de)[28], cara (de), gesto (de), ideal (de), sensación (de) ♦ ahogar(se)[22], alcanzar, apoderar(se)[35], aspirar (a), brotar[18], buscar, colmar (de)[1], colmar[26], conquistar, conseguir, dar[334], dar saltos (de), deparar, derramar, derrochar[9], desprender, desvanecerse[52], embargar[21], empañar(se)[16], estallar (de)[4], experimentar, explotar (de), extinguir(se)[40], henchir(se) (de)[17], invadir (a alguien), irradiar[2], perder, rebosar[1], reinar, resplandecer (de), reventar (de)[6], rezumar, saborear[34], saltar (de), sentir, transmitir[12], truncar(se)[47], vibrar (de), vislumbrar

☐ Véase también: **alegría, dicha, paz.**

felicitación ♦ amable, cálido[14], caluroso[7], cordial, de compromiso, efusivo[11], emotivo, frío, merecido, navideño, sincero ♦ lluvia (de)[29] ♦ colmar (de)[11], copar, cosechar, dar, dedicar, deshacerse (en)[9], enviar, escribir, expresar, hacer extensivo[11], mandar, recibir, transmitir

☐ Véase también: **cortesía, enhorabuena, parabién.**

felicitar ♦ calurosamente[5], cordialmente[11], deportivamente[10], de todo corazón[3], efusivamente[1], fríamente, sinceramente[15] ♦ año, cumpleaños, fiesta, navidad, pascua, persona

feliz ♦ absolutamente, como unas castañuelas[2], enormemente, escasamente, increíblemente,

inmensamente, sumamente ♦ comentario, conclusión, descubrimiento, final, hallazgo, idea, invención, ocurrencia

felizmente ♦ casado, comprometido, embarazado, llegado ♦ alcanzar, coincidir, concluir, confirmar, confluir, contribuir, coronar, culminar, debutar, disfrutar, ejercer, esclarecer, extirpar, juntar(se), llegar, pasar, proseguir, recuperar, recuperarse, regresar, reponerse, rescatar, resolver, salvar, superar, terminar, transcurrir, unir, vencer, vivir, volver

fenómeno ♦ aislado, apoteósico, artístico, asombroso, atmosférico, crucial[26], curioso, enigmático, extraño, extraordinario, imparable[17], incontenible[28], meteorológico, misterioso, natural, político, singular, sobrehumano, sobrenatural, social, sorprendente, terrestre ♦ causa (de), serie (de) ♦ acaecer, aclarar, describir, descubrir, desencadenar(se), estudiar, experimentar, explicar, observar, ocurrir[3], presenciar, producir(se), repetir(se), surgir
☐ Véase también: **acontecimiento, milagro, suceso.**

FENÓMENOS ATMOSFÉRICOS Véase: CLIMA

feo ♦ a rabiar, como un demonio, condenadamente, con ganas[1], sumamente, tremendamente

fermentar(se) *v.* ▮ En su sentido literal se combina generalmente con sustantivos que designan ciertos alimentos *(pan, azúcar)* y determinados líquidos *(vino, leche, mosto).* En su sentido figurado se combina con...

A SUSTANTIVOS ABSTRACTOS QUE DENOTAN IDEA O TENDENCIA, ASÍ COMO CON OTROS QUE DESIGNAN CIERTAS IDEOLOGÍAS, CREENCIAS O MOVIMIENTOS: **1 idea:** Las ideas *fermentan,* se consolidan y se imponen por el contraste de pareceres... ABC221294 **2 mentalidad:** ...al sur de los Pirineos *fermenta* una mentalidad derrotista... LVE051295 **3 tendencia:** En los momentos más críticos siempre *fermentan* dos tendencias, una que mira hacia atrás... LVE150495 **4 vocación:** ...y que dicha vocación *fermenta* en el exhaustivo estudio de la historia... LVE051295 **5 corriente:** ...en una corriente internacional (...) que *fermenta* al contacto con canales de comunicación, como el cine... ABC141094 **6 religión −:** ...entre las tres religiones que *fermentaban* en España en el período álgido... ABC031293 **7 racismo −:** Pero el racismo, según las organizaciones antifascistas, no sólo *fermenta* en las capas más bajas... EME120295 **8 terrorismo −:** ...el terrorismo de origen integrista que ha *fermentado* en un marginado segmento... LVE041195

B SUSTANTIVOS QUE DENOTAN CONFLICTO O CRISIS. TAMBIÉN CON ALGUNOS QUE DESIGNAN OTRAS SITUACIONES DE INESTABILIDAD: **9 conflicto +:** ...en Medellín se *fermenta* un conflicto con los sicarios en la orfandad. PME201096 **10 crisis:** ...la novedad de la crisis (...) que se *fermentará* en este fin de semana... EME180394 **11 tensión:** ...*fermentaba* y crecía la tensión interna por la radicalización... LVE160296 **12 corrupción:** ...sin un alto proyecto, no es de extrañar que *fermenten* la corrupción, la desidia... EME240495 **13 desidia:** ...sin un alto proyecto, no es de extrañar que *fermenten* la corrupción, la desidia... EME240495

C ALGUNOS SUSTANTIVOS COLECTIVOS: **14 tropa −:** ...una tropa que *fermenta* en la aniquilación y el descrédito. EPE180799 **15 comunidad −:** ...hasta hacer *fermentar* más amplias comunidades jurídicas. LVE190295 **16 cuerpo −:** ...cuando el nacionalismo ha *fermentado* un determinado cuerpo político... EPE231099

D SUSTANTIVOS QUE DESIGNAN SENTIMIENTOS Y ESTADOS ANÍMICOS: **17 odio +:** Con sus abusos consiguió que *fermentase* el odio. INDOC **18 miedo:** ...un país donde todavía *fermenta* el miedo a los vecinos del Oeste... EME121195 **19 indignación:** Su indignación habrá *fermentado* en escepticismo e ironía... LVE221194 **20 nostalgia:** Huelen a humedad, a casa cerrada, a otoño perpetuo, a nostalgia *fermentada.* EME281295 **21 melancolía:** ...sentimos *fermentar* en nuestro espíritu «esa oscura enfermedad que llaman melancolía». ABC060594

E OTROS SUSTANTIVOS; POSIBLES USOS ESTILÍSTICOS: ...una fecunda frontera donde *fermente* la autodidaxia. EPE011287; ...y el silencio que *fermenta* hoy en la masa de casi todos los países... HOY081178
☐ Véase también: **madurar.**

feroz *adj.* ▮ Se combina con sustantivos que designan personas *(crítico, adversario, político, escritor, mujer),* animales *(lobo),* unidades verbales y textuales diversas *(poema, texto, artículo, editorial)* y tendencias, actitudes o movimientos, sean personales, sociales o culturales *(capitalismo, individualismo, radicalismo, surrealismo).* También se combina con...

A SUSTANTIVOS QUE DESIGNAN MANIFESTACIONES DE RECHAZO O DIVERGENCIA: **1 crítica ++:** «Brigands», que por momentos es un verdadero acertijo, ofrece una crítica *feroz* a la farsa de la burocracia comunista y sus abusos. DYM080996 **2 oposición ++:** Todos conocíamos su *feroz* oposición a los bandolerismos franceses en las colonias. LVE040696 **3 sátira +:** Al frente de la segunda serie de sus «Acotaciones de un oyente» trazó, como al desgaire, la más *feroz* sátira del militarismo, pero luego buscó la amistad de los grandes entorchados africanistas. LRE290103 **4 rechazo +:** ...y en otros demuestra un rechazo *feroz,* sobre todo con las ideas de Sabino Arana. EDV141200 **5 diatriba +:** Escucho la *feroz* diatriba contra Rubio de un tipo con apariencia de ser el guardaespaldas favorito de Lucky Luciano. EME180494 **6 embate:** Ayer, tras haber sufrido el día anterior el embate *feroz* de la guerrilla radical palestina... EPE141201

B SUSTANTIVOS QUE DENOTAN CONFRONTACIÓN O RIVALIDAD, O DESIGNAN ALGUNAS DE SUS MANIFESTACIONES: **7 competencia ++:** La discusión pública de víctimas y verdugos fue promovida por dos canales en la *feroz* competencia por el índice de audiencia... EPD040997 **8 batalla ++:** Pero claramente mi batalla más *feroz* han sido las negociaciones que existen permanentemente. CAR241197 **9 lucha ++:** ...las semillas de una lucha de tendencias que fue *feroz,* hostil y que, en ocasiones, dejaba la impresión de que había llegado hasta el odio entre los contendientes... DED130996 **10 competitividad +:** Sólo bastiones del amateurismo como el rugby aguantan el envite de la *feroz* competitividad y las exigencias de los sponsors. EME110195 **11 guerra:** La antigua colonia británica de Sierra Leona, sacudida por una *feroz* guerra civil que ya suma 10.000 muertos... CLA130199 **12 enfrentamiento:** ...utilizando su impresentable inversión en opciones de la propia compañía bajo cuerda, terminó en un *feroz* enfrentamiento contra el presidente de la CNMV... EPE031001 **13 rivalidad:** A la persecución policial se unía la *feroz* rivalidad entre las bandas. EME280496

C SUSTANTIVOS QUE DENOTAN SENTIMIENTO DE HOSTILIDAD: **14 odio ++:** Su *feroz* odio contra el ex presidente Gonzalo Sánchez de Lozada lleva a su jefe a decir sandeces... LTB130901 **15 aversión +:** Siente una *feroz* aversión hacia sus antiguos compañeros. INDOC

☐ Véase también: **descarnado, encarnizado, enconado.**

férreamente *adv.* ▌Se combina con...

A VERBOS QUE DENOTAN GUÍA, CONDUCCIÓN, CONTROL O EJECUCIÓN DE ALGO. TAMBIÉN CON OTROS QUE DESIGNAN ACCIONES QUE PONEN DE MANIFIESTO ESAS ACTITUDES: **1 controlar ++:** ...los puestos laborales deberán incrementarse en el 4,5% y controlar *férreamente* la inflación. GIC051997 **2 dirigir +:** ...las actividades estaban agrupadas y dirigidas *férreamente* por los gremios... LVE060596 **3 administrar +:** Uno de los rasgos de su personalidad consiste en administrar *férreamente* el dinero... EME091296 **4 aplicar +:** ...ha aplicado *férreamente* la tijera. LVE160696 **5 dominar:** ...durante 342 años han dominado *férreamente* este país... EME270494 **6 gobernar:** Gobernaba *férreamente* sus tierras de Werowocomoco, de otros cinco territorios heredados y los 18 conquistados... EME121195 **7 conducir:** ...se trata de un texto casi por completo monológico, *férreamente* conducido desde la omnisciencia... ABC250895 **8 guiar:** La carrera liceista se quebraría en 1950 tras las tensiones que surgieron (...) con Juan Antonio Pamias, el abogado que guiaba *férreamente* la nave... ABC130594 **9 ejercer:** Un poder (...) que se ejerce *férreamente* mientras se puede... EPE310199 **10 asignar:** ...los conflictos ya no se encubren bajo los papeles *férreamente* asignados. EPE260299 **11 mandar:** ...un ejército de mercenarios que mandaba *férreamente* y sometía a una durísima disciplina. INDOC **12 sostener:** Esta posición es *férreamente* sostenida por los europeos y rechazada por los estadounidenses. EPE011299 **13 llevar las riendas:** ...más de treinta años llevando *férreamente* las riendas del país. INDOC **14 endurecer −:** ...ha endurecido *férreamente* su decisión de prohibir el paso de camiones por su territorio... EME230294

B VERBOS QUE DENOTAN CUSTODIA O PROTECCIÓN: **15 mantener +:** ...la suya es una narración en apariencia blanda, (...) *férreamente* mantenida de principio a fin... ABC240295 **16 custodiar +:** ...siete camiones de varias organizaciones repletos de víveres *férreamente* custodiados por los rebeldes... LVE131196 **17 vigilar +:** Todas las entradas de las principales facultades estuvieron *férreamente* vigiladas por la policía... LVE050695 **18 guardar +:** El secreto en torno al destino de los recién casados se mantiene *férreamente* guardado... EME200395 **19 defender:** ...jugaban muy fuerte, defendiendo *férreamente* sus respectivos intereses. LVE300495 **20 proteger:** ...parece poco dado a la vida social y protege *férreamente* su privacidad. CAR040897 **21 sellar −:** ...mantenían *férreamente* sellada la salida... LVE221196 **22 ocultar −:** ...oculta *férreamente* su edad. EME090696

C VERBOS QUE DENOTAN DISPOSICIÓN, PREPARACIÓN U ORGANIZACIÓN: **23 estructurar:** ...su naturalidad para inventar formas (...) y para estructurarlas *férreamente.* ABC161294 **24 construir:** «Violines y trompetas» está construida *férreamente*... EPE110977 **25 vertebrar:** ...la racionalidad instrumental y tecnológica (...) presuntamente rige en Occidente, vertebrándolo *férreamente*... ABC220193 **26 organizar:** Fue una acción *férreamente* organizada... LVE081196 **27 articular:** ...esta poesía se articula *férreamente*, con modalidades diversas de enunciación. EPE011099 **28 jerarquizar:** ...pinta entre lujosos tapices una micro sociedad *férreamente* jerarquizada y corrupta... EME091196 **29 marcar −:** ...las reglas de juego están tan *férreamente* marcadas que es ilusorio intentarlo. EME141095 **30 codificar −:** ...una celebración litúrgica *férreamente* codificada y sin vida. EME240695

D VERBOS QUE DENOTAN SUJECIÓN, O DESIGNAN CIERTAS FORMAS DE CONTACTO O DE UNIÓN ASIMILADAS A ESTA: **31 agarrar +:** Espartaco tomó el mando, y lo tuvo *férreamente* agarrado durante muchos años... EME300895 **32 amarrar:** ...la verdadera imaginación (...) sujeta y amarra *férreamente* (...) estos espléndidos relatos... ABC240492 **33 anclar:** Estos pequeños propietarios libres, anclados *férreamente* en el terruño que los sostiene... ABC090493 **34 unir:** ...la lucidez y profundidad de su pensamiento siguen *férreamente* unidas a la calidad poética de su texto... ABC190293 **35 asir:** Ahora lo sabemos recluido en un confortable apartamento, asido *férreamente* a una sólida cuenta corriente... ABC161092 **36 apretar:** ...aparece la silueta de Teresa, con (...) los brazos *férreamente* apretados contra su pecho. PME150996 **37 sujetar:** ...la verdadera imaginación (...) sujeta y amarra *férreamente* (...) estos espléndidos relatos... ABC240492 **38 aliarse −:** La Izquierda Unida (IU) *férreamente* aliada de ASP planteaba la elección directa de candidatos... LTB150197

E VERBOS QUE DENOTAN RESISTENCIA E IMPEDIMENTO. TAMBIÉN CON OTROS QUE DESIGNAN CIERTAS FORMAS DE ENFRENTAMIENTO O CONFLICTO ASOCIADAS CON ESAS NOCIONES: **39 oponerse ++:** ...todos los grupos (...) se oponen *férreamente* a liberalizar de verdad la economía... LVE030695 **40 resistirse +:** ...la reina indiscutible del «hip hop», se resiste *férreamente* a dejar sucesora. EME230295 **41 enfrentarse:** ...los galeristas franceses estaban *férreamente* enfrentados al Ministerio de Cultura... ABC120293 **42 denunciar:** ...cuando estaba en la oposición lo denunció *férreamente.* EME090696 **43 discutir:** ...se ha ido afianzando (...) después de haber sido *férreamente* discutido... LVE010995 **44 impedir:** ...me encontré con una verja de lanzas afiladas que impedían *férreamente* la entrada... EPE170299 **45 censurar:** ...sus libros estaban *férreamente* censurados... ABC111194 **46 armar:** ¿Qué otra cosa pueden hacer los pueblos y los campesinos sino armarse *férreamente*? PME150996 **47 militarizar −:** Cuentan con un dineral, están *férreamente* militarizados y van en sus grandes motos pegando palizas... LVE220396

F VERBOS QUE DENOTAN CUMPLIMIENTO DE UN DEBER, ASÍ COMO (MENOS FRECUENTEMENTE) AYUDA O CONTRIBUCIÓN A ALGUNA TAREA: **48 cumplir:** La Policía hizo cumplir *férreamente* la ley. EME120495 **49 seguir:** ...desde el primer momento fueron seguidos *férreamente* por camionetas de la Guardia Civil. EME280194 **50 coadyuvar –:** ...el orden establecido, que ella misma coadyuva *férreamente* a reproducir... ABC141094 **51 consagrar –:** ...la Constitución consagra *férreamente* el carácter secular del Estado fundado en 1923 por Mustafá Kemal Atatürk. EPE181099 **52 promocionar –:** ...se encarga de promocionar *férreamente* estos productos en nuestro país. LVE240595

G OTROS VERBOS; POSIBLES USOS ESTILÍSTICOS: ...400 agentes antidisturbios *férreamente* entrenados... EME150694

H ALGUNOS ADJETIVOS QUE DENOTAN ADSCRIPCIÓN IDEOLÓGICA: **53 leninista:** ...organización (...) cuya estructura *férreamente* leninista la preservaba mejor... EPE210299 **54 prosoviético:** Bulgaria, *férreamente* prosoviética, fue el primer país del socialismo ortodoxo en ocupar la tribuna de Belgrado. EPE061077 **55 integrista:** El movimiento afgano talibán, *férreamente* integrista (...), sufrió ayer su primer gran revés... LVE101096

I OTROS ADJETIVOS: **56 disciplinado:** Bajo la fórmula de una democracia parlamentaria existía un partido *férreamente* disciplinado... EME070695 **57 homogéneo:** ...la Turquía kemalista debía ser *férreamente* homogénea y celosísima de su independencia. EPE080399 **58 sistemático:** El libro (...) carece de una estructura *férreamente* sistemática. ABC201192 **59 vocacional:** ...el retrato de un artista inflexible (...), *férreamente* vocacional... ABC090994 **60 aglutinador:** ...bajo una apariencia *férreamente* aglutinadora se produjo un efecto claramente disgregador... ABC220193 **61 académico –:** Fue un trabajo *férreamente* académico, sólido, sin fisuras... LVE051296 **62 lineal –:** ...historias ajenas, (...) no supeditadas a una construcción *férreamente* lineal. ABC100993

☐ Véase también: **con firmeza, con mano de hierro, con mano dura, con mano férrea, con mano firme, fuertemente.**

[férreo] → con mano férrea

férreo *adj.* ▮ En el sentido literal de '(hecho) de hierro' se combina con sustantivos que designan cosas materiales *(placa, cubierta)*. En el sentido figurado de 'duro, tenaz' se combina con sustantivos que designan ciertas organizaciones *(partido, comité)*, tendencias ideológicas *(liberalismo, catolicismo)* y personas, especialmente si se relacionan con algún movimiento organizado *(estalinista, franciscano)*. También se combina con...

A SUSTANTIVOS QUE DESIGNAN ACCIONES, MANIFESTACIONES O ACTITUDES DE CONTROL, AUTORIDAD O DIRECCIÓN: **1 control ++:** ...un sistema político vetusto y minado por la corrupción, bajo el control *férreo* de la peor clase política... DHE180797 **2 dictadura ++:** ...ni en los países con dictaduras *férreas* y policías políticas pudieron nunca frenarse las alzas... DYM170796 **3 vigilancia ++:** ...consiguieron ayer, haciéndose pasar por turistas, burlar la *férrea* vigilancia en la plaza... LVE160895 **4 gobierno +:** Acaso consciente de su *férreo* gobierno, busca encubrir sus exabruptos con «pan y circo». CAP280995 **5 dominio +:** Aquellas celebradas Pax romana y Pax britannica (...) significan el dominio imperialista y *férreo*... EME210795 **6 mando +:** Bajo el *férreo* mando (...) ha llevado a cabo un severísimo plan de reestructuración. LVE101295 **7 régimen +:** La crisis alimentaria en esta nación asiática de *férreo* régimen comunista se agravó en los dos últimos años... ETC020497 **8 autoridad:** ...los padres ejercían una *férrea* autoridad sobre los hijos... EME150695 **9 presidencialismo:** ...queremos extinguir un *férreo* presidencialismo, intransigente, corrupto y voraz... EXC190696 **10 despotismo:** La dictadura (...) ha cumplido 40 años de *férreo* despotismo... EPE170199 **11 poder:** ...la clasificación, cuyo primer lugar sigue en el *férreo* poder del estadounidense Pete Sampras. LEC060597 **12 supervisión:** ...aprenden lecciones sobre políticas económicas (...) bajo la supervisión *férrea* del Fondo Monetario Internacional. DLA110198

B SUSTANTIVOS QUE DESIGNAN ALGUNOS OBJETOS FÍSICOS QUE SE ASOCIAN DE FORMA CARACTERÍSTICA CON LAS NOCIONES MENCIONADAS EN EL APARTADO *A*: **13 mano ++:** Entonces, el espíritu del clan residía en la mano *férrea* de su madre... LVE290195 **14 batuta:** ...bajo la *férrea* batuta del presidente (...) está viviendo un gran crecimiento económico. LVE080596 **15 férula:** La fórmula sólo funcionó mientras Yugoslavia estuvo bajo la *férrea* férula de Tito. EME231195 **16 timón –:** Intocable y poderoso, guiado por el *férreo* timón de Santiago Bernabéu... EPE110699

C SUSTANTIVOS QUE DESIGNAN PAUTAS, MODELOS Y FORMAS DE ORGANIZARSE O PROCEDER: **17 medida +:** Con *férreas* medidas de seguridad (...) no se vio afectada por incidentes con manifestantes... EPU040301 **18 dispositivo +:** ...llegó el martes por la tarde al aeropuerto de Praga, que fue cerrado por un *férreo* dispositivo de seguridad. LVE050996 **19 ley:** ...se han mostrado más dispuestos a suavizar las *férreas* leyes de 1996... ENH140797 **20 norma:** ...quedaba constreñida por *férreas* normas. ABC171293 **21 regla +:** ...imponen sus *férreas* reglas... ABC171195 **22 orden:** ...la libertad de acción de los personajes se ve coaccionada por el orden *férreo* que gobierna la sociedad. EME170296 **23 esquema +:** El equipo local superó largamente a su rival sobre la base de un fútbol (...) que doblegó el *férreo* esquema defensivo que intentó oponer Venezuela. ETC111196 **24 canon:** ...no se aleja nunca de los *férreos* cánones del género. EPE050699 **25 estrategia:** ...la *férrea* estrategia que habría de apuntalar los cimientos (...) de la nueva ciudad. EME140594 **26 modelo:** ...un modelo de partido duro y *férreo* que tuvo su plasmación en el sistema electoral... EPE041099 **27 pauta:** ...sus diálogos son imprevisibles, sí, pero coherentes, marcados con *férrea* pauta. LVE081295 **28 criterio:** En Europa los árbitros tienen criterios muy *férreos*. EME041296 **29 código:** ...como todos los hombres guiados por un *férreo* código ético de comportamiento, siempre acaba tomando partido por los débiles. EME210895 **30 reglamento:** Con base en un *férreo* reglamento (...) prohibía hasta el momento la difusión de programas... ETC011287 **31 método:** ...exige *férreos* métodos stajanovistas a la hora de preparar cuidadosamente un concierto. ABC250394

D SUSTANTIVOS QUE DESIGNAN DIVERSOS TEXTOS Y CONTENIDOS ESTIPULADOS CARACTERIZADOS POR PAUTAS, NORMAS O DIRECTRICES QUE DEBEN CUMPLIRSE: **32 guión:** ...ya no puede distraerse como un director de cine: viendo como su *férreo* guión para el futuro se hace carne... LVE261196 **33 catecismo:** ...un *férreo* catecismo en el que se nos indique cuáles son los nombres estelares del arte. EME100296 **34 libro de estilo:** ...tiene un *férreo* e implacable libro de estilo... EME310394 **35 dieta:** No hay que recurrir a sus *férreas* dietas alimenticias... LVE150996 **36 horario:** ...una pasión que conservó y cultivó más allá del *férreo* horario que se autoimpuso... CLA080199 **37 itinerario –:** ...reconoce con claridad la permanente búsqueda y el *férreo* itinerario mental seguido en la elaboración... EME220696

E SUSTANTIVOS QUE DENOTAN SISTEMA O ESTRUCTURA. TAMBIÉN CON OTROS QUE DESIGNAN ALGUNOS DE LOS REQUISITOS QUE DEBEN SATISFACER: **38 sistema ++:** Es indispensable que (...) establezca un sistema *férreo* que extirpe todo asomo de corrupción. CAP280897 **39 estructura ++:** La canción tiene una estructura *férrea*... CLA080797 **40 política:** ...una *férrea* política migratoria para conseguir mano de obra calificada... CLA170199 **41 condición:** Según los analistas, las *férreas* condiciones impuestas (...) provocaron una desbandada en la bolsa... EME220295 **42 exigencia:** ...obedeciendo a las *férreas* exigencias de la realidad de un mundo secular... EPE021287 **43 ortodoxia:** ...se «bunkerizó» en la ortodoxia comunista más *férrea*... LVE270896 **44 arquitectura:** ...prefiere dar saltos antes que la *férrea* arquitectura del grupo o ente emparede hasta al correcaminos. EME071196 **45 construcción:** La versión de Garnett de esta tragedia es modélica por su *férrea* construcción... LVE251296 **46 esqueleto –:** ...acerca progresivamente la película a una sensiblería dulzarrona que casa mal, muy mal, con el *férreo* esqueleto de la aventura... LVE060995 **47 composición –:** ...la seriedad que este maravilloso filme (...) alcanza (...) por su composición ingeniosísima, ligera y no obstante *férrea*... EPE020289

F SUSTANTIVOS QUE DENOTAN CREENCIA, CONVENCIMIENTO O RAZONAMIENTO, O DESIGNAN ALGUNOS PRINCIPIOS MORALES O RACIONALES QUE SUSTENTAN ESOS ESTADOS DE COSAS: **48 convicción ++:** Fruto de intensas consultas entre las partes y de la *férrea* convicción de autoridades (...), el acuerdo (...) no puede ser menos que considerado auspicioso. LNA030792 **49 moral +:** Tal actitud podría interpretarse como una resistencia a la *férrea* moral burguesa que condenaba el placer en todas sus manifestaciones. LPN270197 **50 lógica:** ...dominado por la *férrea* lógica de las esencias inmutables. ABC030694 **51 argumento:** Su petición chocó con los *férreos* argumentos del titular de Exteriores... EPE220299 **52 principio:** No es fácil para un pueblo gobernado por el temor, bajo el *férreo* principio de que la fuerza es el derecho, liberarse del virus debilitador del miedo. LVE130795 **53 ética:** ...en esto de la corrupción la ética es *férrea* y el que ofrece plata, si gana da... EUV230996 **54 doctrina:** ...los españoles se esforzaban por liberarse de las *férreas* doctrinas moralizadoras del franquismo. LVE120596 **55 razón:** La verdadera, *férrea* y discutible razón del trasiego es que se trata de empresas públicas... LVE090696 **56 convencimiento:** ...su *férreo* convencimiento de encontrarse en posesión de la verdad... EPE300699

G SUSTANTIVOS QUE DENOTAN RECHAZO, OPOSICIÓN U ACCIÓN OFENSIVA O COERCITIVA EN DIVERSAS FORMAS Y GRADOS: **57 marcaje ++:** El goleador por excelencia del Tenerife se vio sometido a un *férreo* marcaje... EME120296 **58 oposición ++:** ...puede ser abortado por una *férrea* oposición en la Aduana... ACP311000 **59 bloqueo ++:** ...uno de los oponentes más *férreos* a levantar el bloqueo. GIC030197 **60 cerco ++:** Había eludido un *férreo* cerco policial. CLA010997 **61 lucha:** ...su *férrea* lucha contra el aborto, el socialismo y la colectivizacion de la tierra. EXC190696 **62 embargo:** Hace 30 años que (...) aplica un *férreo* embargo económico al régimen... LVE230995 **63 batalla +:** ...al final de una *férrea* batalla terminó empatado a un gol por bando... ESH130497 **64 marca +:** Sucumbió en la *férrea* marca que le impusieron. LEC130197 **65 competencia +:** ...la competencia será más *férrea*... ENV170197 **66 rechazo:** ...un *férreo* rechazo de los vecinos del norte a reducir los aranceles... LPN110697 **67 negativa:** ...apenas ha servido para limar la *férrea* negativa (...) a democratizar la isla... EME131196 **68 protesta:** ...la *férrea* e inmediata protesta de mi higiene mental... EME130396 **69 presión:** ...la *férrea* presión que los servicios de vigilancia están ejerciendo en la zona... EPE150799

H SUSTANTIVOS QUE DESIGNAN DIVERSAS FORMAS DE DEFENSA, RESISTENCIA O PROTECCIÓN, ASÍ COMO ALGUNOS DE LOS ESTADOS QUE ALCANZAN LAS ENTIDADES QUE LAS RECIBEN: **70 defensa ++:** ...debió esperar poco más de una hora para doblegar la *férrea* defensa... ACP230996 **71 resistencia ++:** ...opuso la más *férrea* resistencia (...) durante la mayor parte del trayecto... ETC110187 **72 apoyo:** ...la unidad de los demócratas contra la violencia y el *férreo* apoyo a la policía... LVE210596 **73 pilar +:** ...los dos *férreos* pilares que la sustentan. EPE010600 **74 protección:** ...el máximo tribunal (...) hubo de deliberar bajo una *férrea* protección policial ante el temor de represalias... EME240295 **75 cobertura:** ...la cobertura españolista se muestra *férrea* y tienen a un gran portero como es Toni. LVE290196 **76 tutela:** ...la *férrea* tutela de la URSS y la dictadura (...) sobre los ciudadanos checoslovacos... EPE090799 **77 resguardo:** ...seguía ayer (...) bajo *férreo* resguardo militar... EME150695 **78 garantía:** Lang ha tenido que ofrecer *férreas* garantías en el aspecto higiénico y ambiental. EME180494 **79 seguridad:** ...a pesar de la *férrea* seguridad, la delegación (...) no se ha librado de recibir un tiro, aunque sin mayores consecuencias. EME230796 **80 escolta:** ...fue a declarar al juzgado en coche blindado y con *férrea* escolta... EME170494 **81 custodia:** ...tras lograr burlar la *férrea* custodia (...) un incidente inesperado truncó sus planes. EME290796 **82 sustento –:** ...se habría convertido (...) en (...) *férreo* sustento de un poder omnímodo y personal. EME040396

I SUSTANTIVOS QUE DENOTAN VOLUNTAD, DETERMINACIÓN U OBSERVANCIA DE LEYES O NORMAS: **83 disciplina ++:** La reputación de dureza y *férrea* disciplina del técnico de El Salvador (...) no parece rendirle frutos... ESH230497 **84 voluntad ++:** Se necesitaba (...) una *férrea* voluntad para no abandonar en los momentos difíciles... LNA270692 **85 determinación +:** ...con la *férrea* determinación de la congresista (...) las cosas parecen ir viento en popa. CAP100497 **86 decisión +:** ...no le preocupaba la *férrea* decisión de la Alianza de no convalidar por la vía parlamentaria a ese decreto... LNP151297 **87 motivación:** Se trata de una fuerza disciplinada, con una *férrea* motivación religiosa. EME140496 **88 austeridad:** ...este mensaje de austeridad *férrea* (...) suscitará preocupación... EME030796 **89 militancia:** ...una nueva formación política moderna, más en la órbita de los grandes movimientos de masas que en la de la militancia *férrea*... LVE281296 **90 obstinación:** ¿Por qué esa *férrea* obstinación (...)? SEM161000 **91 obediencia:** Están sometidos a una *férrea* obediencia... EME160396 **92 alineamiento –:** El desarrollo de la enorme riqueza petrolera, un alineamiento *férreo* con EE. UU. CLA160199

J SUSTANTIVOS QUE DESIGNAN RESTRICCIONES, ASÍ COMO CIERTOS OBJETOS FÍSICOS (INTERPRETADOS FIGURADAMENTE) QUE CONSTITUYEN OBSTÁCULOS O INCAPACITAN PARA DETERMINADAS ACCIONES: **93 barrera +:** El proyecto oficial de dolarizar la economía tiene una *férrea* barrera en la Constitución Nacional... CLA310199 **94 cinturón:** Un *férreo* cinturón de impotencia y fatalidad aprisiona las voluntades y corrompe los ideales. ABC311293 **95 límite:** Al escritor, al músico, al que además de dueño es autor de sus bienes, se le impone un *férreo* límite... EPE230499 **96 cordón:** Tampoco era necesario ocuparse de los países comunistas porque un *férreo* cordón ideológico los mantenía al margen. LNA260692 **97 corsé:** ...la cronología de la publicación es un indeformable y *férreo* corsé... ABC021294 **98 dique –:** ...ponen *férreos* diques a esa España botejara dispuesta aún a comulgar con ruedas de molino. EME230795 **99 tenazas –:** Me gusta, muy temprano, con *férreas* tenazas, y con llaves inglesas buscar la pieza rota... ABC290193

K SUSTANTIVOS QUE DENOTAN CENSURA, INSTRUCCIÓN FORZOSA, IMPEDIMENTO O CONTENCIÓN DE LA PALABRA O LA ACCIÓN EN DIVERSAS FORMAS Y GRADOS. TAMBIÉN CON OTROS QUE DESIGNAN LOS ESTADOS QUE CORRESPONDEN A ESAS ACCIONES: **100 censura ++:** ...no calzaban con los intereses de la *férrea* censura teatral española que funcionaba hasta hace muy poco. HOY010278 **101 silencio ++:** ...mantiene el *férreo* silencio que se impuso desde el inicio del caso. LNP270297 **102 hermetismo +:** ...rompió sutilmente el *férreo* hermetismo (...) sobre sus planes para el futuro. EPE160499 **103 secreto +:** ...este extremo no pudo ser confirmado debido al *férreo* secreto de sumario impuesto por el magistrado instructor... LVE201296 **104 mutismo:** ...los alcaldes de las poblaciones amenazadas han guardado un *férreo* mutismo al respecto. EPE280299 **105 cerrazón:** ...mantiene *férrea* cerrazón comercial. EXC230996 **106 cierre:** La reunión de ayer concitó (...) un *férreo* cierre de filas en torno al secretario general... LVE020895 **107 represión:** ...un desafío al régimen militar (...), que mantiene una *férrea* represión... LVE290596 **108 clandestinidad:** ...la clandestinidad era en aquel momento muy *férrea*... LVE251195 **109 contención:** ...abona la política actual de *férrea* contención... LVE251195

L SUSTANTIVOS QUE DENOTAN UNIÓN O VÍNCULO. TAMBIÉN CON OTROS QUE DESIGNAN LAS ACCIONES QUE LOS PRODUCEN Y LAS CUALIDADES QUE LOS RESALTAN: **110 unidad ++:** ...demandó ayer *férrea* unidad, coraje y serenidad... EXP011091 **111 vínculo +:** ...no sólo es un vínculo *férreo* con el Estado lo que alejó a la Universidad de su entorno social... EPE221199 **112 lealtad:** ...se vería impelido a mostrar su *férrea* lealtad con la política de alianzas... HOY240697 **113 alianza:** Las alianzas son *férreas*. EME090694 **114 compromiso:** ...asume este *férreo* compromiso ante la naturaleza propia de su arquitectura... EME141296 **115 contrato:** ...una escritora de novelas rosas esclavizada por un *férreo* contrato... EME270895 **116 unión:** ...el debate ha acabado rompiendo la *férrea* unión que mantenían los dos socios de Gobierno... LVE240596 **117 dependencia:** El pecado (...) ha sido la constante y *férrea* dependencia de las directrices de la sede del partido en Madrid. LVE100896 **118 pacto:** Finalmente, el Ministerio hubo de mediar en el conflicto e impuso un *férreo* pacto de silencio sobre las irregularidades. EME151196 **119 cohesión:** ...mantener su discurso inmovilista y la *férrea* cohesión... EME300596 **120 acuerdo –:** ...culpó (...) de haber provocado el adelanto de las elecciones «por el *férreo* acuerdo de intereses...». LVE231195

M SUSTANTIVOS ABSTRACTOS QUE DESIGNAN FORMAS DE SER O DE PENSAR: **121 actitud +:** ...advierten de las graves consecuencias que puede aportar la *férrea* actitud del Gobierno... EME290396 **122 carácter +:** Sólo un hombre de *férreo* carácter (...) podía emprender semejante quehacer. PME190197 **123 postura +:** ...se llegaba con una *férrea* postura de los mataderos que pretendían una fuerte baja para el cerdo cebado... LVE290696 **124 personalidad +:** ...la reafirmación de una *férrea* personalidad forjada históricamente... LVE270395 **125 posición:** ...no influyó para nada en las *férreas* posiciones de los miembros del mismo partido... EME040294 **126 disposición:** Sin las *férreas* disposiciones fijadas por el banco central (...), el proceso podría encaminarse hacia una suba de los índices de inflación. CLA100199 **127 concepción:** ...la unidad que le presta (...) la concepción del mundo y de la literatura del autor, inconmovible, *férrea* y dura... ABC111194 **128 instinto –:** Quien intenta interpretar el mundo como un enigma se mueve por un instinto serio, *férreo*, profundo... LVE250696 **129 identidad –:** ...la gran paradoja de la vida de Michel Foucault fue el de la multiplicidad alojada en su *férrea* identidad. ABC240395 **130 tendencia –:** La tendencia *férrea* que existe es interpretar que el espíritu del deporte está consolidado. EME111295

N SUSTANTIVOS QUE DESIGNAN ALGUNAS CARACTERÍSTICAS DE LAS PERSONAS RELACIONADAS CON SU CONSISTENCIA O SU RESISTENCIA: **131 salud +:** ...goza de una *férrea* salud... LVE130196 **132 energía:** ...toda aquella gente que luchaba en muy desiguales condiciones, pero con la *férrea* energía que les daba su convicción profunda... LRU171199 **133 pulso:** Renovadores y guerristas han estado manteniendo un pulso *férreo*... EME210394 **134 solidez:** ...la cobertura españolista cubriendo a un inspirado Toni y ofreciendo, jornada a jornada, una solidez *férrea* por el centro... LVE240495 **135 dureza:** ...la dureza *férrea* de Londres que no acepta ninguna otra fórmula... EME230394

Ñ SUSTANTIVOS DE PERSONA QUE DESIGNAN AL QUE PROTEGE O VIGILA ALGO: **136 defensor:** Soy una *férrea* defensora de la universidad pública... EPE300700 **137 negociador:** Férrea negociadora, en el primer mandato (...) ha sido embajadora (...) en la ONU... LVE071296 **138 partidario:** ...es un *férreo* partidario de la proliferación de empresas en Barcelona... LVE291294 **139 protector:** En ella se conjugaba la pasión sexual con la figura de un *férreo* protector. EME260295 **140 colaborador –:** ...había sido uno de los más *férreos* colaboradores... HOY110897 **141 simpatizante –:** Digamos que sigue siendo un *férreo* simpatizante de los consensos. CAR090198 **142 centinela –:** Los que consiguen escapar de las manos de los *férreos* centinelas (...) intentan alcanzar a escondidas las carreteras. EME020696

O SUSTANTIVOS DE PERSONA QUE DESIGNAN AL QUE SE OPONE O SE ENFRENTA A ALGO: **143 opositor +:** ...se ha transformado en uno de los más *férreos* opositores a la gestión... LNP151297 **144 detractor +:** Tim Robbins, *férreo* detractor de la pena capital, no ha querido sin embargo caer en la trampa fácil del panfleto en «Pena de muerte». EME200396 **145 crítico +:** ...uno de los más *férreos* críticos de la insurgencia, indicó que esas demandas giran fundamentalmente en torno a la liberación de las personas... ENV240700 **146 marcador:** ...en la pasada legislatura se distinguió como el más *férreo* marcador de la política presupuestaria... LVE160596 **147 oponente:** ...es el senador (...), uno de los oponentes más *férreos* a levantar el bloqueo. GIC030197 **148 adversario:** ...es (...) uno de los más *férreos* críticos y adversarios del sandinismo. EME221096 **149 enemigo:** Las fiestas navideñas reciben un aprobado amplio aunque existen *férreos* enemigos. EME151296

P SUSTANTIVOS DE PERSONA QUE DESIGNAN AL QUE DIRIGE ALGO: **150 dirigente:** ...es hoy, no el *férreo* y taimado dirigente de antaño, sino un amable abuelito de 70 años... EME170495 **151 gobernante:** Comenzó a registrarse su reputación de *férreo* gobernante y hombre duro. CLA210199 **152 director:** Para colmo Antonio (...), *férreo* director del curso, afirmó no haber podido contar con planos... ABC150794 **153 comandante:** ...su abuelo, un *férreo* comandante bolchevique, luchó contra los blancos en la guerra civil. LVE021195 **154 gobernador:** Ha sido un *férreo* gobernador pero también un encantador de multitudes. EPE051299 **155 capataz:** ...es un gran técnico en ciernes necesitado de un *férreo* capataz intelectual... EME090396

Q OTROS SUSTANTIVOS; POSIBLES USOS ESTILÍSTICOS: ...la injusticia y los ajustes económicos de los gobiernos, les mata el mito de Maastricht y la caricia *férrea* del Buba. EME081096; ...la existencia de una *férrea* banda sonora previa (...) es el supuesto ineludible de toda adaptación cinematográfica de una ópera. EME231196; Su fe los cegó y donde había sangre y lodo ellos vieron y cantaron a los ángeles *férreos* que construían el socialismo. ABC011093

☐ Véase también: **firme**.

fértil *adj.* **I** En el sentido de 'capaz de reproducirse o de participar en la reproducción' se combina con sustantivos que designan seres vivos *(hombre, mujer, animal, planta)*, algunos de sus componentes o elementos constitutivos, así como sus ciclos o sus períodos de reproducción *(embrión, semilla, esperma, ovario, edad)*. En el sentido de 'que produce mucho' se combina con sustantivos que designan espacio o lugar, especialmente superficies de terreno de cierta extensión *(ribera, región, suelo)*. Se combina, también en este mismo sentido, con sustantivos de persona, especialmente si designan a los que ejercen profesiones creativas *(autor, compositor, escritor)*. También acepta algunos sustantivos que designan ciertas manifestaciones verbales o textuales *(diálogo, conversación, prosa)*, así como etapas o periodos *(vida, año: Los dos últimos años fueron los más fértiles de su última etapa como compositor)*. También se combina con...

A SUSTANTIVOS QUE DESIGNAN FACULTADES RELACIONADAS CON LA CREATIVIDAD, EL INGENIO Y OTRAS CARACTERÍSTICAS DE LA ACTIVIDAD INTELECTUAL O ARTÍSTICA: **1 imaginación ++:** La *fértil* imaginación de estos nuevos urbanistas tiene una respuesta original para este problema... EPE221099 **2 fantasía +:** La *fértil* fantasía (...) serviría más eficazmente al propósito del discurso... ABC100694 **3 inteligencia:** Y una inteligencia luminosa y muy *fértil*, cuando no se entregaba a las bajas pasiones de lo que más tarde se llamaría, finalmente, una ciencia de los signos, la semiología... ABC171293 **4 creatividad +:** ...un ejercicio de ensimismada y rica percepción basado en la *fértil* creatividad de los detalles minúsculos. EPE061099 **5 ingenio:** Una comedia con un ingenio *fértil*, pero sometido en todo momento a la verosimilitud de las situaciones y de los personajes. LVE170694 **6 invención:** ...treinta de los treinta y cinco años iluminados por su inagotable, *fértil* invención... ABC070292 **7 inspiración +:** La *fértil* inspiración de Toldr... se manifestó en la posguerra europea de 1914-18. LVE070495 **8 lectura:** «Vidas improbables» depara una *fértil* e ingeniosa lectura... EME081196

B SUSTANTIVOS QUE DESIGNAN VÍAS, TRAYECTORIAS Y OTRAS FORMAS EN QUE SE PUEDE PRESENTAR EL CURSO DE ALGUNA COSA. SE USAN CASI SIEMPRE EN SENTIDO FIGURADO: **9 corriente:** El libro es una especie de crisol en el que se cruzan las corrientes más *fértiles* de la poesía española de la época. EPE010999 **10 rumbo:** ...dan cumplida razón del *fértil* rumbo. EPEANUA98 **11 trayectoria:** ...ha seguido en su larga y *fértil* trayectoria filosófica las geniales huellas de su maestro. ABC140795 **12 derrotero:** Desgraciadamente el cine no ha caminado por esos derroteros que se presentaban tan *fértiles* y expresivos... EME090494 **13 camino:** ...empiezan un *fértil* camino dentro de las relaciones de energías e impulsos entre parejas... EME220594 **14 hilo –:** Y otro pretexto para volver a tirar de este *fértil* hilo del elogio a lo pequeño nos lo está dando la película «Solas»... EPE260499 **15 goteo –:** Estamos, por ello, ante una de las muchas vías de creación de cine vivo abiertas por el *fértil* goteo de singularidades... EPE021101

C SUSTANTIVOS QUE DENOTAN AGRUPACIÓN, CONTACTO O VINCULACIÓN, GENERALMENTE ESTRECHA, ENTRE VARIOS ELEMENTOS: **16 relación:** Huyen juntos a Bélgica e Inglaterra, y la tormentosa pero literariamente *fértil* relación acaba a tiros en Bruselas. EME070196 **17 coexistencia:** Un episodio de integrismo que dio al traste con la *fértil* coexistencia de tres etnias y tres culturas... LVE271295 **18 alianza:** ...la madera, la pintura, y las ceras siguen manteniendo su *fértil* alianza... EME200196 **19 pacto:** ...la recuperación de las formas del pasado se concilia con la irrupción de las nuevas tecnologías, con el pacto *fértil* entre complejidad y origen. EPD270697 **20 simbiosis:** Universidad y Empresa: hacia una simbiosis *fértil*. EPE181099 **21 interacción:** Al establecer una interacción *fértil*, las capacidades profesionales de Margie Bermejo y Arturo Márquez cimentan una genuina ofrenda musical... PME101196 **22 contagio:** El éxito del escritor chileno Antonio Skármeta se ha basado en un *fértil* contagio entre cine y literatura. LVE070696 **23 fusión:** ...es una fusión *fértil* del jazz tradicional con mezclas de su hermano menor, el rap... LVE260295 **24 hibridez –:** Por desgracia, la *fértil* hibridez de aquel domingo reaparece de manera más pálida en la polarización del rojiazul elepé primero. EPE010380

D OTROS SUSTANTIVOS; POSIBLES USOS ESTILÍSTICOS: Lo bueno que tiene Jamaica es lo bueno que tienen todos los compromisos radicales: el recio y *fértil* estímulo de la soledad... EME170695; ¿Cómo interpretó la mirada *fértil*

de Agustí Carbonell (...)? LVE280396; Pequeñas e intensas geografías que mantienen *fértil* la apuesta de esa Europa soñada por Milan Kundera desde Praga. LVE211195
☐ Véase también: **fecundo.**

ferviente *adj.* ▮ Se combina con sustantivos que designan personas en función de su talante o su ideología *(liberal, demócrata)*, su actitud religiosa *(católico, creyente)* o sus aficiones *(lector, coleccionista)*. También admite otros que designan tendencias ideológicas o culturales *(europeísmo, federalismo)*. Se combina asimismo con...

A SUSTANTIVOS QUE DENOTAN DESEO, INCLINACIÓN, COMPROMISO U OTRAS NOCIONES PROSPECTIVAS CERCANAS A ESTAS: **1 deseo ++:** Hay algo que la hace continuar, un deseo *ferviente* de ganarse y derrotar a todos. LNC110497 **2 vocación:** En pocos países como en Argentina cabe hallar una tan *ferviente* vocación de cosmopolitismo... ABC190393 **3 inclinación:** Por el contrario, esa *ferviente* inclinación se afianzó cada vez más... ETC010690 **4 interés:** ...sentía un *ferviente* interés por los asuntos sociales, por el anarquismo y por el catalanismo. LVE031295 **5 propósito:** ...por el propósito *ferviente* de no convertirnos, precisamente, en un país de cínicos. PME140796 **6 esperanza:** ...expresaba la *ferviente* esperanza de todos los niños y niñas de su país. ABC240694 **7 promesa –:** Contra las *fervientes* promesas electorales, no hay reducción de impuestos para el conjunto de los contribuyentes. EPD300997

B SUSTANTIVOS DE PERSONA QUE DESIGNAN AL QUE SIGUE O APOYA ALGO O A ALGUIEN: **8 admirador ++:** Desde hace varios años he sido *ferviente* admirador y amante de la música ranchera... SEM110297 **9 seguidor ++:** ...soy *ferviente* seguidor de sus doctrinas y peculiares formas de trabajar. EDV030601 **10 defensor +:** Aguirre Roca, *ferviente* defensor del programa económico, habría sentido en carne propia los rigores del liberalismo reinante. CAP211295 **11 partidario ++:** ...todos ellos se proclaman *fervientes* partidarios de la libertad de prensa... CLA030497 **12 devoto +:** Un *ferviente* devoto de la palabra de Moon habló con Hoy. HOY171197 **13 militante +:** ...declaraciones como las de este señor me hacen reivindicar estas ideas como la más *ferviente* militante. EME080394 **14 hincha +:** Ferviente hincha del club, Pipo recibió de manos de su entrevistado una placa... CLA120397 **15 amante:** «Eres bellísima», (...) y tú no sabes si te está tomando el pelo o es un *ferviente* amante del hórrido. EME261195 **16 entusiasta:** «El piano» es un ejemplo perfecto de obra que cuenta con *fervientes* entusiastas y desalmados detractores. LVE270395 **17 aficionado:** Inculquémosles, por demás, la confianza en sí mismos para que puedan ser buenos atletas o no, (...) o *fervientes* aficionados en las gradas... DLA050497 **18 simpatizante:** ...en su día fue un *ferviente* simpatizante de Fuerza Nueva. EME151095 **19 impulsor:** Cafiero (...) fue uno de sus *fervientes* impulsores a mediados de los '80. LNP150997 **20 promotor:** ...uno de los más *fervientes* promotores del «free cinema»... LVE211095 **21 acólito –:** Si lo pisa, quedará irremediablemente atrapado y (...) puede llegar a convertirse incluso en *ferviente* acólito. LVE250696

C SUSTANTIVOS DE PERSONA QUE DESIGNAN AL QUE SE OPONE A ALGO O A ALGUIEN EN DIVERSOS GRADOS: **22 detractor +:** ...sus increíbles niveles de audiencia han sorprendido hasta a sus más *fervientes* detractores. EME230194 **23 opositor:** Este señor tiene gran fuerza dentro de los elementos conservadores, quienes han sido los más *fervientes* opositores a los inmigrantes. LPN300697 **24 crítico:** ...España está apareciendo como el «más *ferviente* crítico» de una Europa a varias velocidades. LVE040395 **25 enemigo:** ...obsesionado con el nazismo, *ferviente* ateo y enemigo de los negros y los judíos, ejerció una extraña fascinación sobre ella. EME201295

D SUSTANTIVOS QUE DENOTAN ADHESIÓN, ESTIMA, INCLINACIÓN O APOYO. TAMBIÉN CON OTROS QUE DESIGNAN ALGUNAS DE LAS FORMAS EN QUE ESAS NOCIONES SE MANIFIESTAN: **26 adhesión +:** ...no son casuales su *ferviente* y temprana adhesión a una re-reelección... CLA070397 **27 aplauso +:** Aunque fueron los quince modelos infantiles quienes arrancaron los más *fervientes* aplausos del público. LVE061095 **28 voto +:** A todos los chiricanos, ¡muchas felicidades y *fervientes* votos por el futuro de la provincia! ESP280597 **29 defensa +:** La *ferviente* defensa que hacen estos ancianos de este cargo político se entiende cuando narran la forma de trabajar... EME100194 **30 admiración +:** ...hemos de ceñirnos a lo visto y escuchado sin por ello dejar de expresar nuestra más *ferviente* admiración por el compositor... EPE131299 **31 devoción +:** Por segundo día consecutivo el pueblo limeño revivió su *ferviente* devoción por el Señor de los Milagros. EXP201097 **32 felicitación:** Mis más *fervientes* felicitaciones y expresivas gracias a su diario. LVE100495 **33 exaltación:** ...hizo una *ferviente* exaltación de las múltiples cualidades de que hacen gala los madrileños... EME280494 **34 apoyo:** La disposición de muchos blancos a unirse en torno a Louis Farrakhan (...) ha sorprendido a los blancos estadounidenses, cómo les sorprendió el *ferviente* apoyo negro a O. J. Simpson... LVE181095 **35 recepción:** Pero la *ferviente* recepción de los fans (...) ha demostrado el impacto que las canciones desinhibidas de Patti Smith dejaron... LVE191295 **36 enhorabuena:** Mi más *ferviente* enhorabuena (...) por su programa sobre cine... EME230395 **37 dedicación:** Eso se denomina olfato periodístico y *ferviente* dedicación al «aquí y ahora». EME110494 **38 afán:** ...tocado por un *ferviente* afán de Pigmalión, encarnaba la figura paterna... LVE131095 **39 abrazo:** ...murieron sofocadas por el abrazo *ferviente* de los antepasados. EPE010885 **40 amor:** Otros «hechos» de la biografía de Godel son (...) su actitud cosmopolita y su *ferviente* amor por la paz. ABC070892 **41 amistad:** Borges inició allí una de sus amistades más *fervientes*... EPE150199 **42 simpatía:** ...se sintió poseído de una especie de emoción, de una simpatía simple y *ferviente* hacia su corazón... EPE040999

E SUSTANTIVOS QUE DESIGNAN ACTUACIONES DIVERSAS RELACIONADAS CON LA PROSECUCIÓN DE OBJETIVOS, A MENUDO EN SITUACIONES CONFLICTIVAS O REIVINDICATIVAS: **43 reivindicación:** ...convertido en una *ferviente* reivindicación del aperitivo en toda regla... LVE290296 **44 acto reivindicativo:** 35.000 seguidores convierten la presentación del equipo en un *ferviente* acto reivindicativo. EME080895 **45 alegato:** ...hizo un *ferviente* alegato en favor de la llamada democracia paritaria... EME090296 **46 proclama:** Las más *fervientes* proclamas se hicieron por la democracia y por la libertad de expresión. EME110595 **47 protesta:** ...el colectivo expresaba su «*ferviente* protesta» ante «una imagen humillante de la mujer». EME050294 **48 filípica:** ...los cinco años de democracia (...) prometen reducir a una situación grotesca sus *fervientes* filípicas... LVE070995 **49 oposición:** ...ha mostrado a la alcaldesa su «*ferviente* oposición a Protección Civil de Algete»... EME290194 **50 lucha:** ...han llevado a gran parte de la sociedad española desde la *ferviente* lucha por las libertades y la justicia social hasta el desencanto y el olvido... ABC070593 **51 esfuerzo:** ...dirija toda su atención y sus esfuerzos más *fervientes* a evitar que sus mujeres sean humilladas... EPE011299

F SUSTANTIVOS QUE DENOTAN CREENCIA O MOVIMIENTO RELIGIOSO. TAMBIÉN CON OTROS QUE DESIGNAN CIERTAS MANIFESTACIONES DE LA RELIGIOSIDAD: **52 creencia:** ...perteneciente a una familia modesta de *fervientes* creencias católicas, es un juez totalmente discreto... EME240694 **53 catolicismo:** Otra circunstancia paradigmática de la condición integradora de Rojo fue su *ferviente* catolicismo... EME140494 **54 fe:** Caracterizaba a las antiguas poblaciones andinas una *ferviente* fe en la vida eterna... CAP031096 **55 misticismo:** ...constituye, dentro del *ferviente* misticismo naturalista de su creador, la más grandiosa metáfora plástica... ABC220592 **56 mística:** ...estaba orillada (...) por la mística de Oteiza, siempre *ferviente* en el suprematismo... ABC190393 **57 plegaria:** ...entre *fervientes* plegarias, el alma del padre Yermo, voló a la dimensión de la vida eterna. LHG280897 **58 oración:** Con mi gratitud sincera, le dedico mis más *fervientes* oraciones. LVE260195 **59 amén –:** Los fieles «tories» recitarán un *ferviente* amén. LVE200996

G OTROS SUSTANTIVOS; POSIBLES USOS ESTILÍSTICOS: El Celaya en mala racha, después de la temporada anterior, luminosa y *ferviente*. PME101196; El comunicado conjunto contiene las más *fervientes* garantías... EPE261199; ...encendió la mecha mediante *fervientes* alusiones patrióticas... LVE070295

☐ Véase también: **fervoroso**.

fervientemente *adv.* ▮ Se combina con adjetivos que designan la propiedad de seguir alguien ciertas tendencias o inclinaciones de diversa naturaleza *(partidario, europeísta)*. También se combina con...

A VERBOS DE CREENCIA Y VOLUNTAD: **1 desear ++:** Deseo *fervientemente* que este cuadro de lujo sea propuesto... EXC181296 **2 esperar +:** Espero *fervientemente* que estas constituyan el primer paso hacia un proceso de normalización... ENV010997 **3 creer ++:** ...creí *fervientemente* que esto iba a ser coser y cantar... EME050595 **4 anhelar:** ...anhela *fervientemente* ver el fin de los combates. LVE170796 **5 querer:** ...quiero *fervientemente* felicitar (...) a las empresas... LEC020796 **6 intentar:** ...el creador intenta, *fervientemente*, hermanar la sabiduría de su corazón con el poder angular de la piedra. ABC241292

B VERBOS QUE DENOTAN APOYO, ADHESIÓN O INCLINACIÓN EN DIVERSOS GRADOS: **7 apoyar ++:** ...la Ilustración apoyó *fervientemente* la instauración del jurado. ABC131095 **8 defender:** La edil (...) defendió *fervientemente* la utilidad de la planta... EME060795 **9 inclinarse:** Inclinado *fervientemente* hacia la vida religiosa, ingresó en una canónica agustiniana... LVE011095 **10 aplaudir:** Otra cosa es adaptarse a una situación sociocultural distinta, lo cual aplaudo *fervientemente*. LVE040395 **11 admirar:** ...vuelve ante el público que le admira *fervientemente*... ABC140795 **12 festejar:** Lo que da miedo es que los jóvenes festejan *fervientemente* la escalada de amarillismo. CLA080197 **13 jalear:** ...la decisión no habría despertado tantas críticas, incluso desde sectores que *fervientemente* les apoyan y jalean. EME040196 **14 pronunciarse a favor:** ...se pronunció *fervientemente* a favor de las pelirrojas con pecas... HOY230697 **15 mostrarse a favor –:** ...coinciden en mostrarse *fervientemente* a favor de alcanzar el cumplimiento de los requisitos... LVE050596

C ALGUNOS VERBOS QUE DENOTAN OPOSICIÓN O CONFRONTACIÓN: **16 oponerse:** ...se opuso *fervientemente* a su reelección como director general... EPD280198 **17 disputar:** La apuesta (...) a favor del retraso electoral, *fervientemente* disputado (...), es arriesgada. EPE290899

D ALGUNOS VERBOS DE COMUNICACIÓN, MÁS FRECUENTEMENTE SI DENOTAN INVITACIÓN A ALGO O SOLICITUD VEHEMENTE: **18 exclamar:** ...no posee aquella magia que nos hacía exclamar *fervientemente*... LPN010497 **19 proclamar +:** Aunque proclame *fervientemente* su vinculación sentimental con Brasil, el producto (...) se perfiló en Europa... EPE210399 **20 notificar:** ...la palabra, por lo menos, terminaría (...) notificando *fervientemente* a cada niño que nace sobre esta tierra (...) que no deberán ellos ser, jamás de los jamases, un Pinochet. EPE260999 **21 repetir:** Al menos, eso es lo que repiten *fervientemente* una y otra vez. EME160696 **22 exhortar:** El presidente (...) exhortó *de manera ferviente* a los atletas de su país... EME120796 **23 instigar:** ...*fervientemente* ha instigado al Gobierno a legislar en su favor... EME010594 **24 pedir:** Pedimos *fervientemente* (...) que no sea así... EME160296 **25 invitar:** ...el riesgo a equivocarse le invita *fervientemente* a no contratar. LVE250296

E OTROS VERBOS; POSIBLES USOS ESTILÍSTICOS: ...con el poco éxito que hoy constatamos, han jugado tan *fervientemente*... EPE180699; ...yo me uniría *fervientemente* (...) al trágico casticismo... ABC181194; ...agradecía *fervientemente* toda la ayuda, comprensión y amabilidad... LVE270796

☐ Véase también: **fervor**.

fervor ♦ **acendrado[39], amoroso, ardiente[4], artístico, combativo, encendido, henchido (de), místico, patriótico, popular, poseído (de), religioso** ♦ **oleada (de)** ♦ **concitar[43], contagiar, embargar[35], enfriar(se)[39], exaltar(se), ganar, gozar (de), henchir(se) (de)[10], perder, reverdecer[2], sentir, tener**

☐ Véase también: **ardor, entusiasmo, fervientemente, pasión**.

fervoroso *adj.* ▮ Se combina con...

A SUSTANTIVOS DE PERSONA, MÁS FRECUENTEMENTE SI DENOTAN ADSCRIPCIÓN A ALGUNA CREENCIA RELIGIOSA: **1 creyente:** Como *fervorosos* creyentes en la armonía entre naturaleza y humanidad, los chinos consultan a guías y expertos en el zodíaco oriental para buscar el modo de conquistar la salud y la riqueza. EUV100297 **2 católico +:** Vivió los buenos tiempos y la época difícil de la guerra civil con el mismo estado de ánimo, seguro de sí mismo, con la fortaleza que le daba su fe, pues era *fervoroso* católico... ETC011287 **3 devoto:**

Buen lector y *fervoroso* devoto de Juan Ramón, Lamet, a quien no faltan ni fecundas intuiciones ni oficio, lograría mejores frutos si se esforzara en desnudar sus poemas. ABC070892 **4 practicante:** El creador argentino, *fervoroso* practicante de la religión de la belleza, lleva su sentido estético hasta su atuendo personal... ENC060201

B SUSTANTIVOS QUE DESIGNAN EXPRESIONES DE ADHESIÓN, ESTIMA O GRATITUD EN DIVERSAS FORMAS Y GRADOS. TAMBIÉN CON OTROS QUE DESIGNAN ALGUNOS ACONTECIMIENTOS EN LOS QUE SE PONEN DE MANIFIESTO ESAS INCLINACIONES: **5 homenaje ++:** ...el pueblo de Progreso (...) rinde *fervoroso* homenaje a don Juan Miguel Castro... DYM010996 **6 aplauso:** El líder palestino, ante los aplausos *fervorosos* de 10.000 conciudadanos, promete que «pronto» podrán rezar en Jerusalén. EME241295 **7 adhesión +:** La *fervorosa* adhesión de los aficionados migueleños hacen del Águila el equipo de las mayorías. ESH141100 **8 apoyo:** En cambio, Costa Rica ganó con el puntaje ideal su grupo en la misma Salta, donde el público local le dio un *fervoroso* apoyo. CLA280601 **9 colaboración:** Como tampoco pagará en su día la *fervorosa* colaboración de José María Aznar con González... EME020194 **10 agradecimiento:** ...desde los encierros de la Universidad de Sevilla queremos expresar públicamente nuestro *fervoroso* agradecimiento a Pilar del Castillo... EPE171101 **11 aprecio:** ...la subcultura del aprecio *fervoroso* y acrítico por todo lo supuestamente propio y el consiguiente desprecio a lo supuestamente extraño... EPE241099 **12 voto:** ...hicieron *«fervorosos»* votos por la unidad interna y la desaparición de las «familias» y sus enfrentamientos hasta personales. EME060795 **13 beso −:** Ahí está la actriz, magnífica, sensual, recibiendo un *fervoroso* beso de un admirador que explora con mirada y labios el escote de la sex symbol de la época. EPE121299 **14 respeto:** Pero Falcón tenía la condición del artista (...): el espíritu de entrega, la dedicación integral al canto, el *fervoroso* respeto por su público. CLA030797 **15 elogio:** Toda la Prensa nacional, y particularmente la de Vitoria, le consagró recuerdos y elogios *fervorosos*. ABC271095

C SUSTANTIVOS DE PERSONA QUE DESIGNAN AL QUE SIGUE, APRECIA O APOYA ALGO O A ALGUIEN: **16 partidario ++:** Sólo sé que era un *fervoroso* partidario de este gobierno y que manejaba mucha plata. HOY070181 **17 seguidor ++:** La semana del jabalí, una verdadera fiesta nacional y turística, reúne en la nórdica ciudad de Maldonado que se recuesta sobre el departamento de Lavalleja a miles de entusiastas y *fervorosos* seguidores. EPU180601 **18 público ++:** ...se unirán en recital para despedir este evento que ha contando con el apoyo de un público atento y *fervoroso*. ENV180497 **19 defensor +:** Duhalde, contrariamente, es el más *fervoroso* defensor del calendario original. CLA090199 **20 admirador:** Nacido en la Polonia (...), Sacher-Masoch, *fervoroso* admirador de Cervantes, es hijo de un austriaco de ascendencia quizá española. ABC231092 **21 adepto:** ...es municipio de Guatemala y en Sta. María Cahabón, es donde tiene sus más *fervorosos* adeptos este baile. LHG130297 **22 aficionado:** Mi consideración de la obra sería la misma si el protagonista fuera un ser de ficción y no Ramón (...), *fervoroso* aficionado a los melodramas y las películas históricas... ABC311293 **23 militante:** Fervoroso militante (...), comenzando por la extrema izquierda, su ideología se había ido decantado con el tiempo hacia posturas más moderadas... EPE040899 **24 amigo:** ...Eduardo (...), poeta, escritor, político y el más *fervoroso* amigo de Miguel Hernández. LRE290103

D SUSTANTIVOS DE PERSONA, FORMADOS A MENUDO SOBRE ADJETIVOS DE RELACIÓN, QUE DESIGNAN A LOS PARTIDARIOS O DETRACTORES DE ALGO: **25 enemigo:** Los hombres del ministro del Interior, Anatoli Kulikov, *fervoroso* enemigo de los acuerdos de paz (...), presentan al líder checheno como un delincuente... EME041096 **26 sindicalista:** Su padre, *fervoroso* sindicalista, interpreta esto como un símbolo: la niña se llamará Patria... LVE101295 **27 nacionalista:** Pero el buen nacionalista, el nacionalista *fervoroso*, el nacionalista «políticamente correcto» (...) es un independentista. LVE060996 **28 republicano:** Nuestro artista es ya un *fervoroso* republicano, un activista del socialismo... EME080495 **29 demócrata:** La reunión esa la organicé en los accesos de Andorra, y agrupó a 30 kilómetros de *fervorosos* demócratas que ya desean que venga el año que viene para repetirlo. EPE121299 **30 opositor:** Siempre fue *fervoroso* opositor de la política gubernamental de «pan y circo». INDOC

E OTROS SUSTANTIVOS DE PERSONA: **31 lector:** ...la lucha entre los dos Borges juveniles, (...) el *fervoroso* lector de Walt Whitman, el discípulo aventajado del políglota sevillano Rafael Cansinos-Asséns, y el otro ostentosamente argentino que según su propia voz... EME230294 **32 escritor:** Al igual que las ballenas, los elefantes y la Agrodiaetus damon (rara mariposa de montaña), los escritores puros y *fervorosos* somos una especie a extinguir. EME051195 **33 exegeta:** Carpentier aparentemente nació en La Habana en 1904, pero hasta sus más *fervorosos* exegetas admiten que la única biografía (incompleta de Alejo) está escrita por él mismo. ABC131192

F SUSTANTIVOS QUE DENOTAN PROCLIVIDAD DEL ÁNIMO, A MENUDO VEHEMENTE, HACIA LAS PERSONAS O LAS COSAS: **34 deseo +:** Él mismo impartió con frecuencia clases magistrales, ya que uno de sus más *fervorosos* deseos era garantizar el porvenir de la guitarra. ABC190293 **35 pasión +:** Los fans tienen ese poder hechizante, (...) transforman la energía que reciben de la imagen en una unívoca relación de *fervorosa* pasión. EME081296 **36 entusiasmo:** ...se dedicó con entusiasmo *fervoroso* a servir a la caballería yanqui en el genocidio exterminador de su pueblo. EME110694 **37 interés:** En los ya lejanos tiempos en que empezó a atraerme la literatura leí con *fervoroso* interés los poemas de aquel proscrito paisano mío... ABC111292

G ALGUNOS SUSTANTIVOS QUE DESIGNAN DIVERSAS FORMAS DE MANIFESTACIÓN VERBAL O TEXTUAL, MÁS FRECUENTEMENTE SI TIENEN ALGÚN DESTINATARIO: **38 discurso:** En un *fervoroso* discurso (...) el diputado liberal Luis Alberto Wagner dio a conocer ayer un comunicado... ACP061000 **39 declaración:** El tema es una *fervorosa* declaración de amor a esta ciudad. CLA180199 **40 testimonio:** Es también el *fervoroso* testimonio del autor por la capital francesa, donde vive desde 1994, ejerciendo como agregado de prensa en la embajada de Chile. HOY101197 **41 diálogo:** Huyendo de la simple «ilustración fotográfica» y en busca de un «diálogo *fervoroso*», Saura interpretó el Quijote... EPE220799 **42 frase:** Como intérprete que practicaba, con el violín o la viola, la música de cámara, con Tomás glorificó con frases *fervorosas* a Haydn, el rey del arte sonoro, según su buen criterio. ABC061291 **43 ataque:** Ni el ataque *fervoroso* de Rojas Marcos ni la pejiguería de su oponente que para mantener el tipo político se ha visto en la necesidad de proclamar el quítame allá ese pendón. EME160395 **44 alegato:** Rubalcaba hizo un *fervoroso* alegato en favor del «experto corredor de fondo» González, que, según él, es «temido» por José María Aznar, quien «pide a Dios» que no vuelva a presentarse. EME181095 **45 reivindicación –:** ...esta polémica adaptación de la novela de Ende es una *fervorosa* reivindicación de la lectura y de su poder de fascinación, de la necesidad de crear mundos a través de la imaginación. LVE120495

H OTROS SUSTANTIVOS; POSIBLES USOS ESTILÍSTICOS: Todo lo que ha pasado por su experiencia le sirve para alimentar la gran hoguera de una de las misantropías más *fervorosas* que uno pueda conocer. EME101295

□ Véase también: **ferviente**.

festejar ♦ **a bombo y platillo, a lo grande[2], con alborozo[12], efusivamente[18], fastuosamente, multitudinariamente, por todo lo alto**

□ Véase también: **celebrar**.

festejo ♦ **aguar(se)[11], amenizar, animar, arruinar, boicotear, celebrar, reventar, tener lugar**

□ Véase también: **celebración, fiesta**.

festividad ♦ **local, nacional, señalado** ♦ **celebrar, conmemorar[6]**

□ Véase también: **celebración, efeméride, fiesta**.

festivo ♦ **acto, aire, ambiente, atmósfera, calendario, carácter, celebración, clima, día, discurso, espectáculo, espíritu, jornada, lenguaje, manifestación, obra, programa, puente, semana, suceso, texto, tono**

fiabilidad ♦ **absoluto, alto, bajo, científico, considerable, escaso, gran(de), innegable, limitado, máximo, mínimo, nulo, pleno, probado, reconocido, relativo, técnico, total** ♦ **falta (de), garantía (de), imagen (de), índice (de), sensación (de)** ♦ **asegurar, aumentar, avalar, carecer (de), conferir, constatar, contar (con), cuestionar(se), demostrar, empañar, enturbiar, garantizar, gozar (de), insistir (en), inspirar (a algo/a alguien), mantener, mejorar, merecer, otorgar (a algo/a alguien), perder, restar (a algo/a alguien), socavar, velar (por)[39]**

□ Véase también: **confianza, garantía, seguridad**.

[fianza] → **bajo fianza, sin fianza**

fianza ♦ **avalar, decretar[40], depositar, imponer, pagar, pedir, poner, rebajar[9]**

□ Véase también: **castigo, multa**.

fiar(se) ♦ **absolutamente, ciegamente[3], plenamente, por completo, totalmente**

□ Véase también: **confiar**.

fiasco ♦ **absoluto, descomunal, monumental[9], total** ♦ **acabar (en), constituir, resultar, suponer, terminar (en)**

□ Véase también: **fallo, fracaso**.

fibra *sust.* ▌ En su sentido figurado se combina con...

A ADJETIVOS QUE DESIGNAN CARACTERÍSTICAS DE LAS PERSONAS, Y A VECES DE LAS COSAS, RELATIVAS A ALGUNAS DE SUS EMOCIONES Y SENTIMIENTOS: **1 sensible ++:** ...uno de los sacrosantos principios del capitalismo: la libertad de mercado. Están tocando una *fibra* sensible, la *fibra* del bolsillo. EXC080696 **2 íntimo ++:** ...aquello que atañe a la *fibra* más íntima de la seguridad jurídica suele levantar polvareda y reacción masiva... CAP181297 **3 sentimental ++:** ...nos coge con la *fibra* sentimental navideña y en precampaña electoral... EPE231299 **4 emocional ++:** ...algunas escenas remueven nuestra *fibra* emocional... LVE210594 **5 dramático +:** ...le puso el cuerpo y su *fibra* dramática o de comediante a los más variados papeles. CLA150199 **6 humano +:** La *fibra* humana del debate estuvo presente en todos los argumentos en pro y en contra de la ley. LVE250395 **7 personal +:** ...van al grano y construyen su propio discurso con *fibra* personal y aportaciones creativas de su cosecha... LVE040895 **8 moral +:** ...con un estilo que recuerda sus mejores momentos, para sacudir la *fibra* moral y emotiva de los mexicanos. LVE140295 **9 maternal:** ...cambiaba de amante a la vista del mundo y proclamaba, colmo de la herejía, que no tenía *fibra* maternal... LVE250996

B ADJETIVOS QUE DESIGNAN ALGUNAS CARACTERÍSTICAS DE LAS PERSONAS, Y A VECES DE LAS COSAS, RELATIVAS A SU RACIONALIDAD O A SU VIGOR: **10 irracional +:** ...toca la *fibra* irracional de los padres y madres de Málaga... EME050596 **11 racional:** Esta humilde, compleja y didáctica película ha logrado arañar la *fibra* sensible y la *fibra* racional de casi todos los espectadores. EME220294 **12 vital:** Esa continuación era mimética y mediocre, carecía de la *fibra* vital y del encanto evocativo del primer libro... EPU110601 **13 tenso:** ...Walsh («Al rojo vivo») extrae del cine de combate su *fibra* más tensa. EPE031299 **14 veloz –:** ...Claudio tiene una *fibra* veloz: una característica genética que no se entrena, que ha heredado de su mamma. EPE280299 **15 competitivo –:** Los técnicos de la Federación Española, sin embargo, no la descartan debido a su *fibra* competitiva. EME180796

C ADJETIVOS DE RELACIÓN QUE SE REFIEREN A DIVERSOS ASPECTOS DE LAS PERSONAS VINCULADOS CON SUS ACTITUDES POLÍTICAS O SOCIALES: **16 patriótico ++:** Es español, muestra buenos modales y toca la *fibra* patriótica. EME300496 **17 reaccionario +:** ...supo tocar la *fibra* reaccionaria de los habitantes de Luisiana... EME080296 **18 político +:** El debate fue, sin duda, el mejor de los tres últimos años. Tuvo interés, hondura y *fibra* política por ambas partes... EPE270699 **19 social +:** Según se fomentan nuevos empleos, se fortalece la *fibra* social de la Isla. END201097 **20 revolucionario +:** ...es la fórmula venial y conservadora de los pueblos sin *fibra* revolucionaria. EME150195 **21 nacionalista +:** ...afronta la situación con optimismo y toca también la *fibra* nacionalista con críticas a EE. UU. por querer reducir las compensaciones financieras... EPE010885 **22 nacional:** Y esta minoría sin nombre ni *fibra* nacional actúa con total impunidad con el consentimiento y el permiso de las autoridades locales. EME110494 **23 chovinista:** Dicho antecedente, capaz de alborotar más de una secreta *fibra* chovinista... LVE141096 **24 imperial:** ...Blair apeló a la *fibra* imperial y nacionalista de sus conciudadanos... LVE040395 **25 institucional:** Terminó (...) por destruir lo poco de *fibra* institucional que aún estaba en pie. ETC240996

D OTROS ADJETIVOS; POSIBLES USOS ESTILÍSTICOS: ...el entreveramiento mismo de esa *fibra* cientifista (de la palabra de Laborit y de sus experimentos con ratas) está realizado con inteligencia, agudeza y sensibilidad. EPE111080; En algunas canciones hubo un quiebro lleno de *fibra* roquista. La guitarra tocada solo con «riffs» furiosos daba fuerza añadida... EME291095; ...dura, recia, intelectual, eficacísima, luchadora, izquierdista libertaria, escritora de *fibra* total... EME040396

☐ Véase también: **hebra (de), hilo, vena.**

fichar

♦ **a bombo y platillo**[33], **en exclusiva** ♦ **director, ejecutivo, entrenador, jugador,** *otros sustantivos de persona*

☐ Véase también: **contratar.**

fidedigno *adj.*

▮ Admite gran número de sustantivos que designan géneros informativos o discursivos *(artículo, libro, obra, película)*, pero se combina más frecuentemente con...

A SUSTANTIVOS QUE DENOTAN INFORMACIÓN O EXPRESAN SU PROCEDENCIA: **1 fuente ++:** Fuentes *fidedignas* indicaron que las principales batallas fueron protagonizadas por tropas de los países vecinos... EPC190597 **2 información ++:** ...que los habitantes del lugar en que se instala tengan una información *fidedigna*... ENC271100 **3 documentación:** Existe un procedimiento francamente fácil, (...) desdeñoso de la documentación más *fidedigna*, y de éxito mayoritario... EME110595

B EL SUSTANTIVO *NOTICIA*, Y CON OTROS QUE DESIGNAN TEXTOS, ESPECIALMENTE UNIDADES Y GÉNEROS INFORMATIVOS QUE SE CARACTERIZAN POR RELATAR SUCESOS O REFERIR INFORMACIONES: **4 noticia ++:** ...tuve noticias directas y *fidedignas* de que el recusado estaba realizando una actividad instructora... EME050295 **5 informe ++:** Cada técnico cubano de acuerdo a informes *fidedignos*, recibirá un salario aproximado de 20 mil pesos mensuales. LDD250997 **6 texto:** No trata, sin embargo, esta Biblioteca de presentar ediciones corrientes, sino textos *fidedignos*... EME261096 **7 documento +:** ...convirtiendo además a la película en un *fidedigno* documento histórico. LVE280995 **8 testimonio +:** Por una parte nos asombran por su calidad de testimonios *fidedignos* de un sostenido esfuerzo... ABC100792 **9 crónica:** La aspiración –bastante lograda– del filme es convertirse en una crónica más o menos *fidedigna* de la vida en este planeta 80.000 años atrás. LVE240295 **10 biografía:** ...una biografía más o menos *fidedigna* del zar de la Rusia del siglo XVIII. LVE260995 **11 relato:** Sin embargo, entre los relatos –poco *fidedignos*– de los viajeros y los descubrimientos arqueológicos... BRE270996 **12 declaración:** ...en mi nombre, y con mi firma, se entregaron declaraciones inexactas, incompletas y no *fidedignas* ante el comité... LVE221296 **13 diario:** Según el *fidedigno* diario «Haaretz», el ministro israelí... LVE230296

C SUSTANTIVOS QUE DESIGNAN LA MEMORIA O SU CONTENIDO, ASÍ COMO LA ACCIÓN DE RECUPERAR ALGO O TRAERLO AL PRESENTE: **14 memoria ++:** Son memorias concretas, *fidedignas* y prudentes. LVE220296 **15 recuerdo ++:** ...bien pueda ser que mis recuerdos al respecto no sean muy *fidedignos*. EPE241299 **16 reconstrucción +:** Entre ellos hay que resaltar la reconstrucción *fidedigna* de un coqueto saloncito cubista... ABC170192 **17 reproducción +:** ...sin que nos haya quedado ni una sola reproducción *fidedigna* del afamado faro. EME041196 **18 representación +:** ...hizo posible, en el siglo pasado, la representación «*fidedigna*» y real de las ciudades desde el aire. ABC080794 **19 recreación:** ...no hemos podido consolidar ya no grupos de recreación *fidedigna* de nuestras músicas étnicas... EPE140799

D SUSTANTIVOS QUE DESIGNAN DIVERSAS FORMAS DE DESCRIBIR, REPRODUCIR, PRESENTAR O ENTENDER ALGUNA COSA: **20 versión ++:** En el artículo (...) se reporta como *fidedigna* la versión de la viuda de Edgard Estrella Córdova... CAP180796 **21 traducción +:** ...y que la traducción *fidedigna* hubiese debido ser... LVE011196 **22 adaptación:** Fidedigna adaptación de la obra teatral de Peter Shaffer... LVE030596 **23 retrato +:** ...pasa por ser un retrato *fidedigno* de la fauna neoyorquina del momento. LVE261195 **24 visión +:** ...que la película fuera una visión *fidedigna* de su vida. ENH070297 **25 interpretación +:** La actriz hizo una *fidedigna* interpretación de Marie Curie. INDOC **26 transcripción:** ...establecer una trascripción *fidedigna* de las conversaciones en árabe de la cabina de tripulación. EPE201199 **27 descripción:** ...escasez de documentos gráficos y descripciones *fidedignas*. ABC160994 **28 aproximación:** ...creo que hemos hecho una aproximación muy *fidedigna*. EME180295 **29 edición –:** ...este gran volumen los estudios bercianos, con ediciones limpias y *fidedignas*... ABC180992

E SUSTANTIVOS QUE DESIGNAN DATOS, INDICADORES Y OTRAS UNIDADES DE CÓMPUTO, MEDICIÓN O CONTROL: **30 dato ++:** «Quienes eventualmente podrían brindar algún dato *fidedigno* son personas...». LRU071199 **31 estadística +:** ...apoyándose en estadísticas *fidedignas*, demuestran la eficacia de la pena máxima... EXC220996 **32 encuesta:** La primera encuesta nutricional *fidedigna* (...) ha arrojado un pésimo resultado. EPE160599 **33 medición:** Sólo se podría conseguir una medición *fidedigna* si se realizase un ensayo prospectivo... EME110796 **34 medida:** ...permite dar una medida más *fidedigna* de la capacidad de compra de los ciudadanos... ETC170796 **35 número:** Utilicé las elecciones de 1936, porque ya hay de ellas datos y números *fidedignos*. EPE280977 **36 indicador:** Según Alcalá, el indicador más *fidedigno* de la crisis es el número de empleados que hay ahora... LTB210700 **37 índice:** Son el índice *fidedigno* de lo que todavía nos separa de una verdadera democracia... EME101095 **38 pista:** ...cualquier persona que proporcione pistas *fidedignas* que ayuden a identificar a la protagonista de la historia... LVE140995 **39 prueba:** El paisaje holandés aparece en el siglo XVII como la más *fidedigna* prueba del «engaño a los ojos». ABC141094

F SUSTANTIVOS QUE DENOTAN JUICIO, ANÁLISIS O INDAGACIÓN DE ALGO: **40 estudio +:** ...por lo obsoletos que eran los estudios de Sofrelec (...) y lo incompletos y por consiguiente poco *fidedignos* en el caso de los de Electrowatt... LTB210700 **41 diagnóstico:** ...tener un *fidedigno* diagnóstico de la educación, para adoptar las medidas que correspondan... HOY140497 **42 dictamen:** ...por lo que a veces era imposible un dictamen *fidedigno.* EPE300699 **43 investigación:** ...sus noticias reflejan las conclusiones de una investigación acreditada y *fidedigna...* ABC040895 **44 estimación –:** ...según las estimaciones más *fidedignas* ha tenido un seguimiento no superior al 30%... LVE020294 **45 autoanálisis –:** ...es necesario efectuar un autoanálisis *fidedigno...* EXC300896

G OTRAS UNIDADES COGNOSCITIVAS: **46 pensamiento:** En cierto modo la voz y el pensamiento más *fidedignos* resultan ser los del sacerdote... ABC070194 **47 conocimiento:** ...habría un conocimiento más *fidedigno* de la ley si el procedimiento hubiera sido otro... EPE021201 **48 idea:** De esa forma, podrá hacerse una idea más *fidedigna* de lo que le costará el crédito. EME061096

H ALGUNOS SUSTANTIVOS DE PERSONA, MÁS FRECUENTEMENTE SI SU NOMBRE ALUDE A ALGUNAS DE LAS ACCIONES QUE SE DESCRIBEN EN LOS APARTADOS *C* Y *D*: **49 narrador:** ...son cuentos aldeanos (...) contados por narradores no *fidedignos...* ABC310395 **50 representante +:** ...el más *fidedigno* representante del movimiento novecentista... ABC130195 **51 testigo ++:** ...yo puedo ser testigo *fidedigno* de la eficacia y la total no ofensividad de este somnífero... EXC091196 **52 traductor:** El caso es que Salvador Oliva –profesor de retóricas y artificios de la lengua; traductor *fidedigno* de Shakespeare (...); sabio en gramáticas y en todas las combinaciones del lenguaje– acaba de publicar un segundo volumen... LVE240395 **53 artífice –:** Una Constitución así, mujer hermosa (...) sería artífice *fidedigna* de paz y desarrollo... ESH111000

I OTROS SUSTANTIVOS; POSIBLES USOS ESTILÍSTICOS: ...el más sensual y *fidedigno* homenaje a la tradición folklórica de su patria. LVE070495; ¿...no son rasgos *fidedignos* del novecentismo? ABC200195

☐ Véase también: **fehaciente**.

fidelidad ♦ **absoluto, ciego[10], devoto, entusiasta, estricto, eterno, ilimitado, inalterable, incondicional[25], inconfesado, inquebrantable[3], obsesivo, sumo[21], total** ♦ **espíritu (de)** ♦ **captar, conquistar, exigir, faltar (a), guardar[51], jurar[15], mantener, mostrar, ofrecer, pedir, prestar, profesar[60], quebrantar, rendir, romper**

☐ Véase también: **adhesión, lealtad**.

fiebre ♦ **acaparador[5], alto, bajo, consumista, elevado** ♦ **acceso (de)[2], ataque (de)** ♦ **aplacar(se), apoderar(se)[24], bajar, combatir, contraer, desaparecer, desatar(se)[23], entrar (a alguien), írse(le) (a alguien), remitir[12], sentir, subir(le) (a alguien), tener, vencer, venir (a alguien)**

fiel ♦ **absolutamente, completamente, hasta el final, hasta la muerte, indiscutiblemente, sin ninguna duda** ♦ **adaptación, afición, aliado, amigo, ayudante, cliente, colaborador, compañero, continuador, copia, copista, criado, cronista, cumplimiento, defensor, depositario, descripción, discípulo, ejecutor, electorado, entrega, escudero, espada, espejo, esposo, exponente, expresión, garante, guardián, hinchada, imagen, imitación, indicador, infantería, instrumento, intérprete, lacayo, lector, lectura, lugarteniente, memoria, militante, monaguillo, oyente, partidario, perro, persona, público, radiografía, recuperación, reflejo, relación, relato, réplica, reportaje, representación, representante, reproducción, retrato, secretario, seguidor, servidor, sirviente, socio, testigo, testimonio, traducción, transcripción, trasunto**

fiel (a) ♦ **amistad, apellido, arte, autoridad, biografía, canon, carácter, causa, cita, compromiso, concepto, condición, consigna, convicción, costumbre, credo, creencia, doctrina, época, escuela, espíritu, estilo, fama, familia, filosofía, hecho, herencia, idea, ideal, ideario, ideología, imagen, inspiración, legalidad, letra, línea, liturgia, lógica, máxima, memoria, mensaje, objetivo, original, ortodoxia, palabra, papel, partitura, patria, perfil, postulado, principio, programa, promesa, propósito, proyecto, raíces, realidad, regla, ritual, sentido, técnica, teoría, tesis, texto, tradición, valor, visión, vocación**

fielmente ♦ **adaptar, ajustarse, aplicar, atenerse, captar, coincidir, conservar, copiar, corresponder(se), creer, cumplir, desempeñar, ejecutar, emular, evocar, heredar, imitar, informar, interpretar, medir, narrar, obedecer, recoger, reconstruir, recrear, recuperar, reencarnar, reflejar, representar, reproducir, respetar, responder, resumir, retratar, seguir, servir, traducir, transcribir, transmitir, trasladar**

fiera ♦ **depredador, desbocado, enjaulado, feroz, hambriento, herido, indomable, indómito, salvaje, suelto, temible, voraz** ♦ **como** ♦ **domador (de), jaula (de), rugido (de), víctima (de)** ♦ **acechar, ahuyentar, amaestrar, amansar, aplacar, arrojar (a), atacar (algo/a alguien), calmar, cazar, domesticar, echar (a), encerrar, enfrentar(se) (a), enjaular, liberar, ponerse (como), rugir, soltar, temer, vencer**

☐ Véase también: **animal**.

fiero ♦ **actitud, agresividad, animal, aspecto, ataque, capitalismo, combate, competencia, competidor, crítico, defensor, determinación, felino, garganta, gesto, golpe, grito, guardián, guerrero, huracán, león, lucha, luchador, ojo, oleaje, rostro, soldado, temperamento, terrorismo, tigre, toro, viento**

fiesta ♦ **a lo grande, animado, antológico, apagado, apoteósico, concurrido, de capa caída[12], de guardar, desenfrenado, deslucido, espectacular, nacional, señalado, soberbio, vibrante** ♦ **acudir (a), aguar(se)[1], amargar (a alguien), ambientar(se) (en), amenizar, animar, apagar(se), asistir (a), celebrar, dar, decaer[11], desinflar(se)[43], empañar(se)[21], enfriar(se)[48], ensombrecer(se), hacer, invitar (a), montar, organizar, prender[15], preparar, reventar, tener**

☐ Véase también: **celebración, festejo, festividad, festivo**.

figura ♦ **agraciado, armonioso, claro, clave, crucial[87], curvilíneo, deforme, de importancia, deli-**

cado, de relumbrón, desgarbado, destacado, enjuto, entrañable, erguido, esbelto, estilizado, frágil[4], fundamental, hierático, imponente, ingrávido, inmortal, insigne, mítico, notorio, prominente, representativo, rutilante, voluminoso ♦ despuntar[2], devaluar(se)[2], dibujar(se), distorsionar, encarnar, ensuciar[8], erigir(se)[10], evocar, inmortalizar, perfilar(se), proyectar(se), recortarse (sobre algo), socavar[22], suplantar[1], sustraer(se) (de/a)[10], visualizar
☐ Véase también: **astro**.

figurar ♦ a la cabeza[11], codo con codo[10], destacadamente, en cabeza, en un lugar {destacado/honroso/privilegiado...}

fijamente ♦ atender, mirar, observar
☐ Véase también: **atentamente**.

fijar ♦ de antemano[4], definitivamente, irrevocablemente[11], unilateralmente[2] ♦ atención, base, calendario, característica, condición, detalle, fecha, imagen, límite, mirada, norma, objetivo, ojo, orden, plazo, residencia, vista

fijarse ♦ atentamente[5], escrupulosamente[15], por un momento[24]

[fijo] → a plazo fijo

fila ♦ en, en medio (de) ♦ engrosar[2], formar, guardar[48], hacer, romper, salir(se) (de), seguir
☐ Véase también: **curva, franja, línea**.

filmografía ♦ abundante, escaso, extenso, nutrido[4], prolijo
☐ Véase también: **bibliografía**.

[filo] → al filo (de)

filtrar(se) *v.* ▌En el sentido físico se combina con sustantivos que designan líquidos *(agua, gasolina)* o sustancias *(café, sal)*, y muy frecuentemente materias transmitidas por radiación *(luz, rayos)*. En el sentido figurado se combina con...

A SUSTANTIVOS QUE DENOTAN INFORMACIÓN O DESIGNAN ALGUNAS DE SUS UNIDADES O SUS MANIFESTACIONES: **1 información** ++: ...al permitir que un tercero *filtrase* la información de forma calculadamente tendenciosa... EME010795 **2 noticia** ++: ...le había engañado porque le pidió discreción y luego *filtró* la noticia. EME121295 **3 dato** ++: ...acusándola de *filtrar* datos del sumario... EME280394 **4 declaración** +: Sobre las declaraciones *filtradas* a la prensa... EME100694 **5 comentario** +: Un comentario parecido fue *filtrado* en mayo de 1995... EME040696 **6 cifra:** ...las cifras que *filtra* la propia entidad... EPE040899 **7 rumor:** ...se van *filtrando* rumores, algunos disparatados... EME230394 **8 chisme:** ...se *filtren* chismes tendenciosos y/o insinuaciones malévolas... EXP040697

B SUSTANTIVOS QUE DENOTAN ESCRITO, ESPECIALMENTE SI ES DE CARÁCTER INFORMATIVO Y SIRVE COMO PRUEBA O ACREDITACIÓN DE ALGO: **9 documento** ++: ...no es la primera vez que se *filtran* documentos de este tipo... EME110995 **10 informe** +: ¿De dónde se *filtró* el informe de los peritos? EPE150999 **11 nota** +: ...el ministerio *filtró* una nota el pasado domingo a los medios de comunicación... LVE121096 **12 texto** +: ...se *filtró* el texto de la proposición de ley... EPE010286 **13 carta:** ...se *filtró* una carta del jugador (...) en la que decía estar conforme... EPE100999 **14 borrador:** El borrador de un documento oficial que se *filtró* a los medios de comunicación... SEM131100

C ALGUNOS SUSTANTIVOS QUE DESIGNAN LO QUE SE CONSIDERA OCULTO O DESCONOCIDO: **15 secreto** +: ...siete personas sospechosas de haber *filtrado* secretos militares. LVE240796 **16 enigma** –: ...escenas cotidianas en las que se *filtran*, como en la mejor pintura metafísica, la irrealidad, el misterio, el enigma. ABC010794 **17 misterio** –: En el relato se *filtra* el misterio desde las primeras páginas. INDOC

D SUSTANTIVOS QUE DESIGNAN LO QUE SE PIENSA LLEVAR A CABO. TAMBIÉN CON OTROS QUE EXPRESAN DIVERSAS FORMAS DE ORGANIZAR LA ACTIVIDAD FUTURA: **18 plan** +: ...ha permitido al Gobierno *filtrar* algunos planes... EME131096 **19 proyecto** +: ...pagaran a funcionarios (...) para espiar y *filtrar* los proyectos... EME200496 **20 programa:** ...instalar un «chip» antiviolencia que *filtre* programas «nocivos» para los jóvenes. EME150296

E ALGUNOS SUSTANTIVOS QUE DENOTAN INCLINACIÓN AFECTIVA: **21 sentimiento:** ...se *filtra* el sentimiento, o incluso el horror... ABC260692 **22 cariño:** El cariño (...) se sigue *filtrando* a través de la reja. CLA110199

F OTROS SUSTANTIVOS; POSIBLES USOS CRUZADOS: ...se había *filtrado* un comando (...) para atentar contra el mandatario peruano... [Cf. *infiltrar(se)*] CAP280897

[fin] → a fin (de), llegar a su fin

fin ▌*(final)* **♦ abrupto[5], drástico[36], inevitable, inexorable[26], inminente ♦ abocarse (a), acercarse, aproximarse, augurar[64], aventurar[19], dar[240], llegar (a), marcar[12], predicar[55], sellar[20], tener** ▌*(objetivo)* **♦ buen(o), curativo[11], delictivo[19], disuasorio[26], humanitario[22], inconfesable[9], mal(o), noble, oscuro, político, preventivo[77], utilitario ♦ atenerse (a)[63], distorsionar[42], establecer, perseguir**
☐ Véase también: **agonía, broche, cancelación, conclusión, definitivamente, desenlace, destino, diana, extinción, final, jubilación, meta, objetivo, remate, resolución, resultado, solución, término**.

FIN Véase: FINAL

[final] → a final (de), a finales (de)

final ♦ abrupto[1], a cara de perro[15], aciago, agridulce[15], airoso[11], amargo[56], apocalíptico, apoteósico[1], apretado[22], brusco[78], catastrófico[8], concluyente, de película, desgraciado, desolador[28], dramático, drástico[35], esperable, esplendoroso, exitoso, feliz, glorioso, honroso[23], impredecible[5], imprevisible[1], imprevisto, incierto, inevitable, inexorable[25], infausto[7], inminente, previsible, reñido[14], revelador[46], rutilante[14], sober-

bio, sorprendente, súbito, temprano, tormentoso, trágico ♦ abocarse (a), acercarse, acometer[30], alcanzar, amagar[17], anticipar, aproximarse, atisbar[5], augurar[65], avecinarse[55], aventurar[18], deparar, destripar[1], embocar, encarar, esperar, llegar (a), llevar (hasta), marcar[13], precipitar(se), resistir (hasta), sellar[21], tener, vislumbrar[15]
□ Véase también: **cancelación, conclusión, desenlace, fin, resultado.**

FINAL
♦ (SUSTANTIVOS) Véase: abrupto[A], accidental[A], acometer[F], acotar[A], agilizar[E,F], a golpes[I], agridulce[C], airoso[C], allanar[D], amagar[E], amargo[I], aplastante[A], a plazos[D], apoteósico[A], apretado[F], augurar[I], avecinarse[F], aventurar[C], brusco[J], caer como una bomba[C], conceder[H], concluyente[D], conmemorar[B], dar[S,U], desolador[C], diáfano[E], digerir[G], drástico[F], en cadena[E], establecer[C], honroso[C], inexorable[D,E], infausto[C], inhumano[K], irreconciliable[H], irreversible[A,E], marcar[B], negociar[H], perentorio[F], preconizar[F], predicar[K], revelador[G], sellar[C], sucinto[C], vencer[M], vislumbrar[C]
♦ (VERBOS) Véase: a duras penas[F], a golpes[B,G], airoso[A], a la deriva[E], a lo grande[F], a pasos agigantados[H], atrozmente[B], como el rosario de la aurora[A], con {buen/mal} pie[B], con éxito[A], contra reloj[F], de plano[B], de un día para otro[F], dignamente[B], en seco[B], inevitablemente[B], irremediablemente[E], limpiamente[G], literalmente[G], plácidamente[I], por completo[C], trágicamente[A,B,C]
□ Véase también: DESTINO; ÉXITO; LÍMITE; RESOLUCIÓN; SALIDA.

FINAL Véase:
♦ concluyente, culminante, sin retorno
♦ definitivamente
♦ aterrizaje, broche, cancelación, conclusión, desenlace, destino, diana, extinción, fin, final, jubilación, límite, meta, remate, rendición, resolución, resultado, solución, término
♦ acabar, apurar, caducar, concluir, dar carpetazo (a), desembocar, expirar, exterminar, finalizar, finiquitar, liquidar, llegar, llegar a su fin, morir, romper (con), romper(se), terminar, ultimar, vencer
□ Véase también: *LÍMITE Y CONTORNO.*

finalidad ♦ auténtico, claro, concreto, declarado, doble, encubierto, esencial, específico, evidente, exclusivo, expreso, ilegítimo, legítimo, manifiesto, oculto, presunto, pretendido, primordial, principal, propio, supuesto, último, utilitario, verdadero ♦ con, sin ♦ albergar, alejar(se) (de), cumplir, definir, desvirtuar, perder, perseguir, poseer, subyacer, tener (como/por)
□ Véase también: **destino, final, objetivo, propósito.**

FINALIZACIÓN
♦ (SUSTANTIVOS) Véase: abocar(se) (a)[B], a plazo fijo[E], atisbar[B], gozar (de)[H]
♦ (VERBOS) Véase: abruptamente[A], a marchas forzadas[C], a medias[A], a plena satisfacción[C], armónicamente[D], a todo tren[G], a tope[C], civilizadamente[F], como el rosario de la aurora[A], con éxito[A], negativamente[H], ordenadamente[J], terminantemente[E], virtualmente[C]

finalizar ♦ abruptamente[6], calculadamente, con éxito[5], fatalmente, felizmente, inesperadamente, terminantemente[26], trágicamente[8]
□ Véase también: **abocar(se) (a), acabar, apurar, caducar, concluir, dar carpetazo (a), desembocar, expirar, exterminar, llegar, llegar a su fin, morir, romper (con), terminar, ultimar, vencer.**

financiación ♦ a fondo perdido[6], a plazos[15], escaso, exiguo[15], generoso, ilegal, insuficiente, irregular, suficiente ♦ fleco (de)[8], fuente (de), plan (de), vía (de) ♦ asignar, buscar, canalizar[65], conceder, encontrar, recaer[63]

financiar ♦ a crédito[7], a fondo perdido[11], a partes iguales[18], a plazos[3], generosamente[22], proporcionalmente, puntualmente
□ Véase también: **abonar, pagar.**

finiquitar ▮ *(pagar)* ♦ crédito, cuenta, factura ▮ *(terminar)* ♦ acuerdo, compra, contrato, convenio, negocio, relación, trámite

firma ♦ a favor[37], al dorso, al margen, al pie, ampuloso, auténtico, autógrafo, autorizado, electrónico, escueto, falso, ilegible, original, testimonial[42] ♦ agilizar[29], autentificar, avalar, comprobar, compulsar, conseguir, convalidar, desbloquear[19], echar, estampar[1], falsificar, grabar, imitar, imprimir, pedir, poner, recabar[13], recoger, rubricar (con), urgir[10], validar[13], verificar
□ Véase también: **acuerdo, compromiso, firmar, rúbrica.**

firmar *v.* ▮ Se combina con sustantivos que designan textos y documentos de diversa naturaleza *(carta, libro, dedicatoria, cheque, talón, cuenta, presupuesto, multa)*, así como mensajes verbales, especialmente si son públicos, notorios o de cierta importancia *(comunicado, declaración, manifiesto, memorándum, testimonio)*. También se combina con...

A SUSTANTIVOS QUE DESIGNAN LA CONSECUCIÓN FELIZ DE ALGUNA FORMA DE ENTENDIMIENTO, ASÍ COMO DIVERSAS MANIFESTACIONES DE LOS LOGROS ASÍ ALCANZADOS: **1 acuerdo ++:** Los acuerdos *firmados* descansan sobre una amnesia forzosa. BRE040497 **2 tratado ++:** 1627, los turcos *firman* un tratado con el Sacro Emperador Romano Fernando II. DYM040996 **3 paz ++:** Después de 21 meses de guerra, chechenos y rusos *firman* la paz. DYM010996 **4 alianza +:** ...se abstendrá de consultar con sus aliados la nominación de su candidato a la Vicepresidencia porque no *firmaría* alianzas electorales previas. LTB230197 **5 contrato +:** Con ninguno de los tres ha habido forma de *firmar* contrato, pero ya están entrenando. ETC140175 **6 convenio +:** En consecuencia, se *firmarían* convenios adicionales paralelos, complementarios al contrato. ETC311096 **7 pacto +:** ...Israel es una sociedad democrática y respetará los pactos *firmados* por gobiernos anteriores. DYM090996 **8 tregua +:** ...sobre la que Clarín informó en exclusiva una semana después de que *firmaran* la tregua. CLA140199 **9 concordato:** El concordato fue *firmado* por el anterior gobierno, encabezado por dirigentes de Solidaridad, el 28 de julio de 1993. EUV070497 **10 conformidad:** ...declaró a un redactor de (...) que si no había *firmado* su conformidad a este acuerdo era porque no le urgía hacerlo... LVG301091

B SUSTANTIVOS QUE DESIGNAN LEYES Y OTRAS DIRECTRICES, ASÍ COMO ALGUNAS DE LAS FORMAS EN QUE SE MANIFIESTAN O SE RECOPILAN: **11 ley +:** La ley, *firmada* por el presidente (...) en agosto de 1996, establece que los inmigrantes legales que no tengan la ciudadanía no podrán recibir ayuda federal. ENH110297 **12 norma ++:** El gobernador republicano, (...), *firmó* la nueva norma, que convierte a Nueva York en el estado número 38... LVE080395 **13 medida +:** ¿Qué le parecen las medidas *firmadas* por Bill Clinton contra el tabaco? LVE300896 **14 reglamento +:** Esta semana únicamente se *firmará* el reglamento y la mecánica de cómo va a desarrollarse el diálogo. LPN300697 **15 estatuto:** ...la corporación local a las peticiones insistentes del Ministerio para *firmar* los estatutos de la fundación... ABC200195 **16 código:** Los integrantes de las listas de ERC a los ayuntamientos de la provincia de Barcelona han *firmado* un código ético de conducta... LVE100495 **17 legislación:** Seis republicanos de la Cámara han *firmado* una legislación más limitada... ENH210497 **18 mandato:** Todavía no *firmamos* el mandato a ningún operador, pero esperamos que la operación se concrete... CLA090199 **19 orden:** ...declaró ayer ante un tribunal alemán que el líder religioso iraní Alí Jamenei *firmó* la orden de asesinar a cuatro dirigentes... LVE240896

C SUSTANTIVOS QUE DESIGNAN DIVERSAS FORMAS DE ALTERAR OFICIALMENTE UN ESTADO DE COSAS, MÁS FRECUENTEMENTE SUSPENDIÉNDOLO, CANCELÁNDOLO O DÁNDOLO POR CONCLUIDO: **20 dimisión ++:** En su denuncia, el alcalde dice que *firmó* su dimisión porque lo amenazaron hasta con tirarlo del balcón del palacio... DYM170796 **21 amnistía ++:** ...*firmaron* hace algún tiempo una amnistía inicua para los militares... CAP060297 **22 indulto +:** Anteayer, un indulto *firmado* por el rey de aquel país le permitió iniciar el definitivo regreso a casa. LVE020994 **23 renuncia:** ...dijo que los trabajadores deberían tener cuidado, porque al *firmar* su renuncia sus prestaciones podrían mermar... LHG280897 **24 cesión:** ...parece haber decidido *firmar* la cesión de sus derechos para televisión con TV3... LVE030596 **25 retractación:** ...acabó sus días haciendo las paces con la Iglesia y *firmando* su retractación por el miedo de no poder ser enterrado... LVE221194 **26 separación:** ...acudieron ayer tarde al tribunal de Módena para *firmar* la separación consensual... LVE230396

D SUSTANTIVOS QUE DESIGNAN EL RESULTADO DE UNA PRUEBA O UNA CONFRONTACIÓN: **27 empate ++:** Atlético y Barcelona *firmaron* un empate a un gol que no disgustó a los locales... FDV260499 **28 triunfo:** ...como máximo goleador del torneo, *firmaron* el cómodo triunfo de un Parma que cumplió los pronósticos. ENC130599 **29 derrota:** El árbitro *firmó* una derrota merecida. LVE291095 **30 tablas:** El encuentro resultó peleado, con ocasiones de gol en ambas porterías, pero al final se *firmaron* tablas tras un partido... DDN090101

E SUSTANTIVOS QUE DENOTAN RESOLUCIÓN O DECISIÓN: **31 sentencia ++:** El 31 de agosto, mediante una sentencia *firmada* por «el pueblo» ante las autoridades locales... PME080996 **32 resolución +:** ...el juez tomó el toro por las astas y *firmó* una resolución importante... CLA180497 **33 moción:** ...el pleno «no tendrá validez alguna», ya que, a su juicio, la ex consejera de Turismo, (...) no podía *firmar* la moción de censura. FDV070201 **34 fallo:** ...determinó en el fallo *firmado* ayer que «el Estado Nacional se abstendrá de efectuar las medidas decretadas...». CLA070197 **35 decreto:** El Presidente (...) *firmó* un decreto para «que no subsistan dos sistemas distintos, pero el régimen previsional se mantiene vigente». CLA020401

F SUSTANTIVOS QUE DESIGNAN DIVERSAS IDEAS SUSCEPTIBLES DE SER PRESENTADAS, RAZONADAS O DEBATIDAS: **36 proyecto ++:** ...limitar el derecho a la Alcaldía en ordenar funciones y traslados de personal, así como autorizar y *firmar* proyectos urbanísticos... ESP070597 **37 propuesta +:** «más importante nos pareció el que otros grupos *firmaran* una propuesta en que aceptan lo que ayer negaban». HOY250484 **38 tesis:** Uno *firmaría* las tesis «renacentistas» que Bonnin expone en el programa de mano del espectáculo... LVE241295 **39 programa:** ...llevó a acordar una alianza con varios partidos y movimientos para la campaña electoral pasada, y finalmente *firmó* un programa común de Gobierno... DLA100297 **40 plan –:** Será en quince días, cuando el Gobierno nacional y el de la Ciudad *firmen* un plan de seguridad conjunto. CLA111000

▩ Se combina también con: ♦ **gustoso**[11] ♦ **a ojos cerrados, debidamente**[15]**, de {mi/tu/su...} puño y letra**[8]**, en blanco**[9]**, sin dudarlo**

☐ Véase también: **acordar, acuerdo, compromiso, firma, formalizar, sellar, suscribir.**

[firme] → a pie firme, con mano firme, en firme

firme

♦ **como una roca** ♦ **actitud, adversario, aliado, alianza, apoyo, autoridad, bloqueo, candidato, carácter, compromiso, condena, construcción, control, convencimiento, convicción, creencia, decisión, defensa, defensor, deseo, determinación, disciplina, dominio, exigencia, garantía, gobernante, gobierno, intención, mano, negativa, oposición, partidario, pilar, poder, política, posición, postura, propósito, rechazo, resistencia, sentencia, soporte, tierra, voluntad**

☐ Véase también: **concluyente, férreo, seguro.**

firmemente

♦ **convencido, decidido, dispuesto, partidario, resuelto, unido** ♦ **aferrar(se), agarrar(se), apostar, apoyar, apretar, arraigar, asentar(se), asir, atenerse, atrincherar(se), avanzar, cimentar, coger(se), comprometer(se), condenar, confiar, consolidar(se), convencer(se), creer, decidir, defender, desear, empuñar, enraizar(se), establecer, exigir, fundamentar, instalar(se), luchar, mantener(se), negar, oponer(se), pisar, proclamar, prometer, proponerse, reafirmar, reclamar, resistir, respaldar, sostener, sujetar(se)**

[firmeza] → con firmeza

firmeza

♦ **demostración (de)**[31]**, manifestación (de)**[38]**, prueba (de), señal (de)** ♦ **ablandar(se)**[29]**, demostrar, mantener, mostrar**

☐ Véase también: **confianza, seguridad.**

fiscalidad ♦ abusivo[6] ♦ aumentar, cambiar, incrementar, mejorar, rebajar[13], reducir, reformar

fisco ♦ cumplir (con), defraudar, eludir[31], engañar, pagar (a), recaudar, reclamar (a), tributar (a)

físico ♦ agraciado[9], agradable, exuberante[15] ♦ cuidar, deteriorar(se), mejorar, poseer, tener
□ Véase también: **forma, imagen, pinta, porte.**

fisonomía ♦ actual, agraciado, amable, antiguo, arquitectónico, atrayente, característico, corporal, definido, especial, específico, espléndido, expresivo, familiar, grotesco, habitual, horrendo, inconfundible, llano, nuevo, paisajístico, particular, peculiar, personal, político, propio, singular, territorial, tradicional, urbanístico, urbano ♦ cambio (de), rasgo (de) ♦ adquirir, alterar, cambiar, desfigurar, destacar(se), dotar (de), exhibir, identificar, llamar la atención, lucir, mantener, modificar, mostrar, poseer, reconocer, recuperar, renovar, tener, transformar
□ Véase también: **apariencia.**

[fisura] → sin fisuras

fisura ♦ detectar, presentar, producir(se), provocar, reparar, restañar[12]
□ Véase también: **quiebra, ruptura, separación.**

flaco *adj.* ▌En su sentido literal se construye con sustantivos que designan seres vivos *(árbol, pollo, rocín, muchacha, hombre)* o ciertas partes de su cuerpo *(pierna, brazo)*. En su sentido figurado, se emplea con frecuencia en las expresiones lexicalizadas *perro flaco* y *vacas flacas*. También en sentido figurado se combina con sustantivos que designan actitudes o cualidades humanas, a menudo usadas en sentido metonímico *(orgullo, carne)*, así como algunos textos o documentos de los que cabe esperar cierta entidad *(novela, currículum, historial, guión)*. Se combina asimismo con...

A SUSTANTIVOS QUE DENOTAN AYUDA O PRESTACIÓN: **1 favor** ++: Flaco favor le hace al entrevistado un entrevistador tan entregado. EME120294 **2 servicio** ++: ...está rindiendo un *flaco* servicio a los propios intereses del mundo occidental... EPE010689 **3 consuelo** ++: ...la ayuda española supera la media (...) lo que (...) es un *flaco* consuelo... EPE021099 **4 honor** +: ...ha (...) hecho *flaco* honor a la leyenda de los Bombarderos del Bronx... LVE251096

B SUSTANTIVOS QUE DENOTAN RASGO O ASPECTO, GENERALMENTE PROPIO DEL CARÁCTER DE UNA PERSONA O DE UNA SITUACIÓN: **5 punto** ++: Hasta las mejores vías tienen puntos *flacos*. EPD300697 **6 lado:** No, generalmente tratan de buscar el lado *flaco* y lo que venda, y lo que vende no son cosas buenas. HOY010997 **7 costado:** ...hoy esa felicidad amenaza con desaparecer por el costado más *flaco* del proyecto... CLA170297

C SUSTANTIVOS QUE DESIGNAN CAPACIDADES O PROPIEDADES INTELECTIVAS PROPIAS DE LAS PERSONAS. SE USAN A MENUDO EN SENTIDO METONÍMICO: **8 memoria** ++: Para los que tengan *flaca* la memoria habrá que recordar... EME020194 **9 cabeza** –: Siempre fue un chico despistado, de *flaca cabeza*. INDOC

D SUSTANTIVOS QUE DENOTAN CAPACIDAD ECONÓMICA O GESTIÓN, A MENUDO EN REFERENCIAS METAFÓRICAS O METONÍMICAS: **10 bolsillo** +: La crisis de Brasil impacta en un momento de bolsillos *flacos*. CLA240199 **11 bolsa** +: ...muy precarios apoyos mediáticos y *flaca* bolsa. EPE210299 **12 medio** –: ...señalar, aun con sus *flacos* medios, el rumbo desastroso de los acontecimientos... EPD030597 **13 presupuesto** –: ...demostró su habilidad para consolidar *flacos* presupuestos... EPE271199 **14 gestión** –: Pero lo que sus dirigentes entienden como una *flaca* gestión... CLA170501 **15 arca** –: El Ayuntamiento (...) anda con las arcas un poco *flacas*... EME090594

flagrante *adj.* ▌Se combina con...

A SUSTANTIVOS QUE DENOTAN FALTA O DELITO EN DIVERSOS GRADOS. TAMBIÉN CON ALGUNOS QUE DESIGNAN OTRAS ACCIONES Y SITUACIONES QUE SUELEN SER OBJETO DE SANCIÓN O DE REPROBACIÓN: **1 delito** ++: Señaló que los cuatro detenidos de ayer en la finca Australia, fue porque se encontraban en *flagrante* delito. LHG280897 **2 violación** ++: Es una situación de violación *flagrante* de los derechos humanos. CAP160197 **3 atentado** +: ...ejercieron la medicina en un *flagrante* atentado criminal contra el paciente... ESP190597 **4 agresión** +: El viceprimer ministro iraquí (...) calificó ayer esta autorización como (...) «una agresión *flagrante* contra el pueblo iraquí». ETC130996 **5 infracción:** ...el gobernante español habría protestado por la extraterritorialidad de leyes (...), que constituyen infracciones *flagrantes* a la soberanía de los países. EXC081296 **6 ilegalidad:** ...el banco incurre en una ilegalidad *flagrante* al ser ya socio de otra cadena privada. EME130495 **7 mentira:** Fue una mentira majestuosa, *flagrante*. SEM311296 **8 engaño:** En otras palabras, el engaño es tan *flagrante* como inofensivo. LVE160896 **9 adulterio:** El *flagrante* adulterio del plebeyo fue motivo suficiente para que la humillada princesa (...) abandonara a su ex guardaespaldas... SEM311296 **10 crimen:** ...la querella presentada por la Comisión de la Verdad no es parte de lo que se denomina un crimen *flagrante*... DED021196 **11 robo:** «Esto es un fraude político y un *flagrante* robo electoral». EPE280900 **12 plagio:** ...han pasado por la vergüenza de ser pillados en un acto de *flagrante* plagio. EPD041097 **13 insubordinación:** ...fue destituido ayer por «*flagrante* insubordinación». LVE181096 **14 demagogia** –: ...esta invitación también se produce después de que realizara una campaña política en la que efectuara una *flagrante* demagogia... EXC210197 **15 violencia** –: ...como si cometer faltas intencionadamente no constituyera un ejercicio de *flagrante* violencia. LVE141096

B SUSTANTIVOS QUE DENOTAN AUSENCIA O CARENCIA DE ALGO, O DESIGNAN ACCIONES QUE PONEN DE MANIFIESTO ESTOS CONCEPTOS. MUCHOS DE LOS SUSTANTIVOS SON FORMAS DERIVADAS MEDIANTE LOS PREFIJOS *IN-*, *DES-* O SUS VARIANTES: **16 ausencia** +: ...el conjunto se quedó en una pura contradicción, en una compleja indefinición y una ausencia *flagrante* de perfiles claros. LVE220396 **17 incumplimiento** +: Se mostró convencido de la existencia de un «incumplimiento *flagrante*» de la ley... LVE030294 **18 déficit:** ...el estudio académico del fenómeno inflacionario padece un *flagrante* déficit... EPE010486 **19 carencia:** Ésta es una de las lecciones que los europeos han aprendido (...) de las *flagrantes* carencias que han demostrado las agencias norteamericanas.

EPE131001 **20 falta:** Y esta *flagrante* falta de torería fue como una premonición. EPE120799 **21 vacío:** Uno de los temas que han cobrado actualidad es el *flagrante* vacío legal que existe sobre la corrupción de menores... LVE171196 **22 desigualdad:** Las *flagrantes* desigualdades que existen entre matrimonios y parejas de hecho hay que solventarlas. EME291096 **23 desacuerdo:** Hay un desacuerdo *flagrante* entre la densidad de la materia ordinaria y la de toda la materia «presente» en el Universo. ABC290193 **24 desacierto:** Los cambios podrían haber sido más amplios para corregir desaciertos *flagrantes*... EPE190199 **25 desconocimiento:** ...tales manifestaciones (...) «representan (...) un *flagrante* desconocimiento de nuestro ordenamiento constitucional». EME181096 **26 incompetencia +:** En el caso del ex vicepresidente sucedía a su obligada dimisión por *flagrante* incompetencia... LVE231295 **27 incongruencia:** En este sentido, el secretario general de la federación calificó la resolución (...) de «*flagrante* incongruencia». LVE190895 **28 impunidad +:** Pero lo que sí es nuevo (...) es una cierta sensación de *flagrante* impunidad gubernamental. EPE121101 **29 incompatibilidad –:** Que consideren una incompatibilidad tan *flagrante* como algo normal refleja cumplidamente la confusión de intereses... EPE310799

C SUSTANTIVOS QUE DENOTAN ERROR O INCUMPLIMIENTO. TAMBIÉN CON ALGUNOS QUE DESIGNAN DIVERSAS SITUACIONES DE ADVERSIDAD O INFORTUNIO: **30 error +:** Normalmente rechaza los recursos de casación (...) y se limita a examinar si existe alguna omisión o error *flagrante*. CAP150198 **31 deficiencia:** ...era necesaria una legislación social que corrigiese la *flagrante* deficiencia de la justicia distributiva... EPE020885 **32 defecto:** Los *flagrantes* defectos formales descritos originan la nulidad... EPE020800 **33 fallo:** ...incurre en fallos graves, *flagrantes* y socialmente reprobables... LVE100296 **34 olvido:** ...en las declaraciones públicas y privadas del portavoz (...) se advierte todavía un *flagrante* olvido: su compromiso con la sociedad. EPE111099 **35 omisión:** ...quisiéramos saber si la tan *flagrante* omisión se debió a un error de la entrevistadora... LVE100995 **36 fracaso:** ...el fracaso de la teoría en este fin de siglo ha sido *flagrante*. LVE041096 **37 desastre –:** ...nos tendría que explicar no sólo sus *flagrantes* desastres de gestión... EPE160599 **38 crisis –:** ...dio ayer el primer paso para hallar una solución a su *flagrante* crisis de juego y de resultados: reconocer que existe. LVE181196 **39 descuido –:** ...fe en el poder redentor del capitalismo que sólo vuelve ilícitos los descuidos más *flagrantes*. PME140796 **40 dejación –:** ¿O permitirá, en *flagrante* dejación de responsabilidades, que lo haga otro, (...)? ABC121193 **41 exclusión –:** ...ha sido criticada por incurrir en «*flagrantes* exclusiones». LVE280495

D OTROS SUSTANTIVOS QUE DESIGNAN SITUACIONES, ACCIONES, CARACTERÍSTICAS O ACTITUDES CONSIDERADAS HABITUALMENTE CENSURABLES O INCONVENIENTES: **42 debilidad:** ...de sumar una nueva decepción ante sus aficionados, pese a la *flagrante* debilidad del rival. LVE181295 **43 desfallecimiento:** Porque la recomendación delata un desfallecimiento de la memoria tanto más *flagrante*... EPE181299 **44 nulidad:** Que se declare esta nulidad *flagrante* (...) y ambos podrán casarse... LVE301295 **45 obcecación:** ...acaparó el interés de un festejo deslucido (...) por la *flagrante* obcecación del presidente en su idea de ocultar el pañuelo verde. EME100795 **46 soledad:** El paisaje de un Madrid imposible sirve de fondo a la búsqueda de un joven (...) que contempla su especial singladura en *flagrante* soledad. ABC240694 **47 temor:** Jóvenes y viejos no son en principio los más motivados para acudir a las urnas, salvo esperanza o temor *flagrante*. LVE050495 **48 censura:** ...denunciara ante el comité de empresa (...) «una *flagrante* censura» al portavoz... EPE130199 **49 indiferencia:** El drama de África es permanente y se desarrolla en la más *flagrante* indiferencia de los países desarrollados... LVE101196 **50 quebrantamiento:** El quebrantamiento de las promesas (...) ha sido demasiado rápido y *flagrante*. EME040896 **51 exageración:** ...el precio que el dólar había alcanzado ayer en el mercado «es una *flagrante* exageración, que no encuentra fundamentos en la economía brasileña». CLA300199 **52 maniqueísmo –:** ...denunció lo que consideraba un *flagrante* maniqueísmo de la prensa internacional... LVE280996 **53 subordinación –:** ...lo que delata en el fondo es la *flagrante* subordinación del Tribunal Constitucional al poder político. EME070294 **54 rebajamiento –:** Sus agudezas encierran el lado cómico de los sujetos (...) sin que haya el *flagrante* rebajamiento estético que señala a otros humoristas. LPN130397

E SUSTANTIVOS QUE DESIGNAN HECHOS, ACONTECIMIENTOS, CAUSAS, ESTADOS DE COSAS Y OTRAS NOCIONES ABSTRACTAS: **55 caso ++:** El caso más *flagrante* fue el del saltador colombiano... DHE241097 **56 realidad:** ...la composición del Consejo Nacional es discriminatoria con una expresión que (...) es una *flagrante* realidad. CLA170497 **57 situación:** ...doscientas fotografías en las que se plasman algunas de las más *flagrantes* situaciones de abandono y deterioro de la zona. EME140395 **58 hecho:** Salvo ante un hecho *flagrante*, donde está a la vista de todos la comisión de un delito, yo no prejuzgo. CAR090697 **59 aspecto:** Pero hay otro aspecto que es mucho más *flagrante* porque responde a una tradición museística... ABC080995 **60 condición:** ...reflejan los intentos de su dirección por preservar la doctrina neoliberal (...), pese a las *flagrantes* condiciones negativas que resultan de su aplicación. EME171195 **61 carácter:** ...se dieron (...) órdenes que fueron cumplidas a pesar de su *flagrante* carácter ilegal... EPE071099 **62 motivo:** ...constituye un motivo *flagrante* y más que suficiente como para revisar las reglas del juego del sistema político. EME071095 **63 acto:** ...nos resignamos (...), exonerándole de paso de toda responsabilidad por sus *flagrantes* actos de corrupción. EME100296 **64 ocasión:** ...aunque sin crear ocasiones *flagrantes*, dominaba la situación y presionaba en el centro del campo... LVE020495 **65 cosa –:** Con la de cosas probadas y *flagrantes* que pasan en España, (...) y nos sale (...) con una apelación... EME050294 **66 experiencia –:** ...lo que oímos fueron diferentes «versiones» sobre la realidad, que en buena lógica [y en *flagrante* experiencia (...)] sólo puede ser una. EXC050996 **67 episodio –:** ...atrapado en un episodio *flagrante* de financiación ilegal... EPE280499

F SUSTANTIVOS QUE DENOTAN OPOSICIÓN, CONTRASTE O DIFERENCIA, Y –MÁS RARAMENTE– SIMILITUD: **68 contradicción ++:** La forma en que estos derechos se definen y garantizan en ambos pactos está en *flagrante* contradicción con la realidad... ENH150398 **69 contraste:** Pero la prensa apenas hizo mención del caso, (...) en *flagrante* contraste con las primeras informaciones.

LVE260295 **70 divergencia:** ...la divergencia de recuentos no pudo ser más *flagrante.* EME101195 **71 diferencia:** ...«hay diferencias *flagrantes* entre algunas contribuciones nacionales»... EPE021288 **72 desviación:** Ciertas desviaciones de este deber, tan *flagrantes* algunas como esa conducta (...), habrán existido más o menos extendidas en otras épocas... EPE110599 **73 negación:** ...lo que nadie podrá negar es que ello supone la más *flagrante* negación de lo que es democracia. EME100394 **74 oposición:** ...no ha ocultado su malestar por la firma de un acuerdo (...) en *flagrante* oposición a la ley... EPE100399 **75 excepción −:** El tramo final se jugó en la línea de tiros libres, donde salvo *flagrantes* excepciones (...) rara vez fracasa... EPE220399 **76 paralelismo −:** Los paralelismos con el caso Priebke son *flagrantes.* EME030896

G SUSTANTIVOS QUE DENOTAN EVIDENCIA, EJEMPLIFICACIÓN, Y OTRAS FORMAS DE MOSTRAR O DEMOSTRAR ALGO: **77 evidencia +:** El Estatuto de Autonomía establece que (...) sólo podrá ser detenido ante evidencia *flagrante* en la comisión de un delito... LVE230395 **78 ejemplo:** ...pisaron las calles de París para protestar contra el paro, el racismo o las desigualdades sociales por no citar más que algunos ejemplos *flagrantes.* EME160194 **79 prueba:** ...la prueba *flagrante* de que esa vocación independentista se puede ejercitar en la legalidad... DLA250797 **80 muestra +:** ...la corrupción de los ámbitos políticos se ha contagiado a la vida mercantil y no pasa día sin que broten muestras *flagrantes.* LVE221095 **81 exhibición:** Si no fuera así, estaríamos frente a una *flagrante* exhibición de hipocresía y doble moral... LVE291196 **82 manifestación +:** ...han sido secuestradas por unos ciudadanos (...), disfrazando esta *flagrante* manifestación de autoritarismo con delirios históricos... EPE050699 **83 conclusión:** Desconozco los detalles (...), pero no la conclusión, tan *flagrante,* tan irrefutable, que un fax sucinto acaba de revelarme... HOY161296 **84 signo −:** ...la economía (...) permanece sólida, en buen estado de salud y sin signos *flagrantes* de tensiones inflacionistas... EPE130899 **85 símbolo −:** ...se asienta el símbolo más *flagrante* de hacia dónde camina una crisis que ya dura más de un mes. EPE040599

H SUSTANTIVOS QUE DESIGNAN PERSONAS A LAS QUE SE APLICAN LAS NOCIONES MENCIONADAS EN EL APARTADO *A*: **86 delincuente:** ...permitía a los delincuentes *flagrantes* obtener impunidad con sólo poner un pie en alguna casa de Dios. HOY230297 **87 violador:** ...aparece como un *flagrante* violador de la legislación internacional... EPE030199 **88 colaboracionista −:** Y una vez más, la situación política obliga (...) a definirse como *flagrante* colaboracionista (...) o como real competidor... EME160196

I OTROS SUSTANTIVOS, POSIBLES USOS ESTILÍSTICOS: Los sectores más tradicionalistas, a pesar de estar en *flagrante* minoría, han hecho de esta ordenación un «casus belli»... EME130394; Permitir que eso aflorase con *flagrante* claridad fue una novedad para mí. EME131195; ...constituye un atentado a la intimidad más *flagrante.* LVE011095

☐ Véase también: **craso, garrafal, supino.**

flamear ♦ **bandera, banderín, enseña, estandarte**

☐ Véase también: **arder, llama, ondear, viento.**

flaquear ♦ **ánimo, fuerza, mano, pierna,** ***sustantivos de persona***

☐ Véase también: **fallar, fracasar.**

flecha ♦ **certero, fallido** ♦ **acertar, alcanzar, apuntar, clavar, dar (a algo/a alguien), dar en el blanco, dirigir, disparar, fallar, lanzar, salir disparado, surcar (algo), volar**

☐ Véase también: **dardo.**

fleco (de) *sust.* ▮ En el sentido de 'adorno' o de 'borde deshilachado' se combina generalmente con sustantivos que designan telas, tejidos o prendas diversas *(falda, alfombra, enagua, mantón).* En el sentido de 'restos' o 'cuestiones pendientes' se emplea muy frecuentemente en plural y se combina...

A EN COMPLEMENTOS PREPOSICIONALES, CON SUSTANTIVOS QUE DENOTAN OPERACIÓN CONCERTADA, GENERALMENTE DE NATURALEZA COMERCIAL O POLÍTICA: **1 negociación ++:** ...los *«flecos»* de las negociaciones deberían solucionarse por la vía diplomática. EME200694 **2 acuerdo +:** ...cerraron ayer los últimos *flecos* del acuerdo sobre financiación... EME170496 **3 contrato +:** ...se solucionaran los últimos *flecos* de su contrato, todavía pendientes. LVE281296 **4 coalición:** ...comisión que ha de negociar los *flecos* de la coalición electoral... EPE160399 **5 concertación:** ...afrontan los últimos *flecos* de la nueva concertación social... EPE100599 **6 transacción:** ...dependen de la fecha en que se cierren los *flecos* de la transacción. EPE250699 **7 reconciliación −:** ...uno de los *flecos* «de la reconciliación de la trágica Guerra Civil». EPE161199

B EN COMPLEMENTOS PREPOSICIONALES, CON SUSTANTIVOS QUE DESIGNAN DIVERSAS ACTIVIDADES, GENERALMENTE COMERCIALES, POLÍTICAS, JUDICIALES O FINANCIERAS, ASÍ COMO ALGUNOS DE SUS EFECTOS Y DE LAS FORMAS EN QUE SE REGULAN: **8 financiación +:** ...quedan aún pendientes de negociación (...) los *flecos* de la financiación. EPE010687 **9 instrucción +:** ...posibilidad de que los *flecos* de la instrucción del caso pasen al juez... EME120996 **10 ley +:** El comité de enlace cierra hoy los *flecos* de las leyes... EPE060999 **11 reconversión:** ...acometer los últimos *flecos* de la reconversión. EME160296 **12 ayuda:** ...la entrega del último *fleco* de ayuda militar que estaba pendiente... LVE300395 **13 declaración −:** ...delegaciones internacionales estaban acabando los *flecos* de la declaración final. EME291195

C EN COMPLEMENTOS PREPOSICIONALES, CON SUSTANTIVOS QUE DESIGNAN CRISIS, CONFLICTOS Y DIVERSOS SUCESOS QUE SE CONSIDERAN ADVERSOS: **14 crisis +:** El resto de *flecos* de la crisis quedaron aplazados... LVE060696 **15 guerra +:** El escudo antimisiles, el último *fleco* de la guerra de las galaxias... EPE151101 **16 revolución:** ...para perfilar los últimos *flecos* de la «revolución liberal»... EME090696 **17 accidente:** ...sigue recordando los *flecos* de aquel accidente. LVE050796 **18 drama:** ...han salido apenas los *flecos* de un drama nacional... EME121095 **19 limpieza:** ...los últimos *flecos* de la limpieza étnica en la región... LVE260295

D EN COMPLEMENTOS PREPOSICIONALES, CON SUSTANTIVOS QUE DESIGNAN OTROS ACONTECIMIENTOS, MÁS FRECUENTEMENTE SI SE REFIEREN A CELEBRACIONES Y OTRAS ACTIVIDADES EXPANSIVAS: **20 celebración:** ...una celebración apoteósica cuyos *flecos* durarán todavía un tiempo. INDOC **21 fiesta:** ...algunos *flecos* de la fiesta no acabaron de gustarle. LVE020596 **22 feria:** Estos *flecos* de una feria que ha pasado son una parte visible a corregir. EPE230899 **23 tamborrada –:** Los *flecos* de la tamborrada 2001 arrojan balance positivo. EDV230101

E EN COMPLEMENTOS PREPOSICIONALES, CON SUSTANTIVOS QUE DESIGNAN CANTIDADES DE DINERO O DE OTROS BIENES: **24 coste:** ...este *fleco* de los Costes de Transición (...) se resolverá en el mes de marzo. EPE190299 **25 cifra:** ...sólo se trata «de un *fleco* de las cifras reales que pueden estar manejando». EME290796 **26 lote:** ...compuestos, en su mayor parte, por *flecos* de distintos lotes en los almacenes. LVE270796 **27 liquidación:** ...se cierren los últimos *flecos* de la liquidación. EPE240299 **28 fianza:** Para completar ese *fleco* de la fianza, (...) había entregado al juez tres lienzos... EME300596 **29 heredad –:** ...le reintegraban menudos *flecos* de su heredad desbaratada. LVE280195

F EN COMPLEMENTOS PREPOSICIONALES, CON SUSTANTIVOS QUE DESIGNAN SITUACIONES O ESTADOS DE COSAS QUE SE CONSIDERAN FLORECIENTES: **30 prosperidad:** ...semeja un *fleco* de la prosperidad asturiana... LVE050996 **31 gloria:** Pertenece a los *flecos* de la gloria de un sacerdote, inteligente y compasivo... LVE010596 **32 mito:** ...se destejieran los *flecos* de un mito universal... EPE040199

G EN COMPLEMENTOS PREPOSICIONALES, CON ALGUNOS SUSTANTIVOS TEMPORALES: **33 fase:** Los *flecos* de esta fase (...) serán rematados en la tarde del miércoles... EPE290799 **34 etapa:** Parece que aún te quedan algunos *flecos* de tu etapa... EPE011199 **35 semana:** Termina la semana de la santa Transición, y aún nos quedará algún *fleco*. EME261195

H CON OTROS SUSTANTIVOS; POSIBLES USOS ESTILÍSTICOS: Sus raíces se le habían incrustado en los *flecos* de sus músculos. EME141296; ...donde las olas levantan *flecos* de espuma blanca. LVE180894

I CON ADJETIVOS. ENTRE LOS CALIFICATIVOS SON FRECUENTES *SUELTO* Y *PENDIENTE*. ENTRE LOS RELACIONALES, DESTACAN LOS QUE SE REFIEREN A LA POLÍTICA, LA ECONOMÍA O LA JURISPRUDENCIA: **36 suelto ++:** ...aun dejando *flecos* sueltos, eleva a categoría lo que sólo es anécdota. LVE270996 **37 pendiente ++:** ...es una novela larga, a veces sin ritmo, con muchos *flecos* pendientes... ABC311292 **38 legal:** ...necesidad de revisar los *flecos* legales y tecnológicos... EPE270900 **39 burocrático:** ...están cerrando los últimos *flecos* burocráticos de la prospección. EPE260499 **40 jurídico:** Estos municipios están a la espera de solventar pequeños *flecos* jurídicos. EME241196 **41 financiero:** ...pleno extraordinario para reconocer los «*flecos* financieros»... EPE191299 **42 electoral:** ...muchos *flecos* electorales que todavía quedan abiertos. LVE290696

fletar ♦ avión, embarcación

☐ Véase también: **contratar, fichar.**

flexibilidad ♦ dar[156], mostrar, recuperar, tener

flexible *adj.* ▮ En su sentido físico se combina con sustantivos que designan objetos o materias *(tubo, planta, piel, material)*. En su sentido figurado se combina con sustantivos que designan personas o grupos *(persona, sector, congreso)*, más frecuentemente si se caracterizan por ejercer alguna autoridad o responsabilidad *(padre, juez, profesor, árbitro, líder, político, negociador)*. También se combina con...

A SUSTANTIVOS QUE DENOTAN PERSPECTIVA O POSICIONAMIENTO ANTE ALGO: **1 posición ++:** Estos, sobre todo en Italia, fueron tomando posiciones cada vez más *flexibles* de política interior y distancias prudentes respecto de Moscú. EPE050778 **2 actitud ++:** Y deben tener una actitud *flexible* y ser humildes ante los cambios, porque en el futuro ningún trabajo lo será para toda la vida. LVE010694 **3 punto de vista ++:** ...se reunió con integrantes de su partido y trascendió que buscan hacer más *flexibles* sus puntos de vista sobre la reforma. DYM240796 **4 postura ++:** La solución es que el mundo intelectual y la sociedad tengan una postura más *flexible*, más abierta al diálogo... EME170696

B SUSTANTIVOS QUE DENOTAN SISTEMA O ESTRUCTURA: **5 sistema ++:** ...y una forma de combatir esta lacra es «hacer el sistema más *flexible* y dar más oportunidades al ahorro». EME270395 **6 régimen +:** Propondrán además un régimen *flexible* para contabilizar pagos de deudas a proveedores para que se pueda incluir en balance... EME310595 **7 mecanismo:** ...dijo que esto ocurre en otros países y aludió a la necesidad de buscar mecanismos más *flexibles* y ágiles de representación de los ministros en el Parlamento. LVG221191 **8 articulación:** El mecanismo requeriría una *flexible* articulación con la universidad, para permitir la movilidad estudiantil. LNA030792

C SUSTANTIVOS QUE DENOTAN REGLA O PRECEPTO, O DESIGNAN ALGUNAS DE LAS FORMAS EN QUE SE PRESENTAN O SE RECOPILAN ESAS DISPOSICIONES: **9 ley ++:** Que consistiría, en este caso, en batallar por leyes más *flexibles* y exigir, exigirnos, un comportamiento más cívico. EPE200699 **10 norma +:** ...está dispuesto a formar un carácter y a depurar una forma de vivir de acuerdo a normas *flexibles* de tolerancia transformadora de la situación. EXC230496 **11 normativa +:** La CEOE considera que es mejor una normativa más *flexible*, porque el problema de la actual es que en los casos en que no hay acuerdo los tribunales fallan imponiendo la mayor indemnización. LVE120695 **12 legislación +:** EE. UU. tiene una de las legislaciones más *flexibles* a la hora de conceder el carné, que puede obtenerse por apenas 50 dólares. EME070596 **13 estatuto:** ...cuando la fundó el mayor D'aubuisson, dejó los estatutos *flexibles* para los cambios de la historia... LNC070197

D SUSTANTIVOS QUE DENOTAN RECURSO O MANERA DE LLEVAR A CABO ALGUNA ACTUACIÓN: **14 método +:** En el caso de la industria de armamento y la electrónica dijo querer guiarse por criterios de «coherencia industrial, interés nacional y de coste para el Estado», asegurando estar abierto a «métodos *flexibles*»... EPD040797 **15 política +:** Muchas empresas están intentando poner en práctica una política más *flexible* en el trabajo, sobre todo evitando los despidos... EME280694 **16 fórmula +:** ...la proporción de empresas que los utilizan continúa siendo inferior a la de compañías que recurren a otras fórmulas *flexibles*... EPE160800 **17 línea de actuación:** En las negociaciones se está intentando encontrar una línea de actuación más *flexible* que mejore las relaciones entre los dos países. INDOC **18 procedimiento:** ...haciéndolo visible y después habitable por medio de los procedimientos técnicos más *flexibles* y azarosos... ABC190692 **19 estrategia:** Los principales partidos de oposición desean una estrategia más *flexible*, sobre todo en el ámbito del gasto público... EPD040997

E SUSTANTIVOS QUE DESIGNAN LO QUE SE PRETENDE LLEVAR A CABO O LA DISPOSICIÓN DE LAS ACCIONES NECESARIAS PARA CONSEGUIRLO: **20 plan +:** Estoy seguro, porque así ya lo ponía en evidencia el avance, que este nuevo Plan General, a diferencia del actual, será un Plan abierto, *flexible* y sin dogmatismo. EME290395 **21 programa +:** En primer lugar, los empresarios pueden establecer políticas que ayuden a sus dependientes a cumplir con sus necesidades familiares, como, por ejemplo, realizar programas *flexibles* de trabajo... EME080796 **22 iniciativa:** La propuesta de Galimberti, quien dijo a BRECHA que se trataba de una iniciativa «*flexible* y abierta», no parecía contener todos los elementos necesarios... BRE020597 **23 propuesta:** ...dio a conocer un comunicado en el que aclara que su Gobierno trajo una propuesta más *flexible*, que tampoco fue tenida en cuenta. ETC150497

F SUSTANTIVOS QUE DENOTAN ORGANIZACIÓN TEMPORAL DE LAS ACTIVIDADES: **24 horario ++:** El candidato recogió una queja de los paquistaníes, quienes pidieron que se les permita abrir el colmado en un horario más *flexible*... EPE090699 **25 calendario ++:** ...con la lectura de la acusación y se cerró a las 4 p. m. con el establecimiento de un calendario *flexible*, con la finalidad de permitir a los defensores asistir a todas las audiencias. LNC071100

G SUSTANTIVOS QUE DENOTAN ÁMBITO EN EL QUE SE DESARROLLA ALGO: **26 marco:** La ley programa, con un marco *flexible* para adaptarnos al marco presupuestario si éste cambia, recogerá todo aquello que es inversión... EME300594 **27 ambiente +:** «El ambiente es mucho más *flexible*», concreta Patricia. EME120495 **28 entorno:** ...estoy convencido de que lo que necesita un núcleo industrial dinámico es un entorno económico *flexible* y no una política industrial oficial. EPE040700 **29 espacio:** ...hacer de Europa un espacio más *flexible*, más atractivo, más competitivo, con más ambición y más posibilidades para todos los ciudadanos europeos. EPE101101

H SUSTANTIVOS QUE DENOTAN ACTIVIDAD ECONÓMICA. TAMBIÉN CON OTROS QUE SE REFIEREN A LAS INSTITUCIONES QUE LAS HACEN POSIBLES: **30 economía ++:** No hay nada de malo con estas medidas, si las monedas se fijan a un nivel competitivo y van acompañadas de políticas sanas y de economías *flexibles*. CLA240199 **31 mercado +:** Si Estados Unidos ha tenido un mercado laboral más *flexible* y ha logrado mayor generación de empleo en el sector privado, tampoco ha podido adaptarse a los cambios internacionales de competitividad. EME110394 **32 comercio:** Mira que ha quedado claro y contundentemente demostrado que el ciudadano quiere un comercio *flexible*. LVE050196

I SUSTANTIVOS QUE DESIGNAN OBLIGACIONES CONTRACTUALES, MÁS FRECUENTEMENTE SI SE REFIEREN A CANTIDADES QUE DEBEN SER SATISFECHAS O A ACCIONES QUE DEBEN CUMPLIRSE: **33 crédito +:** «No es posible la reconversión sin un crédito *flexible* para nuestro sector» señaló Tortorella... LPA230492 **34 préstamo:** Por eso su planteamiento defiende facilitar préstamos *flexibles* –a intereses bajos y pagaderos, una vez terminados los estudios–... EPE041099 **35 hipoteca:** El BCH anunció también una rebaja de los tipos en dos de sus productos, la hipoteca *flexible*... LVE110696 **36 empréstito:** ...se tiene (...) un empréstito *flexible* que conseguirá la prefectura en base a su capacidad de pago... LTB020297 **37 amortización:** El BBV y el BCH anunciaron ayer el lanzamiento de sendos préstamos con (...) un periodo de amortización *flexible*... LVE150995 **38 contratación:** ...y desaparecieran en las instituciones que ella controla las horas extras, las cuales serían sustituidas con nuevas contrataciones más o menos *flexibles*. EPE020286 **39 contrato +:** La razón: que el contrato indefinido es el más *flexible* que existe. EME020696

J SUSTANTIVOS QUE DESIGNAN ESTIPULACIONES, LÍMITES Y OTROS REQUISITOS ASOCIADOS CON LAS OBLIGACIONES DE ACTUAR: **40 plazo ++:** ...necesita que se establezcan plazos *flexibles* para presentar alternativas. EME160795 **41 condición +:** ...algunas compañías aéreas ofrecen actualmente condiciones más *flexibles* para la noche de fin de año que las mantenidas hace unos meses... EPE071299 **42 término:** ...altos funcionarios de ambos Gobiernos consideran llegado el momento de, si no revisar su contenido, al menos interpretarlo en términos más *flexibles*. EME111196 **43 cláusula:** Y la batalla final entre este país, partidario de unas condiciones muy rígidas, y Francia, que abogaba por unas cláusulas más *flexibles*, situó al Consejo Europeo de Dublín al borde del fracaso. LVE311296 **44 límite:** Lo que el Plan de Estabilidad y Crecimiento impone es una gran precaución y unos límites *flexibles*, muy importantes... EPE301201 **45 póliza:** Sí es conveniente que la póliza (...) sea *flexible* y admita aportaciones extraordinarias. EME271096

☐ Véase también: **laxo.**

flexionar ♦ brazo, músculo, pierna, *otros sustantivos que designan partes del cuerpo*

flojera ♦ entrar[21], provocar, sentir, tener, vencer, venir(le) (a alguien)

☐ Véase también: **debilidad.**

[flojo] → en la cuerda floja

[flor] → a flor de piel

flor ♦ delicado, exótico, fragante, marchito, mustio, primaveral, primoroso ♦ abrir(se), agostar(se), ajar(se), brotar, echar, marchitarse, retoñar, reverdecer

florecer ♦ amor, arte, campo, ciudad, comercio, cultura, economía, idea, industria, mercado, negocio, planta, tendencia, turismo, *sustantivos de lugar*

flota ♦ amarrar, atracar, entrar en batalla, hundir, naufragar, zarpar, zozobrar

flota (de) ♦ avión, barco, buque, camión, coche, embarcación, nave, vehículo, *otros sustantivos que designan medios de transporte*

flotar ♦ en el aire, en el ambiente, en la atmósfera ♦ acusación, cuestión, duda, idea, in-

cógnita, mensaje, miedo, música, olor, palabra, pensamiento, pregunta, recuerdo, respuesta, rumor, sensación, tema, *otros sustantivos que designan manifestaciones verbales,* **otros** *sustantivos que designan sentimientos*

☐ Véase también: **ondear.**

flotar (en) ♦ **agua, aire, ambiente, atmósfera, entorno, espacio, lago, limbo, líquido, mar, mercado, novela, nube, opinión pública, película, piscina, río, sociedad, vacío, verso**

[fluidez] → **con fluidez**

fluidez ♦ **con** ♦ **adquirir**[42]**, dar**[157]**, dotar (de), expresarse (con), hablar (con)**

fluido ♦ *(sust.masc.)* **contener, correr, derramar(se), desprender, diluir(se), emanar, expeler, exudar, salir, soltar, verter**

☐ Véase también: **afluencia, circulación, curso, flujo, líquido, tráfico, tránsito.**

fluir *v.* ■ Se combina con sustantivos que designan líquidos o gases *(agua, gas, lágrima)* y otras cosas materiales que siguen algún curso *(coche, tren).* También lo hace con sustantivos que designan ese mismo curso *(tráfico, circulación, corriente, tránsito),* y con otros que se refieren a períodos temporales, entre ellos los de la existencia *(vida, tiempo, juventud).* Se combina asimismo con el sustantivo *dinero* y con otros que designan diversas magnitudes económicas *(capital, gasto, ahorro).* También se combina con sustantivos que designan textos u obras de creación de carácter lineal, así como algunos de sus elementos constitutivos *(prosa, narración, novela, melodía, música, ritmo).* Se combina además con...

A SUSTANTIVOS QUE DESIGNAN LOS QUE SE CONCIBE, SE CONOCE, SE SOSTIENE O SE EVOCA: **1 idea ++:** ...ahora queremos que la banda sea creativa, que las ideas *fluyan*; no queremos volver a estar atrapados entre dos fuegos. CLA030397 **2 recuerdo +:** Pardo ha dejado que los recuerdos *fluyeran* de su memoria sin aplicar ningún tipo de censura. EME180996 **3 pensamiento +:** ...mi intelecto ha recibido su savia de ti, y mi pensamiento ha *fluido* cuando tú escuchabas y no me contradecías. ABC030492 **4 conocimiento:** Cuando alguien adquiere unos conocimientos en un clima y contexto determinados, (...) y eso cambia de forma radical, los conocimientos no *fluyen* de igual forma. EME210694 **5 opinión:** Las opiniones de Monje *fluyen*, hasta cuando un funcionario de la CEDHU le informa sobre el posible número de heridos... DHE130797 **6 visión –:** La visión emotiva de los desastres de esta guerra *fluye* con espontaneidad de unas fotos tomadas en blanco y negro... ABC130195

B SUSTANTIVOS QUE DENOTAN INFORMACIÓN, MÁS FRECUENTEMENTE VERBAL, PERO TAMBIÉN DE OTROS TIPOS. TAMBIÉN CON OTROS QUE DESIGNAN DIVERSAS UNIDADES COMUNICATIVAS: **7 información ++:** Había temor de permitir que *fluyera* información a la sociedad mexicana sin pasar previamente por el tamiz de un censor. DYM061196 **8 palabra ++:** «De su boca *fluyen* las palabras más dulces que la miel» dijo Homero de Néstor. EME121195 **9 diálogo +:** A partir de ese momento, el diálogo empezó a *fluir*, a pesar de episodios difíciles, como la amnistía que garantiza la impunidad a los delitos... PME291296 **10 pregunta:** ...la tensión aumenta de tal modo que las preguntas aparecen y *fluyen* sin cesar. ABC240694 **11 conversación:** Son locales caóticos y alegres, donde la conversación *fluye* pareja a la ingestión de pintas de Guinness... LVE130395 **12 comunicación:** Según él, al ser Providencia una comuna epicentral, la comunicación directa no *fluye* sólo hacia el lado de Lavín. HOY170397 **13 dato:** Y a partir de ahí los datos *fluyeron* y encajaron, desde los más mínimos detalles hasta el descubrimiento experimental de las partículas W y Z... EPE131099

C ALGUNOS SUSTANTIVOS QUE DENOTAN MANIFESTACIÓN DE DESAPROBACIÓN, PROTESTA, INSATISFACCIÓN O DESCONTENTO: **14 crítica +:** En los festejos aparecen todos, mientras en los reveses las críticas *fluyen*, unos las evaden y algunos las ignoran; sin embargo, el peso de la responsabilidad no perdona. SVG171097 **15 queja:** De entre los amigos y compañeros de las víctimas, que han estado todo el funeral en silencio, *fluyen* quejas... EME131295 **16 lamento:** ...lamentos desgarrados que *fluyen* incontenibles de sus bocas. INDOC

D ALGUNOS SUSTANTIVOS QUE DENOTAN ALEGRÍA, DESENVOLTURA O COMICIDAD EN DIVERSAS FORMAS. TAMBIÉN CON OTROS QUE DESIGNAN ALGUNAS DE SUS MANIFESTACIONES: **17 humor:** ...un sentido del humor muy particular, no exento de una brutal mala leche, que *fluye* de él de una manera espontánea y natural... EME140896 **18 sátira:** Su ritmo es trepidante y su sátira *fluye* naturalmente de la sucesión de los acontecimientos. LVE171295 **19 gracia:** Pero lo suyo era esto, esta gracia surrealista que le mana y le *fluye* naturalmente, dominando la técnica con una soltura endógena. EME230494 **20 risa:** Y *fluyeron* las risas en un día en el que todos pusieron la ilusión del primer día de asistencia a clase. LVE260796

E SUSTANTIVOS QUE DESIGNAN OTROS MOVIMIENTOS DEL ÁNIMO, ESPECIALMENTE DE ÍNDOLE AFECTIVA O EMOTIVA: **21 amistad:** ...en los diferentes tiempos que nos toca vivir en cada momento las amistades *fluyen* con su propio ritmo... LVE120795 **22 amor:** Estábamos los dos en una isla paradisíaca y el amor *fluía* entre las palmeras. EME250896 **23 afecto:** ...pero que ese afecto *fluya* de cada uno de nosotros, de todos y para todos, que no sea siempre la misma persona la que lo dé todo... EPE041299 **24 sentimiento:** ...en estos momentos *fluyen* más fáciles los sentimientos –solidaridad con las víctimas, pesadumbre de tener que reconocer que el ser humano tenga tanta capacidad para causar dolor–... EME240195 **25 emoción:** ...esta íntima y a la vez universal manera de dar a conocer los sentimientos y emociones que *fluyen* y envuelven a unos seres con otros. CAP290896

F OTROS SUSTANTIVOS; POSIBLES USOS ESTILÍSTICOS: El éxito de la convotoria hacía *fluir* las sonrisas de los homenajeados. EME280596

▩ Se combina también con: ♦ **a borbotones**[1]**, a chorro(s)**[4]**, a raudales**[4]

☐ Véase también: **afluir, desprender(se), discurrir, manar, salir.**

flujo ♦ **abundante, caudaloso, constante, continuo, copioso, crecido, impetuoso, incesante, in-**

controlable, ingente[54], irrefrenable, migratorio[3], sanguíneo, torrencial ♦ canalizar, circular, controlar, correr, desviar[13], dirigir, encauzar, permitir, recorrer

☐ Véase también: **fluido, líquido.**

foco (de) ♦ **agitación, atención, atracción, dolor, enfermedad, epidemia, fuego, incendio, inestabilidad, infección, interés, investigación, luz, malestar, marginalidad, peligro, pobreza, protesta, rebelión, sublevación, tensión, transmisión, violencia ♦ alumbrar, apagar, constituir, detectar[9], encender, extinguir(se)[4], surgir**

[fogueo] → **de fogueo**

follón ♦ **de campeonato[4], descomunal, enorme, mayúsculo[40] ♦ armar(se)[2], liar(se), meter(se) (en)[9], montar[6], organizar(se), resolver, tener**

☐ Véase también: **alboroto, anarquía, caos, embrollo, enredo, escándalo, gresca, guirigay, jaleo, jarana, jolgorio, lío, pitote, revuelo, ruido.**

[fondo] → **a fondo, a fondo perdido, sin fondo, sin fondos**

fondo ❚ *(capital)* ♦ **comunal[55], confidencial[46], de pensiones ♦ aporte (de), inyección (de)[3] ♦ abrir, blanquear[5], blindar[14], canalizar[12], carecer (de), congelar[10], dedicar[20], depositar, desbloquear[31], desviar[16], engrosar[29], esquilmar[6], gestionar, intervenir, invertir, malversar, manejar, pedir, recabar[24], recaudar, recoger, reunir, sacar, solicitar, tener**

❚ *(profundidad)* ♦ **abisal, marino, oceánico ♦ mar (de) ♦ bajar (hasta), bucear (en)[38], conocer, emerger (de), lanzarse (a), llegar (a), tocar**

☐ Véase también: **hondura.**

forjar *v.* ❚ En su sentido físico se combina con sustantivos que designan objetos de metal *(reja, espada, daga)*. En su sentido figurado se combina con...

A SUSTANTIVOS QUE DENOTAN CONEXIÓN O VÍNCULO, GENERALMENTE ENTRE PERSONAS: **1 relación ++**: Esta confianza ha desaparecido y Washington entiende que hay que *forjar* una nueva relación... LVE241095 **2 vínculo ++**: Tiene lugar fuera del terreno de juego y consiste en *forjar* vínculos entre los contendientes... EME110195 **3 coalición +**: La coalición menemista quedó vacía de apoyo social mientras un partido y un candidato solitario *forjaban* una coalición espontánea en las urnas. LNA010792 **4 amistad +**: Entre tortillas de camarón y barbadillos se *forjó* la amistad entre estos dos acompañantes de la nueva música flamenca... EPE030199 **5 unión +**: Sólo los buenos sentimientos pueden unirnos; el interés jamás ha *forjado* uniones duraderas. EME021096 **6 unidad +**: «Pero ahora que el partido atraviesa por una crisis sin precedente, me empeñaré en la tarea de *forjar* la unidad»... EUV060499 **7 cohesión**: ...deberíamos revisar enérgicamente las políticas dirigidas a construir un solo pueblo, a *forjar* la cohesión de la nación. LVE010695 **8 lazo**: Si no lo hacemos, esas dinámicas economías *forjarán* nuevos lazos con otras naciones... ENH100297 **9 tándem −**: Los israelíes parecen haber negado a Peres, quien junto a Yitzhak Rabin *forjó* un tándem que logró cambiar la historia de Oriente Medio... LVE310596

B SUSTANTIVOS QUE DENOTAN COMPROMISO O PACTO, FRECUENTEMENTE ENTRE PERSONAS U ORGANIZACIONES. TAMBIÉN CON OTROS QUE DESIGNAN ALGUNAS DE LAS CONSECUENCIAS NATURALES DE ESAS ACCIONES CONCERTADAS: **10 acuerdo ++**: En el plano comercial sigue pendiente también el proyecto estadounidense de *forjar* un acuerdo de libre comercio regional... CLA180199 **11 alianza ++**: La fórmula que mas consenso alcanzó (...) es la de repartir los primeros lugares de las listas en todos los distritos donde se *forje* la alianza. CLA140297 **12 pacto +**: ...en la campaña de las elecciones generales de 1993 se comprometió a *forjar* un gran pacto social con los sindicatos... EME110995 **13 consenso +**: Los gobiernos que escuchan y dialogan con la disidencia para *forjar* consensos son los más exitosos en el ejercicio de la democracia. EXC180197 **14 paz +**: Los que aspiran a desfenestrarle vendían sin sonrojo que una copa del mundo en Corea del Sur contribuiría a *forjar* la paz con el Norte. LVE070696 **15 contrato**: Tenemos que *forjar* un nuevo contrato social que afronte los envites de esta era... LVE260195 **16 compromiso**: Los ministros de Exteriores y de Defensa han *forjado* un compromiso... EPE190699 **17 convención −**: ...se *forjaron* reglas y convenciones diplomáticas... DLA240297

C SUSTANTIVOS QUE DESIGNAN CARACTERÍSTICAS DE LAS PERSONAS O LAS COSAS RELATIVAS A LA FORMA EN QUE SON PERCIBIDAS POR LOS DEMÁS. TAMBIÉN CON OTROS QUE EXPRESAN DIVERSOS RASGOS DE SU NATURALEZA QUE SE TIENEN POR FUNDAMENTALES: **18 imagen ++**: La canadiense Louise Arbour se ha *forjado* una imagen de magistrada de autoridad férrea... EPE190199 **19 identidad +**: Este partido ha conseguido transmitir también el mensaje de que durante cuarenta años se *forjó* una identidad germanoriental... LVE261195 **20 nombre +**: Los trabajos que realizaron, caso de Flamingo, en los primeros setenta les *forjaron* un nombre propio en la historia del rock. EME190594 **21 reputación +**: ...no me explico la reputación que pudo *forjarse* a partir de esta basura. PME260197 **22 carácter +**: Allí se *forjó* el carácter chileno, si es que los pueblos tienen un carácter. HOY031197 **23 personalidad +**: Todo lo ocurrido desde entonces ha *forjado* su personalidad como autor. EME210494 **24 estilo +**: Esa inquietud me permitió educar mi voz y *forjar* mi estilo. EPC050797 **25 estética −**: Fue la escenografía nocturna en la punta del cerro Chacarillas la que *forjó* la estética errada y la leyenda negra. HOY020697

D SUSTANTIVOS QUE DESIGNAN LO QUE SE DESEA O AQUELLO A LO QUE SE ASPIRA, A MENUDO DE MANERA INTENSA Y PERSISTENTE: **26 ilusión ++**: Pero tampoco quiso ocultar que se había *forjado* serias ilusiones en esta Volta. LVE150994 **27 sueño ++**: Seis años le han bastado a los Orlando Magic para *forjar* el sueño. EME060695 **28 deseo**: Quizás sea la lucha desigual contra su voluntad de mentir (...), lo que *forja* en nosotros el deseo de desentrañar qué hay en verdad tras eso que llamamos ciudad... LHG100697 **29 fantasía**: ...*forjó* fantasías a mil 200 kilómetros de distancia... EXC180197 **30 quimera**: Las novelas policiacas, por ejemplo, hacen que muchos lectores se *forjen* la quimera de ser muy astutos... ABC010995 **31**

esperanza: ...la familia de Bonny no puede hacer otra cosa que observar impotente la velocidad con que se desvanecen su vida y las esperanzas que se habían *forjado* para él. EME090295

E OTROS SUSTANTIVOS DE CARÁCTER PROSPECTIVO, MÁS FRECUENTEMENTE SI DESIGNAN PLANES, PROPÓSITOS Y OTRAS FORMAS DE ORGANIZAR LA INTENCIÓN DE ACTUAR: **32 destino ++:** Forjado ese destino, su soporte corpóreo no cuenta ya. EME050296 **33 futuro ++:** Nadie ha hablado de lo esencial: de lo que se tiene que ir haciendo para *forjar* el futuro. LVE070396 **34 porvenir:** ...yo estaba más dedicada a *forjar* mi porvenir personal en el campo de la literatura que en el de la acción política directa... EME070195 **35 posibilidad:** ...la presencia de un gran partido de centroizquierda que va a *forjar* en la oposición sus posibilidades de futuras gobernaciones... LVE050396 **36 programa:** El objetivo, sin embargo, debería ser otro, según la mayoría de los analistas: *forjar* un programa de Gobierno... EPE220999 **37 proyecto:** Vives *forjó* un proyecto europeo que Fontán expone con novedosa lucidez. ABC230493 **38 propuesta:** ...se ha *forjado* una propuesta que ha permitido al conjunto actuar en España, Francia, Italia y en Irlanda. EPE161199 **39 decisión:** ...«en su interior se está *forjando* una decisión en uno u otro sentido». LVE180696

F SUSTANTIVOS QUE DENOTAN ÉXITO, RECONOCIMIENTO O HEGEMONÍA. TAMBIÉN CON OTROS QUE DESIGNAN DIVERSAS EXPRESIONES MATERIALES DE ESOS ESTADOS: **40 victoria +:** Jalabert opina que *forjó* su victoria en Ávila. LVE250995 **41 fortuna +:** Onassis, un emigrante griego que había nacido en Smirna en 1906, *forjó* su fortuna primero con el tabaco y más tarde con los barcos. LRE020203 **42 liderazgo +:** Las condiciones en que *forjó* su liderazgo han merecido respeto de amigos y adversarios... RUM010997 **43 superioridad:** ...es condición necesaria hacer algo por nada, y ahí se *forja* la superioridad moral que tienen los que se preocupan de drogadictos sin cobrar... LVE270696 **44 triunfo:** Su preparador (...) comenzó a entrenarla desde que tenía ocho años y también *forjó* los triunfos de Silvia. ENH140198 **45 mérito:** Galindo debería haber sido investido (...) en su cuartel de Intxaurrondo, donde se *forjaron* los méritos que le han hecho acreedor de tan alto reconocimiento... LVE200995 **46 éxito:** ...el tercer elemento que *forjó* el éxito aludido... LVE071195

G SUSTANTIVOS DE PERSONA QUE DESIGNAN AL QUE EJERCE LIDERAZGO O PRIMACÍA. ESTÁN RELACIONADOS CON LOS NOMBRES DEL APARTADO *F*: **47 líder +:** Fue entonces cuando se *forjó* la líder. EXC050996 **48 héroe:** La ley del viejo Oeste *forja* un nuevo héroe. LVE280695 **49 ganador:** Pero será la exigencia de su madre la que *forjará* un ganador que ya tenía premios en latín y francés a los 15 años. EME180595

H SUSTANTIVOS QUE DESIGNAN DIVERSAS MANIFESTACIONES TEXTUALES, MÁS FRECUENTEMENTE DE CARÁCTER MÍTICO O FABULOSO: **50 leyenda ++:** Probablemente, es en este sufrimiento donde se *forjan* las leyendas y se expían los pecados. LVE241195 **51 historia ++:** El Tenerife (...) está *forjando* su historia más hermosa y perversa. EME020294 **52 mito +:** ...se lo ganó a pulso y *forjó* su mito día a día en los escenarios... LVE180595 **53 hazaña −:** El lanzador derecho de los Marlins necesitó de 99 envíos para *forjar* la hazaña... LPN110697

I SUSTANTIVOS QUE DENOTAN IDEA, OPINIÓN O PENSAMIENTO. TAMBIÉN CON OTROS QUE DESIGNAN ALGUNAS DE LAS FORMAS EN QUE SE AGRUPAN O SE PRESENTAN ESAS NOCIONES: **54 idea +:** En los años sesenta y setenta se *forjó* la idea de un futuro automatizado... LVE060794 **55 concepto:** ...hay que desglosar la personalidad de quienes han *forjado* el concepto que de ese mundo se tiene en Occidente. ABC150592 **56 mentalidad:** Es obligado deducir pues la relativa o escasa influencia de la escuela en cuanto a *forjar* la mentalidad de los jóvenes actuales. LVE090795 **57 filosofía:** ...Clinton se había acercado al Progressive Policy Institute (PPI), el centro de estudios donde *forjó* la filosofía de Nuevo Demócrata. CLA061100 **58 opinión:** ...se necesita dejar pasar el tiempo para *forjarse* una opinión cabal. HOY160996 **59 teoría:** ...Charles Darwin hizo el célebre viaje en el que *forjó* su teoría de la evolución. EPE050899 **60 visión:** ...resulta imprescindible la lectura de abundantes textos (...) para *forjarse* una visión objetiva de la compleja realidad que nos rodea... EPE230499 **61 conciencia:** ¿Cómo se *forja* la propia conciencia en esta época desconcertante? LVE230596

J OTROS SUSTANTIVOS DE PERSONA, INDIVIDUALES O COLECTIVOS, MÁS FRECUENTEMENTE SI DESIGNAN AL QUE EJERCE ASIDUAMENTE ALGUNA ACTIVIDAD PRESTIGIOSA O MERITORIA: **62 poeta:** ...nunca habíamos tenido acceso en México al taller en que se *forjó* un gran poeta... PME120197 **63 jugador:** Lo avalan cuatro exitosos años en la Selección (...) y su paso *forjando* jugadores en Argentinos Juniors y Colo Colo de Chile. CLA040199 **64 clientela:** Somos una empresa de servicios, en que el prestigio y la confianza de la clientela, que tantos años costó *forjar*, se han derrumbado en unas pocas horas. LVE270294 **65 equipo:** Lendoiro se ha empeñado en *forjar* un equipo de internacionales... EME291196 **66 actor:** El teatro es el lugar donde se *forjan* los grandes actores. EXC050900

K ALGUNOS SUSTANTIVOS QUE DESIGNAN DIVERSAS FORMAS DE ORDENAR O DISPONER LAS COSAS: **67 sistema +:** Ha sido un fracaso de cuantos *forjaron* un sistema ideal desde arriba. LVE150395 **68 estructura:** Hombres nuevos *forjarán* estructuras nuevas... ACP060197 **69 organización:** Se planteaba como objetivo (...) consolidar el núcleo revolucionario y *forjar* la organización... PME250896

L SUSTANTIVOS QUE DESIGNAN IDEAS, TENDENCIAS Y MOVIMIENTOS ARTÍSTICOS O IDEOLÓGICOS: **70 ideología +:** ...su persona representaba la amalgama de fobias, odios, prejuicios y resentimientos con los que se *forjó* la ideología nazi. EME290495 **71 nacionalismo:** ...nadie debería ser estigmatizado por el hecho de que su visión del mundo no coincida con la imagen mística del estereotipo de nación que *forja* el nacionalismo identitario. LVE290896 **72 simbolismo:** Aunque haya motivos respetables para mantener viva la bandera del «Onze de Setembre», los días que *forjaron* su simbolismo quedan lejos. LVE300895 **73 catalanismo:** ...yo creo que el catalanismo político no es de hace cien años, sino que se *forja* a mediados del siglo XVII en la guerra de los Segadors... LVE041195

M OTROS SUSTANTIVOS, GENERALMENTE LOCATIVOS: **74 mundo:** Basta para ello que el autor se haya *forjado* ya un mundo propio... ABC291191 **75 nación:** ...la épica tarea de gobierno durante la presidencia de Mandela consistía en *forjar* una nación a partir de un pueblo dividido en dos por las fronteras raciales... EPE300599 **76 espacio:** Es cierto que tantos años de confesionalismo han impedido que se *forje* un espacio... EPE020485 **77 país:** Hombres nuevos para *forjar* un país nuevo... ACP081296 **78 patria:** ...se sabe sólido y seguro de su capacidad de cambio y de liderazgo para *forjar* una patria nueva sin odiosas discriminaciones. ETC011287

☐ Véase también: **fraguar(se)**.

forma ♦ **con, de, en** ♦ **adoptar, adquirir[78], calcar, cambiar (de), cobrar[41], conservar, dar[80], dotar (de), guardar[2], mantener, modelar, moldear, mostrar, perder, presentar, respetar, revestir, tener, tomar, transgredir[31]**

☐ Véase también: **aspecto, físico, materia, sustancia**.

formación ♦ **académico, acorde (con)[46], adecuado, avanzado[40], bueno, completo, continuo, impecable, integral, malo, montañoso, precario[49], profesional, profundo[66], rocoso, sólido** ♦ **absorber, adquirir[23], aportar, dar, impartir[12], mejorar, poseer, recibir, tener**

☐ Véase también: **creación, cultura, educación**.

formalidad ▮ *(trámite)* ♦ **administrativo, burocrático, de rigor, dilatorio, inexcusable, inútil, jurídico, legal, litúrgico, mero, obligatorio, político, procesal, protocolario, puro, simple** ♦ **abreviar, agilizar, diligenciar, constituir, cubrir, cumplimentar, cumplir (con), plegar(se) (a), saltarse[56], simplificar**

▮ *(cualidad)* ♦ **admirable, debido** ♦ **con** ♦ **toque (de)** ♦ **aparentar, comportarse (con), dar (a algo), establecer, exigir, guardar, requerir, revestir, rogar**

☐ Véase también: **cortesía, modales, requisito, trámite**.

formalizar ♦ **acuerdo, alianza, baja, cese, compra, compromiso, contrato, decisión, divorcio, matrícula, nombramiento, pacto, pago, petición, relación, renuncia, solicitud, teoría, trámite, unión,** *otros sustantivos que designan documentos*

☐ Véase también: **acordar, establecer, firmar, oficializar**.

formalmente ♦ **aceptar, acordar, acusar, adecuar(se), ajustar(se), anunciar, comprometerse, contestar, decidir, denominar, ejercer, entrar en vigor, establecer, exponer, iniciar (un proceso), presentar, reconocer, recusar, representar, requerir, respetar, vestir,** *verbos de lengua*

fórmula ♦ **conocido, drástico[48], efectivo[4], enrevesado, flexible[16], infalible, innovador, mágico, magistral, manido[19], novedoso[54], nuevo, revolucionario, salomónico[24], secreto, seguro, socorrido, trillado[14], universal, vigente[28]** ♦ **acuñar[47], adherirse (a)[40], aplicar, arbitrar[28], buscar, conocer, dar (con), deducir[3], descifrar, descubrir, desvelar[18], dilucidar, emplear, encontrar, enunciar, hallar, idear, implantar[20], prosperar[15], recurrir (a), simplificar, surtir efecto[7], tener, usar**

☐ Véase también: **mecanismo, medida, recurso, vía**.

formular *v.* ▮ En el sentido de 'expresar, presentar o hacer explícito' se combina con sustantivos que designan manifestaciones verbales *(declaración, afirmación, comentario)* y especialmente con...

A SUSTANTIVOS QUE DENOTAN DEMANDA DE INFORMACIÓN: **1 pregunta ++:** Los periodistas sólo pudieron *formularle* una pregunta. EUV170498 **2 cuestión ++:** El regidor aseguró ayer que está muy sorprendido con las *investigaciones* que está llevando a cabo el Grupo Socialista... EPE030299 **3 interrogante +:** ...es natural que la ciudadanía comience a *formularse* interrogantes y a hacer conjeturas sobre su resultado. BUS031096 **4 cuestionamiento:** ...en ningún momento *formuló* cuestionamientos del uso de esos recursos... LPN040797 **5 consulta:** ...éste queda investido de facultades para actuar sin necesidad de *formular* ninguna consulta. ETC140175 **6 interpelación:** ...contestaba así a una interpelación *formulada* en la Asamblea por la diputada... EME170295

B SUSTANTIVOS QUE DESIGNAN MANIFESTACIONES DE PROTESTA O DISCONFORMIDAD ANTE SITUACIONES QUE SE CONSIDERAN INJUSTAS O INCONVENIENTES: **7 reclamación ++:** ...con arreglo al valor catastral revisado que entró en vigor en dicho año y no *formularan* reclamación o resultara desestimada... EPE150999 **8 crítica ++:** También desmintió cualquier apoyo por parte del Poder Ejecutivo para *formular* críticas, «no tuve ningún guiño del Presidente». CLA030797 **9 queja ++:** ...ocupar un ambiente adecuado, recibir asistencia jurídica, *formular* quejas o peticiones y otros. EXP260697 **10 denuncia ++:** De acuerdo a la denuncia *formulada* ante esa dependencia, Casa Alianza practicó recientemente pruebas para detectar el VIH SIDA... LTH110797 **11 demanda:** ...plantear denuncias, relatar historias, *formular* demandas de empleo o contar chistes. EPE140700 **12 reivindicación:** Las mezquitas han sido utilizadas por la oposición saudí en diversas ocasiones para *formular* sus reivindicaciones, tanto de manera violenta como pacífica. EME221095 **13 recurso +:** Se *formulan* recursos de reposición en 1994 pidiendo la compensación, que se deniegan sistemáticamente... EPE101199 **14 protesta:** «Queremos pasar de la idea del desarrollo, de la pura protesta, a *formular*». DED061196

C SUSTANTIVOS QUE DENOTAN PETICIÓN O REQUERIMIENTO CON DIVERSOS GRADOS DE URGENCIA Y FORMALIDAD: **15 petición ++:** ...llamó telefónicamente al director del centro penitenciario anunciándole «que, en lo sucesivo, se abstuviera de *formular* peticiones de este tipo». EME200195 **16 solicitud ++:** Señaló que los interesados pueden acudir al Ayuntamiento para *formular* una solicitud y mientras más rápido lo hagan mayores son las probabilidades de traer las máquinas en lotes de 20 ó 30. DYM201297 **17 llamamiento +:** Ambos líderes religiosos firmaron un documento conjunto en el se *formula* un llamamiento en favor de la paz en el Cáucaso. EPE091199 **18 llamado:** Al conocer su victoria, el presidente electo *formuló* un llamado a la población recordándole que hay «muchos problemas por resolver...». LNA080792 **19 pedido +:** Por otra parte, la Multisectorial Nacional de Organizaciones de Jubilados también le *formuló* un pedido público a De la Rúa... CLA231000 **20 requerimiento:** En el caso de que ésta haya recibido esa información pasados diez días, suele *formular* un requerimiento a la sociedad. EME140694 **21 exigencia:** ...está concentrado en mantener una política de comercio exterior a la cual sus propios grupos de interés le *formulan* exigencias casi incompatibles... HOY180897

D SUSTANTIVOS QUE DESIGNAN LA ATRIBUCIÓN A ALGUIEN DE UNA FALTA O UN DELITO: 22 acusación ++: ...adopta después de que se haya *formulado* acusación como una manifestación más del principio acusatorio... EME290596 **23 imputación ++:** Y recordó que se puede criticar a los jueces, pero no *formular* imputaciones genéricas y sin fundamento. EME060195 **24 cargo ++:** No se *formularán* cargos relacionados con el accidente hasta que termine la investigación. ENH120297 **25 querella +:** ...la abogada anunció su propósito de *formular* querella por injurias contra el decano del Colegio de Abogados... EPE020486

E SUSTANTIVOS QUE DESIGNAN JUICIOS, ARGUMENTOS, PUNTOS DE VISTA Y OTROS RESULTADOS DE LA ACTIVIDAD INTELECTIVA: 26 hipótesis ++: Aprendieron a *formular* hipótesis, a problematizar. BRE130697 **27 teoría ++:** ...empezaron a reclamar sus derechos, a crear espacios donde reconocerse, que escribieron libros y *formularon* teorías. LVE240596 **28 idea +:** ...se expondrán y debatirán públicamente las propuestas presentadas en la convocatoria a *formular* ideas urbano-arquitectónicas... CLA030797 **29 reflexión +:** ...lamentó que (...) «no tenga una visión global» al *formular* sus reflexiones sobre los nacionalismos. EME080194 **30 planteamiento:** ...restringir visados a empresarios estadounidenses y *formular* planteamientos en tribunales europeos sobre la posibilidad de tomar medidas contra sociedades... EUV160796 **31 juicio +:** El informe de este año ya está en poder de los gobiernos nacionales y, por vez primera, se *formulan* juicios severos. LVE221194 **32 opinión +:** Un cualificado representante del pensamiento español *formula* bien la opinión dominante en la Piel de Toro. LVE131095

F SUSTANTIVOS QUE DENOTAN OFRECIMIENTO O PROPUESTA: 33 propuesta ++: «Queremos pasar de la idea del desarrollo, de la pura protesta, a *formular* propuestas sobre el desarrollo social». DED061196 **34 oferta ++:** La compañía textil *formula* la oferta con la única condición de que se suscriba por más del 51 por ciento del capital. FDV150601 **35 invitación +:** Por otra parte, el empresario (...) confirmó anoche que le *formuló* una invitación a... CLA080197 **36 proposición +:** ...se constituirán antes del 15 de marzo comisiones de estudios para analizar y *formular* proposiciones al árbitro... HOY230287 **37 proyecto +:** Entonces se convino estudiar las indicaciones que había que *formularle* al proyecto de ley... HOY231296 **38 iniciativa +:** Allá se negocia, se acuerda, se *formulan* las iniciativas: ustedes a decir discursos y a votar. EXC270796 **39 sugerencia:** El 10 por ciento restante dio su aprobación y *formuló* sugerencias, adiciones o modificaciones que fueron examinadas por la Comisión... GIC104097

G SUSTANTIVOS QUE DENOTAN NOTICIA O ANUNCIO DE ALGUNA COSA, EN OCASIONES UN MAL O UN RIESGO. TAMBIÉN CON OTROS QUE DENOTAN CONSEJO O ADVERTENCIA: 40 advertencia ++: La salvedad es que su tarea no consiste en operar en política, sino en *formular* advertencias para la acción. HOY250897 **41 anuncio +:** Al *formular* el anuncio, el titular de la Corte dio a conocer el contenido de una resolución firmada por los ministros... ACP100996 **42 recomendación +:** ...en casos en los cuales concluya que exista una violación de los derechos humanos consagrados en la Convención, para *formular* recomendaciones, cuando lo estime procedente. PME260197 **43 amenaza +:** Llegó incluso a *formular* amenazas telefónicas en el sentido de la ruptura... EME140194 **44 aviso:** Y *formuló* un aviso de lo que les espera a los catalanes o, mejor dicho, a los trabajadores catalanes... LVE241095 **45 indicación:** ...se comprometieron a apoyar la idea de legislar el proyecto (...) con la condición de que éste *formulara* las indicaciones pertinentes para reponer... HOY231296

H SUSTANTIVOS QUE DESIGNAN OTROS COMENTARIOS, MÁS FRECUENTEMENTE SI EXPRESAN CIERTA RETICENCIA ANTE ALGO: 46 observación ++: ...tiene plazo hasta la medianoche para *formular* observaciones y podría congelar algunos artículos de la ley. EUV160796 **47 objeción +:** Considero que en las objeciones *formuladas* hay sugerencias que debemos adoptar... EUV070497 **48 reparo +:** ...las responsabilidades que en derecho procedan, correspondiendo a la Contraloría *formular* los reparos ante el Juzgado de Cuentas... LEC210297

I SUSTANTIVOS QUE DESIGNAN LO QUE SE DESEA O AQUELLO A LO QUE SE ASPIRA: 49 deseo ++: En espera de los cuadros, *formulamos* el deseo de que «Al aire de su vuelo» sea no un desencuentro más, sino un encuentro. ABC131291 **50 propósito:** El consejo hubo de reconocer que sus chollos eran abusivos y *formuló* propósito de enmienda. LVE040296 **51 objetivo −:** A diferencia de los años anteriores, la Policía se *formuló* tres objetivos: uno es garantizar la seguridad en las playas... LPN130397

J SUSTANTIVOS QUE DESIGNAN LA ACCIÓN DE PRESENTAR ARGUMENTOS EN APOYO DE UNA IDEA: 52 alegación ++: ...sin que mediara audiencia previa, es decir, sin posibilidad de *formular* alegaciones a los hechos señalados, decidió intervenir... EME120194 **53 alegato +:** ...ocasión en que uno de los representantes de nuestro país *formuló* alegatos en favor de la definición de procesos seguidos a torturadores... ACP201096 **54 defensa:** Los ocho acusados tendrán hasta el 15 de julio para *formular* sus defensas. EME030796

K SUSTANTIVOS QUE DESIGNAN DIVERSAS FORMAS DE ACUERDO O COMPROMISO: 55 promesa ++: ...para que quede claro que no se trata de *formular* promesas consoladoras. LVE291196 **56 compromiso:** ...ningún país ni organismo financiero está en condiciones de *formular* compromisos financieros específicos. PME020297 **57 juramento:** Al *formular* estos juramentos, hicimos algunas consideraciones al respecto... LTB111296

L SUSTANTIVOS QUE DESIGNAN DIVERSAS FORMAS DE RESOLVER O DIRIMIR ALGÚN ASUNTO, FRECUENTEMENTE EN EL ÁMBITO JUDICIAL: 58 dictamen +: ...he formado parte del Comité Internacional de Expertos que ha *formulado* el dictamen para su conservación. ABC150995 **59 resolución +:** El 10 de septiembre pasado la Fiscalía *formuló* una resolución de acusación en su contra... ETC111196 **60 decisión:** ...el juez se vea obligado a adaptar las normas o precedentes legales al caso y *formular* una decisión que reflejará, inevitablemente, sus preferencias personales. LVE220996 **61 veredicto:** ...creo, por principio, en la honradez y sinceridad con la que se *formulan* veredictos que algunos interesados tildan, luego, de parciales. ABC070892 **62 sentencia:** La calificación de «urgencia vital» que *formula* la sentencia respecto al caso parece la pieza clave que la ha determinado. EME271095

M SUSTANTIVOS QUE DENOTAN PRONÓSTICO O ESTIMACIÓN SOBRE LO FUTURO, LO OCULTO O LO DESCONOCIDO: **63 pronóstico** +: Walesa *formuló* ese dramático pronóstico en el primer número del semanario opositor Solidarnosc... EUV060499 **64 vaticinio:** ...su buena relación con la familia Pujol le ha permitido *formular* vaticinios sobre el futuro de la coalición... EPE051299 **65 augurio:** Los augurios de los adivinos, *formulados* hace 365 días, no coincidieron con la cruel realidad. ETC020190 **66 predicción:** Una de las razones por las que me abstengo de *formular* predicciones es porque estoy profundamente convencido de la contingencia de los acontecimientos... EPE010684

▩ Se combina también con: ♦ **verbalmente**[6]

☐ Véase también: **plantear**.

formulario ♦ **exigir, presentar, rellenar, requerir**

☐ Véase también: **burocracia, impreso, trámite**.

foro ♦ **de debate, de discusión** ♦ **auspiciar**[8], **intervenir (en), participar (en)**

forofo ♦ **absoluto, empedernido**[13], **incondicional**

☐ Véase también: **adepto, adicto (a), hincha, partidario, seguidor**.

fortalecer(se) *v.* **I** En sentido literal se combina con sustantivos que designan cosas de naturaleza orgánica *(corazón, músculo, pierna)*. El sustantivo *raíz* se usa con este verbo en sus sentidos físico y figurado. En este último, se combina con sustantivos que designan ciertos rasgos y características abstractas propias de los seres humanos *(espíritu, carácter, personalidad, aspecto, imagen)*, así como con otros que designan lo que se sabe, se aprende o se asimila *(conocimiento, educación, experiencia)*. También acepta otros sustantivos que designan muy diversos ámbitos sociales o culturales *(arte, literatura, política, deporte, economía: La economía nacional debe fortalecerse)*. Se combina asimismo con...

A SUSTANTIVOS QUE DENOTAN VÍNCULO, UNIDAD O COLABORACIÓN ENTRE DOS O MÁS PERSONAS O GRUPOS. TAMBIÉN CON OTROS QUE DESIGNAN LAS ACTITUDES QUE CORRESPONDEN A ESAS RELACIONES: **1 relación** ++: Pedro Alvarez Copero, es importante medio para *fortalecer* las relaciones entre Yucatán y Cuba... DYM040996 **2 vínculo** ++: ...donde reconocen que es necesario evitar la simulación y *fortalecer* vínculos más directos y personales con la ciudadanía. EXC180197 **3 amistad** ++: ...una acción más coordinada para determinar los intereses y objetivos comunes y que contribuyen a *fortalecer* la amistad y el respeto mutuo que caracteriza la relación entre México y Estados Unidos. EXC081296 **4 unidad** ++: El legislador priísta señaló que uno de los objetivos más importantes en estos momento es *fortalecer* la unidad partidista. EXC060197 **5 cohesión** ++: ...Rusia ha encontrado en el aniversario una oportunidad para *fortalecer* la cohesión nacional... EME090595 **6 cooperación** ++: ...en ese mismo rubro, se creará la Red Virtual de Escuelas de Arte, para *fortalecer* la cooperación académica entre escuelas profesionales de arte. EXC140901 **7 lazo** ++: ...el tema de la pobreza que abate al continente no es un asunto católico ni protestante, sino de justicia social y por ello se busca *fortalecer* los lazos de cooperación entre las iglesias de ambas religiones. LNC101096 **8 confianza** ++: Esta visita del primer mandatario al campamento del guerrillero más viejo del mundo –Tirofijo cumple este mes 72 años– *fortalece* la confianza mutua. EPE040599 **9 coalición** +: ...el ministro no sólo no consiguió *fortalecer* una coalición de gobierno, sino que, por el contrario, atomizó aún más a sus partidarios... HOY110784 **10 unión** +: El compromiso ofrece el mejor medio para *fortalecer* la unión porque creará estabilidad en Irlanda del Norte... EPE201199 **11 colaboración** +: Sobre la posibilidad de *fortalecer* la colaboración, el señor Marcial explicó que (...) 79 jóvenes paraguayos estudian en la Facultad... GIC114397 **12 convivencia** +: Debemos esforzarnos en retomar lo esencial de aquel espíritu para *fortalecer* la convivencia, la transparencia y la autenticidad de nuestra democracia. LVE251295

B SUSTANTIVOS QUE DENOTAN ACTITUD O CAPACIDAD PARA CONTROLAR, DOMINAR O EJERCER OTROS EFECTOS SIMILARES SOBRE LAS PERSONAS O LAS COSAS: **13 poder** ++: ...afirmó que los nacionalistas hacen del conflicto permanente su razón de ser y la persistencia de este conflicto acaba por *fortalecer* al poder central. EPE020487 **14 liderazgo** +: La unión de Motorola y General Instrument *fortalecerá* el liderazgo de la primera en las actividades de fabricación de microprocesadores... EPE140999 **15 dominio** +: ...quien sólo logró reconquistar la capital, N'Djamena, en 1982 para gradualmente *fortalecer* su dominio en el sur. ETC110187 **16 control** +: ...con esto se *fortaleció* el control de la corona sobre el poder y la riqueza de aquellos vastos dominios... EPE280399 **17 autoridad:** Stalin pudo *fortalecer* su autoridad aportando liderazgo al Politburó en las discusiones con Trotski. EME090795 **18 influencia:** Los observadores consideran que la alta abstención *fortalece* la influencia que Aristide mantendrá sobre el candidato... LVE181295

C EL SUSTANTIVO *POSICIÓN*, MÁS FRECUENTEMENTE USADO EN SENTIDO FIGURADO. TAMBIÉN CON OTROS QUE DESIGNAN DE DIVERSAS FORMAS EL PUESTO QUE SE OCUPA: **19 posición** ++: Los representantes han solicitado ya una reunión urgente del Consejo de Policía (...) y han acordado la unidad de acción entre ellos para *fortalecer* sus posiciones. LVE080195 **20 papel** ++: La ley aprobada ayer también *fortalece* el papel de los secretarios de Estado, pero no les otorga rango de Gobierno. EPD270697

D SUSTANTIVOS QUE DESIGNAN LA ACCIÓN DE DEDICARSE A UNA TAREA DETERMINADA O LA CAPACIDAD PERSONAL NECESARIA PARA CONSEGUIR LO QUE SE PERSIGUE CON ALGUNA ACCIÓN. TAMBIÉN CON OTROS QUE SE REFIEREN A ESAS MISMAS ACTIVIDADES: **21 voluntad** ++: ...que subrayó en cualquier caso la necesidad de *fortalecer* una voluntad de cohesión nacional... EME270495 **22 ánimo** ++: Es la mejor noticia que podemos tener para *fortalecer* el ánimo de la plantilla ante todos los partidos que vienen. LRE120103 **23 autoestima** +: Nadie podría creer la manera en que al final unos hilos de metal pueden *fortalecer* la autoestima del niño. ENH300697

24 esfuerzo +: El Día Mundial de la Lucha contra el SIDA que hoy se celebra busca ampliar y *fortalecer* el esfuerzo que Gobiernos y organizaciones no gubernamentales vienen realizando en todo el mundo... EPE011289 **25 trabajo:** Los 40 puntos incluyen el acuerdo de (...) *fortalecer* el trabajo de la Interpol... EME290696 **26 labor:** Así podrá obtener recursos crecientes para *fortalecer* la labor educativa, la labor de investigación y difusión de la cultura. PME151296

E SUSTANTIVOS QUE DESIGNAN JUICIOS, PRINCIPIOS Y OTROS FUNDAMENTOS Y RESULTADOS DE LA ACTIVIDAD INTELECTIVA: **27 idea +:** Por supuesto, la primera de ellas consistió no sólo en contribuir al convencimiento en Italia de que nuestra adhesión *fortalecería* la idea europea... EME150695 **28 valor +:** Al comentar la necesidad de *fortalecer* los valores familiares, el presidente no ahorró elogios a su esposa... EME250196 **29 argumento:** Y que, sin duda, *fortalecerá* sus argumentos a la hora de negociar con la Unión Europea y con EE. UU. LVE111295 **30 hipótesis:** ...pocos días después del crimen comenzó a *fortalecerse* la hipótesis de que (...) no había actuado solo... LVE050395

F SUSTANTIVOS QUE DENOTAN CONFRONTACIÓN. TAMBIÉN CON OTROS QUE DESIGNAN LAS ACTITUDES CARACTERÍSTICAS DE LOS QUE PARTICIPAN EN ELLA: **31 lucha +:** El jefe de la Policía boricua (...) informó al periódico El Nacional que se coordinó con el Gobierno dominicano acciones para *fortalecer* la lucha contra el contrabando de drogas y de viajes ilegales hacia esa isla. DED281096 **32 competitividad +:** El tratado establece que los estados han de garantizar las condiciones necesarias para *fortalecer* la competitividad de la industria... LVE180295 **33 competencia:** Las entrevistadas dijeron que la apertura de un tienda de ese tipo *fortalecería* la competencia entre los comercios... DYM040796

G ALGUNOS SUSTANTIVOS QUE DENOTAN DESEO DE CONSEGUIR ALGO O ESTIMACIÓN SOBRE LAS POSIBILIDADES DE ALCANZARLO: **34 esperanza +:** Esta había de permitir a los socialistas conservar uno de los pocos centros de poder que les quedan en toda España y *fortalecer* las esperanzas de un buen resultado... LVE251196 **35 aspiración:** Lo real es que esta fue la carrera clave para *fortalecer* su aspiración a lograr su primer título en el automovilismo. CLA131100 **36 expectativa:** ...la evidencia de un fuerte crecimiento económico en EE. UU. y un crecimiento más vigoroso de lo esperado en Alemania ha terminado por *fortalecer* las expectativas de inflación también en Europa... EME220694

H ALGUNOS SUSTANTIVOS QUE DENOTAN PAUTA O PROGRAMA DISEÑADO PARA CONSEGUIR UN OBJETIVO: **37 estrategia +:** ...a fin de *fortalecer* la estrategia de emergencia promovida por la acción terrorista del 11 de setiembre. CAP200901 **38 proyecto:** ...y todos los sectores tuvieron la oportunidad de aclarar o *fortalecer* el proyecto en los puntos que ellos pudieran entender que de alguna manera pudiera enriquecerse... LDD220797

I SUSTANTIVOS QUE DENOTAN CREENCIA RELIGIOSA: **39 fe ++:** ...los principales dirigentes comunistas de la isla han aprovechado la ocasión para (...) pedir a los ciudadanos que *fortalezcan* su fe en el socialismo. EPE020199 **40 mística:** Observó el director que con estas 38, suman más de 700 las expulsiones, (...) dejando saber que al contrario de hacer daño a la institución se *fortalece* la mística... ENV180497

▩ Se combina también con: ♦ **electoralmente, notablemente**[13]

☐ Véase también: **afianzar(se), cimentar, robustecer(se).**

fortalecimiento ♦ **conseguir, contribuir (a), provocar, redundar (en)**[8]**, trabajar (para)**

fortaleza ▮ *(fortificación)* ♦ **inexpugnable** ♦ **asaltar, atacar, cercar, construir, defender, invadir**

▮ *(fuerza)* ♦ **admirable, enorme, extraordinario, inagotable, incombustible, inusitado, sobrehumano, sorprendente, tremendo** ♦ **demostración (de)**[2]**, manifestación (de)**[37]**, muestra (de), señal (de)** ♦ **demostrar, derrochar**[34]**, desplegar, exhibir, hallar, manifestar, mantener, minar**[3]**, perder, tener**

☐ Véase también: **fortalecimiento, fuerza.**

fortuna ▮ *(suerte)* ♦ **en brazos (de)** ♦ **golpe (de)**[5]**, rueda (de), toque (de)** ♦ **declinar**[3]**, deparar**[4]**, destinar, favorecer (a alguien), marcar, probar, sonreír**[2]**, tener, tropezar(se) (con)**[11]

▮ *(bienes)* ♦ **abultado, abundante, copioso**[18]**, cuantioso, desorbitado, enorme, escaso, fabuloso, incalculable, ingente, inmenso, vasto** ♦ **acaparar, acrecentarse, acumular, amasar**[1]**, atesorar, costar, decrecer**[28]**, dedicar**[12]**, derrochar, despilfarrar, dilapidar, disipar, emplear, engrosar**[31]**, forjar**[41]**, ganar, gastar, hacer, heredar, labrar(se), legar, lograr, malgastar, ostentar**[30]**, perder, reunir, tener**

☐ Véase también: **azar, casualidad, milagro, riqueza, suerte.**

FORTUNA Véase: AZAR; BENEFICIO; PATRIMONIO

[forzado] → **a marchas forzadas**

forzoso ♦ **acuerdo, atención, aterrizaje, cambio, conversión, desalojo, desaparición, enajenación, excedencia, exilio, expropiación, heredero, jubilación, liquidación, medida, paro, reclusión, reclutamiento, reconversión, regulación, retiro, separación, servidumbre, trabajo, traslado**

☐ Véase también: **necesario, preceptivo.**

foso ♦ **profundo** ♦ **caer (en), cavar, excavar, hacer, hundir(se) (en), salir (de), sumir(se) (en)**[2]

☐ Véase también: **agujero, bache, hueco.**

fotografía ♦ **a toda plana**[14]**, borroso, de estudio, desenfocado, digital, en blanco y negro, en color, enfocado, nítido** ♦ **aparecer (en), desenfocar, difundir(se)**[78]**, enmarcar, exponer, hacer, publicar, revelar, sacar, tomar**[77]**, velar(se), ver**

☐ Véase también: **estampa, imagen, instantánea.**

fotográficamente ♦ **captar, documentar, plasmar, recoger, reflejar, reproducir, transmitir**

fracasar ♦ **absolutamente, académicamente, aparatosamente, apoteósicamente, artísticamen-**

te, clamorosamente[8], comercialmente[27], de pleno[4], deportivamente, electoralmente, en parte, en toda la línea, estrepitosamente[1], estruendosamente, indefectiblemente[13], ostensiblemente[52], políticamente, por completo[79], por poco[3], rotundamente[25], sin paliativos[23], totalmente

☐ Véase también: **derrotar, fallar, rendirse (a/ante).**

fracaso ♦ abrumador[22], absoluto, aleccionador[10], amargo, aparatoso[4], catastrófico[5], clamoroso[7], comercial, completo, descomunal, desolador[61], escandaloso, estrepitoso[1], flagrante[36], honroso[15], inapelable[21], inconmensurable, irremediable, manifiesto, mayúsculo[29], monumental[10], ostensible[71], parcial, predestinado (a), profundo, resonante, rotundo[6], seguro, sin paliativos[60], soberano, sonado, supino, total, tremendo ♦ al filo (de)[8] ♦ abocar(se) (a)[1], acarrear, acuciar[21], admitir, amortiguar[39], aprender (de), arrastrar (a), asumir, augurar[20], auspiciar, avecinarse[4], cargar (con)[18], conducir (a), constituir, consumar(se)[30], corregir, cosechar[26], deparar, desembocar (en), difuminar(se)[52], digerir[2], encajar[34], encaminar(se) (a), enderezar, enjugar[31], evitar, fraguar(se)[18], llevar (a), mitigar[22], preconizar[24], predestinar (a), reconocer, reponerse (de)[22], resultar, saborear[21], saldarse (con), sufrir, superar, tener, vivir

☐ Véase también: **caída, derrota, desastre, desengaño, éxito, fiasco, patinazo, rendición, tropiezo.**

FRACASO

♦ (SUSTANTIVOS) Véase: **abocar(se) (a)[A], abrumador[D], abultado[D], acatar[L], achacar[F], adecentar[C], aderezar[A], agridulce[B], al borde (de)[C], amasar[B], aparatoso[A], aplastante[A], apretado[F], cargar (con)[D], catastrófico[A], clamoroso[B], consumar(se)[B], cosechar[D], crucial[N], demoledor[H], digerir[A], enjugar[E], estrepitoso[A], expiar[C], honroso[B], hundir(se) (en)[B], inapelable[D], inexorable[C], llamativo[J], mayúsculo[D], monumental[B], orquestar[G], ostensible[J], paliar[A], remontar[B], reponerse (de)[D], rotundo[A], saborear[C], sin paliativos[J], subsanar[A]**

♦ (VERBOS) Véase: **ajustadamente[A], clamorosamente[B], comercialmente[F], deportivamente[B], estrepitosamente[A], indefectiblemente[D], ostensiblemente[I], por completo[F], por poco[A], rotundamente[D], sin paliativos[D]**

fractura ♦ aparatoso[23], irremediable, profundo[80] ♦ consumar(se)[45], curar(se), hacer(se), ocasionar, producir(se), provocar, recuperarse (de), reparar, sufrir[39], tener

☐ Véase también: **quiebra, rotura, ruptura.**

fracturar(se) ♦ gravemente[30] ♦ cohesión, consenso, personalidad, población, poder, sociedad, unidad, unión, vínculo, *sustantivos que designan partes del cuerpo rígidas*

☐ Véase también: **quebrar(se), romper(se).**

[fraganti] → **in fraganti**

frágil *adj.* ▌En su sentido físico se combina con sustantivos que designan objetos o materias *(cristal, estatua, jarrón, piel).* Usado en sentido figurado se combina con sustantivos que designan personas o grupos humanos *(una muchacha frágil; Los seres humanos somos frágiles)* y con otros que se refieren a sistemas de gobierno *(democracia, monarquía)* o instituciones y organizaciones *(economía, mercado, empresa, partido).* También se combina con...

A SUSTANTIVOS QUE DESIGNAN EL MODO EN QUE SE PERCIBEN O SE PRESENTAN A LA VISTA LAS PERSONAS O LAS COSAS: **1 apariencia ++**: Ahora, esta actriz de apariencia *frágil* y de una variada gama de emociones y matices... PME120197 **2 aspecto ++**: De aspecto *frágil* y bajo su aparente dulza, Eva esconde a una hábil administradora de sus recursos... ETC210197 **3 imagen +**: Aunque no consigo compaginar la adusta y *frágil* imagen de don Julio con este acumulado trajín. LVE170596 **4 figura +**: ...en busca de un personaje célebre o de una noticia, con su figura *frágil* y veloz, como de cine mudo, con su dinamismo de mujer reportera en un mundo cerrado de varones. EPD210597 **5 estampa**: ...cada vez más escasos aficionados al deporte de los puños, y su *frágil* estampa será mejor recordada por el valor que tuvo para realizar... HOY281096

B EL SUSTANTIVO *SALUD* Y CON OTROS QUE DESIGNAN CUALIDADES INTERNAS DE LAS PERSONAS RELATIVAS A SU MODO DE SER O DE COMPORTARSE: **6 salud ++**: La *frágil* salud del Papa ha provocado en muchos la creencia de que esta será la última asamblea de su reinado... ENH190198 **7 ánimo**: Por más que, en las situaciones límite el *frágil* ánimo del torero de Linares, sea capaz de afirmarse heroicamente. EME140594 **8 espíritu**: ...siempre pasados por el filtro de su espíritu eminentemente *frágil*, sutil, casi transparente. EME020394 **9 talante –**: ...una psicópata neoyorquina de 30 años, sintomática metáfora del talante *frágil* y desquiciado de los ciudadanos yanquis... LVE011196

C SUSTANTIVOS QUE DESIGNAN DIVERSAS CAPACIDADES DE LAS PERSONAS RELACIONADAS ESPECIALMENTE CON SUS FACULTADES INTELECTIVAS O RETENTIVAS: **10 memoria ++**: ...disfrutan de una memoria convenientemente *frágil*, o de un rostro lo suficientemente pétreo, para hacer tabla rasa de su historia reciente. LRE150103 **11 conciencia**: Gracias, porque tu sentimiento de madre sobrepasa infinitamente nuestra *frágil* conciencia de hijos. LVE280595 **12 inteligencia**: Sobre todo si tienen una inteligencia emocional *frágil*. EME210496

D EL SUSTANTIVO *PAZ* Y CON OTROS QUE DENOTAN AUSENCIA DE CONFLICTO O DE PERTURBACIÓN. TAMBIÉN CON OTROS QUE DESIGNAN EL RESULTADO DE LAS ACCIONES QUE SE EMPRENDEN PARA ALCANZAR ESOS ESTADOS: **13 paz ++**: «se ha sustituido el principio de tierra a cambio de paz» a favor de Israel y con una paz *frágil* para los árabes. EUV150996 **14 tranquilidad**: Como ha ocurrido antes, apenas se consigue una *frágil* tranquilidad económica... LPA200592 **15 equilibrio**: Ningún pueblo, cualquiera que sea, particularmente el pueblo alemán, tiene el derecho de alterar el *frágil* equilibrio que nos ha permitido vivir sin guerra desde 1945. ETC010690 **16 reconciliación**: ...por mencionar algunos, los cuales tuvieron una *frágil* reconciliación con los ex militares gobernantes. EXC081296 **17 tregua**: Ningún grupo admitió inicialmente la responsabilidad del atentado, que amenaza con destruir la *frágil* tregua... LVE081096 **18 armisticio:** Cesaron los combates en el sur del Líbano, pero no se sabe si el *frágil* armisticio para la zona podrá seguir vigente mucho tiempo más. HOY191083 **19 estabilidad:** ...registra numerosas y violentas manifestaciones callejeras, que podrían amenazar la *frágil* estabilidad política... LNC160497 **20 armonía:** su literatura un balance, su música las *frágiles* armonías de la manufactura y la venta... ABC201095 **21 unidad:** ...reconocieran lo importante que es evitar que la de por sí *frágil* unidad de ese partido, sufra todavía más en estos momentos. EXC230496

E SUSTANTIVOS QUE DENOTAN ESTRUCTURA, ORGANIZACIÓN Y OTROS CONTENIDOS SISTEMATIZADOS O REGULADOS: **22 sistema +:** Y con el *frágil* sistema táctico de un equipo roto en sectores vitales. EPE191299 **23 estructura:** ...preferimos atribuir al enigmático mundo de los locos aquello que amenaza la *frágil* estructura de nuestras creencias. EPE261099 **24 red:** También saben que si ganan mucho con su negocio, ponen en peligro las *frágiles* redes de seguridad social... ENH120198 **25 metodología:** Sin embargo, la *frágil* metodología de estas investigaciones es cuestionada por algunos expertos, lo que deja sus conclusiones expuestas a una razonable duda. ABC190293 **26 norma:** Pero las normas son muy *frágiles* si su fundamento no es, y máxime en la esfera familiar, el amor y el respeto mutuos. ABC140292

F SUSTANTIVOS QUE DENOTAN PODER O PRIMACÍA: **27 liderazgo:** El dirigente del metal ha sometido a prueba el *frágil* liderazgo del sucesor de Redondo... LVE300495 **28 poder:** ...la una y la otra, de unos orígenes nómadas, de simple sucesión de tiendas alrededor de un poder *frágil* y poco duradero. EPE150599 **29 autoridad:** La realidad de América comprobaba que dicha autoridad era demasiado *frágil*. ABC250895

G SUSTANTIVOS QUE DESIGNAN FORMAS DE DIVIDIR O SEPARAR LAS COSAS: **30 límite:** Pues el límite que separa ambas es tan *frágil* como una burbuja de jabón, y tan tenue como la frontera que separa la sublimidad del ridículo. EPE070499 **31 línea +:** Esta película camina en la *frágil* línea que separa la vida real del espectáculo y nos enfrenta a la pregunta... LTB210700 **32 frontera:** Estos elementos insinuados constituyen la *frágil* frontera que separa la acuarela de Juan Díaz de una abstracción lírica pura. ABC100192

☐ Véase también: **blando, delicado, quebradizo.**

fragmento ♦ compuesto (de), desperdigado, disperso, incompleto ♦ coser, hilvanar[24], juntar, pegar, recoger, recomponer, recopilar, reunir, unir

☐ Véase también: **elemento, parte, pieza, resto.**

fraguar(se) *v.* ▮ En el sentido de 'dar forma a', se combina con sustantivos que designan objetos de metal *(espada)*. En el sentido de 'endurecerse', admite como sujetos y complementos sustantivos que designan masas que se traban hasta quedar sólidas y duras *(cemento)* y también con los sustantivos *personalidad* y *carácter*. En el sentido de 'construir(se)', se combina con sustantivos que designan personas o colectivos *(personaje, generación)*. También se combina con...

A SUSTANTIVOS QUE DENOTAN COMPROMISO, ALIANZA U OTRAS FORMAS DE RELACIÓN Y ACCIÓN CONCERTADA: **1 acuerdo ++:** Las negociaciones (...) han durado varios meses hasta que ha *fraguado* el acuerdo. FDV150601 **2 consenso ++:** ...rompería el delicado consenso internacional que Estados Unidos y el Reino Unido han logrado *fraguar*... EPE121001 **3 compromiso ++:** ...numerosos e infructuosos intentos de *fraguar* un compromiso de paz... LVE010695 **4 pacto ++:** ...puede ayudar a *fraguar* pactos de gobernabilidad. EME110496 **5 alianza +:** ...la fragilidad de la alianza musulmano-croata *fraguada* hace once meses... LVE100195 **6 amistad +:** En esa sección *fraguaríamos* nuestras amistades... LHG140797 **7 relación +:** ...las buenas relaciones futuras que pueden *fraguarse* entre el PP e Izquierda Unida... EME080594 **8 unidad:** ...empeñada en *fraguar* una unidad socialista o social demócrata... CAP260697 **9 unión:** ...y tiene muchos visos de *fraguar* en alguna forma de unión de la izquierda... LVE180596 **10 fusión:** ...comenzó a *fraguarse*, en cambio, la fusión de visigodos, asturianos... ABC090493 **11 nexo –:** ...los nexos que la historia ha ido *fraguando* entre los pueblos del occidente... ABC230793

B SUSTANTIVOS QUE DENOTAN ÉXITO O DESIGNAN ALGUNAS FORMAS DE RECONOCIMIENTO: **12 victoria ++:** La victoria balear (...) se *fraguó* en la banda izquierda... ENC240599 **13 triunfo ++:** El triunfo del campeón de Italia no se *fraguó* hasta los últimos 20 minutos de partido. EME240194 **14 éxito +:** A mí me gusta mucho el tipo de éxito de «Los ladrones», que se ha ido *fraguando* poco a poco. EME030795 **15 imagen ++:** ...han servido para *fraguar* la imagen de un monarca tolerante... LVE221195 **16 reputación +:** Fue durante esos años cuando se *fraguó* la reputación internacional... ABC311292

C SUSTANTIVOS QUE DESIGNAN DIVERSAS SITUACIONES DE ADVERSIDAD O INFORTUNIO: **17 derrota ++:** ...lo cierto es que poco a poco *fraguó* su derrota. EPE010400 **18 fracaso +:** El fracaso de esa reunión se *fraguó* debido a la intransigencia del Gobierno... LVE100394 **19 catástrofe +:** ...advirtiendo que en el país se está *fraguando* una catástrofe. LVE171294 **20 tragedia:** ...los efectos tardíos de cuando hace dos años se *fraguó* la tragedia. LVE220596 **21 tormenta:** ...que todo vaya por los caminos de la tranquilidad cuando, en el fondo, se está *fraguando* la tormenta. LEC220497 **22 escándalo:** ...muchos de estos escándalos se *fraguaron* antes de que él formara parte del Gobierno. LVE090195 **23 –: problema:** ...prueban que se está *fraguando* en aquella casa un grave problema... LVE150996 **24 crisis:** Desde hace días todos los medios apuntan que se podría estar *fraguando* una crisis política... EME120795 **25 ruina:** ...*fraguó* su ruina triunfando, poniéndose a trabajar... ABC011093

D SUSTANTIVOS QUE DESIGNAN DIVERSOS ACUERDOS, A MENUDO SECRETOS, QUE PERSIGUEN ALGUNA ACCIÓN, GENERALMENTE ILÍCITA: **26 complot ++:** ...se estaba *fraguando* un complot contra las instituciones democráticas... DLA141097 **27 conspiración +:** ...una conspiración *fraguada* con propósitos de represalia, venganza y persecución política... EXC090596 **28 conjuración:** En Querétaro se *fraguaba* una conjuración a cargo del cura... EXC180996 **29 trama:** ...cómo pudo *fraguarse* y llevarse a cabo la trama en la aeronave militar... ETC240996 **30 confabulación:** ...se estaba *fraguando* una confabulación para desestabilizar en profundidad al Gobierno...

LVE070895 **31 maniobra:** ...los tres enemigos del Rey, los hombres que *fraguaron* maniobras y... ABC221295 **32 maquinación –:** ...fruto de conocidas maquinaciones ultraderechistas *fraguadas*... GIC030197

E SUSTANTIVOS QUE DESIGNAN AGRESIONES, GENERALMENTE GRAVES: **33 golpe ++:** ...un golpe militar *fraguado* por la CIA derrocaba un régimen popular... CAP170797 **34 ataque +:** ...Hamas, al *fraguar* sus ataques, pretende desatar una reacción... EME080496 **35 crimen +:** Añadió que en el Ejecutivo de entonces estaban las personas que *fraguaron* el crimen. EPE150499 **36 agresión:** Un nuevo capítulo, de las agresiones *fraguadas* y financiadas desde Estados Unidos, fue desvelado a la opinión pública nacional e internacional... GIC093697 **37 atentado:** ...se *fraguó* el atentado contra el edificio oficial... EME220495 **38 asesinato:** ...pudo *fraguar* el asesinato en las Canarias tras consultar... EME111096

F SUSTANTIVOS QUE DENOTAN REBELDÍA, VENGANZA Y OTRAS FORMAS DE CONTESTACIÓN, OPOSICIÓN Y MANIFESTACIÓN HOSTIL: **39 rebelión ++:** Esta «rebelión», que se viene *fraguando* desde hace algo más de dos años... LVE150295 **40 sublevación +:** ...comenzó a *fraguarse* lo que ha terminado por ser una sublevación de la afición... EME060895 **41 reacción:** ...la reacción *fraguada* a finales de los años 50 y comienzos de los 60 a la preponderancia del expresionismo... EPE010399 **42 respuesta:** Pero la respuesta política más importante se *fraguaba* en el Parlamento vasco. LVE250195 **43 venganza:** ...reconocer el error mayúsculo de quienes han *fraguado* la venganza... CAP170797 **44 oposición:** ...para una oposición *fraguada* en el fuego de los principios... LVE101095

G SUSTANTIVOS DE CARÁCTER PROSPECTIVO QUE DESIGNAN PLANES, PROYECTOS Y OTRAS FORMAS DE ORGANIZAR LA INTENCIÓN DE ACTUAR: **45 proyecto ++:** ...sino de un proyecto que Juan Manuel venía *fraguando* con ese fulgor de las pupilas... SEM201097 **46 operación ++:** ...los detalles de cómo se *fraguaron* dos operaciones de trasiego de cocaína... LNC070497 **47 empresa:** ...quien se atreva a señalar que se trata de una empresa *fraguada* por la destreza física... ENV240700 **48 plan:** ...probable existencia de un plan subversivo que se estaría *fraguando*... EPC050797 **49 estrategia:** ...de *fraguar* una estrategia de conexión entre el partido y los ciudadanos... EME131096

H SUSTANTIVOS QUE DESIGNAN MANIFESTACIONES DEL PENSAMIENTO Y ALGUNAS DE SUS UNIDADES CONCEPTUALES: **50 idea ++:** Ese día se *fraguaba* una de las ideas musicales... ABC190894 **51 concepto:** ...se *fraguaron* bastantes de los valores y conceptos que han definido la pintura... ABC200195 **52 noción:** ...que *fraguan* las nociones de Alma, Espíritu, Razón, Moral, Hombre. ABC140495 **53 teoría:** ...se *fraguó* toda la teoría del pactismo, que tan sabiamente describió en el siglo XV... LVE140395 **54 ideario –:** Mientras jura su fidelidad al ideario original *fraguado* por Gómez Morín... EXC020496

I SUSTANTIVOS QUE DENOTAN CONFRONTACIÓN O ENFRENTAMIENTO VIOLENTOS: **55 lucha +:** ...perdieron la batalla, perecieron todos, pero la hombría con la que *fraguaron* la lucha... EME280694 **56 pelea:** Otra de las peleas que se esta *fraguando* con matices de sangre es la que se tiene... ESH150796 **57 guerra:** ...pero volvió a Visegrado cuando la guerra empezó a *fraguarse* en 1992. EME200396

J SUSTANTIVOS QUE DENOTAN SEPARACIÓN, GENERALMENTE POR LA RUPTURA DE UN PACTO, O DESIGNAN ALGUNAS DE SUS CONSECUENCIAS: **58 división +:** ...es *fraguar* la división entre la sociedad y el Parlamento. EME210194 **59 escisión:** En ETA comenzaba a *fraguarse* otra escisión. EDV230796 **60 enemistad:** ...a la vez que se *fraguan* enemistades eternas... ABC210795 **61 divorcio –:** El divorcio de los príncipes de Gales, *fraguado* y ejecutado públicamente... LVE210796

K SUSTANTIVOS QUE DENOTAN TRANSCURSO O RECORRIDO EN EL ESPACIO O EN EL TIEMPO. TAMBIÉN CON OTROS QUE DESIGNAN CIERTOS AVATARES QUE CARACTERIZAN ESOS PERÍODOS: **62 trayectoria +:** ...empezó a *fraguar* una trayectoria artística cuyos episodios más destacados... EPE010699 **63 carrera +:** ...en los que se ve cómo se ha ido *fraguando* su carrera personal. ABC210593 **64 vida:** ...esos años decisivos en los que se *fragua* una vida. EME040296 **65 vicisitud:** ...relatarnos las vicisitudes de Victor Frankenstein y su Criatura, *fraguadas* (...) en una ominosa velada de 1816... LVE170195 **66 aventura –:** ...la aventura o la apuesta de Colom y sus fieles (...) comenzó a *fraguarse* el pasado mayo. LVE101096

L SUSTANTIVOS QUE DESIGNAN DIVERSAS MANIFESTACIONES VERBALES O TEXTUALES, MÁS FRECUENTEMENTE SI SON RELATIVAS A HECHOS FICTICIOS: **67 historia +:** Dos años y medio aproximadamente ha tardado el escritor en *fraguar* esta historia... EME040395 **68 leyenda +:** ...empezar a *fraguar* una leyenda en la que el billar, el póquer y la pesca conviven con jam-sessions históricas. EPE241299 **69 mito +:** ...y escritores en tránsito de *fraguar* su propio mito. LVE170196 **70 libro +:** Entre rodaje y rodaje, el libro tardó tres años en *fraguarse*. EPE040800 **71 novela:** Sobre ellas Giuseppe Tomasi *fraguó* la novela, aparecida en 1957... LVE241296 **72 poema:** Fue entonces cuando empezó a *fraguar* los poemas de lo que sería su primer libro... LVE081095 **73 ficción:** Incluso si la propia Laura Esquivel ha *fraguado* su ficción con la conciencia premonitoria... LVE171195 **74 guión:** El guión se *fraguó* inicialmente en la cabeza del desaparecido... LVE170696

M ALGUNOS SUSTANTIVOS QUE DENOTAN MODIFICACIÓN EN EL ESTADO DE LAS PERSONAS O LAS COSAS: **75 cambio +:** ...la consolidación de los cambios *fraguados* por el movimiento social... EXC180996 **76 transición:** ...los principios y las ilusiones con las que se *fraguó* la transición y se instauró la democracia. LVE280695 **77 mejoría:** ...la mejoría de la peseta, que se *fraguó* sobre todo a partir de la primera hora... LVE250595

N OTROS SUSTANTIVOS; POSIBLES USOS ESTILÍSTICOS: ...se *fraguó* una telaraña tupida de colegios e institutos militares por todo el país. EPE240399; ...los elefantes blancos *fraguados* por los jerarcas stronistas... ACP071100

☐ Véase también: **forjar**.

[francés] → **a la francesa**

franja ♦ **ancho, divisor, estrecho**[6], **horario, separador**

☐ Véase también: **fila, línea.**

franquear **I** *(dejar libre)* ♦ **acceso, barrera, control, entrada, frontera, muro, obstáculo, paso, puerta, terreno, umbral**

II *(poner franqueo)* ♦ **carta, envío, paquete**

☐ Véase también: **agilizar, allanar, facilitar, resolver.**

[franqueza] → con franqueza

franqueza ♦ absoluto, desbordante[16], total ♦ con ♦ arranque (de)[17] ♦ expresar (con), hablar (con), *otros verbos de lengua*
□ Véase también: **confianza.**

frase ♦ alambicado, alusivo[1], apropiado, brillante, certero[37], conocido, desafortunado, enrevesado[20], genial, inacabado, inconexo, inteligente, lacónico, lapidario, llamativo[21], malsonante, manido[7], procaz, rimbombante[9], rotundo[26], simple, sucinto, telegráfico, transparente, trillado[39] ♦ acuñar[14], aflorar, analizar, apostillar, citar, clavar, componer, construir, copiar, decir, empezar, emplear, entrecomillar, entrecortar(se)[16], escribir, escuchar, extrapolar[15], hilvanar[23], interpretar, interrumpir, ligar, oír, ordenar, pronunciar, puntuar, recalcar, recordar, repetir, subrayar, tergiversar[14], terminar, *otros verbos de lengua*
□ Véase también: **texto.**

fraternalmente ♦ acoger, apoyar, ayudar, comportarse, convivir, recibir, tratar

fratricida ♦ batalla, conflicto, confrontación, duelo, enfrentamiento, guerra, locura, lucha, riña, rivalidad

fraude ♦ comercial, de grandes proporciones, económico, fiscal, impune[25], inmobiliario ♦ al descubierto[32] ♦ a prueba (de)[16] ♦ alcance (de)[67], monto (de) ♦ anidar[54], ascender (a), combatir[6], cometer[36], denunciar, descubrir, destapar, desvelar, detectar[51], esclarecer, investigar, ocultar, perpetrar, perseguir, realizar, revelar, salir a la luz[32], subsanar[51], tramar, urdir, vencer
□ Véase también: **delito, falsedad.**

fraudulento ♦ abiertamente[127], a todas luces, claramente

freático ♦ agua, capa, manto, nivel

frecuencia ♦ alto, anual, bajo, cardíaco, contacto, creciente, de aparición, de contacto, decreciente, de disparo, de emisión, de llegada, de salida, diario, elevado, escaso, exagerado, extremo, inaudible, irregular, mensual, modulado, modular, oscilante, radial, regular, relativo, semanal, sostenido, uniforme ♦ con ♦ ajustar, bajar, calcular, calibrar, captar, evaluar, martillear, medir, oscilar, registrar(se), sintonizar, subir, usar
□ Véase también: **duración, repetición.**

frecuentar ♦ local, restaurante, sitio, teatro, tienda, *otros sustantivos que denotan lugar público*
□ Véase también: **asistir (a), visitar.**

fregado ♦ armar, estar (en), liar, meter(se) (en)[14], montar, organizar
□ Véase también: **embrollo, lío.**

freír (a) ♦ balazo, impuesto, pregunta, tiro

frenar ♦ bruscamente, considerablemente[70], de golpe, de raíz[28], drásticamente[11], en seco[1], paulatinamente, por completo, progresivamente, temporalmente[5]
□ Véase también: **atrancar(se), detener(se), empantanar(se), paralizar, parar(se), varar(se).**

frenazo ♦ brusco[36], en seco[13] ♦ dar, pegar

frenético *adj.* ▌En el sentido literal se combina con sustantivos que designan personas *(hombre, mujer, jefe: Se pone frenético a veces, pero es buena persona).* En el sentido figurado se combina con sustantivos que denotan tiempo *(día, jornada, mañana),* o designan diversas manifestaciones verbales *(comunicación, diálogo, discurso).* Se combina además con...

A SUSTANTIVOS QUE DENOTAN ACTIVIDAD, ESPECIALMENTE SI ES TUMULTUOSA O AGITADA: **1 trasiego ++:** A juzgar por el *frenético* trasiego de operaciones antes reseñado, no parecería sino que estamos atravesando una fase de desusado esplendor. LVE081095 **2 ajetreo ++:** ...entrando y saliendo del hemiciclo –desolado más que vacío– con el ajetreo *frenético* de un vodevil del mejor Almodóvar. LVE100596 **3 actividad:** ...imaginando la *frenética* actividad de un consulado que en sólo quince días había otorgado (o rechazado) más visas que en varios años precedentes. CAP280995 **4 trabajo:** Los *frenéticos* trabajos de mejora y hasta invención del territorio acaparan primeras páginas... LVE020296 **5 tarea:** Estoy ocupadísimo en la *frenética* tarea de catalogar todos lo libros de mi biblioteca en una semana. INDOC

B EL SUSTANTIVO *RITMO* Y CON OTROS QUE DESIGNAN DIVERSAS FORMAS DE EXPRESIÓN MUSICAL: **6 ritmo ++:** ...a una inventiva inagotable que le dictó ritmos *frenéticos,* melodías transidas de emoción auténtica y armonías deslumbrantes... LNA060792 **7 baile +:** Las coreografías de esta compañía, con sables, látigos, lanzas y hasta cañones, así como sus *frenéticos* bailes son de una gran espectacularidad. EME310394 **8 danza +:** ...el tableteo del tam-tam, la llamada de la jungla que incita a prolongar la fiesta con danzas *frenéticas,* sudor y brebajes infames en vaso de plástico. EPE300800 **9 compás:** ...los versos de Vallejo y Cernuda, la locura de Artaud, el color de Miró o los compases *frenéticos* del be-bop, sólo está al alcance de Cortázar... LVE030596 **10 canto:** Sus dos últimos trabajos, «Superunknown» y «Down on the upside» –su *frenético* canto del cisne–... HOY210497

C SUSTANTIVOS QUE DESIGNAN ACTIVIDADES DIRIGIDAS A DESCUBRIR O ADQUIRIR ALGUNA INFORMACIÓN: **11 búsqueda ++:** ...y es frecuente que quien pide el divorcio se lance a la búsqueda *frenética* de pruebas de adulterio... EPE101001 **12 indagación:** ...habla justamente de indagación *frenética* en referencia a la búsqueda insaciable del pintor. LVE070696 **13 investigación:** Tras conocerse que la mujer en coma estaba embarazada se inició una *frenética* investigación. EME230396

D EL SUSTANTIVO *MOVIMIENTO.* TAMBIÉN CON OTROS SUSTANTIVOS QUE DENOTAN DESPLAZAMIENTO A PIE DE UN LUGAR A OTRO, CON MAYOR O MENOR VELOCIDAD.

POR EXTENSIÓN, CON OTROS QUE DENOTAN PERSECUCIÓN, FRECUENTEMENTE CON HOSTIGAMIENTO. TODOS SE USAN A MENUDO EN SENTIDO FIGURADO: **14 movimiento ++:** La desesperación de esas mujeres puede adivinarse en sus *frenéticos* movimientos, por más que sea imposible ver sus rostros. EPE181101 **15 carrera ++:** ...el contacto entre el público y los demonios se hizo más estrecho, las carreras más *frenéticas*, y el jolgorio mayor. ENC240599 **16 marcha +:** El camión, matrícula de Barcelona y que iba cargado con ropa, continuó carretera abajo su *frenética* marcha sin control. EME070696 **17 maratón:** Estos días, FranK McCourt (Nueva York, 1930) se va a someter a un maratón *frenético* en España para promocionar su obra... EPE190700 **18 paseo:** Todo este *frenético* paseo por los demás medios se dará por bien empleado si el programa que ha visto una docena de millones... EPE010285 **19 persecución ++:** Comienza entonces una persecución *frenética*, obsesiva y de rasgos humorísticos tras las huellas que le permitan al médico confirmar sus sospechas... HOY230996 **20 acoso:** ...desencadenaron un *frenético* acoso por parte de algunos miembros del PSOE contra su persona. EME210795

E SUSTANTIVOS QUE DENOTAN PROCESO O EVOLUCIÓN: **21 proceso +:** Este país vive un *frenético* proceso de cambios, como consecuencia del relevo al frente del Ejecutivo... LVE260696 **22 cambio +:** Esos toques oníricos se acentúan con luces, colores y *frenéticos* cambios de tomas. EPU041001 **23 desarrollo:** ...la tarea que impone el *frenético* desarrollo actual de las ciencias biomédicas y moleculares... EPE211201 **24 curso:** El *frenético* curso de los acontecimientos puede dejar atrasados a los más cuidadosos análisis. ABC240192

F SUSTANTIVOS QUE DENOTAN CURSO VITAL: **25 vida +:** ...decidió asentarse allí junto a su marido David y sus dos hijos, después de cerrar un capítulo de 15 años de *frenética* vida en Madrid. EPE290199 **26 existencia:** ...y se entrega a una *frenética* existencia dominada por el sexo y las drogas. LVE290595

G SUSTANTIVOS QUE DENOTAN INCLINACIÓN DE LA VOLUNTAD O EL ÁNIMO PARA REALIZAR O CONSEGUIR ALGO, MUY FRECUENTEMENTE DE FORMA TENAZ Y PORFIADA: **27 deseo ++:** La flexibilidad de Deng, y el *frenético* deseo de Occidente de aprovecharlo, provocaron el desarrollo de la economía en algunas partes de China... DLA010397 **28 esfuerzo +:** Toda América está movilizada en un *frenético* esfuerzo diplomático para lograr un alto el fuego entre Perú y Ecuador... LVE300195 **29 impulso +:** ...por la ausencia de seguridad en la justicia y por el impulso, *frenético*, de la justicia primitiva... EXC020197 **30 interés:** El dato supera con creces todas las previsiones y provocó un *frenético* interés de los inversores por los mercados de valores. EPE061201 **31 empeño:** ...por lo tanto, hay un empeño *frenético*, una obsesión, con respecto a este caso. DLA280697 **32 entusiasmo:** ...no me parecen llamados a provocar un entusiasmo *frenético* entre especialistas ni poetas. ABC031195 **33 entrega:** ...marcadas por la enfermedad y la entrega *frenética* a la creación, como lo estarían sus años de madurez en París. ABC030993 **34 ímpetu:** ...las noches de miles de jóvenes con su ímpetu *frenético* de perderse en el ritmo machacón. EME120395 **35 inquietud:** La inquietud *frenética* por seguir el rastro de un mundo acelerado acaba brutalmente sobre el pavimento. LVE071195

H SUSTANTIVOS QUE DENOTAN ENFRENTAMIENTO O DESIGNAN ACCIONES HOSTILES CONTRA LAS PERSONAS O LAS COSAS: **36 ataque +:** Nada más comenzar el noveno, Laurent Boudouani dejó de esperar a su rival y se lanzó a un *frenético* ataque sobre Castillejo, al que derribó enseguida. EME040195 **37 enfrentamiento:** ...en el arco parlamentario entabló un *frenético* enfrentamiento dialéctico con la anterior ministra de Agricultura... EPE291299 **38 pugna:** Entre empujones, la marabunta se encaminaba entonces escaleras abajo, en una *frenética* pugna por llegar el primero. EME050394 **39 lucha:** Su lucha *frenética* por el mercado obliga a los empleados a comer y a trabajar de pie al mismo tiempo... EXC170896

I ALGUNOS SUSTANTIVOS QUE DESIGNAN EL CONJUNTO DE ACTIVIDADES SUCESIVAS QUE SE TIENEN EN CUENTA O SE PLANEAN PARA UN FUTURO PRÓXIMO: **40 agenda +:** En la *frenética* agenda transatlántica que el canciller está desarrollando para convencer a los británicos... CLA220199 **41 calendario:** Guardiola, que dijo sentirse víctima del calendario *frenético* al que se someten los futbolistas... EPE310800

J SUSTANTIVOS QUE DESIGNAN ALGUNOS GESTOS O MOVIMIENTOS QUE SE HACEN CON EL CUERPO, ESPECIALMENTE CON LAS MANOS: **42 aplauso +:** ...durante quince minutos de aplausos *frenéticos*, acompañados de zapateos entusiastas... EPE091201 **43 palmoteo:** ...bullía inquieto en el tendido celebrando con *frenéticos* palmoteos el acontecimiento. EPE010686 **44 parpadeo:** ...con su parpadeo *frenético* pidiendo más madera, deseando devorar más y más letras... ABC130594 **45 gesto:** ...y un grupo de chechenos haciéndonos gestos *frenéticos* para que nos pusiésemos a cubierto. EME050195

K SUSTANTIVOS QUE DESIGNAN SENTIMIENTOS O ESTADOS CARACTERIZADOS POR LA EXALTACIÓN O LA ALEGRÍA INTENSA: **46 pasión +:** En vista de la *frenética* pasión que desencadena entre las multitudes con ese estilo suyo almibarado y melifluo... EME030795 **47 excitación +:** ...desencadena estados de excitación *frenética* en apacibles y cuarentonas amas de casa... EME030795 **48 alborozo:** ...el *frenético* alborozo de los niños no podían evitar la inconsciente latría del explorador que sigue la trocha abierta... LVE080696 **49 alegría:** ...ha tratado la obra de Chejov con una alegría desbordante, a ratos *frenética*, que transita del exceso jovial a la tragedia... LVE100696 **50 júbilo:** ...el júbilo casi *frenético* con que la multitud del Berlín Oriental, irrumpiendo en este lado, se lanzó a tocar con sus manos aquellas mercaderías... EPE011289

L SUSTANTIVOS QUE DENOTAN GASTO O CONSUMO, A MENUDO DESENFRENADO: **51 consumo ++:** La sociedad española se ha lanzado a un consumo *frenético* y se ha producido una situación de atonía... ABC131291 **52 derroche +:** ...catalizador de ingenuas mezquindades, de apetencias legítimas, de *frenético* derroche de gracia. EME040395 **53 despilfarro:** ...debido al despilfarro *frenético* de los cuantiosos ingresos que producía el oro negro, deporte en el que rivalizaron todos los Gobiernos, sin excepción. EPE080899 **54 gasto:** El gobierno tomó medidas ante el *frenético* gasto de ese ministerio. INDOC

M SUSTANTIVOS QUE DENOTAN INCREMENTO: **55 aumento +:** ...en medio de un *frenético* aumento del número de elevadores instalados en los pisos al calor de la bonanza económica. LVE230195 **56 crecimiento +:** ...el visitante asiste al *frenético* crecimiento de la urbe: los solares dejan paso a edificios; y estos son reemplazados por otros... LVE050696 **57 subida +**: Pero la subida ha sido *frenética* y los últimos días de la semana los inversores han optado por recoger beneficios. EME140595 **58 ascenso +**: La especulación inmobiliaria ha sido la causa del *frenético* ascenso de los precios de la vivienda. INDOC

N SUSTANTIVOS QUE DESIGNAN LA ACCIÓN DE HUIR O LA DE EXPULSAR ALGO O A ALGUIEN: **59 éxodo**: ...y ser testigo del *frenético* éxodo que están llevando a cabo sus habitantes. LVE250296 **60 escapada**: ...Sam hizo una *frenética* escapada hacia la frontera... ABC170792 **61 evacuación**: Acuciados por la cercanía del Ejército Rojo, los nazis emprendieron la *frenética* evacuación del campamento. EME270195

Ñ OTROS SUSTANTIVOS; POSIBLES USOS ESTILÍSTICOS: El destello *frenético* de la luz interior esconde una y otra vez los ojos gatunos de dos chicas... EME221195

☐ Véase también: **desaforado, desenfrenado, vertiginoso.**

freno ♦ **accionar, activar, aplicar, echar[45], fallar, gastar(se), pisar, poner (a algo), soltar**

☐ Véase también: **obstáculo.**

[frente] → **frente a frente, hacer frente (a)**

frente a frente *loc.adv./loc.adj.* ▮ Se combina con gran número de verbos, pero destacan especialmente los...

A VERBOS QUE DENOTAN ENFRENTAMIENTO O COMPETICIÓN, EN OCASIONES CON ALGÚN GRADO DE ENCONO: **1 luchar ++**: Estamos dispuestos a entregárselas a Estados Unidos si vienen a arrebatárnoslas, una por una, luchando *frente a frente*, con todos los medios... GIC041297 **2 medir(se) +**: Hakeem Olajuwon y Shaquille O'Neal, los dos enemigos naturales de la NBA, estaban llamados a medirse *frente a frente*... EME070695 **3 pelear**: La inevitable comparación de las vidas y las personas de Aznar y González, que han peleado *frente a frente* durante el tiempo (...), ofrece notables diferencias. EME050596 **4 competir**: ...las compañías aéreas norteamericanas (...) compiten *frente a frente* con las compañías europeas. EPE061001

B VERBOS QUE DENOTAN LA ACCIÓN DE JUNTARSE O REUNIRSE DOS O MÁS PERSONAS EN UN MISMO LUGAR: **5 encontrar(se) ++**: ...se encontraba *frente a frente* con el combate más importante de su vida. EME250796 **6 reunir(se)**: Tras decidir repentinamente reunirse *frente a frente*... ENH170497 **7 coincidir**: ...coincidieron *frente a frente* en una de las largas mesas... LVE210595

C VERBOS QUE DENOTAN UBICACIÓN U OCUPACIÓN DE UNA POSICIÓN, ASÍ COMO PERMANENCIA O ESTANCIA EN UN LUGAR DURANTE UN TIEMPO: **8 situar(se) ++**: ...los pabellones alemán y soviético (...) quedaron situados *frente a frente*. LVE020196 **9 colocar(se) ++**: Colocar *frente a frente* a dos seres tan genética, ideológica y vitalmente distantes... EME190496 **10 poner(se) ++**: ...poner *frente a frente* dos modelos sanitarios... EME160695 **11 sentar(se) ++**: Pero ahí están, estos dos (...), sentados *frente a frente*. EME260695 **12 hallar(se)**: ...dejan en el centro un espacio libre donde se hallan *frente a frente*... EPE150599 **13 quedar(se) +**: ...quedarán *frente a frente* dos técnicos jóvenes... EXP010489 **14 permanecer**: ...los dos grupos permanecieron *frente a frente*, en actitud desafiante... EPE080799 **15 estar +**: Los dos equipos están *frente a frente* en el campo de juego. INDOC

D VERBOS QUE DENOTAN PERCEPCIÓN VISUAL: **16 mirar(se) +**: La capacidad para mirar *frente a frente* y la fuerza melódica incontestable... EME051296 **17 ver(se) +**: Tendríamos que verle *frente a frente* para descubrir... EME140196

E VERBOS QUE DENOTAN LA ACCIÓN DE EXPRESAR IDEAS O PUNTOS DE VISTA, Y A MENUDO INTERCAMBIARLOS: **18 dialogar**: ...cuando se dialoga, *frente a frente*, se busca y se hallan soluciones. LVE021295 **19 hablar**: ...para hablar *frente a frente* con los asesinos... EME150195 **20 responder**: Hay que responder *frente a frente* a todos y cada uno de sus desafíos... EPE220299

F SUSTANTIVOS QUE DENOTAN LUCHA O ENFRENTAMIENTO, FORMALMENTE RELACIONADOS CON LOS VERBOS DEL APARTADO *A*: **21 enfrentamiento**: Su enfrentamiento *frente a frente* comienza hoy. ENH100900 **22 pelea**: ...una pelea *frente a frente* entre dos grupos de personas. LVE210596

G SUSTANTIVOS QUE DENOTAN INTERCAMBIO VERBAL, RELACIONADOS CON LOS VERBOS DEL APARTADO *E*: **23 conversación**: ...admite en la conversación *frente a frente* (...) que el apelativo de... EPE231199 **24 debate**: Aquellos que en la campaña electoral han negado el debate político, que sepan que, desde mañana, van a tenernos para ese debate político *frente a frente*... LVE241094

☐ Véase también: **cara a cara, cuerpo a cuerpo.**

fresco ♦ **como una lechuga, como una rosa**

☐ Véase también: **nuevo.**

frescura ♦ **con** ♦ **toque (de)[21]** ♦ **mostrar, rezumar[19], tener**

☐ Véase también: **espontaneidad, lozanía, naturalidad.**

frialdad ♦ **absoluto, aparente, inhumano[44], recalcitrante[13], sorprendente, sumo[94], total**

☐ Véase también: **objetividad, rigor.**

fríamente ♦ **analizar, asesinar, calcular, considerar, decidir, declarar, despedir(se), disparar, enjuiciar, juzgar, manipular, matar, mirar, pensar, razonar, recibir, rematar, responder, saludar, tratar, ver,** *otros verbos de agresión, otros verbos de juicio*

[frío] → **a sangre fría, como un jarro de agua fría, en frío**

frío ▮ *(adj.)* ♦ **acogida, carácter, clima, expresión, gesto, lugar, plato, recibimiento, saludo, temperamento**

▮ *(sust.masc.)* ♦ **acusado, ártico, crudo, de narices, estimulante, gélido, glacial, húmedo, implacable, invernal, paralizante, penetrante, persistente, polar, punzante[2], que pela, reinante[3], seco, siberiano** ♦ **ola (de)[2]** ♦ **ahuyentar, aplacar(se), arreciar, asomar, atemperar, azotar[13], combatir[46], dar (a alguien), entrar (a alguien),**

estremecerse (de), guarecerse (de), írse(le) (a alguien), llegar, morirse (de), pasar, preservar (de), quitar, recrudecerse, remitir[8], resguardarse (de), sentir, temblar (de)[1], tener, tiritar (de)
☐ Véase también: **calor, glacial, temperatura.**

frondoso ♦ **árbol, bosque, jardín, planta, vegetación**
☐ Véase también: **completo, lleno, nutrido.**

frontal *adj.* ▌ En el sentido de 'relativo a la frente o parte superior de la cara' se combina con numerosos sustantivos *(lesión, hueso, herida)*, pero especialmente con los que denotan zona o segmento *(parte, región, lóbulo, corteza: Tiene una lesión en el lóbulo frontal)*. En el sentido de 'relativo a la parte delantera' se combina con sustantivos que denotan espacio o sección *(línea, límite, sección, franja)*. En el sentido de 'directo o de frente' se combina con sustantivos que denotan actitud o forma de ser o de comportarse *(postura, conducta, actitud, estilo: Su estilo es directo, frontal, sin contemplaciones)*. También se combina con...

A EL SUSTANTIVO *ACCIDENTE* Y CON OTROS QUE DENOTAN IMPACTO O COLISIÓN: **1 choque** ++: ...culpa a su choque *frontal* con el cambio de gerencia de la orquesta... ABC270594 **2 colisión** ++: ...las colisiones *frontales* que se producen en nuestro país suponen nada menos que el 30 del total de los siniestros. EME290394 **3 golpe** +: ...es un golpe *frontal* al sistema de *capitalismo a la francesa*. LVE230495 **4 accidente:** ...tiene zonas deformables (...) para absorber energía en caso de accidente *frontal*... EME040995

B SUSTANTIVOS QUE DENOTAN AGRESIÓN, ACOMETIDA U OTRAS FORMAS DE ACCIÓN OFENSIVA: **5 ataque** ++: ...lanza un ataque *frontal* al corazón de la superficial visión moderna del mundo... ABC030792 **6 embestida** +: En una embestida *frontal*, el candidato presidencial republicano declaró... ENH071100 **7 asalto:** ...participaron en el violento asalto *frontal* de la madrugada de Nochevieja. EME030195 **8 atentado:** ...no existe «un atentado *frontal* al dominio público, que es patrimonio de la Humanidad». ABC010794 **9 remate** +: ...jugadas ofensivas a balón parado, remate *frontal* al área... LNC161196 **10 tiro** +: Lanzó un tiro *frontal* y ajustado a la escuadra. INDOC

C SUSTANTIVOS QUE DENOTAN CONFRONTACIÓN, GENERALMENTE DE CARÁCTER FÍSICO: **11 combate** ++: ...medidas de combate *frontal* a la economía subterránea... DYM240796 **12 lucha:** ...con la lucha *frontal* contra el narcotráfico, los grupos rebeldes también serán atacados... ENH240700 **13 enfrentamiento** ++: ...supone un enfrentamiento *frontal* con lo establecido... EME140895 **14 guerra:** ...los conflictos en la periferia evitaban la guerra *frontal*. LVE040295 **15 batalla:** ...podrían entrar en una batalla *frontal* con el Gobierno... LVE311095

D SUSTANTIVOS QUE DENOTAN OPOSICIÓN, REPROBACIÓN O RECHAZO: **16 oposición** ++: Los hay que muestran su oposición *frontal* a Maastricht. EME070296 **17 crítica** ++: ...aboga por una política de crítica *frontal* a las acciones del... EPE070399 **18 rechazo** ++: ...no expresó en la calle su rechazo *frontal* a la violencia... EDV110101 **19 repudio** +: Este es un repudio *frontal* a Luis... PME220996 **20 repulsa** +: Lo que el filósofo califica de «cruce de espadas» surgirá en 1878 con los respectivos envíos de los textos (...), *frontal* repulsa más que a Wagner al wagnerismo y los incondicionales. ABC011093 **21 antagonismo:** ...atemorizada de entrar en un antagonismo *frontal* con una organización... DLA250797

E SUSTANTIVOS QUE DENOTAN PUNTO DE VISTA ADOPTADO PARA LA CAPTACIÓN DE UNA IMAGEN Y, POR EXTENSIÓN, LA IMAGEN MISMA. SE USAN MUY FRECUENTEMENTE EN SENTIDO FIGURADO: **22 perspectiva** ++: ...perspectivas laterales y *frontales* que buscan el estatismo. ABC240295 **23 visión** ++: ...todos los asientos tienen visión *frontal* al escenario... ABC011295 **24 toma** +: ...desde el único punto de vista en el que éste no pierde su personalidad: el de la toma *frontal*... ABC290494 **25 plano** +: ¿Conocen ustedes a un actor capaz de dar un primer plano *frontal* en una toma de su nuca? EPE011286 **26 encuadre:** ...ese retrato en blanco y negro, ese encuadre *frontal* que llega intacto al papel... ESH120996 **27 imagen:** La imagen *frontal* de esta nueva versión mantiene invariables los rasgos... LVE020696

F SUSTANTIVOS QUE DENOTAN INTERCAMBIO DE IDEAS, OPINIONES O PROPUESTAS: **28 diálogo** +: ...los actores se prestan a un diálogo *frontal* y sin miedos. LPA060592 **29 discusión:** ...podría resumir el debate como una discusión *frontal* entre los «asesinos»... EME280795 **30 negociación:** ...cubre la retirada en una negociación *frontal* con Madrid. EME060395

frontalmente *adv.* ▌ Se combina con...

A VERBOS QUE DENOTAN CHOQUE O CONTACTO GENERALMENTE IMPETUOSO, EN EL SENTIDO FÍSICO O EN EL FIGURADO: **1 chocar** ++: La propuesta del Ministerio de Economía choca *frontalmente* con las aspiraciones de las compañías eléctricas... EPE211201 **2 colisionar** +: Hay selecciones que parecen colisionar *frontalmente* con el espíritu de la obra del votante. LVE250296 **3 empotrarse:** ...se saltó la mediana y se empotró *frontalmente* contra un turismo, en el que viajaba una familia... LVE031096 **4 estrellarse:** Pero un desvío de trece millas llevó al avión a estrellarse *frontalmente* contra el cerro San José, un pico de unos 3.600 metros de altura. LVE231295 **5 impactar:** ...invadió, posiblemente por un despiste, los carriles contrarios e impactó *frontalmente* contra un turismo... EPE021101 **6 embestir:** Embistiendo *frontalmente* las vallas, Cabello se rompía la clavícula y la muñeca. EME100795 **7 golpear:** Entonces, golpea *frontalmente* contra los neumáticos de protección instalados en este punto de la pista. EME030594

B VERBOS QUE DE DENOTAN OPOSICIÓN O RECHAZO: **8 oponerse** ++: Se opone *frontalmente* a cualquier compromiso o acuerdo de paz que signifique ceder un palmo de la ciudad en disputa. LRE290103 **9 contradecir** ++: La tramitación urgente de la LOU contradice *frontalmente* las condiciones de la democracia deliberativa... EPE051201 **10 enfrentarse** ++: Algunos señalan que durante la campaña Andrade moderó sus críticas al 776 para no enfrentarse tan *frontalmente* con el fujimorismo... CAP180196 **11 combatir** +: ...la consiguiente insistencia de Washington de poner manos a la obra y combatir *frontalmente* al negocio de los narcóticos... CAP280995 **12 re-**

chazar +: ...rechazaron ayer *de forma frontal* las medidas de ajuste del gasto sanitario público que estudia el Gobierno. EME090896 **13 discrepar:** El sector de la hostelería, el de los espectáculos y en menor medida el del comercio discrepan *frontalmente* de este acuerdo y amenazan con acciones de fuerza. LVE230896

C VERBOS QUE DENOTAN INCUMPLIMIENTO DE UNA NORMA O UN PRECEPTO: **14 violar ++:** AI asegura que este artículo «viola *frontalmente* la Convención sobre el Estatuto de los Refugiados de 1951». EPD091097 **15 vulnerar +:** Fue destituido del cargo porque su actuación vulnera *frontalmente* los estatutos de la institución. INDOC **16 incumplir:** ...esta norma incumple *frontalmente* lo dispuesto en dicha disposición, vulnera los derechos y garantías del contribuyente... EPE271099 **17 contravenir:** ...sino que además contraviene *frontalmente* el artículo 384 bis, de la Ley de Enjuiciamiento Criminal. EPE010799 **18 conculcar:** ...constituyen una «ilegalidad que está conculcando *frontalmente* uno de los puntos del acuerdo de Ajuria Enea, el número 9». EME291295 **19 infringir:** Las conductas relacionadas, amén de infringir *frontalmente* el articulado del Código Penal, denotan toda una conducta insolidaria... EPE210199

D VERBOS QUE DENOTAN DESCALIFICACIÓN, INJURIA, Y OTRAS FORMAS DE AGRESIÓN: **20 atacar +:** ...estuvo a punto de marcharse cuando se percató de que el comunicado ataca *frontalmente* a Irán, su posible aliado estratégico. EME240696 **21 criticar +:** ...que Vidal-Quadras criticó *frontalmente* en su polémica conferencia en Santander. LVE091096 **22 arremeter:** Oskar Lafontaine arremetió ayer *frontalmente* contra el proyecto de reforma de la socialdemocracia... EPE141099 **23 descalificar:** Evitó descalificar *frontalmente* la posición del líder de CiU... EPE030399 **24 condenar:** ...es tanto más difícil por cuanto ha condenado *frontalmente* la guerra de Chechenia, lo que le ha restado apoyos fundamentales del mundo de los negocios... LVE151295 **25 atentar:** Para Crespo, este decreto atenta *frontalmente* contra la autonomía que deben tener los ayuntamientos... EME050796

E VERBOS QUE DENOTAN LA ACCIÓN DE ACOMETER ALGO O HACERLE FRENTE: **26 acometer:** Es una estrategia que no se puede acometer *frontalmente* ni tampoco puede realizarse en una sola operación. LVE240795 **27 abordar:** Pero el actor y los músicos de «El viatge» abordaron *frontalmente* el problema y se abrieron a la transparencia del encendido homenaje a un resistente de la vida... LVE290396 **28 encarar:** México tiene ese desafío plantado delante de sus ojos y (...) no tiene más alternativa que encararlo *frontalmente.* CLA030397

F ADJETIVOS QUE DENOTAN OPOSICIÓN, RELACIONADOS CON LOS VERBOS DEL APARTADO *B*: **29 contrario:** ...quien se mostró *frontalmente* contrario a la retirada de los cascos azules de Bosnia. LVE130795 **30 opuesto:** ...NTM son un grupo de batalla, *frontalmente* opuesto a la creciente influencia del FN. EME171196

☐ Véase también: **lateralmente.**

frontera ♦ **borroso[1], claro, confuso, difuso, divisorio, dudoso, impreciso, incierto, indefinido, insalvable[20], nítido, resbaladizo[2], tajante, tenue ♦ abrir(se), anular, blindar, bordear[2], burlar[28], cerrar(se), cruzar, delimitar, demarcar, derrumbar(se)[59], dibujar, difuminar(se)[1], diluir(se)[14], eliminar, establecer[44], llegar (a), marcar[24], rebasar[3], recorrer, romper, sobrepasar[19], transgredir[16], traspasar, trazar, violar[34], vulnerar[34]**

☐ Véase también: **barrera, confín, límite.**

frugal ♦ **almuerzo, aperitivo, cena, colación, consumición, desayuno, merienda,** *otros sustantivos que designan comidas*

☐ Véase también: **leve, ligero (de), liviano, suave.**

frugalmente ♦ **cenar, comer, desayunar, merendar**

[fruición] → **con fruición**

fruncir ♦ **boca, ceño, entrecejo, gesto, labio, nariz, tela**

frustración ♦ **absoluto, amargo[52], angustioso, ciego (de)[13], doloroso, enorme, hondo, inmenso, penoso, profundo, serio, tremendo ♦ anidar[21], caer (en), causar[42], colmar (de)[40], conjurar[42], crear, dejar salir, deparar, descargar, engendrar[55], entrar (a alguien), experimentar, hundir(se) (en), invadir (a alguien), ocasionar, padecer, producir, sentir, soltar, sufrir, superar, tener, traslucir(se)[35], vencer**

☐ Véase también: **decepción, desánimo.**

frustrar(se) ♦ **acción, actuación, asalto, asesinato, aspiración, cambio, conquista, contacto, delito, deseo, empeño, esperanza, evasión, expectativa, fichaje, fuga, fusión, huida, ilusión, intento, intentona, labor, novela, obra, operación, película, plan, posibilidad, proceso, propósito, proyecto, reforma, relación, renovación, reunión, revolución, robo, sueño, tentativa, transformación, venta, viaje, victoria, vida, vocación,** *otros sustantivos que designan eventos, otros sustantivos que designan nociones intencionales*

fruta ♦ **ácido, amargo, apetecible, apetitoso, carnoso, cítrico, de la estación, delicioso, del tiempo, dulce, empalagoso, en conserva, escarchado, exquisito, fresco, insípido, jugoso, lozano, maduro, mustio, pasado, perecedero, podrido, prohibido, rico, sabroso, seco, silvestre, tropical, verde ♦ bebida (de), centro (de), cesto (de), jugo (de), pieza (de), tarta (de), variedad (de), zumo (de) ♦ abundar, comer, comercializar, cortar, cultivar, degustar, desayunar, escasear, exportar, exprimir, identificar, importar, madurar, mercadear, paladear, pelar, producir, pudrir(se), recoger, saborear, trocear**

☐ Véase también: **fruto.**

fruto ♦ **abundante, ácido, amargo[53], apetecido, apetitoso, apreciable[15], cuantioso, dulce, escaso, exiguo, indudable, inequívoco[74], insospechado, jugoso ♦ arrojar, cosechar[1], dar[215], gozar (de)[39], madurar, obtener, producir, recoger, recolectar, rendir, reportar, saborear[3], tener**

☐ Véase también: **efecto, fruta, resultado.**

[fuego] → **abrir fuego, a fuego lento, alto el fuego, a sangre y fuego**

fuego ♦ **abrasador, a discreción[15], aparatoso[12], ardiente, arrasador[35], artificial, asolador, crepitante, dantesco, destructivo, devastador, discrecional[36], espectacular, fatuo, incandescente, inextinguible, purificador, vivo[1], voraz** ♦ **a la luz (de), a prueba (de)** ♦ **foco (de)** ♦ **abrasar, alimentar, apagar(se), aplacar(se), arrasar (algo), arrojar, atizar, avivar[1], chisporrotear, cobrar fuerza[1], combatir[59], consumir (algo), controlar, crepitar, dar (a alguien), despedir, devastar (algo), devorar (algo), encender(se), extender(se), extinguir(se)[1], hacer, pedir, prender[1], propagar(se), quemar, reavivar, sentir, sofocar, tener, vomitar**

□ Véase también: **abrir fuego, arder, ardor, brasa, hoguera, humo, incendio, llama, lumbre, mechero.**

FUEGO

♦ (SUSTANTIVOS) Véase: **arrasador[F], avivar[A], combatir[I], extinguir(se)[A], prender[A], vivo[A]**

fuelle ♦ **henchir, hinchar, soplar (con)**

fuente ▌ *(de información)* ♦ **confidencial, fidedigno[1], inequívoco[24], legítimo** ♦ **acudir (a), conocer, consultar, contrastar, desvelar, detectar[10], fiarse (de), obtener (de), revelar**

▌ *(de líquido)* ♦ **caudaloso, fecundo, inacabable, inagotable, interminable, torrencial** ♦ **brotar, manar, nacer, surgir**

□ Véase también: **origen.**

FUENTE Véase: CAUSA; ORIGEN

[fuera] → **salir fuera**

fuera (de) ♦ **hora, lugar, plazo, sitio, tiempo**

fuerte ▌ *(adj.)* ♦ **como una roca, como un roble, como un toro** ♦ **mostrarse, sentirse**

▌ *(adv.)* ♦ **agarrarse, apostar, cogerse, golpear, gritar, hablar, jugar, oler, pegar, respirar, saber, sonar, soplar, sujetarse, venir**

fuertemente *adv.* ▌ Admite algunos adjetivos, más frecuentemente si denotan actitud contraria a algo *(hostil, reacio, beligerante)*. Se combina asimismo con numerosos verbos. Destacan los que denotan cambio de estado *(depreciarse fuertemente una moneda; desarrollarse fuertemente una tendencia; aumentar fuertemente las ventas; reducirse fuertemente una necesidad)*, especialmente los que indican tendencia marcada hacia algún extremo *(acentuarse, agudizarse, deteriorarse)*. También se combina con...

A VERBOS QUE DENOTAN LA ACCIÓN O EL PROCESO DE ESTABLECER RELACIÓN, TRATO O CONTACTO, FÍSICO O FIGURADO, ENTRE DOS O MÁS PARTES: **1 atar ++**: El cadáver apareció doblado sobre sí mismo, «como si fuera una contorsionista», y estaba *fuertemente* atado con cordaje bajo varias capas de mantas y cartón. LVE021296 **2 estrechar ++**: En las últimas jornadas se ha estrechado *fuertemente* el diferencial de tipos de interés entre el bono español y el alemán... EME240296 **3 vincular +**: Barbosa afirmó que los incendios forestales en Roraima y en toda la región amazónica brasileña están *fuertemente* vinculados con la cultura de los habitantes de la región. ENH150398 **4 unir +**: El nombre de Elena Arnedo está *fuertemente* unido a la lucha por los derechos de la mujer. LRE030203 **5 arraigar +**: Encarna de este modo ese sentimiento de propiedad del Estado *fuertemente* arraigado en los hombres del Partido Colorado. ACP061000 **6 asentarse**: El proceso de unificación abrirá un período sensible en el que las otras dos cajas *fuertemente* asentadas en Navarra... EPE200199 **7 aferrar(se)**: La tarea del debate público debe ser la de analizar con rigor el presente y aferrarse *fuertemente* a él para ensanchar el tiempo hacia el porvenir... EPE180999 **8 agarrar(se)**: Sentí desmoronarme, me agarré *fuertemente* de las crines de la bestia porque no sé cómo me había soltado de las bridas. LHG120900 **9 anclar(se)**: La idea de la estabilidad monetaria está ahora *fuertemente* anclada en la UE, donde la inflación media ha bajado de 13,4% en 1980 a 3,2% en 1994. EME300995 **10 abrazar**: ...fueron las primeras palabras que pronunció la pequeña Melodie al abrazar *fuertemente* a su padre, tras ser liberada luego de once días de cautiverio. CLA211187 **11 relacionar(se)**: ...sus repercusiones sobre la credibilidad exterior de nuestra economía en un entorno *fuertemente* interrelacionado no harán sino agudizar el problema de fondo con el consiguiente efecto. EPE180499 **12 ligar(se)**: Eduardo Serrano es uno de esos artistas cuya figura aparece *fuertemente* ligada al Madrid flamenco de esta segunda mitad de siglo. EME240296

B OTROS VERBOS QUE DENOTAN CONTACTO, A MENUDO VIOLENTO: **13 golpear ++**: Cinco patovicas fueron denunciados en la madrugada del viernes por golpear *fuertemente* a un joven de 24 años en el estacionamiento de un boliche... CLA030199 **14 impactar +**: ...encontrar una salida a la recesión que impacta *fuertemente* en el mercado del dinero... ACP050901

C VERBOS QUE DENOTAN LA ACCIÓN DE TOMAR PARTE EN ALGUNA TAREA O EL PROCESO DE VERSE ENVUELTO EN ELLA: **15 implicarse +**: ...organismos hasta ahora *fuertemente* implicados en la promoción de la oferta turística en Rusia... EPE131099 **16 comprometerse +**: El fruto de esta labor es la creación de un núcleo de 130 activistas *fuertemente* comprometidos en la campaña, otros 1.000 que colaboran esporádicamente y una lista de 2.500. EPE120899 **17 enredar(se)**: La trayectoria y el futuro de nuestros Estados nacionales están ahora *fuertemente* enredados. EPE190901 **18 involucrar(se)**: Llevaba años *fuertemente* involucrado en actividades ilegales. INDOC

D VERBOS QUE DENOTAN ATRACCIÓN: **19 atraer ++**: Ambos se sienten *fuertemente* atraídos y terminan en casa de Brian, donde Edward no tardará en instalarse. EME070195 **20 llamar la atención +**: Su actuación como solista en el Ballet Argentino, la compañía de Julio Bocca, está llamando *fuertemente* la atención. CLA190597

E VERBOS QUE DENOTAN EFECTO O INFLUENCIA: **21 repercutir +**: Lo más dramático es que la confusión repercute *fuertemente* en la plaza local, especialmente cuando se ve a los grandes operadores del exterior liquidar a mansalva. CLA170199 **22 incidir +:** Mencionó, además, que otro de los factores que inciden *fuertemente* es la crisis que sumió al algodón en estos últimos años, considerado el principal rubro de los agricultores. ACP271196 **23 condicionar:** Este sector está condicionado *fuertemente* por la climatología y el turismo. EME100895 **24 afectar:** ...no están en condiciones económicas para pagar un nuevo impuesto, ya que la crisis económica les afecta *fuertemente.* DYM090996 **25 influir:** ...uno de los tantos conjuntos vocales que renovaban la escena musical carioca en los años 50 (...), *fuertemente* influidos por grupos estadounidenses... CLA290199 **26 acusar el impacto:** ...apuntaban hacia una pronta recuperación de la economía alemana, que este año ha acusado *fuertemente* el impacto de la desaceleración internacional. EPE201001

F ALGUNOS VERBOS QUE DENOTAN PERCEPCIÓN SENSORIAL: **27 oler +:** ...cuatro cadáveres completamente chamuscados que olían *fuertemente* a quemado. EPE281199 **28 saber:** ...estaría más sabrosa si no supiera tan *fuertemente* a ajo. INDOC

G VERBOS QUE DENOTAN IMPULSO, FÍSICO O FIGURADO. TAMBIÉN CON OTROS QUE DENOTAN PROTECCIÓN O APOYO: **29 empujar +:** Empujado *fuertemente* por propios y extraños, se encaró ante ellos. INDOC **30 impulsar:** Esta última formación política entraría por primera vez en el Ayuntamiento palmesano, *fuertemente* impulsada por el tirón de Izquierda Unida... LVE290595 **31 respaldar:** 978 cascos azules en la zona *fuertemente* respaldados por su opinión pública nacional... LVE030294 **32 apoyar:** Las tres actividades apoyan *fuertemente* el desarrollo nacional y forman un factor estratégico para la inserción de México en la globalización. EXC190900 **33 apostar:** Desde hace bastante tiempo viene apostando *fuertemente* a la recuperación de Iraq. EUV120996 **34 subvencionar:** Los cuatro países cuentan con una agricultura *fuertemente* subvencionada y protegida. EME070394

H VERBOS QUE DENOTAN VIGILANCIA O CONTROL: **35 proteger +:** Pacheco, que tuvo que ser *fuertemente* protegido por sus escoltas y por policías locales, recibió varios empujones... EPE100699 **36 custodiar:** ...en la madrugada de ayer fue trasladado *fuertemente* custodiado a dependencias de la Prefectura Naval (guardacostas). FDV030701 **37 vigilar:** ...las vías de acceso a la capital están *fuertemente* vigiladas por miembros del ejército. LVE151195 **38 controlar:** El hecho de que se desplazara al País Vasco francés, una zona *fuertemente* controlada por la policía, podría obedecer, según fuentes policiales, a... EPE160900 **39 escoltar:** ...fue acogido en la embajada, desde la que fue trasladado al aeropuerto *fuertemente* escoltado. EPE310399 **40 militarizar:** Ellos sólo actúan en áreas *fuertemente* militarizadas o donde hay negocio de narcotráfico. EPE100600

I VERBOS QUE DENOTAN ABASTECIMIENTO, MUY FRECUENTEMENTE DE ARMAMENTO: **41 armar:** Por otro lado, en medio de un cafetín semi vacío, dos sujetos dialogaban cuando cuatro pistoleros *fuertemente* armados los sorprendieron y los acribillaron. END050198 **42 pertrechar:** ...se habían preparado para la usurpación y el asalto al país, con numerosos efectivos *fuertemente* pertrechados con las mejores armas existentes en esa época. LTB150297 **43 equipar:** ...un Hezbolá fuertemente financiado por Teherán y *fuertemente* equipado por Damasco. EPE130300

J VERBOS QUE DENOTAN ACCIÓN O ESTADO CONTRARIOS A ALGO: **44 criticar +:** Y se queja después de que el incidente pase hoy «inadvertido por la comunidad internacional y pocos líderes mundiales reaccionen al recordar el ataque», y los critica *fuertemente* por la demostración que han hecho de «su debilidad moral...». DLA240297 **45 rechazar:** ...y rechazar *fuertemente* todos sus recursos y mandamientos... EUV080996 **46 contestar:** ...la tendencia intentará demostrar el primado relativo de la unidad sobre la diversidad, aunque este aspecto después haya sido *fuertemente* contestado. LVE030996 **47 contrastar +:** El clima de Munich contrastaba *fuertemente* con la enorme esperanza que se abrió hace menos de tres años en otra ciudad alemana, Berlín. LNA120792 **48 condenar:** ...los Quince condenaron *fuertemente* las reformas constitucionales anunciadas la semana pasada por Belgrado... EPE110700 **49 cuestionar:** Xavier Pastor termina el año 2000 *fuertemente* cuestionado desde Greenpeace. EPE180201 **50 sancionar:** ...fuimos nosotros quienes resolvimos el problema, primero, mediante leyes que sancionaban *fuertemente* los secuestros de aviones... GIC080896 **51 entorpecer:** ....no llegó a ser más que una medida administrativa *fuertemente* entorpecida por los intereses políticos del gobierno. HOY141096 **52 restringir:** ...en unas partes más que en otras, el libre comercio de productos está *fuertemente* restringido. LVE110896 **53 atacar:** Fue en aquella ocasión que me vi atacado *fuertemente* como editor de los afiches... EPE090901 **54 reprimir:** ...así como de que su autor lleve una vida sexual muy activa o, por el contrario, *fuertemente* reprimida. EPE120501

☐ Véase también: **con firmeza, con mano de hierro, con mano dura, con mano férrea, con mano firme, férreamente.**

[fuerza] → a fuerza (de), cobrar fuerza, con todas {mis/tus/sus...} fuerzas

fuerza ♦ abrumador[7], aplastante[14], arrasador[24], arrollador[17], asfixiante, beligerante[20], bestial, brutal, bruto, cegador[11], centrífugo[1], centrípeto[1], ciego[43], colosal, demoledor[16], desbordante[29], descomunal, desmedido[78], desmesurado[16], determinante[11], disuasorio[22], dominante[7], enorme, escaso, imparable[40], incalculable, incontenible[19], indudable, inequívoco[28], inquebrantable[14], invencible, irrefrenable[7], irresistible[28], militar, penetrante[4], pletórico (de)[1], renovado, rotundo[62], sobrado (de)[2], soterrado[70], tremendo ♦ con, contra (algo) ♦ ápice (de)[76], arranque (de)[36], demostración (de)[1], derroche (de), manifestación (de)[34], pozo (de)[3], señal (de) ♦ abusar (de)[18], acechar[35], adquirir[67], aflojar[3], aglutinar[21], agotar(se)[28], agrupar, ahorrar, alimentar(se) (de)[27], apagar(se)[30], aplicar, atemperar[14], aunar[2], calibrar[58], canalizar[45], cobrar[4], combatir, concurrir[26], conservar, converger[21], dar[34], decaer[34], decrecer[73], dedicar[8], derrochar[29], derrumbar(se)[19], desfondarse, desinflar(se)[31], desplegar, destilar[73], diezmar, diluir(se)[11], dosificar[1], ejercer[36], emplear, erigir(se)[6], faltar (a alguien), flaquear (a alguien), gritar (con), guardar, hacer,

hacer acopio (de), hacer uso (de), henchir(se) (de)[15], impeler, imponer, imprimir[19], incrementar, insuflar[8], magnificar[35], malgastar[1], mermar, minar[20], neutralizar, nivelar[17], perder[16], poseer, rebosar[9], recobrar, recuperar, recurrir (a), redoblar[17], reponer[1], residir (en)[35], someter(se) (a), tener, tomar[1], transmitir[4], traslucir(se)[52], unir, usar, vencer

□ Véase también: **acometida, carga, energía, esfuerzo, ímpetu, impulso, pasión, peso, poder, presión, vigor, vitalidad.**

FUERZA Véase:

♦ **de acero, poderoso**

♦ **acometida, atracción, atractivo, brío, carga, empuje, energía, esfuerzo, fortalecimiento, fortaleza, fuerza, ímpetu, impulso, pasión, peso, poder, poderío, potencia, presión, pulsión, tesón, vigor, vitalidad**

♦ **dominar, empujar, esforzarse, impulsar, propulsar**

□ Véase también: *AYUDA; PARTICIPACIÓN E INTERVENCIÓN; VOLUNTAD E INTENCIÓN.*

FUERZA

♦ (ADJETIVOS) Véase: **fibra[B]**

♦ (SUSTANTIVOS) Véase: **ablandar(se)[F], abusar (de)[B], acallar[J], acaparador[C], acechar[G], adquirir[I], aflojar[A,B], agotar(se)[D], alimentar(se) (de)[E], amainar[E], apagar(se)[H], ápice (de)[J], aplastante[C], ardiente[H], arranque (de)[F], arrollador[C], asfixiante[A], aunar[A], bravo[A], calibrar[K], calmar(se)[E], canalizar[F], cegador[B], centrífugo[A], centrípeto[A], ciego[I,J], cobrar[B], combativo[D], confluir[C], dar[C], decaer[F], decrecer[I], dejarse llevar (por)[H], demoledor[D], demostración (de)[A], derrochar[E], derrumbar(se)[C], desbordante[D], desbordar(se)[E], desinflar(se)[F], desmedido[I], destilar[J], determinante[C], dominante[B], dosificar[A], ejercer[E], erigir(se)[B], escalar[D], febril[E], férreo[N], galvanizar[B], gravitar[A], henchir(se) (de)[D], imparable[F], impartir[H], imprimir[C], inconfesable[H], incontenible[D], inequívoco[E], infundir[B], inquebrantable[C], instintivo[C], insuflar[A], inyección (de)[B,C], irrefrenable[B,C], irresistible[F], malgastar[A], manifestación (de)[E], minar[A], palpitante[E], palpitar[C], pasajero[B], penetrante[B], perder[C], pletórico (de)[A], portentoso[C], rabioso[D], rebosante (de)[C], rebosar[B], redoblar[D], reponer[A], residir (en)[G], rezumar[F], serenar(se)[F], sobrado (de)[B], socavar[I], sosegar(se)[E], soterrado[J], tomar[A], transmitir[B], traslucir(se)[H]**

♦ (VERBOS) Véase: **a contramano[C], a pulso[B], concienzudamente[H], decisivamente[F], fuertemente[G], notablemente[B], poderosamente[G]**

□ Véase también: PESO.

fuga ♦ **darse (a)[18], emprender[14], frustrar(se), intentar, organizar, planear, preparar**

□ Véase también: **emigración, huida, liberación, salida.**

fugaz *adj.* ▮ Forma parte de la expresión lexicalizada *estrella fugaz.* Se combina con gran número de sustantivos. Destacan entre ellos los que denotan tiempo *(instante, minuto)*, y especialmente período temporal *(etapa, período, plazo, reinado, vacaciones)*. También se construye con sustantivos que designan fenómenos meteorológicos *(tormenta, lluvia, nevada)* y, en general, eventos de muy diversa naturaleza *(baile, guerra, comida, conferencia, reunión, lectura, representación)*. Acepta también sustantivos que designan gestos o movimientos *(gesto, movimiento, sonrisa, guiño)*, nombres de persona, más frecuentemente si se alude a individuos que desempeñan cargos o funciones de gestión *(presidente, secretario, portavoz)*, pero también a otro tipo de personas *(pareja, novio)*. Se construye además con sustantivos que expresan diversos resultados de la actividad intelectiva *(idea, pensamiento, ocurrencia, decisión)*, muy especialmente de la memoria *(recuerdo, evocación, memoria)*. Se combina asimismo con...

A SUSTANTIVOS QUE DENOTAN APARICIÓN, EXISTENCIA, PRESENCIA O ENCUENTRO: **1 aparición ++:** Salvo una *fugaz* aparición en Madrid cuando empezaba su carrera, Adelina no había vuelto a su ciudad natal. ABC120293 **2 estancia ++:** ...una *fugaz* estancia en Sevilla, donde participará hoy en los 1.500... EPE210899 **3 visita +:** ...se quedaron un poco perplejos ante la frialdad y lo *fugaz* de la visita. EME180396 **4 encuentro +:** En nuestro último y *fugaz* encuentro, junto a la playa de La Concha... EME240195 **5 presencia +:** ...la presencia, siquiera *fugaz*, de las grandes autoridades del Estado... EPE220399 **6 permanencia:** ...su permanencia al frente del Banco Central (...) haya sido tan *fugaz*... EPE240499 **7 comparecencia:** ...su vigencia, desmentida con *fugaces* comparecencias televisadas... LVE030796 **8 existencia:** ...la palabra hablada tiene una existencia *fugaz*... LHG100697

B SUSTANTIVOS QUE DENOTAN TRÁNSITO, TRAYECTO O CURSO SEGUIDO POR ALGUNA COSA: **9 paso ++:** La vida le dio también para un *fugaz* paso por el mundo audiovisual... EME041296 **10 viaje +:** ...vuelve de un *fugaz* viaje a París... EME211195 **11 tránsito:** Y es que el tránsito (...) ha sido tan *fugaz*... EME030396 **12 pasada:** ...hizo una *fugaz* pasada por su sillón de presidente... CLA171100 **13 camino:** En su *fugaz* camino deja una estela de más de una decena de acciones judiciales... EME240595 **14 paseo:** ...da cuenta (...) de su *fugaz* paseo catalán de septiembre de 1837... LVE250796 **15 periplo:** ...al hotel donde se han hospedado durante su *fugaz* periplo madrileño... EME260296 **16 carrera:** ...una estrella italiana que tuvo una *fugaz* carrera en Hollywood. LVE040796 **17 andanza:** ...uno percibe en sus *fugaces* andanzas esa inusual curiosidad por esta patria chica... EPE141199 **18 trayectoria:** Su trayectoria artística fue *fugaz* e irrelevante. INDOC **19 vuelo −:** ...ideas que, tal vez, han pasado por nuestras mentes en vuelo *fugaz*... ABC300793 **20 estela −:** ...dejó tras de sí la estela *fugaz* e invisible de un ángel. EME260395

C SUSTANTIVOS QUE DENOTAN ÉXITO O DESIGNAN ESTADOS DE RECONOCIMIENTO PÚBLICO: **21 éxito +:** ...está aprovechando su éxito *fugaz* para relanzar su multimillonaria campaña... EME260296 **22 fama +:** ...para los que viven sólo de una fama incierta y *fugaz*... LRE260103 **23 gloria:** Las glorias de este mundo son muy *fugaces*, sobre todo para los políticos. LVE170795 **24 celebridad:** ...había alcanzado *fugaz* celebridad como campeón de «Twenty-One»... LVE220295 **25 victoria:** ...beneficiarse de las *fugaces* victorias militares contra... LVE030795 **26 triunfo:**

...triunfos *fugaces*, colectivos, que aparecen y desaparecen como las sombras en la noche... ENH210900

D SUSTANTIVOS QUE DENOTAN BRILLO O RESPLANDOR, MUY FRECUENTEMENTE USADOS EN SENTIDO FIGURADO: **27 destello +:** Lo miro y siento un *fugaz* destello de felicidad. EPE200499 **28 brillo:** ...el estallido de la luz sobre una coraza, el brillo *fugaz* de una espada. LVE301095 **29 resplandor:** ...después de resplandores *fugaces* en el firmamento noticioso. HOY230996 **30 esplendor:** ...corresponde al *fugaz* esplendor de los años veinte... EPE021084 **31 fogonazo:** Salvo un *fugaz* fogonazo inicial, (...) fue un desastre en todas sus líneas. EPE171001 **32 centelleo:** Luego de un *fugaz* centelleo expresionista, Hockney redescubre la figura humana... ABC221295 **33 deslumbramiento:** Tras los deslumbramientos adolescentes y *fugaces*... EME210496 **34 chispa –:** ...la historia de la humanidad habrá sido la chispa más *fugaz*... EPE290899 **35 luminaria –:** Vaya por orden de actuaciones, de astros a *fugaces* luminarias. EPE290977

E SUSTANTIVOS QUE DENOTAN RELACIÓN INTERPERSONAL, MUY FRECUENTEMENTE AFECTIVA: **36 relación:** ...una *fugaz* relación amorosa con el asesinado líder... ABC250895 **37 matrimonio:** Su matrimonio *fugaz* con la modelo (...) se deshizo al cabo de tres meses. EME020995 **38 noviazgo:** ...el *fugaz* noviazgo imaginado rápidamente naufragó. LNP040997 **39 flirteo:** ...historia de amor, que no flirteo *fugaz*, del director con la música. EPD200997 **40 romance:** ...cuyo *fugaz* romance le inspira un relato... LVE210595 **41 aventura:** ...conoce a un atractivo hombre con el que mantiene una *fugaz* aventura. EPE200999

F SUSTANTIVOS QUE DENOTAN MENCIÓN: **42 alusión:** ...urdiendo un sutil tejido de palabras y alusiones *fugaces*. ABC271095 **43 referencia:** ...alejaba las referencias *fugaces* a alguna actualidad más próxima. LVE120596 **44 mención:** Este año haremos *fugaz* mención de un personaje, ya desaparecido... EPE140800

G SUSTANTIVOS QUE DESIGNAN ESTADOS ANÍMICOS QUE SE ASOCIAN CON SENTIMIENTOS GRATOS, FRECUENTEMENTE LA DICHA, LA COMPLACENCIA O EL EFECTO DE QUEDAR SATISFECHO O CONFORTADO: **45 felicidad:** ...la felicidad *fugaz* del deportista cuando siente que todo fluye... EME220796 **46 alegría:** ...diálogos y *fugaces* alegrías que acaecen en el seno de la filmoteca de esa ciudad... LVE280896 **47 alivio:** Esperemos que sea un alivio duradero y no *fugaz*... EME110396 **48 consuelo:** Estos sentimientos (...) constituyen un *fugaz* consuelo... EPE180399

H OTROS SUSTANTIVOS; POSIBLES USOS ESTILÍSTICOS: ...las sombras *fugaces* de encuentros y amores... ABC030694; El agua es *fugaz* fragilidad, leve inconsistencia... EPE130900; ...dejaba tarros de mermelada vacíos en anaqueles *fugaces*... EME070495

☐ Véase también: **efímero, pasajero.**

fugazmente *adv.* **I** Acepta un gran número de verbos, pero destacan especialmente sus combinaciones con...

A VERBOS QUE DENOTAN LLEGADA, APARICIÓN, MOSTRACIÓN O SURGIMIENTO: **1 aparecer ++:** Macri, otro de los protagonistas estelares de esta historia, apareció más *fugazmente* en los medios, pero también dejó su sello... CLA180497 **2 asomar ++:** Ello sucede de tal suerte que el aire ligero de la opereta apenas asoma *fugazmente* cuando surge un pasaje encantador... PME290996 **3 regresar +:** La ironía, la burla y la sorna regresaron *fugazmente* al Madrid... EME200596 **4 volver:** Después de anunciar su retirada y aunque al cabo de los meses volvería *fugazmente* para integrarse en el «dream team», Magic decidió ejercer de «embajador» antisida. EME040296 **5 llegar:** El eterno farolillo rojo de los años sesenta había llegado *fugazmente* a la gloria gracias a «Los ángeles de Charlie»... LVE170795 **6 reaparecer:** Reapareció *fugazmente* once meses después, en el Torneo de Filadelfia, y se volvió a esfumar de la escena tenística. EME060296 **7 aterrizar:** Durante los meses de diciembre y enero, uno por uno van aterrizando *de forma fugaz* en distintos puntos de España... EME120196 **8 emerger:** De uno de los dos autobuses que cruzan por el pueblo de Prizren (Kosovo) con las cortinas cerradas en pleno día emergen *fugazmente* dos caras. EPE170499 **9 salir a flote:** ...los viejos fantasmas de un país escindido salieron *fugazmente* a flote. EME130995 **10 desaparecer:** Antes de salir de casa, enfundada en un traje de chaqueta minifaldero, Müller desaparece *fugazmente* para dar un beso a Carl Maurice, su hijo de dos años. EPE070299 **11 personarse –:** Se personó *fugazmente* sólo en alguna nota grave y en la manera de decir la frase de la gran Elena Obatzova... EPE160599 **12 comparecer –:** Aquello que fue una vez fría, implacable pasión compareció *fugazmente* a su mero conjuro... EPE161199

B VERBOS QUE DENOTAN PASO, TRÁNSITO O DESPLAZAMIENTO: **13 pasar ++:** ...es un excelente trabajo, de adaptación, de dirección, de interpretación, y es una pena que pase tan *fugazmente* por el festival Grec... EPE100799 **14 cruzar +:** Cruzan *fugazmente* por mi cabeza momentos de la noche anterior, palabras de felicitación y, sobre todo, rostros. EME210996 **15 atravesar +:** Después atravesó *fugazmente* el espíritu de las vanguardias y marchó al exilio en 1939. EPE020380 **16 desfilar:** La historia se transmuta en ficción, y poco importa que por las páginas de la obra desfilen *fugazmente* Godoy, Cabarrús o Juan Antonio Llorente. ABC290193 **17 desplazarse:** ...que les hace concebir la ilusión de que basta desplazarse *fugazmente* a un infierno exótico (...) para ganarse el título de redentor del género humano. LVE130596 **18 encaminarse:** Corría el año 1965 y el joven Clapton dejaba el gran éxito de los Yardbirds para encaminarse *fugazmente* a los Bluesbreakers de Mayall. LVE040595 **19 moverse:** El tipo de interés más representativo a largo plazo se ha movido, aunque muy *fugazmente*, por debajo del 7,5%... LVE101196 **20 superar:** Wall Street supera *fugazmente* la barrera de los 6.000 puntos. EME081096

C VERBOS QUE DENOTAN ACCESO A UNA POSICIÓN, GENERALMENTE VENTAJOSA Y ENTENDIDA EN SENTIDO FIGURADO: **21 situarse +:** ...y resolvió con autoridad a pesar de que España llegó a situarse *fugazmente* por delante... EPE230699 **22 alcanzar:** Ávidamente, libro tras libro, buscó ideas: con «El Puercoespín» tan solo alcanza *fugazmente* al acertijo moral propuesto a Solinsky por su padre... ABC040294 **23 conquistar:** El indice Dow Jones, que conquistó *fugazmente* en dos ocasiones el nivel 6.000 a principios de la semana, está retrocediendo... EME111096 **24 encabezar:** ...comenzó la jornada con una victoria parcial que le permitió encabezar *fugazmente* la clasificación. EME230396 **25 ocupar:** Ayer, en Sevilla, los trabajadores de astilleros ocuparon *fugazmente* la dirección y ocasionaron desperfectos... EME190995

D VERBOS QUE DENOTAN EVOCACIÓN O REFLEXIÓN: **26 recordar +:** Y en su encuentro con el canto recordaba *fugazmente* el tándem Milton Nascimento-Wayne Shorter, que es cosa buena. EME110694 **27 rememorar:** Un período intenso y fructífero que fue *fugazmente* rememorado por el autor. INDOC **28 olvidar −:** Hoy, Iván y Raúl pasearán por Madrid, comparecerán en el Comité Olímpico y olvidarán *fugazmente* los 11 y 16 puntos de retraso. LVE050296

E VERBOS QUE DENOTAN PERCEPCIÓN, GENERALMENTE VISUAL: **29 ver ++:** Un vecino del sexto dio la alarma a costa de llevarse un susto de muerte, pues confesó a la policía que había visto *fugazmente* a través de su ventana una sombra. LVE030596 **30 atisbar:** Como será en todas las ciudades y pueblos por las que pase la carrera, aunque únicamente sea para atisbar *de manera fugaz* al pentacampeón del Tour. EME080996 **31 mirar:** Todos nos miramos *fugazmente*, los doctores se miran a sí mismos... EME190594 **32 distinguir:** ...y para distinguir *de manera fugaz* en los muelles de Nueva York, una pequeña bandera chilena, esta vez con estrella, que flamea orgullosa entre enseñas de otras nacionalidades. HOY230697 **33 identificar:** ...y para permitir identificar, aunque fuera muy *fugazmente*, a los representantes de los distintos bandos... EPE091299 **34 reparar:** Muy poco después –tras haber reparado *fugazmente* en Ortega Muñoz–, Evaristo se encontró con su estilo y con su vocabulario estándar... ABC090695 **35 presenciar −:** Como base del retrato se han empleado las declaraciones del jardinero de un colegio, que presenció *fugazmente* cómo dos hombres obligaban a subir en una furgoneta de color blanco a la joven... EME200194

F VERBOS QUE DENOTAN EXPOSICIÓN DE ALGO, GENERALMENTE MEDIANTE LA PALABRA: **36 exponer +:** ...aparecieran en los tablones de la junta de distrito las listas con el resultado del sorteo, que fueron expuestas *fugazmente* el 6 de marzo. EME250395 **37 exhibir:** Entonces el agente pidió el carné a Serra Ferrer que se lo exhibió *fugazmente* al tiempo que desconsideradamente le respondió... EPD030597 **38 mencionar:** Tampoco se nos describe con precisión su entorno urbano: se mencionan *fugazmente* un cuarto de estar, una casa con balcones... ABC270893 **39 mostrar:** Durante la entrevista, la actriz mostró *fugazmente* esa profesionalidad que tanto alaba la crítica. INDOC **40 subrayar:** Una persona que se identificó como abogado de la firma se limitó a subrayar *de forma fugaz*: Todo estaba en orden... EPE170299

G VERBOS QUE DESIGNAN LA ACCIÓN DE BRILLAR, EN EL SENTIDO FÍSICO O EN EL FIGURADO: **41 relumbrar +:** De lo más hondo de la memoria surgen estas imágenes recobradas, que relumbran *fugazmente* y huyen del recuerdo... ABC151093 **42 brillar:** Todo ha cambiado y Caballé asegura que muchos brillan *fugazmente* y desaparecen... LRE280103 **43 destellar:** ...y también esos nombres de seres o lugares pertenecientes a nuestra historia familiar que destellan *fugazmente* cuando nos vemos en Madrid o La Habana... ABC171293 **44 iluminar:** Ocasionalmente, sólo las balas trazadoras de las baterías antiaéreas iluminaban *fugazmente* el cielo en su trayectoria a ninguna parte. EPE090599

H VERBOS QUE DENOTAN APROXIMACIÓN, CERCANÍA O CONTACTO ENTRE PERSONAS O COSAS: **45 acercarse:** Una porción del cine que mundialmente se produce, minúscula pero porción al fin, se acerca *fugazmente* a este rincón del Tercer Mundo. BRE100197 **46 equipararse:** Quizá porque así nos equiparábamos *fugazmente* a los dioses. EME040596 **47 tocarse:** Se lo comunicó a sus amigos sin cambiar el tono de su voz, y tocándose *fugazmente* la frente con dos dedos. EME090195 **48 contactar:** En realidad los ciclistas no van tan cerca, pero aun así es frecuente que se laman unos tubulares a otros, que contacten *fugazmente* los pedales. EME010796 **49 acariciar:** Cada camposanto se convierte hoy en un breve punto de contacto entre la vida y la muerte en el que los seres de carne y hueso acarician *fugazmente* el espíritu del recuerdo. EME011195 **50 estrechar:** Un día de esta semana, se estrecharán *fugazmente* la mano –sin presencia de cámaras– antes de sentarse a una mesa del castillo de Stormont... EME010595 **51 rozar:** Debido al movimiento brusco del autobús su mano rozó *fugazmente* la pierna de ella. INDOC **52 conocer:** Lo eligió según su hipótesis porque un mes antes visitó Lisboa y se enteró de la muerte de un viejo periodista que había conocido *fugazmente* en París... PME241196 **53 relacionarse:** Coincidimos en muy pocas ocasiones, así que solo nos hemos relacionado *fugazmente*. INDOC **54 saludar −:** Saludaron *fugazmente* a sus familiares y fueron sometidos a un careo ante la juez titular. EME191095

I VERBOS QUE DESIGNAN LA ACCIÓN DE DESEMPEÑAR UNA ACTIVIDAD, A MENUDO DE CIERTA RESPONSABILIDAD: **55 encargarse:** En ese cometido se vio obligado a encargarse *fugazmente* de tomar a Kanu o incluso a Bergkamp. EPE211099 **56 ejercer:** ...pero resulta incompatible, ¡ay!, con el mantenimiento del sistema productivo en el país donde ejerció *fugazmente* como ministro de Hacienda. EPE111099 **57 dirigir:** El año pasado llegó incluso a dirigir *fugazmente* a los Lakers. EME040296

J OTROS VERBOS; POSIBLES USOS ESTILÍSTICOS: ...en la Copa del Rey ha jugado *fugazmente* ante el Leganés, Zaragoza y Barça, sin alcanzar los 90 minutos en total en los tres encuentros. LVE100396; Similar a la que existió –*fugazmente*– cuando Duhalde lanzó el plebiscito antirreelección en su territorio... CLA270199

fulgor ♦ **cegador, intenso, repentino, rutilante[29], tenue, trémulo** ♦ **apagar, desprender, emitir, irradiar, lanzar, percibir**
☐ Véase también: **brillo, destello (de), luz, resplandor.**

fulgurante *adj.* **I** Se construye con sustantivos que designan objetos físicos que emiten luz *(estrella, cometa)* o la reflejan *(mar, armadura, espada, mirada, nieve, piedra preciosa, pupila)*. También con otros que expresan la acción o el efecto de emitirla *(destello, chispazo)*. Muy frecuentemente se combina con sustantivos que designan colores, ilustraciones, plasmaciones gráficas y otras nociones estrechamente relacionadas con estos conceptos *(color, colorido, azul, pintura, mancha, figura, imagen)*. En sentido figurado admite sustantivos que designan textos *(diálogo, relato, ensayo)*, así como aspectos o recursos diversos de la expresión verbal *(estilo, prosa, re-*

tórica). También admite algunos sustantivos que expresan cualidades ostensibles *(belleza, alegría)*, así como otros que designan períodos temporales *(jornada, minuto)*. Se combina además con...

A SUSTANTIVOS QUE DENOTAN ÉXITO O RESULTADO POSITIVO Y, POR EXTENSIÓN, CON OTROS QUE DENOTAN CIMA O APOGEO: **1 éxito ++:** Con éste, su primer álbum (el segundo debería salir en estos días), la banda ha conseguido un éxito *fulgurante.* HOY281096 **2 triunfo ++:** Oportuno fue el *fulgurante* triunfo de posguerra, porque aquella música era la que hacía falta para levantar los ánimos. EME250596 **3 victoria +:** Las conquistas de aquella *fulgurante* victoria se han convertido en una auténtica pesadilla para Israel. LVE040295 **4 acierto –:** Uno, en el que aprieta «Cinco lecciones de repaso sobre historia de España», descompensadas por la retórica pero con aciertos *fulgurantes.* ABC031195 **5 auge –:** El PAN, un partido fundado en 1939, ha experimentado un auge *fulgurante* en los últimos años... EME110396

B SUSTANTIVOS QUE DESIGNAN LA APARICIÓN, LA ENTRADA O EL INICIO DE ALGO: **6 aparición ++:** Han pasado veintisiete años desde la *fulgurante* aparición de «Travesía de Madrid»... ABC051193 **7 comienzo ++:** El *fulgurante* comienzo del Patronat (9-0) fue rápidamente contrarrestado por los gallegos... LVG301091 **8 salida ++:** ...los dos equipos tuvieron una salida *fulgurante* tras la reanudación. LVE030396 **9 inicio ++:** Pero ese inicio *fulgurante* del equipo local nada tuvo que ver con lo sucedido después. LVE190695 **10 arranque ++:** Y, en el fondo, una decepción, un arranque *fulgurante* que se quedó en promesa. EME010695 **11 irrupción +:** Antes de la *fulgurante* irrupción (...), la derecha italiana estaba condenada a votar a la Democracia Cristiana... EME270394 **12 despegue:** Ello se debe sobre todo al despegue *fulgurante* del sudeste asiático... LVE161095 **13 debut:** ...tuvo un debut *fulgurante* en 1990 al dirigir «Metropolitan»... LVE030595 **14 entrada:** Su entrada *fulgurante* (...) además de su estilo muy personal y su gran franqueza, contribuyeron también a reforzar su reputación de «duro». ETC070198 **15 apertura –:** ...como sería la Comisión de la Contaduría Mayor de Hacienda, que luego de una apertura *fulgurante* (...), ha dejado mucho qué desear... EXC011196

C SUSTANTIVOS QUE DESIGNAN PROCESOS DE ASCENSO, CRECIMIENTO O INCREMENTO, ASÍ COMO LAS ACCIONES Y LOS MOVIMIENTOS QUE, A MENUDO DE FORMA METAFÓRICA, PONEN DE MANIFIESTO ESAS NOCIONES: **16 ascenso ++:** Se puede atribuir el ascenso *fulgurante* de este hijo de cocinero a su dureza, pero también a su astucia política. PME011296 **17 ascensión ++:** Su dureza le valió una *fulgurante* ascensión. EME190494 **18 subida +:** A esto se unió el negativo efecto que tuvo sobre el yen la *fulgurante* subida de los precios del petróleo... LVE040996 **19 crecimiento +:** Los más descreídos pueden pensar que en el año 1945 casi nadie se atrevió a decir que estábamos ante un crecimiento *fulgurante*... LVE120195 **20 expansión +:** Luego se extendió a otras latitudes de la Península y en los últimos años ha desarrollado una *fulgurante* expansión por Europa. LVE291095 **21 aceleración:** Sus excelentes prestaciones lo son más por las *fulgurantes* aceleraciones que por la velocidad máxima. EME040795 **22 progresión:** Culminando una *fulgurante* progresión, ha llegado al lugar oportuno en el momento adecuado. EME240395 **23 evolución:** La nueva página web que el club presentó ayer desvela la *fulgurante* evolución y crecimiento... EPE240299 **24 salto:** ...el salto ha sido *fulgurante* porque su primer disco (...) se ha encaramado hasta el tercer lugar de ventas... EPE110399 **25 vuelo:** ...la fama del héroe no ha acabado, y nunca mejor dicho, por remontar el *fulgurante* vuelo de otros tiempos. EME190996 **26 acelerón –:** ...cobró cinco metros de ventaja con un acelerón *fulgurante* y mantuvo a Olano a esa distancia hasta cruzar la línea. EPE070299

D SUSTANTIVOS QUE DENOTAN CURSO O RECORRIDO, MÁS FRECUENTEMENTE REFERIDOS A LA TRAYECTORIA VITAL O PROFESIONAL DE LAS PERSONAS: **27 carrera ++:** Su *fulgurante* carrera no paró en San Lorenzo. ETC020497 **28 trayectoria ++:** ...su papel tuvo que acreditar la *fulgurante* trayectoria de esta joven y bella promesa del canto... LVE010895 **29 desarrollo +:** En definitiva, el estudio revela que el *fulgurante* desarrollo de Internet (...) tiene abrumados a un buen número de directivos. EXC200700 **30 camino:** Ya imaginaba entonces el *fulgurante* camino que (...) iba a llevarle a los primeros lugares del escalafón financiero. EME090495 **31 marcha:** ...un líder que no se inmuta por la marcha *fulgurante* del Barcelona... EME061195 **32 paso:** Apenas un mes después de su *fulgurante* paso por el Festival de Canarias (...) regresó a España para ofrecer un único concierto... EPE220299 **33 vida:** ...uno de nuestros más grandes poetas, Carlos Pezoa Véliz, extinguía su breve y *fulgurante* vida, su gloriosa y desdichada existencia. ABC240792 **34 pasado –:** ...no ha dudado ni un momento en aparcar su *fulgurante* pasado revolucionario... LVE141096 **35 galopada –:** Tras una *fulgurante* galopada política en UCD, demostró que también era capaz de afrontar la carrera de fondo y los riesgos de la refundación... EME170296

E SUSTANTIVOS QUE DENOTAN REACCIÓN O RESOLUCIÓN. TAMBIÉN CON OTROS QUE DESIGNAN DIVERSAS FORMAS DE DIRIMIR O RESOLVER LAS SITUACIONES, A MENUDO CONFLICTIVAS: **36 reacción ++:** ...la escasa fortuna alemana dio pie a la *fulgurante* reacción hispana. LVE260796 **37 respuesta:** La respuesta de los nacionalistas fue *fulgurante.* EME180896 **38 solución:** Ello indica la complejidad de la situación, resistente a supuestas soluciones *fulgurantes.* EPE120999 **39 decisión:** Fue una decisión *fulgurante*, asumida tras una primera ronda de intervenciones de los ministros... ENC251200 **40 determinación:** ...habrá de tomar una determinación más o menos rápida, ni tan *fulgurante* como algunos esperan ni tan lenta como para intentar restar importancia a un asunto tan grave. LVE160695 **41 intervención:** Ante la *fulgurante* intervención del brazo eclesiástico, me he quedado en la duda de qué admirar más... EPE101299

F SUSTANTIVOS QUE DENOTAN ESPECTÁCULO, EN PARTICULAR LANCE DEPORTIVO. TAMBIÉN CON OTROS QUE DESIGNAN LA PROPIA COMPETICIÓN Y ALGUNAS DE LAS FORMAS DE COMPUTAR SUS RESULTADOS: **42 contraataque +:** Los contraataques *fulgurantes* de Anquetil y el poderío de Lathoud, a cuestas con su 1,98, hicieron el resto. EME250796 **43 contragolpe +:** Fue un gol de Gianfranco Zola a los 20 minutos del primer tiempo luego de un *fulgurante* contragolpe que dejó sin posibilidades a los locales. ETC130297 **44 gol +:** Bastó con un gol *fulgurante* al principio del segundo tiempo para dar la vuelta a la situación. INDOC **45 jugada:** Fue una jugada *fulgurante,* simple, de las que se ven a cientos en los colegios. EPE190499 **46 juego:** Aquel juego *fulgurante,* de pases, cortes (...) quedó reducido a una serie de unos-contra-uno... EME120296 **47 tanto:** Los suyos son tantos directos, rápidos, *fulgurantes.* EPE130299 **48 tiro:** Luego llegó Alberto Angulo, el tiro más *fulgurante* de la Liga. EPE071199 **49 recorte:** ...señaló el error con dos recortes *fulgurantes* y un tiro cruzado que deshacía el impasse. EPE240599 **50 remontada:** ...un resultado que le viene de perlas en su *fulgurante* remontada en el campeonato. EPE091201 **51 encuentro –:** A lo largo de toda su vida, (...) pródiga en encuentros *fulgurantes* (...) buscó en sus diarios íntimos no el cobijo, sí acaso el ir en pos de su imagen... EME010495

G SUSTANTIVOS QUE DENOTAN CONFRONTACIÓN O ATAQUE. TAMBIÉN CON OTROS QUE DESIGNAN DIVERSOS CONFLICTOS BÉLICOS: **52 ofensiva +:** ¿Cuál es la conexión entre el contrato y la *fulgurante* ofensiva de los talibanes? EME091096 **53 ataque +:** ...sorprendió a todo el pelotón con un ataque *fulgurante.* LVE100795 **54 batalla:** ...anuncia un plan ambicioso en lo militar y en lo político: dominar el estado de Chiapas para continuar en batallas *fulgurantes* la marcha hasta la capital... PME070796 **55 guerra:** En 1967 Israel, en una *fulgurante* guerra que llamó preventiva, conquistó Cisjordania y Jerusalén. EPE130900 **56 reconquista –:** Estas maniobras en la trastienda no han restado alegría a los croatas quienes, tras su *fulgurante* reconquista de Krajina, están eufóricos... EME120895

H SUSTANTIVOS DE PERSONA QUE DESIGNAN AL QUE EJERCE ALGUNA ACTIVIDAD PROFESIONAL, GENERALMENTE ARTÍSTICA O CREATIVA: **57 artista:** ...fueron obligados a contemplar la ejecución de aquel hombre bueno, alegre, comprometido con su tiempo y artista versátil, *fulgurante* y profundo. EPE291299 **58 pianista:** No está siendo muy conmemorado entre nosotros el cincuentenario de la muerte de Sergei Rachmaninoff, pianista *fulgurante* en su época, pero no menos importante compositor. ABC081093 **59 escritor:** ...pocos escritores son tan cuidadosos, limpios y *fulgurantes* con las palabras como Caballero Bonald. EPE191299 **60 virtuoso:** Accardo es quizá el más *fulgurante* virtuoso del violín de nuestro tiempo. ABC301294 **61 jugador:** Se habla (...) del eléctrico Allen Iverson o de Kevin Garnett, 2,12 metros de jugador *fulgurante...* EPE021199

I SUSTANTIVOS QUE DENOTAN SENTIMIENTO O RELACIÓN AMOROSA: **62 amor:** Pero en esta zona oscura brotará el amor *fulgurante.* ABC190393 **63 enamoramiento:** La carne del asador varía menos que las salsas aderezantes: enamoramientos *fulgurantes,* amores infelices... EME030695 **64 pasión:** De esta manera, el escritor, cantor del amor –pasión más *fulgurante* del siglo–, muestra su trasfondo del amor sagrado frente al amor profano... ABC150592 **65 romance:** Tras un romance apasionado y *fulgurante,* se casan y viven en una ciudad de provincias... EPE080199 **66 idilio:** ...el idilio entre Ronaldo y Raquel ha sido tan *fulgurante* como las carreras del brasileño cuando tiene el balón en los pies y encara la portería rival. EME271096 **67 romanticismo:** ...enreda las pistas que van de la nostalgia del romanticismo más patético y *fulgurante,* a la fría crueldad de la observación realista y de la distancia crítica... EPE161280 **68 relación:** ...se metió en la cabeza casar a la que creía ser la ahijada del infante con su hijo Ataulfo, hombre (...) poco dado a relaciones *fulgurantes* con las mujeres. LVE240795

J OTROS SUSTANTIVOS; POSIBLES USOS CRUZADOS: Los vecinos si notaron, sin embargo, que desde la *fulgurante* muerte de su marido (...) se mostraba siempre «muy apenada». [Cf. *fulminante*] EME150196; ...impedía (...) simplemente alguna piadosa explicación para su *fulgurante* destitución. [Cf. *fulminante*] EME261195

K OTROS SUSTANTIVOS; POSIBLES USOS ESTILÍSTICOS: ...Soledad no puede contentarse con que las finísimas redes de sus cuadros apresen el *fulgurante* pescado de la luz. ABC020695; Vimos la maqueta y después nos adentramos en la obra, en pleno trazado de hierros y hormigones *fulgurantes.* EME241295; El fútbol español nunca olvidará los *fulgurantes* centímetros de Butragueño... EME220694

☐ Véase también: **fulminante, luminoso, rutilante.**

fulminante *adj.* ▌Admite sustantivos que designan enfermedades o disfunciones corporales *(cáncer, infarto, insuficiencia hepática),* así como su consecuencia mortal *(muerte, fallecimiento).* Se combina además con sustantivos que designan golpe *(golpe, gancho, puñetazo),* agresión con arma *(puñalada, estocada, disparo)* y –en el lenguaje deportivo– con otros que designan lances y jugadas diversas *(remate, gol, jugada, regate).* Se combina asimismo con algunos sustantivos que designan ciertas acciones que pueden considerarse impetuosas sin exigir movimiento *(mirada).* También se combina con...

A SUSTANTIVOS QUE DESIGNAN LA EXPULSIÓN DE ALGUIEN DE UN LUGAR O EL ABANDONO DE UN PUESTO O UN CARGO, MÁS FRECUENTEMENTE SI ES FORZOSO: **1 cese ++:** Más concreto, el portavoz de Izquierda Socialista, Antonio García Santesmases, pidió el cese *fulminante* del director general del Cesid... LVE150695 **2 despido ++:** La estrepitosa derrota del Real Madrid en el Bernabeu (...) consumó la crisis deportiva y provocó ayer el *fulminante* despido de Valdano y Cappa... LVE220196 **3 destitución ++:** Cuenta el episodio del Paraninfo salmantino en que negó al Alzamiento (...); su destitución *fulminante,* la vigilancia humillante a que se le somete. ABC270392 **4 expulsión ++:** Tarjeta de expulsión *fulminante* a Cuervas y a su colega céltico Horacio Gómez por no haber cumplido a su debido tiempo con los requisitos... LVE070895 **5 dimisión +:** ...presentaré la dimisión *fulminantemente* y, como yo, espero que todos mis compañeros de junta, incluido el presidente. EPE070799 **6 baja +:** Fuentes del PSC afirmaron anoche que Salvador será expulsado del partido y causará baja *fulminante* en el Ayuntamiento. EPD290797 **7 defenestración –:** ...aun después de su *fulminante* defenestración por el Banco de España, Mario Conde habrá contado con el favor (...) de los medios de comunicación. EME070194

B SUSTANTIVOS QUE DESIGNAN LA ACCIÓN DE ELIMINAR, CONCLUIR O SUSTITUIR ALGO: **8 supresión +:** La *fulminante* supresión del Área de Inspección de Presas decidida en julio pasado apoya esa tesis. EPE191099 **9 eliminación +:** Es esta *fulminante* eliminación lo que constituye un fenómeno de gran actualidad... EME130496 **10 sustitución +:** Sobre la *fulminante* sustitución del programa (...) asegura que el viernes pasado el final del mismo era «imprevisible». EPE040899 **11 cancelación +:** De ahí que los miembros del equipo consideraran ayer que la *fulminante* cancelación del programa obedece a «una depuración política». EPE030899 **12 suspensión:** ...la suspensión *fulminante* de 30 agentes, en Hamburgo, (...) son la punta del iceberg de la xenofobia que ha venido demostrando (...) la Policía germana. EME060296 **13 rescisión:** ...no descartó ayer que el expediente sancionador (...) derive en la expulsión o la rescisión *fulminante* del contrato... EME091196 **14 exclusión:** Su exclusión del Mundial fue *fulminante*. LVE010794

C SUSTANTIVOS QUE DENOTAN ACCIÓN CONTRARIA A OTRA, A MENUDO VERBAL: **15 reacción ++:** Luego vino una reacción *fulminante* del Rayo en la que Ezequiel Castillo fue derribado en el área local. LVE090996 **16 respuesta +:** Pero no siempre los latigazos de la guerra balcánica trajeron respuestas *fulminantes* de los supuestos garantes de la paz... LVE310895 **17 réplica +:** La réplica norteamericana a la muerte de Haq ha sido *fulminante*. EPE281001 **18 contestación +:** Su *fulminante* contestación dejó descolocado a su rival. INDOC

D SUSTANTIVOS QUE DESIGNAN EL EFECTO DE DECIDIR, ORDENAR O RESOLVER ALGO, ASÍ COMO ALGUNOS DE LOS RECURSOS QUE SE EMPLEAN PARA LOGRARLO: **19 decisión ++:** La ausencia de beneficios (...) y el escaso entendimiento (...) abocaron a una decisión *fulminante*. LVE020895 **20 determinación:** Pocas horas antes, con *fulminante* determinación, el ideólogo del partido, Mijail Suslov, envió unos «apuntes»... EME140194 **21 dictamen:** ...ese funesto anteproyecto de ley de Secretos Oficiales sobre el que el Consejo General del Poder Judicial prepara un dictamen *fulminante*. LVE220996 **22 medida:** ...decepción de los sectores sociales que esperaban medidas *fulminantes* en ese ámbito. EME291296 **23 orden:** La orden fue *fulminante* y provenía de las altas esferas: «¡Ataquen!». EME180196

E SUSTANTIVOS QUE DENOTAN ACCIÓN HOSTIL O ENFRENTAMIENTO, MÁS FRECUENTEMENTE EN EL ÁMBITO MILITAR O EN EL DEPORTIVO. TAMBIÉN CON OTROS QUE DESIGNAN ALGUNAS DE SUS CONSECUENCIAS NATURALES: **24 ataque ++:** ...descuidando la seguridad vital del rey negro que, al permanecer en el centro del tablero, fue el objetivo de un *fulminante* ataque de las figuras blancas. ETC111196 **25 caída ++:** La *fulminante* caída del carismático general Lebed fue acogida ayer con... LVE191096 **26 contraataque:** Visita San Mamés, un terreno en el que ya venció la temporada pasada, y donde volverá a poner en práctica su *fulminante* contraataque. EME221095 **27 contragolpe:** Pero el Olimpia también tuvo variantes ofensivas, que se manifestaron en contragolpes *fulminantes*... ACP271096 **28 asalto:** Después de lanzar un *fulminante* asalto, las tropas federales rusas rompieron ayer las líneas defensivas de los chechenos... EME070295 **29 asedio:** En las últimas horas, el asedio ruso al centro de Grozni ha sido tan *fulminante* y devastador que el mito se ha desvanecido. EME150195 **30 conquista:** Su conquista de Hollywood fue *fulminante*. LVE201095 **31 reconquista:** Los soldados serbios que huyeron casi sin luchar ante la *fulminante* reconquista croata... LVE080995

F SUSTANTIVOS QUE DENOTAN SURGIMIENTO, INICIO O INGRESO, A MENUDO IMPULSIVOS: **32 irrupción ++:** ...la irrupción de Perez Companc fue *fulminante*: formularon la oferta hace apenas diez días y concretaron la operación el martes. CLA080199 **33 arrancada +:** El Último de la Fila tuvo una arrancada *fulminante* y, además, en el contexto de un diseño luminoso inopinado hasta ahora en ellos. EME210995 **34 arranque:** Lo curioso es que el arranque del partido fue *fulminante* para el equipo de casa, con un gol de Nando al minuto de juego. LVE300195 **35 entrada:** Su entrada en el mundo de la música resultó *fulminante*. DDN050599 **36 debut:** Después de haber protagonizado el debut más *fulminante* de los últimos tiempos con tres películas consecutivas... EME290796 **37 despegue:** ...así que el despegue fue *fulminante*: más de diez millones de copias vendidas de su segundo disco... EPE110799

G SUSTANTIVOS QUE DENOTAN RESULTADO FELIZ: **38 éxito ++:** Una primera lectura explicaría tal *fulminante* éxito por el simple atractivo del contenido del texto... ENH110198 **39 victoria +:** ¡La victoria fue *fulminante* en menos de 72 horas! GIC020697

H SUSTANTIVOS QUE DENOTAN PROCESO O CURSO, GENERALMENTE EN EL ÁMBITO PERSONAL O PROFESIONAL: **40 carrera ++:** La aparición del director de escena, en su acepción contemporánea, es tardía, pero su carrera, *fulminante*. ABC230695 **41 trayectoria +:** Y desde allí voló el balón en diagonal hasta el ángulo más alejado de la meta de Láinez en una trayectoria tan veloz como *fulminante*. EPE221001

I SUSTANTIVOS QUE DENOTAN ASCENSO O PROGRESIÓN, FRECUENTEMENTE PARA MEJORAR: **42 ascenso:** Ryan Giggs ha digerido bien hasta ahora su *fulminante* ascenso al estrellato. LVE030294 **43 progresión:** En 1981, cuando tenía 12 años, Bailey se trasladó allí y desde 1990 ha experimentado una progresión *fulminante*. LVE070895 **44 avance:** En el barco, llegaron las noticias del avance *fulminante* de Cataluña y el ánimo se le hundió... ABC170395 **45 subida:** ...ahogados por la *fulminante* subida de los precios del gasóleo en los últimos meses, los pescadores habían convocado para ayer una manifestación... EPE010900 **46 escalada −:** Este acción, sumada a la feroz batalla (...) al oeste de Bosnia, amenazan con provocar una escalada *fulminante* de la guerra en todo el país... EME041095

J SUSTANTIVOS QUE DENOTAN EFECTO: **47 efecto +:** El efecto fue inmediato y *fulminante*. ABC130195 **48 consecuencia:** El pacto del Grupo de los Ocho en Colonia tuvo anoche consecuencias *fulminantes*. EPE090699 **49 resultado:** La mezcla tenía resultados *fulminantes* a nivel de público, aunque científicamente careciese del rigor necesario. LVE050396 **50 repercusión:** ...sentirse verdaderamente confundido por la *fulminante* repercusión que su persona y obra tuvieron en Occidente... EPE011087

K OTROS SUSTANTIVOS; POSIBLES USOS ESTILÍSTICOS: ...reforma democrática integral o gatopardismo *fulminante*. EPE200700

☐ Véase también: **fulgurante, rutilante.**

fulminantemente *adv.* ▮ Se combina con...

A VERBOS QUE DESIGNAN LA ACCIÓN DE EXPULSAR A ALGUIEN O HACERLO CESAR EN LA ACTIVIDAD QUE DESEMPEÑA: **1 echar ++:** ...le echaron *fulminantemente* de Besançon por apalear a un compañero de equipo...

EME120896 **2 despedir ++:** Su iniciativa le ha costado cara ya que ha sido despedida *fulminantemente* de su puesto de trabajo. EPE270599 **3 destituir +:** ...ha asegurado que ha sido destituido *fulminantemente* por defender la gestión y trayectoria políticas del ministro... LRE230103 **4 expulsar:** ...Felipe III les expulsó *fulminantemente* en 1609, quedando sólo los sucesores de los cristianos que trajo Jaume I. LVE190896 **5 cesar:** Considera que el director del centro debe ser cesado «*fulminantemente*». EME201096 **6 rescindir –:** ...ordenó a la multinacional estadounidense que rescindiera *fulminantemente* el contrato... EME221196

B OTROS VERBOS; POSIBLES USOS ESTILÍSTICOS: A los únicos que se ha hecho un gran favor pagando esas cifras millonarias es a los propietarios o coleccionistas de este pintor, que han visto sobrevalorados sus cuadros *de manera fulminante.* ABC261193

fulminar (con) ♦ **gesto, mirada, ojo, rayo**

fumador ♦ **compulsivo, empedernido[1], esporádico, ocasional, pasivo, tenaz**

fumar ♦ **a hurtadillas, como (un) loco[29], como una chimenea, como un carretero, compulsivamente, esporádicamente, incesantemente, insistentemente, ocasionalmente, sin parar**
□ Véase también: **cigarro, fumador, humo.**

[función] → **en funciones**

función ♦ **activo, catártico, crucial[42], curativo[14], decisivo[54], de gala** *(representación)*, **delicado, destacado, determinante[10], esencial, estricto[73], exhaustivo[45], legítimo, penoso, preponderante[2], redondo[21], regulador, representativo, sacrificado, tangencial[14], testimonial[27], vital** ♦ **sin perjuicio (de)[6]** ♦ **abdicar (de)[15], absorber[12], aceptar, adecuar, adquirir, analizar, anular, arrogarse[6], asignar, asumir[17], atender, atenerse (a)[65], atribuir, aunar[35], cambiar, cancelar, ceder, ceñir(se) (a)[47], compartir, conocer, cumplir, delegar[3], delimitar, desatender[11], desempeñar[2], deslindar, desnaturalizar(se), devaluar(se)[8], ejercer[2], encomendar, exceder, extrapolarse (en), hacer, llevar a cabo, perder, prorrogar, realizar, suplantar[3], tener, tomar, traspasar[3], usurpar[10], vulnerar[26]**
□ Véase también: **cargo, empleo, funcionamiento, realización, rol, uso.**

FUNCIÓN
♦ (SUSTANTIVOS) Véase: **abdicar (de)[B], absorber[B], a dedo[F], adulterar[E], afianzar(se)[A], aglutinar[G,H], amoldar(se) (a)[J], arrogarse[B], asumir[C], atañer[D], atenerse (a)[I], aunar[G], blindar[B], ceñir(se) (a)[H], comunal[B], conceder[M], conservar[A], cortar[J], crucial[F], culminar[K], cumplir[I], curativo[B], decisivo[I], delegar[A], depositar[E], desatender[B], descollante[E], desempeñar[A], desentenderse (de)[C], determinante[B], devaluar(se)[B], difuminar(se)[G], diluir(se)[A], ejecutar[E], ejercer[A], exhaustivo[F], extinguir(se)[G], jurar[C], meter(se) (en)[I], obviar[B], preeminente[B], preponderante[A], prorrogar[B], rebasar[I], recaer[A], regatear[C], revalidar[A,B], sin menoscabo (de)[F], sumo[D], suplantar[B], suplir[D], tangencial[C], testimonial[E], traspasar[A], usurpar[B], vulnerar[D]**
♦ (VERBOS) Véase: **a medio gas[A], a plena satisfacción[A], duramente[A]**
□ Véase también: ATRIBUCIÓN.

funcionamiento ♦ **adecuado, anómalo, apropiado, correcto, inadecuado, incorrecto, irregular** ♦ **en** ♦ **alterar[60], comprender, controlar, desconocer, desentrañar[59], distorsionar[34], entorpecer, entrar (en), favorecer, impulsar, obstruir[12], regir, regular, vigilar**
□ Véase también: **aplicación, rendimiento, uso.**

FUNCIONAMIENTO
♦ (SUSTANTIVOS) Véase: **alterar[L], arbitrario[G], cortar[J], distorsionar[H], integral[H]**
♦ (VERBOS) Véase: **a cámara lenta[C], a las mil maravillas[A], a plena satisfacción[B], armónicamente[C], a toda máquina[B], bárbaro[D], coherentemente[F], como un reloj[A], como un solo hombre[F], gradualmente[E], negativamente[D], pesadamente[D], profundamente[M], satisfactoriamente[C]**
□ Véase también: ACTIVIDAD.

funcionar ♦ **a cámara lenta[26], adecuadamente, a duras penas, a las mil maravillas[1], al unísono, a medias[20], a medio gas[1], a plena satisfacción[8], armónicamente[18], a toda máquina[13], a todo tren[7], a tope[5], a trancas y barrancas[5], bárbaro[9], coherentemente[30], comercialmente[20], como la seda, como un reloj[1], con dificultad, con fluidez[14], correctamente, en equipo[17], incorrectamente, ni a la de tres, temporalmente**
□ Véase también: **actividad, emplear, manejar, usar.**

fundado *adj.* ▮ Los límites entre el adjetivo *fundado* y el participio del verbo *fundar(se)* son a veces inseguros. Se combina con...

A SUSTANTIVOS QUE DENOTAN PERCEPCIÓN O SENTIMIENTO: **1 sentimiento:** ...se impone un sentimiento creciente y *fundado* de vulnerabilidad. EPE201001 **2 sensación:** ...por lo que se transmite la sensación más que *fundada* de que estamos ante un sistema en el que funciona la «omerta». LVE150996 **3 impresión +:** ...sobre la que existe la *fundada* impresión de que ha podido hacer un uso abusivo de los fondos puestos a su disposición... EME130494 **4 percepción +:** ...una percepción firme, *fundada* en algo más que indicios ocasionales. INDOC

B SUSTANTIVOS QUE DESIGNAN LO QUE SE CREE, SE SOSPECHA O SE CONSIDERA SIN RAZÓN SUFICIENTE: **5 indicio +:** ...el juez instructor deniega la prueba alegando que no existen datos o indicios *fundados* que excedan de meras sospechas de responsabilidad... EME181196 **6 conjetura +:** Pero por ahora todo son conjeturas más o menos *fundadas.* LVE120395 **7 especulación:** Mientras continúe esta situación, todo son especulaciones más o menos *fundadas.* EME090696 **8 creencia:** ...exista la *fundada* creencia de que el hecho no va a ser juzgado en ningún otro lugar. LVE300896 **9 presunción:** ...la existencia de presunciones *fundadas* de que ha tenido participación en el delito. EPE290399 **10 estimación:** ...pudimos contar con un análisis monetario aceptablemente riguroso, y con una estimación *fundada* de la balanza de pagos. EME271295

C SUSTANTIVOS QUE DESIGNAN ARGUMENTOS, DATOS Y OTRAS INFORMACIONES SUSCEPTIBLES DE SER RAZONADAS O DEBATIDAS: **11 argumento +:** No se saben los argumentos *fundados* que llevó a programar con dos corridas a toreros que con una iban de sobra servidos. EPE270899 **12 hipótesis +:** Pero ¿qué pasaría si resultase *fundada* la hipótesis pesimista y la siguiente recesión se produjese mañana? EPE150199 **13 idea +:** Miles llegó a tener hasta tres guitarristas en plantilla (...) y estuvo muy influido por (...) Hendrix, de modo que, por ese lado, la idea estaba sólidamente *fundada.* EPE221001 **14 opinión +:** Primera, que ese consumidor, al que se refiere, no tiene criterio, no tiene opinión aún *fundada.* EME120296 **15 reflexión +:** Los demógrafos dirán en su momento, si nos hacen la gracia de publicar sus *fundadas* reflexiones... EPE250399 **16 crítica:** Las modificaciones, aunque leves, introducidas por el Ejecutivo muestran que no está cerrado a las críticas *fundadas.* EPE080700 **17 análisis:** A pesar de ello, hasta ahora ha faltado, no digamos ya en España y con las excepciones de rigor, un análisis *fundado* de los textos... ABC280194

D SUSTANTIVOS QUE DENOTAN DESCONFIANZA, RECELO O INCERTIDUMBRE EN DIVERSOS GRADOS: **18 duda ++:** ...el administrado entrega su declaración, posteriormente Hacienda se la comprueba y si hay dudas *fundadas*, se efectúa una inspección. EME061096 **19 sospecha ++:** Nadie entre ellos habla de la existencia de mafias, aunque los servicios de seguridad del Metro tienen *fundadas* sospechas de que existen. EME241195 **20 alarma ++:** ...no deberían ser objeto de alarma social *fundada*, ya que España se encuentra en situación de paz. EPE070899 **21 temor ++:** Ahora, que hay que desobedecer hasta al Supremo, apoyándose en una ley del 56, cuyo artículo 105 habla de temor *fundado* de guerra... EME151096 **22 miedo:** ...flota un miedo *fundado*: la posibilidad de que otros africanos puedan estar contagiados. EME021096 **23 inquietud:** Esta inquietud no está probada, ni está *fundada* en argumentos científicos. EPE240999 **24 recelo:** Por supuesto, sigue existiendo un *fundado* recelo –todavía se recuerda el periplo de consultas sobre el IRPF–... LVE180295

E SUSTANTIVOS QUE DESIGNAN DIVERSAS EXPRESIONES DE RECHAZO, DENUNCIA, DISCONFORMIDAD Y OTRAS FORMAS DE OPOSICIÓN: **25 rechazo:** Es, sin ningún género de dudas, un rechazo, *fundado*, del ciclo de Calvin. EPE221099 **26 protesta:** Insiste (...) en nuestra *fundada* protesta por la construcción de un condominio horizontal en el predio de Escondida No. EXC011196 **27 reivindicación:** El pleno del CGPJ respalda una vez más las legítimas y *fundadas* reivindicaciones de los jueces y magistrados... EPE181199 **28 reclamación:** ...la situación que sólo el empecinamiento partidista-político lo ha mantenido tal como sigue hasta la fecha a pesar de ocho años de *fundadas* y razonadas reclamaciones. LVE130296 **29 acusación:** ...desmentir con palabras dilatorias más que con hechos concretos las *fundadas* acusaciones de inmovilismo... EME230694 **30 denuncia:** ...es «lógica» su intervención si la denuncia es *fundada* y existen indicios de que es el autor de hechos... EME230695 **31 queja:** Hay muchas quejas *fundadas* de la realización sesgada que ha hecho de estos Juegos las televisión americana... LVE040896 **32 querella:** Lo primero que se debe decir es que existen abrumadores indicios –como establece la *fundada* querella de la fiscalía–... EME090594

F SUSTANTIVOS QUE DESIGNAN EL DESEO DE OBTENER ALGO O LA CONFIANZA EN QUE PUEDA LOGRARSE: **33 esperanza ++:** ...expresa *fundadas* esperanzas en la mejoría de las expectativas inflacionistas... LVE250896 **34 expectativa ++:** «Antártida» abre *fundadas* expectativas sobre otro recién llegado, Manuel Huerga... EME210196 **35 aspiración +:** Barcelona se volcará en el acontecimiento con la *fundada* aspiración de que sus ciudadanos disfruten de un gran espectáculo. EPE170999 **36 pretensión:** «El contrato sexual» es una obra seria, erudita y con *fundadas* pretensiones teóricas. ABC241195

G SUSTANTIVOS QUE DESIGNAN INFORMACIONES DIFUNDIDAS O TRANSMITIDAS, MÁS FRECUENTEMENTE SI LO HAN SIDO POR COSTUMBRE O ESTÁN SIN VERIFICAR: **37 leyenda +:** Una leyenda bien *fundada* quiere que Saint-Exupéry tuviese la primera idea de su héroe (...) leyendo una edición americana de los «Cuentos» de Andersen. ABC290794 **38 tradición +:** ...ha creado una «tradición receptiva» tan densa y tan *fundada*, que hoy, a finales del siglo XX, tenemos, por la vía musical, una idea de lo barroco, lo clásico y lo romántico... LVE180295 **39 rumor +:** Fundado o infundado, este rumor siembra una verdadera consternación. EPE010688 **40 tópico:** El tópico de ineficacia está poco *fundado.* LVE170694

H OTROS SUSTANTIVOS; POSIBLES USOS ESTILÍSTICOS: Torpezas *fundadas*, sin duda, en los deseos de resolver un problema. EME130396

☐ Véase también: **fundamentado, infundado.**

fundamentado *adj.* ▮ El participio del verbo *fundamentarse* se construye generalmente con un complemento preposicional introducido por las preposiciones *en* o *sobre* que especifica el punto de apoyo, físico o figurado, de la noción de que se habla *(encuestas fundamentadas en el rigor científico).* El adjetivo *fundamentado (Hay dudas fundamentadas)* suele carecer de ese complemento, pero los límites entre el uso participial y el adjetival son a veces difusos. Se combina con los sustantivos *acción* y *actuación*, así como con...

A SUSTANTIVOS QUE DESIGNAN PUNTOS DE VISTA, RAZONAMIENTOS Y OTRAS MANIFESTACIONES DE LA CAPACIDAD ARGUMENTATIVA: **1 criterio ++:** Puede que usted (...) haya podido recibir educación suficiente para poder decidir con criterio *fundamentado* qué creencia es la más adecuada. LVE220596 **2 opinión ++:** ...sería aconsejable coger un periodo más amplio para tener una opinión más sólida y *fundamentada.* LVE291294 **3 análisis +:** ...hicieron un análisis serio y *fundamentado* del sistema y los programas de estudio a los que están hoy constreñidos... HOY071287 **4 razón +:** Para ello, no obstante, tiene razones más que *fundamentadas.* EME270694 **5 argumento +:** ...los argumentos del juez «están muy bien *fundamentados* en pruebas». EME040194 **6 juicio:** ...había que remitirse, para emitir un juicio *fundamentado* acerca de ella, o bien a un libro clásico de Vicens Vives (...) o bien a alguna monografía extranjera... LVE030596 **7 tesis:** La tesis general está bien expuesta y *fundamentada.* LVE080396

B SUSTANTIVOS QUE DESIGNAN DIVERSAS FORMAS DE HOSTILIDAD, GENERALMENTE VERBAL: **8 acusación ++:** ...las acusaciones del accionariado crítico con la cúpula de Daimler están *fundamentadas.* EME011196 **9 crítica ++:** ...se hace a veces una crítica no *fundamentada*, desmedida, extendiendo las noticias reales o ficticias en las que se basa esa crítica. EME210195 **10 queja:** La jefatura provincial ha reconocido que las quejas están *fundamentadas...* LVE280795 **11 denuncia:** Para redondear el concepto, agregó: «La denuncia no está *fundamentada*». CLA230199 **12 ataque –:** Una buena defensa no es siempre un buen ataque si éste no está *fundamentado* y sólo intenta ocultar el fondo de la cuestión. LVE260795

C SUSTANTIVOS QUE DENOTAN CONOCIMIENTO INCIERTO: **13 sospecha ++:** El motivo es la *fundamentada* sospecha de que «Luis» es sólo la avanzadilla de otros huracanes... ABC150995 **14 duda ++:** Pero hay dudas razonables, *fundamentadas* en algunos estudios, como para sospechar que sólo se cumple a medias... EME280995 **15 impresión +:** Que no se interprete mal dicha impresión, tal vez poco *fundamentada.* LVE050295

D SUSTANTIVOS QUE DENOTAN DEMANDA O EXIGENCIA: **16 petición ++:** La defensa presentó una nueva petición más *fundamentada* a fin que el Juez resuelva favorablemente a los intereses de los acusados... ESH180996 **17 suplicatorio +:** ...el suplicatorio pedido por el Tribunal Supremo está bien *fundamentado* y cumple todos los requisitos que exige la ley. LVE171195 **18 reclamación +:** De las 108 reclamaciones investigadas en los 46 artículos publicados, 90 estaban plenamente *fundamentadas* y otras 18, no. LVE291296 **19 querella:** ...tiene como meta acumular el material suficiente para, en su caso, formular una querella *fundamentada...* LVE210494 **20 pedido:** El pedido está bien *fundamentado* y es muy factible que prospere... CLA120397

E SUSTANTIVOS QUE DENOTAN ACTITUD POSITIVA HACIA LO QUE PUEDE SUCEDER: **21 esperanza +:** ...la división entre las filas socialistas (...) les permite albergar *fundamentadas* esperanzas de victoria. LVE160195 **22 expectativa:** «Nuestras expectativas de ganar la gubernatura están *fundamentadas*». PME190197 **23 posibilidad:** La gente piensa que existe una posibilidad, *fundamentada* o no, de que gane una alternativa de derechas... LVE260595

F SUSTANTIVOS QUE DENOTAN DETERMINACIÓN O ELECCIÓN: **24 resolución +:** Sólo lo puede decir el juez (...) en una resolución *fundamentada.* LVE190195 **25 decisión +:** ...el conocimiento científico basado en investigaciones evaluadas debe ser básica para que la sociedad tome decisiones bien *fundamentadas.* EPE290199 **26 opción:** ...Mísia también tiene opciones *fundamentadas* acerca de lo que se considera estilísticamente fado... EME250396

☐ Véase también: **fundado, infundado.**

[fundamento] → **sin fundamento, sin ningún fundamento**

fundamento ♦ **acorde (con), atentatorio (contra)[13], de peso[3], determinante[5], firme, sólido** ♦ **patas arriba[13]** ♦ **agresión (contra), ataque (contra)** ♦ **acatar, aceptar, ajustar(se) (a), atener-se (a), atentar (contra), carecer (de), establecer, incumplir, ir (contra), seguir, socavar[3], tener, violar[36]**

☐ Véase también: **base, esencia.**

FUNDAMENTO

♦ (SUSTANTIVOS) Véase: **cumplir[H], determinante[A], jurar[B], quebrar(se)[I], residir (en)[C], robustecer(se)[C], socavar[A]**

☐ Véase también: CRITERIO; PRINCIPIO.

fundar ♦ **asociación, corporación, empresa, institución, organización**

☐ Véase también: **crear, establecer, fijar, realizar.**

funeral ♦ **catedralicio, desgarrador, de estado, digno, doloroso, dramático, emotivo, frío, impresionante, multitudinario, oficial, regio, religioso, sentido, solemne, tenso** ♦ **acudir (a), asistir (a), celebrar, dar (a alguien), hacer (a alguien), invitar (a), oficiar, organizar, pagar, politizar, postergar, presidir, prohibir, protagonizar, rendir, tener, tener lugar, transcurrir, tributar**

☐ Véase también: **ceremonia, culto, duelo, homenaje, luto.**

funesto *adj.* ▮ Admite sustantivos que designan personas *(un gobernante funesto; un funesto personaje)*, eventos *(su funesta llegada al poder; la funesta aplicación de la ley; cambios funestos para el país; una funesta experiencia)*, instituciones *(empresa, régimen)*, obras *(película, novela)* y tiempos *(etapa, período, noche, año, día)*. Se combina muy a menudo con los que expresan el concepto de suceso *(suceso, acontecimiento, hecho, evento, episodio)* y con los que designan situaciones adversas o aflictivas *(enfermedad, violencia, desastre, guerra)*. Destacan también especialmente sus combinaciones con...

A SUSTANTIVOS QUE DENOTAN EFECTO: **1 consecuencia ++:** ...sin importarles la imagen del país y las *funestas* consecuencias para la inversión, la generación de empleo y, por lo tanto, para el progreso... CAP030797 **2 repercusión +:** Una ocupación militar es una situación que, para que no tenga repercusiones *funestas* durante todo un siglo, presupone un cierto tacto tanto en los vencedores como en los vencidos. LVE040795 **3 balance +:** Once personas muertas y más de una decena heridas de gravedad es el *funesto* balance provisional de la Operación Navidad que la Dirección General de Tráfico puso en marcha... LRE070103 **4 efecto:** Para paliar este efecto *funesto*, el secretario general propone crear un fondo llamado Cuenta para el desarrollo... EPD170797 **5 resultado:** ...diciendo que «así se practica en todos los tribunales cuando los negocios son odiosos y sus resultados *funestos*». EXC210197 **6 saldo:** ...a balazos (...) con el *funesto* saldo de una persona muerta. LPN130397 **7 secuela:** ...lo que más tarde se llamaría, finalmente, una ciencia de los signos, la semiología y sus *funestas* secuelas libres-cas. ABC171293 **8 desenlace:** ...y no tiene inconveniente alguno en adelantar el *funesto* desenlace de su héroe ficticio ya en la segunda página. ABC050393

B SUSTANTIVOS QUE DESIGNAN HÁBITOS O PENSAMIENTOS ARRAIGADOS: **9 manía ++:** ...parece rebotar por la partitura, introducirse con calzador en los compases por una *funesta* manía de musicarlo todo, flirteando así el musical y la opereta... LVE171294 **10 costumbre +:** ...ante los sarcasmos del amigo Leslie acerca de la *funesta* costumbre que tienen los candidatos de visitar los mercados cuando se acercan los comicios... EPE060699 **11 práctica +:** Dicen los senadores, pobres santos que esta «práctica *funesta*» está en aumento. EPE260601 **12 creencia:** Pero si tuviéramos que despedir una creencia *funesta*, ésta sería la que, desde mediados de los años sesenta, defiende el abandono de la tradición... LVE250194 **13 tradición:** Tampoco podría nadie calibrar el carácter revolucionario del quiebre de una *funesta* tradición que nuestra actual administración introdujo... EOU060597

C EL SUSTANTIVO *DESTINO*. TAMBIÉN CON OTROS QUE EXPRESAN LO QUE SE ADIVINA, SE ANTICIPA O SE PREVÉ: **14 destino:** ...se transforme ahora en una guinda negra de lo que los destinos siempre son: *funestos*. EME220194 **15 augurio:** Ante estos *funestos* augurios, los astrónomos llaman a la calma y recuerdan que... LVE310396 **16 presagio:** ...y no se trata de cuestionar carencias, autores básicos olvidados (...) sino de acusar amputaciones numéricas cruentas, que incluso podrían ser *funestos* presagios de futuro. ABC080794 **17 presentimiento:** De ahí tantos insomnios, tantos malos sueños, tensiones, presentimientos *funestos*... LVE050696 **18 previsión:** Acerca del final del milenio se han hecho diversas y *funestas* previsiones... EPE110499 **19 diagnóstico:** Niños que aguardan *funestos* diagnósticos cuando aún no han empezado a vivir. EME131095 **20 visión:** ...no es menos inquietante el ardor con el que muchos acogen esas visiones tan *funestas*. EPE130501 **21 designio:** Y la «gracia» estriba en advertir que el *funesto* designio se manifiesta pronto. LVE050796

D EL SUSTANTIVO *AZAR* Y CON OTROS QUE EXPRESAN EVENTOS EN LOS QUE PARTICIPA EL AZAR, ASÍ COMO ALGUNAS DE SUS CONSECUENCIAS NATURALES: **22 azar:** ...para explicar el desastre social de violencia y segregación en que cuajó un *funesto* azar de tres asesinatos consecutivos... EPE061201 **23 casualidad:** La *funesta* casualidad ha quedado en mera anécdota gracias a los reflejos de Valente que ha advertido de... EPE171199 **24 coincidencia:** ...el fiduciario de Prado y administrador de la Trébol helvética no es otro que el abogado Paolo Gallone. *Funesta* coincidencia. LVE180296 **25 accidente:** ...a las 9:15 de la mañana, ocurrió en las inmediaciones de Quito un accidente *funesto*: la voladura de un gigantesco depósito de municiones... EXP090797

E SUSTANTIVOS QUE DESIGNAN ERRORES Y ACTUACIONES QUE SE CONSIDERAN EQUIVOCADAS: **26 error:** ...error *funesto* cometido por Colombia al creer que podía negociar la paz con las bandas terroristas. DLA310597 **27 equivocación:** ...un avezado psiquiatra que, en la más rancia tradición del género, se ve obligado a pagar caro una *funesta* equivocación. EPE281099 **28 descuido:** ...olvidan sus necesidades fisiológicas más elementales, descuido *funesto*, claro está, puesto que, al final del episodio aquellas se manifiestan en... LVE150795 **29 equívoco:** La carcajada, aquí, como en (...), sería un *funesto* equívoco, una expectativa errónea. LVE200195 **30 fallo:** No fue un mero descuido sin importancia, sino un fallo *funesto* que revela una gravísima irresponsabilidad. INDOC **31 desaguisado:** El resto les daba igual a los responsables del *funesto* desaguisado. EPE290501 **32 confusión:** ¿Corcuera y sus agasajos? Ha habido una *funesta* confusión entre lo público y lo privado. EME291095 **33 desviación:** Después de una *funesta* desviación de la senda de la responsabilidad fiscal y de la reforma, Rusia está de nuevo en... EME190195

F SUSTANTIVOS QUE EXPRESAN HECHOS PASADOS, ASÍ COMO LA ACCIÓN, EL EFECTO O LA FACULTAD DE EVOCARLOS: **34 recuerdo:** No todos sus recuerdos de aquella fatídica experiencia, sin embargo, son tan *funestos*. EPE080899 **35 memoria:** ...vulnera el principio de voluntariedad y significa la vuelta a un sistema de deportaciones forzosas, de *funesta* memoria en Europa. LVE100395 **36 pasado:** ...tiene ventajas frente a oponentes de pasado *funesto* como Banzer y Paz Zamora. LTB190197 **37 precedente:** «Es un precedente *funesto* para América Latina», resaltó el político ecuatoriano, quien enfatizó que... ETC130297

furia ♦ **animal, arrebatado, arrebatador, arrollador[41], bravo[2], ciego[20], contenido, demoledor[17], desatado, desenfrenado, desmedido, imparable, implacable[2], incontenible, irrefrenable, preso (de)[12], violento** ♦ **acceso (de)[10], arranque (de)[7], arrebato (de)[4], ataque (de)[8]** ♦ **apaciguar[20], apagar(se)[21], aplacar, atemperar[28], calmar, dar rienda suelta (a), derramar[25], desatar(se)[9], descargar[6], detener, entrar (a alguien), liberar, poseer (a alguien), sentir, sosegar(se)**
☐ Véase también: **indignación, ira, rabia.**

furtivo ♦ **amor, beso, caza, cazador, cita, contacto, encuentro, experiencia, lágrima, mirada, relación, visita**

fusil ♦ **apuntar (con), calibrar, cargar, disparar**

fusionar(se) ♦ **banco, corporación, empresa, sociedad,** *otros sustantivos que designan entidades*
☐ Véase también: **integrar(se), reunir(se).**

futuro ♦ **aciago[2], a {corto/medio/largo} plazo, alentador, amenazador, amenazante, arrollador, azaroso[40], cercano, desesperanzador, desolador[1], esperanzador, halagüeño[1], idílico, ilusionante[16], impredecible[27], imprevisible[13], incierto, inequívoco, inmediato, inseguro, insospechado, lejano, mejor, nebuloso, negro, nublado, precario[41], predecible, previsible, prometedor, próximo, remoto, resbaladizo[36], venturoso** ♦ **con miras (a), para** ♦ **plan (para), previsión (de)** ♦ **abrirse (a), adivinar, afrontar[18], aguardar (a alguien), atisbar[13], augurar[1], auspiciar, avanzar (hacia), aventurar[12], caminar (hacia), cerrar los ojos (ante)[31], cimentar[13], clarificar[9], comprometer, conocer, dar, deparar[1], descifrar[53], desentenderse (de)[16], despejar(se)[23], desvelar, dilucidar[39], dirigir(se) (a), encarar, encarrilar[16], enderezar[56], esperar (a alguien), forjar[33], hipotecar[1], labrarse, ligar[2], malograr(se)[8], marcar, mirar (a/hacia), nublar(se)[24], ofrecer, pensar (en), perfilar[26], perseguir, plantar cara (a), preconizar, predecir, prejuzgar, preocuparse (por), prepararse (para), presentar(se),**

programar, proporcionar, segar, sellar, sonreír[9], tener (por delante), torcer(se)[16], trazar[22], ver, vislumbrar[1]

□ Véase también: **augurio, cálculo, destino, porvenir, predestinar (a), presagio, previsión, pronóstico.**

FUTURO

♦ (SUSTANTIVOS) Véase: **acariciar[C,I], aciago[A], acogedor[E], afrontar[D], atisbar[C], augurar[A], aventurar[B], azaroso[F], barajar[A], benigno[C], bloquear[E,G], cernerse[G], cerrar los ojos (ante)[D], cimentar[B], conjurar[F], deducir[F], deparar[A], desentenderse (de)[D], desolador[A], despejar(se)[C], dilucidar[F], emitir[C], encarrilar[D], enderezar[G], estrangular(se)[C], hacer(se) realidad[E], halagüeño[A], hipotecar[A], impredecible[G], imprevisible[C], ligar[A], malograr(se)[B], nublar(se)[E], perfilar[E], sembrar[K], sonreír[B], tranquilizador[D], trazar[C], vislumbrar[A]**

□ Véase también: ACTUACIÓN FUTURA; ASPIRACIÓN; INTENCIÓN; POSIBILIDAD; PRONÓSTICO; PROPUESTA; PROYECTO.

G g

gajo (de) ♦ **fruta, limón, naranja**

[gala] → **de gala, hacer gala (de)**

galantemente ♦ **besar, ceder, dar, dirigir(se), invitar, levantar(se), ofrecer(se), regalar, retirar(se)**

galardón ♦ **digno, inmerecido, merecido, preciado** ♦ **compartir, conceder, conquistar, dedicar, exhibir, ganar, lucir, merecer, obtener, ofrecer, ostentar, otorgar, recaer[14], recibir**
☐ Véase también: **premio, recompensa, trofeo.**

[gallete] → **a gallete, al gallete**

galopante *adj.* ▮ En el sentido de 'que se desarrolla con extraordinaria rapidez', admite sustantivos que designan enfermedades *(cáncer, alopecia)*, así como tendencias, movimientos o actitudes ideológicas *(capitalismo, liberalismo, globalización)*. También se combina con...

A EL SUSTANTIVO *CRISIS* Y CON OTROS QUE DESIGNAN PROCESOS, SITUACIONES Y MAGNITUDES ECONÓMICAS DE SIGNO NEGATIVO: **1 crisis ++:** la reactivación económica sigue constituyendo el mayor desafío (...), toda vez que la crisis se mantiene *galopante...* LTB021001 **2 inflación ++:** La paradoja es que la *galopante* inflación ha elevado los precios de un entierro estatal... ETC160494 **3 déficit ++:** ...la economía ha sufrido una transformación de fondo caracterizada por un déficit fiscal *galopante...* SEM241197 **4 desempleo +:** ...desempleo *galopante* que debilitaría aún más la estabilidad social... DHE121296 **5 paro +:** ...deberían referirse al paro *galopante* como «el margen que aún nos queda para alcanzar el pleno empleo». EME250595 **6 deuda:** Manteniendo igualmente una deuda *galopante* en las cuentas de la localidad. EPE070899 **7 pobreza:** La pobreza *galopante* de que tanto hablan ciertos periodistas, brilla por su ausencia. EXC190696 **8 endeudamiento:** ...baja la inflación a pesar de un ratio de endeudamiento *galopante...* EME141295 **9 especulación:** Se dice que sufre de abandono cuando la realidad es que aquí la especulación es *galopante.* EPE121099 **10 bancarrota:** ...su bancarrota es *galopante...* EME051296 **11 devaluación:** ...sobre el telón de fondo de la devaluación *galopante* de la política, (...) quizás no haya conseguido el monopolio... EME140996 **12 recesión +:** ...ha perdido buena parte de su popularidad (...) por no saber frenar una recesión *galopante...* LVE030795

B SUSTANTIVOS QUE DESIGNAN PÉRDIDAS O ESTADOS CARENCIALES O ADVERSOS, ASÍ COMO CIERTOS PROCESOS QUE DESEMBOCAN EN TALES SITUACIONES: **13 corrupción ++:** ...ha sido necesario que el representante norteamericano hablase sobre esta corrupción *galopante...* DHE050297 **14 deterioro:** Una buena manera de cambiar esta situación y evitar el *galopante* deterioro de la situación... EME030694 **15 degradación:** ...tras comprobar cada día la degradación *galopante* de los contenidos... LVE101096 **16 deformación:** Hay en este sentido una deformación *galopante.* EPE040799 **17 degeneración:** ...está produciendo una degeneración *galopante* de las costumbres... DLA090497 **18 desigualdad:** ...serán compatibles con (...) las desigualdades *galopantes...* EME160696 **19 pérdida:** La búsqueda de nuevas armas para combatir la *galopante* pérdida de habitantes que sufre l'Hospitalet... LVE091096 **20 regresión:** Constatamos, sin embargo, la *galopante* regresión hacia la Europa de las pequeñas patrias. EPE311099 **21 decrepitud:** ...asistimos, en un clima general de desaliento y resignación, a la decrepitud *galopante* de instituciones... EPD030597 **22 problema:** ...tiene un problema *galopante* que a punto estuvo de dejarle sin voz en el discurso final... EME030996 **23 miseria:** Con tranquilidad para toda la familia y sin esta miseria *galopante.* ENH090397 **24 erosión –:** Con la amenaza de la erosión *galopante* (...) deberían plantear conjuntamente una estrategia... EPE270800

C EL SUSTANTIVO *PROCESO*, ASÍ COMO CON OTROS QUE DESIGNAN PROCESOS, PROPIEDADES, ACTITUDES Y SITUACIONES, ATRIBUIDAS MUY FRECUENTEMENTE A LOS GRUPOS HUMANOS, QUE SE SUELEN INTERPRETAR COMO PROBLEMAS, DEFECTOS, CAMBIOS PERJUDICIALES, VICIOS O LACRAS: **25 proceso ++:** ...conoció un *galopante* proceso de despoblamiento en beneficio de los occidentales... EME070196 **26 cambio:** Fue un movimiento amplio, una reacción de defensa contra los cambios *galopantes*, una causa perdida. LVE121095 **27 alcoholismo:** El resto (...), víctimas de un alcoholismo o drogadicción *galopantes...* EPE071199 **28 drogadicción:** El resto (...), víctimas de un alcoholismo o drogadicción *galopantes...* EPE071199 **29 delincuencia:** La difícil coyuntura que atraviesa el país ha hecho el resto: la crisis económica, la delincuencia *galopante...* EPE271299 **30 burocratización:** ...el nuevo esquema conduce a la burocratización *galopante...* EME220595 **31 crueldad:** ...prototipo maléfico que pone su astucia al servicio de una crueldad y lubricidad *galopantes.* LVE090796 **32 contaminación:** –¿Por qué?– Por la contaminación *galopante.* LVE220396 **33 sequía:** Hay una sequía *galopante* y, sin embargo, cuando llueve caen litros y más litros de agua. EME110895 **34 pesimismo:** ...intentaba (...) alejar el fantasma de la dimisión (...) para reducir la lucha interna y el pesimismo *galopante...* EME200595 **35 materialismo:** Una novela que conecta con esa aún tenue ola de espiritualidad que nos invade, tras el materialismo *galopante* de los últimos años... EME010395 **36 mundialización –:** ...ha frenado el proceso de mundialización *galopante* que caracterizó la guerra fría. EPE030999

D SUSTANTIVOS QUE DENOTAN AUMENTO, EXTENSIÓN O PROGRESIÓN ASCENDENTE: **37 crecimiento +:** El *galopante* crecimiento del endeudamiento autonómico chocará en el futuro con la «disciplina del mercado». EME230296 **38 incremento:** ...la gran incógnita de si este incremento *galopante* de riqueza servirá para mejorar las duras condiciones de vida de las clases populares. EME081296 **39 aumento:** Y es que el aumento *galopante* del desempleo está forzando a la gente a buscar nuevos horizontes. EME280395 **40 subida:** ...el censo Electoral muestra una *galopante* subida que en ningún caso se corresponde con el movimiento de la población. EME010396 **41 difusión:** ...su libro –aparte de conocer una difusión *galopante* (...)– era esgrimido en las manifestaciones... BRE160597

E SUSTANTIVOS ABSTRACTOS QUE DENOTAN MEDIDA DEL MOVIMIENTO, PROPORCIÓN O TENDENCIA: **42 ritmo +:** No podía resistir la tensión del partido, el ritmo *galopante* del Atlético, la sucesión de oportunidades en su área. EPD120996 **43 velocidad:** La velocidad de cambio es *galopante.* EME190296 **44 proporción:** ...la delincuencia sexual no crece (...) en la proporción *galopante* que ciertas «alarmas sociales» parecen indicar. EME190494 **45 inclinación:** ...observo una *galopante* inclinación de muchos comentaristas radiofónicos... EME170296 **46 tendencia:** Acaso la tendencia *galopante* a la cosificación (...) explique el ansia revisionista de algunos críticos. EME080795 **47 paso –:** ...amontonando una aventura tras otra a paso *galopante.* LVE150396

F OTROS SUSTANTIVOS; POSIBLES USOS ESTILÍSTICOS: Es terrible cuando vienes con todas tus fantasías *galopantes* y te dicen que no. HOY230697; Pero lo que importa realmente es (...) ese talento para el discurso descabellado y *galopante*... EPE160799; Y es a ese miedo al que seguimos rindiendo pleitesía en nuestra *galopante* ceremonia de la confusión. EME200796

galvanizar

galvanizar *v.* ▮ En su sentido de 'recubrir mediante electrolisis' se combina con sustantivos que designan objetos metálicos *(chapa, hierro, alambre, carrocería).* En su sentido figurado de 'animar vivamente' se combina con sustantivos que designan personas o grupos humanos *(espectador, equipo).* También se combina con...

A SUSTANTIVOS QUE DENOTAN LUGAR O ENTORNO, Y CON OTROS QUE DESIGNAN ALGUNAS DE LAS CIRCUNSTANCIAS QUE LOS CARACTERIZAN: **1 atmósfera:** ...el fenómeno australiano *galvanizó* la atmósfera... EXC190900 **2 ciudad –:** Le ha faltado tiempo (...) para *galvanizar* una ciudad que anda desorientada... LVE270295 **3 país –:** ...nadie ha parido políticamente nada para *galvanizar* un país... EPE251080 **4 ambiente –:** ...su literatura estriba en descubrir la sublimidad de lo cotidiano, en «*galvanizar* ambientes y épocas»... EME210195

B SUSTANTIVOS QUE DENOTAN IMPULSO O ESFUERZO, O DESIGNAN OTRAS NOCIONES INTENCIONALES RELACIONADAS CON EL PROPÓSITO DE ACTUAR: **5 ánimo +:** ¿Y quién aparece en Televisión para *galvanizar* los ánimos de la ciudadanía o para templarlos? EME050594 **6 energía +:** ...el acontecimiento *galvanizó* las energías más olvidadas. EPE280699 **7 impulso:** ...puede ser una de las iniciativas que *galvanicen* el impulso cívico... LVE020294 **8 resorte:** ...el sentimiento de indignación que sigue a la desaparición de una persona *galvaniza* los resortes solidarios de los ciudadanos. LVE300995 **9 esfuerzo:** Y otros hechos de intolerancia religiosa y abuso de poder (...) *galvanizarán* sus esfuerzos... LVE221194 **10 moral:** Su única respuesta fue un incendiario discurso, destinado a *galvanizar* la moral de sus hombres... EME160795 **11 voluntad:** ...«ha *galvanizado* la voluntad y el estado de ánimo de todos». EPE210199 **12 proyecto –:** ...lejos de servir para *galvanizar* el proyecto político (...), tan solo ha servido para estructurar una organización amorfa... LVE271295 **13 fervor –:** ...desviar la atención de otros problemas (...) *galvanizaría* el fervor nacionalista de sus compatriotas. LVE040295 **14 recurso –:** Sólo el sector privado puede *galvanizar* los recursos necesarios para un crecimiento y desarrollo sostenido. LVE260595

C DIVERSOS SUSTANTIVOS DE ACCIÓN, MÁS FRECUENTEMENTE SI DENOTAN CONFRONTACIÓN DEPORTIVA O POLÍTICA: **15 juego +:** Es un jugador que está destacando por su gran eficacia, pero no hay que olvidarse (...) de los hombres que *galvanizan* su juego... EDV210996 **16 ataque –:** ...no quiso «configurar algo (...), incluso *galvanizando* el ataque a ese eventual sustituto». EME050795 **17 campaña –:** La campaña antitabaquista se vio *galvanizada* por un informe... EME240495 **18 carrera –:** ...*galvanizó* una carrera que marcará la historia del RACC... LVE160996

D OTROS SUSTANTIVOS; POSIBLES USOS ESTILÍSTICOS: Son libros (...) que conservan un viejo perfume anacrónico y mal *galvanizado*... EME300395; ...«sólo Van Gogh tuvo esa habilidad para *galvanizar* un retrato con su propia energía psíquica»... EME140595; ...el estrecho límite *galvanice* la imagen de círculo privilegiado. ECA060792

[gana]

[gana] → **con ganas**

ganado

ganado ♦ **disperso, nómada, trashumante** ♦ **abrevar, apacentar, criar, descarriarse, desperdigar(se), diseminarse, guardar, pacer, pastorear, recoger**

☐ Véase también: **animal.**

ganador

ganador ▮ *(adj.)* ♦ **boleto, caballo, canción, candidatura, carta, equipo, espíritu, figura, firma, libro, mentalidad, novela, obra, opción, papeleta, pareja, película, proyecto, racha** ▮ *(sust.)* ♦ **absoluto, afortunado, auténtico, claro, destacado, eventual, futuro, imbatible, impecable, indiscutible, inesperado, insuperable, invicto, invulnerable, justo, legítimo, máximo, merecido, moral, nato, oficial, principal, probable, reciente, seguro, virtual** ♦ **identidad (de), nombre (de)** ♦ **abuchear (a), aclamar, anunciar, aplaudir, apoyar, condecorar, conocer, decidir, declarar (a alguien), distinguir, elegir, enfrentar(se) (a), felicitar, identificar, medir(se) (con), ovacionar, premiar, resultar, saber(se), sentir(se), vitorear**

☐ Véase también: **campeón, vencedor.**

ganancia ♦ abultado[41], aproximado[51], astronómico[23], copioso[10], cuantioso, desmedido[50], discreto, escaso, exiguo, exorbitante[3], ilimitado, incalculable, inmenso, insignificante, jugoso[1], modesto, nulo, pingüe[2], suculento, sustancioso, tremendo ♦ ánimo (de)[3] ♦ afluir, anotar(se)[11], arrojar[20], aumentar, blanquear[3], canalizar[15], conseguir, cosechar[38], decrecer, disminuir, embolsarse, engrosar[50], enjugar[11], esfumarse, incrementar(se), menguar, obtener, perder, producir, recortar, reportar, saldarse (con), tener
☐ Véase también: **beneficio, botín, ingreso, superávit.**

GANANCIA Véase: BENEFICIO; ECONOMÍA; PATRIMONIO

ganar ▮ *(vencer)* ♦ abrumadoramente[3], a domicilio[1], ajustadamente[1], a lo grande[10], ampliamente, a partes iguales[29], apretadamente, a pulso[16], arrolladoramente[1], a toda costa[24], a trancas y barrancas[28], cómodamente, con rotundidad[45], convincentemente[33], de antemano[49], de cabo a rabo, democráticamente[27], deportivamente[9], de punta a punta[10], de un tirón[25], dignamente[47], en buena lid, en toda la línea, estrechamente[23], holgadamente[2], inobjetablemente, largamente[3], limpiamente[1], meritoriamente[1], nítidamente[50], palmo a palmo[18], por {gran/poca/enorme...} diferencia, por la mínima, por los pelos[15], por mayoría[24], por poco[8], progresivamente[20], rotundamente[30], sobradamente[14], virtualmente ♦ batalla, combate, competición, concurso, contienda, debate, disputa, elección, guerra, partida, partido, votación, voto
▮ *(obtener)* ♦ a espuertas[1], a manos llenas[13] ♦ amigo, audiencia, confianza, dinero, enemigo, fama, fuerza, premio, prestigio, puesto, sueldo, terreno, tiempo
☐ Véase también: **arrasar, empatar, obtener, perder, triunfar, vencer.**

ganar (a) ♦ deporte, juego

ganar(se) ♦ afecto, amor, animadversión, antipatía, aplauso, aprecio, confianza, crítica, derecho, enemistad, estima, hostilidad, lealtad, lugar, ovación, rechazo, reconocimiento, simpatía, vida

gana(s) ♦ enorme, escaso, feo (con), incontenible[2], instintivo[19], intenso, irrefrenable, irresistible[5], pletórico (de)[11], rabioso[13], sobrado (de)[19], tremendo ♦ con ♦ alimentar[5], aumentar, calmar(se)[27], comer (con), contener, crecer, dar[327], dejarse llevar (por)[27], disminuir, echar[12], entrar[1], expresar, irse(le) (a alguien), madurar[29], manifestar, ocultar, pasárse(le) (a alguien), perder[14], quitar, reconcomer(se)[5], reír (con), reventar (de)[1], saciar[12], sentir, tener, vencer[37], venir (a alguien)
☐ Véase también: **apetencia, apetito, deseo, hambre.**

garantía ♦ absoluto, adecuado, debido, firme, indudable, necesario, nulo, pleno, seguro, suficiente, total ♦ durante, en ♦ período (de) ♦ brindar[23], caducar, conferir, contar (con), cumplir (con), dar[129], erigir(se)[24], establecer, exigir, impartir[23], inspirar (a alguien), ofrecer, otorgar, pedir, proporcionar, sellar, tener, violar[46]
☐ Véase también: **confianza.**

garantizar ♦ absolutamente, cumplidamente, económicamente, plenamente[85], por completo[170], satisfactoriamente, suficientemente
☐ Véase también: **avalar.**

garbeo ♦ dar[304], pegar[32]
☐ Véase también: **movimiento, paseo, vuelta.**

[garete] → al garete

[garra] → con garra

garra ▮ *(fuerza)* ♦ artístico, comercial, competitivo, literario, musical, novelístico, periodístico, poderoso, teatral ♦ con, sin ♦ falta (de) ♦ demostrar, echar(le) (a algo), faltar(le) (a algo/a alguien), imponer, luchar (con), poner (en algo), tener
▮ *(parte de animal)* ♦ asesino, acerado, afilado, duro, cortante, preso (de/en), punzante, retráctil ♦ amputar, arrancar, asomar, caer (en), clavar, defender (con), enseñar, escapar (de), extender, hendir, hincar(se), lanzar, librar(se) (de), penetrar, sacar, sajar, salvar (de)
☐ Véase también: **atractivo, atraer, fuerza, intensidad.**

garrafal *adj.* ▮ Se combina con el sustantivo *guinda* para designar una variedad de esta fruta. También se combina con...

A SUSTANTIVOS QUE DENOTAN ERROR, FALLO O DEFECTO: **1 error** ++: Es un error explicable, pero *garrafal.* CAP181297 **2 fallo** ++: A los 34 minutos llegó el empate, como consecuencia de un fallo *garrafal* de la defensa sueca... LVE150994 **3 falta:** ...En sus medidas para con la Iglesia, cometió la república algunas de sus faltas más *garrafales*... LVE160195 **4 equivocación:** Importa sobre todo porque asumirla constituiría una equivocación *garrafal.* EPE050399 **5 lapsus:** En la edición Nº 399 hay un lapsus *garrafal* que, supongo, se debe a una falla de imprenta. HOY250385 **6 defecto:** El disco, patrocinado por la Xunta, tiene un defecto *garrafal*... ABC090793 **7 falla:** ...en el orden penal estamos todos conscientes de que hay fallas *garrafales*... LHG100697 **8 despiste:** ...la actriz preparaba su debú en Tele 5 y, en concreto, el comienzo de la parte más hilarante y surrealista de su vida artística, (...) el despiste *garrafal* en un género cómico inédito. EPE270999 **9 fracaso:** Ante este fracaso *garrafal,* la Generalitat ha acordado por fin salirse de la empresa... LVE030995 **10 torpeza:** En opinión de Gallego, el Ministerio de Sanidad ha cometido «una torpeza *garrafal*»... ENC130599

B ALGUNOS SUSTANTIVOS QUE DESIGNAN CARENCIAS PERSONALES QUE SE TIENEN POR FUNDAMENTALES: **11 desconocimiento:** ...la candidata a gobernadora Graciela Fernández Meijide, «tiene un desconocimiento *garrafal* de la realidad de la provincia». CLA160199 **12 irresponsabilidad:** ...correr dos metros menos en una carrera de 1.500 supone un error, o una irresponsabilidad tan *garrafal*, que no debe quedar en el olvido... EPE170599 **13 debilidad:** ...los dos grandes partidos reflejan debilidades internas *garrafales*. LVE150196

C OTROS SUSTANTIVOS; POSIBLES USOS ESTILÍSTICOS: La tercera película del director de «eXisteZ» (...) da pie a un *garrafal* exceso tan delirante como magnético. EPE071199

☐ Véase también: **craso, flagrante, supino.**

[garrocha] → **saltarse a la garrocha**

[gas] → **a medio gas**

gas ♦ **denso, fuerte, irrespirable, lacrimógeno, tóxico, volátil** ♦ **brotar, despedir, desprender(se), diluir(se), disipar(se), dispersar(se), emanar, emitir, exhalar, expandir(se), expeler, extenderse, inhalar, oler (a)**

☐ Véase también: **fluido, gasolina, líquido.**

gasolina ♦ **adulterar, funcionar (con), llenar (de), repostar**

gastar ♦ **a espuertas[12], a la ligera[45], a manos llenas[2], comedidamente, como (un) loco[32], compulsivamente, desaforadamente, desenfrenadamente, desorbitadamente, innecesariamente, íntegramente[3], inútilmente[25], justificadamente, sin restricciones**

☐ Véase también: **agotar(se), derrochar, dilapidar, emplear, escatimar, inagotable, malgastar, usar.**

gasto ♦ **abusivo[17], ajustado, aproximado[41], asequible, astronómico[5], compulsivo[13], comunal[58], copioso[12], cuantioso, desaforado[68], desenfrenado[35], desmedido[48], desmesurado[9], desorbitado, discrecional, disparatado, exorbitante, ingente[12], innecesario, inútil, legítimo, limpio (de)[12], llevadero, moderado, necesario, nimio[9], perentorio[3], prohibitivo, público, ruinoso, superfluo** ♦ **acarrear[42], acometer[2], afrontar[30], aliviar[35], aminorar[27], amortiguar[55], amortizar[8], apuntalar[31], arrojar[27], aumentar, calcular, canalizar[70], cargar (con), compensar[28], comportar, congelar[17], conllevar, contener, controlar, correr (con), cortar, costear, crecer, cubrir, decrecer[14], deducir, desbocar(se)[13], desgravar, desinflar(se)[19], disminuir, dispararse, economizar, enjugar[20], escatimar, hacer, implicar, incrementar, inflar, moderar, ocasionar, pagar, realizar, recaer[61], recortar, reducir, reparar (en), repercutir, reportar, repuntar, soportar, sufragar[1], suponer, tener**

☐ Véase también: **ahorro, coste, dinero, importe, inversión, presupuesto, uso.**

GASTO

♦ (SUSTANTIVOS) Véase: **abatir(se)[E], abusivo[B], acarrear[E,G], achicar[B], afrontar[G], aligerar[B], aminorar[E], amortiguar[H], amortizar[B], aproximado[F], arrojar[D], blanquear[A], compensar[E], compulsivo[C], comunal[E], congelar[C], desaforado[K], desenfrenado[H], desmedido[F], desmesurado[B], echar[G], enjugar[C], exorbitante[A], frenético[L], homologar[A], inducir (a)[C], mayúsculo[H], parco (en)[E], recaer[G], subsanar[D], sufragar[A], ventajoso[C]**

♦ (VERBOS) Véase: **abundantemente[D], a chorro(s)[C], a espuertas[B], a granel[C], a la ligera[G], a manos llenas[A], a partes iguales[D], a raudales[C], con fruición[A], de un tirón[C], en frío[B], generosamente[F], gustosamente[C], inútilmente[F], por completo[A], vorazmente[A]**

☐ Véase también: CANTIDAD.

[gato] → **como el perro y el gato, como gato panza arriba**

gavilla (de) ♦ **autor, crítica, delincuente, error, maleante, persona, proyecto, trigo**

gazapo ♦ **descomunal, monumental[25]** ♦ **aparecer, buscar, colar(se), descubrir, deslizar(se)[4], encontrar, hallar, surgir**

☐ Véase también: **anomalía, defecto, equivocación, errata, error, fallo, patinazo.**

gemido ♦ **agudo, ahogado, apagado, estridente, lastimero[13], sordo** ♦ **apagar(se), dar, lanzar, sofocar[31]**

☐ Véase también: **chillido, queja, quejido, sonido.**

[generación] → **por generación espontánea**

[general] → **en líneas generales**

generalización ♦ **abusivo[72], correcto, excesivo, gratuito, incorrecto, infundado** ♦ **acuñar[48], deducir, demostrar, establecer, probar**

☐ Véase también: **conclusión, hipótesis, resultado.**

generosamente *adv.* ▮ En el sentido de 'con magnanimidad o desinterés' se combina con...

A VERBOS QUE DENOTAN AYUDA, ASISTENCIA, RESPALDO, APORTACIÓN O PARTICIPACIÓN SOLIDARIA EN UNA TAREA O EN UNA CAUSA: **1 ayudar ++:** Pero ocurre que se abroquelan en una falacia de conceptos en torno a la democracia, a la libertad y al famoso «antiimperialismo» para ayudar *generosamente* a Fidel Castro... DLA040297 **2 contribuir ++:** ...es uno de los tres patrocinadores del Congreso, que ha contribuido *generosamente* a que este encuentro haya podido realizarse. EPE181001 **3 volcarse +:** La promoción cubana que surgió en los años veinte se volcó *generosamente* en nuestras publicaciones periódicas. GIC062397 **4 apoyar:** ...nos obliga, aún más, a apoyarle *generosamente* con la oración y el sacrificio diarios, pidiendo también por su salud física. LVE080195 **5 arrimar el hombro:** Incluso aquellos que se sientan ajenos a la fe, pero buscan la libertad y la justicia, deben arrimar *generosamente* el hombro y aportar luces de inteligencia... ACP061000

B VERBOS QUE DENOTAN ACTUACIÓN O CONDUCTA: **6 actuar +:** Se actuó *generosamente* a pesar de algunas actitudes más totalitarias. LVE100894 **7 comportarse +:** Ante semejantes actitudes, ¿quién se atrevería a afirmar que nos comportamos *generosamente* con nuestros descendientes? LVE230694 **8 portarse:** ...los responsables del Museo del Prado, que tan *generosamente* se han portado con la exposición actual, deberían incluir entre sus planes (...) el préstamo temporal de este gran lienzo... ABC230493

C VERBOS QUE DENOTAN OFRECIMIENTO: **9 ofrecer ++:** ¿Acaso mienten cuando ofrecen tan *generosamente* sus votos? ABC120393 **10 brindar ++:** ...la imagen real de lo que los cubanos han hecho en correspondencia a la acogida que les brindó *generosamente* este país. DLA280697 **11 prestarse:** Por fortuna, son muchas las personas que se prestan *generosamente*, en las parroquias y comunidades, a ejercer este «ministerio». LVE060895

D VERBOS QUE DENOTAN CONCESIÓN, ENTREGA O DONACIÓN: **12 conceder ++:** Pero en lugar de disfrutar de la suerte que Alá les concede *generosamente*, esos obtusos perros cristianos nos combaten. LVE140596 **13 entregar(se) +:** ...nos entrega *generosamente* la música misma sin aderezarla innecesariamente con su guiño, con su gesto o su capricho. ABC190393 **14 dar +:** ...ha solicitado a la comunidad marista que no se lleve los cuerpos, para poder enterrarles «en la tierra por la que dieron tan *generosamente* sus vidas». EME151196 **15 repartir +:** Pero Hardaway no ha sido retado y como resultado, *generosamente* reparte juego y permite que otros jugadores anoten más frecuentemente. ENH150198 **16 distribuir:** Distribuyen *generosamente* las calles, sin olvidarse ni de los difuntos más peligrosos (...) Miles de calles cambian de nombre de la noche a la mañana. EME120494

E VERBOS QUE DENOTAN ADMISIÓN: **17 aceptar +:** Hay que aprender a aceptar *generosamente* ese destino. ABC241195 **18 reconocer +:** ...ha realizado una formidable obra de difusión del verdadero cristianismo en nuestro tiempo, *generosamente* reconocido por la Iglesia... ABC200195 **19 acoger +:** Zgustová insiste en que el entrevistador haga constar su agradecimiento a un país que la acogió *generosamente*... EPE200899 **20 acceder:** Accedió *generosamente* a compartir su casa con nosotros. INDOC

F VERBOS QUE DESIGNAN LA ACCIÓN DE SUFRAGAR LOS GASTOS DE ALGO O SOPORTAR ECONÓMICAMENTE UNA ACTIVIDAD O UNA EMPRESA. TAMBIÉN CON OTROS QUE DESIGNAN LA ACCIÓN DE REMUNERAR UN TRABAJO O UN SERVICIO: **21 pagar ++:** Buscó a profesionales de primera línea y les pagó *generosamente*... CLA170199 **22 financiar +:** Entre 1991 y 1994, la convertibilidad se tradujo en tasas de crecimiento superiores al 8 anual, *generosamente* financiadas por el ingreso de capitales externos. CLA140199 **23 subvencionar +:** En concreto, los directores se quejan de la política de inversiones de la dirección general de Normalització Lingüística, que «subvenciona *generosamente* la promoción de películas extranjeras...». LVE250295 **24 retribuir:** Se ha responsabilizado de su publicación en todos los aspectos, encargando a cada compositor una obra breve que retribuyó *generosamente* tratándose de partituras que no debían de pasar una sola página... LVE241195

G VERBOS QUE DESIGNAN LA ACCIÓN DE PREMIAR O GRATIFICAR: **25 recompensar +:** Tan seguros estaban nuestros gobernantes de haber logrado conjurar el peligro, que los miristas, autores intelectuales de esa maniobra, salieron muy fortalecidos del entuerto y hasta fueron *generosamente* recompensados. LTB170701 **26 gratificar +:** ...gratifica más *generosamente* a sus empleados, y el sector se beneficia de una mayor cuota de mercado. LVE020396 **27 agradecer +:** ...los imbéciles son personas sumamente pacíficas que agradecen *generosamente* la más pequeña demostración de afecto... LVE211095

☐ Véase también: **generosidad.**

▌ En el sentido de 'ampliamente o con abundancia' se combina con...

H VERBOS QUE DESIGNAN LA ACCIÓN DE PRESENTAR, DIFUNDIR O EXHIBIR ALGO: **28 difundir +:** El supuesto encuentro había sido *generosamente* difundido por fuentes del Gobierno. CLA060199 **29 mostrar +:** Y no tuvo ningún reparo en que mostrase *generosamente* sus opulentos encantos. LVE070396 **30 exhibir +:** Son mujeres de rompe y rasga, cara lavada y piernas atléticas que exhiben *generosamente*. EME100695 **31 publicar:** También comentó que la industria editorial del país, que solía publicar *generosamente* a los escritores no censurados por el régimen, ahora se ha restringido a los libros de texto. ENH080198 **32 enseñar:** Fueron los años en que Amparo, que entonces pesaba 105 kilos, rompió esquemas en el mundo de la revista enseñando *generosamente* sus prietas carnes de hipervedette –así se autodefinía– sin complejo ni reparo. LVE180596

I VERBOS QUE DENOTAN SUPERACIÓN: **33 superar +:** Aunque el retraso ha superado *generosamente* el promedio de retraso judicial, los abogados se felicitaron de no haber tenido finalmente que esperar al siglo que viene... EPE080699 **34 rebasar:** Se le quiere oír en persona, pero él, que ya ha rebasado *generosamente* los ochenta años, dice que está cansado aunque promete aparecer en unas galas en diciembre y en París. LVE140996

J OTROS VERBOS; POSIBLES USOS ESTILÍSTICOS: Coetáneos, añado por mi parte, de la reflexión teórica sobre el irracionalismo poético, los tres libros abren *generosamente* el verso al espacio visionario. ABC240993

generosidad ♦ **absoluto, compulsivo[21], desbordante[12], desinteresado, desmedido, encomiable, impagable, inestimable, interesado, lleno (de), obsequioso, proverbial, rebosante (de)[38], sumo** ♦ **con** ♦ **ápice (de)[26], arranque (de)[15], gesto (de), rasgo (de)** ♦ **demostrar, derrochar[88], mostrar, ofrecer, prodigar, tener**

☐ Véase también: **amabilidad, generosamente.**

genialidad ♦ **arranque (de)[26], rasgo (de), toque (de)[42]**

☐ Véase también: **inteligencia, talento.**

genio **▌** *(pronto)* ♦ **buen(o), endiablado[9], fuerte, impulsivo, inaguantable, irascible, mal(o), vivo** ♦ **rapto (de)[9]** ♦ **controlar, descomponer(se)[9], dominar, manifestar, ocultar, sacar, tener**

▌ *(ingenio)* ♦ **artístico, asombroso, científico, creativo, fecundo[3], incomparable, indiscutible, inmortal, insigne, insuperable, intuitivo, literario, maligno, musical, portentoso[12], prodigioso, revolucionario, temprano, universal, verdadero** ♦ **ápice (de)[37], arranque (de)[25]** ♦ **desperdiciarse, desplegar, malograrse**

☐ Véase también: **ingenio, inspiración, inteligencia, talento.**

gentileza ♦ **sumo** ♦ **con** ♦ **muestra (de)** ♦ **abusar (de)[9], demostrar, deshacerse (en)[11], prodigar[67]**

☐ Véase también: **amabilidad, cortesía, educación, gentilmente.**

gentilmente *adv.* ▮ Se construye con gran número de verbos, pero destacan especialmente sus combinaciones con...

A VERBOS QUE DENOTAN DONACIÓN, OFRECIMIENTO O ENTREGA, GENERALMENTE VOLUNTARIA Y DESINTERESADA, DE ALGUNA COSA: **1** ceder ++: Saludó a todos, subió al primer piso y tomó el despacho del comisario inspector Antonio Rodríguez, quien muy *gentilmente* me lo cedió... CLA150199 **2** ofrecer ++: En la recepción que *gentilmente* ofreció el Ayuntamiento alicantino a los ilustres asistentes al Festival... ABC061095 **3** obsequiar +: Además, a los intervinientes, la AEPI, en el colmo de su pobreza, nos obsequia *gentilmente* con una corbata, quizá símbolo de la soga que nos espera. EME120795 **4** donar +: Donó *gentilmente* todos los beneficios de su libro a una fundación benéfica. INDOC **5** entregar: ...y leyó, sin darle relevancia alguna, las diez líneas en las que los directivos entregan *gentilmente* sus cargos a Núñez. EPE111199 **6** proporcionar: ...los serbios han alineado limpiamente sus tanques y artillería pesada, *gentilmente* proporcionada por unas Fuerzas de Protección... LVE070695

B VERBOS QUE DENOTAN COOPERACIÓN O PRESTACIÓN DE ALGÚN SERVICIO A ALGUIEN: **7** colaborar: ...ha colaborado *gentilmente* con la Dirección General del Libro de la Generalitat Valenciana para ultimar el acuerdo de adquisición de la biblioteca... LRE050203 **8** facilitar: Acostumbrado a facilitar *gentilmente* mi dirección personal incluso a ETA, cuando estas amables gentes andaban afanadas en recabar datos sobre mi persona... EME050196 **9** ayudar +: ...arruinó (...) la ocasión de levantar su crisis con el bálsamo del triunfo sobre un grande, el Barcelona, *gentilmente* ayudado por su rival... LVE080196 **10** atender +: Los invitados al coctel, disfrutaron de finas bebidas y bocadillos, en un ambiente de grata cordialidad, atendidos *gentilmente* por los amables anfitriones. EUV060499 **11** acompañar +: El presidente acompañó *gentilmente* del brazo al general hasta la puerta. EPE160700

C VERBOS QUE DENOTAN ACEPTACIÓN: **12** acceder +: ...secundaron la brillante actuación de Héctor Monteverde, quien *gentilmente* accedió a animar el acto. EUV170498 **13** aceptar: Aceptó *gentilmente* su amable invitación. INDOC

D VERBOS QUE DENOTAN SOLICITUD: **14** pedir: ...son capaces de pedir *gentilmente* «perdón por las molestias» a aquéllos a quienes gasearán un minuto después. EME220194 **15** solicitar: Un joven controlador de una empresa de ómnibus interprovinciales solicitó *gentilmente* a un policía que desocupara un asiento cuyo boleto había sido ya vendido a otra persona. CAP280897

E OTROS VERBOS DE LENGUA: **16** comunicar: ...comunicó *gentilmente* que la pieza adquirida servirá para acoger los cepillos de dientes en su recién remodelado cuarto de baño. EME280496 **17** decir: ...podría decir *gentilmente* que sí hablamos... LVE301196 **18** mencionar: Como ambos autores mencionan *gentilmente* obras mías sobre el tema, son ellos los responsables de haberme forzado a una actitud exageradamente crítica. ABC071094

☐ Véase también: **cordialmente.**

genuinamente ♦ **abstracto, británico, democrático, español, literario, moderno, puro, representativo, republicano, ruso, universal** ♦ **creer (en algo), demostrar, ilustrar, mostrar, presentar, representar,** *adjetivos gentilicios*

geométricamente ♦ **aumentar, crecer, disponer, multiplicar, ordenar, organizar, progresar, situar**

germinar ♦ **grano, idea, identidad, movimiento, odio, pensamiento, postura, proyecto, semilla, vida**

☐ Véase también: **brotar.**

gesta ♦ **épico, extraordinario, glorioso, heroico, impresionante, inmortal, nacional, numantino[3], triunfal, victorioso** ♦ **cantar (de)** ♦ **acometer, cantar, conmemorar[24], conocer, constituir, consumar, coronar, culminar, emprender, evocar, protagonizar, realizar, recordar, rememorar**

☐ Véase también: **hazaña, proeza.**

gesticulación ♦ **aparatoso[33], apropiado, exagerado, habitual, histriónico, ostensible, reconocible, teatral, visible**

☐ Véase también: **gesto (de).**

gestión ♦ **arduo[5], brillante, bueno, catastrófico[31], concienzudo, deficiente, dilatado[16], diligente, eficaz, en punto muerto[25], escrupuloso, esmerado, impecable[32], ineficaz, infructuoso[17], intachable[21], laborioso, malo, meritorio, minucioso, pulcro, raudo** ♦ **activar, agilizar[4], aligerar[21], analizar, apoyar, atascar(se), centralizar[11], clarificar[30], conceder[64], conducir, criticar, delegar[34], desestabilizar[8], disfrazar[11], empeorar, enjuiciar, entorpecer(se), esclarecer(se)[46], hacer, involucrar(se) (en)[16], juzgar, llevar[16], llevar a cabo, mejorar, paralizar(se), prosperar[25], realizar, refrendar[45], reprobar[6], revalidar[59], tramitar, valorar**

GESTIÓN Véase: ACTUACIÓN

gestionar ♦ **al detalle[24], con éxito[33], con firmeza[36], democráticamente[32], diligentemente, eficazmente, ejemplarmente, profesionalmente** ♦ **asunto, bien, dinero, empresa, entidad, fondo, medio, negocio, recurso, tema**

☐ Véase también: **administrar, realizar.**

GESTO

♦ (SUSTANTIVOS) Véase: **ablandar(se)[D], absolutorio[D], acerado[B], afirmativo[C], a flor de piel[F], agriar(se)[B], agridulce[G], alimentar(se) (de)[G], amagar[A], aparatoso[E], ardiente[C], beatífico[A], brindar[D], brotar[B], brusco[G], cálido[F], cándido[A], cansino[B], captar[A], circunspecto[A], clavar[A], contagioso[A], cubrir(se) (de)[A], delatar[C], demudar(se)[A], denotar[B], de perros[C], desbordante[I], descomponer(se)[A], desencajar(se)[A], deshacerse (en)[B], despectivo[C], diáfano[F], dispensar[D], displicente[B], dulcificar[A], efusivo[A], estallar (en)[B], fantasmal[D], frenético[J], hacer extensivo[C], hermético[F], incontenible[C], indeleble[C], instintivo[A], lanzar[A], lastimero[D], letal[E], nublar(se)[B], ostensible[H], palpitante[D], pegar[A], pro-**

digar[A,C], retorcido[E], revelador[B], sardónico[A], vano[F], vivaz[A]

♦ (VERBOS) Véase: **afirmativamente[C], con franqueza[B], cordialmente[A], efusivamente[C], maliciosamente[D], ostensiblemente[J], por lo bajo[C], teatralmente[B]**

☐ Véase también: ASPECTO EXTERNO; CUERPO; IMAGEN; MOVIMIENTO.

gesto (de) ♦ **a favor[61], afirmativo[10], airado, amable, amargo[36], amenazador, amistoso, aparatoso[32], arisco, brusco[51], burlón, cálido[27], cansino[9], circunspecto[3], cordial, delicado, desafiante, desmedido, despectivo, diáfano[23], displicente[8], efusivo[3], encomiable, entrañable, espontáneo, expresivo, fugaz, generoso, hermético[37], honroso[83], humanitario[41], humano, impulsivo, indeleble[16], instintivo[2], loable, natural, nervioso, ostensible[58], revelador[9], severo[84], significativo, solemne, testimonial[13], tibio[4], torcido, vivaz[3], vivo** ♦ **acercamiento, afecto, agresión, alegría, alivio, amabilidad, amistad, angustia, apertura, apoyo, arrogancia, asentimiento, autoritarismo, buena voluntad, caballerosidad, cansancio, cariño, complicidad, coraje, cortesía, debilidad, decisión, desagrado, desaprobación, desdén, desesperación, desprecio, disgusto, distensión, dolor, elegancia, firmeza, gallardía, generosidad, humildad, impotencia, paz, preocupación, protesta, rebeldía, reconocimiento, repugnancia, resignación, satisfacción, sinceridad, solidaridad, tristeza, valentía, valor,** *otros sustantivos que designan sentimientos* ♦ **agriar(se)[6], amagar[2], cambiar, captar[6], delatar[19], demudar(se)[4], denotar[9], descomponer(se)[3], desencajarse[3], deshinchar(se)[4], dulcificar[2], exhibir, hacer, interpretar, prodigar[1], reprimir, reproducir, tener (con/hacia alguien), torcer(se)**

☐ Véase también: **abrazo, apretón de manos, arrumaco, aspaviento, beso, caricia, ceño, fruncir, gesticulación, guiño, mimo, mirada, mueca, rictus (de), risa, seña, señal, sollozo, sonreír, sonrisa.**

gira ♦ **agotador[17], ajetreado[19], apretado[15], exhaustivo, internacional, largo, mundial, promocional, publicitario** ♦ **de, en** ♦ **acometer[15], anular, culminar[49], emprender[6], encarar[18], enrolar(se) (en)[17], hacer, interrumpir, ir (de), jalonar[9], prolongar, suspender**

girar *v.* **I** Construido con la preposición *sobre* admite como sujetos sustantivos que designan personas y seres materiales *(La tierra gira sobre sí misma; La bailarina giraba sobre las puntas de los pies).* El sustantivo *eje* se emplea a menudo en sentido figurado, además de en sentido literal *(El eje de la campaña gira sobre...).* En su sentido figurado, cercano a 'versar' o 'tratar', admite, también en función de sujeto, sustantivos que designan creaciones diversas a las que se asigna algún contenido *(obra, pieza, programa, libro, poema, concierto, película),* pero se combina más frecuentemente con...

A SUSTANTIVOS QUE DENOTAN INTERCAMBIO DE PALABRAS O DE IDEAS: **1 conversación ++**: ...la conversación *giró* sobre las opciones que tienen los jóvenes que quieren trabajar en cine... EPE280799 **2 debate ++**: ...los debates en las comisiones pueden acabar *girando* sobre su anterior gestión y sus críticas entendidas como cuestiones más personales que políticas. LVE310396 **3 charla +**: Cada vez que alguien me entrevista, la charla siempre *gira* sobre mi oficio de maquillador en el cine y en la televisión... CLA190597 **4 entrevista +**: La entrevista *giró* sobre las conversaciones israelo-palestinas del próximo fin de semana... LVE020596 **5 polémica ++**: La polémica ha durado un año y ha pasado de *girar* sobre la necesidad de arrojar las bombas sobre Hiroshima y Nagasaki a una discusión sobre cómo se escribe la historia. LVE020295 **6 diálogo +**: El primer bloque fue ocupado por un diálogo que *giró* sobre temas estrictamente políticos. LNP211097 **7 discusión +**: Nuestras discusiones *giraban* sobre todo en torno a nuestras lecturas, a la forma de concebir una obra de arte. ABC061291 **8 negociación**: La negociación también ha *girado* sobre el impago de una prima de resultados pendiente del ejercicio de 1998. EPE220599

B SUSTANTIVOS QUE DESIGNAN SUCESOS, MÁS FRECUENTEMENTE SI EN ELLOS SE PRODUCEN DEBATES O INTERCAMBIOS DE DIVERSA NATURALEZA: **9 campaña ++**: Frente a este panorama, es fácil comprender que la campaña electoral *gire* sobre cuestiones económicas. LVE150994 **10 reunión**: ...insistió en señalar que la reunión con el jefe del MNR no *girará* sobre la posible ruptura, sino acerca de la urgencia... LTB150197 **11 encuentro**: ...quiso dejar claro que (...) el encuentro no *giraría* exclusivamente sobre Gibraltar. LVE171096 **12 asamblea**: El jueves se llevará a cabo la asamblea de la CRUE, que *girará* también sobre la armonización de un espacio universitario europeo. EPE270499 **13 certamen**: La Asociación Española de Mujeres Profesionales de Medios de Comunicación organiza la I Convocatoria del Certamen de Fotografía de Prensa que *girará* sobre el tema: «La realidad de las mujeres en el mundo». EME311295 **14 feria**: No es realmente una feria internacional, porque *gira* sobre todo en torno a los discos de música cubana... EPE260500 **15 exposición**: Al margen de los contactos comerciales, dentro de su programación destacan exposiciones como la que *girará* sobre Arte Contemporáneo Cubano... EME120496

C EL SUSTANTIVO *LUCHA* Y CON OTROS QUE DENOTAN MOVIMIENTO ACTIVO PARA ALCANZAR ALGÚN FIN: **16 lucha**: La lucha para controlar la oferta de estupefacientes *gira* sobre tres ejes... EPE090300 **17 batalla**: La batalla que se avecina en el Supremo de Pretoria *girará* sobre la interpelación del acuerdo TRIPS de la OMC. EPE170301 **18 estrategia**: ...la estrategia de Duhalde *girará* sobre cuatro ejes: Seguir a fondo con la reforma policial. CLA070397 **19 tentativa**: Toda tentativa *gira* aquí sobre la necesidad de hacer permanentes algunas preguntas. ABC250294

D EL SUSTANTIVO *IDEA* Y CON DIVERSOS NOMBRES QUE DESIGNAN INFORMACIONES VERBALES O TEXTUALES: **20 idea ++**: ...preside la idea central de la convocatoria, que *gira* sobre los siguientes capítulos... ABC180895 **21 texto +**: ...resulta un texto original que *gira* sobre cuatro conceptos: soledad, ciencia, alegoría y visualidad... EME051096 **22 mensaje +**: Los mensajes almacenados en su móvil *giran* sobre el gran tema de... EME051096 **23 discur-**

so +: ...un discurso mucho más rotundo que sigue *girando* sobre el cuerpo humano pero que permite una lectura más clara de sus planteamientos. ABC300994 **24 comentario +:** Los comentarios sobre el emocionante partido (...) *giran*, sobre todo, en torno al momento en que el base... LVE030896 **25 palabra:** ...pero sus palabras *giraron* sobre todo alrededor del conflicto con el futbolista. EPE240899 **26 pregunta:** En el autobús de campaña, las preguntas a Molins *giraban* invariablemente sobre esa cuestión. LVE030396 **27 manifiesto:** Un manifiesto político contundente que *giraba* sobre cuatro puntos... INDOC **28 informe:** Este informe, que *gira* sobre cuatro ejes fundamentales, considera que... EPE170100 **29 declaración:** ...todas las declaraciones *giraron* sobre el arbitraje del colegiado asturiano... EME011096 **30 información:** ...han sido progresivamente aislados hasta el punto de que las únicas informaciones locales *giran* sobre su extradición... EME050695

E SUSTANTIVOS QUE DENOTAN INCÓGNITA U OPCIÓN: **31 cuestión +:** La administración del foro procura agrupar las cuestiones que *giran* sobre un mismo tema. EPE030300 **32 hipótesis +:** Los investigadores comenzaron a barajar diferentes hipótesis, casi todas *giraban* sobre el mismo eje. EME240996 **33 opción:** ...recoger opciones diversas que *giraban* sobre la idea básica del socialismo democrático y que a partir de ahí echó raíces. LVE301195 **34 duda:** Gran parte de las dudas *giran* sobre este punto... CLA110497

F OTROS SUSTANTIVOS; POSIBLES USOS ESTILÍSTICOS: En la exposición estas tradiciones *giran* sobre el tema de la Navidad, vista desde la óptica monacal. EME271196; Con este ambiente, la tarde *giró* evidentemente sobre Pedrito, quien no defraudó aunque llevó su cruz con el manejo de la espada. EME260694; La expulsión de Carlos Suárez Mason como socio activo de Argentinos Juniors pareció *girar* sobre el eje de las deudas. CLA090199

■ Se combina también con: ♦ **en parte, totalmente**

□ Véase también: **gravitar, orbitar, planear, virar.**

giro

♦ **abrupto[59], acrobático, apreciable[5], brusco[30], completo, de ciento ochenta grados, decisivo[2], drástico[24], en falso[18], imprevisible[39], inequívoco[53], inesperado, insospechado, irreversible, radical, repentino, rotundo, sorprendente, total, vertiginoso[37]** ♦ **dar[311], experimentar, hacer, imprimir[26], producir(se), propiciar, provocar, sufrir[6], tomar[35]**

□ Véase también: **brinco, cambio, gira, movimiento, pirueta, quiebro, salto, viraje, vuelco, vuelta.**

glacial

♦ **acogida, actitud, comentario, mirada, recibimiento, saludo, sonrisa, temperatura**

[globo]

→ **como un globo**

globo

♦ **aerostático, dirigible, informativo, ocular, terráqueo** ♦ **deshinchar(se), desinflar(se), estallar, explotar, hinchar, inflar(se), pinchar(se), volar**

[gloria]

→ **sin pena ni gloria**

gloria

♦ **celestial[7], efímero[3], eterno, excelso, fugaz[23], inmortal, nacional, supremo** ♦ **ápice (de)[95], asomo (de), instante (de), momento (de)** ♦ **acariciar[4], alcanzar, augurar[12], buscar, colmar (de)[16], conquistar, cubrir(se) (de)[10], disfrutar, disipar(se), encontrar, estar (en), gozar (de)[11], honrar[5], perseguir, reverdecer, saber (a), saborear[13], subirse a la cabeza (a alguien), tener**

□ Véase también: **esplendor, éxito, fama, triunfo, victoria.**

gobernar

♦ **abusivamente[33], a {mis/tus/sus...} anchas[3], cómodamente, con firmeza[33], con mano de hierro[2], con mano dura[1], con mano férrea[2], con mano firme[5], democráticamente[30], despóticamente, dictatorialmente, dignamente[56], férreamente[6], holgadamente[10], injustamente, justamente, prudentemente, sabiamente, tiránicamente**

□ Véase también: **regentar, regir.**

gobierno

♦ **absolutista, absoluto, a plazo fijo, beligerante, blando[31], comunal[1], débil, democrático, dictatorial, duro, eficaz, férreo[4], firme, flexible, frágil, hegemónico, ilegítimo, implacable[7], ineficaz, inflexible, injusto, inmovilista, inoperante, intolerante, justo, laxo, legítimo, paritario[22], prepotente, progresista, prudente, sabio, soberano, tiránico, tolerante, vacilante** ♦ **abjurar (de), asumir[11], blindar[28], boicotear, caer, centralizar, consolidar(se), constituir, copar[12], decidir, deponer, derrumbar(se)[10], desestabilizar, desmembrar(se)[31], desmoronar(se)[2], dimitir, dirigir, disentir (de), elegir, emanar[23], erosionar[1], escorar(se)[3], formar, hipotecar[26], imponer, instaurar, nombrar, presidir, reinstaurar, revalidar[3], socavar[9], tambalearse, tener**

□ Véase también: **autoridad, control, imperio, soberanía.**

gol

♦ **a favor, apoteósico, decisivo[22], de oro[12], en contra, en frío, espectacular, fulgurante[44], fulminante, parco (en)[16], portentoso, tempranero** ♦ **lluvia (de)[28]** ♦ **olfato (de)** ♦ **acariciar[10], anular, apuntar(se), clavar, conquistar, conseguir, encajar, endilgar, endosar, errar, fallar, hacer, invalidar, marcar, meter, parar, remontar[24], validar[14]**

□ Véase también: **goleada, punto, tanto.**

goleada

♦ **abultado[29], a domicilio[25], aplastante[5], estrepitoso[4], inmerecido, merecido** ♦ **encajar, endosar, ganar (por), infligir[43]**

[golpe]

→ **a golpe (de), a golpes, golpe de estado**

GOLPE

♦ (SUSTANTIVOS) Véase: **a discreción[D], amagar[B], amortiguar[A], brusco[H], dar[R], encajar[A], en seco[D], enzarzarse (en)[C], frontal[A], implacable[I], infligir[C], inmerecido[F], irresistible[G], lluvia (de)[A,G], monumental[G], pegar[C], reponerse (de)[C], serio[F], severo[C]**

♦ (VERBOS) Véase: **a discreción[B], con dureza[B], estrepitosamente[D], frontalmente[A], fuertemente[B], ligeramente[E], sin contemplaciones[C]**

□ Véase también: AGRESIÓN; CONTACTO; FUERZA; MOVIMIENTO.

golpear ♦ **a conciencia**[45], **a diestro y siniestro**[26], **a discreción**[7], **a patadas**[10], **a sangre fría**[13], **certeramente, ciegamente**[23], **con dureza**[16], **con firmeza, con tino, con todas {mis/tus/sus...} fuerzas, débilmente, de lleno**[20], **duramente**[36], **enérgicamente, fatalmente, fuertemente**[13], **gravemente**[39], **ligeramente**[45], **severamente**[41], **sin miramientos, sin piedad**[3], **sin ton ni son**

☐ Véase también: **abatir(se), agredir, chasquear, chocar, colisionar, estrellarse, impactar, pegar.**

golpe (de) *sust.* ▮ Admite algunos sustantivos que designan objetos físicos *(un golpe de martillo).* Forma parte de las expresiones lexicalizadas *golpe de estado, golpe de gracia, golpe de castigo, golpe de vista, golpe de mar, golpe de astucia, golpe de pecho, golpe de corazón, golpe de mano, golpe de risa.* También acepta otros sustantivos, unas veces en expresiones semilexicalizadas, y otras en grupos sintácticos más libres. Destacan sus combinaciones con...

A SUSTANTIVOS QUE DENOTAN INSTRUMENTO DE GUÍA O DE CONDUCCIÓN, UNAS VECES INTERPRETADO EN SENTIDO FIGURADO Y OTRAS EN EL LITERAL: **1 volante ++:** Dio un *golpe* de volante hacia la izquierda, demasiado brusco, y arrancó parte de la cerca metálica que separa los dos sentidos de circulación. LVE110795 **2 timón ++:** El *golpe* de timón lo dio el presidente nacional de los republicanos, Haley Babour, el pasado martes en Washington. EME241096 **3 manillar –:** ...con un habilidoso *golpe* de manillar fue capaz no sólo de evitar el choque inminente, sino de hacerlo sin perder cadencia en su pedalada cargada de dinamita... EPE030700

B SUSTANTIVOS QUE DENOTAN AZAR O CASUALIDAD: **4 suerte ++:** Señala el doctor Ramírez que hacer un diagnóstico acertado de carcinoma de ovario responde más bien a un *golpe* de suerte, que a la aplicación de métodos científicos... EUV060499 **5 fortuna +:** Sucedió a su padre en la máxima jefatura del Santander y luego engrandeció el imperio heredado con un *golpe* de fortuna... LVE140595 **6 destino ++:** Su cara de chico bueno, que encaja con filosofía todos los *golpes* del destino, le especializó en personajes de eterno perdedor... EME150795 **7 azar:** Mi vida ha sido un afortunado cúmulo de coincidencias y *golpes* de azar. EME130795 **8 mala pata –:** Fuera de eso, sólo me encuentro disparates, fracasos y *golpes* de mala pata. EME250996

C SUSTANTIVOS QUE DESIGNAN DIVERSAS CAPACIDADES INTELECTIVAS DE LAS PERSONAS, MÁS FRECUENTEMENTE SI ESTÁN RELACIONADAS CON SU CREATIVIDAD O SU AGUDEZA: **9 humor +:** Me ha sido difícil reprimir la risa ante los *golpes* de humor... EPE170299 **10 ingenio +:** La carcajada salta con el gag, con la ocurrencia inesperada, con el *golpe* de ingenio que resuelve inopinadamente un «conflicto» cómico determinado. LVE101196 **11 talento:** ...la hermosa diva gigante del cine estadounidense Sigourney Weaver (...) ha hecho aflorar el *golpe* de talento que se esconde bajo su legendaria piel... EPE210999 **12 imaginación:** Y es que los expertos en estos cálculos no solo tabulan los datos, sino que, a veces, también los fabulan, en un *golpe* de imaginación e ingenio. EPE090699 **13 genialidad:** ...dio claras muestras de conformarse con un empate que llegó al marcador por un *golpe* de genialidad del Piojo López... EPE311099 **14 genio:** Un *golpe* de genio de Carlos Sainz en la última especial de ayer permitió al piloto español llegar líder del rally de Montecarlo a Digne. LVE250195 **15 inteligencia:** ...Chano desbarataba sus demonios con un *golpe* de inteligencia natural espléndida. EME210795

D LOS SUSTANTIVOS *EFECTO* E *IMPACTO*. TAMBIÉN CON OTROS, RELACIONADOS A MENUDO CON LA REPRESENTACIÓN VISUAL O PLÁSTICA DE LAS COSAS, QUE SE ASOCIAN EN LA MENTE DE LOS HABLANTES CON LA ESPECTACULARIDAD, LA FUERTE IMPRESIÓN O LA REPERCUSIÓN SOCIAL: **16 efecto ++:** Bruguera mostró un inagotable arsenal de *golpes* de efecto letal y precisión inédita. LVE130595 **17 propaganda +:** ...no preveían que los emerretistas (...) resurgirían con este certero *golpe* de propaganda. HOY231296 **18 publicidad:** La boda está viciada de nulidad porque «fue concebida y perpetuada por la compañía editorial en busca de un *golpe* de publicidad»... CLA100199 **19 impacto:** Imagino que una combinación única de imágenes ordenadas puede dar un *golpe* de impacto, tal y como lo da un cuadro de Chirico. LVE200995 **20 imagen:** El empeño de Chirac por ser recordado como uno de los principales artífices de la paz bosnia sufrió ayer un duro *golpe* de imagen. EME060196 **21 teatro:** Vino a cantar lo que mejor puede en este momento, sin concesiones ni *golpes* de teatro. EPE040299 **22 escena:** El presunto embarazo imprime un *golpe* de escena al idilio entre el sexagenario tenor y su ex secretaria de 27 años. EME090396

E SUSTANTIVOS QUE DESIGNAN DIVERSAS MANIFESTACIONES DEL AIRE EN MOVIMIENTO: **23 aire:** ...fallecieron a consecuencia de un *golpe* de aire o mar, o aplastados por una tapia donde habían buscado refugio... FDV020101 **24 viento:** Detrás se formó un grupo de perseguidores y Alejandro Gómez se quedó en tierra de nadie por «un fuerte *golpe* de viento» que le dejó cortado. FDV280301 **25 tos:** ...se le une la coincidencia del *golpe* de tos con el momento más delicado y esencial de la obra que se interpreta... ABC030993 **26 voz:** Sobre el escenario, no faltó de nada: ni sus famosas notas dobladas, ni las vibraciones de su mano izquierda sobre el mástil, y el *golpe* de voz en cada impulso de cuerda. EME090796

F OTROS SUSTANTIVOS; POSIBLES USOS ESTILÍSTICOS: Rechazó la oportunidad de dar un «*golpe* de partido»: desoyó a presidentes de comités distritales, municipales y estatales que le manifestaban su apoyo... PME150996

▩ Se combina también con: ♦ **afortunado, alevoso, aparatoso**[17], **brusco**[57], **calculado, certero, con suerte, contundente, débil, decisivo, demoledor**[3], **duro, en seco**[17], **fallido, fatal, fatídico, flojo, fortuito, frontal**[3], **fuerte, fulminante, funesto, implacable**[56], **irresistible**[35], **irreversible**[8], **lateral, lesivo, letal, leve, ligero, mortal, mortífero, nefasto, poderoso, rotundo, serio**[34], **sesgado, severo**[21], **traumático, tremendo, violento, virulento** ♦ **a fuerza (de), a prueba (de)** ♦ **lluvia (de)**[46], **secuela (de)**[3] ♦ **acertar, acusar, afinar**[3], **aguantar, amagar**[5], **amortiguar**[1], **arrear, asestar, atizar, capitanear**[3], **contrarrestar, dar(se), desviar, detener, devolver, doler, emprenderla (a), encajar**[1], **endilgar, endosar, errar, esquivar, evitar, fraguar(se)**[33], **fulminar (con), infligir**[21], **lanzar, largar, liarse (a), moler (a), neutralizar, parar, pegar, propinar, re-**

cibir, recobrarse (de)[6], recuperar(se) (de), recuperarse (de), repartir, reponerse (de)[14], resistir, responder (a), sacudir, sentir, soltar, soportar, sufrir

☐ Véase también: **a golpe (de), a golpes, golpiza**.

golpe de estado ♦ **dar[227], fracasar, frustrar(se), llevar a cabo, participar (en), planear, sofocar[12], tener éxito, tramar, urdir[24]**

GOLPE Y MOVIMIENTO IMPULSIVO Véase: ♦ **batacazo, bofetada, cabezada, cabezazo, campanazo, cañonazo, cogida, colisión, contusión, cornada, disparo, empujón, encontronazo, espaldarazo, giro, golpe, golpe (de), golpiza, guantazo, herida, impacto, impulso, lanzamiento, paliza, palo, patada, pincelada, puntapié, puñalada, puñetazo, sacudida, tiro, tirón, tortazo, volantazo** ♦ **chasquear, colisionar, estrellarse, golpear, herir, impactar, matar, pegar**

☐ Véase también: *AGRESIÓN; LANZAMIENTO*.

golpiza ♦ **duro, fuerte, intenso, severo[23]** ♦ **dar, propinar**

☐ Véase también: **golpe (de), paliza**.

gorjear ♦ **ave, pájaro**

gorro ♦ **calar(se), dar de sí, encajar(se), encasquetar(se), llevar, poner(se), quitar(se)**

gozar (de) *v.* ▌Se combina con algunos sustantivos que designan energía física o vital *(salud, vitalidad, fuerza, dinamismo)*, así como los efectos de diversos elementos y fenómenos naturales o meteorológicos *(sol, aire, clima, buen tiempo, temperatura)*. Acepta también otros que designan momentos y períodos *(verano, vacaciones, presente, instante)*, entre ellos los de la propia existencia *(vida, infancia, juventud, existencia)*. Se construye asimismo con sustantivos que designan sensaciones *(tacto, aroma, sabor)*, eventos *(viaje, fiesta, estreno)*, lugares *(paisaje, enclave)* y en general asuntos, materias y acciones que es posible experimentar con placer *(gozar de la música, la literatura, la compañía, la comida, el tabaco)*. En el sentido de 'contar con' se combina también con gran número de sustantivos. Destacan entre ellos los que designan personas y grupos humanos *(La obra goza de un reparto excepcional)*, lugar en alguna jerarquía social *(estatus, rango, posición)*, y rendimiento o beneficio económico o de otro tipo *(salario, prestación, monopolio)*. En este mismo sentido se combina a menudo con los sustantivos *propiedad, cualidad, característica* y *condición*, construidos generalmente en plural, así como con otros que designan algunos de esos rasgos. Destacan entre esas propiedades las que designan la condición de verse alguien libre de ataduras *(gozar de libertad, de independencia)* y la de poseer muy diversos méritos personales *(gozar de talento, de inteligencia, de intuición, de sensibilidad)*. Este sentido se extiende ocasionalmente a las cosas *(El piso goza de magníficas vistas)*. También se combina con...

A SUSTANTIVOS QUE DESIGNAN DIVERSAS FORMAS EN LAS QUE SE MANIFIESTA EL RECONOCIMIENTO SOCIAL: **1 popularidad ++**: ...joven actor que actualmente *goza* de gran popularidad gracias a su personaje... DYM090996 **2 fama ++**: Si el homicida *goza* de fama, de poder o de fortuna y lo representa legalmente una acreditada firma (...) es posible que el juez que tenga en su poder el caso absuelva al acusado... INF010896 **3 renombre ++**: Estos cantones conforman la segunda zona productora de café del país, cuya calidad *goza* de renombre internacional... LNC071100 **4 tirón ++**: ...una dirigente que también *goza* de tirón popular. EPE091299 **5 gancho +**: El Barça aún *goza*, a pesar de los resultados, de «gancho» televisivo... LVE280196 **6 reconocimiento ++**: La diferencia entre ambos es que Joppy no *goza* del reconocimiento a nivel mundial con el que cuenta el retador... ESP100501 **7 prestigio ++**: Es cierto que dicho catedrático *goza* de un gran prestigio académico... PME080996 **8 simpatía ++**: Ya se esperaba esto porque el alcalde no *goza* de la simpatía de los cozumeleños... DYM230796 **9 parabién +**: ...un recordatorio permanente de que sus candidatos *gozan* de los parabienes del jefe de Estado. EPE020599 **10 admiración +**: Este *goza* de respeto y admiración unánime por su excelencia académica. HOY180385 **11 gloria +**: Los 1.500 también han *gozado* de su cuota de gloria. EME110396

B SUSTANTIVOS QUE DENOTAN APOYO O ADHESIÓN: **12 voto**: En principio, luego de la derrota en campo propio ante el Sevilla, parecía *gozar* de un voto de confianza... EPE021288 **13 aplauso**: De hecho, hay ya verdaderos tontos que *gozan* de un aplauso acrítico muy generalizado. ABC220494 **14 predilección +**: Los estudios científico-técnicos *gozan* hoy de una clara predilección... LVE100195

C SUSTANTIVOS QUE DENOTAN ATRACCIÓN NATURAL Y OTROS RASGOS DE LA PERSONALIDAD: **15 atractivo ++**: Entre las chicas, la figura de Marcos continúa *gozando* de un enorme carisma y atractivo. EME150295 **16 encanto ++**: Esta tercera entrega de las aventuras del superhéroe (...) no tiene el encanto del que *gozaba* la primera... LVE150696 **17 carisma +**: ...es presidente de la asociación de vecinos de Sant Llorenç desde hace casi 25 años y *goza* de cierto carisma en determinados barrios de la periferia... LVE300195 **18 magnetismo +**: Nacida hace 52 años, Mega, como es popularmente conocida, *goza* de un misterioso e incomprensible magnetismo para las masas. EPE070699 **19 gracia +**: Se trata de una medida extraordinaria, ya que tan solo otras cuatro ciudades en todo el mundo (...) *gozan* de esta gracia. LRE120103 **20 aura +**: ...cierta interpretación del fragmento *goza* de un aura de prestigio... LVE210395

D SUSTANTIVOS QUE DENOTAN VENTAJA SOBRE LOS DEMÁS, A VECES INJUSTA: **21 favor ++**: Los oficiales que *gozan* del favor del comandante en jefe se caracterizan por ser dueños de haciendas... LNC070197 **22 privilegio ++**: En la Argentina, los gobiernos de turno han *gozado* del raro privilegio de controlar la producción de las estadísticas... CLA070497 **23 enchufe +**: Seguro que *gozaron* de un buen enchufe al hacer su mili. LVE220195 **24 carta blanca +**: Tampoco pueden apoyar el control draconiano de los arsenales de Irak, en tanto que Israel *goza* de carta blanca para potenciar su plataforma atómica. EME260295 **25 patente**: Se ha abierto, pues, la veda contra una profesión que hasta ahora parecía *gozar* de patente de corso. LVE051195 **26 fuero:** Dos de ellos incluso, ahora son senadores provinciales y *gozan* de fueros parlamentarios. CLA110197 **27 prerrogativa:** ...*gozan* de la misma prerrogativa, a pesar de nuclear a unos cuantos miembros. EUV060499 **28 franquía –:** Los cristianos, de hecho, *gozaron* de franquía para cultivar su fe sin cuidado de sus vidas o haciendas. EPE241001 **29 regalía:** ...funcionó como un Estado dentro de otro Estado, *gozando* de las franquicias y regalías propias de las sociedades benefactoras... HOY091296 **30 prebenda:** ...además de continuar *gozando* de prebendas y privilegios a costa del dinero de los centroamericanos... LHG190700

E SUSTANTIVOS QUE DENOTAN ACEPTACIÓN O AUTORIZACIÓN: **31 aprobación ++:** La muestra de Antonio López suscitó muchas divergencias mientras que la de Lucien Freud está *gozando* de la aprobación general. EME160694 **32 visto bueno +:** Estas fusiones «intraterritoriales» son directamente auspiciadas o *gozan* del visto bueno de los responsables de los gobiernos autonómicos respectivos. EPE060499 **33 permiso +:** Se calcula que hay unos sesenta mil nicaragüenses ilegales viviendo en Estados Unidos, quienes *gozan* de un permiso que está prolongado hasta finales de 1997. LPN180397 **34 autorización +:** ...ya que estos escopeteros *gozan* de la autorización del patronato. LVE210295 **35 consentimiento +:** Lo cierto es que la pena capital *goza* de un aparente consentimiento popular. EME031196 **36 aval:** El tercer grupo son los socios partícipes, es decir, las empresas que han *gozado* de avales de la sociedad. LVE200795 **37 credencial:** ...una empresa que *goza* de importantes credenciales, pues es promovida por dos ex-funcionarios del ex-presidente... DED201096

F SUSTANTIVOS QUE DENOTAN RESULTADO DE ALGO, GENERALMENTE FAVORABLE. TAMBIÉN CON OTROS QUE DESIGNAN DIVERSOS ESTADOS DE RECONOCIMIENTO PÚBLICO: **38 resultado +:** En Jaca, por ejemplo (...), pese a *gozar* de unos resultados similares a los nacionales, el gobierno municipal pertenece al Partido Popular. EME280296 **39 fruto +:** Con la acumulación de bienes, las clases dominantes, creadoras o no, continuaron *gozando* de los frutos obtenidos del esfuerzo ajeno. LVE250596 **40 premio:** ...es toda Cataluña la que desde hace años *goza* de un premio... LVE060995 **41 récord:** ...*goza* desde ayer de un ominoso récord: es el primer jefe de Estado procesado por un tribunal penal internacional en ejercicio de su cargo. EPE280599 **42 éxito:** DiCaprio fue muy atacado durante 1998 por sólo *gozar* del éxito de Titanic... CLA310199 **43 triunfo:** ...mientras Uribe *goza* del triunfo de «Días contados» Vicente Aranda se declara «gran perdedor»... EME230195 **44 laurel:** ...un sotanillo donde algunos travestis *gozan* de los laureles de la copla española... EME020596

G SUSTANTIVOS QUE DESIGNAN MANIFESTACIONES DE LA AUTORIDAD, LA HEGEMONÍA O EL LIDERAZGO: **45 poder ++:** ...*gozaron* de enorme poder durante los trece años de gobierno... DLA010397 **46 influencia ++:** ...un funcionario que *gozaba* de una notable influencia en el gobierno hasta que decidió separarse de una de las hijas del Presidente... EPU081101 **47 protagonismo ++:** Desde esa fecha *goza* de un protagonismo inusual para las mujeres adultas... LEC031097 **48 liderazgo +:** ...su último mercado en el cual *gozaba* de liderazgo en todo el mundo... EUV080996 **49 control:** Su breve duración impidió *gozar* más del control que la ex periodista exhibe de los recursos expresivos ante una cámara de televisión. LVE210296 **50 poderío:** ...sigue *gozando* del poderío expresivo del escritor... ABC221093 **51 potestad:** La Comunidad *goza* de potestad sancionadora en caso de que el Ayuntamiento de Madrid no imponga medidas contra el ruido. EPE180999 **52 autoridad:** Los presidentes de EE. UU. *gozaron* de esa autoridad de 1974 a 1994, año en el que expiró esa autoridad. DYM111197

H SUSTANTIVOS QUE DENOTAN LIBERACIÓN DE UNA RESPONSABILIDAD, UNA OBLIGACIÓN O UN ESTADO ADVERSO: **53 amnistía +:** ...su nombre *gozaría* ya de la amnistía del olvido. EME210594 **54 vista gorda:** Durante años *gozaron* de la vista gorda de las autoridades de dicho país. EPE180900 **55 perdón +:** Llega el domingo de Resurrección, todos tenemos una temporada más encima, nadie *goza* del perdón del tiempo. EME090496 **56 excarcelación:** ...la detención no se hará efectiva si previamente los afectados ya *gozan* de una excarcelación a su favor. LNC020497 **57 exención:** Las entidades de la Zona Especial Canaria *gozarán* de exención en el Impuesto sobre Transmisiones Patrimoniales... CAN020201 **58 condonación –:** ...responder de sus deudas hasta el último céntimo mientras otros *gozan* de moratorias y condonaciones... EME301296

I SUSTANTIVOS QUE DESIGNAN ESTADOS QUE SE CARACTERIZAN POR LA CONFLUENCIA, LA HOMOGENEIDAD, LA ESTABILIDAD O LA AUSENCIA DE PERTURBACIÓN: **59 bienestar ++:** Goza del bienestar social por el que, a su vez, Navarra se coloca en el primer puesto: vivienda, empleo, sanidad, enseñanza. DDN110101 **60 tranquilidad ++:** Y es que la economía hoy requiere viajar fuera, pero *gozando* de tranquilidad en casa. LVE070495 **61 paz ++:** ...ahora *goza* de la paz y de la felicidad eterna del Señor... DLA060997 **62 quietud +:** Gozan de una quietud interna insólita en un grupo cuyo ambiente orgánico fue durante varios lustros como el de una taberna portuaria... EPE220199 **63 serenidad +:** ...arremeterán contra todo aquello que un momento antes *gozaba* de una aparente serenidad... EDV270499 **64 acuerdo:** ...sus repúblicas aún no *gozan* de acuerdos preferentes con la UE. EME080296 **65 unidad:** Otros antecedentes aunque plantados al tresbolillo, *gozan* de cierta unidad: Quevedo, Gracián, la Serna. EXC040901 **66 unanimidad ++:** ...la convocatoria de desobedecer, el llamado de protesta, sin embargo, no *goza* de unanimidad entre los intelectuales franceses... CLA170297 **67 concierto:** Álava, junto con Navarra, *goza* del concierto sin la interrupción a que Franco sometió a Guipúzcoa y Vizcaya... LVE101196 **68 consenso +:** Aunque las leyes tardan normalmente varios meses en aprobarse, ésta parece *gozar* del consenso de la mayoría de los diputados... EME030496

■ Se combina también con: ♦ **en exclusiva**[19], **enormemente, horrores**[6], **inmensamente, intensamente**[25], **plenamente**[73], **una barbaridad**

□ Véase también: **disfrutar, disponer, divertir(se).**

gozo Véase: **alegría**

grabar (en) ♦ **cabeza, cinta, conciencia, disco, memoria, mente, pensamiento**

□ Véase también: **conservar, mantener(se).**

[gracia] → **dar las gracias, de gracia**

gracia ♦ **ingenioso, innato, ocurrente, prodigioso** ♦ **golpe (de)** ♦ **caer (en), causar[44], dar[166], derramar[10], derrochar[77], echar[31], estar (en), exhibir, gozar (de)[19], hacer, impetrar, implorar, mostrar, perder, reír(le) (a alguien), sucumbir (a), tener (por arrobas)**
□ Véase también: **chispa (de), chiste, humor, ironía.**

gracias ♦ **de todo corazón[36], sincero** ♦ **dar[291]**
□ Véase también: **agradecer, agradecimiento, dar las gracias, gratitud.**

graciosamente ▮ *(generosamente)* ♦ **ceder, conceder, dar, ofrecer, otorgar, regalar**
▮ *(con gracia)* ♦ **adornar, asomar, avanzar, caminar, girarse, ladearse, levantarse, mover,** *otros verbos de movimiento*

[grado] → **de buen grado, de mal grado**

grado ♦ **alto, apreciable[33], avanzado[7], bajo, considerable, elemental, elevado, extremo, incipiente, medio, sumo** ♦ **de {buen/mal}, en {alto/medio/sumo...}** ♦ **ascender (de), bajar, calibrar[1], conseguir, descender (de), determinar, estimar, medir, obtener, rebajar, subir, tener**
□ Véase también: **cantidad, intensidad, nivel.**

gradualmente *adv.* ▮ Se combina con verbos que designan acciones o procesos que tienen fin natural *(leer gradualmente un libro; construir gradualmente un edificio)*, y especialmente con...

A VERBOS QUE DENOTAN AUMENTO, CRECIMIENTO O MEJORA: **1 aumentar ++:** ...había accedido a aumentar *gradualmente* el nivel de exigencia de los controles. LNP080497 **2 ampliar ++:** Esta empresa se originó (...) con el negocio naviero, ampliando *gradualmente* sus horizontes en otros aspectos comerciales... LPA070592 **3 recuperar ++:** ...instrumentar y emprender un esfuerzo para recuperar *gradualmente* el poder adquisitivo. EXC270796 **4 mejorar +:** ...la relación al principio fue muy buena en general; después se deterioró, y *gradualmente* ha ido mejorando... PME271096 **5 incrementar +:** La cobertura del programa se incrementó *gradualmente*... FDV030599 **6 elevar +:** ...dispone la necesidad de elevar *gradualmente* las provisiones en un período de tres años... CAP030797 **7 subir +:** El citado impuesto subió *gradualmente* de 5 por ciento (...) al 17 por ciento. ACP311000 **8 crecer +:** El segundo operador empezará en las grandes ciudades y crecerá *gradualmente*... LVE061296 **9 desarrollar +:** ...tumores que se desarrollan *gradualmente* sin causar dolores. ABC250693 **10 avanzar +:** También se defiende avanzar *gradualmente* en la fusión... LVE140995 **11 extender(se) +:** ...la llamada «huelga de los aprendices» (...) se extendió *gradualmente* a todo el país... GIC104097 **12 expandirse +:** ...reflexión y análisis, susceptibles a su vez de ampliar términos que (...) se expanden *gradualmente*. PME031196 **13 intensificar(se):** En cada cuaderno se intensifican *gradualmente* las vivencias amargas. ABC140593

B VERBOS QUE DENOTAN DISMINUCIÓN, DESCENSO O PÉRDIDA: **14 reducir ++:** ...contempla reducir *gradualmente* la emisión de gases... HOY050187 **15 disminuir ++:** ...podrían disminuir *gradualmente* hasta desaparecer completamente dentro de cinco años. PLG090497 **16 bajar +:** ...debería ir dirigido a bajar *gradualmente* el alto porcentaje de concentración de la cartera financiera... ACP081296 **17 descender +:** ...el consumo descendía *gradualmente*. LVE121196 **18 empeorar +:** La situación sigue empeorando *gradualmente*... LVE120995 **19 recortar +:** ...las ayudas europeas al cultivo (...) serán recortadas *gradualmente*. EPE190499 **20 perder +:** ...ha ido perdiendo *gradualmente* esta facultad. SEM301000 **21 devaluar:** El gobierno tendrá que devaluar *gradualmente*. CLA100199 **22 acortar:** ...fue dejando de ser natural, fue acortando *gradualmente* el paso... ABC290794 **23 adelgazar −:** Los huesos en hombres y mujeres siguen haciéndose más densos hasta cerca de los 30 años, y luego *gradualmente* se van adelgazando. DYM080996

C VERBOS QUE DESIGNAN DIVERSAS FORMAS DE SUPRIMIR, CANCELAR O ANULAR ALGO: **24 eliminar ++:** ...ese plan, de darse, «iría eliminando *gradualmente* la ignorancia...». DED061196 **25 suprimir +:** ...las denominaciones porto y sherry (...) las suprimirá *gradualmente* en todos sus mercados... EPE121099 **26 suspender:** ...suspender temporal y *gradualmente* el embargo... LVE200895 **27 descartar:** Esta esperanza estaba siendo descartada desde hace algunas semanas *de forma gradual*... LVE210696 **28 acabar:** ...ya no deben tolerar que se negocie el uso del poder del Estado-nación para acabar, así sea *gradualmente*, con los habitantes. EXC060197 **29 doblegar:** ...doblegar *de forma gradual* la inflación... LVE030396 **30 desmantelar:** ...las naciones desarrolladas fueran desmantelando *gradualmente* sus propias industrias... LPA200592 **31 desposeer:** Hemos sido desposeídos *gradualmente* de todo lo que ayudaba a constituir una vida en comunidad. CLA080501 **32 quitar:** Estos *gradualmente* deberán quitárselos, porque tampoco le van a pedir al gobierno que se quede sin impuestos... LPN070597

D VERBOS QUE DENOTAN ALEJAMIENTO O SEPARACIÓN, EN SENTIDO FÍSICO O FIGURADO. TAMBIÉN CON OTROS QUE DESIGNAN EL PROCESO DE DEJAR DE EXISTIR: **33 desaparecer +:** ...el déficit desaparecerá *gradualmente* hasta su total eliminación... ESP230197 **34 retirarse +:** ...se retirarán «*gradualmente*» los subsidios directos e indirectos que el Estado da... HOY260597 **35 alejarse +:** ...a través de esa órbita de crecimiento en espiral por círculos que se alejan *gradualmente*... ABC030993 **36 distanciarse:** ...el ecuatoriano Vera consiguió alejarse de ese grupo compacto y *gradualmente* se fue distanciando de los otros competidores... ETC020190 **37 abandonar:** ...los músicos van abandonando *gradualmente* el escenario. EPE130899 **38 desalojar:** Los rebeldes (...), al ser reprimidos, y *gradualmente* desalojados, incendiaron depósitos... CLA120199

E VERBOS QUE DESIGNAN LA ACCIÓN DE PONER ALGO EN USO O EN FUNCIONAMIENTO, O BIEN EL PROCESO DE PASAR A ESE ESTADO: **39 aplicar ++:** Esa medida –añadió– se irá aplicando *gradualmente*... CLA120379 **40 poner en marcha ++:** ...están convencidos de que podrán poner en marcha, *de forma gradual*, las reformas... LVE081295 **41 incorporar +:** ...incorporar *gradualmente* a la economía formal a quienes se dedican a esa actividad... PME221296 **42 introducir +:** ...comenzando a introducir *gradualmente* elementos partidistas. LNA240692 **43 integrarse +:** Los países y pueblos de América se integrarán *gradualmente*... LTB170397 **44 adaptarse +:** ...permite a los bancos ir adaptándose *gradualmente* a la situación...

ETC011287 **45 implantar:** ...dada la complejidad del sistema, éste se implantará *gradualmente.* EME040494 **46 imponer:** ...sus valores atmosféricos se nos imponen *gradualmente* a medida que penetramos desde las superficies y relieves... ABC140194 **47 establecer:** ...tratando de establecer *gradualmente* la ruta de montaña bajo control del Gobierno... LVE090795 **48 adoptar:** ...está adoptando *gradualmente* el modelo que EE. UU. aplicó desde finales de los ochenta... EPE271099

F VERBOS QUE DENOTAN ACEPTACIÓN O CONVENCIMIENTO: **49 asumir +:** ...la policía autonómica andaluza (...) *gradualmente* (...) asumirá competencias policiales sobre juego y vigilancia de montes. LVG221191 **50 aceptar +:** ...el mensaje está siendo aceptado *gradualmente* por la población... LVE180596 **51 convencerse +:** Se convenció *gradualmente* de la necesidad de actuar. INDOC **52 admitir:** Fueron admitiendo *gradualmente* los errores cometidos en su gestión. INDOC

G VERBOS QUE DESIGNAN LA ACCIÓN DE EJECUTAR O LLEVAR A EFECTO O A TÉRMINO ALGUNA COSA: **53 realizar ++:** ...pidió el sábado al gobierno venezolano realizar *gradualmente* la repatriación de los campesinos... EUV031196 **54 hacer ++:** La renovación se hace *gradualmente* y no de una forma lineal... LVE181295 **55 llevar a cabo +:** El informe, como fórmula de compromiso, propone que el desarme se lleve a cabo *gradualmente* durante el proceso negociador... LVE250196 **56 efectuar +:** Los participantes (...) podrán efectuar la migración (...) *gradualmente*... ENV010796 **57 construir:** ...han construido *gradualmente* un Estado por medio de procedimientos democráticos. DYM240796 **58 completar:** Su desarrollo se va completando *gradualmente* en orden lineal a lo largo de siete capítulos... ABC030694 **59 conseguir:** Conseguirlo *gradualmente* merece el esfuerzo de muchas personas. LVE210494 **60 lograr –:** Esto se logra *gradualmente* saliéndose de las cuatro paredes... LPN021001

H VERBOS QUE DENOTAN APROXIMACIÓN: **61 acercar +:** El proyecto del Gobierno proponía acercar *gradualmente* las bases de las cotizaciones... LVE111096 **62 equiparar:** ...los sueldos de los docentes serán equiparados *gradualmente* con los de los maestros municipales. LNA010792 **63 aproximarse:** ...la ejecución presupuestaria comenzó a aproximarse *gradualmente* a los objetivos. LVE311295

I VERBOS QUE DENOTAN SUSTITUCIÓN O CAMBIO: **64 reemplazar ++:** El objetivo del Tratado sería adoptar la moneda estadounidense como moneda de curso legal, reemplazando *gradualmente* al peso. CLA220199 **65 sustituir ++:** ...*gradualmente*, las reglas competitivas de ganancia para unos y de pérdidas para otros están siendo sustituidas por la cooperación... EUV230996 **66 cambiar +:** ...este organismo ha venido cambiando *gradualmente* sus políticas de apoyo a los países del tercer mundo... LPN300197 **67 convertirse +:** ...los delegados pueden convertirse *gradualmente* en agentes principales de pleno derecho... EPE161101 **68 transformarse:** El actual modelo mixto se transformaría así *gradualmente* en uno profesional... EME290496 **69 evolucionar:** Los productos van evolucionando *gradualmente* para satisfacer las necesidades del mercado. ETC190597 **70 modificar:** ...modificando *de forma gradual* la estructura de grupos de cotización... CAN250996

□ Véase también: **escalonadamente, paulatinamente, progresivamente.**

gráficamente ♦ **contar, decir, describir, ejemplificar, explicar, exponer, expresar(se), relatar, resumir,** *otros verbos de lengua*

gráfico **I** *(adj.)* ♦ **análisis, aparato, arte, artista, colaborador, creador, cuadro, descripción, detalle, diseñador, diseño, documento, ejemplo, esquema, humor, información, informador, lenguaje, manual, material, medio, mensaje, panorama, periodismo, periodista, reportaje, reportero, seguimiento, significado, signo, símbolo, sistema, soporte, taller, testimonio, tratamiento**

II *(sust.masc.)* ♦ **adjunto, bidimensional, clarificador, coloreado, comparativo, conciso, de computadora, de ordenador, didáctico, esclarecedor, explícito, ilustrativo, inteligible, interactivo, sinóptico, sintético, tridimensional** ♦ **con, mediante** ♦ **ampliar, componer, configurar, construir, crear, delinear, diseñar, elaborar, esbozar, expandir, mostrar, presentar, proyectar, trazar, usar, visualizar**

□ Véase también: **dibujo, fotografía, imagen, representación.**

[grande] → **a grandes líneas, a grandes rasgos, a grandes trazos, a lo grande, con gran detalle**

[granel] → **a granel**

granjearse *v.* **I** Se combina con...

A SUSTANTIVOS QUE DESIGNAN MANIFESTACIONES DE INCLINACIÓN, ESTIMA, SOLIDARIDAD Y OTRAS FORMAS DE APRECIO HACIA LAS PERSONAS O LAS COSAS: **1 simpatía ++:** ...tienen a su disposición los recursos del Estado para *granjearse* la simpatía de muchos de sus posibles electores y sobre cuyas aspiraciones no suelen producirse debates como el actual. SEM210197 **2 apoyo ++:** ...la cumbre de Dublín, en la que Aznar aprovechó para *granjearse* el apoyo del otro coloso europeo, Francia... EME311296 **3 confianza ++:** ...el «doctor» Fausto se *granjeó* la confianza de ricos y poderosos, llegando éstos a confiarle la educación de sus hijos... ABC161294 **4 admiración +:** ...fue en sus enfrentamientos personales donde encontró el mejor caldo de cultivo para *granjearse* la admiración de la afición verdiblanca. EME020996 **5 amistad:** Adiso logró *granjearse* la amistad de los compañeros. EME040296 **6 respeto:** ...que ha sabido ir *granjeándose* el respeto de todos y la amistad de muchos... EME070594 **7 respaldo:** Pero aparte de haberse *granjeado* el respaldo presidencial, Gore juega con una ventaja adicional... ETC111196 **8 afecto:** Del Río, por su hombría de bien, se había *granjeado* el afecto de sus compañeros de tareas en el Ejecutivo... LNP151097 **9 cariño:** En Mataquescuintla se *granjeó* el cariño y el respeto de los habitantes de la región... LHG190397 **10 reconocimiento:** Este detalle le *granjeó* el reconocimiento de importantes intelectuales. EME050596 **11 devoción:** Desde entonces, su prolífica y satírica pluma (...) le *granjeó* la devoción de millones de lectores. EME231095 **12 adhesión:** ...su actitud de intolerancia respecto a la legalización de los inmigrantes ilegales también le ha *granjeado* la adhesión (...) de buena parte del electorado conservador. EPE290800 **13 favor:** Aunque la proximidad de las elecciones y la necesidad de *granjearse* el favor de los nacionalistas han sido los factores determinantes en la decisión de Yeltsin... EME201095 **14 indulgencia:** Porque sería inaceptable que el PP, para *granjearse* la indulgencia del PSOE, le ofreciera desistir de las reclamaciones... EPE090399 **15 beneplácito:** El uso de la preposición «en» marca las distancias desde las que García Prieto se ha *granjeado* el beneplácito... LVE180295

B SUSTANTIVOS QUE DENOTAN AVERSIÓN, REACCIÓN HOSTIL Y OTRAS FORMAS DE RECHAZO. TAMBIÉN CON OTROS QUE DESIGNAN LOS SENTIMIENTOS QUE SE SUELEN ASOCIAR CON TALES REACCIONES: **16 enemistad ++:** Mandela defiende igualmente la colaboración del ANC con el Partido Comunista, alianza que le *granjeó* la enemistad tanto de las autoridades como de los africanistas intransigentes... ABC300695 **17 antipatía +:** ...con sus vacilaciones se *granjeó* la antipatía de varias de las repúblicas que se liberaron de la hegemonía del Kremlin... LPA270492 **18 desprecio +:** La postura crítica de Bernhard ante los centros de poder de Austria, tanto políticos como jurídicos y académicos, le *granjeó* el desprecio de las autoridades... EME190294 **19 odio:** ...creó la Fundación Social Eva Perón, una organización benéfica que le *granjeó* el odio de las elites argentinas... EME100296 **20 hostilidad:** Desde este último destino tuvo que aplicar la polémica Ley del Personal Militar, lo que le *granjeó* la hostilidad de un amplio sector de las Fuerzas Armadas. EME250596 **21 desconfianza:** ...su fluida relación con el duhaldismo terminó por *granjearle* las desconfianzas menemistas. CLA030199 **22 animadversión:** El presidente norteamericano tiene prevista una reunión con Gerry Adams, líder del Sinn Fein, un gesto que le ha *granjeado* la animadversión de los unionistas. EME301195 **23 desafecto:** ...cuyas críticas a la figura de Felipe González le *granjearon* el desafecto de buena parte de la dirección del PSOE. EPE020499 **24 recelo:** ...le *granjeó* para los catalanes el recelo y la hostilidad de extremeños, murcianos, andaluces, manchegos... EME260995 **25 rechazo:** ...su actitud crítica ante la sociedad de su país, especialmente por su descripción del mundo obrero y de las contradicciones del sistema, le *granjeó* el rechazo de la cúpula socialista... LVE020196 **26 oposición:** Constantino se *granjeó* la oposición de la mayoría del pueblo griego cuando en abril de 1967 se negó a condenar el golpe de los coroneles. EME180695 **27 envidia:** ...y esa superioridad era tan evidente que le *granjeó* envidias y hostilidad. LVE061295 **28 ira:** ...conocido por sus repetidas provocaciones que, al igual que mostraba en sus textos, le *granjearon* las iras de muchas feministas... EME110394 **29 anatema −:** La historia le dio la razón y su audacia le *granjeó* el anatema de una izquierda cerril... ABC090994 **30 ojeriza −:** Con la victoria ha suscrito unas promesas (algo más que un compromiso) cuyo incumplimento le *granjearía* la ojeriza de la historia. EME210295

C SUSTANTIVOS DE PERSONA, INDIVIDUALES O COLECTIVOS, QUE MANIFIESTAN LAS REACCIONES DE PROCLIVIDAD Y RECHAZO A LAS QUE SE REFIEREN LOS APARTADOS *A* Y *B*: **31 amigo ++:** Desde las siete de la mañana hasta las diez de la noche, emite una música serena y relajante, que es la que le ha *granjeado* más amigos. LVE121195 **32 enemigo ++:** Cuando hablo de literatura, hablo de literatura: de dejar constancia de algo, de crear una escuela, de *granjearse* incluso enemigos... ABC190692 **33 adepto +:** Lo que daría suficiente tiempo a Bossi –o a otro político más respetable que él– de *granjearse* adeptos para su solución checoslovaca... LVE190996 **34 incondicional:** ...sus despedidas en torno a cuestiones culturales, expresadas en un lenguaje próximo a la prosa poética, le habían *granjeado* un buen número de incondicionales... LVE110696 **35 seguidor:** Su estilo ha creado escuela desde hace más de dos décadas y les ha *granjeado* legiones de seguidores... EPE081001 **36 lector:** La novela tiene ingredientes más que sobrados para *granjearse* lectores. LVE100395 **37 fiel:** Los espartanos primeros discos le *granjearon* una corte de fieles que se ha mantenido... LVE161196 **38 pretendiente:** Por ello ha dado el salto desde el Tenerife al Barcelona y, su condición de Pichichi, le *granjeó* pretendientes también en Italia. LVE080696 **39 cliente:** ...subyace la dura competencia entre los principales puertos españoles, especialmente entre Valencia y Barcelona, que rivalizan por *granjearse* a los clientes del centro de la península. EPE300699 **40 oyente −:** Su forma de llevarlo desde la sinceridad le ha *granjeado* ya varias generaciones de oyentes que han aprendido a buscar con él el valor de la perfecta canción pop. EPE180199 **41 público −:** Su estilo (...) le *granjeó* un público diverso y devoto. ABC220592

D SUSTANTIVOS QUE DESIGNAN MANIFESTACIONES, GENERALMENTE VERBALES, DE CENSURA, PROTESTA, DISCONFORMIDAD Y OTRAS FORMAS DE REACCIÓN HOSTIL: **42 crítica +:** ...cuyas protestas callejeras y pasos para eludir el servicio militar en Vietnam le *granjearon* críticas durante la campaña electoral. LVE120795 **43 ataque:** Estas actividades del fundador de ETA le *granjearon* un duro ataque de la Koordinadora Abertzale Sozialista... LVE260195 **44 acusación:** ...su apuesta por las concentraciones bancarias, opción que le *granjeó* acusaciones de favoritismo e intervencionismo excesivo. EPE051099 **45 abucheo:** ...se ha negado a abandonar la carrera presidencial y eso le *granjeó* una de los más sonoros abucheos que se escucharon en el mitin. EME220495 **46 queja:** El Consistorio ha controlado con celo el horario de cierre, lo que le ha *granjeado* las quejas de los empresarios. EPE231099 **47 reproche:** Claro, a veces no puedo soportar el dolor (ya les digo que soy viejo) y mis gritos desgarrados resuenan por las estaciones, *granjeándome* una vez más los reproches de los viajeros. EPE201101 **48 bronca:** Sin embargo, esta actitud independiente le ha *granjeado* a Maragall broncas monumentales con un partido socialista anclado en las ortodoxias... EPE151099 **49 pleito −:** Intentó convertirse en el magnate de los negocios inmobiliarios de Andalucía y sólo consiguió incrementar sus deudas y *granjearse* pleitos. EME271195

E SUSTANTIVOS QUE DENOTAN EXPRESIÓN, NORMALMENTE VERBAL, DE APROBACIÓN, ESTIMA Y OTRAS MANIFESTACIONES OPUESTAS A LAS QUE SE DESCRIBEN EN EL APARTADO *D*: **50 halago:** Acabó siendo estéril y tuvo crisis de impotencia, aunque su sabia práctica del taoísmo sexual le *granjeó* halagos de sus múltiples amantes. LVE090695 **51 elogio:** La publicación, el pasado mayo, de «Horses into the Night» (...), le ha *granjeado* el elogio unánime de la crítica norteamericana. LVE020196 **52 alabanza:** La reducción de la criminalidad es lo que le ha *granjeado* a la alcaldesa las mayores alabanzas... EME070196 **53 ovación:** Y, prueba de ello, desde luego, fueron las ovaciones que se *granjeó* anoche, al atacar sus pasajes de guitarra más líquida... EME090796 **54 aplauso:** Estos éxitos le han *granjeado* el aplauso de los empresarios italianos. EPE190999

F SUSTANTIVOS QUE DENOTAN FAMA O REPUTACIÓN, MÁS FRECUENTEMENTE FAVORABLE, PERO A VECES NEGATIVA. TAMBIÉN CON OTROS QUE DESIGNAN ALGUNOS DE LOS EFECTOS HABITUALES DEL MÉRITO O EL RECONOCIMIENTO EN ALGÚN ENTORNO SOCIAL: **55 fama +:** La misma contundencia que han paseado por ciudades como Barcelona, Bilbao, Vitoria y San Sebastián les está *granjeando* ahora fama en toda España. EPE130399 **56 imagen +:** Entre la oposición Ortuzar se ha *granjeado* una imagen de conciliador. EPE300699 **57 reputación +:** Sus profecías económicas –la recesión sería «superficial y poco duradera»– pronto le *granjearon* una reputación de patoso. EME250695 **58 aura:** ...ha reivindicado siempre la libertad de hacer lo que quiera y como quiera aunque ello le haya *granjeado* cierta aura de agitador. LVE040495 **59 halo:** ...un oscuro juez recién llegado de Valladolid, se *granjeó* pronto un halo de hombre independiente y valiente... LVE291296 **60 prestigio +:** ...la información diaria también puede ser una buena fuente de ingresos que al mismo tiempo *granjea* prestigio si se hace bien. LVE250194 **61 popularidad:** Entre sus vecinos le ha *granjeado* gran popularidad su iniciativa de crear un coro parroquial, así como su decidido impulso en la restauración de la iglesia. LVE170695 **62 desprestigio:** Con estas detenciones, la policía intenta borrar el desprestigio que se ha *granjeado* por su incapacidad para detener a los principales dirigentes sectarios. LVE150495 **63 leyenda –:** Su éxito a finales de la década de los setenta y comienzos de los ochenta *granjeó* una leyenda en torno a esta banda... EPE200899

G SUSTANTIVOS QUE DENOTAN DENOMINACIÓN: **64 sambenito:** ...le *granjeó* entre algunos de sus camaradas el sambenito de «escritor pequeño-burgués con considerables desvíos ideológicos». ABC310395 **65 calificativo:** Kwasniewski se ha *granjeado* el calificativo de «neopagano», porque considera que la ratificación del concordato exige que no haya incompatibilidad alguna... LVE211195 **66 apelativo:** ...escribió un periodismo (...) que le hizo apreciado de los grandes (Rubén Darío entre ellos) lo exiló a Francia por anarquista, y le *granjeó* –hasta Clarín le temía– el apelativo de la víbora de Asnières... EME080495 **67 apodo:** Jordán se *granjeó* el apodo de Lucas fa Presto, por la celeridad con la que trabajaba... EPE210299 **68 nombre:** En nueve tardes se ha *granjeado* un nombre y una leyenda que le convierten en el matador más venerado por la afición madrileña. EME300595 **69 título –:** Desde 1991 se ha *granjeado* el título de torero preferido por la afición debido al buen número de emotivas faenas que ha llevado a cabo en esta plaza. EME270594

H SUSTANTIVOS QUE DENOTAN PREMIO O RECOMPENSA: **70 premio:** ...y publicara su primer libro, «El elefante», un éxito de crítica y público que le *granjearía* el Premio Nacional de Literatura de 1957. LVE090995 **71 galardón:** Su afán innovador le está *granjeando* galardones a espuertas... EPE130999 **72 dinero:** Jordán desplazó al madrileño Claudio Coello de la vera del monarca, lo que le *granjeó* buenos dineros, calesa regia incluida y también múltiples envidias... EPE210299

I OTROS SUSTANTIVOS; POSIBLES USOS ESTILÍSTICOS: ...le harán falta a Lebed los cuatro años del periodo presidencial para *granjearse* la sucesión a su favor. LVE030796; ...logró que el Senado renunciara a adoptar un documento sobre la situación en el país y se *granjeó* declaraciones sobre su indudable aprobación en el cargo. FDV180599; No se lo permitieron y su colaboración con Londres tampoco le *granjeó* un trato de favor... EME070696

grano ♦ moler, reventar, sajar

grano (de) ♦ anís, arena, arroz, avena, café, humor, ironía, maíz, mostaza, oro, polen, polvo, pus, sabiduría, sal, seriedad, trigo

gratamente *adv.* ▮ Se construye más frecuentemente con participios y adjetivos que con formas personales del verbo. Se combina con...

A VERBOS QUE DENOTAN EL EFECTO CAUSADO POR ALGO, GENERALMENTE INESPERADO, EN EL ÁNIMO DE LAS PERSONAS: **1 sorprender ++:** ...sorprenden *gratamente* los dos premios a la original película de artes marciales con que se ha descolgado Ang Lee... EDV230101 **2 impresionar ++:** ...habiéndose retirado los invitados *gratamente* impresionados por las atenciones de la familia... DYM080996 **3 complacer +:** ...arrancó aplausos y porras de los entusiastas asistentes, que se mostraron *gratamente* complacidos con las canciones... EXC190900 **4 asombrar:** «Estoy *gratamente* asombrado» –ha dicho el guionista–. LVE241295 **5 impactar:** ...impactaron *gratamente* en el jurado, que las coronó como virreinas y como tales representarán al Perú en otros eventos internacionales. CAP030797 **6 embelesar –:** La persona que penetra en su interior queda *gratamente* embelesada y sorprendida por la articulación de los espacios... ABC081093 **7 emocionar:** ...averiguar que no pertenecían a lienzo alguno sino a la realidad por ellas perfumada emocionó *gratamente* (...) a sus miles de visitantes. EPE250500 **8 sobresaltar –:** En un momento me sobresaltó, *gratamente*, un «viva la República»... EME100494 **9 admirar –:** Admira, *gratamente*, conocer que aquella gente, tenida por bárbara, regulase con tanta minuciosidad cualquier enrevesado asunto, en procura del bien común. EPE051101

B EL VERBO *SONAR* Y CON VARIOS VERBOS QUE DENOTAN PERCEPCIÓN FÍSICA O MENTAL DE ALGO. TAMBIÉN CON OTROS QUE DESIGNAN LA ACCIÓN DE VERIFICAR, CONFIRMAR O ALCANZAR A PERCIBIR ALGÚN ESTADO DE COSAS: **10 sonar ++:** La noticia brilla y resplandece por sí sola y suena tan *gratamente* al oído como la Quinta de Beethoven... SVG110597 **11 descubrir +:** ...he descubierto *gratamente* que lo más importante no tiene por qué estar necesariamente en la primera página. EPE280801 **12 comprobar +:** En esos países el visitante español comprueba *gratamente* las ventajas indudables de ese tipo de vivienda. EPE180977 **13 constatar +:** ...se trata de una realidad que el vecindario de los barrios deprimidos viene constatando *gratamente*. EPE090999 **14 ver:** ...no supo guiar el talento del gran cómico, a quien pese a todo siempre se ve *gratamente*. LVE100495 **15 percibir:** Empezaba a percibir *gratamente* los efectos adormecedores del alcohol. INDOC

C VERBOS QUE DENOTAN LA ACCIÓN DE TRAER ALGO A LA MEMORIA O EL PROCESO DE PERCIBIR SU RELACIÓN O SU PROXIMIDAD CON OTRA COSA: **16 recordar ++:** Recuerdo *gratamente* mi participación en la Bienal de

Venecia del año 64. ABC040693 **17 evocar +:** ...no tuvo especial trascendencia para su carrera, aunque sí evoca *gratamente* la segunda... LVE050195 **18 entroncar:** ...lleva a cabo un trabajo estilizado, inteligente, ofreciendo un tono que entronca *gratamente* con su precedente... LVE281295 **19 relacionarse:** El libro es, pues, una buena clave para relacionarse con el semejante *de modo grato*, beneficioso y sin roces... LVE140194

D VERBOS QUE DENOTAN ACEPTACIÓN Y OTRAS FORMAS DE REACCIÓN, GENERALMENTE FAVORABLE, ANTE LO QUE SURGE O SE PRESENTA: **20 aceptar:** ...lo que en otros artistas habría significado un grave defecto, en ella se convertía en genialidad *gratamente* aceptada. LVE170595 **21 recibir:** ...y de sus búsquedas en los buzones de noticias que, en verano, se reciben más *gratamente* al amor de la frescura de los portales. EPE090800 **22 acoger:** El público había acogido muy *gratamente* la trilogía. INDOC **23 responder:** ...el primer gran problema que deberán vencer los jugadores y el partido para responder *gratamente* a los aficionados de todo el mundo. LVE060195

E PARTICIPIOS Y ADJETIVOS QUE DESIGNAN EL ESTADO CORRESPONDIENTE A LA EXPERIMENTACIÓN DE UN DESEO CUMPLIDO O LA RECEPCIÓN DE UNA RECOMPENSA, ESPERADA O NO: **24 satisfecho +:** ...recién llegado a la ciudad unas horas antes, parecía anteayer *gratamente* satisfecho en su primera visita al museo. LVE260195 **25 reconfortado +:** ...cuando terminé la lectura me sentí *gratamente* reconfortado. EPE071100 **26 saciado +:** La sed por el disfrute de libros antiguos y de saldo encuentra a partir de hoy abierto un caudaloso caño en el paseo de Recoletos, donde podrá ser *gratamente* saciada. EPE040501 **27 aliviado:** Amenábar salió *gratamente* aliviado e impresionado. EPE141201 **28 recompensado:** Su éxito puede verse *gratamente* recompensado: se ha colocado en la lucha por un puesto que le da opción a disputar la Copa de la UEFA de la próxima temporada. EPD210497 **29 beneficiado:** Una cinta llena de ironía, que se vio *gratamente* beneficiada por la presencia de su desenfadada pareja protagonista... EPE090799

F OTROS ADJETIVOS; POSIBLES USOS ESTILÍSTICOS: Basta la cita del gran Burckhardt cuando escribió que los hombres del Renacimiento sabían distinguir perfectamente entre el bien y el mal, las buenas y las malas acciones, pero que estaban *gratamente* exentos de toda idea de pecado. LVE020995; ...rompió todos los records en alimentos, cunas, juguetes, ropa, etc. (...) y en el 96 también fue *gratamente* fructuosa. PLG090497; «La taverna de l'irlandés» es una película *gratamente* estival, luminosa y alegre... LVE231296

gratificación ♦ **adecuado, decoroso, discreto, económico, elevado, encubierto, especial, exiguo, extraordinario, inmediato, irrisorio, modesto, moral, personal, salarial, simbólico** ♦ **como incentivo, en especie, en metálico, por los servicios prestados** ♦ **a modo (de), en concepto (de)** ♦ **aceptar, ascender (a una cantidad), asignar, cobrar, conceder (a alguien), dar (a alguien), embolsar(se), encontrar (en algo), fijar, merecer, obtener, pagar, percibir, recibir, repartir**

☐ Véase también: **pagar, pago, remunerar.**

gratis et amore *loc.adv.* ▮ Se combina con...

A EL VERBO *TRABAJAR* Y CON OTROS QUE DENOTAN PARTICIPACIÓN EN ALGUNA TAREA O ASUNCIÓN DE ALGUNA RESPONSABILIDAD: **1 trabajar ++:** ...deben aún procurarse el sustento al margen con algo que no sea la investigación porque, como en el ejército, el trabajar *gratis et amore* se le supone. LVE050196 **2 hacer:** Y el historiador Frederic Udina se hizo finalmente cargo, *gratis et amore*, de la tarea de escribirlo. LVE150196 **3 colaborar +:** Aunque conviene subrayar la existencia de un línea divisoria entre los medios y periodistas que han colaborado y colaboran con el régimen de corrupción (...) (cobrando, de empleados o *gratis et amore*)... EME031196 **4 participar:** Hemos aceptado participar *gratis et amore* en su empresa... INDOC **5 encargarse:** Se encargó *gratis et amore* del proyecto sin ningún tipo de objeción. EME110695

B VERBOS QUE EXPRESAN LA ACCIÓN DE DONAR ALGUNA COSA O DESPRENDERSE DE ELLA: **6 entregar +:** El presidente electo parece dispuesto a entregarle *gratis et amore* al PSOE una gran parte del poder conquistado. EME110695 **7 ofrecer:** Siempre me admiró (...) la enorme cantidad de esfuerzos e ilusiones que determinadas personas están dispuestas a ofrecer *gratis et amore* a la Administración... ABC021092 **8 ceder:** ...el jefe del Ejecutivo ocupa ya un chalé que un conocido empresario (...) le ha cedido *«gratis et amore»*. EME070896 **9 derrochar −:** Quizás lo he sido, derrochando entrega y tiempo, *gratis et amore*. EME191195

gratitud ♦ **desmedido, enorme, eterno, imborrable, infinito, permanente, profundo, sentido, sincero, sumo** ♦ **expresión (de)[6], muestra (de), señal (de)** ♦ **albergar, colmar (de)[24], corresponder (a), declarar, depositar[14], expresar, guardar (a alguien), hacer llegar, sentir, tener, testimoniar, transmitir**

☐ Véase también: **agradecer, dar las gracias, gracias.**

gratuito ▮ *(sin pagar)* ♦ **acceso, asistencia, atención, cesión, conexión, curso, degustación, disfrute, distribución, educación, entrada, escuela, información, inscripción, material, medicación, producto, publicidad, seguro, servicio, teléfono, transporte, universidad, uso, viaje,** *otros sustantivos que designan servicios*

▮ *(injustificado)* ♦ **afirmación, comentario, crítica, crueldad, descalificación, discusión, erudición, gesto, insulto, muerte, sacrificio, texto, violencia**

grave ▮ *(bajo)* ♦ **acento, canto, instrumento musical, sonido, timbre, tono, voz**

▮ *(serio)* ♦ **abuso, accidente, acontecimiento, acto, acusación, advertencia, afección, afirmación, agresión, alteración, amenaza, anomalía, anormalidad, aprieto, apuro, asunto, ataque, atasco, atentado, atraso, caída, calumnia, carencia, carga, caso, castigo, choque, circunstancia, cogida, colisión, compromiso, condena, conflicto, conmoción, consecuencia, contencioso, contrariedad, cornada, crimen, crisis, culpa, daño, debilidad, defecto, deficiencia, déficit, dejación, delito, denuncia, derrota, desajuste, desatención,**

descalabro, descuido, desequilibrio, desgracia, desobediencia, desorden, desperfecto, desprestigio, destrozo, deterioro, dificultad, dilema, discrepancia, discriminación, disputa, disturbio, divergencia, dolencia, dolor, duda, efecto, embrollo, enfermedad, enfermo, enfrentamiento, equivocación, error, escándalo, escasez, estado, exceso, expresión, falta, fracaso, fractura, hecho, herida, herido, impacto, impedimento, importancia, imprudencia, incidencia, incidente, inconveniente, incumplimiento, indefensión, infracción, inseguridad, insuficiencia, insulto, interrogante, inundación, irregularidad, irresponsabilidad, lesión, limitación, mal, manipulación, menosprecio, molestia, motivo, negligencia, operación, peligro, percance, pérdida, perjuicio, perturbación, peso, problema, pronóstico, quemadura, repercusión, responsabilidad, riesgo, sanción, semblante, síntoma, situación, trastorno, violación, vulneración

☐ Véase también: **agravar(se), leve, serio.**

gravedad ♦ **acorde (con)[51], enorme, escaso, especial, extraordinario, extremo, indudable, máximo, sumo[13], tremendo** ♦ **con** ♦ **ápice (de)[49], centro (de), estado (de)** ♦ **adquirir[60], aliviar, aminorar, atemperar, aumentar, calibrar[28], experimentar, mitigar, presentar, revestir(se) (de)[4], sobrestimar, subestimar, sufrir**

☐ Véase también: **importancia, relevancia, seriedad.**

gravemente *adv.* ▌Acepta verbos que designan manifestaciones verbales declarativas *(hablar, anunciar, declarar)*, agresiones físicas *(atacar, herir)* o verbales *(acusar, insultar, calumniar)*. También se combina con otros que denotan impedimento o coacción *(obstaculizar, limitar, coartar)*, castigo *(penalizar, procesar, castigar, pasar factura)* y diversas formas de acción lesiva o perjudicial *(perjudicar, atentar, arruinar, enfadar, confundir, provocar)*. Se construye también con adjetivos y participios que designan resultados de un mal, un trastorno o un percance físico *(herido, enfermo, violado, lesionado)* o emocional *(disgustado, afectado, indignado, convulso)*. Se combina además con verbos que expresan procesos o cambios, sean progresivos o abruptos *(alterar, deteriorar, disminuir, aumentar, menguar, trastocar, distorsionar, debilitar, intensificar)*. También se combina con...

A VERBOS QUE DESIGNAN LA ACCIÓN DE COMETER UN ERROR O INCURRIR EN UNA FALTA O EN UN DESACIERTO. TAMBIÉN CON OTROS QUE DESIGNAN EL INCUMPLIMIENTO DE PRECEPTOS, OBLIGACIONES O LEYES: **1 equivocarse** ++: Sus autores intelectuales y materiales se han equivocado *gravemente* en los medios que han aplicado... SEM131100 **2 pecar** ++: ...«la absolución sacramental (...) no debe negarse a aquellos que, arrepentidos después de haber pecado *gravemente* (...), demuestren su deseo de esforzarse para no volver a pecar». CLA030397 **3 faltar** ++: ...están faltando *gravemente* a una parte de lo indicado en la misión que se fijó la Corporación... HOY070797 **4 fallar** +: ¿A Saddam Hussein le fallan *gravemente* los resortes del poder? LVE270895 **5 defraudar** +: ...suponen la certeza de que se ha defraudado *gravemente* la confianza popular... EME110795 **6 infringir:** ...infringió *gravemente* las normas preestablecidas para la aproximación segura al aeropuerto Rodríguez Ballón de Arequipa... HOY100397 **7 errar:** Adolfo Suárez aparece con reiteración como «ex falangista»; Torcuato Fernández Miranda «erró *gravemente*». EME200395 **8 violar:** Como, por ejemplo, que Cortés tuvo problemas con la Ley porque la violó *gravemente* en repetidas ocasiones. EME190696

B VERBOS QUE DESIGNAN CARENCIAS, GENERALMENTE DE FUERZA O DE ENERGÍA. TAMBIÉN CON OTROS QUE DESIGNAN PROCESOS DE PÉRDIDA O DETERIORO: **9 empobrecerse** ++: Una sociedad que quisiera protegerse absolutamente contra el conflicto, el antagonismo, las crisis e incluso de sus enemigos se empobrecería *gravemente*... EPE071101 **10 enfermar** ++: Cuando don Pío enfermó *gravemente*, Hemingway acudió a visitarle, y por cierto que le llevó de regalo una botella de vino y unos calcetines de lana blanca. EME090494 **11 empeorar** +: Benjamín Ramos es portador del SIDA y su estado parece que ha empeorado *gravemente* tras la huelga de hambre llevada a cabo para evitar su extradición. EME060696 **12 resentirse** +: A partir de esta cifra, la atención a los usuarios se resentiría *gravemente* si las actuales instalaciones no fueran ampliadas. LVE201296 **13 adolecer:** El consejero de Turismo afirmó que la comisión espera abrir una vía de diálogo con el Gobierno, ya que «el caos adolece *gravemente* de falta de información tanto del efecto real de esta crisis como de las causas». EPE050599 **14 aquejar:** Llegaba a Madrid la primera dosis completa de penicilina, que devolvería la esperanza a la niña Amparito Peinado, aquejada *gravemente* de septicemia y desahuciada por los médicos. LVE100394 **15 carecer:** ...la propia insurrección carece *gravemente* de recursos económicos... EPE250499 **16 degenerar:** ...la situación pueda degenerar *de forma grave*. EPEANUA98

C VERBOS QUE DENOTAN SEPARACIÓN O DIVISIÓN: **17 cortar(se)** +: Un obrero de la construcción falleció ayer tras cortarse *gravemente* en el cuello con una máquina... EPE090999 **18 dividir** ++: ...indicaría que el régimen, por primera vez, da señales de estar *gravemente* dividido. LVE141296 **19 desviarse** +: ...otras prácticas que se desvían *gravemente* de lo que se acepta generalmente en la propuesta y realización de una investigación o la información acerca de ella. EPE170399 **20 distanciarse** +: Ese modelo le sirvió posteriormente para, tras abandonar la vicepresidencia, refugiarse en la sede de Ferraz cuando González y él empezaron a distanciarse *gravemente*. EME030995 **21 discriminar:** ...considera que aceptarla sería convalidar legalmente una situación de fraude tributario y atentar a la equidad al discriminar *gravemente* las rentas de trabajo de los demás contribuyentes. LVE081195 **22 escindir** −: El Estado de Punjab, donde los sijs son mayoría étnica, está gobernado por el Akali Dal, un partido sij moderado y *gravemente* escindido. EPE021286

D VERBOS QUE DESIGNAN LA ACCIÓN DE PRODUCIR ALGO CIERTA INFLUENCIA SOBRE OTRA COSA O CAUSAR UN EFECTO EN ELLA: **23 influir** ++: ...ello influiría *gravemente* en el futuro del proceso de paz y, en particular, en las elecciones generales de septiembre. EME060896 **24 afectar** ++: El retraso en la distribución del gasto público afecta *gravemente* la marcha de programas estatales y municipales. DYM230796 **25 salpicar** ++: ...pueden producirse nuevos episodios en una guerra que podría salpicar y perjudicar *gravemente* los intereses del club. LVE310795 **26 condicionar +:** Según Chamizo, esta circunstancia condiciona *«gravemente»* al sistema penitenciario, ya que es en la cárcel donde hay que tratar a estos enfermos y en la actualidad hay «escasez de personal» en las cárceles. EPE070599 **27 repercutir +:** Por los informes que tenemos, deduzco que algunos de los problemas del crimen organizado repercuten *gravemente* en México. PME260197 **28 impactar +:** ...una nueva descalificación de la administración Clinton (...) podría acarrear sanciones (...) que impactarían *gravemente* en la economía... DLA010397

E VERBOS QUE DENOTAN RUPTURA: **29 romper ++:** ...intentarán retrasar las negociaciones para (...) «tratar de romper *gravemente* el cuadro que hoy equilibra el significado de los convenios colectivos vigentes...». EME080294 **30 fracturar +:** Precisamente en ellos quiere estar la gran estrella de los últimos años, Maier, que se fracturó *gravemente* una pierna en un accidente de moto... EPE031201 **31 quebrar:** Llibre advirtió del peligro de «quebrar *gravemente* la unidad de las fuerzas democráticas frente al terrorismo»... EME220896 **32 truncar –:** Hubo algunos que, por calidad sobresaliente o por suerte propicia, pudieron reanudar su obra: otros, como Juan Chabás, a quienes la adversidad truncó o frenó *gravemente*. ABC110992

F ALGUNOS VERBOS QUE DESIGNAN OTRAS DISFUNCIONES, FRECUENTEMENTE LOS EFECTOS DE LA PÉRDIDA DE LA POSICIÓN O DEL EQUILIBRIO. SE USAN A MENUDO EN SENTIDO FIGURADO: **33 cojear:** Cuando, en realidad, sin una cultura crítica la democracia cojea *gravemente*. EPE150999 **34 tambalearse +:** ...el subterfugio utilizado por Aznar ante Castro en la cumbre de Chile –el registro y afiliación de asociaciones es privado y libre– se tambalea *gravemente*. EME151196 **35 escorarse:** ...su actual terreno (escándalos y complicidades financieras) lo escora *gravemente* a la derecha como consecuencia de un pésimo regimiento continuado. EME280495 **36 precipitarse –:** Anguita se precipitó *gravemente* al tomar las discutibles opiniones de ese diario como la verdad... EPD040997

G VERBOS QUE DESIGNAN ACCIONES LESIVAS QUE CONLLEVAN CONTACTO FÍSICO: **37 coger ++:** En la corrida de ayer en Valencia (España), fue *gravemente* cogido por su segundo toro el mexicano Carlos Arruza, al hacer el llamado «teléfono». ETC040996 **38 alcanzar ++:** Con los siete disparos que efectuó el interno, con una pistola calibre 7,65, además de matar a los dos guardias, alcanzó *gravemente* en la cadera y mano derecha al cabo de la Guardia Civil... EPE011285 **39 golpear ++:** El pagador y el vigilante que custodiaban el dinero fueron golpeados *gravemente* por los delincuentes al oponerse al atraco... ESH100797

H ADJETIVOS QUE DESIGNAN DIVERSAS CARACTERÍSTICAS DE LAS PERSONAS O LAS COSAS QUE SE CONSIDERAN PERJUDICIALES O INCONVENIENTES: **40 peligroso ++:** La ligereza del vicepresidente primero del Gobierno es *gravemente* peligrosa, tanto política como éticamente... EME170896 **41 dañino ++:** De este modo, anulaba una sentencia de la Audiencia Nacional, que no consideraba esta droga como *gravemente* dañina para la salud. EME050395 **42 perjudicial ++:** El sindicato añade que «es *gravemente* perjudicial para las estructuras socio-económicas gallegas...». LVG221191 **43 ofensivo +:** El artículo (...) de febrero es *gravemente* ofensivo hacia mi persona y está lleno de falsedades. LVE030396 **44 lesivo +:** Errores iguales o menores que los que comete Estados Unidos pueden resultar *gravemente* lesivos para países que no disponen de sus recursos. EPE230199 **45 injurioso:** La carta que (...) publicó La Vanguardia el pasado día 5 es *gravemente* injuriosa para toda una profesión. LVE081195 **46 pernicioso:** A este respecto, el Tribunal señala que la teoría defendida por la Audiencia de Huelva «es tan innovadora como *gravemente* perniciosa...». EME150394

I ADJETIVOS (Y TAMBIÉN ALGUNAS LOCUCIONES ADJETIVAS Y ADVERBIALES) QUE DESIGNAN ESTADOS DE ERROR O DE DUDA: **47 equivocado ++:** ...impedir que se tomaran decisiones *gravemente* equivocadas, que el problema derivara en un ajuste de cuentas personales... EPE310199 **48 en entredicho ++:** El sistema de incentivos fiscales a la inversión del País Vasco y Navarra está *gravemente* en entredicho. EPE150799 **49 en cuestión ++:** Para el presidente del Gobierno de Castilla-La Mancha, José Bono, «la cesión del cien por cien del IRPF podría poner en cuestión *gravemente* la igualdad de los españoles si no hay medidas correctoras». EME210396 **50 erróneo +:** ...su literalidad no se corresponde con la realidad de los hechos y puede generar interpretaciones *gravemente* erróneas. EPE021001 **51 dudoso:** Eran *gravemente* dudosas las afirmaciones del primer ministro. INDOC **52 recusable –:** ...el mal rollo de «pasar la página» supone, primero, una peligrosa pérdida de la memoria histórica, en función de unas urnas; (...) y, tercero, trivializar sucesos *gravemente* recusables... EME110696

J ALGUNOS ADJETIVOS QUE DENOTAN CARENCIA DE CAUTELA O DE JUICIO EQUILIBRADO: **53 imprudente ++:** Me parecen *gravemente* imprudentes y de falta total de consideración. CAR230697 **54 temerario ++:** En una nota, Arthur Andersen considera que es «*gravemente* temeraria la presentación de esta demanda, que no se puede justificar en modo alguno». EME020895

K ADJETIVOS QUE DESIGNAN OTRAS CARENCIAS: **55 cansado ++:** «Estoy cansado, *gravemente* cansado. Los primeros días fueron horrorosos». EPE011289 **56 debilitado ++:** ...muchos edificios que parecen haber superado la primera prueba pueden estar *gravemente* debilitados y no resistir otro temblor. EME180195 **57 deslucido +:** Y es que el glamour que aporta la presencia en el Lido de algunas de las estrellas más cotizadas de Hollywood, se ve *gravemente* deslucido por la falta de elementales infraestructuras. EPE020999 **58 deficitario:** En un país como España (...), con zonas excedentarias de agua y otras *gravemente* deficitarias, todo lo referente al líquido elemento tiene un efecto social considerable. EPE271199

L ADJETIVOS QUE DESIGNAN OTRAS PROPIEDADES NEGATIVAS, MÁS FRECUENTEMENTE SI EXPRESAN LA POSIBILIDAD DE CAUSAR UN DAÑO O UN PERJUICIO: **59 humillante ++:** El Código Penal define al acosador como «el que (...) provocare a la víctima una situación objetiva y *gravemente* intimidatoria, hostil o humillante...». EPE270800 **60 negativo ++:** Esperemos que los gestos de Chirac sean simplemente un rasgo de malhumor y que no se transformen en una política que sería *gra-*

vemente negativa para toda Europa. LVE201195 **61 contraproducente** +: ...la intervención del Estado se considera profundamente impropia y *gravemente* contraproducente. EME080195 **62 atentatorio:** ...una nota leída en el telediario de ayer a mediodía, que el representante comunista consideró *gravemente* atentatoria contra el Parlamento. EPE150580 **63 ultrajante:** La pena aumenta de 4 a 10 años de prisión si el sometimiento fuera *gravemente* ultrajante para la víctima. CLA090199 **64 intimidatorio:** Su actitud es *gravemente* intimidatoria para todos los miembros de este colectivo. INDOC

☐ Véase también: **seriamente**.

gravitar *v.* ▌Suele construirse con la preposición *sobre* a la que siguen sustantivos de persona *(Sobre ti gravita la responsabilidad)*, pero también de otro tipo *(sobre la reunión, sobre el país, sobre el proceso, sobre la seguridad)*. Elige como sujetos...

A SUSTANTIVOS QUE DENOTAN PESO O DESIGNAN OTRAS FORMAS EN QUE SE MANIFIESTA LA FUERZA QUE LAS COSAS EJERCEN FÍSICA O FIGURADAMENTE: **1 peso** ++: Un peso invisible, ominoso, *gravita* sobre ellos: la desesperanza. EME200294 **2 responsabilidad** ++: ...la responsabilidad de la reforma laboral «debe *gravitar* tan solo sobre el Gobierno y no sobre el PSOE, que en ningún momento la ha defendido»... EME290194 **3 presión** +: La posición mayoritaria de los peronistas es en contra, aunque *gravita* la presión de los gobernadores partidarios, lo que ha generado un debate interno. CLA220301 **4 tensión** +: ...para la relajación de las tensiones que todavía *gravitan* sobre los mercados. LVE100295

B SUSTANTIVOS QUE DESIGNAN OBSTÁCULOS, FÍSICOS O NO, QUE DIFICULTAN EL DESARROLLO O EL CURSO DE LAS COSAS: **5 problema** +: Y ahí reside el problema, que ha estado *gravitando* permanentemente sobre el desarrollo autonómico catalán, especialmente en el ámbito financiero... LVE301096 **6 dificultad** +: ...constituye una buena muestra de las dificultades que *gravitan* sobre la construcción de Europa. ABC021294 **7 riesgo** +: Lo más relevante de dicho acto fue la coincidencia de los análisis que se hicieron sobre la fragilidad de la democracia y los riesgos que *gravitan* sobre ella por la desafección de los ciudadanos hacia la política. LVE030295 **8 amenaza:** La amenaza *gravita* sobre las pensiones. EME171295 **9 sombra:** La única sombra que *gravita* sobre esta gran fiesta deportiva es la amenaza de ETA de atentar contra el Tour. EME160796 **10 fatalidad** –: En esto, como en otras muchas cosas, estuvieron hermanados los dos por la concitación de una fatalidad que *gravitó* siempre inexorable sobre ellos. ABC120692

C SUSTANTIVOS QUE DENOTAN DUDA, INQUIETUD O INCERTIDUMBRE: **11 interrogante** +: Estas interrogantes *gravitarán* sobre la reunión que el próximo martes comienza en Berlín entre los países firmantes de la Convención sobre el Cambio Climático. ABC240395 **12 incógnita** +: ...se unen ahora dos incógnitas de peso que *gravitan* sobre la situación política general y que el presidente ha empezado a sopesar. LVE260895 **13 sospecha:** Esta es la sospecha que *gravita* sobre el ex director de la Seguridad del Estado, alimentada por la falta de una explicación coherente que acredite de donde sale su notable patrimonio. EME300195 **14 duda:** Una enorme duda *gravita* sobre esa cuestión de estado. INDOC

D SUSTANTIVOS QUE DESIGNAN LO QUE YA HA SUCEDIDO: **15 pasado** +: ...el pasado *gravita* sobre la actualidad y forma parte de ella. ABC060594 **16 historia:** En ese tiempo el ámbito de las psicoterapias ha ido ampliándose a medida que lo exigía la velocidad de una historia que, como la actual, *gravita* entre los polos de la desmesura técnica y política y la miseria espiritual. ABC290193

☐ Véase también: **girar, planear**.

gresca ♦ **descomunal, monumental[4]** ♦ **armar(se), formar, liar(se), montar(se), organizar**

☐ Véase también: **alboroto, escándalo, follón, lío**.

gripe ♦ **acceso (de)[3], síntoma (de), vacuna (contra)** ♦ **agarrar, coger, combatir, contagiar(se), curar, incubar, pasar, pillar[4], remitir[13], tener, vacunarse (de/contra)**

☐ Véase también: **enfermedad**.

gris ♦ **carácter, obra, panorama, persona, personalidad**

gritar ♦ **a coro[5], a la cara[7], a los cuatro vientos[12], al unísono[1], a pleno pulmón, a todo pulmón[1], como (un) loco[1], como un descosido, como un poseso, con alborozo, con todas {mis/tus/sus...} fuerzas, de lo lindo[22], denodadamente, desaforadamente, desgarradamente, desmesuradamente, estruendosamente, sin ton ni son** ♦ **echar(se) (a)[7], lanzar(se) (a), poner(se) (a), romper (a)[5]**

☐ Véase también: **chillar, clamar, llamar, maullar, vocear**.

griterío ♦ **descomunal, ensordecedor, estridente, exaltado, infernal[3], insoportable, juvenil** ♦ **en medio (de)** ♦ **apaciguar(se), apagar(se), aplacar, calmar(se), escuchar, soportar, sufrir**

☐ Véase también: **clamor**.

[grito] → **a grito limpio, a grito pelado, a gritos, a voz en grito**

grito (de) ♦ **a favor[77], agónico, agudo, ahogado, apagado, a todo pulmón, contundente, desaforado[1], desesperado, desgarrado, desgarrador, en contra, en favor, ensordecedor, espeluznante, estentóreo, estridente[6], exasperado, fantasmal[26], gutural[3], histérico, hondo, horrible, horrorizado, lastimero[15], penetrante, reivindicativo, unánime[29]** ♦ **a fuerza (de)** ♦ **alarma, alegría, aliento, ánimo, apoyo, auxilio, ayuda, combate, desesperación, dolor, guerra, impotencia, independencia, júbilo, libertad, protesta, rabia, rigor, socorro, terror** ♦ **acallar[6], ahogar(se)[2], amortiguar[13], apagarse, arreciar[8], brotar[30], contener, dar[312], emitir, entrecortar(se)[14], escuchar, hablar (a), lanzar, martillear, oír, pegar[7], proferir[15], prorrumpir (en), recibir, reprimir, resonar, retumbar, silenciar[10], sofocar[29], soltar, sonar**

☐ Véase también: **a gritos, aullido, chillido, pitada, pitido, sonido**.

[grueso] → **de grueso calibre**

grueso *adj.* ■ Forma las expresiones nominales lexicalizadas *intestino grueso, sal gruesa, palabra gruesa, mar gruesa* y *grueso calibre*. En el sentido físico se construye con sustantivos que designan personas *(Me dijo que estaba un poco grueso)* y otros muchos seres materiales *(perro, árbol, cuello, labio, piel, pata, tronco, rama, manzana, puerta, pared, libro, madera, papel, cadena, gafas)*. Admite muy a menudo sustantivos que designan letras escritas, trazos y otros elementos del dibujo o la caligrafía *(letra, línea, trazo, tinta, marca)*. En sentido figurado acepta sustantivos que designan unidades verbales *(término, frase, expresión, lenguaje, verborrea)* y otros que se refieren al humor o sus manifestaciones *(broma, burla, chiste, humor, caricatura, parodia)*. También se combina con...

A SUSTANTIVOS QUE DENOTAN FALLO O DESACIERTO: **1 defecto +**: ...descubrió además lo que se presuponía como su más *grueso* defecto: una defensa de papel de fumar. EPE201099 **2 fallo +**: ...que el Parlamento reconozca «fallos antidemocráticos muy *gruesos*» en la lucha antiterrorista. EME100596 **3 error +**: Sin embargo, el dictamen fue anulado en forma total por la Cámara en lo Criminal de Primera Nominación por los *gruesos* errores que presentaba. LNP150997 **4 equivocación:** Pero esperar que papá Estado solucione todos mis problemas es una *gruesa* equivocación (excepto para un pequeño grupo de altos funcionarios públicos, claro). ACP061000

B ALGUNOS SUSTANTIVOS QUE DESIGNAN SITUACIONES O ASUNTOS DIFÍCILES O CONFLICTIVOS: **5 problema:** La impresión que produce la forma en que se ha tratado este *grueso* problema hasta el momento es de inconcebible ligereza. EPE100700 **6 amenaza:** ...pero al mismo tiempo profirieron amenazas *gruesas* contra el hombre que había evitado el robo. EME160196 **7 abuso:** Pero llamar democracias a los regímenes provenientes de elecciones puede resultar, cuando menos, un *grueso* abuso conceptual. CAP190995

C ALGUNOS SUSTANTIVOS QUE DENOTAN DESIGUALDAD: **8 diferencia:** Las causas de estas *gruesas* diferencias son diversas –inadecuada recogida de datos, la muerte diferida de algunas mujeres brutalmente agredidas por sus parejas–... EPE251101 **9 ventaja –**: ...ventajas evidentes, si no muy *gruesas*, sí claras y apreciables. INDOC **10 dicotomía –**: ...en el ámbito de la empresa privada es posible, y quizás más trágico, encontrar dicotomías así de *gruesas*. ENV240700

D SUSTANTIVOS QUE DENOTAN CAUSA: **11 causa:** ...El PSOE debe analizar las causas más *gruesas* de la derrota... LVE010695 **12 motivo:** Y cuando a esa sensibilidad se le dan *gruesos* motivos de alarma, no hay que saber gran cosa de nada para advertir que el cotarro se va al carajo. EME080195

E EL SUSTANTIVO *PÉRDIDA* Y CON OTROS QUE DESIGNAN ESTADOS Y PROCESOS DE CARENCIA O DE FRUSTRACIÓN: **13 pérdida:** MTU fue comprada por el grupo Daimler Benz en 1985, en plena etapa de diversificación impuesta por su presidente Edzar Reuter y que, tras las *gruesas* pérdidas que ha supuesto... EME080995 **14 desencanto:** ...se transformó en un militante de la traición después de un *grueso* desencanto con sus compañeros del IRA... CLA290199 **15 decepción:** Su *gruesa* decepción fue ya el viernes al ser sólo sexta en los 100. EPE171201 **16 omisión –**: ...en la única autopsia válida, la primera, que contiene *gruesas* omisiones, como no precisar, nada más ni nada menos, cuál fue la causa de la muerte, se descarta la posibilidad de violación. ECA050792

[grupa] → **a la grupa**

grupo ♦ **amalgamado, amplio, avenido, compacto, compenetrado, disperso, dominante, exiguo, indisoluble, inseparable, irreconciliable[14], numeroso, nutrido, selecto, simpatizante (de/con)** ♦ **en** ♦ **espíritu (de)** ♦ **acallar, adherirse (a), aglutinar[3], amalgamar(se), amontonar(se), apelotonar(se), apretar(se), articular(se), capitanear, congregar(se), constituir(se), descomponer(se), desgajar(se), desmembrar(se)[16], desperdigar(se), disgregar(se), disolver(se), dispersar(se), distanciar(se), dividir(se), engrosar[6], escindir(se), formar(se), fragmentar(se), gobernar, hermanar(se), integrar, juntar(se), mezclar(se), pertenecer (a), reunir(se), seguir, separar(se), sumarse (a), unir(se) (a)**

☐ Véase también: **jurado**.

GRUPO Véase:

♦ **al unísono, colegiadamente**

♦ **aglomeración, aluvión (de), asamblea, asistencia, audiencia, avalancha (de), banda, bandada (de), bibliografía, cantidad, ciudadanía, clase, colección, comisión, comité, concurrencia, conjunto, ejército, enjambre (de), equipo, familia, filmografía, flota (de), goleada, mafia, manada (de), medida, militancia, mosaico, muchedumbre, nómina, pelotón, plaga, plantel (de), plantilla, público, repertorio, reunión**

♦ **aglutinar, hilvanar, reunir(se)**

☐ Véase también: *CANTIDAD; MEDIDA, UNIDAD DE ~*.

GRUPO

♦ (SUSTANTIVOS) Véase: **abarrotado[D], abigarrado[A], abrir(se)[D], abrumador[E], abultado[H], aglutinar[A,C], aligerar[E], ancestral[J], a puerta cerrada[I], asequible[B], auspiciar[A], beligerante[E], blando[C], caldear(se)[G], capitanear[E], copioso[D], de capa caída[B], decrecer[H], delinear[I], desarticular(se)[B], desinflar(se)[H], desmantelar[E], desmembrar(se)[C,D], desoír[H], de solera[B], encarnizado[D], enconado[G], engrosar[A,B,G], en son de paz[D], entre[F], equitativo[C], erosionar[A], esquilmar[D], fecundo[N], ingente[E], irreconciliable[C], itinerante[B], minucioso[D], novedoso[I], nutrido[A,B,C], palpitar[E], paritario[C], precario[D], prolijo[B], proporcional[D], romo[A], silenciar[I], socavar[O], sojuzgar[A,B]**

♦ (VERBOS) Véase: **armónicamente[A], prolijamente[E]**

guantazo ♦ **arrear, atizar, dar, estampar, lanzar, propinar, recibir, soltar**

☐ Véase también: **bofetada, tortazo**.

[guante] → **como un guante, de guante blanco**

guapo ♦ **a rabiar, arrebatadoramente, con ganas, con reparos, envidiablemente, extraordinariamente, increíblemente, sorprendentemente**

[guardar] → **de guardar**

guardar *v.* ▮ Constituye las locuciones verbales *guardar la línea, guardar entre algodones, guardar las apariencias, guardar cama, guardar prisión* y *guardársela a alguien*, así como la locución nominal *fiesta de guardar*. En el sentido de 'cuidar, proteger, mantener, conservar o defender' acepta como complementos sustantivos que designan personas *(hijo, familia)*, animales *(guardar el ganado)*, lugares *(casa, entrada, campo, viñedo)* y ciertas cosas materiales *(Te guardaremos la cena)*. En el sentido de 'colocar algo en un lugar, generalmente oculto o protegido' se combina con sustantivos que designan cosas materiales *(dinero, ropa, libro, plato, joya)*. En el sentido de 'cumplir u obedecer' admite sustantivos que designan obligaciones *(ley, promesa, secreto, palabra)*. También se combina con...

A SUSTANTIVOS QUE DESIGNAN ACTITUDES DE PRUDENCIA, CONSIDERACIÓN O COMEDIMIENTO: **1 compostura ++:** ...los empresarios privados exhortaron a los candidatos presidenciales a «*guardar* compostura» y dejar de lado la «guerra sucia», porque se pone en peligro la estabilidad... LTB100497 **2 forma ++:** ...«en el mundo literario hay competencia, hay celos, hay de todo, pero se *guardan* las formas». ABC180394 **3 respeto ++:** «Los escritores debemos *guardar* respeto a los demás y no entrar en querellas que no conducen a nada sino a fomentar enemistades profundas y desagradables». ABC180394 **4 discreción ++:** ...el cambio de actitud de los servidores de los juzgados de distrito, cuidaron su empleo, *guardaron* discreción en los acuerdos y se eliminó la práctica de otorgar dádivas... EXC220996 **5 reserva ++:** ...el derecho de las personas de *guardar* reserva y secreto sobre sus relaciones personales... DHE030997 **6 prudencia +:** «Hay que *guardar* la prudencia, no podemos ir a provocar a un grupo de personas exaltadas...». LHG091100 **7 hermetismo +:** Aunque el personal encargado de la diligencia *guardó* hermetismo, se supo que el objetivo es tener un archivo del cuerpo policiaco... DYM061196 **8 consideración:** ...cuando no afecten los bienes e intereses de terceros en forma directa o indirecta, *guardando* la debida consideración a situaciones... ACP081296 **9 comedimiento:** ...por esta y otras razones obvias los exhortamos a *guardar* el mayor comedimiento a fin de preservar el respeto a los principios democráticos... DED010297 **10 moderación:** Sin embargo, (...) no *guardó* la misma moderación cuando aseguró que, «si trabajamos duro, podemos lograr el acuerdo en unos pocos días». EPE060700 **11 cautela –:** Los socialistas confían en que prosperen los pactos para cambiar el signo de cuatro de los ocho ayuntamientos de las capitales, pero *guardan* cautela y esperarán antes de enseñar sus cartas. EPE150699

B SUSTANTIVOS QUE DENOTAN DESCANSO O TRANQUILIDAD: **12 reposo ++:** Si adquiere el virus, asegúrese de *guardar* reposo. LNC110497 **13 descanso:** ...la semana pasada, pero una inesperada tendinitis le obligó a *guardar* descanso. EME140895 **14 calma ++:** Cuando su adolescente regrese a casa, *guarde* la calma y ayúdele a mantener su dignidad permitiéndole saber que le alegra que haya regresado. ETC170796

C SUSTANTIVOS QUE DENOTAN AUSENCIA DE SONIDO: **15 silencio ++:** ...unas seis filas más atrás pero del otro lado de la nave, *guardó* silencio y permaneció quieta durante unos breves minutos. DLA060997 **16 mutismo ++:** Que llegue a albergar en su seno secretos, y que los que tienen acceso a ellos hayan de *guardar* absoluto mutismo sobre el particular... EME160996 **17 sigilo +:** ...el diputado o el ministro o el director general deben *guardar* sigilo sobre cualquier secreto «conforme a la Constitución»... EME210996

D SUSTANTIVOS QUE DENOTAN RELACIÓN, CONEXIÓN O SEMEJANZA: **18 relación ++:** También *guardan* relación intensa con otros restos de homínidos norteafricanos... ABC220794 **19 similitud ++:** Una situación que podría *guardar* similitud con lo que fueron las condiciones de vida en el planeta rojo. EPE250900 **20 semejanza +:** Además, los extraños lugares elegidos para la ejecución de los asesinatos *guardan* semejanza con el juego de la oca... ENC240599 **21 paralelismo +:** ...que narra un episodio de la política colombiana que *guarda* un paralelismo con la venezolana. ENV110796 **22 parecido +:** Lleva un tiempo empeñado en que *guarda* cierto parecido con Marlon Brando. EME121096 **23 correspondencia +:** En los Estados Unidos las restricciones oficiales al consumo de tabaco *guardan* correspondencia con el número de muertos. LPA190492 **24 parentesco +:** Como algunos de los personajes de Beckett y también *guardando* parentesco... HOY191083 **25 afinidad:** Es decir que preserve la soberanía nacional, garantice nuestro pacto federal y *guarde* afinidad con el principio de municipio libre... EXC120197 **26 vínculo –:** ...al no tener una temática común y haberse realizado a lo largo de 36 años, no *guardan* más vínculo entre ellas que el propio Picasso y su libertad creadora... LRE300103

E SUSTANTIVOS QUE DESIGNAN LA PRESENCIA EN LA MENTE DE ALGO PASADO, ASÍ COMO LA IDEA, LA IMAGEN, LA PERCEPCIÓN O LA OPINIÓN FORMADA ACERCA DE ALGUNA COSA: **27 recuerdo ++:** ...debe *guardar* recuerdos agradables ya que le tocó compartir con la bellísima actriz Brooke Shields... RUM201097 **28 memoria ++:** De su exilio más antiguo no *guarda* memoria. EPD291097 **29 sabor +:** Se mantiene la poesía sin olvidar aquellas canciones más livianas que *guardan* ese sabor tradicional de nuestra música. ENV110796 **30 impresión:** ...cómo valoran a los líderes y qué impresión *guardan* de la campaña. EPE120300 **31 sensación:** Y eso no fue más que el principio, pero de ahí arrancó una sensación desconocida, *guardada* desde entonces como el mejor de los secretos... ABC280495

F SUSTANTIVOS QUE DENOTAN EQUILIBRIO U ORDEN: **32 equilibrio ++:** Lo difícil es *guardar* equilibrio entre la cultura del presente y la cultura del pasado. ABC040992 **33 orden ++:** ...amonestó al representante de la defensa porque interrumpió abruptamente al coadyuvante y lo exhortó para que *guardara* el orden. DYM061196 **34 proporción ++:** Estas expresiones de dolor *guardan* proporción con la magnitud de este golpe... CLA050297 **35 proporcionalidad:** ...las negociaciones con Marruecos sobre el acuerdo de pesca no excluyan ningún segmento de la flota y que *guarde* la «proporcionalidad» entre la compensación financiera y las capacidades pesqueras. FDV150601 **36 armonía –:** Si proyectan *guardando* armonía, salen críticos que protestan por la monotonía. EPE271199

G SUSTANTIVOS QUE DESIGNAN LA PROPIEDAD O LA CONDICIÓN DE MANTENERSE ALGO OCULTO: **37 anonimato ++:** Los propietarios del local no quisieron dar información sobre el hecho «para no asustar a la clientela», explicó un empleado que pidió *guardar* el anonimato. CLA120297 **38 secreto ++:** El destino diario del ilustre caminante es un secreto bien *guardado*, para proteger su intimidad. DYM230796 **39 confidencialidad ++:** ...su derecho a la propiedad o el derecho a *guardar* confidencialidad sobre los negocios que haga. ESH220797 **40 intimidad +:** Así, el constructor fabrica espacios para ser habitados cómodamente por los hombres, en los que ellos *guardan* su intimidad o la comunican saliendo al exterior por las puertas... ABC090493 **41 privacidad:** ...no puede *guardar* su privacidad porque la justicia se lo impide. LVE070896 **42 incógnita –:** La liberación del campo y el número de víctimas aún *guarda* muchas incógnitas. LVE270195

H SUSTANTIVOS QUE DESIGNAN SENTIMIENTOS DE DOLOR O DE ANIMADVERSIÓN EXPERIMENTADA POR ALGO YA SUCEDIDO: **43 rencor ++:** No *guarda* rencor a los asesinos amnistiados, no hace política activa. LVE230796 **44 resentimiento +:** ...proclamó la independencia de la vecina Suecia hace 90 años:«descubrirán que no *guardamos* resentimiento contra ellos.». LVE311095 **45 luto +:** Los dos equipos jugaron ayer en un caluroso Cotton Bowl como si estuvieran *guardando* luto. LVE010794 **46 dolor:** ...he *guardado* dolor y amor, y me ha quemado tanto, que he acabado peor que en un principio. EME270995

I SUSTANTIVOS QUE DESIGNAN UN LUGAR EN UNA SECUENCIA O EN UNA SUCESIÓN, MÁS FRECUENTEMENTE SI LO OCUPAN INDIVIDUOS QUE ESPERAN OBTENER ALGUNA COSA. TAMBIÉN CON OTROS QUE DESIGNAN ESAS MISMAS NOCIONES LINEALES: **47 cola ++:** ...Barcelona debería *guardar* cola y esperar al 2010. LVE191096 **48 fila +:** Guardo fila para registrar, previo número en el registro del organismo mencionado... EPE271101 **49 puesto +:** Incluso le *guardó* el puesto cuando, en agosto pasado, permaneció tres semanas en coma... EPE060699 **50 turno +:** ...cientos de personas, a la intemperie, *guardan* turno en una interminable cola a las puertas de alguna Subdelegación del Gobierno... EPE261201

J SUSTANTIVOS QUE DENOTAN FIDELIDAD, CARIÑO Y OTROS SENTIMIENTOS DE INCLINACIÓN HACIA LAS PERSONAS: **51 fidelidad ++:** Para mí, *guardar* fidelidad a una especie de mito, Italia a la que tanto critico, es una forma de honor: la primera. EXC180197 **52 lealtad +:** ...donde es frecuente que las familias adquieran sus autos a vendedores de puerta en puerta y *guardan* lealtad a éstos por años. DYM090996 **53 cariño +:** Y yo comprendía que los que habían estado a las órdenes de mi padre le *guardaban* cariño. EME120696 **54 admiración:** Cuenta ahí con su público fiel, con un sector de la profesión que le sigue *guardando* admiración y afecto... EPE201101

K SUSTANTIVOS QUE DENOTAN DISTANCIA O DIFERENCIA: **55 distancia ++:** ...hágales saber que tienen que *guardar* distancia, respeto y compostura para no provocar divisiones familiares. ETC240996 **56 diferencia:** Todas apelan al mismo mercado, pero, a decir verdad, *guardan* diferencias en su contenido. RUM150997

L ALGUNOS SUSTANTIVOS QUE DESIGNAN ACTITUDES FAVORABLES HACIA LO QUE HA DE SUCEDER O LO QUE SE DESEA ALCANZAR: **57 esperanza ++:** Como todos nuestros compañeros, *guardábamos* esperanzas de ser libres porque es desesperante... CAP250497 **58 ilusión:** Muy pocos *guardan* la ilusión de que pueda ser levantado próximamente. LVE141095

■ Se combina también con: ♦ **a buen recaudo[2], bajo llave, bajo siete llaves, celosamente[7], como oro en paño[1], cuidadosamente, en custodia, en depósito, en secreto, entre algodones, férreamente[18], herméticamente[4], temporalmente[26]**

□ Véase también: **atesorar, encerrar, mantener(se), proteger.**

guarecerse (de) ♦ **bombardeo, chaparrón, disparo, frío, inclemencia, lluvia, peligro, sol, tiro, tormenta, viento**

[guerra] → **de guerra, en son de guerra, guerra santa**

guerra ♦ **abierto, a muerte[20], a pecho descubierto[19], atómico, atroz, campal, catastrófico[24], civil, convencional, cruel, cruento, de guerrillas, de igual a igual[33], de nervios, desaforado[18], desesperado, desigual, desolador[70], despiadado, desproporcionado, encarnizado[3], encendido[20], enconado[7], estéril, execrable[6], fratricida, frío, frontal[14], fugaz, fulgurante[55], implacable[41], incruento, infausto[9], infernal, inhumano[31], injusto, integral[64], intenso, intestino, inútil, irresoluble[18], justo, mundial, presto (a)[1], sangriento, santo, sin cuartel, sin tregua[19], soterrado[1], sucio, terrible, violento** ♦ **a lo largo (de), durante, en** ♦ **botín (de), consejo (de), crimen (de), declaración (de), estado (de), fleco (de)[15], secuela (de)[7]** ♦ **acabar (con), agravar(se)[11], amagar[15], armar(se)[17], arreciar[26], atizar[21], avecinarse[18], avivar[16], azotar[30], capitanear[7], cernerse[55], condenar, dar[267], declarar, desactivar[17], desatar(se)[49], desencadenar(se)[3], detener, discurrir[19], empezar, emprender[19], enfrascarse (en)[2], entablar[24], enzarzarse (en)[4], estallar[8], finalizar, fraguar(se)[57], ganar, hacer, iniciar, instigar, involucrar(se) (en)[5], lanzar(se) (a), librar(se) (de), parar, participar (en), perder[48], poner fin (a), proclamar, provocar, recobrarse (de)[5], recrudecer(se)[1], salpicar[11], sofocar[18], sostener, sufrir, sumir(se) (en)[42], terminar**

□ Véase también: **altercado, batalla, combate, confrontación, contienda, guerra santa, pelea, riña.**

guerra santa ♦ **hacer, lanzar, predicar[43]**

□ Véase también: **guerra.**

guiar ♦ **a tientas[13], con decisión, con mano firme[4], con seguridad, inevitablemente, inexorablemente**

□ Véase también: **conducir.**

guiño ♦ **hacer, lanzar[4]**

□ Véase también: **gesto (de), señal, signo.**

guión ♦ adaptado, brillante, cinematográfico, enrevesado[38], establecido, literario, lleno de tópicos, original, repetitivo, teatral ♦ adaptar, ambientar(se)[6], aprenderse, atenerse (a)[47], basar(se) (en), ceñir(se) (a)[23], construir, dirigir, discurrir[26], escribir, fraguar(se)[74], hilar, hilvanar, llevar {al cine/a la televisión}, memorizar, representar, revisar, saltarse[15], seguir

guirigay ♦ armar, montar[5]
☐ Véase también: **alboroto, cisco, escándalo, follón, gresca, jaleo, jarana, lío.**

guitarra ♦ al compás (de), al ritmo (de) ♦ afinar, rasguear, tañer, templar, tocar

gusanillo ♦ entrar[37], picar[4]

[gusano] → como un gusano

gustar ♦ a rabiar[5], con delirio, con locura, enormemente[12], horrores[5]
☐ Véase también: **disfrutar, placer.**

[gusto] → a gusto, buen gusto, de gusto, mal gusto

gusto ♦ acusado[38], almibarado, amargo[2], buen(o), delicado, depurado, dudoso, dulzón, empalagoso, escaso, exquisito, insípido, insulso, mal(o), pésimo, rancio, refinado, sumo[1] ♦ abanico (de)[9] ♦ apreciar, converger[23], dar[335], delatar[38], educar, hacer gala (de), inculcar[18], manifestar, morir(se) (de), percibir (en alguien), perder, relamerse (de), temblar (de)[10], tener
☐ Véase también: **buen gusto, con fruición, de buen grado, de todo corazón, gustosamente, gustoso, placer, satisfacción.**

gustosamente *adv.* ▌Admite numerosos verbos de acción *(Me tomé gustosamente lo que me ofrecieron; Leeré muy gustosamente su novela; Compartieron gustosamente con ellos la poca comida que llevaban; Acompañó gustosamente a sus suegros al médico)*, pero se percibe en este adverbio una marcada tendencia a combinarse con...

A VERBOS QUE DENOTAN ACEPTACIÓN O ACATAMIENTO DE ALGO: **1 aceptar** ++: González aceptó *gustosamente* la invitación a recordar las vivencias históricas comunes... EPE270900 **2 acceder** ++: ...«el día que el Ministerio de Justicia español decida que debe contestar, accederá *gustosamente* a ello». LVE310796 **3 obedecer** +: No digo yo que hayamos de obedecer *gustosamente* las órdenes, pero tampoco creo que... INDOC **4 asumir**: ...Gillian Armstrong asume *gustosamente*: «Sí, no me da ninguna vergüenza...». LVE310395

B VERBOS QUE DENOTAN DONACIÓN, INVITACIÓN U OFRECIMIENTO: **5 ceder** ++: Aranda cedió muy *gustosamente* todo el trabajo que hay que realizar desde este momento al productor del filme... EPE131101 **6 brindar** +: ...Eros les brindó *gustosamente* un segundo y aplaudido bis. EME100194 **7 ofrecer** +: ...el buen rey les ofrecería *gustosamente* parte de su riqueza... EPE250799 **8 dar**: Le daría *gustosamente* mi trabajo, pero no me atrevo. INDOC

C VERBOS QUE DESIGNAN LA ACCIÓN DE COSTEAR O SUFRAGAR ALGO: **9 pagar** ++: ...si ése es el precio que hay que pagar por cumplir el deber, se paga *gustosamente*. EME100996 **10 gastar**: ...Juan Pablo II recordó el lema que había elegido para su cargo episcopal: «*Gustosamente* me gastaré y desgastaré por vuestras almas»... LVE021095 **11 invertir**: ...*gustosamente* invertiría su inexistente fortuna en sellos para cartearse con chicas que no estén convencidas de que no todos somos iguales... EME221195
☐ Véase también: **con fruición, de buen grado, de todo corazón, gusto, gustoso.**

gustoso *adj.* ▌En los sentidos de 'complaciente' y 'hecho con complacencia' se construye como modificador nominal *(una lectura gustosa; un hombre gustoso de ayudar)*. Con estos mismos sentidos se usa además en las construcciones predicativas y en combinación con...

A VERBOS QUE DENOTAN ADMISIÓN, AUTORIZACIÓN O ACEPTACIÓN DE ALGO: **1 aceptar** ++: ...le ofrece su apoyo a Luis Antonio Eguiguren (...), quien acepta *gustoso* la propuesta. CAP280995 **2 acceder** ++: Es amigo de Palermo y él le pidió al presidente su concurso, a lo que Fuji accedió *gustoso*. CAP090197 **3 acatar** +: «Eso no significa que el gobierno lo vaya a acatar *gustoso*, pero le va a costar un enorme trabajo poner objeciones». PME081296 **4 someter(se)**: Como es comprensible, Felipe González se someterá *gustoso* a la decisión del Congreso... LVE090895 **5 pasar (por)**: Un calvario por el que pasan *gustosos*, con tal de practicar lo que es su pasión, el tiro. EME070294 **6 cumplir** +: ...cumplo *gustoso* el deseo expresado por distintos comunicantes que solicitaban noticias y comentarios... ABC031293 **7 rendirse**: ...pero sí la de rendirme muy *gustoso* ante la enjundia del libro, la honestidad intelectual del autor y la tensión de una escritura... EME040494 **8 plegarse**: ...se plegó «muy *gustosa*» a las exigencias del marido y crió a sus hijos... EPE100199 **9 asumir**: Por el contrario –afirma–, asumo *gustoso* el papel de líder de la oposición... LVE081296 **10 suscribir**: Suscribí *gustosa* el concepto de coleccionar puntos positivos, como aquellos cupones «Ahorro del hogar»... LVE010396 **11 firmar**: Mi madre llenaba los huecos de las cartas, les leía a las vecinas lo que ellas querían oír, a veces cosas que probablemente el autor había olvidado y que firmaría *gustoso*. EPE140999 **12 secundar**: Christine Newton incluso le ha secundado *gustosa*... EME250995 **13 dar el visto bueno**: El presidente François Mitterrand, que fue consultado previamente por el primer ministro, dio *gustoso* su visto bueno, según fuentes próximas al Elíseo. EPE020486 **14 recibir**: Él y su escudería sí recibieron *gustosos* el liderato. EPD300897 **15 recoger**: Por coincidir todos los informes en algo de tanto relieve y significación, lo recojo *gustoso*. ABC120692 **16 responder**: ...todo español responde *gustoso* a la llamada de la Fiesta, sea o no partidario personalmente de la tauromaquia. ABC240993 **17 acudir**: El ministro respaldó a la delegada del Gobierno (...) y añadió que acudirá *gustoso* al Congreso. EPE090399

B VERBOS QUE DENOTAN OFRECIMIENTO: **18 brindarse** +: Me brindo *gustoso* a acompañar a quien quiera constatar cuanto denuncio, con el ánimo de tratar de que quien deba ponga remedio. LVE010794 **19 ofrecer(se):** Como con su voz y su figura bastaría, ofrezco *gustoso* mi cabeza para su recorte a fin de que el hombre que E. Antolín retrata en Ayala... EPE140399 **20 ponerse al servicio:** El amigo del Rey utilizó toda la parafernalia que el «catalán» ponía *gustoso* al servicio de sus socios... EME121195 **21 prestarse:** Actores y personajes de la farándula que se prestarán *gustosos* al juego de convertirse en policía y ladrón por un rato. CLA030497

C VERBOS QUE DENOTAN AYUDA, CONTRIBUCIÓN O PARTICIPACIÓN EN ALGO. TAMBIÉN CON ALGUNOS QUE DESIGNAN OTRAS ACCIONES ANÁLOGAS QUE SE INTERPRETAN COMO BENEFICIOSAS PARA QUIENES LAS RECIBEN: **22 ayudar +:** Le ayudaré muy *gustoso* en lo que pueda. INDOC **23 colaborar:** ...invitando personalmente a otros artistas, quienes colaboran *gustosos*. ABC250895 **24 volcarse:** ...practica una libérrima postura que consiste en un volcarse *gustoso* y sin barreras en una historia oceánica que crece y crece... EME301196 **25 tender un puente:** En todo caso, se mostró convencido de que a Pujol le habrá encantado su marcha del Ayuntamiento y le tenderá muy *gustoso* «un puente de plata». LVE011296 **26 echar una mano:** Su madre necesita ayuda en las labores del hogar y Silvia echa *gustosa* una mano todos los días. EME271096 **27 acompañar:** ...fue perspicaz en sus visiones digitales y acompañó *gustoso* al vicepresidente primero en aquellas cabalgadas parlamentarias... EPE150699 **28 atender:** ...no es profesional, pero atiende *gustosa* a las altas instancias europeas. EME221296 **29 mostrar:** Y si algún día quiere comprobarlo no tiene más que venir a visitarme y *gustoso* le mostraré toda la documentación concerniente... LVE230895 **30 aclarar:** ...si existe alguna sospecha en mi actuación yo la aclararé muy *gustoso*... EPD090197 **31 apuntarse:** También Jacques Chirac se apuntó *gustoso* a la tarea de defender el euro... EPE011299 **32 disponerse:** ...la aclaración sobre un extremo, que *gustoso* me dispongo a hacer. LVE100596 **33 participar:** «Ya tienen ofrecido un concierto de despedida (...) en que participarían *gustosos* Joan Baez, Mercedes Sosa, Harry Belafonte, Joan Manuel Serrat...». HOY250184 **34 compartir:** ...estableciendo el diálogo con el espectador, que entra al juego teatral y lo comparte *gustoso*. PME210796 **35 presentar(se):** ...pero «*gustosos* nos presentaremos para que nos sirva de práctica». EXC000901 **36 competir:** ...competiría *gustoso* por un puesto buhoneril en La Hoyada si no hubiera pasado 20 años entre sístole y diástole... EUV080197 **37 alimentar:** El aparato de propaganda de Belgrado se encargó de alimentar *gustoso* esos temores... EME130895

D VERBOS QUE DENOTAN DONACIÓN O ENTREGA: **38 dar +:** «Estoy en completo desacuerdo con tus ideas, pero daría *gustoso* mi vida por defender tu derecho a expresarlas». HOY191083 **39 entregar +:** ...muchas gentes entregarían *gustosas* su futuro a cambio de un pasado en condiciones... EPE130799 **40 pagar +:** Pero todos se sienten recompensados ante la presencia de «sus» jugadores y agradecen el evento por el que pagan *gustosos* las costosas entradas. ENV120197 **41 prestar:** ...«El naufragio», propiedad de Plácido Arango, que lo prestó *gustoso* y lo ha vuelto a prestar a la actual exposición del Prado. ABC191193

E VERBOS QUE DENOTAN RENUNCIA, DEJACIÓN O INACCIÓN. TAMBIÉN CON OTROS QUE DESIGNAN EL PROCESO DE VERSE PERJUDICADO POR ALGUNA ACCIÓN AJENA: **42 ceder ++:** La narradora cede *gustosa* su voz a los personajes. HOY101197 **43 prescindir:** ...habría prescindido *gustoso* de tal control en el escándalo del «Irangate»... CLA030797 **44 renunciar:** Seguramente Bebeto renunciaría *gustoso* a ellas si ese gesto garantizara el oro. EME180796 **45 dejar:** ...dejamos *gustosos* ese placer para los que tengan las espaldas más anchas. EPE110799 **46 dejarse llevar:** ...era Terenci Moix que, *gustoso*, se dejaba llevar de firma en firma y de señora en señora. EME130595 **47 callar:** ...convencido de la imposibilidad de describir sensaciones con palabras, se callará *gustoso* allí donde los otros comienzan a hablar. ABC041194 **48 morder el anzuelo:** Y Guerra mordió *gustoso* el anzuelo porque era de oro. EME020696 **49 caer en la trampa:** Trampa en la que cayó *gustoso* el PDNI de López Garrido. EME130796

F VERBOS QUE DENOTAN CAMBIO O REVOCACIÓN: **50 retractarse:** ...sin meditar las consecuencias a corto plazo, me retractaría *gustoso*. EPE081299 **51 cambiar:** Muchos españoles, ajenos a estos fastos milmillonarios disfrutados por tan escasa minoría, cambiarían *gustosos* un punto del interés hipotecario por un camino despejado y sensato. EME180195 **52 trocar:** Trocamos *gustosos* las lejanas barrancas del Paraná por este bosque tierra adentro... ABC310395

G OTROS VERBOS DE ACCIÓN, MÁS FRECUENTEMENTE EN CONSTRUCCIONES CON FUTURO O CONDICIONAL Y EN LA INTERPRETACIÓN EN LA QUE SE DENOTA OFRECIMIENTO O EXPRESIÓN DE DESEO: **53 ir:** Días antes, en Newsweek declaró que iría *gustoso* a la juramentación... CAP010896 **54 cenar:** Cenaría *gustoso* con Isabel Tocino en Costa Brava. LVE040596 **55 repetir:** Pero repetiría *gustosa* el trabajar para él en una tercera película... LVE250196 **56 votar:** Por cualquiera de ellos yo votaría *gustoso* sin importarme para nada que fuera liberal o conservador. SEM210197 **57 derribar:** ...añadió con más entusiasmo que derribaría *gustoso* la Torre de Valencia y las de Colón. EPE070699

☐ Véase también: **con fruición, de buen grado, de todo corazón, gusto, gustosamente**.

gutural *adj.* ▮ Se combina con...

A SUSTANTIVOS QUE DENOTAN SONIDO O RUIDO VOCAL O DESIGNAN, POR EXTENSIÓN, OTRO TIPO DE SONIDOS: **1 sonido ++:** ...quise contestarle pero la voz no me salió, a cambio se escuchó un sonido ronco, *gutural*, como un gruñido que no se entendía nada. LHG120900 **2 voz ++:** El doblaje podrá acabar con el sensual encanto de su voz *gutural*, pero no con la increíble expresividad de las gruesas facciones de su cara... EME040694 **3 grito +:** Era sencillamente un pueblo grande, una aldea donde resonaban los relinchos de los caballos de tiro y los gritos *guturales* de todos aquellos hombres... LVE021296 **4 ruido:** Necesitan mimos y arrullos y ruidos *guturales* y pellizcos y que su mamá les cante. LVE050695 **5 berrido:** En versión bidimensional se echa en falta sus berridos *guturales*, «je, je», y la atropellada banda sonora... LVE030795 **6 eructo:** Sin pegada, su música pierde fuelle y su cantante –cuya manera de expresarse es el eructo *gutural* sostenido– hasta parece ridículo. LVE140796 **7 lloriqueo:** ...para empezar una dramática y triste salmodia que empieza cuando la Primera Guerra Mundial y que nos acompaña durante el viaje como un lloriqueo *gutural*... LVE101295 **8 llanto:** Un llanto entrecortado y *gutural* que intentaba inútilmente contener... INDOC **9 risa:** Su risa era aguda, irritante y *gutural*, casi un chirrido. INDOC **10 concierto –:** ...tras haber regalado a su compañera de cama el más *gutural* de los conciertos... LVE140596

B SUSTANTIVOS QUE DESIGNAN DIVERSAS UNIDADES LINGÜÍSTICAS: **11 lenguaje:** Entre el ruido ensordecedor de cien máquinas se movían adolescentes condenados por alguna fuerza superior al lenguaje *gutural*... EXP150492 **12 lengua:** «Rob Roy» no es sólo la épica anacrónica de un bandolero que (...) desafía a Londres en su lengua *gutural*. ABC150995 **13 dialecto:** ...irrumpe un espíritu llamado «Tak» que habla en un dialecto *gutural*... LVE221196 **14 fonética:** ...estaba distinguiendo con su fonética *gutural* entre nación y Estado, entre Cataluña y España, cuando en estas disquisiciones herbolario-políticas se agotó el tiempo. EPE050778 **15 habla:** Tenían un habla bronca, entrecortada, casi *gutural*, agraria. EME180694 **16 acento:** El idioma hebreo (...) lo hablaba a la perfección, incluso con el acento *gutural* de los nativos de Israel. EME100396 **17 fraseo:** Por haber, hay hasta los inconfundibles fraseos *guturales* del pianista (...) con que puntúa sus frenesíes instrumentales. LVE141295 **18 frase:** ...en el momento de volver a montar mi caballo, me hago traducir una hermosa frase *gutural* de un Lama errante de una gran secta roja. EPE010687 **19 secuencia:** La secuencia *gutural* de Finito a veces tiene rajo y a veces hace gallos. EME290495 **20 nombre:** Curiosa ciudad ésta de nombre macarrónico y *gutural*, cuyo enclave más importante se llama «Plaza del pedaleante loco»... EME300696 **21 ge:** Pronuncia una ge muy *gutural*, que hace que su hablar sea muy característico. INDOC **22 erre:** ...un israelí que pronunciaba el inglés sin la erre *gutural* de sus congéneres... EME020696

C SUSTANTIVOS QUE DESIGNAN MANIFESTACIONES DE CARÁCTER AGRESIVO, DESAFIANTE O EXALTADO, MÁS FRECUENTEMENTE SI SON VERBALES: **23 amenaza:** «El terror es la clave», sostiene el general Ariel Sharon, exagerando con amenaza *gutural* la pronunciación de las erres hebreas. EME300694 **24 protesta:** ...la parrafada de Lagnac hizo que Grandet farfullase algo ininteligible pero que sonaba a protesta *gutural*. EME210896 **25 provocación:** Antes había sido, simplemente, un recital de gritos, gargarismos y provocaciones *guturales* a un pobre toro... EME210496 **26 alarde:** Finito de Córdoba, pases no dio, mas alardes *guturales*, como un torrente. EME290495 **27 aplauso:** Del pozo de las penas y la retórica arrancó los primeros aplausos *guturales*. EME290594 **28 lucha:** Ha desarrollado una lucha impenitente y casi *gutural* por ser él mismo... EME220594

D OTROS SUSTANTIVOS; POSIBLES USOS ESTILÍSTICOS: ...a lo mejor en esos 305 días de fuga ha aprendido yoga, contorsionismo, flexibilidad cervical, hospitalidad *gutural*, dilatación lingüística y otras disciplinas imprescindibles... EME020395; ...la sustituta de Julia Otero parece fabricada con el mismo ordenador *gutural* de la sustituida. EME271096

H h

habilidad ♦ asombroso, camaleónico[4], destacado, dotado (de), endiablado[7], enorme, extraordinario, gran(de), increíble, innato, insuperable, noble, pasmoso, portentoso[14], prodigioso, raro, singular, sorprendente, sumo, tremendo ♦ demostración (de)[44] ♦ adquirir[33], atesorar, conceder[74], cultivar[12], demostrar, desarrollar, desplegar, ejercer, ejercitar[18], hacer, lucir, mostrar, poner en práctica, poseer, revelar, tener

☐ Véase también: **capacidad, destreza, maestría, técnica.**

habilitar ♦ edificio, local, tienda, *otros sustantivos que denotan espacio o recinto*

habitación ♦ acogedor, cómodo, confortable, contiguo, espacioso, mínimo, recogido, retirado ♦ abrir, adecentar, airear, allanar, alquilar, barrer, cerrar, compartir, desalojar, desocupar, desordenar, encerrar (en), fregar, ocupar, ofrecer, ordenar, poner patas arriba, recluir(se) (en), refrescar, sellar, ventilar

☐ Véase también: **casa.**

habitar (en) ♦ plácidamente[20], tranquilamente

☐ Véase también: **vivir.**

hábito ♦ acendrado[34], adquirido, arraigado[5], buen(o), enraizado, extendido, inmemorial, mal(o), nocivo, pernicioso, saludable[24], secular ♦ abandonar, adherirse (a)[48], adquirir[17], amoldar(se) (a)[48], apegarse (a), arraigar(se), coger, colgar, combatir[39], contraer[19], corregir, cortar (con)[2], desprenderse (de), desterrar[2], erradicar[8], extirpar[21], generalizar(se), implantar[42], inculcar[11], instaurar, pegárse(le) (a alguien), perder[38], persistir, quitar, romper (con), tener, tomar, vencer[41]

☐ Véase también: **acostumbrarse, asiduo, consuetudinario, costumbre, práctica, tradición, uso.**

HÁBITO Véase: COSTUMBRE

habla ♦ afectado, campesino, coloquial, común, conciso, confuso, culto, de la calle, dulce, enfático, entrecortado, fluido, juvenil, local, oficial, pausado, peculiar, persuasivo, popular, tartamudeante, vernáculo, vivo, vulgar ♦ anomalía (de), capacidad (de), expresión (de), giro (de), problema (de), procesamiento (de), sonido (de), tecnología (de), tono (de) ♦ afectar, alterar(se), analizar, brotar, comprender, degenerar, dificultar, distinguir, dominar, emplear, escuchar, estudiar, evolucionar, extender(se) (en), imitar, impregnar, influir (en), introducir(se) (en), manejar, obnubilar, oír, perder, privar (de), quitar, reconocer, recuperar, reproducir

☐ Véase también: **lengua, lenguaje.**

habladuría ♦ cúmulo (de), sarta (de)[21] ♦ acallar[44], circular[2], dar crédito (a), dar lugar (a), dar pie (a), desmentir, difundir, favorecer, prestarse (a), propagar, salir al paso (de)[23]

☐ Véase también: **bulo, comentario, cuento, falacia, falsedad, mentira, patraña, rumor.**

hablar ♦ a borbotones[16], a bulto[7], acaloradamente[7], a calzón quitado, a cara descubierta[24], a chorro(s), a cobro revertido, acompasadamente, a conciencia, a favor[23], a grito limpio, a humo de pajas, a la cara[2], a la defensiva, a la ligera[23], a las claras, alto, a {mis/tus/sus...} espaldas, animadamente, apasionadamente, a tontas y a locas, atropelladamente[1], a voz en grito, bajo, cara a cara[6], chillonamente, civilizadamente[8], claramente, claro, coherentemente[2], coloquialmente, como una cotorra, como un descosido, como un libro, con autoridad, con cautela[32], con claridad, con conocimiento de causa, con dureza, con fluidez, con propiedad, con rotundidad[10], con segundas, con soltura, convincentemente[14], cordialmente[17], crudamente[10], de boquilla, de igual a igual[20], de más, de memoria[12], de oídas, de oído, de primera mano[15], descaradamente, desfavorablemente, de tú, de un tirón[3], directamente, duramente, efusivamente[20], elocuentemente[1], en balde, en broma, en contra, en cristiano, enérgicamente, enfáticamente, en firme[47], enigmáticamente, en plata, entrecortadamente, entre dientes, entre líneas[11], ex cátedra, extensamente, francamente, incansablemente, insistentemente, inútilmente, largamente[23], largo y tendido, lisa y llanamente[5], machaconamente[20], mano a mano, más de la cuenta, ni papa, plácidamente[38], por lo bajini, por los codos, por teléfono, prolijamente[2], secamente, sencillamente, seriamente, sin ambages[1], sinceramente, sin fundamento, sin pensar, sin reservas[26], sin rodeo(s), sin tapujos[1], sin ton ni son

☐ Véase también: **comentar, mencionar.**

[hacer] → hacer (a alguien), hacer acopio (de), hacer efectivo, hacer extensivo, hacer frente (a),

hacer gala (de), hacerse eco (de), hacer(se) realidad

hacer (a alguien) ♦ **burla, daño, faena, gracia, ilusión, jugada, mala pasada, mella, papilla, polvo, pupa, sombra**

hacer acopio (de) ♦ **alimento, arma, combustible, comida, dato, documentación, fuerza, información, material, medicamento, paciencia, recurso, víveres**

hacer efectivo ♦ **abono, acuerdo, anuncio, aumento, aval, bloqueo, cambio, cese, cheque, cierre, cobro, compromiso, control, crédito, cumplimiento, decisión, decreto, depósito, derecho, desarme, descenso, deseo, despliegue, disminución, dominio, embargo, factura, fichaje, importe, incremento, indemnización, mandato, nombramiento, orden, pago, peligro, plazo, principio, programa, proyecto, reparto, sorteo, talón, trámite, traslado, traspaso**
☐ Véase también: **trabar**.

hacer extensivo *loc.vbal.* ▮ Se combina con sustantivos que designan uso *(uso, empleo, utilización)*, autorización y prohibición *(permiso, prohibición, acceso)*, premio y recompensa *(premio, castigo, recompensa)*. Admite otros muchos sustantivos, pero destacan especialmente las combinaciones de esta locución verbal con...

A SUSTANTIVOS QUE DENOTAN OFRECIMIENTO O PROPUESTA: **1 invitación ++:** Amin *hizo extensiva* su invitación a Fidel Castro para corresponder –según dijo– a su noble acción de alinearse con los pueblos oprimidos de África... EPE050778 **2 oferta ++:** La oferta de entendimiento la *hizo extensiva* a «todo el tejido social» de la ciudad. EPE040799 **3 propuesta +:** Cuando se quiere *hacer extensiva* la propuesta de una vacuna mucosa a otros patógenos, no existe ningún otro microorganismo aparte de los enterotropos... ABC141094 **4 llamamiento ++:** El ministro *hizo extensivo* su llamamiento a la responsabilidad y colaboración a las entidades de carácter civil... EME080494 **5 sugerencia:** Esa sugerencia no se *hace extensiva* a las empresas públicas, que «no se pueden apartar del objetivo de inflación»... EPD240997 **6 convocatoria:** Pero la Comisión de Sanidad parlamentaria admitió el miércoles la tesis del PSOE de que la convocatoria debía *hacerse extensiva* a todas las comunidades que deseen sumarse. EPE021101

B SUSTANTIVOS QUE DENOTAN DEMANDA: **7 pregunta:** Además, no deja de preguntarse si «los kosovares tienen razón al tomar las armas y combatir por su independencia», pregunta que *hace extensiva* a los corsos y a los vascos. EPE040499 **8 demanda:** La principal diferencia entre los zapatistas y el Gobierno estriba en que el EZLN pretende *hacer extensivas* sus demandas a todo el territorio mexicano... EME220294 **9 petición:** La juez ha *hecho extensiva* la petición a Rafael Vera y Julián Sancristóbal. EME110596 **10 solicitud:** «Tendremos que *hacer extensiva* la solicitud de información a la Mesa del Parlamento...». EME310796

C SUSTANTIVOS QUE DESIGNAN GESTOS DE SALUDO, ACOGIDA, ADMISIÓN O FELICITACIÓN: **11 felicitación ++:** Durante su discurso, Nadal felicitó a CiU, la fuerza mayoritaria, felicitación que *hizo extensiva* al resto de formaciones políticas que han aumentado su presencia en el Parlament. EME201195 **12 agradecimiento +:** Hizo extensivo este agradecimiento al director general del Instituto Armado... EME190995 **13 bienvenida +:** Hicieron extensiva la bienvenida a los familiares del futuro marido. INDOC **14 saludo +:** Hago extensivo mi saludo a todas las personas que me apoyan en mi tarea profesional y en mi vida personal. INDOC **15 homenaje +:** El homenaje se *hizo extensivo* a Josune Uranga, la monitora del autobús, que colaboró en el rescate. EME031195 **16 brindis:** El brindis podría *hacerse extensivo* al equipo de una película que constituye la aventura americana de Fernando Trueba... EME191195 **17 reconocimiento:** Es mi deseo en este momento *hacer extensivo* el reconocimiento a las autoridades directivas, al grupo de investigadores y a todo el personal administrativo que laboró... LHG141100 **18 galardón:** Señaló que él no fue el único artífice de la Transición, por lo que *hace extensivo* este galardón a «todos los españoles...». EME140996

D SUSTANTIVOS QUE DENOTAN CRÍTICA O CONDENA. TAMBIÉN CON ALGUNOS QUE DESIGNAN OTRAS MANIFESTACIONES DE DISCONFORMIDAD: **19 denuncia ++:** La denuncia se *hace extensiva* a funcionarios sin concretar. LVE090396 **20 condena +:** Al igual que en el Congreso, la postura de los representantes del PP alavés buscó ayer generalizar la condena, *haciéndola extensiva* a todo tipo de acciones «contra la legalidad», sin mencionar expresamente al régimen de Franco. EPE111199 **21 crítica +:** Las críticas surgidas tras la muerte de West se *hacen extensivas* también a los servicios sociales de Gloucester... EME030195 **22 queja +:** Al mismo tiempo, *hicieron extensivas* sus quejas a Aebal... EPE050700 **23 acusación +:** Además, esta acusación se *hace extensiva* a dos ejecutivos de Seat... EME121296 **24 lamento –:** De acuerdo con un comunicado difundido por la tarde, la directora no quiso *hacer extensivo* a los partidos su lamento ante la falta de sugerencias. EME151196

E SUSTANTIVOS QUE DENOTAN APOYO: **25 apoyo +:** Hacemos extensivo nuestro apoyo y solidaridad a los profesores de religión de enseñanza secundaria que se niegan a firmar el contrato... EPE231199 **26 ayuda:** De ahí que la ayuda humanitaria se *haga* también *extensiva* a Yugoslavia... EPE220699

F SUSTANTIVOS QUE DESIGNAN JUICIOS, OPINIONES, RAZONAMIENTOS Y OTRAS INFORMACIONES: **27 definición:** Una definición que podría *hacerse extensiva* a nuestra generación del 36, y que explica sus viajes a España durante nuestra guerra civil. ABC171293 **28 comentario:** Andrés Estrada: entró al tiempo con el anterior –por Asprilla– y se le puede *hacer extensivo* el comentario. ETC111196 **29 mensaje:** La Concejalía de Salud a través de su Programa Municipal de Drogas ha decidido *hacer extensivo* el mensaje de prevención del alcoholismo a la comunidad escolar alcalaina. EME060294 **30 noticia:** La ampliación del Museo del Prado constituye no sólo una buena noticia en sí misma sino que la buena noticia se *hace extensiva* al modo en que se va a proceder a esa rehabilitación. LVE280695 **31 reflexión:** Esta artista utiliza la representación animal para *hacer extensiva* su reflexión a otros ámbitos de la naturaleza. EPE230999 **32 afirmación:** Hizo extensivas estas afirmaciones a la petición del PNV navarro de que la justicia penal no actúe durante el diálogo con ETA. EPE031199 **33 pésame –:** ...expresa su más sentido pésame, que *hace extensivo* a mandos y compañeros del asesinado. EME080294

G SUSTANTIVOS QUE DESIGNAN DISPOSICIONES: **34 norma:** Los Doce alegan que *hacer extensivas* sus normas implicaría grandes costes por lo que han concedido un periodo de cuatro años... EME090194 **35 orden:** Enrique Gómez (...) estimó que la orden de libertad debería *hacerse extensiva* a los demás implicados en el «caso GAL»... EME140795 **36 ley:** Esta ley se *hace extensiva* a todos los ciudadanos europeos. INDOC

H SUSTANTIVOS QUE DENOTAN OBLIGACIÓN O COMPROMISO: **37 responsabilidad +:** La responsabilidad la *hace extensiva* al Gobierno Suárez por no conceder la amnistía pese a las peticiones que ha recibido en tal sentido. EPE110977 **38 compromiso:** El compromiso se *hizo extensivo* a todos los partidos de la coalición. INDOC **39 tarea:** Es esta una oscura e ingrata tarea de recopilación e investigación bibliográfica (...) que sería muy útil que fuera *haciéndose extensiva* a todos los períodos de nuestra historia de la literatura dramática... ABC030395

I SUSTANTIVOS QUE DENOTAN ACCIÓN PLANIFICADA O PREVISTA: **40 plan:** La organización sindical no sólo pide que el plan piloto no se *haga extensivo* a otros ambulatorios, sino también que se paralice en las áreas básicas donde ya está en marcha... EPE191199 **41 planteamiento:** También *hace extensivos* sus planteamientos a los combates de boxeo, aunque en este aspecto se muestra mucho más taxativo. EPE050199 **42 proyecto:** El proyecto se *hace extensivo* tanto a los jugadores nacionales como a los extranjeros y entrará en vigor a partir de la temporada próxima. EPE011289

hacer frente (a) ♦ **animosamente, con decisión, con firmeza[26], con pundonor, con valentía, decididamente, valientemente**

☐ Véase también: **abordar, encarar.**

hacer gala (de) ♦ **agudeza, aplomo, astucia, autoridad, belleza, caballerosidad, capacidad, creatividad, cualidad, diplomacia, disciplina, estilo, flema, gentileza, habilidad, humildad, humor, imaginación, independencia, ingenio, inteligencia, liderazgo, objetividad, optimismo, originalidad, paciencia, poder, profesionalidad, recurso, saber, sencillez, soberbia, talante, técnica, tenacidad, valentía, virtud,** *otros sustantivos que designan capacidades, cualidades y defectos*

hacerse eco (de) ♦ **declaración, información, noticia, opinión, palabra, pregunta, rumor,** *otros sustantivos que designan manifestaciones verbales*

hacer(se) realidad *loc.vbal.* ▮ Acepta sustantivos que designan unidades de la lengua *(palabra, afirmación, frase)* o el pensamiento *(idea, concepto, lema, máxima)*. También admite sustantivos que designan múltiples cosas materiales que pueden ser proyectadas o ideadas *(obra, libro, fábrica, polideportivo, parque)*, pero se combina más frecuentemente con...

A SUSTANTIVOS QUE DESIGNAN LO IMAGINADO CON INTENSIDAD Y A MENUDO CONCEBIDO COMO IMPOSIBLE. POR EXTENSIÓN, TAMBIÉN CON SUSTANTIVOS QUE EXPRESAN OTROS PRODUCTOS DE LA FICCIÓN O LA FANTASÍA: **1 sueño ++:** ...la oportunidad perfecta para escapar del clima gélido de este tiempo y *hacer realidad* sus sueños... RUM280797 **2 ilusión ++:** ...parece tan viva y contundente que algunos la vemos como la más grande ilusión *hecha realidad.* LPN211097 **3 fantasía ++:** ...las probabilidades de que su fantasía se *haga realidad...* ENH240700 **4 utopía ++:** Y si esta utopía se *hiciera realidad* y algunos funcionarios siguieran el ejemplo... ESH111000 **5 cuento de hadas +:** ...las finanzas públicas vistas desde abajo son una tragedia; pero desde arriba, son un cuento de hadas *hecho realidad.* ESP210800 **6 quimera +:** ...el Consejo Europeo que, en Maastricht, empezó a *hacer realidad* la quimera de la moneda única europea. EPE020199 **7 cuento +:** El Comité Internacional de la Cruz Roja (CICR) acaba de *hacer realidad* un verdadero cuento de Navidad. EPE241299 **8 profecía +:** La vieja profecía de Hobbes se ha *hecho realidad* en el siglo de Hitler y Stalin. LVE240395 **9 visión:** Una de sus visiones, el de poner a Coral Gables en la mira comercial internacional, se ha visto *hecha realidad.* DLA050497 **10 invención:** ...un día, atrapado en la idea de *hacer realidad* su invención, se embarca rumbo al océano... ABC271192 **11 milagro:** Con su primer disco *hicieron realidad* ese milagrito de las compañías independientes y vendieron una enormidad. EPE221199 **12 mito:** Bastaría con coger un puñado de proteínas y darles determinada forma para que aquello se pusiera a vivir *haciendo realidad* mitos como el de Dios y el puñado de barro. EPE201299 **13 leyenda:** ...nunca pudo imaginar que sus descubrimientos *harían realidad*, a las puertas del siglo XXI, la leyenda de la Caja de Pandora. EME160194 **14 ciencia-ficción:** Allí, la ciencia-ficción se ha *hecho realidad.* EME060795 **15 ensoñación –:** Al intendente no le faltaron problemas a la hora de *hacer realidad* su ensoñación paisajística. HOY070797 **16 ensueño –:** De esa especie de ensueños, a veces *hechos realidad* a base de verter no poca sangre, hemos vivido prácticamente hasta nuestros días. EPE280299

B SUSTANTIVOS QUE DESIGNAN LO QUE SE DESEA O AQUELLO QUE SE PRETENDE O HACIA LO QUE SE DIRIGEN LOS ESFUERZOS PROPIOS. SE APLICA, POR EXTENSIÓN, A ALGUNOS ESTADOS DE ÁNIMO ASOCIADOS CON ESAS EXPECTATIVAS: **17 deseo ++:** Un deseo que a partir de mañana (...) se *hará realidad* en la forma de miles de argentinos eligiendo a sus jugadores... CLA140297 **18 ideal ++:** ...se empeñó en *hacer realidad* los ideales de la Revolución mexicana... EXC180996 **19 aspiración ++:** Se había *hecho realidad* una de las máximas aspiraciones del ser humano. ABC020994 **20 reivindicación ++:** Pero sus reivindicaciones, lejos de llegar a *hacerse realidad*, se complican. EPE180199 **21 objetivo ++:** ...tenemos objetivos políticos y luchamos por *hacerlos realidad...* PME271096 **22 meta +:** Sólo así conseguiremos *hacer realidad* las metas de la plena igualdad de oportunidades... LVE050995 **23 anhelo +:** Anoche se *hizo realidad* el antiguo anhelo de un grupo de médicos con la presentación del... DYM230796 **24 esperanza +:** ...hay potencial para soñar e incluso para *hacer realidad* esas esperanzas pese a las dificultades coyunturales. GIC111796 **25 propósito +:** Requerimos de su comprometida participación para *ha-*

cer realidad los grandes propósitos que nos hemos planteado. PME210796 **26 horizonte:** Ese horizonte se va a *hacer realidad* dentro de unos meses. EME211195 **27 voluntad:** ...la mejor manera de defender el derecho al autogobierno, o de *hacer realidad* la voluntad de construir la democracia a nuestra medida, era... EPE190599 **28 intención:** ...*ha hecho realidad* las intenciones del Monstruo, que en la novela desaparece en la lejanía... EME180295 **29 declaración de intenciones:** ...es imposible que consiga *hacer realidad* las declaraciones de intenciones que... EPE180799 **30 optimismo:** ...el optimismo que McLuhan intentó contagiar en Barcelona en 1975, se ha *hecho realidad.* LVE111096 **31 querencia:** Y esa querencia se ha *hecho realidad* en tres montajes: «Entre bobos anda el juego», de Rojas Zorrilla... EME020396 **32 planteamiento:** Diversos trabajos experimentales *hacen realidad* los planteamientos teóricos comentados. ABC210495 **33 clamor:** Desde el Ayuntamiento, nuestra responsabilidad es la de *hacer realidad,* en la medida de lo posible, ese clamor de deseos. EME090194 **34 euforia:** El central argentino *hizo realidad* la euforia que quería Sarri. LVE180995 **35 ambición:** ¿Puedo yo lograr mi sueño? ¿Puedo *hacer realidad* mi ambición? ENH280497

C SUSTANTIVOS QUE DESIGNAN PLANES, PROYECTOS Y OTRAS FORMAS DE ORGANIZAR LA INTENCIÓN DE ACTUAR: **36 proyecto ++:** ...está en contacto con el director Carlos Ameglio y con distintas productoras con el fin de *hacer realidad* el proyecto. EUV230996 **37 plan ++:** ...la doctora García podrá contar que *hizo realidad* un plan que definió hace dos años como un sueño. SEM210197 **38 iniciativa ++:** ...con la ayuda de empresas e instituciones (...) sin las cuales hubiera sido imposible *hacer realidad* esta iniciativa. FDV180601 **39 estrategia:** Sea o no una estrategia, no tiene la más mínima posibilidad de *hacerse realidad...* LVE220596 **40 anteproyecto:** El polémico anteproyecto de reforma sanitaria, que ha tardado más de dos años en *hacerse realidad,* quedó listo... EPE020485 **41 propuesta:** ...necesita contar no sólo con líderes esclarecidos, sino también con estructuras y bases capaces de *hacer realidad* este tipo de propuestas. EXC220996 **42 modelo:** Antes de *hacer realidad* este modelo, que ha costado muchos debates y discusiones públicas... EPE020899 **43 prototipo:** ...está empeñado en *hacer realidad* el prototipo diseñado por Giugiaro para el Salón de Ginebra... EME260695

D SUSTANTIVOS QUE DESIGNAN COMPROMISOS Y OBLIGACIONES, ASÍ COMO –POR EXTENSIÓN– ALGUNAS DE SUS MANIFESTACIONES ORGANIZADAS EN LA POLÍTICA O EN LA SOCIEDAD: **44 compromiso ++:** ...que incorporen nuestras propuestas sobre los planes de acción para *hacer realidad* los compromisos alcanzados... EPE071199 **45 promesa ++:** Las televisiones digitales (...) incluso podrían *hacer realidad* la promesa de la televisión interactiva. VIS090797 **46 programa +:** ...ilusión y entusiasmo por (...) unir las fuerzas de las personas para *hacer realidad* el programa de la paz... LNC070297 **47 plataforma:** ...el presidente Alemán debe actuar y hacer cumplir las leyes, pero, sobre todo, *hacer realidad* la plataforma de gobierno que el pueblo apoyó... DLA090497 **48 acuerdo:** ...para que se *haga realidad* el acuerdo que se hizo en la comisión tripartita... EUV150497 **49 pacto:** ...¿es concebible que el Partido Democrático de la Izquierda quiera ir a votar sin haber *hecho realidad* ese pacto federativo de la izquierda...? LVE090795 **50 contrato:** ...tendremos que avanzar más en *hacer realidad* ese nuevo contrato social que propugnamos. EPE180599 **51 decisión:** El propio portavoz del PP en el Parlament justificó su decisión, tomada el lunes pasado y *hecha realidad* el martes... EME090396 **52 plataforma electoral:** ...está obligado a llevar adelante, a *hacer realidad* la plataforma electoral con que el partido lo postuló. EXC180996

E SUSTANTIVOS ABSTRACTOS, A MENUDO DE NATURALEZA MODAL, QUE DESIGNAN DE DIVERSA FORMA AQUELLO QUE ES POSIBLE O VIABLE, ASÍ COMO LO QUE SE ELIGE PORQUE PUEDE LLEGAR A SERLO: **53 opción +:** La primera opción, según las fuentes consultadas, es la que tiene más posibilidades de *hacerse realidad...* EPE240699 **54 posibilidad +:** ...yo lucharé porque esta posibilidad se *haga realidad* porque creo que sería muy positivo para el partido... EME241095 **55 candidatura:** ...comenzaba al cierre de esta edición una victoria que parecía imparable *haciendo realidad* dos de sus ocho candidaturas a los premios Globos de Oro... ENH190198 **56 hipótesis:** Esta hipótesis tiene pocas probabilidades de *hacerse realidad...* EME250195 **57 teoría:** Esta teoría ayer se *hizo realidad* en el Tívoli. EPE050599 **58 perspectiva:** ...sus muchos recelos, de siempre, con respecto a dos perspectivas que se han *hecho realidad* en Chechenia. EME070195

F SUSTANTIVOS PROSPECTIVOS QUE DESIGNAN LO QUE SE DECLARA, SE PREVÉ, SE TEME O SE CALCULA ANTICIPADAMENTE. TAMBIÉN CON OTROS QUE DESIGNAN SITUACIONES QUE DEBEN SER ABORDADAS O A LAS QUE UNO SE HA DE ENFRENTAR: **59 amenaza ++:** La amenaza se *hizo realidad* y el derrame se extendió desde el sur de Punta Atalaya hasta Arroyo Blanco... CLA210199 **60 pesadilla ++:** «Muerte y resurrección del infierno: la pesadilla *hecha realidad*». ABC300695 **61 temor ++:** Fue entonces cuando los temores de Rodolfo respecto a su hijo se *hicieron realidad.* SEM161000 **62 advertencia +:** ...al día siguiente la advertencia se *hace realidad* en otro periódico... EME140196 **63 rumor +:** Pero, a diferencia de otros años, este verano el rumor se *hizo realidad.* EPE190799 **64 anuncio +:** Hacer realidad su anuncio sería la gran noticia para el fútbol colombiano... EPC181197 **65 reto:** ...«fueron cruciales para (...) *hacer realidad* uno de los retos del Romanticismo más importantes...». ABC170993 **66 desafío:** ¿Qué acciones concretas ha realizado el Municipio a lo largo de estos meses para *hacer realidad* este desafío? DHE031097 **67 presagio:** Los negros presagios de los testigos presenciales fueron *haciéndose realidad* a lo largo de la tarde... EME230295 **68 pronóstico:** Al cabo de casi un decenio de aparente independencia, los peores pronósticos se han *hecho realidad* en Rusia. EPE190999 **69 predicción:** «Desafortunadamente esta predicción se ha *hecho realidad*». EME090195 **70 sospecha:** ...una de las peores sospechas de los resultados de las pasadas elecciones se va *haciendo realidad.* EME180796 **71 suposición:** Pero las suposiciones se *hicieron realidad* cuando, en diciembre, llegó un escrito del Gobierno regional anunciando... EPE060199

G SUSTANTIVOS QUE DESIGNAN DERECHOS U OBLIGACIONES, ASÍ COMO ALGUNOS DE SUS FUNDAMENTOS Y SUS MANIFESTACIONES JURÍDICAS: **72 derecho +:** ...el drama de un país que tiene una Constitución generosa en derechos pero le falta la plata para *hacerlos realidad.* SEM301000 **73 principio +:** ...para que en los nuevos tiempos que vivimos *hagamos realidad* los principios básicos que dieron origen a... LNC171296 **74 deber:** ¿Cómo queremos que las empresas *hagan realidad* el deber de tener un porcentaje determinado de minusválidos en sus plantillas...? EPE061299 **75 valor:** Ese valor debe *hacerse realidad* en el periódico... EPE121299 **76 legislación:** ...la incorporación de los conceptos ambientales en las políticas de vivienda y desarrollo urbano, modificando y *haciendo realidad* la legislación pertinente. HOY180886 **77 norma:** La Ley de Fronteras parece letra muerta, ya que no se han concretado los convenios que ayuden a *hacer realidad* dicho conjunto de normas. ETC180497 **78 ley:** Expresó que «es necesario destacar la participación de nuestros legisladores y del Poder Ejecutivo, en *hacer realidad* esa ley». LDD260697 **79 disposición:** ...las anteriores disposiciones sobre la misma cuestión tardaron más de cinco años en *hacerse realidad* para España... EPE171199 **80 letra:** ...los soldados que ayudaron a *hacer realidad* en Bosnia la letra de los papeles firmados en Dayton. CLA300199

H SUSTANTIVOS QUE DESIGNAN ALGUNOS DE LOS CONTENIDOS A LOS QUE SE REFIEREN LOS DERECHOS MENCIONADOS EN EL GRUPO ANTERIOR: **81 igualdad +:** ...un renovado avance en los métodos de trabajo del partido y una inequívoca voluntad de *hacer realidad* la igualdad de sexos. LVE030294 **82 paz +:** No puede resolverse la candente cuestión de la paz (...) si ésta no se vincula con la dinámica de los necesarios cambios nacionales que la *hagan realidad*. PME290996 **83 libertad:** ...un planteamiento destinado a ampliar el pluralismo y *hacer realidad* la libertad de televisión. EME301296 **84 justicia:** ...no supone una subida de precios por la estancia en las ciudades de la Diputación sino un intento de *hacer realidad* una mayor justicia distributiva... EPE040977

I SUSTANTIVOS QUE DESIGNAN ACCIONES Y SUCESOS, MÁS FRECUENTEMENTE SI SE TRATA DE PROCESOS DE CREACIÓN O TRANSFORMACIÓN: **85 transformación ++:** ...todos entendimos que se nos abría la posibilidad de *hacer realidad* una transformación de Barcelona... LVE171096 **86 cambio ++:** ...los ciudadanos han apostado por el cambio en la alcaldía, pero para que se *haga realidad* hay que sumar las voluntades de... EPE200699 **87 reforma ++:** ...se requiere con urgencia (...) *hacer realidad* en ese ejercicio la reforma fiscal integral... EXC031000 **88 creación ++:** ...la creación de una ciudadela para personas de escasos recursos, empieza a *hacerse realidad*... SEM011297 **89 construcción +:** ...por fin la Municipalidad de Lima «*hará realidad* la construcción del Sistema Integral de Terminales Terrestres...». CAP180796 **90 recuperación:** La recuperación de la obra de Eugenio Larruga, una de las grandes figuras del pensamiento ilustrado, se ha *hecho realidad*... LVE060196 **91 impulso:** Tratamos de *hacer realidad* ese segundo impulso democrático que fue barrido por el viento de la corrupción... EPE210399 **92 lanzamiento:** ...meses antes la Sala Amárica *hizo realidad* ese lanzamiento... EPE070699 **93 inauguración:** ...la empresa considera que todavía hoy, con la inauguración oficial ya *hecha realidad*, no se ha encontrado una solución... EME310396 **94 unión:** En su determinación de *hacer realidad* la unión política y monetaria europea, el canciller Kohl ha colocado una enorme carga... EME091296 **95 conexión:** ...abogó por potenciar el aeropuerto de Manises y *hacer realidad* la conexión entre éste y la Feria de Muestras. EPE220299 **96 ampliación:** Me gustaría *hacer realidad* la ampliación del Parque Natural de Peñalara y la creación de los Parques Regionales... EME280394 **97 expansión:** ...Kanu, Ikpeba, Amokachi, Okocha, Babangida, Babayaro, Uche o Amunike pasarán a la historia por haber *hecho realidad* la expansión de África por el mundo... EUV080996 **98 aumento:** ...se mencionó un aumento para los presionados del IVSS y hasta la fecha no se ha *hecho realidad* dicho aumento... EUV170498 **99 homologación:** La homologación de la enseñanza concertada con la pública debe *hacerse realidad* porque es apoyada por todos los partidos políticos... EPE201299 **100 ascenso:** ...el ascenso al primer equipo del máximo goleador del filial, es la que tiene más visos de *hacerse realidad*... EPE190399 **101 rebajamiento:** El rebajamiento de categoría del Poder Judicial (PJ) empezaba a *hacerse realidad*... CAP130696 **102 aprobación:** ...para demostrar al gobierno que están dispuestos a tomar estas y otras acciones hasta ver *hecha realidad* la aprobación del Estatuto... LTH220797 **103 aplicación:** ...los responsables del fútbol mundial recelan que llegue a *hacerse realidad* la aplicación automática de una sanción de dos años para quien se dope... LVE230694

J OTROS SUSTANTIVOS; POSIBLES USOS ESTILÍSTICOS: La memoria de García Lorca vuelve a *hacerse realidad* cotidiana en su ciudad... EME271195; ...muchos se adhieren a versiones vagas o radicales contra la liberalización y en favor de *hacer realidad* la melancolía imperial soviética. EME090496; Marcello vive y *hace realidad* toda la tormenta emocional del director... LVE141196

☐ Véase también: **realidad.**

hacha ♦ **con** ♦ **afilar, blandir, empuñar, esgrimir**

halago ♦ **cariñoso, cortés, desacostumbrado, espontáneo, inmerecido**[9]**, merecido, público, sincero, vano** ♦ **lluvia (de)**[30] ♦ **constituir, cubrir (de), deshacerse (en)**[1]**, granjearse**[50]**, hacer, llenar (de), prodigar**[13]**, tributar, verter**[45]

☐ Véase también: **adulación, agasajo, coba, elogio, piropo.**

halagüeño *adj.* ▮ Aparece generalmente modificado por cuantificadores de grado *(poco, nada, bastante)*. Se combina con...

A SUSTANTIVOS QUE DESIGNAN EL FUTURO, ASÍ COMO CIERTAS ESTIMACIONES QUE SE HACEN SOBRE ÉL: **1 futuro ++:** Un análisis de la situación jurídica (...) demuestra que su futuro no es muy *halagüeño*. SEM031096 **2 destino +:** ...el eterno retorno de los que huyen de la pobreza en busca de un destino más *halagüeño*. EME170896 **3 expectativa +:** Además, las expectativas de futuro son *halagüeñas*, ya que cada vez nacen más... EME131096 **4 previsión +:** ...y a tres días del estreno, las previsiones son mucho más *halagüeñas*... ABC150494 **5 pronóstico:** ...mucho tendrá que esforzarse para echar por tierra esos pocos *halagüeños* pronósticos. EME030694 **6 augurio:** ...los augurios no pueden ser más que *halagüeños*. EXC110796 **7 devenir:** El devenir de los últimos acontecimientos históricos no es muy *halagüeño* para la actividad de las organizaciones no gubernamentales... EPE201199 **8 predicción:** Las predicciones meteorológicas no resultan, de todos modos, muy *halagüeñas*. EPE100899 **9 perspectiva:**

La vida de estos fracasados no se presenta nunca bajo *halagüeñas* perspectivas. ESP100797 **10 trazado** –: El trazado de su etapa como novillero es *halagüeño*, pero ahora tendrá que volver a poner de manifiesto su condición. EME130595 **11 bienaventuranza** –: ...en este zoco electoral donde se sacan a barato las bienaventuranzas más *halagüeñas* a cambio del voto. EME060296

B SUSTANTIVOS QUE DESIGNAN DATOS, RESULTADOS Y OTROS INDICADORES ANÁLOGOS. TAMBIÉN CON OTROS QUE EXPRESAN EL RESULTADO, GENERALMENTE CUANTIFICABLE, DEL PROCESO DE OBTENERLOS: **12 dato** ++: El dato me pareció de lo más *halagüeño*. ABC150193 **13 cifra** +: Mientras tanto (...) envía cifras *halagüeñas*, notificaciones en las que se habla del incremento... DLA281097 **14 resultado** +: ...llegó a Santander armado con los *halagüeños* resultados que han logrado las películas españolas... EPD290797 **15 diagnóstico:** El diagnóstico no es *halagüeño*: a la plantilla le falta toque, delanteros... EPE220299 **16 plan:** Plan económico *halagüeño* se prevé para 1997. LPH121296 **17 sondeo:** ...se ha diluido a la vista de unas gradas vacías, de unos sondeos poco *halagüeños*... EME061096 **18 balance:** El alcalde (...) ha hecho un balance *halagüeño* de las gestiones realizadas por su equipo de gobierno después de cumplir un mes... EPE060899 **19 tasa:** Tales tasas de crecimiento son francamente *halagüeñas*, dadas las particulares condiciones de receso y crisis económicas... ECP140175 **20 estadística:** ...la Dirección (...) presentó unas *halagüeñas* estadísticas que demostrarían que en 1998 ha disminuido la siniestralidad... EPE210499 **21 parte:** El parte médico facilitado por el doctor (...) no fue muy *halagüeño*... EPE161199 **22 encuesta:** En 1995, (...) salió elegido por pocos votos y las encuestas no son nada *halagüeñas* para los populares. EPE110899 **23 detalle** –: Diez años más tarde, las palabras de un peridodista (...) añadían algún que otro detalle poco *halagüeño*. EME090495 **24 radiografía** –: Constituye también, claro es, una radiografía nada *halagüeña* del Perú y de sus dirigentes. ABC260393 **25 comportamiento** –: ...el comportamiento del empleo entre los más jóvenes es menos *halagüeño* que entre los mayores... EME180295 **26 crecimiento** –: ...y dijo que se proyecta un crecimiento *halagüeño* para el 1996 y 1997. DED021196 **27 ejercicio** –: Para el pintor, el ejercicio era no menos *halagüeño*, al demostrar que era capaz de copiar... ABC130392 **28 cota** –: ...sin alcanzar las lamentables cotas en las que se mueve entre nosotros, tampoco son demasiado *halagüeñas*... ABC200893 **29 cotejo** –: El cotejo del número de espectadores por temporada tampoco resulta muy *halagüeño*... EPE100699 **30 indicador** –: Lo que en principio es un indicador *halagüeño* de la vitalidad de este centro cultural... ABC240492 **31 versión** –: ...ofreciendo una versión poco *halagüeña* de la forma de vida de su familia. EPE260599

C SUSTANTIVOS QUE DESIGNAN PERÍODOS O LÍMITES TEMPORALES: **32 presente:** ...las mismas palabras que remiten a un futuro dorado (incomprobable) y a un presente *halagüeño* (verdad a medias). EME200295 **33 año:** ...intentará buscar la sorpresa de un triunfo europeo en medio de un año no muy *halagüeño*. EME060296 **34 comienzo:** Sin embargo, tal y como pintaba el panorama hace unas semanas, el comienzo es *halagüeño*... ETC150996 **35 momento** –: ...esta atraviesa por unos momentos no muy *halagüeños*. LVL190996

D SUSTANTIVOS QUE DESIGNAN DIVERSOS TIPOS DE TEXTOS O MENSAJES, DE CONTENIDO DESCRIPTIVO O EXPOSITIVO: **36 declaración:** ...hay una serie de *halagüeñas* declaraciones de política exterior... EPD240997 **37 noticia:** La mañana pasó con noticias poco *halagüeñas*, ya que el helicóptero había tenido que abandonar la búsqueda... EME230296 **38 mensaje:** En sus manifestaciones, el mensaje que envió al sector pesquero gallego no fue nada *halagüeño*... EME230795 **39 comentario:** ...puede servir para encabezar este comentario, que no tiene nada de crítico, sino de *halagüeño*. ABC260595 **40 argumento** –: ...utilizó ayer una batería de argumentos económicos nada *halagüeños*, como el paro en Europa o el aumento de las diferencias... EME150996 **41 propuesta** –: La turbadora propuesta de un calderazo, sin embargo, puede resultar más *halagüeña* que la denuncia pública... EUV300696 **42 libro** –: ...aprovechó la ocasión para promocionar un nada *halagüeño* libro sobre su madre. EME141195 **43 acepción** –: ...acepción moderna, tampoco demasiado *halagüeña*, ya que pone la vulgaridad como condición necesaria... ABC060195 **44 llamada** –: ...los españoles tuvieron la ocasión de presenciar la menos *halagüeña* de esas llamadas. EME230195

E SUSTANTIVOS QUE DESIGNAN LO QUE SE PRESENTA A LA VISTA, ASÍ COMO DIVERSOS ESTADOS DE COSAS, GENERALMENTE PRESENTES, QUE SE DESCRIBEN O SE VALORAN: **45 panorama:** En ese sentido, el panorama del mercado de transgénicos no es *halagüeño*. POS180699 **46 situación** +: Pero en los países desarrollados, la situación tampoco es *halagüeña*. ABC011295 **47 imagen:** ...la publicidad que según dice, ofrece una imagen *halagüeña*, a veces deslumbrante del hábito de fumar. ETC010690 **48 cuadro:** Estamos, ciertamente, ante un cuadro nada *halagüeño*. EME020796 **49 realidad:** A pesar de que desde hace tiempo se viene hablando de la necesidad de (...) la realidad es aún poco *halagüeña*. EME270495 **50 paisaje** –: Tan solo 200 metros más allá (...) el paisaje era menos *halagüeño*. EPE140699 **51 entorno** –: El panorama que (...) dibuja para el futuro del río Guadiamar y su entorno no es muy *halagüeño*. EPE070799 **52 hecho** –: Más allá de la calidad (...) el hecho es *halagüeño*, además de relevante... ESP070597 **53 ilusión** –: ...para que perdamos ilusiones *halagüeñas* que solo pueden servir para hacer mayor el daño. ABC080193 **54 visión:** Una visión que resultó poco *halagüeña* para su ciudad... EME091096

F OTROS SUSTANTIVOS; POSIBLES USOS ESTILÍSTICOS: ...las pintas son aún más *halagüeñas*. EME020996; ...una rotativa *halagüeña* es algo así como un hipopótamo... EME130795; ...un Castro *halagüeño* con su traje de alpaca y su linda corbata... EPE300699

☐ Véase también: **esperanzador, favorable, propicio.**

hálito (de) ♦ **emoción, esperanza, humanidad, inspiración, misterio, poesía, verdad, vida** ♦ **insuflar**

☐ Véase también: **aliento, soplo (de).**

hallar(se) ♦ **atrapado, enfermo, feliz, implicado, incómodo, intacto**[15]**, involucrado, nervioso, pobretón, recuperado, sano y salvo**[21]**, satisfecho, tranquilo** ♦ **a buen recaudo**[11]**, a la cabeza**[7]**, cara a cara**[21]**, frente a frente**[12]

hallazgo ♦ **accidental**[16]**, feliz, genial, importante, novedoso**[59]**, sorprendente, trascendental** ♦ **a**

la luz (de)[22] ♦ anunciar, confirmar, dar a conocer, hacer público, ofrecer
☐ Véase también: **descubrimiento, encuentro, invento.**

HALLAZGO Véase: DESCUBRIMIENTO

halo (de) ♦ difuminado, divino, legendario, luminoso, mágico, majestuoso, misterioso, poético, romántico, sobrenatural ♦ energía, esperanza, espiritualidad, exotismo, fuerza, honradez, leyenda, luz, melancolía, misterio, prestigio, tristeza ♦ revestir(se) (de)[6], rodear(se) (de), tener
☐ Véase también: **brillo, círculo, luz.**

[hambre] → de hambre

hambre ♦ acuciante[14], a cuestas[20], apremiante, atrasado, atroz, canino[1], compulsivo, de {días/semanas...}, desmesurado, incontenible, insaciable[2], mortal, muerto (de), terrible, voraz ♦ abolir[63], acechar[37], acosar (a alguien), acuciar[9], aguantar, amortiguar[43], apaciguar[36], aplacar(se)[23], apremiar (a alguien), asaltar (a alguien), asediar (a alguien), azotar[19], calmar, combatir[13], dar[329], desfallecer (de), despertárse(le) (a alguien), engañar, entrar, erradicar, invadir (a alguien), matar (de), mitigar[33], morirse (de), paliar[27], pasar, reventar (de)[2], saciar[2], satisfacer, sentir, sufrir, tener, vencer
☐ Véase también: **apetito, deseo, gana(s), sed, voracidad.**

[hasta] → hasta el cuello, hasta el tuétano, hasta la saciedad, hasta las cejas, hasta los huesos, hasta los ojos

hasta el cansancio ♦ decir, gritar, insistir, luchar, martillear, pelear, reiterar, repetir, sonar, sostener, utilizar

hasta el cuello *loc.adv.* ▌En sentido literal se combina con verbos que designan la acción de cubrir el cuerpo con alguna prenda *(abotonar, tapar, cubrir)*. En su sentido figurado aparece a menudo en construcciones con los sustantivos *deuda, trabajo* y con otros análogos que designan estados que pueden interpretarse como agobiantes o presionadores *(estar de deudas hasta el cuello)*. Asimismo se combina con...

A VERBOS QUE DENOTAN INGRESO O PARTICIPACIÓN, MÁS FRECUENTEMENTE EN ASUNTOS DE GRAN COMPLEJIDAD, CONFUSOS, COMPROMETIDOS, ARRIESGADOS O ILÍCITOS: **1 meter(se)** ++: ...lo hemos hecho sabiendo que fuera de toda duda razonable, esos jueces estaban metidos *hasta el cuello* en narcotráfico. VIS190697 **2 implicar(se)** +: Su tesis es que si hay indicios de algo, es de que Roldán está implicado *hasta el cuello* en la falsificación... LVE290495 **3 comprometer(se)** +: Las FARC saben que el gobierno ya está comprometido *hasta el cuello* en este proceso y que no lo abandonará... CLA080199 **4 pringar(se)** +: ...Chabrol se pringó ayer *hasta el cuello* en el barro del susurro, agónico, de la burguesía periférica de su país. EPE190299 **5 sumergir(se)** +: ...una historia en la que está sumergido *hasta el cuello* pero frente a la cual se siente incapaz de adivinar hacia dónde se dirige. LVE191096 **6 empantanar(se)**: ...el Madrid deberá hacer frente a una serie de equipos que estarán empantanados *hasta el cuello*. EME210294 **7 enredar(se)**: Operación que denunció con fuerza el Partido Popular y en la que estuvo enredado *hasta el cuello*... EME290296 **8 hundir(se)**: Vienen del socialismo griego, hundido *hasta el cuello* en la corrupción. EME270594 **9 enfangar(se)**: Es de aquellos polvos no bien sacudidos de donde vienen estos lodos de ahora, en los que estamos enfangados *hasta el cuello*. EME141095

B VERBOS QUE DENOTAN LA ACCIÓN DE CONTRAER UNA DEUDA ECONÓMICA: **10 endeudar(se)** ++: Ambos se endeudan *hasta el cuello* para matarse entre sí, mientras otros hacen jugosos negocios. LTB041296 **11 empeñar(se)** +: ...un filme artísticamente muy ambicioso pero un sonado fracaso comercial que casi acabó con la carrera del realizador, que tuvo que malvender la recién creada compañía y empeñarse *hasta el cuello*. LVE061195
☐ Véase también: **hasta las cejas, hasta los huesos.**

hasta el tuétano *loc.adv.* ▌Admite la variante *hasta los tuétanos*. Se combina con sustantivos que designan personas en función de su tendencia ideológica *(nacionalista, católico)*, y también con sustantivos gentilicios *(navarro, americano)*. Se combina asimismo con...

A VERBOS QUE DENOTAN LA ACCIÓN DE ATRAVESAR UN LÍQUIDO ALGÚN CUERPO PERMEABLE Y, POR EXTENSIÓN, LA DE AFECTAR DECISIVAMENTE LA NATURALEZA DE ALGO: **1 calar** +: Es un melodrama (...) que cala *hasta el tuétano* tanto por el patetismo de su historia... LVE130596 **2 empapar**: ...empapando *hasta el tuétano* nuestro espíritu y tensando en pulsante vigilia nuestro cuerpo. LVE171196 **3 impregnar**: ...es una institución (...) impregnada *hasta el tuétano* de la ideología de la gran potencia occidental... EPE010880 **4 infiltrar**: ...y ahí está el caso de Telemadrid infiltrada de Prisa *hasta el tuétano*, con el mismo director de informativos que tenía Leguina... EME021095 **5 llegar** –: ...y un escote –al que, por cierto, hizo una pequeña mención– que le llegaba *hasta el tuétano*. EPE160499

B VERBOS QUE DESIGNAN LA ACCIÓN O EL PROCESO DE INTRODUCIR ALGO EN OTRA COSA O, POR EXTENSIÓN, LA DE REMOVER SU CONTENIDO O INDAGAR EN ÉL: **6 meter** ++: ...y se mete *hasta el tuétano* en el cosmos de Jimi Hendrix. LVE080396 **7 penetrar** ++: ...el espigado inglés penetró *hasta el tuétano* en su nueva obra «Night music»... LVE150295 **8 perforar**: ...una Pamplona perforada *hasta el tuétano* por la ferocidad de un testimonio implacable... ABC241292 **9 hurgar**: hurgando *hasta el tuétano* para encontrar un gramo, la pepita dorada... EME180296 **10 escrutar**: ...propone una mirada, irónica pero no destructiva, al cine de su admirado Bergman: una familia explorada en sus crisis, en sus diálogos interminables sobre la existencia, mientras la cámara los escruta *hasta el tuétano*. LVE090995 **11 sumir(se)** –: ...la biografía interna y exterior de un escritor sumido *hasta los tuétanos* en nuestra intrahistoria. LVE260796

C VERBOS QUE DESIGNAN EL PROCESO DE EXPERIMENTAR CIERTOS ESTADOS EMOCIONALES: **12 enamorarse** ++: Se enamoraron *hasta el tuétano* nada más conocerse. INDOC **13 sentir:** ...otras cantantes geniales y kamikazes vitales que sentían *hasta el tuétano* las palabras... EME221196 **14 conmover:** ...se conmovió *hasta los tuétanos* con episodios tan audaces como la legalización del Partido Comunista. LVE160296 **15 enfadarse:** ...privado de su legítimo derecho de tener al alcalde a raya, volvió a enfadarse *hasta los tuétanos.* EPE121099 **16 subyugar –:** Ese mayordomo (...) me subyuga *hasta los tuétanos.* LVE081296

D OTROS VERBOS; POSIBLES USOS ESTILÍSTICOS: ...la partitocracia se retuerce *hasta el tuétano* en la más descarada ilegalidad e impunidad. EME120395; Hay que aprovechar *hasta el tuétano* las escasísimas posibilidades que tenemos... LVE150795; ...más potente que la heroína y el peyote, nos consumía *hasta los tuétanos* y nos distraía... EPE010999

☐ Véase también: **a fondo, hasta los huesos.**

hasta la saciedad ♦ **decir, demostrar, explicar, insistir, oír, pedir, reiterar, repetir, ver,** *otros verbos de lengua*

☐ Véase también: **machaconamente.**

hasta las cejas *loc.adv./loc.adj.* ▮ Se construye generalmente con verbos pronominales *(entramparse, endeudarse)* o en perífrasis resultativas con *estar* + participio *(estar enfangado; estar metido).* Algunos usos de esta locución rozan el sentido recto *(taparse hasta las cejas; armarse hasta las cejas)*, pero no se asimilan enteramente a él, por lo que describen seguidamente. Se combina con...

A VERBOS QUE DESIGNAN LA ACCIÓN DE CONTRAER UNA DEUDA ECONÓMICA: **1 endeudarse ++:** Los clubes se están endeudando *hasta las cejas,* contando de antemano con los futuros ingresos de la televisión. EME110796 **2 empeñarse ++:** Tras años de cosechas de azúcar desastrosas, Cuba se ha empeñado *hasta las cejas* en la producción de 1996... EME030196 **3 entramparse +:** ... el Gobierno ruso (...) no ha decidido si entramparse *hasta las cejas* para aplacar los conflictos sociales que amenazan al país... EME060296 **4 embargar:** Son unos corajudos embargados *hasta las cejas.* EPE151199

B VERBOS QUE DESIGNAN LA ACCIÓN O EL PROCESO DE OCUPAR POR COMPLETO ALGO, MUY FRECUENTEMENTE ENSUCIÁNDOLO: **5 poner(se) +:** ...nos vamos a poner de tierra *hasta las cejas.* EME220194 **6 embadurnar(se):** ...la mierda de la corrupción embadurna al Gobierno *hasta las cejas...* EME280494 **7 llenar(se):** ...se metió en un lodazal y se llenó de barro *hasta las cejas.* INDOC **8 enfangar(se):** ...se encontró enfangado *hasta las cejas.* EPE051199

C VERBOS QUE DESIGNAN LA ACCIÓN DE PARTICIPAR EN ALGO, GENERALMENTE EN ASUNTOS ILÍCITOS O DESHONESTOS: **9 meter(se) ++:** ...está metido *hasta las cejas* en los asuntos de corrupción de Cantabria. LVE190594 **10 implicar(se) +:** ...personajes que luego han aparecido implicados *hasta las cejas.* EME240395 **11 comprometer(se):** Yo estoy comprometido *hasta las cejas* con un movimiento sindicial... LVE050295 **12 corromper(se):** ...una clase gobernante corrupta *hasta las cejas...* EPD091097 **13 liar(se) –:** ...Pushkin, olvidando el pie de la gobernadora, se lió *hasta las cejas* con una gitana de ojazos enigmáticos... EME140196

D VERBOS QUE DESIGNAN LA ACCIÓN DE CONSUMIR ALGUNA DROGA: **14 ponerse de marihuana:** ...si los americanos se ponían *hasta las cejas* de marihuana, los soldados del Vietcong hacían lo mismo con la hierba que ellos llaman «rosa canina»... EME290495 **15 embriagarse:** Si la salud no es uno de los temores de quien sale decidido a embriagarse *hasta las cejas,* no pasa lo mismo con los controles de la Policía. EME201295

E VERBOS QUE DESIGNAN LA ACCIÓN DE CUBRIRSE LA CABEZA CON ALGUNA PRENDA: **16 calarse ++:** ...unas boinas impresionantes que se calan *hasta las cejas...* EME260595 **17 cubrirse:** ...cubriendo toda la cabeza *hasta las cejas,* el pañuelo negro. Eso las más afortunadas: porque la mitad además llevaba velo... EPE161199 **18 hundir:** ...un sombrero de ala recta hundido *hasta las cejas...* ABC280292 **19 enroscar:** Hace ya 15 años que caí en tus manos, llevando una mochila con una camiseta, unos calcetines, un termo de té y en la cabeza una boina enroscada *hasta las cejas...* EPE300899

F VERBOS QUE DESIGNAN LA ACCIÓN DE VESTIRSE O ACICALARSE: **20 taparse +:** ...obligan a las mujeres a taparse *hasta las cejas...* EME261096 **21 abrigarse:** ...unos héroes que abrigados *hasta las cejas* le ponían buena cara a la situación, también a la inexplicable hora del encuentro... EPE251199 **22 embozarse:** Las reporteras, todas embozadas en velos *hasta las cejas,* ni pudieron preguntar y los reporteros nos limitamos a intercambiar codazos... EME071096 **23 engominarse:** El modelo, engominado *hasta las cejas* y con maquillaje de un centímetro de grosor sobre su tez, comía y hablaba... EPE071099 **24 enmascararse:** ...tres comandos de la Marina francesa, enmascarados *hasta las cejas,* tiraron a patadas la puerta del mando del «Rainbow Warrior II»... EME120795 **25 vestirse:** ...el pobre Marcos Redondo sudaba lo suyo vestido de pieles *hasta las cejas.* EME271195 **26 engalanarse:** Engalanados *hasta las cejas* o tiraos con pantalones rotos, pelo ralo y la camiseta más raída de todas. EME140695 **27 enfundarse:** ...van y vienen pertrechados tras unas gafas ahumadas, enfundados en pañuelos *hasta las cejas* o cubiertos con absurdas gorras de béisbol... LVE110996 **28 pintarse:** Iban pintadas *hasta las cejas* y esperaban con ilusión la salida al balcón del Ayuntamiento de los monarcas. EME150396

G VERBOS QUE DENOTAN ABASTECIMIENTO O EQUIPAMIENTO: **29 armar(se) +:** ...cuatro policías armados *hasta las cejas...* EME070795 **30 pertrechar(se):** Para visitar estos valles (y si se tiene ánimo, subir al Gorbea) no hace falta acudir, pertrechados *hasta las cejas...* EPE050699 **31 blindar:** En Madrid, uno de los mejores periodistas de España se ha visto en el trance de tener que blindarse *hasta las cejas...* EME310395 **32 llenarse:** Se llenaron *hasta las cejas* de más acciones de Carburos (...) y forzaron la negociación con Air Products. EPE090299 **33 cargar:** ...saltó a la arena, dejó a Jiménez en el banquillo y comandó un equipo de «enanos» que desquició a un rival cargado de kilos y centímetros *hasta las cejas...* EME250294 **34 abastecer(se):** ...almacenes clandestinos en los que se abastecen de droga *hasta las cejas* para ir vendiéndola luego en lugares de costumbre. INDOC

H OTROS VERBOS; POSIBLES USOS CRUZADOS: Es navarro *hasta las cejas* y se le nota. [Cf. *hasta la médula*] EME110695; Los kilos que le sobraban a Cristina eran los que le faltaban a Celia, que era como Cristina, pero de derechas (...) *hasta las cejas.* [Cf. *a ultranza*] EME260494; ...quedó *hasta las cejas* de Hollywood, así que, de momento, no repite. [Cf. *hasta las narices*] EME191195

I OTROS VERBOS; POSIBLES USOS ESTILÍSTICOS: ...un pueblo tomado *hasta las cejas.* EPE090199; Atado con cadenas *hasta las cejas...* EME251095; Personajes estresados *hasta las cejas...* LVE140696

J SUSTANTIVOS QUE DESIGNAN NOCIONES RELATIVAS A LOS APARTADOS *B* Y *F* (MANCHARSE O ACICALARSE), APLICADAS A LAS MATERIAS O LOS OBJETOS QUE SUELEN CUBRIR LAS COSAS O LAS PERSONAS: **35 manta:** Todos con la manta *hasta las cejas,* con amplia vista panorámica y las luces largas encendidas a la espera de una carrera profunda y punzante. EPE011299 **36 ceniza:** ...un actor de 29 años, aseguraba ayer, con ceniza *hasta las cejas,* que durante todo el lunes no vino ni un bombero ni un helicóptero hasta la tarde. LVE060794 **37 nieve:** ...un rincón de la Vall d'Aran con nieve *hasta las cejas...* LVE200695

K OTROS SUSTANTIVOS; POSIBLES USOS ESTILÍSTICOS: ...*hasta las cejas* de codicia, les llegará el relevo por la otra derecha, la genuina que no esconde el nombre. EME140995; Todo era diáfano, afectivo sin afectación, musical *hasta las cejas* en función del texto. EPE100399; ...el señor Chase era un era un vendedor *hasta las cejas* y hasta la calva. EPE261299

☐ Véase también: **a tope, hasta el cuello, hasta los huesos.**

hasta los huesos *loc.adv.* ▮ Se combina con...

A VERBOS QUE DENOTAN LA ACCIÓN O EL PROCESO DE MOJARSE: **1 calar(se) ++:** Cuando llegó a la meta, calado *hasta los huesos,* fue explícito tratando de abrirse paso en busca del autobús de Banesto. EME050796 **2 mojar(se) +:** ...la multitud que se mojó *hasta los huesos* para quedarse a revolear el poncho con ella no se puede anotar como una derrota... CLA140199 **3 empapar(se):** ...los únicos que se empaparon *hasta los huesos* fueron quienes habían pagado las entradas más caras... EME070796 **4 enfangar(se) –:** Lo hacían enfangados *hasta los huesos* en costas habitadas por cerca de 400.000 personas... EPE301299

B OTROS VERBOS; POSIBLES USOS ESTILÍSTICOS: ...pero aún así nos conmovimos *hasta los huesos* con el llanto de Anthony Hopkins... EME240594; ...hace que un país esquilmado *hasta los huesos* rumie una rabia sorda e impotente... EME180394

☐ Véase también: **hasta el cuello, hasta el tuétano, hasta las cejas.**

hasta los ojos Véase: **hasta las cejas**

hazaña ♦ **colosal, épico, esplendoroso, glorioso, heroico, inigualable, insuperable, portentoso, sin par** ♦ **acometer[21], ambientar(se)[9], conmemorar[23], constituir, consumar, coronar, culminar, emular, evocar, realizar, rememorar, revivir[41]**

☐ Véase también: **gesta, proeza.**

haz (de) ♦ **cable, causa, dirección, electrón, energía, espiga, fibra, filamento, frecuencia, fuerza, heno, iniciativa, láser, leña, luz, mirada, motivo, nervios, onda, partícula, posibilidad, protón, radiación, rayo, relación, vía**

hebra (de) ♦ **azafrán, hilo, lana, luz**

☐ Véase también: **fibra, hilo.**

hecho ♦ **abominable, accidental, aciago, acorde (con), aislado, alarmante, anecdótico[1], azaroso[28], casual, censurable, circunstancial, clamoroso[27], constatable, constatado, consumado, crucial[19], decisivo[28], delictivo, deplorable, deshonesto, detonante, esporádico, execrable, fehaciente[12], histórico, impredecible[21], inaudito, incontrovertible[8], incontrovertido, infausto, insignificante, insólito, insoslayable[2], intolerable, irrefutable[12], irrepetible, llamativo[34], luctuoso, memorable, paradigmático, pasajero[2], puntual, revelador[22], singular, trascendental, vergonzoso, verídico** ♦ **a la luz (de)[2], a la vista (de)[2], al compás (de), a tenor (de)[4]** ♦ **acaecer, achacar, aclarar, airear[3], atañer[7], atenerse (a)[34], ceñir(se) (a)[3], cerrar los ojos (ante)[4], clarificar[10], condenar, confesar, constatar, consumar, contar, desbrozar[28], describir, desencadenar, desmentir, difundir(se)[64], disfrazar[3], distorsionar[3], esclarecer(se)[17], exponer, investigar, lidiar[9], narrar, negar[10], ocurrir[1], presenciar, presentar, publicar, quitar hierro (a)[2], rebatir[41], referir, relatar, tergiversar[1], testimoniar[17], transmitir,** *otros verbos de lengua*

☐ Véase también: **acontecimiento, acto (de), situación, suceso.**

hedor ♦ **insoportable, penetrante** ♦ **desprender, emanar, percibir, tirar de espaldas**

☐ Véase también: **oler, olor, perfume.**

hegemonía ♦ **aplastante[13], claro, pleno, rotundo, total** ♦ **alcanzar, conservar[18], derrumbar(se)[17], ejercer, gozar (de), implantar[46], mantener, perder[35], quebrar(se)[52], revalidar[20], tener**

☐ Véase también: **controlar, dominar, dominio, ordenar, primacía, privilegio.**

HEGEMONÍA Véase: PREEMINENCIA

helárse(le) (a alguien) ♦ **sangre, sonrisa**

helicóptero ♦ **aterrizar, despegar, estrellar(se), pilotar, volar**

hemeroteca ♦ **bucear (en)[15], consultar**

henchir ♦ **fuelle, pulmón**

☐ Véase también: **henchir(se) (de), inflar, llenar.**

henchir(se) (de) *v.* ▮ Se usa muy a menudo en forma participial. En su sentido figurado se combina con...

A EL SUSTANTIVO *ORGULLO* Y CON OTROS QUE EXPRESAN AUTOSATISFACCIÓN, A MENUDO INJUSTIFICADA, ASÍ COMO CIERTAS ACTITUDES QUE LA PONEN DE MANIFIESTO: **1 orgullo ++:** En su regazo ha vivido Miguel

Indurain, para gozo de un padre *henchido* de orgullo. EME150796 **2 vanidad:** El holandés envió todo tipo de mensajes ofensivos hacia su rival, *henchido* de una vanidad y un orgullo absurdos... EME190594 **3 engreimiento:** Se mostraron desbordantes de autocomplacencia y *henchidos* de engreimiento. INDOC **4 fatuidad –:** ...*henchidos* de fatuidad y queriendo ser Marylin nos hemos quedado en doña Rogelia y con la misma mala leche. EME061195

B SUSTANTIVOS QUE DENOTAN ACTITUD ESPERANZADA: **5 moral ++:** El Atlético llega *henchido* de moral tras su exhibición ante el Steaua. EME150996 **6 esperanza ++:** Sin impacientarme y *henchida* de esperanza al verla de nuevo frente a mí. EPE181199 **7 ilusión +:** Pero, *henchido* de ilusión, ayer anunció: «Seguiremos jugando fuerte para que no haya retroceso». EPE220999 **8 optimismo +:** Ahora pienso en el nivel de este club: ganar trofeos, comentó Antic, *henchido* de optimismo. EPE150699

C SUSTANTIVOS QUE DESIGNAN SENTIMIENTOS CARACTERIZADOS POR SU GRAN INTENSIDAD, MÁS FRECUENTEMENTE SI SE DIRIGEN HACIA ALGO O ALGUIEN: **9 emoción ++:** Hanaqpachaq, un canto *henchido* de emoción, expresa lo más sublime de estos cantos en la lengua arcaica y viva de los Andes... EPE171299 **10 fervor +:** Unos versos *henchidos* de fervor que manifiestan los sentimientos que en el pueblo despiertan sus imágenes más veneradas. ABC140495 **11 amor +:** El resto se lo cuenta mi compañero Garriga, que yo he quedado tan *henchido* de amor a la patria que no ligo nada. EPE161099 **12 ternura:** ...la «Sagrada Familia del pajarito» (Prado) pintada a mediados del siglo XVII, con un estilo todavía tenebrista, pero *henchido* de ternura... ABC080592 **13 pasión:** Carolina, la bella, la triste, la *henchida* de ternura y pasión... ECA020792 **14 ardor:** La primera, en el invierno de 1936, sin haber cumplido aún los 18 años y con el pecho *henchido* de ardor revolucionario y antifascista. EPE010799

D SUSTANTIVOS QUE DENOTAN FORTALEZA O VIGOR: **15 fuerza +:** ...sin descuidar esa prosa, simple, llana, viva, *henchida* de la fuerza natural de un río, Julio Caro hizo lo que los españoles no solemos hacer... EME190895 **16 energía:** Otra novela sobre Europa Oriental escrita por un inglés es «Under the Frog» (...), notable primera novela, *henchida* de la energía de la juventud. ABC201192

E SUSTANTIVOS QUE DESIGNAN DIVERSAS REACCIONES, ACTITUDES Y ESTADOS DE COMPLACENCIA ANTE LAS COSAS: **17 felicidad +:** Todos sonrientes, *henchidos* de felicidad, tocándose como amantes prometidos, pero todavía imprevisibles. LVE220295 **18 satisfacción:** ...se les ve con otra cara, mientras descienden por los mismos sitios, río abajo, *henchidos* de satisfacción y con el orgullo a prueba de bomba. EME161095 **19 placer:** ...En el tronco de un árbol una niña / grabó su nombre *henchida* de placer. EPE050900 **20 gozo:** Ahítos de satisfacción y *henchidos* de gozo, aún tardarían un tiempo en volver a poner los pies en el suelo. INDOC

F SUSTANTIVOS QUE DENOTAN IRRITACIÓN O ENOJO EN GRADO ELEVADO: **21 ira +:** Ni la pistola engrasada de Tejero, ni el ruido de las metralletas, ni la bravuconería de los *henchidos* de ira pudieron doblegar a Gutiérrez Mellado. LVE161295 **22 indignación:** Un transeúnte, *henchido* de indignación, (...) le llamó «ladrón» en la cara. EME050694

G OTROS SUSTANTIVOS; POSIBLES USOS ESTILÍSTICOS: El universo femenino de Angeles Caso (...) se compone de mujeres sensibles, débiles, sometidas al brusco proceder de hombres altivos y fatuos, *henchidos* de tosquedad sentimental, despóticos e infieles. ABC111194

□ Véase también: **henchir, imbuir(se) (de).**

hercúleo ♦ **constitución, dimensión, esfuerzo, fuerza, labor, potencia, talla, tarea, trabajo**

hereditariamente ♦ **pasar, transmitir**

hereditario ♦ **enfermedad, gen, transmisión,** *sustantivos que designan cualidades y defectos*

herencia ♦ **atávico[80], familiar, generoso, tradicional** ♦ **a título (de)[14]** ♦ **administrar, cargar (con)[13], dejar (de/como/en), desprenderse (de), impugnar, legar (de/como/en), luchar (por), recibir (de/como/en)**

□ Véase también: **legado, pasado, testamento.**

herida ♦ **aparatoso[19], de pronóstico {grave/leve/reservado}, grave, incisivo, lacerante, leve, ligero, mortal, mortífero, profundo, serio, superficial, traumático, tumefacto** ♦ **abrir(se), atajar, causar, cauterizar, cerrar, cicatrizar, coser, curar, hurgar (en), infectar(se), infligir[3], lavar[19], obturar, ocasionar, presentar, producir, provocar, recibir, recuperarse (de), restablecerse (de), restañar[1], sajar, saldar, salir a la luz[53], sanar, sangrar, sufrir, supurar, suturar, tener**

herir ♦ **de gravedad, de muerte, enormemente[23], involuntariamente, levemente, ligeramente[43], maliciosamente[49], mortalmente, profundamente[75], seriamente, superficialmente** ♦ **conciencia, dignidad, honor, orgullo, sensibilidad, sentimiento**

□ Véase también: **asesinar, exterminar, golpear, masacrar, matar.**

herméticamente *adv.* ▮ Se combina con...

A VERBOS QUE DENOTAN OBSTRUCCIÓN Y, POR EXTENSIÓN DE SIGNIFICADO, PROTECCIÓN U OCULTACIÓN: **1 cerrar ++:** ...en su traducción al impenetrable lenguaje plástico de la artista, nos deja como ante una puerta *herméticamente* cerrada. ABC170492 **2 sellar +:** También puede ser la piedra que selle *herméticamente* la caverna plagada de escándalos de corrupción... EME290296 **3 proteger +:** En la primera página de este cuaderno protegido *herméticamente* por un estuche de madera, había copiado los siguientes versos... EME210996 **4 guardar +:** Son datos que pertenecen a un secreto profesional *herméticamente* guardado. LVE151296 **5 blindar:** Se blindan *herméticamente* frente a cualquier posible rendición de cuentas. EME241195 **6 encerrar:** Tal refrigerante permanece *herméticamente* encerrado hasta que se destruye el coche o se desechan las neveras... LVE160795 **7 tapiar:** ...el bloque 11, era desalojado, mientras soldados de la SS tapiaban *herméticamente* los ventanucos del sótano. LVE260195 **8 cubrir:** ...los cristales estaban tan *herméticamente* cubiertos de suciedad y barro que no se podía ver nada. LVE051196 **9 silenciar:** Hace exactamente un mes, Prensa, radio y agencias silenciaron *herméticamente* durante un largo día el dramático secuestro de... EME280496

B ALGUNOS ADJETIVOS; POSIBLES USOS ESTILÍSTICOS: ...dichos que desde el punto de vista jurídico eran *herméticamente* lógicos. CLA020497; ...es tan analítico, tan avizor y tan *herméticamente* desconfiado como el que más. EME230996; ...es *herméticamente* inmune a cualesquiera avatares de las crisis, los cambios, los gobiernos... EME120495

hermético *adj.* ▮ Se combina con sustantivos que designan personas y grupos humanos *(poeta, hombre, organización)*, así como algunos de sus rasgos *(personalidad, carácter, talante)*. Se usa a menudo para hacer referencia a la naturaleza incomprensible o inaccesible de algo *(el carácter hermético de una pintura)*. Además se combina con...

A SUSTANTIVOS QUE DESIGNAN LA AUSENCIA DE ABERTURA, ENTENDIDA MUY FRECUENTEMENTE DE MANERA FIGURADA, ASÍ COMO –POR EXTENSIÓN DE SIGNIFICADO– CON OTROS QUE DENOTAN DEFENSA Y PROTECCIÓN: **1 defensa ++:** ...los Bulls cayeron ante la *hermética* defensa de sus rivales... EUV210197 **2 cierre ++:** Si bien el cierre adversario fue *hermético*, los nuestros no se quedaron atrás. LNC170397 **3 cerrazón +:** Sigue manifestando una *hermética* cerrazón hacia todo lo nuevo. INDOC **4 protección +:** Cuando se disparó el cañón, se liberó la protección *hermética*. INDOC **5 blindaje +:** El coche estaba protegido con un blindaje *hermético*. INDOC **6 rechazo:** Todas estas delegaciones se han encontrado con el rechazo *hermético* del Gobierno a introducir cambios en su política. INDOC

B EL SUSTANTIVO *LENGUAJE* Y CON OTROS QUE DESIGNAN DIVERSAS UNIDADES VERBALES Y TEXTUALES, ASÍ COMO CIERTAS ACCIONES QUE SE REALIZAN A TRAVÉS DE LA PALABRA: **7 lenguaje ++:** Con su lenguaje *hermético* y sus combinaciones de colores, se presentan las últimas obras... EME100296 **8 jerga +:** ...el arte contemporáneo es algo más que una jerga *hermética* y ensimismada... LVE300495 **9 discurso +:** Lírica y Ética, a través de un discurso *hermético* que busca la complicidad (esfuerzo) del receptor. ABC131095 **10 texto +:** ...puede remarcarse el carácter de texto literario, hondo, *hermético* y simbólico... EME050194 **11 cháchara:** ...han traducido su mundo burocrático a la cháchara cotidiana, *hermética* para los advenedizos. EPE070699 **12 respuesta:** Pero la respuesta puede ser *hermética*, no tiene por qué ser retórica o en forma de propaganda. EME071095 **13 propuesta:** La *hermética* propuesta escénica (...) puede haber mejorado, ya rodada... ABC220794 **14 monólogo:** ...convierten los *herméticos* monólogos de danza en un oscuro presagio. EME190495 **15 cuña –:** ...hubieran sido favoritos a ser premiados en la modalidad de cuñas crípticas o *herméticas*... ETC011291 **16 discusión –:** ...las delegaciones (...) entablarán discusiones maratonianas y *herméticas*. EME110895 **17 parida –:** ...cualquier *hermética* parida que albergue pretensiones de arreglar el universo. EME230595 **18 afirmación –:** ...se ponen a disposición del público artículos médicos (...) junto a afirmaciones un tanto *herméticas*... EPE291099

C EL SUSTANTIVO *SILENCIO* Y CON OTROS QUE HACEN REFERENCIA A LA AUSENCIA DE COMUNICACIÓN: **19 silencio ++:** ...apenas producido el derrame de desechos, mantuvieron un *hermético* silencio. ACP271096 **20 mutismo:** El célebre y complejo cineasta (...) estaba refugiado en su *hermético* mutismo. EPE221299 **21 incomunicación:** Los bancos de datos de los centros de investigación siguen (...) en la más *hermética* incomunicación. EPE021286

D SUSTANTIVOS QUE DESIGNAN ARTES Y TÉCNICAS DIVERSAS, ASÍ COMO ALGUNOS DE SUS SOPORTES, SUS COMPONENTES Y SUS MANIFESTACIONES: **22 arquitectura:** ...recurre a una arquitectura *hermética* y posmoderna... LVE140895 **23 arte:** Es un breve libro, que se editó fotocopiado del autógrafo del poeta; una cumbre de arte *hermético*. EPE021180 **24 escritura:** ...su escritura es tan *hermética*, que aún no he conseguido descifrar la dedicatoria... EME030695 **25 escultura:** ...sus relieves en papel presentados en la galería Carles Taché, o sus esculturas *herméticas*... ABC260692 **26 literatura:** Si su literatura puede parecer muchas veces excesivamente compleja –y hasta *hermética* en ocasiones–... ABC181194 **27 música:** ...abre de par en par aquella música *hermética* hasta hacerla orgullosa y universal. EPE041101 **28 pintura:** ...la pintura de Herreros –que en ocasiones se ha calificado de *hermética*– no es precisamente pedagógica. LVE200996 **29 prosa:** ...este año recayó en el concejal (...) por la ambigüedad de sus declaraciones, con prosa jurídica y *hermética*... EPE250199 **30 teatro:** aquellos que sólo defienden un teatro más *hermético* (...) achacan que estén los autores más comerciales... EME221096 **31 cultura:** ...la cultura *hermética* (...) privilegia en cambio los *sentidos de la cercanía*... EPE010380 **32 cine:** ...teníamos miedo de enfrentarnos (...), refugiándonos en un cine minoritario y particularmente *hermético*. EME230896

E SUSTANTIVOS QUE DESIGNAN RASGOS DEL ASPECTO EXTERNO DE LAS PERSONAS O LAS COSAS: **33 imagen +:** La campaña (...) indica renovación, innovación, nueva andadura y superación de la imagen *hermética* del pasado... EPE260199 **34 apariencia:** Bajo su *hermética* apariencia se ocultaba (...) el autor de nueve atentados... LVE110796 **35 aspecto:** ...presenta un aspecto voluntariamente *hermético* cuyo contenido apenas se adivina desde el exterior... EME300195 **36 cara –:** Fue un poema ver la cara *hermética* de Emir Kusturica posando ante los fotógrafos... EME160296

F SUSTANTIVOS QUE DESIGNAN GESTOS Y MOVIMIENTOS, MUY A MENUDO DE CARÁCTER AFECTIVO: **37 gesto +:** Era imposible identificar sensaciones en el gesto *hermético* del redactor jefe. INDOC **38 sonrisa:** En la soledad trágica (...) se pinta la sonrisa *hermética* de Mitterrand... EME170494 **39 abrazo:** Enrollados en un abrazo *hermético* y celoso por el que no se colaba ni la mirada curiosa. RUM010997 **40 beso –:** ¿Qué vale más: el beso exento de Concha Velasco, el beso *hermético* de Pilar Miró o ese perfil de «Lute» que a Imanol Arias le quedó tras representar, ejemplarmente, a Eleuterio Sánchez? EME290296

G SUSTANTIVOS QUE DESIGNAN OTRAS PROPIEDADES DE LAS PERSONAS O DE LAS COSAS, FRECUENTEMENTE VIRTUDES O ACTITUDES CONSIDERADAS POSITIVAS O CORRECTAS: **41 discreción:** ...el cardenal mantuvo sus gestiones en una *hermética* discreción... LVE271296 **42 belleza –:** ...canciones de una belleza *hermética*, de un intento poético que cala... EPE290599 **43 radicalidad –:** Ahora sólo importa la calidad (...): se acabó la radicalidad *hermética*. EPE171199 **44 tranquilidad –:** Entonces la tranquilidad era *hermética* y no había que hacer esfuerzos para mantenerse a salvo... EME250895 **45 trivialidad –:** No faltan (...) a la cita la parafernalia, la sociología, las trivialidades *herméticas*: ver, por ejemplo, su «Triángulo sudamericano» (1981) en suspenso, su «Círculo de diez cabezas» (1990)... ABC031293 **46 encanto –:** El resultado es una partitura deslumbrante por su encanto lejano y *hermético*... ABC101293 **47 pureza –:** ...los isleños daban la impresión de estar compartiendo su *hermética* pureza casi con recelo... EPD290797 **48 valor –:** Es verdad que los valores chinos son exóticos y *herméticos*... EME270696

H SUSTANTIVOS QUE DESIGNAN COSAS QUE SE SUELEN CONSIDERAR OCULTAS, CIFRADAS Y DE DIFÍCIL ACCESO O SOLUCIÓN: **49 secreto +:** El plan consistía, en lo esencial, en mantener un *hermético* secreto... HOY250897 **50 símbolo:** Un auténtico laberinto de símbolos *herméticos*... ABC151093 **51 código:** ...es un código de comunicación infantiloide o *hermético*... LVE130596 **52 enigma:** ...su vida privada ha terminado por ser el enigma más *hermético*... EME180896 **53 numerología:** ...pude abastecerme (...) de viejos tratados sobre las geometrías antiguas sagradas y las numerologías *herméticas*... ABC051193 **54 fenomenología:** ...tengo por maravillosa (...) toda la *hermética* fenomenología de la coincidencia. ABC290794 **55 simbolismo –:** ...ha transitado desde unos personajes frígidos y rígidos, al borde del simbolismo más *hermético*... HOY090697

I ALGUNOS SUSTANTIVOS DE PENSAMIENTO: **56 pensamiento +:** Se configura de este modo otro tipo de pensamiento lírico, que (...) se hace conceptuoso y llega a ser *hermético*. ABC151093 **57 idea +:** Éramos incapaces de traducir la idea *hermética* del texto. INDOC **58 doctrina:** La *hermética* doctrina del grupo le confería cierto carácter de secta. INDOC **59 ideología:** Se trata de una ideología tan *hermética* que no admite el debate ni el diálogo. INDOC

J SUSTANTIVOS QUE DESIGNAN NORMAS U OBLIGACIONES, ASÍ COMO LOS SISTEMAS QUE SE CARACTERIZAN POR CONTENERLAS O PONERLAS DE MANIFIESTO: **60 régimen +:** ...el régimen comunista más *hermético* del mundo, sufre de los efectos de la escasez de alimentos... CLA090497 **61 disciplina:** ...la lingüística (...) ha pasado a ser una de las disciplinas humanísticas más *herméticas*... ABC070292 **62 sistema:** Cuando hay una mujer maltratada un *hermético* sistema de complicidades se cierra... ECA100792 **63 democracia:** La democracia se ha inventado para pueblos discretos, *herméticos*, un poco noruegos. EME120694 **64 disposición –:** ...no sólo tropezarían con *herméticas* disposiciones legislativas... LVE171095 **65 control –:** ...*hermético* control del gasto... LVE171295 **66 liturgia –:** La singular y sigilosa liturgia (...) seguirá siendo para mí (...) tan *hermética*, esquiva e ininteligible... EME211296 **67 doxa –:** ...trabajos como éste, realizados al margen de la *hermética* doxa universitaria... ABC130594

hermetismo ♦ **absoluto, férreo[102], fuerte, total** ♦ **guardar[7], mantener, mostrar**
☐ Véase también: **silencio**.

hermosura ♦ **absoluto, adornado (de), arrebatador, avasallador, caduco, cálido, clásico, desafiante, desconcertante, deslumbrante, distante, efímero[21], emocionante, engañoso, espiritual, eterno, excepcional, exquisito, extraño, extraordinario, exultante, fascinante, formal, impenetrable, incomparable, indecible, indescriptible, infinito, inigualable, inocente, inquietante, intacto, interior, legendario, lleno (de), natural, oculto, perturbador, profundo, raro, resplandeciente, rodeado (de), sencillo, sereno, singular, turbador, verdadero** ♦ **derroche (de)** ♦ **acrecentar(se), ajar(se), alabar, arrebatar (a algo/a alguien), atesorar, aumentar, conservar, contemplar, contribuir (a), descubrir, disfrazar, disminuir, emanar, iluminar (algo), marchitar(se), perder, prendar(se) (de), realzar, rebosar, resplandecer (de)**
☐ Véase también: **belleza, lozanía**.

héroe ♦ **abnegado, anónimo, audaz, esforzado, intrépido, nacional, patrio, valeroso** ♦ **madera (de)** ♦ **aclamar, condecorar, conmemorar, distinguir, erigirse (en/como), exaltar, forjar[48], honrar, vitorear**

heroicamente *adv.* ▮ Admite múltiples verbos de acción *(Estrenó heroicamente la obra sin contar con ayuda alguna)*, pero destacan especialmente las combinaciones de este adverbio con...

A VERBOS QUE DENOTAN DEFENSA O RESISTENCIA: **1 defender ++:** «Madrid se defiende *heroicamente* del calor», titulaba ABC. EME230795 **2 resistir ++:** Nuestro país resistió *heroicamente* durante cuatro años la invasión... CAP190995 **3 soportar ++:** Soportó *heroicamente* las críticas, pese a que eran totalmente injustificadas. INDOC

B VERBOS QUE DENOTAN MANTENIMIENTO DE ALGO O PERSEVERACIÓN EN ALGUNA COSA, A MENUDO UNA IDEA O UNA POSTURA: **4 mantener +:** Pero eso es fiel a esa idea, la mantuvo *heroicamente*, soportando dificultades económicas y rechazos... ABC110992 **5 sostener:** ...éstos aseguran que, incluso *heroicamente*, siguen sosteniendo sus esfuerzos a favor del artista. ABC030295 **6 empeñarse:** Es impresionante ver cómo, a veces, la vegetación se empeña, *heroicamente*, en surgir donde sea... LVE250395 **7 aferrarse:** Cuando Ulises regresó a Ítaca no hay constancia de que no acabara dedicándose a la política y, por tanto, quizás aferrándose, *heroicamente* también, a los cargos. LVE140395 **8 plantarse:** ...antes que plantarse *heroicamente* en las Termópilas cuando los persas están oscureciendo el sol con sus flechas... EME250295 **9 afirmarse:** Por más que, en las situaciones límite el frágil ánimo del torero de Linares, sea capaz de afirmarse *heroicamente*. EME140594

C VERBOS QUE DENOTAN ACCIÓN IMPULSIVA; TAMBIÉN CON OTROS QUE EXPRESAN CONFRONTACIÓN, FRECUENTEMENTE DE CARÁCTER BÉLICO: **10 luchar ++:** Ya puede el centinela haber luchado *heroicamente* durante el día, durante muchos días, durante años incluso... EME300695 **11 lanzarse:** Se lanzó *heroicamente* contra las filas enemigas. INDOC **12 batirse:** ...o la defensa en la que se batía *heroicamente* Dunga, cada vez más replegado. ENH300697 **13 enfrentarse:** Fue en Gran Bretaña donde la libertad se enfrentó *heroicamente* al totalitarismo nazi... LVE010595

D LOS VERBOS *MORIR* Y *CAER*: **14 morir ++:** Pero estos no, porque ninguno de ellos escogió morir *heroicamente*.

LVE091196 **15 caer +**: Abrazó a Pando, el valiente comandante del Batallón Thelman, que debía caer *heroicamente* en Brunete. PME171196

E ALGUNOS VERBOS QUE DENOTAN ACTITUD O CONDUCTA, MÁS FRECUENTEMENTE LA ACCIÓN DE HACER FRENTE A ALGO: **16 comportarse ++**: La familia, los amigos y el personal de asistencia médica que la viene atendiendo dicen que la enfermita se ha comportado *heroicamente*. LVE210395 **17 reaccionar**: Ante lo cual los españoles, reaccionando *heroicamente* como un solo hombre, hemos decidido ser tan abiertamente racistas como los ciudadanos de los demás países posindustrializados. EPE200799 **18 afrontar +**: Rosa Estévez afronta *heroicamente* las transiciones, la desmesura cambiante y violenta de un ser tan complicado y contradictorio como May. EME260295 **19 encarar**: ...amas de casa que han de encarar *heroicamente* la cuesta de enero. INDOC

F VERBOS QUE DENOTAN APOYO O CONTRIBUCIÓN A ALGO EN DIVERSAS FORMAS O GRADOS: **20 ayudar**: ...dirigentes incansables y ciudadanos honorables que ayudaron *heroicamente* a la «comunidad». EME260795 **21 contribuir**: Boesak es el pastor anglicano que contribuyó *heroicamente* a la lucha contra el apartheid... EME290395 **22 respaldar**: ...ha demostrado su lealtad al club de Old Trafford y a su entrenador Alex Ferguson, que le han respaldado casi *heroicamente* en todas las crisis... LVE290495 **23 servir**: Sirvió *heroicamente* a la paz de su patria. EME171295

☐ Véase también: **numantinamente, valientemente.**

heroína ♦ **adulteración (de), alijo (de), bola (de), dispensación (de), inyección (de), papelina (de)** ♦ **adulterar, consumir, dispensar, inyectar(se), tomar**

☐ Véase también: **caballo, droga.**

heroísmo ♦ **ejemplar, esforzado, numantino**[25] ♦ **acto (de), capacidad (de), dosis (de), espíritu (de), lección (de)** ♦ **demostrar, exaltar, soportar (con)**

☐ Véase también: **abnegación, esfuerzo, sacrificio.**

herramienta ♦ **artesanal, clásico, eficaz, funcional, fundamental, imprescindible, indispensable, infalible, manejable, nuevo, obsoleto, peligroso, poderoso, sofisticado, útil, valioso, versátil** ♦ **afilar, dotar (de), empuñar, equipar(se) (con), proveer (de), servir(se) (de), utilizar**

☐ Véase también: **arma, instrumento, máquina.**

hervir ♦ **a borbotones**[8], **a fuego {lento/rápido/vivo}** ♦ **alimento, líquido**

☐ Véase también: **bullir (de), burbujeante, cocer.**

hielo ♦ **barra (de), bloque (de), capa (de), corazón (de), cubito (de), pista (de), placa (de), plancha (de)** ♦ **derretir(se), deshacer(se), formar(se), romper**

☐ Véase también: **agua.**

hierba ♦ **entre**[1] ♦ **brizna (de), manto (de)** ♦ **arrancar, cortar bajo los pies, crecer, segar**

[hierro] → **con mano de hierro, de hierro, quitar hierro (a)**

hierro ♦ **al rojo vivo, candente, forjado** ♦ **forjar, marcar (con), quitar**

hijo ♦ **adoptivo, biológico, desobediente, díscolo, insubordinado, legítimo, natural, obediente, predilecto, primogénito, pródigo** ♦ **adoptar, castigar, concebir, consentir, criar, desheredar, desnaturalizar(se), educar, engendrar, malcriar, perder, tener, velar (por)**

[hilo] → **al hilo (de)**

hilo ♦ **argumental, conductor, de la argumentación, de la exposición, del relato, flojo, pendiente (de), quebradizo**[27], **tenso, tirante** ♦ **hebra (de), madeja (de), ovillo (de)** ♦ **cortar, desenredar(se), destensar, devanar, enredar(se) (en)**[3], **liar, mover, pender (de), perder, seguir, sostenerse (de), tejer, tensar, tirar (de)**

☐ Véase también: **fibra, hebra (de).**

hilvanar *v.* ▮ Se usa frecuentemente con sustantivos en plural *(hilvanar cosas)*, coordinados *(hilvanar una cosa y otra)*, o construidos con la preposición *tras (hilvanar una cosa tras otra)*, y también con algunos sustantivos en singular que sugieren agrupación de elementos de diversas formas. Descartado su sentido literal ('coser con hilvanes'), se combina con...

A SUSTANTIVOS QUE DESIGNAN NARRACIONES O DESCRIPCIONES GENERALMENTE BREVES Y CIRCUNSTANCIALES, ASÍ COMO ALGUNO DE SUS CONTENIDOS: **1 relato +**: ...un conjunto de relatos breves y fragmentados *hilvanados* sólo por la voluntad de darle coherencia que mantiene el autor. EME091196 **2 anécdota +**: Su inventiva, su sentido de la observación, su capacidad para *hilvanar* anécdotas insólitas... ABC210495 **3 historia +**: ...su fervor por *hilvanar* historias que parecen hechas de nada. HOY070181 **4 recuerdo +**: El autor *hilvana* sus recuerdos con destreza narrativa, mediante un estilo sencillo pero eficaz. ABC131095 **5 comentario**: Comentarios bien *hilvanados* en torno a Baudelaire... ABC190293 **6 experiencia**: En él su narrador y protagonista, siendo ya viejo decrépito, *hilvana* experiencias de su mocedad... ABC030792 **7 impresión**: ...la autobiografía se convierte en un libro de recuerdos, de impresiones sueltas, no siempre *hilvanadas* ni sometidas a un plan preconcebido... ABC210194 **8 apunte**: Muchos de los apuntes aquí *hilvanados* cuajan a partir de «motivos» muy modestos. LVE310596 **9 ficción**: ...un pretexto para *hilvanar* extraordinarias ficciones... LVE070696 **10 digresión –**: La faltstaffiana personalidad del entrevistado y algunas de las digresiones que *hilvana*... LVE200996

B SUSTANTIVOS QUE DESIGNAN OTRO TIPO DE TEXTOS, MANIFESTACIONES VERBALES Y DIVERSAS UNIDADES DEL DISCURSO ORAL O ESCRITO, ASÍ COMO ALGUNOS DE SUS CONTENIDOS: **11 texto +**: ...predicó contra «el monstruo oscuro del exilio», *hilvanando* textos de... CLA050199 **12 diálogo +**: ...sabe *hilvanar* situaciones y diálogos de una gran vivacidad... LVE241096 **13 explicación**: ...no sólo *hilvanando* explicaciones y justificaciones vagas sobre el interés cultural de leer. LVE220495 **14 queja**: ...*hilvanaba* sus quejas cuando ésta se arrancaba a hablar de política eclesiástica. EPE241099 **15 noticia:** El narrador *hilvana* un puñado de noticias... EME040596 **16 argumento:** Partiendo de una publicación (...) *hilvanaba* una serie de argumentos críticos. LVE090296

C SUSTANTIVOS QUE DESIGNAN GÉNEROS Y COMPOSICIONES GENERALMENTE ARTÍSTICOS, Y CON OTROS QUE SE REFIEREN A ALGUNOS DE SUS SOPORTES: **17 biografía:** ...para *hilvanar* sus propias biografías en compañía. FDV160601 **18 poema:** ...cuyos poemas se *hilvanan* en la alegoría de un camino iniciático. ABC231092 **19 cuento:** Payasos, banda musical y un montaje preparado para *hilvanar* los cien cuentos que abarcan desde la literatura clásica del género hasta la más contemporánea... LVE221295 **20 memoria:** ...he vuelto a carcajearme sólo al *hilvanar* las memorias de aquel viaje a Estocolmo... ABC301092 **21 canción:** ...las canciones van en un determinado orden, hay que *hilvanarlas* perfectamente... EPE111099 **22 actuación:** La ceremonia de entrega discurrió con un marcado ritmo televisivo, *hilvanada* de actuaciones. LVE151196

D SUSTANTIVOS QUE DESIGNAN FRAGMENTOS, COMPONENTES O ELEMENTOS CONSTITUTIVOS DE LAS UNIDADES MENCIONADAS EN LOS APARTADOS *A*, *B* Y *C*: **23 frase ++:** En el tiempo de *hilvanar* frases comedidas que hagan honor al prestigio de tan reputado personaje... LTB111296 **24 fragmento:** Pero hay una imagen repetida que va *hilvanando* los fragmentos... ABC131192 **25 secuencia:** Las secuencias se suceden sin una idea que las *hilvane* y les dé ritmo. EPE220999 **26 escena:** ...un guión que va *hilvanando* escenas de acción... LVE290895 **27 número:** Las cuatro actrices *hilvanan* una serie de números... LVE151295 **28 metáfora:** ...el yo poético *hilvana* «metáforas» de la infancia, reconstruyendo un mundo más allá de los sueños... ABC110895 **29 carácter:** En ocasiones tengo tan *hilvanados* algunos caracteres que hay personajes que darían pie a otras novelas. EPE220499 **30 episodio:** Frescos estarán en la mente de todos los alucinantes episodios que se fueron *hilvanando* tras esa desaparición. CLA211187 **31 verso:** ...*hilvanó* versos pausados al canto de su nostalgia... EXC020496 **32 retazo:** El lector se encargará de *hilvanar* esos retazos... ABC250394 **33 sentencia:** Estas palabras (...) sirven como ejemplo de su capacidad para *hilvanar* sentencias de antología... EME120596

E SUSTANTIVOS QUE DESIGNAN LANCES Y OTROS COMPONENTES DE JUEGOS, DEPORTES Y ESPECTÁCULOS DIVERSOS, ASÍ COMO, POR EXTENSIÓN DE SIGNIFICADO, ALGUNOS DE ESTOS MISMOS EVENTOS: **34 jugada ++:** ...pero les costó *hilvanar* jugadas elaboradas... LTB170701 **35 juego ++:** ...*hilvanó* una racha de 30 juegos consecutivos... ENH211097 **36 pase +:** ...con enormes dificultades en *hilvanar* una secuencia de pases con precisión. LHG260700 **37 victoria:** ...hacía siglos que el boxeo de nuestro país no había podido *hilvanar* victorias como ahora... EXC190900 **38 ataque:** Controló en su terreno pero sin capacidad para *hilvanar* ataques. EPE050499 **39 contragolpe:** Ahora más replegado logró *hilvanar* contragolpes explosivos... EPU110601 **40 derechazo:** Pese a todo, *hilvanó* unos cuantos derechazos que no eran prodigio de exquisitez... EME101096 **41 acción:** ...siguió impidiendo a su rival montar acciones *hilvanadas*... LVE120295 **42 estrategia:** ...le ha llevado años de escrituras y reescrituras el *hilvanar* unas estrategias narrativas dentro de las que el argumento es uno más. EME191295 **43 blanqueada:** Es la primera vez que *hilvanan* tres blanqueadas desde 1983. DYM010996 **44 muletazo:** ...pudo *hilvanar* algunos muletazos con buen son en el quinto. EME080496 **45 game:** ...*hilvanó* siete games consecutivos... CLA070497 **46 sencillo:** Con un aut, (...) *hilvanaron* sencillos y un error del jardinero central jamaiquino (...) permitió que entrara la carrera del empate. DYM120996 **47 triángulo:** El equipo apenas pudo *hilvanar* media docena de triángulos en el centro del campo... EME031295 **48 triple:** De pronto, curiosamente, los andorranos empezaron a *hilvanar* triples. EME200295 **49 combinación:** ...vivió momentos de gloria gracias a las fantásticas combinaciones que *hilvanaron* Radchenko, Setién y Geli. EME200394 **50 satisfacción –:** ...con lo que *hilvanó* tres satisfacciones en igual número de presentaciones. LHG300497

F SUSTANTIVOS QUE DESIGNAN DATOS, CIFRAS Y OTRAS UNIDADES DE INFORMACIÓN: **51 dato +:** Estos datos *hilvanados* a la ligera son para advertir de su error... EUV170498 **52 punto:** Los tres mediadores internacionales que tratan de *hilvanar* los puntos de acuerdo entre los contendientes... EPE140299 **53 referencia:** Al hilo del relato, *hilvanando* sutiles referencias, se va configurando el espacio en el que el narrador actúa... ABC200195 **54 evidencia:** ...Todas estas evidencias, aún no *hilvanadas* entre sí... EME310196 **55 cifra:** ...*hilvanando* las cifras y los gráficos como si fueran las cuentas de un collar. EME071095 **56 cuenta:** ...el único beneficio real que se obtenga de estas cuentas mal *hilvanadas*... EPE280999 **57 estadística:** Los ingenieros *hilvanan* estadísticas. Los soldadores prodigan rosetones de chispas... ABC170694 **58 fecha:** Las fechas del calendario parecían *hilvanadas* con la precisión... EME250896 **59 información:** ...mediante la yuxtaposición de informaciones orales discontinuas, fragmentarias, que el lector debe *hilvanar* por su cuenta... ABC060594

G DIVERSOS SUSTANTIVOS ABSTRACTOS, MÁS FRECUENTEMENTE SI DESIGNAN IDEAS O PENSAMIENTOS: **60 idea +:** ...en momentos así ponerse a *hilvanar* o expresar ideas me hace sentir inmoral... GIC072897 **61 concepto:** ...estructura de manera similar el docudrama (...) *hilvanando* conceptos... LVE090895 **62 reflexión:** A partir de estas impresiones se *hilvanan* reflexiones de carácter general... LVE220495 **63 teoría:** ...*hilvanan* teorías muy intelectuales sobre el personaje... FDV200201

H OTROS SUSTANTIVOS; POSIBLES USOS ESTILÍSTICOS: **64** Así, una buena excusa para *hilvanar* brillantes y acerados desasosiegos. EPE271099; lo conforma un espíritu, unos ojales bien *hilvanados* conceptualmente. LVE220395

himno ♦ **armonioso, enardecedor, exaltado, inspirado (en), jubiloso, melodioso, nacional, oficial, patriótico, religioso, sagrado, solemne, vibrante** ♦ **acorde (de), estrofa (de), interpretación (de), letra (de), música (de), nota (de)** ♦ **arengar (con), cantar, canturrear, componer, corear, entonar, escuchar, interpretar, oír, plagiar, silbar, sonar, tararear, tocar**

☐ Véase también: **canción, música**.

hincar ♦ **codo, diente, rodilla, uña**

☐ Véase también: **apoyar(se)**.

hincha ♦ **acérrimo**[6], **empedernido**[14], **exaltado, ferviente**[14], **furibundo, incondicional, rabioso, visceral**

☐ Véase también: **adepto, adicto (a), admirador, forofo, partidario, seguidor.**

[hinojo] → **de hinojos**

hipoteca ♦ **cancelar, constituir, contraer**[12], **contratar, ejecutar, firmar, levantar**[19], **pagar, subrogar**

☐ Véase también: **deuda, endeudamiento.**

hipotecar *v.* ▮ Se combina con sustantivos que designan bienes propios del patrimonio personal *(vivienda, joya)*. En su sentido figurado de 'condicionar, obstaculizar o poner límites', se combina con...

A EL SUSTANTIVO *FUTURO* Y CON OTROS SUSTANTIVOS PROSPECTIVOS QUE DESIGNAN PLANES, OBJETIVOS O EXPECTATIVAS: **1 futuro ++:** ...evitar todo intento de desmantelar la nación y de *hipotecar* su presente y su futuro. DYM040996 **2 porvenir +:** La egolatría de un hombre no puede *hipotecar* el porvenir de todo un pueblo. EME050594 **3 programa +:** no piensa *hipotecar* el programa electoral... LVE020695 **4 objetivo:** ...el adelanto de la reforma educativa puede *hipotecar* los objetivos fundamentales... LVE080494 **5 proyecto:** ...el presupuesto (...) *hipoteca* sus proyectos. EME180595 **6 esperanza:** ...una cultura que se nos implanta al extremo de *hipotecar* las ideas, los principios y hasta la esperanza... ENV100497 **7 ilusión:** ...prefieren optar por otra fuerza política que no ha *hipotecado* la ilusión de la izquierda... LVE130395 **8 aspiración:** ...derrotas que habían *hipotecado* de forma definitiva las aspiraciones al título. EME260295 **9 sueño:** ...una derrota que podría haber *hipotecado* sus sueños de grandeza europea. EPE140900

B SUSTANTIVOS PROSPECTIVOS QUE DENOTAN POSIBILIDAD O CAPACIDAD. TAMBIÉN CON OTROS QUE DESIGNAN, EN GENERAL, LO QUE PUEDE DARSE O ELEGIRSE SI SE DAN LAS CIRCUNSTANCIAS APROPIADAS: **10 posibilidad +:** ...una sola evaluación negativa (...) sería suficiente para (...) *hipotecar* la posibilidad de progresar en las negociaciones... LVE220796 **11 opción +:** El percance *hipotecó* sus opciones de mantenerse en primera línea... LVE210595 **12 oportunidad:** ...su pésimo porcentaje en los triples (1 de 10) *hipotecó* cualquier oportunidad de dar la sorpresa. LVE280196 **13 probabilidad:** ...un esfuerzo grande en la prueba en ruta no *hipoteca* para nada mi probabilidad en la contrarreloj... LVE310796 **14 capacidad:** ...el pacto *hipotecará* la capacidad de decisión de las próximas corporaciones. EPE190399

C EL SUSTANTIVO *VIDA* Y CON OTROS QUE DESIGNAN PERÍODOS, ESPECIALMENTE AQUELLOS EN LOS QUE SE DIVIDE LA EXISTENCIA HUMANA: **15 vida ++:** ...tiene la solidez (...) de haber *hipotecado* la vida a cambio de hacer los méritos... SEM290497 **16 juventud:** Hipotecó su juventud en el estudio, con la esperanza de alcanzar una vida sin apuros económicos. INDOC **17 infancia:** ...en algunas naciones se emplea a menores porque a ellos se les puede pagar un ingreso inferior que el que ganaría un adulto, *hipotecándoles* su infancia y su juventud. LNC110497 **18 año:** ...ocultaron documentación y decidieron *hipotecarnos* los próximos años. LVE290995 **19 ocio:** Cuántos opositores libres hemos *hipotecado* nuestro ocio, estudiando en una mesa camilla... EPE220399

D EL SUSTANTIVO *LIBERTAD* Y CON OTROS QUE DESIGNAN DIVERSAS FACULTADES HUMANAS, MÁS FRECUENTEMENTE SI SE RELACIONAN CON LA AUSENCIA DE SUJECIÓN O DE INTERÉS PARTICULAR: **20 libertad:** ...desea ser escritor y no quiere ver *hipotecada* su libertad. LVE120296 **21 autonomía:** ...incrementar el número de profesores funcionarios implica *hipotecar* la deseada autonomía universitaria... EPE010876 **22 independencia:** ...el riesgo de ver *hipotecada* a un poderoso consorcio financiero e industrial la independencia del diario. SEM241197 **23 objetividad:** Regla absurda, que *hipoteca* la objetividad en aras de un discutible patriotismo cinematográfico. LVE270296 **24 soberanía +:** ...desean un contrato de alquiler por no más de 10 o 15 años para no *hipotecar* su soberanía... LVE010996

E SUSTANTIVOS QUE DENOTAN PODER O AUTORIDAD, O DESIGNAN, POR EXTENSIÓN, LAS INSTITUCIONES QUE LO EJERCEN O LO REPRESENTAN: **25 poder ++:** Había *hipotecado* su poder ofensivo a los patadones de Fernando Hierro, tan certeros como las intervenciones del portero belga Bodart... LVE300395 **26 gobierno +:** ...criticó la estrategia (...), rechazando que (...) esté *hipotecando* al Gobierno. EME120594 **27 presidencia:** ...*ha hipotecado* su presidencia al objetivo de alcanzar un acuerdo... EPE040299 **28 dirección:** ...habrá (...) una dirección *hipotecada*, fruto de pactos y componendas. EPE120700 **29 ejecutivo:** ...critica que un gobierno en funciones tome medidas que *hipotecan* al futuro ejecutivo. LVE070296 **30 estado:** ...sucede siempre que un estado o una familia se *hipotecan*... LVE050196 **31 democracia:** ...una democracia *hipotecada*, lo que quiere decir que los Bancos mandan... EME240394

F SUSTANTIVOS QUE DENOTAN DESARROLLO O CRECIMIENTO, ASÍ COMO OTROS PROCESOS QUE SUPONEN MEJORÍA DE ALGÚN ESTADO DE COSAS: **32 desarrollo +:** ...las remesas de plata americana *hipotecaron* el desarrollo económico peninsular... ABC070892 **33 crecimiento +:** ...de esa manera se *hipotecaba* el crecimiento urbanístico del municipio... EPE241199 **34 recuperación:** Los gobiernos no han querido alcanzar grandes compromisos para no *hipotecar* su recuperación económica... LVE080495 **35 renovación:** ...lo que no hay que hacer es (...) *hipotecar* la renovación... EME180194 **36 regeneración:** ...la regeneración de Doñana queda claramente *hipotecada* por la explotación minera... EPE290799

G SUSTANTIVOS QUE DESIGNAN DIVERSAS FORMAS DE ACTUAR, MÁS FRECUENTEMENTE SI SON RELATIVAS A LA ELECCIÓN DE ALGO O A ALGUNA TOMA DE POSTURA: **37 actuación +:** ...no podía adquirir compromisos que *hipotecaran* su actuación futura. LVE160596 **38 política +:** Lo que no puede hacer la Junta es *hipotecar* otro tipo de políticas sociales, como la vivienda... ENC060599 **39 decisión +:** ...*hipoteca* todas las decisiones que adopte a partir de ahora... EPE301099 **40 acción:** ...algunas decisiones tomadas recientemente (...) *hipotecan* la acción del futuro gobierno... LVE070296 **41 mediación:** Nuestro esfuerzo allí *hipoteca* nuestra mediación en otros conflictos... LVE160296 **42 elección:** ...cada escritor debe dedicarse a publicar en la lengua que (...) le apetezca, sin *hipotecar* con ello su elección... LVE171196

H SUSTANTIVOS QUE DENOTAN BIENESTAR. TAMBIÉN CON ALGUNOS QUE DESIGNAN OTROS ESTADOS CONVENIENTES O PLACENTEROS A LOS QUE ES NORMAL ASPIRAR: **43 bienestar** +: ...estamos alcanzando límites asfixiantes que *hipotecarán* nuestro bienestar... EPU121101 **44 equilibrio:** ...no estamos dispuestos a *hipotecar* el equilibrio y la actual mayoría... LEC191197 **45 estabilidad:** ...puede *hipotecar* gravemente la estabilidad en una zona de importancia fundamental... EME110596 **46 calidad de vida:** Debemos ser conscientes de que perjudicar el medio *hipoteca* nuestra calidad de vida. LVE080896

I SUSTANTIVOS QUE DENOTAN POSICIÓN U OCUPACIÓN, O DESIGNAN EL CURSO NATURAL QUE SIGUE LA PERSONA QUE LOS EJERCE: **47 trayectoria** +: ...estaba *hipotecando* su trayectoria como actor. LVE220695 **48 carrera** +: «Gandhi» *hipotecó* gran parte de mi vida y carrera... EME050294 **49 cargo:** ...su debilidad *hipoteca* su cargo, su función y al propio Estado. EME300995 **50 puesto:** Hipotecaron sus puestos para mantenerse en el poder. INDOC **51 posición:** ...el ministro descubre un flanco débil e *hipoteca* su posición –y la del gobierno– al señalar a Francia y Alemania como los aliados obligados y preferidos... EME070596

J SUSTANTIVOS QUE DENOTAN VICTORIA, ÉXITO O ACIERTO. TAMBIÉN CON OTROS QUE DESIGNAN DIVERSOS ESTADOS DE HEGEMONÍA O DE RECONOCIMIENTO: **52 triunfo:** ...errores de concentración *hipotecaron* su triunfo. LVE180596 **53 éxito:** ...toda enmienda (...) ha de ser aprobada por unanimidad, lo que *hipoteca* el éxito de esta cumbre. EPE021285 **54 victoria:** ...no desea el triunfo «*hipotecando* la victoria». EPE130700 **55 punto:** ...en la parte final del partido (...) se estuvo a punto de *hipotecar* los tres puntos. LNP030497 **56 ventaja:** El equipo visitante *hipotecó* su ventaja al dedicarse sólo a defender. INDOC **57 prestigio** +: Un prestigio de tantos años *hipotecado* por una desafortunada decisión... INDOC **58 fama:** Yo de ti no *hipotecaría* mi buen fama en un asunto tan espinoso. INDOC

K SUSTANTIVOS QUE DENOTAN PENSAMIENTO O CREENCIA: **59 creencia** +: Los hay que *hipotecan* sus creencias por un ascenso social o laboral. INDOC **60 idea:** ...sólo la autonomía de la conciencia, individual y colectiva, resiste los embates de toda una cultura que se nos implanta al extremo de *hipotecar* las ideas... ENV100497 **61 principio:** ...una *guerra de coalición* entre 19 democracias ha *hipotecado* los principios generales... EPE070599 **62 ideología:** ...no *hipotecó* su ideología ni su pensamiento al apoyar las reformas estructurales... LTB111296 **63 pensamiento:** ...partían de un pensamiento *hipotecado*, hecho dogma... EME021096 **64 criterio:** ...la decisión que adopte en este caso no puede *hipotecar* el criterio mantenido... LVE140795

hipótesis

hipótesis ♦ **acertado, arriesgado, atinado, atrevido, aventurado, burdo, certero[26], convincente, desacertado, descabellado[15], de trabajo, disparatado, endeble, erróneo, fundado[12], fundamentado, gratuito, implausible, inconsistente, inobjetable, insostenible, irrebatible, manido[45], mero, peregrino, plausible, rebuscado, remoto, retorcido[13], sin pies ni cabeza, sin sentido, trivial** ♦ **a tenor (de)[12], a título (de)[6]** ♦ **afianzar(se)[62], airear[26], alimentar[75], analizar, apoyar, argumentar, armar, avalar[4], aventurar[1], barajar[2], basar, ceñir(se) (a)[42], circular[27], cobrar fuerza[7], confirmar, constatar, construir, contrastar, corroborar[6], criticar, defender, demostrar, derrumbar(se)[34], desbaratar[15], descartar, desestimar, desmentir[20], desmontar[19], desmoronar(se)[15], desvanecerse[36], echar por tierra, encarar[41], especular (con), formular[26], fundamentar, girar[32], mantener(se) en pie, objetar, plantear[40], probar, reforzar, refrendar[23], refutar[8], respaldar, salir al paso (de)[20], sostener, sustentar[19], tejer[30], urdir[54], validar[24], venirse abajo[21]**

☐ Véase también: **conjetura, suposición, teoría, tesis.**

histeria

histeria ♦ **colectivo, multitudinario[33], preso (de)[6]** ♦ **al borde (de)[3]** ♦ **arrebato (de)[14], ataque (de)[2], reacción (de)** ♦ **aflorar, apoderar(se)[4], bordear[14], controlar, desatar(se), dominar, entrar(le) (a alguien), rayar (en)[11], superar**

☐ Véase también: **delirio, demencia, locura, nervios, paranoia.**

histérico

histérico ♦ **perdido, total** ♦ **absolutamente, completamente, totalmente**

historia

historia ♦ **accesible[11], accidentado[20], ajetreado[10], aleccionador[2], amargo[21], azaroso[21], cándido, confuso, conmovedor, creíble, de amor, descabellado, desolador, dilatado, dramático, enigmático, enrevesado[39], falso, fantástico, increíble, infausto[3], inmemorial, inverosímil, irrepetible, irrisorio[26], lineal, manido[26], negro, palpitante[9], remoto, retorcido, rocambolesco, tormentoso, turbulento[2], verdadero, verídico, verosímil, vivo[47]** ♦ **a la luz (de)[25]** ♦ **ahondar (en)[53], ajar(se)[17], ambientar(se)[1], bucear (en)[2], circular[3], componer, confirmar, conservar[27], construir, contar, corroborar, cortar (con)[11], desarrollar(se), desenterrar[3], desfigurar[3], desmoronar(se)[25], discurrir, disfrazar[50], distorsionar[6], empañar(se)[33], enderezar[9], ensuciar[13], escarbar (en)[1], escribir, evocar, falsear, falsificar, fluir, forjar[51], fraguar(se)[67], hilvanar[3], interpolar, inventar, jalonar[21], moldear[11], narrar, ocurrir[7], pasar (a), perderse (en), referir, relatar, remontarse (en), repetir(se), revisar, revivir[8], tejer[11], tergiversar[2], torcer(se)[7], transcurrir, trazar, trenzar, truncar(se)[21], urdir[38], venir de lejos, vivir, zambullir(se) (en)[19]**

☐ Véase también: **asunto, legado, pasado, tradición.**

HISTORIA Véase: LEGADO; PASADO

historial

historial ♦ **académico, a cuestas[13], amplio, brillante, conflictivo, delictivo[4], dilatado[4], distinguido, elocuente, extenso, ilustre, impecable[15], intachable[11], largo, limpio, médico, militar, nutrido[7], oscuro, político, profesional, turbio, vasto** ♦ **contar (con), echar a perder, echar por tierra, empañar(se)[34], ensuciar[15], hipotecar, inflar, jalonar[16], llevar a {mis/tus/sus} espaldas, manchar, presentar, reseñar, tener a {mis/tus/sus} espaldas**

☐ Véase también: **currículum, expediente, hoja de servicios, trayectoria.**

hito ♦ **decisivo**[33], **descollante**[15], **emblemático, fundamental, histórico, importante, indiscutible, legendario, memorable, monumental** ♦ **alcanzar, conseguir, constituir, lograr, representar**

hogar ♦ **acogedor, confortable, dulce, feliz, hospitalario, inhóspito** ♦ **al calor (de)**[1] ♦ **calor (de), sabor (de)** ♦ **abandonar, crear, disfrutar (de), formar, fundar, habitar, regresar (a), volver (a)**

☐ Véase también: **casa**.

hoguera ♦ **al calor (de)** ♦ **alimentar, apagar, condenar (a), encender, hacer, prender**[6], **quemar (en)**

☐ Véase también: **arder, fuego, humo, incendio, llama, lumbre**.

hoja de servicios ♦ **brillante, diáfano**[5], **dilatado, impecable, impoluto, intachable**[14], **limpio** ♦ **contar (con), echar a perder, echar por tierra, empañar(se), ensuciar, hipotecar, manchar, presentar**

☐ Véase también: **currículum, expediente, historial**.

hoja de vida → **hoja de servicios**

hojear ♦ **álbum, catálogo, diario, libro, mapa, nota, página, papel, periódico, prensa, revista,** *otros sustantivos que designan publicaciones impresas*

holgadamente *adv.* ▮ Se combina muy frecuentemente con el verbo *vivir* y también con...

A VERBOS QUE DENOTAN TRIUNFO O DESIGNAN LA SUPERACIÓN DE ALGUNA DIFICULTAD O DE ALGÚN LÍMITE: **1 superar ++:** ...en el mercado monetario tiene instrumentos de deuda que en orden de magnitud superan *holgadamente* sus pasivos tradicionales... EUV151096 **2 ganar ++:** ...con esa carta ganó *holgadamente* las legislativas de 1991 y 1993. LVE130595 **3 rebasar +:** ...el promedio del Dow Jones de Industriales rebasó *holgadamente* el listón mágico y marcó un nuevo récord. EME221195 **4 sobrepasar +:** ...el monto anual de las pérdidas en los seguros por este concepto sobrepasa *holgadamente* los 10 mil millones. EUV080996 **5 triunfar +:** No creemos que pierda en prueba donde debe triunfar *holgadamente.* EUV060499 **6 imponerse +:** El sector oficialista se ha impuesto *holgadamente* en el primer Congreso de la Federación Minerometalúrgica de Comisiones Obreras... EME271195 **7 vencer +:** ...los plazos legales para juzgarlo por delitos cometidos en la dictadura vencieron *holgadamente* por haber ocurrido hace más de 20 años. CLA090199 **8 derrotar:** Las encuestas son inequívocas: Clinton derrota *holgadamente* a Dole... LVE140396 **9 batir:** Tanto en aceleración como en velocidad máxima y recuperaciones bate *holgadamente* al motor de 90 caballos conocido hasta ahora. EME120396

B VERBOS QUE DESIGNAN EL EJERCICIO DE UNA AUTORIDAD O LA OCUPACIÓN DE UNA POSICIÓN PRIVILEGIADA: **10 gobernar +:** Pero enseguida caerá en la cuenta de que esa es la derecha (...) que un día podría gobernar *holgadamente* en España... EME290895 **11 aventajar +:** ...de la misma forma que este presidente aventaja *holgadamente* a su rival... LVE310896 **12 liderar:** ...puede encumbrar al estado en la dudosa distinción de encabezar el escalafón de ejecuciones en EE. UU., liderado *holgadamente* por Texas... LVE170295

C OTROS VERBOS QUE DESIGNAN LA CONSECUCIÓN DE UN OBJETIVO: **13 cumplir +:** Cumple *holgadamente* con los requisitos de la XVII asamblea. EXC220996 **14 conseguir:** ...el PP conseguirá *holgadamente* la mayoría absoluta, el PSOE se mantendrá o, a lo sumo, experimentará una leve subida... EPE130699 **15 obtener:** ...y en Antequera ha obtenido *de forma holgada* una mayoría absoluta. EPE150699 **16 alcanzar:** ...alcanzaría *holgadamente* la mayoría absoluta en la región, dando un auténtico vuelco a la situación política... EME210595

D VERBOS QUE DENOTAN ADAPTACIÓN A UN ESPACIO: **17 caber ++:** ...ha detectado una turbulencia de 27.000 kilómetros de diámetro en la que la Tierra cabría *holgadamente.* LVE050296 **18 encajar:** Aunque no había mucho espacio, conseguimos que todas las piezas encajaran *holgadamente.* INDOC **19 entrar:** El coche era pequeño pero entrábamos *holgadamente* los cuatro. INDOC

E OTROS VERBOS; POSIBLES USOS ESTILÍSTICOS: ...y La Paloma, donde bailaron *holgadamente* hasta horas imprudentes. LVE070395

☐ Véase también: **de sobra, sobradamente**.

holgado ♦ **capacidad, diferencia, margen, mayoría, pensión, posición, prenda, presupuesto, resultado, ropa, salida, situación, triunfo, ventaja, vestido, victoria, vida**

holgura Véase: **holgadamente**

hollar ♦ **arte, camino, casa, cima, cumbre, escenario, espacio, intimidad, lugar, monte, patria, polvo, reliquia, senda, suelo, superficie, templo, terreno, territorio,** *otros sustantivos de lugar*

[hombro] → **a hombros, llevar sobre {los hombros/las espaldas/la conciencia}**

hombro ♦ **abatido, alto, amable, amigo, amplio, ancho, atlético, bajo, bronceado, caído, cargado (de), contrario, cuadrado, delicado, derecho, descubierto, desencajado, desgarbado, dolorido, enclenque, encogido, escuálido, escurrido (de), esmirriado, estrecho, firme, fornido, fuerte, izquierdo, macizo, marcado, proporcionado, protector, raquítico, redondeado, redondo, robusto, vencido** ♦ **sobre** ♦ **dolor (de), lesión (de/en), luxación (de)** ♦ **apoyar, arrimar, cargar (sobre), cimbrear(se), colgar (a/de), contusionar(se), descansar (sobre), dislocar(se), echar (a), encoger(se), entumecer(se), fracturar(se), gravitar (sobre), lesionar(se), mover(se), recaer (sobre), recostar(se) (en), sostener (algo)**

☐ Véase también: **brazo**.

hombro con hombro ♦ **caminar, colaborar, combatir, compartir, construir, luchar, marchar, pelear, permanecer, trabajar**

homenaje ♦ **afectuoso, apoteósico**[21], **cálido**[13], **caluroso**[8], **cariñoso, digno, efusivo**[13], **emotivo,**

entrañable, fervoroso[5], íntimo, merecido, multitudinario, postrero, póstumo, sincero, solemne ♦ objeto (de)[3] ♦ adherirse (a), brindar[52], constituir, dar, dedicar, deshacerse (en)[7], hacer, hacer extensivo[15], obsequiar (con), ofrecer, organizar, participar (en), preparar, prodigar[43], recibir, rendir, sumarse (a), tributar[1]

☐ Véase también: **agasajo, culto, honra, tributo.**

homicidio ♦ accidental[4], con alevosía[20], deliberado, impune[4], involuntario, por imprudencia ♦ cargo (de), condena (por), ola (de) ♦ absolver (de), acusar (de), castigar, cometer, condenar (por), confesar[12], denunciar, descubrir, imputar[5], investigar

☐ Véase también: **asesinato, crimen, fallecimiento, muerte.**

homologar *v.* ▮ En el sentido de 'equiparar' se combina con sustantivos que designan diversas titulaciones, títulos o grados académicos *(título, especialidad, graduado, estudios, curso)*, así como con los sustantivos de persona que designan a los titulados *(ingeniero, médico, arquitecto, trabajador)*. En el sentido de 'aceptar y registrar según el reglamento deportivo' admite sustantivos que designan resultados *(récord, marca, registro, cifra)*, así como elementos accesorios y diversos aspectos de las pruebas deportivas *(casco, pértiga, pista, circuito, modalidad)*. En el sentido de 'certificar el cumplimiento de ciertas especificaciones y características de' se combina con sustantivos que designan diversos productos comerciales destinados a la venta *(coche, motor, electrodoméstico, lámpara, vino, aceite)* y también con otros que designan normas o disposiciones *(norma, ley, requisito, reglamento)*. Se combina además con los sustantivos *condición, característica, requisito* y especialmente con...

A SUSTANTIVOS QUE DENOTAN CONSUMO O DESIGNAN DIVERSAS MAGNITUDES, GENERALMENTE ECONÓMICAS, QUE SE PAGAN O SE RECIBEN: **1 consumo +:** Los consumos *homologados* del monovolumen (...) equipado con el propulsor 2.5 TD son... LVE050395 **2 gasto +:** ...ha *homologado* un gasto de cinco litros de gasóleo a 90 km/h y un promedio de 6,5 litros. LVE070796 **3 precio +:** Y añade: «Es incomprensible que no estén *homologados* los precios en España con el resto de Europa». ABC050393 **4 salario:** El Parlamento alemán aprobó ayer una ley que *homologa* los salarios de alemanes e inmigrantes... EME030296 **5 sanción –:** ...manifestó que cualquiera que sea la sanción que dictamine la FIFA (...), la Federación la *homologará* de inmediato, haciendo respetar la decisión. LTB050497

B SUSTANTIVOS QUE DESIGNAN LA PROPIEDAD O LA CARACTERÍSTICA IDENTIFICATIVA DE ALGO, GENERALMENTE UN PRODUCTO. TAMBIÉN CON OTROS QUE EXPRESAN LA CONDICIÓN DE AUTENTICIDAD, LEGITIMIDAD O EXCELENCIA QUE ESA MENCIÓN ACREDITA: **6 denominación +:** ...cuenta también con la concesión de la denominación de origen Aigua Mineral Natural, *homologada* por la Unión Europea. LVE250696 **7 calidad +:** La sectorialización de los establecimientos requiere *homologar* la calidad de las escuelas y colegios... VIS090797 **8 marca +:** ...es una marca comercial conocida, pero todavía no *homologada*. INDOC **9 validez:** ...la validez idiomática del español de Cervantes deba ser reconocida y *homologada* por el departamento de Español... ETC111196 **10 tarjeta:** La nueva tarjeta, *homologada* por Visa, permitirá operar en cualquier país... LVE150396 **11 símbolo:** Pero la necesidad de *homologar* de una vez por todas el símbolo gráfico de la ciudad... LVE030596 **12 definición:** Sirva como punto de referencia que la definición de parado *homologada* en la UE es prácticamente la misma que la de la EPA. LVE270596 **13 procedencia:** Lo cierto es que no existe ningún criterio (...) que permita en cierto modo *homologar* la procedencia de la iniciativa. LVE171195 **14 imagen –:** Protección Civil *homologará* su imagen en toda la región. EPE081199

C SUSTANTIVOS QUE DESIGNAN PROGRAMAS, ACUERDOS Y OTRAS INTENCIONES DE ACTUAR EN FUNCIÓN DE ACCIONES CONCERTADAS: **15 plan +:** Además, *homologando* los planes de estudio de los centros de la UE. EME260696 **16 programa +:** Para ello, las escuelas públicas tienen que presentar un programa de estudios *homologado* por el Ministerio de Educación. EPE051101 **17 acuerdo:** El sector fabril directamente vinculado con el acuerdo *homologado* cree tener razones de peso... LNA010792 **18 convenio:** ...el convenio «por rama» recientemente *homologado* por el Ministerio de Trabajo... LNA040792 **19 pacto:** Primero, que el pacto será revisado por el tribunal oral, el cual tendrá facultades para rechazarlo u *homologarlo*. CLA110197 **20 pacificación:** ¿Hay que *homologar* esta forma de pacificación como una garantía de la seguridad europea y convertir semejante tipo de puesta en vereda en principio de la CSCE? LVE300196 **21 concierto –:** ...estos conciertos amparados por el emblema de «Música oberta» no son una disidencia impía, sino que se *homologan* fácilmente con la línea de activación de la música actual que propone la orquesta. LVE111095

D SUSTANTIVOS QUE DENOTAN ORGANIZACIÓN O SISTEMA: **22 sistema +:** En su opinión, un componente fundamental en la reforma que el Gobierno pretende llevar a cabo es el de *homologar* el sistema de cálculo... LVE190696 **23 organización:** Correspondería en cualquier caso a autoridades y organizaciones *homologadas* la defensa de una auténtica «denominación de origen»... LVE070695 **24 formación:** ...un registro de profesionales dedicados a la mediación y *homologará* la formación especializada que se exigirá a las personas que realicen esta tarea. EPE030399 **25 fundación:** Precisamente por eso la Fundación Dikaia, (...) en colaboración estrecha con el Colúlegi d'Advocats de Barcelona y *homologada* por el mismo... LVE221095 **26 partido –:** El principal mérito de Aznar ha sido la construcción de un partido *homologado* con los partidos europeos. EPE041099 **27 federación –:** ...la citada federación, guardando las proporciones de tiempo, estatutos y formas, únicamente puede ser *homologada* por el refundado PRI... EXC000901

E SUSTANTIVOS QUE DESIGNAN JUICIOS O CREENCIAS: **28 ideología:** Al no haber elaborado su nacionalismo desde cada una de las ideologías *homologadas*, ha acabado desdibujando su ideología hasta que ha perdido toda pertinencia. EPE200399 **29 juicio:** ...sus juicios y decisiones sean convalidados y *homologados* por las autoridades jurisdiccionales del Estado... EXC091196 **30**

idea: Y lo hace apoyado en una filosofía de supermercado de las ideas, tan ricas y profundas –y *homologadas*– como pueden ser... LVE050996 **31 teoría:** ...parece haber quedado *homologada* la teoría de que cuando hay delación, el simple hecho de la acusación se convierte en una verdad social. SEM011096

F OTROS SUSTANTIVOS; POSIBLES USOS ESTILÍSTICOS: ...canciones que eran como una patada al rock *homologado* de la MTV. LVE050495; «Una matriz –dijo Pujol– que es muy legítima y muy *homologada* en toda Europa»... LVE310196; Sólo he visto miseria *homologada* en Santa Cruz. LVE170896

☐ Véase también: **validar**.

hondamente Véase: **profundamente, hondo, profundo**

hondo *adj.* ▮ En su sentido literal se combina con sustantivos que designan diversos lugares, espacios y contenedores de algo *(pozo, barranco, agujero, cueva, cajón)*. En su sentido figurado se construye con sustantivos que denotan información *(mensaje, comentario)*, o designan algunas de sus múltiples formas de expresión escrita u oral *(discurso, poema, verso, texto, capítulo)*. También con otros que designan algunas de las características distintivas de esas informaciones *(dramatismo, lirismo)*. Se combina asimismo con sustantivos de persona, más frecuentemente si designan al que ejerce alguna actividad artística o intelectual *(intelectual, poeta, cantante, artista, músico)*, y con otros que denotan análisis o consideración de alguna cosa *(reflexión, estudio, análisis, examen, interpretación)*. Se combina además con los sustantivos *sentimiento* y *sensación*, y también con...

A SUSTANTIVOS QUE DESIGNAN DIVERSAS AFLICCIONES DEL ÁNIMO, MÁS FRECUENTEMENTE SI SE RELACIONAN CON EL DISGUSTO, LA PESADUMBRE O LA AVERSIÓN HACIA ALGO: 1 pesar ++: Su rostro pálido, sus ojos anegados en lágrimas, su semblante tranquilo y resignado, todo su aspecto refleja el vivo sentimiento, el *hondo* pesar de la Madre de los Dolores. EUV170498 **2 dolor ++:** Produce *hondo* dolor ver el estado de destrucción material y moral de la Cuba de hoy. DLA010297 **3 sufrimiento ++:** ...el episodio en el que Palmira advertirá los papeles en los que les revela su *hondo* sufrimiento homosexual, su amor hacia Hugo. ABC170395 **4 rencor +:** El Gobierno férreo de Moscú no ha generado sino un *hondo* rencor. EME140195 **5 rechazo:** Ni tampoco se habla del antijesuitismo en Cataluña, que siempre fue tan *hondo* como el rechazo a su tradicional castellanismo. LVE171096 **6 odio:** Iraultza, hijo de un odio muy *hondo*. EME270896 **7 pesimismo:** Pero a ello se ha de añadir el *hondo* pesimismo que desborda de los grandes dramaturgos bálticos... ABC200893 **8 desinterés:** Es una mera correa de transmisión de la burocracia de los partidos y no es de extrañar el *hondo* desinterés que la mayoría de los españoles siente... EME260194 **9 disgusto:** El presidente del PP las leyó en voz alta y su mujer mostró un *hondo* disgusto. EME200296 **10 malestar:** Un *hondo* malestar en los cuadros civiles y policiales de las fuerzas antidrogas de nuestro país... ACP250996 **11 desagrado:** ...los valores individuales carecían de valor y esa visión fue traumática y le provocó un *hondo* desagrado... ABC211094 **12 remordimiento:** Por no se sabe qué *hondos* remordimientos, ya no se obliga a pagar el exceso de equipaje... EPE081199 **13 resentimiento:** ...en la ciudad se respira un *hondo* resentimiento y son muchos los que se quejan amargamente de la persistencia del asedio. EME120394

B SUSTANTIVOS QUE DESIGNAN SENTIMIENTOS, INCLINACIONES O REACCIONES DE ESTIMA, PLACER O SATISFACCIÓN: 14 cariño ++: Por eso, instó a sus correligionarios a hacer frente a retos como el de hacer «normal» la existencia de un PP catalán y a no avergonzarse por sentir «un *hondo* cariño por España». LVE171196 **15 afecto ++:** La solidaridad, la camaradería, el espíritu de cuerpo, el afecto *hondo* que la vida de cuartel enseña a cultivar hacia los compañeros de armas... ETC060996 **16 amor +:** En lo humano, su *hondo* amor por el Rey, que ella espiritualiza virginalmente... ABC271291 **17 placer:** ...contiene un *hondo* placer por lo visto que acentúa después en el estudio con lo que va imaginando... ABC200594 **18 gozo:** ...comienza con una expresión que a él le era entrañable y que ha constituido el gozo más *hondo* de muchos hijos de Dios... LVE250695 **19 deseo +:** ...como estar al timón de Barcelona, Maragall destapó ayer por la tarde su deseo más *hondo*. LVE241196 **20 sentir +:** ...un buen amigo mío (...), de larga distancia pero de muy *hondo* sentir, dice que una vida toda ella ejemplar honra y hace bella una muerte. EME160296 **21 fervor:** ...maestro, solistas y conjuntos actúan, con *hondo* fervor... EPE021089 **22 pálpito –:** Es, en ambos casos, un escalofriante y *hondo* pálpito de blues, un paseo por el presente de dos culturas con la memoria común activada. EME210396

C SUSTANTIVOS QUE DESIGNAN DIVERSOS PROCESOS Y RESULTADOS DE LA ACTIVIDAD COGNOSCITIVA, MÁS FRECUENTEMENTE DE LAS CAPACIDADES DE CREER Y CONOCER: 23 pensamiento ++: ...Jorge Guillén, uno de los poetas más puros, de las voces mas vivas, de los pensamientos más *hondos* y espíritu más jubiloso de la literatura de nuestro siglo. ABC150193 **24 conocimiento ++:** Es una doctrina social que debemos practicar porque está formada por el pensamiento director, pleno de *hondos* conocimientos de la realidad de estos pueblos... ENV240700 **25 creencia:** Toda la sociedad Argentina debe sentirse agredida en sus más *hondos* sentimientos y creencias. CLA030797 **26 aprendizaje –:** En ese momento, más que empezar, culmina un largo proceso de «relevo», de *hondo* aprendizaje, de adiestramiento, que se ha iniciado 44 años antes. EME220494

D SUSTANTIVOS QUE DENOTAN CONTENIDO O SIGNIFICACIÓN DE UN CONCEPTO, EN OCASIONES REPRESENTATIVO DE OTRA REALIDAD: 27 significado ++: ...también se desplegaron acciones de *hondo* significado simbólico y, lamentablemente, de escaso valor transformador. CLA190199 **28 simbolismo +:** ...el simbolismo *hondo*, casi místico, de Dulce María Loynaz, la elegía de Emilio Ballagas, el barroco absoluto y contemporáneo de José Lezama Lima... EME120294 **29 contenido:** Tres escultores, tres creadores, que dan un ejemplo de contenidos *hondos*, graves, trascendentes... ABC230994 **30 sentido:** Su capacidad para hechar raíces, para desarrollar un *hondo* sentido de pertenencia, es impresionante. LVE101295

E ALGUNOS SUSTANTIVOS QUE DESIGNAN SONIDOS O RUIDOS, MÁS FRECUENTEMENTE DE GRAN INTENSIDAD.

LA EXPRESIÓN *CANTE HONDO* (O *JONDO*) ESTÁ LEXICALIZADA: **31 cante** ++: ...convertir un cante liviano en un cante *hondo*, profundo y enormemente flamenco. LVE191295 **32 clamor** +: Y a todo lo largo de sus páginas un *hondo* clamor, los gritos de una mujer, su profundo dolor, su forma dura de ser, su manera furiosa de mirarse se hace presente. EUV210197 **33 estruendo:** ...los que en vuestros oídos tenéis un *hondo* estruendo u os encontráis ahítos de pesadas cadencias, sentaos junto a una vieja caverna y meditad... ABC271095 **34 estallido:** ...iniciar en el natural a un toro remiso respondiéndole desde los cielos un estallido más *hondo* y más bronco, el de un oportuno trueno. EPE010688 **35 sonido:** ...capaz de poner la piel de gallina con *hondos* sonidos experimentales o con un escalofriante fado... LVE270294 **36 susurro** –: En un *hondo* susurro, manteniéndose lejos de su teléfono, que podía estar intervenido, Faier me dijo que habían contestado a la carta del grupo. ABC220995

F SUSTANTIVOS QUE DESIGNAN SITUACIONES O ESTADOS DE CONFLICTO O DIFICULTAD: **37 problema** +: En definitiva, pues, Mário Cláudio ofrece una novela fundamentalmente estetizante, pero que no deja de sugerir *hondos* problemas. ABC200392 **38 conflicto** +: ...no son mas que el reflejo de un conflicto más *hondo*, entre editores, partidos y camarillas financieras. EME121095 **39 dilema:** ...esa disyuntiva era sólo la fachada que escondía un dilema más *hondo*, un cambio profundo de estrategia. EME020695 **40 fracaso** –: ...un hombre que esconde un *hondo* fracaso vital bajo el pretexto de mantener la unidad de la familia. HOY170397

G SUSTANTIVOS QUE DESIGNAN LO DESCONOCIDO O LO ENCUBIERTO: **41 misterio** ++: Estas pinturas están aquí y han sido hechas como «tránsitos» para otro fin, quizá para «desvelarnos» otros misterios más *hondos*, otras luces más perpetuas, otros sones más callados... ABC251194 **42 enigma** +: Sólo el ateísmo proporciona una adecuada explicación a este *hondo* enigma de la Humanidad. EME250694 **43 secreto:** ...poseían el carácter de una patética introducción en los secretos más *hondos* de sus vidas. EPE161299

H OTROS SUSTANTIVOS; POSIBLES USOS ESTILÍSTICOS: Ahora me siento dolorido por su *hondo* silencio. ABC190293; ...poemas enteros sobre el misterio del fondo del mar o el vuelo de los alcatraces o la vida de los metales en el más *hondo* sueño de las rocas andinas. ABC240993

☐ Véase también: **adentrarse (en), hundir(se) (en), profundamente, profundo, sumergir(se) (en), sumir(se) (en).**

hondura ♦ **abismal[7], considerable, enorme, gran(de), insondable** ♦ **meter(se) (en)[4]**

☐ Véase también: **altura, amplitud (de), dimensión, fondo, magnitud, profundidad, tamaño.**

honestidad ♦ **absoluto, contrastado, cristalino[15], ejemplar, incorruptible, incuestionable, indudable, innegable, inquebrantable, intachable[20], proverbial, reconocido, sumo, total** ♦ **con** ♦ **ápice (de)[15], arrebato (de)[36]** ♦ **avalar, cuestionar, poner en duda, socavar**

☐ Véase también: **buena fe, honradez.**

[hongo] → **como hongos**

honor ♦ **alto, atentatorio (contra)[2], desmesurado[57], flaco[4], gran(de), inmenso, inmerecido[2], merecido** ♦ **ápice (de)[21], cuestión (de), derecho (a), lugar (de), matrícula (de), medalla (de), palabra (de)** ♦ **atentar (contra), conquistar[9], cubrir(se) (de)[12], dañar[6], devolver, ensuciar[5], hacer, jurar (por), lavar[6], manchar, mancillar, merecer, ofender[5], perder, pisar[5], recaer[15], recuperar, reinstaurar[18], tributar[3]**

☐ Véase también: **honra, mérito.**

honorabilidad ♦ **demostrar, ensuciar[6], probar**

honorario ▮ *(adj.)* ♦ **cargo, puesto**

▮ *(sust.masc.)* ♦ **abusivo[12], alto, bajo, cuantioso, elevado, escaso, exiguo, injusto, jugoso, justo, suculento, sustancioso** ♦ **en concepto (de)** ♦ **acordar, calcular, cobrar, negociar, pagar, percibir, recibir, tener**

☐ Véase también: **retribuir, sueldo.**

honra ♦ **dañar, defender, devolver, empañar, empeñar, hipotecar, lavar[7], lesionar, limpiar, manchar, mancillar, ofender[3], perder, pisotear, recobrar, recuperar, tener, ultrajar**

☐ Véase también: **homenaje, honor.**

[honradez] → **con honradez**

honradez ♦ **absoluto, a toda prueba, cabal, científico, ejemplar, extremo, incuestionable, indiscutible, innegable, inquebrantable, intachable[18], intelectual, inusual, loable, modélico, personal, probado, profesional, proverbial, reconocido, respetable, total** ♦ **ejemplo (de), falta (de), gesto (de), prueba (de)** ♦ **apelar (a), apoyar(se) (en), avalar[40], confiar (en), confirmar, cuestionar, defender, demostrar, desmentir, destacar, dudar (de), empañar, exaltar, exigir, fiarse (de), poner en duda, probar, recompensar, reconocer, reivindicar, resaltar, revelar, sobresalir, tener, valorar**

☐ Véase también: **buena fe, honestidad.**

honrar *v.* ▮ Se combina con sustantivos que designan personas, grupos humanos y territorios *(honrar a los muertos, el país, al pueblo)* o algunos elementos que los representan *(bandera, escudo, apellido)*. Lo hace muy a menudo con otros que designan ciertos lugares a los que se asigna un valor cultural simbólico *(tumba, mausoleo)*. Se combina asimismo con...

A SUSTANTIVOS QUE DENOTAN EVOCACIÓN DE UN HECHO PRETÉRITO Y CON OTROS QUE DESIGNAN ALGUNAS MANIFESTACIONES DE ESE PASADO: **1 memoria** ++: Los emperadores de Japón, Akihito y Michiko, *honraron* ayer la memoria de las 100.000 víctimas de los bombardeos de Tokio... EME040895 **2 recuerdo** +: Los suecos *honran* el recuerdo de Olof Palme en el décimo aniversario de un magnicidio aún por esclarecer. LVE280296 **3 pasado:** La primera dama dijo una vez que es tiempo de *honrar* el pasado y preparse para el futuro. CLA200199 **4 herencia:** Pero al mismo tiempo ha sido un camino signado por la esperanza, labrada a pulso por un pueblo que *honra* su herencia histórica. CAP280995

B SUSTANTIVOS QUE DESIGNAN ALGUNOS ESTADOS QUE PUEDEN ALCANZAR LAS PERSONAS O LAS INSTITUCIONES EN FUNCIÓN DE LA CONSIDERACIÓN SOCIAL QUE SE TIENE DE ELLAS: **5 gloria:** La propia exposición de 1937 estaba concebida para *honrar* la gloria de Francia, gobernada en aquel momento por un Frente Popular de la izquierda... LVE020196 **6 fama:** Si alguien esperaba que Cavallo *honrara* su fama de irritativo y gritón, se llevó una desilusión. CLA220301

C SUSTANTIVOS QUE DENOTAN DEBER CONTRAÍDO CON ALGUIEN MEDIANTE PACTO, CONVENIO U OTRAS FÓRMULAS EN LAS QUE SE COMPROMETE LA VOLUNTAD: **7 compromiso ++:** Nuestra política ha sido, y siempre lo será, la de *honrar* todos los compromisos contraídos. ACP170996 **8 obligación +:** Todo esto nos ha colocado en mayor tensión financiera y, sin embargo, el país ha logrado *honrar* sus obligaciones financieras... GIC104097 **9 deber:** ...deberes inexcusables que debemos *honrar* debidamente porque los hemos contraído por voluntad propia. EME040295 **10 tratado:** ...en distintas ocasiones los norteamericanos han expresado su deseo de *honrar* los tratados de 1977 y salir de Panamá. ESP040997 **11 promesa:** ...el Gobierno daba respuesta firme y coherente a la crisis energética y además *honra* su promesa electoral de dotar a la CDE de otros 500,000 kilovatios de energía. LDD110997 **12 acuerdo:** ...los empresarios se aferran a la idea de que el Pacto tiene que *honrar* los acuerdos ya suscritos y nada más... LHG040900 **13 juramento:** Voy a *honrar* el juramento que he hecho y cumpliré con todos mis deberes y obligaciones... CLA090701

D SUSTANTIVOS QUE DENOTAN DEUDA O TRIBUTO: **14 deuda:** ...disponiendo, supuestamente de terrenos municipales con los cuales el ente edilicio *honraría* las deudas con el IHSS. LPH280896 **15 cuota −:** ...inquietud frente a los prestamistas de crédito de consumo que han evitado el desplome de las ventas ¿podrán seguir *honrando* sus cuotas? CAP120697 **16 impuesto −:** El monotributo solo será aplaudido por los comerciantes informales si implica una carga fiscal inferior a los impuestos que *honran* los comerciantes legalmente establecidos. EOU221098

E ALGUNOS SUSTANTIVOS QUE DESIGNAN EL BAGAJE CULTURAL PROPIO DE UNA PERSONA O DE UNA COMUNIDAD, ASÍ COMO ALGUNAS DE SUS MANIFESTACIONES: **17 cultura:** Manent (1898-1988) fue un intelectual de los que *honran* una cultura. LVE301096 **18 tradición:** ...que acudieron ayer a Wimbledon para *honrar* una tradición social que cumple un siglo... EPE210677 **19 patrimonio:** ...velaran no sólo por el perfeccionamiento del castellano (...) sino también por el de todas aquellas lenguas que *honran* el patrimonio cultural de nuestra península Ibérica. LVE270294

honroso *adj.* **❚** Constituye la expresión lexicalizada *excepción honrosa* y admite sustantivos de persona, individuales o colectivos *(un honroso personaje)*. También se combina con...

A SUSTANTIVOS QUE DENOTAN DENOMINACIÓN Y CON OTROS QUE DESIGNAN DIVERSAS FORMAS DE IDENTIFICAR O REPRESENTAR A LAS PERSONAS O LOS GRUPOS HUMANOS, A MENUDO ASOCIADAS CON CIERTOS SIGNIFICADOS SIMBÓLICOS: **1 mención ++:** ...los cuatro cuentos que presentó obtuvieron mención *honrosa*... CAP211295 **2 título ++:** Por ello pedimos al doctor Humberto de la Calle que no renuncie, que continúe ostentando su *honroso* título... ETC170796 **3 distinción +:** ...esa distinción, por supuesto, muy *honrosa* para usted, para mí nada le añade a su grandeza. ENV100497 **4 nombre +:** ...antes de tomar ese *honroso* nombre (...) asumió el odio a la pena de muerte... EPE270999 **5 nombramiento:** ...el *honroso* nombramiento oficial no tenía mucho de bueno... EPE130599 **6 enseña:** Es una enseña *honrosa* pero que tendría más tiros que la bandera de Nápoles. EME280194 **7 blasón:** Ese lema forma parte de nuestro *honroso* blasón secular... ABC220494 **8 uniforme:** ...«se trata de un pequeño grupo que traicionó los preceptos (...), manchando ese *honroso* uniforme que ustedes tienen hoy». END031297 **9 sigla −:** ...conviene explicitar las siglas que un día fueron *honrosas*... EME061095

B SUSTANTIVOS QUE DENOTAN RESULTADO O DESENLACE DE ALGO, GENERALMENTE UNA PRUEBA O CONFRONTACIÓN, MÁS FRECUENTEMENTE SI ES ADVERSO: **10 derrota ++:** La derrota por 3-2 ante Caracas podría anotarse como *honrosa*, ya que durante los primeros 45 minutos mandaron en la cancha. EUV151096 **11 resultado +:** Sólo su desaparición (...) sería un resultado *honroso* para la OTAN... EPE160499 **12 marcador:** Un marcador *honroso* para ambos contendientes saldó el partido... EPE110399 **13 tablas:** ...jugaron una divertida partida con ataques mutuos al rey que acabó en unas *honrosas* tablas. EME090594 **14 empate:** Los grancanarios lograron un *honroso* empate. CAN150101 **15 fracaso:** ...*honrosos* fracasos como «Mi nombre es Sombra» tienen, al menos, cierta personalidad y la dignidad del riesgo. EME180596 **16 rendición:** ...el fuerte abrió sus puertas tras pactar Montcalm con su comandante (...) una rendición *honrosa* de las tropas británicas. EPE241199 **17 capitulación:** ...organizar una capitulación *honrosa* (...) no conduce a ninguna parte. EPE201299 **18 nota:** ...consigue su nota más *honrosa* en Granada donde se le puntúa con un 5,10... EME290196 **19 victoria:** En el Helmántico no pudo despedirse con una *honrosa* victoria. EPE210677 **20 igualada −:** El equipo logró al menos una *honrosa* igualada ante el líder de la liga. INDOC

C SUSTANTIVOS QUE DENOTAN SALIDA, TÉRMINO, FIN O CULMINACIÓN DE ALGO: **21 salida ++:** Sabe que desafiar a Belgrado significaría perder toda la posibilidad de una salida *honrosa* a la guerra. LVE080895 **22 retirada ++:** ...la puerta estaba abierta, mas no para la gloria de la salida a hombros, sino para una *honrosa* retirada. EME280995 **23 final +:** Por decoro político, un debate como el de ayer reclamaba un final *honroso*. EME280795 **24 jubilación +:** ...el escritor castellano confesó que el premio supone para él «una *honrosa* jubilación». EME260494 **25 dimisión:** ...son incapaces de presentar una *honrosa* dimisión. CAN090201 **26 retiro:** ...le ofreció (...), a modo de retiro *honroso*, coche oficial con chófer, un sueldo de 500.000 pesetas... EPE050199 **27 muerte:** Una muerte *honrosa* obliga siempre a ser benigno con la vida, con los errores, con los desvíos y las torpezas. LVE091196 **28 suicidio:** Su padre (...) sería forzado al «suicidio *honroso*» pocos meses después... EME030694 **29 respuesta −:** Ayer debía acudir a Burdeos para constituirse en prisionero,

(...) pero Papon ha optado por el exilio, la única respuesta *honrosa...* EPE211099 **30** **puerta –:** ...sólo hay dos puertas *honrosas*: dimitir a tiempo, o saber perder. EME070295

D EL SUSTANTIVO *PAZ* Y CON OTROS QUE DESIGNAN LA CONSECUCIÓN FELIZ DE ALGUNA FORMA DE ENTENDIMIENTO. POR EXTENSIÓN, TAMBIÉN CON OTROS QUE DESIGNAN EL PROCESO NATURAL QUE LLEVA A ESAS SITUACIONES Y ALGUNOS DE LOS ESTADOS ASÍ ALCANZADOS: **31** **paz +:** Para muchos combatientes esta concesión no será una «paz *honrosa*». EME270295 **32** **solución +:** Por una parte estaban los moderados, buscando una solución *honrosa* para dejar las armas... EME260296 **33** **pacto +:** Prestarse a secretas componendas con él u ofrecerle pactos «*honrosos*» es suicida. EME130295 **34** **acuerdo:** Se iniciaron negociaciones entre ambos bandos para lograr un acuerdo *honroso*. INDOC **35** **compromiso:** Deseo transmitir mi más sincero agradecimiento a quienes me acompañaron en este *honroso* compromiso. INDOC **36** **reconocimiento:** ...aplaudieron al ganador en un *honroso* reconocimiento de la derrota... DLA060997 **37** **aceptación:** Lo importante es que rápidamente ejerció de cínico (en la *honrosa* aceptación del término)... EME241196 **38** **satisfacción:** ...no sólo por patriotismo y la *honrosa* satisfacción del cumplimiento de un deber (...) acudirían a Cuba... DLA180497 **39** **diálogo –:** La alternativa a la masacre es la mesa de un diálogo *honroso*. CAP060297

E SUSTANTIVOS QUE DENOTAN PROPÓSITO, OBJETIVO, INTENCIÓN, MÉTODO O RAZÓN DE ACTUAR: **40** **misión +:** Tuvimos la *honrosa* misión de charlar muy animadamente con el talentoso médico cubano y polifacético escritor... INF010896 **41** **fin:** ...¿por qué si esos guerreros luchan por un fin *honroso* y digno (...) ponen luego tan poco honor en la lucha? EPE150699 **42** **destino:** En cada una de esas expresiones late un destino *honroso* y vibra la transparente neutralidad de la inocencia. EPE060299 **43** **aspiración:** ...Jardiel sólo tuvo «la simple y *honrosa* aspiración de ser estrenado por compañías y teatros habituales del momento». ABC130594 **44** **proyecto:** ...podría renunciar a su *honroso* proyecto de vender pañuelos en las encrucijadas callejeras... EPE020599 **45** **razón:** Cada vez es más frecuente que, para dar una razón convincente, e incluso *honrosa* de nuestro comportamiento, digamos: «Me apetecía hacerlo». ABC140495 **46** **motivo:** ¿Cuál fue el motivo de esta rebelión formal? Una muy sencilla y muy poco *honrosa...* LHG080497 **47** **causa:** ...recaudar fondos con los que financiar causas *honrosas*. EME291095 **48** **interés:** No se pide más que sea capaz de acercarse al nivel de interés que tiene la televisión estatal en España, que (...) es cuanto menos *honroso*. EME150396 **49** **intención:** Prefiero no declarar la intención *honrosa* que me guía. INDOC **50** **intento:** ...saltó por la izquierda a falta de 11 kilómetros, en un intento *honroso* por dignificarse. EME170796 **51** **sistema –:** Y no se refería tanto al paulatino riesgo de inhibición (...), como al *honroso* sistema de canalización de energías... LVE221096 **52** **vía –:** Una vez depuradas las reponsabilidades políticas por la *honrosa* vía de la dimisión (...), pasaron al ámbito judicial. EME170395

F SUSTANTIVOS QUE DENOTAN LUGAR, A MENUDO FIGURADO, Y –POR EXTENSIÓN– TAMBIÉN PAPEL O TAREA ENCOMENDADA O ELEGIDA: **53** **lugar ++:** ¿Cómo se compagina eso con la información oficial de que México tiene un *honroso* décimo lugar mundial entre los más alfabetizados? DYM090996 **54** **puesto ++:** Ocho ligas ganadas y otras doce disfrutando de un más que *honroso* tercer puesto. EME240995 **55** **posición +:** ...España se sitúa en una *honrosa* sexta posición... EME060395 **56** **clasificación +:** ...también es líder en la nada *honrosa* clasificación de más dobles faltas en un mismo partido... LVE030795 **57** **papel ++:** Aunque cualquier ciudadano pueda cumplir un *honroso* papel en los parlamentos internacionales... ENV240700 **58** **cargo:** «No sólo es un cargo *honroso*, sino que es un cargo desde el cual se puede trabajar a favor del país»... LNC020497 **59** **función:** ...resulta difícil pensar que quien ha podido presidir la Comisión Europea (...) vaya ahora a aceptar una función *honrosa...* EPE070299 **60** **responsabilidad +:** ...fue durante seis años y medio colaborador eficaz y ayuda inestimable en la *honrosa* responsabilidad de gobernar el Banco de España. EPE051099 **61** **espacio:** No es la primera vez que ocupa este poco *honroso* espacio. ETC011291 **62** **sitio:** ...un curso de buenas maneras democráticas que pone a sus autores en el *honroso* sitio que les corresponde. EME200695 **63** **zona –:** El núcleo de países de la Europa rica consigue situarse en la *honrosa* zona del notable -Noruega, Irlanda, Gran Bretaña, Alemania y Holanda-... EME170895

G ALGUNOS SUSTANTIVOS QUE DESIGNAN CIERTOS EVENTOS O ACONTECIMIENTOS Y, MÁS FRECUENTEMENTE, ALGUNAS DE SUS PARTES O DE LOS ESTADIOS QUE LAS CONSTITUYEN: **64** **paso +:** Pongan España donde Gordillo dice Betis y vean lo que sale, qué paso más *honroso*. EME280395 **65** **suceso:** ...se presentó a los lectores como protagonista de tres sucesos esenciales y *honrosos...* ABC170492 **66** **episodio:** ...el hecho de que Scorza contara en esa novela (...) un episodio *honroso* de su juventud justifica de algún modo su vida... EPE230199 **67** **batalla:** Las batallas *honrosas* no podían sino atender a campos necesariamente parciales... EPE251080 **68** **pugna:** La *honrosa* pugna con los croatas ha quedado en segundo plano. EME260695 **69** **momento:** Excepción hecha de unos cuantos momentos brillantes y *honrosos...* EPE251080 **70** **oportunidad:** ...supuso humildad agradecer «a las señoras y señores legisladores la muy *honrosa* oportunidad de hacer uso de esta alta tribuna». EXC070901 **71** **ceremonia:** ...desfiló como jefe de Estado de Nigeria en la *honrosa* ceremonia de juramento de Mandela... EME300694

H SUSTANTIVOS QUE DENOTAN CURSO TEMPORAL O SUCESIÓN DE HECHOS, SUCESOS O ASPECTOS DESTACADOS A LO LARGO DE ALGÚN PERÍODO: **72** **tradición +:** ...La construcción de la casa o fortaleza de Lo Curro quiebra la *honrosa* tradición de sobriedad de los Presidentes de Chile. HOY250184 **73** **pasado +:** ...a pesar de haber tenido un pasado *honroso*, lo han ido transformando... PME250896 **74** **trayectoria +:** ...se acompaña de unas infrecuentes capacidades personales y una *honrosa* trayectoria pública. LVE250695 **75** **linaje +:** Replanteando un género de *honroso* linaje como es el de la literatura de viajes, Jaime Bedoya publica (...) una colección de textos. CAP280995 **76** **carrera +:** ...«frente a la concepción castellana de la carrera militar como *honrosa* (...), los navarros la consideraban como una tarea de vagos (...)». EME221195 **77** **expediente:** ...harán lo posible en la Casa de la Contratación para (...) conseguir un expediente *honroso* para poder iniciar otra vida mejor en América. EPE011099 **78**

precedente: Joan Reventós no estuvo menos acertado al recordar los *honrosos* precedentes... LVE081296 **79 proceso –:** ...no considero que sea una derrota haber participado en un proceso tan *honroso*... PME090297

I SUSTANTIVOS QUE DENOTAN MUESTRA: **80 ejemplo:** Y aunque existen *honrosos* ejemplos (...), lo cierto es que el derecho a la educación (...) es todavía patrimonio de pocos... EPE171280 **81 representación +:** ...es indudable que obtendría un buen número de escaños (...), amén de una *honrosa* representación... EME071095 **82 estadística:** ...nadie le arrebata el liderazgo nacional en tan poco *honrosa* estadística. EME180296

J SUSTANTIVOS QUE DENOTAN ACTITUD O MODO DE PROCEDER: **83 gesto +:** Pero tuvo luego un gesto *honroso* que, por infrecuente, creo no debo ocultaros... LVE170295 **84 trato:** ...continúe siendo el espejismo de una indigna atención para quienes cotizan y merecen un trato *honroso*. EUV151096 **85 actitud:** ...sin eximirle de su grado de culpabilidad (...), ha adoptado una *honrosa* actitud... EME130696

K SUSTANTIVOS QUE DENOTAN ACTIVIDAD O TRABAJO, O DESIGNAN –POR EXTENSIÓN– EL EMPEÑO QUE SE PONE EN ELLOS: **86 actividad:** ...una mayoría (61%) considera que la política es una actividad *honrosa*... EME121095 **87 profesión:** ...tuvo que ejercer diversas profesiones para poder sobrevivir, de las que la más *honrosa* fue sin duda la de panadero. EME080495 **88 trabajo:** ...se asiste al desarrollo de un trabajo humilde pero *honroso*... ETC140175 **89 tarea:** ...saldría muy temprano a la calle (..) para ejercer la *honrosa* tarea de apoderado de su lista... EPE010800 **90 gestión:** ...defenderé una gestión que a mi modo de ver ha sido muy *honrosa* y eficaz en la lucha contra el terrorismo. EME250696 **91 entrega:** Todo fue tan ejemplar como la *honrosa* entrega de ese equipo que resultó el mejor de todos. LNA090792

L OTROS SUSTANTIVOS; POSIBLES USOS ESTILÍSTICOS: ...aunque mi marido tenía una beca bastante *honrosa*, (...) se necesitaba una buena suma de dinero... EPE270799; Otra historia es la que cuenta Joan Perucho (...) acerca del destino (...) de tan *honrosos* huesos. LVE260996

[hora] → en hora, entre horas

hora

♦ **aproximado, brujo, crítico, de la verdad, en punto, exacto, fatídico, intempestivo[1], largo, tardío, temprano, último** ♦ **durante, en, en cuestión (de)** ♦ **acumular, aprovechar, caer en la cuenta (de), calcular, contar, convenir, dar, dedicar, designar, desperdiciar, determinar, emplear, fijar, pasar, perder, recuperar, señalar, ser, tener, transcurrir**

☐ Véase también: **horario, minuto, segundo, tiempo.**

horario

♦ **abusivo[52], agotador[37], apretado[4], elástico, escalonado, escolar, estricto, flexible[24], intempestivo[2], intensivo, laboral, laxo, leonino, reducido, riguroso, taxativo** ♦ **ajustar(se) (a), atenerse (a), ceñirse (a), cumplir[21], establecer[30], fijar, incumplir[49], infringir[28], instaurar, marcar, observar, programar, regirse (por), respetar, saltarse[17]**

☐ Véase también: **agenda, calendario, tiempo.**

[horcajada] → a horcajadas

horizonte

♦ **abierto, académico, a {corto/medio/largo} plazo, alentador, ambicioso, amplio, ancho, cercano, claro, crepuscular, de esperanza, de futuro, de incertidumbre, de libertad, de modernidad, de posibilidades, de progreso, difuso, dilatado, económico, electoral, estrecho, inabarcable, inalcanzable, inconmensurable, infinito, inmediato, laboral, lejano, negro, nuevo, político, profesional, remoto, temporal, vasto, vital** ♦ **búsqueda (de), falta (de), línea (de)** ♦ **abrir(se), alejar(se), ampliar, asomar, atisbar, carecer (de), cerrar(se), contemplar, despejar(se)[25], despuntar, dibujar(se), difuminar(se), dilatar(se), divisar, encarar[15], ensanchar(se), ensombrecer(se), escrutar, escudriñar, extender(se), mirar, nublar(se)[23], otear, perder(se), recortar(se), tener, vislumbrar[2]**

☐ Véase también: **destino, futuro.**

hormona

♦ **aumentar, disminuir, inyectar(se), regular, segregar**

horror

♦ **abominable, absoluto, culpable (de), exasperante, imborrable, infernal, inimaginable, injustificado, innombrable, insoportable, irracional, paralizante, profundo, sin paliativos, terrible, terrorista, totalitario, vivido** ♦ **catálogo (de), galería (de), museo (de), recuento (de), sentimiento (de), símbolo (de)** ♦ **acentuar, adueñar(se) (de alguien), atenazar (a alguien), borrar, causar, contar, denunciar, desatar(se), describir, descubrir, despertar[17], enfrentar(se) (a), escapar (de), evocar, experimentar, expresar, huir (de), infundir (a alguien), inspirar (a alguien), investigar, llenar (de), mitigar, olvidar, padecer, producir (a alguien), proteger (de), recordar, recordar (con), retratar, revivir[14], sacudir (a alguien), salir (de), sembrar[4], sentir, simbolizar, sobrevivir (a), soportar, superar, suscitar, tener (a algo/a alguien), vengar, vivir**

☐ Véase también: **miedo, pánico, temor, terror.**

horrores

adv. ▮ Es propio de la lengua coloquial. Se combina con...

A VERBOS QUE DENOTAN ESFUERZO O DIFICULTAD PARA EL DESEMPEÑO DE UNA ACTIVIDAD: **1 costar ++:** Cuando alguien como Ángela entra en la vida de uno, cuesta *horrores* arreglar las cosas. ESP190597 **2 sudar:** ...el ordenador se colgó y le hizo sudar *horrores* para rematar la escritura de su conferencia. EPE300499

B VERBOS QUE DESIGNAN DIVERSOS ESTADOS PLACENTEROS: **3 disfrutar +:** El público, con todo, no lo entendió así y disfrutó *horrores* con la exhibición colleril y circense. EME260596 **4 divertirse +:** ...el personaje para el cual me llamaron (...) fue creciendo y me divertí *horrores* con las chicas... EXP090797 **5 gustar +:** Silvia, una teenager que ejercía de pija, fue a por Antonio, perdón, Billy. Que a ella le gustaba *horrores*, o sea. EME170496 **6 gozar:** Se trata de un grupo selecto; gozarán *horrores*. ENV010796

C VERBOS QUE DENOTAN PROMINENCIA: **7 notarse:** ...se le nota *horrores* que tiene unas ganas enormes de hacerse rico. EPE130999 **8 llamar la atención:** ...lo que me llama *horrores* la atención es que mi querido primo José (...) haya entrado a ese juego... CAP030797 **9 resaltar:** No es que el collar fuera feo, pero resaltaba *horrores* sobre aquella blusa. INDOC

D VERBOS QUE DENOTAN CONTRIBUCIÓN: **10 ayudar:** El doctor Landy me ayudó *horrores* y me enseñó mucho. LVE301095 **11 favorecer:** ...iba de marrón y celeste, una combinación que favorece *horrores*, sobre todo en verano. EME130796

E OTROS VERBOS; POSIBLES USOS ESTILÍSTICOS: Ese año «El Chele» hizo el equipo como antesalista luego de batear *horrores* frente a Dominicana... LPN200597; ...Anna Freud se rebela *horrores* y pugna por la recuperación de los valores más profundos... CAP080597

☐ Véase también: **a rabiar, como (un) loco.**

hospitalario ▮ *(clínico)* ♦ **centro, gestión, ingreso, servicio, urgencia**
▮ *(amable)* ♦ **actitud, apoyo, gesto, recibimiento, trato**
☐ Véase también: **acogedor.**

hospitalidad ♦ **acogedor[26], amable, atento, cordial, cortés, debido, desinteresado, espontáneo, exquisito, humanitario, obsequioso, proverbial, refinado, sumo** ♦ **con, en señal (de)** ♦ **abusar (de)[1], brindar[40], dar, dispensar, ofrecer, prodigar, recibir (con)**
☐ Véase también: **abrigo, asilo, cobijo, refugio.**

HOSTIGAMIENTO Véase: ACCIÓN HOSTIL

hostilidad ♦ **claro, contenido, encubierto, exacerbado, incontenible, manifiesto, ostensible, patente, soterrado, visceral** ♦ **manifestación (de)[3], signo (de)** ♦ **cesar, combatir, demostrar, desatar(se)[52], descargar[8], desencadenar(se), despertar, experimentar, manifestar, mostrar, percibir, profesar[59], sembrar, sentir**
☐ Véase también: **acoso, agravio, asedio, ataque (de), marcaje, ofensiva, presión, represalia.**

HOSTILIDAD Véase: *AGRESIÓN; CONFRONTACIÓN*

HOSTILIDAD Véase: ACCIÓN HOSTIL; OPOSICIÓN; RECHAZO; SENTIMIENTO HOSTIL

hueco ♦ **abrir, amoldar(se) (a), aprovechar, buscar, caber (en), cerrar, cubrir, desocupar, hacer(se), horadar, llenar, ocupar, suplir[5], tapar, tener**
☐ Véase también: **agujero, bache, orificio.**

huelga ♦ **a la japonesa, beligerante, de brazos caídos, de celo, de hambre, general, masivo, moderado, radical, salvaje, tranquilo, virulento** ♦ **derecho (a), ola (de)[20]** ♦ **apoyar, auspiciar[32], convocar, declarar(se), decretar[52], desactivar[7], desconvocar, emplazar (a), emprender[58], fracasar, hacer, incitar (a)[3], ir (a), llamar (a), neutralizar, ocasionar[41], recrudecer(se)[57], respaldar, reventar, secundar, seguir, sofocar[11], tener éxito**
☐ Véase también: **paro.**

huella ♦ **dactilar, duradero, imborrable[1], imperecedero, inalterable, indeleble[1], perdurable, perenne, permanente, perpetuo, profundo[121]** ♦ **borrar, dejar, detectar[4], estampar[7], imprimir, perdurar, pervivir, quedar, rastrear, seguir[59], tomar (a alguien), traslucir(se)[16]**
☐ Véase también: **cicatriz, eco, estigma, impronta, mancha, poso, rastro, resto, secuela (de), señal.**

[hueso] → **en carne y hueso, hasta los huesos**

hueso ♦ **endeble, macizo, pétreo, quebradizo, raquítico, recio, robusto, sólido** ♦ **crujir, desarticular(se), descoyuntar(se), desencajar(se), desmembrar(se), fracturar(se), pinchar (en), quebrar(se), quedarse (en), roer**

huevo ♦ **batir, cocer, escaldar, estrellar, freír, incubar, pasar por agua, poner**

huida ♦ **a la desesperada[53], atropellado, desenfrenado[18], desesperado, en desbandada, en masa, frenético, hacia adelante, masivo, precipitado, veloz, vertiginoso** ♦ **abortar, darse (a)[19], detener, ejecutar, emprender[13], frenar, frustrar(se), intentar, llevar a cabo, organizar, planear, preparar**
☐ Véase también: **emigración, fuga, liberación, salida.**

HUIDA Véase: EXPULSIÓN; SALIDA

huir ♦ **despavorido** ♦ **a escape[3], a galope, a hurtadillas[5], a la desesperada[3], a toda máquina[5], a toda velocidad, a todo trapo, atropelladamente[15], a uña de caballo, cobardemente, como alma que lleva el diablo[3], como una exhalación[18], de milagro, desenfrenadamente, en desbandada, en masa, espectacularmente, inútilmente, masivamente, precipitadamente, velozmente**
☐ Véase también: **escapar, ir(se), marchar(se), salir.**

humanamente *adv.* ▮ Se combina con algunos verbos de acción *(actuar, proceder, comportarse)*, pero lo hace más frecuentemente con adjetivos. Se combina con...

A LOS ADJETIVOS *POSIBLE, IMPOSIBLE* Y CON OTROS ADJETIVOS MODALES, MÁS FRECUENTEMENTE SI DESIGNAN LA CONDICIÓN DE SER ALGO ACEPTADO, RECIBIDO O ADMITIDO EN LA FORMA EN LA QUE SE PRESENTA: **1 posible ++:** ...esta mujer ha dicho y hecho todo lo *humanamente* posible para dar con la verdad de la muerte de su padre... CAR241197 **2 imposible ++:** Es *humanamente* imposible atender a tanta gente por tan pocos servidores del ramo judicial. LTB040397 **3 aceptable ++:** ...sino de una apropiada organización y de entrenamientos *humanamente* aceptables... DYM061196 **4 comprensible +:** Y añadir que ha habido «una reacción violenta, que quizás sea *humanamente* comprensible». EME051096 **5 soportable +:** Corremos el peligro, pues, de que estemos creando falsas ilusiones a un colectivo ya castigado mucho más de lo *humanamente* soportable. EPE060899 **6 sostenible:** La exigencia de trabajar por un mundo *humanamente* sostenible, que algunos descubren ahora...

EPE041001 **7 habitable:** ...un tipo de ciudadanos universalistas, preocupados y ocupados en la tarea de construir un planeta *humanamente* habitable. EPE081199 **8 digerible:** Pero ahora se ha ido más allá de lo *humanamente* digerible; y es una lástima que este penúltimo capítulo de la historia universal... EME110895

B ADJETIVOS MODALES QUE DENOTAN INCAPACIDAD PARA EXPERIMENTAR LAS NOCIONES QUE SE DESTACAN EN EL APARTADO *A*: **9 insoportable:** Será tanto como aceptar que el terror, siempre que se esté dispuesto a llegar a un límite *humanamente* insoportable, es políticamente rentable. EPE261099 **10 inadmisible:** ...se ha privado de libertad a una persona a la que se somete a una situación *humanamente* inadmisible... LVE090895 **11 insostenible:** ...se podría llevar a cabo desde la profesión del relativismo, *humanamente* insostenible a poco que se repare en las indeseables consecuencias... EPE200900 **12 incomprensible:** ...ese carpintero celotípicamente obsesionado por el ir y venir de unos ángeles de misión *humanamente* incomprensible... LVE091194 **13 impresentable −:** Porque se puede ser un habilísimo político o un profesional avezado y, al mismo tiempo, «una persona *humanamente* impresentable». EME190896 **14 reprochable −:** ...el trato que se está dando al fiscal del Estado, con la incertidumbre sobre su destitución, es «*humanamente* reprochable y poco agradecido...». EME130594

C ALGUNOS ADJETIVOS QUE DENOTAN INCLINACIÓN FAVORABLE: **15 admirable:** Si yo fuera una mujer (...) en vez de un vampiro y, para colmo, un pringado en (...) tránsito hacia la condición de persona *humanamente* admirable, haría un artículo tan bonito... EME230695 **16 preferible:** ...los servicios de una máquina que imita a una persona pueden ser *humanamente* preferibles a los de una persona que imita a una máquina. EPE021086 **17 recomendable −:** Acercar a los reclusos puede ser *humanamente* recomendable, pero, desde luego, para todos. EPE120199

humanidad ▮ *(compasión)* ♦ **desbordante[11], doliente, infinito, inmenso, leso[1], lleno (de), rebosante (de)[34]** ♦ **acto (de), ápice (de)[30], carga (de), gesto (de)** ♦ **atesorar[27], derrochar[92], manifestar, mostrar, rezumar[16], tener**
▮ *(seres humanos)* ♦ **crimen (contra), futuro (de), patrimonio (de)**
☐ Véase también: **comprensión, piedad, sensibilidad.**

humanitario *adj.* ▮ Se combina con el sustantivo *derecho*, con sustantivos que designan personas *(trabajador, asistente)*, así como con otros que denotan carácter, modo de ser o rasgo fundamental de algo *(carácter, aspecto, actitud, condición, índole, calidad, trato, naturaleza)*. También se combina con sustantivos que designan espacios *(zona, corredor, pasillo)*, organizaciones *(fundación, asociación, institución)* y elementos humanos y materiales necesarios para la ayuda organizada *(caravana, convoy, campaña)*. Se combina además con...

A SUSTANTIVOS QUE DENOTAN PARTICIPACIÓN ACTIVA EN UNA TAREA U OCUPACIÓN, Y CON OTROS QUE DESIGNAN ESTAS MISMAS LABORES: **1 labor ++:** Su labor *humanitaria* incluye, sobre todo, mantener el buen ánimo de los rehenes para evitar conflictos y roces. CAP030497 **2 misión ++:** Y fueron en misión *humanitaria* y de labores de mediación, junto con todo el contingente de Naciones Unidas... EME110595 **3 tarea ++:** Conforme estipuló la ONU, la misión tendrá una duración máxima de cuatro meses y se circunscribirá a tareas *humanitarias*. LNC161196 **4 acción ++:** ...con el consiguiente malestar de la entidad que ha desarrollado a todas luces una admirable y ejemplar acción *humanitaria* a lo largo de la crisis. CAP250497 **5 intervención +:** La autora plantea los tres problemas de la intervención *humanitaria*: cuándo intervenir, quién debe decidir y ejecutar la intervención, y cómo se debe intervenir. ABC061095 **6 operación +:** Hablan que es una organización voluntaria, que se dedica al salvamento, operaciones *humanitarias*, etc. GIC060496 **7 trabajo:** ...murió acribillada a balazos mientras dormía tras una dura jornada de trabajo *humanitario*, peligroso y desinteresado, en un hospital de la Cruz Roja Internacional situado en la localidad chechena... EME181296 **8 quehacer:** En los infinitos campos del quehacer *humanitario*, CACTO ha dedicado un cuantioso porcentaje de columnas a la promoción... PLG090497 **9 obra:** Esta cena espectáculo se organiza en beneficio de tres obras *humanitarias*: Mónaco Ayuda y Presencia, Misión Infancia y Centro de Actividades Princesa Estefanía. EPE170399 **10 acto:** ...exige actos *humanitarios* de todos sus participantes, incluidos los civiles... EPE040799 **11 causa:** Desde hace años, sobre todo a raíz del Premio Nobel, está también embarcado en numerosas causas *humanitarias*. EME161296

B SUSTANTIVOS QUE DENOTAN APOYO, COOPERACIÓN, CONTRIBUCIÓN O ADHESIÓN FIRME, Y A MENUDO DECIDIDA, A ALGUNA COSA: **12 asistencia ++:** El número de víctimas mortales de la tragedia zaireña –en su mayoría hutus ruandeses– aumenta en progresión geométrica cada día que transcurre sin la esperada asistencia *humanitaria* internacional. EME101196 **13 ayuda ++:** Estados Unidos señaló que estaba listo para entregar una ayuda *humanitaria* a Irán por mediación de alguna organización no gubernamental... DLA120597 **14 cooperación:** El plan marca el inicio de una nueva era en la cooperación *humanitaria* internacional. EME151295 **15 colaboración:** Nuestra colaboración *humanitaria* con España viene desarrollándose durante varios años, incluso en la forma de acogimiento. EPE131299 **16 solidaridad:** La confusión entre la solidaridad *humanitaria* y financiación de la subversión, de proyectos confesionales o del enriquecimiento de unos pocos privilegiados, viene de lejos. LVE120595 **17 atención:** ...la comisión pidió desarrollar un programa de atención *humanitaria* con la intervención de la Organización de las Naciones Unidas y la Cruz Roja. ETC150497 **18 compromiso:** Desde que empezó la guerra los serbios han destruido mil aldeas albanesas. El Vaticano pide un compromiso *humanitario*... EPE020599 **19 presencia:** Añadió que España tiene un papel relevante en el continente, y citó como ejemplo la presencia *humanitaria* en Bosnia. LVE280495

C SUSTANTIVOS QUE DENOTAN MOTIVO O PROPÓSITO QUE IMPULSA ALGUNA ACTUACIÓN. TAMBIÉN CON OTROS QUE DESIGNAN ALGUNOS DE SUS FACTORES CONCOMITANTES: **20 razón ++:** La razón *humanitaria* aducida consiste precisamente en salvar la vida de quienes se aproximaban a la muerte porque sus demandas no resultaban satisfechas. DYM210197 **21 motivo:** ...ya anunciaba la concesión de un tercer grado, una excarcelación por motivos *humanitarios* y un traslado. EPE200399 **22 fin:** Altos funcionarios británicos consideran también la posibilidad de participar en una fuerza de intervención occidental con fines *humanitarios*... EME061196 **23 necesidad:** ...les permite a los cubanoamericanos viajar a la isla sólo una vez al año por necesidades *humanitarias* extremas... ENH110297 **24 circunstancia:** ...permite además arreglar su situación a quienes se encuentren en especiales circunstancias *humanitarias*, de arraigo, embarazos o con dependencias familiares. FDV150601

D EL SUSTANTIVO *CATÁSTROFE* Y CON OTROS QUE DESIGNAN SITUACIONES DE DIFICULTAD, ADVERSIDAD O INFORTUNIO, A MENUDO CON RESULTADOS TRÁGICOS: **25 catástrofe ++:** ...se ha acelerado la catástrofe *humanitaria* en Kosovo hasta dimensiones todavía desconocidas por la ausencia de observadores neutrales... EPE010499 **26 tragedia:** Estamos viviendo una tragedia *humanitaria* que puede adquirir, o que va a adquirir, dimensiones apocalípticas. LVE101196 **27 crisis +:** La mejora de la crisis *humanitaria* ha de ser estudiada con los más de 20 países que han ofrecido sus tropas... EME171196 **28 crimen:** Soldados hambrientos que desconocen por qué se baten (...) son víctimas de un crimen moral y *humanitario*. LVE170896 **29 desastre +:** El Acnur indicó temer un desastre *humanitario* peor que el de 1994, cuando 50.000 refugiados, en su mayoría hutus, murieron... EUV031196 **30 problema +:** ...Clinton está preocupado por la dimensión del problema *humanitario*, es decir, por la avalancha de refugiados hacia Ingushetia. EPE031199 **31 preocupación +:** No debe permitirse que la preocupación *humanitaria* para los pobres, incrementada por los datos cuestionables, oscurezca estos hechos. EXC200700 **32 drama +:** La guerra de los Grandes Lagos entró ayer en una nueva dimensión militar y política que amenaza con hacer imparable el drama *humanitario* en el este de Zaire. LVE021196

E SUSTANTIVOS QUE DENOTAN PLAN O PROPÓSITO, O DESIGNAN OTRAS NOCIONES DE CARÁCTER PROSPECTIVO RELATIVAS A LA VOLUNTAD DE ACTUAR: **33 iniciativa +:** ...iniciaba la evacuación de sus observadores militares senegaleses, congoleños y togoleses, cuya seguridad se ve comprometida por la iniciativa *humanitaria* francesa. LVE230694 **34 propuesta:** El Gobierno chileno ha planteado su propuesta *humanitaria* para liberar a Pinochet por razones de salud... EPE291099 **35 propósito:** ...el 28 de junio de 1995 caminaban de Santa María Dolores a San Antonio Tzejá (...) con el propósito *humanitario* de conseguir un albergue provisional para los retornados en esa área... PLG020597 **36 principio:** ...los griegos saben exactamente lo que cuesta sacrificar el principio de la nación europea a unos grandiosos principios *humanitarios*... EPE280599 **37 objetivo:** ...justificada al principio como un objetivo *humanitario* de ayudar a las poblaciones hambrientas, antes de convertirse en una operación colonial de mantenimiento del orden público... LVE030896 **38 proyecto:** ...que se busque la ONG que ofrezca mejor proyecto *humanitario* con todas las garantías en el respeto a la voluntad desinteresada de las personas. EPE131199 **39 medida:** Por eso, compartimos el acercamiento, que, más que un imperativo legal, es una medida *humanitaria*. EME051096

F SUSTANTIVOS QUE DENOTAN AFÁN, A MENUDO TENAZ, POR LLEVAR A CABO ALGUNA COSA: **40 esfuerzo +:** ...más allá de un esfuerzo *humanitario* para ayudar a los refugiados, ningún gobierno desea apoyar militarmente a un régimen desacreditado. PME011296 **41 gesto:** ...se convirtió en una jugada de la guerrilla para que la liberación se presentara como un gesto *humanitario* y no el resultado de la presión militar por parte del Ejército. SEM131100 **42 interés:** El embargo económico excluye mercancías de interés *humanitario* por la vía de ayuda familiar, como serían medicinas y alimentos. DLA170497 **43 obsesión –:** La primera mundial, la española, el exilio, Prades, la definitiva residencia a partir del 57 en Puerto Rico, la obsesión *humanitaria*, las campañas por la paz... ABC251194

humareda → humo

humedad ♦ calar, carcomer, extender(se), filtrar(se), rezumar

□ Véase también: **calor, temperatura.**

humildad Véase: humildemente

humildad ♦ admirable, aparente, auténtico, característico, científico, contenido, desconocido, emilianense, espiritual, excesivo, extraordinario, extremo, falso, fingido, franciscano, intelectual, inusual, necesario, profundo, sumo, supuesto, verdadero ♦ con, sin ♦ acto (de), cura (de), dosis (de), ejemplo (de), ejercicio (de), falta (de), gesto (de), lección (de), muestra (de) ♦ aparentar, caracterizar (a algo), faltar, inspirar, irradiar, manifestar, mostrar, pedir, perder, practicar, reclamar, reflejar, revelar, sobrar

□ Véase también: **humildemente.**

humildemente *adv.* ▌Se combina con algunos verbos de movimiento que denotan la acción o el proceso de ocupar alguien una posición (física o figurada) más baja que aquella en la que está *(bajar, descender, postrarse)*. También admite verbos de lengua *(confesar, declarar)*, pero se combina más frecuentemente con los verbos *pedir*, *solicitar* e *implorar*, y también con...

A VERBOS QUE DENOTAN ACEPTACIÓN DE ALGO, MÁS FRECUENTEMENTE DE UNA RESPONSABILIDAD: **1 reconocer ++:** Si quiere acabar con estas prácticas y métodos simplemente reconozca *humildemente* que se equivocó... CAP160197 **2 aceptar ++:** ...«si fuimos críticos con la lista inicial, tenemos que aceptar *humildemente* la rectificación». EME020295 **3 asumir +:** Asumo *humildemente* la crítica. EME091196 **4 admitir +:** Admito *humildemente* la crítica y prometo que no mezclaré más el alcohol con las finanzas... LVE150795

B VERBOS QUE DENOTAN PRESTACIÓN DE APOYO O COLABORACIÓN DE DIVERSOS MODOS. TAMBIÉN CON OTROS QUE DESIGNAN LA MANIFESTACIÓN DE LA VOLUNTAD DE PRESTARLOS: **5 contribuir ++:** ...también hay grupos como el nuestro que intentan *humildemente* contribuir a una mayor sensibilidad medioambiental... EPE311099 **6 sugerir +:** Desde aquí sugiero *humildemente*, en bien de la ciudadanía, un día de transporte gratuito.

LVE131196 **7 ofrecer** +: Le ofrecemos *humildemente* nuestra casa. INDOC **8 colaborar:** Por eso elaboraron una lista inicial, en la que yo colaboré *humildemente*, que luego Cultura rechazó de inmediato... EME020295 **9 proponer:** ...propondría *humildemente* que también hay que pararlos a éstos que digo, por el tufillo antidemocrático que tienen sus duelos y quebrantos. EME220194 **10 ayudar:** ...es ahora más que nunca preciso olvidar las ambiciones y *humildemente* ayudar a quienes compartan las responsabilidades de Gobierno. EPE020580

C VERBOS QUE DENOTAN PRESENCIA: **11 acudir** +: ...uno de los diez hombres más ricos del mundo, acude *humildemente* al «rais» Hafez El Assad. LVE130495 **12 comparecer** +: Primero Giorgio Armani y luego el gran Ferruzi comparecieron *humildemente* ante Di Pitero y confesaron sus faltas. EME280395 **13 llegar:** Llegó *humildemente* a Hollywood a mediados de los 80. EME190394 **14 asistir:** ...asistieron *humildemente* a las explicaciones de los guías que les señalaban la tumba de Luis de Góngora y Argote... EPD110997

D VERBOS QUE DENOTAN VALORACIÓN O JUICIO PERSONAL: **15 creer** ++: ...adoptamos una línea de actuación que creemos *humildemente* que el tiempo ha venido a confirmar como prudente... EME120194 **16 opinar:** ...muy *humildemente*, mas con toda la valentía y dignidad que me enseñaron los jornaleros andaluces, opino que lo único y auténticamente revolucionario es luchar... EPE081299 **17 calificar:** De cómo quien se califica *humildemente* de «dialectólogo» se transforma en un escritor admirable. ABC271291

E VERBOS QUE DENOTAN AFÁN POR CONSEGUIR ALGO O DESIGNAN EL EMPEÑO QUE SE PONE EN OBTENERLO: **18 desear:** ...*humildemente* deseo que tolere mis opiniones y me conteste. EPE100199 **19 luchar:** Candidatos olvidados (...) que luchan *humildemente* (...) por un átomo de poder en el nuevo Parlamento. EME270394 **20 trabajar:** ...no ha sido capaz de resistir en el anonimato trabajando *humildemente* por la cultura... EME091296 **21 intentar:** Humildemente intenta luchar (...) en mantener y mejorar su sencilla población que, hacia el estrecho de Gibraltar, vigila al mar. EPE051199

F VERBOS QUE DESIGNAN LA ACCIÓN DE CAPITULAR U OTRAS FORMAS DE DEJACIÓN EN ALGUNA ACTIVIDAD: **22 retirar(se)** +: ...les ha hecho retirarse *humildemente* de las pasarelas de primera. EME191195 **23 ceder** +: Tras numerosas insistencias cedimos *humildemente* sin ningún tipo de resistencia. INDOC **24 rendirse:** Cuando comprendieron que la derrota era segura, se rindieron *humildemente*, pero sin perder su dignidad. INDOC

☐ Véase también: **humildad**.

humillación ♦ **absoluto, afrentoso, flagrante, hiriente, ignominioso, incalificable, insidioso, intolerable, lacerante, ultrajante** ♦ **causar[40], constituir, digerir[51], infligir[29], lavar, producir, recibir, sembrar, sentir, someter (a), soportar, sufrir, tragarse, vengar**

☐ Véase también: **afrenta (a), agresión, deshonra, ofensa (a).**

[humo] → **a humo de paja(s)**

humo ♦ **abundante, agobiante, asfixiante, compacto, denso, espeso, intenso, irrespirable, sofocante, tóxico, tupido** ♦ **entre[11]** ♦ **bocanada (de), bomba (de), bote (de), columna (de), cortina (de), emanación (de), masa (de), nube (de), señal (de)** ♦ **ascender, calar, despedir, desprender(se), desvanecerse, disipar(se), echar, emanar, espirar, exhalar, expandir(se), expeler, expulsar, extraer, filtrar(se), inhalar, llenar (de), salir, tragar(se)**

☐ Véase también: **aire, cigarro, fuego, fumador, fumar.**

[humor] → **buen humor, sentido del humor**

humor ♦ **acerado[18], ácido[6], afilado[10], agudo, amargo[33], a raudales[33], basto, blanco, británico, buen(o), burdo, cáustico[1], corrosivo, de {buen/mal/pésimo/dudoso...} gusto, demoledor[30], de perros[10], desbordante[8], excelente, fino, grueso, ingenioso, inglés, inteligente, lleno (de), mal(o), mordaz[11], negro, pegadizo[37], punzante[12], rebosante (de)[29], retorcido[20], saludable[29], sardónico[8], socarrón, soez, soterrado[55], sutil, zafio** ♦ **con** ♦ **brizna (de), golpe (de)[9], gota (de), pizca (de), punto (de), ribetes (de), sentido (de), toque (de)[18]** ♦ **agriar(se)[2], alterar[66], contagiar, cultivar[36], derrochar[112], destilar[61], dulcificar[12], echar[30], ejercitar[31], expresar, fluir[17], hacer gala (de), manifestar, practicar, rebosar[12], rezumar[55], transmitir, traslucir**

☐ Véase también: **buen humor, chispa (de), chiste, gracia, ironía, parodia, sarcasmo, sátira.**

HUMOR

♦ (SUSTANTIVOS) Véase: **acceso (de)[G], acerado[C], ácido[B,C], afilado[B], agridulce[F], amargo[F], atinado[D], cáustico[A], contagioso[A], cultivar[I], demoledor[G], de perros[C], destilar[G], echar[D], fluir[D], objeto (de)[M], pegadizo[C], punzante[D], rebosar[C], retorcido[D], rezumar[G], sardónico[B], soterrado[H], sumo[J], toque (de)[D]**

♦ (VERBOS) Véase: **abiertamente[D], a conciencia[G], pesadamente[E]**

hundir(se) (en) *v.* ■ En su sentido literal se combina con sustantivos que designan lugares hondos y, por extensión, las materias o las sustancias que los ocupan *(agua, barro, lodo)* o el espacio que les corresponde *(vacío, profundidad)*. Unos y otros se usan a menudo en sentido figurado *(Estaba hundido en un profundo abismo)*. Además se combina con...

A SUSTANTIVOS QUE DENOTAN SITUACIÓN O ESTADO CARENCIAL, A MENUDO DE CIERTA IMPORTANCIA: **1 miseria** ++: Tampoco aparece el martirio de un pueblo que se *hunde* en la miseria por la decisión de sus gobernantes... SEM301000 **2 pobreza** ++: ¿Se libera o se *hunde* cada vez más en la pobreza? EME010996 **3 precariedad** +: El abandono de las instituciones *hunde* en la precariedad al Colexio de Xordos de Santiago. LVG221191 **4 indigencia:** ...largos años *hundidos* en la indigencia por la inacción de los gobiernos. INDOC **5 hambruna:** ...África se *hunde* en hambrunas y sequías, vive encerrada en un círculo vicioso... EME281296

B SUSTANTIVOS QUE DENOTAN DECLIVE, DEGENERACIÓN O FRACASO. TAMBIÉN CON OTROS QUE DESIGNAN AL-

GUNOS ESTADOS, PERSONALES O SOCIALES, QUE PONEN DE MANIFIESTO ESAS NOCIONES: **6 decadencia** +: ...y, finalmente, *hundirse* en una lenta decadencia, en un letargo que hoy parece comatoso. LVE130596 **7 derrota** +: ...Eloy cabalga y espolea a Gabi, *hundido* en su patética derrota. EME150194 **8 deterioro:** África ya no puede esperar: cada vez se *hunde* más en su incapacidad y en su deterioro. EME010795 **9 degradación** −: ...un pobre infeliz que, por debilidad pero también por interés, se *hunde* en la degradación... EME140594 **10 desprestigio** −: Un país arruinado, un sistema político *hundido* en el desprestigio y la inoperancia, un Estado sospechoso... EME030596

C SUSTANTIVOS QUE DESIGNAN OTRAS CIRCUNSTANCIAS, SITUACIONES Y ESTADOS DE ADVERSIDAD, DIFICULTAD O INFORTUNIO: **11 desgracia** ++: ...la columna vertebral de tantas personas (de mi conocimiento, doy fe) que aceptan *hundirse* en la desgracia cuando ésta llega. ABC160695 **12 desdicha** +: ...ha dejado su tarjeta de visita en el Sánchez Pizjuán *hundiendo* un poco más al Sevilla en su desdicha. EPE250199 **13 tragedia** +: ...un continente (...) volvió a *hundirse* en la tragedia del enfrentamiento tribal, esta vez entre hutus y tutsis. LVE070495 **14 drama:** ...se *hundió* en un drama personal y profesional, y ya no consiguió salir a flote. INDOC **15 problema:** Nunca ha sido fácil explicar este conlficto del microcosmos libanés, cuyas raíces se *hunden* en los problemas de los pueblos y minorías de Oriente Medio. LVE130495 **16 dificultad:** ...tocado por su corrupción interna *hunde* sus raíces en la dificultad de los socialistas para asumir enteramente sus responsabilidades... EPE160599 **17 complicación:** ...tergiversar la imagen del Frente Islámico y *hundirla* así en las complicaciones políticas. LVE040195 **18 crisis** ++: Cuando un país *hundido* en una crisis política y moral busca nuevos rumbos, paradójicamente retorna a su Historia... DHE050297 **19 mal:** ...la que todo lo salva mientras se *hunde* en el mal absoluto... ABC150995 **20 pesadilla:** ...Fernández (8ª del mundo) que terminó *hundiéndose* en una terrible pesadilla. EME261195 **21 debacle:** Llegó la guerra civil al partido, perdió batallas, se *hundió* en la debacle electoral... EME070595

D SUSTANTIVOS QUE DESIGNAN ESTADOS CARACTERIZADOS POR LA FALTA DE ORDEN O DE CLARIDAD: **22 caos** ++: ...se aferran obstinadamente al poder y están dispuestos a *hundir* al país en el caos. CAP130700 **23 confusión** ++: Rusia se ha ido *hundiendo* en la confusión y en la pobreza. EPE120399 **24 marasmo:** Hundida desde los años sesenta en el marasmo de la contestación y la politización de los artistas... ABC040693 **25 oscuridad:** La diminuta silueta de «El Principito» parada sobre su planeta y un avión que se *hunde* en la oscuridad de una noche de témpera. CLA111000 **26 penumbra:** Pavese se *hundía* en una penumbra religiosa y morada de terciopelos, en una blanda profundidad de seda... ABC240694 **27 tiniebla(s):** ...*hundiéndose* en las tinieblas del poder («Apocalypse Now», «El último emperador»)... EME270796 **28 nebulosa** −: No olvidemos que el objetivo terrorista no está definido, se *hunde* en una nebulosa extraña y confusa. EPE031001

E SUSTANTIVOS QUE DENOTAN ENFRENTAMIENTO: **29 lucha** +: La credibilidad del catalanismo político para imaginar una España distinta a la de la sordera centralista *hunde* sus raíces en la lucha antifranquista... EME031196 **30 enfrentamiento** +: Burundi, de esta manera, vuelve a *hundirse* en el enfrentamiento tribal que hace dos años ensangrentó a la vecina Ruanda... LVE260796 **31 confrontación:** México tiene ante sí dos vías: salir hacia adelante con una reforma política de mucha profundidad o *hundirse* en una confrontación civil. LVE220195 **32 contencioso:** ...la desconfianza que existe en el mundo árabe hacia EE. UU. *hunde* sus raíces en el contencioso cultural, político y económico con Occidente. EPE270399 **33 batalla:** ...decenas de barcos vikingos que se conservaban desde que se *hundieron* en una batalla que tuvo lugar en el año 844... EPD210597 **34 guerra:** ...a medida que el país se *hunde* en la guerra muchos altos funcionarios, intelectuales o industriales optan por el exilio... LVE150196 **35 competición** −: ...dos asiduos representantes españoles en la Liga europea (...), se *hunden* en la competición 94-95 de la ACB y desaparecen... EME270295

F SUSTANTIVOS QUE DENOTAN FALTA DE BRILLANTEZ, TALENTO, CAPACIDAD Y OTRAS CUALIDADES IGUALMENTE VALORABLES: **36 mediocridad** +: ...Francia se *hunde* en la mediocridad... LVE270696 **37 vulgaridad** +: Hundido en la vulgaridad más absoluta y carente de personalidad sobre el campo... LVE040995 **38 torpeza** +: El Atlético desplazó a su líder, Caminero, al lado derecho y se *hundió* en una suerte de torpezas. EME290595 **39 simplicidad** −: ...no consigue levantar su personaje; lo *hunde*, más bien, en la simplicidad y la lágrima fácil. LVE070996 **40 inoperancia** −: ...la actitud de CiU es la «única necesaria para que el país, en estos momentos, no se *hunda* en la inoperancia». EME120594

G SUSTANTIVOS QUE DENOTAN FALTA DE CERTEZA: **41 duda:** Desperté del sueño en que aquella canción de culebrón me *hundía* aún más en las dudas de tu rechazo... EME010694 **42 incertidumbre:** ...los otros grandes de la Liga italiana, se *hundieron* en la incertidumbre que domina su marcha esta temporada... EPE180199 **43 conjetura** −: De la unión de los extremos del poder y de la indigencia, llevada a cabo en un pasado que se *hunde* en la leyenda y la conjetura, nace una dinastía... HOY070797

H SUSTANTIVOS QUE DESIGNAN DIVERSOS RESULTADOS DE LA ACTIVIDAD MENTAL, FRECUENTEMENTE EVOCATIVA, REFLEXIVA O ESPECULATIVA. TAMBIÉN CON OTROS QUE DESIGNAN ESOS MISMOS PROCESOS Y CAPACIDADES: **44 recuerdo** +: ¿A quién rendir cuentas por una experiencia cuyas raíces se *hunden* en los primeros recuerdos, en las primeras alegrías, en las sombrías derrotas de la niñez? LVE120596 **45 memoria** +: ...el horizonte se *hunde* en la memoria y en ella se sobreponen múltiples y heterogéneos estratos de espacios y de tiempos. ABC090493 **46 cavilación:** A los pocos días paré un taxi en la plaza de Cataluña, y cuando empezaba a *hundirme* en mis cavilaciones, el conductor decidió darme conversación. EPE110499 **47 pensamiento:** ...cuando sienta la cabeza en el cuello, Mario Kreutzberger se *hunde* en sus pensamientos. HOY021296 **48 racionalidad** −: «La magia de los números y el movimiento –concluye el autor del libro– *hunde* sus raíces en la racionalidad trascendental de la Mente Última». ABC170993 **49 filosofía** −: «No te *hundas* en la filosofía, que no tiene fondo», dijo el artista... ABC080193

I SUSTANTIVOS QUE DESIGNAN SENTIMIENTOS O SENSACIONES, ESPECIALMENTE DE INCERTIDUMBRE O PÉR-

DIDA DE LA VOLUNTAD: **50 angustia:** Pero que posiblemente *hundió* en la angustia a sus editores. EME070194 **51 melancolía:** Mientras Berlín florece e inaugura lujosos edificios, Bonn se *hunde* en la melancolía... EPE100199 **52 miedo:** El escritor laureado se viste ropa de reina, de bella durmiente y se *hunde* en el miedo. EME260394

▩ Se combina también con: ♦ **a ojos vista**[23], **electoralmente, estrepitosamente**[10], **inevitablemente, irremisiblemente, literalmente**[55], **paulatinamente** ♦ **embarcación**

☐ Véase también: **anegar(se), sumir(se) (en), zambullir(se) (en).**

huracán ♦ **arrasador**[3], **devastador** ♦ **amenaza (de), centro (de), efecto (de), embate (de), ojo (de), paso (de)** ♦ **arrasar, avecinar(se), azotar**[8], **desatar(se)**[4]

☐ Véase también: **aire, viento.**

hurgar (en) ♦ **alma, archivo, asunto, barro, basura, biblioteca, biografía, bolsillo, brecha, cajón, conciencia, conflicto, corazón, crisis, defecto, diario, dolor, entraña, entretelas, escombro, flaqueza, fuente, grieta, hemeroteca, herida, historia, imaginación, interior, intimidad, llaga, memoria, miseria, motivo, nariz, origen, papelera, pasado, polémica, pozo, privacidad, problema, recoveco, recuerdo, rincón, secreto, tema, tierra, tradición, trastienda, trayectoria, tripas, vida, vida privada**

[hurtadillas] → **a hurtadillas**

I i

[ida] → de ida, de ida y vuelta

[idea] → ni idea

idea ♦ absorbente, absurdo, acertado, aciago[17], acorde (con)[26], afilado[19], afortunado, alocado, apreciable, aproximado[68], arraigado[10], atinado, atrabiliario, atractivo, avanzado[23], borroso[15], brillante, bueno, certero[30], claro, compulsivo[25], constructivo[18], controvertido[30], crucial[14], curioso, de bombero, desaforado[80], desatinado, descabellado[1], diáfano[14], disparatado, dominante[17], efectivo[22], equivocado, errado, estereotipado, estimulante, estrambótico, excelente, extendido, falso, febril[40], fecundo[7], feliz, fidedigno[48], fijo, fugaz, fundado[13], hermético[57], igualitario[21], ilusionante[4], impracticable[1], impreciso, inaccesible, interesante, intrincado, jugoso[28], llamativo[50], luminoso[30], malo, manido[43], nefando[5], novedoso[1], obsesivo, original, peregrino[2], preconcebido, predominante, preso (de)[38], principal, profundo, punzante[21], razonable, rebosante (de)[24], remoto, repugnante, reticente (a), retorcido[11], revolucionario, rimbombante[18], sensato, sin pies ni cabeza, somero[97], sugestivo, sutil, tortuoso[11], trillado[20], universal, vago, vigente[22] ♦ a pique[6] ♦ a la luz (de)[45], a la medida (de)[20], con arreglo (a)[16] ♦ arsenal (de)[15], asociación (de), lluvia (de) ♦ abanderar[16], abjurar (de)[3], abrazar, abrigar[31], absorber[25], acariciar[21], aclarar, acotar, acuñar[66], adentrarse (en)[10], adquirir[27], aferrarse (a), afianzar(se)[63], aflorar, agarrotar(se)[1], agotar(se)[36], ahondar (en)[19], airear[22], alimentar[73], alumbrar[1], amoldar(se) (a)[35], apegarse (a)[18], aplicar, apuntalar[8], arraigar (en algo/en alguien), asaltar[12], asociar, atañer[46], avalar[3], barajar[6], bosquejar[5], brotar[1], caer en el vacío, caer en saco roto[25], calar, canalizar[75], captar[25], ceñir(se) (a)[38], circular[25], clarificar[53], cobrar fuerza[20], cocinar(se)[10], concebir[1], condenar, condensar[15], confluir[8], conjugar[10], conservar[38], converger, corroborar[9], cristalizar, criticar, cuajar[3], culminar, cundir[47], dar[175], deducir[4], defender, dejar caer[13], dejarse llevar (por), deponer[19], depositar[19], derivar(se)[36], derretir(se)[4], derrochar[54], derrumbar(se), desarticular(se)[32], desbaratar[22], descartar, desfigurar[20], deslizar(se)[7], desmantelar[20], desmentir[19], desmontar[18], desmoronar(se)[12], despejar(se)[29], despertar[59], desterrar, destilar[87], desvanecerse[35], desvelar[53], devaluar(se)[25], difundir(se)[40], dilapidar[36], diluir(se)[20], discutir, disipar(se)[11], ejecutar[6], emanar[29], emitir[23], enarbolar[11], encadenar, engendrar[59], escorar(se)[6], esgrimir[18], esparcir[5], exponer, expresar, extirpar[18], extrapolar[8], fermentar(se)[1], filtrar(se), flotar, fluir[1], forjar[54], formular[28], fortalecer(se)[27], fraguar(se)[50], fructificar, generalizar(se), germinar, girar[20], hacer(se) realidad, hacerse (a), imbuir(se) (de)[8], imponer[13], imprimir[29], incardinar, inculcar[20], inspirar, intercambiar, lanzar[32], ligar[10], llevar a buen puerto[17], llevar adelante[33], llevar a la práctica[13], madurar[8], obstinar(se) (en), ocurrírse(le) (a alguien), oponer[8], perfilar, pergeñar[9], perseverar (en)[17], persistir (en)[23], pisar[9], pisotear[28], planear[21], plantear[31], poner en marcha, poner en práctica, predicar[16], pregonar, presidir (algo), primar[2], prodigar, profesar[16], proponer, propugnar, propulsar[1], prosperar[9], quitar(se) de la cabeza, reavivar, rebatir[10], rebosar[34], rechazar, refrescar[3], refutar[7], relanzar[5], remachar[8], renovar, responder (a), robar, robustecer(se)[40], rondar (a alguien), salir a la luz[69], seducir (a alguien), sembrar[93], sobrevenir[8], sostener, subvertir[18], subyacer (en algo), sustentar[30], tener, tergiversar, tomar en consideración, tramar[18], transmitir, traslucir(se)[10], usurpar[52], venirse abajo[11], verter[43]

☐ Véase también: **concepto, ocurrencia, pensamiento.**

IDEA Véase: PENSAMIENTO

ideal ♦ admirable, clásico, estético, inalcanzable[3], platónico, poético, político, supremo, utópico ♦ abdicar (de)[9], abogar (por), abrigar[7], adherirse (a)[4], albergar, alcanzar, anidar (en alguien), buscar, combatir, comulgar (con), constituir, converger[19], defender, echar por tierra, encarnar, hacer(se) realidad[18], latir (en algo/en alguien), luchar (por), perder, perseguir, personificar, pisotear[12], renegar (de), representar, sembrar[94], simbolizar, soñar (con), subyacer

☐ Véase también: **aspiración, deseo, quimera, utopía.**

[identidad] → seña de identidad

identidad ♦ arraigado[34], falso, sospechoso, verdadero ♦ búsqueda (de), crisis (de), falta (de), problema (de), seña (de), suplantación (de) ♦ adquirir[74], afianzar(se)[70], afirmar, cambiar (de), carecer (de), conservar, dar[75], denegar, desentrañar[51], desfigurar[5], desvelar[28], difuminar(se)[33], difundir(se)[120], diluir(se)[45], disfrazar[48], dotar

(de), esclarecer(se)[40], forjar[19], mantener, negar, ocultar, perder[8], preservar, reafirmar, robustecer(se)[25], salir a la luz, suplantar[2], tener, usurpar[23]
□ Véase también: **correspondencia, entidad, igualdad, paralelismo, relación, semejanza.**

IDENTIFICACIÓN
♦ (SUSTANTIVOS) Véase: despuntar[A], desvelar[F], difuminar(se)[F], disfrazar[H], ensuciar[B], estampar[A], homologar[B], honroso[A], sacudir(se)[I], suplantar[A], usurpar[C], validar[A]
♦ (VERBOS) Véase: a la legua[B], con certeza[C]
□ Véase también: DENOMINACIÓN; PERCEPCIÓN.

identificar(se) ♦ acertadamente, a grandes rasgos[21], a la legua[5], a simple vista, claramente, con certeza[11], correctamente, en líneas generales[4], equivocadamente[14], nítidamente, plenamente[4], profundamente[59], sin lugar a dudas

ideología ♦ arraigado, caduco, combativo, de capa caída, de salón, dominante[28], en alza, estricto, exacerbado, ferviente, imperante, intachable[36], predominante, preponderante[14], preso (de)[36], rabioso, radical, recalcitrante, reinante, simpatizante (de/con) ♦ a la luz (de)[48], sin distinción (de) ♦ abdicar (de)[7], abjurar (de)[5], abrazar, adherirse (a)[1], aferrarse (a), calar (en alguien), combatir, creer (en), derrumbar(se)[38], desvanecerse[38], difundir, diluir(se), enarbolar[16], erradicar, exacerbar, extender(se), forjar[70], generalizar(se), hacer profesión (de), imbuir(se) (de), impartir, inculcar, instaurar, mantener, persistir (en)[39], personificar, predicar, profesar[15], renegar (de)[11], seguir, simpatizar (con), sostener, sustentar[12], tener
□ Véase también: **corriente (de), creencia, doctrina, tendencia.**

IDEOLOGÍA
♦ (ADJETIVOS) Véase: cariz[A], férreamente[H], fibra[C], ola (de)[G,I], visceralmente[F]
♦ (SUSTANTIVOS) Véase: abdicar (de)[A], abjurar (de)[A,B], acendrado[A,B,C], acomodado[B], acuñar[E], adherirse (a)[A], agarrotar(se)[A], a la luz (de)[I], ancestral[L], anidar[B], arranque (de)[G], asfixiante[E], atemperar[E], blando[G], craso[B], de salón[E], desvanecerse[F], diluir(se)[D], dominante[E], ejercer[G], enarbolar[C], enrolar(se) (en)[A], escorar(se)[B], fermentar(se)[A], forjar[L], ilusionante[E], manido[H], persistir (en)[G], practicar[E], preconizar[C], predicar[C], preponderante[C], preso (de)[E], profesar[B,C], rampante[C], renegar (de)[B], robustecer(se)[H], sin menoscabo (de)[C], soterrado[K], usurpar[E], vigente[C], visceral[D]
□ Véase también: CREENCIA; PENSAMIENTO.

idílico ♦ amanecer, ambiente, amor, cuadro, entorno, escena, felicidad, futuro, mundo, opinión, paisaje, panorama, paraje, proyecto, relación, romance, tiempo, viaje, *otros sustantivos de lugar*
□ Véase también: **beatífico.**

idilio ♦ apasionado, efímero, fugaz, fulgurante[66], pasajero, platónico[8], sonado, tormentoso ♦ mantener, romper, tener, vivir
□ Véase también: **amistad, amor, romance.**

idioma ♦ difícil, difundido, endiablado[24], enrevesado, extranjero, fácil, inaccesible[1], materno, mayoritario, minoritario, nativo ♦ aprender, conocer, cultivar[32], dominar, ejercitar, enseñar, ensuciar, hablar, implantar, olvidar, practicar, traducir, verter (a)
□ Véase también: **lengua.**

idiota ♦ absoluto, completo, perdido, perfecto, profundo, redomado ♦ absolutamente, completamente, rematadamente[7]
□ Véase también: **imbécil, tonto.**

idiotez ♦ absoluto, cerril, colosal, descomunal, dominante, general, gran(de), impresionante, increíble, inmenso, lleno (de), monumental, perfecto, personal, puro, rayano (en), semejante, soberano, solemne, supino, supremo, tremendo, verdadero ♦ ante ♦ cúmulo (de), sarta (de), serie (de), sinfín (de) ♦ aguantar, balbucir, bordear, calificar (de), celebrar, cometer, dejar caer, divertir(se) (con), dominar (a alguien), escuchar, hacer, incurrir (en), largar, oír, publicar, rayar (en), reír(le) (a alguien), soltar, soportar, tachar (de)
□ Véase también: **estupidez, imbecilidad, tontería.**

ídolo ♦ antiguo, auténtico, caído, cinematográfico, de barro, de carne y hueso, de la afición, de la canción, de masas, deportivo, emblemático, excelso, falso, futbolístico, gran(de), indiscutible, infantil, juvenil, local, mitológico, moderno, musical, nacional, nuevo, popular, propio, religioso ♦ aclamar, admirar, adorar, aplaudir, convertir(se) (en), crear, desmitificar, destruir, emular, encarnar, encumbrar, erigir(se) (en), fabricar, honrar, jalear, necesitar, postrarse (ante), rendir culto, reverenciar, tener, venerar

ignorancia ♦ absoluto, completo, craso[2], gran(de), grave, inexcusable, patente, perfecto[34], pertinaz[58], profundo, puro, simple, sumo, supino[1], total ♦ grado (de), pozo (de)[14], prueba (de), víctima (de) ♦ aducir, alegar, aprovechar(se) (de), combatir, confesar[64], demostrar, estar (en), fingir, luchar (contra), manifestar, mostrar, reconocer, redimir, rescatar (de), revelar, sumir(se) (en), traslucir
□ Véase también: **desconocimiento, incompetencia, inexperiencia.**

ignorar ▮ *(no saber)* ♦ absolutamente, por completo[112] ♦ dato, detalle, causa, consecuencia, cuantía, existencia, futuro, hecho, historia, identidad, importancia, ley, motivo, móvil, origen, paradero, pasado, propósito, razón, realidad, resultado, verdad, *otros sustantivos que designan magnitudes*
▮ *(no hacer caso)* ♦ olímpicamente[2] ♦ advertencia, amenaza, consejo, persona, petición
□ Véase también: **conocer, saber.**

[igual] → a partes iguales, de igual a igual

igualdad ♦ de derechos, de oportunidades, de sexos, de trato, económico, pleno, sexual, social

♦ búsqueda (de), ideal (de), lucha (por) ♦ aspirar (a), buscar, defender, establecer, hacer(se) realidad[81], luchar (por), perseguir, preconizar[3], predicar[40], reclamar, reinar, velar (por)[34]
☐ Véase también: **diferencia, empate, equilibrio, identidad, paritario, por el mismo rasero, semejanza.**

igualitario *adj.* ▮ Se combina con los sustantivos *tendencia, movimiento, corriente* y con otros que designan formas de esas mismas nociones aplicadas generalmente al pensamiento o a la política *(socialismo, comunismo, derecha, izquierda).* Se combina además con sustantivos que designan comunidades o instituciones *(sociedad, país, mundo, asociación, senado),* así como con otros que designan formas o recursos de organización *(sistema, estructura, modelo).* Se construye a menudo con sustantivos que designan derechos personales, sociales y cívicos *(derecho, justicia, educación, salario, retribución)* y también con...

A SUSTANTIVOS QUE DENOTAN TRATO O MODO DE PROCEDER: **1 trato ++:** ...así como también un trato *igualitario* en lo que se refiere a salario y reconocimiento en su trabajo. RUM150997 **2 tratamiento ++:** El Estado adquiere mayor legitimidad mediante el reconocimiento y el tratamiento justo e *igualitario* de la diversidad que contiene en su seno. DHE180797 **3 política ++:** Y defendió esa idea para reclamar una política *igualitaria* de transportes, por ejemplo. EPE130399 **4 actitud +:** ¡Aprender actitudes democráticas *igualitarias,* pero divirtiéndose! EPE150999 **5 criterio +:** ...la reforma fiscal guiada por criterios *igualitarios* y ecologistas, y el sindicalismo ecologista son los ejes alrededor de los cuales giran los artículos del libro. LVE220495 **6 procedimiento:** En unos políticos que no saben qué hacer y que acuden a procedimientos *igualitarios* y regresivos. EME140996

B SUSTANTIVOS QUE DESIGNAN LA ACCIÓN DE REPARTIR Y OTRAS FORMAS DE PROPORCIONAR BIENES MATERIALES O INMATERIALES: **7 distribución ++:** Entonces, ambos partidos firmaron un acuerdo electoral de distribución *igualitaria* de cupos, extensible a las elecciones parlamentarias de diciembre. HOY090697 **8 reparto +:** Quizás el aspecto más destacado de la creación de empleo en el primer trimestre del año ha sido el reparto bastante *igualitario* entre empleo fijo y empleo temporal. LVE170595 **9 servicio +:** No, es más, la gran mayoría de los padres quiere un servicio público *igualitario,* para todos igual... LVE250194

C SUSTANTIVOS QUE DESIGNAN DIVERSAS FORMAS DE INTERVENIR EN UNA TAREA O EN UNA OCUPACIÓN O HACERSE PARTÍCIPE DE ELLA: **10 participación +:** ...labor continua en favor del desarrollo integral de la mujer de la zona rural, para elevar su calidad de vida y su participación *igualitaria* en la sociedad. DED281096 **11 representación +:** «El objetivo de una representación *igualitaria* de mujeres en la ciencia será muy difícil mientras el 85% de adolescentes que destaquen en física y biología sean chicos», afirma. LVE070795 **12 incorporación +:** El signo de la «nueva mujer» es el de su incorporación *igualitaria* al mundo del trabajo. LVE240195 **13 presencia +:** ...partidario de «una revolución violeta», que garantice una presencia *igualitaria* entre hombres y mujeres. EPE071101 **14 integración:** ...defensora de la integración *igualitaria* de la mujer en el desfile festivo. EPE040900 **15 cooperación:** ...la cooperación *igualitaria* y continua con todos los países de esta parte del continente americano. EPE110977

D SUSTANTIVOS QUE DESIGNAN ACCIONES O ESTADOS DE COSAS QUE REQUIEREN EL CONCURSO DE DOS O MÁS PERSONAS O ENTIDADES, MÁS FRECUENTEMENTE SI DENOTAN INTERCAMBIO DE OPINIONES O INTERESES: **16 relación +:** Las relaciones *igualitarias* entre hombres y mujeres en materia de relaciones sexuales y reproductivas (...) exigen un mutuo respeto... LVE110995 **17 diálogo +:** La consolidación de un diálogo bilateral más fluido e *igualitario* fue (...) el principal resultado de la visita... DHE201097 **18 convivencia:** Si, finalmente, llegara la paz y la convivencia *igualitaria* a Bosnia, los estragos producidos en este territorio no pueden ni deben olvidarse. LVE121095 **19 negociación:** No significa tampoco que el candidato tenga más derechos, pero la negociación a dos siempre es paritaria, *igualitaria* y es ésta la que vamos a iniciar ahora... EPE240299 **20 acuerdo:** Da la impresión de que CiU preferiría un progreso autonómico corto pero diferencial –como prueba del reconocimiento de la España plural– que un acuerdo amplio pero *igualitario.* EME100496

E SUSTANTIVOS QUE DESIGNAN JUICIOS, POSTURAS, CONVICCIONES, PRINCIPIOS Y OTRAS FORMAS EN LAS QUE SE PRESENTA O SE ARTICULA EL PENSAMIENTO O LA ACTITUD DE LOS INDIVIDUOS: **21 idea +:** ...el egoísmo del hombre es siempre más fuerte que cualquier idea *igualitaria.* LVE300195 **22 principio +:** ...su Ejército de reclutamiento obligatorio, formado en el principio *igualitario* y de responsabilidad moral, es una de las bases sólidas de la democracia. LVE250296 **23 valor:** ...la crisis y negación de los valores *igualitarios,* el desprecio de la dignidad de la persona humana... ABC170993 **24 espíritu:** La Constitución tenía un espíritu *igualitario* y con la iniciativa como estaba se establecían privilegios... PME151296 **25 mentalidad:** Cuando predomina la familia nuclear, de mentalidad *igualitaria,* se tiende a reprimir la autodeterminación y la diferencia. LVE240895 **26 ideología:** La ideología *igualitaria* les dio la oportunidad de obtener, de la noche a la mañana, los mismos derechos que los hombres. LVE300895 **27 concepción:** Otra piedra de escándalo es su defensa de una concepción no *igualitaria* de la justicia, lo que podríamos calificar de «justicia como desigualdad». ABC260894 **28 doctrina:** La doctrina *igualitaria,* por el contario, sufrió una quiebra en relación con la sucesión nobiliaria. EPE090700 **29 sentido:** Un 40% trabaja en provincias, término con el que hace cinco años la compañía, por un sentido *igualitario,* sustituyó la palabra «misión». LVE151196

F SUSTANTIVOS QUE DENOTAN REGLA, PRECEPTO Y OTROS CONTENIDOS ESTIPULADOS: **30 norma +:** ...una república que, hace menos de ocho años, se regía aún por las rígidas normas *igualitarias* del Estado soviético. EPE220799 **31 ley +:** «Tenemos leyes *igualitarias*», añadió, «pero la realidad del mercado de trabajo está impidiendo esa igualdad». EPE090399 **32 legalidad:** Hacer, primero, de inamovible defensor de la legalidad *igualitaria* en cuestiones de Estado... EPE220899

G SUSTANTIVOS QUE DENOTAN DESEO O ASPIRACIÓN, MÁS FRECUENTEMENTE INTENSA Y VEHEMENTE: **33 as-**

piración +: ...los conflictos políticos de los próximos años pasarán por esta cuestión clave del choque entre las aspiraciones *igualitarias* de la cultura democrática y este nuevo salto cualitativo... EPE061299 **34 pretensión** +: ...estaba convencido de que «el socialismo científico», con sus pretensiones *igualitarias*, su laicismo militante y su desquiciada dureza, era la mejor respuesta... EME061096 **35 afán**: ...nos dejáramos llevar una vez más por ese afán *igualitario* que, rebasado ya el jacobinismo, pretende ahora acomodar la historia... LVE050796 **36 objetivo**: ...siempre y cuando éstos cumplan unas condiciones y unos objetivos *igualitarios* y si están sometidos a controles estrictos sobre sus actividades. EPE040999 **37 voluntad**: De acuerdo: al margen de la retórica electoral que contiene esa iniciativa, también incluye una muy justiciera voluntad *igualitaria*. EPE161199 **38 obsesión**: Lo relacionaríamos más fácilmente con la obsesión *igualitaria* de todas las democracias... LVE081296

H SUSTANTIVOS QUE DESIGNAN DIVERSOS CONCEPTOS QUE SE TIENEN POR METAS LEJANAS, IRREALES O MUY DIFÍCILES DE ALCANZAR: **39 paraíso**: ...las relaciones humanas en ese supuesto paraíso *igualitario* socialista... ABC210795 **40 sueño**: Lejos están los sueños *igualitarios* del 68... EME030494 **41 utopía**: ...desde un ayer habitado por la utopía *igualitaria* hasta un presente sin ilusiones ni ideales... LVE080595 **42 mito**: ...a la utopía ecologista, al mito *igualitario*, al racional-constructivismo, al Estado del bienestar... ABC050393 **43 ideal**: ...cómo los retos del honor contradicen el ideal *igualitario*, mientras que el honor aparece... LVE030996 **44 espejismo** –: ...nos recuerda qué y quiénes son los deudos del espejismo *igualitario* que dominó a la URSS durante 70 años. EPE120699

I SUSTANTIVOS QUE DESIGNAN PROCESOS DE INCREMENTO O MEJORA: **45 desarrollo** +: ...los municipios de la comarca del Alto Deba (...) poseen un desarrollo económico *igualitario*... EPE270599 **46 crecimiento**: ...un marco institucional y normativo eficaces para generar un crecimiento más *igualitario* y justo. EPE160399 **47 progreso**: ...en política científica se debe tener para un progreso social más justo e *igualitario*. EPE050700 **48 subida**: ...subida *igualitaria* del 8,4% en la totalidad de las primas a través de una partida creada al efecto... EPE010486

J SUSTANTIVOS QUE DESIGNAN ACCIONES O DISPOSICIONES QUE SE LLEVAN A CABO PARA SOLVENTAR CONFLICTOS O LOGRAR MEJORAS: **49 medida** +: Para la oposición, la medida no es *igualitaria*, va en detrimento de la calidad de asistencia y beneficia a los ancianos que pueden anticipar el dinero. EPE250599 **50 ajuste**: Quizás caben ajustes más *igualitarios*, como el peaje blando o una compensación entre autopistas beneficiarias y deficitarias. LVE140396 **51 reforma**: El presidente ruso llegó al poder con la promesa de una reforma *igualitaria* del mercado sin aumentos de precios... LVE100595
☐ Véase también: **paritario.**

ILEGAL, ACCIÓN ~ Véase: *ACCIÓN ILEGAL O ILEGÍTIMA*

ilegalidad ♦ **absoluto, flagrante[6], total** ♦ **causa (de)** ♦ **bordear[9], combatir, decretar, estar (en), hallarse (en), rozar**

ILEGÍTIMA, ACCIÓN ~ Véase: *ACCIÓN ILEGAL O ILEGÍTIMA*

ilusión ♦ **desbordante, efímero[23], engañoso, entusiasta, falso, fugaz, gran(de), infundado[8], lejano, lleno (de), óptico, pictórico, pletórico (de)[13], vago, vano[15], verdadero, vivo** ♦ **inyección (de)[12]** ♦ **abrigar[2], acabar (con), acariciar[13], aferrarse (a)[25], aguar(se)[23], ajar(se)[9], albergar[4], alimentar[3], apoderar(se)[39], aunar[8], brotar[27], colmar[5], conceder, contagiar, crear, decaer[6], decrecer[39], defraudar[5], dejarse llevar (por)[2,24], depositar[3], derramar[30], derretir(se), derrochar[4], derrumbar(se)[53], desbordar(se)[20], deshinchar(se)[2], desinflar(se)[6], desmoronar(se)[22], despertar[27], desplazar[4], desvanecerse[2], difuminar(se)[26], disipar(se)[15], disolver(se)[31], echar por tierra, embargar[25], enfriar(se)[6], extinguir(se)[45], forjar[26], hacer (algo), hacer(se) realidad[2], incentivar[21], llenar (de), perder[15], perseguir, poner (en algo), producir (a alguien), pulverizar[23], reavivar[24], rebosar[5], renovar, sentir, socavar[52], tejer[33], tener (por algo), transmitir[6], venirse abajo[1], verter[53]**
☐ Véase también: **aspiración, deseo, esperanza, ilusionante, intención, pretensión.**

ilusionante *adj.* ▮ Se combina con...

A SUSTANTIVOS QUE DESIGNAN PLANES, PROYECTOS Y OTRAS NOCIONES ANÁLOGAS, GENERALMENTE PROSPECTIVAS. TAMBIÉN CON OTROS QUE SE REFIEREN A ALGUNAS TOMAS DE POSTURA QUE SE RELACIONAN CON ELLAS Y A ALGUNOS DE SUS EFECTOS: **1 proyecto** ++: Por eso tiene en cartera tres grandes proyectos, faraónicos e *ilusionantes*... EME151095 **2 programa** ++: ...en la medida en que la firmeza de un programa serio, riguroso, *ilusionante*... EME010295 **3 alternativa** +: ...debería presentar una alternativa *ilusionante* al país... EME070494 **4 idea**: ...la *ilusionante* idea lanzada por el entonces candidato... EPE051099 **5 propuesta**: Las críticas a su *ilusionante* propuesta electoral no han gustado... EPE191099 **6 promesa**: Todavía recuerdo aquellas dos *ilusionantes* promesas... EME070594 **7 oferta** +: ...era la oferta más *ilusionante* que podía concebir en estos momentos... LVE271195 **8 iniciativa**: ...es presentar alternativas e iniciativas *ilusionantes*... EPE270299 **9 decisión**: ...se han adoptado *ilusionantes* decisiones sobre una paz difícil... LVE101295 **10 pacto**: Además fue planteado ayer como un pacto *ilusionante*... EPE140399 **11 solución**: Como ese hombre capaz de aportar soluciones *ilusionantes*... EME100594

B SUSTANTIVOS TEMPORALES: **12 etapa** ++: ...para disfrutar de la *ilusionante* etapa de su equipo... EPD290797 **13 momento** ++: ...el momento *ilusionante* que vive la sociedad... EPE110999 **14 situación** +: ...la situación por la que atravesamos es dura, confusa y poco *ilusionante*. EPE130499 **15 día**: ...esos *ilusionantes* y a la vez temidos días... LVE270394 **16 futuro**: ...garantía de un futuro *ilusionante* y creativo para nuestra sociedad. LVE100396 **17 porvenir**: El porvenir que se abre ante la unión política tampoco es demasiado *ilusionante*. EME060694 **18 año**: Un año crítico, pero *ilusionante*. EPE070199 **19 período**: Para mí este es uno de los periodos más *ilusionantes* de toda la historia... EPE200499 **20 pretemporada**: ...ha construido una pretemporada *ilusionante* para una afición abonada al fracaso. EME310895

C SUSTANTIVOS QUE DESIGNAN DIVERSOS TIPOS DE TEXTOS Y MENSAJES, ASÍ COMO OTRAS MANIFESTACIONES

DE CONTENIDO INFORMATIVO: **21 llamada** +: Quiero que esta sea una llamada *ilusionante* a los ciudadanos que todavía confían en la justicia... INDOC **22 mensaje** +: ...basaron la campaña en la utilización de frases desafortunadas del adversario en vez de lanzar un mensaje *ilusionante* de futuro. EME150694 **23 discurso** +: ...se atribuye el único discurso *ilusionante* ante la inminente cita electoral. EPE300599 **24 noticia:** ...una de las pocas noticias *ilusionantes* de esta campaña electoral. EME180296 **25 palabra:** ...en la esperanza de que uno de estos dos, llamados líderes nacionalistas, pronunciara la palabra justa, *ilusionante*, certera... EME280594 **26 imagen:** ...también tendremos las *ilusionantes* imágenes del momento que nos ofrecerán quienes nos gobiernan desde la Generalitat... EPE110199 **27 gesto:** ...pero mientras que el primero es un gesto anodino y vulgar, el segundo resulta más *ilusionante* y hasta aventurero... EME070396 **28 explicación** –: ...encontrar una explicación *ilusionante* al misterio de la vida. ABC141094

D SUSTANTIVOS QUE DESIGNAN DIVERSOS LOGROS QUE SE CONSIDERAN PARCIALES, OBTENIDOS GENERALMENTE EN EL MUNDO DEL DEPORTE: **29 ventaja** +: ...aprovechó para adjudicarse una corta pero *ilusionante* ventaja... EPE220299 **30 fichaje:** ...pero se ve que tiene talento, me parece un fichaje *ilusionante*. EME021095 **31 triunfo:** La verticalidad y la anarquía solicitadas por el nuevo técnico condujeron a un triunfo *ilusionante*, cargado de goles de calidad... EME210394 **32 victoria:** ...ha debutado con una *ilusionante* victoria en la presente temporada... EPE230899 **33 revancha** –: ...aspiraba a una *ilusionante* revancha contra Beloki... EPE070699

E SUSTANTIVOS QUE DESIGNAN TENDENCIAS O MOVIMIENTOS POLÍTICOS O IDEOLÓGICOS: **34 nacionalismo:** El nacionalismo debe ser *ilusionante*, integrador y solidario. LVE171196 **35 progresismo:** ...tal como el *ilusionante* progresismo de Le Monde de los años sesenta... EME260595 **36 izquierda:** Hay que hacer una salida por la izquierda progresista, abierta, democrática, *ilusionante*... EME150194 **37 sindicalismo:** ...los sindicatos (...) trabajan unidos, en un ejemplo de sindicalismo *ilusionante*... EPE270999

F SUSTANTIVOS QUE DESIGNAN ACCIONES O EFECTOS QUE SUELEN VINCULARSE CON ALGÚN EMPEÑO, ASÍ COMO OTRAS ACTIVIDADES QUE LO LLEVAN ASOCIADO: **38 tarea** ++: La *ilusionante* tarea de promoción de nuevos valores... EME010995 **39 esfuerzo** +: ...pedirle ayuda, honradez intelectual, perseverancia en el esfuerzo –a veces *ilusionante*, otras, descorazonador–. LVE131096 **40 estímulo:** ...con el estímulo *ilusionante* de la reforma carmelita. ABC181292 **41 intento** +: De lo contrario, dañará irremediablemente el *ilusionante* intento de las fuerzas nacionalistas... EPE160299 **42 impulso:** ...un impulso *ilusionante* a la actividad política. EME280495 **43 trabajo** +: El trabajo es *ilusionante*, pero complicado... EME240394 **44 reto:** Es un reto *ilusionante*, porque no todo el mundo tiene la suerte de vivir esto... EME120696 **45 ejercicio:** ...un ejercicio *ilusionante* frente a políticas restrictivas... EPE290999 **46 labor:** ...considera más *ilusionante* la labor que pueda desempeñar en esta comunidad... ENC130599

G ALGUNOS SUSTANTIVOS QUE DENOTAN LUGAR, GENERALMENTE FIGURADO: **47 horizonte:** No es un horizonte precisamente *ilusionante*... LVE180695 **48 arcadia:** ...el País Valenciano es una arcadia feliz e *ilusionante*... EPE291199 **49 escenario:** ...desde Lizarra se ha abierto en Euskal Herria un nuevo escenario *ilusionante*... EPE130499 **50 camino:** También eludió concretar si ese camino *ilusionante* conducirá a una mesa de debate político... EPE041299 **51 senda:** ...hacen que la economía española «entre en una senda *ilusionante*». EME130394 **52 punto de partida:** ...nuestro punto de partida es incomparablemente mejor y más *ilusionante*... EPE170199

H ALGUNOS SUSTANTIVOS ABSTRACTOS QUE DESIGNAN EVENTOS, MÁS FRECUENTEMENTE PROCESOS EN CURSO CONCEBIDOS CON UN CIERTO RIESGO: **53 proceso** +: ...*ilusionante* proceso de paz... EPE221199 **54 campaña:** Estoy haciendo una campaña muy optimista, *ilusionante*... LVE230296 **55 gestión:** ...una política de gestión integradora e *ilusionante* que recoge el sentir de una amplia mayoría... EPE141199 **56 actividad:** ...se trata de una actividad intensa, tremendamente *ilusionante*. EPE041199 **57 aventura** +: ...protagonistas de la *ilusionante* aventura (...) de la actual campaña... EME100295

☐ Véase también: **esperanzador, ilusión.**

ilustrar ♦ **a las claras, con todo lujo de detalles, convincentemente**[12]**, detalladamente, gráficamente, pormenorizadamente, profusamente**[6]**, ricamente**[7]

☐ Véase también: **demostrar.**

imagen ♦ **abigarrado**[15]**, acogedor**[17]**, agraciado**[12]**, alusivo**[12]**, aparente, atentatorio (contra)**[5]**, auténtico, borroso, bueno, cándido**[4]**, capcioso**[9]**, cenital, circunspecto**[9]**, claro, conmovedor, contagioso**[24]**, dantesco**[4]**, delicado, desastrado, descarnado**[41]**, desgarrador, desolador**[3]**, distorsionado, engañoso, escalofriante, estereotipado, estremecedor, falso, fantasmal, frágil**[3]**, grotesco, hermético**[33]**, idealizado, idílico, imborrable**[15]**, impecable, inequívoco**[18]**, intachable**[33]**, malo, maltrecho, milagrero**[3]**, negativo, nítido, persuasivo, policromo, positivo, público, real, seductor, severo**[88]**, testimonial, verdadero, virtual, vívido**[2]**, vivo**[5] ♦ **banco (de), cambio (de), cuadro (de)** ♦ **acuñar**[61]**, adecentar**[1]**, adorar, asaltar**[15]**, atacar, blanquear**[27]**, cambiar, capitalizar**[13]**, captar, clavar**[7]**, conferir (a algo), congelar, cuidar, cultivar**[28]**, dañar**[1]**, dar**[100]**, declinar**[6]**, decodificar**[13]**, dejarse llevar (por)**[6]**, delatar**[31]**, denotar**[16]**, derrumbar(se)**[21]**, descomponer(se)**[12]**, descontextualizar, descuidar, desmoronar(se)**[34]**, desvanecerse, desvelar**[31]**, deteriorar(se), devaluar(se)**[1]**, difundir(se)**[76]**, diluir(se)**[46]**, disfrazar, disipar(se)**[52]**, distorsionar, dulcificar, empañar(se)**[1]**, encarnar, enderezar**[30]**, ensombrecer(se), ensuciar**[1]**, enturbiar, erosionar**[7]**, escorar(se)**[9]**, falsear, fomentar, forjar**[18]**, fraguar(se)**[15]**, granjearse**[56]**, labrar(se), lavar**[9]**, mejorar, nublar(se)**[20]**, percibir, perfilar, plasmar, presentar, proyectar, quebrar(se)**[58]**, recibir, rectificar**[17]**, reponer**[9]**, revivir, socavar**[20]**, sustraer(se) (de/a)**[9]**, tambalear(se), tener (de alguien), tergiversar**[24]**, tomar**[78]**, transformar, transmitir, usurpar**[31]**, venerar, visualizar**

☐ Véase también: **describir, dibujar, dibujo, estampa, fotografía, gráfico, instantánea, pintar, representación, retratar, retrato.**

IMAGEN
♦ (SUSTANTIVOS) Véase: **abigarrado[B], acuñar[D], adecentar[A], ahuyentar[C], alusivo[B], asaltar[C], blanquear[D], clavar[B], contagioso[E], cultivar[G], dantesco[A], dar[H], decodificar[C], delatar[D], denotar[C], descarnado[G], descomponer(se)[C], desfigurar[B], desmoronar(se)[H], desolador[A], devaluar(se)[A], difundir(se)[K], diluir(se)[I], empañar(se)[A], enarbolar[A], enderezar[D], ensuciar[A], escorar(se)[C], fantasmal[C], pisotear[B], profanar[F], quebrar(se)[K], restañar[C], somero[F], suplantar[A], sustraer(se) (de/a)[B], tomar[M], usurpar[C], vejatorio[C], vívido[A], vivo[B]**
☐ Véase también: ASPECTO EXTERNO; ATUENDO; COLOR; PERCEPCIÓN; REPRESENTACIÓN.

imaginación ♦ **ardiente, calenturiento[5], caudaloso, contagioso[18], desaforado[70], desbordante[22], desenfrenado[39], encendido, escaso, exagerado, exuberante[31], febril[38], fecundo[1], fértil[1], lleno (de), pobre, poderoso, portentoso[4], prolífico, rebosante (de)[25], sobrado (de)[11], vivo** ♦ **a fuerza (de), con** ♦ **ápice (de)[35], arsenal (de)[30], brizna (de), capacidad (de), demostración (de)[49], falta (de), límite (de), muestra (de), soplo (de)[15], toque (de)[31]** ♦ **agudizar(se)[1], aguzar[16], aplicar, avivar[65], canalizar[87], dar rienda suelta (a), dejarse llevar (por)[64], dejar volar, derrochar[58], desbocar(se)[5], desbordar(se)[37], despertar[70], echar[19], ejercitar[12], estimular, exprimir, jugar (con), nublar(se), pasar(se) (por), poner (en algo), poner en práctica, rebosar[16], superar (algo), tener, usar, volar**
☐ Véase también: **fantasía, ingenio, sueño.**

imaginar(se) ♦ **fácilmente, ni de lejos[24], ni por asomo[6], por un momento[12], remotamente[1]**
☐ Véase también: **calcular, concebir, creer, pasar(le) por la cabeza (a alguien), pensar.**

imbécil ♦ **completo, perdido, perfecto, profundo, redomado[10]** ♦ **completamente, rematadamente[3]**
☐ Véase también: **idiota, tonto.**

imbecilidad ♦ **absoluto, congénito, monumental, sumo, supino[11]**
☐ Véase también: **bobada, estupidez, idiotez, majadería, perogrullada, tontería.**

imborrable *adj.* ▮ En su sentido físico se combina con sustantivos que designan ciertas sustancias *(tinta, pintura)*. En su sentido figurado 'que no se puede borrar u olvidar' se combina con sustantivos que designan sentimientos o emociones *(tristeza, placer, dolor)* y con otros que expresan manifestaciones verbales, orales o escritas *(palabra, discurso, página, documento)*, así como diversas formas de expresión artística *(obra, película)*. Admite asimismo sustantivos temporales *(día, episodio, etapa)* y también...

A SUSTANTIVOS QUE DENOTAN SEÑAL, HUELLA O VESTIGIO, A MENUDO INTERPRETADOS FIGURADAMENTE: **1 huella ++:** Los interesados en eliminarlo y desaparecerlo no eran capaces de comprender que su huella *imborrable* estaba ya en la historia... GIC104197 **2 mancha ++:** ...pensaba que el «affaire» lanzaba sobre el Estado «la más vergonzosa y la más *imborrable*» de las manchas. LVE030195 **3 rastro +:** ...importa menos que su reconocimiento por un público de más de cuarenta países o su ya *imborrable* rastro por muchas de sus coreografías. EME060296 **4 secuela:** Me decían que no lo internara, que permitiera que la Policía lo «cazara» porque le iba a dejar secuelas *imborrables.* EME060895 **5 cicatriz:** ...sueños alcanzables o inalcanzables, heridas abiertas y cicatrices *imborrables*, recuerdos de infancia que pueden marcar una vida adulta... EME190295 **6 estela:** Mi absoluto desconocimiento de la astrología no me consiente saber si 1956 tenía o no una marca distintiva, pero verdaderamente dejó una estela *imborrable* en nuestro mundo. LVE071296

B SUSTANTIVOS QUE DESIGNAN COSAS VIVIDAS O EXPERIMENTADAS, ASÍ COMO LA ACCIÓN O EL EFECTO DE EVOCARLAS: **7 recuerdo ++:** Los que tuvimos la fortuna de su amistad tendremos un recuerdo *imborrable* de su persona. HOY050586 **8 experiencia ++:** Es una experiencia *imborrable* que sólo requiere una pequeña prevención: aplicarse un buen repelente de mosquitos. LVE250896 **9 pasado:** Si lees este mensaje y comprendes que me estoy refiriendo a ti, ayúdame a olvidar un pasado *imborrable.* EME081195 **10 vivencia:** ...la obsesiva circularidad que convierte a Cioran en el autor incansable de un libro o en el seducido por la profunda herida de una vivencia *imborrable.* EME240695

C SUSTANTIVOS QUE DESIGNAN EL EFECTO CAUSADO POR ALGO, MÁS FRECUENTEMENTE EN EL ÁNIMO: **11 impresión +:** Sin tenerla delante de los ojos, el lector no puede imaginar la *imborrable* impresión que causa esta obra maestra del arte escultórico. LRE230103 **12 efecto:** De inmediato me provocó un efecto hondo e *imborrable*, en ella aparecía un personaje de mi edad, un joven de unos 17 ó 18 años, el drama me hizo pensar muchas cosas. PME090297 **13 influencia:** Algunos con temáticas nacidas directamente de la lírica, y otras de esa *imborrable* influencia que da el país de origen. GIC062097 **14 eco:** ...la pérdida de un hombre que, más allá de su significado personal y familiar, ha dejado para la historia de las letras españolas el eco *imborrable* de una obra clave... LVE120495

D SUSTANTIVOS QUE DENOTAN REPRESENTACIÓN O MUESTRA, FRECUENTEMENTE VISUAL, DE ALGUNA REALIDAD: **15 imagen +:** ...forma parte de los recuerdos mágicos de la historia del teatro: «Aquella es una imagen *imborrable* que he intentado borrar en cuatro meses de trabajo». EME130995 **16 retrato:** ...el retrato de la abuela que le cuenta historias de terror y de aparecidos es *imborrable...* ABC080592 **17 ejemplo +:** ...reconocimiento al fin, del ejemplo *imborrable* de dignidad y de internacionalismo que ellos y ellas construyeron... EME061196 **18 escena:** Todavía permanece *imborrable* en mi memoria una escena de aquel fatídico 11 de septiembre, en Nueva York... EPE051201

E OTROS SUSTANTIVOS; POSIBLES USOS ESTILÍSTICOS: ...tiene las piernas cargadas de los kilómetros *imborrables* del Giro. EME270696
☐ Véase también: **indeleble.**

imbuir(se) (de) *v.* ▮ Se usa como verbo transitivo *(imbuir temor a alguien)* y como pronominal *(imbuirse alguien de temor)*. Se combina con sustantivos que designan sentimientos *(odio, tristeza, alegría, temor)*. También con otros que designan tendencias o actitudes ideológicas *(nacionalismo, progresismo, conservadurismo)*. Se combina asimismo con...

A ALGUNOS SUSTANTIVOS QUE DENOTAN PARTE INMATERIAL, ÍNTIMA O ESENCIAL DE ALGO: **1 espíritu ++**: ...a 25 mujeres peruanas, *imbuidas* del mejor espíritu de servicio al país, desde el ángulo del magisterio especializado en función de la familia. ECP140175 **2 ánimo +**: Quizás *imbuido* de ese ánimo peleón de los asturianos, afirma ahora: «Eso que dicen de que va a ganar las europeas el PP, no se lo creen ni ellos». EME100494

B SUSTANTIVOS QUE DESIGNAN EL CONJUNTO DE CONDICIONES Y CIRCUNSTANCIAS QUE RODEAN O CARACTERIZAN ALGÚN ESTADO DE COSAS: **3 atmósfera +**: En general, casi todos estos relatos están *imbuidos* de una atmósfera de crónica, marcados por una pátina testimonial... EME070594 **4 ambiente**: Al pintar, refleja lo que ve, lo que siente, *imbuido* de ese ambiente que le ha tocado vivir. ABC201192 **5 clima**: Llevó la obra con una precisión milimétrica, *imbuido* también del clima de pesadilla, extrayendo un sonido etéreo, ambiguo, refinado... EPE030899 **6 aire –**: ...Owen aún puede funcionar como mascota del Liverpool y de la selección inglesa, *imbuido* de un aire adolescente y una sonrisa con gran valor propagandístico. EPE101201

C SUSTANTIVOS QUE DESIGNAN CONVICCIONES O PRINCIPIOS QUE SE SUSTENTAN CON SEGURIDAD O FIRMEZA Y SUELEN REGIR EL PENSAMIENTO O LA CONDUCTA: **7 valor +**: ...henchidos de fervor patriótico e *imbuidos* de los valores nacionalistas que animaban a los militares de aquella época... CAP141196 **8 idea +**: ...un nazi criollo tan *imbuido* de sus ideas que en un momento zanjó la polémica con el argumento de un balazo. HOY080997 **9 principio**: ...contradecía la opinión de Erica Jong respecto al actual retroceso de las mujeres, «cada vez más *imbuidas* de principios conservadores», según la escritora. EME081195 **10 ideal**: Pues aquélla ha hecho de Guevara un héroe romántico, *imbuido* de ideales solidarios, que ofrendó la vida enrolado en una cruzada redentora. LNP061097 **11 fe**: Todos *imbuidos* de una fe absoluta en que su inmolación propiciará el advenimiento de una «república divina»... EME090195 **12 creencia**: ...no han hecho mella en esta población, aún *imbuida* de las creencias laicas de Ataturk. LVE250796 **13 mentalidad**: ...e *imbuido* de una mentalidad y sistema de valores propios de la «vida civil» –a los que se nos obligaba a renunciar–... LVE130495 **14 doctrina**: ...estaba perfectamente informado de las disputas filosóficas y teológicas de la época, y sólidamente *imbuido* de doctrinas de San Agustín. ABC201192

D ALGUNOS SUSTANTIVOS QUE DESIGNAN CIERTOS ÁMBITOS Y FACETAS DEL CONOCIMIENTO O EL PENSAMIENTO: **15 cultura +**: Al mismo tiempo, las gentes de los países no occidentales seguían a menudo profundamente *imbuidas* de la cultura indígena. ABC020793 **16 filosofía +**: Imbuido en la filosofía budista, Herman Hesse esribió en 1922 la historia del príncipe Siddharta, convertida ya en clásica. ABC040294

E SUSTANTIVOS QUE DENOTAN MENTALIDAD ENAJENADA O EXACERBADA. TAMBIÉN CON OTROS QUE DESIGNAN ALGUNAS CONDUCTAS QUE PUEDEN SER ENTENDIDAS COMO MANIFESTACIONES SUYAS: **17 locura**: Chaplin en sus primeros cortos, mucho más toscos que sus obras mayores pero *imbuidos* de una locura que luego se trocó en sentimentalismo... LVE171296 **18 delirio**: Imbuido del delirio de grandeza, perdido el sentido de la medida institucional... EME051095 **19 fanatismo**: ...y generan rituales *imbuidos* de fanatismo que pueden llegar a atentar contra la dignidad de las personas, como la inducción al suicidio colectivo. CLA110199 **20 obsesión**: ...no son arquitectos que realizan sus proyectos *imbuidos* por la obsesión de realizar las ideas del «artista-arquitecto» al precio que sea. EME240596 **21 mesianismo**: ...quien por lo pronto, *imbuido* del mesianismo de su tercer año de gobierno, el jueves volvió a olvidarse de la «sana distancia» con su partido.. PME120197

F OTROS SUSTANTIVOS; POSIBLES USOS CRUZADOS: ...Lagnac se fijó en un cuerpo alto, *imbuido* en un chubasquero de color rojo. [Cf. *embutirse (en)*] EME240896

G OTROS SUSTANTIVOS; POSIBLES USOS ESTILÍSTICOS: Quiere ello decir que hay algo también de novecentista en los paisajes que nos muestra ahora Serra de Rivera, unos paisajes *imbuidos* de d'orsianas claridades interpretativas... ABC301294; ...y adornado de piedras preciosas, *imbuido* de fragancias, y salpicado de resina roja y amarga... DDN070101

☐ Véase también: **henchir(se) (de)**.

imitación ♦ **burdo, conseguido, descarado, digno (de), excelente, fiel, logrado, perfecto, punto por punto, simple, torpe, tosco, vil, vulgar** ♦ **intento (de)** ♦ **bordar[10], conseguir, hacer, lograr, obtener**

☐ Véase también: **reproducción**.

IMITACIÓN

♦ (SUSTANTIVOS) Véase: **cundir[D], en serie[D], fecundo[J]**

♦ (VERBOS) Véase: **al pie de la letra[C], a pie juntillas[D], descaradamente[F], en serie[B]**

☐ Véase también: REPETICIÓN; REPRODUCCIÓN.

imitar ♦ **a la perfección, burdamente, descaradamente[30], en los menores detalles, fácilmente, fielmente, inútilmente, miméticamente[4], punto por punto, torpemente, toscamente**

☐ Véase también: **copiar, duplicar, reproducir**.

impaciencia ♦ **con** ♦ **aguardar (con), asaltar (a alguien), cegar (a alguien), consumir (a alguien), consumirse (de), contener, controlar, corroer (a alguien), dejarse llevar (por), devorar (a alguien), esperar (con), invadir (a alguien), mostrar, producir, provocar, reconcomer(se)[4], reprimir, sentir**

☐ Véase también: **inquietud, nervios, nerviosismo**.

impaciente *adj.* ▮ Se combina con sustantivos de persona *(un cliente impaciente)*. En las construcciones atributivas se combina con verbos copulativos *(ser, estar, parecer)* y pseudo-copulativos *(resultar, seguir, volverse, mostrarse)*. Usado como complemento predicativo se combina con verbos de percepción *(notar, ver, sentirse)* y juicio *(calificar de, acusar de)*. Admite otros muchos verbos, pero destacan sus combinaciones con...

A VERBOS QUE DENOTAN ESPERA: **1 esperar ++:** Los ancianos y los enfermos que esperan *impacientes* la llegada de sus becas o pensiones... VEN210899 **2 aguardar ++:** Los simpatizantes de los dos equipos aguardaban *impacientes*... CLA300197 **3 acechar +:** ...acechan *impacientes* a las decisiones oficiales. EPE170977

B VERBOS QUE DESIGNAN EL HECHO DE ESTAR PRESENTE EN ALGO, ASÍ COMO EL PROCESO DE APROXIMARSE A UNA META O DE ALCANZARLA: **4 asistir +:** ...sacudió las conciencias de millones de personas que asistían, *impacientes*, doloridas y confusas, al mayor desastre en Europa desde el holocausto. EPE250399 **5 acudir:** Acude *impaciente*, con el hambre de un adicto. EPE131199 **6 acercarse:** Ya en los ensayos, *impaciente*, se ha acercado desde las últimas filas del patio de butacas... ABC131291 **7 llegar:** Cuando *impaciente* llega a su morada, su progenitor aún no ha vuelto del trabajo... EME191196 **8 desembarcar:** ...desembarcó nervioso, *impaciente* y esquivando a los periodistas en su prisa por salir del aeropuerto... EME291296

C OTROS VERBOS DE MOVIMIENTO: **9 correr +:** Impacientes y desazonados, corren los líderes en busca de grandes objetivos... EPE071199 **10 volar:** ...las OPAS redondas de la banca extranjera volaban *impacientes* sobre la cabeza de un gran banco español... EME190295 **11 subir:** Impaciente, subió cinco minutos antes de que dieran las seis. EME080896 **12 entrar:** ...los 2.500 antiguos habitantes de Grbavica que, *impacientes*, entraron en su barrio después de casi cuatro años de vivir al lado... LVE200396 **13 moverse:** Se movía *impaciente* de un lado para otro de la habitación. INDOC **14 arrollar:** Arrancó y, tan *impaciente* como suele, arrolló a todos los pilotos que tenía delante en la frenada. EME080595

D VERBOS QUE DENOTAN SOLICITUD O DESEO: **15 preguntar ++:** ...le preguntó *impaciente*: –¿Por qué demoran en firmar? CLA180497 **16 interpelar:** ¿Sí o no?, interpela *impaciente* , mirándonos a los ojos, el hombre de acción, partidario de ir al grano. LVE251196 **17 pedir:** Impaciente, el niño les pide que le monten el juguete. EPE060199 **18 solicitar:** ...solicitan *impacientes* su entrada en lo que para ellos era el paraíso... LVE080695 **19 clamar:** ...refunfuñaba volviendo a clamar *impaciente* por la presencia de las papeletas del PSOE en su domicilio. EME130694 **20 reclamar:** ...la sociedad en general reclama *impaciente* la resolución de los casos. EPE281199 **21 llamar:** ...el [siglo] XXI que, *impaciente* ya, está llamando a sus puertas. ABC110294 **22 ordenar:** Jose, *impaciente*, me ordenó que dejase de escanciar sidra... EME221296 **23 querer:** El gran Imperio, *impaciente* (...) quería ver iniciadas grandes obras... LPA100592 **24 soñar:** No quisieron hacer esperar ni un minuto más de lo previsto a los miles de niños que, *impacientes*, soñaban su llegada. EPE060199 **25 gritar:** ...el chou sólo pecó de demasiado largo, así que Jose, *impaciente*, empezó a gritar. EME200896

E OTROS VERBOS; POSIBLES USOS ESTILÍSTICOS: ...él miró el reloj de leontina, lo guardó *impaciente*, miró hacia la puerta... EPE190399; ...coloreaba *impaciente* botellas en forma de torero para los turistas de la Costa Brava. ABC130594

impactante ♦ **terriblemente, tremendamente, visualmente**

impactar ♦ **de golpe, de lleno[15], de pleno, directamente, frontalmente[5], fuertemente[14], gravemente[28], negativamente, significativamente, violentamente, visualmente**
☐ Véase también: **afectar, chocar, golpear**.

impacto ♦ **ambiental, brutal, calculado, certero, clínico, considerable, contundente, demoledor[14], devastador, económico, frontal, fuerte, fulminante, incalculable, lateral, letal, mortífero, notable, perjudicial, poderoso, potente, rotundo, serio[35], severo[24], tremendo, violento, virulento, visual** ♦ **acusar, aliviar[31], aminorar[2], amortiguar[5], calibrar[21], causar[26], compensar[16], contrarrestar, ejercer[20], hacer, minimizar, mitigar[3], neutralizar, notar, ocasionar, paliar[19], percibir, producir, recibir, sufrir, valorar**
☐ Véase también: **choque**.

impagable *adj.* ▌ En su sentido literal de 'que no se puede pagar' se combina con el sustantivo *deuda*, con otros que denotan coste o precio *(costo, cuenta)*, así como con sustantivos que designan objetos materiales sujetos a transacción comercial *(casa, coche)*. En su sentido figurado de 'sumamente valioso' se combina con sustantivos que designan obras, generalmente de creación, así como fragmentos o elementos de ellas *(novela, película, episodio, página, retrato)*. Muy frecuentemente se combina con sustantivos que designan diversas cualidades, facultades o capacidades de las personas *(virtud, don, sentido del humor)*. También se combina con...

A SUSTANTIVOS QUE DENOTAN COLABORACIÓN O PRESTACIÓN DE AUXILIO EN BENEFICIO DE ALGUIEN O ALGO: **1 servicio ++:** Urge, pues, que la Universidad de León acabe la empresa comenzada, con lo que rendirá un servicio *impagable* a la cultura española. ABC240694 **2 ayuda ++:** Pero como estamos en una comedia sentimental, Wilder se permite la libertad de darle una vuelta al perverso embaucador y con la ayuda *impagable* de Audrey Hepburn, le consiente que se enamore de Sabrina... EME040296 **3 favor ++:** A veces les digo que, al traerme al mundo, me hicieron un favor *impagable*, pero también a ellos les ha salido bien la faena. EME051195 **4 aportación +:** En Barcelona, por ejemplo, se cita a menudo la *impagable* aportación que viene realizando el gremio de reparación de automóviles. LVE150795 **5 apoyo +:** Chirac no olvidará fácilmente el apoyo *impagable* de España en lo que ha sido su problema internacional número uno: las pruebas nucleares. EME241295 **6 refuerzo:** Con el *impagable* refuerzo del discípulo de Joe Gallivan, Martí Paramon, y el miembro de Jaleo, Enric Canadá, a las percusiones, su música suena a terrestre a más no poder. LVE060395 **7 empujón –:** Fue un simbólico bofetón a una industria hasta entonces anquilosada, y un *impagable* empujón para la regeneración estética del rock. LVE090495

B SUSTANTIVOS QUE DENOTAN ESFUERZO O EMPEÑO PUESTOS EN LA CONSECUCIÓN DE UN OBJETIVO: **8 esfuerzo** ++: En especial me honra haber colaborado en el *impagable* esfuerzo de la Contraloría presidida por Eduardo Roche Lander para institucionalizar y adecentar la administración y combatir la corrupción... ENV051000 **9 sacrificio:** Fue una gran experiencia para estos efectivos, cuyo sacrificio por el prójimo es *impagable*. ENV260700 **10 entrega:** Cual nueva Dolly Van Doll, a quien la ciudad de Barcelona debe un homenaje por su *impagable* entrega y sacrificio al mundo lúdico... LVE080995

C SUSTANTIVOS QUE DENOTAN TRABAJO, GENERALMENTE YA REALIZADO O EN CURSO: **11 labor** ++: Entregará al Monstruo a la muchedumbre que, ahíta, permitirá a esta especie de Nosferatu epiléptico proseguir con su *impagable* labor de demolición institucional... LRE280103 **12 tarea** +: ...dejan insatisfechos a quienes se dedican a la ingrata e *impagable* tarea de traducir poesía dramática. ABC151093 **13 trabajo:** ...agradeció por encima de todo el esfuerzo de su jugador Simeone, «que realizó un trabajo *impagable* a lo largo de todo el encuentro». EME151095

D SUSTANTIVOS QUE DENOTAN CONOCIMIENTO ADQUIRIDO: **14 experiencia** ++: Anderson Imbert hace, en efecto, teoría, pero desde una experiencia creadora que resulta *impagable*. ABC240492 **15 saber** +: No fue una noche divertida la de TV3-Canal 33, desde luego, pero sí muy instructiva: saber de qué es capaz la especie humana es un saber precioso e *impagable*. LVE060895 **16 enseñanza:** ...recibía la *impagable* enseñanza de que el matrimonio no es la única ni la más importante meta de la mujer. EME070196 **17 lección:** ...hecho fatal que se produciría al cabo de pocas semanas de terminar el rodaje, convirtiéndose así en una *impagable* lección interpretativa póstuma. LVE050595

E SUSTANTIVOS QUE DESIGNAN DIVERSAS SENSACIONES GRATAS: **18 placer** +: Dejando aparte preferencias personales por un género u otro, escuchar a Mayte Martín fue un placer *impagable*. LVE250395 **19 satisfacción** +: Claro que la satisfacción de lo conseguido por uno mismo es *impagable*. EME210496 **20 gozo:** Una antología de los textos de entonces sería un gozo *impagable* en estos tiempos. EME150195 **21 goce:** Montados a hombros de un gigante sentimos el vértigo de las alturas; precio ridículo por el goce *impagable* de contemplar un horizonte repentinamente ampliado, limpio de humo y de polución. EPE241199

F OTROS SUSTANTIVOS; POSIBLES USOS ESTILÍSTICOS: ...ha abierto una pequeña pero *impagable* grieta en el espeso muro del nacionalismo basado en la identidad. LVE070896; ...fruto de ese árbol *impagable* que ampara a los amantes. ABC310395

imparable *adj.* ▌En su sentido literal se constituye con sustantivos que designan cosas en movimiento, frecuentemente vehículos *(locomotora, coche, tren)*, objetos lanzados *(balón, pelota)* o los golpes que los impulsan *(disparo, tiro, volea)*. Se combina, en sentido figurado, con sustantivos que designan personas *(hombre, joven, atleta, director: El nuevo director técnico está imparable: quiere darle la vuelta a la empresa)* y grupos humanos *(El equipo está imparable, ya está el primero de la clasificación)*, así como con sustantivos que denotan información *(noticia, información)*, especialmente si es continua o se caracteriza por su duración *(verborrea, discurso, perorata, recitación)*. También acepta sustantivos que designan enfermedades o dolencias, así como algunos de los organismos que las provocan *(enfermedad, meningitis, infección, virus, epidemia)*. Además se combina con...

A SUSTANTIVOS QUE DENOTAN ELEVACIÓN, INCREMENTO O PROGRESO: **1 aumento** ++: La Asamblea Nacional Popular ha dado un paso insólito al reconocer la responsabilidad de la dirección del país en ese aumento *imparable* de la inflación... LVE190395 **2 crecimiento** ++: El año anterior fueron más de 200, lo que confirma el crecimiento *imparable* de este tipo de procedimientos judiciales. EME170194 **3 incremento** ++: El efecto combinado de la explosión demográfica junto al *imparable* incremento en las demandas de materia y energía del ciudadano medio ha producido un problema... ENC140201 **4 avance** ++: ...ahora enfrenta la causa por la venta ilegal de armas, cuyo avance lento pero *imparable* en la Justicia argentina no parece tener una salida política... CLA110199 **5 expansión** ++: ...de ellos vendrán los mayores problemas infecciosos en un futuro, pero el problema no radica tanto en ellos como en la *imparable* expansión de nuestra especie. LVE210595 **6 ascenso** ++: Sin embargo, la satisfacción del partido por la debacle socialista se vio ensombrecida por un nuevo alarde en el *imparable* ascenso poscomunista. EME231095 **7 contagio** +: El departamento de sanidad se ha declarado incapaz de detener el contagio *imparable* del cólera. INDOC **8 ascensión** +: La *imparable* ascensión de Wally Szczerbiak en el baloncesto universitario se completó el pasado fin de semana. EPE160399 **9 auge** +: ...aborda ahora los vuelos intercontinentales ante el auge *imparable* de los viajes de negocios. LVE190995 **10 progresión** +: Se hablaba desde hace tiempo de la *imparable* progresión de la gimnasia en un país de escasa tradición... EPE260900 **11 subida** +: Aunque la modalidad de indefinidos sigue creciendo, no logra alcanzar la *imparable* subida en términos absolutos de los temporales. EPE061101

B SUSTANTIVOS QUE DENOTAN TENDENCIA, ORIENTACIÓN O MOVIMIENTO, MÁS FRECUENTEMENTE EL QUE SIGUEN LAS IDEAS, LAS ACTUACIONES O LAS COSTUMBRES. TAMBIÉN CON OTROS QUE DESIGNAN ALGUNOS RASGOS QUE CARACTERIZAN ESAS INCLINACIONES: **12 tendencia** ++: No porque vayan a cambiar nada sustancial en los sondeos o en la intención de voto de los españoles, que seguirán la tendencia *imparable* de días atrás... EME250296 **13 movimiento** +: ...ha sabido transformar la hartura inmensa del pueblo zaireño en un movimiento *imparable* de libertad. EPD030597 **14 corriente:** ...no pasan de meras referencias lejanas a la hora de plasmar en canciones concretas esa *imparable* corriente de hibridación que toma como fuente y caudal las aguas flamencas. LVE051296 **15 estilo:** En Barcelona, los consejos del sabio Egidio Ghezzi la ayudaron a desarrollar lo que llevaba dentro, un estilo *imparable* y una categoría sensacional. LVE050995 **16 moda:** Tanto el libro como la película se han convertido en poco tiempo en algo muy parecido a un fenómeno social, en una especie de moda *imparable*... EME141196

C EL SUSTANTIVO *FENÓMENO* Y CON OTROS QUE DENOTAN CURSO, TRAYECTORIA O EVOLUCIÓN: **17 fenómeno ++:** Se trata de un fenómeno *imparable*, que se va extendiendo incluso fuera de los límites de la UE... EPD270897 **18 desarrollo ++:** El desarrollo *imparable* de la informática permitirá que cada abono para las dos jornadas de competición adquiera el formato de una tarjeta de crédito... EME100495 **19 carrera ++:** Fue el comienzo de una carrera *imparable* que le llevó a enseñar en las universidades norteamericanas de Harvard, Berkeley y Cornell, y a lograr el premio Pulitzer... EME211296 **20 proceso ++:** Esta Conferencia aún no se ha celebrado y los cinco dimisionarios creen que se ha acelerado el proceso, ya *imparable*, hacia la convocatoria de elecciones generales... EME261195 **21 marcha +:** El Rioseco sigue su marcha *imparable* al frente de la clasificación, y ayer por la tarde se deshizo del Peñafiel... ENC271100 **22 evolución:** Herrera subrayó el hecho de que la formación, hoy día, es un proceso continuo, que depende en buena medida de la *imparable* evolución de las nuevas tecnologías... LRE150103 **23 trayectoria:** El paso del intervencionismo a la liberalización de los mercados, y con él la *imparable* trayectoria de la globalización, marcarán el futuro... EPE190299 **24 sucesión +:** El endurecimiento del clima social se puso de manifiesto con el asalto e incendio de la sede central del partido gobernante y la *imparable* sucesión de huelgas, manifestaciones... EME031096

D SUSTANTIVOS QUE DESIGNAN SITUACIONES Y ESTADOS DE ADVERSIDAD E INFORTUNIO, FRECUENTEMENTE CARACTERIZADOS POR LA VIOLENCIA O LA DESOLACIÓN. TAMBIÉN CON OTROS QUE DESIGNAN EL RIESGO DE QUE SE HAGAN EFECTIVOS: **25 amenaza +:** Incluso vuelve a insinuarse que las más altas instancias del Estado podrían estar en el punto de mira, como una amenaza *imparable* de quienes mueven los hilos de esta confrontación... LVE210995 **26 catástrofe:** Los primeros síntomas de esta catástrofe *imparable* ya se conocían en la década de los noventa... EME140995 **27 tragedia:** ...su narrador es el personaje que cohesiona el relato y que suministra las dosis de infortunio que van marcando la senda de la tragedia *imparable*. LVE020195 **28 barbarie:** ...en Kosovo se desataría una *imparable* barbarie antiserbia, la guerra devastaría de nuevo los Balcanes. EPE291201 **29 violencia:** La guerra «olvidada» de Chechenia va camino de convertirse, después de casi dos años de violencia *imparable*, en el Vietnam particular del presidente Boris Yeltsin... EME040896 **30 confrontación:** ...tenía que darse una respuesta contundente a la creciente e *imparable* confrontación interna en el seno del partido independentista. LVE131096 **31 destrucción:** ...aunque la débil demanda interna y la *imparable* destrucción de puestos de trabajo hacen que el panorama global de la «locomotora» europea sea todavía bastante preocupante. LVE141196 **32 siniestro:** ...pero el fuego prendió en el techo, franqueó el telón, y pasó al patio de butacas, provocando un siniestro *imparable*. EME010294

E SUSTANTIVOS QUE DENOTAN DESCENSO, CAÍDA O DISMINUCIÓN DE ALGUNA MAGNITUD: **33 caída ++:** Un territorio deshabitado y con una caída *imparable* de la población, sobre todo a partir de 1954. LVE011096 **34 declive +:** ...La Eurocopa es nuestra última oportunidad de detener el *imparable* declive de nuestro bonito país hacia la mediocridad terminal. EME220696 **35 bajada:** Su opinión se ve apoyada por el incremento del 25 en las ventas de motos, que llevaban años de *imparable* bajada... EME061196 **36 decadencia:** Nápoles, la fascinante capital del Mezzogiorno italiano, vuelve a proponerse como ciudad abierta y europea tras años de *imparable* decadencia... EPE290599 **37 deterioro +:** La Gran Bretaña orgullosa y dominadora del mundo en la brillante etapa victoriana, se enfrentaba desde el final de la Gran Guerra a una situación de *imparable* deterioro en todos los órdenes. EME180896 **38 agonía:** ...Walser parece como si quisiera certificar la lenta y tal vez *imparable* agonía de la cultura humanista en la era de la civilización postindustrial... LVE100295 **39 pérdida:** El primer gobierno de Alain Juppé (50%) dimitió ayer apenas seis meses después de tomar posesión, lapso durante el cual ha tenido que afrontar una pérdida *imparable* de popularidad... LVE081195

F SUSTANTIVOS QUE DENOTAN FORTALEZA, EMPUJE Y OTRAS CUALIDADES RELACIONADAS CON EL VIGOR O EL DINAMISMO: **40 fuerza +:** El sistema de producción de la «maquila» se está extendiendo con fuerza *imparable* por América Central. EME210394 **41 ímpetu:** En este punto, coincide con él Vargas Llosa, quien declaró ayer que «el español está creciendo con un ímpetu *imparable*» en casi todo el mundo. EME250394 **42 impulso:** En torno al proyecto para 1999 debe surgir un amplio movimiento social, una aspiración colectiva, un impulso *imparable* para construir una nueva mayoría social. LVE300896 **43 empuje:** El que durante años fuera considerado cinturón rojo madrileño ha quedado sepultado por el *imparable* empuje de los populares... EME040396 **44 energía:** Gabrielle Chanel tenía entonces 25 espléndidos años, todavía no se la conocía como Coco, y arrastraba ya una energía *imparable*. EME070196 **45 vitalidad +:** Es un torrente de vitalidad *imparable*; entrevistarla, cosa difícil porque no suele dejarse, es, a la vez, un placer y una tortura... LVE281095 **46 ansia:** Jalabert, llevado de ese *imparable* ansia de ganar, todavía no ha aprendido a dosificarse... EME301095 **47 frenesí:** El dinero sigue fluyendo con fuerza en la Bolsa española en una ambiente de *imparable* frenesí. EME031296

G SUSTANTIVOS QUE DESIGNAN EL RESULTADO FELIZ DE UNA COMPETICIÓN: **48 éxito +:** Si hemos inventado una nueva fórmula periodística de éxito *imparable* está claro que al ofrecerla cada día funcionará de la misma manera. EPE081101 **49 triunfo:** Sergi López se toma con calma su *imparable* triunfo en el cine europeo. EPE230800 **50 victoria:** El voto útil en la izquierda tiene esta vez más sentido ético que eficaz, ante la *imparable* victoria del PP. EME160196

H OTROS SUSTANTIVOS: **51 libertad:** Sólo su accidentada muerte logró interrumpir esa *imparable* libertad. EPE111099

☐ Véase también: **incontenible, irrefrenable**.

imparcialidad Véase: **imparcialmente**

imparcialmente *adv.* ▌Admite múltiples verbos *(leer imparcialmente un informe; analizar imparcialmente una situación)*, especialmente si designan acciones de las que cabe esperar un juicio o una interpretación personal por parte del que las realiza. Destacan sus combinaciones con...

A VERBOS QUE DENOTAN PENSAMIENTO O JUICIO, MUY FRECUENTEMENTE VALORACIÓN DE UNA SITUACIÓN SOBRE LA QUE HA DE DETERMINARSE ALGO: **1 juzgar ++:** Y los compañeros del magistrado han asegurado que serán capaces de juzgarles *«imparcialmente».* EPE081101 **2 decidir +:** Apunta: «Escuchar cortésmente, responder sabiamente, ponderar prudentemente, decidir *imparcialmente*». LRE190103 **3 evaluar:** El notable sistema inventado por su compañía consistía en dejar que cada uno grabara por su cuenta; la cosecha resultante se evaluaba *imparcialmente* en BMG... EPE240800 **4 enjuiciar +:** El hecho de que el juez Bueren reconociera que no podía enjuiciar *imparcialmente* a Vera en razón de su amistad manifiesta (...) es ya bastante clarificador. EME050695 **5 opinar:** ...no visitaron el centro histórico de Popayán después del terremoto, hecho que les impediría opinar *imparcialmente* acerca de la fidelidad con la que se han reconstruido los sitios afectados. ETC020190 **6 pensar –:** Eso demuestra que lo pienso *imparcialmente*, sin ningún interés personal. EME181296 **7 dirimir +:** ...se habló de los objetivos de anticipar y resolver problemas antes de que deriven en controversias, dirimir rápida e *imparcialmente* las quejas de interés público... LVE310396 **8 adoptar una decisión:** ¿Puede alguien creer por un minuto que esta decisión será adoptada *de forma imparcial*...? EPE031099

B VERBOS QUE DENOTAN EJERCICIO DE ALGUNA ACTIVIDAD, MÁS FRECUENTEMENTE INTERVENCIÓN EN ALGO O APLICACIÓN DE NORMAS O MEDIDAS: **9 actuar ++:** ...recordó a los senadores que en este momento no se reúnen para «un debate legislativo», sino para actuar *«imparcialmente»* como jurado. CLA150199 **10 conducirse +:** El ministro indonesio instó al contingente capitaneado por Australia a «conducirse *de modo imparcial* y neutral». EPE160999 **11 impartir justicia +:** ...alegará que la Sala no está en condiciones de impartir justicia *imparcialmente*... EME021196 **12 aplicar +:** El teniente general sir Michael Walker dijo que «estamos aquí para aplicar *imparcialmente* la paz, pero lo haremos por la fuerza si es necesario». LVE211295 **13 ejercer +:** ...ejerce *imparcialmente* sus buenos oficios, como lo demuestra el reciente nombramiento... LVE041296 **14 castigar:** Las leyes no sólo evitan la corrupción, castigando *de forma imparcial* a los que las quebrantan... LVE130795

C VERBOS QUE DENOTAN COMUNICACIÓN O TRANSMISIÓN DE INFORMACIÓN: **15 comunicar:** «Dejar el periodismo no quiere decir que no tengan la capacidad ni la habilidad para comunicar *de manera imparcial*, pero se corre el riesgo de perder objetividad», apuntó. LTB250397 **16 informar:** ...consideramos que es también su responsabilidad informar *imparcialmente* a la ciudadanía que el favoritismo estatal a ese monopolio multinacional está perjudicando gravemente el transporte y la industria nacional... ETC020188 **17 explicar:** ¿Cómo se consiguió tal prodigio que tiene anonadada a la opinión pública internacional? Trataré de explicarlo *imparcialmente*... EME050995 **18 contar:** ...aquella guerra no podemos verla ni contarla *imparcialmente* los españoles, por muy joven que sea usted. EME260996 **19 decir:** ¿Por qué no analizan y dicen *imparcialmente* que es la derecha la que, con su demagogia, pone zancadillas sistemáticamente y no deja hacer más? EPE011285

D VERBOS QUE DENOTAN DISTRIBUCIÓN, ASIGNACIÓN O ENTREGA: **20 distribuir +:** ...las autoridades catalanas (...) tienen el deber de distribuir *imparcialmente* nuestros fondos de ayuda, sin hacer papelones... LVE130596 **21 repartir +:** Repartieron *imparcialmente* las subvenciones pertinentes a las diferentes asociaciones sociales y cívicas. INDOC **22 otorgar:** Quizá no podía ser de otro modo y ello no es limitativo si las subvenciones se otorgan *imparcialmente* y sin ataduras. EME250696

impartir *v.* **I** Se construye con sustantivos que designan sacramentos, gracias y diversas acciones propias del ámbito religioso *(bendición, bautismo, absolución).* También se combina con sustantivos que designan unidades de la enseñanza, la docencia o la formación *(lección, clase, conferencia, charla, seminario, taller).* Se combina asimismo con sustantivos que denotan orden o instrucción *(directiva, consigna, prohibición, orden, directriz, instrucción)* y con otros que designan la acción de castigar o sus efectos *(reprimenda, castigo, rapapolvo).* Se construye asimismo ocasionalmente con sustantivos que designan unidades de comunicación *(discurso, mensaje, prédica, plática)* o sistemas de ideas *(ideología, doctrina)*, y, más frecuentemente, con otros que denotan parcelación del conocimiento en un plan docente *(asignatura, materia, disciplina, programa, especialidad)*, contenido de tales parcelaciones *(ciencia, lengua, música)*, o se refieren a diversas acotaciones temporales del contenido objeto de la instrucción docente *(curso, módulo, hora, ciclo, etapa)*, partes en que se puede dividir la enseñanza de una materia o una actividad educativa *(teoría, práctica)*, niveles de enseñanza reglada *(Bachillerato, Formación Profesional, Educación Secundaria Obligatoria)*, grados *(diplomatura, licenciatura, doctorado, título, diploma, certificado)* y programas de formación *(carrera, maestría, máster).* Se combina además con los sustantivos *beso, abrazo*, y también con...

A SUSTANTIVOS QUE DENOTAN CONTENIDO INTRODUCTORIO: **1 introducción +:** La profesora *impartió* una interesante introducción a la literatura del Romanticismo. INDOC **2 iniciación +:** En 1° de primaria se *imparte* iniciación al lenguaje musical dos horas a la semana... DDN230101 **3 orientación +:** ...la Santa Sede ordenó (...) «la remoción» de todos los profesores que (...) *impartan* una «orientación marcadamente radicalizada y socializante de la teología de la liberación»... PME190197 **4 noción +:** La conferencia de prensa de Cruyff fue ayer una clase magistral en la que *impartió* nociones de ética, moral, periodismo, política e, incluso, ciencias ocultas. LVE140595 **5 rudimento:** El entrenamiento militar de los reclutas se lleva a cabo en Sudán y en Libia, donde también se les *imparten* los rudimentos del sabotaje y adoctrinamiento ideológico. EME060196

B SUSTANTIVOS QUE DENOTAN CONOCIMIENTO O SIGNIFICACIÓN DE ALGO: **6 conocimiento ++:** En él se *impartirán* los conocimientos necesarios para que las mujeres puedan realizar una planificación de sus iniciativas empresariales. CAN250599 **7 sabiduría +:** ...su Universidad, una de las pocas que pueden enorgullecerse de llevar cinco siglos *impartiendo* sabiduría y formando las conciencias de los miles de alumnos que han pasado por ella. EME220995 **8 sentido +:** El autor *impartió* sentido de la narratividad a sus alumnos del taller de creación. INDOC **9 razón:** ...dicho está en esas clarividentes líneas, que honran a la Universidad del País Vasco y a los catedráticos del pensamiento que, como Arteta, *imparten* diariamente la verdad y la razón en ella. EPE020700

C SUSTANTIVOS QUE DENOTAN FORMACIÓN O ADIESTRAMIENTO: **10 entrenamiento:** Las FARC (...) al parecer *imparten* ahora entrenamiento militar a los campesinos cultivadores de coca, para hacer frente a la esperada ofensiva del ejército. ESP270700 **11 preparación:** ...además de la escuela que *impartirá* preparación metodológica recuperarán el meritoriaje, entendido como una práctica constante de los actores. ABC170792 **12 formación +:** Según el colectivo, las medidas planificadas por el Ministerio impiden *impartir* formación musical o plástica en condiciones mínimas de calidad, una situación de deficiencia que ya se viene dando en la actualidad. CAN111200 **13 capacitación:** Anunció que en breve se *impartirá* capacitación a los gerentes de los hoteles a fin de familiarizarlos con el nuevo formato de denuncias... EXC300896 **14 aprendizaje –:** Puede *impartir* múltiples aprendizajes retóricos, pero ninguna posibilidad de salir indemne de un contagio sustancial. ABC130392

D SUSTANTIVOS QUE DENOTAN RECURSO, FORMA DE HACER U ORGANIZAR ALGO O PROCEDIMIENTO PARA LLEVAR A CABO ALGUNA COSA: **15 sistema:** Educación ha ampliado la oferta de bachilleratos por lo que se podrá estudiar la modalidad de Humanidades y Ciencias Sociales en los 425 centros de enseñanza secundaria donde se *imparte* el nuevo sistema educativo. EPE220999 **16 técnica +:** Durante el curso se *impartirán* las técnicas básicas para dominar el oficio de la escritura y descubrir el estilo personal. EPE090999 **17 método +:** En enero del próximo año empezará en Madrid un nuevo ciclo de formación que constará de tres cursos de un año cada uno, durante los que se *impartirá* el método de escucha consciente y análisis musical... ABC221295 **18 disciplina +:** Sin embargo, no es éste un centro que *imparta* disciplina espartana, al menos no es ese un atributo que figure en su tarjeta de visita. EPE190199 **19 táctica:** El sistema acústico permitía al director del equipo *impartir* las intrucciones y tácticas de equipo durante los viajes (del hotel a la salida). EME171296

E EL SUSTANTIVO *JUSTICIA*: **20 justicia ++:** ...los tribunales de justicia son los que *imparten* justicia y antes que eso pase, no se puede decir nada. HOY280497

F ALGUNOS SUSTANTIVOS QUE DESIGNAN DIVERSOS VALORES APRECIABLES EN EL EJERCICIO O EN LA EJECUCIÓN DE UNA TAREA: **21 control:** Ahí está Alex Aguinaga, un monstruo del fútbol continental, manejando el trámite del partido e *impartiendo* control y tranquilidad. EPU081101 **22 rigor:** Y luego, después de esta «atrevida» incursión, siguió *impartiendo* rigor, objetividad y un sentido patriótico que no es frecuente en este país. LVE130796 **23 garantía:** El político se coloca a ras de la calle, pasea por las aceras *impartiendo* abrazos y solemnes garantías. EPE020699 **24 calidad –:** La actriz *impartía* calidad interpretativa en cada actuación. INDOC **25 solidez –:** El dólar, el símbolo más visible del poderío económico de Estados Unidos, está más fuerte de lo que ha estado en más de cuatro años, y posiblemente esté *impartiendo* solidez al tambaleante mercado de valores. ENH090497 **26 profesionalidad –:** ...TVE que prolonga la imagen de un Joaquín Prat saludable e *impartiendo* profesionalidad en un cometido menor para sus posibilidades. LVE260495 **27 excelencia –:** Tenemos que *impartir* la excelencia en educación para todos, sin discriminación de ninguna clase. DLA080397

G SUSTANTIVOS QUE DENOTAN AUSENCIA DE PERTURBACIÓN: **28 tranquilidad:** El capitán supo *impartir* la tranquilidad que necesitaba el juego del equipo. INDOC **29 paz:** El director de «Shotgun» y de infinidad de western de serie B coloca a la caballería a *impartir* paz y jolgorio. EPE040399 **30 serenidad:** Después, *impartir* tanta serenidad como implacabilidad en el proceso depurador que se siga. LVE220696 **31 seguridad:** También éste *imparte* seguridad engañosa en tanto se convierte en una especie de sacerdote que administra la aureola más moderna. LVE250696

H ALGUNOS SUSTANTIVOS QUE DENOTAN FUERZA MORAL O EMOCIONAL: **32 ánimo +:** ...tiene la fea costumbre de morderse el labio inferior cuando saluda *impartiendo* ánimos a los amigos de campaña... EPE100699 **33 aliento:** Con la menopausia desdibujada, con el aliento que *imparte* la hormonoterapia. LVE280596

I OTROS SUSTANTIVOS; POSIBLES USOS CRUZADOS: Un frío que *imparte* energías y nos hace subir y subir, hasta llegar a la cima. [Cf. *imprimir*] ETC070198; Esa fórmula de varias voces, respaldada por buena fotografía a colores, le *imparte* un carácter vívido y accesible a una gran cantidad de datos. [Cf. *Imprimir*] ENH020397; En el organismo humano, la aceleración se obtiene mediante la fuerza coordinada y la puesta en acción de varios grupos musculares a la vez, *impartiendo* la mayor velocidad posible al cuerpo del atleta. [Cf. *imprimir*] EME261095

impasible ♦ actitud, ademán, aire, belleza, dignidad, elegancia, expresión, figura, gesto, mirada, persona, porte, presencia, rostro, serenidad, severidad, tranquilidad, voz ♦ aguantar, asistir (a algo), contemplar, continuar, esperar, permanecer, presenciar, quedar(se), recibir, resistir, seguir, soportar, tolerar

☐ Véase también: **impávido**.

impávido ♦ aguantar, caminar, contemplar, continuar, dejar, encajar, escuchar, mantenerse, mirar, mostrarse, observar, permanecer, quedarse, resistir, responder, seguir, soportar, sufrir, ver

☐ Véase también: **impasible**.

impecable *adj.* ▌Acepta con frecuencia sustantivos que designan prendas de vestir *(traje, camisa, pantalón, chaqueta)* y otros objetos tejidos, generalmente de uso doméstico *(alfombra, sábana, cortina, mantel)*. Se utiliza a menudo la expresión semilexicalizada *de un blanco impecable* para referirse a la limpieza y blancura extrema de las prendas *(un vestido de un blanco impecable)*. Se combina asimismo con sustantivos que designan diversos espacios y lugares *(calle, oficina, casa, cocina, jardín)*, vehículos *(bicicleta, coche, autobús)* y enseres diversos *(mesa, silla, lámpara)*. En el sentido figurado admite sustantivos de persona, más frecuentemente si designan profesiones *(dibujante, jugador, detective)*, y también otros que denotan apariencia física *(aspecto, apariencia, imagen, facha, porte)* o designan diversas cualidades humanas, relativas generalmente a la formación o la honorabilidad de las personas *(educación, dignidad, honradez, ética)*. También se construye con sustantivos que designan diversos eventos sociales, culturales o deportivos *(excursión, ceremonia, función, concierto, recital, espectáculo, partido)*, con otros que designan lances deportivos *(pase, cabezazo, marcaje)* y obras de creación, así como sus soportes y formas de ejecución *(novela, artículo, documento, texto, página, libro, canción, fotografía, dicción, pronunciación, prosa, escritura)*. Es particularmente frecuente su combinación con los sustantivos *modo, técnica* y *manera (Toca el piano con una técnica impecable; Se vistieron de forma impecable)*. Se combina especialmente con sustantivos que denotan trabajo *(tarea, labor, trabajo, servicio)* o designan la forma de llevar algo a cabo *(estrategia, sistema, procedimiento)*. Admite otros muchos sustantivos, entre los que destacan los...

A SUSTANTIVOS QUE DENOTAN MANERA DE PROCEDER O COMPORTARSE: **1 actuación** ++: Explicación breve de una actuación *impecable*. LPA050592 **2 comportamiento** ++: ...el comportamiento del público fue *impecable*... LTB050497 **3 conducta** +: Pellicer, con una conducta *impecable*, había obtenido unas altas cotas de credibilidad... LVE070996 **4 actitud:** Mis colaboradores tienen *impecable* actitud moral y privada. CAR131097 **5 proceder:** El *impecable* proceder profesional de Mezquita el pasado miércoles (...) evitó que los agentes de desactivación de explosivos perecieran reventados por la deflagración. EPE150700 **6 modales** +: O sea, de tacto suave, modales *impecables*, perfectas de voz y tono. LVE270495 **7 compostura:** El sexto furulaba un poco más y Joselito se empeñó con *impecable* compostura y precisión técnica en sacarle faena. EME200896 **8 talante:** ...señaló que «su *impecable* talante es un estímulo» para los que han tomado su relevo. LVE231196 **9 trato:** El general retirado destacó el trato *«impecable»* que le dieron en el juzgado... CLA220199

B SUSTANTIVOS QUE DENOTAN TRAYECTORIA, CURSO O DESARROLLO, A MENUDO PROFESIONAL: **10 trayectoria:** ...no sólo por su *impecable* trayectoria política y sus esfuerzos internos y mundiales por lograr la paz... CAR140497 **11 carrera** ++: ...tras haber completado una carrera *impecable* que le lleva a consolidar su liderato... ENC240599 **12 evolución:** ...la potencia de salto, la *impecable* evolución geometría-espacio. EPE231101 **13 progresión:** ...la economía de medios con que está desarrollado y por su *impecable* progresión... ABC251194 **14 currículo:** Currículo *impecable*, fino trato y un carácter afable caracterizan a este general... CAR080997 **15 historial** +: Rabin aportó su historial *impecable* de luchador por la causa de Israel. LVE121195 **16 palmarés:** Un palmarés *impecable*. Una cosa es segura, Biriukov ha puesto el punto final a su carrera deportiva dejando para los archivos un palmarés cargado de títulos... EME270795 **17 expediente:** ...presentó como *«impecables»* expedientes de adjudicación... CAN050201

C SUSTANTIVOS QUE DENOTAN JUICIO, RAZONAMIENTO Y DIVERSOS RESULTADOS DE LA ACTIVIDAD INTELECTIVA. TAMBIÉN CON OTROS QUE DESIGNAN ALGUNAS DE SUS MANIFESTACIONES VERBALES: **18 argumento:** Ibarra utiliza un argumento *impecable*... EME070394 **19 razonamiento:** Su razonamiento es *impecable*, pero no es eso lo que ocurre a diario en Chile, sino lo contrario. HOY201097 **20 pensamiento:** La cultura de defensa de los españoles responde al modelo nítido del «pensamiento *impecable*»... EPE201201 **21 planteamiento:** Su *impecable* planteamiento del partido ante la constelación de estrellas yugoslavas avalan la tesis... EME161296 **22 exposición:** Desde la *impecable* exposición que presentó la malograda Gemma... LVE240295 **23 réplica:** En su recorrido se irá encontrando con cuidadas reconstrucciones, con réplicas *impecables* de aquellos mundos. EPE150199 **24 interpretación:** Para la *impecable* interpretación de Tango, con coreografía del puntaltense... LNP050297

D SUSTANTIVOS QUE DESIGNAN LA ACCIÓN O EL EFECTO DE REALIZAR, EJECUTAR O LLEVAR A CABO ALGUNA COSA: **25 ejecución** ++: Por fin ha podido escucharse de modo directo, con la veracidad de una ejecución *impecable*, en vivo. PME120197 **26 factura** ++: ...su formulación última, de factura *impecable* a partir de un relato por momentos algo moroso... CLA030797 **27 realización:** Es una obra de *impecable* realización que contiene, de la A a la Z, las palabras más usadas en inglés... ETC170797 **28 operación:** Armet acababa de hacer una disertación muy elogiosa de las obras de reforma de la calle Aragó, que calificó de «operación *impecable*». LVE120495 **29 desarrollo:** ...se encuentra sustituido por un *impecable* desarrollo plástico... ABC270594 **30 producción:** ...nos trae ahora, en *impecable* producción, como acostumbra, los tres últimos trabajos orquestales... ABC151093 **31 dirección:** Todas estas obras cuentan con una *impecable* dirección artística, a pesar de sus defectos dramáticos y estructurales. ENH001101 **32 gestión:** ...tan mala leche y peor fortuna, una gestión *impecable* como la suya... LRE180103 **33 labor:** En la misma línea se manifiesta Salvador Escrig: «Hasta la fecha, ha desempeñado una labor *impecable*». ABC131095

E SUSTANTIVOS QUE DENOTAN ORDEN U ORGANIZACIÓN: **34 organización** +: Con renovados bríos e *impecable* organización, Prolírica anuncia... CAP010896 **35 orden:** ...el orden *impecable* en los apuntes, nuestra postura de disciplinada atención. EPE290800 **36 disposición:** ...dado que ésta es la mejor forma de desarmar la *impecable* disposición defensiva de los hombres... EME300195 **37 estructura:** ...consiguiendo una novela de *impecable* estructura, que es a la vez una lúcida reflexión sobre la guerra... EPU041001 **38 clasificación:** España ha seguido una fase de clasificación *impecable* y no va a pasar ningún apuro. EME070995

☐ Véase también: **intachable, perfecto, redondo.**

impecablemente ♦ **ataviado, limpio, peinado, trajeado, uniformado, vestido** ♦ **actuar, argumentar, comportarse, cumplir, describir, dirigir, ejecutar, elaborar, escribir, exponer, expresar(se), funcionar, ganar, interpretar, jugar, peinar(se), plantear, proceder, progresar, razonar, realizar, rematar, resolver, servir, tratar, vestir**

impedimento ♦ **gran(de), grave, inesperado, insalvable[16], insuperable, jurídico, legal, menor,**

notable, serio ♦ constituir, existir, franquear, oponer[6], poner, representar, resultar, saltarse[2], salvar, sortear, superar, suponer, tropezar(se) (con), vencer[10]

☐ Véase también: **obstáculo, traba.**

impedir ♦ a la desesperada[34], a toda costa[11], a todo trance[2], cueste lo que cueste, decididamente, por todos los medios, seriamente[19], virtualmente[24]

☐ Véase también: **obstaculizar, obstruir, prohibir, vetar.**

impeler ♦ fuerza, impulso, persona

imperante *adj.* ▮ Se combina con sustantivos que denotan corriente o norma de conducta o de pensamiento *(tendencia, ideología, criterio, moral, filosofía, corriente, mentalidad)*, más frecuentemente si se considera habitual *(moda, costumbre)*. También lo hace con otros que designan tendencias, actitudes o movimientos *(conservadurismo, pragmatismo, capitalismo)*. Asimismo, se combina con sustantivos que expresan sentimientos o estados anímicos *(miedo, euforia, desánimo, malestar)*, cualidades o defectos de las personas *(insensatez, vicio, estupidez, mezquindad)*, así como situaciones o circunstancias que caracterizan algún entorno *(ambiente, realidad, clima)*. Se combina además con sustantivos que designan fenómenos climáticos *(tiempo, sol, lluvia)* y con...

A SUSTANTIVOS QUE DENOTAN SITUACIÓN CONFUSA, DESORDENADA O FUERA DE CONTROL: **1 caos ++**: ...siempre exhibe fallas y carencias que en buena medida son causantes del caos *imperante* en materia de seguridad. EUV300696 **2 confusión ++**: Y no lo era por faltar comunicadores adecuadamente formados, por no disponerse de los necesarios recursos, por culpa de la confusión *imperante*... ESH180996 **3 desorden ++**: Consideró que esta requisa implantada por el Gobierno Federal fue una acción necesaria y urgente debido al desorden *imperante* que era necesario combatir... EXC040901 **4 desconcierto +**: Un signo del desconcierto *imperante* es que la propia Comisión Europea no acaba de pronunciarse en su informe sobre la naturaleza de la situación... LVE070396 **5 descontrol +**: ...estiman que el descontrol *imperante* en el aparato judicial pone en tela de juicio la necesaria imparcialidad del mismo. LVE070495 **6 desbarajuste +**: El desbarajuste *imperante* ha creado también dificultades serias a los productores de resinas y como consecuencia, a todo el ramo de pinturas y esmaltes. LVE260295

B SUSTANTIVOS QUE DESIGNAN LACRAS, ASÍ COMO DIVERSOS ESTADOS CARENCIALES Y, EN GENERAL, ADVERSOS: **7 miseria ++**: Su demografía explosiva y sus tensiones religiosas y nacionalistas preludian inestabilidades políticas, que la miseria *imperante* puede transformar en foco de graves problemas. LVE010696 **8 inseguridad ++**: ...el objeto es escuchar los planteamientos de los afectados como consecuencia de la inseguridad *imperante* en la zona, debido a la incursión de la guerrilla colombiana... ENV090597 **9 violencia +**: ...se recomienda transitar por la misma senda de empresas, gobernantes y particulares adinerados que invierten más que nunca en defenderse de la delincuencia y la violencia *imperante*. GIC030997 **10 corrupción**: ...los jueces constituyen actualmente el blanco de las más severas críticas, pues se les percibe como los responsables de la corrupción *imperante* en el Poder Judicial. ENV121296 **11 delincuencia**: Asimismo, un defensor decidido de que la población se arme para contrarrestar la delincuencia *imperante*. SVG210997

C SUSTANTIVOS QUE DENOTAN SISTEMA, MARCO O MODO DE ORGANIZACIÓN: **12 sistema ++**: El núcleo esencial del artículo de Schwartz es una furibunda crítica al sistema *imperante* en Europa y gran parte del mundo... EPD170797 **13 régimen ++**: Al respecto la invitamos para que se pasara una tarde con nuestros estudiantes y les hablara (...) del régimen *imperante* en Cuba... DLA120597 **14 estructura +**: ...las minorías o grupos que, dentro de su seno, tienen características y comportamientos diferentes o permanecen al margen de la estructura social *imperante* por distintos motivos. EPE050877 **15 política +**: ...la política *imperante* en estos años en el país se ha caracterizado por la exacerbación del consumo... HOY230287 **16 esquema**: ...es necesario aclarar que el concepto de salvajismo está determinado por el esquema cultural *imperante*. CAP280897 **17 estrategia**: ...la estrategia militar *imperante*, la capacidad de los ejércitos españoles y la tensión que atravesaba el antiguo Sahara occidental, hicieron aconsejable... LVE030895

D SUSTANTIVOS QUE DESIGNAN DISPOSICIONES Y OTRAS PAUTAS DE COMPORTAMIENTO, A MENUDO OFICIALES: **18 ley +**: ¿Podrán acogerse como ciudadanos que son a la ley de divorcio *imperante*? EME220996 **19 norma +**: Pocas veces se han saltado los ministros de Defensa la norma *imperante*, pero no escrita, de elegir entre los más antiguos a la hora de nombrar a los miembros de la cúpula militar. LRE170103 **20 modelo +**: ...introduce cambios importantes al tratamiento del capital extranjero en la minería, a contrapelo del modelo neoliberal *imperante* desde 1990... ENH240700 **21 código +**: Las diferencias han de subsumarse al código *imperante* de verdades múltiples... EPE260799 **22 parámetro**: ...el sector industrial, incluidos sus precios, se rige en general bajo idénticos parámetros que los *imperantes* en Europa... LVE110796 **23 regla**: Esta democratización debe traducirse, dentro de un tiempo relativamente breve, en un cambio de las reglas *imperantes* en el seno del PCUS... EPE010277 **24 canon**: ...servirán para cancelar la cuota inicial de viviendas o para usufructuar un interés mensual determinado y en función de los cánones *imperantes* en el mercado venezolano. EUV230996 **25 pauta**: Su planteamiento era más filosófico que sociológico y se acomodaba a los estilos y pautas *imperantes* hace medio siglo. EME070296

E SUSTANTIVOS QUE DENOTAN SITUACIÓN DE ORDEN O AUSENCIA DE INQUIETUD O PERTURBACIÓN: **26 orden +**: ...la única forma de protegerse contra las iras de la chusma es preservar el orden *imperante* y la única forma de conseguir ese objetivo es proteger al monstruo que lo encabeza. EME200895 **27 calma +**: Y la calma *imperante* se romperá y aparecerán todos los fantasmas que promueven la intriga, la desconfianza y los celos. EME031295 **28 tranquilidad**: Por si le faltara algún detalle a la tranquilidad *imperante*, las hipótesis sobre el dato de inflación de julio, que se conocerá el viernes próximo, se centran en el 0,3%... EPE080800 **29 equilibrio**: EE. UU. y la UE ven aumentar su desasosiego conforme se complica la crisis chechena, ya que ven peligrar el inestable equilibrio *imperante* en Rusia... LVE040195

F LOS SUSTANTIVOS *NECESIDAD* Y *DESEO*: **30 necesidad** +: Se aprecia también un grado muy bajo de autoestima, una clara dificultad para pensar en el futuro, ante la *imperante* necesidad de resolver el día a día, desesperación y falta de confianza en sus esfuerzos. EME290196 **31 deseo:** El libro explica algunos de los que supieron mantener sus convicciones por encima de los deseos partidistas *imperantes* en el momento concreto. LVE221095

☐ Véase también: **reinante.**

imperativo ▮ *(adj.)* ♦ **carácter, cariz, mandato, talante, tono**

▮ *(sust.masc.)* ♦ **apremiante**[19]**, categórico, ético, inexcusable**[14]**, legal, moral, personal** ♦ **cumplir**[50]**, obedecer, someter(se) (a), supeditar(se) (a)**

imperfección ♦ **administrativo, evidente, excusable, físico, grave, histórico, humano, imperdonable, inadmisible, inapreciable, inexcusable, inherente, jurídico, leve, ligero, lleno (de), mecánico, notorio, numeroso, posible, técnico** ♦ **cúmulo (de)**[10]**, sinfín (de)** ♦ **acumular, asumir, buscar, corregir, depurar, descubrir, detectar, disculpar, encontrar (en algo/en alguien), localizar, percibir, persistir, presentar, pulir, reconocer, reparar (en), subrayar, subsanar, superar, tolerar**

☐ Véase también: **anomalía, defecto, error, incorrección.**

imperio ♦ **colonial, de la ley, dilatado, económico, enorme, extenso, financiero, floreciente, grandioso, mediático** ♦ **caída (de), construcción (de)** ♦ **caer, consolidar, construir, crear, declinar, desaparecer, desmembrar(se)**[3]**, desmoronar(se)**[3]**, erigir, expandir(se), florecer, forjar, fundar, levantar, valer, venirse abajo**

☐ Véase también: **control, gobierno.**

imperioso *adj.* ▮ En su sentido de 'autoritario o altivo' se combina con sustantivos de persona y con otros que denotan comportamiento *(modales, formas)* o modo de ser *(talante, carácter)*. En su sentido de 'fuerte, ineludible o urgente' se combina con...

A SUSTANTIVOS QUE DENOTAN NECESIDAD O EMERGENCIA: **1 necesidad** ++: Mucho se ha hablado de la *imperiosa* necesidad que existe (...) de recuperar la práctica cotidiana de los valores humanos, que a todas luces se ha perdido. DYM120996 **2 urgencia** +: ...ha despertado muy clara conciencia, tanto a nivel privado como gubernamental, acerca de la *imperiosa* urgencia de prevenirlo por todos los medios posibles... ETC011291 **3 sed** +: ...borrando el tradicional y altivo desprecio manifestado por la República hacia quien no acatara su *imperiosa* sed de uniformidad. LVE060696 **4 exigencia** +: ...se nos vendió el infundio de que cobrar la entrada a los museos era una *imperiosa* exigencia europea... EME171096 **5 menester** –: Definitivamente, sólo nos gusta pagar por aquello que tocamos con nuestras propias manos. Que adquirimos por voluntad o por *imperioso* menester. LVE300695

B SUSTANTIVOS QUE DENOTAN RESPONSABILIDAD, OBLIGACIÓN O ATRIBUCIÓN ASIGNADA A ALGUIEN, GENERALMENTE VINCULADAS A UNA DETERMINADA LABOR: **6 deber** ++: Sin cálculos ni condicionamientos, los de arriba y los de abajo tenemos el *imperioso* deber de evitar una nueva frustración. LTB190197 **7 tarea** +: La tarea puntual e *imperiosa* parece consistir, antes que nada, en una evaluación de la vigencia o actualidad de aquellos escritores. BRE040797 **8 obligación** +: ...esa obligación *imperiosa* de hacer explotar unos cuantos efectos especiales. HOY160996 **9 compromiso:** Los miembros de la Unión Europea nos impusimos a nosotros mismos ese *imperioso* compromiso en cada uno de nuestros países. PME131096

C SUSTANTIVOS QUE DESIGNAN LA ACCIÓN O EL EFECTO DE LLAMAR O CONVOCAR A ALGUIEN: **10 llamada** +: ¿No se aburrirán? ¿No sentirán la *imperiosa* llamada del consumo? EPE020688 **11 llamamiento** +: Juan Pablo II hizo un suave pero *imperioso* llamamiento a la clase dirigente del país «para que se esfuerce en la construcción de una Venezuela mejor». LVE110296 **12 demanda:** Pese a ello, el Gobierno se vio obligado a autorizar el trasvase por la *imperiosa* demanda de los regantes murcianos. EME240396 **13 cita:** ...después de la *imperiosa* cita en Toronto, Canadá, con el primer ministro japonés Ryutaro Hashimoto. CAP261297

D SUSTANTIVOS QUE DENOTAN CAUSA: **14 razón** +: Lo que se preguntan los analistas es qué razones *imperiosas* tuvo el Perú para aceptar los términos de Santiago... CAP161097 **15 motivo** +: ...yo me plantearía la necesidad de cambiar de imagen, a no ser que tenga *imperiosos* motivos para no hacerlo, dejando de rasurarse la cabeza. LVE200995

E SUSTANTIVOS QUE DENOTAN INTERÉS O AFÁN POR CONSEGUIR ALGO: **16 deseo** +: El deseo *imperioso* de curiosear, de descubrir, ha dado como resultado una de las más importantes aportaciones del grupo de los nuevos pintores alemanes... ABC090493 **17 ansia** +: ...concebida como una reflexión sobre el propio existir, que abre las puertas a un ansia *imperiosa* de compañía, de relación, de amistad. LVE240195 **18 afán:** ...mi deseo, inicialmente sensato y modesto, se había convertido en el más absorbente, *imperioso* y despótico de los afanes. EPE180899 **19 anhelo:** Este aparente contrasentido apunta al corazón del problema que plantea la prisa: el anhelo imposible, pero *imperioso*, de ignorar o anular el curso del tiempo... LVE110795 **20 arrebato** –: A propósito del arrebato *imperioso* de este profesor larguirucho, que hasta ahora había logrado dar el pego de ser incapaz de matar una mosca... EPE061199 **21 gusanillo** –: ...para que sea un éxito hay que salirse de sí, mirar alrededor, ver al otro sentir el gusanillo *imperioso* de la insurgencia y el plantón, tener cuerpo de huelga. EME200194

F SUSTANTIVOS QUE DENOTAN DIRECTRIZ O MANDATO: **22 orden:** Paloma y Piruchi no dudaron en obedecer la *imperiosa* orden. EME041096 **23 consigna:** ...debemos proponernos contrarrestar ese hecho, con la *imperiosa* consigna de tomar más café. ETC011291

G ALGUNOS SUSTANTIVOS QUE DESIGNAN LA ACCIÓN DE LLEVAR A CABO UN CAMBIO DE ESTADO O UNA MODIFICACIÓN DE ALGUNA SITUACIÓN ESTABLECIDA: **24 integración:** Además de considerar *imperiosa* la integración de la mujer –ya que en la eterna búsqueda del equilibrio se estaba dejando afuera a la otra parte de la humanidad–... HOY200197 **25 reforma:** «Yo admito todas las reestructuraciones cuando cuestan menos, y también lo hago, aunque con dificultad, cuando cuestan más, siempre que se trate de una reforma *imperiosa*». EME280494 **26 cambio:** ...cuando éste asumió la cartera de Interior e introdujo cambios de personal sin duda *imperiosos.* EME070296 **27 avance:** ...un presente sin ilusiones ni ideales que se construye a golpe de rebajas y sometido al *imperioso* avance de los parkings. LVE080595 **28 rectificación:** ...es *imperiosa* una rectificación a fondo de todo el esquema económico en vigencia... HOY250184 **29 disolución:** O que se hiciera *imperiosa* la disolución de las Cortes y la convocatoria de nuevas elecciones generales. EME040594

H OTROS SUSTANTIVOS; POSIBLES USOS ESTILÍSTICOS: El vacío entre las manos es la primera y poderosa imagen plástica y poética que condensa las *imperiosas* vivencias de Irene... EME180596; ...la Pintura es como la Música, en su carácter puramente inventivo, en su forzosa y feliz abstracción, en su *imperiosa* hermosura, inexplicable... ABC210593

☐ Véase también: **acuciante, apremiante, perentorio.**

impertérrito Véase: **impávido**

impetrar ♦ **bendición, gracia, perdón**

☐ Véase también: **demandar, pedir, rogar, solicitar.**

ímpetu ♦ **arrasador, arrollador[18], avasallador, desmedido, enorme, escaso, gran(de), imparable[41], incontenible[20], irrefrenable[9], irresistible, juvenil, reformista** ♦ **con** ♦ **actuar (con), aflojar[4], apagar(se)[31], aplacar(se)[25], atemperar[6], calmar, contener, dejarse llevar (por), dominar, frenar, poner (en algo), serenar(se)[28], templar, tener**

☐ Véase también: **acometida, embestida, empuje, entusiasmo, fuerza, impulso, potencia.**

ÍMPETU Véase: *FUERZA*

implacable *adj.* ▌Se combina con...

A SUSTANTIVOS QUE DENOTAN ODIO, IRA Y OTRAS ACTITUDES Y SENTIMIENTOS DE AVERSIÓN U HOSTILIDAD: **1 odio ++:** ...profesa un odio *implacable* al presidente iraquí desde que sus tropas invadieron el pequeño emirato en agosto de 1990... LVE070996 **2 furia ++:** Su furia *implacable* hizo que perdiera el control delante de todos sus alumnos. INDOC **3 ira:** Esa idea de sus deberes la ha sostenido Fraga con valor temerario, sin arredrarse ante las iras *implacables* orquestadas en ABC por Luis María Anson... LVE031196 **4 rencor:** ...la política es un elemento demasiado turbio y cargado de *implacables* rencores... LVE170796 **5 crueldad:** Cierto es que la industria del cine siempre ha sido de una *implacable* crueldad con sus viejas glorias. LVE150595 **6 ensañamiento:** ...se quieren las cosas con oscura pasión (...), con marrullería, con refinado ensañamiento *implacable.* LVE280295

B SUSTANTIVOS QUE DENOTAN CONTROL, GOBIERNO O PODER, A MENUDO EL DE CARÁCTER AUTORITARIO Y REPRESIVO: **7 gobierno +:** Pero qué sabe Elián de gobiernos *implacables*, de ministerios de Relaciones Exteriores, de cancillerías... EPE021299 **8 dictadura +:** Autor de esta bella obra metafórica, Vasari era también el mantenedor de una dictadura *implacable.* LVE120296 **9 represión +:** Una figura como Castelli (...) padeció a causa de su heterodoxia la *implacable* represión de los censores más conservadores. CLA090497 **10 dominio:** Pero todo esto es por el dominio *implacable* de la violencia que se ha aposentado entre nosotros. EXC190696 **11 tutela:** El verdadero Dean Hess fue asesor durante el rodaje y ejerció una *implacable* tutela sobre su imagen... LVE191195 **12 poder:** El poder es *implacable.* El poder gasta y desgasta. EME170796 **13 autoridad:** Ejecuta los endiablados compases del «allegro giusto» con *implacable* autoridad no exenta de gracia. LVE100796

C SUSTANTIVOS QUE DESIGNAN NORMAS O DISPOSICIONES, GENERALMENTE RELATIVAS AL ÁMBITO JURÍDICO O JUDICIAL. TAMBIÉN CON OTROS QUE DESIGNAN EL RESULTADO DE APLICARLAS: **14 ley ++:** Esta *implacable* ley aritmética puede no poner en juego las correlaciones centrales... HOY281096 **15 justicia ++:** ...lo que hay que pedir es decencia o Justicia *implacable* en vez de solicitar consensos para tapar la corrupción. EME181195 **16 regla +:** ...algunos tipos se someten a severos regímenes alimenticios con el instinto de ser la excepción de esta regla *implacable*... EPE060299 **17 normativa:** Hay ideas básicas (...), porque el mundo se funda en esencias que pueden presentarse evidentes o misteriosas, pero como *implacables* normativas pasan a ser coacción, regresión. LVE101296 **18 medida:** A pesar de las *implacables* medidas de ajuste macroeconómico, (...) ya ha provocado la quiebra de miles de pequeñas y medianas empresas... LVE091095 **19 mandato:** ...la ética se supedita al *implacable* mandato del Señor. LVE070795 **20 orden:** ...sonó como una tajante e *implacable* orden: «A formar». EPE010886 **21 prohibición:** Es claro que esta prohibición *implacable* de la concupiscencia (...) crea un sentimiento de pecado que puede ser delicioso. EME060796 **22 sentencia:** ¡Cuántas veces nuestro sentido de justicia se perdió en escolasticismos fríos que proferían sentencias *implacables* y proclamaban juicios infamantes! BRE130697 **23 veredicto:** Los mercados se encargan de dar su veredicto *implacable* en estas situaciones. LVE300195 **24 fallo:** ...el fallo de la Corte Suprema fue *implacable.* CAR230697

D SUSTANTIVOS QUE DESIGNAN DIVERSAS ACTUACIONES PUNITIVAS Y ALGUNAS ACTITUDES QUE CARACTERIZAN AL QUE LAS LLEVA A CABO, MÁS FRECUENTEMENTE SI EXPRESAN SEVERIDAD O DUREZA: **25 venganza:** ...«la prosodia se configura aquí como una venganza *implacable*». ABC090994 **26 castigo +:** Su ofendido pedía el castigo *implacable* de la justicia. ETC010690 **27 embargo +:** EE. UU. mantiene un *implacable* embargo comercial contra el régimen de Castro... EME270596 **28 rigor +:** Es un poema éste que despliega una arquitectura concebida con la inteligencia y resuelta con un absoluto e *implacable* rigor. ABC160994 **29 disciplina +:** Supongo que la próxima película de éste será de época y en la siguiente retornará a su personaje, y que seguirá rodando con *implacable* disciplina una al año. EME020995 **30 represalia:** ...el pasado mes de abril soportaron las *implacables* represalias militares de Israel a los lanzamientos de cohetes por Hezbollah... LVE310596

E SUSTANTIVOS QUE DENOTAN PERSECUCIÓN, A MENUDO TENAZ O SIN TREGUA: **31 acoso ++:** En la búsqueda del origen de la fortuna, la Procuraduría General de la República desató el acoso *implacable* sobre los posibles amigos del ingeniero... PME140796 **32 persecución** ++: Acción Democrática resistió diez años de *implacable* persecución dictatorial... EUV120996 **33 asedio** +: Seis helicópteros armados con cohetes y ametralladoras patrullan continuamente la ciudad, medio destruida tras cuatro años de guerra y asedio *implacable*... CLA110497 **34 caza** +: Europa presentó ante la mejor artillería americana a sus más endebles jugadores y aquello se convirtió en una caza *implacable*. EPE280999 **35 marcaje** +: La única manera de generar nuevas expectativas es a partir de un marcaje *implacable*... LVE010996 **36 cacería:** Pero no esperen que muestre aquí los cadáveres de su *implacable* cacería. EME200895

F SUSTANTIVOS QUE DENOTAN OPOSICIÓN, ENFRENTAMIENTO O LUCHA. TAMBIÉN CON OTROS QUE DESIGNAN DIVERSAS MANIFESTACIONES DE LA COMPETITIVIDAD Y DE LAS ACTITUDES QUE SUELE LLEVAR CONSIGO: **37 oposición** ++: En este caso, anuncian una oposición *implacable*. LVE150396 **38 lucha** ++: ...la *implacable* lucha contra la inflación requiere de objetivos enérgicos y audaces. EPC090996 **39 enfrentamiento** +: El *implacable* enfrentamiento entre un importante contingente de fuerzas del Ejército ruso (...) con los «rebeldes» chechenos (...) parece un «remake» del desigual combate bíblico entre el rey David y el gigante Goliat. LVE200196 **40 batalla** +: Los pagos se efectuaron en 1989, cuando Escámez libraba con los Albertos una *implacable* batalla por el control del banco. EME040294 **41 guerra** +: ...el marxismo ha declarado una guerra *implacable* a esta esclavitud. EME110694 **42 ataque:** Por último, está el ataque *implacable* de la globalización a la diversidad e identidad cultural. EPU041001 **43 contienda:** La competencia biológica es la *implacable* contienda que tiene lugar en el mundo zoológico entre los animales... EME031096 **44 competencia:** ...los grandes bancos privados se enfrentan a la *implacable* competencia de las cajas de ahorro. EPE021101 **45 hostilidad:** La historia está llena de *filiaciones* ideológicas que suelen terminar en *implacables* hostilidades... DLA120597 **46 rebeldía:** Su rebeldía *implacable* vuelve a sentirse. EUV120996 **47 puja** –: El público, admirado, asiste a la puja *implacable*. LVE300195

G SUSTANTIVOS QUE DESIGNAN ACCIONES DESTRUCTIVAS Y DIVERSOS FENÓMENOS CON LOS QUE SE ASOCIAN: **48 destrucción** ++: ...se planteaba la destrucción *implacable* de la inocencia por los convencionalismos sociales... EME150795 **49 terrorismo:** Entonces, ¿por qué Perú, que acababa de superar el *implacable* terrorismo de los maoístas de Sendero Luminoso, sigue siendo una excepción? LVE241296 **50 genocidio:** Otro día podríamos hablar del (...) genocidio *implacable* perpetrado en el país más alto del mundo. LVE180196 **51 eliminación:** La dirección general de Transports de la Generalitat debería (...) principiar una campaña de eliminación *implacable* de tan abominables búnkers. LVE280395 **52 escabechina** –: ...son objeto de la *implacable* escabechina por parte de Reger. LVE010896

H SUSTANTIVOS QUE DENOTAN TRATO VEJATORIO: **53 discriminación:** ...la población no serbia «sometida a intimidaciones y discriminaciones *implacables*» prefiere huir... LVE250795 **54 denigración:** ...su segunda y última presidencia quiere ser constructiva para evitar el destino que han sufrido todos los zares (...): la *implacable* denigración de sus «triunfos y proezas». LVE271096 **55 segregación:** ...se les ha prohibido repartir víveres porque la segregación de los hombres es *implacable*. LVE221096

I SUSTANTIVOS QUE DESIGNAN GOLPES O LOS INSTRUMENTOS QUE LOS ASESTAN. SE USAN EN SENTIDO FÍSICO Y EN EL FIGURADO: **56 golpe:** En la prueba contrarreloj Indurain impuso su *implacable* golpe de pedal cuando aún no conocía sus límites físicos. LVE071096 **57 derechazo:** Y en esto llegó Guti (...) y se inventó un derechazo *implacable* al que el guardameta Herrera acompañó con la mirada. EPE221299 **58 mazazo:** La felicidad hecha añicos por el mazazo *implacable* del destino. LVE090896 **59 revés:** ...ácida comedia del autor de «Medianoche», un *implacable* revés al sueño americano. LVE280996 **60 látigo:** Su látigo *implacable* tronó varia veces debido a las turbulencias locales... EXC230496 **61 flagelo** –: Las fluctuaciones (...) no son más que el resultado de conjunto de políticas frustradas en sus intentos de combatir el flagelo *implacable* de los precios... EUV070497

J SUSTANTIVOS QUE DENOTAN CRÍTICA, A MENUDO HIRIENTE: **62 crítica** ++: ...desde el primer día del gobierno de Caldera no ha bajado la guardia en sus críticas *implacables* a Miraflores... ENV190597 **63 sátira** +: La experiencia del protagonista constituye una sátira *implacable* de aquella vida castrense... ABC300994 **64 denuncia** +: ...la denuncia *implacable* de los síntomas que presagiaban el nazismo (...) fueron la materia prima de un recital memorable. LVE100696 **65 caricatura:** A través de la muestra conoceremos cabeceras olvidadas, caricaturas *implacables* o fotografías indiscutibles... LVE190995

K SUSTANTIVOS QUE DESIGNAN LA ACCIÓN, EL EFECTO, EL MEDIO O LA CAPACIDAD DE ANALIZAR O INTERPRETAR ALGO: **66 lógica** +: El razonamiento era sencillo, pero, desgraciadamente, de una lógica *implacable*. EME301295 **67 análisis** ++: El autor repasa las ideas, prejuicios e instituciones de su tiempo y las somete a un *implacable* análisis. EME171295 **68 disección** +: ...ofreció una *implacable*, descarnada disección de la vida de provincias, nunca como aquí retratada con tanta penetración, elocuencia y aspereza. LVE220196 **69 mirada** +: Oculta su rostro tras un pañuelo rojo, guapa, adornada con pendientes, de mirada *implacable*. EME180294 **70 ojo** +: Todo lo observaba con penetrante atención, con ojo cruel e *implacable*. ABC010592 **71 criterio** +: El estudioso tiene que sacrificar su vanidad, y renunciar a muchas obras y argumentos con un criterio *implacable*. ABC300695 **72 opinión** +: He aquí algunas de las *implacables* opiniones vertidas en la edición de anteayer de *La Stampa*... LVE170895 **73 retrato** +: Es un retrato *implacable*, sin piedad, pero muy objetivo. EPE151101 **74 radiografía:** ...vapuleado por la energía corrosiva de las imágenes, a una de las radiografías más *implacables* que sobre la agonía hispánica se han pronunciado nunca. LVE110696 **75 interpretación:** Su interpretación sobre la presencia de los tres líderes estatales fue *implacable*. EME111195

L SUSTANTIVOS QUE DENOTAN CURSO O PROGRESIÓN TEMPORAL O ESPACIAL. TAMBIÉN CON OTROS QUE DESIGNAN OBJETOS FÍSICOS QUE SE INTERPRETAN METONÍMICAMENTE EN ESE SENTIDO: **76 avance** ++: La enfermedad del legionario sigue su *implacable* avance. EME041096 **77 proceso** ++: ...son débiles e insuficientes para detener el *implacable* proceso de destrucción de empleo de los últimos tres años. EME180594 **78 paso ++:** El paso *implacable* del tiempo hacía irreconocible el personaje construido por la leyenda revolucionaria. EME170194 **79 tiempo ++:** Y en un juego maquiavélico se pronuncian inflamadas frases que el *implacable* tiempo desnuda en su auténtico contenido. CLA150199 **80 reloj +:** A la vuelta del reloj *implacable*, el directo de fin de siglo deja a sus dos autores en un nivel de dignidad apañada... EPE160699 **81 curso +:** La acumulación de intereses de las hipotecas ha seguido su curso *implacable*... LVE021095 **82 marcha:** ...encendido un fuego, éste se propaga si no se anteponen eficaces cortafuegos a su marcha *implacable*. LVE020296 **83 desarrollo:** ...les corresponde para impulsar el *implacable* desarrollo de los acontecimientos escénicos. LVE200596 **84 evolución:** La *implacable* evolución de la economía global significa el final de la Seguridad Social gratuita y universal en Europa, dice el semanario. LVE161295

M SUSTANTIVOS QUE DENOTAN EMPEORAMIENTO, DETERIORO O PÉRDIDA: **85 deterioro +:** ...no hay otros valores tangibles a los que agarrarse en un club sometido a un deterioro *implacable*. EPE270699 **86 decadencia:** Es también una particular forma de valor añadido el aura que viene animando al conjunto de Montjuic, tras cincuenta años de *implacable* decadencia... LVE130695 **87 declive:** ...éste es uno de los varios tropiezos dados por O'Neal en sus días de fama y que le llevaron a un progresivo, *implacable* declive. LVE130495 **88 caída:** La bonanza debe ser para quienes supieron resistir la *implacable* caída de los precios. EPC190597 **89 descenso +:** En esas elecciones, el 13 de junio, se inició el descenso *implacable* del SPD en las urnas. EPE051299 **90 disminución:** Se viene detectando una especie de malestar (...) con el aumento de las ganancias de sectores ultraconcentrados y la disminución *implacable* de las condiciones de vida de grandes sectores... ETC120697 **91 retroceso:** ...se tradujo en *implacable* retroceso de la cotización de este valor. LVE080996 **92 pérdida:** ...es la pobreza de la mayoría de la población y la *implacable* pérdida de calidad de vida de la clase media, lo que está particularizando un cuadro severo... LHG010397

N SUSTANTIVOS QUE DESIGNAN FENÓMENOS ATMOSFÉRICOS O CLIMÁTICOS, MÁS FRECUENTEMENTE SI SE RELACIONAN CON EL CALOR: **93 sol ++:** Tenía que brotar entre los monzones y el sol *implacable*... ABC220995 **94 calor:** El calor es *implacable*, pero los chicos (...) no parecen sentirlo. CLA040199 **95 bochorno:** Y sobre todo a la «noticia» permanente: el bochorno *implacable* que ambienta el complejo de Stone Mountain... LVE250796 **96 lluvia:** Bajo una fría e *implacable* lluvia, saludo a Polowsky como un «norteamericano medio»... HOY071287

Ñ SUSTANTIVOS DE PERSONA, MÁS FRECUENTEMENTE SI DENOTAN CARGO O POSICIÓN DE AUTORIDAD. TAMBIÉN CON OTROS SUSTANTIVOS DE PERSONA QUE DENOTAN CRÍTICA, HOSTILIDAD O VIOLENCIA, GENERALMENTE RELACIONADOS CON LOS SUSTANTIVOS DE LOS APARTADOS *B, C, D, E, F, G* Y *J*: **97 juez ++:** Nietzsche estaba deseoso de venerar, pero la veneración es un juez *implacable* y a los genios conviene mirarles con catalejo. ABC141094 **98 fiscal +:** ...ejerció de *implacable* fiscal frente a la conducta del presidente de Unicaja y de la CECA. EME100695 **99 dictador +:** Fujimori se ha convertido en un dictador *implacable*. ESP070697 **100 asesino:** La aparición de este *implacable* asesino biológico demuestra que el progreso de la medicina no nos pone a cubierto de nuevos virus o bacterias... EME260594 **101 adversario:** Su *implacable* adversario será el espíritu de un enfermero, psicópata y «patriota»... LVE071096 **102 enemigo:** Arafat ha sobrevivido hasta ahora frente a sus *implacables* enemigos. EME070194 **103 crítico:** Suele ser un crítico *implacable* del trabajo de los demás. INDOC

O LOS SUSTANTIVOS *SILENCIO* Y *DESTINO*: **104 silencio +:** ...no piensa escribir memorias y ha guardado un *implacable* silencio... LVE201095 **105 destino +:** El destino es demasiado poderoso e *implacable* para que consienta estar en manos de sus víctimas... EME230695

implantación ♦ **abrupto, generalizado, progresivo** ♦ **aplicar, apoyar, defender, favorecer, llevar a cabo, negociar, proceder (a), propulsar**
☐ Véase también: **aplicación, implantar, uso.**

implantar *v.* ▮ En el sentido literal se combina con sustantivos que designan órganos o piezas artificiales *(riñón, médula, chip)*. En su sentido figurado se combina con sustantivos que designan instituciones, códigos o sistemas *(cultura, idioma, régimen, política, educación)*, así como tributos o pagos que han de satisfacer los miembros de alguna comunidad *(impuesto, tarifa, tasa)*. Se combina además con...

A SUSTANTIVOS QUE DENOTAN FÓRMULA, TÁCTICA O ESTRATEGIA PARA PONER EN PRÁCTICA ALGUNA COSA O ABORDAR UNA TAREA: **1 sistema ++:** Hasta ahora, la firma tenía *implantado* el sistema Haccp, según las reglamentaciones higiénico sanitarias, que permite garantizar el control higiénico del producto que se elabora. DDN110101 **2 método ++:** Este método es ecológico porque se basa en sustancias naturales que se encuentran en el entorno y creo que puede llegar a *implantarse* a gran escala... FDV100599 **3 técnica +:** La tauromaquia clásica carece de recursos para dar fiesta a los toros pasmarotes y se impone *implantar* una nueva técnica que les alegre y dé gusto a la afición. EPD250897 **4 mecanismo +:** ...carece de facultades para *implantar* mecanismos inflacionarios en el cobro de impuestos... EXC211096 **5 procedimiento:** Se *implantarán* procedimientos «más reglados» que harán imposible, por ejemplo, que la documentación sobre las empresas inspeccionadas llegue a la CNMV... EPE231001 **6 metodología:** ...organizando el pénsum de estudios e *implantando* una nueva metodología de enseñanza... EUV151096 **7 estrategia:** Es por eso que en los momentos de mayores dificultades económicas es cuando hay que *implantar* las mejores estrategias... EXC011001

B SUSTANTIVOS QUE DENOTAN LEY, DISPOSICIÓN Y OTROS CONTENIDOS ESTIPULADOS QUE REGULAN LAS ACTUACIONES, ASÍ COMO ALGUNAS DE LAS FORMAS EN QUE SE MANIFIESTAN O SE RECOPILAN: **8 ley ++:** ...le hizo clamar la urgencia de *implantar* la Ley de Partidos Políticos. LTB041296 **9 medida ++:** ...se han *implantado* medidas de restricción vehicular con resultados inmediatos que considera «alentadores». EOU291000 **10 norma +:** La FDA está evaluando si *implantar* la norma de la etiqueta de forma general. EME121296 **11 normativa +:** La Unión Europea estudia *implantar* una normativa que obligaría a los fabricantes de coches a instalar un «chip»... EME140996 **12 criterio +:** ...liberalizar la compra de materias primas e *implantar* criterios económicos en la explotación del sistema integrado de generación de energía. LVE230596 **13 regla:** ...se pronunció, por su parte, sobre el actual mercado cambiario, en el que tendrán que *implantarse* ciertas reglas de juego... LVE100395 **14 reglamento:** ...para *implantar* un reglamento que sea eficaz en el control del ruido. EME270396 **15 legislación:** Así, en Canarias y en Cataluña están comenzando a *implantar* legislaciones al respecto. EPE241201 **16 código:** ¿Cómo van las negociaciones para *implantar* el código compartido? EPD201097

C SUSTANTIVOS QUE DENOTAN MODELO, PAUTA O PATRÓN CUYAS CARACTERÍSTICAS SE TOMAN COMO REFERENCIA: **17 modelo ++:** Algunos acusan a Antena 3 TV de haberse apropiado de parte del modelo de televisión *implantado* por Tele 5. EME101195 **18 canon +:** Para favorecer el uso eficiente se *implantará* un canon con un coeficiente corrector a la baja entre aquellos usuarios que consuman cantidades inferiores... EPE080599 **19 esquema +:** La mayor crítica que se les puede hacer a los dos últimos es que han *implantado* un esquema de actuación política excesivamente robotizado. LVE180896 **20 fórmula +:** ...al teletrabajo como sistema de empleo alternativo, una fórmula que, a su juicio, tardará en *implantarse* en Castilla y León. ENC280499 **21 solución +:** ...desarrolla e *implanta* soluciones reutilizables de tecnología informática... EXC040901

D SUSTANTIVOS QUE DESIGNAN DIVERSAS FORMAS DE ESTABLECER Y ORGANIZAR LA ACTIVIDAD FUTURA: **22 plan +:** No estamos pensando, en absoluto, en *implantar* un plan que se entrometa con los ahorros populares. CLA300199 **23 programa +:** ...lo que puede permitirle batir su marca de ingresos desde que se *implantara* el programa Petróleo por Alimentos en 1996. EPE110899 **24 proyecto +:** ...puede liderar e *implantar* un proyecto de futuro para Galicia... EPE201001

E SUSTANTIVOS QUE DESIGNAN DIVERSAS ACCIONES PUNITIVAS: **25 pena:** ...se reviven los pedidos al mandatario de turno para que se *implante* la pena de muerte. ETC110187 **26 castigo:** Otros que con más o menos vigor también están en proceso de *implantar* castigos a los padres son California, Kentucky, Maryland, Ohio y Pennsylvania. EPE131299 **27 sanción:** Me aterroriza pensar que Occidente crea que nos ayuda si vuelve a *implantar* las sanciones económicas. EME181296

F SUSTANTIVOS QUE DESIGNAN EL ORDEN O LA ESTABILIDAD, ASÍ COMO CIERTAS ACCIONES QUE SE DIRIGEN A MANTENERLOS: **28 orden +:** ...y adentrarse en la zona afgana para *implantar* el orden entre los refugiados afganos que querían pasar a Pakistán. EPE281101 **29 control +:** ...que los controles *implantados* son una garantía para vigilar, «dentro lo posible», que no exista una irregular utilización de esta partida. EME010695 **30 vigilancia:** La coalición gubernamental está decidida a *implantar* la vigilancia electrónica ante los pobres resultados de los métodos convencionales. LVE210695

G SUSTANTIVOS QUE DENOTAN CAMBIO O MODIFICACIÓN DIRIGIDOS A LA OBTENCIÓN DEL PROGRESO O EL PERFECCIONAMIENTO DE ALGO: **31 reforma +:** La otra estrategia para detener el déficit es *implantar* la reforma o privatización de los sistemas de retiro. END201097 **32 mejora +:** ...*implante* una mejora sustancial de la cultura empresarial, que debe comprender una renovación y actualización de sus criterios y técnicas de gestión... LVG221191

H SUSTANTIVOS QUE DESIGNAN IDEAS, ESPECIALMENTE MODOS DE CONCEBIR O INTERPRETAR LA REALIDAD. TAMBIÉN CON OTROS QUE EXPRESAN EL CONJUNTO DE NORMAS QUE REGULAN O CONDICIONAN LA CONDUCTA O EL PENSAMIENTO DE LAS PERSONAS: **33 concepto +:** La veterana firma barcelonesa de recursos humanos IOR Consulting ha *implantado* un nuevo concepto de selección... LVE270596 **34 idea:** Gracias a la primera el presidente logró *implantar* su idea de lo que debe ser la Unión «de y para» los ciudadanos. EME161296 **35 moral:** ...un guarda violento con la gorra en la mano dispuesto a *implantar* el orden y la moral por la fuerza. EME100995 **36 ética:** Añadió que ya se está *implantando* una «nueva ética empresarial» para no contaminar... EME290596 **37 filosofía:** Los primeros en *implantar* esta filosofía de no-puertas fueron los grandes almacenes y, más tarde, las galerías comerciales. LVE111096 **38 conciencia –:** La globalización del mundo ha traído grandes compromisos para el cristiano moderno: luchar por la vida, *implantar* una conciencia biófila contra la necrofilia del neoliberalismo. DYM080996

I ALGUNOS SUSTANTIVOS QUE DESIGNAN FORMAS PECULIARES DE CARACTERIZAR ALGUNAS MANIFESTACIONES ARTÍSTICAS O SOCIALES: **39 estilo +:** El trío Los Panchos realizó varias giras artísticas por países de Iberoamérica y Europa, *implantaron* el estilo de los acompañamientos de guitarra... EPE130999 **40 tendencia:** ...acompañado por la coyuntura y por las tendencias que había dejado *implantadas* el último ministro de Economía socialista... EPE180499

J SUSTANTIVOS QUE DESIGNAN USOS, TRADICIONES O CONVENCIONES QUE SE ASOCIAN CON PRÁCTICAS HABITUALES, Y A VECES CON EL CARÁCTER DISTINTIVO DE LAS PERSONAS O LAS COMUNIDADES: **41 costumbre +:** ...continuó ayer con su costumbre *implantada* esta semana de impedir la entrada de los medios de comunicación... LVE061296 **42 hábito +:** Mas significativo aún, tanto los cargos «tories» como sus bases parecen *implantar* el hábito de la autodisciplina. LVE131096 **43 moda +:** ...al tiempo que *implantó* la moda del cine de espadas y brujería. LVE311096 **44 tradición:** De todas formas, no parece que en Rusia vaya a *implantarse* la tradición asiática de hacer del Gobierno un asunto familiar... EME030796 **45 uso:** El triunfo revolucionario de 1959 *implantó* nuevos usos y modos en la sociedad cubana. EME170795

K ALGUNOS SUSTANTIVOS QUE DENOTAN PODER, DOMINIO O SUPREMACÍA: **46 hegemonía +:** ...pretende *implantar* la hegemonía nacionalista en la isla de Mallorca dejando el Gobierno balear en un protagonismo ejecutivo residual... EPE101199 **47 soberanía:** ...tras el cual las nuevas fuerzas militares *implantarán* su soberanía. EME050296 **48 dominio:** Otra asignatura pendiente está localizada en el circuito femenino, donde Estados Unidos sufre para *implantar* su dominio... EME041295

▩ Se combina también con: ♦ **gradualmente[45], miméticamente[14], por la fuerza, progresivamente, unilateralmente[3]**

□ Véase también: **erigir(se), establecer, implantación, instaurar, reinstaurar.**

implicación ♦ claro, dudoso, indudable, meridiano, patente, personal ♦ derivar(se)[7], descubrir, negar[16], probar, salir a la luz[38]

IMPLICACIÓN

♦ (SUSTANTIVOS) Véase: **absorbente[D], a favor[L], agotador[B], asiduo[D], a tenor de[E], caer en saco roto[G], ciego[G], delegar[E], de lleno[E], drástico[I], igualitario[C], ilusionante[F], pertinaz[D], redoblar[A]**

♦ (VERBOS) Véase: **activamente[C], a favor[F], a fondo[D], arduamente[A], a tope[B], ciegamente[E], concienzudamente[E], con fruición[B], con interés[E], con reservas[F], con todas {mis/tus/sus...} fuerzas[E], convincentemente[H], de cerca[H], decididamente[D,F], decisivamente[A], de lleno[A], de pleno[F], drásticamente[F], equivocadamente[E], extensamente[E], hasta el cuello[A], hasta las cejas[C], heroicamente[B,C,E], incansablemente[C], informalmente[G], íntegramente[B], intensamente[E], inútilmente[B], maliciosamente[H], meritoriamente[B], negativamente[D], plenamente[B], por completo[M], profundamente[B], profusamente[G]**

☐ Véase también: ADHESIÓN; APOYO; AYUDA; PARTICIPACIÓN.

implicar(se) ♦ activamente[17], a fondo[22], con entusiasmo, diligentemente, dinámicamente, fuertemente[15], hasta el cuello[2], hasta las cejas[10], inevitablemente[36], inexorablemente[78], profundamente[13], sinceramente[23], totalmente

☐ Véase también: **involucrar(se) (en), mojar(se), participar.**

implorar *v.* ▮ Admite a menudo como complemento sustantivos que designan necesidades del ser humano *(salud, comida, empleo, vivienda, amor, justicia)*, así como otras nociones que pueden tomarse por tales en determinadas circunstancias *(lluvia, subvención, préstamo)*. También se combina con...

A SUSTANTIVOS QUE DENOTAN SOCORRO O PROTECCIÓN: **1 ayuda ++**: ...para *implorar* ayuda de la ciudadanía cochabambina con motivo de... LTB071296 **2 auxilio ++**: Diversos testigos oyeron a la víctima *implorar* auxilio antes de caer al vacío. EPE201099 **3 protección +**: Cuando pasa La Dolorosa se le *implora* protección, y un coro canta El Ave María. PLG310397 **4 colaboración +**: ...nos miran fijamente, como *implorando* nuestra colaboración. ABC180394 **5 limosna**: ...los niños (...) *implorando* limosnas de los extranjeros... INF010896 **6 milagro**: ...al tiempo que se *implora* el milagro imposible... EME070895 **7 apoyo**: ...casi *implorando* apoyos para la estabilidad... EME050396 **8 favor**: Los vasallos *imploraban* el favor de su señor. INDOC **9 voto**: ...que todos los que *imploran* nuestro voto... LTB200197 **10 amparo**: ...como *implorando* el amparo del niño Jesús. EME261295 **11 asistencia**: ...desde las filas de quienes hoy se ven obligados a *implorar* su asistencia. LVE120396 **12 merced**: ...junto a la frontera, *implorando* la merced de los policías... EDV040599

B SUSTANTIVOS QUE DENOTAN PIEDAD, CONMISERACIÓN Y OTRAS ACTITUDES RELACIONADAS CON LA SOLIDARIDAD O EL AFECTO HACIA LOS DEMÁS: **13 piedad ++**: ...a asomarse a las ventanas y agitar sábanas, *implorando* piedad. EME180695 **14 misericordia ++**: ...y se inclina ante la patrona para *implorar* misericordia... HOY071287 **15 caridad +**: ...como si se estuviera *implorando* caridad en lugar de ejerciendo derechos ciudadanos. EPE070299 **16 compasión +**: De rodillas *imploran* una compasión imposible e indiferenciada... DHE130198 **17 clemencia +**: ...se quedaron observando cómo *imploraba* clemencia, cómo lloraba... EME200895 **18 comprensión +**: ...y le *imploró* al fotógrafo piedad y comprensión... LVE230196 **19 afecto +**: ...y en la calle, *implorando* casi nuestra movilización y nuestro afecto... EME300494 **20 benevolencia**: ...es una forma de *implorar* la benevolencia, también la compañía... ABC010494 **21 consuelo**: ...e *imploramos* para sus familiares la bendición, el consuelo... ENV110797 **22 bendición**: ...a los «dioses terrenales», a los que se *imploran* riquezas o bendiciones... EPE141199 **23 solidaridad**: ...a la reunión de sus colegas y les *«imploraron»* comprensión y solidaridad... LVE120895 **24 reconocimiento**: ...por mucho que Antúnez *implore* un reconocimiento a su capacidad como obrero... EME270594

C EL SUSTANTIVO *JUSTICIA* Y CON OTROS QUE DENOTAN PERDÓN O EXCULPACIÓN DE ALGÚN CASTIGO: **25 justicia ++**: ...el único recurso con que cuenta el pueblo para *implorar* justicia... LHG080497 **26 perdón ++**: El abogado Carlos Cerdas *imploró* perdón al juez estadounidense... LNC070497 **27 indulto +**: ...que *imploró* el indulto presidencial al general... HOY260597 **28 condonación**: No es la primera vez que el Pontífice *implora* (...) la condonación de una parte sustancial... EPE041199

D SUSTANTIVOS QUE DESIGNAN EL FINAL DE ALGUNA SITUACIÓN CONFLICTIVA, ASÍ COMO EL ESTADO RESULTANTE: **29 paz +**: ...y desde aquí *implora* la paz para los Balcanes... EPE310399 **30 tregua +**: ...el presidente del Gobierno *implora* una tregua... EME260695 **31 libertad**: ...insultó ayer a los periodistas, *imploró* por la libertad de su amigo empresario... ETC311096 **32 liberación**: Los familiares *imploraron* la liberación del procesado. INDOC **33 solución**: Al ex ministro que *implora* ahora una «solución satisfactoria» a sus pesares... EME090995 **34 salvación**: ...una mujer que, arrodillada, *implora* su salvación. EPE271199

imponer *v.* ▮ En su sentido de 'colocar' se combina con sustantivos que designan condecoraciones *(medalla, insignia)*. En su sentido pronominal de 'superar o destacar sobre', se combina con sustantivos que designan personas *(El candidato se impuso a sus rivales)*, y a menudo equipos deportivos. En el sentido de 'exigir el cumplimiento de', se combina con sustantivos que designan leyes o preceptos *(ley, regla, norma, principio, reglamento, código, estatuto)*, así como sanciones *(pena, sanción, castigo, correctivo, multa, arresto, sentencia, condena)*. También se combina con sustantivos que designan los sistemas o patrones en que todas esas medidas se inscriben *(política, pauta, estrategia, método, procedimiento, programa: La estrategia que tratan de imponer...; La política que el gobierno impondrá...)*, además de con sustantivos temporales, especialmente si denotan plazo, límite o previsión temporal *(tiempo, período, calendario, plazo, agenda)*. Se combina asimismo con...

A SUSTANTIVOS QUE DENOTAN PODER, AUTORIDAD O HEGEMONÍA. TAMBIÉN CON OTROS QUE DESIGNAN ALGUNAS DE SUS MANIFESTACIONES: **1 autoridad ++:** ...falta de apoyo necesario para *imponer* su autoridad... EME120295 **2 dominio ++:** ...terrenos prohibidos en los que el toro *impone* su dominio. EME200595 **3 superioridad +:** ...debe *imponer* su superioridad como demostró en las semifinales. LVE120395 **4 poder +:** ...*impone* su poder el imperio de la comunicación. ABC311292 **5 control +:** El informe pretendía *imponer* el control obligatorio que deben ejercer organismos como las ITV... EME160595 **6 liderazgo +:** ...su presidente (...) apenas había logrado *imponer* su liderazgo. LVE230896 **7 supremacía:** ...acusa al poder central de querer *imponer* su supremacía... ENC240599 **8 poderío:** ...el púgil de Brooklyn comienza a *imponer* su poderío físico. EME061195

B SUSTANTIVOS QUE DESIGNAN CONDUCTAS SOCIALES O PERSONALES CARACTERIZADAS POR LA AUSENCIA DE ALTERACIÓN O POR EL ACATAMIENTO DE DISPOSICIONES O DICTADOS: **9 orden ++:** La ciudadanía tiene confianza en que sabrá *imponer* el orden. DLA190497 **10 disciplina ++:** ...nos dejen a nosotros la posibilidad de *imponer* la disciplina. EME060996 **11 obediencia +:** Bastará con *imponer* la obediencia desde la Fiscalía General del Estado... EME220295

C SUSTANTIVOS QUE DESIGNAN LA FORMA DE ENFOCAR, ENTENDER O JUZGAR ALGÚN ASUNTO. TAMBIÉN CON OTROS QUE EXPRESAN LOS CONCEPTOS MEDIANTE LOS QUE SE LLEVAN A CABO ESAS APRECIACIONES: **12 criterio ++:** Nunca se me ha ocurrido *imponer* mis criterios a los demás. EME030596 **13 idea ++:** ...quieren *imponer* sus ideas al resto de ciudadanos. DDN050599 **14 tesis ++:** ...consiguió *imponer* su tesis a sus homólogos... EME161295 **15 visión +:** Sorolla (...) quiso *imponer* su visión mediterránea en todo lo que hacía... EME231195 **16 punto de vista +:** ...una política de fuerza que *impone* su punto de vista y que define la justicia como desea. EPE141001 **17 opinión:** ...«a nosotros se nos ha querido *imponer* una opinión opuesta»... EME150896

D SUSTANTIVOS QUE DENOTAN PENSAMIENTO RACIONAL O COHERENTE: **18 lógica ++:** ...la economía de mercado *impone* su lógica... EME090695 **19 razón ++:** ...cuando se sabe que a uno le asiste la razón pero no tiene fuerza para *imponerla*. ABC241195 **20 sentido común +:** En estos casos se debe *imponer* el sentido común. LVE240396 **21 sensatez +:** Hasta que Bebeto intentó *imponer* la sensatez del toque y la filigrana, los ataques del Deportivo quedaron reducidos a los disparos desde fuera del área de Donato... EME090594 **22 cordura:** ...un miembro de la organización que supo *imponer* la cordura... EME300796

E SUSTANTIVOS QUE DENOTAN ACCIÓN O INTERVENCIÓN QUE SE REALIZA CON EL FIN DE PREVENIR O RESOLVER ALGÚN PROBLEMA: **23 medida +:** ...*imponer* medidas disciplinarias a un grupo de agentes... EME011095 **24 acción:** ...liberar (...) de toda carga ideológica que *impone* acciones y compromisos ruinosos. EME020296 **25 solución:** «...nos van a *imponer* una solución», aludiendo a las presiones que vienen de Londres. CLA220199

F SUSTANTIVOS QUE DENOTAN FORMA DE ACTUAR O DE TRATAR UN ASUNTO O A UNA PERSONA: **26 tratamiento:** ...para que le *impongan* un tratamiento psiquiátrico adecuado... EPE270999 **27 conducta:** ...la pertenencia al comité de huelga *impone* una conducta más responsable... EPE020499 **28 comportamiento:** ...pretende no sólo *imponerle* comportamientos, sino incidir en su vida... EPE140799

G SUSTANTIVOS QUE DENOTAN OBLIGACIÓN O RESPONSABILIDAD Y, POR EXTENSIÓN, TAREA O COMETIDO: **29 obligación +:** ...*imponer* obligaciones a quienes no participaban en un pacto. EME220996 **30 deber +:** Se *impone* el deber de no dejarse esclavizar... EME230396 **31 responsabilidad:** ...cada vez se les exigen más tareas y se les *imponen* más responsabilidades... EPE221299 **32 carga:** ...el actual sistema es perverso al *imponer* cargas económicas insuperables... EPE271201 **33 misión:** ...se *impone* la misión personal de impedir que un joven libertino... EME230495 **34 trabajo:** ...es necesario *imponer* trabajo científico que empieza por la selección cuidadosa de semillas... LTB230197

H SUSTANTIVOS QUE DENOTAN CONDICIÓN, NECESIDAD O REQUISITO: **35 condición ++:** ...*imponiendo* condiciones mucho más duras que las anunciadas por el ministro... EME010296 **36 necesidad ++:** Se *impone* la necesidad de contrastar... ABC011093 **37 cláusula +:** ...le quieren *imponer* una cláusula que no me gusta. EPE101299 **38 exigencia +:** ...*imponer* las exigencias del Tratado de Roma... EME220196

I SUSTANTIVOS QUE DENOTAN CAMBIO, MÁS FRECUENTEMENTE SI RESTRINGE O REDUCE ALGÚN ESTADO DE COSAS ANTERIOR: **39 cambio +:** ...no podemos aceptar ahora que nos vengan a *imponer* cambios. CLA090597 **40 modificación:** ...pensaría en la dimisión si se *imponía* una modificación del listado... EPE120499 **41 reforma +:** ...la oposición de la patronal a *imponer* reformas a golpe de decreto. EME101096 **42 reajuste +:** ...se intente *imponer* un reajuste económico con cargo al gasto social de los presupuestos. LVE030795 **43 reestructuración +:** ...*imponga* una reestructuración global de nuestro aparato productivo. EUV061196 **44 recorte +:** Se *impone* el recorte presupuestario... LVE210196 **45 renovación:** ...se *imponía* una renovación que tuviera más en cuenta los gustos del público. EME020296 **46 reducción +:** ...*imponer* una reducción de emisiones paralela al desarrollo tecnológico. EME150696 **47 restricción +:** ...van a *imponer* restricciones en la circulación de coches y peatones... EME040796 **48 revolución:** Se *impone* una revolución: dejar de creer en el dinero, puesto que el dinero no se aclara. EME060195

J SUSTANTIVOS QUE DESIGNAN ACTITUDES PREVENTIVAS: **49 respeto ++:** ...un equipo que por sí mismo y por su nombre ya *impone* respeto. LVE091295 **50 reserva:** Se *imponían* ciertas reservas antes de tomar una decisión tan radical. INDOC

K SUSTANTIVOS QUE DENOTAN TEMOR, A MENUDO INTENSO: **51 miedo:** Imponiendo el miedo no se gobierna. Sólo se fomenta el odio. HOY050586 **52 terror:** ...los cabecillas, que *imponen* el terror entre sus compañeros. EME050496 **53 pánico −:** Los atentados de la semana pasada pretendían *imponer* el pánico entre la población. INDOC

▩ Se combina también con: ♦ **abusivamente[34], a dedo[18], a plazo fijo[3], a rajatabla[12], a toda costa, a ultranza, cautelarmente[23], con firmeza[37], con mano de hierro[17], con mano firme[12], contra vien-**

to y marea[27], dictatorialmente, dogmáticamente, gradualmente[46], impunemente, inexorablemente[18], limpiamente[4], paulatinamente[38], sin condiciones, unilateralmente[1]
☐ Véase también: **imponer(se)**.

imponer(se) ♦ abrumadoramente[4], a domicilio[5], ajustadamente[4], aplastantemente, arrolladoramente[6], clamorosamente, claramente, cómodamente, con autoridad, con rotundidad[46], demoledoramente, electoralmente, nítidamente[51]
☐ Véase también: **imponer, mandar, ordenar**.

imponible ♦ base, líquido, renta, tasa

importancia ♦ abrumador[54], accesorio, acorde (con)[52], capital, clave, considerable, creciente, crucial[36], cualitativo[33], decisivo[39], desmedido[80], desmesurado[41], determinante, escaso, esencial, estratégico, fundamental, ínfimo, insignificante[12], limitado, notable, particular, preponderante[8], relativo, singular, sumo[8], verdadero, vital ♦ ápice (de)[47] ♦ acreditar, adquirir[53], atribuir, aumentar, calcular, calibrar[25], carecer (de), cobrar[12], conceder[60], dar[101], decrecer, desplazar, destacar, devaluar(se)[12], dilucidar[2], disminuir, empañar(se)[39], estribar (en)[24], hacer {notar/ver}, magnificar[23], manifestar, negar[15], otorgar, perder, quitar, relativizar, resaltar, residir (en)[2], revestir(se) (de)[12], señalar, sobrestimar, sopesar[21], subestimar, subrayar, tener, valorar
☐ Véase también: **alcance (de), envergadura, relevancia, relieve, trascendencia, valor**.

IMPORTANCIA Véase: PREEMINENCIA; PROMINENCIA; RELEVANCIA; VALOR

importe ♦ abultado[14], alto, aproximado[29], desorbitado, exacto, ínfimo, irrisorio, módico, proporcional ♦ abonar, adeudar, ascender (a algo), asumir, calcular, consignar, dejar a deber, desglosar, especificar, estimar(se) (en algo), pagar, rebajar[3], satisfacer, sobrepasar (algo), totalizar (algo)
☐ Véase también: **coste, gasto, precio**.

imposible ♦ absolutamente, de todo punto, humanamente[2], prácticamente, virtualmente[33]

impostar ♦ tono, voz

impracticable *adj.* ▮ En su sentido de 'de difícil paso o en mal estado' se combina con sustantivos que designan vías de comunicación *(camino, carretera, ruta, sendero, itinerario)*, y también con otros que se refieren a superficies, especialmente las diseñadas para el desempeño de una actividad *(terreno, campo, ruedo, pista de esquí)*. En el sentido de 'que no se puede llevar a cabo' se combina con sustantivos que designan sistemas, especialmente políticos o ideológicos *(democracia, socialismo, liberalismo)*, y también con...

A SUSTANTIVOS QUE DESIGNAN DIVERSOS RESULTADOS DE LA ACTIVIDAD INTELECTUAL O COGNITIVA: **1 idea** ++: Los ingenieros y técnicos especializados en este campo serían los que finalmente dirían si esta propuesta debe arrojarse al lugar de las ideas *impracticables*... EXC180197 **2 teoría:** Si Grotowski esbozó una hermosa teoría *impracticable* o trazó un camino vivificador para una práctica estancada (...) es asunto que en parte concierne al futuro. EPE160199 **3 tesis:** ...la identidad y la autodeterminación obligan a España a una renuncia de sus tesis anexionistas (...) dado que aquéllas son *impracticables* e innecesarias en una España democrática... EPE180977

B SUSTANTIVOS QUE DENOTAN ESTRUCTURA ARTICULADA U ORGANIZADA, ESPECIALMENTE SI SE REFIERE A POSIBLES ACTUACIONES FUTURAS. TAMBIÉN CON ALGUNOS QUE DESIGNAN OTRAS MANIFESTACIONES DE LA INTENCIÓN DE ACTUAR: **4 plan** ++: No hace falta mucha imaginación para llegar a la conclusión de que el Plan Colombia (...) es sencillamente *impracticable*. EPE270800 **5 programa** +: Mitterrand (...) ha despojado al Gobierno de la ideología en base a la cual había elaborado un programa que una vez en el poder, frente a los hechos, se reveló *impracticable*. EPE020484 **6 modelo:** El «modelo económico» que promovió en los últimos años es ahora *impracticable* porque se basaba en los tráficos ilícitos y en el blanqueo de dinero... LVE160596 **7 sistema:** ...el oficio se transmitía de maestros a aprendices, un sistema que considera ideal por más que los tiempos que corren lo hayan hecho *impracticable*. LVE271295 **8 propuesta** +: Es muy opinable aunque, hoy por hoy, es una propuesta *impracticable*. LVE170896 **9 sugerencia:** Si una sugerencia es *impracticable*, elogie el esfuerzo de quien la presentó... INDOC **10 iniciativa:** En este sentido, la iniciativa de resucitar la Unión Soviética puede ser *impracticable*, pero puede resultar un milagro electoral. LVE160396

C SUSTANTIVOS QUE DENOTAN MODO DE ACTUACIÓN: **11 táctica:** La táctica del avestruz, pretender que desaparezca lo que se ignora y conjurar lo que se teme mirando para otro lado es, en última instancia, *impracticable*. EME261096 **12 método** +: Este método, basado en la paciencia, resulta *impracticable* en la actualidad. EME030494 **13 política:** El Gobierno (...) pretende (...) calmar los ánimos de la sociedad, frente a una situación internacional que hace *impracticable* esa política a tres bandas. EPE170900

D SUSTANTIVOS QUE DENOTAN DISPOSICIÓN NORMATIVA: **14 ley:** El borrador del anteproyecto (...) fue cuestionado profundamente por varios participantes, sobre todo (...) por dar la impresión de una ley *impracticable*. ACP150996 **15 enmienda:** Sostuvieron que la enmienda propuesta parecía *impracticable*, pero aun así la llevaron a cabo. INDOC **16 sentencia:** Rubén Ocampo Rivarola (...) afirmó ayer que una eventual sentencia favorable de la Corte Suprema de Justicia al reclamo del Partido Colorado (...) es *impracticable*. ACP110996 **17 norma:** Si un gobierno desea destruir su industria privada (...), sólo debe materializar entre otras las siguientes acciones de hostigamiento: (...) dictar normas o regulaciones medioambientales y municipales *impracticables*... LEC040297

E ALGUNOS SUSTANTIVOS QUE DENOTAN OBLIGACIÓN: **18 condición:** El partido frente al Athletic estuvo a punto de suspenderse porque una intensa lluvia dejó el terreno de juego en unas condiciones casi *impracticables*.

EPE100199 **19 exigencia:** El Ministerio de Asuntos Exteriores español (...) calificó las exigencias del Gobierno guineano de «irrealistas e *impracticables*». LVE030896

imprecisión ♦ cargado (de), claro, conceptual, constante, cronológico, defensivo, fatal, gramatical, histórico, ligero, literario, llamativo, lleno (de), marcado, narrativo, notable, ofensivo, pequeño, plagado (de), verbal ♦ falta (de), grado (de), serie (de) ♦ caer (en), cometer, corregir, incurrir (en), malograr (algo), resaltar

impredecible *adj.* ▮ Se combina con sustantivos de persona, individuales o colectivos *(protagonista, jugador, gente, equipo)*, y con múltiples sustantivos que designan informaciones *(noticia, información, dato, texto)*. También se combina con...

A SUSTANTIVOS QUE DESIGNAN EL FINAL DE ALGO O SUS EFECTOS: **1 consecuencia ++:** ...que pueden llevar al país a una eclosión cuyas consecuencias son *impredecibles*. VIS060297 **2 efecto ++:** Opina que los efectos de la nueva era son incontables y también *impredecibles*. LHG031100 **3 alcance +:** Curiosa paradoja siendo la raíz de esta moda estético-musical un sentir de génesis minoritaria, naturaleza independiente y alcance *impredecible*. LVE170495 **4 resultado +:** Eso depende de la magnitud de su derrota, en un momento en que los resultados son particularmente *impredecibles*, y de su propia voluntad. EME010694 **5 final +:** ...HB está en decadencia, pero el final es *impredecible* y la ruptura, que se producirá, será en el momento más inesperado... LVE180894

B SUSTANTIVOS QUE DENOTAN MODO DE SER O DE ACTUAR. TAMBIÉN CON OTROS QUE DESIGNAN CIERTOS RASGOS QUE LO CARACTERIZAN: **6 comportamiento ++:** ...puede ser uno de los factores que estén incidiendo en su comportamiento violento, *impredecible* en los test psicológicos de selección. FDV050401 **7 personalidad +:** La personalidad fogosa e *impredecible* de los dos candidatos de la costa... LVE080796 **8 actitud:** ...la *impredecible* actitud de los militares si se afirma la tesis de Brizola de llamar lo antes posible a elecciones. HOY250385 **9 carácter:** El signo Géminis confiere al actor irlandés Liam Neeson un carácter dubitativo e *impredecible*. EME150496 **10 perfil −:** ...intentaban justificar la falta de resultados en el perfil *impredecible* del prófugo. EPC220797

C SUSTANTIVOS QUE DESIGNAN DIVERSAS FORMAS DE TRANSCURRIR EL CURSO DE ALGUNA COSA: **11 evolución +:** ...no ocultaba ayer su inquietud por la *impredecible* evolución de los acontecimientos en Perú. EPE190900 **12 desarrollo +:** Y, sobre todo, del *impredecible* desarrollo de nuevas tecnologías. EME090296 **13 curso:** La coreografía sigue un curso *impredecible*, sin descansos y sin aparentes crescendos o clímax... LVE070896 **14 dinámica:** ...ya que pueden proceder de cualquier punto del espacio interestelar y sus trayectorias están dominadas por una dinámica caótica *impredecible*. ABC050894 **15 movimiento:** ...pero algo tan complicado como el movimiento de las placas es probable que continúe siendo totalmente *impredecible*. ETC011287

D SUSTANTIVOS QUE DENOTAN CAMBIO DE ESTADO O MODIFICACIÓN: **16 cambio +:** Los jóvenes que pasan por esta etapa tienden a tener cambios extremos e *impredecibles* en el ánimo, que son desatados por desequilibrios químicos y hormonales. ETC010796 **17 alteración +:** Sin embargo estas alteraciones pueden ser *impredecibles* e imposibles de corregir. LVE090895 **18 fluctuación:** ...pero el problema, en nuestros días, es que estos parámetros no sólo parecen abocados a una fluctuación *impredecible*... LVE151295 **19 mutación:** Por lo que se va viendo, la producción de acero en España es una actividad sujeta a mutaciones *impredecibles*... LVE190395

E SUSTANTIVOS QUE DENOTAN EVENTO, ACONTECIMIENTO Y TAMBIÉN VICISITUD O CIRCUNSTANCIA FORTUITA: **20 incidente +:** ...llegaron a afirmar que el incidente fue una obra de la fatalidad, y que por lo tanto era *impredecible* desde todos los puntos de vista. LPA060592 **21 hecho +:** El vertido tóxico ocasionado por la rotura de la presa de Aznalcóllar el 28 de abril de 1998 fue un hecho *impredecible* e inaudito. EPE301299 **22 suceso +:** Quizás el ingrediente que hace más temibles los terremotos es su condición de sucesos absolutamente *impredecibles*. ENV110797 **23 avatar +:** Además, el cargo que ocupa es de designación gubernamental y está sujeto a los avatares *impredecibles* de la política... LVE140595

F SUSTANTIVOS QUE DENOTAN REACCIÓN: **24 reacción +:** ...si el gobierno cubano considera que el acuerdo lesiona sus intereses, quedaría como otro perdedor, con lo que las ulteriores reacciones son *impredecibles*. DLA150497 **25 respuesta:** En un cerebro normal, la respuesta eléctrica a los estímulos sigue un patrón normal, pero cuando el cerebro sufre algún daño dicha respuesta es muchas veces *impredecible*. EME020295 **26 pronto:** Está nervioso e inquieto, y tiene unos prontos *impredecibles*. INDOC

G SUSTANTIVOS QUE DENOTAN TIEMPO VENIDERO Y, POR EXTENSIÓN, SINO O AZAR: **27 futuro +:** ...el futuro inmediato del país es complicado e *impredecible* y el 3 de marzo está muy lejano. EPE311201 **28 porvenir:** Con equipos tan igualados, el porvenir de esta liga es *impredecible*. INDOC **29 destino:** ...tan inseguro e *impredecible* como el destino de cada uno de nosotros. INDOC

H SUSTANTIVOS QUE DENOTAN POSIBILIDAD O EXISTENCIA DE UN DAÑO O UN PERJUICIO: **30 peligro +:** Las autoridades saben asimismo que en esta área se han hundido dos camiones y que esta colonia en particular está catalogada como «zona de alto riesgo» con peligros *impredecibles*. PME291296 **31 amenaza +:** Un grupo terrorista es siempre una amenaza *impredecible*. INDOC **32 riesgo:** ...como si quisiera evitarnos unos riesgos *impredecibles* que sólo él, como padre, debía asumir. EPE280899

I SUSTANTIVOS QUE DESIGNAN LAS CONDICIONES O CIRCUNSTANCIAS QUE RODEAN O CARACTERIZAN UN ESTADO DE COSAS: **33 clima +:** ...el *impredecible* y a menudo desfavorable clima del Cantábrico, y el desmedido fervor de la afición local. LVE190594 **34 ambiente:** Los inversionistas extranjeros se encontrarán en un ambiente cada vez más riesgoso e *impredecible*... DLA010397

J OTROS SUSTANTIVOS; POSIBLES USOS ESTILÍSTICOS: De otra manera podría no emerger sano y salvo de esas *impredecibles* entrañas de mugre y cemento, en progresiva destrucción. CLA211187

☐ Véase también: **imprevisible**.

impresión ♦ agradable, bueno, desfavorable, desolador[32], engañoso, equivocado, erróneo,

excelente, favorable, fuerte, fundado[3], fundamentado[15], general, grato, hondo, horroroso, imborrable[11], lamentable, magnífico, malo, negativo, particular, personal, pésimo, positivo, primero, profundo[120], vívido[23] ♦ abrigar[39], avalar[71], causar[25], cobrar fuerza[7], corroborar[14], cundir[46], dar[320], dejar caer[15], dejar en la memoria, dejarse llevar (por)[4], intercambiar, llevarse, nublar(se)[21], producir (a alguien), provocar (a alguien), quedar en la memoria, quedarse (con), recabar[31], recibir, recobrarse (de), reponerse (de)[3], sacar (de algo), sobreponerse (a), sustraer(se) (de/a)[27], traslucir(se)[19]

□ Véase también: **sensación, susto.**

IMPRESIÓN Véase: *SENSACIÓN; SENTIMIENTO*

IMPRESIÓN

♦ (SUSTANTIVOS) Véase: **acusado[J], a prueba (de)[D], causar[C], cundir[G], de campeonato[A], desolador[D], destilar[A], imborrable[C], mayúsculo[B], pegar[A], profundo[O], recobrarse (de)[C], reponerse (de)[A]**

♦ (VERBOS) Véase: **desfavorablemente[B], ligeramente[F], profundamente[K], trágicamente[D]**

□ Véase también: SENSACIÓN.

impresionar ♦ **desfavorablemente[8], favorablemente, fuertemente, gratamente[2], hondamente, negativamente, positivamente, profundamente[78], vivamente[28]**

impreso ♦ **compulsar, cumplimentar, cursar, dar curso (a), legalizar, llenar, presentar, rellenar**

□ Véase también: **burocracia, formulario, gráfico, instancia, trámite.**

imprevisible *adj.* ▮ Se combina con sustantivos que designan personas *(hombre, político, adversario)* o grupos *(equipo, pareja, gobierno)*. También lo hace con...

A SUSTANTIVOS QUE DENOTAN EL FINAL DE UN PROCESO: **1 final** ++: Fue un final *imprevisible*, electrizante. CLA170397 **2 resultado** ++: ...los analistas del sector dan como seguro (...) el principio de una guerra comercial con resultados *imprevisibles*... EME140695 **3 desenlace** +: Igual que en las otras comunidades, el desenlace será *imprevisible*... EXC091196 **4 conclusión**: ...nos ha de llevar al final de una revolución social sin precedentes y de *imprevisibles* conclusiones. LVE160695 **5 solución**: ...la situación entraría en ese caso en un callejón sin salida de *imprevisible* solución. LVE040895 **6 coda**: «Smoke» (...) tiene su oportuna, jovial, *imprevisible* coda en un pretexto fílmico llamado «Blue in the face». LVE060196 **7 salida**: Diferentes interpretaciones jurídicas y el análisis de la «letra pequeña» han conducido a un callejón de salida *imprevisible*. LVE260396

B EL SUSTANTIVO *CONSECUENCIA* Y CON OTROS QUE DESIGNAN DIVERSAS FORMAS DE VALORAR EL RESULTADO DE UN PROCESO O UN ESTADO DE COSAS: **8 consecuencia** ++: Este problema puede generar *imprevisibles* consecuencias en todo el aparato productivo del país. EUV170498 **9 secuela**: ...ha sufrido una escisión que dejará secuelas todavía *imprevisibles*. LVE161096 **10 éxito**: Una película de serie B que tuvo un éxito *imprevisible*. LVE080296 **11 triunfo**: El triunfo fue demoledor e *imprevisible*. PLG080796 **12 repercusión** +: ...el fenómeno natural a tratar es un tornado de *imprevisibles* repercusiones. EPE110699

C DIVERSOS SUSTANTIVOS DE SIGNIFICACIÓN PROSPECTIVA: **13 futuro**: Pero el futuro es *imprevisible*. EME170795 **14 pronóstico**: El pronóstico es *imprevisible*. LVE301096 **15 previsión**: Respecto a la previsión de resultados para 1996, dijo que (...) es *«imprevisible»*, por la volatilidad de los precios... LVE280396 **16 destino**: Sin embargo los siete votos de diferencia son de destino *imprevisible*. EME241095 **17 hado** −: ...los hados *imprevisibles* que siempre rondan estas ocasiones hicieron que la obra recayera sobre el joven violinista... EPE190199

D SUSTANTIVOS QUE DENOTAN FORMA DE SER, PENSAR O ACTUAR: **18 comportamiento** ++: Ésta achacó los fallos al «comportamiento *imprevisible* del suelo». EPE230999 **19 actitud** +: Famosa por sus condiciones vocales y por sus actitudes *imprevisibles*, la Callas alimentó en vida su propio mito. CLA160997 **20 actuación** +: ...se podrían producir algunas actuaciones judiciales, ahora *imprevisibles*... LVE290796 **21 reacción** +: ...los editores tienen miedo de las *imprevisibles* reacciones de nuestro supuestamente ignaro público... ABC061095 **22 carácter**: ...el personaje es eminentemente peligroso por ser su carácter cambiante e *imprevisible*. LVE100696 **23 personalidad**: ...otorga nueva dimensión a su tan compleja como contradictoria e *imprevisible* personalidad. LVE280696 **24 temperamento**: ...sugiere también un temperamento mediterráneo e *imprevisible*... EME120294 **25 postura**: Un libro británico estudia la postura *imprevisible* de los nuevos compradores. LVE160995 **26 naturaleza**: Esperemos que no sea así, aunque la naturaleza humana es *imprevisible* y esquiva. ETC150996

E SUSTANTIVOS QUE DENOTAN CURSO O MOVIMIENTO: **27 movimiento**: El propio Yakin juega algo así como una partida de ajedrez con su guión, ágil, inteligente, de movimientos *imprevisibles*... LVE070595 **28 avance**: El estudio de la antimateria (...) abre la vía a avances tecnológicos todavía *imprevisibles*. LVE050196 **29 escalada**: La perspectiva de que la crisis derive (...) en una escalada *imprevisible* de la violencia, provocó inmediatas presiones... CLA030297 **30 oscilación**: Los tipos de interés a largo plazo han entrado con frecuencia en esta rueda de oscilaciones *imprevisibles*. LVE291095 **31 recorrido**: ...alude al *imprevisible* recorrido de las carretillas que carecen de un cabo que prender. EPE210199 **32 proceso**: Pero pone a las Fuerzas Armadas frente a un proceso *imprevisible* y aumenta el riesgo de devastación del régimen. HOY250184 **33 desarrollo**: ...primero ha sido la revisión de la gestión previsional; después, un *imprevisible* desarrollo del conflicto docente. LNA090792 **34 trayectoria**: La etapa que viene es la de sumar nuevos aliados que se animen a seguir al ex ministro de Economía en su *imprevisible* trayectoria política. CLA030397 **35 curso**: ...la economía y la Bolsa estadounidenses «están en una burbuja de curso *imprevisible*». CLA120199

F SUSTANTIVOS QUE DENOTAN CAMBIO: **36 cambio**: ...«La arquitectura debe aceptar los cambios *imprevisibles* de la sociedad». EME071096 **37 alteración**: Pero las ciudades, a diferencia de nuestros cuerpos, sufren en realidad alteraciones menos *imprevisibles.* EPE151099 **38 mutación:** ...los actuales momentos no son menos críticos (...) para los mismos países más ricos, en trance de *imprevisibles* mutaciones. LVE101196 **39 giro:** Las circunstancias darán un giro *imprevisible* y peligroso. LVE170495 **40 desviación:** ...puede dar lugar, incluso, a desviaciones políticas *imprevisibles* y nefastas. LVE090196

G SUSTANTIVOS QUE DESIGNAN FENÓMENOS NATURALES, MÁS FRECUENTEMENTE METEOROLÓGICOS: **41 meteorología:** La meteorología es *imprevisible...* EPE251099 **42 nieve:** La naturaleza no se puede dominar; el viento, el frío, la nieve son a veces *imprevisibles.* LVE090995 **43 viento:** Temperaturas bajas, vientos *imprevisibles* y cambiantes y alergias con las que pocos cuentan serán elementos contra los que habrán de luchar los atletas. EPE140900 **44 frío:** La naturaleza no se puede dominar; el viento, el frío, la nieve son a veces *imprevisibles.* LVE090995 **45 calor:** ...un calor así es absolutamente anormal y hasta cierto punto *imprevisible.* EME230795 **46 terremoto:** Sabemos que el terremoto es tremendo, sabemos que es *imprevisible...* LVE180195

H SUSTANTIVOS QUE DESIGNAN ESTADOS DE CRISIS Y OTRAS SITUACIONES ADVERSAS: **47 cataclismo:** ...salvo cataclismos *imprevisibles,* puede tirar del carro casi toda la legislatura... EME140394 **48 catástrofe:** ...siguen insistiendo en que la catástrofe era *«imprevisible»...* EME070996 **49 desgracia:** No puede alegar sorpresa ni ocurrencia de «desgracias» *imprevisibles.* BRE311097 **50 peligro:** ...«con la mezcla de drogas de diseño y alcohol el peligro es totalmente *imprevisible*». LVE200996 **51 problema:** ...«algunos problemas *imprevisibles* han obligado a imponer restricciones en el establecimiento de nuevas llamadas». EPE270299 **52 riesgo:** ...esta postura abre riesgos *imprevisibles* sobre otros muchos productos de uso habitual... LVE050995 **53 ataque:** Una piel que no sólo lo defiende de los *imprevisibles* ataques del mundo exterior... EME170396 **54 atentado:** ...los atentados terroristas son *imprevisibles,* lo mismo puede pasarte aquí, que en Londres o Nueva York... LVE220796

I OTROS SUSTANTIVOS; POSIBLES USOS ESTILÍSTICOS: Simon debe buscar en el mapa dónde está Barcelona, *imprevisible* maná. LVE290996; ...Juan Carlos Insúa se hace a sí mismo a partir de un magma *imprevisible...* LVE111295; ...no suele elegir atajos, sino caminos repletos de sugerencias y recodos *imprevisibles.* LVE020395

☐ Véase también: **impredecible**.

imprevisto ♦ *(sust.masc.)* **casual, desafortunado, eventual, lamentable, súbito ♦ aparecer, calcular, constituir, contar (con), exponerse (a), presentarse, representar, sobrevenir, solucionar, surgir, tropezar(se) (con)**[13]

☐ Véase también: **anticipar(se) (a), avatar, aventura, prever, riesgo (de).**

imprimir *v.* **I** En el sentido de 'reproducir usando una imprenta o un dispositivo que haga sus veces' se combina con sustantivos que designan textos o sus soportes y contenidos *(texto, noticia, documento, panfleto, libro, alegato).* Figuradamente se combina con...

A SUSTANTIVOS QUE DESIGNAN RASGOS CARACTERÍSTICOS, PECULIARES O DISTINTIVOS DE LAS PERSONAS O LAS COSAS: **1 sello ++:** Los otrora mambises le *imprimieron* un sello caudillista a la política... ENH071100 **2 aire ++:** Parece que la asociación judicial conservadora quiere *imprimir* aires nuevos. EPE300699 **3 tono +:** ...ellas se adueñan de la película y le *imprimen* el tono requerido. EME220495 **4 estilo +:** Según nuestras instituciones, es el jefe del Estado quien debe *imprimir* su estilo en este ámbito. LVE171294 **5 aspecto +:** «Serie 4» es su cabina, que le *imprime* un aspecto muy característico. EME191095 **6 perfil:** El azúcar le *imprimió* un perfil «moderno» al campo y, por ende, a la economía... ENH071100

B SUSTANTIVOS QUE DENOTAN PERSONALIDAD O IDENTIDAD PERSONAL: **7 carácter ++:** La universidad no les *imprime* carácter. LVE080396 **8 carisma ++:** ...lograba siempre *imprimir* al conjunto su carisma personal. ABC050393 **9 personalidad +:** Carmen Linares gusta de rescatar cantes antiguos y a partir de ahí les *imprime* su propia personalidad. LVE270696 **10 talante:** Y a ello ha contribuido sobremanera el talante que ha *imprimido* el candidato Aleix Vidal-Quadras. LVE181195

C SUSTANTIVOS QUE DENOTAN CAPACIDAD FÍSICA, PSÍQUICA O ANÍMICA PARA ACTUAR: **11 ánimo ++:** ...llegarán para *imprimir* nuevos ánimos en esta divisa que también mostró muchísimas carencias... VEN240899 **12 energía ++:** La idea del happy ending es lo que *imprime* energía al cine americano. EPE120799 **13 aliento +:** ...García Sánchez le *imprime* su vigoroso aliento verbal... LVE210696 **14 vitalidad +:** La presencia de esta organización y del laboratorio han *imprimido* una vitalidad a la biología molecular no sólo europea sino universal... ABC130195 **15 impulso +:** ...las autoridades de la isla pretenden *imprimir* un gran impulso dada la precaria situación financiera que padece el país. LVG301091 **16 ilusión:** ...unos políticos muy conservadores no fueron capaces de *imprimir* al país ninguna ilusión para la llegada del siglo XX... LVE070196 **17 ímpetu:** Esperemos que esta novedad editorial *imprima* un nuevo ímpetu a los estudios junguianos en nuestro idioma. ABC240395 **18 interés:** ...*imprimió* nuevo interés resolutivo a la definición de un plan integral de etapas encadenadas... LVE100894 **19 fuerza:** Sólo ella es capaz de *imprimir* esa fuerza a sus golpes. EME220196

D SUSTANTIVOS QUE DENOTAN VELOCIDAD O CADENCIA: **20 velocidad ++:** ...Maldonado le *imprimió* más velocidad e inteligencia a los ataques de su equipo. EXP210797 **21 ritmo ++:** Luyk puso el equipo en manos de Lucas Victoriano para *imprimir* otro ritmo... ENC280499 **22 rapidez:** Y quiere *imprimir* rapidez en la negociación. EME220596

E EL SUSTANTIVO *CAMBIO* Y CON OTROS QUE EXPRESAN LA DIRECCIÓN SEGUIDA POR UN PROCESO: **23 cambio ++:** Consciente de que el nuevo curso es crucial si se quiere *imprimir* un cambio de rumbo... EPD300997 **24 orientación +:** ...Le Chevallier despidió al director y fundador del teatro Chateuvallon (...) acusándolo de pretender *imprimir* una orientación de izquierda... CLA140297 **25 rumbo +:** ...ha conseguido *imprimirle* un nuevo rumbo a las bolsas. EPE010886 **26 giro:** ...se presenta como la modalidad más viable para *imprimir* un giro expeditivo al proceso de trasformaciones radicales... LPA090592 **27 viraje −:** El voto en la capital económica y cultural de la región de Quebec fue el que *imprimió* el viraje decisivo a favor del «no» en las urnas. EME021195

F SUSTANTIVOS QUE DENOTAN PUNTO DE VISTA: **28 criterio** ++: Diago reclamó la gestión para poder *imprimir* a la organización criterios empresariales y no políticos. EPE040399 **29 idea** +: Hemos recopilado todo lo que se había hecho para saber exactamente de qué situación partimos y para poder *imprimir* la nueva idea... EPE021199

G OTROS SUSTANTIVOS; POSIBLES USOS ESTILÍSTICOS: ...el joven maestro le *imprimió* un lenguaje poético a los pasajes melódicos... DLA010397; ...lo que permite *imprimir* eficacia y productividad... EXC070901

▩ Se combina también con: ♦ **a toda plana[2], pulcramente[16]**

☐ Véase también: **estampar, inculcar, infligir, infundir**.

ímprobo *adj.* ▮ Se combina con...

A SUSTANTIVOS QUE DENOTAN TRABAJO: **1 trabajo** ++: ...no es obra para leída en un santiamén y menos ahora que estoy bregando con un trabajo *ímprobo* acumulado con motivo de mi próxima marcha... ABC090493 **2 tarea** ++: Buscar en cambio otras formas excluyentes de participación, además de tarea *ímproba* e imposible, constituye un puro afán de eludir el asunto de fondo. HOY191083 **3 labor** ++: ... trabajó largos meses sin resultados. *Improba* y al parecer estéril labor tuvieron también los científicos... CAP170797 **4 gestión**: ...desde hace casi 15 años se encuentra en paradero desconocido, en poder del Ejército libanés o sirio, a pesar de las *ímprobas* gestiones efectuadas por su familia y la... EPE060400

B EL SUSTANTIVO *ESFUERZO*. TAMBIÉN, AUNQUE MENOS FRECUENTEMENTE, CON OTROS QUE DESIGNAN ACCIONES, SITUACIONES Y ACTITUDES QUE CONLLEVAN ESFUERZO COMO RASGO DESTACADO: **5 esfuerzo** ++: ...la resolución de un problema para mí vital toda vez que afecta el patrimonio de mis hijas, fruto del trabajo de muchos años de *ímprobo* esfuerzo. PME250896 **6 sacrificio**: ...resulta ser una versión más sofisticada de otro tipo de «parche» de la masculinidad que ya llevaba algunos años en el mercado pero que exigía realizar sacrificios *ímprobos*. EME010296 **7 hazaña** –: Contar abejas es una hazaña bastante *ímproba*, porque estos bichitos volátiles no tienen la mansedumbre de las ovejas... LTB060297 **8 lucha** –: ...ya se levanta sobre sus dos pies y, aunque la lucha que tiene delante es todavía *ímproba*, ahora, al menos, sabrá... EPE260401 **9 investigación**: ...tras *ímprobas* amén de sesudas investigaciones, entre las que... LVE240696 **10 gasto**: ...ahora se propone atacar a los dueños de los 200.000 perros que defecan cada día en las calles de la Ciudad de la Luz, obligando a un gasto *ímprobo* de agua y a un trabajo extra de los barrenderos... EPE221201

C OTROS SUSTANTIVOS; POSIBLES USOS ESTILÍSTICOS: **11** ...mientras que Kornegay frustraba cualquier intento de los madrileños bajo los aros a base de *ímprobos* tapones. EPE240199

improcedente ♦ **acción, actitud, actuación, apelación, cargo, comentario, comparación, conducta, criterio, declaración, despido, información, juicio, medida, método, pago, propuesta, recurso, solicitud, sugerencia**

impronta ♦ **característico, especial, indeleble[7], original, peculiar, personal, propio** ♦ **dar[109], dejar, llevar, poner, tener**

☐ Véase también: **eco, huella, poso, rastro, secuela (de), sello**.

improperio ♦ **avalancha (de), lluvia (de)[15], ráfaga (de)[4], sarta (de)[24]** ♦ **dedicar, lanzar[9], proferir[5], soltar**

☐ Véase también: **infamia, injuria, insulto, maldad**.

imprudencia ♦ **considerable, enorme, grave, imperdonable, leve, ligero, monumental, peligroso, serio, sumo** ♦ **cometer[17], decir, disculpar, escapárse(le) (a alguien), pagar, permitir, soltar**

☐ Véase también: **error**.

impuesto ♦ **abusivo[4], asfixiante[44], comunal[59], desorbitado, directo, discrecional, discriminatorio, equitativo[25], exento (de)[1], impagado, indirecto, injusto, irrisorio, justo, módico, obligatorio, preceptivo, progresivo, revolucionario, satisfecho, vigente[39]** ♦ **evasión (de), exención (de), pago (de), sistema (de)** ♦ **abolir[8], acuciar[48], aumentar, bajar, cobrar, congelar[20], dedicar[16], deducir, desembolsar, eludir[30], evadir, eximir (de)[14], freír (a), gravar, implantar, librar(se) (de), mantener, pagar, rebajar[8], recaer[60], recaudar, saldar[3], subir, tributar**

☐ Véase también: **pago, peaje**.

impugnar *v.* ▮ Se construye con sustantivos de persona, más frecuentemente si se trata de individuos con capacidad para dictar resoluciones *(juez, magistrado)*, así como con otros que designan las instituciones que poseen esta potestad *(tribunal, asamblea, sala, junta, congreso)*. Asimismo se combina con...

A SUSTANTIVOS QUE DENOTAN RESOLUCIÓN, A MENUDO OFICIAL: **1 resolución** ++: ...las resoluciones judiciales tienen que acatarse (...) y únicamente serán *impugnadas* a través de los recursos... PLG260696 **2 decisión** ++: La Iglesia Católica ya pidió a la alta corte que *impugne* la decisión. ENH300697 **3 acuerdo** ++: ...los derechos y deberes de los socios, por ejemplo a ser oídos o a *impugnar* los acuerdos. EPE231101 **4 convenio** ++: El tribunal *impugnó* el convenio colectivo de la compañía cervecera... LVE301296 **5 medida**: Enseguida el terceto *impugnó* la medida, previo pago de 500 mil pesos cada uno. LNP280897 **6 orden** +: ...*impugnó* constitucionalmente la orden de privarlo de la libertad... DYM090996 **7 auto** +: ...no desiste tras el varapalo recibido y quiere *impugnar* el auto. LVE150195 **8 fallo** +: ...los medios que proporcionan las leyes para *impugnar* este fallo... LTH241197 **9 sentencia** +: ...los recursos legales que estén a su alcance para *impugnar* las sentencias... ETC210197 **10 informe**: El informe pericial del capitán Locles fue *impugnado* por «negligencia, inconducta y mal desempeño... CLA030199

B SUSTANTIVOS QUE DESIGNAN LA DECISIÓN DE APARTAR, SANCIONAR O DESTITUIR A ALGUIEN, ASÍ COMO ALGUNOS DE LOS SIGNOS QUE LA PONEN DE MANIFIESTO: **11 destitución** +: ...al comité de conflictos de su partido que podría *impugnar* la destitución... LVE220896 **12 expulsión** +: ¿Va a *impugnar* su expulsión? HOY230996 **13 sanción** +: Los responsables de la discoteca *impugnaron* la sanción alegando que la normativa... EPE150299 **14 condena**: ...el condenado en ausencia pueda *impugnar* la condena para salvaguardar sus derechos... EPE100800 **15 tarjeta:** ...el club merengue piensa *impugnar* una de las tarjetas exhibidas por Barrenechea a su jugador... LVE250995 **16 rescisión:** Los despedidos han *impugnado* la rescisión de contratos. LVE030396 **17 anulación:** La comisión electoral de Belgrado *impugna* la anulación de resultados... LVE041296 **18 aplazamiento:** ...del grupo de congresistas que *impugnó* el aplazamiento de las elecciones directas. LNC281296 **19 renuncia –:** ...por lo que también ha decidido *impugnar* la renuncia hecha por Flash FM... LVE251095

C SUSTANTIVOS QUE DESIGNAN LEYES O NORMAS, ASÍ COMO EL CURSO QUE SIGUE SU APLICACIÓN: **20 ley ++:** ...pretenda *impugnar* la Ley de Protección al Testigo... PLG310397 **21 decreto ++:** ...los antecedentes que manejan para *impugnar* el decreto 1450... LEC190198 **22 proceso ++:** ...para presentar la demanda e *impugnar* el proceso. CAN250599 **23 norma +:** ...se reservó el derecho a *impugnar* estas normas «en determinadas expresiones de aplicación... EDV040599 **24 normativa:** ...el derecho a *impugnar* vía tribunales aquellas normativas que excedan sus competencias. EDV040599 **25 ordenanza:** La entidad *impugnará* las ordenanzas aprobadas... LVE011195 **26 reglamento:** ...que el reglamento *impugnado* limita la libertad de empresa... EPE051101 **27 procedimiento:** ...pero *impugnó* el procedimiento parlamentario debido a que la Constitución... LNP080397 **28 precepto:** La desestimación de los tres recursos implica la confirmación de los preceptos *impugnados*... EPE051101 **29 artículo:** Y que los artículos *impugnados* son conformes a la Constitución... LVE150295

D SUSTANTIVOS QUE DENOTAN ELECCIÓN O DESIGNACIÓN. TAMBIÉN CON OTROS QUE SE REFIEREN A ALGUNOS DE LOS ELEMENTOS QUE SE PONEN EN JUEGO PARA LLEVARLA A EFECTO: **30 elección ++:** ...expresó su intención de *impugnar* la elección de los jurados... LPN030297 **31 designación +:** ...y su designación no ha sido *impugnada* ante los organismos jurisdiccionales. EUV050996 **32 nombramiento +:** ...pero ese nombramiento fue *impugnado* por la asamblea... EPE250700 **33 comicios +:** ...los comicios, que han sido *impugnados* por los partidos de oposición... ESP110700 **34 votación +:** ...ha *impugnado* las votaciones realizadas en el 20% de los colegios electorales... EME010695 **35 voto:** La determinación de Hermida fue apelada por Miriam Ramírez de Ferrer, que *impugnó* originalmente el voto de Mari Bras (...) en los pasados comicios. ENH140497 **36 instauración –:** ...y también «*impugna* la instauración de un poder croato-musulmán»... LVE181295

E SUSTANTIVOS QUE DENOTAN AUTORIZACIÓN O DESIGNAN ALGUNAS DE SUS MANIFESTACIONES FORMALES: **37 aprobación:** ...recurrió la subrogación e *impugnó* la aprobación. LVE030796 **38 concesión:** ...llevarán el caso a los tribunales para *impugnar* la concesión. EPE270199 **39 licencia:** ...*impugnó* las licencias de obras alegando que le restaban vista panorámica. LVE060696 **40 licitación:** ...no se presentó pero *impugnó* la licitación. CLA050297 **41 permiso:** ...Política Territorial *impugnará* el permiso ante el Tribunal Superior de Justicia... EME100295

F SUSTANTIVOS QUE DENOTAN RESULTADO, A MENUDO DE CARÁCTER ECONÓMICO: **42 resultado ++:** ...muy eficaces medios legales para *impugnar* cualquier resultado que se estime incorrecto. EXC091196 **43 presupuesto +:** ...la alternativa de *impugnar* los presupuestos municipales de Arrecife... CAN150101 **44 balance:** Pero no puede hacer mucho para *impugnar* el balance o frenar una transferencia. CLA090597 **45 cifra:** ...los partidos políticos de oposición *impugnaron* las cifras oficiales... LVE011296

G SUSTANTIVOS QUE DESIGNAN EXÁMENES Y OTROS PROCEDIMIENTOS DE SELECCIÓN O EVALUACIÓN: **46 concurso +:** ...el concurso para el cargo de director nacional de Patrimonio Cultural fue *impugnado*... CLA220199 **47 prueba +:** ...y a *impugnar* las pruebas de selectividad de la Universidad... EPE030699 **48 oposición +:** Estos opositores ya *impugnaron* las oposiciones de este año... EME220395 **49 examen:** ...han firmado un escrito para *impugnar* dicho examen. EME260295

H ALGUNOS SUSTANTIVOS DE PERSONA, INDIVIDUALES O COLECTIVOS, MÁS FRECUENTEMENTE SI SU DENOMINACIÓN HACE REFERENCIA A LA PROPIEDAD DE OPTAR A ALGUNA ELECCIÓN: **50 candidatura +:** ...Marco, *impugnará* la candidatura a la Diputación de Marcelino Iglesias... LVE180295 **51 candidato +:** ...falle en contra de algún candidato *impugnado* por otro partido. GIC070696 **52 lista +:** ...el Partido Colorado *impugnará* dichas listas... ACP110996 **53 precandidato:** ...de municipios que *impugnaron* a precandidatos de su partido... PME290996

I OTROS SUSTANTIVOS; POSIBLES USOS ESTILÍSTICOS: ...no cesa de *impugnar* el espacio mismo en que se desenvuelve... ABC010995; ...y sostenida ventaja de Bill Clinton en los sondeos es cada vez menos *impugnada* por los republicanos... LVE301096

▩ Se combina también con: ♦ **verbalmente**[54]

☐ Véase también: **invalidar, refutar.**

impulsar ♦ **activamente**[11], **con cautela**[79], **decididamente**[4], **decisivamente**[19], **dinámicamente, vitalmente** ♦ **acercamiento, acuerdo, iniciativa, plan, propuesta, trabajo**

☐ Véase también: **animar, apoyar(se), ayudar, empujar, favorecer, incentivar, incitar (a), instigar (a), potenciar, promocionar, promover, propiciar.**

IMPULSIVO, GOLPE ~ Véase: *GOLPE Y MOVIMIENTO IMPULSIVO*

impulso ♦ **afectivo, arrollador, atávico**[45], **carnal**[22], **ciego**[40], **combativo**[15], **desbordante**[28], **económico, eléctrico, frenético**[29], **incontenible, instintivo**[13], **irrefrenable**[8], **irreprimible, irresistible**[3], **sexual, social, súbito, vehemente**[45], **visceral**[34], **vital** ♦ **adquirir**[69], **ahogar(se)**[33], **aplacar(se), atemperar**[15], **ceder (a), cobrar**[8], **coger, contener, dar**[27], **dar rienda suelta (a), dejar escapar, dejarse llevar (por)**[15], **desatar(se), domar, dominar**[1], **frenar, imprimir**[15], **liberar, moderar, neutralizar, recobrar, refrenar, reprimir, seguir**[45], **serenar(se)**[27], **sofocar**[37], **sujetar, templar, tomar**[2], **vencer**[33]

☐ Véase también: **aliento, brío, disparo, empuje, fuerza, golpe (de), ímpetu, instinto, lanzamiento, pronto, pulsión, reacción.**

IMPULSO Véase: *FUERZA; GOLPE Y MOVIMIENTO IMPULSIVO; LANZAMIENTO*

IMPULSO Véase: FUERZA; GOLPE; LANZAMIENTO

impune *adj.* ▌Se combina con...

A SUSTANTIVOS QUE DESIGNAN LA ACCIÓN DE DAR MUERTE A UNA O VARIAS PERSONAS: **1 crimen ++:** Ese crimen no fue un hecho aislado, sino el resultado de una impunidad que se continúa en el tiempo y que ha dejado muchos otros crímenes *impunes*... CLA260199 **2 asesinato +:** ...Siles lo mantuvo intacto perfeccionando sus métodos con el asesinato *impune* de los opositores. LTB100497 **3 magnicidio:** Todo indica que este será otro magnicidio *impune*. ETC311096 **4 homicidio +:** ...la noche previa a la marcha que se realizó en conmemoración del octavo aniversario del doble homicidio *impune*, siguió las alternativas de un video... LNP130497 **5 matanza:** La víctima había trabajado (...) investigando el paradero de los cientos de mexicanos desaparecidos, las matanzas *impunes*... EPE041101 **6 masacre:** ...no dejar *impune* la masacre de los siete jóvenes de Chía será el principio de una saludable y salvadora reacción de los colombianos... ETC150497 **7 genocidio:** ...descubro en el bando bombardeante a cómplices de genocidios *impunes*... EPE050499

B SUSTANTIVOS QUE DESIGNAN MANIFESTACIONES DE INCUMPLIMIENTO O QUEBRANTAMIENTO DE LEYES O NORMAS EN DIVERSOS GRADOS: **8 delito ++:** ...en horas de la mañana había anunciado que el gobierno no dejaría ningún delito *impune* conforme a lo comprometido en el Acta de Entendimiento. LTB040901 **9 infracción:** Entre las infracciones advertidas por el edil y que quedan *impunes* por falta de control oficial, figura el tránsito de camiones por el microcentro. LNP270297 **10 vulneración:** ...la ATR pide al Defensor del Pueblo que (...) pare la constante e *impune* vulneración tanto de las leyes fundamentales de protección al menor como de las directivas europeas. EME290195 **11 delincuencia −:** Esa misma autoridad hay que aplicarla con mano de hierro contra la delincuencia *impune*... EUV030996

C SUSTANTIVOS QUE DESIGNAN OTRAS FORMAS DE AGRESIÓN Y ACTUACIÓN VIOLENTA, GENERALMENTE CONTRA LAS PERSONAS: **12 violación ++:** Más violaciones *impunes* al uso del suelo urbano. PME081296 **13 ataque +:** ...ofreció ayer su dimisión al presidente (...) como consecuencia del humillante e *impune* ataque de un comando checheno a la ciudad rusa de Budionnovsk... LVE300695 **14 agresión +:** ...ya no aguantan más tanta agresión *impune* por parte de un puñado de vándalos que no son tolerantes con los vecinos. EPE120899 **15 maltrato +:** ...sería muy grave que estos jóvenes fueran sancionados aplicando las leyes militares y que quedaran *impunes* los malos tratos... EME220294 **16 atentado:** ...puede tratarse de un atentado terrorista que no puede quedar *impune*. EUV260696 **17 ofensiva:** Draskovic (...) acusó al régimen del presidente de Serbia (...) de ser «responsable indirectamente» de que la ofensiva croata en Bosnia quedara *impune*. EME020895 **18 bombardeo:** ...fue el precedente de la guerra del Golfo lo que recordó José Luis Sampedro para manifestar su oposición a una posible intervención de la OTAN que se convertiría en un bombardeo *impune* e inapelable. EME110294 **19 tropelía:** Pero no se salvó pues las tropelías de la acorazada de picar quedaron *impunes*. EPE220899 **20 agresividad −:** ...puso en evidencia las lagunas de la aplicación de un reglamento totalmente desfasado que reprime la creatividad y deja *impune* la agresividad. EPE181099

D EL SUSTANTIVO *CORRUPCIÓN* Y CON OTROS QUE DESIGNAN COSTUMBRES O ABUSOS QUE SE CONSIDERAN MORALMENTE REPROBABLES: **21 corrupción ++:** Además, la ley se centra en el soborno directo y tiende a dejar *impune* la corrupción de alto nivel más compleja. EPE030199 **22 corruptela:** Se pasa súbitamente de aceptar que las corruptelas queden *impunes* a estimar delito que nos regalen un décimo de la lotería. LVE200196 **23 vicio −:** ...agresiones, actuaciones y vicios que seguían *impunes* tantos años después. INDOC

E SUSTANTIVOS QUE DESIGNAN DIVERSAS FORMAS DE ENGAÑO, FRAUDE O APROPIACIÓN INDEBIDA DE ALGO: **24 estafa +:** ...vive en Barcelona, disfrutando de los grandes bienes de su estafa *impune*... EPD260797 **25 fraude +:** Que no quede *impune* el fraude del Real Madrid B-Almería. EME120696 **26 falsificación:** Ante la muerte de soldaditos, sumada a la falsificación *impune* de actas de nacimiento, la atención pública se focaliza... ACP061000 **27 plagio:** Un plagio que no debe quedar *impune*. EME090695 **28 mentira:** Junto a violencia e injusticia, también ocultación y mentira *impunes* (...) son pilares de ese monopolio del Estado. EME250396 **29 atraco:** Asalto millonario en correos. Un atraco *impune*... EME211096 **30 robo:** En este país quedan *impunes* el 96 por ciento de los robos y el 74 por ciento de los homicidios. EME250394 **31 expolio:** Ha sido más efectiva que la Administración, incapaz de poner freno al expolio *impune* de ese valioso enclave natural. EPE161199 **32 piratería:** ...trazó un panorama «nada lindo», marcado, dijo, por «la piratería *impune*»... EPE181001 **33 extorsión −:** La aparición de bandas de serbios que se hacen llamar (...) que se dedican a la extorsión más *impune* cobrando tarifas a los barcos... EME040594

F SUSTANTIVOS DE PERSONA QUE DESIGNAN A LOS EJECUTORES U OTROS PARTÍCIPES DE UN DELITO, UNA AGRESIÓN O UN CRIMEN: **34 delincuente:** ...jamás conoceremos la verdad de los crímenes que se perpetran por el Poder, ese gran delincuente *impune*. EME161096 **35 asesino:** Es importante la denuncia solidaria y movilización de muchos de nosotros para que estos asesinos no queden *impunes*. LVE120596 **36 criminal:** ...la calidad de jefe de Estado no puede ser óbice para que un criminal contra la humanidad quede *impune*... EPE210199 **37 cómplice:** ¿Cómo acabar con la corrupción administrativa con tanta lenidad si la mayoría de los ladrones sólo son castigados con la destitución del cargo (...) y sus cómplices quedan *impunes*...? EUV151096 **38 responsable:** Si los máximos responsables de la trama (...) quedan *impunes*, sólo se habrá demostrado que la Justicia tiene limitaciones. EME210195 **39 apaleador:** Los *impunes* apaleadores uniformados (...) derribaron en grupo a mi hijo... EME180196

G SUSTANTIVOS QUE DENOTAN CRÍTICA, ACUSACIÓN U OFENSA. TAMBIÉN CON OTROS QUE DESIGNAN CIERTAS MANIFESTACIONES VERBALES QUE PUEDEN RESULTAR DELICTIVAS A JUICIO DEL QUE HABLA: **40 crítica +:** Las dos primeras observaciones (...) me parecen necesarias, aunque sólo sea para contrarrestar la avalancha de críticas (...) y así evitar que (...) salgan *impunes*. EPE020699 **41 desprecio:** ...no puede quedar *impune* «el mortificante desprecio» de los policías... EPE061199 **42 ofensa:** Yasir Arafat no es un hombre que deja *impunes* las ofensas de sus enemigos. EME180495 **43 afrenta:** La afrenta no puede quedar *impune*. EME260295 **44 acusación:** ...ha realizado un llamamiento al poder judicial para que no deje *impunes* las «acusaciones, amenazas y ataques» de KAS y HB. LVE221194 **45 calumnia:** «En España la calumnia queda *impune*». EME120594 **46 declaración:** Ofteringer no toma una postura moral con su personaje y contrarresta las duras e *impunes* declaraciones de sus entrevistadores... LVE160296 **47 manifestación:** Si quedaban *impunes* manifestaciones de tal jaez, ¿dónde estaba la dignidad de la persona?... LVE271295

H SUSTANTIVOS QUE DESIGNAN OTRAS ACCIONES, CARACTERÍSTICAS O ACTITUDES CONSIDERADAS HABITUALMENTE CENSURABLES O INCONVENIENTES: **48 desmán +:** ...¿cuándo se va a poner coto a este generalizado desmán *impune*?... EME020195 **49 insolencia:** La corrida se dio, después de la claudicación de los poderes públicos ante la insolencia *impune* de los ganaderos... EME190495 **50 abuso:** Pero alguien, definitivamente, debería ponerle el cascabel al gato del abuso *impune*. RUM171197 **51 hostigamiento:** ...cabe aclarar que siguen *impunes* el hostigamiento y las presiones que sufrió mi esposa... PME221296 **52 atrevimiento:** Montar alegremente un debate sobre las suegras es un atrevimiento que no queda *impune*... LVE121195 **53 ocultación –:** La ocultación de esta trama no puede quedar *impune*. INDOC

I SUSTANTIVOS ABSTRACTOS QUE DESIGNAN ACTITUDES O CONDUCTAS CARACTERIZADAS POR LA AGRESIVIDAD O LA FALTA DE COMPASIÓN: **54 violencia +:** ...¿queda *impune* la violencia juvenil que sufre actualmente el País Vasco? EME170196 **55 crueldad:** Una tal crueldad no puede quedar *impune*. EME210596 **56 atrocidad:** ...la deja, sumiéndola de nuevo en una oscuridad propicia para cometer todo tipo de atrocidades *impunes*... EME27079 **57 maldad:** Eso legitima el juicio paralelo y hasta la inquisición: tanta maldad no debe quedar *impune*. LVE040594

J OTROS SUSTANTIVOS; POSIBLES USOS ESTILÍSTICOS: Un año que empieza entre las gracias *impunes* de Bertín (...) y la apoteosis de Chiquito no puede ir bien. EME020195; Actualmente ya no era el lugar idóneo para esas *impunes* fantasías. EME240695

☐ Véase también: **castigo, impunidad.**

impunemente

♦ **acusar, agredir, asesinar, atacar, calumniar, delinquir, desobedecer, destrozar, golpear, maltratar, masacrar, matar, robar, transgredir,** *otros verbos que denotan agresión*

impunidad

♦ **absoluto, constante, flagrante**[28]**, total** ♦ **brindar**[24]**, combatir, extirpar**[8]**, gozar (de)**

imputación

♦ **descabellado**[35]**, falso, infundado**[15]**, ridículo, sin fundamento**[3] ♦ **formular**[23]**, hacer, lanzar, negar**[26]**, refutar**[20]

☐ Véase también: **acusación, atribución, cargo.**

IMPUTACIÓN Véase: ACUSACIÓN

imputar *v.* ▮ Se combina con...

A SUSTANTIVOS QUE DESIGNAN DIVERSAS ACTUACIONES ILÍCITAS O DESHONESTAS, A MENUDO VIOLENTAS O AGRESIVAS, CONTRA LAS PERSONAS O LAS COSAS: **1 delito ++:** ...hasta la ropa con la que son detenidos puede aportar algún indicio del delito *imputado*... SVG170397 **2 crimen ++:** Aunque le había *imputado* el crimen, hoy dice que era «cordial» con José Francisco. PME271096 **3 muerte ++:** ...no supo que se le *imputaba* la muerte (...) hasta dos años después... CLA200297 **4 atraco +:** Le *imputaron* ocho atracos a bancos y doce robos más a comercios.. LVE241296 **5 homicidio +:** A él se le *imputa* este homicidio, basándose en «investigaciones» teñidas de graves irregularidades. MAU031096 **6 atentado:** ...se le *imputan* varios atentados... EME210596 **7 agresión:** ...se le *imputan* otras agresiones... LVE250495 **8 falta:** ...*imputó* al edil (...) una falta de vejaciones leves... EPE071099 **9 robo:** ...se le *imputan* más de 20 robos ocurridos en el partido de San Martín. CLA150199 **10 violación:** Se ordena la creación de una Comisión Especial del Senado de Puerto Rico para investigar las violaciones *imputadas*... END101297 **11 asesinato:** ...se le *imputa* el asesinato de un guardia... LVE051296

B SUSTANTIVOS QUE DENOTAN FALTA O DELITO EN UN PROCESO PENAL, ASÍ COMO SU ATRIBUCIÓN: **12 cargo +:** ...ha señalado que es inocente de los cargos que se le *imputan*... END061097 **13 acusación:** ...desencadena una acusación del gordo del sable *imputada* al objeto de nuestra desdicha... RUM040897 **14 caso:** ...el «modus operandi» en la mayoría de los asaltos era muy similar (...) en los casos *imputados* al procesado... EME290694

C SUSTANTIVOS QUE DENOTAN INTERVENCIÓN O PARTICIPACIÓN ACTIVA EN UN HECHO: **15 participación ++:** Se le *imputaría* la participación en la muerte... EME020795 **16 responsabilidad ++:** Seguramente se producirán nuevas citaciones por las responsabilidades *imputadas* a los compradores... EOU080297 **17 autoría +:** ...negaron su participación y se *imputaron* mutuamente la autoría del crimen... LNP180297 **18 implicación:** El general (...), al que se le *imputa* su implicación en los GAL, es hombre de probada incontinencia verbal. LVE120596

D SUSTANTIVOS QUE DENOTAN RESPONSABILIDAD POR ALGUNA ACCIÓN. TAMBIÉN CON OTROS QUE DESIGNAN DIVERSAS FORMAS DE ERROR O IMPERFECCIÓN, ASÍ COMO OTRAS CARACTERÍSTICAS RELACIONADAS CON LA FALTA DE RIGOR O DE SENSATEZ: **19 fallo +:** ...le ha convertido en cabeza de turco al que *imputar* los fallos de todo el colectivo... LVE200395 **20 error +:** ...propuso varias medidas para «corregir» los errores *imputados* a la organización... LVE060195 **21 fracaso:** Y cuanto más mediocre es el escritor, más difícil se lo pone a su mujer, *imputándole* sus fracasos... LVE060395 **22 contradicción:** ...evita la supuesta contradicción doctrinaria, *imputada* más de una vez a la Iglesia... LNA060792 **23 defecto:** ...el defecto formal que le *imputa* la Comisión no es atribuible a su comportamiento. EME201296 **24 negligencia:** ...se le podrían *imputar*, cuando menos, «negligencias» en el desarrollo... EME230795 **25 arbitrariedad:** Aun admitiendo posibles errores y arbitrariedades *imputadas*, me parece falaz... LVE050296 **26 imprudencia:** ...sólo se le puede *imputar* la imprudencia en el caso del paciente que quedó ciego... EME061095 **27 anomalía:** ...al jefe edil se le *imputan* anomalías relacionadas con obras municipales... LHG140797 **28 culpa:** ...es amistoso en sus declaraciones y no nos *imputa* culpas que no tenemos... EME141195

E OTROS SUSTANTIVOS; POSIBLES USOS ESTILÍSTICOS: ...se le *imputaba*, concretamente, la jefatura de una or-

ganización... LVE021195; ...ello no hubiera constituido prueba alguna de la *imputada* judeidad de éste. LVE010995
☐ Véase también: **acusar.**

inaccesible *adj.* ▮ Admite sustantivos de persona *(mujer, escritor, actor)*, sustantivos que designan diversos espacios, lugares o accidentes geográficos *(zona, área, pueblo, país, desierto, volcán, montaña, río, isla)*, así como accesos y edificaciones *(camino, puente, castillo, palacio)*. También se combina con sustantivos que designan límites físicos o figurados *(nivel de vida)*, cantidades *(precio, crédito, cifra)*, informaciones *(concepto, idea, libro, texto)*, formas de expresión *(poesía, música)* y otras cosas materiales o inmateriales. Destacan sus combinaciones con...

A SUSTANTIVOS QUE DENOTAN CÓDIGO LINGÜÍSTICO O DE OTRO TIPO: **1 idioma +:** Cada ciudad con su propia índole, y cada ser, tras del impenetrable misterio de su *inaccesible* idioma, constitutivo de una especie de extraño mundo reconcentrado en la más estricta introversión. ETC110187 **2 código +:** Utilizaban un código *inaccesible* para los profanos. INDOC **3 lengua:** ...significa un nuevo avance en el esfuerzo, incansable y sistemático, por convertir en idioma con escritura y representación fonética a las que hasta hoy son *inaccesibles* lenguas ágrafas. EXP010489 **4 clave:** ...a la vez postula el carácter misterioso del mundo, el penetrar a ciegas en claves jeroglíficas más *inaccesibles.* EME250596 **5 jerigonza:** ...que no traten de escudarse detrás de un lenguaje esotérico, una jerigonza *inaccesible*, no sólo al común de los mortales, sino al hombre medianamente culto. ABC060392

B SUSTANTIVOS QUE DENOTAN CONOCIMIENTO. TAMBIÉN CON OTROS DESIGNAN LO QUE SE CONSIDERA CIERTO O REAL, ASÍ COMO ALGUNAS DE LAS FORMAS EN QUE SE PRESENTA: **6 verdad +:** «En la jaula», que se publicó en el otoño de este 1898, responde a tales preguntas: (...) reconstruyendo la verdad oculta o *inaccesible* a partir de pistas, de datos que se conocen fragmentariamente... ABC180895 **7 saber:** ...intenta no reducir su aportación a un puro juego académico de tecnicismos que ha acabado por convertir a la filosofía en un saber *inaccesible.* ABC171195 **8 conocimiento:** El conocimiento *inaccesible* de Dios constituía el objetivo principal de su búsqueda. INDOC **9 descubrimiento –:** Una parte del descubrimiento (...) es prácticamente *inaccesible*, pero se harán todos los esfuerzos necesarios para preservar la mayor parte posible del edificio... CLA170199
☐ Véase también: **abstruso, inalcanzable.**

INADECUACIÓN E INCORRECCIÓN Véase:
♦ **abusivo, desaliñado, descabellado, deshilvanado, deslucido, intempestivo, retorcido, torticero, torvo**
♦ **a cajas destempladas, a empujones, al tuntún, a ojo de buen cubero, atropelladamente, desacertadamente, desdeñosamente, pomposamente, por las ramas, sin pies ni cabeza, torcidamente, zafiamente**
♦ **equívoco, error, fallo, ilegalidad, imperfección, injusticia**
♦ **abusar, desatender, descuidar, equivocar(se), fallar, incumplir, transgredir**
☐ Véase también: *ADECUACIÓN Y CORRECCIÓN; DEFECTO Y CUALIDAD NEGATIVA; ERROR.*

inadmisible ♦ **a todas luces, de todo punto, humanamente**[10]

inadvertido ♦ **pasar, permanecer, resultar**
☐ Véase también: **de rondón, desapercibido.**

inagotable ♦ **actividad, anecdotario, archivo, caladero, cantera, capacidad, caudal, conversación, creatividad, curiosidad, deseo, energía, entusiasmo, fantasía, filón, flujo, fuente, fuerza, humor, imaginación, ingenio, inspiración, llanto, locuacidad, manantial, mar, mina, muestrario, paciencia, producción, recurso, repertorio, riqueza, sabiduría, sed, talento, tema, variedad, vitalidad**
☐ Véase también: **agotar(se), gastar, incansablemente.**

inalcanzable *adj.* ▮ Se construye con sustantivos que designan seres materiales *(un coche inalcanzable; un corredor inalcanzable)*. En su sentido figurado se combina con...

A SUSTANTIVOS QUE DENOTAN AQUELLO QUE SE ANHELA O SE DESEA, INCLUSO CUANDO SE CONSIDERA IMPOSIBLE O SE TIENE POR INEXISTENTE: **1 deseo ++:** Un deseo *inalcanzable* para la mayoría, igual hoy que cuarenta años atrás. LVE271096 **2 sueño ++:** El milagro de una casa nueva ya no parece ser un sueño *inalcanzable* para «los Muchos». END050198 **3 ideal ++:** Todos los aquí y ahora que anticipan esa idea son el pálido reflejo, la permanente prosecución de un ideal *inalcanzable.* ABC100395 **4 utopía +:** La posibilidad de crear una vacuna eficaz contra el sida ha dejado de ser una utopía *inalcanzable.* EME101195 **5 mito:** Para que los coches mantengan la carga emocional que les ha convertido en deseados objetos deben existir mitos *inalcanzables.* LVE140796 **6 quimera:** Un joven necesita que su comunidad le permita construir su identidad social para imaginar que sus anhelos no son quimeras *inalcanzables.* CLA180199 **7 anhelo:** ...el sueño de hacer llegar sus canciones al mayor número de personas posible se convierte precisamente en eso, un *inalcanzable* anhelo. EPE081199

B SUSTANTIVOS QUE DENOTAN OBJETIVO O PROPÓSITO: **8 objetivo ++:** ...desde el principio se apreció que ese objetivo era *inalcanzable.* EPD110997 **9 objeto +:** Portugal lo escondió con mimo y maestría y acabó por convertir el cuero en un objeto *inalcanzable.* EME160494 **10 meta +:** Para las mujeres, la dirección de cine ha sido, y no sólo en España, una meta casi *inalcanzable.* EME280395 **11 reto +:** ...parece capaz de superar el reto *inalcanzable* hasta ahora de ser el primero que consigue la medalla de oro en las pruebas de 400 y 200 metros. LVE100895 **12 aspiración:** Continúa pareciendo una aspiración *inalcanzable* la reducción de la cifra mínima de cuarenta alumnos por profesor... EPE050877 **13 destino:** ...no se pretende otra cosa que este «nuevo intimismo» (...), cuyo destino resulta *inalcanzable*, a no ser por la conjetura poética. ABC170295 **14 pretensión +:** ...la pretensión es igual de *inalcanzable* y los programas continúan parafraseando en voz alta a la lechera... ENC310599

C SUSTANTIVOS QUE DENOTAN SOLICITUD O REQUERIMIENTO, MÁS FRECUENTEMENTE SI SE REALIZA DE FOR-

MA IMPERIOSA O ENÉRGICA: **15 petición:** La patronal del sector calificó de «*inalcanzables*» las peticiones sindicales. EPE010700 **16 exigencia:** ...utilizan la libertad de este funcionario como absurda moneda de cambio (...), presentándole unas exigencias que saben de sobra *inalcanzables*. EME030896 **17 demanda:** El Gobierno andaluz considera *inalcanzables* esas demandas cuyo monte económico se cifra en 27.000 millones de pesetas. EPE261099

D SUSTANTIVOS QUE DENOTAN SUPERIORIDAD O POSICIÓN DESTACADA O PREEMINENTE, EN SENTIDO FÍSICO O EN EL FIGURADO. TAMBIÉN CON ALGUNOS QUE DESIGNAN CIERTAS CUALIDADES SOBRESALIENTES QUE SE ASOCIAN CON ESAS NOCIONES: **18 ventaja:** Con esa practicidad los locales llegaron a la ventaja *inalcanzable* para las modestísimas aspiraciones visitantes... LNP061097 **19 privilegio:** ...los atletas disfrutan de ciertos privilegios *inalcanzables* para el resto de sus compatriotas. LVE300795 **20 diferencia:** ...estiró a 2 una diferencia que, a esa altura, se presagiaba como *inalcanzable*. LNP280897 **21 esplendor –:** Maternal, la tierra soporta el arado que la desgarra, pero el mar es un gran esplendor *inalcanzable*, nada deja huella en él... ABC130392

E SUSTANTIVOS QUE DENOTAN LOGRO O DESENLACE FAVORABLE. TAMBIÉN CON OTROS QUE DESIGNAN ALGUNAS DE SUS MANIFESTACIONES EXTERNAS: **22 resultado +:** ...las posibilidades de la música y la palabra unidas dan unos resultados *inalcanzables* por separado. ABC180895 **23 triunfo +:** Una vez conseguido un triunfo electoral que parecía *inalcanzable* hace tan solo dos años, Clinton ha concentrado su atención en una profunda remodelación... LVE071196 **24 premio:** ...recibió el premio cuando ya parecía *inalcanzable*. LVE100495 **25 récord:** Un negocio de electrodomésticos local logró el casi *inalcanzable* récord de veinticuatro robos en su perjuicio... LNP120397 **26 solución:** La solución, no obstante, no debiera ser tan *inalcanzable* como nos la hacen suponer... ABC040394

F SUSTANTIVOS QUE DESIGNAN LÍMITES, MAGNITUDES Y DIVERSAS NOCIONES MENSURABLES: **27 cifra +:** Los actuales 40 escaños son realmente una cifra *inalcanzable*... LVE121195 **28 cota +:** La diferencia es que, en 1994, tanto lo positivo como lo negativo han llegado a cotas que parecían *inalcanzables*. LVE291294 **29 nivel +:** ...el marcador fue más digno frente a un rival de un nivel *inalcanzable* para España... EPE171099 **30 cantidad:** En el 96-97 el club entrará en la rueda de los grandes fichajes y de las estrellas que mueven cantidades *inalcanzables*... EME090696 **31 límite:** Círculo vicioso donde los haya, que alcanza límites *inalcanzables* para la voluntad humana y hartazgo generalizado de la población. LVE020296 **32 marca:** Venció en 43,83 segundos, una marca *inalcanzable* para los demás y casi rutinaria para un atleta admirable... EPE260900 **33 altura:** ...Kodro batió la portería de Neno y colocó el listón de la eliminatoria a una altura ya *inalcanzable*. LVE011195 **34 precio:** Textos y elementos de aprendizaje tienen precios *inalcanzables* para las clases media y proletaria.. ETC020188

G OTROS SUSTANTIVOS; POSIBLES USOS ESTILÍSTICOS: ...lancé al aire las diminutas flores, que cayeron al suelo, junto con mis lágrimas, como lluvia de besos ante la lápida *inalcanzable*. ABC031293

☐ Véase también: **inaccesible**.

inalienable ♦ **derecho, principio, propiedad, responsabilidad, soberanía**

inapelable *adj.* ▮ Se combina con...

A SUSTANTIVOS QUE DENOTAN RESOLUCIÓN, GENERALMENTE OFICIAL: **1 decisión ++:** La decisión del jurado será *inapelable*. DDN050599 **2 juicio ++:** Nada del «juicio *inapelable* de la historia» en que suelen confiar ciertos personajes cuando se les enreda la madeja. HOY070181 **3 sentencia ++:** Después, a más tardar en abril de 1998, vendrá la sentencia definitiva, que es *inapelable*. HOY100397 **4 fallo +:** El jurado será nombrado por la organización y su fallo será *inapelable*. EDV130301 **5 veredicto:** Nos quedan los estrenos; como siempre, a la espera del veredicto *inapelable* del futuro... ABC241292 **6 dictamen:** El dictamen fue *inapelable*: Naundorff era sólo un relojero sin una gota de sangre azul. EPE181299

B SUSTANTIVOS QUE DESIGNAN DIVERSOS RESULTADOS DE LA ARGUMENTACIÓN O EL RAZONAMIENTO, ASÍ COMO ALGUNAS DE LAS PAUTAS QUE LOS GUÍAN: **7 argumento ++:** Su empleo consistió y consiste normalmente en una evasión momentánea de lo que se conversa o escribe, a la captura de un argumento *inapelable* que apoye desde una idea general lo concreto que se está tratando. ABC150592 **8 doctrina:** ...intentaba explicar todo en política merced a «bloques dominantes de poder» y «clases subalternas» con la idea de impartir *inapelable* doctrina para comprender el mundo. EPE131199 **9 axioma:** En la Unión hay un axioma *inapelable*: la parálisis equivale al retroceso y la decadencia. EPE180399 **10 discurso:** ...una mili que dé sólo para un par de cortes de pelo y la promesa de menos impuestos son un discurso *inapelable*, porque a quién no le gusta ir de fiesta. LVE280395 **11 lógica:** La lógica interna de estas personas parecía *inapelable*... EME280595 **12 criterio:** A la puerta de algunas discotecas los gorilas ametrallan con los ojos el calzado del personal dudoso como criterio *inapelable* de acceso a la sala... EPE051299

C SUSTANTIVOS QUE DENOTAN NORMA U OBLIGACIÓN, ESPECIALMENTE SI ES IMPUESTA: **13 ley +:** Pero el Tour empezó también a imponer su ley *inapelable*. LVE030795 **14 normativa:** Todavía la tauromaquia de Pepe Hillo es sólo un abierto catálogo de mañas y suertes eficaces, pero la de Paquiro se convierte en una normativa *inapelable* de lo que debe hacerse... EPE180977 **15 orden:** ...de este modo constituía una garantía poco atractiva, al ser afectado por una orden judicial *inapelable* que disminuía su valor... EPE030181 **16 mandato:** ...tarde o temprano terminan amoldándose a los mandatos *inapelables* de los verdaderos dueños del poder. EPE151199

D SUSTANTIVOS QUE DENOTAN RESULTADO FAVORABLE O ADVERSO: **17 victoria ++:** Un ascenso refrendado con una *inapelable* victoria en el terreno del Elche (0-4)... LVE240696 **18 derrota ++:** El Madrid se despidió y sólo el gol oportunista de Laudrup sirvió para maquillar una derrota *inapelable* ante el equipo que mejor fútbol hace esta temporada. LVE111295 **19 triunfo ++:** El triunfo de los gerundenses había sido *inapelable*. LVE230396 **20 resultado:** Sin embargo, faltan más de tres semanas para que las urnas suministren el definitivo e *inapelable* resultado y cualquier pronóstico es aventurado. EPE230999 **21 fracaso:** A raíz de su *inapelable* fracaso en todos los campos, Gorbachev, Ochetto, continuando la labor de Togliatti y Berlinguer, y algún que otro líder trataron de salvar lo salvable y refundar esos partidos... LVE260795 **22 jaque mate:** ...han quedado fijados los términos de un *inapelable* jaque mate que garantiza que España no tendrá que evocar sus fantasmas en el centenario del Desastre... EME040695

E ALGUNOS SUSTANTIVOS QUE DENOTAN CASTIGO Y OTRAS FORMAS DE ACCIÓN HOSTIL: **23 sanción +:** El jueves, en Roma, vio que la sanción «era *inapelable*». LVE140195 **24 condena:** En este caso la grabación de la agresión fue vital para que el juez formulara una condena *inapelable*. EPE290999 **25 despido:** Con este nuevo contrato, el despido sería *inapelable* ante los jueces, a no ser que se vulnerasen derechos constitucionales del trabajador... EME161195

F SUSTANTIVOS QUE DENOTAN AUTORIDAD O DESIGNAN OTRAS POSICIONES DE PREEMINENCIA. TAMBIÉN CON OTROS QUE SE REFIEREN A ALGUNOS DE SUS ATRIBUTOS: **26 autoridad +:** La medida conmovió al país entero, pero Rodríguez Anker, ya se había erigido en autoridad *inapelable*, (...) continuó su plan demoledor de la infraestructura del sistema. LHG031100 **27 poder:** ...una política planeada desde la sombra por un poder *inapelable*, que castigaba al que lo denunciara o interfiriera. DLA160497 **28 fuerza:** Su problema, y nuestra munición, radica en la fuerza *inapelable* de los hechos conocidos. EME280595

G SUSTANTIVOS QUE DESIGNAN DATOS, INDICIOS Y OTROS ELEMENTOS A PARTIR DE LOS CUALES SE PUEDE EMITIR UN JUICIO: **29 síntoma:** Para demostrarlo basta con remitirse a un síntoma *inapelable*: al final de la etapa socialista se impartió la consigna de sacar en procesión a Felipe a la menor oportunidad... EPE201001 **30 dato:** Aunque la exégesis poselectoral haya desviado piadosamente su atención hacia asuntos que se suponen de mayor enjundia, el dato sigue ahí, *inapelable*... EPE261199 **31 prueba:** En el caso de China, florece la prueba *inapelable* de la atracción por el consumismo más feroz y por las fórmulas artísticas occidentales del «prêt á porter». ABC070795 **32 marca –:** ...Delhi desearía sacar la marca *inapelable* de terroristas para los guerrilleros paquistaníes en Cachemira... EPE091001

H OTROS SUSTANTIVOS; POSIBLES USOS ESTILÍSTICOS: Sumen el frío de una noche de diciembre en Madrid y una eliminatoria y verán un estadio vacío, la ecuación es *inapelable*. EPE101299; ...debe prevalecer, a mi juicio, la deuda de gratitud que los analistas políticos en particular y la sociedad española en general hemos contraído con Belloch al brindarnos la metáfora *inapelable* del periodo político... EME260694

☐ Véase también: **fehaciente, incontrovertible, irrebatible, irrefutable, taxativo.**

inapreciable *adj.* ▮ Se combina con sustantivos que designan realidades que se perciben a través de los sentidos *(color, brillo, gusto, sabor, olor)*. Admite otros muchos sustantivos, pero destacan especialmente sus combinaciones con...

A EL SUSTANTIVO *VALOR* Y CON OTROS QUE DESIGNAN REALIDADES QUE SE SUELEN TENER EN GRAN ESTIMA O CONSIDERACIÓN: **1 valor ++:** En las comisiones se hacen trabajos de mérito y hay otras actividades de *inapreciable* valor. ESH240397 **2 tesoro +:** Grecia había apostado por guardar el empate inicial en su caja fuerte como un tesoro *inapreciable*... EME220694 **3 don +:** Un desengaño a tiempo es un don *inapreciable* del cielo. EME260196

B SUSTANTIVOS QUE DENOTAN MOVIMIENTO, A MENUDO EN SENTIDO FIGURADO, Y –POR EXTENSIÓN– VARIACIÓN O CAMBIO EN ALGUNA DIRECCIÓN: **4 oscilación +:** Las cantidades sufren una oscilación casi *inapreciable*, siendo en Guipúzcoa donde el salto es algo mayor: el año pasado ingresó... EPE090399 **5 descenso +:** ...la Bolsa de Tokio finalizó la semana con un descenso casi *inapreciable* del 0,08 por ciento... LVE031294 **6 variación +:** ...el PP e IC experimentaron variaciones *inapreciables*... LVE280595 **7 mejora:** ...al final de la jornada bursátil el Dow Jones experimentó una mejora casi *inapreciable* de 0.19 puntos. LVE140795 **8 incremento:** Los sedientos pantanos siguen igual de vacíos (...), y en aquellos en los que sí se ha registrado un incremento éste ha sido casi *inapreciable*. EME141195 **9 aumento:** ...los indicadores que miden el gasto de los ciudadanos mantienen un tono discreto, con aumentos *inapreciables* o incluso descensos... LVE121195 **10 crecimiento:** Según el sondeo, elaborado por la organización patronal DIHT, el crecimiento este año será nulo –o *inapreciable*–... LVE220296 **11 caída:** Ayer el Dow Jones abría con una *inapreciable* caída... EME170394

C SUSTANTIVOS QUE DENOTAN INTERVENCIÓN ACTIVA EN UNA TAREA. TAMBIÉN CON OTROS QUE DESIGNAN ESA MISMA OCUPACIÓN: **12 trabajo +:** ...«le tiene en muy alta estima y considera que hizo un increíble e *inapreciable* trabajo en el conflicto de Kosovo». EPE300799 **13 labor +:** Sanz, mientras abandonaba el palco, se fue calentando –también gracias a la *inapreciable* labor de los más puntillosos informadores–... EME290496 **14 participación +:** ...las múltiples variaciones caciquiles, que integran la organización priísta (salvo la *inapreciable* participación de personas reconocidamente honorables), son indudablemente las que timaron la disponibilidad... EXC190900 **15 colaboración:** ...siguió la actuación con la *inapreciable* colaboración de sus hermanos Pepe de Lucía y Ramón de Algeciras... EPE010884

D SUSTANTIVOS QUE DENOTAN APOYO, ADHESIÓN O DISPOSICIÓN FAVORABLE HACIA LAS PERSONAS O LAS COSAS. TAMBIÉN CON OTROS QUE EXPRESAN ALGUNOS EFECTOS DE ESAS ACTITUDES: **16 apoyo +:** ...cuentan con el *inapreciable* apoyo que les prestan las mortíferas baterías... EME180195 **17 ayuda +:** En el mismo sentido, invitó a los estudiantes a renovar sus ánimos «con la ayuda *inapreciable* de vuestra juventud». LVE220995 **18 servicio:** Aznar consideró ayer que CiU hizo un servicio *(«inapreciable»)*... pero «al Gobierno». EME290795 **19 favor:** Me hizo un favor *inapreciable* al dejarme su coche. INDOC

E SUSTANTIVOS QUE DESIGNAN MAGNITUDES Y OTRAS NOCIONES MENSURABLES: **20 nivel:** ...Resisa había reducido a niveles casi *inapreciables* los vertidos de derivados de dioxanos al pie de la factoría... LVE070495 **21 porcentaje:** ...un 78,46% de los toxicómanos no compartían jeringuillas en el mes de junio (...) en contraste con un porcentaje apenas *inapreciable* durante 1986. EPE020887 **22 cuantía +:** ...Una mayor concentración del voto de izquierda en torno al PSOE, en una cuantía *inapreciable* (94.000 papeletas)... LVE100396 **23 velocidad:** Se sabía que existía una avería porque la velocidad era casi *inapreciable*... LVE230896

F ALGUNOS SUSTANTIVOS QUE DENOTAN DESIGUALDAD: **24 diferencia ++:** El sistema tiene una precisión de 0,2 milímetros, diferencia *inapreciable* ya que es menor que la resolución máxima de la RNM. EME180796 **25 desnivel +:** Cualquier época del año es buena para acometer esta ruta de 12 kilómetros (...) con un desnivel *inapreciable* y una dificultad baja. EPE141201

G SUSTANTIVOS QUE DENOTAN EFECTO O CONSECUENCIA, A MENUDO NEGATIVOS: **26 consecuencia +:** Ambos sucesos tuvieron consecuencias *inapreciables* para la salud o el medio ambiente... LVE101296 **27 daño +:** El domicilio de S.B. (...) recibió el impacto de una botella incendiaria que causó daños casi *inapreciables*... EPE191299 **28 efecto:** Esa modificación no tiene ningún efecto, o en todo caso *inapreciable*, en el funcionamiento del motor. EPE181099 **29 desperfecto:** Me animé a comprarlo porque, aunque tenía desperfectos, eran prácticamente *inapreciables*. INDOC

☐ Véase también: **insignificante, irrisorio, nimio, venial**.

inauguración ♦ **formal, oficial, público, solemne** ♦ **aguar(se)[12], anunciar, celebrar, proceder (a), tener lugar**

☐ Véase también: **apertura, inicio**.

inaugural ♦ **acto, banquete, ceremonia, clase, concierto, conferencia, discurso, espectáculo, exposición, fecha, fiesta, función, informe, intervención, jornada, mensaje, muestra, noche, palabra, partido, película, pregón, sesión, temporada, viaje**

inaugurar ♦ **a bombo y platillo[19], formalmente, oficialmente, públicamente, solemnemente**

☐ Véase también: **abrir(se), arrancar, comenzar, empezar, iniciar**.

incalculable ♦ **aportación, ayuda, beneficio, cantidad, cifra, consecuencia, coste, daño, desastre, destrozo, deuda, dimensión, distancia, efecto, esfuerzo, estrago, fortuna, fuerza, futuro, impacto, magnitud, mal, multitud, número, patrimonio, peligro, pérdida, perjuicio, peso, poder, posibilidad, precio, proporción, repercusión, riesgo, riqueza, significación, tesoro, tiempo, valor**

incandescente *adj.* ▌En su sentido literal se combina con sustantivos que designan objetos físicos, más frecuentemente si despiden luz o calor por su propia naturaleza *(lámpara, brasa, bombilla, sol)*, pero también si esta propiedad no es inherente a ellos *(hierro, metal)*. En su sentido figurado se combina con...

A SUSTANTIVOS QUE DENOTAN COLOR O DESIGNAN NOCIONES ESTRECHAMENTE RELACIONADAS CON ESTE CONCEPTO: **1 rojo +:** ...con su inconfundible color rojo *incandescente*. EUV031196 **2 color:** ...el tema del pintor y su modelo, plasmado en obras íntimas y eróticas –ora burlescas, ora patéticas–, cuyos colores *incandescentes* –define Léal– evocan la pasión que unía al pintor y a su modelo... LVE060296 **3 cromatismo:** El *incandescente* cromatismo que aplica Palencia a sus paisajes, apenas era un grito mal articulado. EME190995 **4 rubor:** Nada me extrañaría que hubieran adquirido un rubor *incandescente*. EME140394 **5 candor –:** Rosa me resulta más boticelliana, de un delicado candor *incandescente*. EME200395

B ALGUNOS SUSTANTIVOS QUE DESIGNAN COSAS QUE SUELEN MANIFESTAR EL COLOR ROJO DE MANERA CARACTERÍSTICA: **6 nube:** ...bajo un cielo de nubes arreboladas e *incandescentes*. ABC040394 **7 cielo:** De repente, se hizo el infierno; el mar y el cielo parecían *incandescentes*. EME150394 **8 puesta de sol:** ...era posible disfrutar de puestas de sol plácidas, largas, *incandescentes*. INDOC **9 atardecer:** También recuerdo los atardeceres *incandescentes* de Rodas, los aprendices de pintor que vegetaban en el pueblito de Lindos, a los pies de su castillo... EME030995 **10 herida:** Sus recuerdos que les atormentan, sus heridas *incandescentes*. Si ellos tienen fuerza para contar, nosotros deberíamos tenerla para abrirnos a ellos. EPE230699

C SUSTANTIVOS QUE DESIGNAN SENTIMIENTOS Y CREENCIAS QUE SE ASOCIAN COMÚNMENTE CON EL ENARDECIMIENTO O LA VIVEZA: **11 pasión +:** ...y entre los dos surgirá un flechazo, más que un amor a primera vista, una *incandescente* pasión, que se materializará en escenas de un erotismo explícito, intensas y fogosas. LVE250196 **12 ira:** ...una ira *incandescente*, feroz, salvaje. PME150996 **13 caos:** Sobrevivir a este caos emocional *incandescente* resulta difícil para un actor y, en este caso, más difícil para una actriz. EME021296 **14 nacionalismo –:** Cuando el nacionalismo se ha puesto *incandescente* (...) ha conducido al imperialismo y a la primera guerra mundial o al fascismo y a la segunda guerra mundial. EPE210399

D OTROS SUSTANTIVOS; POSIBLES USOS ESTILÍSTICOS: Tiene una *incandescente* aventura con Sally Porringer, la mujer de uno de sus colegas... ABC291191; ...manejando todos los resortes de un fútbol *incandescente*. EME250694; ...las *incandescentes* huellas que deja una guerra... EPC290797

☐ Véase también: **ardiente**.

incansablemente *adv.* ▌Acepta muy distintos verbos de lengua *(debatir, discurrir, preguntar, hablar, decir, charlar, contar, citar, enumerar, mentir)* y otros muchos que designan actividades diversas *(leer, escribir, estudiar)*, especialmente si designan acciones físicas *(entrenar, viajar, correr, recorrer, caminar, jugar, saltar, nadar, girar, navegar, explorar)*, a menudo, violentas *(luchar, atacar, disparar, batirse)*. Aunque admite otros muchos verbos, destacan especialmente sus combinaciones con...

A VERBOS QUE DENOTAN TRABAJO, BÚSQUEDA O ESFUERZO: **1 trabajar ++:** Informó que el personal de la embajada de Honduras en México «trabaja *incansablemente* en localizar a nuestras compatriotas a fin de hacerlas regresar al país». ESP000801 **2 buscar ++:** Para uno que ha buscado *incansablemente* a los detenidos desaparecidos resulta muy doloroso después de haber luchado tanto por encontrarlos... DDN090101 **3 perseguir ++:**

Desde que se cansó de hacerlo, los agentes de Sadam le persiguen *incansablemente* por Europa, con la intención de quitarle de en medio. EME200695 **4 dedicar esfuerzos:** Pues bien, este segmento de población constituye el colectivo al que dedica *incansablemente* sus esfuerzos el hermano Adriano. LVE280696 **5 intentar:** ...nuestros servicios de Nueva Delhi, Lahore y de los Emiratos Árabes intentan *de modo incansable* obtener más información sobre lo que ocurre en el avión secuestrado. EPE261299 **6 laborar:** Esa utopía concluyó en un vasto campo de trabajo, donde muchos laboraron *incansablemente* para el beneficio de algunos... LNC161100

B VERBOS QUE DENOTAN REPETICIÓN: **7 repetir ++:** De nuevo repitió *incansablemente* los mismos argumentos, que había propiedades oscuras en la piel escamosa y helada, que él era testigo del hecho asombroso... LPN051097 **8 reiterar +:** A pesar de esta advertencia, que el Gobernador ha reiterado *incansablemente* en los últimos meses... EME070795 **9 revisar:** ...consagra sus últimos días a correr detrás de su estatua, a revisar *incansablemente* su imagen, a fijarla como si de un cliché se tratase. EME140495 **10 reescribir:** Mientras explotaba el comunismo, él volvía a reescribir *incansablemente* sus libros antiguos. EME110694

C VERBOS QUE DENOTAN DEFENSA O INTERVENCIÓN ACTIVA EN ALGO, ASÍ COMO SOSTENIMIENTO DE IDEAS O POSICIONES: **11 promover +:** Esa organización promovió *incansablemente* la abolición de la pena de muerte. INDOC **12 participar +:** Es uno de los políticos que más *incansablemente* ha participado en la preparación del proyecto. INDOC **13 defender:** ...continúa con sus apariciones en televisión para defender *incansablemente* la inocencia de su grupo en todos estos sucesos. EME270495 **14 desmentir:** ...pero el primer ministro ha desmentido *incansablemente* que esté dispuesto a renunciar a la moneda única para tranquilizar a su partido... EME091296 **15 reforzar:** ...el responsable de esa izquierda, ya transformista, reforzó *incansablemente* sus mimbres de acero alrededor del cuello de la prensa... EME110694 **16 propugnar:** ...propugnó *incansablemente* que la mejora de las organizaciones y, por tanto, su eficacia y eficiencia están íntimamente ligadas a su «consistencia»... LVE080796

D VERBOS QUE DENOTAN SOLICITUD O QUEJA: **17 denunciar +:** Durante años la opinión pública italiana ha denunciado *incansablemente* las relaciones de la Mafia con los políticos. ETC110187 **18 reclamar +:** ...por la autonomía ahora lograda y que él viene reclamando *incansablemente* durante los últimos años. EPE020885 **19 cuestionar:** Pero no es por esa razón por lo que le exhibe Emilio Navarro, que cree en su valor desde hace tiempo (1993), sino por su verdad, que él cuestiona *incansablemente*. ABC240295 **20 pedir:** ...de difundir por el mundo la lengua y cultura españolas, un aumento *incansablemente* pedido por Sánchez Albornoz... EME240496

☐ Véase también: **inagotable, infatigable, sin tregua.**

incapacidad ♦ **absoluto, al descubierto[23], congénito[4], contrastado, físico, laboral, manifiesto, ostensible[27], parcial, patente, persistente, probado, sumo, total** ♦ **confesar, evidenciar, manifestar, mostrar, ocultar, poner de manifiesto, revelar**

☐ Véase también: **inutilidad.**

incapaz ♦ **absolutamente, de todo punto, enteramente, mentalmente, prácticamente, profundamente, totalmente, virtualmente[35]** ♦ **confesarse, considerar (a alguien), creer (a alguien), declarar(se), mostrarse, reconocerse, sentirse, ver(se)**

incardinar ♦ **cambio, concepción, doctrina, idea, línea, modelo, principio, valor**

incautación ♦ **cautelar[35], de bienes** ♦ **decretar, prescribir, proceder (a)**

incendiario ♦ **artefacto, ataque, atentado, bomba, crítica, discurso, llama, orador, página, pasión, proclama, revuelta, sabotaje, sermón, texto, verbo,** *otros sustantivos que designan manifestaciones verbales*

incendio ♦ **activo, aparatoso[9], arrasador[34], catastrófico[13], dantesco[22], de grandes proporciones, descomunal, devastador, espectacular, pavoroso** ♦ **a prueba (de)** ♦ **conato (de)** ♦ **apagar(se), aplacar(se), avivar[4], causar, combatir[58], contener, controlar, declararse, desatarse, devorar (algo), extender(se), extinguir(se)[2], ocasionar[31], propagar(se), provocar, reavivar, sofocar**

☐ Véase también: **arder, fuego.**

incentivar *v.* ■ Se construye con sustantivos de persona, individuales o colectivos *(equipo, alumno, trabajador)*. También se combina con otros que designan muy diversas actividades económicas que suponen transacciones comerciales o gestión de dinero *(inversión, consumo, exportación, importación, producción, venta, ahorro, cotización)*, así como con los que designan sectores mercantiles y profesionales en los que tienen lugar estas operaciones *(economía, comercio, mercado, turismo, agricultura)*. También se combina con sustantivos que designan servicios sociales *(empleo, trabajo, vivienda, contrato, transporte)* o cantidades económicas *(capital, fondo, crédito)*. Se combina además con sustantivos que designan manifestaciones o tendencias culturales *(arte, música, literatura, poesía, cine, teatro)*, y también con otros que designan actividades, cualidades o facultades humanas muy diversas que se tienen por encomiables *(creatividad, inteligencia, lealtad, independencia, imaginación)*. Acepta otros muchos sustantivos, pero destacan especialmente sus combinaciones con...

A SUSTANTIVOS QUE DENOTAN PRODUCCIÓN, INCREMENTO O MEJORA Y OTRAS NOCIONES RELACIONADAS CON LA PROGRESIÓN, LA POTENCIACIÓN O LA RENOVACIÓN DE ALGO: **1 creación ++:** ...el objetivo es *incentivar* la creación, en un año y medio, de 500.000 empleos. CLA260199 **2 desarrollo ++:** ...empujar la idea de un acceso bioceánico e *incentivar* el desarrollo interregional. ACP250996 **3 aumento ++:** ...tiempo atrás habían sido criticadas por el titular de la FIFA por *incentivar* el aumento de participantes en la Liga de Campeones... CLA050199 **4 incremento +:** ...otorga al Ministerio del Trabajo el derecho a impartir justicia y al segundo porque *incentiva* el incremento del presupuesto... LPN130397 **5 natalidad +:** Incentivar la natalidad es mucho más que dar ayudas por hijo. EPE130700 **6 fomento:** ...es necesario introducir las reformas que *incentiven* el fomento de la producción de caña de azúcar... LDD170797 **7 construcción:** Una manera de *incentivar* la construcción en Margarita sería permitir la entrada de autos usados a quien adquiera casa o apartamentos nuevos. ENV060297 **8 subida:** En otro momento, una subida de más de 50 puntos en Wall Street, acompañada de una apreciación del dólar, hubiera *incentivado* una subida en el mercado de valores español. EME100996 **9 avance:** ...dedicó una década a la descolonización a fin de *incentivar* avances en un empeño en el que la falta de colaboración de las potencias administradoras con el Comité sigue siendo un obstáculo... GIC072600 **10 innovación:** Hay otro elemento en la nueva situación que puede *incentivar* la innovación y el cambio dentro del ámbito de Convergència i Unió. EPE251099 **11 mejora:** ...crear nuevos mecanismos para *incentivar* la mejora de la calidad de la enseñanza superior valenciana... EPE140199 **12 promoción –:** ...no hacer lo necesario para *incentivar* la promoción turística del municipio... LVE270996

B SUSTANTIVOS QUE DENOTAN CAMBIO DE ESTADO, MODIFICACIÓN O ALTERACIÓN. TAMBIÉN CON OTROS QUE DESIGNAN ALGUNAS DE SUS FASES: **13 cambio ++:** ...se ha pensado en uno que conozca el equipo y que sea capaz de *incentivar* un cambio. CAN070599 **14 reforma ++:** ...se preveían ayudas al sector, como avales para *incentivar* la reforma de las empresas mineras... EPE210799 **15 proceso +:** «El Consejo de Seguridad quiere dar la bienvenida e *incentivar* este proceso»... EME140494 **16 transferencia +:** Como propuestas concretas pedimos que se *incentiven* las transferencias de norte a sur y que se activen las de sur a sur. EME080696 **17 rehabilitación:** Vila-seca *incentiva* la rehabilitación de las viviendas del centro para evitar su abandono. LVE241296 **18 reducción:** El BNG propone *incentivar* la reducción de la jornada laboral para los trabajadores con hijos. FDV210601 **19 conversión:** ...estableciendo una dotación presupuestaria para *incentivar* la conversión de los contratos temporales en fijos y desarrollar una política de supervisión de la contratación. LVE311095 **20 trasvase:** Esta tendencia a *incentivar* el trasvase se ha producido en los bancos, que en el primer semestre han disminuido el volumen de depósitos en 101 millardos de pesetas. LVE020896

C SUSTANTIVOS QUE DENOTAN ANHELO, ASPIRACIÓN Y ACTITUD POSITIVA HACIA EL FUTURO. TAMBIÉN CON OTROS QUE DENOTAN AFÁN O EMPEÑO POR CONSEGUIR ALGO: **21 ilusión:** La pesarosa concentración está para el tedio infinito del personal y la gloria para modelar, acaparar e *incentivar* la ilusión y otros inconfesables secretos. EME160694 **22 interés:** Después de intensas gestiones para *incentivar* el interés de importantes inversionistas norteamericanos... EUV050996 **23 ánimo:** Armas inteligentemente utilizadas por los directivos (...) para *incentivar* el ánimo de los oferentes. LNA260692 **24 esperanza:** Por eso cualquier indicio que se observa en tal sentido, *incentiva* la esperanza, el voto y el impulso cívico de participar en el ejercicio democrático. EPE290799 **25 deseo:** Para Bayer «esto sucede porque se va perdiendo el resto de misterio que *incentiva* el deseo en la pareja». CLA140297 **26 esfuerzo:** «La escalera –afirmó– está formada por un sistema que *incentive* el esfuerzo y el conocimiento». EME220196

D SUSTANTIVOS QUE DENOTAN APOYO, AYUDA O ADHESIÓN: **27 cooperación ++:** ...queremos *incentivar* la cooperación entre las iniciativas públicas y privadas... LVE160396 **28 colaboración ++:** Ésa es la mejor forma de *incentivar* una colaboración eficaz y generalizada que acorrale a los terroristas. EPE171101 **29 ayuda:** ...se ha acordado *incentivar* las ayudas a la lucha contra la tristeza de los naranjos... EPE310199 **30 solidaridad:** Yo quería primero *incentivar* la solidaridad para la libertad de los presos y asegurar atención médica para algunos de ellos, una vez libres. PME011296 **31 mecenazgo:** El Gobierno ha conseguido dar un paso atrás muy importante con el proyecto de ley de Mecenazgo, que no sólo no *incentiva* el mecenazgo, sino que lo desincentiva totalmente. ABC250992

E SUSTANTIVOS QUE DENOTAN DISPUTA, CONFRONTACIÓN, RIVALIDAD Y OTRAS FORMAS DE CONTESTACIÓN O MANIFESTACIÓN HOSTIL. TAMBIÉN CON OTROS QUE DESIGNAN CIERTAS ACCIONES LESIVAS PARA LAS PERSONAS: **32 enfrentamiento:** En otros ámbitos, hasta hace pocas semanas dedicados a *incentivar* el más agrio enfrentamiento entre partidos que se recuerda... LVE170396 **33 lucha:** Era una manera de *incentivar* la lucha en contra de la corrupción... LHG140797 **34 competitividad +:** ...con el fin de adecuar el sistema tributario a la internacionalización de la economía e *incentivar* la competitividad empresarial. LVE210494 **35 competencia +:** «Lo primero que tenemos que hacer es garantizar e *incentivar* la competencia en el sistema bancario». EME071096 **36 protesta +:** «El interés de la guerrilla en tráfico de cocaína como fuente de entrada es ilustrado por los recientes esfuerzos en *incentivar* protestas masivas de campesinos en el sureste de Colombia», dijo. ETC130996 **37 amotinamiento:** No contento, fue más allá y señaló que PSOE e IU están «*incentivando* el amotinamiento ciudadano contra el Ayuntamiento» para no pagar las multas. EME280996 **38 violencia +:** ...con sus reflexiones panfletarias *incentivan* la violencia... CLA020497 **39 odio:** Se intenta por quienes todos sabéis desfigurar nuestro rostro, manipular la historia, abusar del poder, *incentivar* el odio y la división, pero que nadie entre en ese juego. LVE260296

F SUSTANTIVOS QUE DENOTAN EXPOSICIÓN O INTERCAMBIO DE IDEAS Y OPINIONES: **40 diálogo ++:** ...voluntad de «reconvertir el debate político» e *incentivar* el diálogo entre los partidos. LVE150395 **41 comunicación +:** El centrocampista, sin embargo, abogó por *incentivar* la comunicación... EPD280198 **42 debate:** Primero, atribuir ese descenso de la actividad a un adelanto electoral insuficiente es *incentivar* el debate político... LVE290596 **43 declaración –:** Opinan que de esta manera se *incentiva* la declaración personal de aquellos cuyos ingresos provienen de ese tipo de rentas. DED191296

☐ Véase también: **animar, apoyar(se), impulsar, preconizar, propulsar, relanzar.**

incentivo ♦ **de peso, fuerte, potente, tentador** ♦ **buscar, cobrar, constituir, crear, dar**[31]**, ofrecer, pagar, percibir, representar, servir (de), tener**

☐ Véase también: **estímulo.**

incertidumbre ♦ absoluto, completo, enorme, grave, inmerso (en), preso (de)[29], profundo, serio, total ♦ ambiente (de), clima (de), pozo (de)[35], tiempo (de) ♦ acechar[7], agravar(se)[75], aplacar(se)[65], arrojar[42], asaltar[6], asediar (a alguien), aumentar, carcomer[37], causar, cernerse[7], conllevar, derivar(se)[48], despejar(se)[4], desvanecerse[17], disipar(se)[8], entrañar, esclarecer(se)[5], estar (en), existir, generar, invadir (a alguien), librar(se) (de)[37], paliar[70], planear[6], reinar[21], resolver, sacar (de), salir (de), sembrar[9], sumir(se) (en)[24], zanjar[28]

☐ Véase también: duda, enigma, incógnita, inseguridad, interrogante, misterio, sospecha, temor.

INCERTIDUMBRE Véase:

♦ dudoso

♦ enigmáticamente

♦ acertijo, azar, cuestión, dilema, duda, enigma, fortuna, futuro, incertidumbre, incógnita, indecisión, interrogante, jeroglífico, misterio, pregunta, secreto, sospecha, suerte, temor

♦ acertar, adivinar, conocer, cuestionar, demandar, dudar, preguntar, saber

☐ Véase también: *DIFICULTAD Y ADVERSIDAD.*

INCERTIDUMBRE

♦ (ADJETIVOS) Véase: cariz[B], gravemente[I]

♦ (SUSTANTIVOS) Véase: abisal[B], abrigar[E], acallar[E], acechar[B], aciago[E], acuciante[C], acuciar[I], a cuestas[E], aflorar[C], agravar(se)[K], agudizar(se)[G], ahuyentar[E], albergar[B], alimentar[F], alimentar(se) (de)[D], anidar[E], apaciguar[G], aplacar(se)[H], arraigado[G], arreciar[G], arrojar[G], asaltar[A,E], asomo (de)[A], atizar[F], avivar[H], brotar[D], caber[A], calmar(se)[B], carcomer[E,F], causar[B], cernerse[B,J], circular[A], clarificar[A], cobrar fuerza[B], colmar (de)[H], concitar[I], congénito[D], corroer[B], cundir[A], dar[G], decrecer[K], decretar[G], dejar caer[A], dejarse llevar (por)[E,K], derivar(se)[K], desactivar[H], desatar(se)[G], despejar(se)[A], despertar[B], desterrar[D], destilar[C], desvanecerse[C], difuminar(se)[D], disipar(se)[A], disolver(se)[E], embargar[C,E], engendrar[G], entrar[F], expresión (de)[C], filtrar(se)[C], fundado[D], fundamentado[C], girar[E], gravitar[C], hacer(se) realidad[F], hermético[H], hondo[G], hundir(se) (en)[G,I], imponer[K], infundado[A], infundir[A,C], inspirar[B], instaurar[D], instintivo[E], intrincado[E], irresistible[J], irresoluble[B], levantar[K], librar(se) (de)[G], lidiar[C], llevadero[C], paliar[K], palpitar[B], planear[B], pozo (de)[D], preso (de)[D], profundo[P], punzante[B], ráfaga (de)[F], reabrir[F], reavivar[G], rebatir[H], recaer[H], redoblar[G], sacudir(se)[F], salir al paso (de)[D], sembrar[B,G], sentir[F], serio[G], sobrepasar[G], sobreponerse (a)[D], sobrevenir[A], sofocar[E], sortear[H], subsanar[I], sumir(se) (en)[E], sumo[N], tejer[H], teñir (de)[E], transmitir[E], traslucir(se)[E], vencer[I], verter[C], vislumbrar[M], zanjar[C]

♦ (VERBOS) Véase: invitar (a)[H], sinceramente[G]

☐ Véase también: TEMOR.

incidente ♦ aislado, aparatoso[14], desafortunado, desgraciado, diplomático, fatal, impredecible[20], inesperado, laboral, lamentable, nimio[18], serio[62], sin importancia, sin trascendencia ♦ cúmulo (de)[21] ♦ acaecer[6], achacar[37], airear[12], deplorar, magnificar[4], ocurrir[4], producir(se), protagonizar, salpicar[18], subsanar[18], suceder, tener lugar, zanjar[39]

☐ Véase también: accidente, altercado, avatar, aventura, percance, peripecia, suceso.

incidir ♦ considerablemente[80], decisivamente[14], de lleno[29], desfavorablemente[3], directamente, enérgicamente, en mucho[20], escasamente, favorablemente, fuertemente[22], gravemente, indirectamente, inevitablemente[53], intensamente, negativamente, notablemente[5], poderosamente[5], positivamente, profundamente[72], sustancialmente[46]

☐ Véase también: afectar, consecuencia, efecto, influencia, influir, repercusión, repercutir.

incitar (a) *v.* ▮ Se construye a menudo con infinitivos *(Le incitó a rebelarse; Siempre nos incita a leer).* Admite asimismo sustantivos muy diversos *(lectura, reflexión, bebida, adicción, amor, gasto, ahorro, fantasía, acción, aventura)*, pero destacan especialmente sus combinaciones con...

A SUSTANTIVOS QUE DESIGNAN DISTINTAS FORMAS DE DESOBEDIENCIA, PROTESTA U OPOSICIÓN: **1 rebelión** ++: ...la policía secreta los mantiene más vigilados, temiendo que puedan aprovechar una de las congregaciones de católicos para lanzar consignas e *incitar* a la rebelión. DLA110198 **2 desobediencia** +: ...a quienes exhortó a la subversión interna, les prometió ayuda económica por más de un millón de dólares, *incitó* a la desobediencia civil y a reclamar la presencia de observadores internacionales... GIC072997 **3 huelga** +: Muchos años después, cuatro alumnos del Pedagógico fueron detenidos, en la calle, por *incitar* a huelga a obreros de una fábrica. HOY250484 **4 protesta** +: ...La Causa R-Medina ha constituido la Coordinadora Nacional del Pueblo que promueve desórdenes públicos *incitando* a la protesta en contra de los acuerdos de la tripartita. ENV180497 **5 crítica:** Cervantes sigue *incitando* a la crítica en todos los países con su genialidad. ABC280292 **6 sublevación:** El deterioro económico puede *incitar* a más sublevaciones militares, pero contarían con débil apoyo popular. LVE030296 **7 revolución:** John Twyn es el nombre de un panfletista inglés del siglo XVII quien publicó unas hojas *incitando* a la revolución. LVE210595 **8 motín:** El preso que *incitó* al motín ha sido trasladado a otro centro penitenciario. INDOC **9 revuelta:** ...a través de la radio ha *incitado* a dichas revueltas, contradiciendo su posición del día anterior... DLA120497 **10 agitación:** La radio oficial acusó al Partido Democrático del Kurdistán iraní (PDKI, con base en Irak), de haber propagado rumores *incitando* a la agitación popular. LVE061296

B SUSTANTIVOS QUE DENOTAN VIOLENCIA O DESIGNAN ALGUNAS CARACTERÍSTICAS QUE LA ACOMPAÑAN: **11 violencia** ++: ...medio centenar de jugadores de rol se instalaron ayer en los parterres de la Plaza de Cataluña para demostrar también que estos juegos tienen un carácter pacífico y no *incitan* a la violencia... EME120694 **12 brutalidad:** Condena al entrenador de un equipo escolar por *incitar* a la brutalidad a sus jugadores. LVE141095 **13 criminalidad:** ...no captamos que los medios de comunicación influyen por su programación que *incita* a la violencia y criminalidad. ESP020697 **14 maldad:** Hace dos días, un periodista francés dijo que los medios de comunicación *incitaban* a la maldad y que el cine la ponía en un pedestal. VIS030497 **15 asesinato:** Somos opositores a la política del Gobierno, lo cual no significa tolerar a sujetos que *incitan* al asesinato... EME091195 **16 mal:** ...como si pusiera de manifiesto mis defectos, como si estuviera corrompiéndolo, *incitándolo* al mal. LVE240396

C SUSTANTIVOS QUE DENOTAN FALTA DE ORDEN O DE CLARIDAD: **17 confusión +:** Un desasosiego que a veces *incita* a «la confusión por puro aburrimiento». LVE180495 **18 duda +:** ...cuando acudimos al hombre del tiempo para que nos diga de verdad la que nos va a caer, nos encontramos con un contestador automático que *incita* a la duda razonable. LVE090395 **19 desorden +:** ...la iniciación de juicios camerales en la Asamblea Nacional contra los diputados sandinistas (...) que siempre *incitan* al desorden y derrocar al gobierno. DLA030597 **20 caos:** Las dudas sobre si sobrevivirá a su cáncer de próstata están *incitando* aún más el caos en esta nación. EME271096 **21 error:** ...los que no conociesen la información previa darían por buena la opinión que *incitaba* al error... EPE141001

D SUSTANTIVOS QUE DENOTAN ENFRENTAMIENTO EN DIVERSAS FORMAS, O DESIGNAN LOS SENTIMIENTOS O LAS ACTITUDES QUE LO PROVOCAN: **22 enfrentamiento +:** ...está llevando al Concello de Baiona a un callejón sin salida, donde el propio alcalde *incita* al enfrentamiento entre los propios vecinos. FDV260599 **23 odio +:** ...al considerar que no es objeto de persecución y concurrir la circunstancia de que fue condenado en su país por el delito de *incitar* al odio de razas... EME110694 **24 polémica:** Como ocurre con cualquier artículo que tiene relevancia o *incita* a la polémica, el «Concorde» lleva emparejado en el mismo número del Lancet un editorial... EME140494 **25 lucha:** El demagogo que va a *incitar* a la lucha de clases y agudizar las tensiones con Estados Unidos. SEM250696 **26 pelea:** Lejos de arrinconar a sus oponentes, el señor Major les ha *incitado* a la pelea. LVE290695 **27 combate:** Tenemos las respuestas dadas a Bourdet, Astier, Sartre y Stéphane, que acudieron uno tras otro para *incitarlo* al combate... LVE081096 **28 racismo:** ...les aconseja que traten a los inmigrantes ilegales con la máxima humanidad y eviten actuaciones y declaraciones que puedan *incitar* al racismo o fomentar la xenofobia. LVE050996

E SUSTANTIVOS QUE DESIGNAN DESEO SEXUAL, ASÍ COMO ALGUNAS DE SUS MANIFESTACIONES: **29 deseo +:** El eterno gemido del hombre aguijoneado por la carne y el remordimiento, parece colorear aquella época donde todo *incita* al deseo y que descubre que Eros no sólo produce placer... LPN270197 **30 erotismo:** ...presenta en sus alrededores parajes placenteros que *incitan* al erotismo... LVE240996 **31 promiscuidad:** Se afirma que la campaña en favor del condón *incita* a los jóvenes a la promiscuidad. ETC011291 **32 sexo:** El spot ha provocado un gran escándalo y ha levantado fuertes protestas en ese país entre varios grupos, que lo acusan de *incitar* al sexo y la violencia. EME300695 **33 tentación:** ...además de herir la sensibilidad de los fieles, manipula la oración e *incita* a la tentación. LVE090295 **34 onanismo:** ...es víctima del propio peso de la decadencia que deja chiquitas todas sus ambiciones por la rareza cuando se *incita* a los niños al onanismo con el Xuxa-park... ABC201192

F SUSTANTIVOS QUE DENOTAN CONCILIACIÓN ENTRE PARTES ENFRENTADAS. TAMBIÉN CON OTROS QUE DESIGNAN DIVERSAS ACTITUDES O INCLINACIONES QUE ESE ACERCAMIENTO REQUIERE: **35 negociación +:** ...¿cómo *incitar* al Estado a la negociación con ETA cuando el último término argumental es el absoluto de la violencia? EME060196 **36 concordia +:** En su discurso *incitó* a la concordia y al entendimiento entre los pueblos. INDOC **37 diálogo:** ...no era especialmente solemne y digno, aunque, al ser un sitio pequeño, *incitaba* al diálogo y no al discurso. EPE020887 **38 mediación:** ...su consejo ha favorecido el desbloqueo y ha *incitado* a la mediación y a la negociación. LVE101295 **39 comprensión:** ...dejaba de haber elementos que, por paradójico que pueda parecer, *incitaban* más a la comprensión recíproca que al absoluto rechazo entre sí. ABC231092

G SUSTANTIVOS QUE DENOTAN CAMBIO, MÁS FRECUENTEMENTE SI TIENE COMO CONSECUENCIA LA CESACIÓN DE UN ESTADO DE COSAS: **40 cambio +:** Pilar Rahola, que *incitó* el cambio de los símbolos municipales, reconoce ahora que la polémica ha derivado en una situación grotesca, en un sainete. LVE181296 **41 derrocamiento:** Tampoco tiene derecho de interrumpir la libre circulación de las personas (...) ni *incitar* al derrocamiento del gobierno legal y legítimamente constituido. LPN250697 **42 despido:** ...es urgente cambiar los contratos temporales que *incitan* al despido y profundizar en la reforma laboral. LVE150296 **43 destrucción:** ...publicaciones y vídeos en los que se defendía a Hitler y se *incitaba* a la destrucción de determinados grupos étnicos. EPE210799 **44 emigración:** ...y la miseria de su pueblo tras la derrota militar, le *incitó* a la emigración... LVE180896 **45 extinción:** Todos los fuegos, salvo aquellos de raíz religiosa o natural, *incitan* a su extinción y para esa tarea están los bomberos. LVE220394 **46 éxodo –:** Mientras que en el club nadie ha avanzado un milímetro en las renovaciones y la estructuración del futuro equipo (...), desde fuera ya *incitan* al éxodo. EME040694

H SUSTANTIVOS QUE DESIGNAN ESTADOS DE ALEGRÍA, SATISFACCIÓN O BIENESTAR, ASÍ COMO CON OTROS QUE DESIGNAN ALGUNOS GESTOS CON QUE PUEDEN EXPRESARSE: **47 euforia:** ...la estructura del crecimiento del PIB –gracias a la agricultura– no *incita* precisamente a la euforia. LVE161196 **48 entusiasmo:** Los balances de los países relevantes de la Unión Europea no *incitaban* al entusiasmo. LVE200196 **49 optimismo:** Las condiciones no me *incitan* a un gran optimismo, añade el ex jefe del Estado... EME050795 **50 sonrisa:** Dentro, juegos de pastas *incitan* a la sonrisa: son intenciones amables junto al mar. LVE230596 **51 risa:** Se puede pensar que el arte de Hödicke *incita* a la risa y son muchos los que consideran que su sentido del humor es lo que guía la mayoría de sus extravagancias. ABC220193

□ Véase también: **concitar, inducir (a), instigar (a), invitar (a), provocar.**

inclemencia ♦ **del clima, del tiempo** ♦ **exponerse (a), guarecerse (de), padecer, soportar, sufrir, vencer[11]**

inclinación ♦ **acusado[40], claro, fuerte, imparable, inequívoco[81], inevitable, irrefrenable[32], marcado, natural, ostensible, perceptible, vehe-**

mente[7] ♦ acusar, apuntar, corregir, desviar, manifestar, marcar, mostrar, sentir

☐ Véase también: **apego (a), dirección, predisposición, propensión, propicio, tendencia.**

INCLINACIÓN Véase: *DIRECCIÓN Y TENDENCIA; VOLUNTAD E INTENCIÓN*

INCLINACIÓN

♦ (ADJETIVOS) Véase: **ciego[A]**

♦ (SUSTANTIVOS) Véase: **abrigar[A], abrir(se)[C,E], achicar[D], acotar[F], aferrarse (a)[F], afianzar(se)[C], aglutinar[B], aguar(se)[D], ajar(se)[C], albergar[A], al calor (de)[F], alimentar[A], anidar[H], apoderar(se)[F], ardiente[A], arraigado[H], arrojar[K], avivar[I], brotar[E], calmar(se)[E], capitalizar[F], colmar (de)[F], colmar[A], concebir[C], concitar[F], confesar[F], conservar[E], converger[C], corroer[D], cumplir[B], cúmulo (de)[J], dar[C], decaer[C,K], decrecer[C,D], defraudar[A,B], depositar[A], derrumbar(se)[K], desinflar(se)[B], desbordante[G], desmedido[B], desmesurado[D,E,H], desmoronar(se)[D], desoír[F], despejar(se)[G], despertar[A], desvanecerse[A], dilapidar[F], dilucidar[F], disfrazar[D], disipar(se)[C], disolver(se)[F], efímero[E], embargar[F], enfriar(se)[G], engendrar[E,F], estrangular(se)[C], exacerbar[C], expresión (de)[A], extinguir(se)[H], ferviente[A], formular[F,M], fortalecer(se)[G], fraguar(se)[G], frenético[G], fundamentado[E,F], halagüeño[A], henchir(se) (de)[B], hipotecar[A], humanitario[E,F], igualitario[G], infundir[E], insaciable[B], inspirar[F], instintivo[D], inyección (de)[B], irradiar[A], irresistible[A], levantar[L], llevar a buen puerto[E], llevar a la práctica[B], madurar[H], malograr(se)[A], manifestación (de)[D], perder[C], persistir (en)[E], pisar[C], pletórico (de)[B], pulverizar[C], quebrar(se)[A], ráfaga (de)[C], reabrir[D], reavivar[C], rebosante (de)[D], reconcomer(se)[B], saciar[B], salir a la luz[J], saludable[B], seguir[I], sembrar[K], sentir[A], sobrado (de)[G], sobrepasar[F], socavar[G], soplo (de)[C], tejer[G], tenaz[F], testimonial[I], testimoniar[E], transmitir[B], tropezar(se) (con)[E], truncar(se)[A], unánime[I], vano[B], venirse abajo[A], vislumbrar[B], vivo[C]**

♦ (VERBOS) Véase: **abrumadoramente[F], ardientemente[A], ávidamente[B], con franqueza[C], con interés[D], de todo corazón[C], frontalmente[E], largamente[C], ni por asomo[F], vivamente[B]**

☐ Véase también: ACTUACIÓN FUTURA; ASPIRACIÓN; INTENCIÓN; PRONÓSTICO; PROPUESTA; PROYECTO; TENDENCIA.

inclinar la cabeza ♦ **afirmativamente[13], dubitativamente, hacia {atrás/adelante}, humildemente, tristemente**

inclinarse (a) *v.* ▮ En el sentido de 'propender' se combina con infinitivos de...

A VERBOS QUE DESIGNAN JUICIO O CREENCIA: **1 pensar ++:** Los otros, los policiacos, se *inclinaban* a pensar que era solamente una manipulación... PME020297 **2 creer ++:** Aunque ciertamente es arriesgado prever qué pesará más en la mente de los electores a la hora de votar, nos *inclinamos* a creer que resultará gravitante la participación del senador Michelini... BUS031096 **3 opinar +:** Me *inclino* a opinar que la razón no siempre está de parte de los vencedores. INDOC **4 considerar +:** Admitido esto, prefiere publicar el manuscrito «B» (...), que él se *inclina* a considerar, no sin reservas, redacción «retocada» por Quevedo... ABC060893 **5 sospechar +:** La citada agencia asegura que la policía se *inclina* a sospechar que el secuestrado ha decidido no reaparecer voluntariamente... LVE091195 **6 discrepar:** Por ello me *inclino* a discrepar de la opinión favorable a ella expresada por el señor Francisco Fernández... LEC020796

B VERBOS QUE DENOTAN PRESTACIÓN DE AYUDA O DESIGNAN LA ACCIÓN DE MOSTRAR ADHESIÓN A ALGO O A ALGUIEN: **7 apoyar:** Estiman, por último, que, como ocurrió en el 93, una parte de quienes pueden sentirse *inclinados* a apoyar a IU opten en el último momento por el voto útil al PSOE. EME270296 **8 cooperar:** ...ha sabido modernizarse, abrirse al mundo, (...) en un clima de armonía y amistad con otros países, con quienes se *inclina* a cooperar. LVE221096 **9 votar:** La posición que se ha fijado está un tanto dividida, pero la mayoría se *inclina* a votar afirmativamente por la extradición. ETC211096 **10 ayudar:** Los españoles se *inclinan* por ayudar a sus hijos a razonar... LVE280196

C OTROS VERBOS: **11 hacer:** Es independiente y se *inclina* a hacer sus propias cosas. ETC010690 **12 aplicar:** ...dijo que se *inclina* a aplicar las sanciones a Cuba... ENH110297 **13 buscar:** También se *inclinan* a buscar espacios propios de la pareja. CLA241097

▩ Se combina también con: ♦ **abrumadoramente[32], a favor[3], decisivamente[43], descaradamente[17], ligeramente[33], peligrosamente[6], sesgadamente, tendenciosamente**

☐ Véase también: **escorar(se), propenso (a).**

incoar ♦ **acción, demanda, diligencia, expediente, investigación, procedimiento**

incógnita ♦ **arduo, complejo, difícil, endiablado, enrevesado, indescifrable, insoluble[12], insondable, intrincado, misterioso, sencillo** ♦ **aclarar, cernerse[9], constituir, descifrar, desentrañar[5], despachar[3], despejar(se)[2], desvanecerse[22], desvelar[4], dilucidar, disipar(se)[3], esclarecer(se)[4], gravitar[12], plantear[5], quedar, representar, residir (en)[19], resolver, solventar, surgir, zanjar[29]**

☐ Véase también: **cuestión, desconocimiento, dilema, duda, incertidumbre, interrogante, misterio, pregunta.**

INCÓGNITA

♦ (ADJETIVOS) Véase: **virtualmente[I]**

♦ (SUSTANTIVOS) Véase: **acechar[F], acuciante[C], acuciar[I], adentrarse (en)[B], al descubierto[I], alimentar[F], atesorar[C], azotar[G], bucear (en)[E], cernerse[B], clarificar[A], cobrar fuerza[B], conculcar[C], confesar[D], desatar(se)[G], desbrozar[A], descifrar[A], desentrañar[A], despachar[A], despejar(se)[A], destapar[A], desvanecerse[C], desvelar[A], enredar(se) (en)[D], esclarecer(se)[A], férreo[K], filtrar(se)[C], guardar[G], hermético[H], hondo[G], infringir[E], insoluble[B], insondable[A], intrincado[G], irresoluble[B,C], levantar[D], orquestar[B], planear[B], plantear[A], profundo[P], quebrantar[G], reabrir[F], sacudir(se)[F], salir a la luz[A], salpicar[E], sembrar[B], teñir (de)[D], toque (de)[F], violar[G], vulnerar[F]**

♦ (VERBOS) Véase: **a buen recaudo[A], a duras penas[D], herméticamente[A], maliciosamente[A], por completo[C]**

[incógnito] → **de incógnito**

incomodidad ♦ **absoluto, creciente, gran(de), leve, ligero, llevadero, manifiesto, material, moderado, notable, ocasional, personal, profundo, relativo, serio, sumo, total, tremendo** ♦ **a pesar (de)** ♦ **grado (de), sensación (de), situación (de)** ♦ **aceptar, aguantar, arrastrar, crear, disimular, encontrar, generar, llevar aparejado, manifestar, padecer, paliar, producir, provocar, representar, sobrellevar, sobreponer(se) (a), subsanar, sufrir, suponer**

☐ Véase también: **malestar, molestia.**

incómodo ♦ **sumamente, terriblemente, visiblemente[3]** ♦ **encontrar(se), hallar(se), poner(se), resultar, sentir(se), ver(se)**

☐ Véase también: **molesto.**

incompetencia ♦ **absoluto, claro, contrastado, desastroso, exasperante, flagrante[26], inadmisible, insufrible, llamativo, manifiesto, monumental, patente, probado, sumo, supino[4], visible** ♦ **al descubierto[22]** ♦ **demostrar, evidenciar, manifestar, rayar (en)[17], revelar**

☐ Véase también: **ignorancia, incapacidad, ineficacia, inutilidad.**

incondicional *adj.* ▌En el ámbito jurídico se combina con los sustantivos *prisión, libertad, amnistía, condena* y con otros análogos. En la lengua general se combina con sustantivos de persona, especialmente si se refieren a seguidores o admiradores de alguien o de algo *(fan, partidario, aficionado, amigo, defensor, aliado)*. Se combina además con...

A SUSTANTIVOS QUE DENOTAN ADHESIÓN O VÍNCULO: **1 adhesión ++**: Sin embargo, la adhesión *incondicional* de los comunistas chilenos contrastó con el apoyo muy crítico y condicionado de los socialistas. CAP141196 **2 militancia ++**: Según la comisaria, la exposición pretende resaltar esta militancia vehemente e *incondicional* en los movimiento de renovación artística... LVE170995 **3 colaboración +**: Además, ya no hay una situación que exija nuestra colaboración *incondicional*... EPE060999 **4 vínculo:** ...establecen (o asumen) un vínculo *incondicional* entre los seres humanos, que los reconoce efectivamente como tales... EPE290899 **5 asociación:** El temor peronista radica en que la asociación *incondicional* de Menem con los grupos más poderosos termine ahuyentando a las franjas humildes... LVE290996 **6 alineamiento:** ...los checos están hartos de sus pomposos discursos, de su *incondicional* alineamiento con Occidente... EPE111199

B SUSTANTIVOS QUE DENOTAN APOYO O PROTECCIÓN: **7 apoyo ++**: ...quien «contó con el apoyo *incondicional* de Zavala Egas», según Velasco... BYN040198 **8 respaldo ++**: Pero acerca de la expansión de la OTAN, Albright obtuvo un respaldo *incondicional* de Italia. ENH170297 **9 defensa +**: ...afirmó Arzallus, en una defensa *incondicional* de Ainhoa Cantalapiedra. LRE300103 **10 protección:** La protección *incondicional* de los derechos humanos y el fin del negocio del secuestro (...) encabezan la agenda... EPE120199 **11 auxilio:** ...esta preeminencia de la autoridad judicial en el ámbito penal obliga a un deber de cooperación y auxilio *incondicional*, al ser principio básico de una comunidad... LVE201095

C SUSTANTIVOS QUE DESIGNAN SENTIMIENTOS, MÁS FRECUENTEMENTE DE INCLINACIÓN FAVORABLE HACIA LAS PERSONAS O LAS COSAS, PERO EN OCASIONES TAMBIÉN DE RECHAZO: **12 admiración ++**: Texto de admiración *incondicional*, al igual que otros provocados por su obra, y pienso en algunos de Quico Rivas... ABC011093 **13 amistad ++**: Estas memorias de su actividad política redactadas desde la amistad *incondicional*, no exenta de apasionada admiración... ABC280593 **14 aprecio:** ...hasta la fecha le ha valido no sólo el aprecio *incondicional* de los aficionados a la lírica, sino también los más prestigiosos premios internacionales. LVE160595 **15 fe +**: La fe *incondicional* en la fuerza de la palabra desnuda y en la capacidad del silencio... ABC281094 **16 adoración +**: Y llega el momento en el que la adoración *incondicional*, la actitud de arrobo y embeleso dejan paso a las primeras reseñas... ABC170192 **17 devoción:** ¿Hubiera sido más rica su obra literaria y mayor el reconocimiento público sin su devoción *incondicional* a Rafael Alberti? ABC101195 **18 amor:** ...apagar su conciencia mediante el sueño eterno luego de lograr el amor *incondicional* por parte de Mónica. EXC070901 **19 cariño:** En un último acto de aprecio, devoción y cariño *incondicionales*, cubre el cuerpo con su abrigo y se postra junto a él. LVE250395 **20 afecto:** Pero está claro que estos tres monstruos de la historia de River lograron el afecto *incondicional*, ése que maneja directamente el fiel seguidor... CLA250501 **21 odio:** Pero el odio *incondicional* del «american way of life», de su cultura y de su historia es y ha sido siempre un tema fascista. EME111196 **22 simpatía:** El documental ecológico y sus géneros adyacentes (...) han conquistado la simpatía *incondicional* de muchos espectadores de cable. CAP300197 **23 rechazo:** ...pedir a la Iglesia Católica, en su encíclica «Evangelium Vitae», su *incondicional* rechazo del aborto y la eutanasia. EME030495

D SUSTANTIVOS QUE DESIGNAN CUALIDADES Y ACTITUDES ADOPTADAS HACIA LAS PERSONAS O LAS SITUACIONES, MÁS FRECUENTEMENTE RELACIONADAS CON LAS NOCIONES DESCRITAS EN LOS APARTADOS *A*, *B* Y *C*: **24 lealtad +**: Sólo los sentimientos de lealtad *incondicional* que profesa hacia su esposa... CAR101197 **25 fidelidad ++**: Que Evita proclamaba en público su fidelidad *incondicional* al controvertido jefe civil y militar nadie puede negarlo... ETC180497 **26 entrega +**: El mundo de Tritón se reduce casi por completo a la casa en la que sirve, a la cocina donde condimenta platos exquisitos hasta convertirse en un maestro, y su señor Salgado al que cuida y mima con entrega *incondicional* y orgullosa. EME051195 **27 dedicación +**: Esa libertad que parte de una *incondicional* dedicación a la vocación de arquitecto... EME160296 **28 cooperación +**: ...normas contra el lavado de dinero y promesas de cooperación *incondicional*. SEM160796 **29 compromiso:** A su juicio, lo único que podemos «decirle» a Rubial es que, en el partido «hay gente dispuesta a recoger ese compromiso *incondicional*» que le caracterizaba. FDV260599 **30 interés:** ...numerosas publicaciones que durante la década de los 60 atrajeron el interés *incondicional* de una buena parte del mundo intelectual latinoamericano. HOY090697 **31 conducta:** Al menos dos sectores de los integrados en el actual gabinete no parecen prestarse a una conducta *incondicional* respecto del presidente Suárez... EPE020977 **32 oposición:** ...abandonando su oposición *incondicional* a varios elementos tradicionales... EME240795 **33 actitud:** ...Washington esperaba una actitud pronorteamericana *incondicional* del presidente guatemalteco... LHG120900

E SUSTANTIVOS QUE DESIGNAN LA CONSECUCIÓN FELIZ DE ALGUNA FORMA DE ENTENDIMIENTO, ASÍ COMO LOS PROCESOS QUE CONDUCEN A ELLA: **34 alianza ++:** Asimismo, en el citado documento, HB rechaza cualquier gesto de buena voluntad y afirma que nunca perdonará al PNV su «alianza *incondicional* con el Estado». LVE140596 **35 pacto +:** Al fin y al cabo el despacho oval de la Casa Blanca bien merece un pacto *incondicional* con todos los demonios del averno. LVE251096 **36 tregua:** ETA anunció el 16 de setiembre pasado una tregua *incondicional*, pero después de las elecciones regionales vascas de octubre comenzaron a producirse las acciones violentas e intimidatorias. CLA100199 **37 capitulación:** Hay que reconocer la constancia de sus ideas, la repugnancia hacia la izquierda española, con la que en realidad no buscó la paz, sino la capitulación *incondicional*. LVE060996 **38 negociación –:** Pese a que se ha invertido la relación que se daba hace un año y hoy son mayoría (un 45%) quienes apoyan una negociación *incondicional* entre el Gobierno y ETA... EPE170799

F SUSTANTIVOS QUE DENOTAN ACEPTACIÓN O CUMPLIMIENTO DE ALGO Y, POR EXTENSIÓN, CON OTROS QUE DESIGNAN ESTADOS DE SUBORDINACIÓN O DEPENDENCIA EN LOS QUE DEBE ACEPTARSE LO QUE OTROS DECIDEN: **39 aceptación ++:** En algún sentido es una corriente rara puesto que la teología musulmana, fundamentalista en esencia, provoca más que un estímulo del sentimiento una aceptación *incondicional* del entendimiento. EME100195 **40 cumplimiento +:** Los tres presidentes firmaron en Dushambé una declaración en la que se pronunciaron por el cumplimiento «*incondicional* de las exigencias» de la coalición internacional... EPE231001 **41 acatamiento:** ...no impone a Indonesia, en nombre de la simple moral, el acatamiento inmediato e *incondicional* de la voluntad del pueblo de Timor Oriental... EPE080999 **42 sumisión:** Dominio aplastante del Madrid y sumisión *incondicional* de un Logroñés alejado del balón y de la esperanza. EME130295 **43 subordinación –:** Se requería de alguien comedido, que conociera de cerca el teje y maneje del sistema electoral y, sobre todo, que estuviera dispuesto a una *incondicional* subordinación. CAP280900 **44 entreguismo –:** ...no aspira a dibujar los caminos de la izquierda ni desde el enfrentamiento estéril con el PSOE ni desde el entreguismo *incondicional* al felipismo. LVE260396

G SUSTANTIVOS QUE DENOTAN SUSPENSIÓN, RETIRADA Y OTRAS FORMAS DE DEJACIÓN. TAMBIÉN CON OTROS QUE DESIGNAN EL RETORNO A ALGUNA SITUACIÓN PREVIA: **45 cese ++:** «Yo no me sentaré ni lo hará un representante mío en una mesa mientras no haya este cese *incondicional* del fuego», para añadir «no vamos a retroceder». LVE310195 **46 alto el fuego +:** Ecuador no se sentará a negociar si antes no hay un alto el fuego *incondicional*. LVE310195 **47 retirada:** ...se mostró opuesto a toda negociación con los «bandidos» en Chechenia y a una retirada *incondicional* de las tropas rusas... LVE240296 **48 salida:** Él dijo que los bombardeos sólo deben parar después de la salida *incondicional* de las tropas serbias de Kosovo... EPE200499 **49 interrupción:** En el Congreso existen tres posiciones distintas: la interrupción *incondicional* e inmediata de los bombardeos sin limitación en el tiempo... EPE130599 **50 devolución:** Cuba sólo aceptará la devolución *incondicional* del niño «balsero». EPE091299 **51 disolución –:** ...además de pedir a ETA «su *incondicional* e inmediata disolución», exigían a las instituciones sociales y políticas «un papel más activo para favorecer y difundir la cultura de la paz». EME261295

H OTROS SUSTANTIVOS; POSIBLES USOS ESTILÍSTICOS: La primera propone una prórroga indefinida e *incondicional* del tratado como mejor garantía... EME050395; El Gobierno comunista afirmó que no permitiría a la Agencia Internacional de Energía Atómica hacer inspecciones «*incondicionales*» de todas sus instalaciones nucleares. EME130294

□ Véase también: **acérrimo.**

incondicionalmente *adv.* ▮ Se combina con...

A VERBOS QUE DENOTAN AYUDA, APOYO O COLABORACIÓN: **1 apoyar ++:** Tony Blair (...) apoya *incondicionalmente* el ataque, y José María Aznar (...) ofrece las bases militares de su país... EPC181197 **2 respaldar ++:** Gali respaldó *incondicionalmente* la propuesta franco-alemana... EME101196 **3 seguir ++:** Desde entonces le he seguido *incondicionalmente*. EPE221101 **4 ayudar +:** ...posee principios vitales e inflexibles como el culto a la amistad y la obligatoriedad de ayudar *incondicionalmente* al que le ayudó cuando le necesitaba. EME210294 **5 comprometer(se) +:** Aseguró que «era un hombre comprometido *incondicionalmente* con aquello en lo que creía»... FDV260599 **6 volcarse:** Que la opinión pública (...) se vuelque *de forma incondicional* con los pescadores españoles es (...) comprensible. EME200395 **7 ofrecer(se) +:** ...*incondicionalmente* nos ofreció su apoyo y su protección... BYN141297 **8 alinearse +:** ...los turcos (...) deben alinearse *incondicionalmente* con ese Estado paternal que los protege de las perversas intenciones del exterior. EPE260999 **9 aliarse:** ...acusa al político de (...) haber contribuido al declive del imperio británico al aliarse *incondicionalmente* con Estados Unidos... LVE280995

B VERBOS QUE DENOTAN ACEPTACIÓN: **10 aceptar ++:** «La parte serbia acepta, *incondicionalmente*, la declaración de Ginebra sobre Bosnia»... EME150594 **11 acoger +:** El nombre de México ha vuelto a ser recordado como el país que más libre e *incondicionalmente* acogió a ese exilio. EPE311299 **12 admitir:** ...Sigfrido Martín Begué admite *incondicionalmente* la compra. EME071195

C VERBOS QUE DENOTAN DEJACIÓN, CAPITULACIÓN O ABANDONO: **13 rendirse ++:** En fin, una maravilla ante la que sólo cabe rendirse *incondicionalmente*. LVE030796 **14 retirar(se) +:** Esta resolución (...) obliga al Estado hebreo a retirarse *incondicionalmente* del territorio libanés. EME020896 **15 abandonar +:** De especial importancia resulta también su petición de que ETA abandone «*incondicionalmente*» las armas... EME070194 **16 capitular:** ...el general Minh difunde la orden de capitular *incondicio-*

nalmente... EPE010876 **17 plegarse:** ...ni el PP ni Esquerra Republicana de Catalunya (ERC) parecen plegarse *incondicionalmente* a los deseos de Pujol... EPE231099

D VERBOS QUE DENOTAN CONCESIÓN: **18 conceder +:** El escrito concluye que «resultaría procedente (...) conceder *incondicionalmente* la extradición de los condenados en rebeldía por las autoridades italianas». EPE210900 **19 entregar +:** ...saben con lasciva determinación lo que desean obtener del mundo y entregan *incondicionalmente* la vida para conseguirlo. LVE080494 **20 otorgar:** Les otorgaron *incondicionalmente* toda clase de privilegios, pero no los supieron aprovechar. INDOC **21 ceder:** Con Santiago de Cuba rodeada, Cantillo accedió a encabezar una rebelión el 31 de diciembre y ceder *incondicionalmente* sus tropas a Castro. PME291296 **22 suministrar –:** ...uno de los bandos posee un moderno arsenal militar (suministrado *incondicionalmente* por EE. UU.)... EPE271001

E VERBOS QUE DENOTAN MANIFESTACIÓN DE FE O DE SEGURIDAD EN ALGO: **23 creer +:** A pesar de que había pocas esperanzas, creían en él *incondicionalmente.* INDOC **24 avalar +:** ...no le perdonarían jamás que (...) hubiera avalado *incondicionalmente* (...) a quien ahora resulta ser sin género de dudas un hombre corrupto. EME170494 **25 asegurar:** ...el Banco de España hubiera asegurado *incondicionalmente* el dinero de los depositantes... EME050294 **26 garantizar:** «La experiencia me ha demostrado la necesidad absoluta de contar con un accionariado que me garantice *incondicionalmente* la independencia». EME140194

F VERBOS QUE DENOTAN ADMIRACIÓN O AFECTO: **27 admirar +:** ...¿por qué admirar *de manera incondicional* a un héroe, por qué no vamos a serlo nosotros también? LVE251196 **28 amar:** ...el drama cuenta (...) la transformación de una bella y superficial joven (...) bajo la mano inspirada del malvado (...), que la ama *incondicionalmente.* EME110795

G VERBOS QUE DESIGNAN LA ACCIÓN DE ENCARCELAR O EXCARCELAR A ALGUIEN: **29 liberar:** ...los secuestradores liberaron *incondicionalmente* al palestino... EME060394 **30 soltar:** «Tengo la impresión de que el barco hubiera sido soltado *incondicionalmente* uno de estos días»... EME290395 **31 encarcelar:** ...encarcelado *de manera incondicional* y sin fianza, ha declarado que él no es el autor de los asesinatos... LRE050203

☐ Véase también: **a muerte, a ultranza, sin condiciones.**

inconfesable *adj.* ▮ Se combina con...

A EL SUSTANTIVO *SECRETO*: **1 secreto ++:** En el segundo, un individuo intercambia secretos *inconfesables* en situaciones anodinas. LRE170103

B SUSTANTIVOS QUE DESIGNAN LO QUE SE ANHELA O SE ANSÍA: **2 deseo ++:** ...para excitar los deseos más *inconfesables* de una Blanche Dubois que escondía furores internos detrás de una histeria explícita... ABC170792 **3 anhelo ++:** ...buscando su compañía a todas las horas del día, como si sólo su proximidad pudiera calmar sus *inconfesables* anhelos. ABC010995 **4 aspiración +:** ...el verano comienza con una aparente toma de conciencia de nuestras aspiraciones más *inconfesables*... EME090896 **5 ambición:** ...se le atribuyen ambiciones *inconfesables*, como la de sustituir a Colom al frente del partido. LVE040896 **6 sueño:** Para más adelante deja su sueño *inconfesable*: ser ministro. EME220796 **7 fantasía:** En ese prostíbulo «la aristocracia da rienda suelta a sus fantasías más *inconfesables*, guiada por una patrona muy singular». EPE301001 **8 esperanza –:** ...500 reporteros desplazados hasta Sarajevo con la *inconfesable* esperanza de cubrir en directo la entrada en acción de los aviones de la OTAN... EME190294

C SUSTANTIVOS QUE DESIGNAN EL OBJETIVO QUE SE PERSIGUE O SE PRETENDE ALCANZAR: **9 fin ++:** Por desgracia, no sería la primera vez que se encarcela a personas que no la deben ni la temen, con fines *inconfesables.* DYM040796 **10 propósito +:** ...con el propósito *inconfesable* de aprovecharse más que nunca de un lema que compartimos todos más que nunca. LRE110103 **11 intención:** No se descarta que detrás de la decisión de la fiscal siciliana se escondan *inconfesables* intenciones políticas, que ella ha negado. EME250394 **12 objetivo:** Su *inconfesable* objetivo no es otro que desbancar al secretario provincial... EME090194 **13 finalidad:** ...ha intentado con finalidades electorales *inconfesables* provocar el enfrentamiento lingüístico... LVE140396

D SUSTANTIVOS QUE DENOTAN INCLINACIÓN, GENERALMENTE AMOROSA Y A MENUDO INTENSA. TAMBIÉN CON OTROS QUE DESIGNAN ALGUNAS DE SUS MANIFESTACIONES: **14 pasión ++:** ...acumula en el héroe los rasgos de un destino que le convertirá en la víctima de una pasión que, por *inconfesable*, se traduce en una cadena de gravosas responsabilidades económicas. ABC171293 **15 amor +:** En él, un amor *inconfesable*, complicado con las peores ambiciones y deslealtades, lucha contra la limpieza y la generosidad. ABC110992 **16 atracción:** Otra opción es aprovechar, como hacen muchas parejas, para, tras años de *inconfesable* atracción, declararse. EME130396 **17 afecto:** James Dillon –otro irlandés rebelde–, el contramaestre de afectos *inconfesables*, los jóvenes guardiamarinas y el tripulante malayo... ABC100694 **18 querencia –:** Yo antes tenía una querencia *inconfesable* (que confieso hoy aprovechando la circunstancia)... EME121296 **19 coqueteo –:** ...podría hacer campaña en favor del actual inquilino del Kremlin con quien mantiene un coqueteo *inconfesable.* EME020496

E SUSTANTIVOS QUE DENOTAN CAUSA O MÓVIL QUE LLEVA A LA ACCIÓN: **20 interés ++:** ...la UEFA obliga a cambiar de camiseta incluso al equipo local, seguramente con el interés *inconfesable* de promocionar los productos de las marcas deportivas. EPE200900 **21 motivo ++:** Quiero decir por motivos *inconfesables*, por mera hostilidad, haciendo valer intereses injustificables, con el uso de la mentira. DYM120996 **22 móvil ++:** ...el sustractor de los papeles comprometedores se supone es un individuo desleal que ha obrado por móviles *inconfesables*... LVE180695 **23 razón +:** ...y alguien debería explicar de manera terminante estos hechos, o entenderemos que las razones son *inconfesables.* EME280296 **24 causa:** ...hasta qué grado las ideologías y las creencias pueden practicar el envilecimiento por causas *inconfesables* o por fanatismo. EME060496 **25 motivación:** ...en insólito torneo de inculpaciones y dicterios sobre la *inconfesable* motivación que supuestamente determina el interés del uno... EUV010996

F SUSTANTIVOS QUE DENOTAN ATRACCIÓN DESMESURADA POR ALGO QUE SUELE TENERSE POR NOCIVO.

TAMBIÉN CON OTROS QUE DESIGNAN COMPORTAMIENTOS QUE SE SUELEN CONSIDERAR MORALMENTE REPROBABLES: **26** **vicio** ++: ...todo cuanto quieren sobre el sexo, sus primeras experiencias íntimas, sus fantasías eróticas, sus hábitos y vicios *inconfesables.* LVE250595 **27** **obsesión** +: ...no dejan de ser elogios invertidos, delatores de obsesiones casi siempre *inconfesables.* EME021196 **28** **pecado** +: ¿En qué ámbito se encuentran sus pecados más *inconfesables?* EPE090700 **29** **tentación**: ...un maestro por quien se enarbolaron borradores eléctricos y se reprimieron *inconfesables* tentaciones... ENV190597 **30** **debilidad**: El socialismo ha pasado de ser un voto para llevar en el ojal como si fueran claveles rojos, a ser una debilidad íntima *inconfesable...* LVE201195 **31** **perversión**: ...decidió desabrocharse pública e impúdicamente el uniforme ante los ojos de medio millón de ávidos lectores, hermanados por una misma e *inconfesable* perversión... EME090495

G SUSTANTIVOS QUE DESIGNAN DELITOS Y OTRAS ACCIONES ILÍCITAS O DESHONESTAS CONTRA LAS PERSONAS O LAS COSAS: **32** **crimen**: ...de que un Gobierno involucrado en crímenes *inconfesables* intentaba limitar con ese proyecto legal el acceso de la inquisitoria judicial... EME040996 **33** **delito**: El tiene una gatita, «Misufú», y un juicio pendiente en Málaga por un delito *inconfesable.* EME050795 **34** **abuso**: ...conocen bien el riesgo de unas torcidas interpretaciones y los abusos *inconfesables* que puede haber en los juegos con el dolor ajeno. LVE290396 **35** **agresión**: ...como al sospechoso de servir a una *inconfesable* agresión urdida por ocultas motivaciones políticas. EME301295 **36** **chantaje**: ...si se mueven por razones oscurísimas o si son víctimas de un chantaje *inconfesable.* EME290795

H SUSTANTIVOS QUE DENOTAN FUERZA O ESTÍMULO QUE A MENUDO LLEVA A ACTUAR DE FORMA INCONSCIENTE O IRREFLEXIVA: **37** **impulso**: Por sus muy rastrilladas vidas laten impulsos *inconfesables,* dolores recios y las penumbras de los callejones sin salida. EPE270799 **38** **instinto**: ...hacían verosímil la locura, la perversión, la crueldad, la falta de escrúpulos, los más *inconfesables* instintos. EME030295 **39** **pulsión**: Puede que haya pulsiones *inconfesables* en este siniestro tinglado de las cloacas del Estado... EME200295

I SUSTANTIVOS QUE DENOTAN ACUERDO O DESIGNAN OTRAS FORMAS DE ACCIÓN CONCERTADA: **40** **acuerdo**: ¿Hay algún acuerdo *inconfesable* para tapar las secuelas infamantes del pasado? EME110496 **41** **pacto**: ...rechazó ayer la acusación de PP e IU sobre la existencia de pactos secretos e *inconfesables...* LVE230694 **42** **trato**: ...los «tratos» *inconfesables* de los magistrados que le persiguen... EME110694 **43** **compromiso**: ...por no poder cumplir compromisos *inconfesables* al servicio de algunos intereses de la ciudad. EPE230699

J SUSTANTIVOS QUE DESIGNAN MANIFESTACIONES DIVERSAS DEL LUCRO PERSONAL. POR EXTENSIÓN, CON OTROS QUE EXPRESAN CANTIDADES ECONÓMICAS, ASÍ COMO ALGUNAS ACTIVIDADES QUE PERSIGUEN EL BENEFICIO: **44** **negocio**: En ellos se cruzaban las sendas de las corrupciones políticas más sórdidas, de los negocios más *inconfesables...* EME131195 **45** **enriquecimiento**: ...protagonizan en estos días los más escandolosos asuntos de enriquecimiento *inconfesable.* EME010594 **46** **fortuna**: ...salvo los que acumularon fortunas *inconfesables* durante el sexenio anterior... DYM170796 **47** **patrimonio**: ...quienes ingresaban a la alta dirección de dichas empresas salían como titulares de un inmenso patrimonio tan *inconfesable* como inocultable. EXC211096 **48** **tesorería** –: En el trasfondo de la cuestión y del procesamiento de Claes, que hoy posiblemente presente su dimisión, está la *inconfesable* tesorería del Partido Socialista Flamenco. EME201095 **49** **comisión** –: ...se roba con descaro en los presupuestos y contratas, y se amasan fortunas con comisiones *inconfesables.* EPE250799 **50** **trapicheo** –: ...dejando a la opinión pública al margen de toda clase de *inconfesables* trapicheos. EME270796

K OTROS SUSTANTIVOS; POSIBLES USOS ESTILÍSTICOS: ...tal vez fuese la abuela *inconfesable* de Paula de Parma, la musa de Enrique Vila-Matas. EPE040799

incongruencia ♦ **cúmulo (de), sarta (de)**[10], **serie (de)** ♦ **advertir, bordear, cometer, corregir, decir, deslizar(se), disculpar, escribir, incurrir (en), lanzar, proferir, rayar (en), soltar,** *otros verbos de lengua*

☐ Véase también: **coherencia.**

inconstitucionalidad ♦ **absoluto, flagrante, probable, total** ♦ **analizar, bordear**[11], **considerar, decidir, dictaminar, enjuiciar, juzgar, rayar (en), rozar**

incontenible *adj.* ▮ Aparece muy frecuentemente con sustantivos cuantificativos *(aluvión incontenible de...; chorro incontenible de...; explosión incontenible de...).* También se combina con sustantivos que designan muy diversos seres materiales caracterizados por su impetuosidad *(toro, riada, ejército, mar),* así como otros que expresan sentimientos, emociones y estados de ánimo *(alegría, ira, pasión, emoción).* Además se combina con...

A SUSTANTIVOS QUE DENOTAN DESEO, AFÁN Y OTRAS INCLINACIONES DEL ÁNIMO: **1** **deseo** ++: El único síndrome de Estocolmo que afecta a los escritores es su deseo *incontenible* de recibir el Premio Nobel... EME030695 **2** **gana** ++: Entonces le atacaron unas ganas *incontenibles* de llorar, como cuando de adolescente veía películas de huérfanos. EPE261299 **3** **interés**: ¡Qué burdo resulta este repentino e *incontenible* interés de los políticos por los parados! EME040296 **4** **afán**: Ya no va por la vida con aires de marquesita repolluda, pero tiene un *incontenible* afán de lucimiento y necesita febrilmente acapararar portadas. EME191296 **5** **tendencia**: Esto de llevar el Madrid al subsuelo es troglodita; lo de hacer túneles se ha convertido en una tendencia *incontenible.* EPE070699 **6** **vocación** –: Melina Mercouri, la artista conocida, llevaba en la sangre una *incontenible* vocación política que le venía de familia... EME120394

B SUSTANTIVOS QUE DENOTAN AVANCE, DIFUSIÓN, CRECIMIENTO Y OTRAS FORMAS DE EXTENSIÓN O AMPLIACIÓN: **7** **avance** ++: Por otra parte, ha demostrado el Gobierno gran ineptitud en el manejo de la crisis y permanece ciego y sordo ante el avance *incontenible* de la corrupción. EUV050996 **8** **crecimiento**: El crecimiento *incontenible* del gasto farmacéutico se ha convertido en noticia habitual. EPE241199 **9 ascenso:** Lo de anoche no hizo sino confirmar sus excepcionales dotes deportivas y su *incontenible* ascenso. CLA211187 **10 desarrollo:** Por lo visto, ese mismo desarrollo «*incontenible*» revierte sus beneficios cuando destruye sin reparo alguno los recursos naturales. VEN220899 **11 incremento:** Eso estimuló el círculo vicioso que empujó a nuestra economía hacia el desastre y ni siquiera sirvió para frenar el incremento *incontenible* del déficit público ocasionado por el despilfarro gubernamental... EME030494 **12 propagación:** ...la cultura juvenil resultante a no muy largo plazo (...) crea el mejor caldo de cultivo para la propagación *incontenible* de la terrible enfermedad. EPE050399 **13 alza:** Se sumó a las protestas al ordenar a los secretarios generales (...) rechazar este porcentaje, porque «no soluciona nada, cuando hay una *incontenible* alza de precios en todo el país». DYM061196

C SUSTANTIVOS QUE DESIGNAN GESTOS Y OTRAS MANIFESTACIONES EXPANSIVAS DE LOS ESTADOS ANÍMICOS: **14 carcajada +:** Deborah Harry, con un codazo y una *incontenible* carcajada, le hizo saber que no, que no actuarían con George Michael. EPE300499 **15 risa:** ...no pensó en las consencuencias y entre risas *incontenibles* le contestó que la suerte de su mandato ya estaba trazada... LPA100592 **16 lágrima:** ...Juan Carlos Pérez de la Fuente, que, con sus *incontenibles* lágrimas lanzadas en mitad del acto dejó claro que aquello, o bien era muy importante o se había levantado con el día blando. EPE060799 **17 llanto +:** Los niños lloraban con un llanto *incontenible*. EME200795 **18 bostezo:** La idea de semejante palizón –con el riesgo de que un pequeño mareo o un bostezo *incontenible* resalte en televisión la avanzada edad del candidato– ha partido del propio Dole. LVE031196

D SUSTANTIVOS QUE DENOTAN FUERZA, IMPULSO O PODER: **19 fuerza ++:** Tras tocar en Vitoria con su habitual derroche de fuerza *incontenible*, el pionero del rap actual se trasladará hoy a Londres, donde grabará un programa para la BBC. EME250695 **20 ímpetu:** El cordón de mujeres-policía (...) se vio desbordado por el *incontenible* ímpetu de las manifestantes, que se niegan a limitar sus protestas al «manifestódromo»... EME050995 **21 potencia:** En cualquier caso, la ONCE mantiene una potencia *incontenible*, Ugrumov empieza a despertar y el Mapei respira. EME050995

E SUSTANTIVOS QUE DESIGNAN MANIFESTACIONES DIVERSAS DE CARÁCTER SONORO, A MENUDO VOCAL, Y A VECES CARACTERIZADAS POR EL EXCESO: **22 verborrea +:** Porque lo habitual en Alberola es la verborrea *incontenible*, ágil e ingeniosa, en busca de la profundidad de sus personajes... EPE180999 **23 verbosidad:** Ninguna de las características psicológicas e ideológicas (...) es realmente extraordinaria: ni su verbosidad *incontenible*, ni su ostentórea tendencia a insultar... EME260495 **24 murmullo:** El momento en el que Luis Antón se levantaba para fundir el noble timbre de su violín con el tan hermoso de la cantante en el aria siempre despertaba *incontenibles* murmullos... ABC250394

F SUSTANTIVOS QUE DESIGNAN SUCESOS O HECHOS, ASÍ COMO ALGUNAS DE LAS CONSECUENCIAS QUE SE DERIVAN DE ELLOS: **25 suceso:** ...la ejemplaridad de su conducta y la resonancia de sus tres centenares de cuartillas son sucesos *incontenibles*. EME141296 **26 efecto:** ¿Pero los efectos *incontenibles* que descargará aquí la crisis brasileña podrán incidir en el ánimo de una buena porción de la sociedad...? CLA310199 **27 reacción:** Y pienso que esa reacción tan rápida e *incontenible* de solidaridad resulta conmovedora en muchos sentidos, pero también algo inquietante. EME100295 **28 fenómeno:** El principal inconveniente para popularizar la prueba en septiembre es la propia ausencia de Indurain, más el fenómeno *incontenible* que supone el comienzo de la Liga de Fútbol... EME280895

G SUSTANTIVOS QUE DESIGNAN ESTADOS DE CARENCIA, DETERIORO Y OTRAS FORMAS DE ADVERSIDAD: **29 crisis:** El ambiente nacional ha estado agitado en estos últimos días; protestas públicas, escándalos financieros, (...) sumados a una creciente tasa de desempleo por la *incontenible* crisis económica de muchas empresas... PLG140397 **30 declive:** Resulta especialmente penoso (...) el declive *incontenible* de una exclamación, típicamente taurina, que apenas o nada se escucha ya en las plazas: el ¡olé!... EPE251099 **31 déficit:** Ramírez ilustró el «desastre económico» con datos sobre «el *incontenible* déficit público»... EME310394 **32 pérdida:** La *incontenible* pérdida de reservas internacionales los forzó finalmente a dejar flotar al real. CLA240199

H OTROS SUSTANTIVOS; POSIBLES USOS ESTILÍSTICOS: ...otros calzaban botas enormes sobre pantalones despedazados y, en materia de tocado, eran sombreros *incontenibles*, indescifrables de arrugas... EXC130996
☐ Véase también: **imparable, irrefrenable.**

incontrovertible *adj.* ▌Se combina con...

A EL SUSTANTIVO *PRUEBA* Y CON OTROS QUE DESIGNAN MUESTRAS, TESTIMONIOS, ASÍ COMO MANIFESTACIONES ORALES O ESCRITAS QUE PUEDEN CONSTITUIR UN RAZONAMIENTO CONCLUYENTE: **1 prueba ++:** Y si unos llaman corruptos o cómplices de corrupción a sus adversarios, deberían acompañar sus denuncias con pruebas *incontrovertibles*. LTB210700 **2 demostración +:** Nieva posee imaginación, y también sentido del humor; su teatro es una demostración *incontrovertible*. ABC230695 **3 afirmación +:** Desearía empezar haciendo tres afirmaciones que me parecen *incontrovertibles*. LVE290596 **4 conclusión +:** La confrontación entre ambos credos estéticos proporciona conclusiones *incontrovertibles*... ABC050293 **5 juicio:** Pintar en las paredes de la plaza de Las Ventas «Tortura no es cultura» o «Toreros asesinos» no es sino dejar constancia de un juicio *incontrovertible* sobre la sangrienta fiesta. EPE060799 **6 ejemplo:** Nuestra agricultura ofrece ejemplos *incontrovertibles*. ETC280497 **7 testimonio:** ...sugiere, de paso, los peligros de tomar algunas crónicas y relatos de viajeros como testimonios veraces e *incontrovertibles* de una realidad. ABC181292

B SUSTANTIVOS QUE DESIGNAN HECHOS, DATOS Y OTROS ELEMENTOS SUSCEPTIBLES DE SER USADOS COMO INFORMACIÓN O PRUEBA EN LOS CONTEXTOS QUE SE MENCIONAN EN EL APARTADO *A*: **8 hecho ++:** Parece un hecho *incontrovertible* que para una buena parte de los políticos argentinos la relación también política con el Vaticano, en la senda marcada por la gestión menemista, constituye un paraguas fundamental. CLA061100 **9 dato ++:** Porque el reportero nunca escribe verdades sino historias, no da datos *incontrovertibles* sino visiones... LVE301295 **10 verdad +:** ...me parecen simples huidas antes de enfrentarse a una verdad *incontrovertible*: existen los seres puros en la literatura y existe el profesor Vandor. LVE011296 **11 realidad +:** Sus 38 años de poder ininterrumpido bastarían para hacer de este adjetivo una realidad *incontrovertible*. LPN240797

C DIVERSOS SUSTANTIVOS QUE DESIGNAN VIRTUDES: **12 sinceridad:** No todo fue Jauja, como acreditan testimonios de *incontrovertible* sinceridad. ABC150592 **13 humanidad:** ...dicho sea con todo el respeto que merece su *incontrovertible* humanidad, debe considerarse ya, decididamente, un espejo retrovisor. EME170595 **14 madurez:** Dole-Kemp-Powell, cada cual más peso pesado, los tres de humilde cuna y de una madurez *incontrovertible*, constituyen una temible apisonadora trifásica. LVE180896 **15 brillantez:** ...lo que resulta más insatisfactorio en una novela que contiene muchas páginas aisladas de *incontrovertible* brillantez. ABC300695 **16 unidad:** ...oportunas notas que muestran algunos de esos vínculos y ayudan a establecer la *incontrovertible* unidad de la obra de Salinas. ABC060392 **17 prestigio:** ...cuando prevalecían ya con prestigio *incontrovertible* los adalides de la generación siguiente, y empezaba a brillar la estrella de los del 27... EPE250699

☐ Véase también: **fehaciente, inapelable, irrebatible, irrefutable, taxativo.**

inconveniente ♦ **esporádico, gran(de), grave, inesperado, insalvable[22], insuperable, leve, ligero, mínimo, molesto, pequeño, principal, serio[2]** ♦ **acarrear[7], aceptar, adolecer (de), afrontar[6], aligerar[49], aparecer, asumir[29], cargar (con), conllevar, considerar, constituir, derivar(se)[15], difuminar(se)[48], hacer frente (a), ocasionar[24], plantear[66], presentar, remediar, representar, resolver, salvar, solventar, sopesar[5], soslayar, subsanar[17], sufrir[65], superar, suponer, surgir, tener, tropezar(se) (con)[5]**

☐ Véase también: **dificultad, obstáculo, problema.**

INCONVENIENTE Véase: ADVERSIDAD; DIFICULTAD; OBSTÁCULO

incorporar(se) ♦ **activamente[22], alegremente, de lleno[24], escalonadamente[2], gradualmente[41], miméticamente[15], paulatinamente, progresivamente[21]**

☐ Véase también: **adherirse (a), sumarse (a), unir(se).**

incorrección ♦ **evidente, gramatical, grave, habitual, histórico, legal, leve, ligero, lingüístico, lleno (de), ocasional, palpable, político, profundo, protocolario, solemne, técnico** ♦ **sarta (de)[46], serie (de)** ♦ **cometer, criticar, denunciar, detectar, incurrir (en), tolerar**

☐ Véase también: **cortesía, error, imperfección.**

INCORRECCIÓN Véase: *INADECUACIÓN E INCORRECCIÓN*

incrementar(se) ♦ **abrumadoramente[11], alarmantemente[3], ampliamente, considerablemente[2], cuantiosamente, decisivamente[31], desmesuradamente, escasamente, espectacularmente, gradualmente[5], largamente[7], ligeramente[6], notablemente, ostensiblemente[19], paulatinamente[18], peligrosamente[13], progresivamente[4], significativamente, sustancialmente[22]**

☐ Véase también: **agudizar(se), aguzar, aumentar, caldear(se), crecer, extender(se), incorporar(se), magnificar, proliferar, prosperar, recrudecer(se), sumar.**

incremento ♦ **abrupto[34], abultado[63], abusivo[56], acusado[18], alarmante, apreciable[8], brusco[14], bursátil, claro, cualitativo[7], decisivo, de la demanda, de la oferta, de la producción, desaforado[31], desmedido[5], desmesurado[2], desorbitado[5], drástico[16], económico, escalonado, espectacular, fuerte, galopante[38], gradual, imparable[3], incontenible[11], insignificante[30], laboral, lineal[8], llamativo[40], marcado, moderado, notable, ostensible[7], palpable[22], parcial, paulatino, perceptible, progresivo, pronunciado, proporcional[3], salarial, sensible, sostenido, testimonial[45], uniforme, vertiginoso[19]** ♦ **acarrear[64], acusar[28], aminorar[56], aplicar, arrojar[16], atajar, augurar[41], conllevar, detectar[37], experimentar, implicar, incentivar[4], llevar consigo, neutralizar, ocasionar[59], percibir(se), producir(se), promover, provocar, recaer[86], redundar (en)[7], registrar, representar, revertir (en)[7], sufrir[18]**

☐ Véase también: **ascensión, ascenso, aumento, boyante, encarecimiento, escalada (de), fortalecimiento, galopante, mejora, progresivo, rampante, subida.**

INCREMENTO Véase: *ASCENSO, INCREMENTO Y AVANCE; EXTENSIÓN*

INCREMENTO

♦ (SUSTANTIVOS) Véase: **abrupto[C], abultado[I], abusivo[H], acarrear[H], acompasado[C], acusado[B], acusar[C], al calor (de)[D], alimentar[L], aminorar[H], anotar(se)[D], apreciable[B], aproximado[I], arrojar[C], astronómico[C], augurar[F], avalar[Q], avecinarse[D], brusco[B], catastrófico[G], con posibilidad de[B], cortar[D], cualitativo[B], desaforado[F], desbloquear[H], desenfrenado[G], desglosar[F], desinflar(se)[C], desmedido[A], desmesurado[A], desorbitado[A], detectar[G], digerir[E], drástico[C], efectivo[J], equitativo[F], estrangular(se)[B], exiguo[F], exorbitante[C], frenético[M], fulgurante[C], fulminante[I], galopante[D], igualitario[I], imparable[A], incentivar[A], incontenible[B], inducir (a)[D], intensivo[I], irrefrenable[F], irresistible[E], lineal[A], marcar[F], ocasionar[H], ostensible[A], paliar[H], palpable[E], pasajero[I], proporcional[A], propulsar[B], rampante[A], redundar (en)[B], remitir[F], revertir (en)[B], sufrir[C], testimonial[H], tomar[A], truncar(se)[D], velar (por)[C], vertiginoso[B], vislumbrar[K]**

♦ (VERBOS) Véase: **abrumadoramente[B], abundantemente[B], alarmantemente[A], a marchas forzadas[D], a ojos vista[C], a pasos agigantados[D], como hongos[B], como la espuma[A], con creces[C], considerablemente[A], copiosamente[C], decisivamente[E], drásticamente[C], en mucho[B], escalonadamente[A], gradualmente[A], inexorablemente[F], irremediablemente[D], largamente[B], ligeramente[A], ordenadamente[H], ostensiblemente[B], paulatinamente[B], peligrosamente[B], poderosamente[C], progresivamente[A], sustancialmente[B], vigorosamente[C]**

☐ Véase también: ASCENSO; MOVIMIENTO.

increpar ♦ **acaloradamente**[5], **a voces**[11], **duramente, enérgicamente, verbalmente, violentamente**

☐ Véase también: **castigar, reprender.**

incubar *v.* ▮ Se combina con el sustantivo *huevo* para referirse a la acción de empollarlo o calentarlo. En su sentido de 'desarrollar' se combina con sustantivos que designan microorganismos y las infecciones que producen *(virus, gripe)*. También se combina con sustantivos que designan tendencias o movimientos que se asimilan a ellas a juicio del que habla *(nazismo, ultraísmo)*. Se combina asimismo con el sustantivo *germen*, usado en sentido literal y figurado, así como con...

A SUSTANTIVOS QUE DESIGNAN DIVERSAS SITUACIONES DE ADVERSIDAD: **1 crisis ++**: La crisis se venía *incubando* desde hace tiempo. EME070196 **2 problema +**: ...un problema que se *incuba* en los barrios periféricos de París... LVE151095 **3 tormenta:** ...la amenazadora calma que está *incubando* una nueva tormenta. EME120496 **4 depresión económica:** Y la hiperinflación (...) lo que *incuba* es depresión económica, caída de los salarios, caída del producto y una situación de caos... ACP150996 **5 conflicto:** ...el desbarajuste interno y la corrupción (...) *incubaron* el conflicto. LVE270896 **6 déficit:** el proyecto presupuestario (...) *incuba* un déficit fiscal superior al costo de la crisis financiera... ACP271196 **7 fallo –**: Sin embargo, *incubaba* dos fallos: el país ha funcionado bastante bien mientras él vaticinaba bastantes males, a la par que su ideología fue derivando hacia un españolismo histórico... LVE070596 **8 tragedia:** ...en ese doble rasero para medir los mismos hechos, se *incuban*, en gran medida, todas las tragedias, como la de Kosovo, en la que siempre el que sale perdiendo es el hombre. EPE160599

B SUSTANTIVOS QUE DENOTAN AVERSIÓN, ENCONO U OTRAS ACTITUDES DE OPOSICIÓN O DE HOSTILIDAD HACIA ALGO O ALGUIEN: **9 odio ++**: ...no puede comprender que una niña (...) sea capaz de *incubar* tanto odio. LVE171295 **10 violencia +**: ...prejuicios y estereotipos encaminados sin duda a exacerbar los ánimos e *incubar* violencia. EXC220996 **11 rencor:** ...*incubar* el rencor inducido por una nefasta revelación o un sentimiento pisoteado... EME021196 **12 resentimiento:** ...se fue *incubando* un fuerte resentimiento (...) que al parecer perdura hasta hoy. HOY130197 **13 hostilidad:** ...*incuba* hostilidad religiosa hacia Occidente... EPE121101 **14 rechazo:** ...tengo la impresión de haber estado *incubando* últimamente un manifiesto rechazo por todo lo que suene a académico en medio de las apacibles inercias estivales. EPE240899 **15 oposición:** Pero lo que más se teme es que se esté *incubando* (...) una oposición a la mesa que resulte triunfante en términos no conocidos en el último tiempo. HOY100397 **16 enfado:** ...se tragó el tremendo enfado que *incubó* a lo largo del encuentro. EME130394 **17 disidencia –**: Esto no quiere decir que se esté *incubando* una disidencia... HOY020697

C SUSTANTIVOS QUE DESIGNAN ALGUNOS SENTIMIENTOS DE AFLICCIÓN: **18 desesperación:** ...ahí se *incubó* la desesperación de la violencia armada. DYM080996 **19 frustración:** ...*incuba* una creciente frustración en la carrera. HOY230697 **20 nostalgia:** ...las sospechas procedían de la nostalgia *incubada* por los grandes gurús de la prensa... EPE291001

D SUSTANTIVOS QUE DESIGNAN DIVERSAS ACCIONES O SITUACIONES DE CARÁCTER DELICTIVO: **21 corrupción:** La única garantía de que la corrupción *incubada* en el Banco de España no apeste letalmente a la Moncloa... EME180494 **22 delincuencia:** ...quiere acabar de una vez por todas con estos focos «que *incuban* delincuencia, drogas, mafias, enfermedades venéreas». EME300996 **23 delito:** ...delitos planeados e *incubados* con mucha antelación, y luego ejecutados con precisión de relojero. INDOC **24 barbarie –**: ...la barbarie que se está *incubando* allí no turbará nuestro sueño. LVE140494

E SUSTANTIVOS QUE DENOTAN PROYECTO, A MENUDO OCULTO: **25 plan:** ...reuniones en las que se *incuban* planes que suelen suspenderse más tarde. EME200595 **26 conspiración +**: ...se *incubaba* una conspiración contra los dos generales... EUV230996 **27 miniproyecto –**: ...tensiones nacionalistas que *incuban* miniproyectos de Estados-nación... EPE141099

inculcar *v.* ▮ Admite sustantivos que designan diversas formas artísticas o culturales *(arte, cultura)*. También se combina con...

A SUSTANTIVOS QUE DESIGNAN VALORES O ACTITUDES QUE SUELEN CONSIDERARSE MODELOS DE CONDUCTA O FUNDAMENTOS DE LA FORMACIÓN MORAL: **1 valor ++**: ...enaltecer e *inculcar* los valores morales de las familias mexicanas. EXC110796 **2 principio ++**: ...*inculcarles* los principios ético-morales de la religión... PME120197 **3 respeto +**: ...se trata de *inculcar* el respeto hacia el resto de ciudadanos. DDN290499 **4 disciplina +**: ...*inculcar* la disciplina, mantener un respeto irrestricto a las instituciones... PME260197 **5 amor +**: ...un exquisito cineasta que le *inculcó* el amor por la literatura y el celuloide. ABC210495 **6 sistema de valores:** Toda educación (...) intenta *inculcar* el sistema de valores imperante en una sociedad... ABC111194 **7 optimismo:** ...en su afán esté *inculcar* optimismo a las personas... EPC051197 **8 honestidad:** ...lo único que le *inculcaron* sus padres fue la honestidad. HOY291297 **9 fe:** ...supo *inculcar* fe y optimismo a una Nación que, por unos momentos, parecía que caía bajo el trepidante empuje del acoso bélico alemán. ENV190597

B SUSTANTIVOS QUE DESIGNAN CONDUCTAS BASADAS EN LA TRADICIÓN O EN LA REPETICIÓN: **10 costumbre +**: Quizá (...) sea el lugar más adecuado para hacer campañas persuasivas, *inculcar* mejores costumbres, mostrarse más severo con los conductores peligrosos... EPE050899 **11 hábito +**: Los directores reunidos en Figueres consideraron la necesidad de *inculcar* el hábito de visitar los museos entre los ciudadanos. LVE070296 **12 práctica:** ...posibilitando e *inculcando* la práctica del deporte... EDV130301

C SUSTANTIVOS QUE DENOTAN RASGO O ASPECTO, FRECUENTEMENTE DEL INDIVIDUO: **13 estilo +**: ...la necesidad de *inculcar* un nuevo estilo de liderazgo... CLA020497 **14 forma de ser:** ...su madre se ha operado en multitud de ocasiones para cambiar su aspecto físico, y le ha *inculcado* a sus hijas esta forma de ser. CAN020201 **15 espíritu:** La invitaba a sus actos cívicos y religiosos, y le *inculcó* su espíritu de lucha. CAP270696

D SUSTANTIVOS QUE DENOTAN ANHELO, PREFERENCIA Y OTRAS FORMAS DE INCLINACIÓN HACIA LO QUE SE DE-

SEA: **16 ambición:** Su padre fue senador y le *inculcó* la ambición política. ENH071100 **17 deseo:** ...esa ignorancia *inculca* el deseo permanente de erosionar tanta seguridad. ABC220592 **18 gusto +:** ...*inculcarle* a sus hijos el gusto por el arte y las letras. HOY030397 **19 afán:** La asociación ha contado este año con la ayuda de los jóvenes del colegio Concepcionistas; «es muy positivo que se *inculque* el afán voluntario», finaliza Conchita Díez. ENC240599

E OTROS SUSTANTIVOS ABSTRACTOS: **20 idea ++:** ...piensan *inculcar* la idea de que proteja a su hermana. EME120295 **21 concepto +:** Que somos un país pletórico de conceptos y tabúes *inculcados* por la Iglesia y la moral tradicional resulta diáfano a partir del serial de... LVE230796 **22 verdad +:** ...era posible *inculcar* verdades mediante la ficción... ABC080592 **23 conocimiento:** ...ganas de *inculcar* sus conocimientos tanto a la nueva camada... ESP040997 **24 doctrina +:** ...doctrina unitarista *inculcada* por... ABC060594

☐ Véase también: **estampar, imprimir, infligir, infundir.**

incumbir ♦ **de cerca[40], directamente, indirectamente, personalmente, por completo**

☐ Véase también: **atañer.**

incumplimiento ♦ **flagrante[17], grave, manifiesto, persistente, reiterado, serio, sistemático** ♦ **castigar, persistir (en)[3], reprender**

☐ Véase también: **cumplimiento, desobediencia, falta.**

INCUMPLIMIENTO Véase: *INADECUACIÓN E INCORRECCIÓN*

incumplir *v.* ▌Se combina con...

A SUSTANTIVOS QUE DESIGNAN NORMAS, REGLAS O PRECEPTOS, ALGUNA DE SUS PARTES O EL CONJUNTO DE ELLOS: **1 norma ++:** ...él mismo *incumple* esta norma, y amenaza con la expulsión a todo el que proteste... EPE160799 **2 regla ++:** ...el día que un servicio de inteligencia *incumpla* esa regla, (...) dejará de ser creído... EME270796 **3 ley ++:** ...la irresponsabilidad de propietarios que *incumplen* la ley... EME040296 **4 normativa ++:** ...la suspensión de las formaciones que *incumplan* la normativa. EME121096 **5 reglamento ++:** Las acusaciones de *incumplir* el reglamento del cava que se han cruzado... EME151296 **6 legislación +:** ...realizar visitas a empresas que *incumplen* la legislación laboral... EME280394 **7 artículo +:** ...la televisión pública *incumple* el artículo 20... EPE131099 **8 reglamentación +:** ...la piscina *incumplió* la reglamentación vigente... EPE080399 **9 constitución +:** Dicen que se *incumple* la Constitución. EME141096 **10 estatuto +:** ...supone *incumplir* el Estatuto de los Trabajadores. EPE220699 **11 ordenanza +:** ...los dueños de las terrazas de verano cuando éstos *incumplan* las ordenanzas. EPE190299 **12 precepto +:** ...presionar a sus propietarios, que han *incumplido* preceptos laborales... LHG230900 **13 decreto:** ...sanciones a los empresarios que *incumplan* el decreto... EPE210199 **14 disposición:** ...también se *incumplían* disposiciones del propio Estatuto de Autonomía... LRE170103

B SUSTANTIVOS QUE DENOTAN ORDEN, IMPOSICIÓN O DIRECTRIZ: **15 orden ++:** El servicio de inteligencia no sólo ha *incumplido* la orden del juez... EME271195 **16 mandato +:** El Gobierno ha *incumplido* el mandato del Congreso... EME250295 **17 mandamiento:** No podemos *incumplir* el mandamiento nuevo. LVE180695 **18 instrucción:** ...calumniar a quienes se resisten a sus chantajes o *incumplen* sus instrucciones... EPE101199 **19 exigencia:** En caso de que los tutores *incumplan* esta exigencia... EME030996 **20 directriz:** ...reconocía el derecho de las farmacias a *incumplir* estas directrices. EME170596

C SUSTANTIVOS QUE DENOTAN ACUERDO, CONTRATO O COMPROMISO: **21 compromiso ++:** Perú fue excluido de la Comunidad Andina por *incumplir* sus compromisos en la zona de libre comercio que constituyó con Bolivia, Colombia, Ecuador y Venezuela. ENH140497 **22 acuerdo ++:** ...«un padre nunca va a arriesgar la vida de su hija por *incumplir* un acuerdo con ellos». EME100495 **23 pacto ++:** Los pilotos de Iberia aseguran que la dirección ha *incumplido* el pacto de viabilidad firmado el pasado 28 de diciembre... LVE061195 **24 promesa ++:** ...descontentos porque los políticos *incumplen* sus promesas una vez que llegan al poder. LNC051196 **25 convenio ++:** El Ayuntamiento niega haber *incumplido* el convenio. EME140195 **26 contrato +:** ...los partidos *incumplen* el contrato al que están comprometidos con sus electores. EPE061199 **27 palabra +:** ...después *incumplió* su palabra dejando al club en la estacada. EME050395 **28 trato:** La compañía asegura que «el trato se *incumplió* una vez más». LVE040895 **29 juramento:** Y el COI decidió expulsar a seis de sus miembros «por *incumplir* el juramento olímpico»... CLA250199 **30 tratado:** ...trate de minar o de *incumplir* el tratado de Maastricht... LVE280995

D SUSTANTIVOS QUE DENOTAN OBLIGACIÓN O TAREA ASIGNADA: **31 obligación ++:** ...se endurecen las penas para quienes *incumplan* sus obligaciones... EME070495 **32 deber ++:** Pero el Gobierno británico le acusó de *incumplir* su deber... EME300496 **33 responsabilidad:** ...cuando un subordinado da «un pelotazo» o *incumple* sus responsabilidades... EME130494 **34 función –:** Acusa a la televisión pública de *incumplir* su función social y de marginar los espacios culturales. EME080394

E SUSTANTIVOS QUE DENOTAN CONDICIÓN: **35 requisito ++:** ...su país *incumple* los requisitos del tratado de Maastricht... LVE280196 **36 condición ++:** ...*incumplen* las condiciones principales establecidas por la Comisión... EPE170599

F SUSTANTIVOS QUE DENOTAN FUNDAMENTO: **37 base:** Se *incumplen* reiteradamente las bases que permitieron alcanzar los acuerdos logrados. INDOC **38 criterio +:** ...*incumplan* los criterios de convergencia para acceder a la unión económica... LVE050796 **39 principio +:** Se *incumple* el principio de seguridad jurídica. EME230596 **40 espíritu:** En estos casos (...) se *incumple* el espíritu de estos convenios que tienen como objetivo dar formación práctica a estudiantes. EPE290999

G SUSTANTIVOS QUE DENOTAN LIMITACIÓN: **41 restricción:** ...cada día se *incumplen* la mayoría de las restricciones publicitarias... LVE111196 **42 limitación:** ...se *incumplían* las limitaciones de las leyes de Telecomunicaciones... EME280296 **43 límite –:** ...*incumplen* los límites del tiempo máximo de jornada. LVE140696

H SUSTANTIVOS QUE DENOTAN PROPÓSITO O FIN. TAMBIÉN CON OTROS QUE DESIGNAN LA DISPOSICIÓN DE LAS ACCIONES NECESARIAS PARA ALCANZARLO: **44**

plan ++: ...no teme *incumplir* el plan de convergencia... EME201295 **45 programa +:** ...ya no le basta con *incumplir* los programas electorales de su partido... EME071295 **46 objetivo +:** ...consideran *incumplidos* los objetivos de creación de empleo... EME240796 **47 meta:** ...Alemania *incumpliría* sus metas de equilibrio fiscal... EPE011201 **48 proyecto:** ...acusa también de *incumplir* proyectos importantes... EME180595

I SUSTANTIVOS QUE DENOTAN PERÍODO DE TIEMPO ESTABLECIDO PARA LA REALIZACIÓN DE ALGO. TAMBIÉN CON OTROS QUE DESIGNAN LA ORGANIZACIÓN TEMPORAL DE LAS ACTIVIDADES: **49 horario ++:** ...su local *incumple* el horario fijado por el Colegio... EME070396 **50 plazo ++:** ...*incumpliendo* el plazo acordado con los vecinos para la finalización... EME110395 **51 fecha límite:** Las tropas rusas han *«incumplido»* la fecha límite fijada en los acuerdos de paz... LVE080796 **52 calendario:** ...exigir los intereses condonados si se *incumple* el calendario previsto... EPE011299 **53 agenda:** Incumplía la agenda llegando tarde a todas partes... EPE081099

J SUSTANTIVOS QUE DENOTAN DETERMINACIÓN, DECISIÓN O VEREDICTO, GENERALMENTE OFICIAL: **54 sentencia +:** ...*incumplir* la sentencia en la que el segundo tribunal condenó al Estado español. EME110294 **55 resolución +:** ...el Departamento de Justicia *incumple* resoluciones de la propia Inspección de Trabajo... EPE260999 **56 decisión:** ...se *incumple* la decisión del Consejo de Ministros. EPE020886

K SUSTANTIVOS QUE DENOTAN CASTIGO: **57 pena:** El titular de Defensa rechaza que los mandos de las Fuerzas Armadas se hayan quejado alguna vez de que los etarras *incumplían* las penas de prisión impuestas. LRE070103 **58 condena:** El grupo Negu Gorriak vuelve a cantar contra Galindo, *incumpliendo* una condena judicial. EME250995

L SUSTANTIVOS QUE DESIGNAN CANTIDADES ECONÓMICAS ESTIPULADAS O ESTABLECIDAS, ASÍ COMO LA ACCIÓN DE SATISFACERLAS: **59 pago +:** ...tras *incumplir* los pagos del convenio con los acreedores. LVE280196 **60 cuota:** ...sanciona a España con 30.000 millones por *incumplir* cuota láctea. EME280396 **61 presupuesto:** En un país acostumbrado a que el Gobierno *incumpla* los Presupuestos... EME011096

▩ Se combina también con: ♦ **manifiestamente[22], reiteradamente[3]**

☐ Véase también: **conculcar, contravenir, cumplir, desobedecer, infringir, quebrantar, saltarse, transgredir, violar, vulnerar.**

incurrir (en) ♦ **inevitablemente[50], inexorablemente, repetidamente, sistemáticamente** ♦ **abuso, agravio, arbitrariedad, contradicción, delito, equivocación, equívoco, error, falacia, falsedad, falta, incompatibilidad, irregularidad, irresponsabilidad**

☐ Véase también: **caer (en), cometer.**

INDAGACIÓN Véase:

♦ **analítico**

♦ **análisis, búsqueda, chequeo, consulta, encuesta, estudio, examen, exploración, indagación, inspección, investigación, pesquisa, pregunta, profundización, rastreo, rastro, sondeo**

♦ **analizar, barajar, buscar, considerar, deducir, descifrar, desenterrar, desvelar, diagnósticar, dilucidar, escrutar, estudiar, examinar, inspeccionar, investigar, sonsacar, tratar**

☐ Véase también: *CÁLCULO; CONOCIMIENTO; JUICIO; PERCEPCIÓN.*

INDAGACIÓN

♦ (SUSTANTIVOS) Véase: **abocar(se) (a)[F], a bote pronto[G], acometer[B], acotar[E], adentrarse (en)[A], a domicilio[G], agilizar[H], agotar(se)[G], ahondar (en)[A], a la luz (de)[B], a la vista (de)[D], alcance (de)[H], aleccionador[G], al hilo (de)[E], alumbrar[B], analítico[A], arduo[H], a tenor de[D], atinado[F], a título de[B], auspiciar[G], avalar[D], bordar[B], cejar (en)[E], centralizar[G], certero[A], compulsivo[E], concluyente[C], confidencial[D], cualitativo[E], culminar[A], de campo[B], delatar[G], demoledor[E], deparar[D], descarnado[B], desglosar[C], desviar[D], difundir(se)[J], discurrir[C], efectivo[E], emprender[H], encarar[G], enfrascarse (en)[C], en frío[I], en punto muerto[C], enrevesado[F], enzarzarse (en)[E], errar[C], esgrimir[I], exhaustivo[A], farragoso[F], fecundo[B], frenético[C], implacable[K], infructuoso[A], insaciable[B], inspirar[F], intensivo[A,B], invitar (a)[C], jugoso[D], lanzarse (a)[A], llevar[C], llevar adelante[D], meter(se) (en)[E], minucioso[A,B], novedoso[B], objeto (de)[D], obrar en poder[D], obstaculizar[D], obstruir[D], ocular[B], penetrante[C], persistir (en)[D], practicar[A], profundo[N], prolijo[D], prosperar[H], reabrir[A], revelador[F], riguroso[A], salpicar[D], severo[K], sin perjuicio (de)[H], somero[B,C,E], someter(se) (a)[A], sucinto[A], sustentar[C], tenaz[D], terminante[H], valedero[B]**

♦ (VERBOS) Véase: **a conciencia[D,E], activamente[F], a fondo[A], a la ligera[A], al detalle[A], a medias[H], a puerta cerrada[G], atentamente[B], ávidamente[C], brevemente[C], científicamente[A], con cautela[C], concienzudamente[C], con detalle[A], con éxito[H], con fruición[D], con interés[B], cronológicamente[B], de arriba abajo[B], debidamente[H], de cerca[F], de primera mano[E], de refilón[B], detalladamente[A], en frío[D], escrupulosamente[C], exhaustivamente[A,C,D], febrilmente[C], informalmente[F], insistentemente[G], intensamente[H], inútilmente[A], invitar (a)[G], ordenadamente[G], palmo a palmo[B], por activa y por pasiva[G], profundamente[I], profusamente[H], prolijamente[D], punto por punto[E], sin tregua[C], tangencialmente[A], tenazmente[E]**

☐ Véase también: INTERPRETACIÓN; JUICIO; PENETRACIÓN.

indecisión ♦ **absoluto, evidente, leve, manifiesto, permanente, profundo, serio, temporal** ♦ **ante, por** ♦ **grado (de), imagen (de), mar (de), momento (de), período (de)** ♦ **albergar, aprovechar, asaltar (a alguien), censurar, criticar, despejar, desterrar, incurrir (en), manifestar, mostrar, reflejar, reinar, sufrir, suscitar**

☐ Véase también: **duda.**

indefectiblemente *adv.* ▮ Se combina con múltiples verbos, pero destacan especialmente los...

A VERBOS QUE DENOTAN CONDUCCIÓN O MOVIMIENTO, MÁS FRECUENTEMENTE EL QUE VA A PARAR A UN LU-

GAR, FÍSICO O FIGURADO. TAMBIÉN CON OTROS QUE DENOTAN FINALIZACIÓN O TÉRMINO DE ALGÚN PROCESO: **1 conducir ++:** ...una maldición que conduce *indefectiblemente* al desolladero familiar... EME191195 **2 acabar ++:** ...un consejo de guerra que acaba *indefectiblemente* con el ajusticiamiento... EME120695 **3 desembocar ++:** ¿...las relaciones entre personas de sexos diferentes han de desembocar *indefectiblemente* en el amor...? LVE231096 **4 llevar +:** Lo excepcional nos lleva *indefectiblemente* a la norma general. EME070495 **5 pasar +:** Una crónica del cine español, desde los primeros años 40 hasta los últimos 80, pasa *indefectiblemente* por la figura de Enrique Alarcón. LVE150695 **6 llegar +:** Así llegamos, *indefectiblemente*, al punto álgido de la cuestión... EME081095

B VERBOS QUE DENOTAN ACAECIMIENTO O SURGIMIENTO DE ALGO: **7 ocurrir +:** ...en cuanto el fuego se apodera de los bosques, que es algo que *indefectiblemente* ocurre... LVE100894 **8 suceder +:** Si esto ha sucedido *indefectiblemente*... LVE010895 **9 producirse +:** Aunque la amenaza pendiente sobre ella se producía *indefectiblemente* con un ritmo de períodos más cortos... ABC030295 **10 presentarse:** Cuando hay crisis económica, *indefectiblemente* se presentan ciertos problemas bien conocidos. INDOC

C VERBOS QUE DENOTAN ITERACIÓN, REINCIDENCIA O COPIA: **11 repetir +:** En tiempos como los que corren donde cualquier escritor de éxito repite *indefectiblemente* la fórmula, llámese tono, atmósfera, «estilo», en obras posteriores... EME120596 **12 reproducir:** Los alumnos debían reproducir *indefectiblemente* el modelo que proponía el profesor. INDOC

D VERBOS QUE DENOTAN EL PROCESO DE MALOGRARSE ALGO O EL DE OBTENER ALGUIEN UN RESULTADO ADVERSO O ERRÓNEO: **13 fracasar +:** Toda reforma que se realice de espaldas a los profesionales fracasará *indefectiblemente*. EME260996 **14 equivocarse:** Los que no preparen bien la prueba se equivocarán *indefectiblemente*. INDOC

E ALGUNOS VERBOS QUE DENOTAN CAMBIO: **15 convertirse +:** Bel no sabe –aún– que la mayor calamidad de las chicas españolas de derechas es que se convierten –*indefectiblemente*– en mujeres españolas de derechas. EME040795 **16 cambiar:** Las costumbres cambian *indefectiblemente* a lo largo de los siglos. INDOC **17 transformarse:** ...éstos se transforman *indefectiblemente* en delito cuando se realizan a través de organizaciones ilegales. EPE120499 **18 traducirse:** Los últimos tropiezos del gobierno se traducirán *indefectiblemente* en una disminución de los votos. INDOC

F VERBOS QUE DESIGNAN LA ACCIÓN DE TENER ALGUNA COSA INFLUENCIA, EFECTO O CONSECUENCIAS SOBRE ALGO O ALGUIEN. TAMBIÉN CON OTROS QUE DESIGNAN EL HECHO DE PRESENTARSE ALGUNA COSA AL TIEMPO QUE OTRA: **19 afectar +:** ...la crisis en los mercados asiáticos afectará *indefectiblemente* a los argentinos. LNP151297 **20 repercutir +:** ...*indefectiblemente*, acaba repercutiendo en los ínfimos niveles de ocupación... LVE171196 **21 acompañar +:** ...la victoria va *indefectiblemente* acompañada por la muerte... EME270795 **22 suponer +:** ...la petición de suplicatorio suponía *indefectiblemente* su previa imputación. LVE151196 **23 seguir:** De las guerras se siguen *indefectiblemente* abundantes daños personales y destrozos materiales. INDOC **24 conllevar:** La creencia en la libertad conlleva *indefectiblemente* el respeto por el ser humano. INDOC

☐ Véase también: **cumplir, inevitablemente, inexorablemente, irremediablemente.**

indefinidamente ♦ **alargar, aplazar, asegurar, continuar, crecer, demorar(se), detener, dilatar, durar, encarcelar, encerrar, esperar, instalarse, mantener, paralizar, permanecer, prolongar, prorrogar, recordar, suspender, vivir,** *otros verbos que denotan duración o permanencia*

indeleble *adj.* ▮ Se combina con los sustantivos *tinta, barniz, pintura* y con otros análogos. También lo hace con...

A SUSTANTIVOS QUE DENOTAN MARCA O INDICIO VISIBLE, MUY FRECUENTEMENTE EN SENTIDO FIGURADO Y EN ALUSIÓN A LA PERVIVENCIA ACTUAL DE HECHOS PASADOS: **1 huella ++:** ...dejaron junto al hombre de mil batallas, una huella *indeleble* por estos lares del continente sudamericano. GIC072897 **2 marca ++:** Experiencias como ésta dejan una marca *indeleble*. LNA240692 **3 sello ++:** Es como un sello *indeleble*. CLA030797 **4 cicatriz +:** Y, la verdad, en un país sin tradición de lectura, sin la costumbre de frecuentar librerías, estas crisis dejan a su paso cicatrices ya *indelebles*. ABC010995 **5 mancha +:** Era mucho dinero y yo no tenía un duro, pero sabía que una foto con el dictador sería una mancha *indeleble* para toda mi vida. EME110696 **6 signo +:** Porque en ella se encontrarán los signos *indelebles* de una presencia/ausencia determinante... ABC020994 **7 impronta +:** ...¿por qué, repito, se empeñó en que fuera tan rápida? ¿para dejar su impronta *indeleble* en los Mundiales quizás? EPE260899 **8 señal:** ...los países con identidad nacional tienen su propia cocina, una señal *indeleble* que marca las diferencias. LVE010396 **9 vestigio:** Sesenta años después, un viaje al suroeste castellonense reflejado en Sierra de Teruel evidencia los vestigios *indelebles* del pasado... EPE211299 **10 traza:** ...del desarraigo o de la opresión militar como una circunstancia que deja una traza *indeleble* en el comportamiento de los personajes. HOY291297 **11 herida:** Las heridas *indelebles*, las amputaciones, las violaciones de las mujeres. EME181195 **12 estigma –:** Pero para Kofi Annan la Secretaria General ha sido toda su vida y eso es un estigma *indeleble* que no desaparece de la noche al día. DLA100297

B SUSTANTIVOS QUE DESIGNAN LA EVOCACIÓN MENTAL DE UN HECHO PRETÉRITO: **13 recuerdo ++:** ...Cachita, como cariñosamente la llamábamos los allegados, deja un *indeleble* recuerdo en esta isla de Lanzarote... CAN291100 **14 referencia:** ...hacían historia, marcaban épocas, eran una referencia *indeleble* en la memoria de los aficionados. EPE230199 **15 memoria:** De aquí, de esta persistencia en la *indeleble* memoria de Picasso, muy bien puede derivarse lo que las Demoiselles tienen de acto de contricción... ABC070292

C ALGUNOS SUSTANTIVOS QUE DENOTAN MANIFESTACIÓN GESTUAL: **16 gesto:** Pero en el molde que conformamos nuestra vida marcamos el gesto *indeleble* que nos perpetúa. EPE281299 **17 sonrisa:** De los malos ratos le quedó una sonrisa *indeleble* y de los buenos cierto escepticismo guasón en los ojos. ABC050894

D OTROS SUSTANTIVOS; POSIBLES USOS ESTILÍSTICOS: ...que contempla determinados hechos de ahora mismo con la lupa *indeleble* del tiempo. ABC040895; Intenta restañar heridas y combatir fantasmas *indelebles*. EME030495
☐ Véase también: **imborrable**.

indemnización ♦ **adecuado, astronómico**[4]**, compensatorio, considerable, cuantioso, elevado, escaso, exiguo, exorbitante, jugoso**[7]**, justo, modesto, sustancioso** ♦ **sin perjuicio (de)**[22] ♦ **asignar, cobrar, conceder, demandar, denegar**[49]**, exigir, obtener, otorgar, pagar, pedir, percibir, recibir, reclamar, renunciar (a), solicitar, tener derecho (a), tramitar**
☐ Véase también: **satisfacción**.

indemnizar ♦ **ampliamente, como corresponde, con creces, debidamente**[37]**, en justicia**
☐ Véase también: **compensar, recompensar, resarcir(se) (de)**.

independencia ♦ **absoluto, entero, escaso, pleno, rabioso**[14]**, soberano, total** ♦ **con** ♦ **espíritu (de), muestra (de)** ♦ **actuar (con), adquirir**[50]**, alcanzar, ansiar, arrebatar, coartar, conceder**[23]**, conmemorar**[20]**, conquistar**[25]**, conseguir, dar**[118]**, declarar, ganar, gozar (de), lograr, luchar (por), mantener, obtener, otorgar, preconizar**[2]**, proclamar, reclamar, restringir, socavar**[46]
☐ Véase también: **autonomía, libertad**.

INDEPENDENCIA Véase: LIBERTAD

indicación ♦ **breve, claro, confuso, correcto, detallado, escaso, escueto, expreso, inequívoco, pormenorizado, somero**[68]**, sucinto, útil, velado, visible** ♦ **ajustarse (a), atender, ceñir(se) (a), contravenir, cumplir, dar**[187]**, desobedecer, desoír**[5]**, incumplir, obedecer, observar, saltarse, seguir**[40]**, solicitar**
☐ Véase también: **anotación, apunte, nota, petición, señal, sugerencia**.

indicar ♦ **alarmantemente**[27]**, certeramente, claramente, detalladamente**[13]**, directamente, expresamente**[10]**, indirectamente, manifiestamente, veladamente**
☐ Véase también: **anotar(se), anunciar**.

índice **I** *(lista)* ♦ **alfabético, analítico**[9]**, detallado, onomástico, temático** ♦ **confeccionar, elaborar**
I *(cifra)* ♦ **a la baja**[48]**, bursátil, de alfabetización, de audiencia, delictivo**[29]**, de mortalidad, de natalidad, de paro, de popularidad** ♦ **arrojar**[9]**, batir**[10]**, declinar**[16]**, decrecer**[5]
☐ Véase también: **cifra, clasificación, lista**.

indicio ♦ **abrumador**[38]**, claro, concluyente**[4]**, débil, delictivo**[25]**, determinante, endeble, evidente, fehaciente**[21]**, fundado**[5]**, incontestable, incuestionable, inequívoco, innumerable, insuficiente, leve, ligero, nimio, revelador**[16]**, sintomático, sólido, suficiente, tenue, vago, vehemente**[39] ♦ **a tenor (de)**[19] ♦ **cúmulo (de)**[52]**, serie (de)** ♦ **arrojar**[33]**, atisbar**[16]**, concurrir**[21]**, confirmar(se), constituir, dar (con), dar**[182]**, deducir**[27]**, dejar, delatar**[9]**, descubrir, detectar**[2]**, encontrar, hallar, percibir, presentar(se), rastrear, salir a la luz**[41]**, traslucir(se)**[69]**, vislumbrar**[39]
☐ Véase también: **pista, señal**.

[indiferencia] → **con indiferencia**

indiferencia ♦ **absoluto, aparente, brutal, colectivo, creciente, cruel, doloroso, enervante, escéptico, exasperante, general, generalizado, gran(de), inhumano**[45]**, irritante, moral, oficial, olímpico, ostensible**[67]**, perfecto, político, preocupante, profundo**[38]**, religioso, silencioso, social, solemne, sumo, supino, total, tremendo** ♦ **ante, con, desde** ♦ **actitud (de), ambiente (de), cara (de), clima (de), gesto (de), sensación (de)** ♦ **acoger (con), advertir, caer (en), combatir, demostrar, evidenciar(se), exhibir, expresar, exteriorizar, generar, invadir, manifestar, mostrar, pasear, percibir(se), promover, provocar, revelar, sentir, sufrir, suscitar, tratar (con)**
☐ Véase también: **apatía, con indiferencia, reacción**.

indignación ♦ **absoluto, ciego, ciego (de), ciudadano, colectivo, contenido, exacerbado, general, incontenible, injustificado, irrefrenable, justificado, justo, lleno (de), mayúsculo**[16]**, patente, personal, preso (de), profundo, santo, total, visible** ♦ **en medio (de)** ♦ **arrebato (de)**[5]**, brote (de), expresión (de)**[18]**, gesto (de), grito (de), marea (de), muestra (de), ola (de)**[17] ♦ **aflorar, amortiguar**[72]**, apaciguar**[17]**, aplacar(se)**[10]**, causar**[33]**, colmar (algo), contagiar, contener, cundir**[23]**, dar rienda suelta (a), desatar(se), descargar, desencadenar(se)**[33]**, despertar**[52]**, destilar**[11]**, estallar (de)**[7]**, estallar (en)**[17]**, exacerbar**[24]**, expresar, extender(se), generar, inundar (algo/a alguien), llenar(se) (de), manifestar, mostrar, provocar, reprimir, suscitar, traslucir(se)**[48]
☐ Véase también: **enfado, furia, ira, rabia**.

indignado ♦ **absolutamente, injustamente, justamente, justificadamente, notoriamente, ostensiblemente, totalmente, visiblemente**[9]

indirecta ♦ **captar, coger, dejar caer**[8]**, interpretar, lanzar**[3]**, pillar, soltar**
☐ Véase también: **alusión**.

indiscreción ♦ **grave, imperdonable, leve, perdonable, sin importancia** ♦ **bordear, caer (en), cometer**[54]**, pecar (de), tener**

indisoluble ♦ **amistad, binomio, compromiso, conjunto, contradicción, contrato, equipo, grupo, hermandad, lazo, matrimonio, pareja, parte, patria, síntesis, territorio, unidad, unión, vinculación, vínculo**

indisolublemente ♦ **asociado, atado, emparentado, ligado, unido, vinculado** ♦ **asociar(se),**

atar(se), ligar(se), mezclar(se), unir(se), vincular(se)

individualismo ♦ **absoluto, acendrado[15], a ultranza, creciente, egoísta, exacerbado, extremo, feroz, imperante, insolidario, marcado, reinante** ♦ **exceso (de), ola (de), signo (de), víctima (de)** ♦ **combatir, fomentar, llevar (a), practicar**
☐ Véase también: **ego, egoísmo.**

inducir (a) *v.* ▮ Se construye unas veces con sustantivos sin artículo *(inducir a error, a engaño)* y otras con nombres acompañados de algún determinante *(inducir al consumo, a la violencia)*. Se combina también con complementos de infinitivo *(inducir a alguien a hablar, a pensar que...)*, y con numerosos sustantivos de acción. Destacan especialmente sus combinaciones con...

A SUSTANTIVOS QUE DENOTAN JUICIO O ACCIÓN DESACERTADOS O EQUIVOCADOS: **1 error ++:** En tanto el Reglamento Electoral establece ciertas reglas, el Instructivo oficial disponía en forma diferente, lo cual pudo igualmente *inducir* a error. ESH170497 **2 confusión ++:** ...no aclara ni justifica suficientemente el establecimiento de determinadas modificaciones, llegando incluso a *inducir* a confusión. EPE041001 **3 engaño +:** Sostener lo contrario sería *inducir* a engaño, plantear el tema en forma equívoca. ABC240993 **4 equivocación:** ...estos secuestradores, que resultaron ser mucho menos preparados de lo que se suponía, hayan podido *inducir* a esta equivocación. HOY280497 **5 equívoco:** ...no incurre en ningún delito ni *induce* a equívocos, pues en su etiqueta esta muy claro el tanto por ciento de aceite de oliva que contiene. LRE230103 **6 lapsus:** Porque cabe preguntarse si se tratará de un lapsus interpretativo al que pudo *inducir* su título... ABC220592 **7 distracción −:** Los cuales, con su ambigüedad cuando no con su hermetismo, *inducen* a peligrosas distracciones. ABC210292 **8 despiste −:** ...comenzó a lanzar mensajes ficticios e inexactos a través del teléfono que los arrestados habían pinchado, con el fin de *inducirles* al error y al despiste... EME090394

B SUSTANTIVOS QUE DESIGNAN ACCIONES, CONDUCTAS Y ACTITUDES VIOLENTAS, DELICTIVAS O ILÍCITAS: **9 crimen:** El móvil que *induce* a mis personajes al crimen no es la avaricia, la necesidad de conseguir droga o cualquier otro tipo de imperativo... EME200295 **10 delito:** ...y ha acusado a su suegro de complicidad y de *inducirle* al delito. EME040395 **11 agresión:** ...por el que ha sido detenido el teniente (...), acusado de *inducir* la agresión. EME161196 **12 asesinato:** ...e *inducirles* al asesinato de un atractivo marido, que se convierte en obstáculo para sus delirios de «hertziana» grandeza. EME261195 **13 prevaricación:** ...a quienes acusan de haber *inducido* a Manuel Huerta a la prevaricación. LVE210594 **14 violencia:** ...y otros factores no muy atendidos por las autoridades, como la tenencia de armas, «también *inducen* a la violencia doméstica». DLA040397 **15 brutalidad:** Distinto es, sin embargo, que esos anuncios vayan a *inducir* a la brutalidad, al crimen o a la corrupción de menores. EPE170899 **16 malignidad −:** ...y sólo la secuencia progresiva combinada de ciertos eventos es lo que *induce* a la malignidad. ABC241293 **17 injusticia −:** ...que, de no ser matizada, podría *inducir* a una cierta injusticia sobre la posición del eurodiputado catalán... LVE220394 **18 contrabando −:** ¿Quién *induce* al contrabando? LTB250397 **19 sublevación −:** ...la demanda irá dirigida contra los líderes del movimiento y en ese sentido están encaminadas las investigaciones para determinar quiénes *indujeron* a la sublevación... LPH080297 **20 prostitución:** La operación acabó con un detenido por *inducir* a una menor a la prostitución... EPE260199

C SUSTANTIVOS QUE DENOTAN USO O CONSUMO. TAMBIÉN CON OTROS QUE EXPRESAN ALGUNAS DE LAS FORMAS EN QUE SE MANIFIESTAN ESAS NOCIONES: **21 consumo +:** En cuanto a las razones que *inducen* al consumo, la respuesta mayoritaria es el «esnobismo». EME300194 **22 gasto:** El nivel de vida y el grado de satisfacción de las familias está *induciendo* a un mayor gasto en actividades relacionadas con el ocio... LVE300796 **23 compra:** Es decir, cuando uno compra un bien cualquiera y el vendedor para *inducirlo* a la compra de este bien le ofrece un estímulo consistente en regalarle otro bien. LEC280797 **24 uso:** ...ha enmudecido, con manifiesta desmemoria, ante esta nueva campaña de *inducción* al uso del preservativo. EPE181099 **25 utilización:** ...y todas aquellas personas que *induzcan* a su utilización se exponen a la excomunión automática... EME230294 **26 adicción −:** La política del cigarrillo, encaminada a *inducir* a la adicción a niños y adolescentes de ambos sexos... ESP010497

D SUSTANTIVOS QUE DENOTAN CAMBIO, ESPECIALMENTE EL INCREMENTO Y LA DISMINUCIÓN DE ALGUNA MAGNITUD: **27 cambio:** Tal vez lo que más le haya *inducido* al cambio sea el abanico de posibilidades que ahora tiene abierto en el horizonte. EPE140399 **28 transformación:** Creo que tras uno o dos días de trauma y shock, el ataque está *induciendo* a una transformación muy profunda y fundamental... EPE131001 **29 modificación:** ...hay que procurar no modificarlos a través del tiempo más que cuando los hechos *induzcan* a su modificación global. LVE210494 **30 renovación:** ...en evitar transferencias masivas, producto de las quiebras de bancos e *inducir* a una renovación de empresas. LTB041000 **31 restitución:** ...debería *inducir* a una restitución de Unamuno en la vida intelectual española. ABC270392 **32 reforma:** El cambio del panorama político internacional *indujo* a una reforma de la legislación sobre el tema. INDOC **33 aumento:** ...lo que *induce* a un aumento del ahorro familiar en fondos de inversión. LVE140596 **34 alza:** ...pero advierte de los peligros que se derivan de la inflación descontrolada que *induce* al alza salarial... EME100895 **35 alargamiento:** ...afirman que es natural que la «percepción de prestaciones por desempleo *induzca* a un alargamiento de la duración del paro...». LVE181295 **36 reducción:** Subraya igualmente la necesidad de *inducir* a una reducción de las tasas de interés... LHG230197 **37 desgaste:** ...*inducen* a un fuerte desgaste de las condiciones de vida de buena parte de los bahienses. LNP060497 **38 caída:** Por otro lado, el Gobierno puede *inducir* a caídas del dólar cuando se endeuda en el exterior para hacer gasto interno. ETC311096 **39 deflación:** ...pero podría *inducir* a un principio de deflación, es decir, de caídas de precios y a depreciaciones competitivas. EPE210399 **40 ruptura:** En vez de prestarles ayuda, sabiendo los motivos que les han *inducido* a ambos partidos a la ruptura... EDV230101 **41 fortalecimiento −:** Hay quienes piensan que el tipo de desarrollo económico actual puede *inducir*, por rechazo, al fortalecimiento de los modelos teocráticos como fuentes de unidad. HOY251196

E SUSTANTIVOS QUE DENOTAN ACTIVIDAD REFLEXIVA, FRECUENTEMENTE EN FORMA DIALÉCTICA O POLÉMICA. TAMBIÉN CON OTROS QUE DESIGNAN ALGUNOS DE SUS RESULTADOS: **42 reflexión +:** La artista mezcla el humor, el ingenio y la crítica punzantes sobre la realidad, en telas a todo color donde sugiere formas y líneas que *inducen* a la reflexión. HOY180385 **43 debate:** Las huelgas de los transportistas deberían *inducir* a un debate sobre lo que se ha hecho mal y lo que se debe hacer para salir del atolladero. CAP280900 **44 deducción:** Todo esto puede *inducir* a dos deducciones: o están haciendo las maletas y cubriéndose las espaldas... EME250395 **45 conclusión:** Temores y complejos que *inducen* a tres conclusiones que quisiera equivocadas... LVE121196 **46 lectura:** ...si bien *inducen* a una lectura mucho más negativa si se tiene en cuenta que la oferta se había visto incrementada en unas 65.000 localidades. LVE010896 **47 respuesta –:** Los menemistas consideran que la pregunta es capciosa e *induce* a una respuesta determinada. EPE200399 **48 controversia –:** ...a menudo *inducía* a la controversia, como cuando reconoció a la Organización para la Liberación de Palestina (OLP)... EME071195

F ALGUNOS SUSTANTIVOS QUE DESIGNAN REACCIONES, PROCESOS O ESTADOS ORGÁNICOS, ESPECIALMENTE EN EL LENGUAJE MÉDICO Y CIENTÍFICO: **49 vómito:** Las descripciones de Buford dan un retrato-robot del vándalo británico –el genuino– que *induce* al vómito. ABC100792 **50 infertilidad:** Retrasar la maternidad podría *inducir* a la infertilidad. DYM061196 **51 cáncer:** ...señala que el virus VPH, que *induce* al cáncer, se contagia sexualmente... DYM230796 **52 muerte:** ...las que *inducen* a la muerte embrionaria durante el periodo preimplantacional... ABC020695 **53 secreción –:** ...la activación de los BL en (...) órganos linfoides periféricos *induce* a la secreción de Abs por la progenie plasmática de esas células. ABC250394

G SUSTANTIVOS QUE DENOTAN SITUACIÓN DE CALMA: **54 tranquilidad:** Pasan unos minutos y llega las primeras palabras que *inducen* a la tranquilidad... EPE111099 **55 paz:** La cultura impulsa la educación, la educación *induce* a la paz, a la convivencia, a la tolerancia y a la estabilidad. PME090297 **56 nirvana –:** ...por ello propone la castidad y el ascetismo que *inducen* al «nirvana». LNC071100 **57 tregua –:** La firmeza de la actitud de los comerciantes («no aceptaremos ningún operativo») *indujo* a la tregua. CLA080197

H OTROS SUSTANTIVOS; POSIBLES USOS ESTILÍSTICOS: Son prendas que evocan la naturaleza, con delicados grabados que *inducen* a la sutil coquetería. SEM061100

▩ Se combina también con: ♦ **con artimañas, maliciosamente[42], subrepticiamente, veladamente**

☐ Véase también: **concitar, incitar (a), instigar (a), invitar (a), provocar.**

indudable ♦ **acierto, apoyo, atractivo, avance, ayuda, cambio, carencia, deseo, dificultad, efecto, éxito, experiencia, influencia, interés, liderazgo, maestría, mejora, necesidad, pasión, prestigio, problema, propósito, resultado, señal, triunfo, urgencia, valor, ventaja, victoria, voluntad**

☐ Véase también: **seguro.**

indulto ♦ **alcanzar, conceder[48], decretar[27], denegar[41], firmar[22], implorar[27], lograr, negar, obtener, otorgar, rechazar, recibir, solicitar**

☐ Véase también: **amnistía, perdón.**

industria ♦ **boyante[3], competitivo[12], dinámico, emergente, en alza, en expansión, en recesión, floreciente, intensivo** ♦ **atenazar[22], crear, decrecer, desmantelar, propulsar, prosperar, reflotar, sanear**

ineficacia ♦ **absoluto, administrativo, aparente, característico, claro, completo, creciente, denostado, descomunal, desesperante, económico, exasperante, extremo, goleador, gubernamental, habitual, imperdonable, inadmisible, indignante, inexcusable, intolerable, laboral, lastimoso, manifiesto, militar, narrativo, ofensivo, ostensible, palmario, patente, político, probado, sumo, total, tremendo, vergonzoso** ♦ **debido (a), por** ♦ **ejemplo (de)** ♦ **caracterizar (a alguien), contagiar(se), corregir, demostrar, denunciar, detectar, encubrir, justificar, manifestar, mitigar, mostrar, padecer, pagar (con algo), reconocer, reprochar (a alguien), revelar, suplir**

☐ Véase también: **incompetencia.**

ineludible ♦ **asunto, cambio, castigo, cita, compromiso, condición, consecuencia, consulta, cumplimiento, deber, demanda, destino, exigencia, fatalidad, gasto, lectura, necesidad, opción, orden, paso, presencia, principio, realidad, recurso, referencia, referente, reforma, requerimiento, responsabilidad, reto, tarea, trámite**

inequívoco *adj.* ▮ Se combina con sustantivos que designan actos de habla *(respuesta, pregunta, afirmación, declaración, manifestación)*. También con otros que designan ciertas características del sonido interpretadas figuradamente *(timbre, tono, resonancia: Ese nombre tenía para él inequívocas resonancias)*. Acepta muy frecuentemente los sustantivos *prueba, muestra, demostración, ejemplo* y otros que designan lo que ilustra, saca a la luz o pone de manifiesto alguna cosa. Se combina asimismo con sustantivos que expresan diversas manifestaciones del pensamiento *(juicio, idea, opinión, criterio)*, cualidades *(mérito, valor, valentía, trascendencia)*, sentimientos *(estima, pasión, fascinación, aprecio)* y cursos, líneas o trayectos *(camino, trayectoria, carrera, frontera, límite)*. Admite otros muchos sustantivos, pero destacan especialmente los...

A SUSTANTIVOS QUE DESIGNAN SIGNOS, SÍMBOLOS, ÍNDICES O MARCAS DISTINTIVAS: **1 síntoma ++:** El solo hecho de que ambos se hayan sentado juntos a redactar una declaración es síntoma *inequívoco* de que las cosas van en esa dirección. ETC110187 **2 señal ++:** Pero Milosevic, a pesar de haber dado señales *inequívocas* de que está dispuesto a aceptar el plan elaborado por el G-8, aún se resiste a capitular. ENC310599 **3 marca +:** Las marcas *inequívocas* de descarnamiento en los huesos de Homo antecessor (...) conducen a esta conclusión.

EPD300597 **4 rastro +:** El abandono también deja rastros *inequívocos.* LVE220396 **5 huella:** Al principio de esta tragedia vemos en una casa solitaria a una mujer con *inequívocas* huellas anímicas de haber conocido el infierno. EME030395 **6 contraseña:** ...envió (...) unas consignas a ejecutar en el momento de recibir una determinada contraseña *inequívoca...* EPE091201 **7 impresión:** ...lanza espectaculares órdenes de busca y captura, produciendo la *inequívoca* impresión de cantable sin fronteras. ABC290995 **8 sensación:** Da la *inequívoca* sensación de que el Gobierno francés y el presidente Chirac estén afectados por una particularmente malévola versión de la ley de Murphy... LVE071296 **9 revulsivo –:** ...dijo que irrumpió como un *inequívoco* revulsivo en el mundo taurino... EME310395

B SUSTANTIVOS QUE ALUDEN AL SIGNIFICADO DE LOS CONTENIDOS MENCIONADOS EN EL APARTADO ANTERIOR: **10 referencia:** Al final, los contactos se malograban por discrepancias entre sectores de la banda y por la falta de una referencia *inequívoca* de poder. EME051096 **11 significación:** ...incluyen adjetivos con una significación *inequívoca* de menosprecio y vejación... EPE150799 **12 sentido:** ...el perdón es un concepto difícil de definir y con numerosos detractores, pues si bien en la religión cristiana su sentido es *inequívoco*, en la moral laica no ocurre lo mismo. EME080795

C SUSTANTIVOS QUE DENOTAN IMAGEN, APARIENCIA Y OTRAS CARACTERÍSTICAS DE LAS PERSONAS O LAS COSAS RELATIVAS A LA FORMA EN QUE SON PERCIBIDAS POR LOS DEMÁS: **13 apariencia ++:** Hay supuestos y horrendos humoristas entre los contertulios y también diviso a un ginecólogo con *inequívoca* apariencia de regentar una barra americana. EME150494 **14 aspecto ++:** Detrás de su *inequívoco* aspecto de hombre duro, el actor y director Clint Eastwood esconde a un entusiasta aficionado al jazz. EPE070900 **15 aire ++:** ...los aplausos que sonaron en su honor tenían el aire *inequívoco* de los que cosechan los triunfadores. LVE050895 **16 pinta ++:** A continuación, una profesional del sadomasoquismo, con *inequívoca* pinta de torturadora de la Gestapo... EME250394 **17 tufo:** ...desprende un tufo *inequívoco* a posguerra... EME260195 **18 imagen:** La *inequívoca* imagen de debilidad y torpeza agresiva (...) ya genera desconfianza internacional. LVE110695 **19 sello +:** ...esta película de difícil clasificación (...) tiene un protagonista: las gentes de Brooklyn. Y un sello *inequívoco*: las palabras de Paul Auster. LVE101195

D SUSTANTIVOS QUE DENOTAN ORIGEN, CAUSA, PRINCIPIO O FUNDAMENTO DE ALGO: **20 origen ++:** El prologuista nos informaba de los *inequívocos* orígenes célticos de la saga. ABC150995 **21 raíz ++:** Una jocosidad, la suya, de *inequívoca* raíz buñueliana y no siempre bien comprendida... LVE181195 **22 motivo +:** ...cuatro meses después considera que hay motivos *inequívocos* de preocupación. EPE150299 **23 razón +:** ...deja caer que debe seguir porque la familia va a crecer, utilizando de esta forma el útero de su mujer como razón *inequívoca* de su vocación... EPE240299 **24 fuente +:** ...la televisión (...) brinda una fuente *inequívoca* de entretenimiento. LNP280897 **25 casta:** Los hubo bravos, los hubo mansos, pero la casta era *inequívoca* en los seis. EPE120999 **26 raigambre –:** Integran Luétiga, Vallobera y Atlántica, tres formaciones que han publicado en los últimos meses otros tantos discos de *inequívoca* raigambre celta. EPE271299

E SUSTANTIVOS QUE DESIGNAN DIVERSAS MANIFESTACIONES DE ENERGÍA, VIGOR O DINAMISMO: **27 impulso +:** La identificación del gobernante con el Estado es un impulso *inequívoco* de autoritarismo... EME081095 **28 fuerza +:** La *inequívoca* fuerza de las entidades más poderosas va a provocar cambios inmediatos en la estructura y funcionamiento del organismo de clubs... LVE170596 **29 tensión +:** ...el gobierno observa con silenciosa pero *inequívoca* tensión los movimientos en su base de sustentación... HOY050597 **30 presión +:** ...él se apunta a su favor presiones *inequívocas* sobre Zedillo... EME150295 **31 movimiento +:** Últimamente, los movimientos del presidente son *inequívocos...* EPE221199

F SUSTANTIVOS QUE DENOTAN ASPIRACIÓN O ANHELO, EN OCASIONES TENAZ Y VEHEMENTE, ASÍ COMO CON OTROS QUE DESIGNAN EL FIN QUE SE PRETENDE CONSEGUIR: **32 deseo ++:** El *inequívoco* deseo de las principales figuras del flamenco de acompañar a Juan Habichuela (...) ha motivado que los organizadores estén programando una macrovelada... EME131095 **33 interés ++:** Se trata, por otra parte, de cuatro propuestas consistentes y que tienen «su» interés *inequívoco.* ABC300695 **34 objetivo +:** Para Manuela Celdrán, el objetivo es *inequívoco...* EPE101199 **35 finalidad +:** De ahí que las elecciones andaluzas fueran consideradas como primarias de las próximas elecciones generales (...), con finalidad *inequívoca* y agresividad evidente. EPE141199 **36 sueño:** ...a los pocos días creyó recibir su respuesta en un sueño que le pareció *inequívoco* y sabio. EPE210399 **37 aspiración:** Reitero la firme e *inequívoca* aspiración de Polonia a ser un miembro de pleno derecho de la OTAN lo antes posible... LVE230696 **38 ambición +:** Tenemos conjuntamente una ambición *inequívoca* de profundizar en el autogobierno y en la calidad de nuestras competencias... EPE090199 **39 anhelo:** El titular de la SDN fue claro en sus conceptos: soberania, justicia, (...) lealtad institucional para que se alcancen «los grandes e *inequívocos* anhelos nacionales...». EXC050996 **40 voluntad +:** ...así como una voluntad *inequívoca* de vivir en paz... DLA250797 **41 vocación +:** ...la aventura de sacar a la calle un diario de *inequívoca* vocación pacifista... EPE290701

G SUSTANTIVOS QUE DENOTAN PROTECCIÓN, AYUDA O ADHESIÓN A LAS PERSONAS O LAS COSAS: **42 apoyo ++:** Si el gobierno adoptara un curso claro con respecto a la ampliación de la OTAN, merecería un apoyo bipartidario fuerte e *inequívoco.* CLA030297 **43 respaldo ++:** La Organización de la Unidad Africana (OUA) cerró ayer su cumbre anual con un respaldo *inequívoco* al proyecto militar... EME110796 **44 defensa ++:** El ministro de Administraciones Públicas hizo una defensa *inequívoca* de la singularidad del sistema fiscal vasco... EPE290699

H SUSTANTIVOS QUE DENOTAN RELACIÓN, PACTO, COOPERACIÓN Y OTRAS FORMAS DE UNIÓN, COMPROMISO O ACCIÓN CONCERTADA ENTRE PERSONAS O INSTITUCIONES: **45 vínculo:** ...el ex primer ministro italiano (...) ha pedido a su sucesor (...) «un vínculo claro e *inequívoco* para llevar al país a las elecciones de junio». EME200195 **46 puente:** ...en la crítica de la Roma antigua se transparenta la imagen poco complaciente de Barcelona o de España contemporáneas, con *inequívocos* puentes entre ellas... ABC070292 **47 acuerdo:** ...ha reiterado que sólo desplegaría tropas en dos supuestos: para ayudar a la evacuación de los cascos azules o en tareas de paz si todos los bandos suscriben un acuerdo *inequívoco.* LVE010695 **48 compromiso +:** ...si algo debe manifestar un gobierno es un compromiso *inequívoco* y público por objetivos evaluables de progreso social. EPE110599 **49 consentimiento:** ...se exige el «consentimiento *inequívoco*» para tratar datos de carácter personal. EPE180800 **50 colaboración:** ...esa colaboración firme e *inequívoca* «debe estar por encima de cualquier avatar». EPE080800 **51 implicación:** La dirigía con poderoso estilo, nihilismo militante e *inequívoca* implicación personal... EME191096 **52 concurso –:** ...aseguró ayer que el concierto económico necesita el «concurso *inequívoco*» del Estado... EPE080799

I SUSTANTIVOS QUE DENOTAN CAMBIO, DIRECCIÓN O TENDENCIA: **53 giro ++:** Alcaraz dedicó parte de su informe (...) a la necesidad de que España se enganche a la corriente europea marcada por un *inequívoco* giro a la izquierda y una resistencia al neoliberalismo. EPE210399 **54 transformación +:** El comunicado añade que la alianza supone la transformación *inequívoca* de un grupo familiar en otro... EPE090699 **55 orientación +:** ...se afirma una orientación *inequívoca*: la consolidación de la democracia... EPE020284

J SUSTANTIVOS QUE DENOTAN DISENSO, DESAPROBACIÓN O DESESTIMACIÓN. TAMBIÉN CON OTROS QUE DESIGNAN ACCIONES AGRESIVAS U HOSTILES, GENERALMENTE CONTRA LAS PERSONAS: **56 oposición ++:** ...la ausencia de una oposición *inequívoca* y rotunda al PSOE por su política neoliberal fracasada y por el envilecimiento al que han arrastrado la vida pública... EME170196 **57 rechazo ++:** Ese mismo Imanol que sería denunciado como «traidor» por Herri Batasuna a causa de su *inequívoco* rechazo del terrorismo. LVE080696 **58 enfrentamiento:** El ex líder regional ha irrumpido de nuevo en la política catalana y pide que el partido recupere su discurso de antaño, de *inequívoco* enfrentamiento con CiU. EPE200699 **59 condena ++:** Los populares y los socialistas vascos condicionan, lógicamente, la aceptación de esa iniciativa a una expresa e *inequívoca* condena... EPE240199 **60 amenaza ++:** Al día siguiente de haber comprado la casa comenzaron las llamadas telefónicas anónimas con *inequívocas* amenazas de muerte... EME170396 **61 censura +:** La censura es bastante *inequívoca...* LVE240296 **62 afrenta:** Una bofetada directa a Sanz, una afrenta *inequívoca.* EME201195 **63 ultimátum:** El secretario de Estado norteamericano Warren Christopher fue más allá de la declaración final y pidió «un ultimátum *inequívoco*». EME220795 **64 reprobación –:** La moción de la agrupación Atarrabia, entre otros extremos, incluía una reprobación «*inequívoca* y contundente» del atentado... EPE151099

K SUSTANTIVOS QUE DENOTAN AUSENCIA, DEJACIÓN, EXCLUSIÓN O CESE EN ALGUNA ACTIVIDAD: **65 desmarque:** ...Arnaldo Otegi (...) reprochó al presidente vasco «no haber conseguido un desmarque *inequívoco*» de la violencia por parte de HB... EPE250499 **66 despedida:** La presunta etarra cerró su intervención con una despedida *inequívoca...* EME020696 **67 renuncia:** ...no puede haber pacto sin una renuncia *inequívoca* a la violencia. EPE250499 **68 retirada:** ...pero la Alianza Atlántica le plantea ahora dos exigencias: una «declaración personal y clara» de aceptación (...) y una retirada *inequívoca* de las tropas serbias de la provincia de Kosovo. EPE310599 **69 falta:** Ha salido ganando en todas sus operaciones menos en una: su *inequívoca* falta de contemplaciones... EPE170700 **70 excepción –:** Con la excepción *inequívoca* de China y la menos clara de Rusia. EME150294 **71 exclusión:** El lugar de esos conceptos ha sido ocupado por una exclusión *inequívoca* de Europa con respecto a Rusia. LVE281095 **72 ruptura –:** ...la alternativa al terrorismo sólo puede estar en la ruptura *inequívoca* con quienes lo amparan y en la eficacia policial. EPE180900

L SUSTANTIVOS QUE DENOTAN RESULTADO, GENERALMENTE FELIZ: **73 resultado ++:** Hace una semana que el país se encuentra ante unos resultados electorales *inequívocos.* LVE100396 **74 fruto ++:** La medalla de Atlanta sigue revelándose como el fruto *inequívoco* de la calidad... EME150896 **75 victoria ++:** Los defensores de la marihuana para su uso terapéutico declararon ayer que el informe es «una victoria *inequívoca*». EPE180399 **76 éxito ++:** Allí constituyó un éxito *inequívoco.* LVE250295

M SUSTANTIVOS QUE DENOTAN TOMA DE PARTIDO, ASÍ COMO INCLINACIÓN O PROCLIVIDAD HACIA ALGUNA COSA: **77 elección:** No es verdad (...) que exista un candidato en que coincidan los tres factores imprescindibles para su *inequívoca* elección... LRE110103 **78 opción +:** ...todo posible desliz «teatralista» (...) alcanza su plena coherencia ante la opción *inequívoca* que tomaron el recitador y los cinco músicos del Brownie... LVE290396 **79 preferencia +:** De los 38 cuestionarios cumplimentados a los que hemos tenido acceso, 37 manifestaban su *inequívoca* preferencia por concurrir en solitario a las urnas... EPE211199 **80 tendencia +:** Director de *inequívoca* tendencia literaria, Armiñán mejora aquí sus últimos trabajos para el cine... LVE220995 **81 inclinación +:** Siempre destacó por su *inequívoca* inclinación hacia la danza clásica. INDOC **82 decisión +:** Era una decisión rotunda e *inequívoca* ante la que ya no cabía ninguna otra opción. INDOC

inercia ♦ por, por efecto (de) ♦ acusar, dejarse llevar (por)[57], romper, vencer[39]

☐ Véase también: **tendencia.**

inescrutable ♦ camino, destino, mirada, misterio, noción, rostro, secreto

inevitablemente *adv.* ▌Admite un gran número de verbos, pero destacan especialmente sus combinaciones con...

A VERBOS QUE DESIGNAN LA ACCIÓN O EL PROCESO DE TOMAR O LLEVAR ALGO UN RUMBO O UNA DIRECCIÓN. TAMBIÉN CON OTROS QUE EXPRESAN LAS ACCIONES QUE CAUSAN ESOS EFECTOS: **1 conducir ++:** ...mantener el sistema partidocrático sin ningún cambio, como él pretende, conducirá *inevitablemente* al fracaso... EUV151096 **2 llevar ++:** ...un largo prólogo de Gustavo Bueno dedicado al «Presente» que *inevitablemente* lleva al lector a la concepción del tiempo en el pensamiento griego. ABC081093 **3 remitir ++:** Hay algo en las convocatorias electorales del Centre Internacional de Premsa que *inevitablemente* remite a esas fiestas bárbaras, tan típicas de la España eterna. LVE230296 **4 encaminar(se) +:**

O el Gobierno acelera a marchas forzadas el proceso de profesionalización de las Fuerzas Armadas, o éstas se encaminan *inevitablemente* al colapso por falta de soldados... EME191096 **5 tender +:** Porque la sociedad tiende *inevitablemente* a prestar menos atención a sus miembros más necesitados económicamente... ABC131095 **6 acompañar:** ...un esfuerzo solidario y sostenido que tiene que ir acompañado *inevitablemente* de la convergencia nominal... LVE310796 **7 enviar:** ...la reducción a la mitad de la flota dedicada a la pesca de merluza en aguas comunitarias «enviará *inevitablemente* al paro a muchas personas». FDV120601 **8 dirigir(se):** Si hubiera que hablar de una capital vasca del museo, habría que dirigirse *inevitablemente* a la villa guipuzcoana de Zumaia... EPE271199 **9 aproximar(se):** Se aproximan, *inevitablemente*, las elecciones generales... EPE111199

B VERBOS QUE DESIGNAN LA CULMINACIÓN O LA TERMINACIÓN DE UNA ACTIVIDAD, UN PROCESO O UN RECORRIDO: **10 desembocar +:** ...aseguró que la convocatoria a las urnas desembocará *inevitablemente* en un derramamiento de sangre... EME101295 **11 abocar +:** Las emisoras que no quieran o no puedan soportar los gastos técnicos inherentes a la guerra de potencias están casi *inevitablemente* abocadas a marcharse... EPE011284 **12 acabar:** Y es sabido que, cuando la enumeración se torna insistente, la pregunta acaba, *inevitablemente*, en acusación. EME180296 **13 aterrizar:** La espinosa cuestión (...) aterrizó *inevitablemente* en la mesa de discusiones entre el presidente chino, Jiang Zemin, y el primer ministro británico, Tony Blair. EPE221099 **14 llegar:** El Bolshoi ha llegado *inevitablemente* a esta degradación. ABC030492 **15 sumergir(se):** Tal cuadro nos sumerge *inevitablemente* en el siempre proceloso campo de las conjeturas... EUV080996

C VERBOS QUE DENOTAN EL PROCESO DE TENER LUGAR O REALIZARSE ALGUNA COSA: **16 producirse ++:** Inevitablemente se produjeron retenciones y colapsos de la circulación (...) por la mayor afluencia de vehículos. LVE200296 **17 pasar ++:** El progreso de una especialidad pasa *inevitablemente* por los triunfos de sus selecciones nacionales. EPE060999 **18 suceder:** ...salvo en los dos últimos minutos, como sucede *inevitablemente* cuando un choque va empatado. EME091296 **19 ocurrir:** ...participo en un equipo interdisciplinario en el que intentaremos reducir al máximo los daños que *inevitablemente* ocurrirán... CLA040199

D VERBOS QUE DENOTAN APARICIÓN, IRRUPCIÓN O SURGIMIENTO: **20 surgir ++:** ...puede empezar a dar los frutos podridos que *inevitablemente* surgen de un conflicto de esta naturaleza. LPN180397 **21 aparecer +:** Como ya es costumbre en casi todos los festivales, ha aparecido *inevitablemente* una película iraní. EME030996

E VERBOS QUE DESIGNAN LA ACCIÓN DE ORIGINAR ALGO O ALGUIEN UN EFECTO, A MENUDO PERJUDICIAL: **22 derivar(se) +:** ...de ahí la sensación de pesadez y monotonía que *inevitablemente* se deriva de la emisión de varios episodios uno detrás de otro... LVE251096 **23 provocar +:** ...provocará *inevitablemente* un grave perjuicio en las relaciones entre la República Popular y Estados Unidos... LVE240595 **24 suscitar +:** ...las cuestiones más delicadas que suscitan *inevitablemente* la polémica... EME150996 **25 repercutir +:** Su medio campo adolece de imperfecciones en la articulación de sus piezas, algo que repercute, *inevitablemente*, en la tarea de los delanteros. LTB090397 **26 causar:** ...reconoció que las obras en la Gran Via, en el distrito de Sants-Montjuic, causarán *inevitablemente* problemas de tráfico... LVE010896 **27 generar:** Por las dudas, el secretario de Seguridad Social despeja algunas sospechas *inevitablemente* generadas por la demora parlamentaria. CLA030397 **28 acarrear +:** ...incorporando un agente extraño sobre su superficie, lo que *inevitablemente* acarreaba una erosión del material lítico. ABC030694 **29 arrastrar:** En esta ciudad la música sinfónica arrastra *inevitablemente* el contrapeso del libro de contabilidad y del desconcierto. EPE210699 **30 sembrar:** Esas cifras ya entonces parecían aplastantes, pero *inevitablemente* sembraban la pregunta: ¿cuánto vale La Habana? GIC072897 **31 desatar:** ...porque si este señor declara ante una corte de justicia, desatará *inevitablemente* una suerte de Irangate... CAP270901 **32 inducir:** Más que auspiciarnos lo que va a pasar, nos inducen *inevitablemente* a colaborar para que pase. EME300196

F VERBOS QUE DESIGNAN LA EXPERIMENTACIÓN DE UN CAMBIO O UNA MODIFICACIÓN: **33 convertir(se) +:** El nazismo es claro resultado en este siglo de un sueño utópico que *inevitablemente* se convirtió en pesadilla. LNC161100 **34 transformar:** ...que, en la sociedad mercantil, todo, hasta lo más inverosímil (el amor, la intimidad, la vergüenza, una obra de arte...), se transforma *inevitablemente* en mercancía. EME130295 **35 cambiar:** «Con el tiempo han cambiado *inevitablemente* mis criterios a la hora de aceptar un papel». LVE271096

G VERBOS QUE DESIGNAN EL PROCESO DE APORTAR, GENERAR O LLEVAR IMPLÍCITO ALGO UNA DETERMINADA CONSECUENCIA: **36 implicar:** ...que implica *inevitablemente* una mayor aportación del Estado a la Seguridad Social vía impuestos... EME171195 **37 conllevar:** ...los políticos deberán considerar esta realidad como parte de un destino común, en donde la caída de uno, *inevitablemente*, conlleva la caída del otro. LMU051096 **38 comportar:** Para aceptar el precio que el pacto social *inevitablemente* comporta, este ha de presentarse... ABC030492 **39 suponer +:** La sensación de que un cambio político ha de suponer *inevitablemente* un cambio en todo el funcionamiento... LVE261195

H VERBOS QUE DESIGNAN LA ACCIÓN DE ESTABLECER O MANTENER ALGO O ALGUIEN UN VÍNCULO CON ALGUNA OTRA COSA. DESTACAN ENTRE ELLOS LOS QUE EXPRESAN RELACIONES DE CONTACTO O DE INCLUSIÓN: **40 relacionar(se):** ...el nacionalismo español, patrimonializado por el franquismo, quedó *inevitablemente* relacionado con los tiempos oscuros que se iban... EPE111101 **41 asociar(se):** Durante décadas la libertad de prensa se vio *inevitablemente* asociada a la disputa particular por la nación. EXC080696 **42 unir:** ...a través de diecisiete relatos en torno a la creación artística y al mundo que está *inevitablemente* unido a ella... ABC050595 **43 mezclar(se):** En un debate en el que, *inevitablemente* se mezclaron los acuerdos de la cumbre de la Alianza con el devenir del conflicto... ENC060599 **44 ligar:** El asunto de las posesiones y los exorcismos está ligado *inevitablemente* con el del diablo o demonio, como ser personal y concreto... ECP140175 **45 vincular(se):** ...de que el futuro está vinculado *inevitablemente* al desarrollo de las nuevas tecnologías. EPE240399 **46 hermanar:** ...la prueba manifiesta de que poesía y vida están *inevitablemente* hermanadas en la lírica moderna. EPE291099 **47 conocer(se):** Inevitablemente acaban conociéndose unos a otros, y es así, de los conflictos surgidos... EPE261099 **48 incorporar:** ...han incorporado *inevitablemente* ese peculiar redactado del artículo 34, como he podido comprobar tras su reciente consulta. LVE221196 **49 incluir:** La comisaria europea de pesca ha advertido que el nuevo acuerdo pesquero euro-marroquí incluirá *inevitablemente* una reducción de capturas... LVE260495

I VERBOS QUE DENOTAN CAÍDA Y, POR EXTENSIÓN, DIVERSAS FORMAS DE CORRESPONDENCIA O ATRIBUCIÓN: **50 incurrir +:** ...si contradice su testimonio ante el gran jurado incurrirá *inevitablemente* en el perjurio. CLA250199 **51 caer:** ...sustenta la reflexión sobre la soledad inmensa del ser, para caer *inevitablemente* en la «tópica» común... ABC241292 **52 recaer:** ...el papel del malo de la película ha recaído *inevitablemente* en el último vástago de la «pesadilla comunista». EME211095

J VERBOS QUE DENOTAN INFLUENCIA: **53 incidir +:** ...impulsos humanitarios, siempre loables, pero que, de rebote, inciden *inevitablemente* de forma negativa en el derecho... LVE170996 **54 influir +:** Pero en la moderación salarial también influye *inevitablemente* la apertura y globalización de la economía... LVE100296 **55 interferir:** Se trata de un elemento que «interferirá *inevitablemente* en las actuaciones del Tribunal Supremo»... EME211095

□ Véase también: **indefectiblemente, inexorablemente, irremediablemente.**

inexcusable *adj.* ▌En su sentido de 'que no se puede disculpar' se combina con sustantivos que denotan actuación o comportamiento *(acto, actuación, conducta, comportamiento)*, especialmente si se consideran reprobables *(deslealtad, tardanza)*. También se combina con sustantivos que denotan falta de conocimiento, atención o pericia, y con otros que designan algunos efectos naturales de estas nociones *(ignorancia, negligencia, descuido, fallo, error)*. En su sentido de 'sin remedio o que no se puede o se debe evitar' se combina con muchos sustantivos que designan acciones que tienen fin natural *(una lectura inexcusable; un viaje inexcusable)*. Se combina especialmente con...

A SUSTANTIVOS QUE DENOTAN RESPONSABILIDAD U OBLIGACIÓN EN RELACIÓN CON LAS TAREAS QUE CORRESPONDEN A ALGUIEN. POR EXTENSIÓN, CON OTROS QUE DESIGNAN ESOS MISMOS DEBERES: **1 deber ++:** Pero el Gobierno (...) tiene el deber *inexcusable* de colaborar con la Justicia... EME010996 **2 obligación ++:** ...la obligación *inexcusable* que todo responsable político tiene de respetar los derechos... EPE260299 **3 cita +:** ...no quiso faltar a una cita *inexcusable*. EME140196 **4 tarea +:** ...su tarea *inexcusable* de reforma de la justicia... EPE231201 **5 responsabilidad:** ...su *inexcusable* responsabilidad como nuevo presidente... LVE080595 **6 compromiso +:** ...aceptó el compromiso *inexcusable* de ejecutar las obras antes del 6 de diciembre... LVE100695 **7 función −:** ...los principios generales en los que se basa la potestad de los padres son que constituye una función *inexcusable*... LVE240396

B SUSTANTIVOS QUE DENOTAN CONDICIÓN NECESARIA O DESIGNAN ALGUNAS DE LAS FORMAS EN QUE SE MANIFIESTAN LAS NECESIDADES: **8 condición ++:** Una condición *inexcusable* para los artistas (...) es elaborar sus esculturas con material de reciclaje. EPE310700 **9 requisito ++:** ...el mantenimiento de la política de dispersión penitenciaria es (...) requisito *inexcusable* para... EME170896 **10 trámite +:** ...«enfatiza el incumplimiento del *inexcusable* trámite de audiencia a las dos empresas...». EME090394 **11 exigencia +:** ...se procurará responder «a las exigencias *inexcusables* de la dignidad de la persona...». EME090596 **12 urgencia +:** Tras el acuerdo entre Hacienda y Medio Ambiente para «atender las urgencias políticas más *inexcusables* en año preelectoral y de acuerdo con nuestras alianzas parlamentarias»... EPE200299 **13 necesidad +:** La necesidad *inexcusable* de ganar lleva a situaciones acríticas y da la sensación de que (...) esos entusiastas del González reelegible han quemado las naves para una rápida regeneración. LVE151295 **14 imperativo:** Ejercitar el primero y cumplir el segundo constituye un imperativo *inexcusable* para todo ciudadano a quien no sea ajena la suerte futura de la Patria. LTB080497

C SUSTANTIVOS QUE DESIGNAN LO QUE SE CONSIDERA PAUTA, REFERENTE O EJEMPLO DE ALGUNA COSA: **15 referencia ++:** ...Bukowski, referencia *inexcusable* durante tres décadas de la literatura marginal... EME110394 **16 mención +:** ...no hay nombres, títulos o fechas de mención *inexcusable*. ABC010995 **17 modelo −:** ...la formalista pedantería (...) a la que por aquel entonces nos obligaba (...) el *inexcusable* modelo germánico. EPE040999

D SUSTANTIVOS QUE DENOTAN PRESENCIA, CONCURRENCIA O INTERVENCIÓN EN UN LUGAR O UN EVENTO: **18 presencia ++:** ...hay órganos judiciales en los que no se personalizan actuaciones que reclaman la presencia *inexcusable* del titular... EPE070799 **19 visita ++:** De *inexcusable* visita es el monumento al Tren Blindado... GIC041297 **20 participación:** ...la participación *inexcusable* en determinados programas internacionales. ABC150193 **21 comparecencia:** ...hace *inexcusable* una comparecencia pública del Gobierno ante el pleno... EME160695 **22 asistencia:** La asistencia de los acusados al juicio es *inexcusable*. INDOC

E SUSTANTIVOS QUE DENOTAN ACEPTACIÓN O EJECUCIÓN DE UNA OBLIGACIÓN O UNA NORMA: **23 cumplimiento +:** La reforma del Estatuto fue una de las condiciones de cumplimiento *inexcusable*... EPE190299 **24 acatamiento:** ...la sentencia (...) es de obligado e *inexcusable* acatamiento y cumplimiento. LVE131096

F SUSTANTIVOS QUE DENOTAN PARTE, COMPONENTE O ELEMENTO INTEGRANTE O CONSTITUTIVO DE UN CONJUNTO: **25 parte +:** ...la ópera es parte *inexcusable* de ese repertorio. EME070696 **26 principio +:** Defendía (...) el recurso a la demolición como principio *inexcusable* de la arquitectura del futuro... EPE240199 **27 apartado:** ...el lector que enseguida se verá seducido también por otro apartado *inexcusable*. ABC150794 **28 pieza:** ...convierte el libro en una pieza *inexcusable* para el entendimiento de lo que pasa... EME230494 **29 ingrediente:** Falta ese *inexcusable* ingrediente político que son las relaciones personales. EPE230199

G OTROS SUSTANTIVOS; POSIBLES USOS ESTILÍSTICOS: ...un colosal bíblico imperecedero, antaño carne *inexcusable* de Semana Santa en las pantallas grandes... LVE241296

□ Véase también: **inexorable.**

inexorable *adj.* ▌Se combina con...

A SUSTANTIVOS QUE DENOTAN CURSO, GENERALMENTE TEMPORAL. TAMBIÉN CON OTROS QUE DENOTAN MOVIMIENTO O TRANSFORMACIÓN DE ALGO: **1 camino ++:** ...la vida real cotidiana sigue su camino *inexorable*. CLA220301 **2 curso ++:** La vida sigue su *inexorable* curso y no pierde oportunidad para sorprendernos. EPE170800 **3 proceso ++:** ...es un proceso *inexorable* para el futuro inmediato... LVE300396 **4 paso ++:** Sin embargo, el paso *inexorable* del tiempo no ha podido borrar de la memoria... GIC111696 **5 avance ++:** ...su avance *inexorable* hacia un «nuevo» (...) estadio de felicidad y armonía... ABC271192 **6 transcurso:** El arquitecto rehabilitador quiere salvar a la ciudad y a nosotros mismos del *inexorable* transcurso de la historia. ABC290193 **7 progresión:** ...las expectativas de futuro parecen reducirse a la *inexorable* progresión del capitalismo... ABC081093 **8 marcha:** ...y la fe en la marcha *inexorable* hacia un mundo socialista. ABC260393 **9 cambio:** ...la certidumbre de que el cambio es *inexorable*... LPN120197 **10 devenir:** La muerte, la inevitabilidad del cambio y el devenir *inexorable*, aplicado tanto a personas como a sistemas políticos. EME290895

B SUSTANTIVOS QUE DENOTAN CAÍDA, DECADENCIA, RETROCESO Y OTROS PROCESOS DEGENERATIVOS: **11 decadencia ++:** ...más aceleradamente la *inexorable* decadencia del inmenso imperio... EXC000901 **12 declive ++:** ...o condenan a su partido a un *inexorable* declive. EME010695 **13 degradación +:** ...compruebo la degradación *inexorable* de la situación social... PME120197 **14 desgaste +:** ...un edificio que no sólo había sufrido el desgaste *inexorable* del tiempo... ABC020493 **15 deterioro +:** Pero al paso de las temporadas concretó su *inexorable* deterioro en quienes ayer fueron coautores de un memorable cotejo. LNA260692 **16 caída +:** Se caracteriza por una caída *inexorable* del empleo. LVE120396 **17 degeneración +:** ...la degeneración progresiva, y muchas veces lenta, pero *inexorable*, de nuestras capacidades... LVE171296 **18 descenso:** –¡Un uno por ciento! –exclamó (...) mientras miraba la pantalla que registraba precios en *inexorable* descenso. LNA050792 **19 derrumbe:** No es ésta la opinión del responsable de Cultura (...) ni del Gobierno al que pertenece, decidido a preservar a toda costa esta joya arquitectónica del *inexorable* derrumbe... EPD090197 **20 retroceso:** ...en el retroceso –lento, pero *inexorable*– del romancero tradicional... ABC010995 **21 erosión:** ...una erosión que técnicos consultados consideran *inexorable*. EPE171101

C SUSTANTIVOS QUE DENOTAN DESGRACIA O SITUACIÓN DE INFORTUNIO: **22 desastre +:** ...hacia el anacronismo y hacia el *inexorable* desastre. LVE120195 **23 derrota:** ...transformaron esa derrota *inexorable* en una victoria... LNA250692 **24 fracaso:** ...estaremos condenando a la lucha y al *inexorable* fracaso... DYM080996

D SUSTANTIVOS QUE DENOTAN TÉRMINO O RESULTADO: **25 final ++:** El incremento de la violencia familiar, la drogadicción, el alcoholismo y las conductas antisociales terminan siendo el final *inexorable* de un circuito social de marginación. CLA120601 **26 fin +:** ...cierre de tres semanas para sólo una de espectáculo, de tal forma que si éste resultaba brillante, cuando comenzaban a circular noticias sobre él había llegado a su *inexorable* fin. ABC200893 **27 desenlace:** ...transporta al conglomerado humano a su *inexorable* desenlace. LVE130996 **28 resultado:** Tampoco habría sido el resultado *inexorable* del nacimiento de los medios de comunicación de masas... EPE301101

E SUSTANTIVOS QUE DENOTAN EXTINCIÓN O DESAPARICIÓN. TAMBIÉN CON OTROS QUE DESIGNAN LAS ACCIONES QUE CAUSAN ESTOS EFECTOS: **29 muerte ++:** ...tan real como la muerte *inexorable* de decenas de personas cada minuto... EME140595 **30 destrucción +:** ...es la *inexorable* destrucción del dogma nacionalista. EME141295 **31 exterminio:** ...en el exterminio lento e *inexorable* del sexo femenino... EPE091001 **32 desaparición:** ...la *inexorable* desaparición del paisaje, el patrimonio cultural y los restos... EPE151199 **33 extinción:** La *inexorable* extinción de los rinocerontes. LVE241094

F SUSTANTIVOS QUE DESIGNAN PERÍODOS TEMPORALES O –POR EXTENSIÓN METONÍMICA– COSAS QUE PARTICIPAN EN SU CÓMPUTO: **34 tiempo ++:** ...secretario del juzgado, que mira el reloj y afirma con rotundidad inapelable que en aquellos momentos ya son las 13.08. El tiempo es *inexorable*. EPE200799 **35 reloj +:** ...los nervios del reloj *inexorable* y la urgencia histórica de ganar... EME060495 **36 hora:** Pero sabían que era, *inexorable*, la hora del adiós. EME060696 **37 pasado:** Un túnel del tiempo en el que un espejo le ofrece su imagen actual: la del heredero de un *inexorable* pasado. EPE011180 **38 época:** ...el otoño y el invierno, teniendo condiciones para la añoranza, son épocas que, simplemente, se aceptan como *inexorables*... EME160696 **39 futuro:** ...el pasado es de hierro, tanto como el *inexorable* futuro... EXC080696 **40 etapa:** Y sin remisión, por mucho que eso moleste a la mala conciencia hipócrita de los demócratas y humanitarios occidentales, porque se trata de una etapa *inexorable* del proyecto. EME150294

G SUSTANTIVOS QUE DESIGNAN EL ENCADENAMIENTO DE LOS SUCESOS O SU FINAL NECESARIO: **41 destino ++:** ...del hombre contemporáneo enfrentado a sí mismo o a un *inexorable* destino. CAP180796 **42 fatalidad +:** La ley se cumplió con *inexorable* fatalidad... EPE150800 **43 designio:** Lo ven como un designio *inexorable* del destino. LVE050795 **44 fatum –:** ...frente a un fatum *inexorable* o a la intervención de la fuerza externa... EPE250199

H SUSTANTIVOS QUE DENOTAN JUSTICIA, O DESIGNAN ALGUNOS DE LOS ELEMENTOS QUE INTERVIENEN EN SU APLICACIÓN: **45 justicia ++:** Que la Justicia podía ser lenta; pero *inexorable*... EME131095 **46 ley +:** ...en enfrentarse, nada más cumplir los 12 años de edad, a la *inexorable* ley egipcia... EPE140800 **47 condena:** ...constituye una condena *inexorable* a plazo más o menos largo... ABC080494 **48 balanza –:** ...prosigue funcionando la *inexorable* balanza justiciera para castigar a personas intrínsecamente inocentes... EPE141299 **49 juicio –:** Hay que someterse al juicio *inexorable* del pueblo. EPE180977

I SUSTANTIVOS QUE DENOTAN NECESIDAD, OBLIGACIÓN Y OTRAS NOCIONES REFERIDAS AL CUMPLIMIENTO O LA REALIZACIÓN DE LO QUE SE CONSIDERA FORZOSO: **50 deber ++:** ...reclamaba el voto de los riojanos como «un *inexorable* deber»... EME210595 **51 exigencia +:** ...la *inexorable* exigencia de austeridad tiene que presentar como contrapartida todo un panorama humanista de horizontes para el espíritu. EPE171280 **52 necesidad:** Y lo hace con necesidad *inexorable* en el momento (...) en el que, como ha hecho ver Heidegger, la relación de reducción metafísica... ABC280292 **53 cumplimiento:** ...se hubiese desatado por *inexorable* cumplimiento del destino. ABC160994 **54 obligación +:** En esas circunstancias la obligación de actuar es *inexorable.* INDOC

J OTROS SUSTANTIVOS; POSIBLES USOS ESTILÍSTICOS: ...acompañado de su cigarrillo y de su *inexorable* agua mineral. EME100296; Treinta años son ya plazo suficiente para que el crisol *inexorable* del tiempo, el que deja en su sitio las cosas y sostiene lo verdadero... ABC190692; ...la *inexorable* elegancia formal de sus proyectos... EME141296

☐ Véase también: **inexcusable, inexorablemente.**

inexorablemente *adv.* ▮ Se combina frecuentemente con perífrasis verbales de obligación, como en *Todos hemos de morir inexorablemente.* Aunque admite gran número de verbos, especialmente si se construyen en presente, en futuro o en oraciones genéricas, destacan especialmente sus combinaciones con...

A VERBOS QUE DENOTAN AVANCE TEMPORAL O ESPACIAL HACIA ALGUNA META: **1 avanzar ++:** ...la desertización avanza *inexorablemente.* EME020995 **2 aproximarse +:** ...nos aproximamos, *inexorablemente,* a una derrota electoral. PME190197 **3 avecinarse +:** ...una realidad que se avecina *inexorablemente.* EPE230999 **4 acercarse +:** ...los tres sujetos citados se van acercando *inexorablemente* al precipicio de la historia... EME251095 **5 encaminarse +:** ...vidas destrozadas, degeneradas, que se encaminan *inexorablemente* hacia la muerte final. ABC111194 **6 caminar +:** ...la situación económica (...) camina *inexorablemente* hacia el caos... EME260696 **7 deslizarse +:** ...ve que su doble vida se desliza *inexorablemente* hacia la catástrofe. LVE271296 **8 ir +:** ...todos sus trabajadores irían *inexorablemente* al paro. LVE050395 **9 dirigirse:** ...nos dirigimos *inexorablemente* al diálogo, al entendimiento, a razonar con el otro (...) para llegar a un concierto feliz. LPH070497

B VERBOS QUE DESIGNAN LA ACCIÓN DE MOVER O CONDUCIR ALGO O A ALGUIEN A ALGÚN LUGAR, O LA DE UBICARLO EN ÉL: **10 conducir ++:** ...le va a conducir *inexorablemente* a no tener una política propia... EPE280299 **11 acercar ++:** ...«antes de alejar la salida dialogada, la acercan *inexorablemente*»... EME020196 **12 llevar ++:** La nueva situación definida nos lleva *inexorablemente* a plantearnos cómo se responde a los desafíos... EPE090699 **13 empujar +:** ...insistió en que las religiones empujan, *inexorablemente,* a la mujer hasta convertirla en un ciudadano de segunda clase. EME110395 **14 atraer +:** ...atrae *inexorablemente* a uno de los polos y repele violentamente al otro. EME310396 **15 situar +:** ...las sitúa *inexorablemente* en la necesidad de responder frente a terceros... LVE010795 **16 dirigir:** Su destino, *inexorablemente* dirigido a las empresas difíciles... EME190396 **17 arrastrar:** ...un naufragio al que tanto han contribuido y que les arrastra *inexorablemente.* EME150995

C VERBOS QUE DENOTAN INFLUENCIA, A MENUDO DECISIVA. TAMBIÉN CON OTROS QUE EXPRESAN ALGUNA ACCIÓN FORZOSA EJERCIDA SOBRE ALGO O ALGUIEN: **18 imponer(se) +:** ...diluye las sinrazones y la rutina acaba por imponerse *inexorablemente.* LVE030395 **19 castigar +:** Los responsables de la catástrofe serán castigados *inexorablemente.* INDOC **20 marcar +:** El discurso del Rey marca, *inexorablemente,* la noche. EME261296 **21 condicionar +:** ...descubre en sus comentarios un equilibrio entre las fuerzas de la vida que le condicionan *inexorablemente* y su propio deseo de ser él mismo... ABC190894 **22 condenar +:** ...condena *inexorablemente* a las empresas españolas a perder... LVE100396 **23 afectar:** ...la inestabilidad económica afecta *inexorablemente* al crecimiento... EME030796 **24 obligar +:** ...la responsabilidad política del mismo le obligaría *inexorablemente* a dimitir. EME251095

D VERBOS QUE DENOTAN ACAECIMIENTO: **25 ocurrir ++:** ...quizá (...) en la dilatación del tiempo que sigue a la certeza de que lo que ha de ocurrir, *inexorablemente* ocurrirá, se encuentra el secreto del suspense. EPE070399 **26 llegar ++:** ...la liberalización comercial llegará *inexorablemente.* EME260296 **27 cumplirse ++:** Por eso nos congratula, pero no nos sorprende, que se vaya cumpliendo *inexorablemente* su destino... EPE240199 **28 acontecer:** Esto acontece *inexorablemente,* salvo que a la vez, se dé alguna de las dos situaciones siguientes... EXC211096 **29 producirse:** Esta acción se produce *inexorablemente* en el momento de la entrada en vigor... EPE120280 **30 suceder:** ...le quieren hacer creer a la gente que *inexorablemente* eso va a suceder. CLA120199

E VERBOS QUE DESIGNAN EL PROCESO QUE CARACTERIZA ALGÚN CURSO TEMPORAL. TAMBIÉN CON OTROS QUE EXPRESAN LA PERSISTENCIA O LA REITERACIÓN DE UN ESTADO DE COSAS: **31 continuar:** La Historia continúa *inexorablemente.* INDOC **32 durar:** Tal lectura del mañana debe durar *inexorablemente* seis minutos... EPE190699 **33 desarrollarse:** ...grandes catástrofes naturales se están desarrollando lentamente, *inexorablemente*... SEM010897 **34 proseguir:** ...la carrera de armamentos proseguirá *inexorablemente* su camino. EPE010285 **35 repetirse +:** Es una película vista mil veces y que *inexorablemente* se repite. EME170495

F VERBOS QUE DENOTAN AUMENTO, INCREMENTO, MEJORÍA O ASCENSO EN ALGUNA ESCALA: **36 aumentar ++:** El número de parados y excluidos aumenta *inexorablemente.* LVE291295 **37 crecer ++:** ...la demanda, que crecerá *inexorablemente* con la población... EPE140399 **38 superar +:** ...iba superando *inexorablemente* a Olano, que había salido con su bicicleta especial de contrarreloj. EME051095 **39 subir +:** ...los índices de paro siguen subiendo *inexorablemente*... EME250595 **40 recuperar +:** ...recupera *inexorablemente* su condición auxiliar de segundo cónsul. EPE100700 **41 ampliar:** ...una colonia de hormigas (...) *inexorablemente,* ampliando su hormiguero... EME080494 **42 mejorar:** Las cifras de accidentes en España mejoran *inexorablemente* cada ejercicio... LVE160195 **43 consolidarse:** El partido se consolida *inexorablemente* en el gobierno. INDOC **44 extenderse:** Se echa en falta, en efecto, la discusión de lo verdaderamente problemático: las condiciones de posibilidad del arte indio en una modernidad que se extiende *inexorablemente.* ABC071094

G VERBOS QUE DENOTAN DESCENSO, DISMINUCIÓN O EMPEORAMIENTO, ASÍ COMO DESAPARICIÓN O EXTINCIÓN DE ALGO: **45 caer ++:** Cuando caiga esta cultura del empleo, como cae *inexorablemente* la del enriquecimiento rápido... EME100195 **46 perder ++:** ...el liberalismo perderá *inexorablemente* su respaldo popular. ETC081196 **47 desaparecer +:** Como los socorros estatales tienden a desaparecer *inexorablemente*... LVE241196 **48 acabar** +: ...tus artículos acabarán *inexorablemente* en la oficina de un funcionario... PME150996 **49 terminar:** ...los insultos a la inteligencia, terminan, *inexorablemente*, pagándose en votos. EME230296 **50 deteriorarse:** ...las relaciones entre los ex policías e Interior se deterioraban *inexorablemente*. EME110195 **51 degenerar:** ...algunos de ellos degeneran, *inexorablemente*, a formas carcinomatosas. ABC140194 **52 consumirse:** ...la ciudad se consume *inexorablemente* ante la dejadez... EME280694 **53 derrumbarse:** Su fachada (...) se derrumba *inexorablemente*. EME290895 **54 extinguirse:** Cuando las dos o tres últimas viejas cabezas kominternistas de IU se extingan *inexorablemente* como los dinosaurios... EME131095 **55 marchitarse:** Van llegando los primeros achuchones de calor; la flor, *inexorablemente*, se marchita... LVE150695 **56 hundirse:** ...Venecia se hunde *inexorablemente*. EPE030900 **57 desvanecer:** ...lenta pero *inexorablemente* las placas se desvanecen... EME230194 **58 bajar:** ...el índice Mibtel comenzaba a bajar *inexorablemente*. EME300394

H VERBOS QUE EXPRESAN LA ACCIÓN DE CAUSAR ALGÚN PERJUICIO. DESTACAN ENTRE ELLOS LOS QUE DESIGNAN LA ACCIÓN DE HACER DESAPARECER ALGO O A ALGUIEN O LA DE ENTORPECER EL CURSO DE ALGUNA COSA: **59 destruir** +: ...destruyendo paulatina e *inexorablemente* su sistema nervioso. EPE071001 **60 abatir:** ...se abatía *inexorablemente* sobre los tetracampeones del mundo. EME120795 **61 borrar:** ...va borrando *inexorablemente* las barreras locales... HOY070181 **62 retrasar:** ...retrasará *inexorablemente* la disolución del Cosoami... EPE261199 **63 minar:** ...la grave enfermedad degenerativa (...) iba minándole *inexorablemente*. EPE230699 **64 liquidar:** ...en seis minutos el equipo (...) lo liquidó *de manera inexorable*. CLA250199 **65 impedir:** ...se enciende la roja que impide *inexorablemente* continuar. LVE140795 **66 desmontar:** ...las fuese desmontando una a una *inexorablemente*. ABC131095 **67 colapsar:** ...sus entrevistas en la BBC colapsan, *inexorablemente*, la centralita... LVE161195 **68 devorar:** ...el sistema (...) devora *inexorablemente* a los suyos. EME200895 **69 devastar:** ...un corazón que se va pudriendo, que el tiempo devasta *inexorablemente*. EME311295 **70 desecar:** El corte del canal d'Enmig (...) desecará *inexorablemente* gran parte del parque. EPE280499 **71 quebrar:** ...intenta de esta manera romper lo coyuntural del comercio y la política (...) pero también quiebra *inexorablemente* la ambición geográfica o «nacional» explicitada en la citada introducción. ABC240192

I VERBOS QUE DENOTAN VÍNCULO O DEPENDENCIA: **72 unir** ++: La Línea nació de Gibraltar y está *inexorablemente* unida al Peñón. EPE100699 **73 vincular** +: La dieta, o la cocina, está *inexorablemente* vinculada a la cultura... EPE080399 **74 depender** +: ...ese universo depende, *inexorablemente*, de esas pequeñas constelaciones. EPE100599 **75 asociar:** ...el federalismo, *inexorablemente* asociado con la equidad... EXC020496 **76 juntar:** ...construyó una marca de fábrica a base de juntar *inexorablemente* sus dos apellidos... LVE091296 **77 ligar:** ...el destino del país está *inexorablemente* ligado al de la integración. LVE121094

J VERBOS QUE DENOTAN RELACIÓN DE CAUSA O CONSECUENCIA: **78 implicar** ++: ...ampliar los subterráneos implicará *inexorablemente* (...) la modificación de tales mecanismos. CLA211187 **79 significar** +: ...cuya marcha significará, *inexorablemente*, el adiós a los Bulls... EME281096 **80 conllevar** +: Dicha práctica (...) conlleva *inexorablemente* que la retroactividad... EPE040199 **81 suponer** +: Eso supone *inexorablemente* que los profesionales de la milicia tienden a cubrirse las espaldas... EME220494 **82 producir** +: ...te deja el cerebro como una esponja (...) y produce *inexorablemente* la muerte. EME241295 **83 acarrear:** ...errores y debilidades que el paso del tiempo *inexorablemente* acarrea. EPE211199 **84 traducirse:** ...renunciar a modelos de eficacia (...) se traduce, *inexorablemente*, en cargar a la economía (...) con una losa muy pesada. LVE031095 **85 desencadenar:** ...ni desencadenaría *inexorablemente* la nueva ola de devaluaciones... CLA310199 **86 provocar:** ...¿el fortalecimiento del Estado provoca *inexorablemente* el clientelismo? EME211095 **87 causar:** ...un mal que en los humanos causa *inexorablemente* la muerte. EME250396 **88 convertirse:** ...se convierte *inexorablemente* en la víctima de fobias abrumadoras... EME050394

☐ Véase también: **indefectiblemente, inevitablemente, inexorable, irremediablemente.**

inexperiencia ♦ **absoluto, claro, evidente, manifiesto, patente, total** ♦ **muestra (de), señal (de), síntoma (de)** ♦ **acusar**[60]**, adolecer (de), compensar, demostrar, pagar, pecar (de), revelar, suplir**

☐ Véase también: **ignorancia.**

inexpugnable *adj.* ▮ Se combina con sustantivos que denotan construcción o recinto, sea fortificado *(fortaleza, bastión, cárcel)* o no *(edificio, pabellón, pista)*. También admite otros que designan barreras o fronteras, naturales o artificiales *(muralla, montaña, valladar)*, y áreas geográficas *(terreno, región, isla)*. Acepta asimismo sustantivos de persona, individuales o colectivos, más frecuentemente si su denominación hace referencia a actividades bélicas o deportivas *(defensa, selección, portero: Jugamos bien, pero su portero es inexpugnable)*. Se combina además con...

A SUSTANTIVOS QUE DENOTAN INSTITUCIÓN U ORGANIZACIÓN: **1 institución:** Llegar a penetrar en instituciones *inexpugnables* en teoría constituye una de las motivaciones del «hacker». LVE201196 **2 régimen:** ...el cinturón cultural e informativo del *inexpugnable* régimen autocrático... EME271296 **3 trust** –: La catástrofe económica nacional se mira desde otra perspectiva cuando se cuenta con millones de dólares en un trust *inexpugnable* en el extranjero... EXC070896

B SUSTANTIVOS QUE DENOTAN ESTRUCTURA, RECURSO O SISTEMA, A MENUDO ARGUMENTATIVO: **4 sistema:** Y no ha comprendido que el sistema se justifica y se hace *inexpugnable* cuando todos son capitalistas... VIS080597 **5 teoría:** El Gobierno ha inventado para marear a la oposición una teoría *inexpugnable*, de la que nadie le apeará. LVE110696 **6 argumento:** Tal como se expresó y tal como no se expresó, los argumentos del Banco de España parecen *inexpugnables*. EME130194 **7 disertación** –: Los profesores nos sentamos a escuchar su disertación *inexpugnable*... ENV010997 **8 tesis:** Defendió con brillantez una tesis sólida, sin fisuras, prácticamente *inexpugnable*. INDOC

C OTROS SUSTANTIVOS; POSIBLES USOS CRUZADOS: Los arduos caminos de la creación parecen ser *inexpugnables*

para el inventor del estilo «caviar». [Cf. *inescrutable*] LPA210592; ...aquel pianista (...) acepta con alegría aquella *inexpugnable* distancia entre dedos y cuerdas vibrantes... [Cf. *inabarcable*] LVE140195

D OTROS SUSTANTIVOS; POSIBLES USOS ESTILÍSTICOS: ...su *inexpugnable* soledad de criatura esteparia. LVE060996; Los estadounidenses, cuyos impuestos son malgastados por organismos de «inteligencia» de *inexpugnable* estupidez... EPE080699; Hay poesías custodiadas por las casi *inexpugnables* espinas de su lengua. ABC060594

inextricable *adj.* ▮ Se combina con...

A SUSTANTIVOS QUE DESIGNAN COSAS ENREDADAS O ENMARAÑADAS Y, POR EXTENSIÓN, DIFÍCILES O MISTERIOSAS. TAMBIÉN CON OTROS QUE EXPRESAN ESAS MISMAS CARACTERÍSTICAS: **1 maraña ++:** El conglomerado se compone de una maraña *inextricable* de sociedades cuyas acciones se cruzan y entrecruzan. EME040896 **2 madeja +:** ...únicos iniciados en la *inextricable* madeja de normas, acuerdos y procedimientos. LNA260692 **3 red +:** ...el sistema actual, con una red *inextricable* de competencias cruzadas... LVE270394 **4 complejidad +:** ...las leyes fundamentales que rigen la Unión Europea son de una complejidad *inextricable*... EME060694 **5 lío:** ...una vida clara, no usada, ordenada y vacía, lejos del lío *inextricable* que hemos dejado en casa. EPE250799 **6 problema +:** ...sin resolver a cambio del problema *inextricable* de Bosnia. LVE170996 **7 berenjenal:** Ahora el caso Priebke se ha convertido en un berenjenal *inextricable*. LVE210896 **8 enjambre:** ...que es un enjambre abigarrado, *inextricable*, de empresas editoras... EME280296 **9 atadura:** Quizá por ahí iba (...) cuando habló, por la tarde, del pensamiento colectivo de una izquierda sin ataduras. Salvo la atadura, *inextricable*, de su naturaleza emancipatoria. EME230296 **10 misterio:** El misterio del precio del gasóleo madrileño se hace más *inextricable* si se tiene en cuenta... EPE240899

B SUSTANTIVOS QUE DESIGNAN LUGARES, GENERALMENTE DIFÍCILES DE RECORRER O DE TRANSITAR, Y CON OTROS QUE DESIGNAN ESPACIOS A TRAVÉS DE LOS CUALES PUEDE RESULTAR DIFÍCIL MOVERSE. SE USAN MUY FRECUENTEMENTE EN SENTIDO FIGURADO: **11 camino +:** ...contra la literatura y sus inexorables y casi *inextricables* caminos. EME130496 **12 laberinto +:** ...las rondas se acababan de inaugurar y eran todavía un laberinto *inextricable*... LVE160796 **13 vericueto +:** ...habrá enredado en vericuetos *inextricables* o evanescentes las huellas de sus malos pasos... EME080494 **14 mundo:** ...una exploración por el *inextricable* mundo de los instintos humanos... ABC100792 **15 recoveco:** En lugar de promulgar leyes claras y precisas (...) se acude a recovecos *inextricables*. LVE100995 **16 selva:** ...en toda esa selva *inextricable* de vanidades, sólo queda un galardón que haya mantenido el prestigio... EPE021199 **17 jardín:** ...y los *inextricables* jardines de su castellano, pues empieza a hablar y se le olvida lo que va a decir... EME180295 **18 ramaje:** ...esta «espesa arboleda, con un ramaje *inextricable*»... EPE220499

C SUSTANTIVOS QUE DESIGNAN MEZCLAS O ASOCIACIONES DE DOS O MÁS ELEMENTOS: **19 mezcla +:** ...se han traducido a lo largo de la historia del Cuerpo en una *inextricable* mezcla de virtudes y defectos. EME140594 **20 amalgama:** Amalgama *inextricable* que sazona de pragmatismo y convicción en sí mismo. EPE311099 **21 entrecruzamiento:** ...el entrecruzamiento casi *inextricable* de la realidad objetiva y la intuida o imaginada... ABC030694 **22 relación:** ...para subrayar la historicidad del relato, su inextricable *relación* con la realidad conocida. ABC241195 **23 pareja:** ...ni siquiera cuando, unidas en *inextricable* pareja, renuncian a defenderse... ABC011093 **24 textura:** ...lo español como una «*inextricable* textura» de los tres elementos enunciados en el subtítulo... ABC090493 **25 trama:** ...el autor trenzaba una trama *inextricable* para dar la sensación simultánea de mil componentes... ABC020493

D SUSTANTIVOS QUE DESIGNAN OTRAS ACCIONES O ACTIVIDADES EN LAS QUE PARTICIPAN DOS O MÁS SERES: **26 comunicación:** ...se transformó con el tiempo en un nudo de comunicaciones *inextricables*. EME300895 **27 conflicto:** ...en una relación ocultada a veces por *inextricables* conflictos tribales. LVE290196 **28 juego:** ...son como fichas perdidas de un *inextricable* juego universal. LVE140396 **29 jugada:** En lugar de las ingeniosas o *inextricables* jugadas... EPE020685 **30 proliferación −:** Ni siquiera esta *Guía de la obra completa*, que nos ofrece Inman Fox (...) podrá remediar esta proliferación gigantesca, monstruosa, inextricable, de una riqueza inigualable... ABC201192

E OTROS SUSTANTIVOS; POSIBLES USOS CRUZADOS: **31 razón +:** Las razones (...) para prolongar esta agonía hasta el mes de marzo son *inextricables*. [Cf. *inescrutable*] EME110995 **32 argumento:** Así el argumento de la obra es prácticamente *inextricable*... [Cf. *inescrutable*] ABC080193

F OTROS SUSTANTIVOS; POSIBLES USOS ESTILÍSTICOS: ...dependiendo de un baremo propio e *inextricable*... EME240695; ...*inextricable* hijo de la selva de los siglos de oro... EPE291099; ...un universo repleto de simbologías *inextricables*... EME091196

☐ Véase también: **decodificar, descifrar, enrevesado, inextricablemente, insondable, intrincado, retorcido.**

inextricablemente ♦ **asociar, entrelazar, entremezclar, ligar, mezclar, unir, vincular**

☐ Véase también: **inextricable.**

infalible ♦ **antídoto, anzuelo, argumento, arma, autoridad, camino, cazador, ciencia, conocimiento, consuelo, decisión, definición, delantero, dogma, estrategia, fórmula, garantía, golpe, herramienta, indicador, instinto, instrumento, intuición, juez, juicio, lanzador, maestro, manera, máxima, mecanismo, medicina, medio, método, mezcla, norma, ojo, olfato, oráculo, pegador, persona, plan, precisión, procedimiento, profecía, prueba, puntería, receta, reclamo, recurso, regla, remedio, respuesta, seguridad, sistema, solución, técnica, terapia, toque, tratamiento, tribunal, veneno, vía**

infamia ♦ **acto (de), sarta (de)[33]** ♦ **calificar (de), cargar (con)[25], castigar, cometer, constituir, consumar, cubrir (de), difundir, divulgar, lanzar, llenar (de), publicar, redimir, representar, tramar, urdir[29], vengar, verter**

☐ Véase también: **agravio, calumnia, improperio, injuria, maldad, ofensa (a), ofensivo.**

infancia ♦ **alegre, añorado, desdichado, desgraciado, dichoso, difícil, divertido, dorado, feliz, ingenuo, inocente, irrecuperable, lejano, normal, perdido, placentero, pobre, provinciano, remoto, sacudido (por algo), solitario, terrible, tierno, trágico, tranquilo, traumático, triste, turbulento** ♦ **desde, durante** ♦ **amigo (de), años (de), recuerdo (de), regreso (a), trauma (de)** ♦ **acabar, añorar, discurrir, entrar (en), evocar, marcar, olvidar, pasar, recordar, recuperar, regresar (a), remontar(se) (a), retornar (a), retroceder (a), revivir**[5]**, salir (de), tener, transcurrir, vivir**
☐ Véase también: **juventud, período, vida.**

infarto ♦ **agudo, cerebral, de corazón, de miocardio, fulminante** ♦ **amago (de), síntoma (de)** ♦ **dar (a alguien), padecer, recuperarse (de), reponerse (de), sobrevenir (a alguien), sobrevivir (a), sufrir, superar, tener**

infatigable ♦ **acoso, actividad, afición, amante, artista, atención, búsqueda, caminante, campaña, coleccionista, combatiente, conversador, cultivador, dedicación, defensor, energía, entrega, escritor, esfuerzo, estudioso, ingenio, insistencia, investigador, labor, lector, lucha, luchador, militante, observador, peregrino, persona, pierna, promotor, solterón, talento, tarea, trabajador, trabajo, vendedor, viajero, voluntad**
☐ Véase también: **incansablemente.**

infausto *adj.* ▮ Se combina con sustantivos que denotan periodo de tiempo *(año, domingo, pasado)*, lugar *(terreno, ciudad, inmueble)* y acontecimiento o evento. También lo hace con sustantivos de persona, especialmente si denotan cargo, empleo, función o actividad *(alcalde, seleccionador, gobernador)*. Se combina asimismo con...

A SUSTANTIVOS QUE DENOTAN RECUERDO O RELACIÓN DE HECHOS PRETÉRITOS: **1 recuerdo ++:** ...un monasterio, que también fue prisión de *infausto* recuerdo. EPE240499 **2 memoria ++:** ...balbuceos de la cuerda y unos desvaríos del metal que recuerdan épocas de *infausta* memoria. EPE030599 **3 historia:** Nadie quiere ya recordar la *infausta* historia de aquella dinastía. INDOC

B SUSTANTIVOS QUE DESIGNAN HECHOS REGIDOS POR EL AZAR O EN LOS QUE INTERVIENE EL IMPREVISTO Y EL RIESGO: **4 casualidad +:** La más *infausta* de las casualidades hace que en aquel remoto lugar de las últimas estribaciones de la sierra de Aracena se encuentre destacado un guardia, paisano de Miguel Hernández. EPE101099 **5 peripecia +:** ...después de *infaustas* peripecias, se establece en París... EME180596 **6 aventura:** El desenlace de la *infausta* aventura quedaba a resultas de un complicado y malévolo equívoco. LVE121295

C ALGUNOS SUSTANTIVOS QUE DENOTAN FINAL O DESENLACE: **7 final +:** Hemos presenciado atónitos el *infausto* final de... EME220594 **8 destino +:** ...los nacimientos en el Real Alcázar tuvieron un inmediato e *infausto* destino. EME120596

D SUSTANTIVOS QUE DENOTAN ENFRENTAMIENTO, BÉLICO, DEPORTIVO O DE OTRO TIPO: **9 guerra +:** ...la culminación de la *infausta* guerra con Estados Unidos... EXC210197 **10 partido +:** ...el arbitro del *infausto* partido... EPE290999

E SUSTANTIVOS DE INFORMACIÓN, MÁS FRECUENTEMENTE SI DESCRIBEN EVENTOS PASADOS O FUTUROS: **11 noticia:** Hondo pesar causó ayer la *infausta* noticia del fallecimiento... LNP151097 **12 pronóstico:** ...presenta (...) hundimiento parietal izquierdo, (...) pronóstico *infausto*... EPE160977 **13 señal –:** ...apelando a las múltiples señales *infaustas* observadas... EPE020285 **14 dato –:** Y otro dato *infausto* reciente: el Ayuntamiento pagó el doble... EPE210599

F ALGUNOS SUSTANTIVOS QUE DESIGNAN OBRAS, A MENUDO DE CREACIÓN: **15 película:** ...lo encarnó en una *infausta* película... LVE111296 **16 cinta:** ...presumiblemente *infausta* cinta de acción... LVE170396 **17 programa –:** ...eso fue lo único que de todo ese *infausto* programa apiló sabiamente nuestra memoria... LVE200795 **18 diccionario –:** ...en su *infausto* diccionario, apunta que «chivo» es palabra tan sonora... LVE071095

G OTROS SUSTANTIVOS; POSIBLES USOS ESTILÍSTICOS: ...una versión grueso calibre de la *infausta* «ruleta rusa». EME210195; ...la a menudo *infausta* convicción de que nuestros representantes (...) no se ganan el pan. EPE241099; La *infausta* primacía es hoy disputada... LNC020497
☐ Véase también: **aciago, de perros.**

infección ♦ **generalizado, grave, leve, vírico** ♦ **atajar, coger, combatir, contraer, controlar, cortar, dar lugar (a), detener, inmunizar (contra), luchar (contra), ocasionar, producir, tener**

inferior ♦ **abismalmente**[11]**, a todas luces, claramente, comparativamente, de todo punto, ligeramente, manifiestamente, notablemente, numéricamente, sustancialmente**[63]**, visiblemente**
☐ Véase también: **superior.**

infernal *adj.* ▮ Admite gran número de sustantivos en sus interpretaciones física y figurada. Se combina a menudo con el sustantivo *calor*, así como, por extensión, con otros que designan algunas circunstancias climáticas *(tiempo, clima)*. Se combina además con sustantivos temporales *(ciclo, época, noche, etapa)*, así como con otros que designan diversos artefactos o mecanismos, especialmente si son ruidosos o muy molestos *(maquinaria, automóvil, aparato)*. También admite frecuentemente diversos nombres de lugar *(ciudad, barrio)*, especialmente si designan espacios cerrados o de difícil habitabilidad *(cárcel, laberinto, desierto, gueto)*. Acepta asimismo con mucha frecuencia nombres que designan acciones violentas ejercidas contra algo o alguien *(tiroteo, matanza, lucha, guerra, contienda, ataque, bombardeo)*. También se combina con...

A SUSTANTIVOS QUE DESIGNAN SONIDOS, A MENUDO NO ARTICULADOS, DESAGRADABLES Y MOLESTOS: **1 ruido ++:** El ruido de los balazos y las sirenas era *infernal*. CLA120199 **2 estruendo ++:** Tres septiembres atrás, una noche, nos sacudió un estruendo *infernal*. LVE070995 **3 griterío ++:** ...huyeron despavoridos de la zona, en medio de un griterío *infernal*... CLA080197 **4 estrépito ++:** Temo que (...) el público no se sienta muy a gusto haciendo cola en esa estrecha acera, ahora protegida por una barandilla en aras del tráfico rodado, de *infernal* estrépito en ese lugar... ABC091092 **5 algarabía:** Ante la *infernal* algarabía y barullo de los alumnos... LVE220795

B SUSTANTIVOS QUE DENOTAN SUCESIÓN RÁPIDA O ACOMPASADA DE MOVIMIENTOS O ACONTECIMIENTOS: **6 ritmo ++:** ...los que corren a su lado se cansan ante el ritmo *infernal* que da a la carrera. EME050596 **7 dinámica +:** Lo que parece no comprender es la dinámica *infernal* que su iniciativa podría desencadenar. EME090996 **8 velocidad +:** Por delante, un pelotón de unos 70, lanzado a una velocidad *infernal*, conducido por seis corredores del ONCE. EPE060799

C SUSTANTIVOS QUE DENOTAN CAMBIO O TRASLADO DE LUGAR. TAMBIÉN CON OTROS QUE DESIGNAN LA VÍA POR LA QUE SE LLEVA A CABO DICHO DESPLAZAMIENTO O EL TRAYECTO QUE POR ELLA SE REALIZA: **9 travesía +:** ...relata algunos de los espisodios que vivió en esa travesía *infernal*... HOY031197 **10 viaje +:** ...las mujeres empiezan este viaje *infernal* por su propia voluntad. ENH110198 **11 camino +:** ...ese *infernal* camino de tener que tolerar (...) el caldeado ambiente político... ENV021000 **12 carretera:** ...dos ciudades (...) han vivido de espaldas, separadas por una carretera *infernal*. EPE120599 **13 recorrido:** Un avión con 103 personas a bordo no consiguió levantar vuelo en la operación de despegue (...) e inició un recorrido *infernal* hasta empotrarse envuelto en llamas en un recinto deportivo. EPE020999 **14 movimiento:** ...vómitos y mareos causados por el *infernal* movimiento de la montaña rusa. INDOC **15 excursión:** Bien harían (...) en poner orden en esa *infernal* excursión. CAP180796 **16 periplo:** Y el tren parece no regresar de su periplo *infernal* remontando el tobogán de las vías con las luces abiertas sobre los túneles negros. EPE101199

D SUSTANTIVOS QUE DENOTAN AGLOMERACIÓN, CONFUSIÓN O CAOS. TAMBIÉN CON OTROS QUE DESIGNAN CIRCUNSTANCIAS Y ESTADOS DE COSAS QUE SUELEN CONLLEVAR MOVIMIENTO INTENSO O AGITADO, HACINAMIENTO O DESORDEN: **17 caos +:** En el caos *infernal* que a veces nos acosa, no nos sirve la compañía de Virgilio... ABC011093 **18 masificación +:** ...la *infernal* masificación de las zonas paradójicamente concurridas. LVE170696 **19 tráfico +:** ...conducir el coche con un tráfico *infernal*... EME220296 **20 revuelo +:** ...un *infernal* revuelo de ataques y contraataques. LVE020195 **21 barullo +:** Todavía la Feria del 79 fue como las de antes: un barullo *infernal* y agudamente clasista. EPE220499 **22 atasco:** ...atasco *infernal* para un recorrido que normalmente realizo en quince minutos. LVE120495 **23 embotellamiento:** ...un *infernal* embotellamiento a causa de la salida de los asistentes... VIS040997 **24 ajetreo:** ...sometió a la sociedad al ajetreo *infernal* de un sistema bancario caro y obsoleto... EPE211201

☐ Véase también: **dantesco.**

infinitamente *adv.* ▮ Se construye con adjetivos *(infinitamente triste)* y adverbios *(infinitamente lejos)*, más frecuentemente en las construcciones comparativas *(Resultaba infinitamente más complejo de lo que había pensado; El equipo local jugó infinitamente mejor que su rival; De esta forma te moverás infinitamente más deprisa)*. También se combina a menudo con varios verbos de cambio de estado *(fortalecer infinitamente; prolongarse infinitamente)*, con los que expresan repetición *(volver, repetir, reiterar)* y con los que designan la acción o el proceso de pasar un límite *(superar, rebasar, sobrepasar)*. Se combina asimismo con...

A VERBOS QUE DENOTAN REACCIÓN AFECTIVA ANTE ALGUNA COSA: **1 lamentar +:** Nuestra sociedad lamenta *infinitamente* cada atentado. INDOC **2 sentir:** No quería vivir, me sentía *infinitamente* desgraciado y pensaba que la vida como adulto sería una dura carga para mí. EME170196 **3 conmover:** Me ha conmovido *infinitamente* que haya jóvenes que «venían al mundo cuando nosotros salíamos de España»... ABC130195 **4 despreciar:** ...estos tribunales a los que desprecia *infinitamente*... HOY271097

B VERBOS QUE DENOTAN INCLINACIÓN AFECTIVA HACIA ALGO O ALGUIEN. TAMBIÉN CON OTROS QUE DESIGNAN LA VALORACIÓN, A MENUDO POSITIVA, QUE SE HACE DE ALGÚN ESTADO DE COSAS: **5 alegrarse +:** Me alegro *infinitamente* de que todas esas personas no se vean mezcladas en la controversia... EME260596 **6 disfrutar:** Recuerdo muy bien a Norma Procter, con quien no hice más que un recital en mi vida, pero lo disfruté *infinitamente*. ABC291295 **7 gozar:** Sólo Dios goza *infinitamente* de la soledad: su esencia le colma. ABC311292 **8 agradecer ++:** Agradezco *infinitamente* a ese mismo ser, el no haberme sentido nunca feliz con la derrota de quien me quiere mal... ESH151100 **9 amar:** El responder a la voluntad de Dios con la vida entera es fruto de haber entendido antes que el Padre nos ama *infinitamente*, hasta el punto de entregar a Jesús como un regalo de vida para el mundo. LVE250695 **10 valorar:** ...definir la valoración que tengo de lo que ustedes han hecho en el día de hoy, para definir esa amistad que valoro *infinitamente* de Guayasamín y su familia... GIC010197 **11 aburrir +:** Me *aburre* infinitamente la televisión. GIC010197

C OTROS VERBOS; POSIBLES USOS ESTILÍSTICOS: Allí donde la inmensa mayoría de las escuelas no-figurativas desembocan en la Nada (...), Brancusi labra *infinitamente* los materiales de la nueva y futura espiritualidad. ABC140495

☐ Véase también: **enormemente.**

inflación ♦ **a la baja[54], creciente, descontrolado, desorbitado, elevado, endémico, galopante[2], incipiente, larvado, latente, preocupante** ♦ **amortiguar, aumentar, bajar, combatir[36], compensar[49], congelar, contener, controlar, declinar[15], decrecer[20], desbocar(se)[8], despuntar, detener, disparar(se), experimentar, frenar, moderar(se), reducir, repuntar, vigilar**

☐ Véase también: **incremento, subida.**

inflar ▮ *(llenar de aire)* ♦ **a todo pulmón[13]** ♦ **globo, neumático, rueda**

▮ *(exagerar)* ♦ **cifra, coste, costo, dato, deuda, expectativa, fantasía, gasto, imaginación, noticia, precio, presupuesto, resultado,** *otros sustantivos que designan cantidades*

☐ Véase también: **atiborrar(se) (de), deshinchar(se), henchir(se) (de), llenar, reventar (de).**

infligir *v.* ▮ Se combina con...

A SUSTANTIVOS QUE DENOTAN DAÑO O SUFRIMIENTO, A MENUDO INTENSOS O PROLONGADOS. TAMBIÉN CON OTROS QUE DESIGNAN ALGUNAS DE SUS MANIFESTACIONES O LAS PROPIEDADES QUE LOS CARACTERIZAN: **1 daño** ++: ...no utilizar la fuerza a menos que (...) *infligiera* daño a alguno de los rehenes. BRE250497 **2 dolor** +: ...se habla del dolor que *infligen* unos seres humanos a otros... EXC170901 **3 herida** +: ...tras las heridas mortales *infligidas* por el acusado. END180198 **4 tortura** +: ...otra permanecía hospitalizada a causa de torturas también *infligidas* por militares... BRE020597 **5 sufrimiento** +: ...la investigación sobre el cáncer primaba sobre el sufrimiento *infligido* al animal. LVE030695 **6 mal** +: ...alguien olvidó la historia y cargará en su conciencia el mal *infligido* a México y a los mexicanos... EXC190900 **7 lesión:** ...hay en esa rica nación costosas operaciones (...) que pueden suplir parcialmente la lesión *infligida*. LPN060597 **8 suplicio** +: ...un siniestro personaje, «el Doctor», especialista en *infligir* suplicios en América Latina. LVE190795 **9 destrucción:** ...los misiles sólo pueden tener éxito cuando la destrucción física que *infligen* se convierte en el instrumento de un plan... EPE091001 **10 crueldad:** ...para denunciar la crueldad que, según ella, se *inflige* a los animales en muchas fiestas españolas. EME300695 **11 perjuicio** +: ...un tipo de situación comunicativa que amenaza con *infligir* al individuo graves perjuicios psíquicos y físicos. EPE021201 **12 padecimiento:** ...rehusó cualquier responsabilidad por los padecimientos *infligidos* a la población civil... EPE211001 **13 destrozo:** Los socios valoran las cogidas de los toreros según los destrozos *infligidos*. EPE020899

B SUSTANTIVOS QUE DENOTAN CASTIGO O SANCIÓN: **14 castigo** +: ...cuando un sujeto *infligía* un tremendo castigo a su perro sin que ninguna mediación lograra impedírselo... LNP120397 **15 correctivo** +: Tras el duro correctivo que le *infligió* ayer el Atlético de Madrid B... FDV030599 **16 pena** +: ...el derecho y el deber de la legítima autoridad pública de *infligir* penas proporcionadas a la gravedad del delito... LVE310395 **17 condena:** ...recurrió la condena que le *infligieron*... LVE090895 **18 represión** –: La represión que *infligieron* los ilustrados a los gitanos fue decisiva en la actitud de éstos. EPE141299 **19 escarmiento** –: ...el escarmiento *infligido* en verano del 88 a los estudiantes... LVE130795 **20 reprimenda** –: ...y las reprimendas que *infligía* a los parlamentarios... EME100596

C OTROS SUSTANTIVOS QUE DENOTAN GOLPE, FÍSICO O FIGURADO: **21 golpe** +: ...los mexicanos *infligieron* un severo golpe al PRI... EPC080797 **22 revés** +: ...un serio revés que le habían *infligido* las fuerzas del orden... DLA250797 **23 paliza:** ...no pudo volver a superar (...) a un equipo al que acababa de *infligir* una paliza histórica. LVE040595 **24 bofetada:** ...el equipo madrileño no sólo le devuelve al campeón alemán la bofetada moral que éste le *infligió* en el Manzanares hace dos semanas... LVE311096 **25 cuchillada:** ...los autores de los hechos (...) continuaron *infligiendo* cuchilladas al cadáver. LVE121295 **26 hachazo:** Al fin y al cabo, Arafat no *infligió* a Israel un hachazo tan doloroso como el del «enemigo interno». EME110496 **27 puñalada:** Finalmente, con la misma arma blanca se suicidó, al *infligirse* una puñalada en su tórax. ACP230996 **28 machetazo:** ...la muerte era segura con el machetazo que le *infligió* en el cuello. SVG100997

D SUSTANTIVOS QUE DESIGNAN OTRAS FORMAS DE AGRESIÓN Y MALTRATO, A MENUDO DE CIERTA INTENSIDAD: **29 humillación** +: ¿Qué Ejército de otro país aceptaría la misma humillación que se le *inflige* al nuestro? SEM170996 **30 ataque** +: ...se la pretende defender del artero ataque que se le *inflige* con el film. HOY161296 **31 maltrato** +: ...una encuesta estadounidense sobre maltratos *infligidos* por mujeres hacia sus parejas masculinas. EPE091201 **32 violencia:** ...si bien *infligir* tal violencia sobre sí mismo es inadmisible y en general daña el alma... EXC210197 **33 ofensa** +: ...es la más grave ofensa *infligida* al espíritu democrático. ESH050297 **34 agravio** +: ...al tiempo que se señala que se habrían *infligido* agravios a un parlamentario. HOY201097 **35 desaire:** ...descartando además que los militares buscaran *infligir* un desaire a Fidel Castro. PME171196 **36 ultraje:** ...considera la infidelidad de su hija como un ultraje a él *infligido*... EME300595 **37 afrenta:** ...aquella afrenta que le *infligió* el Tally-Juca... LHG030597 **38 traición:** Se trata de la traición que *infligimos* al pueblo saharaui. EME280596 **39 menosprecio:** ...considero que de no ser así se *inflige* un grave menosprecio de las otras lenguas que se hablan en España... LVE100695 **40 vejación:** ...víctima de las usuales torturas y vejaciones *infligidas* por las autoridades policiales dominicanas... RUM290997 **41 agresión** –: ...esta obra que siempre nos remite a las agresiones que los poderes *infligen* al hombre contemporáneo... ABC031195

E SUSTANTIVOS QUE DENOTAN DERROTA O RESULTADO ADVERSO, ESPECIALMENTE EN COMPETICIONES DEPORTIVAS: **42 derrota** ++: ...a raíz de la derrota que el conjunto crema le *infligió* el domingo 9 en su propio reducto ante millares de aficionados... LHG190397 **43 goleada** ++: ...se aprovechó de la superioridad numérica para *infligir* una goleada... LVE010595

F SUSTANTIVOS QUE DESIGNAN OTROS DAÑOS: **44 pérdida** +: La razón que se dio fue que las pérdidas *infligidas* (...) habían llegado a un nivel inaceptable. DYM151297 **45 baja** +: ...para «resistir la cuantiosa fuerza enemiga e *infligirles* severas bajas». ECP140175 **46 muerte** –: ...se unía el fervor por los ripios que les inspiraban el dolor o la muerte que *infligían* a sus víctimas. EME140195

G OTROS SUSTANTIVOS; POSIBLES USOS CRUZADOS: ...esta actitud demuestra que la parte española ha *infligido* los acuerdos adoptados en Argel. [Cf. *infringir*] EPE010489; ...carecían del pago de arancel impositivo, por lo que se *infligiría* la ley penal tributaria. [Cf. *infringir*] LNA050792

☐ Véase también: **estampar, imprimir, inculcar, infundir.**

influencia ♦ **abrumador**[55], **acusado**[71], **apreciable**[29], **beneficioso, benéfico, claro, dañino, decisivo**[45], **desmedido**[79], **desmesurado**[42], **determinante**[12], **directo, dominante**[9], **escaso, fuerte, funesto, gran(de), indirecto, indudable, insignificante**[13], **intenso, irresistible, ligero, malévolo, marcado, nefasto, negativo, nocivo, notable, notorio, patente, perjudicial, pernicioso, poderoso, positivo, profundo**[124] ♦ **bajo** ♦ **efecto (de), posición (de), tráfico (de), zona (de)** ♦ **acusar**[55], **adquirir, amortiguar, apreciar, contrarrestar, decrecer**[45], **despojar(se) (de), ejercer**[18], **experimentar, ganar, gozar (de)**[46], **lograr, neutralizar, percibir, perder,**

recibir, reconocer, rendirse (a/ante)[12], revelar, señalar, sobreponerse (a)[9], sufrir, sustraer(se) (de/a)[2], tener (sobre algo)
□ Véase también: **atracción, atractivo, efecto, encanto, influjo, magnetismo, presión.**

INFLUENCIA
♦ (SUSTANTIVOS) Véase: **abrumador[I], acatar[J], acusado[I], acusar[H], apreciable[F], atemperar[H], crucial[E], decisivo[H], decrecer[E], deducir[C], desmedido[I], determinante[C], dominante[B], emanar[E], fecundo[I], imborrable[C], insignificante[B], magnificar[B], ostensible[G], palpable[B], preponderante[B], profundo[F], rendirse (a/ante)[B], sacudir(se)[E], sobreponerse (a)[B], sopesar[D], sustraer(se) (de/a)[A], tangencial[H]**
♦ (VERBOS) Véase: **considerablemente[I], cordialmente[E], decisivamente[B], desfavorablemente[A], drásticamente[H], encarecidamente[B], enérgicamente[F], en mucho[E], favorablemente[C], fuertemente[E], gravemente[D], indefectiblemente[F], inevitablemente[E,J], inexorablemente[C], irremediablemente[G], ligeramente[F], maliciosamente[F], negativamente[A], notablemente[A], ostensiblemente[C], peligrosamente[H], plenamente[G], poderosamente[A], profundamente[J], severamente[F], sustancialmente[E], trágicamente[D], vagamente[D]**
□ Véase también: ATRACCIÓN.

INFLUENCIA, EFECTO Y CONSECUENCIA Véase:
♦ **impactante, mortífero, viciado**
♦ **en (mil) pedazos, en consecuencia, mortalmente, sin efecto**
♦ **a resultas (de)**
♦ **atracción, atractivo, cicatriz, consecuencia, dependencia, eco, efecto, encanto, escombro, estigma, huella, impacto, impronta, influencia, influjo, magisterio, magnetismo, rastro, repercusión, rescoldo, resonancia, resto, restos, revés, revuelo, roce, ruina, secuela (de), víctima**
♦ **afectar, incidir, influir, repercutir, resonar**
□ Véase también: *ATINGENCIA Y CORRESPONDENCIA; DAÑO Y PERJUICIO.*

influir ♦ considerablemente[79], decisivamente[10], **desfavorablemente[1], directamente, escasamente, favorablemente[9], gravemente[23], indirectamente, inevitablemente[54], irremediablemente[33], ligeramente[55], negativamente[2], notablemente[1], poderosamente[2], positivamente, profundamente[68], psicológicamente, temporalmente**
□ Véase también: **afectar, atraer, incidir, presionar.**

influjo ♦ **bajo, benefactor, benéfico, decisivo[46], fuerte, magnético, maléfico, marcado, pernicioso, poderoso, potente, profundo ♦ acusar[56], amortiguar, ejercer[19], recibir, rendirse (a/ante)[11], sentir, sustraer(se) (de/a)[1]**
□ Véase también: **influencia.**

INFLUJO Véase: *INFLUENCIA, EFECTO Y CONSECUENCIA*

información ♦ **abrumador[42], accesible, a medias, anecdótico[14], aproximado[71], capcioso[10], cierto, claro, conciso, confidencial[21], confuso, copioso[36], creíble, cumplido, decisivo[21], de dominio público, deficiente, delicado, de oídas, de primera mano, detallado, de valor[18], difuso, discordante, escueto, exhaustivo, falso, fehaciente[16], fiable, fidedigno[2], fiel, imparcial, impredecible, infundado, irrebatible, jugoso[22], meridiano[17], novedoso[49], objetivo, ocioso, parcial, pormenorizado, preciso, preventivo[43], privilegiado, profuso, prolijo[1], público, puntual, redundante, restringido, revelador, sesgado, sin fundamento[9], somero[95], subjetivo, sucinto, suficiente, tendencioso, transparente, valioso, vasto, veraz, verídico ♦ al descubierto[56] ♦ a la vista (de)[6], al hilo (de)[28], entre[32] ♦ arsenal (de)[1], cúmulo (de), fuente (de), lluvia (de)[52], medio (de) ♦ acallar[52], acumular, adquirir[25], adulterar[18], aglutinar[75], airear, aportar, apuntalar, arrancar (a alguien), asumir, atenerse (a)[75], atesorar[10], brindar, caer en el vacío, canalizar[18], carecer (de), censurar, centralizar[21], circular[12], clarificar[44], colmar (de)[50], confirmar, contrastar, corroborar[22], cribar, dar[203], dejar caer, desatender[22], desbordar(se), desentrañar[44], desfigurar[13], deslizar(se), desmentir[11], desvelar[25], difundir(se)[1], disponer (de), distorsionar[13], dosificar, emanar[36], escatimar, extractar, facilitar, falsear, filtrar(se)[1], fluir[7], girar[30], hacerse eco (de), intercambiar, llevar, manipular, maquillar, negar[63], obrar en poder[9], obtener, ofrecer, precisar, prodigar, propagar(se), proporcionar, rebatir[39], recabar[1], recibir, recopilar, rectificar, reseñar, resumir, reunir, salir a la luz, salir al paso (de)[9], sonsacar, sopesar, suministrar, tener, tergiversar[31], transmitir, tropezar(se) (con)**
□ Véase también: **comentario, comunicación, crónica, dato, declaración, descripción, discurso, documentación, explicación, exposición, noticia, opinión, punto de vista, rumor, texto.**

INFORMACIÓN
♦ (SUSTANTIVOS) Véase: **abrumador[G], acallar[F], acribillar (a)[B], adquirir[D], adulterar[C], aglutinar[J], a la vista (de)[B], al calor (de)[B], al compás (de)[A], al descubierto[K], al filo (de)[D], al hilo (de)[F], al vuelo[F], aproximado[J], arsenal (de)[A], atesorar[C], a toda plana[C], avalancha (de)[C], bucear (en)[C], caer como una bomba[A], caer en saco roto[E], canalizar[C], capcioso[C], cartesiano[C], centralizar[E], circular[A,B], colmar (de)[J], confidencial[C], con todo lujo de detalles[F], copar[C], copioso[E], corroborar[D], cundir[F], dar[D,P], de boca en boca[D], de campo[D], decodificar[D], delinear[H], desentrañar[G], desfigurar[C], desmentir[A], desoír[I], desvelar[E], de valor[C], difundir(se)[A], disipar(se)[A], distorsionar[D], emanar[F], engrosar[J], esparcir[A], estallar[E], exhaustivo[D], fidedigno[A,B,E,F], filtrar(se)[A], fluir[B], formular[G], fundado[C,G], girar[D], hacer extensivo[F], halagüeño[B], hermético[B], hilvanar[C,D,F], ilusionante[C], impartir[A], infausto[E], ingente[G], irrefutable[F], irrisorio[D], lineal[C], lluvia (de)[H], malgastar[E], minucioso[C], negar[K], novedoso[G], obrar en poder[B], obstruir[G], ola (de)[D], orquestar[C], parco (en)[B], peregrino[I], pertrechar(se)[B], predicar[E], preventivo[G], prolijo[A], rebatir[F], recabar[A], recalcitrante[D], refrendar[G], salir al paso (de)[A,C], sal-**

picar[E], saludable[F], sembrar[N], silenciar[D], sin fundamento[B], somero[J], tomar[E]
♦ (VERBOS) Véase: **a bombo y platillo[A], a fondo[C], a las mil maravillas[E], a los cuatro vientos[C], atentamente[D], a toda plana[A], con pelos y señales[A], con rotundidad[D], con todo lujo de detalles[A], de antemano[C], de carrerilla[B], detalladamente[C,E], exhaustivamente[B,D], profusamente[I], prolijo[I], sin ambages[A], sobradamente[A], universalmente[E], vagamente[F]**
☐ Véase también: CÁLCULO; COMUNICACIÓN; DATO; MANIFESTACIÓN VERBAL; TESTIMONIO.

informal ♦ **ambiente, aspecto, atuendo, comentario, comida, contacto, conversación, diálogo, encuentro, estilo, lenguaje, moda, prenda, relación, reunión, ropa, trato**
☐ Véase también: **distendido**.

informalmente *adv.* ■ Se combina con verbos que denotan manifestación o comunicación verbal *(charlar, comentar, explicar, manifestar, preguntar)* y también con...

A VERBOS QUE DESIGNAN EL ESTADO O EL PROCESO DE LLEVAR UN ATUENDO: **1 vestir(se)** ++: ...la gente joven gusta de caminar, descalza, vestir *informalmente* y gritar cuando bebe tanto como puede hacerlo un californiano o un tejano. EPE020685 **2 ataviar(se):** El estudiante, ataviado *de modo informal* con un jersey morado y sin afeitar, sólo habló para contestar «sí» a las preguntas sobre su nombre, edad y dirección. EME190195

B VERBOS QUE DENOTAN REUNIÓN DE PERSONAS, O DESIGNAN ALGUNAS ACTIVIDADES QUE REQUIEREN LA PARTICIPACIÓN DE VARIOS: **3 reunir(se)** ++: En diciembre pasado delegados de «Tirofijo» y de Washington se reunieron *informalmente* y en secreto en Costa Rica intentando buscar una salida a sus divergencias. CLA080199 **4 entrevistar(se)** +: De manera informal incluso ya nos hemos entrevistado con algunas emisoras que podrían estar interesadas en el concurso. EPE020889 **5 contactar:** El embajador británico en Santiago, Gwynne Evans, fue contactado, *de manera informal*, a primeros de septiembre, para hacerle saber que Pinochet se proponía realizar el viaje. EPE161099 **6 negociar:** ...la presidencia francesa y los representantes canadienses negociaban discreta e *informalmente* para superar el «impasse». LVE160495 **7 compartir:** ...han sido invitados por el primer ministro italiano, Romano Prodi y su esposa, a compartir un fin de semana juntos, *informalmente*... EME171196

C VERBOS QUE DENOTAN OFRECIMIENTO O SOLICITUD: **8 ofrecer** +: Lo cierto es que Labbé le ofreció *informalmente* la dirección de la Corporación al actual director del Instituto Cultural de Providencia... HOY170397 **9 proponer** +: Por ello, sectores del gran comercio proponen *informalmente* cambios en la política comercial de la Generalitat... EPE030999 **10 plantear** +: De hecho, un portavoz del comité organizador que él preside lo planteó *informalmente* al Consejo de la UIA... LVE060796 **11 pedir:** ...para lo cual ha pedido *informalmente* a las partes personadas que le faciliten la labor con el objeto de dar por terminadas las diligencias y abrir el juicio oral... LVE120995 **12 invitar:** ...no creo haber sacado mucho provecho de esa experiencia espiritual a la que me invitaron *informalmente*... LPN200597 **13 solicitar:** ...han solicitado *informalmente* que las regiones europeas castigadas por el terrorismo reciban más fondos de la UE. EME180596 **14 sugerir:** Precisamente ayer el partido Laborista irlandés (...) sugería *informalmente* que su líder, Dick Spring, debía ser el nuevo primer ministro. LVE221194

D VERBOS QUE DESIGNAN DIVERSAS ACCIONES A LAS QUE SE ATRIBUYE RELEVANCIA SOCIAL, MÁS FRECUENTEMENTE SI INTERVIENEN EN ELLAS VARIAS PERSONAS: **15 almorzar:** ...y rechazando la invitación a almorzar con las respectivas esposas *de manera informal*... EME050596 **16 comer:** ...y poseía algunas mesitas en las que se tapeaba de pie o se comía *de manera informal*. EPE281201 **17 presentar:** ...hace tiempo que presentó *informalmente* su candidatura a la secretaría general de la OTAN... LVE211095 **18 saludar:** ...con quienes, una vez más, cooperaron distendidamente para obtener las mejores condiciones en la realización de su trabajo y a quienes saludaron uno por uno *de modo informal*. LVE270896 **19 recibir:** Los diplomáticos, que recibieron *informalmente* a la prensa en el salón donde celebran sus reuniones de conciliación, continuarán su trabajo... LVE050295

E VERBOS QUE DENOTAN ADQUISICIÓN O POSESIÓN DE INFORMACIÓN: **20 saber:** Y si sabía más lo sabía *informalmente*, a partir de sus propias sospechas, sus gustos o disgustos, etc. EME220795 **21 conocer:** Todavía no disponemos de información oficial, pero, por lo que vamos conociendo *informalmente*, es seguro que se abrirá un expediente... EME301096 **22 enterarse:** ...el «problema» de Garzón residía en que un juez no puede enterarse de nada *informalmente*. LVE010696 **23 trascender** –: La noticia, que ya había trascendido *informalmente* poco antes de la súbita muerte del cineasta, fue ayer confirmada... EPE230699

F VERBOS QUE DENOTAN TRATAMIENTO DE UN TEMA O UN ASUNTO: **24 tratar:** ...aunque los Quince podrían tratar el asunto hoy *de manera informal*. FDV180601 **25 abordar:** La diplomacia española no descarta la posibilidad de que el tema de la salida de los F-16 sea abordado *informalmente* con Felipe González... EPE021287 **26 estudiar:** –¿Han estudiado las ceremonias de Barcelona? –*De manera informal*. LVE181195 **27 analizar:** La comisión ejecutiva analizó la propuesta, aunque *informalmente*. INDOC

G VERBOS QUE DENOTAN PARTICIPACIÓN O DESEMPEÑO DE UNA ACTIVIDAD O FUNCIÓN: **28 participar:** Dijo que «cualquiera de nosotros estuvo en condiciones de ir al fondo de la investigación aunque la UCR sólo participó *de manera informal*». LPA260492 **29 intervenir:** Puesto que no había sido oficialmente invitado, intervino *de manera informal* en la reunión. INDOC **30 ejercer:** ...ejerció plenamente esa amenaza en el caso de la operación de Telefónica y KPN, y es igualmente evidente que la ejerció *de modo informal* y sin exposición de motivos. EPE060700 **31 colaborar:** ...venía colaborando *de manera informal* con su equipo, pese a ser gestor de una de las carteras de fondos... EPE040299

H OTROS VERBOS, POSIBLES USOS ESTILÍSTICOS: Viene a un acto de Música por la Paz a Sarajevo, aquí le esperamos a cenar y, si hace falta, cantaremos y amenizaremos *informalmente*. EME311295; ...que finge plegarse a la formalidad de las reglas democráticas mientras las viola y transgrede *informalmente* en la clandestinidad. EPE061299

informar ♦ **a medias, ampliamente, con claridad, con detalle, con pelos y señales[8], con rotundidad[27], con todo lujo de detalles[10], de antemano[20], debidamente[60], de primera mano[13], desfavorablemente[10], detalladamente[14], de viva voz, en exclusiva, escrupulosamente[34], escuetamente, exhaustivamente[15], extensamente, favorablemente[12], imparcialmente[16], negativamente[13], objetivamente, pormenorizadamente, profusamente[60], públicamente, sesgadamente, someramente, subjetivamente, vagamente[21], verbalmente[2]**

☐ Véase también: **anunciar, avisar, comunicar, explanar, explayarse, explicar, opinar, transmitir.**

informe ♦ **a favor, completo, concluyente, confidencial[2], contrario, denso, desfavorable, detallado, determinante, en contra, favorable, fidedigno[5], irrefutable[20], parcial, pormenorizado, previo, profundo, prolijo[2], revelador, secreto, sesgado, superficial, tajante[15], técnico, tranquilizador[12]** ♦ **a la luz (de), a tenor (de)** ♦ **analizar, avalar, concluir (algo), corregir, desglosar, desoír[68], difundir(se)[5], dulcificar, elaborar, enjuiciar, escribir, establecer (algo), filtrar(se)[10], girar[28], juzgar, modificar, obrar en poder[22], poner en práctica, presentar, publicar, rebatir[42], recabar[3], redactar, refutar, solicitar, suavizar, tergiversar[19], tramitar, validar[18], versar (sobre algo)**

☐ Véase también: **análisis, dato, estudio, texto.**

infracción ♦ **administrativo, del orden, de tráfico, flagrante[5], grave, impune[9], intolerable, legal, leve, serio** ♦ **castigar, cometer[30], constituir, detectar[53], incurrir (en), levantar, prescribir, producir(se), representar**

☐ Véase también: **incumplimiento, multa, quebrantar, transgredir.**

INFRACCIÓN

♦ (ADJETIVOS) Véase: **abiertamente[Q]**

♦ (SUSTANTIVOS) Véase: **absolver (de)[A], bordear[C], carnal[D], cerrar los ojos (ante)[B], cometer[C], craso[A], derivar(se)[D], lavar[D], limpio (de)[A], nefando[A], persistir (en)[A], so pena de[E], subsanar[G]**

♦ (VERBOS) Véase: **abiertamente[F], a la ligera[F], frontalmente[C], gravemente[A], manifiestamente[E], ostensiblemente[K], radicalmente[H], reiteradamente[A]**

☐ Véase también: ACTUACIÓN ILEGÍTIMA; DELITO; ERROR.

in fraganti *loc.adv.* ▌Es propia de la lengua coloquial. Se combina con...

A VERBOS QUE DENOTAN DESCUBRIMIENTO O APREHENSIÓN: **1 coger ++:** ...reconocen la dificultad para imputarles la autoría «si no se les coge *in fraganti*». FDV050401 **2 pillar ++:** ...fueron pillados *in fraganti* por mossos y guardias civiles... LVE040895 **3 sorprender ++:** ...logre sorprender a los culpables *in fraganti*... LNP211097 **4 atrapar +:** ...lograron atrapar *«in fraganti»* a los dos jóvenes... LVE030294 **5 detener:** ...fue detenido *in fraganti* el ciudadano Rubén Matos en el momento cuando recibía un cheque para agilizar el trámite... EUV150497 **6 descubrir:** ...descubrió ayer *«in fraganti»* a un espectador coreano que se había colado... EME180694 **7 pescar:** Él fue pescado varias veces *«in fraganti»*... CLA111000 **8 cazar:** ...los conductores, cazados *in fraganti*, suben rápidamente a sus vehículos. LVE080595 **9 caer –:** Caen *in fraganti* varios asaltantes de autobuses. ESH220797 **10 capturar:** In fraganti fueron capturados los ahora procesados. PLG100796

B VERBOS QUE DENOTAN EXPOSICIÓN O CAPTACIÓN, FRECUENTEMENTE DE IMÁGENES: **11 mostrar +:** ...vídeos que mostraban *in fraganti* al ya ex ministro acompañando a sus jefes políticos y cantando rancheras en manifestaciones públicas. EPD210597 **12 filmar:** Los policías fueron filmados *«in fraganti»* en la favela del barrio Piraporinha, en el municipio de Diadema, uno de los más pobres de la zona industrial ubicada al sur de San Pablo. CLA030497 **13 grabar –:** ...Grabados *«in fraganti»*. Retirado en Inglaterra un vídeo... EME291195

☐ Véase también: **con las manos en la masa, por sorpresa.**

infrahumano ♦ **condición, experiencia, situación, trato**

infringir *v.* ▌Se combina con...

A SUSTANTIVOS QUE DESIGNAN DIVERSOS CONTENIDOS ESTIPULADOS O REGLAMENTADOS, ASÍ COMO ALGUNOS DE SUS ELEMENTOS CONSTITUTIVOS Y LAS FORMAS EN QUE SE MANIFIESTAN: **1 ley ++:** En rigor, para ellos, el voto es de hecho optativo, puesto que basta votar en blanco para no *infringir* la ley. LNP210797 **2 norma ++:** ...las autoridades habían *infringido* las normas sobre la publicación de estos textos. DLA010497 **3 artículo ++:** La demanda sostiene que con la decisión del Ejecutivo se *infringió* el artículo 752 del Código Administrativo... ESP090897 **4 principio ++:** ...este juez (...) ha *infringido* el principio de seguridad jurídica que establece la Constitución. LVE200296 **5 regla ++:** El escritor ensaya una fórmula que le permite *infringir* las reglas, cumplir venganzas y disparar sobre blancos reales. EME241295 **6 normativa ++:** ...ha sido denunciado por Medio Ambiente por *infringir* la normativa sobre vertido en cauce público. CAN250996 **7 legislación +:** La mayoría de los mataderos españoles *infringe* la legislación sobre el trato digno que deben recibir los animales... EME120594 **8 precepto +:** La fiscalía discrepa de esta interpretación y afirma que la Audiencia «ha *infringido* un precepto constitucional»... EPE061001 **9 reglamento +:** ...los motoristas de buses y microbuses siguen *infringiendo* el nuevo reglamento de tránsito y seguridad vial... ESH150796 **10 ordenanza +:** ¿Por qué no se notifica al Colegio de Arquitectos y a la Cámara de Constructores que sus afiliados están *infringiendo* ordenanzas municipales? LTB130901 **11 estatuto:** ...A mi no me investigan por *infringir* el estatuto de estupefacientes o por narcotráfico... EME120596 **12 decreto:** Según Netscape, estas limitaciones *infringen* un decreto antimonopolio firmado en 1994. ETC010996

B SUSTANTIVOS QUE DENOTAN PACTO O COMPROMISO: **13 acuerdo ++:** La felicidad no es completa debido a la cuasi congelación tarifaria del agua de Barcelona, que *infringe* los acuerdos suscritos... LVE230696 **14 contrato:** ...acusa a Antena 3 de *infringir* el contrato al retirar la teleserie «Papá»... FDV070201 **15 convenio:** ...la mecánica para aceptar esos 34 casos *infringe* el Convenio Europeo de Extradición... EPE031299 **16 tregua:** Las conversaciones entre los jefes militares ruso y checheno se celebran en medio de acusaciones mutuas de *infringir* la tregua informal... EME180896

C SUSTANTIVOS QUE DENOTAN ACCIÓN FORZOSA: **17 obligación ++:** La ley electoral tampoco contempla ninguna sanción para los partidos que *infringen* sus obligaciones contables. EPE080599 **18 deber +:** En concreto, se «*infringió* el deber de motivación» exigido por la Ley General Tributaria... EPE170700 **19 mandato:** Sin embargo, sus atentados (...) seguirán *infringiendo* el mandato de otro poder, el judicial. EPE010599 **20 orden:** También fueron puestos en libertad y multados por *infringir* la orden de confinamiento... LVE090696 **21 destierro –:** ...el «Cojo Manteca» *infringe* el destierro y vuelve a Mallorca... EME270496

D SUSTANTIVOS QUE DESIGNAN FACULTADES Y DERECHOS QUE SE CONSIDERAN PRIMORDIALES: **22 derecho ++:** De la prensa de un país se debe también distinguir aquella especializada en campos en los que es más posible *infringir* el derecho a la privacidad. DHE030997 **23 libertad:** ...las normas procedimentales sobre jurado en procesos penales *infringían* la libertad religiosa. EME050196 **24 competencia:** El Tribunal de Defensa de la Competencia ha impuesto multas por *infringir* la competencia por 10.572 millones de pesetas desde 1989 (...) hasta el pasado día 1 de septiembre... EPE250900

E ALGUNOS SUSTANTIVOS QUE DESIGNAN LO RESERVADO O ENCUBIERTO: **25 secreto ++:** Hay, además, cierta alusión de reproche al juez y a otras personas que *infringen* el secreto. EME310195 **26 tabú +:** ¿Pero quién es el valiente, por poner un ejemplo, que se atreve a *infringir* en Bruselas el tabú de la «Política Agrícola Comunitaria»? EPE150800

F SUSTANTIVOS QUE DESIGNAN DIVERSAS FORMAS DE LIMITAR, RESTRINGIR O CONTENER LAS ACCIONES O LAS ACTUACIONES EN FUNCIÓN DE NORMAS ESTABLECIDAS: **27 límite +:** Este libro (...) quiere *infringir* los límites entre ficción y realidad... LVE200495 **28 horario +:** Además, hay ruidos molestos o se *infringe* el horario. EME261195 **29 disciplina:** Una disciplina que de *infringirse* no sólo puede acarrear un corte de pelo gratuito, sino también el ser azotado... EME091095 **30 celibato:** Es decir, más de la mitad del clero *infringe* su celibato... EME190395 **31 prohibición:** ...la CMT entiende que esta oferta no *infringe* la prohibición impuesta... EPE220599

G SUSTANTIVOS QUE DESIGNAN USOS, TRADICIONES O CONVENCIONES QUE SE ASOCIAN CON EL CARÁCTER DISTINTIVO DE LAS PERSONAS O LAS COMUNIDADES. USO INFRECUENTE: **32 costumbre –:** Aquella novela (...) nunca se publicó, sin embargo, contraviniendo la costumbre establecida en aquel concurso –que por otra parte fue *infringida* también en otras escasas ocasiones–... ABC300695 **33 cultura –:** ...*infringe* la cultura nacional y religiosa de nuestro pueblo... EME070494 **34 tradición –:** ...Creemos que los compañeros Rodri, Bonet y Sans no han *infringido* en momento alguno los estatutos del partido ni mucho menos su tradición... LVE200696

H OTROS SUSTANTIVOS; POSIBLES USOS CRUZADOS: El daño físico y psicológico *infringido* por la explotación sexual con fines comerciales la convierte en una de las modalidades más nocivas de trabajo infantil. [Cf. *infligir*] LTB111296; Sobre todo, porque los mercados les *infringirían* un fuerte castigo a través de sus tipos de interés y su tipo de cambio, por los que tendrían que pagar una prima de riesgo muy alta. [Cf. *infligir*] LVE021295; Riis, ya veterano, siempre ha poseído una capacidad innata para *infringirse* verdaderas torturas. [Cf. *infligir*] EME210796
☐ Véase también: **conculcar, contravenir, desobedecer, incumplir, quebrantar, saltarse, transgredir, violar, vulnerar.**

infructuoso *adj.* ▌Acepta muy diversos sustantivos que designan acciones *(ataque, viaje, venta)* y períodos *(año, etapa, mes)*, pero destacan sus combinaciones con...

A SUSTANTIVOS QUE DENOTAN BÚSQUEDA O INVESTIGACIÓN: **1 búsqueda ++:** Sin embargo, después de varias horas, la búsqueda fue *infructuosa* y debido a la oscuridad reinante fue suspendida. ESH170497 **2 investigación +:** ...ya estaba involucrado en otros embarazosos papelones, como el de la *infructuosa* investigación de la bomba de Atlanta en las Olimpiadas y el escándalo por los archivos que la agencia le entregó indebidamente a la Casa Blanca. CLA170497 **3 pesquisa +:** Los inspectores tenían previsto, en caso de que sus pesquisas resultasen *infructuosas*, ampliar el círculo de sus investigaciones al resto de Cataluña. LVE010295 **4 persecución +:** Luego de una semana de *infructuosa* persecución del prostituto homosexual Andrew Cunanan, la Oficina Federal de Investigaciones, FBI, volvió a ensayar la pista... EPC220797 **5 indagación:** ...un municipio que ya parecía haber dejado atrás los sorprendentes giros que han deparado seis años de indagaciones *infructuosas*. EPE090399 **6 rastrillaje –:** De inmediato, dio aviso a sus colegas y se alertó a la policía de la comisaría cuarta, pero los rastrillajes fueron *infructuosos* hasta el momento. LNP211097

B SUSTANTIVOS QUE DENOTAN INTENTO. TAMBIÉN CON OTROS QUE DESIGNAN ALGUNAS CARACTERÍSTICAS DE LA ACCIÓN DE PERSEGUIR ALGO PORFIADAMENTE: **7 intento ++:** ...los maestros de la CNTE pasaban en una silenciosa marcha con las bocas cubiertas con letreros en los que expresaban su descontento y sus demandas, en un *infructuoso* intento por llegar a Los Pinos y el dilema de la Libertad de Prensa, en el aire. EXC080696 **8 tentativa +:** ...la Filarmónica de Munich, con la que parece haber recalado definitivamente, al menos durante el último decenio, tras sus repetidas e *infructuosas* tentativas pretéritas... ABC100792 **9 prueba:** ...tras muchas pruebas *infructuosas*, encontraron a la ingenua Melanie Lynskey, de 15 años, para el papel de Pauline Parker. LVE190595 **10 insistencia:** ...explicara a cara descubierta ante una televisión «lo extrañamente rápido» que se venía consumiendo su tarjeta estos últimos días, tras una semana de *infructuosa* insistencia ante el Departamento de Atención al Cliente de la compañía. EPE291201 **11 reiteración –:** El alto tribunal asegura que «ha sido *infructuosa*, hasta el momento, la reiteración con la que la Sala de Gobierno del TSJPV ha solicitado la adopción de medidas» al departamento de Interior. EDV210996

C SUSTANTIVOS QUE DENOTAN EMPEÑO O AFÁN CON QUE SE AFRONTA UNA TAREA. POR EXTENSIÓN, CON

OTROS QUE DESIGNAN LA TAREA MISMA: **12 esfuerzo** ++: ...dijo que han sido *infructuosos* sus esfuerzos por ver al titular de Industria y Comercio (...) para denunciarle que las balanzas de los comerciantes están alteradas. DED140197 **13 lucha** +: La pelea final no está en Colombia ni en Bolivia ni en Perú ni en Brasil. Quince años de *infructuosa* lucha lo demuestran. ETC070198 **14 sacrificio** +: Quizás un día podrá merecer especial atención la tarea callada, hecha de buscas y sacrificios sin eco externo, a veces *infructuosos* hasta que surge la luz del descubrimiento, del musicólogo puro. ABC151191 **15 labor** +: El trabajo de la ONCE dio sus frutos, y sólo el navarro del Lotus Festina siguió en su intento de materializar la escapada en éxito. Su labor fue *infructuosa*. EME100594 **16 trabajo:** Me parece que la medida no será muy práctica, aunque sí provocará muchísimo trabajo *infructuoso*. EME040296

D SUSTANTIVOS QUE DENOTAN GESTIÓN O ACTUACIÓN, A MENUDO ORGANIZADA: **17 gestión:** ...tras seis meses de gestiones *infructuosas*, se convenció de que debía rendir no menos de ocho materias del secundario y comenzar de nuevo su carrera universitaria. LNP280897 **18 operación** +: El comandante del crucero ruso Pedro el Grande, desde el que se dirigen las hasta ahora *infructuosas* operaciones de rescate... EPE200800 **19 campaña** +: Años después, sin embargo, el escritor, nacionalizado español, se pasó a los sectores duros del anticastrismo, tema que utilizó durante su *infructuosa* campaña presidencial en Perú en 1990... EXP090797 **20 actuación:** ...urgía recobrar la confianza perdida después de la *infructuosa* actuación de tres fiscales especiales... PME150996 **21 intervención:** En La Habana, vecinos de la exiliada chilena declararon que el deceso se produjo el lunes, añadiendo que al descubrirse el cuerpo fue trasladado para una intervención de urgencia, que resultó *infructuosa*. HOY191083 **22 negocio:** A pesar de la considerable inversión, el negocio resultó *infructuoso*. INDOC

E SUSTANTIVOS QUE DENOTAN CONTACTO INTERPERSONAL. TAMBIÉN CON OTROS QUE EXPRESAN INTERCAMBIO DE OPINIONES O INTERESES, GENERALMENTE CON LA INTENCIÓN DE CONSEGUIR UN PACTO O UN COMPROMISO: **23 negociación** ++: El 24 de marzo de 1999, y tras *infructuosas* negociaciones en Rambouillet y París, la OTAN intervino contra Yugoslavia en defensa de los albanokosovares y lanzó 78 días de bombardeos en todo el país, que destruyeron infraestructuras, fábricas, puentes e instalaciones esenciales. LNC061000 **24 reunión** +: «...solo se puede aumentar la base de los contribuyentes», afirmó ayer luego de una breve e *infructuosa* reunión del gabinete económico. ACP071100 **25 conversación** +: La Comisión Europea «necesita reforzar el mandato negociador» para intentar hacer frente a las demandas marroquíes, tras cinco rondas de conversaciones *infructuosas*... EME070695 **26 contacto** +: La Junta de Andalucía no esperó más y tras dos años y medio de contactos *infructuosos* con el Ministerio de Educación y Cultura acordó ayer aprobar unilateralmente la reforma del Patronato de la Alhambra... EPE020699 **27 entrevista:** ...mantuvieron una entrevista *infructuosa* con el patrón del grupo... EME100695

F SUSTANTIVOS QUE DENOTAN RESULTADO: **28 resultado** ++: Algunos de nuestros agentes inteligentes se dedicaron full-time a la ubicación de Obadía –con resultados *infructuosos*– y al contacto con algunos head-hunters. ENV100497 **29 efecto:** Los efectos de su tarea han sido prácticamente *infructuosos*. INDOC

G ALGUNOS SUSTANTIVOS QUE DESIGNAN LA CAPACIDAD DE ACTUAR EN RELACIÓN CON LOS DEMÁS, A MENUDO MEDIANTE ACCIONES COERCITIVAS: **30 dominio** +: ...el Celta pagó muy caro un error en defensa que propició el contragolpe mortal del conjunto canario. Luego, el dominio fue *infructuoso*. FDV200201 **31 control:** El control sobre Jáuregui no fue, en este caso, *infructuoso*. EME041095

H SUSTANTIVOS QUE DENOTAN RECURSO O PAUTA TOMADA COMO REFERENCIA PARA ALGUNA ACTUACIÓN: **32 estrategia** +: Sin embargo, tengo para mí que, en esta ocasión, la estrategia socialista de ganar tiempo al tiempo va a resultar *infructuosa*. EME070195 **33 procedimiento:** Si en otra ocasión alguna persona observa procedimientos tardíos e *infructuosos*, respetuosamente le rogamos que lo manifieste por la vía directa... PLG310397 **34 método:** Al parecer, las doctoras rechazaron tratar a la paciente con terapias científicamente comprobadas y le aplicaron métodos alternativos que se revelaron *infructuosos*. LVE100895

I SUSTANTIVOS QUE DENOTAN DEMANDA: **35 solicitud** +: De momento, todas sus solicitudes han resultado *infructuosas* y De la Rosa va camino de los cuatro meses de cárcel. LVE080295 **36 reclamo:** La madre del conscripto dice que le pidió al secretario que la apagara, porque estaba empezando a confundirse en las fechas, pero su reclamo fue *infructuoso*. HOY140497 **37 petición:** Después de *infructuosas* peticiones de devolución, un telegrama enviado en 1961 (...) empujó al Ministerio de Exteriores británico a abrir una investigación sobre el caso. EME300194

☐ Véase también: **vano.**

infundado *adj.* ▮ Se combina con sustantivos que designan muy diversos mensajes verbales *(afirmación, pretexto, informe)*, más frecuentemente informaciones *(rumor, información, noticia, alegato)*. También se combina con...

A SUSTANTIVOS QUE DESIGNAN SENTIMIENTOS DE INQUIETUD O INCERTIDUMBRE EN DIVERSOS GRADOS: **1 temor** ++: ...la gente está abandonando los temores *infundados* de que al donar sangre se pueden contagiar con alguna enfermedad. ENH300697 **2 sospecha** ++: ...la decisión de incluirlo como jurado –que sí vota– con el pasaje pago desde Estados Unidos no se va a cambiar por una simple sospecha *infundada* suya. CLA030797 **3 preocupación** +: ...las preocupaciones mostradas por los responsables del parque de los Aiguamolls de l'Empord (...) son *infundadas*. LVE111095 **4 recelo:** Vaya por delante que afortunadamente se trataba de un recelo *infundado*. LVE230695 **5 escepticismo:** ...muchos economistas somos escépticos respecto del éxito de la nueva moneda europea, aun cuando deseamos fervientemente que ese escepticismo sea *infundado*. CLA100199

B SUSTANTIVOS QUE DENOTAN OPCIÓN FUTURA. TAMBIÉN CON OTROS QUE EXPRESAN UNA ACTITUD FAVORABLE HACIA LO QUE PUEDE SUCEDER: **6 esperanza** +: De regreso a Francia, a donde regresó la familia con la esperanza *infundada* de cobrar una herencia, Paul Gauguin ingresó en un internado... LVE160795 **7 posibilidad:** ...el técnico considera que después de comprobar el nivel de juego existente no era *infundada* la posibilidad de conseguir una medalla... LNC240796 **8 ilusión:** ...era y es una lista de ilusiones *infundadas* que supuestamente contenía los artículos de primera necesidad indispensables para la familia de un obrero. DYM170796

C SUSTANTIVOS QUE DESIGNAN ACCIONES CONTRARIAS A ALGO O A ALGUIEN, MÁS FRECUENTEMENTE ACUSACIONES, IMPUTACIONES E INCRIMINACIONES: **9 acusación ++:** Es un partido en el que una campaña dura no resulta extraña, pero donde las descalificaciones personales y las acusaciones *infundadas* no son parte de la tradición. HOY140497 **10 crítica +:** Sostuvo que la deshonestidad, la corrupción y la crítica *infundada* no contribuyen a la convivencia armónica. ACP201000 **11 cargo +:** Roberto Girón Flores, abogado defensor de los cinco empresarios detenidos por presunto fraude, dijo que los cargos son *infundados.* ESH040797 **12 denuncia +:** ...canalizan adecuadamente las denuncias e informaciones, evitando las maledicencias y denuncias *infundadas.* LPN120597 **13 objeción:** Me parecen *infundadas* las objeciones que presenta el Órgano Ejecutivo... ESP160501 **14 demanda:** ...lo que pretenden es impedir el crecimiento de Canels, obligándola a desviar su atención y recursos a la defensa de temerarias e *infundadas* demandas... EXC230996 **15 imputación +:** ...evitar que imputaciones *infundadas* se convirtieran en herramientas para descalificar a los oponentes y en muchos casos privarlos de sus derechos y aun de la vida. PME010996 **16 querella:** ...comicios libres y justos, en los que los votos cuentan y se cuentan, sin ventajas indebidas ni querellas *infundadas.* PME271096

D SUSTANTIVOS QUE DENOTAN JUICIO O CREENCIA: **17 prejuicio:** ...un programa (...) que reafirme los valores propios y comunes y desarraigue falsos estereotipos y prejuicios *infundados.* LDD020597 **18 cuestionamiento:** ...evitarán al país situaciones engorrosas y cuestionamientos gratuitos que, aun cuando más de una ocasión llegan a ser *infundados,* indudablemente tienen un efecto negativo... EXC011196 **19 creencia +:** La creencia *infundada* de que los conocimientos que tenemos de las perversiones masculinas son aplicables a las perversiones femeninas... EME261195

E OTROS SUSTANTIVOS; POSIBLES USOS ESTILÍSTICOS: ...la prosperidad de tutelas *infundadas* en materias tan delicadas afectan el orden público y el bienestar de la comunidad. ETC130996

☐ Véase también: **fundado, fundamentado.**

infundir *v.* **I** Se combina con...

A SUSTANTIVOS QUE DENOTAN MIEDO O RESPETO: **1 miedo ++:** Uno de los propósitos de todo acto terrorista es *infundir* miedo en la población y generar presiones en contra de un gobierno establecido. DYM240796 **2 temor ++:** Era el caso de los reinos de Castilla, que del caos del trescientos y del cuatrocientos se erigen en promotores del descubrimiento de América, e *infunden* temor al mundo en el quinientos. ABC090493 **3 respeto ++:** ...en este Centro Cultural Universitario, que incluso puede *infundir* demasiado temor y hasta demasiado respeto para la comunidad en general... PME260197 **4 terror +:** ...los terroristas no tengan éxito *infundiendo* terror y parando nuestras decisiones, nuestras inversiones, nuestros viajes y, en general, nuestra vida. EPE301001 **5 pavor +:** Palabra nada más es la conciencia que emplean los cobardes; inventada para *infundir* pavor al hombre fuerte. EME250695 **6 espanto:** Hay gallos de doble cresta serrada cuyo aspecto *infunde* espanto, pero los de almohadilla, que imponen menos, aún son más machistas. EPE020299

B SUSTANTIVOS QUE DENOTAN ÁNIMO, ENERGÍA Y OTRAS FORMAS DE IMPULSO O ESTÍMULO: **7 ánimo ++:** ...consistente en el envío masivo de tarjetas navideñas a las tropas para *infundirles* ánimo... EPE011101 **8 valor ++:** El brandy (...) alcanzó su apogeo durante la Guerra Civil porque, entre otros efectos, lograba *infundirle* valor al soldado. LVE070995 **9 vida ++:** ...no estaba inventando ideales completamente nuevos, pero sí les *infundió* nueva vida a los ideales que permanecieron largo tiempo dormidos. EXC230996 **10 moral +:** El objetivo del presidente, además de tranquilizar, era el de *infundir* moral al Instituto Armado... EME070796 **11 energía +:** ...se pregunta en ese artículo: «¿Puede hacerse algo para *infundir* nuevas energías al fútbol?». EME070596 **12 fuerza:** ...*infundió* fuerza a sus compañeros de escuela para permanecer en pie y sostener las pancartas. ESH021100 **13 entusiasmo:** ...pidió a sus compañeros que metieran el dedo y lo chuparan después, *infundiendo* un entusiasmo que intensificó la amistad que había entre ellos... EPE100499 **14 fervor:** ...ningún candidato, se dice, *infunde* gran fervor nacional... LVE200495 **15 espíritu:** ...sino por *infundir* un nuevo espíritu de lucha y de trabajo que caló profundamente en los trabajadores... EME160395

C SUSTANTIVOS QUE DENOTAN INCERTIDUMBRE: **16 sospecha ++:** ...que me ha *infundido* muchas sospechas, y le agradecería que enviara a unos guardias para que registren sus fincas. DDN090101 **17 duda +:** ...que compare el trabajo llevado a cabo por funcionarios anteriores a él, y obtendrá la mejor respuesta a cualquier duda que pretendan *infundirle.* PLG020597 **18 incertidumbre:** ...en concepto de Botero, «es desleal y falso, además de que *infunde* incertidumbre». ETC160494 **19 recelo:** El PP sigue *infundiendo* recelo a los españoles, pese a que le darían su voto si en este momento se celebraran elecciones generales... LVE020495 **20 desconfianza:** ...nada grave se derivará de ella si no se dramatiza ante los operadores económicos, *infundiendo* desconfianza. LVE261095

D SUSTANTIVOS QUE DENOTAN ESTABILIDAD DEL ÁNIMO: **21 tranquilidad ++:** ...se le aproximó para *infundirle* tranquilidad, indicándole que llevaba un minuto de ventaja cuando en realidad la diferencia era de treinta segundos. LVE210595 **22 calma +:** El Gobierno redobló sus esfuerzos por *infundir* calma a una población cada vez más desconcertada, que empieza a exigir resultados. EPE100800 **23 serenidad:** Con semblante sonriente aparenta imperturbabilidad e intenta *infundir* serenidad. LVE200195 **24 templanza:** Incluso a una personalidad como él los años le han *infundido* mayor templanza... EPD201097

E SUSTANTIVOS QUE DENOTAN CONFIANZA, SEGURIDAD O FIRMEZA. TAMBIÉN CON ALGUNOS QUE DESIGNAN OTRAS ACTITUDES FAVORABLES EN RELACIÓN CON LO QUE HA DE SUCEDER: **25 confianza ++:** ...e *infundiendo* en los ahorristas e inversionistas la confianza en que se respetarán los contratos, se protegerán los derechos... PLG240597 **26 esperanza ++:** Eso es lo que yo quisiera hacer: *infundir* una auténtica esperanza en el corazón de todos los chilenos. HOY250484 **27 fe +:** La mayoría de los escritores contemporáneos reconocen las virtudes psicológicas del encargado de *infundir* fe al que perdió la esperanza de vivir. EME281296 **28 optimismo +:** No obstante, el primer encuentro de Cavallo con el director del FMI *infundió* optimismo en el Gobierno argentino. EPE081201 **29 seguridad +:** ...el primero *infundir* seguridad tras los atentados del metro y la reconstrucción de vastas zonas urbanas. LVE160495 **30 convicción:** Todas estas consideraciones deben *infundir* al ciudadano la convicción de que tiene en sus manos una fuerza de extraordinario poder. LTB080497

F SUSTANTIVOS QUE DESIGNAN CIERTOS DONES, A VECES SOBRENATURALES: **31 gracia ++:** Por lo tanto, si quieres que esta Gracia te sea *infundida*, debes alejar todo lo que la obstaculiza. DYM240796 **32 don +:** El hada *infundió* a la niña el don de adivinar el futuro. INDOC

G SUSTANTIVOS QUE DESIGNAN DIVERSAS MANIFESTACIONES DE LA INCLINACIÓN, EL APRECIO O EL AFECTO QUE SE SIENTE HACIA LOS DEMÁS: **33 admiración +:** Hace un año que faltan los claveles que tanta admiración y respeto me *infundían*. EPE131199 **34 cariño +:** Pero yo sé que son ellos y que siguen conmigo, *infundiéndome* su cariño y su fuerza para que yo salga adelante. EME171195 **35 amor +:** Tratemos de *infundir* respeto y amor por el conocimiento general o básico y demos al pensamiento lo que es más propiamente suyo... LVE311096 **36 compasión:** Nació en Oduña (Vizcaya, España) en abril de 1641, en el seno de una familia cristiana que le *infundió* amor... HOY070497 **37 veneración:** Hay un algo intangible en la alta tecnología que *infunde* a la vez respeto y veneración. EME201096

H SUSTANTIVOS QUE DESIGNAN EL AIRE O ALGUNAS DE SUS MANIFESTACIONES. SE USAN CASI SIEMPRE EN SENTIDO FIGURADO: **38 aire +:** Pareja en la vida real, pero con trayectorias artísticas no siempre paralelas, ambos cantantes aspiran a *infundir* un aire fresco a la vida operística. EPE171099 **39 soplo:** Para arrancar una sonrisa de un rostro deforme o *infundir* un pequeño soplo de esperanza a una reserva de proscritos... LVE040695 **40 aliento:** Aún más, fue ella la artífice, mediante el aliento y educación que *infundió* a su hijo Alfonso XIII... ABC230695 **41 hálito:** ...sus obras más que por la perfección con que están hechas, impresionan por el hálito existencial que *infunde* en ellas. LVE260196

☐ Véase también: **estampar, imprimir, inculcar, infligir, insuflar.**

ingenio ♦ **afilado[11], agudo, a raudales[25], brillante, cáustico[6], desbordante[24], escaso, fecundo[2], fértil[5], fino, lleno (de), luminoso[19], mordaz, penetrante[43], pletórico (de), polifacético, portentoso[8], prodigioso, punzante[17], rebosante (de)[28], sagaz, sobrado (de)[10], sutil, vivo ♦ alarde (de), ápice (de)[38], chispa (de), derroche (de), destello (de), dosis (de), golpe (de)[10], gota (de), juego (de), muestra (de), rasgo (de), toque (de)[20] ♦ acreditar, afilar, afinar[23], agudizar(se)[2], aguzar[8], avivar[66], canalizar[81], cultivar[16], demostrar, derramar[8], derrochar[57], desbocar(se)[7], ejercitar[14], exprimir, hacer gala (de), mostrar, rebosar[17], regatear**

☐ Véase también: **genio, imaginación, inspiración, inteligencia, ironía, talento.**

ingente *adj.* ▮ Se construye generalmente con sustantivos no contables. Entre los sustantivos contables que admite, son más frecuentes los que denotan lugar elevado o extendido *(montaña, cordillera, rascacielos, metrópoli, superficie)*, pero también acepta otros que designan recintos y lugares que presentan otras características *(cementerio, vertedero, yacimiento)*. Destacan especialmente sus combinaciones con...

A SUSTANTIVOS QUE DENOTAN CANTIDAD O NÚMERO, ASÍ COMO LA MEDIDA QUE CORRESPONDE A ESAS MAGNITUDES: **1 cantidad ++:** ...la investigación y denuncia sobre la existencia de esa *ingente* cantidad de dinero... LPA190592 **2 número +:** ...el albergue de peregrinos se ve incapacitado para acoger al *ingente* número de personas que estos días pernocta en la ciudad. ABC230793 **3 suma +:** ...tengamos que emplear *ingentes* sumas de dinero que no tenemos en adquirir armas absolutamente innecesarias. LTB060297 **4 montante:** ...en ese *ingente* montante de las 20.000 y más empresas participantes. LVE100296 **5 volumen +:** ...con su gran tradición editorial y un *ingente* volumen de títulos publicados anualmente... LVE220394 **6 masa:** ...su industrialización conlleva la generación de *ingentes* masas de desechos... EXC070901 **7 abundancia:** Pero las minas terrestres, por su *ingente* abundancia numérica, representan un peligro... EME091095 **8 caudal:** Sería interminable la lista de compositores beneficiarios del *ingente* caudal que arrastra el canto gregoriano. ABC241293 **9 peso:** Si una de las consecuencias de lo dicho es el peso *ingente* de las relaciones jerárquicas y de una servidumbre voluntaria... EPE050799 **10 dosis:** ...me parece inaceptable no percibir la *ingente* dosis de imaginación creadora y técnica que tenía Messiaen... ABC010592 **11 cuantía −:** ...dejando una *ingente* cuantía a sus herederos... INDOC

B SUSTANTIVOS QUE DENOTAN DINERO O DESIGNAN BIENES TRADUCIBLES EN DINERO, ASÍ COMO DIVERSOS RESULTADOS DE LAS ACTIVIDADES ECONÓMICAS: **12 gasto ++:** Si a todo ello se suman los *ingentes* trámites y gastos que deben realizarse... LTB021296 **13 beneficio +:** «...luego desaparecen con sus patentes con las que obtienen *ingentes* beneficios económicos». EME310795 **14 deuda +:** ...y evitar que la *ingente* deuda pública que arrastra se incrementara más. EPE011001 **15 dinero:** ...no puedo dejar de pensar en tantos proyectos musicales carísimos, en los *ingentes* dineros que aquí pagamos a cualquier listillo... ABC081093 **16 pérdida:** ...préstamos bancarios que han provocado *ingentes* pérdidas al Estado... LVE050795 **17 coste:** La contrapartida al aumento de las ventas son los *ingentes* costes financieros de la operación. EPE211001 **18 déficit:** ...los *ingentes* déficit escolares existentes por aquellos años en todos los niveles... EPE011286 **19 capital:** ...la tarea de modernización de FF.CC. requiere de capitales *ingentes*... HOY070181 **20 patrimonio:** ...nunca es suficiente para atender el *ingente* patrimonio de Castilla y León... ENC060201 **21 legado:** ...la llegada a los fondos de la Biblioteca de Catalunya de su *ingente* legado... LVE131295 **22 préstamo −:** ...la reinvención de una lengua expurgada de sus *ingentes* préstamos del árabe clásico... EPE141299

C SUSTANTIVOS QUE DENOTAN MEDIO O RECURSO, A MENUDO DE CARÁCTER ECONÓMICO, QUE COADYUVA A LA CONSECUCIÓN DE ALGÚN FIN: **23 medio** +: Utiliza los *ingentes* medios del magnate televisivo para escalar más velozmente la cumbre del poder... EME180396 **24 recurso** +: ...son *ingentes* los recursos y esfuerzos que hace falta emplear para reconstruir la economía nacional. LPN200597 **25 inyección:** La *ingente* inyección de dinero público suaviza los contrastes sociales... LVE260595 **26 aportación:** ...la *ingente* aportación cultural, desde la lengua hasta la religión. ABC310792 **27 ayuda:** ...a pesar de que había recibido *ingentes* ayudas públicas para su saneamiento... LVE100395 **28 aporte:** El *ingente* aporte de recursos procedentes del Erario Público... EME250195 **29 inversión:** ...el Mundial es una excusa para garantizar el futuro de la estación y justificar las *ingentes* inversiones... LVE100296 **30 transferencia:** ...es «poco probable» que «reduzca significativamente» la necesidad de *ingentes* transferencias gubernamentales... EME280595 **31 dotación** –: Aquel santuario, el más sagrado del Judaísmo, debió ser evacuado por una *ingente* dotación policial. EME280996 **32 implicación** –: Las implicaciones comerciales del descubrimiento son *ingentes.* EME280795

D SUSTANTIVOS QUE DENOTAN TRABAJO, ACTIVIDAD O ESFUERZO. TAMBIÉN CON OTROS QUE DESIGNAN ALGUNOS DE SUS RESULTADOS NATURALES: **33 tarea** ++: ...para que preste toda su colaboración a la *ingente* tarea que hacen los hijos de la patria... DED041096 **34 trabajo** +: Se publicarán también varios estudios en torno al compositor y su *ingente* trabajo... DDN110101 **35 labor** ++: Parte de la *ingente* labor del gobierno de Alemán tiene relación con la búsqueda de esa gigantesca inversión... DLA260297 **36 obra** +: Era tan *ingente* su obra, tan documentado y preciso su trabajo, que las teorías de don Ramón nacían ya con categoría de axioma. ABC080592 **37 esfuerzo** +: Haciendo *ingentes* esfuerzos se adquirieron los equipos necesarios. MAU031096 **38 actividad:** ...su *ingente* actividad en los campos anteriores no le dejara suficiente tiempo para haber compuesto más obras. ABC070495 **39 empresa:** Sus declaraciones acusan un espíritu juicioso, que todo lo sabe y espera salir airoso de la *ingente* empresa. LVE160495 **40 laboriosidad:** ...demuestran en cambio *ingente* laboriosidad. ABC160493

E SUSTANTIVOS, GENERALMENTE COLECTIVOS O NO CONTABLES, QUE DESIGNAN DIVERSAS AGRUPACIONES DE ELEMENTOS: **41 catálogo:** Es imposible describir en breves líneas un catálogo tan *ingente*... ABC171195 **42 colección:** ...abarca todo su talento de publicista en una *ingente* colección de citas, reseñas de libros, comentarios... LVE230396 **43 multitud:** A lo largo de las centurias *ingentes* multitudes recorrieron el camino francés y se olvidaban de hollar otras sendas... LVE230395 **44 muchedumbre:** Una *ingente* y pacífica muchedumbre de aproximadamente un millón de personas recorrió el centro... LVE200296 **45 acerbo:** ...crear buenos escaparatistas que acerquen todo ese *ingente* acerbo a la sociedad... ABC310792 **46 arsenal:** Este libro aporta un *ingente* arsenal de datos... ABC050692 **47 ejército:** ...el rey y el Papa habían reclutado un ejército *ingente* que se aprestaría a iniciar la cruzada... LVE140596 **48 archivo:** «A diario se manejan unos archivos *ingentes*, afortunadamente no era una noticia crucial»... EPE121001 **49 cargamento:** Esta vez en compañía de su mágica compañera de «Al final de la escapada», Jean Seberg, se apresta a pasar de contrabando cargamentos *ingentes* de oro. EPE170299 **50 equipo** –: ...el equipo técnico del espectáculo está formado por un *ingente* equipo de profesionales. EPE210199 **51 flota** –: ...lugares a los que todos los años llegaba una *ingente* flota de tortugas dispuestas a procrear. EME081296

F ALGUNOS SUSTANTIVOS QUE DENOTAN MOVIMIENTO, MÁS FRECUENTEMENTE SI ES CONTINUO O REPETIDO, O BIEN AFECTA A GRUPOS O A MATERIAS: **52 movimiento:** También han sido congeladas 42 cuentas bancarias con «*ingentes* movimientos de dinero». EPE081101 **53 marea:** Y después del 23 de febrero de 1981 surgió una marea *ingente* de concordia civil... EPE220900 **54 flujo:** ...capitalizar un *ingente* flujo de recursos a través de la Alianza para el Progreso. CAP290597 **55 tráfico:** El Estrecho del Bósforo ha registrado numerosos accidentes marítimos dado el *ingente* tráfico que soporta. EME140394 **56 trasiego:** ...que su carácter y comportamiento sea modificado por ese *ingente* trasiego de imágenes indigeribles. EME090494 **57 catarata** –: ...produjo ya ayer una *ingente* catarata de intercambios de opiniones entre intelectuales y profesionales de diversas ramas... EPE250499

G EL SUSTANTIVO *INFORMACIÓN*, Y CON OTROS QUE ESPECIFICAN ALGUNAS DE LAS FORMAS EN LAS QUE SE PRESENTA: **58 información:** ...hay una *ingente* información, que incomprensiblemente acostumbra a quedar en la penumbra. LVE040395 **59 documentación:** ...hasta el punto de que quizá la *ingente* documentación aminora en ocasiones la velocidad narrativa... ABC151093 **60 bibliografía:** No menos detenida es su atención a la *ingente* bibliografía que tales temas han desencadenado... ABC300493 **61 correspondencia:** ...podremos disponer del vehículo adecuado para canalizar la *ingente* correspondencia epistolar... EME220795 **62 literatura:** ...aparte de la *ingente* literatura que hay al respecto... LVE200196 **63 investigación** –: ...las *ingentes* investigaciones que su expedición llevó a cabo... EME100296

H ALGUNOS SUSTANTIVOS QUE DENOTAN CAMBIO: **64 cambio:** ...recorren y valoran los cambios *ingentes* a que tras el fin de la guerra fría estamos asistiendo en Europa... ABC220193 **65 transformación:** ...ocasión para llevar a cabo *ingentes* transformaciones... ABC271192

I SUSTANTIVOS QUE DENOTAN PERJUICIO, ASÍ COMO EL EFECTO FÍSICO O ANÍMICO DE SOPORTARLO: **66 perjuicio:** ...es responsable de los «*ingentes* daños y perjuicios» producidos a Banesto... EME260795 **67 daño:** ...Price es responsable de los «*ingentes* daños y perjuicios»... EME260795 **68 sacrificio:** En nombre de la otra soberanía, la nacional, hemos realizado ya *ingentes* sacrificios. EPE010999 **69 sufrimiento:** Es de imaginar que dicho martirio significó un sufrimiento *ingente* a tan ilustre personaje... EPE011299

J SUSTANTIVOS QUE DENOTAN PROBLEMA U OBSTÁCULO: **70 problema** +: ...encontrar la solución al *ingente* problema de la propiedad... LPN180397 **71 dificultad:** ...las *ingentes* dificultades del presente no han conducido –hasta hoy– ni a una caza de brujas ni a una vuelta atrás... LVE191195 **72 reto:** No sigamos degradando las exigencias al liderazgo mientras son cada día más *ingentes* los retos que nos amenazan. EUV120996 **73 traba** –: Y en el terreno objetivo está la *ingente* traba de la distribución geográfica de las nacionalidades... LNA030792

K DIVERSOS SUSTANTIVOS NO CONTABLES NO MENCIONADOS EN LOS GRUPOS ANTERIORES: **74 necesidad** +: ...aparte de que como es lógico, expondrá las necesidades más *ingentes*. LHG020797 **75 conocimiento:** ...quien dedicara sus *ingentes* conocimientos culinarios a la «picada», ese ingrediente imprescindible... LVE260796 **76 producción:** La *ingente* producción científica de don Martín... ABC170395 **77 atención:** ...se ha dedicado una *ingente* atención en estos últimos años a los descubrimientos de estas costas... ABC250992 **78 ansiedad:** ...una ansiedad *ingente* que lo empujaba a la insatisfacción... EPE030899 **79 porquería** –: ...transcurre en secreto un caudal de *ingente* porquería que generamos sin descanso... EPE160599 **80 presión** –: ...realiza *ingentes* presiones sobre diplomáticos extranjeros... GIC093697

L OTROS SUSTANTIVOS; POSIBLES USOS ESTILÍSTICOS: En fin, el teatro de Brossa, aunque él se haya ido, sigue deparando *ingentes* sorpresas... EPE160499; En la consolidación de la *ingente* estructura, muchos sillares han sido inyectados... LVE150196; Pero el homenaje más *ingente* y esmerado ha llegado de la mano de la industria discográfica... EPE240599

☐ Véase también: **copioso, pingüe.**

ingenuidad ♦ **absoluto, aparente, cándido[11], candoroso, falso, infantil, sumo** ♦ **dosis (de), gesto (de), rasgo (de)** ♦ **adolecer (de), demostrar, mostrar, pecar (de)**

☐ Véase también: **naturalidad, pureza.**

ingerir ♦ **abusivamente, compulsivamente, en grandes cantidades, sin medida, vorazmente[5]**

☐ Véase también: **beber, comer, mamar, pastar.**

INGESTIÓN Véase: *ALIMENTO*

INGESTIÓN

♦ (SUSTANTIVOS) Véase: **compulsivo[B], de campeonato[C], de solera[A], parco (en)[E]**

♦ (VERBOS) Véase: **abundantemente[D], a sorbos[A], ávidamente[A], como un cosaco[A], copiosamente[B], dar (a)[C], dar (de)[A], de un tirón[C], en frío[B], plácidamente[G], vorazmente[A]**

☐ Véase también: ALIMENTO.

ingrediente ♦ **culinario, de la receta, del combinado, del guiso, esencial, fundamental, imprescindible, indispensable, insustituible, necesario, primordial, principal** ♦ **proporción (de)** ♦ **añadir, combinar, conjugar[4], dosificar[11], echar en falta, entremezclar, faltar, mezclar**

☐ Véase también: **elemento, parte.**

ingresar ▮ *(depositar)* ♦ **a plazo fijo[2], regularmente, religiosamente[5]**

▮ *(entrar)* ♦ **de lleno[10], preventivamente[16], voluntariamente**

☐ Véase también: **entrar, introducir(se) (en), meterse (a), penetrar.**

ingreso ▮ *(ganancia)* ♦ **abultado[45], copioso[11], cuantioso, desmesurado[14], elevado, escaso, exiguo[16], extra, fijo, jugoso[8], módico, nutrido, pingüe[14], sustancioso** ♦ **aportar, aumentar, blanquear[4], centralizar[32], congelar[5], disminuir, engrosar, incrementar(se), mejorar, negociar[43], obtener, percibir, propulsar[11], rentabilizar, reportar, revalorizar(se), sacar partido (a/de), sufragar[12], tener**

▮ *(entrada)* ♦ **cautelar[27], hospitalario, preventivo**

☐ Véase también: **entrada, ganancia.**

INGRESO Véase:

♦ **entrada, ingreso**

♦ **colarse, entrar, ingresar, meterse (a)**

INGRESO

♦ (SUSTANTIVOS) Véase: **negociar[I]**

♦ (VERBOS) Véase: **a contrapelo[C], a hurtadillas[C], a mano armada[B], como una exhalación[B], con {buen/mal} pie[A], con cautela[I], plenamente[B]**

☐ Véase también: INICIO; SALIDA.

inhabilitación ♦ **absoluto, cautelar[16], definitivo, preventivo, profesional, temporal** ♦ **pena (de)** ♦ **decretar, prescribir**

inhalar ♦ **gas, medicamento, vapor**

☐ Véase también: **aire, jadear, respirar.**

inhóspito ♦ **paraje, terreno, territorio,** *otros sustantivos de lugar*

inhumano *adj.* ▮ Admite sustantivos que designan personas *(periodista, jefe, público, gobierno)*, lugares *(ciudad, paisaje)*, organizaciones *(productora, partido, empresa)* y otros muchos nombres de diversa naturaleza, pero destacan especialmente sus combinaciones con...

A SUSTANTIVOS QUE DENOTAN COMPORTAMIENTO O FORMA DE PROCEDER CON ALGUIEN: **1 trato** ++: A los oficiales responsables por trato *inhumano* al enemigo se les castigaba inmediata y severamente. EPE160899 **2 tratamiento:** ...nadie puede ser sometido a la tortura ni a penas o tratamientos *inhumanos* o degradantes. LVE100996 **3 comportamiento** +: Los reclusos denunciaron asimismo el comportamiento «*inhumano*» de los guardias del penal... EME100296

B SUSTANTIVOS QUE DENOTAN TAREA O EMPEÑO: **4 tarea** ++: A partir del miércoles vamos a emprender cada uno de nosotros una tarea *inhumana*. INDOC **5 empresa** ++: ...nos hemos lanzado a una empresa casi *inhumana* en medio de este clima violento y saturado de odio. EME070696 **6 esfuerzo** ++: ...le obligó a un esfuerzo *inhumano* para ganar al final su cuarto título. EPD250897 **7 trabajo** +: ...éste es el trabajo más *inhumano* que puedas imaginarte, lo mismo que las galeras. EME190395

C SUSTANTIVOS QUE DENOTAN SITUACIÓN, CONDICIÓN O ESTADO, A MENUDO CIRCUNDANTE: **8 situación** ++: ...bien está que estos niños mantengan viva entre nosotros la conciencia de su *inhumana* situación. EME210895 **9 condición** ++: ...nos reunimos en el consulado peruano en San Francisco para protestar contra las *inhumanas* condiciones de las cárceles... CAP200397 **10 ambiente** +: ...todo ello en un ambiente apocalíptico e *inhumano*. LVE190195 **11 circunstancia:** ...las reacciones del ser humano sometido a circunstancias *inhumanas* no pueden ser registradas en el haber o en el debe de las conductas previsibles. EME040395 **12 entorno:** Les obligaban a trabajar en un entorno *inhumano.* INDOC

D SUSTANTIVOS QUE DENOTAN PROCEDIMIENTO O RECURSO POR EL CUAL SE REALIZA ALGO. POR EXTENSIÓN, TAMBIÉN CON OTROS QUE DESIGNAN SU EJECUCIÓN O SU PUESTA EN PRÁCTICA: **13 método ++:** ...EE. UU. recurre a «la crueldad» y a «métodos *inhumanos*» para someter a Panamá «a la eterna servidumbre». EPE020888 **14 medio:** ...los medios utilizados por todos ellos son similares: cobardes, brutales, bestiales, *inhumanos.* LTB020197 **15 sistema +:** ...los judíos de forma más trágica e injusta sufrieron un sistema *inhumano.* ABC280292 **16 práctica:** Y de ahí el afán de Amnistía Internacional por denunciar –y erradicar– esas prácticas *inhumanas* y degradantes. EPE180699 **17 medida:** La brutal política de natalidad condiciona a la población a tomar medidas *inhumanas* con sus hijos, pero siempre con un amor infinito. EME170196 **18 política:** Las políticas antiinmigración son *inhumanas.* LVE210896

E SUSTANTIVOS QUE DENOTAN SANCIÓN: **19 castigo +:** ...no hay que perder de vista a Estados Unidos, que aplica con prodigalidad el castigo más cruel e *inhumano*: la pena de muerte. EME230396 **20 pena:** ...se le podrán imponer penas *inhumanas* y degradantes, mientras que en otros casos se denuncia la existencia de «disparates» jurídicos. EPD091097 **21 condena:** ...«el objetivo es evitar condenas que se puedan convertir en *inhumanas* y casi perpetuas». EPE040599 **22 sanción:** ...abogó con toda su furia de vencedor para que se le impusieran las sanciones más *inhumanas*... EXC190696

F SUSTANTIVOS QUE DENOTAN SUFRIMIENTO: **23 sufrimiento +:** La mujer del empresario asegura que la familia está viviendo «un sufrimiento injusto, *inhumano* y absurdo». EME130795 **24 dolor +:** Vómitos, mareos, sudores fríos, pero sobre todo dolor, sordo, *inhumano.* EME080695 **25 calvario +:** ...su lejanía del lugar de origen se convierte en un calvario *inhumano* comparable al que les impulsó a huir. EPE220999

G SUSTANTIVOS QUE DESIGNAN ACCIONES Y SITUACIONES COERCITIVAS EN LAS QUE SE ALCANZAN DIVERSOS GRADOS DE VIOLENCIA Y AGRESIVIDAD, CON LOS CONSIGUIENTES EFECTOS NOCIVOS PARA LOS INDIVIDUOS QUE LAS SUFREN: **26 secuestro:** ¿Está de acuerdo en que todo secuestro es *inhumano* y que el de Aldaya, en concreto, lo es todavía más? EME120296 **27 cautiverio:** El *inhumano* cautiverio del pobre Ortega Lara alimenta la presión propagandística contra la dispersión de presos... EME011296 **28 hacinamiento:** Lamentamos el drama de los saharauis desplazados y ofrecemos periódicamente nuestra solidaridad a los que los sufren en el *inhumano* hacinamiento de Tinduf... EME130696 **29 tortura:** Apelamos a esta misma humanidad para que acaben con la tortura *inhumana* a la que está siendo sometido. EME020696 **30 martirio:** ...ello supone un martirio cruel e *inhumano* que un mínimo de sensibilidad y humanitarismo debe repudiar. LVE271295 **31 guerra:** La conciencia de la humanidad podrá ayudar a los pueblos de Turquía a terminar con esta guerra *inhumana.* LVE160596 **32 terrorismo:** ¿Pero no tenemos bien claro que el auténtico enemigo de la sociedad española es el terrorismo desbocado e *inhumano* de ETA? LVE290196 **33 matanza:** ...Escoda da cuenta de la matanza cruel, *inhumana* y salvaje de gatos... LVE090596

H SUSTANTIVOS QUE DESIGNAN SISTEMAS DE GOBIERNO O DE REGULACIÓN DE LAS ACTIVIDADES ECONÓMICAS: **34 tiranía:** Gracias a ellos, nos libramos de las más *inhumanas* tiranías. LVE181096 **35 dictadura:** ...la dictadura franquista era *inhumana*, directamente *inhumana*, claramente *inhumana.* EME130595 **36 gobierno:** ...sólo un Gobierno indolente e *inhumano* puede hablar de éxito de la Agenda Venezuela!... EPD160497 **37 totalitarismo:** ...eran auténticas ciudades de la muerte (...), símbolos dramáticos y elocuentes de las consecuencias de un totalitarismo absolutamente *inhumano*... LVE260795 **38 capitalismo:** Se trata de un capitalismo *inhumano* en el que la intervención del Estado es escasa o nula. INDOC

I SUSTANTIVOS QUE DESIGNAN DISPOSICIONES Y MANDATOS, ASÍ COMO ALGUNOS DE SUS FUNDAMENTOS: **39 ley:** Se nos antoja que esta ley *inhumana* no se aplica en general... LVE091295 **40 norma:** «El celibato obligatorio es una norma *inhumana* y no hay razones evangélicas, ni teológicas que avalen su imposición». EME220996 **41 normativa:** ...no dejó pasar la oportunidad de encabezar una iniciativa dirigida contra las «*inhumanas* normativas» de la iglesia oficial. EME160995 **42 orden:** Su grave delito no es otro que soñar un mundo sin ejércitos; ejércitos garantes, por medio de la violencia, de un orden social injusto e *inhumano* como es el neoliberalismo. EPE150599 **43 doctrina:** Nos impusieron desde pequeñitos una doctrina *inhumana*, pero ahora nos toca reflexionar sobre ella. INDOC

J SUSTANTIVOS QUE DENOTAN AUSENCIA DE SENTIMIENTOS O EMOCIONES: **44 frialdad +:** ...son capaces de presenciar con una frialdad tan *inhumana* el dolor y el derramamiento de la sangre de las víctimas... EPE220900 **45 indiferencia +:** ...la más española de las crueldades: la *inhumana* indiferencia... LVE251096 **46 asepsia:** Y en los rostros de los testigos puede leerse la crueldad del momento, la asepsia *inhumana* del crimen de Estado... EME240396

K SUSTANTIVOS QUE DESIGNAN EL FIN O EL PUNTO MÁXIMO AL QUE PUEDE LLEGAR ALGO: **47 límite +:** La alemana Steffi Graf siguió siendo la mejor (...) y acercó su reinado a límites *inhumanos*... EME181196 **48 extremo +:** Y ha sido precisamente una etapa violenta hasta extremos *inhumanos.* EPE160900 **49 cota +:** Están sufriendo las injusticias del sistema hasta cotas *inhumanas.* INDOC

iniciar ♦ con {buen/mal} pie[4], de cero[3], en falso[10], en firme[54], provisionalmente

☐ Véase también: **abordar, abrir(se), arrancar, brotar, comenzar, debutar (en), despertar, embarcarse (en), empezar, emprender(la) (a), encender, enrolar(se) (en), estrenar, fraguar(se), inaugurar, incoar, iniciar(se) (en), prender, reabrir, zambullir(se) (en).**

iniciar(se) (en) ♦ asunto, conocimiento, deporte, disciplina, estudio, lectura, materia, negocio

☐ Véase también: **adentrarse (en).**

iniciativa ♦ ambicioso, constructivo[14], descabellado[6], disparatado, humanitario[33], ilusionan-

te[8], individual, innovador, novedoso[28], pionero, privado, revolucionario, viable ♦ en punto muerto[18] ♦ a tenor (de) ♦ abanico (de)[4], alcance (de)[41] ♦ abanderar[7], abortar, agradecer, aguar(se)[18], ahogar(se)[35], aunar[9], auspiciar[25], avalar[8], boicotear[34], caer en saco roto[8], canalizar[73], carecer (de), ceder (a), concebir[2], cuajar[7], dar curso (a), debatir, delegar[9], discutir, encabezar, encarar[42], encauzar, favorecer, fomentar, formular[38], fracasar, fructificar, frustrar(se), hacer(se) realidad[38], hacer público, impulsar, lanzar[34], liderar, llevar adelante[9], llevar a la práctica[6], llevar a término[6], malograr(se), obstaculizar[31], patrocinar, plantear[26], potenciar, presentar, proponer, prosperar[3], rechazar, rectificar[30], recuperar, reprobar[8], respaldar, secundar, sofocar[39], surtir efecto[18], tener, tomar[70], tomar en consideración, torpedear

☐ Véase también: **medida, moción, plan, propuesta, recurso, sugerencia.**

INICIATIVA Véase: ACTUACIÓN FUTURA; ASPIRACIÓN; INCLINACIÓN; PROPUESTA; PROYECTO

inicio ♦ accidentado[25], esperado, fulgurante[9], repentino ♦ durante, en ♦ dar[236], esperar, establecer, facilitar, fijar, marcar[10], producir(se), retornar (a), tener lugar, vislumbrar[24], volver (a)

☐ Véase también: **apertura, arranque (de), bautismo, comienzo, conato (de), debut, inauguración, ingreso, mecha, principio, puesta en marcha, surgimiento.**

INICIO Véase:

♦ apertura, arranque (de), bautismo, comienzo, conato (de), debut, inauguración, principio, puesta en marcha

♦ abordar, abrir, arrancar, brotar, comenzar, debutar {(en)/en el mundo (de)}, desayunarse (con), despertar, embarcarse (en), empezar, emprender, emprender(la) (a), encender, enrolar(se) (en), enzarzarse (en), estrenar, inaugurar, incoar, iniciar, iniciar(se) (en), lanzarse (a), prender, reabrir, volcar(se), zambullir(se) (en)

☐ Véase también: *APARICIÓN.*

INICIO

♦ (SUSTANTIVOS) Véase: abrupto[B], accidentado[D], arrollador[D], brusco[I], dar[R], denegar[H], estrepitoso[C], fulgurante[B], fulminante[F], integral[H], marcar[B], sofocar[F], vislumbrar[D]

♦ (VERBOS) Véase: a bombo y platillo[C], a empujones[D], a gritos[D], a lo grande[E], a medio gas[C], arrolladoramente[B], a todo tren[G], a tope[C], bárbaro[C], comercialmente[A], como una exhalación[B], con {buen/mal} pie[A], con cautela[I], con éxito[F], contra reloj[F], cronológicamente[E], de cero[A], decididamente[C], en falso[C], en firme[M], escalonadamente[D], experimentalmente[B], gradualmente[E], miméticamente[B], paulatinamente[E], tangencialmente[D]

injerencia ♦ abierto, claro, descarado, directo, ilegítimo, impune, inadmisible, indebido, intolerable ♦ acusar (de), calificar (de), constituir, denunciar, representar, suponer, sustraer(se) (de/a)[3]

☐ Véase también: **intervención, introducir(se) (en), intromisión, invasión, meterse (a).**

injuria ♦ ignominioso, ofensivo, ultrajante, vil ♦ lluvia (de)[13], sarta (de)[31] ♦ bordear[28], constituir, desmentir[6], hacer mella, lanzar, proferir[8], propagar, prorrumpir (en), representar, rozar, vengar, verter

☐ Véase también: **agravio, infamia, insulto, ofensa (a).**

injuriar ♦ despiadadamente, impunemente, sin misericordia, sin piedad[23], vilmente[18]

☐ Véase también: **agredir, insultar, ofender.**

injusticia ♦ absoluto, atroz, clamoroso[42], escandaloso, flagrante, indignante, irreparable, manifiesto, profundo[137], social, sumo[95], terrible, tremendo ♦ al descubierto[17] ♦ víctima (de) ♦ abolir[18], acabar (con), agravar(se)[31], atajar, combatir, cometer[42], compensar, condenar, constituir, consumar, denunciar, extirpar[9], frenar, luchar (contra), paliar, perpetrar, reparar, representar, saldar, subsanar, sufrir

☐ Véase también: **abuso, agresión, atraco, atropello, fechoría, tropelía.**

injusto ♦ absolutamente, a todas luces, clamorosamente, completamente, manifiestamente, profundamente, terriblemente, totalmente, tremendamente

INMEDIATEZ Véase:

♦ inminente

♦ a bocajarro, a escape, a flor de piel, a quemarropa, a tocateja, cara a cara, de cabeza, de primera mano, de viva voz, en mano, in fraganti, sin ambages

inmemorial ♦ costumbre, época, hábito, tiempo, tradición

inmerecido *adj.* ▮ Se combina con sustantivos que designan resultados, frecuentemente de las competiciones deportivas o asimiladas a ellas *(derrota, triunfo, goleada).* También admite otros que designan distinciones, premios o galardones *(recibimiento, homenaje, premio, copa, trofeo, título, oreja)* y diversas cosas que es habitual obtener como resultado de una donación desinteresada *(beca, oportunidad, regalo).* Destacan sus combinaciones con...

A SUSTANTIVOS QUE DENOTAN ESTIMACIÓN, RECONOCIMIENTO O VALORACIÓN SOCIAL QUE SE ATRIBUYEN A UNA PERSONA O A UN COLECTIVO. TAMBIÉN CON OTROS QUE EXPRESAN ALGUNAS MANIFESTACIONES DE ESOS ATRIBUTOS: **1 fama** ++: ...su *inmerecida* fama de ser un alimento de segunda y uno de los grandes culpables de la obesidad. EME030394 **2 honor** ++: ...a mí me cupo el *inmerecido* honor de escribir la presentación de la primera. ABC160493 **3 prestigio** ++: Y las únicas novelas malas que merecen un vapuleo son las escritas por escritores de prestigio que de pronto nos han decepcionado o por escritores cuyo *inmerecido* prestigio conviene desenmascarar. LVE121096 **4 mérito:** Pobre y engañoso, porque atribuía al Athletic méritos futbolísticos *inmerecidos*. EPE240199 **5 reputación:** ...existe una total desordenación en el mundo de esas organizaciones, lo que hace notablemente *inmerecida* la buena reputación de que gozan. EME011095 **6 imagen:** Es de lamentar que su gran ciudad, que admiro y aprecio tanto, quede así con una imagen *inmerecida* de mala fe hacia los forasteros. LVE201096

B SUSTANTIVOS QUE DENOTAN ALABANZA O DESIGNAN ALGUNAS DE SUS MANIFESTACIONES: **7 elogio +:** Después de hacer un *inmerecido* elogio de mi francés y de interesarse por mis primeras andaduras cinematográficas... LVE150994 **8 aplauso:** ...unos descamisados se arrancan con «El porrompompero» y cosechan unos aplausos *inmerecidos* porque no se saben la letra. EME160795 **9 halago:** Sobre el día del periodista, los *inmerecidos* halagos... y la sorpresa de Schütz. CAP041001

C SUSTANTIVOS QUE DESIGNAN EL AZAR, ASÍ COMO LAS CIRCUNSTANCIAS PROPICIAS QUE LO CARACTERIZAN: **10 suerte:** ...en el puente de mando de aquel «Informaciones» abandonado estúpidamente a una suerte *inmerecida* y del que fue uno de sus postreros directores. EME151296 **11 fortuna:** ¿O ha tenido la fortuna *inmerecida* de perder por completo la chaveta y no guardar ya ni memoria de este tiempo de ignominia...? EME020594

D SUSTANTIVOS QUE DESIGNAN DIVERSAS FORMAS DE SANCIÓN: **12 castigo +:** ...lo que ha motivado una situación sin precedentes y, quizás, un castigo tan tremendo como *inmerecido* a las aficiones. LVE070895 **13 sanción:** Es una sanción injusta e *inmerecida*, pero de esta forma Nadal podrá llegar más fresco a los octavos de final. EME200694 **14 relegación:** Estas cifras (...) ponen de manifiesto, según la consejera de Agricultura, María Ángeles Ramón-Llin, una relegación *inmerecida* e injusta de la mujer en el mundo rural. EPE011299 **15 suspensión:** Su suspensión fue *inmerecida* y por eso va a recurrir ante los tribunales esa decisión. INDOC

E SUSTANTIVOS QUE DESIGNAN DIVERSAS MANIFESTACIONES DE REPROBACIÓN O CENSURA, ASÍ COMO EL EFECTO LESIVO QUE PRODUCEN: **16 agravio:** ...el terror fiscal es agravio *inmerecido* a un pueblo que en las crestas de la crisis ha dado testimonio ejemplar de búsqueda y encuentro... PME220996 **17 ofensa:** ...porque todos los días padecemos en nuestra carne, en nuestro espíritu, el latigazo de la ofensa *inmerecida*, la herida de la ilusión destrozada... PME131096 **18 desprecio:** ...lo que me atrae antiguamente son esos testimonios de estúpida crueldad, de vanidad cerril y, en pocas palabras, de asombroso e *inmerecido* desprecio a su compañera. LVE031296 **19 descrédito:** ...ha de procurarse por lo menos que un descrédito *inmerecido* de la justicia no nos devuelva a un estado comparable al de la España de la colza... LVE090395 **20 reproche:** ...el presidente de la segunda quincena de enero fue mucho más presidente (...) que en la primera, tan densa de regaños aldeanos y de reproches *inmerecidos*. PME020297

F SUSTANTIVOS QUE DESIGNAN OTRAS FORMAS DE CASTIGO O ACCIÓN HOSTIL, MÁS FRECUENTEMENTE AGRESIONES, FÍSICAS O DE OTRO TIPO: **21 ataque:** ...este juez está siendo objeto de unos ataques absolutamente injustos e *inmerecidos*... EME140295 **22 atentado:** La corriente de simpatía natural que despierta en toda sociedad la víctima de un atentado *inmerecido* (...), no es de naturaleza política. EME240495 **23 bofetada:** Encajé una bofetada *inmerecida* y tengo que devolverla. LVE031295 **24 vapuleo –:** El pobre Samuel Huntington ha sido objeto de un *inmerecido* vapuleo en las últimas semanas. EPE311001 **25 zurra –:** Tal vez, una zurra *inmerecida* en el inicio, ya que el Milan gobernó de norte a sur la primera mitad, pero también inapelable. EPE020800

G SUSTANTIVOS QUE DENOTAN FUNCIÓN O ATRIBUCIÓN ASIGNADA, A MENUDO INTERPRETADAS METONÍMICAMENTE: **26 cargo:** ...esa despreciable turba de hombres que se atrevían a asesorar a los demás en cuestiones legales y hasta desempeñaban cargos de gobierno *inmerecidos* por su ignorancia... ABC140892 **27 puesto:** Pero, dentro de esta tenebrosa realidad, os recuerdo que tenemos el rayo de esperanza de que lograremos expulsaros de los puestos que disfrutáis, *inmerecidos*... EPE130299 **28 despacho:** Sería la única manera de que tantos oportunistas se quedasen quietecitos en sus *inmerecidos* despachos. LVE240996

inmigración ♦ **ilegal, legal** ♦ **ola (de)**[40] ♦ **controlar, recibir, regular**
☐ Véase también: **emigración**.

inminente ♦ **llegada, peligro, riesgo, salida,** *otros sustantivos que designan eventos*

inmortalizar ♦ **figura, hazaña, imagen, instante, momento, nombre, obra**
☐ Véase también: **consagrar(se)**.

inmovilización ♦ **cautelar**[33]**, forzoso, preventivo** ♦ **decretar**[21]**, prescribir**

inmundicia ♦ **depósito (de), saco (de)** ♦ **amontonar(se), barrer, caer (en), cubrir (de), escarbar (en)**[13]**, limpiar (de), llenar (de), salpicar, soportar, verter, vivir (en)**
☐ Véase también: **basura, porquería, suciedad**.

inmunidad ♦ **biológico, celular, diplomático, parlamentario** ♦ **adquirir**[52]**, conceder**[35]**, desarrollar, negar, obtener, solicitar**
☐ Véase también: **castigo, licencia, permiso**.

innovación ♦ **constante, empresarial, puntero, técnico, tecnológico** ♦ **búsqueda (de), capacidad (de), espíritu (de), falta (de)** ♦ **apoyar, favorecer, fomentar, propulsar**
☐ Véase también: **novedad, nuevo**.

inobjetablemente ♦ **derrotar, ganar, triunfar, vencer**

inocencia ♦ **absoluto, aparente, cándido**[12]**, candoroso, completo, incuestionable, infantil, lleno (de)** ♦ **pérdida (de), presunción (de), prueba (de), veredicto (de)** ♦ **avalar**[37]**, cuestionar, defender, demostrar, personificar, poner en**

duda, poner en tela de juicio, presumir, presuponer, probar, proclamar, suponer

□ Véase también: **culpabilidad, pureza.**

inocular ♦ **afán, anticuerpo, bacteria, crispación, dosis, droga, duda, enfermedad, entusiasmo, gen, germen, idea, interés, líquido, microorganismo, miedo, odio, orgullo, pasión, rabia, rebeldía, sarampión, sustancia, vacuna, veneno, virus**

inquebrantable *adj.* ▮ Acepta sustantivos de persona *(un juez inquebrantable)*. También se combina con...

A SUSTANTIVOS QUE DENOTAN ADHESIÓN Y OTRAS FORMAS DE OBLIGACIÓN Y DE APOYO LIBREMENTE CONTRAÍDAS: **1 adhesión** ++: ...sólo admite el rechazo o la adhesión *inquebrantables.* LVE131096 **2 apoyo** ++: El nuevo Ejecutivo descansa en el apoyo *inquebrantable* del Partido Socialista... EPE130899 **3 fidelidad** ++: ...acercarse a la zona de Delle Alpi donde estaban estos habitantes de otra galaxia para aplaudir por su fidelidad *inquebrantable.* EME240396 **4 lealtad** ++: ...sin hacer méritos con coplas patrioteras o afirmaciones de lealtad *inquebrantable.* EPE011287 **5 compromiso** +: ...un aliado leal, con un compromiso *inquebrantable.* LVE201295 **6 defensa:** ...exigió a los políticos la defensa *inquebrantable* y «sin fisuras» del actual marco jurídico... EPE150700 **7 devoción:** ...se cuestionará sin duda lo que percibe como devoción *inquebrantable* de Occidente hacia los objetivos laicos a expensas de la salvación espiritual. EPE171101

B EL SUSTANTIVO *FE*. TAMBIÉN CON OTROS QUE DESIGNAN AQUELLO EN LO QUE SE CREE, ASÍ COMO CIERTOS IMPULSOS INTERNOS DE LA VOLUNTAD DE ACTUAR: **8 fe** ++: Y sólo la fe *inquebrantable* en que su líder les salvará del holocausto final... EME210595 **9 principio** ++: ...la convivencia (...) exige unos principios *inquebrantables.* EPE211101 **10 espíritu:** Lo del estadounidense fue una mezcla (...) de espíritu *inquebrantable* y fervor patriótico... EME310796 **11 confianza:** ...ninguno tiene una confianza *inquebrantable* en sí mismo. EME060395 **12 creencia:** Sus *inquebrantables* creencias religiosas la han dirigido... ETC010798 **13 moral:** Es la número uno de Japón, y por su juego insistente y su moral *inquebrantable...* LVE040796

C SUSTANTIVOS QUE DENOTAN FUERZA O ENERGÍA. TAMBIÉN CON OTROS QUE DESIGNAN ALGUNAS DE SUS MANIFESTACIONES: **14 fuerza:** ...con la fuerza *inquebrantable* de quien tiene una fe ciega en sí mismo. EPE011001 **15 brío:** ...con el mismo brío *inquebrantable* y unitario con el que salíamos en los años más difíciles... EPE220900 **16 pasión:** ...consiguió no apartar del todo el interés por lo que es una pasión *inquebrantable.* ENV060297 **17 entusiasmo:** ...gracias al entusiasmo *inquebrantable* de los Amigos de la Opera... ABC201192

D SUSTANTIVOS QUE DENOTAN VOLUNTAD O INTENCIÓN. TAMBIÉN CON OTROS QUE DENOTAN RESOLUCIÓN O DESIGNAN EL PUNTO DE VISTA DESDE EL QUE SE TOMA: **18 voluntad** ++: Sólo un hombre de férreo carácter, de *inquebrantable* voluntad... PME190197 **19 propósito** +: ...guiado por un *inquebrantable* propósito de dar un significado existencial y moral a su poesía... LVE190396 **20 posición** +: ...la *inquebrantable* posición antisistema que distingue a este joven... CAR230697 **21 decisión** +: ...la decisión *inquebrantable* de mantenerse en el poder. LVE140996 **22 planteamiento:** ...los problemas del toro sólo podían solucionarse desde un planteamiento firme, *inquebrantable.* EME220595 **23 determinación:** ...sólo la determinación *inquebrantable* de sus líderes máximos... EME161296

E SUSTANTIVOS QUE DENOTAN TESÓN U OBSTINACIÓN: **24 tesón:** ...suplir de adulta su escasa formación académica con un tesón *inquebrantable* o sustituir el roce diario familiar por la comunicación por satélite. EPE271299 **25 perseverancia:** ...con grandes dosis de audacia, una *inquebrantable* perseverancia... EME100196 **26 obstinación:** ...llegamos a los dominios de la muerte (...) con una obstinación *inquebrantable* y compartida. EME220495 **27 tozudez** —: Pero gracias a este sistematismo y a su *inquebrantable* tozudez este hombre nos dejará como legado una obra inmensa y capital. LVE230395

F SUSTANTIVOS QUE DENOTAN CESE O AUSENCIA DE CONFLICTO: **28 alto** +: ...garantiza su compromiso con «un alto el fuego *inquebrantable*». EPE111199 **29 paz** +: ...ofrece un compromiso para «una paz *inquebrantable*». EPE111199 **30 tregua:** ...ofrece una tregua *inquebrantable* en su primer mensaje a los negociadores. EPE111199

G SUSTANTIVOS QUE DESIGNAN DIVERSAS RELACIONES O INCLINACIONES AFECTIVAS, MÁS FRECUENTEMENTE SI CONSTITUYEN MUESTRAS DE APRECIO O ESTIMA HACIA LOS DEMÁS: **31 amistad** +: ...comprobar si ustedes y yo podemos establecer una amistad *inquebrantable.* DYM061196 **32 amor:** ...demostró el épico e *inquebrantable* amor que profesa a su inolvidable pigmalión... EME190496 **33 cortesía:** Dotada de una cortesía *inquebrantable...* EPE270900 **34 respeto:** ...ha gobernado con respeto *inquebrantable* al grupo parlamentario... LVE300596 **35 fraternidad:** ...han tenido muy clara su *inquebrantable* fraternidad en las cuestiones esenciales... EME280194

H SUSTANTIVOS QUE DENOTAN VÍNCULO: **36 unidad** ++: ...una unidad *inquebrantable* frente al enemigo común. EPE220900 **37 lazo** +: ...las hermanas sintieron que un lazo *inquebrantable* de amor y unión las envolvía... LNP050297 **38 vínculo:** ...vínculo *inquebrantable* entre la ecología y la espiritualidad... LVE171195 **39 matrimonio:** Su *inquebrantable* matrimonio con Ethel... ABC241292

I SUSTANTIVOS QUE DESIGNAN COSTUMBRES O HÁBITOS, MÁS FRECUENTEMENTE SI ES NORMAL QUE SE TRANSMITAN A LO LARGO DEL TIEMPO: **40 costumbre:** Es una costumbre *inquebrantable*, dicen en Belgrado. EPD290497 **41 tradición:** ...responde a la *inquebrantable* tradición teatral de esta ciudad... EPE140599 **42 afición:** ...aprovechándose de su *inquebrantable* afición al juego... LVE170995

J SUSTANTIVOS QUE DENOTAN OBLIGACIÓN O NORMA: **43 norma** ++: Su autor tiene por norma *inquebrantable* no aparecer en televisión... LVE300796 **44 ley** +: ...los procesos humanos siguen las *inquebrantables* leyes de la naturaleza. LTB170397 **45 regla:** ...o conmigo o fuera, parece ser la regla *inquebrantable* de este gigante... EME280694 **46 deber:** ...hace de la soledad ante el peligro un deber *inquebrantable.* EPE011088

K OTROS SUSTANTIVOS; POSIBLES USOS ESTILÍSTICOS: Observé tu rostro *inquebrantable* durante 200 metros...

EPE310799; ...requiere de una *inquebrantable* dosis de empeño... CAP070897

☐ Véase también: **quebrantar**.

inquietar(se) ♦ **excesivamente, injustificadamente, justificadamente, profundamente, seriamente[3], sin razón, sobremanera**

☐ Véase también: **preocupar(se)**.

inquietud ♦ **ciudadano, creciente, fuerte, hondo, justificado, ligero, lleno (de), personal, preso (de), profundo[45], sumo[90], vivo** ♦ **clima (de), motivo (de), muestra (de), respuesta (a), sentimiento (de)** ♦ **aliviar, apaciguar[21], aplacar(se)[11], asaltar (a alguien), atemperar[50], atenuar, aumentar, aunar[10], avivar[57], azotar (a alguien), canalizar[50], causar, compartir, corroer (a alguien), cundir[19], desatar(se), despertar[11], desterrar, detectar[45], devorar (a alguien), disminuir, experimentar, expresar, generar, inspirar[12], latir, liberar, mostrar, ocasionar, plantear[67], producir, provocar, reprimir, responder (a), revelar, saciar[14], satisfacer, sembrar[53], sentir[36], suscitar, tener, transmitir[13], traslucir(se)[25]**

☐ Véase también: **curiosidad, desazón, nerviosismo, preocupación**.

INQUIETUD Véase: ACTITUD; ASPIRACIÓN; INTENCIÓN

insaciable *adj.* ▮ Se combina con sustantivos de persona, individuales o colectivos *(lector, banquero, aficionado, equipo)*. También se combina con...

A SUSTANTIVOS QUE DENOTAN APETITO O DESEO INTENSO DE ALGO. SE USAN A MENUDO EN SENTIDO FIGURADO: **1 voracidad ++**: Al levantarle el veto, el Presidente intentaba, con voracidad *insaciable*, dejar a esa derecha, bullanguera y sensacionalista, completamente muda... GIC080996 **2 hambre ++**: La anaconda de la película es una boa acuática de más o menos 14 metros de largo con un hambre *insaciable*... HOY180897 **3 sed ++**: Siento mucho que la sed *insaciable* de poder haya desfigurando la democracia en el Perú. CAP091097 **4 deseo ++**: La naturaleza ha puesto en nuestras mentes un *insaciable* deseo de ver la verdad. EME030595 **5 codicia ++**: ...el mismo contenido, lo ancho del embudo, la cuchara grande para el gobierno, con su codicia *insaciable* para incrementar los precios de los bienes y servicios que proporciona... PME031196 **6 apetito ++**: El dios de esa información es el *insaciable* apetito de los lectores intrascendentes, preocupados de la cotidianidad hasta extremos insospechados. DHE030997 **7 ambición +**: Ese mortífero escozor de la ambición, *insaciable*, que impele a colgarse más y más medallas para escalar posiciones. EME050395 **8 avidez +**: Otra vez los medios de comunicación recogieron con avidez *insaciable* el desfile de los citatorios... PME140796 **9 ansia +**: ...arropado por un montón de periodistas moderadores que pueden satisfacer, de paso, sus *insaciables* ansias de protagonismo. EME270594 **10 necesidad +**: Una *insaciable* necesidad (...) llevó al mexicano a frecuentar diariamente en Harlem teatros y night clubs... PME290996

B SUSTANTIVOS QUE DENOTAN INCLINACIÓN O INQUIETUD, A MENUDO DE NATURALEZA INTELECTIVA, PERO TAMBIÉN DE OTROS TIPOS: **11 curiosidad ++**: Y, como telón de fondo, la admiración que se nos va despertando ante la *insaciable* curiosidad de los hombres del XVIII... ABC031195 **12 búsqueda +**: Fiestas en las que se olvidaron los antiguos retos, y la *insaciable* búsqueda de máximos rompía todas las previsiones e inducía a los inversores hacia cotas más altas. EME230895 **13 afán +**: ...dijo que Yeltsin «insiste en su afán *insaciable* de destruir hasta el fin de las fuerzas armadas y, con ellas, el país». LEC051297 **14 interés +**: Creo que, en general, lo que caracteriza a los *grandes* de este oficio es un interés apasionado e *insaciable* por los demás seres humanos... LVE011096 **15 pasión +**: Que los niños sienten una pasión *insaciable* por los tazos lo saben muy bien las cocineras del colegio público Joan Maragall... LVE140695 **16 afición**: ...se constata una extraña e *insaciable* afición a disfrazarse de salvador de la patria... LVE040195 **17 obsesión**: En los últimos lustros, las calderas recaudatorias han estado alimentadas por una *insaciable* obsesión exactiva, volcada principalmente sobre los asalariados y los empresarios modestos. LVE081296 **18 experimentalismo –**: Su trayectoria se ha caracterizado por su inventiva e *insaciable* experimentalismo, explorando espacios... LVE121196

C ALGUNOS SUSTANTIVOS QUE DESIGNAN ACCIONES CONSIDERADAS AL MARGEN DE LA LEY Y LA MORAL: **19 corrupción**: ...la corrupción «se ha vuelto más impúdica a *insaciable*»... ENH190198 **20 vicio**: ...hace apenas tres meses, comprendió que gastar era para él como fumar: un vicio *insaciable* que siempre pedía más. ETC040997

D OTROS SUSTANTIVOS; POSIBLES USOS ESTILÍSTICOS: ...se trata de una política de hechos consumados, por lo cual exige empezar a negociar inmediatamente sobre el estatuto de la ciudad más *insaciable* del mundo... LVE130595

insalvable *adj.* ▮ Se combina con...

A SUSTANTIVOS QUE DENOTAN DIFERENCIA O DISCREPANCIA Y CON OTROS QUE DESIGNAN ALGUNAS MANIFESTACIONES DE ESOS CONCEPTOS: **1 diferencia ++**: Esa es la diferencia *insalvable* que hay entre los leguleyos prêt à porter y los fiscales de la Audiencia Nacional... EME111296 **2 discrepancia +**: Una discrepancia *insalvable* sobre un tema vital: el agua. LVE080996 **3 divergencia +**: En los últimos días se conoció que divergencias *insalvables* emergieron en el seno de la dirección nacional de la COB... LTB080197 **4 desacuerdo**: ...quiebra de la cohesión interna del Gobierno por un desacuerdo profundo e *insalvable* entre sus miembros... EME240594 **5 división**: Tendré mis cosas personales, otra impronta, pero no aquella de ser peronista o radical, una división *insalvable*... EPE200800 **6 antagonismo –**: Pero la condición universal que los derechos humanos reclaman cancela esa inclusión e instituye un antagonismo *insalvable*... EPE060399

B SUSTANTIVOS QUE DENOTAN ESPACIO SEPARADOR, A MENUDO INTERPRETADO FIGURADAMENTE. TAMBIÉN CON OTROS QUE EXPRESAN CONTRASTE, FÍSICO O FIGURADO ENTRE DOS COSAS, ASÍ COMO ALGUNAS DE LAS MAGNITUDES QUE SUELEN MEDIRLO: **7 ventaja ++**: El acierto del primer tiempo en los triples dio a los malagueños una ventaja *insalvable*. LVE130595 **8 distancia ++**: Las más de las veces la distancia entre una concepción y otra resulta *insalvable*... ABC090994 **9 abismo +:** Entonces aceleró y estableció entre él y los demás un abismo *insalvable*. EME040796 **10 brecha:** La brecha es *insalvable*, y la escisión algo más que una amenaza. EME291095 **11 desventaja:** No se trata de una desventaja *insalvable*, y, de hecho, los organizadores de Informat han puesto en funcionamiento un servicio de autobuses... LVE140995

C SUSTANTIVOS QUE DESIGNAN LO QUE IMPIDE EL CURSO NORMAL DE ALGUNA COSA. SE USAN EN SENTIDO FÍSICO Y TAMBIÉN EN EL FIGURADO: **12 obstáculo ++:** Fue una alegría enorme, evocó Hugo, para quien el frío no puede constituir un obstáculo *insalvable*. LNP150397 **13 problema ++:** ...la recuperación del metal no supone, en principio, un problema *insalvable*. EPD220796 **14 escollo ++:** Los operadores del Gobierno encontraron un escollo *insalvable*: el propio interventor... LNA120792 **15 dificultad ++:** No hemos tenido dificultades mayores o *insalvables*, aunque a veces ha habido problemas de tensión que, felizmente, se han superado. HOY180385 **16 impedimento +:** Como ella hay gente que lucha en silencio, para superar impedimentos que, a veces, parecen *insalvables*. LNP050397 **17 barrera +:** ...la policía lo persigue durante ocho horas, hasta que finalmente logra formar una barrera *insalvable* en su camino. LVE110696 **18 límite +:** ...el desarrollo tiene límites *insalvables* que no dependen de la buena voluntad de las personas... EPE260900 **19 losa:** Mas los pasivos de seguros sociales e impuestos que arrastra la compañía son una losa *insalvable*. LVE190395 **20 frontera:** Una tarea que se resume en identificar y defender (...) la frontera *insalvable* que separa a quienes matan de quienes no lo hacen... EPE071001 **21 muro:** Sin embargo, les separan dos muros *insalvables*: el tiempo y la ubicación. EME280795 **22 inconveniente:** ...la carestía del precio de las viviendas supone un inconveniente casi *insalvable* para un amplio sector de la población... CAN070599

D ALGUNOS SUSTANTIVOS QUE DENOTAN ASEVERACIÓN PARADÓJICA O CARENTE DE SENTIDO: **23 contradicción +:** Esta propuesta estratégica plantea contradicciones *insalvables* con nuestra práctica política... EME070594 **24 incongruencia:** ...en cuya doble condición de narrador y personaje, descubierta al final, hay ciertas *insalvables* incongruencias... ABC221191

E SUSTANTIVOS QUE DENOTAN CARENCIA DE LO QUE SE CONSIDERA NECESARIO: **25 deficiencia +:** ...no tuvo más remedio que tascar el freno para ayudar a un Zülle en el que empezamos a sospechar deficiencias *insalvables* en la alta montaña. EME010594 **26 defecto:** ...aquella mujer con la que nos casamos porque el zodiaco nos garantizaba nuestra afinidad empezará a encontrarnos defectos *insalvables*. LVE260195

F SUSTANTIVOS QUE DESIGNAN RIESGOS Y OTROS OBSTÁCULOS FUTUROS: **27 desafío +:** Es un desafío importante, pero no *insalvable*. EXC180996 **28 reto:** Y los retos parecen *insalvables*. EPE050399 **29 amenaza:** El huracán se convirtió en una amenaza *insalvable*. INDOC

☐ Véase también: **irreparable.**

insatisfacción ♦ **absoluto, acumulado, amargo, amoroso, angustioso, creciente, crónico, emocional, extremo, general, gran(de), grave, hondo, humano, intelectual, intenso, íntimo, laboral, patente, permanente, perpetuo, personal, popular, profesional, profundo, público, radical, serio, sexual, social, soterrado[41], sumo, tremendo, visible, vital, vivo ♦ clima (de), fuente (de), gesto (de), grado (de), ola (de), poso (de), punto (de), sentimiento (de) ♦ acallar[72], acarrear, admitir, albergar, aumentar, constatar, contrarrestar, declarar, deparar, desatar, despertar, disimular, disminuir, experimentar, explicar, exponer, expresar, exteriorizar, generar, manifestar, mitigar, mostrar, ocultar, producir, reconocer, reprimir, suscitar**

☐ Véase también: **descontento, malestar.**

inscribir(se) ♦ **absolutamente, de lleno[25], de pleno[16], enteramente, parcialmente, por completo[130]**

☐ Véase también: **anotar(se).**

inscripción ♦ **definitivo, en firme, en regla, formal, provisional, voluntario ♦ período (de), plazo (de) ♦ denegar[61], formalizar, hacer, pedir, realizar, solicitar**

☐ Véase también: **matrícula.**

insecticida ♦ **eficaz, ineficaz, inocuo, mortal, venenoso ♦ aplicar, fumigar (con), pulverizar**

inseguridad ♦ **acechante, callejero, ciudadano, considerable, grave, imperante[8], personal, reinante ♦ ambiente (de), clima (de), estado (de), medida (contra), problema (de), sentimiento (de) ♦ acechar (a alguien), asaltar (a alguien), aumentar, causar, combatir, comportar, crear, dar, despertar, entrañar, generar, invadir (a alguien), luchar (contra), perder, provocar, sufrir, superar, tener, vencer**

☐ Véase también: **incertidumbre, peligro.**

inseparablemente ♦ **asociar, juntar, ligar, relacionar, unir, vincular**

☐ Véase también: **separación.**

insignia ♦ **arriar, enarbolar[3], entregar, izar, llevar, lucir, ondear**

☐ Véase también: **bandera, enseña, estandarte.**

insignificante *adj.* ▮ Se combina con sustantivos que designan muy diversas realidades materiales en cuanto que todas pueden ser valoradas *(libro, persona, enfermedad, planeta, jardín, animal)*. Más restringidos están los sustantivos abstractos con los que habitualmente se construye. Destacan entre ellos los sustantivos *cuestión, tema, hecho, suceso, acontecimiento, incidente*, los que designan obstáculos o dificultades *(problema, dificultad, inconveniente, contratiempo)* y dimensiones *(altura, profundidad, volumen)*. Destacan asimismo sus combinaciones con los...

A SUSTANTIVOS QUE DENOTAN VALOR, CANTIDAD, NÚMERO, Y OTRAS NOCIONES CUANTIFICABLES O MENSURABLES: **1 cantidad ++:** Una cantidad *insignificante* entre los 163 habilitados por FIFA en el mundo, y que en total representan a 27 países. CLA120397 **2 número ++:** Podría darse el caso, pero de momento no hemos constatado esa tendencia y además pienso que sería un número *insignificante* de inversores. EME110795 **3 porcentaje +:** Los demás obtuvieron porcentajes *insignificantes.* LTB130901 **4 cifra +:** Se trata de una cifra *insignificante* en relación con lo que demandaría el aumento de haberes... CLA180199 **5 suma +:** Esa es una suma *insignificante.* ENV020796 **6 tamaño:** ...el problema siempre ha sido el *insignificante* tamaño de tantos de sus numerosos pueblos en lucha, los Togos, los Benins, los Djiboutis. EME070494 **7 precio:** Ocultos bajo el alias cibernético Conan, habían creado una organización ilegal de venta de programas plagiados a precios *insignificantes.* EPE111299 **8 proporción:** ...153 familias en un distrito donde residen 68.000 es una proporción *insignificante.* EPE040599 **9 renta:** ...pudo terminar el semestre con ganancia: obtuvo una *insignificante* renta del 0,2%. CLA040199

B LOS SUSTANTIVOS *VALOR* Y *PESO.* TAMBIÉN CON OTROS QUE DENOTAN ALCANCE, TRASCENDENCIA, CONSIDERACIÓN Y OTRAS FORMAS DE MEDIR EL EFECTO –POSITIVO O NEGATIVO– DE LAS ACCIONES O LAS SITUACIONES: **10 valor ++:** ...nos llevó a entregar una flota de nueve aviones por un valor *insignificante* e irrisorio. EUV050996 **11 peso ++:** El corte del encuentro no favoreció a Valerón, cuyo peso fue *insignificante.* EPE281001 **12 importancia ++:** El asunto tiene una importancia *insignificante* si lo comparamos con los problemas que vivimos el año pasado. INDOC **13 influencia +:** Y la influencia de cada gen es seguramente tan *insignificante,* que los investigadores necesitarían un gran número de personas para conseguir pruebas convincentes... EME090395 **14 efecto +:** ...sus efectos sobre la sociedad británica serían *insignificantes.* EPE020297 **15 daño +:** Expertos locales señalan que lluvias de igual o mayor magnitud caídas hace 30 o 40 años sobre los mismos lugares causaron daños proporcionalmente *insignificantes.* EPE221299 **16 incidencia:** ...la incidencia de los rescates, que son posibles desde hace un año, «está siendo casi *insignificante*». EPE031199 **17 gravedad:** ...explican el comportamiento de cuerpos «grandes» y el fenómeno de la gravedad, pero es incapaz de explicar el de las partículas cuya masa es muy pequeña y su gravedad casi *insignificante.* ABC230793 **18 impacto:** ...la ampliación afecta a algo más de 200 viviendas y unas 800 personas, pero Fomento cree que este impacto es *insignificante.* EPE130599 **19 desperfecto:** ...la baja potencia de los mismos no provocó ningún daño personal y los desperfectos materiales resultaron *insignificantes.* EME140796

C SUSTANTIVOS QUE DENOTAN ASPECTO, DETALLE, FACETA Y OTRAS NOCIONES QUE CONSTITUYEN PARTE INTEGRANTE DE UNA MAGNITUD MAYOR: **20 detalle ++:** La habilidad de Mamet está en evocar la trascendencia del detalle *insignificante...* LVE020695 **21 parte +:** Solamente los mil afectados en el caso de Diagonal Divisas cobrarán una parte *insignificante.* EPE041101 **22 dato +:** No me parece un dato *insignificante.* EPE070700 **23 fragmento:** Nosotros tan solo abarcamos un fragmento muy *insignificante* de la historia de la humanidad. LVE101296 **24 factor:** Durrell se ocupa de las más excepcionales, cuya supervivencia depende de factores aparentemente *insignificantes.* LVE190395 **25 punto:** Ojalá que este yate sea un punto *insignificante* en el mar para que los aviones o helicópteros no nos localicen. GIC121996 **26 matiz:** «El mejor teatro de ópera del mundo», como dicen, no puede detenerse en matices *insignificantes.* EPD091097

D SUSTANTIVOS QUE DENOTAN CAMBIO DE ESTADO O MODIFICACIÓN, MÁS FRECUENTEMENTE SI SUPONEN PROGRESO O MEJORA: **27 cambio ++:** Se han hecho pruebas para estudiar cambios *insignificantes,* tales como cambios en la tierra o en los niveles de agua... ETC011287 **28 retoque:** Dos retoques aparentemente *insignificantes,* sobre todo en un partido frente a un rival al que se debía desbordar de principio a fin... LVE150296 **29 avance +:** ...añadió que aunque los avances son «*insignificantes* no hay que quitarles el valor que tienen»... EME200495 **30 incremento +:** El Gobierno tiene que subir todas las pensiones mínimas y espero que no cometa la torpeza de presentar un incremento tan *insignificante* que pueda calificarse de propia o aguinaldo... EPE090999 **31 variación +:** ...los autores explotan metódicamente sus hallazgos mediante variaciones *insignificantes.* LVE031095 **32 movimiento:** El más *insignificante* movimiento de faldas le ponía en estado de alerta. LVE260396 **33 alza:** La Bolsa de Tokio registró una *insignificante* alza del 0,03%... LVE210794 **34 mejora:** En cambio, en los varones las mejoras aportadas por el integrelin fueron *insignificantes.* EME071196 **35 descenso:** La tendencia a la baja estuvo presente en el mercado continuo español durante toda la jornada, aunque el descenso era *insignificante.* EME300896

E SUSTANTIVOS QUE DENOTAN EQUIVOCACIÓN O INFRACCIÓN: **36 error ++:** ...el denominado periodismo de investigación quedaría cojo con errores que, aunque sean tan *insignificantes* como los que acabo de describir, sí son importantes... EME220396 **37 despiste +:** Se nos echó en cara un despiste *insignificante* que perfectamente podría haber pasado desapercibido. INDOC **38 delito +:** No concibe la literatura sin humor, pero sus novelas (...) hablan de delitos *insignificantes,* de la culpa, de la bondad discreta. EME300795 **39 falta:** ...dio un impresionante cabezazo en la nariz a un defensa del Aberdeen, en represalia por haber recibido una falta *insignificante.* LVE301195 **40 lapsus:** ...se cometió un lapsus que, aunque aparentemente *insignificante,* cambia significativamente el sentido del mensaje que se intentaba transmitir. LHG260700

F SUSTANTIVOS QUE DESIGNAN LOS EFECTOS DE LAS ACCIONES PUNITIVAS O LAS MAGNITUDES CON LAS QUE SE MIDEN: **41 sanción:** «Las sanciones adoptadas son *insignificantes* y antiproductivas»... LVE290296 **42 castigo:** Sin duda, sabía, como supe yo después por los agentes, que su castigo sería *insignificante.* EME220695 **43 pena:** «Mi hermano lleva diez años enterrado, por estos policías, y no nos conformamos con esta pena *insignificante*». EME090494 **44 condena:** La *insignificante* condena impuesta a los hermanos Rodríguez por un juez sin rostro puede ser una vergüenza... SEM280197

G SUSTANTIVOS QUE DENOTAN CAUSA: **45 motivo +:** De naturaleza extremadamente violenta, ha matado a varias personas por motivos *insignificantes.* LVE131296 **46 causa +:** El resultado es una exageración apoyada en causas *insignificantes,* entre las que no falta «radio macuto»... EME280394 **47 razón:** No tuvo por qué enfadarse, y menos por una razón tan *insignificante* como la que nos echó en cara. INDOC

H SUSTANTIVOS QUE DESIGNAN EL EFECTO DE AYUDAR O COOPERAR: **48 participación:** En la actualidad, esa participación es *insignificante* (...), aunque llegó a ser del 11%... EPE120699 **49 cooperación:** ...esta cooperación procedente de Estados Unidos es prácticamente *insignificante* en relación con los recursos... GIC111796 **50 colaboración:** Hillary Clinton se desmarcó de esta colaboración, que calificó de *insignificante.* LVE160196 **51 aportación:** ...se hace historia y comentario de la relativamente *insignificante* aportación española al género. EPE020297 **52 ayuda:** ...la ayuda comunitaria es demasiado *insignificante* para tan magnas obras... EME131096 **53 respaldo:** Rosa Díez (...) ha cosechado un respaldo *insignificante.* EPE230700

☐ Véase también: **inapreciable, irrisorio, nimio, venial.**

insinuación ♦ **capcioso, claro, envenenado, explícito, hiriente, implícito, leve, malévolo, malicioso, malintencionado, mínimo, nuevo, vago** ♦ **aceptar, captar, ceder (a), dejar caer[6], deslizar(se), hacer, hacer oídos sordos (a), lanzar[5], rechazar, soltar, verter[21]**

☐ Véase también: **sugerencia.**

insistencia ♦ **contumaz[2], denodado[7], infructuoso[10], inquietante, machacón, pertinaz[16], porfiado, tenaz[10]** ♦ **con** ♦ **criticar, llamar la atención, soportar, sufrir**

☐ Véase también: **constancia, énfasis, insistentemente, insistir.**

insistentemente *adv.* ▮ Acepta diversos verbos de lengua *(hablar, decir, preguntar, señalar, explicar, comentar, declarar, mencionar, aludir, citar, alabar, prometer, rezar)* y numerosos verbos de acción de naturaleza no verbal, especialmente los que denotan uso o empleo *(usar, utilizar, recurrir a, acudir a)* o designan acciones que es normal caracterizar como hábitos *(fumar, beber).* Destacan asimismo sus combinaciones con...

A VERBOS QUE DENOTAN REQUERIMIENTO O SOLICITUD: **1 pedir ++:** Fue cuando nos dimos cuenta del motivo por el cual Riera, nos pidió *insistentemente* que fuéramos a entrevistar a la señora de Brea. ESP120597 **2 reclamar ++:** ...se apeló a un decreto supremo de excepción, con el propósito de beneficiar al departamento y no seguir postergando los trabajos de desarrollo, reclamados *insistentemente* por las provincias... LTB050900 **3 solicitar ++:** ...lo lógico es que se apruebe la creación, ya que ha sido solicitado *insistentemente* por la Audiencia y por el CGPJ. LVE210995 **4 demandar +:** ...las compañías automovilísticas españolas han demandado *insistentemente* la reducción de la fiscalidad con que se grava la venta de automóviles de turismo. LVE280696 **5 exigir +:** Sindicatos, asociaciones de ayuda y ONGs han venido exigiendo *insistentemente* una prórroga del plazo. EME230896 **6 requerir +:** El teniente de alcalde señaló que la documentación ha sido requerida *insistentemente* en las últimas semanas. LVE080696 **7 rogar +:** Tras rogarles *insistentemente*, los consumidores que llegaran a sus casas a constatar que no habían tales fugas, por fin enviaron técnicos... LHG260700 **8 reivindicar:** ...un documento de trabajo y de debate sobre el Pacto Local, reivindicado *insistentemente* por la FEMP, ya que entiende que los ayuntamientos pueden prestar un mejor servicio... EME300394 **9 invocar –:** No puede invocar *insistentemente* una supuesta aritmética parlamentaria alternativa para fastidiar al ganador de las elecciones. LVE040296

B VERBOS QUE DENOTAN REITERACIÓN: **10 repetir ++:** Toda esa movida parece confirmar algo que repite *insistentemente* su directorio... CLA080797 **11 reiterar +:** En su declaración reiteró *insistentemente* que no conoció al ex Presidente de la República, ni tampoco a Raúl, ni a José Francisco... EXC020496 **12 recordar +:** ...McDonald's Francia recuerda *insistentemente* para defenderse que emplea, a tiempo parcial o en precario, ciertamente, a unos 30.000 asalariados... EPE130700 **13 volver:** Volvía *insistentemente* a sus obsesiones de siempre. INDOC

C VERBOS QUE DESIGNAN ACCIONES CARACTERIZADAS POR LA EMISIÓN DE SONIDOS, A VECES LAMENTOS: **14 sonar ++:** A pesar de la discreción que ha rodeado la recepción de propuestas y la selección de las diez finalistas, desde hace un mes suena *insistentemente* el nombre de Rafael Moneo... LVE050996 **15 emitir ++:** El cachorro emitía *insistentemente* ladridos para indicar que tenía hambre. INDOC **16 quejarse +:** El acuerdo fue firmado en 1992 con el ministro español del Interior José Luis Corcuera, y éste se quejó *insistentemente* de que Rabat no lo cumplía. EPE180799 **17 llorar +:** Los niños lloraban *insistentemente* porque estaban ya cansados después de tantas horas de viaje. INDOC **18 tocar:** Tocaron *insistentemente* a la puerta y nadie abría. EME230395

D VERBOS QUE DENOTAN LLAMAMIENTO: **19 apelar +:** Por ello apela *insistentemente* a trabajadores, sindicalistas, socialistas desencantados de González... LVE180595 **20 llamar +:** Es esperar el momento de ver una película que aún se está haciendo o que te llama *insistentemente* desde las carteleras del viejo cine de la Gran Vía... EME250694 **21 convocar:** ...¿qué podrían pedir (...) a aquellos de sus votantes hoy renuentes a participar electoralmente y a la vez tan *insistentemente* convocados por los firmantes de este artículo a votarles? EPE250599

E VERBOS QUE DESIGNAN MANIFESTACIONES DE DEFENSA, APOYO O INCITACIÓN: **22 defender:** ...en los cuales el Pontífice defendió *insistentemente* el modelo tradicional de familia. LNP061097 **23 animar:** Fujimori respondió todas las preguntas (...) e incluso animó *insistentemente* a los periodistas a presentar sus inquietudes. CLA240497 **24 aplaudir:** Tanto por el calor de los espectadores, que aplaudieron *insistentemente* al cineasta, como por el esplendor del Palau, la actuación de Woody Allen... LVE270296

F VERBOS QUE DESIGNAN MANIFESTACIONES DE NEGACIÓN U OPOSICIÓN Y, POR EXTENSIÓN, DE CONFRONTACIÓN O ENFRENTAMIENTO: **25 denunciar +:** Párroco de Anáhuac, Camilo Daniel Pérez ha denunciado *insistentemente* la militarización en el país, en especial en la Sierra Tarahumara... PME201096 **26 negar +:** Este ha negado *insistentemente* que Roldán hubiera devuelto ese dinero y ha mostrado su disposición a prestar declaración ante la magistrada para aclarar este asunto. EME190995 **27 criticar:** ...criticó *insistentemente* la «deficiente» entrada de España en la Unión, que fue gestionada por el PSOE en 1986 en condiciones negativas para el país. EME090694 **28 acusar:** ...presentó una solicitud para ausentarse del cargo (...) luego de que se le acusó *insistentemente* de no tener capacidad para dirigir esa agrupación. DYM120996 **29 golpear:** Castillejo, que realizaba su segunda defensa del título, golpeó *insistentemente* el vientre de su rival hasta dejarlo sin aire. EME260394 **30 enfrentar(se):** Así pues, Julio Jara (París, 1962) nos enfrenta *insistentemente* en esta muestra con un breve conjunto de torres recortadas en cristal o construidas en chapa... ABC021294

G VERBOS QUE DENOTAN ACTIVIDAD CONTINUADA, GENERALMENTE INDAGATORIA: **31 buscar ++:** La juez ha buscado *insistentemente* en las últimas fechas su domicilio para citarle. EME270795 **32 perseguir +:** «Fedra», un montaje que Polls ha perseguido *insistentemente*. LVE280495 **33 intentar:** Cuando a las doce de la mañana comenzaron a bajar los primeros coches, después que se hubiera retirado los árboles de la carretera y mientras el quitanieves intentaba *insistentemente* abrir paso... EME230196 **34 trabajar:** ...ahora estamos trabajando *insistentemente* para encontrar el terreno más adecuado... LVE241096

H VERBOS QUE DENOTAN PERCEPCIÓN SENSORIAL: **35 escuchar:** ...el primer tema en promoción, se escucha *insistentemente* desde hace semanas en las principales emisoras de radio de Nueva York... ESH151100 **36 oír:** ...un par de calles más allá los vehículos mecánicos dejaban oír *insistentemente* sus irritantes voces metálicas. LVE050396 **37 mirar:** Miraban *insistentemente* a todo aquél que les pareciera kurdo, o que tuviera que ver con los kurdos. EME140896

☐ Véase también: **insistencia, machaconamente, pesadamente, por activa y por pasiva, profusamente, reiteradamente, repetidamente.**

insistir ♦ **al unísono[17], denodadamente, inútilmente[6], machaconamente[2], por activa y por pasiva[20], reiteradamente[22], repetidamente[11], una y otra vez** ♦ **a base (de), a fuerza (de)**

☐ Véase también: **insistencia.**

insoluble *adj.* ▮ En el sentido de 'que no puede disolverse' se combina con sustantivos que designan sustancias *(fibra, dioxina,aceite, sal)*. En el sentido de 'que no puede resolverse' se combina con...

A SUSTANTIVOS QUE DENOTAN SITUACIÓN ADVERSA O CONFLICTIVA: **1 problema ++:** Además de la crisis económica y política, hay problemas *insolubles*, enigmas, preguntas sin respuesta. EXC110796 **2 conflicto +:** Su intervención consiguió arreglar en una mañana un conflicto que parecía ya *insoluble*. LVE160296 **3 crisis +:** ...años de terrorismo acompañado de una incontrolable e *insoluble* crisis económica. EXP280797 **4 situación +:** La situación será, pues, *insoluble* si se mantiene la bilateralidad beligerante Cuba/EE. UU. EPE021299 **5 atasco:** El scalextric fue un propósito de resolver los problemas de circulación viaria allí donde hay cruces y se producían atascos a veces *insolubles*. EPE310899 **6 dificultad:** Y, sin embargo, ninguna de estas dificultades son *insolubles*. LVE270294 **7 quebradero –:** Jurídicamente era un quebradero de cabeza *insoluble*. EME040396

B SUSTANTIVOS QUE DESIGNAN LO QUE SE CONSIDERA COMPLEJO, MISTERIOSO U OCULTO: **8 enigma +:** Preguntas abundantes que testimonian que sólo se obtiene una respuesta posible agotando interrogantes, enigmas *insolubles*, respuestas inesperadas... ABC181292 **9 cuestión +:** Quizá Solbes hubiera podido añadir que la cuestión no es *insoluble* y que la única manera de resolverla es planteándola... EME140394 **10 dilema +:** Se trata, pues, de un dilema *insoluble*. EME090995 **11 puzle:** Esto convertiría en un «puzzle» tan *insoluble* como letal a sus aderezos de «marketing» electorero. LTB130901 **12 incógnita:** ...se nos enseñan a ver, no como incógnitas punto menos que *insolubles*, sino en el entramado del que emana la alta y concéntrica calidad poética... ABC160493 **13 misterio:** ...eliminan de su vocabulario toda noción de trascendencia –el misterio *insoluble* de la creación de la materia, la realidad del dolor–... EPE130977 **14 entramado –:** ...sin poder tener en cuenta el *insoluble* entramado de las etnias, origen del conflicto entre Zaire, Ruanda y Burundi. LVE171196

C SUSTANTIVOS QUE DESIGNAN NOCIONES CARACTERIZADAS POR LA AMBIVALENCIA DE SIGNIFICADO O POR ALGUNA CONTRAPOSICIÓN ANTITÉTICA: **15 contradicción +:** ...ofrece la particularidad de amalgamar los rostros del joven pintor y de su amigo en una simbiosis que, sin embargo, no deja de entrañar alguna contradicción *insoluble*. ABC021092 **16 paradoja:** Norma, jaleada por Jordi Estadella, dice cosas sensatas, si no fueran germen de paradoja *insoluble* para los escépticos irremediables como yo... EME200395 **17 dualidad –:** La muerte sin descendencia directa de Martin el Humano abrió otra vez el melón de esta dualidad *insoluble*... EPE111299

D OTROS SUSTANTIVOS; POSIBLES USOS ESTILÍSTICOS: Pensó, quizá, que teniendo en cuenta que sólo el alma es *insoluble* en el tiempo, lo mejor era encerrar su arte en muñecos de madera o trapo. LVE190296

☐ Véase también: **irresoluble.**

insondable *adj.* ▮ Se combina con...

A SUSTANTIVOS QUE DESIGNAN COSAS OCULTAS O DE DIFÍCIL CONOCIMIENTO O INTERPRETACIÓN: **1 misterio ++:** Como si fuera un *insondable* misterio, se desconoce la razón de este descalabro ecológico. CLA110197 **2 secreto +:** ...reservan, hasta hoy día, misterios y secretos *insondables*. PME120197 **3 enigma +:** ...esforzándose por entender el enigma *insondable* de la conducta humana. HOY050198 **4 jeroglífico –:** Me resulta más difícil comprender el prestigio crítico del que goza (...), que jeroglíficos *insondables*... EME260595 **5 metáfora –:** ...ponga en sus bocas metáforas *insondables* y símiles con alas de mariposa. EME140196

B SUSTANTIVOS QUE DESIGNAN LUGARES QUE SE CARACTERIZAN POR SER PROFUNDOS, INTRINCADOS O DE DIFÍCIL ACCESO, MUY FRECUENTEMENTE EMPLEADOS DE MANERA FIGURADA: **6 abismo ++:** ...domine en profundidad los abismos *insondables* de la mente femenina. LPN051097 **7 profundidad +:** ...un sordo matiz dramático, de *insondable* profundidad. ABC040294 **8 pozo +:** ...para explicar una vez más los *insondables* pozos de la maldad humana... LVE190395 **9 laberinto:** La experimentación por los laberintos *insondables* de la electrónica... ENV051000 **10 agujero:** José Luis Olivas aseguró haber tropezado con un agujero *insondable* cuando abrió las arcas de la Generalitat. EPE270599 **11 escondite:** Esta agua salida de un imposible, *insondable* escondite... ABC151093 **12 grieta:** La línea de vertido teórico que se produce en esta *insondable* grieta... ABC091294 **13 hueco:** ...un hueco *insondable* que a lo mejor comunica con un túnel... EME120494 **14 fondo:** ...bola disputada palo a palo en el fondo *insondable* de la pista... EME110995

C SUSTANTIVOS QUE DESIGNAN SENTIMIENTOS DE AFLICCIÓN, FRECUENTEMENTE DE PESADUMBRE: **15 tristeza ++:** La impresión final es de una tristeza *insondable*... EPE230799 **16 soledad +:** Advertí en ella un dolor y una soledad *insondables*... ABC311292 **17 dolor:** Era víctima de un dolor *insondable* que le impedía vivir. INDOC **18 agobio:** ...un rostro marcado por (...) la impresión de un agobio dramáticamente *insondable*. EME250295

D ALGUNOS SUSTANTIVOS QUE DESIGNAN LA CONDICIÓN DE TRASCENDER ALGO LOS LÍMITES FÍSICOS O NATURALES: **19 divinidad:** ...para la *insondable* divinidad, reyes y apestados, verdugos y mártires son el mismo ser. EME200595 **20 trascendencia:** ...es un hecho de una trascendencia *insondable*... EME290796 **21 espiritualidad –:** ...muestras de esa espiritualidad rusa tan *insondable*... LVE140795

E ALGUNOS SUSTANTIVOS QUE DENOTAN AUSENCIA DE ALGO O ALGUIEN: **22 vacío:** ...lanzan sus monólogos al *insondable* vacío de oídos ajenos. EPE070699 **23 silencio:** ...la vida es puro ruido entre dos *insondables* silencios. ABC251194

F OTROS SUSTANTIVOS; POSIBLES USOS CRUZADOS: ...el aire se convierte en una muralla *insondable*... [Cf. *infranqueable*] EPE210199

☐ Véase también: **abisal, abismal, inextricable.**

insoslayable *adj.* ▮ Se combina con los sustantivos *asunto, cuestión, tema* y *materia* y también con...

A SUSTANTIVOS QUE DESIGNAN LO QUE EFECTIVAMENTE SUCEDE Y SE CONSIDERA CIERTO O PROBADO: **1 realidad ++:** Dentro de este cuadro de crisis fiscal, toca al Estado moverse y al país tomar conciencia de su realidad *insoslayable*. ETC130297 **2 hecho ++:** ...han logrado poner al poder que usted representa, ante la opinión pública interna y externa, frente a dos hechos *insoslayables*... CAP060297 **3 verdad:** Los partidos no osan decir la verdad (...). Pero la verdad es *insoslayable*. EME120296 **4 conclusión:** Una conclusión *insoslayable*, tras década y media de tempestades, retrocesos y costos sociales, es que las teorías se quedaron chiflando en la loma. EXC230496 **5 dato:** Así como el clima o las condiciones del suelo, hay datos vinculados al ser de la economía política que son *insoslayables* y que no admiten soluciones ideológicas... EPU120701

B SUSTANTIVOS QUE DESIGNAN LA CONDICIÓN PROMINENTE DE ALGO O EL ASPECTO ESENCIAL O FUNDAMENTAL DE ALGUNA COSA: **6 punto de referencia +:** ...es algo así como echar una ojeada rápida (...) de la evolución de la música catalana durante los últimos sesenta años de su historia a través de tres autores que ya son punto de referencia *insoslayable*. LVE040895 **7 referencia +:** ...el pronunciamiento del Tribunal de Luxemburgo no crea jurisprudencia, pero sí una referencia *insoslayable* en futuros litigios. EDV040599 **8 principio +:** Krauss invocó asuntos de principios *insoslayables* para su colectividad. HOY201097 **9 primacía:** En realidad, la primacía en las negociaciones de la dimensión presupuestaria de las políticas era casi *insoslayable* en el estado actual de la Unión Europea... EPE080499

C SUSTANTIVOS QUE DENOTAN TAREA O FUNCIÓN ASIGNADA, Y CON OTROS QUE EXPRESAN LA OBLIGACIÓN QUE COMPORTA: **10 responsabilidad ++:** Matices duros, cuasi trágicos, del país oculto, sumergido, ignorado por aquellos que tienen la *insoslayable* responsabilidad de «hacer algo» por sus conciudadanos. LNP270297 **11 deber +:** Pero las tareas que nos aguardan no pueden, tal vez no deben, correr a cargo sólo del Estado: la sociedad tiene deberes *insoslayables* con el idioma. ABC161092 **12 obligación +:** Frente a él tenemos la obligación *insoslayable* de fortalecer nuestra unión y la voluntad de resistir y multiplicar nuestros esfuerzos en todos los terrenos. GIC062097 **13 cometido +:** La organización criminal afirma que (...) «mientras permanezca el último miembro de una fuerza armada extranjera, el cometido *insoslayable* de los ciudadanos vascos consiste en hacerle frente»... LVE020196 **14 tarea +:** La Cooperativa de Servicios y Obras Públicas y una tarea *insoslayable* en favor de la comunidad. LNP060497 **15 misión:** ...su misión *insoslayable* de difundir la Doctrina Social de la Iglesia, como parte esencial del mensaje cristiano. DYM230796 **16 papel:** ...el Estado está llamado a jugar su papel *insoslayable* de facilitador de esa libertad que necesita el mercado... ESH061000

D SUSTANTIVOS QUE DESIGNAN LO QUE DEBE SER SATISFECHO O CUMPLIDO: **17 necesidad ++:** Hoy en el mundo se reconoce eso, hoy hasta los países imperialistas hablan de educación y de salud como necesidades *insoslayables*, que, por cierto, en el Tercer Mundo no podrán resolver jamás, sino, por el contrario, se agravarán. GIC093497 **18 requisito +:** Para ella, los avalúos deben ser indispensables y un requisito *insoslayable*... LHG190397 **19 exigencia +:** Por último, tiene razón al subrayar que la reducción del déficit no es sólo una exigencia *insoslayable* para acceder a la unión monetaria. LVE300696 **20 condición:** Los derechos humanos de las afganas sólo serán respetados si Occidente lo impone como una condición *insoslayable*, tan importante como no alojar a terroristas. EPE091001 **21 urgencia:** Aunque es una inversión para mantenerla hasta su vencimiento, si surge una urgencia *insoslayable*, siempre puede vender. EME291296 **22 prioridad:** ...los investigadores mexicanos compiten con los mejores del mundo, pero aumentar su número, su alta calidad y preparación representa para México «una prioridad *insoslayable*»... EXC210197

E SUSTANTIVOS QUE DENOTAN MANDATO O PRECEPTO: **23 norma +:** Pero en España hay una norma todavía más *insoslayable* que la Constitución, que dicta que nunca se haga del todo bien aquello que pueda hacerse pasablemente mal. EME150595 **24 imperativo:** Ignorante del derecho y de los *insoslayables* imperativos constitucionales, realizó el inolvidable «Fujimorazo»... PME081296

F SUSTANTIVOS QUE DENOTAN DIFICULTAD O IMPEDIMENTO: **25 problema +:** Pero, dos horas después se comprobó que la cuantía del Cupo y, sobre todo, la presencia de Euskadi en Europa seguían siendo problemas *insoslayables*. EPE281201 **26 obstáculo +:** Si ambos dirigentes (...) creían que Jerusalén iba a ser finalmente un obstáculo *insoslayable*, no debieron aceptar reunirse sin calendario en Camp David... EPE260700 **27 dificultad:** Surgen a veces dificultades *insoslayables* e inconvenientes que no podemos superar. INDOC

inspección ♦ **a conciencia, completo, concienzudo, detallado, duro, estricto, exhaustivo[26], minucioso[9], ocular[2], oficial, pericial, riguroso[11], rutinario, somero[26], superficial, visual ♦ objeto (de)[19] ♦ agilizar[55], hacer, llevar a cabo, obstruir[21], pasar, practicar[14], realizar, someter (a), superar**
☐ Véase también: **búsqueda, investigación, rastreo.**

inspeccionar ♦ **a conciencia, a fondo, a la ligera, concienzudamente[16], con interés, detalladamente[6], detenidamente, exhaustivamente, ocularmente ♦ arma, calidad, contabilidad, cuenta, fábrica, instalación, lugar, mercancía, obra, trabajo, vehículo**
☐ Véase también: **auditar, estudiar.**

inspiración ♦ **a raudales[34], fecundo, fértil[7], lleno (de), pleno (de), poderoso, rebosante (de)[33], repentino, vivo ♦ arranque (de)[27], fuente (de), hálito (de), ráfaga (de)[7], rapto (de)[11], soplo (de)[16], tema (de), toque (de) ♦ captar, carecer (de), irse(le) (a alguien), llegar (a alguien), perder, sobrevenir[7], tener, venir (a alguien)**
☐ Véase también: **genio, ingenio.**

inspirar *v.* ▌ En el sentido de 'aspirar', se combina con sustantivos que designan el aire y diversas sustancias gaseosas *(brisa, aire, oxígeno, anhídrido carbónico)*. En el sentido figurado de 'producir o provocar', se combina con complementos indirectos de persona *(Su actitud no me inspira confianza)*, además de con...

A SUSTANTIVOS QUE DENOTAN CRÉDITO O DESIGNAN OTRAS CUALIDADES QUE EXPRESAN LA CONDICIÓN DE RESULTAR ALGO O ALGUIEN ACORDE CON LAS EXPECTATIVAS DE LOS DEMÁS: **1 confianza ++:** Es un hombre, dijo, que no *inspira* confianza para dialogar con el sector sindical. ENV110796 **2 seguridad +:** ...al descontento con el Gobierno y el PSOE contraponen la «debilidad política» de Aznar, «que no *inspira* seguridad». LVE040196 **3 credibilidad:** Imagina que se *inspirará* mayor credibilidad y confianza en los inversores... CLA310199 **4 fiabilidad:** Y de ahí, también, nace otro punto de conexión entre ambas literaturas: la escasa fiabilidad que *inspiran* sus premios literarios. EPE060399

B SUSTANTIVOS QUE DESIGNAN SENTIMIENTOS DE MIEDO, APRENSIÓN O RETICENCIA CON DIVERSOS GRADOS DE INTENSIDAD: **5 respeto ++:** ...Fujimori dijo sencillamente que las naves en cuestión «*inspiran* respeto». CAP120697 **6 temor ++:** O, a lo mejor, el temor es *inspirado* por posibles declaraciones decisivas... CAP310800 **7 terror +:** ...cumplen con la disciplina y obediencia que sólo puede *inspirar* el terror. EUV210197 **8 miedo +:** Porque el argentino *inspira* miedo. CLA180199 **9 horror:** Tan piadoso maquillaje conceptual *inspiró* horror no sólo en el Perú, sino en todos los países de América Latina. LTB020297 **10 pánico –:** Sufrieron los ciclistas porque el viento *inspira* pánico en el pelotón. EPE080900

C SUSTANTIVOS QUE DENOTAN INCREDULIDAD, FALTA DE CONFIANZA Y OTROS SENTIMIENTOS OPUESTOS A LOS QUE SE DESCRIBEN EN LOS APARTADOS *A* Y *B*: **11 desconfianza ++:** Un policía que *inspira* desconfianza es como un bombero incendiario... PME260197 **12 inquietud +:** ...la dirección de la Escuela de Estado Mayor en momentos en los que el Centro *inspiraba* inquietud. EME191295 **13 recelo:** El rival, uno de los más débiles del torneo, *inspira* recelos pero no temor. LVE170694 **14 escepticismo:** La explicación es lógica: al escepticismo que *inspiraba* la figura del procurador familiar (...) se agregó la falta de atractivo de todos los candidatos... EPE230877

D SUSTANTIVOS QUE DESIGNAN SENTIMIENTOS DE PESADUMBRE, ASÍ COMO OTROS QUE EXPRESAN DIVERSAS FORMAS DE HACERSE PARTÍCIPE DE LA AFLICCIÓN AJENA: **15 compasión ++:** ...al verlas abatidas en tan limitado teatro, *inspiraban* cierta compasión que no está, ni mucho menos, reñida con el goce del arte... ABC181194 **16 lástima ++:** ...se colocaron al lado de la puerta para *inspirar* lástima o como pidiendo limosna... LPH240596 **17 piedad ++:** ...este hombre, mero arabesco lateral, balbuceando su libertad, me *inspira* una piedad pareja a la de sus víctimas inducidas. EME180294 **18 pena:** Consigue *inspirarle* pena a una mujer y tuyo será el Reino de los Cielos. EME090896 **19 conmiseración:** Los congregados, en su mayor parte, eran contemporáneos suyos que hoy *inspiran* más conmiseración que rechazo... EPE241101 **20 indulgencia –:** Lejos de la indulgencia que suele *inspirar* el pasado ya remoto... ABC170192

E SUSTANTIVOS QUE DENOTAN AFECTO, APRECIO Y OTROS SENTIMIENTOS E INCLINACIONES AFECTIVAS HACIA ALGUIEN O ALGO: **21 ternura ++:** ...provocar la irónica ternura que *inspira* siempre la debilidad humana. LVE050295 **22 simpatía ++:** Los piratas informáticos cuyo único objetivo es demostrar la fragilidad de instituciones aparentemente intocables *inspiran* cierta simpatía... FDV070201 **23 cariño ++:** ...tributar este público homenaje que *inspira* la devoción y el cariño a la que es Madre de Dios y de los hombres. EUV170498 **24 afecto +:** ...la pura energía sobrehumana que exhibió durante su larga vida *inspiran* admiración y afecto, incluso a sus antiguos adversarios. ABC201192 **25 deseo +:** Marcelo Mastroianni le *inspiró* este deseo a muchas mujeres... HOY070181 **26 pasión:** Ella le había *inspirado* la pasión, la lujuria, el amor, la esperanza. DDN050599 **27 devoción:** ¿Qué virgen le *inspira* más devoción, al margen de su sentimiento religioso? LVE181195 **28 amor:** En su pequeño frasco de cristal está el secreto de *inspirar* amor o por lo menos de provocar la lascivia. EME280396

F OTROS SUSTANTIVOS QUE DENOTAN INCLINACIÓN DEL ÁNIMO HACIA LAS PERSONAS O LAS COSAS, FRECUENTEMENTE CON LA INTENCIÓN DE ADQUIRIR INFORMACIÓN SOBRE ELLAS O DE SATISFACER OTROS PROPÓSITOS: **29 curiosidad +:** También me *inspiraba* curiosidad Arthur Miller (Nueva York, 1915) pero era curiosidad en zona sombra. LRE060103 **30 interés:** Yo les confieso que, en estos momentos, la campaña me *inspira* un interés y un entusiasmo perfectamente descriptibles. EME170296 **31 morbo:** Sin embargo, lo destacable de este vídeo, además de las imágenes que *inspiran* curiosidad y hasta cierto morbo, es el contenido... EME100296

G SUSTANTIVOS QUE DENOTAN AUSENCIA DE PERTURBACIÓN: **32 tranquilidad ++:** ...tengo confianza plena en los tribunales de Justicia, y ello me *inspira* tranquilidad... FDV160601 **33 serenidad:** ...una mano esperanzadora que *inspiraba* tranquilidad, seguridad y confianza. LVE071195 **34 sosiego:** La quietud, el silencio, la añoranza son una constante en muchas de sus obras. ¿Madrid le *inspira* sosiego? EPE071299 **35 paz:** Sus palabras, sin embargo, *inspiraban* paz. CAP190995 **36 calma:** La televisión no *inspira* precisamente calma ni tranquilidad. INDOC

H SUSTANTIVOS QUE DENOTAN DESDÉN, DESCONSIDERACIÓN O RECHAZO: **37 rechazo +:** Estas no son medidas que arrancan aplausos en las clases media y alta pero *inspiran* rechazo en los estratos bajo y muy bajo. EXP150492 **38 desprecio:** La estraperlista doméstica que traficaba con barras de pan mientras el marido ganaba el jornal en la obra nunca nos *inspira* desprecio, sino compasión y afecto. LVE061095 **39 menosprecio:** ...han dado lugar a chistes y con seguridad *inspiraban* menosprecio a los dirigentes... EME130396 **40 acritud:** Su sola presencia le *inspiraba* acritud. INDOC **41 desdén:** Para estos especialistas, criados en el materialismo dialéctico, la psicología, por sonar a algo espiritual, sólo les *inspiraba* desdén. LVE260696

I ALGUNOS SUSTANTIVOS QUE DENOTAN FASCINACIÓN O DESLUMBRAMIENTO: **42 asombro:** Si sus cuadros religiosos (...) nos *inspiran* más asombro que devoción, es culpa de la época... ABC030192 **43 admiración:** La marca *inspira* la admiración absoluta por un puñado de razones, a cual más impactante. EME130795

▩ Se combina también con: ♦ **directamente, indirectamente, profundamente[89], vagamente[13]**

☐ Véase también: **despertar.**

instalar(se) ♦ a {mis/tus/sus...} **anchas[27], cómodamente, debidamente[46], definitivamente, irrevocablemente[30], plácidamente[19], provisionalmente, temporalmente**

instancia ▮ *(documento)* ♦ **cumplimentar, echar[64], elevar, hacer, oficializar, presentar, redactar**

▮ *(institución)* ♦ **agotar(se)[8]**

☐ Véase también: **burocracia, impreso, trámite.**

instantánea ♦ **captar, exponer, fijar, publicar, revelar, sacar, tomar[79], ver**

☐ Véase también: **fotografía, imagen.**

instante ♦ **álgido[3], crítico, crucial[2], decisivo, eterno, fatídico, fugaz, mágico** ♦ **captar[47], capturar, dedicar (a algo), detener, discurrir, disfrutar (de), fijar, gozar (de), inmortalizar, pasar, perder, saborear[26], tener, transcurrir, vivir**

☐ Véase también: **momento, tiempo.**

instaurar *v.* ▮ Se combina con sustantivos que designan instituciones y regímenes *(dictadura, monarquía, república, democracia, gobierno, tribunal)*, ideologías o doctrinas de naturaleza política *(socialismo, comunismo)* y formas de gobierno, organización, control o gestión *(monopolio, distribución)*, a veces temporal *(horario, calendario, jornada laboral)*. También se combina con...

A SUSTANTIVOS QUE DENOTAN NORMA O DISPOSICIÓN. TAMBIÉN CON OTROS QUE DESIGNAN CIERTAS ACCIONES COERCITIVAS QUE SE ASOCIAN CON ELLAS: **1 ley +:** ...y analizar la necesidad de *instaurar* leyes adecuadas. CLA280297 **2 norma +:** ...una norma ya existente en el estado de Nueva Jersey, *instaurada* después de la violación y la muerte, en julio de 1994, de una niña de siete años... LVE090596 **3 control +:** Este enfoque no le impide defender que se *instaure* un control legislativo exhaustivo de las nuevas biotecnologías... EME060495 **4 disciplina:** ...del esfuerzo que realiza el Ministerio de la Industria Pesquera para *instaurar* la legalidad, el orden y la disciplina en su esfera de influencia. DLA020997 **5 impuesto:** Montoro quiere ahora *instaurar* el impuesto a partir del 1 de enero, «siempre que se apruebe en el Consejo de Política Fiscal y Financiera»... EPE201101 **6 sanción:** Entre ellas se puede citar el fracaso del durísimo sistema de sanciones *instaurado* en la reforma de 1985... LVE110995 **7 condición:** ...de levantar el embargo a cambio de *instaurar* «condiciones más estrictas y controles más rigurosos» para el vacuno británico. EPE271099 **8 restricción:** ...los Quince podrían decidir *instaurar* restricciones a la entrada en territorio europeo... LVE150796

B SUSTANTIVOS QUE DESIGNAN MODELOS ORGANIZADOS DE ACTUACIÓN O COMPORTAMIENTO: **9 programa +:** ...para lo cual *instauró* un programa de promoción a sus instalaciones en toda Europa. DYM240796 **10 modelo +:** ...o personas que no aceptaron el Título VIII –que *instaura* el modelo autonómico–, o que votaron en el Congreso en contra de los estatutos catalán y vasco... EPE251101 **11 régimen +:** ...Daniel Passarella ha *instaurado* un régimen de hierro en uno de los equipos nacionales más importantes del mundo. EME060995 **12 proyecto:** ...y ahora dirigente con resultados positivos, *instauró* un proyecto de incentivos a entrenadores y deportistas... PME260197 **13 política:** En Alemania llegaba Hitler al poder, y en Estados Unidos Roosevelt *instauraba* la política del «new deal» y derogaba la ley seca. ABC090493 **14 plan:** En su lugar, se *instaurará* el plan nacional de previsión y vigilancia de fenómenos adversos... LVE170896

C SUSTANTIVOS QUE DESIGNAN DIVERSAS SITUACIONES O ESTADOS CARACTERIZADOS POR LA AUSENCIA DE CONFLICTO O DE INCERTIDUMBRE: **15 paz +:** Si no hay una completa evacuación israelí de todos los territorios de Palestina, Siria y Líbano no puede *instaurarse* la paz... LVE300395 **16 orden ++:** Ahora más que nunca es necesario *instaurar* un orden internacional que reconduzca a la senda democrática a una globalización... EPE241001 **17 confianza +:** La buena marcha de la economía logrará que se *instaure* la confianza en los círculos bursátiles. INDOC **18 libertad:** ...para que los profesionales conozcan qué nivel de calidad han alcanzado en su trabajo y los ciudadanos tengan un instrumento para *instaurar* la libertad de elección de centros. EPE041099 **19 calma:** Los representantes del ex dictador publicaron un llamamiento para que se *instaure* la calma y la reconciliación indispensables. EPE011287

D SUSTANTIVOS QUE DESIGNAN SITUACIONES O ESTADOS CARACTERIZADOS POR LA VIOLENCIA O EL MIEDO: **20 terror +:** El procedimiento de las matanzas colectivas, como forma de *instaurar* el terror, para combatir cualquier intento de oposición... LHG140797 **21 miedo:** ...si conseguimos una victoria abrumadora, hemos de tener mucho cuidado para no *instaurar* el miedo a que nuestra mayoría se utilizará para dominar a las minorías. EME010594 **22 recelo:** ...esa dentellada de culpa que pareció cortar su intimidad conyugal, *instaurando* un odioso recelo en sus mutuas miradas de soslayo. ABC220995 **23 violencia:** ...no hace más que confirmar las presunciones de que el golpe de estado, en vez de lograr estabilidad, *instauró* la violencia en este país del norte de África. ECA010792

E SUSTANTIVOS QUE DESIGNAN CIERTAS ACCIONES JUDICIALES: **24 demanda +:** Digital se demoró un poco en *instaurar* la demanda debido a que no quería ejecutar ninguna acción frívola, sin bases sólidas. ETC190597 **25 denuncia +:** ...documentación al parecer de suma importancia para la denuncia penal *instaurada* por dos diputados nacionales... LPA220592 **26 juicio:** Macas sostuvo que el ministro de Gobierno, César Verduga, quien *instauró* un juicio penal en contra de Saltos... DHE121197

F SUSTANTIVOS QUE DESIGNAN PROCESOS ELECTIVOS, ENTENDIDOS COMO ACCIONES OFICIALES O INSTITUCIONALES: **27 elección:** Lo seguro, desde ya, es que en ella se *instaurarán* las elecciones presidenciales directas. HOY180385 **28 sufragio:** ...el artículo que *instauraba* el sufragio para hombres y mujeres... EPE131201 **29 voto:** ...generalizó la enseñanza, *instauró* el divorcio vincular, la separación de la Iglesia y el Estado, el voto secreto... LVE230596

G SUSTANTIVOS QUE DENOTAN USO O COSTUMBRE: **30 costumbre ++:** La costumbre *instaurada* por De Gaulle cuesta al Estado 8.000 millones de francos en multas impagadas. EME060595 **31 tradición:** Intentaron convencerle para que, fiel a una tradición por él *instaurada* en Seúl y Barcelona... EME060896 **32 moda:** ...se está *instaurando* la moda de unos bancos (unipersonales o dobles) para permitir el descanso de los ciudadanos. EPE260799

H ALGUNOS SUSTANTIVOS QUE DENOTAN UNIÓN: **33 lazo:** ...debería permitir *instaurar* «lazos privilegiados» entre aquellos estados que lo deseen. LVE170395 **34 alianza:** Las alianzas entre partidos se *instauraron* como práctica habitual. INDOC **35 vínculo:** ...estudiar la posibilidad de *instaurar* un vínculo entre los tipos de cambio reales y la evolución de tipos de cambio... EME130696

I OTROS SUSTANTIVOS; POSIBLES USOS ESTILÍSTICOS: ...el hiato *instaurado* entre una economía de mercado, que se ha vuelto propietaria exclusiva de este mundo... BRE160597

□ Véase también: **erigir(se), establecer, implantar, reinstaurar.**

instigar (a)

♦ **con artimañas, impunemente, insistentemente, subrepticiamente** ♦ **ataque, campaña, conflicto, crimen, debate, delito, desorden, disturbio, rebelión, violencia,** *otros sustantivos que designan enfrentamientos*

□ Véase también: **incitar (a), inducir (a), invitar (a), provocar.**

instintivo *adj.*

■ Se combina con...

A EL SUSTANTIVO *MOVIMIENTO* Y CON OTROS QUE DESIGNAN REACCIONES DIVERSAS ANTE UN DETERMINADO ESTÍMULO: **1 reacción ++:** Esa llovizna otoñal, esas nieblas matutinas, invitan a la sequedad, casi por reacción *instintiva*. RUM101197 **2 gesto ++:** Los adolescentes olvidaron su idioma materno y algunos, en un gesto *instintivo* de sobrevivencia, trataron de borrar el país donde habían nacido. HOY250184 **3 movimiento ++:** Se trata estrictamente de empatía, es decir, de un movimiento *instintivo*, sin carga ideológica y que muy raramente puede conducir a la identificación política. HOY060197 **4 reflejo +:** Se trata de un reflejo *instintivo*, de un tic idiosincrático bastante llamativo. EPE181099 **5 respuesta +:** La respuesta *instintiva* del Espanyol provocó los mejores minutos de fútbol de la tarde... EPE080399

B SUSTANTIVOS QUE DENOTAN RECHAZO Y OTRAS FORMAS DE OPOSICIÓN ANTE ALGO: **6 rechazo ++:** Se trata de un ciudadano frustrado al máximo, sin ninguna ilusión, con un rechazo *instintivo* a todo cuanto represente política y políticos. EUV080996 **7 aversión:** De todos los ya procesados por los crímenes de los GAL, aquel que siempre me ha producido una aversión más honda e *instintiva* es Ricardo García Damborenea. EME230895 **8 desprecio:** ...el excluido que infringe todos los tabúes porque en todo ve impostura, violencia gratuita, desprecio *instintivo* hacia el otro. LVE160595 **9 resistencia:** ...no es pequeña la resistencia *instintiva* a admitir que España se apartó de la gran tradición clásica... ABC300493 **10 desmarque:** ...y aún hoy día parece que se puede observar en «esbarts» y agrupaciones corales catalanas como un cierto desmarque *instintivo*. LVE220795

C SUSTANTIVOS QUE DENOTAN IMPULSO, A VECES EXALTADO O INTENSO: **11 pasión +:** Parece imposible quitarle esa etiqueta de autor realista, testimonial y crítico, propenso a un mundo de pobreza o de pasiones *instintivas*. EME141295 **12 pulsión +:** En psicología es cosa sabida que la renuncia a pulsiones *instintivas* (...) abre a la persona a nuevas posibilidades en el campo de la creatividad y de la generosidad. LVE090495 **13 impulso +:** Que, en medio de ese impulso *instintivo* innato y gozoso que algunos de ellos sienten, y que los mueve a maniobrar un arma, haya un cerebro que les permita discernir. LHG020797 **14 pronto:** A veces me precipito y me dejo guiar por mis prontos *instintivos* y, después, me arrepiento. EME200496 **15 arrebato:** ...el espectador tiene la impresión de hallarse ante una violencia armónica, ante una tensión paradójicamente tranquila, en la que el arrebato *instintivo* está controlado por un firme equilibrio de la forma. EPE180499

D ALGUNOS SUSTANTIVOS QUE DESIGNAN OTRAS FORMAS DE IMPULSO, EN ESPECIAL EL AFÁN DE LOGRAR LO QUE SE PRECISA O SE ANHELA O LA INTENCIÓN PORFIADA DE OBTENERLO: **16 deseo +:** Para él, los sueños estaban llenos de significado latente, y sus extrañas imágenes escondían motivos y deseos *instintivos* de profundas raíces. EPE161199 **17 necesidad +:** ...sabe que está explorando un territorio virgen, y que lo hace con urgencia o necesidad *instintiva*... ABC290995 **18 búsqueda +:** Oscilando entre la búsqueda *instintiva* de un orden y lo incierto de la propia experiencia... ABC080494 **19 gana +:** Le venían a veces unas ganas *instintivas* de gritar. INDOC

E ALGUNOS SUSTANTIVOS QUE DESIGNAN SENTIMIENTOS DE RECELO E INQUIETUD EN DIVERSOS GRADOS: **20 miedo +:** Era el miedo *instintivo* de intuir que manejaban una poesía radicalmente distinta de la europea. ABC131291 **21 desconfianza:** Nos resistimos a transformar la desconfianza *instintiva* en análisis racional. PME171196 **22 temor:** Hasta el catalán más ajeno al mundo jurídico, incluido el que siente un *instintivo* temor por él, considera absolutamente normal que, por ejemplo, cuando va a hacer testamento, pueda disponer de sus bienes como le dé la gana... LVE100595

F SUSTANTIVOS QUE DESIGNAN DIVERSAS CUALIDADES HUMANAS, MÁS FRECUENTEMENTE SI SE RELACIONAN CON LA VIVEZA O CON EL ESFUERZO: **23 espontaneidad** +: El yerro está en llamar sinceridad a lo que es mera espontaneidad biológica, temperamental o *instintiva*. LVE030396 **24 rapidez:** Con nuestra apreciación de su prisa no negamos la eficacia de su factura, con la soltura asombrosa de su pincelada y con la rapidez *instintiva* de su toque. ABC230493 **25 vitalismo:** La tesis de este libro otorga a la pintora Vanessa la fuerza erótica y maternal, el vitalismo *instintivo* y precoz... ABC241293 **26 heroísmo:** El heroísmo *instintivo*, trágico y solitario de los hermanos, en particular de Billy, su inadaptación esencial (...) remiten al western clásico... LVE290396 **27 elegancia** –: ...los montes y los campos tienen ese perfume que les dieron, hace cien años, con una *instintiva* elegancia, los alfareros y floristas del Novecientos que se nos va. ABC160695

instinto ♦ **amoroso, animal, asesino, atávico[44], bajo, básico, criminal, de conservación, de supervivencia, felino, fino, goleador, gregario, impulsivo, indomable, irracional, irrefrenable[15], irreprimible, maternal, natural, primario, primitivo, profundo, puro, sexual, visceral[46], vital** ♦ **abandonar(se) (a), aflorar[77], aguzar[12], atemperar, contener, controlar, dar rienda suelta (a), dejarse llevar (por)[62], desarrollar, desbocar(se)[2], desfogar, despertar, domar, dominar[2], expresar, liberar, reprimir, seguir, templar**

□ Véase también: **impulso, reacción.**

institución ♦ **académico, antiguo, arraigado[26], con solera, cultural, de capa caída[23], deportivo, firme, frágil, fuerte, intachable, político, privado, público, tradicional** ♦ **al abrigo (de), a resguardo (de)** ♦ **apuntalar, blindar[27], centralizar, conspirar (contra), copar[11], crear, desnaturalizar(se), dirigir, enderezar, ensuciar, erosionar[2], fundar, llevar adelante, ocupar, presidir, quebrar(se), reforzar, refundir, respetar, robustecer, seguir, socavar[10], zozobrar**

INSTITUCIÓN Véase: ORGANIZACIÓN

instrucción ♦ **apremiante[32], claro, detallado, expreso, minucioso, pormenorizado, preciso, somero, sumarial** *(proceso judicial)*, **taxativo** ♦ **acatar[16], atenerse (a), causar, ceñir(se) (a)[13], contravenir, cumplir[74], cursar, dar[185], desobedecer[14], desoír[24], emanar[14], enviar, hacer, incumplir[18], obedecer, observar, recibir, seguir[50]**

□ Véase también: **consigna, mandamiento, mandato, norma, orden.**

instruir ♦ **causa, expediente, procedimiento, proceso, sumario**

□ Véase también: **mandar, ordenar.**

instrumento ♦ **acompasado, adecuado, decisivo[57], de precisión, disuasorio, eficaz, imprescindible, inadecuado, ineficaz, inútil, novedoso[22], perfecto, potente, propicio[30], rudimentario, sofisticado, tosco, útil, válido, versátil** ♦ **afinar, aplicar, desplegar, dotar (de), emplear, interpretar, perfeccionar, poner en juego, servir (de), tocar, usar**

□ Véase también: **arma, herramienta, medio, recurso.**

INSTRUMENTO

♦ (SUSTANTIVOS) Véase: **al cuello[B], curativo[F], golpe (de)[A], pertrechar(se)[A], propicio[F]**

□ Véase también: ARMA; RECURSO.

insuficiente ♦ **absolutamente, a todas luces, de todo punto, enteramente, totalmente** ♦ **cantidad, condición, magnitud, medio, recurso, requisito**

□ Véase también: **precario.**

insuflar *v.* ▮ Se combina con sustantivos que designan fluidos, normalmente gaseosos, así como algunas formas de medirlos *(aire, oxígeno, soplo, hálito)*. También se combina con...

A SUSTANTIVOS QUE DENOTAN ENERGÍA VITAL, FUERZA, ÍMPETU, CORAJE Y OTRAS ACTITUDES Y ESTADOS DE ÁNIMO QUE SE REQUIEREN A MENUDO PARA OBTENER LO QUE SE PERSIGUE: **1 vida** ++: Don José existe desde el instante en que conoce a Carmen, ella le va a *insuflar* vida y personalidad y él vivirá y morirá por ella. ABC130392 **2 aliento** ++: ...la versión resulta vulgar, anodina, falta de personalidad, pero se transfigura con renovado fulgor si un verdadero artista le *insufla* su aliento. ABC090793 **3 espíritu** +: Le *insufló* el espíritu guerrero que sale por cada poro de su piel... EME050196 **4 ánimo** +: Conoce al rival y su complicación pero intenta *insuflar* ánimo a sus hombres. EME031295 **5 moral** +: La satisfacción de creerse el eje político del Parlament en la próxima legislatura *insufló* moral a los «populares»... EME201195 **6 vitalidad** +: Heisler sacó un gran partido de los escenarios naturales e *insufló* vitalidad, temperamento y una elegante concisión. LVE030996 **7 energía** +: ...la oración nos trae a la vida emociones que aquilatan convicciones, que *insuflan* energía a ideales desfallecientes... EDV110101 **8 fuerza** +: El mayor peso de los impuestos, añadido a las denuncias de mala administración y sobornos en el ayuntamiento, está *insuflándole* fuerza al movimiento para abolir Miami... ENH020397 **9 vigor** +: Desde el primer momento la grada *insufló* vigor y cariño a sus jugadores y les empujó a evitar lo que podría haber sido una catástrofe. LVE101196 **10 brío** +: La llegada del ex Presidente de la República y padre de la candidata (...) *insufló* nuevos bríos a quienes esperaban ansiosamente cada cómputo. HOY151297 **11 optimismo** +: ...los trajes curvilíneos y los trajes de gala se encargaron de *insuflar* el optimismo necesario a una pasarela... LVE160795 **12 confianza** +: González dedicó sus intervenciones a *insuflar* confianza a su partido ante esas elecciones. LVE260395 **13 valor:** El «Predicador» *insuflará* valor a los mineros oprimidos y les salvará de Stockburn y sus mercenarios. LVE280596 **14 entusiasmo:** Así empezó González una alocución con la que trató de *insuflar* entusiasmo a sus seguidores ante las elecciones del 28 de mayo... LVE250395 **15 ilusión:** «CiU debe ser capaz de *insuflar* esta ilusión», concluyó. EME080694

B SUSTANTIVOS QUE DESIGNAN LA ESENCIA, EL CONTENIDO, EL SIGNIFICADO Y OTROS ASPECTOS INTERNOS DE LAS PERSONAS O LAS COSAS A MENUDO CONSIDERADOS FUNDAMENTALES O DISTINTIVOS: **16 alma:** Estos «Power Rangers», en cambio, tienen alma: la que les *insufla* la tele, en descarga graneada de anuncios... LVE291295 **17 carácter:** Vanessa Redgrave la lidera, la dirige, le *insufla* carácter y determinación, pero no es su portavoz. EME220895 **18 personalidad:** El entrenador logró finalmente *insuflar* su personalidad al conjunto del equipo. INDOC **19 temperamento:** Heisler sacó un gran partido de los escenarios naturales e *insufló* vitalidad, temperamento y una elegante concisión. LVE030996 **20 carisma:** ...celebró allí espeluznantes ceremonias espiritistas, con la colaboración de Isabel, a la que trataba de *insuflar* el carisma de la difunta. EME170396 **21 contenido:** Frente a esta amenaza, Duran Lleida trata de *insuflar* un contenido político ideológico de centro-derecha a la coalición en la que se encuentra... EME101296 **22 sentido:** Tenemos toda una orquesta a nuestra disposición a la que hay que *insuflar* ese sentido del ritmo que es necesario para la danza... ABC041292 **23 carga:** Uno de los pocos conseguidos intentos de *insuflar* una carga trágica unida a elementos psicoanalíticos en el género del western. LVE190495 **24 calado:** ...Preminger le sabe *insuflar* elegancia, dotes de observación y calado dramático... LVE151194

C SUSTANTIVOS QUE DESIGNAN DIVERSOS CONTENIDOS O RESULTADOS DE LA FACULTAD DE RAZONAR: **25 idea:** ...no dudó en visitarles periódicamente en prisión, amparado en su condición de abogado, para *insuflarles* la idea de que resistieran, de que todo se iba a arreglar... EME280196 **26 pensamiento:** Hay también densos pensamientos filosóficos *insuflados* en la ligereza del humor... EME050394 **27 dogma:** Aquí se han pasado siete años *insuflándonos* unos valores y unos dogmas que han vaciado de energías productivas a la sociedad. EME220594 **28 filosofía:** Esta es la filosofía que ha *insuflado* el actual candidato a la alcaldía de Bilbao a su equipo. EPE170499

D SUSTANTIVOS QUE DENOTAN ASPECTO O FACTOR CARACTERÍSTICO O NOTORIO DE ALGO: **29 toque** +: Eso sí le atribuyó haber *insuflado* el toque femenino a sus negociaciones. EPE240499 **30 impronta:** ...y perdiendo así esa impronta emprendedora que nuestra resuelta alcaldesa ha sabido *insuflar* a sus conciudadanos. EPE270699 **31 halo:** ...no tardó en recuperar el tiempo perdido para *insuflar* cierto halo político a un departamento, que parecía condenado a calcar la labor asistencial... EPE271299 **32 matiz:** ...ha *insuflado* (...) un amplio abanico de matices, que van desde la picardía y el humor, hasta la pena y la emoción que desembocan en el llanto. EME210195

E OTROS SUSTANTIVOS; POSIBLES USOS ESTILÍSTICOS: Despues de tres meses de inactividad se me antoja una proeza hilvanar una frase medianamente lógica, *insuflarme* de adjetivos... EME230395; Enmascarar lo que podía valer por sí mismo, para *insuflarle* alharacas, superficialidad, luminarias de pacotilla y demás trivialidades. EPE221199

☐ Véase también: **infundir.**

insultar ♦ **a diestro y siniestro[14], a gritos[14], a la cara[5], a voces[12], de palabra[4], descaradamente[36], desconsideradamente, impunemente, por escrito, verbalmente[42], vilmente[19], violentamente**

☐ Véase también: **agredir, injuriar, ofender.**

insulto ♦ **a diestro y siniestro, afilado, despectivo[30], directo, gratuito, hiriente, ignominioso, incalificable, indignante, inflamado, inocuo, insidioso, intolerable, mordaz, procaz, propenso (a), provocativo, soez, vejatorio[30]** ♦ **alud (de), aluvión (de), avalancha (de)[5], cruce (de), cúmulo (de), guerra (de), lluvia (de)[11], sarta (de)[25]** ♦ **acallar[26], arreciar[38], bordear[27], capear[17], constituir, contestar (a), cubrir(se) (de)[5], dedicar, derramar[3], enzarzarse (en)[17], escatimar, lanzar[8], llover, proferir[6], prorrumpir (en), rayar (en), recaer[94], recibir, replicar (a), representar, soltar, tolerar, verter[11], vomitar**

☐ Véase también: **agravio, calumnia, improperio, infamia, ofensa (a).**

intachable *adj.* ▮ Se combina con sustantivos de persona individuales o colectivos *(demócrata, ciudadano, hombre, persona, caballero, reparto, gobierno)*, así como con otros que designan instituciones *(club, institución, estado)* y obras, generalmente de creación *(comedia, película, pieza, artículo, libro)*. Asimismo se combina con...

A SUSTANTIVOS QUE INDICAN CONDUCTA, COMPORTAMIENTO O ACTITUD: **1 conducta** ++: Propone a Hipólito y sus seguidores y algunos otros compañeros meritorios y de conducta *intachable*, ponerse de acuerdo para mantener la hegemonía del PRD en la capital... LDD260697 **2 comportamiento** ++: El presidente valenciano manifestó que el comportamiento del Gobierno ha sido *«intachable»*... ENC001201 **3 proceder:** Un renacer probablemente salido de tono e injusto, habida cuenta del *intachable* proceder de la RFA en la construcción de una nueva Europa. LVE040195 **4 actuación** +: Pero, si su actuación al frente de la Guardia Civil fue realmente *intachable*... EME070494 **5 actitud** +: «Están absolutamente equivocados quienes dicen que Lepe ha tenido una actitud *intachable* dentro del Ejército», dijo. EPD011197 **6 hábito:** Al menos, sus hábitos son *intachables*. EME230796 **7 predisposición:** ...mi predisposición de aquella noche de sábado era *intachable*: no quería arruinar el entusiasmo de nadie con mis rostros de náufrago o esos comentarios... EPE310399

B SUSTANTIVOS QUE DENOTAN CURSO PROFESIONAL O VITAL. TAMBIÉN CON OTROS QUE DESIGNAN EL CONJUNTO DE ACTIVIDADES QUE SE EVALÚAN A LO LARGO DE UN PERÍODO DILATADO Y –POR EXTENSIÓN– ESE MISMO PERÍODO: **8 trayectoria** ++: ...entregó los respectivos galardones a los homenajeados, destacando su amplia e *intachable* trayectoria en el ejercicio periodístico. LTH240597 **9 carrera** ++: ...explicaron que lleva 20 años trabajando en la empresa con una carrera *intachable*. DDN290499 **10 expediente** +: Su *«intachable»* expediente del colegio Cisneros es una de las razones que... EME221095 **11 historial** +: ...un hombre cuyo denominador es su honradez material, su ética y su *intachable* historial personal y profesional... EME220595 **12 antecedentes:**

...no resulta nada fácil dotar a los actuales cuerpos y fuerzas de seguridad del Estado de antecedentes *intachables*... EPE190199 **13 currículum:** Thomas Muster, 17 del mundo, tiene un currículum sobre tierra batida *intachable*. LVE090495 **14 hoja de servicios:** ...un acto de reconocimiento a sus merecimientos profesionales y a su *intachable* hoja de servicios... CAR101197 **15 hoja de vida:** ...afirmó que su hoja de vida es *intachable*, que en los círculos académicos esas son cosas obvias y que se trata de hacerle daño... SEM161000 **16 vida:** De *intachable* vida familiar –sería una sorpresa que sus enemigos políticos le descubrieran una aventura–... EPE030199 **17 pasado +:** ...me parece una falta de respeto que se hable así de un miembro del Poder Judicial de pasado *intachable*. CAR131097

C SUSTANTIVOS QUE DESIGNAN DIVERSAS CUALIDADES GENERALMENTE HUMANAS, MÁS FRECUENTEMENTE SI ESTÁN RELACIONADAS CON LA RECTITUD PERSONAL: **18 honradez ++:** El jefe de la Marina norteamericana, con fama de honradez *intachable* y brillante hoja de servicios, se suicidó mientras era investigado por la prensa... LVE200596 **19 elegancia:** Su figura frágil, llena de ternura, de una elegancia *intachable*, simple, casi monacal... EME050996 **20 honestidad +:** En todos sus cargos se destacó por su *intachable* honestidad. ETC160494 **21 corrección +:** Personalmente, el líder de la derecha es elegante, de una corrección *intachable* y fría... EPE020685 **22 modales:** ...la madurez del perfecto caballero, cuyos *intachables* modales permiten a la vez presumir de un encanto un poco canalla... ABC280292 **23 calidad:** Con unos taxistas de una calidad humana *intachable* para tratar a personas con nuestros problemas. EPE211199 **24 profesionalidad:** ...periodistas de menor renombre –salvo alguna excepción– pero de *intachable* profesionalidad... LVE160795 **25 coherencia:** ...en vista de que el turolense estaba moviendo al líder con una coherencia *intachable*. EME050695 **26 integridad:** ...desconocen «tanto la *intachable* integridad de los fiscales asignados al caso como que éstos han actuado con exquisita sujeción a la legalidad vigente». EME070594

D SUSTANTIVOS QUE DESIGNAN FORMAS DE EJECUTAR O LLEVAR A CABO ALGUNA ACTIVIDAD, A MENUDO DE CARÁCTER ORGANIZATIVO O ADMINISTRATIVO. POR EXTENSIÓN, CON OTROS QUE DESIGNAN ESAS MISMAS TAREAS: **27 gestión ++:** ...su gestión al frente del gobierno municipal ha sido *«intachable»* y que no tiene «ni un solo borrón»... EPE080799 **28 técnica:** ...ganarse al público sevillano sólo con una técnica *intachable*, sin apelar al «pellizco» tan propio del flamenco, de la casta, del «arte» como le llaman... LVE200495 **29 administración:** ...una *intachable* y eficiente Administración Civil y una economía de ensueño. EPD300697 **30 organización:** ...ser garantes de una organización democrática *intachable*, en la que estén representados todos los sectores en la dirección efectiva del sindicato... EME170196 **31 trabajo +:** Nos ha cogido por sorpresa, porque su trabajo con nosotros ha sido *intachable*. EPE241299 **32 labor:** ...su labor ha sido calificada de *intachable* desde la fiscalía... LVE240195

E SUSTANTIVOS QUE DESIGNAN EL PRESTIGIO O LA CONSIDERACIÓN QUE SE TIENE DE ALGUIEN: **33 imagen ++:** Su imagen, hasta entonces *intachable*, se tiñó del barniz del escándalo. EME020795 **34 reputación ++:** Entonces todo se olvida y se le vuelve a considerar la persona con la reputación más *intachable* del mundo... CAN020201 **35 prestigio +:** ...por ello deseamos que el prestigio social de esa profesión sea *intachable*... LVE151095

F SUSTANTIVOS QUE DESIGNAN VALORES O CREENCIAS: **36 ideología +:** ...presidente entonces del Gobierno y hombre de *intachable* ideología izquierdista... EPD210497 **37 moral:** ...un cartel electoral con figuras «coherentes» y de *intachable* moral. EME240394 **38 ética:** La gente ya no exige tanto una ética *intachable* a los políticos, los religiosos o los intelectuales como a los actores... EPE241099 **39 valor:** «Era una persona con unos valores *intachables*». Estas palabras fueron reiteradamente repetidas, a lo largo de todo el día, por todos... EME080294

G OTROS SUSTANTIVOS; POSIBLES USOS ESTILÍSTICOS: Puede presumir también de poseer una afinación casi *intachable* y una espectacular regulación dinámica, que le lleva a realizar notables proezas expresivas... ABC031195; El caso es que no sólo tú, sino esa aristocracia *intachable* que compone mi exiguo grupo de amigos (la tanguista del entresuelo, el chófer de Tania...)... LVE130896

☐ Véase también: **impecable**.

intacto *adj.* ▮ Se combina con sustantivos que designan cosas materiales. Construido como complemento predicativo se combina con...

A VERBOS QUE DENOTAN MANTENIMIENTO, PERMANENCIA O CONTINUIDAD: **1 conservar(se) ++:** ...el ex jefe supremo (...) que parece conservar *intacto* parte de su inmenso poder. EME040395 **2 mantener(se) ++:** Su belleza también se mantiene *intacta*. CAR090697 **3 seguir ++:** ...aseguró que «sus cualidades siguen *intactas*». EME011095 **4 quedar(se) ++:** «Tan solo había una bombona de butano que ha quedado *intacta*». EME100196 **5 permanecer +:** ...declara (...) que sus facultades permanecen *intactas*... EME231096 **6 preservar +:** ...se preservó *intacto* el régimen autoritario... CAP041001 **7 continuar:** ...sus sofisticadas defensas antiaéreas continúan *intactas*... ENC310599 **8 dejar +:** ...el Gobierno ha dejado *intactos* los pilares básicos del Estado de bienestar... EME080696

B VERBOS QUE DENOTAN DEVOLUCIÓN O ENTREGA: **9 reintegrar:** Todo el material robado fue reintegrado *intacto* al museo. INDOC **10 devolver:** ...debe devolvernos *intacto* el esplendor que ésta tuvo en su origen. EPE130800 **11 entregar:** Cuando alguien tiene esa actitud respetuosa por la realidad, ella entonces, como agradecida, parece (...) entregarle su misterio *intacto*; ése es el misterio que hay en Fidias, en Van Eyck... ABC041292

C ALGUNOS VERBOS QUE DENOTAN RESULTADO: **12 salir ++:** Tailandia fue el único país de Asia que salió *«intacto»* de la guerra. EME200895 **13 resultar:** Las instalaciones resultan *intactas*. EPE160599 **14 acabar:** Menos mal que el coche acabó *intacto* después de tantos percances. INDOC

D VERBOS QUE DENOTAN RECUPERACIÓN, HALLAZGO Y OTRAS FORMAS DE OBTENER ALGUNA COSA O DE HACERSE CON ELLA: **15 hallar +:** La policía halló *intactos* en un desván los diez cuadros robados. EPE040499 **16 recuperar:** Debemos recuperar *intacto* el pensamiento, el corazón (...) del autor que creó esta obra. ABC190393 **17 encontrar:** ...los interrogantes que (...) no pudo resolver se los van a encontrar *intactos*... EME160194 **18 rescatar:** ...al final, como el protagonista de una película de Hollywood, fue rescatado *intacto* y sonriente. EME090695 **19 recoger:** ...embalar la cocaína (...) para después poder recogerla *intacta*... EPE270199 **20 heredar:** ...heredó prácticamente *intacta* toda una maquinaria electoral... LVE230995

E VERBOS DE MOVIMIENTO QUE DENOTAN APARICIÓN O PRESENCIA. TAMBIÉN CON OTROS QUE DESIGNAN LA ACCIÓN DE HACER ALGO VISIBLE O PONERLO DE MANIFIESTO: **21 aparecer +:** Poseo una hermosa fotografía en color en la que la cúpula aparece *intacta*. LVE230595 **22 llegar +:** ...este tipo de alimento llega *intacto*. LVE170195 **23 regresar:** ...las naves de su país regresaron *intactas* y salvas a su base... CLA060199 **24 reaparecer:** ...papeles de seda que se rasgan meticulosamente para reaparecer *intactos*... LVE201295 **25 mostrar:** El inspector mostró *intacto* el cuadro a los numerosos periodistas que lo rodeaban. INDOC **26 presentar:** ...presentaba un cartucho calibre 22 *intacto* en la recámara. LNP010397

F OTROS VERBOS; POSIBLES USOS ESTILÍSTICOS: ...y haces brillar *intacto* entre los hijos. PME131096

integración ♦ **cultural, económico, laboral, nacional, parcial, perfecto[8], pleno, profundo[28], regional, social, territorial, total** ♦ **acuerdo (de), camino (de), fórmula (de), grado (de), política (de), proceso (de), proyecto (de)** ♦ **acelerar, asegurar, completar, controlar, entorpecer, impulsar, propulsar, torpedear, vigilar**
☐ Véase también: **conexión, integridad, mezcla, relación, unión.**

integral *adj.* ▮ En el sentido de 'completo, total' se combina con sustantivos de persona, más frecuentemente si se refieren a la función que esta desempeña *(madre, artista, escritor, maestro)*. También se combina con adjetivos sustantivados que denotan actitud o adscripción a una ideología o una tendencia *(rebelde, fascista, comunista)* y con sustantivos que designan esas mismas doctrinas o corrientes ideológicas *(nacionalismo, humanismo, catolicismo)*. Se combina también con sustantivos que designan colores *(gris, negro)*, manifestaciones artísticas o disciplinas *(geometría, teatro, música)* y actos o eventos, generalmente públicos *(homenaje, espectáculo, retrospectiva, exposición)*. Se combina además con sustantivos que designan las unidades o las parcelas en que se dividen las actividades educativas *(taller, sesión)*. Acepta también sustantivos que designan etapas o períodos, entre ellos la propia existencia *(experiencia, vida, futuro)*. Admite otros muchos sustantivos, pero destacan especialmente sus combinaciones con los...

A SUSTANTIVOS QUE DESIGNAN LA ACCIÓN Y EL EFECTO DE HIGIENIZAR, LIMPIAR, SANEAR O ADECENTAR ALGO, FRECUENTEMENTE USADOS EN SENTIDO FIGURADO: **1 limpieza ++:** Los populares cargan las tintas en su «plan de limpieza *integral*», un proyecto para reacondicionar el casco urbano... EPE020699 **2 lavado de cara ++:** Desde hace cuatro años, la apuesta del actual alcalde nacionalista, Josu Ortuondo, se ha basado en un lavado *integral* de la cara de Bilbao. EME150595 **3 saneamiento +:** Ahora intentan entrevistarse con el secretario de Estado de Aguas, Pascual Fernández, ante la decisión de los mandamases del PP de no incluir en los presupuestos generales del año próximo el saneamiento *integral* del Guadiaro. LRE170103 **4 desinfección +:** ...después de que otro hospital zaragozano, el Miguel Servet, afrontase un tratamiento de desinfección *integral* tras la muerte de tres pacientes en el centro, también con legionella. EPE010499 **5 depuración:** ...su puesta a punto significa un paso muy importante en la depuración *integral* de las aguas de la cuenca alta del Fluvi.... LVE160796

B SUSTANTIVOS QUE DESIGNAN SISTEMAS O PROCEDIMIENTOS CURATIVOS Y OTRAS FORMAS DE ATENCIÓN SANITARIA: **6 tratamiento:** Y de patrona fundadora, en 1982, a directora general, Isabel Entero insiste en que el tratamiento *integral* de los pacientes es el motor de la Fundación. EME091195 **7 terapia ++:** El centro se denomina Clínica de Terapias *Integrales* y es una suerte de hospital de adelgazamiento de la memoria. EPE140799 **8 cuidado:** La mayoría de las empresas ve su supervivencia económica en el cuidado *integral* de la salud. EME300395 **9 medicina +:** Mendoza es especialista en primer grado de medicina general *integral*, y en los últimos días ha ofrecido a diversos medios información sistemática sobre la epidemia de dengue que azota a la población santiaguera. ENH300697

C SUSTANTIVOS QUE DENOTAN BIENESTAR, ASÍ COMO SU MANTENIMIENTO O SU GARANTÍA. TAMBIÉN CON OTROS QUE DENOTAN CONDICIÓN FÍSICA, GENERALMENTE DE LOS INDIVIDUOS, PERO A VECES TAMBIÉN DE LAS COSAS: **10 seguridad +:** Precisó que en el aspecto estructural se refleja una falta de política sobre un programa de seguridad social *integral*. EUV080197 **11 salud +:** ...formalizó ante el gobernador de Antioquia, Alvaro Uribe Vélez, el ofrecimiento de 295 millones de pesos que hizo su gobierno para apoyar un plan de salud *integral* en Apartadó. ETC180497 **12 conservación:** En contratos de conservación *integral*, los 92 proyectos de renovación de autovías y nuevos tramos de red convencional cuentan con un presupuesto de... EME310796 **13 prevención ++:** Queremos (...) priorizar el empleo y la vivienda, un plan de prevención *integral* y de choque en el casco antiguo... EPE050699

D SUSTANTIVOS QUE DENOTAN CRECIMIENTO O MEJORA: **14 mejora ++:** Esta actuación se incluye dentro del proyecto de mejora *integral* de la zona, que tiene como objetivos recuperar el centro histórico del barrio y dinamizar los comercios del área. LVE200695 **15 desarrollo ++:** La actividad física en la infancia se considera necesaria porque contribuye al desarrollo *integral* del niño. EME110196 **16 crecimiento +:** Una economía basada en las exportaciones sería la solución para alcanzar y mantener el crecimiento *integral* de México... DYM120996 **17 regeneración +:** ...ha pedido a la Administración autonómica medidas para lograr una regeneración *integral* del acuífero del delta del Llobregat. LVE060295 **18 renacimiento +:** ...la espejeante poética de Claude McKay, el jamaiquino que lleva en sus maletas hasta Harlem la semilla de su renacimiento *integral*... LPN210497

E SUSTANTIVOS QUE DENOTAN CAMBIO, GENERALMENTE DIRIGIDO A MEJORAR O RENOVAR ALGUNA COSA: **19 cambio ++:** ...porque sólo así se podrá hacer el cambio *integral* que urge en Nicaragua. LPN200597 **20 refor-**

ma ++: La ampliación del museo incluye las cubiertas del edificio Villanueva, el acondicionamiento del edificio Aldeasa y la reforma *integral* del Casón del Buen Retiro... EPD270697 **21 reciclaje +:** ...convoqué un concurso para una planta de reciclaje y la propuesta para que tuviera el reciclaje *integral* fue del Partido Socialista... EME030795 **22 transformación:** Pero la transformación *integral* de la educación superior, sin la cual en los albores del siglo XXI no existe verdadera reforma de la enseñanza, apenas si estuvo en el tapete. BRE040497 **23 remodelación +:** Comprende la remodelación *integral* del actual museo, el traslado de la biblioteca que allí funcionaba, la habilitación de espacios antes cerrados al público... CAP100497 **24 ajuste +:** Recomienda un programa de ajuste *integral*, diseñado a corto, mediano y largo plazo, que incorpore y concierte todas las instancias de la política económica. ETC030297 **25 reparación:** No obstante, se ha preferido actuar «conservadoramente» y se ha pedido que la reparación *integral* se realice en el plazo máximo de un año. EME050796

F SUSTANTIVOS QUE DESIGNAN ESTADOS DE COSAS ORGANIZADOS, ASÍ COMO ESQUEMAS O PAUTAS DE ACTUACIÓN O DE ORGANIZACIÓN: **26 orden +:** ...derecho que se ejercita mediante el trabajo, ha de ser garantizado para todos por el orden social *integral*, la economía incluida, por supuesto. EUV091096 **27 sistema +:** El director de Hacienda de la ciudad, Luis Alberto Gómez, dijo que el municipio se encargará de ofrecer la plataforma urbana y la red vial del sistema *integral* del transporte masivo. ETC180497 **28 estructura:** Se presentaron proyectos como el que se está desarrollando en nuestro país para el diseño y construcción de un autobús con estructura *integral* de fibra de vidrio. ABC200893 **29 modelo:** ...el movimiento cooperativista ha aspirado a un modelo *integral* de sociedad, en el que todas las actividades humanas fuesen cooperativizadas... EPE140199 **30 diseño:** De expositor en expositor y de sueño en deseo, el visitante puede dibujar en su mente su hogar de diseño *integral*. LVE140996

G SUSTANTIVOS QUE DENOTAN DISPOSICIÓN DE ACCIONES ORIENTADAS PARA CONSEGUIR UN FIN: **31 plan ++:** En este terreno, Costa indicó que el próximo semestre se pondrá en marcha un plan *integral* de lucha contra el fraude, que incluirá un programa específico sobre el IVA... LVE270596 **32 proyecto ++:** Se trata de un proyecto *integral*, ya que sus componentes incluyen desarrollo agropecuario, crédito agrícola, desarrollo empresarial (pequeña industria), organización social... LHG300497 **33 programa +:** Continúa el programa *integral* del turismo que prevé concluir más de 3 mil nuevas habitaciones en este año... GIC104097 **34 política +:** ...tampoco cuenta con una política *integral* del manejo eficiente y óptimo de este elemento. EXC020197 **35 estrategia:** A la carencia de esa estrategia *integral* por parte del Estado, el general Bonett agrega un factor que también lo trasnocha: la falta de recursos económicos... SEM110297 **36 método:** Estas dos entidades preparan un método *integral* para el aprendizaje del euskera por Internet. EPE271199 **37 protocolo:** Un congreso analizará un protocolo *integral* para coordinar el trabajo de los expertos. ENC060599

H SUSTANTIVOS QUE DENOTAN INICIO O DESARROLLO DE UNA ACTIVIDAD: **38 puesta en marcha:** ...resistiendo todas las formas de presiones proteccionistas y asegurando, conforme a los calendarios previstos, la puesta en marcha *integral* y efectiva de los compromisos. LVE230596 **39 funcionamiento:** Esto impide la expansión de la infraestructura de la usina contemplada en el diseño y funcionamiento *integral* de Itaipú Binacional. ACP191296

I SUSTANTIVOS QUE DENOTAN FORMA DE VER, CONCEBIR O JUZGAR ALGUNA COSA: **40 punto de vista +:** El campo hay que verlo desde un punto de vista *integral*, en donde para resolver sus problemas tienen que encontrarse programas que sean socialmente aceptables... EXC110796 **41 visión +:** En cerca de 800 páginas, la obra ofrece una visión *integral* del éxodo de niños vascos a causa de la guerra civil española... EPE150299 **42 enfoque:** Bajo un enfoque *integral* y federalista articularemos en un nuevo programa los esfuerzos que hoy se realizan separadamente en alimentación, salud y educación básica. DYM120996 **43 perspectiva:** La inclusión de Brasil, tratado por José Murilo de Carvalho y Richard Graham, le otorga al libro una perspectiva *integral* poco frecuente en entregas de esta naturaleza. ABC070495 **44 criterio:** ...dijo que «la lista nacional, concebida con un criterio *integral*, y no de manera parcial, regional (...) encierra hondos riesgos para el país...». ETC011291 **45 concepción:** ...ha salido con inusitados bríos a defender una concepción *integral* de la seguridad social... CAP141196 **46 concepto:** Los socialistas han sido incapaces de tratar el medio ambiente como un concepto *integral* que hubiera debido impregnar todas sus políticas... EME200296

J SUSTANTIVOS QUE DENOTAN POSIBILIDAD ELEGIBLE: **47 opción:** Desde ese punto de vista y «teniendo en cuenta que una vía de alta velocidad no conecta hectáreas sino personas», la opción *«integral»* por Cuenca y Albacete está suficientemente justificada para los socialistas. EPE081099 **48 alternativa:** ...el hecho es que el plan anunciado por Zapatero como una alternativa *integral*, de manera un tanto pomposa, se quedó más bien en un amago de planecillo. EPE170900

K ALGUNOS SUSTANTIVOS QUE DENOTAN RESOLUCIÓN, DETERMINACIÓN O FIN SATISFACTORIO A UN ASUNTO PROBLEMÁTICO: **49 solución +:** En el documento se recomienda que la solución *integral* del problema en el lago es la construcción de un puerto aguas afuera. ENV110797 **50 decisión:** Es necesario, que el nuevo gobierno tome decisiones *integrales*, las cuales obligadamente crearán conflictos de intereses... LPN300197

L SUSTANTIVOS QUE DENOTAN AYUDA, COLABORACIÓN, RESPALDO O PROTECCIÓN: **51 ayuda +:** Además, se reclama la elaboración de un plan de actuaciones de ayuda *integral* y de atención a las víctimas del conflicto... EPE110599 **52 apoyo +:** ...prácticamente se negó al procesado la oportunidad de designar un abogado de su confianza, de recibir el apoyo *integral* de los diplomáticos paraguayos, con la lamentable consecuencia ya conocida. ACP170996 **53 asistencia +:** ...inauguran este mes el primer piso de asistencia *integral* a toxicómanos con este doble diagnóstico. EPE110700 **54 protección +:** ...intentar que la protección *integral* del Patrimonio se convierta en una directriz prioritaria para todas las Administraciones Públicas y en uno de los principales fundamentos del desarrollo social y económico. ABC240792 **55 defensa +:** La defensa *integral* del salario, de la discusión de la contratación colectiva de todo el sector público y del movimiento magisterial... EUV271096 **56 cobertura:** La póliza, contratada con tres compañías aseguradoras, tiene una cobertura *integral* que garantiza todos los riesgos, tanto del monasterio como de las obras de arte incluidas en él. EPE010289 **57 cooperación:** ...el foro no sólo debe orientarse hacia la colaboración económica, sino también a propiciar una cooperación *integral*... EPE250399

M ALGUNOS SUSTANTIVOS QUE DENOTAN PODER, AUTORIDAD O DIRECCIÓN: **58 poder +:** «...ustedes lograron asimilar que había que montarse en una estrategia de poder *integral*». ENV010997 **59 control +:** ...durante el gobierno de Lusinchi el cuerpo de seguridad y control *integral* de Pdvsa (...) montó un dispositivo de alta tecnología para espiar al expresidente Pérez. ENV110797

N SUSTANTIVOS QUE DENOTAN SITUACIÓN CONFLICTIVA O ADVERSA: **60 problema +:** ...convencer a los ministros europeos de que es necesario abordar el agua como un problema *integral* y que también el desarrollo regional o las políticas territoriales tienen mucho que ver con la disponibilidad o no de agua. LVE231095 **61 crisis:** Y la dinámica de un proceso de crisis *integral* obligará a muchos más. HOY250484 **62 miseria –:** ...se va cayendo cada día más en la pobreza, llevando directo al país, que por indolencia ha caído en sus garras, al caos económico y la miseria *integral*. LPN270197

Ñ SUSTANTIVOS QUE DENOTAN OPOSICIÓN, ENFRENTAMIENTO O LUCHA: **63 oposición +:** Lo hizo, primero, como parte de su oposición *integral* al régimen militar y a la institucionalidad que éste quería diseñar... HOY050597 **64 guerra:** La organización guerrillera culpa de la confrontación al neoliberalismo y la política de guerra *integral* contra la insurgencia aplicada por el presidente César Gaviria a comienzos de la década y heredada por Samper. EME311096 **65 lucha:** ...la declaración incluye una propuesta colombiana para emprender una lucha más *integral* contra el narcotráfico, que abarcaría todas las partes de este negocio... DYM040996

O SUSTANTIVOS, USADOS SOBRE TODO EN LA LENGUA COLOQUIAL DE ESPAÑA, QUE DESIGNAN SENTIMIENTOS O ACTITUDES NEGATIVOS, MUY ESPECIALMENTE DE CONTRARIEDAD O DESINTERÉS, ASÍ COMO DIVERSAS MANIFESTACIONES DE DISCONFORMIDAD: **66 cabreo +:** La última muestra de su resistencia a ajustar cuentas con el pasado ha sido su, más que enfado, cabreo *integral* por la publicación en El Mundo de los documentos del Cesid, tan embarazosos para sus adversarios. EME291296 **67 mosqueo:** Tengo un mosqueo *integral* con la situación en el trabajo. INDOC **68 pasotismo:** Aquí, su «tierra natural» en el Viejo Continente, apenas 150 espectadores (en su gran mayoría cubanos o asimilados) y un pasotismo mediático *integral*. LVE131296

íntegramente *adv.* ▮ Se combina con verbos que designan acciones y procesos que tienen fin natural, más frecuentemente si se aplican a sustantivos que designan materias o magnitudes *(consumir íntegramente la leche; publicar íntegramente la información; renovar íntegramente el aire)* o a cosas que se pueden fragmentar *(comerse íntegramente el bocadillo; leer íntegramente el libro; construir íntegramente un edificio nuevo; componer íntegramente la partitura)*. Destacan entre estas nociones las que se expresan con verbos de creación *(realizar, fabricar, escribir, formar)* y también con...

A VERBOS QUE DESIGNAN ACCIONES RELATIVAS AL MOVIMIENTO O LA TRANSFERENCIA DE MAGNITUDES ECONÓMICAS: **1 pagar ++:** ...las otras deben pagar *íntegramente* el riesgo por incobrabilidad y los gastos operativos no cubiertos por servicios de todo el sistema. CLA070397 **2 embolsarse:** ...y se embolsan *íntegramente* el interés que hoy debe pagar cualquier empresario que acude a un banco solicitando crédito. HOY110784 **3 gastar +:** ...forma un fondo social con sus cuotas para gastarle *íntegramente* en el consumo de sus asociados. ABC291093 **4 vender:** Picasso, por supuesto, se vende *íntegramente* bajo pabellón extranjero. ABC120293 **5 invertir:** Según Danés, los 490 millones serán invertidos *íntegramente* en la obra. EPE020800 **6 entregar:** ...consta que el dinero fue entregado *íntegramente* y no desviado en provecho propio. ACP111296

B VERBOS QUE DENOTAN INTERVENCIÓN O PARTICIPACIÓN EN UNA ACTIVIDAD, FRECUENTEMENTE CON CIERTA INTENSIDAD: **7 dedicar(se) ++:** En Pesaro, su ciudad natal, empieza un año más el ritual de un festival dedicado *íntegramente* a su obra. ABC050894 **8 volcar(se) +:** En cuanto a los jubilados, dijo que hay una serie de impuestos que se están tratando de percibir para volcarlos *íntegramente* al sector pasivo. LPA210592 **9 consagrar(se) +:** ...lo mal aprovechado de un tiempo que, sólo en ese período de la vida, se consagra *íntegramente* al aprendizaje. LNP030797

C VERBOS QUE DENOTAN LA ACCIÓN DE HACER EFECTIVO UN REQUISITO: **10 cumplir ++:** Ríos marcha invicto en su trayectoria como profesional, que cumplió casi *íntegramente* en su provincia... CLA110197 **11 satisfacer:** La empresa estima que podrá satisfacer *íntegramente* los créditos que tiene pendientes... LVE050296

D VERBOS QUE DESIGNAN LA CONDICIÓN DE FORMAR ALGO PARTE DE OTRA COSA, CONSTITUIRLA O COMPONERLA. TAMBIÉN CON OTROS QUE EXPRESAN LAS ACCIONES QUE DESEMBOCAN EN ESOS ESTADOS: **12 ocupar +:** ...ha originado la nota que ocupa *íntegramente* la página 97... CAP250497 **13 componer +:** Diez fragmentos componen *íntegramente* el texto. INDOC **14 constituir:** ...la selección boliviana de fútbol esté constituida *íntegramente* por ese tipo de deportistas. LTB230197 **15 agrupar:** Una de las diferencias que mantenían con la SGAE es que, según Armendáriz, de los 38 miembros que forman su junta directiva, 32 pertenecen al sector de la música (*agrupado* integramente en la SGAE) y cinco a guionistas y directores. EPE090499 **16 formar:** ...producir armaduras para encofrados de la construcción con una plantilla formada *íntegramente* por mujeres. EPE090700 **17 encasillar –:** Ha sido relacionado con el impresionismo francés, el fauvismo e incluso con el expresionismo abstracto, pero encasillar *íntegramente* a Zumel dentro de estas tendencias es realmente difícil... ABC250693

☐ Véase también: **por completo**.

integrar(se) ♦ **activamente**[21], **armónicamente**[1], **armoniosamente**[3], **coherentemente**[23], **con dificultad**, **conjuntamente**, **definitivamente**, **de lleno**[27], **gradualmente**[43], **laboralmente**, **parcial-**

mente, plenamente[21], por completo[127], sin dificultad, temporalmente, totalmente
☐ Véase también: **fusionar(se), reunir(se).**

integridad ♦ **atentatorio (contra)[3], físico, moral, territorial** ♦ **ápice (de)[22], riesgo (para)** ♦ **afectar (a), amenazar, asegurar, atentar (contra), conservar, dañar[4], defender, guardar, mantener, preservar, profanar[34], proteger, salvar, velar (por)[32], violar**

inteligencia ♦ **acerado[23], afilado, agudo, analítico[15], artificial, asombroso, certero, creador, crítico, dotado (de), emocional, experto (en), fértil[3], fino, gubernamental, humano, inhumano, innato, intuitivo, lleno (de), luminoso[18], militar, mordaz, nacional, natural, portentoso[7], profundo, proverbial, vivaz** ♦ **agravio (a), alarde (de), ápice (de)[42], demostración (de)[46], falta (de), insulto (a), prueba (de), rasgo (de), servicio (de), test (de), toque (de)[41]** ♦ **acreditar, aguzar[9], aplicar, avivar[67], brillar, cultivar[15], dejarse llevar (por)[67], derrochar[43], destilar[47], dilapidar[37], ejercer, ejercitar[7], hacer gala (de), insultar, madurar, malograrse, medir, nublárse(le) (a alguien), obnubilárse(le) (a alguien), ofender[10], pisotear, rendirse (a/ante), revelar, sobreestimar, subestimar**
☐ Véase también: **genialidad, genio, ingenio, talento.**

intemperancia ♦ **verbal** ♦ **señal (de)** ♦ **demostrar, domar, soportar**

intempestivo *adj.* ▮ Admite sustantivos que designan personas *(hombre, adversario)*. También se combina con...

A ALGUNOS SUSTANTIVOS DE TIEMPO: **1 hora ++:** ...programas divulgativos (...) se emitan a partir de horas *intempestivas*... LVE010295 **2 horario +:** Se emiten en horarios *intempestivos* y hacen madrugar (...) a sus incondicionales. LVE090696 **3 agosto –:** ...La Cova del Drac, en este *intempestivo* agosto, renace de sus cenizas... LVE220895 **4 época –:** ...llegaron a Pamplona en época *intempestiva*... EME070796

B SUSTANTIVOS QUE DESIGNAN FENÓMENOS METEOROLÓGICOS O CLIMÁTICOS: **5 lluvia:** El frío, el viento y la *intempestiva* lluvia la desviaron de su destino... EME180796 **6 tempestad:** ...la tempestad *intempestiva* (...) sólo logró retrasar algo el horario... LVE290796 **7 calor:** ...calores *intempestivos* que últimamente vivimos en Madrid. EME050594 **8 frío:** ...el frío *intempestivo* para esta época del año se deja sentir en el Festival... EME090796 **9 clima:** ...el clima fue ayer *intempestivo* y gélido... EPE080299 **10 borrasca:** ...tormenta mediterránea generada por la *intempestiva* borrasca cantábrica... LVE210896 **11 invierno:** Tras un amago de invierno *intempestivo*, la llegada del otoño... EPE211101 **12 viento:** ...diciembre mudable (...) como los vientos templados e *intempestivos*... ENV221297 **13 vendaval:** El vendaval político (...) no ha sido tan *intempestivo* como para enturbiar las relaciones... EME161195 **14 siroco –:** ...algún siroco *intempestivo* empieza a soplar más de lo habitual... EME151196

C SUSTANTIVOS QUE DENOTAN SURGIMIENTO, APARICIÓN O SALIDA, ASÍ COMO LLEGADA, TÉRMINO O FINALIZACIÓN: **15 aparición +:** ...un lanzamiento al larguero y varias apariciones *intempestivas* frente al portero... EPD120996 **16 entrada +:** ...las entradas *intempestivas* de un presunto trastornado mental... EPE010400 **17 llegada:** ...tras la *intempestiva* llegada de Montesinos desde Panamá... EOU291000 **18 regreso:** ...*intempestivo* regreso al país de Tobón, a raíz de la muerte de su padre. ETC030297 **19 visita +:** ...fue anfitrión de una *intempestiva* visita del presidente... PME210796 **20 salida +:** ...la *intempestiva* salida (...) de otros oficiales del servicio de inteligencia... SEM241197 **21 retirada:** Dos versiones para una retirada *intempestiva.* EPE050999 **22 marcha:** ...la guerra abierta tras la *intempestiva* marcha de «Superlópez» sigue en pie. EME050696 **23 despido:** Con el pago de sólo medio sueldo por año por despido *intempestivo*... CAP171096 **24 suspensión:** ...la *intempestiva* suspensión de las operaciones sin previo aviso... ETC160494 **25 evaporación –:** Una cierta evaporación *intempestiva* (...) en el prestigio literario de Virginia Woolf... ABC021294

D SUSTANTIVOS QUE DENOTAN CAMBIO O PROCESO EN CURSO: **26 cambio +:** ...continuos e *intempestivos* cambios viales de la ciudad. EPC141097 **27 mudanza:** ...me sorprendió la *intempestiva* mudanza a «el Pentagonito». EME200995 **28 reacción:** ...vio la tarjeta roja (...) por su *intempestiva* reacción. CLA030397 **29 desarrollo:** ...el desarrollo *intempestivo* de nuestra economía... ETC170797 **30 escisión –:** Los dos congresos se presentaban difíciles: el de Esquerra, por la *intempestiva* escisión de 300 militantes... LVE261196

E SUSTANTIVOS DE LENGUA, PENSAMIENTO Y JUICIO, ASÍ COMO CON OTROS QUE DESIGNAN INFORMACIONES Y ACCIONES EN LAS QUE SE MANIFIESTAN CONTENIDOS DIVERSOS, A MENUDO VERBALMENTE: **31 declaración +:** ...unas declaraciones (...) tan *intempestivas* como innecesarias. LVE151196 **32 consideración:** ...el relato (...) parece extraviarse en consideraciones demasiado *intempestivas.* ABC170395 **33 confesión:** Resultó tan *intempestiva* su confesión... SEM160796 **34 discurso:** Intempestivo y provocador, su discurso (...) ha encontrado el eco de numerosos cómplices. EME280796 **35 palabra:** Las *intempestivas* palabras que pronunció (...) han provocado graves perjuicios... LVE230995 **36 noticia:** ¿...qué (...) circunstancias llevaron a dar esta *intempestiva* y dolorosa noticia? HOY050597 **37 opinión:** ...las opiniones del defenestrado fuesen (...) *intempestivas*... EME110996 **38 puntualización:** ...procede hacer unas puntualizaciones, espero que no *intempestivas.* ABC310395 **39 argumento:** ...los argumentos expuestos «devienen *intempestivos*»... EPE220799 **40 intervención:** ...salpicando con sus *intempestivas* intervenciones la vida política de Israel. EPE230599 **41 anuncio +:** ...anuncio *intempestivo* del instituto emisor sobre el inicio del nuevo sistema... EUV090796 **42 orden –:** Y por esto considero la orden de captura como *intempestiva* e inoportuna. LVE300795

F ALGUNOS SUSTANTIVOS ABSTRACTOS QUE DESIGNAN RASGOS DE LA FORMA DE SER DE LAS PERSONAS: **43 actitud:** La *intempestiva* actitud del gobierno (...) provocó una minicrisis... LNP010497 **44 carácter:** ...adversarios (...) que él mismo se buscó como consecuencia de su carácter *intempestivo.* EME020194 **45 natural:** ...protestó (...) según su natural *intempestivo.* EPE290499

G SUSTANTIVOS QUE DESIGNAN PROCESOS, SUCESOS O EVENTOS, MÁS FRECUENTEMENTE SI INTERVIENEN EN

ELLOS VARIOS PARTICIPANTES: **46 relación:** Biel Mesquida (...) mantiene su fuga constante del estereotipo, formulada esta vez mediante una relación menos *intempestiva* con el lector. LVE021295 **47 reunión:** La *intempestiva* reunión privada (...) acaparó la atención... PME080996 **48 cena:** ...montar espectáculos de postemporada con cenas *intempestivas* para recuperar a un Ricardo Peral cuya huida uno mismo ha tolerado... EME280594 **49 romance:** ...el *intempestivo* romance que viven un arquitecto y su atractiva vecina... LVE270196 **50 guerra:** ...«guerra humanitaria» (...) mal concebida, *intempestiva*, contraproducente... EPE070599 **51 sesión:** La sorpresiva como *intempestiva* sesión se produce a poco de las declaraciones... LTB281196

H OTROS SUSTANTIVOS; POSIBLES USOS ESTILÍSTICOS: ...podría amenazar su *intempestivo* éxito en la escena política... CAP280995; Son verdades notorias, pero nunca *intempestivas*... LVE170995

☐ Véase también: **proceloso, turbulento.**

intención ♦ abierto, avieso[2], bueno, claro, decidido, defensivo[35], delictivo[24], descabellado[9], diáfano[27], disuasorio[29], legítimo, loable, malo, manifiesto, mínimo, moral, noble, oculto, oscuro, patente, pérfido, perverso, retorcido[18], sano, solapado, torcido, turbio, verdadero ♦ al descubierto[1] ♦ manifestación (de)[25] ♦ abrigar[11], adivinar, airear[35], albergar[8], anidar[42], atisbar[23], avalar[10], clarificar[49], confesar[33], confluir[15], decaer[67], declarar, deducir[19], dejar caer[11], desbaratar[32], descubrir, desenmascarar, despejar(se)[52], desvanecerse[15], desvelar[50], detectar[30], disfrazar[17], disimular, distorsionar[46], dudar (de), esconder, evidenciar, hacer(se) realidad[28], hacer público, juzgar, llevar adelante[4], llevar a la práctica[10], manifestar, ocultar, prejuzgar[11], proclamar, prosperar[29], rectificar[33], revelar, saludable[18], subyacer (en algo), tener, tergiversar[42], torcer(se)[1], transparentarse, traslucir(se)[1], tropezar(se) (con)[24]

☐ Véase también: **afición, ánimo, aspiración, deseo, esperanza, inclinación, intento, plan, propósito, proyecto, tentativa (de), voluntad.**

INTENCIÓN Véase: *VOLUNTAD E INTENCIÓN*

INTENCIÓN

♦ (SUSTANTIVOS) Véase: abdicar (de)[D], abrigar[C], absorber[E], acallar[J], acaparador[A], acatar[F], achacar[G], acorde (con)[C], adherirse (a)[G], afianzar(se)[C], aglutinar[B], ahogar(se)[E], airear[F], al descubierto[A], aleccionador[F], alimentar[A], amainar[E], anidar[H], astronómico[F], atisbar[E], a toda costa[E], avieso[A], beligerante[B], benigno[C], bloquear[E], caer como una bomba[B], canalizar[E], captar[H], cejar (en)[A], ceñir(se) (a)[E], ciego[H], cimentar[L], circular[E], clarificar[I], cocinar(se)[B], colmar[A], concertar[G], conciliar[B], concitar[F], confesar[G], confluir[C], constructivo[C], controvertido[D], converger[A], coyuntural[D], crucial[L], cumplir[A,B], cundir[H], deducir[E], defensivo[G], dejar caer[C], delictivo[D], derrochar[C], desactivar[E], desbaratar[D], descabellado[A], desfigurar[E], desmedido[B], despejar(se)[G], desvanecerse[B], desvelar[I], detectar[E], diáfano[H], difuminar(se)[E], discrecional[D], disfrazar[D], distorsionar[I], disuasorio[F], ejecutar[A], enarbolar[B], enconado[H], establecer[F], estrechar[I], febril[D], férreo[I], ferviente[A], fervoroso[F], flexible[E], forjar[E], formular[F,I], fortalecer(se)[G], fraguar(se)[G], frenético[G], fundado[F], fundamentado[E], galvanizar[B], guardar[L], hacer(se) realidad[A,B], henchir(se) (de)[B], honroso[E], humanitario[E,F], igualitario[G], ilusionante[A], imperioso[E], incentivar[C], inconfesable[C], infructuoso[B,C], inquebrantable[D,E], insaciable[A], instintivo[D], llevar a buen puerto[D], llevar adelante[A], llevar a la práctica[B], madurar[H], malograr(se)[A], manifestación (de)[D], marcar[A], minar[D], monumental[K], obstaculizar[E], peregrino[G], perfilar[A], perseverar (en)[D], persistir (en)[C,E], pertinaz[C], pírrico[C], pisotear[D], plantear[E], plegarse (a)[C], prejuzgar[B], preso (de)[F], preventivo[L], primar[B], propicio[E], prosperar[D], quebrar(se)[B], rabioso[B], rectificar[E], refrendar[D], retorcido[C], revalidar[G], robustecer(se)[F], seguir[H], serenar(se)[F], sobrado (de)[G], socavar[H], sofocar[F], suplantar[D], tejer[G], tenaz[B], tergiversar[G], testimonial[I], testimoniar[E], torcer(se)[A], traslucir(se)[A], tropezar(se) (con)[E], unánime[I], vano[A], venir de lejos[C], venirse abajo[B], violar[I]

♦ (VERBOS) Véase: con fruición[D], con todas {mis/tus/sus...} fuerzas[B], descaradamente[B], desesperadamente[A], fervientemente[A], humildemente[E], impaciente[D], ni por asomo[F], tenazmente[C]

☐ Véase también: ACTUACIÓN FUTURA; ASPIRACIÓN; INCLINACIÓN; PRONÓSTICO; PROPUESTA; PROYECTO.

intensamente *adv.* ■ Se combina con adjetivos y verbos. Destacan especialmente entre los últimos los que designan cambios de estado o las acciones que los producen *(aumentar, reverdecer, ruborizarse, contaminar)*, más frecuentemente si ocasionan la disminución o la pérdida de alguna propiedad o de alguna magnitud *(disminuir, reducir(se), menguar)*. También se combina con verbos de comunicación, generalmente interpersonal *(hablar, debatir, negociar, discutir)*, con los verbos que designan la manera en que repercute alguna cosa en otra *(afectar, condicionar, atañer)*, o la forma en que se manifiestan los juicios o las actitudes, a menudo vehementes *(aplaudir, vitorear, silbar, criticar)*. Admite otros muchos verbos, pero destacan especialmente sus combinaciones con los...

A VERBOS QUE DENOTAN EMISIÓN DE ONDAS O MOVIMIENTO DE CIERTOS FLUIDOS. SE EMPLEAN EN SENTIDO FÍSICO O EN EL FIGURADO: **1 brillar ++:** Las estrellas que brillan *intensamente* tienen una vida corta. LVE020996 **2 sonar +:** Cuatro días después (...), el teléfono dejó de sonar tan *intensamente*. EPE120101 **3 vibrar +:** ...los títulos eran celebrados por todo un pueblo que vibraba *intensamente* con el equipo... LVE230795 **4 oler +:** Al leer por primera vez Madame Bovary, Manuel descubre que «en la alcoba donde muere Emma olía *intensamente* a limón y a vainilla»... EME290696 **5 resplandecer +:** Las estrellas resplandecen *intensamente* en las noches despejadas de verano. INDOC **6 respirar:** ...celebró su importante triunfo respirando *intensamente* el aire fresco de su pueblo... EME040596 **7 emitir:** ...las enanas marrones pueden emitir

10.000 veces más *intensamente* de lo que la teoría predice. EPE210301 **8 fluir:** Los lugares que ocupan nos ayudan no sólo a comprender mejor, sino a fluir más *intensamente* las características de la arquitectura y el arte mobiliario hispano-musulmán. ABC200392

B ALGUNOS VERBOS QUE DESIGNAN FENÓMENOS METEOROLÓGICOS: **9 llover ++:** El suceso se produjo sobre las 18.00 horas de la tarde cuando comenzó a llover *intensamente*... ENC060599 **10 nevar +:** ...las previsiones indican que hoy seguirá nevando *intensamente* en cotas superiores a 1.300 metros... LVE041295 **11 caer la lluvia +:** Mientras, en las calles de Malabo, la gente se congregaba para recibir a Moto bajo la lluvia que caía *intensamente*. EME040895

C VERBOS QUE DESIGNAN LA ACCIÓN O EL PROCESO DE EXPERIMENTAR SENTIMIENTOS, SENSACIONES, CONVICCIONES, PERCEPCIONES Y AFECCIONES DIVERSAS: **12 amar ++:** ...el único secreto para poder desarrollar una trayectoria tan larga como la suya es «amarla *intensamente* y tener mucha suerte». EME090595 **13 rememorar:** ...acontecimientos ya lejanos en el tiempo, pero próximos en el recuerdo e *intensamente* rememorados por toda la comunidad. INDOC **14 desear:** Claro que quería saber de Max (...) lo deseaba *intensamente* y temía por lo que pudiera pasarle, pero no fue eso lo que desató la crisis. LVE100495 **15 soñar:** Antonio soñó y vivió *intensamente* hasta el último latido. ABC100395 **16 sentir:** ...Colombia no es el país tenebroso que les habían pintado, sino una nación de gentes trabajadoras, amables y hospitalarias que sienten *intensamente* el ciclismo. LVE021095 **17 creer:** Eso demuestra que la economía española crece *intensamente* al tiempo que se corrigen los desequilibrios. LVE160995 **18 recordar:** ¿Qué recuerdan más *intensamente* de la ceremonia de inauguración? LVE160796 **19 doler:** Y se murió porque la soledad y la infelicidad le dolían *intensamente* y ya no sabía dónde esconderlas. EME260694 **20 sufrir:** La juventud, como su propio nombre indica, goza y sufre *intensamente* el amor filial. EME300796 **21 padecer:** Una de las zonas que padecen más *intensamente* los congestionamientos de tránsito corresponde al Estado de México... EXC050996 **22 experimentar:** –¿Le interesa meterse un poco en el mundo de la producción? –Sí, porque uno está más cerca de lo que pasa y se puede experimentar *intensamente*. CLA050199

D VERBOS QUE DESIGNAN OTRAS FORMAS DE EXPERIMENTACIÓN, MÁS FRECUENTEMENTE DE LA EXISTENCIA O DE LO QUE ESTA PUEDE DEPARAR. TAMBIÉN CON OTROS QUE DESIGNAN LA ACCIÓN DE SACAR PARTIDO U OBTENER DISFRUTE DE ALGUNA COSA: **23 vivir ++:** Acá todo se vive más *intensamente*. CLA090597 **24 disfrutar ++:** ...Claro que yo he escogido otro camino, mucho más difícil pero que a la larga sé que también me hará disfrutar más *intensamente*, de una manera mucho más bonita que si me hubiera caído del cielo. LVE181096 **25 gozar +:** Narran un romance maduro: llega el amor, se goza *intensamente*, se recuerdan imágenes de cuadros y canciones que recuerdan a la amada... EPE171199 **26 usar:** ...deben permitir reducir la cantidad de productos químicos usados *intensamente* en la agricultura actual. EPE230699 **27 aprovechar +:** La programacion de la Cité de la Musique pretende aprovechar *intensamente* las posibilidades de integración que ofrecen sus instalaciones. ABC200195 **28 utilizar:** «Desde que utilizo *intensamente* el ordenador para entrenarme juego con más precisión...». EPE090299 **29 emplear:** Los 40 días de lapso hasta el 18 de diciembre serán *intensamente* empleados por el candidato ganador en las urnas. EPE071100

E EL VERBO *TRABAJAR* Y CON OTROS QUE DESIGNAN LA ACCIÓN DE EMPRENDER ALGUNA TAREA O LLEVARLA ADELANTE, A MENUDO CON AHÍNCO O AFÁN: **30 trabajar ++:** En el taller de Saul Lui, en Los Toldos, trabajan *intensamente* para llegar a la primera competencia del año, el 28 de marzo, en Mar del Plata. CLA280199 **31 practicar +:** Ajena a geopolíticas, la población se limita a sobrevivir y practica *intensamente* lo que en Kiev se llama «economía sumergida popular». LVE010996 **32 entrenarse +:** Con la incorporación de Carlos Alberto Yaqué, el plantel se entrena *intensamente* en el country de City Bell. CLA090199 **33 laborar:** Clemente explica que laboró *intensamente* cuatro meses, el libro alcanzaba las 700 páginas y se laboró en la imprenta de los Borrasé... LHG260700 **34 esforzarse +:** Después del verano del festival de 1995, me esforcé *intensamente* en negar la ideología de Hofmannsthal y en contradecirla públicamente. EPE210701 **35 dedicarse:** La también alcaldesa de Cádiz declaró que su partido se dedica *intensamente* a cambiar Andalucía de una forma real y no a través de campañas de propaganda... LRE020203 **36 interesarse:** Mucho después de su jubilación continuó participando activamente en los seminarios de los investigadores y se interesaba *intensamente* en el trabajo que se llevaba a cabo en la Institución... EPE030599 **37 meterse:** Iglesias perfila los detalles de ambos proyectos, aunque anda «*intensamente* metido en la radio». EPE110800 **38 involucrarse:** ...le presentó 81 recomendaciones para que se involucrase más *intensamente* en el mantenimiento y en la seguridad de los transbordadores. LRE020203 **39 afanarse:** Todos nos afanábamos *intensamente* en el proyecto para alcanzar el mejor resultado. INDOC

F VERBOS QUE DESIGNAN ACTIVIDADES OFENSIVAS O VIOLENTAS, A MENUDO REALIZADAS CON LA INTERVENCIÓN DE VARIOS PARTICIPANTES: **40 competir +:** ...los gobiernos no sólo no les obligarán a competir *intensamente* en precios, sino que serán los principales garantes de preservar sus actuales poderes de mercado... EPE250900 **41 luchar:** Las organizaciones humanitarias luchan *intensamente* en el corazón de África... EME070594 **42 enfrentarse:** La novela interesa también porque refleja la postura de quienes se enfrentan *intensamente* con los misterios de la vida sin recurrir a la solución religiosa. ABC160695 **43 batallar:** Hubieron de batallar *intensamente* para recuperar los derechos que les pertenecían. INDOC

G VERBOS QUE DENOTAN AYUDA O PARTICIPACIÓN: **44 colaborar +:** Brecht colaboró *intensamente* en canciones de «Kabarett»... ABC281094 **45 contribuir +:** ...expresar nuestro agradecimiento a las numerosas personas que tan *intensamente* han contribuido a que esta labor pudiera ponerse en marcha. INDOC **46 apoyar:** ...la evidencia apoya *intensamente* la afirmación de que la tendencia entre los Estados con armas nucleares se acerca mucho a la dirección prescrita por sus obligaciones en virtud del artículo VI del TNP. EME020595 **47 ayudar:** Queremos pedir que las instituciones nos ayuden un poco más *intensamente* de lo que hasta ahora nos han venido ayudando. INDOC **48 participar:** Pero, además de defender, Santos participó *intensamente* en el ataque de su equipo durante un primer tiempo que fue bastante mejor que el segundo. LVE150495 **49 intervenir:** Han intervenido *intensamente* en dos ocasiones para corregir las paridades del dólar... LVE250895

H VERBOS QUE DENOTAN BÚSQUEDA O INDAGACIÓN, ASÍ COMO ALGUNAS FORMAS DE PERCEPCIÓN O COGNICIÓN ORIENTADAS HACIA ESAS METAS: **50 buscar +:** Por su parte, la policía francesa busca *intensamente* el local del que procederían los 950 kilos de explosivos interceptados el lunes. EPE231299 **51 perseguir +:** Respecto al arbitraje amistoso tan *intensamente* perseguido por el canciller chileno Juan Gabriel Valdés, Stampa declaró: «El arbitraje entre Estados (...) no es aplicable para nada en este caso». EPE110899 **52 rastrear +:** ...durante esos días rastreó *intensamente* el monte en busca de la pequeña, desaparecida mientras su padre fue al monte a vigilar unos caballos. LVE281195 **53 investigar:** Después fue exonerado de la Policía y ahora se lo investiga *intensamente*. CLA090497 **54 estudiar +:** Esta técnica, pues, surgió del interés progresivo del hombre por un mundo que explora, vigila y estudia *intensamente*. ABC170792 **55 pensar:** «No tuve que detenerme a pensar muy *intensamente* sobre mi héroe», añade. EPE251101 **56 indagar:** Ahora, el pueblo ruso indaga *intensamente* en aquel pasado, un mundo violentamente sumergido en el pasado... ABC261193 **57 fijarse:** Procuraba poner atención y fijarse un poco más, pero lo cierto es que no lo hacía muy *intensamente*. INDOC **58 observar:** En ningún lugar como en China la evolución del poder japonés será observada más *intensamente*. EPE010277 **59 escrutar:** Había cola y observé cómo el portero escrutaba *intensamente* a los clientes antes de autorizar su acceso. EPE270299

I VERBOS QUE DESIGNAN DIVERSAS FORMAS DE CONTROL, ATENCIÓN, CUIDADO O SUPERVISIÓN DE ALGO: **60 proteger:** ...demandábamos desde hacía años una reforma que protegiese más *intensamente* a nuestros niños y niñas. LVE081296 **61 cuidar:** ...lo único que se hace con los enfermos afectados por un problema de estas características es cuidarlos lo más eficaz e *intensamente* posible. EME160395 **62 vigilar:** Esa calle fue vigilada *intensamente* en aquellas fechas pero esa labor resultó poco fructífera y fue abandonada poco tiempo después. EPE021987 **63 preocupar(se):** La inestabilidad del régimen egipcio preocupa *intensamente* a la cúpula política y militar de Israel. EME220294

☐ Véase también: **a fondo**.

intensidad ♦ **acusado[46], alto, bajo, creciente, débil, fuerte, moderado, sostenido, sumo** ♦ **arranque (de)[38]** ♦ **acrecentar(se), adquirir[86], alcanzar, aumentar (en), cobrar[10], crecer, decaer[32], decrecer[72], disminuir, escalar[21], ganar, imprimir, incrementar(se), magnificar[36], rebajar, revestir, tomar[4]**

☐ Véase también: **fuerza**.

INTENSIDAD Véase:

♦ **abarrotado, abigarrado, abisal, abismal, abrumado, acalorado, acendrado, acerado, acérrimo, acuciante, acusado, agotador, agravante, agudo, aplastante, apocalíptico, apoteósico, apreciable, ardiente, arduo, arrasador, arrollador, asfixiante, atávico, bárbaro, bizantino, calenturiento, caluroso, canino, catártico, categórico, cáustico, cerval, ciego (de), clamoroso, colosal, compulsivo, concienzudo, contundente, craso, de abrigo, de atar, de campeonato, de consideración, de elefante, denodado, desaforado, desbordante, descarnado, desgarrador, desmedido, desorbitado, despavorido, disparado, drástico, duro, efusivo, encarnizado, enconado, enloquecido, enrevesado, estentóreo, exquisito, farragoso, febril, feroz, férreo, ferviente, flagrante, fulgurante, garrafal, grave, hondo, implacable, incandescente, incendiario, infrahumano, intrincado, jugoso, lastimero, leonino, leso, letal, llamativo, maratoniano, mayúsculo, mordaz, mortal, mortífero, numantino, opíparo, ostensible, palpitante, pantagruélico, penetrante, perdido, pírrico, pletórico (de), radical, rebosante (de), redomado, redondo, reñido, rotundo, rutilante, severo, subido (de), supino, sustancioso, tajante, tórrido, trepidante, vertiginoso, viperino, visceral**

♦ **abisalmente, abismalmente, a borbotones, a brazo partido, a cajas destempladas, a cal y canto, a cántaros, a cara de perro, a carcajadas, acendradamente, a cercén, a conciencia, activamente, acusadamente, a demonios, a destajo, afanosamente, afectuosamente, a flor de piel, a fondo, a gritos, a las mil maravillas, a los cuatro vientos, al unísono, a marchas forzadas, amargamente, a moco tendido, ampliamente, a plena satisfacción, a pleno pulmón, apoteósicamente, apreciablemente, apremiantemente, a rayos, ardientemente, a sangre y fuego, a toda vela, a toda velocidad, a todo trapo, a todo volumen, a tope, a ultranza, a vida o muerte, a voz en grito, calurosamente, categóricamente, chillonamente, como..., con alevosía, con creces, con éxito, con ganas, con los brazos abiertos, con lupa, con mano de hierro, con mano férrea, con mano firme, con rotundidad, de lleno, denodadamente, desgarradamente, desmesuradamente, detalladamente, diametralmente, efusivamente, en cuerpo y alma, endiabladamente, en tromba, febrilmente, fijamente, hasta el cuello, hasta las cejas, horrores, inseparablemente, ligeramente, locamente, lujosamente, machaconamente, ni por asomo, notablemente, numantinamente, olímpicamente, opíparamente, ostensiblemente, perdidamente, rabiosamente, rendidamente, rotundamente, sin cuartel, sin paliativos, sin rodeos, soberanamente, someramente, terminantemente, torrencialmente, vilmente, visceralmente, zafiamente**

☐ Véase también: *CANTIDAD; TOTALIDAD*.

INTENSIDAD

♦ (SUSTANTIVOS) Véase: **abrasador[A], acaparador[A], acusado[F], aplastante[E], arranque (de)[F], atizar[G], borracho (de)[C], calmar(se)[E], ciego[B], confesar[H], cultivar[B,K], decaer[F], dejarse llevar (por)[B], frenético[A], insaciable[A], irrefrenable[D], irresistible[A], palpitante[E], pegar[B], persistir (en)[F], rabioso[D], redoblar[D], sentir[B], traslucir(se)[H]**

♦ (VERBOS) Véase: **alarmantemente[C], machaconamente[A], peligrosamente[E], repetidamente[C]**

intensificar ♦ **acción, actividad, ataque, ayuda, bloqueo, bombardeo, búsqueda, campaña, colaboración, color, contacto, control, cooperación, diálogo, dominio, empleo, entrenamiento, esfuerzo, fuerza, gestión, inversión, investigación, labor, lazo, lucha, maniobra, medida, movilización, ofensiva, participación, pasión, preparación, presencia, presión, proceso, protesta, reflexión, registro, relación, represión, ritmo, sensación, servicio, trabajo, vigilancia, voluntad**

intensivamente ♦ **ayudar, buscar, cultivar, dedicarse, desarrollar, emplear, investigar, participar, preparar(se), trabajar, usar, utilizar**

intensivo *adj.* ■ Se construye con sustantivos que denotan atención médica *(cuidado, terapia, cura)* o asimilable a ella *(saneamiento)*, actividades formativas diversas *(curso, clase, enseñanza, formación, taller)* y períodos de tiempo designados para la realización de una actividad *(horario, jornada)*. Se combina también con algunos sustantivos de persona que suelen designar a ciertos trabajadores *(mano de obra, agricultor)*. Admite otros sustantivos que denotan intercambio verbal *(debate, conversación)* o reunión destinada a tratar algún asunto *(encuentro, congreso)*. Acepta asimismo sustantivos que designan actividades deportivas *(gimnasia, natación)* y diversos procesos de la actividad económica *(industrialización, comercialización, explotación, inversión, producción, extracción)* o los ámbitos a los que corresponden *(agricultura, ganadería, industria, pesca)*. También se combina con...

A SUSTANTIVOS QUE DENOTAN CONTROL O BÚSQUEDA. TAMBIÉN CON ALGUNOS QUE DESIGNAN OTRAS ACCIONES, A VECES COERCITIVAS, DESTINADAS A OBTENER INFORMACIÓN O CERCIORARSE DE ALGÚN ESTADO DE COSAS: **1 rastreo** ++: ...realizó *intensivos* rastreos para tratar de localizar al industrial... EME080296 **2 registro** ++: El registro más *intensivo* fue el de una sucursal... EME200496 **3 interrogatorio** +: El juez someterá al ex ministro del Interior a un interrogatorio *intensivo*... LVE061295 **4 vigilancia:** La Policía someterá a los sospechosos a una vigilancia *intensiva*. INDOC **5 búsqueda:** Se realizó una búsqueda *intensiva* de los niños desaparecidos. INDOC **6 patrullaje:** ...las diferentes unidades uniformadas del departamento realizan patrullajes *intensivos*... LTB150197 **7 espionaje:** ...realizar un *intensivo* espionaje electrónico... EPE181001

B SUSTANTIVOS QUE DESIGNAN DIVERSOS PROCESOS ENCAMINADOS A CONOCER O DESCUBRIR ALGO: **8 estudio** ++: Estudios *intensivos* desarrollados durante seis años sobre la dieta masculina... LVE111295 **9 investigación** +: Hicimos una investigación *intensiva* sobre las ventajas y desventajas de los zeppelines... ETC280497 **10 examen:** ...fue sometido ayer a una serie de exámenes *intensivos* en el hospital... EPE020688 **11 consulta:** ...la celebración (...) de unas consultas *intensivas* multilaterales... LVE290296

C SUSTANTIVOS QUE DENOTAN ACTIVIDAD LABORAL O DESIGNAN EL EMPEÑO O LA APLICACIÓN PUESTOS EN UNA TAREA: **12 dedicación** ++: Un libro de este estilo requiere un equipo muy numeroso con dedicación *intensiva*... LVE020795 **13 esfuerzo** ++: ...realiza un esfuerzo *intensivo* por desarrollar armas nucleares... LVE290195 **14 trabajo** +: ...preparar las dos jornadas de trabajo *intensivo* que le esperan. EPE010288 **15 laboreo:** Las plantaciones tienen que ser sometidas a un laboreo *intensivo*... LTB230197

D SUSTANTIVOS QUE DENOTAN UTILIZACIÓN U OBTENCIÓN DE RENDIMIENTO O DE BENEFICIO: **16 uso** ++: ...un gobierno que no sólo se precia del uso *intensivo* de tecnología... CAP070897 **17 aprovechamiento** ++: ...fórmulas orientadas a impedir o atenuar este aprovechamiento *intensivo*... EPE240199 **18 abuso** –: ...limitar el abuso *intensivo* de esta causa de justificación. EPE211199

E SUSTANTIVOS QUE DENOTAN AYUDA, RESPALDO Y OTRAS FORMAS DE PARTICIPACIÓN O COLABORACIÓN: **19 ayuda** ++: ...necesitan de la ayuda *«intensiva»* del Tesoro. EME071096 **20 apoyo** ++: ...pero lo que ahora se les facilita es un apoyo más *intensivo*... EPE200199 **21 atención** ++: ...funcionarán con absoluta normalidad los servicios de atención *intensiva*... EME130194 **22 asistencia** +: ...necesitarán (...) asistencia sociosanitaria *intensiva*... EPE061101 **23 cooperación:** ...establecer una cooperación *intensiva* a partir de 1996. LVE171095

F SUSTANTIVOS QUE DENOTAN ACCIÓN HOSTIL O AGRESIVA EN DIVERSOS GRADOS: **24 ataque** ++: El *intensivo* ataque con obuses sobre los barrios de la vieja ciudad... LVE060794 **25 bombardeo** ++: La efectividad de esos bombardeos *intensivos* es muy discutible. EPE031101 **26 combate** +: ...«se están librando combates *intensivos* en las afueras de la ciudad». EME170895 **27 guerra:** ...tras seis meses de guerra *intensiva*... LVE301295 **28 saqueo:** Esta economía, basada en un saqueo *intensivo* de recursos no renovables... LVE280495 **29 pillaje** –: ...proteger a tiros su esfuerzo de *intensivo* pillaje de materias primas... EME310796 **30 cruzada** –: ...hay que huir de cualquier tentación de cruzada *intensiva*... EME270696 **31 oposición** –: ...le toca ahora hacer una oposición mucho más *intensiva* y rigurosa... EME290595

G ALGUNOS SUSTANTIVOS QUE DENOTAN DISPOSICIÓN DE LAS ACCIONES PARA CONSEGUIR UN OBJETIVO: **32 plan** ++: ...un plan *intensivo* para incentivar la participación de la comunidad... EUV070497 **33 estrategia** +: ...plantear una estrategia más coherente, más dinámica e *intensiva*... EME031095

H SUSTANTIVOS QUE DENOTAN DISMINUCIÓN, REGRESIÓN O EMPEORAMIENTO: **34 reducción** ++: ...su *intensiva* reducción del Welfare State... EME280896 **35 deterioro** +: ...el *intensivo* deterioro de los sistemas naturales... EPE011299

I SUSTANTIVOS QUE DENOTAN AUMENTO, DESARROLLO O EXPANSIÓN: **36 crecimiento** ++: La estrategia a desarrollar es de crecimiento *intensivo*. EPD250897 **37 desarrollo** +: ...el desarrollo *intensivo* de la energía de origen nuclear... HOY050586 **38 despliegue** +: ...proseguía el jueves su *intensivo* despliegue mediático... LVE121096 **39 propagación:** La *intensiva* propagación del Síndrome... ETC011291

J OTROS SUSTANTIVOS; POSIBLES USOS ESTILÍSTICOS: Cualquier parque significa vacaciones *intensivas*, recreo concentrado... LVE070595; Así, la diferencia misma sería (...)

aquello por medio de lo cual lo dado es dado, el salto *intensivo* (Dioniso) condición de posibilidad de toda representación (teatro de Apolo). LVE141195; ...en la transición a la sociedad reflexiva, *intensiva* en conocimiento... EPE120699

intenso Véase: **intensidad, intensivo, intensamente**

intentar ♦ **a duras penas, afanosamente, a la desesperada[16], arduamente, a toda costa[5], con todas {mis/tus/sus...} fuerzas[4], denodadamente, desesperadamente[1], en balde, en vano, incansablemente[5], infructuosamente, insistentemente[33], intensamente, inútilmente[2], por activa y por pasiva[53], por las buenas, por todos los medios, repetidamente, seriamente, sin éxito, tenazmente[21], una y otra vez, vanamente**

☐ Véase también: **esforzarse, probar, procurar, pulsar, tratar.**

intento ♦ **arriesgado, audaz, baldío, civilizado, contra reloj[20], decidido, denodado[3], desaforado[46], desesperado, exitoso, fallido, fracasado, frustrado, ilusionante[41], infructuoso[7], inútil, inviable, loable, peregrino[42], pertinaz[19], serio[56], tenaz[40], vano[5], voluntarioso** ♦ **a la desesperada[48]** ♦ **abortar, acometer, adherirse (a)[39], caer en el vacío, cejar (en)[2], desbaratar[38], desistir (de), fracasar, frustrar(se), malograr(se), obstaculizar[33], perseverar (en)[4], prosperar[28], tener éxito, valer la pena**

☐ Véase también: **conato (de), intención, tentativa (de).**

intercambio ♦ **beneficioso, desfavorable, desigual, equitativo, favorable, fecundo[51], fructífero, injusto, justo, lesivo, paritario[5], satisfactorio, útil, ventajoso[31]** ♦ **efectuar, favorecer, fomentar, llevar a cabo, realizar**

☐ Véase también: **cambio.**

INTERCAMBIO VERBAL

♦ (SUSTANTIVOS) Véase: **acalorado[B], acometer[H], a fondo[I], agilizar[C], agotador[E], agotar(se)[H], agriar(se)[C], al hilo (de)[A], allanar[C], apagar(se)[D], aplacar(se)[F], a puerta cerrada[I], arduo[C], avanzado[C], caber[D], caldear(se)[D], cancelar[B], cara a cara[H], concertar[A], confidencial[E], constructivo[D], crucial[G], cuerpo a cuerpo[F], de igual a igual[I], devaluar(se)[E], discurrir[A], distorsionar[G], electrizante[D], encarar[F], encendido[B], enfrascarse (en)[B], en punto muerto[A], entablar[C], establecer[I], farragoso[A], fervoroso[G], frente a frente[G], frontal[F], girar[A], incentivar[F], invitar (a)[D], involucrar(se) (en)[D], jugoso[E], llevar a buen puerto[A], meter(se) (en)[H], objeto (de)[E], revivir[H], sin condiciones[C], sin tapujos[K], sosegar(se)[B], soslayar[E], surtir efecto[I], sustraer(se) (de/a)[E], tensar[C], terciar (en)[A], trabar[B], vehemente[D], vivo[I]**

♦ (VERBOS) Véase: **acremente[B], a fondo[C], a puerta cerrada[B], cara a cara[B], civilizadamente[C], cordialmente[D], cuerpo a cuerpo[B], de igual a igual[C], detalladamente[J], favorablemente[D], frente a frente[E], invitar (a)[I], largamente[E], plácidamente[E], tenazmente[F]**

☐ Véase también: MANIFESTACIÓN VERBAL; POLÉMICA.

interceptar ♦ **al vuelo[7]** ♦ **comunicación, conversación, envío, línea, mensaje**

☐ Véase también: **atajar, cortar, entrecortadamente, interrumpir.**

[interés] → **con interés**

interés ♦ **abusivo[8], acorde (con)[14], acuciante[25], anual, apremiante[37], ardiente[5], bancario, blando[85], candente[25], coincidente, considerable, creciente, desbordante[42], desmedido[12], desorbitado[18], discreto, encontrado, enfrentado, enorme, escaso, espurio, ferviente[4], frenético[30], gran(de), inconfesable[20], indudable, inequívoco[33], insaciable[14], irreconciliable[36], irrefrenable[29], legítimo, módico, multitudinario[12], notable, palmario, personal, preferencial, preferente, primordial, prioritario, público, relativo, sincero, sumo[10], tangencial[43], total, trimestral, unánime[64], vivo[13]** ♦ **al descubierto[2]** ♦ **a la medida (de)[1], con, en aras (de)[44], en atención (a), sin, sin perjuicio (de)[31]** ♦ **ápice (de)[50], centro (de), falta (de), manifestación (de)[29], muestra (de), objeto (de)[9], punto (de)** ♦ **acaparar, adquirir[55], aglutinar[24], amainar[28], anteponer, aplacar(se), armonizar, atender (a), atraer, aumentar, aunar[7], avalar[83], avivar[23], canalizar[40], captar[40], carecer (de), centrar, cobrar[30], conceder, conciliar[1], concitar[2], condonar[4], confluir[14], conjugar[6], contraponer, converger[2], dañar[17], decaer[16], decrecer[31], defender, defraudar[7], dejarse llevar (por)[23], desatar(se)[24], despertar[2], desplazar[1], desvanecerse[7], difuminar(se)[32], disfrazar[18], disminuir, empañar(se)[38], enarbolar[28], enfriar(se)[40], estribar (en)[25], imprimir[18], incentivar[22], inspirar[30], lesionar, manifestar, mostrar, negar[17], perder[13], picar[2], plegarse (a)[18], polarizar, poner (en algo), poseer, prender (en alguien), primar[11], reavivar[29], rebajar[17], redundar (en)[30], residir (en)[1], revestir(se) (de)[16], saciar[15], salir a la luz[65], salvaguardar, sentir[20], socavar[54], subyacer (a algo), suscitar, tener, testimoniar[30], transmitir[26], tropezar(se) (con)[27], vulnerar**

☐ Véase también: **apego (a), deseo, inclinación, intención.**

INTERÉS Véase: ACTUACIÓN FUTURA; ASPIRACIÓN; INCLINACIÓN; INTENCIÓN; PROYECTO

interesar(se) ♦ **ávidamente[14], enormemente, escasamente, paulatinamente, poderosamente[8], profundamente[10], repentinamente, sinceramente[25], sumamente, vagamente[14], vivamente[5]**

☐ Véase también: **buscar, desear, procurar.**

interferir ♦ **abiertamente[88], encubiertamente, manifiestamente[24], subrepticiamente, veladamente**

☐ Véase también: **intervenir, invadir, irrumpir.**

internamente ♦ **aprobar, arreglar, cambiar, competir, conocer, corromper(se), criticar, debatir, decidir, discutir, estructurar, fortalecer(se), influir, investigar, justificar, luchar, mejorar, mo-**

dificar(se), organizar, pensar, promocionar, reflexionar, reformar, regir(se), repartir, revivir, romper(se), sangrar, solucionar, tratar, vivir
□ Véase también: **íntimamente.**

internamiento ♦ cautelar[28], preventivo, temporal ♦ decidir, decretar[18], prescribir, someter (a)
□ Véase también: **reclusión.**

internet ♦ bajar (de), bucear (en)[17], colgar (en), conectar(se) (a), entrar (en), navegar (por)
□ Véase también: **red.**

interpolar ♦ cita, comentario, excurso, historia, nota, observación, reflexión, texto
□ Véase también: **interponer.**

interponer ♦ acción judicial, apelación, barrera, demanda, denuncia, moción, obstáculo, queja, querella, recurso (legal)

interpretación ▮ *(actuación)* ♦ apagado, aparatoso[42], apoteósico, brillante, electrizante[9], magistral, sentido ♦ aclamar[5], aplaudir, abuchear, bordar[3]
▮ *(análisis)* ♦ abierto, acertado, arduo[51], atinado[42], avieso[17], capcioso[5], claro, convincente, correcto, desacertado, descabellado[16], descarnado[9], diáfano, equivocado, estricto[46], exacto, fidedigno[25], fiel, laxo[11], literal[7], malévolo, malicioso, novedoso[8], oficial, oscuro, parcial, personal, plausible, profundo[113], retorcido[16], riguroso[16], sesgado[1], tendencioso, textual, torcido, torticero ♦ a la luz (de)[32], al hilo (de)[22], a tenor (de)[8] ♦ ahondar (en)[69], alterar[8], contradecir, cuajar, dar[84], descontextualizar, distorsionar[17], ofrecer, presentar, rebatir[14], redondear, refutar[13], rubricar, salir al paso (de)[31], tergiversar[26]
□ Véase también: **acepción, análisis, juicio, lectura, sentido, significado, valoración, versión.**

INTERPRETACIÓN
♦ (SUSTANTIVOS) Véase: a bote pronto[G], acometer[G], a favor[M], ahondar (en)[K], al pie de la letra[H], alterar[B], arduo[I], atinado[F], avieso[D], cándido[E], capcioso[B], certero[A], de carrerilla[D], de oro[E], descabellado[C], descarnado[B], descifrar[C], desentrañar[F], distorsionar[E], electrizante[C], enfrascarse (en)[C], enrevesado[F], entre líneas[H], estricto[I], exhaustivo[A], forjar[I], imponer[C], irreconciliable[D], laxo[C], lineal[D], literal[B], manido[A], negar[G], novedoso[B], penetrante[D], peregrino[A,D], permisivo[D], rebatir[F], refutar[C], retorcido[B], revelador[F], riguroso[C], salir al paso (de)[E], sesgado[A], unánime[H]
♦ (VERBOS) Véase: a la ligera[E], al pie de la letra[B], al unísono[D], atentamente[B], coherentemente[B], con cautela[C], concienzudamente[C], con detalle[B], con reservas[C], debidamente[H], de carrerilla[A], de un tirón[D], entre líneas[A], escrupulosamente[C], febrilmente[C], literalmente[B], maliciosamente[E], negativamente[B]
□ Véase también: INDAGACIÓN; JUICIO; RAZONAMIENTO.

interpretar ▮ *(tocar un instrumento)* ♦ a coro[3], afinadamente, brillantemente, ejemplarmente, con soltura ♦ instrumento musical
▮ *(entender)* ♦ a la ligera[32], al pie de la letra[11], a pelo[2], coherentemente[8], convincentemente[15], debidamente[50], entre líneas[4], equivocadamente[6], literalmente[9], maliciosamente[35], retorcidamente, sesgadamente, torcidamente, torticeramente
□ Véase también: **comprender, decodificar, deducir, descifrar, desentrañar, enjuiciar, entender(se), valorar.**

interrogante ♦ arduo, difícil, enigmático, enrevesado, intrincado, misterioso ♦ acuciar[59], asaltar[3], cernerse[10], constituir, dar respuesta (a), dar solución (a), descifrar[9], desentrañar[6], despejar(se)[3], despertar, desvanecerse, desvelar[5], dilucidar, disipar(se)[5], formular[3], gravitar[11], planear[8], plantear[3], resolver, surgir, suscitar, zanjar[31]
□ Véase también: **cuestión, dilema, duda, incógnita, misterio, pregunta.**

interrogatorio ♦ a puerta cerrada[63], cara a cara[31], duro, exhaustivo[14], intensivo[3], policial ♦ practicar[18], someter(se) (a)[33]
□ Véase también: **acusación, pregunta.**

interrumpir ♦ abruptamente[2], a gritos[20], brevemente[6], bruscamente, cautelarmente[12], drásticamente, en seco[8], inadvertidamente, momentáneamente, por un momento[6], temporalmente[1]
□ Véase también: **cortar, interceptar.**

interrupción ♦ abrupto[6], accidental[30], breve, brusco[45], coyuntural, drástico, inesperado, largo, momentáneo, ocasional, pasajero, súbito, tajante, temporal ♦ desencadenar, forzar, ocasionar, producir(se), propiciar, provocar, subsanar[40], sufrir[42]
□ Véase también: **corte.**

intervención ♦ abusivo[25], acusado[63], a favor[60], brillante, cadencioso, campanudo, cautelar[34], decidido, decisivo, descollante[3], destacado, disuasorio[5], fulgurante[41], humanitario[5], inaugural, inoportuno, oportuno, sonado, testimonial, tranquilizador[7] ♦ a lo largo (de), durante, sin perjuicio (de)[3] ♦ alcance (de)[36] ♦ aderezar[18], bordar, completar, cuajar, delegar[28], desvelar[60], eludir, hacer, obstaculizar[48], prodigar[65], realizar, redondear, replicar (a), reponerse (de), reventar, rubricar, salpicar (de algo), tener, versar (sobre algo)
□ Véase también: **intromisión, participación.**

INTERVENCIÓN Véase: *PARTICIPACIÓN E INTERVENCIÓN*

INTERVENCIÓN Véase: PARTICIPACIÓN

intervenir ▮ *(participar)* ♦ abiertamente[84], abusivamente[14], activamente[2], a favor[26], a partes iguales[13], brillantemente, cabalmente, cautelarmente[22], decididamente[24], decisivamente[3],

drásticamente[36], en contra, militarmente, tangencialmente[3], unilateralmente[18], verbalmente[76]
▌ *(operar)* ♦ quirúrgicamente
▌ *(en economía)* ♦ ahorro, cuenta, fondo, patrimonio
☐ Véase también: **empeñar(se), emplearse, esforzarse, interferir, intervención, participar, volcar(se).**

intestino ♦ batalla, combate, conflicto, discordia, duelo, enfrentamiento, guerra, lucha, odio, pelea, querella, rencilla, revuelta, rivalidad, trifulca

íntimamente ♦ asociar, conectar, guardar, ligar, relacionar, unir, vincular
☐ Véase también: **internamente.**

intimidad ♦ atentatorio (contra)[16], cerrado, estricto[51], invulnerable, personal, secreto ♦ al descubierto[49] ♦ adentrarse (en)[23], airear, atentar (contra), defender, destapar, desvelar, entrar (en), escarbar (en)[8], guardar[40], hurgar (en), invadir, mantener, penetrar (en), perder, proteger, respetar, tener, transgredir, violar[30], vulnerar[17]
☐ Véase también: **privacidad.**

íntimo ♦ amigo, carácter, convencimiento, fibra[2], sensación, sentimiento

intolerancia ♦ abusivo, arraigado[41], desmesurado, extremo, irracional ♦ acto (de), muestra (de) ♦ acabar (con), combatir[23], condenar, ejercer, engendrar[27], generar, luchar (contra), mitigar, predicar[45], vencer
☐ Véase también: **intransigencia, violencia.**

intransigencia ♦ absoluto, total ♦ combatir, condenar, deponer[6], luchar (contra), vencer

intriga ♦ alambicado, de salón[13], enrevesado[41], intrincado[42], laberíntico, maquiavélico, oscuro, rebuscado, retorcido[27], turbio ♦ conjurar[31], desatar(se)[40], desenredar, desentrañar[18], despejar(se)[9], destapar, destripar[4], dosificar[17], mantener, maquinar[7], tejer[9], urdir[5,40]
☐ Véase también: **trama.**

intrincado *adj.* ▌ Admite sustantivos que designan personas *(figura, personaje, autor)*, así como múltiples obras –a menudo de creación– a las que puede asignarse algún contenido, sea verbal *(libro, narración, artículo, historia)* o de otro tipo *(película, sinfonía)*. También se combina con algunos que designan otros resultados de la actividad intelectiva *(idea, pensamiento, razonamiento)*. Se combina asimismo con...

A SUSTANTIVOS QUE DESIGNAN LUGARES, GENERALMENTE PROFUNDOS O DIFÍCILES DE RECORRER O EXPLORAR. SE USAN MUY FRECUENTEMENTE EN SENTIDO FIGURADO: **1 mundo** +: ...una inspección más profunda de este *intrincado* mundo subatómico... ABC290494 **2 selva** +: ...se está metiendo él solo en una selva bastante más *intrincada* que el jardín... EME040195 **3 paisaje** +: ...como parte de un *intrincado* paisaje mental, claustrofóbico... EME150696 **4 vericueto** +: ...una navegación segura por los *intrincados* vericuetos del sistema político... EPE091199 **5 bosque:** ...como el bosque *intrincado* de nuestro subconsciente... ABC150193 **6 terreno:** ...adentrarme en el *intrincado* terreno de la teología... EPE230900 **7 pantano:** ...atraviesan sólo los *intrincados* pantanos anímicos en que asientan sus cimientos las creencias salvadoras. EME070294 **8 recoveco:** ...una invitación al reino del saber en muchos de sus *intrincados* recovecos. EME280594

B SUSTANTIVOS QUE DENOTAN DIFICULTAD O IMPEDIMENTO, A MENUDO GRAVE O DE DUDOSA SOLUCIÓN. TAMBIÉN CON OTROS QUE DESIGNAN DIVERSAS SITUACIONES CONFLICTIVAS A LAS QUE ESOS ESTADOS DAN LUGAR: **9 problema** ++: ...un libro que atañe a *intrincados* problemas de filosofía de la ciencia... ABC050595 **10 complejidad** +: ...el desarrollo de las ciencias y las técnicas, su crecimiento geométrico y su *intrincada* complejidad... EPE230399 **11 conflicto:** ...en un conflicto *intrincado* como este la opinión pública occidental ve sólo un único culpable... LVE130696 **12 crisis:** ...padece *intrincadas* crisis depresivas, se hunde en hoyas de pesimismo negro... ETC180497 **13 embrollo:** Paralelamente al *intrincado* embrollo técnico corre una complicada trama política... EME300996 **14 obstáculo:** ...si no se han sabido sortear los *intrincados* obstáculos normales que la ley pone... LVE091295 **15 escándalo:** ...la comisión parlamentaria que investiga el *intrincado* escándalo de evasión fiscal... EME161295

C SUSTANTIVOS QUE DESIGNAN ESTRUCTURAS FORMADAS POR EL CRUCE O LA AGRUPACIÓN DE HILOS, FILAMENTOS O LÍNEAS. FIGURADAMENTE SUELEN DENOTAR ENREDO, MARAÑA U OTRAS FORMAS DE COMPLEJIDAD: **16 laberinto** ++: ...a su conocimiento de los *intrincados* laberintos del poder desde cuando trabajó en la Casa Militar en La Moneda, se suma su experiencia... CAR070797 **17 trama** ++: ...aludir a la *intrincada* trama de itinerarios y fechas, funciones, partidas... CLA070497 **18 red** ++: ...atrapado en la *intrincada* red de células dendríticas foliculares... ABC031293 **19 maraña** +: ...alguna decisión que aclare la *intrincada* maraña político-legislativa que –por increíble que nos resulte a los ciudadanos– acaba siendo escudo protector de terroristas. EPE161201 **20 ovillo:** A ver si la juez logra desenmarañar este *intrincado* ovillo de corrupción. EME300596 **21 madeja:** ...es mucho más puntual que la *intrincada* madeja que lo rodea. HOY230297 **22 tejido:** El *intrincado* tejido de «holdings» con acciones cruzadas y con direcciones compartidas... LVE121295 **23 textura:** ...sino en la finísima e *intrincada* textura psicológica con que dota a Martín y a Andrea... ABC180294

D SUSTANTIVOS QUE DENOTAN VÍA DE TRÁNSITO, RUTA O CURSO SEGUIDO POR ALGO: **24 camino** ++: Pero no seguiremos por ese *intrincado* camino y nos limitaremos a sacar una lección... LPA190492 **25 trazado** +: Herbert sorprendió en el *intrincado* y bello trazado de Montecarlo. CLA090597 **26 circuito:** ...el circuito catalán resultó muy *intrincado*, dada la dificultad presentada por las empinadas subidas. EUV060499 **27 carretera:** ...transcurre por carreteras *intrincadas* en las que no es fácil controlar al pelotón. LVE300695 **28 ruta:** Seguimos una *intrincada* ruta a través de las callejuelas del casco antiguo de la ciudad. INDOC **29 itinerario:** ...se habrían cobrado «comisiones» ilegales provenientes de Italia, desviadas a través de un *intrincado* itinerario. EME040395 **30 trayectoria:** ...acabó ayer con la vida de un hombre cuya *intrincada* trayectoria... EPE160999

E SUSTANTIVOS QUE DESIGNAN LA ACCIÓN O EL EFECTO DE DESPLAZARSE, ASÍ COMO ALGUNAS DE LAS CONTINGENCIAS QUE SUELEN ACOMPAÑAR A LAS EMPRESAS INCIERTAS: **31 viaje:** ...los *intrincados* viajes en las líneas del metro neoyorquino... EME280996 **32 aventura:** ...por las *intrincadas* aventuras de Indiana Jones. LVE170795 **33 periplo:** ...acerca de su *intrincado* periplo europeo... LVE230296 **34 avatar:** Tras un cruel régimen de apartheid, y debido a *intrincados* avatares de la historia... EPE091201 **35 peripecia:** ...tras una *intrincada* peripecia musical, se ofrece al oyente la repetición del primer acorde. ABC100993

F ALGUNOS SUSTANTIVOS QUE DENOTAN CONGLOMERADO DE COSAS O PERSONAS. TAMBIÉN CON OTROS QUE DESIGNAN CIERTOS VÍNCULOS QUE SE ESTABLECEN ENTRE ELLAS: **36 relación ++:** De las cuatro *modernizaciones* emprendidas por Deng (...), la del EPL es la más difícil de abordar, debido a la *intrincada* relación existente el Ejército y la burocracia del PCCh. HOY050187 **37 ligadura:** ...que acaba de romper *intrincadas* ligaduras, es sin duda el único político con la suficiente credibilidad... EME271196 **38 mosaico:** ...un mosaico tan *intrincado* que aconsejan descartar que el milagro... EME150896 **39 grupo:** ...una vuelta a viejas estrategias de entrada de la banca en grupos industriales *intrincados*, con una clara dilución de responsabilidades... EPE010688 **40 alianza –:** ...sus *intrincadas* alianzas y rivalidades con el resto de las ciudades... LVE100596

G EL SUSTANTIVO *MISTERIO* Y, POR EXTENSIÓN, CON OTROS QUE DESIGNAN COSAS QUE SE SUELEN CONSIDERAR OCULTAS O CIFRADAS: **41 misterio ++:** ...una auténtica ventana abierta a los misterios más *intrincados* de la literatura... LVE220295 **42 intriga:** ...despliega una *intrincada* intriga audazmente engañosa... LVE180894 **43 secreto:** ...conocer a cabalidad los más *intrincados* secretos del oficio... DHE100297 **44 enigma:** ...el IAC posee avanzados telescopios que han permitido a la astrofísica dar pasos de gigante para la resolución de sus más *intrincados* enigmas. ABC260393 **45 símbolo:** Bajo estos datos, en el anverso, están los *intrincados* signos y símbolos del zodiaco y en el reverso hay más anotaciones. EPE100399 **46 rompecabezas:** ...permiten completar un *intrincado* rompecabezas. LVE221296

H SUSTANTIVOS QUE DENOTAN RECURSO O ESQUEMA DE ORGANIZACIÓN. TAMBIÉN CON OTROS QUE DESIGNAN EL CONJUNTO DE PRINCIPIOS QUE REGULAN ALGUNA COSA: **47 sistema ++:** ...continúa construyendo *intrincados* sistemas de defensa y ataque... EXC100900 **48 procedimiento +:** ...que en un *intrincado* procedimiento se impuso sobre varias propuestas alternativas... EPE251101 **49 método:** Llegó a resolver el problema a través de los más *intrincados* métodos. INDOC **50 estructura:** ...de *intrincadas* estructuras que parecen estar en la frontera entre la complejidad y el azar. EPE190599 **51 organigrama –:** ...su estructura financiera a través de inversiones en un *intrincado* organigrama... EME180695

☐ Véase también: **enrevesado, inextricable, retorcido, tortuoso.**

introducción ♦ **avanzado, básico, completo, elemental, en profundidad, general, paulatino, progresivo, sencillo, somero[11], superficial** ♦ **curso (de)** ♦ **hacer, impartir[1], presentar**

☐ Véase también: **intromisión, prólogo, preámbulo, premisa.**

introducir(se) (en) ♦ **abruptamente, de golpe, de lleno[9], directamente, explícitamente, gradualmente[42], paulatinamente[37], poco a poco, progresivamente, unilateralmente[5]** ♦ **asunto, cuestión, líquido, lugar, materia, tema**

☐ Véase también: **adentrarse (en), meter(se) (en), presentar(se).**

intromisión ♦ **absoluto, descarado, descortés, flagrante, intolerable** ♦ **acto (de)** ♦ **acusar (de), calificar (de), cometer[55], constituir, denunciar, representar, suponer**

☐ Véase también: **injerencia, intervención, irrupción.**

intuición ♦ **agudo, asombroso, certero, fallido, femenino, innato, penetrante, prodigioso, sagaz, sutil** ♦ **albergar, confirmar(se), corroborar[17], dejarse llevar (por)[63], fallar, guiar(se) (por), surgir, sustraer(se) (de/a)[30], tener**

☐ Véase también: **augurio, presagio, presentimiento.**

inundación ♦ **catastrófico[10], generalizado, inminente, peligroso, terrible** ♦ **amenaza (de), riesgo (de), secuela (de)[28]** ♦ **causar, dar lugar (a), ocasionar[32], producir(se), provocar, sufrir, venir**

inutilidad ♦ **absoluto, completo, parcial, profundo[77], supino[6], total**

☐ Véase también: **baldío, de vacío, incapacidad, inútilmente, torpeza, utilidad.**

inútilmente *adv.* ▮ Se combina con múltiples verbos de acción *(escribir inútilmente al ministro; tomar inútilmente un medicamento; recorrer inútilmente las tiendas)* no siempre dinámica *(esperar, permanecer, sufrir, soportar)*, y especialmente si el que la realiza tiene presente el fin específico que persigue con ella. Destacan especialmente sus combinaciones con verbos de movimiento *(huir, correr, moverse, recorrer)* y de lengua *(hablar, exponer, explicar, debatir)*, y también con los...

A VERBOS QUE DENOTAN DESEO O INTENTO DE LOGRAR ALGÚN FIN, A MENUDO EL DE ENCONTRAR ALGO O A ALGUIEN: **1 pretender ++:** De esta manera el gobierno pretende, *inútilmente*, impedir el fortalecimiento... ETC140175 **2 intentar ++:** ...exigió permanecer una hora inmóvil bajo un sol de casi 40 grados, Lafer intentó *inútilmente* evitar respuestas comprometidas. CLA300199 **3 tratar ++:** En los últimos años he tratado *inútilmente* de volver a juntarme contigo. HOY250184 **4 buscar ++:** Nadie niega que la moral de la familia se desintegra cada día más y busca *inútilmente* un ancla de salvación. DLA010297

B VERBOS QUE DESIGNAN LA ACCIÓN DE PONER EMPEÑO O AHÍNCO EN LA REALIZACIÓN DE UNA TAREA: **5 esforzarse ++:** ...como lo había sido durante la más de media hora que estuvo esforzándose *inútilmente* en la pista. EME161095 **6 insistir ++:** ...enlodado para construir el futuro, que insistir *inútilmente* en un pretérito que no mueve molino. EME150594 **7 afanarse +:** ...se guardan las carencias más queridas, los síndromes del 68, o aún del 17, que se afanan *inútilmente* por salir del letargo. EPE090999 **8 arriesgarse +:** ...no deja de arriesgarse *inú-*

tilmente, de la misma forma que tiende a la autoagresión en sus mejores momentos. EPE030799 **9 luchar:** Los bomberos lucharon *inútilmente* contra el fuego durante unas 15 horas sin lograr reducir el volumen de las llamas. EME310196 **10 bregar:** ...la portavoz reproducía ante la exasperación del reportero, que bregaba *inútilmente* por sonsacarle alguna reflexión original. EME180196 **11 porfiar:** Y porfió *inútilmente* al sobrero corrido en quinto lugar, un manso querencioso... EPE200900 **12 dedicarse:** «La titularidad pública es muchas veces un obstáculo acreditado cuando se dedica *inútilmente* a competir con la iniciativa privada». EME100595

C VERBOS QUE DENOTAN DESEO, ANHELO, PRETENSIÓN O AMBICIÓN: **13 soñar +:** ...frente al gran imperio que ha soñado *inútilmente* durante dos siglos con someternos y anexarnos a su país... GIC083397 **14 querer:** He querido *inútilmente* darlo, en vida de su donante, al Museo Taurino de Madrid. EPE020688 **15 aspirar:** ...el fondo agridulce de ese cuento en que un muñeco de madera aspira *inútilmente* a ser humano. ABC270195

D VERBOS QUE DENOTAN SOLICITUD, DEMANDA Y OTRAS FORMAS DE RECLAMAR LA ATENCIÓN DE LOS DEMÁS EN RELACIÓN CON LAS NECESIDADES PROPIAS: **16 pedir ++:** Dicho en otras palabras, su reivindicación no podía ser más simple: pedían, *inútilmente* hasta la fecha... LVE091195 **17 exigir:** ...ha denunciado en alguna ocasión ese problema y ha exigido, *inútilmente*, que se cumplan por parte del médico todos los requisitos... LVE310395 **18 implorar:** Jadidi estaba desesperado porque no entendía la decisión, e imploró *inútilmente* a los jueces que la reconsiderasen. EME020896 **19 solicitar:** ...que había solicitado *inútilmente* el aplazamiento del proceso... EME240394 **20 reclamar:** ...las madres de maternidad perpetua reclaman *inútilmente* el castigo de los asesinos de sus hijos... EME200595 **21 apelar:** ...apeló *inútilmente* a la «pietas» de la clase dirigente barcelonesa y... LVE270696

E VERBOS QUE DESIGNAN DIVERSAS FORMAS DE OPOSICIÓN: **22 acusar:** Durante cuatro años han acusado *inútilmente* a los (...) de fraude, especulación y abuso de poder. EME290596 **23 denunciar:** Hace unos años ya denuncié, *inútilmente* al parecer, en estas mismas páginas... EPE011299 **24 desafiar:** ...son barranquinos conocidos, así que, para desafiar *inútilmente* la memoria del veterano... CAP251001

F VERBOS QUE DENOTAN USO O CONSUMO: **25 gastar ++:** ...pero luego seguimos llamando semanas enteras y nos cansamos de gastar dinero en teléfono *de manera inútil*. EPC051197 **26 emplear +:** La comunidad internacional empleó *inútilmente* dos años en tratar de reducir el conflicto de la ex Yugoslavia... EME051295 **27 dilapidar:** Más hubiese valido que los cientos de miles de millones dilapidados *inútilmente* en la Expo se hubiesen invertido en... LVE280495 **28 malgastar:** No pensemos, no escrutemos, no hablemos, no malgastemos *inútilmente* la energía; esperemos simplemente... EME200396

G VERBOS QUE DESIGNAN DIVERSAS ACCIONES QUE SE LLEVAN A CABO CON EL ÁNIMO DE FAVORECER A ALGUIEN O DE PROCURAR QUE LE RESULTEN BENEFICIOSAS O CONVENIENTES: **29 aconsejar +:** ...al ver las terribles cifras de bajas militares que estaba provocando la Primera Guerra Mundial y aconsejó *inútilmente* al zar que firmara la paz con los alemanes. EME111196 **30 ofrecer +:** Y postrado llegó a la muleta que le ofrecía el portugués: *inútilmente*, pesadamente, desesperadamente. EME270496 **31 ayudar:** ...en cuanto un despistado defensor lo hubiese abandonado para ayudar –*inútilmente*– a un pívot. EME021295 **32 invitar –:** ...me asustaban los que eran capaces de ponerse a hablar solos y en voz alta, invitando *inútilmente* a los demás a participar de su confusión. EME140295

☐ Véase también: **vanamente.**

invadir **I** *(irrumpir)* ♦ **abiertamente[82], militarmente, reiteradamente[11], pacíficamente** ♦ **atmósfera, calle, calzada, competencia, escenario, espacio, función, intimidad, mercado, país, persona, territorio, texto, vida, zona,** *otros sustantivos de lugar*

I *(llenar, embargar)* ♦ **de pies a cabeza[18], por completo** ♦ **alegría, angustia, ansiedad, apatía, cansancio, caos, desasosiego, desconsuelo, desesperación, desesperanza, desilusión, dolor, duda, escepticismo, espíritu, euforia, fiebre, frenesí, hormigueo, ilusión, impotencia, indignación, inseguridad, locura, luz, marea, miedo, nostalgia, olor, optimismo, pesimismo, preocupación, rabia, resignación, satisfacción, sensación, soledad, sopor, sorpresa, temor, tristeza, vacío, zozobra,** *otros sustantivos que designan sentimientos*

☐ Véase también: **cautivar, interferir, intervenir, irrumpir, prender.**

invalidar ♦ **acta, acto, actuación, acuerdo, afirmación, decisión, firma, gol, iniciativa, jugada, ley, pacto, partido, premisa, proceso, prueba, razón, resultado, sentencia, tanto, tesis, testamento, testimonio, título, triunfo, votación,** *otros sustantivos que designan documentos*

☐ Véase también: **anular, cancelar, impugnar, suprimir.**

invasión ♦ **aéreo, bárbaro, civilizado, fulgurante, pacífico, personal, progresivo, súbito, terrestre, territorial, vandálico, violento** ♦ **abortar, acometer, constituir, contrarrestar, desatar, frustrar(se), lanzar[26], neutralizar, realizar, repeler, resistir, tener lugar**

☐ Véase también: **injerencia, intromisión.**

inventario ♦ **completo, exhaustivo, minucioso[21], parcial, somero[45], total** ♦ **a beneficio (de)** ♦ **exigir, hacer, llevar a cabo, presentar, realizar**

☐ Véase también: **balance, recuento.**

invento ♦ **decisivo, innovador, novedoso[53], revolucionario** ♦ **lanzar, patentar**

☐ Véase también: **descubrimiento, encuentro, hallazgo.**

inversión ♦ **a {corto/medio/largo} plazo, a fondo perdido[5], aproximado[40], contraproducente, copioso[16], cuantioso, económico, escaso, especulativo, estéril, fecundo, fructífero, improductivo, lucrativo, productivo, provechoso, redondo[18], rentable, ruinoso** ♦ **afrontar, ahuyentar[34], amortiguar[58], amortizar[6], apoyar, apuntalar[29], blindar[16], caer en saco roto, canalizar[62], congelar[6], costear, crecer, dar fruto, decrecer[13], desviar[17],**

disfrazar[28], fomentar, hacer, incentivar, incrementar, llevar a cabo, realizar, recaer[62], recuperar, relanzar[15], sacar fruto (a/de), sacar partido (a/de), sufragar

☐ Véase también: **dinero, gasto.**

invertir *v.* ▮ En su sentido de 'emplear' se combina con sustantivos que designan cantidades monetarias *(fondos, ahorros, capital, dinero, euro, dólar)* o temporales *(tiempo, año, semana).* También se combina con...

A SUSTANTIVOS QUE DENOTAN ESFUERZO O EMPEÑO: **1 esfuerzo** ++: ...será necesario *invertir* esfuerzos para aumentar su nivel... ABC130893 **2 energía:** ...exigen *invertir* tiempo, energía y recursos. EME181095 **3 trabajo:** ...*invertí* tiempo y trabajo en reformar sus pisos. LVE240596 **4 afán:** Al cabo resultó inútil todo el afán *invertido*, toda la ilusión puesta en la empresa. INDOC **5 empeño:** Invirtió todo su empeño en aquel proyecto. INDOC

B SUSTANTIVOS QUE DENOTAN INSTRUMENTO O MEDIO PUESTOS AL SERVICIO DE ALGUNA COSA: **6 recurso** ++: ...en lugar de *invertir* los recursos provenientes del petróleo en infraestructura... LNC061000 **7 medio:** ...potenciar la formación e *invertir* suficientes medios económicos... EME180895

C ALGUNOS SUSTANTIVOS QUE DENOTAN FACULTAD O CAPACIDAD FÍSICA O INTELECTIVA, ASÍ COMO ALGUNOS DE SUS CONTENIDOS: **8 conocimiento** +: ...el conocimiento adquirido en un ciclo se *invierte* en el siguiente... ABC010794 **9 habilidad:** Prefería *invertir* su habilidad en otros trabajos. INDOC **10 saber:** ...años de trabajo en un pequeño laboratorio, en los que *invirtió* toda su experiencia y su saber. INDOC

▩ Se combina también con: ♦ **a corto plazo, a fondo perdido[12], a largo plazo**

☐ Véase también: **amortizar, pagar, saldar.**

invertir(se) ♦ **apoyo, argumento, corriente, papel, racha, razonamiento, reacción, relación, situación, tendencia**

investigación ♦ **a conciencia, a puerta cerrada[65], arduo[47], científico, concienzudo, concluyente[18], confidencial[29], convincente, cuidadoso, de campo[4], desencaminado, detallado, encaminado, en profundidad, estéril, exhaustivo[5], fidedigno[43], ímprobo[9], infructuoso[2], intensivo[9], laborioso, meticuloso, metódico, minucioso[8], oficial, policial, pormenorizado, profundo[114], prolijo[22], reservado, riguroso[4], serio, somero[5], sumarial, superficial, tenaz[27]** ♦ **en punto muerto[14]** ♦ **a la luz (de)[7], a la vista (de)[15], al hilo (de)[25], a tenor (de)[27], sin perjuicio (de)[24]** ♦ **alcance (de)[50], objeto (de)[24]** ♦ **abocar(se) (a)[39], abordar, abrir, acometer[8], acotar[21], adentrarse (en)[5], afrontar, agilizar[49], ahondar (en)[2], auspiciar[35], avalar[23], cejar (en)[25], centralizar[39], centrar, costear, culminar[2], dar fin (a), dar fruto, denegar[68], desglosar[19], desviar[33], difundir(se)[70], discurrir[16], emprender[54], encarar[31], enfocar, enfrascarse (en)[27], enzarzarse (en)[30], estar a cargo (de), hacerse cargo (de), incoar, intensificar, involucrar(se) (en)[18], llegar a buen puerto, llevar a buen puerto, llevar a cabo, llevar adelante[28], obrar en poder[26], obstaculizar[25], obstruir[19], persistir (en)[21], practicar[3], progresar, prosperar[55], reabrir[2], realizar, resolver, salpicar[23], someter (a), sufragar, sustentar[21], versar**

☐ Véase también: **análisis, estudio, examen, pesquisa.**

investigar ♦ **a conciencia[21], activamente[37], a fondo[4], científicamente[6], concienzudamente[14], con detalle[4], confidencialmente, detalladamente[5], en exclusiva[4], en profundidad, exhaustivamente[2], minuciosamente, oficialmente, ordenadamente[61], penalmente, profundamente[65], prolijamente[19], superficialmente** ♦ **invitar (a)[42]**

☐ Véase también: **analizar, auditar, buscar, estudiar, inspeccionar, perseguir, rastrear.**

inveterado ♦ **afición, casticismo, costumbre, destino, gusto, manía, obsesión, odio, particularismo, pasión, persona, práctica, resistencia, tendencia, tradición**

☐ Véase también: **arraigado.**

invierno ♦ **auténtico, bravo, crudo, duro, frío, gélido, gris, implacable, nuclear, pasado, pleno, polar, prolongado, rígido, riguroso, severo, siguiente, soleado, suave, tibio, venidero, verdadero** ♦ **a final(es) (de), a lo largo (de), a mediados (de), durante** ♦ **cuarteles (de), día (de), paisaje (de), rigores (de), temperatura (de), temporada (de)** ♦ **adelantar(se), anticipar(se), asomar, avanzar, azotar (algo/a alguien), cernerse, despuntar, llegar, pasar, presentarse, recrudecerse, resguardarse (de), retrasar(se), venir, visitar**

☐ Véase también: **otoño, período, primavera, verano.**

invitación ♦ **afectuoso, amable, atento, caluroso[3], cordial, cortés, formal, ineludible, informal, personalizado** ♦ **a la convivencia, a la reflexión, al diálogo, al estudio** ♦ **cursar, declinar[21], formular[35], hacer, hacer extensivo[1], ofrecer, rechazar, rehusar**

☐ Véase también: **invitar (a), propuesta, sugerencia.**

invitar (a) *v.* ▮ Se construye con complementos directos, explícitos o tácitos, de persona, a la vez que con complementos de régimen formados con infinitivos *(Me invitó a almorzar)* o sustantivos *(Invitó a su novia al cine).* En el sentido de 'sugerir' admite infinitivos *(Le invitó a presentar un recurso)* y subordinadas sustantivas con verbo flexionado *(Le invitó a que presentara un recurso).* En el de 'incitar' se suele construir con...

A SUSTANTIVOS QUE DENOTAN SATISFACCIÓN, COMPLACENCIA O CONFIANZA: **1 optimismo** ++: La irrupción de Galicia en el mundo del balompié (...) no es sino una llamativa anécdota dentro de un proceso general que *invita* al optimismo. FDV260601 **2 esperanza** ++: Al *invitarnos* a la esperanza, la Iglesia tiene en mente algo más de fondo y más sustancial. ETC150996 **3 alegría:** Sus canciones planean sin aterrizar sobre un panorama tan bello como árido que no *invita* a la alegría. EPE180999 **4 disfru-**

te: Ya la lectura de las alineaciones respectivas *invitaba* al disfrute madridista. EME160495

B SUSTANTIVOS QUE DESIGNAN DIVERSOS SENTIMIENTOS O ACTITUDES DE SIGNO NEGATIVO, MÁS FRECUENTEMENTE RELACIONADOS CON LA MELANCOLÍA, LA DESMORALIZACIÓN, LA FALTA DE CONFIANZA Y OTRAS NOCIONES CONTRARIAS A LAS PRESENTADAS EN EL APARTADO *A*: **5 nostalgia +:** No podía ser de otra manera pues la música *invitó* a esa nostalgia... EXC080696 **6 pesimismo ++:** Los recuerdos españoles del Apoel tampoco *invitan* al pesimismo. EME090996 **7 desánimo ++:** ...el balance aparece desequilibrado por un pasivo inevitable que *invita* al desánimo... LVE240796 **8 desesperanza +:** ...todo *invita* al descreimiento, la desesperanza y la desesperación. ABC130594 **9 desasosiego +:** Este, más que a la tristeza, *invita* al desasosiego. EPE210700 **10 desconfianza:** Antic no dudó, pese a que la zigzagueante trayectoria de Esnáider *invitaba* a la desconfianza. EME031296 **11 escepticismo:** Por eso produce mayor temor, porque no remite a la anécdota ni *invita* al escepticismo posterior. EME240194 **12 cinismo:** Es evidente que el tipo de cambios repentinos que hemos visto frecuentemente en la política y el lenguaje occidentales *invitan* al cinismo. EPE181101 **13 miedo −:** La Real no *invitaba* al miedo, pero a los blancos les entró la sensación de estar obligados a proteger el resultado. EPE221199 **14 histeria −:** Yo no *invito* a la histeria, no me gusta. EME240496

C SUSTANTIVOS QUE DENOTAN ACTIVIDAD MENTAL, MÁS FRECUENTEMENTE INDAGATORIA, ESPECULATIVA O EVOCATIVA: **15 reflexión ++:** Mi obra no tiene mensajes, porque no es un trabajo didáctico, pero sí *invita* a la reflexión... DYM040996 **16 análisis ++:** La respuesta fue tajante: «Nada de eso. Sólo quería *invitar* al análisis». LVE030395 **17 estudio ++:** La hacienda Yerbabuena, a unos 30 kilómetros de Bogotá, *invita* al estudio y la contemplación. EPE130599 **18 recuerdo +:** Así, los trece baúles que La Fundación Joan Tabique ha descargado en el Espai 13 *invitan* al recuerdo, la poesía y la ironía. LVE280995 **19 meditación:** Son cuarenta días que nos *invitan* a la meditación; nada mejor para repasar el Evangelio de Cristo... LTB130297 **20 contemplación:** El montaje, por esta razón, *invita* a una contemplación más pausada... ABC060392 **21 conocimiento −:** El óleo de Mussorgski por Repin *invita* al conocimiento a través del físico... EPE111199 **22 memoria −:** Nos *invita* a la memoria de Peter Leverett, blanco, protestante, anglosajón, de Virginia, como William Styron... ABC240492

D SUSTANTIVOS QUE DENOTAN INTERCAMBIO VERBAL DE IDEAS U OPINIONES: **23 diálogo ++:** La actitud, sin embargo, *invita* al diálogo... DHE051197 **24 debate ++:** Está claro que el principal objetivo del ensayo es *invitar* al debate sobre la política de cooperación. INDOC **25 conversación +:** Pero ya durante los ensayos y los diversos conciertos de esta gira (...), hacía gala de un excelente humor que *invitaba* a la conversación. LVE170895 **26 coloquio:** El asunto abordado desde esa perspectiva *invita* a coloquio. INDOC **27 charla:** El Centro de Estudios Teológicos del Sur de la Florida *invita* a la charla en inglés. ENH100297

E SUSTANTIVOS QUE DESIGNAN ESTADOS CARACTERIZADOS POR LA AUSENCIA DE PERTURBACIÓN, INQUIETUD, MOLESTIA O ESFUERZO: **28 calma ++:** La organización del Tour de Francia diseñó un circuito urbano infestado de curvas, alguna de las cuales *invitaba* a la calma. EME300696 **29 tranquilidad ++:** Aquí la hierba *invita* a la tranquilidad. EME160795 **30 paz ++:** Toda la música ayuda a reflexionar pero ésta *invita* a la paz interior... EME140394 **31 sosiego ++:** Sus árboles no son el paisaje sin más: marcan la perspectiva e *invitan* al sosiego y la quietud. ABC201291 **32 reposo ++:** ...una geografía que *invitaba* al reposo, a la laxitud de unos cuerpos tan bellos como gozosos. ABC270594 **33 descanso +:** Mas hay que reconocer que la separación de un texto tan denso y torrencial en unidades externas bien delimitadas (...) *invita* a algún descanso. ABC070194 **34 relax:** ...una tierra bautizada como «polvorín latente», por la que deambulan once mil cascos azules, no *invita* precisamente al relax. LVE090995 **35 quietud:** ...lienzos brillantes, sosegados, que *invitan*, en muchos de los casos, a la quietud, al sosiego, al relajo. ABC080794 **36 equilibrio:** ...una señal nos *invita* al equilibrio y al movimiento. EPE021099

F ALGUNOS SUSTANTIVOS QUE DENOTAN CONFRONTACIÓN: **37 conflicto:** ...las propuestas *invitaban* al conflicto. LVE040296 **38 enfrentamiento:** En estos días, líderes políticos (...) tienen una responsabilidad educativa, *invitan* al enfrentamiento. LVE221095

G VERBOS QUE DENOTAN ACTIVIDAD MENTAL FRECUENTEMENTE ASOCIADA CON EL ANÁLISIS, EL CONOCIMIENTO, EL JUICIO O LA MEMORIA. SUELEN ESTAR RELACIONADOS CON LOS SUSTANTIVOS DEL APARTADO *C*: **39 pensar ++:** Pero las nubes *invitan* a pensar en un programa distinto para este mediodía de Pinamar. CLA200199 **40 reflexionar ++:** La oportunidad *invita* a reflexionar sobre los símbolos políticos... ECA130792 **41 recordar ++:** ...ofrecemos una lista de algunos personajes y acontecimientos a los que el calendario *invita* a recordar... LVE050195 **42 investigar +:** ...una recomendación del Consejo de Europa del 12 de julio del año pasado en la que (...) *invita* a investigar los efectos de los campos electromagnéticos producidos. EPE070900 **43 estudiar +:** Y si no es así, lo *invito* a estudiar, a investigar, y mientras tanto, a callar sobre lo que no sabe. EXC050996 **44 interpretar:** Los *invito* a interpretar; posiblemente les dé risa, o ganas de llorar, quizás. LPN300597 **45 meditar:** La supervivencia de estas ordenanzas *invita* a meditar sobre la condición militar en la comunidad hispánica de naciones... ABC110992 **46 imaginar:** Una pieza, en fin, que *invita* a imaginar un poco más allá el panorama futuro. EPE181299 **47 profundizar:** Diez muestras de arte joven *invitan* a profundizar más en una serie de reflexiones de fondo... ABC071094

H VERBOS QUE DENOTAN PENSAMIENTO CARACTERIZADO POR LA FALTA DE CERTEZA O SEGURIDAD: **48 dudar +:** Lo que *invita* a dudar de su aprobación final es el estrecho margen con que el convenio pasó ayer el trámite de la Comisión de Urbanismo... EPE150499 **49 sospechar +:** El 0-1 con el que se llegó al descanso no *invitaba* a sospechar lo que ocurrió después... EPE020899 **50 especular −:** ...datos alarmantes que nos *invitan* a especular con cierto fundamento sobre el futuro que nos espera. INDOC

I VERBOS QUE DENOTAN INTERCAMBIO VERBAL, FRECUENTEMENTE DE CARÁCTER DIALÉCTICO O POLÉMICO,

RELACIONADOS CON LOS SUSTANTIVOS DEL APARTADO *D*: **51 debatir** ++: He estado en Estados Unidos, conozco la verdad y lo *invito* a debatir en el tiempo más breve posible... LTB100497 **52 conversar** +: Forestal Simpson nos *invita* a conversar con ellos el jueves 16... PLG100197 **53 discutir:** ...no cesó ni por un momento en *invitarnos* a discutir sobre nuestra ideología cultural... EPE301001

J VERBOS QUE DENOTAN ENFRENTAMIENTO, SUBLEVACIÓN O LUCHA, RELACIONADOS CON LOS SUSTANTIVOS DEL APARTADO *F*: **54 luchar** +: Aludiendo a los miembros del equipo español, les *invitó* a luchar «con el cuchillo en la boca hasta el último momento»... EME130294 **55 combatir** +: Un libro denuncia que *invita* a combatir la barbarie. LVE220495 **56 pelear** +: Doña Lora tuvo que soportar las burlas de Régula, Ruth y Belkis, y ya cuando no pudo aguantar más las *invitó* a pelear una a una... ESP260601 **57 rebelarse:** ...*invitó* a rebelarse contra la «cultura de la 'inauguritis'» que, según ella, suelen manifestar sus adversarios en vísperas de elecciones. LVE110595 **58 oponerse:** ...*invitó* a «oponerse vigorosamente a todas las prácticas que ofenden su libertad y femineidad». EPE251199

▩ Se combina también con: ♦ **amablemente, atentamente, cordialmente¹, de todo corazón²³, efusivamente, formalmente, informalmente¹², sinceramente**

□ Véase también: **incitar (a), inducir (a), instigar (a), invitación, proponer, sugerir.**

involucrar(se) (en) *v.* **I** Se combina con sustantivos que designan muy diversos ámbitos del conocimiento o la cultura *(música, política, economía, deporte, matemáticas, filosofía)*, así como con otros que designan acciones delictivas o sus consecuencias *(crimen, homicidio, asalto, delito: Se descubrió que estaba involucrado en varios delitos de contrabando)*. Además se combina con...

A SUSTANTIVOS QUE DENOTAN CONFLICTO, ENFRENTAMIENTO O SITUACIÓN ADVERSA, A MENUDO VIOLENTA: **1 conflicto** ++: ...de sus homólogos de otros países cuando estén *involucrados* en conflictos que rocen su dignidad y vergüenza personales. RUM010997 **2 lucha** ++: En una de las múltiples luchas en las que se *involucran* estos aventureros, el coronel Fitzgerald cree que ha matado a Sandokán, en una emboscada en el mar. ETC010796 **3 problema** ++: ¿Qué otros productos se han visto *involucrados* en problemas de origen? LEC130197 **4 escándalo** ++: ...a pesar de los recientes escándalos *involucrando* a altos funcionarios con los carteles de la droga. DLA050497 **5 guerra:** Y, tanto en uno como en otro caso, la guerra *involucró*, por vez primera, a todos los ciudadanos de los estados en lucha... LVE131096 **6 batalla** +: ...se hallan actualmente *involucradas* en una batalla legal para determinar quién tiene autoridad para cerrar las calles... ENH100297 **7 ataque** +: Puso la frialdad en media cancha, y, al final, con espacio, hasta se *involucró* en ataque. LEC110797 **8 disputa** +: ...descubrió que los dos funcionarios se vieron *involucrados* en una disputa por el cobro de una comisión... ETC180497 **9 enfrentamiento:** ...tendrá la tarea de impulsar proyectos productivos, de capacitación y financiamiento, a las partes que se *involucraron* en el enfrentamiento armado interno. SVG020497 **10 combate:** ...la falta de coordinación entre las autoridades *involucradas* en el combate al narcotráfico y confirma que quienes trafican con enervantes... DYM040796 **11 conflagración:** ...frente a un 29 por ciento que cree que es mejor no *involucrarse* en tales conflagraciones. EME030494 **12 refriega:** No obstante, EE. UU. y sus aliados tienen verdadero pánico a verse *involucrados* en la refriega si esta estrategia fracasa. EME030996

B SUSTANTIVOS QUE DENOTAN LABOR O TAREA, Y CON OTROS QUE DESIGNAN DIVERSAS EMPRESAS QUE REQUIEREN PARTICIPACIÓN ACTIVA: **13 proyecto** ++: El proyecto *involucró* a las 830 escuelas diseminadas en el interior del territorio provincial y agrupadas en 60 unidades de gestión local. CLA110199 **14 tarea** +: Cada día son más los jóvenes que se *involucran* en las tareas parroquiales, mismas que los alejan de alguna manera del vicio y de compañías indeseables. DYM230796 **15 operación** +: ¿...el presidente ignore operaciones que *involucran* una cantidad de dinero como la mencionada por usted? EUV120996 **16 gestión** +: ...está haciendo intensas gestiones para *involucrar* al ICO en el salvamento de Huarte. EME190396 **17 trabajo** +: «...es fruto de un largo y agotador trabajo, que *involucró* a mucha gente». ACP111296 **18 investigación** +: ...se ve *involucrado* en investigación de tráfico de influencias. ENH170497 **19 movida:** Los empleados van vestidos estilo Chorus Line, seleccionados por su belleza y ansias de *involucrarse* en la movida miamense. EME070795 **20 negocio:** ...por consenso de los miembros de la cadena *involucrada* en el negocio de los carburantes. LPH170796

C SUSTANTIVOS QUE DENOTAN ACUERDO, COMPROMISO Y OTRAS FORMAS DE ACCIÓN CONCERTADA. TAMBIÉN CON OTROS QUE DESIGNAN PLANES, A MENUDO SECRETOS, QUE PERSIGUEN ALGUNA ACCIÓN, GENERALMENTE ILÍCITA: **21 negociación** ++: No es esencial tampoco evitar que personajes difíciles de la administración se *involucren* en la negociación. ETC070497 **22 acuerdo:** Asimismo, el acuerdo *involucra* a los distintos fichajes «europeos» que se realicen antes del 15 de enero... LVE211295 **23 pacto:** ...llega al tapete de las discusiones entre los sectores *involucrados* en el Pacto Fiscal. LHG190700 **24 complot:** ...estaría *involucrado* en un complot para asesinar a la presidenta de la principal fuerza opositora del país. LPH280896 **25 conspiración:** En la conspiración estaban *involucrados* algunos miembros de la familia del presidente iraquí, reveló el semanario británico. DYM090996 **26 conjura:** ...ambos expulsados de la República Dominicana por estar *involucrados* en una conjura contra el presidente de Haití... ENH170497 **27 trama** +: Un matrimonio de ex espías se ve *involucrado* en una trama relacionada con una ex agente checa y un robo de armas nucleares. EPE301099

D SUSTANTIVOS QUE DENOTAN INTERCAMBIO VERBAL DE IDEAS U OPINIONES: **28 discusión** +: La Iglesia de Jesús jamás debió *involucrarse* en la discusión en que se encuentra sumida. EUV170498 **29 debate** +: ...pide al Ejecutivo y a IU que «respeten a la Monarquía» y no la «*involucren*» en el debate político... EME220996 **30 polémica** +: La polémica ha *involucrado* hasta ahora a este sistema de seguridad... END281197 **31 diálogo:** Los representantes de las dos iglesias en la comisión aclaran haber querido *involucrarse* en un diálogo, lo más abierto posible... EPE130599

E ALGUNOS SUSTANTIVOS QUE DENOTAN TRATO O VÍNCULO ENTRE PERSONAS, MUY FRECUENTEMENTE DE

CARÁCTER AFECTIVO: **32 relación** +: ...cuando están *involucradas* relaciones familiares que no pretenden afectar las decisiones del INS. ENH150900 **33 amistad:** Se disgustó mucho cuando descubrió que sus hijos se habían *involucrado* en esas amistades. INDOC

F SUSTANTIVOS QUE DENOTAN SUCESO O PERIPECIA, MÁS FRECUENTEMENTE SI REVISTEN CIERTO CARÁCTER EXTRAORDINARIO O ACCIDENTAL: **34 aventura** +: Es ahí donde Ingrid Klüssmann se *involucró* en una aventura apasionante. PLG100397 **35 avatar:** «Amo a Puccini: era un compositor pasional capaz de *involucrar* al espectador en los avatares de sus personajes». LVE050296 **36 circunstancia:** ...la reflexión en torno a los hombres, mujeres y niños *involucrados* en esta circunstancia... EPE081099

▩ Se combina también con: ♦ **activamente[18], decididamente[40], de lleno[3], intensamente, maliciosamente[53], plenamente, profundamente[11]**

☐ Véase también: **enfrascarse (en), enredar(se) (en), enzarzarse (en), implicar(se), meter(se) (en), mojar(se), participar.**

inyección (de) *sust.* ▮ Se combina con sustantivos contables en plural o con no contables en singular. En su sentido físico se combina generalmente con sustantivos que denotan líquido *(agua, tinta, gasolina)*, más frecuentemente si se presentan de esta forma las sustancias o los fármacos *(insulina, heroína, penicilina, calmante)*. En su sentido figurado se combina con...

A SUSTANTIVOS QUE DESIGNAN BIENES O RECURSOS, GENERALMENTE ECONÓMICOS. SE USAN A MENUDO EN SENTIDO METONÍMICO: **1 capital** ++: ...el FIV tendría que asumir la *inyección* de nuevo capital en Viasa... ENV201296 **2 dinero** ++: El congreso de la FEEPC pretende que el gobierno entienda que el país necesita la *inyección* urgente de dinero fresco a la economía... LTB210700 **3 fondo** +: La institución ofrece a la docta casa una importante *inyección* de fondos para que pueda realizar sus proyectos. DYM061196 **4 recurso** +: El líder campesino estimó que ahora se debe vigilar la *inyección* de recursos... EXC040901 **5 liquidez** +: ...se ha puesto en marcha una *inyección* de liquidez por US$ 700.000 millones. CLA190199 **6 billete:** Esta *inyección* de billetes busca sostener el proceso de paz entre el Gobierno de Andrés Pastrana y la principal guerrilla del país... EPE070700 **7 divisa:** ...todas las expectativas están cifradas en la fuerte *inyección* de divisas. PME291296 **8 dólar:** ...anunció una *inyección* de 30 millones de dólares en la investigación de cáncer de pecho... EME291096

B SUSTANTIVOS QUE DENOTAN IMPULSO, ÁNIMO, DISPOSICIÓN FAVORABLE O ACTITUD POSITIVA HACIA LO QUE HA DE SUCEDER: **9 moral** ++: ...la Casa Blanca ha recibido una *inyección* de moral con vistas a las presidenciales de 1996. LVE091195 **10 optimismo** ++: En estos días de tantos problemas, manifestaciones de protesta y plagueos sin fin, necesitamos una *inyección* de optimismo... ACP031001 **11 ánimo:** Una *inyección* de ánimo que necesitaba toda la gente del sur después de la peligrosa caída libre en que había entrado. CLA061100 **12 ilusión:** ...sonaba a algo así como una *inyección* de ilusión... LVE070695 **13 esperanza:** ...la angustia de 90 minutos de juego concluyó con la definición en los penales y con la *inyección* de esperanza que ocupaban los de la campiña... LNC070497 **14 entusiasmo:** Por primera vez el flamenco no fue la *inyección* de entusiasmo. EME010594

C SUSTANTIVOS QUE DENOTAN FUERZA, VITALIDAD Y OTRAS CUALIDADES Y ACTITUDES QUE HAN DE PONERSE GENERALMENTE EN LO QUE SE EMPRENDE: **15 estímulo:** Por primera vez el flamenco no fue la *inyección* de entusiasmo. EME010594 **16 vitalidad:** La discreta y poco variopinta edición de libros de bolsillo en catalán recibe una nueva *inyección* de vitalidad... LVE300994 **17 energía:** ...el mandatario ruso está utilizando la *inyección* de energía suministrada por un tratamiento médico... EME190196 **18 fuerza:** De ahí que una *inyección* de fuerza moral de los que no hemos convertido la política en un misterio, resulte decisiva... EME310194 **19 oxígeno:** También el cine fue una *inyección* de oxígeno para TVE. EPE020799 **20 aire:** Muchas veces el sonar añejo puede llegar a convertirse incluso en una *inyección* de aire fresco... LVE210295

D SUSTANTIVOS QUE DESIGNAN EL EFECTO, MATERIAL O INMATERIAL, DE AUXILIAR O BENEFICIAR A ALGUIEN: **21 ayuda** +: ...ha requerido recientemente la *inyección* de ayudas públicas por valor de 38.000 millones de pesetas. LVE180195 **22 apoyo:** La conferencia de Taba tendrá asimismo otro efecto secundario: una *inyección* de apoyo al autor de la concepción de «nuevo Oriente Próximo»... LVE110396

E ALGUNOS SUSTANTIVOS QUE DENOTAN SITUACIÓN ESTABLE: **23 tranquilidad:** La victoria en 1999 ha generado una *inyección* de confianza y tranquilidad para afrontar el resto de la temporada. EPE220499 **24 estabilidad:** ...lo ocurrido en Hesse supone un alivio extraordinario y una *inyección* de estabilidad. LVE200295

☐ Véase también: **soplo (de).**

ir ♦ **adelantado, descaminado, desencaminado, encaminado, expuesto, listo, perdido, retrasado, sobrado (de), vendido** ♦ **a contramano[1], a contrapelo[3], a cuerpo, a dedo, a empujones[5], a fondo[26], a juego, a la baja[11], a la cabeza[4], a la contra[1], a la deriva[1], a la desesperada[1], a la ligera[17], a la pata coja, a las mil maravillas[2,17], a lo {mío/tuyo/suyo...}, a mansalva, a más, a medida[32], a medio gas[5], a menos, a muerte[15], a pecho descubierto[2], a pelo, a saber, a salto de mata, a tientas[6], a toda costa[8], a toda máquina[1], a toda pastilla[1], a tope[6], a trancas y barrancas[1], bien, codo con codo[5], como la seda, como un reloj[4], con {buen/mal} pie[16], con cautela[47], con cuidado, con ojo, con pies de plomo, con precaución, contra reloj[23], de acá para allá, de boca en boca[2], de buen grado[25], de cabeza, de camino, decididamente[18], de cráneo, de fábula, de gala, de incógnito[13], de la ceca a la meca, de la mano, de mal en peor, de mano en mano, de punta a punta[5], de punta en blanco, de puntillas[4], de tiros largos, de un tirón[11], de vacío, en ayuda (de alguien), en punto, en son de paz[2], expresamente, inexorablemente[8], mal, para largo, por libre, por {mi/tu/su...} lado, regular, sin rumbo[2], tirando, viento en popa, zumbando**

☐ Véase también: **ir (en ello), ir(se).**

ira ♦ **ciego (de)[1], ciego[18], desatado, desenfrenado, exacerbado, explosivo, furibundo, implaca-**

ble[3], incontenible, insaciable, irrefrenable, irreprimible, larvado, preso (de)[2], propenso (a), soterrado[22] ♦ acceso (de)[12], arranque (de)[2], arrebato (de)[2], ataque (de)[6], objeto (de)[70], ráfaga (de)[15], rapto (de)[3] ♦ adueñarse (de alguien), aflorar[12], amainar[26], amortiguar[67], apaciguar[15], apagar(se)[23], aplacar(se)[3], apoderarse (de alguien), atemperar[22], calmar, ceder (a), concitar[16], corroer[6], dar rienda suelta (a), dejarse llevar (por)[17], derramar[28], desahogar, desatar(se)[8], descargar[1], desfogar[2], despertar[49], disipar(se)[47], domar, encender, enrojecer (de), estallar (de)[6], estallar (en)[18], henchir(se) (de)[21], irradiar[21], lanzar, reprimir, retorcerse (de), sembrar[36], sofocar, suscitar, templar

☐ Véase también: **cólera, furia, indignación, rabia.**

irascibilidad Véase: **ira, susceptibilidad, suspicacia, irritación**

ir (en ello) ♦ **bienestar, credibilidad, empleo, futuro, prestigio, salud, sueldo, supervivencia, sustento, trabajo, victoria, vida**

☐ Véase también: **ir.**

ironía ♦ **acerado[16], acerbo, ácido[11], afilado[6], agridulce[36], agudo, amable, amargo[34], benévolo, burlón, cargado (de), cruel, del destino, demoledor[35], desdeñoso, displicente[19], distanciado, elegante, fino, hiriente, implacable, incisivo, ingenioso, insolente, inteligente, lleno (de), mordaz[12], pérfido, perverso, profundo, punzante[13], regocijante, retorcido[21], solapado, soterrado[56], sutil, tierno ♦ toque (de)[19] ♦ afinar[24], brillar, captar, cultivar[34], derrochar[108], destilar[60], echar[32], entrañar, prodigar, rebosar[13], revestir(se) (de), rezumar[52]**

☐ Véase también: **chispa (de), gracia, humor, ingenio, parodia, sarcasmo, sátira, sentido del humor.**

ir (para) ♦ **abogado, ingeniero, médico, músico, pintor,** *otros sustantivos que designan profesiones*

irradiar *v.* ▮ En su sentido físico se combina con el sustantivo *onda* y con otros que designan diversas formas de energía *(luz, calor, energía, fuerza)*, a menudo empleados metafóricamente. En su sentido figurado se combina con sustantivos que designan diversos ámbitos y facetas del conocimiento o el pensamiento *(cultura, poesía, arte, música)* y también con...

A SUSTANTIVOS QUE DESIGNAN DIVERSAS REACCIONES POSITIVAS MANIFESTADAS ANTE LOS ESTADOS DE COSAS, MÁS FRECUENTEMENTE SI EXPRESAN SATISFACCIÓN, CONFIANZA O ALEGRÍA: **1 optimismo ++:** ...la protagonista de una historia ambientada en el Dublín de 1967 que *irradia* optimismo. EPE200899 **2 felicidad ++:** Los rostros de la pareja *irradiaban* felicidad. EPD041097 **3 confianza +:** ...una película que *irradia* una confianza absolutamente inquebrantable... EPE291199 **4 alegría:** Irradiaba alegría por la inclusión de su hijo (...) en la Galería del Deporte... LNC071100 **5 satisfacción:** ...explica Lluís Cabrera, fundador del Taller de Músics, *irradiando* una comprensible satisfacción. EPE210699 **6 orgullo:** ...volvió a reprimirse, pero sus ojos *irradiaban* orgullo. LVE200596 **7 esperanza:** El entrenador holandés *irradia* esperanza. LVE240396 **8 fe:** ...cruzados que *irradian* su fe en una humanidad universal... EPE021099 **9 vitalidad:** Hablan un mínimo de siete idiomas, *irradian* vitalidad y simpatía, y practican el karate, el tenis y la natación. EME031196

B SUSTANTIVOS QUE DENOTAN AFECTO O ESTIMA, Y CON OTROS QUE DESIGNAN DIVERSAS ACTITUDES CON LAS QUE SE MANIFIESTA LA BUENA DISPOSICIÓN HACIA LOS DEMÁS: **10 amor +:** Irradiaba amor; amor a la ciencia, a su familia... ABC251194 **11 cariño:** Ella *irradiaba* simpatía y cariño maternal a propios y extraños... ETC010690 **12 amabilidad:** ...su semblante *irradiaba* amabilidad. EPE160199 **13 sensibilidad:** ...*irradia* sensibilidad en los trazos de sus dibujos... EPE171099 **14 simpatía:** ...su gran humanidad *irradiaba* simpatía y tenía que atender a los simpatizantes que le reclamaban compartir foto. LVE020396 **15 accesibilidad:** Una característica de Diana es la de *irradiar* siempre accesibilidad... LVE261195

C SUSTANTIVOS QUE DENOTAN HERMOSURA, ATRACTIVO Y OTRAS CUALIDADES QUE DESPIERTAN ATRACCIÓN: **16 belleza +:** ...figura (...) que *irradia* belleza, la que ejerce seducción... ABC300493 **17 magnetismo +:** El presidente *irradiaba* magnetismo y era un animal político que huele la cercanía de su presa... LVE051196 **18 carisma:** ...*irradia* tal carisma que atrae la atención del público... LVE240595 **19 esplendor:** Del héroe (...) *irradia* una especie de esplendor sobrenatural que persiste más allá de las noches del tiempo y la muerte. EPE280499

D SUSTANTIVOS QUE DENOTAN AVERSIÓN, IRRITACIÓN O PESAR: **20 odio:** Ahora lo veo claro: yo *irradiaba* odio. EME201096 **21 ira:** Los ojos (...) *irradian* ira, una ira incandescente, feroz, salvaje. PME150996 **22 indignación:** En los pasillos, el señor (...) *irradiaba* indignación ante este silencio. LVE160596 **23 tristeza:** ...un apeadero que (...) *irradia* una tristeza como de foto sepia. EPE191199

E SUSTANTIVOS QUE DENOTAN AUSENCIA DE PERTURBACIÓN: **24 tranquilidad +:** Pero él, además, tiene empaque, *irradia* tranquilidad... EME120494 **25 serenidad:** Y, efectivamente, era así, su imagen *irradiaba* serenidad... EPE070900 **26 armonía:** El despacho (...) *irradia* armonía y tranquilidad. LVE291095

F SUSTANTIVOS QUE DESIGNAN OTRAS CUALIDADES HUMANAS, MÁS FRECUENTEMENTE SI SE RELACIONAN CON LA AFIRMACIÓN DE LA PROPIA PERSONALIDAD: **27 seguridad +:** Bosé es alto, *irradia* seguridad en sí mismo... EPE050800 **28 liderazgo:** ...era consciente del liderazgo que *irradia* su persona. LVE130596 **29 autenticidad:** Es difícil no sucumbir al sereno y algo ingenuo encanto con que esta pareja sabe vestir sus obras, siempre *irradiando* autenticidad. LVE220395

☐ Véase también: **derrochar, difundir(se), emanar, rebosar, rezumar.**

irrebatible *adj.* ▮ Se combina con sustantivos que designan muy diversos datos e informaciones que se pueden presentar como prueba de algo *(cifra, dato, fórmula, información, documento)*. También se combina con...

A SUSTANTIVOS QUE DESIGNAN JUICIOS, ASÍ COMO LA ACCIÓN O EL EFECTO DE EMITIRLOS: **1 argumento ++:**

El esclarecimiento de las proporciones de los cultivos en Colombia es argumento *irrebatible* de la necesidad de la cooperación internacional para erradicarlos y sustituirlos. ETC240996 **2 razonamiento ++:** «Mire usted, el Mundial comienza el 17 y a partir de ese día nadie querrá ver la llegada del líder en televisión», comentó un alto cargo (...). El razonamiento es *irrebatible.* EME240694 **3 conclusión ++:** Esta conclusión, *irrebatible* en términos generales, nos impone una pregunta en particular... DYM040796 **4 afirmación:** Todo lo cual conduce a la *irrebatible* afirmación de que, hoy por hoy, el deporte profesional que los españoles (aunque sólo sean tres) juegan mejor es el golf. EPE111099 **5 decisión:** ...busca un centro de decisiones *irrebatibles* que pongan orden donde se está instalando su contrario. LVE090195

B SUSTANTIVOS QUE DESIGNAN LO QUE SE CONSIDERA CIERTO O LO QUE PONE DE MANIFIESTO QUE LO ES: **6 prueba ++:** «Ya no es sólo la confesión del acusado, ésta es una prueba *irrebatible.*». EDV180101 **7 evidencia +:** ...existen evidencias *irrebatibles* de que esta persona fue forzada a firmar bajo tortura... PME070796 **8 verdad +:** Con ello pretende aleccionarme, me humilla, me impone las fatigas de un alegato sin exponerse a sí mismo, sin duda porque asumirá su verdad como algo *irrebatible.* ABC241292

C SUSTANTIVOS QUE DENOTAN CRITERIO, GENERALMENTE RACIONAL U OBJETIVO, A PARTIR DEL CUAL SE EMITE UN JUICIO: **9 razón +:** Vemos continuamente películas, buenas en otros aspectos, en que los personajes hablan como el oráculo; en que lo que dicen es *la pura verdad*; en que su razón es siempre *irrebatible*... EPE291299 **10 criterio:** La autoridad da por supuesto –con *irrebatible* buen criterio– que la tributación a Hacienda no es parte de los conflictos morales de los hampones cuya «nómina» esa partida paga. EME110394 **11 lógica:** La inhibición de Álvarez del Manzano y de su equipo en la convocatoria del Día sin Coches tiene su lógica aplastante e *irrebatible.* EPE050599

D SUSTANTIVOS QUE DENOTAN ORDEN O DISPOSICIÓN, FRECUENTEMENTE DE TIPO LEGAL: **12 mandamiento:** Así, hoy estamos más cerca de la Democracia, y ésta puede organizar lo micro con alguna dosis de dignidad, aunque los mandamientos *irrebatibles* del Caesar vengan por la insaciabilidad del Macromundo. EME240295 **13 ley:** Pero como todo no se puede tener, por ley *irrebatible* de la economía, es absolutamente indispensable que aquellos derechos se ordenen, se reglamenten, se condicionen y se delimiten... LVE041096 **14 mandato:** El presidente subrayó que para iniciar y desarrollar esas negociaciones cuenta con «un mandato popular *irrebatible*», expresado en las urnas y que debe respetar. EPE070599

E OTROS SUSTANTIVOS; POSIBLES USOS ESTILÍSTICOS: Recordaba yo no hace mucho en esta columna un adagio latino *irrebatible*: que el exceso de justicia conduce al exceso de injusticia o, lo que es lo mismo, que la aplicación demasiado rigurosa de la ley puede llevar a conclusiones inicuas. EPE141299

☐ Véase también: **fehaciente, inapelable, incontrovertible, irrefutable, taxativo.**

irreconciliable *adj.* ▮ Se construye generalmente con sustantivos construidos en plural o vinculados con la conjunción *y (La cantidad y la calidad resultan irreconciliables).* Destacan sus combinaciones con los...

A SUSTANTIVOS DE PERSONA QUE DESIGNAN A LOS CONTRINCANTES O LOS ANTAGONISTAS DE ALGUNA DISPUTA: **1 enemigo ++:** ...los dos bloques, enemigos *irreconciliables* hasta hace poco tiempo, establecen pautas comunes para la lucha contra el terrorismo y reafirman su total apoyo a los EE. UU. EPU041001 **2 rival +:** ...tendiendo zancadilla al Lara estaría favoreciendo a su enconado e *irreconciliable* rival de la Universidad de Los Andes. EUV170498 **3 adversario +:** ...se cuenta con documentación exhaustiva esta apasionante historia de adversarios *irreconciliables.* EME051096

B SUSTANTIVOS QUE DENOTAN FALTA DE IGUALDAD, PROXIMIDAD O ACUERDO. TAMBIÉN CON OTROS QUE DESIGNAN CIERTAS ACCIONES QUE LO PONEN DE MANIFIESTO: **4 diferencia ++:** «Sí, es verdad», reconoce el cantante Ian Gillan, «dentro de la banda había diferencias personales *irreconciliables*». CLA030397 **5 discrepancia +:** ...su émulo hasta el alejamiento causado por dos temperamentos opuestos, por unas ambiciones y discrepancias políticas y personales aparentemente *irreconciliables.* EPE290700 **6 divergencia:** ...dimitió ayer de todas sus funciones debido a divergencias *irreconciliables* con la familia accionista. LVE210995 **7 distancia:** El homenaje ha concentrado todo la distancia *irreconciliable* que separa a la directiva del Barça del holandés. EPE100399 **8 separación:** La Iglesia veía cómo se reforzaba (...) la separación *irreconciliable* entre Europa y el Islam. PME101196 **9 enfrentamiento:** ...un enfrentamiento *irreconciliable* entre quienes consideran la comida como una fuente de salud y quienes la ven como la más sana de las indulgencias. EME150396 **10 fractura:** Felipe González solicita calma al PSOE para evitar una «fractura *irreconciliable*». EME051096 **11 antagonismo:** Se reconcilia de este modo, en la objetividad de la distancia crítica, lo que hace un cuarto de siglo aparecía como *irreconciliable* antagonismo... ABC280495

C SUSTANTIVOS QUE DESIGNAN GRUPOS HUMANOS, A MENUDO SEPARADOS DE UNIDADES MAYORES, CON CARACTERÍSTICAS O INTERESES COMUNES: **12 bando ++:** El peligro de la guerra está en la permanencia de un régimen que en vez de paz busca la confrontación, que no quiere el diálogo ni el encuentro de los chilenos si no la separación de éstos en bandos *irreconciliables.* HOY180886 **13 bloque ++:** Pero en la década del 60, la maniquea división del mundo en dos bloques *irreconciliables*, que tuvo la culminación en octubre de 1962, con la crisis de los cohetes, empezó a desvanecerse... HOY191083 **14 grupo +:** El jefe del Estado (...) se mueve entre dos aguas para evitar precisamente la escisión de Ucrania en dos grupos *irreconciliables*: comunistas y nacionalistas. EME260694 **15 partido +:** El debate parlamentario ha mostrado que el partido gubernamental y los de la oposición son *irreconciliables.* INDOC **16 sector:** Se aclara, además, que nadie quiere dividir a los argentinos en sectores *irreconciliables.* LNA060792 **17 facción:** Los «tories» están ahora profundamente divididos en facciones aparentemente *irreconciliables* y enfrascadas... EME150594 **18 frente:** ...Los diputados se desligaron de su militancia política para atrincherarse en frentes *irreconciliables* –divorcistas y antidivorcistas–... HOY150997

D SUSTANTIVOS QUE EXPRESAN FORMAS DE CONSIDERAR, PERCIBIR O INTERPRETAR ALGUNA COSA, O DE SITUARSE PERSONALMENTE ANTE ELLA: **19 posición** ++: Tampoco su contraparte, Yasser Arafat, se ha comprometido a combatir el terrorismo, por lo que hasta ahora sólo se observan posiciones *irreconciliables.* CAR140497 **20 postura** ++: Sin embargo, no ve posturas *irreconciliables,* ya que estos problemas sólo se pueden resolver «como todo, con el diálogo»... LVE020495 **21 actitud** +: ....la política de (...) sugerir un incremento de la ayuda al desarrollo parece buscar un sorprendente equilibrio entre dos actitudes en principio *irreconciliables.* LVE110996 **22 concepción:** Por una parte, conciliar dos concepciones de la estructura del Estado que hasta ahora parecían *irreconciliables...* EME030596 **23 visión:** Son dos visiones *irreconciliables* del presente y del futuro de la isla. LVE081296 **24 punto de vista** +: Corea del Norte y Corea del Sur reanudaron ayer el diálogo intergubernamental (...) mostrando sus habituales puntos de vista *irreconciliables.* EME040394

E SUSTANTIVOS QUE DENOTAN IDEA O PRINCIPIO QUE SE SUELE SOSTENER CON FIRMEZA O SEGURIDAD: **25 convicción** +: Sangre judía derramada por un judío a causa de *irreconciliables* convicciones sobre la identidad de Israel. LVE300996 **26 creencia:** ...les oponían las mismas creencias firmes e *irreconciliables* de siempre. INDOC

F SUSTANTIVOS QUE DENOTAN CURSO, ORIENTACIÓN O MOVIMIENTO QUE SIGUEN LAS IDEAS O LAS ACTUACIONES: **27 tendencia** +: ...les han ayudado a los socialistas, incluso, a olvidar que, en su interior, cohabitan malamente dos tendencias *irreconciliables...* EPE301280 **28 línea:** No es extraño, ya que en su campaña, técnicamente buena, Chirac intentó casar tres líneas *irreconciliables*: la estatalista y antieuropea; la liberal y proeuropea, y la clásica. LVE251195 **29 corriente** +: Este modelo, disponible en versiones de 49 y 65 cc, rompe con cualquier molde estético, creando una *irreconciliable* corriente de defensores y detractores entre los aficionados a las dos ruedas. LVE090495

G ALGUNOS SUSTANTIVOS LOCATIVOS QUE DESIGNAN EL ENTORNO DE UNA ACTIVIDAD, EL ESPACIO AL QUE SE APLICA O EL ESTADO DE COSAS QUE LE CORRESPONDE: **30 mundo** +: Se trata de dos mundos *irreconciliables* –racional-irracional–. LVE201095 **31 área** +: Creo que las mujeres, si se organizan bien, pueden asumir ambas áreas, que no me parecen en absoluto *irreconciliables.* LTB080497 **32 campo** +: Sus herederos rompieron con él y se dividieron en dos campos *irreconciliables.* EME180694 **33 ámbito:** ...parece separar dos ámbitos por lo visto *irreconciliables*: el mundo real y el de la propaganda. EPE010499

H SUSTANTIVOS QUE DESIGNAN EL PUNTO ÚLTIMO O EL LÍMITE DE ALGUNA COSA: **34 extremo** +: Al término de la lectura, ya no parecen extremos tan radicales e *irreconciliables* el de un entendimiento del arte como «la actitud del artista respecto al entorno» (Gabino) y el del que la entiende como «una reflexión inconsciente, una reflexión básicamente racional y sobreconsciente» (Ponç, Tàpies, Quixart o August Puig). ABC231092 **35 polo** +: Amigos desde la infancia, Serpa y Valdivieso simbolizan sin embargo los dos polos *irreconciliables* de la política colombiana actual. ENV090597

I SUSTANTIVOS QUE DESIGNAN LO QUE SE DESEA O SE PRETENDE CONSEGUIR, ASÍ COMO EL EMPEÑO QUE EN ELLO SE PONE: **36 interés** ++: ...medios de prensa insisten en la división definitiva del PRI debido a los intereses *irreconciliables* de cada sector en pugna. DED281096 **37 objetivo** +: Ambos, objetivos *irreconciliables* y cuya consecución necesariamente supone la anulación de la otra parte. EME200296 **38 proyecto:** En la base del conflicto que vivimos hay ideas de nación que se han absolutizado hasta hacer de los asesinatos un sacrificio necesario y hasta convertirse en proyectos políticos *irreconciliables...* EDV110101 **39 deseo:** La familia quiere volverse a su tierra, quiere que se vayan los talibanes y quieren que se detengan los bombardeos, tres deseos que parecen *irreconciliables.* EPE111101

irrefrenable *adj.* **I** Se combina con sustantivos que designan corrientes o movimientos continuos *(catarata, alud, flujo),* generalmente usados en sentido figurado. También admite sustantivos que designan personas *(Su marido era terco, impulsivo, irrefrenable)* y sentimientos intensos *(alegría, miedo, ira).* Asimismo se combina con...

A SUSTANTIVOS QUE DENOTAN ANHELO, APETENCIA O IMPULSO DE LA VOLUNTAD: **1 deseo** +: Es el deseo *irrefrenable* que lleva a los que la padecen a gastar por encima de sus posibilidades... EME221296 **2 tentación** +: El radicalismo (...) sólo parece explicar una *irrefrenable* tentación de salirse del mapa. LVE311296 **3 gana:** Las navajas están fuera, y cada cual tiene unas *irrefrenables* ganas de cargar la culpa sobre la facción opuesta. EME140694 **4 apetito:** ...exhibición suprema de la anteposición de los intereses partidistas –o, más propiamente, del *irrefrenable* apetito bonapartista de González–... EME200396 **5 vocación:** Muy distintas son las aficiones del presentador de «Se busca», que ha declarado recientemente que su «vocación *irrefrenable*» es interpretar. EME101295 **6 voluntad:** Asistimos, estupefactos, emocionados, a una revolución auténtica (...) de la voluntad *irrefrenable* de la gente de transgredir el miedo. EPE011289

B SUSTANTIVOS QUE DENOTAN VIGOR, EMPUJE Y OTRAS MANIFESTACIONES DE INTENSIDAD O EXALTACIÓN: **7 fuerza** ++: Sorprendí la pintura desde la calle y me vi obligado por una fuerza *irrefrenable* a inmiscuirme en su misterio... ABC100395 **8 impulso** ++: ...a Keitel le mueven impulsos *irrefrenables* a veces lindantes con el riesgo... LVE071296 **9 ímpetu** +: Lo extraño es que el ímpetu *irrefrenable* del educador Rama (...) está respaldado por el gobierno... BRE061198 **10 impetuosidad:** ...su desmedida ambición y algún defecto muy personal: su *irrefrenable* impetuosidad, su falta de diplomacia... EPE210677 **11 arrebato:** ...alcanzó visos de una delicadeza infinita, tal vez excesiva por contrastar tanto con un arrebato temperamental que parece *irrefrenable.* LVE090395 **12 dinamismo:** Habría que sospechar que la escultura (...) contiene en su supuesta cavidad mental (...) la posibilidad de la pintura de escenas animadas (...) por un *irrefrenable* dinamismo... ABC021294 **13 poderío:** ...la suerte de varas volvía a ser un medio de ahormar aquellos vendavales de *irrefrenable* poderío... EPE170599 **14 frenesí:** Un frenesí *irrefrenable* se ha apoderado de la ciudad: hay que recuperar el tiempo perdido. EME030294

C SUSTANTIVOS QUE DESIGNAN INCLINACIONES O NECESIDADES QUE SE CARACTERIZAN POR MANIFESTAR AL-

GUNA FUERZA IMPETUOSA O IMPULSIVA: **15 instinto +**: El quid de la cuestión está en la desalentadora imagen que una vez más otra se ofrece a la opinión pública del *irrefrenable* instinto de procurar tenerlo todo bajo estricto control. LVE290995 **16 ansia +**: Lo único que suscitan es una enorme tristeza y un ansia *irrefrenable* de darle al botoncito zapeador para quitárnoslo de delante. EPE230199 **17 afán +**: Su rasgo principal será un afán *irrefrenable* de libertad. EME190194 **18 ansiedad**: Me acostumbré a ello y ahora, en cualquier hotel, en cualquier espejo, siento la *irrefrenable* ansiedad de sacar mi camarita y hacerme un retrato. EPE190499 **19 necesidad**: ...se les despertó una *irrefrenable* necesidad de referirse, un día sí y otro también, a determinados aspectos de la vida catalana. LVE310795 **20 empeño**: ...su capacidad de inventar, su *irrefrenable* empeño por manipular, el nivel de sus mentiras es lo único apasionante que ha quedado de las intervenciones del presidente del Gobierno. EME200394 **21 compulsión**: ...para describir una curiosa manía, el «eupompismo», que provoca en quienes la padecen una *irrefrenable* compulsión hacia cifras, cuentas y algoritmos de todo tipo. EPE090599 **22 pulsión**: Dicen que los caucheros, al tiempo que pasaban a cuchillo y pólvora a los indígenas (...) llenaron la selva de hijos, cumpliendo esta pulsión *irrefrenable* que suele mover a los grandes cafres... LVE030196 **23 incontinencia**: Sería posible, entonces, que estuviéramos en un estadio de *irrefrenable* incontinencia, producto de unos defectos de base clarísimos... LVE240396

D SUSTANTIVOS QUE DESIGNAN OTRAS SENSACIONES O SENTIMIENTOS INTENSOS O VEHEMENTES, MUY FRECUENTEMENTE DE ATRACCIÓN, ESTIMA O INCLINACIÓN AFECTIVA HACIA LAS PERSONAS O LAS COSAS: **24 pasión ++**: ...Benito vive en Alemania y siente una pasión *irrefrenable* por los toros. ABC110294 **25 atracción +**: Quizá ésta muestre al Boltanski interesado por la gran ciudad, la crónica sórdida y una atracción *irrefrenable* hacia el azar. ABC200594 **26 amor**: ...se ve de pronto alucinado por un *irrefrenable* amor piadoso al Dios y a la Virgen que habitan en las catedrales. EME070196 **27 afición**: De largo le viene a Juan Perucho su afición *irrefrenable* por la bibliofilia... EME150194 **28 devoción –**: ...demuestran una *irrefrenable* devoción por el atuendo típico vasco... EPE300899 **29 interés**: ...evidencia un *irrefrenable* interés por comprobar la riqueza del mundo interior que manifiestan, en sus obras, algunos creadores geniales. EME120394 **30 apego –**: Podría ser la vida misma, pero en este caso se trata de una treintena de fotografías en blanco y negro, tomadas con un *irrefrenable* apego a la realidad... EPE310599

E SUSTANTIVOS QUE DENOTAN PREDISPOSICIÓN O TENDENCIA HACIA ALGO O ALGUIEN: **31 tendencia ++**: Su *irrefrenable* tendencia a proponerse empresas de largo aliento lo ha convertido en un hombre difícil de localizar. EPE310899 **32 inclinación +**: ...sus *irrefrenables* inclinaciones por la farándula demostraron que cubrían una inexistente cintura política. CLA050297 **33 propensión**: ...Lutero debe ser entronizado en Génova (...), para recordar a todos (...) el estado de naturaleza caída en que se encuentran y la propensión *irrefrenable* al abuso. EPE091199 **34 proclividad**: ...el viejo problema de la invertebración valenciana, la *irrefrenable* proclividad de Valencia y de Alicante a tirar cada una por su lado, se irá atemperando poco a poco. EPE211199

F SUSTANTIVOS QUE DENOTAN INCREMENTO, DESARROLLO O EXPANSIÓN: **35 avance ++**: Los periódicos anuncian el avance *irrefrenable* de las tropas hitlerianas... ABC170993 **36 ascenso +**: En este nuestro, es un líder de masas en *irrefrenable* ascenso. EME201095 **37 crecimiento +**: ...atender los crecientes problemas derivados de la pobreza, el subdesarrollo en los países pobres y el *irrefrenable* crecimiento de la población mundial. LVE020695 **38 explosión**: José Miguel Antúnez define con contundencia las causas que explican la *irrefrenable* explosión de juego y triunfos de su equipo... EME040294 **39 boom**: Nos lo dicen, sin rubor, y luego despertamos a la pesadilla cotidiana: (...) el «boom» *irrefrenable* del narcotráfico que se está llevando todo... EXC020496

☐ Véase también: **imparable, incontenible.**

irrefutable *adj.* ▮ Se combina con...

A SUSTANTIVOS QUE DESIGNAN PRUEBAS O DEMOSTRACIONES, ASÍ COMO DIVERSAS MANIFESTACIONES ORALES O ESCRITAS QUE CONSTITUYEN RAZONAMIENTOS CONCLUYENTES: **1 prueba ++**: ...fotografías (...) son usadas como «pruebas *irrefutables*» en sumarios... HOY180886 **2 evidencia ++**: El marido de Nora (...) sufre unos celos torturantes que nunca llegan, por falta de evidencias *irrefutables*, a precipitar el drama pasional. ABC140593 **3 argumento ++**: Los argumentos que su fallo acoge (...), como quiera que sean *irrefutables*... HOY270197 **4 constatación +**: ...la constatación *irrefutable* de que (...) constituyen actualmente un símbolo... LVE030596 **5 demostración +**: ...fue confundido por Wieland y aclarado por Windaus en *irrefutable* demostración. ABC100295 **6 conclusión +**: Desconozco los detalles y las circunstancias previas, pero no la conclusión, tan flagrante, tan *irrefutable*... HOY161296 **7 confirmación**: ...el aserto cobra visos de confirmación poco menos que *irrefutable*... ABC050393 **8 argumentación**: La argumentación era *irrefutable*: (...) consideran asesinato lidiar un toro... EPE060799 **9 acusación**: ...todas y cada una de las acusaciones del jefe de la oposición eran *irrefutables*. EME220494 **10 afirmación**: ...su cadena (...) ofrecía un telediario serio. Una afirmación *irrefutable*... EME171195

B SUSTANTIVOS QUE DESIGNAN DATOS, HECHOS, DOCUMENTOS Y OTRAS INFORMACIONES, CONSIDERADAS CIERTAS, SUSCEPTIBLES DE SER USADAS EN LAS ACCIONES QUE SE MENCIONAN EN EL APARTADO *A*: **11 dato ++**: ...publicó datos *irrefutables* sobre los desmanes cometidos... RUM171197 **12 hecho ++**: La ciencia crítica parte de un hecho real e *irrefutable*. ESH090497 **13 testimonio ++**: ...es un testimonio *irrefutable* de la decisión de los colombianos... ETC020188 **14 verdad ++**: ...apreciaciones (...) consideradas como verdades *irrefutables*... LEC060497 **15 realidad +**: Partiendo de unos conocimientos concretos, de una realidad *irrefutable*... ABC031195 **16 resultado +**: ...los *irrefutables* resultados de las pruebas del ADN. EME100495 **17 cifra**: Las cifras son *irrefutables*, aunque con una abstención de 52,9%. EPE270799 **18 documento**: ...este o aquel otro documento son auténticos, veraces, ciertos e *irrefutables*. ACP081296 **19 estadística**: ...las estadísticas son *irrefutables* a la hora de valorar los pros y los contras del «airbag». EME170395 **20 informe**: ...«sólo con informes médicos *irrefutables* que justifiquen evadir la justicia...». EPE161099

C SUSTANTIVOS QUE DESIGNAN OPINIONES, CREENCIAS, PUNTOS DE VISTA Y OTROS CONTENIDOS SOBRE LOS QUE

CABE ARGÜIR: **21 teoría** +: ...una teoría puede ser *irrefutable*. ABC151191 **22 tesis** +: La tesis de Santos es conceptualmente *irrefutable*. SEM210197 **23 razón** +: ...aporta lo que a él le parece una razón *irrefutable*. EME230396 **24 creencia:** Y estas creencias, aparentemente *irrefutables*, se han extendido como la pólvora y han permanecido durante décadas. EME160596 **25 convicción:** Dimensionados los presupuestos que cada nación iberoamericana destina a su potenciamiento militar, se arribó a la *irrefutable* convicción de que Chile marcha a la cabeza... LTB010497 **26 punto:** ...los puntos dos, tres y cuatro son *irrefutables*... EPE121299 **27 medida:** ...debe traducirse en medidas *irrefutables* y concretas. EPE170899 **28 cuestión:** ...pesan como una losa dos cuestiones que son *irrefutables*... LVE070695 **29 propuesta:** Era una manera de diferenciarse del tinte posmoderno usado para la cultura por los socialistas, y también era una propuesta *irrefutable*. EME120996 **30 criterio:** La actitud gubernamental obedece a un *irrefutable* criterio político... LTB141296

D SUSTANTIVOS QUE DENOTAN CUERPO DE DOCTRINA O DESIGNAN ALGUNOS DE SUS ELEMENTOS CONSTITUTIVOS: **31 dogma:** ...es una locura elevada a dogma *irrefutable*... EME070895 **32 ley:** ...una buena sarta de leyes *irrefutables*, trenzadas en diversos apartados... ABC200392 **33 legalidad:** ...la legalidad como la responsable de este sector es *irrefutable*. PME190197 **34 código:** ...mantienen un código de honor *irrefutable*... ENV121296

E SUSTANTIVOS QUE DESIGNAN VIRTUDES Y OTRAS CUALIDADES POSITIVAS DE LAS COSAS O LAS PERSONAS, MÁS FRECUENTEMENTE SI HACEN REFERENCIA A LA CONDICIÓN DE AJUSTARSE A LO QUE SE ESPERA DE ELLAS: **35 valor** +: ...la calidad de su contribución histórica y el valor *irrefutable* de sus razonamientos... LTB090397 **36 fuerza:** ...el realismo se impone con una fuerza *irrefutable*. LVE010495 **37 rigor:** ...establecer con rigor *irrefutable* las conexiones entre diversos fenómenos -seseo, trueque de «d» en «l» asimilación de «r+l»... ABC110895 **38 calidad:** Está también la *irrefutable* y divergente calidad abstracto-formalista... ABC171195 **39 fiabilidad:** La Enciclopedia Británica (...) ha mantenido una reputación de fiabilidad *irrefutable*... EPE211099 **40 exactitud:** ...cosa que es de una exactitud *irrefutable*... LVE171195 **41 responsabilidad:** ...la responsabilidad de los ministros respectivos (...) será *irrefutable*. EME230596 **42 autoridad:** Lo afirma una máxima táurica de *irrefutable* autoridad... EPE150800

F SUSTANTIVOS QUE DESIGNAN PERSONAS, MÁS FRECUENTEMENTE SI LAS DISTINGUE EL HECHO DE MANIFESTAR O HACER PÚBLICAS CIERTAS INFORMACIONES O EL OCUPAR CIERTAS POSICIONES DE RECONOCIMIENTO: **43 testigo:** ...con testigos *irrefutables* sobre la implicación del Gobierno... EME170795 **44 campeón:** ...un campeón *irrefutable*. DYM040796 **45 fiscal:** ...ni todas las acusaciones son desinteresadas ni todos los fiscales *irrefutables*. EPE051199 **46 portavoz:** ...se ha convertido en portavoz *irrefutable* del populismo. EME160296 **47 autor:** ...es el *irrefutable* autor de best sellers... ABC070194 **48 artista:** ...un artista *irrefutable* del «land art»... ABC120595

G SUSTANTIVOS QUE DESIGNAN OBRAS, GENERALMENTE ARTÍSTICAS O ASIMILADAS A ELLAS, ASÍ COMO ALGUNOS DE SUS COMPONENTES: **49 obra:** ...hacen de ésta una obra *irrefutable*. EPE030199 **50 libro:** «Un libro *irrefutable*, sencillo, luminoso y exacto como un teorema...». EME200496 **51 clásico** –: ...quedaban las canciones, sus clásicos *irrefutables*... LVE161295 **52 título** –: Sus títulos jurídicos son *irrefutables*... HOY081178 **53 arte** –: ...carece de la complejidad que convierte en arte *irrefutable* la intención del testimonio. EPE050299

H OTROS SUSTANTIVOS; POSIBLES USOS ESTILÍSTICOS: Tendría que ser una extinción perentoria, inmediata, *irrefutable*. EPE271199; ...es una manifestación de una mortalidad *irrefutable*. LVE230196; ...las actitudes son armas verdaderamente *irrefutables*, de un peso aplastante. LVE151194

☐ Véase también: **fehaciente, inapelable, incontrovertible, irrebatible, taxativo.**

irregularidad ♦ **evidente, grave, leve, llamativo, notorio, ostensible, serio[13]** ♦ **cúmulo (de)[2], sarta (de)[47]** ♦ **atajar, cometer[10], corregir[12], descubrir, destapar[8], desvelar, detectar[17], percibir, remontar[18], salir a la luz, subsanar[5]**

☐ Véase también: **anomalía, equivocación, error.**

irremediablemente *adv.* ▮ Aparece muy frecuentemente con verbos en forma participial *(La imagen de la compañía ha quedado irremediablemente dañada)*. Generalmente se combina con...

A VERBOS QUE DENOTAN MOVIMIENTO O CONDUCCIÓN HACIA UN DESTINO. SE USAN MUY FRECUENTEMENTE EN SENTIDO FIGURADO: **1 conducir** ++: Mientras que los «abolicionistas» consideran que los «porros» conducen *irremediablemente* a consumir sustancias más nocivas, los «liberacionistas» insisten en que... EME140296 **2 encauzar(se)** +: ...disturbios esporádicos que parecían *irremediablemente* encauzados a una huelga de grandes proporciones. INDOC **3 encaminar(se)** +: ...el mundo se encamina *de modo irremediable* hacia grandes unidades monetarias regionales. EPE070299 **4 abocar:** ...el deterioro de los polos y la capa de ozono va a abocarnos *irremediablemente* a la asfixia. EPE280799 **5 dirigir(se)** +: ...se han dirigido, *irremediablemente*, hacia Hollywood, ya que no en vano México está más cerca que La Habana y Buenos Aires de la meca del cine. EME160995 **6 acercarse:** El padre no quiso aceptar el dinero que le ofrecían algunos periódicos por la exclusiva, y cuando la última desolación se acercaba *irremediablemente*, se hizo el prodigio. LVE311095 **7 llevar** +: El régimen tributario genera una brecha entre los precios domésticos e internacionales de bienes que lleva *irremediablemente* a estimular la evasión... EOU221098 **8 ir:** ...aparecen serios indicios de que Perú va *irremediablemente* al fraude electoral en las elecciones presidenciales del próximo 9 de abril. EME310195

B VERBOS QUE DESIGNAN LA ACCIÓN DE CAUSAR UN PERJUICIO A ALGUIEN O ALGO: **9 dañar** +: Unas lentes malas pueden dañar *irremediablemente* la vista. EME090696 **10 perjudicar:** La matrícula del niño en Clonlara School, a 6.000 kilómetros de distancia de su casa almeriense, ha revolucionado a las autoridades educativas, dispuestas a agotar todas las vías legales con tal de impedir lo que consideran un disparate pedagógico que perjudicará *irremediablemente* al niño. EPE190999 **11 lesionar:** Lo esencial es, en todo caso, que las modificaciones realizadas conforman ahora un reaseguro para que las actividades industriales no afecten o lesionen *irremediablemente* al bosque de lengas. LNP151097 **12 lastimar:** A pesar de los obstáculos internacionales, México logró estabilizar su sistema monetario y financiero sin lastimar *irremediablemente* su aparato. EPE011288

C VERBOS QUE DENOTAN CAÍDA DISMINUCIÓN O EMPEORAMIENTO DE ALGÚN ESTADO DE COSAS: **13 perder +:** Tal vez la democracia presuponga para su éxito la existencia de un tipo de comunidad que quizá estemos en camino de perder *irremediablemente.* ABC270195 **14 caer +:** Tu valor cae *irremediablemente.* LPN021001 **15 recaer:** ¿Que el «ritorniamo all'antico» que esa vuelta a Poussin comporta por parte de Campano es una empresa imposible, condenada desde las vanguardias a recaer *irremediablemente* sobre ellas mismas? ABC280292 **16 empeorar:** El experimento militar (...) puede llegar a empeorar *irremediablemente* la relación de EE. UU. con China y Rusia porque contraviene los acuerdos de desarme, y puede generar tensiones en varias zonas del planeta. EPE080700 **17 deteriorar:** ...La 2 muestra cómo esta ciudad agoniza y sus ricas bibliotecas privadas, con miles de volúmenes, algunos de Al-Ándalus, se deterioran *irremediablemente.* EME230896 **18 bajar:** Y si hoy el equipo de Carlos Trullet saca al menos un punto, Banfield bajará *irremediablemente* de categoría. CLA190597 **19 menguar:** En cualquier caso, su brillantez visual prevalece y es una película de veras importante, aunque en televisión su sentido y espectacularidad menguarán *irremediablemente.* LVE130495

D VERBOS QUE DENOTAN AUMENTO O MEJORA: **20 crecer:** Un porcentaje que crecerá *irremediablemente.* EPE260199 **21 multiplicar:** ...introdujo vasos PET de papel, que, aunque se multiplicaron *irremediablemente* por el suelo de las 70 hectáreas, son perfectamente reciclables. LVE150796 **22 avanzar:** Y no es que no le conceda importancia al hecho de que en Brasil avance *irremediablemente* el uso de nuestra lengua... EPE171001 **23 superar:** Ngeny seguía pegado a sus talones. A los 1.480 vio cómo le superaba *irremediablemente.* EPE300900

E VERBOS QUE DESIGNAN EL PROCESO DE LLEGAR ALGO O ALGUIEN A SU FIN: **24 morir +:** Y se moría *irremediablemente* su sueño de rescatar al menos un puntito. CLA091000 **25 desaparecer +:** Luciérnagas, algunas variedades de mariposas, las guacamayas verdes y el habilidoso pato Poc –una de las especies propias de Guatemala– han desaparecido *irremediablemente* de una tierra... PLG080796 **26 acabar:** Hasta tal punto es así que, según algunos investigadores, la historia del Universo no es más que una sucesión de victorias que acabarán, *irremediablemente,* en la derrota final... EPE261099 **27 terminar:** Con Bosnia se termina *irremediablemente* una época, sin que sepamos todavía hacia dónde nos precipitamos. EME230995 **28 sucumbir:** Sucumbirá *irremediablemente* a fines de junio del 2002, tras convivir durante seis meses con los nuevos billetes y monedas en circulación del euro. CLA040199

F OTROS VERBOS DE CAMBIO: **29 alterar:** Es necesario saber cómo se comportan, para poder intervenir en los procesos naturales sin alterarlos *irremediablemente* ni destruirlos... LTB071296 **30 convertirse:** Era la satisfacción de encontrarte en el meollo de la carrera, unido a la impotencia de verte *irremediablemente* convertido en un mero comparsa de los protagonistas reales del día. EME120795 **31 cambiar:** No sólo va a cambiar ya *irremediablemente* el paisaje político, económico y social de Europa, sino el geográfico. EPE011289

G VERBOS QUE DENOTAN INFLUENCIA: **32 marcar +:** ¿La herencia, lo que pasa de padres a hijos marcándolos *irremediablemente,* es una de sus obsesiones? EME010394 **33 influir:** ...un escándalo económico que influyó *irremediablemente* en la pérdida del poder de su partido en 1993. LVE290396 **34 afectar:** Señala que cualquier cosa que haga o deje de hacer el gobierno que trastoque el interés ciudadano, afecta *irremediablemente* al PRI. PME241196 **35 condicionar:** ...ofrece, por tanto, un peculiar punto de vista sobre el mundo, una perspectiva y una conducta *irremediablemente* condicionadas por la anómala exuberancia física del personaje... ABC180992

H VERBOS QUE DENOTAN SURGIMIENTO DE ALGO O ACAECIMIENTO DE UN ESTADO DE COSAS: **36 pasar +:** No quieren convertirse en el Bronx de la capital de Madrid, algo que, según dicen, pasará *irremediablemente* si prospera el Plan General de Ordenación Urbana previsto por el Ayuntamiento que lidera Alvarez del Manzano. EME290296 **37 ocurrir:** A mí me ocurren *irremediablemente* esas cosas cuando escucho gemir y gritar a Janis Joplin «Summertime»... EME081295 **38 suceder:** ...aluden a algo que tampoco es nombrado nunca pero que palpita como *irremediablemente* sucedido. ABC160695 **39 producirse:** ...las autoridades han tenido que vallar los carriles para evitar accidentes, aunque se siguen produciendo, *irremediablemente...* LVE310795 **40 aparecer:** Pero en «La Bohème», insistamos, eso no basta: si no funciona como un único arco de violín, *irremediablemente* aparecen las costuras de la estructura. EPE081001

☐ Véase también: **indefectiblemente, inevitablemente, inexorablemente.**

irrenunciable *adj.* ▮ Se combina con...

A EL SUSTANTIVO *DERECHO*. TAMBIÉN CON OTROS QUE DESIGNAN FUNDAMENTOS, CONVICCIONES O PRINCIPIOS QUE SE SUSTENTAN CON SEGURIDAD O FIRMEZA, Y SUELEN REGIR EL PENSAMIENTO O LA CONDUCTA: **1 derecho ++:** ...estaba convencido de poseer la verdad, y de su derecho *irrenunciable* a proclamarla. ABC070795 **2 principio ++:** El escrupuloso Kant pensó que era un principio moral *irrenunciable.* ABC061095 **3 valor ++:** No desconocemos tampoco las nuevas amenazas que esta reubicación política significaría para aquellos valores *irrenunciables.* LVE171095 **4 postura ++:** «...aunque estamos abiertos al diálogo –dijo–, nuestra postura es *irrenunciable*». EME220196 **5 planteamiento +:** ...no dijo cuáles serán sus planteamientos *«irrenunciables»* para abstenerse. EPE111199 **6 convencimiento:** ...expresa su *«irrenunciable* convencimiento» de que el Estado español volverá a sentarse en una mesa de negociación con los «interlocutores válidos» de la banda. EME020196 **7 creencia:** Grupos de presión como las asociaciones de viudas y familiares de los ex combatientes y su *irrenunciable* creencia de que Japón llevó a cabo un lucha heroica son mera anécdota... LVE060895 **8 ideal:** El Partido Popular Italiano se autoproclama «heredero» de la Democracia Cristiana en sus ideales básicos e *irrenunciables.* EME190194 **9 premisa:** ...solo cabe establecer una premisa *irrenunciable*: la defensa del sistema democrático y la vigencia del régimen constitucional. DHE290197 **10 bandera –**: El vicepresidente del radicalismo, Melchor Posse, propuso que «el rechazo a la entrega de Yacyretá se convierta en una bandera *irrenunciable* de la oposición». CLA150197

B SUSTANTIVOS QUE DESIGNAN LO QUE SE ANSÍA O SE ANHELA, O AQUELLO HACIA LO QUE SE DIRIGE LA INCLINACIÓN PERSONAL: **11 sueño ++**: No hay que olvidar que tanto nuestros esfuerzos de recuperación como nuestros *irrenunciables* sueños de desarrollo económico-social (...) requieren de cuantiosos recursos financieros... GIC101496 **12 vocación +**: A partir de esos inicios, el escultor sigue su vocación *irrenunciable*. EPE200499 **13 deseo +**: Pese a sus limitaciones mecánicas, Torras imponía siempre su impetuosa forma de conducir y su *irrenunciable* deseo de victoria. LVE010695 **14 voluntad**: El diputado general de Vizcaya, Josu Bergara, explicó que se trata de «una voluntad *irrenunciable*» en virtud del ámbito competencial que otorga el Concierto Económico. EME201095

C SUSTANTIVOS QUE DENOTAN FINALIDAD: **15 objetivo ++**: Se trataba de un objetivo *irrenunciable* que nos ha reportado importantes ventajas. EME310396 **16 meta +**: Concebida así se convierte en la meta básica, *irrenunciable*, de todo el proceso educativo. ABC201095 **17 destino +**: ...renunciando por completo a los postulados de neutralidad, despersonalización o impersonalidad que la tendencia ortodoxa buscó como destino *irrenunciable*. ABC270594 **18 fin**: ...ya que el único objetivo y el fin *irrenunciable* del asalto a la residencia diplomática japonesa era la libertad de sus compañeros detenidos. CLA120297

D SUSTANTIVOS QUE DENOTAN RESPONSABILIDAD Y COMPROMISO CON LAS TAREAS Y LOS DEBERES ASIGNADOS, ASÍ COMO, POR EXTENSIÓN, CON OTROS QUE DESIGNAN ESTAS MISMAS TAREAS Y FUNCIONES: **19 compromiso ++**: El acuerdo que firmarán hoy los tres presidentes autonómicos recoge su «compromiso *irrenunciable* de impulsar», dentro del ámbito de sus respectivos territorios de influencia, la implantación de un sistema ferroviario... EPE130499 **20 obligación +**: ...enfatiza que no permitirá que se obstruya el cumplimiento de sus obligaciones *irrenunciables* de ofrecer bienes y servicios básicos... DHE201097 **21 deber +**: Mejor les hubiera ido jugando fuera de Riazor para no tener que soportar la insufrible presión del cariño, la insoportable carga del deber *irrenunciable*. EME150594 **22 competencia**: Para el Ayuntamiento son *irrenunciables* estas competencias. EME060394 **23 misión**: Las administraciones públicas (...) tienen una misión *irrenunciable* para preservar la convivencia desde su raíz fundamental: la familia. EME020195

E SUSTANTIVOS QUE DENOTAN SOLICITUD O REQUERIMIENTO CON DIVERSO GRADO DE URGENCIA O FORMALIDAD: **24 exigencia ++**: ...la propiedad y la corrección del lenguaje no son (...) sino exigencias *irrenunciables* en cualquier comunicación verbal... ABC070292 **25 petición**: ...aunó ayer sus discursos para desdramatizar la petición «*irrenunciable*» al derecho a la autodeterminación y la posibilidad de pedir la reforma de la Constitución y el Estatut... LVE111196 **26 reivindicación**: Y es que según el portavoz del colectivo, José Antonio García Dopico, hay tres reivindicaciones *irrenunciables*... ENC060599 **27 demanda**: Aunque PSOE e IU acuden al encuentro (...) sin demandas *irrenunciables* ni condicionantes de ninguna clase, lo que no está muy claro es el mapa de los posibles pactos. EPE240699

F SUSTANTIVOS QUE DENOTAN CIRCUNSTANCIA O CONDICIÓN NECESARIA PARA ALGO: **28 condición +**: Partimos de una condición *irrenunciable*: que desde el Ayuntamiento se haga sólo política municipal y no se utilice como plataforma para otras cosas. EPE100699 **29 requisito +**: En ambos casos dieron testimonio de la democracia interna como requisito *irrenunciable* para la exigencia en la intemperie del voto libre y respetado. PME210796 **30 cláusula**: Estas cláusulas del contrato son *irrenunciables*. INDOC

G SUSTANTIVOS QUE DENOTAN CONSECUCIÓN U OBTENCIÓN: **31 conquista +**: ...intenta dar marcha atrás sobre algunas de las conquistas sociales que parecían *irrenunciables*. EPE071199 **32 logro**: ...éste es el punto de vista de los críticos que consideran la laicidad como un logro *irrenunciable*. EPE301280 **33 consecución**: ...ha defendido como «*irrenunciable*» la consecución del 0,5 por ciento para 1996. EME220196

H SUSTANTIVOS QUE DENOTAN LIBERTAD O AUSENCIA DE CONTROL, DEPENDENCIA O VÍNCULO: **34 soberanía +**: Judíos y palestinos negocian sobre el destino de un territorio mítico en el que reside la última soberanía *irrenunciable*. EPE160700 **35 independencia**: Esa decisión irrevocable la hemos ratificado ante cada uno de los nuevos caídos en la larga lucha por preservar –como dijera el Che– nuestra «única, verdadera e *irrenunciable* independencia». GIC051697 **36 libertad**: Castro no quiere retirarse: no admite que los derechos humanos y las libertades son *irrenunciables*. EME140896 **37 autonomía –**: La novela recobra así, casi furtivamente, su *irrenunciable* autonomía. LVE150995

irreparable *adj.* ▮ Se combina con...

A SUSTANTIVOS QUE DENOTAN DAÑO O PERJUICIO: **1 daño ++**: Un día después Ricardo-Tito-Hernández también se proclamó como presidente, produciéndose una aguda crisis que podría causar daños *irreparables* a los cibaeños. LDD030797 **2 perjuicio ++**: «No le vamos a hacer caso en su propuesta de rebaja añadió, para no venir dentro de unos meses a la Cámara a explicar que habíamos causado a las empresas un perjuicio *irreparable*». EDV141200 **3 lesión +**: Según dijo el cirujano, la mujer presentaba una lesión *irreparable* en sus mamas debido a la intervención realizada de forma clandestina. LRE210103 **4 estrago +**: La afamada escuela del brasileño Ivo Pintagy ha causado estragos *irreparables*... EME191195 **5 avería +**: Sólo una caída de Orioli o una avería *irreparable* en su moto podría dar la victoria a Jordi Arcarons... LVE140196

B OTROS SUSTANTIVOS QUE DESIGNAN DIVERSAS SITUACIONES ADVERSAS: **6 mal ++**: Constituye un mal *irreparable*. LNP080497 **7 pérdida ++**: ...la adolescencia provinciana, la rebelión en tiempos ominosos, el dolor por la pérdida *irreparable*, la confusión postmoderna... ABC120595 **8 muerte +**: Sirvan estas breves líneas para manifestar mi sorpresa ante el silencio que en esta sección los lectores hemos dado a la triste e *irreparable* muerte de Yitzhak Rabin. LVE121195 **9 desgracia +**: La sequía titulera –dieciocho años– tiene pues, parcialmente, explicación en la *irreparable* desgracia de Ventanilla.

CAP041297 **10 catástrofe +:** ...la pérdida de la identidad consigo mismo se ha visto como catástrofe *irreparable*: es la pérdida de la cordura, haber perdido la razón, no estar en su sano juicio. EUV170498 **11 crisis:** Sin embargo, la clasificación desmiente que el equipo esté en crisis *irreparable*, situado a cuatro puntos del Atlético de Madrid... LVE181295 **12 tragedia:** Intento atenuar la desolación que me provoca la *irreparable* tragedia del Camp Nou con el arranque de «Turno de oficio». EME220496 **13 fracaso:** Estamos en la hora de la verdad, en la que cada traspié es un fracaso *irreparable*, en la que se juega la temporada y quizá más cosas... EME090494 **14 destrucción:** ...la destrucción *irreparable* de un neumático, lo que puede costarle de 10.000 a 20.000 pesetas... LVE010796

C SUSTANTIVOS QUE DENOTAN CONSECUENCIA: **15 consecuencia ++:** ...las consecuencias *irreparables* que les podría representar aceptar sus prestaciones laborales por medio de pagarés. LHG280897 **16 secuela +:** ...la destrucción del país es evidente y sobre todo las secuelas *irreparables* provocadas en los seres humanos. LVE110895 **17 efecto:** Los boxeadores amateurs, al igual que los profesionales, sufren lesiones de efectos *irreparables* en el cerebro debido a los repetidos impactos que reciben en la cabeza. LVE220995

D SUSTANTIVOS QUE DENOTAN EMPEORAMIENTO, A MENUDO PROGRESIVO: **18 desgaste:** Podía ocurrir fácilmente que se saliera de un congreso que había levantado muchas expectativas con un desgaste *irreparable*, perdiendo todos... LVE030294 **19 deterioro:** ...un desarrollo autosostenido de las economías occidentales no comportara un deterioro *irreparable* de los recursos materiales... LVE120696 **20 degeneración:** ...sobre todo por la degeneración *irreparable* que ha experimentado su estado de conservación. INDOC

E ALGUNOS SUSTANTIVOS QUE DENOTAN DESACIERTO O MAL FUNCIONAMIENTO: **21 error +:** Con el fin de no incurrir en errores *irreparables* y obtener consenso público se han expuesto en el propio museo la maqueta, los planos y los paneles explicativos... ABC210593 **22 fallo +:** El organismo deja de funcionar cuando se producen fallos *irreparables* en los tejidos. INDOC

F OTROS SUSTANTIVOS; POSIBLES USOS ESTILÍSTICOS: Como todo emigrante, Azkargorta es un desterrado forzoso que arrastra una nostalgia *irreparable*. EME270694

☐ Véase también: **insalvable, irreversible**.

irresistible *adj.* ▮ Admite sustantivos de persona *(mujer, seductor, personaje)*, así como con otros que designan obras artísticas o partes de ellas, a menudo relacionadas con la música *(música, tema, estribillo)*, pero también con otras artes *(película, novela)*. También se combina con...

A EL SUSTANTIVO *TENTACIÓN* Y CON OTROS QUE DENOTAN SENTIMIENTO DE PROPENSIÓN HACIA ALGO O ALGUIEN, O INCLINACIÓN GENERALMENTE INTENSA O VEHEMENTE: **1 tentación ++:** La tentación es *irresistible*: sembrar arbolitos con el financiamiento de programas de rescate ambiental, para demostrar el inclaudicable interés... ESH130297 **2 deseo ++:** El Colón que Glass presenta en «The voyage» es el símbolo de un tema mucho más amplio: el del *irresistible* deseo humano por la exploración. ABC091092 **3 impulso ++:** ...40 millones de litros de helado se venden gracias al *irresistible* impulso de comprar un helado en un puesto callejero. EME230696 **4 arrebato +:** El análisis de la relación amorosa, en sus extremos de *irresistible* arrebato y de fatal destrucción... ABC140593 **5 gana +:** Y empezamos hablando de fútbol, porque hay lunes, aunque sea cada diecinueve años, que el periodista tiene unas *irresistibles* ganas de hablar de fútbol. EME280596 **6 pasión +:** Maside fue un clásico, el paradigma del artista moderno, capaz de encerrar en las normas su *irresistible* pasión. ABC181292 **7 inclinación:** ...teniendo en cuenta esa *irresistible* inclinación que tiene el espíritu para buscar, plantear y encontrar analogías entre imágenes equívocas... ABC300994 **8 vocación:** Los políticos, si los llamó Dios con vocación *irresistible*, para ganar el reino de los cielos tienen que hacer mucho bien en éste. EME310896 **9 necesidad:** ...su *irresistible* necesidad de comunicar a los periodistas españoles tan íntimo sentimiento obedeciera a su deseo de enviar un mensaje... EME280694

B SUSTANTIVOS QUE DESIGNAN LA ACCIÓN, EL EFECTO O LA CAPACIDAD DE ATRAER O CAUTIVAR: **10 atractivo ++:** Pero la fuerza de la historia y el vigor narrativo del director cuando le gustaba un tema le han dado un *irresistible* atractivo... LVE081296 **11 encanto ++:** Seducido por el *irresistible* encanto de la chica, que le tomó por un auténtico gángster de Chicago, el muchacho se dejó arrastrar peligrosamente por ella... LVE180896 **12 atracción ++:** Sus papeles describen a dos personas, aparentemente incompatibles, que sienten una *irresistible* atracción desde el primer momento en que cruzan sus miradas. EME301196 **13 fascinación +:** Y es que el poder ejerce una fascinación *irresistible* sobre las mujeres... LTB131296 **14 seducción:** La *irresistible* seducción que Frank Zappa ha ejercido sobre los coreógrafos contemporáneos ha llegado a Cesc Gelabert. EPE130899

C SUSTANTIVOS QUE DENOTAN OFRECIMIENTO. TAMBIÉN CON OTROS QUE DESIGNAN INSTRUMENTOS PARA ATRAER: **15 oferta ++:** Los festivales vascos, que han aprendido a complementarse en vez de competir a cara de perro, constituyen una *irresistible* oferta... EPE050800 **16 señuelo +:** Para que el señuelo sea *irresistible*, ya sólo falta que vaya aderezado con unos toques de confidencialidad... LVE010495 **17 reclamo +:** También en aquel lado del Atlántico las elevadas cotizaciones son un reclamo *irresistible* para unos inversores que tienen sobrados motivos para estar nerviosos. EPE151101

D ALGUNOS SUSTANTIVOS QUE DENOTAN SURGIMIENTO O PRESENCIA: **18 irrupción +:** ...ha abandonado la lucha y ha admitido su derrota ante la *irresistible* irrupción del tenis fuerza... EME021296 **19 aparición:** Su vida retirada y reticente, su estilo parco y oracular, su resistencia a publicar, su *irresistible* aparición juvenil en el panorama filosófico... ABC100694 **20 presencia:** La presencia totémica de la actriz es *irresistible* y sabe usarla sin soberbia, con solidaridad y discreción. EPE210999

E SUSTANTIVOS QUE DENOTAN ASCENSO, PROGRESO O CONSECUENCIA FELIZ DE ALGO. TAMBIÉN CON OTROS QUE DESIGNAN ALGUNOS DE LOS ESTADOS DE RECONOCIMIENTO QUE OBTIENE EL QUE CONSIGUE EL ÉXITO: **21 ascensión ++:** Tal vez el más importante problema que tiene que afrontar hoy el ideal democrático, cuya *irresistible* ascensión y cuyas amenazas para la libertad fueron genialmente anticipadas por Tocqueville... ABC110992 **22 ascenso ++:** ...si la campaña ha descrito el lento otoño del patriarca ha confirmado a su vez el *irresistible* ascenso de Duran al estrellato. EPE211199 **23 avance +:** Parecería confirmarse aquel avance *irresistible* de la democracia que Tocqueville profetizó. ABC220494 **24 éxito:** ...doctorado en Egiptología por la Universidad parisina de la Sorbona, es un autor de *irresistible* éxito. LVE011196 **25 fama:** Su vena de inspiración se ha secado ya, pero su fama y su galantería son *irresistibles.* EME100996 **26 popularidad:** ...quién sabe si por su carácter funcional, si por su *irresistible* popularidad o por su directa vinculación con la «intrahistoria» decimonónica. ABC051193 **27 triunfo:** ...lo puso a toda máquina a raíz de su *irresistible* triunfo electoral de 1982. EME030295

F SUSTANTIVOS QUE DENOTAN FUERZA, ÍMPETU, VIGOR, POTENCIA O EMPUJE. TAMBIÉN CON OTROS QUE DESIGNAN ALGUNAS DE SUS MANIFESTACIONES: **28 fuerza ++:** El leopardo había capturado a la niña mordiéndole el cuello; sus mandíbulas se habían cerrado con fuerza *irresistible* sobre la tráquea, impidiéndole respirar y gritar... EPE021201 **29 poder ++:** Como si tuviera un *irresistible* poder de atracción, en el 26 empezaron a recaer todos los sumarios sobre delitos económicos de cierta envergadura. EME240396 **30 empuje ++:** ...sobre todo ante el empuje *irresistible* de los medios de comunicación de masas y la brutal ofensiva en este terreno del mundo audiovisual. ABC200893 **31 presión ++:** Es evidente, en primer término, que el PSOE actúa bajo una presión *irresistible* al dar el tremendo paso de ayer. EME020796 **32 tensión +:** Esto es, la tensión, a veces *irresistible*, entre una sana política de consolidación financiera de la empresa y la presión de determinados sectores del grupo sobre los dividendos. LVE120596 **33 energía:** ...para explicar la trastienda de su prodigiosa fábrica de ritmos añejos; que en este disco se renuevan y entretejen para crear una energía *irresistible.* ENH210900 **34 ofensiva:** Desde el fondo de la pista y también en la red; una ofensiva *irresistible.* LVE020796

G SUSTANTIVOS QUE DENOTAN IMPACTO O CONTACTO VIOLENTO: **35 golpe +:** ...la mayoría de los más jóvenes no se hace mucho problema, mientras que a los mayores les parece un golpe *irresistible* que en un futuro hipotético los abandonen por otra. HOY050597 **36 pegada +:** ¿Es este Mike Tyson, a los 32 años, después de más de uno y medio de inactividad, una caricatura del otro Tyson, el de la pegada *irresistible*? CLA150199 **37 impacto +:** Aunque el paso del tiempo quizá haya hecho perder virulencia a algunas de sus imágenes, éstas conservan el *irresistible* impacto visual... LVE031195

H ALGUNOS SUSTANTIVOS QUE DESIGNAN PAUTAS, MODELOS Y OTRAS FORMAS DE ORGANIZAR O CONFIGURAR LO QUE SE PRETENDE LLEVAR A CABO: **38 fórmula:** Bien al contrario, su *irresistible* fórmula secreta se apoyaba sobre la cadencia parsimoniosa y la anticipación... EME190295 **39 esquema –:** Su perfecta simbiosis entre la energía del rock, el sonido contemporáneo sin prejuicios, la labor de un Dj perfectamente integrado y el esquema *irresistible* de la música electrónica de baile genera unos resultados... EPE111299 **40 prototipo –:** ...un prototipo *irresistible* del ascenso social y del «glamour» del poder. LVE250195

I SUSTANTIVOS QUE DENOTAN DIRECCIÓN, PROPORCIÓN O CURSO QUE TOMAN LOS ACONTECIMIENTOS O QUE CARACTERIZA EL MOVIMIENTO DE LAS COSAS: **41 tendencia +:** Viendo la etapa de ayer por televisión, nos asalta una *irresistible* tendencia a catalogarla de aburrida o, al menos, de un poco sosa. EME160795 **42 ritmo +:** Miguel Indurain atacó ayer a su manera, marcando un ritmo *irresistible* al que no pudo aguantar Berzin. EME060694 **43 velocidad +:** Esta temporada ya había mostrado su punta de velocidad *irresistible* en las vueltas a Mallorca, Andalucía, Murcia... LVE070795

J ALGUNOS SUSTANTIVOS QUE DESIGNAN ESTADOS DE APRENSIÓN O DESASOSIEGO: **44 temor +:** En coincidencia con la tesis más superficial sobre las ansias reformistas de Lutero, la que reduce sus discrepancias a obsesiones por el más allá y a un temor *irresistible* a la condena eterna... EPE011199 **45 miedo:** Otra cosa es que luego pongan estos artistas del espectáculo en manos de técnicos capaces de sentir un *irresistible* miedo a perder ante rivales inmensamente inferiores... LVE041196 **46 suspense:** La lucha entre acusación y defensa en la siempre apasionante atmósfera de un juicio crea un *irresistible* suspense... LVE010794 **47 inquietud:** Se trata de la *irresistible* inquietud que invade a la humanidad occidental... EXC180996

K OTROS SUSTANTIVOS; POSIBLES USOS CRUZADOS: ...su pasión política estuvo siempre alimentada por el convencimiento de que era necesario actuar con decisión para frenar el declive aparentemente *irresistible* de su país. [Cf. *inevitable*] ABC031195

L OTROS SUSTANTIVOS; POSIBLES USOS ESTILÍSTICOS: ...el célebre iluminado que encandiló a muchos incautos y esnobs en su exilio parisino, aparece en estas páginas como una *irresistible* sanguijuela beoda... CAP080597

irresoluble *adj.* **I** Admite sustantivos que denotan prueba o ejercicio *(ejercicio, examen, prueba).* También se combina con...

A SUSTANTIVOS QUE DENOTAN PROBLEMA. TAMBIÉN CON OTROS QUE DESIGNAN LO QUE SE INTERPONE EN UN PROCESO OBSTACULIZÁNDOLO O ENTORPERCIÉNDOLO: **1 problema ++:** Estos son algunos de los problemas que parecían *irresolubles* en épocas en que el Estado había desaparecido. CLA110197 **2 dificultad +:** Se enfrentaron a dificultades aparentemente *irresolubles* y, con esfuerzo conjunto, consiguieron vencerlas. INDOC **3 complicación:** ...las 12 lenguas de los candidatos a ingresar en la Unión Europea auguran complicaciones casi *irresolubles.* EPE090700 **4 obstáculo:** ...ha debido hacer frente al principal, y se diría que *irresoluble*, obstáculo: la condensación. LVE160195 **5 embrollo:** Le parecía un embrollo *irresoluble* ante el que reaccionaba con mucho sentido del humor. EPE190199 **6 traba:** La administración le planteó trabas *irresolubles* y hubo de desistir en su reclamación. INDOC **7 trampa:** Tiene además a la izquierda dando vueltas desde hace años a una trampa *irresoluble*... EPE050299

B SUSTANTIVOS QUE DENOTAN INCÓGNITA: **8 cuestión ++:** Parece una cuestión *irresoluble* en la que los actores del conflicto (políticos, sociales etc.) fueran incapaces de ponerse de acuerdo para tratar de hallar una solución. EME120396 **9 enigma ++:** Las mujeres obsesionan a Jonathan Pine como un enigma *irresoluble*: son las amigas y hermanas que nunca tuvo, la madre jamás conocida... ABC160793 **10 misterio** ++: Misterio *irresoluble*, que no sé entender, es el tiempo: ¿eterno?, ¿limitado? LVE060395 **11 duda** +: Cualquiera puede comprobar que las notas conseguidas a través de 1, 2 o 3 años de estudio en un euskaltegi no tienen ningún valor, y sólo en caso de duda *irresoluble* se tomarán como referencia. EPE050699 **12 pregunta:** Desde ese lugar sólido, en el que pone los pies, y desde su carrera de agrónomo llegó al clima y a las preguntas *irresolubles*: ¿quién controla el clima?, ¿cómo predecirlo? LVE110895

C SUSTANTIVOS QUE DENOTAN PENSAMIENTO O EXPRESIÓN ANTITÉTICA: **13 dilema** ++: La UE se enfrenta a un dilema que quizá sea *irresoluble*, tratando de elegir entre dos caminos probablemente indisociables: crecimiento versus rigor. LVE210196 **14 contradicción** +: ...Aleix Vidal-Quadras, manifestó que «el silencio en que está sumida Convergència Democrática en las últimas semanas es el fruto de una contradicción *irresoluble*». EME130895 **15 paradoja** +: Por cierto, y aquí se resumiría la paradoja por ahora *irresoluble*: el avión del anuncio puede contribuir a lograr la paz allí donde alguien la rompa. EPE281199 **16 antítesis:** El razonamiento presentaba antítesis *irresolubles*. INDOC

D SUSTANTIVOS QUE DENOTAN CONFLICTO O CONFRONTACIÓN, A MENUDO DE NATURALEZA VERBAL. TAMBIÉN CON OTROS QUE DESIGNAN ALGUNOS DE LOS ESTADOS QUE ESOS PROCESOS PROVOCAN EN LOS CONTENDIENTES: **17 conflicto** ++: ...una transformación verdaderamente revolucionaria en el carácter de esta región por tanto tiempo sumida en conflictos bélicos aparentemente *irresolubles*. EXC081296 **18 guerra** +: ¿Considera *irresoluble* la guerra que mantiene con algunos medios de comunicación? EME270395 **19 enfrentamiento** +: Un enfrentamiento *irresoluble* a tenor de las palabras que Epeldegui dedica a uno de sus cirujanos díscolos, el doctor Wilson Ramos: «Tiene una personalidad compleja, agresiva hacia quienes les rodean...». EME200594 **20 tensión:** «La reina de las nieves» no parte de la tensión *irresoluble* de lo soñado en contraste con la melancolía de la experiencia vivida... EME110694 **21 pleito:** ...nadie tiene la sensación de que el país vaya a derrumbarse o a enzarzarse en un pleito *irresoluble*. LVE030396 **22 polémica:** Oríllese la *irresoluble* polémica sobre el concepto de intelectual. EPE270699 **23 debate:** Novela del Chiado lisboeta, de la bohemia de artistas ya sesentones como los dos citados y el pintor Niassa, que sobrellevan mal que bien los años ochenta en *irresoluble* debate con una burguesía... ABC220592 **24 discusión:** De hecho, una de las discusiones *irresolubles* en el seno de la masonería catalana y española fue si la actividad masónica debía estar o no politizada. LVE140194 **25 drama** –: Ahora el drama es definitivo e *irresoluble*. EPE070800

E SUSTANTIVOS QUE DESIGNAN DELITOS: **26 crimen** +: ...a partir de un crimen *irresoluble* para la policía, la protagonista emprenderá una investigación paralela que irá cobrando mayor intriga... LVE061296 **27 asesinato:** La trama de la novela se desarrolla en torno a un asesinato aparentemente *irresoluble*. INDOC

F SUSTANTIVOS QUE DENOTAN SEPARACIÓN, ALEJAMIENTO O DISTANCIA, GENERALMENTE EN SENTIDO FIGURADO. TAMBIÉN CON OTROS QUE DESIGNAN LAS NOCIONES OPUESTAS: **28 diferencia** +: «Las diferencias con el PP son prácticamente *irresolubles*.». EME070396 **29 escisión:** Cierto es que cada objetivación histórica y/o cultural entraña una propuesta de sutura (...). Pero la escisión originaria es *irresoluble*. ABC211094 **30 ruptura:** ¿Se llegará a una ruptura *irresoluble* entre creador vanguardista y público? LVE130396

G OTROS SUSTANTIVOS; POSIBLES USOS ESTILÍSTICOS: Por consiguiente, ya estaba acostumbrado al catastrófico pronóstico, aunque me molestaba un poco su *irresoluble* pesimismo, más fingido que real. EPE030899; En la intemperie final (...) todos caminan a tientas, cegados por su estupidez, ahogados por una sensualidad *irresoluble*, temblando de miedo y de rencor... EME220696

☐ Véase también: **insoluble.**

irresponsabilidad ♦ **absoluto, evidente, flagrante, grave, notorio, patente, serio, total** ♦ **acto (de), muestra (de)** ♦ **acusar (de), cometer**[20]

irreversible *adj.* ▮ Se combina con sustantivos que denotan dolencia o alteración fisiológica *(enfermedad, dolencia, afección, lesión, trastorno, disfunción, discapacidad, malformación, coma, locura)*. También se combina con sustantivos que denotan acontecimiento, situación o proceso en general *(hecho, suceso, fenómeno, proceso, situación, realidad)*, y muy frecuentemente período o estadio *(etapa, fase, período)*. Además se combina con...

A SUSTANTIVOS QUE DENOTAN FINAL, EFECTO, REPERCUSIÓN O RESULTADO DE ALGO: **1 consecuencia** ++: «sufren un retraso en su crecimiento con consecuencias *irreversibles*...». EPE140700 **2 efecto** ++: ...una injusticia manifiesta, de efecto *irreversible* para muchas de sus víctimas... EPE021089 **3 secuela** ++: ...la competición puede provocarle secuelas *irreversibles*. EPE300999 **4 desenlace** +: ...semejante trastorno muy bien podía conducir alevosamente a un desenlace *irreversible*... ABC250992

B SUSTANTIVOS QUE DENOTAN EFECTO PERJUDICIAL O PERNICIOSO, ASÍ COMO DETRIMENTO O MENOSCABO. POR EXTENSIÓN, TAMBIÉN CON OTROS QUE DENOTAN GOLPE O CHOQUE, CASI SIEMPRE INTERPRETADOS METAFÓRICAMENTE: **5 daño** ++: ...produjeron daños *irreversibles* en cinco kilómetros de río. EME080696 **6 perjuicio:** ...podría originar perjuicios *irreversibles* para las instituciones. EPE180899 **7 pérdida:** ...la pérdida *irreversible* de la tradición no se nos presenta solamente como problema... LVE171095 **8 golpe:** ...un golpe *irreversible* para la pluralidad y la supervivencia de las pequeñas empresas... EPE141099 **9 impacto:** ...están ocasionando impactos *irreversibles* sobre el paisaje... EPE280699

C SUSTANTIVOS QUE DENOTAN SITUACIÓN O EVENTO ADVERSO O INFORTUNADO EN DIVERSOS GRADOS: **10 crisis** +: ...entró en una *irreversible* crisis financiera... EPE131001 **11 trance** ++: Cierto es que en tanto se disputa no se apila cemento y atobones, abocándonos a trances *irreversibles*. EPE311099 **12 problema:** ...no seguirá la próxima temporada (...) debido a sus problemas *irreversibles* con su entrenador... EPE081201 **13 mal:** ...esta junta va a causar un mal *irreversible*. EPE230699 **14 desgracia:** ¿O se tendrá que esperar a que un día se produzca una desgracia *irreversible*? EPE050199 **15 catástrofe:** ...podía desencadenar una catástrofe *irreversible* para el prestigio del Tour. EME220896 **16 desastre:** ...el desastre ecológico no ha sido *irreversible.* EPE190800 **17 descalabro:** De no hacerse con el triunfo podría sufrir un descalabro *irreversible.* LVE100495 **18 siniestro:** Puede que en la artista siga anidando la nostalgia del Paraíso perdido. O puede que evoque un siniestro *irreversible.* ABC210194 **19 debacle:** ¿Dónde hallar asidero para no caer en una debacle total e *irreversible*? DLA090497

D SUSTANTIVOS QUE DESIGNAN PROCESOS DE PÉRDIDA, EMPEORAMIENTO O DEGENERACIÓN: **20 deterioro** +: ...la Ciénaga Grande de Santa Marta, que sufrió un deterioro *irreversible...* ETC070497 **21 desmoronamiento** +: ...se resiste a aceptar el *«irreversible»* desmoronamiento de la antigua Unión Soviética... EME060294 **22 declive** +: ...un proyecto indispensable para evitar que Europa caiga en un declive *irreversible.* EME091296

E SUSTANTIVOS QUE DENOTAN SEPARACIÓN, EXCLUSIÓN, APARTAMIENTO Y OTRAS FORMAS DE ALCANZAR SU FIN ALGÚN ESTADO DE COSAS: **23 cese** +: ...«cese *irreversible* de las funciones cardiorrespiratorias»... EPE160899 **24 ruptura:** ...una ruptura (...) que ahora es ya *irreversible.* LVE100995 **25 división:** ...se acentuarán el odio, los rencores, la violencia y la división *irreversible.* HOY110784 **26 disolución:** ...ya han anunciado su disolución *irreversible.* LVE070796 **27 escisión:** La crisis interna y la aparentemente *irreversible* escisión del Partido... EME140395 **28 cisma:** Esto abre un cisma casi *irreversible* en la federación de padres... EPE280599

F ALGUNOS SUSTANTIVOS QUE DENOTAN ESTADO O SENTIMIENTO DE AFLICCIÓN, A MENUDO SOBREVENIDO: **29 decepción:** ...le produjo una decepción tan *irreversible* que no fue capaz de superarla. INDOC **30 desengaño:** ...no es una prueba de cargo de nada ni un desengaño *irreversible.* LVE050795 **31 apatía:** Lo que hay que decir ahora, antes de que otra frustración moral abata a la sociedad en una apatía política *irreversible...* EME270395 **32 bajón:** Todavía siguió un rato a Massana, pero terminó sufriendo un bajón *irreversible.* EPE300900

G SUSTANTIVOS QUE DENOTAN CAMBIO: **33 cambio** ++: ...el proceso marca un cambio *irreversible...* EPE051199 **34 transformación:** ...crean la apariencia de una transformación *irreversible* del paisaje histórico... EPE261001 **35 reforma:** ...las reformas *irreversibles* al sistema político imperante vendrán... EUV150996 **36 transición:** ...apenas abrimos la puerta que conduce a una transición *irreversible.* EPE040700

H SUSTANTIVOS QUE DENOTAN TRAYECTO, CURSO O RUTA, NORMALMENTE INTERPRETADOS EN SENTIDO FIGURADO: **37 carrera:** ...con sus aciertos y sus errores, su carrera política ya es *irreversible.* INDOC **38 camino:** ...inicia el camino *irreversible* hacia la marginalidad y futura desaparición... EPE280800 **39 vía:** ...abren «una vía *irreversible* con vistas a la democratización...». EPE171299 **40 línea** –: Andalucía ha sido de nuevo pionera y ha marcado una línea *irreversible.* EPE241099

I SUSTANTIVOS QUE DENOTAN PROGRESO: **41 progreso:** Hubo progresos *irreversibles...* LVE220495 **42 avance:** ...se han dado avances *irreversibles...* EPE151099

J SUSTANTIVOS QUE DENOTAN DETERMINACIÓN, RESOLUCIÓN, ELECCIÓN, JUICIO O POSTURA ANTE ALGUNA COSA: **43 decisión** ++: ...sin que éstos hayan adoptado, al parecer, ninguna decisión *irreversible...* EPE210677 **44 elección:** ...es una elección *irreversible...* EPE111199 **45 posición:** ...considera que su política de cooperación (...) supone una posición *irreversible...* EPE280499 **46 punto de vista:** El presidente asegura que su punto de vista es *irreversible.* INDOC **47 valoración** –: ...con la valoración aséptica e *irreversible* que otorgue el marcador... EME280494

K EL SUSTANTIVO *ACTUACIÓN.* TAMBIÉN CON OTROS QUE DENOTAN PROPÓSITO, META O DISPOSICIÓN DE ACCIONES ORGANIZADAS QUE SE DIRIGEN A CONSEGUIR ALGUNA COSA: **48 paso** +: ...se han dado ya muchos pasos *irreversibles*, si bien cuesta más que echen raíces los valores propios de la democracia... LVE071195 **49 actuación:** ...impedir que el litoral (...) sea objeto de actuaciones especulativas *irreversibles.* EPE300999 **50 medida:** Las mismas encuestas arrojan opiniones (...) sobre medidas *irreversibles...* EPE180199 **51 política:** ...la apertura agrícola era en realidad una política *irreversible.* ETC011291 **52 objetivo:** ¿Pero será suficiente para cumplir el objetivo «*irreversible* (...) de llegar a Maastricht»? LVE040696 **53 proyecto:** ...el proyecto del auditorio (...) es *irreversible.* FDV070201 **54 programa:** «Esto es un programa *irreversible*», insistió el Ministro. ETC070497 **55 calendario:** ...prevén que se incumpla el *irreversible* calendario hacia la unión monetaria... LVE290296

☐ Véase también: **irreparable**.

irrevocable ♦ cese, cierre, decisión, denuncia, dimisión, elección, expulsión, fallo, pérdida, prueba, renuncia, sentencia

irrevocablemente *adv.* ■ Se combina con diversos verbos que denotan decisión o toma de medidas *(decidir, elegir, disponer)*, y especialmente con...

A VERBOS QUE DENOTAN RENUNCIA: **1 renunciar** ++: Su hijo renunció *irrevocablemente* en mayo, empujado por su propia conciencia. VIS190697 **2 dimitir** ++: En declaraciones efectuadas 24 horas después de haber dimitido *irrevocablemente* del Ministerio de Gobierno... LTB021296 **3 presentar la dimisión** +: Ayer a las 20.30 horas, según comunicó el club, Paco Castellano presentaba la dimisión, *de manera irrevocable...* CAN070599 **4 darse de baja:** ...se han dado de baja *«de forma irrevocable»* en el partido tras conocer la intención de... EPE290999

B VERBOS QUE DENOTAN DESESTIMACIÓN: **5 rechazar** ++: ...el acuerdo «rechaza *irrevocablemente*» que la extradición del ex director de la Guardia Civil a España pueda llevarse a efecto... EME010395 **6 denegar:** ...se deniega *irrevocablemente* que deba responder judicialmente por «fraude fiscal» y «tráfico de influencias». EME010395 **7 suspender:** Aprobamos o suspendemos el colegio *irrevocablemente.* LVE181295 **8 vetar:** ...vetando la ordenación de mujeres sacerdotes *de modo irrevocable.* EME310594 **9 desechar:** ...lanzó el miércoles 23 su campaña para la nueva votación, desechando *de manera irrevocable* la propuesta unitaria... HOY280497 **10 cancelar:** Le cancelaron el permiso *irrevocablemente.* INDOC

C VERBOS QUE DESIGNAN LA ACCIÓN DE SUJETAR O INMOVILIZAR ALGO O A ALGUIEN, Y –POR EXTENSIÓN–

LA DE VINCULARLO ESTRECHAMENTE CON ALGUNA COSA: **11 fijar +:** Si no conseguimos fijar a la comunidad *irrevocablemente* y dentro de este decenio sobre el objetivo de la unión europea... EPE011085 **12 atar:** ...Napoleón, que veía a Córcega «*irrevocablemente* atada a la República»... LVE190296 **13 anclar:** ...esa visión de una Alemania *irrevocablemente* anclada en una Europa federal... LVE161196 **14 unir:** ...en ese ámbito superior que funda la deuda el destino que *irrevocablemente* lo uniría al del general. EPE140499 **15 comprometer:** El Partido Nacional está *irrevocablemente* comprometido en la creación de una nueva y justa Sudáfrica... EME240494 **16 ligar:** El destino de nuestra organización se liga así *irrevocablemente* al de nuestro querido líder. INDOC **17 anestesiar –:** Parecemos definitiva e *irrevocablemente* anestesiados. ETC011287

D VERBOS QUE DENOTAN CAMBIO: **18 cambiar:** El advenimiento del sida lo ha cambiado todo, *irrevocablemente.* EME130596 **19 intercambiar:** ...deberán perfilar el tipo al que *irrevocablemente* se intercambiarán las viejas monedas europeas por el euro. EME230996 **20 modificar:** ...perdidos los vínculos con el futuro, ve cómo se modifica *irrevocablemente* su percepción del pasado. ABC080494 **21 alterar:** Esta ley altera el ordenamiento jurídico *de modo irrevocable.* INDOC

E OTROS VERBOS DE CAMBIO, MÁS FRECUENTEMENTE SI DENOTAN ABANDONO, PÉRDIDA, SEPARACIÓN O DEVALUACIÓN: **22 irse:** ...Cantatore anunció que se iba. Así, *irrevocablemente* y sin avisar. EME141096 **23 marcharse:** ...pero ¿cuántas veces se había marchado Fraga *de forma irrevocable*? EPE170199 **24 perder(se):** ...vasos y cajas de discos vacías que han perdido *irrevocablemente* su compacto. EPE080899 **25 corromper(se):** ...la vida y el ser humano están corrompidos, de origen, y *de un modo irrevocable,* sin redención posible. EME170296 **26 vaciar(se):** ...si no fuera por la impredecible incertidumbre del milagro, las plazas de toros se vaciarían *irrevocablemente...* EME170896 **27 frustrar:** La carrera universitaria de Juanín quedó tan *irrevocablemente* frustrada que hasta él mismo debió olvidarse de ella. LVE160195 **28 dividir:** ...el Muro y el alambre de espino que no habían conseguido dividir *irrevocablemente* a los alemanes... EPE091199 **29 separar:** De esta izquierda (...) me separa, y *de forma irrevocable,* el pasado... LVE150795

F VERBOS QUE DESIGNAN EL HECHO DE ALCANZAR ALGO O ALGUIEN CIERTA SITUACIÓN, O EL DE MANTENERSE EN ELLA: **30 instalar:** ...un proceso regeneracionista que terminaría por instalarnos *irrevocablemente* en la normalidad... EPD141097 **31 situar:** ...se sitúa definitiva e *irrevocablemente* con Dios o contra Dios. ETC011291 **32 tener:** Una boina que, en mi imaginación, tiene ya *irrevocablemente* un lugar, al lado del chaleco antibalas de Salvador Allende... EME291295

G ALGUNOS ADJETIVOS: **33 consumista:** ... los fabricantes de cosas adoran al público infantil y adoran su futuro *irrevocablemente* consumista. EME220495 **34 contradictorio:** ...decisiones que pudieran ser *irrevocablemente* contradictorias con el contenido del estudio. EPE011287 **35 fijo:** ...adoptar un tipo de cambio *irrevocablemente* fijo con el marco... EME151096 **36 libre:** La persona que lee un libro intenta poseerlo, a pesar de que el libro es *irrevocablemente* libre y va de un lado al otro si le place... EPE070799 **37 cristiano –:** «Mi propio compromiso de fe es sin ambigüedad alguna (y me atrevo a decir que *irrevocablemente*) cristiano» (protestante, agrego yo para información del lector que no lo sepa). EPE020380

irrisorio *adj.*

▮ Se combina con sustantivos de persona *(Es un personaje irrisorio; La oposición es irrisoria).* También se combina con...

A SUSTANTIVOS QUE HACEN REFERENCIA A CANTIDADES, MAGNITUDES, NOCIONES MENSURABLES Y OTROS CONCEPTOS INHERENTEMENTE CUANTITATIVOS: **1 cantidad ++:** ...pagó la *irrisoria* cantidad de 12 mil pesos... DYM040996 **2 cifra ++:** Los observadores consideran *irrisoria* la cifra... GIC072697 **3 precio ++:** ...la mercancía con falla, que se consigue a precios *irrisorios...* BYN141297 **4 condena +:** «...fijación de *irrisorias* condenas a los delincuentes». ETC210197 **5 multa +:** ...están dispuestos a arriesgar las multas *irrisorias...* EPC050797 **6 porcentaje +:** ...dotadas con el *irrisorio* porcentaje del 8,5% de los presupuestos totales... EME201295 **7 presupuesto +:** ...además de esto manejan un presupuesto muy *irrisorio.* VEN210899 **8 sueldo +:** ...ridiculizaba a su técnico estrella ofreciéndole un sueldo *irrisorio.* EME140495 **9 suma +:** Esta suma *irrisoria* no responde a la responsabilidad... LTB131100 **10 rendimiento:** ...los rendimientos económicos obtenidos fueron *irrisorios.* EPE100599

B SUSTANTIVOS QUE DENOTAN MATERIA O ASUNTO. POR EXTENSIÓN, TAMBIÉN SE COMBINA CON LOS QUE DESIGNAN ALGÚN ASPECTO O COMPONENTE DE UNA REALIDAD MÁS AMPLIA: **11 cuestión:** ...personas preocupadas por cuestiones *irrisorias...* ABC101195 **12 elemento:** «Me parece incongruente este mobiliario urbano. (...) Son elementos *irrisorios*». EME070595 **13 motivo:** ...justificar su regreso a la cárcel «por hacer declaraciones a la prensa», motivo *irrisorio...* EME031095 **14 tema:** Contrasta (...) los temas trascendentes con los *irrisorios* y lo trágico y lo cómico. EPE041099 **15 detalle:** ¡Y pensar que ahora todo dependía de un detalle *irrisorio*! EME210895 **16 acto:** ...aunque el castigo se limite a un acto aparentemente tan *irrisorio...* CLA200297 **17 situación:** ...frecuentemente los colocan en situaciones ridículas o *irrisorias.* EME251195

C SUSTANTIVOS QUE DESIGNAN IDEAS, SUGERENCIAS, PUNTOS DE VISTA Y DIVERSOS ASPECTOS DE LA ARGUMENTACIÓN: **18 debate:** El debate en torno a un bárbaro llamado Clodoveo es también algo en desuso y más bien *irrisorio.* LVE200996 **19 opinión:** ...quieren hacer tan *irrisoria* su literatura como sus opiniones políticas. EPE101299 **20 juicio:** No sólo sus juicios musicales son *irrisorios...* ABC291191 **21 argumento:** ...dio un argumento *irrisorio.* EPE190399 **22 propuesta:** Irrisoria propuesta salarial de Educación... LPH310197 **23 planteamiento:** ...reveló que ADN presentó a su partido un planteamiento, pero que éste «fue rechazado por *irrisorio...*». LTB230197

D SUSTANTIVOS QUE DESIGNAN GÉNEROS ARTÍSTICOS, ASÍ COMO DIVERSAS FORMAS DE DESCRIPCIÓN O REPRESENTACIÓN: **24 ficción:** En una sociedad de *irrisorias* ficciones laicas... EME271296 **25 literatura:** ...quieren hacer tan *irrisoria* su literatura como sus opiniones políticas. EPE101299 **26 historia:** Todo (...) ha parecido jugarse en historias *irrisorias* hasta lo patético. EME260496 **27 relato:** ...dos relatos en primera persona (...) desgarrados e *irrisorios...* ABC100492 **28 retrato:** Los personajes, sus *irrisorios* y sarcásticos retratos... ABC250992 **29 película:** ...su película es, por contagio, *irrisoria*, frágil, efímera y caricaturesca. EME110395 **30 espectáculo:** El espectáculo es tan triste como *irrisorio*... EPE290399 **31 caricatura –:** ...cuyos residuos actuales más bien son *irrisorias* caricaturas de un gran pasado. EME060294 **32 tragedia –:** ...describe una falsa tragedia que no por *irrisoria* deja de ser significativa. ABC210495

E SUSTANTIVOS QUE DESIGNAN CARENCIAS O DEFECTOS, ASÍ COMO DIVERSOS ESTADOS DE COSAS QUE SUELEN INTERPRETARSE COMO DESFAVORABLES O INCONVENIENTES: **33 ingenuidad:** Nada en la escritura podrá fingir ya una ingenuidad charlatana, que él demuestra *irrisoria*. EME250694 **34 pomposidad:** ...poniendo a caldo los restos de *irrisoria* pomposidad del Reino Unido... EPE020289 **35 anacronismo:** Sólo queda acabar con un anacronismo *irrisorio*. EME070394 **36 confusión:** No se puede atacar a un gobierno (...) sin poner en peligro la democracia. Confusión *irrisoria*. LVE091194

F OTROS SUSTANTIVOS; POSIBLES USOS ESTILÍSTICOS: Hasta aquí la tramoya (...), con su ternura *irrisoria*, con su subyacente humor... ABC150592

☐ Véase también: **inapreciable, insignificante, nimio, venial.**

irritación ♦ **considerable, incontenible, irrefrenable, nervioso, preso (de)**[14]**, sumo** ♦ **atemperar**[25]**, calmar, causar, contener, crecer, mostrar, producir, provocar, templar**

☐ Véase también: **furia, ira, rabia.**

irrumpir ♦ **abruptamente, a cara descubierta**[9]**, a gritos**[18]**, arrolladoramente**[9]**, bruscamente, descaradamente, espectacularmente, sin contemplaciones, violentamente**

☐ Véase también: **interferir, invadir.**

irrupción ♦ **abrupto**[23]**, arrollador, brusco**[70]**, fulgurante**[11]**, fulminante**[32]**, impetuoso, inesperado, irresistible**[18]**, repentino, sorprendente, sorpresivo, violento**

☐ Véase también: **injerencia, intromisión.**

ir(se) ♦ **a paseo, a pique, a toda prisa, como una exhalación**[3]**, con las manos vacías, de buen grado**[30]**, de puntillas**[24]**, de rositas, de vacío, por las ramas, por la tangente, por los cerros de Úbeda**

☐ Véase también: **escapar, huir, ir, marchar(se).**

isla ♦ **apartado, atractivo, azotado (por algo), de ensueño, desconocido, deshabitado, desierto, exótico, habitado, hermoso, idílico, inaccesible, inhóspito, lejano, paradisíaco, recóndito, remoto, retirado, sereno, turístico, vecino** ♦ **banco (de)** ♦ **abandonar, arribar (a), atravesar, circundar, desterrar (a), divisar, emerger, hundir(se), invadir, llegar (a), llevar(se) (a), ocupar, perder(se) (en), perfilar(se), permanecer (en), recorrer, rodear, sacar (de), sumergir(se), surgir, trasladar(se) (a), viajar (a)**

☐ Véase también: **aislado, espacio, territorio.**

itinerante *adj.* **I** Se combina con sustantivos que denotan profesión u oficio *(profesor, vendedor, saltimbanqui, músico, reportero)*, así como con otros que designan agrupación de personas o comunidades humanas *(comando, banda, tribu)*. Se combina también con sustantivos que designan vehículos de transporte colectivo o de mercancías *(autobús, camión, convoy)* y con los que designan obras de creación, más frecuentemente de carácter narrativo *(novela, relato, crónica, película, comedia)*. También admite sustantivos que designan espectáculos, competiciones, exhibiciones y otros eventos análogos *(espectáculo, feria, montaje, festival, circo, teatro)*. Acepta otros muchos sustantivos, pero destacan especialmente sus combinaciones con...

A SUSTANTIVOS QUE DENOTAN EXPOSICIÓN O MUESTRA DE ALGO, O DESIGNAN EL LUGAR EN QUE SE PRESENTA: **1 exposición ++:** Indicó Vicente Ferrer que tanto el MNE como Media Vaca planean hacer una revisión de Max Aub, «no sólo a través de este libro y esta exposición que será *itinerante*, sino también con ciclos de conferencias en México y España...». EXC040901 **2 muestra ++:** Muestra *itinerante* japonesa recala en el Museo de la Nación. CAP160496 **3 colección:** También se presentó ayer la colección *itinerante* Arte Joven procedente del Centro Andaluz de Arte Contemporáneo. EPE140199 **4 museo:** ...el Patronato ha ideado una suerte de «museo *itinerante*» conformado por piezas de valor histórico y joyas de arte contemporáneo con las que recorrerán diferentes países... CAP080198

B SUSTANTIVOS QUE DENOTAN REUNIÓN DE PERSONAS PARA LA EXPOSICIÓN O EL INTERCAMBIO DE IDEAS, CON FRECUENCIA EN ALGÚN ENTORNO FORMAL: **5 congreso:** ...participará en el VII Encuentro Cultural del Centro Universitario de Integración Humanística: «Lo Mudéjar en México y sus Orígenes», congreso *itinerante* que irá de Marrakech a Casablanca, de aquí a Rabat... PME131096 **6 asamblea:** Las manifestaciones continuarán los fines de semana y las asambleas, cada jueves, *itinerantes*, de pueblo en pueblo, por si hay una solución. LVE160396 **7 foro:** ...abonó la idea de que este foro, como plataforma de diálogo, tenga un carácter permanente e *itinerante* aunque con sesiones de trabajo cada dos años. LVE291195 **8 reunión:** La asamblea, cuyas reuniones anuales son de carácter *itinerante*, se hizo eco en Alcoy del malestar de los clubes y asociaciones de la Unesco... EPE110499 **9 cortes –:** El anuncio, hace dos días, de las cortes marciales *itinerantes* (...) ha abierto por primera vez desde los atentados un tormentoso debate social... EPE161101 **10 junta:** ...Guipúzcoa se caracterizaba por realizar juntas *itinerantes* por 18 pueblos: en verano, en los que están más cercanos a la costa; y en invierno, en los del interior. EPE131199 **11 tertulia –:** Pero a la tertulia, que fue *itinerante*, venían sobre todo los más literarios del grupo: Salvà y Peñalver eran los protagonistas. LVE270596

C SUSTANTIVOS QUE DENOTAN CURSO O SECUENCIA DE ACONTECIMIENTOS. TAMBIÉN CON OTROS QUE DESIGNAN ALGUNAS DE LAS CIRCUNSTANCIAS QUE LOS CARACTERIZAN: **12 vida +:** La suya es una vida *itinerante* en la que el principal equipaje son los patines. CLA200297 **13 carrera +:** ...ha desarrollado una prolija carrera *itinerante* por diversos medios: Ya, El País, TVE, agencia Efe... LVE090696 **14 viaje ++:** ...los capítulos dedicados a seguir el viaje *itinerante* de la protagonista, lo que podríamos considerar la segunda parte de la novela... LVE200996 **15 curso +:** En una primera etapa, cursos de actualización y perfeccionamiento, en los cuales una facultad que tiene buen nivel académico en determinada área, ofrece cursos, ya sea en la sede o *itinerantes*. BRE040797 **16 recorrido +:** ...confluyen por adelantado el fatal desenlace de una arriesgada peripecia, el recorrido *itinerante* de su protagonista sin rumbo seguro y, (...) el movimiento marcadamente lento con que todo esto se lleva a cabo. ABC090493 **17 ruta +:** ...organiza actividades de multiaventura con rutas *itinerantes* en la naturaleza a pie y en bicicleta y actividades naúticas. EME280695 **18 marcha +:** ...este otro de la Resistencia, cuya marcha *itinerante*, tras mostrar algunos de sus aspectos en Francia, abrió sus puertas en Barcelona el pasado 16 de julio, y acaba ahora de abrirlas en Madrid. EPE150977 **19 periplo +:** Las palabras desnudas volando lejos, sin las ambiciones ni el prestigio del papel escrito, desprovistas de artificio, solas en su natural periplo *itinerante*... EPE140800 **20 paso:** ...un cuento de superficie divertida y tremendista que sigue los pasos *itinerantes* de dos monjes de clausura convertidos en pícaros complementarios... EME230695 **21 avatar:** Caramelitos de limón de Antequera endulzan su avatar pedagógico *itinerante*. EME270595 **22 peripecia:** Pero la narración de esta peripecia *itinerante* se complementa con otros ingredientes reflexivos. ABC150592 **23 aventura –:** Las aventuras *itinerantes* de un astuto estafador que debe cuidar de una niña de nueve años... LVE211295

D SUSTANTIVOS QUE DESIGNAN SERVICIOS PÚBLICOS O PRIVADOS, ASÍ COMO LOS ESPACIOS DONDE ESTOS SE PRESTAN, MÁS FRECUENTEMENTE SI ESTÁN RELACIONADOS CON LA DOCENCIA, LA SANIDAD, LA JUSTICIA O EL COMERCIO: **24 universidad:** Lo cual fue para mí «una muy original universidad *itinerante*» y donde me fui «buscando la vida» sólo y exclusivamente cobrando la comisión de lo que vendía. EME090695 **25 escuela:** Después de luchas, marchas y debates con el Ministerio de Educación, en 1997 se aprobó la primera escuela *itinerante* en el Estado de Río Grande del Sur. EPE040599 **26 seminario:** Esta es una de las conclusiones del seminario *itinerante* de la OCDE que estudia las claves del desarrollo de cinco regiones europeas... EPE021099 **27 biblioteca:** Muchos jóvenes que no tenían fácil acceso a los libros se aficionaron a la lectura gracias a esa biblioteca *itinerante*. FDV180601 **28 hospital:** Este último año, la madre Teresa fue (...) a Bangladesh para abrir un hospital *itinerante*... LVE270895 **29 juzgado:** ...se establecerán algunos juzgados *itinerantes*, para que los procesados no tengan que desplazarse. EPE011289 **30 mercado:** La Sociedad General de Autores y Editores (SGAE) pondrá en marcha, del 10 al 15 de julio, una gira titulada «Rock en Ñ» que recorrerá tres ciudades norteamericanas y la capital mexicana (...), con el fin de crear un mercado *itinerante* del rock en español. EPE050700 **31 taller –:** ...apunta que en esa época aún circulaban talleres *itinerantes* que se movían de encargo en encargo. EPE291099

itinerario ♦ accidentado[2], alternativo, azaroso[3], impracticable, intrincado[29], oficial, profesional, tortuoso, trillado[6], turístico ♦ a lo largo (de) ♦ acortar[22], alargar, cumplir, desviar[6], discurrir, establecer, fijar, jalonar[4], modificar, recorrer, saltarse, seguir[27], trazar[12]

☐ Véase también: **curso, recorrido, ruta, trayecto, trayectoria, trazado, vía.**

izar ♦ bandera, bote, estandarte, pabellón, vela

☐ Véase también: **arriar, subir.**

[izquierdo] → con mano izquierda

J j

jadear ♦ **ahogadamente, angustiosamente, entrecortadamente**

☐ Véase también: **inhalar, respirar.**

jalear ♦ **a coro[6], al unísono[11]**

☐ Véase también: **animar, apoyar(se).**

jaleo ♦ **de campeonato[5], descomunal, mayúsculo[39], monumental[47]** ♦ **armar(se)[8], liar(se), meter(se) (en)[17], montar[12]**

☐ Véase también: **alboroto, caos, escándalo, follón, guirigay, jolgorio, ruido.**

jalonar *v.* ■ Se construye con los sustantivos *proceso, desarrollo, evolución* y otros que designan el curso natural de alguna cosa. Admite asimismo gran número de sustantivos que expresan resultados de la producción o la creación realizadas en algún medio de carácter lineal, sean de naturaleza textual *(discurso, parlamento, debate, diálogo, conferencia, libro, entrevista, poema, relato)*, musical *(música, ópera, pieza, sinfonía, partitura)*, cinematográfica *(película, filmografía, documental)* o de otro tipo. También se combina con...

A SUSTANTIVOS QUE DENOTAN VIAJE, CAMINO O ESPACIO QUE SE RECORRE: **1 camino ++:** Cada vez me agrada más su manera de afrontar los difíciles avatares, las sorprendentes y ocultas complicaciones que *jalonan* su camino de ídolo del deporte moderno. EME220896 **2 recorrido +:** ...la novela se compone de tres partes, que *jalonan* el recorrido del narrador y protagonista hacia el fracaso final... ABC310192 **3 viaje +:** Sus cuatro cuadernos *jalonan* un viaje hacia la desesperación por desamor con simetrías que, respectivamente en cada uno, resaltan su fracaso matrimonial, la muerte de su hijo... ABC140593 **4 itinerario +:** El visitante que acceda a las nuevas salas recorrerá un itinerario *jalonado* por los principales conjuntos de pintura mural... ABC081295 **5 ruta +:** Restos de fortificaciones militares y yacimientos arquitectónicos *jalonan* esta ruta. ABC150794 **6 excursión:** Jalonaron la excursión varias paradas estratégicas en las que pudimos reponer fuerzas. INDOC **7 trayecto:** Las lluvias caídas en los siete últimos días provocaron un fuerte aumento del caudal de ambos ríos y la colmatación de los pantanos que *jalonan* su trayecto. LVE181196 **8 diáspora:** El deseo profundo de muchos de sus hijos de estar en lo que suponen su verdadero país y terminar la diáspora *jalonada* de persecuciones y asesinatos... EPE180599 **9 gira:** La gira que el soberano marroquí lleva a cabo por todo el norte del país esta siendo *jalonada* de mensajes y símbolos de apertura. EPE181099 **10 periplo:** Paisajes de ensueño, bailes coloristas y actos de contrición (...) *jalonaron* un periplo por un continente cuya población vive mayoritariamente en la pobreza... EPE270199

B LOS SUSTANTIVOS *VIDA* Y *EXISTENCIA*, ASÍ COMO CON OTROS QUE DESIGNAN LA TRAYECTORIA VITAL O PROFESIONAL DE UNA PERSONA: **11 existencia ++:** Sus telas son esos retazos de vida que han ido *jalonando* la existencia de la artista: los paisajes van más allá de la aridez o la vegetación. ABC060893 **12 vida ++:** Infinidad de distinciones y reconocimientos *jalonan* la vida de Candela... ABC030694 **13 trayectoria ++:** En su caso, los premios literarios también han *jalonado* su trayectoria (desde el Hiperión a su libro de poesía, «Los versos del eunuco» hasta el reciente Azorín por su novela «El secreto de la lejía»). LRE170103 **14 carrera ++:** Doce millones de dólares, 1.500 millones de pesetas, *jalonan* la carrera deportiva de Pete Sampras. LVE100495 **15 andadura +:** ...esta muestra en la que se hallan representadas todas las etapas que, sin brusquedades, *jalonaron* su larga y fecunda andadura. ABC111292 **16 historial +:** Se casaron en 1948, el año del nacimiento de Israel, y juntos afrontaron las guerras que *jalonan* el historial de Rabin. EME080594 **17 biografía +:** Berlusconi no les ha perdonado las decenas de causas judiciales que *jalonan* su biografía empresarial, los centenares de registros en las oficinas de su grupo financiero... EPE061201 **18 currículo:** El currículo de este grupo de empresas está *jalonado* de fechas en las que la dirección decidió hacer inversiones... EPE260499

C SUSTANTIVOS QUE DESIGNAN DIVERSOS PERÍODOS, A MENUDO HISTÓRICOS: **19 época +:** ...trata sólo de reconstruir artísticamente (...) una época concreta, *jalonada* por las vidas humildes de unos personajes y no por grandes acontecimientos históricos. ABC171293 **20 año +:** Problemas administrativos, avances técnicos espectaculares y el descubrimiento de la ciclosporina, *jalonan* los cinco años siguientes. ABC030295 **21 historia +:** Es algo tarde ya, me parece, para estos macabros aquelarres que *jalonan* la historia de estos últimos diez años infames de la historia peruana. EPE050800 **22 tiempo +:** Las estadísticas y las recientes revelaciones sobre las chapuzas que *jalonaron* los tiempos de aparente máximo esplendor (...) confirman que la tecnología soviética no era tan competente... LVE191196 **23 momento:** A estas macrocifras, hay que añadir los miles de *¡oooohs!* que *jalonaron* los momentos más impresionantes del espectáculo... LVE280696 **24 edad:** ...el beneficio de los metales es un ingrediente cultural de la humanidad de primera magnitud; ahí está si no el reconocimiento de los metales *jalonando* con sus nombres las Edades de la Historia. ABC040294 **25** **siglo:** ...el hecho de reunir dentro de un mismo conjunto problemas que *jalonan* dos siglos aparentemente tan diferentes como son el XVII y el XVIII... ABC150494 **26** **verano:** Algunos hechos *jalonaron* este verano para recordarnos que la cuenta del 98 es deficitaria en materia de política social. CLA080199 **27** **jornada:** Las acusaciones de grueso calibre entre las dos familias *jalonaron* la jornada. LVE230696 **28** **período:** Entre las fiestas que *jalonan* este periodo figuran el 11 de setiembre, sábado, Diada Nacional de Cataluña. EPE240899 **29** **reinado:** El reinado de Carlos I se vio *jalonado* por una larga serie de revueltas. INDOC

D SUSTANTIVOS QUE DESIGNAN EVENTOS, MÁS FRECUENTEMENTE SI SE TRATA DE ACTUACIONES PÚBLICAS, CELEBRACIONES U OTROS ACTOS EN LOS QUE SE CONGREGAN PERSONAS: **30** **celebración +:** ...citó como ejemplos concretos la sucesión de episodios que *jalonaron* la celebración... EPE160999 **31** **cóctel:** Todo un paradigma de los golpes y contragolpes que han *jalonado* durante los tres últimos años ese complejo cóctel... LVE291296 **32** **concierto:** Así, sus conciertos se ven *jalonados* por una notoria adhesión colectiva y un aplauso popular generalizado. LVE300396 **33** **estreno:** Risas y aplausos encadenados *jalonaron* el estreno de «Ubú president». LVE221095 **34** **fiesta:** La fiesta inaugural estuvo *jalonada* de incidentes, por la protesta de un grupo de manifestantes en favor de los policías y bomberos que serán encarcelados mañana... ENC130599 **35** **homenaje:** ...se dedica una semana de homenajes a unos centenares de supervivientes de las Brigadas Internacionales, homenajes *jalonados* por banderas republicanas... LVE161196 **36** **velada:** ...una larga velada festiva, *jalonada* de aplausos y palmas de acompañamiento. LVE270296 **37** **sesión:** Los gritos de «dimisión, dimisión», coreados desde los escaños socialistas, *jalonaron* toda la sesión. EPE210499 **38** **reunión:** La reunión estuvo *jalonada* de chistes, comentarios y anécdotas. INDOC

jarana ♦ **andar (de), armar(se)[13], continuar, empezar, ir(se) (de), montar[16], salir (de)**
☐ Véase también: **gresca, guirigay, juerga.**

[jarro] → **como un jarro de agua fría**

jefatura ♦ **a lo largo (de), durante** ♦ **asumir, delegar[24], detentar, ejercer, estar a cargo (de), llevar, recaer[50]**
☐ Véase también: **autoridad, control, dirección, mando.**

jerarquía ♦ **administrativo, artificial, eclesiástico, estamental, estricto, férreo, fijo, firme, inapelable, incuestionable, laboral, marcado, militar, riguroso, social, sólido** ♦ **abolir[27], ajustarse (a), apuntalar[36], crear, desobedecer, establecer, imponer, obedecer, ocupar un lugar (en), ordenar (en), regir, saltarse, seguir, tambalearse**
☐ Véase también: **orden, relación.**

jerárquicamente ♦ **clasificar, colocar, disponer, establecer, ordenar, organizar**

jerga ♦ **abstruso, endiablado[23], enrevesado[28], hermético[8], incomprensible, ininteligible, interno, particular, profesional** ♦ **comunicarse (con), hablar, traducir**

jeroglífico ♦ **complicado, difícil, endemoniado, endiablado, fácil, irresoluble** ♦ **dar sentido (a), descifrar[4], desentrañar[35], plantear, resolver**

jolgorio ♦ **considerable, continuo, de campeonato, descomunal, enorme, general, mayúsculo, monumental, verdadero** ♦ **motivo (de)** ♦ **armar(se), estallar (en)[13], haber, liar(se), montar[15], reinar[24]**
☐ Véase también: **alboroto, follón, jaleo.**

jornada ♦ **agotador, ajetreado[2], apretado, completo, decisivo, desenfrenado, de trabajo, duro, feriado, festivo, frenético, intensivo, laborable, laboral, largo, parcial, partido, redondo[12], reducido** ♦ **a lo largo (de), durante** ♦ **acabar, dedicar, empezar, emplear, pasar, terminar**
☐ Véase también: **día.**

[jota] → **ni jota**

joya ♦ **arquitectónico, artístico, auténtico, bibliográfico, codiciado, delicado, deslumbrante, digno (de algo/de alguien), discográfico, documental, fabuloso, familiar, fastuoso, histórico, incomparable, literario, millonario, musical, original, ostentoso, patrimonial, pequeño, personal, pictórico, portentoso, preciado, recargado, religioso, resplandeciente, rutilante, valioso, verdadero** ♦ **colección (de), lote (de), muestrario (de)** ♦ **adquirir, atesorar, cincelar, coleccionar, conservar, diseñar, empeñar, exhibir, exponer, falsificar, guardar, incautar, llevar, lucir, poner(se), resplandecer, restaurar, robar, subastar, tallar, valorar**
☐ Véase también: **bien, tesoro, valor.**

jubilación ♦ **anticipado, deseado, escaso, forzoso, honroso[24], tranquilo** ♦ **edad (de), pensión (de)** ♦ **alcanzar, cobrar, disfrutar (de), llegar (a), preparar, quedar (a alguien)**

júbilo ♦ **borracho (de)[9], desbordante, incontenible, irrefrenable, lleno (de), rebosante (de)** ♦ **en señal (de)[27]** ♦ **arranque (de)[48], demostración (de)[51], expresión (de)[36], grito (de), motivo (de), muestra (de)** ♦ **aguar(se)[34], apoderar(se) (de), colmar (de), dar saltos (de), desbordar(se), embargar (a alguien), estallar (de)[3], gritar (de), llenar (de), rebosar (de), reventar (de), saltar (de), transmitir**
☐ Véase también: **alegría, entusiasmo.**

[juego] → **a juego**

juego ♦ **a la defensiva, ameno, anodino, brillante, bronco[3], competitivo, de mesa, de salón[3], en equipo, insulso, limpio, malabar, reñido[25], sucio, vibrante** ♦ **aletargar(se), amañar, andarse (con)[39], animar(se), arriesgar (en), cortar[56], dar[218], decaer[10], desbaratar[8], disputar, empatar, endere-**

zar[53], entrar (en), galvanizar[15], ganar, hacer trampas (en), hilvanar[35], perder (a), poner (en), practicar, seguir(le) (a alguien), serenar(se)[21]

☐ Véase también: **apuesta, concurso, deporte, eliminatoria, jugada, partido.**

JUEGO Véase: DEPORTE

juerga ♦ **apoteósico, de campeonato, gran(de), monumental, nocturno** ♦ **aguar(se)[10], andar (de), celebrar, continuar, correr(se), empezar, ir(se) (de), montar[14], organizar, pegar[26], salir (de), seguir, tomar (a)**

☐ Véase también: **gresca, guirigay, jarana, jolgorio.**

juez ♦ **atinado, benigno, conciliador, de línea, de paz, ecuánime, equitativo, estricto, flexible, honesto, honrado, imparcial, implacable[97], indulgente, inflexible, injusto, insobornable, justo, laxo, ordinario, parcial, permisivo, salomónico, severo, supremo, tendencioso** ♦ **decidir, desobedecer, desoír[60], dictaminar (algo), dictar (sentencia), fallar, impugnar, prevaricar, recusar, sentenciar (a alguien), sobornar**

☐ Véase también: **arbitrar, enjuiciar, jurado, juzgar.**

jugada ♦ **brillante, brusco, decisivo, defensivo, electrizante, fulgurante[45], fulminante, maestro, ofensivo, redondo[22], sucio** ♦ **abrir, aclamar[14], anticiparse (a), bordar[19], calcular, cerrar, concluir, culminar[56], desbaratar[7], ensayar, fallar, fracasar, hacer, hilar, hilvanar[34], ligar, planear, preparar, responder (a)**

☐ Véase también: **apuesta, juego, lance.**

JUGADA Véase: LANCE

jugador ♦ **amateur, a medio gas, asiduo, astuto, bravo, certero, competitivo, compulsivo, conservador, contumaz, curtido, decisivo, declarado, defensivo, de refresco, determinante, empedernido[2], esforzado, experto, fulgurante[61], incansable, incorregible, irrecuperable, lanzado, ofensivo, profesional, recalcitrante, redomado, voluntarioso** ♦ **alinear, blindar[5], ceder, cesar, contratar, despuntar, entrenar(se), fichar, placar, renovar, traspasar**

jugar ♦ **a cara de perro[5], a la contra, a la defensiva, a la desesperada[23], a lo grande[12], a medio gas, a {mis/tus/sus...} anchas[43], a puerta cerrada[18], a toda máquina[17], a tope[7], a vida o muerte, bárbaro[11], brillantemente, cómodamente, conservadoramente, contra reloj[25], con ventaja, convincentemente[40], decisivamente, de farol, defensivamente, de igual a igual[12], de memoria[17], de miedo, de poder a poder, en equipo, incansablemente, individualmente, limpio, mano a mano[8], ofensivamente, plácidamente[57], sucio, ventajosamente[4]** ♦ **(a) un deporte, (a) un juego**

☐ Véase también: **ganar, perder, vencer.**

jugar(se) ♦ **a cara o cruz[1]**

☐ Véase también: **apostar.**

jugo ♦ **gástrico, intestinal** ♦ **beber, extraer, filtrar, paladear, saborear, sacar, segregar**

☐ Véase también: **alcohol, líquido, zumo.**

jugoso *adj.* ▮ En su sentido físico se combina con sustantivos que designan ciertos alimentos *(fruta, bizcocho, carne)*; en su sentido figurado se combina con otros que designan muy diversas informaciones, a menudo de carácter circunstancial *(anécdota, comentario, rumor)*, pero también de otra naturaleza *(noticia, libro, canción)*. Se combina asimismo con...

A SUSTANTIVOS QUE DENOTAN DINERO, ASÍ COMO BENEFICIO, GANANCIA Y DIVERSAS FORMAS DE RETRIBUCIÓN: **1** **ganancia ++:** Incluso algunos medios de comunicación, (...) al tiempo de obtener *jugosas* ganancias, difunden una dialéctica gobierno-oposición. LTB310397 **2** **premio ++:** Al final el equipo campeón, además de un trofeo, recibirá un *jugoso* premio de 15 mil balboas y el segundo la mitad de ese total. ESP310197 **3** **salario ++:** Y ahora, con los salarios *jugosos* que tienen los diputados, la búsqueda de las postulaciones se torna más animada. ESH030996 **4** **sueldo +:** Aun cuando los congresistas no quieran investigar para no perder sus *jugosos* sueldos... CAP280897 **5** **botín +:** ...como igualmente habían sido *jugosos* botines útiles sólo para el enriquecimiento ilícito de los altos funcionarios encargados de su custodia. EXC211096 **6** **comisión +:** Ningún gran negocio sucio sería posible sin *jugosas* comisiones y pagos ilícitos. LTB041296 **7** **indemnización +:** Los trabajadores podrían renunciar masivamente a su empleo a fin de cobrar las *jugosas* indemnizaciones... LPN270197 **8** **ingreso +:** No sólo por los *jugosos* e inexplicados ingresos que hizo en sus horas libres... CAP261297 **9** **rescate +:** ...«les gusta aprovechar la época de diciembre para poner contra la pared a los familiares y obtener un rescate *jugoso* y pronto». ETC111196 **10** **suma +:** Antes de preguntar el precio, lo proponen ellos y la suma, por tratarse de un defensor de apenas 20 años, suena a muy *jugosa.* LNP151297 **11** **recaudación +:** Con una economía paralizada pese a la *jugosa* recaudación fiscal por el aumento de los precios petroleros... ENH240700 **12** **propina +:** A cambio, eso sí, de una *jugosa* propina: su propia vida. EME220294 **13** **gratificación:** Obtuvo una *jugosa* gratificación por haber sido el mejor vendedor del año. INDOC **14** **aguinaldo:** ...se dan buenos aumentos de sueldos y *jugosos* aguinaldos. EXC070896

B SUSTANTIVOS QUE DESIGNAN OPERACIONES, CONVENIOS Y OTRAS ACTIVIDADES DE CARÁCTER ECONÓMICO O MERCANTIL QUE PERSIGUEN LA OBTENCIÓN DE BENEFICIOS: **15** **negocio +:** ...asociados a ex presidentes vinculados al *jugoso* negocio de la venta de armamentos del cual extraen millonarias comisiones en monedas fuertes. ENV110797 **16** **contrato +:** Hoy las firmas de telecomunicaciones brindan a sus clientes servicios de consultoría y se ocupan de entrenar al personal, para obtener un contrato *jugoso.* CLA131100 **17** **oferta +:** ...pese a que otras ofertas podrían haber sido más *jugosas* económicamente. ENC130599 **18** **mercado +:** ...algunas de las compañías más importantes (...) ejercen casi un monopolio sobre este *jugoso* mercado. ENH170497 **19** **acuerdo:** Apenas 24 horas después de firmar un *jugoso* acuerdo petrolero con Venezuela... ENH001101 **20** **operación:** Para ello, en esta ocasión se nos ha ofrecido la *jugosa* operación de ordenar ya no lo indiscutible... EPE280799 **21 demanda:** ...un mercado en el que la *jugosa* demanda hace que se nutra la oferta aún con el robo de niños. LHG260700

C SUSTANTIVOS QUE DESIGNAN DATOS, PORMENORES Y OTROS INDICADORES ANÁLOGOS, GENERALMENTE CUANTITATIVOS: **22 información +:** Será posible, acaso, extraer *jugosas* informaciones acerca de otros desafíos de difícil previsibilidad estratégica. LNP130497 **23 dato +:** ...una muy interesante cronología artístico-vital, con profusión de datos *jugosos*... LVE121295 **24 encuesta:** ...y «nuestro hombre en Madrid» se trajo una *jugosa* encuesta con los niños madrileños que apoyaron la candidatura de Ramonet. LVE111195 **25 detalle:** durante la plática traté por todos los medios de obtener los detalles *jugosos* de sus desavenencias con la comandancia... PLG100796

D SUSTANTIVOS QUE DESIGNAN LA ACCIÓN O EL EFECTO DE REFLEXIONAR SOBRE ALGUNA MATERIA, ASÍ COMO ALGUNAS DE LAS FORMAS DE PRESENTAR LOS RAZONAMIENTOS: **26 reflexión +:** ¿Verdad que el detalle se prestaría a *jugosas* reflexiones, entre lo jocoso y lo profundo? LVE200996 **27 análisis +:** Y continúa con este *jugoso* análisis... LVE160996 **28 idea:** ...el lector obtiene *jugosas* ideas acerca de la función de la ciencia y los peligros de su aplicación indiscriminada. LVE120796 **29 planteamiento:** ...consiguiendo de este modo un planteamiento suficientemente hondo y *jugoso*... ABC290193 **30 opinión:** ...descubre al lector algunas de las claves biográficas de las novelas del escritor peruano, además de desvelar *jugosas* opiniones del autor sobre algunos escritores... ABC280593

E SUSTANTIVOS QUE DENOTAN DIÁLOGO O INTERCAMBIO DE OPINIONES, EN OCASIONES CON DIVERSOS GRADOS DE DESACUERDO: **31 diálogo +:** ...intercambiaban puntos de vista sobre lo oído entre *jugosos* diálogos. LVE181296 **32 conversación +:** Antes, Diego se había contactado con Sorín (...) y por último mantuvo una *jugosa* conversación con Claudio... CLA091000 **33 entrevista:** También habla de ello, sin énfasis, con lucidez, en la *jugosa* entrevista que le hacen en el cuidado documental. EME260496 **34 correspondencia:** El creador de Maigret y el director de «La dolce vita» mantuvieron durante veinte años una *jugosa* correspondencia. EPE100199 **35 controversia:** Un gobierno dividido implica acusaciones directas, filtraciones de información, *jugosas* controversias y choque de poderes impotentes. LNC071100 **36 polémica:** En una palabra, que según cómo vayan los resultados de la semana, el próximo domingo tendremos más polémicas *jugosas*. LVE051295

F SUSTANTIVOS QUE DESIGNAN DIVERSAS NOCIONES ASOCIADAS CON LAS REALIZACIONES PARTICULARES DE LA LENGUA Y ALGUNOS DE SUS ELEMENTOS CONFIGURADORES: **37 lenguaje +:** El lenguaje de sus personajes es muy *jugoso*, plagado de coloquialismos. LVE271095 **38 estilo +:** ...no trabaja para encontrar la expresión justa, el estilo *jugoso* y rápido, la frase musical, sino para merecer encontrarlos. EPE161280 **39 escritura:** ...compensada por una irrestañable y *jugosa* escritura en la que María Teresa Lezcano ha volcado no poco talento... ABC190393 **40 léxico:** ...es una obra muy divertida, escrita con un léxico muy *jugoso*, y un estilo muy dinámico... EPE121299

G OTROS SUSTANTIVOS; POSIBLES USOS ESTILÍSTICOS: ...cuenta con un largo y *jugoso* historial artístico... ABC200392

☐ Véase también: **sustancioso.**

juicio

I *(afirmación)* ♦ **aleccionador, analítico[11], atinado[3], aventurado, de valor[26], demoledor[27], descarnado[11], desfavorable, despectivo[35], ecuánime[8], encaminado, favorable, inapelable[2], negativo, objetivo, paralelo, perentorio[53], positivo, precipitado, riguroso, salomónico[4], sesgado[8], somero[55], subjetivo, tendencioso, torticero, unánime** ♦ **a tenor (de)[10]** ♦ **aventurar[2], congelar[50], deslizar(se)[9], emitir[25], formular[31], verter[17],** *otros verbos de lengua*

II *(acto judicial)* ♦ **a puerta cerrada[64], equitativo[11], imparcial, injusto, justo, parcial** ♦ **afrontar[25], agilizar[50], amañar, atestiguar (en), celebrar(se), comparecer (en), dirimir[30], entablar[37], incoar, llevar (a), llevar adelante[39], personarse (en), pleitear (en), reabrir[12], testificar (en), tramitar[36]**

III *(discernimiento)* ♦ **descabellado, ilógico, lógico, sano** ♦ **perder[40], someter (a)**

☐ Véase también: **consideración, descalificación, diagnóstico, especulación, estimación, evaluación, pleito, sentido común, seso, valoración.**

JUICIO Véase:

♦ **consideración, descalificación, especulación, estimación, ética, evaluación, interpretación, juicio, sentencia, seso, valoración, veredicto, visión**

♦ **analizar, aquilatar, barajar, calcular, calibrar, calificar, considerar, descalificar, desestimar, enjuiciar, estudiar, evaluar, juzgar, prejuzgar, sentenciar, tratar, validar, valorar, verificar**

☐ Véase también: *CÁLCULO; INDAGACIÓN; PENSAMIENTO.*

JUICIO

♦ (SUSTANTIVOS) Véase: **abusar (de)[F], acatar[F], acorde (con)[E], acuñar[C], a favor[M], aglutinar[D], ahondar (en)[K], airear[D], a la luz (de)[F], a la medida (de)[E], al hilo (de)[D], amoldar(se) (a)[G], arbitrario[H], a tenor de[B], atinado[A], aunar[C], avalar[M], aventurar[A,F], benigno[A], canalizar[C], cándido[E], cartesiano[A], catastrófico[I], certero[A], circular[D], cobrar fuerza[C], conciliar[C], condicional[F], confluir[B], conjugar[C], consensuar[C], constructivo[A], controvertido[A], converger[B], corroborar[B], crucial[M], cualitativo[E], decisivo[C], de ida y vuelta[F], dejar caer[D], dejarse llevar (por)[J], demoledor[F], denotar[F], deponer[D], derivar(se)[H], derramar[A], desaforado[N], descabellado[D], desglosar[D], deslizar(se)[B], desmentir[D], despectivo[E], despertar[H], destilar[N], desviar[H], determinante[D], de valor[F], diáfano[D], difundir(se)[E], diluir(se)[H], discordante[B], discriminatorio[C], disentir (de)[A], disipar(se)[B], distorsionar[E], dominante[D], dulcificar[C], ecuánime[B], emitir[D], escorar(se)[B], esgrimir[F], establecer[E], estrecho[D], exhaustivo[G], extirpar[E], extrapolar[B], fidedigno[F], flexible[A], formular[E,M], fortalecer(se)[E], fundado[B], fundamentado[A], hacer extensivo[F], homologar[E], igualitario[E], impecable[C], inapelable[G], incumplir[J], infundado[D], intempestivo[E], irrebatible[A], irreversible[J], lidiar[E],**

lineal[D], luminoso[G], manido[A], moldear[B], negar[G], numantino[D], objeto (de)[N], ofuscar(se)[A], oponer[B], penetrante[D], peregrino[A], perfilar[G], perseverar (en)[E], plantear[J], plegarse (a)[F], primar[A], propicio[I], rebatir[B], recabar[D], rectificar[C], refrendar[D], refutar[B], remachar[B], riguroso[C], rotundo[E], salir al paso (de)[E], salomónico[E], sesgado[A], sin perjuicio (de)[I], socavar[L], somero[E], sopesar[H], sustentar[A], tajante[B,G], taxativo[E], terminante[F], tomar[H], traslucir(se)[B], unánime[H], valedero[B], verter[B], vivo[L]

♦ (VERBOS) Véase: **a contrapelo[D], afirmativamente[B], ajustadamente[C], a la ligera[E], al unísono[D], a machamartillo[A], brevemente[G], categóricamente[F], colegiadamente[A], con cautela[C], con certeza[C,D], concienzudamente[D], con detalle[A,D], con dureza[E], con reservas[C], debidamente[H], democráticamente[B], en frío[D], en mucho[F], equivocadamente[A], fugazmente[D], humildemente[D], imparcialmente[A], inclinarse (a)[A], invitar (a)[G], largamente[F], lisa y llanamente[B], maliciosamente[E], negativamente[B], ni por asomo[A], nítidamente[F], por el mismo rasero[A], por lo bajo[A], satisfactoriamente[F], severamente[G], sin ambages[G], terminantemente[D], vagamente[G]**

☐ Véase también: CRITERIO; INDAGACIÓN; INTERPRETACIÓN; PERCEPCIÓN; RAZONAMIENTO.

juntar(se)

juntar(se) Véase: **unir(se), fusionar(se), reunir(se), acumular, acaparar**

[juntillas] → **a pie juntillas**

jurado ♦ **arbitrario, aséptico, calificador, condescendiente, ecuánime, equitativo, imparcial, implacable, indulgente, inflexible, injusto, insobornable, justo, neutral, objetivo, parcial, seleccionador, sesgado, tendencioso** ♦ **colección (de), decisión (de), lote (de), miembro (de), muestrario (de), portavoz (de), presidente (de), sala (de), veredicto (de)** ♦ **componer, constituir, convocar, decidir (algo), deliberar, dictaminar (algo), dictar (algo), disolver, emitir un fallo, encabezar, fallar, formar, formular (algo), infringir (algo), instituir, integrar, nombrar, optar (por algo), otorgar (algo), presidir, pronunciar(se), resolver (algo), reunir, sentenciar (a alguien), sobornar, sopesar (algo), tomar una decisión**

☐ Véase también: **conjunto, grupo, juez.**

[juramento] → **bajo juramento**

juramento ♦ **categórico, en falso[33], falso, fidedigno, firme, forzoso, ineludible, protocolario, ritual, solemne, vano** ♦ **conculcar[20], contraer, cumplir, faltar (a), formular[57], hacer, incumplir[29], infringir, prestar, pronunciar, quebrantar[17], romper, tomar[40], violar**

☐ Véase también: **compromiso, pacto, promesa.**

jurar *v.* ▮ En el sentido de 'prestar juramento a' o 'comprometerse con' se combina con...

A SUSTANTIVOS QUE DESIGNAN SÍMBOLOS REPRESENTATIVOS O TEXTOS CONSIDERADOS FUNDAMENTALES DE LOS PAÍSES, LOS ESTADOS U OTRAS COMUNIDADES: **1 bandera ++:** Cuando serví en el Ejército, *juré* la bandera roja. EME240396 **2 constitución ++:** Habrá que santificar el día en el que este ex ciudadano soviético decidió *jurar* la Constitución y besar la bandera española. EME010696 **3 carta magna:** ...sus tres diputados en el primer Parlamento gallego fueron expulsados por negarse a *jurar* la Carta Magna. EPE190699 **4 fuero:** ...Hemos venido a Guernica a presentarnos a nuestro pueblo, no a *jurar* los fueros. EPE210677 **5 acta:** ¿Cómo ha visto usted la evolución de la mujer en la sociedad desde que *juró* su acta de diputada hace casi cinco años? EME231196

B SUSTANTIVOS QUE DESIGNAN EL FUNDAMENTO DE ALGUNA CREENCIA O ALGUNA NORMA DE CONDUCTA: **6 principio +:** En 1963, a la hora de tomar posesión de su cátedra, se negó a *jurar* los principios del Movimiento. EME210295 **7 posición −:** Y dentro de su credo nuevo, el Pacífico *juró* una posición ética que no ha sido desmentida jamás. VIS080597 **8 doctrina:** ...la borjana de Gandia no confería grados sin *jurar* esa doctrina... EPE081299

C SUSTANTIVOS QUE DENOTAN CARGO O FUNCIÓN: **9 cargo ++:** Días después de *jurar* su cargo, el Presidente Kennedy asume la responsabilidad de aprobar esos planes. DLA160497 **10 puesto:** Buthelezi *juraría* su puesto en el cuarto turno. EME100594 **11 plaza:** ...documentación diversa relacionada con la actividad de Goya entre 1775 (...) y 1789, año en que *juró* su plaza de pintor de cámara. LVE230596 **12 presidencia:** Nada más *jurar* la presidencia, el 5 de mayo de 1996, prometió «diálogo»... EPE240199 **13 mandato:** Los alcaldes (...) acudieron a *jurar* mandato con una mayoría absoluta confirmada y ampliada. EPE040799

☐ Véase también: **abjurar (de).**

▮ En el sentido de 'prometer (a alguien) con firmeza' se combina con...

D SUSTANTIVOS QUE DENOTAN AFECTO, ADHESIÓN O VINCULACIÓN OBLIGADA: **14 amor ++:** Tres años después, tercer milenio, y las parejas se *juran* el amor... ENV110497 **15 fidelidad ++:** ...se puso de rodillas para *jurar* fidelidad principesca al Caudillo. HOY190183 **16 lealtad ++:** Juramos lealtad a la República, por lo tanto no permitiremos ningún tipo de fraude... LTH221097 **17 amistad:** Y se *juraron* fidelidad y amistad eterna. EME180995 **18 compromiso:** ...el IRA aprobó una dispensa especial para que Adams y McGuinness *juraran* su «compromiso con métodos exclusivamente pacíficos»... EPE161201 **19 obediencia +:** Chávez, de 44 años, *juró* obediencia a su manera... EPE030299

E ALGUNOS SUSTANTIVOS QUE DENOTAN RESERVA O AUSENCIA DE COMUNICACIÓN: **20 secreto:** ...hizo *jurar* secreto eterno entre quienes conocieron el hallazgo. EME120596 **21 silencio:** Para entrar a formar parte de la organización, tuvo que *jurar* silencio sobre todo lo que le habían enseñado. INDOC

F LOS SUSTANTIVOS *VENGANZA* Y *MUERTE*: **22 venganza ++:** Las «pruebas de la infidelidad» pasan de mano en mano hasta terminar en las de Otello quien *jura* venganza. CAP040997 **23 muerte:** ...el GIA les *juró* la muerte, pero existen sospechas en algunos casos sobre miembros de las propias fuerzas de seguridad. EME160296

▮ Se combina también con: ♦ **en falso[23]**

justicia ♦ **ágil, desigual, distributivo, divino, ecuánime[30], eficaz, equitativo[9], estricto[41], igual**

(para todos), igualitario, imparcial, implacable[15], inapelable, indulgente, inexorable[45], lento, rápido, salomónico[11], social, uniforme, universal ♦ acción (de), acto (de), ideal (de) ♦ administrar, adulterar[57], agilizar[68], amparar (a alguien), apelar (a), aplicar, burlar[18], clamar, comparecer (ante), conquistar[19], corromper(se), defender, demandar, denegar, eludir[12], hacer, hacer(se) realidad[84], huir (de), impartir[20], implorar[25], instaurar, invocar, librar(se) (de)[23], luchar (por), negar[67], obstaculizar, obstruir[9], pedir, predicar[39], reclamar, reivindicar, rendirse (a/ante), resplandecer, revestir(se) (de)[47], someter(se) (a)[44], sortear
☐ Véase también: **firmeza, injusticia.**

JUSTICIA
♦ (SUSTANTIVOS) Véase: acatar[A], adulterar[G], afrontar[F], a puerta cerrada[K], arbitrario[A], atañer[G], avalancha (de)[A], blandir[E], cautelar[F], conceder[J], concurrir[C], contravenir[B], decretar[D,F], denegar[A], derogar[A,B], desglosar[E], desoír[G], dilucidar[J], dirimir[D], discriminatorio[B], ecuánime[E], ejecutar[C], ejercer[B], eludir[C], en cadena[I], entablar[E], equitativo[B], estricto[H], inexorable[H], librar(se) (de)[D], llevar adelante[G], negar[L], obstruir[B], perder[G], reabrir[B], rebatir[E], revestir(se) (de)[G], salomónico[A], salpicar[F], sin fundamento[A], sobreseer[A], someter(se) (a)[E], taxativo[A], tramitar[E]
♦ (VERBOS) Véase: desfavorablemente[C]
☐ Véase también: DERECHO.

justificación ♦ adecuado, apropiado, a ultranza[20], convincente, creíble, cumplido, debido, débil, detallado, dudoso, escaso, expreso, inapropiado, inconsistente, innecesario, insostenible, insuficiente, inverosímil, irrebatible, necesario, parcial, peregrino[26], plausible, pobre, pormenorizado, razonable, sobrado, socorrido, sólido, suficiente, torpe, valedero[4], verosímil ♦ a modo (de) ♦ falta (de) ♦ aceptar, aducir, buscar, carecer (de), constituir, dar[71], demandar, desestimar, desmontar[14], echar por tierra, encerrar, encontrar, estribar (en)[3], exigir, hallar, invalidar, ofrecer, presentar, requerir, servir (de), tener
☐ Véase también: **prueba.**

justificar ♦ adecuadamente, ampliamente, apropiadamente, con matices[4], convincentemente[4], debidamente[2], detalladamente[9], insuficientemente, ni de lejos[26], plenamente[80], sobradamente[16]
☐ Véase también: **comprobar, probar.**

[juventud] → de juventud

juventud ♦ añorado, conflictivo, dorado, lozano, pleno, rebelde ♦ evocar, gozar (de), lucir, malgastar, marchitar(se), pasar, perder, revivir[6], vivir, volver (a)
☐ Véase también: **tiempo, vejez.**

juzgar ♦ a la ligera[31], con arreglo a las pruebas, con benevolencia, con dureza[33], con ecuanimidad, con generosidad, con magnanimidad, con parcialidad, con reservas[23], con rigor, con severidad, desfavorablemente[12], ecuánimemente, en rebeldía[3], en su justa medida, en sus justos términos, equivocadamente[4], favorablemente[17], generosamente, imparcialmente[1], injustamente, justamente, magnánimamente, negativamente[7], parcialmente, por el mismo rasero[2], positivamente, rigurosamente, severamente[38]
☐ Véase también: **aquilatar, calibrar, cifrar, considerar, dar (por), descalificar, desestimar, enjuiciar, estimar, evaluar, sentenciar, validar, valorar.**

K k

L l

laberinto (de) ♦ administrativo, alambicado, atrapado (en), burocrático, complejo, complicado, enredado, enrevesado[11], envuelto (en), imbricado, impenetrable, inescrutable, inextricable[12], inmerso (en), insondable[9], interminable, intrincado[16], judicial, oscuro, prisionero (de), retorcido, urbano ♦ a través (de), en medio (de) ♦ cable, calle, cañería, duda, escalera, galería, hilo, pasión, tubería ♦ adentrarse (en)[15], enredar(se) (en)[4], escapar (de), internar(se) (en), mover(se) (en), perder(se) (en), recorrer, salir (de), *otros verbos de movimiento*
☐ Véase también: **madeja, maraña, red, vericueto.**

labio ♦ abullonado, ardiente[14], cálido, carnoso, delgado, delicado, fino, grueso, inferior, leporino, prominente, sensual, superior, trémulo, voluptuoso ♦ comisura (de) ♦ abrir, acercar, apretar, besar (en/con), brotar (de), cerrar, despegar, entreabrir, fruncir, lamer(se), leer (en), morder(se), partir(se), perfilar(se), pintar(se), salir (de), sellar

labor ♦ abnegado, agotador[4], a medias[56], arduo[3], callado, común, concienzudo, copioso[26], cuidado, curativo[18], de campo[2], defensivo[19], delicado, denodado[13], depurado, destacado, dilatado[15], efectivo[31], encomiable, en equipo[2], esforzado, esmerado, estéril, exhaustivo[46], fecundo[16], fructífero, gratificante, humanitario[1], impagable[11], ímprobo[3], improductivo, inapreciable[13], inestimable, infructuoso[15], ingente[35], intenso, loable, meritorio, meticuloso, metódico, minucioso[29], monumental[34], notable, preventivo[72], sacrificado, sistemático, tenaz[25], vasto[8] ♦ abocar(se) (a)[28], absorber[5], aliviar[52], aplicarse (a), boicotear[47], bregar[16], centralizar[41], compartir, condensar[20], consagrarse (a), culminar[7], cumplir[65], desarrollar, desempeñar, devaluar(se)[7], diluir(se)[7], ejercer[5], enfrascarse (en)[33], entorpecer, entregarse (a), finalizar, frustrar(se), iniciar, llevar a cabo, llevar adelante, meter(se) (en)[36], obstaculizar[26], proseguir, realizar, recaer[7], reconocer, refrendar[46], rubricar, surtir efecto[35], volcarse (en)
☐ Véase también: **actividad, cometido, faena, misión, tarea, trabajo.**

laborable ♦ día, jornada, período, semana
☐ Véase también: **festivo.**

labrar(se) ♦ a pulso[17], con esfuerzo, con esmero, con tesón, esforzadamente, pacientemente ♦ acuerdo, biografía, camino, campo, confianza, desgracia, éxito, fama, felicidad, fortuna, futuro, gloria, huerta, huerto, idea, nombre, parcela, personalidad, porvenir, prestigio, sembrado, surco, terreno, tierra, título, trayectoria, tumba, vida

lacónicamente ♦ afirmar, contestar, decir, explicar, replicar, responder, *otros verbos de lengua*
☐ Véase también: **lapidario.**

lacra ♦ afectado (por), antiguo, grave, horrible, social, terrible, tremendo, vergonzante ♦ cargar (con)[15], combatir[29], desaparecer, eliminar, erradicar[2], extirpar[4], ocultar, poner fin (a), sufrir
☐ Véase también: **abandono, corrupción, delincuencia, esclavitud, marginación, misterio, paro.**

LACRA
♦ (SUSTANTIVOS) Véase: **abocar(se) (a)[D], abrumador[H], agravar(se)[C,D], aliviar[D], ancestral[H], atávico[C], azotar[D,F], bregar[B], carcomer[D], catastrófico[B], cerrar los ojos (ante)[C], combatir[B,D,F], corroer[E], desolador[H], execrable[C], extirpar[A], imperante[B], impune[I], rampante[B], reinante[B], sembrar[J], sortear[E]**
☐ Véase también: ADVERSIDAD; AFLICCIÓN; DIFICULTAD; VICIO; VIOLENCIA.

lado ♦ adecuado, asimétrico, bueno, contrapuesto, contrario, correcto, cruel, delantero, derecho, desagradable, desigual, desnivelado, desproporcionado, diferente, emotivo, equidistante, equilibrado, equivocado, espiritual, falso, femenino, humanitario, humano, igual, inquietante, interesante, inverso, izquierdo, malo, masculino, material, misterioso, negativo, nivelado, opuesto, oscuro, paralelo, positivo, proporcionado, sesgado (hacia), simétrico, trágico, trasero ♦ a, de, en desde ♦ caer (de), cambiar (de), decantar(se) (a), escorarse (hacia), mover(se) (a), torcer(se) (a)
☐ Véase también: **aspecto, parte.**

LADO Véase: ASPECTO; PARTE

ladrón ♦ de guante blanco[1], incorregible, presunto, recalcitrante, reincidente ♦ apresar, capturar, descubrir, encarcelar, juzgar, prender
☐ Véase también: **delincuente.**

[lágrima] → a lágrima viva

lágrima ♦ a flor de piel[25], de cocodrilo, fácil, furtivo, sincero ♦ mar (de), paño (de), valle (de) ♦ afluir, ahogar(se)[13], anegar(se) (en), asaltar[33], asomar, brotar, correr, delatar[26], derramar, deshacerse (en)[25], deslizar(se), enjugar, estallar (en)[1], fluir, rodar, saltárse(le) (a alguien), secar, verter
☐ Véase también: **llanto, llorar, llorera.**

laguna ♦ *(carencia)* colmar[16], llenar, paliar[14], solventar, subsanar[31]
☐ Véase también: **anomalía, ausencia, carencia, defecto, fallo.**

lamentar ♦ de todo corazón[11], en el alma[3], enormemente, hondamente, infinitamente[1], profundamente[29], sinceramente[9]
☐ Véase también: **sentir.**

lamento ♦ agónico, ahogado, amargo, amoroso, angustioso, continuo, desconsolado, desgarrado, desgarrador, dolido, estremecedor, hondo, lastimero, profundo, sentido, unánime ♦ coro (de), letanía (de) ♦ ahogar(se)[18], emitir, escuchar, llegar (a alguien), oír, proferir, prorrumpir (en), repetir, sofocar[30], verter[10]
☐ Véase también: **dolor, queja, quejido.**

lámpara ♦ alumbrar, apagar, encender, fundir(se), iluminar
☐ Véase también: **instrumento, luz.**

lana ♦ hebra (de) ♦ cardar, tejer

lance ♦ amatorio, amoroso, apretado, cuerpo a cuerpo[23], de amor, de capa, decisivo, de honor, de montería, deportivo, rocambolesco, suelto, taurino
☐ Véase también: **jugada, movimiento.**

LANCE
♦ (SUSTANTIVOS) Véase: **a cámara lenta**[F], **aclamar**[D], **amagar**[C], **blando**[I], **bordar**[C], **culminar**[L], **de salón**[D], **descabellado**[H], **descifrar**[I], **enrolar(se) (en)**[C], **hilvanar**[E], **letal**[B], **validar**[B], **vencer**[C]
♦ (VERBOS) Véase: **bárbaro**[E]
☐ Véase también: ACONTECIMIENTO; GESTO; MOVIMIENTO.

lanzamiento ♦ con efecto ♦ acertar, afinar[4], atinar, despejar(se), desviar, dirigir (a algo/a alguien), disparar, errar, fallar, hacer, intentar, realizar
☐ Véase también: **disparo, impulso, lanzar, tiro.**

LANZAMIENTO Véase:
♦ **disparo, impulso, lanzamiento, tiro, tirón**
♦ **arrear, arrojar, arrojar, asestar, descargar, disparar, echar(se) (a), emprender(la) (a), endosar, lanzarse (a), propinar, proyectar, sacudir(se), soltar, tirarse, volcar(se)**
☐ Véase también: *GOLPE Y MOVIMIENTO IMPULSIVO.*

LANZAMIENTO
♦ (SUSTANTIVOS) Véase: **a bocajarro**[D], **a discreción**[D], **afinar**[A], **amortiguar**[A], **atinado**[E], **desbaratar**[G], **disuasorio**[H]
♦ (VERBOS) Véase: **a bocajarro**[A], **a bulto**[B], **a diestro y siniestro**[B], **a discreción**[A], **al vuelo**[B], **de cerca**[B]
☐ Véase también: GOLPE.

lanzar *v.* ▌En su sentido literal se combina con sustantivos que designan objetos físicos *(pelota, dardo, jabalina)*. En el sentido figurado se combina con sustantivos que designan obras o productos comerciales *(novela, marca, disco)*. En el sentido de 'dirigir (a alguien)', se combina con sustantivos que designan manifestaciones verbales muy diversas *(frase, sentencia, mensaje, pregunta, grito, respuesta)* y especialmente con...

A SUSTANTIVOS QUE DESIGNAN GESTOS, SEÑALES Y OTRAS MANIFESTACIONES QUE DAN A ENTENDER LO QUE SE DESEA EXPRESAR O TRANSMITIR: **1 mirada** ++: La gente se agazapaba para *lanzarle* miradas ya no de reproche, sino de odio. LHG290597 **2 señal** +: Malas señales *lanza* el imperio del norte. EXC130996 **3 indirecta** ++: La manifestación avanzaba entre gritos, pitidos, octavillas e indirectas *lanzadas* al aire. EME270694 **4 guiño** ++: ... –quizás temiendo lo peor– le *lanzó* un guiño a distancia, recordándole a modo de aviso que «exageras mucho». EME120294 **5 insinuación** +: ...se mostró muy crítico con la actitud de algunos de sus compañeros y *lanzó* insinuaciones sin querer personalizar en nadie. LVE120295

B SUSTANTIVOS VERBALES QUE DESIGNAN MANIFESTACIONES DE REPROBACIÓN, DENUNCIA O PROTESTA: **6 acusación** ++: ...se abstuvo de *lanzar* acusaciones, se negó revelar el monto de la fianza impuesta para cobrar libertad... EXC110796 **7 crítica** ++: En segundo lugar, las críticas *lanzadas* por militantes de grupos de reinsertados... ETC160494 **8 insulto** +: ...condenó enérgicamente los insultos *lanzados* por el jefe mirista... LTB100497 **9 improperio** +: El llanto, que hasta ese momento había sido silencioso, se hizo fuerte, se *lanzaron* improperios, se pidió justicia. ETC150497 **10 pulla**: ...conoció que incluso los generales aprovechaban cualquier evento interno para *lanzarle* pullas a la inteligencia militar. SEM241197

C SUSTANTIVOS QUE DESIGNAN MANIFESTACIONES VERBALES O GESTUALES DE AFECTO O DE CORTESÍA, ASÍ COMO OTRAS EXPRESIONES VALORATIVAS, IGUALMENTE AMABLES: **11 piropo** +: ...quienes cantaron a voz en cuello, *lanzaban* piropos y se acercaban con la intención de obtener un apretón de manos. ENH300697 **12 calificativo** +: ...el Presidente merece el mayor respeto, *lanzó* calificativos que no deberían caber en la mente ni en la lengua de un ciudadano... LTB100497 **13 beso** +: ...aplaudieron al gobernante durante varios minutos, y éste agradeció el gesto *lanzando* besos, incluso a sus detractores. ENH110198 **14 elogio**: Mi hermano no es muy emotivo, y de pronto comienza a *lanzarme* elogios a granel. DYM281096

D SUSTANTIVOS QUE DESIGNAN MANIFESTACIONES VERBALES DESTINADAS A LA EXPOSICIÓN DE IDEAS U OPINIONES: **15 proclama** +: ...no cesaba de *lanzar* proclamas político-religiosas para soliviantar a la mayoría chiíta de Iraq contra su gobierno. EUV120996 **16 discurso:** Subido a un dosel, les *lanzó* un discurso al corazón. EME190595 **17 declaración:** ...que sus propuestas no eran tomadas en serio, y que no era el momento de *lanzar* declaraciones amenazantes. CAP270397 **18 comunicado:** ...el Partido del Pueblo acaba de *lanzar* un comunicado con motivo de la transferencia política de Hong Kong a la madre patria o sea la China Popular. ESP020797 **19 manifiesto:** ...el manifiesto, *lanzado* a principios de noviembre, pide a las direcciones federales que respeten la autonomía... EPE281199

E SUSTANTIVOS QUE DENOTAN APELACIÓN O SOLICITUD: **20 llamamiento ++:** Lanzó un llamamiento para que la respuesta a la explosión demográfica pase por «la adopción, y no por el aborto»... DLA060997 **21 convocatoria:** Después de un largo precalentamiento, iniciado antes de *lanzarse* la convocatoria, muchos «cracks» están enfrentados... LTB111296 **22 llamada:** Entre los ciudadanos que han respondido a esta llamada *lanzada* por la asociación Mensajeros de la Paz... LVE030395 **23 llamado:** Lanzamos un llamado a las partes pidiendo reflexión, serenidad. PME131096 **24 petición:** ...un sociólogo inglés *lanza* una petición de testimonios sobre las consecuencias de la implantación del espacio Schengen para los ciudadanos. ABC150995

F SUSTANTIVOS QUE DESIGNAN DIVERSAS ACCIONES OFENSIVAS: **25 ataque ++:** ...los ataques *lanzados* por un nuevo movimiento guerrillero dejaron al descubierto que los demonios que perseguían al mandatario... DYM010996 **26 invasión ++:** ...declara cómo el Departamento de Estado planificó, coordinó y *lanzó* la invasión desde Honduras. PLG170997 **27 bombardeo +:** De confirmarse las versiones iraquíes, quedaría en entredicho el bombardeo *lanzado* por Estados Unidos el martes pasado contra instalaciones de defensa aérea en el sur de Iraq... DYM080996 **28 asalto +:** ...en el que estuvo secuestrado un industrial boliviano muerto durante un asalto *lanzado* por la Policía en diciembre de 1990. LTB130297 **29 campaña:** Coalición de aerolíneas *lanza* campaña nacional de protestas contra propuesto impuesto a pasajes. DLA090797 **30 ofensiva:** ...*lanza* nueva ofensiva con tres atentados y abandona tregua tácita. EUV031196 **31 operación:** ...y limitar su capacidad para *lanzar* operaciones ofensivas en la región del Golfo Pérsico. DYM040996

G EL SUSTANTIVO *IDEA* Y CON OTROS QUE DESIGNAN EL PROPÓSITO DE LLEVAR ALGO A CABO, GENERALMENTE DE MANERA ESTIPULADA U ORGANIZADA: **32 idea ++:** ...se caracterizó por su capacidad para *lanzar* ideas novedosas, propuestas originales y tesis desafiantes. ETC311096 **33 propuesta ++:** Por eso, no fue raro que *lanzara* propuestas como la de vender la Empresa de Telecomunicaciones... ETC070497 **34 iniciativa ++:** Otra de las iniciativas *lanzadas* por Alemania Federal es el dictar una ley que proteja los puestos de trabajo... HOY230287 **35 plan ++:** ...*lanza* un plan de viviendas para pobres. CLA090597 **36 proyecto +:** Varios periódicos *lanzarán* proyectos de Prensa electrónica masticados durante meses. EME030596 **37 programa +:** ...anunció la convocatoria de una serie de reuniones regionales para *lanzar* los programas nacionales de acción delineados en Estocolmo. EUV010996 **38 estrategia:** Este partido estaba forzado a buscar un nuevo capital político, a *lanzar* una estrategia innovadora para reconquistar al voto liberado. EXC220996

H SUSTANTIVOS QUE DENOTAN MANDATO O INSTRUCCIÓN: **39 consigna ++:** ...se encaminó a la parte frontal de ese inmueble para saludar a los perredistas que antes de comenzar el acto *lanzaron* consignas en su contra. DYM201297 **40 orden:** ...pero no son muchos quienes pasan a la acción *lanzando* órdenes de compra, porque creen que aún faltan muchas ruedas de alta volatilidad y prefieren esperar a mejores precios. CLA270199

I SUSTANTIVOS QUE DENOTAN AVISO, APERCIBIMIENTO O ADMONICIÓN, FRECUENTEMENTE CON INTENCIÓN INTIMIDATORIA O INCITADORA: **41 amenaza ++:** Y en alarde a ese influyentismo, el mencionado abogado (...), *lanzó* amenazas en contra de la escritora... EXC130996 **42 ultimátum ++:** A su vez, los comerciantes *lanzaron* su propio ultimátum al jefe de la Comuna, anunciando nuevas medidas... LHG141100 **43 aviso ++:** ...rastrea entre los historiadores españoles los avisos *lanzados* desde hace años sobre la necesidad... ABC310792 **44 advertencia ++:** Los países árabes ya han *lanzado* advertencias en ese sentido. CAR140497 **45 desafío +:** Era un desafío *lanzado* por Europa a la industria aeronáutica de los Estados Unidos... CLA110199 **46 reto +:** ...un reto *lanzado* a comienzos de temporada por el técnico... EME270596

▩ Se combina también con: ♦ **a bombo y platillo**[21], **a diestro y siniestro**[12], **a la desesperada**[5], **a la ligera**[28], **a los cuatro vientos**[24], **al vuelo**[16], **con efecto, con éxito**[50]

□ Véase también: **arrear, arrojar, asestar, disparar, echar(se) (a), endosar, lanzarse (a), propinar, proyectar, relanzar, sacudir(se), soltar, tirar, tirarse, volcar(se).**

lanzarse (a) *v.*

I En el sentido físico se combina con sustantivos que designan lugares *(calle, carretera, campo)*. La expresión *lanzarse a los brazos de alguien* se utiliza para designar la acción de aproximarse con presteza a alguien a quien se desea encontrar si produce gran alegría al hacerlo. En su sentido figurado este verbo se construye generalmente con infinitivos *(lanzarse a comprar)*. También se combina con...

A SUSTANTIVOS QUE DESIGNAN LA ACCIÓN DE PERSEGUIR O INTENTAR ENCONTRAR, ALCANZAR U OBTENER ALGUNA COSA: **1 búsqueda ++:** Les preocupan tanto estas fallas, sin atención por parte de las distintas administraciones municipales, que han decidido *lanzarse* a la búsqueda de la Alcaldía. ETC011287 **2 conquista ++:** ...los cinco integrantes de Republica se *lanzaron* a la conquista de los mercados del mundo. HOY100297 **3 caza +:** Desde que el año pasado Ankara se *lanzase* a la caza de Ocalan, éstos son los principales hitos que han conducido a su condena de muerte por un tribunal turco. EPE300699 **4 persecución:** Una escapada de nueve corredores (...) durante 81 kilómetros obligó a los equipos US Postal y ONCE a *lanzarse* a la persecución para anular la diferencia de más de diez minutos que llevaban los fugados. EPU120701 **5 compra:** Muchos serán quienes, por la experiencia, se *lancen* a comprar dólares. EXC011196 **6 captura:** Desde el principio, Corea del Sur acusó a su vecino de espionaje y se *lanzó* a la captura de los norcoreanos. LVE301296 **7 asalto:** En vez de eso, Martínez de nuevo se *lanza* al asalto de la marca de 243 victorias de Juan Marichal, el pítcher hispano más ganador de la historia. LPN010497 **8 abordaje:** ...se *lanzaban* al abordaje del vehículo en marcha desde cualquier peñón para robar la mercadería. HOY010997 **9 rescate:** Pero merece plácemes por *lanzarse* al rescate de México cuando ya no había tiempo de lograr la aprobación de una ley en el Congreso. LVE030295

B ALGUNOS SUSTANTIVOS QUE DESIGNAN SUCESOS O TRAYECTORIAS DE RESULTADO INCIERTO: **10 aventura ++:** No es fácil, a los 74 años, *lanzarse* a la aventura de formar un partido nuevo. EUV150996 **11 carrera +:** La mayoría de las operadoras de internet se han *lanzado* a una carrera de ofertas para captar clientes en el mercado del ADSL... LRE270103 **12 campaña:** Se *lanzó* con ánimo a una campaña electoral que habría de resultar agotadora. INDOC

C SUSTANTIVOS QUE DESIGNAN EL RESULTADO FELIZ DE ALGUNA EMPRESA, ASÍ COMO EL RECONOCIMIENTO QUE PUEDE ALCANZAR EL QUE LO OBTIENE: **13 fama ++:** Deriva de esa palabra griega que Arquímedes *lanzó* a la fama: ¡eureka! ¡Lo encontré! ¿El qué? La solución a un problema. ABC310395 **14 estrellato +:** Durante la prolongada investigación, casi cuatro meses, se *lanzan* al estrellato de la noticia dos personajes... PME090297 **15 éxito:** «How do you do», la última canción *lanzada* al éxito por las omnipresentes campañas publicitarias de servicios telefónicos, viene firmada por Sanlui. EPE221099

D SUSTANTIVOS QUE DENOTAN CONFRONTACIÓN O ENFRENTAMIENTO: **16 ataque ++:** ...sabiendo que Japón jugará retrasado y con prudencia defensiva, su equipo se *lanzará* a un ataque decidido... LVE210796 **17 lucha +:** Finalmente hizo un llamamiento a la rebelión y, con las voces de «Viva la independencia. Viva México y muera el mal gobierno», tomó como estandarte la imagen de la Virgen de Guadalupe y se *lanzó* a la lucha. EXC180996 **18 batalla:** Padres y profesores se han *lanzado* a la batalla para conseguir que estos especiales chavales –tienen entre 3 y 19 años– no sean distribuidos el curso que viene entre otros centros de la Comunidad de Madrid... EME050496 **19 cruzada:** El señor Equis y sus acólitos se *lanzaron* a la cruzada ilegal del GAL asesinando con dinero de todos los españoles a los terroristas... EME150895

▪ Se combina también con: ♦ **a fondo**[30], **a la desesperada, alocadamente, aventuradamente, ávidamente**[12], **de cabeza, decididamente**[22], **de lleno**[11], **en picado, en tromba, espectacularmente**

☐ Véase también: **echar(se) (a), embarcarse (en), empeñar(se), emprender, entregar(se), esforzarse, tirarse, volcar(se).**

lapidario ♦ **afirmación, comentario, frase, máxima, sentencia,** *otros sustantivos que designan manifestaciones verbales*

☐ Véase también: **lacónicamente.**

[lápiz] → **a lápiz**

lápiz ♦ **afilado, de grafito, de labios** ♦ **con** ♦ **punta (de)** ♦ **afilar, escribir (con), manejar, sacar punta (a), usar**

☐ Véase también: **a lápiz, escribir, instrumento.**

lapsus ♦ **desafortunado, momentáneo, pequeño, sin importancia** ♦ **cometer**[6], **deslizar(se)**[3], **disculpar, sufrir, tener**

largamente *adv.* ▮ En su sentido de 'con amplitud, con cierto margen o con cierta extensión' se combina con...

A VERBOS QUE DESIGNAN LA ACCIÓN DE SUPERAR O REBASAR ALGO: **1 superar:** No es menor el hecho de que la economía haya vuelto a crecer al 3 por ciento superando *largamente* la caída sufrida en 1995... BRE100197 **2 sobrepasar:** Pese a la buena disposición que muestran los voluntarios –que se excusan como si fuera culpa de ellos–, las dificultades los sobrepasan *largamente.* LNC240796 **3 ganar:** ...reapareció en Francia y ganó *largamente* en el hipódromo de Saint Cloud. EXP150492 **4 salir:** Lo hizo con «respeto» hacia la persona pero con firme discrepancia hacia sus ideas: «Creo que se ha salido *largamente* del circuito de la lógica para entrar en el del absurdo». EME180996 **5 desbordar:** ...jamás pudo asimilar el hecho de haber convertido Nirvana en un fenómeno comercial que desbordaba *largamente* cualquiera de sus expectativas anteriores. LVE170996 **6 exceder +:** ...le confirió responsabilidades que hacen a la confiabilidad y eficiencia del sistema y que, naturalmente, exceden *largamente* el aporte de buenas estadísticas. BRE150897

B VERBOS QUE DENOTAN INCREMENTO DE ALGUNA MAGNITUD: **7 incrementar:** El uso abusivo de sustancias estupefacientes ilícitas se ha visto *largamente* incrementado según los estudios... EOU210696 **8 ampliar:** El nuevo diccionario en CD-ROM amplía *largamente* las posibilidades de consulta. LVE011095 **9 duplicar:** Así, se ha duplicado *largamente* la cifra en el plazo de siete años. LVE220795 **10 mejorar:** ...en la UAB se consigue una mejora *largamente* reivindicada desde el rectorado de la UAB. LVE050995 **11 aumentar:** Habría aumentado *largamente* la producción de la fábrica. INDOC

▮ En su sentido de 'durante mucho tiempo' se combina con verbos que designan estados *(permanecer, residir, vivir)* y actividades que se caracterizan por no tener fin natural *(gobernar, dirigir)*, especialmente con...

C VERBOS QUE DENOTAN ANHELO O DESEO VEHEMENTE DE ALGO, ASÍ COMO EL EMPEÑO QUE SE PONE EN OBTENERLO: **12 desear ++:** El PP puede caer en la tentación de disfrutar de una victoria *largamente* deseada y cruzarse de brazos a dormir la siesta española... EME270296 **13 esperar ++:** Boca disfruta con el sabor del título *largamente* esperado. CLA270199 **14 acariciar ++:** Esto es un sueño *largamente* acariciado y tuve la suerte de que llegara rápido. CAR120597 **15 buscar ++:** Este cuadro insinúa un cambio *largamente* buscado. DHE100297 **16 perseguir +:** ...cerrar una de las operaciones más ambiciosas y *largamente* perseguidas por las autoridades culturales... LVE140695 **17 anhelar:** Menem indicó que la «hidrovía es una obra *largamente* anhelada en la región fluvial y marítima del Mercosur»... CLA120297 **18 aspirar:** Luego aspiraremos *largamente* su perfume, que es embriagador. LVE091095

D VERBOS QUE DENOTAN DEMANDA O PETICIÓN: **19 reivindicar ++:** A cambio de la cesión de la titularidad de la urbanización, *largamente* reivindicada por los vecinos, la zona deportiva y 40 parcelas serán públicas. LVE100596 **20 reclamar +:** La convocatoria (...) puede convertirse en un paso alentador hacia el *largamente* reclamado e injustificadamente demorado fortalecimiento de la producción científica argentina. CLA070397 **21 solicitar:** Cabanillas dijo que con ello se cumple un objetivo «justo y *largamente* solicitado durante años». ENC280499

E VERBOS DE LENGUA, MÁS FRECUENTEMENTE SI DESIGNAN INTERCAMBIO DE OPINIONES O PUNTOS DE VISTA: **22 conversar ++:** Durante su permanencia, conversó *largamente* con el presidente Caldera y tuvo la oportunidad de conocer los distintos espacios... ENV010796 **23 hablar +:** Como usa la modalidad de «nosotros» es difícil saber si se refiere a «nosotros los cubanos» o a sí mismo cuando habla *largamente* de que «sobreviviremos a nuestra muerte, y nuestros ideales vivirán por siempre». BRE241097 **24 dialogar +:** En opinión de varios ex rehenes que dialogaron *largamente* con el jefe del comando... LVE281296 **25 debatir:** Ningún dirigente de la UDI estaría dispuesto a admitirlo en público, pero el problema ha sido debatido *largamente.* HOY061097 **26 comentar:** Un cambio que se había comentado *largamente* en los corrillos en la semana pasada, pero que tardaba en concretarse, se confirmó en la víspera. LNP040297 **27 departir:** ...Miljan Miljanic, quien saludó a Brnovic y Bogdanovic y departió *largamente* con Camacho. LVE010596 **28 platicar:** Cuando visitamos a Mario, platicamos *largamente.* LHG280297

F VERBOS DE PENSAMIENTO O JUICIO: **29 reflexionar ++:** Sé que reflexionó *largamente* y con ardor y eso le pareció lo mejor... DYM170796 **30 meditar ++:** Tuvo ocasión de meditar *largamente* antes de decir sí. LTB090297 **31 pensar ++:** Largamente pensado (porque el futuro sólo se piensa), el futuro se va volviendo territorio presente, horario nuevo, calidad a estrenar. EPE020499 **32 planear:** La misma entrevista con Reforma, «*largamente* planeada a través de varias aproximaciones, según reconoce el propio diario», es parte de «algo que está cuidadosamente preparado...». PME020297 **33 cuestionar:** La utilidad de ese ser que jura no roncar tras haber regalado a su compañera de cama el más gutural de los conciertos ha sido *largamente* cuestionada. LVE140596

G ALGUNOS VERBOS QUE DESIGNAN LA ACCIÓN DE VINCULAR LA REALIZACIÓN DE ALGO A ALGUNA SITUACIÓN POSTERIOR: **34 prometer +:** ...trata de utilizar la vía presupuestaria para aprobar una reforma estructural *largamente* prometida, para rebajar los precios en las profesiones liberales. LVE300995 **35 anunciar +:** La ratificación de un triunfo *largamente* anunciado fue, probablemente, el desencadenante de la actitud a todas luces medida de los dirigentes convocados en el bunker radical. LNA290692 **36 aplazar +:** ...temporalmente paralizado por la falta de fondos de su productor inicial, y que luego, en su *largamente* aplazado estreno, ha merecido una gran acogida... LVE281296 **37 postergar:** Para el Perú esto es motivo de satisfacción y propicia una legítima esperanza en que se arribe a definiciones *largamente* postergadas. CAP180196

H VERBOS QUE DENOTAN LA ACCIÓN DE MANIFESTAR APROBACIÓN DE ALGO, GENERALMENTE SONORA: **38 ovacionar +:** Los ocho fueron *largamente* ovacionados por el público. LPA110592 **39 aplaudir +:** Sin embargo, Cardoso fue *largamente* aplaudido por los legisladores. EOU060597 **40 aclamar:** En la alusión a la victoria de Joaquim Molins, que fue *largamente* aclamado, y al final del discurso de Joaquim Ferrer... LVE110396

largar ▮ *(hablar, decir)* ♦ **a base de bien, de lo lindo**[21] ♦ **contestación, discurso, perorata, rapapolvo, sermón,** *otros sustantivos que designan manifestaciones verbales*
▮ *(aflojar)* ♦ **amarra, cabo, cuerda, soga**
▮ *(asestar)* ♦ **bofetada, guantazo, puntapié,** *otros sustantivos que designan golpes*
☐ Véase también: **soltar**.

[largo] → **de largo, de tiros largos, largo y tendido**

largo ♦ **como un día sin pan**

largo y tendido ♦ **charlar, conversar, hablar,** *otros verbos de lengua*

lástima ♦ **dar, despertar**[42]**, inspirar**[16]**, merecer, sentir**[33]**, tener**
☐ Véase también: **pena, tristeza**.

lastimero *adj.* ▮ Admite sustantivos que designan diversos tipos de textos y manifestaciones verbales *(palabras, discurso, relato, mensaje, anuncio)*, pero se combina más frecuentemente con...

A SUSTANTIVOS QUE DESIGNAN SONIDOS, Y EN PARTICULAR LA VOZ HUMANA, ASÍ COMO ALGUNAS DE SUS CARACTERÍSTICAS FÍSICAS O LA FORMA EN QUE SE MANIFIESTAN: **1 voz ++:** De hecho, afirma con voz *lastimera* que si pudiera se vendría... ESH120597 **2 tono ++:** ...gritaba en tono *lastimero* «¡qué bonito!»... EME070996 **3 sonido ++:** El sonido *lastimero* de la campana se podía oír en todo el pueblo. INDOC **4 acento:** ...hablaba con *lastimero* acento de «la campaña de los desaparecidos». HOY071287 **5 entonación:** ...ésa es la motivación, la raíz anímica de esa entonación flamenca y *lastimera* que es la minera... ABC110895 **6 sonsonete:** ...no abusó de ese sonsonete *lastimero* marca de la casa... LVE220996 **7 murmullo:** Andaba con paso y porte filosófico por un sendero apartado cuando hasta mí llegó un murmullo *lastimero* procedente de unos arbustos. LVE220896 **8 eco:** ...de repente cruje el eco *lastimero* de su ralea gitana... ABC230695 **9 mascullación –:** Sólo son *lastimeras* mascullaciones de eunucos intelectuales. EXC180996

B SUSTANTIVOS QUE DENOTAN EXPRESIÓN DE QUEJA O DE AFLICCIÓN: **10 queja +:** ...cuando deben justificar derrotas olímpicas recurren a la protesta individual o a las quejas *lastimeras...* HOY301296 **11 protesta:** «Al final, después de protestas más *lastimeras* que contundentes... EPE220899 **12 quejido:** ...lanza un quejido *lastimero*, como el de los perros cuando están tristes. EPE030499 **13 gemido:** Sonaba como un gemido *lastimero* que penetraba hasta el alma. INDOC **14 llanto:** ...esta mujer tiene una voz magnífica, con la fuerza necesaria para impedir que la melancolía que destila la guitarra portuguesa (...) se le vuelva llanto *lastimero.* EME030195 **15 grito:** ...de la novela de Buruma quedará un sabor inconfundible, como el grito *lastimero* del ibis negro que Ranji asociaba a su adolescencia... ABC130893 **16 planto –:** ...los profesionales rehúyen el planto *lastimero* y proponen caminos de combate. EME270394 **17 ay:** ...escuchar de por vida los ayes *lastimeros* de estos dos jóvenes... EME260395

C SUSTANTIVOS QUE DESIGNAN VOCES CARACTERÍSTICAS DE ANIMALES: **18 rugido:** ...el olor a gato, el *lastimero* rugido del león viejo... HOY080997 **19 aullido:** Los chacales suelen emitir un aullido agudo, persistente y *lastimero.* INDOC **20 ladrar:** Fico tiene un ladrar muy despierto y voluntarioso aunque un poquito *lastimero*... EME210896 **21 maullar:** ...al estridente canto del grillo y al *lastimero* maullar del gato. HOY200197

D SUSTANTIVOS QUE DENOTAN GESTO O EXPRESIÓN FACIAL: **22 mirada:** ...va más lejos, más allá de la autopunición, del dolor físico y del echarse a morir ante la mirada *lastimera* de los demás. CAP160496 **23 mueca:** ...una misma cátedra de la mendicidad, con muecas y ademanes *lastimeros*... EPE181299 **24 sonrisa:** «Han hablado de algo que se me atribuye: el pragmatismo» –añadió González con una media sonrisa *lastimera*–. EME140295 **25 expresión:** Percibí en sus ojos una expresión *lastimera* que hostigó mi creciente aversión... EPE180899 **26 ademán –:** ...ademanes *lastimeros* estudiados por generaciones de pordioseros... EPE181299

E SUSTANTIVOS QUE DENOTAN ASPECTO, CARACTERÍSTICA O APARIENCIA: **27 apariencia:** El hombrecillo, de apariencia anodina y casi *lastimera*... EME050495 **28 aspecto:** ...con buen humor su talento y su aspecto algo *lastimero*... EME250796 **29 imagen:** ...con esa *lastimera* imagen de niño dickensiano... EPE070199 **30 estilo –:** ...un colofón del peor y más *lastimero* estilo... EPE090399

F SUSTANTIVOS QUE DESIGNAN LA MÚSICA O ALGUNAS DE SUS MANIFESTACIONES O SUS ELEMENTOS CONSTITUTIVOS: **31 música:** Música vasodilatadora del ánimo, terca, *lastimera* o aliñada con aullidos... EME230696 **32 canto:** ...es un canto *lastimero* a la desidia... EME061096 **33 compás:** ...es difícil que lleguen a nuestros oídos los compases *lastimeros* y de entrega de aquel dulce bolero... LVE011296 **34 nota:** ...Tete arrancó *lastimeras* notas de su Stenwai para interpretar en solitario uno de sus grandes clásicos... EME110396

G OTROS SUSTANTIVOS; POSIBLES USOS ESTILÍSTICOS: Contradicción flagrante e ironía *lastimera*... PME201096; ...esa pereza *lastimera* que te invade cuando ocupas tu localidad... EME160595; ...una predisposición *lastimera* que poco tiene que ver con la comedia... EPE271299

lastre ♦ **abrumador[53], amenazador, engorroso, grave, gravoso, heredado, innecesario, insoportable, ligero, llevadero, penoso, pesado, serio, sobrante** ♦ **acarrear, aligerar[4], aliviar, cargar, constituir, descargar, desembarazarse (de), liberar(se) (de), librar(se) (de)[1], representar, sobrar, soltar, soportar**

☐ Véase también: **carga.**

latente ♦ **agresividad, ambición, amenaza, antiamericanismo, anticomunismo, aspiración, cautela, conflictividad, conflicto, contenido, contradicción, crisis, debate, desconcierto, desconfianza, deseo, disputa, división, duda, emoción, estado, fascismo, fuerza, guerra, hostilidad, impulso, incertidumbre, inclinación, indignación, inseguridad, lucha, malestar, miedo, misterio, nazismo, nerviosismo, odio, optimismo, pasión, peligro, pesimismo, plusvalía, pregunta, preocupación, presencia, problema, racismo, recelo, recesión, recuerdo, rencor, riesgo, sensación, sentimiento, sospecha, temor, tendencia, tensión, tentación, vida, violencia, virus,** *otros sustantivos que designan sentimientos e inclinaciones*

lateralmente ♦ **chocar, colisionar, embestir, empotrarse, golpear(se), impactar**

☐ Véase también: **frontalmente.**

látigo ♦ **cruel, implacable[60], inmisericorde** ♦ **bajo, con** ♦ **trallazo (de)** ♦ **aguantar, aplicar, azotar (con), blandir, castigar (con), chasquear, librar(se) (de), restallar, sentir (en las propias carnes), silbar, sufrir, usar**

☐ Véase también: **instrumento.**

lato ♦ **concepto, sentido**

laurel ♦ **alcanzar, coronar (de), cosechar[19], dormirse (en), gozar (de)[44], lograr, recibir, reverdecer[5]**

☐ Véase también: **éxito, triunfo, trofeo.**

lavado ♦ **a mano, a máquina, automático, de cara, de cerebro, en seco, integral[2]**

☐ Véase también: **lavar, limpieza.**

lavar *v.* ▮ En su sentido literal se combina con sustantivos que designan personas *(lavar a un niño)* y múltiples seres materiales *(lavar el coche, el suelo, los platos, una silla)*, frecuentemente partes del cuerpo *(mano, cara)*, prendas *(camisa, pañuelo)* y alimentos *(fruta, pescado)*, pero también otras muchas materias y objetos sólidos. En su sentido figurado se combina con algunos sustantivos que designan magnitudes económicas *(dinero negro, deuda, cheque)*. Forma las locuciones verbales *lavar el cerebro (a alguien)* ('forzar indebidamente cambios radicales en su manera de pensar'), *lavar la cara* ('adecentar'), *lavarse las manos* ('desentenderse') y *lavar los trapos sucios* ('solucionar cuestiones personales, preferiblemente en privado'). También se combina con...

A SUSTANTIVOS QUE DESIGNAN LA SUCIEDAD, FÍSICA O INMATERIAL, ASÍ COMO ALGUNAS DE SUS CAUSAS Y SUS EFECTOS: **1 suciedad ++:** Pareciera que prefieren *lavar* la suciedad en las cuatro paredes de su tienda partidista. LTB310397 **2 mancha +:** ...pretenden *lavar* la mancha pero difícilmente sacarán el sucio que comienza a salpicar por diferentes instancias del Estado. CAP290896 **3 sangre +:** El agua de los siete mares no llega a *lavar* la sangre de las manos de un asesino... ESH310197 **4 mugre +:** Y el PSOE tiene que *lavarse* a fondo sus manchas de mugre, de soborno y de sangre. EME100496 **5 mierda:** Continuar con la mierda, o *lavarnos* de ella. EME060196

B SUSTANTIVOS QUE DESIGNAN CARACTERÍSTICAS QUE DETERMINAN LA CONSIDERACIÓN PÚBLICA QUE SE TIENE DE LAS PERSONAS, MÁS FRECUENTEMENTE SI ALUDEN A SU PRESTIGIO, SU DIGNIDAD O A SU PRESENCIA ENTRE LOS DEMÁS: **6 honor ++:** Vittorio peleará con un compañero de la escuela tratando de salvar y *lavar* el honor de su madre... ABC180992 **7 honra ++:** Casi todos coinciden en que la victoria de Delaware servirá tan solo para *lavar* la honra de Forbes... EME260296 **8 nombre ++:** Hacemos un llamamiento para que en las próximas dos semanas estas personas intenten *lavar* su nombre ante nosotros. EME080196 **9 imagen +:** Rominger está empeñado en *lavar* su imagen de hombre arisco ante los medios de comunicación. EME080795 **10 reputación +:** Mucho tendrá que sudar a partir de ahora el actor británico para *lavar* su reputación venida a menos. EME280695

C ALGUNOS SUSTANTIVOS QUE EXPRESAN, A MENUDO POR DESIGNACIÓN METONÍMICA, FACULTADES O CAPACIDADES HUMANAS QUE SE CONSIDERAN ÍNTIMAS O ESENCIALES, MÁS FRECUENTEMENTE SI SE RELACIONAN CON LA MORAL O LOS SENTIMIENTOS: **11 conciencia ++:** ...quienes se rehabilitan verdaderamente son los vivos, que (...) se *lavan* la conciencia y se la *lavan* a la sociedad en que viven. EPE220799 **12 corazón:** ...«La nave zarpó como ley en medio de una tormenta que *lavó* ojos y corazones, rompió cadenas y desató un arma poderosa: imaginación». EME030195 **13 alma:** ...los norteamericanos y los europeos venimos a *lavar* nuestras almas... CAP051296 **14 mirada –:** Después, tratamos de *lavar* nuestra mirada de lectores y pensamos en otros ratones, en otros escritores. LVE280696

D SUSTANTIVOS QUE DESIGNAN DIVERSAS ACTUACIONES ILÍCITAS O DESHONESTAS: **15 corrupción:** González *lavó* la corrupción en las urnas... EME221195 **16 delito:** ...se abrió un plazo para que todos los particulares (...) tuvieran la oportunidad de *lavar* su delito de cohecho. EME020796 **17 pecado:** ...el bautismo de votos del domingo *lavará* el pecado original de Fujimori al volver a la senda de la constitucionalidad. LVE110495 **18 abuso:** Consideran que las urnas *lavaron* los abusos y la corrupción... EME160396

E SUSTANTIVOS QUE DESIGNAN EL RESULTADO DE UN DAÑO FÍSICO O INMATERIAL. TAMBIÉN CON OTROS QUE EXPRESAN LA RESPONSABILIDAD CONTRAÍDA POR ALGUNA ACCIÓN INCONVENIENTE: **19 herida:** Tras una picadura, lo primero es *lavar* la herida con agua oxigenada... EPE160899 **20 lesión:** Como tratamiento aconseja retirar los pelos urticantes mediante una tira de esparadrapo, *lavar* las lesiones y aplicar un antiséptico. EPE010887 **21 afrenta +:** Se trataba de *lavar* la afrenta contra Salman Rushdie, vaca sagrada de la elite germana... EME280995 **22 ofensa +:** ...he decidido ofrecerles en desagravio este corolario de matizaciones aclaratorias con la esperanza de que tengan la virtud de *lavar*, al menos en parte, la ofensa producida. EME200195 **23 falta:** Los infractores con sutileza e ingenio consiguieron *lavar* sus faltas. INDOC **24 culpa +:** Pero la excusa no hace sino agravar lo sucedido: en lugar de *lavar* la culpa, la extiende. EME190694

■ Se combina también con: ♦ **a fondo**[42], **a mano, a máquina, en seco**

☐ Véase también: **adecentar, limpiar.**

laxo *adj.* ▮ En su sentido físico se combina con sustantivos que designan diversos objetos, especialmente si sirven para unir algo *(ligamento, lazo)*. En su sentido figurado se combina con sustantivos individuales y colectivos que designan personas, más frecuentemente si ejercen alguna autoridad *(gobierno, juez, árbitro, alcalde)*. Además se combina con...

A SUSTANTIVOS QUE DENOTAN NORMA O MEDIDA. TAMBIÉN CON OTROS QUE DESIGNAN LA CONDICIÓN A LA QUE DEBE AJUSTARSE ALGO: **1 norma ++:** ...ha convertido esta norma en mucho más *laxa* al excluir de la misma la obligatoriedad de que las administraciones públicas... LVE091195 **2 normativa +:** Sin embargo, como denuncia la OCU, esta normativa es lo bastante *laxa* e imprecisa como para permitir productos de baja calidad. EME140494 **3 disciplina +:** Una disciplina *laxa* y cambiante también es una característica de su infancia o adolescencia, añade De la Gándara. LRE090103 **4 exigencia:** ...las exigencias podrán ser más *laxas* que para los jardines de infancia, porque no cumplen el mismo cometido... LVE300895 **5 ley:** La tan denostada ley de Extranjería es relativamente *laxa* en la aplicación de las expulsiones. LVE160896 **6 medida:** ...para poner coto a medidas *laxas* o duras en política impositiva. EXC120197 **7 plazo:** Maastricht, reformado o no, con unos plazos más rígidos o más *laxos* es el futuro estratégico de España y de toda Europa. EME120496

B OTROS SUSTANTIVOS QUE DESIGNAN DIVERSAS DIRECTRICES O PAUTAS DE COMPORTAMIENTO DE CARÁCTER INDIVIDUAL O SOCIAL: **8 política +:** ...mantener una mayor reducción en las tasas de interés a través de una política monetaria relativamente *laxa*. ETC030297 **9 criterio +:** Sin embargo, este acuerdo, incluso según los *laxos* criterios que rigen el control internacional de armamentos, parece insostenible. EME091295 **10 plan:** La hipótesis de hacer más *laxos* los planes de estabilidad (es decir, incrementos del déficit público hasta el 3% del PIB)... EPE210299

C SUSTANTIVOS DENOMINATIVOS. TAMBIÉN CON OTROS QUE DESIGNAN EL SIGNIFICADO QUE SE OTORGA A ALGO: **11 interpretación ++:** Considera que la juez ha hecho «una interpretación abusiva y muy *laxa* de la presunción de inocencia». EPE281001 **12 sentido +:** ...y la formación de un bloque social e ideológico –en el sentido más *laxo* de la palabra– que aseguren la futura victoria electoral... EPE281099 **13 acepción:** Un tiempo quieto o apaciguado en la acepción más amplia y *laxa*, en el sentido más átono, más inmóvil y privado de complejidad. EPE240699 **14 término:** ...una cosa es hablar en términos de militancia estricta y otra en términos más *laxos* o amplios de pensamiento y de moral. LVE130695

D SUSTANTIVOS QUE DENOTAN CONDUCTA O COMPORTAMIENTO. TAMBIÉN CON OTROS QUE SIGNIFICAN ACTITUD O CÓDIGO DE NATURALEZA ÉTICA: **15 conciencia +:** No habrás de decirme que andas con escrúpulos en esta nación de tan *laxa* conciencia como ancha manga... EME220696 **16 moral +:** ...no se enfrenta a la cada vez más *laxa* moral social, sino que entra de lleno en el Código Penal y vulnera el respeto deseable que las personas nos debemos los unos a las otras. LVE201295 **17 moralidad:** ...si estaba o no justificado según su *laxa* moralidad de anciano inteligente. EME090396 **18 actitud +:** Sin embargo, agentes destinados en la frontera estiman que esta actitud *laxa* está enviando un mensaje equivocado a los países de Centroamérica... EPE100299 **19 comportamiento +:** ...no ha abandonado el vicio de crear grandes expectativas de austeridad, para luego defraudarlas con un comportamiento *laxo*... LVE080195

E SUSTANTIVOS QUE DESIGNAN DIVERSOS MODOS DE GESTIÓN O GOBIERNO EJERCIDOS POR ALGUNA AUTO

RIDAD: **20 control +:** Las fronteras exteriores de los aeropuertos tendrán tres vías de entrada: países contratantes, es decir, sin controles; miembros de la UE no contratantes, con controles *laxos*; y terceros países, con los filtros habituales hasta ahora. LVE210395 **21 administración:** Hay que añadir una más que *laxa* administración local y algún que otro alcalde que da sin muchos miramientos pistola y uniforme a delincuentes. EPE160399 **22 regulación:** ...en buena parte, en situaciones de escasa competencia, de muy *laxa* regulación, cuando no de corrupción... EPE290900 **23 supervisión:** Una supervisión bancaria *laxa* (cuando son los banqueros los que colocan a un superintendente a su medida)... CAP030797 **24 organización:** ...porque cuanto más *laxa* y menos burocrática sea la organización de estos encuentros, mejor salen. EME090294

☐ Véase también: **flexible**.

lazo ♦ amistoso, de amistad, de sangre, estrecho[32], eterno, familiar, firme, fraternal, fuerte, holgado, indisoluble, inquebrantable[37], íntimo, intrincado, perdurable, profesional, sólido, tirante, tradicional ♦ afianzar(se)[33], aflojar, anudar, apretar, atar, conservar[59], cortar[3], crear, desatar, deshacer, entablar, establecer[17], estrechar[28], fortalecer(se)[7], hacer, mantener, perdurar, quebrar, romper, soltar, tejer, tender, tensar, trabar[2], unir

☐ Véase también: **atadura, nexo, nudo (de), relación, unión, vínculo**.

lealmente *adv.* ▮ Se combina con...

A VERBOS QUE DENOTAN APOYO, APORTACIÓN O ADHESIÓN. TAMBIÉN CON ALGUNOS QUE DESIGNAN OTRAS ACCIONES QUE EXPRESAN INCLINACIÓN O PREDISPOSICIÓN FAVORABLE HACIA ALGUIEN O ALGO: **1 colaborar ++:** También al reiterar que el PSOE colaborará *lealmente* en la lucha contra la banda terrorista ETA... EPE180900 **2 apoyar +:** Su poderosa tribu de los Dulami, musulmanes suníes que, hasta hace poco, habían apoyado *lealmente* al régimen... LVE160695 **3 cooperar:** Afrontaremos más batallas sin armas (...) aunque no las abandonaremos completamente, y cooperaremos *lealmente* con la OTAN... EPE190699 **4 ayudar:** ...que, incluso, gente de buena voluntad como nosotros, que les hemos ayudado *lealmente*, nos replanteamos el apoyo porque no sabíamos lo que iba a pasar en el futuro. LVE161195 **5 secundar:** ...deben estar dispuestos a secundar *lealmente*, incluso en el plano financiero, las decisiones mayoritarias, aunque voten en contra. LVE180795 **6 defender:** «El Gobierno funciona con un programa y hasta ahora el partido de Cossutta lo ha defendido *lealmente*», dijo... EPE131099 **7 contribuir:** Mientras tanto, habrán contribuido *lealmente* a enfrentar la crisis, y esto es lo que urge. LTB130901 **8 suscribir:** Es necesario un pacto *lealmente* suscrito y de vigencia indefinida que excepcione las cuestiones relativas... EPE290199 **9 seguir:** Hassan siguió *lealmente* la política de los Estados Unidos, y eso, según todos los indicios, le convierte en un pacificador, un moderado, un amigo de Occidente. EPE050899 **10 adherirse:** ...alejaría del nombre del socialismo con disgusto a los que *lealmente* se han adherido a él. EPE010489

B VERBOS QUE DENOTAN SEGUIMIENTO U OBSERVACIÓN DE UNA NORMA O UN PRECEPTO: **11 cumplir ++:** ...Frechette cumplió *lealmente* las directrices presidenciales, que iban desde promover el respeto por los derechos humanos... EPC181197 **12 respetar +:** ...aunque respeten *lealmente* el acuerdo que, ajustado con realismo a la capacidad objetiva de solución de los problemas, eventualmente pudiera suscribirse. EPE061077 **13 observar:** Nuestro deber como diputados es observar *lealmente* las normas de la Cámara. INDOC **14 aceptar:** ...y partidos como ese mal llamado Grupo Liberal Independiente aceptan *lealmente* las reglas del juego democrático. LVE110695

C EL VERBO *ACTUAR* Y CON OTROS QUE DENOTAN MODO DE ACTUAR O DE COMPORTARSE: **15 portarse:** O sea, que me porté *lealmente* con él por razones institucionales y por razones personales... EME241196 **16 comportarse:** Yo me comportaré siempre *lealmente*. Ese es mi propósito. EME090995 **17 actuar:** ...está actuando *lealmente*, equivocadamente, pero de buena fe, convencido de que es la estrategia correcta. EOU170996 **18 competir +:** «Los fabricantes norteamericanos de papel y carretes fotográficos deben poder competir *lealmente* en el mercado japonés, tal y como lo pueden hacer aquí (en EE. UU.) los japoneses». EME040795

D VERBOS QUE DESIGNAN LA PRESTACIÓN DE UN SERVICIO. TAMBIÉN CON OTROS QUE DESIGNAN LA ACCIÓN DE CUIDAR, VIGILAR O PROTEGER LAS PERSONAS O LAS COSAS: **19 servir ++:** La «zanahoria» fue entregar el timón político a un viejo político que le había servido *lealmente* como embajador en Buenos Aires... HOY281283 **20 atender:** Sirvió de poco el que hubiera atendido *lealmente* a su señor a lo largo de tanto tiempo. INDOC **21 mantener:** ¿Cómo mantener *lealmente* las instituciones que estaban en oposición explícita y cruel a las del pasado? LVE070295 **22 cuidar:** Había cuidado *lealmente* del Sr. Marqués durante más de treinta años. INDOC **23 conservar:** Y el espantapájaros se refugió en el vestíbulo de la casa de la calle Suipacha, donde el poeta lo conservó *lealmente* durante toda su vida. ABC181194 **24 preservar:** ...una de sus citas inscrita a la entrada de la Opera reflejaría el estado actual de la histórica ciudad: «Preservar *lealmente* lo viejo y aceptar cordialmente lo nuevo». LVE130295

☐ Véase también: **deportivamente, lealtad, limpiamente**.

lealtad ♦ absoluto, ciego[11], devoto, eterno, férreo[112], ferviente, firme, incondicional[24], inquebrantable[4], sin reservas[49], total ♦ demostración (de)[23], muestra (de) ♦ conquistar, conservar[57], demostrar, faltar (a)[12], granjearse, guardar[52], jurar[16], profesar[59], quebrantar, quebrar(se)[34], romper, tener, tributar

☐ Véase también: **fidelidad, lealmente**.

lección ♦ aleccionador[24], amargo[66], arduo, difícil, ilustrativo, impagable[17], inestimable, magistral, merecido, provechoso, sabio, útil, valioso ♦ aprender, aprovechar, asimilar, caer en saco roto[3], dar[273], dictar, examinarse (de), extraer (de algo), impartir, merecer, obtener (de algo), olvidar, recibir, recitar, repetir, saber(se), tener aprendido

☐ Véase también: **enseñanza**.

leche ♦ adulterar, aguar, beber, cortar(se), cuajar(se), derramar(se), embotellar, tomar, verter(se)

[lechuga] → como una lechuga

lector ♦ aficionado, agudo, apasionado, apresurado, asiduo[18], atento, aventajado, avezado, ávido, avisado, benevolente, cómplice, compulsivo, concienzudo, confeso, convencional, cuidadoso, culto, curioso, desapasionado, empedernido[18], especializado, exigente, fervoroso[31], formado, habitual, impenitente, incansable, infatigable, iniciado, inteligente, interesado, medio, ocasional, perspicaz, prevenido, voraz ♦ clave (para) ♦ acercar(se) (a), advertir, arrastrar, asistir, asomarse, atraer, conducir, desorientar, desplegar (ante), desvelar, estimular, experimentar, familiarizar, guiar, introducir(se), invitar (a), llamar la atención (de), llevar, llevar de la mano, orientar, privar, provocar (en), sorprender, trasladar
☐ Véase también: **lectura, libro.**

lectura ♦ aficionado (a), aleccionador, ameno, analítico[6], apasionado, apasionante, apresurado, arduo[50], atento, atinado[43], ávido, avieso[18], comprensivo, compulsivo, concienzudo, con lupa, crítico, de pasada, desapasionado, descarnado[15], detenido, difícil, en profundidad, entre líneas[38], exhaustivo[6], fácil, ferviente, fiel, fluido, frío, gustoso, literal[8], mecánico, meditado, metódico, minucioso[5], pausado, personal, por encima, profundo, provechoso, riguroso, sesgado[2], silencioso, sistemático, somero[39], sosegado, superficial ♦ acometer[34], adentrarse (en)[7], animar (a), cultivar, dar[85,257], detener, enfrascarse (en)[24], fomentar, hacer, incitar (a), interrumpir, merecer, potenciar, promover, realizar, recomendar, zambullir(se) (en)[3]
☐ Véase también: **análisis, interpretación, lector, leer, libro.**

leer ♦ a coro[28], a duras penas, a la ligera[35], al pie de la letra[4], atentamente[14], a trompicones, atropelladamente[3], ávidamente[19], compulsivamente, con atención, con cautela[30], concienzudamente[12], con detalle[15], con dificultad, con facilidad, con fluidez, con fruición[1], con interés[3], con lupa, de arriba abajo, debidamente[52], de cabo a rabo, de carrerilla[3], de cerca[9], de corrido, de lejos, de pasada[16], de refilón[26], de un tirón[16], en alto, entrecortadamente, entre líneas[1], en voz {alta/baja}, febrilmente[14], ininterrumpidamente, mecánicamente, pausadamente, plácidamente[58], por encima, vorazmente[3] ♦ dar (a)[6]
☐ Véase también: **descifrar, interpretar, leer (en).**

leer (en) ♦ labio, libro, mano, mirada, ojo, periódico, rostro, texto, *otros sustantivos que designan textos*
☐ Véase también: **leer.**

legado ♦ cargar (con)[17], dar, dejar (en herencia), hacer, recibir
☐ Véase también: **herencia.**

LEGADO
♦ (SUSTANTIVOS) Véase: **abdicar (de)[G], abolir[F], acendrado[D], afianzar(se)[K], alimentar[H], amoldar(se) (a)[I], alimentar(se) (de)[B], ancestral[A,B], anclar[A], apegarse (a)[B], ápice (de)[M], arraigado[A], atenerse (a)[M], bucear (en)[A], cargar (con)[C], cimentar[G], conservar[C], cortar (con)[B], desenterrar[B], desmontar[E], desmoronar(se)[E], desterrar[A], extinguir(se)[C], fecundo[H], forjar[H], fraguar(se)[L], honrar[A], infringir[G], manido[A], milagrero[B], profanar[D], revivir[B], rezumar[H], saltarse[H], subvertir[D], transgredir[D], truncar(se)[H], vencer[G], vivo[H]**
☐ Véase también: COSTUMBRE; USO.

legajo (de) ♦ documento, papel

legal ♦ absolutamente, dudosamente, enteramente, escrupulosamente[48], estrictamente, parcialmente, totalmente

legalidad ♦ acorde (con), estricto, vigente[3] ♦ al borde (de), al filo (de)[19], con arreglo (a)[3], de acuerdo (con) ♦ ataque (a), observancia (de), respeto (a) ♦ ajustar(se) (a), atenerse (a)[4], bordear[6], burlar[20], conculcar[6], contravenir[15], cumplir (con), infringir, mantener, observar, quebrantar[5], respetar, revestir(se) (de)[44], saltarse[30], subvertir[10], transgredir[5], violar[17]
☐ Véase también: **autenticidad, corrección, legitimidad.**

legislación ♦ abundante, acorde (con)[3], controvertido[42], escaso, exhaustivo, flexible[12], implacable, injusto, justo, minucioso, opresivo, permisivo[1], preceptivo, restrictivo, severo[5], taxativo[5], vigente[2] ♦ con arreglo (a)[6] ♦ ajustar(se) (a), amparar(se) (en), aprobar, atenerse (a)[6], burlar, conculcar[11], cumplir, derogar[5], desobedecer[7], esgrimir[27], hacer público, incumplir[6], infringir[7], obedecer, promulgar, refundir[3], saltarse[35], sortear, soslayar[23], tramitar[26], transgredir[4], violar[12], vulnerar[9]
☐ Véase también: **derecho.**

legislatura ♦ a lo largo (de), durante ♦ abrir, agotar(se), cerrar, culminar[55], encarrilar[22], inaugurar, prorrogar, terminar(se)

legitimidad ♦ ápice (de)[65], barniz (de)[8] ♦ acreditar, adquirir[51], aportar, apoyar, arrogarse, avalar[64], carecer (de), conferir, dar[161], gozar (de), perder, quitar, socavar[23]
☐ Véase también: **autenticidad, legalidad.**

[legítimo] → en legítima defensa

legítimo ♦ acto, actuación, acuerdo, afán, ambición, amor, argumento, aspiración, aspirante, autoridad, base, beneficiario, beneficio, búsqueda, camino, causa, continuador, contrato, control, debate, defensa, depositario, derecho, descendiente, deseo, destinatario, duda, dueño, ejercicio, empeño, empleo, enojo, entusiasmo, esposo, exigencia, fin, fuerza, función, gasto, gobernante, gobierno, heredero, hijo, huelga, indignación, intención, intento, interés, interlocutor, interpretación, instrumento, liderazgo, mandatario, mecanismo, medio, modelo, modo, monopolio, motivo, movimiento, negocio, objetivo, opción, órgano, orgullo, pacto, padre, papel, poder, premio, principio, procedimiento, propietario, propósito, proyecto, reconocimiento, recurso, régimen, reivindicación, representación, representante, satisfacción, sentimiento, sistema, soberanía, sospecha, sucesor, titular, título, uso, usuario, valor

[legua] → a la legua

[lejos] → a lo lejos, ni de lejos, venir de lejos

lema ♦ acuñar[35], blandir[7], convertir (en), esgrimir[4], idear, inventar, llevar (como/de), seguir, tener
☐ Véase también: **eslogan.**

lengua ▮ *(órgano)* ♦ acerado[12], afilado, bífido, largo (de), ligero (de) ♦ en la punta (de) ♦ atenazar[16], chasquear, dar (a), irse (de), morderse, soltar, trabarse
▮ *(idioma)* ♦ enrevesado[18], materno, mordaz[20], primero, segundo, viperino[1] ♦ acallar[4], cultivar[30], divulgar, extinguir(se)[15], hablar, traducir (de/a)
☐ Véase también: **comentario, comunicación, denominación, descripción, expresión, idioma, información, lenguaje, mensaje, texto.**

LENGUA Véase: COMUNICACIÓN; EXPRESIÓN; INTERCAMBIO VERBAL; MANIFESTACIÓN VERBAL; TEXTO

lenguaje ♦ abstruso[8], accesible[1], afectado, alambicado, ampuloso, barroco, bronco, brusco, claro, combativo, comprensible, contundente, cuidado, cuidadoso, depurado, descarnado, despectivo, diáfano, discriminatorio, dominante[41], engañoso, enrevesado[31], esmerado, expresivo, exuberante, farragoso, florido, formal, gutural[11], hermético[7], hueco, impenetrable, inaccesible, informal, ininteligible, inteligible, jugoso[37], lacónico, literal, llano, malsonante, mordaz[19], oscuro, pomposo, preciso, rebuscado, recargado, redundante, refinado, retorcido, rimbombante, sobrecargado, soez, telegráfico, trillado[40], vacío, vago, viperino[5], vívido[24], vivo, zafio ♦ abusar (de), acuñar[26], adulterar[22], cultivar[31], delatar[2], desbrozar[17], descifrar[16], entrecortar(se)[28], exhibir, madurar[26], manejar, usar
☐ Véase también: **comunicación, información, lengua.**

lente ♦ blando, cóncavo, convexo, de aumento, de contacto, progresivo ♦ graduación (de) ♦ graduar, llevar, mirar (con/tras), usar

lentitud ♦ absoluto, administrativo, agobiante, aparente, burocrático, calculado, característico, deliberado, desesperante, de tortuga, disculpable, enorme, exasperante, excesivo, excusable, explicable, expositivo, extremado, extremo, gran(de), imperdonable, inexcusable, insufrible, interesado, intolerable, judicial, manifiesto, mental, palpable, paquidérmico, parsimonioso, pasmoso, patente, procesal, proverbial, sistemático, solemne, sumo, supino, tolerable ♦ con, debido (a), por ♦ actuar (con), acusar, adolecer (de), criticar, demostrar, explicar, justificar, mostrar, pecar (de)
☐ Véase también: **demora, parsimonioso, rapidez.**

[lento] → a cámara lenta, a fuego lento, en cámara lenta

leña ♦ haz (de) ♦ arder, cortar, quemar(se), recoger

[león] → como leones, como un león

leonino ♦ cláusula, condición, contrato, sistema

lesión ♦ aparatoso[20], con alevosía[22], congénito, crónico, curable, fatal, fortuito, grave, incurable, interno, irreparable[3], leve, ligero, profundo, serio[27], severo[67], superficial, traumático ♦ alcance (de)[21], diagnóstico (de), secuela (de) ♦ acuciar[18], acusar, agravar(se), arrastrar, causar (a alguien), curar(se) (de), diagnosticar, empeorar (de), hacer(se), infligir[7], lavar[20], mejorar (de), ocasionar (a alguien), producir (a alguien), recobrarse (de), recuperar(se), restablecerse (de), sanar (de), sangrar, tipificar
☐ Véase también: **dolencia, enfermedad, herida.**

lesionar ♦ a golpes, a patadas[11], de gravedad, desdichadamente, fortuitamente, gravemente, inoportunamente, involuntariamente, irremediablemente[11], seriamente[12] ♦ derecho, interés
☐ Véase también: **enfermar.**

lesivo ♦ considerablemente, gravemente[44], sumamente
☐ Véase también: **dañino, perjudicial.**

leso *adj.* ▮ Se combina con el sustantivo *parte* en el lenguaje jurídico. Además se combina con...
A SUSTANTIVOS QUE DESIGNAN ENTIDADES O ATRIBUTOS QUE SON RESPETADOS COMO VALORES SUPERIORES, MÁS FRECUENTEMENTE SI SE RELACIONAN CON LA VIDA, LAS COMUNIDADES HUMANAS O SU ORGANIZACIÓN POLÍTICA: **1 humanidad ++**: La amnistía no cubre los delitos de *lesa* humanidad, tampoco los persigue... BRE040497 **2 majestad ++**: ...se traduce a veces en un pecado de *lesa* majestad contra la persona del gobernante de turno... SEM311296 **3 patria ++**: ...para acusar de simbólico crimen de *lesa* patria a quienes propugnen cualquier reforma. EPE091201 **4 democracia +**: ...se lo entregamos a las entidades financieras, tal como se está haciendo, habremos perpetrado un delito de *lesa* democracia. LVE020796 **5 constitucionalidad**: ...¿no ha habido evidencias de *lesa* constitucionalidad (...) garantizando la inexistencia de pruebas en plena fase de instrucción de un proceso? EME290394 **6 nación**: ¿Fue o no un crimen de *lesa* nación hacerse de la vista gorda ante el origen de los recursos con los que se compraron las empresas paraestatales el sexenio pasado? PME140796 **7 naturaleza**: ...y repara –todavía con esparadrapos– las insufribles heridas –mu-

chas irreversibles– producidas a *lesa* naturaleza. LVE140696 **8 tribu –:** Pronunciar Lérida hoy es una ofensa de *lesa* tribu para algunos... EME160496

B ALGUNOS SUSTANTIVOS QUE DESIGNAN DISCIPLINAS, CÓDIGOS O FACULTADES A LOS QUE SE AJUSTAN DETERMINADOS COMPORTAMIENTOS, ACTUACIONES O CREACIONES: **9 ética:** Paso por la *lesa* ética, pero no por la lesa estética. EME020796 **10 estética:** ...los desafueros y los delitos de *lesa* estética cometidos en las movidas y en las algaradas. EME080694 **11 cultura –:** En nuestro tiempo, aunque nos cueste admitirlo y nos parezca una tragedia de *lesa* cultura, ambas cosas se han vuelto incompatibles. CAP130700 **12 literatura –:** Siempre fue para él un pecado de *lesa* literatura para el que no existe absolución posible. LVE221194 **13 música –:** ...una obra que permanece –pecado de *lesa* música– en el más total olvido... ABC201291 **14 gramática –:** ...a quien le perdono su pecado de *lesa* gramática... EME260995 **15 economía –:** ...es una cuestión de alta política nacional y de *lesa* economía del sector servicios. EME071095 **16 razón –:** ...por la negativa pueda ser considerado delito de *lesa* razón... EPE160199

C SUSTANTIVOS QUE DESIGNAN ACTITUDES O CONDUCTAS HUMANAS VALORADAS POSITIVAMENTE: **17 prudencia:** ...aceptando de esta forma el gobierno monocolor y el programa de CiU para los próximos cuatro años, sirve de atenuante al delito de *lesa* prudencia... EPE241099 **18 tolerancia:** ...piensan que la no violencia como método de lucha no es más que una *lesa* tolerancia o inmovilismo... HOY081178 **19 profesionalidad:** ...so pena de incurrir en pecado mortal, en crimen de *lesa* profesionalidad, o simplemente en humana traición a la fuerza y la gracia. EME141096 **20 humanismo:** Reconociéndonos culpables de *leso* humanismo. EME070896 **21 torería:** ...es crimen de *lesa* torería masacrar a un animal amparado en un caballo «potemkin». EME120494

D ALGUNOS SUSTANTIVOS QUE DENOTAN ACCIÓN OPUESTA A ALGO, A MENUDO DELICTIVA: **22 traición ++:** ...de disidentes del IRA que consideran que la firma de Viernes Santo de 1998 fue *lesa* traición... EPE110700 **23 manipulación:** En vida, la hermana del filósofo, y su cuñado, cometieron un crimen de *lesa* manipulación, desvirtuando la primera edición de sus obras, en Leipzig... ABC141094

E OTROS SUSTANTIVOS ABSTRACTOS: **24 belleza –:** Confundir la B con la V, omitir la H, no son meras faltas de ortografía: son delitos de *lesa* Belleza. ABC160793 **25 esperanza –:** Sería un crimen de *lesa* esperanza arriesgar el porvenir. ENH140797 **26 entidad –:** No sé de qué se quejan esos sospechosos de *lesa* entidad de la democracia, que están hartos de tanto oír hablar de los pactos. EME240396

F OTROS SUSTANTIVOS; POSIBLES USOS ESTILÍSTICOS: Un gallinero industrial es una mentira permanente, es una trampa saducea, es un crimen de *lesa* gallina. EPE020299

letal *adj.* **I** En su sentido literal se combina con sustantivos que denotan armamento *(arma, armamento)*, sustancia *(gas)*, enfermedad o sus agentes productores *(epidemia, virus)*, catástrofe *(inundación)* y agresión *(ataque)*. En su sentido figurado se combina con sustantivos que designan personas o grupos humanos, especialmente en el ámbito del deporte *(goleador, equipo)*. También se combina con...

A SUSTANTIVOS QUE DENOTAN EFECTO O EFECTIVIDAD: **1 efecto ++:** ...la difusión de sus restos por la atmósfera podrían explicar su efecto *letal* en las personas. ENC050100 **2 consecuencia ++:** La agresión era previsible puesto que ya antes había ocurrido un hecho parecido pero sin consecuencias *letales*... LPN130397 **3 resultado:** La imprudencia, el descuido o la equivocada manipulación de un artefacto de calefacción pueden tener un resultado *letal*. EPU120701 **4 repercusión:** ...las repercusiones podían ser *letales* para las aspiraciones de reelección del presidente estadounidense. EME240196 **5 eficacia:** Las bombas han caído con *letal* eficacia sobre las posiciones serbio bosnias que circundan Sarajevo... EME060995 **6 proyección:** Y nada puede justificar la ignorancia y el desconocimiento sobre sus *letales* proyecciones. ETC011291 **7 secuela:** Boll se fue dejando tras de sí un país todavía dividido, secuela *letal* de su culpa en la segunda gran guerra del siglo. LVE160795

B SUSTANTIVOS QUE DENOTAN LANCE DEPORTIVO, MÁS FRECUENTEMENTE EN ACCIONES DE ATAQUE. EL ADJETIVO *LETAL* SE USA AQUÍ CASI SIEMPRE EN SENTIDO FIGURADO: **8 remate:** López igualmente genera peligro con sus *letales* remates de media distancia... LNC270596 **9 pase:** ...le facilitó (...) un pase *letal* que sirvió para sentenciar el encuentro. EME110296 **10 centro:** ...mandó un centro *letal* sobre el marco (...), que no llegó al balón. LVE140196 **11 cabezazo:** ...un cabezazo *letal* cuando todo parecía sellado para el empate en cero. CLA070199 **12 disparo:** Incluso la suerte estuvo del bando de los azulgrana, especialmente en un disparo *letal* de Corneliusson que se encontró con la pierna de Abelardo. EPE281099 **13 vaselina:** ...hizo el gol del empate a uno en una vaselina *letal*... EME190195 **14 servicio:** Poseedor de uno de los servicios más *letales* del circuito, Wheaton se convirtió ayer en el primer jugador del torneo... LVE020795 **15 triple:** ...tres triples *letales* que lograron enmudecer por unos instantes a una «Demencia» aturdida y alucinada... EME250395 **16 zapatazo –:** ...un futbolista de características diametralmente opuestas y sin su zapatazo *letal*. EME100695

C SUSTANTIVOS QUE DENOTAN ASOCIACIÓN O RELACIÓN ENTRE DOS O MÁS ELEMENTOS. ES COMBINACIÓN FRECUENTE EN EL LENGUAJE DEPORTIVO: **17 combinación +:** ...todos los grandes estudios han ido decayendo (...), debido a una combinación *letal* de falta de espíritu empresarial y de abandono por parte del Estado. LVE200395 **18 asociación:** La asociación perfecta entre De la Peña y Toni fue *letal*. LVE011095 **19 binomio:** Turner y Díez formaron un binomio que se mostró *letal*. EPE150599 **20 mezcla:** Una mezcla *letal* que desarboló al Celta. EME020996 **21 tándem:** Los cántabros reciben ahora a un Betis donde brillan con luz propia Alfonso y Finidi, un tándem *letal*. LVE271096 **22 síntesis:** El ciego amor a la patria –esa síntesis *letal* de una tierra abstracta y un determinado grupo sanguíneo– conduce a menudo a dislates... EPE230499

D SUSTANTIVOS QUE DENOTAN TEDIO O TRISTEZA. TAMBIÉN –AUNQUE MENOS FRECUENTEMENTE– CON ALGUNOS QUE DESIGNAN OTROS ESTADOS CARENCIALES: **23**

aburrimiento +: ...arrastramos un aburrimiento *letal* ante la sensación de que la nada nadea desde hace tiempo... EME050696 **24 sopor:** ...la rana acabará casi sin darse cuenta sumida en un sopor *letal.* LVE270996 **25 tristeza:** Aumentan las personas que padecen el Síndrome de la tristeza *letal* de la Navidad. EME241295 **26 grisura –:** El Liceo padeció como toda Barcelona la *letal* grisura de la postguerra... EME060294 **27 desolación –:** ...la belleza que se sobrepone al absurdo de la desolación *letal*, tanática... EME050496 **28 tostón –:** ...yo tenía la certeza de que estábamos defendiendo al autor de algún tostón *letal*... EPE210999

E SUSTANTIVOS QUE DESIGNAN DEMOSTRACIONES AFECTIVAS, ASÍ COMO DIVERSAS MUESTRAS DE LA ATRACCIÓN, GENERALMENTE SEXUAL: **29 beso:** ...deposita bajo mi oreja un beso húmedo, tibio, certero, que podría ser *letal.* EME141096 **30 caricia:** Un amor de caricias *letales.* PME120197 **31 sonrisa:** ...la sonrisa, dejando al margen que las hay diabólicas y aún *letales*, es tejido más sutil. LVE050795 **32 atracción:** ...atrapada por la atracción *letal* de lo extraparlamentario... EPE150299 **33 atractivo:** ...tiene el atractivo *letal*, el porte y la felina sensualidad que requería el asunto que la película se lleva entre manos. LVE310595

F OTROS SUSTANTIVOS; POSIBLES USOS ESTILÍSTICOS: El mármol y el bronce alternan con el kitsch californiano con un criterio decorativo frecuentemente *letal.* EME151296; ...mató la pelota con la *letal* dulzura impregnada en el exterior de su pie... EME081296

[letra] → **al pie de la letra, con todas las letras, de {mi/tu/su...} puño y letra**

letra ♦ **alusivo[6], apretado, capitular, de molde, hueco, ilegible, mayúsculo, minúsculo, pegadizo[9], suelto** ♦ **adeudar** *(pagaré)*, **aferrarse (a)[9], atenerse (a)[41], cobrar** *(pagaré)*, **deber** *(pagaré)*, **descifrar[24], leer, pagar** *(pagaré)*, **trazar, vencer[105]**, *otros adjetivos que indican características tipográficas*
☐ Véase también: **palabra.**

letrero ♦ **llamativo, luminoso[6]** ♦ **colgar, decir (algo), escribir, informar (de algo), llevar, poner (algo), rezar (algo)**
☐ Véase también: **cartel, rótulo.**

levadizo ♦ **barrera, puente, puerta**

levantamiento ♦ **cruento, espontáneo, general, impulsivo, incruento, popular, sangriento, violento** ♦ **aplastar, conmemorar[32], estallar, fracasar, fraguar(se), preparar, producirse, provocar, reprimir, sofocar[7], tramar[13], urdir**
☐ Véase también: **ascensión, ascenso, rebelión, recuperación, revuelta, sublevación.**

levantar *v.* **I** En el sentido de 'alzar', 'anular' o 'dar por terminado (el efecto de)' se combina con...

A LOS SUSTANTIVOS *BARRERA* Y *CIERRE*, USADOS EN SENTIDO FÍSICO O EN EL FIGURADO. TAMBIÉN CON OTROS QUE DESIGNAN OBSTÁCULOS DE AMBOS TIPOS: **1 barrera ++:** ...envía una señal a un sensor colocado junto a la carretera para que *levante* la barrera... ENH050597 **2 cierre ++:** ...ya que la aceptación por ambas partes de este sistema comprometía a la empresa a *levantar* el cierre patronal. EPE100780 **3 escollo +:** ...pero he aquí que en la mitad de este camino, se *levanta* el escollo formidable del Gobierno... LHG190700 **4 traba:** El texto, que obstaculiza el funcionamiento de las confesiones «no tradicionales» y *levanta* las trabas que se querían imponer al cristianismo... EPD200997 **5 obstáculo:** ...amplios recorridos por los barrios de Managua, con el objetivo de *levantar* los obstáculos al libre tránsito... LNC160497

B SUSTANTIVOS QUE DENOTAN CASTIGO: **6 castigo ++:** ...que debe *levantar* un castigo de por vida que le aplicó en 1993 por un análisis positivo. CLA170497 **7 sanción +:** ...evocó la posibilidad de *levantar* las sanciones, pero excluyó cualquier intervención militar estadounidense. LNC061000 **8 pena –:** Pidió sin éxito al tribunal supremo que le *levantaran* la pena. INDOC

C SUSTANTIVOS QUE DENOTAN PROHIBICIÓN, BLOQUEO O EXPRESAN OTRAS ACCIONES COERCITIVAS O LIMITATIVAS: **9 prohibición ++:** ...hizo un nuevo reclamo a los países europeos para que *levanten* la prohibición de importar carnes provenientes del Reino Unido. CLA100297 **10 bloqueo ++:** Esta noche podría *levantarse* el bloqueo de la ruta 22. CLA180497 **11 veto ++:** Al *levantarle* el veto, el Presidente intentaba, con voracidad insaciable, dejar a esa derecha, bullanguera y sensacionalista, completamente muda... GIC080996 **12 procesamiento:** ...los argumentos aportados para rechazar la excarcelación de los tres encarcelados y para no *levantar* el procesamiento de todos los sospechosos... LVE310896 **13 veda:** Tendremos que aguantar así hasta noviembre, cuando se *levante* la veda en la Sonda de Campeche y el Mar Caribe... DYM120996 **14 restricción:** ...ya que para *levantar* restricciones se tienen que hacer audiencias públicas y análisis que demorarían meses y hasta años. DLA170697

D SUSTANTIVOS QUE DESIGNAN COSAS OCULTAS O ENCUBIERTAS: **15 secreto +:** El Gobierno *levanta* el secreto impuesto sobre los ficheros informáticos antiterroristas. EPD250996 **16 misterio:** ...aunque sin llegar a *levantar* el misterio sobre supuestos contactos secretos entre el poder y los líderes integristas que derivarían en un próximo acuerdo político. EME060795 **17 reserva –:** Todo juicio entraña una fase oral, pública y contradictoria, lo cual obligaría a *levantar* la reserva. EME270394

E SUSTANTIVOS QUE DESIGNAN ACCIONES OFICIALES EN CONTRA DE ALGUIEN O ALGO, MÁS FRECUENTEMENTE COERCITIVAS O PUNITIVAS Y DE NATURALEZA ECONÓMICA O LEGAL: **18 embargo ++:** ...había mostrado la preocupación de la organización por el voto de la víspera del Congreso norteamericano a favor del *levantar* el embargo de armas. EME100695 **19 hipoteca:** ...yo trabajo pero no doy abasto para mantener la casa que él dejó, no he podido pagar impuestos ni *levantar* la hipoteca. EPC051197 **20 enmienda:** El gobierno de los Estados Unidos *levantó* la enmienda Humphrey-Kennedy, aplicada desde 1978 a nuestro país... LPA020592 **21 recurso:** El equipo de Andrade, sin embargo, considera que está en capacidad de *levantar* muchos recursos nuevos... CAP180196 **22 condena:** El Tribunal Supremo *levanta* la condena al espía de la RDA... EME191095 **23 imputación:** El fiscal pide a Garzón que *levante* las imputaciones y medidas cautelares dictadas. EPE051199 **24 acusación:** ...en determinados casos, de *levantar* acusación formal a cambio del pago de una multa. FDV200201 **25 recusación:** Por otro lado, el Atlético *levantará* las recusaciones de (...) en decisión positiva de la nueva junta. EPE020880

F SUSTANTIVOS QUE DENOTAN REUNIÓN, GENERALMENTE FORMAL: **26 sesión ++:** Si bien *levantaron* la sesión de ayer como señal de protesta... ETC311096 **27 reunión ++:** ...*levantó* la reunión cuando los portavoces se enredaron en nuevas discusiones a raíz del orden del día. EPE221099 **28 mesa:** «No atendió a razones, y de la misma forma grosera nos obligó a *levantar* la mesa». EPE050699

■ En el sentido de 'ocasionar' o 'hacer surgir' se combina con...

G SUSTANTIVOS QUE DESIGNAN MALES Y MOLESTIAS FÍSICAS, MUY FRECUENTEMENTE USADOS EN SENTIDO FIGURADO: **29 ampolla ++:** Este hecho ha *levantado* ampollas y ha sido motivo de queja por parte de los equipos rectorales de las universidades creadas más recientemente. EPE131099 **30 roce +:** Las declaraciones del tránsfuga *levantaron* roces entre sus antiguos compañeros de filas. INDOC **31 roncha:** Yo no creo recordar que parecidos abrazos a Pinochet en sus tiempos de dictador *levantaran* ronchas de irritación retórica... EPE131199 **32 escozor:** ...en la que a Geoff Hurst se le concedió un gol que todavía *levanta* escozor entre los germanos. EUV260696 **33 aspereza:** ...«se logró limar todas las asperezas que *levantaron* la formulación de las listas». LTB010497

H SUSTANTIVOS QUE DESIGNAN ALTERACIONES EN EL AIRE, LA ATMÓSFERA O EN EL SILENCIO. UNOS Y OTROS SE USAN GENERALMENTE EN SENTIDO FIGURADO: **34 tempestad +:** El fantasma del enfrentamiento bélico parece –en este enero que invita a *levantar* tempestades– bastante más lejano... CAP160197 **35 polvareda +:** Reciente libro de (...) *levanta* polvareda política y plantea de nuevo el dilema de su retorno a la arena política... CAP300197 **36 humareda:** ¿Vacía de qué? Nos basta con la humareda *levantada* por las expresiones del señor (...) cuando, después de prometer el oro y el moro... LVE130595 **37 ruido:** ...dijo no ver «por qué (la prensa) *levanta* tanto ruido» por eso. ETC040996 **38 eco:** Radio Metrópoli sigue sin detenerse *levantando* el eco de las seguidas denuncias de El Siglo... ESP270700 **39 murmullo:** ...cuando la apertura por bajo de la faena al quinto empezó a *levantar* murmullos de aprobación. EME180595 **40 alboroto:** El primero de El Niño de la Capea fue saludado por este con verónicas y chicuelinas que *levantaron* un alboroto. ETC110187 **41 escándalo:** ...siguió una eclosión del surrealismo con obras de impacto que rompían todos los esquemas y *levantaban* escándalo... LVE021296 **42 alharaca:** El remate judicial, por ejemplo, es una «licencia para robar», mientras que se *levantó* una alharaca porque... EUV080996

I SUSTANTIVOS QUE DESIGNAN ACTITUDES, SENTIMIENTOS Y MANIFESTACIONES DE DISCONFORMIDAD O DE RECHAZO: **43 protesta +:** ...se vio obligado a *levantar* la protesta por no contar con suficiente apoyo de «sus supuestas bases sociales». DLA210497 **44 queja:** Sucede que esta compra viene precedida de una operación de la Bonaerense que *levantó* quejas en las terminales. CLA061100 **45 calumnia:** ...que los políticos cambien sus esquemas, hablen con mayor sinceridad, señalen lo incorrecto, pero sin *levantar* calumnias. ESH190696 **46 ira:** ...*levantó* la ira de los ecologistas y de los grupos de la oposición municipal... EPE070199 **47 indignación:** La pena de muerte, en 1970, *levantaba* muchas indignaciones. LVE111195

J SUSTANTIVOS QUE DESIGNAN ESTADOS DE CONFLICTO, DESAVENENCIA O CONFRONTACIÓN: **48 oposición:** La operación fue bien pero *levantó* oposición a sus métodos personalistas. LVE170796 **49 conflicto:** Igualmente, los médicos no *levantarán* el conflicto mientras no se firmen las convenciones colectivas... EUV210197 **50 controversia:** Toda medida que *levanta* controversia, como una consulta sobre status en un territorio... END201097 **51 polémica:** Normas sobre programas de TV *levantan* polémica. ENH170497

K SUSTANTIVOS QUE DESIGNAN ESTADOS DE INCERTIDUMBRE. SE USAN A MENUDO EN PLURAL: **52 duda ++:** ...al haber hecho hincapié solamente en «la única frase» de todas cuantas pronunció, que «fuera de contexto *levanta* dudas sobre su significado». DDN030101 **53 sospecha ++:** Pero si esa diferencia en el presupuesto comenzó a *levantar* sospechas en el jefe de Gobierno... CLA170297 **54 sombra +:** ...optó por curar a la gente para *levantar* sombras, hacer limpias y trabajar el tiempo... PME260197 **55 reparo:** ...aunque sería fácil *levantar* muchos reparos y lamentar, sobre todo, la ausencia de «vocación industrializadora»... HOY050187 **56 suspicacia:** No cobran un real y, para colmo, su generosidad *levanta* suspicacias. EME040896 **57 reticencia:** El preacuerdo presentado ayer (...) *levantó* reticencias de algunos países por la falta de garantías... EUV150497

L SUSTANTIVOS QUE DESIGNAN ACTITUDES DE INCLINACIÓN HACIA LO QUE SE ANHELA O SE ESPERAR ALCANZAR: **58 deseo:** Ese entierro a lo grande, como todos los sepelios, *levanta* los deseos. EME130495 **59 expectativa +:** Uno, que el debate ha *levantado* expectativas y esperanza en sectores de la sociedad. LVE090696 **60 esperanza:** Por una extraña forma de ser de nuestra cultura política, cada elección *levanta* esperanzas sobre el futuro del país. DHE130198

M SUSTANTIVOS QUE DESIGNAN LAS SENSACIONES O LAS REACCIONES QUE SUELE PROVOCAR LO NUEVO, LO RARO, LO ADMIRABLE O LO INCOMPRENSIBLE: **61 sorpresa ++:** ...otras porque, aun siendo locales, *levanta* cierta sorpresa encontrarlas en el homenaje a un banquero. EPE080699 **62 expectación ++:** Después de toda la polémica y la expectación *levantadas* tras la votación de principios de año... HOY150997 **63 admiración:** La jugada, que no tuvo consecuencias, *levantó* la admiración de los 20,000 asistentes... DYM010996 **64 curiosidad:** La idea inicial del nuevo espíritu con el que se iba a dotar a este espacio *levantó* la curiosidad y la esperanza de muchos... EPE231099

■ Se combina también con: ♦ **a pulso²**, **con {buen/mal} pie**, **en volandas**

☐ Véase también: **despertar**.

levar ♦ **ancla**

leve ♦ **accidente**, **acento**, **aire**, **alteración**, **alusión**, **alza**, **apreciación**, **arañazo**, **aumento**, **balan-**

ceo, castigo, comezón, contacto, contractura, contusión, corrección, crecimiento, daño, delito, descenso, desencanto, desliz, diferencia, distensión, dolencia, dolor, dosis, ejercicio, enfermedad, error, esguince, esperanza, falta, fricción, ganancia, gemido, gesto, giro, golpe, herida, herido, impacto, incidente, inclinación, incremento, indicio, infracción, inquietud, ironía, irregularidad, lesión, lluvia, luz, matiz, mejora, mejoría, mención, molestia, oscilación, peligro, pena, percance, pérdida, pinchazo, posibilidad, presión, pronóstico, quemadura, reajuste, recuperación, reducción, repliegue, repunte, retraso, retroceso, roce, rozadura, rugosidad, rumor, sanción, sensación, sentencia, sonrisa, soplo, sospecha, subida, temblor, tendencia, toque, tropiezo, ventaja, *otros sustantivos que designan cambios o movimientos*

☐ Véase también: **frugal, grave, ligero (de), liviano, serio, suave.**

[ley] → de ley

ley ♦ abusivo[38], acorde (con)[5], a medida[8], ancestral[48], arbitrario[16], atentatorio (contra)[18], benigno[16], blando[7], capitular, categórico, coercitivo, controvertido[39], de hierro[18], de oro[6], discrecional[25], discriminatorio, duro, ecuánime[25], en vigor, equitativo[10], estricto[8], farragoso[20], férreo[19], flexible[9], forzoso, fundamental, igualitario[31], imperante[18], imperativo, implacable[14], inapelable[13], ineludible, inexorable[46], inhumano[39], injusto, inquebrantable[44], inviolable, irrebatible[13], irrefutable[32], justo, laxo[5], migratorio[21], natural, permisivo[2], preceptivo, represivo, restrictivo, severo[1], sin efecto, tajante, taxativo[1], terminante[21], vigente[1] ♦ al abrigo (de)[1], a la luz (de), al filo (de)[16], a resguardo (de), con arreglo (a)[1] ♦ fleco (de)[10], observancia (de), peso (de) ♦ abolir[1], abusar (de)[24], acatar[29], aferrarse (a)[8], alterar[25], amparar (a alguien), apegarse (a)[1], aplicar, aprobar, arbitrar[35], asistir (a alguien), asumir[60], atañer[40], atenerse (a)[1], avalar[75], blindar[36], boicotear[37], bordear[7], burlar[15], ceñir(se) (a)[12], cocinar(se)[18], conculcar[1], congelar[38], consensuar[17], contravenir[1], cumplir[24], decretar[31], deducir[2], derogar[1], desnaturalizar(se), desobedecer[1], dictar, dimanar (de algo), dulcificar[22], eludir[11], emanar[1], emitir[11], enmendar[7], entrar en vigor, esgrimir[26], establecer[1], estipular (algo), firmar[11], guardar, implantar[8], imponer, impugnar[20], incumplir[3], infringir[1], instaurar[1], interpretar, librar(se) (de)[24], llevar adelante[40], llevar a la práctica[31], negociar, observar, obviar[17], pisotear[23], prescribir, promulgar, prorrogar[2], quebrantar[1], recrudecer(se)[32], refundir[1], refutar, regir, reprobar[15], respetar, revocar[17], saltarse[28], seguir[7], socavar[40], someter(se) (a)[38], sortear[14], subvertir[9], surtir efecto[22], sustraer(se) (de/a), tergiversar[46], transgredir[1], validar[41], velar (por), vencer[112], violar[11], votar, vulnerar[1]

☐ Véase también: **artículo, decreto, disposición, estatuto, mandamiento, norma, normativa, orden, ordenanza, precepto, reglamentación, reglamento.**

LEY Véase: *NORMA*

LEY Véase: NORMA

leyenda ♦ ancestral[7], antiguo, dorado, fabuloso, fantástico, fundado[37], inmemorial, milagrero[5], mítico, remoto, secular, tradicional, viejo, vivo[48] ♦ de acuerdo (con), según ♦ alimentar[66], alimentar(se) (de)[12], avivar, cimentar[47], circular[7], cumplir(se), desenterrar, desmontar[27], desmoronar(se)[24], enterrar, evocar, extenderse, fabricar, forjar[50], fraguar(se)[68], gestar(se), nacer, narrar, reavivar, revivir[9], salir a la luz, seguir (a alguien), teñir (de)[20]

☐ Véase también: **cuento, fantasía, mito.**

liar(se) ♦ a bofetadas, a golpes[2], a palos, a patadas[6], a tiros

☐ Véase también: **echar(se) (a), lanzarse (a), tirarse, volcar(se).**

liberación ♦ condicional, sin condiciones[18] ♦ alcanzar, conmemorar[19], conseguir, denegar[43], llevar a efecto, negociar[11], producirse

☐ Véase también: **fuga, huida, salida.**

liberalizar ♦ a fondo[5], parcialmente, por completo ♦ acceso, comercio, economía, horario, mercado, negocio, precio, sector, servicio, suelo, telecomunicación

☐ Véase también: **liberar.**

liberar ♦ sano y salvo[3] ♦ bajo fianza, bajo palabra

[libertad] → en libertad

libertad ♦ absoluto, amplio, atentatorio (contra)[8], bajo fianza, bajo palabra, completo, condicional[1], de acción, de culto, de expresión, de movimientos, de pensamiento, de prensa, duradero, entero, franco, incondicional, infinito, irrenunciable[36], parcial, pleno, precario[48], sin condiciones[17], soberano, supremo, total, tutelar, vigilado ♦ con, en aras (de)[7], en uso (de) ♦ estado (de), ideal (de) ♦ abusar (de)[34], acotar, adquirir[48], afianzar(se)[53], ahogar(se)[44], arrebatar, atenazar[1], atentar (contra), carecer (de), clamar (por), coartar, conceder[21], conculcar[13], conquistar[24], consentir (a alguien), constreñir, dar[115], decretar[25], defender, denegar[40], dotar (de), ejercer[12], gozar (de), hipotecar[20], imperar, instaurar[18], limitar, luchar (por), manifestación (de), mantener, negar, negociar[49], otorgar, perder, permitir (a alguien), pisotear[2], poner (en), preconizar[4], privar (de), quebrantar[22], reinar, reivindicar, rescindir[12], restringir, revocar[5], saborear[36], socavar[44], tener, violar[31], vulnerar

☐ Véase también: **autonomía, independencia.**

LIBERTAD

♦ (SUSTANTIVOS) Véase: **adquirir[F], atentatorio (contra)[B], conceder[E], condicional[A], conmemorar[C], conquistar[E], dar[J], decretar[D], denegar[F], ejercer[B],**

irrenunciable[H], **negar**[O], **rabioso**[C], **saborear**[G], **sin condiciones**[E], **socavar**[F]

librar(se) *v.* ▮ En su sentido de 'realizar(se)' se combina con...

A SUSTANTIVOS QUE DENOTAN CONFRONTACIÓN O CONTROVERSIA, FÍSICA O FIGURADA: **1 batalla ++:** ...estaban enfrascados en otra batalla *librada* al otro lado de la ciudad. ENH130198 **2 lucha:** ...cuando *libraban* luchas civiles por obtener el poder en su país. LTH021297 **3 combate:** El ejército y la guerrilla *libran* cruentos combates. CLA030297 **4 guerra:** «Es necesario esforzarnos al máximo, *librar* una guerra sin cuartel contra el grafito», exhortó el comisionado. ENH090497 **5 enfrentamiento:** Tres brigadas y dos divisiones del Ejército colombiano *libran* «enfrentamientos masivos» con rebeldes de las FARC... DLA030297 **6 pelea:** La historia de estos veinte años de democracia podría ser escrita como la pelea *librada* por los diferentes partidos... EPE310199 **7 duelo:** Jugadores de Amatitlán *libran* duelos difíciles en la vida diaria. PLG180197 **8 confrontación:** Desde hace nueve años se viene *librando* una confrontación acuática... LTB131100 **9 disputa:** Los azules siguen *librando* una disputa intestina que enfrenta a los afectos a la línea oficial y a los miembros... ETC150996 **10 polémica:** Además, los clubes ya *libraron* hace un año una polémica sobre el control y manejo de las imágenes grabadas... EPE110899 **11 partida:** La partida entre Capablanca y Alekhine, *librada* en Buenos Aires en 1927, es la base de una divertida e inteligente historia... LVE081196

▩ Se combina también con: ♦ **cuerpo a cuerpo**[14]

☐ Véase también: **combatir, librar(se) (de), lidiar**.

librar(se) (de) *v.* ▮ Admite sustantivos que designan personas o grupos humanos *(jefe, vecino, compañero, presidente, gobierno)*, y otros muchos que designan males, así como sucesos o estados que pueden interpretarse como tales. Destacan entre ellos los que designan sentimientos o sensaciones nocivas *(miedo, angustia, agobio)*, trastornos o dolencias físicos o psíquicos *(enfermedad, gripe, lepra, trastorno, claustrofobia)*, cantidades económicas que deben satisfacerse *(pago, impuesto, hipoteca, IVA)*, sistemas o regímenes *(dictadura, régimen, totalitarismo)* y muy diversas situaciones de conflicto, carencia o infortunio *(guerra, invasión, tortura, masacre, ataque, abuso, desastre)*. Asimismo se combina con...

A SUSTANTIVOS QUE DENOTAN PESO, CARGA U OTRAS FUERZAS SIMILARES, MUY FRECUENTEMENTE INTERPRETADAS EN SENTIDO FIGURADO: **1 lastre ++:** A medida que aumentan las tentaciones de Daimler por *librarse* del lastre DASA, prospera entre la esfera política la sensación de que Alemania perdió definitivamente el tren de la carrera aeroespacial. EME260895 **2 yugo ++:** Insistiendo en este tema se incide en la necesidad de que el PSOE se *libre* del «yugo felipista» y que vuelva al campo de la izquierda real. EME220196 **3 opresión ++:** Nuestro papel habría sido el de hacer su guerra, *librarlos* de la opresión y el genocidio... EPE260700 **4 peso ++:** Ni siquiera los jugadores dotados de mayor genio individual, caso Munitis, se *libran* del peso de la responsabilidad. EPE030599 **5 carga +:** En este drama muchos consideran como única protagonista a la mujer, víctima de una tremenda agresión, y luchan, o creen luchar, a su favor proponiendo la despenalización del aborto para *librarla* de la carga que le ha sido impuesta. EXC190900 **6 fardo:** ...siete años después de la caída del muro de Berlín, los países más atrasados en cuanto a *librarse* del fardo comunista están aparentemente acelerando el paso. LVE051196 **7 presión –:** En un instante del partido que disputaban dos equipos dispuestos por el técnico, Tomás se *libra* de la presión de Sabas con un codazo en la boca que le parte el labio. EME240394

B SUSTANTIVOS QUE DENOTAN HOSTIGAMIENTO O DESIGNAN OTRAS MANIFESTACIONES DE NATURALEZA COERCITIVA: **8 acoso ++:** Tiger Woods tuvo un inicio espectacular en el torneo de golf de Irving (Texas, EE. UU.), pero no logró *librarse* del acoso del español Sergio García. EPE150599 **9 asedio ++:** La innovación del plan consistiría en que Gorazde quedaría en manos serbias (ahora es musulmana), y Sarajevo y los alrededores se *librarían* del asedio serbio. EME240895 **10 acecho:** Se *libró* del acecho del defensa central y lanzó un potente disparo. INDOC **11 vigilancia:** Era la primera vez que el surafricano se *libraba* de la férrea vigilancia de los centrales de Boca. EPE160899 **12 control:** ...persigue, entre otros objetivos, *librarse* del control que el presidente y la coalición nacionalista mantienen sobre los medios de comunicación de la Generalitat. EPE150999

C SUSTANTIVOS QUE DESIGNAN ACCIONES VIOLENTAS U HOSTILES, GENERALMENTE DE NATURALEZA PUNITIVA O COACTIVA. TAMBIÉN CON OTROS QUE DESIGNAN ALGUNOS DE SUS EFECTOS: **13 castigo ++:** Este choque tuvo una lectura positiva porque el Celta se *libró* de un castigo mayor (el árbitro aquella tarde le echó una mano)... FDV200201 **14 condena ++:** Contreras ve de esta forma rota su última esperanza para *librarse* de la condena por el asesinato de Orlando Letelier, ministro de Asuntos Exteriores antes del golpe de Estado de 1973. EME060695 **15 sanción +:** El principal escollo que habrán de superar los ministros para que la reunión acabe con acuerdo es bajo qué condiciones un país podrá *librarse* de la sanción aunque se salte el Pacto de Estabilidad. EME021296 **16 cárcel +:** Los estafadores cutres no se *libran* de la cárcel; los grandes engañadores suelen pasar de largo. EME140294 **17 paliza +:** El joven, que consiguió *librarse* de una paliza mayor al introducirse de nuevo en el vagón, no interpuso denuncia. EME130895 **18 encierro:** Los viajeros víctimas de la sobreventa piden que las compañías fleten más aviones para *librarles* del encierro forzoso. EPE310700 **19 prisión:** Cuando sean localizados, tanto los hermanos Monjó Carrió como Miras Gómez podrán *librarse* de la prisión si depositan una fianza de 100 millones de pesetas cada uno. EME110895 **20 penitencia –:** No iba a ser atenuándose, pensaba yo, como yo me *libraría* de esa penitencia sino, de acuerdo con la teoría de sistemas, saltando del paradigma del dolor al no dolor. EPE130800 **21 varapalo –:** Con ese texto final, los países desarrollados se *libran* del fuerte varapalo que les aguardaba en el primer borrador, preparado por Venezuela. EPE290900

D SUSTANTIVOS QUE DESIGNAN LEYES, DIRECTRICES U OTRAS OBLIGACIONES DE CARÁCTER SOCIAL O JURÍDICO. TAMBIÉN CON OTROS QUE DESIGNAN DIVERSAS ACTUACIONES O RESOLUCIONES LEGALES, ASÍ COMO LAS INS-

TITUCIONES A LAS QUE CORRESPONDEN: **22 obligación** ++: Como ella, otros 1.140 barceloneses han intentado *librarse* de su obligación de participar como jurado popular. EME031295 **23 justicia** ++: Los oficiales de menor rango se *libraron* de la justicia gracias a la leyes de Punto Final y Obediencia Debida de 1986 y 1987. EPE291099 **24 ley:** Opina que quien hizo la Ley hizo la trampa y que la Justicia está perfectamente organizada «por los que tienen dinero y poder» para *librarse* de ella. EME221095 **25 servicio militar** +: El PP exige un contrato de trabajo de más de seis meses de duración para *librarse* del servicio militar. EPE200299 **26 cargo** +: Ello *libraría* a su cliente Mario Conde de los cargos más duros contenidos en la querella. LVE291295 **27 juicio:** Y por eso ahora hasta sus abogados fían la suerte de su patrocinado a que el ministro británico tome una decisión, basada en el factor humano, que lo *libre* de un juicio para el que no estaría en condiciones de salud idóneas. EPE171199 **28 demanda:** En este caso es un cartero que ayuda a su tía a *librarse* de una demanda por impago de impuestos atrasados. LVE250795

E SUSTANTIVOS QUE DENOTAN DISPUTA O ENFRENTAMIENTO, MUY FRECUENTEMENTE VERBAL: **29 polémica** +: Ni siquiera en su adiós Hristo se *libró* de la polémica. LVE020795 **30 bronca** ++: Hoy le contarán esto, más o menos, a Raúl, Cañizares, García Calvo, Víctor y Guti, que regresan de Malta y que ayer se *libraron* de la gran bronca de Fabio Capello. EME191296 **31 trifulca:** En el aeropuerto Tucumen había despedido a su esposa e hijas para *librarlas* de la trifulca que se avecinaba. CAP280897

F SUSTANTIVOS QUE DESIGNAN DIVERSOS ESTADOS DE RIESGO O DE DIFICULTAD: **32 problema** ++: ...el Ayuntamiento mostoleño no se *libra* del problema: «Hemos solucionado un asunto, pero queda otro pendiente...». EPE031199 **33 peligro** ++: Me acordé de mis tres hijos, que habían sido evacuados al campo para *librarlos* del peligro de las bombas incendiarias. EME040895 **34 apuro** +: Otros han sentido el alivio de poder delegar y así *librarse* de los apuros que muchos padres pasan cuando sus hijos llegan a determinada edad. EME170196 **35 dificultad:** ...para recordarnos que Dios puede presentarse en cualquier instante y *librarnos* de las dificultades o peligros en que nos encontramos. EPE010289

G EL SUSTANTIVO *DUDA* Y CON OTROS QUE DESIGNAN ALTERACIONES DEL ÁNIMO PRODUCIDAS POR LA FALTA DE SEGURIDAD O POR LA CREENCIA DE QUE SE AVECINA UN MAL: **36 duda** ++: Las fuerzas emergentes, que barrieron a los «dinosaurios» en las pasadas elecciones locales, tampoco se *libran* de las dudas. EME160194 **37 incertidumbre** +: La Bolsa de Londres tampoco se *libró* de las incertidumbres, que provocaron en el índice Footsie un descenso del 0,28%. LVE310796 **38 sospecha** +: Pocos pudieron *librarse* de la sospecha. EME300996 **39 tormento:** Uno puede *librarse* de los tormentos del amor disolviéndolos en la música. EME240695 **40 pesadilla:** Entre los que estaban a favor, José Luis Lozano, no lo dudaba ni un instante: «con obras como ésta, la ciudad comienza a *librarse* de la pesadilla diaria que supone coger el coche». EME220295 **41 preocupación** +: En el estoicismo y el epicureísmo, siempre encontramos este esfuerzo por *librarse* de las preocupaciones... LVE100996

▩ Se combina también con: ♦ **de milagro, por los pelos[1], por poco[16]**

☐ Véase también: **exonerar (de), librar(se).**

[libro] → **como un libro abierto**

libro ♦ **aburrido, aleccionador, ameno, anodino, antológico, apasionante, blanco, breve, cáustico, claro, corto, de bolsillo, de cabecera, de consulta, de cuentas, de familia, delgado, denso, de texto, de viejo, difícil, endiablado, enorme, escueto, fácil, fascinante, fino, grueso, inmenso, insoportable, interesante, interminable, intrincado, inútil, largo, ligero, oscuro, penetrante[27], pesado, póstumo, redondo[5], sagrado, sugerente, útil, voluminoso** ♦ **avalancha (de), lectura (de), venta (de)** ♦ **abrir, aburrir (a alguien), acortar, adentrarse (en), alargar, alumbrar, apasionar (a alguien), cerrar, circular, corregir, difundir(se)[20], disfrutar (de/con), divulgar, editar, empezar, encuadernar, enfrascarse (en), escribir, estudiar, extractar, fraguar(se)[70], girar (sobre algo), glosar, hojear, ilustrar, imprimir, interesar (a alguien), internar(se) (en), jalonar, lanzar, leer, memorizar, prologar, promocionar, publicar, refundir, relanzar, resumir, saborear, sacar (a la luz), terminar, traducir, tragarse, tratar (de/sobre), versar (sobre algo)**

☐ Véase también: **lector, lectura, novela, texto.**

licencia ♦ **acreditativo, caducado, condicional, en vigor, temporal** ♦ **caducar, cancelar, conceder[17], dar[43], denegar[14], expedir, extender, impugnar[39], negar[77], obtener, pedir, prorrogar[6], renovar, revocar[9], sacar(se), solicitar, tomar(se), tramitar, vencer[81]**

☐ Véase también: **autorización, beneplácito, carta blanca, permiso.**

[lid] → **en buena lid**

líder ♦ **carismático, conservador, curtido, destacado, discutido, empresarial, espiritual, histórico, imbatible, independentista, indiscutible, indiscutido, insuperable, invicto, invulnerable, militar, obrero, opositor, parlamentario, político, popular, principal, progresista, rebelde, sindical, unionista** ♦ **acatar, aclamar, apoyar, continuar (de), convertir(se) (en), deponer, derrocar, desbancar, desplazar, destronar, encarnar, elegir, erigir(se) (como/en), jalear, nombrar, ovacionar, relegar, renovar, respaldar, seguir, valorar, vitorear**

☐ Véase también: **guiar, liderar.**

liderar ♦ **cómodamente, con autoridad, con decisión, con éxito[41], con firmeza[40], con mano de hierro[11], democráticamente[31], eficazmente, eficientemente, holgadamente[12]**

☐ Véase también: **abanderar, capitanear, dirigir, guiar.**

liderato ♦ **breve, firme, fugaz, largo, provisional, seguro** ♦ **acariciar[26], afianzar(se)[10], alcanzar, arrebatar, aspirar (a), ceder, cimentar[26], conservar, consolidar, defender, dilucidar[22], fortalecer(se), gozar (de), luchar (por), mantener, ocupar, ostentar, perder, permanecer (en), recuperar, revalidar, robustecer(se), tambalearse**

☐ Véase también: **líder, liderazgo.**

LIDERATO Véase: PREEMINENCIA

liderazgo ♦ **autoritario, claro, destacado, férreo, firme, fugaz, imbatible, incuestionable, legítimo, ostensible**[42]**, reconocido** ♦ **capacidad (de)** ♦ **afianzar(se)**[11]**, alcanzar, arrebatar, aspirar (a), asumir, conceder**[69]**, conservar**[17]**, consolidar, dilucidar**[23]**, ejercer**[29]**, forjar**[42]**, fortalecer(se)**[14]**, gozar (de)**[48]**, imponer**[6]**, luchar (por), mantener, ostentar**[2]**, perder, recuperar, reforzar, refrendar**[3]**, revalidar**[15]**, robustecer(se)**[13]**, socavar**[13]**, tambalear(se)**

□ Véase también: **liderato**.

lidiar *v.* ▮ En el sentido de 'torear', se combina con sustantivos que designan reses *(novillo, toro, res)*. En el sentido de 'luchar o pelear', se construye generalmente con la preposición *con* en alternancia con el complemento directo *(lidiar las dificultades / lidiar con las dificultades)*. Admite sustantivos que designan personas *(empresario, espectador, jefe)*, enfermedades o dolencias *(gripe, cáncer, contagio, dolor)* y otros muchos sustantivos, pero destacan especialmente los...

A SUSTANTIVOS QUE DESIGNAN SITUACIONES O ESTADOS DE CONFLICTO O DIFICULTAD, ASÍ COMO ALGUNAS DE SUS CAUSAS O DE SUS CONSECUENCIAS: **1 problema ++:** Pero pocos analizan cómo están *lidiando* el problema los países receptores. SEM061100 **2 crisis +:** A Delgado le tocó entonces *lidiar* la dura crisis industrial de los años setenta. EPE070999 **3 conflicto:** De poco le sirvieron sus estudios de ingeniería para *lidiar* el conflicto de la autovía de Leizarán... EPE280599 **4 complicación:** ...nunca tienen que *lidiar* con las incomodidades y complicaciones de la vida real. EPE241199 **5 confusión:** ...Dinita también tendrá que *lidiar* con una confusión entre ella y su excéntrico novio... EPE011001 **6 preocupación:** Los ciudadanos *lidiaban* con la sorpresa, la preocupación y el miedo dentro de sus casas y se resistían a exteriorizar estas sensaciones. EME280396

B SUSTANTIVOS QUE DESIGNAN LO QUE SE CONSIDERA CIERTO, REAL, PRESENTE O INMEDIATO: **7 realidad +:** Aprender a *lidiar* con la realidad es un reto que muchos no alcanzan a asumir... RUM201097 **8 vida:** ...las mozas veinteañeras tienen posibilidades de *lidiar* la vida en ruedos mucho más hermosos... LVE310596 **9 hecho:** Más mérito tiene *lidiar* con los hechos cotidianos que afrontar una sola vez una situación excepcional. INDOC

C SUSTANTIVOS QUE DESIGNAN ESTADOS DE VACILACIÓN O DE FALTA DE CERTEZA: **10 duda:** Utilizando un símil taurino diré que no estoy ni en el sol ni en la sombra, sino en la arena *lidiando* con mis propias dudas. ABC250294 **11 incertidumbre:** ...este licenciado en Márketing ha tenido que (...) *lidiar* con la incertidumbre a la que se ve sometida el inmigrante al que le faltan documentos. EPE150899 **12 dilema:** Chile es tan solo uno de los muchos países que han tenido que *lidiar* con ese dilema moral. EPE240299

D SUSTANTIVOS QUE DESIGNAN DIVERSAS SITUACIONES DE INFORTUNIO: **13 tragedia:** La curva (...) proporciona una vida «en calma» a estos hermanos, acostumbrados a *lidiar* con la tragedia ajena. EPE081201 **14 debacle:** De allí dio el salto (...) a la secretaría de Programación y Presupuesto, desde donde tuvo que *lidiar* con la debacle económica que siguió a la crisis de 1982. EME050395 **15 desastre:** ...en el improbable caso de que tal enmienda sea aceptada, ésta paralizaría al gobierno federal (...) para *lidiar* con desastres regionales. ENH140497 **16 muerte:** Lo normal es no saber cómo afrontar la muerte, pero en cambio sí sabemos cómo *lidiar* con nuestras muertes cotidianas... LVE011196

E SUSTANTIVOS QUE DESIGNAN JUICIOS O PUNTOS DE VISTA: **17 opinión +:** Pujol deberá *lidiar* con la opinión mayoritaria de su partido... LVE100396 **18 crítica +:** A Olano le tocó en suerte *lidiar* con las críticas... EPE130799 **19 juicio:** ...hubo de *lidiar* con el juicio de los golpistas del 23 de febrero de 1981... EME290494

F SUSTANTIVOS QUE DENOTAN TRIUNFO O ESTADO DE RECONOCIMIENTO: **20 éxito:** Todo ello le enseñó a *lidiar* con el éxito, y lo que le faltaba se lo ha enseñado el gran Sean Connery... EPE210599 **21 fama:** La astronauta reconoció que aún no sabe cómo tendrá que *lidiar* con su recién adquirida fama. EPE250799

G SUSTANTIVOS QUE DENOTAN REQUISITO O REQUERIMIENTO NECESARIOS PARA LA EJECUCIÓN O EL CUMPLIMIENTO DE ALGUNA COSA: **22 exigencia +:** ...tendrá que *lidiar* con las exigencias de los mismos nacionalistas... EPE100299 **23 condición:** ...el agresivo programa de planificación familiar es una forma de *lidiar* con las horribles condiciones de salud de la mujer. ENH110198 **24 requisito:** No les quedará otro remedio que *lidiar* con los requisitos que les impongan. INDOC

▩ Se combina también con: ♦ **mano a mano**[3]

□ Véase también: **combatir, combativo, librar(se)**.

ligar *v.* ▮ Se construye con sustantivos en plural *(ligar pensamientos)*, coordinados por la conjunción *y (ligar un pensamiento y otro)* o unidos con la preposición *con (ligar un pensamiento con otro)*. En el sentido de 'unir o relacionar', se combina generalmente con sustantivos que designan objetos dotados de filamentos *(cuerda, hilo, alambre)*, así como ciertos órganos *(tendón, trompas de Falopio, músculo)*. En el sentido de 'establecer contacto con fines amorosos o sexuales', propio de la lengua coloquial, se combina con sustantivos que designan personas *(mujer, chico, hombre)*. Admite asimismo sustantivos que designan diversos lances deportivos *(pase, jugada, juego)* y otros que expresan signos articulados *(palabra, frase)* no necesariamente verbales *(nota, melodía)* en alguna serie o una secuencia. También se combina con otros muchos sustantivos, especialmente con...

A SUSTANTIVOS QUE DESIGNAN EL FUTURO, ASÍ COMO DIVERSAS NOCIONES PROSPECTIVAS RELACIONADAS CON EL AZAR U OTRAS CIRCUNSTANCIAS QUE PUEDE DEPARAR EL CURSO DE LOS ACONTECIMIENTOS: **1 suerte ++:** La peseta tiene *ligada* su suerte al euro desde el pasado 1 de enero... EPE080900 **2 futuro ++:** «El futuro de las carreras de caballos en España va estrechamente *ligado* al de la nueva apuesta», según el consejero delegado del hipódromo. EME280495 **3 destino +:** Su vida y su destino están *ligados* a los de millones de seres, y su responsabilidad es también la de todos ellos. LVE011295 **4 porvenir:** La necesidad suprema era constituir el país, darle una ley común, sacar al gobierno de lo arbitrario y *ligar* el porvenir de la República al porvenir de las instituciones. LNA300692

B SUSTANTIVOS QUE DENOTAN ACCIÓN CONCERTADA O RESOLUCIÓN, GENERALMENTE CONJUNTA: **5 acuerdo** +: Es decir, que no había necesidad de *ligar* ese acuerdo al respaldo de los Presupuestos. EME031196 **6 negociación** +: ...le parece más indicado que la negociación sobre financiación autonómica vaya *ligada* a la de los Presupuestos del 97, que el PP tendrá que pactar ineludiblemente con CiU si quiere gobernar. EME300396 **7 decisión** +: ¿Esta decisión está *ligada* a la necesidad de cumplir con normas del Banco Central sobre liquidez? CLA280601 **8 pacto:** ...el pacto para que Morales ocupara la presidencia de ese organismo estaba *ligado* al acuerdo en el Ayuntamiento de Vélez-Málaga... EPE230999

C SUSTANTIVOS QUE DESIGNAN RECURSOS, PLANES O IDEAS CONCEBIDAS COMO MEDIOS PARA ALCANZAR UN FIN: **9 proyecto** +: En opinión del presidente de la Generalitat, «la vertebración de España fue un proyecto *ligado* al tránsito del pasado siglo al XX, cuando el diagnóstico de aquella España era el de la decadencia». EPE201099 **10 idea** +: La idea del líder del PP va *ligada* a la apuntada por el portavoz de Medio Ambiente en el Congreso... EME191295 **11 plan:** El plan está *ligado* al cumplimiento de los objetivos del Programa Uno... EPE311299 **12 noción:** El simbolismo y la magnificencia están reflejados en los materiales que ha seleccionado Alfredo Morales, para quien la noción de fiesta está *ligada* en el Renacimiento a la idea de lo sagrado... EPE190900 **13 estrategia:** La estrategia del Ayuntamiento de Cadaqués para aprovechar el impacto turístico del parque va *ligada* a su proyecto de habilitar una dársena en cala Calders. LVE250596

D SUSTANTIVOS QUE DENOTAN EMOCIÓN O SENTIMIENTO: **14 emoción:** Una emoción estrechamente *ligada* a la aventura personal de Távora... EPD290797 **15 afecto:** Es verdad que nunca he puesto tanto empeño en una película para *ligar* todo el afecto a una figura. EPE291199 **16 sensibilidad:** Nuestro país es para él más que una influencia, ya que aquí encuentra «un espíritu y una sensibilidad *ligada* a un gran sentido del humor que comulga mucho con mi pintura y con mi manera de entender la vida». EME220295 **17 sentimiento:** ...sabemos que los sentimientos de Cataluña estuvieron muy *ligados* al club durante el franquismo, y se expresaban muchas cosas en el estadio. LVE080996

E OTROS SUSTANTIVOS; POSIBLES USOS ESTILÍSTICOS: Desde entonces, su vida y milagros estarían indisolublemente *ligados* al continente asiático. EME300195

▩ Se combina también con: ♦ **estrechamente**[7], **indisolublemente, inseparablemente, íntimamente, irrevocablemente**[16], **profundamente**[57]

☐ Véase también: **atar, relacionar(se), unir(se), vincular(se).**

ligeramente *adv.* ▮ Como modificador verbal se combina con verbos que designan cambios de estado, y especialmente con...

A VERBOS QUE DENOTAN INCREMENTO O MEJORA: **1 aumentar** ++: El número de delitos descendió un 6,4%, mientras que las faltas aumentaron *ligeramente*, un 0,54%. ENC060599 **2 subir** +: En realidad, las tarifas subirán *ligeramente* en 0.9 por ciento en el este de Broward y 0.1 por ciento en el sureste. ENH090497 **3 mejorar** +: Ayer superó los 140.000 títulos y su precio mejoró *ligeramente*, 5 pesetas, hasta cerrar a 3.055 por título. LVE020295 **4 avanzar** +: El mercado, que avanzó *ligeramente* en la sesión previa, abrió al alza... ETC311096 **5 recuperarse** +: Los precios se recuperaron *ligeramente* hasta niveles de $15.40, lo que representa una caída de 10 centavos. ENH130198 **6 incrementar** +: El campus de Vigo ve incrementadas *ligeramente* tales medias. FDV280301 **7 elevar** +: El desenfado (...) se traduce a menudo en frecuentes descuidos en la escritura que es difícil pasar por alto: concordancias erróneas («un bigote [...] con ínfulas de elevarse *ligeramente* le ponen cierto aire romántico»... ABC040394 **8 ampliar** +: ...en tal posición acabó por ampliar *ligeramente* el diferencial con el bono alemán a 10 años. LVE040796 **9 levantar:** El bloqueo (...) fue *ligeramente* levantado tras las elecciones generales celebradas en este país el 29 de mayo. EME170796

B VERBOS QUE DENOTAN DISMINUCIÓN O RETROCESO: **10 descender** +: Las acciones de la eléctrica pública han descendido *ligeramente* respecto al precio en que se encontraban en el momento que se anunció la privatización de un 10%. EME180594 **11 disminuir** +: Por contra, el saldo de rentas tuvo un notable empeoramiento, mientras que el superávit por transferencias disminuyó *ligeramente*. EME191096 **12 bajar** +: El número de desempleados en Alemania, aunque ha bajado *ligeramente* en el mes de marzo, se mantiene muy próximo a los 4 millones... EME070494 **13 reducir** +: ...España es uno de los países donde ese nivel de desigualdad se ha reducido *ligeramente* en la última década... EME110295 **14 caer** +: ...ha forzado al Bundesbank durante los últimos meses a relajar su política monetaria reduciendo los tipos de interés y dejando caer *ligeramente* al marco. EME070196 **15 rebajar** +: ...con el ejercicio de 1999 se conseguirá rebajar *ligeramente* la deuda acumulada en 1998... ENC280499 **16 retroceder** +: En octubre, por el mismo título la tasa fue del 10,29, en noviembre trepó al 11,29 y en diciembre retrocedió *ligeramente* hasta un 11,25. CLA210199 **17 replegarse** +: También los mercados argentinos, que se replegaron *ligeramente* aunque con un escaso volumen de operaciones... EPU170701 **18 devaluar** +: En segundo lugar, el tipo de cambio tendería a devaluarse *ligeramente* en vista que se provocaría una mayor demanda de divisas... PLG090497 **19 mermar** +: ...los vigueses encuentran aquí *ligeramente* mermada su capacidad de ahorro... FDV050401 **20 descolgarse:** Por su parte, Santa Cristina se ha descolgado *ligeramente* al empatar a cinco goles con Calporc... ENC300301 **21 retrasar:** Los estudios al respecto afirman que el ciclo inversor en la economía española está en fase o *ligeramente* retrasado respecto al consumo. LVE080795

C VERBOS QUE DENOTAN SUPERACIÓN O ADQUISICIÓN DE VENTAJA O DIFERENCIA EN RELACIÓN CON ALGO O ALGUIEN: **22 superar** ++: Pero la compañía reportó que sus utilidades operativas fueron de 219 millones de dólares (...), un nivel que superó *ligeramente* las expectativas de los analistas. DYM240796 **23 rebasar** +: Los resultados de Merrill Lynch rebasaron *ligeramente* las expectativas de los analistas. DLA141097 **24 exceder** +: El jurado se reserva el derecho, en forma excepcional, de calificar favorablemente un cuento que exceda *ligeramente* dicho límite... CAP010896 **25 aventajar +:** ...encontraron como duros rivales a los colombianos, mientras los anfitriones *ligeramente* aventajaban a ecuatorianos y bolivianos... DHE201097 **26 sobrepasar +:** ...ha habido reproches e invectivas por ambas partes que sobrepasan *ligeramente* lo políticamente correcto si se tiene en cuenta... CAN070301 **27 anticiparse +:** La hora es histórica, y Harold Wilson está sin duda confiado cuando provoca en 1970 unas elecciones *ligeramente* anticipadas. LVE260595 **28 adelantar:** Venezuela adelantaba *ligeramente* a Colombia en el cuadro de medallas oficial... DHE201097

D VERBOS QUE DENOTAN VARIACIÓN, EVOLUCIÓN O MODIFICACIÓN DE ALGO, A MENUDO COMO CONSECUENCIA DE LA ACCIÓN DE MANIPULARLO FÍSICA O FIGURADAMENTE. TAMBIÉN CON OTROS QUE DESIGNAN LOS PROCESOS QUE DESEMBOCAN EN ESOS MISMOS ESTADOS: **29 modificar +:** El preacuerdo (...) modifica *ligeramente* las jubilaciones anticipadas forzosas y mantiene las fórmulas para ejercer el cálculo de las pensiones de invalidez. CAN250996 **30 variar +:** ...de acuerdo con el comunicado de prensa entregado en el acto, las versiones para cada país pueden variar *ligeramente*... EXC230996 **31 cambiar +:** Si se admite esta perspectiva, la disyuntiva de la DC cambia *ligeramente* de eje... HOY140497 **32 corregir +:** ...una mínima apreciación del franco, corregida *ligeramente* a la baja tras conocerse la composición del gabinete. EME081195 **33 inclinar (se) +:** ...se forma por un presidente inclinado *ligeramente* a un extremo, con un vicepresidente inclinado al otro. EPE230899 **34 mover(se) +:** ...este descuento movió *ligeramente* a la baja ayer a los tipos de los plazos más largos. LVE160796 **35 ladear +:** El aparato se ladeó *ligeramente* hacia un lado y hacia otro y terminó posándose en el asfalto. EME250394 **36 alterar(se):** Se mostró a favor de «alterar *ligeramente*» la composición del consejo de administración para dar mayor participación a los ayuntamientos... LVE120796 **37 escorar(se):** El programa de nombres extranjeros estará *ligeramente* escorado hacia el «minimal» y «post minimal»... ABC311292 **38 apartar(se):** Estas son las dos únicas excepciones en las que la sociedad sudanesa se aparta *ligeramente* de la ortodoxia del fundamentalismo islámico. EME090895 **39 arquear:** ...ser y representar simultáneamente una cosa y su contraria sin mover una ceja, o arqueándola *ligeramente* como mucho. EPE210699 **40 suavizar(se):** Esa norma brasileña fue *ligeramente* suavizada para el Mercosur el 2 de abril... CLA240497 **41 torcer(se):** ...un camino sobre una falla se había movido, o que una casa sobre otra falla estaría *ligeramente* torcida, pero nada más. ETC011287 **42 evolucionar:** Esta tendencia evolucionó *ligeramente*, preocupado por la relación objetiva de lo representado. ABC100792

E VERBOS QUE DESIGNAN LA ACCIÓN DE CAUSAR DETERIORO O MENOSCABO EN PERSONAS O COSAS, CON EFECTOS FÍSICOS O SIN ELLOS. TAMBIÉN CON OTROS QUE EXPRESAN LOS PROCESOS CORRESPONDIENTES A ESAS ACCIONES: **43 herir +:** «Un bombero fue *ligeramente* herido el sábado» y ha sido hospitalizado durante unas horas, afirmó Brian Peterson. ENH240700 **44 deformar +:** Pero mis palabras quedaron *ligeramente* deformadas cuando intentaron empujarme hacia una explicación más liberal. ABC280292 **45 golpear(se) +:** ...a falta de unos veinticinco kilómetros para la meta en la que se golpeó *ligeramente* la rodilla derecha... LVE260595 **46 dañar +:** En este puesto se sacarán a la venta, naturalmente con precios muy reducidos, algunos de los libros que resultaron *ligeramente* dañados. EPE020380 **47 oprimir:** «Se cruzan, desde una a otra ribera del Yangtse, oprimiendo *ligeramente* en ese sitio el curso del río». ABC241293 **48 debilitar(se):** El dólar, que se había fortalecido al calor de las expectativas de bajada de tipos, se vio *ligeramente* debilitado. LVE301195 **49 lesionar(se):** En el Zaragoza Rubén Sosa, Mejías, Casuco y Juliá están *ligeramente* lesionados, pero se cree que podrán jugar. EPE011086 **50 despintar(se):** ...silba al adentrarse en los túneles, trepida sobre un puente, se despinta *ligeramente* bajo el sol y la lluvia... ABC150794 **51 vapulear –:** En realidad, todo había sido un juego con algunas vaquillas, en el que Hemingway resultó *ligeramente* vapuleado. ABC170792

F VERBOS QUE DENOTAN CONTACTO FÍSICO. TAMBIÉN CON OTROS QUE DESIGNAN LA ACCIÓN DE AFECTAR ALGO O DE CAUSAR UN EFECTO ANÍMICO EN LAS PERSONAS: **52 tocar +:** Me toca *ligeramente* en la espalda, y siento entonces que todas estas querellas humanas son nada: sólo es cierto el amor. EXC080696 **53 rozar:** ...el balón salió con fuerza tras rozar *ligeramente* el larguero por la parte superior. DDN030101 **54 afectar:** ...pertenecieron históricamente a los imperios otomano o zarista y sólo les afectaron *ligeramente* los acontecimientos... ABC020793 **55 influir:** Las crisis económicas y políticas que afectan a algunos países como Colombia han influido *ligeramente* en la bajada de este mercado... EPE071099 **56 sobresaltar:** Tal afirmación sobresalta *ligeramente* al lector, pero el menestral retirado no vuelve a aparecer... ABC260595 **57 atormentar –:** ...creció alimentándose en una psicología difícil, *ligeramente* atormentada, que luego le sirvió para crear el personaje que lo ha hecho célebre... ABC170792 **58 asustar:** Que los marchantes de arte están *ligeramente* asustados porque sus clientes... ABC290494

G ALGUNOS VERBOS DE PERCEPCIÓN: **59 apreciarse:** Se apreciaba *ligeramente* el golpe que le había dado al coche. INDOC **60 percibir:** Ligeramente sigo percibiendo que la esperanza me azota como melodía escondida en mi piel... RUM031197 **61 notar:** En estos días se ha notado *ligeramente* un descenso de la demanda de este tipo de carne... CAN291100

H OTROS VERBOS; POSIBLES USOS ESTILÍSTICOS: ...amantes de doctrinas temerosos de que las virtudes (...) puedan ser *ligeramente* despachadas... ABC210194; El texto teatral se hizo vehículo de tribunas políticas *ligeramente* prestadas. EUV080197

☐ Véase también: **ligero (de), someramente.**

ligereza ♦ sumo[80]

☐ Véase también: **rapidez, velocidad.**

[ligero] → a la ligera, ligero (de)

ligero (de) ♦ casco, equipaje, peso, ropa

☐ Véase también: **exento (de), ligeramente, limpio (de).**

[lima] → como una lima

limar *v.* ▮ En su sentido literal se combina con sustantivos que designan cosas materiales rígidas, sean metálicas *(barrote, gatillo, moneda)*, o no *(uña, diente, colmillo)*. En su sentido figurado se combina con...

A SUSTANTIVOS QUE DESIGNAN LO QUE IMPIDE QUE LAS COSAS ENCAJEN, SE ASIENTEN O SE AJUSTEN ADECUADAMENTE. SE INTERPRETAN CASI SIEMPRE EN SENTIDO FIGURADO: **1** aspereza ++: Esta conversación *limó* las asperezas, pero no se alcanzó una auténtica normalización. PME190197 **2** arista +: ...jugaron un papel importante en la reunión, moderando posturas, concertando voluntades, *limando* aristas y presentando la cara amable del país anfitrión. DLA090797 **3** roce: Claro que también es una forma de *limar* roces y definir protagonismos... ABC170694

B SUSTANTIVOS QUE DESIGNAN CIERTAS MAGNITUDES, CASI SIEMPRE ECONÓMICAS: **4** cifra: Han sido procesados por haber maquillado y *limado* las cifras. INDOC **5** coste: Han *limado* los costes para ajustarlos al presupuesto. INDOC **6** ganancia: Las realizaciones de beneficios acabaron instalándose en el mercado, *limaron* las ganancias obtenidas hasta ese momento y las redujeron hasta poco más del 2%... LVE030995

C ALGUNOS SUSTANTIVOS QUE DENOTAN IMPEDIMENTO U OPOSICIÓN A ALGO EN DIVERSOS GRADOS: **7** reticencia +: Sólo creo que se han de *limar* todas las reticencias que existen entre pueblos vecinos para un funcionamiento solidario y de iniciativas compartidas. LVE230196 **8** obstáculo +: ...anunció que el secretario (...) volverá a los Balcanes este fin de semana para intentar *limar* los obstáculos que están surgiendo ahora en el proceso de paz... LVE090296 **9** dificultad: ...los ministros de Exteriores y Defensa se encargan de *limar* las últimas dificultades fuera de las fronteras nacionales. EME181096

D ALGUNOS SUSTANTIVOS QUE DESIGNAN LO QUE SE CONSIDERA INSIGNIFICANTE O DE ESCASA IMPORTANCIA: **10** detalle ++: Sólo quedan por *limar* algunos detalles de menor importancia para hacer público el pacto. EPE150999 **11** aspecto: ...dijo que para la transferencia faltan *limar* algunos aspectos que terminarán de definirse hoy en una reunión con el presidente... CLA290199

E SUSTANTIVOS QUE DESIGNAN MANIFESTACIONES DE DESIGUALDAD, DIVERGENCIA O DISENSO: **12** diferencia ++: En fin, se aprecia una pretensión de *limar* las diferencias entre los humanos. LEC020597 **13** discrepancia +: ...no existen razones de fondo para romper el pacto firmado ahora hace un año por los tres partidos de izquierda (PSC, IC-EV y ERC) y se llegó a cierto compromiso para *limar* discrepancias. LVE011096 **14** divergencia: ...la reunión de Toronto ha permitido *limar* las divergencias entre Tokio y Lima acerca de la manera de solventar la crisis. DLA030297 **15** desigualdad: ...no se trata de quitar o poner, sino de redistribuir el conjunto de la riqueza para *limar* un tanto desigualdades y prestar servicios públicos... ABC230695 **16** desacuerdo: ...aceptaron ayer acudir a Roma donde mañana intentarán *limar* desacuerdos que permitan prosperar en la aplicación del plan de paz diseñado en Dayton. EME160296 **17** contraste –: ...es probable que se conceda una pausa de 24 horas antes del juramento para acabar de *limar* los posibles contrastes... LVE170596

F OTROS SUSTANTIVOS; POSIBLES USOS ESTILÍSTICOS: ...camino para *limar* el egoísmo y crecer en el desprendimiento de uno mismo y en el amor. LVE251296

limitación ♦ **considerable, drástico[13], estricto[22], fuerte, grave, notable, ostensible[24], serio[47], severo[40], sujeto (a)** ♦ **aceptar, adaptar(se) (a), burlar[10], encontrar(se) (con), imponer, neutralizar, rechazar, sufrir[45], superar, tropezar(se) (con)[8], vencer[9]**

☐ Véase también: **barrera, censura, embargo, límite, obstáculo, prohibición.**

limitar(se) ♦ **considerablemente[21], drásticamente[7], en exclusiva[37], notablemente[31], seriamente[17], severamente[29]**

☐ Véase también: **ceñir(se) (a), delimitar, demarcar, extremar, pasarse (de), reducir(se).**

[límite] → **al límite**

límite ♦ **borroso[2], claro, consciente (de), difuso, estrecho[2], estricto[19], férreo[95], fijo, flexible[44], frágil[30], inalcanzable[31], inestable, infranqueable, inhumano[47], insalvable[18], inseguro, insuperable, nítido, severo[41], sobrehumano, variable** ♦ **al borde (de), dentro (de)** ♦ **abolir[39], acariciar[34], aceptar, acotar[3], asumir, bordear[1], ceñir(se) (a)[33], cruzar, demarcar, desbordar(se)[1], dibujar, difuminar(se)[2], dilucidar[56], diluir(se)[13], establecer[43], exceder, fijar, ignorar, imponer, infringir[27], llegar (a), marcar[23], oponer, pasar, poner, prescribir, pulverizar[17], rebasar[1], saltarse[3], salvar, sobrepasar[18], superar, tener, transgredir[17], trascender, traspasar, trazar[47], violar[33], vulnerar[33]**

☐ Véase también: **abarrotado, abigarrado, a rebosar, a reventar, barrera, confín, cota, extremo, final, frontera, hasta el cansancio, hasta la saciedad, horizonte, limitación, lleno, obstáculo, por completo, tope, umbral.**

LÍMITE

♦ (SUSTANTIVOS) Véase: **abismal[B], acariciar[F], acotar[A], aliviar[G], apretado[E], aproximado[G], asfixiante[B,H], astronómico[E], batir[D], bordear[A], borroso[A], burlar[B,D], ceñir(se) (a)[F], conceder[H], cuadrar[C], de hierro[F], desbordar(se)[A], desorbitado[F], difuminar(se)[A], dilucidar[I], diluir(se)[C], echar[E], escalar[C], establecer[G], estirar[B], estrechar[B], estrecho[A], estricto[C], frágil[G], inalcanzable[F], incumplir[G], infringir[F], inhumano[K], insalvable[C], irreconciliable[H], levantar[C], marcar[D], negociar[C], oponer[A], pulverizar[B], rebajar[H], rebasar[A], serio[J], severo[F], sobrepasar[D], sufrir[H], transgredir[B], trazar[G], violar[D], vulnerar[G]**

♦ (VERBOS) Véase: **a ciencia cierta[C], categóricamente[H], con detalle[D], drásticamente[B], en exclusiva[H], fugazmente[B], nítidamente[C,D], notablemente[C], peligrosamente[A], severamente[E]**

☐ Véase también: DESTINO; FINAL.

LÍMITE Y CONTORNO Véase:

♦ **abarrotado, abigarrado, lleno**

♦ **a rebosar, a reventar, hasta la saciedad**

♦ **arista, barrera, borde, contorno, costa, cota, exceso, extremo, final, frontera, horizonte, limitación, tope**

♦ **bordear, delimitar, delinear, demarcar, perfilar(se), trazar**

☐ Véase también: *FINAL*

limosna ♦ **abundante, desinteresado, exiguo, interesado, misericordioso, raquítico, sustancioso** ♦ **arrancar (a alguien), conceder, dar, dispensar, entregar, implorar[5], mendigar, ofrecer, pedir, rogar**
☐ Véase también: **donación, regalo, súplica.**

limpiamente *adv.* ▮ En el sentido de 'honestamente, con corrección' se combina con...

A VERBOS QUE DESIGNAN LA ACCIÓN DE SOBREPASAR UN LÍMITE, ASÍ COMO LA DE IMPONERSE A ALGUIEN U OBTENER LA VICTORIA FRENTE A UN ADVERSARIO: **1 ganar** ++: ...precisó que unos agentes se ofrecieron para apoyar por soborno durante la votación de 1997 que fue ganada *«limpiamente»* por Atenas. CLA270199 **2 vencer** +: ...como estrategia para convencer a sus militantes, para convocar a más simpatizantes, y para vencer *limpiamente* en la contienda por el poder público. EXC230996 **3 derrotar** +: ...se sumó con armas y bagajes para enfrentarse y derrotar *limpiamente* a un rival político que hoy se beneficia de su gesto. LVE150295 **4 imponer** +: ..un equipo que impuso *limpiamente* su libro de estilo y se adelantó por dos veces en el marcador. EME150496 **5 batir** +: ...para llegar a enterarnos de que Zabel batía *limpiamente* a Cipollini y que Moncassin conseguía el liderato gracias a las bonificaciones. EME030796 **6 superar** +: ...porque el riesgo que entraña el empeño se supera *limpiamente* una y otra vez sin verse lesionado en ningún momento... ABC200594 **7 desbordar:** Cuando iban 37 minutos el argentino Raúl Cardozo desbordó *limpiamente* por la izquierda del avance de su equipo y envió un centro rasante... EPU041001

B VERBOS QUE DESIGNAN LA ACCIÓN DE PARTICIPAR EN UNA COMPETICIÓN O EN UN ENFRENTAMIENTO: **8 competir** +: Creo que nos beneficia a todos los que competimos *limpiamente.* EME021195 **9 participar** +: «Quiero participar de lleno *limpiamente* en el proceso de transición democrática...». EME040895 **10 luchar:** «No tengo ni idea acerca de si mis jugadores estaban primados o no, pero está claro que han luchado *limpiamente*». LVE130596

C VERBOS QUE DESIGNAN EL TRANSCURSO DE UN EVENTO: **11 celebrarse** +: Si los comicios se celebrasen *de manera limpia* y democrática, todo apunta a que los seguidores de Moto arrasarían. EME040895 **12 discurrir** +: Cuatro corredores han quedado hospitalizados (...) tras el primer encierro de los Sanfermines 1995, que discurrió ayer *de forma limpia* y rápida. EME080795

D LOS VERBOS *ACTUAR* Y *CUMPLIR*: **13 actuar** ++: ...respecto al insólito veredicto en favor de (...), dijo que «el Juez (...) actuó *limpiamente*». LPN140797 **14 cumplir** +: Que junto a los periodistas que cumplen *limpiamente* su misión de informar hay algunos periodistas... LVE151194
☐ Véase también: **deportivamente, lealmente.**

▮ En el sentido de 'con destreza y sin error' se combina con algunos verbos que designan lances deportivos, más frecuentemente futbolísticos *(rematar, golpear, despejar la pelota)* y también con...

E VERBOS QUE DENOTAN ESCISIÓN: **15 cortar** ++: El caso es que, al día siguiente, el Nessie barrucano desapareció de su amarre, que al parecer estaba cortado *limpiamente.* EPE120799 **16 rebanar** +: ...y de un tajo le rebanó *limpiamente* el gaznate. INDOC **17 seccionar:** El cuerpo estaba totalmente desnudo y seccionado *limpiamente...* EPE221199 **18 dividir:** De nuevo, la línea no se estira dividiendo, *limpiamente,* al colectivo de los pobres del colectivo de los ricos. EPE111099

F VERBOS QUE DESIGNAN LA ACCIÓN DE IR O MOVERSE A TRAVÉS DE ALGO, O LA DE CONSEGUIR QUE OTRA COSA LO HAGA. SE USAN EN SENTIDO FÍSICO Y TAMBIÉN EN EL FIGURADO: **19 atravesar** ++: A sus setenta años, esta excelente y prolífica escritora (...) atravesaba *limpiamente* todas las barreras y llegaba al gran público... ABC151191 **20 cruzar:** ...con un barreño cruzado *limpiamente* por barcos de colores... ABC100295 **21 perforar:** ...sino por balas de fusil o de pistola que también han perforado *limpiamente* los radiadores metálicos. EPE270699 **22 agujerear:** Consiguió agujerear *limpiamente* el bizcocho para poder meterle el relleno de chocolate. INDOC

G VERBOS QUE DENOTAN LA ACCIÓN DE QUITAR LA VIDA: **23 ejecutar** ++: El comando del FLNC fue en barco y ejecutó *limpiamente* a dos vendedores de droga importantes. EPE130800 **24 matar:** El disparo lo mató *limpiamente*; al menos, el animal no sufrió. INDOC

H VERBOS QUE DESIGNAN LA ACCIÓN DE SUSTRAER ALGUNA COSA: **25 robar** ++: ...me robaron *limpiamente* la cartera, con dinero, fotos y documentos. LVE240195 **26 sustraer** +: Le sustrajeron *limpiamente* el bolso y no se dio cuenta hasta unos minutos después. INDOC **27 quitar** +: ...por la clásica reacción latina de ir a a por el contrario que te ha quitado *limpiamente* un balón, tras simular un penalti. LVE060794 **28 hurtar:** ...los periódicos de los suscriptores que no madrugan son hurtados *limpiamente* por vecinos que se supone que les saludan amablemente en el ascensor. LVE290595 **29 despojar:** Muy por el contrario, nada más llegar, los ladrones lo visitaron, con toda puntualidad y delicadeza, y lo despojaron *limpiamente.* EPE050999

I ALGUNOS VERBOS QUE DESIGNAN LA ACCIÓN DE LLEVAR A CABO UNA DETERMINADA ACTIVIDAD: **30 ejecutar** +: ...este aparato lleno de antenitas erectas que ejecutan *limpiamente* pequeñas maniobras como si danzara... DLA120797 **31 realizar:** Todas las chicas realizaban *limpiamente* los giros; el listón de la competición estaba muy alto. INDOC
☐ Véase también: **deportivamente, limpiar, limpieza, limpio, limpio (de).**

limpiar ♦ **a fondo[41], de arriba abajo, de punta a punta, en seco, escrupulosamente, minuciosamente, por completo**
☐ Véase también: **barrer, bruñir, limpiamente, limpieza, limpio, limpio (de), solventar.**

limpieza ♦ **a fondo[57], deslumbrante, en profundidad, en seco, escrupuloso, étnico, extraordinario, integral[1], sumo** ♦ **extremar, hacer, llevar a cabo**
☐ Véase también: **lavado, lavar, limpiamente, limpiar, limpio, limpio (de).**

LIMPIEZA Véase: *SUCIEDAD Y LIMPIEZA*

LIMPIEZA
♦ (SUSTANTIVOS) Véase: **a fondo[K], empañar(se)[H], en aras de[C], integral[A], velar (por)[D]**
♦ (VERBOS) Véase: **a fondo[H], pulcramente[A]**
☐ Véase también: SUCIEDAD.

[limpio] → **a carcajada limpia, a empujón limpio, a grito limpio, a patada limpia, a tiro limpio, en limpio, limpio (de), pasar a limpio**

limpio ▮ *(adj.)* ♦ **como el agua, como la nieve, como los chorros del oro, como una patena** ♦ **alma, amor, arte, batalla, campaña, carrera, color, combate, competición, conciencia, corazón, corte, dinero, ejecución, elección, energía, enfrentamiento, espíritu, expediente, fotografía, gobernante, gobierno, gol, guerra, horizonte, imagen, intención, juego, jugada, juicio, mentalidad, mente, mirada, objetivo, ojo, operación, palabra, partido, pase, pelea, persona, proceso, propósito, regate, remate, reputación, sonido, tanto, texto, trabajo, trayectoria, victoria, voz** ▮ *(adv.)* ♦ **jugar**
☐ Véase también: **limpiamente, limpiar, limpieza, limpio (de).**

limpio (de) *loc.adj.* ▮ Se construye generalmente con sustantivos no contables *(limpio de grasa; limpio de basura)*, o con sustantivos contables en plural *(limpio de espinas; limpio de manchas)*. Conforma la expresión lexicalizada *limpio de polvo y paja*. Se combina a menudo con sustantivos de persona que designan individuos o colectivos generalmente considerados peligrosos o indeseables *(limpio de criminales; limpio de enemigos)*. Se combina asimismo con otros muchos sustantivos, pero destacan especialmente los...

A SUSTANTIVOS QUE DESIGNAN, A VECES METONÍMICAMENTE, ACTOS CONTRARIOS A LOS CÓDIGOS ÉTICOS MORALES, RELIGIOSOS O LEGALES. TAMBIÉN CON OTROS QUE EXPRESAN ALGUNOS DE SUS EFECTOS: **1 culpa ++:** ...el que esté *limpio* de culpas que tire la primera piedra... PME260197 **2 pecado ++:** Y estos problemas ayudarán a que [los talibanes descarriados] queden *limpios* de sus pecados. EPE161101 **3 sangre ++:** ...hay personas con las «manos *limpias* de sangre» con las que es posible volver a empezar. EME151295 **4 corrupción +:** El panorama actual es distinto porque el Gobierno actual gestiona bien, está *limpio* de corrupción... EME281296 **5 corruptela:** Tras 42 años de trayectoria, es el único político en activo que presume de estar *limpio* de corruptelas. EPE190499

B EL SUSTANTIVO *RESPONSABILIDAD* Y CON OTROS QUE DENOTAN IMPUTACIÓN EXPLÍCITA, SUPUESTA O POSIBLE DE ALGÚN ACTO INAPROPIADO: **6 responsabilidad ++:** Las conclusiones fueron que si algún militante se ha visto salpicado será su problema, pero que el partido está *limpio* de responsabilidad. EPE080900 **7 sospecha ++:** De esta forma su renuncia quedaría *limpia* de sospecha. EME010295 **8 implicación:** ...no sólo está *limpio* de implicación en el fraude, sino también de cualquier falta. EPE150799 **9 duda:** ...el ciclista del momento, *limpio* de toda duda hasta la semana pasada (...) es también otro sospechoso más. EPE110599 **10 acusación:** ...han pactado buscar un nuevo secretario general de la Alianza «*limpio* de acusaciones»... EME221095

C SUSTANTIVOS QUE DENOTAN CANTIDAD ECONÓMICA QUE SE DEBE SATISFACER O QUE INTERVIENE EN ALGUNA TRANSACCIÓN COMERCIAL: **11 deuda:** Cuando Akzo se marchó dejó a la empresa *limpia* de deudas... LVE150695 **12 gasto:** Por esta operación le quedaron a Boca 530.000 dólares *limpios* de todo gasto... CLA211187 **13 impuesto:** ...el Lazio le ofrecía a De la Peña 200 millones anuales *limpios* de impuestos... LVE030696 **14 ingreso:** Cuando eso sucedió escribí una carta insolente (...), vaticinándole su caída y mi ingreso a Palacio, seguramente de la mano de su reemplazo constitucional y *limpio* de sospechosos ingresos. ETC150996 **15 reserva:** ...las vacas locas han dejado al departamento *limpio* de reservas o margen de maniobra. EPE121101 **16 dinero:** En sus palabras, que los felipistas dejan el gobierno tan *limpio* de dinero como de vergüenza. EME020496

D SUSTANTIVOS QUE DESIGNAN DIVERSOS ELEMENTOS Y CARACTERÍSTICAS QUE PUEDEN FORMAR PARTE DE LOS TEXTOS, MÁS FRECUENTEMENTE SI SE CONSIDERAN EQUIVOCADOS O SUPERFLUOS: **17 errata +:** Con sensatas modernizaciones de ortografía, los textos aparecen *limpios* de erratas... ABC120894 **18 nota:** Antonio Fernández Ferrer (...) ha optado en este caso por ofrecer una texto *limpio* de notas... ABC081093 **19 casticismo:** El lenguaje coloquial de Manuel Hidalgo, terso, ocurrente y *limpio* de casticismos, continúa fluyendo de ese dios irónico... EME010795 **20 neologismo:** Juglaría urbana, nocturna, llana, *limpia* de pendantería, de neologismos, tecnicismos, barbarismos... EME090494 **21 retórica:** Fue el principio de un Rubalcaba renovado y *limpio* de retórica... EPE220700 **22 floritura –:** ...no renunció a su, hasta ayer, triunfal discurso, tan pulcro como *limpio* de florituras... EPE270999 **23 tópico –:** Su equipaje estaba repleto de ironía, buen juicio y una mirada *limpia* de tópicos... ABC101293
☐ Véase también: **exento (de), limpiamente, limpiar, limpieza, limpio.**

linaje ♦ **antiguo, honroso[75], humilde, ilustre, noble** ♦ **descender (de), proceder (de)**
☐ Véase también: **estirpe, familia, herencia, parentesco.**

[lindo] → **de lo lindo**

[línea] → **a grandes líneas, de línea, en líneas generales, en primera línea, en toda la línea, entre líneas**

línea ♦ **acorde (con)[1], apretado, beligerante[4], blando[18], borroso[5], claro, continuo, convergente, curvo, de actuación, defensivo[2], de flotación, de fuego, de investigación, del frente, de meta, de productos, de puntos, diáfano[8], diagonal, directo** *(línea telefónica)*, **directriz, discontinuo, divergente, divisorio, ecuatorial, entrecortado, frágil[31], fronterizo, homogéneo, imaginario, irreconciliable[28], limítrofe, longitudinal, maestro, nítido, oblicuo, ocupado** *(línea telefónica)*, **ondulado, ondulante, paralelo, perpendicular, primero, quebradizo[32], quebrado, recto, secante, separador, serpenteante, simétrico, tangente, torcido, uniforme, zigzagueante** ♦ **de acuerdo (con), en contra (de)** ♦ **abrir, adherirse (a)[23], bifucar(se), bordear[3], confluir, congestionar(se)** *(línea telefónica)*, **converger, cortar(se), cruzar, dar** *(línea telefónica)*,

describir, desviar(se), dibujar, disentir (de)[17], divergir, enderezar(se), entrecruzar(se), guardar, mantener, marcar, observar, orientar(se) (en), pasar, perfilar, perseverar (en)[8], proseguir, quebrarse, rebasar[5], rectificar[8], seguir[24], separar (de algo), separar(se), sobrepasar, torcer(se), transgredir[18], traspasar, trazar

☐ Véase también: **curva, fila, franja, marco, recta, trazo.**

lineal *adj.* ▮ Admite sustantivos que designan dibujos, gráficos *(trazado, plano, dibujo, diagrama)*, o textos *(relato, novela, narración)*, así como sus partes o sus elementos constitutivos *(argumento, historia, prosa, trama, estilo, guión)*. También acepta sustantivos que designan otros objetos de información *(película, canción, ópera, serie)*, así como ciertos eventos *(recital, espectáculo)*, especialmente si se asocian con el transcurso de hechos o situaciones *(Su vida no tuvo altibajos: fue lineal)*. También se combina con sustantivos que designan cifras o cantidades económicas que han de ser satisfechas o recibidas *(sueldo, impuesto, cuota, pago, tarifa)*, así como con...

A SUSTANTIVOS QUE DENOTAN PROGRESO, EVOLUCIÓN O INCREMENTO. EN ESTE ÚLTIMO CASO AFECTAN A MENUDO A MAGNITUDES DE CARÁCTER ECONÓMICO: **1 progreso ++:** Sólo así, de darse algún balance positivo, podría justificarse la ficción del progreso *lineal*. EPE150999 **2 proceso ++:** ...la teoría de que el desarrollo de la especie humana no fue un tranquilo proceso *lineal*, sino una sucesión de etapas pasivas... ABC080494 **3 evolución ++:** En su intento de contrarrestar aquella visión demasiado tópica de la evolución *lineal* del arte... EME140694 **4 desarrollo ++:** El partido tuvo una desarrollo *lineal*, con algún altibajo que no rompió el argumento. EME270295 **5 subida +:** Los sindicatos endurecen su posición y exigen una subida *lineal* de sueldos. EME140595 **6 aumento +:** ...en relación al bono de transporte, sí será un aumento *lineal* y se tratará en lo posible de que cubra la tarifa más alta... EUV030996 **7 crecimiento:** Si queremos más de lo mismo, está bien, sabemos que vamos a tener un crecimiento *lineal*. EPE281099 **8 incremento:** Los huelguistas solicitan del ministerio ese incremento *lineal* que supondría un total de 16.000 millones. LVE090595 **9 revalorización −:** Este incremento se debe a la revalorización *lineal* que experimentarán todas las pensiones... LVE040896

B SUSTANTIVOS QUE DENOTAN DISMINUCIÓN O RECORTE, TAMBIÉN GENERALMENTE DE NATURALEZA ECONÓMICA: **10 disminución ++:** El Gobierno galo ha optado por una disminución *lineal* de todos los tipos impositivos de la Renta... EME060996 **11 bajada ++:** La nueva normativa optará por una rebaja personalizada a cada contribuyente frente a la posibilidad de una bajada *lineal*. EPE180199 **12 reducción +:** El gobierno también ahorrará unos 500 millones de dólares con la reducción *lineal* hasta en 50% de todos los incentivos... DYM111197 **13 recorte:** ...si el Gobierno regional aprobaba el recorte *lineal* del IAE, su grupo presentaría una moción contra la medida. EME040895 **14 rebaja:** ..y por considerar que conlleva una rebaja *lineal* de las penas para los delitos más graves. EME081195 **15 devaluación −:** La publicación londinense hace el cálculo en base a la (...) política de devaluación *lineal* que no es seguida por el Banco Central de Venezuela. EUV210197

C SUSTANTIVOS DE CARÁCTER VERBAL QUE DENOTAN INFORMACIÓN: **16 discurso ++:** No fue tan elocuente como Sanz y se limitó a pronunciar un discurso *lineal*, aunque impregnado por la euforia reinante. EME240796 **17 razonamiento +:** ...pero ese razonamiento *lineal* casi nunca es correcto en la evaluación de sistemas complejos... EME060995 **18 comunicación +:** ...resulta tan contraproducente como su opuesto, la comunicación *lineal* e informativa, sin una pizca de sal, que deja al público indiferente hasta el bostezo. CLA200199 **19 conversación +:** ...la conversación *lineal* de un texto psicológico en obra coral... LVE270696 **20 explicación +:** ...y tenía que buscar una fórmula para que la explicación *lineal* fuera atractiva. LRE310103 **21 exposición +:** En la primera jornada Vance se limitó a hacer a Hua una exposición *lineal* de la política exterior norteamericana. EPE230877

D SUSTANTIVOS QUE DESIGNAN CONCEPTOS, JUICIOS Y OTRAS FORMAS DE ARTICULAR EL PENSAMIENTO O DE INTERPRETAR LA REALIDAD: **22 visión ++:** En estos tiempos en que una visión *lineal* de la evolución de las sociedades humanas pretende legitimar un presente... EME040395 **23 planteamiento ++:** Primero en función de un planteamiento *lineal*, después ensamblando estructuras... EME250496 **24 pensamiento +:** Como somos los productos del pensamiento *lineal*, creemos que la Historia... ABC011093 **25 concepción:** ...la Teoría de la Relatividad contribuyó a cambiar la concepción *lineal* del mundo... EME170396 **26 interpretación:** Frente a interpretaciones más *lineales*, aunque también posibles, dignas e incluso evidentes... ABC030492 **27 criterio:** La identificación entre índices de producción y bienestar social es un criterio *lineal* y seguro... EME040196 **28 estudio −:** ...es el punto de partida de un estudio *lineal* sobre la correspondencia entre arte y ciencia que define su obra. EME110594

E SUSTANTIVOS QUE DENOTAN ESTRUCTURA, SISTEMA O DISTRIBUCIÓN ORGANIZADA: **29 estructura ++:** La explosión ha dejado una sorprendente huella en forma de estructura *lineal* que se prolonga a través de la parte central del anillo. ABC121193 **30 disposición ++:** ...existe una clara disposición *lineal* narrativa tanto respecto al tiempo como respecto al espacio... ABC150592 **31 sistema ++:** Es por definición, un sistema *lineal* de pensamiento, en que el modelo se construye sobre un conjunto de suposiciones deductivas... EXC190900 **32 orden ++:** Su desarrollo se va completando gradualmente en orden *lineal* a lo largo de siete capítulos... ABC030694 **33 distribución +:** UGT solicita un incremento salarial del 4 por ciento sobre todos los conceptos retributivos, con una distribución *lineal* del 50 por ciento de dicho incremento. FDV200201 **34 diseño:** ...lo hace al dictado de su memoria y desde la propia práctica del diseño *lineal*... ABC041194 **35 esquema:** ...las canciones de Jacquet no siguen esquemas *lineales* ni incurren en predecibles lugares comunes. LVE121296 **36 mecanismo −:** Si el relato (...) hubiera utilizado el mecanismo *lineal* nos hallaríamos ante una novela casi decimonónica... ABC180992 **37 estructuración −:** ...como un tanto trabados en ellas los colores por la fuerte estructuración *lineal* que los dota... ABC170192

F SUSTANTIVOS QUE DENOTAN ORDENACIÓN TEMPORAL: **38 cronología ++:** ...por la calculada introducción de oportunas retrospecciones temporales en la cronología *lineal* del discurso. ABC060594 **39 tiempo:** ...a la vez innovador y tradicional, superado el espejismo historicista que es el espejismo del tiempo *lineal*. EPD270697 **40 temporalización –:** Con escasas retrospecciones en su temporalización *lineal* y una sostenida antítesis entre el pueblo y Madrid... ABC180992

G OTROS SUSTANTIVOS; POSIBLES USOS ESTILÍSTICOS: ...cierta elegancia *lineal* en el tratamiento de los detalles constructivos... ABC140795; ...papeles muy «impresionismo abstracto», y en los que se equilibran muy bien temblor *lineal* y construcción. ABC090793

lío ♦ absoluto, de campeonato[3], de órdago, descomunal, enrevesado[4], inextricable[5], insoluble, mayúsculo[31], monumental[39], pequeño, reinante, total, tremendo ♦ en medio (de), entre[22] ♦ aclarar, armar(se)[1], desenredar, deshacer, destapar[28], enredar(se) (en)[2], hacer(se), meter(se) (en)[8], montar(se)[3], organizar, resolver, solucionar, solventar

☐ Véase también: **alboroto, caos, cisco, desbarajuste, desorden, embrollo, enredo, follón, fregado, gresca, guirigay, laberinto (de), madeja, maraña, ovillo, red, revuelo.**

liquidar ♦ ordenadamente[76], por completo, prácticamente, totalmente, virtualmente[15] ♦ crédito, cuenta, cuota, déficit, deuda, existencias, factura, impuesto, pago, persona, préstamo, problema

☐ Véase también: **abonar, saldar.**

líquido ♦ *(sust.masc.)* **a borbotones, acuoso, claro, denso, espeso, imponible** *(en economía)*, **lleno (de), rebosante (de), transparente, viscoso ♦ inyección (de) ♦ absorber, achicar, afluir, aguar(se), bañar(se) (en), beber, bombear, brotar, bucear (en), bullir, calar, chorrear, correr, derramar, desparramar(se), destilar, diluir(se), disolver(se), empapar (algo), espesar(se), expeler, expulsar, extraer, exudar, filtrar(se), flotar (en), fluir, hervir, impregnar (de), inyectar, manchar (algo/a alguien), mojar, nadar (en), orinar, rebosar, reposar, rezumar, rociar (con), salir(se), salpicar, segregar, tomar, verter, zambullir(se) (en)**

☐ Véase también: **agua, alcohol, fluido, jugo, lágrima, sangre, sudor, vino, zumo.**

lirismo ♦ acusado, apagado, delicado, desbordante[59], escaso, exacerbado, hondo, intenso, profundo, rebosante (de), vivo ♦ muestra (de), punto (de), rapto (de)[13], toque (de)

[lirón] → como un lirón

lisa y llanamente *loc.adv.* ▮ Se combina con...

A VERBOS DE COMUNICACIÓN, MÁS FRECUENTEMENTE VERBAL: **1 decir ++:** Parece tanto como decir *lisa y llanamente* que es mala persona... EME090795 **2 pedir +:** ...pidió ayer *lisa y llanamente* la renuncia del funcionario. LPA220592 **3 afirmar:** ...*lisa y llanamente* afirmó ante la Comisión (...) que «no hay mercado» para el lino español. EPE230799 **4 comunicar:** Me comunican *lisa y llanamente* que han pasado. ¿Han pasado o no? EME030694 **5 hablar:** ...no puede hablar, *lisa y llanamente*, de fallos, porque esas obras las compra un restringido grupo de estudiantes, profesores... ABC140795 **6 explicar:** Son discursos (...) para explicar, *lisa y llanamente*, su pensamiento... LVE250595 **7 expresar:** ...ahora se expresa ya *lisa y llanamente*... EME290694 **8 negar:** En este sentido, *lisa y llanamente* negamos la mayor. EME140796 **9 indicar:** ...lo que más nos ha emocionado (...) es el registro humano adoptado por la música (...), el hecho de que el compositor (...) se haya limitado a indicárnosla *lisa y llanamente*, a situarla calladamente al alcance de todo el mundo... LVE021295 **10 contestar:** ...contestó *lisa y llanamente* que no se había concedido ningún tipo de ayuda... EME081095 **11 escribir:** Fue relativamente fácil (...) escribir, *lisa y llanamente*, «la policía disparó»... EPE241099 **12 admitir:** ...ha admitido *lisa y llanamente* (...) que no puede comprometerse a pagar la cuota... LVE170695

B VERBOS QUE DENOTAN CALIFICACIÓN, ENJUICIAMIENTO O VALORACIÓN DE ALGO: **13 calificar +:** ...fenómenos paranormales que (...) califica *lisa y llanamente* de «milagros». LVE040396 **14 significar:** ...el hecho (...) significa *lisa y llanamente*, que está más interesado en sí mismo que en la colectividad... EME170996 **15 considerar:** La detención (...) se considera *«lisa y llanamente»* la ejecución de una orden... LVE260395 **16 medir:** ...en nuestra sociedad, la calidad humana (...) se mide *lisa y llanamente* por la pasta. EPE140399 **17 definir:** ...proponía definir con ese sustantivo *lisa y llanamente* el criterio del más fuerte. EPE140499 **18 denominar:** ...lo que, *lisa y llanamente*, denomina «blindaje de contratos». EME020296 **19 interpretar:** ...*lisa y llanamente*, se la interpretó como una señal (...) destinada a desactivar la presencia de la gente en la calle. ECA120792 **20 llamar:** No es lo mismo (...) que llamarles, *lisa y llanamente*, «robos»... EPE280299 **21 concluir:** ...para concluir *lisa y llanamente* que la diferencia (...) se ha «acortado»... EME040695 **22 absolver:** ...absolver tan *lisa y llanamente* de toda culpa al piloto... EPE090399

C VERBOS QUE DENOTAN OPOSICIÓN, RECHAZO U OBSTRUCCIÓN: **23 oponerse:** ...se oponen *lisa y llanamente* al armamento nuclear. EME070995 **24 excluir:** ...debía ser *lisa y llanamente* excluido de la medida antiimportadora... CLA030497 **25 eliminar:** ...ha impedido que se elimine (...) *lisa y llanamente* ese atroz invento... EPE300999 **26 negarse:** Lo que (...) hace es negarse, *lisa y llanamente*, a proporcionar al juez la prueba... EME030496 **27 pasar:** ...un número creciente pasó *lisa y llanamente* de la mili. EPE270299 **28 incumplir:** ...ha incumplido, *lisa y llanamente*, un auténtico mandato constitucional. EPE011084

D OTROS VERBOS; POSIBLES USOS ESTILÍSTICOS: ... la Administración nos presiona y vigila bajo un concepto pseudoprotector, que encubre *lisa y llanamente* obtener para sí misma más información... LVE100894

[liso] → lisa y llanamente

lista ♦ abultado[48], alfabético, breve, completo, corto, de espera, desordenado, detallado, de ventas, electoral, enorme, escueto, exhaustivo, extenso, inacabable, incompleto, infinito, interminable, largo, minucioso[23], negro, nutrido[13], ordenado, paritario[17], profuso, somero[50] ♦ abreviar, abrir(se)[20], acortar, alargar, ampliar,

apear(se) (de)[12], apuntar(se) (en), borrar(se) (de), cerrar(se), completar, confeccionar, copar[8], cortar, encabezar, engrosar[1], figurar (en), formar parte (de), hacer, impugnar[52], incorporar(se) (a), ocupar un lugar (en), ordenar, pasar, presentar, redactar, reducir, restringir, saltarse[18], situar(se) (en), ubicar(se) (en)

☐ Véase también: **índice, relación.**

listón ♦ **alto, bajo** ♦ **bajar, colocar, elevar, mantener, pasar, poner, rebajar, sobrepasar[28], subir, superar**

☐ Véase también: **baremo, nivel, techo.**

literal *adj.* ▮ Se combina con sustantivos que designan unidades verbales *(cita, palabra, expresión, lenguaje)*. También se combina con...

A SUSTANTIVOS QUE DENOTAN SENTIDO O SIGNIFICADO. TAMBIÉN CON OTROS QUE DESIGNAN ALGUNAS FORMAS EN QUE SE PRESENTAN ESAS NOCIONES: **1 sentido ++:** ...insistió en que se analizara el sentido *literal* de sus dichos... CLA020497 **2 significado ++:** ...muy lejos del significado *literal* de su nombre. LVE220196 **3 acepción +:** ...usando el verbo en su acepción más *literal*. CLA310199 **4 significación +:** La *literal* es la primera significación que deshecho... ABC011093 **5 tenor +:** No puedo responder del tenor *literal* de las palabras pero creo recordar que algo parecido era lo que le decía Marilyn Monroe al vecino de abajo... ABC141094 **6 contenido +:** ...pero el contenido *literal* de ese párrafo había sido ya anulado... EPE280700

B SUSTANTIVOS QUE DENOTAN INTERPRETACIÓN O ANÁLISIS DE ALGO: **7 interpretación ++:** ...acogiéndose a una interpretación *literal* del reglamento... EME180196 **8 lectura ++:** La poesía es un género difícil (...), pues nunca su lectura es *literal*. ABC010995 **9 traducción ++:** Garbage, cuya traducción *literal* es «basura», defienden un pop sin fisuras... EPE280599 **10 desciframiento:** ...imágenes que (...) por su difícil o imposible desciframiento *literal*... ABC131291 **11 explicación:** ...da a las prensas la versión latina, con la explicación *literal* y mística. ABC070593 **12 hermenéutica:** ...la hermenéutica *literal*, claramente preferida por filólogos... ABC130195 **13 diagnóstico −:** ...el diagnóstico de (...) sería *sorprendente* si fuera *literal*. LVE270796

C SUSTANTIVOS QUE DENOTAN REPRODUCCIÓN EN DIVERSAS FORMAS: **14 transcripción ++:** ...una transcripción *literal* de la grabación recogida por la radio. EPE010286 **15 copia ++:** ...una copia *literal* de un informe realizado por los inspectores... LVE111096 **16 reproducción +:** Reproducción *literal* de la carta del infante don Alfonso... EME051195 **17 repetición +:** ...alguna repetición *literal* (...) rompe la continuidad del relato... ABC230695 **18 plagio +:** He sido el primer sorprendido (...) por semejante plagio *literal*. LVE100195

D SUSTANTIVOS QUE DENOTAN VERSIÓN, RECREACIÓN, REPRESENTACIÓN Y OTRAS FORMAS DE MOSTRAR ALGO O DE LLEVARLO A LA PRÁCTICA: **19 versión ++:** Las traducciones de (...) no son versiones *literales*, sino creativas. ABC130392 **20 aplicación ++:** ...exigían la aplicación *literal* y estricta de los preceptos legales. LHG190397 **21 recreación +:** ...quisieron alejarse de la tentación de hacer una recreación *literal*. LVE111096 **22 adaptación +:** ...ha hecho una adaptación tan *literal* de la celebérrima obra de Lope de Vega... LVE280795 **23 representación:** ...una idea (...), que es la representación *literal* de la historia. CLA190197 **24 ilustración:** ...intento ir más allá de la mera ilustración *literal*. LVE080196 **25 edición:** La edición de la profesora (...), cuidadosamente equidistante de la más *literal* (...) y la más actual... ABC010794

E OTROS SUSTANTIVOS QUE DENOTAN RELACIÓN O EXPOSICIÓN DE HECHOS O SITUACIONES: **26 narración:** ...reportaje con narraciones *literales* hechas por algunas de las mujeres... LVE220795 **27 historia:** Tampoco la historia de la «caída» (...) resulta convincente, por excesivamente *literal*. ABC201095 **28 testimonio:** ...remitiese «testimonio *literal*» del segundo sumario abierto contra el coronel... EME300696 **29 descripción:** ...una descripción *literal* de más de una situación... DLA040297

F SUSTANTIVOS QUE DENOTAN COINCIDENCIA O SEMEJANZA, Y CON OTROS QUE EXPRESAN LA ACCIÓN DE ESTABLECERLAS: **30 coincidencia:** Parecen obras inconexas y sin embargo están muy bien agrupadas porque, aparte leves coincidencias *literales*, ambas responden a una reflexión unitaria... EME170296 **31 paralelo:** La escena (...) tiene un paralelo casi *literal* con la famosa «Nightwaks». LVE100795 **32 comparación −:** ...la comparación con la apocalíptica imagen de Cortázar es (...) bastante *literal*. LVE010995

G SUSTANTIVOS QUE DENOTAN PUNTO DE VISTA: **33 punto de vista:** En el supuesto de que lo haga desde un punto de vista *literal*, el infractor puede resultar beneficiado con la repetición del encuentro... LVE241094 **34 perspectiva:** F. Cabo Aseguinolaza vertebra su trabajo editorial en seis partes: prólogo (...), texto anotado desde perspectiva *literal*... ABC060893 **35 visión:** Queríamos lograr una visión *literal* de la obra y para ello eran necesarios los textos. EME160396

H OTROS SUSTANTIVOS; POSIBLES USOS ESTILÍSTICOS: Fotografía objetiva y sin artificios, *literal*. ABC161092; ...nunca antes había yo escrito algo tan *literal* como los tresillos para cornos y piano... PME220996

☐ Véase también: **literalmente, textual.**

literalmente *adv.* ▮ Se utiliza a menudo para subrayar o enfatizar el significado de la palabra a la que acompaña *(Estoy literalmente derrengado; Devoró literalmente la comida)*. Se combina con numerosos verbos que designan manifestaciones verbales *(decir, afirmar, citar, manifestar, declarar, exclamar, responder, preguntar)* y con otros muchos verbos. Destacan especialmente sus combinaciones con...

A VERBOS QUE DESIGNAN LA ACCIÓN DE REPRODUCIR ALGUNA COSA, GENERALMENTE UN TEXTO O UNA INFORMACIÓN. TAMBIÉN CON OTROS QUE EXPRESAN EL HECHO DE EXISTIR ALGO O LA ACCIÓN DE DARLE EXISTENCIA: **1 copiar ++:** Eso no significa que esté copiando *literalmente* lo que pasa en los recuerdos. EPE220800 **2 reproducir ++:** ...lo que sobre él escribí hace unos treinta años, lo hubiera podido reproducir *literalmente* como palabras de presentación de lo que nos muestra en estos días. ABC280194 **3 transcribir +:** ...leemos en el código de la caridad cristiana formulado por san Pablo –Evangelio puro– estas palabras que transcribo *literalmente* de la Sagrada Escritura... LVE150795 **4 repetir ++:** Muchas de las observaciones hechas entonces (...) podrían repetirse *literalmente* a propósito de esta segunda entrega... ABC290995 **5 plasmar:** ...que para entender el mundo y plasmarlo *literalmente* resulta preciso aceptarlo como es y amarlo. LVE100795 **6 representar:** Ahí va: el republicanismo à la page de Pettit representa, *literalmente*, una tercera vía. EPE261101 **7 escribir:** Los mensajes que se intercambian se escriben *literalmente* con sangre. EME150496

B VERBOS QUE DENOTAN INTERPRETACIÓN, PERCEPCIÓN O REPRESENTACIÓN EN DIVERSAS FORMAS: **8 traducir ++:** El término alemán Volkswagen se traduce *literalmente* como «automóvil popular». LVE050395 **9 interpretar ++:** Una manera de decir que invertiría su gran esfuerzo en alcanzar el desarrollo, pero que incontables personas interpretaron *literalmente*. RUM101197 **10 entender +:** «Esto ha de ser entendido *literalmente*», declaró el embajador de Pyongyang. LRE140103 **11 contemplar:** De Kooning argüía que los críticos contemplaban sus obras demasiado *literalmente*... ABC180294

C EL VERBO *SIGNIFICAR* Y CON OTROS QUE DESIGNAN LA ACCIÓN O EL PROCESO DE PONER O PONERSE ALGO DE MANIFIESTO: **12 significar ++:** Es una palabra catalana, antigua, muy graciosa, que *literalmente* significa «sueña-tortillas». LRE090103 **13 especificar:** ...introdujimos una enmienda en la que se especifica *literalmente* que la decisión de fusión depende única y exclusivamente de la soberanía... LVE110196 **14 expresar:** No sé si la campaña electoral es un catalizador del caos, el caos es una elaboración electoral o la campaña expresa *literalmente* el caos en el que estamos. EME200296 **15 manifestar:** Un artículo en la página electrónica manifestaba *literalmente* «nuestra posición acerca del suicidio»... LPN010497 **16 puntualizar:** ...hizo público un comunicado, el 19 de noviembre, puntualizando, *literalmente*, que las declaraciones del Liceo... ABC271192 **17 plantear:** ...se plantea *literalmente* que «el Govern de la Generalitat no realizará ninguna actividad que tenga relación con las instituciones militares...». LVE021195 **18 reflejar:** Porque el acta refleja *literalmente* el diálogo. EPE220399 **19 proponer:** ...tal y como, por cierto, propuso *literalmente* el director de El Mundo en una reciente conferencia en Barcelona. EME130496

D VERBOS QUE DESIGNAN LA ACCIÓN DE VENCER A UN ADVERSARIO, MUY FRECUENTEMENTE EN COMPETICIONES DEPORTIVAS, PERO TAMBIÉN EN CONFRONTACIONES DE OTRO TIPO: **20 aplastar +:** ...mientras que Michael Chang aplastó *literalmente* al italiano Gianluca Pozzi (6-0, 6-1, 6-0). EME310895 **21 desarmar:** Desarmaba *literalmente* las cuestiones que le eran planteadas... EPE011289 **22 arrasar +:** El equipo de Clifford Luyk arrasó *literalmente* al de Herb Brown, que no mostró esa imagen de conjunto resucitado... EME280394 **23 arrollar +:** El ruso Marat Safin arrolló *literalmente* al valenciano y le dejó fuera del torneo... EPE060900 **24 comer(se) +:** Se comió *literalmente* a los pivots contrarios. EPE100999 **25 destrozar +:** Tres zarpazos, tres goles de bellísima ejecución, destrozaron *literalmente* al Racing. EPE170900 **26 machacar +:** Carles Marco, un jugador criado en la Penya, machacó *literalmente* a su ex equipo... ENC050100 **27 bailar:** Con dos hombres menos y la renta de goles, el Tenerife comenzó a bailar *literalmente* al Madrid. LVE020294 **28 barrer:** Prosiguió su trayectoria en Flushing Meadows antes de ser *literalmente* barrida de la cancha central por Seles. ETC060996 **29 borrar:** El FIS, con sólo cuatro años de existencia legal (...) borró *literalmente* del mapa al histórico partido del Frente de Liberación Nacional (FLN)... LVE151195 **30 conquistar:** ...a conquistar *literalmente* el planeta inventando otro Snoopy, lo que califica de creatividad y confunde con creación... LVE240295

E OTROS VERBOS QUE DENOTAN ACCIÓN VIOLENTA O AGRESIVA: **31 amenazar:** En su opinión, ETA amenaza *literalmente* a todos los políticos. LVE170495 **32 asaltar:** Cuarenta guardias civiles, acompañados de varios perros, asaltaron *literalmente* el albergue donde dormían 41 inmigrantes. EME140895 **33 crucificar:** Crucificado *literalmente* en la camilla, sintiendo el filo de la aguja hipodérmica en sus brazos... EME240396 **34 empujar:** Mujeres y niños han sido *literalmente* empujados más allá de la frontera de Kosovo con Albania... EPE280399 **35 dar un portazo:** ...en una inesperada demostración de autoridad, dio ayer casi *literalmente* un portazo a los líderes del ala derecha... LVE020294 **36 devorar:** ...otra cantera –visible también desde la carretera, la autopista A-1 y el ferrocarril Madrid-Irún– está devorando *literalmente* la sierra de Atapuerca... EPE060800 **37 exigir:** ...una propuesta de resolución formulada por UV que exigía, *literalmente*, que el Consell negociara con el Estado... EPE280499 **38 enfrentar(se):** ...camuflada en la pechera del traje, se enfrentará *literalmente* a los ojos del bicho y éste al espectador... EME120596 **39 insultar:** ...mientras él insultaba *literalmente* endemoniado al entero catalanismo. LVE260696

F ALGUNOS VERBOS QUE DENOTAN ACCIÓN AUTORITARIA O COERCITIVA: **40 prohibir:** Las ordenanzas prohibían *literalmente* salir del trabajo a media mañana. INDOC **41 mandar:** Un tipo duro, con carácter, de los pocos que son capaces de marcar la línea y mandar, *literalmente*, sobre sus compañeros. EPE190199 **42 obligar:** ...retrasó 10 minutos el despegue del avión oficial del presidente, que, *literalmente*, se vio obligado a parar sus motores. EPE300800

G VERBOS QUE DESIGNAN EL PROCESO DE LLEGAR A SU TÉRMINO UN ESTADO DE COSAS. TAMBIÉN CON OTROS QUE EXPRESAN LA ACCIÓN QUE LO CAUSA, A VECES DE MANERA VIOLENTA: **43 desaparecer +:** Supervivientes de la tragedia explicaron que el cámping, situado en la ladera de una montaña, desapareció *literalmente* en cinco minutos. EME080896 **44 morir +:** ...la guerra civil que ha arrasado Liberia y donde miles de habitantes se mueren *literalmente* de hambre. EPD120996 **45 perder +:** Los actuales líderes palestinos estarían *literalmente* perdidos en caso de que se bloqueara el proceso de paz. EME071195 **46 detener:** Los planes de la fracción dura policial habían previsto detener *literalmente* a cuanta cresta cruzase la frontera. EME060895 **47 desintegrar:** ...Soros propone soluciones para evitar la decadencia de un sistema que, de forma exagerada, afirma que «se está desintegrando *literalmente*»... EPE240199 **48 pulverizar:** ...con su proyecto de ley para regular los secretos oficiales y que ha sido *literalmente* pulverizado en un dictamen emitido por el Consejo General del Poder Judicial... EME091196 **49 reducir a escombros:** ...ahí está una casa *literalmente* reducida a escombros a balazos o un autobús convertido en colador... LVE281196

H VERBOS QUE DENOTAN USO: **50** aplicar +: ...es un libro para pensar, no para ser aplicado *literalmente*... EPE301201 **51** poner en práctica +: El plan fue puesto en práctica *literalmente*, con las consecuencias que todos conocemos. INDOC **52** utilizar: ...quiero poner de manifiesto que no recuerdo en ningún caso haber utilizado *literalmente* esa expresión. EPE050800 **53** usar: Sin pestañear, y usando casi *literalmente* las mismas palabras con que, un año atrás, glosaban la situación inversa... EPE210599

I VERBOS QUE DENOTAN CAÍDA O MOVIMIENTO DESCENDENTE, APLICADO A VECES AL ÁNIMO DE LAS PERSONAS: **54** desplomar(se) +: ...que dan cuenta de que el Boeing 767 se desplomó, *literalmente*, en el océano en dos minutos. EPE021199 **55** derrumbar(se) +: ...al que tuvo la UCD, cuando se derrumbó *literalmente* en las urnas. LVE240595 **56** hundir(se) +: Conseguí agarrar la mano de uno de mis amigos, pero se hundió *literalmente* entre los cuerpos. EME201096 **57** desmoronar(se): ...una impresión tan fuerte que se desmoronó *literalmente* delante de todos. INDOC

J ALGUNOS VERBOS QUE DENOTAN ACERCAMIENTO O ENCUENTRO: **58** coincidir +: ...la patronal y los sindicatos han coincidido, casi *literalmente*, en su valoración positiva sobre este dato. EME141296 **59** topar(se): ...se topa *literalmente* de noche en el pasillo con el cuerpo joven de una amante de Zep, pero no hace en absoluto drama de ello. ABC260595

□ Véase también: **al dedillo, al pie de la letra, de carrerilla, de corrido, de memoria, literal, textualmente.**

literatura ♦ **cultivar, editar, escribir, imitar, inspirar(se) (en algo), leer, prodigar[51], publicar, traducir, verter**

□ Véase también: **novela, texto.**

litigio ♦ **enconado, interminable, prolongado, reñido** ♦ **objeto (de)[37]** ♦ **dirimir[33], enredar(se) (en), entablar[42], entrar (en), ganar, interceder (en), mantener, meter(se) (en), plantear, provocar, reavivar, resolver, surgir, vencer (en), zanjar[18]**

□ Véase también: **altercado, confrontación, discusión, disputa, juicio, lucha, pelea, riña.**

liviano ♦ **carga, compromiso, entrenamiento, esfuerzo, estructura, norma, peso, proceso, ropa, sonrisa, sueño, tarea, trabajo**

□ Véase también: **frugal, ligero (de), llevadero, suave.**

llama ♦ **ardiente, duradero, incendiario, pasional, permanente, vivo[3]** ♦ **calor (de), pasto (de)** ♦ **alumbrar, amortiguar, apagar(se), aplacar(se), avivar[5], cobrar fuerza[2], combatir[60], controlar, encender(se), extender(se), extinguir(se)[3], iluminar, prender[4], propagar(se), reavivar(se), sofocar**

□ Véase también: **brasa, fuego, lumbre.**

llamada ♦ **a cobro revertido, a gritos, al orden, angustioso, apremiante[21], a voces, de atención, desesperado, de teléfono, general, imperioso[10], inoportuno, internacional, local, nacional, perentorio[23], solidario, sordo (a), telefónico, urgente** ♦ **aluvión (de), avalancha (de)[20], lluvia (de)[26]** ♦ **aceptar, atender, bloquear, canalizar[27], colapsar (la línea), dar respuesta (a), desviar[25], esperar, hacer, lanzar[22], producir(se), rechazar, recibir, responder (a), secundar, surtir efecto[26]**

□ Véase también: **apelación, llamado, llamamiento, mensaje, solicitud, toque de queda.**

LLAMADA Véase: LLAMAMIENTO

llamado ♦ **a cobro revertido, a gritos, al orden, apremiante[26], a voces, desesperado, general, imprevisto, inoportuno, sordo (a), telefónico, urgente, vehemente[32]** ♦ **atender, canalizar, desviar, esperar, formular[18], hacer, lanzar[23], recibir, responder (a), secundar, surtir efecto[29]**

□ Véase también: **llamada, llamamiento.**

LLAMADO Véase: LLAMAMIENTO

llamamiento ♦ **angustioso, apremiante[20], encarecido, imperioso[11], urgente, vehemente[33]** ♦ **a favor[35], multitudinario** ♦ **atender, desoír[13], emitir[29], formular[17], hacer, hacer extensivo[4], lanzar[20], secundar, surtir efecto[25]**

□ Véase también: **llamado.**

LLAMAMIENTO

♦ (SUSTANTIVOS) Véase: **acatar[H], acuciante[G], caer en saco roto[B], imperioso[C], perentorio[E], vehemente[E]**

□ Véase también: ADVERTENCIA; ORDEN.

[llamar] → **llamar la atención**

llamar **I** *(apelar)* ♦ **a cobro revertido, a gritos, a voces, de tú, de usted, enfáticamente, insistentemente[20], por teléfono, repetidamente[19]** **II** *(denominar)* ♦ **afectuosamente, cariñosamente, comercialmente[18], correctamente, equivocadamente[13], familiarmente, incorrectamente, maliciosamente[16], pomposamente[1]** ♦ **dar (en), venir (en)[1]**

□ Véase también: **apelar (a), chillar, clamar, convocar, denominar, gritar, reclamar, telefonear, vocear.**

llamar la atención ♦ **considerablemente, enormemente, escasamente, fuertemente[20], horrores[8], ostensiblemente, poderosamente[1], repetidamente, sumamente**

□ Véase también: **atraer.**

llamativo *adj.* **I** Se combina con sustantivos que designan objetos físicos, especialmente los relativos al atuendo o el atavío *(vestido, traje, zapatos, sombrero, pendientes)*, la decoración o el adorno *(jarrón, adorno, guirnalda)* o, en general, lo que se exhibe o se hace público *(portada, rótulo, cartel)*. Se combina asimismo con otros muchos sustantivos, pero destacan especialmente los sustantivos *señal, signo, muestra,* y también los...

A SUSTANTIVOS QUE DENOTAN RASGO, CUALIDAD O FACTOR RELATIVO AL ASPECTO EXTERNO O A LA APA-

RIENCIA DE ALGUNA COSA: **1 característica ++:** Otra de las características *llamativas* de este singular alumbramiento, es que se produjo de manera natural... LNP040997 **2 aspecto ++:** El aspecto *llamativo* es la facilidad legal para que un solo operador pueda adueñarse del control de la totalidad. LNP220497 **3 color ++:** El resultado es un maravilloso panorama en tercera dimensión, que hace resaltar con colores *llamativos*, produciendo un conjunto impresionante. DLA310597 **4 estilo +:** ...utilizó un estilo *llamativo* y por momentos chocante, que intentaba apelar a los sentimientos de las capas más postergadas de su pueblo. CLA120297 **5 belleza +:** El pirá pytá o salmón del río es un pez estilizado y de *llamativa* belleza, acentuada por su color oliva-dorado. LNA100792 **6 detalle +:** Algunos detalles tienen un *llamativo* toque absurdo-cómico de David Lynch. EPE291199 **7 rasgo:** Sin embargo, y éste parece el segundo rasgo *llamativo*, que la barrera esté más alta no empece la llegada de caras nuevas. EPE140399 **8 matiz:** Los matices son sutilmente *llamativos* porque se ha optado por desdeñar la brutal perfección... LVE040396 **9 apariencia:** Tampoco en España pasa desapercibido el fenómeno, aunque la apariencia, debido al providencial escepticismo hispano, sea menos *llamativa*. EME191096 **10 físico:** ...las adolescentes gritan entusiasmadas cuando (...) les demuestran con sus aciertos que en la vida hay más cosas que un físico *llamativo*... EME031195 **11 diseño:** Igualmente, dijo Evans, se han seleccionado artistas para decorar cada autobús con diseños *llamativos*. ENH170297 **12 policromía:** ...la variedad de lo que expone y la policromía bien *llamativa* constituyen un conjunto de primera clase. LVE200596

B SUSTANTIVOS QUE DENOTAN RESULTADO O EFECTO DE ALGO: **13 efecto:** ...por lo menos hasta que sus resultados se traduzcan en efectos *llamativos* para el telespectador o el comprador de periódicos. LVE260595 **14 resultado:** Los datos recogidos por los investigadores arrojan resultados *llamativos*... CLA200297 **15 conclusión:** Otra conclusión *llamativa* del estudio es que las familias afirman de manera clara que la comunicación... EPE250999 **16 consecuencia:** ...una penúltima consecuencia *llamativa* de un prolongado estado de cosas... EME180494 **17 reacción:** Sin embargo, la reacción más *llamativa* se produjo desde las filas del propio Fraga... LVE071096

C SUSTANTIVOS QUE DENOTAN UNIDAD, EXPRESIÓN O MANIFESTACIÓN VERBAL, MÁS FRECUENTEMENTE DE ÍNDOLE DENOMINATIVA O EXPOSITIVA: **18 título ++:** Bajo un título *llamativo*, publicamos la noticia corta y con el pluralismo abrimos espacios a la transición a la democracia. HOY050586 **19 titular +:** Vende más el que más *llamativos* titulares arroje con sus burradas. ABC010995 **20 nombre +:** El asunto de la primera fila ya no resulta tan atractivo para la prensa, aunque siempre nombres *llamativos* de campos diversos ocupen esas privilegiadas sillas... LVE140996 **21 frase +:** El dossier ha sido remitido a los cabezas de las listas municipales y autonómicas y contiene también frases *llamativas* de dirigentes socialistas... EME220595 **22 eslogan:** Supongo que es sólo un eslogan *llamativo*. LVE080396 **23 expresión:** ...su línea de enfrentamiento con la política económica y social del felipismo, línea que alcanzó su expresión más *llamativa* en la convocatoria de la huelga general del 27-E. EME210594 **24 respuesta:** ...y un estímulo para periodistas osados en busca de respuestas *llamativas*. EME030396 **25 afirmación:** En una cuestión tan delicada, esta afirmación resulta *llamativa* cuando están aún frescas las tintas de las sentencias... LVE220895 **26 declaración:** ...uno de los tránsfugas que en el mandato anterior apoyaron al gobierno de Soto, pronunció también unas *llamativas* declaraciones. LVG221191 **27 discurso:** ...aprovechó para elaborar el más *llamativo* discurso de la noche, llamando «a todos mis hermanos negros y latinos: ¡la revolución está al llegar!». LVE010396 **28 artículo:** Ya lejos de intentar cada cual una obra perdurable y crítica, la meta es lograr un artículo *llamativo* o sensacional. EPE160499 **29 relato:** ...un conjunto de relatos *llamativos* por el alto grado de artificiosidad de su prosa... EME101295 **30 confesión:** Llamativa confesión tratándose de un territorio algo mayor que Cataluña y que casi triplica su población. LVE110596 **31 elogio:** ...confirmó anoche su dimisión con un *llamativo* elogio, al reconocerle un amplio historial de «servicios impagables para la democracia». LVE160695

D SUSTANTIVOS QUE DESIGNAN LO QUE SUCEDE O SE PROPONE COMO MUESTRA REAL O AUTÉNTICA: **32 ejemplo ++:** La renovación del parque automovilístico es otro ejemplo muy *llamativo*. LVE091194 **33 caso ++:** Otro caso *llamativo* es que hay militares que fueron excluidos de la lista de alumnos... ACP081296 **34 hecho ++:** Otro hecho *llamativo* que se registró ayer, a la mañana, fue la amenaza de muerte que recibió... ACP120996 **35 incidente:** Los incidentes más *llamativos* se produjeron a primeras horas de la mañana, cuando los ánimos estaban más calientes. EPE020489 **36 episodio:** Como ahora ocurre con el *llamativo*, aunque mudo, episodio de la construcción del nuevo Parlamento Europeo de Bruselas... LVE221194

E SUSTANTIVOS QUE DENOTAN CAMBIO, MÁS FRECUENTEMENTE SI HACE REFERENCIA A LA APARICIÓN, EL ASCENSO O EL DESCENSO DE ALGUNA MAGNITUD: **37 cambio ++:** ...nos ha traído un *llamativo* cambio en el enfoque de la política por parte de los principales protagonistas de la vida nacional. EME250396 **38 subida +:** ...los efectos de la crisis política en curso, con la *llamativa* subida de los tipos de interés producida en fechas recientes... EME150195 **39 caída +:** Aun así, Anierac estima que la caída del consumo es *llamativa*... EME240896 **40 incremento +:** Los informativos de madrugada de todas las cadenas de televisión han experimentado un *llamativo* incremento de telespectadores en el curso de los últimos cinco meses. LVE280395 **41 descenso +:** Tal vez, y con esta consideración, el descenso no ha sido tan *llamativo* como parecía en un principio... EPE130700 **42 modificación:** Pero, José Pekerman y sus a veces *llamativas* modificaciones mediante el jugador de Estudiantes... CLA230199 **43 transformación:** Y es que un edifico emblemático allí anclado ha sido objeto de una transformación *llamativa*. LVE100195 **44 bajada:** Respecto a las bajadas, la más *llamativa* y la que más influencia tuvo en el cómputo final... ENC140201 **45 desaparición:** ...aseguró que el informe que compromete al titular de la Intendencia está terminado, por lo que es muy *llamativa* la desaparición de dicho documento. ACP311000 **46 reducción −:** Lógicamente, esta reestructuración acarreará una *llamativa* reducción en el número de localidades... EME111096 **47 desplome −:** ...se observan los últimos registros negativos del Mercado de Valores, Merval, y más aun, el *llamativo* (...) desplome del Dow Jones... PLG090497

F SUSTANTIVOS QUE DESIGNAN INICIATIVAS, MÁS FRECUENTEMENTE SI SE VINCULAN CON ALGUNA ACTUACIÓN

FUTURA: **48** oferta +: ...entre otros, aprovecharon la oportunidad de una *llamativa* oferta de bonos por 650 millones de dólares... EXC210197 **49** propuesta +: ...es *llamativa* la propuesta sobre una central de inteligencia antidrogas... ETC240996 **50** idea: ...si hubiera encontrado algún libro interesante o alguna idea *llamativa*, habría podido conseguir que esa historia se convirtiera en una película... LVE090995 **51** iniciativa –: ...universidades privadas (...) han recibido el suspenso académico del Consejo de Universidades y al que incluso han venido a sumarse *llamativas* iniciativas episcopales... EPE270199

G SUSTANTIVOS QUE DENOTAN DIFERENCIA, DISCORDANCIA O CONTRASTE: **52** diferencia ++: Los resultados han demostrado que hay diferencias *llamativas* en varias de las medidas de salud arterial... EPE061101 **53** contradicción +: ...pero cuando algunos defensores le atornillaron tuvo que puntualizar muchas imprecisiones o incurrió en contradicciones bastante *llamativas*. EPE111001 **54** contraposición: Están las contraposiciones *llamativas*. HOY230287 **55** discordancia: Y puesto que cierta prensa se ha empeñado en dirigir políticamente a los españoles, la discordancia es más *llamativa*. LVE050396 **56** discrepancia: ...se despreocupa un tanto del fondo ideológico del comunismo español y se ocupa de las *llamativas* discrepancias de estos días. EME121295 **57** disparidad: Esto es, la tan «autocomplaciente melancolía» de Cernuda –y aquí reside una *llamativa* disparidad entre Caballero Bonald y sus compañeros medioseculares–. LVE160695 **58** contraste +: En *llamativo* contraste, algunos científicos mantienen una postura escéptica, argumentando que el impacto del cometa... ABC270594 **59** distancia: Entre los tres primeros de la clasificación y los demás comienza a abrirse una distancia *llamativa*. EPE251099

H SUSTANTIVOS QUE DENOTAN INFORMACIÓN O DATO, FRECUENTEMENTE NUMÉRICO: **60** dato ++: El segundo dato *llamativo* fue la abundancia de ofertas. CLA120297 **61** cifra +: La cifra es muy *llamativa* para (...), teniendo en cuenta que, según un estudio realizado por la entidad en el mercado local... ACP110996 **62** información: La información audiovisual, fugaz, *llamativa*, superficial, nos hace ver la historia como ficción... CAP171096 **63** número: ...considera que el Plan de Lucha contra el Fraude sólo tiene de *«llamativo»* el número de medidas que incorpora. EME070295 **64** guarismo: Dicho guarismo resulta *llamativo* ya que el número de meses evaluados en este informe es menor al del precedente. LNP060497

I SUSTANTIVOS QUE DESIGNAN OBRAS DE CREACIÓN, GENERALMENTE ARTÍSTICA: **65** obra +: Pero quizá las obras más *llamativas* por su originalidad en esta exposición sean las de 1994... ABC280495 **66** disco: ...es la responsable de la aparición de uno de los discos más *llamativos* y esperados de la temporada musical. LVE031196 **67** escultura: ...Catorce días de viaje ha empleado la *llamativa* escultura (...) en llegar a su emplazamiento de Terrassa... LVE211196 **68** cuadro: Ya en su anterior exposición en esta misma galería resultaba *llamativo* el cuadro reproducido en la invitación. ABC030295 **69** dibujo: Más *llamativo*, por su dramatismo, es el dibujo que representa el monumento de Semana Santa para la misma iglesia. ABC030192

J SUSTANTIVOS QUE DENOTAN EQUIVOCACIÓN O FRACASO: **70** derrota +: Especialmente *llamativa* fue la derrota del Extremadura en el Salto del Caballo, donde el Toledo sólo había ganado un partido hasta el momento. EPE131299 **71** error +: ...la imprenta real inglesa publicó una versión de la Biblia plagada de errores, pero el más *llamativo* fue la omisión de la palabra «no» en el séptimo mandamiento... LVE020795 **72** patinazo +: Entre los patinazos más *llamativos* figuran: Francesc Macià, presidente de la República... LVE020495 **73** falta: Pero eso no justifica su *llamativa* falta de rigor democrático, de palabra y por escrito, a la hora de abordar el problema. EME250596 **74** fracaso: Lo tomaban como una cosa suya (...) como el primer fracaso importante, o si no el primero sí el más *llamativo*. ABC170993 **75** fallo +: El fallo más *llamativo* lo cometió al intentar despejar el balón hacia su propia portería. INDOC

☐ Véase también: **exuberante, rimbombante.**

[llanamente] → lisa y llanamente

llanto ♦ **a flor de piel[24], ahogado, amargo[48], compulsivo, contenido, desbordante[54], inconsolable, incontenible[17], incontrolable, irreprimible, lastimero[14], sincero** ♦ **acallar[12], ahogar(se) (en), anegar(se)[1], cesar, contener, derramar, deshacerse (en)[26], enjugar, estallar (en)[2], reprimir, romper (en)**

☐ Véase también: **lágrima, llorar, llorera, rabieta, sollozo, soponcio.**

[llave] → bajo llave

llave ♦ **maestro** ♦ **abrir (con), aplicar** *(deportiva)*, **atorarse, cerrar (con), echar[37], encajar, enrobinarse, entrar, girar, introducir, meter, sacar, salir, usar**

☐ Véase también: **clave, entrar.**

llegada ♦ **apoteósico[15], a tiempo, en masa, en volandas, esperado, inesperado, inoportuno, intempestivo[17], multitudinario, oportuno, sorpresivo, triunfal** ♦ **aclamar[7], esperar, producir(se), revivir, tener lugar**

llegar ♦ **ileso, indemne, intacto[22], puntual, sano y salvo[7]** ♦ **a cara descubierta[11], a duras penas[1], a fondo[29], a hurtadillas[9], alto, a pie, a raudales[9], a su hora, a trancas y barrancas, como agua de mayo, como una exhalación[8], como un reloj, con cajas destempladas, con cautela[48], con fluidez[5], con retraso, de incógnito[1], de puntillas[17], de refilón[21], de sobra, en masa, en oleadas, en punto, en son de paz[3], en triunfo, en tromba, en tropel, escalonadamente, fatalmente, felizmente, hasta el fondo, indefectiblemente[6], inexorablemente[26], ni de lejos[2], ni por asomo[12], ordenadamente[26], por los pelos[6], pronto, puntualmente, remotamente[26], tarde**

☐ Véase también: **llegar (a), llegar a su fin.**

llegar (a) ♦ **acuerdo, arreglo, compromiso, conclusión, convencimiento, desenlace, fin, final, punto, resultado, solución, verdad**

☐ Véase también: **llegar.**

llegar a buen puerto Véase: **llevar a buen puerto**

llegar a su fin ♦ **inevitablemente, inexorablemente, trágicamente**[10]
□ Véase también: **acabar, finalizar, llegar.**

llenar ♦ **a medias**[34]**, a rebosar, a reventar, a tope, completamente, de bote en bote, en parte, hasta el borde, parcialmente, por completo**[139] ♦ **aspiración, esperanza, expectativa**
□ Véase también: **atiborrar(se) (de), henchir, henchir(se) (de), inflar, reventar (de).**

llenar (de) ♦ **alegría, angustia, cariño, deseo, dolor, duda, energía, entusiasmo, esperanza, idea, ilusión, incertidumbre, interrogante, miedo, misterio, optimismo, orgullo, peligro, problema, recuerdo, sorpresa, tópico, vida**

[lleno] → **a manos llenas, de lleno**

lleno ♦ **a rebosar, a reventar, completamente, de bote en bote, del todo, en parte, hasta la bandera, parcialmente, por completo**[202]**, totalmente**
□ Véase también: **completo, frondoso, nutrido, pletórico (de), rebosante (de).**

llevadero *adj.* ▮ Se combina a menudo con sustantivos que designan períodos o plazos temporales *(espera, estancia, día, año, período, vida)*, condiciones climáticas o ambientales *(calor, frío, clima, temperatura)* y cantidades o cifras económicas *(precio, gasto, coste, cifra, presupuesto)*. También se construye con sustantivos que designan enfermedades, trastornos o molestias *(enfermedad, gripe, dolor, dolencia)* y otras situaciones adversas de muy diversa naturaleza *(crisis, guerra, pobreza)*. Se combina asimismo con otros muchos sustantivos que designan procesos que tienen fin natural, especialmente si conllevan cierta dificultad *(adaptación, digestión, integración)* o si el que habla los interpreta como una carga *(Espero que la comida con el subsecretario resulte llevadera)*. Destacan especialmente...

A LOS SUSTANTIVOS *CARGA* Y *PESO*, EMPLEADOS MUY FRECUENTEMENTE DE FORMA METAFÓRICA, Y, POR EXTENSIÓN, OTROS QUE DESIGNAN NORMAS, OBLIGACIONES O LA ACCIÓN DE SATISFACERLAS: **1 carga ++:** Un lugar que ejerce tal poder de atracción como para alimentar un legítimo sueño imposible que haga más *llevadera* la carga diaria. LVE100295 **2 peso ++:** Morir entre tus brazos, amor, es cuanto quiero, y uva especiada y dulce la vida me sería: el peso del vivir es poco *llevadero*... ABC011093 **3 obligación:** Aunque al principio no lo parecía, se trata de una obligación relativamente *llevadera*. INDOC **4 compromiso:** Tuvimos que aceptar el compromiso, que finalmente resultó bastante *llevadero*. INDOC **5 deber:** ...se pasó, con los años, a fórmulas más sofisticadas para que la mili, ya casi ineludible, fuese un deber más *llevadero*... LVE210796 **6 norma:** Las normas en el almacén de Serafina C., 37 años, situado en El Ejido, resultan *llevaderas*... EPE181101 **7 disciplina:** ...una cierta disciplina perfectamente *llevadera* respecto a ese cuerpo tan usado y abusado en la vida cotidiana, es algo que este cuerpo agradece... EPE220899 **8 cumplimiento –:** Des- de los métodos coercitivos medievales (...) hasta las disposiciones, ya más modernas, destinadas a hacer más *llevadero* el cumplimiento de los preceptos. EPE261099

B EL SUSTANTIVO *PROCESO* Y CON OTROS SUSTANTIVOS QUE DENOTAN PARTICIPACIÓN ACTIVA EN UNA TAREA U OCUPACIÓN (A VECES REGLAMENTADA), ASÍ COMO EL EMPEÑO O EL AFÁN CON QUE SE LLEVA A CABO: **9 trabajo ++:** Mucho le deseo bienestar en los que le rodean para que su trabajo sea *llevadero* y fructífero. ABC090493 **10 proceso ++:** Cuando no hay más remedio, el psicólogo trabaja para hacer más *llevadero* el proceso... ENV260700 **11 trámite:** ...desde la cúpula del Estado se está sondeando para hacer más *llevadero* el trámite de traspaso de poderes... EME140396 **12 tarea +:** ...impulsan al consumidor europeo a equiparse cada vez más con este tipo de aparatos a fin de que las tareas domésticas le sean más *llevaderas* y rápidas. LVE280195 **13 esfuerzo:** Decían que se trataba únicamente de un pequeño esfuerzo *llevadero* que no supondría grandes molestias. INDOC **14 labor:** El fútbol es mucho más duro, lo pasé tan mal algunas veces que esta labor se me hace más *llevadera*. EME221195 **15 oficio:** Bertinelli es ayudante del fiscal del distrito, un oficio tan *llevadero* como el de cupletista a tiempo parcial... EPE030399

C LOS SUSTANTIVOS QUE DESIGNAN SENTIMIENTOS O ESTADOS DE AFLICCIÓN, INQUIETUD O INCERTIDUMBRE: **16 dolor +:** Si aceptáramos hasta qué punto es natural el proceso de la muerte, el dolor sería más *llevadero*. LVE190695 **17 pena +:** Y es que las penas con dinero resultan más *llevaderas*. LVE290995 **18 preocupación +:** ...las relaciones humanas, (...) hacen incluso más *llevaderos* los problemas y preocupaciones que casi todo el mundo tiene. LVE150896 **19 tristeza:** ...las píldoras hacen más *llevadera* la tristeza y más manejables los «defectos de fabricación». SEM091000 **20 miedo:** Son seres destinados a hacer más *llevaderos* nuestros miedos... EPE030199 **21 ansiedad –:** Pero las ansiedades en general, y las ansiedades de amor en particular, siempre son más *llevaderas* y remediables si están a mano el Caribe (...), cinco mil millones de pesetas... EME311296

D ALGUNOS SUSTANTIVOS QUE DENOTAN RELACIÓN O VÍNCULO ENTRE PERSONAS, FRECUENTEMENTE DE CARÁCTER AFECTIVO: **22 relación +:** Lo que cuenta Juan Ignacio Barenys (...) en este libro destila esa indispensable dosis de ironía que hace más *llevaderas* las relaciones entre el ente público y los contribuyentes. LVE100596 **23 convivencia +:** Hace dos años que están viviendo juntos, pero los tres opinan que se trata de una convivencia solo *llevadera*. INDOC **24 romance:** ...los poetas dejarán de sonreír y se resignarán a la nómina oficial, que es el romance más *llevadero*... LVE230295 **25 matrimonio:** Pero ha sido un matrimonio *llevadero*, por cuya estabilidad nadie parecía temer seriamente hasta ahora. LVE130696

E LOS SUSTANTIVOS QUE DENOTAN CASTIGO O DESIGNAN OTRAS FORMAS DE ACCIÓN COERCITIVA: **26 castigo +:** Adela Campos ha pedido que se sume a su iniciativa más gente, porque «así el castigo será más *llevadero*». LVE101195 **27 condena:** La «original» vuelta atrás en el tiempo tiene una doble y manifiesta intención: hacer menos *llevadera* la condena... EME050595 **28 secuestro:** ...Comas subrayó que fue él quien trató de hacer más *llevadero* el secuestro de la farmacéutica... EPE180399 **29 asedio:** Este asedio sería *llevadero*, y podría asumirse como parte de la fatalidad que acompaña a las grandes metrópolis como New York o Chicago... EUV210197 **30 cautiverio:** Distribuimos las labores para que el cautiverio fuera más *llevadero*. LVE241296 **31 cadena:** Según manifestó, su trabajo es una cadena bastante *llevadera* que no le impide dedicar tiempo a otras actividades. INDOC

F LOS SUSTANTIVOS QUE DENOTAN TRÁNSITO, DESPLAZAMIENTO O ITINERARIO: **32 viaje ++:** Así los viajes se hacen mucho más *llevaderos*. EPE110899 **33 vuelo:** Empezaba el vuelo hacia Beijing y el sobrecargo repartió algunas revistas para hacerlo más *llevadero*. LVE130795 **34 trayecto +:** Pedir a los viajeros que aprovecharan la infraestructura para (...) hacer mucho más *llevadero* el trayecto. LVE300595 **35 travesía:** ...se le facilitó al nadador español bebidas con las que hacer más *llevadera* la travesía. EPE171299 **36 recorrido:** ...una doble fila de árboles (...) hacen algo más *llevadero* un recorrido que, si se realiza a pie, sigue dejando sin aliento. EPE020699
☐ Véase también: **liviano**.

[llevar] → **como alma que lleva el diablo, dejarse llevar (por), llevar a buen puerto, llevar a buen término, llevar adelante, llevar a la práctica, llevar a término, llevar {sobre los hombros/las espaldas/la conciencia}**

llevar *v.* ▮ En el sentido de 'transportar o hacer llegar a alguien o algo a algún sitio' se construye con sustantivos que designan personas *(llevar al niño al colegio)*, objetos *(llevar el plato a la cocina)* o informaciones *(mensaje, palabras, pésame, noticia: La radio llevó la noticia a todo el mundo)*. En el sentido de 'tener encima' alterna con *llevar puesto* y se combina con sustantivos que designan prendas y complementos de vestir *(sombrero, chaqueta, camisa, calzado, pantalón: La muchacha llevaba un pantalón vaquero y una camisa de flores)*. En el sentido de 'manifestar', se combina con sustantivos que denotan aspecto externo de las personas (*aspecto, luto, facha, pinta*, los dos últimos propios de la lengua coloquial). En el sentido de 'quitar' se usa pronominalmente y se combina con sustantivos que designan cosas, bienes materiales *(Hacienda se le llevó sus ahorros)*, valores *(honra, felicidad)* o personas *(Una enfermedad repentina se llevó a su madre cuando ella tenía cinco años)*. En el sentido de 'suponer o implicar' se combina con sustantivos que denotan tiempo *(Lleva muchos años aprender a dibujar)*, empeño *(trabajo, esfuerzo)* u otros recursos *(dinero)*. En el sentido de 'pasar' se combina con sustantivos temporales *(año, vida, mes: Llevas meses sin llamar)*. La locución verbal *llevar (la) razón* significa 'estar en lo cierto'. La locución *llevar camino (de)* significa 'dirigirse irremisiblemente (hacia)'. En el sentido de 'superar a alguien en' se combina con sustantivos temporales *(Solo le lleva unos años)*. En el de 'seguir o marcar' se construye con los sustantivos *paso, ritmo* y *compás*. En el sentido de 'conducir' se combina con sustantivos que designan vehículos *(coche, bicicleta, avión: ¿Sabe usted llevar un coche?)* o animales *(caballo, burro)*. En el de 'estar a cargo (de)' se combina con sustantivos que designan centros, instituciones o empresas *(negocio)*, y también con...

A SUSTANTIVOS QUE DENOTAN GOBIERNO O CONTROL, A VECES MEDIANTE REFERENCIAS METONÍMICAS: **1 dirección ++:** El que *lleva* la dirección material de la revista tiene que seguir este sentido... ABC221295 **2 batuta ++:** Llevaba la batuta UCD, el partido que inventaron a la sombra de Adolfo Suárez los pocos demócratas que había en la derecha. EME191095 **3 control +:** «*Llevamos* el control del encuentro y se me ocurre que una de las claves pudo estar en el balón al larguero que pegamos en los primeros minutos.». EME280694 **4 mando +:** Argentina, torpemente construida, *llevaba* el mando de la tarde y Dinamarca aguardaba la oportunidad de un contraataque. EME140195 **5 timón:** ...ya tuvo «suficiente» con ocho años *llevando* el timón de su instituto y (...) reconoce haber echado de menos las clases durante ese periodo. EPE060900 **6 autoridad:** ...les preguntaron cuáles eran las cualidades de su hijo, cómo lo castigaban, quién *lleva* la autoridad en la casa... ETC070497 **7 dominio –:** El TDK fue el equipo que *llevó* el dominio del juego, aunque nunca consiguió reflejar grandes ventajas en el electrónico. EPE200999

B SUSTANTIVOS QUE DESIGNAN OPERACIONES DE CÓMPUTO O REGISTRO: **8 cuenta ++:** Josep Lluis Núñez negó ayer que el Barcelona vaya a ser multado por sus deudas con Hacienda y la Seguridad Social y afirmó que «sería gravísimo que desde Madrid multaran al club que mejor *lleva* las cuentas». LVE210295 **9 contabilidad ++:** Hay una serie de empresas que salen nombradas en el proceso, entre ellas hoteles Buzzios, ¿*Llevaba* la contabilidad de esas otras empresas? LEC050697 **10 recuento +:** También siguen llegando en vuelos comerciales y están los que son devueltos desde México, quienes regresan por tierra y de los que es más difícil *llevar* un recuento. LTH131197 **11 registro +:** Todos los nombres figuran en una libreta, con el lugar de su entierro: «El alcalde *llevaba* el registro». EPE160699 **12 inventario:** La Administración Nacional de Aduanas no *lleva* un inventario de la mercadería en situación de rezago. LNP151097 **13 cómputo:** Así se empeñan en *llevar* el cómputo de todos los cigarrillos que han fumado en su vida... EPE090599

C SUSTANTIVOS QUE DESIGNAN OTRAS FORMAS DE GESTIÓN O DE INDAGACIÓN: **14 administración ++:** El hermano de Gianni Versace, Santo Versace, quien *lleva* la administración del imperio, se encuentra desde el mismo miércoles en La Casuarina... DLA250797 **15 coordinación +:** Lleva la coordinación del equipo de abogados del Ministerio y la de los externos que se requieran para materias específicas. HOY250897 **16 gestión +:** Alfredo Arola, que era quien *llevaba* la gestión de la empresa, conocía hace muchos años a Sabater. EME080394 **17 tramitación:** Este gesto constituyó un reproche implícito al Gobierno por la forma en que ha *llevado* la tramitación de la ley... EPE101299 **18 investigación:** Barrionuevo comentó que nunca *llevó* la investigación del caso «y menos a través de llamadas al señor Rosino», primer comisario encargado del caso, encarcelado por encubrimiento en esta causa. EPE170699 **19 programa:** «No descarto a nadie, siempre que se *lleve* el programa en la mano.». EME300595

▩ Se combina también con: ♦ **sano y salvo**[34] ♦ **a cuestas, a empujones**[24]**, a espuertas**[5]**, a hombros, a la deriva**[11]**, a mal traer, a manos llenas**[17]**, a {mis/tus/sus...} espaldas, a pulso**[13]**, a rajatabla**[3]**, a rastras, a raya, con cautela**[55]**, con mano izquierda, de la mano, de mano en mano, de punta a punta**[4]**, ejemplarmente, en mano, en persona**[33]**, en volandas, fatalmente, indefectiblemente**[4]**, inevitablemente**[2]**, inexorablemente**[12]**, irremediablemente**[7]**, mano sobre mano**[2]**, por mal camino**

☐ Véase también: **comportar, llevar a buen puerto, llevar adelante, llevar a la práctica, llevar a término, llevar sobre {los hombros/las espaldas/la conciencia}**.

llevar a buen puerto *loc.vbal.* ▮ Admite la variante intransitiva *llegar a buen puerto*, que se combina con los mismos sustantivos. Admite sustantivos que designan obras de creación *(llevar a buen puerto una narración, una novela, un guión, una sinfonía)*, pero lo hace más frecuentemente con...

A SUSTANTIVOS QUE DENOTAN INTERCAMBIO VERBAL DIRIGIDO A ALCANZAR UN ACUERDO: **1 negociación ++**: ¿Es que ahora las asociaciones de padres son las encargadas de *llevar a buen puerto* las negociaciones...? EPE221099 **2 conversación +**: ...*llevaron* las conversaciones *a buen puerto.* CLA090199 **3 diálogo:** Es precisamente en momentos difíciles cuando se debe aceptar el diálogo y *llevarlo a buen puerto...* EPE120280

B SUSTANTIVOS QUE DENOTAN ACUERDO, COMPROMISO O ASOCIACIÓN ESTABLECIDA PARA ACTUAR EN COMÚN: **4 acuerdo ++**: ...con el doble objetivo de *llevar a buen puerto* los acuerdos... LVE120396 **5 pacto:** Llevaron finalmente *a buen puerto* el pacto que tanto había costado alcanzar. INDOC **6 alianza:** Carlos Ghosn, (...) encargado por la firma francesa de *llevar a buen puerto* la alianza con Nissan, dijo ayer en París que... EPE090499 **7 unión:** ...yo intente *llevar a buen puerto* la unión económica y monetaria (...) y dar nuevo aliento político a Europa... LVE020296 **8 contrato:** ...para *llevar a buen puerto* el contrato de 7.500 millones de dólares... LVE131195 **9 compromiso:** ...pondrá al servicio de la OTAN todo su empeño para *llevar a buen puerto* el importante compromiso de la paz en Bosnia... EME021295

C OTROS SUSTANTIVOS QUE DENOTAN PROCESO, ACTIVIDAD O CONJUNTO DE ACCIONES ENCAMINADAS A UN FIN NATURAL: **10 proceso ++**: ...la persona que *lleve a buen puerto* el proceso renovador... EPE010289 **11 operación +**: ...no pudo *llevar a buen puerto* la operación. EME100495 **12 campaña:** Se estrenó hace dos semanas como eurodiputado y es padre de la Declaración de Barcelona, aunque ahora su principal preocupación es *llevar a buen puerto* (...) la campaña... EPE310799 **13 empresa:** ...las dificultades de todo tipo que (...) debió salvar para *llevar* sus empresas *a buen puerto.* ABC140495 **14 trabajo:** Mi padre ha encontrado en Cavendish el ambiente ideal para *llevar a buen puerto* su duro trabajo... EME260594 **15 carrera:** ...desafío a un nuevo enemigo: el tiempo, contra el que tiene que luchar, para *llevar a buen puerto* su carrera de novelista... EME100296 **16 rodaje:** Luego, durante cinco largos meses y con más de 900 animales delante de la cámara, consiguieron *llevar a buen puerto* el complejo rodaje. LVE190396

D SUSTANTIVOS QUE DENOTAN DESIGNIO O INTENCIÓN DE REALIZAR ALGUNA COSA, ASÍ COMO LA DISPOSICIÓN DE LAS ACCIONES NECESARIAS PARA LOGRARLO: **17 idea ++**: ...no es posible *llevar a buen puerto* su idea de la repoblación del medio rural... EPE091299 **18 proyecto ++**: ...servirá de espoleta para *llevar a buen puerto* el proyecto... EPE110199 **19 plan +**: ...seguir manteniendo el contacto para *llevar a buen puerto* el plan soberanista... LRE160103 **20 programa:** ...son los encargados de *llevar a buen puerto* un programa de más de nueve horas... EME221296 **21 iniciativa:** La dificultad de *llevar a buen puerto* la iniciativa del Gobierno (...) queda demostrada por la acumulación de borradores... EPE130399 **22 teoría –**: ...para *llevar a buen puerto* la teoría escoge como esposa... HOY210497

E SUSTANTIVOS QUE DESIGNAN LO QUE SE PRETENDE ALCANZAR O LLEVAR A CABO. TAMBIÉN CON OTROS QUE EXPRESAN EL ESFUERZO QUE SE PONE EN ALGUNA COSA: **23 objetivo +**: ...el esfuerzo (...) para *llevar a buen puerto* los objetivos que se había trazado... LVE171295 **24 sueño:** ...intentar *llevar a buen puerto* vuestros sueños... LVE200695 **25 deseo:** ...*llevar a buen puerto* su deseo de construir el universo en seis días... EME140696 **26 empeño:** ...está en muy mala situación para *llevar a buen puerto* ese empeño. LVE140595

F SUSTANTIVOS QUE DENOTAN TAREA O COMETIDO QUE SE CONFÍA A ALGUIEN: **27 misión ++**: ...materiales más que suficientes para *llevar a buen puerto* esta misión humanitaria. EME231196 **28 encargo +**: ...un director apto para *llevar a buen puerto* encargos de cierta categoría. LVE020995 **29 pedido –**: ...intenta *llevar a buen puerto* un pedido en un día lluvioso. EME061295

G SUSTANTIVOS QUE DENOTAN CAMBIO: **30 reforma:** ...acuerdos para *llevar a buen puerto* la reforma electoral. EUV031196 **31 modificación:** ...la mejor manera de *llevar a buen puerto* las modificaciones... EPE250299 **32 remodelación:** ...la obra de remodelación (...) de modo que la *lleve a buen puerto...* EME300695 **33 ampliación:** El secretario general que ha *llevado a buen puerto* la ampliación... EPE220399

☐ Véase también: **llevar, llevar a término.**

llevar a buen término Véase: **llevar a término**

llevar adelante *v.* ▮ Acepta sustantivos que designan grupos humanos, organizaciones o instituciones *(llevar adelante el país, la democracia, la economía, la empresa)*. Acepta asimismo otros muchos que designan acciones y procesos, muy a menudo de modificación *(recorte, privatización)* o de creación *(construcción, creación)*. Se combina asimismo con sustantivos que designan procesos que suelen conllevar ciertas dificultades objetivas *(llevar adelante el embarazo, la recuperación)*, y también con...

A SUSTANTIVOS QUE DENOTAN PLAN, PROYECTO Y OTRAS NOCIONES RELACIONADAS CON LA FORMA DE DISPONER Y ORGANIZAR LA ACCIÓN FUTURA: **1 proyecto ++**: ...persona capaz de *llevar adelante* un proyecto de semejante envergadura. CAP031096 **2 programa ++**: ...*llevar adelante* un programa masivo de cambio y modernización. EPE110799 **3 propósito ++**: ...la obcecación (...) en *llevar adelante* un propósito tan claramente disparatado. EME081295 **4 intención +**: ...no se ha podido *llevar adelante* la intención del equipo municipal... EME311296 **5 plan +**: El ministro insiste en que hay que *llevar adelante* el plan de reordenación minera... EME161196 **6 campaña +**: ...lo autoriza a (...) *llevar adelante* su campaña política... CLA020199 **7 política +**: ...¿va a *llevar adelante* una política más conciliadora? EME190594 **8 operación +**: Sociedad Anónima de Inversiones y Comercio (Saico) (...) no tiene ningún comprador para *llevar adelante* la operación... EME150694 **9 iniciativa +**: ...una tercera y muy secreta fase incluye la formación de equipos especiales de los países miembros que deben *llevar adelante* operaciones entre las cuales están comprendidas asesinatos... EPE010799 **10 estrategia**: ...existe consenso para *llevar adelante* esta estrategia de intervención... EPE010899 **11 diseño**: ...los resultados del análisis en muestras de agua obtenidas de la planta de Bellavista (...) fue la base para *llevar adelante* el diseño de la planta de Guayaquil. DHE180797 **12 objetivo**: ...mayorías parlamentarias cualificadas para *llevar adelante* objetivos electorales... EPE191099 **13 propuesta +**: ...vamos a ser capaces de *llevar adelante* una propuesta que cambie la vida... BRE241097

B EL SUSTANTIVO *PROCESO*. TAMBIÉN CON OTROS QUE DENOTAN CAMBIO O EVOLUCIÓN, O DESIGNAN ALGUNOS DE LOS RECURSOS QUE ES HABITUAL EMPLEAR PARA CONSEGUIRLOS: **14 medida ++**: Ahora tenemos que *llevar adelante* las medidas de impulso económico. EME090696 **15 reforma ++**: ...con ambiciones de hacerse con el poder y *llevar adelante* la reforma que el Rey quería. EME300696 **16 cambio ++**: ...la movilidad necesaria para *llevar adelante* los cambios requeridos... PME221296 **17 transformación ++**: ...tenemos que *llevar adelante* la transformación educativa... CLA020497 **18 desarrollo +**: ...está dispuesta a *llevar adelante* el desarrollo de las grandes empresas nacionales. EUV170498 **19 decisión +**: ...no necesita autorización administrativa para *llevar adelante* una decisión como ésa. EME050396 **20 reestructuración**: ...serán los responsables de *llevar adelante* la reestructuración del grupo... LVE160195

C SUSTANTIVOS QUE DENOTAN ACUERDO O COMPROMISO, ASÍ COMO CON OTROS QUE DESIGNAN ACCIONES Y PROCESOS DIRIGIDOS A OBTENERLOS: **21 negociación ++**: ...una comisión (...) encargada de *llevar adelante* las negociaciones formales. CLA120197 **22 pacto ++**: ¿Cómo ve las medidas sugeridas para *llevar adelante* el Pacto de Toledo? EME120896 **23 conversación +**: ...cumplen la difícil tarea de *llevar adelante* las conversaciones con los radicales... LNA060792 **24 trato +**: La firma alemana *lleva adelante* tratos con la estadunidense... LNP150397 **25 acuerdo ++**: ...condición indispensable para *llevar adelante* el acuerdo. EPE231299 **26 diálogo**: ...la aspiración del gobierno de *llevar adelante* el diálogo social... EPU040301 **27 encuentro**: ...se han embarcado en la tarea de *llevar adelante* un encuentro mundial... CLA190597

D SUSTANTIVOS QUE DENOTAN LABOR, ASÍ COMO PARTICIPACIÓN ACTIVA EN UNA TAREA O UNA OCUPACIÓN, MUY FRECUENTEMENTE DE CARÁCTER INDAGATIVO: **28 investigación ++**: ...encargada de *llevar adelante* investigaciones sobre delitos financieros. ACP060197 **29 estudio +**: ...para *llevar adelante* el estudio de viabilidad... FDV260499 **30 trabajo +**: ...les asigne un lugar y medios para poder *llevar adelante* su trabajo. EME060396 **31 tarea +**: ...recibirá el encargo de *llevar adelante* la tarea que en la anterior ejecutiva desarrollaba... EPD260797 **32 obra**: ...con el objetivo de *llevar adelante* las obras de modernización. EPE271299

E OTROS SUSTANTIVOS QUE DESIGNAN PENSAMIENTOS, PROPUESTAS O INICIATIVAS ENCAMINADOS A UNA ACCIÓN FUTURA: **33 idea ++**: Nadie duda de la necesidad imperiosa de *llevar adelante* la idea. LPA120592 **34 tesis +**: ...un equipo enormemente distinto del anterior, que va a *llevar adelante* esas tesis... EME220394 **35 sugerencia**: El presidente *llevó adelante* la sugerencia de su ministro. INDOC

F SUSTANTIVOS QUE DENOTAN ACCIÓN COMBATIVA: **36 lucha +**: ...serviría para *llevar adelante* la lucha ideológica. EME010494 **37 guerra**: ...ofrece dos buenos pretextos (...) para *llevar adelante* una guerra anónima. PME011296 **38 revolución**: ...para estar en igualdad de condiciones con sus compañeros a la hora de *llevar adelante* la revolución social. EPE301199

G SUSTANTIVOS QUE DESIGNAN DIVERSOS PROCESOS, ACCIONES O DISPOSICIONES DE CARÁCTER JURÍDICO: **39 juicio +**: ...deberá resolver si corresponde o no *llevar adelante* el juicio. ACP090996 **40 ley +**: ...llegar a un consenso para *llevar adelante* la citada Ley... EME300694 **41 causa +**: ...ese magistrado es el que *lleva adelante* la causa por la desaparición de más de 300 ciudadanos... CLA070497 **42 demanda +**: ...este estamento judicial está decidido a *llevar adelante* la demanda de la multinacional... EME121196 **43 interpelación**: ...una necesidad total del gobierno *llevar adelante* la interpelación. LTB190197 **44 impugnación**: ...uno de los primeros trabajos que *llevará adelante* será la impugnación de candidaturas... ACP170996

H EL SUSTANTIVO *NEGOCIO* Y CON OTROS QUE DESIGNAN DIVERSAS ACTUACIONES DE CARÁCTER ECONÓMICO O COMERCIAL: **45 negocio +**: ...las gestiones necesarias para *llevar adelante* el negocio. EME280496 **46 venta**: ...buscará la forma de *llevar adelante* esta venta al mayor precio posible. EME281296 **47 fusión**: ...poniendo en marcha medidas concretas para *llevar adelante* la fusión efectiva. EPE021987

☐ Véase también: **llevar**.

llevar a la práctica *v.* ▮ Se combina con...

A SUSTANTIVOS DE CARÁCTER PROSPECTIVO QUE DESIGNAN PLANES, PROYECTOS Y OTRAS FORMAS DE ESTABLECER U ORGANIZAR LA ACCIÓN FUTURA: **1 programa ++**: Además, anticipó que para *llevar a la práctica* el programa este mismo mes se firmarán los primeros convenios... DYM061196 **2 proyecto ++**: Los senadores argumentaron que de aprobarse el proyecto como estaba presentado por el Ejecutivo sería muy difícil *llevarlo a la práctica*... LEC190597 **3 plan ++**: ...los implicados en la trama decidieron *llevar a la práctica* el plan para apoderarse del dinero, según fuentes policiales. EPE190800 **4 propuesta ++**: En algunas propuestas anteriores hechas por otros científicos, comenta Cirac, se utilizaban sistemas microscópicos, de pocos átomos, difíciles de *llevar a la práctica*... EPE221101 **5 estrategia +**: Hay un cierto apremio en *llevar a la práctica* una estrategia geopolítica retomada en Washington a mediados de los ochenta... LVE171294 **6 iniciativa** +: Hay que *llevar a la práctica* la iniciativa de Elena Catena que aconsejaba hace años al equipo de investigación... ABC040394 **7 política** +: ...pretende llevar *a la práctica* una política de vivienda que podría resumirse en que paguen más las viviendas de los ricos... LVE110695

B SUSTANTIVOS QUE DESIGNAN LO QUE SE DESEA O AQUELLO A LO QUE SE ASPIRA, EN OCASIONES DE FORMA INTENSA: **8 objetivo** ++: Pero en política, lo que importa no son los derechos de autor, sino el *llevar a la práctica* los objetivos que uno se propone. LVE170896 **9 propósito** +: En general, Claus ha logrado *llevar a la práctica* ambos propósitos. ABC181292 **10 intención** +: Sí puede afirmarse que dependerá de cómo se lleven *a la práctica* esas intenciones... EME040596 **11 sueño** +: Para Christo, Jean-Claude es la compañera que *ha llevado a la práctica* todos sus sueños. EME170695 **12 pasión** –: ...decidió hace un tiempo *llevar a la práctica* su pasión cinéfila... FDV160601

C SUSTANTIVOS QUE DESIGNAN CREENCIAS, JUICIOS, IDEAS, FUNDAMENTOS Y OTROS PRINCIPIOS Y RESULTADOS DE LA ACTIVIDAD INTELECTIVA: **13 idea** ++: ...fueron los únicos lugares del planeta donde se *llevó a la práctica* la idea anarquista. EME060895 **14 principio** ++: El procedimiento acordado para la nominación del candidato presidencial busca *llevar a la práctica* tres principios esenciales... HOY271097 **15 teoría** ++: ...que fue una nave experimental que *llevó a la práctica* la teoría de Weir: la nave viaja más rápido que la luz. HOY011297 **16 máxima:** Llevando a la práctica la máxima de que quien da primero, da dos veces... EPE140599 **17 pensamiento:** Pero Sergiu Celibidache fue más un pragmático que un teórico, y *llevó a la práctica* sus pensamientos... LVE170896 **18 tesis:** Para *llevar a la práctica* esas tesis de Antxon Etxebeste era previo que las hubiesen aceptado... LVE300195

D SUSTANTIVOS QUE DENOTAN ACUERDO O COMPROMISO Y CON ALGUNOS QUE DESIGNAN OTRAS ACCIONES CONCERTADAS ENTRE LAS PERSONAS: **19 acuerdo** ++: ...*llevar a la práctica* los acuerdos de inmediato, como la retirada de Hebrón... LVE290996 **20 promesa** +: Lo que no supo es *llevar a la práctica* ninguna de sus promesas o por lo menos mantener en alto el espíritu de lucha... PME171196 **21 compromiso** +: ...y para el mismo Guerrillero Heroico un compromiso que *llevó a la práctica* hasta sus últimas consecuencias. GIC093497 **22 pacto** +: ...es preciso fortalecer el sistema público de pensiones y *llevar a la práctica* el «pacto de Toledo»... EME031295 **23 convención** –: ...no es necesario un nuevo compromiso, sino *llevar a la práctica* la Convención de Viena. ETC240996

E SUSTANTIVOS QUE DESIGNAN MEDIDAS, RECURSOS, DISPOSICIONES Y OTRAS FORMAS DE DIRIMIR O DAR RESOLUCIÓN A LAS SITUACIONES. TAMBIÉN CON OTROS QUE DESIGNAN LOS EFECTOS O LAS CONSECUENCIAS DE ESTAS ACTUACIONES: **24 medida** ++: La medida, sin embargo, no se *ha llevado a la práctica* pese a haber transcurrido ya veinte días desde el restablecimiento del servicio. FDV210601 **25 decisión** +: ...esta decisión, al afectar proyectos importantes del Emirato de Omán, no ha sido *llevada a la práctica* de manera absoluta. EXC120197 **26 solución** +: Creo en otras medidas como la utilización de medicamentos genéricos, aunque también pienso que esta solución nunca se *llevará a la práctica* por la presión de los laboratorios. LVE200996 **27 resolución:** ...pero incluso en el caso de que la resolución no pierda su fuerza, queda por verse si será *llevada a la práctica* por los gobiernos. EME070995 **28 resultado:** ...donde poder apoyar nuestra razón y *llevar a la práctica* esos resultados fruto del pensar... LVE120495 **29 conclusión:** ...que han reportado jugosas ganancias al selecto club de los planificadores, sin que ninguna de sus conclusiones se *lleve a la práctica.* PLG030497

F SUSTANTIVOS QUE DESIGNAN CONTENIDOS ESTIPULADOS O REGLAMENTADOS QUE DEBEN OBSERVARSE U OBEDECERSE: **30 precepto:** Nadie lo discute, pero no todos ni siempre *llevan a la práctica* este precepto. LVE190295 **31 ley:** Las dificultades jurídicas con las que se tropezó para *llevar a la práctica* la ley aprobada por su antecesor... EPE080699 **32 decreto:** ...criticó el retraso con que se está *llevando a la práctica* el decreto del mes de junio del Gobierno del PP... LVE071196 **33 estatuto:** ...la imposición del canon es un aspecto recogido ya en el Estatuto de RTVE de 1980, aunque jamás se *ha llevado a la práctica.* LVE191096 **34 premisa** –: El Frepaso *llevó a la práctica* la primera premisa de su campaña: la de nacionalizar la elección... CLA110497

G SUSTANTIVOS QUE DENOTAN MANIFESTACIÓN VERBAL, MUY FRECUENTEMENTE ENUNCIATIVA: **35 anuncio** +: ...a la espera de que el Gobierno *lleve a la práctica* el anuncio hecho por el presidente en el debate de investidura. LVE310596 **36 afirmación:** ...cuando el Gobierno tenga que *llevar a la práctica* sus afirmaciones ideológicas... LVE090696 **37 frase** –: ...acostumbraban *llevar a la práctica* una famosa frase: «Di muchas veces una mentira, que se convertirá, con el correr del tiempo, en una verdad». EXC050996 **38 enunciado** –: Con la difícil misión de *llevar a la práctica* los enunciados de la Convención de Diversidad Biológica... EUV061196

☐ Véase también: **ejecutar, ejercitar, llevar, practicar**.

llevar a término *v.* ▮ Admite la variante *llevar a buen término.* Se combina con sustantivos que designan acciones y procesos que tienen fin natural, y especialmente con...

A SUSTANTIVOS QUE DENOTAN INTENCIÓN O META, ASÍ COMO ACCIÓN IDEADA, ENCAMINADA O DISPUESTA EN DIRECCIÓN A ALGÚN OBJETIVO: **1 proyecto** ++: ...con los suficientes recursos para *llevar a término* el proyecto... LVE220394 **2 plan** +: ...*llevar a término* el plan de implementación de la paz y reconstrucción... EME201295 **3 tarea** +: ...para que yo pueda *llevar a término* esta tarea... LVE030294 **4 objetivo** +: Los objetivos incumplidos, ¿le gustaría *llevarlos a término* en otro mandato? EPE260999 **5 propósito:** ...conservar el espíritu cívico necesario para *llevar a término* sus propósitos. EXC120197 **6 iniciativa:** ...iniciativas y propuestas *llevadas a término* por la coalición electoral... EPE180699 **7 misión:** ...para impedir que se *lleve a término* la misión. EME081295 **8 programa:** ...si resulta reelegido piensa *llevar a término* el programa... EPE010684 **9 operación:** ...las grandes corporaciones bancarias han podido *llevar a término* sus operaciones de fusión... EME200596 **10 campaña:** La Federación Española (...) *llevará a término* durante los tres próximos años la campaña de promoción... EPE020699

B SUSTANTIVOS QUE DENOTAN ACCIÓN HOSTIL DE NATURALEZA FÍSICA O VERBAL: **11 ataque:** El ataque se *llevó a término* a pesar de las llamadas... EPE221201 **12 ofensiva:** ...de *llevarse a término* la «ofensiva neoliberal» habrá un «otoño a la francesa». EME050796 **13 amenaza:** ...de *llevarse a término* las amenazas, estas puede volverse contra la chica. EME190995 **14 provocación:** ...*llevó a término* esta provocación para anular todo intento pacífico de democratización... LVE270394 **15 guerra:** ...no *hubiera llevado a término* su guerra relámpago sobre el Oeste sin tener asegurado el flanco del Este... LVE100595

C SUSTANTIVOS QUE DENOTAN PACTO ENTRE DOS O MÁS PARTES: **16 acuerdo:** ...muestra la dificultad de llevar *a término* los acuerdos de paz. EME270296 **17 negociación:** ...pretende *llevar a término* estas negociaciones antes del próximo mes de marzo... EME291195 **18 compromiso:** ...*ha llevado a término* su particular compromiso... EME050896

D SUSTANTIVOS QUE DENOTAN INDAGACIÓN O SEGUIMIENTO (FÍSICO O FIGURADO) DE ALGUNA COSA: **19 búsqueda +:** La Policía *llevó a buen término* su búsqueda y localizó al secuestrado. INDOC **20 investigación:** ...el periodista y el policía *han llevado a término* su investigación... EME110494 **21 estudio:** Tras muchos años de dedicación, *llevó a término* su estudio sobre los nematodos. INDOC

☐ Véase también: **llevar, llevar a buen puerto.**

llevarse ▮ *(congeniar)* ♦ **a las mil maravillas[7], bárbaro[4], como el perro y el gato, fatal, horriblemente**
▮ *(estilarse)* ♦ **moda, práctica, prenda de vestir**
▮ *(recibir, experimentar)* ♦ **alegría, chasco, decepción, desilusión, disgusto, sorpresa, susto**

llevar sobre {los hombros/las espaldas/la conciencia} ♦ **carga, compromiso, consecuencia, coste, culpa, deber, desafío, destino, deuda, dificultad, estigma, pérdida, peso, problema, responsabilidad, riesgo, señal**

☐ Véase también: **asumir, cargar (con), llevar.**

llorar ♦ **a coro[14], a lágrima viva, a mares[4], amargamente, a moco tendido, a pleno pulmón, a todo pulmón[4], como una Magdalena, compungidamente, desconsoladamente[1], desoladamente, insistentemente[17], teatralmente[8]** ♦ **dar (a alguien) (por), echar(se) (a)[4], romper (a)[1]**

☐ Véase también: **lágrima, llanto.**

llorera ♦ **dar (a alguien), entrar[27]**

☐ Véase también: **lágrima, soponcio.**

llover ♦ **abundantemente[4], a cántaros, a manta, a mares[1], a raudales[5], con fuerza, con ganas, copiosamente[1], ininterrumpidamente, intensamente[9], intermitentemente, ligeramente, sin {parar/cesar}, sobre mojado, torrencialmente** ♦ **abucheo, aplauso, contrato, crítica, descalificación, felicitación, gol, halago, improperio, insulto, oferta, petición, premio, propuesta, queja, reclamación** ♦ **romper (a)[2]**

☐ Véase también: **nevar.**

lluvia (de) *sust.cuantif.* ▮ Se construye con sustantivos contables en plural *(caramelos, pétalos, cascotes, huevos)* o no contables en singular *(ceniza, arroz, barro, fuego, confeti).* Entre los primeros son especialmente frecuentes los que designan proyectiles *(proyectil, bala, flecha, pedrada).* Se han lexicalizado las combinaciones *lluvia de estrellas* y *lluvia de ideas.* En el sentido de 'gran cantidad o abundancia de' se combina con...

A SUSTANTIVOS QUE DESIGNAN DIVERSAS FORMAS DE DESACUERDO Y PROTESTA Y, POR EXTENSIÓN, LOS GESTOS AGRESIVOS U HOSTILES QUE MANIFIESTAN FUERTE RECHAZO. SE USA TAMBIÉN CON ALGUNOS SUSTANTIVOS QUE DESIGNAN OBJETOS QUE PARTICIPAN EN ESAS ACCIONES: **1 crítica ++:** ...una *lluvia* de críticas ha caído sobre el vicepresidente. SVG100697 **2 abucheo +:** ...tuvo que soportar ayer una *lluvia* de abucheos e insultos cuando hizo su entrada... EME171196 **3 escupitajo:** ...recibieron una *lluvia* de escupitajos, y respondieron con una salva de piedras. EME210196 **4 reproche +:** ...subió al estrado, en mangas de camisa, para responder a la *lluvia* de reproches sobre su conducta... LVE151195 **5 silbido:** Lluvia de silbidos en La Romareda para un equipo que mereció perder... EPE191001 **6 pito:** ...le despidió entre una *lluvia* de pitos y almohadillas. EPE191001 **7 denuncia:** ...además de un nuevo alcalde ha traído una *lluvia* de denuncias... EPE040899 **8 protesta:** Ante la *lluvia* de protestas (...) decidió suspender el enterramiento... DDN030101 **9 queja:** Y ante la *lluvia* de quejas, un paraguas: la libertad de cátedra. EME240496 **10 tomatazo:** A partir de entonces y hasta la una de la tarde, la *lluvia* de tomatazos entre unos y otros no cesó en ningún momento. EME290896

B SUSTANTIVOS QUE DESIGNAN DIVERSAS FORMAS DE AGRAVIO Y OFENSA CONTRA LA DIGNIDAD Y LA REPUTACIÓN: **11 insulto ++:** Así salió al frente (...) de una *lluvia* de insultos que recibió de dirigentes políticos... LTB190197 **12 descalificación +:** ...lectores alarmados ante la *lluvia* de insultos y descalificaciones que leen en nuestras páginas. LVE150195 **13 injuria +:** El ministro hubo de soportar una verdadera *lluvia* de injurias de los manifestantes. INDOC **14 difamación:** ...fue asaeteado por una *lluvia* de difamaciones y descalificaciones. EME250196 **15 improperio:** ...sólo acierta a bloquear en medio de la *lluvia* de improperios. LVE011095 **16 ataque:** ...le han supuesto una *lluvia* de ataques a su gestión... EME291096

C SUSTANTIVOS QUE DENOTAN SOLICITUD O EXIGENCIA: **17 petición ++:** Tal vez lo que se pretende con esta *lluvia* de peticiones de perdón es redondear... LVE300495 **18 demanda:** ...a raíz del histórico veredicto de la semana pasada podría afrontar una *lluvia* de demandas de consecuencias ruinosas. EPE160799 **19 consulta:** Una *lluvia* de consultas inunda mi despacho... EPE300899 **20 reclamación:** El temor a una *lluvia* de reclamaciones (...) explica tal vez el afán oficial por negar la existencia de un síndrome... EME121296

D OTROS SUSTANTIVOS QUE DESIGNAN DIVERSOS TIPOS DE MANIFESTACIÓN VERBAL, MÁS FRECUENTEMENTE SI SE DIRIGEN A ALGÚN DESTINATARIO: **21 acusación ++:** ...provoca una auténtica *lluvia* de acusaciones cruzadas entre antiguos miembros del Gobierno. LVE160195 **22 ame-**

naza +: ...han recibido una verdadera *lluvia* de amenazas. EPD220796 **23 palabra** +: ...ahogó –¿naufragó?– su película bajo una *lluvia* de palabras abyectas... EME041195 **24 pregunta** +: ...enfrentarán el miércoles una *lluvia* de preguntas de legisladores... EXC050900 **25 comentario:** ...leía agazapada la *lluvia* de recensiones y comentarios que le dedicaron... EME190394 **26 llamada** +: Hemos recibido una *lluvia* de llamadas de nuestros amables oyentes. INDOC **27 pronunciamiento** –: La oposición arreció con una *lluvia* de pronunciamientos de protesta... EPE291299 **28 promesa:** ...presenta su manifiesto electoral con una *lluvia* de promesas populistas... LVE010696

E SUSTANTIVOS QUE DESIGNAN DIVERSAS FORMAS DE ALABANZA O RECONOCIMIENTO, FRECUENTEMENTE LOS PREMIOS DE CARÁCTER MATERIAL QUE RECOMPENSAN EL TRIUNFO EN ALGUNA ACTIVIDAD: **29 gol** ++: Motagua inició la *lluvia* de goles con anotación de Ramón Romero a los 13 minutos... PLG140397 **30 felicitación** +: ...sólo le quedaba (...) recibir la habitual *lluvia* de felicitaciones. EME300195 **31 halago** +: ...se vio sorprendido por una *lluvia* de halagos que poco a poco se fueron convirtiendo en abrazos... EME150396 **32 aplauso** +: ...fue objeto de una *lluvia* de aplausos que no se volvió a escuchar en toda la noche. ESH120597 **33 piropo** +: A su salida al escenario fueron recibidos con una *lluvia* de piropos. INDOC **34 premio** +: Su obstinación tuvo al final una *lluvia* de premios. EPE171099 **35 regalo** +: Los cálculos más serios consideran que esta *lluvia* de regalos y rebajas no se puede financiar. EPE031099 **36 trofeo:** Lluvia de trofeos en el coso de Monóvar. EME210496 **37 medalla:** La *lluvia* de medallas aún no ha cesado. LVE210195 **38 reconocimiento:** ...uno de los artistas más representativos de la vanguardia catalana. Su currículo, construido a partir de una *lluvia* de reconocimientos, da fe de ello. EPE270199 **39 distinción:** ...se marcha derramando una generosa *lluvia* de medallas y distinciones. EME050596

F SUSTANTIVOS QUE DESIGNAN EL DINERO Y OTROS BIENES DE NATURALEZA ECONÓMICA: **40 millón** +: ...lágrimas de alegría, cava y baile flamenco acompañaron la *lluvia* de millones que sorprendió ayer al colegio público... LVE231295 **41 billete** +: ...la subida de los «populares» no tiene que ver con la *lluvia* de billetes sino con el «empuje nacional»... EME240296 **42 dinero** +: ...la *lluvia* de dinero que han recibido la Expo de Sevilla, el Madrid Cultural o la Olimpiada de Barcelona. ABC180992 **43 riqueza:** ...esperan recibir una *lluvia* de riquezas al día siguiente de las elecciones... EME230494 **44 dólar:** ...sus esperanzas de que le llegue la *lluvia* de dólares que espera por su buena conducta... LHG130297

G SUSTANTIVOS QUE DENOTAN GOLPE O AGRESIÓN: **45 palo** +: ...se encontraron encerrados en un saco de dormir bajo una *lluvia* de palos. EME050295 **46 patada** +: Después se le vino encima una *lluvia* de patadas y golpes. EME030995 **47 golpe:** Una *lluvia* de golpes bombardearon su cuerpo y de paso su alma... LPN120197 **48 puñetazo:** Esto y una *lluvia* de puñetazos, patadas y gritos fue todo uno. EME121095 **49 puntapié:** ...recibe de su interrogador una *lluvia* de puntapiés y de puñetazos. EME161196 **50 pedrada:** ...lo único que ha conseguido es cosechar una *lluvia* de pedradas... CAP280900

H EL SUSTANTIVO *DATO* Y CON OTROS QUE DESIGNAN DIVERSAS FORMAS DE INFORMACIÓN: **51 dato** +: Tal *lluvia* de datos no ha sido suficientemente cribada... ABC291093 **52 noticia** +: La segunda edición del diario aportaba una *lluvia* de noticias sobre la guerra. INDOC **53 información:** ...la *lluvia* de informaciones interesadas en hacernos ver lo que no es... LVE030895

▩ Se combina también con: ♦ **a chorro(s), ácido, beneficioso, catastrófico**[11]**, copioso, fino, fuerte, fugaz, intenso, intermitente, ligero, menudo, pequeño, pertinaz**[2]**, racheado, tenaz**[44]**, tormentoso, torrencial** ♦ **a resguardo (de)** ♦ **agua (de), temporada (de)** ♦ **amenazar, apretar, arreciar, caer, calar, cesar, guarecerse (de), proteger(se) (de), remitir**[2]

☐ Véase también: **agua, avalancha (de), borrasca, ola (de), ráfaga (de), tempestad, temporal, tormenta (de).**

[lobo] → como boca de lobo

lobo
♦ **astuto, de mar, depredador, desalmado, desnutrido, despiadado, devorador, estepario, feroz, hambriento, indomable, indómito, marino, rabioso, sagaz, salvaje, sigiloso, solitario, voraz** ♦ **como** ♦ **acechar, atacar (algo/a alguien), aullar, defender(se) (de), devorar (algo/a alguien), ulular**

☐ Véase también: **perro.**

local
♦ **abigarrado, anejo, comercial, de postín, destartalado, diáfano, espacioso, oscuro, soleado** ♦ **abrir, alquilar, cerrar, clausurar, desocupar, frecuentar, habilitar, inaugurar, llevar, ocupar, reabrir, regentar, sellar, traspasar**

localidad
♦ *(entrada, tique)* **agotar(se), comprar, conseguir, dispensar, hacerse (con), reservar, sacar, vender**

☐ Véase también: **asiento, entrada, lugar, posición, tique.**

locamente
♦ **enamorado** ♦ **actuar, admirar, amar, conducir, enamorarse, gastar, lanzarse, querer, saltar, vivir**

[loco] → como (un) loco

loco
▮ *(adj.)* ♦ **de atar, de remate** ♦ **absolutamente, completamente, por completo, rematadamente**[1]**, totalmente**

▮ *(sust.)* ♦ **declarado, incorregible, inofensivo, peligroso, rematado, redomado**

☐ Véase también: **perturbado.**

locura
♦ **absoluto, colectivo, completo, contagioso, desorbitado**[26]**, exacerbado, fratricida, imprevisible, inofensivo, irrefrenable, irreversible, parcial, peligroso, pequeño, preso (de)**[17]**, soberano, supino, total** ♦ **al borde (de)**[1]**, al filo (de)**[12] ♦ **acceso (de)**[6]**, arranque (de)**[3]**, arrebato (de)**[11]**, ataque (de)**[14]**, rapto (de)**[1] ♦ **ahuyentar**[7]**, apoderar(se)**[20]**, arrastrar, bordear**[13]**, cometer**[14]**, contagiar(se), curar(se), dar (a alguien), dejarse llevar (por), desatar(se)**[17]**, entrar (a alguien), hacer, írse(le) (a alguien), rayar (en)**[12]**, realizar, salir (de), sentir**[13]**, sobrevenir (a alguien), superar, vencer, venir (a alguien)**

☐ Véase también: **absurdo, cordura, delirio, demencia, despropósito, histeria, paranoia.**

LOCURA
♦ (SUSTANTIVOS) Véase: **acceso (de)[B], al borde (de)[A], al filo (de)[B], preso (de)[B], rapto (de)[A], rayar (en)[B]**

lodo ♦ **entre[9]** ♦ **chapotear (en), hundir(se) (en), meter(se) (en)**
☐ Véase también: **barro, polvo.**

lógica ♦ **apabullante, aplastante[19], cartesiano[3], contundente, cristalino, deductivo, estricto[62], férreo[50], impecable, implacable[66], inapelable[11], inductivo, irrebatible[11], palmario, puro, simple** ♦ **con, con arreglo (a), según, sin** ♦ **ápice (de)[4], atisbo (de)** ♦ **actuar (con), apelar (a), aplicar, carecer (de), derrumbar(se)[37], dictar (algo), fallar, imperar, imponer[18], presidir (algo), prevalecer, primar[18], pulverizar[50], resquebrajar(se), seguir, subvertir[5], subyacer, tener, transgredir[55], usar**
☐ Véase también: **absurdo, razón, razonamiento, razonar, sentido común.**

lograr ♦ **a duras penas, a medias[16], a pulso[19], a toda costa[26], a trancas y barrancas[24], con creces[16], con éxito[28], contra viento y marea[28], de un día para otro[18], gradualmente[60], ni de lejos[7], ni por asomo[45], por completo[58], por los pelos[10]**

logro ♦ **absoluto, a medias[61], capaz (de), completo, descomunal, inigualable, insuperable, monumental[70], total** ♦ **airear[39], alcanzar, arrojar[39], capitalizar[2], conseguir, constituir, consumar, cosechar[6], difundir, fraguar, madurar, negar[59], obtener, reconocer (a alguien), regatear (a alguien), representar**
☐ Véase también: **acierto, éxito, mérito, triunfo, victoria.**

LOGRO Véase: *ADQUISICIÓN Y CONSECUCIÓN*

LOGRO Véase: CONSECUCIÓN; ÉXITO; REALIZACIÓN

longitud ♦ **adecuado, aproximado[8], desmedido[59], escaso, exacto, exagerado, insuficiente, preciso, requerido, suficiente** ♦ **averiguar, calcular, determinar, establecer, fijar, medir, modificar, tener**

[loro] → **como un loro**

[losa] → **como una losa**

losa ♦ **insalvable[19], insuperable, pesado, sepulcral** ♦ **acarrear, caer (sobre alguien), cargar (con), liberar(se) (de), librar(se) (de), pesar**
☐ Véase también: **carga, peso.**

lozanía ♦ **ajar(se)[2], perder, poseer**
☐ Véase también: **frescura.**

lucha ♦ **abierto, a brazo partido[14], acalorado[18], a campo abierto, a cara descubierta, acerbo[7], activo, a destajo[28], a espada, a favor[54], a fondo[47], agotador[11], a mano armada, a morir, a muerte[17], a pecho descubierto[16], a pie firme, ardiente, arduo[26], a ultranza[26], a vida o muerte, bárbaro, beligerante[27], bravo[5], ciego[39], codo con codo[29], contra reloj[19], con uñas y dientes, cruento, cuerpo a cuerpo[16], decidido, declarado, defensivo, de igual a igual[29], denodado[8], desaforado[16], desalmado, descarado, descarnado[32], desenfrenado, desequilibrado, desesperado, desigual, despiadado, desproporcionado, dispuesto (a), disputado, efectivo[53], electoral, enardecido, encarnizado[1], encendido[19], enconado[2], en contra, enérgico, en primera línea, equilibrado, esforzado, feroz[9], férreo[61], ferviente[50], fiero, fratricida, frenético[39], frente a frente, frontal[12], heroico, implacable[38], incansable, incruento, infructuoso[13], intenso, interino, interminable, intestino, intrépido, maniqueo, mano a mano[17], numantino[5], personal, político, porfiado, presto (a)[2], reñido[1], sangriento, sin cuartel, sin tregua[18], soterrado[3], tenaz[14], vano[13], verbal, vibrante, violento, virulento, vivo** ♦ **al descubierto[54]** ♦ **espíritu (de)** ♦ **abanderar[1], agravar(se)[15], alimentar[30], amainar[17], anclar[40], apear(se) (de)[24], apoyar, aprestarse (a), arreciar[29], avalar[84], avecinarse[16], avivar(se), capitanear[1], cejar (en)[17], cesar, cobrar fuerza[42], conducir, dar[264], dar fin (a), defender, desactivar[18], desatar(se)[50], desencadenar(se)[9], dirigir, dirimir, discurrir[21], emprender[20], enfrascarse (en)[1], entablar[22], entrar (en), enzarzarse (en)[3], estallar[15], finalizar, fortalecer(se)[31], fraguar(se)[55], ganar, girar[16], hundir(se) (en)[29], impulsar, incentivar[33], iniciar(se), interrumpir, involucrar(se) (en)[2], lanzarse (a)[17], librar(se)[2], llevar adelante[36], mantener, oponer, perder[43], perseverar (en)[2], persistir (en)[49], preconizar[16], producir(se), reanudar(se), reavivar(se), recrudecer(se)[6], reverdecer[13], sostener, tener lugar, tensar[5], zanjar[21]**
☐ Véase también: **batalla, bronca, conflicto, enfrentamiento, litigio, pelea, pugna, riña.**

LUCHA Véase: CONFLICTO; CONFRONTACIÓN; OPOSICIÓN; PROTECCIÓN

luchar ♦ **abiertamente[77], a brazo partido[1], a capa y espada[4], a cara de perro[2], a cara descubierta[29], activamente[32], a destajo[3], a duras penas, a espada, a favor[27], a fondo, a la defensiva, a la desesperada[25], a mano armada, a morir[7], a muerte[1], a pecho descubierto[8], a pelo, a pie firme[7], ardientemente, arduamente[7], a tope[1], a vida o muerte, bárbaramente, codo con codo[24], como gato panza arriba[4], como un animal, con éxito[18], con tesón, con todas {mis/tus/sus...} fuerzas[1], contra viento y marea[11], con uñas y dientes[2], cuerpo a cuerpo[1], decididamente[32], de igual a igual[10], denodadamente, desaforadamente, descaradamente, descarnadamente, duramente[10], en buena lid, encarnizadamente[2], en contra, enérgicamente[21], en primera línea[3], esforzadamente, firmemente, frente a frente[1], heroicamente[10], incansablemente, intensamente[41], inútilmente[9], mano a mano[4], meritoriamente[2], numantinamente[7], palmo a palmo, porfiadamente, sin tesón, sin tregua[1], tenazmente[10], valientemente[12], violentamente**
☐ Véase también: **batallar, batir(se), combatir, enfrentar(se).**

lucidez ♦ **fugaz, momentáneo, ocasional, repentino** ♦ **acceso (de)[16], ápice (de)[3], arranque (de)[28], arrebato (de)[33], ataque (de)[23], destello (de), fase (de), instante (de), momento (de), rapto (de)[10], rasgo (de)** ♦ **alcanzar, mostrar, perder[11], presentar, tener, venir (a alguien)**

lucro ♦ **desmedido[49], ilegítimo, legítimo** ♦ **afán (de), ánimo (de)[1], espíritu (de), sed (de)** ♦ **buscar, perseguir, sin ánimo (de)**
☐ Véase también: **aprovechamiento, beneficio, provecho.**

luctuoso ♦ **accidente, acontecimiento, hecho, incidente, noticia, período, suceso**
☐ Véase también: **triste.**

lugar ♦ **abarrotado, abierto, abigarrado, abrupto, accesible, acogedor, aireado, amplio, angosto, atestado, caluroso, cerrado, común, concurrido, dantesco[27], desahogado, deshabitado, desierto, desolador, despejado, destacado, diáfano, espacioso, específico, estrecho, exuberante, fantasmal, febril, honroso[53], idílico, ignoto, impecable, inaccesible, inexpugnable, infausto, infernal, infestado, inhabitable, inhóspito, inhumano, intransitable, invulnerable, luminoso, oculto, oscuro, paradisíaco, preeminente[1], preponderante[4], prominente, recogido, recóndito, remoto, retirado, saludable, soleado, sórdido, trillado[8]** ♦ **abandonar, abarrotar, acceder (a), acotar, acudir (a), adecentar, adentrarse (en), airear, alcanzar, apegarse (a), apostar(se) (en), atravesar, aventurarse (en), bordear, caldear(se), congestionar(se)[17], conquistar, copar[5], cruzar, dejar libre, desocupar, despejar(se), dominar, encerrar (en), entrar (en), estar (en), frecuentar, habitar (en), internar(se) (en), lanzarse (a), llenar, merodear (por), meter(se) (en), minar, ocupar, orear, pasear (por), peinar, penetrar (en), perderse (en), personarse (en), pisar, poblar, radicar (en), rastrear, recluir(se) (en), recorrer, residir (en), retirar(se) (a), salir (de), sellar, situar(se) (en), traspasar, ubicar(se) (en), vaciar, vadear, vagar (por), visitar, vivir (en)**
☐ Véase también: **espacio, sitio.**

LUGAR
♦ (SUSTANTIVOS) Véase: **abismal[B], apear(se) (de)[B], atávico[H], avanzado[K], aventajado[C], azaroso[B], boyante[D], dantesco[E], dar[E], de ida y vuelta[B], delinear[G], de postín[A], desmembrar(se)[A], dominante[G], escalar[B], esquilmar[C], exuberante[A], fantasmal[A], ilusionante[G], intrincado[A], migratorio[D], numantino[B], palpitar[E], preventivo[B], proceloso[B], rebanar[B], resbaladizo[C], trillado[A], vadear[A]**
♦ (VERBOS) Véase: **a lo lejos[H], debidamente[G], ventajosamente[G]**
☐ Véase también: ESPACIO; POSICIÓN.

[lujo] → **con todo lujo de detalles**

lujo ♦ **asiático, deslumbrante, desmedido, desmesurado, fastuoso, innecesario, oriental, ostentoso, superfluo, tremendo** ♦ **artículo (de), gusto (por), prenda (de)** ♦ **ajar(se)[12], derrochar[68], exhibir, ostentar, vivir (con)**
☐ Véase también: **adorno.**

lujosamente ♦ **adornar, decorar, editar, presentar, publicar, vestir, vivir**
☐ Véase también: **a cuerpo de rey, de tiros largos, fastuosamente, por todo lo alto.**

lumbre ♦ **al amor (de)** ♦ **calentar (a alguien), dar, encender, prender[12]**
☐ Véase también: **brasa, fuego, llama.**

luminoso *adj.* ▮ En su sentido de 'claro, radiante o diáfano' se combina con sustantivos que designan espacios o lugares *(salón, ciudad, terreno)*, con otros que designan astros o planetas *(estrella, sol)*, y muy diversas cosas materiales, más frecuentemente obras de creación *(pintura, película, óleo, sinfonía, novela)* y ciertas partes del cuerpo *(piel, tez, cabello)*. También se combina con sustantivos temporales *(otoño, primavera, día, tarde)* y con otros que designan la luz en sus múltiples manifestaciones *(haz, rayo, reflejo, destello, halo)*. Se combina asimismo con...

A SUSTANTIVOS QUE DESIGNAN DIVERSOS DISPOSITIVOS DISEÑADOS PARA SEÑALIZAR O PARA EXPONER ALGÚN MENSAJE. POR EXTENSIÓN, TAMBIÉN CON OTROS QUE DESIGNAN EL MENSAJE MISMO: **1 señal ++:** Señal *luminosa* de una estadía que terminaba con un amable cansancio hacia la oferta comercial de la ciudad... CAP041001 **2 panel ++:** Hay que frenar los abusos que se están cometiendo (...) zonas residenciales ahora sembradas de paneles *luminosos.* CAP161097 **3 indicador +:** Y propone la instalación en los vehículos de indicadores *luminosos* o de mamparas de protección. LVE030196 **4 anuncio +:** Dotado de iluminación artificial, por las noches brilla como si se tratase de un anuncio *luminoso* gigante. ABC130893 **5 cartel +:** Se aumentó la precisión y la confiabilidad del radar, se colocaron 70 carteles *luminosos* de rodaje y estacionamiento... CLA140297 **6 letrero +:** ...un montaje de nueve filamentos de 14 metros de altura que forman un bosque virtual de letreros *luminosos.* EPD041097 **7 rótulo +:** ...en la localidad vizcaína de Portugalete, donde realizaron pintadas y rompieron el rótulo *luminoso*, según denunció el concejal de la coalición... ENC300301 **8 pantalla:** ...el despliegue de recursos tecnológicos (mapas, pantallas *luminosas*...) que en las condiciones actuales no brillan como debieran y merecen. LVE090396 **9 baliza:** En la calle de Serrano habrá 400 balizas *luminosas* –de un nuevo modelo, gracias a un inversión de 30 millones de pesetas adjudicada a la empresa Licuas–. EPE051201 **10 cono:** ...la dirección general de Tráfico instalará conos y balizas *luminosas* para marcar las vías adicionales. LVE280396

B SUSTANTIVOS QUE DESIGNAN EL RASTRO DEJADO POR EL PASO DE ALGO: **11 estela:** El cardenal nicaragüense, Miguel Obando y Bravo, definió a la religiosa como «una gran mujer que deja una gran estela *luminosa*, porque estaba llena de caridad, consagrada al amor de Dios y del prójimo». DLA060997 **12 huella:** He aquí la secuencia: fondos blancos y negros alternantes, o, mejor, luz y oscuridad, pueden ser igualmente manchados, que es allí donde deja su huella *luminosa* la pintura. EPE030181 **13 vestigio –:** ...España se decantó por la cara pundonorosa del choque, la que acabó por borrar todo vestigio *luminoso* en una noche de plena penumbra. EME080296

☐ Véase también: **fulgurante.**

■ En su sentido aproximado de 'muy brillante, muy destacado' se combina con sustantivos que designan personas *(mujer, poeta, violinista)*, ciertos eventos *(ceremonia, banquete)*, y múltiples unidades de la expresión verbal, más frecuentemente aplicados al lenguaje literario *(lenguaje, dicción, estilo, expresión, discurso, texto, página, prosa, verso, metáfora, testimonio)*. Se combina además con...

C SUSTANTIVOS QUE DESIGNAN VIRTUDES, ASÍ COMO CIERTOS MODOS DE SER DE LAS PERSONAS, SOBRE TODO SI SE VALORAN SOCIALMENTE: **14 personalidad:** Convocado para la posteridad en las memorias de Carlos Barral y de Alberto Oliart, Roca-Sastre tenía una personalidad *luminosa* y el legado patricio de su padre... EPE300399 **15 bondad:** ...si estuviera tan persuadido como algunos de la *luminosa* bondad de sus actuaciones no vacilaría en unirme al colectivo en lugar de andar por ahí soplando gaitas. EPE311099 **16 sencillez:** A veces jugábamos en grupo al «burro en pie», único juego de cartas jamás practicado por Rafael Alberti. Es de una *luminosa* sencillez. ABC151093 **17 elegancia:** Desde la sobria elegancia, *luminosa* y escueta con que se presenta la obra... EME080595

D SUSTANTIVOS QUE DENOTAN FACULTAD MENTAL, GENERALMENTE INVENTIVA, CREATIVA O HUMORÍSTICA. TAMBIÉN CON OTROS QUE DESIGNAN ALGUNAS DE SUS MANIFESTACIONES: **18 inteligencia ++:** Joselito fue un Luzbel adolescente, caído por orgullo de su *luminosa* inteligencia viva. ABC140593 **19 ingenio +:** ...entrará en la tarima central portando una gota de agua –un extraño ingenio *luminoso*, novedad para este espectáculo– como símbolo de inocencia y pureza. EPE120899 **20 fantasía:** El pintor belga, con su poderosa fantasía burlesca tan *luminosa* como el impresionismo, fue en realidad (...) un pionero del expresionismo en todo el continente. EPE270999 **21 gracia:** En Alicia está presente, con una frescura y una gracia *luminosas*, el absurdo, el metalenguaje y la escritura automática... EME050194 **22 chispa:** Varias noches después, el astrónomo italiano se percató de una cuarta chispa *luminosa* también muy próxima al planeta gigante. ABC030395 **23 ironía:** ...la capacidad de angular que tenía César Lucas cuando era un fotógrafo de periódico, la *luminosa* ironía de Catal... LVE250596

E ALGUNOS SUSTANTIVOS QUE DENOTAN ESTADO DE ÁNIMO O ACTITUD DE EXULTACIÓN, ENTUSIASMO O CONFIANZA EN ALGUNA COSA: **24 optimismo:** Especialmente Anna Lizaran (Vladimir), sobre quien Pasqual hace recaer el optimismo franco y *luminoso* de su lectura. EPE150299 **25 euforia:** Su pintura ofrecería siempre la mística gravedad navarra y la euforia *luminosa* del Mediterráneo. EPE291299

F SUSTANTIVOS QUE DENOTAN RECURSO, SISTEMA O MÉTODO: **26 estrategia:** Luminosa estrategia de los grandes cerebros de la Compañía. EPE120199 **27 procedimiento:** Cuando el teléfono de la cabina se queda un solo duro, ¿han calculado ustedes los millones de pesetas que se queda la Compañía por este complicado y *luminoso* procedimiento? EPE120199 **28 estructura:** Se trata de una estructura *luminosa* que reproduce la forma de un tradicional árbol navideño... LVE021295 **29 logística:** También sabe lo suyo de psicodelias, a partir de la logística *luminosa* que se plantea actuando en salas de aforo medio. EME091196

G SUSTANTIVOS QUE DESIGNAN JUICIOS Y OTROS EFECTOS DE LA ACTIVIDAD MENTAL, ESPECIALMENTE LA RAZONADORA: **30 idea ++:** Un alto funcionario (...) señalaba que los multilaterales «siempre vienen con una idea *luminosa*: creen planes de empleo de emergencia». EUV031196 **31 noción:** Escuchándola se tiene una noción exacta y *luminosa* de la legítima esencia del jazz auténtico, en la genuina línea tradicional... LVE100295 **32 pensamiento:** ...recordó a Artigas realzando como «señal de su *luminoso* pensamiento» el artículo tercero de las Instrucciones de 1813... BUS280900 **33 argumento:** Siguiendo con su argumento *luminoso*, hace una media docena de años se puso a trabajar con la cera... EPD120996 **34 sugerencia:** La sugerencia parecía *luminosa*, pero resultó fallida. INDOC

H SUSTANTIVOS QUE DESIGNAN EL ENFOQUE DESDE EL QUE SE EXAMINA O SE ABORDA ALGÚN ASUNTO: **35 visión:** Visión *luminosa*, «dibujada» y pintada con maestría, que canta en estas obras (veintinueve, más un tríptico) tan ajenas a modernos tenebrismos. ABC081191 **36 perspectiva:** ...las negras perspectivas de la economía mundial, las *luminosas* perspectivas de la economía española y la crisis de Argentina. EPE271201 **37 punto de vista:** ...llevan el micro de aquí para allá para que las señoras y los señores aporten sus *luminosos* puntos de vista. EME050595

I SUSTANTIVOS QUE DESIGNAN LO QUE SE PRESENTA COMO PRUEBA O ILUSTRACIÓN DE ALGO: **38 ejemplo:** El presidente del Consejo, Romano Prodi, se declaró «afectado y conmovido» y presentó a la madre Teresa como «ejemplo *luminoso* de amor al prójimo». DLA060997 **39 muestra:** ...se podrían encontrar estos días muestras tan *luminosas* como las que se encuentran aquí de lo que son las virtudes y los defectos «típicos» de los catalanes. EME220296

J OTROS SUSTANTIVOS; POSIBLES USOS ESTILÍSTICOS: El silencio *luminoso* de sus espacios: pintura y sueño, afirmación y nostalgia, gozo y soledad. ABC240295; Aquella mañana los montes estaban nevados en parte y en parte oscuros, con el latido siempre *luminoso* de los pinos. ABC181194

☐ Véase también: **diáfano, rutilante.**

luna ♦ creciente, lleno, luminoso, menguante, nuevo, resplandeciente, rutilante ♦ a la luz (de) ♦ cara (de), claro (de), influjo (de), luz (de), rayo (de) ♦ alumbrar, asomar, crecer, decrecer, irradiar, menguar, meter(se), ocultar(se), resplandecer, salir

[lupa] → **con lupa**

luto ♦ medio, riguroso ♦ en señal (de)[10] ♦ aliviar, cumplir (con), decretar[51], guardar[45], llevar, observar, quitar(se), saltarse, teñir (de)[5]

☐ Véase también: **duelo, funeral.**

[luz] → a la luz (de), arrojar luz (sobre), a todas luces, dar a luz, dar luz verde (a), sacar a la luz, salir a la luz

luz ♦ apagado, artificial, áureo, blanquecino, brillante, cegador[1], celestial, cenital, centelleante, claro, concentrado, crepuscular, débil, deslumbrador, deslumbrante, diáfano, difuso, directo, fantasmal[14], fuerte, indirecto, intenso, intermitente, lleno (de), matutino, meridiano[2], mortecino, natural, otoñal, pálido, pleno, propio, radiante, refractante, refulgente, resplandeciente, sesgado, solar, suave, tenue, trémulo, vacilante, vespertino ♦ chorro (de), foco (de), fuente (de), haz (de), juego (de), ráfaga (de)[1], rayo (de) ♦ agonizar, alimentar, amortiguar[22], apagar(se), arrojar (sobre algo), atisbar[7], brotar, buscar, cegar (a alguien), centellear, cortar, crecer, dar, descomponer(se), deslumbrar (a alguien), despedir, desprender, destellar, desvanecerse, desviar(se), difuminar(se), difundir(se), diluir(se), eclipsar(se), emanar, emitir, encender(se), extinguir(se), filtrar(se), iluminar (a alguien), invadir (algo), irradiar, irse, notar, percibir, proyectar(se), recibir, resplandecer, sentir, surgir, transmitir(se), ver

☐ Véase también: **brillo, chispa (de), destello (de), fulgor, resplandor.**

LUZ

♦ (SUSTANTIVOS) Véase: **cegador**[A], **cobrar**[E], **cristalino**[E], **fantasmal**[C], **fugaz**[D], **meridiano**[A], **ráfaga (de)**[A], **revestir(se) (de)**[B], **rutilante**[F], **soplo (de)**[A]

♦ (VERBOS) Véase: **a lo lejos**[C], **fugazmente**[G]

luz verde ♦ dar[54], tener

☐ Véase también: **autorización, licencia, permiso, visto bueno.**

M m

machacar ♦ **a conciencia[46], a golpes[23], a patadas[20], insistentemente, literalmente[25], sin compasión, sin piedad**

☐ Véase también: **destruir.**

machaconamente *adv.* ▌ Se combina con...

A VERBOS QUE DENOTAN REPETICIÓN O ÉNFASIS: **1 repetir ++:** ...curioso manejo del subjuntivo verbal, que se repite *machaconamente* a lo largo de todo el discurso. HOY161296 **2 insistir ++:** ...insistió *machaconamente* en esta idea... LVE240395 **3 recordar +:** ...quiero *machaconamente* recordar que la cultura es vital... EME250296 **4 reiterar:** ...a pesar de reiterar *machaconamente* que él se encuentra siempre al servicio del pueblo andaluz. EPE030181 **5 remarcar:** ...hayan remarcado *machaconamente* que (...) se seguiría estrictamente lo que figura en el reglamento... EPE220699 **6 reproducir:** Son una minoría (...) *machaconamente* reproducida con la vitalidad del cáncer. EME171295 **7 asegurar:** ...ha asegurado *machaconamente* (...) que España estaría en el pelotón de cabeza. EME020194 **8 incidir:** Un goteo incesante y exasperante de datos inciden *machaconamente* en lo ya sabido. EME210895 **9 recalcar:** ...no hay vida cabalmente humana sin esperanza, como entre nosotros ha recalcado *machaconamente* el maestro... EPE010400 **10 subrayar:** Una música con pretensiones subraya *machaconamente* los supuestamente ingeniosos diálogos. EME060494 **11 constatar:** ...habrá que constatar *machaconamente* que (...) entra en crisis el Estado social... EPD290497 **12 confirmar:** ...después de remontar el vuelo, el momento más probable de accidente aéreo, como las estadísticas *machaconamente* confirman. EPE130999 **13 destacar:** ...los subtítulos destacaron un tanto *machaconamente* (...) tantos desastres juntos, empaquetados, reunidos como los juegos Geyper... EME050596

B VERBOS QUE DENOTAN REQUERIMIENTO: **14 pedir:** ...la oposición pidiendo *machaconamente* elecciones... EME110995 **15 solicitar:** ...solicitan *machaconamente* (...) otros partidos de oposición. LVE140194 **16 reclamar:** Y, *machaconamente*, reclamó el metro... LVE240595 **17 exigir:** ...exigió *machaconamente* a su principal oponente político que ofreciese explicaciones creíbles... EME280795 **18 ordenar:** ...por ello, casi nos ordenan *machaconamente*, debemos sentirnos orgullosos. EPE060199

C OTROS VERBOS DE COMUNICACIÓN, ORAL O ESCRITA, Y –POR EXTENSIÓN– CON ALGUNOS VERBOS QUE DENOTAN JUICIO O DECISIÓN, A MENUDO MANIFESTADOS VERBALMENTE: **19 decir +:** ...la práctica nos dice *machaconamente* que (...) no hay tal igualdad... EPE151199 **20 hablar +:** ...no me gusta que se me hable *machaconamente* de mi obra... ABC090695 **21 anunciar:** ...se anuncia *machaconamente*, desde los medios, la magna exposición. EME130496 **22 informar:** ...lindas locutoras informándonos *machaconamente* de lo que está por venir... EPE110977 **23 explicar:** Al margen de polémicas, el día de ayer fue aprovechado por ambos para seguir explicando *machaconamente* su programa. EME231195 **24 predicar:** ...el pensamiento conservador ha predicado *machaconamente* que seríamos más libres y felices si el Estado no interviniera en la vida colectiva. EME200194 **25 advertir:** ...advertirá *machaconamente* contra esta posible alianza que podría dar la alcaldía a Roca aunque su lista no fuera la más votada. LVE250595 **26 sostener:** ...lo hemos venido sosteniendo, inclusive *machaconamente*. LTB190197 **27 acusar:** Machaconamente, desde el púlpito de sus televisiones privadas, acusó a la izquierda de marxista... EME300394 **28 recomendar:** ...típicos cereales tan *machaconamente* recomendados para esos desayunos... ABC300695 **29 recitar:** ...cuando el líder socialista, subió al escenario volvieron a recitar acompasada y *machaconamente* las dos palabras que se hicieron populares durante la Guerra Civil... EME030396

D VERBOS QUE DENOTAN MUESTRA, MANIFESTACIÓN U OFRECIMIENTO: **30 mostrar:** Las encuestas (...) muestran *machaconamente* una mayoría convencida... EME110695 **31 ofrecer:** ...una obra premonitoria que nos avanzaba lo que nos pasaría y nos ofrecería la televisión *machaconamente* con sus imágenes de «Ubú»... LVE200995 **32 ofertar:** Se había encendido la luz de alarma ante la excesiva basura visual y auditiva que ofertaban *machaconamente* la televisión pública y las televisiones privadas. EME220494 **33 servir –:** Machaconamente y ridículamente la televisión catalana nos ha servido una lata inacabable con imágenes detalladas... LVE280996 **34 sacar –:** ...las revistas del corazón (...) sacan *machaconamente* esa foto. EME190596

☐ Véase también: **hasta la saciedad, insistentemente, pesadamente, por activa y por pasiva, profusamente, reiteradamente, repetidamente.**

[machamartillo] → **a machamartillo**

madeja ♦ **complejo, complicado, confuso, enrevesado[7], inextricable[2], intrincado[21]** ♦ **hilo (de)** ♦ **desenredar, desentrañar[9], deshacer, desliar, enredar(se), liar(se) (en)**

☐ Véase también: **lío, maraña, ovillo, red.**

madrugón ♦ **dar(se), pegar[21]**

madurar *v.* ▌ En su sentido físico, se combina con sustantivos que designan seres vivos *(per-*

sona, muchacho, toro), frecuentemente las plantas y las frutas *(mies, uva, manzana)* o lo que se obtiene de ellas después de tratarlas *(vino, cava)*. También se combina con otros que designan partes del organismo de un ser vivo *(célula, ovocito)* y ciertos elementos fundamentales o básicos del ser *(semilla, esencia)*. En su sentido figurado se combina con sustantivos que designan características humanas, en especial *inteligencia, personalidad* y *carácter*, y con ciertos sustantivos que designan sentimientos adversos y acciones relacionadas con ellos *(odio, venganza)*. Lo hace asimismo con otros que designan cosas que se pueden interpretar como proyectos *(libro, película, viaje)* y –en la lengua actual– con algunos nombres que designan ciertos conceptos económicos *(rentabilidad, oferta, mercado)*. Además se combina con...

A SUSTANTIVOS QUE DENOTAN DECISIÓN O REACCIÓN: **1 decisión ++:** Alaba al presidente Fernández por haberse tomado su tiempo, y *madurado* su decisión, pese a las presiones nacionales... DED301096 **2 respuesta ++:** De aquí a entonces, Esquerra habrá tenido tiempo de *madurar* su respuesta... EPE191099 **3 reacción +:** Fue una reacción impulsiva, a bote pronto, sin *madurar*. INDOC **4 voto –:** ...se daban cuenta de su osadía y preferían *madurar* sus votos. EME080795

B SUSTANTIVOS QUE DENOTAN COMPROMISO O ACCIÓN CONCERTADA: **5 acuerdo +:** Fuentes de la Administración española dan la razón a Marín: «es necesario *madurar* el acuerdo de asociación, sobre todo en vísperas de la Conferencia del Mediterráneo». EME070995 **6 pacto:** No han conseguido que el pacto entre ambas partes *madure* y posiblemente habrá que retomar las negociaciones después del verano. INDOC **7 compromiso:** Dejemos que el tiempo pase y que *maduren* su compromiso. INDOC

C EL SUSTANTIVO *IDEA* Y CON OTROS QUE DESIGNAN DIVERSOS RESULTADOS DE LA INTROSPECCIÓN Y OTRAS FORMAS DE LA ACTIVIDAD COGNOSCITIVA O INTELECTIVA: **8 idea ++:** Durante estos años la bailarina *maduró* la idea de llevar al escenario una versión propia... EME220796 **9 pensamiento +:** ...en ese período, entre crónica y crónica, Herzl fue *madurando* su pensamiento en torno a la cuestión judía... EME250296 **10 reflexión:** Tuvo tiempo de *madurar* su reflexión antes de decidirse entre las opciones que tenía. INDOC **11 concepción +:** No es que se trate, naturalmente, de tomarlo o de dejarlo sino que ante una concepción acabada, *madurada*, repensada y con una trama bien urdida... EME200595 **12 preocupación +:** Su preocupación comenzó a *madurar* cuando la concejal de Cultura de Vitoria, (...), anunció en septiembre que pretende cambiar el sistema lingüístico... EPE081299 **13 obsesión:** ...el periodista Peter Benchley ya había *madurado* su obsesión por las «Profundidades» de las que surge «La Bestia»... ABC280495

D ALGUNOS SUSTANTIVOS QUE DENOTAN RECURSO O REMEDIO PARA RESOLVER UNA SITUACIÓN: **14 solución +:** ...decidió ayer darse quince días más para *«madurar»* una «solución» al asentamiento de chabolistas... EME160295 **15 salida +:** ...la salida la van *madurando* sobre la marcha, ya que no la tenían elaborada al ocupar la sede diplomática. LVE281296

E SUSTANTIVOS QUE DENOTAN ORGANIZACIÓN, ESTRUCTURA O ARMAZÓN. SE USAN MUY FRECUENTEMENTE EN SENTIDO FIGURADO: **16 estructura +:** El problema es que las nuevas estructuras económicas están *madurando* (...) y ya colocaron a México en un punto de no retorno. EXC220996 **17 sistema:** ...se les permitirá extenderse a más opciones mexicanas de inversión «cuando *madure* el sistema», indicó Silva. EXC230996 **18 entramado:** Portugal recoge la antorcha, con tres mandamientos principales: *madurar* el entramado institucional en que debe basarse la política exterior... EPE311299 **19 esquema:** Una vez que *maduraron* el esquema de actuación, pasaron a perfilar los detalles restantes. INDOC **20 coyuntura:** ...por eso cuando *maduran* las coyunturas se tambalean, caen y estallan contra el suelo. EPE120699

F SUSTANTIVOS QUE DENOTAN CAMBIO O PROCESO: **21 cambio:** Deseaban el cambio, pero *madurado* y consensado. PME010996 **22 evolución:** Sin embargo, pese a la evolución *madurada* en ella durante tanto tiempo... ABC170993 **23 desarrollo:** ...la actividad se concentra en el espacio y luego, al *madurar* el desarrollo, se va dispersando por el territorio... EME080696 **24 proceso +:** ...Toro Hardy afirma que los logros se verán cuando *maduren* los procesos. EUV091096

G SUSTANTIVOS QUE DESIGNAN DIVERSAS NOCIONES ASOCIADAS CON LAS REALIZACIONES PARTICULARES DE LA LENGUA Y ALGUNOS DE SUS ELEMENTOS DE EXPRESIÓN: **25 voz +:** «la ópera no es show-bussiness y no se hace una estrella de la noche a la mañana, sino que son años para que una voz se eduque y *madure*». GIC072897 **26 lenguaje +:** A partir de ahí nació y *maduró* un lenguaje propio. ABC270195 **27 estilo +:** ...pero sí que sus músicas gozaron de gran prestigio y que *maduran* el estilo que todos los francoflamencos contemporáneos heredaron... ABC090493 **28 discurso:** ...le ha colocado en una situación de mayor responsabilidad, que le obliga a *madurar* su discurso. LVE230596

H SUSTANTIVOS QUE DENOTAN DESEO, ASPIRACIÓN O VOLUNTAD DE LLEVAR A CABO ALGUNA COSA: **29 gana +:** Hace un año dejaron la enseñanza pero fueron *madurando* las ganas de hacer algo que divirtiera y uniera a las familias en torno a su propia historia. CAP080198 **30 sueño +:** ...ejemplo ajeno un sueño que venía *madurando* a lo largo de quince años. EPE010876 **31 propósito +:** ...está obligado a calcular los riesgos y *madurar* tranquilamente su particular propósito. EPE051099

☐ Véase también: **crecer, fermentar(se), robustecer(se).**

maestría ♦ **apabullante, asombroso, consumado, desbordante[48], indiscutible, indudable, insuperable, notable, pasmoso, portentoso, proverbial, sumo** ♦ **demostración (de)[48]** ♦ **acreditar, adquirir, avalar, cuestionar, demostrar, desarrollar, desplegar, exhibir, lucir, mostrar, poner a prueba, poseer, revelar, rezumar[35], tener**

☐ Véase también: **capacidad, habilidad, oficio, pericia.**

maestro ♦ **acreditado, afamado, aventajado, consagrado, consumado, destacado, eminente, experto, ínclito, insigne, prestigioso, reputado, respetado** ♦ **aprender (con), emular, enseñar (a alguien), estudiar (con), profesar (en un lugar), seguir**

☐ Véase también: **alumno, profesor.**

mafia ♦ combatir, desarticular(se)[17], desmantelar[23], internar(se) (en), luchar (contra), organizar(se), perseguir, pertenecer, vencer
☐ Véase también: **banda, crimen, delito.**

[magdalena] → como una Magdalena

[magia] → por arte de magia

magia ♦ por arte (de) ♦ halo (de), juego (de), toque (de)[33], truco (de) ♦ derramar[29], desvanecer(se), difuminar(se), ejercer[22], encandilar (a alguien), encantar (a alguien), enredar(se) (en)[20], hacer, irradiar, perder, rendir(se) (a)

magisterio ♦ eficaz, fecundo[68], prolongado ♦ fruto (de) ♦ ejercer
☐ Véase también: **aprendizaje, enseñanza, influencia, influjo.**

magnetismo ♦ arrebatador, atrayente, cautivador, irrefrenable, irresistible, potente, profundo, seductor ♦ arrastrar (a alguien), atraer (a alguien), emanar (de algo/de alguien), encandilar (a alguien), irradiar[17], poseer, rendirse (a/ante)[13], sustraerse (de/a)
☐ Véase también: **atracción, atractivo, encanto, influencia.**

magnicidio ♦ atroz, brutal, frustrado, horrendo, impune[3], violento ♦ absolver (de), cometer, condenar, denunciar, descubrir, frustrar(se), intentar, juzgar (por), perpetrar
☐ Véase también: **asesinato, crimen, delito.**

magnificar *v.* ▮ Se construye con sustantivos que denotan persona *(figura, artista)* o evento *(acontecimiento, noticia, episodio)*. Se combina asimismo con...

A SUSTANTIVOS QUE DESIGNAN SITUACIONES IMPREVISTAS, PROBLEMÁTICAS O CONFLICTIVAS, CON FRECUENCIA TENSAS O VIOLENTAS: **1 problema ++:** Bolivia todavía no ha tenido la mala suerte de *magnificar* sus problemas económicos... LTB280197 **2 conflicto ++:** ...se los acusó de haber *magnificado* los conflictos sembrando sin motivo una desmedida preocupación... LTB170701 **3 escándalo +:** La prensa (...) ha contribuido de forma decisiva a este desgaste, *magnificando* algunos escándalos que han hipotecado la imagen de honradez de su gobierno. LVE300995 **4 incidente +:** Hubo inquietud, pero hay que reconocer que la prensa internacional recogió este incidente sin *magnificarlo.* LVE161096 **5 tensión:** ...que las tensiones que existen entre Cruyff y Núñez se han *magnificado.* LVE090396 **6 diferencia:** Álvarez, declaró a Efe que no se deben *magnificar* las diferencias entre el Ministerio de Industria y Volkswagen... EME040795 **7 brecha:** Pero a veces nos empeñamos en *magnificar* una brecha que la historia pendularmente ha ampliado y reducido. EPE230999 **8 enfrentamiento:** El holandés, que estaba cerca, le expuso que era falsa la imagen de duro que tenía y que la prensa había *magnificado* el enfrentamiento entre ambos. EPE250599 **9 atentado:** ...ante los actos terroristas no es partidario de convocar conferencias de prensa para evitar *magnificar* los atentados... LVE220796 **10 divergencia –:** Y que los demás partidos faciliten esa rectificación, en lugar de *magnificar* la divergencia. EPD280198 **11 violencia –:** Pero tampoco es *magnificándola* como se extinguirá esta violencia de la marginalidad juvenil. EPE141099

B EL SUSTANTIVO *INFLUENCIA* Y CON OTROS QUE DENOTAN EFECTO O CONSECUENCIA DE ALGO, FRECUENTEMENTE NEGATIVOS: **12 influencia +:** ...la tendencia megalómana del presidente del Gobierno a *magnificar* su influencia en el terreno internacional... EPE141001 **13 efecto +:** El ministro aludió al interés por *magnificar* los efectos de la detención... EPE071199 **14 consecuencia:** Según este grupo, se ha tratado de *magnificar* las consecuencias y minimizar los motivos... EPE151099 **15 secuela:** Los letrados de las dos compañías aseguradoras llamadas a juicio consideraron que la acusación *magnificó* las secuelas y solicitaron una rebaja de la compensación. EPE180199 **16 daño:** Considera que, sin negar la gravedad, no hay que *magnificar* el daño causado... EME020496

C SUSTANTIVOS QUE DESIGNAN MANIFESTACIONES VERBALES, MÁS FRECUENTEMENTE DE NATURALEZA HOSTIL: **17 crítica +:** Sin embargo, el fiscal jefe indicó que estas críticas no se deben *magnificar.* LVE210195 **18 amenaza:** ...Se creó deliberadamente y se *magnificó* después la amenaza contra el orden público... EME240294 **19 acusación:** ...en lugar de hacerlo racionalmente, incluso dieron lugar con su defensa a que se *magnificaran* las acusaciones. LVE301195 **20 advertencia:** Los medios de comunicación *magnificaron* la advertencia... PME260197 **21 manifestación:** ...el aparato de propaganda oficial y los medios afines *magnificaban* estas hipotéticas manifestaciones del ex director de la Guardia Civil... EME270196 **22 declaración +:** «Esto no es una sorpresa para nadie, aunque siempre se pretenda *magnificar* sus declaraciones», disparó. LNP040997

D SUSTANTIVOS QUE DENOTAN VALOR, IMPORTANCIA, PROMINENCIA Y OTRAS CUALIDADES DE LAS PERSONAS O LAS COSAS REFERIDAS A LA FORMA EN QUE DESTACAN SOBRE LAS DEMÁS: **23 importancia ++:** ...nunca ha dejado de *magnificar* la importancia de la prudencia y la rentabilidad, por encima de todas las virtudes financieras. LVE281095 **24 trascendencia +:** Hemos *magnificado* la trascendencia de la decisión que tiene que tomar el Supremo. EME230996 **25 poder +:** ...se muestran nuevos defectos ampliados por el telescopio y por la lejanía, así la violencia, el egoísmo, el poder y la corrupción se *magnifican.* EME090494 **26 valor +:** Afirma, entre otras cosas, que el Gabinete de Aznar *magnifica* el «valor de la seguridad del Estado». LVE300896 **27 relevancia +:** ...resaltó la importancia de este proyecto para Alicante, no sin antes *magnificar* la relevancia de la Ciudad de la Luz... EPE200499 **28 superioridad:** Demasiadas faltas, que vinieron a *magnificar* la superioridad del banquillo azulgrana... LVE040995 **29 mérito:** ...hizo que los méritos del carismático Iacocca fueran *magnificados,* como sucedió con Donald Trump en Nueva York. LVE071295 **30 virtud:** ...sin la aprobación de la Prensa mediocre que ocultó sus miserias y *magnificó* sus virtudes y sin la autorización borreguil de un pueblo... ABC240792 **31 calidad:** No saben de dónde sale el ántrax, pero *magnifican* su buena calidad y la posibilidad de que lo haga uno de los tres grandes países... EPE011101 **32 carisma:** ...en segundo lugar, su carisma personal, hábilmente *magnificado* en los «mass media»... EME290394 **33 inteligencia:** ...porque así se *magnifica* la inteligencia de saber lo que antes de su asesinato... EME190296 **34 belleza:** No idealiza la bronquedad de aquélla ni *magnifica* su belleza... ABC150193 **35 fuerza:** ...en el que fuerzas reducidas se *magnifican* por la suma de combates dispersos... ETC010798 **36 intensidad +:** Este tipo de suelo, cuando ocurre un sismo, por su composición blanda se comporta como una «gelatina»: *magnifica* la intensidad del movimiento sísmico. ENV110797

E SUSTANTIVOS QUE DENOTAN RESULTADO FELIZ DE ALGO O CONSECUCIÓN EXITOSA DE CIERTOS OBJETIVOS: **37 éxito +:** No es privativa de este Gobierno la propensión a *magnificar* sus éxitos y ocultar los fracasos. EPE060599 **38 victoria +:** De sobra sabemos que el perdedor no va a darse por aludido, que el ganador va a intentar *magnificar* la victoria... LVE010396 **39 logro:** ...disponen de una eficaz caja de resonancia en los partidos de la derecha judía para *magnificar* sus logros... EME130596 **40 acierto:** Se han *magnificado* los aciertos de ambos chavales, tanto como sus errores del viernes. EME020696 **41 hazaña:** Con lo remisa que es TVE a *magnificar* las hazañas de González, lo que habrá tenido que batallar este hombre... EME241295

F SUSTANTIVOS QUE DENOTAN ERROR O EQUIVOCACIÓN: **42 error +:** ...es un error *magnificar* desmesuradamente sus actuaciones por muy providenciales y magistrales que hayan sido sus intervenciones ante el gol. EME081296 **43 fallo:** Habrá siempre quien pretenda invalidar nuestro sistema de libertades *magnificando* los fallos y minimizando los logros. EPE281001 **44 equivocación:** ...quienes han fingido ignorar sistemáticamente la corrupción (...) hayan comenzado a *magnificar* las equivocaciones de éste... EME271096 **45 tropiezo:** ...minimizan una derrota del Real Madrid y *magnifican* los tropiezos del Atlético. EME040495 **46 metedura de pata:** Estoy convencido de que la cúpula del PP no está en eso y lo considero como una metedura de pata que se ha *magnificado*. EME290995

G SUSTANTIVOS QUE DENOTAN AYUDA O CONTRIBUCIÓN: **47 ayuda +:** Es un pequeño respiro pero no podemos *magnificar* esta ayuda. EPE140399 **48 contribución +:** Robaina precisó, no obstante, que no hay que *magnificar* la contribución cubana. EPE150199 **49 aportación +:** Así en Italia, al *magnificar* la incuestionable aportación de los herméticos, se ha obliterado lo que Pascoli, antes, y Saba, Campana, Luzi, Giudice y Caprino, después, representan y son... ABC151191

☐ Véase también: **atemperar.**

magnitud ♦ **acorde (con)^{53}, apreciable^{34}, considerable, desproporcionado, equivalente, físico, inapreciable, ingente, máximo, mínimo, proporcionado, proporcional** ♦ **en función (de)** ♦ **alcanzar, alterar, aumentar, calcular, calibrar^{2}, considerar, disminuir, establecer, evaluar, igualar, medir, ponderar, sopesar, valorar**

☐ Véase también: **altura, amplitud (de), cantidad, dimensión, hondura, longitud, profundidad, rapidez, tamaño.**

majadería ♦ **absoluto, como la copa de un pino, completo, descomunal, monumental^{21}** ♦ **sarta (de)^{15}** ♦ **decir, escribir, publicar, soltar,** *otros verbos de lengua*

☐ Véase también: **bobada, disparate, estupidez, idiotez, imbecilidad, tontería.**

majestad ♦ **divino, leso^{2}, real**

☐ Véase también: **autoridad.**

[mal] → **con {buen/mal} pie, de mal en peor, de mal grado, mal de ojo, mal gusto, mal tiempo**

☐ Véase también: **[malo].**

mal ▮ *(adv.)* ♦ **condenadamente, horriblemente, francamente, rematadamente**

▮ *(sust.masc.)* ♦ **atávico^{18}, congénito^{14}, contagioso, endémico, enraizado, extendido, irreparable^{6}, irreversible^{13}, menor, persistente** ♦ **al abrigo (de)^{26}** ♦ **cúmulo (de)^{24}, fuerza (de), intensidad (de)** ♦ **abatir(se)^{7}, acabar (con), acarrear^{21}, acechar^{16}, achacar^{27}, ahuyentar^{4}, aliviar^{7}, apoderar(se) (de algo), atajar, atribuir, causar^{3}, combatir^{28}, conjurar^{19}, contagiar(se), contraer, corregir^{17}, corroer^{18}, cortar (de raíz), curar(se), desterrar, detectar^{22}, diagnosticar^{9}, engendrar^{16}, erradicar, expulsar, extender(se), extinguir(se)^{33}, extirpar^{1}, hacer, infligir^{6}, librar(se) (de), mitigar, padecer, paliar^{28}, personificar, recuperar(se) (de), remediar, renacer, resurgir, sembrar^{75}, superar, vencer**

☐ Véase también: **maldad.**

malabar ♦ **juego**

mala conciencia ♦ **cargar (con), corroer (a alguien), entrar (a alguien), reconcomer(se)^{7}, soportar, tener**

☐ Véase también: **remordimiento.**

maldad ♦ **fuente (de), pozo (de)^{11}** ♦ **anidar^{17}, atajar, combatir, cometer^{53}, contagiar(se), erradicar, extirpar, lanzar, rezumar, soltar, vencer, verter^{30}**

☐ Véase también: **infamia, insulto, mal.**

mal de ojo ♦ **combatir, conjurar, contrarrestar, echar^{73}, protegerse (contra)**

☐ Véase también: **maldición.**

maldición ♦ **conjurar^{25}, desatar(se), echar^{72}, lanzar, perseguir (a alguien), proferir, prorrumpir (en), soltar, verter**

☐ Véase también: **mal de ojo.**

malentendido ♦ **desafortunado, desgraciado, evitable, fortuito, grave, incómodo, inevitable, lamentable, profundo, serio, simple, sin importancia** ♦ **cúmulo (de)^{14}** ♦ **aclarar, clarificar^{1}, darse, deshacer(se), despejar(se)^{47}, disipar(se)^{24}, esclarecer(se), haber, inducir (a), prestarse (a), producir(se), propiciar, resolver(se), solucionar, solventar, subsanar, surgir**

☐ Véase también: **equivocación, equívoco, error, fallo.**

malestar ♦ **acusado, cierto, creciente, evidente, físico, franco, general, hondo^{10}, imperante, in-**

cómodo, intenso, íntimo, latente, manifiesto, notorio, ostensible, palpable[14], pasajero[15], profundo[7], reinante, rotundo[70], serio, social, soterrado[44], sumo, visible ♦ aflorar, agravar(se)[57], albergar, anidar, aquejar (a alguien), arreciar[54], aumentar, avivar[44], causar[12], comunicar, confesar[50], conjurar[43], cundir, declarar, desatar(se), detectar[47], disminuir, embargar (a alguien), entrar (a alguien), evidenciar(se), experimentar, expresar, exteriorizar, hacer llegar, invadir (a alguien), manifestar(se), notar, ocasionar, palpar(se), percibir, producir (a alguien), provocar (a alguien), reavivar[14], reinar[31], sembrar[58], sentir, superar, suscitar, tener, transmitir[20], traslucir(se)[34], vencer[15]

☐ Véase también: **desazón, molestia.**

maleta ♦ abarrotado, de doble fondo, lleno, repleto, vacío ♦ a cuestas ♦ abrir, arrastrar, cargar (con), cerrar, deshacer, extraviar(se), facturar, hacer, llenar, llevar, perder, transportar, vaciar

☐ Véase también: **bagaje, equipaje.**

maleza ♦ abundante, denso, enmarañado, espeso, exuberante, intrincado ♦ entre[4] ♦ adentrarse (en), desbrozar, internar(se) (en)

☐ Véase también: **maraña, trama, urdimbre.**

malgastar *v.* ▮ Se combina con sustantivos que designan magnitudes, bienes materiales, recursos *(dinero, agua, corcho, petróleo, gasolina, papel)* y unidades temporales, incluidas las que se refieren a la existencia *(vida, juventud, día)*. Se combina especialmente con...

A SUSTANTIVOS QUE DENOTAN FUERZA O ENERGÍA, USADOS EN SU SENTIDO FIGURADO O EN EL FÍSICO. TAMBIÉN CON OTROS QUE SE REFIEREN A ALGUNOS DE SUS EFECTOS: **1 fuerza ++:** Como en las otras ediciones si tiene que levantar el pie para no *malgastar* fuerzas lo hará. EME060294 **2 energía ++:** ...no *malgastan* energías en dar la turrada sobre la miseria que, como polvo, llevamos encima. ABC150592 **3 esfuerzo +:** La autopista electrónica nos evitará *malgastar* esfuerzos y concentrarnos en lo que es útil. EME011295 **4 salud:** Malgastan su salud, su tiempo y su dinero (o el de sus padres). LVE060595 **5 sudor:** Él nunca *malgasta* una gota de sudor. EPE050900

B SUSTANTIVOS QUE DESIGNAN FACULTADES, APTITUDES O CUALIDADES HUMANAS, ESPECIALMENTE LAS DE CARÁCTER INTELECTIVO. TAMBIÉN CON OTROS QUE DESIGNAN DIVERSOS ESTADOS DE RECONOCIMIENTO PERSONAL: **6 talento ++:** ...demostró que Wyler no debía *malgastar* su talento en el género. LVE111195 **7 capacidad +:** Después de todo esto quisiera invitar al señor Bru de Sala a (...) tomar conciencia de cómo se *malgastan* las capacidades intelectuales del profesorado... EPE300799 **8 don:** Me pone furioso alguien que *malgasta* sus dones. EME050896 **9 cualidad:** ...un ejercicio de equidad en el que cada cual *malgastó* sus cualidades. EPE231299 **10 generosidad:** De ello dependerá que la energía y la generosidad juvenil que hoy en buena parte se *malgasta* estérilmente (...) tengan cabida como fuerza vital y creativa en el proceso social. EPE161099 **11 comicidad:** ...una comedia que *malgasta* la comicidad de Martes y Trece. EME181296 **12 valor:** José Pacheco *malgastó* valor, un poco en agraz, pero valor de ley. EME110395 **13 credibilidad:** ...le liberó no por exigencias legales sino por una «visible presión política *malgastando* la credibilidad estadounidense en materia de lucha contra el terrorismo». GIC020497 **14 prestigio:** Pero es una lástima que periodistas responsables (...) acaben en la picota verbal de políticos que *malgastan* su indudable prestigio... LVE160295 **15 experiencia –:** ...Anelka *malgastó* su experiencia española en un debate absurdo sobre la adaptación, los sistemas y el entorno... EPE231201

C SUSTANTIVOS QUE DENOTAN OPORTUNIDAD U OCASIÓN, ASÍ COMO VENTAJA U OTRO TIPO DE CIRCUNSTANCIA FAVORABLE. SE USAN MUY FRECUENTEMENTE EN EL ÁMBITO DEPORTIVO: **16 oportunidad ++:** El madridista gozó de tres oportunidades ante Burgos y las *malgastó*. LRE200103 **17 ocasión ++:** Ayer, sin embargo, no tenía puntería y *malgastó* tres ocasiones... EPE111001 **18 balón:** Jugó con más arietes el colista que el aspirante a la Liga de Campeones, que *malgastó* el balón en inocentes disparos lejanos. EPE030599 **19 ventaja +:** Malgastando ventajas de hasta dieciséis puntos, los madrileños acabaron entregando una victoria que les hacía muchísima falta. EME030495 **20 punto:** ...puede caer, pero difícilmente más de los diez puntos que tendría que *malgastar* para que el candado de gobernabilidad no operara en su favor. PME220996 **21 opción:** El Sevilla *malgasta* frente al Depor sus opciones de mejora. EME291095 **22 privilegio:** ...Leonel Fernández (...) *malgastaría* el privilegio de haber sido llevado a la Presidencia con el 32 por ciento de los votos... RUM201097 **23 posibilidad:** Sigues *malgastando* las magníficas posibilidades que te ofrece el ocupar ese puesto. INDOC

D SUSTANTIVOS QUE DENOTAN RESULTADO FELIZ DE ALGO: **24 éxito:** En líneas generales me parece que en Pretérito Perfecto se *malgasta* el éxito... EME130194 **25 victoria:** Sus dirigentes (...) han cometido tantas atrocidades, *malgastado* tantas victorias (...) que ni siquiera cuando tienen razón encuentran voces dispuestas a dársela. EME210995 **26 triunfo:** El Barcelona B *malgastó* el triunfo de hace una semana en Villarreal. LVE161296

E SUSTANTIVOS QUE DESIGNAN UNIDADES, MATERIAS Y RECURSOS INFORMATIVOS, EXPRESIVOS O ARTÍSTICOS: **27 saliva +:** Pero tampoco *malgasta* la saliva Raúl al explicar que la medalla de oro de esta cita olímpica tendrá casi el rango de un título mundial... EME200796 **28 línea:** No voy a *malgastar* una línea sobre su indiscutible éxito, pero estimo que para él mismo su hora mejor fue la estadounidense... EME010996 **29 palabra:** Como las cosas andan apretadas, y no es cuestión de *malgastar* las palabras, ejemplificaré lo que quiero decir con un futurible improbable... EPE110900 **30 página:** ...Laurence Schifano *malgasta* páginas y páginas de su libro en evocar los fastos de la aristocracia y la alta burguesía italiana... ABC170192 **31 óleo:** ...un creador radical (...) de los que encuentran más experiencia creativa en el sonido de una bofetada que en tanto óleo *malgastado* con propósitos políticamente correctos. EPE160699 **32 tinta:** ...un asunto trillado sobre el que ya no vale la pena *malgastar* más tinta. INDOC **33 cinta:** Intriga de escasa relevancia que *malgasta* metros y metros de cinta en una historia sumamente convencional. EPE050700

F SUSTANTIVOS QUE DENOTAN MUNICIÓN. TAMBIÉN CON OTROS QUE DESIGNAN ALGUNAS ACCIONES EN LAS QUE SE USA O LAS FORMAS EN QUE SE ALMACENA: **34 disparo:** No *malgastaron* los cántabros ni un disparo... EPE010299 **35 munición:** ...*malgastaron* munición con el incidente del islote Perejil... LRE170103 **36 cartuchera:** El Barcelona malgastó pocas balas y el Athletic *malgastó* la cartuchera. EPE300599 **37 bala:** Tuvo tres balas en el cargador, pero *malgastó* todas ellas. EME090695

☐ Véase también: **derrochar, dilapidar, escatimar, gastar.**

mal gusto ♦ evidente, ostensible, palpable ♦ con ♦ rezumar², ser (de), tener

malicia Véase: **maliciosamente**

☐ Véase también: **picardía.**

maliciosamente *adv.* ▮ Se combina con...

A VERBOS QUE DENOTAN ENGAÑO, OCULTACIÓN O ENTORPECIMIENTO: **1 confundir ++:** ...pidió (...) que sus palabras no sean confundidas *maliciosamente*... EXC230996 **2 ocultar +:** Tampoco existen indicios de que esos documentos hayan sido ocultados *maliciosamente* por parte de alguno de los tres fiscales... EME270795 **3 manipular +:** ...la inflación de las expectativas está siendo ahora artificial y *maliciosamente* manipulada... EPE170900 **4 omitir +:** ...será objeto de sanción la comunicación a la CNMV de datos inexactos o no veraces (...) o que omita *maliciosamente* datos relevantes... EME191296 **5 tergiversar +:** ...tergiversó *maliciosamente* (...) el ámbito competencial de ese instrumento de control... EPE140299 **6 retardar +:** ...retardan la administración de justicia *maliciosamente* o por negligencia... EXC110796 **7 aplazar +:** ...el dramaturgo *maliciosamente* aplaza el desenlace (...), presentando nuevos alegatos, hasta que llega el testimonio definitivo. PME271096 **8 dilatar:** Mis derechos vienen siendo vulnerados puesto que *maliciosamente* se está dilatando la resolución... CAP290896 **9 paralizar:** ...el magistrado no paralizó *maliciosamente* la instrucción... EME090596 **10 malgastar:** ...semejante cantidad de dinero y de tiempo es *maliciosamente* malgastado... LTB301296 **11 dificultar:** ...desaparecer su documentación para dificultar *maliciosamente* su repatriación... EME010896 **12 encubrir:** ...encubrir *maliciosamente* la creación de un tributo sin ley... CLA130199 **13 inventar carencias:** ...carencias, supuestas o *maliciosamente* inventadas por sus opositores... LVE120596

B VERBOS QUE DESIGNAN MANIFESTACIONES VERBALES, CASI SIEMPRE DIRIGIDAS A ALGÚN DESTINATARIO: **14 preguntar ++:** ...despoja de argumento a sus gárrulos compatriotas que se preguntaban *maliciosamente* ¿de dónde pecata mea?... CAP290597 **15 decir +:** «...siente las grandes ocasiones del siglo y las toma al vuelo para construir su personaje y sus libros», dice *maliciosamente*... LVE081096 **16 llamar +:** A pesar de haber sido (...) llamada *maliciosamente* «Reage Rico»... EME291195 **17 pregonar +:** ...no habrá (...) disolución del Congreso, como *maliciosamente* se viene pregonando. EPE080299 **18 pedir:** ...ha pedido tan *maliciosamente* que el secretario de Estado dé su opinión... EME100394 **19 declarar:** «Comprendemos las razones (...)», declaró *maliciosamente*... EME110495 **20 asegurar:** Fuentes de la dirección popular aseguran, *maliciosamente* que Gabriel Cañellas no necesita su puesto de aforado para hacer frente a sus responsabilidades judiciales... EME130795 **21 comentar:** ...se comenta *maliciosamente* que lo que ha querido (...) es mandarle un «aviso»... EME271096 **22 contestar:** Y algunos contestan todavía más *maliciosamente*: ¿Y María Zambrano?... ABC251194 **23 sugerir:** ...sugerir *maliciosamente* que tal vez el portavoz (...) deba ser el líder... EME180594 **24 contar:** Me cuenta *maliciosamente* este colega... EME060296 **25 apostillar –:** «Lo lamento por todos (...)», apostilló *maliciosamente*. EPE061199

C EL VERBO *ACTUAR* Y CON OTROS QUE DENOTAN FORMA DE OBRAR O UTILIZACIÓN DE RECURSOS: **26 actuar ++:** El abogado recusó (...) por creer que actuó «*maliciosamente*»... EME131295 **27 utilizar ++:** ...utilizando *maliciosamente* algunas franquicias que la ley de aduanas otorga... HOY070497 **28 ejercer:** ...es tal el afán por descabalgar al actuante que con frecuencia se ejerce *maliciosamente*... EPE180399 **29 aprovechar:** ...la sola existencia de algunas zonas infestadas es *maliciosamente* aprovechada por varios países (...) para rechazar cualquier tipo de envío... LPA020592 **30 obrar +:** El jurado consideró que el acusado había obrado *maliciosamente*. INDOC **31 comportarse:** No es que fuera mala persona, pero se comportó a veces *maliciosamente* con sus compañeros de trabajo. INDOC

D VERBOS QUE DESIGNAN LA ACCIÓN DE SONREÍR, ASÍ COMO OTROS GESTOS QUE SE INTERPRETAN GENERALMENTE COMO ATENTOS O HALAGÜEÑOS: **32 sonreír ++:** ...sonríen *maliciosamente* ante el funesto panorama. LVE120495 **33 reír:** ...se echó a reír *maliciosamente* cuando le preguntamos si en La Romareda quiso demostrar algo a alguien... LVG221191 **34 mirar:** ...mirando *maliciosamente* tras las cortinas de su elegante despacho. CAP041297

E VERBOS DE PENSAMIENTO Y JUICIO, MÁS FRECUENTEMENTE SI DENOTAN INTERPRETACIÓN O ANÁLISIS: **35 interpretar ++:** ...sacar de contexto esas once palabras (...) e interpretarlas *maliciosamente*... EME260895 **36 entender:** ...quieren entender *maliciosamente* que (...) cuentan con su propio servicio doméstico... EPE310199 **37 pensar:** Hay quien piensa *maliciosamente* que algún atleta de la final... EME310795 **38 cuestionar:** «Incluso, se puede intentar (...) cuestionarlas *maliciosamente*». DED061196 **39 traducir:** ...épica primitiva, (...) *maliciosamente* traducida a términos actuales. LVE190596 **40 calcular:** ...los maléficos efectos del artículo (...), el cual, tanto por su *maliciosamente* calculada redacción como por su viciosa aplicación, ha venido a sancionar... EME010795 **41 identificar:** ...identifique *maliciosamente* a las naciones con sus gobiernos, hasta el punto de considerar desleal a la patria al líder de la oposición parlamentaria que se atreva a viajar al exterior sin autorización del Ejecutivo... EPE121201

F VERBOS QUE DENOTAN INDUCCIÓN, IMPULSO O APOYO. TAMBIÉN CON OTROS QUE DESIGNAN EL PROCESO DE MANIFESTARSE ALGUNA COSA O LA ACCIÓN DE DAR LUGAR U OCASIÓN A ELLA: **42 inducir +:** ...inducir «*maliciosamente*» (...) para que las abandonaran... LVE110596 **43 alentar:** ...el temor, a veces *maliciosamente* alentado, era que saldaríamos con un fuerte déficit. LVE070796 **44 animar:** No animándola rapaz y «*maliciosamente*» (...) a imitar a los hombres (...), sino «permitiéndole» que forme su propia identidad feliz... EME121195 **45 generar:** ...achacó ayer a «rumores *maliciosamente* generados» la presunta intención de rebajar la solvencia del Reino de España... EME060594 **46 motivar:** ...calificaron las acusaciones de (...) *maliciosamente* motivadas... EME021195 **47 propagar +:** ...personas que *maliciosamente* propagan una enfermedad... EME120496 **48 transmitir:** ...el Código Penal condena a quien transmite *maliciosamente* una enfermedad... EPE240399

G VERBOS QUE DENOTAN PERJUICIO: **49 herir +:** Ayer comenzó el juicio contra Lorena por herir *«maliciosamente»* a su marido. EME110194 **50 despojar +:** ...estamos siendo *maliciosamente* despojados del mar... EME170995 **51 ensuciar:** ...ciudadanos que *maliciosamente* ensucian las calles... EME130295

H VERBOS QUE DESIGNAN LA ACCIÓN DE ATRIBUIR ALGO A ALGUIEN, ASÍ COMO LA DE COMPROMETERLO O COMPLICARLO EN ALGÚN ASUNTO: **52 atribuir +:** ...«atribuyen *maliciosamente* a la autoridad posiciones que esta nunca asumió». PME260197 **53 involucrar +:** ...lo involucra *maliciosamente* y mintiendo alevosamente... CLA030397 **54 envolver:** ...avatares judiciales en los que nos habíamos visto *maliciosamente* envueltos... EPE111199 **55 achacar:** Esa asombrosa recuperación a veces se achaca *maliciosamente* a los médicos. EME110594

☐ Véase también: **torcidamente.**

[malo] → **mala conciencia, malos tratos**

☐ Véase también: **[mal].**

malo ♦ a rabiar, condenadamente, con ganas[2], rematadamente[2], sumamente, terriblemente

malograr(se) *v.* ▮ Se combina con sustantivos que designan sucesos o acontecimientos *(estreno, viaje, operación, reforma)*, pero también admite otras nociones si pueden concebirse como el resultado de un proyecto *(Se malogró el libro, la película)*. Se combina asimismo con...

A SUSTANTIVOS DE NATURALEZA PROSPECTIVA QUE DESIGNAN LO QUE SE PRETENDE CONSEGUIR, ALGUNOS DE LOS MEDIOS QUE SE PONEN PARA LOGRARLO O LA CONFIANZA QUE SE DEPOSITA EN ELLO: **1 proyecto +:** Mientras no se *malogre* este proyecto, creo que hay una posibilidad de avance esclarecedor. HOY180385 **2 aspiración:** Sencillamente, perdió y en consecuencia, *malogró* las comentadas aspiraciones presidenciales. ESP040401 **3 propósito +:** ...se *malogró* transitoriamente el propósito de quitar del Berliner polvo y telarañas, de apartar momias y reliquias. LVE020896 **4 objetivo +:** El objetivo real de la operación se *malogró* gracias al espectacular dispositivo de vigilancia montado por veinte policías en los juzgados de Santander. LVE201195 **5 expectativa:** ...su puesta en libertad «podría *malograr* las legítimas expectativas de obtener un resarcimiento por parte de las víctimas, y que los querellados podrían disponer de dichos bienes». LRE090103 **6 esperanza:** ...para que la última esperanza que queda no se *malograra*, y la Pompeu Fabra pudiera levantar una facultad donde siempre hubo un mercado. LVE100996 **7 planteamiento:** No estoy dispuesto a renunciar a que se *malogre* este planteamiento a cambio de un pacto a corto plazo... EPE121299

B EL SUSTANTIVO *FUTURO* Y CON OTROS QUE DENOTAN COYUNTURA FAVORABLE: **8 futuro ++:** Consideran que se impide una real capacitación y se *malogra* el futuro educativo de los educandos. ACP141196 **9 oportunidad ++:** Alex *malogró* dos oportunidades claras de marcar, mientras en el mediocampo como en su zaga. LTB180900 **10 posibilidad ++:** ...quedando así *malograda* la posibilidad de que en un futuro el monte pudiera tener un aspecto espontáneo y diversificado. EPE020977

C SUSTANTIVOS QUE DESIGNAN DIVERSAS FACULTADES FÍSICAS O MENTALES: **11 talento +:** ...abren un camino tan lleno de sugerencias que se hace difícil pensar que un talento como el suyo pueda *malograrse.* LVE080696 **12 capacidad +:** Fue poniéndose en claro cómo la desnutrición *malograba* en gran parte la capacidad de trabajo... ETC311096 **13 voz:** ...una voz brillante y armoniosa, pero *malograda* por falta de cuidados. INDOC **14 inteligencia +:** Se *malogró* su inteligencia por la falta de oportunidades, de estímulos y de medios. INDOC

D SUSTANTIVOS QUE DESIGNAN EL TRABAJO O EL AFÁN Y DIVERSAS CAPACIDADES QUE SE DESTINAN A LA CONSECUCIÓN DE UN OBJETIVO: **15 esfuerzo +:** ...y el calor no puede *malograr* un esfuerzo de producción tan espectacular... LVE100596 **16 empeño:** De todas formas, son problemas menores que no *malogran* el empeño global de un espléndido montaje... LVE281096 **17 energía:** San Sebastián intenta que la violencia no *malogre* todas sus energías. LVE200595

E SUSTANTIVOS QUE DENOTAN CURSO O TRAYECTORIA: **18 carrera +:** ...que han *malogrado* sus carreras como ciclistas por no contar desde sus inicios con una buena dirección o unos asesores eficaces... EME230594 **19 vida +:** Y, por supuesto, la eliminación del trabajo infantil, que *malogra* la vida de cientos de millones de personas... EPE271299 **20 trayectoria +:** ...continuos y estrepitosos fracasos en un breve tiempo, que acabaron *malogrando* su brillante trayectoria profesional. INDOC

F SUSTANTIVOS QUE DENOTAN RESULTADO, GENERALMENTE FAVORABLE: **21 victoria +:** La expulsión de Andoni Zubizarreta y un gol en propia puerta de Patxi Ferreira *malograron* la que hasta el minuto 45 de su partido ante el Racing se presentaba como una cantada primera victoria del Valencia... LVE020996 **22 resultado:** ...un sensacionalismo que en más de una ocasión ha *malogrado* el resultado final de buena parte de sus películas... LVE071196

☐ Véase también: **aguar(se).**

malos tratos Véase: **maltrato**

malsonante ♦ discurso, expresión, lenguaje, palabra, *otros sustantivos que designan manifestaciones verbales*

☐ Véase también: **vejatorio.**

mal tiempo ♦ avecinarse, esperar(se), hacer, irse, llegar, prever(se), remitir[6], tener

maltratar ♦ a conciencia[49], atrozmente, de palabra y obra[6], descaradamente[43], despiadadamente, duramente, físicamente, impunemente, psicológicamente, psíquicamente, sin compasión, sin piedad, verbalmente[43], violentamente

☐ Véase también: **masacrar.**

maltrato ♦ de palabra y obra[10], evidente, físico, impune[15], persistente, psicológico, psíquico ♦ objeto (de)[45] ♦ infligir[31], salir a la luz[35], suponer
□ Véase también: **agresión, amenaza, trato.**

malversar ♦ bien, dinero, fondo

mamar ♦ compulsivamente, vorazmente ♦ dar (de)[6]
□ Véase también: **beber, ingerir.**

[mamporro] → a mamporros

manada (de) ♦ animal

manar ♦ a borbotones[2], a chorro(s)[2], fluidamente, profusamente[2], sin parar
□ Véase también: **afluir, desprender(se), fluir, salir.**

[mancha] → como una mancha de aceite

mancha ♦ en el {expediente/currículo/historial...}, familiar, imborrable[2], indeleble[5], leve, limpio (de), perdurable, persistente, pertinaz, recalcitrante ♦ borrar, caer (a alguien), disolver(se), echar(se), frotar, lavar[2], limpiar, llenar(se) (de), persistir, quedar, quitar, saltar
□ Véase también: **huella, marca, rastro, secuela (de).**

mancillar ♦ dignidad, fama, figura, herencia, honor, identidad, imagen, inocencia, memoria, nombre, orgullo, prestigio, recuerdo, trayectoria

mandamiento ♦ acatar[39], contravenir, cumplir, desafiar, desobedecer, establecer, inculcar (a alguien), incumplir[17], obedecer, observar, quebrantar, recibir, regir (algo), regirse (por), saltarse, seguir, transgredir, vulnerar
□ Véase también: **instrucción, ley, mandato, norma, orden.**

mandar ♦ autoritariamente, con autoridad, con decisión, con firmeza, con mano de hierro, con mano férrea[4], con mano firme, eficazmente, eficientemente, valientemente[22]
□ Véase también: **imponer(se), instruir, ordenar.**

mandato ▮ *(orden)* ♦ categórico, explícito, expreso, firme, imperativo, inapelable[16], irrevocable, preceptivo, tajante, taxativo[12], terminante[4] ♦ acatar[12], aceptar, acotar[11], asumir, culminar[53], cumplir[77], desobedecer[13], desoír[22], dirimir[51], ejecutar, emanar[11], incumplir[16], infringir[19], obedecer, plegarse (a)[6], quebrantar[11], recaer[29], revocar[19], romper, seguir[3], vulnerar[12] ▮ *(plazo)* ♦ acortar[10], agotar(se), expirar, extinguir(se)[7], prorrogar[1], revalidar[16], saltarse[42], vencer[111]
□ Véase también: **instrucción, mandamiento, orden.**

MANDATO Véase: *SOLICITUD Y MANDATO*

MANDATO Véase: ORDEN

[mandíbula] → a mandíbula batiente

mando ♦ absoluto, del televisor, efectivo, férreo[6], firme, indulgente, inflexible, prepotente, supremo ♦ bastón (de), puesto (de) ♦ acceder (a), accionar, apoderarse (de), arrebatar, asumir[10], consolidar, delegar[20], ejercer, empuñar, llegar (a), llevar[4], ostentar, perder, pulsar, quitar (de), relevar (de), tomar[22]
□ Véase también: **autoridad, control, dirección, jefatura.**

manejar ♦ a discreción[12], a las mil maravillas[22], astutamente, con astucia, con cautela[64], con firmeza[38], con fluidez[16], con pericia, con prudencia, con soltura, en exclusiva[24], hábilmente, ordenadamente[41], prudentemente ♦ cuenta, dato, entresijo, hilo, información, pieza, resultado, situación, trama
□ Véase también: **emplear, manipular, usar.**

manejo ♦ abusivo[20], arbitrario[34], competente, complicado, diestro, difícil, discrecional[13], eficaz, experto, hábil ♦ adiestrar(se) (en), ejercitar(se) (en), especializar(se) (en), practicar
□ Véase también: **empleo, uso.**

manga ancha ♦ considerable, escaso, insuficiente, suficiente ♦ dar[120], tener

manía ♦ arraigado, asentado, continuo, estrambótico, excéntrico, extendido, extraño, extravagante, funesto[9], insólito, obsesivo, obstinado, peculiar, peligroso, persecutorio, persistente, pertinaz[17], raro ♦ abolir, adquirir, coger, combatir, corregir[22], cortar (con)[5], dar (a alguien), desterrar[3], entrar (a alguien), erradicar, extender(se), irse(le) (a alguien), quitárse(le) (a alguien), superar, tener, vencer, venir (a alguien)
□ Véase también: **costumbre, hábito, obsesión, vicio.**

manido *adj.* ▮ Admite sustantivos que designan diversos textos y discursos *(mensaje, explicación, editorial)*, así como unidades básicas de la expresión verbal *(palabra, término, vocablo)*. También se combina con...

A SUSTANTIVOS QUE DESIGNAN TÓPICOS, ESTEREOTIPOS Y OTRAS IDEAS ACEPTADAS GENERALMENTE POR UNA COMUNIDAD: **1 tópico** ++: Esto echa por tierra el *manido* tópico de que todo guitarrista flamenco joven imita a Paco de Lucía. LVE240595 **2 estereotipo** +: ...otro argumento (...), que no sea el *manido* estereotipo de convertirse en un muro contra la barbarie. EME310395 **3 patrón** +: ...servirse con tal soltura de cualquier receta o cliché de corte tradicional o patrón *manido*... PME090297 **4 cliché** +: (Iba uno a poner «*manido* cliché», pero se refrenó a tiempo). EME121096 **5 etiqueta**: ...intentando quitarse la tan *manida* etiqueta de grupo puntero del rock catalán... LVE220595 **6 mito**: ...formas, estereotipos, mitos y fórmulas que de *manidos* ya se han gastado... EPE181101

B SUSTANTIVOS QUE DESIGNAN UNIDADES VERBALES. DESTACAN ENTRE ELLAS LAS QUE SE REFIEREN A DIVERSAS EXPRESIONES DE USO COMÚN QUE SE SUELEN TE-

NER POR AGUDAS O ACERTADAS: **7 frase ++:** Se limitó a las frases *manidas* de siempre y a las recomendaciones usuales. DHE100297 **8 refrán ++:** ...han resucitado el *manido* refrán de que es mejor prevenir que curar. EME280696 **9 dicho +:** ...una de esas comparaciones horribles (como la de la vaca en brazos y demás dichos *manidos*) que todos repetimos... EME050395 **10 expresión +:** Nunca ha sido más exacta la *manida* expresión de que los dioses ciegan a los que quieren perder. EME050795 **11 cita +:** ...apoyándome incluso en la *manida* cita de Warhol sobre los segundos de gloria que a todos nos corresponden... EME260694 **12 aforismo:** Algunos de ellos ya demostraron ayer haberse empapado de aquel aforismo tan *manido* de «mens sana in corpore sano». EPE260999 **13 afirmación:** ...la ristra de afirmaciones, entre *manidas* y frívolas, de que se nutre su columna... EPE290799 **14 aseveración:** ...esa aseveración tan *manida* de que el movimiento es relativo. LVE240795 **15 chiste:** ...recurrir directamente al chiste *manido* y grosero, no es burlar normas de corrección (...), sino parapetarse en una trinchera inaceptable. EPE190999 **16 muletilla:** ...a tenor de las infundadas y harto *manidas* muletillas que reiteraron con ocasión del jolgorio... EPE071199 **17 lema:** Los mercaderes de ilusiones que prediquen desde otros púlpitos ideológicos al socaire de lemas *manidos*... EPE290499

C SUSTANTIVOS QUE DENOTAN RECURSO, FÓRMULA O MÉTODO AL QUE SE ACUDE PARA ALCANZAR ALGÚN FIN: **18 recurso ++:** Más *manidos* son los recursos de los famosos. LVE280595 **19 fórmula +:** ...sin caer en el falso romanticismo ni en las fórmulas *manidas*. LVE230296 **20 táctica +:** Es la *manida* táctica del enfrentamiento, del romper con los de al lado... EPE160999 **21 solución +:** La solución *manida* de siempre es volver al baby boom de los sesenta. CAN140301 **22 truco +:** ¿Recuperación? ¿De qué habla? El truco es tan *manido* como contraproducente. EME290394 **23 estilo +:** ...la obcecación de provocar al estilo *manido* de Benetton o al modo palurdo de los anuncios de leches... EPD030597 **24 técnica +:** Un resultado interesante (...) que si bien recuerda la *manida* técnica de superposiciones, no carece de un brillo especial. EPE170599 **25 estrategia +:** ...dejó clara su intención de no caer en la *manida* estrategia eclesial de cantar las miserias del mundo... FDV200201

D DIVERSAS MANIFESTACIONES VERBALES QUE DESIGNAN INFORMACIONES QUE SE TIENEN POR INSISTENTES O FALTAS DE OPORTUNIDAD O RELEVANCIA: **26 historia +:** ...haber hecho una película vacía con una historia *manida*, que insulta la inteligencia del público... LVE020996 **27 sermón:** ...el *manido* sermón sobre la anomia o la falta de valores éticos de la sociedad en que vivimos. EPE121001 **28 digresión:** ...en el océano de tópicos y de digresiones *manidas* que casi todos los representantes expusieron... EME280795 **29 cantinela:** ...la cantinela *manida* del «¡cuidado, que viene el PP y os quitará las pensiones...». EME210196

E SUSTANTIVOS QUE DENOTAN POLÉMICA O DEBATE: **30 discusión:** Espero que el conocimiento de la situación permita dedicar los esfuerzos a la mejora de la enseñanza y a no perder energías con la *manida* discusión pública / privada... EPE281001 **31 polémica:** Vuelven y vuelven una y otra vez con esta *manida* polémica. INDOC **32 diálogo:** ...no tiene nada que contar, diálogos *manidos* hasta la cursilería y el rubor... EPE011285 **33 debate:** ...están deliberadamente ausentes debates *manidos* sobre los GAL y el Cesid. LVE180896

F SUSTANTIVOS QUE DESIGNAN OTRAS MANIFESTACIONES VERBALES, ESPECIALMENTE LAS DIRIGIDAS A ALGÚN DESTINATARIO: **34 excusa ++:** ...con las *manidas* excusas de los insalvables problemas económicos... ABC250895 **35 pregunta +:** Ahora ya no cabe aquella *manida* pregunta sobre el número de kilómetros que uno recorre al año... LVE020696 **36 crítica:** ...estas críticas son «vacías, huecas y *manidas*»... EME190495 **37 amenaza:** Acaso por demasiado *manida*, lejos de provocar inquietud, la amenaza suele encajarse entre sonrisas... LVE130595 **38 respuesta:** ...siempre volvemos a algunas respuestas, que no por *manidas* dejan de estar vigentes... DDN030101

G EL SUSTANTIVO *IDEA* Y CON OTROS QUE DESIGNAN DIVERSAS UNIDADES DEL PENSAMIENTO O LA ARGUMENTACIÓN, ASÍ COMO CIERTOS RESULTADOS DE EJERCER ESAS CAPACIDADES: **39 concepto +:** Dos conceptos muy *manidos* en el discurso «políticamente correcto» de los responsables medioambientales... EDV030601 **40 tesis +:** Y no se me arguya la *manida* tesis del «fuera de contexto»... ABC090695 **41 argumento +:** ...falaces argumentos, como ése tan *manido* de que la moneda única es una exigencia de la economía globalizada... LVE241295 **42 ejemplo +:** Jesulín, por seguir con el *manido* ejemplo, asegura tener firmadas ya este año 170 corridas. LVE070595 **43 idea:** A pesar de la idea *manida* del viaje y el inconveniente de que hay varias obras cuyos títulos incluyen las palabras viaje... PME101196 **44 teoría:** ...que dejaran ya de distraernos con su tan *manida* teoría de la conspiración. LVE201195 **45 hipótesis:** Hele aquí entregado a hipótesis *manidas* y buscando a toda costa sacar «hechos en bruto»... EPE180599 **46 reflexión:** Me vinieron a la mente estas *manidas* reflexiones... EPE010399 **47 principio:** Basta con recurrir al *manido* principio de «busque, compare y compre el libro de texto necesario donde más barato lo encuentre»... EPE130999

H SUSTANTIVOS QUE DESIGNAN ALGUNOS MOVIMIENTOS CULTURALES O IDEOLÓGICOS: **48 impresionismo:** ...el impresionismo tan imitado y *manido* de Roberto Domingo. EME110294 **49 naturalismo:** Frente al *manido* naturalismo (...) aún es posible pintar de manera natural... EPE010380 **50 maniqueísmo:** ...proporciona una visión del mundo infantil muy real y alejada de los *manidos* maniqueismos. EPE210699 **51 prosaísmo:** El grueso de los discursos, en general, es de un prosaísmo *manido*. FDV030599

☐ Véase también: **trillado**.

MANIFESTACIÓN Véase: *APARICIÓN*

MANIFESTACIÓN Véase: APARICIÓN; DEMOSTRACIÓN; PRESENCIA

manifestación (de) *sust.* **I** En el sentido de 'exponente, muestra o testimonio de' se combina con sustantivos que expresan sensaciones o emociones, a menudo intensas *(alegría, crispación)* y en especial si designan sentimientos de cercanía o identificación *(amor, fidelidad, lealtad)*, de alejamiento o rechazo *(repulsa, repudio, condena)* o de inseguridad o sospecha *(temor, estupor)*. Se combina también con sustantivos que designan cualidades humanas *(generosidad, prudencia,* *comprensión, humor, ingenio, talento)*, manifestaciones extremas del carácter *(arrogancia, bravuconería, chulería)*, de dolor *(dolor, pena, duelo, luto)* o de desdoro *(mal gusto, chabacanería)*, entre otras muchas opciones. Admite también sustantivos que designan ciertos componentes esenciales del ser humano *(alma, espíritu, identidad, carácter)*, derechos *(libertad, autonomía, soberanía)*, doctrinas o ideologías *(nacionalismo, cosmopolitismo, racismo)*. Se combina además con sustantivos que designan enfermedades *(dolencia, debilidad, presión, anemia, síndrome)* o sus síntomas, y con...

A SUSTANTIVOS QUE DENOTAN SITUACIÓN DE DIFICULTAD, ADVERSIDAD, OPOSICIÓN O CONFLICTO: **1** **violencia** ++: ...un acto humanitario, ha sido comentada en diversos medios como una *manifestación* de violencia injustificada. EXC210197 **2** **crisis** +: Es una *manifestación* de la crisis de la violencia como forma de dirimir los conflictos en Colombia... ETC211096 **3** **hostilidad** +: No fue un voto en favor ni en defensa de algo positivo, tan solo una *manifestación* de hostilidad hacia un gobierno demasiado grande... EME250796 **4** **peligro** +: El actual debate parlamentario y público sobre el nuevo concordato es una *manifestación* de este peligro. LVE020495 **5** **oposición**: ...24 horas después de que la policía reprimiera una *manifestación* de la oposición. LVE010696 **6** **lucha**: ...afirma que ha llegado el momento de que cese «cualquier *manifestación* de lucha armada». EME140995 **7** **problema**: «El racismo es una *manifestación* de un problema más grave...». LVE080795 **8** **conflicto**: La primera *manifestación* de este conflicto entre religiosos y seglares provocó... EME200394 **9** **división**: El resultado de las elecciones es una clara *manifestación* de la división que está experimentando el partido. INDOC

B SUSTANTIVOS QUE DENOTAN ALTERACIÓN, A MENUDO DEGENERATIVA: **10** **cambio** ++: Una de las primeras *manifestaciones* del cambio fue la prosperidad que experimentaron los habitantes de aquella aldea. INDOC **11** **alteración** ++: Ayudamos mediante estímulos a acercarse al eje vital; los dolores son *manifestaciones* de alteraciones más profundas. EPE111199 **12** **deterioro** +: ...en los que manda la corrupción y el sicariato es una *manifestación* de ese estado de deterioro... ENV270696 **13** **degeneración** +: ...opondríamos el crimen como una *manifestación* de una degeneración en las estructuras sociales, tal y como lo presenta la corriente del «hard boiled» norteamericano... LVE140396 **14** **corrupción** +: ...han pedido a sus militantes austeridad y que corten por lo sano cualquier *manifestación* de corrupción. EPE110699

C SUSTANTIVOS QUE DENOTAN ADHESIÓN O CONTRIBUCIÓN FAVORABLE A ALGUIEN O ALGO. TAMBIÉN CON OTROS QUE DESIGNAN ESTADOS DE COINCIDENCIA O CONCIERTO: **15** **apoyo** ++: Ayer al mediodía hubo una *manifestación* de apoyo. CLA090497 **16** **colaboración** ++: «hay un secretario general que lo es para todos los ugetistas», pero también insistió en que las *manifestaciones* de colaboración no pueden interpretarse como un «cheque en blanco». LVE300495 **17** **respaldo** ++: ...y otras en las que convocaba para esta noche en el centro de la ciudad una *manifestación* de respaldo al movimiento okupa. EPE161099 **18** **solidaridad** ++: Se ha querido hacer conocer esta *manifestación* de solidaridad hacia la posición del gobernador... EUV070497 **19** **unidad** +: ...evitar que la cumbre que comienza y culmina el domingo se convierta en una *manifestación* de unidad y firmeza frente al líder yugoslavo. EPE230499 **20** **unanimidad** +: La jornada de solidaridad con el sur ha sido la primera *manifestación* de unanimidad de los libaneses, musulmanes y cristianos... LVE150395 **21** **adhesión** ++: Cada uno busca la forma de convertir la historia en una *manifestación* de adhesión y promocionar los valores que le son propios. EME140596 **22** **sostén**: En este contexto, el régimen argelino auspicia *manifestaciones* de sostén a la candidatura del actual jefe del Estado... EME220995 **23** **homenaje**: ...para que todo el mundo pueda asistir a la *manifestación* de homenaje a las niñas... LVE161096

D SUSTANTIVOS QUE DENOTAN DESEO, INCLINACIÓN O INTENCIÓN, A MENUDO FIRME Y VEHEMENTE, DE ALCANZAR ALGÚN OBJETIVO. TAMBIÉN CON OTROS QUE DESIGNAN LAS FACULTADES QUE CORRESPONDEN A ESAS INTENCIONES: **24** **voluntad** ++: Aplaudimos la iniciativa, ojalá obedezca a una *manifestación* de voluntad para rectificar y emprender el camino cierto al bienestar y la prosperidad. EUV030996 **25** **intención**: La AEDE espera que no se quede sólo en una *manifestación* de intenciones. EME211196 **26** **deseo** ++: Fue la primera *manifestación* de deseo de cambio político que los italianos ratificaron en las urnas el pasado abril... LVE270394 **27** **anhelo** ++: Y es que la fotografía es proyección subconsciente, *manifestación* de un anhelo... EUV060499 **28** **empeño** +: La primera *manifestación* de tal empeño quizás sea la voluntad de... LVE160395 **29** **interés** +: ...han informado haber recibido *manifestaciones* de interés por parte de un número superior a las 240 empresas... EUV210197 **30** **apetencia**: La *manifestación* de apetencia presidencial lanzada el sábado anterior por... ENV190597 **31** **ambición**: ...se interpreta como una no muy discreta *manifestación* de su ambición de llegar algún día al timón del Partido Conservador... EPE280299 **32** **vocación**: La consigna no es la confrontación sino la *manifestación* de la vocación. CAP120701 **33** **esperanza**: ...la *manifestación* de esperanza se tornó en dolor y odio y las lágrimas de los vecinos se mezclaron con gritos... DLA120797

E SUSTANTIVOS QUE DENOTAN FUERZA O ENERGÍA: **34** **fuerza** ++: La nueva escalada de tensión parece ser una *manifestación* de fuerza del presidente sirio... LVE170996 **35** **poder** ++: Según Lima, la agresión a la mujer es una *manifestación* de poder. BYN231197 **36** **poderío** ++: ...no se dejó amilanar por la *manifestación* de poderío sindical que fue la «marcha sobre Bonn»... EME170696 **37** **fortaleza** +: La nueva postura belicosa de (...) no es sólo una *manifestación* de su fortaleza. EME030996 **38** **firmeza** +: La destitución de la cúpula militar había sido una inequívoca *manifestación* de firmeza. INDOC **39** **energía**: ...ve a la mujer al mismo tiempo que ve las distintas *manifestaciones* de esa energía, llamémosla cósmica, que es la mujer. ABC020493 **40** **tensión**: ...ha de buscar un difícil «equilibrio» porque «se halla ante una *manifestación* de la tensión axiológica de valores, entre seguridad y justicia». LVE230796 **41** **presión**: No obstante, las primeras *manifestaciones* de presión de parte de los afectados ya se hicieron públicas. ESH021100

F SUSTANTIVOS QUE DENOTAN SEGURIDAD: **42** **garantía**: La delimitación del contenido del artículo 25 hecha por el Tribunal Constitucional y el contenido rehabilitador de la pena deben entenderse como *manifestación* de una garantía individual del condenado... EPE250199 **43 seguridad:** Por otra parte, podrían ser también una *manifestación* de una seguridad en sí mismo cada vez mayor por parte del rey. EPE171201 **44 confianza:** «El voto no implica más que una *manifestación* de confianza coyuntural ante una etapa apasionante...». LVE030596

▩ Se combina también con: ♦ **a favor[73], beligerante[15], claro, efusivo[30], en contra, enérgico, estridente[11], fehaciente[9], firme, flagrante[82], indudable, inequívoco, masivo, multitudinario[6], pacífico, patente, violento** ♦ **ola (de)[21]** ♦ **asistir (a), convocar, desconvocar, desdecirse (de)[4], disentir (de), disolver(se)[7], hacer, recrudecer(se)[53], reventar, salir al paso (de)[2]**

□ Véase también: **aparición, comunicación, declaración, exhibición (de), expresión.**

MANIFESTACIÓN VERBAL

♦ (SUSTANTIVOS) Véase: **abatir(se)[C], a bocajarro[E], a bote pronto[E], abrupto[G], absolver (de)[C], abstruso[B], acallar[C,F], acalorado[C], acatar[J], accesible[A], acerado[A], acerbo[A], ácido[A], acuciante[G], acuñar[B], aderezar[C], adherirse (a)[F], a diestro y siniestro[B], adulterar[C], a favor[N], afilado[A], agotar(se)[H], agridulce[D], airado[B], ajar(se)[E], a la luz (de)[G], a la vista (de)[E], al compás (de)[B], al hilo (de)[B], alimentar[E], alusivo[A], amargo[D], apremiante[D], a puerta cerrada[J], ardiente[D], armar(se)[D], arreciar[C], arsenal (de)[C], atañer[E], atemperar[I], atenerse (a)[F], atinado[B], a título de[D], aventurar[E], avieso[E], beligerante[D], blandir[C], blando[N], boicotear[E], bosquejar[F], brindar[H], caber[D], caer como una bomba[A], caer en saco roto[A,E], calenturiento[C], candente[E], capcioso[A], capear[C], cara a cara[H], certero[E], circular[C], circunspecto[C], colmar (de)[J], concluyente[E], con todo lujo de detalles[F], cristalino[C], cubrir(se) (de)[B,C], cúmulo (de)[I], de carrerilla[D], de guante blanco[D], dejar caer[B], dejarse llevar (por)[J], delegar[G], desaforado[C], de salón[F], desatar(se)[J], desatender[C], descargar[B], desdecirse (de)[A], desencadenar(se)[D], deshacerse (en)[C], desmoronar(se)[E], despejar(se)[I], despertar[H], desviar[G], difuminar(se)[K], dominante[H], echar[K,L], efusivo[D], enardecer(se)[B], en bandeja[C], en cadena[J], encarnizado[B], encendido[A], endilgar[E], en falso[K], entrecortar(se)[D], entre líneas[I], errar[E], escorar(se)[D], exhaustivo[B], extrapolar[D], fecundo[K], fervoroso[G], fluir[B], granjearse[E], gutural[B], halagüeño[D], hermético[B], hilvanar[D], inaccesible[A], incontenible[E], intempestivo[E], jugoso[F], lanzar[B,D], llamativo[C], lluvia (de)[B,D], magnificar[C], manido[D,F], meridiano[D], negar[E], nimio[F], novedoso[F], numantino[F], obviar[G,H], parco (en)[A], pegadizo[B], pegar[D], peregrino[J], plomizo[B], predicar[A], proferir[A], ráfaga (de)[B], rechinar[A], recrudecer(se)[H], refrendar[G], remachar[C], reprobar[C], resbaladizo[D], revivir[H], rimbombante[B], romo[B], rotundo[C], salir al paso (de)[A], salomónico[C], sardónico[C], sarta (de)[C,D], sin ambages[M], sin reservas[I], sin tapujos[K], somero[H], sortear[G], soterrado[D], sucinto[B], tajante[C], tangencial[E], taxativo[C], tergiversar[B], torrencial[A], tranquilizador[B], unánime[J], vejatorio[B], viperino[B], zanjar[E]**

♦ (VERBOS) Véase: **abiertamente[C,E], a bocajarro[B], a bombo y platillo[B], a borbotones[B], a bote pronto[B], abrumadoramente[D], a bulto[C], acaloradamente[B], a cara descubierta[D], a ciencia cierta[B], a coro[E], acremente[A], activamente[G], a destajo[B], a diestro y siniestro[D], a favor[E], afirmativamente[A], a fondo[C], a grandes rasgos[A], a gritos[C], a la cara[A,B], a la defensiva[C,D], a la ligera[D], a los cuatro vientos[A,B,C,D], al pie de la letra[F], al unísono[B], al vuelo[D], a {mis/tus/sus...} anchas[F], a puerta cerrada[C], ardientemente[C], atentamente[G], a toda plana[B], a todo pulmón[C], atropelladamente[A], a ultranza[C], a voces[A], a vuelapluma[B], cara a cara[B], categóricamente[E], coherentemente[A], colegiadamente[C], con cajas destempladas[B], con cautela[E], con interés[F], con pelos y señales[A], con reservas[B], con rotundidad[A,D], con todo lujo de detalles[A], contra viento y marea[G], convincentemente[B], cordialmente[D,E], crudamente[B], debidamente[I], de boca en boca[B], de carrerilla[A], decididamente[G], de memoria[C], de primera mano[D], de refilón[F], detalladamente[D], de todo corazón[A,D], de un tirón[A], echar(se) (a)[C], efusivamente[F], elocuentemente[A,E,F], encarecidamente[B], enérgicamente[C,F,G], en firme[L], en frío[F], en son de paz[B], entre líneas[B,C], escrupulosamente[F], expresamente[B,C], machaconamente[C], maliciosamente[B], pomposamente[B], por activa y por pasiva[A], por mayoría[F], profusamente[I], prolijamente[A,C], prolijo[I], reiteradamente[B], repetidamente[A,F], rotundamente[C], satisfactoriamente[E], sin ambages[A,B], sin pestañear[E], sin reservas[D], sin tapujos[A,B], teatralmente[A], terminantemente[D], venir (en)[D], verbalmente[A]**

□ Véase también: ADVERTENCIA; COMUNICACIÓN; INTERCAMBIO VERBAL; LLAMAMIENTO; TEXTO.

manifestante ♦ **agrupar(se), concentrar(se), disolver(se)[1], dispersar(se), reunir(se)**

manifestar(se) ♦ **abiertamente[1], abruptamente[39], activamente[41], a favor[8], al unísono[20], categóricamente[24], claramente, con cautela[36], con claridad, con rotundidad[4], crudamente[6], decididamente[44], de todo corazón[26], en apoyo (de algo), en contra, en masa[7], literalmente, masivamente, nítidamente[19], progresivamente, rotundamente, sin ambages[5], sin rodeo(s), sin tapujos[9], terminantemente[15], verbalmente[5]**

□ Véase también: **aparecer, desaparecer, ocultar(se) (a), surgir.**

manifiestamente *adv.* ▮ Se combina con adjetivos, especialmente si expresan una valoración negativa de la naturaleza o el comportamiento de la realidad designada por el sustantivo *(mejorable, injusto, insuficiente)*. Se combina también con verbos que denotan incremento o mejora *(aumentar, mejorar)*, y con otros muchos verbos. Destacan especialmente entre ellos los...

A VERBOS QUE DENOTAN CARENCIA, DEFECTO O POSICIÓN: **1 carecer ++:** ...la demanda (...) «carece *manifiestamente* de contenido». EME100595 **2 adolecer:** ...en caso de que se agravase la enfermedad de Parkinson de la que «adolece *manifiestamente*» el Pontífice. LVE081096 **3 mantenerse:** ...la tasa de inflación del área de su competencia se mantiene inferior al 1%, *manifiestamente* por debajo del 2% anual definido (...) como objetivo. EPE100199 **4 quedarse:** Gran parte de los beneficios exportadores de las empresas energéticas citadas se quedan *manifiestamente* en cuentas extranjeras. LVE150296

B VERBOS QUE DENOTAN PRESENCIA Y CON OTROS QUE DESIGNAN LA ACCIÓN O EL PROCESO DE HACER O HACERSE ALGO PATENTE: **5 mostrar +:** ...ésta había mostrado *de forma manifiesta*, con anterioridad, su indisposión a figurar bajo la bandera española. EPE020999 **6 revelar:** ...la impactante presencia de las armas revela *de forma manifiesta* que de no otorgarse el voto a la asociación política la violencia continuará. EPE220799 **7 clarificar:** En pocas ocasiones se clarifica tan *manifiestamente* un abuso tan pornográfico. EPE101099 **8 percibir:** ...había entrado en una importante crisis, como se percibía *de manera manifiesta* en las enormes estancias del espléndido edificio... EPE290999 **9 aparecer:** ...apuntan «a un origen distinto al que *manifiestamente* aparece como causa del dolor». EPE281001 **10 descubrir:** La falsedad en la información transmitida fue *manifiestamente* descubierta por los voluntarios que se acercaron al lugar de la catástrofe. INDOC **11 expresar:** ...deseo expresado *de forma manifiesta* por una parte de los participantes en el concilio catalán. LVE020296 **12 nacer –:** Si de Ramón mismo pudo nacer el ramonismo, *manifiestamente* de Umbral mismo habrá nacido el umbralismo... ABC120595

C VERBOS QUE DESIGNAN LA ACCIÓN DE HACER REFERENCIA A ALGO, A MENUDO CON MEDIOS VERBALES: **13 referir:** ...figura como lema (...) en el último verso del texto de Alberti (...), *manifiestamente* referido al propio Garcilaso... ABC111292 **14 aludir:** ...se citan los mismos artículos y se alude *manifiestamente* a la demanda presentada por... INDOC **15 señalar:** ...señalando *manifiestamente* que la actuación de las autoridades «fue patente y justa». EME260795

D VERBOS QUE DESIGNAN LA ACCIÓN DE CAUSAR UN DAÑO FÍSICO O MORAL, A VECES DE NATURALEZA DELICTIVA. TAMBIÉN CON OTROS QUE EXPRESAN DIVERSAS ACCIONES HOSTILES: **16 aniquilar:** Los términos (...) fueron aniquilados *de modo manifiesto* por Schoenberg... PME171196 **17 degradar:** ...las instituciones (...) se han degradado *manifiestamente*... LVE240995 **18 desecar:** La reducción de los lenguajes (...) deseca *manifiestamente* todo posible germen de creación o de cultura. ABC010995 **19 despreciar:** ...despreciar *manifiestamente* la fiesta del 12 de octubre... LVE181095 **20 violar:** ...cuyo artículo 1 viola *manifiestamente* la reserva de ley... EPE010599 **21 cometer –:** Señale usted a quién debemos atribuir los errores cometidos, *manifiestamente*, en los nombramientos. EME200494

E VERBOS QUE DENOTAN INCUMPLIMIENTO Y CON OTROS QUE DESIGNAN DIVERSAS FORMAS DE RECHAZO O DE OBSTACULIZACIÓN DE UN PROCESO: **22 incumplir ++:** De esta manera la Confederación incumplió *manifiestamente* la Ley de Aguas... EME150896 **23 conculcar +:** La decisión de esta sala (...) fue conculcada *de forma manifiesta* mediante una resolución... EPE161099 **24 interferir +:** ...que con sus manifestaciones o actos interfieren *de forma manifiesta* en la actividad de los jueces. EME090495 **25 imposibilitar:** ...le imposibilita *manifiestamente* para la hercúlea tarea de recrear algo parecido a la URSS... LVE170396 **26 contradecir:** Resulta, por tanto, ilegal y nula semejante prescripción, que viene a contradecir *manifiestamente* lo previsto... EPE010400 **27 protestar:** Los ediles son los únicos que protestarán *de manera manifiesta* por la apertura del penal... EME140395 **28 diferir:** ...porque difiere *de forma manifiesta* de la que él mismo (...) defendiera con no menor aplomo. EME260796 **29 cuestionar:** Estos ataques (...) se están produciendo desde «estancias públicas (...), que *manifiestamente* han cuestionado la rectitud e imparcialidad de los jueces...». LVE260195 **30 acallar:** Por primera vez, el Estado y la Iglesia católica *de manera manifiesta* y oficial, intentan, lográndolo, acallar todo atisbo de pensamiento y acción críticos... LNC120996

F VERBOS QUE DESIGNAN MANIFESTACIONES DE CONSENTIMIENTO O DE CONFIANZA: **31 dar:** En lo que en última instancia repara la atención a los hechos que caracteriza a ésta, no sólo es lo que se da *de manera manifiesta* ante los sentidos. ABC100192 **32 ceder:** Ayer, su cotización cedió *de forma manifiesta* y lideró la caída del grupo eléctrico. LVE310896 **33 compartir:** ...disposición que comparte *manifiestamente* el gobierno... EXC270596 **34 confiar:** ...la fiabilidad de la información recogida de una fuente en la que no confiaban *manifiestamente*. EPE160799 **35 apoyar:** ...tienen autoridad moral para exhortar al Ejecutivo y a los demás partidos a apoyar *manifiestamente* este proceso... EUV030996

☐ Véase también: **visiblemente.**

manifiesto ♦ **a favor[39], claro, encendido[4], en contra, inequívoco, rotundo** ♦ **adherirse (a)[31], apoyar, emitir, firmar, presentar, publicar, suscribir**

☐ Véase también: **anuncio, declaración, exposición.**

maniobra ♦ **arriesgado, artero, audaz, aventurado, brusco[31], difícil, dilatorio, disuasorio[6], encubierto, en la oscuridad, en la sombra, ingenioso, oculto, peligroso, solapado, soterrado[63], subrepticio, sutil, torticero, ventajista** ♦ **al descubierto[29]** ♦ **abortar, acometer, desbaratar[3], desvelar[62], efectuar, ejecutar, ensayar, fraguar(se)[31], impedir, llevar a cabo, maquinar, obstaculizar, planear, realizar, surtir efecto[1], tramar, urdir[9]**

☐ Véase también: **argucia, artimaña, estrategia, trampa, truco.**

manipular ♦ **abusivamente[24], a conciencia[59], a escondidas, descaradamente[2], encubiertamente, en la sombra, maliciosamente[3]** ♦ **conciencia, cuenta, dato, elemento, entresijo, hilo, información, ingrediente, intención, máquina, resultado**

☐ Véase también: **manejar, tergiversar.**

maniqueamente ♦ **diferenciar, distinguir, dividir, interpretar, reducir, separar, simplificar**

maniqueo ♦ **análisis, argumento, clasificación, concepción, debate, dicotomía, dilema, discurso, distinción, distribución, división, dualidad, enfrentamiento, esquema, esquematismo, imagen, interpretación, libro, lucha, oposición, película, pensamiento, percepción, personalidad, plantea-**

miento, postura, presentación, principio, reduccionismo, separación, simplificación, simplismo, solución, tentación, término, texto, trampa, visión

manjar ♦ **celestial[13], de dioses, delicioso, exquisito, sabroso, selecto** ♦ **catar, degustar, disfrutar (de), paladear, probar, saborear**
□ Véase también: **alimento, comida**.

[mano] → **a mano, a mano alzada, a mano armada, a manos llenas, apretón de manos, como la palma de la mano, con la mano en el corazón, con las manos en la masa, con mano de hierro, con mano dura, con mano férrea, con mano firme, con mano izquierda, de mano, de mano en mano, de primera mano, en mano, mano a mano, mano (de), mano sobre mano**

mano ♦ **amigo, amplio, asesino, áspero, candoroso, curtido, de hierro[2], delicado, derecho, de santo, descarnado, diestro, encallecido, encubierto, enjuto, estilizado, experto, férreo[13], fuerte, generoso, huesudo, izquierdo, largo, negro, oculto, protector, recio, robusto, rudo, solidario, tembloroso, terso, traicionero** ♦ **con** ♦ **dedo (de), palma (de)** ♦ **abarcar (con), abrir, alargar, alzar, apretar, cerrar, dar (a alguien), echar[82], estampar[8], estrechar, extender, ganar (a alguien), levantar (a alguien), mover, ofrecer, retirar, temblar, tender**

mano a mano *loc.adv./loc.adj.* ▌Acepta muy diversos verbos de acción *(actuar, construir, elaborar, realizar, trabajar, establecer, participar)*. También se combina con verbos de lengua *(hablar, anunciar, exponer, comunicar, explicar)*, más frecuentemente si designan acciones que implican intercambio verbal *(entrevistar, conversar, discutir, debatir)*. También acepta algunos de los sustantivos deverbales que se derivan de ellos *(debate, entrevista)*. Destacan especialmente sus combinaciones con...

A VERBOS QUE DENOTAN COMPETICIÓN O LUCHA: **1 enfrentar(se) ++:** Severiano Ballesteros y Gary Player se enfrentarán *mano a mano* en el Trofeo de Golf Xacobeo 99... EPE240699 **2 torear ++:** Toreaba *mano a mano* con Enrique Ponce... EPE110999 **3 lidiar ++:** ...Finito y Rivera Ordóñez lidiarán, *mano a mano*, reses de Juan Pedro Domecq. EME120496 **4 luchar +:** José luchó *mano a mano* con nosotros para lograr la aprobación de la ley de los nicas... ENH130198 **5 competir +:** Y allí no debían caber todos pues César Rincón, con quien competía *mano a mano*, se vino abajo. EPD030597 **6 pelear:** Si la Ferrari anda «derecha», es gran candidata para pelear *mano a mano* con Williams, máxime con el talento que lleva en su butaca. CLA110197 **7 disputar:** ...dos políticos de derechas (...) se disputaron *mano a mano* la segunda vuelta. LVE030295 **8 jugar:** Zülle se sacrifica para dejar a Jalabert jugarse un *mano a mano* con Bartoli. EPD210497 **9 medirse:** El sábado se medirá *mano a mano* con Rivera Ordóñez... EME081095

B VERBOS QUE DENOTAN REUNIÓN O NEGOCIACIÓN. TAMBIÉN CON OTROS QUE DESIGNAN CIERTAS ACCIONES, A MENUDO DE NATURALEZA SOCIAL, QUE SE SUELEN VINCULAR CON LA BÚSQUEDA DE ACUERDOS: **10 verse:** Para el presidente de la Autoridad Nacional Palestina, Arafat, es una forma de probar su alto rango al verse *mano a mano* con un «rais», un presidente y un primer ministro... LVE030295 **11 negociar:** Chourraut y el presidente de Navarra (...) la negociaron *mano a mano* con dureza... EPE210599 **12 sentarse:** La obsesión de sentarse *mano a mano* con Alemania es una trampa política... EME220196 **13 cenar:** ¿Se fijó José María Aznar en que el acompañante (...), con el que cenó *mano a mano* la otra noche, tenía tatuadas dos lágrimas negras en la mejilla izquierda? EME160795 **14 almorzar:** Almorzando *mano a mano* me lo anunció. LVE061296 **15 mantener un almuerzo:** ...mantuvo hace quince días un almuerzo *mano a mano* con el «repudiado» Miguel Herrero y Rodríguez de Miñón. EME011296

C SUSTANTIVOS QUE DENOTAN COMPETICIÓN O LUCHA, RELACIONADOS CON LOS VERBOS DEL APARTADO *A*: **16 combate:** «Combates sangrientos *mano a mano*»... EPE311299 **17 lucha:** De no haber sido testigo de su lucha *mano a mano* con el tiburón (...), nadie hubiera creído que lo había capturado con las manos. EPE120799 **18 duelo:** Carl Petterson, con quien mantenía un duelo *mano a mano* por el primer lugar, había metido un tremendo putt desde 9 metros en el hoyo 16. CLA020401 **19 enfrentamiento:** Si las elecciones fueran hoy y hubiera un enfrentamiento *mano a mano* entre Serpa y Valdivieso, este último tendría el 45 por ciento de los votos... SEM210197 **20 batalla:** En sus ojos azules se me transparenta de pe a pa la reciente historia de España (...), la batallita reformista de su tío Antonio, *mano a mano* con Roca... EME310594 **21 oposición:** ...la débil y cómoda oposición que ahora ejerce el PSC se transformaría en una mucho más severa, *mano a mano* con Iniciativa per Catalunya. EME160694

D SUSTANTIVOS QUE DENOTAN RELACIÓN O REUNIÓN, Y CON OTROS QUE DESIGNAN ACCIONES QUE SUELEN CONCURRIR CON ESTAS, RELACIONADAS A MENUDO CON LOS VERBOS DEL APARTADO *B*: **22 encuentro:** ...el mismo jugador de Oronoz, Mikel Goñi, se enfrentará a Berraondo en un encuentro *mano a mano*... EPE030799 **23 almuerzo:** Celebraron un almuerzo *mano a mano*, cordial y provechoso, según dijeron. INDOC **24 despacho:** Bastantes ministros tuvo Felipe con los que jamás mantuvo un despacho *mano a mano*... EME091296

mano (de) ♦ **barniz, cera, disolvente, pintura**

manojo (de) ♦ **ajo, cebolla, idea, imagen, llave, nervios, poema, recuerdo, rosa**

mano sobre mano *loc.adv.* ▌Se combina con el verbo *estar*, solo o con predicados que designan posiciones inactivas *(estar sentado; estar recostado; estar de pie; estar apoyado)*. También se combina con...

A VERBOS QUE DENOTAN PERMANENCIA EN UN LUGAR O EN UN ESTADO: **1 pasar ++:** Paso la tarde *mano sobre mano*, esperando a que la vuelvan a dar. EME080895 **2 llevar +:** Los médicos llevan más de 24 horas *mano sobre mano*. EPE110999 **3 permanecer +:** ...los asesores de Yasir Arafat permanecieron ayer *mano sobre mano* esperando una respuesta del Gobierno israelí... EPE120900 **4** **esperar:** ...una cuarta parte de sus 200 empleados, esperan *mano sobre mano* a que se desbloquee el debate sobre el presupuesto federal... EME040196

B OTROS VERBOS: **5** **pensar:** Y ya se sabe que el pensar mucho, *mano sobre mano*, no le acarrea ningún beneficio a nadie. EME020395 **6** **resistir:** ¿Acaso es posible resistir minutos, horas, días enteros, semanas y, al fin, un mes completo, *mano sobre mano*, sin escribir un informe...? EME031296

[mansalva] → a mansalva

[manta] → a manta

mantener(se) ♦ activo, alejado, alerta, atento, caliente, despierto, erguido, expectante, fiel, firme, frío, impasible, impertérrito, intacto[2], interesado, intrigado, joven, limpio, quieto, sano, vivo ♦ a buen recaudo[9], a capa y espada[3], a cuerpo de rey[2], a distancia, a duras penas[23], a grandes líneas, a la baja, a la cabeza[13], a la contra[3], a la espera, al alza, al margen, a rajatabla[5], a raya, a salvo, a toda costa[14], a todo trance, a trancas y barrancas[8], a ultranza[2], bajo llave, con firmeza[16], contra viento y marea[4], de pie, desahogadamente, dignamente[30], en buenas condiciones, en condiciones, en custodia, en forma, en frío[2], en funcionamiento, en líneas generales[10], en {mi/tu/su...} puesto, en primera línea[14], en secreto, en tensión, en vilo, eternamente, férreamente[15], firmemente, heroicamente[4], lealmente[21], lejos, plenamente[66], punto por punto[60], temporalmente[24]

☐ Véase también: **conservar, grabar (en), guardar, permanecer, perseverar (en), proseguir, proteger, retener, sobrellevar, subsistir.**

mantenimiento ♦ constante, efectivo, preventivo[59], regular ♦ ejercicio (de), labor (de), obra (de), servicio (de) ♦ controlar, estar a cargo (de), ocuparse (de), velar (por)[8], vigilar

☐ Véase también: **conservar, continuidad, defensa, preservar, proteger.**

MANTENIMIENTO

♦ (SUSTANTIVOS) Véase: **a toda costa**[G], **dar**[K], **enarbolar**[E], **perseverar (en)**[J]

♦ (VERBOS) Véase: **a buen recaudo**[B], **a capa y espada**[A], **a duras penas**[C], **a trancas y barrancas**[B], **a ultranza**[B], **celosamente**[B], **como oro en paño**[A], **concienzudamente**[H], **contra viento y marea**[B], **decisivamente**[F], **dignamente**[F], **en frío**[A], **en primera línea**[C], **heroicamente**[B], **lealmente**[D], **numantinamente**[A], **plenamente**[I], **sano y salvo**[E], **temporalmente**[D], **tenazmente**[A]

☐ Véase también: PERMANENCIA; PROTECCIÓN; RESISTENCIA.

MANTENIMIENTO, PROTECCIÓN Y RESISTENCIA

Véase:

♦ **amparo, ayuda, blindaje, cobijo, continuidad, defensa, defensor, escondite, hermetismo, mantenimiento, refugio, resistencia, salvaguardia (de), toldo**

♦ **ahorrar, conservar, cuidar, custodiar, defender, grabar (en), guardar, guarecerse (de), mantener(se), permanecer, perseverar (en), preservar, proseguir, proteger, reservar, resistir(se) (a), retener, salvaguardar, salvar(se), sobrellevar, soportar, subsistir, vigilar**

☐ Véase también: *ATENCIÓN Y CUIDADO; AYUDA.*

mantequilla ♦ dulce, fresco, salado ♦ barra (de), pastilla (de), tarrina (de) ♦ batir, derretir(se), fundir(se), rellenar (de), untar

[mantilla] → en mantillas

mañana ♦ agitado, ajetreado, alegre, apacible, cálido, de fiesta, de locos, de locura, de perros[5], desapacible, deslumbrante, despejado, espléndido, feriado, frío, inolvidable, lluvioso, luminoso, movido, plácido, radiante, resplandeciente, soleado, sombrío, templado, tibio, triste ♦ amanecer, aprovechar, caer, clarear, declinar, dedicar (a algo), desperdiciar, despuntar, destinar (a algo), disfrutar, emplear (en algo), nublarse, pasar, perder, transcurrir

☐ Véase también: **tarde.**

mapa ♦ ajustado, aproximado, autonómico, bancario, clarificador, claro, conciso, confuso, desfasado, desorientador, detallado, electoral, embrollado, escolar, esquemático, exacto, exhaustivo, extenso, fidedigno, fiel, físico, geoestratégico, ilegible, ilustrativo, impreciso, inexacto, ininteligible, ininterpretable, inteligible, inútil, legible, minucioso, nítido, obsoleto, oficial, orientador, orientativo, panorámico, perfecto, político, pormenorizado, preciso, prolijo, representativo, rudimentario, simbólico, simplificador, somero, turístico, útil ♦ barrer (de), componer, consultar, dar un vuelco, delinear, desaparecer (de), descifrar, desdoblar, desplegar, dibujar, diseñar, doblar, elaborar, extender, incluir, interpretar, leer, levantar, plegar, reproducir, seguir, trazar, trocear(se)

☐ Véase también: **dibujo, gráfico, plano, representación, terreno.**

maquillar ♦ cifra, cuenta, dato, derrota, error, gasto, imagen, pasado, persona, presupuesto, problema, realidad, resultado

☐ Véase también: **disfrazar.**

[máquina] → a máquina, a toda máquina

máquina ♦ anticuado, de precisión, desvencijado, eficaz, electrónico, funcional, infernal, innovador, inservible, manejable, moderno, obsoleto, poderoso, rudimentario, seguro, vetusto ♦ a punto, en funcionamiento ♦ accionar, armar, arrancar, arreglar, conectar, desactivar, desconectar, desenchufar, desguazar, desmantelar, desmontar, detener, enchufar, engrasar, estropear(se), funcionar, inutilizar, inventar, manipular, montar, parar, patentar, poner a punto, recomponer, revisar

☐ Véase también: **herramienta.**

maquinación ♦ astuto, burdo, calculado, complejo, comercial, complicado, culpable (de), diplomático, electoral, empresarial, estudiado, fraudulento, grotesco, inteligente, maquiavélico, minucioso, oscuro, perverso, político, preciso, premeditado, presunto, retorcido, sagaz, siniestro, sórdido, supuesto, sutil, turbio ♦ delito (de), víctima (de) ♦ acusar (de), constituir, consumar, denunciar (por), desbaratar, descubrir, destapar(se), detectar, dirigir, fallar, fracasar, instigar, revelar, sacar a la luz, salir a la luz, tejer, tramar, urdir

☐ Véase también: **complot, conspiración, montaje, plan, trama, trampa.**

maquinar *v.* ▮ Se combina con...

A SUSTANTIVOS QUE DESIGNAN PLANES Y OTRAS FORMAS DE ORGANIZAR LAS ACTUACIONES PREVISTAS: **1** plan ++: ...*maquinar* un plan de envenenamiento colectivo... EME070396 **2** estrategia +: La estrategia (...) parece *maquinada* por sus peores adversarios. EPE171001 **3** tesis –: Tesis galopante, que *maquinó* el gran guionista de todo el barullo... EME040696

B SUSTANTIVOS QUE DENOTAN OPERACIÓN, MUY FRECUENTEMENTE DE CARÁCTER DELICTIVO, ILÍCITO O ENCUBIERTO: **4** operación ++: ...*maquinar* una operación de liderazgo alternativo... EPE270999 **5** crimen +: Crímenes calculados y *maquinados* con absoluta frialdad. INDOC **6** agresión +: ...*maquinó* y ejecutó la agresión contra Valentín... PME271096 **7** intriga +: El fiscal sigue intentando adivinar quién *maquinó* la intriga. INDOC **8** conspiración +: ...una conspiración contra él *maquinada* por toda la familia... EME070496 **9** trama +: Don Alfonso *maquina* su trama con un teléfono móvil. EME210195 **10** enredo: ...sé que no es persona que *maquine* enredos políticos... EME070294 **11** estafa: ...una estafa (...) que se *maquinó* tras la fachada de una empresa... EPD270897 **12** fuga: ...recién llegados (...) *maquinan* ingeniosas fugas. EME090396

C OTROS SUSTANTIVOS; POSIBLES USOS ESTILÍSTICOS: Desde esa privilegiada situación *maquinó* crisis... EPE180700; ...ha roto con las secuelas concordistas que *maquinó* Carlos... PME081296

☐ Véase también: **cocinar(se), pergeñar, preparar(se), tejer, tramar, urdir.**

[mar] → a mares

mar ♦ abierto, agitado, alborotado, alto, ancho, apacible, arbolado, bajo, bravío, bravo, calmado, calmo, embravecido, en calma, encrespado, enfurecido, grueso, impetuoso, inmenso, proceloso, profundo, revuelto, rizado, sereno, vasto ♦ adentrarse (en), azotar (algo), batir (algo), bucear (en), calmar(se), contaminar(se), desembocar (en), devorar (algo), echarse (a), embestir (algo), encrespar(se), esquilmar, extender(se), flotar (en), hacerse (a), hundir(se) (en), internar(se) (en), lanzar(se) (a), naufragar (en), navegar (en), serenar(se), surcar, tragar(se) (algo), zambullir(se) (en)

☐ Véase también: **océano, ola (de), oleaje, río.**

[marajá] → como un {marajá/rajá}

maraña ♦ complejo, complicado, endiablado[22], enredado, enrevesado[8], entreverado, incomprensible, inextricable[1], intrincado[19] ♦ entre[24] ♦ adentrarse (en)[16], desbrozar[2], desenredar, desentrañar[4], deshacer, desliar, enredar(se) (en)[1], escapar (de), esclarecer(se)[11], internar(se) (en), meter(se) (en), resolver, salir (de), solucionar, tejer[28]

☐ Véase también: **berenjenal, embrollo, enredo, lío, madeja, maleza, ovillo, trama, urdimbre.**

maratoniano ♦ campaña, carrera, cumbre, encuentro, etapa, gira, interrogatorio, jornada, negociación, partido, pleno, proceso, reunión, sesión, viaje

[maravilla] → a las mil maravillas

marca ▮ *(récord)* ♦ competitivo, imbatible, inmejorable, insuperable, olímpico ♦ acariciar[38], alcanzar, batir[2], escalar[16], establecer, igualar, mejorar, ostentar, pulverizar[2], rebasar[35], reventar, sobrepasar[20], superar

▮ *(señal)* ♦ distintivo, férreo[64], identificador, identificativo, imborrable, inconfundible, indeleble[2], inequívoco[3], ostensible, visible ♦ borrar, dejar, delatar[12], estampar, perdurar, trazar

▮ *(sello comercial)* ♦ comercial, competitivo, conocido, desconocido, de lujo, exclusivo, prestigioso, representativo ♦ acuñar, devaluar(se)[28], difundir, homologar[8], reforzar, llevar

☐ Véase también: **dibujo, huella, línea, mancha, récord, señal, signo, trazo.**

marcador ♦ abultado[26], a favor, alternante, apretado[30], concluyente[10], contundente, en contra, honroso[12], inapelable ♦ abrir(se)[3], cerrar(se), dar la vuelta (a), desequilibrar, equilibrar, igualar, nivelar, remontar[22]

marcaje ♦ asfixiante, estrecho[25], estricto, exhaustivo, férreo[57], implacable[35], laxo, riguroso, severo ♦ aplicar, burlar, ejercer, eludir, estrechar, someter (a)

☐ Véase también: **control, hostilidad, presión, vigilancia.**

marcar *v.* ▮ En el sentido de 'hacer una marca en' se combina con sustantivos que designan seres materiales *(marcar un libro, un objeto, a una persona)*. En el sentido de 'puntuar', se combina con sustantivos que designan unidades de tanteo en ciertos juegos o deportes *(gol, punto, tanto, canasta)*. En el sentido de 'señalar, indicar o fijar', se combina con...

A SUSTANTIVOS QUE DENOTAN FINALIDAD O INTENCIÓN QUE SE PERSIGUE. TAMBIÉN CON OTROS QUE DESIGNAN EL CURSO, EL PROCESO O EL CAMINO QUE SE RECORRE

PARA OBTENERLO: **1 rumbo ++:** Wall Street volvió a *marcar* el rumbo. LVE180796 **2 pauta ++:** Marcando la pauta, también por primera vez en el «All Stars», Paul Westphal, entrenador de los Suns. EME120295 **3 objetivo +:** Coincidimos con los objetivos *marcados* en el programa del pacto de progreso... EPE021099 **4 dirección +:** Las elecciones de ayer *marcan* la dirección. EME181295 **5 meta +:** El premio Nobel de Medicina de 1975 (...) apoyó la idea de *marcar* una meta como punto de referencia pero fue muy cauteloso sobre si era realista considerar obtenerla para entonces. ENV190597 **6 camino +:** Y él me *marcó* el camino para la recuperación. CLA280601 **7 destino +:** El fracaso del matrimonio entre Samuel y Ruth parece *marcar* el destino de sus hijos, Marta y Maceo. EPE170699 **8 trayectoria:** Pero este abogado valenciano de 46 años tiene una densa biografía política en la que destaca un episodio que ha *marcado* su trayectoria en los últimos años. EME220394 **9 sentido:** La indiferencia, el desconocimiento, o la política interna van a *marcar* el sentido del voto de los ciudadanos de estos seis estados de la Unión Europea. EME040694

B SUSTANTIVOS QUE DENOTAN ARRANQUE O TÉRMINO DE UNA ACCIÓN O UNA TRAYECTORIA: **10 inicio ++:** ...quisieron estar presentes en el acto que *marca* el inicio de la despedida política de su padre, tras 25 años dedicados a la causa nacionalista. EPE211199 **11 comienzo ++:** La expansión de la economía mundial a principios de la década de 1820 *marca* el comienzo del primer ciclo comercial moderno, pero ya se revela la fragilidad de la prosperidad. ABC091092 **12 fin ++:** Es decir, que España ha recuperado el nivel alcanzado en 1974, año que *marca* el fin del desarrollismo franquista. EME210294 **13 final +:** La guerra civil del 36 *marca* el final de un ciclo para el arte vasco y el punto de inflexión en la trayectoria de la mayor parte de estos artistas. ABC110394 **14 principio +:** ...si ese momento no *marca* el principio del fin del comunismo español que baje Marx y lo vea. EPE290899 **15 arranque:** La visita que el presidente de México, Ernesto Zedillo, realizará pasado mañana a Guatemala *marca* el arranque del programa de desarrollo fronterizo que promueven ambas administraciones... DYM080996 **16 nacimiento:** Desde este ejido selvático, pletórico desde las últimas horas del 31 de diciembre, y las que *marcaron* el nacimiento del Año Nuevo de luz, música, risas... EXC020197

C EL SUSTANTIVO *RITMO* Y CON OTROS QUE DESIGNAN MOVIMIENTOS REGULARES O SINCRONIZADOS: **17 ritmo ++:** Marca su propio ritmo y yo lo sigo, sin prisas, porque no soy lo que se llama un poeta profesional, que está obligado a escribir todos los días. ABC241195 **18 paso ++:** La corriente histórica del istmo les va *marcando* el paso y la historia individual se entreteje con la otra, la más amplia. LHG020797 **19 compás ++:** El tambor de la guerra suena también en las ciudades palestinas y al igual que en Israel, son los sectores ortodoxos los que *marcan* el compás. EME250995 **20 cadencia +:** La efervescencia política y los rotundos cambios de los comienzos de los «60» *marcan* una nueva cadencia con Fernando Belaunde, un orador inspirado que leía sin texto. CAP030895

D SUSTANTIVOS QUE DENOTAN DISPARIDAD O SEPARACIÓN ENTRE PERSONAS O COSAS. TAMBIÉN CON OTROS QUE DENOTAN DISENSO O DISCONFORMIDAD. POR EXTENSIÓN, CON OTROS QUE DESIGNAN LA LÍNEA O EL BORDE QUE ESTABLECE LA DISTINCIÓN ENTRE DOS COSAS DISTINTAS: **21 diferencia ++:** Antes del choque contra el Tenerife, Cruyff le señaló como el hombre que debía *marcar* la diferencia. EME040495 **22 distancia ++:** Cuando comenzó a hablar no hizo lo usual en estos casos: lisonjear melifluamente, más bien *marcó* distancias y expresó divergencias. ABC230493 **23 límite ++:** Esta pasión y apresuramiento *marcan* los límites y la ambición de esta nueva novela... ABC221093 **24 frontera +:** Mónica habita un sencillo palafito de madera en el pueblo al otro lado de «la puerta», que antaño *marcaba* la frontera entre sanos y enfermos. EME240396 **25 desacuerdo:** Los frenteamplistas Wilfredo Penco y Washington Salvo (...) *marcaron* su desacuerdo con la decisión de los demás ministros. BRE201296 **26 discrepancia:** ...que *marcáramos* nuestras discrepancias durante la visita, lo cual nos parecía contraproducente. CLA170199 **27 oposición:** ...Raúl Alfonsín, la principal figura de la UCR que viene, a través de declaraciones, *marcando* su oposición a cualquier intento reeleccionista. CLA200297

E SUSTANTIVOS QUE DENOTAN REGRESO A UN LUGAR, MUY FRECUENTEMENTE EL PUNTO DE PARTIDA: **28 regreso +:** Esta vez, el local barranquino *marcará* el regreso de Eva... EXP041197 **29 retorno +:** Ese match era esperado con expectativa ya que *marcaba* el retorno de Hingis a su ciudad natal, Kosice (Eslovaquia), donde todavía reside su padre. CLA170297 **30 vuelta:** ...año que *marcará* la vuelta a esa ciudad de las instituciones de la Alemania reunificada. CLA020199

F SUSTANTIVOS QUE DENOTAN CAMBIO DE ESTADO, MÁS FRECUENTEMENTE SI SUPONE PROGRESO, MEJORA, INCREMENTO, DESCENSO O REDUCCIÓN: **31 cambio ++:** Los prácticamente quince años de silencio (...) no sólo *marcan* el cambio radical producido en nuestro país... ABC120393 **32 aumento +:** ...la utilidad neta fue de 797 millones lo que *marca* un aumento de 325 en relación con el año pasado. EXC270796 **33 crecimiento +:** A lo largo de 1996, las ventas locales de automóviles treparon a 376.109 unidades, *marcando* un crecimiento del 14,7% con respecto a las entregas de 1995. CLA080197 **34 inflexión +:** Entre unas cosas y otras y acaso con la ayuda de alguna encuesta que *marca* una inflexión en la caída... EME061095 **35 giro:** ...la comedia de Gabriel Aghion, en la que no sólo luce un aspecto radicalmente diferente, sino que *marca* un giro en su carrera... EME030796 **36 viraje:** Estamos convencidos de que esta nueva pugna *marca* un viraje dramático en la ya larga historia de la guerra en ex Yugoslavia. EME290795 **37 desarrollo:** ...la Semana plantea un homenaje en toda regla al cine fantástico y de terror español de 1900 a 1983, con (...) la edición de un libro sobre cinco cineastas que han *marcado* su desarrollo. EPE101099 **38 evolución:** Según el ingeniero Bernard Dudot, este motor *marca* una evolución importante, ya que conserva el aspecto general de su predecesor, pero es más pequeño y ligero. LVE181295 **39 alza:** Al cierre de la sesión, el Dow Jones acabó *marcando* una ligera alza de 3,43 puntos. LVE280996 **40 ascenso:** Marcaron el ascenso imparable del deporte italiano. EPE301299 **41 caída:** En el mercado argentino el índice MerVal –que promedia los papeles líderes– llegó a *marcar* una caída de más del 6%, aunque al final esbozó una tibia recuperación para cerrar 4,4% abajo. CLA150199

42 disminución: Las empresas «líderes» *marcaron* una disminución en promedio del 0,90 y el balance de precios fue de 10 alzas y 16 bajas. CLA030797

■ Se combina también con: ♦ **con seguridad, de cerca[25], decisivamente[13], indudablemente, inexorablemente[20], irremediablemente[32], negativamente[30], poderosamente[3], profundamente[67], trágicamente[21]**

☐ Véase también: **subrayar.**

[marcha] → **a marchas forzadas, puesta en marcha**

MARCHA Véase: MOVIMIENTO; PROGRESIÓN; SALIDA

marcha (de) ♦ **acompasado[2], arrollador[13], atropellado, constante, continuo, desacompasado, desenfrenado, frenético[16], fulgurante[31], fúnebre, imparable[21], inexorable[8], irregular, itinerante[18], lento, militar, nupcial, rápido, seguro, silencioso, trepidante, vertiginoso, vivo** ♦ **acontecimiento, agencia, campaña, conversación, economía, empresa, equipo, estudio, inflación, investigación, mercado, negociación, negocio, operación, plan, programa, proyecto, reforma, sistema, terapia, trabajo,** *otros sustantivos que designan actividades u organizaciones* ♦ **abrir, acelerar, acometer[16], aflojar[4], aminorar[8], apretar, avivar[74], cambiar, cerrar, consumar(se)[54], continuar, controlar, detener, discurrir, disminuir, disolver(se)[8], emprender[15], enderezar[7], fluir, frenar, interferir (en), interrumpir, mantener, obstaculizar[11], poner (en), proseguir, ralentizar, reanudar, seguir[35], vigilar**

☐ Véase también: **huida, salida.**

marchar(se) ♦ **a escape[2], a la cabeza[5], a la cola, a la deriva[4], a la perfección, a las mil maravillas[4], al unísono[61], a pasos agigantados[10], a regañadientes, a toda máquina[3], atropelladamente[17], codo con codo[1], coherentemente[32], como un reloj, con {buen/mal} pie[14], de buen grado[28], decididamente[17], de maravilla, de puntillas[28], dignamente[16], ordenadamente[24], pacíficamente, pesadamente[9], sobre ruedas, viento en popa, voluntariamente**

☐ Véase también: **despedir(se), escapar, huir, salir.**

marchitarse ♦ **amor, belleza, cariño, deseo, esperanza, flor, hoja, ideal, ilusión, juventud, labio, lozanía, planta, recuerdo, rostro, sonrisa**

☐ Véase también: **ajar(se), declinar, pudrirse.**

marco ♦ **acogedor[3], amplio, ancho, desfavorable, envuelto (en), estrecho[4], estricto, favorable, flexible[26], incomparable, indescriptible, narrativo, negociador, propicio[12], rodeado (de)** ♦ **dentro (de), en el interior (de), fuera (de)** ♦ **alterar[36], ceñir(se) (a), circunscribir(se) (a), delimitar, encerrar (en), inscribir(se) (en), insertar(se) (en), limitar(se) (a), negociar[16], proporcionar, rebasar[8], situar(se) (en), sobrepasar[26], superar, traspasar, ubicar(se) (en)**

☐ Véase también: **ámbito, atmósfera, entorno.**

mar (de) ♦ **confusión, contradicción, duda, lágrima, problema, sollozo**

[marea] → **contra viento y marea**

marea (de) ♦ **acusación, cambio, corrupción, crítica, desconfianza, escándalo, idea, indignación, inmigrante, irritación, persona, protesta, reacción, refugiado, reproche, repulsa, rumor, sangre**

☐ Véase también: **avalancha (de).**

mareo ♦ **fuerte, leve, ligero, momentáneo, pasajero[16], persistente, repentino, sin importancia** ♦ **remedio (contra)** ♦ **dar[321], entrar (a alguien), írse(le) (a alguien), pasárse(le) (a alguien), producir (a alguien), sufrir, superar, venir (a alguien)**

☐ Véase también: **desmayo.**

margen (de) ♦ **abrumador[14], abultado, ajustado, amplio, ancho, apretado[17], aproximado[48], cierto, cómodo, considerable, discreto, escaso, estrecho[1], estricto, exiguo[19], holgado, limitado, moderado, ostensible, previsto, tranquilizador[21]** ♦ **acción, actuación, autonomía, beneficio, confianza, diferencia, discrecionalidad, duda, error, explotación, flexibilidad, ganancia, intermediación, interpretación, libertad, maniobra, mejora, negociación, oscilación, pérdida, progresión, riesgo, seguridad, tiempo, variación, ventaja, victoria** ♦ **achicar[3], acortar[16], acotar[1], ampliar, conceder[47], dar[152], decrecer, disminuir, estrechar[6], mantener, otorgar, quedar, rebajar[62], rebasar, recortar, sobrepasar[25], traspasar, trazar**

☐ Véase también: **contorno, lado.**

marginación ♦ **absoluto, ajeno, deliberado, humillante, injusto, intolerable, laboral, opresivo, permanente, persistente, profesional, profundo, radical, social, total** ♦ **bolsa (de), estado (de)** ♦ **aminorar, azotar[20], combatir[19], condenar, experimentar, sacar (de), salir (de), soportar, sufrir[83], superar, vencer, vivir (en)**

☐ Véase también: **abandono, lacra, miseria.**

[marmota] → **como una marmota**

martillear ♦ **cabeza, cerebro, ciudad, conciencia, corazón, defensa, memoria, mente, oído, población, portería, sien**

martirio ♦ **auténtico, caído (en), chino, continuo, cotidiano, cruel, diario, dispuesto (a), implacable, inhumano[30], insoportable, insufrible, llevadero, perpetuo, semejante, verdadero** ♦ **palma (de)** ♦ **aliviar, conducir (a), convertir(se) (en), infligir, llegar (a), llevar (a), narrar, padecer, poner fin (a), presenciar, ser (para alguien), someter (a), sufrir, vivir**

☐ Véase también: **sacrificio, suplicio.**

[masa] → **con las manos en la masa, en masa**

masacrar ♦ **a destajo[17], a sangre fría, brutalmente, impunemente, indiscriminadamente, ma-**

sivamente, sin compasión, sin escrúpulos, sin piedad, vilmente ♦ población
☐ Véase también: **asesinar, exterminar, herir, maltratar, matar.**

masacre ♦ atroz, brutal, cruel, de la población, en masa[30], espeluznante, impune[6], indiscriminado, vil ♦ denunciar, escapar (de), librar(se) (de), llevar a cabo, producir(se), salvar(se) (de), silenciar
☐ Véase también: **asesinato, matanza.**

mascullar ♦ entre dientes
☐ Véase también: **articular, pronunciar.**

[mata] → a salto de mata

matanza ♦ atroz, brutal, cruel, en masa[24], espantoso, espeluznante, horrible, impune[5], indiscriminado, inenarrable, infernal ♦ cometer, librar(se) (de), producir(se), recrudecer(se)[19]
☐ Véase también: **asesinato, masacre.**

matar ♦ accidentalmente, a diestro y siniestro[21], a golpes[9], a patadas[29], a quemarropa, a sangre fría[2], a tiros, atrozmente, con alevosía[1], cruelmente, en masa[12], impunemente, indiscriminadamente, por accidente, sin contemplaciones[8], sin pestañear, sin piedad[9], vilmente[2] ♦ aburrimiento, hambre, sed, sueño, tiempo
☐ Véase también: **asesinar, exterminar, herir, masacrar.**

matemáticamente ♦ asegurar(se), calcular, clasificar(se), conseguir, demostrar, descender, ganar, perder, probar, proclamar(se)

materia ♦ abstruso[16], áspero, blando, candente[15], confidencial[43], de estudio, delicado, difícil, duro, flexible, oscuro, poroso, resbaladizo[18], reservado, resistente ♦ ablandar(se), alterar, ceñir(se) (a)[9], descomponer(se), dominar, endurecer(se), enfriar(se), entrar (en), estudiar, impartir, iniciar(se) (en), juzgar
☐ Véase también: **asunto, cuestión, disciplina, material, sustancia, tema, temática.**

material ♦ apropiado, confidencial[3], de construcción, de derribo, de primera necesidad, de valor[11], dúctil, duro, endeble, escolar, firme, flexible, idóneo, maleable, militar, necesario, precario[72], quirúrgico, resbaladizo, resistente, sensible, suave ♦ cubrir (con/de), cuidar, descuidar, deteriorar(se), disponer, pertrechar(se)[1], preparar, reunir, revestir(se) (de)

maternidad ♦ biológico, clandestino, esperado, feliz, futuro, irresponsable, orgulloso (de), prematuro, próximo, reciente, responsable, tardío ♦ por razón (de) ♦ aumento (de), baja (de/por), centro (de), clínica (de), descenso (de), hospital (de), permiso (de/por), subsidio (de/por) ♦ acercar(se), adelantar(se), asumir, disfrutar (de), frustrar(se), incentivar, penalizar, retrasar(se)
☐ Véase también: **paternidad.**

[matiz] → con matices

matiz ♦ destacable, diferenciador, imperceptible, importante, insignificante[26], irrelevante, nimio[4], pequeño, relevante, revelador, significativo, sin importancia, vago ♦ advertir(se), andarse (con)[20], captar[20], destacar, notar, observar, percibir, reparar (en), señalar
☐ Véase también: **aspecto, detalle.**

matrícula ♦ imprescindible, necesario, preceptivo ♦ período (de), plazo (de) ♦ cumplimentar, hacer, oficializar, pagar, presentar, tramitar, vencer[88]
☐ Véase también: **inscripción.**

matrimonio ♦ avenido, cohesionado, compenetrado, corto, de conveniencia, duradero, efímero[28], endeble, feliz, fugaz[37], indisoluble, infeliz, largo, modélico, sólido, tormentoso, unido ♦ a pique[17] ♦ anular, celebrar, concertar[10], constituir, consumar, contraer[25], debilitar, deshacer(se), deteriorar(se), disolver(se)[19], divorciar(se), durar, formar, fortalecer, fracasar, naufragar, prometer (en), quebrar(se)[16], reconciliar(se), romper(se), separar(se), tambalearse, terminar(se)
☐ Véase también: **boda, enlace, nupcias.**

maullar ♦ gato
☐ Véase también: **chillar, gritar.**

máxima ♦ ancestral, antiguo, sabio, viejo ♦ aceptar, acuñar[17], obedecer, recordar, repetir, tomar en consideración
☐ Véase también: **sentencia.**

[mayo] → como agua de mayo

[mayor] → al por mayor, de mayor a menor, de menor a mayor

[mayoría] → por mayoría

mayoría ♦ abrumador[1], absoluto, abultado[9], a favor, ajustado, amplio, aplastante[9], arrasador[8], arrollador[4], de progreso, desahogado[7], en contra, escaso, exiguo[20], holgado, indiscutible, inmenso, insuficiente, justo, precario[76], relativo, silencioso, simple, suficiente ♦ en bandeja[27] ♦ adherir(se) (a), aglutinar[5], alcanzar, concitar, conseguir, decidir (algo), lograr, obtener, ostentar[4], perder, perseguir, rechazar (algo), reunir, revalidar[41], sacar, supeditar(se) (a), tener, votar (algo)
☐ Véase también: **dimensión, magnitud, tamaño.**

mayúsculo *adj.* ▮ Designa el nombre de un tipo de letra. En el sentido de 'muy grande o sobresaliente' se combina con...

A SUSTANTIVOS QUE DENOTAN EQUIVOCACIÓN O DESACIERTO EN DIVERSOS GRADOS. POR EXTENSIÓN, TAMBIÉN CON OTROS QUE DESIGNAN VARIAS NOCIONES RELACIONADAS CON LA IMPERFECCIÓN Y LA INEPTITUD: **1** error ++: ...una jugada de las habituales que practica la mayoría había sido un *mayúsculo* error. CAP190996 **2**

disparate ++: Disparate *mayúsculo*, si tenemos en cuenta la temperatura de los veranos madrileños... ABC201192 **3 fallo** +: Otro fallo *mayúsculo* de la imprenta que trajo de cabeza a toda la redacción... INDOC **4 torpeza:** Mejor dicho, ahí y en los tiros libres, asunto en el que demostró una torpeza *mayúscula* (...). EPE150399 **5 deficiencia:** ...ha puesto al descubierto deficiencias *mayúsculas* en la seguridad de uno de los aeropuertos más importantes... EPE121001 **6 falla:** ...podría pagar sus *mayúsculas* fallas mediante la acusación... PME081296 **7 patinazo:** No se puede decir lo mismo de Tormenta blanca, patinazo *mayúsculo* de Ridley Scott... EME230996

B SUSTANTIVOS QUE DENOTAN IMPRESIÓN REPENTINA ANTE LO INESPERADO, LO INCOMPRENSIBLE O LO EXTRAORDINARIO: **8 sorpresa** ++: Venus Williams, su eliminación es una sorpresa *mayúscula*. ESP290501 **9 susto** ++: ...con el susto *mayúsculo* de los cuatro ante el avance del tren... CLA030797 **10 asombro** +: Su asombro fue *mayúsculo* ya que el Ayuntamiento no había recibido ninguna solicitud... EME050895 **11 estupefacción:** Pero mi estupefacción e indignación fueron *mayúsculas* al ver en Canal Nacional la serial Quincy... HOY110784 **12 conmoción:** La conmoción también fue *mayúscula*... HOY030397 **13 sobresalto** –: El sobresalto fue *mayúsculo*, y eso que yo ya estaba previamente advertida... INDOC

C SUSTANTIVOS QUE DENOTAN IRRITACIÓN O DISGUSTO, Y CON OTROS QUE MANIFIESTAN DIVERSAS FORMAS Y GRADOS DE EXPRESAR LA DISCONFORMIDAD. TAMBIÉN CON ALGUNOS QUE DESIGNAN SUCESOS TUMULTUOSOS QUE SUELEN RELACIONARSE CON ESAS ACTITUDES: **14 enfado** ++: Enfado *mayúsculo* del alcalde con Rahola. LVE240996 **15 escándalo** ++: El escándalo ha sido *mayúsculo* y no se aplacará mientras Robles siga preso. CAP281196 **16 indignación** +: Pero mi estupefacción e indignación fueron *mayúsculas*... HOY110784 **17 cabreo:** Como el cabreo ha debido de ser *mayúsculo*... EPE071199 **18 disgusto:** ...cuya visión provocó, hace unos días, un disgusto *mayúsculo* al alcalde... LVE071296 **19 protesta:** Si por casualidad en la época franquista se hubiese presentado esta bandera (...) las protestas hubiesen sido *mayúsculas*... LVE121096 **20 queja:** Valdano se sumó a la *mayúscula* queja de anoche en el Camp Nou. EME081195 **21 bronca:** ...echó una bronca *mayúscula* a Tom Parker-Bowles... EPE180599 **22 pateo:** Cuando terminó, el «pateo» fue *mayúsculo*. ABC270392 **23 pañolada** –: La pañolada fue *mayúscula* y las protestas contra Rojo le colocan en una difícil situación. EPE150299

D SUSTANTIVOS QUE DESIGNAN SITUACIONES DE CONFLICTO, ADVERSIDAD O INFORTUNIO, ASÍ COMO LOS ESTADOS DE COSAS QUE SE ASOCIAN CON ESOS RESULTADOS O QUE CONDUCEN A ELLOS: **24 problema** ++: En manos del Congreso, las autoridades económicas y los banqueros está la solución de este *mayúsculo* problema... DHE071097 **25 catástrofe** +: ...hay una gran probabilidad de que no sucederá ninguna catástrofe *mayúscula*... POS311299 **26 desastre:** En esto, lo de la beneficencia, el desastre parece haber sido también *mayúsculo*. EME140995 **27 conflicto:** ...el conflicto del fútbol televisado es *mayúsculo*. EME100896 **28 descalabro:** El descalabro podría ser *mayúsculo*... EME240394 **29 fracaso:** En función de sus costos de producción, se trata de un fracaso que puede ser *mayúsculo*. LVE091095

E SUSTANTIVOS QUE DENOTAN CONFUSIÓN O DESORDEN, MUY FRECUENTEMENTE CON AGITACIÓN O TUMULTO: **30 confusión** +: ...la desinformación es una característica de estos tiempos, cuya resultante es una confusión *mayúscula*. EXC130996 **31 lío** +: Conocer el *mayúsculo* lío del Olimpo y cómo surgen los signos del zodiaco es mucho más interesante... LVE070896 **32 caos:** Tres meses después, el caos en este asunto es *mayúsculo*. EME211096 **33 desorden:** El desorden interno que se produjo en la UDI por la sorpresiva intervención de los diputados fue *mayúsculo*. HOY090697 **34 enredo:** El enredo es *mayúsculo*, con cifras de millones que no dejan dudas de las irregularidades... RUM150997 **35 revuelo:** Conscientes de que negarse a acatar un fallo causará un revuelo *mayúsculo*... CLA140297 **36 alboroto:** El alboroto era *mayúsculo* en Los Focos, el poblado marginal y chabolista donde viven Ceferino y Encarna. EME241196 **37 desconcierto:** El desconcierto de los escoltas fue *mayúsculo* cuando la comitiva tomó el camino equivocado... EPD181197 **38 descontrol:** Yo debía cerrar esa puerta, pero mi descontrol era *mayúsculo* en aquel momento. LVE140596 **39 jaleo:** El jaleo que organizaron los estudiantes cuando se decretó el cierre de la facultad fue verdaderamente *mayúsculo*. INDOC **40 follón:** ...hubo que duplicar los grupos de trabajo, el follón fue *mayúsculo*. ABC270392 **41 galimatías:** En este caso, el galimatías cronológico es ya *mayúsculo*. EME180694

F SUSTANTIVOS QUE DENOTAN DESÁNIMO, DISGUSTO O VERGÜENZA: **42 decepción** ++: Las expectativas creadas por los sondeos han defraudado a la hora de la verdad, y la decepción ha sido *mayúscula*. LVE050396 **43 desilusión:** Nuestra desilusión ha sido *mayúscula*. EME210896 **44 desencanto:** Recuerdo el *mayúsculo* desencanto que me llevé cuando supe quiénes eran los Reyes Magos. INDOC **45 humillación:** ...aparte de la *mayúscula* humillación de lo de Seúl y de haberle cancelado todos los contratos... EPE011088 **46 bochorno:** El bochorno que pasó el autotitulado Rey (...) fue *mayúsculo*. ABC221294

G SUSTANTIVOS QUE DENOTAN FALTA DE ALGUNA CAPACIDAD: **47 desconocimiento:** ...lo que se destila es un *mayúsculo* desconocimiento de los usos propios del Estado de Derecho... EME150995 **48 incapacidad:** ...debido no sólo a una incapacidad *mayúscula* en organizar una institución científica... GIC093497 **49 insolvencia:** De esa forma podemos protegernos de la insolvencia *mayúscula* y del riesgo de hablar de todo y no saber de nada. LVE030995

H SUSTANTIVOS QUE DENOTAN GANANCIA O GASTO DE CIERTOS BIENES, GENERALMENTE DE DINERO: **50 dispendio:** Propusieron sustituir la instalación de cerca de doce mil casillas (...) porque serían dispendio *mayúsculo*... EXC110796 **51 prebenda:** ...era delegado de Tabacalera en su provincia natal (una prebenda *mayúscula* en aquellos tiempos). EPE030799 **52 recaudación:** ...el Madrid se relame ante una recaudación *mayúscula* (cerca de 350 millones de pesetas). EME060396 **53 recompensa:** No siempre resulta fácil acceder a este Bach profundamente austero, pero, si se logra, la recompensa es *mayúscula*. EPE300799

☐ Véase también: **monumental**.

[meca] → **de la ceca a la meca**

mecanismo ♦ **adecuado, administrativo, anticuado, articulado, asequible[23], complejo, de control, de precisión, de relojería, difícil, efectivo[6],**

endiablado, enrevesado[57], fácil, físico, flexible[7], intrincado, inútil, legislativo, obsoleto, sencillo ♦ accionar, agilizar[67], arbitrar[22], arrancar, arreglar, articular, desentrañar[58], desmantelar[4], desmontar, detener(se), deteriorar(se), disponer, engrasar, estropear(se), funcionar, idear, implantar[4], parar(se), perfeccionar, poner a prueba, poner a punto, preparar, redoblar[14], reparar, revisar
□ Véase también: **dispositivo, fórmula, instrumento, máquina, medida, ordenador, recurso.**

mecha ♦ apagar, encender, prender[2]

mechero ♦ apagar, encender, prender[9]

medalla ♦ ansiado, codiciado, de bronce, de honor, de oro, de plata, deportivo, disputado, honroso, merecido, militar, olímpico ♦ al cuello ♦ acariciar[8], adjudicar, anotar(se)[5], arañar[9], arrebatar, colgar(se), conceder (a alguien), conquistar, conseguir, cosechar[18], dar (a alguien), desposeer (de), disputar(se), exhibir, imponer (a alguien), llevar, luchar (por), lucir, obtener, ostentar, otorgar, perseguir, poner(se), quitar(se)
□ Véase también: **condecoración.**

medallero ♦ acaparar, copar[6], ocupar un puesto (en)

media ♦ alarmante, aproximado[46], aritmético, exacto, geométrico ♦ alcanzar, calcular, establecer, hacer, llevar (como), mantener, rebasar, romper, sacar, sobrepasar[31], superar

medianoche ♦ entrado, pasado ♦ al borde (de), al filo (de) ♦ acercar(se), entrar, llegar, pasar

medias tintas ♦ andarse (con)[17], venir (con)

medicamento ♦ amargo, curativo[33], drástico, dulce, efectivo, eficaz, fuerte, inefectivo, ineficaz, milagroso, preventivo[56], vomitivo ♦ contraindicaciones (de), dosis (de), efecto (de), posología (de), tolerancia (de) ♦ administrar, aplicar, caducar, dar {buen/mal} resultado, dispensar, emplear, espaciar, hacer efecto, prescribir, recetar, retirar, surtir efecto, tolerar, tomar, usar
□ Véase también: **medicina.**

medicina ■ *(disciplina)* ♦ alternativo, natural, tradicional ♦ carrera (de), curso (de), estudios (de), práctica (de) ♦ dedicar(se) (a), ejercer, estudiar, iniciar(se) (en), practicar
■ *(medicamento)* ♦ contraindicado, contraproducente, drástico, eficaz, expeditivo, ineficaz, innovador, milagroso, perjudicial, preventivo[48], reconstituyente ♦ administrar, aplicar, dispensar, dosificar, ingerir, prescribir, tomar
□ Véase también: **medicamento, salud.**

medición ♦ a ojo, aproximado[36], de campo[10], exacto, fiable, fidedigno[33], impreciso, preciso ♦ efectuar, hacer, realizar
□ Véase también: **cálculo, medida.**

[medida] → a la medida (de), a medida, medida de seguridad, tomar medida(s)

medida ♦ abusivo[39], acertado, adecuado, apropiado, aproximado[15], arbitrario[2], atinado[27], aventurado, cautelar[1], cauteloso, contraproducente, controvertido[9], contundente, coyuntural[17], decisivo[7], de presión, desaconsejable, descabellado, de seguridad, desorbitado[14], desproporcionado, disciplinario, discrecional[6], discriminatorio[8], disparatado, disuasorio[15], drástico[40], efectivo[2], estricto[67], eventual, excesivo, expeditivo[9], extremo, férreo[17], fidedigno[34], fulminante[22], igualitario[49], implacable[18], imprescindible, inevitable, injusto, innecesario, inobjetable, irrefutable[27], laxo[6], necesario, perentorio[40], permisivo[9], preventivo[22], profiláctico, radical, salomónico[13], saludable[3], terminante[27], urgente ♦ con arreglo (a) ♦ abanico (de)[14], alcance (de)[30], arsenal (de)[12] ♦ acatar[5], aconsejar, adoptar, agotar(se)[15], aplicar, aprobar, arbitrar[23], asumir[61], atañer[17], auspiciar[28], avalar[77], burlar[17], caer como una bomba[14], cocinar(se)[9], concertar[33], congelar[37], decidir, decretar[2], derogar[17], desaconsejar, desobedecer[11], dictaminar, dictar, dosificar, dulcificar[27], emplear, emprender[34], encajar, establecer[6], extremar, firmar[13], hacer efectivo, idear, implantar[9], imponer[23], impugnar[5], intensificar, llevar adelante[14], llevar a la práctica[24], oponer[19], perfilar[37], plantear[41], poner en juego, poner en práctica, prescribir, prosperar[10], rechazar, recrudecer(se)[30], rectificar[25], regir, reprobar[16], retirar, revocar[13], socavar[37], surtir efecto[3], tomar[71], tramitar[25], urgir[15], vetar, votar
□ Véase también: **medida de seguridad, medio, recurso.**

MEDIDA Véase: RECURSO

MEDIDA, UNIDAD DE ~ Véase:
♦ abanico (de), aluvión (de), ápice (de), arrebato (de), ataque (de), avalancha (de), bandada (de), barniz (de), billete, bocado, bocanada (de), brizna (de), capa (de), cascada (de), caudal (de), chorro (de), copo (de), cúmulo (de), dechado (de), dosis, dotación, espiral (de), fajo (de), fleco (de), flota (de), gajo (de), golpe (de), haz (de), hebra (de), historial, legajo (de), lluvia (de), manada (de), mano (de), manojo (de), mar (de), miembro (de), minuto, moneda, mosaico, muro (de), ola (de), oleada (de), plantel (de), racha (de), rapto (de), rayo (de), resquicio (de), ribetes (de), ronda (de), salva (de), sarta (de), señal, sobredosis (de), somanta (de), sorbo, torrente (de), trago, tromba (de), un ojo de la cara, un potosí, visos (de)
□ Véase también: *CÁLCULO; CANTIDAD.*

MEDIDA, UNIDAD DE ~ Véase: CANTIDAD

medida de seguridad ♦ drástico, escaso, estricto, fuerte, imprescindible, inevitable, insuficiente, necesario, notable, riguroso, severo ♦ aplicar, aumentar, burlar, decrecer, dictar, dis-

minuir, echar(se) en falta, establecer, faltar, incrementar, poner en práctica, rebajar, redoblar[10], saltarse, suprimir
□ Véase también: **medida**.

[medio] → a media asta, a medias, a medio gas, de medio a medio, medias tintas, ni media palabra

medio ♦ abundante, a {mi/tu/su...} alcance, a {mi/tu/su...} disposición, disponible, disuasorio[16], efectivo[9], eficaz, escaso, exiguo[13], flaco[12], imprescindible, impreso, ineficaz, infalible, ingente[23], insuficiente, legal, legítimo, limitado, necesario, político, precario[70], sobrado (de)[7], suficiente ♦ ahorrar, aplicar, aprovechar, brindar[47], contar (con), dedicar[13], disponer (de), emplear, encauzar, equipar (con), escasear, escatimar, malgastar, ofrecer, pertrechar(se)[2], poner a disposición (de alguien), procurar, proporcionar, proveer (de), recortar, reparar (en), valer(se) (de)
□ Véase también: **procedimiento, recurso, sistema**.

MEDIO Véase: INSTRUMENTO; RECURSO; SISTEMA

medir ♦ a bulto, ajustadamente, a ojo[2], apropiadamente, aproximadamente, a voleo, con exactitud, con precisión, electoralmente, escrupulosamente[45], exactamente, más o menos, minuciosamente, por el mismo rasero[1] ♦ alcance, altura, capacidad, consecuencia, eficacia, extensión, fuerza, impacto, intensidad, nivel, palabra, riesgo, tamaño, temperatura, tiempo, *otros sustantivos que designan magnitudes y efectos*
□ Véase también: **aquilatar, calcular, enjuiciar, valorar**.

medir(se) ♦ cara a cara[16], cuerpo a cuerpo[9], de igual a igual[13], frente a frente[2]
□ Véase también: **competir**.

meditación ♦ calmado, profundo, prolongado, reposado, sereno, trascendental ♦ estado (de), período (de) ♦ dedicar(se) (a), hacer, invitar (a)[19], merecer, practicar, sumir(se) (en)[53]
□ Véase también: **conocimiento, pensamiento, reflexión**.

meditar ♦ con calma, concienzudamente[21], en frío[14], largamente[30], profundamente[24], reposadamente, serenamente, sin prisas, tranquilamente ♦ asunto, decisión, determinación, problema, respuesta ♦ incitar (a), invitar (a)[45]
□ Véase también: **pensar, reflexionar**.

mejilla ♦ colorado, encendido, pálido, prominente, sonrosado ♦ acercar (a alguien), besar (en), encender(se), poner, sonrojar(se)

mejora ♦ a {corto/medio/largo} plazo, acusado[21], apreciable, claro, cualitativo[9], decisivo, evidente, gradual, imperceptible, inapreciable[7], indudable, insignificante[34], integral[14], lento, ligero, manifiesto, moderado, notable, ostensible[1], palpable, patente, paulatino, perceptible, progresivo, rápido, significativo, sostenido, sustancial, sustancioso, vertiginoso[18], visible ♦ con posibilidad (de)[8] ♦ espíritu (de) ♦ acarrear[68], acusar[31], alcanzar, anotar(se)[14], apreciar, arrancar, atisbar[29], augurar[44], consolidar(se), constituir, despuntar[5], desvanecerse[44], detectar, diagnosticar[28], experimentar, implantar[32], negociar, obtener, operar(se), pedir, percibir, producir(se), realizar, reconocer, redundar (en)[5], registrar(se), reportar, revertir (en)[6], significar, solicitar, suponer, vislumbrar[78]
□ Véase también: **alivio, avance, cura (de), empeoramiento, progreso, renovación, reorganización, reparación**.

MEJORA
♦ (SUSTANTIVOS) Véase: **acarrear[H], acusado[B], en falso[F], estrangular(se)[B]**
♦ (VERBOS) Véase: **abismalmente[B], drásticamente[I], en falso[B], en mucho[B], paulatinamente[B], progresivamente[A], radicalmente[B], sustancialmente[B]**
□ Véase también: CAMBIO; INCREMENTO.

mejorable ♦ ampliamente, clamorosamente, claramente, considerablemente, manifiestamente

mejorar ♦ a marchas forzadas[26], a pasos agigantados[13], apreciablemente, con creces[14], considerablemente[44], cualitativamente, decisivamente[33], en mucho[7], enormemente, escasamente, espectacularmente, gradualmente[4], largamente[10], lentamente, ligeramente[3], manifiestamente, notablemente, ostensiblemente[12], palpablemente, paulatinamente[15], perceptiblemente, progresivamente[6], significativamente, sustancialmente[21], vertiginosamente
□ Véase también: **aliviar, arreglar, empeorar, enderezar, mitigar, progresar, renovar(se), repuntar, restablecer(se) (de), robustecer(se), solucionar(se), solventar**.

mejoría ♦ acusado[22], apreciable, claro, evidente, franco, gradual, indudable, lento, moderado, notable, ostensible[2], palpable[24], paulatino, perceptible, progresivo, sorprendente, sustancial ♦ acusar[32], apreciar(se), detectar, experimentar, notar, percibir, producir(se), registrar(se)
□ Véase también: **mejora, progreso**.

melancolía ♦ amargo[47], a raudales[35], contenido, dulce, hondo, insondable, lánguido, lleno (de), preso (de)[24], profundo, propenso (a), soterrado[38], terrible ♦ arrebato (de)[24], crisis (de), estado (de), propensión (a), sensación (de), tendencia (a) ♦ aliviar[13], anidar[20], causar, contagiar, desembocar (en), entrar (a alguien), generar, hundir(se) (en)[51], impregnar (de), írse(le) (a alguien), pasárse(le) (a alguien), producir (a alguien), provocar (a alguien), sentir, sumir(se) (en), superar, tener, teñir (de)[12], vencer, venir (a alguien)
□ Véase también: **aflicción, morriña, nostalgia, pena, tristeza**.

melena ♦ abundante, denso, desmadejado, encrespado, enmarañado, espeso, exuberante, frondoso, largo, rebelde, suelto, tupido, volandero ♦

al viento ♦ alisar, atusar, desenredar, enredar(se), peinar, recoger(se), rizar, soltar(se), teñir
☐ Véase también: **cabello, pelo.**

melifluo ♦ adulación, armonía, carácter, descripción, discurso, estilo, gesto, hagiografía, imagen, música, palabra, persona, sonrisa, tono, voz

mellar(se) *v.* ▌Se combina con el sustantivo *filo* y con otros que designan cosas rígidas que tienen filo *(cuchillo, machete, navaja, arado, diente)* o borde *(plato, vaso, taza)*. También se combina con...

A SUSTANTIVOS QUE DENOTAN ÁNIMO O ESPERANZA FIRME EN LO QUE SE EMPRENDE: **1 confianza:** Al haber *mellado* la confianza de los votantes, al haberse deteriorado la significación de una siglas, todas las cuestiones se amontonan... EME211095 **2 fe:** ...la resistencia a toda fuerza interna o externa que tienda a desviar o a *mellar* la fe en el resultado final del propio esfuerzo. SEM210197 **3 moral:** Dijo que el «caso Roldán» «no ha *mellado* la moral de los guardias civiles porque están al buen tiempo y al mal tiempo». EME140594 **4 fuerza de voluntad:** Ahora ha vuelto con muchas ganas de demostrar que aquel recuerdo no ha *mellado* su fuerza de voluntad... LVE030995 **5 mentalidad:** Para ganar el Tour necesita *mellar* la inoxidable mentalidad de Indurain. EME220594 **6 espíritu:** ...y ni siquiera los administradores judiciales han *mellado* nuestro espíritu. EPE270500 **7 afán:** Para los allegados a las víctimas, nada, a partir de ahora, podrá *mellar* el afán de venganza. EME280294

B SUSTANTIVOS QUE EXPRESAN CUALIDADES RELATIVAS AL MÉRITO, EL HONOR O EL RECONOCIMIENTO QUE SE DEBE A ALGUIEN: **8 prestigio:** ...el prestigio profesional de Valenzuela puede resultar *mellado* en caso de que los peritajes demuestren que su conjetura es falsa... CAP280897 **9 crédito:** La infausta operación que nos ocupa no está madura todavía para hincarle el diente al gobierno y *mellar* su crédito. EPE211199 **10 dignidad:** ...al MNR no le queda más que recurrir a recursos antiguos tratando de *mellar* la dignidad de sus candidatos. LTB090397 **11 reputación:** ...injurias y calumnias sin ningún fundamento que no han afectado a su ánimo ni han *mellado* su sólida reputación. INDOC

C OTROS SUSTANTIVOS; POSIBLES USOS ESTILÍSTICOS: **11** Ésta es una inconmovible realidad a la que la virulencia contestataria de los nuevos desafectos difícilmente podrá *mellar.* EPE060801

melodía ♦ acompasado[21], arrebatador, cautivador, contagioso[8], desafinado, encadenado, insulso, lindo, melodioso, pegadizo[4], ramplón, repetitivo, suave, trillado ♦ brotar[36], cantar, canturrear, componer, dejarse llevar (por)[46], difuminar(se)[16], entonar, entrecortar(se)[3], escuchar, interpretar, pegárse(le) (a alguien), seguir, silbar, susurrar, tararear
☐ Véase también: **canción, música, sonido.**

[memoria] → **de memoria**

memoria ♦ a {corto/medio/largo} plazo, asombroso, borroso[13], bueno, de elefante, envidiable, excelente, fecundo[5], fidedigno[14], flaco[8], frágil[10], histórico, imborrable, imperecedero, infausto[2], llorado, malo, pasmoso, perdurable, portentoso[3], precario, presente (en), privilegiado, proverbial, quebradizo[4], selectivo, vívido[16], vivo[8] ♦ agudizar, aguzar[13], ahondar (en)[22], alimentar[61], alimentar(se) (de)[7], alterar, anclar[12], apegarse (a)[15], atenazar[17], atesorar[14], avivar[70], bloquear[35], borrar (de), bucear (en)[6], confundir(se) (en), conservar[36], despertar, distorsionar[7], ejercitar[1], empañar(se)[9], ensuciar[11], escarbar (en)[2], extirpar[12], flaquear (a alguien), grabar (en), guardar[28], hacer, honrar[1], hurgar (en), mantener (en), nublar(se)[16], ofender[2], perder[5], perdurar (en), pervivir (en), profanar[29], reavivar[38], rebobinar, recobrar, recuperar, refrescar[1], retener (en), reverdecer[17], revivir[2], tener, traer (a), venir (a)
☐ Véase también: **amnesia, inmemorial, olvidado, olvidar, olvido, recordar, recuerdo.**

MEMORIA
♦ (SUSTANTIVOS) Véase: **aciago[D], aferrarse (a)[D], agridulce[A], aguzar[B], ahondar (en)[E], alimentar(se) (de)[A], amargo[E], ancestral[B], anclar[B], anecdótico[D], anidar[F], apagar(se)[C], apegarse (a)[B], atesorar[C], avivar[K], bloquear[F], borroso[C], bucear (en)[B], cálido[H], cargar (con)[C], conservar[D], desenterrar[A], desfigurar[A], despertar[I], diluir(se)[E], disolver(se)[G], distorsionar[B], ejercitar[A], empañar(se)[A], ensuciar[C], escarbar (en)[A], extirpar[C], fantasmal[J], fidedigno[C], flaco[C], fluir[A], frágil[C], guardar[E], honrar[A], hundir(se) (en)[H], imborrable[B], indeleble[B], infausto[A], invitar (a)[C], nublar(se)[C], profanar[F], reavivar[F], refrescar[A], reverdecer[D], revivir[A], sacudir(se)[G], somero[G], vivaz[E], vívido[C], vivo[B]**
♦ (VERBOS) Véase: **a bote pronto[A], abrumadoramente[I], a cámara lenta[B], ávidamente[G], a vuelapluma[D], brevemente[F], de pasada[C], fugazmente[D], gratamente[C], invitar (a)[G], nítidamente[A], sin tapujos[I], vivamente[D]**

mención ♦ breve, especial, expreso, honorífica, honroso[1], inexcusable[16], leve, literal, obligado, somero[67], tangencial[26] ♦ anotar, deslizar(se), hacer, ignorar, introducir, obviar[30]
☐ Véase también: **alusión, cita, denominación, referencia.**

MENCIÓN
♦ (SUSTANTIVOS) Véase: **atinado[G], fugaz[F], obviar[F], tangencialmente[B]**
♦ (VERBOS) Véase: **abiertamente[B], brevemente[D], de pasada[A], expresamente[A], extensamente[B], fugazmente[F], manifiestamente[C], ni por asomo[C], ostensiblemente[H], profusamente[I], repetidamente[D], vagamente[B]**
☐ Véase también: COMUNICACIÓN; DENOMINACIÓN; EXPRESIÓN; MANIFESTACIÓN VERBAL.

mencionar ♦ al vuelo[24], a propósito, brevemente[20], circunstancialmente, de pasada[1], de refilón[28], especialmente, explícitamente, expresamente[2], literalmente, ni por asomo[20], por encima, someramente, tangencialmente[12]
☐ Véase también: **aludir, citar, denominar, nombrar, referir(se).**

[menor] → de mayor a menor, de menor a mayor

[menoscabo] → sin menoscabo (de)

mensaje ♦ abstruso[9], aclaratorio, acuciante[43], alarmante, ambiguo, claro, conciliador, confidencial[13], confuso, constructivo, de bienvenida, de esperanza, de paz, de unidad, discordante, disuasorio, eficaz, encendido[5], enrevesado[21], entre líneas[40], esclarecedor, halagüeño[38], ilusionante[22], inaugural, ineficaz, meridiano[18], rotundo[50], sesgado, soterrado, subliminal, tajante[14], testimonial, tranquilizador, vívido[25] ♦ aceptar, aclarar, adulterar[19], alterar, caer como una bomba[7], caer en saco roto[21], canalizar[19], captar, circular[15], clarificar, codificar, comprender, confirmar, dar[210], decodificar[2], descifrar[18], desentrañar[36], desfigurar[15], desmentir[16], difundir(se)[3], dirigir, distorsionar[15], emitir, encajar, encerrar, encontrar, entender, enviar, escribir, esparcir[3], extender(se), girar[22], hacer llegar, interceptar, interpretar, lanzar, llegar, mandar, obviar[37], predicar[23], pregonar, recibir, recordar, retransmitir, sembrar[98], silenciar[19], surtir efecto, tener, tergiversar[15], traducir, transmitir, *otros verbos de lengua*
☐ Véase también: **discurso, expresión, llamada, texto.**

menstruación ♦ día (de), período (de) ♦ cortar[53], interrumpir(se), irse(le) (a alguien), llegar (a alguien), tener, venir (a alguien)

mentalidad ♦ abierto, actual, anacrónico, analítico, anquilosado, arraigado, avanzado[25], característico, cerrado, conservador, escéptico, firme, ganador, hermético, inmovilista, intolerante, intransigente, moderno, obsesivo, permisivo[16], progresista, racional, receptivo, retorcido[2], retrógrado, sensato, tolerante, tradicional, trastornado ♦ cambiar (de), forjar[56], inculcar (a alguien), moldear[8], persistir, poseer, seguir (con), subyacer (en algo/en alguien), tener
☐ Véase también: **actitud, ánimo, creencia, ideología, mente, talante.**

mente ♦ abierto, agudo, analítico[13], audaz, brillante, calculador, calenturiento[1], cartesiano[6], cuadriculado, desequilibrado, despierto, distraído, enajenado, en blanco, febril[39], inteligente, lúcido, malvado, pérfido, perspicaz, perturbado, poderoso, portentoso[10], privilegiado, retorcido[1], sensato, vivaz[9] ♦ alimentar[70], bloquear[33], desbloquear, despejar(se), desterrar (de), desviar[55], ejercitar[2], ensanchar, entumecer(se), estrujar, exprimir, grabar (en), nublar(se)[9], obnubilar(se), ofuscar(se)[1], perturbar(se), relajar, rondar (por), serenar(se)[9], tener (en), trastornar(se), venir (a)
☐ Véase también: **mentalidad, pensamiento.**

mentir ♦ bajo juramento, clamorosamente[4], descaradamente[1], en {la/mi/tu/su...} cara, impunemente
☐ Véase también: **engañar.**

mentira ♦ al descubierto[31], burdo, como una catedral, de nada, descomunal, enorme, flagrante[7], gigantesco, gran(de), infame, insignificante, leve, monumental[60], pequeño, piadoso, sin importancia, solemne, sucio, vil ♦ cúmulo (de)[6], sarta (de)[1], serie (de) ♦ circular[6], condenar, contar, decir, dejar caer[4], descubrir(se), desenmascarar, desmentir[7], desmontar[40], despejar(se)[63], destapar(se), desterrar[23], desvelar(se), difundir(se)[107], disfrazar[5], escribir, idear, lanzar, maquinar, pillar (a alguien), refutar[27], soltar, tejer, urdir[27], verter[33], *otros verbos de lengua*
☐ Véase también: **bulo, cuento, embuste, falacia, falsedad, patraña.**

mentiroso ♦ compulsivo, gran(de), redomado[5] ♦ considerar, dejar (por), tener (por)
☐ Véase también: **embustero.**

mercado ♦ a la baja, boyante[13], competitivo[11], de capa caída[8], en alza, flexible[31], impredecible, imprevisible, itinerante[30], jugoso[18], nuevo, oscilante, prometedor, propicio[38], sin barrera(s), variable ♦ a pique[8] ♦ de acuerdo (con), en, en función (de) ♦ ley (de), valor (de) ♦ abrir(se), acaparar, acometer[3], afianzar(se)[38], agilizar[69], alimentar, apagar(se)[34], aprovechar, atenazar[21], calmar(se)[21], cerrar(se), comprar (en), congestionar(se)[25], conquistar, consolidar(se), controlar, copar[21], decrecer[19], derrumbar(se)[3], desequilibrar[2], desestabilizar[2], disputar(se), enrarecer(se)[14], equilibrar, estabilizar, estrangular(se)[2], incentivar, invadir, irrumpir (en), ocupar, recalentarse, relanzar[14], sacar (a), salir (a), saturar, sosegar(se)[17], variar, vender (en)
☐ Véase también: **economía.**

mercancía ♦ competitivo[26], de calidad, de primera necesidad, de valor[10], frágil, ilegal, legal, nuevo, peligroso ♦ arancel (a/de), impuesto (a), pedido (de), tasa (a/de) ♦ acarrear, blanquear, cargar, circular, comerciar (con), comprar, confiscar, decomisar, descargar, despachar, enviar, expedir, exportar, importar, incautar, inspeccionar, pagar, pasar (la aduana), recibir, reciclar, reponer, requisar, retener, revisar, suministrar, transportar, vender
☐ Véase también: **producto.**

mercante ♦ barco, buque, marina
☐ Véase también: **embarcación.**

merecer ♦ con creces[41], de sobra[13], en justicia, justamente, sobradamente
☐ Véase también: **honor, honra, mérito.**

merendar ♦ frugalmente, opíparamente ♦ dar (de)[5]
☐ Véase también: **cenar, comer, desayunar.**

meridiano *adj.* ▮ En el sentido de 'muy claro, luminoso o patente', se combina con...

A SUSTANTIVOS QUE DENOTAN CLARIDAD O SIMPLICIDAD: **1** claridad ++: Las regulaciones sobre participación en regalías tienen que quedar establecidas con *me-*

ridiana claridad para que no sirvan de pretexto a ciertas reacciones laborales o regionales. LTB020297 **2 luz:** ...el oficiante y los feligreses eran envueltos por la clara luz *meridiana*... LVE020996 **3 lucidez:** Es, siendo Steiner judío, considerablemente autocrítico (...) pero de una lucidez *meridiana*. EME180295 **4 nitidez:** ...en el que se fija con *meridiana* nitidez el ambiguo y atormentado papel que desarrollaron Francia y Gran Bretaña desde la irrupción del conflicto armado en España... ABC240694 **5 sencillez:** ...explicaron con sencillez *meridiana* el por qué de filmar esa especie de coletilla, Blue in the face... EME170295 **6 pureza –:** ...hace que el misterio no se ampare en la penumbra de la confusión, sino que se nos muestre en su *meridiana* pureza, en su concreta ocupación del espacio. ABC010794

B SUSTANTIVOS QUE DESIGNAN LA CUALIDAD DE ESTAR ALGO HECHO O DICHO DE MANERA CORRECTA, ADECUADA, PATENTE O CARENTE DE IMPERFECCIÓN: **7 precisión:** ...indicándole así con precisión *meridiana* dónde debía centrar su mensaje electoral. EPE210999 **8 exactitud:** ...al presentar a este último le caracterizó con *meridiana* exactitud. GIC020497 **9 seguridad:** El violonchelista es un músico rotundo que toca con fuste y seguridad *meridianos*... EME070696 **10 rotundidad:** De lo que no hay duda es de que esas mismas democracias reaccionaron con *meridiana* rotundidad ante cada uno de los escándalos que sufrieron... ABC080794 **11 escrupulosidad –:** Una vez cumplimentada con escrupulosidad *meridiana* la hora y media de reloj... LVE280795

C SUSTANTIVOS QUE DENOTAN EJEMPLO, PRUEBA O MANIFESTACIÓN EXPRESA O PATENTE DE ALGO: **12 ejemplo +:** Un *meridiano* ejemplo de la legendaria ligereza de cascos de Leonor lo constituye el episodio de Saldebreuil, contado por Markale en dos ocasiones. ABC190293 **13 excepción:** ...sin embargo los especialistas advierten en los ejemplos citados tres *meridianas* excepciones a la norma. EME260295 **14 prueba:** La prueba es *meridiana*: muchos de nuestros profesores están recibiendo ofertas de trabajo desde el extranjero. EPE170599 **15 evidencia:** Pero un conflicto es de una evidencia *meridiana* en sus términos, y el nuestro aún estamos a la espera de que se nos explique en qué consiste. EPE060299 **16 realidad:** El autor anticipa (...) lo que hoy es *meridiana* realidad: «quizá la Revolución Cultural haya destruido una buena parte de nuestra cultura, pero el arte de la mesa ha resistido». ABC260894

D SUSTANTIVOS QUE DESIGNAN UNIDADES VERBALES O SU CONTENIDO: **17 información:** En definitiva, se trataría de que una visión científica y una información *meridiana* sustituya a la normativa represiva... EPE280877 **18 mensaje:** ...los dirigentes empresariales habían lanzado en las últimas semanas *meridianos* mensajes a los partidos políticos... EPE090800 **19 explicación:** ...prometió que en su comparecencia en el Parlament dará «explicaciones claras, *meridianas*, específicas y fiables de una serie de hechos de los que se me acusa con absoluta falsedad». LVE090695 **20 alusión:** Una alusión *meridiana* a las reclamaciones que sobre el mismo asunto hace el Gobierno vasco. EPE290499 **21 expresión:** ...es la expresión *meridiana* de un artista lúcido, feliz, de radiante capacidad imaginativa, libre de inútiles torturas y de propósito inquisitivo. LVE190594 **22 respuesta:** La respuesta de Milosevic, a través de Bulatovic, es *meridiana*: no hay pacto. EPE130899 **23 réplica –:** Réplica *meridiana* y contundente a quienes, desde el Gobierno o desde el PSOE, intenta diluir su responsabilidad... EME221195 **24 lectura –:** El nombramiento de Miriam Schenone tuvo una lectura *meridiana*: Santiago ha vuelto. CAP141196

E SUSTANTIVOS QUE DESIGNAN CAUSAS, OBJETIVOS Y ALGUNOS DE SUS ELEMENTOS CONCOMITANTES: **25 razón:** Las razones del seminario son *meridianas*, según los organizadores... EPE010486 **26 factor:** La ascensión del *Yomiuri* en el mercado de prensa ha sido la propia de un cohete espacial. Los factores son muchos y *meridianos*. LVE051195 **27 motivación:** Para el Supremo es *meridiana* la motivación torcida de Liaño en su empeño por reimplantar el secreto del sumario... EPE161099 **28 propósito:** El propósito del libro es *meridiano*: difundir un material básico, hasta ahora inédito, para el conocimiento del Pla familiar, íntimo... LVE290396

F SUSTANTIVOS QUE DENOTAN IGUALDAD O DIFERENCIA: **29 coincidencia:** Pero algunas coincidencias son *meridianas* y, a ellas debe sumarse el uso de nombres y títulos caricaturizados. ABC081295 **30 parentesco:** En todo caso, es *meridiano* su parentesco estético y social con formaciones hoy en día tan interesantes como Negu Gorriak o Los Fabulosos Cadillacs... LVE100995 **31 distinción:** La distinción entre «comprender» el GAL y «justificarlo» es *meridiana*. EME190895 **32 diferencia:** Aunque son hermanos, entre ellos existe una diferencia *meridiana*. INDOC

G ALGUNOS SUSTANTIVOS QUE DENOTAN RESULTADO O CONSECUENCIA: **33 consecuencia +:** Igual de *meridianas* fueron las consecuencias que la recesión económica tuvo para la mayor parte de la población. INDOC **34 conclusión:** Es un caso particular, pero conduce a una conclusión *meridiana*: La Expo de Sevilla no sabe vender las entradas de sus espectáculos. ABC120692 **35 triunfo:** Su triunfo tuvo el valor añadido de ser *meridiano* –llegó a dominar por 10 puntos (35-25) y casi siempre estuvo por delante–... EPE260799

H OTROS SUSTANTIVOS; POSIBLES USOS ESTILÍSTICOS: ...se limitó a ganar con una comodidad nada insultante pero *meridiana*. EME050896; ...cargando con el aburrimiento *meridiano* o arrostrando los peligros de la noche. LVE030696

☐ Véase también: **cristalino, diáfano, palmario, transparente.**

mérito ♦ abundante, destacado, escaso, exiguo, extraordinario, indiscutible, indudable, innumerable, insigne, insuficiente, notable, numeroso, probado, reconocido, relevante, sobrado (de), sobresaliente, suficiente ♦ a la altura (de)[22], en función (de), según ♦ ápice (de)[48] ♦ acreditar, acumular, adornar (a alguien), alabar, aquilatar, arrebatar (a alguien), arrogarse[34], atesorar[17], atribuir (a alguien), aumentar, avalar[52], conceder[76], considerar, constituir, contraer[15], corresponder (a alguien), demostrar, destacar, distinguir (a alguien), empañar(se)[41], enjuiciar, estribar (en)[26], evaluar, hacer, magnificar[29], negar[60], ostentar[20], ponderar, poseer, probar, reconocer (a alguien), reducir, regatear[7], representar, re-

saltar, residir (en)[30], reunir(se) (en alguien), suponer, sustraer (a alguien), tener

□ Véase también: **consagrar(se), currículum, éxito, fama, honor, inmortalizar, logro, mención, prestigio, recompensar, reconocimiento, renombre, reputación.**

MÉRITO Véase: ATRIBUCIÓN; CUALIDAD; ÉXITO; FACULTAD; PREEMINENCIA; PROMINENCIA; RELEVANCIA

MÉRITO, TRIUNFO Y RECONOCIMIENTO Véase:
♦ **airosamente, sobre ruedas**
♦ **acreditado, sano y salvo, venturoso**
♦ **alabanza, condecoración, conmemoración, currículum, distinción, estrellato, éxito, expediente, fama, figura, galardón, ganancia, gratificación, historial, hoja de servicios, hoja de vida, honor, mérito, popularidad, premio, prestigio, recompensa, reconocimiento, renombre, superación, triunfo, trofeo, victoria**
♦ **consagrar(se), derrotar, inmortalizar, premiar, recompensar, reflotar, superar, vencer**

meritoriamente *adv.* ▌Se combina especialmente con...

A VERBOS QUE DESIGNAN LA CONSECUCIÓN EXITOSA DE ALGO, ASÍ COMO –POR EXTENSIÓN– LA ACCIÓN DE ESFORZARSE POR ALCANZARLA: **1 ganar** ++: ...los carteles que le hicieron ganar *meritoriamente* una serie de concursos prestigiosos... LVE180996 **2 luchar** +: ...Salinas luchó *meritoriamente* con Kohler y Berthold... EME240694 **3 conseguir** +: ...tratan de poner en entredicho esos tres logros conseguidos tan *meritoriamente.* EME150695 **4 triunfar:** Triunfó *meritoriamente* en el pasado Festival. INDOC

B VERBOS QUE DENOTAN DESEMPEÑO DE ALGUNA ACTIVIDAD O REALIZACIÓN DE ALGUNA FUNCIÓN: **5 servir** +: Después de la guerra (sirvió *meritoriamente* en el norte de África y Europa) regresó a Hollywood... EPD011197 **6 actuar** +: ...no sólo no debe ser sancionada sino que actúa *meritoriamente.* EME290394 **7 cumplir:** ...las tropas españolas cumplirán «brillante, eficaz y *meritoriamente*» con la nueva situación... EME251196

C OTROS VERBOS; POSIBLES USOS ESTILÍSTICOS: ...no se puede entender cómo se puede tan *meritoriamente* preocuparse por cerrar una herida tan profunda... LRU200500

merma ♦ **apreciable[10], considerable, evidente, notable, ostensible[14], palpable, perceptible** ♦ **acusar[21], compensar[27], cubrir, subsanar, sufrir[50]**

□ Véase también: **pérdida.**

mermar ♦ **a ojos vista, apreciablemente, considerablemente[28], escasamente, grandemente, ligeramente[19], notablemente, ostensiblemente**

merodear (por) ♦ **alrededores, lugar**

□ Véase también: **deambular, pasear(se), vagar.**

mes ♦ **a comienzo(s) (de), a final(es) (de), a lo largo (de), a mediados (de), a primeros (de), a principio(s) (de)** ♦ **fin (de), final (de)** ♦ **transcurrir**

□ Véase también: **año, día.**

mesa ♦ **atender, bendecir, calzar, desatender, levantar[28], poner, presidir, quitar, servir**

meta ♦ **acorde (con)[20], alcanzable, ambicioso, asequible[3], difícil, ilusorio, imposible, inaccesible, inalcanzable[10], irrenunciable[16], modesto, posible, razonable, utópico** ♦ **al alcance (de alguien)** ♦ **alcanzar, aspirar (a), batir, coronar, cruzar, cumplir[7], encarar[9], errar, escalar[17], establecer[41], fijar(se), hacer(se) realidad[22], llegar (a), marcar[5], pasar, perseguir, proponer(se), seguir[65], sobrepasar[24], trazar[6], vislumbrar[5]**

□ Véase también: **destino, fin, final, objetivo, propósito, término.**

metabolismo ♦ **cambio (de)** ♦ **alterar[61], cambiar, modificar**

□ Véase también: **cambio.**

metal ♦ **brillar, bruñir, corroer, empañar(se), lucir**

[metálico] → **en metálico**

metamorfosis ♦ **proceso (de)** ♦ **experimentar, operar(se) (en algo/en alguien), pasar, sufrir[8]**

□ Véase también: **cambio.**

meteórico ♦ **ascensión, ascenso, aumento, carrera, crecimiento, éxito, expansión, juego, marcha, progresión, progreso, recorrido, subida, surgimiento, trayectoria, velocidad**

[meter] → **meterse (a), meter(se) (en), meterse en el bolsillo**

meter ♦ **a empujones[25], a golpes[41], a patadas[36], hasta el tuétano[6]** ♦ **idea, miedo, presión, prisa, susto**

□ Véase también: **ingresar, introducir(se) (en), meter(se) (en), meterse (a), meterse en el bolsillo, penetrar.**

meterse (a) ♦ **abogado, cura, futbolista, médico, militar, monja,** *otros sustantivos que designan profesiones*

□ Véase también: **ingresar, injerencia, introducir(se) (en), intromisión, invasión, meter, meter(se) (en), meterse en el bolsillo.**

meter(se) (en) *v.* ▌En su sentido físico se combina con sustantivos que designan lugares o espacios *(habitación, cajón, agujero, cárcel, piscina)*, vehículos *(autobús, coche, tren)* y otros muchos seres materiales que pueden contener algo en su interior. También se combina con sustantivos que designan las etapas o los estadios últimos de ciertas competiciones deportivas *(final, sprint, semifinales)*. Se combina también con un gran número de sustantivos, pero destacan especialmente los...

A SUSTANTIVOS QUE DESIGNAN EL FONDO, EL INTERIOR O LA PARTE OCULTA DE ALGO, A MENUDO MEDIANTE REFERENCIAS METONÍMICAS: **1 piel** ++: ...y por Brendan Gleeson, quien se *metió* en la piel de gángsteres irlandeses... CLA050199 **2 pellejo** +: ...fue a principios de este siglo cuando los escritores descubrieron la vocación del lector para *meterse* en el pellejo de las víctimas. LVE090696 **3 entresijo** +: Pero ella y sus compañeros de clase tuvieron la oportunidad de *meterse* en los entresijos de un aeropuerto y ver de cerca cómo funciona todo... EPE140299 **4 hondura** +: No obstante, aclara, sin *meterse* en honduras: «Lo que usted entiende bajo el rótulo de estalinismo, eso sí que lo rechazamos». EPE021088 **5 entraña:** ...y habló con su Llorona, como si fuéramos todos nosotros, o al menos los que pudiéramos *meternos* en las entrañas de los versos... EME080696

B SUSTANTIVOS QUE DENOTAN SITUACIÓN CONFLICTIVA, APURADA, DIFÍCIL DE RESOLVER Y, GENERALMENTE, CONFUSA O ENMARAÑADA: **6 problema** ++: ...denota un carácter reservado muy respetable que le invita a no concretar demasiado, para no *meterse* pronto en problemas. EME100496 **7 berenjenal** ++: ...y agrega, *metiéndose* en otros berenjenales –en los que también inciden algunos de sus colegas–, que la vida de Dalí fue, entre otras cosas, «un prolongado y metafórico parricidio». ABC150794 **8 lío** ++: El Celta se ha *metido* en líos después de una mala racha y el equipo de Floro no acaba de salir de los últimos puestos. EME050295 **9 follón** ++: Nunca quiso *meterse* en follones. EME210596 **10 atolladero** +: Los aliados temen *meterse* en un atolladero en el que perderían cientos de hombres. EPE110499 **11 enredo:** ...han crucificado ahora al actor británico por *meterse* en un enredo de ese género en la vida real. EME020795 **12 dificultad:** Claro que tampoco Núñez puede presumir, pues cuando se sale del guión es para *meterse* en dificultades... LVE210795 **13 aprieto:** El partido socialista, que gobierna en minoría y en solitario el Ayuntamiento de Badalona, está *metido* en un serio aprieto. LVE131095 **14 fregado:** Que no te haya importado bajarte de la peana y *meterte* en un fregado en el que –te lo auguro– habrás de replanteártelo todo, volver a repensarlo todo. EME120296 **15 apuro:** El Madrid se *mete* en un apuro. EPE040399 **16 brete:** A él le gusta el protagonismo y se *mete* en muchos bretes. PME190197 **17 jaleo:** ...el fotógrafo de bodas que se había *metido* en el jaleo con el apoyo de un empresario que se quería jugar su dinero. EME190496 **18 guirigay:** Pero para hundirlo en el ostracismo político se requería que apareciera *metido* en un guirigay... EME120394

C SUSTANTIVOS QUE DENOTAN ENFRENTAMIENTO O LUCHA POR ALGUNA COSA: **19 disputa:** Y, por lo visto en estas «series de la muerte», cualquiera pude *meterse* en la disputa final de la corona. ETC311096 **20 trifulca:** El principal acusado dijo a la policía que siguió al portero para darle un susto por *meterse* en la trifulca. EPE171299 **21 lucha:** ...hoy comenzará la tercera jornada del Masters con garantías suficientes para *meterse* en la lucha final de mañana. EME090494

D SUSTANTIVOS QUE DENOTAN JUICIO, GENERALMENTE PERSONAL: **22 conjetura:** Si te *metes* en conjeturas como esas, nunca sacarás nada en claro. INDOC **23 reflexión:** ...los papás apreciaron más la titulitis que el humanismo o el gusto de tener en casa a un raro *metido* en reflexiones inútiles. EPE020599

E ALGUNOS SUSTANTIVOS QUE DENOTAN INDAGACIÓN, EXAMEN O ESTUDIO: **24 investigación:** Casals fue *metiéndose* en la investigación hasta convertirla en tesis doctoral. LVE200196 **25 análisis:** Aíto, que está *metido* en el análisis del Ulker, rival en los cuartos de final de la Liga Europea, sigue mentalizando a sus jugadores de que deben vivir partido a partido. EME180296 **26 estudio:** Coges los cuadros que te quedan y te *metes* en el estudio que es en realidad nuestra trinchera. EPE040877

F SUSTANTIVOS QUE DENOTAN DESIGNIO DE LLEVAR ALGO A CABO, ASÍ COMO LA DISPOSICIÓN DE LAS ACCIONES NECESARIAS PARA CONSEGUIRLO: **27 proyecto** +: El músico, que confesó que no sabe componer en partituras, contó que anda *metido* en un proyecto, llamado Millenium... EPE200599 **28 programa:** ...promotor inmobiliario de 36 años, *metido* en un ambicioso programa urbanístico residencial a 60 kilómetros de Madrid. EME190694 **29 plan:** ...pero ahora es poca la gente que quiere *meterse* en planes de 36 y 40 meses... CLA250199

G SUSTANTIVOS QUE DENOTAN ACTIVIDAD O QUEHACER, A VECES MEDIANTE REFERENCIAS METONÍMICAS: **30 harina** ++: Sin embargo, las concesiones al sentimentalismo apenas duraron unos minutos y Torrijos se *metió* rápidamente en harina. EPE250999 **31 faena** +: Por ejemplo: ayer me levanté, hice mi aerobic con el vídeo de Carmen Sevilla, (...) y me *metí* en faena. EME150896 **32 trabajo** +: Entre ellos hay un funcionario que cuenta así como se *metió* en este trabajo extra. EME300596 **33 actividad:** En mi caso, siempre estuve *metido* en actividades gremiales o en actividades de extensión social. ACP081296 **34 menester:** De ahí que no sorprenda encontrar a Baltasar Porcel *metido* en tales menesteres, al frente de un importante ensayo de estudio... LVE191195 **35 tarea:** ...el nadador español más laureado en la historia de este deporte y que en la actualidad anda *metido* en la ardua tarea de reconvertirse en velocista. LVE010396 **36 labor:** Por la Feria bilbaína también apareció Juan Carlos González Salvador, actualmente *metido* en labores de representación. EME011196

H SUSTANTIVOS QUE DENOTAN INTERCAMBIO VERBAL Y, POR EXTENSIÓN, COMUNICACIÓN O REVELACIÓN DE INFORMACIÓN: **37 conversación** ++: ...fue escuchado por un nacionalista exaltado, quien acto seguido se *metió* en la conversación, que para él era ajena, con un tono despectivo, insultante y amenazador... LRE010203 **38 diálogo:** El partido se *metió* en un diálogo de saltos y balones aéreos. EME210396 **39 debate:** Si toma esa opción particular, esto le impide volver a *meterse* en el debate político. EPE151099 **40 discusión:** Se llevó un buen golpe, y eso que había procurado no *meterse* en la discusión. INDOC

I ALGUNOS SUSTANTIVOS QUE DENOTAN PAPEL O FUNCIÓN: **41 papel** +: Para conseguirlo, Pedro Martínez, un soldador de 34 años que da vida a Jesús desde hace seis se *mete* en el papel con varios días de antelación. EME120495 **42 rol:** Cada contendiente parte demasiado *metido* en su rol de víctima o de verdugo. EME190596

J SUSTANTIVOS QUE DENOTAN ESPACIO AISLANTE, GENERALMENTE USADOS EN SENTIDO FIGURADO: **43 burbuja:** ...ahora tenemos que *meternos* en una burbuja e intentar que el recuerdo de Mariano nos sirva para motivarnos aún más. LVE290696 **44 caparazón:** ...siempre tan *metido* en su caparazón metálico, sólo se permitió hacer un breve guiño de contrariedad. EPE110499 **45 concha:** ...tenía que haber dimitido hace años, pero está enquistado, *metido* en su concha. EME231095

K SUSTANTIVOS QUE DENOTAN PERÍODO DE TIEMPO, GENERALMENTE DETERMINADO POR LA ACTIVIDAD QUE EN

ÉL SE REALIZA O POR LOS HECHOS QUE EN ÉL TIENEN LUGAR: **46** campaña: ...tenia como función ocuparse pura y exclusivamente de la transparencia del mecanismo electoral, no podía *meterse* en la campaña... LNA010792 **47** período: Después de conseguir el ascenso, se *metió* en un período de muchísimo trabajo. INDOC **48** plazo: Pero mientras unos luchan para encender el debate sobre la ampliación del plazo, otros intentan *meterse* en él a última hora. EME220896 **49** temporada: ...las cadenas vía satélite andan ya *metidas* de lleno en la nueva temporada, marcada de momento por el signo de las mujeres. LVE080995

▩ Se combina también con: ♦ **a escondidas, a fondo, a hurtadillas[13], como una exhalación[10], de lleno[8], de rondón, entre pecho y espalda, en vena, hasta el cuello[1], hasta las cejas[9], subrepticiamente**

☐ Véase también: **enfrascarse (en), enredar(se) (en), enzarzarse (en), involucrar(se) (en), meter, meterse (a), meterse en el bolsillo.**

meterse en el bolsillo ♦ **admirador, adversario, asistente, audiencia, auditorio, crítica, electorado, espectador, persona, público**

☐ Véase también: **meter, meterse (a), meter(se) (en).**

método ♦ **abusivo[28], adecuado, analítico[4], anticuado, artesanal, asequible[24], atrasado, cartesiano[2], claro, clásico, controvertido[10], convincente, correcto, curativo[21], deductivo, de trabajo, didáctico, disuasorio, drástico[47], efectivo[1], elemental, estricto[68], exhaustivo[36], expeditivo[2], flexible[14], heterodoxo, impracticable[12], inadecuado, inaplicable, incorrecto, inductivo, infalible, inhumano[13], integral[36], intrincado[49], introductorio, inútil, novedoso[18], nuevo, obsoleto, ortodoxo, plausible, preventivo[33], revolucionario, rígido, riguroso[39], rudimentario, superior, tradicional, útil** ♦ **adoptar, agotar(se)[10], aplicar, atenerse (a)[49], cambiar (de), copiar, dictar[20], difundir(se)[47], emplear, impartir[17], implantar[2], instaurar, poner en práctica, practicar[25], preconizar[7], reprobar[14], seguir[12], usar, utilizar**

☐ Véase también: **medio, procedimiento, recurso.**

mezcla ♦ **abigarrado[2], a partes iguales, arbitrario, armonioso, azaroso[52], caótico, confuso, desequilibrado, desigual, desordenado, desproporcionado, enrevesado[10], equilibrado, explosivo, farragoso[10], heterogéneo, homogéneo, incoherente, inextricable[19], ordenado, proporcionado, proporcional, variado** ♦ **dosificar[13], formar, hacer, obtener, producir(se)**

☐ Véase también: **conexión, confusión, entramado (de), integración, maraña, mezcolanza, red, unión.**

MEZCLA Véase: CONJUNCIÓN

mezclar ♦ **al azar, al tuntún, a partes iguales[33], armónicamente, armoniosamente[2], coherentemente[24], cuidadosamente, desequilibradamente, desigual, desproporcionadamente, equilibradamente, heterogéneamente, homogéneamente, indisolublemente, proporcionadamente, proporcionalmente, sin orden ni concierto**

mezcolanza ♦ **abigarrado[7], azaroso[51], caótico, confuso, desequilibrado, desordenado, heterogéneo, incoherente** ♦ **darse, evitar**

☐ Véase también: **entramado (de), maraña, mezcla.**

micrófono ♦ **inalámbrico, sin hilos** ♦ **acercarse (a), blandir, hablar (por), usar**

[miedo] → **de miedo**

miedo ♦ **a flor de piel[26], arraigado[50], atávico[1], atenazador, atroz, cerval, clínico, en el cuerpo, escénico, fundado[22], general, inevitable, infundado, injustificado, instintivo[20], irracional, irrefrenable, justificado, latente, palpable, preso (de)[8], soterrado[36], visceral[29]** ♦ **ataque (de)[20], cara (de), expresión (de)[23], gesto (de), ola (de)** ♦ **acechar[12], acuciar[22], aflorar[19], ahuyentar[17], albergar[17], alejar(se), alimentar(se) (de)[17], amainar[21], anidar[60], apaciguar[24], aplacar(se)[67], apoderar(se), asaltar[23], atenazar, atizar[14], brotar[24], calar, causar, clavar[13], combatir, confesar[59], conjurar[7], controlar, corroer[9], cundir[14], dar[339], dejar clavado (a alguien), dejarse llevar (por)[42], desatar(se)[35], despertar[16], desprender(se) (de), desterrar[13], desvanecerse[26], dimanar, disfrazar[41], disipar(se)[34], dominar[7], emanar, embargar[17], engendrar[46], entrar[31], esconder, esparcir[10], estremecer(se) (de), exacerbar[17], experimentar, extender(se), extinguir(se)[47], imperar, infundir[1], inmovilizar (a alguien), inspirar[8], instaurar[21], invadir (a alguien), librar(se) (de), meter (a alguien), morir(se) (de), palpitar[6], paralizar (a alguien), pasar, perder[22], planear[10], prender (en alguien), producir, propagar(se), recobrarse (de)[9], reinar[28], remitir[21], salir a flote, sembrar[3], sentir[38], sobrepasar[42], sobrevenir[4], superar, surgir, temblar (de)[2], tener, transmitir (a alguien), vencer[60]**

☐ Véase también: **de miedo, horror, pánico, pavor, susto, temor, terror.**

MIEDO Véase: INCERTIDUMBRE; TEMOR

miel ♦ **de la victoria, del éxito** ♦ **beber, paladear, saborear[1]**

miembro (de) ▮ *(humano)* ♦ **destacado, distinguido, honorario, honorífico, representativo** ♦ **agrupación, colectivo** ♦ **hacer (a alguien)** ▮ *(parte del cuerpo)* ♦ **agarrotar(se), amputar, curar(se), dislocar(se), transplantar**

☐ Véase también: **elemento, parte.**

mierda ♦ **al cuello[2]** ♦ **cubrir(se) (de)[17], difundir(se), extender(se), hundir(se) (en), llenar (de), mandar (a), propagar(se)**

☐ Véase también: **barro, inmundicia, suciedad.**

migratorio *adj.* ▮ En el lenguaje médico se combina con sustantivos que designan ciertas afecciones *(eritema migratorio)*. Se combina con sustantivos que designan animales *(especie, ave, pájaro, pez)*, así como personas *(trabajador)* o grupos humanos *(familia)*. Acepta otros muchos sustantivos, pero destacan especialmente sus combinaciones con...

A SUSTANTIVOS QUE DENOTAN MOVIMIENTO, GENERALMENTE EL QUE TIENE LUGAR A TRAVÉS DE UN CURSO: **1 movimiento** ++: Los movimientos *migratorios* en la ciudad de Guatemala se estiman en unas 800 mil personas... LHG130297 **2 corriente** ++: Después, en 1961, nadaron contra la corriente *migratoria* cubana de entonces, mudándose a Cuba. ENH170497 **3 flujo** ++: El flujo *migratorio* también es intenso en Florida, Texas y Nueva York, pero no tanto como en California. ENH100900 **4 oleada** +: La nación vive una de sus mayores oleadas *migratorias* desde los años 20... ENH300697 **5 marea:** América es, hoy como ayer, el destino preferido de la marea *migratoria* humana. EME041196 **6 avalancha:** Esa equiparación produciría inevitablemente una avalancha *migratoria*... EPE091299 **7 aluvión:** Es un país formado por un aluvión *migratorio*... EPE020599 **8 desplazamiento:** Santoña es zona de invernada, refugio y escala en los desplazamientos *migratorios* de miles de aves marinas... EPE311299 **9 viaje:** ...los expertos calculan que son unos 300 millones de aves las que cada año transitan, en sus viajes *migratorios*, por el Estrecho. EPE130699 **10 vuelo:** ...a las 7 horas, emprendieron de nuevo su vuelo *migratorio* hacia el sur. LVE250895 **11 éxodo:** ...sentó las bases estructurales para el éxodo *migratorio* de los excedentes demográficos del agro español hacia las áreas industriales. EME180195 **12 trasiego:** La conferencia de Barcelona es un foro de integración para el establecimiento de lazos culturales, económicos, técnicos y la regulación de los trasiegos *migratorios*. LVE261195 **13 sangría:** Al fin y al cabo, lo que este regidor local pretende es, sencillamente, detener la sangría *migratoria* de Calzadilla. EPE220499 **14 espantada** –: ...otros municipios cercanos sufrían con mayor virulencia la espantada *migratoria*. EPE310599

B SUSTANTIVOS QUE DESIGNAN LA VÍA POR LA QUE DISCURRE LO QUE FLUYE O SE DESPLAZA: **15 ruta** +: Un equipo de biólogos estadounidenses descubre la exacta ruta *migratoria* que utilizan las tortugas marinas del Pacífico en sus viajes. LVE031296 **16 vía:** ...agotando las vías *migratorias* indicadas para viajar a Estados Unidos, difícilmente lo lograrán. LPN051297 **17 paso:** ...inició una colaboración con un equipo de biólogos de aquel país para rastrear los pasos *migratorios* de esta especie amenazada. EPE240999 **18 corredor:** ...lo que se busca es, más bien, cerrar las puertas del corredor *migratorio* de sur a norte. CLA070497 **19 circuito:** ...algunas especies, como el calamar, trazan un circuito *migratorio* que las lleva más allá de las 200 millas de mar patrimonial... EME040595 **20 río:** Dentro de los diversos afluentes de ese ancho río *migratorio*, el procedente de América Latina ha sido el más numeroso y constante... EPE270699

C SUSTANTIVOS QUE DESIGNAN DISPOSICIONES REGLADAS Y OTROS RECURSOS NECESARIOS PARA ORGANIZAR LAS ACTUACIONES: **21 ley** +: Su principal objetivo es establecer una transición hacia la aplicación de la ley *migratoria*, entrada en vigor en abril pasado. DLA250797 **22 regulación:** En vigor regulaciones *migratorias* internas para la capital cubana. GIC051997 **23 legislación:** ...México debería aplicar una estricta legislación *migratoria* que reduzca la emigración ilegal a Estados Unidos. EME190195 **24 normativa:** ...no parece que la normativa *migratoria* vaya a permitir una colonia argelina más floreciente con sus músicos peregrinos incorporados. EME260295 **25 programa:** El llamado Programa *Migratorio* Especial para Europa Central y Oriental fue creado en 1991... ENH040198 **26 sistema:** La explosión urbana en los espacios periféricos es el resultado de la conversión de los países en vías de desarrollo en gigantescos sistemas *migratorios* internos... EXC080696 **27 medida:** ...siguen siendo miles los que a diario continúan burlando las medidas *migratorias* para ingresar a ese país... ENH200198

D OTROS SUSTANTIVOS QUE DENOTAN LUGAR: **28 destino:** En cambio, fuera de las rutas o de los destinos *migratorios* clásicos, es raro encontrar a otros ibéricos, en especial a los más meridionales. LVE310894 **29 área:** También fue abordado este tema cuando se reunieron los representantes de las áreas *migratorias*... LHG190397 **30 ciudad:** ...Goytisolo inaugura la novela de la ciudad *migratoria* para el siglo que viene... ABC030993 **31 estado:** No podemos, en efecto, ser un Estado *migratorio* como Alemania. EME260394 **32 círculo** –: El programa científico de anillamiento, seguimiento y control de la colonia de flamencos estará a cargo de 20 voluntarios para corroborar sus círculos *migratorios*... EPE100799 **33 mapa:** ...los estudios de este virus deberán afinar mucho para poder trazar tan minuciosos mapas *migratorios*. EPE150899

E SUSTANTIVOS QUE DESIGNAN DIVERSOS ASPECTOS DE LA GESTIÓN O LA ADMINISTRACIÓN POLÍTICA O JURÍDICA: **34 política** +: ...el legislador floridano le recomendaba aclarar su posición con respecto a la política *migratoria* de Washington hacia la isla... ENH150900 **35 acuerdo** +: Es importante demostrar que existe un compromiso bilateral hacia el acuerdo *migratorio*... ENH140797 **36 autoridad** +: El control y la verificación de la autenticidad de la documentación (...) no corresponde a la compañía aérea sino exclusivamente a las autoridades *migratorias* locales. CAP160496 **37 negociación:** Bush afirmó que la negociación *migratoria* no debe de ser vista como un «quid-pro-quo»... EXC070901 **38 control:** Hay que reconocer, sin dudas, que el control *migratorio* es de difícil resolución. LNA260692 **39 reforma:** ...las órdenes de deportación continúan vigentes (...) para demostrar los verdaderos alcances de las esperadas reformas *migratorias*. LPN130397

F SUSTANTIVOS QUE DENOTAN PROBLEMA, RIESGO, CONFLICTO Y OTRAS SITUACIONES ADVERSAS: **40 problema** +: Y no sobra recordar la sarcástica radiografía que hizo del problema *migratorio*... ETC100497 **41 presión** +: ...uno de sus elementos primordiales era contribuir a aliviar las presiones *migratorias* mexicanas... ETC100497 **42 problemática:** Especialista en problemática *migratoria* y política cultural... LVE211195 **43 caos:** El problema de los refugiados que huyen de la guerra civil (...) amenaza con provocar un nuevo caos *migratorio* en África. LVE120596 **44 crisis:** ...acordaron preparar una carta para pedirle al Presidente de Estados Unidos (...) la solución a la crisis *migratoria* de la comunidad centroamericana... LPN210497 **45 riesgo:** ...el informe propone que sistemáticamente se tomen las huellas dactilares de los solicitantes que procedan de «países de alto riesgo *migratorio*». EME170496 **46 amenaza:** La amenaza *migratoria* es temida todos los años por estas fechas. INDOC **47 conflicto:** ...el régimen cubano quiere forzar a EE. UU. para que resuelva el conflicto *migratorio*... EPE111299 **48 desestabilización:** Para unos la amenaza de desestabilización tiene carácter armado o terrorista, incluso *migratorio* o religioso, para otros el origen es económico y social. LVE251195 **49 discriminación:** Y ahora resulta que nacionalismo es igual a corrupción (...), más discriminación *migratoria* y social, menos Derechos Humanos y menos libertad de expresión. EME020495 **50 alerta –:** Recordaron a las autoridades competentes que hay una alerta *migratoria* que prohíbe la salida del país del suspendido jefe de Inteligencia de la FSP... LTH090797

G SUSTANTIVOS QUE DENOTAN DOCUMENTACIÓN O DESIGNAN DIVERSAS NOCIONES RELACIONADAS CON EL CONTROL ADMINISTRATIVO O LEGAL DE ALGO: **51 documentación:** En caso de detener a sospechosos de carecer de documentación *migratoria*, llamarán a la Patrulla Fronteriza... EXC190696 **52 documento:** ...fueron detenidos, en septiembre, por no portar documentos *migratorios*. ESH280297 **53 certificado:** La montaña de documentos con la que se presentaron en Xiamen no fue suficiente: (...) certificados de nacimiento y de estado civil, (...) médicos, *migratorios*. EME031196 **54 papel:** Además fueron detenidos dos coreanos y dos bolivianos que no tenían al día sus papeles *migratorios*. CLA190199 **55 permiso:** Explicó que el permiso *migratorio* para los conductores de camiones tenía una vigencia de 30 días... LTH031097 **56 tarjeta:** Con la Tarjeta *Migratoria* usted podrá viajar por centroamérica... ESH180996 **57 expediente:** El expediente *migratorio* de Carlos Salinas de Gortari es confidencial... PME081296 **58 trámite:** Una hora y media más tarde, después de cumplir los trámites *migratorios* y efectuar algunas compras, partió en el avión particular. CLA090497 **59 requisito:** ...quiere modificar los requisitos *migratorios*, para evitar el tráfico de menores. CLA030397 **60 fórmula –:** Se indicó que los refugiados solicitaron en días pasados la fórmula *migratoria* FM2 para adquirir la nacionalidad mexicana... DYM010996

H SUSTANTIVOS QUE DESIGNAN CANTIDADES Y ALGUNAS DE LAS FORMAS EN QUE SE COMPUTAN O SE PRESENTAN: **61 cupo:** Creemos positivo que se mantengan los actuales cupos *migratorios*. EME170295 **62 tasa:** La tasa *migratoria* es de 202 pesos para mayores de 16 años... CLA220199 **63 saldo:** Aunque se produjeron más nacimientos que fallecimientos, el saldo *migratorio* fue negativo. LVE260795 **64 aportación:** Italia (...) es la única nación europea que no cruzó el Atlántico como imperio, sino como pueblo, como aportación puramente *migratoria*, humana. EPE130899 **65 caudal:** El cruce de carreteras y autopistas reluce con sus semáforos, carritos, (...), incapaces todos ellos de encauzar pacíficamente el vigoroso caudal *migratorio* del fin de semana. EPE241099 **66 carga:** ...España y Francia se oponen a cualquier fórmula (...) para repartir la carga *migratoria* de forma proporcional entre todos los países de la Unión Europea. EPE141099 **67 estadística:** ...estos días duplica su población con la llegada de todos los que algún día tuvieron que engrosar las fatídicas estadísticas *migratorias*... EPE050999 **68 récord –:** Los guardacostas norteamericanos batieron el jueves un «récord *migratorio*»... EPE190699

▩ Se combina también con: ♦ **ola**[62]

[mil] → **a las mil maravillas, en (mil) pedazos**

milagrero *adj.* ▮ Se combina con sustantivos que designan personas o grupos humanos colectivos *(predicador, pueblo, comunidad)*, y también con otros que designan lugares *(ciudad, templo)*. Se combina asimismo con...

A EL SUSTANTIVO *SANTO* Y ALGUNOS OTROS QUE SE ASOCIAN CON ÉL: **1 santo ++:** ...estampas de santos católicos, *milagreros*. ABC100295 **2 deidad:** Así la diosa Economía, deidad *milagrera* como pocas... EME231096 **3 imagen:** La presencia de la *milagrera* imagen atrae regularmente a un gran número de feligreses. INDOC **4 fetiche:** ...ha sido uno de esos fetiches *milagreros* de la edad de oro del dólar... EME141195

B LOS SUSTANTIVOS *LEYENDA* Y *TRADICIÓN*: **5 leyenda ++:** ...una leyenda no áurea ni *milagrera* de fray Juan, pero sí lírica... ABC271192 **6 tradición +:** ...una talla barroca con gran tradición *milagrera* en el pasado. EME250296

[milagro] → **de milagro**

milagro ♦ **asombroso, celestial, divino, económico, inexplicable, portentoso, prodigioso, sorprendente** ♦ **conmemorar, constituir, creer (en), darse, hacer, hacer(se) realidad**[11]**, narrar, obrar, ocurrir, presenciar, producir(se), representar, suceder, suponer**

☐ Véase también: **azar, casualidad, sorpresa, suerte**.

milagrosamente ♦ **conseguir, conservar(se), encontrar, escapar, huir, lograr, recuperar(se), revivir, salir ileso, salir vivo, salvar(se), sobrevivir, solucionar**

[milímetro] → **al milímetro**

militancia ♦ **activo, apagado, díscolo, fiel, inactivo, incondicional**[2]**, rebelde** ♦ **agrupar, disgregar, ejercer, hacer, practicar, reunir**

[militar] → **servicio militar**

militar ▮ *(adj.)* ♦ **marcha, mentalidad, gobierno, régimen, uniforme**

▮ *(sust.)* ♦ **bisoño, experimentado, experto, valeroso, valiente** ♦ **ascender, condecorar, degradar**

▮ *(v.)* ♦ **activamente**[19]**, decididamente**[43]

☐ Véase también: **soldado**.

militarizar ♦ **conflicto, economía, equipo, lucha, país, población, política, servicio, sociedad**

militarmente ♦ **defender, derrotar, intervenir, invadir, ocupar, vencer**

miméticamente *adv.* ▮ Se combina con...

A VERBOS QUE DENOTAN LA ACCIÓN DE CAPTAR, IMITAR O REPRODUCIR ALGO: **1 reproducir ++:** ...la rígida estructura social de los señores es reproducida *miméticamente* por los criados... LVE270294 **2 repetir ++:** La Bolsa española repite *miméticamente* cada movimiento de Wall Street... EME150394 **3 seguir ++:** ...un tipo de telecomedias que siguen *miméticamente* el modelo de las películas... LVE131095 **4 imitar +:** ...imitarán *miméticamente* cada movimiento de Nueva York. EME290594 **5 trasladar +:** ...no pretende repetir o trasladar *miméticamente* este pensamiento... ABC280495 **6 copiar +:** ...copiar *miméticamente* un modelo de Estado sobrevalorado e ineficaz. LVE180896 **7 importar:** Es difícil importar *miméticamente* el modelo alemán para resolver las inmensas dudas (...) a la hora de confeccionar unos presupuestos generales... LVE170996 **8 apoyar:** Las vanguardias nos enseñaron la renuncia a ser «clásicos y clasistas» en principio. A no apoyarnos *miméticamente* en cosagradas convenciones... ABC100694 **9 adoptar:** Ha adoptado, *miméticamente*, ese tono (...) de los que tienen «muchas cosas por hacer». EME270696 **10 reflejar:** La caída en el número total de cotizantes parece reflejar casi *miméticamente* el nivel de destrucción de empleo... EME310194 **11 apresar –:** ...no trata de apresarlo en el cuadro *miméticamente*, sino interpretarlo... ABC310395 **12 recordar –:** ...recuerda casi *miméticamente* el texto de la propuesta... EPE300699

B VERBOS QUE DENOTAN APLICACIÓN O IMPLANTACIÓN DE ALGO: **13 aplicar ++:** ...quiere aplicar *miméticamente* las directrices aprobadas en Madrid. LVE300996 **14 implantar +:** ...no puede implantarse de forma *mimética* de un país a otro. EME301195 **15 incorporar:** ...moda susceptible de ser incorporada *miméticamente* a su repertorio. LHG240697

C VERBOS QUE DENOTAN UNIÓN, APROXIMACIÓN O CORRESPONDENCIA: **16 unir:** ...funciones procesales y, por ende jurisdiccionales, unidas *de manera mimética*... EME230295 **17 vincular:** ...un término (...) que se niega a vincular *de forma mimética* con El Olivo italiano.. LVE151196 **18 confundirse:** ...ampliaciones que pretenden confundirse *miméticamente* con el edificio existente. EME250694 **19 acompasar –:** ...tuviera una remuneración *miméticamente* acompasada... EME150796 **20 arrimar –:** ...se arriman *miméticamente* a la tradición del poema en prosa... ABC021294

D OTROS VERBOS; POSIBLES USOS ESTILÍSTICOS: ...más que satisfacer el auténtico deseo (...), lo condiciona *miméticamente*... EME220896

mimo ♦ **dar, hacer, necesitar, prodigar**[17]**, recibir**
□ Véase también: **arrumaco, caricia, gesto (de).**

minar *v.* ▌Con el sentido de 'colocar minas' admite sustantivos que designan diversos espacios y lugares *(zona, área, terreno, camino, puente, puerto, edificio)*. Con el sentido de 'debilitar, consumir poco a poco' se combina con...

A SUSTANTIVOS QUE DENOTAN CONDICIÓN FÍSICA. TAMBIÉN CON OTROS QUE DESIGNAN LA PROPIEDAD DE MANTENERSE ALGO O ALGUIEN FIRME O ESTABLE: **1 resistencia ++:** El caribeño equilibró las acciones con su mayor alcance y poder de puños y empezó a *minar* la resistencia del californiano... DYM080996 **2 salud ++:** Las depresiones fueron *minando* su salud y provocándole serios problemas económicos... EPE010699 **3 fortaleza +:** Pretender ocultar los errores del pasado y del presente significaría *minar* la fortaleza de esta organización política... EXC120197 **4 estabilidad +:** La guerra que asuela actualmente a Yugoslavia (...) afecta a los Estados vecinos, *minando* la estabilidad regional... EPE150699 **5 solidez +:** Para entonces, Schrempp aspira a haber *minado* su solidez con una doble estrategia. EME190296 **6 equilibrio +:** ...las dramáticas consecuencias que surgen cuando la familia está marcada por crisis profundas, que *minan* o incluso destruyen su equilibrio interno... LVE210395

B SUSTANTIVOS QUE DENOTAN SEGURIDAD, CONFIANZA O SERENIDAD, GENERALMENTE ANTE LAS SITUACIONES FUTURAS: **7 confianza ++:** ...el Departamento del Tesoro expresó sus reservas porque esas represalias económicas tal vez *minen* la confianza de los inversores en la economía mexicana. ENH280497 **8 moral ++:** En la opinión pública, donde los viejos y nuevos escándalos *minan* la moral de votantes y militantes, perderán terreno... EME210696 **9 autoestima +:** El paro, las letras del coche, el alquiler y la indiferencia de su mujer están *minando* su autoestima... EME191095 **10 certeza:** La quiebra (...) y el inicuo y aparentemente irremplazable orden económico mundial (...) han *minado* nuestras certezas ideológicas... EPE010684 **11 paciencia:** Por la vía del desgaste Elkoro pretendía *minar* la paciencia de su rival... EPE070699

C SUSTANTIVOS QUE DESIGNAN LA CONDICIÓN DE SER UNA PERSONA HONRADA, APRECIADA O ADMIRADA: **12 credibilidad ++:** Todo ello ha *minado* la credibilidad de las instituciones y del propio Pacto. EME090795 **13 reputación +:** La tecnificación de la sanidad y la pérdida de la relación con el enfermo han contribuido a *minar* la vieja reputación... LVE140595 **14 prestigio ++:** La indetenible liberación de los precios ha *minado* el prestigio del gobierno... ENV010997 **15 integridad:** De ahí a identificar a Satán con Occidente, causa de la decadencia del Islam, fuente de los nuevos valores que están *minando* la integridad de los musulmanes... EME281195 **16 respeto:** Ciertas leyes que han *minado* el respeto a la vida en muchos momentos de ella no hacen «progresar» nuestra cultura... LVE300495

D SUSTANTIVOS QUE DENOTAN CAPACIDAD, IMPULSO, ESFUERZO O EMPEÑO PUESTO EN ALGUNA COSA: **17 voluntad ++:** ...los primeros trastazos de su vida comienzan a *minar* su voluntad. EME070595 **18 capacidad:** ...Botha aguantó todos los arrebatos de furia del alemán y progresivamente fue *minando* la capacidad de resistencia de su adversario... EME111295 **19 esfuerzo:** ...la agresión puede haber tenido motivaciones políticas: *minar* los esfuerzos de paz... EME300196 **20 fuerza:** ...la restricción de alimentos o la oferta de una comida empobrecida de sustancias nutritivas *minan* sus fuerzas... EME220496 **21 ímpetu:** George Baker (...) teme que estos mejoramientos en refinerías puedan *minar* cualquier ímpetu por introducir la competencia en los mercados energéticos de México. EXC190900 **22 ánimo:** No van a conseguir *minar* el ánimo entusiasta y emprendedor de... INDOC **23 facultad:** ...un médico tiene que dejar de trabajar conforme pasan los años porque las facultades se *minan*. EXC170896 **24 valor:** Los escándalos del culebrón de Lady Di que han circulado por toda la aldea global están *minando* quizás el valor de la corona británica. EME210395 **25 potencial:** De inmediato se liquidó aquel portero como si tan súbito despido tratara de exorcizar el mal que había empezado a *minar* el potencial de la plantilla... LVE120295

E OTROS SUSTANTIVOS; POSIBLES USOS ESTILÍSTICOS: ...trabaja de forma soterrada para *minar* la vida democrática... EME101096; No hay un concepto universal de belleza, por lo cual también hay quien la busca en la poesía retorcida y en las espinas que *minan* la existencia. EPE170699

☐ Véase también: **ajar(se), erosionar, socavar.**

mínimo ♦ **histórico, indispensable, necesario, requerido** ♦ **alcanzar, batir**[6]**, estar bajo, exigir, llegar (a), necesitar, pedir, pulverizar**[15]**, rebasar**[9]**, requerir, superar**

minoría ♦ **absoluto, elegido, étnico, exiguo**[21]**, franco, religioso, selecto, silencioso** ♦ **ayudar (a), conformar, defender (a), estar (en)**

☐ Véase también: **mayoría.**

minucioso *adj.* ▮ Se combina con sustantivos de persona *(dibujante, investigador)* y con otros que designan muy diversos resultados de la creación *(un libro minucioso; un minucioso bordado; una pintura minuciosa; un gráfico minucioso)* y de otras manifestaciones del trabajo personal *(un planchado minucioso; una minuciosa reparación).* Destacan especialmente las combinaciones de este adjetivo con...

A SUSTANTIVOS QUE DENOTAN LA ACCIÓN O EL EFECTO DE ESTUDIAR, COMPROBAR O INTERPRETAR ALGO: **1 estudio ++:** Allí se practicó un estudio *minucioso* y resultó que en la caja fuerte de esa habitación aparecieron micropartículas del mismo explosivo... GIC093697 **2 análisis ++:** ...después de un análisis *minucioso* (...) se demostró que producir chayote es la mejor alternativa para los campesinos... DYM240796 **3 detalle +:** ...como si las mirara a través de una lente que le descubriese sus más *minuciosos* detalles... ABC260692 **4 observación +:** ...sus observaciones *minuciosas* de la realidad, la vulnerabilidad de su salud siempre precaria, los esbozos sobre el carácter de los amigos... LRE170103 **5 lectura +:** ...se recomienda la lectura *minuciosa* de las reglas por cada uno de los participantes... LNP151097 **6 auditoría +:** ...llevará adelante una auditoría *minuciosa* de las cuentas y la gestión de Focoex. EME270196 **7 prueba +:** La obra limpiadora que de esta «traducción» ofrece el maestro Díaz Cíntora viene en efecto a demostrar, con toda clase de *minuciosas* pruebas... EXC230996

B SUSTANTIVOS QUE DENOTAN INSPECCIÓN O BÚSQUEDA DE ALGO. TAMBIÉN CON OTROS QUE DESIGNAN EL CURSO QUE SIGUEN ESOS PROCESOS: **8 investigación ++:** El hecho de que la *minuciosa* investigación judicial no haya detectado delito alguno en la gestión... FDV160601 **9 inspección +:** ...ubicado en la calle Brown 248, donde, tras una *minuciosa* inspección, no hallaron rastros de estupefacientes. LNP030497 **10 examen +:** ...se someta hoy, a su regreso de Brasil, a un examen *minucioso* para verificar el estado de su rodilla derecha, aquejada de una tendinitis... EPE161101 **11 búsqueda +:** «Esperamos que amanezca bien (hoy) y que las aguas aclaren para realizar una búsqueda *minuciosa*», apuntó Gómez. END060198 **12 seguimiento +:** Después de un *minucioso* seguimiento, dimos con un CD hecho en Europa por un grupo español... EXP280797 **13 repaso +:** El museo Reina Sofía (...) muestra ahora su complejidad y su extraño hermetismo al completo, en un repaso *minucioso* por los seis intensos años de producción creativa... LRE150103 **14 recorrido +:** A partir de la filosofía de la ciencia se realiza un lúcido y *minucioso* recorrido por las claves del sentido, transformaciones y recreaciones culturales... EME030695 **15 pesquisa:** ...el secuestrador aseguró, al entregarse, que no había armas a bordo, aunque la policía tuvo que realizar una *minuciosa* pesquisa del avión. ETC040996

C SUSTANTIVOS QUE DENOTAN PRESENTACIÓN O JUSTIFICACIÓN DE INFORMACIONES: **16 descripción +:** ...deja progresivo paso a una descripción más *minuciosa* y detallada de los recovecos y los insólitos lugares habitables. HOY191083 **17 exposición +:** La primera de esas unidades es una *minuciosa* exposición sobre la estructura, funcionamiento y léxico de las corporaciones de oficio en Francia durante el Antiguo Régimen... ABC021092 **18 explicación +:** Cuando empecé me gustaban mucho las *minuciosas* explicaciones de Proust y los historias y personajes de Chéjov. EPE071101 **19 presentación:** Ayer lo volvió a demostrar en la *minuciosa* presentación de su proyecto que hizo a los medios de comunicación... EPE300999

D SUSTANTIVOS QUE DESIGNAN LA ACCIÓN O EL EFECTO DE ENUMERAR, RESEÑAR O REGISTRAR UNA O VARIAS COSAS: **20 revisión ++:** ...proceda a realizar una *minuciosa* revisión de los documentos, términos y procedimientos de la desincorporación de Imevisión, hoy TV Azteca. ESH310197 **21 inventario +:** ...se llevó un *minucioso* inventario de la situación económica y financiera del país y rendirá su informe en dos meses. LHG280900 **22 recopilación +:** Javier Serrano Alonso, que hace unos años llevó a cabo una *minuciosa* recopilación de artículos y «páginas olvidadas» del gran escritor... ABC201095 **23 lista:** Proporciona listas *minuciosas* de todos sus partidos, organizaciones y grupúsculos; sus publicaciones, centros de trabajo, reuniones y manifestaciones. PME221296 **24 recuento +:** El *minucioso* recuento de la agencia Vasco Press revela que a los largo de 1999 este tipo de terrorismo de baja intensidad se incrementó en un 82%. EPE270800 **25 registro +:** ...en base al *minucioso* registro de ejemplares realizado en la península de Macanao, apenas existen unos dos mil ejemplares vivos en toda la isla... EUV060499 **26 escrutinio:** Existe expectación sobre los resultados de esta consulta, y que serán dados a conocer dentro de seis meses, tras un *minucioso* escrutinio... EPE040700

E SUSTANTIVOS QUE DENOTAN TRABAJO O RESPONSABILIDAD EJERCIDA POR ALGUIEN: **27 trabajo +:** ...combinaba la erudición más completa y el trabajo *minucioso* en archivos con una exposición llana, sencilla y admirable de sus estudios. LRE220103 **28 plan +:** Como consecuencia del *minucioso* plan, la joven investigadora venezolana llegó a la conclusión de que la «Amazona Barbadensi» (Cotorra Margariteña) es un ave autóctona... EUV060499 **29 labor +:** ...destacó la *minuciosa* labor de restauración realizada en el conventual de La Coria, un edificio del siglo XV... EPD291097 **30 tarea:** El juez que investiga el accidente sólo autorizará el entierro cuando todas las víctimas sean identificadas, una tarea lenta y *minuciosa.* LVE020396

☐ Véase también: **exhaustivo, prolijo.**

minuto ♦ **breve, interminable, largo** ♦ **en cuestión (de)** ♦ **arañar, durar, pasar, transcurrir**

☐ Véase también: **hora, segundo.**

mirada ♦ acerado[11], agudo, altivo, amenazador, angelical, angustiado, ansioso, apagado, apresurado, ardiente[13], asesino, atento, atónito, atractivo, avieso[1], borroso[9], cálido[30], cándido[3], cansino[8], cautivador, circunspecto[4], claro, codicioso, cómplice, condescendiente, cristalino[1], curioso, de arriba abajo, de refilón[35], desafiante, desbordante[52], descarado, de soslayo[16], despectivo[23], diáfano[21], displicente[9], distante, distraído, encendido, enigmático, escrutador, esquivo, evasivo, expresivo, extraviado, febril[50], fijo, franco, frío, fulminante, furtivo, hondo, hostil, huidizo, impenetrable, implacable[69], incrédulo, inescrutable, inexpresivo, ingenuo, inquisitivo, inteligente, lánguido, mordaz[24], parcial, penetrante[1], perdido, profundo, rápido, sardónico[4], sesgado[10], siniestro, somero[37], sugerente, suplicante, torcido, torvo, vivaz[2], vivo ♦ a resguardo (de)[12] ♦ abarcar (con), aguzar[4], apartar, bajar, captar[2], centrar, clavar[1], condenar (con), cruzar, dedicar (a alguien), delatar[18], desviar[21], dirigir (a alguien), echar[49], eludir, enfocar, esquivar, evitar, extraviar, fijar, fulminar (con), intercambiar, jugar (con), lanzar[1], levantar, perder(se), prodigar[3], recibir, recorrer (con), refrescar[7], rehuir, rendirse (a/ante)[10], ser blanco (de), sortear, taladrar (con), volver
☐ Véase también: **gesto (de), ojo, percepción, sonrisa.**

[miramiento] → sin miramientos

miramiento ♦ escaso, excesivo ♦ con, sin ♦ andarse (con)[27], tener, tratar (con)
☐ Véase también: **atención, cuidado, esmero.**

mirar ♦ adelante, a hurtadillas[1], a la cara[10], a lo lejos[5], a los ojos, al sesgo, al soslayo, amenazadoramente, angustiadamente, atentamente[3], atónitamente, atrás, ávidamente[21], cara a cara[18], con atención, condescendientemente, con detalle[16], con interés[4], con lupa, de arriba abajo[9], de cerca[2], de costado, de frente, de igual a igual[2], de lado, de pasada, de refilón[2], de reojo, descaradamente[33], desdeñosamente, desfavorablemente[18], de soslayo[1], enigmáticamente, esperanzadamente, fijamente, frente a frente[16], insistentemente[37], por un momento[23], sin pestañear
☐ Véase también: **apuntar, atender, escrutar, observar, ver.**

misa ♦ cantado, mayor, negro, solemne ♦ asistir (a), cantar, celebrar, decir, ir (a), oficiar, perder, saltarse, transcurrir
☐ Véase también: **ceremonia.**

miseria ♦ absoluto, al descubierto[11], amargo, condenado (a), humano, imperante[7], infrahumano, inmundo, profundo, total ♦ al filo (de)[5] ♦ pozo (de)[17] ♦ abolir[64], acabar (con), acuciar[8], agravar(se)[27], ahondar (en)[60], aliviar[22], azotar (algo/a alguien), caer (en), cerrar los ojos (ante)[24], combatir[14], crecer, erradicar, estar (en), extender(se), extirpar[10], hallar(se) (en), hundir(se) (en)[1], propagar(se), quedar(se) (en), rescatar (de), sacar (de), salir (de), sumir(se) (en), vivir (en)
☐ Véase también: **abandono, lacra, marginación, penalidad, penuria, pobreza.**

misericordia ♦ lleno (de) ♦ con, sin ♦ confiar (en), ejercer, implorar[14], otorgar, pedir, tener
☐ Véase también: **piedad.**

misión ♦ apremiante[15], arduo[6], arriesgado, complejo, complicado, comprometido, confidencial[48], cumplido, delicado, de paz, difícil, diplomático, especial, evangelizador, exitoso, fallido, honroso[40], humanitario[2], imposible, incumplido, insoslayable[15], peliagudo, peligroso, penoso, preeminente[6], rutinario, sacrificado, secreto, testimonial[29] ♦ a cargo (de) ♦ alcance (de)[59] ♦ acometer[26], afrontar, arrogarse[15], asignar (a alguien), atenerse (a)[62], capitanear[15], confiar (a alguien), consumar, culminar[11], cumplir[62], delegar[3], desarrollar, desempeñar, desvelar[63], ejecutar[31], emprender[42], encargar (a alguien), encomendar, enviar (a), incumplir, lanzar(se) (a), llevar a buen puerto[27], llevar a cabo, llevar a término[7], prorrogar[8], recaer[4], tener
☐ Véase también: **cometido, labor, tarea, trabajo.**

[mismo] → con el mismo rasero, por el mismo rasero

[misterio] → de misterio

misterio ♦ arcano, hondo[41], impenetrable, indescifrable, inexplicable, inextricable[10], insoluble[13], insondable[1], intrincado[41], irresoluble[10], oculto, profundo, recóndito ♦ hálito (de), halo (de), toque (de)[34] ♦ acechar[33], aclarar, adentrarse (en)[18], ahondar (en), arrojar luz (sobre), bucear (en)[40], constituir, cubrir (de), desbrozar[7], descifrar[2], descubrir, desenmarañar, desenredar, desentrañar[1], despejar(se)[8], destapar[3], destripar[5], desvanecerse, desvelar[3], dilucidar, encerrar, enredar(se) (en)[19], envolver (en), esclarecer(se)[2], esconder(se), explicar, guardar, internar(se) (en), levantar[16], mantener, penetrar (en), planear[9], residir (en)[10], resolver(se), revestir, sacar a la luz, salir a la luz[5], sembrar[8], solucionar, solventar, suponer, teñir (de)[19]
☐ Véase también: **decreto, de misterio, enigma, incógnita, interrogante.**

MISTERIO Véase: INCERTIDUMBRE; INCÓGNITA

mitigar *v.* ▮ Se combina con...

A SUSTANTIVOS QUE DESIGNAN EL EFECTO QUE SE SIGUE DE ALGUNA CAUSA, ASÍ COMO LAS HUELLAS QUE DEJA, SENA MATERIALES O INMATERIALES: **1** efecto ++: ...y a *mitigar* los efectos de estos siniestros de la naturaleza... LPA220592 **2** consecuencia ++: ...al *mitigar* las consecuencias desastrosas de las inundaciones... ECA080792 **3** impacto ++: ...para *mitigar* el impacto del fenómeno de El Niño... BYN180198 **4** alcance: ...un regocijo a contrasenso cuyos alcances no se *mitigan.* PME201096

B SUSTANTIVOS QUE DESIGNAN DIVERSOS ESTADOS DE AFLICCIÓN, PERSONALES O COLECTIVOS, ASÍ COMO ALGUNAS DE SUS CONSECUENCIAS: **5** **dolor** ++: ...«esperamos que contribuya a *mitigar* el dolor de las familias por las muertes». EPE291101 **6** **sufrimiento** +: ...impedir que la guerra se extienda a otros países y, por último, *mitigar* el sufrimiento de la población civil. EME130695 **7** **enfermedad** +: Al tratarse de una enfermedad que se debe al envejecimiento, todo fármaco que pretenda *mitigarla* deberá administrarse (...) toda la vida. LVE050395 **8** **daño**: ...para evitar o *mitigar* el daño a personas y bienes... DYM170796 **9** **tensión**: ...para *mitigar* la tensión de un trabajo que antes le obligaba a quemar grandes dosis de nicotina. LVE131195 **10** **crispación**: ...servirá para *mitigar* la crispación social y política. EME180594

C SUSTANTIVOS QUE DESIGNAN SENTIMIENTOS DE CONGOJA, INCOMODIDAD, INCERTIDUMBRE O MALESTAR INTENSOS PROVOCADOS POR DIVERSAS CAUSAS: **11** **pena** ++: ...Miguel Ángel está ayudando a vivir a otras personas. Y eso *mitiga* su pena... EPE241299 **12** **soledad** +: Para *mitigar* su soledad, se dedicó a criar gatos. ESP050597 **13** **angustia** +: ...a la hora de *mitigar* la angustia de los familiares, no se actúa con la necesaria eficiencia. LVE110896 **14** **temor** +: ...ha *mitigado* el temor entre los agricultores españoles... EPE040700 **15** **alarma** +: ...sus declaraciones no han conseguido *mitigar* la alarma social en Irlanda, que ha dejado de ser un país tranquilo... EME080196 **16** **ansia**: Fue la reacción a las maniobras aeronavales que (...) ejecutaron las fuerzas armadas de China en su intento por *mitigar* las crecientes ansias independentistas de la isla. LVE230396 **17** **tristeza**: Una buena muerte *mitiga* la tristeza y el dolor. ABC050293 **18** **desamor**: ...para *mitigar* la soledad y el desamor acude a los amores mercenarios... ABC111194

D SUSTANTIVOS QUE DESIGNAN SITUACIONES DE DIFICULTAD, ASÍ COMO SUCESOS DESGRACIADOS O FUNESTOS DE DIVERSA ÍNDOLE: **19** **problema** ++: ...pueda *mitigar* de manera general el problema de la sequía. LDD190797 **20** **crisis** +: ...la variable que debe estimularse para *mitigar* la crisis es el consumo. EPE251001 **21** **derrota** +: ...buscaba desesperadamente una revancha con la que *mitigar* la derrota... EME080595 **22** **fracaso** +: Aunque su dimisión y denuncia no *mitigan* su fracaso político... EME100594 **23** **tragedia** +: Pero aunque esas ayudas exteriores *mitigan* la tragedia... LVE250795 **24** **conflicto**: ...como el bálsamo que *mitiga* todos esos conflictos sociales... ETC111196 **25** **drama**: ...para *mitigar* el drama que sufren los albanokosovares. EPE080499 **26** **catástrofe**: ...para enfrentar y *mitigar* la catástrofe ecológica. ACP050901 **27** **contaminación**: ...para *mitigar* la contaminación acústica sobre Tres Cantos... EME161096

E SUSTANTIVOS QUE DENOTAN PÉRDIDA O DISMINUCIÓN APLICADOS A ALGÚN BIEN: **28** **pérdida** +: ...para *mitigar* las pérdidas de empleos en la industria... LTB020297 **29** **caída**: La apreciación del yen respecto al dólar *mitigó* la caída de ingresos por exportaciones... EME280294 **30** **descenso**: ...logró *mitigar* el descenso del conjunto de la construcción... LVE060795 **31** **degradación**: ...los principales garantes de la supervivencia de Gallecs y de *mitigar* su degradación. LVE201096 **32** **deterioro**: Hubo que tomar medidas para *mitigar* el creciente deterioro de las instalaciones. INDOC

F SUSTANTIVOS QUE DENOTAN CARENCIA O ESCASEZ, MUY FRECUENTEMENTE DE ELEMENTOS CONSIDERADOS ESENCIALES PARA LA VIDA O EL DESARROLLO DE LOS INDIVIDUOS: **33** **hambre** ++: Para *mitigar* el hambre acuden al mercado central (...) para pedir víveres y verduras. ESH061000 **34** **sed** ++: Hasta bebidas «naturales» embotelladas se ofrecen en la ciudad para *mitigar* la sed. DYM281096 **35** **sequía** +: Las precipitaciones no *mitigan* la sequía y se convierten en tragedia. LVE110895 **36** **ausencia** +: Pero su ausencia quedará *mitigada* por el traslado de una pareja de osos... LVE260596 **37** **pobreza** +: Subsidios e inversión para *mitigar* la pobreza. EME110595 **38** **escasez**: ...podría *mitigar* la crónica escasez de capitales que padecen muchas de las pequeñas empresas... LVE011295 **39** **déficit**: ...el objetivo de *mitigar* el déficit que supone un transporte de estas características. EPE300699 **40** **penuria**: ...sirvió para *mitigar* las penurias alimenticias de la población... LVE200896 **41** **gazuza**: ...el pienso de los animales que *mitigan* nuestra gazuza... ENH010201

G SUSTANTIVOS QUE DENOTAN DIFERENCIA O DESIGUALDAD, ASÍ COMO FALTA DE EQUILIBRIO, SEGURIDAD O EQUIDAD: **42** **desigualdad** ++: La desigualdad no puede dejar de existir, pero sí se puede *mitigar* elevando el nivel de la gente. LVE291295 **43** **desequilibrio**: ...como medio del *mitigar* los desequilibrios comerciales con el resto del mundo... LVE160795 **44** **diferencia**: ...en el proceso negociador se pueden *mitigar* las muchas y profundas diferencias que hay entre nacionalistas y populares. LVE200396 **45** **disparidad**: ...*mitigan* sólo en parte la disparidad de medios entre las diversas formaciones. LVE160495 **46** **distancia**: ...para *mitigar* la distancia entre las paradas de Ametzola y la nueva de Basurto. EPE151099 **47** **injusticia**: ...vino a *mitigar* la injusticia de esa muerte... ABC221191 **48** **inestabilidad** –: ...que *mitigue* la tradicional inestabilidad del sector... LVE040495

H SUSTANTIVOS QUE DESIGNAN ACTUACIONES CONTRA LAS PERSONAS, GENERALMENTE IMPETUOSAS O DE NATURALEZA COERCITIVA: **49** **ataque** +: ...es un bálsamo que *mitiga* ataques, olvidos e ignorancias. LVE051296 **50** **persecución**: ...que *mitigaran* la persecución penal de la que iba a ser objeto... LVE180395 **51** **acoso**: El acoso y derribo al marco universitario se *mitigó* con los minutos y los colegiales cogieron aire aunque despreciaron a la suerte. CAN050201 **52** **sanción**: ...el Consejo de Seguridad decida *mitigar* las sanciones económicas decretadas sobre Serbia por su participación en la agresión contra Croacia y Bosnia. LVE150994 **53** **bloqueo**: ...a *mitigar* el ya férreo bloqueo... GIC062197 **54** **violencia**: ...considera que la violencia (...) se «aprende y, por lo tanto, puede ser *mitigada* y prevenida». LVE071296

I SUSTANTIVOS QUE DESIGNAN DIVERSAS FORMAS DE ENFRENTAMIENTO, OPOSICIÓN O ACCIÓN CONTRARIA: **55** **crítica** +: ...para *mitigar* las críticas recibidas por oponerse a un convenio... LVE061196 **56** **enfrentamiento**: ...trató de *mitigar* el enfrentamiento al afirmar que está «convencido» de que... LVE270196 **57** **debate**: ...provocó otra cosa que un *mitigado* debate... EUV230996 **58** **protesta**: Se *mitiga*, sin embargo, esta protesta radical... ABC230493 **59** **denuncia**: ...de *mitigar* denuncias de abusos a conscriptos en recintos militares. LTB280197 **60** **rencilla**: ...una permanente rencilla sorda que ni siquiera las fotografías victoriosas de las últimas elecciones han conseguido *mitigar*. LVE300695

J SUSTANTIVOS QUE DESIGNAN MANIFESTACIONES DE LA TEMPERATURA, A MENUDO USADOS EN SENTIDO FI-

GURADO: **61** ardor +: ...quien también *mitiga* los ardores del verano en esas playas. CLA190197 **62** calor +: La gran demanda de bebidas «naturales» para *mitigar* el intenso calor... DYM281096 **63** frío: ...los lingotazos servían para *mitigar* el frío helador. EME030296

☐ Véase también: **acallar, aliviar, amainar, apaciguar, apagar(se), aplacar(se), atemperar, calmar(se), dulcificar, sosegar(se), tranquilizar(se).**

mitin ♦ caluroso[35], concurrido, electoral, político ♦ acudir (a), asistir (a), boicotear[5], celebrar(se), convocar, dar[282], participar (en), reventar, tener lugar

☐ Véase también: **asamblea, congreso, reunión.**

mito ♦ ancestral[5], bíblico, clásico, dorado, erótico, fantástico, histórico, imaginario, inalcanzable[5], legendario, literario, manido[6], platónico, viviente, vivo[49] ♦ acabar (con), alimentar(se) (de)[9], anclar[8], cimentar[48], convertir(se) (en), crear, crecer, derrumbar(se)[28], desenterrar[4], desmontar[25], desmoronar(se)[23], desterrar[6], destruir, desvanecerse[31], evocar, fabricar, forjar[52], fraguar(se)[69], gestar, nacer, pulverizar[31], renovar, revivir[7]

☐ Véase también: **fantasía, leyenda.**

moción ♦ de censura ♦ acordar, adherirse (a), apoyar, avalar[44], defender, ganar, negociar, perder, plantear[56], proponer, prosperar, rechazar, respaldar, tramitar, votar

☐ Véase también: **iniciativa, medida, propuesta, recurso, sugerencia.**

[moco] → a moco tendido

[moda] → a la moda

moda ♦ actual, cambiante, efímero[9], fugaz, imperante, pasado (de), pasajero[3], preponderante, rabioso[8], transitorio, último ♦ al abrigo (de)[14] ♦ adherirse (a)[22], amainar[36], apuntar(se) (a), arraigar, cundir[30], dejarse llevar (por)[59], desatar(se), dictar[5], extender(se), implantar[43], imponer(se), instaurar[32], llevar(se), lucir, marcar, pasar, seguir[48], triunfar

☐ Véase también: **actualidad, corriente (de), tendencia.**

MODA Véase: TENDENCIA

modales ♦ afectado, ampuloso, arrabalero, brusco, bueno, caballeresco, cauto, civilizado, cortés, delicado, esmerado, exquisito, grosero, impecable[6], intachable[22], malo, perfecto, pésimo, pomposo, pulcro, refinado, rudo, tosco, zafio ♦ carecer (de), tener

☐ Véase también: **compostura, cortesía.**

modelo ♦ acorde (con)[36], de conducta, dominante[48], extendido, fecundo[74], imperante[20], integral[29], paritario[29], vigente[26] ♦ patas arriba[11] ♦ actuar (como), adaptar(se) (a), ajustar(se) (a), alterar[13], alumbrar[14], amoldar(se) (a)[27], anclar[21], aplicar, atenerse (a)[52], cambiar, ceñir(se) (a)[22], criticar, delinear[38], derrumbar(se)[25], desmoronar(se)[35], desviar(se) (de), dictar[4], distorsionar[50], erigir[1], extender(se), extrapolar, implantar[17], imponer(se), preconizar[6], quebrar(se)[35], renovar(se), reprobar[12], romper, salir a la luz[74], seguir[10], separar(se) (de), servir (de/como), subvertir[7], trazar[33], usar (de/como), venirse abajo[27]

☐ Véase también: **canon, ejemplo, esquema, estereotipo, estructura, muestra, patrón, pauta, sistema, testimonio, tipo.**

MODELO

♦ (SUSTANTIVOS) Véase: **abusar (de)[F], acorde (con)[F], acuñar[C], adulterar[F], alterar[C], atenerse (a)[G], ceñir(se) (a)[D], con arreglo a[E], cuajar[C], cundir[D], derrumbar(se)[E], desmontar[E], desmoronar(se)[H], destripar[B], desvanecerse[E], diáfano[G], dictar[B], disentir (de)[C], disuasorio[J], dominante[I], emanar[G], erigir(se)[A], inexcusable[C], instaurar[B], integral[F], irresistible[H], plegarse (a)[D], practicar[D], preconizar[B], prorrogar[D], quebrar(se)[F], reprobar[D], revalidar[J], saltarse[H], seguir[B,F], trazar[D], venirse abajo[G], vigente[D], vivo[F]**

♦ (VERBOS) Véase: **a machamartillo[D]**

moderación ♦ con, sin ♦ beber (con), comer (con), practicar[47], predicar[31]

☐ Véase también: **prudencia, tolerancia.**

modernidad ♦ absoluto, completo, pleno, rabioso[3] ♦ barniz (de)[1], espíritu (de), punto (de), señal (de), toque (de)[14]

☐ Véase también: **actualidad.**

modestia ♦ absoluto, aparte, calculado, característico, encomiable, excesivo, falso, habitual, natural ♦ con, sin ♦ ápice (de)[20] ♦ derrochar[23], guardar, pecar (de), perder, practicar[49], tener

módico ♦ cantidad, cifra, descuento, ingreso, pago, precio

modificación ♦ abrupto[54], abusivo, completo, decisivo, de detalle, drástico[23], importante, injusto, irreversible, justo, leve, ligero, notable, ostensible[36], pequeño, profundo[106], progresivo, radical, serio ♦ objeto (de)[75] ♦ acaecer[2], acarrear[83], aclimatar(se) (a)[2], acomodar(se) (a), experimentar, hacer, introducir, llevar a cabo, llevar adelante, ocurrir[26], operar(se), poner en práctica, producir(se), proponer, propulsar, sufrir[9], tener lugar, tramitar[50]

☐ Véase también: **alteración, cambio, transformación, transición, trastorno.**

MODIFICACIÓN Véase:

♦ **alteración, cambio, modificación, oscilación, transformación, transición, trastorno, variación**

♦ **alterar, cambiar, modificar, mover(se), operar(se), tergiversar**

modificar ♦ abusivamente[25], a conciencia[55], a fondo, a la baja[32], considerablemente[57], de arriba abajo[3], decisivamente[28], de raíz[33], de un día

para otro[11], drásticamente[3], gradualmente[70], irrevocablemente[20], levemente, ligeramente[29], negativamente[25], ostensiblemente[28], por completo[176], profundamente[16], progresivamente, radicalmente[2], seriamente[39], sustancialmente[36], totalmente, unilateralmente[23]

☐ Véase también: **alterar, cambiar.**

modorra ♦ **apoderarse (de alguien), arrancar (de), despertar (de), entrar (a alguien), invitar (a), pasárse(le) (a alguien), sacudir(se)[1], salir (de)**

☐ Véase también: **apatía, pereza, sueño.**

moho ♦ **aparecer, criar, cubrir(se) (de), extenderse, salir (a algo)**

☐ Véase también: **inmundicia, suciedad.**

mojar(se) ♦ **completamente, de pies a cabeza, hasta los huesos[2]**

☐ Véase también: **calar(se), empapar(se), implicar(se), involucrar(se) (en), participar.**

[molde] → **de molde**

molde ♦ **acomodar(se) (a), acoplar(se) (a), adaptar(se) (a), ajustar(se) (a), romper**

moldear *v.* ▮ Se combina con sustantivos que designan sustancias o materiales *(arcilla, barro)* o los volúmenes que forman *(estatua, figura, efigie)*. Se construye muy frecuentemente con los sustantivos *cuerpo* y *pelo*; también con otros que designan personas o grupos humanos *(héroe, individuo, pueblo, sociedad)* y lugares o espacios, generalmente urbanizados *(ciudad, barrio, territorio)*. También se combina con sustantivos que designan obras de creación *(película, novela, obra, discurso)*, así como con...

A SUSTANTIVOS QUE DESIGNAN RASGOS QUE DEFINEN O CARACTERIZAN LA FORMA DE SER O DE ACTUAR: **1 personalidad ++:** ...demuestran la influencia de valores socioculturales en el aprendizaje del niño que *moldean* positivamente su futura personalidad. EUV010996 **2 comportamiento ++:** Opinan que los terapeutas *«moldean»* el comportamiento de sus pacientes para poder diagnosticar el trastorno mental. EME270795 **3 identidad:** ...con lo que la religión fue muy apartada del imaginario que *moldea* la identidad del individuo... LVE290495 **4 carácter:** ...relaciones con las figuras importantes de nuestra infancia, contribuyen a *moldear* nuestro carácter. EME081095 **5 perfil:** Dieciséis años consumidos en los pasillos del Senado estadounidense, suficientes para *moldear* su perfil de tipo adusto y sombrío... EME210396 **6 actitud:** ...aquellos acontecimientos no sólo *moldearon* mi actitud profesional, sino que cambiaron la disposición de la Prensa... EME260596

B SUSTANTIVOS QUE DESIGNAN EFECTOS DE LA FORMA DE PENSAR. TAMBIÉN CON OTROS QUE DENOTAN CAPACIDAD DE RACIOCINIO O DESIGNAN OTRAS FACULTADES MENTALES QUE SE CONSIDERAN ESENCIALES: **7 opinión ++:** ...es que un grupo de estrategas derechistas *moldea* como si fuera arcilla la opinión pública, y lo hace satanizando a personajes supuestamente progresistas... EXP011091 **8 mentalidad ++:** Fue capaz de *moldear* el pensamiento y la mentalidad de Bin Laden y hacer que dejara de ser un simple seguidor de la yihad afgana... EPE071001 **9 conciencia +:** No se considera representante de ningún grupo de intereses sino más bien protagonista política que quisiera *moldear* la conciencia de los ciudadanos. EME260995 **10 mente:** Las palabras constituyen un elemento de poder, porque *moldean* la mente de quien las recibe. EPE030900

C SUSTANTIVOS QUE DESIGNAN EL CONJUNTO DE ACCIONES, ACONTECIMIENTOS O SITUACIONES QUE CONFORMAN LA VIDA DE LAS PERSONAS, MÁS FRECUENTEMENTE SI HACEN REFERENCIA A LA TRAYECTORIA PROFESIONAL O VITAL DE LOS INDIVIDUOS: **11 historia +:** ...la guerra civil española, un acontecimiento que *moldeó* de forma tan decisiva nuestra historia más reciente contribuyendo a la perduración de un régimen dictatorial... LVE260796 **12 trayectoria +:** Sus diversos trabajos en el extranjero *moldearon* decisivamente su trayectoria profesional. INDOC **13 carrera:** El fenómeno político que más contribuyó a *moldear* la carrera de Thatcher fue la agonía del gobierno Heath... ABC031195 **14 vida:** Torga *moldea* su propia vida, como si se tratase del barro primordial. EME190294 **15 existencia:** ...las pequeñas historias que forman la vida cotidiana y *moldean* la verdadera existencia de las personas. EME160495 **16 realidad:** La dinámica de los acontecimientos amenaza ahora con aplastar a los que pretendieron *moldear* la realidad a su antojo. EME240995 **17 currículum:** Sus colaboraciones con múltiples y prestigiosas empresas *moldearon* un currículum excelente. INDOC

D SUSTANTIVOS QUE DESIGNAN CIERTAS FACULTADES O HABILIDADES HUMANAS: **18 talento:** Yo pienso que el talento en muchos casos es un presente –léase un regalo– del Supremo Hacedor, pero en otros casos el mismo puede ser *moldeado*... EUV070497 **19 imaginación:** ...nuestra imaginación –esa capacidad de «crear imágenes» a la que se refería Paracelso– ha estado contundentemente *moldeada* por la cinematografía... EPE050999 **20 sensibilidad:** Incluso, los relatos de tema erótico nos remiten a la sensibilidad del poeta que parece haber sido *moldeada* en playas análogas a las de Balza. EUV080996

E ALGUNOS SUSTANTIVOS QUE DESIGNAN CUALIDADES ESTÉTICAS: **21 belleza:** ...la verdad es que la mano del hombre, y sobre todo un buen bisturí, ayudó mucho a *moldear* su belleza latina. SEM011096 **22 hermosura:** ...pero salió de allí enhiesta, con una hermosura *moldeada* en el dolor y en la tristeza, a recorrer el mundo... ETC040997

F OTROS SUSTANTIVOS: **23 comprensión:** ...*moldea* la comprensión que mujeres y hombres tienen de la sociedad... EXC250700 **24 concepto:** En el dub, desde los tiempos de King Tubby, el ingeniero trabaja con las bases grabadas en las diferentes pistas y *moldea* un nuevo concepto expresando su creatividad... LVE100396 **25 futuro:** Con su actividad dirigida MasterCard contribuye a *moldear* el futuro del dinero expandiendo la aceptación de sus marcas mundiales... LPN040797

moler ▮ *(maltratar)* ♦ **a golpes[14], a palos, a patadas[15]**

▮ *(triturar)* ♦ **grano**

molestar ♦ **enormemente[26], extraordinariamente, intensamente, profundamente[49]**

☐ Véase también: **trastornar.**

molestia ♦ fuerte, grave, leve, ligero, llevadero, pasajero[14], pequeño, persistente, serio[25] ♦ alcance (de)[23] ♦ acusar, aguantar, ahorrarse, aliviar, atenuar, causar[11], disculpar, disminuir, evitar, notar, ocasionar[12], padecer, paliar, perdonar, quitar, remitir, reparar, sentir, solventar, soportar, subsanar[55], sufrir[68], suponer (a alguien), tomarse
☐ Véase también: **daño, incomodidad, malestar, perjuicio, trastorno.**

molesto ♦ considerablemente, francamente, notablemente, ostensiblemente, visiblemente[1]
☐ Véase también: **incómodo.**

mollera ♦ cerrado (de), duro (de) ♦ derretir(se)[2], estrujar(se), exprimir(se), meter(se) (en), sacar (de)
☐ Véase también: **cabeza (de), seso.**

momento ♦ actual, álgido[2], anecdótico[19], candente, crítico, crucial[1], culminante, cumbre, decisivo, delicado, desolador, especial, eterno, halagüeño[35], histórico, ilusionante[13], importante, irrepetible, presente, propicio, trascendental, único ♦ a la altura (de)[31] ♦ aguar(se)[41], asistir (a), atravesar[1], captar[48], desvelar, inmortalizar, llegar, pasar, transcurrir, vivir
☐ Véase también: **instante, presente, tiempo.**

monacal ♦ aislamiento, austeridad, clausura, costumbre, recinto, reclusión, serenidad, silencio, sobriedad, tradición, vida

monarquía ♦ absoluto, democrático, parlamentario ♦ abolir, deponer, derrocar, instaurar, restaurar
☐ Véase también: **república.**

monasterio ♦ antiguo, austero, de clausura, majestuoso, retirado, severo ♦ abad (de), claustro (de), prior (de), ruinas (de) ♦ acoger (a alguien), acudir (a), enterrar (en), fundar, habitar (en), hospedar(se) (en), recluir(se) (en), residir (en), restaurar, retirar(se) (a), visitar, vivir (en)
☐ Véase también: **convento.**

moneda ♦ auténtico, corriente, de cambio, falso ♦ cambio (de), cara (de), cruz (de), paridad (de), valor (de) ♦ acuñar[1], apreciar(se), cambiar, circular, cotizar(se), depreciar(se), devaluar(se), emitir, falsificar, implantar, pagar (con), revalorizar(se), revaluar(se)
☐ Véase también: **dinero.**

mono ♦ *(necesidad)* aliviar, entrar[6], pasárse(le) (a alguien), salir (de), sufrir, superar, tener, vencer
☐ Véase también: **síndrome.**

monopolio ♦ absoluto, comercial, económico, efectivo, exclusivo, férreo, ilegal, legal, real, virtual ♦ ley (contra) ♦ acaparar, consolidar, desarticular(se)[36], disfrutar (de), ejercer[30], extender(se), instaurar, luchar (contra), ostentar, prohibir, quebrar(se)[53], regular, romper, terminar (con)
☐ Véase también: **monopolizar.**

monopolizar ♦ absolutamente, efectivamente, en la práctica, prácticamente, totalmente, virtualmente[32]
☐ Véase también: **acaparar, acumular, controlar, reunir(se).**

monserga ♦ conocido, continuo, de siempre, habitual, interminable, permanente ♦ andarse (con)[21], dar (a alguien), repetir, venir (con)
☐ Véase también: **sermón.**

montaje ♦ aparatoso[36], artificial, cinematográfico, comercial, periodístico, publicitario, sensacionalista ♦ hacer, orquestar[12], preparar, realizar, tramar, urdir
☐ Véase también: **complot, entramado (de), trama.**

montaña ♦ abrupto, accidentado, alto, escarpado, inaccesible, inexpugnable, majestuoso, rocoso ♦ cima (de), pie (de) ♦ alzar(se), ascender (a), bajar, coronar, erguirse, escalar, levantarse, recortarse, subir, trepar (a)

montar *v.* ▮ En el sentido de 'subirse a', se combina con sustantivos que designan vehículos, seguido de la preposición *a (camión, tren, autobús)*, o animales, generalmente sin ella *(caballo, burro, camello)*. Usado como pronominal *(montarse a)* se usa con preposición en ambos casos. En el sentido de 'ascender a, sumar', se combina con los sustantivos *cuenta, factura* y *total*. En el sentido de 'activar' se combina con sustantivos que designan armas de fuego *(pistola, fusil, escopeta)*. En el sentido de 'batir' se combina con los sustantivos *clara* y *nata*. En el sentido de 'crear u organizar' se combina con sustantivos que designan empresas y negocios *(zapatería, negocio, tienda, factoría, fábrica)*, así como con otros que designan espectáculos *(película, función, comedia, ópera: Han montado una comedia estupenda en el Capitol)* y también (en la lengua coloquial) con...

A SUSTANTIVOS QUE DENOTAN ALBOROTO, O DESIGNAN DIVERSOS SUCESOS LLAMATIVOS CARACTERIZADOS POR EL MOVIMIENTO, EL DESORDEN O EL BULLICIO: **1 escándalo +:** Pero a diferencia del 82, en el que se *montó* un escándalo por la ineficacia de los políticos... LVE140494 **2 número +:** ¿Por qué iban (...) a *montar* un número como el de fingir una intoxicación de cinco jugadores...? EME270395 **3 lío +:** «Aquí se *monta* un lío por poco, cuando en el mundo y en Madrid hay muchas necesidades que satisfacer». EME070595 **4 tinglado:** «Los cuatro detenidos (...) tenían *montado* un tinglado que les resultaba muy lucrativo». EPE040999 **5 guirigay:** ...periodistas dedicados a la carroña y que *montaban* un guirigay de sospechas... LVE030395 **6 follón:** Hay algunos que no van a animar, sino a *montar* follón. EPE140700 **7 pitote:** Decidió *montar* un pitote para que atendieran sus reivindicaciones. INDOC **8 cirio:** «Yo sólo grabo mis entrevistas a los políticos porque con éstos, si tergiversas sus palabras, te *montan* un cirio». LVE091296 **9 revolución:** O se hace así, o se arriesga uno a que le *monten* una revolución. EME181196 **10 cacao:** «*Montaremos* un 'cacao' considerable», prometía el alcalde... LVE021196 **11 parafernalia:** ...*montó* una parafernalia de camiones satelitales y de frenéticos periodistas... CLA110197 **12 jaleo:** ...la única manera de forzar la intervención internacional (...) es *montar* un buen jaleo. EME200796 **13 zafarrancho:** Cada vez que cocinas, *montas* un zafarrancho. INDOC

B SUSTANTIVOS QUE DENOTAN DIVERSIÓN ALBOROTADA: **14 juerga:** El vecino malagueño nos *monta* una juerga impresionante hasta las tres de la mañana... EPE200599 **15 jolgorio:** Eran personas muy alegres, siempre dispuestas a *montar* algún jolgorio. EPE200599 **16 jarana:** ¡Menuda jarana se *montó* en las fiestas del pueblo! INDOC **17 tangana –:** Tras el lanzamiento se *montó* una tangana monumental... LVE120195

C OTROS SUSTANTIVOS; POSIBLES USOS ESTILÍSTICOS: Con estadísticas manipuladas *montaron* la mentira del gran desarrollo... LVE221296

▩ Se combina también con: ♦ **a horcajadas, a la grupa, a lo grande[15], a pelo**

☐ Véase también: **organizar.**

monto ♦ **aproximado[20], exacto, preciso** ♦ **ascender (a), asumir[34], calcular, disminuir**

☐ Véase también: **cantidad.**

monumental *adj.* ▮ Se combina con sustantivos que designan edificaciones *(teatro, monasterio, palacio)* o alguno de sus elementos *(escalera, fachada, torre).* También con otros que designan lugares urbanos *(ciudad, recinto, plaza, calle, zona, conjunto)* y manifestaciones artísticas *(arte, pintura, escultura, arquitectura).* En el sentido de 'relativo a los monumentos' se combina con los sustantivos *guía, catálogo, ruta, patrimonio, importancia, valor* y con otros muchos que establecen dominios o ámbitos a los que esa noción se aplica. En sentido figurado admite sustantivos de persona *(mujer, torero, escritor)* y otros que designan eventos *(espectáculo, recital, carrera).* Se combina asimismo con...

A SUSTANTIVOS QUE DENOTAN POLÉMICA. TAMBIÉN CON OTROS QUE DESIGNAN MÚLTIPLES MANIFESTACIONES DE DISCONFORMIDAD O DESAPROBACIÓN, CON FRECUENCIA ALBOROTADAS, RUIDOSAS O NOTORIAS: **1 bronca ++:** Al llegar a casa la bronca fue *monumental* y el curso siguiente terminó estudiando en un rígido colegio de Irlanda... EME010996 **2 pitada ++:** Jamás Cruyff, ni en su época de futbolista, había recibido una pitada tan *monumental* como la de ayer. LVE270795 **3 abucheo ++:** ...las palabras que luego dedicó al líder de Coalición Popular, Manuel Fraga, levantaron un *monumental* abucheo en la plaza de toros. EPE010686 **4 gresca ++:** El descontento de los estudiantes estalló ayer en forma de una *monumental* gresca. EME101296 **5 escándalo ++:** ...la opinión pública estadounidense se mostró dividida ante este escándalo ya *monumental.* CLA280297 **6 polémica:** ...originó una *monumental* polémica que trascendió el mundo del deporte, con movilizaciones masivas en ambas ciudades. LVE270796 **7 controversia:** Hace dos años, con ocasión de la disputa en el Georgia Dome de la Super Bowl de fútbol americano entre los Dallas Cowboys y los Buffalo Bills, se organizó una más que *monumental* controversia... LVE290495 **8 división:** Y en cuanto a la sociedad en general, se ha producido una *monumental* división de opiniones con una amplia manifestación de crispación y de desaires hacia la Iglesia. EPE041001

B SUSTANTIVOS QUE DENOTAN RESULTADO DESFAVORABLE, ASÍ COMO EL ESTADO ANÍMICO QUE GENERALMENTE TRAE CONSIGO: **9 fiasco ++:** Abad aseguró que las tarifas «constituyen un *monumental* fiasco para unos ciudadanos que han estado muchos años esperando la llegada del metro»... EPE070499 **10 fracaso ++:** Pero el estreno de la obra (...) fue un fracaso *monumental*: duró apenas un par de días... EPE050999 **11 chasco:** ...te llevas un chasco *monumental* cuando los mozarrones neumáticos que hacen estriptis se limitan a enseñar el culo. EME050195 **12 disgusto:** Al verano siguiente niño Albert regresó a Barcelona, dándole un *monumental* disgusto a su madre al descubrir que hablaba perfectamente francés, pero que había perdido el catalán... LVE170896 **13 derrota:** Pero se trata no sólo de una derrota *monumental* para Peres, sino también para el primer ministro israelí... EPE010800 **14 derrumbe:** ...protagonista principal de «Los años que fuimos Marilyn», en la metáfora herrumbrosa de ese *monumental* derrumbe: la épica política del sueño generacional travestida en sainete doméstico. ABC031195 **15 desastre:** UGT termina exigiendo «el cese de los directivos responsables de este *monumental* desastre». EME271296 **16 decepción:** ...no es que el fracaso fuera muy sonado, pero se llevó una *monumental* decepción. INDOC

C SUSTANTIVOS QUE DESIGNAN HECHOS O DICHOS DESACERTADOS Y, MUY A MENUDO, CARENTES DE LÓGICA O DE COHERENCIA: **17 disparate ++:** El llamamiento de Butelezi para boicotear las elecciones ha sido, citando a muchos analistas, un «disparate *monumental*». EME070494 **18 error +:** El ensayo de Subirats, con momentos excelentes y errores *monumentales*, refleja el lógico desencanto que produce la situación de España. ABC140194 **19 tontería +:** Aparte de que el título ya es de chiste, pues incide sin rubor en esa tontería *monumental* de que una mujer pueda quedarse embarazada por medio de espermatozoides celestiales... EPE190199 **20 fallo ++:** Un *monumental* fallo defensivo del primero, al borde de su área, dejó el balón en bandeja a Suker... LVE240696 **21 majadería +:** «El libro (...) es una majadería *monumental*, en el que no hay una sola palabra de verdad.». ABC270392 **22 torpeza +:** Sólo alguien de tan *monumental* torpeza es capaz de conseguir tal hazaña política. EPE121299 **23 patinazo +:** El *monumental* patinazo de las encuestas. EME050396 **24 perogrullada +:** Decir que algunas opiniones literarias de ese poeta de veinticuatro años cambiaron a lo largo de su vida, sería decir una *monumental* perogrullada... EME140195 **25 gazapo +:** Y es que una directiva que presume de una irreprochable, fría y calculadora gestión de cuantos contratos suscribe cometió un *monumental* gazapo. EPE051299 **26 pifia +:** ...para culminar la serie de despropósitos del Lleida, Emilio cometía una pifia *monumental* en el minuto 89... LVE160495 **27 chapuza +:** Pero, por suerte, el poema se queda nada más que en una chapuza, en una *monumental* chapuza. EPE130599

28 **chorrada:** He aquí alguno de esos medios: distribución de 1,5 millones de dípticos, (...) globos aerostáticos con leyendas acerca del evento... En fin, una *monumental* chorrada. EPE060900 **29** **patochada:** El Deportivo perpetró una patochada *monumental*, una exhibición de despropósitos que Riazor tardará en olvidar. EPE270999 **30** **equívoco:** Y eso ocurrió cuando surgió –de la mano de muchos de ellos– ese equívoco *monumental* que es lo posmoderno... ABC011093 **31** **barbaridad:** Los socialistas han hecho algunas barbaridades *monumentales*, pero no se puede arrebatar al pueblo su voluntad... LVE240196

D SUSTANTIVOS QUE DENOTAN TRABAJO O ESFUERZO PUESTOS EN ALGUNA COSA: **32** **trabajo ++:** ...por primera vez en este país pueda conocerse, de modo general, el trabajo *monumental* del Círculo Eranos. ABC020695 **33** **esfuerzo ++:** ...los océanos siguen ocultando un mundo desconocido, de contornos casi irreales, que la BBC ha tratado de desvelar con un esfuerzo *monumental*... EPE071101 **34** **labor +:** En cambio, comportará gastos multimillonarios, puesto que implicará una *monumental* labor de reedición de libros de texto y obras literarias... EME081096 **35** **tarea +:** La Comisión para el Esclarecimiento Histórico (...) tiene seis meses para encarar la tarea *monumental* de investigar y documentar las violaciones a los derechos humanos... BRE040497 **36** **interés:** «No existe un interés *monumental*; las aportaciones que puede hacer este hallazgo se producirán con el análisis de los restos», aseguró Ferran Puig. EPE100299 **37** **empeño:** Gustav Leonhardy y Nickolaus Harnonocourt, dos de los mayores expertos en Bach, han completado este *monumental* empeño discográfico, que ahora se reedita completo. ABC161294 **38** **empresa:** Junio de 1872 fue la fecha de partida de esta *monumental* empresa, cuando el intelectual y autodidacta bogotano Rufino José Cuervo contaba apenas 28 años. LVE020795

E SUSTANTIVOS QUE DESIGNAN SITUACIONES CAÓTICAS O CONFUSAS: **39** **lío ++:** En un ambiente de hostilidad y confusionismo, todos coinciden en algo: el lío es *monumental*. EME310896 **40** **atasco ++:** ...encima de la paliza que nos ha dado el Barcelona, se suma ahora la paliza para poder salir de este atasco *monumental*. EPE080999 **41** **confusión +:** Afirma que en arte «no se ha hecho nada importante en los últimos 40 años» y que «la ópera contemporánea no existe porque hay una confusión de ideas grande, *monumental*». LVE290195 **42** **complicación:** Las complicaciones para acceder a esa información pública son *monumentales*. INDOC **43** **caos:** ...a partir de las siete de la tarde se produjo un *monumental* caos aéreo que tardó tres horas en solventarse. EME100394 **44** **embrollo:** El *monumental* embrollo que supone la preinscripción ha tenido de nuevo en vilo a 50.000 familias catalanas hasta ayer mismo. LVE180796 **45** **tumulto:** El vicesecretario general organizó un *monumental* tumulto a su alrededor: grabadoras, cámaras, micrófonos, delegados veteranos, jóvenes observadores... EME210394 **46** **tinglado:** Hubiese sido decepcionante que en este país, todavía, hubiese una mayoría decidida a transigir con todo, resignados a vivir en este *monumental* tinglado de engaños. EME160694 **47** **jaleo:** Abstraído en medio de un jaleo *monumental* (...), el hombre hacía su trabajo... EPE050599

F SUSTANTIVOS QUE DENOTAN AGRESIÓN O ENFRENTAMIENTO: **48** **disputa:** El primer efecto de la carta fue una *monumental* disputa familiar... EME261095 **49** **pelea:** En pocos minutos se montó una *monumental* pelea. LVE021095 **50** **rifirrafe:** ...es una «especulación» pensar que este éxito de ventas de deba al *monumental* rifirrafe organizado con la publicación del libro, denostado por la mayoría de los críticos. LVE290895 **51** **reyerta:** ...dijo ayer que no entraba en el pub desde que hace tres meses vio una *monumental* reyerta. EPE221199

G SUSTANTIVOS QUE DENOTAN GOLPE O IMPACTO, A MENUDO INTERPRETADOS FIGURADAMENTE: **52** **paliza ++:** Identificado por uno de estos grupos, fue agredido y recibió una *monumental* paliza. EPD250897 **53** **choque ++:** El choque entre ambas personalidades fue *monumental*. INDOC **54** **tortazo +:** Resulta que las «chicas de oro» se han pegado un tortazo *monumental* y los «bad boys» de Forrellat han logrado lo que parecía imposible: meterse en la final y alcanzar la cota más alta del hockey desde sus comienzos en 1912. EME010896 **55** **batacazo +:** Entre los comentaristas parlamentarios crece la sensación de que esta vez el batacazo laborista será *monumental*. LRE260103 **56** **bofetada +:** Una de las películas más famosas de todos los tiempos, que lanzó a Rita Hayworth a la categoría de mito, con su cabellera pelirroja (...) y la facultad de encajar la *monumental* bofetada propinada por Glenn Ford. LVE150196 **57** **descalabro:** Cuando los mercados conocieron hace unos días el dato del endeudamiento de las autonomías (...), la peseta sufrió un descalabro *monumental*. EME060395

H SUSTANTIVOS QUE DESIGNAN ACCIONES Y ACTITUDES QUE SE CARACTERIZAN POR LA FALSEDAD, EL ENGAÑO O LA CONTRADICCIÓN: **58** **cinismo +:** El cinismo de este Gobierno es *monumental*. INDOC **59** **engaño +:** Es decir, la legitimidad moral se pierde cuando la legitimidad legal se ha adquirido mediante un *monumental* engaño... EME040194 **60** **mentira +:** ¡Ay del que engañó a su pueblo el día que se descubran sus mentiras *monumentales*! EME030195 **61** **estafa +:** Enrique Sarasola y los Albertos aparecen implicados en una estafa *monumental*. EME110194 **62** **contrasentido:** ...la fama literaria de Georges Perec arrancó a raíz de un *monumental* contrasentido... EPE010286 **63** **hipocresía:** Ribó calificó de «hipocresía *monumental*» la propuesta del Gobierno catalán, máxime cuando CiU «ha votado siempre en contra de cualquier subida de las pensiones». EPE250899 **64** **tergiversación:** En el postulado de la libertad de enseñanza subvencionada (...) se esconde una *monumental* tergiversación de la auténtica democracia efectiva. EME020596 **65** **tongo:** ...no tiene otro objetivo que el de repartirse las vocalías, más las cortes departamentales y así armar el tongo *monumental* de unos comicios fraudulentos. LTB311000

I ALGUNOS SUSTANTIVOS QUE DESIGNAN LA REACCIÓN QUE SE PRODUCE ANTE LO INESPERADO: **66** **susto ++:** A la hora de la ducha, el susto fue *monumental*. EME280695 **67** **sorpresa +:** Era un puro trámite, y una resolución en sentido contrario hubiese sido una sorpresa *monumental*. EPE290800

J SUSTANTIVOS QUE DESIGNAN LOGROS, GENERALMENTE MERITORIOS: **68** **proeza +:** ...la ciudad de los prodigios, apenas repuesta todavía del derroche de energía y de deuda de su *monumental* proeza olímpica. LVE290395 **69** **éxito +:** Neil Shicoff se incorporaba al reparto de Carmen (...), y lo hacía precedido del *monumental* éxito de José Carreras en el mismo papel sólo 24 horas antes.

EME290895 **70 logro** +: Nuestros científicos han alcanzado un logro *monumental* que nos da la posibilidad de cambiar la industria... EXC140901 **71 alarde** +: ...en Madrid pesa demasiado (...) el alarde *monumental* de todos los mandamases que han querido parecerse a Carlos III... EME180495

K SUSTANTIVOS QUE DENOTAN PENSAMIENTO O INTENCIÓN DE ACTUAR, O DESIGNAN ALGUNAS DE SUS MANIFESTACIONES: **72 idea**: Así lo afirma el propio arquitecto portugués a la hora de explicar el sentido de su proyecto (...), del que dijo ayer que no responderá a una idea *monumental*. EPD180697 **73 iniciativa**: La *monumental* iniciativa (...) coincide, no casualmente, con un resurgimiento del interés por la figura de Winston Churchill... LVE280995 **74 plan**: En plena juventud, Eduardo Úrculo ya tenía un plan *monumental* para Madrid: ciudad cuajada de culos. EPE021201 **75 proyecto**: El Cabildo de Fuerteventura y el Ayuntamiento de La Oliva acordaron el viernes en sendos plenos mostrar su apoyo al proyecto *monumental* Montaña de Tindaya... LVE291296

L SUSTANTIVOS QUE DENOTAN ENFADO: **76 cabreo** ++: La actitud de los socialistas al enterarse de la noticia fue de un *monumental* cabreo. EME100295 **77 enfado**: El pasado miércoles, en un entrenamiento, la actitud condescendiente de sus hombres hizo que agarrara un *monumental* enfado. EME150194 **78 mosqueo**: Uno de ellos, que quizá aspirase al cargo, dio la espantada con *monumental* mosqueo. ABC031195

☐ Véase también: **mayúsculo.**

monumento

♦ **alzar(se), construir, derribar, derruir, erigir, levantar(se)**

☐ Véase también: **edificio, estatua.**

morada

♦ **allanamiento (de)** ♦ **allanar**

☐ Véase también: **casa, edificio, hogar, vivienda.**

moral

▮ *(ánimo)* ♦ **de hierro[8], elevado, enaltecido, inquebrantable[13], pletórico (de)[9], por los suelos, quebradizo[2]** ♦ **inyección (de)[9]** ♦ **afectar (a), alimentar[69], comer, decaer[3], echar[14], enardecer, enfriar(se), fortalecer, galvanizar[10], henchir(se) (de)[5], inculcar, infundir[10], insuflar[5], minar[8], perder, recuperar, robustecer(se)[29], socavar[48], subir, transmitir**

▮ *(moralidad)* ♦ **atentatorio (contra)[11], católico, cristiano, doble, estricto, férreo[49], intachable[37], laxo[16], sujeto (a)** ♦ **falta (contra)** ♦ **atentar (contra), dañar[35], ir (contra), ofender[16], perjudicar, practicar[41], predicar[22], quebrantar[25], tener, transgredir[42]**

☐ Véase también: **ánimo, creencia.**

moraleja

♦ **acertado, agudo, amargo, bonito, certero, claro, destacable, evidente, feliz, final, ilustrativo, incluido, instructivo, ñoño, obvio, oportuno, principal, resultante, sabio, sencillo, sensato, sentencioso, significativo, sutil, típico, trágico** ♦ **con, sin** ♦ **fábula (con)** ♦ **aprender, concluir(se), contener, derivar(se), desprender(se), encerrar, entresacar, entrever, esconder, extraer, inferir(se), obtener(se), resaltar, sacar, subrayar, terminar (con)**

☐ Véase también: **enseñanza.**

moratoria

♦ **decretar[38], establecer, solicitar**

☐ Véase también: **plazo, ultimátum.**

mordaz

adj. ▮ Se combina con sustantivos de persona *(hombre, crítico, humorista, escritor)* y con otros que designan muy diversos tipos de textos y mensajes *(libro, frase, discurso, pregunta, película, historia, diálogo, comentario, novela, verso, fábula)*, así como algunos de los elementos que participan en su composición *(lenguaje, estilo, escritura, pluma)*. También se combina con...

A EL SUSTANTIVO *CRÍTICA* Y CON OTROS QUE DESIGNAN JUICIOS NEGATIVOS ORALES O ESCRITOS DIRIGIDOS A ALGÚN DESTINATARIO: **1 crítica** ++: El cuadro (...) es «una crítica *mordaz* de los modelos de la burguesía». CLA080797 **2 autocrítica** +: Sus páginas arrancan de una singular excusa desarrollada con geniales golpes de *mordaz* autocrítica... ABC200594 **3 denuncia** +: ...emitieron una *mordaz* y afilada denuncia contra la Autoridad Palestina... EPE041299 **4 dardo** +: ¿Habría alguna posibilidad de podernos deleitar con los *mordaces* y certeros dardos de ese gran artista? EPE301299 **5 censura**: Ambas modalidades han tenido (...) eminentes cultivadores en nuestra historia literaria, unos entregados al derroche de ingenio en la censura *mordaz*, otros más atraídos por la comicidad... ABC020493 **6 descalificación**: Me refiero a esa «libertad de expresión» que alcanza, a menudo, (...) descalificaciones *mordaces* de personas de la vida pública... LVE231095 **7 imprecación**: Fue en ellas donde por primera vez oímos *mordaces* imprecaciones contra toda la forma de vida rusa y europea... ABC190293 **8 reprimenda**: ...no hay que utilizar en vano (...) el nombre de «el soci» si no se quiere dar ocasión a alguna reprimenda jocosa pero *mordaz*. LVE190796 **9 acusación**: ...se han oído palabras de un cierto grosor, e incluso se han intercambiado algunas acusaciones *mordaces*. LVE181196 **10 rejonazo** −: Fuera de estos rejonazos *mordaces*, lo cierto es que muchos buenos articulistas tienen asegurado un número apreciable de lectores fieles... LVE160795

B SUSTANTIVOS QUE DENOTAN HUMOR O IRONÍA, Y CON OTROS QUE DESIGNAN ALGUNOS GÉNEROS DISCURSIVOS Y MANIFESTACIONES VERBALES CARACTERIZADOS POR ESOS RASGOS: **11 humor** ++: Este comentario me lo hace un economista de fina inteligencia y humor *mordaz*... DYM281096 **12 ironía** ++: Si algo le sentaba mal, mantenía una *mordaz* ironía con la que, gracias a su inteligencia, machacaba al contrincante. EME070296 **13 parodia** ++: ...*mordaz* parodia de un cielo en el que ha tomado el poder la «nomenklatura»... EME100695 **14 comedia** ++: ...Esta es una comedia mucho más *mordaz*. EME211096 **15 sátira** ++: Boadella regresa a su sátira más *mordaz* en un género que está presente en toda su obra teatral... LVE011095 **16 sentido del humor** +: ...este vigués de 38 años se muestra como un conversador incansable y hace gala de un *mordaz* sentido del humor. EME180495 **17 chiste**: ...son capaces de encarar los momentos de mayor peligro con un chiste *mordaz* y una sonrisa cínica en los labios. LVE281195 **18 caricatura**: Las parodias y caricaturas *mordaces* se amenizan con intervenciones colectivas de incisiva eficacia... LVE060196

C SUSTANTIVOS QUE DENOTAN LENGUAJE Y, POR EXTENSIÓN, ESTILO O MODO DE EXPRESIÓN: **19 lenguaje** ++: Su lenguaje sencillo y *mordaz* le ha labrado popularidad entre las mujeres y los jóvenes. LVE250895 **20 lengua +:** Por el contrario, Bucaram evidenció sus dotes histriónicas y su lengua *mordaz.* LVE060796 **21 pluma +:** ...es un hombre de letras erudito y exigente, y una de las plumas más *mordaces* y volterianas... EPE240799 **22 estilo +:** ...posee un estilo *mordaz,* punzante, sarcástico y agudo como un estilete... ESP230197 **23 escritura:** La escritura de Self es artificiosa, *mordaz,* obscena, snob y brillantísima. LVE050196

D SUSTANTIVOS QUE DENOTAN PUNTO DE VISTA O PERSPECTIVA: **24 mirada +:** Una mirada *mordaz* sobre el devenir moderno y el mito del artista contemporáneo... EME170695 **25 punto de vista +:** Se habla de la relación de los convictos entre ellos o con los guardianes, siempre desde un punto de vista *mordaz* y absurdo. EPE230199 **26 visión:** ...convergen en una visión crítica y *mordaz* del hombre moderno ante la historia y las realidades de un mundo inquietante... LVE260196 **27 perspectiva:** ...aborda la santidad desde una perspectiva *mordaz* en seis historias no aptas para carne de reclinatorio. EPE201199

E SUSTANTIVOS QUE DENOTAN EXAMEN, ESTUDIO, INTERPRETACIÓN O EXPOSICIÓN DE ALGO, Y CON OTROS QUE DESIGNAN ALGUNOS DE LOS RESULTADOS DE ESAS ACCIONES: **28 análisis:** ...no es sólo un retrato cronológico (...) sino también un análisis *mordaz* e irónico... EPE010699 **29 retrato:** Pero lo que podría haber sido un retrato *mordaz* se enreda en el humor costumbrista... ABC061095 **30 repaso:** ...un certero, *mordaz,* irónico y muy cruel repaso a la fauna y flora de la meca del cine... LVE291296 **31 lectura:** Cada gesto, cada palabra permite una *mordaz* doble lectura en el expresivo lenguaje de Van Cauwelaert. EME210996 **32 reflexión:** Los Oscar (...) avalan la calidad de esta irónica y *mordaz* reflexión sobre los sueños y aspiraciones de la clase media americana. EPE031101 **33 consideración:** Puede ser *mordaz* en su consideración... ABC160493 **34 conclusión:** Hay algo de declaración de independencia y autonomía, aunque la conclusión es también bastante cínica y *mordaz...* EME240494 **35 observación:** No fue inmune a frecuentes oleadas de críticas por parte de la Prensa, así como a las observaciones *mordaces* de personas como su prima Alice. EME080496 **36 testimonio:** ...un testimonio sincero y *mordaz* que contribuyó notablemente al conocimiento del partido... ABC220995 **37 descripción:** ...ofrece una descripción vívida y un tanto *mordaz* del acontecimiento. EME240695

☐ Véase también: **acerado, cáustico.**

[morir] → **a morir**

morir ♦ **a golpes[11], atrozmente[5], cristianamente, de gusto, de hambre, de imprevisto, de repente, dignamente[7], heroicamente[14], irremediablemente[24], literalmente[43], plácidamente[63], por poco, repentinamente, trágicamente[1], violentamente, voluntariamente** ♦ **dejar(se), disponer(se) (a), echar(se) (a)[17]**

☐ Véase también: **fallecer.**

morriña ♦ **entrar[12], pasárse(le) (a alguien), sentir, sobrellevar, tener, vencer, venir(le) (a alguien)**

☐ Véase también: **melancolía, nostalgia, pena, tristeza.**

[morro] → **a morro**

mortal ♦ **de necesidad** ♦ **ataque, caída, contagio, enemigo, envidia, error, herida, odio, peligro, prueba, resto, salto, trampa, víctima**

mortalmente ♦ **aburrir(se), alcanzar, herir**

☐ Véase también: **atrozmente.**

mortecino ♦ **color, luz, matiz, sonido, tonalidad, tono, voz**

☐ Véase también: **apagar(se).**

mortífero ♦ **accidente, arma, artefacto, atentado, bomba, enfermedad, gas, plan, virus**

mosaico ♦ **abigarrado[6], amplio, complejo, variado** ♦ **componer, conformar, constituir, formar, reunir**

☐ Véase también: **abanico (de).**

[mosca] → **como moscas, ni una mosca**

MOSTRACIÓN Véase: *DEMOSTRACIÓN*

mostrar(se) ♦ **animado, decidido, dispuesto, favorable, interesado, remiso, reticente** ♦ **abiertamente, a bocajarro[23], a favor[9], a la defensiva[2], a las claras[2], a las mil maravillas[28], a los cuatro vientos[4], a pelo[7], categóricamente[26], con detalle[21], crudamente[1], de refilón[32], detalladamente[18], elocuentemente[11], en contra, generosamente[29], in fraganti[11], manifiestamente[5], ni de lejos[19], nítidamente[16], ostensiblemente[47], por completo[64], reiteradamente[26], sinceramente[42], sin tapujos[29]**

☐ Véase también: **aparecer.**

mote ♦ **afectuoso, cariñoso, despectivo[15], sarcástico** ♦ **asignar (a alguien), cargar (con), colgar (a alguien), poner (a alguien), sacar (a alguien)**

☐ Véase también: **apelativo, apodo, sambenito.**

motín ♦ **carcelario, grave, sangriento, violento** ♦ **conato (de), intento (de)** ♦ **capear, estallar, extender(se), producir(se), protagonizar, sofocar[2]**

MOTIVO Véase: CAUSA; RAZÓN

motivo (de) ♦ **anecdótico[33], concluyente[35], de peso, desconocido, desencadenante, determinante[7], especial, fundamental, general, grueso[12], humanitario[21], idéntico, inconfesable[21], inequívoco[22], injustificado, insignificante[45], insuficiente, irrebatible, irrisorio[13], justificado, legítimo, oculto, oscuro, principal, profundo[69], serio[66], sobrado (de)[15], suficiente, trivial, único, valedero[6], verdadero** ♦ **con** ♦ **alarma, alegría, celebración, comentario, conflicto, controversia, debate, desavenencia, discordia, discusión, disputa, división, divorcio, duda, eficacia, enfrentamiento, escándalo, esperanza, estudio, extrañeza, fricción, gozo, higiene, incertidumbre, inquietud, interés, interés público,**

orgullo, pelea, persecución, polémica, preocupación, protesta, queja, reflexión, risa, salud, satisfacción, seguridad, sospecha, tranquilidad, zozobra, *otros sustantivos que designan emociones o sentimientos* ♦ aclarar(se), aducir[4], ahondar (en)[32], alegar, averiguar, buscar, clarificar[34], converger[26], dar (a alguien), decidir, derivar(se)[29], desconocer, descubrir, desentrañar[27], destapar, desvelar, determinar, dilucidar[49], esclarecer(se)[24], esgrimir[9], estribar (en)[4], explicar, ignorar, justificar, obedecer (a), ofrecer, persistir, preguntar, radicar (en algo), responder (a algo), revelar, saber, subyacer (a algo)

□ Véase también: **causa, móvil (de), ocasión, origen, razón.**

motor ♦ al ralentí, a medio gas, a punto, generador, impulsor ♦ accionar, apagar, encender, engrasar, funcionar, homologar, propulsar, rugir

□ Véase también: **causa, motivo (de), origen, razón.**

movedizo ♦ arena, terreno, tierra

mover la cabeza ♦ afirmativamente[10], apesadumbradamente, a uno y otro lado, pesadamente, tristemente

mover(se) ♦ a cámara lenta[1], acrobáticamente, a la baja[10], a la deriva[12], al unísono, a {mi/tu/su...} aire, a {mis/tus/sus...} anchas[16], a paso de tortuga, a pulso[14], armónicamente, a tientas[10], a todo tren[10], atropelladamente[11], como (un) loco[16], cómodamente, con cautela[43], con decisión, con dificultad, con fluidez[3], con pies de plomo, con soltura, de puntillas[13], desenfrenadamente, en oleadas, lentamente, ligeramente[34], perezosamente, pesadamente[7], rápidamente

□ Véase también: **adentrarse (en), atravesar, avecinarse, cabalgar, circular, cruzar(se), deambular, emerger, escalar, merodear (por), movilizar(se), penetrar, replegar(se), retirar(se) (de), salir, serpentear, vagar, zambullir(se) (en).**

móvil (de) ♦ apremiante[42], auténtico, encubierto, inconfesable[22], injustificado, justificado, misterioso, obvio, oculto, secreto, verdadero ♦ acto, agresión, asalto, asesinato, atentado, crimen, extorsión, maniobra, matanza, muerte, paliza, pelea, revolución, reyerta, robo, secuestro, tragedia, trama ♦ averiguar, confesar, conocer, declarar, descubrir, destapar, dilucidar[51], ignorar, imaginar, ocultar, reconocer, salir a la luz[61]

□ Véase también: **causa, motivo (de).**

movilización ♦ general, masivo, obligatorio ♦ cobrar fuerza[43], convocar, decretar, desconvocar, emprender[59], llamar (a), ocasionar[36], recrudecer(se)[54], secundar

movilizar(se) ♦ en masa[8], forzosamente, masivamente, voluntariamente ♦ colectivo, efectivos, electorado, opinión pública, persona, sociedad, soldado, tropa

movimiento ♦ abrupto[87], acompasado[4], acrobático, afirmativo[7], airoso, ajetreado[15], a la baja[47], a pie, armónico, atropellado, basculante, beligerante, brusco[29], centrífugo[2], centrípeto[4], cíclico, circular, compulsivo[30], continuo, creciente, cultural, defensivo[31], de ida y vuelta[4], desenfrenado, discontinuo, electoral, en falso[16], envolvente, espasmódico, execrable, expansivo, fatal, febril[6], filosófico, frenético[14], fugaz, giratorio, grácil, ideológico, igualitario, imparable[13], incesante, incontrolado, inequívoco[31], instintivo[3], intermitente, irregular, legítimo, lineal, migratorio[1], ofensivo, oscilante, parsimonioso, patriótico, pausado, pendular, periódico, político, popular, regular, rítmico, rotatorio, sincopado, sostenido, trepidante, vasto[12], vertiginoso, vibratorio, vivo ♦ en ♦ abanderar, acelerar, agilizar[25], aglutinar[31], aminorar, atajar, atenazar[34], capitanear[43], dejarse llevar (por)[60], detener, difundir(se)[124], disminuir, encabezar, enrolar(se) (en)[1], extender(se), frenar, imponer(se), imprimir (a algo), iniciar, interrumpir, ralentizar, triunfar

□ Véase también: **cambio, entrada, giro, paso, quiebro, retirada, salida, traslado.**

MOVIMIENTO Véase:

♦ acompasado, agitado, ambulante, cambiante, itinerante, levadizo, migratorio, movedizo, móvil, progresivo

♦ a caballo, a cámara lenta, a empujones, a escape, a hombros, a hurtadillas, a la deriva, a la pata coja, a paso de tortuga, a pasos agigantados, a pie, a rastras, a salto de mata, a tientas, a toda máquina, de puntillas, en circulación, en desbandada, lateralmente, por {mi/tu/su...} propio pie, por todo lo alto

♦ acercamiento, afluencia, agitación, ajetreo, andadura, andanza, ascensión, ascenso, auge, aumento, avance, bajada, bajón (de), balanceo, brinco, cadencia, caída, cambio, circulación, compás, danza, desarrollo, descenso, desviación, desvío, dinamismo, dirección, emigración, empujón, evolución, flujo, frenazo, fuga, garbeo, giro, huida, impulso, inercia, ingreso, inmigración, inmovilización, lentitud, marcha, moción, movilización, movimiento, oscilación, pase, paseo, paso, peatón, persecución, pirueta, progreso, quiebro, rapidez, regreso, retirada, ritmo, rodeo, rumbo, sacudida, salida, subida, tráfico, tránsito, trasiego, traslado, vaivén, velocidad, viaje, viajero, viraje, visita, vuelo, vuelta

♦ acercar(se), acortar, adelantar(se) (a), adentrarse (en), afluir, alzar(se), andar, anticipar(se) (a), apartar(se), aproximar(se), arquear, arrastrar(se), arrimar(se), arrojar(se), ascender, asomar(se) (a), atajar, atraer, atravesar, aumentar, avanzar, avecinarse, bajar, botar, cabalgar, caer, calar, caminar, castañear, castañetear, circular, cojear, conducir, correr, cruzar(se), chorrear, dar vueltas (a), deambular, derivar(se), descender, desenvolverse, desplazar, desviar(se) (de), detener(se), echar(se) (a), elevar(se), emerger, empantanar(se), empujar, enarcar, encaminar(se), enfilar, escalar, escapar, flotar, fluir, frenar, girar, huir, impulsar, interceptar, introducir(se) (en), ir, ir(se), lanzar(se) (a), manar, marchar(se), merodear (por), meter, mover(se), movilizar(se), navegar, ondear, orbitar, parar(se), pasar, pasear(se), penetrar, perforar, perseguir, plegarse (a), progresar, propulsar, rebasar, recorrer, remar, replegar(se), retirar(se) (de), rodar, salir, serpentear, subir, suceder(se), tirar(se), transcurrir, traspasar, vagar, varar(se), venir, viajar, vibrar, virar, visitar, volar, volcar(se), zambullir(se) (en)

MOVIMIENTO
♦ (ADJETIVOS) Véase: ola (de)[J]
♦ (SUSTANTIVOS) Véase: abrupto[I], a cámara lenta[E], acaparador[C], acompasado[A], agilizar[D], agotador[D], ajetreado[C], a la baja[G], a la desesperada[G], aligerar[D], amortiguar[K], aparatoso[E], arrasador[D], arrollador[B,D], atenazar[E], a todo tren[C], brusco[D,E,L], cansino[A], centrífugo[A], centrípeto[A], compulsivo[F], congestionar(se)[D], copioso[F], cortar[C,E], dar[B,R], de ida y vuelta[A,C], de incógnito[H], dejarse llevar (por)[H], denegar[E], de puntillas[G], desenfrenado[D,F], digerir[E], displicente[B], endiablado[A], en falso[E], errar[B], febril[B], frenético[D], inapreciable[B], ingente[F], marcar[C,E], migratorio[A], obstaculizar[B], obstruir[A], ola (de)[F], pegar[C,E], propicio[G], somero[I], vasto[C], vivaz[B]
♦ (VERBOS) Véase: abruptamente[C], a cámara lenta[A], a chorro(s)[A], a contramano[A], a contrapelo[B], a empujones[A], a escape[A], a espuertas[B], a fondo[E], a golpes[F], a hurtadillas[D], airoso[B], a la baja[B], a la deriva[A,B,C], a la desesperada[A], a lo lejos[G], a medio gas[B], a {mis/tus/sus...} anchas[C], a muerte[D], a pasos agigantados[A,B], a pecho descubierto[A], a pulso[A,C], a raudales[A], armoniosamente[E], arrolladoramente[B], a tientas[B,C], a toda máquina[A], a toda pastilla[A], a todo tren[F], a tope[D], a trancas y barrancas[A], atropelladamente[B], ávidamente[D], bárbaro[C], codo con codo[A], como (un) loco[B], como alma que lleva el diablo[A], como una exhalación[A], como un solo hombre[E], con cautela[F], con firmeza[H], considerablemente[K], contra reloj[E], contra viento y marea[A], de arriba abajo[C,E], de boca en boca[A], de buen grado[E], decididamente[B], de incógnito[A,C], de punta a punta[A], de puntillas[A,B], de soslayo[C], de un tirón[B], echar(se) (a)[D], en falso[A], en persona[A], en son de paz[A], febrilmente[D], fugazmente[A,B], gravemente[F], hasta el tuétano[A,B], impaciente[C], inexorablemente[B], intensamente[A], irremediablemente[A], ligeramente[B], limpiamente[F], ni de lejos[A], ordenadamente[D], ostensiblemente[G], palmo a palmo[C], paulatinamente[G], pesadamente[C], sano y salvo[F], sin rumbo[A], tangencialmente[E], ventajosamente[F], vorazmente[B]
□ Véase también: ASCENSO; CADENCIA; DIRECCIÓN; INCREMENTO; LANCE; PENETRACIÓN; PROGRESIÓN; PROGRESO; REGRESIÓN; VELOCIDAD.

MOVIMIENTO IMPULSIVO Véase: *GOLPE Y MOVIMIENTO IMPULSIVO*

MOVIMIENTO IMPULSIVO Véase: FUERZA; GOLPE; LANZAMIENTO

muchedumbre ♦ afluir, agolpar(se), agrupar(se), apelotonar(se), arrastrar, atraer, concentrar(se), congregar(se), desperdigar(se), dispersar(se), enardecer(se), juntar(se), manifestar(se), reunir(se)
□ Véase también: multitud.

[mucho] → en mucho

mudar(se) (de) ♦ opinión, ropa
□ Véase también: cambiar.

mueca ♦ despectivo[25], forzado, risueño, sardónico[6] ♦ amagar[1], cruzar, esbozar, hacer, lanzar, reprimir
□ Véase también: gesto (de).

muela ♦ doler (a alguien), empastar, extraer, picar(se), sacar

[muerte] → a muerte, a vida o muerte

muerte ♦ accidental[1], a golpes[54], anunciado, cercano, doloroso, dulce, esperado, fulminante, honroso[27], imprevisible, inesperado, inexorable[29], irreparable[8], justo, largo, lejano, lento, rápido, repentino, sereno, súbito, temprano, terrible, tranquilo, violento ♦ al filo (de)[9], so pena (de)[13] ♦ pena (de) ♦ abocar(se) (a)[3], acechar[18], acercar(se), afrontar[24], anunciar, aproximar(se), arrostrar[19], asumir[20], augurar[19], causar, condolerse (por), conjurar[17], conmemorar[26], dar[256], encarar, engendrar[7], esperar, imputar[3], jurar[23], lamentar, llegar (a alguien), ocasionar[3], prever, producir(se), provocar (a alguien), sembrar[81], sentir, sobrevenir, sobrevivir (a), superar, vencer
□ Véase también: asesinato, fallecimiento, homicidio.

[muerto] → como un muerto, en punto muerto

muerto ▮ *(participio)* ♦ cerebralmente, clínicamente
▮ *(sust.)* ♦ causar, desenterrar, enterrar, exhumar, honrar, oler (a)
▮ *(sust.masc.)* ♦ cargar (con)
□ Véase también: cadáver.

muestra ♦ amplio, antológico, claro, concluyente[6], diáfano[26], efusivo[29], evidente, fehaciente[3], flagrante[80], generoso, inequívoco, itinerante[2], luminoso[39], nutrido[11], ostensible[51], palpable[2], parcial, probatorio, representativo, revelador[8], rotundo[57], selecto, vivo ♦ constituir, dar[173], detectar[3], elegir, escoger, exponer, extraer, ofrecer, poner (como), presentar, representar, seleccionar, tomar[38]
□ Véase también: acreditar, acreditativo, ejemplo, exponente, fehaciente, modelo, prueba, testimonio.

MUESTRA
♦ (SUSTANTIVOS) Véase: aleccionador[D], a título de[A], cúmulo (de)[H], descarnado[C], detectar[A], efusivo[E], itinerante[A], llamativo[D], palpable[A], prodigar[A], revelador[A], rotundo[G]
♦ (VERBOS) Véase: a lo lejos[B], de refilón[G], elocuentemente[B], profusamente[E]
□ Véase también: DEMOSTRACIÓN; PRUEBA.

muestra (de) Véase: **manifestación (de)**

mujeriego ♦ **conocido, empedernido**[27]**, impenitente, irredento** ♦ **fama (de)**

muleta ♦ **pase (de)** ♦ **agarrar(se) (a), andar (con), blandir, llevar, sujetar(se) (con), usar**

[mulo] → **como una mula**

multa ♦ **considerable, cuantioso, desmesurado**[63]**, desorbitado, disuasorio**[20]**, elevado, injusto, irrisorio**[5]**, justo, pequeño, ridículo, severo**[17] ♦ **bajo, en concepto (de), so pena (de)**[1] ♦ **condonar**[16]**, endosar**[5]**, imponer (a alguien), pagar, poner (a alguien), prescribir, protestar, quitar (a alguien), rebajar**[45]**, recurrir**
☐ Véase también: **castigo, fianza, sanción.**

multar ♦ **a diestro y siniestro**[57]**, injustamente, justamente, severamente**[5]
☐ Véase también: **castigar, sancionar.**

multiplicar(se) ♦ **alarmantemente**[5]**, como hongos**[9]**, considerablemente**[8]**, espectacularmente, incontroladamente, notablemente, ostensiblemente, por generación espontánea, preocupantemente, rápidamente, sorprendentemente**
☐ Véase también: **aumentar, crecer, extender(se), proliferar, subir.**

multitud ♦ **abigarrado, agitado, enardecido, enfervorizado, enorme, extasiado, gran(de), impresionante, inmenso, pacífico, pequeño, pletórico, tranquilo, vociferante, vocinglero** ♦ **en medio (de), entre** ♦ **baño (de), olor (de)** ♦ **abuchear (a algo), aclamar (a alguien), agolpar(se), apiñar(se), apostar(se), apretar(se), arengar, arropar (a alguien), concentrar(se), congregar(se), convocar, desfilar, dispersar(se), formar(se), manifestar(se), movilizar(se), reunir(se), rodear (algo/a alguien), vitorear (a alguien)**
☐ Véase también: **grupo, muchedumbre.**

multitudinario *adj.* ▮ Admite sustantivos colectivos de persona *(público, grupo, equipo, ejército).* Se combina asimismo con sustantivos que designan reuniones, celebraciones y otros eventos, más frecuentemente sociales o públicos *(fiesta, reunión, boda, congreso, mitin, homenaje, acto, conferencia, concierto)* y también con otros que designan mensajes o informaciones diversas *(respuesta, testimonio, discurso, expresión, llamamiento, plegaria: La respuesta a la convocatoria fue multitudinaria).* Además se combina con...

A SUSTANTIVOS QUE DENOTAN ÉXITO: **1 éxito ++:** El musical, un éxito *multitudinario* en los Estados Unidos, (...) me permitió mi primer montaje musical. ABC300994 **2 triunfo ++:** Pero desde aquel instante de triunfo *multitudinario,* el éxito no le ha vuelto a acompañar en la misma medida. LVE300396 **3 consagración:** ...le llega al escritor la *multitudinaria* consagración que depara un premio de la índole del Planeta... EME121195

B SUSTANTIVOS QUE DENOTAN ASISTENCIA O CONCURRENCIA. TAMBIÉN CON OTROS QUE DESIGNAN ACCIONES O EVENTOS QUE REQUIEREN LA PARTICIPACIÓN DE GRUPOS DE INDIVIDUOS: **4 asistencia ++:** La *multitudinaria* asistencia superó ampliamente las previsiones... EPE051099 **5 concurrencia ++:** ...se establecían medidas similares, a fin de (...) evitar una concurrencia *multitudinaria* a la manifestación. LHG300497 **6 manifestación ++:** ...una hoja ensangrentada con la «Canción de la paz» que Rabin cantó minutos antes de morir en la manifestación *multitudinaria* de apoyo a la paz. LVE071195 **7 afluencia ++:** Con aromas de Caribe y una afluencia *multitudinaria* (...), el creador catalán Antonio Miró abrió el fuego... LVE150995 **8 presencia ++:** ...destacó el éxito del paro y de la concentración (...) llevada a cabo con una *multitudinaria* presencia de los empleados del sector oficial. ENV110497 **9 participación +:** ...esta mañana se realizará la batida de rescate, que pasará a la historia de la ciudad, ya que se prevé una participación *multitudinaria.* LVE171294 **10 aglomeración:** No he considerado nunca la cantidad como un fin en sí mismo dentro de un conjunto coral: un cuerpo como aglomeración *multitudinaria* de individuos... ABC160793 **11 concentración:** Luego, a las 12, en la emotiva concentración *multitudinaria* ante el consistorio. EPE100800

C SUSTANTIVOS QUE DENOTAN DISPOSICIÓN FAVORABLE O INTENCIÓN PARTICIPATIVA. TAMBIÉN CON OTROS QUE DESIGNAN ALGUNAS CUALIDADES QUE TALES ACTIVIDADES CONLLEVAN CUANDO SE MANIFIESTAN CON INTENSIDAD: **12 interés +:** Después de veinte años, el «pop-art» vuelve a una actualidad (...), con un interés *multitudinario...* ABC240792 **13 adhesión +:** En España, Irving (...) lejos de adhesiones *multitudinarias,* alimenta puntualmente a los irvingdependientes del país. EPE110599 **14 apoyo +:** Cádiz se volcó con sus trabajadores, que recibieron un apoyo *multitudinario.* EME200995 **15 respaldo +:** Saturados de sus frecuentes apariciones de respaldo *multitudinario* en grandes espacios, (...) han querido encerrarse en la intimidad... LVE150195 **16 colaboración:** A pesar de esta *multitudinaria* colaboración, la obra consigue una aceptable unidad... ABC280495 **17 esfuerzo:** Fue también un esfuerzo *multitudinario* para que se reconozcan ciertos derechos a las comunidades gays y lesbiana. EME270694 **18 curiosidad:** La *multitudinaria* curiosidad del público, unánime y diverso como un símbolo borgiano, ha convertido los recuerdos en acontecimientos... EPE041299 **19 tenacidad:** ...elocuente símbolo de una *multitudinaria* tenacidad puesta al servicio de saludables objetivos. LNP151297

D SUSTANTIVOS QUE DENOTAN ACEPTACIÓN O RECIBIMIENTO: **20 aceptación ++:** Como en toda norma de progreso, y tras la aceptación *multitudinaria* del biquini gracias al fenómeno turístico de los años 60, apareció la fibra K... LVE270895 **21 recepción ++:** Valga como dato, la *multitudinaria* recepción obtenida entre los lectores por su primera entrega de romances. ABC120595 **22 acogida +:** ...llama la atención la *multitudinaria* acogida a la biografía de Don Juan... ABC010995 **23 recibimiento +:** El recibimiento *multitudinario* en el aeropuerto de Alvedro después de su precipitada marcha (...) fue, según Mauro, uno de los acicates más solidos de la renovación. LVG131200 **24 bienvenida:** Multitudinaria bienvenida a «Ajoblanco» en Madrid. EME140996

E SUSTANTIVOS QUE DESIGNAN OTRAS MANIFESTACIONES DE SENTIMIENTOS O ACTITUDES, GENERALMENTE DE APROBACIÓN, DESAPROBACIÓN O DESPEDIDA: **25 adiós ++:** Multitudinario adiós en el cementerio madrileño de La Almudena a Fernando Rey. EME120394 **26 aplauso +:** El presidente de la Junta de Andalucía, Manuel Chaves (...) también se apuntó al optimismo consistorial: «Hace tiempo que no recibo un aplauso tan *multitudinario*». LVE250396 **27 pitada:** Llovieron aviones de papel, una pitada *multitudinaria* hizo retumbar las paredes y resurgieron gritos ofensivos... EME230996 **28 grito:** La obrera voivodina, entre el *multitudinario* grito de «Slobo, Slobo, Slobo», entregó seguidamente la palabra al presidente Milosevic. LVE251296 **29 despedida:** ...tributaron una *multitudinaria* despedida al eminente lingüista y académico de la lengua, fallecido en la madrugada del lunes, a los 75 años, a causa de un infarto. EPD280198 **30 protesta:** ...en todo el país se repiten las protestas *multitudinarias* que piden la cabeza del presidente Sali Berisha... CLA050397 **31 queja:** No es una queja *multitudinaria*, ni mucho menos, pero hay quien echa a faltar (...) casetas para poder cambiarse de ropa. LVE090795 **32 oposición:** La oposición a la reforma educativa es *multitudinaria* y ha unido a estudiantes universitarios y de enseñanza secundaria. INDOC

F ALGUNOS SUSTANTIVOS QUE DESIGNAN SENSACIONES O SENTIMIENTOS EXALTADOS O MUY INTENSOS: **33 histeria +:** ...para que el actor principal nos recuerde, en medio de la histeria *multitudinaria*, todo aquello que nos está vedado en nuestra vida terrena... HOY201097 **34 ira:** ...el reducido equipo económico peruano contempla con estupor los fuegos de bonzos y la ira *multitudinaria* que despierta el liberalismo. CAP280900 **35 pasión:** ...grupo estadounidense que no despertó por estos pagos *multitudinarias* pasiones pero que dejó una buena herencia discográfica. LVE300195

G SUSTANTIVOS QUE DENOTAN CONFRONTACIÓN: **36 pelea +:** Sólo jugó dos partidos, que acabaron en dos peleas *multitudinarias*. EME070394 **37 enfrentamiento +:** Un total de seis jóvenes fueron detenidos por la policía tras un enfrentamiento *multitudinario* en una discoteca ubicada en la citada calle. LVE060395 **38 batalla +:** Más de veinte personas resultaron heridas, aunque ninguna de ellas grave, a consecuencia de una «batalla *multitudinaria*»... EME230595 **39 lucha +:** A mí me tocó el Poble Nou y allá me fui con la moto, dispuesto a contar los miles y miles de manifestantes y a participar en la lucha *multitudinaria*. EPE281199 **40 riña:** ...21 jóvenes fueron detenidos por una riña *multitudinaria* en la zona... LVE020495 **41 confrontación:** ...eso puede adivinarse a grandes rasgos en una confrontación tan *multitudinaria* como es la feria... EME050294 **42 debate:** ...la cadena pública francesa había dedicado su debate (...) a este mismo tema en un acalorado y *multitudinario* debate... LVE091194 **43 pugna:** El año atlético se abre con la pugna *multitudinaria* por alcanzar el honor de organizar los Mundiales de 1997, tras la renuncia de México. EME150595 **44 reyerta:** «Ha sido una reyerta *multitudinaria*, aunque finalmente no ha ocurrido nada grave», aclaró un portavoz de la Comandancia de Madrid. EPE180999

H OTROS SUSTANTIVOS; POSIBLES USOS ESTILÍSTICOS: Todo empezó con la grabación del *multitudinario* álbum «Mucho más que dos». EME080896

☐ Véase también: **abarrotado, nutrido.**

mundanal *adj.* ▌Se combina especialmente con...

A EL SUSTANTIVO *RUIDO* Y –POR EXTENSIÓN– CON OTROS QUE SUGIEREN ALBOROTO Y CONFUSIÓN EN DIVERSOS GRADOS: **1 ruido ++:** ...hay que irse lejos del *mundanal* ruido de la ciudad... FDV070201 **2 bullicio:** ...la tendencia de apartarse del bullicio *mundanal*. LHG130297 **3 estruendo:** ...paredes insonorizadas que les aíslan del *mundanal* estruendo para que puedan celebrar sus pacíficas asambleas en paz y concierto. EPE150299 **4 trajín –:** Aislado del *mundanal* trajín, se tiene la sensación... EPE050699 **5 tráfico –:** ...Cristóbal, el santo (...) pretendió erigirse nuevamente en patrón del *mundanal* tráfico del que fue apartado. LVE210195

B ALGUNOS SUSTANTIVOS DE VOLUNTAD: **6 pretensión:** Este cuento quiso ser parábola o alegoría de la futilidad de las pretensiones *mundanales*... EPE171280 **7 interés:** Aprendió a vivir una existencia alejada de intereses *mundanales*... ABC280795 **8 deseo:** ...comprensibles tentaciones y *mundanales* deseos que acabaron por arruinar su carrera y su salud. INDOC

C OTROS SUSTANTIVOS; POSIBLES USOS ESTILÍSTICOS: ...insiste en subrayar su desapego hacia las baratijas *mundanales*... EME050194; ...garitos malfamados y modernos, donde se reunía (...) una fauna *mundanal* y rara. EME230996

munición ♦ **efectivo, escaso, inservible, insuficiente, pertrechado (de), suficiente** ♦ **faltar, gastar, malgastar**[35]**, pertrechar (de/con), sobrar, usar**

☐ Véase también: **carga.**

municionar ♦ **ejército, soldado, tropa**

☐ Véase también: **cargar.**

muñeca ♦ *(parte del cuerpo)* **esguince (de), giro (de), lesión (de)** ♦ **doler(le) (a alguien), girar, lesionar(se), romper(se), torcer(se)**

muralla ♦ **alto, débil, defensivo, grueso, inexpugnable, sólido** ♦ **abatir, alzar(se), atacar, atravesar, construir, cruzar, defender, derribar, derruir, derrumbar(se), desmoronar(se), destruir, escalar, levantar(se), proteger (algo/a alguien), resquebrajar(se), rodear (algo)**

☐ Véase también: **barrera, cerco, muro, pared.**

murmullo ♦ **apacible, de aprobación, débil, de desaprobación, del agua, de voces, fuerte, imperceptible, incesante, leve, monótono, penetrante, profundo** ♦ **acallar**[17]**, apagar(se), arrullar (a alguien), aumentar, cortar, crecer, distorsionar(se), escuchar(se), levantar(se), llegar (a alguien), oír, percibir, perder(se) (en), producir(se), surgir**

☐ Véase también: **ruido, rumor, sonido, susurro.**

murmurar ♦ **entre dientes**

☐ Véase también: **musitar.**

muro ♦ **ciego, defensivo, de hierro**[15]**, firme, inexpugnable, infranqueable, insalvable**[21]**, recio,**

sólido ♦ abatir(se), alzar(se), atravesar, batir, caer(se), construir, cruzar, derribar, derruir, derrumbar(se), desplomar(se), destruir, erigir, escalar, levantar(se), resquebrajarse, saltar, superar, traspasar
□ Véase también: **barrera, cerco, muralla, muro (de), pared.**

muro (de) ♦ contención, defensa, incomprensión, indiferencia, lamento, protección, silencio, vergüenza
□ Véase también: **muro.**

músculo ♦ agarrotar(se), atrofiar(se), contraer(se), desarrollar(se), desentumecer(se), ejercitar, entumecer(se), fortalecer(se), hacer, poner en tensión, tensar, tonificar

[música] → poner música

música ♦ acompasado[19], adicto (a), aficionado (a), alegre, amante (de), animado, apacible, armonioso, arrebatador, a toda pastilla[12], a todo volumen, atronador, barroco, cadencioso, cautivador, celestial[1], clásico, contagioso[10], desacompasado, desafinado, de salón[4], desenfrenado[24], electrizante[2], ensordecedor, estridente[3], fúnebre, inspirado, irresistible, lento, ligero, melodioso, moderno, movido, pausado, pautado, pegadizo[1], popular, ramplón, rápido, sinfónico, solemne, suave, tradicional, tranquilo, trepidante, triste, vivo[65] ♦ al calor (de), al compás (de), al ritmo (de), al son (de) ♦ aburrir (a alguien), acompañar (a alguien), adormilar (a alguien), amansar (a alguien), amortiguar[15], arreglar, brotar[32], calmar (a alguien), cantar, canturrear, componer, dejarse llevar (por)[44], descargar (de la red), difundir(se)[84], discurrir, dormir (a alguien), emitir, encandilar (a alguien), entonar, entrecortar(se)[2], escribir, escuchar, experimentar, fluir, gozar (de), interpretar, llegar (a alguien), oír, orquestar, parar(se), pegárse(le) (a alguien), percibir, poner (a algo), prodigar[49], publicar, seducir (a alguien), seguir, sentir, silbar, sumergir(se) (en), surgir, susurrar, tararear, tocar, zambullir(se) (en)[17]
□ Véase también: **canción, cantar, cántico, corear, entonar, estribillo, himno, melodía, pieza musical, poner música.**

MÚSICA Véase: *SONIDO*

MÚSICA
♦ (SUSTANTIVOS) Véase: **acompasado[B], a toda pastilla[C], celestial[A], contagioso[B], cristalino[B], dejarse llevar (por)[F], desenfrenado[E], difundir(se)[L], entrecortar(se)[A], exuberante[H], frenético[B], lastimero[F], pegadizo[A], vivo[J]**
♦ (VERBOS) Véase: **a coro[A], a pelo[A]**
□ Véase también: ARTE; SONIDO.

[musical] → pieza musical

músico ♦ aburrido, afamado, aficionado, amateur, brillante, buen(o), competente, conocido, consagrado, consumado, de {primera/segunda} fila, desconocido, destacado, distinguido, eminente, excelente, famoso, formidable, ilustre, insigne, inspirado, laureado, mal(o), mediocre, modesto, nombrado, notable, popular, predilecto, prestigioso, profesional, reconocido, renombrado, reputado, respetable, respetado, talentoso, versátil, virtuoso ♦ conjuntar(se), consagrar(se) (como), convertir(se) (en), dar conciertos, ejercer (de), hacer (de), interpretar (algo), ir (para), tocar (algo)
□ Véase también: **artista.**

musitar ♦ entre dientes ♦ duda, frase, oración, palabra, plegaria, ruido, sollozo, verso, *otros sustantivos que designan manifestaciones verbales*

mustio ♦ ánimo, aspecto, campo, cara, flor, gesto, ilusión, imagen, mirada, persona, planta, sabor, voz

mutilar ♦ atrozmente[2], bárbaramente, brutalmente, cruelmente, horriblemente, sin piedad, terriblemente
□ Véase también: **cortar.**

mutismo ♦ absoluto, inaccesible, permanente, sepulcral[2], total ♦ encerrar(se) (en), garantizar, guardar[16], mantener, permanecer (en), romper, salir (de)
□ Véase también: **silencio.**

N n

nacimiento ♦ feliz, prematuro, puntual, tardío ♦ celebrar, conmemorar[27], producir(se), tener lugar

nación ♦ anexionar(se), conformar(se), constituir(se), desmembrar(se)[4], despoblar(se), emerger, expandir(se), explorar, formar(se), gobernar, independizar(se), liberar(se), nacer, poblar(se), prosperar, regir, separar(se), sojuzgar[13], surgir, unir(se)
☐ Véase también: **estado (de), país, territorio.**

nacionalidad ♦ adquirir[47], cambiar, conceder, denegar[33], obtener, ostentar[17], otorgar, revocar[37], solicitar, tener

[nadie] → en tierra de nadie

nariz ♦ abultado, afilado, aguileño, chato, picudo, prominente, pronunciado, puntiagudo, respingón, romo ♦ asomar, congestionar(se), escarbar (en), hurgar (en), meter, sangrar

narración ♦ breve, completo, corto, descarnado[2], detallado, escueto, histórico, lento, lineal, poderoso, pormenorizado, profuso, rápido, retorcido, testimonial, trepidante ♦ al hilo (de) ♦ avanzar, conducir, construir, crear, discurrir, fluir, hilar, hilvanar, leer, ordenar, recopilar, seguir, tejer
☐ Véase también: **discurso, relato, texto.**

narrador ♦ exacto, fiable, fidedigno[49], fiel, veraz

narrar ♦ a grandes rasgos[6], apresuradamente, aproximadamente, con pelos y señales[2], con todo lujo de detalles[4], convincentemente[22], detalladamente[26], escrupulosamente[29], oralmente, someramente, verbalmente
☐ Véase también: **contar, describir, explicar, relatar.**

nata ♦ agriar(se), batir, cortar(se), montar

nato ♦ cualidad, defecto, don, profesión, virtud

[naturaleza] → carta de naturaleza

naturaleza ♦ característico, exuberante[3], genuino, indómito, inhóspito, peculiar, propio ♦ adulterar[49], ahondar (en)[45], alterar[4], captar[14], conservar, cuidar, dañar, desentrañar[48], desvirtuar, deteriorar(se), dilucidar[5], diluir(se)[47], explorar, invadir, proteger, renegar (de)[19], residir (en)[12], tergiversar[25]
☐ Véase también: **carácter, esencia, espacio.**

naturalidad ♦ absoluto, a raudales[28], engañoso, pasmoso, sumo[52] ♦ con ♦ demostrar, derrochar[74], mostrar, practicar
☐ Véase también: **espontaneidad, frescura.**

naufragar ♦ estrepitosamente[4], inevitablemente, por completo[82], sin remedio ♦ acuerdo, barco, economía, embarcación, empresa, equipo, flota, impugnación, intento, investigación, jugador, ley, matrimonio, navío, negociación, operación, país, partido, plan, proyecto, régimen, relación, sueño, tentativa, transacción

[náuseam] → ad náuseam

[navaja] → a punta de {navaja/pistola}

navaja ♦ afilado, puntiagudo, punzante, romo ♦ con ♦ amenazar (con), apuñalar (con), blandir, esgrimir, herir (con)

navegar ♦ a barlovento, a la deriva, a toda máquina[7], a toda vela, contra viento y marea[1], por internet, por la red, sin rumbo[6], viento en popa, virtualmente

navío ♦ a bordo (de) ♦ abordar, amarrar, atracar, avistar, botar, desembarcar (de), embarcar(se) (en), embarrancar, encallar, escorar(se), fondear, hundir(se), irse a pique, maniobrar, naufragar, navegar, partir, surcar (algo), tripular, varar(se), zarpar, zozobrar
☐ Véase también: **barco, embarcación.**

neblina Véase: **niebla**

necesario ♦ absolutamente, como el aire, como el comer, como el pan, totalmente ♦ condición, cualidad, dato, factor, paso, rasgo, requisito, trámite
☐ Véase también: **forzoso, obligar, preceptivo.**

[necesidad] → de necesidad, de primera necesidad

necesidad ♦ abrumador, acorde (con)[10], acuciante[12], apremiante[1], colectivo, compulsivo[17],

enorme, imperante[30], imperioso[1], incontenible, indudable, inexcusable[13], ingente[74], insaciable[10], insoslayable[17], instintivo[17], irrefrenable[19], irreprimible, justo, lógico, perentorio[1], personal, preeminente[8], urgente, vehemente[46], vital ♦ a la altura (de)[15], a la medida (de)[12], a tenor (de)[36], en función (de) ♦ aclimatar(se) (a)[3], acomodar(se) (a), acuciar[1], acusar[38], adaptar(se) (a), aducir[15], ahondar (en)[59], ajustar(se) (a), aliviar[21], amoldar(se) (a)[11], apremiar (a alguien), asediar (a alguien), atender, avalar[82], calibrar[51], colmar[18], considerar, constituir, cubrir, cumplir (con), deducir[24], demostrar, desatender[1], detectar[27], evaluar, imponer[36], liberar(se) (de), paliar[6], plantear[14], remediar, representar, responder (a), saciar[1], satisfacer, sobrepasar, solucionar, solventar, sufragar[30], tener, tener en cuenta, tomar en cuenta, valorar

☐ Véase también: **acuciante, de primera necesidad, exigencia, hambre, imperioso, inexorable, inexorablemente, obligación, prisa, sed, sediento (de), urgencia.**

NECESIDAD Véase: OBLIGACIÓN

NECESIDAD

♦ (SUSTANTIVOS) Véase: **aclimatar(se) (a)[A], acorde (con)[B], acuciante[B], acuciar[A], acusar[E], ahondar (en)[J], a la medida (de)[C], amoldar(se) (a)[C], aplacar(se)[B], apremiante[A], avalar[O], compulsivo[D], dar[E], decrecer[F], desaforado[I], desatar(se)[E], desatender[A], desglosar[G], despertar[F], detectar[E], imperante[F], imperioso[A], insaciable[A], insoslayable[D], instintivo[D], irrefrenable[C], irresistible[A], paliar[B], perentorio[A], plantear[C], preeminente[C], preso (de)[F], profundo[L], saciar[A], vigente[E]**

♦ (VERBOS) Véase: **vivamente[B]**

☐ Véase también: COMPROMISO; OBLIGACIÓN.

necesitar ♦ acuciantemente, apremiantemente, a toda costa[9], como agua de mayo, como el aire, como el comer, compulsivamente, con urgencia, inmediatamente, urgentemente

☐ Véase también: **acuciar, requerir, urgir.**

nefando *adj.* ▌Admite sustantivos de persona *(un alcalde nefando, un directivo nefando)*, así como sustantivos abstractos que designan la conducta o el comportamiento propios de alguien *(práctica, acción, servicio, comportamiento)*. También se combina con...

A SUSTANTIVOS QUE DENOTAN EL EFECTO DE TRANSGREDIR LA LEY O LA MORAL: **1 pecado ++:** Una mujer acusó a su marido de que cometía pecado *nefando* con ella misma. EME020295 **2 crimen ++:** ...uno de ellos cometió el *nefando* crimen de conceder una entrevista a Radio Asia Libre... EPE040199 **3 vicio ++:** ...corroídos por la gangrena de los vicios más *nefandos.* LTB200197

B ALGUNOS SUSTANTIVOS QUE DESIGNAN AQUELLO EN LO QUE SE PUEDE CREER: **4 doctrina:** ...los nuevos inquisidores de tan *nefanda* doctrina... LVE151296 **5 idea +:** ...aprendió sus *nefandas* ideas de los espectáculos de cine.. GIC122096 **6 ideología:** ...una ideología *nefanda*, más que simplemente dañina, para todos los que llegaron a sostenerla. INDOC

C ALGUNOS SUSTANTIVOS QUE DENOTAN LA ACCIÓN O EL EFECTO DE INFLIGIR UN DAÑO O UN PERJUICIO: **7 conjura:** ...la conjura *nefanda* de la que ahora no quieren ni oír hablar. EME220995 **8 estafa:** ...las *nefandas* estafas y falsedades de las que éramos acusados. EPE171099

☐ Véase también: **execrable.**

nefasto ♦ acontecimiento, consecuencia, efecto, evento, hecho, inicio, principio, resultado, suceso, tiempo

NEGACIÓN Véase:

♦ ni a la de tres, ni idea, ni jota, ni palabra, ni papa, ni torta, ni tres en un burro, ni un alfiler, ni un alma, ni una mosca

♦ negativa, no, oposición, rechazo

♦ desdecirse (de), negar, oponer(se), rechazar, renegar (de)

negar *v.* ▌En el sentido de 'desmentir o contradecir', se combina con oraciones subordinadas *(No niego que...)*, con sustantivos que designan eventos *(Era capaz de negar la salida del sol; Negó la venta del local)*, propiedades *(negar la claridad del día)* o magnitudes *(No niegues tu edad)*. Se combina especialmente con...

A SUSTANTIVOS QUE DESIGNAN LO QUE SE MANIFIESTA O SE PRESENTA CON CLARIDAD, O LO QUE EFECTIVAMENTE SUCEDE. TAMBIÉN CON OTROS QUE DESIGNAN LA CONDICIÓN DE SER ALGO CIERTO O GENUINO, O LA RAZÓN UTILIZADA PARA DEMOSTRAR QUE LO ES: **1 evidencia ++:** ...ellos dirán con razón –*negando* la evidencia del daño como cualquier industrial contaminante– que en todo caso la responsabilidad será del sistema. EME060694 **2 realidad ++:** ...en el fondo, es una manera de *negar* la realidad objetiva por inalcanzable o por no deseable. ABC130392 **3 existencia ++:** ...cuyo mandato de cuatro años finalizará el 27 de enero, ha *negado* la existencia de esos grupos en el país. ENH150198 **4 presencia +:** Sus decires coincidieron con un informe policial que *negó* la presencia de tales militares, los que según la prensa habían causado temor en la región. LNP270297 **5 veracidad +:** El Departamento de Estado *niega* la veracidad de los hechos y aduce que se trata de una deliberada desinformación. GIC062097 **6 verdad +:** La democracia seguirá siendo ilusoria mientras se *niegue* la verdad, mientras no se solucionen las violaciones a los derechos humanos de ayer y de hoy. LEC040297 **7 autenticidad +:** ...se vio obligado a hacer el ridículo leyendo un informe burdamente preparado, en el que se pretende *negar* la autenticidad de los informes de inteligencia... CAP190996 **8 prueba:** ...al considerar «endeble sus conclusiones y parcial al tribunal encargado del proceso por *negarle* pruebas». LNP030797 **9 argumento:** Tampoco se puede *negar* el argumento de que una parte de las ruinas que hoy soporta el presupuesto... LVE210796 **10 hecho ++:** Como era de esperar, los funcionarios de la dictadura (...) *negaron* los hechos. LPA190592

B SUSTANTIVOS QUE DENOTAN CAUSA, CONSECUENCIA, VALOR O ALCANCE DE ALGO: **11 efecto ++:** No hay un solo economista capaz de *negar* el efecto beneficioso que sobre la ocupación tiene la liberalización del mercado de trabajo. LVE020294 **12 consecuencia +:** Primero *negó* las consecuencias de su error, pero después reconoció que había provocado daños considerables. INDOC **13 trascendencia +:** Estos puntos no son más importantes que los dos que disputamos en Valladolid hace diez días. Tampoco *negó* la trascendencia para la afición. LVE070195 **14 valor +:** ...en momentos en que con frecuencia se disminuye o *niega* el valor de la maternidad... ACP111296 **15 importancia +:** Che nunca *negó* la importancia objetiva del estímulo material en la etapa de transición... GIC062197 **16 implicación +:** ...*negó* su implicación en las mismas «por desconocimiento», según medios de la Audiencia Nacional. LVE100195 **17 interés +:** Los dirigentes del Real primero *negaron* interés por el arquero, pero luego terminaron atendiéndolo y arreglando con él. CLA130199 **18 alcance +:** Es del dominio público el hecho cierto de que es imposible *negar* los alcances electrónicos de dicha revolución. EUV061196 **19 repercusión +:** Fuentes oficiales *negaron* las posibles repercusiones del escape. INDOC **20 peso +:** ...aunque advierte que «no se puede *negar* su peso en la sociedad» al sumar los votos del «no» (14,19%) y la abstención (20,20%)... EME011296 **21 relevancia +:** Por eso, escritores cubanos en el exilio *niegan* su relevancia. ABC290995 **22 significación +:** ...derivado de la convergencia de dos corrientes interpretativas que vienen a *negar* la significación de España como nación. ABC240694 **23 influencia:** ...es creíble que Aznar vele por conservar la importante plaza de Madrid, y el alcalde al *negar* esta influencia está faltando a la verdad. EME080294 **24 gravedad:** ...*negarían* la gravedad de la situación brasileña y su capacidad para desparramar caos financiero. CLA240199

C SUSTANTIVOS QUE DENOTAN ATRIBUCIÓN DE UNA CULPA, ASÍ COMO DESAPROBACIÓN DE UNA CONDUCTA O UNA ACTITUD: **25 acusación ++:** El Gobierno *negó* las acusaciones de censura y se quejó otra vez de la prensa. CLA280297 **26 imputación ++:** No se ha defendido, simplemente ha *negado* las imputaciones. EME150195 **27 crítica –:** ...el diputado general de Alava *negó* las críticas vertidas por Imaz contra el... EDV300101

D SUSTANTIVOS QUE DENOTAN CULPABILIDAD, IMPLICACIÓN U OBLIGACIÓN DE RESPONDER POR ALGO. TAMBIÉN CON OTROS QUE DESIGNAN DELITOS DE LOS QUE DEBE RESPONDERSE: **28 cargo ++:** Además, *negó* los cargos sobre pago de cupos a (...) que el juez le notificó. CAP120701 **29 responsabilidad ++:** ...no *niego* mi responsabilidad, pero actué bajo las órdenes del Presidente. CAP120701 **30 delito:** ...pero aclara que no es que el delito se *niegue* o se extinga, sino que, por el contrario, se expresa tan solo una renuncia... EME130594 **31 culpa:** Por desgracia, con la misma determinación con que *negó* la culpa la admitió más tarde... CLA240199 **32 crimen:** ...se habrían atropellado para *negar* cualquier crimen, denunciar que se trataba de una campaña del periodismo... CLA110199 **33 robo:** El acusado *negó* el robo ante el juez. EPE070199

E SUSTANTIVOS QUE DENOTAN MANIFESTACIÓN VERBAL, ESPECIALMENTE SI SE TRATA DE LA EXPOSICIÓN O EL SOSTENIMIENTO DE LO QUE SE CONSIDERA VERDADERO O DE LO QUE HA DE CUMPLIRSE: **34 promesa +:** ...«Yo aplaudo al (...) porque son unas promesas muy buenas para los ciudadanos... y han sido *negadas* en el Parlamento...». EPE270699 **35 afirmación +:** ...*negó* afirmaciones de prensa en el sentido de que tenía vínculos con presuntos narcotraficantes. EUV030996 **36 declaración +:** Cioran lo es también voluntariamente con los periodistas: se *niega* a toda declaración. ABC310192 **37 aseveración:** ...que aparece en segundo lugar en las encuestas de intención de votos, pero los dos políticos han *negado* tales aseveraciones. EUV070497

F SUSTANTIVOS QUE DENOTAN CONEXIÓN, CONTACTO O RELACIÓN. TAMBIÉN CON OTROS QUE DESIGNAN ACCIONES VINCULANTES Y ALGUNOS DE SUS EFECTOS NATURALES: **38 relación ++:** Paesa siempre *negó* su relación con (...), a pesar de los indicios policiales. EME020395 **39 vinculación +:** Mientras antes *negaban* la vinculación de militares en el plagio, hoy hasta pagan 20 mil lempiras por hallarlos. LPH240796 **40 trato +:** Podría *negarle* trato especial a sus importaciones... EME090394 **41 acuerdo +:** A todo esto, en River volvieron a *negar* dicho acuerdo. CLA050297 **42 vínculo:** Por su parte, Benjamín López, rector de la Universidad de El Salvador (UES), *negó* cualquier vínculo con los hechos violentos... ESH260696 **43 nexo:** El detenido *niega* cualquier nexo de los «narcos» con el presidente. LVE070895

G SUSTANTIVOS QUE DENOTAN PUNTO DE VISTA, CONCEPCIÓN PERSONAL ACERCA DE ALGO O CONSTRUCCIÓN MENTAL DESTINADA A EXPLICAR ALGUNA COSA: **44 versión:** Los médicos *negaron* la versión de que el senador... ACP060197 **45 interpretación:** ...*niega* la interpretación, que tanta fortuna hizo en Miami, de que Castro abortó con la purga una conspiración. EPE101099 **46 visión:** ¿Qué encontró de Venezuela en esas veinte «personitas» que confirmara o *negara* la visión que usted ya tenía del país? ENV190197 **47 teoría:** ...no puede *negar* mi teoría, lo que puede decir es que el tiempo se de vuelta es una posibilidad excepcional, como afirmo yo también. ABC230793 **48 hipótesis:** Al fracasar en su pretendido intento –una hipótesis *negada* expresamente por Romano Prodi– el Gobierno italiano... EME021096

H SUSTANTIVOS QUE DENOTAN NATURALEZA O ÍNDOLE DE ALGO: **49 condición +:** ...al que por tanto tiempo se le ha *negado* esas condiciones para una vida decente. DLA240297 **50 carácter +:** ...en otros muchos casos en que *niega* el carácter supuestamente oriental de autores y textos... ABC280892 **51 esencia +:** ...contribuir a la igualdad de oportunidades incluso de quienes *niegan* la esencia misma de la democracia. EME110694 **52 fundamento:** ...donde le aclaman quienes *niegan* el fundamento legal de su autoridad... EPE260900 **53 calidad:** A unos les podrá gustar más unos cursos; a otros, otros, pero no se puede *negar* la calidad de todos... EME100595

I SUSTANTIVOS QUE DENOTAN APTITUD, EFICACIA O VALIDEZ: **54 capacidad:** ...no se le puede *negar* su capacidad de liderazgo en el proceso de paz. EPE050999 **55 competencia:** Aunque nadie *niega* la competencia de ambos tribunales, así como el derecho que le asiste... HOY230287 **56 efectividad:** Aunque *negamos* la efectividad de esa afirmación, estamos de acuerdo con el superintendente... HOY071287 **57 validez:** ...*niega* validez a la nueva doctrina del Supremo sobre fondos reservados. LVE230395

J SUSTANTIVOS QUE DESIGNAN MÉRITOS O LOGROS: **58 resultado +:** ...despidió a 400 obreros que denunciaron que se les había *negado* el resultado de la prueba dosimétrica... PME221296 **59 logro:** Sin poder *negar* los logros de la reducción de la inflación al 4,5% anual ni el crecimiento del 8% anual... EME120595 **60 mérito:** Pero no se le puede *negar* el mérito de un trabajo meticuloso y eficaz... EME270494 **61 éxito:** ...no le convencen aquellas teorías que *niegan* el éxito de un jugador de su edad y sigue añorando la adrenalina única que aporta la competición. EME230695

K SUSTANTIVOS QUE DESIGNAN INFORMACIONES: **62 noticia ++:** Una nota del Ministerio del Interior *negó* la noticia de forma sorprendente. EME010395 **63 información:** Ayer, nadie en el Gobierno se atrevió a *negar* esta información. CLA050397 **64 rumor:** ...no es el único que *niega* el rumor que se extendió la semana pasada sobre la muerte de Pol Pot... EME130696 **65 habladuría:** El representente *negó* las habladurías que vaticinaban una crisis sentimental en el seno de la familia de su cliente. INDOC

▮ En el sentido de 'denegar, no conceder, rechazar, prohibir o impedir', se construye a menudo con complementos indirectos *(negar a alguien un favor)* y forma la locución verbal *negar el pan y la sal*. También se combina con sustantivos que designan cosas materiales *(negar a alguien un regalo, el dinero, un dato)*, eventos *(negar a alguien un viaje)* y otras nociones. En esta interpretación se combina especialmente con...

L SUSTANTIVOS QUE DESIGNAN LO QUE CORRESPONDE A ALGUIEN POR LEY O POR RAZÓN: **66 derecho ++:** Con estas condiciones se *niega* el derecho a un trabajo y contrato digno que posibilite unas mínimas perspectivas de futuro y organización de la vida de cualquier persona. EME010695 **67 justicia:** «La justicia demorada es justicia *negada*». ENH140497

M SUSTANTIVOS QUE DENOTAN AYUDA: **68 apoyo +:** ...respectivamente, se les *niegan* apoyos constantemente, pero a otros de menor jerarquía... DYM040796 **69 participación:** ...ambos detenidos en la cárcel de Caseros, *negaron* en tanto cualquier participación en actividades vinculadas a contrabando. CLA030397 **70 colaboración:** ...ha *negado* su colaboración con la banda terrorista... EME310396 **71 ayuda:** El manual a propósito de los exorcismos y las súplicas recomienda al exorcista que no *niegue* la ayuda moral... CLA270199

N SUSTANTIVOS QUE DESIGNAN LA OCASIÓN DE CONSEGUIR O LLEVAR A CABO ALGUNA COSA: **72 posibilidad ++:** ...susceptibles de tener hijos que padezcan el síndrome de Down, otros trabajos *niegan* tal posibilidad. ABC100993 **73 oportunidad:** «en el sistema que le *niega* la oportunidad de un futuro mejor». CAP290801 **74 opción:** ...se deja querer y no *niega* la opción de acabar en el club blanco... EME220394

Ñ SUSTANTIVOS QUE DENOTAN BENEPLÁCITO, CONSENTIMIENTO, PERMISO O SOLICITUD: **75 beneplácito +:** Las autoridades *negaron* finalmente su beneplácito y el acto no se pudo celebrar. INDOC **76 permiso ++:** ...una marcha hacia la sede del gobierno para reclamar mejoras salariales pero las autoridades *negaron* el permiso. CLA050297 **77 licencia:** La FEB, que había *negado* la licencia comunitaria el viernes pasado a dicho jugador... EPE011001 **78 autorización +:** El pasado viernes, el Ministerio del Interior rechazó la petición de (...) y le *negó* autorización a entrar en Bélgica. EME020696 **79 aprobación:** ...se ejerza presión contra el presidente de ese hemiciclo para que «acorrale al gobierno» *negándole* la aprobación del proyecto... DED060297 **80 petición:** donde se le *negaba* su petición para ser ciudadano de este país... DLA220497 **81 favor:** ...destaca la ambición y el corazón del equipo y *niega* el favor arbitral... EME270296 **82 conformidad:** Esperemos que el coronel no nos *niegue* su conformidad. INDOC

O SUSTANTIVOS QUE DESIGNAN FACULTADES: **83 capacidad +:** Tampoco pretendo en modo alguno *negar* la capacidad de cada uno a hacer lo que le venga en gana. EME130795 **84 facultad +:** ...configurado por incesantes agregaciones y relevos, al que se *niega* la facultad de envejecer placenteramente... LVE110396 **85 potestad +:** La vehemencia con que *negó* cualquier potestad decisoria le valió el apodo de «el hombre sin firma». EME131096 **86 autoridad +:** ...que le *negó* «autoridad moral y política» para censurar al Ejecutivo. EDV240996

▩ Se combina también con: ♦ **a los cuatro vientos[30], a toda costa[49], a ultranza[16], categóricamente[6], con firmeza[20], con rotundidad[12], de plano[19], de pleno[7], enérgicamente[15], enfáticamente, expresamente[23], fehacientemente[17], firmemente, insistentemente[26], lisa y llanamente[8], por activa y por pasiva[28], por completo[37], por sistema, punto por punto[22], radicalmente[18], repetidamente[27], rotundamente[1], tajantemente, taxativamente, terminantemente[12]**

☐ Véase también: **desdecirse (de), negarse, oponer(se), rechazar, renegar (de).**

negarse ♦ **abiertamente[41], absolutamente, en redondo[1], reiteradamente[1], rotundamente[4]**

☐ Véase también: **negar.**

negativa ♦ **absoluto, categórico, contumaz[6], contundente, enérgico, expreso, fehaciente[33], firme, irrevocable, obstinado, radical, rotundo, sistemático, tajante[23], taxativo[21], terminante[8]** ♦ **comunicar, contestar (con), dar (a alguien), expresar, formular, hacer público, manifestar, responder (con),** *otros verbos de lengua*

☐ Véase también: **no, oposición, rechazo.**

NEGATIVA, CUALIDAD ~ Véase: *DEFECTO Y CUALIDAD NEGATIVA*

NEGATIVA, VALORACIÓN ~ Véase: *VALORACIÓN NEGATIVA*

negativamente *adv.* ▮ Se combina con...

A VERBOS QUE DENOTAN EL HECHO DE TENER ALGO UN EFECTO O CONSECUENCIA. TAMBIÉN CON OTROS QUE DENOTAN INFLUENCIA SOBRE ALGO: **1 afectar ++:** La dosificación de las elipsis narrativas no posee la proporción debida, y esto afecta *negativamente* a la composición de la novela, hasta el punto de anular buena parte de sus méritos. ABC220592 **2 influir ++:** De esa manera, los bancos privados bajarían las actuales tasas de interés tan elevadas que influyen *negativamente* en la inflación. LPH170796 **3 repercutir ++:** ...las dos medidas repercuten *negativamente* en el plantel, que siente la partida de dos referentes. CLA160199 **4 arrastrar +:** ...el Tratado de Maastricht es deflacionista y deprime aún más el consumo privado, que está afectado por un problema estructural de falta de confianza en el futuro y que arrastra *negativamente* a la inversión. EME010796 **5 contribuir:** El sector exterior vuelve a contribuir *negativamente.* EME280995 **6 marcar +:** En esa primera época, el «carrilet» vivió momentos de gloria y de miseria, y la Primera Guerra Mundial marcó *negativamente* sus días. LVE290296

B VERBOS QUE DENOTAN VALORACIÓN, DECISIÓN, INTERPRETACIÓN Y OTRAS FORMAS DE ENJUICIAMIENTO. TAMBIÉN CON OTROS QUE EXPRESAN LA PROPIEDAD DE POSEER ALGO UN DETERMINADO VALOR: **7 juzgar ++:** ...son más los italianos que juzgan *negativamente* a Berlusconi (un 50,5 por ciento) que los que lo hacen positivamente (un 46,5 por ciento). EME220595 **8 valorar ++:** Por eso no valora *negativamente* en sí mismo el surgimiento de naciones escapadas de la atroz uniformidad de los imperios. ABC021294 **9 decidir +:** En muchos casos el primer ministro y la comisión X deciden *negativamente,* por temor a las represalias del grupo palestino afectado... LVE311095 **10 ver +:** Ante la acumulación del trabajo, las autoridades vieron *negativamente* haber iniciado el proceso de reforma. INDOC **11 determinar:** El fortísimo calor reinante en Albacete, cercano a los 40 grados, determinó *negativamente* en el rendimiento de los jugadores. EPE230899 **12 calificar +:** Así lo ve el Sindicato de Auxiliares de Enfermería (SAE) que ya calificó *negativamente* el acuerdo la semana pasada. EME010895 **13 informar +:** El Consejo de Universidades informó *negativamente* al considerar que el profesorado de Estema no cumple los requisitos para dar siete titulaciones. EPE180799 **14 enjuiciar:** ...méritos aparentemente destacados, pero *enjuiciados* negativamente por la comisión. INDOC **15 acoger +:** El mes pasado Wall Street acogió muy *negativamente* que la recaudación impositiva cayera 9,1. CLA310501 **16 decantarse:** ...la ausencia de Terry O'Quinn decanta *negativamente* la balanza. LVE080896 **17 cotizarse:** Las elecciones comenzaron a cotizarse *negativamente* por el previsible efecto en los inversores extranjeros de una nueva espiral de incertidumbre política. LVE230595

C VERBOS QUE DESIGNAN EL PROCESO DE SEGUIR ALGO UN DETERMINADO CURSO: **18 evolucionar ++:** ...le permitiría «la movilidad necesaria (...) para enfrentar los niveles inéditos de complejidad» de una crisis que había evolucionado *negativamente.* PME221296 **19 desarrollarse +:** El proceso de inmersión en la nueva estructura organizativa se desarrolló *negativamente.* INDOC **20 acrecentar +:** Un western demasiado repleto de clichés, acrecentados *negativamente* por la presencia del blando Troy Donahue. LVE100395 **21 avanzar:** La crisis financiera avanza *negativamente,* en opinión de los expertos. INDOC **22 funcionar:** El segundo es el mecanismo de la transferencia, que funciona también *de forma negativa.* EME210694

D VERBOS QUE DESIGNAN LA MODIFICACIÓN DE UN ESTADO DE COSAS O LA PARTICIPACIÓN ACTIVA EN ÉL: **23 alterar ++:** ...puede alterar muy *negativamente* la calidad de vida de la enferma. EME080695 **24 cambiar ++:** La atmósfera y la actividad humana también lo cambian, *de forma negativa.* ABC020793 **25 modificar +:** Las circunstancias han modificado el proceso *negativamente.* INDOC **26 operar:** ...esa tasa sí que podría ser una de las medidas a considerar. En Francia no ha operado *negativamente.* EME031295 **27 intervenir:** ...se ha personado en el expediente por considerar que la reforma de la casa interviene *negativamente* sobre el «carácter rústico» del lugar. EPE070499

E VERBOS QUE DESIGNAN LA EXPOSICIÓN O LA REPRESENTACIÓN DE LOS RASGOS DE ALGO O ALGUIEN. TAMBIÉN CON OTROS QUE DESIGNAN LA DISPOSICIÓN O LA ORGANIZACIÓN QUE PRESENTAN LAS PARTES DE UN CONJUNTO: **28 describir +:** El diseñador Nacho Ruiz se ha quejado siempre de que los de «la Prensa» describimos *negativamente* sus colecciones sin verlas. EME160296 **29 caracterizar +:** La promiscuidad y el abandono que caracterizan *negativamente* a las villas de emergencia las transforman, de por sí, en foco potencial de riesgo para la salud pública. LNA260692 **30 exponer:** El entrenador expuso muy *negativamente* cuál era la situación del club. INDOC **31 presentar +:** Jordi Pujol fue muy duro con el consistorio barcelonés, al que acusó de desleal por haber «difuminado, enmascarado, ignorado y presentado *negativamente*» toda colaboración... EPE150599 **32 configurar:** ...se configura igualmente *de modo negativo,* como derecho a que sus hijos no sean adoctrinados en contra de su voluntad. EPE290399 **33 conformar −:** No teme la hostilidad y la impopularidad, y rechaza todo compromiso y ambigüedad que nos conformaría *negativamente* en la mentalidad de este mundo. LVE300495

F VERBOS QUE DESIGNAN EL ESTABLECIMIENTO DE LAS CARACTERÍSTICAS Y LAS DIVERGENCIAS QUE PERMITEN EXAMINAR O DIFERENCIAR DOS O MÁS COSAS DE FORMA CONJUNTA: **34 distinguir ++:** ...fue la excusa para que la Federación de Asociaciones de Consumidores y Usuarios de Andalucía (FACUA) distinguiera positiva y *negativamente* a diferentes instituciones según su actitud frente a los clientes. EPE160399 **35 discriminar +:** Paradójicamente, la norma discrimina *negativamente* a quienes acogemos, o al menos a quienes acogemos a más de un menor. EPE021299 **36 contrastar +:** Durante el mes de octubre, el paro registrado en las oficinas del Inem se disparó con un aumento superior a las 40.000 personas, que contrasta *negativamente* con las 14.490 en que creció en el mismo mes de 1995. LVE091196 **37 comparar +:** La PRTC tiene un 30% de margen de sus ventas, lo que se compara *negativamente* con la CTC (Compañía de Teléfonos de Chile), cuyo margen es de 56%... END041197

G VERBOS QUE DENOTAN IMPOSICIÓN DE UNA SANCIÓN O UNA CARGA ECONÓMICA: **38 penalizar +:** La disminución en un 30% del negocio bursátil ha penalizado *negativamente* al sector. EME140595 **39 gravar +:** Pero mantener unos altos niveles de deuda detrae grandes recursos en concepto de intereses que gravan muy *negativamente* las posibilidades de crear ocupación. LVE020796

H ALGUNOS VERBOS QUE DESIGNAN LA ACCIÓN O EL PROCESO DE FINALIZAR O DAR POR TERMINADA ALGUNA COSA: **40 sellar:** Por consiguiente, lo que los sandinistas hicieron la semana pasada fue una típica asonada, que selló *negativamente* los primeros cien días de gobierno del presidente Arnoldo Alemán. LPN210497 **41 concluir +:** ...también concluye *negativamente* ante la propuesta de introducir la rotación de los auditores... LVE230195 **42 acabar +:** Un año que empezó bien y que acabó muy *negativamente* para la empresa. INDOC

negligencia ♦ **disculpable, explicable, imperdonable, inaceptable, inexcusable, inexplicable,**

intolerable, médico, profesional ♦ cúmulo (de)[11], muestra (de) ♦ achacar[8], actuar (con), castigar, cometer[21], condenar, disculpar

☐ Véase también: **abandono, apatía, desatender, faltar (a).**

negociación ♦ **abierto, a cara de perro[21], agotador[23], a pique[20], a puerta cerrada[51], arduo[19], avanzado[11], cara a cara[33], colectivo, comercial, confidencial[35], contra reloj[1], crucial[46], de igual a igual[43], delicado, difícil, diplomático, discreto, distendido, en profundidad, exitoso, farragoso[3], fructífero, improductivo, infructuoso[23], intenso, interminable, inútil, largo, paritario[6], político, secreto, sin condiciones[11], tenso, tirante, turbulento ♦ en punto muerto[1] ♦ fleco (de)[1], fruto (de), resultado (de), ronda (de) ♦ acordar, afrontar, agilizar[13], arbitrar[13], auspiciar[12], bloquear, boicotear[26], caldear(se)[14], cancelar[9], centralizar, cerrar, concertar, conducir, congelar[24], consumar(se), culminar[23], delegar[35], desbloquear[14], distender(se), emprender[55], encarar, encarrilar[6], enderezar[63], entablar[8], incitar (a)[35], interrumpir, involucrar(se) (en)[21], llevar a buen puerto[1], llevar adelante[21], mantener, obstaculizar[18], obstruir[33], prosperar[33], reabrir[36], reanudar, reiniciar, relanzar[8], reventar[3], romper, tener éxito, torcer(se), truncar(se)[42], zanjar, zozobrar[9]**

☐ Véase también: **acuerdo, convenio, negocio, pacto.**

NEGOCIACIÓN Véase: ACCIÓN CONCERTADA

negociar *v.* ▮ Se combina frecuentemente con sustantivos que designan magnitudes económicas susceptibles de ser pactadas o fijadas mediante acuerdo *(precio, tasa, sueldo, deuda, arancel)*, así como con otros que designan transacciones mercantiles o comerciales diversas *(compra, venta, traspaso, adquisición, préstamo)*. Se combina además con sustantivos que designan normas, leyes o disposiciones de cualquier naturaleza *(ley, código, constitución, norma, reglamento)* y también con...

A SUSTANTIVOS QUE DENOTAN ACUERDO ENTRE DOS O MÁS PARTES. TAMBIÉN CON OTROS QUE DESIGNAN ALGUNOS DE LOS RESULTADOS ALCANZADOS EN LAS ACCIONES CONJUNTAS: **1** acuerdo ++: ...tiene previsto reunirse con Arias Salgado la próxima semana para *negociar* el acuerdo. CAN070599 **2** convenio ++: En ese contexto debería interpretarse la autorización del Ministerio de Trabajo a la empresa Siderca para que se *negocie* un convenio especial... LNA260692 **3** contrato ++: Eso demostraría la incapacidad de las dirigencias anteriores para *negociar* este tipo de contratos. CLA310199 **4** tratado ++: Los esfuerzos por *negociar* un tratado de paz que ponga fin formalmente a la guerra coreana de 1950 a 1953... ENH300697 **5** pacto ++: El PSOE de Málaga presiona a IU para *negociar* un pacto global. LVE130695 **6** paz +: ...al mismo tiempo ofreció *negociar* la paz. DYM080996 **7** alianza: Telefónica *negocia* alianzas en su filial internacional con la también norteamericana GTE. EME050595 **8** canje: Reiteró que Bolivia no *negociará* ningún canje con los terroristas del MRTA a cambio de la libertad del embajador Jorge Gumucio... LTB080197

B SUSTANTIVOS QUE DENOTAN RESOLUCIÓN O CONCLUSIÓN FAVORABLE DE ALGUNA SITUACIÓN, GENERALMENTE DIFÍCIL: **9** solución ++: ...irlandeses y británicos *negocian* una solución estable a una querella de varios siglos. EME241295 **10** salida ++: Hasta el 29 de mayo (...) hay espacio para *negociar* una salida que contente a todos. EPE010399 **11** liberación +: A partir de la requisa se habrían dado presiones para *negociar* la liberación de la carga. ACP050901 **12** levantamiento –: Yanko (...) dispone de un plazo máximo de dos meses para *negociar* el levantamiento de la suspensión de pagos con sus acreedores... LVE090895 **13** rescate: Otros se encargaron de *negociar* el rescate. ESH061000

C SUSTANTIVOS QUE DENOTAN LÍMITE, RESTRICCIÓN O REQUISITO AL QUE DEBE ATENERSE ALGO: **14** condición ++: ...Rubulotta terminó de *negociar* las condiciones en las que el jugador va a estar en San Sebastián. EDV230101 **15** plazo ++: Los bancos, además, han podido *negociar* con los clientes morosos un mayor plazo de devolución de sus préstamos y a un menor interés... EPE100199 **16** marco +: La consejera de Justicia (...) propuso *negociar* un nuevo marco de colaboración tras las autonómicas. EPE181099 **17** término +: Los abogados de la princesa continúan *negociando* los términos de su millonario divorcio... EME130396 **18** cláusula: Para enero de 1999 se podría comenzar a *negociar* las cláusulas no económicas y subsiguientemente las económicas... END201097

D SUSTANTIVOS QUE DENOTAN INICIATIVA O PROYECTO: **19** plan ++: Dirección y sindicatos comenzaron ayer a *negociar* el Plan de Futuro de Aviaco... EME060495 **20** programa +: ...exigen *negociar* los programas para erradicar cultivos ilícitos. DYM080996 **21** proyecto: Otro miembro del partido catalán, añade que «ya no hay ningún interés por *negociar* el proyecto presupuestario del Gobierno». EME160795 **22** propuesta: ...Sanidad y los representantes de los farmacéuticos *negociaron* una propuesta para reducir el gasto público en medicamentos... EME260494

E SUSTANTIVOS QUE DENOTAN PRESTACIÓN DE AYUDA Y OTRAS FORMAS DE COLABORACIÓN ACTIVA EN ALGUNA TAREA: **23** ayuda +: ...deja abierta la posibilidad de que se *negocien* nuevas ayudas sociales... EME020895 **24** asistencia +: Durante la campaña, sus ministros y banqueros estatales *negociaron* esa asistencia... CLA160199 **25** entrega +: El IRA asiste a la primera reunión de la comisión que *negociará* la entrega de armas. EPE061299 **26** devolución +: ...acudió al despacho del presidente del Gobierno para *«negociar»* la devolución del material sustraído... EME051095 **27** concesión +: Paralelamente, el Fondo Monetario Internacional (FMI) va a *negociar* la concesión a Ankara de un crédito urgente de 330 millones de dólares... EPE290899 **28** cooperación: Los demás temas a *negociarse* son la cooperación horizontal... RUM290997 **29** colaboración: El último intento de *negociar* una colaboración en el futuro se produjo el lunes en Tokio... EME230294 **30** donación –: Christine Picasso *negocia* con Chaves la donación de su legado. LVE131195

F SUSTANTIVOS QUE DENOTAN MODIFICACIÓN DE UN ESTADO DE COSAS: **31** reforma +: Médicos e Insalud tienen que volver a sentarse a la mesa para *negociar* la reforma del sistema hospitalario... EME190795 **32** aumento +: Vamos a *negociar* un aumento de la cuota azucarera de Colombia que actualmente está en 48.000 toneladas anuales... EPC060796 **33 ajuste:** ...pidió ayer a El Corte Inglés que *negocie* el ajuste de plantilla... LVE090695 **34 reducción:** El consulado contribuyó a *negociar* una reducción de la pena... EME061296

G SUSTANTIVOS QUE DENOTAN DEMANDA O SOLICITUD, A MENUDO PORFIADA: **35 demanda** +: ...amenazó con paralizar totalmente el país si el gobierno no acepta *negociar* sus demandas. ENH170497 **36 reivindicación** +: ...se ha perdido la oportunidad de *negociar* todas las reivindicaciones. EPE111299 **37 exigencia:** Al parecer, Echave (...) mantuvo varios contactos con dirigentes de la organización terrorista para *negociar* las exigencias del pago de rescate... LVE260596 **38 petición:** ...algunos compañeros de los dimisionarios los han criticado públicamente por adoptar esa postura justo cuando empezábamos a *negociar* sus peticiones. EPE170599

H SUSTANTIVOS QUE DENOTAN DIMISIÓN, CESE Y OTRAS FORMAS DE CONCLUIR, FORZOSA O LIBREMENTE, UNA ACTIVIDAD: **39 renuncia** +: Obviamente, un ministro del general (...) no podía *negociar* la renuncia de su jefe. HOY250484 **40 abandono:** ...hace algunos meses se desató un conflicto entre los hermanos Domínguez y la diseñadora, quien comenzó a *negociar* su abandono de STL. EPE051299 **41 despido:** La compañía no aclaró ayer ni las condiciones ni los plazos en los que se van a *negociar* los despidos. EME220394 **42 cese:** Hussein consiguió *negociar* un cese al fuego con los separatistas kurdos de la UPK que duró hasta 1985. PME080996

I SUSTANTIVOS QUE DENOTAN INGRESO O INCORPORACIÓN EN ALGUNA ACTIVIDAD: **43 ingreso** +: La plantilla del Atlético de Madrid *negociará* sus ingresos antes del partido en Logroño. EME190194 **44 retorno** +: Con las firmas en la mano, se constituirá una comisión para *negociar* el retorno de la talla. LVE111296 **45 acceso** +: ...entre las tareas que tiene este Ministerio están el *negociar* el acceso a mercados extranjeros... LPN060697 **46 participación** +: Estábamos *negociando* la participación de Aquiles Machado para el ciclo del año próximo... EPE260299

J SUSTANTIVOS QUE DESIGNAN CIERTOS DERECHOS: **47 derecho** +: En este momento se *negocian* los derechos del «remake». EME210196 **48 soberanía** +: Londres no quiere *negociar* la soberanía. CLA120199 **49 libertad:** ...los integristas habían intentado *negociar* su libertad a cambio de las vidas de sus vigilantes. EME230295 **50 asilo:** Los futbolistas de Albania *negocian* asilo en Europa. CLA030497

▩ Se combina también con: ♦ **a cara de perro**[6], **a la baja**[27], **a puerta cerrada**[5], **arduamente**[5], **cara a cara**[7], **contra reloj**[36], **de igual a igual**[25], **detalladamente**[53], **duramente**[4], **informalmente**[6], **mano a mano**[11], **punto por punto**[53], **unilateralmente**[21]

☐ Véase también: **regatear.**

negocio ♦ abusivo, boyante[2], buen(o), catastrófico, clandestino, competitivo[14], de capa caída[2], deficitario, dinámico, exitoso, floreciente, fraudulento, fructífero, honrado, ilegal, improductivo, infructuoso[22], jugoso[15], legal, limpio, lucrativo, mal(o), oscuro, pingüe[3], productivo, próspero, pujante, redondo[16], ruinoso, sobre ruedas, sucio, sustancioso, turbio ♦ al descubierto, a pique[9] ♦ abrir, absorber[6], acometer[1], ampliar, apalabrar, arruinar, blanquear[19], blindar[18], cerrar, concertar[31], constituir, decaer[55], derrumbar(se)[6], destapar[21], disfrazar[34], diversificar, embarcarse (en), emprender[37], enderezar[24], estar a cargo (de), expandir(se), explotar, fracasar, gestionar, hacer, hundir(se), invertir (en), ir(se) (a pique), ir viento en popa, liquidar, llevar, llevar adelante[45], marchar, montar, obstaculizar[18], pisar[12], poner, prosperar[49], quebrar, recortar, reflotar, reformar, regentar, sacar adelante, sanear, tambalearse, tener, tener éxito, traspasar, triunfar, zozobrar

☐ Véase también: **empresa, negociación.**

[negro] → **punto negro**

nervios ♦ a flor de piel[1], de acero, de punta, en tensión, incontenible, incontrolable, irreprimible, preso (de)[1], templado ♦ ataque (de)[1] ♦ acusar, aflorar[23], aligerar[57], alterar[64], apaciguar[27], aplacar(se)[1], asaltar[32], atemperar[49], atenazar[10], calmar(se)[7], controlar, dejarse llevar (por)[37], delatar (a alguien), desatar(se)[30], descomponer(se)[8], desfogar[9], dominar[3], encrespar(se)[3], entrar (a alguien), jugar una mala pasada (a alguien), notar, perder[26], salir a la luz, serenar(se)[10], sobreponerse (a), sosegar(se)[3], superar, templar, tener, tensar[14], traicionar (a alguien), vencer

☐ Véase también: **estrés, histeria, impaciencia, nerviosismo.**

nerviosismo ♦ acusado, a flor de piel[3], evidente, exacerbado, febril, frenético, palpable[17], preso (de)[9], tenso ♦ ápice (de)[11], estado (de), muestra (de) ♦ agudizar(se)[46], apoderar(se)[5], aumentar, calmar(se)[8], controlar, cundir[18], dejarse llevar (por)[39], delatar[21], desatar(se), detectar[48], disminuir, dominar, notar(se), palpar(se), serenar(se), sobreponer(se) (a), superar, vencer

☐ Véase también: **excitación, impaciencia, inquietud, nervios, sensación.**

nervioso ♦ enormemente, ostensiblemente[75], sumamente, terriblemente, tremendamente, visiblemente[2]

neto ♦ activo, ahorro, aportación, aumento, beneficio, cantidad, cifra, comisión, contribución, contribuyente, coste, crecimiento, crédito, cuantía, demanda, deuda, disminución, distinción, dividendo, edificabilidad, empleo, endeudamiento, excedente, financiación, frontera, ganancia, importe, incremento, ingreso, inversión, margen, mayoría, negocio, patrimonio, pérdida, peso, plusvalía, recaudación, rendimiento, renta, rentabilidad, reserva, resultado, retribución, salario, saldo, subvención, sueldo, suma, superficie, superioridad, utilidad, valor, venta, ventaja, victoria

neumático ♦ *(rueda)* cambiar, desinflar(se), estallar, inflar, llenar, parchear, pegarse al suelo, perder aire, pinchar(se), reventar(se), revisar

neutralizar ♦ **acción, amenaza, ataque, aumento, consecuencia, crítica, diferencia, efecto, fuerza, impacto, influencia, ofensiva, poder, problema, ventaja**

nevada ♦ **abundante, copioso, fuerte, intenso, intermitente, persistente** ♦ **amainar, arreciar, avecinarse, caer, cesar, cuajar, cubrir (algo), derretirse, descargar (sobre algo), remitir**[5]
☐ Véase también: **nieve, temporal, tormenta (de).**

nevar ♦ **abundantemente**[5], **copiosamente**[2], **en abundancia, escasamente, intensamente**[10]

nexo ♦ **de unión, duradero, efímero, estrecho**[43], **familiar, indisoluble, laboral, profesional** ♦ **disolver, establecer, estrechar**[30], **fortalecer, perdurar, romper**
☐ Véase también: **enlace, lazo, relación, unión.**

ni a la de tres ♦ **acertar, arrancar, conseguir, dar en el clavo, descifrar, encajar, encontrar, entrar, funcionar, resolver, resultar, soltar**

ni de lejos *loc.adv.* ▮ Se construye con negación preverbal si aparece detrás de un verbo *(No se acerca ni de lejos a...)*, pero sin ella si aparece en posición preverbal *(Ni de lejos se acerca a...)*. Se usa a menudo en las construcciones superlativas *(No es ni de lejos el más apropiado)* y con diversos adjetivos que denotan relación entre dos o más cosas o personas *(No son ni de lejos comparables; No eran parecidos ni de lejos)*. Se combina con múltiples verbos que designan acciones que tienen fin natural, especialmente en construcciones que contienen alguna expresión plural o cuantificativa *(No escribió ni de lejos las páginas que había previsto; No te has comido ni de lejos la cantidad que te corresponde)* y especialmente con...

A VERBOS QUE DESIGNAN EL PROCESO DE APROXIMARSE A UNA META O DE ALCANZARLA: **1 acercarse ++:** ...no conozco ninguna comunidad autónoma, ni socialista ni popular, que se haya acercado *ni de lejos* a esa pretensión. ENC140201 **2 llegar ++:** ...su gravedad no llega *ni de lejos* a la de los delitos de los que está acusado Galindo. EME080896 **3 aproximarse ++:** Es verdad que ninguna comunidad autónoma se aproxima *ni de lejos* al límite establecido por el tratado de Maastricht... LVE110396 **4 alcanzar ++:** Sus ingresos publicitarios no alcanzan *ni de lejos* los gastos. EME280296 **5 seguir +:** ...pero en el segundo el equipo blanco ya no pudo seguir, *ni de lejos*, el ritmo de su rival. LVE241094 **6 sumar +:** Estas cifras no suman *ni de lejos* la cantidad que debemos. INDOC

B VERBOS QUE DESIGNAN LA CONSECUCIÓN DE UN OBJETIVO, MUY A MENUDO LA SATISFACCIÓN DE ALGÚN ESTADO DE COSAS DESEADO: **7 lograr ++:** ...no logrará *ni de lejos* los apoyos necesarios para ratificar su decisión en el comité confederal extraordinario... LVE170295 **8 conseguir ++:** Un años después no consiguió *ni de lejos* un puesto en el equipo estadounidense para los Juegos de Atlanta. EPE190899 **9 cubrir:** La senda de tarifas no va a cubrir, *ni de lejos*, las ayudas a la transición comprometidas en el propio protocolo. EPD300697 **10 cumplir +:** Sin embargo, denuncia que la emblemática división socialista (...) no se ha cumplido *ni de lejos*, pese a los largos años de mayoría absoluta socialista. LVE020795 **11 colmar:** Una de las propuestas más esperadas, la relativa a la ley de nacionalidad y la política de extranjería, no ha colmado *ni de lejos* las expectativas generadas. LVE151194 **12 satisfacer:** Y, desde luego, no satisfacen *ni de lejos* esas necesidades los alquileres podridos implantados, primero, por el decreto Boyer, y ahora, por la Ley de Desahucios... EPE100899

C VERBOS QUE DENOTAN EQUIVALENCIA O ANALOGÍA ENTRE DOS O MÁS PERSONAS O COSAS: **13 comparar(se) ++:** Nadie se le puede comparar a González *ni de lejos*. EME210795 **14 parecer(se) +:** En primer lugar y ante todo, logre, señor Presidente, que nadie pueda decir que usted se parece, *ni de lejos* ni de cerca, a sus enemigos. EPD090197 **15 equivaler:** ...aunque no equivalen *ni de lejos* a los irlandeses de Estados Unidos, que están financiando el proceso de paz, sí que son significativos... LVE020795

D VERBOS QUE DESIGNAN LA ACCIÓN DE PONER ALGUNA COSA DE MANIFIESTO O LA CONDICIÓN DE POSEER ALGO CIERTAS PROPIEDADES O CARACTERÍSTICAS: **16 reflejar +:** Sólo el 2,3% de las muestras analizadas dio positivo para antibióticos, pero esa cifra no refleja *ni de lejos* la magnitud del problema. EPE191099 **17 representar +:** ...el pueblo que se reúne en la Plaza Nueva para el chupinazo no representa *ni de lejos* a todo el pueblo de Bilbao. EPE160899 **18 constituir +:** Lamentablemente, la falta que ha cometido no constituye *ni de lejos* delito. INDOC **19 mostrar:** El Barcelona no mostró, *ni de lejos*, la motivación exhibida ante el Espanyol. EME080196 **20 manifestar:** En ningún momento manifestó, *ni de lejos*, su desacuerdo con las propuestas presentadas. INDOC **21 gozar (de):** Pero el Azorín novelista no gozó, *ni de lejos*, de los mismos favores que el escritor de origen peruano acababa de otorgar al genial periodista. EME160196

E VERBOS DE PENSAMIENTO, MÁS FRECUENTEMENTE SI DESIGNAN LA ACCIÓN DE CONCEBIR UNA IDEA, ESPECIALMENTE SI SU CONTENIDO SE CONSIDERA IMPROBABLE: **22 soñar +:** Sin embargo, los avances tecnológicos de hoy no se podían soñar *ni de lejos* hace siete siglos. EPE090499 **23 pensar +:** Actualmente, para los peregrinos, muchos de los cuales en la remisión de los pecados no piensan *ni de lejos*, hacen falta las que ahora llamamos «infraestructuras»... LVE230696 **24 imaginar:** ...nadie podía llegar a imaginar, *ni de lejos*, que, trece años después, un presidente de Gobierno socialista (...) tuviera que dar públicamente explicaciones... EME300594 **25 crear:** El Gobierno español, dijo, «no ha planteado últimamente ninguna cuestión que pudiera *ni de lejos* crearle problemas a Marruecos». EPE271201

F VERBOS QUE DESIGNAN LA ACCIÓN, EL ESTADO O EL PROCESO DE CONSTITUIR ALGO PRUEBA, EXCUSA, EXPLICACIÓN O REMEDIO SUFICIENTE DE ALGÚN ESTADO DE COSAS: **26 justificar +:** Nada que, visto con mentalidad de adulto, justifique *ni de lejos* una decisión tan trágica e irreparable. EME170496 **27 compensar +:** Optaron al final por una discreta ganancia que acabó siendo algo mayor de lo esperado, pero que no compensa, *ni de lejos*, las pérdidas acumuladas... LVE020995 **28 disculpar:** Estas excusas no disculpan *ni de lejos* su comportamiento. INDOC **29 reparar:** ...el perjuicio ocasionado al alumno no se repara, *ni de lejos*, con sólo tres millones de pesetas... EPE070700

☐ Véase también: **ni por asomo, remotamente.**

niebla ♦ compacto, denso, envolvente, espeso, impenetrable, tupido ♦ entre[14] ♦ avanzar, bajar, caer, cubrir (algo), desvanecer(se), disipar(se), envolver (algo), espesar(se), extender(se), invadir (algo), levantar(se), ocultar (algo)

[nieve] → a punto de nieve, como la nieve

nieve ♦ artificial, blanco, duro, en polvo, natural, primavera, racheado, resbaladizo ♦ alud (de), avalancha (de), cañón (de), capa (de), copo (de), cota (de), deporte (de), manto (de), muñeco (de), precipitación (de), temporal (de), tormenta (de) ♦ caer, cuajar, cubrir (algo), derretir(se), deshacerse, fundir(se), precipitarse, recubrir (algo), remitir[4], resguardar(se) (de), sepultar (algo)

☐ Véase también: **lluvia (de), nevada.**

ni idea ♦ tener

ni jota ♦ comprender, entender, saber

ni media palabra Véase: **ni palabra**

nimio *adj.* **I** Se combina con...

A SUSTANTIVOS QUE DENOTAN CARACTERÍSTICA, RASGO O SUCESO DE ESCASA ENTIDAD O RELEVANCIA: **1 detalle ++:** ...hay que dejarse fuera detalles quizás *nimios* que habíamos considerado indispensables... EME280596 **2 aspecto ++:** ...aspectos que, quizá, parezcan *nimios* pero que pueden malograr una película. EPE260399 **3 pormenor:** ...todos los principios (...) fuesen creados a perpetuidad, incluso en lo que respecta a los pormenores más *nimios*... EPE100977 **4 matiz:** El matiz no es *nimio*. LVE300896 **5 anécdota –:** ...la línea argumental y su desarrollo son *nimia* anécdota. LVE230694 **6 adorno –:** ...se ha negado a sí mismo (...) el menor gesto hacia la galería, el más *nimio* adorno literario... EME050596

B SUSTANTIVOS QUE DENOTAN CANTIDAD O CIFRA. TAMBIÉN CON ALGUNOS QUE DESIGNAN OTRAS NOCIONES MENSURABLES O CUANTIFICABLES, CON FRECUENCIA DE NATURALEZA ECONÓMICA: **7 cantidad ++:** Mil millones de pesetas no es, ciertamente, una cantidad *nimia*. EME140295 **8 cifra +:** Cifras *nimias* si las comparamos con las del Square Garden... EME070196 **9 gasto +:** ...«apuntaba de forma exhaustiva todos los gastos que ocasionaban sus películas, hasta el más *nimio*». EME170796 **10 resultado +:** ...el *nimio* resultado con el que también venció en su feudo a... EPE041099 **11 porcentaje:** ...el porcentaje de ciclistas que bebe es *nimio*. EPE290999 **12 ahorro:** ...el ahorro que obtendrá el Gobierno con la congelación salarial de los empleados públicos es *nimio* para lo que representa el volumen de déficit público... LVE181096 **13 precio:** No es imprescindible poseer el talento de un Maquiavelo para comprenderlo. Como no lo es, para ver que el precio a pagar (...) es *nimio*. EME060694 **14 indemnización:** ...considera «*nimia* e insuficiente la indemnización...». EME140695 **15 sueldo:** Dado que no gasto mucho y que tengo un sueldo de catedrático, que no es *nimio*, cuando entré a trabajar de rector no pregunté cuánto cobraría... LVE211295 **16 superficie –:** Y los tres años siguientes, con el PSPV ya en la oposición, se saldaron con superficies quemadas efectivamente *nimias*... EPE300899

C SUSTANTIVOS QUE DENOTAN PROBLEMA, DIFICULTAD O SITUACIÓN ADVERSA: **17 problema ++:** ...los trastornos (...) deben ser considerados problemas *nimios*... EME311296 **18 incidente:** ...me parece un incidente *nimio*, de escasísima importancia... EME041296 **19 dificultad:** Nimia dificultad para un «listo». EPE200599 **20 fracaso:** ...el fracaso de ayer era *nimio* en el cómputo total de la legislatura... EPE231299 **21 desgracia:** La victimización es la actitud vital, psicológica o política que convierte cualquier desgracia *nimia* en catástrofe absoluta... EME080696 **22 tráfago –:** ...nuestro pobre espíritu, ya estragado de tanto tráfago anodino y *nimio*. EPD280198 **23 enredo:** ...fluidez constante de las pequeñas ocupaciones y los enredos *nimios*. ABC050293

D ALGUNOS SUSTANTIVOS QUE DENOTAN CAMBIO O MODIFICACIÓN: **24 cambio +:** Ese *nimio* cambio modificó extrañamente toda la historia. EME250295 **25 modificación:** ...modificaciones aparentemente tan *nimias* como las relativas a los artículos 390 y 392... EME241295 **26 enmienda:** ...discusiones irrelevantes sobre enmiendas *nimias*... LVE181296

E SUSTANTIVOS QUE DENOTAN DIFERENCIA: **27 diferencia ++:** Los mayores de 65 años, aunque por una *nimia* diferencia, conceden una puntuación... EME020194 **28 ventaja:** ...alega que poder cambiar la parrilla es una ventaja «*nimia*». EPE011099

F SUSTANTIVOS QUE DENOTAN INTERVENCIÓN VERBAL DE CARÁCTER CRÍTICO O CORRECTIVO: **29 objeción +:** Las objeciones que han planteado no son *nimias*. EME090896 **30 observación +:** Las observaciones que realizaron los asistentes fueron *nimias*. INDOC **31 puntualización +:** ...una *nimia* puntualización (...) es suficiente para que (...) se enzarcen en intensas discusiones... EPE040299 **32 crítica:** Aunque éstas son críticas pejigueras y *nimias* comparadas con las que cabe formular a quienes, desde el poder, no explican coherentemente su gestión... EPE060699

G SUSTANTIVOS QUE DESIGNAN ACCIONES EQUIVOCADAS, DESACERTADAS O DELICTIVAS QUE SUELEN SER OBJETO DE SANCIÓN O REPROBACIÓN: **33 error:** ...enmendaría en el acto un error tan *nimio* y menor como aceptar el regalo en especies de un señor al que ni siquiera conoce, pero en cuyo chalé veranea. EME110896 **34 falta:** Pese a esta *nimia* falta de coordinación, el resultado final fue revelador de la salud musical de raíz española allende las fronteras. LVE250196 **35 irregularidad:** ...se detecten irregularidades, por *nimias* que éstas sean. EPE170699 **36 delito:** ...el niño va a la cárcel por el delito más *nimio*. EPE221199 **37 mentira:** La obsesión rayana en la locura de nuestro protagonista en torno a sus *nimias* mentiras (...) reviste un humor realmente malintencionado... LVE140896

H OTROS SUSTANTIVOS: **38 posibilidad:** ...ola de críticas por la *nimia* posibilidad que se dio a los socios de comprar localidades... EPE180599 **39 causa:** Las risitas del público se producían por causas tan *nimias...* EPE010284

☐ Véase también: **inapreciable, insignificante, irrisorio, venial.**

niño ♦ acunar, arrullar, calmar(se), concebir, crecer, dar a luz, dar de mamar, esperar, tener

ni palabra ♦ conocer, cruzar, decir, entender, oír, saber, *otros verbos de lengua*

ni papa ♦ decir, entender, hablar, saber

ni por asomo *loc.adv.* ▮ Se construye con negación preverbal si aparece tras el verbo, y sin ella si se usa delante de él. Acepta múltiples verbos, más frecuentemente –aunque no solo– si designan estados y procesos que tienen fin natural. Destacan especialmente sus combinaciones con...

A VERBOS DE PENSAMIENTO, MÁS FRECUENTEMENTE SI SE REFIEREN A PLANES, PROYECTOS Y OTRAS NOCIONES PROSPECTIVAS: **1 ocurrirse ++:** A ninguno se le ha ocurrido, *ni por asomo,* presentar la renuncia. LVE050596 **2 pensar ++:** Nadie pensó *ni por asomo* que ellos se pudieran divorciar... EME131095 **3 considerar +:** ...*ni por asomo* considero que la animadversión (...) ha determinado su actuación... EME240895 **4 plantearse:** ...*ni por asomo* se plantea la posibilidad de perder su independencia. LVE140796 **5 planificar:** ...*ni por asomo* planifica con la contundencia y economía de Mann. LVE220296 **6 imaginar(se) +:** Nadie (...) se imagina *ni por asomo* ofrecer a sus clientes productos importados... EPE120499 **7 soñar:** ...en unos años en que nadie había soñado, *ni por asomo,* en ir tan lejos. EME041295 **8 creer:** No creo, *ni por asomo,* que lo hayas hecho deliberadamente, pero... INDOC **9 dudar:** No duda, *ni por asomo,* de la creciente fuerza electoral... PME190197 **10 sospechar:** Ni por asomo sospechaba (...) que su abandono del gobierno... LVE290396

B VERBOS QUE DENOTAN SEMEJANZA, APROXIMACIÓN, CERCANÍA Y OTRAS RELACIONES ANÁLOGAS. TAMBIÉN CON OTROS QUE DESIGNAN LOS PROCESOS QUE DESEMBOCAN EN ESOS ESTADOS: **11 parecerse ++:** ...el partido no se parecía *ni por asomo* a aquel legendario... FDV180601 **12 llegar ++:** ...«no llegaban *ni por asomo* a los 3 billones de pesetas»... EME070796 **13 adaptarse:** ...este recorrido no se adaptaba *ni por asomo* a mis características. LVE200295 **14 acercarse:** ...las diferencias de renta (...) no se acercan *ni por asomo* a las que se registran en el país transalpino... LVE160396 **15 alcanzar:** Pero ambas películas no alcanzan *ni por asomo* la altura cinematográfica... LVE251095 **16 aproximarse:** Sin aproximarse *ni por asomo* a los horripilantes extremos... EME120895 **17 vincular:** ...no deseo vincularlo *ni por asomo* con lo humano. EPE111099 **18 relacionar:** ...*ni por asomo* relaciona a Duchamp con San Juan de la Cruz. ABC020493 **19 compartir –:** ...cosa que no parece compartir *ni por asomo* el autor de la carta aludida. EPE021286

C VERBOS QUE DENOTAN MENCIÓN: **20 mencionar:** Tampoco mencionan estos días, *ni por asomo,* esa foto esclarecedora... EPE190199 **21 citar:** ...columna, que no citaba *ni por asomo...* LVE240696 **22 referirse:** Sin referirse *ni por asomo* a las cámaras parlamentarias, expresó su convencimiento... EME260796 **23 tocar –:** No toca, *ni por asomo,* la posterior relación amistosa entre Manuel y Raúl... PME201096 **24 incidir –:** ...ningún documento (...) ha podido incidir *ni por asomo* en ella. EME230695

D VERBOS QUE DENOTAN EXISTENCIA, SURGIMIENTO O APARICIÓN. TAMBIÉN CON OTROS QUE DESIGNAN LA ACCIÓN O EL PROCESO DE PONER ALGO DE MANIFIESTO: **25 aparecer ++:** En sus palabras no aparece *ni por asomo* el alto foro de debate... HOY050198 **26 encontrar(se) ++:** ...no se encuentra, *ni por asomo,* entre las grandes comedias... LVE160896 **27 presentar:** El informe no presentaba, *ni por asomo,* el rigor necesario en un documento de esa importancia. INDOC **28 mostrar:** No mostró *ni por asomo* ser un equipo ganador... LVE261196 **29 figurar:** ...en los últimos tres años en los que *ni por asomo,* Municipal ha figurado en las finales. LHG100697 **30 hallar(se):** No han hallado *ni por asomo* la mitad de las pruebas que tan evidentes parecían. INDOC **31 acudir:** ...sin que la modesta Policía Local acuda *ni por asomo* a tu modesta llamada de auxilio. EPE260499

E VERBOS QUE DENOTAN ACEPTACIÓN O CUMPLIMIENTO DE ALGO: **32 aceptar +:** ...*ni por asomo* acepta usted dar a la luz pública la verdad... PME201096 **33 admitir +:** ...sin admitir *ni por asomo* que (...) algún error incluirá también su libreta. EPE301199 **34 cumplir +:** Al no cumplir *ni por asomo* con las metas del primer trimestre... LNA120792 **35 aprobar:** Sabían que la comisión no aprobaría *ni por asomo* aquella propuesta. INDOC

F VERBOS QUE DENOTAN VOLUNTAD E INTENCIÓN: **36 esperar +:** No esperaban, *ni por asomo,* encontrar el resultado que este cambio táctico les iba a dar. EME040196 **37 aspirar:** ...dar una misma respuesta a la pregunta tópica de si aspira a conquistar Hollywood: *«Ni por asomo».* LVE120195 **38 atreverse:** ...no se hubiera atrevido *ni por asomo* a disputarle las aguas de Terranova... EME220495 **39 desear:** ...tampoco deseaban *ni por asomo* (...) que averiguasen lo relativo al grupo de legisladores... LHG120900 **40 pretender:** No pretendemos *ni por asomo* converles a ustedes de que... INDOC **41 querer:** ...tampoco quiere *ni por asomo* una Europa federal... LVE080795 **42 intentar:** ...no intenten, *ni por asomo,* interponerse en el camino de una modificación... EME040195

G VERBOS QUE DENOTAN CONSECUCIÓN U OBTENCIÓN DE ALGO: **43 conseguir:** ...no ha conseguido *ni por asomo* hacer olvidar su hueco. EME300996 **44 recuperar:** ...no han acertado a recuperar, *ni por asomo,* (...) la magia del fútbol... LVE200395 **45 lograr:** El equipo de Vitoria no logró *ni por asomo* imitar la hazaña del Villarreal. EPE040199

H VERBOS QUE DENOTAN PERCEPCIÓN: **46 ver +:** ...un buen juego, que no se vio *ni por asomo.* LVE220195 **47 descubrir:** ...no descubro *ni por asomo* ninguna campaña dirigida a fabricantes... EPE310399 **48 detectar:** ...algo que no se detecta *ni por asomo* en el favorito teórico a la nominación... LVE250296 **49 contemplar:** No quiero contemplar *ni por asomo* esa posibilidad. LVE201295 **50 vislumbrar:** Eso no podía vislumbrarse *ni por asomo* hace solamente cuatro años... EPE140399 **51 oír:** ...de lo que se trata es de que los niños se familiaricen con una lengua que fuera de la escuela no oyen *ni por asomo.* LVE260196

☐ Véase también: **ni de lejos, remotamente.**

ni remotamente Véase: **remotamente**

nítidamente *adv.* ▮ Se combina con...

A VERBOS QUE DENOTAN PERCEPCIÓN O CAPTACIÓN, FÍSICA O MENTAL, DE LAS COSAS: **1 percibir** ++: ...son los que perciben más *nítidamente* el incremento de la vulnerabilidad del trabajador inmigrante. EPE041101 **2 recordar** ++: ...recuerdo aún muy *nítidamente* su expresión de alegría al percibir a su mamá... GIC060596 **3 escuchar** ++: «Pues esperándole a usted», se escucha *nítidamente* antes de que una general carcajada ahogue las palabras del despreocupado empleado. LRE140103 **4 oír** ++: Pero al entrar en esa cámara, en vez de «oír» el silencio, oyó *nítidamente* dos sonidos, uno agudo y continuo y otro grave y pulsante. ABC100993 **5 ver** ++: ...y eso supo verlo *nítidamente* en los entresijos y entretelas de la pantalla del Kursaal el público mañanero de San Sebastián... EPE220900 **6 apreciar** +: Desde la ventana de su casa se aprecian *nítidamente* las estelas que dejan los F-15 al sobrevolar el Líbano. EME240496 **7 distinguir** +: ...su retransmisión televisiva ha hecho imposible distinguir *nítidamente* dónde terminaba el proceso y dónde comenzaba el espectáculo. LVE041095 **8 vislumbrar:** La derrota de las potencias del Eje, que tanto le ayudaron durante la guerra civil, se vislumbra *nítidamente*... EPE091201 **9 acordarse:** Me acuerdo *nítidamente* de ello, y de su nombre, Álvaro Alvargonzález. LVE100896 **10 notar(se):** ...donde en las pasadas municipales se ha notado más *nítidamente* un cierto desgaste electoral de la coalición... LVE080795 **11 sentir:** La presencia de la violencia se siente *nítidamente* en las acuarelas de Ella Bergmann-Michel y Max Beckmann... ABC150995 **12 observar:** Ahora, es posible observar *nítidamente* con un gastroscopio todo lo que va desde la boca hasta la primera porción del intestino delgado. EME090295

B VERBOS QUE DENOTAN EXPOSICIÓN, MUESTRA O REPRESENTACIÓN DE ALGO: **13 plasmar** ++: La postura política de López Rodó ante la sucesión queda *nítidamente* plasmada en un documento de septiembre de 1975. ABC250693 **14 exponer** ++: Sin embargo, la obra cumple de sobra sus propósitos: exponer *nítidamente* –casi con voluntad pedagógica– el estado de la cuestión... EME121096 **15 reflejar** +: Tal es el caso de Hernando de Llanos, colaborador de Leonardo, cuyo estilo refleja *nítidamente* en sus posteriores creaciones valencianas... ABC100492 **16 mostrar** +: Frente a la fotografía aérea desde el avión que nos mostraba *nítidamente* la fragmentación de la estructura interna de la ciudad... ABC080794 **17 describir** +: Un chiste aparecido en la prensa japonesa, reproducido por el «Financial Times», describe *nítidamente* la situación política nipona... LVE211096 **18 expresar** +: ...con una sonrisa burlona que expresaba *nítidamente* el profundo desdén que le inspiraba su protesta... LVE291296 **19 manifestar** +: ...quizá ha dado por supuesto que manifestar tan *nítidamente* sus ambiciones le aportará un suplemento de votos en las próximas autonómicas. EPE090599 **20 narrar:** La malsana curiosidad del narrador explica de manera tortuosa y *nítidamente* narrada la necesidad de acudir a un detective... LVE081295 **21 revelar:** La profundidad de los cambios estructurales que produjo la revolución cubana se reveló *nítidamente* en el ímpetu que adquirió el desarrollo cultural de la isla... HOY090697 **22 visualizar:** ...tiene la intención de que en el Congreso del PP se «visualice» *de forma nítida* que Mayor Oreja es uno de los más importantes dirigentes del partido... EME080196 **23 presentar** –: Se planteó desde la necesidad de abandonar el discurso de las «dos orillas» o presentar más *nítidamente* al PP como el enemigo... EME230196

C VERBOS QUE DESIGNAN LA ACCIÓN DE DIBUJAR O TRAZAR ALGO, MÁS FRECUENTEMENTE INTERPRETADOS EN SENTIDO FIGURADO: **24 perfilar** +: ...sin embargo, funcionan como trazos que han ido perfilando *nítidamente* al relator... ABC250394 **25 dibujar** +: ...no le hemos olvidado aunque la bruma del tiempo difumine los perfiles de la memoria para dibujar *nítidamente* los grandes trazos de la Historia, donde ya está. EME190196 **26 trazar** +: ...Buzoianu traza *nítidamente*, en su puesta en escena, los puentes hacia obras cumbres del teatro universal. EPD080697 **27 delinear:** ...los peatones, ciclistas, animales y otros vehículos aparecen delineados *nítidamente* en una pantalla de la cabina del Omega en el que se hacen los ensayos. EME110495 **28 marcar:** ...marcó *nítidamente* el afianzamiento de una etapa que por la orientación y magnitud de las trasformaciones en curso puede considerarse histórica... LPA180492

D VERBOS QUE DESIGNAN LA ACCIÓN DE DETERMINAR LA NATURALEZA, EL CONTENIDO O LOS LÍMITES DE ALGO: **29 definir** ++: Josep Pla definió *nítidamente* el «noucentisme» de D'Ors, a pesar de que éste nunca fue su santo de devoción. EME110495 **30 establecer una separación** +: Sin embargo, el lenguaje cotidiano no establece esa separación tan *nítidamente*... EPE011286 **31 configurar:** ...para evitar disfunciones, hay que configurar *nítidamente* obligaciones económicas a añadir a las deportivas... EME030895 **32 demarcar:** ...si por ello entendemos la constitución de microidentidades puras, *nítidamente* demarcadas y políticamente segregadas. EME291096 **33 deslindar:** ...va a ser tratar de deslindar *nítidamente*, a satisfacción de sus compatriotas, su papel tradicional del que acaba de asumir. EPE110799 **34 recortar(se):** ...establece un diálogo vivo en el que las formas se recortan *nítidamente* demostrando que la valentía del color no es privativa de los expresionistas. ABC221093

E VERBOS QUE DENOTAN DIFERENCIACIÓN, DISOCIACIÓN O ALEJAMIENTO: **35 diferenciar(se)** ++: Estos aspectos nos diferencian *nítidamente* del PSC y, obviamente, también de ERC... EPE010899 **36 separar** ++: ...y que las cuestiones políticas deben ser *nítidamente* separadas de las socioeconómicas. LVE171095 **37 cortar:** Cuando una persona queda parapléjica tras un accidente, en cambio, las neuronas no suelen quedar cortadas *nítidamente*... LVE260796 **38 escindir:** En primer lugar, se escinde *nítidamente* el concepto de amortización del inmovilizado del de pérdida del mismo. EPE020380 **39 dividir:** ...deberá buscar alianzas con otras formaciones, una cuestión que divide *nítidamente* a los dirigentes socialdemócratas. LVE280995 **40 desmarcar(se):** ...si EH se desmarca *de forma nítida* de la violencia, pueda incluirse también al PSE en hipotéticas alianzas. EPE010599

F VERBOS QUE DENOTAN ADOPCIÓN DE POSTURA O TOMA DE PARTIDO: **41 comprometerse:** ...se comprometiera de forma *nítida* por vías exclusivamente políticas y democráticas... EPE070599 **42 posicionarse:** ...se ha posicionado *nítidamente* en las batallas internas del lado de los renovadores de IU y del PCE... EME060296 **43 pronunciarse:** ...adoptaba una actitud prudente y decía que esperará el resultado de la acción judicial para pronunciarse más *nítidamente*... EME220494

G VERBOS QUE DESIGNAN LA CONDICIÓN DE PRESENTAR ALGUNA COSA RASGOS PROMINENTES O NOTABLES, O LA ACCIÓN DE MOSTRAR QUE LOS POSEE: **44 destacar(se)** ++: ...todos los sectores reportaron vigorosos incrementos en su producción, destacando *nítidamente* las actividades pesquera, constructora e industrial. EXP040697 **45 resaltar:** Sus entrevistadores adoptaron una discreta low key que resaltaba *nítidamente* todos los matices de concepto y expresión del entrevistado. EME050294 **46 señalar:** Los ejemplos anteriores señalan *nítidamente* que hay una respuesta positiva en estos temas de constante preocupación... LTB021296 **47 subrayar:** ...por el desarrollo en la misma de una variada oferta cultural que merece, en todo caso, ser *nítidamente* subrayada. ABC230793

H VERBOS QUE DENOTAN TRIUNFO O VICTORIA, SUPERACIÓN DE LÍMITES O ADVERSARIOS, O IMPOSICIÓN DE LIDERAZGO O HEGEMONÍA A OTROS POR DIVERSOS MEDIOS: **48 triunfar** +: En estos comicios presidenciales, Mitterrand triunfó *nítidamente* con un 54%. LVE070595 **49 vencer** +: ...al vencer *nítidamente* por 3 goles a 1 a un maniatado Atlético Nacional... EPC190597 **50 ganar** +: ...los socialistas seguirán ganado *nítidamente* en Extremadura, donde acapararán probablemente 7 de los 11 escaños... EME290296 **51 imponerse** +: ...se ha impuesto *nítidamente* a la candidata conservadora, si así puede llamarse la también modelo, presentadora de televisión y reivindicativa madre de familia... EPE081099 **52 superar** +: De los tres pabellones, el Araba supera *nítidamente* en calidad de instalaciones y seguridad al de La Casilla, del Patronato en Bilbao, y al estadio del Askatuak. EPE080599 **53 rebasar** +: REPSOL salió ayer de su letargo de estas últimas semanas en el curso de las cuales se ha mostrado incapaz de rebasar *de forma nítida* las 4.000 pesetas. LVE120895 **54 aventajar:** Hoy por hoy, Bill Clinton aventaja *nítidamente* a su rival en la intención de voto... LVE120896 **55 dominar:** El partido fue dominado *nítidamente* por los malaguistas, que basaron su juego en la superioridad en el centro del campo... EPE031099

☐ Véase también: **nitidez**.

nitidez ♦ **absoluto, meridiano[4], total**

☐ Véase también: **claridad, honestidad, nítidamente, transparencia.**

ni torta ♦ **entender, ver**

ni tres en un burro ♦ **ver**

ni un alfiler ♦ **caber, entrar**

ni un alma ♦ **aparecer, asistir, haber, ver**

ni una mosca ♦ **escuchar(se), oír(se), sentir(se)**

ni una palabra Véase: **ni palabra**

[nivel] → **paso a nivel**

nivel ♦ **aceptable, acomodado[5], alto, avanzado[6], bajo, básico, buen(o), cualitativo[26], cuantitativo, de calidad, de eficacia, de excelencia, de precisión, de rigor, desmesurado[23], desorbitado[27], elemental, elevado, esperable, exigible, extraordinario, inalcanzable[29], inapreciable[20], inferior, inicial, inmejorable, innegable, insuficiente, insuperable, intermedio, mal(o), medio, reconocido, respetable, subterráneo, suficiente, superior** ♦ **alcanzar, bajar, batir[18], cruzar, dar (a algo), decrecer[9], descender, elevar, escalar[3], exigir, franquear, incrementar, llegar (a), mantener, pasar (de), rebajar, rebasar[7], remontar, requerir, sobrepasar[23], subir, superar, tener**

☐ Véase también: **baremo, calibrar, desnivel, grado, listón, medir, techo.**

nivelar *v.* **I** Se combina con sustantivos que designan magnitudes *(nivelar la altura, la calidad, el espesor, el peso, la temperatura)*, y también con otros que denotan superficie o terreno *(firme, carretera)*. Asimismo, se combina frecuentemente con sustantivos que designan confrontaciones, generalmente deportivas *(juego, partido, lucha, encuentro, choque)*, así como su resultado o la forma en que se computa *(marcador, resultado, tanteo)*. Se combina además con...

A SUSTANTIVOS QUE DENOTAN DESIGUALDAD, SEPARACIÓN O DESARMONÍA ENTRE PERSONAS O COSAS: **1 diferencia** ++: ...admitió la posibilidad de que se «incremente el número de representantes zapatistas hasta *nivelar* dichas diferencias». EME080395 **2 desventaja** ++: El Leganés *niveló* la desventaja diez minutos después... EPE100199 **3 desajuste** ++: ...*nivelar* el desajuste que se produce entre la mutación de las visiones de las cosas... ABC100993 **4 desequilibrio** ++: ...no han sido capaces de emprender la reforma agraria, que contribuiría a *nivelar* los desequilibrios sociales de Brasil. EME200496 **5 desproporción** +: Dio una nueva interpretación al objeto, intentando *nivelar* la desproporción entre el aumento del universo material y... LVE230796 **6 disparidad:** ...se compone de transferencias del sector público y de otras rentas del capital que tienden a *nivelar* las disparidades de PIB per cápita. LVE171294 **7 ventaja:** A nueve minutos del final acertó el Baracaldo a *nivelar* la ventaja inicial del Sabadell. EPE301280

B SUSTANTIVOS QUE DESIGNAN DIVERSAS NOCIONES ECONÓMICAS, MÁS FRECUENTEMENTE LAS CANTIDADES QUE HAN DE SATISFACERSE O LOS ESTADOS FINANCIEROS A LOS QUE DAN LUGAR: **8 déficit** +: ...para negociar la eventual adquisición de material militar que contribuiría a *nivelar* el déficit. EPE010487 **9 economía** +: En otras palabras, primero ayudamos a los países a *nivelar* su economía y luego nos lanzamos a la liberalización comercial. PME201096 **10 sueldo** +: ...con el propósito de *nivelar* los sueldos dentro del sector público, a fin de terminar con las diferencias... DHE130198 **11 presupuesto:** ...créditos que el Estado concedió para *nivelar* los presupuestos, por ignorancia o por falta de asesoramiento. EPE100379 **12 pago:** ...prometió *nivelar* el pago por tarjeta de operación de 50 bolivianos a 20 bolivianos. LTB041000 **13 precio:** Los finlandeses podrán comprar alimentos como pollo, (...) a precios *nivelados* con los de otros países comunitarios. LVE300195 **14 deuda:** ...consideraba imprescindibles para *nivelar* la tremenda deuda pública turca. EPE190899 **15 inflación:** ...mostraría que la inflación está *nivelada* en el 6,5 por ciento, con lo cual el ajuste estaría cumpliendo buena parte de los objetivos... HOY301296

C SUSTANTIVOS QUE DENOTAN PODER O CONTROL EJERCIDOS SOBRE ALGO O ALGUIEN: **16 dominio:** El dominio fue muy *nivelado* a lo largo del partido... EPE280877 **17 fuerza:** ...han sido divididas en dos grupos: uno hasta los 12 años y otro de los 13 a los 16, para *«nivelar»* fuerzas y estaturas. EME171096 **18 poder:** Insinuó que los criterios para *nivelar* el poder y la calidad de vida... EPE200499

no ♦ **concluyente, contundente, rotundo, tajante[24], taxativo, terminante** ♦ **por (toda) respuesta** ♦ **dar, decir, obtener, recibir**

☐ Véase también: **negativa, sí.**

[noche] → **buenas noches, de noche, pasar la noche**

noche ♦ **bueno, cerrado, de perros[3], desapacible, despejado, en blanco, en vela, envolvente, estrellado, lúgubre, malo, negro, oscuro, profundo, redondo[14], sombrío, toledano** ♦ **abatirse (sobre algo/sobre alguien), aguar(se)[38], avanzar, avecinar(se), caer, cernerse (sobre algo/sobre alguien), cubrir (algo), declinar, llegar, pasar, transcurrir, vivir**

☐ Véase también: **día, oscuridad, tiempo.**

nombramiento ♦ **a dedo[24], discrecional[33], honroso[5], oficial** ♦ **aceptar, conceder, decidir, declinar[36], impugnar[32], otorgar, recibir, tener en {mi/tu/su...} poder**

☐ Véase también: **designación, elección.**

NOMBRAMIENTO Véase: *ELECCIÓN Y DECISIÓN*

nombrar ♦ **a dedo[1], de memoria[13], democráticamente[5], de pasada[4], expresamente[5], oficialmente, personalmente, popularmente, por mayoría[37], provisionalmente** ♦ **alcalde, embajador, presidente** ♦ **venir (en)[4],** *otros sustantivos que designan cargos*

☐ Véase también: **designar, elegir, escoger.**

nombre ♦ **acreditado, adecuado, agraciado[16], apropiado, arbitrario[44], artístico, buen, compuesto, conocido, de batalla, de familia, de pila, desconocido, de soltero, despectivo[19], digno, distinguido, falso, honroso[4], ilustre, impronunciable, llamativo[20], respetable, rimbombante[1], supuesto, verdadero** ♦ **acuñar[12], adquirir, atribuir, averiguar, barajar[16], bautizar (con), cambiar (de), conceder, conocer, conservar[49], consolidar(se), cuadrar[6], dar[76], dar (a algo/a alguien), dar {mi/tu/su...}, deshonrar, despuntar[1], desvelar[29], difundir(se)[27], empañar(se)[4], encontrar, ensuciar[7], estampar[3], forjar[20], honrar, ignorar, imponer, labrar, lavar[8], llamar (por), llevar, mantener, ostentar, otorgar, perder, perpetuar, poner, profanar[28], pronunciar, recibir, rehabilitar, revelar, saber, tener (por), tomar[60], usurpar[25]**

☐ Véase también: **apellido, denominación, etiqueta, nombramiento, título.**

NOMBRE Véase: *DENOMINACIÓN*

NOMBRE Véase: DENOMINACIÓN

nómina ♦ **abultado[49], exiguo[7], jugoso, sustancioso** ♦ **en** ♦ **cobrar, congelar[3], embargar, engrosar[3], ingresar, pagar, recibir, retener, retribuir**

☐ Véase también: **salario, sueldo.**

norma ♦ **abusivo[40], acorde (con)[8], ambiguo, arbitrario[17], arraigado, categórico, cautelar[3], controvertido[40], de hierro[21], de obligado cumplimiento, detallado, discrecional[27], disuasorio[9], elástico, elemental, estrecho, estricto[2], expreso, férreo[20], flexible[10], forzoso, fundamental, igualitario[30], imperante[19], ineludible, inexorable, inflexible, injusto, inquebrantable[43], insoslayable[23], inviolable, justo, laxo[1], nuevo, obligatorio, permisivo[11], preventivo[23], restrictivo, severo[3], taxativo, terminante, viejo, vigente[5]** ♦ **al filo (de)[17], con arreglo (a)[2], según** ♦ **observancia (de)** ♦ **abolir[5], acatar[28], acordar, adherirse (a)[16], aferrarse (a)[10], alterar[27], amoldar(se) (a)[20], amparar (a alguien), apegarse (a)[2], aplicar, arbitrar[36], atenerse (a)[2], burlar[16], cambiar, centralizar, ceñir(se) (a)[14], clarificar[37], conculcar[2], congelar[36], contravenir[2], cumplir[25], dar, decretar[32], derogar, desafiar, desobedecer[3], dictar, difundir, dimanar (de algo/de alguien), disponer (algo), ejecutar[22], emanar[2], emitir[10], encajar, especificar, establecer[2], estipular, faltar (a), firmar[12], hacer oídos sordos (a), homologar, implantar[10], imponer, impugnar[23], inculcar, incumplir[1], infringir[2], instaurar[2], legislar, modificar, negociar, obedecer, observar, obviar[19], pisar[3], pisotear[22], plegarse (a)[29], presidir (algo), promulgar, publicar, quebrantar[2], rebasar[42], rebatir[32], recibir, regir, respetar, romper, salir(se) (de), saltarse[29], seguir[4], sentar, socavar[38], subvertir[12], surtir efecto[23], sustraer(se) (de/a), tener (por), transgredir[2], violar[1], vulnerar[6]**

☐ Véase también: **código, decreto, dictado (de), dictamen, directriz, disposición, doctrina, edicto, estatuto, instrucción, ley, mandamiento, normativa, orden, ordenanza, precepto, regla, reglamento.**

NORMA Véase:

♦ **dictatorialmente**

♦ **cláusula, código, consigna, decreto, dictamen, directriz, disposición, doctrina, dogma, edicto, enmienda, estatuto, ley, moral, norma, normativa, orden, ordenanza, precepto, regla, reglamentación, reglamento**

NORMA

♦ (SUSTANTIVOS) Véase: **abolir[A], abusar (de)[D], abusivo[E], acatar[D], acorde (con)[A], adherirse (a)[C], aferrarse (a)[B], al abrigo (de)[A], al compás (de)[E], al filo (de)[C], alterar[F], a medida[B], amoldar(se) (a)[E], ancestral[F], apegarse (a)[A], arbitrar[E], arbitrario[C], asumir[K], atañer[G], atenerse (a)[A], atentatorio (contra)[E], avalar[N], avanzado[J], benigno[E], blandir[E], blando[B], blindar[F], boicotear[G], bordear[B], burlar[C],**

cautelar[A], ceñir(se) (a)[C], clarificar[G], cocinar(se)[D], comunal[F], con arreglo a[A,E], conculcar[A], congelar[G], consensuar[D], contravenir[A], controvertido[G,H], cumplir[E], decretar[E], deducir[A], de hierro[G], de oro[B], derogar[A], desbloquear[J], desobedecer[A], desoír[G], discrecional[E], disuasorio[B], dulcificar[D], ecuánime[D], ejecutar[D], eludir[C], emanar[A], emitir[B], enarbolar[F], enmendar[B], equitativo[B], erigir(se)[A], esgrimir[E], establecer[A], estricto[A,D], expeditivo[A], farragoso[E], fecundo[J], férreo[C,D], firmar[B], flexible[C], hacer(se) realidad[G], hacer extensivo[G], hermético[J], igualitario[F], imperante[D], implacable[C], implantar[B], impracticable[D], impugnar[C], inapelable[C], incumplir[A], inexcusable[E], infringir[A], inhumano[I], inquebrantable[J], insoslayable[E], instaurar[A], irrebatible[D], irrefutable[D], laxo[A,D], leso[B], librar(se) (de)[D], llevadero[A], llevar a la práctica[F], migratorio[C], obviar[E], perentorio[C], permisivo[A], pisar[A], pisotear[E], plegarse (a)[D], preventivo[D], primar[C], profanar[E], prorrogar[A], pulverizar[E], quebrantar[A], quebrar(se)[G], rebasar[H], rebatir[E], recrudecer(se)[C], rectificar[G], refrendar[I], refundir[A], reprobar[E], revocar[D], saltarse[E], seguir[A], severo[A], sin perjuicio (de)[D], sobrepasar[E], socavar[E], someter(se) (a)[E], sortear[C], soslayar[G], subvertir[B], surtir efecto[E], taxativo[A], tergiversar[H], terminante[D], tramitar[C], transgredir[A], validar[G], vigente[A], violar[A], vulnerar[A]
♦ (VERBOS) Véase: **escrupulosamente[A]**

normativa

normativa ♦ **acorde (con)[4], ambiguo, cautelar, controvertido[43], discriminatorio, elástico, estricto[7], férreo, flexible[11], inflexible, injusto, laxo[2], permisivo[4], riguroso, severo[7], taxativo[4], vigente[4]** ♦ **al compás (de), con arreglo (a)[5]** ♦ **acatar[35], adherirse (a)[17], aplicar, atenerse (a)[8], burlar[22], cambiar, conculcar[8], contravenir[5], cumplir, derogar[11], desobedecer[6], dictar, esgrimir[28], establecer[8], implantar[11], imponer, impugnar[24], incumplir[4], infringir[6], legislar, modificar, obedecer, promulgar, quebrantar[4], regir, saltarse[32], seguir, tramitar[27], transgredir[13], violar[21], vulnerar[10]**
☐ Véase también: **ley, norma, reglamentación.**

norte

norte ♦ **carecer (de), perder[2]**

nostalgia

nostalgia ♦ **amargo[50], dulce, hondo, intenso, preso (de)[21], profundo, sentido, triste** ♦ **con** ♦ **arrebato (de)[25], sensación (de), sentimiento (de)** ♦ **alimentar(se) (de)[2], asaltar (a alguien), combatir, despertar(se) (en alguien), embargar[2], entrar[13], evocar (con), experimentar, inundar (a alguien), invitar (a)[5], producir, recordar (con), sentir, sobrevenir (a alguien), suscitar, tener, teñir (de)[11], vencer, venir (a alguien)**
☐ Véase también: **añoranza, melancolía, morriña, pena, tristeza.**

[nota]

[nota] → **tomar nota**

nota

nota ▮ *(textual)* ♦ **al vuelo[31], a vuelapluma, breve, confidencial[14], de {mi/tu/su...} puño y letra[16], de pie de página, de prensa, escueto, extenso, público** ♦ **añadir, dictar, difundir(se)[6], escribir, filtrar(se)[11], interpolar, leer, publicar, rectificar, redactar, tomar[37]**
▮ *(musical)* ♦ **agudo, alto, bajo, disonante, grave, sostenido** ♦ **afinar, dar, entonar, fallar, ligar, llegar (a), mantener, tocar**
▮ *(puntuación)* ♦ **alto, bajo, medio, mínimo** ♦ **alcanzar, bajar, calcular, dar, exigir, mantener, mejorar, redondear, requerir, subir**
▮ *(rasgo)* ♦ **característico, discordante[1], distintivo, dominante[3]**
☐ Véase también: **anotación, apunte, indicación.**

notablemente

notablemente *adv.* ▮ Se combina con verbos que denotan cambio de estado o designan las acciones que lo provocan *(cambiar, variar, alterar(se), modificar, corregir)*. Acepta diversos adjetivos calificativos, muy frecuentemente comparativos *(inferior, superior, mejor, menor)*, pero también otros que denotan diferencia *(distinto, diferente, opuesto)* o dificultad *(difícil, complejo)*, entre otras nociones. También destacan sus combinaciones con los verbos que denotan incremento o mejora *(aumentar, incrementar, ampliar, elevar, subir, crecer, alargar, acentuar)*, empeoramiento o disminución *(reducir, disminuir, bajar, recortar, decaer, empeorar)*, así como con los...

A VERBOS QUE DENOTAN INFLUENCIA, CONDICIONAMIENTO O MANIFESTACIÓN DEL EFECTO PRODUCIDO POR ALGUNA COSA: **1 influir** ++: Los Beatles fueron una corriente contracultural que influyó *notablemente* a muchas generaciones de músicos alrededor del mundo... LHG240697 **2 afectar** ++: ...esa medida afectaría *notablemente* a la competitividad de las empresas españolas. EPE211199 **3 repercutir** ++: La exigencia de la visa y un mayor control de los funcionarios de inmigración ha repercutido *notablemente* en esta caída. EUV230996 **4 condicionar** ++: No cabe duda de que una decisión en tal sentido condiciona muy *notablemente* al alza el gasto en próximos ejercicios... LVE140796 **5 incidir** ++: ...todo suma para crear un verdadero caos auditivo, que incide *notablemente* sobre cada persona expuesta permanentemente a él. LNP110297 **6 pesar** +: La multitudinaria concentración patronal de la víspera, en la que participaron cerca de 30.000 empresarios, pesó *notablemente* en la enrarecida atmósfera política de la jornada... EPE061099 **7 acusar** +: El argentino fue una pesadilla para la zaga rojiblanca, que además acusó *notablemente* la ausencia de Chamot. EPE310199

B VERBOS QUE DENOTAN AYUDA, COLABORACIÓN, FORTALECIMIENTO O FAVORECIMIENTO. TAMBIÉN CON ALGUNOS QUE DESIGNAN OTRAS FORMAS DE CONTRIBUIR AL DESARROLLO O LA MODIFICACIÓN POSITIVA DE ALGÚN ESTADO DE COSAS: **8 reforzar** ++: Medidas que «permitirán reforzar *notablemente* la protección personal» de los afectados... EPE141101 **9 contribuir** ++: ...destacándose que ha contribuido *notablemente* al desarrollo de la zona serrana de San José de las Matas y comarcas vecinas. LDD110797 **10 enriquecer** ++: ...por eso contar con socios como Todosport enriquece *notablemente* la oferta de contenido a nuestros clientes... EXC200700 **11 beneficiar** ++: ...incluye mecanismos de cohesión e instrumentos de solidaridad que benefician *notablemente*, ya hoy, a España. EME200394 **12 facilitar ++:** La declaración de catástrofe natural en la mayor parte del país facilitará *notablemente* el cobro de las indemnizaciones... EPE301299 **13 fortalecer +:** ...la Alianza Conservadora, fortalece *notablemente* su posición al obtener 46 escaños. EPE230399 **14 potenciar +:** ...ha potenciado *notablemente* el comercio y ha favorecido las inversiones extranjeras en Europa. EME290396 **15 acelerar +:** A partir de este instante, los trámites se aceleran *notablemente.* EPE200799 **16 favorecer +:** ...aislaría diplomáticamente más aún a la gran potencia mientras que favorecía *notablemente* en ese aspecto a Cuba. EXC190696 **17 simplificar +:** ...empezaron a funcionar los primeros mensajes por radio, que simplificaban *notablemente* la conexión interoceánica. DDN070101 **18 flexibilizar:** Y por primera vez, ambos países acceden a flexibilizar *notablemente* sus posiciones en aras de ese arreglo permanente. EME230295 **19 agilizar:** ...dispondrá de un servicio de adiciones y enmiendas, lo que agilizará *notablemente* el trabajo. EPE121001 **20 ayudar:** ...comisiones cívicas sin ninguna conexión gubernamental, que ayudan *notablemente* a prevenir el abuso con los bienes y recursos públicos... LPN120597 **21 impulsar:** ...hecho que rebajaría sustancialmente el importe final de los vehículos e impulsaría *notablemente* la industria del automóvil. LVE031095 **22 estimular:** ...desde la entrada en funcionamiento de la autopista Granollers-Mataró, que ha estimulado *notablemente* el intercambio entre ambas ciudades. LVE031096

C VERBOS QUE DESIGNAN DIVERSAS FORMAS DE CAUSAR PERJUICIO O DE LIMITAR U OBSTACULIZAR ALGUNA COSA. TAMBIÉN CON OTROS QUE DESIGNAN CAMBIOS DE ESTADO QUE SE CONSIDERAN PERJUDICIALES: **23 perjudicar ++:** El retraso perjudicaba *notablemente* los intereses del gobernador del Banco de Francia... LRE070103 **24 complicar(se) ++:** ...pueden llegar a complicar *notablemente* ese buen trato que los árbitros deparaban a su equipo. LVE260296 **25 dificultar ++:** También en el rocoso (acantilados) y arenoso (playas) y biosistemas que orlan el litoral y a los que se adhiere dificultando *notablemente* ulteriores limpiezas. LRE220103 **26 encarecer ++:** La desconfianza respecto de futuras devaluaciones encarecería *notablemente* el costo del endeudamiento externo... CLA140199 **27 endurecer ++:** La nueva regulación endurece *notablemente* el tratamiento fiscal de las rentas no periódicas de un amplio número de trabajadores... EPE181199 **28 irritar +:** ...algo que irritó *notablemente* a Howard Hawks y le impulsó a hacer «Río Bravo» para desmitificarla. LVE050395 **29 debilitar +:** ...Yeltsin mantendrá que «se han debilitado *notablemente* los lemas de escisión de uno y otro territorio de la Federación rusa»... EME160295 **30 retrasar:** Al final, hasta la sección tercera de la Audiencia de Barcelona diría: «Ciertamente, se han producido incorrecciones que han retrasado *notablemente* la celebración del juicio». LVE180796 **31 limitar:** Precisa en este sentido que son padres de tres hijos menores edad, «lo que limita *notablemente* la posibilidad de huida». EDV141200 **32 restringir:** ...sometiéndose a condiciones de trabajo que restringían *notablemente* sus derechos laborales. EPE301101 **33 interferir:** ...cuando este síntoma interfiere *notablemente* en la calidad de vida del paciente y le conduce a un estado de ánimo depresivo... EPE100599 **34 dañar:** ...que mina la cohesión social y daña *notablemente* los logros económicos en los países del Grupo de los Siete... EME300396

D VERBOS QUE DESIGNAN LA EXISTENCIA DE DIFERENCIA O SEMEJANZA ENTRE PERSONAS O COSAS: **35 diferir ++:** Los convenios de operación (...) difieren *notablemente* de los convenios de asociación... EUV031196 **36 contrastar +:** Sólo que las tiendas que venden en dólares contrastan *notablemente* con las de pesos, casi siempre vacías, sin ninguna decoración. ENH140198 **37 diferenciarse +:** ...el FIS no excluye su futura participación, lo que le diferencia *notablemente* de los grupos armados que existen en torno al GIA... EPE160199 **38 distanciarse +:** ...que se ha distanciado *notablemente* de sus dos compañeros de viaje y ha esgrimido el fantasma de la quiebra. EME310795 **39 parecer(se) +:** Su cara se parece *notablemente* a la de un chino. ABC030492 **40 asemejarse:** ...nuestro balance de este primer tramo del mando político de Aznar se hubiera asemejado *notablemente* al que establece la mayoría de la opinión pública... EME120896

E VERBOS QUE DENOTAN ESTADO PROMINENTE O SITUACIÓN DE VENTAJA O DIFERENCIA RESPECTO DE ALGUNA COSA: **41 superar ++:** A pesar de que el porcentaje de niñas aumentó un 2 por ciento, el de niños lo supera *notablemente* (81 contra 19)... LNP060497 **42 destacar +:** ...quien había destacado *notablemente* en el cargo de Procurador de los Derechos Humanos... LHG140797 **43 adelantar:** La Consejería de Sanidad ha adelantado *notablemente* la edad de vacunación del calendario oficial infantil. EPE021099 **44 aventajar:** ...Canadá aventaja *notablemente* a Bahamas –e incluso a Venezuela– en las teorizaciones relativas a este duelo. ENV060297 **45 rebasar:** ...o rebase *notablemente* los límites de velocidad pague en consecuencia por ello. EME060196 **46 exceder:** O, para expresarlo de otra forma, parece como si la oferta excediera *notablemente* a la demanda... EPE300699

☐ Véase también: **acusadamente, considerablemente, ostensiblemente.**

notarialmente

♦ **certificar, dar fe, notificar, registrar, requerir**

☐ Véase también: **documentalmente, fehacientemente.**

notar(se)

♦ **a la legua**[2], **a las claras**[13], **a ojos vista, a simple vista, claramente, con claridad, descaradamente, desfavorablemente**[19], **fácilmente, nítidamente**[10], **ostensiblemente**[40], **palpablemente, por un momento**[21], **vagamente**[1]

☐ Véase también: **apreciar(se), percibir.**

noticia

♦ **a {dos/tres/cuatro...} columnas, alarmante, alegre, amargo**[24], **anecdótico**[15], **a toda plana, ávido (de), bueno, candente, confidencial**[23], **confuso, conmovedor, contradictorio, desolador, detallado, duro, en exclusiva**[42], **esperado, excelente, falso, fiable, fidedigno**[4], **fresco, halagüeño**[37], **ilusionante**[24], **impactante, imparcial, impredecible, imprevisto, inesperado, infausto**[11], **infundado, inquietante, intempestivo**[36], **inverosímil, jugoso, luctuoso, malo, novedoso**[50], **oficial, oficioso, parco (en)**[11], **previsible, revelador, sesgado, sin confirmar, sin fundamento**[7], **somero**[74], **sorprendente, tendencioso, tranquilizador, triste, último, veraz, verosímil** ♦ **al calor (de)**[8], **al compás (de)**[2], **al corriente (de), al filo**

(de)[21], al hilo (de)[29], a tenor (de)[5] ♦ avalancha (de)[29], fuente (de), lluvia (de)[51], ola (de)[27], origen (de), procedencia (de) ♦ acoger, acribillar (a)[4], adulterar, airear, alterar, amplificar, brotar, caer como una bomba[1], calibrar, celebrar, circular[13], comentar, comunicar, confirmar, correr, corroborar[23], cundir, dar[208], desbordar(se), desenterrar, desmentir[12], destapar, desvelar[24], difundir(se)[2], distorsionar[14], emanar (de algo), emitir, esparcir[2], esperar, estallar[26], extender(se), falsear, filtrar(se)[2], hacer público, hacerse eco (de), interpretar, llegar (a alguien), magnificar, maquillar, negar[62], pregonar, prodigar, producir(se), propagar(se), publicar, radiar, recibir, rectificar, refutar, reseñar, retransmitir, salir a la luz, salir al paso (de)[10], salpicar[30], saltar, sembrar[99], sopesar, sorprender (a alguien), surgir, tener, tergiversar[16], transmitir, trascender, tropezar(se) (con), valorar, *otros verbos de lengua*

□ Véase también: **información, novedad, primicia, reportaje.**

NOTICIA Véase: COMUNICACIÓN; DATO; INFORMACIÓN

notificar ♦ de palabra, en persona, fehacientemente[6], notarialmente, oficialmente, oralmente, por escrito, verbalmente[12]

□ Véase también: **anunciar, comunicar, informar.**

notoriedad ♦ cierto, escaso, gran(de), **indudable, innegable, merecido, notable, universal ♦ afán (de), ánimo (de)[20], ansia (de) ♦ adquirir[2], alcanzar, buscar, cobrar, conseguir, dar[124], decrecer, ganar, mantener, obtener, perder, perseguir, tener**

□ Véase también: **fama, propaganda, publicidad, renombre.**

novatada ♦ de {buen/mal} gusto, divertido, gracioso, pesado, salvaje ♦ aguantar, encajar[18], gastar, hacer (a alguien), ser víctima (de), soportar, sufrir

□ Véase también: **broma, burla.**

novedad ♦ absoluto, completo, rabioso[4], total ♦ alud (de), avalancha (de)[28], cúmulo (de), serie (de) ♦ acostumbrar(se) (a), afrontar, constituir, ensayar, esperar, estribar (en)[17], haber, hacer frente (a), hacerse (a), producir(se), representar, residir (en)[25], tener

□ Véase también: **de nueva construcción, de nueva planta, innovación, noticia, nuevo, originalidad, primicia.**

novedoso *adj.* ▮ Acepta múltiples sustantivos, pero destacan especialmente los que designan obras de creación o los géneros a los que pertenecen *(libro, pintura, película, literatura, música)*, y también los...

A SUSTANTIVOS QUE DENOTAN IDEA O HIPÓTESIS. TAMBIÉN CON OTROS QUE DESIGNAN DIVERSOS ACTOS Y RESULTADOS DEL ENTENDIMIENTO O DEL CONOCIMIENTO ESPECULATIVO: **1 idea ++:** Es decir que, con base en las ideas *novedosas*, se creen cosas innovadoras y productivas. ETC190597 **2 tesis +:** ...sirven al siquiatra Armando Roa para construir una *novedosa* tesis en torno a la esencia de Chile y Estados Unidos. HOY280797 **3 concepto:** Las instalaciones fueron revividas con un *novedoso* concepto de la infraestructura aeroportuaria... ETC010690 **4 concepción:** La irrupción de los hombres del 98 (...) supuso el emerger de una nueva sensibilidad, elemento vital para que florezcan después *novedosas* concepciones. ABC160793 **5 hipótesis:** La hipótesis de Bru sólo es parcialmente *novedosa.* LVE270296 **6 teoría:** ...los grandes inventos, las teorías *novedosas* en los distintos campos, han salido de los laboratorios y de las aulas universitarias... ETC040997 **7 conclusión:** Su conclusión sobre el papel de la monarquía no es muy *novedosa*... LVE080795

B SUSTANTIVOS QUE DESIGNAN RESULTADOS DE LA ACTIVIDAD INTELECTUAL, ESPECIALMENTE LA INTERPRETACIÓN O LA INDAGACIÓN: **8 interpretación ++:** El ensayo constituye hasta la fecha la interpretación más documentada y *novedosa* de la economía colonial en la segunda mitad del siglo XVIII... PME271096 **9 revisión +:** Los historiadores se lanzan a una *novedosa* revisión de la Historia del Perú... CAP030895 **10 reflexión +:** ...todavía hoy mantienen el testimonio de difíciles momentos para el ejercicio del Arte, entendido (...) como una *novedosa* reflexión estética capaz de llegar a la abstracción misma. ABC300793 **11 estudio:** Este *novedoso* estudio (...) demuestra que las teorías sobre la evolución bioquímica pueden ser comprobadas en laboratorio. ABC060594 **12 observación:** ...recojamos alguna de las observaciones *novedosas* del libro... ABC040992 **13 aproximación:** ...podría convertirse en una *novedosa* aproximación terapéutica en la lucha contra determinados tipos de tumores. EPE170399 **14 fundamentación −:** ...propone una fundamentación *novedosa* de una genuina legitimación. ABC240993 **15 formulación −:** ...el público requería que el tango cambiara sus tics, que fabricara prototipos más creíbles, con formulaciones *novedosas.* CLA030797

C SUSTANTIVOS QUE DENOTAN MÉTODO O PROCEDIMIENTO PARA ALCANZAR ALGÚN FIN, ASÍ COMO –POR EXTENSIÓN– CONJUNTO SISTEMATIZADO DE INSTRUMENTOS O RECURSOS: **16 sistema ++:** Novedoso sistema para recuperar autos robados se fabrica en el país. EUV060499 **17 esquema ++:** ...anunció que México está abierto a la implantación de *novedosos* esquemas financieros para atraer el capital necesario... EXC190696 **18 método ++:** ...habría sabido incorporar a su ahora legendaria trayectoria los más *novedosos* métodos de los países jaguares... HOY140497 **19 técnica ++:** Ese programa intensivo aplica *novedosas* técnicas de rehabilitación... GIC091196 **20 estrategia:** La *novedosa* estrategia jamás fue utilizada en la Argentina y posee muy pocos antecedentes en el mundo. LNP061097 **21 procedimiento +:** Todos los procedimientos *novedosos* que utilizamos en la atención médica cubana, se les realiza gratuitamente a los cubanos... GIC093497 **22 instrumento:** ...ha hecho posible que hoy podamos ofrecer a la sociedad un *novedoso* instrumento de difusión de la cultura... EPE311001 **23 tecnología:** ...verificó el inicio de operaciones de esta *novedosa* tecnología desarrollada por la filial para compensar la declinación del crudo en otros yacimientos... EUV210197 **24 recurso:** Cuando Orfeo se dirige con Eurídice al mundo de los vivos lo hace con el *novedoso* recurso musical de un bajo ostinato... CLA280601

D SUSTANTIVOS QUE DENOTAN PLAN O PROYECTO. TAMBIÉN CON OTROS QUE DESIGNAN OTRAS NOCIONES ANÁLOGAS DE CARÁCTER PROSPECTIVO, ASÍ COMO CIERTAS ACTITUDES QUE FAVORECEN SU CUMPLIMIENTO: **25 programa ++**: ...sigue siendo el programa *novedoso*, útil y mejorado que comenté en una columna anterior. ETC030297 **26 proyecto ++**: ...El Nuevo Herald puso a Enrique Córdoba en el papel de entrevistado para conocer un poco más sobre su libro y el *novedoso* proyecto que dirigirá... ENH110198 **27 propuesta ++**: Claro que la *novedosa* propuesta comercial fue un fracaso para sus inversores. LNP270297 **28 iniciativa +**: El expediente de regulación firmado ayer incluye una iniciativa *novedosa*... EDV141200 **29 oferta +**: ...las agencias de publicidad deben ofrecer ofertas *novedosas* a esta necesidad de sus clientes... ENV190197 **30 plan**: El Gobierno extremeño pondrá en marcha un plan *novedoso* para fomentar el reparto de trabajo... EME110396 **31 promesa**: ...corresponde a todos los miembros de la Unión Europea y con apenas una promesa relativamente *novedosa*... EDV141200

E SUSTANTIVOS QUE DENOTAN ENFOQUE, OPCIÓN O PUNTO DE VISTA: **32 enfoque ++**: A lo largo de estas páginas nos asaltan por doquier enfoques *novedosos* e intuiciones atrayentes... ABC171293 **33 planteamiento ++**: ...intenta planteamientos *novedosos* e interpretaciones personales. ABC100492 **34 tendencia**: No he entendido nunca bien la relativamente *novedosa* tendencia... EME121296 **35 alternativa**: Los constructores colombianos tuvieron que sentir el remezón de la crisis para (...) inventarse alternativas *novedosas* de mercadeo. ETC150996 **36 perspectiva +**: Su visión no inaugura, dice, una perspectiva *novedosa*... EPE300199 **37 visión +**: Pero su perspectiva queda reducida, en una visión nada *novedosa*, a unos cuantos lugares comunes... ABC290494 **38 punto de vista +**: Es un melodrama pero es ante todo una comedia diferente, con un punto de vista fresco y *novedoso*... ETC040996 **39 opción**: ...no deja de ser curioso que sea la opción más *novedosa* (...) la que actúe de rémora de una posible renovación... EPE240799 **40 postura**: Es una postura recurrente y nada *novedosa*. EXC000901

F SUSTANTIVOS QUE DESIGNAN MANIFESTACIONES VERBALES O TEXTUALES DIVERSAS: **41 discurso +**: ...se subrayó la necesidad de un diálogo (...), además de ofrecer un discurso *novedoso*... EXC180197 **42 expresión**: La búsqueda de la expresión *novedosa* acarrea múltiples riesgos no siempre sorteados... ABC290494 **43 comentario**: ...ha sabido acomodar (...) una traducción directa del hebreo del «Cantar de los cantares» (...) y un *novedoso* comentario de su texto. ABC130195 **44 afirmación**: Mi propósito es comentar la primera afirmación –para mí la más *novedosa* y sorprendente–. EME120996 **45 lenguaje**: ...plantea un *novedoso* lenguaje narrando tres películas en una. LVE230595 **46 crítica**: Más *novedosa* en sus labios (...) fue la crítica que dirigió implícitamente... EME081096 **47 adjetivación –**: ...poetiza los giros de la lengua coloquial y acuña adjetivaciones *novedosas* e insólitas... ABC061095

G ALGUNOS SUSTANTIVOS QUE DESIGNAN DATOS O INFORMACIONES: **48 dato ++**: Entre los datos *novedosos* (...), el diputado anunció la ampliación de la denuncia... EME110395 **49 información +**: ...a lo largo del seminario se proporcionó la información más *novedosa* y de mayor interés... EXC230996 **50 noticia**: En estas obras encontramos noticias *novedosas* sobre el movimiento... LVE060995 **51 documentación –**: Desde luego que no hay nada sorprendente en el hecho mismo, lo *novedoso* es la documentación... DYM170796

H SUSTANTIVOS QUE DESIGNAN LO QUE SE DESCUBRE O SE PRODUCE, MÁS FRECUENTEMENTE SI ES RESULTADO DE ALGUNA ACTIVIDAD CIENTÍFICA O TECNOLÓGICA: **52 producto ++**: Entre estos títulos no hay ningún libro electrónico (...) aunque estos *novedosos* productos editoriales, poco a poco, atraen a más lectores. EME160696 **53 invento ++**: Novedoso invento trae éxito a firma. ENH210497 **54 fórmula ++**: Se esperaba algo nuevo y distinto, pero la fórmula no era para nada *novedosa*. CLA240199 **55 solución +**: Los productos tradicionales ofrecen *novedosas* soluciones a la industria de hoy. LVE261096 **56 producción**: El principal objetivo de la feria es generar un mercado: crear un foco que dé salida a las producciones más *novedosas*... EPE140799 **57 medicamento**: A pesar de la existencia de *novedosos* medicamentos (...), dichos medicamentos no están al alcance de la mayoría de los mexicanos afectados... PME271096 **58 vacuna**: Para los que nos preocupamos (...) de prevenir muchas de las enfermedades mediante vacunas *novedosas*, nos esperan tiempos de mucho trabajo... LNC161100 **59 hallazgo +**: ...resalta la humanidad más que el ingenio transitorio, más lo que permanece en la memoria que lo pasajero del hallazgo *novedoso*. ABC170792

I OTROS SUSTANTIVOS QUE DESIGNAN COSAS QUE ES NORMAL PRESENTAR, DESCUBRIR O PROPONER. DESTACAN ENTRE ELLAS LAS QUE DENOTAN MEZCLA, CONJUNCIÓN O COMBINACIÓN DE ELEMENTOS: **60 antología +**: La antología de motetes de Austria, Bohemia y Baviera (...) no sólo es *novedosa*, (...) sino que además posee una belleza deslumbrante. ABC100993 **61 mezcla +**: ...una *novedosa* mezcla de sabores, solo apta para los paladares más exquisitos. INDOC **62 colección**: En su *novedosa* colección de primavera ha cambiado de una tacada más de ocho platos. EPE090599 **63 combinación**: La serie presenta una *novedosa* combinación de animación tradicional y ordenador... EME290596 **64 mixtura**: El poeta doblemente alejandrino (...) se manifiesta en su habilidad para (...) fusionar los géneros en una *novedosa* mixtura de los mismos. ABC290794 **65 selección**: Su selección no es en absoluto *novedosa*: viene respaldada por el prestigio de los nombres, a los que suma el de los poetas encargados de cada traducción... ABC050293 **66 conjunción**: Se llevó el oscar por la *novedosa* conjunción de efectos especiales que consiguió reunir. INDOC

J SUSTANTIVOS QUE DESIGNAN PARTES DE ALGÚN CONJUNTO O UNIDADES INTEGRADAS EN ÉL: **67 elemento ++**: ...no se limita a aceptar de forma fiel y mimética el modelo de este género literario, sino que introduce elementos *novedosos*. EXP210797 **68 lance**: Nos subió la temperatura cuando (...) comenzó toreando sentado en *novedoso* lance a la verónica. ETC110187 **69 parte**: Son precisamente estos prólogos la parte más *novedosa* de la colección... EPE311001

K SUSTANTIVOS QUE DENOTAN SITUACIÓN O ESTADO DE COSAS: **70 situación +**: Esta situación es *novedosa* porque (...) los planes de metro en Barcelona han sido durante los últimos 25 años auténticos contraplanes. EPE290399 **71 panorama +**: Estamos ante un *novedoso* panorama (...) y que beneficiará a los medianos y pequeños editores... EME050296 **72 cuadro:** Los nuevos precios del petróleo plantearon un cuadro también *novedoso* y distinto para la OPEP. EUV050996

L SUSTANTIVOS DE PERSONA, ESPECIALMENTE SI SU DENOMINACIÓN ESTÁ RELACIONADA CON LA ACTIVIDAD INTELECTUAL, CREATIVA O ARTÍSTICA: **73 pensador:** Algunos baluartes de la lógica tradicional, como el principio de identidad o el de tercero excluido fueron arrasados por el *novedoso* pensador... ECA150792 **74 artista:** ...el cartel contará también con Supercinexcene y Groof, artistas *novedosos* a la hora de mezclar tecnología y sentimientos. EPE240599 **75 arquitecto:** Los edificios fueron realizados lo mismo que los chalés por arquitectos *novedosos*... ABC101195 **76 figura:** ...la Junta quiere impulsar otra figura *novedosa* en la legislación actual, la caja de cajas. EPE181099 **77 historiador:** Disfruta de una merecida reputación de historiador original, *novedoso* y provocativo... ABC170192

novela ♦ absorbente, aburrido, ágil, alambicado, ameno, anodino, apasionante, autobiográfico, caudaloso, cáustico, célebre, corto, cuidado, descabellado, descarnado, desigual, difícil, duro, ejemplar, emotivo, espléndido, excelente, fácil, fascinante, incitante, inconcluso, inmejorable, insoportable, insulso, insustancial, intrincado, irónico, irresistible, itinerante, lacrimógeno, largo, lineal, memorable, negro, póstumo, profuso, prosaico, redondo[3], resentido, retorcido, rosa, sarcástico, satírico, soporífero, sustancioso, testimonial, trabajado, trepidante, verídico, voluminoso ♦ a lo largo (de) ♦ ambiente (de), asunto (de), autor (de), borrador (de), final (de), personaje (de), presentación (de), tema (de) ♦ abrir, acometer, acortar, adentrarse (en), alargar, aligerar, cerrar, circular, cocinar(se)[26], comentar, componer, concluir, dedicar (a algo/a alguien), dejar (a medias), describir (algo), discurrir, divulgar, editar, emprender, escribir, firmar, fluir, frustrar(se), girar (sobre algo), hacer frente (a), hojear, ilustrar, inspirar(se) (en algo), internar(se) (en), introducir (al lector), jalonar, leer, llevar (al lector), llevar al cine, meter(se) (en), pergeñar, plantear, prologar, protagonizar, publicar, reflejar (algo), refundir, rematar, resumir, retratar (algo), seguir, sintetizar, sumergir(se) (en), traducir, transcribir, tratar (de algo/sobre algo), ultimar, versar (sobre algo), zambullir(se) (en)[15]

□ Véase también: **cuento, libro, literatura, texto.**

nubarrón ♦ amenazante, borrascoso, gris, negro, oscuro, plomizo, tormentoso ♦ alejar(se), aproximar(se), avecinarse, cernerse[35], descargar (lluvia), desvanecer(se), disipar(se), formar(se), teñir (de)[14]

□ Véase también: **nube, nubosidad.**

nube ♦ amenazador, amenazante, borrascoso, denso, de tormenta, de verano, espeso, gris, negro, oscuro, pasajero, plomizo, sombrío, tóxico, tupido ♦ acercarse, alejarse, andar (por), aproximarse, avecinar(se), bajar (de), cernerse[36], cubrir(se) (de), descargar (lluvia), desvanecer(se), disipar(se), estar (en), formar(se), ocultar (algo), poner(se) (por), sobrevolar, vivir (en)

□ Véase también: **nubarrón.**

nube (de) ♦ gas, humo, polvo fotógrafos, periodistas, cámaras, jugadores, agentes, micrófonos, reporteros, contaminación, niños, abejas, moscas, mosquitos

nublar(se) *v.* **I** En su sentido físico de 'cubrirse de nubes', se combina con el sustantivo *cielo*, así como con otros que denotan área o territorio *(región, ciudad, paisaje)* y algunas unidades temporales, por lo general no mayores que un día *(día, mañana, tarde)*. En su sentido figurado de 'oscurecer, enturbiar, empañar o turbar', se combina con...

A SUSTANTIVOS QUE DENOTAN FACULTAD U ÓRGANO DE LA VISIÓN: **1 vista ++:** Es cierto que *nubla* la vista, pero quita la angustia. CLA070497 **2 ojo ++:** ...la cabeza me daba vueltas como un trompo, se me *nublaron* los ojos... LHG120900 **3 visión:** La visión se me *nubló* y sentí una gran presión en el pecho. EME210395 **4 mirada:** Un dejo de resentimiento le *nubla* la mirada. PME150996 **5 retina:** ...yo diría que lo que *nubla* nuestras retinas y entendederas no es sólo... EPD041097

B SUSTANTIVOS QUE DESIGNAN LA CARA DE LAS PERSONAS O CIERTOS ASPECTOS DE LA EXPRESIÓN FACIAL: **6 semblante:** ...fue lo único que *nubló* el semblante de Claudio Ranieri. EPE170999 **7 rostro:** El propio director, Billy Wilder, recordaba que el rostro del deportista se *nubló*... EPE110399 **8 sonrisa:** ...en un acceso de ira que le *nubló* la sonrisa... EPE111099

C SUSTANTIVOS QUE DESIGNAN FACULTADES MENTALES, ESPECIALMENTE LAS INTELECTIVAS. POR EXTENSIÓN, CON OTROS QUE SE REFIEREN A LOS ÓRGANOS O LOS SISTEMAS EN QUE RESIDEN ESTAS CAPACIDADES, ASÍ COMO ALGUNOS DE SUS RESULTADOS: **9 mente ++:** Se compra porque sí, se nos *nubla* la mente (...) sin atender a razones que no pasen por los caprichos coyunturales. LRE060103 **10 pensamiento +:** ...que el exceso de información está *nublando* el pensamiento. EPE201001 **11 entendimiento:** Es cierto, hay que dialogar, evitemos que la exasperación nos *nuble* el entendimiento... EXC130996 **12 entendederas:** ...pero a algunos parece como si se les *nublaran* las entendederas cuando se acercan unas elecciones. EPE150499 **13 sentido:** Seguramente se le *nubló* el sentido, cosa que no debe suceder nunca... LVE070196 **14 juicio:** ...un momento que suele *nublar* el juicio de los campeones... EPE040900 **15 conciencia:** ...propone a los cristianos una reflexión sobre la política, aquejada, dice, de abulia (...) ante los verdaderos problemas de fondo, que *nublan* y vulneran la conciencia humana. EPE231299 **16 memoria:** Su Monsieur le Cinema, a quien se le *nubla* la memoria y confunde datos... EME130295 **17 intuición:** ...les *nubla* la intuición, atrofia sus músculos en marcajes... LVE071296 **18 cerebro:** ...deberíamos afirmar que el miedo le *nubló* el cerebro por completo... EPE160199 **19 idea:** Después la calor le *nubló* las ideas y no dio títere con cabeza. EME010796

D EL SUSTANTIVO *IMAGEN* Y CON OTROS QUE DESIGNAN ALGUNOS EFECTOS DE LA CAPACIDAD DE PERCIBIR: **20**

imagen +: ...los vicios y malas costumbres que vienen *nublando* la imagen de una patria... EUV060499 **21 impresión:** Esta impresión no llegó a quedar *nublada* por algunas circunstancias concretas... EPE291199 **22 percepción:** ...sólo *nublaría* más la percepción que en el exterior se tiene... EXC090596

E SUSTANTIVOS QUE DESIGNAN EL FUTURO, ASÍ COMO OTRAS NOCIONES DE NATURALEZA PROSPECTIVA: **23 horizonte +:** ...los hechos de violencia que *nublaban* y enrarecían el horizonte... PME131096 **24 futuro:** Mientras se *nubla* el futuro de la firma que hizo accesibles los ordenadores personales... EPE081199 **25 porvenir:** ...*nublan* el alentador porvenir de un país pacíficamente liberado... LVE051195 **26 destino –:** El destino del Manchester se *nubla* por la torpeza de... EPE191001

F SUSTANTIVOS QUE DESIGNAN EL RESULTADO FELIZ DE ALGO. TAMBIÉN CON OTROS QUE EXPRESAN CIERTOS ESTADOS DE RECONOCIMIENTO: **27 triunfo +:** ...un cómodo triunfo por 5-1 sobre Burundi, *nublado* tan solo por la expulsión del barcelonista... EME140495 **28 éxito +:** ...existe un contencioso que puede *nublar* algo el éxito de esta gira... LVE110295 **29 victoria:** ...y un futuro que parece *nublar* la previsible victoria... LVE180296 **30 fama:** ...*nublaron* la fama de Sabatini, que nunca encontró un decidido apologista. ABC261193

G OTROS SUSTANTIVOS; POSIBLES USOS ESTILÍSTICOS: ...y se *nublan* con flores los hierros de los balcones. LVE300195

☐ Véase también: **embotar(se), ensombrecer(se).**

nubosidad ♦ **acusado**[79], **creciente, intermitente, variable** ♦ **aumentar, desaparecer, desvanecerse, esperar, incrementarse, pronosticar**

nuclear ♦ **amenaza, arsenal, ataque, bomba, catástrofe, central, combustible, energía, explosión, física, fisión, fusión, guerra, holocausto, medicina, reactor, terror**

nudo (de) ♦ **doble, en el estómago, en la garganta, enmarañado, enrevesado, gordiano, marinero** ♦ **argumentación, novela, obra, problema, zapato** ♦ **aflojar, apretar, desatar, deshacer, hacer, soltar**

☐ Véase también: **atadura, lazo.**

[nuevo] → **de nueva construcción, de nueva planta**

nuevo ♦ **absolutamente, enteramente, parcialmente, rabiosamente, radicalmente, totalmente**

☐ Véase también: **aprendiz, bisoño, fresco, innovación, novedad.**

nulidad ♦ **absoluto, completo, matrimonial, ostensible** ♦ **acordar, conceder, decretar**[39], **denegar**[22], **dictaminar, obtener, otorgar, pedir, solicitar, tramitar**[17]

numantinamente *adv.* ▌Se combina con...

A VERBOS QUE DENOTAN LA ACCIÓN DE DEFENDER O CONSERVAR UN LUGAR FORTIFICADO, UNA POSICIÓN O UNA ACTITUD: **1 resistir(se) ++:** ...se enfrentan y pelean, resisten *numantinamente* en su puesto... LVE220396 **2 defender +:** ...defienden *numantinamente* otros mecanismos discriminadores como, por ejemplo, la retribución de la antigüedad... LVE211096 **3 asegurar:** ...asegura *numantinamente* que (...) no les ocurrirá lo mismo... EME021096 **4 mantenerse:** «...quiere mantenerse *numantinamente* en el poder». EME080995 **5 preservar:** ...lo que el Tercer Reich había preservado *numantinamente* a los ojos del mundo: el inmenso cementerio de un millón y medio de víctimas. EME280195 **6 atrincherar:** ...sé los nombres de demasiados cinéfilos que un mal día para ellos decidieron atrincherarse *numantinamente* en casa... LVE020695

B VERBOS QUE DENOTAN ENFRENTAMIENTO O REACCIÓN ANTE UN ATAQUE: **7 luchar:** Hace dos Luzbelios exalté al heroico americano Gerónimo, jefe de los apaches chiricahuas que luchó *numantinamente* contra la caballería yanqui. EME110694 **8 reaccionar:** Los vecinos de Anchuras reaccionaron *de forma numantina* y no tuvieron reparos en recurrir a sus escopetas de caza... LVE260996 **9 rechazar:** ...rechazó anoche *numantinamente* su responsabilidad política en el escándalo de las escuchas del CESID... EME220695

C OTROS VERBOS; POSIBLES USOS ESTILÍSTICOS: ...pocos alemanes más han querido morir *numantinamente.* LVE041295

☐ Véase también: **heroicamente, valientemente.**

numantino *adj.* ▌En su sentido figurado se combina con sustantivos que designan personas o grupos humanos *(defensor, caudillo, gobierno),* y también con...

A SUSTANTIVOS QUE DENOTAN RESISTENCIA O ENFRENTAMIENTO. TAMBIÉN CON OTROS QUE DESIGNAN DIVERSAS ACCIONES O SITUACIONES, A MENUDO DESTACADAS, QUE SE ASOCIAN DE FORMA CARACTERÍSTICA CON ESOS SIGNIFICADOS: **1 resistencia ++:** ...aquí nadie entrega las llaves al invasor, aunque nada hay más ajeno a estos tiempos que las resistencias *numantinas.* LVE251095 **2 defensa ++:** Pero ante la nueva delantera azulgrana no valen las defensas *numantinas.* LVE211096 **3 gesta +:** De momento, hasta 1999, su futuro dependerá en gran medida de las gestas *numantinas* del Barça. LVE150296 **4 desafío:** Sólo los antiguos campesinos, los de la hoz y el trigo, se exponían al desafío *numantino* en el campo y en la era... EME280896 **5 lucha:** Ayer, tras siete días de lucha *numantina,* los defensores de este pequeño enclave... EME260795 **6 épica:** ...dos comentaristas excesivamente contagiados de la épica *numantina...* LVE160296 **7 batalla:** Defendió (...) en una *numantina* batalla en la que derramó hasta la última gota de su carisma... EME250796 **8 empate:** ...tras haber alcanzado un *numantino* empate en Liverpool... EPE010400 **9 cerco:** ...el cerco *numantino* al que sometió el equipo celeste la portería de Mora hizo que ésta estuviera amenazada de gol... EME211295

B SUSTANTIVOS QUE DESIGNAN LUGARES EN LOS QUE ES NORMAL DEFENDERSE O RESISTIR: **10 baluarte:** Su trabajo en la empresa era un baluarte *numantino* en el que se protegía del mundo entero. INDOC **11 refugio:** De la existencia real del refugio *numantino* en la sede socialista de Ferraz nació el «guerrismo». EME080296 **12 bún-**

ker: El País se encierra así en su búnker *numantino*, sobre el que revolotea el espíritu... EME290995

C SUSTANTIVOS QUE DESIGNAN DIVERSOS RASGOS HUMANOS, A MENUDO DEFECTOS QUE SUELEN ASOCIARSE CON LA ESTRECHEZ O LA TERQUEDAD: **13 tozudez:** ...alarga la legislatura por «tozudez *numantina*». EPE240899 **14 empecinamiento:** ...en el supuesto de empecinamiento *numantino* (...), la moción de censura no saldría nunca. EME300694 **15 aguante:** ...la reunión pasó enseguida a convertirse en maratón de golpes, con la estrategia del aguante *numantino* como único argumento (tanto defensivo como ofensivo). EPE070699 **16 cerrazón:** La trinchera menos protegida de (...) es su *numantina* cerrazón ante cualquier fórmula de compromiso... EPD180697

D SUSTANTIVOS QUE DESIGNAN ACTITUDES, JUICIOS O TOMAS DE POSTURA: **17 actitud ++:** ...a adoptar una actitud *numantina* de resistencia hasta el final. EPE300599 **18 posición ++:** ...adoptando posiciones *numantinas* en defensa de un poder que, si no por los votos, parece cada día más deslegitimado... LVE290195 **19 postura +:** ...sin contar con el grave perjuicio económico y deportivo que acarrearía la *numantina* postura. EME160896 **20 posicionamiento:** ...fundamenta el posicionamiento *numantino* ante cualquiera de sus despliegues operativos. EPE300699 **21 juicio:** Con ellas se evitarán juicios *numantinos* basados en la defensa apasionada... EME140196

E SUSTANTIVOS QUE DENOTAN INTENTO, GENERALMENTE TENAZ O PORFIADO. TAMBIÉN CON OTROS QUE DESIGNAN ALGUNAS CUALIDADES QUE SE ASOCIAN CON LOS RESULTADOS DE ESA FORMA DE ACTUAR: **22 empeño:** ...empeño *numantino* del régimen y agotamiento de la sociedada que (...) parece a las puertas del último experimento de un régimen que apuesta por la vía posmaoísta... LVE100395 **23 entusiasmo:** ...apoya a (...) con un entusiasmo *numantino* y sólido. LVE250296 **24 intento:** En ese intento *numantino* de resistir... LVE061095 **25 heroísmo:** ...hizo de Numancia (...) una metáfora de España, interpretando el heroísmo *numantino* como una gloria española... EPE021985

F SUSTANTIVOS QUE DESIGNAN DIVERSOS TIPOS DE MENSAJES DIRIGIDOS A ALGÚN DESTINATARIO EXPLÍCITO O IMPLÍCITO: **26 declaración:** ...las nuevas y reiteradas declaraciones *numantinas* de la directora... LVE210896 **27 discurso:** ...su discurso hispánico, *numantino* y resistente frente a las trampas de la modernidad... EME280796 **28 alocución:** La noche del 30 de septiembre, una asombrosa y *numantina* alocución del presidente Arias en la televisión, para arengar a las gentes sobre la concentración... EME270995 **29 llamamiento:** El *numantino* llamamiento ha dado ya los primeros frutos, precisamente en el Estado que con mayor diligencia acogió la decisión de Interior... EME250395 **30 texto:** ...un texto *numantino*, impermeable a cualquier clase de sugerencia externa... EME210694 **31 mensaje:** ...esos mensajes ya no calan en la gente, que está harta de mensajes *numantinos*. EPE110399 **32 orden:** La nueva orden de la cúpula es *numantina*. EME210295

G SUSTANTIVOS QUE DENOTAN MÉTODO O PROCEDIMIENTO: **33 recurso:** ...la utilización de recursos exclusivamente *numantinos* ante una situación política que les desborda. EME160895 **34 vía:** Pero el presidente escogió la vía *numantina* de negar todo... EME050196 **35 estrategia:** De un lado, el grupo dirigente socialista refuerza su estrategia *numantina*... EME081096

H OTROS SUSTANTIVOS; POSIBLES USOS ESTILÍSTICOS: Peligrosos bemoles de paranoia *numantina*. EME100694; ...algunas de esas ofertas de sobremesa y tarde con vocación *numantina* ante la fuerza del fútbol... LVE100696

numéricamente ♦ **equivalente, inferior, superior** ♦ **aumentar, crecer, disminuir, reducir, superar**

número ♦ **abultado[2], agraciado[1], aleatorio, alto, aproximado[24], bajo, copioso[4], correlativo, decimal, desmedido[63], desmesurado[21], desproporcionado, elevado, entero, escaso, exacto, exiguo[3], fraccionario, gran(de), incalculable, incontable, indeterminado, infinito, ingente[2], insignificante[2], irrisorio, menor, paritario[40], pequeño, precario[78], real, redondo, reducido** ♦ **acertar, acortar, ajustar, alcanzar, aumentar (en), calcular, contabilizar, crecer, cuadrar, decrecer[1], determinar, disminuir, echar[62], engrosar, especificar, establecer, extrapolar[6], hacer, incrementar(se), medir, memorizar, montar[2], precisar, rebajar[35], recortar, redondear, reducir, restar, sobrepasar[7], sumar, superar, truncar**
☐ Véase también: **cantidad, cifra.**

NÚMERO Véase: *CANTIDAD; MEDIDA, UNIDAD DE ~*

NÚMERO Véase: CANTIDAD

nupcias ♦ **contraer[26]**
☐ Véase también: **boda, matrimonio.**

nutrido *adj.* ▮ En el sentido de 'que tiene gran cantidad de algo' se combina con sustantivos cuantificativos o colectivos *(grupo, serie, abanico, masa, conjunto, ristra, repertorio, catálogo)*, muchos de los cuales designan grupos humanos *(representación, delegación, colonia, séquito, escolta)*. También admite otros que designan actos o eventos en los que se congregan habitualmente las personas *(desfile, asamblea, feria, reunión, manifestación)*. Se combina asimismo a menudo con sustantivos que designan objetos y espacios que se usan como recipientes o almacenes *(biblioteca, archivo, depósito, hucha)*, así como con otros que designan conjuntos de textos, datos o documentos *(correspondencia, documentación, bibliografía, literatura: La tesis contiene una nutrida bibliografía)*. Acepta además sustantivos que designan cifras o cantidades *(cifra, ingreso, emolumento, beneficio, rédito)*. Destacan especialmente sus combinaciones con...

A SUSTANTIVOS QUE DENOTAN CONJUNTO DE ACTIVIDADES, FECHAS O MÉRITOS, MUY FRECUENTEMENTE PRESENTADOS EN ORDEN LINEAL: **1 agenda ++:** ...los bahienses tendrán en 1997 la posibilidad de ver y juzgar, a partir de este mes, una *nutrida* agenda de espectáculos. LNP030497 **2 programa ++:** De allí sigue un programa *nutrido* que incluye un Te Deum. CAP180196 **3 programación ++:** La nueva programación de Telemiami está *nu-*

trida de programas producidos en sus propios estudios y diseñada especialmente para los televidentes del sur de la Florida. ENH110297 **4 filmografía ++:** Prácticamente inexistente como tema cinematográfico diez años atrás, el sida cuenta hoy con una *nutrida* filmografía... LVE200695 **5 calendario +:** A la espera del día D, el calendario de movilizaciones relacionadas con la educación se muestra *nutrido.* EME301096 **6 currículum +:** Técnico en Minas titulado en la Universidad de Chile, con estudios de Administración de Empresas (...), son algunos de los antecedentes que engloban el *nutrido* currículum de Pérez... RUM280797 **7 historial +:** De lo que no hay duda es de que Yeltsin, con un *nutrido* historial de problemas cardíacos, está enfermo. EME020796 **8 carrera:** ...pertenece esta película (...) a uno de los momentos menos inspirados en la carrera, *nutrida* y en general fructífera, de Chabrol. LVE241095

B SUSTANTIVOS QUE DENOTAN RELACIÓN, INVENTARIO O PRESENTACIÓN ORDENADA, GENERALMENTE ESCRITA, DE OTRAS INFORMACIONES VINCULADAS ENTRE SÍ: **9 elenco ++:** Y así se explica la eclosión de pintores (...) de poetas (...), de novelistas (...) y de un *nutrido* elenco de críticos, periodistas e intelectuales que acabó, con todo lo demás, arrebatado por el viento de 1936. ABC021092 **10 relación ++:** Es muy probable que, en la *nutrida* relación bibliográfica sustentadora del esfuerzo de Ballart, no haya más de tres títulos... ABC230994 **11 muestra ++:** Pavarotti cantó en Miami Beach ante más de 150.000 personas, *nutrida* muestra de los variopintos «personajes» que pueblan Florida en invierno. EME240195 **12 muestrario ++:** Los seres humanos (...) contamos con un *nutrido* muestrario de artilugios para emitir y recibir información. EPE170199 **13 lista +:** ...Colom ha llevado a cabo durante los últimos años una *nutrida* lista de grabaciones con las que ha obtenido muy favorables comentarios críticos. LVE060296 **14 índice:** ...en su *nutrido* índice onomástico no aparecía un solo autor indio, chino, tibetano o japonés... LVE150396 **15 censo:** La ciudad y pueblos de la provincia presentan *nutridos* censos de bañistas y personas que dejan correr la invernia en sus solaneras... LVE050595 **16 nómina:** En la ya *nutrida* nómina de la novela negra del posfranquismo habrá que buscarle un hueco a «Tu nombre envenena mis sueños». ABC301092 **17 exposición –:** ...en vida fue orillado y después nunca se había tenido la posibilidad de revisar su obra de la única forma posible: una buena y *nutrida* exposición antológica. LVE021296

C SUSTANTIVOS QUE DESIGNAN EL CONJUNTO DE PERSONAS QUE ESTÁN PRESENTES EN UN EVENTO O INTERVIENEN EN ÉL. A MENUDO COINCIDEN CON LOS SUSTANTIVOS QUE DESIGNAN EL HECHO DE ACUDIR A UN LUGAR O INTERVENIR EN UN SUCESO: **18 asistencia ++:** En estas circunstancias, la *nutrida* asistencia al recital de Alicia de Larrocha en el Conservatorio tiene mayor significación. ABC280593 **19 presencia ++:** En el antiguo Museo de Arte Contemporáneo, en la Ciudad Universitaria, se darán cita galeristas y editores de toda europa (...) y una *nutrida* presencia hispanoamericana... ABC031195 **20 concurrencia ++:** En tal contexto, en 1984 apareció un premio bastante singular, el Durán de pintura, que desde el principio tuvo una concurrencia *nutrida* de pintores... ABC060893 **21 participación ++:** Nutrida participación de bigleaguers en apertura del torneo de Puerto Rico. EUV061196 **22 público ++:** ...había recordado al *nutrido* público que la exposición recogía la arraigada tradición cartelista de Cataluña... LVE060995 **23 reparto ++:** Nutrido reparto en el mayor juicio por narcotráfico. CAP260697

D SUSTANTIVOS QUE DENOTAN AYUDA, APOYO O ADHESIÓN FIRME Y DECIDIDA A ALGUIEN O A ALGO. TAMBIÉN CON OTROS QUE DESIGNAN ALGUNOS GESTOS CON QUE SE EXPRESA: **24 aplauso ++:** ...decretó con dos palabras el resultado de la votación que no hubo, clausuró por su cuenta la sesión y recibió, por ello, vítores y *nutridos* aplausos de la concurrencia. EME190895 **25 apoyo +:** El colectivo de inmigrantes, con un *nutrido* apoyo de entidades y asociaciones cívicas, ha hecho un llamamiento... EPE171299 **26 respaldo +:** Con el respaldo de 108 Estados, el más *nutrido* entre los otorgados a candidatos latinoamericanos, (...) fue elegido nuevamente como miembro... CAP180196 **27 cobertura:** Pero uno y otro se mostraron inoperantes para desbordar la *nutrida* cobertura de sus rivales. LVE240696

E OTROS SUSTANTIVOS; POSIBLES USOS ESTILÍSTICOS: También ayudaron a trepar méritos tan chuscos como ciertos aditamentos pilosos, convertidos en marchamo de progresía. A falta de barba *nutrida* y cuidada, simulacro de ella rayano en desaseo, al estilo Roldán. LVE200795

☐ Véase también: **abarrotado, completo, frondoso, lleno, multitudinario.**

Ñ ñ

O o

obedecer ♦ al pie de la letra[24], a pie juntillas[6], a rajatabla, a regañadientes[1], ciegamente[4], de buen grado[12], estrictamente, gustosamente[3], punto por punto, sin demora, sin pestañear[7], sin reservas[17] ♦ consigna, directriz, indicación, instrucción, ley, norma, orden, *otros sustantivos que designan disposiciones*

☐ Véase también: **acatar, aceptar, cumplir, obedecer (a).**

obedecer (a) ♦ afán, avería, campaña, capricho, causa, conveniencia, creencia, decisión, deseo, doctrina, error, estrategia, factor, fallo, fin, fórmula, fuerza, impulso, iniciativa, instinto, intención, interés, invitación, ley, lógica, lucha, maniobra, mezcla, moda, motivo, necesidad, norma, operación, oportunismo, pauta, petición, plan, planteamiento, presión, previsión, principio, propósito, razón, reacción, realidad, recomendación, suma, tradición

☐ Véase también: **obedecer.**

obediencia ♦ celoso, ciego[28], debido, devoto, escrupuloso, estricto[30], ferviente, fiel, incondicional, riguroso, sujeto (a) ♦ deber, exigir, ganar(se), imponer[11], jurar[19], practicar, rendir, someter (a), tributar[9]

☐ Véase también: **acatamiento, cumplimiento, desobediencia.**

objeción ♦ convincente, de peso, firme, fundado, fundamentado, grave, insalvable, insignificante, irrebatible, nimio[29], pequeño, rebuscado, ridículo, serio[50], socorrido ♦ aducir, atender, contestar, debatir, desestimar, esgrimir, formular[47], fundamentar, hacer, neutralizar, oponer[4], plantear[64], poner, presentar, rebatir, rechazar, replicar (a), responder (a), sustentar (en algo), tropezar (con)

☐ Véase también: **dificultad, obstáculo, problema, reparo.**

objetividad ♦ absoluto, completo, implacable, meridiano, pleno, total, verdadero ♦ con, en aras (de)[18] ♦ buscar, juzgar (con), mantener, perder, perseguir

☐ Véase también: **consistencia, frialdad, lógica, rigor.**

objetivo ♦ acorde (con)[15], al alcance de la mano, alcanzable, ambicioso, apremiante[39], asequible[2], claro, contrapuesto, crucial[69], descabellado[10], difícil, dudoso, enfrentado, fácil, firme, imposible, impreciso, inabordable, inaccesible, inalcanzable[8], inequívoco[34], inmediato, irrenunciable[15], legítimo, meridiano, modesto, nítido, oculto, oscuro, patente, peregrino[45], perentorio[48], perseguible, pleno, principal, razonable, tenaz[38], utópico, vano[8] ♦ búsqueda (de), cumplimiento (de), logro (de), persecución (de) ♦ abandonar, abordar, acariciar[12], aferrar(se) (a), afrontar, albergar, alcanzar, alterar[18], apear(se) (de)[19], atenerse (a)[64], atisbar[24], aunar[29], batir[9], cambiar, centrar, ceñir(se) (a)[29], clarificar[48], cocinar(se)[8], conciliar[3], confesar[34], conjugar, conocer, conseguir, coronar, cuadrar[8], culminar[19], cumplir[1], delimitar, delinear[7], deponer[23], derrumbar(se)[49], desbaratar[31], desistir (de), desmoronar(se)[20], desvelar[52], desviar[26], dirigir(se) (a), distorsionar[41], echar por tierra, encaminar(se) (a), encarar[10], esclarecer(se)[30], establecer[40], fijar(se), formular[51], hacer(se) realidad[21], hacer frente (a), hacer público, incumplir[46], intentar, llevar(se) por delante, llevar a buen puerto[23], llevar a la práctica[8], llevar a término[4], lograr, malograr(se)[4], mantener, marcar[3], obedecer (a), obstaculizar[34], obtener, perder de vista, perfilar[7], perseguir, perseverar (en)[14], persistir (en)[30], plantear[20], pretender, proponer(se), quebrar(se)[9], rebajar[52], reconocer, sobrepasar[38], subyacer (a algo), superar, tener, tergiversar[40], tirar por tierra, trazar[5], truncar(se)[3]

☐ Véase también: **destino, fin, meta, propósito.**

objeto (de) *sust.* ▮ En el sentido de 'fin o propósito de' se combina con los sustantivos *visita, reunión, encuentro*, y con otros análogos *(¿Cuál es el objeto de su visita?)*. En el sentido de 'materia o asunto de', a veces cercano al anterior, se combina con gran número de sustantivos que se construyen generalmente sin artículo, entre los que cabe destacar los...

A SUSTANTIVOS QUE DENOTAN INCLINACIÓN, AFECTO, ESTIMACIÓN O DEVOCIÓN HACIA UNA PERSONA O COSA. TAMBIÉN CON OTROS QUE DESIGNAN LA MANIFESTACIÓN O LA DEMOSTRACIÓN DE ESTOS SENTIMIENTOS: **1 deseo** ++: El fútbol se ha convertido en el principal *objeto* de deseo de las empresas de televisión españolas. EME120196 **2 culto** ++: ¿Se imaginan cuando estos espectáculos sean un nostálgico *objeto* de culto? LNA110792 **3 homenaje** +: Apenas el 7 de octubre, hace menos de un mes, fue *objeto* de un homenaje por su larga y exitosa carrera periodística. DED021196 **4 admiración** +: ...encontrarse con estos resultados tiene que ser realmente impactante y tiene que ser, posiblemente, *objeto* de admiración el que el país haya podido lograrlo. GIC030198 **5 veneración:** Para mí es importante ir haciendo penetrar en el arte esa idea de *objeto* de veneración, capaz de emocionarte profundamente. ABC240694 **6 adoración:** Pero fueron los ingleses, con su afición por la caza, quienes la convirtieron en un *objeto* de adoración. EPU081101 **7 amor:** Aquel *objeto* de amor debía ser rebanado hasta la raíz. EPE011287

B SUSTANTIVOS QUE DESIGNAN DIVERSAS ACTITUDES RELATIVAS A LA CONSIDERACIÓN QUE MERECE ALGO A LOS OJOS DE UNA PERSONA O LA INCLINACIÓN QUE ESTA MANIFIESTA HACIA ELLO: **8 atención ++:** Nadie puede sorprenderse de que sea para nosotros *objeto* de atención preferente. LVE060495 **9 interés ++:** El tema de los estados financieros del Seguro Social ha sido *objeto* de interés en las últimas semanas entre diferentes sectores de la sociedad. LHG091100 **10 consideración:** Como toda la opinión pública sabe, este tema fue *objeto* de consideraciones altamente emocionales... EME250394 **11 curiosidad:** Las relaciones con los adversarios políticos son también *objeto* de curiosidad. EPD200997 **12 preocupación:** Invitó a los graduandos a seguir construyendo un país cuyo soporte principal sean los valores que hoy son *objeto* de preocupación nacional... DED230996

C SUSTANTIVOS QUE DENOTAN CONTROL, SUPERVISIÓN, OBSERVACIÓN O ACCIÓN COERCITIVA: **13 control ++:** La planta eléctrica constituye una fuente fija de contaminación atmosférica que debe ser *objeto* de control. EUV091096 **14 vigilancia ++:** Las dos viviendas anejas al inmueble afectado, que al parecer no están habitadas, fueron ayer *objeto* de vigilancia por la Policía... ENC240599 **15 seguimiento ++:** ...y que todos –indistintamente de la gravedad de la falta que generó su retorno– serán *objeto* de seguimiento. ENH090497 **16 persecución ++:** No se desprenden indicios suficientes para considerar que el peticionario sea *objeto* de persecución o enjuiciamiento... EME110694 **17 amenaza +:** La familia del fiscal también fue *objeto* de amenazas y ataques. CLA190597 **18 presión +:** ...acusado por su ex ministro de Economía, quien es ahora *objeto* de presión de los tribunales pese a ser el principal acusador de una red de corruptelas. CAP040997 **19 inspección:** Señaló que la casa ha sido *objeto* de investigaciones e inspecciones, efectuadas por el Ministerio Público... LTH220797 **20 advertencia:** ...ha caído bruscamente en el interior, al tiempo que ha sido *objeto* de serias advertencias en el exterior. LVE210195 **21 coacción:** ...y que la interrogue y también a su familia para saber si están siendo *objeto* de coacciones. EPE180899

D SUSTANTIVOS QUE DESIGNAN ACTIVIDADES INTELECTIVAS ENCAMINADAS A ENTENDER, PENETRAR, DESCUBRIR, CONOCER O JUZGAR ALGO: **22 estudio ++:** El título de este libro puede hacer referencia tanto al vasto campo del *objeto* de estudio de la Teoría de la Información... EME180694 **23 análisis ++:** ...«aspectos éstos que en ningún proceso de fusión han sido ni siquiera *objeto* de análisis». FDV260599 **24 investigación ++:** ...su postura en contra de que esa eventual comisión parlamentaria personalice su *objeto* de investigación en el empresario telepostal... CLA020497 **25 reflexión ++:** Apenas hace poco se ha captado el secreto de la consecuencia lógica, lo en sí evidente del concepto todavía no se ha hecho *objeto* de reflexión. EUV260696 **26 revisión ++:** Por otra parte, al no afectar esos actos derechos de terceros, no son *objeto* de revisión en la vía contenciosa. LPN060597 **27 examen +:** ...todas estas materias deberían ser *objeto* de examen, sin perjuicio, claro está, de los derechos adquiridos. ETC110187 **28 conocimiento:** En esa época lo cotidiano no era *objeto* de conocimiento. BRE160597 **29 lectura:** ...su lectura debería ser *objeto* de lectura obligada en el seno de cada familia nicaragüense. LPN140797 **30 valoración:** ...con la decisión estratégica de mantener al grupo independiente han sido aún *objeto* de valoración alguna por los inversores. LVE250596

E SUSTANTIVOS QUE DENOTAN INTERCAMBIO DE IDEAS U OPINIONES ENTRE PARTES. TAMBIÉN CON OTROS QUE DESIGNAN MANIFESTACIONES PERSONALES ACERCA DE UN ASUNTO, FRECUENTEMENTE CARACTERIZADAS POR EL DESACUERDO O EL ENFRENTAMIENTO: **31 discusión ++:** Paralelamente, un tema que sigue siendo *objeto* de discusión es el relativo a la tarifa por consumo de energía... LHG260700 **32 debate ++:** Y no admite un juicio técnico porque Gil oculta y deforma cuanto sería *objeto* de debate en otro club. EME210394 **33 polémica ++:** Las vías de transmisión de esta enfermedad aún son *objeto* de polémica entre los científicos... ABC080995 **34 controversia ++:** El nacimiento del cómic es aún *objeto* de controversias, que se han plasmado en los últimos años en distintas iniciativas... LVE101295 **35 comentario ++:** ...su balance no tendría motivo para ser *objeto* de comentario si no fuera porque durante largo tiempo ha sido uso y costumbre en nuestro país... LNA300692 **36 disputa +:** ...a un grupo de periodistas a las proximidades de los islotes Imia (Kardak en turco), *objeto* de disputa desde el pasado enero... LVE190596 **37 litigio +:** ...se mostró ayer dispuesta a aceptar el rescate de la concesión de que disfruta el club sobre las zonas *objeto* de litigio en el entorno del club. FDV150601 **38 escándalo:** ...conocida popularmente como la lavadora por su enorme tambor hueco en el muro, y *objeto* del escándalo de comisiones que ha sacudido este verano la vida judicial y política... EME190896 **39 conversación:** Explicó que el tema de una posible reunión de presidentes había sido *objeto* de conversaciones entre él y el embajador de Colombia... EUV090796

F SUSTANTIVOS QUE DENOTAN LUCHA O CONFRONTACIÓN: **40 lucha:** ...para quienes la pacificación de Chechenia es un *objeto* de su lucha de posiciones. LVE010996 **41 batalla:** La llegada del año 2000 será *objeto* de una batalla titánica por la audiencia televisiva entre dos proyectos mundiales... EPE241199 **42 conflicto:** El *objeto* del conflicto de los residentes es un proyecto de real decreto... EPE180599 **43 conquista:** «La imaginación no es un don, sino el *objeto* de conquista por excelencia». ABC301294

G OTROS SUSTANTIVOS QUE DENOTAN ACCIÓN HOSTIL CONTRA ALGUIEN O ALGO: **44 ataque ++:** Reconocer los límites de los sistemas naturales es a menudo *objeto* de ataque... DLA110198 **45 malos tratos ++:** ...tras su traslado a la dirección general de la Guardia Civil en Madrid siguió siendo «*objeto* de malos tratos psicológicos y algún mal trato físico»... EME300795 **46 atentado ++:** ...después de que el fin de semana fuera *objeto* de un atentado e intento de secuestro, el segundo en menos de 24 horas. PLG100996 **47 agresión +:** No fueron *objeto* de agresión ni de ninguna clase de maltratos, explicó Caramagna. LPH240696 **48 bombardeo:** ...en cuya parte oriental los habitantes musulmanes son *objeto* de bombardeo continuo por la artillería croata. LVE270294 **49 boicot:** ...cuya campaña electoral ha sido *objeto* de un boicot guerrillero sin precedentes... ENH211097 **50 sabotaje:** ..una de cuyas casas del pueblo fue ayer *objeto* de un sabotaje. EPE191101 **51 asalto:** Quizá 30 por ciento de las personas que conozco han sido *objeto* de algún asalto en los últimos tres o cuatro años. DYM040796

H SUSTANTIVOS QUE DESIGNAN ACCIONES QUE VULNERAN LOS DERECHOS DE LAS PERSONAS. TAMBIÉN CON OTROS QUE DESIGNAN ACCIONES DELICTIVAS O VIOLENTAS DIVERSAS: **52 abuso ++:** ...denunciado por varios jóvenes que aseguran que fueron *objeto* de abusos sexuales... EME180695 **53 chantaje +:** Se trata de la salvación del Estado que podría estar siendo *objeto* de chantaje por parte del FSLN solamente. DLA120497 **54 atropello:** ...un derecho no menos digno que el anterior y que parece *objeto* de más atropellos. LVE171296 **55 vejación:** ...la detención ilegal de una mujer que previamente denunció que había sido *objeto* de vejación sexual. LVE080495 **56 atraco:** ...fue *objeto* de un atraco perpetrado por desconocidos ayer en horas de la noche, presumiblemente. ACP110996 **57 delito:** El turista ha de ser bien tratado, tanto en lo administrativo como cuando sea *objeto* de delito. EME120696 **58 robo:** ...el tráfico de bienes culturales que forman parte del patrimonio cultural de la Nación y que han sido *objeto* de robo o hurto... LHG190900

I SUSTANTIVOS QUE DENOTAN REPROBACIÓN, QUEJA, RECHAZO O DESCALIFICACIÓN: **59 crítica ++:** ...Ley 1.008 es atentatoria a los derechos civiles de los ciudadanos y *objeto* de severa crítica de expertos juristas latinoamericanos. LTB281196 **60 denuncia ++:** El grupo teatral Els Joglars ha tenido también problemas derivados de ciertas actuaciones, que han sido *objeto* de denuncias. LVE230694 **61 acusación +:** ...garantizó la defensa de los funcionarios que puedan ser *objeto* de acusaciones falsas. EPD210597 **62 protesta +:** El nuevo calendario y la jornada escolar también son *objeto* de la protesta sindical. EPE020699 **63 censura +:** La primera de las 10 principales noticias *objeto* de censura en 1994 seleccionadas por el equipo... LVE090495 **64 condena:** Tras la matanza del sábado, el ejército ruandés es *objeto* de condena de la comunidad internacional... LVE250495 **65 abucheo:** Al final, el presidente autonómico, (...), también fue *objeto* de abucheo por parte de un sector del público. EME240494 **66 vituperio –:** ...no fueron capaces de poner 300 millones encima de la mesa, y han sido *objeto* de toda suerte de vituperios y amenazas... EME190696

J SUSTANTIVOS QUE DENOTAN CASTIGO, ASÍ COMO DIVERSAS FORMAS DE ACTUACIÓN LEGAL CONTRA ALGUIEN: **67 sanción ++:** ...la posibilidad de que el país sea *objeto* de sanciones comerciales en el marco de una posible descertificación por parte del gobierno de Estados Unidos. SEM280197 **68 querella ++:** Su patrimonio pictórico es *objeto* de una querella jurídica. CLA170397 **69 demanda:** Accidente de Perú *objeto* de una demanda en Miami. ENH040198

K SUSTANTIVOS QUE DENOTAN SENTIMIENTO DE ENOJO, ANIMADVERSIÓN O DESPRECIO: **70 ira +:** Sin embargo, en Gran Bretaña la prensa, *objeto* de la ira popular debido al presunto papel de los paparazzi... DHE030997 **71 odio:** En segundo lugar, existía la ofensa irreparable a su consagración religiosa; en aquellos momentos, por este motivo era despreciada y *objeto* de odio. LVE251295 **72 desdén:** Por sus actitudes solidario-compasivas fue *objeto* de burla y desdén en ciertos ambientes culturales... EPE230899

L SUSTANTIVOS QUE DENOTAN CAMBIO, ESPECIALMENTE SI ES POSITIVO O PRODUCTIVO: **73 reforma ++:** Otro aspecto *objeto* de reforma para Finanzas es la revaluación de activos... LHG080497 **74 cambio +:** ...de modo que se admita que estén exentos del pago de esta tasa los vehículos que han sido *objeto* de cambio por el propio fabricante... EME140895 **75 modificación +:** Por su parte, los perredistas se preguntan que si este instrumento es definitivo o será *objeto* de modificaciones futuras. EXC270796 **76 renovación +:** ...sin perder de vista que lo que se haga no debe ser *objeto* de más renovaciones en el futuro. LVE160695 **77 ajuste:** ...y no podrán ser *objeto* de ajustes o recálculos durante la relación de trabajo o a su terminación. ENV110797 **78 reelaboración:** La imparcialidad es un producto cultural que, como tal, debe ser *objeto* de permanente reelaboración social. EPE300199 **79 ampliación:** Para la consejera de Cultura, el legado de Christine es espléndido y de gran calidad, y será *objeto* de ampliación permanente, si los andaluces deciden ser «listos y sensatos». LVE211196

M SUSTANTIVOS QUE DENOTAN BURLA. TAMBIÉN CON OTROS QUE DESIGNAN ALGUNOS DE SUS EFECTOS EN QUIEN LA PRACTICA: **80 burla ++:** Dice que sus hijos han bajado las notas en la escuela, donde son *objeto* de burla por parte de otros alumnos... ENH120597 **81 broma +:** La reina Isabel II fue *objeto* de una broma por parte de un comediante canadiense, con el que habló por teléfono... LVE291095 **82 chanza:** ...que Baudelaire detestaba, *objeto* de chanzas como ningún otro país de Europa... LVE030294 **83 chiste:** «No me importa si es demócrata o republicano, lo que quiero es un presidente que sea digno de respeto y no *objeto* de chistes». EPE141199 **84 risa:** ...ante la simple mención de su persona o bajaban respetuosamente la voz al mencionarlo, lo convirtieron en *objeto* de risa. EME280996 **85 sarcasmo:** Cuando se lo cuento a la gente, me lo toman a broma y me hacen *objeto* de sarcasmos salvajes. EPE230700 **86 chirigota –:** ...cuando además el de nuestro siglo es *objeto* de chirigotas que se amparan para el desprecio... EME050594 **87 cuchufleta –:** Hace tiempo que los pronósticos económicos son *objeto* de cuchufleta en los mercados... LVE090495

N SUSTANTIVOS QUE DENOTAN CÁLCULO, CONJETURA O SUPOSICIÓN: **88 conjetura:** ...es *objeto* de conjeturas que van desde su dimisión al nombramiento de vicepresidentes en el Gobierno. EME130196 **89 cábala:** ...el sentido del voto del PNV también es *objeto* de cábalas. EME190496 **90 especulación:** ...ni para una prensa para la cual los anhelos renovadores son simple *objeto* de especulación. LHG190700

Ñ SUSTANTIVOS QUE DESIGNAN OTRAS ACTIVIDADES, MÁS FRECUENTEMENTE RELATIVAS AL COMERCIO: **91 compra:** ...se ha dirigido hacia los valores que pueden ser *objeto* de compra... EPE011287 **92 venta:** ...reservando a los gestores de las compañías que van a ser *objeto* de venta la elaboración de un plan para ejecutar la operación. EPD220796 **93 consumo:** ...se puede fácilmente desprender por qué nuestras riquezas naturales son *objeto* de consumo irracional. EXC210197

obligación ♦ abrumador, agobiante, apremiante[14], asfixiante, engorroso, estricto[74], exento (de)[19], fatigoso, forzoso, imperioso[8], inaplazable, incómodo, indeclinable, ineludible, inevitable, inexcusable[2], insoslayable[12], irrenunciable[20], libre (de), llevadero[3], penoso, perentorio[7], pesado, sine qua non[4], sujeto (a), urgente ♦ a la altura (de)[14], sin perjuicio (de)[15] ♦ abolir[36], absolver (de)[20], acuciar[43], adquirir[15], afrontar, aligerar[42], arrogarse[14], asumir, atañer[23], atender, atenerse (a)[66], cancelar[2], carecer (de), concernir (a alguien), conculcar[21], contraer[3], cumplir[47], delegar, derivar(se)[42], desatender[9], descargar(se) (de), descuidar, desentenderse (de)[9], diluir(se)[2], dispensar (de), eludir[4], emanar[15], encarar[39], entrañar, escaparse (de), eximir (de)[2], exonerar (de), extinguir(se)[35], faltar (a)[6], imponer[29], incumbir (a alguien), incumplir[31], infringir[17], inhibir(se) (de), librar(se) (de)[22], obviar[6], pesar (sobre alguien), posponer, rebasar, saldar[4], saltarse[23], satisfacer, soslayar[10], sustraer(se) (de/a)[12], tener, tomarse a pecho, transgredir[45], transmitir, traspasar[4]

□ Véase también: **coacción, cometido, compromiso, deber, deuda, forzoso, necesario, necesidad, preceptivo, servidumbre.**

OBLIGACIÓN Véase:

♦ **forzoso, necesario, preceptivo**

♦ **acuerdo, cometido, compromiso, convenio, deber, deuda, juramento, necesidad, obligación, pacto, promesa, servidumbre**

♦ **obligar, someter, urgir**

OBLIGACIÓN

♦ (SUSTANTIVOS) Véase: **abdicar (de)[B], ablandar(se)[E], abolir[B,G], absolver (de)[D], absorber[B], acatar[K], achacar[A], acuciante[E], acuciar[G], adquirir[B], aflojar[D], agotar(se)[E], a la altura (de)[C], alcance (de)[J], aligerar[F], apechugar (con)[B], apremiante[C], asumir[A], atañer[D], blanquear[E], cancelar[A], clarificar[G], conculcar[D], contraer[A,B], cumplir[G], declinar[F], depositar[E], derivar(se)[I], desatender[B], descargar[D], desempeñar[A], desentenderse (de)[B], desoír[C], difuminar(se)[G], diluir(se)[A], dirimir[E], eludir[A], emanar[B], encarar[I], endilgar[A], endosar[A], estricto[N], exento (de)[C], eximir (de)[A], exorbitante[A], extinguir(se)[G], faltar (a)[A], flexible[I,J], formular[K], hacer(se) realidad[D,G], hacer extensivo[H], hermético[J], honrar[C,D], imperioso[B], imponer[G], impracticable[E], incumplir[D], inexcusable[A], inexorable[I], infringir[C], inquebrantable[A,J], insoslayable[C,D], irrenunciable[D], librar(se) (de)[D], llevadero[A], obviar[B], perentorio[C], quebrantar[B], rebajar[B], sacudir(se)[H], saldar[A], saltarse[D], sine qua non[A], sin menoscabo (de)[F], sin paliativos[K], sin perjuicio (de)[E], soslayar[C], sustraer(se) (de/a)[C], traspasar[A], usurpar[B], vencer[Q]**

♦ (VERBOS) Véase: **hasta el cuello[B], hasta las cejas[A], humildemente[A], valientemente[D]**

□ Véase también: COMPROMISO; NECESIDAD; ORDEN.

obligar ♦ a empujones[26], a golpes[32], a la fuerza, inevitablemente, inexorablemente[24]

□ Véase también: **cargar (con), comprometer(se), exigir, imponer, sujetar.**

[obra] → de palabra y obra

obra ♦ abierto, abigarrado[25], abstruso, abundante, aburrido, accesible, aleccionador, a medias, ameno, analítico[5], anodino, anónimo, antológico, apasionante, apócrifo, arduo, arrollador, artístico, autógrafo, capaz (de), capital, clásico, completo, comprensible, concentrado, conocido, controvertido, copioso[24], cuantioso, cumbre, de arte, de caridad, de estreno, de reconstrucción, de remodelación, desconocido, de valor[13], difícil, dilatado[10], disperso, ecuánime, electrizante, escogido, espectacular, extenso, famoso, fidedigno, fundamental, imborrable, imperfecto, imprescindible, inacabado, inaccesible, incompleto, incomprensible, inconcluso, ingente[36], inmortal, intachable, intrincado, largo, literario, llamativo[65], maestro, magno, memorable, meritorio, moderno, mordaz, nutrido, palpitante, perfecto, pobre, portentoso, póstumo, privado, profundo, prolífico, prolijo, público, redondo[1], representativo, rotundo[53], selecto, sugerente, trillado[28], único, universal, valioso, vasto, voluminoso ♦ abjurar (de), abordar, acabar, acometer, adentrarse (en), aderezar, adulterar, agilizar[45], aligerar, analizar, aparecer, auspiciar, bordar, circular, componer, concluir, conocer, construir, consumar, contar (con), criticar, culminar[6], dar fin (a), decaer[40], dedicar, derruir, desbloquear[45], desbrozar[14], desmontar, despuntar[19], difundir(se)[67], divulgar, ejecutar[10], emprender[27], escribir, estudiar, exhibir, firmar, girar, hacer(se) realidad, impulsar, inspirar (a alguien), interpretar, interrumpir, juzgar, llevar a buen puerto, pergeñar, promover, protagonizar, publicar, representar, reunir, saborear, salir a la luz, sellar, silbar, tergiversar, terminar, tratar (de algo), ultimar, valorar, versar (sobre algo)

OBRA

♦ (SUSTANTIVOS) Véase: **abarrotado[B], abigarrado[C], abrupto[F], ácido[C], acometer[G], adecentar[F], alusivo[B], ambientar(se) (en)[A], analítico[A], arrasador[C], arsenal (de)[A], blando[K], bosquejar[F], capitanear[F], carnal[G], casero[D], centrífugo[C], cocinar(se)[F], decaer[G], decodificar[C], delinear[H], descifrar[B], despuntar[D], de valor[B], difundir(se)[C,J,K], difundir(se)[L], dilatado[A], disfrazar[I], encarnizado[B], enrevesado[C], enrolar(se) (en)[D], infausto[F], irrefutable[G], llamativo[I], palpitar[D], penetrante[E], prodigar[G], redondo[A], resbaladizo[D], rimbombante[D], rotundo[F], rutilante[E], somero[H], torrencial[D], trillado[C,D], urdir[D], vívido[E], zambullir(se) (en)[C], zozobrar[A]**

obrar ♦ a conciencia[5], a la ligera[13], celosamente, coherentemente, con cautela[4], concienzudamente, con conocimiento de causa, con dureza, con firmeza, con pies de plomo, con responsabilidad, de {buena/mala} fe, en conciencia, en consecuencia, en correspondencia, juiciosamente, maliciosamente[30], responsablemente

obrar en poder *loc.vbal.* ▌Se construye con la preposición *de*, a la que siguen sustantivos de persona *(obrar en poder del juez)*, y también con posesivos *(obrar en su poder)*. Además de sustantivos de persona, acepta como complemento otros que designan organizaciones o instituciones *(obrar en poder del gobierno, del parlamento)*. En la función de sujeto se combina con...

A SUSTANTIVOS QUE DESIGNAN DOCUMENTOS: **1 documento ++:** De acuerdo con documentos que *obran en poder* del corresponsal, la franja de Punta Piedra fue adjudicada por decreto presidencial... PME291296 **2 documentación +:** ...antes hay que establecer los sitios de pesca, las condiciones y el material necesario, dado que toda la documentación *obra en poder* de la Comunidad de Pescadores. EPE060999 **3 acta +:** Las actas que *obran en poder* de el juez resolverán, sin lugar a dudas, la intriga. INDOC **4 expediente +:** ...sino que únicamente recoge que *obra en poder* del Tribunal de Cuentas un expediente en el que se investiga la compra-venta que efectuó... EME100594 **5 archivo:** Dicho archivo *obra en poder* de la policía y no se hace público... EPE250899 **6 texto:** El texto *obra en poder* del juez instructor de la trama navarra del «caso...». EME111295 **7 escrito:** ...escribió una carta a su mujer, escrito que *obra en poder* de los... LVE041195

B SUSTANTIVOS QUE DENOTAN INFORMACIÓN, A MENUDO CUANTITATIVA: **8 dato ++:** Por otro lado y a la vista de los datos que *obran en poder* de la Comisión Nacional del Mercado de Valores (CNMV)... EPD201097 **9 información ++:** ...«cuantos antecedentes, datos e informaciones *obren en poder* de los Servicios de la Corporación y resulten precisos para el desarrollo de su función». EME110494 **10 cifra ++:** En los últimos años, según las cifras que *obran en poder* de la Comisión de Derechos Humanos de... EME260295 **11 prueba +:** Según las pruebas que *obran en poder* del centro (...) y de la cadena de televisión... EME090594 **12 pista:** Manifestó contar con pistas concretas que ya *obran en poder* de la Policía. ACP090996 **13 resultado:** Los resultados del sorteo *obran en poder* de la autoridad competente. INDOC **14 magnitud −:** Las magnitudes del juego a lo largo de la década, que *obran en poder* del Instituto de Estadística de la Comunidad de Madrid... EPE300899

C SUSTANTIVOS QUE DESIGNAN SOPORTES SUSCEPTIBLES DE CONTENER DATOS ESCRITOS O GRABADOS: **15 papel +:** Este es el documento cuyos entrecomillados, según reconoció ayer (...), coinciden con el papel que *obra en poder* del Cesid. EME181296 **16 folio +:** Los más de 50 folios que *obraban en poder* de (...) podrían implicar a agentes... LVE150296 **17 copia +:** Hasta el momento, sólo existían tres copias del misterioso contrato, la de Man, la de Entrecanales y, claro está, la que *obra en poder* de... EME310196 **18 cinta +:** Cintas con grabaciones de las amenazas proferidas por el delincuente *obran en poder* de su abogado, en espera del juicio correspondiente... EME230194 **19 grabación +:** ...aseguran que han logrado escuchar algunas de las grabaciones que *obran en poder* del ahora general... EME070895 **20 fotocopia:** Rechazó además la hipótesis del auto de que las fotocopias de esos documentos que *obran en poder* de los jueces... LVE260996

D SUSTANTIVOS QUE DESIGNAN LOS RESULTADOS DE LOS ANÁLISIS Y DE OTRAS FORMAS DE INDAGACIÓN: **21 estudio ++:** Un estudio confidencial que *obra en poder* de la Ertzaintza, basado en datos objetivos procedentes de los servicios de información... LVE140296 **22 informe ++:** La Administración estadounidense, gracias a los informes que *obraban en poder* de la CIA, podía haber dado a conocer la participación de... EME070494 **23 encuesta +:** En una de las encuestas que *obran en poder* de la fiscalía, encargadas en fechas previas a los comicios municipales... EPE060599 **24 conversación +:** ...reiteró que tiene constancia de que *obraban en poder* del ex vicepresidente conversaciones privadas suyas y del... EME050196 **25 declaración +:** Pero no existe tal malentendido, porque una declaración anterior de (...), que *obra en poder* de diversos medios... LVE091096 **26 investigación +:** Asimismo, las investigaciones que *obran en poder* de la Benemérita apuntan a que a esa reunión también asistió... LVE160895 **27 sondeo:** ...según un sondeo del Centro de Investigaciones Sociológicas (CIS) que *obra en poder* de la dirección regional de IU... EME250195

E SUSTANTIVOS QUE DESIGNAN OTROS DOCUMENTOS, ESPECIALMENTE FACTURAS, RECIBOS, DENUNCIAS O NOTIFICACIONES DE UN CASTIGO: **28 factura +:** Una de las facturas que *obra en poder* de la junta directiva pertenece a (...), ex director del centro de educación especial... EPE191099 **29 resguardo +:** Este es el resguardo que *obraba en poder* de (...) tras remitirlo a la Fiscalía y en el que consta la fecha en que fue emitido, la hora (12:43) y el importe (1.381 pesetas). EME130195 **30 extracto:** Los extractos bancarios que *obran en poder* de la Brigada Anticorrupción no dejan duda. EPE181299 **31 denuncia +:** La última vez fue en septiembre de 1995, según consta en la denuncia que *obra en poder* de la Policía Local. EME030496 **32 multa:** Las multas impuestas que *obran en poder* de (...) ascienden a un total de 294.000 pesetas. EME291095

F SUSTANTIVOS QUE DESIGNAN CIERTOS DERECHOS: **33 derecho +:** ...pretende expropiar sin indemnización los derechos de retransmisión de los partidos de fútbol que *obran en poder* de una de las partes... EPD270697 **34 exclusiva:** Las exclusivas que *obran en poder* de ciertos medios podrían destapar una trama que afectaría a varios ayuntamientos. INDOC

obsequiar

♦ **altruistamente, amablemente, atentamente, desinteresadamente, espléndidamente, generosamente, gentilmente[3]**

□ Véase también: **dar, regalar.**

obsequio

♦ **acompañado (de), atento, comercial, delicado, digno, en especie, exquisito, fino, gratuito, impagable, inestimable, inmerecido, lujoso, merecido, modesto, navideño, pequeño, preciado, publicitario, sencillo, suculento, tradicional, valioso** ♦ **en mano** ♦ **como, de** ♦ **aceptar, adjudicar (a alguien), agradecer (a alguien), brindar (a alguien), conceder (a alguien), cosechar, dar (a alguien), declinar, desestimar, entregar (a alguien), enviar (a alguien), hacer llegar (a alguien), obtener, ofrecer (a alguien), otorgar (a alguien), prometer, rechazar, recibir, recoger, rehusar, retirar**

□ Véase también: **regalo.**

observación

♦ **acertado, agudo, atinado[12], atingente (a algo), brillante, certero, circunstan-**

cial, de campo[8], de pasada, de paso, impertinente, inoportuno, inteligente, irrelevante, lateral, minucioso[4], mordaz[35], nimio[30], oportuno, penetrante[10], pertinente, profundo, relevante, riguroso[5], superficial, sutil ♦ aceptar, corroborar[16], desestimar, estar (en/bajo), expresar, formular[46], hacer, plantear, presentar, puntualizar, rechazar, rectificar, responder (a), venir al caso

☐ Véase también: **advertencia, comentario, consideración, precisión, reflexión.**

observancia (de) ♦ **absoluto, estricto[33], fiel, rígido, riguroso ♦ costumbre, legalidad, ley, norma, precepto, principio ♦ practicar,** *otros sustantivos que designan disposiciones*

☐ Véase también: **cumplimiento, respeto.**

observar ♦ **a distancia, al detalle[16], a lo lejos[4], al pie de la letra[23], a rajatabla[6], a simple vista, atentamente[1], con atención, con cautela[26], concienzudamente[13], con detalle[12], con interés[5], de arriba abajo[14], de cerca[3], de reojo, descaradamente[34], de soslayo[2], detalladamente[39], detenidamente, escrupulosamente[3], meticulosamente, minuciosamente, plácidamente[47], punto por punto[50], religiosamente[11]**

☐ Véase también: **atender, cumplir, escrutar, mirar, ver.**

obsesión ♦ **acaparador[3], angustioso, auténtico, caprichoso, ciego, constante, continuo, contumaz[11], creciente, desaforado[57], desenfrenado, desmedido[16], desmesurado, desviado, enfermizo, enganchado (de), envuelto (en), excéntrico, extravagante, febril[22], fiel (a), fijo, histérico, inconfesable[27], inevitable, infantil, insaciable[17], intenso, irracional, irrefrenable, irreprimible, lógico, morboso, neurótico, obstinado, paranoico, particular, patológico, perfeccionista, permanente, persistente, personal, perverso, poseso, preso (de)[46], principal, puro, rayano (en), recurrente, repentino, sexual, tremendo, verdadero ♦ abandonar, acompañar (a alguien), acrecentar, afrontar, anidar (en alguien), apoderar(se)[22], asaltar[24], atemperar, bordear, calmar, cegar (a alguien), compartir, confesar, convertir(se) (en), desentrañar, desfogar, desvelar, entrar[8], heredar, huir (de), imbuir (a alguien), ir a más, írse(le) (a alguien) de la cabeza, liberar, librar(se) (de), llegar a ser, ocultar, rayar (en)[10], reflejar, reprimir, resistir, resurgir, revelar, satisfacer, simbolizar, superar, templar, tener, vencer, venir (a alguien)**

☐ Véase también: **manía, preocupación.**

OBSESIÓN Véase: INCLINACIÓN; SENTIMIENTO

OBSTACULIZACIÓN Véase: *DETENCIÓN Y OBSTÁCULO*

OBSTACULIZACIÓN Véase: ACCIÓN HOSTIL; OBSTÁCULO; OPOSICIÓN; SUPRESIÓN

obstaculizar *v.* ▌ Admite sustantivos de persona, individuales o colectivos *(jugador, director, gobierno)*, así como otros que designan vías *(carretera, camino, calle, vena, río, tubería)*. También admite otros sustantivos muy diversos, más frecuentemente si denotan acciones *(ataque, maniobra, lectura, ejercicio)*; destacan en particular entre estas últimas las que designan operaciones o transacciones comerciales *(compraventa, pago, comercio, negocio, intercambio)*. Se combina también a menudo con otros que designan derechos fundamentales de las personas *(justicia, educación, libertad, expresión libre)*, además de con...

A SUSTANTIVOS QUE DENOTAN DESARROLLO, AVANCE O PROCESO EN MARCHA: **1 desarrollo** ++: Los recursos de protección han *obstaculizado* el desarrollo de las siguientes etapas del proyecto. HOY100397 **2 avance** ++: ...sin embargo, con esta actitud se *obstaculiza* el avance del proceso penal y, por consiguiente, la investigación... SVG020497 **3 proceso** ++: ...que cumplió un año de cárcel por *obstaculizar* procesos de justicia en el escándalo Watergate... ENH110198 **4 progreso** ++: Es necesario derrumbar uno tras otro los tabúes de la transición que evidentemente han *obstaculizado* el progreso del país. LPN120197 **5 crecimiento** +: ...pueden estar tratando de imitar malas prácticas citadinas, retardando u *obstaculizando* el crecimiento y el progreso de sus provincias y cantones... LTB111296 **6 realización** +: Hay ideas que no se abandonan u olvidan, aunque circunstancias específicas *obstaculicen* su realización. EXC220996 **7 funcionamiento:** ...la abundancia de asuntos contenciosos, *obstaculiza* el funcionamiento de las jurisdicciones. LTB310397

B SUSTANTIVOS QUE DENOTAN ACCESO, CIRCULACIÓN O SALIDA: **8 tránsito** ++: ...han comenzado a depositar la basura en aceras y calles, *obstaculizando* el tránsito de vehículos y peatones. DED260996 **9 paso** ++: ...cuando el realizar la maniobra implique *obstaculizar* el paso, poner en peligro a otros usuarios. ESH260696 **10 circulación** +: ...el peatón que estando borracho impida u *obstaculice* la libre circulación de los vehículos será detenido preventivamente... ETC111196 **11 marcha** +: ...todos los problemas que *obstaculizan* la marcha del proceso, y de encontrar soluciones para todos los asuntos... EUV151096 **12 tráfico** +: ...advirtió que las autoridades decomisarán todo vehículo que *obstaculice* el tráfico en las vías en cumplimiento del paro. EPC211097 **13 acceso** +: «que prohíbe acuerdos para eliminar un competidor del mercado u *obstaculizar* su acceso al mismo». CLA070397 **14 entrada** +: Los trabajos comenzarán en julio, con el derribo de los edificios que *obstaculizan* la entrada de Doctor Cadaval desde Porta do Sol. FDV160601 **15 llegada** +: Pero si esto último ocurriera, es decir, que cometieran el «desatino» de *obstaculizar* la llegada de un Gobierno de derechas... EME120396 **16 salida** +: Obstaculizaron la salida gallega en el medio campo, se agacharon ordenadamente en defensa y salieron a la contra como diablos. EME290196

C SUSTANTIVOS QUE DENOTAN ACUERDO O COMPROMISO. TAMBIÉN CON OTROS QUE DESIGNAN ACCIONES QUE LOS REPRESENTAN: **17 acuerdo** ++: ¿Es Brasil el villano de la película que está *obstaculizando* el acuerdo hemisférico de libre comercio propuesto por Estados Unidos? ENH050597 **18 negociación** +: ...acusó a Acción Democrática de *obstaculizar* las negociaciones para ganar adeptos en favor de sus intereses político-partidistas. EUV080197 **19 pacto** +: ...había anunciado su renuncia al cargo para no *obstaculizar* un pacto entre todas las fuerzas progresistas. EPE040799 **20 entendimiento** +: ...las conversaciones mantenidas la semana pasada y no se trata de un asunto que, en principio, *obstaculice* el entendimiento. EPE190399 **21 compromiso +:** «No habrá la actitud que hubo en el 93 de *obstaculizar* ese compromiso». LVE130396 **22 gestión:** González, que rehusó pronunciarse sobre las partes que *obstaculizaban* esta gestión diplomática... LVE140995 **23 firma:** ...destacó el mandatario sin identificar a los grupos que tratan de *obstaculizar* la firma de la paz definitiva. LNC011296

D SUSTANTIVOS QUE DENOTAN TRABAJO, FRECUENTEMENTE INDAGATORIO: **24 trabajo:** ...por mostrar actitudes prepotentes y *obstaculizar* el trabajo del medio de información. ESH190696 **25 investigación +:** ...acusando al actual ministro de la secretaría de la presidencia, (...), de *obstaculizar* las investigaciones... CLA030397 **26 labor:** ...para evitar que los curiosos se acercaran y *obstaculizaran* las labores de rescate. PLG260696 **27 tarea:** ...de tal manera que no se *obstaculicen* las tareas de planificación y organización que deben acometer los profesores a principios de cada curso... EPE290999 **28 pesquisa:** Las identidades falsas de los mafiosos han *obstaculizado* las pesquisas iniciales de la Policía. EME290694 **29 indagación:** ...las indagaciones sobre el caso se han visto *obstaculizadas* debido a la poca colaboración de los residentes en la zona... ENV120197 **30 inspección:** ...indicaron que pretendían *obstaculizar* la inspección y evitar una sanción al compañero. EPE150499

E SUSTANTIVOS QUE DENOTAN INTENCIÓN, OBJETIVO O PROPUESTA, ASÍ COMO OTRAS NOCIONES ANÁLOGAS DE CARÁCTER PROSPECTIVO: **31 iniciativa +:** ...para la compra de nuevas tierras y el rechazo de las personas para salir de sus casas son factores que *obstaculizan* la iniciativa. LNC081296 **32 posibilidad +:** ...la escasez del ahorro doméstico que impone límites al crecimiento económico en tanto que *obstaculiza* las posibilidades de inversión. ETC311096 **33 intento +:** ...¿Cuáles son los obstáculos reales que impiden encontrar una salida han *obstaculizado* los intentos de negociación...? EUV060499 **34 objetivo +:** ...destinadas a contrarrestar las fuerzas expansivas susceptibles de «*obstaculizar* los objetivos monetarios y la armonía de las políticas macroeconómicas». ETC011287 **35 voluntad:** ...quede atrás todo aquello que busca *obstaculizar* la voluntad de superación de nuestros compatriotas. ETC020190 **36 propósito:** Interiorizando sobre los factores de riesgo que pueden *obstaculizar* su propósito... EPD101197

F SUSTANTIVOS QUE DENOTAN CONVERSACIÓN O COMUNICACIÓN: **37 diálogo ++:** «Esto no es con el objetivo de *obstaculizar* el diálogo, es tan solo un mecanismo complementario...». LPN240797 **38 conversación +:** ...para negar que la posición de la alcaldesa en funciones haya *obstaculizado* las conversaciones entre populares y andalucistas... EPE030799 **39 discurso:** Una vez más, las fuerzas represivas vienen a *obstaculizar* el libre discurso del pensamiento y la cultura... EPE070799 **40 comunicación:** ...durante decenios, habían estado *obstaculizando* las comunicaciones entre los cubanos y los estadounidenses. LVE111095 **41 debate:** ...acusó a los populares de *obstaculizar* el debate y utilizar todos los medios a su alcance para hurtar la discusión a la Cámara. EPE160299

G ALGUNOS SUSTANTIVOS QUE DENOTAN RELACIÓN O PARTICIPACIÓN DE DOS O MÁS PERSONAS EN ALGÚN ASUNTO DE INTERÉS COMÚN: **42 relación +:** ...cree que las diferencias políticas e ideológicas nunca deben *obstaculizar* las relaciones bilaterales multifacéticas... GIC060496 **43 coordinación:** ...fue afectado por un extraño síndrome que *obstaculiza* la coordinación de los movimientos, informó ayer una investigadora rusa. CLA110997

H SUSTANTIVOS QUE DENOTAN CURSO, CARRERA O TRAYECTORIA, PERSONAL O DE OTRO TIPO: **44 carrera +:** ...sintió el ataque como un mensaje que puede *obstaculizar* su carrera política y su sueño de suceder al presidente... CLA030297 **45 formación:** ...la insatisfacción de los pobladores por la severa política económica de la época habían *obstaculizado* la formación de un Gobierno sólido... PLG190397 **46 línea:** ...no intenta establecerse como «alternativa» frente a otras asociaciones empresariales, ni *obstaculizar* las líneas de trabajo... EPE120999 **47 trayectoria:** ...Aunque las realizaciones de beneficios *obstaculizaron* la trayectoria ascendente de... LVE310396

I SUSTANTIVOS QUE DESIGNAN LA ACCIÓN DE ACTUAR O INTERVENIR EN ALGUNA COSA, A MENUDO CON OBJETO DE MEJORARLA O RESOLVERLA: **48 intervención +:** ...como parte del proceso, lo logró con una modificación a la ley, sin que se *obstaculizaran* sus intervenciones ni dilaciones. LNC010297 **49 participación +:** ...particularmente de origen hispánico, y así *obstaculizar* su participación en las elecciones presidenciales del próximo martes. EXC011196 **50 solución:** ...que asumió una actitud contraria a sus obligaciones, con lo cual *obstaculizó* la solución del problema planteado. EUV060499 **51 decisión:** ...el gobierno parece dispuesto a jugársela toda la próxima vez y pasar por encima de los inconvenientes legales que le *obstaculicen* su decisión política. ETC070198

▩ Se combina también con: ♦ **considerablemente**[67]

☐ Véase también: **atrancar(se), bloquear, censurar, condicionar, detener(se), empantanar(se), frenar, impedir, obstruir, obturar, parar(se), restringir, varar(se), vetar.**

obstáculo ♦ **colosal, disuasorio**[41]**, grave, infranqueable, ingente, insalvable**[12]**, insignificante, insoslayable**[26]**, insuperable, leve, menor, pequeño, serio**[48]**, sin importancia, superable, tremendo** ♦ **abatir, afrontar**[7]**, allanar**[12]**, bordear**[34]**, burlar**[29]**, cerrar los ojos (ante), colmar (de)**[45]**, constituir, derivar(se)**[19]**, derribar, derrumbar(se)**[57]**, desbrozar**[1]**, despejar (de), impedir {el paso/el acceso...}, introducir, levantar**[5]**, limar**[8]**, llenar (de), oponer**[5]**, poner, rebasar, remontar**[5]**, rodear, saltarse**[4]**, salvar, sembrar (de), sobrepasar**[14]**, solventar, sortear**[5]**, soslayar**[4]**, subsanar**[19]**, superar, suponer, tropezar(se) (con), vadear**[12]**, vencer**[3]

☐ Véase también: **barrera, bloqueo, censura, cerco, detención, escollo, impedimento, inconveniente, inmovilización, limitación, muralla, muro, obstrucción, parón, problema, reparo, restricción, reticencia, traba, trámite, zancadilla.**

OBSTÁCULO

♦ (ADJETIVOS) Véase: **virtualmente**[G]

♦ (SUSTANTIVOS) Véase: **abolir**[H]**, accidental**[F]**, afrontar**[A]**, aligerar**[G]**, aliviar**[G,H]**, a toda costa**[F]**, batir**[E]**, bordear**[I]**, burlar**[D]**, capear**[B]**, cautelar**[E]**, decretar**[C]**, de hierro**[F]**, derrumbar(se)**[L]**, desbrozar**[A]**, des-**

pejar(se)[E], digerir[D], discriminatorio[D], disuasorio[I], echar[E], enrevesado[B], férreo[J], gravitar[B], hermético[A], infringir[F], ingente[J], insalvable[C], insoslayable[F], irresoluble[A], levantar[A,C], limar[A,C], ocasionar[E], ocurrir[D], oponer[A], plantear[M], preventivamente[C], pulverizar[H], rebasar[J], remontar[A], rendirse (a/ante)[C], saltarse[A], serio[J], sobrepasar[C], sopesar[B], sortear[A,B], soslayar[A], subsanar[B], sufrir[H], temporalmente[A], transgredir[B], tropezar(se) (con)[A], vadear[B]

♦ (VERBOS) Véase: **a la desesperada[D], a medias[B], a toda costa[B], a todo trance[A], brevemente[B], categóricamente[G], cautelarmente[C], considerablemente[H], enormemente[D], herméticamente[A], inexorablemente[H], maliciosamente[A], manifiestamente[E], notablemente[C], ostensiblemente[E], por completo[B], seriamente[C]**

obstrucción ♦ **administrativo, arterial, bronquial, legal, libre (de), pulmonar** ♦ **a la investigación, a la justicia, al curso (de algo)** ♦ **delito (de)** ♦ **alegar, anular, deshacer, evitar, practicar, sufrir[43], superar**

□ Véase también: **detención, freno, obstáculo, obstruir.**

obstruir *v.* ▮ Se combina con sustantivos que designan conductos o vías *(arteria, río, tubería, tubo, autopista, carretera, calle, camino, canal)*. También se combina con...

A SUSTANTIVOS QUE DESIGNAN LUGARES DE ACCESO O SALIDA, ASÍ COMO LA ACCIÓN DE ACCEDER A ELLOS O ABANDONARLOS. POR EXTENSIÓN, CON OTROS QUE DENOTAN MOVIMIENTO O CIRCULACIÓN DE ALGO, ESPECIALMENTE DE VEHÍCULOS: **1 acceso ++:** ...por eso estamos aquí en atención a la exigencia de nuestros compañeros de retirar esa carpa que *obstruye* el acceso y daña a la empresa. EXC070901 **2 paso ++:** ...el balón del extremo se infla y rompe la placa que *obstruye* el paso de la sangre por los vasos. EME140494 **3 salida ++:** Tras los primeros minutos, comenzó a pensar más en *obstruir* la salida de Central que en generar algo ofensivo. CLA070497 **4 desagüe ++:** Es debido a la falta de cultura de especies como ésta que se *obstruyen* los desagües y se producen las inundaciones... ETC030297 **5 entrada +:** Este hecho pudo producirse por el arrastre de objetos y ramas de árboles que *obstruían* la entrada de agua... EME190696 **6 circulación +:** Los usuarios de las vías públicas deben conducirse de forma que no *obstruyan* la circulación... LNC070197 **7 tráfico +:** Rodríguez Ramos, intervino con el conductor de un vehículo que estaba *obstruyendo* el tráfico en la vía pública. END060198 **8 tránsito +:** ...proponen la apertura de calles ocupadas por cuarteles militares y que *obstruyen* el tránsito tanto de vehículos como de los mismos vecinos. ACP230996

B EL SUSTANTIVO *JUSTICIA*. TAMBIÉN CON OTROS QUE DESIGNAN LA ACCIÓN O EL EFECTO DE APLICARLA, ASÍ COMO ALGUNOS DE LOS PROCEDIMIENTOS HABITUALES QUE GARANTIZAN SU CORRECTA EJECUCIÓN: **9 justicia ++:** Garzón acusa al Gobierno de *obstruir* a la Justicia... EME031195 **10 acción ++:** Conclusión: lo que el Gobierno intenta es *obstruir* la acción de la Justicia. EME031195 **11 enjuiciamiento:** Se les acusa de falsificar declaraciones juradas y de *obstruir* el enjuiciamiento de los prominentes traficantes... ENH120597 **12 funcionamiento:** ...Rodríguez puso de manifiesto un «perverso mecanismo» para *obstruir* el funcionamiento de la Cámara. CLA110997 **13 procedimiento:** ...no es más que un intento de servirse de la Ley torcidamente (...) con el palmario deseo de *obstruir* el procedimiento judicial con falsedades de bulto. EME050295 **14 licitación:** ...se evalúan los caminos que habrán de seguirse para solventar cualquier impedimento legal que *obstruya* la licitación de la frecuencia... PLG100197

C SUSTANTIVOS QUE DENOTAN CURSO, EVOLUCIÓN, AUMENTO O MEJORA. TAMBIÉN CON OTROS QUE MIDEN LA PROPORCIÓN QUE LOS CARACTERIZA: **15 desarrollo ++:** ...no fue sino la respuesta ante una situación que, en buena medida, *obstruía* el desarrollo de las cinematografías de la región. ENV110797 **16 crecimiento:** ...muchos gobernantes nacionales han cometido grandes errores por imitar corrientes europeizantes, *obstruyendo* el crecimiento nacional... LTB111296 **17 progreso:** Quizá por ello este escocés implacable se siente como un sucesor de los temibles «luddites», una banda de incontrolados que, a principios del XIX, *obstruyeron* el progreso inglés... LVE120796 **18 ritmo –:** Las aventuras de piratas, bucaneros y científicos (...), que en Eco parecen inevitables, como inevitable es que lastren e incluso *obstruyan* el ritmo narrativo. LVE080995

D SUSTANTIVOS QUE DENOTAN LABOR U OCUPACIÓN, MÁS FRECUENTEMENTE SI DESIGNAN ACTIVIDADES ORIENTADAS A DESCUBRIR ALGO O ADQUIRIR CONOCIMIENTOS O INFORMACIONES. TAMBIÉN CON OTROS QUE EXPRESAN LOS RESULTADOS DE ESAS ACCIONES: **19 investigación ++:** ...afirmó que la junta no fue creada para *obstruir* investigaciones o sanciones, sino para garantizar el debido proceso. LNC130297 **20 pesquisa ++:** ...Población *obstruye* sus pesquisas en el citado organismo. EPE150499 **21 inspección +:** ...en el caso de Blánquez también está siendo investigado por *obstruir* la inspección de su sección... EDV270499 **22 esclarecimiento:** ...el veto podría ser percibido como un intento de *obstruir* el esclarecimiento de los hechos. LVE100394 **23 indagación:** Inmediatamente, el Gobierno (...) destituyó al director de la policía (...), acusado de revelar secretos oficiales y de, supuestamente, haber *obstruido* las indagaciones policiales. EPE190699 **24 trabajo:** La Comisión no puede *obstruir* el trabajo de las otras instituciones... EPE180399 **25 tarea:** ...acusó a CiU de «*obstruir* y dificultar la tarea del Gobierno». EPE171299

E SUSTANTIVOS QUE DESIGNAN DIVERSAS FORMAS DE DIRIMIR O RESOLVER LAS SITUACIONES CONFLICTIVAS: **26 solución ++:** Ni política ni electoralmente le favorece al Gobierno *obstruir* la solución estratégica... LTB080497 **27 decisión +:** ...confió en que (...) recapacite y deje de *obstruir* las decisiones que deben tomar las cámaras. EME270394 **28 iniciativa:** El gobierno no *obstruye* la iniciativa privada, sino que la favorece en aras del bienestar de los mendocinos. LPA210592 **29 propuesta:** De nuevo el Congreso tendrá una oportunidad para dejar de *obstruir* propuestas... EPE021089 **30 resolución:** ...los Grapo reconocen móviles económicos para justificar el secuestro (...) y acusa a la policía de *obstruir* la resolución del caso al dar pistas falsas sobre éste. LVE070795

F SUSTANTIVOS QUE DENOTAN PACTO O ACUERDO Y, POR EXTENSIÓN, CON OTROS QUE DESIGNAN PROCESOS

O ACTIVIDADES QUE SE LLEVAN A CABO, GENERALMENTE DE FORMA CONJUNTA ENTRE DOS O MÁS PERSONAS CON EL OBJETIVO DE ALCANZARLOS: **31 acuerdo:** ...seguirá creando un sistema paralelo, que trabajara para *obstruir* el acuerdo de Dyton y la paz en la región. LVE200796 **32 pacto:** ...objeciones de última hora que *obstruyeron* un pacto que parecía próximo. INDOC **33 negociación:** En contra de lo que se repite insistentemente, no es Siria, sino Israel, quien *obstruye* esta negociación diplomática... LVE140395 **34 plan:** ...el embajador marroquí (...) hizo pública ayer una carta dirigida al Consejo de Seguridad en la que acusa al Polisario de *obstruir* el plan de paz de la ONU... LVE130996 **35 relación:** Son numerosas las acciones perpetradas para impedir el comercio bilateral con ese país (...) y para *obstruir* las relaciones comerciales de Cuba con el resto del mundo. GIC101496 **36 contacto:** Todo Chirac se mostraba en la vía Dolorosa de Jerusalén gritando a los policías israelíes que no le *obstruyeran* el contacto directo con los palestinos... LVE271096 **37 cooperación:** ...sus resultados demuestran exactamente lo contrario (...), *obstruyendo* la cooperación con los países industrializados... LPA280492 **38 colaboración:** ...ambiciones que pueden ser legítimas, pero que *obstruyeron* sin duda la larga colaboración que habían mantenido. INDOC

G SUSTANTIVOS QUE DENOTAN EXPOSICIÓN O INTERCAMBIO DE IDEAS U OPINIONES: **39 debate:** ...destacó que su papel en el hemiciclo es de moderador, coordinador y no puede *obstruir* ningún debate que generen los diputados... LDD040397 **40 diálogo:** ...*obstruir* el diálogo significará colocarse en una posición frontalmente contraria a la que mantiene y defiende la sociedad vasca. EME130394 **41 comunicación:** ...un auténtico muro orográfico que separa los departamentos franceses de Ariège (boca norte) y Pirineos Orientales (boca sur) y *obstruye* las comunicaciones hispano-francesas. LVE201094 **42 difusión –:** ...despeja la antigua leyenda de que el Vaticano quería *obstruir* la difusión de los manuscritos. LVE010794

H OTROS SUSTANTIVOS; POSIBLES USOS ESTILÍSTICOS: Si ahora (...) regresa al pasado es para librarse de él definitivamente, para despojarse de los momentos que *obstruyen* su rabia... ABC020695

☐ Véase también: **bloquear, impedir, obstaculizar, obstrucción.**

OBTENCIÓN Véase: ADQUISICIÓN; CONSECUCIÓN

obtener ♦ a cambio, a toda costa[27], de primera mano, en compensación, en contrapartida, en recompensa, por los pelos[11], virtualmente[31]

☐ Véase también: **recoger, sacar.**

obturar ♦ agujero, desagüe, entrada, orificio, paso, salida, vía

☐ Véase también: **cerrar, obstaculizar, tapar(se).**

obviar *v.* ▮ Se combina con los sustantivos *asunto, hecho, situación, cuestión, realidad, acontecimiento* y con otros similares. También lo hace con...

A SUSTANTIVOS QUE DESIGNAN SITUACIONES DE DIFICULTAD: **1 dificultad ++:** ...comedia ingeniosa (...), aunque luego fuerce las cosas y *obvie* las dificultades en busca de un final cómodo. LVE310796 **2 problema ++:** ...se expresó en parecidos términos sin *obviar* los problemas concretos que arrastra la Comunidad. EPE071099 **3 inconveniente:** ...aplicar remedios prácticos y expeditivos que permitan *obviar* los inconvenientes de una legislación muy progresiva... EPE010286 **4 crisis:** El hecho de que se discuta, con vehemencia o sin ella, no equivale a *obviar* la crisis. LVE050295

B SUSTANTIVOS QUE DENOTAN DEBER, RESPONSABILIDAD O FUNCIÓN EJERCIDA: **5 responsabilidad ++:** ...no se puede *obviar* la responsabilidad de Felipe González en la grave situación... EME260295 **6 obligación +:** ...170 automovilistas que *«obvian»* su obligación legal y cívica de detenerse ante un semáforo con la luz en rojo. EME060196 **7 papel:** ...no puede *obviarse* el papel relevante desempeñado por las galerías Sala Pelaires y 4 Gats, que (...) aseguraron la presencia de artistas nacionales e internacionales. ABC280795 **8 función:** ...al considerar que la función de los patronatos provinciales no pueden *obviarse.* EPE170599

C SUSTANTIVOS QUE DENOTAN ASPECTO PARCIAL O ELEMENTO INTEGRANTE O CONCOMITANTE DE ALGO: **9 detalle ++:** ...reconoció que «por la infinita delicadeza del jefe de la policía federal se *obviaron* otros detalles humillantes». EPE011088 **10 dato +:** ...reclamó su presunto derecho a formar gobierno, *obviando* el dato indiscutible de que la coalición PSC-IC había obtenido 55 escaños... EPE241099 **11 aspecto +:** ...mantuvo ayer la tónica de crítica contundente al PP, sin *obviar* aspectos de la política desarrollada por el Gobierno... LVE151095 **12 factor:** ...los métodos actuales para analizar los riesgos no son idóneos, al *obviar* factores culturales... EPE241199

D SUSTANTIVOS QUE DESIGNAN ALGUNA DE LAS FASES QUE FORMAN PARTE DE UN PROCESO O UN PROCEDIMIENTO GENERALMENTE COMPLEJO: **13 trámite +:** ...dijo que «así se puede *obviar* el trámite policial y actúa un juzgado correccional más rápido». CLA280199 **14 paso +:** ...colección particular (...) enriquecida con piezas que el escultor tuvo que comprar para no *obviar* ningún paso de sus más de 50 años de escultor, grabador y dibujante. EPE160900 **15 etapa:** El libro recorre toda la existencia del ex mandatario ruso, sin *obviar* ninguna de sus etapas principales. LVE171196 **16 estadio –:** ...busca mediante la abstracción y la deformación –sin *obviar* los estadios intermedios, desde la abstracción geométrica al expresionismo (...)– una expresión tan irreal como sea posible... LVE061296

E SUSTANTIVOS QUE DESIGNAN CONTENIDOS REGLADOS, ESTIPULADOS O CONCERTADOS, ASÍ COMO ALGUNAS DE LAS FORMAS EN QUE SE PRESENTAN O SE AGRUPAN: **17 ley +:** ...ha acumulado evidencias de que Corea del Norte ha estado *obviando* leyes y acuerdos internacionales. EME170394 **18 sentencia +:** ...*obvia* la sentencia del Constitucional sobre la ley del catalán. LVE191095 **19 norma +:** ...la mayoría de los padres *obvia* las más elementales normas de seguridad. EPE230499 **20 regla:** ...no pueden *obviar* las reglas establecidas por la UE en defensa de la competencia. EPE270299 **21 protocolo:** ...la formación (...) *obvia* el protocolo firmado con Ribó en el año 1991... LVE031296 **22 legalidad:** «En este primer año de gobierno se fortaleció el poder civil, pero se ha *obviado* la legalidad». PLG130197 **23 derecho:** ...presentarán una denuncia (...) «por prevaricación y por haber *obviado* el derecho constitucional...». EME240594 **24 compromiso:** ...se negó a revelar cuál será su comportamiento, *obviando* el compromiso formalizado hace dos años... LVE260196 **25 acuerdo:** ...se tendría que partir de cero, *obviando* los acuerdos alcanzados hasta el momento... EME160394 **26 decisión:** La Funeraria *obvió* la decisión del Consejo de Ministros del 7 de junio... EME020796 **27 imperativo –:** Para *obviar* el imperativo federativo, la AMAC podría convertir sus carreras, a efectos oficiales, en pruebas de carácter regional. LVE160196

F SUSTANTIVOS QUE DESIGNAN LA ACCIÓN O EL EFECTO DE NOMBRAR O MENCIONAR ALGO O A ALGUIEN: **28 referencia +:** ...optó por *obviar* cualquier referencia autobiográfica en su discurso... EPE240199 **29 alusión +:** ...*obviando* las alusiones a la obra hecha y a los proyectos de futuro... LVE171195 **30 mención:** ...elegante eufemismo que *obviaba* menciones indeseables a la toma del Palacio de Invierno... LVE051195

G SUSTANTIVOS QUE DENOTAN SOLICITUD, A MENUDO ENÉRGICA, Y CON OTROS QUE DESIGNAN DIVERSAS MANIFESTACIONES DE HOSTILIDAD, GENERALMENTE VERBAL: **31 crítica:** ...no podía *obviar* una cierta crítica a las clases altas del país... LVE030195 **32 amenaza:** ...haciendo que los arrepentidos *obviaran* la amenaza [terrorista] e impidiendo que se cerrara la vía a la reinserción. EPE110699 **33 reproche:** ...un ejercicio público de confianza mutua, en ocasiones exagerado, *obviando* reproches anteriores... LVE040596 **34 descalificación:** ...*obvió* ayer los ataques y las descalificaciones que los dirigentes locales... EPE140399 **35 acusación +:** Espasa trató de desmontar las dos primeras acusaciones, y prefirió *obviar* la tercera «por pudor». LVE300196

H OTROS SUSTANTIVOS QUE DESIGNAN MANIFESTACIONES VERBALES, ASÍ COMO ALGUNOS DE SUS CONTENIDOS: **36 pregunta ++:** ...no puede *obviarse* la pregunta de si este principio rige por igual en el caso de un ciudadano particular que en el de una alta autoridad pública. LVE061196 **37 mensaje +:** Mensaje que, sin duda, usted *obviaría* si pasara algún día por delante de mi obsoleto y periclitado establecimiento. LVE090296 **38 discurso +:** ...persiste tercamente en *obviar* el discurso –la realidad vital, cultural, social– de su adversario político... EPE091299 **39 consideración +:** Debería *obviar* ciertas consideraciones previas a la obra y figura de Jaume... ABC190393 **40 opinión +:** ...se ha *obviado* la opinión de la comunidad universitaria... EPE061101 **41 valoración:** «Desde el principio quisimos *obviar* cualquier valoración ética». EME270495 **42 propuesta:** ...el comité federal de listas, que *obvió* propuestas de Mellado. EPE090799 **43 comentario:** ...prefirieron *obviar* cualquier comentario, quizás con la esperanza de que la Policía acabe deduciendo que se trató «sólo» de un lamentable accidente. EME200196 **44 palabra:** Pero no pueden *obviarse* las palabras de Eduardo Milán... ABC250895 **45 reclamo –:** Un reclamo imposible de *obviar* que acicatea (...) su voluntad de hacer justicia... EUV120996

I OTROS SUSTANTIVOS; POSIBLES USOS ESTILÍSTICOS: ...*obviando* la lucha libre de las ideas y la creación que impulsan a la sociedad decisora. LVE190995; Pocos son los espacios que *obvian* el bacalao a la hora de sus recetas mágicas. LVE050696

☐ Véase también: **saltarse**.

[ocasión] → **con ocasión (de)**

ocasión ♦ **aislado, de gol, de oro[2], dorado[5], escaso, esporádico, excepcional, fantástico, inigualable, inmejorable, innumerable, magnífico, oportuno, propicio[1], sonado, tentador, único** ♦ **en bandeja[10]** ♦ **a la altura (de)[4], a precio (de)** ♦ **aprovechar, atrapar, brindar[19], constituir, dar[147], desaprovechar, desbaratar[35], desperdiciar, dilapidar[1], disfrutar (de), echar a perder, errar[2], esfumarse, explotar, gozar (de), malgastar[17], ofrecer (en bandeja), perder, presentarse, proliferar, proporcionar, representar, tener**

☐ Véase también: **motivo (de), opción, oportunidad, situación.**

ocasionar *v.* ▮ Se combina con sustantivos que designan muy diversos tipos de daños o de efectos que pueden interpretarse como tales. Destacan, entre otros, los sustantivos que designan enfermedades, dolencias, afecciones y estados aflictivos *(dolencia, lesión, herida, fractura, infección, quemadura, angustia, trauma)*, fenómenos atmosféricos *(lluvia, tormenta, viento)*, y gastos, costes y otras formas de consumo *(coste, gasto, inversión, devaluación)*. Se combina con otros muchos sustantivos, especialmente con...

A SUSTANTIVOS QUE DENOTAN DAÑO MATERIAL O MORAL PARA LAS PERSONAS O LAS COMUNIDADES, EN OCASIONES CON RESULTADO TRÁGICO. TAMBIÉN CON OTROS QUE DESIGNAN LOS INDIVIDUOS QUE LO SUFREN: **1 daño ++:** Dueñas explicó que la falta de tal dispositivo se debe al daño *ocasionado* al tendido eléctrico de CEL, durante el conflicto armado. ESH100797 **2 desperfecto ++:** ...tuvieron que ser desalojados como consecuencia de los desperfectos que la fuga de agua *ocasionó* en sus viviendas... ENC240599 **3 muerte ++:** Además, es particularmente dura con las muertes *ocasionadas* en accidentes de tránsito. CLA240497 **4 víctima ++:** «Pido perdón y comprensión a todos los familiares de víctimas *ocasionadas* por estas acciones irregulares...». DLA100297 **5 pérdida ++:** Esos dos problemas le han *ocasionado* pérdidas en sus herramientas y fuentes de trabajo. DHE030997 **6 perjuicio ++:** ...la situación económica del infractor, el perjuicio *ocasionado* al consumidor y si hay reincidencia. DYM201297 **7 destrozo ++:** Por eso recurrían a la dinamita, perfecta para *ocasionar* destrozos sin dejar huellas de los causantes. DHE080797 **8 agravio:** ...pueden asegurar que de ningún modo se pudiese pensar que alguna de ellas tuviese intención de *ocasionar* agravio a personalidad pública o persona alguna... HOY201097 **9 quebranto:** ...se detectaron operaciones de autopréstamo que *ocasionaron* un quebranto superior a los 3,000 millones de pesos. DYM170796 **10 deterioro:** ...las medidas liberales impuestas tibiamente desde el gobierno de (...) han *ocasionado* el deterioro de ciertos sectores de la clase económica alta... VIS190697 **11 derrota:** ...no convenció ni a los miembros de su grupo y ello *ocasionó* la derrota gubernamental. CAP211295

B SUSTANTIVOS QUE DENOTAN PERTURBACIÓN DEL BIENESTAR, LA ARMONÍA O LA TRANQUILIDAD: **12 molestia ++:** Las molestias *ocasionadas* por el cambio de sistema –y su probable costo– recaerían, así, sobre los usuarios. LNA010792 **13 trastorno** ++: ...es biocompatible con las células cutáneas y no *ocasiona* trastornos inflamatorios al ser totalmente inocua. GIC093497 **14 problema** ++: ...consideró que los aumentos debieron efectuarse en forma conjunta para no *ocasionar* problemas. DED041096 **15 revuelo** +: La noticia, como era de esperarse, *ocasionó* un revuelo en todo el principado... EUV120996 **16 tumulto** +: En el Complejo Soldati, donde todos los monoblocs son enormes e idénticos, Ortega bajó por primera vez de la camioneta y *ocasionó* un previsible tumulto. CLA310199 **17 caos** +: ...y eso *ocasionó* un caos económico a toda la familia, que vivía de la empresa. CLA160797 **18 desequilibrio**: En estas alegaciones se explicaba principalmente que la nueva ley puede *ocasionar* un grave desequilibrio entre oferta y demanda... EPE250700 **19 desajuste**: ...este problema *ocasiona* «desajustes financieros y de organización y a menudo amenaza su propia viabilidad». EME160796 **20 contratiempo**: Mapuche, por ejemplo, que es de procedencia indígena y es muy usual en Argentina, puede *ocasionar* algún contratiempo. FDV030701

C SUSTANTIVOS QUE DESIGNAN DE MUY DIVERSA MANERA OTRAS SITUACIONES O ESTADOS DE INFORTUNIO O ADVERSIDAD, ASÍ COMO ALGUNAS DE SUS CAUSAS O SUS CONSECUENCIAS: **21 accidente** ++: ...reconocieron que el impacto económico que tales accidentes *ocasionan* es considerable pues a algunas personas debe practicárseles... LNC230197 **22 riesgo** +: ...para evitar que tales deficiencias *ocasionen* riesgos a personas y cosas o peligros para la higiene... EPE301001 **23 peligro** +: ...hay que hacerlo evolucionar con explosividad, para llegar y *ocasionar* peligro en la portería contraria. LPH070497 **24 inconveniente** +: Esta situación, sumada al bajísimo nivel de los ríos, *ocasiona* inconvenientes en el servicio de agua para consumo doméstico... CLA220199 **25 percance** +: Ayer, un enganchón del pantógrafo *ocasionó* el percance. EPE260599 **26 tragedia** +: El descuido de una madre estuvo a punto de *ocasionar* una tragedia... DYM120996 **27 drama** +: Los noviazgos entre parejas, llamémosles, «mixtas», *ocasionaban* terribles dramas familiares y constituían un escándalo social. EPE220799 **28 conflicto** +: ...aseguró una fuente jurídica de la institución, en respuesta a reciente conflicto *ocasionado*, debido a un cambio de zonificación... ESP010601 **29 siniestro** +: ...destinado a prevenir accidentes de circulación infantiles y disminuir las lesiones que estos siniestros *ocasionan*. EME110796 **30 enfrentamiento** +: ...la inmediata evacuación de los tres islotes del estrecho de Ormuz, lo que *ocasionó* enfrentamientos fronterizos más duros en septiembre. HOY230287 **31 incendio** +: De hecho mantiene, junto con los incendios *ocasionados* por las tareas forestales y agrícolas, el tercer lugar. LVE290195 **32 inundación** +: ...que se espera desborde en el transcurso de este domingo, *ocasionó* inundaciones en regiones aledañas a la capital estadounidense, arrastrando consigo casas. DYM080996 **33 crisis** +: El canciller de Israel, (...), amenaza con *ocasionar* una crisis en el gabinete de Netanyahu. DYM040796

D SUSTANTIVOS QUE DESIGNAN DIVERSAS FORMAS DE REACCIÓN, OPOSICIÓN O PROTESTA, FRECUENTEMENTE ANTE SITUACIONES QUE SE CONSIDERAN INJUSTAS O AGRAVIANTES: **34 crítica** ++: Generalizadas críticas *ocasionó* en dirigentes políticos y de medios periodísticos el fallo de la Corte Suprema... LNA090792 **35 denuncia** +: ...el pasado domingo, que *ocasionó* la denuncia ante el juzgado de guardia de tres fotógrafos de prensa. EPE060799 **36 movilización** +: ...serán rechazadas totalmente por los ayuntamientos y *ocasionarán* más movilizaciones vecinales relacionadas con Barajas. EPE131299 **37 protesta** +: El anuncio *ocasionó* protestas entre transportistas y usuarios, que reclamaron la responsabilidad del Estado en la construcción de la costosa carretera Santa Cruz. LTB060297 **38 reacción** +: Esta decisión podría *ocasionar* reacciones en los diputados leales al segundo subjefe... LTB281196 **39 condena**: ...podrán acusarlo de perjuro y falso testimonio en la documentación presentada, lo que podría *ocasionarle* una condena entre dos y cuatro años de prisión. LPH240796 **40 discrepancia**: ...la reparación de cualquier elemento o servicio de uso común suelen *ocasionar* discrepancias entre vecinos. EME131096 **41 huelga**: Ello *ocasionó* huelgas justificadas, sin demasiado éxito, en la Universidad pública... EPE041099 **42 inconformidad**: ...adoptó la misma medida, que *ocasionó* inconformidad entre los ganaderos... DYM240796 **43 resistencia**: Ello *ocasiona* la resistencia de los monarcas (...) y acaba llevando a los concordatos. EME290895

E SUSTANTIVOS QUE DENOTAN PRESENCIA CONJUNTA O ABUNDANCIA DESORDENADA DE COSAS, MUY FRECUENTEMENTE DE VEHÍCULOS O PERSONAS. TAMBIÉN CON OTROS QUE DESIGNAN AUSENCIA DE MOVIMIENTO, TRÁNSITO O FLUIDEZ: **44 aglomeración** +: ...los derechohabientes tienen que entrar por un acceso lateral, lo que *ocasiona* aglomeraciones e incomodidades. DYM061196 **45 atasco** +: ...las obras de mejora del asfaltado *ocasionaron* atascos de tráfico durante la mañana y la indignación de los profesionales del transporte urbano. CAN241100 **46 colapso**: Incluso, como eran pequeñas, una bancarrota no *ocasionaba* un colapso en las economías donde operaban. EXC140901 **47 congestión**: ...lo que *ocasiona* un alto grado de congestión de tráfico y de contaminación acústica y atmosférica. EPE160499 **48 retención**: Los trabajos de limpieza obligaron a cortar dos carriles, lo que *ocasionó* retenciones entre... EME231295

F SUSTANTIVOS QUE DENOTAN ABATIMIENTO, PESAR, DECEPCIÓN Y OTRAS FORMAS DE AFLICCIÓN: **49 sufrimiento** ++: «No podemos seguir apoyando una política que *ocasiona* sufrimientos a los más vulnerables...». ENH140198 **50 dolor** ++: No solo el paro nacional estatal le *ocasiona* dolor de cabeza al Gobierno. ETC110297 **51 disgusto** ++: ...eso le ha *ocasionado* nuevos disgustos con la presidencia del partido, que le acusa de «pretender la desestabilización». EME020595 **52 desencanto** +: ...catorce meses después del desencanto *ocasionado* por las generales que sólo permitieron un exiguo acceso de la oposición al Parlamento. EME210595 **53 desesperanza**: Asimismo, la ruptura de las pláticas de paz entre el EZLN y el gobierno *ocasiona* «gran desencanto y desesperanza» entre la población... PME080996

G SUSTANTIVOS QUE DENOTAN RETRASO O TARDANZA: **54 atraso**: ...sobre la alegación de que eso *ocasionaría* atrasos en la votación de las reformas. EPC190597 **55 demora**: El Servicio de Correos federal dijo que una huelga sólo *ocasionaría* demoras mínimas en las entregas del correo... ENH120297 **56 retraso**: ...lo que *ocasiona* retrasos en la actividad agrícola y comercial de esta zona. DYM111197

H SUSTANTIVOS QUE DENOTAN CAMBIO, MÁS FRECUENTEMENTE SUBIDA, CRECIMIENTO O RENDIMIENTO, REFERIDOS A MAGNITUDES ECONÓMICAS: **57 aumento:** Penson dijo que el sector industrial había advertido que las medidas que el Gobierno había estado tomando iba a *ocasionar* un aumento de costo en el país. LDD040397 **58 beneficio:** ...estas figuras suscitan la pregunta de si *ocasionan* más beneficios que daños, o viceversa. CLA190597 **59 incremento:** La hipertensión arterial, que afecta a una de cada cuatro personas en el país, *ocasiona* un incremento en la frecuencia de infartos... DYM040796

☐ Véase también: **acarrear, causar, derivar(se), engendrar, provocar**.

océano ♦ **ancho, impetuoso, inconmensurable, infinito, inmenso, interminable, proceloso, tempestuoso, vasto** ♦ **abarcar, adentrarse (en), ahogarse (en), arrojar(se) (a), atravesar, bañar (algo), cruzar, esquilmar, extender(se), hundir(se) (en), internar(se) (en), naufragar (en), navegar (en), perderse (en), surcar, tragar(se) (algo/a alguien)**

☐ Véase también: **mar**.

ocular *adj.* ▮ Se combina con los sustantivos *globo, tensión, cirugía* y con otros que designan propiedades, acciones y aspectos relativos al ojo. También se combina con...

A EL SUSTANTIVO *TESTIGO*: **1 testigo ++:** ...los testigos *oculares* afirman que antes de caer hubo una explosión que le desprendió una de las alas. EPE020199

B EL SUSTANTIVO *INSPECCIÓN* Y CON OTROS QUE DESIGNAN ACCIONES O PROCESOS DE INDAGACIÓN, INTERPRETACIÓN O PESQUISA: **2 inspección ++:** El Juzgado (...) ordenó ayer la inspección *ocular* de algunas instalaciones... EME130796 **3 análisis +:** Además, del análisis *ocular* entre las firmas plasmadas en las cédulas... PME020297 **4 examen +:** ...después de un examen *ocular* de primer orden (...) nos dejaron pasar. EPE270299 **5 investigación:** ...han descubierto con una simple investigación *ocular* que la señalización... EPE121001 **6 observación:** En contra de lo insinuado malévolamente por quienes lo apodaron Amasa-caspi, la observación *ocular* de sus hombros no da cuenta de una presencia inusual de caspa. EME200495 **7 registro:** Vehículos cargados de carnes o verduras salvaban estas improvisadas aduanas tras un registro *ocular*. EPE210900 **8 vista:** Figuran entre esas acciones la vista *ocular* realizada esta mañana en el Fundo... ECP140175 **9 estimación –:** ...la simple estimación *ocular* indica que este año el FIB ha vendido menos entradas... EPE070800

ocularmente ♦ **analizar, estimar, estudiar, examinar, inspeccionar, investigar, revisar**

OCULTACIÓN Véase:
♦ **entramado (de), montaje, ocultación, tinglado, trama, trapos sucios, urdimbre**
♦ **cubrir, desaparecer, encubrir, manifestar(se), ocultar(se) (a), tapar(se)**
☐ Véase también: *APARICIÓN; PRESENCIA*.

OCULTACIÓN
♦ (SUSTANTIVOS) Véase: **andarse (con)[C], apretado[B], desatar(se)[G], descifrar[A], desentrañar[A], despejar(se)[F], destapar[A], estricto[K], sumir(se) (en)[B], tejer[E], teñir (de)[D,E], tramar[A], vano[E], violar[G], vulnerar[F]**
♦ (VERBOS) Véase: **a lo lejos[D], celosamente[C], de arriba abajo[D], de pies a cabeza[A], descaradamente[A]**
☐ Véase también: OBSTÁCULO; PROTECCIÓN.

ocultar(se) (a) ♦ **a duras penas[37], a propósito, a toda costa, celosamente[12], deliberadamente, descaradamente[4], maliciosamente[2], oficialmente, oficiosamente** ♦ **curiosidad, mirada, ojo, vista**

☐ Véase también: **cubrir(se) (de), encubrir, tapar(se)**.

ocupación ▮ *(empleo o actividad)* ♦ **abnegado, breve, conocido, desbordante, desconocido, doméstico, ilegal, improductivo, infructuoso, intenso, inútil, laboral, medio, pleno, profesional, provechoso, rutinario, sacrificado, temporal** ♦ **sin** ♦ **grado (de), índice (de), nivel (de), tasa (de)** ♦ **buscar, carecer (de), cesar (en), dar (a alguien), desempeñar, ejercer, encontrar, fomentar, mejorar, tener**

▮ *(de un lugar)* ♦ **breve, extranjero, feroz, hotelero, ilegal, militar, policial, publicitario, simbólico, temporal, territorial, urbano, violento** ♦ **bajo, durante** ♦ **fuerza (de), grado (de), superficie (de), tropas (de), zona (de)** ♦ **aumentar, autorizar, avanzar (en), calcular, consolidar(se), decrecer, fomentar, impedir, mantener(se), medir, reducir(se), resistir(se) (a)**

☐ Véase también: **actividad, empleo, invasión, profesión, tarea, trabajo**.

ocupar ♦ **íntegramente[12], militarmente, por completo[140], temporalmente**

☐ Véase también: **habitar (en), ocupar(se)**.

ocupar(se) ♦ **activamente[27], a tiempo {completo/parcial}, de lleno[31], en exclusiva[6], en persona[21], enteramente, indefinidamente, temporalmente**

☐ Véase también: **atender, controlar, cuidar, encargar(se), ocupar, preocupar(se), vigilar**.

ocurrencia ♦ **absurdo, acertado, afortunado, agradable, alocado, atinado, desafortunado, desagradable, disparatado, feliz, fuera de tono, gracioso, infeliz, ingenioso, inoportuno, oportuno, peregrino[11]** ♦ **sarta (de)[38]** ♦ **celebrar, criticar, dar (con), decir, quitar(se) de la cabeza, reír (a alguien), reír(se) (de), soltar, tener**

☐ Véase también: **chiste, gracia, idea, pensamiento**.

ocurrir *v.* ▮ En el sentido de 'acaecer o tener lugar' se combina con muy diversos sustantivos deverbales que designan eventos *(encuentro, llegada, explosión, desembarco)* y también con otros que designan situaciones violentas, a menudo de naturaleza delictiva *(tiroteo, delito, robo, secuestro, homicidio, crimen, asesinato)*. Destacan especialmente sus combinaciones con...

A SUSTANTIVOS QUE DENOTAN SUCESO O EVENTO, ESPECIALMENTE SI SE TRATA DE HECHOS INFRECUENTES O

ANORMALES: **1 hecho:** El hecho *ocurrió* el pasado martes, con todos los alumnos como testigos... ENH240700 **2 suceso:** Fuentes de la Policía Local capitalina señalaron que el suceso *ocurrió* cuando colisionaron dos vehículos... CAN020201 **3 fenómeno:** El fenómeno, *ocurrido* en el Pacífico Occidental, intriga y preocupa a los astrónomos. EME100494 **4 incidente:** El incidente *ocurrió* el pasado fin de semana en la hostería que el Automóvil Club Argentino tiene en Anillaco. CLA310199 **5 caso:** El caso *ocurrió* hace algunos años, pero se le ha quedado grabado... EME241295 **6 acontecimiento:** Esta vez el acontecimiento *ocurre* en México, donde ningún equipo recién ascendido ha jugado la final de la Liga. EME300496 **7 historia:** No sé si la película lo logra, pero la historia *ocurrida* hace 60 años tiene muchas cosas que contarnos hoy... EME010495 **8 escena:** La escena *ocurre* lejos de la nueva ciudad. LVE070696 **9 episodio:** El fatídico episodio *ocurrió* el 5 de febrero del año pasado cuando una estructura de hierro, de más de 270 kilos cayó... LNP120397 **10 anécdota:** La anécdota *ocurrió* el pasado sábado durante la inauguración de la exposición... EPE091099

B SUSTANTIVOS QUE DESIGNAN SITUACIONES CALAMITOSAS O ACCIDENTADAS: **11 accidente ++:** ...el accidente *ocurrió* en momentos en que las guardias clínicas de la ciudad estaban atestadas de turistas... CLA110197 **12 catástrofe ++:** En esta ocasión la catástrofe *ocurre* a bordo de un Boeing 767. LVE240196 **13 desastre ++:** El desastre, *ocurrido* el jueves 7, ha originado una serie de investigaciones... RUM250897 **14 desgracia ++:** El accidente ha sido el peor registrado en la historia de la aviación comercial polaca, cuya última desgracia *ocurrió* en 1969... EPE150380 **15 incendio:** El último incendio *ocurrió* ayer al mediodía y afectó a media hectárea de monte bajo desarbolada... EPE270899 **16 terremoto:** El nuevo terremoto *ocurrió* a las 7.10 horas local... LVE180595

C OTROS SUSTANTIVOS QUE DENOTAN ALTERACIÓN VIOLENTA DEL ORDEN, GENERALMENTE EL SOCIAL: **17 disturbio:** El incidente ha sido el disturbio social más grave *ocurrido* en la ciudad... EPE141099 **18 altercado:** El altercado *ocurrió* ayer de madrugada en el conflictivo barrio de Cerro Blanco... EPE150299 **19 asalto:** El asalto *ocurrió* a las ocho de la tarde del pasado martes cuando, según la citada emisora, los dos atracadores se subieron al convoy... EME171195 **20 refriega:** 12 de los activistas abatidos murieron en el transcurso de una refriega *ocurrida* en la localidad de Hassi... EME150595

D SUSTANTIVOS QUE DESIGNAN OBSTÁCULOS O CONFLICTOS QUE IMPIDEN EL NORMAL DESARROLLO DE LAS ACCIONES: **21 problema +:** Los neurólogos consideran que el problema *ocurre* porque la imagen visual del mundo transmitida desde la retina del ojo a la parte trasera del cerebro... EME101295 **22 contratiempo +:** Este es el segundo retraso (después de un contratiempo *ocurrido* en el Huygens en septiembre) y los responsables de la misión prefieren no acercarse... EPD141097 **23 emergencia:** La excepción es cuando *ocurren* emergencias fuera del área provista. END180198 **24 complicación:** Esta primera complicación *ocurrió* el 26 de diciembre. EME020195

E SUSTANTIVOS QUE DENOTAN CAMBIO O EVOLUCIÓN: **25 cambio ++:** ...quiere vivir en Cuba y participar en los cambios que *ocurren* en su país. LVE160695 **26 modificación +:** Si *ocurren* estas modificaciones, las autoridades aplicarían normas más exigentes en los aeropuertos... EUV120996 **27 alteración:** Tal alteración *ocurriría* tan solo de modo temporal pues, al presente, los intérpretes suelen preferir la versión primera... PME250896

▩ Se combina también con: ♦ **a la vista (de alguien), de un día para otro, indefectiblemente[7], inexorablemente[25]**

☐ Véase también: **acaecer, sobrevenir.**

ocurrírse(le) (a alguien) ♦ **a bote pronto[1], ni por asomo[1], remotamente[2]** ♦ **arreglo, fórmula, idea, plan, remedio, salida, solución**

odiar ♦ **a morir[4], a muerte[8], a rabiar[11], cordialmente[13], intensamente, profundamente[41], terriblemente, visceralmente[2]**

☐ Véase también: **detestar.**

odio ♦ **acendrado, afilado[20], a flor de piel[14], ancestral[62], antiguo, arraigado[45], atávico[64], ciego[16], clínico, contenido, declarado, desatado, descarnado[37], desenfrenado, encarnizado[50], encendido[24], enconado[28], eterno, exacerbado, feroz[14], furibundo, hondo[6], implacable[1], incontenible, infinito, injustificado, intenso, intestino, irrefrenable, irreprimible, larvado, mortal, preso (de), profundo[39], recalcitrante[7], secular, sediento (de), soterrado[20], terrible, tremendo, viejo, visceral[1], vivo** ♦ **arrebato (de)[9], expresión (de)[29], muestra (de), ola (de)[24], sentimiento (de)** ♦ **aflorar[9], albergar[22], alimentar(se) (de)[13], anidar[9], apaciguar, apagar, aplacar(se)[17], apoderar(se)[16], atemperar(se), atenazar (a alguien), atenuar(se), atizar[1], avivar[39], concitar[15], corroer[5], cosechar[46], cultivar[41], dejarse llevar (por)[12], deponer[12], depositar[16], desatar(se)[7], desbocar(se)[3], descargar[7], desfogar[1], despertar[55], destapar, desterrar[7], destilar[7], difundir(se)[113], dirigir(se) (a algo/a alguien), emanar, embargar[33], encerrar, engendrar[24], estallar, exacerbar[22], experimentar, extender(se), fermentar(se)[17], fluir, gestar(se), granjearse[19], incitar (a)[23], incubar[9], inocular, irradiar[20], latir, manifestar, mantener(se), mitigar, nacer, palpitar[7], perdurar, prodigar[27], profesar[68], reavivar[32], reprimir, rezumar[1], sembrar[34], sentir[25], superar, surgir, suscitar, tener (a alguien), teñir(se) (de), tomar[57], vencer**

☐ Véase también: **animadversión, antipatía, aversión, rechazo, rencor, tirria.**

ODIO Véase: OPOSICIÓN; RECHAZO; SENTIMIENTO HOSTIL

ofender *v.* ▮ Se construye muy frecuentemente con sustantivos de persona, individuales o colectivos *(padre, profesor, familia, sociedad, pueblo: Nos has ofendido a mí, a tu padre, a tu familia y a tus compañeros)* y también con otros que designan agrupaciones, organizaciones e instituciones, así como sus símbolos *(empresa, nación, bandera)*. También se combina con sustantivos que designan diversos ámbitos del conocimiento o la creación *(cultura, arte, literatura: Sus versos* *ofenden a toda la literatura española)*, así como con...

A SUSTANTIVOS QUE DESIGNAN SENTIMIENTOS O CUALIDADES DE LAS PERSONAS RELATIVAS AL DECORO, EL HONOR, LA RECTITUD O LA ESTIMA PROPIA O AJENA: **1** **dignidad ++:** Ningún castigo debe *ofender* la dignidad inalienable de quien ha obrado mal. LVE291296 **2** **memoria ++:** No solventemos con nuestro dinero las ganancias de quienes *ofenden* la memoria de nuestro pueblo... CLA200297 **3** **honra +:** Las acusaciones son graves, serias, se *ofende* la honra personal de Cuauhtémoc. PME070796 **4** **orgullo +:** La «ofensa» de Bruselas ha humillado y *ofendido* el orgullo de la posfascista Alianza Nacional. EME010694 **5** **honor +:** Pero no sería decoroso dejar de ejercitar la acción de desahucio para expulsar del espacio político (...) a una candidatura siniestra que *ofende* el honor... EME150196 **6** **pudor +:** Este Gobierno ha permitido que Villalonga rompa este equilibrio y *ofenda* el pudor social... EPE111199 **7** **integridad:** ...esto *ofende* gravemente la integridad institucional de este poder autónomo, independiente y soberano... EXC180197

B SUSTANTIVOS QUE DESIGNAN CAPACIDADES O FACULTADES HUMANAS APLICADAS A LAS ACCIONES O LOS PROCESOS DE SENTIR, COMPRENDER, PERCIBIR, RAZONAR O ACTUAR CON CRITERIO O DISCERNIMIENTO: **8** **sensibilidad ++:** Si subrayan más el efecto en sí mismo, pueden tener una mala lectura, crear un clima perverso y *ofender* sensibilidades. LVE290195 **9** **sentimiento ++:** Una investigación decidirá si el filme *ofende* los sentimientos de los creyentes. EME210995 **10** **inteligencia ++:** Ofende su inteligencia el que piensa que semejante absoluto se me ha ocurrido a mí. RUM101197 **11** **sentido ++:** Existe, según el dirigente socialista, un «dualismo salvaje que *ofende* al sentido de la ética»... EPE101199 **12** **buen gusto ++:** Ofendes nuestro buen gusto al proponernos escuchar esa música. INDOC **13** **conciencia:** ...la sentencia es «moralmente injusta y *ofende* la conciencia civil de todos los italianos». EME030896 **14** **razón:** ...Alá no puede proponer nada que *ofenda* a la razón... EPE301201 **15** **lógica:** Si a un toro se le atribuye casta no se le puede llamar morucho sin *ofender* a la lógica. EPE011001

C EL SUSTANTIVO *MORAL* Y CON OTROS QUE DESIGNAN VALORES O CONVICCIONES QUE SE SUSTENTAN CON SEGURIDAD O FIRMEZA, Y SUELEN REGIR EL PENSAMIENTO O LA CONDUCTA: **16** **moral ++:** Pero lo hacía de una manera digna y decente, con mucho tacto y mensura, para no *ofender* la moral y la sensibilidad del público. ESP150897 **17** **creencia +:** Por eso aconsejó a los que lo hagan que se diviertan «con libertad y sin *ofender* las creencias religiosas o ideológicas de los demás»... EME240295 **18** **religiosidad +:** Los afiches de mujeres desnudas que había en la pared, *ofendían* su religiosidad. EME040296 **19** **principio:** ...le arrebata su autonomía y con ello se *ofende* el principio de libertad en una sociedad democrática». ABC130893 **20** **idea:** Los que mantienen la idea de que se *ofende* a sus ideas y creencias o a su moral sexual no se defienden a sí mismos... EPD200997 **21** **dogma:** ...no es que *ofenda* al dogma sino que es ventaja por donde se van el dominio, la ligazón, el canon de parar, templar y mandar. EPE221001 **22** **precepto –:** «Sabe bien, calma la sed y no *ofende* los preceptos de la religión». EME160296

D SUSTANTIVOS QUE DESIGNAN DIVERSOS SENTIDOS DE LAS PERSONAS EMPLEADOS A MENUDO EN REFERENCIA A SUS CAPACIDADES PERCEPTIVAS. TAMBIÉN CON OTROS QUE DESIGNAN LOS ÓRGANOS A LOS QUE SE ATRIBUYEN O ALGUNOS DE SUS COMPONENTES: **23** **vista +:** ...la presencia del agua en el medio urbano debe ser algo agradable, siempre que el diseño de su contenedor no *ofenda* a la vista. EPE200799 **24** **olfato:** No querían compartir techo con un colectivo negro, que *ofendía* su refinado olfato con brebajes africanos. EME040296 **25** **oído +:** ...incluso las más violentas pasiones reflejadas en música no deben *ofender* al oído sin deleitarlo. ABC061291 **26** **tímpano:** Al parecer, esta palabreja *ofende* los tímpanos populares... LVE201196

E SUSTANTIVOS QUE DESIGNAN OTRAS CARACTERÍSTICAS Y CONDICIONES DE LAS PERSONAS CONSIDERADAS GENERALMENTE FUNDAMENTALES: **27** **libertad:** ...invitó a «oponerse vigorosamente a todas las prácticas que *ofenden* su libertad y femineidad». EPE251199 **28** **intimidad:** ...la pintora nos ofrece la novedad del díptico, que aumenta el espacio hasta envolvernos, sin *ofender* nuestra intimidad. ABC160695 **29** **femineidad –:** Con estos comentarios lo único que consiguen es *ofender* nuestra femineidad. INDOC

▩ Se combina también con: ♦ **impunemente** ♦ **ánimo (de)**

☐ Véase también: **agredir, atentatorio (contra), injuriar, insultar.**

ofensa (a) ♦ **denigrante, explícito, gratuito, grave, humillante, imperdonable, implícito, indignante, intencionado, intolerable, involuntario, provocador, serio, soterrado** ♦ **ánimo (de)[25], buen nombre, dignidad, honor, memoria, recuerdo** ♦ **arreciar, caer (en), castigar, constituir, cubrir(se) (de), disculpar, infligir[33], lanzar, lavar, llegar (a), perdonar, proferir, recibir, repeler, representar, saldar[24], vengar, verter[5]**

☐ Véase también: **agresión, ataque (de), calumnia, infamia, injuria, insulto.**

ofensiva ♦ **apabullante, arrollador[15], demoledor[5], en toda regla, espectacular, exitoso, fulgurante[52], fulminante, rápido, violento** ♦ **abortar, acometer, capitanear[2], contrarrestar, cortar[27], desatar(se)[53], descargar, desplegar, dirigir, emprender[22], fracasar, iniciar, interrumpir, lanzar[30], llevar a término[12], neutralizar, persistir (en)[42], planear, preparar, rechazar, recrudecer(se)[17], repeler, sofocar[20], tener éxito**

☐ Véase también: **ataque (de).**

ofensivo ♦ **enormemente, fuertemente, gravemente[43], sumamente**

oferta ♦ **astronómico[8], atractivo, elevado, en firme[13], exiguo, firme, generoso, ilusionante[7], incitante, inmejorable, interesante, irresistible[15], jugoso[17], llamativo[48], mejorable, novedoso[29], provisional, seductor, sugerente, sustancioso, tentador, ventajoso[12]** ♦ **abanico (de)[5], avalancha (de)[22]** ♦ **aceptar, analizar, brindar, caer en saco roto, canalizar[66], comparar, considerar, cursar,**

decaer[21], declinar[22], desechar, desestimar, desoír[37], estudiar, formular[34], hacer, hacer extensivo[2], lanzar, meditar, mejorar, reanimar(se), rechazar, rehusar, sopesar[25], tentar (a alguien), tomar en consideración
☐ Véase también: **ocasión, ofrecimiento, venta.**

oficializar ♦ **acuerdo, alianza, compromiso, contrato, decisión, nombramiento, pacto, relación, trámite, unión**
☐ Véase también: **formalizar.**

oficiar ♦ **boda, celebración, ceremonia, enlace, entierro, funeral, homilía, inauguración, misa, nupcias, rito**

[oficio] → **de oficio**

oficio ♦ **artesanal, bueno (en), esforzado, experto (en), profesional, reconocido, sacrificado, sedentario, sobrado (de)[17], técnico** ♦ **con** ♦ **actuar (con), adiestrar(se) (en), adquirir[44], aprender, atesorar[37], cesar (en), conocer, consagrar(se) (a), cultivar, dedicar(se) (a), demostrar, derrochar[82], desarrollar, desempeñar[9], dominar, ejercer[4], ejercitar(se) (en), iniciar(se) (en), practicar, tener**
☐ Véase también: **maestría, profesión, trabajo.**

ofrecer ♦ **complicación, dificultad, duda, misterio, problema, solución, sorpresa, ventaja**
☐ Véase también: **ofrecer(se).**

ofrecer(se) ♦ **encantado, gustoso[19], voluntario** ♦ **a domicilio[16], a la desesperada[44], amablemente, atentamente, con gusto, cordialmente, de buen grado[21], desinteresadamente, en abierto, en ayuda (de alguien), en directo, en exclusiva[8], entre líneas[36], generosamente[9], gentilmente[2], gratuitamente, gustosamente[7], humildemente[7], incondicionalmente[7], informalmente[8], inútilmente[30], sin reservas[40], verbalmente[77], voluntariamente**
☐ Véase también: **ofrecer.**

ofrecimiento ♦ **amable, atento, atractivo, comprometido, cordial, de compromiso, desinteresado, desprendido, generoso, gentil, tentador** ♦ **aceptar, caer en saco roto[9], considerar, declinar[23], desestimar, estudiar, hacer, hacer extensivo, mantener, meditar, rechazar, rehusar, sopesar[26], tomar en consideración**
☐ Véase también: **dedicatoria, oferta, propuesta.**

OFRECIMIENTO
♦ (SUSTANTIVOS) Véase: **avalancha (de)[B], caer en saco roto[B], declinar[E], desoír[E], formular[F], hacer extensivo[A], irresistible[C], llamativo[F], novedoso[D], sopesar[E]**
♦ (VERBOS) Véase: **copiosamente[D], de buen grado[D], entre líneas[F], generosamente[C], gentilmente[A], gustosamente[B], gustoso[B,G], humildemente[B], informalmente[C], machaconamente[D], ni por asomo[D], repetidamente[E], sin reservas[F]**
☐ Véase también: ENTREGA.

ofuscar(se) *v.* ▮ Se combina con sustantivos de persona *(Me ofusqué y fallé todas las respuestas)*, y también con...

A SUSTANTIVOS QUE DENOTAN CONCEPTO O JUICIO. TAMBIÉN CON OTROS QUE DESIGNAN LAS ACCIONES, LAS CAPACIDADES Y LAS FACULTADES QUE LOS HACEN POSIBLES: **1 mente ++**: Preocuparse por preocuparse sólo sirve para *ofuscar* la mente... LVE010795 **2 cabeza +**: ¿ (...) cuya cabeza jamás se *ofusca* y cuyas manos jamás tiemblan? EME220494 **3 razón +**: ...esa química fantasmal que ciega los sentidos y *ofusca* la razón. EME150596 **4 inteligencia:** ...el mal uso de la libertad puede contribuir a *ofuscar* las inteligencias... LVE310795 **5 conciencia:** ...la conciencia (...) esté todavía hoy, *ofuscada* por múltiples condicionamientos... EME190695 **6 concentración:** ...la concentración se *ofuscaba*... EPEANUA98 **7 idea:** Este gol *ofuscó* completamente las ideas creativas de los jugadores... LVE090195 **8 verdad −**: Desde hace tres años su verdad *ofusca* la de Herak. EME210196

B SUSTANTIVOS QUE DESIGNAN DIVERSOS COMPONENTES DE LA PERCEPCIÓN, CASI SIEMPRE VISUAL: **9 visión +**: Porque la pincelada supera el contorno, el color *ofusca* la visión. ABC300695 **10 sentido +**: La intensidad de la luz y del sonido habían *ofuscado* sus sentidos... INDOC **11 percepción:** Su percepción de las cosas, antes nítida y lúcida, empezaba a *ofuscarse*. INDOC **12 tonalidad −**: ...las auténticas tonalidades de las pinturas, que habían quedado *ofuscadas* a lo largo de los siglos... EME050494

C ALGUNOS SUSTANTIVOS QUE DENOTAN ÁNIMO O DISPOSICIÓN HACIA ALGO: **13 espíritu +**: ...que la corrección política no *ofusque* en demasía a los espíritus... EME010895 **14 talante:** Talantes negativistas, *ofuscados*, cargados de prejuicios... LVE210396

D SUSTANTIVOS QUE DENOTAN RESPUESTA ANTE UN ESTÍMULO: **15 reacción:** Son reacciones nerviosas, *ofuscadas*. Malas reacciones. Por eso Menem sostuvo que no tiene inconveniente en gobernar por decreto. LNA120792 **16 defensa −**: Con su mayor presencia ofensiva consiguió desesperar a una defensa *ofuscada* por la persecución individual. EME110496

[oído] → **al oído, de oídas, de oído**

oído ♦ **agradable (a), agudo, buen(o), duro (de), fino, mal(o), presto, prodigioso, sensible, sordo, suave (a), sutil** ♦ **afinar[17], agudizar, aguzar[1], aplicar, destaponar(se), ejercitar, martillear, perder, pitar (a alguien), poner, prestar, silbar (a alguien), taladrar, taparse, taponar(se), tener, zumbar(le) (a alguien)**
☐ Véase también: **escuchar, sordo.**

oír ♦ **a la perfección, a lo lejos[27], atentamente[7], casualmente, claramente, con atención, con claridad, con dificultad, confusamente, de pasada[19], de primera mano[3], de refilón[25], de viva voz, ni palabra, ni papa, nítidamente[4], ni una mosca, perfectamente**

ojeada ♦ **rápido, retrospectivo, simple, somero[40], sucinto[1], superficial** ♦ **dar(le) (a algo), echar[47]**
☐ Véase también: **vistazo.**

[ojo] → a ojo, a ojo de buen cubero, a ojos cerrados, a ojos vista, cerrar los ojos (ante), con {mis/tus/sus...} propios ojos, con ojo, hasta los ojos, mal de ojo, ojo por ojo, un ojo de la cara

ojo ♦ **acechante, a la virulé, amoratado, chispeante, claro, clínico, cristalino[2], de plato, desorbitado, en blanco, en órbita, expresivo, extraviado, inexpresivo, lloroso, morado, oscuro, penetrante[2], profundo, rasgado, saltón, vago, vidrioso, vivaz[1], vivo** ♦ **abrir, andarse (con)[1], cerrar, clavar[2], comer (con), congestionar(se), delatar[20], desviar[23], echar[48], empañar(se), entornar, entrar (por), entreabrir, escrutar (con), fijar, guiñar, hinchar(se), inflamar(se), írse(le) (a alguien), mantener fijo, nublar(se)[2], pegar, poner (en algo), tener (para algo)**
☐ Véase también: **atención, cuidado, precaución, vigilancia.**

ojo por ojo *loc.adv.* ▮ Se combina con...

A VERBOS QUE DENOTAN RESPUESTA, A VECES EN CORRESPONDENCIA POR OTRA ACCIÓN: **1 devolver ++:** Es cierto que me engañaba, pero yo le devolvía *ojo por ojo.* LVE250996 **2 contestar +:** ...lo más fácil es siempre contestar una agresión *ojo por ojo.* INDOC **3 responder:** ...les han ordenado responder a la matanza con un «*ojo por ojo*, diente por diente». EME260294

B OTROS VERBOS: **4 aplicar la ley ++:** Y Susana se dió cuenta, y dijo que ella le aplicaría la Ley del Talión, *ojo por ojo*, diente por diente. ESP300601

ola ♦ **agitado, alborotado, alto, amenazante, apacible, bravo, embravecido, encrespado, enfurecido, especulativo, fuerte, gigantesco, impetuoso, manso, mecido (por), revuelto, turbulento** ♦ **cresta (de), ritmo (de), vaivén (de)** ♦ **arrastrar (algo/a alguien), arremeter, azotar, batir (algo), bramar, calmar(se), cesar, embestir (algo/a alguien), encrespar(se), golpear (algo), levantar(se), romper, rugir, sacudir (algo), salpicar (algo), surcar (algo), tragar(se) (algo/a alguien)**
☐ Véase también: **avalancha (de), ola (de), oleaje.**

ola (de) *sust.* ▮ En el sentido de 'movimiento impetuoso o repentino', se combina en complementos preposicionales con sustantivos que designan sentimientos y estados anímicos *(miedo, optimismo, desconfianza)*. Se construye con sustantivos no contables en singular *(ola de calor)* o contables en plural *(ola de crímenes)*. Se combina...

A EN COMPLEMENTOS PREPOSICIONALES, CON SUSTANTIVOS QUE DESIGNAN CONDICIONES CLIMÁTICAS: **1 calor ++:** ...con la *ola* de calor que nos castiga en estos días el guayuco parece preferible a las gabardinas, linos y sedas... EUV170498 **2 frío ++:** La *ola* de frío y el mal tiempo también llegaron al estado de Florida. CLA050199 **3 viento –:** La mitad de los Estados Unidos continuaba ayer temblando de frío por la *ola* de viento helado que llega del Ártico... CLA190197

B EN COMPLEMENTOS PREPOSICIONALES, CON SUSTANTIVOS QUE DESIGNAN ESTADOS, SITUACIONES O ACCIONES DE NATURALEZA HOSTIL, AGRESIVA O DELICTIVA: **4 violencia ++:** La *ola* de violencia puede crecer aún más en las próximas horas. LTB041000 **5 delincuencia ++:** Cien policías realizan operativo relámpago en Amatitlán para controlar *ola* de delincuencia. PLG130197 **6 criminalidad ++:** Además comentó que la industria se ve afectada en Honduras por la *ola* de criminalidad... DLA110198 **7 xenofobia ++:** Como el desempleo crece en esos países, se ha desatado una gran *ola* de xenofobia... GIC041497 **8 crimen ++:** ...las autoridades policiacas no hacen nada que realmente frene la *ola* de crímenes que nos sepulta bajo su capa sangrienta. DYM090996 **9 secuestro ++:** ...muchas de las víctimas de la *ola* de secuestros que se vivió suspendieron toda inversión... PLG080796 **10 ataque ++:** De hecho ante la *ola* de ataques de ántrax se prevé la próxima desaparición del sobre de papel... CAP251001 **11 atentado ++:** ...planeaba una *ola* de atentados que coincidirían con la protesta laboral. ENH110297 **12 delito ++:** Sin embargo, ocurrió exactamente lo contrario: una creciente *ola* de delitos. LHG260700 **13 robo ++:** ...llamamos a todos a tomar conciencia y a organizarse para frenar esta *ola* de robos... ACP280901 **14 asesinato ++:** Hemos visto en las últimas semanas la *ola* de asesinatos cometidos por niños... DLA010297 **15 racismo +:** Un juicio por asesinato levanta una *ola* de racismo. LVE201296 **16 terrorismo +:** La *ola* de terrorismo (...) fue contrarrestada por las permanentes manifestaciones de rechazo de la gente. ETC011291

C EN COMPLEMENTOS PREPOSICIONALES, CON SUSTANTIVOS QUE DESIGNAN MANIFESTACIONES DE RECHAZO O DISCONFORMIDAD. TAMBIÉN CON OTROS QUE SE REFIEREN A LOS SENTIMIENTOS QUE LAS PROVOCAN: **17 indignación ++:** Los oficiales penetraron en los vestidores de las modelos, levantando una *ola* de indignación y protesta. DLA220497 **18 crítica ++:** A la *ola* de críticas se sumó ayer la presentación de dos recursos ante la Corte Suprema de Justicia... CLA300197 **19 protesta ++:** La *ola* de protestas logró que el gobierno aceptara la modificación de un artículo... CLA280297 **20 huelga ++:** ...el aumento del paro hasta el 11 por ciento ha provocado una beligerancia sindical y una *ola* de huelgas sin precedentes... CAP080198 **21 manifestación ++:** ...solicitó el emplazamiento del estado de emergencia para responder a la *ola* de manifestaciones violentas... ENH100297 **22 descontento +:** La prueba nuclear francesa desata una *ola* de descontento internacional. LVE070995 **23 acusación +:** Una *ola* de acusaciones de corrupción puso en jaque a la Comisión Europea. CLA140199 **24 odio +:** Ese atentado desató una *ola* de odio pocas veces conocida en la Historia... EME060495

D EN COMPLEMENTOS PREPOSICIONALES, CON DIVERSOS SUSTANTIVOS DE INFORMACIÓN, MÁS FRECUENTEMENTE SI ESTA ES INSEGURA, INFUNDADA O SE REFIERE A POSIBLES ACONTECIMIENTOS VENIDEROS: **25 rumor ++:** El misterio ha despertado una *ola* de rumores en Fray Bentos. EPU120701 **26 comentario +:** ...la *ola* de comentarios que desató puso al gobierno argentino al borde de un incidente internacional. LNP220497 **27 noticia +:** ...le prometió desactivar la *ola* de noticias que socavan el poder de la Secretaría de Industria. CLA180497 **28 información:** ...se pusieron de acuerdo también en coordinar criterios a la hora de emitir juicios para evitar la *ola* de informaciones erróneas... LPH051000 **29 opinión:**

...la televisión crea *olas* de opinión que duran poco. LVE210596 **30** **pronóstico:** ...los operadores americanos subrayaban el contraste entre la tormenta y una llamativa *ola* de expresiones, opiniones y hasta pronósticos... CLA230199 **31** **anuncio:** Es cierto que a los científicos la *ola* de anuncios no los toma por sorpresa. CLA120199

E EN COMPLEMENTOS PREPOSICIONALES, CON SUSTANTIVOS QUE DENOTAN SEPARACIÓN, EXPULSIÓN O ABANDONO, MÁS FRECUENTEMENTE SI SE TRATA DE PERSONAS: **32** **despido ++:** ...se asegura que no habrá una *ola* de despidos, pero que en los cargos clave habrá gente de su confianza. CAR091297 **33** **deportación:** ...un supuesto aumento de estos casos hace temer a la comunidad nicaraguense (...) una *ola* de deportaciones a esta ciudad... LNC051196 **34** **desalojo:** Esa protesta la organizaron (...) para detener la *ola* de desalojos de las familias beneficiadas durante la «revolución» sandinista... DLA120597 **35** **expulsión:** ...desestimaba que la presente *ola* de expulsiones tuviera motivación política alguna. EME120596 **36** **deserción:** Uno de los temores (...) fue siempre la aparición de una *ola* de deserciones por objeciones de conciencia... CLA091000

F EN COMPLEMENTOS PREPOSICIONALES, CON SUSTANTIVOS QUE DESIGNAN PERSONAS, A MENUDO EN FUNCIÓN DE LOS PROCESOS DE DESPLAZAMIENTO QUE EXPERIMENTAN. TAMBIÉN CON OTROS QUE EXPRESAN ESOS MISMOS PROCESOS: **37** **refugiado ++:** ...funcionarios de 33 países europeos se reunieron en Budapest para considerar una política común frente a la *ola* de refugiados. CLA170199 **38** **deportado +:** Segunda *ola* de deportados. EPE140499 **39** **inmigrante +:** Cada nueva *ola* de inmigrantes representa nuevos blancos para viejas persecuciones. EUV210197 **40** **inmigración +:** ...¿cómo puede el desempleo estar en su punto más bajo en medio de la mayor *ola* de inmigración en la historia? ENH140797 **41** **emigración +:** No creo que se nos vea como una amenaza, es un país muy acostumbrado a las *olas* de emigración. LVE031095 **42** **turista +:** ...la *ola* de turistas que llega a las playas cada verano... INDOC

G CON ADJETIVOS QUE DESIGNAN CARACTERÍSTICAS IDEOLÓGICAS, ASÍ COMO POSTURAS, PUNTOS DE VISTA O ACTITUDES DIVERSAS EN RELACIÓN CON ASUNTOS POLÍTICOS O SOCIALES: **43** **conservador ++:** Aquéllos persiguen revertir la «*ola* conservadora» y rehacer su identidad. LVE210195 **44** **nacionalista:** Incluso el propio obispo de Mostar se ha sumado a la *ola* nacionalista. LVE310396 **45** **extremista:** Es como si, en un solo día, dos de las «puertas» míticas del Viejo Continente (...) hubiesen sido arrastradas por la *ola* extremista... LVE121094 **46** **fundamentalista:** ...la *ola* fundamentalista que recorre el país responde al fracaso del FLN... ECA050792 **47** **integrista:** Agricultores, estanqueros, transportistas, publicitarios ven con temor la *ola* «integrista» que amenaza su fuente de ingresos. EME271096 **48** **liberal:** ...la consagración democrática (...) coincidió (...) con la irrupción de la *ola* liberal y el reflujo occidental del Estado. EPE031199 **49** **democrático:** Desde 1975 hay una *ola* democrática en el mundo hasta llegar a 1989... LVE260195 **50** **racista:** La *ola* racista se inició en esta ciudad alemana en septiembre de 1991. LVE190196 **51** **crítico −:** Falencias, omisiones, poca práctica en el tratamiento de las crisis sumieron a los partidos en una agotadora *ola* crítica... HOY300996

H CON DIVERSOS ADJETIVOS RELACIONADOS CON SITUACIONES DE VIOLENCIA O CRIMINALIDAD: **52** **terrorista ++:** Y sólo la voluntad indeclinable de cada país podrá defender a sus ciudadanos y a sus instituciones (...) de las *olas* terroristas. LPN120197 **53** **delictivo +:** El ministerio de Seguridad Pública creó las juntas vecinales (...), en un afán por contrarrestar la *ola* delictiva. LPH050996 **54** **delincuencial:** ...se espera decisiones efectivas para abatir la *ola* delincuencial... EXC130996 **55** **destructivo:** ...ha sufrido la *ola* destructiva de los años sesenta a manos del historicismo, del relativismo cultural y del positivismo... ABC310792

I CON ADJETIVOS, DERIVADOS A MENUDO DE VERBOS EN *-IZAR*, QUE DESIGNAN CARACTERÍSTICAS RELATIVAS A LA IMPLANTACIÓN DE CAMBIOS O PROCESOS, MÁS FRECUENTEMENTE DE NATURALEZA IDEOLÓGICA: **56** **democratizador:** Esta *ola* democratizadora no se deja sentir sólo en estos datos sino también en la opinión pública mundial. ABC220494 **57** **modernizador:** La primera *ola* modernizadora había llegado a la vida rusa en torno a 1860. INDOC **58** **liberalizador:** ...el balance contradictorio de la primera *ola* liberalizadora puede conducir a propuestas más equilibradas. LVE281196 **59** **moralizador:** ¿Encabeza Latinoamérica una *ola* moralizadora? LVE251295 **60** **islamizador:** El régimen egipcio también le consideraba responsable de la creciente *ola* islamizadora de la sociedad... LVE160396 **61** **fascistizante −:** Perdió su escaño en 1994, barrido por «la *ola* fascistizante de los ultraconservadores». LVE111095

J CON ADJETIVOS RELACIONADOS CON LOS FENÓMENOS DE DESPLAZAMIENTO MENCIONADOS EN EL APARTADO *F*: **62** **migratorio +:** ...los organismos de Defensa Civil están pendientes de una posible *ola* migratoria. EUV150996 **63** **inmigratorio +:** ...el pico de la *ola* inmigratoria de colombianos ya terminó, porque «todos los que tenían visa ya se vinieron». ENH240700 **64** **emigratorio:** ...Si la UE no lo hace ahora, tendrá que ocuparse en el futuro de *olas* emigratorias masivas... LVE231195

■ Se combina también con: ♦ **alcista, consumista, creciente, delictivo, especulativo, expansivo, fundamentalista, inmigratorio, intenso, migratorio, nuevo, privatizador, reposado, represivo, salvaje, tecnológico, terrorista, tumultuoso, turbulento, violento** ♦ **abalanzar(se), aplacar, barrer (algo), cesar, combatir, controlar, desatar(se), desencadenar(se), frenar, generar, levantar(se)**

□ Véase también: **avalancha (de), lluvia (de), ola, racha (de), ráfaga (de).**

[oleada] → en oleadas

oleada (de)

♦ **acusación, agresión, arresto, asesinato, ataque, atentado, atraco, bombardeo, calor, carta, crimen, crítica, demencia, despido, detención, emigración, emigrante, escándalo, frío, huelga, incendio, indignación, inmigración, inmigrante, llamada, miedo, muerte, odio, pregunta, problema, protesta, reacción, reclamación, refugiado, robo, rumor, secuestro, solidaridad, terror, vandalismo, violencia**

oleaje

♦ **agitado, alborotado, apacible, bravo, calmado, calmo, crecido, de aplausos, denso, de ovaciones, de publicidad, de rumores, embravecido, encrespado, enfurecido, ensordecedor, es-**

caso, espumoso, estrepitoso, fiero, financiero, fragoso, fuerte, furioso, gran(de), ideológico, impetuoso, inmenso, intenso, literario, manso, marino, mecido (por), mediático, moderado, musical, persistente, político, revuelto, tardío, turbio, turbulento, turístico ♦ en medio (de), entre ♦ aplacar, arrastrar (algo/a alguien), aumentar, azotar (algo), barrer (algo), batir (algo), calmar(se), desbordar (algo), descender, desencadenar, embestir (algo/a alguien), encrespar(se), envolver (en), frenar, golpear (algo), producir, proteger(se) (de), provocar, resonar, romper, sacudir (algo), salpicar (algo), suavizar(se), tragar(se) (algo/a alguien)

☐ Véase también: **mar, ola (de).**

[óleo] → al óleo

oler ♦ **apestosamente, a rayos, de miedo, espantosamente, estupendamente, fatal, fuertemente[27], intensamente[4], maravillosamente**

olfato ♦ **agudo, embotado, fino ♦ afinar[18], aguzar, despertar(se), ejercitar, embotarse, perder, tener, usar**

☐ Véase también: **olor**.

olímpicamente *adv.* ▮ Se combina con...

A VERBOS QUE DENOTAN FALTA DE INTERÉS, DE ATENCIÓN O DE CONOCIMIENTO, ASÍ COMO DEJACIÓN EN EL CUMPLIMIENTO DE ALGUNA TAREA: **1 pasar ++**: ...pasemos *olímpicamente* de ese tipo de elucubraciones falsas que se remontan al 1076... DDN070101 **2 ignorar ++**: ...ese consejo fue *olímpicamente* ignorado por los diputados... EPE211101 **3 saltarse +**: ...fue el más claro: «Aquí se han saltado *olímpicamente* la Constitución». EME140596 **4 desentenderse**: ...se mantiene impertérrito, desentendiéndose *olímpicamente* de los llamados al diálogo... EUV050996 **5 desinteresarse**: ...parece desinteresarse *olímpicamente* de todo lo que acontece más allá... EME011195 **6 desatender**: ...las necesidades más básicas (...) de la ciudadanía las olvidan y desatienden *olímpicamente*. EPE070699 **7 olvidar**: ...la sentencia de 24 de abril de 1989, que ahora el tribunal olvida *olímpicamente*... LVE081096 **8 descuidar**: Fue sancionado porque descuidó *olímpicamente* sus obligaciones. INDOC **9 incumplir**: Una y otra se han incumplido *olímpicamente*. LVE250296 **10 desconocer**: ...desconociendo *olímpicamente* los días aciagos que vivía la ciudadanía... ACP111296 **11 evadir –**: ...en busca de soluciones, que las autoridades evaden *olímpicamente*... INF010896 **12 lavarse las manos –**: ...se lavó *olímpicamente* las manos y dijo, simplemente, no tener ni idea... LVE280896

B VERBOS QUE DENOTAN RECHAZO, DESESTIMACIÓN O EXCLUSIÓN DE ALGO: **13 despreciar ++**: ...la pedagogía ha despreciado *olímpicamente* la memoria y, en cambio, la psicología... ABC021294 **14 rechazar +**: Rechacé *olímpicamente* las proposiciones que me hicieron. INDOC **15 prescindir +**: Podemos prescindir *olímpicamente* de ella, y ser adultos. SVG110597 **16 desairar**: Desairó *olímpicamente* a los presentes con sus miradas altivas. ABC021294 **17 menospreciar**: ...ha vuelto a menospreciar *olímpicamente* la voz y la demanda del pueblo... EPE300700 **18 desdeñar**: ...han desdeñado *olímpicamente* todas las peticiones del BNG... EPE090299 **19 dar la espalda**: ...con su bastón, dándonos *olímpicamente* la espalda. LVE310895 **20 menoscabar**: ...desmentir su declaración, *olímpicamente* menoscabada por los medios de comunicación... LVE230996 **21 desechar –**: ...desecha *olímpicamente* pruebas entregadas por otros países... ETC210197 **22 descartar –**: ...descartaron *olímpicamente* a los siete candidatos... EPE260499 **23 desaprovechar –**: ...que desaprovecha *olímpicamente* nuestro valioso recurso del aumentativo... INF010896

C OTROS VERBOS; POSIBLES USOS ESTILÍSTICOS: ...andaba de incógnito entre nosotros, jorobándonos *olímpicamente*? ETC111196; Bill Clinton, para llegar a Moscú y celebrar allí la victoria, ha sobrevolado *olímpicamente* Londres... LVE100595

olor ♦ **agradable, apestoso, asfixiante, corporal, denso, desagradable, de santidad, dulce, embriagador, fétido, fuerte, hediondo, inapreciable, infecto, intenso, irresistible, ligero, natural, nauseabundo, penetrante, pestilente, potente, repelente, suave ♦ asaltar[39], atufar (a alguien), calar, captar, delatar, despedir, desprender, diluir(se), dispersar(se), echar para atrás, emanar, emitir, esparcir(se), evaporar(se), exhalar, extender(se), impregnar (algo), invadir (algo), llegar (a alguien), notar, penetrar, percibir, rezumar, sentir, tirar de espaldas, tirar para atrás**

☐ Véase también: **aroma, hedor, perfume.**

olvidado ♦ **inevitablemente, injustamente, inmerecidamente, lamentablemente, totalmente, tristemente[10]**

olvidar ♦ **absolutamente, del todo, de un día para otro[22], fugazmente[28], por completo[114], por un momento[3], totalmente**

olvido ♦ **abocado (a), flagrante[34], grave, imperdonable, involuntario, lamentable, leve, perpetuo, prolongado, repentino, serio, silencioso, sin importancia ♦ abocar(se) (a)[22], anclar[14], caer (en), caer en la cuenta (de), conjurar[49], paliar[77], permanecer (en), preservar (de), relegar (a), reparar, rescatar (de), restañar[10], salir (de), subsanar[27], sumir(se) (en)[9], tener (en)**

☐ Véase también: **amnesia, memoria, negligencia, recuerdo.**

omisión ♦ **casual, clamoroso, de ayuda, del deber, deliberado, de socorro, flagrante[35], fortuito, grave, imperceptible, imperdonable, inadmisible, inadvertido, inexplicable, involuntario, leve, llamativo, malicioso, notorio, responsable (de), serio, sistemático ♦ caso (de), pecado (de) ♦ acusar (de), corregir, enmendar, incurrir (en), pecar (de), producir(se), subsanar[26]**

☐ Véase también: **ausencia, falta.**

OMISIÓN Véase: *AUSENCIA Y CARENCIA; DEJACIÓN*

omitir ♦ **adrede, casualmente, conscientemente, deliberadamente, inadvertidamente, intenciona-**

damente, interesadamente, libremente, meditadamente, premeditadamente, voluntariamente

☐ Véase también: **desobedecer, desoír, evitar, fallar, incumplir, prescindir.**

onda ♦ bueno, cerebral, electromagnético, expansivo, hertziano, sonoro ♦ cambiar (de), captar, coger, detectar, difundir(se), emanar, emitir, estar (en/fuera de), irradiar, llegar, mover(se) (por), percibir, perder, pillar, recibir, seguir (en), transmitir, viajar

ondear ♦ a media asta ♦ bandera, estandarte, insignia, pañuelo, tela, vela

☐ Véase también: **flamear, flotar.**

onomástica ♦ señalado ♦ con motivo (de) ♦ celebrar, conmemorar[7], festejar

☐ Véase también: **aniversario, cumpleaños, efeméride, fecha.**

opción ♦ absurdo, asequible[29], claro, drástico[51], imposible, inequívoco[78], inviable, lógico, mejor, peor, posible, razonable, serio[63], viable ♦ abanico (de)[3] ♦ agotar(se)[2], analizar, apoyar, aunar[20], avalar[15], barajar[3], brindar[18], cobrar fuerza[26], considerar, dar[149], decantarse (por), defender, derivar(se)[34], descartar, elegir (entre), escoger (entre), hacer(se) realidad[53], hipotecar[11], plantear[37], presentar(se), proponer, sopesar[12], surgir, tener, tomar[69], tomar en consideración, vislumbrar[45]

☐ Véase también: **alternativa, candidatura, elección.**

OPCIÓN Véase: *ELECCIÓN Y DECISIÓN*

operación ♦ a gran escala, a medida[4], arriesgado, a vida o muerte *(intervención quirúrgica)*, comercial, complejo, contra reloj[7], de grandes proporciones, delicado, delictivo[15], difícil, disuasorio[4], económico, humanitario[6], infructuoso[18], militar, político, preventivo[69], rutinario, vasto[6], ventajista ♦ al descubierto[27] ♦ adherirse (a)[42], capitanear[17], cerrar, controlar, culminar[10], desbaratar[41], dirigir, ejecutar[11], elevar, emprender[30], formar parte (de), fraguar(se)[46], frustrar(se), involucrar(se) (en)[15], llevar a buen puerto[11], llevar adelante[8], maquinar[4], orquestar[2], pilotar[4], poner en marcha, realizar, recuperar(se) (de), reponerse (de), restablecerse (de) *(intervención quirúrgica)*, someter(se) (a), tramar[9], urdir[6]

OPERACIÓN

♦ (SUSTANTIVOS) Véase: **adherirse (a)[H], al calor (de)[E], al descubierto[E], capitanear[B], confidencial[H], culminar[C], desvelar[J], disuasorio[A], ejecutar[B], emprender[D], esclarecer(se)[G], infructuoso[D], llevar a buen puerto[C], maquinar[B], orquestar[A], perentorio[I], pilotar[A], preventivo[J], proceloso[D], prosperar[F], somero[B]**

♦ (VERBOS) Véase: **a cara descubierta[A]**

☐ Véase también: ACTUACIÓN.

operar ▮ *(actuar)* ♦ a cara descubierta[3], a favor[28], a la baja[4], al alza, a medio gas[3] ▮ *(intervenir quirúrgicamente)* ♦ a corazón abierto, a vida o muerte, con éxito[36], desesperadamente, urgentemente

☐ Véase también: **actuar, negociar, obrar, trabajar.**

operar(se) ♦ cambio, mejora, modificación, transformación

operativo ♦ *(sust.masc.)* amplio, aparatoso[30], espectacular, vasto[7] ♦ lanzar, montar, poner en marcha

opinar ♦ abiertamente, acaloradamente[9], a humo de pajas, a la ligera[30], a lo loco, al unísono[36], con conocimiento de causa, con fundamento, con sensatez, humildemente[16], imparcialmente[5], irreflexivamente, libremente, mayoritariamente, meditadamente, minoritariamente, personalmente, razonadamente, rotundamente[23], sin ambages[49], sinceramente, sin tapujos[18] ♦ inclinarse (a)[3]

☐ Véase también: **declarar(se), pronunciar(se).**

opinión ♦ acorde (con)[31], a favor[69], arbitrario[39], arraigado[18], atinado[4], benigno[1], categórico, claro, confuso, constructivo[2], contradictorio, controvertido[1], convincente, decisivo[15], desfavorable, despectivo[37], determinante[20], diáfano[17], discordante[5], divergente, dominante[21], drástico, ecuánime[9], en contra, enfrentado, extendido, extremado, favorable, fundado[14], fundamentado[2], gratuito, imparcial, inequívoco, infundado, injustificado, intempestivo[37], jugoso[30], justificado, mayoritario, meditado, minoritario, negativo, parcial, partidario (de), peregrino[10], personal, ponderado, precipitado, preponderante, radical, razonado, reservado, respetable, rotundo, sensato, sesgado[3], sincero, sin fundamento[27], tajante[36], taxativo[25], unánime[54] ♦ al hilo (de)[11], de acuerdo (con), en función (de) ♦ abanico (de)[13], sarta (de)[37] ♦ abrigar[33], aclarar, adherirse (a), aglutinar[39], ahondar (en)[70], airear[21], analizar, atenazar[30], avalar[72], aventurar[5], calibrar, cambiar (de), canalizar[24], circular, comentar, compartir, conciliar[11], concordar (con), concurrir, confluir[10], confrontar, consensuar[11], considerar, convencer (a alguien), converger[6], corroborar, dar[206], defender, dejar caer[14], dejarse llevar (por)[69], desfigurar[17], desglosar[24], desmontar[15], desoír[69], destilar[93], desviar[54], difundir(se)[34], disentir (de)[1], emitir[24], esgrimir[33], explicar, expresar, extender(se), fluir[5], forjar[58], formular[32], fundamentar, hacer público, interpretar, lanzar, lidiar[17], manifestar, mantener, moldear[7], obviar[40], oponer[12], pedir, perseverar (en)[19], publicar, pulsar, rebatir[13], recabar[30], rechazar, recoger, rectificar[18], refutar[15], reservar(se), salir al paso (de)[6], solicitar, sondear, sonsacar, sopesar[36], sostener, sustentar[1], tantear, tener, tergiversar[45], tomar en consideración, transmitir, traslucir(se)[6], verter[16]

☐ Véase también: **comentario, parecer, punto de vista.**

OPINIÓN Véase: CRITERIO; JUICIO

opíparamente ♦ **alimentarse, beber, cenar, comer**

opíparo ♦ **banquete, cena, comida, yantar**

oponer *v.* ▌El participio *opuesto* alterna los usos verbales con los adjetivales. Se combina con los sustantivos *resistencia* y *fuerza* y con muchos que designan cuanto pueda usarse como argumento en favor de algún juicio *(oponer los hechos a las impresiones; oponer la autoridad a la justicia; oponer la lírica a la épica)* o como instrumento encaminado a un objetivo *(oponer un candidato a otro)*. Destacan especialmente sus combinaciones con...

A SUSTANTIVOS QUE DESIGNAN DIVERSAS FORMAS DE DIFICULTAR, RESTRINGIR O IMPEDIR ALGUNA COSA: **1 barrera** +: Sin embargo cada árbol resistía en su garita *oponiendo* una barrera contra los diluvios... ABC011093 **2 traba** +: Quizá tuvo razón, pues así el público español no *opuso* trabas y consumió fácilmente una obra tan pagana y naturalmente erótica como la propuesta... ABC291295 **3 limitación:** ...numerosas limitaciones y cortapisas, como los que se *opusieron* al proyecto desde la administración. INDOC **4 objeción** +: En cambio no *opuso* ninguna objeción a que los juicios fueran televisados... EME150294 **5 obstáculo** +: No es infrecuente el caso de que el quehacer periodístico *oponga* obstáculos a la vocación literaria... ABC041194 **6 impedimento** +: No es nuestra intención *oponer* ningún impedimento al programa electoral que presenta ustedes, pero... INDOC **7 veto:** El canciller Kohl tenía la intención de solicitarle al presidente Yeltsin no *oponer* su veto a la ampliación de la OTAN al Este... EUV080996

B SUSTANTIVOS QUE DESIGNAN DIVERSOS RESULTADOS DE LA ACTIVIDAD INTELECTIVA, MÁS FRECUENTEMENTE SI PERMITEN JUSTIFICAR ALGÚN RAZONAMIENTO: **8 idea** ++: Se *oponen* dos ideas radicalmente distintas. EPE310799 **9 argumento** ++: A las acusaciones directas y aun a las insinuaciones, el titular de Industria sólo *opuso* un argumento... EPE180399 **10 visión:** Yo *oponía* una visión bastante crítica en relación con esa sociedad transparente... EME111196 **11 punto de vista** ++: Cada Gobierno de los nueve *opondrá* sus puntos de vista al proyecto de ingreso de España al club comunitario. EPE100977 **12 opinión** +: Si en lugar de *oponer* una opinión a la otra, se acepta acríticamente cualquiera de las dos... INDOC **13 razón** +: Jesús Ferrero, defendía en su telegrama la necesidad de *oponer* la razón crítica al avance del fascismo en Europa. EME110294

C SUSTANTIVOS QUE DENOTAN RECELO O PRECAUCIÓN: **14 reserva** +: Cabría *oponer* una reserva: la dispersión. ABC240295 **15 reparo** ++: Nadie puede *oponer* reparos al prestigio y jerarquía alcanzados en su campo por el maestro Helmuth Rilling. ABC130195 **16 precaución** +: El Espanyol no vino al Bernabéu convencido de que debía *oponer* mayores precauciones que en ocasiones anteriores. EME021096

D SUSTANTIVOS QUE DENOTAN SISTEMA O RECURSO DIRIGIDO A ABORDAR UNA CUESTIÓN O A PLANIFICAR EL LOGRO DE UN OBJETIVO: **17 estrategia** +: Y las discrepancias se convirtieron en confrontación abierta a medida que el PNV iba avanzando en la estrategia *opuesta*... EPE200700 **18 táctica** +: ...Irureta *opuso* una táctica guerrillera cuyo primer objetivo era colapsar al rival para sorprenderle con ataques por sorpresa. EPE010299 **19 medida** +: ...aprobó medidas aparentemente tan *opuestas* como la reducción de la beneficencia y la elevación del salario mínimo. LVE091196

oponer(se) ♦ **abiertamente[51], abruptamente[19], absolutamente, ardientemente, a toda costa, categóricamente[9], clamorosamente, con firmeza[5], con matices[18], con rotundidad[13], con todas {mis/tus/sus...} fuerzas[10], decididamente[31], de plano[20], diametralmente, drásticamente[32], duramente[8], enérgicamente[3], en redondo[4], férreamente[39], fervientemente[16], firmemente, frontalmente[8], lisa y llanamente[23], moderadamente, oficialmente, por activa y por pasiva[29], por completo[43], por escrito, por sistema, radicalmente[16], rotundamente[9], terminantemente[6], totalmente, verbalmente[55], vigorosamente[2], visceralmente[1]**

☐ Véase también: **contrastar, enfrentar(se), plantar cara (a), rechazar, resistir(se) (a).**

oportunidad ♦ **asequible[27], de oro[1], dorado[4], excepcional, inigualable, inmejorable, precioso, propicio[2], serio[64], único** ♦ **en bandeja[9]** ♦ **arsenal (de)[13]** ♦ **abrir(se)[15], agotar(se)[5], aprovechar, atrapar, brindar[14], capitalizar[7], conceder[4], dar[144], dejar escapar, dejar pasar, derivar(se)[33], desaprovechar, desbaratar[36], desperdiciar, desvanecerse[10], dilapidar[2], disfrutar (de), disponer (de), echar a perder, errar[1], esfumar(se), gozar (de), malgastar[16], malograr(se)[9], negar[73], otorgar, pasar, perder, presentar(se), surgir, tener, truncar(se)[39], vislumbrar[43]**

☐ Véase también: **conveniencia, ocasión.**

oposición ♦ **abrumador, acerbo[2], acérrimo[25], agrio, a ultranza[21], beligerante[24], claro, con matices[29], constructivo[3], débil, decidido, denodado, desorganizado, disperso, duro, efectivo[50], encarnizado[34], enconado[25], endeble, en firme[21], feroz[2], férreo[58], ferviente[49], firme, flagrante[74], frontal[16], fuerte, implacable[37], inequívoco[56], insistente, irreconciliable, ligero, obstinado, organizado, parcial, persistente, pertinaz[35], radical, romo[9], rotundo[14], sistemático, tenaz[2], terminante[9], testimonial[31], tibio[18], total, unánime[24], unido, vehemente[18], violento, visceral[10]** ♦ **actitud (de)** ♦ **ablandar(se)[18], acallar, aglutinar[7], aplastar, aprobar, aumentar, avivar[17], capitanear, cobrar fuerza[49], contrarrestar, decrecer[57], desarticular(se), desintegrar(se), desmembrar(se)[10], desoír[58], desterrar[9], desvanecer(se), dirigir, disminuir, ejercer[41], encabezar, enfrentarse (a), impugnar[48], plantear[52], practicar, presentarse (a), recrudecer(se)[11], salir a la luz[19], silenciar[3], sustentar[41], tropezar(se) (con)[17], vencer[23], zanjar**

☐ Véase también: **antagonismo, contrario, contraste, desacuerdo, desavenencia, desobediencia, discriminación, distinción, enfrentamiento, opuesto, rechazo, resistencia, reticencia, rivalidad, sublevación.**

OPOSICIÓN
♦ (ADJETIVOS) Véase: **abiertamente[P], frontalmente[F], visceralmente[F]**
♦ (SUSTANTIVOS) Véase: **abanderar[D], ablandar(se)[C], abrumador[L], acallar[C,K], acatar[H], acerbo[A], acérrimo[B,D], achacar[E], acusado[G], airado[C], amortiguar[G], a muerte[H], aplacar(se)[G], a prueba (de)[E], arreciar[B], atávico[G], a ultranza[E], avivar[C], beligerante[F], blando[E], capitalizar[H], cejar (en)[B], cobrar fuerza[F,G], con matices[H], contumaz[B], cosechar[H], decaer[E], deponer[C], diluir(se)[F], disolver(se)[B], efectivo[I], ejercer[F], emprender[I], encarnizado[C,D], encendido[C], enconado[C,E,I], estribar (en)[F], férreo[G,P], ferviente[C,E], flagrante[F], fraguar(se)[F], frontal[D], fundado[E], granjearse[B], implacable[F], incitar (a)[A], inequívoco[J], insoluble[C], manifestación (de)[A], mitigar[I], ocasionar[D], ostensible[I], penetrante[D], pertinaz[F], plantear[K], practicar[L], propenso (a)[C], recalcitrante[E], rectificar[K], redoblar[E], rotundo[B], salir a la luz[C], salir al paso (de)[B], sembrar[D], severo[D], silenciar[A,I], sin ambages[L], sin tregua[E], sortear[G], soslayar[F], sustentar[F], tajante[E], terciar (en)[C], terminante[B], testimonial[F], testimoniar[H], tibio[E], tramar[C], tropezar(se) (con)[C], unánime[D], vehemente[C], viperino[A], visceral[B,D], vislumbrar[J], vivo[I]**
♦ (VERBOS) Véase: **abiertamente[G], abrumadoramente[J], abruptamente[B], activamente[E], a fondo[F], ardientemente[D], categóricamente[C], civilizadamente[D], con dureza[A], con firmeza[A], con matices[D], con rotundidad[B,E], con todas {mis/tus/sus...} fuerzas[D], con uñas y dientes[A], decididamente[E], de palabra y obra[B], de plano[C], duramente[B], enérgicamente[A], en firme[H], en líneas generales[F], expresamente[E], fervientemente[C], frontalmente[B,D], fuertemente[J], insistentemente[F], inútilmente[E], invitar (a)[J], irrevocablemente[B], lisa y llanamente[C], por activa y por pasiva[D], por completo[B], profusamente[J], punto por punto[C], radicalmente[D], reiteradamente[A], repetidamente[F], rotundamente[B], severamente[B], sin condiciones[I], sin contemplaciones[D], terminantemente[B,C], universalmente[F], verbalmente[F], vigorosamente[A], visceralmente[A]**
□ Véase también: ACCIÓN HOSTIL; ACUSACIÓN; AGRESIÓN; CONFLICTO; CONFRONTACIÓN; RECHAZO; RESISTENCIA; SENTIMIENTO HOSTIL; VIOLENCIA.

OPOSICIÓN Y RECHAZO Véase:
♦ **contrario, inadmisible, reticente (a)**
♦ **abucheo, animadversión, antagonismo, antipatía, aversión, contrariedad, crítica, desobediencia, disconformidad, discriminación, negativa, odio, oposición, pitada, pitido, protesta, pulla, queja, rechazo, renuncia, repulsa, resistencia, restricción, reticencia, rivalidad, sátira, silbido, sublevación, venganza, xenofobia**
♦ **abdicar (de), abjurar (de), abuchear, condenar, contradecir, criticar, disentir (de), negarse, oponer(se), rebatir, rechazar, rehusar, renunciar, silbar**

opositor ♦ acérrimo[21], constante, enconado[61], esforzado, feroz, férreo[143], ferviente[23], firme, frontal, implacable, obstinado, radical, sistemático, tenaz, voluntarioso
□ Véase también: **enemigo, partidario.**

opresión ♦ asfixiante[9], brutal, fuerte, intenso ♦ acabar (con), denunciar, ejercer, hacer, liberar(se) (de), librar(se) (de)[3]
□ Véase también: **afrenta (a), amenaza, castigo, oprobio, presión, yugo.**

oprobio ♦ marcado (por), vergonzante ♦ cargar (con), cubrir(se) (de)[14], experimentar, llenar (de), sentir
□ Véase también: **vergüenza.**

optar ♦ abiertamente, con decisión, con posibilidades, con reservas[33], decididamente, libremente
□ Véase también: **elegir, escoger, preferir.**

optimismo ♦ absoluto, admirable, característico, ciego[4], contagioso, denodado[18], desaforado[71], desbordante[3], descarnado[52], desmedido[32], desmesurado[50], efímero[25], encendido, envidiable, falso, forzado, infundado, injustificado, justificado, lleno (de), loable, moderado, pletórico (de)[14], por los cuatro costados, poseído (de), rebosante (de)[19], recalcitrante[12], reinante, sano, sincero, sobrado (de)[25], vivo, voluntarioso ♦ arrebato (de)[30], atisbo (de), cara (de), inyección (de)[10], ola (de), ráfaga (de)[8], soplo (de)[11] ♦ actuar (con), aguar(se)[33], albergar, apoderar(se)[32], aumentar, avivar[62], brotar, compartir, contagiar, cundir[33], decrecer[43], demostrar, derrochar[2], despertar, desprender, embargar (a alguien), enfriar(se)[5], extender(se), hacer gala (de), henchir(se) (de)[8], inculcar[7], infundir[28], insuflar[11], invitar (a)[1], irradiar[1], manifestar, mostrar, participar (de), perder[28], practicar, reavivar[23], rebosar[2], reinar[15], rezumar[11], sembrar[64], teñir (de)[4], transmitir[10], traslucir(se)[60]
□ Véase también: **pesimismo.**

opuesto ♦ abiertamente[125], absolutamente, decididamente[55], declaradamente, diametralmente, por completo, totalmente
□ Véase también: **contrario.**

oración ♦ devoto, ferviente[58], fervoroso, fúnebre, piadoso, sentido, sincero, solemne ♦ en, mediante ♦ decir, dedicar, elevar, hacer, ofrecer, pronunciar, rendir, rezar, tributar[22]

oralmente ♦ comprometer(se), comunicar, explicar, exponer, expresar, informar, narrar, transmitir, *otros verbos de lengua*
□ Véase también: **por escrito.**

orbitar ♦ astro, estrella, planeta
□ Véase también: **girar.**

orden ▮ *(sust.masc.) (ordenación)* ♦ aleatorio, alfabético, arbitrario, ascendente, cronológico, descendente, equitativo[20], estamental, estricto, férreo[22], fijo, impecable[35], jerárquico, libre, lineal[32], numérico, riguroso[32] ♦ alterar, alumbrar[13], atender, cambiar, contravenir[8], cuidar (de), fijar, marcar, modificar, reinstaurar[12], romper, subvertir[1], transgredir[12]

▮ *(sust.masc.) (calma)* ♦ **constitucional, coyuntural[7], defensivo[27], general, imperante[26], integral[26], público, reinante[28]** ♦ **alterar[40], convulsionar, dañar[30], derrumbar(se)[65], desequilibrar[8], desestabilizar[5], guardar[33], imperar, implantar[28], imponer[9], instaurar[16], llamar (a), reinar[6], socavar[29], trastocar, velar (por)[22], violar[49]**
▮ *(sust.fem.) (mandato)* ♦ **apremiante[31], arbitrario[15], categórico, cautelar[4], enérgico, estricto[3], inapelable[15], irrevocable, nuevo, perentorio[12], sin efecto, sumarial, tajante[20], taxativo[10], terminante[1]** ♦ **abolir[4], acatar[11], atenerse (a)[21], cumplir[78], dar[184], decretar[1], denegar[18], derogar[6], desatender[15], desobedecer[12], desoír[21], ejecutar[21], emanar[12], emitir[12], establecer[4], impartir, impugnar[6], incumplir[15], infringir[20], lanzar[40], obedecer, promulgar, quebrantar[12], revocar[20], saltarse[40], tramitar[24], violar[7]**
☐ Véase también: **dictado (de), equilibrio, exigencia, imperativo, instrucción, jerarquía, mandamiento, mandato, medida, norma, ordenanza, planificación, progresión, proporción, relación, turno.**

ORDEN Véase: *SOLICITUD Y MANDATO*

ORDEN
♦ (SUSTANTIVOS) Véase: **acatar[B], apremiante[E], boicotear[G], coyuntural[B], cumplir[K], dar[D], denegar[B], derrumbar(se)[N], desatender[D], desobedecer[B], desoír[C], ejecutar[D], emanar[B], fulminante[D], guardar[F], imperioso[F], imponer[B], incumplir[B], irrebatible[D], lanzar[H], lineal[E], perentorio[D], plegarse (a)[A], quebrantar[B], refrendar[I], reinante[C], reinar[A], reinstaurar[C], revocar[D], riguroso[F], socavar[D], subvertir[A], surtir efecto[F], tajante[D], taxativo[B], terminante[A], tramitar[C], transgredir[A], vencer[S]**
♦ (VERBOS) Véase: **a gritos[A], literalmente[F], progresivamente[E], terminantemente[A], unilateralmente[A]**
☐ Véase también: LLAMAMIENTO; ORDENACIÓN.

ORDENACIÓN Véase:
♦ **alfabéticamente, al tuntún, a voleo, geométricamente, jerárquicamente, ordenadamente, por {mi/tu/su...} lado**
♦ **base de datos, catálogo, clasificación, equilibrio, medida, ordenación, planificación, progresión, proporción, reestructuración, sistema, turno**
♦ **catalogar, clasificar, coordinar(se), deletrear, jalonar, ordenar, sistematizar**

ORDENACIÓN
♦ (SUSTANTIVOS) Véase: **honroso[F], lineal[F]**
♦ (VERBOS) Véase: **alfabéticamente[A], coherentemente[D], cronológicamente[A], detalladamente[K], ordenadamente[A], pulcramente[B]**
☐ Véase también: SISTEMA; SUCESIÓN.

ordenadamente *adv.* ▮ Cuando los verbos con los que se construye admiten complemento, este se forma a menudo con un nombre contable en plural *(colocar ordenadamente los libros)*, un nombre colectivo o no contable en singular *(recopilar ordenadamente la bibliografía)* o un nombre de acción que admita complementos como los señalados *(disponer ordenadamente el reparto de los libros)*. Acepta numerosos verbos de acción, puesto que son muchas las acciones y los procesos que afectan a cosas o personas dispuestas en algún orden *(leer, seleccionar, reparar, aplicar, negociar, corregir)* o que los individuos de algún conjunto pueden manifestar en una sucesión lineal espacial o temporal. Destacan especialmente las combinaciones de este adverbio con...

A VERBOS QUE DENOTAN COLOCACIÓN, DISPOSICIÓN O ACOPIO: **1 organizar ++:** ...se desplazó ayer hasta Bujumbura para reunirse con la colonia española y organizar *ordenadamente* la evacuación. EME230395 **2 clasificar ++:** Hay que clasificar *ordenadamente* toda la documentación antes de archivarla. INDOC **3 alinear ++:** ...si todos se alinean *ordenadamente* en una dirección el resultado será parecido a un cristal... EPE260599 **4 colocar ++:** El guardia coloca *ordenadamente* las fotografías en una carpeta y las deja junto al ataúd. EPE080700 **5 poner +:** En la superficie poner *ordenadamente* las frutas que hemos reservado. EPE030199 **6 situar +:** A las siete de la tarde, la acera estaba despejada y los curiosos situados *ordenadamente* al otro lado de la pequeña calle. LVE201296 **7 recoger +:** ...aseguró que recogía *ordenadamente* los escándalos del Gobierno para demostrar que esta «inagotable serie» no es fruto de la fantasía de nadie... EME200196 **8 recopilar:** ...recopilan *ordenadamente*, paso a paso, la manera de hacer de estos artesanos... EPE281299 **9 estructurar:** Así es como debería estructurarse *ordenadamente* la sociedad civil-profesional... LTB150197 **10 aparcar:** Los conductores, siguiendo las instrucciones de estos jóvenes ataviados con el uniforme de Port Aventura, van aparcando en hileras *ordenadamente*. LVE030895 **11 disponer +:** Los hombres que se apasionan por la idea del triunfo (...) o los que creen disponer *ordenadamente* las aspiraciones... ABC210892

B VERBOS QUE DESIGNAN LA ACCIÓN DE ENTREGAR, DISTRIBUIR O PONER ALGO A DISPOSICIÓN DE ALGUIEN: **12 distribuir +:** ...la ayuda aérea no debería ser indiscriminada, sino lanzada desde el aire a unos recolectores terrestres que se encargarían de distribuirla en la zona *de manera ordenada*... EPE241101 **13 repartir +:** Para ese público han hecho en TVE-1 y La 2 un par de «salas» que se reparten *ordenadamente* entre clásicos y modernos. EME161296 **14 dar:** La subvención debe darse *ordenadamente* para que todos los solicitantes la reciban. INDOC **15 ofrecer:** ...el autor no se ha limitado a recopilar datos y a ofrecerlos *de manera ordenada*, sino porque los ha analizado y ha pensado sobre ellos... ABC290995 **16 suministrar:** ...selección y valoración de la información, para suministrársela *de manera ordenada* al lector... EME030596 **17 facilitar −:** El objetivo de esta distribución es facilitar *ordenadamente* el acceso a todos los aspirantes a los puestos de trabajo... FDV150601

C VERBOS QUE DENOTAN UNIÓN O SEPARACIÓN: **18 desplegar +:** Manolo en acción y el ONCE en fila india desplegándose *ordenadamente*. EPE240799 **19 juntar +:** Cada cual se juntaba con los de su procedencia *ordenadamente*. EME250995 **20 mezclar:** Es también tienda de comestibles y taller de modistas en el piso alto. Aquí todo se junta y se mezcla *ordenadamente*. ABC201291

D VERBOS DE MOVIMIENTO O DESPLAZAMIENTO, ESPECIALMENTE LOS QUE DENOTAN LLEGADA Y ABANDONO

DE UN LUGAR: **21 abandonar** ++: ...anunciaba su deseo de que la entidad abandonara *ordenadamente* este sector. EPD260797 **22 retirarse** ++: Se retiraron *de manera ordenada* y destructora. EPE241099 **23 salir** ++: Los manifestantes salieron *ordenadamente* del barrio de Les Borrelles para dirigirse hasta el polígono industrial Molí de les Planes... LVE100696 **24 marchar** +: Todos marchaban *ordenadamente*, vestidos con los trajes típicos de sus pueblos. EME280395 **25 evacuar** +: ...con el fin de proteger la zona y evitar daños personales ante la posibilidad de posteriores explosiones, evacuar *ordenadamente* a los posibles heridos y ocupantes de edificios... EME200295 **26 llegar** +: ...el país y las fuerzas políticas tienen un horizonte concreto a la vista, al que es preciso llegar *de forma ordenada*... LVE040196 **27 volver** +: ...la prioridad ahora sea atender a los refugiados que se encuentran en Albania y Macedonia, para que puedan volver *de forma ordenada* y digna a su casa. EPE210699 **28 avanzar:** Hay que digerir los cambios que han introducido las primarias, hay que avanzar pero *de forma ordenada*. EPE190499 **29 retroceder:** Esquerra retrocede *ordenadamente*. LVE050596 **30 subir:** Más de 300 jóvenes equipados con mochilas, ilusión y el billete preciso suben *ordenadamente* a los vehículos. EME120796 **31 entrar:** ...hicieron su debú festivalero muy puntuales, a partir de las 15.00 horas, mientras una kilométrica cola de gente entraba *ordenadamente* al recinto. EPE200699 **32 dirigirse:** Los viajeros se dirigían *ordenadamente* hacia la puerta de embarque. INDOC **33 trasladar:** ...se ha dado un plazo para que las 71 familias colombianas que viven en este territorio se trasladen a su país sin violencia y *ordenadamente*. EUV061196 **34 pasear** −: Me gusta el estilo de Artexpo, puedes pasear con tranquilidad y *de manera ordenada*. EPE060599 **35 concurrir:** ...los aficionados del Benfica y el Sporting, los grandes *da bola* (fútbol), concurrían *ordenadamente* al estadio... LVE190596 **36 acudir:** Las autoridades pretendían que el público acudiera *ordenadamente* a presentar su solicitud. INDOC

E VERBOS QUE DESIGNAN LA REALIZACIÓN DE ALGUNA TAREA, ESPECIALMENTE LA ACCIÓN DE HACER FRENTE A UN ESTADO DE COSAS O LA DE DARLE SOLUCIÓN: **37 trabajar** +: ...las empresas españolas tengan unas condiciones de viabilidad económica que las permita trabajar *ordenadamente* en el marco de la economía nacional... EPE290977 **38 realizar** +: ...el Consejo de Estado ha tenido en cuenta que resulta esencial, para continuar realizando *ordenadamente* las transformaciones económicas del país... GIC072597 **39 llevar a cabo** +: ...contribuirán a que el reparto de ayuda y alimentos se lleve a cabo *de forma ordenada*. EPE181201 **40 proceder** +: ...el alcalde, tras depositar su voto, procedía *ordenadamente* a hacer declaraciones. EPE140699 **41 manejar** +: Según las afirmaciones del Gobierno (...) se ha manejado *ordenadamente* la deuda externa. VIS190697 **42 resolver** +: ...la intención es llegar a junio y resolver *ordenadamente* esta crisis... EME080295 **43 afrontar:** ...es un problema que se cierne sobre una Cataluña que no tiene medios para afrontarla *de forma ordenada*. EPE091099 **44 encarar:** ...para encarar *de forma ordenada* y tranquila la transición de la actual autonomía... LVE041195 **45 efectuar:** ...dependerá que el cambio de guardia en las filas del PSC se efectúe *de forma ordenada*. LVE160696 **46 actuar:** Frente a un rival que actuó *de manera ordenada* y con buen juego, el Tenerife no repitió sus brillantes exhibiciones... LVE110996 **47 restablecer:** ...Protección Ciudadana se felicita por haber conseguido restablecer el tráfico *de forma ordenada* y segura. EME060296 **48 ejecutar** −: Luego, las mandó salir, lo que ejecutaron alegre y *ordenadamente*. EME180196

F VERBOS QUE DESIGNAN LA ACCIÓN DE PRESENTAR O EXPONER ALGUNA INFORMACIÓN: **49 exponer** +: Expuso *ordenadamente* su argumentación. INDOC **50 presentar** +: Con el propósito de presentar *de forma ordenada* las preguntas, cada semana trataremos de un concepto específico... LVE060595 **51 defender:** ...el fiscal presentó sus alegaciones y las defendió *ordenadamente* y con convicción. INDOC **52 explicar:** Explicaba la asignatura con mucha parsimonia, clara y *ordenadamente*. INDOC **53 transmitir:** La política diseñada por la dirección se explicaba de manera comprensible y se transmitía *de forma ordenada* por el conjunto del partido. EPE300799 **54 repetir:** ...se movilizaron cuando vieron avanzar por la calle a las formaciones de los Hermanos Musulmanes, blandiendo banderas negras, repitiendo *de forma ordenada* y metódica las consignas religiosas... EPE090299 **55 definir:** ...apenas hubo tiempo de meter las cosas en las mochilas y definir una ruta de regreso *de forma ordenada*. EPE271199 **56 redactar:** Llegamos a un acuerdo sobre gran parte de los puntos y en los próximos días las dos delegaciones van a redactarlos *de forma ordenada*... LVE050795 **57 confesar:** Carlos Cano se confiesa lenta y *ordenadamente*. EME211296 **58 desvelar** −: Erica Jong no desvela *de modo ordenado*, digamos convencional, los hitos principales de su vida... EME031295 **59 perorar** −: Los partidos o sus primeras espadas, perorarán *ordenadamente* y en tres distintas sesiones sobre infraestructuras... EPE230599 **60 desgranar:** ...ya desgranando detallada y *ordenadamente* la historia: los enfrentamientos con la Prensa... EME210195

G VERBOS QUE DENOTAN ANÁLISIS O REFLEXIÓN, MÁS FRECUENTEMENTE EN RELACIÓN CON POSIBLES ACCIONES FUTURAS: **61 investigar:** ...que favorezcan la tranquilidad de la sociedad, de modo que ésta sepa que se está investigando el asunto *ordenadamente*. LVE300596 **62 meditar:** Racionero pulsa básicamente en este libro dos registros: uno expositivo, didáctico, rigurosamente teórico, con el que medita *ordenadamente*... LVE020695 **63 pensar:** Y ejerce la docencia en cualquier momento y lugar, aun sin proponérselo, pensando en voz alta y *ordenadamente*... EPE240699 **64 planificar:** La última ha sido la de verse abocado a presentarse a las elecciones, después de haber tratado de planificar *ordenadamente* su renuncia. EME241295 **65 preparar:** Fuentes de la Presidencia insisten haber recibido órdenes de preparar el desalojo *de forma ordenada*... EME070396

H VERBOS QUE DENOTAN CAMBIO, MÁS FRECUENTEMENTE CRECIMIENTO: **66 crecer** +: El reto es que el sistema siga creciendo y *de manera ordenada*. LVE030896 **67 aumentar:** ...una mejora de la política industrial debería ir encaminada a aumentar y promover las privatizaciones, siempre que sea *de forma ordenada*. EME080596 **68 ampliar:** ...señaló que el aeropuerto tiene que ampliarse *ordenadamente*, cumpliendo con rigidez los estudios de impacto ambiental... EPE160299 **69 prolongar:** La Gran Canaria se integró por músicos, por el afán de prolongar *ordenadamente* y con independencia los conciertos privados... ABC270195 **70 cambiar:** Cuando anunciaran el eclipse, todos los pasajeros cambiarían *ordenadamente* de asientos... EPE010899 **71 renovar –:** ...los gobiernos se vienen renovando *ordenadamente*, por métodos constitucionales y democráticos. LNP060497

I VERBOS QUE DENOTAN LA ACCIÓN O EL PROCESO DE SEGUIR ALGO SU CURSO: **72 continuar +:** Es de esperar que todo pueda continuar *ordenadamente* hoy. EPD030597 **73 proseguir:** Si el objetivo es frenar la proliferación nuclear y, de ser inevitable, asegurar que prosigue *ordenadamente*... EME060595 **74 transcurrir +:** Es dudoso que algún día la fiesta transcurra tan *ordenadamente* que se les haga imperceptible. EPE220899 **75 discurrir +:** La largamente anunciada y controvertida manifestación de la juventud negra e hispana (...) discurría a últimas horas de ayer *ordenadamente* por las calles... EPE050999

J VERBOS QUE DENOTAN FINALIZACIÓN: **76 liquidar:** Los testaferros del empresario jerezano debían sanear el grupo o «liquidarlo *ordenadamente*»... EME190495 **77 acabar:** Así se podría acabar *ordenadamente* una etapa que (...) es aconsejable desligar de un proceso electoral. LVE180795 **78 suspender:** Puesto que Banesto no pagará dividendos en los próximos años, la Fundación suspenderá sus actividades *de forma ordenada*. EME030694 **79 cerrar:** ...cerraba *ordenadamente* espacios y (...) sabía controlar el ritmo del encuentro, acelerándolo cuando le era preciso. EME230694 **80 finiquitar –:** La determinación de finiquitar *ordenadamente* las operaciones de la empresa la tomaron por unanimidad los acreedores financieros... ETC170797 **81 diluir(se) –:** Al finalizar, vuelven *ordenadamente* a diluirse en los recovecos del kilómetro largo de pasillos que forman el barco... LVE110495

K VERBOS QUE DENOTAN USO O APROVECHAMIENTO: **82 utilizar +:** Del resto, no se consiguen aprovechar, es decir, embalsar para luego utilizar *ordenadamente*, 70 km^3. EME260395 **83 usar +:** Tan solo 46 km3 son usados *ordenadamente* gracias a los 1.000 embalses y 500.000 pozos que hay en España. EME260395 **84 explotar:** Este pacto consolida la actitud de Audiovisual Sport de explotar *ordenadamente* los derechos del fútbol. EPE050299

ordenador ♦ **alimentar, apagar(se), bloquear(se), conectar(se), desbloquear(se), encender(se), fallar, funcionar, usar**

ordenanza ♦ **actual, capitular, en vigor, estricto, obsoleto, oficial, preceptivo, vigente** ♦ **según** ♦ **abolir, atender, cumplir[34], dar cumplimiento (a), derogar[12], desobedecer[8], dictaminar (algo), entrar en vigor, faltar (a), incumplir[11], infringir[10], obedecer, observar, quebrantar, regir, respetar, revocar, saltarse, transgredir, violar**
☐ Véase también: **ley, norma, orden.**

ordenar ▮ *(disponer en orden)* ♦ **adecuadamente, aleatoriamente, alfabéticamente[1], al tuntún, arbitrariamente, armónicamente[14], armoniosamente[21], cautelarmente[25], coherentemente[17], correctamente, cronológicamente[1], cuidadosamente, de arriba abajo, debidamente[41], de mayor a menor, detalladamente[57], en serie, incorrectamente, jerárquicamente, libremente, numéricamente, pulcramente[7]**
▮ *(mandar)* ♦ **a cajas destempladas, a gritos[6], a voces, con malos modos, terminantemente[2], verbalmente[23]**
☐ Véase también: **colocar(se), distribuir, imponer(se), instruir, jalonar, mandar, sistematizar, situar(se).**

ordeñar ♦ **cabra, ganado, oveja, vaca**

oreja ♦ **derecho, descomunal, de soplillo, exiguo, felino, gran(de), izquierdo, peludo, pequeño, prominente, pronunciado, protuberante, puntiagudo, sobresaliente** ♦ **dolor (de), jalón (de), tirón (de)** ♦ **aletear, amputar, arrancar, asomar, cortar, jalar (de), llevar (en), menear, merecer, mover, pegar (a algo), poner, premiar (con), rozar, tatuar, tirar (de)**

organismo ♦ **abrir, capitanear[34], centralizar, cerrar, crear, desmembrar(se)[24], desmontar, dirigir, disolver, funcionar, fundar, presidir**
☐ Véase también: **asociación, empresa, institución, organización, unión.**

organización ♦ **ágil, alfabético, anquilosado, articulado, avanzado[48], bueno, caótico, criminal, cronológico, deficiente, delictivo, desastroso, dinámico, eficaz, estamental, férreo, fiable, flexible, frágil, hermético, humanitario, impecable[34], ineficaz, jerárquico, jerarquizado, malo, modélico, moderno, patas arriba[10], perfecto, precario[69], serio, sólido** ♦ **a cargo (de), al frente (de)** ♦ **falta (de)** ♦ **aglutinar[6], armar(se)[41], centralizar[12], concebir[19], confiar (en), controlar, crear, desarticular(se)[3], desbaratar, desestabilizar, dirigir, disolver(se), erosionar, funcionar, fundar, llevar adelante, pertenecer (a), poner al día, promover, quebrar(se), recaer[35], reformar, refundir, tambalearse, venirse abajo**
☐ Véase también: **asociación, empresa, institución, orden, organismo, planteamiento (de).**

ORGANIZACIÓN
♦ (SUSTANTIVOS) Véase: **abolir[E], abusivo[G], acortar[E], adecentar[B], a fondo[J], agarrotar(se)[C], agilizar[J], aglutinar[A], agotador[G], alterar[G], alumbrar[C], a medida[B], aparatoso[D], a pique[B], apuntalar[G], apuntillar[C], armar(se)[F], arraigado[D], asfixiante[D], avanzado[K], blindar[E], boyante[A,D], burlar[E], capitanear[D], capotar[A], centralizar[B], centrífugo[B], centrípeto[B], cimentar[K], competitivo[C], comunal[A], concebir[D], concertar[C], cumplir[D], defensivo[E], delictivo[C], delinear[F], derrumbar(se)[B], desarticular(se)[A], desestabilizar[B], desglosar[B], desmantelar[A,E], desmembrar(se)[B,C,D,E], desmontar[A], desoír[H], de solera[B], diáfano[I], equitativo[C], erosionar[A], escorar(se)[A], esquilmar[C], fantasmal[I], homologar[D], impecable[E], inexpugnable[A], inhumano[H], intachable[D], intrincado[H], laxo[E], lineal[E], madurar[E], paritario[C], patas arriba[C], persistir (en)[J], precario[D,J], profanar[E], profesar (en)[C], prosperar[G], recaer[D], rechinar[B], riguroso[F], rimbombante[C], socavar[B,D]**
♦ (VERBOS) Véase: **a bombo y platillo[D], a conciencia[C], a fondo[G], al detalle[D], alfabéticamente[A], a lo grande[D], a marchas forzadas[B], armónica-**

mente[B], coherentemente[D], concienzudamente[A], con detalle[E], con todo lujo de detalles[E], convincentemente[I], cronológicamente[A], debidamente[G], democráticamente[D], exhaustivamente[B], férreamente[C], negativamente[E], ordenadamente[A,G], progresivamente[E], pulcramente[B]

organizar ♦ a bombo y platillo[24], a duras penas, alfabéticamente[4], a lo grande[17], a marchas forzadas[12], coherentemente[15], con antelación, con tiempo, cronológicamente[3], debidamente[42], democráticamente[21], detalladamente, escrupulosamente[38], improvisadamente, ordenadamente[1], paulatinamente, sobre la marcha ♦ curso, escándalo, evento, exposición, fiesta, follón, jaleo, jolgorio, juerga, número, programa, viaje, vida

☐ Véase también: **delinear, maquinar, montar, orquestar, preparar(se), urdir.**

órgano ▮ *(biológico)* ♦ activo, adulto, afectado, animal, corporal, joven, vital ♦ funcionamiento (de), función (de), desarrollo (de), clonación (de), donación (de), trasplante (de) ♦ afectar (a), crecer, clonar, dañar(se), desarrollar(se), donar, extender(se) (a), extirpar, fallar, funcionar, implantar, lesionar(se), realizar su función, transplantar

▮ *(musical)* barroco, cromático, electrónico ♦ concertista (de), concierto (de), obra (para), recital (de), virtuoso (de) ♦ escuchar, tocar, sentarse (a)

▮ *(organizativo)* ♦ académico, activo, administrativo, asesor, auditor, autonómico, castrense, central, científico, competente, comunitario, constitucional, consultivo, consultor, coordinador, de arbitraje, de asesoramiento, de competencia, de consulta, de contratación, de control, de coordinación, de decisión, decisorio, de defensa, de difusión, de dirección, de expresión, de gestión, de gobierno, democrático, de poder, de representación, de seguridad, ejecutivo, electoral, estatal, gestor, influyente, judicial, jurisdiccional, legislativo, legítimo, político, representativo ♦ actuar, fallar, funcionar, incumbir (a), someter(se) (a)

☐ Véase también: **instrumento, medio.**

orgullo ♦ desmedido[90], exacerbado, exaltado, familiar, injustificado, justificado, legítimo, lleno (de), patrio, pletórico (de)[25] ♦ arranque (de)[11], arrebato (de)[19] ♦ atemperar[18], colmar (de)[6], constituir, dañar, deponer[9], derrochar[103], henchir(se) (de)[1], herir, lesionar, llenar (de), mancillar, mostrar, no caber en {mí/ti/sí...} (de), ofender[4], pisotear[7], representar, reventar (de)[12], sentir[12], ultrajar

☐ Véase también: **arrogancia, satisfacción, sentimiento, vanidad.**

orientación ♦ apropiado, claro, correcto, equivocado, evidente, favorable, inequívoco[55], sesgado, sexual ♦ adherirse (a)[21], cambiar, corregir, dar[16], desviar, impartir[3], imprimir[24], modificar, revisar, vislumbrar[47]

☐ Véase también: **consejo, dirección, disposición, enfoque.**

orificio ♦ ciego, nasal ♦ a través (de) ♦ abrir, cerrar, destapar, destaponar, obstruir, obturar, practicar, taponar

☐ Véase también: **agujero, hueco.**

origen ♦ acomodado[18], ancestral[11], antiguo, congénito[10], desconocido, familiar, hereditario, humilde, ilegítimo, incierto, indudable, inequívoco[20], legítimo, noble, oscuro, remoto, último ♦ abdicar (de)[36], abjurar (de)[23], ahondar (en)[29], bucear (en)[3], buscar, conocer, dar[238], desconocer, desentrañar[28], desvelar, detectar[8], determinar, dilucidar[47], escarbar (en)[4], esclarecer(se)[33], estar (en), fechar, hundir, perderse en la noche de los tiempos, perseguir, remontarse (a), renegar (de)[1], traslucir(se)[13], volver (a)

☐ Véase también: **causa, desencadenante, dimanar, fuente, mecha, originalmente, procedencia, provenir, raíz.**

ORIGEN

♦ (SUSTANTIVOS) Véase: **abdicar (de)[G], abjurar (de)[D], aflorar[E], ahondar (en)[F], ancestral[B], anidar[A], atávico[I], bucear (en)[A], congénito[B], descifrar[J], desentrañar[E], detectar[B], diagnosticar[C], dilucidar[G], encarar[H], enrevesado[K], escarbar (en)[B], esclarecer(se)[E], estribar (en)[A], inequívoco[D], profundo[I], renegar (de)[A], silenciar[H], traslucir(se)[C], venéreo[A]**

originalidad ♦ escaso, notable, profundo, sorprendente, sumo[76] ♦ ápice (de)[62], barniz (de)[3], falta (de), muestra (de), rasgo (de), toque (de)[36] ♦ buscar, carecer (de), desarrollar (con), destacar (por), pedir, perder, residir (en)[26], tener

☐ Véase también: **novedad.**

originalmente ♦ aparecer, crear, derivar, inventar, partir, proceder, provenir, surgir, venir

originariamente ♦ anunciar, aparecer, escribir, presentar, proceder, provenir, publicar, redactar, significar, venir

originario (de) ♦ lugar, territorio

☐ Véase también: **oriundo (de).**

orilla (de) ♦ arroyo, lago, mar, río ♦ alcanzar, bordear[4], circundar, cruzar (de), limitar (con algo), pasar, pasear (por), recorrer, seguir

☐ Véase también: **bordear, contorno, costa.**

orillar ♦ asunto, crisis, dificultad, escollo, problema, riesgo

☐ Véase también: **bordear, posponer, rechazar.**

oriundo (de) ♦ lugar, territorio

☐ Véase también: **originario (de).**

[oro] → a peso de oro, como los chorros del oro, como oro en paño, de oro

oro ♦ cegador, codiciado, de ley, en bandeja[5], olímpico, preciado ♦ a precio (de) ♦ fiebre (de), lingote (de), mina (de), moneda (de) ♦ acariciar[9], bruñir, buscar, conquistar, revestir(se) (de)

☐ Véase también: **joya, tesoro.**

orquestar *v.* ▌En el sentido de 'organizar' se combina con sustantivos que designan diversos eventos y actos de carácter público y privado *(fiesta, espectáculo, homenaje)*, así como con sustantivos que designan agresiones y actos delictivos de diversa gravedad *(crimen, asesinato, atentado, agresión, ataque, golpe de estado)*. También se combina con...

A SUSTANTIVOS QUE EXPRESAN LO QUE SE PLANEA O SE ORGANIZA CON DETALLE, ASÍ COMO CON OTROS QUE DESIGNAN ALGUNOS RECURSOS QUE ESAS TAREAS EXIGEN: **1 campaña** ++: ...una campaña *orquestada* contra usted... CAN111200 **2 operación** ++: ...una operación *orquestada* desde el principio... LVE260696 **3 plan** +: ...no existe ningún plan *orquestado* en contra de la propiedad privada... SVG110597 **4 estratagema:** ...ven en las comunidades de vecinos una estratagema *orquestada* por... EPE170700 **5 estrategia:** Una estrategia *orquestada* (...) y destinada a centrar la atención... EPE050800 **6 táctica:** ...una vieja táctica *orquestada* por (...) para controlar el sindicato. LVE020596 **7 sistema** –: ...un sistema de comportamientos (...) *orquestado* por un conjunto de personas... LNP151097

B SUSTANTIVOS QUE DENOTAN CONSPIRACIÓN O DESIGNAN DIVERSAS ACTUACIONES GENERALMENTE OCULTAS O ENCUBIERTAS: **8 conspiración** +: ...una conspiración *orquestada*, fundamentalmente, por... EPE180399 **9 conjura** +: ...una conjura anti-gubernamental, (...) perfectamente *orquestada* de descrédito, acoso y derribo al presidente del Gobierno. EME260695 **10 complot** +: Si existe un complot *orquestado* por (...) contra el Gobierno, lo ignoro. LVE210995 **11 trama** +: ...trama *orquestada* desde el propio Ministerio de Agricultura... ENC240599 **12 montaje** +: ...fue *orquestado* un montaje para que testigos falsos acusaran al Fiscal. SEM151096 **13 maniobra:** ...la persona que está *orquestando* la maniobra para perjudicar a los oficiales... ACP081296 **14 maquinación:** ...Berezovski ha montado campañas de desprestigio de sus enemigos y *orquestado* maquinaciones para llevar al país por el rumbo que más le interesaba. EPE170199

C SUSTANTIVOS QUE DENOTAN INFORMACIÓN FALSA O INFUNDADA. TAMBIÉN CON OTROS QUE DESIGNAN SUCESOS BASADOS EN ELLAS O EN HECHOS INAPROPIADOS QUE CAUSAN CIERTA PREOCUPACIÓN SOCIAL: **15 rumor:** Empezó siendo un rumor cuidadosamente *orquestado.* EPE041201 **16 patraña:** ...una patraña *orquestada* para permitir el ingreso de... ETC070198 **17 escándalo:** ...*orquestó* el escándalo de la Casa de Juntas... LVE200296 **18 farsa:** ...la comisión *orquesta* una farsa que concluirá con la declaratoria de la inocencia del mandatario Ernesto Samper. LVE040596 **19 mentira:** ...ha sido una «gran mentira» *orquestada* desde el Gobierno... EME090395

D SUSTANTIVOS QUE DENOTAN REACCIÓN O RESPUESTA, MUY FRECUENTEMENTE DE CARÁCTER HOSTIL: **20 respuesta:** Las respuestas de los desprestigiados (...) están *orquestadas* e incluyen un golpe tan burdo como el comunicado del Comando conjunto contra Baruch Ivche. CAP290597 **21 contestación:** ...con la contestación islamista en Marruecos *orquestada* por... EPE271001 **22 protesta:** Aunque asegura que sólo aspira a *orquestar* una protesta (...) dice mucho su intención de invertir en la campaña electoral lo mismo que los «tories» o los laboristas... EME280496 **23 pitada** –: ...un especialista en (...) *orquestar* pitadas monumentales en la presentación del equipo. EME200596

E SUSTANTIVOS QUE DESIGNAN ESTADOS DE ÁNIMO Y ACTITUDES DE NATURALEZA NEGATIVA, MÁS FRECUENTEMENTE SI SE RELACIONAN CON LA INCERTIDUMBRE O LA IRRITACIÓN: **24 crispación:** ...pagarían (...) la crispación *orquestada* en los últimos meses... EPE240499 **25 malestar:** ...un creciente malestar *orquestado* por... LVE280695 **26 confusión:** ...la confusión *orquestada* ayer por la mañana... LVE170895 **27 polémica:** ...polémica *orquestada* en torno a la decisión de Italia... EPE311001 **28 terror** –: ...venciendo al terror *orquestado* por los ocupantes... EPE100999

F SUSTANTIVOS QUE DESIGNAN LA ACCIÓN O EL EFECTO DE PONER ALGO EN CONOCIMIENTO DE OTROS: **29 difusión:** ...la difusión de rumores haya sido *orquestada* por alguien en concreto... EPE180699 **30 filtración** –: ...la filtración fue *orquestada* por allegados de... EME240295

G ALGUNOS SUSTANTIVOS QUE DENOTAN RESULTADO: **31 derrota:** ...acusó entonces al régimen de haber *orquestado* estas derrotas... EME090496 **32 victoria:** ...hombre que *orquestó* la victoria del partido... EPE131099 **33 éxito:** ...un personaje (...) que *orquestó* magníficamente el rotundo éxito de... EPE191001 **34 acuerdo** –: ...el país que *orquestó* este nuevo acuerdo... EPE130399

H OTROS SUSTANTIVOS; POSIBLES USOS ESTILÍSTICOS: Por bien que (...) *orqueste* sus óleos sobre lienzo... ABC161294; El menú *orquestado* por (...) fue un gran alarde de maestría... EME160995

☐ Véase también: **maquinar, preparar(se), tramar, urdir.**

osadía ♦ **descabellado, incalificable, por {mi/tu/su...} parte** ♦ **caer (en), cometer[19], condenar, constituir, demostrar, mostrar, perdonar, permitir, reconocer, representar, tener**

☐ Véase también: **actitud, atrevimiento.**

oscilación ♦ **apreciable, continuo, esporádico, inapreciable[4], periódico, sujeto (a)** ♦ **experimentar, producir(se)**

☐ Véase también: **alteración, cambio, variación.**

oscuridad ♦ **absoluto, ardiente, completo, envolvente, impenetrable, lóbrego, parcial, pleno, profundo, sombrío, tenebroso, total** ♦ **en, entre[39]** ♦ **abatir(se), acomodar(se) (a), acostumbrar(se) (a), adentrarse (en), avanzar, bañar (algo), brillar (en), buscar (en), cerner(se) (sobre), desaparecer (en), esconder(se) (en), extender(se), internar(se) (en), quedar(se) (en), reinar, sumir(se) (en)[7]**

☐ Véase también: **noche, tiniebla(s).**

oscuro ♦ **absolutamente, como boca de lobo, completamente, totalmente** ♦ **amor, asunto, deseo, estilo, futuro, intención, lado, lugar, motivo, móvil, origen, pasado, persona, porvenir, razón, sentimiento, significado, texto**

☐ Véase también: **turbio.**

ostensible *adj.* ▌Se combina a menudo con sustantivos que designan acciones verbales *(afir-*

mación, declaración), sentimientos o estados de ánimo *(frialdad, animadversión, descontento, malhumor)* y ciertas partes del cuerpo o rasgos prominentes del aspecto físico de las personas *(bigote, nariz, fealdad)*. También se combina con...

A SUSTANTIVOS QUE DENOTAN AUMENTO O PROGRESIÓN ASCENDENTE: **1 mejora ++:** Una mejora *ostensible* de la administración tributaria, la reforma de varios impuestos y el replanteamiento de la desgravación arancelaria... PLG090497 **2 mejoría ++:** ...el estado de salud del preso es «estacionario» y de «*ostensible* mejoría»... EPE060499 **3 avance +:** ...fue destituido en marzo del año pasado por no haber conseguido avances económicos *ostensibles*... ENC130599 **4 éxito +:** ...sumarse, con la ciudadanía, al éxito *ostensible* de la labor realizada por los amigos del Palau de la Música.... LVE300695 **5 enriquecimiento +:** Aunque la voz pública atribuya delitos a los ex gobernadores, o sea *ostensible* su enriquecimiento, sus sucesores suelen dejarlos tranquilos... DYM240796 **6 aumento +:** ...del *ostensible* aumento de venta de vehículos todo terreno. EPE020889 **7 incremento +:** ...no aparecían entre los grandes consumidores de jerez y que, como el belga, registraron un *ostensible* incremento. EPE270599 **8 subida:** Ayer y pese a la *ostensible* subida de temperaturas, los valores medios de las mismas siguieron estando por debajo de lo normal... EPE310877 **9 beneficio:** Tampoco parece haber mayor pica por las acciones de Yoshiyama y Foncodes en *ostensible* beneficio discriminado de los distritos que votaron por el gobierno. CAP180196 **10 encarecimiento:** ...lo que se traduce en el fuerte encarecimiento de las viviendas en propiedad, que a todos nos es bien *ostensible*. EPE270999

B SUSTANTIVOS QUE DENOTAN DESCENSO, DISMINUCIÓN O PÉRDIDA: **11 disminución +:** ...el ritmo de expansión de la entrada de divisas provenientes de las exportaciones presentó una *ostensible* disminución... PLG100197 **12 descenso +:** ...el descenso en cualquier caso sería muy *ostensible*. EME210595 **13 reducción +:** ...reiteró ayer su petición al Gobierno de una reducción *ostensible* del Impuesto de Matriculación... EME051196 **14 merma +:** Causas y razones de la *ostensible* merma de moluscos. LNP180297 **15 recorte:** ...llegar a los Pirineos en situación de intentar allí un recorte *ostensible* de tiempo. EME110796 **16 ahorro:** Frente a tan *ostensible* ahorro surgen gestos de despilfarro, como que un enfermo ocupe cama sin necesitarlo... EME180995 **17 empeoramiento:** Todo ello, junto a un «invierno largo y muy frío», tuvo como consecuencia un retraimiento de las inversiones, y un *ostensible* empeoramiento del mercado laboral. EME300496 **18 agravamiento:** ...un agravamiento *ostensible* de la responsabilidad política que afecta a la credibilidad y estabilidad del Gobierno... LVE160295 **19 desprestigio –:** ...parapetado tras instituciones tan dudosas como la «Alianza para el Progreso» y otras de más *ostensible* desprestigio. EME120394 **20 aminoración –:** Mucho juego de cabeza a derecha e izquierda, pero esta vez relajado, controlando, y una aminoración *ostensible* de la marcha en los metros finales. EME300796

C SUSTANTIVOS QUE DENOTAN FALTA O ESTADO CARENCIAL, ASÍ COMO CIERTAS FORMAS DE ANOMALÍA: **21 ausencia ++:** Es absolutamente inexplicable esta pequeña ausencia, *ostensible* en su texto. EUV091096 **22 falta ++:** ...una biografía acomodaticia, oportunista y lastrada por una *ostensible* falta de rigor intelectual. ENV051000 **23 debilidad ++:** Sólo debe atribuirse a la *ostensible* debilidad del sistema político de Brasil. CLA240199 **24 limitación:** Lo que nunca sabremos es hasta qué punto influyeron en esto las *ostensibles* limitaciones de un piano que está sonando cada vez peor... EPU110601 **25 baja +:** ...a pesar de la *ostensible* baja en el nivel de subvaluación del peso frente al dólar, se prevé estabilidad... EXC180996 **26 déficit +:** ...de su carencia de un equipo de gobierno fiable y de su *ostensible* déficit de liderazgo. LVE180296 **27 incapacidad:** ...demuestra tan *ostensible* incapacidad para gobernar... EPE080699 **28 anomalía:** Hay una anomalía *ostensible* en el mapa político español... LVE240695 **29 atraso:** Sus postulados (...) revelan la actualidad del pensamiento hostosiano y el *ostensible* atraso de cierta reciente doctrina jurídica... RUM250897 **30 deformidad:** ...constituye una deformidad estética permanente, visible, *ostensible* y que puede ocasionar un perjuicio a quien la sufre. EPE030299 **31 enfermedad –:** Escasa, porque todavía no ha acertado a analizar, diagnosticar y tratar las *ostensibles* nuevas enfermedades del capitalismo evolucionado... EME190495

D SUSTANTIVOS QUE DENOTAN CAMBIO O DIFERENCIA: **32 diferencia ++:** ...aun existiendo una diferencia *ostensible* de criterios... GIC121996 **33 cambio:** ...los nervios se enseñorearon del parquet, produciéndose un *ostensible* cambio en la orientación del mercado. EPE100379 **34 desigualdad:** ...el artículo 45 de la ley de radiodifusión del gobierno militar constituía una *ostensible* desigualdad ante la ley... LNA110792 **35 desequilibrio:** Esa situación ha ido corrigiéndose en los últimos años, pero el desequilibrio todavía sigue siendo *ostensible*. EME230295 **36 modificación:** ...durante ese tiempo experimenta una *ostensible* modificación en su comportamiento... LVE020696 **37 variación:** Aunque no se esperan resultados sorprendentes ni una variación *ostensible* en las tendencias anteriores... EUV271096 **38 discrepancia:** No obstante, el acuerdo en los principios fue acompañado de una *ostensible* discrepancia en los aspectos concretos... EPE100299 **39 disparidad:** Es difícil dudar ahora de que ese hecho produjo *ostensibles* disparidades en el ritmo y la gestión de los diversos ministerios... HOY181196

E SUSTANTIVO QUE DENOTA PRESENCIA O SUPREMACÍA: **40 dominio ++:** El dominio español, cada vez más *ostensible*, no dio para más. LVE181296 **41 presencia ++:** Era *ostensible* la presencia de escritores innovadores españoles... EME210294 **42 liderazgo:** ...los Celtas Cortos crecieron como banda sin liderazgos *ostensibles*. EME300896 **43 magisterio:** Por tanto, si el magisterio musical y vocal fue *ostensible*, el genio de la interpretación estuvo a la máxima altura. EPE140899 **44 superioridad:** La superioridad del equipo visitante era *ostensible*. INDOC **45 primacía:** Particularmente *ostensible* fue la primacía local en la llave de «singles» damas... ESH061000 **46 estrellato –:** Mano Negra es sinónimo de desinhibición en escena y modelo de «troupe» sin integrantes fijos ni estrellatos *ostensibles*... EME140995

F SUSTANTIVOS QUE DENOTAN ACTITUD HOSTIL. TAMBIÉN CON OTROS QUE EXPRESAN ALGUNA IRRUPCIÓN EN EL ÁMBITO DE OTROS: **47 agresividad:** No se conocen casos de detenciones, a pesar de que la agresividad contra las viviendas es más *ostensible* aún. LNP211097 **48 in-**

tromisión: Se trata de otra *ostensible* intromisión del Ejército... INDOC **49 atropello:** Tan grave y *ostensible* atropello institucional tendrá que ser descalificado... CLA130199 **50 injerencia:** La injerencia del gobierno en los asuntos de este ayuntamiento es *ostensible.* INDOC

G SUSTANTIVOS QUE DENOTAN SIGNO, PRUEBA O EFECTO CAUSADO POR ALGO: **51 muestra +:** ...en una de las muestras más *ostensibles* de las fisuras que existen en su interior. HOY101197 **52 signo +:** ...realizar auditorías cuando los signos exteriores de riqueza sean *ostensibles* y notoriamente superiores a los ingresos lícitos... EXC181296 **53 síntoma +:** El caso es que las Humanidades han sufrido un nuevo revés, esta vez con muy *ostensibles* síntomas luctuosos. EPE130799 **54 despliegue +:** El poder catalán, en su esplendor, hacía un *ostensible* despliegue de «seny», cualidad que hoy (...) se entiende sobre todo como sensatez y serenidad. LVE200195 **55 prueba +:** ...sobre todo cuando el novelista da pruebas *ostensibles* de estar siguiendo al pie de la letra el «Decálogo del escritor» de Monterroso... INDOC **56 demostración:** La exitosa marcha de los alcaldes (...) culminó con una *ostensible* demostración de burla por parte del gobierno. CAP181297 **57 impacto:** El impacto de esa división interna y los escándalos en los que se han visto envueltos algunos de sus miembros (...) eran claramente *ostensibles...* EME050294

H EL SUSTANTIVO *GESTO* Y CON OTROS QUE DESIGNAN CIERTOS GESTOS PROPIOS DE LAS PERSONAS: **58 gesto:** ...corrió cincuenta metros desde su valla para reclamar con *ostensibles* gestos una decisión del juez... LPA150592 **59 corte de manga +:** En un momento dado, la mujer hizo a los vecinos varios *ostensibles* cortes de mangas seguidos de insultos. EPE011089 **60 sonrisa:** El popular Eduardo Zaplana, con una sonrisa *ostensible,* negó que les hubiese metido un gol a los socialistas... EPE290799

I SUSTANTIVOS QUE DENOTAN OPOSICIÓN, SEPARACIÓN, CONFRONTACIÓN Y OTROS RESULTADOS NATURALES DE LA FALTA DE ENTENDIMIENTO: **61 alejamiento ++:** ...su alejamiento *ostensible* con Vladimiro Montesinos podría ser causa de un eventual alejamiento. CAP131197 **62 enfado +:** Ostensible enfado de Antúnez al ser sustituido por Obradovic. EME240295 **63 ruptura:** ...colmaron el vaso de agua y la ruptura se hizo *ostensible.* EME011296 **64 bronca:** ...la «fenomenal y *ostensible*» bronca de González al director de un periódico. EME260196 **65 radicalización:** ...«han venido haciendo *ostensible* su radicalización ideológica ultraderechista y la propensión a la violencia...». EPE020884 **66 desapego:** Sin embargo, hay un factor no explicitado que ayuda a entender el *ostensible* desapego del Gobierno vasco respecto al instrumento del que surgió... EPE241099 **67 indiferencia:** Y es penoso que ocurra así, en medio de una *ostensible* indiferencia... EXC230496 **68 abstención:** Su *ostensible* abstención se interpreta como un intento de deslegitimar un proceso electoral... LVE180596

J SUSTANTIVOS QUE DENOTAN EQUIVOCACIÓN, FRACASO, DEJACIÓN Y OTRAS FORMAS DE DESACIERTO: **69 error +:** Las deficiencias de un texto no pueden ser pretexto eximente ni atenuante definitivo de una cadena de errores demasiado *ostensibles.* LVE100695 **70 fallo +:** ...además de fallos *ostensibles* en los fish, pesó mucho la falta de pulimento en el estilo... EPE250899 **71 fracaso +:** ...claudicaciones y fracasos demasiado *ostensibles* a lo largo de la historia reciente y menos reciente... EME090996 **72 derrota:** El Valencia pudo avasallar mientras los cántabros intentaron al menos no hacer más *ostensible* su derrota. EME101295 **73 mentira –:** Lo que pasa es que una mentira tan *ostensible* no ayuda en nada a la ética general: la rompe. EPE280999 **74 omisión –:** Hay, sin embargo, una *ostensible,* una clamorosa omisión, un gran olvidado, un tema tabú. LVE091295

K SUSTANTIVOS QUE DENOTAN ESFUERZO O INTENCIÓN ESFORZADA: **75 afán +:** ...un afán por mantener la calma tan *ostensible* como inútil. INDOC **76 esfuerzo:** ...un *ostensible* esfuerzo por recuperar la ilusión popular en la campaña de 1977. EPE010686 **77 trabajo:** En el capítulo interpretativo, el trabajo cuidadoso de Lurdes Barba me parece *ostensible.* LVE190396 **78 dedicación –:** El repentino foralismo del PP y su *ostensible* dedicación a la cuestión vasca (...) han rodeado este episodio... LVE201196

L SUSTANTIVOS QUE DESIGNAN DIVERSAS FORMAS DE PERJUICIO: **79 perjuicio +:** Algo que los vecinos ven como un perjuicio *ostensible.* INDOC **80 agravio +:** ...un arte posromántico que luchaba por definirse, ante todo, como singularidad y, si era necesario, como agravio *ostensible* de «la masa». LVE230595 **81 daño +:** ...un «fallo multiorgánico», con (...) aceleración del pulso y daño *ostensible* en los músculos... EME200795 **82 engaño:** A medida que se acerca la fecha, el engaño se hace más *ostensible.* EPE120199

M SUSTANTIVOS QUE DESIGNAN MANIFESTACIONES DE ACUERDO O DE SATISFACCIÓN: **83 acatamiento:** ...las evoluciones de los bellísimos caballos adolecen quizá de una excesiva afectación, de un *ostensible* acatamiento al más difícil todavía... EPE021199 **84 complacencia:** ...acababa de encender un puro y lo degustaba con *ostensible* complacencia. EPE090899 **85 satisfacción:** La satisfacción de los «barones» era *ostensible.* EME050596

N OTROS SUSTANTIVOS; POSIBLES USOS ESTILÍSTICOS: Las *jineteras* actúan, como los vendedores clandestinos, pero existe una mayor vigilancia y han dejado de ser escandalosamente *ostensibles.* LVE200796

☐ Véase también: **abultado, acusado, apreciable, ostensiblemente.**

ostensiblemente *adv.*

I Aparece frecuentemente seguido por adjetivos en grado comparativo *(mayor, peor, superior, más elevado, más bajo).* Se combina con...

A VERBOS QUE DENOTAN DESCENSO O DISMINUCIÓN DE ALGUNA MAGNITUD: **1 disminuir +:** La inflación acumulada este año ha disminuido *ostensiblemente...* LTH031097 **2 bajar +:** ...el conjunto guaraní baja *ostensiblemente* su rendimiento en la altura. EXP090797 **3 rebajar ++:** La Audiencia de Barcelona ha rebajado *ostensiblemente* la pena solicitada... LVE120495 **4 reducir(se) +:** ...el consumo de energía eléctrica se reduce *ostensiblemente.* DHE100297 **5 perder +:** ...no tuvo mayoría. La consiguió en 1984 y la repitió en 1988 y 1992 para perderla *ostensiblemente* el año pasado. LVE240896 **6 empeorar +:** ...durante el año que precedió a su muerte, su estado empeoró *ostensiblemente.* EME140496 **7 recortar +:** ...criticaron la actitud de Fomento, que recortó *ostensiblemente* el pacto cerrado (...) el pasado 6 de marzo. EME040496 **8**

descender: ...su cine ha descendido *ostensiblemente* en interés... LVE210795 **9 desmejorar:** La distribución del ingreso está desmejorando *ostensiblemente*... BRE020597 **10 palidecer –:** ...aun cuando, en comparación, palidezcan *ostensiblemente* muchos experimentos bienintencionados. LVE310796

B VERBOS QUE DENOTAN ASCENSO, AUMENTO O CRECIMIENTO: **11 aumentar +:** ...la demanda del servicio ha aumentado *ostensiblemente*... SVG060597 **12 mejorar +:** ...objetivo principal es mejorarlo *ostensiblemente* en beneficio y protección de los usuarios... ACP271096 **13 subir +:** ...subiendo *ostensiblemente* el tono de voz exclamó: «No podemos saltarnos la fecha...». EPD080697 **14 reforzar +:** ...ha reforzado *ostensiblemente* las medidas de seguridad... EME221095 **15 crecer +:** Las bajas (...) han crecido *ostensiblemente* en las últimas jornadas... EME250195 **16 proliferar:** Los melómanos (...) proliferaron *ostensiblemente* y están organizados en grupos... EPE290799 **17 elevar:** ...gente de su parroquia eleva *ostensiblemente* la voz... LVE281095 **18 encarecer:** ...han anunciado para julio una subida de las tarifas (...), lo cual encarecería *ostensiblemente* la producción... LVE070295 **19 incrementar:** ...incrementará *ostensiblemente* el tránsito de camiones por los núcleos urbanos de estas tres localidades. LVE261096 **20 recrudecerse:** Las tensiones (...) se han recrudecido *ostensiblemente*... LVE030295

C VERBOS QUE DENOTAN AFECTACIÓN O ALTERACIÓN, GENERALMENTE DEL ÁNIMO: **21 afectar +:** La inestabilidad política (...) afecta *ostensiblemente* en el estancamiento económico del país... DHE030997 **22 enfadarse:** ...se enfadó *ostensiblemente* (...) y pidió explicaciones al portavoz... EPE110299 **23 disfrutar:** Sutil y vilmente malvado, el petimetre Cunningham del que *ostensiblemente* disfruta en «Rob Roy» Tim Roth... EME250396 **24 preocupar(se):** Lo que *ostensiblemente* le preocupa (...) es la situación del hombre que se trasluce a través de la obra artística. ABC241293 **25 acusar:** ...un campeón que acusa *ostensiblemente* en el rostro la dureza del castigo recibido. LVE140395

D VERBOS QUE DENOTAN VARIACIÓN O CAMBIO: **26 variar +:** ...el sistema de cálculo varió *ostensiblemente*. HOY180385 **27 cambiar +:** ...el rol de las Fuerzas Armadas ha cambiado *ostensiblemente*... CAR101197 **28 modificar:** ...la lista de la coalición aparece *ostensiblemente* modificada. EPE070699 **29 trastocar:** Son muchos (...) los indecisos (...), lo cual puede trastocar *ostensiblemente* los datos. EME210596 **30 convertir –:** ...llegó a montar una elaborada estructura para convertir *ostensiblemente* donaciones caritativas en objetivos políticos... LVE251296

E VERBOS QUE DESIGNAN LA ACCIÓN DE CAUSAR PERJUICIO, PRESENTAR OBSTÁCULOS O LLEVAR A CABO OTRAS ACTIVIDADES HOSTILES, PERJUDICIALES O INCONVENIENTES: **31 perjudicar ++:** ...el exceso de competición (...) perjudica *ostensiblemente* tanto a los clubs como a los jugadores... LVE090396 **32 atentar:** ...laboratorios (...), en los cuales se atenta, *ostensiblemente*, contra natura. VEN220899 **33 invadir:** ...la celebridad es la que ha sido invadida *ostensiblemente*... ENV221297 **34 manchar:** ...apareció con las ropas manchadas *ostensiblemente* de barro... EPE200280 **35 dificultar:** ...un cúmulo de tareas que dificulta *ostensiblemente* el desempeño de las propias... EPE210199 **36 boicotear:** ...boicotearon *ostensiblemente* con gritos y cánticos el discurso... LVE050696

F VERBOS QUE DENOTAN PROMINENCIA O DIFERENCIA: **37 sobresalir ++:** ...un enorme calefactor que sobresale *ostensiblemente* de una bolsa de plástico. EME090394 **38 diferir:** La posición del ministro difiere *ostensiblemente* de la expresada pocos días antes en el mismo foro por el propio presidente... LVE281196 **39 destacar:** Como alumno, destacaba *ostensiblemente* sobre sus compañeros. INDOC **40 notar(se):** Se nota *ostensiblemente* que sus intereses son otros. INDOC

G VERBOS DE MOVIMIENTO QUE DENOTAN ABANDONO O ALEJAMIENTO, A MENUDO EN SENTIDO FIGURADO: **41 abandonar ++:** Los dirigentes (...) abandonaron *ostensiblemente* la puerta del ayuntamiento, donde terminó la manifestación... EPE020580 **42 distanciarse +:** ...se distancia *ostensiblemente* de cuantos se han visto los últimos años... LVE240696 **43 marcharse:** Terminaron marchándose, *ostensiblemente*, por la escalera de servicio. ABC050595 **44 salir:** Me salgo *ostensiblemente* después de haber recibido un fuerte golpe de su mano izquierda. PME080996 **45 alejarse:** ...se alejan *ostensiblemente* del pretencioso sentido ortodoxo del Arte... ABC280795 **46 desmarcarse:** ...el secretario (...) se desmarcó *ostensiblemente* de los dirigentes... EME130394

H VERBOS QUE DESIGNAN LA ACCIÓN DE PRESENTAR O MOSTRAR ALGO: **47 mostrar ++:** ...mostraba *ostensiblemente* una pistola... ABC050393 **48 señalizar +:** ...se mantendrá la prohibición de fumar en todo el local, señalizándose *ostensiblemente*... EME300594 **49 enseñar:** ...levanta el «tetra-brik» en sus brazos y se lo enseña (...) *ostensiblemente*... LVE151195 **50 referirse:** ...ha empezado a referirse *ostensiblemente* a este problema. EPE270199 **51 indicar:** ...*ostensiblemente* con su mano me indicó que había que dar pasos hacia arriba... EME190195

I VERBOS QUE DENOTAN FRACASO: **52 fracasar ++:** La negativa (...) a sumarse a la marcha (...) hizo que ésta fracasara *ostensiblemente*... EME090594 **53 fallar:** La opinión generalizada es que (...) falló *ostensiblemente* esta información. LVE161095 **54 equivocarse:** Se equivocaron *ostensiblemente* en las medidas tomadas ante la catástrofe. INDOC

J VERBOS QUE DESIGNAN GESTOS Y OTROS MOVIMIENTOS CORPORALES, A VECES INTERPRETADOS FIGURADAMENTE: **55 cojear ++:** Ya en el 90 no podía correr (solo caminar), y en 1991 cojeaba *ostensiblemente*. GIC072797 **56 sonreír +:** ...se le ha visto sonreír *ostensiblemente* cuando el ministro (...) ha asegurado que el Gobierno no tenía intención de responder a las «provocaciones»... LVE201095 **57 dar la espalda:** ...no sólo no se complementan, sino que se dan *ostensiblemente* la espalda... ABC040394 **58 estrechar la mano:** ...estrechó *ostensiblemente* la mano de Violante y dijo que su discurso «merecía los aplausos de toda la Asamblea». LVE110596 **59 reír:** ...cuando se formulaba la pregunta (...) se reía *ostensiblemente*... LVE201296 **60 levantar los brazos –:** ...el francés Panis levantó los brazos *ostensiblemente* cuando se le caló el motor en la misma parrilla de salida. EME180494

K VERBOS QUE DENOTAN TRANSGRESIÓN: **61 pasarse:** ...se pasa *ostensiblemente* al descalificar de esa manera (...) y abusa de su abismal superioridad dialéctica e imaginativa. EME301295 **62 incumplir:** El régimen (...) incumple *ostensiblemente* este criterio... EPE170599 **63 saltarse:** Ha habido gente que se ha saltado *ostensiblemente* las reglas... EME270896 **64 contrabandear** –: ...*ostensiblemente* contrabandean mercancías... PME010996

L VERBOS QUE DENOTAN APOYO O INCLINACIÓN FAVORABLE: **65 animar:** Satisfecho y animado *ostensiblemente* por las críticas que recibe... EME160995 **66 favorecer:** ...un gobierno que favorece *ostensiblemente* al capital. PME080996 **67 secundar:** ...la impotencia intelectual que hoy secunda *ostensiblemente* el proceso de descomposición política y social... EME270694 **68 apoyar:** ...*ostensiblemente* apoya al régimen. CAP030895 **69 inclinar:** Su ausencia inclina *ostensiblemente* la balanza hacia el equipo de la Once... EME040995

M ADJETIVOS QUE DENOTAN JUICIO DE VALOR: **70 falso** +: No se permitirá el uso de la cédula de identidad *ostensiblemente* falsa... ACP110996 **71 erróneo:** ...califica la información vecinal de «*ostensiblemente* errónea...». EPE111080 **72 incompatible** –: El nivel de vida del padre de la magistrada es *ostensiblemente* incompatible con el volumen de ingresos... EPE250699

N ADJETIVOS QUE DENOTAN ESTADO DE ÁNIMO, RELACIONADOS CON LOS VERBOS DEL APARTADO *C*: **73 satisfecho** ++: El titular (...), *ostensiblemente* satisfecho, añadió que (...) tiene intención de estar en Vigo para reunirse... LVG301091 **74 dolido:** Si hubo pacto, (...) se hizo a espaldas de Matilde (...), *ostensiblemente* dolida por la actitud de muchos de sus compañeros. EPE240700 **75 nervioso:** ...los doctores, de pie y *ostensiblemente* nerviosos, imparten contradicciones a terminales. EME120494 **76 afectado:** ...tuvo dificultades para empezar su discurso de clausura, *ostensiblemente* afectado. EPE300700 **77 sensible:** ...esa señora *ostensiblemente* sensible (...) dice frases de antología. EME070995

☐ Véase también: **acusadamente, apreciablemente, considerablemente, notablemente, ostensible.**

ostentar *v.* **I** Se combina con sustantivos que designan diversos títulos, cargos o denominaciones *(título, grado, rango, cargo, puesto)*, así como con otros que designan tasas o niveles expresados numéricamente *(récord, índice, tasa)*. También acepta sustantivos que expresan características o cualidades de las personas, tanto negativas como positivas *(rasgo, talante, vicio, elocuencia)*. Se combina además con...

A SUSTANTIVOS QUE DENOTAN PODER O LIDERAZGO. TAMBIÉN CON OTROS QUE DESIGNAN ALGUNOS DE LOS ELEMENTOS QUE LOS SIMBOLIZAN Y DE LAS ATRIBUCIONES QUE LOS SUELEN CARACTERIZAR: **1 poder** ++: Esa es la derecha pragmática que ha dado los votos al partido que ahora *ostenta* el poder en España. LVE200696 **2 liderazgo** ++: Ritual, no obstante, *ostenta* el liderazgo entre los moscovitas más infortunados o menos capaces de acoplarse a las nuevas condiciones de competencia y mercado. ETC160494 **3 primacía** +: Ambas autonomías *ostentan* la primacía en las estadísticas del desempleo en España... LRE130103 **4 mayoría absoluta** +: La macroencuesta refleja que Partido Popular y Partido Andalucista tienen difícil sumar los 55 escaños que son necesarios para *ostentar* la mayoría absoluta en el Parlamento andaluz... EME260296 **5 control** +: Cabe recordar que esa fórmula permitiría también a los actuales miembros del consejo seguir *ostentando* el control del mismo. CAN291100 **6 hegemonía:** Un italiano, Luciano Compostela, *ostenta* la hegemonía de esta prueba. ENC240599 **7 fuerza:** ...aquellos que *ostentan* «la fuerza de la razón», que no son otros que los vecinos de los pueblos afectados... LVE160796 **8 corona:** Tres facetas que le permitieron *ostentar* la corona de mejor vocalista en su género desde 1959, año en que murió Billie Holliday. EME160696 **9 cetro:** Judá *ostenta* el cetro y la corona de su reino, con un leonazo (muy humano) a los pies. ABC170295 **10 garrote** –: Los que *ostentan* el garrote han dicho que si no se adoptan las decisiones en consenso, las adoptarán por su propia cuenta... LTH241197

B SUSTANTIVOS QUE DENOTAN DERECHO O PRIVILEGIO: **11 derecho** +: ...no habían concurrido en el acuerdo todos los que *ostentaban* derechos sobre él. LVE191296 **12 privilegio** +: Los mares de Barents y Kara *ostentan* el privilegio de ser los mayores vertederos de residuos radiactivos del mundo. EPE180800 **13 prerrogativa:** ...el Consorcio de la Zona Especial Canaria *ostentará* las mismas prerrogativas que las legalmente establecidas a favor de la Administración General del Estado... CAN020201 **14 inmunidad:** ...para que el congreso hondureño le suspenda la inmunidad que *ostenta* como miembro que es actualmente del Parlamento Centroamericano... ENH180397

C SUSTANTIVOS QUE DENOTAN RANGO, CONSIDERACIÓN O CUALIDAD DISTINTIVA, GENERALMENTE DE PERSONAS O TERRITORIOS: **15 capitalidad** +: El Consejo de Ministros celebrado ayer decidió aplazar al día 30 la decisión sobre qué ciudad española será candidata para *ostentar* la capitalidad cultural europea en el año 2000. LVE240695 **16 ciudadanía** +: ...la disposición del gobierno «a una adecuada y justa compensación por los bienes expropiados» a personas que (...) *ostentaban* la ciudadanía de Estados Unidos. PME020297 **17 nacionalidad** +: En Kuwait sólo votan los mayores de 21 años cuyos antepasados *ostenten* la nacionalidad del país desde 1920. EPE011299 **18 pasaporte:** En declaraciones a distintos medios informativos, Montealegre aseveró que «no *ostento* más pasaporte que el nicaragüense»... LNC240796

D SUSTANTIVOS QUE DESIGNAN DATOS O INFORMACIONES, GENERALMENTE VITALES O PROFESIONALES, QUE SE CONSIDERAN DIGNOS DE RESEÑA O RECONOCIMIENTO. TAMBIÉN CON OTROS QUE DESIGNAN ALGUNAS DE LAS FORMAS EN QUE SE PRESENTAN Y LOS PERÍODOS QUE LOS CARACTERIZAN: **19 carrera** +: ...sólo pueden *ostentar* una carrera política porque fueron ungidos para ello por los sucesivos gobiernos tecnocráticos de que hoy abominan. PME290996 **20 mérito** ++: ¿Qué méritos *ostenta*, aparte de los genealógicos, para seguir siendo ministro, con su incapacidad manifiesta (...)? EPE180799 **21 currículum** +: El cantante, que *ostenta* un fecundo currículum como compositor de sones, guarachas y boleros, sigue trabajándose su éxito. EPE241199 **22 currículo:** ...además de ser más antiguos, no poseen un currículo de peso equivalente a los que *ostentan* Garín e Izurieta. CAR080997 **23 historial:** El TGV de Alsthom *ostenta* un amplio historial de fallos, descarrilamientos incluidos, que se han hecho patentes en el caso del AVE español. ABC250693 **24 antigüedad** –: Estas construcciones *ostentan* una antigüedad de 87 años y, en su mayoría, aparecen en las principales esquinas bahienses... LNP060597

E SUSTANTIVOS QUE DENOTAN EMBLEMA O SÍMBOLO: **25 emblema** +: En el demonio de la empresa privada, y especialmente en la banca, existe verdadera pasión por *ostentar* los emblemas de la modernidad. ENV240700 **26 símbolo:** Al contrario, para todos los soldados y particularmente quienes *ostentan* los símbolos de la invicta Infantería chilena, es un honor servir a la patria en dicha unidad... HOY050597 **27 bandera:** Muchas compañías armadoras necesitaban inscribirse en los puertos nacionales para *ostentar* la bandera guatemalteca... LHG080497 **28 blasón:** A los ojos de Fahd y de su corte, los blasones que *ostenta* Husein no cuentan en el mundo moderno. EME220694

F SUSTANTIVOS QUE DESIGNAN DIVERSAS FORMAS EN QUE SE PRESENTA EL PATRIMONIO PERSONAL O EL COLECTIVO: **29 dinero +:** Es doloroso ver cómo quienes se hartaron con dinero mal habido lo *ostentan* en una forma grosera y viven con la mayor tranquilidad del mundo... LHG240697 **30 fortuna +:** ¿Pedirá perdón porque, como un insulto a los «jodidos», en medio de 43 millones de miserables, siete ilustres mexicanos *ostentan* fortunas que representan cinco por ciento del PIB? EXC000901 **31 patrimonio +:** ...se presentó una demanda de reclamación de legado contra las herederas y las sociedades pantalla que *ostentan* su patrimonio... EPE260699 **32 legado:** ...la ciudad que hoy se enorgullece de *ostentar* parte del legado del pintor, lo nombró Hijo Adoptivo en 1968... ABC280892 **33 capital:** Además *ostenta* el 99,5% del capital de Viva Mantenimiento, el 49% de Viva Tour, el 70% de Iberswiss Catering, el 18,28% de Amadeus... ENC120101

G SUSTANTIVOS QUE DENOTAN FAMA, IMAGEN O ALGUNO DE LOS ATRIBUTOS QUE SUELEN CARACTERIZAR EL MÉRITO O EL RECONOCIMIENTO: **34 fama:** Como no puede sorprender, su fama como «intelectual comprometido» supera a la que *ostenta* como teórico del lenguaje. ABC010794 **35 imagen:** A nadie se le escapa que desde el autogolpe de Fujimori, Perú *ostenta* una mala imagen internacional. EME180395 **36 aura:** Su nombre *ostenta* y monopoliza el aura de la mujer artista que crece a la sombra de los grandes genios masculinos de nuestro tiempo. ABC300493 **37 aureola:** Quedaron tres cuestiones bien subrayadas como para desmitificar la aureola de puntero invencible que *ostentaba* el seleccionado paraguayo... CLA080797 **38 timbre de gloria:** ...si Cristina y Chon son hijas de un fusilado, también *ostentan* el inequívoco timbre de gloria de ser nietas de un almirante. ABC131095

H OTROS SUSTANTIVOS; POSIBLES USOS CRUZADOS: **39 efecto:** ...la ley Helms-Burton *ostenta* efectos supranacionales que violan los principios del derecho internacional. [Cf. *conllevar*] HOY021296

I OTROS SUSTANTIVOS; POSIBLES USOS ESTILÍSTICOS: ...Venevisión hizo posible sacar sus novelas, un caso que sólo *ostentaba* el otro canal. ENV201296; En los aniversarios se reúnen amigos, los que ya están muy lejos a veces aparecen y sus fisonomías son las joyas que *ostentan* la memoria... ABC111292

[ostra] → **como una ostra**

otear ♦ **a lo lejos, en lontananza** ♦ **abismo, amenaza, cielo, cima, costa, desafío, éxito, futuro, horizonte, infinito, panorama, peligro, porvenir, posibilidad, presa, realidad, reto, salida, solución, terreno, título**

otoño ♦ **amarillento, cálido, caliente, cultural, lluvioso, mortecino, movido, pardo, pasado, próximo, romántico, tibio, tranquilo, turbulento** ♦ **a final(es) (de), a mediados (de), a principios (de), durante** ♦ **luz (de), sol (de), temperatura (de)** ♦ **acercar(se), adelantar(se), alejar(se), anticipar(se), asomar, avecinar(se), despuntar, entrar, irrumpir, llegar, pasar, retrasar(se)**
□ Véase también: **invierno, primavera, verano.**

otorgar Véase: **asignar, atribuir, ceder, conceder, dar, entregar, prestar**

[otro] → **de un día para otro**

ovación ♦ **apoteósico[24], atronador, breve, cálido, caluroso[10], cerrado, clamoroso[3], de gala, efusivo[12], ensordecedor, entusiasta, gran(de), intenso, largo, merecido, prolongado, unánime** ♦ **apagar(se), arrancar, brindar[54], cosechar, dar, desatar(se)[46], deshacer(se) (en), dispensar (a alguien), estallar (en)[5], llevarse, merecer, obsequiar (con), prorrumpir (en), recibir, recoger, rendir, romper (en), tributar[19]**
□ Véase también: **aplauso.**

ovacionar ♦ **a rabiar[2], calurosamente[7], con ganas, efusivamente[3], largamente[38], unánimemente**
□ Véase también: **aplaudir, jalear.**

ovillo ♦ **complejo, complicado, confuso, enrevesado, intrincado[20]** ♦ **hilo (de)** ♦ **desenmarañar, desenredar(se), desentrañar[10], deshacer, enredar(se), hacer(se), liar(se), tirar (de)**
□ Véase también: **enredo, lío, madeja, maraña, red.**

oxígeno ♦ **balón (de), bocanada (de), bombona (de), inyección (de)[19]** ♦ **circular, dar, faltar(le) (a alguien), inhalar, inspirar, insuflar, respirar**

oyente ♦ **asiduo[19], esporádico, fiel, habitual, radiofónico** ♦ **asistir (de/como), contabilizar, dirigir(se) (a)**

P p

[pa] → **de pe a pa**

pabellón ♦ *(bandera)* **arriar[2], enarbolar, izar**
☐ Véase también: **bandera.**

pacer ♦ **ganado**
☐ Véase también: **comer, pastar.**

paciencia ♦ **admirable, a raudales[30], considerable, encomiable, escaso, excesivo, inagotable, infinito, inmenso, insuficiente, loable, necesario, resignado, sobrehumano, suficiente, sumo** ♦ **a base (de), con** ♦ **abusar (de)[3], aceptar (con), acumular, agotar(se)[17], armarse (de)[1], colmar[24], demostrar, desbordar(se)[51], echar[16], ejercitar[23], flaquear, minar[11], perder[25], poner a prueba, requerir, socavar, soportar (con), tener, tomar (con)**
☐ Véase también: **aguante, calma, entereza, resignación.**

pacientemente ♦ **aguantar, aguardar, esperar, padecer, resistir, soportar, sufrir, tolerar**

pacíficamente ♦ **abandonar, aguantar, arreglar, celebrar, compartir, comportarse, concentrar(se), conversar, convivir, defender(se), desalojar, desarmar(se), desfilar, disolver(se), dividir(se), entrar, festejar, invadir, manifestar(se), marchar, ocupar, pedir, proclamar, protestar, reaccionar, reclamar, regresar, resistir, resolver, retirar(se), reunir(se), solucionar, soportar, transformar**

pactar ♦ **a puerta cerrada[6], de igual a igual[26], democráticamente, de palabra[17], punto por punto[54], sin condiciones, verbalmente[15]** ♦ **acuerdo, alto al fuego, arreglo, decisión, ley, norma, programa, reglamentación, resolución, salida, solución**
☐ Véase también: **acordar, concertar.**

pacto ♦ **acorde (con)[60], amistoso, beneficioso, bilateral, común, con matices[26], de caballeros, de gobierno, de igual a igual[44], de palabra[40], ecuánime, equitativo, firme, incondicional[35], reticente (a), salomónico[12], secreto, sin condiciones[13], soterrado[49], vigente[18]** ♦ **alcance (de)[15]** ♦ **abolir[52], acariciar[41], acatar[24], aceptar, acometer[28], acordar, alcanzar, arbitrar[12], asumir[62], atenerse (a)[29], auspiciar[14], avalar[56], boicotear, caber[8], ceñir(se) (a)[51], cerrar, cocinar(se)[4], consensuar, cuajar[19], culminar[26], cumplir[70], desactivar[33], desbloquear[12], desvanecerse[60], desvelar[65], disolver(se)[22], encajar, esgrimir[46], establecer[20], faltar (a), favorecer, firmar[7], forjar[12], formalizar, fraguar(se)[4], hacer, hacer(se) realidad[49], hacer efectivo, impedir, impulsar, incumplir[23], infringir, llegar (a), llevar a buen puerto[5], llevar adelante[22], llevar a la práctica[22], lograr, madurar[6], negociar[5], obstaculizar[19], oficializar, perfilar[12], perseguir, pilotar[8], promulgar, propiciar, propulsar[19], prorrogar[21], quebrantar[19], quebrar(se)[27], refrendar[13], respetar, revalidar[55], romper, salir a la luz[36], sellar[2], suscribir, torpedear, trabar[14], transgredir[34], urdir[48], violar[28]**
☐ Véase también: **acuerdo, alianza, compromiso, convenio, juramento, promesa.**

PACTO Véase: *ACUERDO*

PACTO Véase: ACCIÓN CONCERTADA; ACUERDO

padecimiento ♦ **doloroso, insoportable, insufrible, intenso, largo** ♦ **aligerar, aliviar[11], aminorar, mitigar, ocasionar, pasar, producir, provocar, soportar, sufrir**

pagar ♦ **caro, exento (de), gustoso[40]** ♦ **a crédito[6], a cuenta, a escote, al contado, a partes iguales[19], a peso de oro, a plazos[2], a tocateja, con creces[26], con demora, con gusto, con tarjeta, contra reembolso, cumplidamente, en cómodos plazos, en compensación, en efectivo, en especies, en metálico, escrupulosamente[27], fabulosamente, generosamente[21], gustosamente[9], íntegramente[1], puntualmente, religiosamente[1], sobradamente**
☐ Véase también: **abonar, amortizar, cotizar, cumplir, financiar, gastar, indemnizar, invertir, remunerar, saldar, tributar.**

página ♦ **abarrotado, abierto (a algo/a alguien), apretado, bello, borroso, brillante, central, completo, correlativo, cultural, de espectáculos, de la historia, deportivo, de propaganda, desgarrado, de última hora, económico, editorial, electrónico, en blanco, entero, final, hermoso, holgado, impreso, informativo, inicial, interior, internacional, nacional, negro, oscuro, precedente, promocional, siguiente** ♦ **borrar, corregir, dedicar (a algo), desdoblar, desplegar, doblar, emborronar, encabezar, escribir (en), firmar, incluir, insertar, intercalar, leer, llenar, ofrecer (a alguien), pasar, publicar, recorrer, repasar, revisar, titular**
☐ Véase también: **papel, texto.**

pago ♦ a crédito[18], al contado, a partes iguales, aplazado, a plazos[13], en efectivo, en especies, en metálico, exento (de)[3], forzoso, gravoso, ineludible, inexcusable, libre (de), módico, oneroso, perentorio[4], puntual ♦ al corriente (de) ♦ afrontar[32], agilizar[11], aliviar[33], aplazar, atender, canalizar[69], condonar[6], conminar (a), demorar, diferir, domiciliar, efectuar, ejecutar, eludir[29], exigir, eximir (de)[13], exonerar (de), hacer efectivo, incumplir[59], librar(se) (de), obstaculizar, realizar, reclamar, respetar, retrasar, saldar[12], satisfacer, tributar, vencer[96], zanjar[66]
☐ Véase también: **cobro, cotización, impuesto, peaje, tributo.**

país ♦ al frente (de) ♦ afincar(se) (en), anexionar, avanzar, colonizar, conquistar, desestabilizar, desmembrar(se)[2], desmoronar(se), esquilmar[12], expandir(se), gobernar, independizar(se), limitar (con), llevar adelante, poblar(se), renovar(se), residir (en), vivir (en)
☐ Véase también: **estado (de), nación.**

paisaje ♦ abigarrado[14], abrupto, agreste, árido, desértico, desolador[4], dilatado, escarpado, estepario, extendido, fantasmal[3], idílico, incomparable, majestuoso, paradisíaco, pintoresco, romántico, rural, urbano, vasto, yermo ♦ componer, contemplar, describir, descubrir, disfrutar (de), dominar, extenderse, fotografiar, gozar (de), ofrecer(se) a la vista, pintar, recrearse (en)
☐ Véase también: **panorama, perspectiva, territorio, vista.**

[paisano] → de paisano

paja ♦ brizna (de), gavilla (de), hacina (de), haz (de)

[pájaro] → como un pajarito

pájaro ♦ aletear, cantar, gorjear, piar, planear, trinar, volar

[palabra] → bajo palabra, de palabra, de palabra y obra, ni media palabra, ni palabra, ni una palabra

palabra ♦ ácido, a favor[76], amable, atropellado, brusco, cacofónico, cargado (de algo), certero[35], claro, clave, controvertido, cordial, cristalino[10], de ánimo, de consuelo, de honor, en contra, entrecortado, hueco, imborrable, inconexo, inoportuno, justo, lastimero, literal, mágico, malsonante, oportuno, parco (en)[1], preciso, premonitorio, rimbombante[14], rotundo[28], soez, trillado[38], último, vacío, vano ♦ al hilo (de)[8], a través (de) ♦ avalancha (de), lluvia (de)[23], persona (de), sarta (de)[40], uso (de) ♦ abusar (de), aceptar, acuñar[11], agotar(se)[52], ahorrar(se), arrancar (a alguien), articular, atenerse (a)[43], balbucear, brindar[57], brotar, caer como una bomba[3], caer en saco roto[20], conceder (a alguien), corroborar, cruzar, cumplir[48], dar[46], dar sentido (a), decir, dedicar, dejarse llevar (por)[72], delatar, descifrar[21], descontextualizar, desdecirse (de)[1], devaluar(se)[24], difundir(se)[28], discurrir, elegir, empeñar, encontrar, enlazar, entender, entrecortar(se)[17], escribir, escuchar, extrapolar[16], falsear, faltar (a)[1], fluir[8], improvisar, incumplir[27], intercambiar, interpretar, inventar, lanzar, ligar, malgastar[29], mascullar, oír, pronunciar, recobrar, recordar, refrendar[40], refutar, repetir, sacar de contexto, salir al paso (de)[5], soltar, sonar, surgir, tener, tergiversar[12], tomar, trabarse, truncar(se), usar, verter, violar[43], *otros verbos de lengua*
☐ Véase también: **lengua, texto, voz.**

palabrería ♦ absurdo, atropellado, confuso, hueco, huero, inconexo, incontenible, interminable, inútil, sin sentido, vacío, vano[26]

palacio ♦ antiguo, augusto, colosal, de deportes, fastuoso, grandioso, hermoso, imperial, lujoso, majestuoso, monumental, nacional, ostentoso, presidencial, principesco, real, regio, señorial, soberbio, solemne, suntuoso ♦ en, frente (a) ♦ abandonar, acceder (a), acudir (a), alzar(se), apostar(se) (en), asaltar, atravesar, decorar, defender, dominar (algo), erguirse, erigir, frecuentar, morar (en), mudar(se) (a), recorrer, remodelar, residir (en), retirar(se) (a), rodear, saquear, vigilar, visitar, vivir (en)
☐ Véase también: **casa, edificio, monumento.**

paladinamente ♦ afirmar, confesar, confirmar, declarar, desvelar, expresar, reconocer, responder, *otros verbos de lengua*

paliar *v.* ▮ Se construye con múltiples sustantivos que designan estados de carencia y adversidad, especialmente si no se han causado deliberadamente. Se combina con...

A SUSTANTIVOS QUE DENOTAN PROBLEMA, EQUIVOCACIÓN O RESULTADO ADVERSO: **1 problema ++**: Los trabajos se centraron en la construcción de un depósito de agua que ha *paliado* los problemas de abastecimiento... EDV130301 **2 dificultad +**: Para *paliar* las dificultades que presenta el exceso de tráfico, se pondrá en marcha una serie de medidas especiales... EME160495 **3 error +**: El grupo socialista del Ayuntamiento va a pedir que se haga un hueco en la filmoteca para poder *paliar* errores garrafales... EPE160900 **4 fracaso**: ...Henrique Tello denunció que los programas curriculares están desfasados y no contribuyen a *paliar* el fracaso escolar... FDV070201 **5 quebranto –**: Podría pensarse que la proliferación de ayudas ajenas *palia* el quebranto que la pérdida origina, pero la realidad es muy otra. ABC050293

B SUSTANTIVOS QUE DENOTAN NECESIDAD, AUSENCIA O CARENCIA: **6 necesidad ++**: ...sus exiguos ingresos no les permiten *paliar* las necesidades básicas de la familia. EXC210197 **7 carencia ++**: Para *paliar* estas carencias, que repercuten en los niños, propongo la unificación de criterios. FDV210601 **8 escasez ++**: ...la extracción de berberecho rabioso podría *paliar* la escasez de especies como la almeja... FDV120601 **9 déficit ++**: ...el gobernador habló de 4.900 viviendas necesarias para *paliar* el déficit habitacional que presenta Bahía Blanca. LNP040997 **10 ausencia +:** Nosotros perdemos a Jordan hace tres meses y nadie se mueve por conseguir *paliar* su ausencia... EME240194 **11 falta +:** El Comité de Gestión de Cítricos considera que el actual sistema para *paliar* la falta de mano... EPE071299 **12 deficiencia +:** Lo suyo será defender a las torres enemigas y *paliar* las deficiencias bajo los aros de Arlauckas. EME010895 **13 defecto:** La impresionante interpretación de James Stewart *palia* los pocos defectos que presenta esta inolvidable adaptación de una famosa novela basada en hechos reales. EPE231101 **14 laguna:** En los últimos tiempos, no obstante, algunos estudios tratan de *paliar* esa laguna... ABC290995 **15 vacío:** ...el libro de Serrafero trata de *paliar* ese vacío político y doctrinario... ABC220794 **16 baja:** ...la empresa intentó *paliar* la baja de estos nueve coches... EME191196

C SUSTANTIVOS QUE DENOTAN CONSECUENCIA O REPERCUSIÓN DE ALGO, A MENUDO ADVERSAS: **17 efecto ++:** El Ayuntamiento tomará medidas para *paliar* los efectos de la huelga... EDV130301 **18 consecuencia ++:** El plan nacional [del Alzheimer] intentará *paliar* las consecuencias sociales y sanitarias. EPE021199 **19 impacto +:** ...ha indagado las propuestas que los conductores considerarían eficaces para *paliar* el impacto ambiental. EDV180101 **20 repercusión +:** Fomento destinará 50.000 millones al proyecto, que trata de «*paliar* la repercusión de la subida de los carburantes en la competitividad del sector»... LVG131200 **21 secuela:** La asistencia de los países industrializados se hace imprescindible, a fin de *paliar* las secuelas que está dejando el estado de sitio... EME110396

D EL SUSTANTIVO *SITUACIÓN* Y CON OTROS QUE DESIGNAN DIVERSOS ESTADOS DE AFLICCIÓN, INFORTUNIO O ADVERSIDAD: **22 situación ++:** Se espera, así, *paliar* la difícil situación provocada por la caída del precio del petróleo... CLA280199 **23 crisis ++:** Consideran, por contra, que este proyecto *paliará* la crisis económica que sufre el municipio desde hace años. EME140996 **24 catástrofe +:** ...los voluntarios (...) colaboran para *paliar* la catástrofe del Prestige. LRE270103 **25 desastre +:** Los argentinos que quieran colaborar para *paliar* el desastre causado en Colombia pueden llevar sus donaciones a la Embajada colombiana... CLA270199 **26 sequía +:** La reutilización de las aguas residuales puede ser una de las soluciones para *paliar* la sequía que ahoga a buena parte de España. EME211195 **27 hambre +:** En Sudán, la ONU intenta *paliar* el hambre causado por la guerra civil desde el aire. EPE020199 **28 mal +:** Médicos españoles ensayarán un «marcapasos cerebral» para *paliar* el mal de Parkinson. LVE030495 **29 pobreza:** ...estos fondos que tuvieron su origen en Bolivia en noviembre de 1986, han demostrado ser una medida acertada para *paliar* la pobreza. EXC050996 **30 desempleo:** ...la construcción del «Sanlúcar Club Golf» generará cientos de puestos de trabajo, que contribuirán a *paliar* el alto desempleo que hay en la comarca. EME300996 **31 miseria:** ¿El placer y las comodidades pueden ser un modo de *paliar* la miseria? EPE140199 **32 bancarrota:** ...Zedillo y su gente no hayan dónde tocar para pedir recursos y *paliar* la bancarrota... PME201096 **33 riada −:** La obra de la Cotop para *paliar* las riadas del municipio de Padrón chocó desde el principio con el rechazo de los partidos de la oposición municipal... LVG231191

E SUSTANTIVOS QUE DENOTAN DAÑO O DETERIORO: **34 daño ++:** Equipos de bomberos y una docena de ambulancias servirían para *paliar* los daños... EME230295 **35 perjuicio +:** Por eso iremos con una oferta concreta para *paliar* los perjuicios que podría ocasionarle el jugar para Argentina. CLA190197 **36 erosión +:** El Ayuntamiento de Irún adopta medidas para *paliar* la erosión de Peñas de Aia. EDV180101 **37 deterioro +:** Se han iniciado actuaciones dirigidas a *paliar* los deterioros ambientales existentes... EME100194 **38 desperfecto +:** La intensa lluvia caída (...) obligó a bomberos, Guardia Urbana y otros servicios municipales a intervenir para *paliar* los desperfectos causados. LVE250895 **39 destrozo:** El Gobierno español aprobó ayer el envío de ayuda humanitaria de emergencia a Cuba para *paliar* los destrozos causados por el huracán «Lili»... LNC281296 **40 estropicio:** No hablaba tanto de soluciones como de plantear los problemas, de intentar *paliar* este estropicio moral. ABC031293

F SUSTANTIVOS QUE DESIGNAN ENFERMEDADES, DOLENCIAS Y OTROS ESTADOS AFLICTIVOS DE NATURALEZA FÍSICA O ANÍMICA, ASÍ COMO ALGUNAS DE SUS CONSECUENCIAS NOTORIAS: **41 dolor +:** La marcha fúnebre y los honores de guerra no son suficientes para *paliar* el dolor. CAP270901 **42 sufrimiento +:** ...Estados Unidos concederá una ayuda de veinte millones de dólares para *paliar* los sufrimientos materiales de los chechenos. LVE100295 **43 frustración:** Esa generalizada frustración que provoca el sistema educativo (...) del país es la que tratan de *paliar* los falsificadores de títulos y carnés... FDV050401 **44 resentimiento:** ...esta cubana que tanta gloria le ha regalado a su tierra y a sus mares, llegue a encontrarse por derecho propio, sin reconocimientos especiales que suelen *paliar* resentimientos y presuntos olvidos... GIC030997 **45 depresión:** Además, se ha comprobado ya que este tipo de depresiones pueden *paliarse* tomando dosis controladas de estrógeno. EME260996 **46 lesión:** ...agarró la mano tendida por la UEFA llamando como refuerzo al centrocampista del Werder Bremen, Jens Todt, para *paliar* una cascada de lesiones y suspensiones. EUV300696 **47 cojera:** ...un muchacho que huye de su Galicia natal (...), arrastrando su cojera congénita, *paliada* mediante un rudimentario aparato ortopédico... ABC201291

G SUSTANTIVOS QUE DENOTAN AUSENCIA DE IGUALDAD O EQUIDAD: **48 desequilibrio +:** Estas acciones constituirán una excelente oportunidad para *paliar* los desequilibrios regionales... ABC050393 **49 desigualdad +:** ...«un proyecto que pretende contribuir a *paliar* las profundas desigualdades sociales existentes hoy por hoy en la ciudad»... LRE150103 **50 diferencia +:** No resulta fácil *paliar* las enormes diferencias de ingresos entre los sectores de la población. INDOC

H SUSTANTIVOS QUE DENOTAN DISMINUCIÓN O INCREMENTO: **51 caída +:** ...la reducción de los costes de transformación ha permitido *paliar* la caída del margen... EME080596 **52 pérdida +:** ...se han concedido ayudas directas para *paliar* la pérdida de renta de los agricultores. EME240995 **53 descenso +:** ...tanto la Generalitat como el Ayuntamiento han venido haciendo un esfuerzo para *paliar* el descenso de población... LVE091096 **54 disminución +:** ¿Qué últimos avances se han encontrado para *paliar* esta disminución? EPE231199 **55 aumento +:** ...se han mostrado de acuerdo en acelerar las medidas de ayuda a los ganaderos con el fin de *paliar* los aumentos de costes... EPE070699 **56 alza:** ...el PSOE presentó ayer un detallado plan para *paliar* el alza de los carburantes... EPE150900 **57 inflación:** Y uno de los puntos de suma importancia acordados en ese evento ha sido el necesario aumento de salarios para enfrentar o *paliar* tanta inflación... EUV060499 **58 reducción:** Para *paliar* la drástica reducción de ingresos, los rectores designados de la época echaron mano a una estrategia común... HOY251196 **59 incremento:** ...medidas urgentes que intentarán *paliar* el considerable incremento de accidentes de tráfico que hemos vivido estos días. INDOC

I SUSTANTIVOS QUE DENOTAN SOLICITUD DE ALGO O MANIFESTACIÓN DE DISCONFORMIDAD EN RELACIÓN CON ALGUNA COSA: **60 crítica +:** Y la inclusión de tres mujeres trata de *paliar* las críticas formuladas desde las filas femeninas contra Prodi. LVE190596 **61 protesta +:** ...La Generalitat ofrece soluciones de urgencia para *paliar* las protestas... LVE160296 **62 demanda:** ...se habilitarán 60 camas que permitan *paliar* la demanda mientras duren las obras en el Virgen de la Concha. ENC060599 **63 reclamo:** La dirigencia no quiso meterse en problemas y optó, para *paliar* el reclamo creciente en aquel sentido, por algo más suave... PME290996

J SUSTANTIVOS QUE DENOTAN ACCIÓN HOSTIL, AGRESIVA, COERCITIVA, VIOLENTA O PELIGROSA. TAMBIÉN CON OTROS QUE DESIGNAN ALGUNOS DE SUS EFECTOS: **64 embate +:** Canales y puentes se han dispuesto en el norte (...) a la espera de *paliar* los embates del Niño. CAP181297 **65 ofensiva:** El viaje de Stuart Eizenstat (...) para *paliar* la ofensiva de los 15 países miembros de la Unión Europea (UE) contra la Ley Helms-Burton no fue tan infructuosa como se creía. EXC181296 **66 choque:** La prevista colaboración financiera de la UE para *paliar* el choque asciende a 375 millones de ecus... LVE141295 **67 opresión –:** ...Manuel Puig (...) convierte a su protagonista homosexual en un alucinado contador de películas para *paliar* la opresión carcelaria. LPN270197 **68 amenaza:** Esto es lo que acaba de ocurrirle a Uruguay ante la decisión de Brasil de limitar las importaciones (...) para *paliar* la amenaza planteada a su plan de estabilidad... EOU090497

K SUSTANTIVOS QUE DESIGNAN OTROS ESTADOS DE CARÁCTER NEGATIVO, MÁS FRECUENTEMENTE SI SON ANÍMICOS Y SE REFIEREN A LA AUSENCIA DE CERTEZA O DE SERENIDAD: **69 desconcierto +:** ...se entró en el llamado Termidor con cambio de chaquetas o etiquetas y condena de todos los excesos para *paliar* el desconcierto. LVE220696 **70 incertidumbre +:** Anticipada su firma para *paliar* la incertidumbre que había agudizado el nerviosismo en el mercado cambiario... PME031196 **71 confusión +:** Contra viento y marea, Scalfaro ha *paliado* con dignidad, habilidad y energía la confusión política... LVE070196 **72 caos:** ...el Ministerio de Fomento está preparando unas serie de medidas nuevas con las que *paliar* el caos aéreo de Barajas... EDV270499 **73 nervios:** Para *paliar* estos nervios, en los últimos quince minutos antes del concierto solía venir con cualquier pretexto a mi camerino... ABC080193 **74 estrés:** Para *paliar* el estrés oxidativo, Luc Montagnier sugirió la administración de vitaminas C y E. ABC041194 **75 ansiedad:** Al menos la mitad de las personas que los cuidan (...) se ven obligadas a pasar por el psiquiatra para *paliar* la ansiedad... EME210996 **76 desazón –:** Y, como para *paliar* un poco la desazón de los remeros, dijo que los ejercicios con balón serán incluidos en el rol de trabajo. ESH260696

L SUSTANTIVOS QUE DENOTAN DESCONOCIMIENTO O DESATENCIÓN. TAMBIÉN CON ALGUNOS DE SUS ANTÓNIMOS SI APARECEN MODIFICADOS POR ADJETIVOS QUE DENOTAN AUSENCIA O ESCASEZ: **77 olvido +:** ...inaugura una colección de biografías de autores españoles e hispanoamericanos para *paliar* el olvido memorialístico... LRE190103 **78 desconocimiento:** Para *paliar* este desconocimiento, se está trabajando en un libro... LVE260495 **79 abandono:** ...las primeras audiciones que se ofrecen (...) han venido a *paliar* en parte el sonrojante abandono por el que tantos y tantos compositores tenían que vivir de otras ocupaciones... ABC301092 **80 desatención:** ...poner en marcha una consulta específica sobre anorexia y bulimia para *paliar* la «desatención que los jóvenes universitarios padecen en este terreno»... EPE190599 **81 escasa atención:** Pese a todo, fueron momentos complicados para Liaño, que *palió* su escasa atención en el único tanto donostiarra. EME170495 **82 conocimiento:** Ambas hispanistas manifiestan que su propósito es *paliar* el escaso conocimiento que de nuestras literaturas se tiene fuera de sus fronteras... ABC291093 **83 reconocimiento –:** De la rusa Nina Berberova, cuyo reconocimiento tardío ha quedado *paliado* por la aclamación con que crítica y publico han premiado su labor, puede leerse *Ronqueval*... ABC290592

M OTROS SUSTANTIVOS; POSIBLES USOS ESTILÍSTICOS: ...aceptaban gustosos el té que los manifestantes repartían para *paliar* la helada tarde. CLA170199

☐ Véase también: **corregir, enmendar, rectificar, subsanar.**

[paliativo] → **sin paliativos**

paliativo ♦ **cuidado, remedio, tratamiento**

pálido ♦ **como la cera, como un muerto, completamente, totalmente**

paliza ♦ **contundente, de padre y muy señor mío, descomunal, espectacular, monumental[52], severo[22], soberbio** ♦ **asestar, atizar, dar (a alguien), encajar, endosar, librar(se) (de)[17], propinar, recibir**

☐ Véase también: **agresión, golpiza.**

[palma] → **como la palma de la mano**

palmario ♦ **argumento, asunto, caso, dato, delito, ejemplo, evidencia, exponente, fracaso, interés, muestra, peligro**

☐ Véase también: **meridiano.**

[palmo] → **palmo a palmo**

palmo a palmo *loc.adv.* ▌Se construye muy frecuentemente con verbos que tienen como complemento sustantivos que denotan terreno o extensión geográfica. Se combina con verbos que denotan confrontación o lucha *(luchar, pelear: Pelear palmo a palmo por un territorio...)*, y también con...

A EL VERBO *CONOCER*: **1 conocer ++**: ...presume de conocer *palmo a palmo* la ciudad... LVE250696

B VERBOS QUE DENOTAN ANÁLISIS, EXPLORACIÓN O EXAMEN, MÁS FRECUENTEMENTE SI ES MINUCIOSO Y SE DIRIGE A LOCALIZAR PERSONAS O COSAS: **2 rastrear ++**: ...rastrearon *palmo a palmo* y durante todo el día de ayer las estribaciones de las sierras... EME190895 **3 registrar ++**: ...parecen dispuestas a registrar *palmo a palmo* las 40 cuevas... EPE051201 **4 revisar ++**: ...los llevó a revisar *palmo a palmo* los senderos y recorridos... LNP130397 **5 analizar:** Analizaron el terreno *palmo a palmo*. EPE220899 **6 examinar:** La policía examinó *palmo a palmo* la zona en busca de alguna pista. INDOC **7 barrer +**: ...todas las regiones del país serán barridas *palmo a palmo*. EME121095 **8 investigar:** ...la costumbre de vagar por la noche, investigando *palmo a palmo* una ciudad muy distinta a la que tenía desplegada ante sus ojos durante el día. LTB060297 **9 peinar:** ...peinaron *palmo a palmo* durante todo el día laderas y cañadas... EPE171099 **10 explorar:** ...la parcela más beneficiada sea la del siglo XV: se ha explorado *palmo a palmo*. ABC090493 **11 escrutar:** ...subieron a bordo y escrutaron *palmo a palmo* la embarcación. EPE100900

C ALGUNOS VERBOS DE MOVIMIENTO, MÁS FRECUENTEMENTE SI HACEN REFERENCIA AL ESPACIO RECORRIDO: **12 recorrer ++**: En este panorama, todo vale y todos andan recorriendo *palmo a palmo* la región. HOY150997 **13 visitar:** Esta entrega, llamada Madrid alrededor, visita *palmo a palmo* la Comunidad de Madrid... EME130696 **14 retroceder:** La élite y los condenados del Ejército alemán retrocedían *palmo a palmo* el frente soviético... EME080694 **15 adelantar:** Pensar que un par de pacientes mineros y poceros adelantan *palmo a palmo* picando en la tierra blanda... LVE030996 **16 acercar:** ...tú y los demás como tú nos estáis acercando *palmo a palmo* a la nueva España plural... EPE230900

D VERBOS QUE DESIGNAN LA ACCIÓN DE DOMINAR UN TERRITORIO O LA DE TRIUNFAR SOBRE UN ADVERSARIO: **17 conquistar ++**: ...en la Italia que los Aliados van conquistando *palmo a palmo*... EME300995 **18 ganar +**: Desde Sierra Maestra, los «barbudos» ganaron *palmo a palmo* al Ejército. EME180896 **19 colonizar:** ...esa tierra (...) amada y colonizada *palmo a palmo*. ABC040992 **20 reconquistar:** ...había perdido a una tercera parte de sus miembros reconquistando *palmo a palmo* las posiciones ganadas por los nacionales en la Casa de Campo. EME101196

☐ Véase también: **de arriba abajo, de pies a cabeza, de punta a punta.**

[palo] → **a palos**

palo ♦ **considerable, de ciego, de mesana, duro, fuerte, mayor, monumental, terrible** ♦ **lluvia (de)**[44], **somanta (de)** ♦ **asestar, blandir, dar, encajar**[7], **esgrimir, llevar(se), propinar, recibir, ser (para alguien), suponer (a alguien)**

☐ Véase también: **golpe (de).**

palpable *adj.* ▮ Se combina con sustantivos que designan sentimientos y estados de ánimo, tanto negativos *(miedo, desesperación, tristeza, hastío)* como positivos *(alegría, euforia, satisfacción, concordia)*. Se combina asimismo con sustantivos que designan lo que se considera cierto o presente *(realidad, hecho)*, y también con...

A SUSTANTIVOS QUE DESIGNAN LO QUE REVELA, DEMUESTRA, CONFIRMA O ILUSTRA ALGUNA COSA: **1 ejemplo ++**: La explotación sustentable de las especies de babas y chigüires, que actualmente se realiza en Venezuela, son ejemplos *palpables*. EUV061196 **2 muestra ++**: ...en una muestra *palpable* de que la fraternidad es una realidad cotidiana en la frontera... LPA210592 **3 prueba ++**: ...se han convertido en la prueba más *palpable* de la determinación de EE. UU. de enjuiciar a los miembros de la organización terrorista Al Qaeda. EPE191001 **4 demostración ++**: ...ya que ello era la *palpable* demostración del significado de esta jornada tan especial. FDV020101 **5 constatación:** ...al margen del progresivo aumento en el uso del catalán, hay otra constatación *palpable*: la gran diferencia que existe entre unas comarcas y otras. LVE191096 **6 evidencia:** La búsqueda de pruebas sobre la vida animal no ha podido encontrar evidencias *palpables* más allá de los 1.000 millones de años atrás... CLA290199

B SUSTANTIVOS QUE DESIGNAN EL RESULTADO O EL EFECTO DE ALGÚN ESTADO DE COSAS: **7 resultado ++**: ...se espera que tales proyectos se traduzcan en resultados más amplios y *palpables*. HOY010278 **8 consecuencia ++**: Las consecuencias de las bombas lanzadas sobre Hiroshima y Nagasaki todavía son *palpables*. GIC083297 **9 efecto +**: ¿No es cierto que la capacidad de diferir el juicio que el tiempo nos otorga es el fundamento de nuestra condición moral? Los efectos del tiempo son *palpables*. LVE150396 **10 fruto:** Existen experiencias aleccionadoras sobre el pacto de paz sellado entre grupos guerrilleros y gobiernos democráticos, que no son claras ni mostraron frutos *palpables*... LTB020197 **11 impacto:** ...el impacto de su retiro será más *palpable* en países geográficamente lejanos... HOY010997 **12 huella:** La erosión ha dejado en los últimos años una huella *palpable* en el litoral. EPE130199 **13 reflejo:** El reflejo más *palpable* de la mejoría con la que los mercados acogieron el nuevo escenario de expectativas... LVE071196

C SUSTANTIVOS QUE DESIGNAN ESTADOS ANÍMICOS NEGATIVOS, MÁS FRECUENTEMENTE SI SE ASOCIAN CON LA PERTURBACIÓN, LA IRRITACIÓN O LA INQUIETUD: **14 malestar +**: El malestar en el seno del PSN es *palpable* por la imposición llegada desde Madrid. EPE120499 **15 tensión +**: Estados Unidos permanece en máxima alerta y la tensión es *palpable*. EPE091001 **16 crispación:** Hondarribia celebra hoy su Alarde en un clima de crispación *palpable*. EPE080999 **17 nerviosismo:** ...entre los miembros del Gobierno catalán y del grupo parlamentario de CiU el nerviosismo era *palpable*... LVE090695

D SUSTANTIVOS QUE DENOTAN DISTINCIÓN O DESEMEJANZA: **18 diferencia:** ...se trata simplemente de exteriorizar una diferencia que es *palpable*... LVE291295 **19 contraste:** El contraste es *palpable* en las concentraciones de la selección española. LVE080195 **20 desigualdad:** ...reforzaron la hegemonía castellana, pero antes de 1492 la desigualdad era ya *palpable*. EPE260299

E SUSTANTIVOS QUE DESIGNAN PROCESOS DE AUMENTO, ASCENSO O MEJORÍA: **21 crecimiento +**: ...el CD continúa vendiendo mucho más y su crecimiento es *pal-*

pable. EME070195 **22 incremento +**: ...el incremento en la afluencia de automóviles y viajeros al puerto de Algeciras comenzó a ser *palpable* ayer... EME140796 **23 aumento +**: El aumento respecto al año anterior es *palpable* en cuanto a la afluencia de visitantes profesionales... EPE030199 **24 mejoría +**: ...en una mejoría individual efectiva y *palpable*, es decir, en un mejor nivel y calidad de vida. EXC190900

F ALGUNOS SUSTANTIVOS QUE DENOTAN PÉRDIDA DE PROPIEDADES: **25 deterioro +**: ...el deterioro es mucho más *palpable* en las zonas donde el material ha sido labrado y que la mayoría de las patologías que padece la piedra está asociada a la presencia de agua. EPE220699 **26 empeoramiento**: Pero el inesperado anuncio del viernes ha dado un giro completo a los mercados, cuyo empeoramiento era *palpable* a lo largo de la tarde. LVE280796

palpablemente ♦ **aumentar, avanzar, demostrar, ejemplificar, incrementar(se), mejorar, mostrar, observar, progresar, prosperar, reflejar**

palpitante *adj.* ▮ Se combina con el sustantivo *corazón*. También con otros que designan ciertos períodos de la existencia *(vida, juventud)*, así como diversas obras de creación, o el género al que corresponden *(obra, libro, literatura, sinfonía, música)*. También se combina con otros que designan alguna de sus partes, sus componentes o sus manifestaciones. Se combina además con...

A SUSTANTIVOS QUE DENOTAN ASUNTO O CUESTIÓN: **1 cuestión ++**: Habría que exceptuar la *palpitante* cuestión de la violencia desatada por el EPR... EXC050996 **2 tema**: Y me detengo aquí para apuntar un tema *palpitante*: el encuentro, una vez más, entre el arte y la artesanía. ABC230695 **3 asunto**: No tengo la sensación de estar escribiendo sobre un asunto *palpitante*, doloroso, humano... EPE230800

B EL SUSTANTIVO *ACTUALIDAD* Y CON OTROS QUE HACEN REFERENCIA A LO QUE SE CONSIDERA ACTUAL O AL TIEMPO EN QUE SE VIVE: **4 actualidad ++**: Como fórmula no puede ser mejor: un «collage» de comentarios sobre la actualidad *palpitante*. ABC201095 **5 realidad**: Una obra en la que el escenario se convierte en (...) mordaz crítica de la realidad más *palpitante*. LVE270495 **6 presente**: ...el relato se presenta en todo momento en un presente vivo y *palpitante* que nos arrebata... EME060294 **7 modernidad**: ...el investigador debate con acierto la dimensión europeísta de Vives, subrayando su *palpitante* modernidad. ABC230493

C SUSTANTIVOS QUE DESIGNAN TEXTOS EN LOS QUE SE NARRA, SE REFIERE O DESCRIBE ALGUNA COSA: **8 argumento**: O un *palpitante* argumento para una novela irrechazable. EPE151099 **9 historia**: Y del dueño tampoco espere usted historias *palpitantes*... EPE220399 **10 crónica +**: ...van trazando una crónica *palpitante* de la historia y de la problemática cubana... EPE010876 **11 retrato**: ...un retrato *palpitante* de la vida cotidiana de la Barcelona de su tiempo... LVE151095 **12 testimonio**: Sus cualidades perceptivas encuentran en nuestro mundo común (...) un testimonio *palpitante*... ABC031195 **13 documento –**: El resultado de tal propósito desemboca en un documento *palpitante*. LVE030395 **14 diálogo –**: Por el camino encontramos los diálogos *palpitantes* con Marilyn. LVE240295

D EL SUSTANTIVO *PASIÓN* Y CON OTROS QUE DESIGNAN POSIBLES MUESTRAS DE AFECTO O DE DESEO: **15 pasión +**: ...nos revela, siempre despiertas, siempre *palpitantes*, las pasiones de las que surge el milagro de la vida. ABC111194 **16 abrazo**: ...el voluptuoso, fluido y *palpitante* abrazo de «El vals»... LVE280796 **17 beso**: ...Devi enseña a sus alumnas el «beso *palpitante*». EME181296

E SUSTANTIVOS QUE DENOTAN INTENSIDAD, AGITACIÓN O BRÍO: **18 intensidad**: ...Laín recorre con intensidad exacta y *palpitante* los más diversos ámbitos teóricos pertinentes y sus resultados. ABC030395 **19 dinamismo**: ...la vivencia y sus hermanas han aplacado su dinamismo *palpitante*, en la significación definitiva de un óleo. ABC100694 **20 empuje**: Nos parece que lo que ha separado a Ángel Pascual de su hermano Vicente (...) ha sido el empuje *palpitante* de la reflexión. ABC241293 **21 ansiedad**: La ansiedad *palpitante* y desmayada de Isabel se resolvió según la copla esquemática y levemente guasona de los gacetilleros... EME311296

F OTROS SUSTANTIVOS; POSIBLES USOS ESTILÍSTICOS: La frase resume el vaivén de la vida, el extremis *palpitante* del día a día que nos indica que algo va mal... EPE110899; ...una novela bélica escrita sobre el tapiz *palpitante* de nuestra Guerra Civil. EME291095

☐ Véase también: **palpitar**.

palpitar *v.* ▮ Se combina con sustantivos que designan ciertas partes del cuerpo, muy especialmente con el sustantivo *corazón*. Además, se combina con...

A SUSTANTIVOS QUE DESIGNAN EMOCIONES Y SENTIMIENTOS, PRINCIPALMENTE LOS DE NATURALEZA PASIONAL: **1 amor ++**: ...donde *palpitaba* ese amor casi místico a la obra perfecta... ABC160793 **2 pasión ++**: ...una mirada tras la que *palpita* una pasión contenida... LVE080796 **3 deseo +**: ...pues más allá del bien o del mal *palpita* el deseo de protegerse contra la propia historia. LVE130996 **4 emoción +**: ...son los domingos cuando esas emociones *palpitan* a plenitud, como para reclamar su inscripción histórica... ENH110198 **5 pulsión**: ...la pulsión romántica que *palpita* en sus dos jóvenes protagonistas... LVE201196

B SUSTANTIVOS QUE DENOTAN MIEDO, ODIO O PREOCUPACIÓN. TAMBIÉN CON ALGUNOS QUE DESIGNAN OTRAS ACTITUDES QUE EXPRESAN LA INTRANQUILIDAD MANIFESTADA CON RELACIÓN A ALGO: **6 miedo +**: ...un libro que reúne cuentos de fantasmas y donde el miedo *palpita* agazapado. EPE291201 **7 odio +**: Palpita el odio. Cuatro meses después de la liberación, han cambiado las tornas. EPE121199 **8 angustia +**: En su obra, como en la de Socías, *palpita* la angustia... LVE080196 **9 ansiedad**: ...pero bajo la piel *palpita* la ansiedad. EME240494 **10 preocupación**: En el fondo *palpita* la preocupación por la hegemonía... EPE240999 **11 temor**: En algún rincón de la mente siempre ha *palpitado* un temor inconsciente... EME241196 **12 desconfianza**: ...*palpita* la profunda desconfianza que el presidente (...) sigue suscitando en el Capitolio. EPE060599 **13 resentimiento**: Oscuros resentimientos *palpitan* en esas tristes páginas, que juegan con la reputación personal... EPE150499

C SUSTANTIVOS QUE DENOTAN FUERZA O VITALIDAD: **14 fuerza:** ...uno siente *palpitar* la fuerza generatriz de la tradición oral. LVE060996 **15 vitalidad:** En estos cuadros, de muy diversos temas y técnicas, *palpita* aún la vitalidad de sus autores... ABC291295 **16 vida:** ...y la vida *palpitando* en sus historias. EME160196

D SUSTANTIVOS QUE DESIGNAN ARTES, TÉCNICAS Y TENDENCIAS ARTÍSTICAS, ASÍ COMO ALGUNAS DE SUS MANIFESTACIONES: **17 poesía:** La poesía *palpita* en estas nueve décimas partes invisibles. ABC010995 **18 literatura:** ...la literatura que hoy *palpita* en la imaginación de otros autores... EME280596 **19 melodía:** ...en donde *palpita* otra melodía que la que caracteriza a nuestro Himno. LHG040197 **20 obra:** ...pues se trata de una obra (...) que todavía sigue en movimiento, fluye, late, *palpita*... ABC010494 **21 creación:** ...allí sigue *palpitando* la más singular y compleja creación (...) del siglo... EPE150399 **22 cubismo –:** En la disimulada geometría de esta tapia, de esta silla, de ese sombrero, está ya *palpitando* el Cubismo... ABC091092 **23 flamenco –:** ...el flamenco *palpita* en cada uno de sus gestos y de sus palabras. ABC290193 **24 partitura –:** ...de los que hacen *palpitar* la partitura... ABC170492 **25 acorde –:** ...la calidad de su prosa –donde *palpitan* acordes líricos– y su evidente destreza narrativa bastan para satisfacer las exigencias de cualquier lector. ABC271095 **26 tendencia –:** ...Avery pretende resumir las tendencias estéticas que *palpitan* en las vertientes de la cultura popular... LVE060296

E SUSTANTIVOS QUE DENOTAN LUGAR, CASI SIEMPRE USADOS EN SENTIDO METONÍMICO CON LA INTERPRETACIÓN DE GRUPO HUMANO: **27 país:** ...su propia visión del otro país, ése que *palpita* detrás de las pantallas... ENV190197 **28 ciudad:** ...la ciudad *palpita* y se resiste a vivir enclaustrada en esas fronteras... LVE060595 **29 banquillo –:** El banquillo de Antic *palpitaba* haciendo cálculos... EME290896

F OTROS SUSTANTIVOS; POSIBLES USOS ESTILÍSTICOS: ...de paredes que hablan, *palpitan* y están vivas. LVE150296; ...en ese inframundo que *palpita* en el lado oscuro... HOY301296

☐ Véase también: **palpitante.**

[pan] → **como el pan, como un día sin pan**

pan ♦ **ácimo, blando, candeal, de molde, duro, reciente, tierno** ♦ **hogaza (de), rebanada (de)** ♦ **alimentar(se) (de), amasar, fermentar(se), ganar(se), hornear, racionar, rebanar, revenir(se)**

☐ Véase también: **alimento.**

pánico ♦ **general, incontrolable, infundado, injustificado, patológico, preso (de)[7], terrible** ♦ **al borde (de)[14]** ♦ **ataque (de)[19]** ♦ **adueñarse (de alguien), ahuyentar[18], apoderar(se)[1], atajar, cabalgar, causar[17], controlar, cundir[13], dar[343], dejarse llevar (por)[38], desatar(se)[29], desencadenar(se)[31], despertar[18], disipar(se)[37], dominar[8], entrar[34], estremecerse (de), extender(se), infundir (a alguien), inspirar (a alguien), paralizar (a alguien), propagar(se), provocar, reinar[29], sembrar[2], sentir, sobrevenir[5], sofocar[32], surgir, tener, vencer[64], venir (a alguien)**

☐ Véase también: **horror, miedo, pavor, terror.**

panorama ♦ **abigarrado[13], alarmante, aleccionador[7], amenazador, angustioso, catastrófico, dantesco[2], desalentador, desastroso, desesperanzador, desolador[2], esperanzador, halagüeño[45], idílico, ilusionante, inabarcable, incierto, inquietante, novedoso[71], preocupante, saludable[21], siniestro, soberbio, sombrío, tranquilizador[2], vasto** ♦ **a la vista (de)[28]** ♦ **abarcar (con la vista), bosquejar[12], clarificar[8], configurar, contemplar, desequilibrar, despejar(se)[24], desvelar, dibujar(se), enderezar[15], enrarecer(se)[6], esclarecer(se)[18], normalizar(se), ofrecer(se), pintar, presentarse (a la vista), representar, trazar[42]**

☐ Véase también: **entorno, escenario, perspectiva, situación, vista.**

pantagruélico ♦ **apetito, banquete, comida, comilona, festín, menú**

pantalón ♦ **ajustar(se), apretar(se), arremangarse, bajar(se), ceñir(se), encoger, poner(se), probar(se), quitar(se), subir(se)**

pantanoso ♦ **agua, asunto, cuestión, situación, tema, terreno, zona**

[panza] → **como gato panza arriba**

[paño] → **como oro en paño**

pañuelo ♦ **anudar(se), enarbolar, limpiar(se) (con), llevar, lucir, ondear, sacar, sonarse (con), usar**

[papa] → **ni papa**

papel ▮ *(objeto)* ♦ **absorbente, confidencial[6], cuadriculado, de cocina, de estraza, de impresora, de periódico, de regalo, en regla, higiénico, mojado, pautado, secante** ♦ **en** ♦ **hoja (de), legajo (de), taco (de)** ♦ **acabar(se), amontonar, dibujar (en), doblar, emborronar, escribir (en), estampar, faltar, firmar, garabatear, obrar en poder[15], pegar, plegar, reciclar, tener**
▮ *(función)* ♦ **airoso[13], arduo, capital, comprometido, constructivo[8], crucial[41], decisivo, delicado, de {primera/segunda...} fila, descollante[20], deslucido, destacado, determinante[8], discreto, esencial, estelar, fundamental, honroso[57], importante, lucido, menor, predominante, preeminente[5], preponderante[1], principal, protagonista, secundario, sustancial, testimonial[26]** ♦ **a la altura (de), en función (de)** ♦ **abdicar (de)[13], aceptar, amoldar(se) (a)[53], arrogarse[5], asumir[16], bordar[1], ceñir(se) (a)[45], conceder[65], conservar[3], corresponder(le) (a alguien), cumplir[61], dar vida (a), dar[97], desempeñar[1], devaluar(se)[9], dilucidar[20], distribuir, ejercer[3], ensayar, fortalecer(se)[20], hacer, interpretar, invertir(se), jugar, meter(se) (en)[41], ostentar, otorgar, recaer[6], rechazar, representar, suplantar[4], tener, tocar(le) (a alguien), usurpar[11], vivir**

☐ Véase también: **documento, función, rol, traspapelar.**

papeleo ♦ **administrativo, burocrático, complejo, considerable, engorroso, eterno, imprescindi-**

ble, inevitable, inmerso (en), interminable, judicial, largo, lento, necesario, oficial ♦ aumento (de), avalancha (de), reducción (de) ♦ cargar (con), cumplimentar, evitar, firmar, gestionar, librarse (de), reducir, resolver, sacar adelante, saltarse, simplificar, tramitar, ultimar
□ Véase también: **burocracia, tramitación, trámite.**

papeleta ▮ *(voto)* ♦ en blanco[2], electoral ♦ depositar
▮ *(problema)* ♦ difícil, complicado, enrevesado ♦ afrontar, caer en suerte (a alguien), encarar, encontrar(se) (con), enfrentar(se) (a), presentárse(le) (a alguien), resolver, salvar, solventar, tener, tocar(le) (a alguien)

[par] → abrir de par en par, de par en par

parabién ♦ conceder, cortesía, dar, enhorabuena, felicitación, gozar (de)[9], hacer llegar (a alguien), recibir

[parábola] → en parábola

parada ♦ acrobático, automático, breve, cardiaco, cardiorrespiratorio, corto, de autobuses, de buses, definitivo, del balón, del corazón, de trenes, de taxis, electrizante, espectacular, extraordinario, forzoso, imprevisto, intermedio, intermitente, largo, meritorio, militar, momentáneo, obligatorio, oficial, principal, prolongado, repentino, respiratorio, tradicional ♦ señal (de) ♦ efectuar, espaciar, exigir, fijar, hacer, programar, provocar, realizar, solicitar

paralelismo ♦ claro, estrecho, estricto, evidente, existente, forzado, fuerte, marcado, posible ♦ dibujar, esbozar, establecer, existir, forzar, guardar[21], mantener, trazar[45]
□ Véase también: **correspondencia, relación, semejanza, similitud.**

[paralelo] → en paralelo

parálisis ♦ absoluto, administrativo, alarmante, aquejado (de), cerebral, condenado (a), culpable (de), democrático, económico, facial, fortuito, funcional, general, gubernamental, inesperado, informativo, institucional, interno, intestinal, inversor, irreversible, judicial, legislativo, momentáneo, ocasional, oficial, operativo, parcial, pasajero, peligroso, policial, político, progresivo, repentino, social, súbito, temporal, total, transitorio, virtual ♦ al borde (de) ♦ ataque (de), imagen (de), peligro (de), remedio (contra), riesgo (de), sensación (de), síntoma (de), situación (de) ♦ afectar (a algo), agravar(se), arrastrar (a algo/ a alguien), evidenciar, evitar, experimentar, padecer, poner fin (a), producir(se), provocar, registrar, remontar, salir (de), sufrir (de)
□ Véase también: **demora, detención.**

paralizar ♦ cautelarmente[10], definitivamente, de raíz[27], momentáneamente, por completo[32], por un momento, preventivamente, temporalmente[6], virtualmente[5]
□ Véase también: **atrancar(se), detener(se), frenar, parar(se).**

paranoia ♦ absoluto, acusado, curable, fuerte, general, imperante, incurable, reinante ♦ al borde (de)[4] ♦ acceso (de), ataque (de)[15], brote (de) ♦ apoderar(se)[26], asaltar (a alguien), bordear, curar(se), mejorar (de), recuperar(se) (de), rozar, salir (de), sobrevenir (a alguien), sufrir, superar, tener
□ Véase también: **delirio, demencia, locura.**

para rato ♦ ir, quedar (a alguien), tener (cuerda)

parar(se) ♦ bruscamente, de golpe, de repente, en seco[2], por un momento[5]
□ Véase también: **atrancar(se), detener(se), empantanar(se), frenar, obstáculo, paralizar, varar(se).**

[parcial] → a tiempo {completo/parcial}

parcialmente → a medias

parco (en) *adj.* ▮ Se construye muy frecuentemente con sustantivos en plural. Se combina con...

A EL SUSTANTIVO *PALABRA* Y CON OTROS QUE DESIGNAN MANIFESTACIONES VERBALES. TAMBIÉN CON OTROS QUE EXPRESAN DIVERSOS GESTOS, VERBALES O NO, DE APRECIO, ENCOMIO, CENSURA Y OTRAS FORMAS DE VALORACIÓN: **1 palabra ++:** Lvov, que se mostró *parco* en palabras a la hora de referirse a esta cuestión, sí confirmó que... FDV210601 **2 declaración +:** Embajador Aoki, anfitrión obligado por 126 días y hasta ahora *parco* en sus declaraciones. CAP250497 **3 comentario +:** Sólo Unzue dio la cara y se mostró muy *parco* en comentarios. LVE140796 **4 explicación:** Es lógico (...) que Belloch fuera *parco* en las explicaciones sobre los colaboradores y los países que habían facilitado encontrar a Luis Roldán en Laos. LVE020395 **5 elogio +:** Un nieto mío, extremadamente *parco* en elogios de la comida que se le pone delante... LVE190896 **6 halago:** El holandés, siempre *parco* en halagos, ha alabado últimamente a Rivaldo en el vestuario. EPE251099 **7 aplauso:** Tanto que se mostró *parco* en aplausos ante la gallardía de Chamaco... EME030695 **8 crítica:** Mucho más *parco* en sus críticas, Morán se limitó a subrayar la importancia del actual momento... EME130594 **9 autocrítica:** Siempre es motivo de celebración que Hollywood, tan *parco* en autocríticas, decida reírse un poco de sí mismo. LVE031196 **10 fraseo –:** ...aunque un exceso de historicismo hace que el intérprete sea tal vez excesivamente *parco* en el fraseo y las dinámicas. ABC241293

B SUSTANTIVOS QUE DENOTAN INFORMACIÓN: **11 noticia +:** La elección del mes de agosto, *parco* en noticias, ha sido otro acierto de esta sagaz operación de publicidad... LVE250895 **12 información:** Cierto es que el «Fabra» era muy *parco* en esta información y que los diccionarios posteriores no habían mejorado mucho... LVE081095

C SUSTANTIVOS QUE DESIGNAN ELEMENTOS CONSIDERADOS SUPERFLUOS, ACCESORIOS, ANECDÓTICOS O DE

ESCASA IMPORTANCIA: **13 detalle** +: ...dio el necesario tenebrismo a la acción, en el marco de una escenografía *parca* en detalles pero muy correcta. LVE260595 **14 adorno:** Por entonces su sonido era compacto, sin concesiones ni fisuras, pero asimismo *parco* en adornos. EME230496 **15 decoración:** Maguli y Tariel recorren en silencio las dos frías habitaciones de la casa, *parcas* en decoración. EME041295

D SUSTANTIVOS QUE DENOTAN ACIERTO O ÉXITO. TAMBIÉN CON OTROS QUE EXPRESAN DIVERSAS FORMAS EN LAS QUE SE PRESENTAN LOS RESULTADOS DE ALGO, A MENUDO CUANTITATIVAMENTE: **16 gol:** Ya es un dato histórico que la Liga italiana se caracteriza por ser tan *parca* en goles como rica en afluencia a los estadios. EPE251299 **17 victoria:** Nuestra historia es miserable, sin época, *parca* en victorias. LVE210794 **18 resultado:** Hasta el momento, los estudios de los animales transgénicos han sido *parcos* en resultados. ABC291295 **19 cifra:** ...fue uno de los muchos valores de primera fila en máximos anuales, aunque *parco* en cifras de negocio. LVE271196 **20 acuerdo** –: El primer consejo de gobierno fue *parco* en acuerdos, pero tuvo un gran fondo político... EPE130199

E SUSTANTIVOS O INFINITIVOS NOMINALES QUE DESIGNAN LA ACCIÓN DE CONSUMIR COMIDA O BEBIDA: **21 comer** +: Era muy *parco* en el comer; y su habilidad y su celda eran el refugio y remedio de todas las calamidades... ABC201192 **22 beber:** Son muy *parcos* en el beber y en el comer. EPE110999 **23 yantar:** Ambos son *parcos* en el yantar y el alcohol lo restringen a un güisqui con hielo de vez en cuando. EME050596 **24 alimentación:** ...si se trata de una familia *parca* en alimentación, o bien en gastos de cine, teatro, fútbol u otras amenidades. LVE290196 **25 comida:** ...lo que ya sí se sabe es que los que a la fuerza son *parcos* en comida son, en cambio, más activos... EME120594 **26 consumo:** El propulsor diésel resulta poco ruidoso y es *parco* en consumo de combustible. EME051295 **27 consumir:** Parca y ascética en el consumir, era sobria y elegante en el vestir. EME240296

parecer ♦ *(opinión)* **concordante, contrapuesto, encontrado, favorable, general, particular, personal, unánime**[57] ♦ **de acuerdo (con)** ♦ **concurrir, confrontar(se), conocer, contrariar, contrastar, dar, discrepar (de), disentir (de)**[2]**, emitir, expresar, pedir, recabar**[33]**, ser (de), solicitar, tener en cuenta**
□ Véase también: **criterio, opinión, punto de vista.**

parecer(se) ♦ **a grandes líneas, como dos gotas de agua, considerablemente, en líneas generales, en mucho**[17]**, enormemente, en poco, en todo, escasamente, extraordinariamente, ligeramente, ni de lejos**[14]**, ni por asomo**[11]**, notablemente**[39]**, remotamente**[13]**, significativamente, sumamente, vagamente**[11]
□ Véase también: **asemejar(se).**

parecido ♦ **asombroso, cierto, claro, enorme, escaso, estrecho, familiar, fuerte, indudable, lejano, leve, notable, remoto, sorprendente, sumo, vago** ♦ **guardar**[22]**, mantener, mostrar, notar, percibir, tener, ver**
□ Véase también: **paralelismo, semejanza, similitud.**

PARECIDO Véase: SEMEJANZA

[pared] → **entre cuatro paredes**

pared ♦ **compacto, delgado, divisorio, duro, fino, grueso, separador** ♦ **abatir, arañar, atravesar, colgar (de), derribar, derrumbarse, desconcharse, desplomar(se), empapelar, empotrar (en), encalar, levantar, resquebrajar(se), revocar**
□ Véase también: **barrera, cerco, muralla, muro.**

parentesco ♦ **carnal, cercano, estrecho**[35]**, familiar, lejano, lineal, político, próximo, remoto** ♦ **guardar**[24]**, tener**
□ Véase también: **descendencia, emparentar, estirpe, familia, herencia, paternidad.**

paréntesis ♦ **anecdótico, breve, circunstancial, clarificador, coyuntural, efímero, estival, festivo, forzoso, fugaz, informativo, invernal, largo, momentáneo, musical, navideño, obligado, pequeño, prolongado, publicitario, temporal, transitorio, vacacional, veraniego** ♦ **durante, entre, tras** ♦ **abrir, cerrar, dejar, hacer, insertar, intercalar, introducir, sufrir**
□ Véase también: **pausa, período, plazo.**

pariente ♦ **carnal, cercano, lejano, próximo**
□ Véase también: **parentesco, relación.**

paritario *adj.* ▮ Se combina con...

A SUSTANTIVOS QUE DENOTAN DISTRIBUCIÓN O COMPOSICIÓN. TAMBIÉN CON OTROS QUE EXPRESAN ALGUNAS FORMAS EN LAS QUE SE MANIFIESTAN LOS RESULTADOS DE DIVIDIR O REPARTIR LAS COSAS: **1 distribución** ++: Además de respetar la distribución *paritaria* institucional... EPE231099 **2 composición** ++: ...establecía una composición *paritaria* de la comisión de gobierno... EPE060799 **3 reparto** +: ...dando por hecho la existencia de un reparto *paritario* entre la UE y Canadá. LVE110495 **4 equilibrio** –: Se trata de un complejo crisol de etnias, donde el equilibrio (...) es casi *paritario.* EPE040800

B SUSTANTIVOS QUE DESIGNAN ACCIONES O ESTADOS DE COSAS QUE REQUIEREN EL CONCURSO DE DOS O MÁS SERES: **5 intercambio** +: ...procederán a un intercambio *paritario* de acciones y de representantes... LVE270394 **6 negociación** +: ...una reapertura de las negociaciones *paritarias*... CLA060597 **7 fusión** +: ...el olvido del espíritu de la llamada primera fusión *paritaria*... LVE160495 **8 reunión** +: ...asistió a la reunión *paritaria* que se desarrollaba al cierre de esta edición. EME231196 **9 diálogo:** ...el diálogo *paritario* sería menos armónico que hasta el presente y tal vez afloraría el enfrentamiento social. LVE121295 **10 conversación:** ...era ya el representante del gobierno en las conversaciones *paritarias*... EME251196 **11 vinculación:** La vinculación *paritaria* con el dólar desde hace más de diez años... EPE311001 **12 relación:** Establecer relaciones *paritarias* con Estados Unidos depende de si logramos una política europea de defensa común... EPE290599 **13 correlación:** Ahora la correlación de fuerzas era *paritaria*: dos contra dos. LVE051196 **14 alianza:** La entrada de un nuevo accionista (...) deshace definitivamente la alianza *paritaria* entre los socios... LVE190296 **15 acuerdo:** ...persistir en la búsqueda de acuerdos *paritarios* beneficiosos para ambos países. INDOC

C SUSTANTIVOS QUE DESIGNAN GRUPOS HUMANOS, MÁS FRECUENTEMENTE INSTITUCIONES, ASÍ COMO ALGUNOS DE LOS SISTEMAS QUE CONSTITUYEN: **16 comisión** ++: ...las comisiones *paritarias* que abordarán el salario mínimo para los trabajadores... LHG280297 **17 lista:** ...promoverá en el Congreso una reforma para imponer las listas *paritarias*. EPE191001 **18 democracia:** ...asegura que «antes del año 2000 será un hecho la democracia *paritaria*». LVE010295 **19 dirección** +: Lo que sí se abrió camino (...) fue la composición de una dirección *paritaria*. EME031196 **20 asamblea:** Aboga, en ese sentido, por la constitución de una asamblea *paritaria*... LVE121095 **21 comité:** Este comité *paritario* se reúne dos veces al año... EME020596 **22 gobierno:** ...formar un futuro gobierno *paritario*, al 50% de mujeres y hombres. EPE071199 **23 órgano:** ...órgano *paritario* de representación de la Administración... LVE060595 **24 organismo:** ...crear un organismo *paritario* que vele por el cumplimiento de la normativa... LVE020796 **25 sociedad:** ...el objetivo de una sociedad *paritaria* pasa por una mayor presencia... LVE090395 **26 senado:** ...Quebec (...) está radicalmente en contra de un senado *paritario* y no tiene ningún interés en hablar... LVE301095

D EL SUSTANTIVO *SISTEMA* Y CON OTROS NOMBRES ABSTRACTOS QUE DESIGNAN ALGUNAS DE LAS FORMAS EN QUE SE PUEDE PRESENTAR LA ESTRUCTURA O LA COMPOSICIÓN DE ALGO: **27 sistema** ++: ...controla el sistema *paritario* del seguro de enfermedad... LVE091295 **28 régimen** ++: ...se aprobó la Ley (...) en un régimen *paritario*. EPE071299 **29 modelo** +: ...un modelo *paritario* de cogestión de la Seguridad Social... LVE161195 **30 esquema:** ...preservar los viejos esquemas *paritarios*. LVE160495 **31 política:** ...dudar en público de las bondades de la política *paritaria*. EPE091199

E SUSTANTIVOS QUE DENOTAN PARTICIPACIÓN O INTERVENCIÓN: **32 participación** ++: ...con la participación *paritaria* de todos los sectores políticos. LVE250696 **33 representación** ++: «...listas autonómicas que no respeten la representación *paritaria*...». EPE281001 **34 presencia** +: ...una presencia *paritaria* en el patronato de las cuatro comunidades... LVE190996 **35 inclusión:** ...inclusión *paritaria* de sindicatos, empresarios y Administración. EPE120299

F OTROS NOMBRES DE ACCIÓN, MÁS FRECUENTEMENTE SI SE RELACIONAN CON LA EXPRESIÓN DE PARECERES O LA ASUNCIÓN DE RESPONSABILIDADES: **36 control:** ...transformar en *paritario* (...) el control de los planes de empresa. EPE261101 **37 decisión:** ...la necesidad de adoptar una decisión *paritaria* empresa-sindicatos tanto para ordenar la jornada de una manera flexible como... LVE190396 **38 expresión:** ...constituya efectivamente una expresión *paritaria* de los sectores... PME210796 **39 voto:** ...el voto es *paritario* de manera que el Gobierno central tiene el mismo peso... EME280795

G SUSTANTIVOS QUE DESIGNAN CANTIDADES, PROPORCIONES O MAGNITUDES: **40 número** ++: ...derecho a ejercer labores legislativas en número *paritario*. LTB071296 **41 oferta:** ...incorporación de mujeres en las candidaturas para confeccionar una oferta *paritaria*. EPE291299 **42 tasa:** ...rara vez alcanzaba una tasa *paritaria* de cambio. PLG190397 **43 cantidad:** ...está provisto de manos, pies y vísceras (...) en cantidades *paritarias*... EPE070499 **44 nivel:** ...toda la política (...) está basada en mantener ese nivel *paritario*. EPE070299 **45 proporción:** ...cuyos números, en ocasiones muy ajustados a proporciones *paritarias* o esperanzadas para la izquierda, despertaban grandes exclamaciones. EPE140699

☐ Véase también: **equitativo, igualitario.**

parlamento ♦ **abrir, aprobar (algo), cerrar, convocar, disolver(se), instaurar, legislar**

paro ♦ **acuciante, alarmante, condenado (a), creciente, decreciente, forzoso, galopante[5], mayoritario, minoritario, prolongado, unánime[38]** ♦ **durante, en** ♦ **bolsa (de), nivel (de), problema (de)** ♦ **abocar(se) (a)[17], acabar (con), acatar[66], agravar(se)[24], apuntarse (a), aumentar, bajar, cobrar, combatir[35], convocar, crecer, dar solución (a), decrecer[51], decretar[53], descender, disminuir, erradicar, generar, mantener(se), quedarse (en), reducir(se), resolver, secundar, subir**

☐ Véase también: **desempleo, huelga.**

parodia ♦ **ácido[13], atinado[29], descarnado[25], disparatado, divertido, gracioso, hilarante, mordaz[13]** ♦ **aguantar, evitar, hacer, realizar, resolver (en), servir(se) (de)**

☐ Véase también: **burla, humor, ironía, sarcasmo, sátira.**

parón ♦ **brusco[39], en seco[16], imprevisto, inesperado, repentino** ♦ **causar, experimentar, hacer, producirse, realizar, sufrir, tener**

☐ Véase también: **atasco, detención, estancamiento.**

parsimonioso ♦ **andar, avance, balanceo, cadencia, estilo, fraseo, gesto, interpretación, introducción, investigación, juego, lectura, lentitud, libro, manera, marcha, modo, movimiento, música, paso, película, persona, pronunciación, retirada, retraso, ritmo, texto, tono, toreo, vaivén**

[parte] → **a partes iguales, partes del cuerpo**

parte ♦ **beligerante[19], considerable, en conflicto, enfrentado, en litigio, gran(de), insignificante[21], integrante, leso, mínimo, pequeño, proporcional[10], representativo, sustancial** ♦ **conciliar[18], cumplir[66], dar, desgajar, difundir(se)[7], engarzar, ensamblar, formar, integrar, juntar, poner de acuerdo, reunir, tener**

☐ Véase también: **elemento, fachada, fase, fragmento, ingrediente, pieza, punta, resto, sector.**

PARTE

♦ (SUSTANTIVOS) Véase: **beligerante[E], conciliar[E], concurrir[A], decisivo[F], desvelar[H], dosificar[C], inexcusable[F], novedoso[J], proporcional[C], salir a la luz[F], sine qua non[B]**

♦ (VERBOS) Véase: **a partes iguales[C], íntegramente[D]**

PARTES DEL CUERPO Véase:

♦ **arteria, articulación, barba, barbilla, bigote, brazo, cabello, cabeza (de), cara, ceja, cerebro,** codo, colmillo, corazón, dedo, diente, espalda, estómago, hombro, hueso, labio, lengua, mano, mejilla, melena, mollera, muela, muñeca, músculo, nariz, oído, ojo, oreja, pelo, pie, piel, pierna, pulmón, puño, pupila, rodilla, rostro, semblante, seso, talón, tobillo, uña, vena, vientre

partición (de) ♦ beneficio, bien, deuda, ganancia, gasto, herencia, negocio, país, terreno, territorio
☐ Véase también: **distribución, repartición, reparto.**

participación ♦ abnegado, abrumador[59], activo, agraciado[5], asiduo[27], brillante, decidido, decisivo, descollante[4], desprendido, destacado, determinante, discreto, efectivo[12], elevado, entusiasta, equitativo[45], escaso, exiguo, generoso, igualitario[10], importante, inexcusable[20], masivo, mayoritario, minoritario, moderado, multitudinario[9], necesario, notable, nutrido[21], paritario[32], sin reservas[66], testimonial[20], voluntario ♦ alcance (de)[32], espíritu (de) ♦ cancelar[22], confesar[6], contar (con), dar[57], declarar, declinar[33], diluir(se), eludir, imputar[15], negociar[46], obstaculizar[49], pedir, reconocer, redondear, salir a la luz[37], solicitar, tener (en algo)
☐ Véase también: **colaboración, contribución, cooperación, dedicación, esfuerzo, implicación, intervención, intromisión.**

PARTICIPACIÓN
♦ (SUSTANTIVOS) Véase: **acusado[H], alcance (de)[E], aplastante[H], asiduo[B,D], cancelar[F], concurrir[E], confesar[A], crucial[J], decaer[B], declinar[G], delegar[E], denodado[C], descollante[A], desvelar[J], de valor[D], dilatado[B], disfrazar[C], disolver(se)[A], drástico[I], efectivo[B], en equipo[B], equitativo[G], estrecho[H], humanitario[A], igualitario[C], impagable[A], imputar[C], inapreciable[C], insignificante[H], involucrar(se) (en)[B], negociar[I], nutrido[C], obstaculizar[I], paritario[E], por activa y por pasiva[I], prejuzgar[B], prodigar[I], prorrogar[E], salir a la luz[E], sin perjuicio (de)[A], sin reservas[J], sopesar[I], testimonial[G], urgir[E], vehemente[I]**
♦ (VERBOS) Véase: **abiertamente[K], activamente[A,C], a {mis/tus/sus...} anchas[B], a partes iguales[C], arduamente[A], con fruición[C], con interés[E], con reservas[F], con todas {mis/tus/sus...} fuerzas[E], de cerca[H], decididamente[D], decisivamente[A], de incógnito[F], de lleno[D], de palabra[F], de pleno[F], deportivamente[D], drásticamente[F], en exclusiva[A], en masa[B], enormemente[A], en persona[D], en primera línea[B], febrilmente[A], gratis et amore[A], gustoso[C], hasta el cuello[A], hasta las cejas[C], heroicamente[F], horrores[D], informalmente[B,G], íntegramente[B], intensamente[E], plenamente[C], por activa y por pasiva[F], por completo[M], preventivamente[A], sin reservas[E], sustancialmente[G], unilateralmente[D], valientemente[A], verbalmente[H]**
☐ Véase también: ADHESIÓN; APOYO; AYUDA; ESFUERZO; IMPLICACIÓN; OFRECIMIENTO; TRABAJO.

PARTICIPACIÓN E INTERVENCIÓN Véase:
♦ **infatigable**
♦ **colaboración, coloquio, contribución, cooperación, dedicación, esfuerzo, implicación, intervención, intromisión, participación, trabajo**
♦ **abonarse (a), colaborar, compartir, comprometer(se), contribuir, dedicar(se), echar(se) (a), embarcarse (en), empeñar(se), emplearse, emprender, encargar(se), enrolar(se) (en), enzarzarse (en), esforzarse, implicar(se), interferir, intervenir, involucrar(se) (en), lanzarse (a), mojar(se), participar, volcar(se)**
☐ Véase también: *AYUDA; FUERZA.*

participar ♦ abiertamente[85], abnegadamente, activamente[1], a partes iguales[10], a tope[14], con entusiasmo, con fruición[25], con gusto, con interés[19], decididamente[25], decisivamente[4], deportivamente[14], desprendidamente, destacadamente, en la medida de {mis/tus/sus...} posibilidades, en masa[6], en primera línea[9], esperanzadamente, fehacientemente[29], generosamente, gratis et amore[4], incansablemente[12], limpiamente[9], mano a mano, personalmente, plenamente[34], voluntariamente
☐ Véase también: **abonarse (a), colaborar, comprometer(se), contribuir, embarcarse (en), empeñar(se), emplearse, emprender, encargar(se), enrolar(se) (en), entregar(se), enzarzarse (en), esforzarse, implicar(se), intervenir, involucrar(se) (en), lanzarse (a), mojar(se), volcar(se).**

particularidad ♦ aceptar, aclarar, dejar {al lado/de lado}, mostrar, presentar, reconocer (a algo/a alguien), respetar, salvar, tener, tomar en cuenta
☐ Véase también: **detalle, pormenor, rasgo.**

partida ♦ echar
☐ Véase también: **deporte, juego, partido.**

PARTIDA Véase: *SALIDA, PARTIDA Y EXPULSIÓN*

partidario ▮ *(adj.)* ♦ decididamente[52], escasamente, nada, poco, totalmente
▮ *(sust.)* ♦ absoluto, acérrimo[1], convencido, decidido, declarado, entusiasta, ferviente[11], fervoroso[16], firme, fogoso, incondicional ♦ aglutinar[54], arrastrar, congregar, granjearse, reunir, tener
☐ Véase también: **adepto, adicto (a), forofo, hincha, opositor, seguidor.**

[partido] → a brazo partido, tomar partido

partido ▮ *(encuentro deportivo)* ♦ aburrido, a cara de perro[16], a cara o cruz[8], agotador[31], aletargado, apoteósico, a puerta cerrada[67], asequible[11], a vida o muerte, brillante, bronco[2], buen(o), crucial[49], de ida y vuelta[20], de poder a poder, de un deporte, desafortunado, electrizante, en abierto, equilibrado, igualado, infausto[10], interminable, lento, mal(o), pésimo, plomizo[1], reñido[15], trepidante ♦ a lo largo (de), en, durante ♦ adulterar[8], afrontar, amañar, bordar, caldear(se)[19], capitanear, celebrar(se), contemplar, dirimir[20], disfrutar (de), disputar, empatar, encarrilar, enderezar[45], ganar, jugar, nivelar, participar (en), perder[44], presenciar, remontar[25], re-

transmitir, robar, salir reforzado (de), seguir, sellar, tener lugar, transmitir, ver
▮ *(grupo político)* ♦ democrático, ilegal, irreconciliable[15], legal, político, reinante, simpatizante (de/con) ♦ actividad (de) ♦ adecentar[6], aglutinar[1], crear, derrotar, derrumbar(se)[11], desmembrar(se)[8], desoír[59], disentir (de), disolver(se), enrolar(se) (en), escorar(se)[4], fundar, ilegalizar, legalizar, refundar, salir {vencedor/derrotado}, simpatizar (con), triunfar, votar
▮ *(provecho)* ♦ sacar
▮ *(opción)* ♦ tomar
☐ Véase también: **apuesta, campeonato, competición, deporte, encuentro, juego, jugada, partida, torneo.**

partir ♦ como una bala, de cero[4], de la nada, originalmente, originariamente ♦ de, desde
☐ Véase también: **cortar, huir, salir.**

[pasado] → a toro pasado, de pasada

pasado ♦ a cuestas[11], aleccionador[4], anclado (en), borrascoso, cercano, desgraciado, dilatado, esplendoroso, feliz, histórico, imborrable[9], inmediato, inmemorial, inmerso (en), intachable[17], lejano, oscuro, preso (de), reciente, remoto, tormentoso, tortuoso, turbio, turbulento[1], vivo ♦ huella (de), recuerdo (de), resto (de) ♦ abjurar (de)[22], adentrarse (en), aferrarse (a)[16], ahondar (en)[54], alimentar(se) (de)[11], anclar(se) (en), apegarse (a)[14], atenazar (a alguien), atormentar(se) (con), borrar(se), bucear (en)[1], cortar (con)[9], dejarse llevar (por), descubrir, desenterrar[1], destapar, desterrar, desvelar, difuminar(se)[76], digerir[44], distorsionar[5], empañar(se)[32], encerrarse (en), ensuciar[12], enturbiar, escapar (de), escarbar (en)[3], gravitar[15], honrar[3], huir (de), internarse (en), interpretar, investigar, olvidar, pesar, profundizar (en), purgar, reconstruir, recordar, recuperar, rememorar, remontarse (a), renegar (de)[2], retornar (a), revisar, revivir[4], romper (con), salir a la luz, subvertir, superar, tener, tergiversar[10], traer (a la memoria), venir (a la memoria), vivir (en), volver (a), zanjar[84]
☐ Véase también: **antecedente, antigüedad, herencia, legado, tradición.**

PASADO
♦ (SUSTANTIVOS) Véase: abdicar (de)[G], abjurar (de)[D], abolir[I], acomodado[D], a cuestas[B], adherirse (a)[I], aferrarse (a)[D], aflorar[D], ahondar (en)[I], a la luz (de)[E], aleccionador[A], alimentar(se) (de)[B], ancestral[B], atávico[I], bucear (en)[A], cortar (con)[B], delictivo[B], desenterrar[A], difuminar(se)[N], diluir(se)[E], distorsionar[B], ensuciar[C], escarbar (en)[A], extirpar[C], funesto[F], gravitar[D], honrar[A], renegar (de)[A], reverdecer[D], revivir[A], sacudir(se)[G], tergiversar[A], testimoniar[D], turbulento[A]

pasaje ♦ de ida, de ida y vuelta[17], de vuelta ♦ comprar, encargar, pagar, reservar, tener

pasajero *adj.* ▮ Es habitual encontrarlo combinado con sustantivos que designan ciertas cosas *(nube)* o determinados animales *(golondrina)* que se refieren a seres que se ajustan inherentemente a la definición del adjetivo. Se construye asimismo con sustantivos que expresan un gran número de nociones abstractas *(imagen, idea, sentimiento, canción)*, pero lo hace más frecuentemente con...

A LOS SUSTANTIVOS *HECHO* Y *FENÓMENO*, ASÍ COMO CON OTROS QUE DESIGNAN ESTADOS DE NOTORIEDAD, ACTUALIDAD O GENERAL ACEPTACIÓN: **1 fenómeno** ++: ...el margen de preferencia de la ex Miss Universo no ha sido «un fenómeno *pasajero*» como muchos habían vaticinado... ENV060297 **2 hecho** ++: Sobre este hecho *pasajero* (...) escribió una obra, estrenada en Londres en 1991... LVE210995 **3 moda** ++: ...estamos sujetos a etiquetas que nos catalogan dentro de movimientos que son modas *pasajeras*. ENV110497 **4 éxito** +: A juzgar por el espectacular y nada *pasajero* éxito de ventas de algunos títulos... LVE190396 **5 fama** +: ...sabía que pocas cosas son más *pasajeras* y dudosas que la fama, de la que él solía reírse. EPE240899 **6 boom**: ...el éxito de algunas películas latinoamericanas en nuestras salas es algo más que un «boom» *pasajero*. LVE261195 **7 efervescencia**: Dicen que (...) su actual efervescencia es *pasajera*, burbujas de Alka Seltzer que pronto se disiparán. EPE250999 **8 ola**: ...hasta determinar si la actual ola de refugiados es permanente o *pasajera*... EME300694

B SUSTANTIVOS QUE DENOTAN INCLINACIÓN O MOVIMIENTO HACIA ALGO, A MENUDO REPENTINO Y CON CIERTA INTENSIDAD: **9 tendencia** +: Los Lobos creen que la moda de lo latino en EE. UU. es sólo una tendencia *pasajera*. EPE220999 **10 inclinación**: Se trata únicamente de una inclinación *pasajera*, nada atípica en los jóvenes de su edad. INDOC **11 estímulo**: Por supuesto que no se trata de ninguna gestión concluyente, sino más bien de un estímulo *pasajero*. EPE100899 **12 reacción**: ...el mismo vigor de la bolsa engendra reacciones *pasajeras* que obligan a ligeros retrocesos... LVE280196 **13 impulso**: ...los valores bancarios y algunos industriales lograron un *pasajero* impulso ascendente. LVE230696

C SUSTANTIVOS QUE DENOTAN DOLOR, ENFERMEDAD O MALESTAR: **14 molestia** +: «Ellos van a decir que soy un hijo del diablo, claro, pero su molestia es *pasajera*». PME081296 **15 malestar** +: ...salvo algún lógico y muy *pasajero* malestar, se adaptaron al trabajo... CLA110199 **16 mareo** +: ...y es que el avión puede causar algún mareo *pasajero*... INDOC **17 trastorno** +: ...espera que las críticas respondan a «un trastorno *pasajero*» y que «se imponga la sensatez». LVE040596 **18 dolencia**: ...quien se recupera de una dolencia *pasajera*... EOU020497 **19 dolor**: Escribe: «empiezo a sentir una comezón seguida de dolores *pasajeros*». EXP011091 **20 indisposición**: Aunque se trata de una indisposición *pasajera*, vuelve a especularse sobre su estado... LVE081096 **21 enfermedad**: ...podía tratarse tan solo de una enfermedad *pasajera*. LVE210794 **22 locura**: Aunque la ira sea una forma de locura *pasajera*, es también la manera más eficaz de codearse con la verdad... LVE030495

D SUSTANTIVOS QUE DESIGNAN OTRAS SITUACIONES ADVERSAS, COMPLEJAS O CONFLICTIVAS: **23 crisis** ++: No puede ser la *pasajera* crisis económica una causa para no acelerar la reforma de nuestro sistema educativo. EUV260696 **24 problema** +: En su opinión, la debilidad de la peseta es un problema *pasajero*, que no se explica por cuestiones económicas de fondo. LVE250195 **25 dificultad +:** Sin embargo, deben comprender que estas dificultades son *pasajeras* y que nos sentiremos mejor a partir del mes de agosto... LDD260697 **26 adversidad:** ...enfrentarse con decisión a ciertas adversidades *pasajeras*... EPEANUA98 **27 desgracia:** «También una derrota es una desgracia *pasajera* –y necesaria, explicas–...». LVE230396 **28 desventura:** Asimismo comprendemos a un extranjero que desea poseer patente de españoles, adquiera, pagando, esa bicoca o desventura *pasajeras*. LVE031295 **29 bache:** ...el actual frenazo no es más que un «bache *pasajero*» y que en el segundo semestre de 1996 se volverán a registrar tasas superiores... EME250196 **30 anomalía:** ...esta anomalía –que según el presidente del Banco Central, Alvaro Bardón, es *pasajera*–... HOY191083 **31 trago:** Para defenderse de lo que considera sólo «un mal trago *pasajero*» convocó a otro amigo... CLA040199 **32 nubarrón:** ...al paisaje de nuestra democracia le sobran los nubarrones de la crispación (coyunturales, *pasajeros*)... LVE250495

E SUSTANTIVOS QUE DESIGNAN SITUACIONES AGITADAS O CONTROVERTIDAS, A MENUDO DE NATURALEZA SOCIAL: **33 convulsión:** ¿Se tratará, como acaba de afirmar Felipe González, de una convulsión *pasajera*? ABC070495 **34 polémica:** ...más allá de esta polémica menor y *pasajera*, el dato relevante es que los actores y actrices actúan en slips... HOY060197 **35 tormenta:** ...no fue más que una *pasajera* tormenta de verano que el Gobierno, con sus aliados, logró disipar contra viento y marea. EME050995 **36 escándalo –:** ...sus logros del primer mandato prevalecerán sobre todos los escándalos *pasajeros*... LVE310896

F SUSTANTIVOS QUE DENOTAN DISGUSTO O INQUIETUD. TAMBIÉN CON ALGUNOS QUE DESIGNAN OTROS ESTADOS DE ABATIMIENTO O FRUSTRACIÓN: **37 disgusto +:** «Eso son disgustos *pasajeros* de hermanos, que yo confío superarán cuando se vean». ENH080198 **38 enfado +:** Las palabras de Gutiérrez no son una anédcota ni el producto de un enfado *pasajero*. EME030295 **39 inquietud:** ...esta inquietud en la BMV será *pasajera*. DYM201297 **40 nerviosismo:** El gobernador del Banco de México consideró que el nerviosismo de este mercado será *pasajero*. DYM281096 **41 malhumor:** ...para evitar que los malhumores *pasajeros* no degeneren en momentos de tensión... EPE190900 **42 desánimo:** Los síntomas de la depresión son tan comunes que es fácil confundirlos con un desánimo *pasajero*... EUV210197 **43 decepción:** Pero fue una decepción *pasajera*, como otras muchas, porque Noruega había confirmado el progreso iniciado en Albertville para situarse como una de las primeras potencias mundiales en deportes de invierno. LVE270294 **44 depresión:** ...el Vips de la depresión *pasajera* y el Continente de las peleas familiares. EPE100199 **45 angustia:** Es una angustia *pasajera*. Yo abrigo la esperanza de que pronto se inicie en el mundo una era de gran paz. EME051195

G SUSTANTIVOS QUE DESIGNAN EL BIENESTAR, LA FELICIDAD Y OTROS ESTADOS PLACENTEROS: **46 alegría:** Trató de ser otra, aunque la crueldad vuelva de inmediato tras la máscara y la alegría *pasajera*... LVE280295 **47 alivio:** Un alivio *pasajero*, un descanso en una trayectoria angustiosa. EPE161101 **48 bienestar:** ...miedos incurables en el desamparo y quiebras de un *pasajero* bienestar logrado a fuerza de muchas horas extras. ABC100192 **49 felicidad:** Fue una felicidad *pasajera*, que Russo contó así... LNA290692 **50 ilusión:** En el balompié no pasamos de ilusiones *pasajeras* hasta estrellarnos en las realidades amargas... DHE180797 **51 tranquilidad:** ...a la búsqueda de una *pasajera* tranquilidad que permita afrontar de modo más o menos pausado una asamblea... LVE141195 **52 éxtasis:** ...Dios dispuso que la humanidad se multiplicara por la placentera vía del amor en éxtasis *pasajero*... DHE130198 **53 placer:** ...el servicio de seguridad del Metro de Madrid vigila muy de cerca a quienes buscan placeres *pasajeros*. EME180496

H SUSTANTIVOS QUE DESIGNAN ESTADOS TEMPORALES QUE SE SUELEN CONSIDERAR INHERENTEMENTE TRANSITORIOS: **54 situación +:** No sé cuánto tiempo me podré convencer de que esto es una situación *pasajera* y que un día u otro llegará la liberación. LVE060695 **55 etapa +:** ...para un temperamento verdaderamente creador no puede suponer otra cosa que una etapa *pasajera*... ABC021294 **56 estado:** Me dirá usted que el estado de espíritu actual, perfectamente justificable, será *pasajero*. ABC170395 **57 fase:** ...conservó una calidad constante, dejando aparte algunas fases *pasajeras*. LVE080695 **58 coyuntura:** Desplazados por ahora de algún lugar estratégico por coyunturas *pasajeras*... HOY250484 **59 momento:** ...una paz para generaciones y no de un momento *pasajero*... FDV180599

I SUSTANTIVOS QUE DESIGNAN PROCESOS DE INCREMENTO O DE DESCENSO, A MENUDO APLICADOS A VARIABLES ECONÓMICAS, PERO TAMBIÉN A OTRAS MAGNITUDES: **60 recuperación:** Esta recuperación de la confianza no parece que vaya a ser *pasajera*. EPE060199 **61 subida:** Subida *pasajera*. Los expertos aseguran, por su parte, que la situación es coyuntural... EME151296 **62 desarrollo:** Crecimiento artificial de índices macroeconómicos con alto costo social, épocas de *pasajero* desarrollo durante los periodos muertos... LVE091095 **63 descenso:** ...calificó en Toledo como «positivo» el descenso aunque, matizó, «es *pasajero*, coyuntural...». EME120596 **64 devaluación:** El presidente del Banco Interamericano de Desarrollo (...) declaró hoy su confianza en que la crisis brasileña por la devaluación de su moneda sea sólo *pasajera*... CLA310199 **65 desaceleración:** ...a pesar de la desaceleración actual, que consideró *pasajera*... LVE020296 **66 amortiguación:** «...una señal de que la reciente amortiguación del ritmo de crecimiento (...) además de *pasajera* sea poco intensa». EME111095 **67 reducción:** Bastardes apuntó que esta reducción –que se da por primera vez (...) «es *pasajera*»–... LVE131295

J SUSTANTIVOS QUE DENOTAN ENTRETENIMIENTO O DIVERSIÓN: **68 entretenimiento:** La televisión es un entretenimiento *pasajero*, adventicio. ABC010995 **69 distracción:** ...persiguen la amable distracción *pasajera* de un fin de semana más. LVE070595 **70 evasión –:** Más allá de la evasión *pasajera*, del solaz y del regocijo, la fiesta fue un instrumento al servicio del Estado. EPE190900 **71 hobby –:** «No se trata, por lo tanto, de un hobby *pasajero*». EME020996

K SUSTANTIVOS QUE DENOTAN RELACIÓN AFECTIVA: **72 relación:** Sin contar a Carla Rivas, en Bolivia habría vivido con tres mujeres y con todas ellas estableció relaciones *pasajeras*. HOY070797 **73 romance:** Se le conocen dos decenas de romances *pasajeros*, una boda suspendida... CLA170199 **74 amor:** ...(amores *pasajeros*, amores obsesivos, abortos y todo un catálogo de penalidades desfilan ante nuestros ojos). LVE140596 **75 ligue –:** Una aventura veraniega, un ligue *pasajero*. EME190295

L OTROS SUSTANTIVOS; POSIBLES USOS ESTILÍSTICOS: Amparados por los fastos *pasajeros* de los escaparates... LVE020196; «La Organización Nacional de Trasplantes puede llegar a ser un oasis *pasajero*». EPE130900

☐ Véase también: **efímero, fugaz.**

pasaporte ♦ en regla, en vigor ♦ caducar, conceder, dar, denegar[34], extender, falsificar, sellar, solicitar, tramitar, validar[2], vencer

[pasar] → pasar a limpio, pasar la noche, pasar(le) por la cabeza (a alguien), pasar(lo), pasar (por), pasar revista (a), pasarse (de)

pasar ♦ airoso[2], desapercibido, despistado, desprevenido, distraído, inadvertido ♦ a cámara lenta[2], a espada, airosamente, a {mi/tu/su...} lado, a toda máquina[11], a todo tren, a uña de caballo, como una exhalación[1], con suerte, de boca en boca[5], de incógnito[19], de mano en mano, de puntillas[1], de refilón[16], de sobra[24], de soslayo[12], de un día para otro[10], en balde, favorablemente[26], fugazmente[13], indefectiblemente[5], inevitablemente[17], inexorablemente, irremediablemente[36], lentamente, lisa y llanamente[27], mano sobre mano[1], olímpicamente[1], rápidamente, sin pena ni gloria, soberanamente[12], ventajosamente[19] ♦ barrera, calle, curso, examen, línea, listón, prueba, rato, río, tiempo

pasar a limpio ♦ carta, escrito, informe, texto, *otros sustantivos que designan textos*

pasar la noche ♦ al raso, en blanco, en vela

pasar(le) por la cabeza (a alguien) ♦ ni loco, ni por asomo, ni por un momento, remotamente[4]

☐ Véase también: **concebir, imaginar(se), pensar.**

pasar(lo) ♦ bárbaro[1], bien, de fábula, de lo lindo, de maravilla, de miedo, estupendamente, mal, maravillosamente, regular

pasar (por) ♦ etapa, fase, lugar, momento, periodo

☐ Véase también: **atravesar.**

pasar revista (a) ♦ agenda, asunto, batallón, compañía, desfile, historia, problema, soldado, tema, tropa

☐ Véase también: **repasar, vigilar.**

pasarse (de) ♦ amable, bueno, generoso, listo, servicial

☐ Véase también: **exceso.**

pasatiempo ♦ agradable, apasionante, banal, complicado, difícil, divertido, educativo, entretenido, fácil, favorito, frívolo, infantil, inocente, intrascendente, literario, lógico, lúdico, matemático, mero, original, puro, relajante, sencillo, simple, televisivo, trivial, vano, veraniego ♦ como ♦ constituir, dedicar(se) (a), entretener(se) (con), hacer, resolver, tener, tomarse en serio

☐ Véase también: **afición, distracción, diversión.**

pase ♦ calculado, de favor, defensivo, en profundidad, fallido, impecable, letal[9], milimétrico, ofensivo ♦ aclamar[16], bordar[21], dar (a alguien), ejecutar, hacer, hilvanar[36], lanzar, ligar, poner en práctica, realizar

pasear(se) ♦ a cuerpo, a gusto, a {mis/tus/sus...} anchas[18], apaciblemente, de arriba abajo[24], de incógnito[16], de punta en blanco, gustosamente, plácidamente, serenamente, sosegadamente ♦ por

☐ Véase también: **deambular, merodear (por), vagar.**

[paseo] → de paseo

paseo ♦ accidentado, agradable, breve, campestre, corto, delicioso, estimulante, grato, largo, monótono, prolongado, reconfortante, sosegado, triunfal ♦ a lo largo (de), durante ♦ dar[303], enfilar, prolongar(se), recorrer

☐ Véase también: **caminata, garbeo, vuelta.**

pasión ♦ abrasador[3], absorbente[17], a flor de piel[19], amoroso, ardiente[3], ardoroso, arrasador[26], arrebatado, arrollador[40], carnal[19], ciego[5], ciego (de)[20], contagioso, desaforado[39], desbordado, desbordante[32], desenfrenado[13], desmedido[24], desmesurado[35], desorbitado[20], efímero[29], encendido[25], enfermizo, exacerbado, exaltado, febril[18], fervoroso[35], frenético[46], fugaz, fulgurante[64], incandescente[11], incendiario, inconfesable[14], inconfesado, incontenible, incontrolable, indomable, insaciable[15], insano, instintivo[11], irrefrenable[24], irresistible[6], latente, lleno (de), loco, obsesivo, palpitante[15], poseído (por), preso (de), rebosante (de), sano, sin barrera(s), sórdido, turbulento, visceral[49], vívido[21], vivo ♦ ápice (de)[6], arranque (de)[40], arrebato (de)[16] ♦ aflorar[6], alimentar[11], aminorar, amortiguar[62], anidar (en alguien), apaciguar[35], aplacar(se)[26], apoderar(se)[40], atemperar[7], atizar[57], avivar[26], brotar[8], calmar(se), confesar[39], contagiar, contener, controlar, cultivar[8], dar rienda suelta (a), declarar, decrecer[34], dejarse llevar (por)[11], derramar[24], derrochar[5], desatar(se)[16], desbocar(se)[1], desbordar(se)[21], desencadenar(se)[30], desfogar[7], despertar[24], destapar[35], desvanecerse[51], disminuir, dominar[4], embargar[34], enardecer(se)[2], encender, encerrar, enfriar(se)[38], engendrar[34], entrar (a alguien), exacerbar[13], exaltar(se), experimentar, henchir(se) (de)[13], inculcar (a alguien), liberar, moderar, palpitar[2], perdurar, prender (en alguien), reavivar[31], reprimir, sentir[14], sofocar[41], sosegar(se)[20], surgir, templar, transmitir(se), traslucir(se)[51], verter[51], vibrar (de)

☐ Véase también: **amor, ardor, entusiasmo, fervor.**

[pasivo] → **por activa y por pasiva**

[paso] → **abrirse paso, a paso de tortuga, a pasos agigantados, paso a nivel, salir al paso (de)**

paso ♦ **acompasado[6], ágil, angosto, a nivel, arrasador[19], arrollador[9], cansino[2], constante, crucial[20], cualitativo[6], decisivo[11], de gigante, delicado, en falso[14], en firme[3], estrecho, expedito, firme, fundamental, honroso[64], implacable[78], importante, inexorable[4], inseguro, irreversible[48], lento, libre, marcial, obligado, parsimonioso, rápido, regular, renqueante, rítmico, seguro, sigiloso, sostenido, trepidante, uniforme, vacilante, vivaz[16], vivo** ♦ **abrir(se), acelerar, aflojar[9], agilizar[6], aligerar[27], aminorar[9], avivar[73], bloquear, ceder, constituir, cortar[16], dar[37,307], dejar, desandar, desbloquear, desviar, encarrilar, enderezar[12], frenar, impedir, liberar, marcar[18], obstaculizar[9], obstruir[2], obturar, obviar[14], ralentizar, restringir, saltarse[9], seguir[57], significar, suponer, vetar**

☐ Véase también: **acceso, avance, movimiento.**

paso a nivel ♦ **con barrera(s), sin barrera(s)** ♦ **atravesar, bajar, cerrar, cruzar, levantar**

☐ Véase también: **travesía.**

pastar ♦ **apaciblemente, a sus anchas, libremente, placenteramente, plácidamente[53]** ♦ **ganado**

☐ Véase también: **comer, ingerir, pacer.**

[pastel] → **al pastel**

[pastilla] → **a toda pastilla**

pastilla ♦ **sobredosis (de)** ♦ **ingerir, prescribir, recetar, tomar**

[pata] → **a la pata coja, patas arriba**

[patada] → **a patada limpia, a patadas**

patada ♦ **lluvia (de)[45]** ♦ **asestar, atizar, dar, encajar, endilgar, lanzar, propinar, recibir, soltar**

☐ Véase también: **golpe (de).**

patas arriba *loc.adv.* ▮ Se construye frecuentemente con los verbos *poner, estar, quedarse, seguir* y con otros, generalmente causativos o semicopulativos. Se combina con sustantivos de persona, tanto individuales *(jefe, adversario)* como colectivos *(equipo, comisión)*. También se construye con sustantivos que designan ideas u opiniones *(idea, teoría, tesis, interpretación: Puso patas arriba la teoría del doctorando)*, instituciones políticas o sociales *(gobierno, partido, federación)*, obras, productos y movimientos sociales, artísticos o culturales *(novela, película, arte, literatura, economía)*, así como lugares *(casa, calle, habitación, país)*. Además se combina con...

A SUSTANTIVOS QUE DESIGNAN ESPACIOS CONCURRIDOS O ALGUNOS DE SUS ELEMENTOS, ESPECIALMENTE SI TIENE LUGAR EN ELLOS ALGÚN ESPECTÁCULO. ES USO METONÍMICO FRECUENTE (EL LUGAR POR EL PÚBLICO QUE LO OCUPA): **1 teatro ++:** ...tenía tantas ganas de triunfar que puse el teatro *patas arriba*... LVE171195 **2 auditorio +:** En la XXVIII edición de la Fiesta de la Bulería puso el auditorio *patas arriba.* EME260995 **3 estadio +:** Allí, casi sin ángulo, agarró un remate mortal que sorprendió a los deportivistas y puso *patas arriba* el estadio tinerfeño. EME250995

B SUSTANTIVOS QUE DENOTAN ESTRUCTURA O ARTIFICIO TRABADO, ARTICULADO O DOTADO DE CIERTA COMPLEJIDAD: **4 entramado:** ...una oleada de investigaciones que pusieron *patas arriba* el entramado del deporte... EPE150699 **5 trama:** ...un intento inútil de matar al mensajero que puso *patas arriba* la trama... EME290196 **6 andamiaje:** ...el caso GAL puso *patas arriba* el complejo andamiaje montado... LVE120696 **7 mecanismo –:** De lo que se trata ahora es de poner *patas arriba* todo este mecanismo. EME120996

C SUSTANTIVOS QUE DESIGNAN OTRAS FORMAS DE ESTRUCTURA U ORGANIZACIÓN. POR EXTENSIÓN, TAMBIÉN LOS ELEMENTOS SOBRE LOS QUE SE ASIENTAN: **8 estructura +:** ...uno de los muchos pueblos mallorquines que han visto (...) cómo quedaban literalmente *patas arriba* sus estructuras social, económica, cultural... EPE230700 **9 cimiento +:** ...un viento revolucionario y moderno iba a poner *patas arriba* los cimientos del Palacio Imperial. EPE021201 **10 organización +:** ...volviendo así a poner *patas arriba* toda la organización... EPE040799 **11 modelo +:** ...había que poner *patas arriba* el modelo de «banca federada»... EME081296 **12 sistema +:** ...este magistrado (...) en cinco años ha puesto *patas arriba* el sistema político... LVE231196 **13 fundamento +:** Pretendiendo o no, han puesto *patas arriba* los fundamentos de nuestra organización. INDOC **14 jerarquía:** ¿A quién se le ocurre (...) montarse en un F-18 poniendo *patas arriba* a las jerarquías de la aviación? EME201095

D SUSTANTIVOS QUE DENOTAN INTENCIÓN DE ACTUAR Y MODO DE HACERLO: **15 plan +:** ...los jefes (...), poniendo *patas arriba* la estrategia y planes de los GAL. EME230795 **16 procedimiento:** Para atajar este problema no basta poner *patas arriba* los procedimientos de la Comisión... EPE160999 **17 estrategia:** ...ha vuelto a poner *patas arriba* la estrategia defensiva del Gobierno... EME241095

patatús ♦ **dar[323]**

☐ Véase también: **ataque (de), escalofrío, soponcio, telele.**

[patena] → **como una patena**

paternidad ♦ **biológico, efectivo, irresponsable, legítimo, próximo, reciente, responsable** ♦ **declaración (de), filiación (de), prueba (de)** ♦ **alegar, arrogarse[41], atribuir, averiguar, confirmar, declarar, demostrar, dilucidar, ejercer, probar, reclamar, reconocer, reivindicar**

☐ Véase también: **autoría, descendencia, maternidad, parentesco.**

patinazo ♦ **descomunal, grave, importante, lamentable, leve, llamativo[72], mayúsculo[7], monumental[23], público, serio, sonado** ♦ **admitir, cometer[8], corregir, dar, reconocer, tener**

☐ Véase también: **caída, equivocación, error, fallo, gazapo.**

patraña ♦ **cúmulo (de), sarta (de)[5]** ♦ **calificar (de), contar, decir, lanzar, montar, publicar, recurrir (a), soltar,** *otros verbos de lengua*

☐ Véase también: **bulo, falacia, falsedad, habladuría, mentira.**

patrimonio ♦ **abundante, artístico, bibliográfico, colectivo, común, comunal[56], considerable, cuantioso, cultural, de valor[6], documental, enorme, incalculable, ingente[20], monumental, nacional, nutrido, personal, político, valioso** ♦ **acrecentar(se), amasar[4], aumentar, constituir, crecer, cuidar, declarar, despilfarrar, deteriorar(se), diezmar, difundir(se)[93], dilapidar, disminuir, engrosar[30], formar parte (de), incrementar, intervenir, labrar(se), ostentar[31], perder, proteger, reunir, velar (por), vigilar**

☐ Véase también: **fortuna, pertenencia.**

PATRIMONIO

♦ (SUSTANTIVOS) Véase: **abultado[C], amasar[A], arrogarse[G], blanquear[B], congelar[B], dedicar[C], de valor[A], engrosar[C], esquilmar[A], ostentar[F], sin menoscabo (de)[D], sobrepasar[B]**

☐ Véase también: BENEFICIO; CANTIDAD.

patriótico ♦ **actitud, acto, acuerdo, ardor, canto, deber, discurso, entusiasmo, espíritu, fervor, fibra[16], himno, movimiento, orgullo, sentimiento, texto, tono**

patrón ♦ **acorde (con)[40], conocido, de actuación, de comportamiento, de conducta, fijo, variable** ♦ **con arreglo (a)[39], dentro (de)** ♦ **acomodar(se) (a), ajustar(se) (a), alterar[12], atenerse (a)[53], ceñir(se) (a)[21], corresponder (a), cortar (por el mismo), dictar[6], encajar (en), establecer, fijar, obedecer (a), seguir, trazar[32]**

☐ Véase también: **canon, esquema, modelo, pauta, sistema.**

paulatinamente *adv.* ▮ Admite gran número de verbos que designan acciones que tienen fin natural *(leer, pintar, componer, escribir, revisar, romper, regar)*, pero destacan especialmente sus combinaciones con los verbos que denotan cambio de estado *(agrandar(se), alargar(se), evaporar(se), enamorar(se), alejar(se), debilitar(se), desarrollar(se), secar(se))*, y en particular con los...

A VERBOS QUE DENOTAN REDUCCIÓN, DESCENSO, DECRECIMIENTO O REGRESIÓN: **1 reducir ++:** Durante ese mismo periodo, García Candau se compromete a reducir *paulatinamente* la plantilla del grupo... EME030295 **2 disminuir ++:** Otra encuesta (...) reflejó que hace un año, más hispanos favorecían a Bush, pero que esta ventaja fue disminuyendo *paulatinamente*... ENH071100 **3 descender ++:** ...el número de casos de meningitis en niños que no llegan a los tres años (...) ha ido descendiendo *paulatinamente* hasta casi desaparecer. EME050195 **4 perder ++:** La peseta estuvo en el ojo del huracán a medida que iba avanzando el día, perdiendo *paulatinamente* valor respecto al marco alemán. EME080395 **5 bajar +:** Y la temperatura fue bajando *paulatinamente*, de modo que la gente se acostumbró a la desaparición de la joven. ABC040895 **6 caer +:** La producción azucarera cubana cayó *paulatinamente* de ocho millones de toneladas en 1990 a 3,3 (la más baja en 50 años) en 1995. DLA120397 **7 rebajar +:** ...el número de obreros y la intensidad de los trabajos se han rebajado *paulatinamente* desde abril. EPE190700 **8 ceder +:** Los badaloneses adquirieron una ventaja de 20 puntos en los inicios de la segunda parte (36-56), pero la fueron cediendo *paulatinamente*... EPE311299 **9 decrecer +:** A partir de los once años la asistencia escolar comienza a decrecer *paulatinamente*. EXC250700 **10 empeorar +:** El tráfico por la carretera de A Coruña (N-VI) empeora *paulatinamente*, según los expertos. EPE241099 **11 menguar:** El huracán del Tour mengua *paulatinamente*, pero no sin antes devastar aquellos sitios por donde pasa. EME220795 **12 consumir:** Termina el siglo y el segundo milenio se consume *paulatinamente*... EPE250699 **13 degradarse:** ...por un lado, las nuevas avenidas ajardinadas y por el otro las viejas barriadas que se degradan *paulatinamente*... EPE040699 **14 decaer:** El servicio de llamadas internacionales de la Antelco fue decayendo *paulatinamente* hasta llegar a niveles críticos hace ya meses atrás... ACP250996

B VERBOS QUE DENOTAN AUMENTO, ASCENSO, DESARROLLO, PROGRESO O MEJORA: **15 mejorar ++:** los países en los que la gente vive mejor son los que tienen realmente en cuenta esos índices (...), y así van mejorando *paulatinamente*. CLA030199 **16 aumentar ++:** Así va de dúo a terceto, aumentando *paulatinamente* voces, hasta la culminación de los seis solistas con el coro. ENH180397 **17 crecer ++:** Hemos ido creciendo *paulatinamente* ofreciendo calidad y siguiendo un estilo que ha fidelizado a los clientes. EPE190499 **18 incrementar ++:** Finlay plantea la introducción de la automatización paso a paso, incrementando *paulatinamente* la complejidad y la autonomía de los robots... ABC080193 **19 subir ++:** El mercado exterior sigue bien firme y las ofertas americanas suben *paulatinamente* por lo que sus valores sobre puerto español no inquietan a la producción doméstica. LVE211296 **20 elevar ++:** El método consistiría en elevar *paulatinamente* sus deducciones hasta que alcanzaran el doble de las individuales. EPE050899 **21 avanzar +:** ...propuso que la oferta programática incluyera la propuesta de avanzar *paulatinamente* hacia la total profesionalización del Ejército. EME200196 **22 progresar +:** ...Abraham fue progresando *paulatinamente* y convirtiéndose en un gran ciclista. EME151095

C VERBOS QUE DENOTAN CAMBIO O MODIFICACIÓN: **23 cambiar ++:** El Parlamento, indicó, está ganado para la idea de ir cambiando *paulatinamente* la realidad en la que nos hemos desenvuelto durante más de dos décadas. EUV120996 **24 sustituir ++:** ...no descarta recurrir a una modificación de la normativa sanitaria para sustituir *paulatinamente* este tipo de plástico. LVE251295 **25 transformar +:** Cuando se le niega a la disidencia el derecho a ser y a expresarse con plena libertad, el descontento se irá transformando *paulatinamente* en frustración, y la frustración en mala consejera. HOY070181 **26 convertir +:** El conflicto argumental nace de la oposición inicial entre los dos personajes que se convierte *paulatinamente* en identificación y complementariedad... LVE100394 **27 modificar:** ...el CGPJ fue *paulatinamente* modificando su criterio y, ya en febrero de 1991, aprobó una resolución más matizada. EPE120399 **28 variar:** Este último dato, entre otros, ha llevado a que (...) sus orientaciones hayan ido variando *paulatinamente.* ABC220193 **29 reformar:** ...una buena parte de los países miembros de la OCDE –y otros– han ido *paulatinamente* reformando su imposición personal sobre la renta. LVE200595 **30 renovar(se):** Todo este contingente deberá ser renovado *paulatinamente* hasta el año 2002. EPD091097

D VERBOS QUE DENOTAN ELIMINACIÓN, ERRADICACIÓN, ABOLICIÓN O ANULACIÓN DE ALGO. TAMBIÉN CON OTROS QUE DESIGNAN EL PROCESO DE DEJAR ALGO DE EXISTIR, ESTAR PRESENTE O SER VISIBLE: **31 eliminar ++:** El plan trianual que prepara el Gobierno de reducción del gasto público conlleva a ir eliminando *paulatinamente* las ayudas a empresas públicas. EME190494 **32 desaparecer ++:** ...la producción de ambos cultivos languidece desapareciendo *paulatinamente* plantas procesadoras de remolacha (...) y antiguas áreas dedicadas a esos cultivos. GIC062297 **33 desvanecerse +:** La desigualdad entre los municipios de la región metropolitana se va desvaneciendo *paulatinamente* aunque no de forma uniforme. LVE160596 **34 suprimir +:** La negociación colectiva suprime *paulatinamente* las pagas por antigüedad. EME131096 **35 quitar:** ...se puso a elaborar una sesión de fotografías en las que *paulatinamente* se fue quitando la ropa... EXC250700 **36 borrar:** El «escudo» vacunal es un arma insustituible en la lucha para borrar *paulatinamente* enfermedades del mapa mundial. EME040196

E VERBOS QUE DENOTAN COMIENZO, ASÍ COMO IMPLANTACIÓN O ESTABLECIMIENTO DE ALGUNA COSA: **37 introducir ++:** Nuestro país pasa de ser un paria, a uno que se introduce *paulatinamente* en el concierto de las naciones, agregó. SVG020997 **38 imponer +:** ...el turismo, las exigencias del mercado internacional y la propia competencia interna que se ha promovido imponen *paulatinamente* una mayor calidad a nuestras producciones. GIC104097 **39 comenzar:** ...desde el año 94 comenzó *paulatinamente* a liberalizar mediante la concesión a segundos operadores... EME111296 **40 iniciar:** El trabajo fue iniciado *paulatinamente*, sin demasiadas prisas. INDOC **41 implantar:** «Se trata de avances que pueden ser muy útiles, pero que deben implantarse *paulatinamente* y de forma prudente», afirman los ingenieros. LVE150795 **42 establecer:** Los peneuvistas sugerían también profundizar en un modelo concreto de construcción nacional (...), estableciendo *paulatinamente* «sus contenidos, modos y ritmos». EPE031299

F VERBOS QUE DESIGNAN LA ACCIÓN O EL PROCESO DE REPONER, RESTAURAR O VOLVER ALGO A UN ESTADO ANTERIOR: **43 recuperar +:** ...Zulema ha ido recuperando *paulatinamente* las fuerzas para intentar llevar una vida normal. CAR210797 **44 recobrar +:** ...las cafeterías y restaurantes del aeropuerto de Barajas comenzaron a recobrar *paulatinamente* la normalidad de atención al público... EME280494 **45 restablecer +:** El servicio del 061 fue restablecido *paulatinamente*, aunque con problemas. EPE050199

G VERBOS QUE DENOTAN DESPLAZAMIENTO, TRASPASO Y OTRAS FORMAS DE CAMBIO DE LUGAR: **46 trasladar +:** ...la idea de la Generalitat es construir un edificio para cada jurisdicción, de modo que éstas se irán trasladando *paulatinamente* al campus conforme se acaben los nuevos edificios. LVE051296 **47 desplazar +:** Si China consigue resolver los enormes atavismos (...), no puede descartarse que en el siglo XXI desplace *paulatinamente* a Rusia... LVE020195

H VERBOS QUE DENOTAN EL PROCESO DE AMOLDARSE, ACLIMATARSE O HABITUARSE ALGO O ALGUIEN A UN ENTORNO O A UNA REALIDAD: **48 adaptarse ++:** El lamaísmo se adaptó *paulatinamente* a las costumbres locales consiguiendo desplazar el chamanismo... ABC180895 **49 asentarse ++:** El objetivo para los próximos años en la enseñanza no universitaria será la consolidación de la reforma iniciada hace cuatro años y que *paulatinamente* se ha ido asentando en todos los niveles. EPE110399 **50 acostumbrarse ++:** Me fui acostumbrando *paulatinamente* al frío que hace en esta ciudad. INDOC

☐ Véase también: **escalonadamente, gradualmente, progresivamente.**

pausa ♦ **breve, calculado, comercial, corto, coyuntural, detenido, digresivo, esporádico, estival, estratégico, forzoso, horario, inesperado, inevitable, instantáneo, intempestivo, invernal, largo, leve, medido, momentáneo, musical, necesario, obligatorio, oportuno, pequeño, periódico, prolongado, publicitario, respiratorio, semanal, súbito, táctico, técnico, temporal, transitorio, veraniego** ♦ **con, durante, sin, tras** ♦ **momento (de)** ♦ **abrir, aprovechar, cerrar, hacer, imponer(se), intercalar, interrumpir, manejar, marcar, utilizar**

☐ Véase también: **parada, paréntesis, período.**

pauta ♦ **acorde (con)[9], de actuación, de comportamiento, de conducta, fijo, ilustrativo, variable** ♦ **con arreglo (a)[37], en función (de)** ♦ **adoptar, alterar, atenerse (a)[51], dar[179], definir, determinar, dictar[7], disentir (de)[18], establecer, fijar, marcar[2], recoger, regir (algo), seguir[18], servir (de), trazar[28], usar (como)**

☐ Véase también: **canon, esquema, modelo, patrón, sistema.**

pautado ♦ **actividad, agenda, camino, encuentro, fase, guión, lenguaje, papel, precio, reunión**

☐ Véase también: **establecer, fijar.**

pavor ♦ **general, generalizado, irrefrenable, irresistible, tremendo** ♦ **atenazar (a alguien), causar[16], dar, desatar(se), dominar, entrar[32], experimentar, infundir[5], inspirar (a alguien), ocasionar, producir, provocar, sentir, temblar (de)[3]**

☐ Véase también: **miedo, pánico, terror.**

[paz] → **en paz, en son de paz, proceso de paz**

paz ♦ **celestial[9], de espíritu, duradero, efímero, estable, firme, frágil[13], honroso[31], inestable, inmenso, inquebrantable[29], interior, precario[32], prolongado, seguro, sereno, sin condiciones, social, sólido** ♦ **en aras (de)[6], en señal (de)[21]** ♦

acuerdo (de), amenaza (para), búsqueda (de), espíritu (de), estado (de), ideal (de), período (de), sensación (de), tiempo (de) ♦ afianzar(se)[51], alcanzar, alterar[41], amenazar, anhelar, asentar(se), aspirar (a), buscar, cimentar[58], clamar (por), colmar (algo), concertar[8], conquistar[21], consolidar, dar[132], desear, enturbiar, establecer[18], firmar[3], forjar[14], gozar (de)[61], hacer(se) realidad[82], imperar, implorar[29], instaurar[15], invitar (a)[30], llenar (algo), luchar (por), negociar[6], perturbar, preconizar[1], quebrantar[34], quebrar, recobrar, reinar[3], restablecer, reventar[4], romper, sembrar[65], transgredir[52], velar (por), vivir (en)

☐ Véase también: **alegría, bienestar, calma, felicidad, idílico, quietud, reposo, serenidad, sosiego, tregua.**

PAZ Véase: *CALMA*

PAZ Véase: CALMA; EQUILIBRIO

[pe] → **de pe a pa**

peaje ♦ **alto, automático, bajo, blando[82], cuantioso, elevado, escaso, exorbitante, sustancioso ♦ autopista (de) ♦ cobrar, incrementar, pagar, rebajar[12], saltarse**

☐ Véase también: **impuesto, pago.**

peatón ♦ **atravesar (la calzada), atropellar, circular, cruzar (algo), pasar**

pecado ♦ **carnal[35], culpable (de), horrendo, imperdonable, inconfesable[28], infame, libre (de), limpio (de)[2], mortal, nefando[1], ominoso, original, venial[1] ♦ absolver (de)[3], arrepentirse (de), cometer[38], confesar[16], expiar[2], imputar (a alguien), perdonar (a alguien), purgar[8], reconocer, salir a la luz[27]**

☐ Véase también: **culpa, falta.**

pecar ♦ **de palabra, de palabra y obra[1], gravemente[2], levemente**

☐ Véase también: **equivocar(se), errar, fallar, faltar (a).**

[pecho] → **a pecho descubierto, entre pecho y espalda, tomarse a pecho**

pedantería ♦ **cargante, grandilocuente, insoportable, rayano (en), sumo, vulgar ♦ asomo (de)[31], dosis (de), pizca (de) ♦ bordear, caer (en), rayar (en)[31], rozar**

[pedazo] → **a pedazos, en (mil) pedazos**

[pedestal] → **en un pedestal**

pedestal ♦ **subido (en) ♦ en, encima (de), sobre ♦ apear(se) (de)[10], bajar(se) (de), caer(se) (de), poner, subir(se) (a), tener (en)**

☐ Véase también: **cima (de), cumbre, podio, trono.**

pedido ♦ **abundante, a domicilio[35], cuantioso, en firme[18], gran(de), insignificante, numeroso, pequeño ♦ avalancha (de)[19], cúmulo (de) ♦ denegar[6], formular[19], hacer, realizar, rechazar**

☐ Véase también: **encargo, petición, ruego, solicitud.**

[pedir] → **a pedir de boca, pedir perdón**

pedir ♦ **a coro[15], a diestro y siniestro[40], a gritos[1], ardientemente[14] a regañadientes, a voces[6], a voz en grito, clamorosamente, con firmeza[45], con todas {mis/tus/sus...} fuerzas[17], con todo respeto, de todo corazón[21], en balde, encarecidamente[2], en compensación, en exclusiva, en firme[56], en solitario, expresamente[13], extraoficialmente, fervientemente[24], formalmente, gentilmente[14], humildemente, informalmente[11], insistentemente[1], inútilmente[16], lisa y llanamente[2], machaconamente[14], oficialmente, pacíficamente, por activa y por pasiva[12], por escrito, por favor, por las buenas, reiteradamente[19], repetidamente[33], respetuosamente, sin ambages[52], unánimemente, una y otra vez, verbalmente[21], vigorosamente[25]**

☐ Véase también: **demandar, exigir, impetrar, preguntar, rogar, solicitar.**

pedir perdón ♦ **a regañadientes[16], de rodillas, humildemente, modestamente**

☐ Véase también: **arrepentirse.**

pegada ♦ **contundente, fuerte, irresistible[36] ♦ con ♦ disfrutar (de), tener**

pegadizo *adj.* ▮ Se combina con...

A EL SUSTANTIVO *MÚSICA* Y CON OTROS QUE DESIGNAN DIVERSAS COMPOSICIONES MUSICALES O AGRUPACIONES DE ELLAS. TAMBIÉN, POR EXTENSIÓN DE SIGNIFICADO, CON SUSTANTIVOS QUE DESIGNAN CIERTOS COMPONENTES DE ESAS OBRAS O LAS PROPIEDADES QUE LAS CARACTERIZAN: **1 música ++:** ...estará en Ourense en esta fiesta, con su música *pegadiza*... FDV100599 **2 canción ++:** Los rubios músicos han impuesto un sello por sus *pegadizas* canciones... ENH300697 **3 ritmo ++:** Los merengues, cha-cha-chá, casinos y demás ritmos *pegadizos* que retumban cada sábado en la mítica calle le habrían erizado el rabito de la boina. LVE160896 **4 melodía ++:** Pegadiza y oportunista, la melodía fue bien aceptada por los oyentes... CLA110197 **5 estribillo ++:** Un rock comedidamente duro, con estribillos *pegadizos*... EME020696 **6 tema +:** ...unos cuantos temas, de esos de apenas dos minutos, que saben ser *pegadizos*... LVE151295 **7 banda sonora:** Resulta entretenida y con una banda sonora muy *pegadiza*. LVE031195 **8 sintonía:** ¿Qué sería de unas vacaciones estivales sin escuchar la *pegadiza* sintonía de «Verano azul»? LVE170396 **9 letra:** ...famosos por una melodía afortunada, por un gran despliegue promocional, por una letra *pegadiza*. CLA140297 **10 sonoridad:** ...cierta *pegadiza* sonoridad que debe tener toda composición... EME120295 **11 partitura:** ...arropa con una inspirada y *pegadiza* partitura un sainete castizo... LVE060596 **12 swing:** ...animan el ambiente en el Port Olímpic con un «swing» *pegadizo*. LVE250995 **13 tango:** ...alegrías, bulerías, soleares y el *pegadizo* tango de los lunares... EPE010799 **14 rumba:** ...de los diez temas compuestos, incluyan (...) dos «rumbas modernas muy *pegadizas*». FDV260499 **15 vals:** ...pasando por el *pegadizo* vals vienés y el punto patriótico de las melodías medievales. EME130695 **16 tonada:** ...Mancini reservaba unas tonadas sentimentales y *pegadizas* que contrastaban con los aires de comedia... EME180694 **17 composición:** ...se convirtió ayer noche en Jerusalén en la ganadora del 44º festival de la canción de Eurovisión, con una *pegadiza* composición... EPE300599 **18 repertorio:** Se está produciendo un álbum con el repertorio *pegadizo* de canciones... LVE250596 **19 versión:** ...quizá la versión brasileira sea más *pegadiza.* EPE300699 **20 cadencia:** ...una sucesión desmembrada de huecos anticinematográficos rellenos de bellas músicas, que así propuestas no trasladan a la pantalla sus bellas y *pegadizas* cadencias... EPE040999 **21 sonido:** Esa mezcla entre los ritmos flamencos y los sonidos más *pegadizos* de Sudamérica... EME170796 **22 sonsonete:** El *pegadizo* sonsonete se ha convertido en el himno oficioso de los Juegos... LVE280796

B SUSTANTIVOS QUE DESIGNAN MANIFESTACIONES COMUNICATIVAS, ORALES O ESCRITAS, ASÍ COMO DIVERSOS GÉNEROS DISCURSIVOS Y ALGUNOS DE SUS ELEMENTOS CONSTITUTIVOS: **23 expresión:** ...el inglés (...) ha inventado tantas expresiones fáciles, sintéticas y *pegadizas*... EME050395 **24 verso:** Toda Cataluña cantaba y recitaba sus versos fáciles, *pegadizos,* religiosos y sensuales... EME020395 **25 narración:** Esta narración un tanto *pegadiza,* dicho con término cervantino... EME200496 **26 estrofa:** Aquella estrofa, con unos repiqueteos de guitarra, se hizo *pegadiza,* rítmica y llena de algarabía. EME250896 **27 estilo:** El estilo esquemático se torna *pegadizo.* EPE070399 **28 fórmula:** ...una fórmula de presentación tan simple como *pegadiza...* EPE080199 **29 anécdota:** ...una historia que hubiera ganado suprimiendo prolijidades y bastantes anécdotas *pegadizas...* EME290696 **30 melodrama:** ...hilvana así un melodrama romántico tan convencional como *pegadizo.* EPE170699 **31 anuncio:** ...los anuncios eran *pegadizos* y el el producto se vendía bien. EME181196 **32 mensaje:** ...un término autóctono para aludir a los breves mensajes publicitarios *pegadizos,* comerciales o políticos. EME040296 **33 publicidad:** ...No cabe duda de que la publicidad de la anterior campaña de la ONCE resultaba *pegadiza.* EPE190499 **34 mote:** ...no es igual de *pegadizo* que sus anteriores motes italianizados... EPE060999 **35 nombre:** Un nombre *pegadizo* y muy exótico, una sonrisa perenne y una melena roja. EME190296 **36 cabecera:** Era la época del boom de los seriales televisivos y Conti firmó la *pegadiza* cabecera de Dinastía... EPE171099

C SUSTANTIVOS QUE DESIGNAN CIERTOS RASGOS CARACTERÍSTICOS DE LOS TEXTOS Y DISCURSOS MENCIONADOS EN EL APARTADO *B,* ASÍ COMO ALGUNOS DE LOS EFECTOS QUE CONSIGUEN: **37 humor:** ...ha dejado un rastro de donaire y *pegadizo* humor... ABC040992 **38 entusiasmo:** ...en medio de un entusiasmo *pegadizo.* LVE310895 **39 euforia:** la plaza vio cómo se desataba una euforia *pegadiza* explicada por el hecho de que hacía nada menos que 25 años que no se veía nada igual. LVE150595 **40 delirio:** El «castell» se rompió, en una plaza donde el delirio se hacía *pegadizo,* cuando la «canalla» ya había iniciado el descenso. LVE250995 **41 feeling:** ...llenas de sentimiento, de «feeling» poderoso y *pegadizo.* LVE100296

D OTROS SUSTANTIVOS; POSIBLES USOS ESTILÍSTICOS: Este es un equipo *pegadizo,* con siete vidas y mil recursos. EME070194; ...regresa a los terrenos nostálgicos, *pegadizos* y quizá felices... EPE220799

pegar *v.* ■ Constituye las locuciones verbales *pegárse(le) a alguien las sábanas, (no) pegar ojo, pegar la oreja, no pegar ni golpe, no pegar ni con cola, pegar la hebra,* entre otras. En su sentido de 'adherir o unir' se combina con sustantivos que designan seres materiales *(pegar un papel con otro; pegar un cartel; quedarse uno pegado a la silla).* En el sentido de 'contagiar' se combina con sustantivos que designan enfermedades o dolencias *(gripe, catarro, varicela)* y con otros que se refieren a costumbres o características *(hábito, aspecto, apariencia, acento: Cinco meses en París y se le ha pegado el acento francés).* En su sentido de 'golpear' se combina con sustantivos que designan golpes u otras formas de agresión *(tiro, puñetazo, bofetada, cabezazo)* o movimiento impulsivo *(pase, empujón),* a veces en concurrencia con otros que designan al que los recibe *(pegar un bofetón a alguien* o *pegar a alguien).* En su sentido de 'extenderse, imponerse', propio de la lengua conversacional, se combina con sustantivos que designan tendencias *(corriente, línea, moda: Está pegando la moda de teñirse el pelo de colores)* o algunos elementos en los que se manifiestan *(libro, canción: La canción que más pega este verano).* En su sentido de 'agregarse' se combina con sustantivos en función de sujeto que designan personas *(padre, profesor, novio, madre: Se les pega su madre y no hay nada que hacer).* En su sentido de 'hacer efectivo o producir', más común en la lengua conversacional, se combina con...

A SUSTANTIVOS QUE DENOTAN MOVIMIENTO O IMPRESIÓN BRUSCA O REPENTINA. TAMBIÉN CON OTROS QUE DESIGNAN ALGUNAS DE LAS FORMAS EN QUE SE MANIFIESTA: **1 susto ++:** Ahora está en Luis Ángel Rojo, que es el que *pega* los sustos. EME070294 **2 salto ++:** Arantxa *pegó* un salto, gesticuló alegremente... LVE050795 **3 bote ++:** Es un sueño que no tengo, pero si consiguiese el premio, seguro que *pego* un bote tremendo. EPE231001 **4 sobresalto:** Cuando nos dieron la noticia nos *pegamos* todos un sobresalto alucinante. INDOC **5 brinco:** En la siguiente jugada, Bolivia marca y el bar *pega* un brinco. EME280694 **6 respingo:** Yo también *pegué* un respingo cuando me enteré del contenido del artículo 33... LNA240692

B SUSTANTIVOS QUE DESIGNAN DIVERSOS SONIDOS, MÁS FRECUENTEMENTE INARTICULADOS Y EMITIDOS CON POTENCIA: **7 grito ++:** Comprobé que los periódicos seguían *pegando* gritos. EME191195 **8 voz ++:** A mí no me gusta nada *pegar* voces, pero si hay que darlas se dan. EPE031299 **9 berrido +:** ...la niña que nacía y *pegaba* su primer berrido acabaría convirtiéndose en un mito contemporáneo. ABC140795 **10 alarido:** Cuando se enteró, *pegó* un alarido y se trepó a Nico Repetto en un abrazo... CLA020401 **11 mugido:** El miura sacó a relucir el mulo que llevaba dentro y escapaba a las tablas *pegando* mugidos. EPE260499 **12 rugido:** Porque a lo mejor el león tiene razones sobradas, si no en la forma en el fondo, para *pegar* el rugido que ha dado y que tanto ha escandalizado a nuestros políticos. EPE151099

C SUSTANTIVOS QUE DENOTAN CAMBIO DE POSICIÓN O DE ESTADO, A MENUDO BRUSCO O RADICAL. TAMBIÉN CON OTROS QUE DESIGNAN ALGUNAS DE LAS ACCIONES QUE LO PROVOCAN: **13 vuelta +:** Incluso se *pegó* unas vueltas por bulerías, para lo que se quitó los zapatos, con desparpajo y sin perder el compás. EPE150199 **14 vuelco ++:** No quiero estar feliz y que, de pronto, suene el teléfono y me den una noticia de esas que el corazón te *pega* un vuelco. EME280196 **15 empujón +:** Ahí el equipo *pegó* un empujón hacia arriba y al haber ganado tantos partidos tienes una tranquilidad muy grande... ENC120101 **16 estirón:** Ven en él el futuro de la izquierda fáctica, ven que el chico ha *pegado* el estirón y no lo soportan. EME300194 **17 tirón:** ...quien pretenda destronarle deberá hacer algo más que *pegar* un tirón en una curva de herradura. EME280595 **18 bajón:** Pero en cualquier caso los conservadores han vuelto a *pegar* un bajón en las encuestas... LVE071296

D SUSTANTIVOS QUE DESIGNAN ALGUNOS TIPOS DE DISCURSO DIRIGIDO A MODIFICAR LA ACTITUD O EL PENSAMIENTO DE ALGUIEN: **19 bronca:** Le *pegaron* la bronca y no digo yo que no tuvieran razón... EME230895 **20 mitin:** Jesulín planteó un trasteo sin emoción y además *pegó* un mitin con la espada. EME050796

E SUSTANTIVOS QUE DESIGNAN CIERTAS ACTIVIDADES CUYA REALIZACIÓN IMPLICA ESFUERZO. SON FRECUENTES LOS QUE SE REFIEREN A LOS DESPLAZAMIENTOS: **21 madrugón ++:** ...tal vez resultaría más enriquecedor culturalmente formar parte del jurado del festival de Cannes, pero ahí hay que trabajar y *pegarse* madrugones. EPE130699 **22 carrera ++:** Un pie italiano le engancha y Ravanelli se *pega* una carrera de cuarenta metros para protestar al árbitro. EME070396 **23 caminata +:** ¿Estaba tan desesperada como para *pegarse* aquella caminata? EPE110299 **24 galopada –:** Pegó tremendas galopadas de salida, al primero de su lote lo desbarató de un rejonazo... EPE070799

F SUSTANTIVOS QUE DESIGNAN DIVERSAS ACTIVIDADES CONSIDERADAS AGRADABLES, DIVERTIDAS O PLACENTERAS: **25 vacaciones ++:** ...el sátrapa renunciaba a su inveterada costumbre de *pegarse* unas vacaciones de no te menees... EME100396 **26 juerga:** ...Un flamenco ya no tiene que *pegarse* juergas y andar por tabernas. LVE250194 **27 comilona +:** ...el gordo sigue gordo en tanto no adelgace mentalmente y deje de *pegarse* esas comilonas que le dan tanto placer... ESH010497 **28 excursión:** Si quieres vas a Ipurua a ver al Eibar o te *pegas* una excursión a Pamplona... EDV191200 **29 ducha:** Son lugares donde pueden *pegarse* una ducha, comer algo, lavar la ropa... EPE171199 **30 baño:** Lo menos que podía hacer es darse una vuelta por el atolón y *pegarse* un baño... EME131295 **31 chapuzón:** El director le acaba de ordenar que se *pegue* un chapuzón desde la tarima situada en el centro de la escena... EME310896 **32 garbeo:** Aunque, de vez en cuando, los deportistas de elite también se *pegan* sus garbeos. EPE090899 **33 gustazo:** Todos los años me *pego* un gustazo lisonjeando a Manzanares... EME270594

G OTROS SUSTANTIVOS; POSIBLES USOS ESTILÍSTICOS: ...cada vez andan más motos por las aceras y que si vas y le dices algo a los que las montan te *pegan* una mirada o una hostia de aquí te espero... EME010295

☐ Véase también: **golpear.**

peinar ▮ *(cepillar)* ♦ **cabello, cabeza, pelo, persona**
▮ *(rastrear)* ♦ **área, terreno, territorio, zona,** *otros sustantivos de lugar*
☐ Véase también: **rastrear.**

[pelado] → **a grito pelado**

peldaño ♦ **ascender, bajar, escalar[19], remontar, subir**
☐ Véase también: **escalón.**

pelea ♦ **a bocados, a brazo partido[15], acalorado[17], a cara de perro[17], a golpes, agrio, a mordiscos, a muerte, aparatoso, a patadas, a pecho descubierto, a tiros, a vida o muerte, callejero, campal, controvertido[38], cuerpo a cuerpo[17], descomunal, encarnizado[6], enconado[8], injustificable, intestino, juvenil, limpio, monumental[49], multitudinario[36], propenso (a)[4], reñido[6], sangriento, sucio, violento** ♦ **alimentar[26], arbitrar[5], buscar, dar[266], dar término (a), desactivar[19], desatar(se), desencadenar(se), disolver(se)[17], enfrascarse (en)[4], enredar(se) (en)[9], entablar[27], entrar (en), enzarzarse (en)[6], fraguar(se)[56], ganar, incitar, iniciar, intervenir (en), librar, participar (en), perder[49], producir(se), recrudecer(se)[13], resolver(se), sostener, terminar, vencer (en), zanjar[23]**
☐ Véase también: **altercado, batalla, bronca, combate, confrontación, contienda, guerra, litigio, lucha, riña, trifulca.**

pelear ♦ **abiertamente[72], a brazo partido[2], a golpes[5], a muerte[3], a pecho descubierto[9], arduamente[9], a tope[2], como gato panza arriba[3], como un león, con arrojo, con decisión, con encono, con todas {mis/tus/sus...} fuerzas[2], con valentía, con valor, cuerpo a cuerpo[2], frente a frente[3], palmo a palmo, por un quítame allá esas pajas, sin tregua[2], valientemente[13], violentamente**

peleón ♦ **carácter, persona, vino**
☐ Véase también: **fuerte.**

peliagudo ♦ **amenaza, asunto, crisis, decisión, desafío, dificultad, encargo, misión, mundo, problema, punto, reto, situación, tarea, tema, trabajo**

película ♦ **aburrido, almibarado, anodino, arrasador[16], arrollador, bélico, célebre, del montón, divertido, entretenido, espectacular, excelente, genial, gracioso, inolvidable, interesante, lacrimógeno, mediocre, redondo[4], romántico, soporífero, trepidante** ♦ **avalancha (de), guion (de), pase (de), proyección (de)** ♦ **aburrir (a alguien), acortar, analizar, censurar, cortar, criticar, dar, decaer[38], dirigir, disfrutar (de), divertir (a alguien), echar, enfrascarse (en), entretener (a alguien), estrenar, exhibir, filmar, frustrar(se), hacer, interpretar, interrumpir, montar, plantear, poner, protagonizar, proyectar, rebobinar, reponer, rodar, salir (en), transcurrir, ver, versar (sobre algo), zambullir(se) (en)[20]**
☐ Véase también: **cinta, documental, reportaje.**

[peligro] → **en peligro**

peligro ♦ **acuciante, amenazante, de muerte, expuesto (a), grave, impredecible[30], imprevisi-**

ble[50], incalculable, inminente, latente, leve, mortal, serio[8], severo[78], sumo[85] ♦ al abrigo (de)[25], a la vista (de)[35], a resguardo (de)[1] ♦ manifestación (de)[4] ♦ acarrear[10], acechar[1], acuciar[15], advertir (de), afrontar[5], agravar(se)[6], agudizar(se)[61], ahuyentar[1], alertar (de), amainar[9], amenazar (a alguien), aminorar[17], apercibir (de/contra), aplacar(se), arreciar[45], arrostrar[2], asomar, atravesar[21], aumentar, avecinarse[7], avisar (de), avivar[49], bordear[24], calcular, calibrar[49], causar, cernerse[2], comportar, conjurar[1], correr, decrecer[60], derivar(se)[11], desentenderse (de)[6], despejar(se)[37], desvanecerse[25], detectar[33], disipar(se)[27], eludir[7], encarar, engendrar[21], entrañar, escapar (de), evitar, existir, exponerse (a), extinguir(se)[32], hacer frente (a), huir (de), incrementarse, latir, librar(se) (de)[33], neutralizar, notar, ocasionar[23], ofrecer, pasar (por), percibir, persistir, planear[17], poner (en), presentir, prever, provocar, rehuir, remitir[28], residir (en)[51], revestir, salir (de), salvar, sopesar[7], sortear[17], soslayar[7], subsistir, sufrir, superar, suponer, teñir (de)[16], vencer[7]

☐ Véase también: **amenaza, inseguridad, riesgo (de).**

PELIGRO Véase: *RIESGO*

PELIGRO Véase: RIESGO

peligrosamente *adv.* ▮ Se combina a menudo con verbos de movimiento *(moverse, desviarse, cruzar)* y con otros que designan diversas acciones o actividades que lo suelen conllevar *(cabalgar, conducir)*. Destacan sus combinaciones con los verbos de cambio de estado *(enfriarse, enamorarse, secarse, irritarse)* y especialmente con...

A VERBOS QUE DENOTAN APROXIMACIÓN A UN LÍMITE O MOVIMIENTO EN ÉL, EMPLEADOS A MENUDO EN SENTIDO FIGURADO. POR EXTENSIÓN, CON OTROS QUE DENOTAN SIMILITUD: **1 acercarse ++:** Makinen, sin embargo, no se dio nunca por vencido y ayer, en los inicios de la tercera etapa, lanzó un fuerte ataque y se acercó *peligrosamente* al escocés. LVE050696 **2 aproximarse ++:** ...la producción total de la OPEP se sitúa actualmente en 20,6 millones de barriles diarios «y se aproxima *peligrosamente* al espectro de los 21 millones de barriles». EPE011088 **3 rozar +:** ...aunque en tres de las obras (...) roza *peligrosamente* los tópicos raciales que le valieron la celebridad (...), en casi todas las demás alcanza un acento inconfundiblemente suyo. ABC250693 **4 arrimarse +:** ...el torero debe hacerlo con elegancia y aplomo, y arrimándose *peligrosamente*, frente a un público aficionado que lo juzga con severidad. CAP280897 **5 bordear +:** ...pienso que las otras, las dedicadas al regreso, bordean *peligrosamente* lo panfletario y quizá sean más esquemáticas. ABC221093 **6 inclinarse +:** La curva de los pronósticos electorales se inclinaba *peligrosamente* hacia abajo. EPE150899 **7 asemejarse +:** La situación de una gran parte del sistema bancario japonés se asemeja *peligrosamente* al de las cajas de ahorros estadounidenses... LVE150795 **8 contornear:** Cuando, por una y otra razón, se termina concluyendo que los muertos mandan, e incluso se les exhuma y exhibe, se está contorneando *peligrosamente* los linderos de vivir juntos... LVE260395 **9 lindar:** ...hoy son el blanco de una estupidez que linda *peligrosamente* con los márgenes de la ley y con una pertinaz falta de conciencia cívica... LNP050297 **10 acechar:** El «síndrome Bugno» le acecha *peligrosamente* en estos momentos. EME080796 **11 parecerse:** ...alguien se olvidó de lavarlos y, después de un poco de movimiento, la biblioteca se parece *peligrosamente* a una quesería. EPE151299

B VERBOS QUE DENOTAN CRECIMIENTO O AUMENTO DE ALGUNA MAGNITUD: **12 crecer ++:** ...el caudal del Manzanares llegó a crecer *peligrosamente*, pero la apertura de todas las compuertas facilitó su vaciado en pocos minutos. EME010795 **13 incrementar +:** La tensión habitual entre Kuwait e Irak se ha incrementado *peligrosamente* en las últimas horas... EPE180999 **14 acrecentar:** Se permitió asimismo que el coloso también galo Elf Aquitaine acrecentase *peligrosamente* sus posiciones en la petrolera Cepsa; Elf va camino de hacerse con el mando absoluto. LVE190295 **15 engrosar:** De una parte, la organización firme (...). De otra, que la distancia (...) engrose *peligrosamente* el presupuesto de gastos. ABC091294 **16 amplificar:** Advierte al lector que el efecto de la acumulación de grasa se amplifica *peligrosamente* en aquellos casos en los que se acompaña de toxicomanías como el tabaquismo o el alcoholismo. ABC190293 **17 aumentar:** Dos factores más aumentan *peligrosamente* el riesgo que el cuerpo social asume con dichos organismos. HOY250184 **18 elevar:** ...los ríos Alfambra y Turia elevaron *peligrosamente* su cauce. LVE160896

C VERBOS QUE DENOTAN REDUCCIÓN, DESCENSO O PARALIZACIÓN, Y, POR EXTENSIÓN, DESMEJORA O MENOSCABO DE ALGO: **19 reducir ++:** ...se desataron torrenciales lluvias y huracanes que dejaron miles de muertos y damnificados, y se redujo *peligrosamente* el escaso abastecimiento de agua potable. EXC140901 **20 descender +:** ...hizo que las reservas de líquido elemento descendieran *peligrosamente*, y que en algunas zonas se impusieran restricciones. LVE260995 **21 disminuir +:** ...las reservas de misiles Crucero del Pentágono habían disminuido *peligrosamente* tras los últimos ataques contra Irak, en diciembre. CLA030199 **22 empeorar +:** ...después «debí dedicarme intensamente a ejercer mi profesión, porque mi situación económica habia empeorado *peligrosamente...*». HOY180886 **23 detener:** ...pero también podemos detener *peligrosamente* esa evolución si nos dejamos llevar por esa otra inclinación de banalizar... ABC011093 **24 debilitar(se):** Nuestro país se debilitaría *peligrosamente* con el desmembramiento político y jurídico de la nación que el anteproyecto en comentario provocaría. PME291296 **25 dañar:** ...han dañado *peligrosamente* la estructura de la formación mexicana y amenazado en los hechos las bases mismas de la convivencia política y social... DYM090996 **26 enrarecer –:** El fracaso de la negociación del AIC (...) enrareció *peligrosamente* para el diálogo social las relaciones entre patronal y sindicatos. LVE250596

D VERBOS QUE DENOTAN CAMBIO, VARIACIÓN O TRANSFORMACIÓN: **27 cambiar +:** Y no extraña que cada minuto un automovilista suicida pase a velocidades extremas, cambie *peligrosamente* de carril... LVE161196 **28 alterar:** Muy bien hecho, con ganas de entretener a los espectadores, con el texto de Süskind convenientemente servido, sin alterarlo *peligrosamente.* EPE110799 **29 volverse:** La pregunta es si será capaz de convencer a los mexicanos comunes y corrientes de que la vida podrá mejorar antes de que más gente se vuelva *peligrosamente* infeliz. DYM010996

E VERBOS QUE DENOTAN INTENSIFICACIÓN DE ALGO: **30 acentuar +:** La matanza de 300 refugiados tutsis acentúa *peligrosamente* la crisis en Burundi. LVE220796 **31 agravar:** ...la situación podría agravarse *peligrosamente* y originar fisuras o grietas que provocasen fugas importantes de agua radiactiva, como en el caso de la central de Zorita (Guadalajara). LVE200196 **32 ahondar:** La falta de credibilidad y de autoridad moral y política que afecta al Gobierno Samper ahonda *peligrosamente* las disensiones entre los uniformados... LVE250296 **33 exacerbar:** Está listo el escenario, está *peligrosamente* exacerbada la rivalidad y está potenciada la expectativa. CLA120197

F VERBOS QUE DENOTAN ESTADO DE RIESGO, ASÍ COMO ACCIÓN HOSTIL O PERJUDICIAL CONTRA ALGO O ALGUIEN: **34 amenazar:** ...he decidido interrumpir mi convalecencia para ocuparme personalmente de la situación que amenaza *peligrosamente* la integridad territorial de Zaire. LVE181296 **35 atentar:** El erotismo es un importante motor de la historia y se atenta *peligrosamente* contra él a menudo. LVE060996 **36 atacar:** ...acusó a los laboristas de atacar *peligrosamente* la unidad del país al proponer que se creen asambleas locales en Escocia y País de Gales. LVE020195

G VERBOS QUE DESIGNAN LA ACCIÓN DE INCITAR, ANIMAR, FAVORECER O APOYAR ALGO O A ALGUIEN: **37 alentar:** El comunicado agrega que la actitud croata «alienta *peligrosamente* la opción de la guerra»... LVE310795 **38 inducir:** Sin embargo, pareciera ser el mismo Estado quien burla sus reglas de juego, desnaturalizando el sentido de la disciplina fiscal e induciendo al ciudadano, *peligrosamente,* a evadir las cargas fiscales. LTB250397 **39 apostar –:** ...me da la sensación de que algunos, por comodidad, cuquería o interés partidario están apostando *peligrosamente* a que todo reviente. LVE230295

H VERBOS QUE DENOTAN EFECTO O INFLUENCIA: **40 incidir:** Al mismo tiempo, la disputa entre Antena 3 TV y Canal+ por los derechos ligueros a partir de la temporada 98-99 incidió *peligrosamente* sobre la reunión. LVE170296 **41 afectar +:** ...decidió poner fin a un asunto que empezaba a afectar *peligrosamente* a sus compañeros de coalición. EME170995 **42 influir:** Su actitud influía *peligrosamente* en la de sus compañeros. INDOC

I OTROS VERBOS DE ACTIVIDAD, GENERALMENTE SIN LÍMITE NATURAL: **43 vivir ++:** ...lo que les impulsaba a vivir *peligrosamente* sacrificando la seguridad y el afecto de su familia y en muchos casos su propia estima, eran unas cuantas cosas que hoy día ya empiezan a no importar a nadie... ABC210593 **44 actuar:** Estas sustancias psicotrópicas actúan *peligrosamente* sobre el sistema nervioso central... LVE090796 **45 jugar:** Pirri remata de media vuelta sin jugar *peligrosamente,* y Rivas instintivamente, para protegerse la cara, rechaza el balón con las manos. EPE110977

☐ Véase también: **aventuradamente.**

peligroso ♦ **considerablemente, enormemente, gravemente**[40]**, sumamente, tremendamente**

☐ Véase también: **proceloso.**

[pelo] → **a pelo, con pelos y señales, por los pelos**

pelo ♦ **abundante, cano, canoso, castaño, denso, desmadejado, desmelenado, encanecido, encrespado, ensortijado, escaso, espeso, estropajoso, lacio, liso, moreno, ondulado, oscuro, postizo, rizado, rubio, tupido** ♦ **mecha (de)** ♦ **atusar, desenredar, encrespar(se), enredar(se) (en), ensortijarse, erizar(se), mesar, perder, rapar, teñir(se)**

☐ Véase también: **barba, bigote, cabello, melena.**

pelota ♦ **botar, deshinchar(se), despejar, golpear, hinchar, inflar, lanzar, meter, pasar, pinchar(se), sacar**

☐ Véase también: **balón.**

pelotón ♦ **alargado, compacto, concentrado, disperso** ♦ **adelantar, agolpar(se), alargar(se), concentrar(se), conducir (a), disgregar(se), dispersar(se), engrosar**[20]**, estar (en), formar, formar parte (de), integrar(se) (a), llegar (a), reunir(se), salir(se) (de), seguir (a), separar(se) (de)**

[pena] → **a duras penas, bajo pena (de), pena capital, sin pena ni gloria, so pena (de)**

pena ▮ *(sentimiento)* ♦ **abrumador, angustioso, inconsolable, amargo**[46]**, enorme, hondo, infinito, insondable, irreversible, llevadero**[17]**, profundo**[8]**,** ♦ **expresión (de)**[16]**, manifestación (de), sentimiento (de)** ♦ **afligir (a alguien), ahogar(se)**[16]**, ahuyentar**[30]**, aliviar**[10]**, aminorar**[58]**, amortiguar**[74]**, apechugar (con)**[12]**, atenuar, causar**[28]**, confesar**[54]**, dar**[353]**, embargar**[3]**, enjugar**[27]**, entrar**[10]**, inspirar**[18]**, mitigar**[11]**, ocasionar, producir, sentir**[31]**, tener** ▮ *(castigo)* ♦ **benigno**[8]**, de capital, de muerte, desmesurado**[61]**, desorbitado**[16]**, duro, efectivo**[47]**, exorbitante**[11]**, injusto, justo, libre (de), proporcional, severo**[12] ♦ **sin perjuicio (de)**[8] ♦ **revisión (de)** ♦ **abolir**[13]**, aceptar, agravar(se)**[53]**, asumir**[53]**, cargar (con)**[23]**, castigar (a), condenar (a), condonar**[18]**, conmutar, cumplir**[41]**, derogar**[18]**, ejecutar**[34]**, establecer**[57]**, eximir (de)**[23]**, experimentar, implantar**[25]**, imponer, incrementar, incumplir**[57]**, infligir**[16]**, merecer, purgar**[2]**, rebajar**[43]**, redimir, revisar, revocar**[25]**, suavizar, sufrir**[33]

☐ Véase también: **aflicción, lástima, melancolía, morriña, nostalgia, pena (de), penalidad, sentimiento, sufrimiento, tristeza.**

PENA Véase: AFLICCIÓN; SUFRIMIENTO

pena capital ♦ **contrario (a), en vigor, ilegal, legal, partidario (de)** ♦ **abolir, aplicar, instaurar, reinstaurar**[4]

pena (de) ♦ **cárcel, destierro, inhabilitación, muerte, multa, prisión, reclusión**

☐ Véase también: **pena.**

penalidad ♦ **amargo, gran(de), grave, infinito, múltiple, serio, terrible** ♦ **abatir(se) (sobre algo/**

sobre alguien), afligir (a alguien), afrontar, aliviar[6], azotar (a alguien), combatir, imponer, mitigar, pasar, redimir, soportar, sufrir
□ Véase también: **calamidad, miseria, penuria.**

penalizar ♦ **cruelmente, duramente, fuertemente, gravemente, negativamente[38], reiteradamente, rigurosamente, severamente[3], sólidamente**
□ Véase también: **castigar.**

penalmente ♦ **condenar, demandar, denunciar, investigar, sancionar**

[penalti] → **de penalti**

penalti ♦ **a favor, en contra** ♦ **castigar (con), errar, fallar, lanzar, marcar, parar, pitar, señalar, tirar**

pendiente ▮ *(cuesta)* ♦ **acentuado, brusco, empinado, extremado, fuerte, gradual, leve, ligero, moderado, progresivo, pronunciado, sostenido, suave, tenue, uniforme, vertiginoso** ♦ **en** ♦ **acentuarse, ascender (en), bajar, deslizarse (por), despeñarse (por), escalar, precipitarse (por), resbalar (por), rodar (por), subir, superar, trepar (por), vencer**
▮ *(adorno)* ♦ **de bisutería, de {oro/plata}, de tuerca, largo, llamativo, original, precioso, vistoso** ♦ **par (de), tuerca (de)** ♦ **cambiar(se) (de), colgar, llevar, perder, poner(se), quitarse, regalar (a alguien), usar**
□ Véase también: **bajada, cuesta, subida.**

pendiente (de) ♦ **aceptación, análisis, aprobación, ascenso, autorización, cobro, comprobación, confirmación, contestación, decisión, destino, estreno, expulsión, firma, juicio, pago, publicación, ratificación, reforma, renovación, resolución, revisión, sentencia, traspaso, valoración**

PENETRACIÓN
♦ (VERBOS) Véase: **a contrapelo[C], a fondo[E], a medias[F], de lleno[B], de pies a cabeza[B], de pleno[E], de punta a punta[C], detalladamente[G], hasta el tuétano[A,B], hasta los huesos[A], holgadamente[D], plenamente[B], profundamente[A], tangencialmente[E]**
□ Véase también: INDAGACIÓN; MOVIMIENTO; PROFUNDIDAD; PROGRESIÓN.

penetrante *adj.* ▮ En su sentido físico se combina con sustantivos que designan objetos, especialmente si son punzantes *(clavo, astilla)*. En su sentido figurado se combina con sustantivos que denotan olor *(perfume, hedor, olor)*, sonido *(ruido, voz)*, color *(color, azul)* o designan ciertas sensaciones *(dolor, frío)*. También se combina con...

A SUSTANTIVOS QUE DESIGNAN LA ACCIÓN O EL EFECTO DE MIRAR, ASÍ COMO LOS ÓRGANOS DE LA VISIÓN: **1 mirada ++:** La mirada es *penetrante* y el carácter volcánico... VIS181297 **2 ojo +:** «Tenía una mirada impresionante; ante esos ojos *penetrantes* uno se sentía delante de una santa»... ENH110997 **3 vista +:** Se necesitaba la *penetrante* vista de un indígena para distinguir a lo lejos... EME180895

B SUSTANTIVOS QUE DENOTAN VIVEZA O ENERGÍA: **4 fuerza +:** Giacomo Lauri-Volpi no ve reflejada en su herencia discográfica la brillantez, la fuerza *penetrante*... ABC280892 **5 vigor:** ...además sorprende por su originalidad compositiva y su vigor *penetrante*. EPE221099 **6 poder:** Ya hacía un cuarto de siglo que se venía investigando el poder *penetrante* de estos rayos catódicos... ABC240295 **7 ánimo:** ...se introduce en la salvaje contienda española e incluso va más allá en su ánimo *penetrante* y objetivo... EME140594

C SUSTANTIVOS QUE DENOTAN ANÁLISIS, INVESTIGACIÓN O ESTUDIO: **8 análisis ++:** ...recobra actualidad el *penetrante* análisis (...) acerca de esa partidocracia peruana... CAP211295 **9 estudio ++:** Una búsqueda para la que recurre al *penetrante* estudio de una amplia bibliografía... EME071095 **10 observación +:** ...seguí admirando la prosa certera de Cortázar, su humor y su fantasía y su *penetrante* observación de la realidad. EME090396 **11 descripción:** Su disertación sobre el café resulta especialmente lograda y su descripción socio-política del triunfo del café sobre el chocolate, muy curiosa y *penetrante*. EPE160900 **12 indagación:** George Duby acaba de publicar su obra, en tres tomos, «Dames du XII siècle», *penetrante* y viva indagación hasta hoy inexistente. LVE200696 **13 investigación:** ...ha desarrollado un proceso de veeduría, de investigación tan *penetrante* y persistente que progresivamente se ha vuelto desagradable ser accionista de esos clubes... EPC110797 **14 búsqueda −:** «Blow up», caracterizado por presentar una *penetrante* búsqueda por demás inusual... ENV121296

D SUSTANTIVOS QUE DENOTAN OPINIÓN O JUICIO DE VALOR. TAMBIÉN CON OTROS QUE DESIGNAN OTRAS FORMAS DE TOMAR POSTURA A FAVOR O EN CONTRA DE ALGO O ALGUIEN, ASÍ COMO ALGUNAS DE LAS CAPACIDADES QUE ESOS ACTOS REQUIEREN: **15 visión +:** Lo distinguían una inteligencia clara, una visión *penetrante* y un recio carácter. CAP281196 **16 crítica +:** La *penetrante* crítica de la pintura (...) hacen olvidar que el texto está plagado de referencias biográficas... LVE190595 **17 comentario:** Ella habla en nombre de muchas niñas cuando plantea preguntas inteligentes o expresa comentarios *penetrantes* sobre el estado de las cosas... EME140695 **18 valoración:** Un país para los jóvenes «tiene que estar marcado por una valoración más profunda, más *penetrante*, de la libertad en todas sus expresiones». HOY250184 **19 alegato:** Pero el *penetrante* alegato antipopperiano de Stove (...) es una instructiva... ABC031195 **20 defensa:** Su ensayo es una *penetrante* defensa de un concepto «fuerte» de la democracia... ABC181194 **21 juicio:** ...se ha necesitado casi un siglo para comprender que el aparente «Peter Pan de Samoa» es (...) un escritor de juicio agudo, *penetrante* y profético... LVE031294 **22 interpretación:** Por mi parte, admito todo tipo de *penetrantes* interpretaciones... EME160594 **23 insinuación:** ...la *penetrante* insinuación de una suerte de Arcadia reencontrada sin olvidar los vestigios de dolorosos recorridos. ABC070495 **24 refutación −:** Siempre me gustó esa máxima, no ya por lo ingeniosa sino por lo que tiene de *penetrante* refutación de la vanidad. EPE010699

E SUSTANTIVOS QUE DESIGNAN DIVERSOS TIPOS DE TEXTOS, A MENUDO LITERARIOS: **25 ensayo +:** ...el primer gran crítico y poeta barcelonés que le dedicó un breve pero *penetrante* ensayo... ABC131095 **26 relato +:** ...en un monólogo de atrayente lucidez plagado de ensueños, indagaciones y *penetrantes* relatos, reconstruye su existencia... EME090396 **27 libro:** ...dan un libro ligero, *penetrante* y a ratos espléndido. LVE290396 **28 retrato +:** ...el protagonista narrador (...) traza dos *penetrantes* retratos, el suyo y, sobre todo, el de Sofía, su mujer. EME250295 **29 obra:** Probablemente sigue siendo la obra más *penetrante* y conmovedora de Hudson... LVE060895 **30 artículo:** Trabajos relativos a artistas (...) alternan con *penetrantes* y personalísimos artículos sobre movimientos estéticos... ABC240993 **31 comedia:** Esta comedia no puede ser más irónica, *penetrante* y sosegada de lo que es. EME040395 **32 novela:** En sus mejores momentos, esta novela artificial y cínica, *penetrante* (...) es mejor que las de un Aldous Huxley... ABC091092 **33 poema:** ...Enric Cruz saca un ligero y *penetrante* poema escénico. LVE250696

F SUSTANTIVOS DE PERSONA, MÁS FRECUENTEMENTE SI DESIGNAN ALGUNA PROFESIÓN A LA QUE CORRESPONDAN LAS ACTIVIDADES QUE SE ASOCIAN CON LOS SUSTANTIVOS DE LOS APARTADOS *C* Y *D*, O LA AUTORÍA DE LAS OBRAS QUE SE MENCIONAN EN EL APARTADO *E*: **34 ensayista +:** ...no sólo es uno de los grandes de la moderna narrativa del Nuevo Mundo sino también un *penetrante* ensayista... EME140594 **35 crítico:** Juan Valera fue un escritor de cartas genial, pero también un crítico *penetrante*... ABC291295 **36 cronista:** ...hasta el punto de haberse convertido en uno de los articulistas y cronistas más intensos y *penetrantes* de nuestro tiempo. ABC141094 **37 autor:** Hace años que no se cumple la base (...) como si hubiera miedo a que realmente surgiera otro autor libre y *penetrante*. EPE030680 **38 teórico:** ...es uno de los más *penetrantes* teóricos contemporáneos de la política... ABC300793 **39 teólogo:** Una institución que si bien (...) era condenada como pecaminosa, no por ello era minusvalorada en su utilidad por los teólogos más *penetrantes*... LVE170996 **40 tertuliano:** El esclarecido y *penetrante* tertuliano es uno de los españoles que sabe hablar y escribir con propiedad. EME300196 **41 cerebro −:** La estrategia a largo plazo que había trazado aquel conspirador barojiano, aquel cerebro *penetrante* y lúcido, podía salir adelante, y así ocurrió... ABC281094

G SUSTANTIVOS QUE DESIGNAN CUALIDADES DE LOS INDIVIDUOS, MÁS FRECUENTEMENTE SI ESTÁN RELACIONADAS CON LA CAPACIDAD CREATIVA O INTELECTUAL: **42 talento +:** ...le permiten un talento narrativo conciso, escueto y *penetrante*. EME040596 **43 ingenio +:** «Tenía un ingenio *penetrante* y enormemente agudo»... LVE020295 **44 inteligencia:** Con *penetrante* inteligencia, Susy Fillo afirma que, en cuanto al comunismo, todo esto ha quedado en la historia como «mera retórica». ESP020697 **45 erudición:** Por sus páginas desfilan, con *penetrante* erudición, los principales focos de conflicto de nuestro tiempo. ABC211094 **46 perspicacia:** ...Sin pesadez pero con *penetrante* perspicacia, nos muestra los orígenes (...) de la adhesión de Gide al comunismo... ABC291191 **47 lucidez:** ...la *penetrante* lucidez de que da muestra (...) lo convierte en un símbolo del hombre actual. EPE171280

H OTROS SUSTANTIVOS; POSIBLES USOS ESTILÍSTICOS: Un largo y *penetrante* silencio que nos ponía la carne de gallina. EPE220699; Pero hay un legado de Pasteur más difuso y a la vez más *penetrante*: la identificación, diseño y experimentación de las vacunas. LVE280995

penetrar ♦ **a fondo, hasta el tuétano[7], hondamente, profundamente[2]**

□ Véase también: **entrar, perforar.**

penitencia ♦ **acorde (con algo), adecuado, amargo, breve, corto, cruel, desproporcionado, duro, ejemplar, excesivo, insufrible, intenso, largo, leve, ligero, llevadero, merecido, necesario, personal, público, riguroso, voluntario** ♦ **años (de), camino (de), causa (de), ejercicio (de), estación (de), hermandad (de), senda (de), sacramento (de)** ♦ **arrastrar, atenuar, aumentar, cumplir, encontrar (en algo), hacer, imponer (a alguien), incrementar, llevar aparejado, llevar implícito, pagar, poner (como/de), practicar, rebajar, reducir, rendir, salir (de), ser {mi/tu/su...}, sobrellevar, suavizar**

□ Véase también: **castigo, disciplina, pena.**

pensamiento ♦ **absorto (en), abstracto, abstruso, accesible, acorde (con)[32], actual, analítico[12], anticuado, arraigado[15], audaz, cartesiano[5], certero[28], clarividente, claro, complejo, confuso, débil, descabellado, descarnado, difícil, discordante[11], dominante[22], extendido, fidedigno[46], fiel, fugaz, hermético[56], hondo[23], inaccesible, ingenioso, intrincado, lineal[24], lúcido, maduro, mal(o), oscuro, platónico, poderoso, profundo, prolijo[31], racional, renovador, retorcido[10], riguroso[25], sagaz, sencillo, sombrío, único, vigoroso, vivo** ♦ **al hilo (de)[20]** ♦ **abanderar[14], absorber[26], abstraerse (en), adentrarse (en)[3], agotar(se)[38], ahondar (en)[23], albergar, alejar, alumbrar[2], analizar, anclar[13], asaltar[13], borrar, brotar[2], bucear (en)[52], canalizar[21], concebir[3], condenar, condensar[10], conservar[40], criticar, cultivar[17], dejarse llevar (por), desglosar[23], deslizar(se)[8], desterrar, difundir(se)[42], discurrir, dominar[16], encerrar(se) (en), explicar, exponer, fluir[3], germinar, grabar (en), guardar (en), inculcar (a alguien), interpretar, invadir (a alguien), ligar, llevar a la práctica[17], madurar[9], meter(se) (en), nublar(se)[10], perder(se) (en), presentar, relacionar, resumir, sumir(se) (en), tener, tergiversar, traslucir(se)[11], venir (a alguien)**

□ Véase también: **cálculo, concepto, conciencia, conjetura, conocimiento, convicción, creencia, criterio, especulación, idea, meditación, mente, obsesión, ocurrencia, opinión, período, planteamiento (de), punto de vista, razonamiento, reflexión.**

PENSAMIENTO Véase:

♦ **deductivo**

♦ **cálculo, conciencia, conjetura, conocimiento, criterio, especulación, idea, interpretación, meditación, mente, ocurrencia, pensamiento, postura, punto de vista, razonamiento, reflexión**

♦ **calcular, concebir, creer, imaginar(se), meditar, ocurrírse(le) (a alguien), pasar(le) por la cabeza (a alguien), pensar, percibir, razonar, reflexionar, suponer**

□ Véase también: *JUICIO; CONOCIMIENTO; PERCEPCIÓN.*

PENSAMIENTO

♦ (SUSTANTIVOS) Véase: **abanderar[C], abrigar[G], absorber[E], abstruso[A,C], abusar (de)[F], aciago[D],**

acorde (con)[E], acuñar[C,E], adentrarse (en)[A], adulterar[C], afianzar(se)[J], afilado[D], agarrotar(se)[A], agotar(se)[F], agudizar(se)[A], aguzar[B], ahondar (en)[E], airear[D], a la luz (de)[H], a la medida (de)[E], al hilo (de)[D], alimentar[F,I,J], alumbrar[A], amoldar(se) (a)[G], analítico[B], anclar[B], andarse (con)[G], apegarse (a)[C], apuntalar[B], arbitrario[H], arraigado[B], asaltar[B], atañer[H], a tenor de[B], avalar[A], avanzado[E], aventurar[A], avieso[D], barajar[B], blando[M], bloquear[F], borroso[D], bosquejar[A], brotar[A], caer en saco roto[F], calenturiento[A], canalizar[C], cansino[C], captar[E], cartesiano[A], certero[D], cimentar[H], circular[D], clarificar[J], cobrar fuerza[C], compulsivo[E], con arreglo a[B], concebir[A], condensar[B], confluir[B], conjugar[C], conservar[D], controvertido[E], corroborar[B], crucial[B], cultivar[D], cundir[G], deducir[B], defensivo[G], demoledor[B], derivar(se)[H], derretir(se)[A], derrumbar(se)[F,G], desarticular(se)[D], desbaratar[C], desbrozar[B], descabellado[C], descarnado[B], descifrar[C], desdecirse (de)[C], desentenderse (de)[E], desentrañar[G], desfigurar[D], desglosar[D], deslizar(se)[B], desmantelar[D], desmentir[D], desmontar[C], desmoronar(se)[C], desvanecerse[F], desviar[H], difundir(se)[F], diluir(se)[D], discordante[B], disipar(se)[B], dominante[D], dominar[D], emitir[D], enarbolar[C], engendrar[J], esgrimir[C], esparcir[B], fantasmal[J], fidedigno[G], fluir[A], forjar[I], fortalecer(se)[E], frágil[C], fraguar(se)[H], fundado[C], funesto[B], hermético[I], hilvanar[G], hondo[C], hundir(se) (en)[H], igualitario[E], impecable[C], implantar[H], impracticable[A], inducir (a)[E], insuflar[C], intempestivo[E], invitar (a)[C], irresoluble[C], jugoso[D], ligar[C], lineal[D], llevar adelante[E], llevar a la práctica[C], luminoso[G], madurar[C], manido[G], maquinar[A], meter(se) (en)[D], moldear[B], nefando[B], novedoso[A,L], nublar(se)[C], ofuscar(se)[A], oponer[B], penetrante[F], peregrino[A], pergeñar[B], persistir (en)[D], pisotear[F,H], planear[D], plantear[F], plegarse (a)[F], practicar[E], preconizar[C], predicar[C], primar[A], prolijo[E], propicio[I], pulverizar[E], punzante[E], rebatir[B], rebosar[H], refrendar[D], refutar[B], remachar[B], retorcido[A,B], riguroso[D], robustecer(se)[H], rotundo[E], salir a la luz[K], segregar[B], sin fundamento[H], sobrevenir[B], socavar[L], somero[C], sumir(se) (en)[K], sustentar[C,D], tejer[F], tortuoso[C], traslucir(se)[B], valedero[B], validar[D], vano[G], verter[E], vigente[C]

♦ (VERBOS) Véase: **a bote pronto[A], abrumadoramente[I], a cámara lenta[B], a contrapelo[D], a lo grande[H], a vuelapluma[D], brevemente[F], concienzudamente[D], de pasada[C], en frío[D], fugazmente[D], largamente[F], maliciosamente[E], ni de lejos[E], ni por asomo[A], ordenadamente[G], plácidamente[E], profundamente[D], punto por punto[H], remotamente[A], sin ambages[I], sinceramente[A], venir (en)[D]**

☐ Véase también: CONOCIMIENTO; CREENCIA; JUICIO; RAZONAMIENTO.

pensar ♦ **a bote pronto[3], a conciencia, a lo grande[33], brevemente[33], concienzudamente[22], detenidamente, en caliente, en frío[12], equivocadamente[2], estratégicamente[14], hondamente, largamente[31], maliciosamente[37], ni de lejos[23], ni por asomo[2], ordenadamente[63], por un momento[11], profundamente[25], remotamente[3], seriamente, sinceramente[2]** ♦ **dar (que), inclinarse (a)[1], invitar (a)[39], ponerse (a)**

☐ Véase también: **calcular, concebir, creer, dar crédito (a), imaginar(se), meditar, ocurrírse(le) (a alguien), razonar, reflexionar, suponer.**

pensión ▮ *(dinero)* ♦ **de por vida, escaso, exiguo[8], insuficiente, laboral, suficiente, vitalicio** ♦ **en concepto (de)** ♦ **cobrar, conceder[13], denegar[50], disfrutar (de), pedir, percibir, rebajar[19], solicitar, vivir (de)**

▮ *(establecimiento)* ♦ **barato, caro** ♦ **alojar(se) (en), residir (en)**

penuria ♦ **acuciante, económico, grave, lamentable, serio, sumido (en), terrible** ♦ **atravesar[20], pasar, salir (de), sufrir, superar, vivir (en)**

☐ Véase también: **calvario, miseria, penalidad.**

[peor] → **de mal en peor**

[pequeño] → **con la boca {chica/pequeña}**

percance ♦ **aparatoso[11], fortuito, grave, propenso (a)[14], serio** ♦ **causar, ocasionar[25], sufrir, tener**

☐ Véase también: **accidente, altercado, avatar, incidente.**

percepción ♦ **borroso, claro, confuso, distorsionado, nítido** ♦ **capacidad (de)** ♦ **distorsionar, nublar(se)[22], perder**

☐ Véase también: **apreciación, atención, contemplación, contemplativo, desapercibido, entendimiento, escrutador, espejismo, imaginación, impresión, inescrutable, interpretación, lectura, memoria, mirada, observación, oído, ojeada, ojo, olfato, olor, olvido, ostensible, panorama, perceptible, recepción, recuerdo, reflejo, sabor, sentido, sueño, visión, vista, vistazo.**

PERCEPCIÓN Véase:

♦ **apreciablemente, de vista, de visu, fijamente, ocularmente**

♦ **contemplativo, escrutador, inescrutable**

♦ **apreciación, aroma, atención, contemplación, espejismo, imaginación, impresión, interpretación, lectura, memoria, mirada, observación, oído, ojeada, ojo, olfato, olor, olvido, panorama, perfume, recepción, recuerdo, reflejo, sabor, sentido, sentido común, tacto, visión, visibilidad, vista, vistazo**

♦ **aguzar, apreciar(se), avistar, comprender, contemplar, detectar, divisar, entender(se), enterarse, escrutar, escuchar, fijarse, hojear, imaginar(se), impresionar, leer, mirar, notar(se), observar, oír, oler, olvidar, otear, percibir(se), reconocer, recordar, reflejar, reparar (en), sentar (a alguien), ver**

☐ Véase también: *CONOCIMIENTO; PENSAMIENTO; SONIDO.*

PERCEPCIÓN

♦ (SUSTANTIVOS) Véase: **abigarrado[B], abismal[H], acusado[J], adulterar[E], afilado[C], afinar[C], a flor de**

piel[B], agridulce[A], aguzar[A], amortiguar[C], analítico[D], arduo[I], avieso[A], beatífico[B], beligerante[C], borroso[B], bosquejar[D], centrípeto[C], cerrar los ojos (ante)[A], cobrar fuerza[B], corroborar[C], cristalino[A], cundir[G], dejarse llevar (por)[A], de soslayo[E], destilar[A], desviar[C], echar[F], entre líneas[H], estrechar[D], fantasmal[F], febril[H], frágil[A], frente a frente[D], guardar[E], literal[G], luminoso[H], novedoso[E], nublar(se)[A,D], ofender[D], ofuscar(se)[B], penetrante[A], punzante[A], refrescar[B], reverdecer[F], revivir[F], sesgado[B], somero[D], sustraer(se) (de/a)[F], verter[E]
♦ (VERBOS) Véase: **a cámara lenta[B], a flor de piel[J], a grandes rasgos[E], a hurtadillas[A], a la cara[D], a la legua[A], a las claras[B], al detalle[C], a lo lejos[A,E], al vuelo[A], atentamente[A], a toda pastilla[B], ávidamente[E], cara a cara[D], con cautela[D], con detalle[B], con interés[A], con reservas[C], con todo lujo de detalles[D], crudamente[D], dar (a)[B], de arriba abajo[B], de cerca[A], de incógnito[E], de pasada[D], de primera mano[A], de refilón[A,E], descaradamente[G], de soslayo[A], detalladamente[H], de un tirón[D], en carne y hueso[B], en frío[D], en persona[B], entre líneas[A], equivocadamente[B], fugazmente[E], gratamente[B], in fraganti[B], insistentemente[H], intensamente[C,H], ligeramente[G], manifiestamente[B], ni por asomo[H], nítidamente[A], plácidamente[F], por un momento[C], religiosamente[D], sin tapujos[H], tangencialmente[F], vagamente[A], vivamente[D]**
□ Véase también: ATENCIÓN; CRITERIO; IMAGEN; INDAGACIÓN; JUICIO.

perceptible ♦ **a ojos vista, claramente, con claridad, con nitidez, nítidamente, ostensiblemente, visiblemente**

percibir ♦ **a las claras[9], a ojos vista, a simple vista, borrosamente, claramente, con claridad, con dificultad, con nitidez, distorsionadamente, ligeramente[60], negativamente, nítidamente[1], por un momento[20]**
□ Véase también: **aguzar, apreciablemente, apreciar(se), atisbar, avistar, comprender, contemplar, de vista, de visu, divisar, entender(se), enterarse, escrutar, escuchar, fijamente, fijarse, imaginar(se), impresionar, leer, mirar, notar(se), observar, ocularmente, oír, oler, olvidar, reconocer, recordar, reflejar, reparar (en), ver.**

perder *v.* ▮ Forma las locuciones verbales *echarse a perder, perder la cabeza, perder los estribos, perder el juicio, perder el conocimiento, perder el sentido, perder la razón, perder terreno, perder de vista, perder el hilo.* En el sentido de 'quedar desprovisto de' se combina con sustantivos que designan múltiples propiedades de las personas y las cosas *(Tu camisa ha perdido el color; Su prosa ha perdido brillantez),* materias o sustancias *(El coche pierde gasolina; Estoy perdiendo pelo),* capacidades *(vista, oído, olfato),* deseos o necesidades físicas *(perder el apetito, el gusto, el sueño),* y prácticamente cualquier objeto físico *(paraguas, pendiente, libro, cartera, foto).* En el sentido de 'no alcanzar a tiempo' se combina con sustantivos que designan medios de transporte *(avión, tren, autobús, barco)* o sus servicios *(transbordo, vuelo).* En el sentido de 'desaprovechar' acepta sustantivos temporales *(día, mes, año, tiempo)* y otros que designan circunstancias favorables *(ocasión, oportunidad, posibilidad).* En el sentido de 'quedar desprovisto de' se combina con otros muchos sustantivos, especialmente con...

A SUSTANTIVOS QUE DENOTAN RUMBO O CURSO, FRECUENTEMENTE USADOS EN SENTIDO FIGURADO: **1 rumbo** ++: No debemos *perder* el rumbo que llevamos. ESH130497 **2 norte** +: ...emplazó a EH a «entender que ETA ha *perdido* el norte y que sus acciones no pueden ser amparadas jamás bajo el silencio cómplice». EDV141200 **3 camino** +: ...a la manera de un hombre que piensa en voz alta o que habla a un amigo íntimo. De vez en cuando, parece *perder* el camino, pero incluso entonces es indefectiblemente interesante. ABC161092 **4 dirección:** ...que esté fundamentada en la «recuperación de los valores socialistas», que, según ellos, está *perdiendo* la dirección. EPE021180

B SUSTANTIVOS QUE DESIGNAN ALGUNOS RASGOS Y PROPIEDADES FUNDAMENTALES DEL INDIVIDUO: **5 memoria** ++: Hemos *perdido* la memoria –incluso la reciente– y nos hemos olvidado de la solidaridad y el cariño con el que nos acogió América. EPE281201 **6 equilibrio** +: Estoy cumpliendo mis funciones y todos los demás están cumpliendo sus funciones. Estoy más tranquilo ahora. No pierdo el equilibrio ni lo he *perdido* antes. LVG301091 **7 personalidad:** Pero en cuanto los futbolistas *pierden* su personalidad, pasan a formar parte de la libreta y el sistema los engulle... EPE010399 **8 identidad** +: Los jóvenes «han *perdido* su identidad» y, por tanto, valoran más la generación de sus padres que la suya. EME011096 **9 vida** ++: En el conjunto de España 215 personas *perdieron* la vida en las carreteras... DDN090101 **10 compostura** +: Y no *perdió* su compostura ante la insistencia de la prensa para que explique su sorpresiva decisión. CLA270199 **11 lucidez:** Cuando todos los diarios, las radios, la televisión, las revistas, elogian al prócer, el prócer *pierde* lucidez, inevitablemente. HOY070181

C SUSTANTIVOS QUE DENOTAN ENERGÍA, DESEO O IMPULSO: **12 deseo** ++: Uno sabe que está viejo cuando *pierde* el deseo y la fuerza de convencer a los demás. PME190197 **13 interés** ++: ...no quieren hablar, pues entonces se corre el riesgo de que la gente *pierda* el interés por verla... EXC000901 **14 gana** ++: ...el Deportivo de La Coruña no *pierde* las ganas de remontar el gol que le marcó el Paris Saint Germain... EME180496 **15 ilusión** ++: En nueve años de ausencia, ¿no se *pierde* la ilusión por torear de nuevo? LRE090103 **16 fuerza** ++: ...el ritmo de crecimiento de las exportaciones manufactureras *pierde* fuerza... EXC180197 **17 energía** +: Lo que lamento es que se *pierde* energía para reflexionar, para escribir, para interesarte por otras cosas que suceden en el mundo... EPE130800 **18 impulso:** ...corremos el riesgo de *perder* el impulso que Business Guild ha creado mediante su propio esfuerzo... ENH030697 **19 esperanza:** Esto, que sería muy beneficioso para algunos, en forma alguna lo será para el país, que *perderá* toda esperanza de terminar con la corrupción. DLA010497 **20 curiosidad:** ¿Cómo hace para no *perder* su curiosidad, con todo lo que sabe y ha visto? CAR290997 **21 aliento:** Unos años en que la Europa del Este *perdió* aliento, mientras la Europa occidental vivía la euforia de la prosperidad. LVE090696

D SUSTANTIVOS QUE DESIGNAN DIVERSAS SENSACIONES Y SENTIMIENTOS: **22 miedo ++:** ...para que los consumidores «*pierdan* el miedo» y comprueben que no existe riesgo de epidemia en España. LVG181200 **23 temor ++:** ...vender rápido y a un precio justo y, sobre todo, hacer que los ciudadanos *pierdan* el temor a asistir a las pujas. EPE230900 **24 vergüenza ++:** Cuando los que mandan *pierden* la vergüenza, los que obedecen pierden el respeto. EME040694 **25 paciencia +:** ...por lo que debe advertirse a los padres que no *pierdan* la paciencia y sean constantes, animando a sus hijos a usar los aparatos... DYM230796 **26 nervios +:** Samways volvió a *perder* los nervios e insultó al colegiado. CAN040101 **27 alegría:** ...a ese deseo añaden un escepticismo producto del ambiente irrespirable que destila un vestuario que ha *perdido* la alegría. EME060494 **28 optimismo:** Han dicho muchas veces que soy demasiado optimista y, gracias a Dios, no he *perdido* el optimismo. HOY250484 **29 cariño:** ...Fernando VII *perdió* el cariño de sus súbditos y tuvo como gran objetivo político aplastar las revoluciones liberales. EPE110399 **30 amor:** ...se evitaría que el artista fuera *perdiendo* el amor a su trabajo a instancias del decaimiento cultural. HOY190183

E SUSTANTIVOS QUE DENOTAN PODER, CONTROL O CAPACIDAD PARA EJERCERLOS: **31 poder ++:** Pero los mercados pueden interpretar otra cosa, por ejemplo, que el ministro *pierde* poder. CLA080797 **32 control ++:** ...Inverlat aseveró que en la Cámara Baja «sí existe la posibilidad de que el PRI *pierda* el control»... EXC210197 **33 autoridad +:** Ya las últimas detenciones de activistas por la policía palestina le habían hecho *perder* autoridad. EPE181001 **34 dominio:** «Cuando hemos *perdido* el dominio en el marcador, nos ha faltado esa casta que él ha exhibido». LRE020203 **35 hegemonía:** ...jamás liberaron la patria, aunque tampoco desean *perder* su hegemonía que, para ellos, equivaldría a morir. DLA070497 **36 soberanía –:** ...los estados *pierden* soberanía y están dejando de ser lo que eran en lo que respecta a las políticas económica, exterior y de defensa. LVE150796

F SUSTANTIVOS QUE DENOTAN COSTUMBRE: **37 costumbre ++:** Cuando se podía viajar más o menos cómodo en el metro, parecen empeñados en llevar a los viajeros apiñados, como para que no *pierdan* la costumbre. EPE040800 **38 hábito ++:** Los profesores deben moverse con ellas y los niños *pierden* el hábito de estudio, por lo que se les imparte también cursos de música, teatro... EPE040599

I En su sentido de 'resultar vencido en' o 'no alcanzar la victoria en' se combina con...

G SUSTANTIVOS QUE DENOTAN JUICIO, ASÍ COMO OTROS PROCESOS DE NATURALEZA JURÍDICA: **39 pleito ++:** La Generalitat *pierde* el pleito con la empresa. EPE040299 **40 juicio ++:** En caso de *perder* el juicio, el demandado tiene la obligación de retractarse públicamente de sus anteriores declaraciones. LVE251296 **41 apelación +:** La medida avanzó luego de que el general Bussi *perdiera* su apelación contra la fiscalía ante el Tribunal Federal suizo... CLA220199

H SUSTANTIVOS QUE DESIGNAN CONFRONTACIONES, A MENUDO DEPORTIVAS, ASÍ COMO ALGUNOS DE SUS LANCES: **42 batalla ++:** ...pero, él mismo lo advertía, hay infinidad de guerras que se ganan después de haber *perdido* muchas batallas. FDV070201 **43 lucha ++:** Cada jornada que pasa para el conjunto sevillista supone aumentar la angustia de su soledad en la cola de la tabla, pero Rubio no quiere ni pensar en agachar la cabeza y dar por *perdida* la lucha. EPD160497 **44 partido ++:** ...partido éste que *perdió* injustamente en Ipurua por culpa de un penalti inexistente... EDV130301 **45 campeonato ++:** ...se quedó sin título por primera vez en 10 años de carrera, al *perder* el campeonato superligero del Consejo Mundial de Boxeo... PME080996 **46 encuentro ++:** El Tau Cerámica fue el único equipo local que *perdió* su encuentro en el primer partido de las eliminatorias para el título de la ACB. DDN290499 **47 combate +:** Quedó tan entusiasmado que, a pesar de *perder* el combate, declaró que está pensando en hacerse profesional. EME220796 **48 guerra:** ...cuando se dieron cuenta que hasta *perdimos* la guerra informativa. CAP280900 **49 pelea:** Nunca *perdió* una pelea durante su momento de gloria deportiva. EME150195 **50 final:** Hingis, quien jugaba su primer partido desde que *perdió* la final del Roland Garros... ENH250697 **51 set:** ...para vencer a Bjorkman, quien *perdió* el primer set... DYM240796

▩ Se combina también con: ♦ **abultadamente, a chorro(s)[15], a espuertas[14], ajustadamente[7], a pasos agigantados[20], a raudales[16], clamorosamente[10], de antemano[41], deportivamente[8], en buena lid, estrepitosamente[2], gradualmente[20], inevitablemente, inexorablemente[46], injustamente, irremediablemente[13], irrevocablemente[24], justamente, literalmente[44], ostensiblemente[5], para siempre, paulatinamente[4], poco a poco, por completo[108], por escaso margen, por {gran/escasa...} diferencia, por mayoría, por mucho, por poco[4], sin lugar a duda** ♦ **echar(se) (a)[16]**

☐ Véase también: **deteriorar(se), devaluar(se), empatar, empeorar, errar, ganar, mermar, perder(se), reducir(se).**

perder(se)

perder(se) ♦ **a lo lejos[21], en el horizonte, en lontananza**

☐ Véase también: **errar, perder.**

perdición

perdición ♦ **absoluto, eterno, inexorable, irremediable, irremisible, profesional, propio, seguro, total** ♦ **acercar(se) (a), arrastrar (a), buscar(se), conducir (a), ir (a), llevar (a)**

☐ Véase también: **destino, pérdida.**

pérdida

pérdida ♦ **abultado[37], acusado[11], astronómico[19], copioso[9], decisivo[70], doloroso, drástico[5], galopante[19], gran(de), grueso[13], incalculable, ingente[16], irrecuperable, irremediable, irremplazable, irreparable[7], irreversible[7], lamentable, llorado, progresivo, sensible, sentido, serio, severo[63]** ♦ **acarrear[44], achacar[35], acusar[41], afrontar, agravar(se)[23], aminorar[28], amortiguar[44], anotar(se)[20], arrojar[24], asumir[19], avecinarse[49], calcular, calibrar[41], compensar[20], constituir, consumar(se)[55], detectar[42], digerir[39], diluir(se)[57], encajar, enjugar[1], experimentar, infligir[44], llevar consigo, mitigar[28], neutralizar, ocasionar[5], paliar[52], recobrarse (de)[1], recuperar(se) (de), redundar (en)[24], remontar[33], reponer[11], reponer(se) (de), reportar, representar, resarcir(se) (de), revertir (en)[12], sal-**

dar(se) (con), soportar, sufragar[32], sufrir[60], suponer, traer consigo

☐ Véase también: **agotamiento, amnesia, desaparición, desgaste, desmoralización, desmoronamiento, deterioro, disminución, empeoramiento, ganancia, merma, reducción.**

PÉRDIDA Véase: *DETERIORO Y PÉRDIDA; DISMINUCIÓN, DESCENSO Y REDUCCIÓN*

PÉRDIDA

♦ (SUSTANTIVOS) Véase: **abatir(se)[E], abocar(se) (a)[C], abrupto[D], abultado[F], acarrear[E], acusado[A], acusar[F], afrontar[G], anotar(se)[E], arrojar[D], astronómico[B], combatir[E], compensar[D], copioso[B], drástico[A], eludir[G], engrosar[F], enjugar[A], grueso[E], mitigar[E], ostensible[B], recobrarse (de)[A], remontar[F], reponer[D], so pena de[B], sufrir[G,I], sumir(se) (en)[D]**

♦ (VERBOS) Véase: **abruptamente[D], a chorro(s)[C], a manos llenas[A,B], a marchas forzadas[E], a ojos vista[B], a pasos agigantados[E], echar(se) (a)[E], gradualmente[B], irrevocablemente[E], por completo[I]**

☐ Véase también: DESCENSO; DESAPARICIÓN; DETERIORO; DISMINUCIÓN.

perdidamente ♦ **enamorado** ♦ **enamorarse**

[perdido] → **a fondo perdido**

perdido ♦ **borracho, enamorado, histérico, imbécil, tonto,** *otros sustantivos y adjetivos desestimativos*

[perdón] → **pedir perdón**

perdón ♦ **generoso, indulgente, magnánimo** ♦ **conceder[50], denegar, gozar (de)[55], impetrar, implorar[26], merecer, negar, otorgar, pedir, solicitar, suplicar**

☐ Véase también: **absolución, amnistía, arrepentimiento, clemencia, disculpa, indulto.**

PERDÓN

♦ (SUSTANTIVOS) Véase: **deshacerse (en)[E], implorar[C]**

♦ (VERBOS) Véase: **a regañadientes[D], de todo corazón[A], sinceramente[H]**

perdonar ♦ **a regañadientes[17], condescendientemente, con generosidad, con magnanimidad, de todo corazón[B], generosamente, misericordiosamente** ♦ **culpa, defecto, deficiencia, delito, error, fallo, ofensa, pecado**

☐ Véase también: **absolver (de), condonar, disculparse, dispensar.**

perecedero ♦ **alimento, amor, artículo, bien, comida, mercancía, producto, texto, valor**

peregrino *adj.* **I** En el sentido de 'extraño, sorprendente, disparatado', admite sustantivos de persona *(personaje, figura)*, y también otros que designan diversos tipos de eventos *(incidente, desgracia)*. También se combina con...

A SUSTANTIVOS QUE DESIGNAN LA ACCIÓN O EL EFECTO DE RAZONAR O DISCURRIR SOBRE ALGUNA MATERIA, ASÍ COMO ALGUNAS DE LAS FORMAS EN QUE EL RAZONAMIENTO SE PRESENTA: **1 argumento ++**: ...dice que no lo recuerda con el *peregrino* argumento de que por esos servicios pasa mucha gente. SEM160796 **2 idea ++**: Si se aprecia la vastedad de nuestro territorio (...) no es *peregrina* la idea de una formación adecuada. LNP030497 **3 tesis +**: Con perdón del ilustre magistrado, su tesis me parece más bien *peregrina.* SEM031096 **4 teoría**: ...levantaron toda clase de calumnias contra los alquimistas poniéndolos en ridículo por sus «*peregrinas* teorías». ESP220597 **5 argumentación**: Se trata de una argumentación realmente *peregrina.* EME300896 **6 razón**: ...a punto de coger el avión con la banda rumbo a EE. UU., se apea del viaje con *peregrinas* razones... EME180996 **7 razonamiento**: Según este *peregrino* razonamiento, lo que habría que hacer es aumentar aún más... LVE050395 **8 consideración**: Entre otras *peregrinas* consideraciones, se afirma en el texto que (...) podría aportar a Europa un valioso modelo... LVE170396 **9 comparación**: ...comparaciones tan *peregrinas* como ésa que hizo ayer... EME040494 **10 opinión**: ...gana el que esté al día de las últimas opiniones, en algunos casos muy *peregrinas.* EPE271299 **11 ocurrencia**: ...unos ediles dispuestos a recibir en concejo las ocurrencias más *peregrinas...* EPE040499 **12 doctrina –**: ...sus *peregrinas* doctrinas acerca de la utopía, de lo deseable pero no realizable en el momento... EME130195 **13 análisis –**: ...diferencian el valor de los documentos inéditos que presentaba y su análisis, a veces *peregrino.* EME011195

B SUSTANTIVOS QUE DESIGNAN PUNTOS DE VISTA QUE CARACTERIZAN LOS RAZONAMIENTOS, ASÍ COMO LAS PAUTAS QUE SIGUEN: **14 planteamiento**: ...el planteamiento socialista es *peregrino,* porque «no se pueden mezclar los suelos...». EPE021099 **15 estrategia**: ...les apoyan en todas sus estrategias *peregrinas.* EPE121199 **16 fundamento**: ...propuestas para implantar tasas, peajes y cánones, algunos con fundamento *peregrino.* LVE280796 **17 criterio**: También hay criterios un tanto *peregrinos* (...). Pero el balance global resulta positivo, al menos en comparación con el periodo precedente. LVE140696 **18 concepción**: ...nació hace cincuenta y cuatro años (...) también como consecuencia de las *peregrinas* concepciones económicas... LVE260795

C SUSTANTIVOS QUE DESIGNAN EL RESULTADO DE ALGÚN RAZONAMIENTO, SU RESOLUCIÓN O EL JUICIO QUE SE OBTIENE DE ÉL: **19 conclusión +**: ...se usa muy poco (...) ante la *peregrina* conclusión de que el producto puede crear adicción en el futuro. EME060495 **20 deducción**: Y Javier, ante una deducción tan *peregrina,* no pudo evitar hacer una broma. LVE260296 **21 decisión**: A la gente no le gusta nada de lo que le ofrece (...): ni su idea mecanicista del fútbol (...), ni sus *peregrinas* decisiones... EPE140299 **22 calificación**: ...no hay titulación que valga, aunque todos y sin faltar ni uno dispensen calificaciones *peregrinas...* EPE280599 **23 dictamen**: Hablar del tiempo es un lugar común (...) donde cabe de todo, hasta los más *peregrinos* dictámenes... EME060696

D SUSTANTIVOS QUE DENOTAN CAUSA, RAZÓN O SENTIDO DE ALGO: **24 pista**: Hay que insistir (...) porque (...) cualquier ayuda o pista, por muy remota o *peregrina* que a usted le parezca, puede ser la llave... EME160495 **25 prueba**: Una prueba más bien *peregrina*: (...) lamenta amargamente que el Rey no haya asistido a la inhumación de los restos del último de los zares. EPE100599 **26 justificación:** La justificación del ministro es cómica y *peregrina*. EME150394 **27 pretexto +:** ...un velo protector que han contribuido a tender no pocos estudiosos bajo variados –y *peregrinos*– pretextos. EME070195 **28 excusa +:** Tras negar durante mucho tiempo la evidencia (...), con excusas *peregrinas*... LVE241196 **29 explicación:** ...en aquello que no podían discutir buscaron *peregrinas* explicaciones justificatorias. HOY281283 **30 motivo:** A los *peregrinos* motivos dados para justificar los misilazos (...) debería haber añadido un cuarto... EME050996

E SUSTANTIVOS QUE DESIGNAN DIVERSAS FORMAS DE SOLICITUD: 31 petición: Peregrina petición a la que el joven responde a su vez con otra... LVE090995 **32 pregunta:** Ahora vuelvo sobre lo relatado de la tía Esther con una *peregrina* e infantil pregunta... EXC011196 **33 reivindicación:** Aunque a algunos, hoy por hoy, pueda parecerles una reivindicación *peregrina*... EME100895 **34 sugerencia:** Tanto ha dicho y se ha desdicho, tan *peregrinas* sugerencias ha hecho sobre el problemón... EME170995

F SUSTANTIVOS QUE DENOTAN UNIÓN, RELACIÓN O CONEXIÓN ENTRE PERSONAS O COSAS, ASÍ COMO CON OTROS QUE DESIGNAN LAS NOCIONES OPUESTAS: 35 unión: ...de tan *peregrina* unión nacerá un niño... ABC221294 **36 asociación:** La asociación de esta escena con la inmolación (...) puede resultar *peregrina*... EME121195 **37 conexión:** ...terapia que establece *peregrinas* conexiones entre la parte externa del órgano del oído y otros órganos... EME300596 **38 conjunción:** ...quienes verían en peligro esa *peregrina* conjunción de intereses... EPE201199 **39 identificación:** Pero una cosa es el delirio de grandeza nacionalista (...) y el victimismo que les lleva a las más *peregrinas* identificaciones y otra la tragedia real que vive el pueblo kurdo. EPE210299 **40 división:** A la hora de comprar un libro deben elegir (...) entre otras *peregrinas* divisiones. EME241195 **41 distinción:** La distinción que hacía (...) es tan *peregrina* como el resto del viaje. EME120494

G SUSTANTIVOS QUE DESIGNAN DESEOS, INTENCIONES Y OTRAS NOCIONES PROSPECTIVAS: 42 intento: ...un intento más que *peregrino* de quitarse de encima a unas personas... EME030194 **43 pretensión:** ...calificó ayer de «*peregrina*» la pretensión del Gobierno... LVE210395 **44 propósito:** ...postergaron el cambio de hora de invierno por tres semanas, con el *peregrino* propósito de ahorrar energía... HOY100397 **45 objetivo:** ...entre los fines establecidos en los estatutos de la citada fundación se encuentran objetivos «tan *peregrinos*» como participar en entidades que tengan por objeto la defensa de los ideales de paz... CAN300499 **46 querencia –:** ...se les penaliza a menudo con la marginación debido a sus *peregrinas* querencias democráticas. EPE181199

H SUSTANTIVOS QUE DENOTAN RÉPLICA, CENSURA O RECHAZO: 47 acusación +: ...detenido (...) bajo la *peregrina* acusación de «delincuencia ideológica»... EME150194 **48 reproche:** ...tal reproche era *peregrino* por tres razones: en primer lugar, porque el propio Aznar ha tenido la valentía de haber publicado un libro en el que expone incluso algo más que un programa... EME260495 **49 respuesta:** Una respuesta muy *peregrina* cuando la UEFA es tan meticulosa con las localidades de los estadios... LVE120996 **50 negativa:** ...no aportan una sola prueba que demuestre la veracidad de sus *peregrinas* negativas... EME190296 **51 reconvención –:** ...engasta en la paz de su covachuela (...) reconvenciones *peregrinas* en reglamentos y ordenanzas... EPE200399

I DIVERSOS SUSTANTIVOS DE INFORMACIÓN QUE DESIGNAN TEXTOS Y OTROS MENSAJES VERBALES, ASÍ COMO ALGUNOS DE SUS COMPONENTES Y SUS VARIANTES: 52 relato: ...el (...) de los relatos insólitos, *peregrinos*, difíciles de creer. EME220396 **53 historia:** El narrador protagoniza primero una historia *peregrina*: invitado a una velada amorosa... ABC080494 **54 narración:** ...el género del «romance», en el sentido que esta palabra tiene en inglés como narración abigarrada, *peregrina*... ABC230493 **55 ensayo:** El ensayo (...) es mucho más *peregrino*. ABC081191 **56 carta:** Si se trata de una carta informativa, no hay problema, pero si se trata de una carta *peregrina* (...) reaccionaremos... EPE301099 **57 novela:** ...se confirma el atisbo de lo que podría hacer de una novela hasta cierto punto *peregrina* (...), un texto trascendente... ABC170192 **58 trama:** En torno a ella construye ahora una trama *peregrina* que se desarrolla, además, en un período tan decisivo... ABC161092 **59 página:** Leyendo estas páginas *peregrinas*, advertimos que las obras de Mena (...) se yerguen... ABC240395 **60 noticia:** En próximos programas se incluirán comentarios de una noticia loca, *peregrina*... EPE010880 **61 versión:** Las contradicciones iniciales y la *peregrina* versión, según la cual los agentes huyeron presos de pánico... EPE280499 **62 frase:** ...provocó la sonrisa de los acusados con su *peregrina* frase... EME131096 **63 apostilla –:** ...pretende asegurar tal afirmación con la *peregrina* apostilla de que (...) «es un castellano viejo». LVE010996 **64 relación –:** ...imponer un poco de coherencia a esa relación impresionante y *peregrina* de consecuciones y triunfos... EPE270999

J SUSTANTIVOS QUE DESIGNAN OTRAS MANIFESTACIONES VERBALES: 65 afirmación: ...se le cuestionaron sus *peregrinas* afirmaciones sobre la existencia de una literatura «light»... LHG030597 **66 debate:** ...ha concluido en un debate más *peregrino*. EPE010799 **67 declaración:** ...hace declaraciones *peregrinas*. EME200296 **68 discusión:** Temporadas de empacho de series B (...), discusiones *peregrinas* en los cine clubs... EME170695 **69 rumor:** ...se modifican segundo a segundo tanto por cosas importantes como por los rumores más *peregrinos*... LVE040395 **70 comentario:** Él agradece todo comentario, aunque sea tan *peregrino*... EPE210999

K SUSTANTIVOS QUE DENOTAN ASUNTO, MATERIA, RECURSO, ESTADO DE COSAS Y OTRAS NOCIONES CONEXAS: 71 cuestión +: Peregrina cuestión sacada de contexto, que nada tiene que ver con el expolio por parte de un régimen dictatorial... LVE130495 **72 caso:** ...se ha dado el caso *peregrino* de que la foto se ha publicado ahora, veinticinco años después... LVE200795 **73 tema:** Junto a estos temas *peregrinos*, otros más banales como la evocación de los martinis que Hemingway consumió... EPD260797 **74 asunto:** Desde los intereses más altos hasta los asuntos más *peregrinos*, el pacto parece utilizarse igual... LVE180195 **75 concepto:** ...un individuo con un concepto *peregrino* de la ética... LVE270596 **76 situación:** La cuestión puede provocar *peregrinas* situaciones al cantante... LVE050295 **77 hecho:** Hechos tan *peregrinos* como ese resultan dolorosos y nada aleccionadores.

EPE280800 **78 materia:** Se puede aprender lengua o historia, pero también otras materias *peregrinas*. EPE041199 **79 medida:** La medida parece (...) mejor que aquella tan *peregrina* de limitar la potencia de las motocicletas... LVE240396 **80 iniciativa:** ...puede hacer pensar que cualquier persona pueda utilizar la voz (...) incluso para iniciativas *peregrinas*... LVE240995 **81 alternativa:** ...se presentaron alternativas tan *peregrinas* como la de degradar otra prueba (...) para que la Setmana ascendiera. LVE200395 **82 posibilidad:** ...como si Benito Floro negara a Lasa, o a Alkorta, la posibilidad (remota y *peregrina*, bien es cierto) de hacer goles... EME050394 **83 circunstancia −:** Pero si algo no le falla (...) es su capacidad para adaptarse a las más *peregrinas* circunstancias. LVE080696

L OTROS SUSTANTIVOS; POSIBLES USOS ESTILÍSTICOS: ...¿no sería más fácil admitir la superioridad del rival que salirse por *peregrinas* peteneras (...)? EPE010399

perentorio *adj.* ▌Se combina con...

A ALGUNOS SUSTANTIVOS QUE DENOTAN NECESIDAD: **1 necesidad ++:** Ante la *perentoria* necesidad, pedimos ayuda... EUV010996 **2 urgencia +:** ...las *perentorias* urgencias de la concreta realidad... EPE010885

B SUSTANTIVOS QUE DESIGNAN DIVERSAS FORMAS DE EMPLEAR EL DINERO: **3 gasto +:** Hay que pagar las deudas y atender a los gastos más *perentorios*. INDOC **4 pago +:** Además de las deudas y las denuncias que tiene la línea aérea, (...) se suman los mandatos por pagos *perentorios*... LTB111001 **5 inversión −:** ...una Comunidad (...) tan cicatera en algunas inversiones *perentorias*. EME120196

C SUSTANTIVOS QUE DENOTAN OBLIGACIÓN O DEBER Y, POR EXTENSIÓN, OTRAS ESTIPULACIONES FORZOSAS: **6 deber +:** ...el Presidente de la República tiene un deber *perentorio* y concreto. CAP170497 **7 obligación +:** ...norma que establece la *perentoria* obligación de rendir informes... ETC170797 **8 compromiso:** ...cerraron el capítulo de un compromiso *perentorio*, el compromiso que el gobierno tenía por subsanar sus deudas con la banca y sus retóricas politiqueras... EXC140901 **9 exigencia +:** Fruto de una época en la que la exquisitez se vivía como exigencia *perentoria*, el músico se sitúa en el ascetismo de la elegancia. EME160195 **10 norma:** ...los artículos 8 (...) de la Ley de Enjuiciamiento Criminal que establecen normas *perentorias*. EME230895

D SUSTANTIVOS QUE DENOTAN SOLICITUD, PETICIÓN O MANDATO: **11 solicitud ++:** ...una de las solicitudes más *perentorias* de los reclusos... EPE211199 **12 orden ++:** ...llegó la orden *perentoria* desde Francia... SEM161000 **13 pregunta +:** ...para que allí respondan ciertas preguntas *perentorias*... ABC220995 **14 reclamo:** ...acogiendo favorablemente el *perentorio* reclamo de sus socios. LNP030497 **15 petición:** ...comentarios joviales dan paso a *perentorias* peticiones para acabar con los más airados reproches. LVE100596 **16 demanda:** Se trata, por su parte, de (...) vender el producto e informar del proyecto, a veces, con *perentoria* demanda sobre si estamos dispuestos a la asistencia... ABC260692 **17 plegaria:** La *perentoria* plegaria se precipitó sobre Madrid, como una tempestad de truenos. EPE211199 **18 reivindicación:** ...apoyo a las *perentorias* reivindicaciones que fueron presentadas a la dirección... EPE170977 **19 instrucción:** Las *perentorias* instrucciones, las órdenes expresas venidas desde lo más alto... ETC020188 **20 interdicto −:** Obtuvo un interdicto *perentorio* para detener la publicación... ETC020188

E SUSTANTIVOS QUE DENOTAN LLAMADA O ADVERTENCIA: **21 aviso:** El animal era un anuncio de buena suerte para los loteros y jugadores, y ahora, en Vasconia, un aviso *perentorio* de emplazado. LVE120396 **22 advertencia:** ...dos palabras en latín, pronunciadas como una *perentoria* advertencia. EPE010899 **23 llamada:** ...la realidad ya sólo estará compuesta por la llamada *perentoria* de las urnas. LVE071295

F SUSTANTIVOS TEMPORALES QUE DENOTAN FINAL, ASÍ COMO CON OTROS QUE DESIGNAN EL PLAZO O EL MOMENTO SEÑALADO PARA ALGO: **24 plazo ++:** ...rendir un informe en un plazo *perentorio* que no exceda de ocho días. LHG030597 **25 fecha +:** ...no se fijó una fecha *perentoria* para la gran decisión... HOY271097 **26 término +:** ...el Supremo no plantea la cuestión en términos *perentorios*, al abrir un plazo para que las partes puedan exponer lo que estimen pertinente... LVE190895 **27 momento:** ...las próximas elecciones generales son un «momento *perentorio*» para demostrar que... EME170995 **28 tiempo:** ...que en un tiempo *perentorio* presente un cronograma para implantar el nuevo sistema de identificación... ENV270696 **29 lapso −:** ...no hay lapsos *perentorios* para emitir un primer pronunciamiento judicial. ENV020796

G SUSTANTIVOS QUE DENOTAN LABOR U OCUPACIÓN: **30 trabajo:** ...se tiende a olvidar el trabajo *perentorio* que realizan estos profesionales... LVE220596 **31 quehacer:** ...la urgencia de quehaceres *perentorios* (...) oscurezcan el objetivo final. LVE180896 **32 labor:** ...son muchas las dificultades para tan *perentoria* labor. ABC250394 **33 ocupación:** ...ir a clase cuando no tiene otras ocupaciones más *perentorias*. EPE141199 **34 tarea:** ...la tarea más *perentoria* de la UE sea diseñar una nueva arquitectura institucional que le permita afrontar los desafíos políticos... LVE090595 **35 menester:** ...fondos que (...) deberíamos destinar a otros menesteres *perentorios*. LVE091196

H SUSTANTIVOS QUE DENOTAN RESOLUCIÓN O DESIGNAN OTRAS FORMAS DE DAR TÉRMINO A ALGO: **36 decisión +:** ...¿a qué viene la *perentoria* decisión del presidente...? LVE110695 **37 solución +:** Los escurrimientos de petróleo en la cuenca del río Colorado se han convertido en una constante que demanda una *perentoria* solución... LNP120397 **38 respuesta +:** ...necesaria y *perentoria* respuesta a los retos competitivos... EPE091199

I SUSTANTIVOS QUE DESIGNAN DIVERSAS ACTUACIONES, MÁS FRECUENTEMENTE SI IMPLICAN MODIFICACIONES NOTABLES DE ALGUNA COSA: **39 realización +:** Uno de los argumentos en contra de su realización mas *perentoria* era... VIS030497 **40 medida:** ...entre las medidas más *perentorias* que hay que tomar figuran el asfaltado... EPE150700 **41 apertura:** Como medidas concretas, apunta la «*perentoria*» apertura de una embajada en Singapur y un consulado en Bombay (India)... EPE010700 **42 destrucción:** ...si se logra la destrucción *perentoria* de la guerrilla en poco tiempo, digamos un par de meses, el precio a pagar en esta materia será mínimo. PME080996 **43 armonización:** Una cierta subespecialización por países haría menos *perentoria* la armonización fiscal... EPE010399 **44 ajuste:** El ajuste político es más *perentorio*, y la tardanza en el mismo arrojará sin duda mucha más sangre... EME090195 **45 reforma:** ...no han cejado de encargar estudios y organizar cursos (...) con la única finalidad de que pareciese *perentoria* la reforma del sistema. EME081096 **46 ejecución:** Temo que Savater les comunique su culpable agobio ante cada humilde árbol que crece lentamente para sufrir una ejecución *perentoria*... EPE310899 **47 operación:** ...no tenían dinero para estas operaciones de carácter *perentorio*. EME291096

J SUSTANTIVOS QUE DESIGNAN LO QUE SE PERSIGUE O AQUELLO A LO QUE SE ASPIRA: **48 objetivo +:** ...queda delimitado como objetivo *perentorio* de esta nueva aventura. ABC300695 **49 deseo:** ...satisfizo su deseo más *perentorio*... EPE290900 **50 inclinación –:** ...habiendo declarado su *perentoria* inclinación por los clásicos... LVE121195

K OTROS SUSTANTIVOS ABSTRACTOS: **51 atención +:** ...reclama *perentoria* atención Alfred Sisquella, de quien se expone actualmente en la sala Maragall una cuarentena de sugestivos dibujos... ABC160695 **52 problema:** De modo que ni Quebec (nacionalismo) ni Irlanda (violencia más nacionalismo), nuestro problema *perentorio* era el terror. EPE030599 **53 juicio:** Los autores evitan cualquier juicio *perentorio* y prosiguen, con extrema corrección, su pulcra disección de los fantasmas tercermundistas... ABC050293

☐ Véase también: **acuciante, apremiante, imperioso.**

pereza ♦ **incontenible** ♦ **dar (a alguien), dejarse llevar (por), entrar**[19]**, provocar, revelar, sacudir(se)**[2]**, sucumbir (a), venir (a alguien)**

☐ Véase también: **apatía, modorra, sueño.**

perfección ♦ **absoluto, admirable, extremo, matemático, milimétrico, sumo** ♦ **búsqueda (de), camino (de), colmo (de), dechado (de), ideal (de), súmmum (de)** ♦ **alcanzar, bordear, conseguir, lograr, rayar (en)**[34]**, rozar**

☐ Véase también: **bondad, límite, progreso.**

perfecto *adj.* ▮ En el sentido de 'que alcanza la perfección' se combina con sustantivos que pueden designar toda clase de seres, materiales o inmateriales, en referencia a la forma en que han sido creados, construidos o ideados *(una novela perfecta; un árbol perfecto; una metáfora perfecta; un hombre perfecto; una perfecta solución)*. En el sentido de 'adecuado (a algo)', 'que desempeña bien su función' o 'idóneo' se construye con sustantivos que designan ocupaciones *(un perfecto juez)*, instrumentos *(un perfecto bisturí)* o magnitudes *(Tiene la edad perfecta; La altura del techo es perfecta)*. En el sentido de 'total o absoluto' se antepone a algunos adjetivos sustantivados que designan personas que destacan por sus carencias intelectivas *(un perfecto idiota, imbécil)* o su mal comportamiento *(un perfecto embustero, irresponsable, embaucador)*. Lo hace menos frecuentemente con sustantivos que designan atributos honorables *(un perfecto caballero)*. Se usa también con sustantivos que designan eventos *(un viaje perfecto; un perfecto aterrizaje)*, y con otros que designan estados, actos y propiedades. Destaca en este grupo el sustantivo *derecho (Tengo perfecto derecho a quedarme aquí)* y especialmente los...

A SUSTANTIVOS QUE DENOTAN UNIÓN O INTEGRACIÓN: **1 unión ++:** Así, la creatividad viene a ser la *perfecta* unión entre los conceptos que otros idearon y la innovación que cada persona les pone. ETC190597 **2 comunión:** Uno va por las aún polvorientas calles y las ve concurridas por gente en actividad, cada quien haciendo lo suyo en *perfecta* comunión de obra. CAP270397 **3 adscripción:** Pero han pasado los años y aquella primera *perfecta* adscripción de la obra a un momento histórico determinado... LVE010895 **4 alianza:** ...a dos pedaladas por segundo sobre dos tubulares estrechos como medio dedo (a lo largo) en *perfecta* alianza entre su inconsciencia y el placer... EPE080799 **5 adherencia:** ...con unos bajos carenados que garantizan una *perfecta* adherencia a 300 kilómetros por hora. EME240594 **6 asimilación:** Asombra la cantidad, desde luego, y asombra también la *perfecta* asimilación de la antigua tradición inglesa... ABC171195 **7 conjunción:** De acuerdo con esta creencia la cópula es la *perfecta* conjunción entre la existencia y la vacuidad, de «samsara» y «nirvana». LPN270197 **8 integración:** Detalles innumerables confirman la *perfecta* integración de (...) a la vida catalana, a Barcelona y al Fútbol Club Barcelona. LVE110695 **9 conexión:** ...continuó dirigiendo la empresa «de manera encubierta pero en *perfecta* conexión con el partido». LVE051095 **10 acoplamiento:** ...en referencia a la necesidad de un *perfecto* acoplamiento de los ocho fichajes realizados esta temporada. EME051096 **11 amalgama:** Debemos reconocer, pese a ello, que tesón y rigor se complementaban en una *perfecta* amalgama. EME030696 **12 empaste:** ...su belleza sonora, su formidable técnica, su *perfecto* empaste y compenetración la hacen ocupar un lugar muy destacado... ABC210795

B SUSTANTIVOS QUE DENOTAN ADAPTACIÓN, COORDINACIÓN O CORRESPONDENCIA: **13 coordinación ++:** Todo marcha en *perfecta* coordinación de posiciones como países del Tercer Mundo que somos y miembros del Movimiento No Alineado. GIC062497 **14 adaptación:** ...sino de los materiales y técnicas empleadas y la *perfecta* adaptación al uso para el que fueron concebidos, libres de ornatos superfluos. FDV050401 **15 armonía ++:** Seres etéreos se mezclan en *perfecta* armonía con indios sacados de los más pintorescos pueblos salvadoreños. ESH030996 **16 equilibrio +:** Pero cualquier pequeña distorsión podía variar el *perfecto* equilibrio, casi alquímico, que perseguían los promotores. LVE150796 **17 correlato:** ...convertido ahora en maestro rural, separado con dos hijos, tienen su *perfecto* correlato en el desencanto de toda una generación... ABC120692 **18 articulación:** La exposición que se presenta deslumbra por la *perfecta* articulación que se consigue en este recorrido... ABC280495 **19 correspondencia:** El terrorismo ha encontrado una *perfecta* correspondencia con el poder mediático por excelencia, la televisión. LVE191196 **20 ensamblaje:** La banda tiene un ensamblaje *perfecto* y en los últimos tiempos se ha visto refrescada con la presencia de dos músicos... ESH111000 **21 simbiosis:** Su cuerpo lleno de cicatrices avanza hacia una *perfecta* simbiosis con los fierros retorcidos de los choques. HOY270197 **22 compenetración:** ...cuyos miembros demostraron sus cualidades como instrumentistas y su *perfecta* compenetración como cuarteto... EPE251099 **23 sincronización:** Sí estaba claro, y se hizo con *perfecta* sincronización, que los afectados presentaran sus renuncias... HOY231296 **24 igualdad:** ...Ambos interlocutores deben quedar, en su relaciones, en un plano de *perfecta* igualdad... ABC080193

C SUSTANTIVOS QUE DENOTAN CONOCIMIENTO O HABILIDAD EN EL DESARROLLO O LA EJECUCIÓN DE UNA ACTIVIDAD, A MENUDO DE NATURALEZA INTELECTUAL O ARTÍSTICA: **25 conocimiento** ++: ...coinciden en señalar que los sujetos demostraron un alto grado de profesionalidad y un *perfecto* conocimiento del terreno... CLA030797 **26 dominio** ++: ...tenía méritos que pesaban a la hora de definir sus destinaciones, como su *perfecto* dominio del inglés y del alemán... HOY030397 **27 control** +: ...no tuvo mayor historia que el fácil triunfo de Cipollini y el *perfecto* control, un día más, de los componentes del equipo... LVE270295 **28 corrección:** ...pues así éstos pueden oficiar de testigos de que todo se hace con «*perfecta* corrección». LVE160795 **29 fluidez:** ...reclutado para que realizara labores de contrainteligencia por su *perfecta* fluidez en inglés y sus antecedentes norteamericanos. ENH170497 **30 maestría:** ...se ocupó de infectarla con *perfecta* maestría, con unas pocas palabras, un sujeto que goza de la protección jurídica... EPD090797 **31 entendimiento:** Lo que siempre suele acontecer es que este recíproco juego se logre un entendimiento *perfecto.* LTB040397

D SUSTANTIVOS QUE DESIGNAN ACCIONES BANALES O CARENTES DE LÓGICA. TAMBIÉN CON OTROS QUE DESIGNAN CIERTAS AUSENCIAS O CARENCIAS DE NATURALEZA MENTAL: **32 disparate** ++: Dos *perfectos* disparates que contribuyen a la tendencia general de minimizar el papel del Parlamento en las democracias posmodernas. EPE150299 **33 desconocimiento** +: El *perfecto* desconocimiento de las medidas de seguridad provocó que el caos se adueñase de la población. INDOC **34 ignorancia:** El estado de *perfecta* ignorancia en el que vive le permite pasar por alto su absoluta dejadez. INDOC **35 olvido:** En un olvido *perfecto* del lenguaje establecido. ABC280593

☐ Véase también: **impecable, redondo.**

perfil ♦ **aguileño, bajo, borroso, difuso, elevado, inconfundible, nítido, vago** ♦ **arrojar**[50]**, bordear, cuajar**[15]**, dar**[99]**, delimitar, delinear**[45]**, destacar(se), dibujar, difuminar(se)**[4]**, esbozar, marcar, percibir(se), recortar(se), trazar**

☐ Véase también: **aspecto, contorno, figura.**

perfilar *v.* **I** En el sentido literal de 'delinear, contornear o marcar el perfil o el borde de', se combina con sustantivos que designan partes del cuerpo o su forma *(labio, ojo, pierna, párpado, figura, silueta)* y con otros que designan plasmaciones gráficas de algo *(imagen, retrato, caricatura, modelo, diseño)*. También se combina con sustantivos que designan el trazo o el contorno mismo de esas figuras *(límite, línea, marco)*. En el sentido de 'afinar, perfeccionar, rematar' se construye con sustantivos que designan muy diversas unidades del pensamiento y la lengua *(perfilar un conjunto, una idea, un pensamiento, una definición, una frase)* y también con otros que designan textos *(perfilar un guión, una novela, una descripción)* y algunos de sus componentes o sus elementos constitutivos *(perfilar un personaje, un argumento)*. También se combina con...

A SUSTANTIVOS QUE DESIGNAN FORMAS DE ESTABLECER Y ORGANIZAR LA ACTIVIDAD, MÁS FRECUENTEMENTE SI SE REFIEREN A LAS METAS O LOS LOGROS QUE SE PRETENDE CONSEGUIR: **1 plan** ++: A la espera de *perfilar* el plan definitivo de rescate, el Departamento de Álvarez-Cascos reconoció que... LRE230103 **2 estrategia** ++: Clinton tiene una semana por delante para acabar de *perfilar* su estrategia en la Convención Demócrata... EME190896 **3 programa** ++: La dirección del PP también estaba *perfilando* un programa de visitas y actos de sus principales figuras nacionales para arropar a Alberto Fernández. EPE020199 **4 proyecto** +: Su tardanza en *perfilar* su proyecto político había comenzado a inquietar, cuando no a irritar, a numerosos dirigentes socialistas... LVE190596 **5 propuesta** +: En cuanto a las candidaturas, no será hasta el próximo viernes por la noche cuando la comisión de listas se reúna (...) para acabar de *perfilar* la propuesta que irá al consejo nacional del domingo. LVE160196 **6 programación:** A medida que se va *perfilando* la programación de exposiciones del Macba, la espectación inicial se va transformando en una sensación todavía indefinida... LVE220396 **7 objetivo:** Todavía queda por *perfilar* los objetivos, el personal docente y otras cuestiones que –según responsables de la Universidad– se conocerán en las próximas semanas. EPE271099 **8 propósito:** Vienen a cuento estas reflexiones porque inmersos como estamos en el semestre electoral ya se *perfilan* estilos y propósitos en el discurso político. PME260197 **9 pretensión:** Y es que en su Artículo 70 (...) se *perfila* la pretensión de definir lo que la citada ley considera de «acceso confidencial o restringido»... ESP000801

B SUSTANTIVOS QUE DENOTAN VÍNCULO O PACTO. TAMBIÉN CON ALGUNOS QUE DESIGNAN OTRAS ACCIONES Y OBLIGACIONES CONCERTADAS ENTRE PERSONAS U ORGANIZACIONES: **10 acuerdo** ++: Sin cerrar el acuerdo sobre la composición de la futura Ejecutiva sí parece que se *perfila* un acuerdo global sobre el Congreso... EME190394 **11 alianza** +: Pero bajo el manto de Dostum ayer se *perfiló* una gran alianza que, de actuar militarmente, sería irresistible para los talibanes. LVE151096 **12 pacto** +: CiU *perfila* un pacto fiscal con la recaudación del cien por cien del IRPF. EME200396 **13 convenio:** El sector pesquero endurece de esta forma su protesta ante la falta de avance en las negociaciones para *perfilar* un nuevo convenio que permita pescar a la flota española. EME210695 **14 compromiso:** Una semana de bonanza para *perfilar* compromisos posteriores. EME300396 **15 contrato:** Manuel Benítez llega hoy a Madrid para *perfilar* el contrato por el que percibirá 250 millones de pesetas. EME190494 **16 concierto** –: ...los compromisos sobre los que se sustenta el pacto de gobernabilidad, –esencialmente las negociaciones para *perfilar* el nuevo concierto económico del País Vasco–, van por buen camino... EME191096

C SUSTANTIVOS QUE DESIGNAN PROPIEDADES DISTINTIVAS O ESENCIALES DE LAS PERSONAS QUE DETERMINAN SU MODO DE SER, DE PENSAR O DE COMPORTARSE: **17 personalidad** ++: Eugene Ormandy (...) acabó de *perfilar* la personalidad de la Orquesta... ABC150592 **18 carácter** +: Fuera del marco literario, estas informaciones aparentemente secundarias *perfilan* el carácter de Mari.... LVE050595 **19 instinto:** ...de esta forma, puede adentrarse en diferentes estados, desde la misma contemplación hasta la imaginación, el punto donde conviven y se *perfilan* los instintos. ABC111292 **20 idiosincrasia** −: Integrar la rumba (...) dentro del repertorio de los grupos de rock cantado en catalán ayuda a *perfilar* una idiosincrasia artística específica. LVE270896

D SUSTANTIVOS QUE DESIGNAN CARACTERÍSTICAS, FACETAS O PORMENORES QUE SE DESTACAN EN LA CONSIDERACIÓN DE ALGUNA COSA Y PERMITEN OBSERVARLA, ANALIZARLA O ABORDARLA: **21 detalle** ++: La catedral burgalesa cerró ayer sus puertas al público para *perfilar* los últimos detalles del recital, que será transmitido en diferido... EME090494 **22 rasgo** +: Cruyff *perfiló* todos los rasgos que han convertido al Barcelona en el gran club de los años noventa. EPE100399 **23 característica:** Algunos historiadores se limitan, en ocasiones, a *perfilar* las características principales del artista como hombre en su contexto. LVE090996 **24 aspecto:** En el acuerdo firmado entre Industria y los sindicatos se han *perfilado* aspectos relativos a la futura compra por parte de las empresas eléctricas... EME211196 **25 modalidad** −: ...añadió que todavía hay que *perfilar* las modalidades precisas del pacto, sobre todo las «posibles sanciones»... LVE181195

E SUSTANTIVOS QUE DESIGNAN EL FUTURO Y ALGUNAS DE LAS ESTIMACIONES QUE SOBRE ÉL SE HACEN: **26 futuro** +: ...un nuevo Parlamento a nivel continental, casi constituyente, que va a *perfilar* el futuro de la Unión Europea. EME130594 **27 horizonte:** El futuro político que se vislumbra, sin ser aún muy claro, *perfila* un horizonte cargado de paz... EPE210999 **28 perspectiva:** En esos tres meses hubo un extraordinario torrente de informes de laboratorios de todo el mundo, donde se *perfilaba* la perspectiva de que el sistema nervioso pudiera renovarse... CLA120199

F SUSTANTIVOS QUE DENOTAN DIRECCIÓN, ITINERARIO O RECORRIDO: **29 camino** +: Pero en «Elogio y refutación...» al menos se *perfila* el camino de la superación del ingenio. ABC190692 **30 rumbo** +: ...ha dado un primer paso reconstruyendo la célula de estrategas que le ayudó a *perfilar* el rumbo del PP hacia la victoria electoral. EME051296 **31 trayectoria:** Dato que será claro para ver la evolución de los precios en los próximos meses y para *perfilar* la trayectoria de los tipos de interés. EME080895

G SUSTANTIVOS QUE DENOTAN OPINIÓN, PUNTO DE VISTA O ACTITUD QUE SE ADOPTA ANTE ALGUNA CUESTIÓN: **32 postura** +: EA y HB reúnen hoy en Berriozar y Zarautz, respectivamente, a sus cargos municipales para *perfilar* las posturas que llevarán al cónclave de Pamplona. EPE300199 **33 tesis:** En términos demográficos y sociales, asimismo, se *perfila* una tesis contraria basándose en el hecho de que... CAP190995 **34 visión:** Cinco años ha tardado el hombre más rico del planeta en *perfilar* su visión descaradamente optimista sobre lo que nos viene encima... EME231195 **35 planteamiento:** Durante estos días se suceden las reuniones entre expertos y dirigentes de los partidos mayoritarios para *perfilar* sus planteamientos... EPE150580 **36 posición:** ...se ha convocado precisamente dos días antes de la sesión de investidura para *perfilar* la posición del partido. EPE091199

H SUSTANTIVOS QUE DESIGNAN FORMAS DE DIRIMIR O DAR RESOLUCIÓN A LAS SITUACIONES, Y CON OTROS QUE DESIGNAN LOS RECURSOS EMPLEADOS PARA ELLO: **37 medida** +: Por el fortalecimiento del propio sistema estaría bien que las medidas ya *perfiladas* estuvieran en funcionamiento a primeros de año... EME030896 **38 solución:** Dicho esto, creo como tantísimos otros que la solución que se *perfila* es la menos mala de las posibles... EPE050999 **39 resolución:** El Consejo de Seguridad, donde se *perfilará* la resolución que debería detener la guerra, debe privar por ello a Milosevic de... EPE070599 **40 directriz** −: ...presidió ayer una reunión con altos mandos policiales en la que se *perfilaron* las directrices que se seguirán en la operación. EPE020689

I SUSTANTIVOS QUE DENOTAN TENDENCIA, ORIENTACIÓN O PECULIARIDAD CARACTERÍSTICA DE LAS IDEAS, LAS MODAS O LAS COSTUMBRES: **41 estilo** +: Ahora lo que necesitan es *perfilar* un estilo propio. HOY030397 **42 gusto:** Y luego el rey, el más antiguo de los jóvenes, con trece más dos años *perfilando* gustos, alegrando tardes, pasando las noches de claro en claro en pos de un instante... EME100995 **43 tendencia:** Parecería de más en más *perfilarse* una tendencia, por la que el sistema educativo resulta «también» un mecanismo de retroalimentación de una sociedad dual. LNA080792

▩ Se combina también con: ♦ **a grandes rasgos**[13], **ajustadamente**[8], **claramente**, **nítidamente**[24]

□ Véase también: **bosquejar**, **delinear**, **pergeñar**, **trazar**.

perfilar(se)

♦ **a lo lejos**[12], **claramente**, **con claridad**, **con nitidez**, **en el horizonte**, **en lontananza**

□ Véase también: **delimitar**, **demarcar**, **notar(se)**, **percibir**, **trazar**.

perforar

♦ **accidentalmente**, **limpiamente**[21]

□ Véase también: **penetrar**.

perfume

♦ **delicado, denso, dulzón, ecológico, embriagador, encantador, estimulante, exclusivo, exótico, extraño, femenino, floral, fragante, fuerte, incitante, inconfundible, indefinible, insoportable, intenso, ligero, masculino, misterioso, natural, nauseabundo, oloroso, oriental, pegajoso, penetrante, profundo, romántico, salvaje, seductor, suave, varonil** ♦ **agua (de), fragancia (de), frasco (de), gota (de), olor (de), toque (de)** ♦ **aspirar, captar, conservar, despedir, desprender, destilar, emanar, envasar, evaporar(se), evocar, exhalar, identificar, impregnar(se) (de/en), inhalar, invadir (algo/a alguien), llegar (a alguien), llevar, oler, olfatear, percibir, poner(se), respirar, tirar de espaldas, usar**

□ Véase también: **aroma**, **hedor**, **olor**.

pergeñar

v. ▮ Es propio de la lengua conversacional. Se construye con sustantivos que designan objetos de información pertenecientes a muy diversos géneros y estilos *(texto, poema, película)*. Admite también sustantivos que designan múltiples realidades que pueden ser representadas *(paisaje, rostro, cartel)* o constituidas o creadas *(equipo, gobierno, jugada)*. Aun así, son de resaltar sus combinaciones con...

A SUSTANTIVOS QUE DENOTAN PROYECTO, DIRECCIÓN, PAUTA O ESQUEMA DE ACTUACIÓN: **1 proyecto** ++: ...la directora general y su equipo (...) tenían ya *pergeñado* un proyecto. EME290996 **2 plan ++:** En las pocas semanas de su breve gestión GDP *pergeñó* un plan de emergencia... CAP261296 **3 estrategia +:** ...los estrategas menemistas *pergeñan* una estrategia legal que neutralice la decisión de los camaristas... CLA050199 **4 sistema:** El entrenador (...) *pergeña* sistemas alocadamente... EPE241099 **5 planteamiento:** La riqueza simbólica del viaje y el planteamiento metafictivo del discurso han sido bien *pergeñados* en «La casa del manzano»... ABC010794 **6 esquema:** ...para poner punto final al esquema somero que de su larga crónica he procurado *pergeñar.* EPE110977 **7 molde:** Pero no pudo romper el molde que había *pergeñado* antes. CLA070497 **8 línea:** En unas líneas que, a modo de prólogo, *pergeñaba* Juan Benet días antes de morir... ABC160493

B EL SUSTANTIVO *IDEA* Y CON OTROS QUE DESIGNAN DIVERSOS RESULTADOS DE LA ACTIVIDAD INTELECTIVA: **9 idea +:** Así, pues, me dediqué de inmediato a *pergeñar* unas ideas sobre la situación del país... EXC080696 **10 teoría +:** Si bien no *pergeñó* ninguna teoría política ni filosófica... EME240296 **11 hipótesis:** No es extraño que con estos mimbres y «*pergeñando* hipótesis», que es una de sus aficiones según confiesa... EME280394 **12 tesis:** ...desde hace un tiempo la exhiben y comentan, haciendo teoría y *pergeñando* tesis. EME020995 **13 reflexión:** ...ha utilizado el agua como elemento metafórico para *pergeñar* esta reflexión... LVE240796

C SUSTANTIVOS QUE DENOTAN SOLUCIÓN, A MENUDO ACORDADA: **14 acuerdo +:** El secretario general socialista vetó el acuerdo *pergeñado* durante casi tres meses... EME031196 **15 pacto:** ...Renovadores integradores y guerristas andan *pergeñando* el pacto definitivo... EME140294 **16 consenso:** ...llamó a los líderes de los partidos con representación parlamentaria para *pergeñar* un amplio consenso... EPE130899 **17 solución:** Sólo en la reunión del gabinete de crisis celebrada el martes por la noche en el Palau se *pergeñaron* varias soluciones posibles... EPE140199

D ALGUNOS SUSTANTIVOS QUE DENOTAN CÁLCULO O CÓMPUTO. TAMBIÉN CON OTROS QUE DESIGNAN ALGUNOS DE SUS RESULTADOS: **18 cálculo:** ...éste es, al menos, el cálculo *pergeñado* para lograr contener el déficit público... LVE031196 **19 cuenta:** ...en defensa del Gobierno que le ayudaba a *pergeñar* la cuenta de resultados... EME270795 **20 números:** Para *pergeñar* sus números, las autonomías dirán que les falta conocer qué cobran del Estado... LVE101096

E OTROS SUSTANTIVOS; POSIBLES USOS ESTILÍSTICOS: A menos que quieran salvar recuerdos personales y se ame a ellos el saberlos *pergeñar* sin hojarasca. LVE231296

☐ Véase también: **acariciar, bosquejar, delinear, intención, maquinar, perfilar, trazar, urdir.**

pericia ♦ **admirable, extraordinario, indudable, profesional, sumo[32], técnico** ♦ **con**

☐ Véase también: **capacidad, maestría.**

período ♦ **álgido[10], aproximado[4], breve, crucial[6], desgraciado, dilatado, esencial, esplendoroso, febril, fecundo, feliz, fugaz, fundamental, histórico, infausto, infructuoso, laborable, largo, luctuoso, prolongado, trascendental, turbulento, vigente** ♦ **a lo largo (de), durante** ♦ **acortar[6], acotar, alargar(se), asistir (a), atravesar[3], avecinar(se), concluir, dar fin (a), disfrutar (de), emprender, inaugurar, iniciar(se), meter(se) (en)[47], pasar, prescribir, prorrogar, reabrir[49], terminar(se), transcurrir, vencer[69], zanjar[83]**

☐ Véase también: **año, día, época, etapa, fase, hora, plazo, sesión, siesta, tiempo, vejez, velada.**

peripecia ♦ **accidentado[14], azaroso[27], incontable, infausto[5], infinito, numeroso** ♦ **toda clase (de)** ♦ **atravesar[15], pasar (por), sufrir, superar, vivir**

☐ Véase también: **accidente, avatar, aventura, incidente.**

perjudicar ♦ **considerablemente[37], directamente, económicamente, electoralmente, en alguna medida, enormemente[22], escasamente, grandemente, gravemente, indirectamente, irremediablemente[10], ligeramente, notablemente[23], ostensiblemente[31], profundamente[82], seriamente[11], severamente[22]**

perjudicial ♦ **altamente, considerablemente, doblemente, enormemente, especialmente, extraordinariamente, gravemente[42], manifiestamente, potencialmente, sumamente, terriblemente** ♦ **considerar, demostrar(se), resultar, revelar(se)**

☐ Véase también: **dañino, lesivo.**

[perjuicio] → **sin perjuicio (de)**

perjuicio ♦ **considerable, enorme, grave, incalculable, irremediable, irreparable[2], irreversible[6], leve, notable, numeroso, ostensible[79], serio[26], severo[61], tremendo** ♦ **acarrear[18], aminorar[41], calcular, causar[2], compensar[2], constituir, derivar(se)[9], entrañar, infligir[11], ocasionar[6], paliar[35], producir, provocar, redundar (en)[20], reparar, resarcir(se) (de), revertir (en)[11], solventar, suponer**

☐ Véase también: **daño, molestia, trastorno.**

PERJUICIO Véase: *DAÑO Y PERJUICIO*

PERJUICIO

♦ (ADJETIVOS) Véase: **gravemente[H,L]**

♦ (SUSTANTIVOS) Véase: **acarrear[C], al borde (de)[B], corregir[D], corroborar[F], dar[H], darse (a)[A], derivar(se)[B], ingente[I], inmerecido[E], irreparable[A], irreversible[B], recobrarse (de)[A], redundar (en)[D], revertir (en)[C], revivir[D], sembrar[F], serio[D], subsanar[F]**

♦ (VERBOS) Véase: **a conciencia[J], irremediablemente[B], por activa y por pasiva[D], profundamente[K], seriamente[B]**

☐ Véase también: DAÑO.

permanecer ♦ **a buen recaudo[15], a la espera, al margen, al pie del cañón, a salvo, a toda costa, brevemente, en {mi/tu/su...} puesto, en primera línea, en secreto, eternamente, firmemente, indefinidamente, largamente, mano sobre mano[3], para siempre, temporalmente**

☐ Véase también: **guardar, mantener(se), perseverar (en), proseguir.**

PERMANENCIA
♦ (SUSTANTIVOS) Véase: **augurar[H], dar[K]**
♦ (VERBOS) Véase: **a {mis/tus/sus...} anchas[D], a pie firme[A], a trancas y barrancas[B], a ultranza[B], de incógnito[D], en primera línea[C], intacto[A], mano sobre mano[A], sano y salvo[E]**
☐ Véase también: MANTENIMIENTO.

permisivo *adj.* ▮ Se combina con sustantivos de persona, individuales o colectivos, más frecuentemente si su actividad está relacionada con la aplicación de normas, la toma de decisiones o el ejercicio de la autoridad en diferentes ámbitos *(padre, juez, árbitro, policía)*. También lo hace con otros que designan comunidades que se caracterizan por esos mismos rasgos *(sociedad, ciudad, país, institución, administración)*. Se combina asimismo con...

A SUSTANTIVOS QUE DESIGNAN NORMAS, PRECEPTOS Y OTROS PRINCIPIOS QUE REGULAN LAS ACTUACIONES DE LAS PERSONAS, ASÍ COMO ALGUNAS DECISIONES A LAS QUE DA LUGAR SU APLICACIÓN: **1 legislación +:** A una legislación *permisiva*, que permite a los delincuentes quedar en libertad... LEC030497 **2 ley +:** ...de la decisión judicial puede acabar saliendo una ley más *permisiva* que la actual... EPE161101 **3 política +:** ...muchos líderes regionales han comenzado a debatir políticas más *permisivas*. ENH120597 **4 normativa +:** ...en la normativa legal, que, por tanto, es, a este respecto, extremadamente *permisiva*. EPE261201 **5 jurisdicción:** ...la jurisdicción eclesiástica a la defensiva fue más *permisiva* en España... ABC050894 **6 constitución:** En mi opinión la Constitución no era ambigua, sino *permisiva*... EPE130599 **7 regulación:** ...la *permisiva* regulación de las Empresas de Trabajo Temporal. EME091295 **8 reglamentación:** Primero salieron los más potentes T-3, después los T-2 y finalmente los que cuentan con una reglamentación menos *permisiva*, los T-1. EME311295 **9 medida:** ...estiman que esta medida es «demasiado *permisiva*» e insuficiente... LVE060495 **10 pauta:** ...unas pautas de educación demasiado *permisivas* o demasiado rígidas. EPE261099 **11 norma:** ...gracias a las *permisivas* normas en la materia que rigen en la vecina Holanda. LVE180195 **12 multa –:** «...porque entendemos que las multas ya son bajas y *permisivas*». EPE021299 **13 sentencia –:** ...las sentencias judiciales, anteriormente más *permisivas*... EME230594

B EL SUSTANTIVO *ACTITUD* Y CON OTROS QUE DENOTAN TALANTE O FORMA DE ACTUAR: **14 actitud ++:** El gobierno debe dejar ya esa actitud *permisiva* ante este tipo de protestas... CAP041001 **15 comportamiento:** ...su irresponsable, negligente y *permisivo* comportamiento respecto a... EPE211101 **16 mentalidad:** ...de una mentalidad *permisiva* que conduce inexorablemente a la aceptación... EME130395 **17 carácter:** ...subrayando el carácter *permisivo* del régimen... LVE171195 **18 posición:** La familia (...) debe adoptar técnicas que le permitan mantener una posición flexible aunque no *permisiva*... EPE061101 **19 voluntad –:** ...que ciertamente formaba parte de la misteriosa voluntad *permisiva*... LVE251295

C SUSTANTIVOS QUE DENOTAN SITUACIÓN. TAMBIÉN CON OTROS QUE DESIGNAN EL CONJUNTO DE CIRCUNSTANCIAS EXTERNAS QUE CONDICIONAN GENERALMENTE LA FORMA DE ACTUAR: **20 ambiente +:** ...gente joven, gente que se ha criado en ambientes *permisivos*... EME070995 **21 entorno +:** ...el entorno, *permisivo* para unos pocos y opresor para la mayoría, que permitió que unos terroristas... EPE151201 **22 situación:** ...nos han legado una situación infinitamente más *permisiva*... EME290296 **23 medio:** ...precisamente lo que sucede en nuestro medio *permisivo* y amnésico... LHG210800 **24 ámbito:** ...han resultado el ámbito más abierto y *permisivo* para sonoridades más audaces... CLA140199 **25 atmósfera:** ...la tolerancia y la diversidad en una atmósfera cada vez más *permisiva*. EPE040699 **26 contexto –:** ...en aquella época se vivió «un contexto muy *permisivo* en cuestiones de control... LVE051096 **27 clima –:** ...y con un clima económico más que *permisivo*. EPE201199

D SUSTANTIVOS QUE DESIGNAN LA ACCIÓN O EL EFECTO DE ARGUMENTAR O INTERPRETAR ALGO: **28 teoría:** «haber corrompido con sus teorías *permisivas* a la juventud... EPE241099 **29 definición –:** ...es hacer una definición más *permisiva* en la calificación de suelo urbanizable. EME050696 **30 interpretación:** «Bastaría que el Gobierno hiciera una interpretación *permisiva* de la ley... EPE271201 **31 lógica:** ...y no sólo el de esa lógica tan *permisiva*, sino el de la lógica de la propia comedia. EPE130999

E SUSTANTIVOS QUE DENOTAN EDUCACIÓN O ENSEÑANZA: **32 educación +:** ...una educación *permisiva* y una generación de individuos poco decididos... ABC020695 **33 enseñanza +:** ...opina que la «enseñanza actual es cada vez más *permisiva* y blanda». LVE170795 **34 escuela:** ...para que no haya unas escuelas más *permisivas* que otras. EME301096 **35 tradición:** ...naciones de tradición muy *permisiva* (...) han ido incorporándose a un proceso común europeo o mundial de constante reducción de lo que se puede entender por delito político. LVE271296 **36 método –:** ...frente a Valdano y su método *permisivo*. EME081296

F SUSTANTIVOS QUE DESIGNAN PERÍODOS: **37 tiempo:** ...porque sus tiempos fueron menos feraces, *permisivos* o afortunados... ABC200392 **38 época:** ...en el cielo, sin la menor duda, estará asintiendo con la cabeza ante la inclusión de fuck (...) y cunt (...) en el OED de nuestra más *permisiva* época. EPE020489 **39 horario +:** ...el horario de clausura de los establecimientos es más *permisivo* por las autoridades. EPE231099 **40 año –:** ...que calificó de «años muy *permisivos*» los gobernados por la UCD. LVE100396 **41 era –:** El individuo de la era *permisiva* rechaza los modelos preconcebidos... ABC290494

G OTROS SUSTANTIVOS; POSIBLES USOS ESTILÍSTICOS: ...la copa del nihilismo *permisivo* del sesentaiochismo... ABC260595

permiso ♦ **de residencia, de trabajo, discrecional[30], en regla, en vigor, expreso, imprescindible, irrevocable, oficial, restringido, táctico, temporal** ♦ **caducidad (de), día (de), solicitud (de), tiempo (de), vencimiento (de)** ♦ **abolir[54], abusar (de)[32], anular, cancelar, conceder[16], contar (con), dar[36], denegar[13], derogar[29], disfrutar (de), exigir, gozar (de)[33], hacer extensivo, impugnar[41], negar[76], obtener, otorgar, pedir, recibir, requerir, retirar, revocar[10], solicitar, vencer[80]**
☐ Véase también: **autorización, aval, beneplácito, carta blanca, inmunidad, licencia, luz verde.**

PERMISO Véase: *AUTORIZACIÓN*

PERMISO Véase: AUTORIZACIÓN

perogrullada ♦ absoluto, como la copa de un pino, completo, descomunal, enorme, monumental[24], total ♦ decir, escribir, soltar, *otros verbos de lengua*

□ Véase también: **bobada, estupidez, tontería.**

perpetrar ♦ con alevosía[14], impunemente, violentamente ♦ asalto, asesinato, crimen, delito, homicidio, robo

perpetuar(se) (en) ♦ cargo, cartelera, dirección, función, gobierno, mando, poder, posición, presidencia, puesto

perplejidad ♦ abocar (a), acarrear, causar[22], despejar(se)[50], producir (a alguien), provocar (a alguien), sentir, sumir(se) (en)[47]

□ Véase también: **asombro, sorpresa.**

[perro] → a cara de perro, como (a) un perro, como el perro y el gato, de perros

perro ♦ abandonado, astuto, callejero, con pedigrí, de presa, de raza, desobediente, doméstico, faldero, fiel, flaco, guardián, imponente, inofensivo, leal, manso, obediente, peligroso, pulgoso, rabioso, sabueso, sagaz, salvaje, sarnoso, sumiso, vagabundo ♦ acompañar (a alguien), acosar (a alguien), adiestrar, amaestrar, aullar, bufar, criar, entrenar, ladrar, morder (algo/a alguien), pasear, resoplar, sacar, ulular, vacunar

□ Véase también: **lobo.**

persecución ♦ cruento, denodado, desaforado[29], desenfrenado[20], encarnizado[15], enconado[31], frenético[19], implacable[32], incansable, infructuoso[4], intenso, inútil, policial, sangriento, severo[57], sin descanso, tenaz[16], terrible, trepidante, veloz ♦ objeto (de)[16] ♦ acometer, arreciar[34], burlar, desatar(se)[68], eludir[48], emprender, iniciar, lanzarse (a)[4], llevar a cabo, producir, someter (a), sufrir[77]

□ Véase también: **búsqueda, rastreo, seguimiento.**

perseguir ♦ a toda costa[4], ávidamente[9], con fruición[32], constantemente, descaradamente[10], incansablemente[3], insistentemente[32], intensamente[51], inútilmente, largamente[16], sin éxito, sin tregua[10]

□ Véase también: **buscar, desear, rastrear, seguir.**

perseverar (en) *v.* ▮ Se combina con...

A SUSTANTIVOS QUE DENOTAN INTENCIÓN TENAZ Y PORFIADA DE LOGRAR ALGO. TAMBIÉN CON OTROS QUE DESIGNAN ALGUNAS MANIFESTACIONES FÍSICAS DE ESA VOLUNTAD: **1 empeño ++:** ...no sólo merecen nuestro aplauso y gratitud por crear más puestos de trabajo, sino también por su espíritu de innovación (...) por *perseverar* en el empeño... EDV040599 **2 lucha +:** No se compadece demasiado con la prioridad elemental proclamada desde todas partes para seguir *perseverando* en la lucha contra la inflación. LVE261195 **3 esfuerzo +:** A lo que me obligan es a *perseverar* en el esfuerzo por liberarla de la opresión. DLA060997 **4 intento +:** Pero después se vino abajo y, pese a que *perseveró* en su intento, cada vez estuvo más lejos de inscribir nuevamente su nombre en el Guinness. EME161095

B CIERTOS SUSTANTIVOS QUE DENOTAN ERROR O FALLO: **5 error ++:** Esperamos que quienes tomaron tal decisión rectifiquen sabiamente, en vez de *perseverar* en errores clamorosos... LVE161095 **6 errata –:** Señores, de *perseverar* en tales erratas, ¡hasta los conejos se avergonzarán de ustedes! LVE030695

C SUSTANTIVOS QUE DENOTAN CURSO, TRAYECTO O ITINERARIO, ASÍ COMO, POR EXTENSIÓN, CON ALGUNOS QUE DESIGNAN OTRAS NOCIONES RELATIVAS AL DESARROLLO CONTINUADO DE ALGUNA COSA: **7 camino ++:** No tome el lector con mucha seriedad el cuadro II que le mostramos, pero eso sí, tenga en cuenta, que en la medida en que *perseveremos* en el camino abierto en 1991 por el dúo... LNP130497 **8 línea ++:** Así las cosas, y de *perseverar* en esta línea, existe el riesgo de que la recta final de la campaña socialista parezca un remedo... EPE011099 **9 senda +:** Deben *perseverar* en esa senda, y no es lógico, se argumenta, que el presupuesto común crezca en mayor medida de lo que lo hacen los quince individuales. EPE260299 **10 tradición:** ...la angustia producida por la nada, la sumisión a las leyes, el eterno dilema entre *perseverar* en la tradición o renovarse, etcétera. EME130496 **11 ruta:** ...se dijo convencido de que si los países iberoamericanos *perseveran* en la ruta de la apertura, el libre comercio y la integración... DYM201297

D SUSTANTIVOS QUE DESIGNAN LO QUE SE DESEA O SE PRETENDE CONSEGUIR, ASÍ COMO ALGUNAS DE LAS ACCIONES O ACTUACIONES QUE SE EMPRENDEN PARA LOGRARLO: **12 estrategia ++:** ...pero el integrismo de ETA *persevera* en su estrategia de convencer... EPEANUA98 **13 programa +:** Se debe *perseverar* en el programa de ajustes económicos y entrarle de frente a la privatización de las empresas del Estado y al redimensionamiento y reestructuración del mismo. EUV120996 **14 objetivo +:** Brown, sin embargo, *persevera* en su objetivo de lograr el equilibrio presupuestario y redistribución fiscal. EPE190999 **15 deseo +:** El cartelismo cinematográfico, un oficio en extinción, desaparecerá del todo si el Ayuntamiento *persevera* en su deseo de retirar las grandes carteleras de la Gran Vía. EPE221099 **16 búsqueda +:** El Rey animó ayer a diputados y senadores a (...) *perseverar* en la búsqueda del «diálogo que huya de enfrentamientos». LVE090596

E EL SUSTANTIVO *IDEA* Y OTROS QUE DESIGNAN CREENCIAS, CONVICCIONES O PUNTOS DE VISTA, ASÍ COMO ALGUNAS DE LAS FORMAS EN QUE SE PRESENTAN LOS RAZONAMIENTOS: **17 idea ++:** También le convenció ese atípico funcionario con el que se entrevistó, *perseverante* en su idea de crear una sociedad mixta a beneficio de ambas partes. LVE150795 **18 fe +:** « Vengo a decirles de parte de Su Santidad que *perseveren* en esa fe que viven en comunidad...», dijo Jean Louis Tauran. EME281096 **19 opinión +:** «...sin que nunca sepan *perseverar* en una opinión, causas éstas por las cuales no existe en sus vidas ningún instante ausente de molestia». EME020295 **20 discurso +:** Si Vidal-Quadras *persevera* en su discurso ¿peligra el pacto? EME190896 **21 razón:** Luego –animal de costumbres– retorno a Marco Aurelio: «*Persevero* en la razón». EME061296 **22 principio:** Sin embargo, jamás dejó de *perseverar* en sus principios. EME240194 **23 convicción:** A los setenta y seis años, el gran virtuoso del violín, director de orquesta y omnipresente en mil causas humanitarias, *persevera* en la convicción de que la música posee un gran poder moral. ABC080193 **24 tesis:** Así las cosas, el candidato socialista *perseveró* en su tesis de que no debe dar más pábulo a los ataques... EPE130599 **25 argumento:** Y conviene no *perseverar* en falaces argumentos, como ése tan manido de que la moneda única es una exigencia de la economía globalizada que Europa debe enfrentar. LVE241295

F SUSTANTIVOS QUE DENOTAN ACTITUD, FORMA DE ACTUAR O TOMA DE POSICIÓN FRENTE A ALGO O A ALGUIEN: **26 política ++:** El Rey pidió ayer al Gobierno que *persevere* en su política de creación de empleo... EPE250799 **27 conducta:** Porque ahora hay un Estado que recauda impuestos y que lucha por sancionar a los que *perseveran* en conductas antisociales evadiendo los impuestos y las cargas sociales. CLA110197 **28 actitud:** Antoni Ribas asegura que *perseverará* en su actitud hasta ser recibido por Jordi Pujol. LVE140494 **29 papel:** Porque los miembros del partido (...) *perseveren* en su papel activo y demandante ante la PGR y la nueva fiscalía especial. PME150996 **30 postura:** ...la apuesta chilena (...) gozará de mayores perspectivas de éxito si el país ingresa de manera cabal en Mercosur, en lugar de *perseverar* en su actual postura agridulce. EPE050699

G SUSTANTIVOS QUE DENOTAN PARTICIPACIÓN ACTIVA EN ALGUNA TAREA U OCUPACIÓN: **31 trabajo +:** ...instó ayer a Garzón y a los jueces que instruyen sumarios relacionados con ETA a que *perseveren* en su trabajo... EPE040800 **32 tarea:** ...se ha creado un departamento para estudiar y adaptar estas nuevas formas de comunicación, para *perseverar* en la tarea que se impuso hace ya 115 años: servir a la sociedad en que vive. LVE110296 **33 quehacer:** El edil animó a todos, y en especial a sus vecinos, a «*perseverar* en nuestro quehacer diario... EME190895 **34 labor:** Lo que sí debo hacer es animar al maestro barcelonés para que *persevere* en su labor... ABC170993 **35 práctica +:** ...los Códigos dicen otra cosa, que el peso de la Ley caerá a plomo sobre los que *perseveran* en esas prácticas antisociales. EME260495 **36 misión:** Pero lo que cuenta finalmente es que se *ha perseverado* en una misión que ha costado 1.600 millones de dólares... LVE091295 **37 investigación:** Las fuerzas de seguridad del Estado deben *perseverar* en la investigación del caso hasta su total resolución. LVE141195 **38 profesión:** ...un domador ahíto de soledad y ansioso de cariño, pero un domador que sigue siéndolo, que *persevera* en su profesión, en su bello anacronismo. EME090495 **39 actuación +:** La decidida intervención de Bruselas debería disuadir a los Gobiernos europeos de *perseverar* en actuaciones que tratan de levantar fronteras en el interior de la Unión... EPE210799

H ALGUNOS SUSTANTIVOS QUE DESIGNAN DIVERSOS RECURSOS DIRIGIDOS A RECUPERAR O MANTENER LA SALUD O EL ESTADO FÍSICO: **40 terapia +:** De hecho, el paciente al que nos referimos –y que ha sido muy estricto en la forma en la que ha *perseverado* en su terapia médica– se encuentra en la actualidad asintomático... EME051095 **41 tratamiento:** Por otro lado, Zisapel opina que hay que ser *perseverante* con el tratamiento porque su mejor efecto se empieza a notar al cabo de varias semanas... EME070995 **42 cura:** ...mientras los márgenes financieros *perseveran* en su cura de adelgazamiento. LVE110596 **43 nutrición –:** Se avanza en la tarea de combatir las enfermedades cardiacas consumiendo aceite de oliva y *perseverando* en la nutrición que llaman del Mare Nostrum... LVE260495

I ALGUNOS SUSTANTIVOS QUE DESIGNAN LA RESOLUCIÓN FAVORABLE DE UN PROBLEMA, ASÍ COMO CIERTAS ACCIONES O PROCESOS ENCAMINADOS A OBTENER ESTE RESULTADO: **44 pacificación +:** Ha estimulado a la Iglesia a *perseverar* en la pacificación, la convivencia y el respeto a los otros grupos humanos... DLA140497 **45 diálogo +:** Para ello, acogiendo la sugerencia del Rey, aseguró que *perseverar* en el diálogo con los agentes sociales. EPE250799 **46 acercamiento:** Estudiantes (...) ha sumado cuatro triunfos consecutivos, lo que le permite *perseverar* en su acercamiento hacia las ocho primeras posiciones... EME120295 **47 solución:** Nada más apropiado que un semáforo para animar a la responsable de la Vía Pública, Carme Sanmiguel, a *perseverar* en la solución del problema. LVE260895 **48 medida:** Creo que se equivoca el Ayuntamiento de Madrid al *perseverar* en la medida adoptada. EME040996 **49 decisión:** Mis interlocutores no estuvieron siempre a la altura de las circunstancias, ni cumplieron sus promesas ni *perseveraron* en las decisiones tomadas. EPE071199

J OTROS SUSTANTIVOS QUE DESIGNAN DIVERSAS FORMAS DE INTERVENCIÓN EN ALGÚN ASUNTO, MÁS FRECUENTEMENTE SI SE REFIEREN A LA ALTERACIÓN O EL MANTENIMIENTO DE ALGÚN ESTADO DE COSAS: **50 ajuste +:** Desde entonces no queda más alternativa que *perseverar* en el ajuste presupuestario para poder enfrentarse a la próxima recesión sin riesgo de que haya sanciones. EPE150199 **51 reducción:** Sí es muy importante, sea cual sea el gobierno, que España *persevere* en la reducción del déficit público y que los dos principales partidos políticos estén de acuerdo en ello. LVE151195 **52 eliminación:** El nuevo plan *persevera* en la eliminación de barreras arquitectónicas. EPE281199 **53 seguimiento:** «...creo que si *perseveramos* en el seguimiento de nuestro plan podremos alcanzar nuestros objetivos». EPE190699 **54 conservación:** El Rey contestó que se debe *perseverar* en la conservación de su equilibrio, tranquilidad y belleza. LVE220394

K ALGUNOS SUSTANTIVOS QUE DESIGNAN MANIFESTACIONES VERBALES DE CARÁCTER HOSTIL: **55 acusación:** Ahora, Banesto está dispuesto a *perseverar* en su acusación, aunque provoque retrasos. LVE151096 **56 denuncia:** ...animó a las asociaciones agrarias a *perseverar* en sus denuncias. EPE080999 **57 agravio:** Si además de *perseverar* en el agravio comparativo, los altos magistrados mantienen actitudes de reticencia frente al CGPJ, veremos cosas aún más increíbles. EPE280199

L OTROS SUSTANTIVOS: **58 fidelidad:** «*Perseveremos* en la fidelidad al Evangelio y a Cataluña», pidió el arzobispo... LVE261196 **59 amor:** Sabiendo que hay que *perseverar* en el amor al teatro para así poder ocuparlo con la dignidad que nuestro arte merece. EME220696 **60 abuso:** Con la frialdad también de quien está dispuesto a *perseverar* en el abuso hasta que todo el edificio se derrumbe. EME160195

▩ Se combina también con: ♦ **con firmeza, contra viento y marea**[20]

☐ Véase también: **defender, mantener(se), permanecer, persistir (en), proseguir.**

persiana ♦ **bajar, echar**[40]**, recoger, subir**

☐ Véase también: **cortina, toldo.**

PERSISTENCIA Véase: MANTENIMIENTO; PERMANENCIA

persistir (en) *v.* ▮ Se construye con sustantivos que designan diversas manifestaciones verbales, muy frecuentemente aseverativas, declarativas o dirigidas contra alguien *(declaración, negativa, afirmación, discurso, acusación, denuncia).* También se combina con otros que designan características, cualidades, actitudes o sentimientos *(estupidez, realismo, cinismo, ceguera, genialidad, desánimo, absurdo, equilibrio, rigidez, intransigencia, autoritarismo, derrotismo, respeto, soberbia, ridículo).* Acepta otros muchos sustantivos, pero destacan especialmente sus combinaciones con...

A SUSTANTIVOS QUE DENOTAN FALLO, DESACIERTO Y OTRAS NOCIONES QUE IMPLICAN DIFICULTAD, CONFLICTO O ADVERSIDAD. TAMBIÉN CON OTROS QUE DESIGNAN LA ACCIÓN DE QUEBRANTAR UNA LEY O UNA NORMA O LA DE FALTAR AL RESPETO A UNA AUTORIDAD: **1 error ++:** De hombres es el engañarse y de locos *persistir* en el error. EME110195 **2 equivocación +:** El estudioso *persistió* en su equivocación de fondo, aunque logró interesantes hallazgos parciales. INDOC **3 incumplimiento +:** ...de no acudir a tales figuras y *persistir* en su continuado incumplimiento, existe justa causa para la extinción contractual a instancia de los trabajadores afectados. EPE050499 **4 problema:** Comisiones Obreras de Euskadi impugnará la convocatoria de Hobetuz para 1999 de ayudas a planes de formación, ya que considera que *persiste* en los problemas de las anteriores... EPE270199 **5 anomalía:** Si es que se constata que se *persiste* en esta anomalía, se rescindirá el contrato de servicio con esa compañía... DHE030997 **6 drama:** Pero la figura de una mujer adinerada y vulnerable, que a los 21 años fue avasallada a pesar de la oposición de su familia por un aventurero crudo pero seductor, *persiste* en el drama tremendamente violento. CAP270397 **7 violencia:** ...señaló que si Euskal Herritarok «*persiste* en la violencia es muy difícil de hablar de la estabilidad de un gobierno». CLA120199 **8 desacato:** ...amenazó a los banqueros con fuertes multas e incluso penas de prisión si *persisten* en su desacato a la nueva ley. EPE011087 **9 vulneración:** ...envió ayer un escrito al organismo sanitario, en el que le amenaza con denunciarle si *persiste* en esta «vulneración del derecho fundamental a la salud del menor». EPE210199 **10 calamidad −:** El Madrid podía perfectamente *persistir* en sus calamidades o sufrir un ataque repentino de orgullo y ponerse a jugar como le corresponde. EPE010299

B SUSTANTIVOS QUE DENOTAN PUNTO DE VISTA O ACTITUD QUE SE ADOPTA ANTE ALGUNA CUESTIÓN: **11 actitud ++:** Si *persiste* en una actitud numantina, corre el riesgo de convertirse en un nuevo Hormaechea. EME130795 **12 conducta ++:** Y es que no se puede «volver la página», mirar al futuro, olvidar el pasado, cuando se siguen con los mismos hábitos y se *persiste* en idénticas conductas. EME250996 **13 postura ++:** ...están decididos a hacerlo público si el entrenador *persiste* en su postura. LVE200995 **14 posición +:** Denostadas, burladas y rechazadas por la sociedad de su tiempo, tuvieron el arrojo de *persistir* en sus posiciones y obtener derechos que ahora disfrutamos. EPE041001 **15 política:** ...si Israel *persiste* en su política de avanzar en la instalación de colonos judíos en Cisjordania y Gaza, correrá el riesgo de perder la última oportunidad de paz para la región. EXP011091

C SUSTANTIVOS QUE DENOTAN INTENCIÓN, GENERALMENTE TENAZ Y PORFIADA, DE LOGRAR ALGO: **16 esfuerzo +:** En una nota escueta, Annan anima a Barak y Arafat a que «*persistan* en su esfuerzo para encontrar una solución intermedia»... EPE260700 **17 empeño +:** Con Lucchetti la historia debería seguir derrotero semejante, pero *persiste* en su empeño. CAP150198 **18 interés:** ...*persiste* en su interés de imponer una licitación sin la participación de las comunidades que vienen desarrollando experiencias de radios comunitarias desde 1991. ACP071100 **19 ánimo:** Persiste en el ánimo de muchos políticos la idea de que la información es peligrosa. DYM061196 **20 afán:** El grupo *persistió* en su afán de lograr la libertad de su compañero, y al final lo consiguieron. INDOC

D SUSTANTIVOS QUE DESIGNAN DIVERSAS TAREAS DE CARÁCTER INTELECTIVO, ASÍ COMO, POR EXTENSIÓN, CON OTROS QUE EXPRESAN DIVERSOS RESULTADOS DE LA ACTIVIDAD COGNOSCITIVA: **21 investigación +:** «Guiones cambiados» (...) *persiste* en la investigación del mundo de la imagen que ya quedó patente en «La vida en vídeo»... LVE210295 **22 estudio +:** Al *persistir* en el estudio de la cuestión venció su propia reticencia a profundizar en un tema aparentemente secundario. INDOC **23 idea ++:** ...que Xavier Arzalluz no está dispuesto a admitir: «si el PP *persiste* en la idea de criminalizar el nacionalismo democrático vasco, nos tendrán enfrente». EME211295 **24 tesis +:** Eduardo Fernández *persiste* en su tesis de que Copei no es un partido en subasta... ENV190597 **25 análisis:** Sería absurdo *persistir* en el análisis de un asunto tan debatido como el de... INDOC **26 propuesta:** ...ha reiterado que no podrá haber recomposición de la alianza con los nacionalistas mientras éstos *persistan* en sus propuestas soberanistas. EPE131001 **27 reflexión:** «Ya nada es como antes» o «Against pornography» *persisten* en su reflexión acerca de otras épocas y mitos... ABC101195 **28 supuesto:** La dirección de ETA *persiste* en el inteligente supuesto de que excavando a tiros o a bombazos hacia el centro de la tierra acabarán por aflorar a la superficie... EME120895 **29 pensamiento −:** ...y parece solamente un ayer porque cuando alguien o algo *persiste* en los pensamientos de uno, es como si el tiempo no pasara. PME250896

E SUSTANTIVOS QUE DENOTAN META O LOGRO QUE SE DESEA CONSEGUIR, A MENUDO CONSIDERADO COMO ALGO IDEAL, LEJANO O DE DIFÍCIL REALIZACIÓN: **30 objetivo ++:** Según Aznar, «es muy importante perseverar y *persistir* en los objetivos políticos de aislar a los terroristas y acabar con ellos». LVE011296 **31 aspiración +:** En este mismo Municipio, los también candidatos al Concejo Octavio Pérez, Armando Vásquez, Abraham Reyes y Carlos Bedoya han sido amenazados de muerte, de *persistir* en sus aspiraciones. EPC211097 **32 propósito +:** ...la nueva ley de Extranjería será objeto de polémica si el Gobierno *persiste* en su propósito de aprobar el texto remitido al Parlamento tal como está... EPE280800 **33 pretensión:** ...unos dirigentes amenazados (...) con la expulsión a las tinieblas exteriores si *persisten* en su heterodoxa pretensión de ejercer la libertad de expresión... EPE290999 **34 sueño:** O puede hundirse en la miseria si *persiste* en los bellos y revolucionarios sueños de un «sorpasso» que se estrella contra el muro... EME240895 **35 utopía:** Pero Debray *persiste* en su utopía: «Tendré el oído del hombre que tiene el oído del pueblo». EME030596

F ALGUNOS SUSTANTIVOS QUE DENOTAN FUERTE INCLINACIÓN HACIA LAS PERSONAS O LAS COSAS: **36 deseo ++:** Además, la iniciativa de mostrar en un teatro como la Sala Triángulo *persiste* en este deseo de romper compartimentos estancos. EME271296 **37 pasión +:** ...escapó de su destino de bella debutante de la alta burguesía de Ottawa, *persistió* en una pasión ilegítima, y sólo a medias correspondida que forjó su leyenda... EME200796

G SUSTANTIVOS QUE DESIGNAN FUNDAMENTOS O PRINCIPIOS QUE SE SUSTENTAN CON SEGURIDAD Y FIRMEZA, Y SUELEN REGIR EL PENSAMIENTO O LA CONDUCTA: **38 creencia ++:** Si *persiste* en la obstinada creencia de que los Estados tienen deberes para con sus ciudadanos, los «mercados» retirarán el capital... EPE201299 **39 ideología:** Ciertamente, nuestros partidos nacionalistas moderados y cristianos, condenaron y condenan el terrorismo nacionalista, pero *persisten* en ideologías y prácticas separatistas... EME300895 **40 ideario:** Esta ausencia ha desplazado hacia al PP a un sector marcadamente conservador, que puede volverse contra Aznar si éste *persiste* en un ideario centrista. EME220196

H SUSTANTIVOS QUE DENOTAN ATAQUE O AGRESIÓN, A MENUDO DE CARÁCTER VERBAL, ASÍ COMO OTRAS ACTUACIONES HOSTILES CONTRA LAS PERSONAS O LAS COSAS: **41 ataque ++:** Las fuerzas serbias han roto su propia tregua, *persistiendo* en ataques brutales a civiles, personal de Naciones Unidas y fuerzas de la OTAN... LVE210494 **42 ofensiva +:** Los indefendibles enclaves serbios de la Bosnia norteña (...) parecen destinados a caer si éstos *persisten* en su ofensiva... EME210594 **43 agresión +:** ...afirmó que se trataba de «una muestra clara de que HB quiere el enfrentamiento en la calle y *persistir* en las agresiones». EME300995 **44 golpe:** Es, a juicio personal, la razón por la cual las guerrillas *persisten* en sus golpes de violencia. ETC011291 **45 insulto:** Días antes, Pérez Varela ya había amenazado con destapar trapos sucios del PSOE si *persistía* en sus «insultos y calumnias». EPD041097 **46 calumnia:** El Gobierno, rizando el rizo un poco más, *persistía* en sus calumnias a la oposición. INDOC **47 venganza:** Siendo, dicen, muy condenable matar a 5.000 civiles en sus oficinas durante una mañana soleada, *persistir* en la «venganza» sólo puede hundirnos en el caos y la guerra. EPE171001 **48 asesinato –:** Persistir en el asesinato como medio para conseguir fines políticos no es la mejor forma de convencer a los ciudadanos de la validez de una propuesta política. INDOC

I SUSTANTIVOS QUE DENOTAN CONFRONTACIÓN, A MENUDO CON AGRESIVIDAD Y ENCONO: **49 lucha +:** En cambio, empleados de la paraestatal nos han advertido que, si *persistimos* en nuestra lucha, nos harán cobros más altos y nos cancelarán contratos y suministro. PME080996 **50 batalla +:** Quizá sea eso lo que le haga *persistir* en «la batalla que siempre se pierde» frente al lienzo. EPE130899 **51 enfrentamiento +:** Ciertos elementos terroristas, sobre los que Arafat no tiene autoridad, *persisten* en el enfrentamiento contra Israel con la intención declarada de erradicarlo. EPE061201 **52 confrontación:** ...eso no puede ser un elemento justificador para *persistir* en una confrontación sin futuro... ETC040997 **53 rebelión:** La jornada del lunes se inició con el asalto al cuartel de San Andrés donde los sublevados *persistían* en su rebelión. LVE170796

J SUSTANTIVOS QUE DESIGNAN DIVERSAS FORMAS DE DISPOSICIÓN, ORGANIZACIÓN O FUNCIONAMIENTO: **54 sistema +:** Persistió en su sistema táctico y eso destrozó a los brasileños, porque tenían la obligación de buscar el gol... EPE280877 **55 estructura +:** Persistió en una estructura organizativa jerárquica y eso impidió su renovación y su adaptación a las exigencias de la sociedad moderna. INDOC **56 organización:** Persistir en esa organización, además de ser poco democrático, puede provocar una pérdida de sintonía entre el partido y sus simpatizantes. INDOC **57 esquema:** ...mientras se mantengan los límites constitucionales del tamaño de las propiedades, se *persista* en el esquema de las «cooperativas» y se sigan repartiendo tierras a individuos incapaces de trabajarlas con conocimiento y vocación, nada nos sacará del hoyo. ESH130297 **58 mecanismo –:** Hay que cambiar a fondo, para no *persistir* en unos mecanismos de funcionamiento democrático que hoy padecemos. EME160295

K ALGUNOS SUSTANTIVOS QUE DENOTAN FINAL O RESOLUCIÓN DE UN PROCESO: **59 solución:** Son también quienes piden que se *persista* en las soluciones que ya le han hecho perder cuatro decenios. LVE231296 **60 acuerdo:** Hemos *persistido* en el acuerdo, porque estamos convencidos de que es la única vía para solucionar este conflicto que dura ya décadas. INDOC **61 decisión:** ...*persiste* en su decisión de ir a buscar la casa del patriarca Abraham en Irak, cuando, al parecer, está en Siria. EPE080899

L OTROS SUSTANTIVOS; POSIBLES USOS ESTILÍSTICOS: ...encareció al auditorio y a todo el país a *persistir* en la convivencia ciudadana y en el fortalecimiento de la identidad catalana, dos objetivos alcanzados con éxito... LVE291295

☐ Véase también: **perseverar (en).**

[persona] → en persona

PERSONA

♦ (SUSTANTIVOS) Véase: **abarrotado**[D], **acendrado**[C], **acérrimo**[A,B], **aglutinar**[F,G], **a mano armada**[D], **a muerte**[H], **ancestral**[J], **apuntillar**[A], **arañar**[E], **asequible**[B], **asiduo**[A,B,C], **aventajado**[A,B], **barajar**[D], **blando**[D,E,F], **blindar**[B], **borroso**[F], **bosquejar**[E], **boyante**[E], **cosechar**[H], **crucial**[O], **decrecer**[H], **de guante blanco**[A], **delinear**[I], **denodado**[E], **de palabra y obra**[D], **de pies a cabeza**[F], **desarticular(se)**[B], **desinflar(se)**[H], **desoír**[H], **disolver(se)**[A], **empedernido**[A,B,C,D], **encarnizado**[D], **enconado**[I], **engrosar**[B], **en masa**[I], **en serie**[F], **en son de paz**[D], **ensuciar**[E], **erigir(se)**[C,D], **fer-**

mentar(se)[C], férreo[O,P,Q], ferviente[B,C], fervoroso[A,C,D,E], fidedigno[H], flagrante[H], forjar[G,J], fulgurante[H], granjearse[C], implacable[O], impugnar[H], impune[F], irreconciliable[A], irrefutable[F], novedoso[L], nutrido[C], ocular[A], ola (de)[F], penetrante[F], pertinaz[E], platónico[B], por activa y por pasiva[I], rebañar[C], redomado[A,B,C,D], rimbombante[C], silenciar[I], sojuzgar[A], torrencial[C]**

personaje ♦ **carismático, central, cómico, complejo, contradictorio, curioso, emblemático, enigmático, entrañable, estrafalario, extraño, famoso, fascinante, hermético, histórico, ilustre, legendario, misterioso, peculiar, pintoresco, polifacético, popular, principal, protagonista, real, relevante, rico en matices, secundario, siniestro** ♦ **ahondar (en), bordar[2], caricaturizar, configurar, construir, crear, dar vida (a), delinear[60], inmortalizar, interpretar, inventar, perfilar, representar, suplantar**
☐ Véase también: **estereotipo, modelo, pauta, tipo.**

personalidad ♦ **absorbente[9], abstruso[29], acusado, anodino, arraigado[36], arrasador[25], arrebatador, arrollador, atractivo, calmo, camaleónico[8], cambiante, carismático, combativo[6], complejo, compulsivo[1], contradictorio, controvertido[17], cristalino[25], de hierro[11], desbordante[10], diáfano[9], difícil, doble, emprendedor, enigmático, extraño, exuberante[28], fascinante, férreo[124], fuerte, gran(de), impredecible[7], irritable, magnético, marcado, misterioso, nervioso, oculto, original, poderoso, polifacético, retorcido[3], torrencial[20], tranquilo, transparente, vigoroso** ♦ **ápice (de)[57], falta (de), modelo (de), reflejo (de), suplantación (de)** ♦ **aclimatar(se) (a)[11], adentrarse (en)[21], adquirir[75], afianzar(se)[29], aflorar[66], ahondar (en)[42], bosquejar[13], bucear (en)[48], construir, cuajar[14], dar, debilitar(se), demostrar, descubrir, desfigurar[6], destacar, desvelar[35], dulcificar[7], emerger, estudiar, forjar[23], fortalecer(se), imponer, imprimir[9], insuflar[18], madurar, marcar, moldear[1], perfilar[17], reflejar, revelar, robustecer(se)[22], suplantar, sustraer(se) (de/a)[11], tener, usurpar[24]**
☐ Véase también: **carácter, carisma.**

PERSONALIDAD
♦ (SUSTANTIVOS) Véase: **abrupto[H], absorbente[B], abstruso[E], aclimatar(se) (a)[C], acogedor[B], acomodado[C], acuñar[D], adentrarse (en)[C], adquirir[J], afianzar(se)[D], afirmativo[D], agriar(se)[A], ahondar (en)[H], ápice (de)[H], atemperar[A], beligerante[B], blando[A], bosquejar[E], bronco[B], bucear (en)[F], camaleónico[B], cándido[B], captar[C], combativo[A], compulsivo[A], controvertido[C], corregir[E], cristalino[F], cuajar[C], de hierro[E], desbordante[B], descollante[C], desfigurar[B], diáfano[C], exuberante[F], gozar (de)[C], imprimir[B], inculcar[C], insuflar[B], intempestivo[F], irradiar[F], luminoso[C], moldear[A], perfilar[C], prejuzgar[C], quebradizo[D], quebrar(se)[K], recalcitrante[A], revelador[E], robustecer(se)[E], rotundo[D], sustraer(se) (de/a)[B], vehemente[G], visceral[G]**
☐ Véase también: ACTITUD.

personarse (en) Véase: **asistir, causa, juicio,** *sustantivos de lugar*, **presenciar, acudir**

perspectiva ♦ **alarmante, amplio, analítico[23], apropiado, catastrófico[52], desalentador, desolador[12], esperanzador, frontal[22], halagüeño[9], ilusionante, inabarcable, lateral, negro, novedoso[36], oscuro, plural, prospectivo, sesgado[11], siniestro, sombrío, terrible, tranquilizador** ♦ **a la luz (de)[30], desde** ♦ **adoptar, analizar, augurar[4], avecinar(se), cerrar los ojos (ante)[29], conformar, defraudar, derivar(se)[39], desvanecerse[11], encarar[16], hacer(se) realidad[58], presentar(se), surgir, tomar[82], trazar[20], vislumbrar[6]**
☐ Véase también: **enfoque, paisaje, panorama, visión.**

pertenecer ♦ **con pleno derecho, de lleno[22], de pleno[17], de pleno derecho, en exclusiva[12], por derecho propio, totalmente**
☐ Véase también: **miembro (de), pertenencia.**

pertenencia ♦ **abandonar, cuidar, guardar, hacer(se) (con), vigilar**
☐ Véase también: **miembro (de), patrimonio, propiedad.**

pertinaz *adj.* ▮ Se combina con...

A SUSTANTIVOS QUE DESIGNAN FENÓMENOS METEOROLÓGICOS O CLIMÁTICOS: **1 sequía** ++: La *pertinaz* sequía ibérica llegó a convertirse en un cliché del anterior régimen político. LVE210794 **2 lluvia** ++: ...caía una *pertinaz* lluvia y la oscuridad imposibilitaba la visibilidad. LPN241100 **3 llovizna:** Bajo una temperatura de cero grados y una *pertinaz* llovizna se improvisó un altar adornado con flores... ETC150497 **4 aguacero:** ...poco acostumbrado a un aguacero tan *pertinaz* como el que ayer descargó sobre Barcelona. LVE120596 **5 tormenta:** ...ganó la sexta etapa del Tour'96, disputada bajo una tormenta *pertinaz*... LVE060796 **6 nieve:** La *pertinaz* nieve que no deja de caer sobre sus personajes (...) contribuyó a crear el ambiente... EME120295 **7 niebla:** ...sufre los problemas derivados de la *pertinaz* niebla... EPE011199

B SUSTANTIVOS QUE DENOTAN ENFERMEDAD O DISFUNCIÓN. TAMBIÉN CON OTROS QUE DESIGNAN MOLESTIAS FÍSICAS DE DIVERSA IMPORTANCIA: **8 enfermedad** +: ...una rara y *pertinaz* enfermedad que (...) está pagando con creces... CAN250599 **9 dolor:** ...los *pertinaces* dolores de la columna le obligaron a operarse... EME291095 **10 trastorno:** Atribuye sus malas temporadas (...) a unos *pertinaces* trastornos estomacales... EME150595 **11 constipado:** Continúo padeciendo los achaques de mi *pertinaz* constipado. EME140296 **12 sordera:** ...esa obra maestra que cierta crítica barcelonesa aquejada de sordera *pertinaz* menospreció... LVE110796 **13 migraña:** ...envía unos suplentes porque tiene una *pertinaz* migraña el día del estreno. EPE080199 **14 lesión** −: ...la parte más victimista de su libreto (...) la grave lesión de Kiko, las *pertinaces* lesiones de Jugovic... EPE130299

C SUSTANTIVOS QUE DENOTAN EMPEÑO, ASÍ COMO TENDENCIA O DISPOSICIÓN FAVORABLES O CONTRARIAS A ALGO, A MENUDO INTENSAS O PORFIADAS: **15 empeño** +: ...lleva camino de instituir el desconcierto con su *pertinaz* empeño de formar un mal equipo... LVE110995 **16 insistencia** +: ...busca con *pertinaz* insistencia la recuperación de sus valores morales... VEN250899 **17 manía:** La *pertinaz* manía (...) de escribir claro (...) no ceja de complicarle la vida. EME010996 **18 obsesión:** ¿O en la ciudad la obsesión por el decorado no es tan *pertinaz* como el deseo de deslumbrar, de cegar? LHG100697 **19 intento:** Eso es lo que sucede con el intento *pertinaz* de enfrentar a los ciudadanos de Valencia con los de Cataluña. LVE161095 **20 cabezonería:** ...fue significativa su *pertinaz* cabezonería para no hablar con los periodistas... EME200696 **21 esfuerzo:** ...su esfuerzo explicable y *pertinaz* por cambiar los estereotipos culturales asociados al sexo... LVE011195

D SUSTANTIVOS QUE DENOTAN ENTREGA O DEDICACIÓN: **22 entrega +:** ...jamás podrán desentrañar esa entrega *pertinaz* y voluntaria... ABC270195 **23 dedicación +:** ...pone de manifiesto «la *pertinaz* dedicación de estos funcionarios a la práctica de la tortura...». EME050595 **24 devoción:** ...fruto de esa *pertinaz* devoción y sus consecuencias, debió ser prohibida su fabricación en múltiples países... EPE060899 **25 afición:** ...esa *pertinaz* afición le apartó de peligrosos devaneos... EPE210800

E SUSTANTIVOS DE PERSONA, MÁS FRECUENTEMENTE SI SU SIGNIFICADO SE RELACIONA CON EL DE LOS SUSTANTIVOS DEL APARTADO *D*: **26 aficionado:** Algunos eran «domingueros» de la bici (...), otros son *pertinaces* aficionados. EME230594 **27 seguidor:** ...los pasajeros (...), disfrazados ya con toda la parafernalia (...) del *pertinaz* seguidor de golf... EPD240997 **28 coleccionista:** Pablo, el *pertinaz* coleccionista de los objetos más dispares y fantásticos... ABC240993 **29 militante:** ...un liberal como yo, *pertinaz* militante de la excepción a la regla. EPE240799 **30 animador:** ...ha sido desde tiempo atrás el secreto y *pertinaz* animador de este Consejo... CAP091097 **31 defensor:** ...hombres y mujeres tenidos por iluminados y *pertinaces* defensores de las causas perdidas... EME110596 **32 impulsor:** Un *pertinaz* impulsor de la economía capitalista. LEC210297 **33 amante:** Un amante *pertinaz* y nada casual, que acude a su cita siempre que la ciudad le reclama. LVE230695 **34 mujeriego –:** ...la transformación del actor (...) de «loca» intelectual a camionero hirsuto y *pertinaz* mujeriego. LVE040995

F SUSTANTIVOS QUE DENOTAN OPOSICIÓN O RECHAZO: **35 oposición +:** ...la oposición es cada vez más *pertinaz*, más fuerte... LTB201196 **36 resistencia +:** ...los hechos (...) abonan la teoría de una resistencia *pertinaz*... ABC310395 **37 rechazo:** ...el rechazo *pertinaz* a los números, a las estadísticas, (...) es su grito de inconformismo... EME040596 **38 bloqueo:** ...prefiere agotar la vía diplomática para romper el *pertinaz* bloqueo... EME110294 **39 negativa:** ...grave lesión a la democracia la *pertinaz* negativa del Gobierno a investigar esos hechos. EME260495

G SUSTANTIVOS QUE DENOTAN ABURRIMIENTO, MELANCOLÍA Y OTROS SENTIMIENTOS Y SENSACIONES CERCANOS A ESTOS. TAMBIÉN CON OTROS QUE DESIGNAN ESTADOS DE COSAS QUE SE CARACTERIZAN POR CAUSARLOS: **40 rutina +:** El esfuerzo de los actores apenas alcanza a compensar tanta *pertinaz* y lacrimógena rutina. EPE090299 **41 monotonía:** Sobre (...) un carácter orientado a la *pertinaz* monotonía, Kieslowski construyó (...) una filmografía esencialmente dedicada a la pasión. EME140396 **42 aburrimiento:** ...pueden aliviar el *pertinaz* aburrimiento que les invade. EME261195 **43 melancolía:** Quizá su melancolía *pertinaz* le impida capturar esos pequeños momentos en los que la vida nos ofrece algo... EME040596 **44 nostalgia –:** ...una nostalgia *pertinaz* por una ciudad que tal vez nunca existió... CAP181297

H SUSTANTIVOS QUE DESIGNAN SITUACIONES DE DIFICULTAD, INFORTUNIO O CARENCIA: **45 crisis:** ...el pequeño empresario agobiado (...) la *pertinaz* crisis, no se atreve a generar empleo... EME030796 **46 problema:** ...el *pertinaz* problema de los intercambios de activos. EPE011085 **47 pobreza:** ...subsisten una pobreza *pertinaz* y carencias ancestrales... EXC230996 **48 flagelo –:** ...impuso un tono moderado que terminó en un suave, pero *pertinaz*, flagelo. EME210496 **49 recesión:** ...sometido actualmente a los vaivenes de una *pertinaz* recesión económica. EME300194

I SUSTANTIVOS QUE DENOTAN AGRESIÓN, ATAQUE U OTRAS FORMAS DE HOSTILIDAD: **50 agresión:** Nos alegre que (...) hayan salido ilesos de la agresión *pertinaz* del buitre extraviado. LVE210295 **51 bombardeo:** ...a consecuencia (...) de los *pertinaces* bombardeos (...) perdieron la vida 850.000 personas... EME230194 **52 ofensiva:** Este brusco cambio de timón pretende enfrentar la *pertinaz* ofensiva de los bloques opositores... CLA070497 **53 acusación:** ...desfacer entuertos y aventar de una vez por todas las *pertinaces* acusaciones... EPE110799 **54 acoso:** Una joven (...) sufre de acoso *pertinaz*. EPE240399 **55 coacción:** Ella es la mujer que sabe demasiado. De ahí, obviamente, la *pertinaz* coacción. EPE031199 **56 venganza –:** ...queda un tumultoso paseo por los pasados turbios, las venganzas *pertinaces* y los odios... EPE170299 **57 insidia –:** ...dice ahora, con *pertinaz* insidia, que «la estrategia (...) empuja a (...) a posiciones sociales bajas... LVE050996

J SUSTANTIVOS QUE DENOTAN FALTA DE CONOCIMIENTO, CAPACIDAD O HABILIDAD PARA REALIZAR ALGÚN COMETIDO: **58 ignorancia:** ...a muchos de ellos, en su *pertinaz* ignorancia, les resulta imposible admitir las verdades... LVE190296 **59 desconocimiento:** ...el (...) *pertinaz* desconocimiento explica las declaradas intenciones de los nuevos dirigentes... LVE241295 **60 torpeza:** ...descalificados en la semifinal del 4x100, (...) a causa de su *pertinaz* torpeza en el cambio de testigo... EME140895 **61 incompetencia:** Los detalles (...), lastrados por la *pertinaz* incompetencia (...), se convirtieron en el único punto de referencia. EME280496 **62 ineficiencia:** ...la *pertinaz* ineficiencia de destacados representantes del sector privado. EME180696

K OTROS SUSTANTIVOS; POSIBLES USOS ESTILÍSTICOS: Pertinaz festejo en el patio municipal. EME140796; ...un *pertinaz* telefilme entregado a la feliz confusión de velocidad, tocino y otras sensaciones trepidantes. EPE230299

☐ Véase también: **contumaz, tenaz.**

pertrechar(se) *v.* **I** Se combina (muy frecuentemente en forma participial) con sustantivos que designan armamento *(arma, munición)*, y también diversos objetos con los que es posible prepararse, defenderse o resguardarse de algo *(equipaje, abrigo, documentos)*. Se combina asimismo con...

A SUSTANTIVOS QUE DESIGNAN ÚTILES, RECURSOS O INSTRUMENTOS: **1 material +:** Sin previo aviso se personaron en el lugar numerosos efectivos del Cuerpo Nacional de Policía, *pertrechados* con material antidisturbios... EME070695 **2 medio:** Los contrabandistas van bien *pertrechados* de medios técnicos para detectar la posible presencia de agentes de la Guardia Civil... LVE271196 **3 ayuda:** ...las tropas franquistas se veían alimentadas, ayudadas y *pertrechadas* por una incesante ayuda alemana e italiana. LVE210795 **4 equipo:** Pertrechados con arneses y equipos de seguridad de alpinismo utilizarán sesenta toneladas de pintura para... LVE080295

B SUSTANTIVOS QUE DESIGNAN OTRO TIPO DE RECURSOS, GENERALMENTE INFORMACIONES, Y MÁS FRECUENTEMENTE SI SE HAN ADQUIRIDO A LO LARGO DEL TIEMPO O CONSTITUYEN EL RESULTADO DE LA EXPERIENCIA PERSONAL: **5 conocimiento +:** ...la etapa en que el autor, *pertrechado* con el conocimiento de ciertos recursos expresivos que sólo proporciona la práctica de la poesía, esboza algunos breves relatos... ABC170694 **6 filosofía:** Casi nadie esperaba nada de una relectura de la historia reciente de Estados Unidos a través de los ojos de Forrest, un alma cándida *pertrechado* de una filosofía tan superficial de la vida... LVE250395 **7 documentación +:** Sospecho incluso que en ese caso el autor se guardaría muy mucho de acercarse al tema sin antes haberse *pertrechado* de la documentación ineludible... ABC300695 **8 metodología:** ...*pertrechado* de una exigente metodología filológica (...), el investigador examina un sector fundamental del vocabulario de Berceo... ABC170792 **9 cultura:** De esta manera, el gran crítico, deslumbrante, escéptico, cínico, brillante, sibarita, atrabiliario, «bon vivant», *pertrechado* de cultura clásica (...) sólo parecía haber abordado la novela en una sola ocasión... ABC091092 **10 título:** ...el currículo académico del nuevo consejero de Trabajo está bien *pertrechado* de títulos. EPE071299

C OTROS SUSTANTIVOS; POSIBLES USOS ESTILÍSTICOS: En la fabulosa estación de Santa Justa, decorada como un vergel, tardé apenas unos minutos en *pertrecharme* de tabaco y los periódicos del día... LVE051196

▩ Se combina también con: ♦ **cuantiosamente, de arriba abajo, de pies a cabeza**[12]**, totalmente**

perturbado ♦ **notablemente, ostensiblemente, visiblemente**[15]

☐ Véase también: **loco.**

pesadamente *adv.* ▮ Se combina con...

A VERBOS QUE DESIGNAN EL PROCESO DE VENIRSE ALGO ABAJO: **1 caer ++:** ...dio de lleno en la mandíbula de Liendo quien cayó *pesadamente.* LPA250592 **2 derrumbarse +:** ...el segundo argumento (...) parece estarse derrumbando *pesadamente*... HOY101197 **3 desmoronarse +:** ...una de sus últimas líneas de defensa pública (...) se ha desmoronado *pesadamente.* HOY060197 **4 desplomarse +:** ...la obra se desploma *pesadamente* y sobre sus restos vuelve a nacer el chiste... HOY251196

B VERBOS QUE DESIGNAN LA IMPOSICIÓN DE UN PESO O UNA CARGA A ALGO O LA ACCIÓN DE EJERCER SU PESO UN CUERPO: **5 lastrar:** ...por qué el Gobierno se muestra tan reticente a tomar medidas de liberalización (...) que han lastrado *pesadamente* el IPC... EPE021099 **6 gravitar:** El precedente (...) gravitó *pesadamente* en el ánimo de los constituyentes... LNA230692

C VERBOS QUE DESIGNAN DIVERSOS MOVIMIENTOS, MÁS FRECUENTEMENTE EL AVANCE: **7 mover(se) +:** ...moviendo *pesadamente* sus nueve metros de longitud... EME290194 **8 avanzar +:** Agosto avanza *pesadamente* entre debates... LVE080895 **9 marchar +:** Marchaban *pesadamente,* ambos con un revólver al cinto... EME210496 **10 caminar +:** Vino caminando *pesadamente* por la arena. ABC030492 **11 empujar +:** ...motoristas que empujan sus vehículos *pesadamente.* LVE061295 **12 acercarse:** Y con estas muletas te acercas *pesadamente* a la ventana... EPE011289 **13 subir:** Tras subir *pesadamente* su cuerpo de dos toneladas y 10 metros... EPD270697 **14 girar:** Pero en lo sustancial observé que la escenografía no había variado: las pajaritas torcidas, las jaulas doradas girando *pesadamente*... EPE231299 **15 llegar:** Como un viejo elefante malherido ha llegado *pesadamente* al final de la senda... EME210495

D VERBOS QUE DESIGNAN CIERTAS FUNCIONES ORGÁNICAS: **16 digerir +:** Mientras digerimos *pesadamente* el empacho, una reflexión, en forma de balance, no nos iría mal. LVE020995 **17 dormir +:** ...el victimario (...) fue hallado por la policía, durmiendo *pesadamente* aún bajo los efectos de los vahos alcohólicos. CLA030797 **18 dormitar:** ...pasa las horas (...) dormitando *pesadamente.* LTB040397 **19 respirar –:** Será por el tabaco, pero respiro *pesadamente* con solo subir unas escaleras. INDOC

E EL VERBO *BROMEAR*: **20 bromear +:** ...repite y repite las bondades de la mercancía, bromea *pesadamente* con la clientela... LHG230900

☐ Véase también: **insistentemente, machaconamente, por activa y por pasiva, profusamente, reiteradamente, repetidamente.**

pesadilla ♦ **atroz, auténtico, dramático, espantoso, extraño, fantasmal, irreal, nocturno, terrible** ♦ **convertir(se) (en), desenterrar**[8]**, despertar (de), extinguir**[49]**, hacer(se) realidad**[60]**, hundir(se) (en)**[20]**, protagonizar, revivir**[12]**, salir (de), sufrir, tener, terminar (en), vivir**

☐ Véase también: **sueño.**

pésame ♦ **dolido, doloroso, profundo, sentido, sincero** ♦ **dar**[296]**, expresar, hacer llegar, testimoniar**[3]**, transmitir**

☐ Véase también: **condolencia, dolor.**

pesar ▮ *(pena, dolor)* ♦ **amargo, hondo**[1]**, profundo, sentido** ♦ **causar**[29]**, confesar**[51]**, teñir (de)**[7]**, testimoniar**[25]**, transmitir**

▮ *(tener peso)* ♦ **a ojo**[6]**, como una losa, como el plomo, considerablemente, decisivamente**[11]**, notablemente**[6]

pescar ♦ **a la primera, al vuelo**[4]**, con las manos en la masa, in fraganti**[7]

☐ Véase también: **cazar.**

pesimismo ♦ **amargo, arraigado, doloroso, exacerbado, exagerado, franco, general, hondo**[7]**, imperante, infundado, leve, ligero, profundo, serio** ♦ **motivo (de), razón (para), síntoma (de), situación (de), tono (de)** ♦ **abatir(se)**[19]**, apoderar(se)**[9]**, asaltar (a alguien), causar, ceder (ante), cerner-**

se[72], combatir, contagiar (a alguien), cundir[2], dejarse llevar (por)[53], engendrar[53], entrar (a alguien), extender(se), invitar (a)[6], ocasionar, provocar, reinar[32], remitir[22], respirar(se), rezumar[7], salir (de), sembrar[44], sentir, superar, suscitar, teñir (de)[13], vencer, venir (a alguien)
□ Véase también: **optimismo**.

[peso] → al peso, a peso de oro, de peso

peso ♦ abrumador[51], acorde (con)[54], afectivo, agobiante, aplastante[26], aproximado[12], asfixiante[2], decisivo[40], de la ley, determinante[13], de un argumento, exacto, excesivo, incalculable, indiscutible, insignificante[11], insoportable, libre (de), ligero (de), liviano, llevadero[2], pesado, preponderante[7] ♦ acarrear, aceptar, adquirir[56], aguantar, aligerar[2], aliviar[2], amortiguar, aquilatar, arrastrar, asumir[5], calcular, calibrar[9], cargar (con)[1], conservar, dar[102], descargar(se) (de), desequilibrar, desplazar, equilibrar, faltar, ganar, gravitar[1], liberar(se) (de), librar(se) (de)[4], llevar sobre {los hombros/las espaldas/la conciencia}, perder, quitar(se) de encima, recaer[8], sobrar, sobrellevar, sobrepasar, soltar(se), soportar, sostener
□ Véase también: **carga, losa**.

PESO
♦ (SUSTANTIVOS) Véase: **abrumador[I], aligerar[A], aliviar[A], asfixiante[A], cargar (con)[A], gravitar[A], librar(se) (de)[A], llevadero[A], preponderante[B], recaer[A]**
♦ (VERBOS) Véase: **a pulso[B], pesadamente[B]**
□ Véase también: FUERZA; RELEVANCIA.

pesquisa ♦ desencaminado, detallado, discreto, encaminado, exhaustivo, infructuoso[3], laborioso, minucioso[15], oficial ♦ alcance (de)[51] ♦ acabar, concluir, continuar, efectuar, hacer, iniciar(se), intensificar, obstruir[20], orientar(se), realizar, resolver, seguir, tener éxito
□ Véase también: **análisis, búsqueda, estudio, investigación, persecución, rastreo**.

[pestañear] → sin pestañear

pestillo ♦ abrir, bloquear, correr, descorrer, echar[42], poner, quitar
□ Véase también: **candado, cerrojo**.

pétalo ♦ ajar(se), arrancar, brotar, caer(se), desgajar, marchitar(se)

petición ♦ apremiante[22], clamoroso[32], de auxilio, desmedido[86], desorbitado[10], encarecido, expreso, formal, fundamentado[16], generalizado, inalcanzable[15], informal, innumerable, insistente, oficial, peregrino[31], reiterado, sordo (a), unánime[33], vehemente[34] ♦ alud (de), aluvión (de), avalancha (de)[18], cúmulo (de), derecho (de), lluvia (de)[17], pliego (de) ♦ acallar[37], acceder (a), aceptar, acribillar (a), anticipar(se) (a), apoyar, aprobar, atender, avalar[32], basar(se) (en algo), bloquear[6], caer en saco roto[11], canalizar[29], ceder (a), cejar (en)[16], confirmar, conocer, considerar, contestar (a), cumplir[75], cursar, dar curso (a), denegar[1], desatender[2], desoír[10], elevar, encauzar, estudiar, formalizar, formular[15], hacer, llegar, oficializar, plantear[60], plegarse (a)[2], presentar, prosperar[20], realizar, rebajar[50], rechazar, recibir, resolver, respaldar, responder (a), satisfacer, surtir efecto[27], suscribir, tomar en consideración, tramitar[2]
□ Véase también: **demanda, encargo, exigencia, indicación, ruego, solicitud, sugerencia, súplica**.

PETICIÓN Véase: *SOLICITUD Y MANDATO*

PETICIÓN Véase: SOLICITUD

petróleo ♦ mancha (de), pozo (de) ♦ derramar(se), extraer, sacar, salir, verter

[piano] → al piano

piar ♦ pájaro

[picado] → en picado

picar *v.* ▌En el sentido de 'producir una picadura', admite a menudo como sujetos sustantivos que designan ciertos insectos *(Anoche me picó un mosquito)*. En el sentido de 'producir picor, irritación o escozor' se combina a menudo con sustantivos que designan alimentos o las sustancias que los componen *(comida, salsa, pimienta, guindilla)*. Lo hace así mismo con sustantivos que se refieren a las partes del cuerpo en las que se experimentan esas sensaciones *(Dice que le pica la espalda)*. También se combina con...

A SUSTANTIVOS QUE DESIGNAN LA CURIOSIDAD Y OTRAS MANIFESTACIONES DE LA INCLINACIÓN QUE SE PUEDE DESPERTAR EN LAS PERSONAS EN RELACIÓN CON ALGUNA COSA. TAMBIÉN CON OTROS QUE DENOTAN AMOR PROPIO: **1 curiosidad ++**: ...empezó a leer las novelas porque le *picó* la curiosidad... EPE251101 **2 interés:** Parece que ahora le *ha picado* el interés por el budismo. INDOC **3 orgullo:** Cuando un compañero triunfa, te *pica* el orgullo (...) y no te queda otro remedio que apretar los dientes. EPE010699

B SUSTANTIVOS QUE DESIGNAN CIERTOS ANIMALES, INTERPRETADOS FIGURADAMENTE COMO CAUSA DE LA INQUIETUD O LA CURIOSIDAD QUE SE DESCRIBE EN EL GRUPO ANTERIOR. TAMBIÉN CON OTROS SUSTANTIVOS QUE DESIGNAN MATERIAS QUE PRODUCEN ESOS EFECTOS O ALGUNOS DE SUS SÍNTOMAS: **4 gusanillo ++**: ...le *picó* el gusanillo de la aventura musical... LTB281196 **5 mosca ++**: ¿Acaso ya le ha *picado* en el cogote la mosca de la cuestión de Estado? EME231096 **6 mosquito:** ...el mosquito de la eficiencia le *picó* al Banco de Préstamos... DHE121197 **7 bicho:** De repente me *picó* el bicho de empezar a hacer cosas mías y fue una verdadera «personajerrajia»... HOY230287 **8 veneno:** A Verdú le *picó* el veneno de la escena siendo muy joven. EPE161000 **9 cosquilleo:** ...también le *ha picado* el cosquilleo de la televisión. EME080594

C OTROS SUSTANTIVOS; POSIBLES USOS ESTILÍSTICOS: Precursor del flamenco-espectáculo, el duende le *picó* porque vivía en la calle Barbieri... EPE261099

pícaro ▮ *(adj.)* ♦ **chiste, gesto, humor, mirada, sonrisa**
▮ *(sust.)* ♦ **aprovechado, impenitente, redomado[1]**

picor ♦ **continuo, fuerte, insistente, insoportable, irritante, leve, molesto** ♦ **calmar(se), entrar (a alguien), padecer, sufrir, tener**

[pie] → **al pie de la letra, al pie del cañón, a pie, a pie firme, a pie juntillas, con {buen/mal} pie, con pies de plomo, de pies a cabeza, por {mi/tu/su...} propio pie**

pie ♦ **ajustar(se) (a), amoldar(se) (a), apoyar, arrastrar, calzar(se), doler (a alguien), entumecer(se), fracturar(se), lesionar(se), levantar, picar (a alguien), torcer(se)**

[piedad] → **sin piedad**

piedad ♦ **sin** ♦ **atacar (sin), criticar (sin), golpear (sin), implorar[13], inspirar[17], invocar, pedir, rezumar, sentir, suplicar, tener**
☐ Véase también: **misericordia.**

[piedra] → **a (un) tiro de piedra, como una piedra**

piedra ♦ **arrojar, lanzar, tirar, tropezar(se) (con)**

[piel] → **a flor de piel**

piel ♦ **acartonado, arrugado, áspero, cetrino, curtido, de gallina, delicado, escamoso, luminoso, moreno, muerto, níveo, pigmentado, poroso, rugoso, satinado, seco, sedoso, segundo, suave, terso** ♦ **ajar(se)[4], broncear(se), cambiar, cuidar(se), curtir, dejarse (en algo), envejecer, lacerar(se), meter(se) (en)[1], rejuvenecer, resquebrajar(se), sacar a tiras, tatuar, tostar(se), traspasar**
☐ Véase también: **superficie.**

[pierna] → **a pierna suelta**

pierna ♦ **abrir, arquear, bajar, cerrar, curar(se), doler (a alguien), flaquear (a alguien), fortalecer(se), fracturar(se), juntar, levantar, romper(se), separar, temblar (a alguien)**
☐ Véase también: **brazo.**

[pies de plomo] → **con pies de plomo**

pieza ♦ **amplio, antiguo, arqueológico, artístico, breve, clásico, clave, codiciado, crucial, de caza, decorativo, del juego, de museo, dental, de recambio, de repuesto, dramático, esencial, favorito, fundamental, incompleto, inservible, largo, literario, medular, musical, popular, teatral, textil, valioso** ♦ **articular, componer, disponer, elegir, empalmar, encajar, engarzar, enlazar, ensamblar, entrelazar, escenificar, exhibir, exponer, faltar, insertar, interpretar, jugar, mover, reemplazar, reponer, rescatar, reunir, robar, sustituir**
☐ Véase también: **elemento, fragmento, parte.**

pieza musical ♦ **arreglar, canturrear, componer, ejecutar, ensayar, entonar, interpretar, tararear, tocar**

pillar *v.* ▮ En el sentido de 'adquirir, pasar a tener' se restringe al ámbito coloquial. En esta interpretación se combina con...

A SUSTANTIVOS QUE DENOTAN ENFERMEDAD, PRINCIPALMENTE DE TIPO INFECCIOSO: **1 resfriado ++:** En pleno verano aparecía indefectiblemente vestido de invierno por temor a *pillar* un resfriado... LVE021296 **2 pulmonía:** ...antes de *pillar* una pulmonía decidió situarse bajo el manto del partido dirigente. EME141196 **3 catarro:** Con estos cambios de tiempo no se puede evitar *pillar* un catarro. INDOC **4 gripe:** Había *pillado* la gripe o un enfriamiento de garabatillo. EPE101201 **5 trancazo:** Tiene la voz tomada y no oculta su miedo a *pillar* un trancazo que le impida actuar este fin de semana... EPE191001 **6 faringitis:** A la mitad de los españoles, en cambio, lo que nos pasa cada año es que *pillamos* la (...) faringitis... EME190194 **7 sida:** ...*pilló* el sida, y eso le llevó a suicidarse. EPE100900 **8 enfermedad:** No es de extrañar que Copito de Nieve haya *pillado* una extraña enfermedad... LVE160296 **9 infección:** ...*pillé* una infección de hongos tremenda. EPE100199 **10 tiña:** ...quizás está calva porque ha *pillado* la tiña o algo peor... EME150996 **11 gastroenteritis:** ...los corredores de la Vuelta Ciclista a España (...) habían *pillado* una gastroenteritis... EME090995 **12 hepatitis:** ...«los niños juegan en una charca (...), donde lo mínimo que pueden *pillar* es una hepatitis». EME080295 **13 pájara –:** ...tras una buena salida (16-10) *pillaron* una «pájara»... LVE161095

B SUSTANTIVOS QUE DENOTAN ENFADO O DISGUSTO INTENSOS: **14 cabreo +:** Pedro se *pilló* tal cabreo que lo único que decía, a voz en grito, es que él se marchaba a casa. EME050295 **15 rebote:** ...se *pilló* el primer rebote de la temporada. EME230796 **16 berrinche:** Cuando por cualquier circunstancia (...), no podemos circular a la velocidad que queremos nos *pillamos* el berrinche del día. EME230594 **17 rabieta:** ...le ha salido demasiado cara la rabieta que *pilló* tras la hecatombe de Atenas ante el Milan. EME050695

C SUSTANTIVOS QUE DENOTAN CANTIDAD ECONÓMICA. TAMBIÉN CON OTROS QUE DESIGNAN GALARDONES O RECOMPENSAS: **18 dinero +:** El actor inglés afincado en Francia es el hijo de la diseñadora en crisis, dispuesto a todo por *pillar* dinero. EME180395 **19 pasta +:** ...quiere ser famoso por la cara y *pillar* toda la pasta que pueda. EPE180900 **20 suma:** ...no le importaría *pillar* la bonita suma del premio. EPE100780 **21 subvención:** Nadie iba a conseguir un trabajo, ni a *pillar* una subvención, ni a adquirir notoriedad. EPE260900 **22 premio:** También *pillará* algún premio la película portuguesa... EME040995 **23 reintegro:** José compró un décimo para el Sorteo Extraordinario Europeo (...), pero no ha *«pillado»* ni el reintegro. EME101095 **24 décimo:** ...se dedicaba a comprar un décimo de lotería los sábados (...) con la esperanza vana de *pillar* un decimazo de 500 millones... EME201196 **25 cifras con-**

cretas: Observo con cierto morbo su aparición en el telediario después de haber *pillado* cincuenta kilos con el Planeta... EME231095

D DIVERSOS SUSTANTIVOS, GENERALMENTE PROPIOS DEL REGISTRO COLOQUIAL, QUE DENOTAN ESTADO DE EBRIEDAD: **26 borrachera +:** ...llega la noticia de que los romanos *pillan* unas borracheras descomunales. EPE021088 **27 cogorza:** ...es mejor *pillar* una cogorza o unas purgaciones a los dieciocho o veinte años que descubrir las copas a la edad de retirarse definitivamente de todo eso. LNC071100 **28 tajada:** Una de dos, o *pilla* uno la tajada de joven y luego la olvida (...) o terminas dando traspiés en los actos oficiales... LNC071100 **29 pedo:** El sábado me *pille* el pedo del siglo con sólo dos cervezas. INDOC

E SUSTANTIVOS QUE DENOTAN SUSTANCIA ESTUPEFACIENTE: **30 droga ++:** No son pocos los toxicómanos que acuden a las paradas del 4 del 106 para desplazarse a Los Focos a *pillar* droga... EME011296 **31 costo +:** ...no tienen problemas especialmente graves para *pillar* el «costo» en cantidades industriales... EME060595 **32 caballo:** Dormía en parques o en el metro y luego pedía por la calle para *pillar* caballo... EPE030900 **33 cocaína:** ...me enseñó un pequeño alijo de cocaína que habían *pillado*... EME030496 **34 papelina −:** «Me resulta increíble tener un trabajo y no estar todo el día pendiente de *pillar* una papelina»... EPE260399

▌ En su sentido de 'montarse en un vehículo' se combina con...

F SUSTANTIVOS QUE DENOTAN MEDIO DE TRANSPORTE: **35 metro:** Si me doy prisa, *pillo* un metro a las nueve y diez. INDOC **36 autobús:** ...se levantan de noche cerrada (...) para *pillar* un autobús... EME201095 **37 tren:** Los que opten por el transporte público, pueden *pillar* el tren de cercanías... EME010596 **38 avión:** Pillo un avión. EPE010800 **39 taxi:** Para que se te escape el búho y por no esperar *pilles* un taxi que te lleva hasta la mismísima puerta de casa como si fuera un buen novio... EPE190499

▩ Se combina también con: ♦ **a manos llenas**[16]

☐ Véase también: **atrapar, capturar, coger.**

pillar (a alguien) *v.* ▌ En las construcciones predicativas propias de la lengua coloquial se combina con...

A ADJETIVOS Y LOCUCIONES ADVERBIALES QUE DENOTAN SITUACIÓN ADVERSA, MÁS FRECUENTEMENTE SI ESTÁ CAUSADA POR LA FALTA DE PREVISIÓN O DE PRECAUCIÓN: **1 desprevenido ++:** Es así de fácil llevarme al infierno de la calumnia donde me *pilla* totalmente desprevenido... EPU041001 **2 por sorpresa ++:** El Canal de Isabel II tampoco ha querido que las incidencias provocadas por el temporal le *«pillen»* por sorpresa... LRE090103 **3 a contrapié ++:** Turkyilmaz, el más peligroso de los helvéticos, *pilló* a contrapié a Seaman y colocó suavemente el balón a su izquierda. LVE090696 **4 a contrapelo ++:** La noticia *pilló* a contrapelo a los mercados que venían apostando en favor de un recorte de los tipos de interés... LVE271095 **5 in fraganti ++:** La ATP y la WTA han acordado sancionar con dos años de suspensión al que se *pille* «in fraganti» por primera vez... LRE130103 **6 indefenso:** El boom de los medios de comunicación, de la televisión, hizo estragos porque nos *pilló* muy indefensos. ABC190692 **7 despistado:** ...un fuerte disparo desde más de 25 metros que *pilló* despistado a Zubizarreta. LVE170295 **8 desprotegido:** El coágulo que se forma a los pocos minutos de haberse fracturado la lesión, *«pilla»* desprotegido al miocardio... EME120195 **9 con las manos en la masa:** Los maridos infieles no pagarán la cuenta del desglose y de ñapa se ahorrarán que los *pillen* con las manos en la masa femenina ajena. EPC050797 **10 de improviso:** La sentencia me ha *pillado* de improviso, porque no me la esperaba. LVE080494 **11 en falso:** Hay una respuesta automática: porque demasiadas veces ha sido *pillado* en falso. LVE160196 **12 en pelotas:** ...estrategia que empiezo a poner en marcha desde ya mismo para que luego la cosa no me *pille* en pelotas. EME090694 **13 en bragas:** Me encantó aquel fogonazo de Dirceu desde veinticinco metros que *pilló* en bragas al cancerbero del Turia. EPE161280 **14 en cueros:** Pero el mañana llegará y nos *pillará* en cueros a pesar de las previsiones... EME120394 **15 con el culo al aire:** ...no quiere que le *pillen* con el culo al aire como a esa figura tan tradicional en los belenes levantinos. EME060196 **16 a trasmano:** En realidad, no es que no me importe: es que me *pilla* a trasmano. EME040896 **17 en babia:** Y puede que la sospecha nos *pille* en babia: nos impida darnos cuenta. LVE160196

B ADJETIVOS Y LOCUCIONES ADJETIVAS O ADVERBIALES QUE DENOTAN UBICACIÓN FÍSICA O FIGURADA: **18 adelantado +:** ...Jordi envió un centro envenenado que *pilló* algo adelantado a César, que debutó el balón en la misma línea. LVE040995 **19 lejos:** A quienes ya les *pilla* lejos lo de la capitalización es a los jubilados. EME270294 **20 cerca:** ...Frank Morgan es quien destila las mejores ideas, siempre que le *pillen* cerca del corazón. EME240795 **21 al lado:** ...«Aunque te *pille* al lado el delito, que se ha dado el caso, no te avisan». LRE180103 **22 descolocado:** En el segundo, nos han *pillado* a todos descolocados. LVE110996 **23 desubicado:** Al poco, Tamudo los *pilló* fríos y desubicados. EPE061299

C ADJETIVOS QUE DENOTAN EDAD: **24 joven:** Fue séptima en los Juegos Olímpicos de Barcelona, «me *pillaron* demasiado joven». LVE270796 **25 mayor:** «Me *pillará* muy mayor, es un disgusto para la siguiente generación». EPD160497 **26 viejo:** El movimiento hippy nos *pilló* ya muy viejos. INDOC

D ALGUNOS ADJETIVOS QUE DESIGNAN ESTADOS FÍSICOS O ANÍMICOS: **27 dormido +:** ...el secuestrador se confiaría y entonces la Policía podría *pillarle* dormido en su confianza. EME210194 **28 despierto +:** Menos mal que le *pillé* despierto, porque me temía lo peor. INDOC **29 indiferente:** Es un asunto que me *pilla* totalmente indiferente. INDOC

▩ Se combina también con: ♦ **a contramano**[6], **por los pelos**[22]

☐ Véase también: **capturar, coger.**

pilotar *v.* ▌ En varios países americanos se usa también *pilotear.* En su sentido literal se combina con sustantivos que designan vehículos *(avión, barco, helicóptero, coche).* En su sentido figurado se combina con sustantivos que designan grupos humanos y comunidades *(país, equipo)*, y también con...

A SUSTANTIVOS QUE DESIGNAN EL CONJUNTO DE ACCIONES O ACTUACIONES QUE SE ARTICULA O SE DISEÑA

PARA CONSEGUIR UN FIN: **1 proyecto:** La Administración debe *pilotar* el proyecto y para ello será necesario aportar... EPE231299 **2 plan:** ...y la Generalitat se negó en redondo a que un hombre del Ayuntamiento de Barcelona *pilotase* el plan. LVE071295 **3 programa:** El titular de la UGE (Unidad Generadora de Empleo), ente creado para *pilotear* el programa de pavimentos, es Carlos Brown... LNP190297 **4 operación:** Varios de éstos (...) estaban en su puesto, *piloteando* la operación realizada con funcionarios de Economía y dirigentes empresariales... CLA310199 **5 política:** ...pueda haber algún centro permanente de la Unión Europea en Barcelona para *pilotar* esta política europea respecto a los países del sur de la cuenca mediterránea. LVE170795 **6 estrategia:** El número dos del PP, que ha sido designado para *pilotar* la estrategia popular sobre la reapertura del «caso GAL»... EME060195

B SUSTANTIVOS QUE DENOTAN ACUERDO, CONVENIO, CONCERTACIÓN O TRATO. TAMBIÉN CON OTROS QUE DESIGNAN EL PROCESO DIRIGIDO A ALCANZAR ESOS RESULTADOS: **7 acuerdo:** «Incluso creo que podría vivir el resto de su vida con lo que ya ha ganado», asegura Solís, que se encargó de *pilotear* el acuerdo en noviembre con dos empresarios... CLA120297 **8 pacto:** ...el equipo económico del Gobierno regional (...) es «completamente incapaz de *pilotar* el Pacto por la Industria y el Empleo». EME040594 **9 consenso:** Ese gran pacto de Estado de fuerzas políticas ha de ser capaz de *pilotar* un gran consenso de toda España en torno a esa cuestión... LVE300696 **10 negociación:** La negociación sobre estos créditos fue *pilotada* personalmente por el anterior consejero delegado de la entidad... EME220394

C SUSTANTIVOS QUE DENOTAN PROCESO O CAMBIO, GENERALMENTE INTERPRETADO COMO POSITIVO O DESEABLE: **11 proceso +:** ...máxima autoridad monetaria y financiera que está *pilotando* el proceso de saneamiento de la entidad financiera. EME170494 **12 desarrollo +:** ...estar implicados en estos nuevos medios será la mejor manera de *pilotar* el desarrollo de las telecomunicaciones... LVE261195 **13 transición +:** ...cuenta con más votos de los que dispuso Adolfo Suárez para *pilotar* la transición y sacar adelante, mediante consenso, la Constitución de la democracia. EME230694 **14 cambio +:** Los socialistas andaluces confían en Chaves para *pilotar* los cambios... EPE260700 **15 modernización +:** Arribó al mismo desde el área de Industria y ha *pilotado* la modernización de los mercados, sin ser inmune a las críticas... LVE051096 **16 transformación:** ...recoge las experiencias de los políticos que *pilotaron* la transformación del Régimen franquista en una democracia parlamentaria. EME071195 **17 reforma:** Concluyen así ocho meses que Ciampi, un tecnócrata Llamado a *pilotar* la reforma electoral tras la caída de Craxi, ha calificado de «revolución dulce»... EME140194 **18 renovación:** ...le espetó que ha sido un magnífico presidente, pero un mal secretario general por no *pilotar* la renovación. LVE231295 **19 reconversión:** De director general actúa Felipe Blázquez, quien ha consagrado a la empresa casi toda su vida profesional y ha *pilotado* la reconversión. LVE160795 **20 ampliación:** En su haber tienen logros tan relevantes como haber *pilotado* la ampliación de la entonces Comunidad Europea (CE) por su flanco sur... LVE090196

D ALGUNOS SUSTANTIVOS QUE DENOTAN SITUACIÓN ADVERSA O CONFLICTIVA: **21 crisis +:** ...el matutino denuncia «El error fatal del FMI», que no supo *«pilotear»* la crisis. CLA150199 **22 tormenta:** Jorge Urso es el juez federal que *«pilotea»* la tormenta. LNP190297

▩ Se combina también con: ♦ **con mano firme**[8]

☐ Véase también: **dominar.**

[pilotear] → pilotar

pincelada ♦ ágil, breve, de color, intenso, ligero, rápido, suave, suelto ♦ dar[224], trazar

☐ Véase también: **barniz (de).**

pingüe *adj.* ▮ Se combina con...

A SUSTANTIVOS QUE DESIGNAN EL BENEFICIO, ASÍ COMO RETRIBUCIONES DIVERSAS Y CIERTAS ACTIVIDADES ECONÓMICAS QUE PERSIGUEN ESOS RESULTADOS: **1 beneficio ++:** ...utilizaron su imagen durante años para apuntalar *pingües* beneficios... DLA020997 **2 ganancia +:** ...nada mal les caerían las *pingües* ganancias que podrían obtener... LHG190397 **3 negocio +:** ...esos concursos infantiles son cada vez más frecuentes y constituyen un *pingüe* negocio... DLA060297 **4 cantidad:** ...la *pingüe* cantidad de cinco millones... EME090595 **5 suma:** ...se reúnen *pingües* sumas de dinero, que el jefe administra discrecionalmente. LTB010497 **6 recompensa:** ...nada les parece más decisivo ni les promete más *pingües* recompensas que su interior doméstico. EME180596 **7 sobresueldo:** ...sus asesorías a empresas, fuente de *pingües* sobresueldos... EME280595 **8 subvención:** ... los mismos trepas, los que siempre estaban en la pomada, los que engrosaban las nóminas secretas, los que alcanzaban *pingües* subvenciones y contratos de lujo... EME100796 **9 monopolio:** ...en la práctica un *pingüe* monopolio de productos y servicios. EPE120399 **10 renta:** ...mientras vosotros disfrutabais de las *pingües* rentas de vuestro silencio cómplice, nosotros continuamos en nuestros trece... EME290596 **11 dividendo:** ...ha engendrado muchas connivencias, ha repartido *pingües* dividendos... EME280395 **12 emolumento:** El alto funcionario que goza de *pingües* emolumentos y adicionales prebendas, tal vez no sea sensible a esta realidad. ENV010997 **13 honorario:** Los *pingües* honorarios de Archipiélago Gulag (...) pasan directamente a una organización humanitaria... EME060694 **14 ingreso:** ...el Canal puede explotar una serie de «productos derivados» susceptibles de producir *pingües* ingresos... EME200895 **15 compensación:** ...por ser varios los implicados y no *pingüe* la compensación... ABC030792 **16 fruto −:** ...y sigue cosechando *pingües* frutos. ABC030792 **17 ventaja −:** ...todos esos sectores obtenían *pingües* ventajas... EME150996 **18 interés −:** ...lo dejaban en la metrópoli colocado a un *pingüe* interés. EME100594 **19 propiedad −:** ...negociaciones sobre sus (de ellos) *pingües* propiedades. LPN010697

B OTROS SUSTANTIVOS; POSIBLES USOS ESTILÍSTICOS: ...en tanto que los *pingües* filósofos del asunto continúan chapoteando... EPE060399; ...ha envuelto, a modo de *pingüe* perioneo, las poco más de cien páginas del famoso texto. ABC160493; ...compartieron un *pingüe* y largo exilio en Portugal. EME080996

☐ Véase también: **copioso, ingente.**

pinta ♦ bueno, extraño, inequívoco[16], malo, raro ♦ dejarse llevar (por), tener, ver (a alguien)

☐ Véase también: **aspecto.**

pintar ♦ **a la acuarela, al óleo, al pastel, al temple**
□ Véase también: **describir, dibujar, representar, retratar.**

pintura ♦ **mano (de)** ♦ **aguar(se), disolver(se), pulverizar**

[pique] → **a pique**

piropo ♦ **chabacano, gracioso, grosero, ingenioso, simpático, soez** ♦ **lluvia (de)[32], serie (de)** ♦ **decir, deshacerse (en)[5], encajar[23], escatimar, lanzar[11], recibir, soltar**
□ Véase también: **adulación, agasajo, coba, elogio, halago.**

pírrico *adj.* ▌Se combina con...

A SUSTANTIVOS QUE DENOTAN ÉXITO O RESULTADO FAVORABLE DE ALGUNA ACCIÓN. POR EXTENSIÓN, SE USA OCASIONALMENTE CON SUSTANTIVOS QUE DESIGNAN TAMBIÉN OTROS RESULTADOS, SI SE INTERPRETAN COMO EXITOSOS: **1 victoria ++:** ...es la historia de una larga batalla, con una victoria *pírrica.* DHE121296 **2 triunfo ++:** ...ese triunfo *pírrico* e ilusorio se debía a dos cosas... VIS230197 **3 ventaja:** ...ventaja o no y si ésta ha sido aplastante o *pírrica.* FDV070201 **4 éxito:** Para Samaranch es un éxito más que *pírrico.* EPE010687 **5 resultado:** ...con los pírricos *resultados* conseguidos por los partidos de la oposición... LVE220394 **6 empate:** ...el central madridista un *pírrico* empate en Vigo. EME290496 **7 mayoría –:** ...cualquier error podía haberle costado la *pírrica* mayoría. LVE050396

B SUSTANTIVOS QUE DESIGNAN CANTIDADES, SUMAS DE DINERO O DE OTROS VALORES, PUNTUACIONES, CÓMPUTOS Y DIVERSAS MAGNITUDES CUANTITATIVAS: **8 bagaje:** ...con el *pírrico* bagaje de un gol. EME030294 **9 punto:** ...se marchó a los vestuarios con seis *pírricos* puntos de ventaja (44-50). EME130396 **10 positivo:** ...el *pírrico* positivo obtenido por el Deportivo... EME090195 **11 parcial:** ...con un *pírrico* parcial de 13-13... EME061096 **12 recompensa:** ...obtuvo una *pírrica* recompensa en este primer tiempo. LVE230895 **13 remuneración:** ...en protesta contra sus *pírricas* remuneraciones. EME291095 **14 botín:** ...se llevó ayer un punto que parecerá un *pírrico* botín... LVE290196 **15 compensación –:** ...con tal de provocar un escándalo y *–pírrica* compensación– ganar audiencia... LVE310395

C ALGUNOS SUSTANTIVOS QUE DESIGNAN LA ACCIÓN O EFECTO DE EMPRENDER O INTENTAR ALGO, ASÍ COMO AQUELLO QUE SE PRETENDE CONSEGUIR. USO INFRECUENTE: **16 meta –:** ...ni siquiera esa meta *pírrica,* si se quiere, se podrá cumplir. DED130996 **17 objetivo –:** ¿Era necesario generar la tensión que se produjo sólo para lograr ese *pírrico* objetivo? EXC110796 **18 intento –:** ...ni un triple convertido de seis *pírricos* intentos. EME081295 **19 incursión –:** ...intentan alguna *pírrica* incursión de castigo. EME160796

D OTROS SUSTANTIVOS; POSIBLES USOS ESTILÍSTICOS: ...la incomprensión de algunos funcionarios que con soberbia *pírrica...* EXC120197; Estos *pírricos* parlamentarios, no entienden, que una cosa es... LHG190397; ...pueden replegarse en un marginalismo *pírrico.* LVE290696

pirueta ♦ **arriesgado, atrevido, audaz, dialéctico, difícil, en el aire, increíble, vertiginoso** ♦ **ejecutar, hacer, realizar**
□ Véase también: **brinco, giro, salto.**

pisar *v.* ▌Forma las locuciones *pisarle los talones a alguien* ('aproximársele'), *ir pisando huevos* (coloquial, 'caminar muy despacio o con inseguridad'), *no pisar un lugar* ('no desplazarse nunca a él'), *pisar fuerte* ('actuar con determinación o arrojo'). En el sentido de 'andar, poner o apretar los pies sobre algo' se combina con sustantivos que designan superficies *(calle, tierra, suelo, calzada)* y múltiples seres materiales *(pisar una flor, las uvas, una hormiga, a un espectador, la mano de alguien).* En sentido figurado se combina con sustantivos personales *(Un empresario no debe pisar así a sus trabajadores)* y también con...

A SUSTANTIVOS QUE DESIGNAN LAS NORMAS O LOS PRINCIPIOS QUE RIGEN LAS RELACIONES SOCIALES: **1 derecho ++:** ...dictan su ley en provecho propio, para lo cual *pisan* los más elementales derechos humanos. LVE140795 **2 ley:** Los gobernantes, por el simple hecho de tener poder, no pueden *pisar* las leyes. INDOC **3 norma:** ...actitudes insolidarias y vejatorias que *pisan* las más elementales normas de convivencia. INDOC

B SUSTANTIVOS QUE DESIGNAN SENTIMIENTOS DE AUTOESTIMA Y OTROS QUE SE CONSIDERAN REPRESENTATIVOS DEL BUEN NOMBRE O LA IDENTIDAD PERSONAL: **4 dignidad ++:** La explotación (...) *pisa* la dignidad humana. EPE100599 **5 honor +:** ...hundir mucho más a la mujer de mi amigo y *pisar* su memoria y su honor. LVE070795 **6 orgullo:** ...estaba *pisándole* el orgullo a los rojiblancos... EPE011099

C SUSTANTIVOS QUE DENOTAN ANHELO O ASPIRACIÓN: **7 sueño:** «Nadie *pisará* mis sueños, nadie robará mi alma en días como estos». EME210695 **8 ilusión:** A pesar de los impedimientos con los que se encontró, nadie logró *pisar* sus ilusiones. INDOC

▌En el sentido figurado de 'anticiparse (con audacia o mala intención) y hacerse con', se combina con...

D SUSTANTIVOS QUE DENOTAN IDEA O PLAN DE ACTUACIÓN, ESPECIALMENTE SI SE CONSIDERAN INNOVADORES: **9 idea +:** ...presenta título de su nuevo «thriller», (...) aunque no habla del argumento, quizás por temor a que le *pisen* la idea. LVE131095 **10 iniciativa:** ...busca cuidadosamente su espacio sin *pisar* a la iniciativa privada... ABC101195 **11 plan:** Como le conviene su complicidad, va tolerando «la vehemencia y la impudicia de su juventud» hasta que un día éste le *pisa* un plan y toda la ansiedad y la rabia acumuladas estallan de forma insólita. ABC180895 **12 negocio:** ...para evitar que las comarcas o destinos turísticos compitan y se *pisen* el negocio... EPE200599 **13 propuesta:** No quiso adelantar datos de su propuesta para que no se la pudiera *pisar.* INDOC

▒ Se combina también con: ♦ **en falso[3], firmemente**
□ Véase también: **pisotear.**

pisotear *v.* ▌En su sentido de 'recorrer con atención e intensidad' se combina con sustantivos de lugar *(Las ciudades hay que pisotearlas para conocerlas)*. En su sentido literal se combina con sustantivos que designan muy diversos objetos o realidades físicas *(pisotear una flor, un libro, la nieve)*, más frecuentemente si constituyen espacios o lugares *(pisotear el jardín, un huerto, el césped)*. En su sentido figurado se combina con sustantivos de persona, individuales o colectivos, más frecuentemente si designan grupos humanos con identidad reconocible *(etnia, población, colectivo)*. También se combina con...

A SUSTANTIVOS QUE DESIGNAN FACULTADES, GENERALMENTE HUMANAS, QUE SE CONSIDERAN DERECHOS BÁSICOS O PRIMORDIALES. TAMBIÉN CON OTROS QUE DESIGNAN SISTEMAS DE GOBIERNO EN LOS QUE TALES VALORES SON RECONOCIDOS: **1 derecho ++:** «No se pueden *pisotear* los derechos individuales; eso no puede suceder en este país». ENH141100 **2 libertad ++:** ...su pasado de *pisotear* libertades civiles, destruir la economía... EPE041101 **3 propiedad:** ...llevarse una indemnización por su *pisoteada* propiedad intelectual. EME030296 **4 soberanía:** «...ningún engendro jurídico con el que se pretenda *pisotear* nuestra soberanía, tendrá aplicación en este país». GIC101496 **5 democracia:** ...acusó ayer a Estados Unidos de «*pisotear* la democracia»... EME031196

B SUSTANTIVOS QUE DESIGNAN DIVERSAS MANIFESTACIONES DE LA VALORACIÓN PROPIA. TAMBIÉN CON OTROS QUE SE REFIEREN A LA APRECIACIÓN O LA ESTIMA QUE LOS DEMÁS TIENEN DE ALGUIEN: **6 dignidad ++:** ...ve aún *pisoteada* su dignidad de seres humanos por cuestiones étnicas... DYM151297 **7 orgullo +:** Se llenó de confianza y quiso *pisotearle* el orgullo a un equipo herido. EPC190597 **8 honor:** ...el *pisoteado* honor de los electores (...) habrá pronunciado quizá otro discurso. EME150594 **9 imagen:** ...hubo manifestantes que *pisotearon* su imagen, mientras la multitud pedía: «Más trabajo, menos Feria». EPE050999 **10 prestigio:** Ha visto *pisoteados* su historia, su palmarés, el prestigio alcanzado... EME260995

C SUSTANTIVOS QUE DESIGNAN DIVERSOS PRINCIPIOS O VALORES QUE RIGEN LA CONDUCTA: **11 principio ++:** ...*pisotear* el principio básico, conforme al cual todos (...) son iguales ante los tribunales. EME151196 **12 ideal +:** ...*pisotean* viejos ideales, se arriman al fogón que más calienta... EME100394 **13 ética +:** ...la ética de la izquierda por otros *pisoteada*. EME150694 **14 moral:** ...tantos tontos con la dignidad humillada, la moral *pisoteada*... EPE281001 **15 valor:** ...*pisotear* y despreciar todos los valores a los que el mundo otorga valor. EME070494 **16 causa:** ...el país donde han *pisoteado* las causas sociales, donde lo laboral es un largo sollozo... EME100694

D SUSTANTIVOS QUE DESIGNAN LO QUE SE DESEA O SE ESPERA CONSEGUIR. TAMBIÉN CON OTROS QUE SE REFIEREN A LAS ACTITUDES QUE SE ASOCIAN CON ESAS NOCIONES: **17 voluntad +:** ...usaremos la mayoría para evitar que se *pisotee* la voluntad del pueblo. PME011296 **18 esperanza +:** ...el poder que *pisoteó* las esperanzas de una población... RUM250897 **19 sueño +:** ...otros tantos que verán definitivamente *pisoteados* sus sueños. EME280196 **20 ilusión:** Han conseguido (...) *pisotear* las ilusiones de más de 500 niños... EPE240999 **21 interés:** ...le acusó de «*pisotear* los intereses del país» por negarse a convocar elecciones... EME260295

E SUSTANTIVOS QUE DENOTAN LEY, REGLA O PRECEPTO: **22 norma +:** ...*pisotearon* las normas elementales del derecho... LPN060697 **23 ley +:** Sócrates prefirió morir antes que *pisotear* la ley... EME100195 **24 constitución +:** ...se vuelve un basilisco, *pisotea* la Constitución, invoca a sus antepasados integristas... EME050494 **25 disposición:** ...la ley (...) *pisotea* numerosas disposiciones constitucionales... EPD190996

F SUSTANTIVOS QUE DESIGNAN CONCEPTOS, ASÍ COMO SU CONTENIDO O SU SIGNIFICACIÓN, EN OCASIONES REPRESENTATIVO DE OTRA REALIDAD: **26 símbolo +:** ...ha querido borrar lo que quedaba: rasgar banderas, romper estatuas, *pisotear* símbolos. EPE051099 **27 concepto:** Comencé a recibir cartas de personas que decían novenas para salvar mi alma, porque me había atrevido a *pisotear* su concepto del Génesis... EPE220899 **28 idea:** «La sentencia *pisotea* la idea deportiva de nación». LVE271295

G SUSTANTIVOS QUE DENOTAN LABOR O ACTIVIDAD, ESPECIALMENTE SI SE HA REALIZADO A LO LARGO DE UN TIEMPO Y CON ESFUERZO O TENACIDAD: **29 labor:** Hoy, toda aquella labor ha sido *pisoteada*. EPE061299 **30 trayectoria:** ...ha *pisoteado* toda su trayectoria democrática impidiendo que la gente pudiera participar en la elaboración de su propia candidatura. EPE200199 **31 carrera:** El jurado, con su veredicto, *pisoteó* la brillante carrera del artista. INDOC **32 lucha:** ...esta concejala (...) se dedica a *pisotear* la lucha vecinal contra el cierre de la citada biblioteca ... EPE170299

H ALGUNOS SUSTANTIVOS QUE DESIGNAN DIVERSOS ÁMBITOS Y FACETAS DEL CONOCIMIENTO O EL PENSAMIENTO: **33 cine:** ¿Qué mundo más familiar (...) que el del propio cine para *pisotearlo*...? EME050394 **34 arte:** La dejadez, la falta de sensibilidad, y también la especulación, han *pisoteado* al arte... EPE310700 **35 cultura:** ...ha tratado de ahogar y *pisotear* la cultura... LVE050295

I ALGUNOS SUSTANTIVOS QUE DESIGNAN RESULTADOS FAVORABLES DE ACCIONES GENERALMENTE CONCERTADAS: **36 acuerdo +:** ...acusó al Gobierno (...) de *pisotear* el acuerdo alcanzado... EPE231199 **37 tregua:** ...las fuerzas rebeldes *pisoteaban* una tregua firmada... EME110494

☐ Véase también: **pisar.**

pista ▮ *(lugar)* ♦ **coger, enfilar, jugar (en), reservar, tomar**

▮ *(indicio)* ♦ **certero, claro, concluyente[7], decisivo[61], definitivo, desencaminado, falso, fiable, fundamental, seguro, vago** ♦ **arrojar[30], dar[205], dejar, dejar caer[9], destapar[40], descubrir, desvelar, encontrar, hallar, husmear, llevar a la solución (de algo), olfatear, perder, perseguir, seguir[58], rastrear**

☐ Véase también: **indicio, señal.**

[pistola] → **a punta de {navaja/pistola}**

pistola ♦ **amenazar (con), apuntar (con), armarse (de), bajar, calibrar, cargar, deponer[3], descargar, dirigir, disparar, empuñar, sacar**

pitada ♦ **descomunal, fuerte, monumental[2], sonoro** ♦ **dar, dedicar (a alguien), lanzar**

☐ Véase también: **abucheo, grito (de), pitido.**

pitido ♦ dar313, lanzar, oír, sonar
□ Véase también: **chillido, grito (de), pitada, sonido.**

pitote ♦ armar, formar(se), liar(se), montar7
□ Véase también: **anarquía, berenjenal, caos, embrollo, follón, jaleo, lío.**

[placer] → **a placer, de placer**

placer ♦ carnal27, celestial8, delicioso, desenfrenado, efímero12, enorme, especial, estético, estimulante, fugaz, gastronómico, gran(de), hondo17, impagable18, incomparable, indescriptible, infinito, inmenso, intenso, mero, profundo, puro, raro, refinado, sexual, sumo2, tremendo, verdadero ♦ búsqueda (de), fuente (de), objeto (de), síntesis (de) ♦ abandonar(se) (a), buscar, causar (a alguien), dar336, darse (a)4, degustar, disfrutar, encontrar (en algo), estallar (de), experimentar, obtener (de algo), paladear, probar, procurar (a alguien), producir (a alguien), proporcionar (a alguien), provocar, recibir, resistirse (a), saborear30, sacar (de algo), sentir
□ Véase también: **agrado, gustar, gusto.**

PLACER
♦ (ADJETIVOS) Véase: **visiblementeC**
♦ (SUSTANTIVOS) Véase: **carnalC, causarG, celestialB, efímeroB, hondoB, invitar (a)A, pegarF, saborearF, sumoA, temblar (de)C, teñir (de)A, venéreoB**
♦ (VERBOS) Véase: **a rabiarB, a sorbosB, a topeE, horroresB, plenamenteL, sinceramenteD**
□ Véase también: ALEGRÍA; SATISFACCIÓN; SENSACIÓN; SEXO.

plácidamente *adv.* ▮ Se combina con algunos verbos de movimiento *(avanzar, pasear)*, así como con...

A VERBOS QUE DENOTAN QUIETUD, REPOSO O DESCANSO. TAMBIÉN CON OTROS QUE DESIGNAN LOS PROCESOS QUE DESEMBOCAN EN ESTOS ESTADOS O SE ASOCIAN CON ELLOS DE FORMA CARACTERÍSTICA: **1 dormir ++:** El paciente dormirá *plácidamente* a partir de cierto tratamiento... GIC080896 **2 descansar ++:** La selección descansa *plácidamente* en su retiro del hotel... EME120694 **3 reposar +:** ...hay furgonetas y pequeños camiones que reposan *plácidamente* durante horas... EPE051101 **4 dormitar +:** ...dormita *plácidamente* con el agradable rumor... EME200895 **5 roncar +:** ...roncaba *plácidamente* cuando es despertado a codazos... EPE060699 **6 yacer +:** Sobre la cama yace *plácidamente* una imagen vestidera de la Virgen María. EPE100800 **7 esperar +:** ...están debajo del peral esperando *plácidamente* a que les caiga la pera confiando antes en Newton que en su vaporoso proyecto político. EME220995 **8 tumbarse +:** ...con un sombrero de paja y tumbado *plácidamente* al sol caribeño... INDOC **9 sentarse:** ...está sentado, *plácidamente*, en el camping-car. EPE080700 **10 recostarse:** Su último hallazgo, *plácidamente* recostada, es Valeria Marini. EME280796 **11 soñar:** ...un niño sueña *plácidamente* rodeado de estrellas... EPE020699

B VERBOS QUE DENOTAN INACCIÓN: **12 hibernar:** ...para que los tan engorrosos procedimientos no hibernaran *plácidamente* en los anaqueles hasta su regreso. LVE010995 **13 gandulear:** Y gandulear, *plácidamente* al sol y bajo la luna... EME030995 **14 remolonear:** ...capaz de remolonear *plácidamente* con su perro. EME040595 **15 aburrirse:** ...los ciudadanos pueden estar tranquilos y aburrirse *plácidamente*... EPE190599 **16 entregarse:** ...cómo se entregó usted *plácidamente* a tamaños malandrines. EME070196 **17 dejarse –:** ...se deja transportar *plácidamente* por sus dos acompañantes... EME230394

C VERBOS QUE DESIGNAN LA ACCIÓN O EL PROCESO DE PASAR ALGO O ALGUIEN A OCUPAR UN LUGAR, O LA DE SEGUIR EN ÉL DURANTE CIERTO TIEMPO. SE USAN MÁS FRECUENTEMENTE EN PERÍFRASIS RESULTATIVAS: **18 asentarse +:** Por Budapest, *plácidamente* asentada a las orillas del Danubio... EME150496 **19 instalarse +:** ...ese pelotón que ustedes ven *plácidamente* instalados ante sus televisores... EME020796 **20 habitar +:** ...un contexto delicioso en el que habitarán *plácidamente* las obras... LVE280796 **21 atracar:** ...seguía *plácidamente* atracado a estribor de la patrullera... EME140395 **22 ubicarse:** ...ubicado ya, *plácidamente*, en el sosiego que merece... ESP160697 **23 hallarse:** ...para la hipopótama Rigas. Ésta se hallaba *plácidamente* en su alberca... EPE030899 **24 mantenerse:** Rojo no ha querido bajar los tipos más del 0,25 no tanto por el temor a un nuevo ataque sobre la peseta, que se mantiene *plácidamente* en su banda media... EME161295 **25 acomodarse:** ...porque se han acomodado *plácidamente* a las directrices... LPH240696 **26 encontrarse:** ...se encontraba *plácidamente* en su casa, estudiando español. EME300395 **27 posar:** ...cuando posó *plácidamente* para el pintor... EPE020286

D VERBOS QUE DESIGNAN EL DESARROLLO O EL TRANSCURSO DE ALGÚN PROCESO, A VECES CON RESULTADO DE CAMBIO DE ESTADO, PERO NO NECESARIAMENTE: **28 transcurrir ++:** A esa escritura ágil (...) transcurre *plácidamente* apelando a la constante variación de espacios... EPU081101 **29 vivir ++:** La misma gente que vivía *plácidamente* había sido atacada... LVE041196 **30 discurrir +:** La asamblea de La Seda discurrió *plácidamente*, por vez primera en muchos años. LVE170995 **31 desarrollarse +:** El primer concierto (...) resultó bastante frío y se desarrolló *plácidamente*... LVE030295 **32 marchar:** No es que las cosas del país marchen *plácidamente*... LVE170395 **33 fluir:** El Ganges (...) fluye constantemente, *plácidamente*... LVE290995 **34 envejecer:** ...veía al mismo pescador envejecer *plácidamente* agarrado a su caña... LVE251295 **35 madurar:** ...era hora de madurar *plácidamente* a la sombra de las muchachas... EME070195 **36 acostumbrarse –:** ...se han acostumbrado *plácidamente* a la benevolencia del bastón... ENV051000

E DIVERSOS VERBOS DE PENSAMIENTO Y LENGUA: **37 charlar +:** ...mientras charlaban *plácidamente*... EME070896 **38 hablar +:** ...aunque ayer al mediodía estaba consciente y hablaba *plácidamente* con David... EME311296 **39 conversar +:** Conversar *plácidamente*, oír los propios pasos al caminar por la calle... LVE261195 **40 pensar:** ...en el que estar pensando *plácidamente* al sol... EPE190299 **41 encajar:** Esa es una paradoja hoy *plácidamente* encajada en la conciencia... EME110495 **42 decir:** «Estamos capturando a los refugiados ruandeses», dijo *plácidamente*. EPD290497 **43 filosofar:** ...hacían filosofía política *plácidamente*, sosegadamente... EME190396 **44 chismorrear:** ...chismorreaba *plácidamente* con la viuda de... EME080695 **45 rumiar –:** ...su verano, en que gusta rumiar *pláci-*

damente ideas juveniles como alimento dulce de primavera... ABC271095

F VERBOS QUE DENOTAN PERCEPCIÓN VISUAL: **46** **contemplar** +: La diferencia estriba en contemplar *plácidamente* el horizonte bajo el somnoliento sol... LVE150895 **47** **observar:** ...al recinto en el que observaban *plácidamente* el juego. LNC161100 **48** **ver:** La muerte le sobrevino, mientras veía *plácidamente* la televisión... LVE080196 **49** **seguir:** ...una guerra que puede seguirse *plácidamente* a través de la televisión. EME040695

G VERBOS QUE DESIGNAN LA ACTIVIDAD DE INGERIR ALGO: **50** **comer** +: El Madrid se comió *plácidamente* a su rival... EME150196 **51** **desayunar:** ...los que han renunciado desayunan *plácidamente* en sus casas. EPE221199 **52** **pacer:** La única víctima registrada es una vaca cubana que pacía *plácidamente* en un prado... LVE110396 **53** **pastar:** ...regresaban al aprisco y pastaban *plácidamente* la hierba... EPE070799 **54** **tomar:** Las calles de las Barcas y del Pintor Sorolla ya no son pasto de la plaga, tampoco los ciudadanos que toman *plácidamente* el aperitivo... EPE090399

H OTROS VERBOS QUE DESIGNAN DIVERSAS ACTIVIDADES QUE SE CONCIBEN NORMALMENTE COMO LÚDICAS, OCIOSAS O PLACENTERAS: **55** **disfrutar** ++: ...a disfrutar *plácidamente* del maravilloso espectáculo... EME151296 **56** **tomar el sol** ++: ...una veintena de personas tomaba ayer el sol *plácidamente* en la piscina... EME210295 **57** **jugar** +: ...jugaban *plácidamente* ajenos a los combates... EPE171201 **58** **leer** +: Plácidamente leo en el periódico: «ser diputado aquí ha sido una vergüenza, ha sido como poner a alguien para darle un hueso»... ESH240397 **59** **sonreír:** Encontré muy bueno el final: Jesús crucificado muere feliz, sonriendo *plácidamente*... HOY161296 **60** **festejar:** ...pudiera festejar *plácidamente* su programa número 100... LVE130296 **61** **veranear:** ...veranea *plácidamente* en La Villa del Mare... LVE250895 **62** **acariciar:** ...la efímera hermosura de la luz, que es mi amiga y que *plácidamente*, acaricia el papel en el que escribo. ABC290193

I VERBOS QUE DENOTAN EL PROCESO DE MORIR Y QUE DESIGNAN EL FIN DE ALGÚN ESTADO DE COSAS: **63** **morir** ++: Según un portavoz de la agencia, murió *plácidamente* en su casa. EME260795 **64** **fallecer:** ...falleció *plácidamente* y «pasó sin dolor del sueño a la muerte». EME081296 **65** **cerrarse:** ...una vida laboriosa y erguida de noventa años, que *plácidamente* se ha cerrado... ENV190197 **66** **llegar:** ...4.000 Corvettes se dieron cita en Bowling Green, y fueron llegando *plácidamente*, en caravana, por la Interstate 165, una de las carreteras famosas de América. LVE020795

J OTROS VERBOS; POSIBLES USOS ESTILÍSTICOS: ...odia *plácidamente* a los intelectuales. EME261095; ...mató *plácidamente* a su última ex novia. EPE181199
☐ Véase también: **a cuerpo de rey, ricamente.**

placidez Véase: plácidamente

plaga ♦ **acabar (con), azotar[39], combatir[30], controlar, desatar(se), eliminar, erradicar, evitar, extender(se), exterminar, extinguir(se), infestar (algo), introducir, luchar (contra), propagar(se)**
☐ Véase también: **lacra.**

plagiar ♦ **descaradamente[32], impunemente, literalmente, ostensiblemente, parcialmente, totalmente**
☐ Véase también: **copiar, imitar, reproducir.**

plagio ♦ **absoluto, burdo, descarado, flagrante[12], impune[27], literal[18], parcial, tosco, total ♦ acusar (de), demostrar, descubrir(se), encontrar**
☐ Véase también: **falsificación.**

plan ♦ **abocado al fracaso, acorde (con)[25], alocado, ambicioso, a medida[12], a pique[5], arriesgado, atractivo, audaz, calculado, concienzudo, de acción, de actuación, defensivo[30], descabellado[4], desorbitado[11], destinado al fracaso, detallado, disparatado, drástico[41], efectivo[20], endiablado[29], enrevesado[60], exhaustivo[41], flexible[20], impracticable[4], improvisado, indefendible, inseguro, intensivo[32], inviable, loco, minucioso[28], novedoso[30], patas arriba[15], peligroso, perverso, preconcebido, previsto, provisional, retorcido, riguroso[43], seguro, severo, sobre ruedas, turbio, vago, viable ♦ al descubierto[3], en punto muerto[17] ♦ con arreglo (a)[22] ♦ alcance (de)[39] ♦ acariciar[24], adherirse (a)[38], airear[36], alterar[15], apoyar, apuntalar[18], arbitrar[27], armar(se)[23], atenerse (a)[58], avalar[6], barajar[8], bloquear, boicotear[36], bosquejar[1], cambiar, cancelar[15], carecer (de), ceñir(se) (a)[20], concebir[12], concertar[17], confesar[32], congelar[33], consensuar[3], criticar, cuadrar[9], cuajar[1], culminar[15], cumplir[2], defender, delinear[6], derogar[35], derrumbar(se)[46], desactivar[28], desarticular, desbaratar[1], desbloquear[23], desestabilizar[9], deshacer(se), desmantelar[14], destapar[19], destrozar, desvelar[55], dictar[19], diseñar, distorsionar[45], ejecutar[1], enmendar[17], esbozar, establecer[34], filtrar(se)[18], fracasar, fraguar(se)[48], frustrar(se), hacer, hacer(se) realidad[37], homologar[15], implantar[22], incubar[25], incumplir[44], interferir (en), lanzar[35], llevar a buen puerto[19], llevar adelante[5], llevar a la práctica[3], llevar a término[2], madurar, maquinar[1], montar, naufragar, negociar[19], obstruir[34], ocurrirse(le) (a alguien), orquestar[3], pasárse(le) (a alguien) por la cabeza, perfilar[1], pergeñar[2], pilotar[2], pisar[11], plantear[28], poner en funcionamiento, poner en marcha, preparar, propulsar[3], prorrogar[29], realizar, rectificar[29], refundir[9], relanzar[3], salir a la luz[72], salir {bien/mal/regular/con arreglo a lo previsto}, seguir[14], surtir efecto[9], suscribir, tejer[6], tener, tener éxito, tergiversar[38], torcer(se)[3], tramar[7], tramitar[41], trazar[1], urdir[1], venirse abajo[9], zozobrar[7]**
☐ Véase también: **intención, maquinación, programa, programación (de), proyecto.**

PLAN Véase: ACTUACIÓN FUTURA; ASPIRACIÓN; INCLINACIÓN; INTENCIÓN; PROPUESTA; PROYECTO

[plana] → **a toda plana**

planear *v.* **I** En su sentido físico se combina con sustantivos que designan seres voladores *(aeroplano, avión, gaviota, águila)* o cualquier persona o cosa que se pueda desplazar por el aire en la

forma en que estos lo hacen *(La niña abrió los brazos y planeó como si fuera un cóndor)*. En su sentido figurado se construye a menudo con la preposición *sobre* y se combina con...

A SUSTANTIVOS QUE DESIGNAN ENTIDADES IRREALES QUE SE CONSIDERAN GENERALMENTE AMENAZANTES. SE USAN MUY A MENUDO EN SENTIDO FIGURADO: **1 sombra ++:** La larga sombra de la nueva catalogación de puestos de trabajo ha *planeado* durante toda la negociación del acuerdo-convenio... ENC251200 **2 fantasma +:** Su fantasma *planea* sobre estas elecciones y el inmediato futuro de Indonesia sin haber sido objeto de contención política. EPE060699 **3 espíritu +:** ...replica que el espíritu de la caza de brujas del senador McCarthy *planea* de nuevo sobre Estados Unidos. LVE060695 **4 espectro:** El espectro del sida también *planea* entre estas páginas. ABC170492 **5 ángel –:** Un ángel exterminador *planea* sobre la vida de estos hombres. EME090995

B SUSTANTIVOS QUE DENOTAN DUDA, FALTA DE CERTEZA Y OTRAS NOCIONES CARACTERIZADAS POR LA AUSENCIA DE INFORMACIÓN, DE SEGURIDAD O DE CONFIANZA: **6 incertidumbre ++:** Una semana después de las elecciones, la incertidumbre sigue *planeando* sin embargo sobre los resultados... ENH141100 **7 duda ++:** Las dudas que hoy *planean* sobre la futura rentabilidad financiera del túnel... EME050594 **8 interrogante +:** El interrogante sigue *planeando* sobre la cabeza de los veterinarios del zoo de Barcelona: ¿«Copito» tendrá algún día descendencia albina? LVE190296 **9 misterio +:** El misterio sigue *planeando* sobre los últimos días de la vida de Edgar Allan Poe... LVE010796 **10 miedo +:** Un gran templo construido con naipes sobre los que *planea* el miedo... EME070895 **11 temor +:** La situación es tan crítica que ha vuelto a hacer *planear* el temor de la dimisión de Peres... EPE301101 **12 incógnita:** La incógnita *planea* sobre la tercera candidatura en discordia. EME210295 **13 sospecha:** Las dudas y sospechas comienzan a *planear* ya, tan solo un día después, sobre la muerte del heredero de uno de los imperios más importantes... LRE270103 **14 pregunta:** La pregunta que *planeaba* ayer en la entrega de los «Félix» es si hay margen razonable para la esperanza. EME131195 **15 confusión:** Cierta confusión *planea* sobre algunos datos relacionados con FUNDEBI. EME181295

C SUSTANTIVOS QUE DENOTAN SITUACIÓN ADVERSA, MÁS FRECUENTEMENTE SI ES VENIDERA: **16 problema:** El único problema que *planea* sobre los Campeonatos es la «morosidad» de la Junta de Andalucía, que comprometió con la organización una partida de dos mil millones de pesetas... EME171295 **17 peligro:** Ambas organizaciones coinciden en alertar del peligro que *planea* sobre el futuro de la mutua... EPE050699 **18 riesgo:** Hoy por hoy el riesgo que *planea* sobre la democracia española es que se rompa el punto de equilibrio y la libertad empiece a ser sistemáticamente sacrificada... EME300196 **19 crisis +:** La crisis que *planea* sobre la financiación de los sistemas sanitarios públicos... EME301195 **20 amenaza:** ...pero también de China, Vietnam, Corea, Irán o Líbano, hace *planear* la amenaza de una nueva reacción hostil. ENH100900

D SUSTANTIVOS QUE DENOTAN PENSAMIENTO, CONCEPTO, JUICIO O MATERIA SOBRE LA QUE TRATA ALGUNA COSA: **21 idea:** ...la posibilidad de creer que hay cierta continuidad lógica, ya que siempre *planea* la idea de quién sabe dónde estaremos dentro de un mes. EPE211001 **22 tema:** Pero el tema de fondo que *planeará* a lo largo del encuentro es el de la necesidad de estrechar la colaboración entre las instituciones públicas y las empresas... LVE130196 **23 cuestión:** Ya de noche, en el mitin central de Lleida, junto al Palau de Vidre, la cuestión volvió a *planear*. LVE061195 **24 asunto:** ...lo cierto es que este asunto *planea* sobre el Congreso. EME080494

E SUSTANTIVOS QUE DENOTAN RESULTADO O DESENLACE DE UN PROCESO: **25 consecuencia +:** ...La Malinche, portillo por el que se coló una conquista cuyas «consecuencias todavía *planean* sobre nuestra historia tras cinco siglos», dice el autor. EPE021089 **26 secuela:** Las secuelas del terremoto todavía *planean* sobre la devastada región. INDOC

F OTROS SUSTANTIVOS; POSIBLES USOS ESTILÍSTICOS: El sociólogo reconoce que es un plan de mucho riesgo, por lo que se muestra escéptico ante su aprobación ya que *planea* sobre él la convocatoria de las próximas elecciones municipales. EPE210299

▩ Se combina también con: ♦ **al detalle**[26], **de antemano**[9], **detalladamente**[48], **estratégicamente**[13], **minuciosamente**

☐ Véase también: **girar, gravitar, planificar, preparar(se).**

planeta ♦ **estallar, extinguir(se)**[18], **girar, orbitar, viajar (a)**

planificación ♦ **adecuado, concienzudo, conveniente, detallado, drástico**[44], **esmerado, minucioso, necesario, ordenado, previsto** ♦ **con** ♦ **efectuar, faltar, llevar a cabo, realizar, revisar**

☐ Véase también: **previsión.**

planificar ♦ **a conciencia**[13], **al detalle**[25], **con antelación, concienzudamente**[2], **con tiempo, detalladamente**[50], **en sus {más pequeños/menores} detalles, minuciosamente, ordenadamente**[64]

[plano] → **de plano**

plano ♦ **a mano alzada, cenital, claro, confuso, corto, frontal**[25], **inclinado, largo, primer** ♦ **consultar, copiar, delinear, dibujar, extender, guiar(se) (por), leer, levantar, mirar, orientar(se) (con), reproducir, seguir, trazar**

☐ Véase también: **gráfico, mapa.**

[planta] → **de nueva planta**

planta ▮ *(vegetal)* ♦ **abonar, agostar(se), ajar(se), arrancar, brotar, crecer, dar fruto, despuntar, madurar, marchitarse, nacer, reverdecer, sembrar, regar, secar(se), trasplantar**

▮ *(piso)* ♦ **amplio, diáfano** ♦ **subir (a)**

plantar ▮ *(asentar)* ♦ **árbol, bandera, base, césped, edificación, fundamento, hierba, poste, semilla, terreno, tienda**

▮ *(dar)* ♦ **batalla, beso, bofetón, cara**

☐ Véase también: **sembrar.**

plantar cara (a) ♦ **abiertamente**[91], **con arrojo, con decisión, con determinación, con valentía,**

con valor, decididamente[27] ♦ **adversidad, crisis, futuro, problema, situación**
□ Véase también: **afrontar, enfrentar(se), oponer(se), resistir(se) (a).**

planteamiento (de) ♦ **abstruso**[23], **acorde (con)**[29], **analítico**[25], **certero**[22], **confuso, convincente, descabellado**[20], **equivocado, erróneo, inviable, lineal**[23], **nítido, novedoso**[33], **nuevo, original, peregrino**[14], **riguroso**[15], **sensato, viable, viciado** ♦ **crisis, cuestión, problema, situación** ♦ **abanderar**[17], **aceptar, ahondar (en)**[67], **amoldar(se) (a)**[28], **aunar, comulgar (con), defender, derrumbar(se)**[36], **desmontar**[20], **diluir(se)**[40], **esbozar, exponer, formular**[30], **hacer(se), orientar, proponer, rebatir**[21], **rechazar, venirse abajo**

plantear *v.* ■ En el sentido de 'tantear o trazar el curso futuro de' admite un gran número de sustantivos que designan cosas materiales que se proyectan o se idean *(novela, edificio, cuadro)*, así como muy diversas acciones y estados de cosas que se desea emprender o abordar *(reforma, cambio, negocio, análisis)*. En el sentido de 'hacer patente, poner de manifiesto o suscitar' se combina especialmente con...

A SUSTANTIVOS QUE DENOTAN PREGUNTA, CUESTIÓN O DUDA: **1 pregunta** ++: Y eso nos hace volver a *plantearnos* las preguntas de siempre... ENC280301 **2 cuestión** ++: Monteverde, en tanto, consideró que toda situación de emergencia *plantea* cuestiones de imprevisión, que a menudo deben resolverse sobre la marcha. LNA030792 **3 interrogante** ++: Asimismo, a Sergio Vela se le *planteó* la interrogante... EXC200700 **4 duda** ++: En polémico reportaje, Cecilia Valenzuela volvió a *plantear* dudas sobre el lugar y fecha de nacimiento del presidente Fujimori. CAP261297 **5 incógnita** +: Aparte también se *plantea* la incógnita de cuál es el secreto para llegar a la cima, sin olvidar las complejas relaciones entre los artistas y la compañía disquera. ENH180397 **6 dilema** +: ...tienen la obligación de brindar a cualquier mujer embarazada con problemas o que se *plantea* el dilema de tener o no a su hijo, todos los instrumentos necesarios... PME190197 **7 enigma**: ...empieza con un mapa del escenario del crimen (...) y *plantea* un enigma en un espacio cerrado... ABC100993 **8 incertidumbre**: Esto *plantea* una gran incertidumbre. PME070796

B SUSTANTIVOS QUE DESIGNAN PROBLEMAS O CONFLICTOS: **9 problema** ++: Tiene fama de ser uno de los legisladores más al día en cuestiones de computación (...) y recientes tecnologías en medicina que *plantean* nuevos problemas éticos. LNA110792 **10 dificultad** +: ...buscará encontrar la solución a las dificultades *planteadas*, según informó... ACP221096 **11 conflicto**: ...se le *plantea* el conflicto que ilustra dicho concepto... CAP181001 **12 complicación**: Al margen de todo esto, estas nuevas medidas *plantearán* una enorme complicación de orden técnico y burocrático. EPE150380 **13 problemática**: Fernández Toral reconoce que nunca se *planteó* esta problemática hasta que recibió la visita de la familia de una joven... EME140396

C SUSTANTIVOS QUE DESIGNAN CIRCUNSTANCIAS INDISPENSABLES O IMPRESCINDIBLES PARA LLEVAR A CABO ALGO: **14 necesidad** ++: Allí además de *plantear* la necesidad de algunas fórmulas para incentivar a la gente... EUV061196 **15 condición** +: ...y a su vez *planteó* una condición: que, si se pasaba el video delator, se suprimiese la parte en la que él aparecía. CAP280900 **16 exigencia** +: El compromiso de los cristianos en estos movimientos, en todo caso, les *plantea* ciertas exigencias de fidelidad... HOY110784 **17 requisito**: Ambos fondos forman parte de los requisitos *planteados* por algunas comunidades... CAN240996

D SUSTANTIVOS QUE DESIGNAN LA CONDICIÓN DE SER ALGO APROPIADO O CONVENIENTE: **18 conveniencia** ++: Por lo tanto, el jefe de la Misión *planteó* la conveniencia que una comisión externa conozca en forma directa e independiente las gestiones... LHG290597 **19 utilidad**: ...si comprobaran que son un «adorno», se *plantearían* su utilidad. EME170694

E SUSTANTIVOS QUE DENOTAN PROPÓSITO U OBJETIVO, EN OCASIONES DE CIERTA COMPLEJIDAD. TAMBIÉN CON OTROS QUE DESIGNAN LA FORMA EN QUE SE ORGANIZAN ESAS ACCIONES FUTURAS: **20 objetivo** ++: ¿En esas ganas por seguir mejorando te *planteás* el objetivo de volver a la Selección? CLA110197 **21 reto** ++: ...nos *plantea* el reto de garantizar las condiciones idóneas de una ciudad sostenible... EDV230101 **22 desafío** +: ...*plantea* un desafío de mayor envergadura. GIC020597 **23 estrategia** +: El gran dilema ahora para Corretja era *plantear* la estrategia para su próximo rival... ETC040996 **24 proyecto** +: Los de capital externo se lamentan de las limitaciones y condiciones que *plantea* el proyecto de Ley... EUV300696 **25 propuesta** +: «...dilemas e interrogantes de la vida contemporánea», *plantea* la propuesta curricular. HOY190597 **26 iniciativa** +: ...participar activamente en las génesis de los cursos o que *planteen* sus propias iniciativas en el futuro. DDN290499 **27 programa** +: Ni el PAN ni el PRD han logrado *plantear* programas alternativos a las propuestas priistas. EXC020197 **28 plan**: Reveló que, a corto plazo, convocarán a los jefes de campaña de los partidos para ponerse a la orden y *plantearles* el plan de seguridad para las próximas elecciones. ESH050297 **29 intención**: Ardanza y la delegación de hombres de negocios *plantearon* a sus interlocutores su deseo e intención de ampliar esos lazos... GIC072697 **30 deseo**: El jefe de la Cancillería acudió acompañado por diputados de la oposición y del PJ para *plantearle* el deseo de la Argentina de abrir un diálogo con los británicos. CLA220199

F SUSTANTIVOS QUE DENOTAN PENSAMIENTO O DESIGNAN OTROS RESULTADOS DE LA ACCIÓN DE REFLEXIONAR, ASÍ COMO DIVERSAS UNIDADES PROPIAS DE LOS PROCESOS INTELECTIVOS O ARGUMENTATIVOS: **31 idea** +: ...obligaron al Gobierno a *plantear* la idea de eliminar esta fecha como día de fiesta. ETC130996 **32 reflexión** +: Pero la razón final no es otra que *plantear* una reflexión sobre dos aspectos de la realidad... HOY030397 **33 consideración** +: ...y *plantearse* la consideración del olvidado proyecto de Ley de Partidos Políticos. LTB030297 **34 concepto**: ...recibir apoyo emocional y *plantear* un nuevo concepto de vida... LDD201097

G SUSTANTIVOS QUE DENOTAN OPCIÓN: **35 alternativa** ++: ...se había trasladado allí a escuchar a la comunidad y *plantear* alternativas de solución a sus problemas. ETC030297 **36 posibilidad** ++: Además *plantea* la posibilidad de que Namphy continúe en el Palacio Nacional mucho más allá del tiempo que le corresponde. ETC011287 **37 opción +:** En ese caso, el sindicato *planteará* la opción de la huelga, doce años después de la última medida de fuerza tomada por los jugadores. EME121196 **38 disyuntiva:** La alternativa (...) *plantea* la disyuntiva moral que encara la Iglesia: respaldar la implantación de embriones... DYM240796

H SUSTANTIVOS QUE DESIGNAN FORMAS DE EXPLICAR O RESOLVER ALGO: **39 solución ++:** La solución, obviamente, está *planteada* para la etapa de funcionamiento de la extracción aurífera. BRE100197 **40 hipótesis ++:** Otro reconocido banquero de la «city» –quien siempre pide anonimato– *planteó* tres hipótesis. CLA180199 **41 medida +:** Con base en el dictamen, *plantean* a la Profepa diversas medidas de corrección y el plazo para aplicarlas. DYM240796 **42 tesis +:** ...estos dos dirigentes son los que *plantean* las tesis más duras dentro de la nueva mesa de la DC. HOY180897 **43 teoría:** Además, fue audaz y valiente al *plantear* teorías que iban contra la corriente... CAR290997

I SUSTANTIVOS QUE DENOTAN DEBATE O SITUACIÓN DE DISCREPANCIA: **44 debate ++:** ...se trata más bien de *plantear* un debate y revisar, en la siguiente reunión, las medidas puestas en práctica por cada país. HOY181196 **45 discusión:** Además, el que toma la iniciativa tiene más posibilidades de imponer sus reglas de juego o al menos el terreno donde se *planteará* la discusión. ECA010792 **46 controversia:** En una de las habitaciones hay una gran controversia *planteada* por la música. CLA210199 **47 polémica:** ...se *planteó* una polémica institucional que debilita su estructura orgánica/jurídica. ESH190297

J SUSTANTIVOS QUE DESIGNAN OPINIÓN O PUNTO DE VISTA: **48 enfoque:** ...saquemos al FMI de la escena y *planteemos* un enfoque nuevo y diferente con respecto al apoyo a Rusia. CLA160199 **49 punto de vista:** Su tema fue simplemente diferente al de Pita, que *planteó* su punto de vista sobre el desenlace en la embajada y reacciones posteriores. CAP290597 **50 postura:** Que permitan que (el EPR) *plantee* sus posturas como nueva fuerza social. PME070796

K SUSTANTIVOS QUE DENOTAN OPOSICIÓN O DESACUERDO: **51 diferencia +:** La orientación educativa *plantea* diferencias en el Consejo Escolar. DDN290499 **52 oposición +:** En consecuencia, *plantearán* oposición a la supuesta «negligencia culposa» y se negarán a reponer la millonaria suma... ACP110996 **53 discrepancia:** Las discrepancias *planteadas* por Arregui provocaron la reacción del diputado colorado... EOU050497

L SUSTANTIVOS QUE DENOTAN PETICIÓN, EXIGENCIA O MUESTRA DE DISCONFORMIDAD. TAMBIÉN CON OTROS QUE DESIGNAN ALGUNAS DE SUS MANIFESTACIONES LEGALES U OFICIALES: **54 reivindicación +:** ETA y Herri Batasuna *plantean* la reivindicación de la «unidad territorial» vasca... CLA270199 **55 demanda +:** ...alegando que «existen mecanismos legales para *plantear* las demandas sociales». LPN250697 **56 moción +:** ...recordó que cuando se *planteaba* la moción para limpiar esta parcela se hacía pensando en toda la extensión de la misma... FDV050401 **57 pleito:** Uno de sus puntos más controvertidos, al menos para los colegios de abogados, es el que permite al ciudadano *plantear* su pleito civil directamente ante el juez... EPE260699 **58 queja:** ...escriben para preguntar, lamentarse, *plantear* sus quejas cuando pasan los días y no encuentran las referencias que esperaban sobre determinada actuación. ABC241293 **59 querella:** ...estudia la posibilidad de *plantear* una querella criminal contra los que adoptaron dichos acuerdos... DDN290499 **60 petición:** ...resolver cuanto antes la petición de antejuicio *planteada* contra el Presidente del Congreso... LHG031100 **61 solicitud:** ...porque *plantear* una solicitud tan «blanda» revela una gran descoordinación en el ministerio fiscal. EME190394 **62 sugerencia:** ...Bonis Olarte *plantea* la sugerencia de Bonis de buscar un pacto que evite la comisión parlamentaria... CAN141200 **63 reclamación:** También puede *plantear* una reclamación contra la administración de justicia, por su mal funcionamiento. LVE040196

M SUSTANTIVOS QUE DENOTAN REPARO: **64 objeción ++:** ...revisar las sanciones contra Irak, después de las objeciones *planteadas* por Rusia, China y Francia... ESP010601 **65 reparo +:** Organización de colegios católicos *plantea* reparos a parlamento juvenil. LEC031097 **66 inconveniente:** El Ayuntamiento no *planteó* inconvenientes al aparcamiento, aunque aún no se ha acabado de decidir cómo se urbanizará la superficie... LVE090796

N SUSTANTIVOS QUE DENOTAN INQUIETUD O CURIOSIDAD: **67 inquietud:** ...ofrece muchas expectativas, pero *plantea* grandes inquietudes... CAP031096 **68 curiosidad:** ...*plantea* la curiosidad de si en esta novena edición de los premios cinematográficos Imanol Uribe se podrá tomar la «revancha»... LVE210195 **69 interés:** ...debe transmitir que «desde» su posición negociadora *plantean* intereses, objetivos, propósitos... EME120496

Ñ OTROS SUSTANTIVOS; POSIBLES USOS ESTILÍSTICOS: ...el carácter enigmático y la sensualidad que *plantean* nuevas inyecciones tanto en el tema como en el pasaje cromático de sus obras. EXP201097

▩ Se combina también con: ♦ **abruptamente[41], a las claras, con cautela[57], con mano izquierda, crudamente[14], de pasada[11], de raíz[45], de refilón[8], informalmente[10], repetidamente[6], sin ambages[7], sin tapujos[8], verbalmente[7]**

☐ Véase también: **formular.**

plantel (de)
♦ **actor, empleado, escritor, experto, funcionario, trabajador**

plantilla
♦ **abultado[51], escaso, insuficiente, suficiente** ♦ **reducción (de)** ♦ **aligerar[30], asegurar, contar (con), contratar, despedir, disponer (de), dosificar, engrosar[19], enrolar(se) (en), estar (en), hacer huelga, jubilar(se), reducir**

plantón
♦ **aguantar, dar[233], justificar, soportar, sufrir**

☐ Véase también: **espera.**

plasmar
♦ **a las mil maravillas[29], bellamente, emblemáticamente, en el lienzo, en el papel, en imágenes, en palabras, en un texto, fielmente, gráficamente, literalmente[5], nítidamente[13], por escrito, visualmente, vivamente**

☐ Véase también: **dibujar, representar.**

[platillo]
→ **a bombo y platillo**

platónico *adj.* ▮ En su sentido de 'relativo a Platón' se combina frecuentemente con los sustantivos *diálogo, mito, cueva* y *caverna.* En su sentido de 'desinteresado, idílico o utópico', se combina con...

A SUSTANTIVOS QUE DESIGNAN RELACIONES, INCLINACIONES Y SENTIMIENTOS AMOROSOS, ASÍ COMO ALGUNAS ACCIONES Y CARACTERÍSTICAS DE LOS INDIVIDUOS QUE SE ASOCIAN CON ELLOS: **1 amor ++:** ...la cursilería del amor *platónico* e idealista... LHG040197 **2 relación +:** ...escribió que la relación era sólo *platónica.* ENH120597 **3 romance +:** ...parecían reforzar un romance *platónico.* CLA030497 **4 enamoramiento:** La historia de una niña, que se está haciendo mujer (...). Y su descubrimiento del cuerpo y los primeros enamoramientos *platónicos...* EME141095 **5 sentimiento:** ...esta pretensión es «un sentimiento *platónico* nacionalista que se disuelve como un azucarillo cuando toca la realidad». EPE150199 **6 deseo:** Se observa una satisfactoria puntualidad (...) por el deseo *platónico* de saber unos de otros... EPE010299 **7 triángulo:** ...un triángulo *semi-platónico* formado por una bonita panadera y dos guionistas de cine... EME120294 **8 idilio:** ... tuve la oportunidad de investigar y de seguir de cerca por diversos conductos ese idilio *platónico* que merecía un final mejor que el que tuvo. LVE280695 **9 homosexualidad:** Queda claro allí que la asexualidad del personaje es «homosexualidad» *platónica* respecto de Watson. EME150895 **10 incesto –:** ...«incesto *platónico*, con toda la pureza debida». PME101196 **11 abrazo –:** «Me pareció algo más que un simple abrazo *platónico*». ENH150398

B SUSTANTIVOS QUE DESIGNAN A LOS PARTICIPANTES EN LAS RELACIONES AFECTIVAS ESPECIFICADAS EN EL APARTADO *A*: **12 amante +:** ...una amante *platónica* adicta al diván del psicoanalista... EME290696 **13 amado:** Entre éstas figuran la correspondencia de Harry con su mentor, Hugh; otra con su *platónica* amada, Kittredge, y ocasionales comunicaciones de Arnie Rosen... ABC291191 **14 homosexual –:** ...homosexual más o menos *platónico,* fue también urbanista... ABC040693 **15 semental –:** Don Juan es el semental *platónico* de las esclavas con título nobiliario. EME041195 **16 esposo –:** ...«su esposa» *-platónica,* al parecer-... ABC030295 **17 pedófilo –:** Pedófilo *platónico* y voyeur. LVE150996

C SUSTANTIVOS QUE DESIGNAN ESPACIOS Y LUGARES NATURALES: **18 mundo +:** Es «ideal» en el sentido de que casi no existe en nuestro mundo real, sino en el *platónico* mundo de los arquetipos... EUV170498 **19 lago:** La otra cara de la moneda, la triunfal, que tampoco dejaría de correr profusamente por todas las orillas del gran lago *platónico*, sería (...) el de una fabulosa hazaña olímpica... ABC061192 **20 lugar:** Apartemos la tonta discusión en torno al centro, ese lugar pregalileico e incluso *platónico...* EME210396 **21 atmósfera:** ...con los genes de la felicidad y el amor reproduciéndose, salvajes, en una atmósfera *platónica,* tecnócrata, moderna, sita en una amable ciudad rebosante... EPE071099 **22 cielo:** Con la piadosa intención de salvar la objetividad de los derechos, los colocamos en un cielo *platónico*, de donde esperamos que nos caigan como la lluvia... ABC170295 **23 isla:** ...una especie de isla *platónica,* modélica y mitificada. EPE180699

D OTROS SUSTANTIVOS; POSIBLES USOS ESTILÍSTICOS: Noviazgos y amistades son las coartadas *platónicas* que adornan la existencia de las que (...) habría que definir como *parejas de hecho...* LVE291196; ...no ven sus propias cuentas suizas, *platónicas...* EME270596; ...ese *platónico* exprimidor de la «televisioneidad»... EME040194

☐ Véase también: **cartesiano.**

playa ♦ **abarrotado, ancho, concurrido, extenso, largo, paradisíaco, perdido, vasto** ♦ **a lo largo (de)** ♦ **día (de)** ♦ **bañarse (en), extender(se), pasear (por), recorrer, veranear (en)**

plaza ▮ *(espacio)* ♦ **abarrotado, concurrido, monumental**
▮ *(puesto)* ♦ **amortizar[12], conservar[4], convocar, copar[3], escalar[6], ganar, obtener, ocupar**
▮ *(fortificación)* ♦ **asaltar, conquistar, defender, guarnecer, sitiar, tomar**

[plazo] → **a plazo fijo, a plazos**

plazo ♦ **ajustado, apremiante[47], apretado[18], aproximado[2], breve, dilatado, escaso, estricto, exacto, exiguo[33], flexible[40], inflexible, insuficiente, largo, perentorio[24], suficiente, vigente** ♦ **dentro (de), fuera (de)** ♦ **tiempo (de)** ♦ **abarcar (algo), abrir(se), acortar[11], acotar[2], acuciar[51], agotar(se), ajustar(se) (a), alargar(se), apurar, atenerse (a)[70], caducar, ceñir(se) (a)[34], conceder[42], contar (desde un momento), cumplir(se), dar[68], establecer[29], estirar[6], expirar, imponer, incumplir[50], iniciarse, llegar, negociar[15], pagar** *(letra)*, **prescribir, prorrogar, rebasar[39], sobrepasar, terminar, transcurrir, vencer[68]**

☐ Véase también: **fecha, moratoria, período, prórroga.**

plebiscito ♦ **boicotear[8], celebrar, convocar, ganar, participar (en), perder, votar (en)**

☐ Véase también: **referéndum.**

plegarse (a) *v.* ▮ En el sentido figurado de 'ceder o someterse (a)' se combina con sustantivos de persona *(plegarse al jefe)* y con otros que designan instituciones u organizaciones *(empresa, gobierno, justicia, sindicato, patronal, dirección: Al final cedieron y se plegaron a la Dirección).* Asimismo se combina con...

A SUSTANTIVOS QUE DESIGNAN PETICIONES O MANDATOS: **1 exigencia ++:** ...no se opone a la presencia de divos en el festival, siempre que no se le exija *plegarse* a sus exigencias de repertorio. ABC130893 **2 petición +:** ...se había *plegado* a las peticiones que le llegaron desde el Gobierno con el objetivo de romper la tensión... LVE230695 **3 dictado +:** Los líderes serbios bosnios Karadzic y Mladic se *plegan* al dictado del presidente Milosevic. LVE010995 **4 reivindicación:** ...acusó al Ayuntamiento de no *plegarse* ante las reivindicaciones de la plataforma que exige el abaratamiento del recibo del agua. EPE030699 **5 demanda:** Bill Clinton se ha *plegado* a las demandas de los republicanos y reduce el apoyo institucional... EME060395 **6 mandato:** ...es considerada por medios opositores como una empleada pública ferozmente *plegada* a los mandatos del presidente. ENH001101 **7 orden:** ...muestra debilidad política al *plegarse* a las órdenes de la calle Génova. EME030796

B SUSTANTIVOS QUE DENOTAN PRESIÓN, AMENAZA U OTRAS FORMAS DE COACCIÓN, AGRESIÓN, DIFICULTAD O INJUSTICIA: **8** **presión** ++: La Habana acusó a Moscú de haberse *plegado* a las presiones de Washington... EPE191001 **9** **amenaza** +: ...proclamar en términos rotundos que no va a *plegarse* a las amenazas... EPD110997 **10** **chantaje:** ...la subordinación de la política a los supuestos imperios de la economía, que no es otra cosa, en definitiva, que *plegarse* al chantaje... EME030295 **11** **boicot:** ...la Argentina se *plegaba* al boicot declarado por los Estados Unidos a la Unión Soviética... LNA240692 **12** **ultimátum:** ...aunque destacó que la labor de estos concejales ha sido siempre digna de elogio, afirmó que en ningún caso, puede *plegarse* a este tipo de ultimátum. EME030195 **13** **abuso:** No vamos a consentir que nuestro negocio se *pliegue* a los abusos de las multinacionales. INDOC **14** **fuerza:** ...salvo aislados conatos de resistencia, todos se *plegaron* a la fuerza del ejército invasor. INDOC **15** **problema** –: ...se *plegaron* ayer a los problemas internos que el canciller federal alemán, Gerhard Schröder, tiene para defender la energía nuclear. EPE190699

C SUSTANTIVOS QUE DESIGNAN OTRAS MANIFESTACIONES DE LA VOLUNTAD, GENERALMENTE LA AJENA: **16** **deseo** ++: La prensa colombiana se pregunta si finalmente (...) se *plegará* a los deseos de estos sectores radicales... EME290394 **17** **condición** ++: ...señaló que el Gobierno se encuentra hoy abandonado (...) después de haberse *plegado* a las condiciones previamente pactadas con los directivos de las empresas... FDV070201 **18** **interés** ++: A veces, también parte de la crítica literaria se ha *plegado* a intereses ajenos... ABC010794 **19** **designio** +: ...abrió la puerta al despido de dos de las principales figuras del sistema judicial del país, que la oposición acusa de haberse *plegado* a los designios políticos del presidente... ENH001101 **20** **voluntad** +: ...los senadores de la mayoría de derechas se *plegaron* a la voluntad del Gobierno. EME010895 **21** **iniciativa:** ...sabe que si se *plegara* a una iniciativa de esta naturaleza, Convergencia i Unió chirriaría. LVE210195 **22** **pretensión** +: ...además de amenazar que habrá lío si la directiva no se *plega* a sus pretensiones. EME110596 **23** **plan:** La CMT achaca a Fomento haberse *plegado* a los planes de Telefónica... EPE060499 **24** **necesidad** +: ...siempre pendientes de sus caprichos y *plegados* a sus necesidades. INDOC **25** **proyecto:** Una gran cantidad de dirigentes del Coloradismo Unido se ha *plegado* al nuevo proyecto... ACP191296 **26** **propuesta:** ...dispusieron *plegarse* a la propuesta durante los partidos del fin de semana. CLA200297

D SUSTANTIVOS QUE DENOTAN INDICACIÓN, INSTRUCCIÓN O DISPOSICIÓN, A MENUDO LEGAL O ESTABLECIDA: **27** **consigna** +: El Comité de Huelga lamenta que la dirección del Ente se haya vuelto a *plegar* a las consignas gubernamentales. EME260194 **28** **directriz:** Clinton acaba de *plegarse* a sus directrices, pero nadie habla de echarla hasta que se cumplan los dos años pendientes del mandato. LVE280195 **29** **norma:** ...nunca se había *plegado* a las normas políticas, estéticas o morales exigidas en Cuba... EUV120996 **30** **ley:** Las costumbres extranjeras, por tanto, deben *plegarse* a la ley. EPE070299 **31** **disposición:** ...el Gobierno alemán recuerda que declaró ya hace tiempo que se *plegará* a las disposiciones del pacto... EPE070199 **32** **medida:** Por su parte, los funcionarios decidieron *plegarse* a la medida luego de una asamblea realizada ayer. ACP111296 **33** **modelo:** ...Bush se ha *plegado* al modelo tradicional que ya había sido aceptado por Gore. EPE190900 **34** **canon:** Se *plegó* al canon impuesto por la tradición. INDOC **35** **prohibición:** La votación más difícil será la noruega debido a la negativa de ese país a *plegarse* a la prohibición internacional de capturar ballenas. LVE040594 **36** **disciplina:** ...está condicionado a que los países más pobres (...) cumplan escrupulosamente los principios del liberalismo económico *plegándose* a esa disparatada disciplina de los criterios de convergencia... EME170795 **37** **parámetro:** ...evidencia que el sindicalismo ha tenido que *plegarse* a los parámetros de productividad y salarios que impone el mercado internacional. EXC220996

E SUSTANTIVOS QUE DENOTAN PODER O AUTORIDAD. TAMBIÉN CON OTROS QUE DESIGNAN DIVERSOS ESTADOS DE SUPREMACÍA: **38** **control:** Así las cosas, e insistiendo en su propósito de desmentir la posibilidad de que la Administración actúe sin *plegarse* a un estricto control... EME230196 **39** **mando:** No sólo le quieren colocar, sino que además (...) e han advertido de que le conviene *plegarse* al mando. EPE040799 **40** **poder:** ...argumentando que el Parlamento no puede *plegarse* al Poder Judicial... EME191095 **41** **autoridad:** Tarar deberá, no obstate, *plegarse* a la autoridad del nuevo primer ministro. EPE151099 **42** **hegemonía:** El canciller afirmó que el partido se vio obligado a *plegarse* a la hegemonía del PC... LVE290695 **43** **jerarquía:** Acusan al Gobierno de *plegarse* a la jerarquía católica, que siempre ha querido que la asignatura alternativa tenga valor curricular... EPE061199

F SUSTANTIVOS QUE DESIGNAN PUNTOS DE VISTA, OPCIONES, MEDIDAS Y OTRAS FORMAS DE PENSAR Y ACTUAR QUE REPERCUTEN DIRECTAMENTE EN LOS DEMÁS: **44** **criterio:** ...quien con el susto en el cuerpo se *plegó* finalmente a los criterios del párroco, porque, según dice, ya no había tiempo para otra cosa. EME250495 **45** **decisión:** ¿Pero cómo no me voy a *plegar* a la decisión del club?. EPE020900 **46** **ideología:** ...las frustraciones de un pueblo que durante décadas tuvo que *plegarse* a una ideología asfixiante contra la que arremete el novelista... ABC260692 **47** **planteamiento:** En estos años prefirió *plegarse* a los planteamientos del dirigente histórico (...) para evitar fracturas en el movimiento sindical. LVE040396 **48** **política:** ...se ha apresurado a controlar la crisis, confirmando la coalición y todos los demás ministros, convencido de que se *plegarán* a su política liberal de centro... EPE130399 **49** **punto de vista:** Fue capaz de convencernos y consiguió que todos nos *plegáramos* a su punto de vista. INDOC **50** **realidad:** Al igual que con otras promesas, el octagenario presidente ha tenido que incumplirlas y *plegarse* a la realidad al adoptar medidas impopulares... LVE131295 **51** **concepto:** ...quien debió *plegarse* a más frescos conceptos (por presiones adolescentes y séptimas papeletas) y encontrar en la vieja Constitución el camino... SEM301000

G ALGUNOS SUSTANTIVOS QUE DESIGNAN ACCIONES REIVINDICATIVAS: **52** **huelga:** Pero hasta los gremios «nacionalistas» como el textil, se han *plegado* a la huelga... EME180796 **53** **movilización:** Desde que la noche del domingo 9 el Colegio Médico amenazó con *plegarse* a la movilización si no se llegaba a acuerdo... HOY161296 **54** **protesta:** De aceptarse esta postura, el Ayuntamiento se hubiera *plegado* a las protestas que un grupo de vecinos de Moratalaz realizan... EPE011289

H ALGUNOS SUSTANTIVOS TEMPORALES: **55 tiempo:** No soy yo el que se va a *plegar* al tiempo, es el tiempo el que se va a plegar a mí. EME110694 **56 moratoria:** Se *plegó* a la moratoria y consiguió posponer el pago de la deuda. INDOC **57 calendario:** Para los pocos privilegiados que no tienen que *plegarse* a calendarios escolares, como el articulista, lo mejor es veranear en junio o en septiembre. EME050896

I OTROS SUSTANTIVOS; POSIBLES USOS ESTILÍSTICOS: Los seguidores se *plegaban* al silencio. EPE230599

▩ Se combina también con: ♦ **deliberadamente, disciplinadamente, humildemente, incondicionalmente, mansamente**

pleitesía ♦ **prestar, rendir, tributar[11]**

□ Véase también: **culto, homenaje, tributo.**

pleito ♦ **civil, conyugal, judicial, jurídico, laboral, largo, legal, matrimonial, testamentario, viejo** ♦ **objeto (de)** ♦ **afrontar, buscar, dirimir[34], entablar[36], entrar (en), fallar, ganar, liquidar, llegar (a), llevar, meter(se) (en), perder[39], reabrir[14], solucionar, solventar, tener, tramitar[37]**

plenamente *adv.* ▮ Se combina con numerosos adjetivos y se asimila parcialmente a los intensificadores *(plenamente vigente, convencido, satisfecho).* También se combina con...

A VERBOS QUE DENOTAN AQUIESCENCIA, ACEPTACIÓN, ACUERDO O CONFORMIDAD RESPECTO DE ALGUNA COSA: **1 coincidir ++:** Las palabras del presidente coincidían *plenamente* con lo que ofrecía la plataforma de gobierno... LPN260497 **2 suscribir ++:** Suscribo *plenamente* lo firmado por el señor Ignacio Llopis Romerales. LVE201094 **3 adherir(se) ++:** ...ha dejado claro que Hungría se adhiere *plenamente* a la política de la OTAN... EPE160499 **4 identificar(se) ++:** ...el poeta se identificó *plenamente* con el público sampedrano... LPH130596 **5 compartir ++:** ...comparte *plenamente* las razones de derecho que fundamentan tal actuación. EUV061196 **6 sumar(se) +:** El grupo de los siete países industrializados más poderosos del mundo, a los que aún no acaba de sumarse *plenamente* Rusia... LTB250700 **7 estar de acuerdo +:** ...–PSOE, AP, CDS e IU– están *plenamente* de acuerdo en que la comunidad madrileña tenga... EPE021987 **8 aceptar +:** ...todavía se resiste a aceptar *plenamente* el optimismo reflejado. EXC091196 **9 armonizar(se):** Así en las esculturas de Gargallo se armonizan *plenamente* un lenguaje de innovación plástica con la tradición de la armonía de las formas... ABC280194 **10 admitir:** Al cabo, el equilibrio en las cifras puede admitirse *plenamente.* LNP190397 **11 consensuar:** Y aquí no hay quien se mueva hasta que el futuro esté consumado, y *plenamente* consensuado. EME140695 **12 reconocer:** ...la Generación del 98 había reconocido sin reservas y *plenamente* el Modernismo... LHG100697 **13 acatar:** Nosotros acatamos *plenamente* la resolución de la Cotop en la que suspende la aprobación de... LVG301091 **14 asimilar:** Ahí, como a él le gustaba recordar, asimiló *plenamente* las doctrinas liberales y clásicas. HOY050586 **15 absorber:** Han absorbido *plenamente* la verdad de la respuesta del ministro de Defensa... ABC020793

B VERBOS QUE DENOTAN INGRESO EN ALGUNA OCUPACIÓN O EN UN ESTADO DE COSAS, GENERALMENTE ESTABLE. TAMBIÉN CON OTROS QUE DENOTAN ADQUISICIÓN DE ALGUNA RESPONSABILIDAD: **16 asumir ++:** La designación del Pontífice permite a Medina asumir *plenamente* el cargo de prefecto para la Congregación... LEC190198 **17 dedicarse ++:** ...y una casa a su disposición para que el escritor pueda dedicarse *plenamente* a su actividad. HOY191083 **18 hacerse cargo:** ...ya ha advertido que el Ejército no puede hacerse cargo *plenamente* de todas las tareas policiales. EPE031099 **19 consagrarse:** Dos años más tarde decidió consagrarse *plenamente* a la literatura y abandonó cualquier otra dedicación. LVE030396 **20 inscribirse:** Yo creo que estoy *plenamente* inscrito en esta atmósfera, siempre a través de una dialéctica que... LVE160795 **21 integrar(se):** España se integrará *plenamente* en la estructura de la OTAN... EME040696 **22 adscribir(se):** ...no se adscribió *plenamente* al surrealismo hasta cinco años después... ABC290193 **23 asociarse:** ...invita al secretario general y alto representante, bajo la autoridad de la Presidencia y *plenamente* asociado a la Comisión... EPE250300 **24 enraizar(se):** ...es una realidad viva y *plenamente* enraizada en el tejido empresarial catalán. LVE160495 **25 imbuir(se):** ...nos introducen en la obra de una Rosa Torres *plenamente* imbuida de valores clásicos... EPE280599 **26 sumergirse:** ...todos los fines de semana intentan «pillar» un par de ellas para sumergirse *plenamente* en sus «estimulantes» efectos... EME221195 **27 adentrarse:** ...lo formal se radicaliza en sus grabados, hasta el punto de que estos se adentran *plenamente* en la corriente del informalismo... ABC040294 **28 insertarse:** ...algo ya *plenamente* insertado en nuestra tradición popular de hoy, por mal que les pese a... EPE290799 **29 asentar(se):** ...con una Rosa Aguilar ya *plenamente* asentada en el escenario político andaluz. EPE050799 **30 instalarse:** El miércoles, ya *plenamente* instalado en el salón de la popularidad... EME071096 **31 enfrascarse:** ...ya estaba *plenamente* enfrascado en el negocio del traspaso de jugadores... EPE020701 **32 incorporarse:** Chile y Bolivia se incorporaron *plenamente* al mecanismo de consultas políticas del Mercosur... DLA250797 **33 interesarse:** ...Vicente Romero se interesó *plenamente* por las producciones y por la dirección de... EME100796

C VERBOS QUE DENOTAN AYUDA O COLABORACIÓN: **34 participar +:** ...todavía debe participar más *plenamente* en «el gran desafío» de la construcción europea del siglo XXI. EPE280799 **35 colaborar:** ...él y la señora Clinton están colaborando *plenamente* con el investigador independiente. ENH150198 **36 respaldar ++:** ...Estados Unidos respaldó *plenamente* el desarrollo de la capacidad militar de la Unión Europea... FDV160601 **37 volcarse:** Aún después de abandonar su cargo y ya *plenamente* volcado en su actividad privada... EME210595 **38 lanzarse:** En 1961, ya *plenamente* lanzada en el mundo del cine... EME040495 **39 apoyar:** El presidente Bill Clinton «apoya *plenamente*» este compromiso... EME201195

D VERBOS QUE DENOTAN CUMPLIMIENTO DE NORMAS O CONDICIONES, ASÍ COMO LA ACCIÓN DE ALCANZAR DE FORMA SATISFACTORIA ESOS ESTADOS O EL PROCESO DE LLEGAR A ELLOS: **40 cumplir ++:** Ninguno de los candidatos cumple *plenamente* con las condiciones económicas necesarias... ETC170797 **41 satisfacer +:** ...satisface *plenamente* el precepto estatutario de cultivar, acrecentar y difundir las bellas artes. ABC101195 **42 ajustarse +:** ...en términos del finiquito del 5 de diciembre de

1989 «se ajustó *plenamente* a derecho». DYM170796 **43 adaptar(se) +:** «Ratificamos un modelo de ciudad que se adapta *plenamente* a la ley», dijo. EPE231199 **44 acoplar(se) +:** Por eso no consiguen acoplarse *plenamente* a los esquemas culturales y sociales de los blancos... LVE030596 **45 acomodar(se) +:** Si de la noción de mediación pasamos a su aplicación a Elosúa he de decir que se acomoda *plenamente* a su conducta... EME290394 **46 encajar +:** ...el acuerdo final encaja *plenamente* con la petición española. LVE120395 **47 alcanzar:** Esos son detalles que yo creo no se han alcanzado *plenamente*. DLA210497

E VERBOS QUE DENOTAN CREACIÓN O FORMACIÓN DE ALGO: **48 formar(se):** ...contratar jóvenes como aprendices para utilizarlos en el puesto que correspondería a un trabajador ya *plenamente* formado... EPE220500 **49 conformar(se):** Ha convivido con otras sociedades *plenamente* conformadas... EPC050797 **50 constituir(se):** ...la comunidad de regantes presidida por Sampedro, que aún está sin constituirse *plenamente*... EPE301299 **51 configurar(se):** ...el sistema bancario español está ya *plenamente* configurado. EME280496 **52 realizar(se):** ...semejantes esperanzas se encuentran *plenamente* realizadas en Don Giovanni... EPE150580 **53 cuajar:** ...la paz no cuajará *plenamente* hasta que no se haya logrado no ya que callen las armas... EPE270600

F VERBOS QUE DENOTAN ÉXITO EN ALGUNA ACTIVIDAD: **54 acertar ++:** ...Nelson Acosta acertó *plenamente*, y fue notorio el ritmo, la continuidad y la profundidad del juego... LEC110797 **55 triunfar ++:** ...en una encrucijada cultural de primer orden, donde la reforma gregoriana triunfaría ya *plenamente*... ABC030993 **56 dar en la diana +:** La velada amenaza lanzada por el financiero, al parecer, ha dado *plenamente* en la diana. LVE011295 **57 vencer:** ...el turinés ha conseguido vencer *plenamente* su naturaleza... ABC301294 **58 superar:** ...el punto culminante que dirá al país si la crisis ha sido superada *plenamente*. CAP051296

G VERBOS QUE DENOTAN INCIDENCIA, REPERCUSIÓN O INFLUENCIA EN ALGO: **59 recaer:** ...la Agenda 2000 (...) recae ahora *plenamente* sobre el ministro de Exteriores... EPE130399 **60 incidir:** Sin ellos, el nacionalismo catalán no incidiría *plenamente* en la sociedad y en el ciudadano. LVE110996 **61 afectar:** La suspensión del servicio afectó *plenamente* a los dos canales públicos de RTVE... EPE240299 **62 repercutir:** ...al no ser capaces de repercutir *plenamente* en precios las elevaciones de sus costes de producción derivadas de aquellos primeros aumentos. EPE220900

H VERBOS QUE DENOTAN RELACIÓN DE DEPENDENCIA O SUBORDINACIÓN CONTRAÍDA EN RELACIÓN CON ALGO O ALGUIEN: **63 supeditar:** ...las propuestas de CiU resultan más fundamentadas por cuanto supeditan *plenamente* este objetivo a la consecución de éxitos en la rebaja del déficit. EME060396 **64 subordinar:** ...aceptaron entonces pagar por la suspensión del terror un altísimo precio político, subordinando *plenamente* tanto sus objetivos como su actuación política a corto plazo a las exigencias... EPE011299 **65 someterse:** ...además de someterse *plenamente* a la Ley y al Derecho... EME271295

I VERBOS QUE DENOTAN DEFENSA, MANTENIMIENTO O SUSTENTACIÓN DE ALGO, MÁS FRECUENTEMENTE DE UNA OPINIÓN O UNA IDEA: **66 mantener +:** ...para tener caminos paralelos con el MNR, si vale el término, aunque manteniendo *plenamente* nuestra diferenciación... LTB010497 **67 sustentar:** Es difícil aventurar hipótesis que pudieran ser sustentadas *plenamente* en un escenario como el que actualmente enfrenta el país... EXC300896 **68 defender:** Con unos resultados tan precarios, Clinton no podía tomar una decisión definitiva que ya sólo defendía *plenamente* el Pentágono. EPE050900 **69 sostener:** ...prevenir este tipo de acciones violentas y sostener *plenamente* la vigencia de nuestro estado de Derecho. EXC300896

J EL VERBO *CONFIAR*: **70 confiar ++:** En estrecha vinculación con las masas, confiando *plenamente* en su patriotismo y capacidad de lucha, el Partido tuvo por tanto que adoptar... GIC051697

K VERBOS QUE DENOTAN SEPARACIÓN O DISTANCIAMIENTO, FRECUENTEMENTE DE UNA POSTURA O UNA IDEA: **71 apartar(se):** ...se apartó *plenamente* del concepto general que el pueblo se ha formado de los políticos... LHG300497 **72 separar(se):** En la sociedad islámica, nunca han estado *plenamente* separadas. EPE281001

L VERBOS QUE DENOTAN DISFRUTE: **73 gozar +:** ...«sufrir hasta la desesperación cuando un autor, alguien en quien has confiado, te defrauda», y «gozar *plenamente* cuando descubres algo bueno». EME021196 **74 disfrutar +:** ...anunció ayer que habrá que esperar otros dos años más para «disfrutar *plenamente* de uno de los teatros mejor dotados del mundo». EME160395

M VERBOS QUE DENOTAN RECUPERACIÓN O RETORNO A UN ESTADO ANTERIOR QUE SE CONSIDERA MEJOR: **75 recuperar(se) ++:** ...el respaldo final que obtenga el «tercer hombre», ese Julio Anguita *plenamente* recuperado tras su descarrilamiento cardiaco de hace un año... EME120694 **76 rehabilitar(se) +:** ...de los principales acusados, Andreotti ha sido finalmente absuelto y *plenamente* rehabilitado... EPE200600 **77 restablecer(se):** «Estoy *plenamente* restablecido de la lesión». EME150995 **78 recobrar(se):** El golpe ha sido muy fuerte y todavía no se ha recobrado *plenamente*. INDOC **79 reponer(se):** Convocó una rueda de prensa, ya *plenamente* repuesto de su enfermedad. INDOC

N VERBOS QUE DENOTAN PERMISO, VALIDACIÓN U OTRAS FORMAS DE ALCANZAR ALGO O ALGUIEN LEGITIMIDAD, REGULARIDAD, SOLIDEZ O FIRMEZA: **80 justificar ++:** ...justifican *plenamente* aquellas magistrales palabras de Vicente Aleixandre... ABC090695 **81 autorizar +:** La probabilidad nunca puede ser base de una condena, (...) pero sí autoriza *plenamente* a que en el curso de la instrucción del proceso... EME280596 **82 acreditar +:** ...ha aportado nuevos elementos de convicción que acreditan *plenamente* la responsabilidad del ingeniero... PME031196 **83 valorar +:** ...las perspectivas son optimistas para poder valorar *plenamente* la trascendencia del descubrimiento. EPD040997 **84 aprobar:** La operación salvamento del euro fue «aprobada *plenamente*» por el ministro francés de Economía... EPE230900 **85 garantizar:** La impunidad la tenía yo *plenamente* garantizada... EXC070896 **86 normalizar:** ¿Están *plenamente* normalizadas las relaciones entre Chile y España? EPE030601 **87 revalidar:** ...Alemania ha revalidado *plenamente* su papel motor de la economía europea. EME130195 **88 asegurar:** Sin poder asegurarlo *plenamente*, pareciera que la época de la falsificación de los resultados electorales ha quedado en el pasado... EXC020197 **89 ratificar:** ...queda *plenamente* ratificada la validez jurídica del modelo de conjunción lingüística que se aplica... EME140795 **90 consolidar:** Es por ello que, con todos los ciclos actuales *plenamente* consolidados, nos hemos decidido a organizar cuatro nuevos en la próxima temporada. LVE060696 **91 afianzar:** La sociedad chilena surge *plenamente* afianzada a sus institutos armados desde antes de la República. HOY230996

[pleno] → **a plena satisfacción, a pleno pulmón, a pleno rendimiento, de pleno**

pletórico (de) *adj.* ▮ Se construye con sustantivos contables en plural *(pletórico de significados)* o no contables en singular *(pletórico de voz)*. Referido a las personas de las que se predica algo *(El cantante estuvo pletórico de voz durante todo el concierto)*, se combina frecuentemente con sustantivos que designan cualidades *(elegancia, talento, ingenio, imaginación)* o diversos atributos *(voz, oficio)* de los individuos, muy especialmente si designan facultades o capacidades que se caracterizan o se manifiestan en la acción. También se combina con...

A SUSTANTIVOS QUE DENOTAN VIGOR, ENERGÍA Y OTRAS APTITUDES FÍSICAS O ANÍMICAS DE LOS INDIVIDUOS RELATIVAS A LA CAPACIDAD PARA LA ACCIÓN: **1 fuerza ++:** ...Indurain se presenta en la línea de salida como el rival a batir: *pletórico* de fuerza, con más experiencia que nunca... LVE270696 **2 energía ++:** ...se había reencarnado en este robusto vocalista *pletórico* de energía. LVE170296 **3 salud ++:** Hacía poco tiempo que había estado con él y parecía *pletórico* de salud. LVE010495 **4 vida +:** Estaba *pletórico* de vida y satisfacción. ABC050692 **5 facultad ++:** Lo realmente destacable es descubrir a una Arantxa Sánchez *pletórica* de facultades... LVE090696 **6 vitalidad +:** ...la mayoría de la población es joven y emerge *pletórica* de vitalidad y ganas de abrirse camino. LVE130395 **7 poder:** Al menos, eso es lo que decían, aún *pletóricos* de poder, algunos dirigentes socialistas a propósito de la querella... LVE231195 **8 fortaleza:** Era un argentino rubicundo, escaso de pelo y *pletórico* de genio, talento y fortaleza. EME050596

B SUSTANTIVOS QUE DENOTAN ESTADOS DE EXPECTACIÓN O CONFIANZA INTENSOS ANTE UN HECHO FUTURO. TAMBIÉN CON OTROS QUE DESIGNAN ESTADOS DE SATISFACCIÓN NOTORIA POR LO QUE SE HA CONSEGUIDO: **9 moral ++:** Las molestias que sufre en los abductores Bebeto es el único motivo de preocupación de un Deportivo *pletórico* de moral tras su fácil triunfo... LVE010695 **10 ánimo +:** El reservado del restaurante «La Dorada» tenía por anfitrión a un Julio Iglesias *pletórico* de ánimo y buen color. EME240494 **11 gana +:** Lo que parece fuera de duda es que está *pletórico* de ganas por seguir tirando del carro, aunque tenga que arrastrar un lastre indeseado... LVE220394 **12 entusiasmo +:** De nuevo, Agustín Úbeda, *pletórico* de entusiasmo y de una energía creadora que nunca mengua. ABC230493 **13 ilusión +:** Había allí desde el malabarista que podría convertirse en una estrella hasta el patoso *pletórico* de ilusión. LVE170995 **14 optimismo +:** Otra cosa es que los compradores de acciones en la reciente OPV se sientan *pletóricos* de optimismo. LVE071095 **15 triunfalismo:** ...sustituyésemos las continuas referencias a Europa y ese discurso empalagoso *pletórico* de triunfalismo por el silencio del que quiere olvidar un mal sueño. EME140795 **16 motivación:** Lo normal es que Juninho, *pletórico* de motivación, encuentre un sitio en la media punta... EPE170299

C ALGUNOS SUSTANTIVOS DE ACCIÓN QUE DENOTAN LABOR O TAREA: **17 trabajo +:** No me gusta decir que somos mejores o peores que el Bolshoi, pero es indudable que nosotros estamos *pletóricos* de trabajo y de actividad musical. EME060396 **18 actividad +:** ...*pletórica* de actividades, halla al señor Díaz-Loyola sumido en un estado de sopor que le impide la concentración en los negocios. GIC080896

D SUSTANTIVOS QUE DENOTAN SIGNIFICACIÓN O CONTENIDO: **19 contenido +:** ...era necesario prepararse para escuchar y presenciar una ópera moderna, *pletórica* de contenido. ABC150193 **20 connotación:** Entre nuestra gente se ha creado, a lo largo de estos años, un sano y generoso orgullo de ciudad, que no es autocomplaciente, sino *pletórico* de connotaciones dinámicas... LVE271196 **21 significado:** Y así comencé una nueva vida, *pletórica* de significado. EME270796 **22 referencia:** ...reprueba el orden de una representación que hablaba a través de la riqueza *pletórica* de referencias y abismos metafóricos... EME060595 **23 sugerencia:** ...combina elementos geométricos simples con imágenes de los media así como con grafías en un mosaico *pletórico* de sugerencias, sin igual en el arte contemporáneo... LVE150396

E ALGUNOS SUSTANTIVOS QUE DENOTAN ESTIMACIÓN O VALORACIÓN PERSONAL POR ALGO QUE SE CONSIDERA DIGNO DE ELLA: **24 satisfacción ++:** ...está *pletórico* de satisfacción por el desarrollo del juicio... LVE220295 **25 orgullo +:** Aún era tiempo de organizaciones autosuficientes, *pletóricas* de orgullo partidario... LVE270796

F ALGUNOS SUSTANTIVOS QUE DENOTAN SENTIMIENTO DE PLACER O GOZO: **26 alegría +:** Constantino, que no oculta su deseo de volver aunque la monarquía griega fue abolida en la Constitución de 1974, parecía *pletórico* de alegría. EME020795 **27 felicidad:** ...apareció *pletórica* de felicidad y no paró de hablar de su hija... EME200896

G OTROS SUSTANTIVOS; POSIBLES USOS ESTILÍSTICOS: La librería Babel, fundada en un 92 *pletórico* de fanfarrias olímpicas, y la librería Faristol, creada seis años antes, inaugurarán su 2000 convirtiéndose en una sola marca... EPE221299

☐ Véase también: **lleno, rebosante (de)**.

plisar ♦ **falda, ropa, tela**

☐ Véase también: **doblar, plegarse (a)**.

plomizo *adj.* ▮ En su sentido literal ('que tiene color de plomo') se combina con sustantivos que designan diversos espacios y elementos naturales *(cielo, nube, atmósfera, horizonte)*, y con otras que designan el día o algunas de sus partes *(día, tarde, mañana, atardecer: Era una tarde plomiza)*. También se combina con el sustantivo *color* y con otros que expresan cualidades cromáticas semejantes a las del plomo *(un gris plomizo)*, así como con los que designan diversos objetos que pueden poseerlas *(bloque, torre)*. En su sentido figurado ('molesto, tedioso o enfadoso') se combina con sustantivos que designan lugares *(ciudad)*, obras de creación *(novela, disco)*, personas o colectivos *(un plomizo conferenciante)*. También se combina con...

A SUSTANTIVOS QUE DESIGNAN EVENTOS, MÁS FRECUENTEMENTE SOCIALES Y EN PARTICULAR DEPORTIVOS. TAMBIÉN CON OTROS QUE DESIGNAN LOS DEPORTES A LOS QUE CORRESPONDEN: **1 partido ++:** ...no pasa del empate en La Rosaleda en un partido *plomizo* en el que Rivaldo marcó su 100° gol en la Liga. EPE211001 **2 sesión +:** El Pleno del Congreso también debatirá, en una sesión que se prevé *plomiza* y aburrida, ya que no está previsto introducir grandes modificaciones... LVE191196 **3 ceremonia +:** Tras una larguísima, *plomiza*, casi situada en los ridículos bordes del aldeanismo, ceremonia televisiva de clausura... EPE100900 **4 encuentro:** ...mientras TVE1 está dando el *plomizo* encuentro de España, ofrece los noventa minutos más increíbles de la historia del deporte televisado... LVE170696 **5 fútbol:** Los rojiblancos han jugado casi siempre un fútbol *plomizo*. EPE150299

B SUSTANTIVOS QUE DENOTAN ALOCUCIÓN: **6 discurso ++:** Su discurso fue insistente y *plomizo*: impuestos, impuestos y más impuestos. EME111096 **7 presentación:** Una *plomiza* presentación de cifras, datos y detalles absolutamente inútiles. INDOC **8 exposición:** Hizo una exposición de los hechos tan monótona y *plomiza* que casi me quedo dormido. INDOC

C ALGUNOS SUSTANTIVOS QUE DENOTAN DEFECTO HUMANO, GENERALMENTE INTELECTIVO: **9 ignorancia:** ...opuesto al «mundo enormemente provinciano» de personajes grises que chapoteaban en una ignorancia y un casticismo *plomizos*. EPE150199 **10 estupidez:** Dolor como emanación del carácter de Wozzeck, el esclavo, inerme con sus tres pobres herramientas: la obediencia ciega, la estupidez *plomiza*, la torpe ternura. EME220694

D OTROS SUSTANTIVOS; POSIBLES USOS ESTILÍSTICOS: La inminencia de su llegada lo teñía todo de luto pero aún nadie sentía en la nuca el aliento frío y *plomizo* de los bárbaros. EPE051299

[plomo] → **con pies de plomo**

[plumazo] → **de un plumazo**

plusmarca ♦ **alcanzar, batir[3], lograr, ostentar, poseer, pulverizar[3], superar**
☐ Véase también: **récord.**

población ▮ *(conjunto)* ♦ **activo, adulto, analfabeto, asalariado, autóctono, bovino, civil, culto, disperso, envejecido, equino, escolar, estimado, flotante, foráneo, humano, indigente, infantil, informado, joven, juvenil, marginado, marginal, masificado, mundial, obeso, parado, recluso, rural, total, urbano** ♦ **censo (de), densidad (de), índice (de), núcleo (de), segmento (de)** ♦ **aglutinar[4], agrupar, amenazar, arrasar, atenazar, atender, censar, concentrar(se), congregar, conmocionar(se), conquistar, decrecer[63], dispersar(se), hacinarse, movilizar (a), pertenecer (a), radicar (en), reunir, sojuzgar[14], someter, superar (una cantidad), vacunar**

▮ *(lugar)* ♦ **abarrotado, agrícola, cercano, costero, deshabitado, disperso, fronterizo, gran(de), lejano, marginal, masificado, pequeño, pintoresco, remoto, rico, rural, serrano, urbano, vacío** ♦ **afincar(se) (en), agrupar, amenazar, arrasar, asediar, asolar, colapsar(se), concentrar(se), conquistar, frecuentar, habitar, incendiar, invadir, mudarse (a), ocupar, pertenecer (a), radicar (en), residir (en), rodear, sitiar, tomar, vivir (en)**
☐ Véase también: **lugar, pueblo.**

pobreza ♦ **agobiante, alarmante, al descubierto[10], colectivo, creciente, de ideas, de medios, de recursos, endémico, enorme, extremo, imaginativo, intelectual, lastimoso, literario, mísero, profundo, rampante[13], sumo, tecnológico, terrible** ♦ **bolsa (de), condiciones (de), estado (de), grado (de), índice (de), lucha (contra), nivel (de), situación (de), tasa (de), umbral (de), voto (de)** ♦ **abolir[62], acechar[39], acuciar[10], agudizar(se), aliviar[23], aminorar, aumentar, azotar[22], combatir[16], condenar, dar solución (a), decrecer[53], eliminar, erradicar, escarbar (en)[17], extender(se), hundir(se) (en)[2], luchar (contra), mitigar[37], recrudecer(se)[37], reducir, rescatar (de), sacar (de), solucionar, sumir(se) (en), superar, vencer, vivir (en),** *verbos de cambio de estado*
☐ Véase también: **miseria, ruina.**

[poco] → **por poco**

[poder] → **de poder a poder, obrar en poder**

poder ♦ **abrumador[5], absoluto, abusivo[59], acaparador[8], adquisitivo, alto, amplio, arbitrario[14], asfixiante[26], autonómico, bélico, borracho (de)[12], cegador[13], central, centrípeto[11], ciego[44], ciego (de)[8], civil, comunal[4], considerable, curativo[4], de atracción, decisivo, decisorio, de compra, de concentración, de convicción, de convocatoria, de decisión, de destrucción, de observación, de persuasión, de retención, de seducción, desmedido[77], destructivo, determinante[15], de veto, discrecional[1], disuasorio[23], dominante[8], económico, efectivo[40], efímero[45], ejecutivo, emergente, enorme, exclusivo, exorbitante[8], fáctico, férreo[11], feudal, firme, fugaz, ilegítimo, ilimitado, implacable[12], inflexible, inmenso, integral[58], irresistible[29], judicial, legítimo, omnímodo, penetrante[6], político, portentoso[20], soberano, sólido, soterrado[72], sumo, supremo** ♦ **en bandeja[24]** ♦ **en uso (de), sin menoscabo (de)[6]** ♦ **abuso (de), acceso (a), ambición (de), ámbito (de), ápice (de)[43], asalto (a), ascenso (a), círculo (de), cuota (de), demostración (de)[8], equilibrio (de), esfera (de), hilo (de), manifestación (de)[35], reparto (de), signo (de), sumisión (a)** ♦ **abatir(se), absorber, abusar (de)[13], acaparar, acariciar[25], acceder (a), acentuar(se), achicar[12], acotar[10], acumular, adquirir[68], aferrarse (a)[1], afianzar(se)[9], aglutinar[64], agotar(se)[29], alcanzar, alimentar(se) (de)[26], amasar[2], apear(se) (de)[2], arrebatar, arrogarse[24], asentar(se) (en), asumir[9], atesorar, aumentar, blindar[30], centralizar[1], cimentar[30], combatir,**

conceder[68], conquistar[4], conservar[15], consolidar, controlar, copar[9], corromper (a alguien), debilitar(se), decrecer, delegar[16], derretir(se), derrumbar(se)[16], desafiar, desarticular(se)[35], desmantelar[33], desmembrar(se), desmoronar(se)[5], desplegar, detentar, diluir(se)[10], dimanar, disminuir, ejercer[25], emanar[22], encumbrar(se) (a), enfrentar(se) (a), erosionar[14], escalar[22], escorar(se)[2], fortalecer(se)[13], ganar, gozar (de)[45], hipotecar[25], imponer[4], llegar (a), llevar (a), luchar (contra), magnificar[25], minar, obtener, ostentar[1], perder[31], permanecer (en), recaer[26], recortar, rendirse (a/ante)[20], renunciar (a), repartir(se), revestir(se) (de)[18], revocar[47], robustecer(se)[9], socavar[8], someter(se) (a), subir (a), subordinar(se) (a), tener, tomar[24], traspasar[6], usurpar[1]

☐ Véase también: **autoridad, capacidad, fuerza, impulso, poderío, potestad, presión.**

PODER

♦ (SUSTANTIVOS) Véase: **abrumador[A], absorber[A], abusar (de)[B], abusivo[I], acaparador[B], acariciar[E], acatar[I], achicar[C], acotar[C], adquirir[I], aferrarse (a)[A], afianzar(se)[B], aglutinar[H], agotar(se)[D], amasar[A], apear(se) (de)[A], ápice (de)[F], aplastante[C], arrogarse[D], asfixiante[D], asumir[B], atentatorio (contra)[F], blindar[E], burlar[H], centralizar[A], centrífugo[B], centrípeto[B], ciego (de)[B], cimentar[D], comunal[A], conceder[N], conquistar[B], conservar[B], copar[B], delegar[C], demostración (de)[B], derrumbar(se)[C], desinflar(se)[F], desmantelar[G], desmedido[I], desmembrar(se)[F], desmoronar(se)[A], dirimir[H], discrecional[A], dominante[B], efímero[I], ejercer[D], emanar[D], en bandeja[D], encarrilar[F], erosionar[C], escalar[D], escorar(se)[A], exorbitante[D], férreo[A], fortalecer(se)[B], hipotecar[E], implacable[B], implantar[K], imponer[A], integral[M], nivelar[C], ostentar[A], perder[E], plegarse (a)[E], portentoso[C], quebrar(se)[J], recaer[C], refrendar[A], rendirse (a/ante)[D], residir (en)[G], revalidar[C], revestir(se) (de)[D], revocar[J], robustecer(se)[B], sin menoscabo (de)[B], socavar[B], suplantar[D], tomar[C], usurpar[A]**

♦ (VERBOS) Véase: **abrumadoramente[C], abusivamente[F], a dedo[C]**

☐ Véase también: AUTORIDAD; FUERZA.

poderío

♦ **abrumador[6], absoluto, aéreo, aplastante[16], artístico, asombroso, bélico, creciente, económico, emergente, espacial, financiero, militar, nuclear, ofensivo, técnico, tecnológico** ♦ **demostración (de)[7], exhibición (de), manifestación (de)[36], símbolo (de)** ♦ **aumentar, demostrar, derrochar[38], ganar, gozar (de)[50], incrementar(se), mostrar, perder, ratificar, tener**

☐ Véase también: **fuerza, poder.**

poderosamente *adv.* ▌Se combina con...

A VERBOS QUE DENOTAN ATRACCIÓN E INFLUENCIA: **1 llamar la atención ++:** Llama *poderosamente* la atención que específicamente se pida quitar (...) las profesiones relacionadas con la misma área... ESH230497 **2 influir ++:** ...los fuertes cambios sociales a que ha estado sometida nuestra historia han influido *poderosamente* en el desarrollo, aceptación y vigencia de las vanguardias. ABC100694 **3 marcar +:** ...todo se mueve al ritmo de sus sueños y sus imaginaciones, marcadas *poderosamente* por el temprano fallecimiento de su hermana gemela. LVE060195 **4 atraer +:** Me atrajo *poderosamente* una frase que pronuncia éste tras varios años entre rejas. EME250295 **5 incidir +:** ...los cambios en las correlaciones de fuerza entre las potencias hegemónicas incidieron *poderosamente* en el margen de maniobra del que dispone nuestra nación. EXC230496 **6 afectar:** El efecto premio (Oscar o Goya) afecta *poderosamente* las taquillas. LVE200295 **7 reclamar la atención:** ...y ello a pesar de la actitud humilde (...) que reclama *poderosamente* la atención en este tipo tan especial de intérpretes. LVE170596 **8 interesar:** ...Jordi Pallarés (...) viene a demostrar que la abstracción sigue interesando *poderosamente* a ciertos pintores jóvenes. LVE240295 **9 mover los ánimos:** ...el fundamentalismo mueve *poderosamente* los ánimos de multitudes... LNA010792 **10 influenciar:** ...Santana y Jethro Tull reconocen haber sido influenciados *poderosamente* por los maestros del blues. EUV080996 **11 pesar:** El carácter extraordinariamente cruento de la contienda (...) y el sistema político que propició (...) han pesado *poderosamente* sobre la conciencia colectiva del país... LVE180796 **12 gravitar:** ...la elección presidencial (...) gravita *poderosamente* sobre todas las decisiones del presidente... LVE100996 **13 resonar:** ...esta altanería de la voluntad resonará *poderosamente* en Descartes... ABC200195 **14 tirar:** ...una traducción que tira *poderosamente* hacia la fecha de la escritura original... LVE291195 **15 retener:** ...y sin embargo hay algo único en él, algo que nos retiene *poderosamente* y que no encontramos en ninguno de sus compañeros de generación. LVE120196 **16 condicionar +:** Las respuestas de EE. UU. a estas preguntas condicionan *poderosamente* el debate. EME290795 **17 repercutir:** La persecución desde la Comisión Europea contra supuestas ayudas estatales desmesuradas repercutirá *poderosamente* en el balance global del consorcio. EME250796

B VERBOS QUE DENOTAN AYUDA O CONTRIBUCIÓN: **18 contribuir ++:** En aquel frontón jugó más que nadie Altamira, «y contribuyó *poderosamente* a sostener y fomentar durante muchos años la afición al juego de pelota». EDV010123 **19 revitalizar:** Es claro que el compositor revitalizó *poderosamente* el género y lo trascendió hasta colocarlo en las puertas del absurdo... ABC150794 **20 auxiliar:** Este modelo, auxiliado *poderosamente* por la tecnología... EXC091196 **21 favorecer:** La diferencia horaria transatlántica y lo apretado del escrutinio favorecieron *poderosamente* ayer a la radio frente a la Prensa escrita... EME011195 **22 respaldar:** La prédica ideológica se ha reproducido en América Latina (...) a través de (...) instituciones (...), cuyos recursos e influencias la respaldan *poderosamente.* HOY050187 **23 actuar en favor (de):** Estos factores psicológicos han actuado *poderosamente* en favor de quienes han hecho campaña... EME281195

C VERBOS QUE DENOTAN CRECIMIENTO, PROMINENCIA O DESARROLLO: **24 destacar ++:** Dentro de los actos programados para este Mundial Cultural destaca *poderosamente* un ambicioso ciclo musical de quince conciertos... EME100196 **25 reflejarse:** ...dando una lección de vitalismo que se refleja *poderosamente* en su obra. LVE190695 **26 sobresalir:** ...tiene su origen en espacios de producción propia de los que sobresale *poderosamente*

«Nissaga de poder»... LVE051296 **27 crecer:** Y había crecido *poderosamente* en los últimos tiempos del franquismo... EME181095 **28 aumentar:** Una Serbia unida, desde el Danubio hasta Trebinje y Banja Luka aumentaría *poderosamente* la influencia de Belgrado en esa zona estratégica... EME221195 **29 prosperar –:** En un artículo premonitorio de 1919, había escrito que Europa prosperaría *poderosamente* mientras Rusia se enzarzaba en guerras internas. ABC170192 **30 sentirse –:** Los efectos económicos del conflicto comienzan a sentirse *poderosamente* en ambos países. EME010295

D VERBOS QUE DENOTAN SEMEJANZA O DIFERENCIA: **31 recordar ++:** El discurrir existencial de Sailor recuerda *poderosamente* al de Harry «Conejo» Angstrom en la narrativa de John Updike. ABC151093 **32 contrastar +:** Su desapego al poder contrasta *poderosamente* con la actitud de los actuales gobernantes... EME221195 **33 semejar:** No en balde los 273 arcos –todos ellos de alturas y formas distintas– semejan *poderosamente* el costillar de una ballena... LVE140696 **34 asemejarse:** ...la estética del nuevo Vectra mantiene los cánones estilísticos de otros modelos de la marca, especialmente en el frontal, que se asemeja *poderosamente* al del Omega. EME180795

E VERBOS QUE DENOTAN ABASTECIMIENTO. GENERALMENTE SE USAN EN SENTIDO FIGURADO: **35 alimentar:** ...existen otros factores que alimentan *poderosamente* la obsesión por el macho. EME020495 **36 nutrir:** ...ni creo que sean muchos (ni siquiera en votos) ni me parece que los jóvenes nutran *poderosamente* sus filas. EME170495 **37 abastecer:** ...las grandes realizaciones de la literatura universal –la Ilíada, el Antiguo Testamento, el Mahabharata, el Corán, *poderosamente* abastecidas de relatos guerreros–, son obra de un compilador... ABC130195

F ALGUNOS VERBOS DE REACCIÓN AFECTIVA: **38 sorprender:** Nos ha sorprendido *poderosamente* que hayan aparecido en Alicante... EME230395 **39 cautivar:** ...la refinada estética literaria de Barrès cautivó *poderosamente* a las generaciones jóvenes del catalanismo emergente. LVE290496 **40 abrir los ojos –:** ...poniendo la boca en situación de comer un huevo duro y abriendo *poderosamente* los ojos... EME010896

G ALGUNOS VERBOS QUE DESIGNAN ACCIONES Y MOVIMIENTOS EN LOS QUE SUELEN INTERVENIR LA POTENCIA O EL ÍMPETU: **41 presionar:** ...las recurrentes protestas sociales que presionan *poderosamente* sobre las estructuras políticas del país. PME031196 **42 dominar:** ...otra Final Four, la genuina e inimitable (...) domina *poderosamente* la actualidad. EME080495 **43 clamar:** ...fue también el país que –por boca del titular de Exteriores, Klaus Kinkel– más *poderosamente* clamó en favor de un programa que agilice el regreso masivo... EME161295 **44 activar:** El primero recibió una vacuna antitumor que incluía un gen que activaba *poderosamente* el sistema inmunitario... DLA140497 **45 avanzar:** ...después de haber avanzado tan *poderosamente* en unas elecciones generales... EME140294 **46 abrirse paso:** ...acabando por abrirse paso *poderosamente* porque igual que Frank Sinatra afirmaba que él no vendía voz sino estilo... EME010996 **47 frenar –:** ...factores nuevos que de una forma u otra están frenando *poderosamente* la demanda de consumo. LVE180995

H OTROS VERBOS; POSIBLES USOS ESTILÍSTICOS: La Trinidad (1577) preside *poderosamente* la primera sala. LVE211296; Con detenimiento, sin prisa alguna, lenta y *poderosamente*, Julien Green describe los múltiples escenarios... ABC210892; Doblándose *poderosamente*, limpiándole la baba al toro con los vuelos de la muleta... EME010695

poderoso ♦ **económicamente, escasamente, especialmente, excesivamente, extraordinariamente, inmensamente, militarmente, sumamente, tremendamente** ♦ **alianza, antídoto, argumento, arma, atracción, bomba, brazo, capacidad, combinación, corriente, dedo, defensa, dominio, economía, efecto, ejército, empresa, enemigo, entidad, estímulo, factor, flota, fuente, fuerza, garganta, grupo, herramienta, iluminación, imagen, imaginación, imán, impacto, impronta, influencia, influjo, instinto, instrumento, interés, intuición, llamada, máquina, medicamento, medio, mezcla, motivo, motor, movimiento, musculatura, músculo, organización, país, persona, personalidad, presión, razón, red, rival, saque, servicio, símbolo, somnífero, sugestión, técnica, telescopio, trama, vínculo, voluntad, voz, zancada**

podio ♦ **alcanzar, apear(se) (de)[9], bajar (de), conseguir, copar[4], subir (a)**

□ Véase también: **cima (de), pedestal, trono.**

poema ♦ **afectado, alegórico, autógrafo, bello, breve, deslumbrante, emotivo, exquisito, extenso, florido, hermético, hermoso, inédito, irónico, largo, logrado, precioso, rimbombante[16], ripioso, sobrecogedor, suelto, tierno** ♦ **antología (de), libro (de)** ♦ **componer, dedicar, editar, escribir, leer, publicar, recitar, redactar, rescatar, rimar, transcribir, versar (sobre algo)**

polar ♦ **aire, casquete, círculo, deshielo, ecosistema, estrella, exploración, forro, frío, noche, órbita, origen, oso, región, temperatura, tormenta, traje, viento, zona**

□ Véase también: **glacial.**

polémica ♦ **abierto, acalorado[16], agitado, agrio, agudo, álgido, animado, ardiente[23], arduo[17], bizantino[4], candente[2], cargado (de), confuso, controvertido[33], descarnado[36], duro, embarullado, encarnizado[25], encendido[7], enconado[15], enrevesado[65], envuelto (en), exento (de)[23], farragoso[5], fuerte, gran(de), incesante, intenso, irresoluble[22], manido[31], propenso (a)[16], público, reñido[44], rodeado (de), soterrado[17], tenso, teñido (de), tormentoso, vehemente[26], vibrante, viejo, vivo[53]** ♦ **en bandeja[17]** ♦ **al calor (de)[14], al hilo (de)[3]** ♦ **ánimo (de)[26], causa (de), centro (de), clima (de), eje (de), foco (de), motivo (de), objeto (de)[33], secuela (de)[18], tema (de), voluntad (de)** ♦ **abatir(se)[11], acallar[77], acentuar(se), agotar(se)[61], agravar(se)[14], ahondar (en)[9], airear[14], alimentar[13], amainar[15], amortiguar[37], anclar[43], apaciguar[2], apagar(se)[16], aplacar(se)[49], armar, arreciar[40], asaltar[31], atañer[11], atemperar[39], atizar[30], augurar[29], aumentar, avivar[6], brotar[45], caldear(se)[17], calmar(se), causar, cobrar fuerza[37],**

crear(se), decrecer, desactivar[13], desatar(se)[6], desbloquear[9], desencadenar(se)[8], desentenderse (de)[5], desinflar(se)[34], despertar[79], desviar[51], difuminar(se)[60], diluir(se)[27], dirimir[13], disipar(se)[30], disminuir, eludir[36], encarar[26], enfrascarse (en)[18], engendrar[5], enrarecer(se)[12], enredar(se) (en)[13], entablar[25], entrar (en), enzarzarse (en)[5], esclarecer(se)[13], establecer[47], estallar[18], evitar, extender(se), extinguir(se)[27], finalizar, generar, girar[5], incitar (a)[24], intervenir (en), involucrar(se) (en)[30], levantar[51], librar(se) (de)[29], magnificar, mediar (en), originar, provocar, quitar hierro (a)[6], reabrir[23], reavivar[1], recrudecer(se)[9], relanzar[20], saldar[18], salir al paso (de)[34], salpicar[10], sembrar[22], serenar(se)[20], sofocar[14], sosegar(se)[9], surgir, suscitar, teñir (de)[24], terciar (en)[1], traslucir(se)[67], venir de lejos[7], zanjar[14]

□ Véase también: **controversia**.

POLÉMICA

♦ (SUSTANTIVOS) Véase: **abstruso[A], acallar[F,H], acalorado[B], agriar(se)[C], ahondar (en)[C], al calor (de)[C], álgido[B], al hilo (de)[A], alimentar[B], apagar(se)[D], aplacar(se)[F], atizar[D], bizantino[A], brotar[H], caldear(se)[D], cancelar[G], candente[A,F], clarificar[D], cobrar fuerza[E], controvertido[F], cortar[B], decaer[E], de guante blanco[C], desatar(se)[B], desinflar(se)[G], despertar[L], desviar[G], encarar[E], enfrascarse (en)[B], enrarecer(se)[C], estallar (en)[E], exento (de)[D], fecundo[G], incitar (a)[D], irresoluble[D], levantar[J], librar(se) (de)[E], manido[E], monumental[A], objeto (de)[E], orquestar[E], pasajero[E], plantear[I], propenso (a)[C], quitar hierro (a)[B], reabrir[C], reavivar[A], relanzar[D], reñido[E], reverdecer[G], revivir[I], saldar[C], salir al paso (de)[F], salpicar[B], secuela (de)[C], sofocar[B], soterrado[B], sustraer(se) (de/a)[E], terciar (en)[A], traslucir(se)[J]**

♦ (VERBOS) Véase: **acaloradamente[A], acremente[B], brevemente[G]**

□ Véase también: CONFLICTO; INTERCAMBIO VERBAL.

policía ♦ de incógnito, de paisano, judicial, preventivo ♦ burlar, buscar (a alguien), denunciar (a/ante), detener (a alguien), ejercer (de), llamar (a), patrullar, perseguir (a alguien), rendirse (a/ante), sortear, vigilar (algo/a alguien)

política ♦ acorde (con)[2], anquilosado, arbitrario[18], asfixiante[27], audaz, blando[44], calculado, catastrófico[32], comunal[32], contemporizador, coyuntural[18], de hechos consumados, de hierro[20], demagógico, de salón[19], desfasado, dilatorio, discrecional[9], discriminatorio[14], drástico[42], duro, económico, eficaz, estricto[9], flexible[15], igualitario[3], imperante[15], implacable, inflexible, inoperante, inviable, laxo[8], monetario, obsoleto, partidario (de), presupuestario, propulsor (de), sesgado[24], social, tolerante, viable ♦ aplicar, apoyar, atenazar[24], auspiciar, avalar[74], censurar, conjugar[17], conocer, consensuar[12], delinear[3], derrumbar(se)[13], desbaratar[12], disentir (de)[16], disfrazar[12], ejecutar[4], ejercer, emprender[33], entender (de), entrar (en), escorar(se)[1], establecer, hablar (de), hipotecar[38], implantar, impulsar, instaurar[13], liderar, llevar adelante[7], llevar a la práctica[7], negociar, perseverar (en)[26], poner en práctica, practicar[27], rebatir[22], rectificar[22], refrendar[34], reprobar[2], revalidar[44], seguir, subvertir, trazar[36]

□ Véase también: **gobierno, sistema**.

políticamente ♦ complicado, conveniente, correcto, delicado, desacertado, inaceptable, incorrecto, influyente, inviable, posible, realizable, relevante, rentable, viable ♦ abordar, aislar, capitalizar, comprometer(se), controlar, decidir, hablar, negociar, organizar, responder, solucionar, utilizar

político ▮ *(adj.)* ♦ carácter, cariz[1], fibra[18], tinte, tono

▮ *(sust.)* ♦ de peso, de pies a cabeza[40], de raza

póliza ♦ a todo riesgo, de seguros, ventajoso ♦ contratar, cubrir (algo), renovar, rescindir[5], vencer[104]

polo ♦ enfrentado, irreconciliable[35], opuesto

polvo ♦ concentrado, cubierto (de), denso, espeso, insalubre, lleno (de) ♦ brizna (de), capa (de), mota (de), nube (de) ♦ acumular(se), arrastrar, convertir(se) (en), cubrir (algo), deshacer(se) (en), desparramar(se), ensuciar (algo), esparcir(se), extender(se), impregnar (algo), limpiar, quitar, reducir (a), sacudir(se)

[pólvora] → como la pólvora, como un reguero de pólvora

pomposamente *adv.* ▮ Se combina con...

A VERBOS DE DENOMINACIÓN: **1 llamar** ++: En fin, es lo que ahora se llama *pomposamente* «ego exagerado»... DLA080597 **2 denominar** ++: Pomposamente se denominan gobierno de la Isla... CAN020201 **3 titular** +: Y sobre todo el ensayito de su compilador, Barry B. Levine, titulado *pomposamente*... ECA190792 **4 bautizar** +: ...con este mecanismo bautizado, *pomposamente*, Mecanismo de Racionalización de los Mercados Agropecuarios... DED271196 **5 calificar**: Por ello calificar *pomposamente*, como se hace con todos los actos presidenciales... VIS230197 **6 autodefinir**: ...se autodefine *pomposamente* como «el vehículo cultural de la Unión Europea»... EME291095 **7 autoproclamar**: ...un plan urbanístico más amplio, lo que *pomposamente* se autoproclama como... EPE281199 **8 autotitular**: ...Feria Internacional de Arte de Colonia, la *pomposamente* autotitulada... ABC041194 **9 conocer**: ...*pomposamente* conocido ya con el honorífico William H. EME090795

B VERBOS DE LENGUA, MÁS FRECUENTEMENTE SI DENOTAN AFIRMACIÓN O EXPOSICIÓN: **10 decir**: ...dijo Eltsin *pomposamente*. LVE160296 **11 afirmar**: ...llegando a afirmar *pomposamente* que él es el garante... EPE271099 **12 anunciar**: ...anunciando *pomposamente* que es cosa de personas proyectar, proponer... ABC010995 **13 explicar**: Y, *pomposamente*, explicó que los pobres pagarían menos... LVE010595 **14 añadir**: ...para, a continuación, añadir *pomposamente*... EPE110599

C OTROS VERBOS, POSIBLES USOS ESTILÍSTICOS: ...aquel lenguaje cavernícola que *pomposamente* habían abrazado. LVE230396; ...está en todas las librerías, ocupando *pomposamente* el espacio... ABC201192

pomposidad Véase: **pomposamente**

[poner] → **poner a prueba, poner a punto, poner (en algo), poner en práctica, poner en riesgo, poner música, poner remedio (a)**

poner a prueba ♦ **aptitud, característica, confianza, eficacia, eficiencia, funcionamiento, paciencia, persona, validez**
□ Véase también: **comprobar, demostrar, probar.**

poner a punto ♦ **dispositivo, máquina, mecanismo, motor, preparar**

poner (en algo) ♦ **amor, atención, capacidad, conocimiento, dedicación, dinero, esfuerzo, interés, saber, sabiduría, trabajo**

poner en práctica ♦ **consejo, idea, opinión, plan, política, propuesta, proyecto, sugerencia**
□ Véase también: **aplicar, practicar.**

poner en riesgo ♦ **comercio, empresa, futuro, idea, negocio, plan, propuesta, proyecto**
□ Véase también: **arriesgarse, poner en práctica.**

poner música ♦ **a toda pastilla**[9]**, a todo volumen, de fondo**

poner remedio (a) ♦ **conflicto, contratiempo, crisis, cuestión, problema, situación**

popularidad ♦ **arrollador**[29]**, candente, cierto, efímero**[8]**, enorme, escaso, fugaz, gran(de), internacional, merecido, notable, notorio, reconocido, sumo, tremendo, universal** ♦ **en el centro (de), en la cima (de)** ♦ **ápice (de)**[97]**, índice (de)** ♦ **adquirir**[3]**, afectar (a), afianzar(se)**[12]**, alcanzar, aprovechar, aumentar, bajar, buscar, cobrar**[23]**, conquistar**[10]**, conseguir, consolidar, dañar, decaer**[71]**, declinar**[8]**, decrecer**[44]**, disfrutar (de), disminuir, erosionar**[9]**, ganar, gozar (de)**[1]**, lograr, mantener, minar, perder, perjudicar, perseguir, recobrar, robustecer(se)**[11]**, tener, tomar**
□ Véase también: **fama, reconocimiento.**

popularmente ♦ **conocer, decir(se), denominar (a algo/a alguien), elegir, escoger, llamar (a algo/a alguien), nombrar**

por aclamación *loc.adv.* ▮ Se combina con...

A VERBOS QUE DENOTAN DECISIÓN: **1 aprobar ++:** ...la asamblea general ordinaria de socios aprobó, también *por aclamación*, la nueva junta directiva... FDV120601 **2 elegir ++:** ...fue elegido ayer *por aclamación* presidente de la Asamblea Parlamentaria de la Unión Europea Occidental... LVE041296 **3 acordar +:** ...apoyará la candidatura de Miguel Delibes al Premio Nobel de Literatura, según acordó ayer *por aclamación* el pleno de la corporación, reunido en sesión extraordinaria... ENC050100 **4 decidir:** ...que, *por aclamación* y tras una serie de intervenciones esperpénticas de los presidentes, decidió ampliar la Liga a 22 equipos. EME170895 **5 designar:** ...en el que el candidato se designa *por aclamación* en una Junta Directiva Nacional del partido. EPE020800 **6 ratificar:** ...y se ratificó *por aclamación* la candidatura de Sevilla para los Juegos Olímpicos del año 2004. LVE300695 **7 reelegir:** ...fue reelegido ayer *por aclamación* para dirigir el PP gallego en el VII Congreso de su partido... EME290996

B OTROS VERBOS; POSIBLES USOS ESTILÍSTICOS: La dimisión de Bossi –presentada por razones de procedimiento– fue rechazada *por aclamación.* LVE120295

por activa y por pasiva *loc.adv.* ▮ Se combina con...

A VERBOS DE COMUNICACIÓN, ESPECIALMENTE SI DENOTAN AFIRMACIÓN, EXPOSICIÓN, ÉNFASIS O ARGUMENTACIÓN: **1 decir ++:** Ya se ha dicho *por activa y por pasiva* todo sobre el tema... EPE170900 **2 explicar ++:** Nos explicaron *por activa y por pasiva* que las incursiones aéreas no eran factibles... EME160394 **3 demostrar +:** Eso lo puedo demostrar *por activa y por pasiva.* EME030296 **4 afirmar +:** ...el Gobierno de José María Aznar está afirmando *por activa y por pasiva* que no va a cambiar la legislación laboral. LVE230596 **5 anunciar +:** Lo habían anunciado *por activa y por pasiva* los periódicos durante la campaña... EME170694 **6 desmentir:** Felipe González volvió a desmentir *por activa y por pasiva* las graves acusaciones... LVE280795 **7 relatar:** ...hoy relatada *por activa y por pasiva* en novelas con papá de juventud turbia... ABC090793 **8 declarar:** Felipe González ha declarado *por activa y por pasiva* que no tiene intención de volver a presentarse como candidato... EPE220599 **9 señalar:** Lo hemos señalado *por activa y por pasiva* en el caso de los crímenes de Estado... EME271296 **10 sostener:** Esa presencia, que TVE se encargará de sostener *por activa y por pasiva*... EME281295 **11 recordar:** «Mientras se iban, pude ver la bolsa a los pies de la torreta», ha recordado *por activa y por pasiva* estos días. EME310796

B VERBOS QUE DENOTAN PETICIÓN O PREGUNTA. TAMBIÉN CON OTROS QUE EXPRESAN DIVERSAS MANIFESTACIONES DE DISCONFORMIDAD DIRIGIDAS A ALGUIEN: **12 pedir ++:** Se le ha pedido *por activa y por pasiva* que dimita, que se vaya. EME250494 **13 preguntar +:** La defensa de Pérez Escolar (...) preguntó a Botín *por activa o por pasiva* si se había sentido chantajeado, amenazado o presionado. EPE120199 **14 exigir:** Es lo que la oposición había venido exigiéndole *por activa y por pasiva* desde hace al menos 18 meses, así como muchos medios de comunicación. EME241095 **15 solicitar:** Ortuondo había solicitado a la federación, *por activa y por pasiva*, que no convocara al portero Felip... EPE101099 **16 reclamar:** He conocido a cuatro directores del colegio, y me consta que los cuatro reclamaron *por activa y por pasiva* la construcción de un gimnasio. EPE261201 **17 quejarse:** Villalobos se ha quejado *por activa y por pasiva* de que algunos proyectos importantes para la ciudad no salían adelante... EPE250199

C VERBOS QUE DENOTAN REPETICIÓN, INSISTENCIA, REVISIÓN O RATIFICACIÓN DE ALGO: **18 repetir ++:** Xavier

Elorriaga repite *por activa y por pasiva* que «lo importante del cine es darle al público lo que quiere ver». EME100496 **19 reiterar +:** Y han reiterado *por activa y por pasiva* que la «Ley Pertierra» significa un retroceso en los derechos democráticos... EME170595 **20 insistir +:** Tanto el propio interesado como el premier han insistido, *por activa o por pasiva*, en que se trataba de un viejo deseo... EME240695 **21 ratificar:** Aznar ha ratificado *por activa y por pasiva* la filosofía que defiende Trias de Bes. LVE181095 **22 repasar:** Entretanto, sus leguleyos más insignes repasan la Constitución *por activa y por pasiva* para ver cómo cogerla por los pelos... EME251095 **23 certificar:** Por activa y por pasiva (...) la Comisión Provincial del Agua de Alicante certificó ayer que las aguas del Segura son aptas para el riego de cultivos. EPE210499 **24 subrayar:** ...subrayando *por activa y por pasiva* que solamente si profundizamos en los principios políticos de la revolución francesa (...) podremos ir conquistando los principios sociales. EPE120699 **25 asegurar:** ...antes de iniciarse el período electoral habían asegurado *por activa y por pasiva* que nada volvería a ser igual... EPE190999 **26 justificar –:** Su papel sigue siendo el mismo: lavar la mala conciencia colectiva y personal del poder y de los que lo justifican, *por activa o por pasiva*. EME131296 **27 garantizar –:** Prácticamente todo el discurso del líder del PP fue dedicado a garantizar *por activa y por pasiva* que las conversaciones con ETA no variarán sus posiciones de fondo... EPE100699

D VERBOS QUE DENOTAN NEGACIÓN, OPOSICIÓN O RECHAZO. TAMBIÉN CON OTROS QUE DESIGNAN LA ACCIÓN DE ENFRENTARSE A ALGO O A ALGUIEN O LA DE CAUSARLE ALGÚN PERJUICIO: **28 negar ++:** Yo siendo alcalde, me negaron *por activa y por pasiva*, varias veces, lo que le concedieron después al PP... FDV120601 **29 oponer +:** ...incluidos aquéllos que se opusieron *por activa y por pasiva* a la posibilidad de su reinado efectivo... EME100396 **30 ocultar:** ...los jefes de Seguridad del Gobierno Vasco ocultaron durante más de once horas a las Fuerzas de Seguridad del Estado, *por activa y por pasiva*, que Cosme Delclaux había sido secuestrado. EME221196 **31 perjudicar:** ...se ve así doblemente perjudicado, *por activa y por pasiva*. EME100495 **32 rebatir:** Mientras Pasqual Maragall insiste en proponer alternativas al metro convencional, la Generalitat *por activa y por pasiva* rebate sus argumentos. LVE230295 **33 rechazar:** Aprovechó todas las ocasiones que tuvo (...) para rechazar *por activa y por pasiva* que en España haya inestabilidad política. LVE120195 **34 combatir:** Sastre es ajeno al pensamiento oficial, lo combate *por activa y por pasiva*. EME120294 **35 dar la espalda:** Juan Alberto Belloch, dando *por activa y por pasiva* la espalda a las corruptelas del Ministerio del Interior, desencadenó tormentas... EME130195 **36 rebelar:** ...si en un momento tan delicado como éste tanto voto se ha rebelado *por activa o por pasiva* es porque los rechazos han ido mucho más lejos que antes. EPE210699 **37 molestar:** De hecho, no recuerdo un solo texto (...) en que el prójimo le moleste más *por activa o por pasiva*. EME101295 **38 agotar:** Si fuese así, nadie me negará el derecho a creer que la facecia berlinesa (...) está, *por activa y por pasiva*, totalmente agotada. LVE020795 **39 matar –:** Hay amores que matan *por activa o por pasiva*. EME181096 **40 asfixiar –:** ...asfixia, *por activa o por pasiva*, los movimientos cívicos y sociales... EPE141299

E VERBOS QUE DENOTAN APOYO, APROBACIÓN, ACEPTACIÓN Y OTRAS FORMAS DE RECONOCIMIENTO: **41 apoyar +:** El PP rompió ayer la «disciplina de voto» que desde hace un tiempo le obliga a apoyar sistemáticamente a CiU en el Parlament *por activa o por pasiva*. LVE230796 **42 favorecer:** ...no puede descartarse que indiciariamente tuvo que tener conocimiento de tales operaciones y, *por activa o por pasiva*, favorecer la defraudación... LVE271296 **43 contar:** ...no puede olvidar que durante el largo y costoso proceso de ascenso al poder ha contado, *por activa o por pasiva*, con la colaboración de algún grupo mediático... LVE011196 **44 elogiar:** Van Gaal elogió *por activa y por pasiva* el juego del Athletic. EPE090199 **45 aceptar:** Nuestro mérito como nacionalistas es haber formulado un nacionalismo que puede ser aceptado con tolerancia, *por activa o por pasiva*, por mucha gente. LVE171195 **46 ponderar:** ...cuyas enormes cualidades ha ponderado la crítica *por activa y por pasiva*. INDOC **47 admitir:** Hemos admitido *por activa y por pasiva* la posibilidad de introducir cambios en la propuesta. INDOC

F VERBOS QUE DENOTAN INTERVENCIÓN, COMPROMISO O COLABORACIÓN EN DIVERSOS GRADOS: **48 participar +:** La Federació de Colles afirmó que 200.000 personas participaron *por activa o por pasiva* en el Aplec del Cargol... LVE200596 **49 actuar:** Pérez Rubalcaba dio explicaciones de la decisión del Gobierno de actuar penalmente contra la coalición abertzale, *por activa y por pasiva*... EME170296 **50 practicar:** La literatura pertenece a la intimidad de quien *por activa o por pasiva* la practica... EME260395 **51 ofrecer:** Tomás Marco dice que ofreció a Marsillach *por activa y por pasiva* seguir en el cargo. EME221096 **52 prometer:** De nada ha servido el compromiso del equipo local de gobierno, del PP, que *por activa y por pasiva* ha prometido a los isleños poner fin a ese periplo... EPE110599 **53 intentar:** ...los diferentes poderes intentaron *por activa y por pasiva* imponer disciplina entre la comunidad universitaria. LVE150895 **54 emprender –:** ...¿qué ocurriría si el centroderecha estatal quisiera abrir un espacio en Cataluña similar al de UCD y, *por activa o por pasiva*, emprendiera una operación consecuente con ese objetivo? LVE071296

G VERBOS QUE DESIGNAN DIVERSAS ACCIONES INDAGATORIAS: **55 analizar:** La experiencia de las comunidades autónomas (...) ha sido analizada *por activa y por pasiva*. EME250395 **56 investigar:** ...su Gobierno, su partido y él mismo han sido investigados *por activa y por pasiva*... EPE060599 **57 examinar:** Una dimensión que puede ser examinada *por activa y por pasiva*. EME290296 **58 pensar:** No es cierto, pues la greguería hay que pensarla *por activa y por pasiva*, al crearla y al leerla, esto es, recrearla. ABC030792

H OTROS VERBOS; POSIBLES USOS ESTILÍSTICOS: ...en la mismísima cresta de la ola, mandando *por activa o por pasiva* sobre los demás, desorbitando incluso a la judicatura. LVE200595; Yo he vivido, *por activa y por pasiva*, reacciones de agresividad, de rechazo, en situaciones muy concretas... ABC180394

I SUSTANTIVOS DE PERSONA QUE DENOTAN INTERVENCIÓN O PARTICIPACIÓN. SE RELACIONAN CON LOS VERBOS MENCIONADOS EN EL APARTADO *F*: **59 protagonista +:** El agua ha sido, en el verano del 95, protagonista *por activa o por pasiva* de nuevos episodios de la España seca. LVE110895 **60 cómplice +**: Todos ellos han sido cómplices *por activa o por pasiva* de la incontrolada delegación de poder fáctico... EME170494 **61 corresponsable:** Todos somos corresponsables, *por activa o por pasiva,* de la nueva dirección, porque no había lista alternativa... EPE220999

□ Véase también: **insistentemente, machaconamente, pesadamente, profusamente, reiteradamente, repetidamente.**

por aproximación ♦ **acertar, actuar, alcanzar, apuntar, averiguar, calcular, conseguir, dar (con algo), decidir, delimitar, describir, determinar, imaginar(se), parecerse, predecir, prever, saber, ser**

por arte de magia ♦ **abrir(se), aparecer, brotar, cerrar(se), convertir(se) (en algo), desaparecer, encontrar, evaporarse, llegar, nacer, salir, surgir, transformar(se), volver (a algo),** *otros verbos de cambio de estado*

porcentaje ♦ **abrumador[32], abultado[10], amplio, apreciable[36], aproximado[26], bajo, desolador[46], despreciable, elevado, escaso, gran(de), insignificante[3], irrisorio[6], justo, menor, pequeño, relevante, representativo** ♦ **arrojar[7], aumentar, calcular, decrecer[3], denotar[7], disminuir, evaluar, incrementar(se), rebajar[33], rebasar, sobrepasar[4]**

por completo *loc.adv.* ▮ Se combina con verbos que designan acciones o procesos que tienen fin natural *(pintar el salón; traducir la obra de un autor; confundir al electorado; rodear al enemigo),* muy frecuentemente con los que expresan un cambio que culmina en un estado resultante *(enloquecer, madurar, secarse, anochecer, desnudarse, aclimatarse, liberar).* Acepta asimismo adjetivos o locuciones asimiladas a ellos que designan diversos estados físicos *(nuevo por completo),* y otros predicados que denotan posesión o disposición *(Le pertenece por completo; Estaba por completo a su servicio).* Destacan particularmente las combinaciones de esta locución con...

A VERBOS QUE DESIGNAN ACCIONES O PROCESOS DE SUPRESIÓN, PÉRDIDA, ELIMINACIÓN, DESTRUCCIÓN O CONSUMO: **1 eliminar ++**: ...eliminando casi *por completo* las referencias al exterior de ese microcosmos. PME220996 **2 destruir ++**: El incendio destruyó *por completo* un edificio de cinco pisos... LVE180696 **3 demoler +**: ...el gobierno del Estado estaba interesado en demoler *por completo* el techo... DYM040996 **4 romper +**: ...rompió *por completo* la moral de Hingis al empatar el marcador a 5-5 y luego ganar la manga por 7-5. EUV080996 **5 borrar +**: Subió luego al estrado, borrada *por completo* del rostro la sonrisa que tanto había prodigado en sus visitas a las agrupaciones... EPE240700 **6 suprimir +**: También barajaron la posibilidad de suprimir *por completo* el programa conjunto que se emite para todo el país. LVE070295 **7 derrumbarse +**: Hay casas derrumbadas *por completo* con todos los enseres domésticos aplastados. EPC110797 **8 venirse abajo +**: ...como consecuencia del impacto, se vino abajo *por completo,* quedando totalmente derruida. EME051295 **9 abolir +**: El placer sexual de las «infibiladas» queda abolido *por completo.* EME170995 **10 cortar +**: El accidente, en el que no se registraron daños personales, obligó a cortar *por completo* la circulación en esta vía... LVE190396 **11 ahogar +**: Enumeró «los pecados principales de los partidos», entre ellos la centralización del poder y la marginalización del país que permitió la creación de los cinturones de miseria; la partidización del Estado, que ahogó *por completo* los espacios de la sociedad civil. ENV051000 **12 eclipsar +**: ...refleja bien el desequilibrio de aquella relación con el poeta histérico y enfermizo, en que ella le eclipsa *por completo.* EPE011088 **13 aislar +**: ...las tropas federales rusas rompieron ayer las líneas defensivas de los chechenos y consiguieron aislar *por completo* el centro de Grozni... EME070295 **14 arder +**: Un automóvil ardió *por completo* ayer de madrugada... ACP060197 **15 apagar +**: Pero su locuacidad disminuyó al día siguiente y se apagó *por completo* después. EME250296 **16 arrasar +**: Tras el incendio que lo arrasó *por completo* en el verano de 2001, el nuevo pabellón de Felipe II se inaugurará en octubre... LRE140103 **17 arruinar +**: ...motivó a muchos ahorristas a invertir todo su dinero en un plan de capitalización rápido que los arruinó *por completo* sin posibilidad de recuperar un centavo. CLA070397 **18 truncar:** ...trunca *por completo* la participación de los planteles normales el seguimiento de enseñanza y aprendizaje. ESP160697 **19 agotar:** La pregunta es: ¿estará interesado el público en volver a escuchar otro poco de un sonido –entre funk y metal– que los Red Hot Chili Peppers ya agotaron *por completo*? HOY210497 **20 consumir:** Muchos minutos pasaron antes de que los bomberos pudieran combatir el fuego que consumió *por completo* el bar... LNC101096 **21 extinguirse:** A partir de 1989 se elimina el régimen de cambio diferencial y se reduce gradualmente el bono de exportación hasta extinguirlo *por completo* hacia 1992. EUV151096 **22 vaciar:** ...Moyà fue encontrando su sitio en la pista y, sin desesperarse, fue deshinchando el globo hasta vaciarlo *por completo.* EPE270599 **23 acabar:** Los inversores conocieron un nuevo dato económico, que acaba *por completo* con la exigua posibilidad de que la Reserva Federal reduzca los tipos de interés. EME120496 **24 quemar:** El año pasado sufrimos un voraz incendio que no quemó *por completo* el pueblo porque una mano quizá divina cambió la dirección del viento. LVE211095 **25 devorar:** ...lo único que había en el Vicente Calderón eran seguidores de un equipo o de otro ya que las aficiones devoraron las entradas casi *por completo.* FDV260601 **26 desintegrarse:** ...sólo faltan horas para que la estación espacial rusa Mir entre en la atmósfera para desintegrarse casi *por completo...* CLA220301

B VERBOS QUE DENOTAN RECHAZO, INVALIDACIÓN, PARALIZACIÓN U OPOSICIÓN RESPECTO DE ALGUNA COSA: **27 rechazar ++**: Con una sola frase (...) Aznar rechazó *por completo* el traspaso de competencias por delegación a través del artículo 150.2. EPE230699 **28 descartar ++**: Bellasai dio a conocer un informe preliminar sobre el estado del menor, que descarta *por completo* la versión de que pudo haber sido objeto de una golpiza... ACP100996 **29 desestimar +**: En cualquiera de los casos, resulta difícil desestimar *por completo* el argumento oficial a propósito de la identidad de la guerrilla eperrista... EXC130996

30 desechar +: No obstante, el equipo socialista no ha desechado *por completo* la bandera del marquesado... ENC001201 **31** anular +: Lo que pasa es que la economía de libre mercado (...) anula *por completo* el concepto del Estado generador del bienestar común. LHG190700 **32** paralizar +: Las actividades productivas fueron paralizadas *por completo*... LTB050497 **33** bloquear +: De lo contrario, se bloquea *por completo* la posibilidad de creación. EME010495 **34** atajar +: ...los científicos trabajarán a partir de ahora en la elaboración de un tratamiento que pueda retrasar o incluso atajar *por completo* el desarrollo de la enfermedad. EME290695 **35** prescindir +: Deliberadamente se prescinde casi *por completo* de otras posibilidades conexas con esta utopía lingüística, como las lenguas oníricas, las lenguas ficticias, novelescas o poéticas... ABC050894 **36** privar: Esa autenticidad de las palabras y de las acciones (...) priva *por completo* del carácter hagiográfico que podría suponerse en una obra... ABC041194 **37** negar: De él han desaparecido, como delitos imputables, varios de los que aparecían en el fallo anterior, que no sólo negaba *por completo* al general la inmunidad sin ninguna limitación temporal... EPE130499 **38** excluir: ...después de varios años excluido *por completo* de las actividades de mayor responsabilidad. INDOC **39** cancelar: ¿Perdedores? Las asociaciones políticas, luego de que el PRI canceló *por completo* la posibilidad de coaliciones en el Distrito Federal. PME171196 **40** invalidar: ...provocó que se contemplase la construcción sobre uno de los principales colectores de agua de Urkulu, lo que invalidaba *por completo* el emplazamiento. EDV130301 **41** detener: En sólo tres meses de trabajo incansable, de silencio, de esfuerzo, Molina ha detenido *por completo* a la enfermedad. LRE110103 **42** impedir: El motivo: una barra y una mesa de sonido colocados justo enfrente impidiendo *por completo* la visibilidad. LVE301196 **43** oponer(se): ...una programación de desarme de las cinco potencias nucleares declaradas, las cuales se oponen *por completo* a esta propuesta. DLA120597 **44** inhabilitar: La visión defectuosa del color constituye un problema evidente a la hora de fotografiar en color, que inhabilita *por completo* para positivar. LPA060592 **45** desacreditar: ...en aquella reunión, desacreditó *por completo* la hipótesis del golpe. CLA130199 **46** desmentir: Aún hoy, las versiones que circulan son muchas y diversas, ninguna confirmada ni desmentida *por completo*. LVE170296 **47** repudiar −: Aún peor, todos hemos visto diputados electos por un partido repudiar *por completo* al partido que los llevó a la Asamblea... ESH180397

C VERBOS QUE DESIGNAN DIVERSAS FORMAS DE DAR TÉRMINO A ALGO, A MENUDO OCULTÁNDOLO TOTAL O PARCIALMENTE. TAMBIÉN CON LOS VERBOS QUE DESIGNAN PROCESOS QUE CULMINAN EN ESOS ESTADOS: **48** cerrar ++: Esta, dijo Whizar Lugo, no es la primera ocasión en que se registra una fuga: en 1994 en el complejo de Ciudad Pemex también una válvula no cerró *por completo* y la planta estuvo en un riesgo similar al de Cactus. EXC130996 **49** cubrir +: Los bailarines desplegarán 16 gigantescas banderas de los países participantes que cubrirán *por completo* el campo. LVE080696 **50** tapar +: ...cayó sobre su costillar derecho, hundiéndose en el agua barrosa que lo tapó *por completo*. LPA170592 **51** cegar: «El conflicto del Sáhara (...) ha cegado *por completo* a la clase política marroquí distrayendo su atención de otros asuntos de gran importancia». EPE101099 **52** silenciar: Del remoto pasado ruso conserva una pasión única por aquella literatura que el totalitarismo no pudo silenciar *por completo*. ABC160793 **53** omitir: ...advirtiendo la postura del presidente ecuatoriano en su presentación en ese foro de omitir *por completo* las cláusulas del acuerdo al que llegaron los dos países. EXP011091 **54** oscurecer: ...neutralizaron a los rivales más aptos para la pelea y oscurecieron *por completo* a quienes suelen decidir los partidos, a las impresionantes estrellas del cuadro de Robson. EME241196 **55** sepultar: ...el actual descrédito de aquel realismo tendría que haberle sepultado *por completo*... ABC131291 **56** enterrar: La planta baja sigue enterrada *por completo*. EPC110797

D VERBOS QUE DESIGNAN LA ACCIÓN DE LLEVAR ALGO A EFECTO: **57** desarrollar +: Fue en la big band de su esposa, la pianista Toshiko Akiyoshi, donde Tabackin desarrolló *por completo* sus cualidades expresivas... EPE280499 **58** lograr +: Por supuesto que no se ha conseguido totalmente ni llegará a lograrse *por completo* pero, al menos, algo se ha intentado. EME250995 **59** materializar: Un primer acercamiento a esta propuesta fue ejecutado el sábado en Achumani, aunque todavía sin Sánchez, y finalmente materializada *por completo* ayer en la sesión llevada a cabo en Miraflores. LTB131100 **60** llevar a cabo: Para los candidatos presidenciales, la campaña política se lleva a cabo *por completo* en los medios, pero también a pesar de ellos. SEM011297 **61** efectuar: Los directivos brasileños estudian la posibilidad de que parte de los trabajos se hagan en Brasil, aunque la transformación se efectúe casi *por completo* en la factoría de Cádiz. EPE300599

E VERBOS QUE DESIGNAN LA ACCIÓN O EL PROCESO DE PONER(SE) ALGO DE MANIFIESTO, SACARLO (O SALIR) A LA LUZ, ACLARARLO O RESOLVERLO: **62** abrir ++: ...pormenorizando las medidas que entrarán en vigor en la medianoche del próximo lunes al martes, cuando se abra *por completo* la verja de Gibraltar... EPE020285 **63** aclarar ++: ...lo más urgente es que el Gobierno español aclare *por completo* lo ocurrido. EME030395 **64** mostrar +: ...el ministerio prevé que a mediados de abril se pueda mostrar *por completo* la nueva concepción del museo. EPE200399 **65** clarificar +: Puede pasar bastante tiempo hasta que la situación legal se clarifique *por completo*. LVE221095 **66** subsanar: En este sentido ilustran sobre sus notables deficiencias lingüísticas, nunca subsanadas *por completo*. LVE290396 **67** salvar: ...aseguran que, para salvar *por completo* su honorabilidad y que no quede en el aire la más mínima duda, «habría tenido que someterse a la actuación de la justicia italiana». EME260196 **68** revelar: ...brilla en sus páginas de manera especial una de las virtudes básicas en el estilo de la autora: su capacidad para sugerir sin revelar *por completo* las claves de unos hechos brumosos... ABC030694 **69** desvelar: Posse aborda (...) su relación, nunca desvelada *por completo*, con el anarquista Damián Gómez, muerto en la cárcel... ABC310395 **70** esclarecer: Pero la importancia de que el caso de Jorge Salazar Argüello sea indagado judicialmente y esclarecido *por completo*, es ante todo, una necesidad imperiosa de tributar un merecido reconocimiento a su memoria. LPN030297 **71** resolver: Pero los arreglos constitucionales laboriosamente negociados hace dos décadas (...) no han servido para resolver *por* *completo* los problemas del pasado... EPE081299 **72 solucionar:** «Hemos solucionado *por completo* el problema de la flota, le hemos puesto el punto final», declaró el presidente Eltsin... LVE100695 **73 explicar:** La facilidad de acceso a las armas no explica *por completo* estos sucesos. EPE310799 **74 aflorar:** Antes o después la verdad aflorará *por completo.* EME101196 **75 definir:** Pero, con la designación ayer de Lionel Jospin como candidato socialista, la lista de aspirantes a la sucesión de Mitterrand está definida casi *por completo.* EME060295 **76 reflejar –:** Los autores no reflejan *por completo* el abanico mucho más amplio de colaboradores, aunque el lector tiene en su mano una significativa muestra. ABC121193

F VERBOS QUE DESIGNAN LA ACCIÓN DE OBTENER ÉXITO EN ALGUNA EMPRESA O LA DE FRACASAR EN ELLA: **77 triunfar +:** El ciclista triunfó *por completo* en la etapa y en la general. INDOC **78 acertar +:** Se trata de que la libertad y la paz están entrelazadas y sólo pueden vivir juntas, punto éste en que acierta *por completo* González. EPE100499 **79 fracasar +:** En el último minuto del asedio a Srebrenica, aviones de la OTAN fracasaron *por completo* en su intento de detener la operación serbia. LVE170795 **80 sucumbir +:** La empresa ha sucumbido *por completo* ante las nuevas exigencias de la modernidad económica. INDOC **81 fallar +:** Los Knicks sólo lograron un 41% de acierto en los tiros de campo, un 64% desde la línea de tiros libres y fallaron *por completo* en los triples: sólo anotaron 3 de 12. EPE090699 **82 naufragar:** ...el antes arrogante presidencialismo se hundía en el ridículo, naufragaba *por completo.* EXC220996

G VERBOS QUE DENOTAN APARTAMIENTO, DISTANCIAMIENTO O DESAPARICIÓN: **83 escapar ++:** ...el significado de este último concepto escapa *por completo* al crítico, con una exégesis poco afortunada. ABC070593 **84 alejarse ++:** Sin embargo, algunos ISP se están alejando *por completo* del mercado de los consumidores. ENH210497 **85 desaparecer ++:** ...siendo este asunto importante, lo es menos que el hecho de que desaparecería *por completo* la escasa capacidad de elegir que existe actualmente. EDV030601 **86 esfumarse +:** Para el local, la situación es difícil, porque de seguir en racha negativa, su aspiración de clasificarse primero en la fase se esfumará *por completo...* LHG040197 **87 desvanecerse +:** La noticia que alarmó a muchos el martes se desvaneció casi *por completo* ayer, cuando Marcelo Ríos practicó con normalidad... LEC030497 **88 apartarse +:** Encontramos muy interesantes los criterios expuestos sobre el SIDA que se apartan *por completo* de lo divulgado hasta hoy sobre esta enfermedad, sus orígenes y consecuencias. GIC080996 **89 separarse +:** ...sin que sea posible separar *por completo* las experiencias personales de los sucesos públicos... ABC290193 **90 distanciarse +:** El autor se distancia *por completo* de las tesis de sus compañeros de generación. INDOC **91 desmarcarse +:** En este asunto hizo hincapié, para añadir que «nunca recibió aportación desde España», con lo cual se desmarcó *por completo* de lo sostenido por algunos clientes españoles... LVE030296 **92 disiparse +:** ...cualquier duda posible sobre la capacidad de Martínez de Pisón (...) acabará disipándose *por completo.* LRE240103 **93 diluirse:** Al término de una jornada en que el nerviosismo financiero casi se diluyó *por completo,* el peso recuperó hasta cinco centésimas (centavos) frente al dólar... EXC190696 **94 desgajarse:** Con su marcha, la rama del Central se desgaja casi *por completo* del banco. EME200294 **95 despegarse:** Eso es una simplificación, sobre todo si se piensa en que Velázquez, aunque sea muy duro decirlo, es el menos español de todos, porque se despega *por completo* de sus contemporáneos. ABC151295 **96 desvincularse:** ...es fundamental que el sistema financiero nacional deba estructurarse desvinculándolo *por completo* del sistema financiero internacional. CLA030797 **97 desligarse:** Nestor Raúl no se ha desligado *por completo* del club Azucareros con el que se coronó recién como campeón goleador... LHG240697 **98 huir –:** Por una vez, el comentario pretende huir *por completo* de apoyo en referencias concretas... ABC290193

H VERBOS QUE DESIGNAN DIVERSAS FORMAS DE OMISIÓN O DEJACIÓN, EN PARTICULAR LA ACCIÓN DE ABANDONAR ALGO O DE DESISTIR DE ELLO. TAMBIÉN CON OTROS QUE EXPRESAN EL PROCESO DE DEJAR DE EXISTIR ALGUNA COSA, DE ESTAR ACTIVA O DE PERMANECER EN FUNCIONAMIENTO: **99 abandonar ++:** ...el grupo centra su repertorio en la creación contemporánea, aunque no abandone *por completo* el lenguaje clásico, presente en no pocas de sus coreografías. ABC240792 **100 renunciar +:** ...mantienen el carácter imponente del «minimal art», pero renunciando *por completo* a los postulados de neutralidad, despersonalización o impersonalidad... ABC270594 **101 desentenderse +:** Hasta ahora, los dueños podían desentenderse *por completo* de su coche con tal de hacer los papeleos en Tráfico y retirarlo de la lista de coches en uso. DDN030101 **102 parar:** La Italia deportiva paró ayer *por completo.* LVE060295 **103 despreocuparse:** ...se dedica a jugar con el vendedor y se despreocupa *por completo* de atender a sus obligaciones. INDOC **104 rendirse:** El Camp Nou se ha rendido *por completo* al juego del Barça. EPE030599 **105 ceder:** ...estos recursos favorecerán la creación de mayores empleos, para beneficio de miles de mexicanos que los demandan, en momentos en que la crisis aún no cede *por completo.* EXC011196 **106 cesar:** Los palestinos dijeron que no reanudarán las conversaciones de paz hasta que Israel cese *por completo* las obras en el nuevo barrio. ETC150497 **107 desasistir –:** ...un un violinista ciego toca el violín, desasistido *por completo* de los transeúntes, ajenos a quien tiene puesta la esperanza en la ayuda que puedan prestarle. ABC110895

I VERBOS QUE DENOTAN PÉRDIDA DE ALGO, A MENUDO DE UN ESTADO O DE LAS CUALIDADES QUE LO CARACTERIZAN: **108 perder ++:** ...han perdido *por completo* sus pinceladas humanas y populacheras, para acabar en un duelo de chapas entre los amigotes... CAP181297 **109 deteriorarse +:** «Nuestro trabajo ahora es recuperar el aspecto urbanístico del puente que se ha deteriorado *por completo*». EPC141097 **110 desgastarse +:** Acababa de terminar «Selena» en la que me había desgastado *por completo;* y por eso me sentí más segura de mí misma en el set. ENH070297 **111 pudrirse +:** La manzana se pudrió *por completo* en el fondo de la bolsa. INDOC

J VERBOS QUE DENOTAN ERROR O DESCONOCIMIENTO. TAMBIÉN CON OTROS QUE DESIGNAN LOS PROCESOS QUE LLEVAN A ESOS ESTADOS: **112 ignorar +:** Este tipo de simbología y actividades están siendo infiltrados en muchos jóvenes que no conocen suficiente o ignoran *por completo* el tema del nazismo y su ideología. CAP280995 **113 desconocer +:** Indicó que en el seno de la Junta se desconoce *por completo* a los dueños de este emprendimiento... ACP271196 **114 olvidar +:** «Otros, invadidos por el miedo, olvidaron *por completo* el entrenamiento», recuerda el coronel Badillo, comandante militar de la zona. VIS061197 **115 equivocarse +:** Aunque sigo creyendo que es así, es posible que me equivoque *por completo*... EPE211199

K VERBOS QUE DENOTAN FALTA O AUSENCIA DE ALGO O DE ALGUIEN, ASÍ COMO AUSENCIA DE ACCIÓN: **116 carecer ++:** ...la absoluta incompetencia e ineptitud del Estado, que ni salud ni educación logra proveer y por tanto, carece *por completo* de la capacidad de manejar esto. EUV030996 **117 faltar +:** Falta casi *por completo* la coloración local y cronológica que acompañara a tan concretas precisiones... ABC010592

L VERBOS QUE DENOTAN IGUALDAD O DESIGUALDAD: **118 diferir +:** Pero, hasta donde se sabe, la «Liga» es un grupo trotskista que difiere *por completo* de la línea prosoviética o filocastrista del MIR. HOY070181 **119 coincidir +:** ...los analistas coinciden casi *por completo* es en que si finalmente Al Gore gana las elecciones, lo que sí no puede sucedernos de ninguna manera es... SEM091000 **120 identificarse:** ...cuando un lector se identifica *por completo* con un personaje literario o cree a pie juntillas que el mundo de la invención literaria tiene una existencia real... ABC080494 **121 diferenciar:** ...pese a otras muchísimas cosas que le diferenciaban *por completo* de todos los toreros de su época, era un torero de arriba abajo... EPE140299

M VERBOS QUE DENOTAN ADHESIÓN. TAMBIÉN CON OTROS QUE DESIGNAN DIVERSAS FORMAS DE COLABORACIÓN O PARTICIPACIÓN ACTIVA EN ALGUNA COSA: **122 entregarse ++:** Así como los potosinos se habían entregado *por completo* a la lucha electoral bajo la dirección de Salvador Nava, a su muerte y ante la continuidad priísta en el poder, su interés decayó. PME241196 **123 dedicarse ++:** Estos eunucos espirituales son aquellos que dejaron todo, incluido el matrimonio, para dedicarse *por completo* al servicio del prójimo. VIS030497 **124 consagrarse +:** ...dio su «placet» para que el joven Claret (...) abandonara la escuela y se consagrara *por completo* al estudio del violoncelo. LVE270195 **125 apoyar:** Ambos apoyaron *por completo* la estrategia de la nueva Ejecutiva Federal... EPE060900 **126 adherirse:** Me adhiero *por completo* a su elección: las emocionantes arpilleras negras de Millares... ABC140795 **127 integrar(se):** Jean Laurent se integró *por completo* en la vida española y estableció su empresa en la madrileña Carrera de San Jerónimo. ABC100792 **128 adscribir:** Por supuesto que en este maridaje se trasluce, anida, claramente un sentido religioso, adscrito *por completo* a una religiosidad natural. ABC121193 **129 admitir:** Al final admitieron la propuesta *por completo*, a pesar de la enérgica protesta de sus afiliados. INDOC **130 inscribir(se) −:** Además, su sistema técnico, su manera de producir artefactos, se inscribe *por completo* en el área de la caducidad... ABC170993

N VERBOS QUE DENOTAN ACEPTACIÓN. TAMBIÉN CON OTROS QUE DESIGNAN LA ACCIÓN O EL PROCESO DE ADAPTAR O ADAPTARSE ALGO O ALGUIEN A ALGÚN ESTADO DE COSAS: **131 asumir +:** Sé bien que el tema no es nuevo, que incluso en este mismo rincón, del que he de asumir *por completo* la responsabilidad por cuanto es total mi libertad de acción selectiva, no han faltado referencias y comentarios. ABC191193 **132 encajar +:** Esta palabra no acaba de encajar *por completo* en el último verso. INDOC **133 ajustarse +:** ...el trabajo de estas entidades se ajusta *por completo* a las leyes rusas y a los compromisos internacionales en el área de la no proliferación. EPE140199 **134 adaptarse:** ...esperan difundir en el año 2000 un 90% de sus espacios adaptados *por completo* al oído de los telespectadores españoles. EPE291099 **135 someterse:** ...el general está luchando para llenar de contenido su cargo de secretario del Consejo de Seguridad, sin duda influyente pero sometido *por completo* a la supervisión de Eltsin. LVE070796 **136 aceptar:** ...una personalidad que no ha aceptado *por completo* su responsabilidad total como tenista... HOY171197 **137 asimilar:** ...asimiló *por completo* tras la immersión en un pueblo de la plana de Vic. EPE311099 **138 acomodarse:** ...a causa de sus horarios ya que que estos se han acomodado *por completo* a las exigencias de la cadena norteamericana... LVE310796

Ñ VERBOS QUE DENOTAN OCUPACIÓN O SATURACIÓN DE ALGUNA COSA, A MENUDO TOTAL O ABSOLUTA. TAMBIÉN CON OTROS QUE DESIGNAN LA ACCIÓN DE ADQUIRIR VENTAJA EN ALGUNA SITUACIÓN: **139 llenar ++:** El público llenó *por completo* el Palau y ovacionó a las damas, pero el «ambientillo» del Liceu se echa en falta. LVE110395 **140 ocupar ++:** ...entró en el cuarto pobre con un fuerte olor de insecticida y casi ocupado *por completo* con la enorme cama matrimonial. EPE210399 **141 abarrotar +:** Los 129.000 espectadores que abarrotaron *por completo* el circuito de Hockenheim festejaron ante todo a Michael Schumacher... LNP280897 **142 superar +:** Hoy día, tal criterio parece superado casi *por completo*. ABC051193 **143 desbordar:** Los jugadores de Joaquín Peiró ejecutaron un fútbol directo, ambicioso y profundo durante los primeros veinte minutos que desbordó *por completo* a la novedosa y circunstancial defensa riojana... DDN290499 **144 exceder:** ...las tareas que deberá emprender el país para un segundo ciclo de industrialización (...) exceden *por completo* su potencialidad... HOY050187 **145 colmar:** Por un lado, su vida profesional no colma *por completo* sus aspiraciones intelectuales. EME180296 **146 cubrir:** ...el Estado no tiene una máquina de hacer dinero para cubrir *por completo* las necesidades de todos. LVE200796 **147 copar:** Son ya casi inevitables en los recopilatorios, llegando a copar *por completo* las ediciones baratas que se hacen para las gasolineras. EME041296 **148 monopolizar:** A partir del 1-0, el Deportivo controló el ritmo de juego, monopolizó casi *por completo* la posesión de la pelota... LVE021095

O VERBOS QUE DENOTAN REPETICIÓN DE UNA ACTIVIDAD: **149 repetir:** Por supuesto que sí, podría repetir *por completo* lo que dijo Berlinguer. HOY110784 **150 reconstruir:** ¿Saben ustedes que, en sólo seis años, se ha reconstruido *por completo* la Ópera de Lyon (...)? ABC040693 **151 replantear:** ...el juego de la guerra se ha replanteado casi *por completo*. CAP130696 **152 reescribir:** No bastará con corregir las enciclopedias rusas, habrá que reescribirlas *por completo*. ABC111194 **153 rediseñar:** Las reglas de juego en su modelo deben rediseñarse *por completo*. SEM190696 **154 recomponer:** ...se han establecido los criterios para recomponer *por completo* uno de ellos y conservar las tres piezas de otro... EPE170999

P VERBOS QUE DESIGNAN EL PROCESO DE RECOBRAR ALGO SU ESTADO ANTERIOR O LAS CUALIDADES QUE PO-

SEÍA, Y TAMBIÉN LA ACCIÓN DE LLEVAR A CABO ESOS EFECTOS: **155 recuperarse ++**: ...debería ceder sus poderes al primer ministro Viktor Chernomyrdin durante seis meses y, en ese lapso, recuperarse *por completo* o renunciar. CLA120197 **156 reponerse +**: ...esta temporada ya es dificilísimo reponerme *por completo*... EME290795 **157 restablecerse +**: «En pocos días más se restablecerá *por completo*», añadió. EPE220800 **158 restaurar:** ...deberá seguir Ramblas abajo y llegar hasta la orilla del mar, pasado el monumento a Cristóbal Colón, que se ha limpiado y restaurado *por completo*. ABC170792 **159 curarse:** ...la mitad de las afectadas a las que se les extirpó el implante mejoraron o se curaron *por completo*. EME060194

Q VERBOS QUE DESIGNAN LA ACCIÓN DE ADQUIRIR ALGO O LA DE EJERCER CONTROL SOBRE ELLO: **160 controlar +**: ...el político de origen siberiano afirmó que controla *«por completo»* la situación política y social en Rusia. EME020394 **161 dominar +**: Domina *por completo* el instrumento, y sus versiones arrebatan al público. EME301095 **162 acaparar +**: La despedida de Perelló marcó el punto más emotivo de una junta de accionistas que se celebró bajo la omnipresente sombra de Sarri..., tema que acaparó casi *por completo* el capítulo de ruegos y preguntas. LVE071196 **163 adueñarse:** Sólo en uno de los cuarenta y siete cuadros expuestos se halla acompañado por la mujer y son muy pocos en los que ésta se adueña *por completo* de la superficie de unos lienzos... ABC080494 **164 apoderarse:** ...se ha apoderado *por completo* de la obra del escritor, aunque lo narrativo de su obra novelesca nunca abandone la intensidad poética que preside siempre su escritura. ABC020793 **165 conquistar:** Resulta que el poderío, la bondad, la inocencia, la ironía, la dureza, la ternura (...) de las que este equipo es capaz me han conquistado *por completo*. ABC151295 **166 convencer(se):** Si éste no les convence *por completo* –la situación más frecuente– pueden rechazarlo o pedir a los autores... EPE070999

R VERBOS QUE EXPRESAN LA SITUACIÓN DE ESTAR ALGO EN FUNCIÓN DE OTRA COSA: **167 depender ++**: ...la disciplina en materia de importaciones de bienes de consumo depende *por completo* del comportamiento del tipo de cambio y la inflación. PME241196 **168 descansar:** La responsabilidad de la gestión descansa *por completo* en sus superiores. INDOC **169 condicionar:** ...hoy los instrumentos de manipulación de masas permiten que bajo una apariencia de libertad se condicionen casi *por completo* las decisiones de los electores. EME060494

S VERBOS QUE DESIGNAN LA ACCIÓN O EL EFECTO DE CONSEGUIR O ADQUIRIR SEGURIDAD, CONFIANZA U OTRAS CARACTERÍSTICAS RELATIVAS A LA SATISFACCIÓN DE LOS INDIVIDUOS. TAMBIÉN CON ALGUNOS QUE EXPRESAN LA ADQUISICIÓN DE LOS ESTADOS OPUESTOS A ESTOS: **170 garantizar +**: ...una serie de avances técnicos que garantizan casi *por completo* la seguridad... ABC110394 **171 asegurar +**: Nunca se puede asegurar *por completo* que un estilo artístico determinado haya nacido en tal o cual año... ABC120393 **172 confiar +**: La reflexión y el relato onírico acerca de la ciudad de Perla se confía casi *por completo* a un actor, en esta ocasión Enzo Provenzano. EME280996 **173 satisfacer +**: ...agregó que «es un compromiso que no podrá satisfacer *por completo* a ninguno de los contendientes bosnios». EME191195 **174 desconfiar:** En primer lugar, porque desconfía *por completo* de los métodos de enseñanza que se aplican a los futuros músicos... EME280494

T OTROS VERBOS QUE DENOTAN CAMBIO, A MENUDO RADICAL, ASÍ COMO LA ACCIÓN O EL PROCESO DE EXPERIMENTARLO O DE LLEVARLO A CABO: **175 cambiar ++**: La decoración cambió después *por completo*. EDV230996 **176 modificar ++**: El problema es que ahí (en el Diálogo) existe una serie de sectores y tendencias políticas, que lejos de resolver el problema, lo que harían es botar el acuerdo y modificarlo *por completo*... LPN010997 **177 alterar +**: Al cambiar el término «convalidación», empleado por la Cocopa, por el de «homologación» se altera *por completo* el sentido. EXC120197 **178 renovar +**: Creo que el señor Pedro Padrón Panza hizo lo correcto al renovar *por completo* el plantel de criollos. EUV061196 **179 absorber +**: La parte de mi yo que vive en el presente lo ha absorbido *por completo*. EME120394 **180 reformar:** ...viene a reformar *por completo* la Ley de Justicia Tributaria. LPN040797 **181 transformar(se):** Solomon bailaba en un pabellón hexagonal abierto, con una alegría despreocupada en su rostro de azulejo azul que transformaba *por completo* la expresión dolorosa que Abraham recordaba. ABC201095 **182 transfigurarse:** Cambia el color sobre una misma estructura, y ésta se transfigura *«por completo»*, se hace diferente, sorprendentemente ambigua. ABC270195 **183 desvirtuar:** La versión publicada fue producto de un error de edición de parte nuestra que desvirtuó *por completo* el texto del periodista... PME010996 **184 trastocar:** Los telescopios espaciales encuentran galaxias y estrellas nuevas que trastocan *por completo* nuestra idea del cosmos. LVE020796 **185 revolucionar:** A partir de ahí, ni siquiera el ímpetu del nazismo impedirá que la Bauhaus revolucione *por completo* las corrientes estéticas del arte contemporáneo, del expresionismo al dadaísmo. EME081295 **186 sustituir:** La nueva factoría –de 38.000 metros cuadrados situados en el polígono de Pla de Quart– sustituirá *por completo* a la actual, que se inauguró en 1964. EPE261099

U ADJETIVOS VALORATIVOS, MUCHOS DE ELLOS DE NATURALEZA MODAL: **187 previsible +**: El resto es tecnología de última generación, cosas explotando en mil pedazos y un guión *por completo* previsible. EOU011096 **188 necesario:** ...requisitos *por completo* necesarios para la buena marcha de la empresa. INDOC **189 inútil:** Todas las reglamentaciones anunciadas a este respecto han sido inútiles *por completo*. ETC140175 **190 inaceptable:** Resulta *por completo* inaceptable que no exista una previsión, con plazos e inversiones concretas, para cubrir esa obvia necesidad. EME020694 **191 irreversible:** ...en las mismas encuestas pierde también frente a Sharon, pero con diferencias que podrían no ser *por completo* irreversibles. DDN110101 **192 idóneo:** Donde anuncia «Solistas», utilizo «Instrumentistas», aunque el resto –«del siglo XXI»– me parece *por completo* idóneo para el tema, tal y como lo considero más positivo. ABC220494 **193 incapaz:** ...incapaces *por completo* de hacerse cargo de la situación. EME170595 **194 inservible:** ...propuestas amables y bienintencionadas, pero *por completo* inservibles. INDOC **195 inofensivo:** El Valencia había llevado el mando del juego, pero se mostró *por completo* inofensivo ante un Betis con gran solidez defensiva. LVE151095 **196 satisfactorio:** Es verdad, pero esta última debiera ser *por completo* satisfactoria por sí misma y sin referencia a ese pasado de barbarie. LVE190595

V ADJETIVOS QUE DENOTAN AUSENCIA DE ALGO, RELACIONADOS CON LOS VERBOS DEL APARTADO *K*: **197 ajeno ++**: ...no tiene reparo alguno en decidirse por el teatro de imágenes que dan placer a los ojos, frente a «un espeso enredo psicologista ajeno *por completo* al mundo de los sentidos». ABC011093 **198 carente +**: ¿Cómo fundar en la filosofía aristotélica carente *por completo* de la noción de individuo humano la libertad individual...? EUV260696 **199 quieto:** Se quedó quieto *por completo* ante el riesgo evidente de recibir un golpe. INDOC **200 inadvertido:** ...su paso por aquí pasó *por completo* inadvertido. PME291296 **201 vacío:** La olla ha quedado vacía *por completo.* INDOC

W ADJETIVOS QUE DESIGNAN OTRAS NOCIONES, RELACIONADAS CON LAS QUE SE DESCRIBEN EN LOS APARTADOS *A, C, E, J, L, Ñ, Q* Y *R*: **202 lleno ++**: Pero, esa mañana, con un auditorio casi *por completo* lleno de empresarios y activistas sociales... DHE180797 **203 ciego +**: ...sus médicos se jactaron de haberle realizado dos operaciones con éxito que, en realidad, le dejaron ciego *por completo.* EME270696 **204 ignorante +**: Es ignorante *por completo* de todo lo que atañe a la sociología de su profesión. INDOC **205 diferente +**: ...las óperas se traducían a otros idiomas y se convertían en obras diferentes *por completo.* ABC250992 **206 claro:** No había nada claro *por completo* en torno a ese trabajo. INDOC **207 dueño:** ...San Juan está repleto de ansia viva por alcanzar el paraíso, mientras que la indiferencia es dueña *por completo* de Duchamp. ABC020493 **208 dependiente:** ...sólo es comprensible en un sistema financiero global dependiente *por completo* de los flujos electrónicos de datos... EME140395

☐ Véase también: **de pies a cabeza, íntegramente.**

por correo

♦ **anuncio, mensaje, propaganda, voto** ♦ **comprar, comunicar, contestar, enviar, intercambiar, llegar, mandar, notificar, pedir, recibir, remitir, reservar, solicitar, transmitir, vender, votar**

por cuenta {ajena/propia}

♦ **empleado, trabajador, trabajo** ♦ **actuar, ejercer, emprender, establecer(se), trabajar**

por elevación

♦ **disparo, pase, tiro** ♦ **disparar, salvar un obstáculo, tirar**

☐ Véase también: **elevación.**

por el mismo rasero

loc.adv. ▮ Se combina con frases nominales coordinadas o en plural, y especialmente con...

A VERBOS QUE DENOTAN CÁLCULO, JUICIO O VALORACIÓN: **1 medir ++**: ...acusó al árbitro de no medir a los dos equipos *por el mismo rasero.* LVE241096 **2 juzgar ++**: La afición debe juzgar *con el mismo rasero* y no ser malinchista. PME011296 **3 valorar +**: Si queremos valorar a este futbolista *con el mismo rasero* que le dimos... LVE100295 **4 enjuiciar:** ...no todos pueden ser enjuiciados *por el mismo rasero.* ABC190595 **5 elogiar –**: ...Cuando la crítica se deshace en elogios hacia el primer álbum (...), ¿lo hace *con el mismo rasero* que... EME311096

B VERBOS QUE DENOTAN FORMA DE ACTUAR: **6 tratar ++**: ...los directivos no trataron *por el mismo rasero* al presidente y se contentaron con la explicación de... EPE101199 **7 actuar –**: ...se debe actuar siempre *con el mismo rasero,* sin distinguir entre rasgos o siglas. EME310796

por encima

♦ **analizar, considerar, estudiar, examinar, leer, mirar, observar, ojear, preparar, repasar, ver**

por escrito

♦ **aducir, anunciar, avisar, comunicar, decir, explicar, exponer, manifestar, pedir, solicitar,** *otros verbos de lengua*

☐ Véase también: **oralmente.**

por extenso

♦ **analizar, comunicar, examinar, explicar, exponer, referir**

por generación espontánea

♦ **aparecer, brotar, extender(se), multiplicar(se), reproducir(se), surgir**

por la espalda

♦ **agredir, apuñalar, atacar, disparar**

por las buenas

♦ **aceptar, conseguir, convencer, intentar, pedir, persuadir, probar, procurar, tratar**

por las ramas

♦ **andar(se), ir(se)**

por la tangente

♦ **irse, salirse**

por lo alto

♦ **calcular, contar, redondear, tirar**

☐ Véase también: **por lo bajo.**

por lo bajo

loc.adv. ▮ Es propia de la lengua conversacional. En el sentido de 'por debajo de lo que se considera probable' se combina con...

A VERBOS QUE DENOTAN CÁLCULO O ESTIMACIÓN NUMÉRICA: **1 tirar ++**: Esta temporada se perderán, tirando *por lo bajo,* unos 150 millones de pesetas... LVE170396 **2 calcular +**: Calculando *por lo bajo,* hay unas 1.500 personas que intentan escribir acerca de las películas... EME200595 **3 contar +**: Unos 26.000 kilómetros, contados *por lo bajo,* de los cuales 7.500 aproximadamente corresponden a la ida y vuelta a Saratov... LVE300696 **4 estimar:** Estimamos *por lo bajo* que asistirán diez mil personas a la manifestación. INDOC

B VERBOS QUE DESIGNAN LA ACCIÓN DE NIVELAR O MODIFICAR ALGO PARA APROXIMARLO A ALGÚN LÍMITE: **5 redondear +**: Si le da –que le dará– decimales, redondee por alto si el primer decimal es igual o superior a 5 y *por lo bajo* si es inferior a ese número. EME240396 **6 nivelar:** Es cierto que puede acabar con el fundado prestigio de algunos institutos (...) al nivelar *por lo bajo* el tono medio de los estudios. EPE230299 **7 igualar:** Y en tiempos de tribulación y ahorro obligado, igualemos *por lo bajo* y no por lo alto. EME170696

☐ Véase también: **a la baja.**

▮ En su sentido de 'en voz baja o con disimulo' se combina con muy diversos verbos de lengua *(decir, responder, hablar)* y especialmente con los que denotan expresión poco clara, indirecta o confusa *(susurrar, mascullar, rumorear).* También se combina con...

C VERBOS QUE EXPRESAN DIVERSAS MANIFESTACIONES FÍSICAS, PERO NO VERBALES, DEL ESTADO DE ÁNIMO: **8 sonreír:** Pero los parapsicólogos menean la cabeza y sonríen *por lo bajo*... LNA090792 **9 llorar:** Llora *por lo bajo*, impotente. EPE040799 **10 reír:** Los compañeros de parranda se reían *por lo bajo* de las estupideces del viejo... ESP300601 **11 aplaudir –:** Aunque hay mucha hipocresía, porque no pocos en la derecha y el centro los aplaudían *por lo bajo*. LVE040895

D VERBOS QUE DENOTAN ADMISIÓN O RECONOCIMIENTO DE UN HECHO: **12 aceptar:** Aceptamos *por lo bajo* su propuesta, pero solo porque no nos dieron opción a elegir. INDOC **13 reconocer +:** Pero reconocen *por lo bajo* que «se debe mucha plata» a las provincias. CLA280601 **14 admitir:** En el bloque del PJ admiten, *por lo bajo*, que podría hacer falta una ley posterior para arreglar «las situaciones de injusticia» con los deudores. CLA090597 **15 confesar:** «Es el mejor laboratorio de su especialidad en el mundo», confesaron *por lo bajo*. LVE080996

□ Véase también: **por lo alto**.

por los codos ♦ hablar

por los cuatro costados ♦ arder

por los pelos *loc.adv./loc.adj.* ▮ Es propia de la lengua conversacional. En su sentido de 'en el último momento, por muy poco', se combina con...

A VERBOS QUE DESIGNAN LA ACCIÓN DE EVITAR O REHUIR UNA SITUACIÓN QUE SE CONSIDERA PERJUDICIAL: **1 librarse ++:** Pérez Mariño se libró *por los pelos*. EME130295 **2 escaparse ++:** Los delincuentes escaparon *por los pelos*, ya que un minuto y cinco segundos después de darse a la fuga llegaron al lugar del atraco la policía andorrana y los propietarios de la joyería. EPE120799 **3 salvarse ++:** Acusado de agente trotskista, se salvó *por los pelos* de ser encarcelado y posiblemente fusilado cuando los comunistas pasaron a controlar la situación. LVE220896 **4 evitar:** El Valencia tuvo una fulgurante salida ya que en la jugada inicial Buyo evitó *por los pelos* que un cabezazo de Engonga abriera el marcador... LVE180296 **5 sobrevivir:** Ayer, ya en octavos de final, Duncan estaba recuperado y gracias a él Wake Forest sobrevivía *por los pelos* a la lucha de Louisville. EME230396

B VERBOS QUE DESIGNAN LA CONSECUCIÓN DE UN OBJETIVO O LA SATISFACCIÓN DE UN REQUISITO: **6 llegar ++:** Se trata de llegar *por los pelos* a una convergencia que puede ser precaria... LVE230196 **7 alcanzar ++:** ...alcanzó *por los pelos* a acudir a la oficina de información que el Instituto Nacional de Consumo (INC) habilitó de mayo a diciembre del pasado año... EME051195 **8 conseguir ++:** Ahora ha conseguido *por los pelos* lo primero y no tiene más remedio que dedicarse en cuerpo y alma a lo segundo... EPE191099 **9 aprobar ++:** ...de forma tal que el texto pudiera ser aprobado *por los pelos* dentro de esta legislatura. EPE281199 **10 lograr +:** Carl Lewis, que fue último en la final de los 100 metros (10.21), logró su pase *por los pelos* en el salto de longitud... LVE230696 **11 obtener +:** ...Chirac terminó agotado esta primera vuelta, obteniendo *por los pelos* su pase a la segunda vuelta. EME050595 **12 cumplir +:** España, si no se tuercen las cosas, con los presupuestos de ahora, cumplirá *por los pelos* las condiciones de déficit e inflación exigidas en el tratado de Maastricht... LVE210996 **13 clasificarse +:** El más pequeño de los hijos de Kenny Roberts, Kurtis, que se clasificaba *por los pelos* para la carrera, realizaba una meritoria actuación... EME280294 **14 entrar:** Pueden producirse sorpresas en los 1.500 ya que el «recordman» mundial, Kieren Perkins, entró *por los pelos* a la final con el octavo puesto. LVE260796

C VERBOS QUE DESIGNAN LA ACCIÓN DE OBTENER UN RESULTADO VICTORIOSO FRENTE A UN CONTRINCANTE: **15 ganar ++:** Ganó *por los pelos* en Seúl, pero fracasó tanto en Barcelona como en Atlanta. LVE020896 **16 superar +:** ...los socialistas tuvieron que emplear toda su artillería pesada para superar *por los pelos* la prueba del referéndum... EME090296 **17 derrotar:** Los de Radomir Antic llevaban sin ganar en casa desde el 25 de febrero, cuando derrotaron *por los pelos* al Celta en un choque muy peleado. LVE130596 **18 eliminar:** Francia es campeona vigente de Europa y del Mundo (no es Liechtenstein), había eliminado a España en la Eurocopa *por los pelos*... ENC300301

D VERBOS QUE DENOTAN APREHENSIÓN, GENERALMENTE FIGURADA. POR EXTENSIÓN, TAMBIÉN CON OTROS QUE DESIGNAN LA ACCIÓN DE ABORDAR EL TRATAMIENTO DE UN ASUNTO: **19 coger ++:** Un servicio urdido con precisión de relojero: cogiendo *por los pelos* la oportunidad del último día hábil... EME010896 **20 traer ++:** Me pareció un argumento un tanto traído *por los pelos*, pero no le dije nada, para no romper tan pronto con la cultura del diálogo. EME130796 **21 tomar:** ¿Hasta qué punto el debate entre liberal y nacionalista catalán es algo endeble, tomado *por los pelos*? EPE311299 **22 pillar:** Me pillas *por los pelos*; porque estaba a punto de salir. INDOC

E SUSTANTIVOS QUE DENOTAN TRIUNFO EN ALGUNA ACTIVIDAD, O SUPERACIÓN DE ALGUNA META, ASÍ COMO ALGUNAS DE SUS MANIFESTACIONES: **23 victoria +:** Se comprende así la ola de estupor que recorrió España en la noche del pasado 3 de marzo, cuando los resultados de las elecciones señalaron la victoria *por los pelos*. EME110396 **24 clasificación:** Una mala temporada, una clasificación *por los pelos*... EME270796 **25 aprobado:** Así pues, la decisión de ayer puede tomarse como un aprobado *por los pelos* a las Cuentas del Reino para el año próximo. EPD041097 **26 aprobación:** En la resaca del primer rechazo del pueblo danés al Tratado de Maastricht y de su aprobación *por los pelos* en referéndum en Francia... EPE220399

F ALGUNOS SUSTANTIVOS QUE DENOTAN ACCIÓN CONCERTADA ENTRE PERSONAS O ENTIDADES: **27 acuerdo:** ...a España no le interesa un acuerdo *por los pelos* y precipitado. LVE130396 **28 pacto:** El presidente del PP pide a los nacionalistas que estén a la altura de las circunstancias y no quiere un pacto *por los pelos*. EME130396

□ Véase también: **por poco**.

por mayoría *loc.adv.* ▮ Se combina con...

A VERBOS QUE DENOTAN TOMA DE DECISIÓN: **1 decidir ++:** ...la consulta en la que más de 1 millón de mexicanos decidió *por mayoría* que esta fuerza debería convertirse en una formación política. EME300895 **2 acordar +:** La diputación del Partido de la Revolución Democrática (PRD) acordó *por mayoría* no interrumpir la lectura del II Informe del presidente... DYM010996 **3 elegir +:** Por cada departamento figurarán tres senadores, de los cuales dos serán elegidos *por mayoría*... LTB250397 **4 votar +:** El Parlament aprobó en su día una resolución votada *por mayoría* en la que la Cámara catalana se manifestaba a favor... LVE170996 **5 determinar:** Si de acá no sale un acuerdo unánime, tenemos que determinar *por mayoría* cuál será la actitud de todo el conjunto. CLA310501 **6 resolver:** ...cuatro de los seis jueces del tribunal resolvieron *por mayoría* cancelar la investigación sobre la suerte final... EME210795 **7 designar:** ...y otro que presidiría el Consejo de jefes de Estado y de gobierno, designado *por mayoría* cualificada de todos ellos... LRE200103 **8 definir:** ...los trabajadores definieron ayer, *por mayoría*, la hora cero del paro que cobija a unos 3.800 miembros de Asemil... ETC180497 **9 dictaminar:** El sistema de selección de un conjunto tan copioso es igual en todos los Jurados: a un ritmo medio de cien cuadros por hora, se dictamina *por mayoría* «sí» «no» y «dudoso». ABC010592 **10 dictar:** El Tribunal Superior de Justicia de Cantabria (TSJC) dictó ayer *por mayoría* un auto en el que declara la entrada en vigor... LVE190595 **11 escoger:** Con la primera escoge, *por mayoría* simple, a uno de los candidatos que se presentan por su circunscripción... LVE190296

B VERBOS QUE DENOTAN ACEPTACIÓN O DESIGNAN OTRAS FORMAS DE DICTAMEN, GENERALMENTE FAVORABLE: **12 aprobar ++:** Recordemos que las reformas a la Constitución deben ser aprobadas *por mayoría* calificada... PLG080796 **13 aceptar:** En esta reunión se elaboró una nota –aceptada *por mayoría*– que el decano dará hoy a la prensa. LVE250595 **14 admitir:** Lo único que ha habido es una manifestación de que se admite *por mayoría* el recurso interpuesto. EME230694 **15 autorizar:** ...autorizó ayer *por mayoría* absoluta a sus dirigentes «cerrar un acuerdo con la fuerza de paz» de la OTAN... LVE181295 **16 ratificar:** ...al ratificar *por mayoría* las enmiendas introducidas a este texto en el Senado. EME060795 **17 asumir:** Sus decisiones, –una buena parte–, deberían ser vinculantes y, en algunos casos, se tendrían que asumir *por mayoría*... EME280795 **18 permitir:** Cuatro cadenas autonómicas, dispuestas a permitir *«por mayoría»* la apertura del contrato con la Liga. EME280996 **19 convalidar:** ...aún necesitará que las enmiendas del Senado sean convalidadas *por mayoría* absoluta en el Congreso. EPE281199 **20 refrendar:** La investidura de la responsable de la nueva corporación recién constituida fue refrendada *por mayoría* absoluta... LVE180695 **21 confirmar:** ...confirmó ayer *por mayoría* la remisión a la Comisión Disciplinaria de un escrito hecho público la semana pasada... EPE140199 **22 pronunciarse:** ...sino que será el Parlamento el que se pronuncie *«por mayoría* amplia y clara»... EME040696 **23 establecer:** Es decir, «el que una ley haya sido establecida *por mayoría* o incluso por consenso, no basta para legitimarla». EME170296

C VERBOS QUE DENOTAN CONSECUCIÓN DE ALGUNA META O TRIUNFO EN ALGUNA ACTIVIDAD: **24 ganar ++:** En las primeras elecciones democráticas del 79, así como en las del 83 ganó *por mayoría* absoluta como grupo independiente... FDV100599 **25 obtener:** ...diputaciones obtenidas en forma distinta a las que se obtienen *por mayoría* de votos entre varios competidores... DYM210197 **26 triunfar:** ...que se la saben todas resulta igual que el candidato presidencial triunfe *por mayoría* precaria o por amplia mayoría. EUV050996 **27 lograr:** Junto a su triunfo en cuarenta y cuatro capitales de provincia, hay que significar el hecho de que en treinta y una de ellas lo lograra *por mayoría*... EME290595 **28 alcanzar:** Sus miembros deben alcanzar un acuerdo *por mayoría*, determinando, según las pruebas presentadas por los fiscales... CLA110497

D VERBOS QUE DENOTAN ADHESIÓN: **29 apoyar:** El lunes, el claustro apoyó *por mayoría* aplastante respaldar al rector Pedreño. EME091096 **30 avalar:** El TSJA avala *por mayoría* al tribunal del «caso Intelhorce». EPE101299 **31 recomendar:** La Duma (Cámara Baja del Parlamento) ha recomendado, *por mayoría* abrumadora, la destitución... LVE240695 **32 respaldar:** ...las Juntas Generales que respaldarán *por mayoría* a los diputados generales y los equipos de gobierno de los tres territorios históricos. EPE130699 **33 secundar:** ...los legisladores rusos no han secundado *por mayoría* suficiente ninguno de los cinco cargos contra Yeltsin... EPE160599

E VERBOS QUE DENOTAN CONCESIÓN Y OTRAS FORMAS DE PREMIAR A ALGUIEN, ENSALZARLO, PROCLAMARLO O RECONOCERLE ALGÚN MÉRITO: **34 reconocer:** El jurado reconoció *por mayoría* los muy destacados méritos del candidato. INDOC **35 conceder:** ...concedió el galardón *por mayoría* simple, después de un intenso debate sobre tres poemarios... EPE010599 **36 investir:** ...si no hay candidato investido *por mayoría* absoluta, se repiten las elecciones a los dos meses. EME130595 **37 nombrar:** El nuevo presidente que ocupará un interinato hasta agosto de 1998, fue nombrado *por mayoría* absoluta... CLA120297 **38 otorgar:** ...ha otorgado *por mayoría* el XI Premio Durán al pintor Juan José Mayor Ibáñez. ABC221294 **39 proclamar:** ...el sucesor del presidente Mario Soares sería proclamado *por mayoría* simple. LVE090196

F OTROS VERBOS QUE DESIGNAN MANIFESTACIONES VERBALES, MÁS FRECUENTEMENTE SI SE DIRIGEN A OTROS: **40 anunciar:** Los siete jueces lores del Reino Unido anunciaron ayer, *por mayoría* de seis votos contra uno... EPE250399 **41 opinar:** ...los de la Audiencia Nacional opinan *por mayoría* que les compete a ellos. EME050495 **42 proponer:** ...en la que se propuso *por mayoría* (hubo una lista alternativa que no prosperó) al ex presidente de la Cámara autonómica Diego Valderas... EPE070299 **43 reclamar:** ...y también en la razonabilidad que la sociedad española reclamaba *por mayoría* aplastante. EPE050199 **44 pedir:** De cualquier forma, el consejo de administración de RTVE, *por mayoría* de votos, pedirá la dimisión... LVE250296

☐ Véase también: **unánimemente**.

pormenor ♦ **insignificante, nimio³, numeroso** ♦ **analizar, descuidar, desvelar⁴³, estudiar, omitir, recrear(se) (en), referir, relatar**

☐ Véase también: **detalle, particularidad, rasgo**.

pormenorizadamente ♦ **analizar, comunicar, decir, describir, detallar, estudiar, explicar, exponer, informar, preparar, presentar, relatar,** *otros verbos de lengua*

☐ Véase también: **con todo lujo de detalles, detalladamente**.

por {mi/tu/su...} cuenta Véase: **por cuenta {ajena/propia}**

por {mi/tu/su...} propio pie ♦ **bajar, entrar, llegar, salir**

por poco *loc.adv.* ▮ En el sentido de 'estar a punto de' se combina con gran número de verbos en contextos negativos *(no conseguir algo por poco; no aprobar por poco)*. En contextos afirmativos se antepone a verbos que denotan situación infortunada o interpretada como tal *(caerse, chocar, morir, derribar: Por poco se cae y se mata)*. En el sentido de 'escasamente, en escasa medida' se pospone a...

A VERBOS QUE DESIGNAN LA ACCIÓN O EL PROCESO DE COMETER UN ERROR, MALOGRARSE UNA EMPRESA O SUFRIR ALGUIEN UN DESCALABRO O UNA DERROTA: **1 fallar ++**: Una botella de agua lanzada desde las graderías falló *por poco*, y hubo que detenerlo para que no se dirigiera a los asientos a golpear a sus atormentadores. ENH300697 **2 equivocarse +**: El resumen, pues, ha sido que el Gobierno se equivocó *por poco* y el Partido Popular se equivocó por mucho. LVE291294 **3 fracasar +**: Arsenis ha sido reemplazado por Akis Tsohatzopoulus –ex ministro del Interior–, que fracasó *por poco* en junio a tomar las riendas del Pasok... LVE250996 **4 perder +**: De cara al futuro, sí, es importante haber perdido *por poco*. EME070496 **5 desviarse +**: Milinkovic pudo sorprender a Liaño con un tiro cruzado desde el vértice del área que se fue desviado *por poco*. EME240494 **6 salir fuera +**: El croata lanzó un disparo que salió fuera *por poco*. EME171295 **7 salir mal**: El partido salió mal *por muy poco* y lamentablemente no conseguimos clasificarnos. INDOC

B VERBOS QUE EXPRESAN LA ACCIÓN DE SUPERAR UN LÍMITE O IMPONER ALGO O ALGUIEN SU SUPERIORIDAD: **8 ganar ++**: En este caso, tras las elecciones generales en las que el PSOE perdió y el PP ganó *por poco*, el primer encuentro entre González y Aznar para analizar la situación política aparece marcado por la controversia... EME120396 **9 superar ++**: Cada club recibirá únicamente 14.000 entradas sobre un total que supera *por poco* las 30.000. LVE070396 **10 exceder +**: El Memorial de Valparaíso con casi 500 páginas –excedió *por poco* el equivalente a una página por año de historia del puerto– no es una obra para hojear... HOY230287 **11 rebasar**: Asturiana de Zinc mejoró algo sus cifras de negocio y rebasó *por poco* los 149.800 títulos, bastante por encima de sus cifras habituales. LVE170895 **12 aventajar**: Maragall aventaja *por poco* a Roca al empezar una semana con debates televisivos cara a cara... LVE220595

C VERBOS QUE DESIGNAN LA ACCIÓN DE SORTEAR, ELUDIR, BURLAR O SALVARSE DE ALGO: **13 escapar ++**: Una de las más altas instancias judiciales iraníes, el jefe del poder judicial de Teherán, Ali Razini, escapó *por poco* de un intento de asesinato. EPE060199 **14 evitar ++**: La Asamblea aprueba la gestión de Lorenzo Sanz y se evita *por poco* la impugnación de la Asamblea Fútbol. EME301296 **15 esquivar ++**: Esquivó a la muerte *por poco*. EME180695 **16 librarse +**: Ella se libró *por poco*, pero muestra las cicatrices de heridas de cuchillo en su cuerpo. EME300796

☐ Véase también: **por los pelos**.

porquería ♦ **entre**[37] ♦ **acumular(se), barrer, cargar (con), cubrir (algo), deshacerse (de), ensuciar (algo), esparcir, extender(se), limpiar, quitar, rezumar**

☐ Véase también: **inmundicia, suciedad.**

por sorpresa ♦ **abatir, aparecer, atacar, coger, descubrir, encontrar, llegar, mostrar, pescar, pillar (a alguien)**[2]**, presentar(se)**

☐ Véase también: **in fraganti.**

por sorteo ♦ **acceder, corresponder (a alguien), cubrir, decidir, designar, determinar, elegir, escoger, establecer, fijar, ocupar, seleccionar, tocar (a alguien)**

porte ♦ **distinguido, elegante, severo**[86] ♦ **conservar, mantener, poseer, tener**

☐ Véase también: **apariencia, aspecto, presencia.**

por teléfono ♦ **comunicar, convocar, decir, explicar, hablar, llamar, pedir**

portentoso *adj.* ▮ Se combina con sustantivos que designan personas, especialmente si se caracterizan por el desarrollo de alguna actividad artística o intelectual *(investigador, violinista, poeta, ciclista)*. Se combina asimismo con otros que designan obras, a menudo artísticas *(obra, estatua, filme, artículo, ensayo, composición, poema)* y con los que expresan evolución o cambio *(cambio, desarrollo)*. También se combina con sustantivos que designan actuaciones o exhibiciones, generalmente de naturaleza artística o deportiva *(interpretación, ejecución, exhibición, actuación)*, así como con los que se refieren a algunos de sus lances *(marcaje, pirueta, do de pecho, gol)*. Se combina además con...

A SUSTANTIVOS QUE DENOTAN CAPACIDAD O FACULTAD HUMANA, ESPECIALMENTE SI ES DE CARÁCTER INTELECTUAL O CREATIVO. TAMBIÉN CON OTROS QUE DESIGNAN ESAS NOCIONES METONÍMICAMENTE: **1 facultad ++**: Dulce y Kepa tienen facultades *portentosas*, dominan cuerdas vocales y fuelle con auténtico vértigo. LRE130103 **2 voz ++**: Es un pecado escuchar doblada su *portentosa* voz. EME210294 **3 memoria ++**: Yo, ni corto ni perezoso, se los repetí otra vez, con machacona tozudez, confiando ciegamente en mi *portentosa* memoria. LVE240396 **4 imaginación ++**: Hijo del desierto, fueron sus vastas soledades muy pronto el punto de fuga de su *portentosa* imaginación... EME250295 **5 don +**: Hay quienes, al parecer, disponen incluso del *portentoso* don de la ubicuidad... LVE150296 **6 cualidad +**: ...Chandler Thompson se sirve de sus *portentosas* cualidades físicas para convertirse a menudo en una pesadilla. LVE220395 **7 inteligencia +**: Se le atribuye una inteligencia *portentosa*... LVE071195 **8 ingenio +**: ...tendrán cabida en este homenaje que Canal + rinde al ingenio *portentoso* de un cineasta y actor... EPE010800 **9 retentiva**: ...Yeltsin es un hombre sincero, muy exigente (...), retentiva *portentosa*, carácter resolutivo... ABC240295 **10 mente**: ...ya se vio todo lo que da de sí la *portentosa* mente de Gil después de pensar mucho. EME260495 **11 cabeza**: ...su cabeza es *portentosa*, como un puñetazo en el aire, y la cuida cada día como su seña de identidad. EPE050800 **12 genio:** ...transparente y lúcido lenguaje poético entre el humor negro y el absurdo de un Mihura que abdicó de su *portentoso* genio teatral... EME100295

B SUSTANTIVOS QUE DESIGNAN OTRAS CUALIDADES, GENERALMENTE HUMANAS, MÁS FRECUENTEMENTE SI SE RELACIONAN CON LA HABILIDAD, LA FACILIDAD O LA EFICACIA EN ALGUNA ACTIVIDAD: **13 facilidad ++:** Pero Alina (...) tiene una *portentosa* facilidad para encantar. EPE300900 **14 habilidad ++:** Es probable que en su *portentosa* habilidad estuviera su ruina... EPE101101 **15 belleza +:** ...nos ha preservado el arte de la Ameling en toda su *portentosa* belleza. ABC080995 **16 elocuencia +:** ...genial artista de *portentosa* elocuencia, pero hombre lacónico martirizado por la caducidad de las cosas que amaba... EPE091201 **17 versatilidad +:** Un día de éstos tendremos que hablar de la *portentosa* versatilidad de Matías Cortés, increíble en un hombre tan gordo. EME180194 **18 arte:** ...Pérez-Reverte pone a prueba su *portentoso* arte de contar historias... ABC151295 **19 fertilidad:** ...ambiguo y brillantísimo desenlace, destello de la potencia que despliega, bajo el trabajo de filmación, la *portentosa* fertilidad del escritor Woody Allen. EPE121001

C SUSTANTIVOS QUE DENOTAN PODER O FUERZA, EN EL SENTIDO FÍSICO O EN EL FIGURADO: **20 poder +:** (...) El juez concluye que Microsoft ha utilizado su *portentoso* poder de mercado... EPE141199 **21 dominio +:** El dominio *portentoso* de la melodía oculta en ocasiones deficiencias de matiz en la regulación. EPE190199 **22 vitalidad +:** El presidente andaluz dijo que el pensamiento de Fernando de los Ríos (...) tiene todavía una *portentosa* vitalidad. EPE130499 **23 físico:** Sus rebotes y su *portentoso* físico le convierten en el «fichaje estrella» de los blancos. EME170795 **24 potencia:** No veo que disminuya, por desgaste de uso o por cambio de gusto, su *portentosa* potencia de escritor. EME120294

por todo lo alto ♦ **celebrar, conmemorar, festejar**

☐ Véase también: **fastuosamente, lujosamente**.

por un momento *loc.adv.* ▌Se construye muy frecuentemente en contextos negativos o irreales. Admite un gran número de verbos, pero destacan especialmente sus combinaciones con...

A VERBOS QUE DENOTAN RELEGACIÓN, DEJACIÓN, INTERRUPCIÓN O ABANDONO DE UNA ACTIVIDAD O UN PENSAMIENTO. TAMBIÉN CON OTROS QUE DENOTAN RECESO, APLAZAMIENTO, RETIRO O AUSENCIA: **1 dejar ++:** ...el técnico José Pekerman la dejó *por un momento* de lado para analizar el partido. CLA240199 **2 abandonar ++:** Allí se vieron cara a cara y abandonaron, *por un momento*, las largas horas de «charla» virtual. CLA070497 **3 olvidar ++:** La risa o carcajada en la gente es espontánea y hace olvidar *por un momento* los distintos problemas de la sociedad. LNP270297 **4 detenerse ++:** Pero no hay reposo, la noche corre, vuela, las horas no saben si detenerse *por un momento* o seguir su curso. EME160895 **5 parar +:** Hasta que, *por un momento*, el viento se paró. EME120395 **6 interrumpir +:** Unos obreros, que se encontraban justo delante de la entrada al Cuartel General del Ejército, interrumpieron *por un momento* su trabajo... EME100595 **7 apartar:** ...Jorge Quiroga aparta *por un momento* la vista del tráfico de Madrid... EPE270499 **8 aislarse:** Sin embargo, *por un momento* me aislé de donde estaba y volé con la imaginación hacia el exterior... EPE150399 **9 desaparecer:** Por un momento desaparecieron los coches, y los caballos se echaron a las calles... EPE090599

B VERBOS QUE DESIGNAN LA ACCIÓN DE TOMAR UNA IDEA POR POSIBLE O VERDADERA: **10 creer ++:** Por un momento se creyó reina de Castilla. EPE071001 **11 pensar ++:** Por un momento pensé que estaba presenciando un debate en la británica Cámara de los Comunes. EME280795 **12 imaginar ++:** Imaginemos *por un momento* que La Meca fuera para los musulmanes lo que el Vaticano es para los católicos... EPE191101 **13 considerar +:** ...no está dispuesto a considerar ni *por un momento* las demandas neocomunistas. EME191295 **14 suponer:** ...Vamos a suponer *por un momento* que duplicamos los ingresos por televisión. CLA030199 **15 aceptar:** Lo aceptamos *por un momento*, pero enseguida cambiamos de opinión. INDOC **16 admitir:** Parecían haber admitido *por un momento* que eran ellos los culpables. INDOC **17 dar crédito:** Ni *por un momento* hemos dado crédito a sus palabras, señor subsecretario. INDOC

C VERBOS QUE DENOTAN PERCEPCIÓN, APRECIACIÓN O APLICACIÓN DE LA ATENCIÓN O LOS SENTIDOS A ALGUNA COSA: **18 sentir ++:** Por un momento siento la tentación de hablarles de otros logros conseguidos gracias al esfuerzo unitario de los catalanes. LVE151096 **19 caer en la cuenta ++:** Antes de hacer el viaje, caí en la cuenta *por un momento* de que ella se había ido de vacaciones. INDOC **20 percibir +:** Por un momento percibimos una voz, apagada pero clara, que parecía dirigirse a nosotros. INDOC **21 notar +:** Aunque constantemente nos expresaba su agrado, notamos *por un momento* que él no estaba contento. EXP210597 **22 escuchar +:** Ayer por la tarde la italiana Laura Pausini nos permitió escuchar *por un momento* los latidos de su corazón... EXP210597 **23 mirar +:** La oportunidad de mirar *por un momento* al pasado la brinda ahora el trigésimo aniversario de esta universidad... EPE120399 **24 fijarse +:** Fijémonos *por un momento* en el hecho de que los terroristas hayan convertido a los Estados Unidos en el objetivo casi exclusivo de su punto de mira. EPE251001 **25 observar:** Chávez Joya observa *por un momento* su colección de tortugas. PME221296 **26 dar la impresión:** Por un momento, dio la impresión de que iba a ejecutar a su rival en un tiempo récord. EME111196

por un quítame allá esas pajas ♦ **discutir, disputar, enfadar(se), enfrentar(se), escandalizarse, pelear(se)**

porvenir ♦ **alarmante, brillante, desalentador, esperanzador, espléndido, esplendoroso, gran(de), halagüeño, ilusionante[17], incierto, inquietante, inseguro, luminoso, negro, oscuro, preocupante** ♦ **afrontar[20], asegurar, atisbar[14], augurar[2], aventurar, conocer, encarar, esperar (a alguien), forjar[34], garantizar, hacer frente (a), hipotecar[2], interesar(se) (por), labrar(se), nublar(se)[25], pronosticar, tener, vislumbrar[3]**

☐ Véase también: **futuro**.

[poseso] → como un poseso

[posibilidad] → con posibilidad (de)

posibilidad ♦ abierto (a), acorde (con)[23], descabellado[26], escaso, exiguo, infinito, insospechado, lejano, limitado, múltiple, real, remoto, serio[65] ♦ en bandeja[8] ♦ a la altura (de), a la medida (de)[8], a la vista (de)[31], al límite (de), en función (de) ♦ abanico (de)[1], arsenal (de)[11], serie (de) ♦ abrir(se)[14], acariciar[22], aceptar, aferrarse (a)[27], afianzar(se)[66], afrontar, agotar(se)[1], analizar, atisbar[21], aumentar, aventurar[11], barajar[1], brindar[15], caber[5], calcular, calibrar[36], cavilar, cerrar los ojos (ante)[30], cobrar fuerza[11], conceder[5], considerar, contar (con), contemplar, dañar[14], dar[146], decrecer[76], dejar caer, depender (de), derivar(se)[32], desbloquear[26], descartar, desvanecerse[9], dilapidar[6], dilucidar[36], diluir(se)[61], encarar[40], entrever, esfumar(se), estudiar, examinar, exceder, excluir, existir, frustrar(se), hacer(se) realidad[54], hacer frente (a), hipotecar[10], incrementar(se), insinuar, malograr(se)[10], negar[72], obstaculizar[32], ofrecer(se), perder, plantear[36], presentar(se), rebasar, rechazar, sobrepasar, sopesar[13], surgir, tantear, tomar en consideración, truncar(se)[40], vislumbrar[42]

□ Véase también: alternativa, opción.

POSIBILIDAD

♦ (ADJETIVOS) Véase: con matices[J], humanamente[A,B], remotamente[F]

♦ (SUSTANTIVOS) Véase: abanico (de)[A], abrir(se)[C], acorde (con)[D], acotar[D], aferrarse (a)[F], agotar(se)[A], aguar(se)[D], a la medida (de)[B], a la vista (de)[G], asequible[D], atisbar[E], avalar[P], barajar[A], bloquear[G], brindar[B], caber[A], calibrar[F], cancelar[E], capitalizar[B], captar[I], cobrar fuerza[B], conceder[B], dañar[C], dar[L], decaer[I], decrecer[J], de oro[A], derivar(se)[G], desbaratar[E], descabellado[E], dilapidar[A], dilucidar[E], diluir(se)[L], dorado[B], en bandeja[B], encarar[J], errar[A], hipotecar[B], infundado[B], malgastar[C], malograr(se)[B], negar[N], plantear[G], prejuzgar[D], serio[O], sopesar[C], tramar[D], truncar(se)[E], ventajoso[B], vislumbrar[G], vivo[D]

□ Véase también: ACTUACIÓN FUTURA; ASPIRACIÓN; FUTURO; PROPUESTA; PROYECTO.

posición ♦ acomodado[1], a favor[65], a ultranza[33], avanzado[27], aventajado[11], beligerante[3], cercano, cerrado, colectivo, cómodo, común, conciliador, constructivo, contrario, controvertido, decisivo[14], defensivo[1], delicado, de privilegio, desahogado[2], destacado, dialogante, difícil, discordante[8], discrepante, dominante[37], ecuánime[13], enconado[44], en contra, enfrentado, envidiable, erguido, extremo, favorable, fijo, firme, flexible[1], honroso[55], imparcial, inamovible, incómodo, incompatible, inflexible, inmejorable, inquebrantable[20], intransigente, irreconciliable[19], mejorable, moderado, neutral, numantino[18], opuesto, personal, político, precario[4], preeminente[2], preponderante[3], privilegiado, radical, razonable, retrasado, seguro, sesgado[6], tajante[37], tenaz[41], testimonial[14], tibio[1], tolerante, unánime[58], ventajoso[3] ♦ alcance (de)[57] ♦ abdicar (de)[34], ablandar(se)[7], abusar (de)[16], aceptar, acercar(se) (a), adoptar, afianzar(se)[1], agravar(se)[80], aproximar(se) (a), arañar[2], asumir, cambiar (de), ceder, clarificar[13], compartir, concertar[45], conciliar[6], consensuar[14], conservar[5], considerar, converger[10], copar[2], defender, despejar(se)[30], empeorar, escalar[1], escorar(se)[5], exponer, fortalecer(se)[19], ganar, mantener, mejorar, perder, persistir (en)[14], plantear, rectificar[13], socavar[58], sostener, subirse a la cabeza (a alguien), sustentar[2], tomar[51]

□ Véase también: a distancia, a la baja, a la cabeza, a la grupa, a la legua, alejamiento, álgido, al pie del cañón, a media asta, a ras (de), a rastras, a trasmano, delantera, de rodillas, estatus, inferior, lateralmente, lugar, por encima, por los cuatro costados, postura, situación, superior, ventajosamente.

POSICIÓN

♦ (ADJETIVOS) Véase: decididamente[J], pillar (a alguien)[B]

♦ (SUSTANTIVOS) Véase: abanderar[C], abdicar (de)[F], ablandar(se)[B], abusar (de)[B], acariciar[E], acomodado[A], a dedo[F], adulterar[E], a favor[M], aferrarse (a)[A], afianzar(se)[A], aglutinar[D], agravar(se)[L], a la luz (de)[F], alcance (de)[I], alterar[G], apear(se) (de)[A,B], asumir[C], aunar[G], aventajado[C], beligerante[A], blindar[B,D], comunal[B], concertar[I], consensuar[C], conservar[A], copar[A], delegar[D], descollante[E], desempeñar[B], despejar(se)[D], dilucidar[C], dirimir[H], dominante[G], escalar[A], fortalecer(se)[C], guardar[I], hipotecar[I], honroso[F], inmerecido[G], inquebrantable[D], irreconciliable[D], jurar[C], novedoso[E], perfilar[G], perseverar (en)[F], persistir (en)[B], precario[A], preeminente[A], preponderante[A], prorrogar[B], quebrar(se)[F], recaer[E], rectificar[C], renegar (de)[D], revalidar[B], rotundo[D], socavar[H]

♦ (VERBOS) Véase: a buen recaudo[A,B], a la cabeza[A], a la contra[A], a la defensiva[B], cronológicamente[C], estratégicamente[A], frente a frente[C], fugazmente[C], irrevocablemente[F], nítidamente[F], plácidamente[C]

□ Véase también: CRITERIO; JUICIO; LUGAR; PREEMINENCIA; PROMINENCIA.

posicionar(se) ♦ a favor[5], a la cabeza[10], con decisión, con firmeza, en contra, en relación (con algo), estratégicamente[3], firmemente, tajantemente

□ Véase también: abanderar, apoyar(se), asentarse, capitanear, colocar(se), estacionar, instalar(se), liderar, mantener(se), sentar(se), situar(se), sostener(se), tumbarse, ubicar.

poso ♦ agridulce[5], amargo ♦ dejar, quedar

□ Véase también: eco, huella, impronta, rastro.

posponer ♦ de un día para otro[24], momentáneamente, precipitadamente, temporalmente ♦ conclusión, decisión, elección, entrada, fecha, inicio, labor, proyecto, tarea, trabajo, *otros sustantivos que designan eventos o unidades temporales*

□ Véase también: alargar, aplazamiento, aplazar, demora, orillar, retrasar(se), retraso.

póster ♦ clavar, desenrollar, desplegar, enrollar, pegar, plegar
☐ Véase también: **cartel**.

[postín] → de postín

postizo ♦ barba, bigote, dentadura, diente, pelo, pestaña, uña
☐ Véase también: **falso**.

postura ♦ a favor[64], ambiguo, antagónico, a ultranza[31], beligerante[2], categórico, cerrado, claro, colectivo, combativo[8], cómodo, común, contrario, controvertido[2], contundente, decidido, defensivo[10], determinante[21], diáfano[13], discordante[7], discriminatorio[7], ecuánime[14], enconado[43], en contra, enfrentado, erguido, explícito, extremo, favorable, férreo[123], fijo, firme, flexible[4], frontal, inamovible, incómodo, inflexible, intransigente, irreconciliable[20], irrenunciable[4], maniqueo, neutral, numantino[19], obstinado, opuesto, personal, político, radical, razonable, recalcitrante[2], reñido, revelador[31], rotundo[37], severo[83], tajante[38], tenaz[43], terminante[31], testimonial[11], tibio[2], unánime[56] ♦ abanderar[18], acercar(se), aclarar, acordar, adherirse (a), adoptar, analizar, aunar[13], avalar[70], cambiar (de), clarificar[15], compartir, compatibilizar, conciliar[7], conjuntar, consensuar[13], defender, dejar ver, descansar (en), enarbolar[14], enfrentar(se) (a), explicar, llegar (a), mantener, perfilar[32], persistir (en)[13], prejuzgar[18], rectificar[14], sostener, sustentar, tomar[50], traslucir(se)[7], unificar
☐ Véase también: **criterio, pensamiento, posición, punto de vista**.

potencia ♦ arrollador[20], bárbaro, demoledor[18], descomunal, desmesurado, fuerte, inagotable, pleno ♦ ápice (de)[77], arranque (de)[37] ♦ adquirir, aumentar, controlar, desarrollar, desplegar, disminuir, mostrar, usar, valerse (de)
☐ Véase también: **fuerza, ímpetu**.

potencial ♦ *(poder disponible)* de recursos, enorme, futuro, inagotable, inimaginable, inmenso, valioso, vasto ♦ analizar, aprovechar, aumentar, dañar[13], elevar, erosionar[16], explotar, mantener, perjudicar, revelar, tener, valorar
☐ Véase también: **capacidad, poder**.

potenciar ♦ activamente[12], considerablemente, enormemente, notablemente[14] ♦ capacidad, comercio, desarrollo, figura, formación, imagen, negocio, oferta, papel, participación, política, presencia, relación, sector, talento, trabajo, turismo, uso, virtud, *otros sustantivos que designan ciertas actividades*
☐ Véase también: **apoyar(se), ayudar, favorecer, impulsar, propiciar**.

potestad ♦ discrecional[3], legítimo, pleno ♦ adjudicar, arrogarse[10], conceder[51], dar, delegar[17], disfrutar (de), gozar (de)[51], negar[85], otorgar, tener
☐ Véase también: **autoridad, capacidad, poder**.

POTESTAD Véase: ATRIBUCIÓN; AUTORIDAD; CAPACIDAD; FACULTAD

[potosí] → un potosí

pozo (de) *sust.* ▮ Se construye con sustantivos contables en singular *(pozo de petróleo)* o no contables en plural *(pozo de sorpresas)*. Usado en sentido no literal se combina con...

A LOS SUSTANTIVOS *SABIDURÍA* Y *CIENCIA*. POR EXTENSIÓN, AUNQUE MENOS FRECUENTEMENTE, TAMBIÉN CON OTROS QUE DESIGNAN DIVERSAS CUALIDADES DE LAS PERSONAS: **1 sabiduría ++:** Enterados sí que estaban y, particularmente, el agente era un *pozo* de sabiduría. EME130694 **2 ciencia ++:** La inconstancia o el desinterés les devuelve a su hondo *pozo* de ciencia. EPE021084 **3 fuerza:** ...pensaba que su *pozo* de fuerzas era inagotable. EPE270899 **4 tolerancia:** ...es un *pozo* de moderación, comprensión y tolerancia. EME090694 **5 comprensión:** Siempre acudía a ella en busca de consejo, era un verdadero *pozo* de comprensión. INDOC **6 ternura:** ...ese hombre a quien recientemente (...) ha definido como casi un *pozo* de ternura... EPE240199 **7 sensualidad –:** ...ha convertido ese *pozo* de sensualidad y libertinaje en un viejo devaluado y ridículo. EME190295 **8 vida –:** Un *pozo* de vida y significados que te conducen. EME221296

B SUSTANTIVOS QUE DESIGNAN DEFECTOS HUMANOS, ASÍ COMO ACCIONES O ESTADOS REPROBABLES, ILÍCITOS O POCO EDIFICANTES RELACIONADOS CON ELLOS: **9 corrupción ++:** ...acabó ahogada en el *pozo* de corrupción con el resto de los partidos tradicionales. EME310394 **10 inmoralidad:** ...«vivimos en un *pozo* de inmoralidad». EPE010689 **11 maldad:** ...explicar una vez más los insondables *pozos* de la maldad humana, del odio del hombre contra el hombre que le lleva a las más oscuras abyecciones. LVE190395 **12 ineficiencia:** ...son, en general, *pozos* de ineficiencia e insatisfacción. EME220695 **13 incompetencia:** ...a causa de sus propios errores se está hundiendo y pudriendo en un *pozo* de corrupción y de incompetencia... LVE030795 **14 ignorancia:** ...descubrir una vez más el profundo *pozo* de ignorancia que nos envuelve. EME110695 **15 distracción –:** ...el funcionamiento es similar salvo esos *pozos* de distracción de valor gol. EME230995 **16 insidia:** El vecindario, antes bien avenido, se había convertido en un *pozo* de insidias. INDOC

C SUSTANTIVOS QUE DESIGNAN DIVERSOS ESTADOS DE CARENCIA Y AFLICCIÓN ATRIBUIDOS A LAS PERSONAS O A LOS GRUPOS HUMANOS: **17 miseria +:** ...no puede evitar (...) sumergirse en el *pozo* de las miserias humanas... EME170195 **18 angustia +:** Yo me encontré muy pronto sumergido en un *pozo* de angustia... EME060296 **19 desesperación +:** Cuando me lesioné me dije a mí mismo que no debía hundirme en el *pozo* de la desesperación. EME260296 **20 silencio +:** Mañana quedará el juicio visto para sentencia y lo que fuera un día dominio de los condes (...) se ha convertido en un *pozo* de silencio. EME130294 **21 sombra +:** ...alejándose de mis ojos de niña hacia un negro *pozo* de sombra. ABC040895 **22 tristeza:** Mirar a los ojos de los niños zaireños es asomarse a un *pozo* de tristeza. LVE041296 **23 amargura:** Vive con una suave tristeza o infelicidad, adoptando una postura de retirada que deja un profundo *pozo* de amargura. EME210195 **24 oscuridad:** Y esa tribulación se le refleja en un rostro dolorido, asombrosamente solo, estupefacto y lejano. Su pensamiento es sólo un *pozo* de oscuridades. EME270494 **25 dolor:** ...en vez de echar mano de la espada echasen mano de la pluma, este (...) mundo no sería un *pozo* de dolor y miseria. EME190295 **26 problema:** ...cuando se sienta (...) metido en un *pozo* de problemas o depresiones, podrá refugiar sus esperanzas en un pariente... PLG130197 **27 insatisfacción:** El trabajo lo ha ido sumiendo en un *pozo* de insatisfacción y apatía. INDOC **28 frustración:** Las ETT, que se pretendían vender como una oportunidad de trabajo, se han convertido (...) en un *pozo* de frustración. EPE120699 **29 resentimiento:** Los fantasmas de entreguismo al Gobierno (...) dejarán *pozos* de duda y resentimiento; malos para quien venza y peores para el futuro... LVE230495 **30 alienación:** ...la infancia permanece en su silencioso *pozo* de alienación manipulada. EPE010380 **31 calamidad:** El gozo en un *pozo* de calamidades hasta el punto de que (...) llegó un momento en que no sabía con quién había negociado la extradición administrativa... EME050395 **32 marasmo –:** Tanto gozo, sin embargo, cayó anteanoche en el *pozo* de un pequeño marasmo escénico que respiraba «amateurismo» por los cuatro costados... LVE100695 **33 pobreza –:** ...siguen siendo grandes las resistencias (...) que este castigado país requiere para salir del *pozo* de pobreza... EPE280499

D EL SUSTANTIVO *SORPRESA* Y CON OTROS QUE DESIGNAN DIVERSOS ESTADOS DE INDETERMINACIÓN: **34 sorpresa ++:** El archivo de este diario es un *pozo* de sorpresas. LVE300395 **35 incertidumbre:** ...sería una oportunidad de salir de este insoportable *pozo* de incertidumbres... EME100395 **36 duda:** La mujer está en un *pozo* de dudas; no sabe a qué carta quedarse. INDOC

E OTROS SUSTANTIVOS; POSIBLES USOS ESTILÍSTICOS: El tremendo *pozo* de energía de la fracción inflada del espacio habría servido como combustible del Big Bang. EPE271199; Ha buscado ritmos y sonoridades en ese *pozo* de sueños que es el mar Mediterráneo... EPE070499

▨ Se combina también con: ♦ **ciego, hondo, insondable**[8], **profundo, sin fondo, subterráneo** ♦ **abrir, caer (en), cerrar, extraer (de), hundir(se) (en), sacar (de), salir (de), sumir(se) (en)**

[práctica] → **llevar a la práctica, poner en práctica**

práctica ♦ **aberrante, abusivo**[22], **acostumbrado, acreditado, agotador**[6], **ancestral, arraigado**[4], **beneficioso, centenario, común, discriminatorio**[3], **extendido, frecuente, funesto**[11], **general, generalizado, habitual, ilegal, infrecuente, legal, nocivo, perjudicial, preponderante**[12], **saludable**[25], **tradicional, usual** ♦ **abandonar, adiestrar(se) (en), admitir, adquirir**[43], **aplaudir, atenerse (a)**[84], **avalar**[28], **censurar, coger, consagrar, conservar, cortar (con)**[3], **difundir, ejercer, ejercitarse (en), erradicar**[6], **fomentar, iniciar(se) (en), instaurar, mantener, necesitar, perder, permitir, perseverar (en)**[35], **prohibir, refrendar**[47], **reinstaurar**[10]

☐ Véase también: **costumbre, ejercicio, hábito.**

PRÁCTICA Véase: COSTUMBRE; USO

practicable ♦ **asiento, carretera, techo, vía**

practicante ♦ **asiduo**[14], **habitual**

☐ Véase también: **usuario.**

practicar *v.* ▌En su sentido de 'perforar' se combina con sustantivos que designan agujeros *(hueco, orificio, agujero, boquete, butrón).* En su sentido de 'realizar o ejercer' se combina con los sustantivos *acto, actividad, actuación* y *acción,* con otros que designan deportes *(fútbol, tenis, ajedrez, submarinismo, surf),* profesiones *(abogacía, medicina, carpintería),* actuaciones médicas *(operación, intervención, reconocimiento, cesárea),* actividades diversas de carácter lúdico o artístico *(pintura, literatura, macramé, grabado, tango, nudismo),* religiones o creencias *(budismo, islam)* y ciertas actividades que se asocian con ellas *(culto, vudú, meditación).* También acepta los sustantivos que designan idiomas *(inglés, alemán, tagalo)* o su uso *(bilingüismo).* Se combina asimismo a menudo con otros que expresan diversos ajustes económicos *(incremento, rebaja, recorte, reducción, descuento, retención),* así como con...

A SUSTANTIVOS QUE DENOTAN PROCESO O ACTUACIÓN ENCAMINADOS A COMPROBAR, CONOCER O AVERIGUAR ALGO: **1 prueba ++:** ...no se le *practicaron* las pruebas obligatorias para establecer si una persona disparó un arma o no. CLA010997 **2 auditoría +:** ...la Contraloría General de Cuentas de la Nación *practicará* auditoría financiera y administrativa sobre la ejecución de ambos préstamos... LHG230197 **3 investigación +:** A partir de los resultados de la investigación *practicada* por la Corte tendríamos que reconocer que hay delitos penales... EXC230496 **4 peritaje:** ...en el Laboratorio de Criminalística de la Policía se están *practicando* peritajes a varios trozos de alambre... LPN060597 **5 examen:** ...legitimar una situación que ya de por sí existía en el sistema educativo desde antes que el examen fuera *practicado*... EXC170896 **6 análisis:** De ahí la importancia de que los ginecólogos o endocrinólogos le *practiquen* los análisis que puedan determinar un diagnóstico exacto... EUV080996 **7 evaluación:** ...sin antes *practicar* una evaluación de su rendimiento. EUV100297 **8 estudio:** Allí se *practicó* un estudio minucioso y resultó que en la caja fuerte de esa habitación aparecieron micropartículas del mismo explosivo... GIC093697

B SUSTANTIVOS QUE DESIGNAN DIVERSAS ACTUACIONES POLICIALES O JUDICIALES, GENERALMENTE DE NATURALEZA INDAGATIVA O COERCITIVA: **9 registro ++:** ...los funcionarios policiales *practicaron* un registro en el domicilio del detenido... CAN020201 **10 detención ++:** Aunque se *practicaron* algunas detenciones de sospechosos, lo cierto es que, por falta de pruebas, fueron puestas en libertad... CAN170599 **11 arresto +:** Hasta ahora no se han *practicado* arrestos. ETC010798 **12 redada:** ...continuaron sus manifestaciones pese a las violentas redadas *practicadas* por las autoridades la víspera. ENV240700 **13 cacheo +:** Las nuevas medidas autorizan a la policía y a los servicios privados de seguridad a *practicar* cacheos en aeropuertos... EPE191001 **14 inspección:** Al *practicar* la inspección de rigor, el agente del Ministerio Público encontró muchas docenas de cadáveres hechos simples esqueletos. DYM281096 **15 control:** «Están *practicando* el control en masa», afirmó Supa, cuya cuñada fue esterilizada. ENH110198 **16 vigilancia:** ...ordena que se *practique* la reiterada vigilancia y verificación en los lugares donde se hagan las mediciones. EXC211096 **17 seguimiento:** El funcionario ya había anticipado que se *practicarán* seguimientos individualizados a jugadores de fútbol, artistas y famosos... LNP290497 **18 interrogatorio +:** ...quien en un interrogatorio que le *practicaran* recientemente en la Fiscalía dijo ignorarlo todo... RUM171197 **19 careo:** El nuevo escenario obligó a *practicar* careos entre los involucrados... HOY170397 **20 requerimiento:** Al mismo tiempo, en el recurso los tenistas piden que se *practique* requerimiento a la Real Federación Española... LVE161196

C SUSTANTIVOS QUE DENOTAN RECURSO O PASO ADMINISTRATIVO NECESARIO PARA CUMPLIR ALGO O RESOLVER UN ASUNTO: **21 diligencia ++:** ...de manera tangencial se han *practicado* diligencias con miras a establecer la eventual presencia de Schaefer dentro del recinto. HOY260597 **22 trámite:** En la actualidad se *practica* este trámite por la vía rápida. INDOC **23 gestión:** ...acordó *practicar* las gestiones necesarias para que Paesa declare. EME110394

D SUSTANTIVOS QUE DENOTAN PROCEDIMIENTO, ESQUEMA O PAUTA DE ACTUACIÓN: **24 sistema:** ...país en el cual este sistema político reciente habría empezado a *practicarse* efectivamente a partir de 1930... HOY010278 **25 método:** ...las técnicas que se trataron en la conferencia, son desarrolladas en talleres de trabajo donde se *practican* los métodos transmitidos. LPN270197 **26 táctica:** La ruptura se debe, dicen los mentores, a que la Segob *practica* tácticas dilatorias y de desgaste. EXC270596 **27 política:** Bajo su espléndido paraguas se *practicaron* las políticas más diversas y contradictorias. PME290996 **28 modelo:** Asegura que en Venezuela se *practican* con mayor frecuencia los tres tipos de modelos ya descritos... EUV120996

E SUSTANTIVOS QUE EXPRESAN FORMAS DE PENSAR O RAZONAR. TAMBIÉN CON OTROS QUE DESIGNAN SISTEMAS ORGANIZADOS DE PENSAMIENTO: **29 ideología:** Los horteras de hoy, a izquierda/derecha, *practican* una ideología arribista... EME060294 **30 filosofía:** Casi tres décadas después, la Casa Blanca, ocupada entonces por Reagan, seguía *practicando* esa filosofía. EPE090399 **31 pensamiento:** En tan favorable coyuntura para *practicar* los pensamientos trascendentales, me encontré sonriendo... LVE060296 **32 principio:** Es la primera célula de la sociedad que *practica* el principio de solidaridad inspirado en la caridad cristiana... LPN140797

F SUSTANTIVOS QUE DESIGNAN COMPORTAMIENTOS HABITUALES O REPETIDOS QUE EN OCASIONES ADOPTAN UNA FORMA ESTABLECIDA: **33 costumbre ++:** ...hábitos sensibles y humanos para crear colectividades que sean capaces de sentir y *practicar* costumbres democráticas... EUV060499 **34 afición ++:** ...para poder volver a *practicar* su afición favorita. EPE021286 **35 pasión:** Eines *practica* también esta pasión que reivindica la palabra... EME260595 **36 vicio:** ...lo cotidiano era escuchar «La Bohemia» y «La Traviata», *practicando* los vicios de la lectura y la amistad para olvidar la pobreza y la enfermedad... EME070996 **37 hábito:** Y *practican* los hábitos normales de las sociedades avanzadas, nada dispuestas a entregar la vida por ninguna causa... EPE091201 **38 uso:** Algunos barceloneses aceptaron a pie juntillas y sin rechistar aquel eslogan que reza: «*Practica* el uso del autobús». LVE220495 **39 ritual:** Además los indios *practicaban* un ritual atroz. EME280594

G EL SUSTANTIVO *VIRTUD* Y CON OTROS QUE DESIGNAN VIRTUDES, MÁS FRECUENTEMENTE SI ALUDEN A FORMAS DE CONDUCTA CONSIDERADAS CONFORMES CON LOS CÓDIGOS ÉTICOS: **40 virtud +:** De ahí el título, que es irónico; porque considero que la «virtud» *practicada* por cierta gente, religiosa sobre todo, es digna de estos insectos tan... fastidiosos. LVE161296 **41 moral:** ...tolerar las ideas del adversario, respetar los derechos humanos, *practicar* la moral y vivir con dignidad. ESH190597 **42 fidelidad:** El Papa (...) llama a los hombres de ciencia a poner fin a la plaga del sida, exhortando a los africanos a protegerse de él *practicando* la fidelidad en el matrimonio cristiano. LVE140995 **43 respeto:** Es un lugar plural, en el que se *practica* la tolerancia y el respeto a todos. LVE220296 **44 tolerancia:** ...*practicar* la tolerancia, y aplicar una política cultural y cívica. LVE250495 **45 diplomacia:** Occidente y las Naciones Unidas *practican* la diplomacia de la tortuga. LVE031196 **46 prudencia:** Les aconsejaban que oyeran y obedecieran las leyes, que *practicaran* la castidad, la prudencia y la discreción. EME170996 **47 moderación:** ...la moderación salarial que se viene *practicando* en los últimos ejercicios está condicionada a la creación de empleo y a la mejora de su estabilidad. EME220796 **48 discreción:** ...echando en cara al ministro que no *practique* la discreción solicitada a los grupos parlamentarios. EME040595 **49 modestia:** No se cansa de *practicar* la modestia y de hacernos ver una y otra vez que es su gran virtud. INDOC **50 generosidad:** ...hacer, con humildad y espíritu de servicio, que *practiques* generosidad y respeto incluso con quien no lo ha hecho contigo. EPE110799 **51 caridad:** Mientras tanto, la Reina se emperifolla exultantemente y *practica* la caridad, nunca insatisfecha con el espectáculo pastoril de su propia bondad. ABC030993 **52 justicia:** Todos tenemos el deber de *practicar* la justicia y el amor fraterno y no nos excusan de ello los defectos ajenos. LVE051195

H SUSTANTIVOS QUE DENOTAN ACCIÓN HOSTIL, LESIVA, COACTIVA O VIOLENTA CONTRA ALGO O ALGUIEN. TAMBIÉN CON OTROS QUE EXPRESAN LA PROPIEDAD DE COMPORTARSE DE ESA MANERA: **53 ataque:** ...afirmó que «es el rey de la palabra sucia, y los que *practican* el ataque personal y los insultos sistemáticos ensucian la política». EME310594 **54 agravio:** Eso es una barbaridad, porque nuestro partido no *practica* el agravio comparativo. DDN050599 **55 acoso:** Meredith *practica* el acoso sexual contra Tom... ABC150494 **56 abuso:** ...*practique* cualquier abuso sexual distinto del acceso carnal... EME300196 **57 chantaje:** ...dijo que el resultado de la votación sería muy distinto si Estados Unidos no *practicara* el chantaje y no presionara a sus aliados ideológicos. ENH170497 **58 coacción:** Los ciborgs sustituirán a los individuos que *practican* el chantaje o la coacción. LVE140795 **59 extorsión:** «Estamos hablando de un modelo político que no duda en *practicar* la extorsión hacia empresarios o ciudadanos...». EME150195 **60 crueldad:** ...la crónica negra de la trata de domésticas y sus crueldades, *practicadas* en la península arábiga... LVE241095 **61 malos tratos:** El Gobierno niega que se *practicaran* malos tratos y torturas a los independentistas catalanes... LVE040695 **62 represión:** ...a pesar de la salvaje represión *practicada* por las tropas nazis contra los «partisanos» yugoslavos... EME040196 **63 persecución:** ...un rival muy metido en su labor, capaz incluso de *practicar* persecuciones individuales para atascar al campeón en un laberinto sin salidas... EME180995 **64 exclusión:** ...críticas a una política general que *practica* la exclusión y no respeta las aspiraciones de libertad... LVE170296 **65 discriminación:** ...trata de persuadirnos de que no *practica* la discriminación publicitaria mediante la que favorece a unos medios de comunicación y desdeña a otros. EPE180499

I SUSTANTIVOS QUE DENOTAN ACTITUD FALSA EN LA MANIFESTACIÓN DE LAS IDEAS O LAS OPINIONES: **66 hipocresía:** La duda está en si también deja un poso en las convicciones de quienes *practican* la hipocresia inversa... LVE230595 **67 cinismo:** ...acusa a Pujol de *practicar* un cinismo intolerable... EME230194 **68 demagogia:** Este hombre no ha hecho otra cosa en su vida que *practicar* la demagogia en el peor sentido del concepto. EME210294

J SUSTANTIVOS QUE DESIGNAN ACTITUDES O ACTUACIONES CARACTERIZADAS POR EL USO ILÍCITO O REPROBABLE DE LAS INFLUENCIAS, LAS RELACIONES O EL PODER: **69 amiguismo:** ...la acusación que desde el Partido Socialista se ha hecho al Gobierno de *practicar* el «amiguismo» a la hora de adjudicar las empresas privatizadas. EME210796 **70 enchufismo:** ...despilfarrar el dinero público y de *practicar* el enchufismo en la contratación de trabajadores... EPE230599 **71 clientelismo:** La Administración *practica* el clientelismo: en el reparto de subvenciones sin transparencia o de fondos municipales. EPE161001 **72 sectarismo:** Sala acusa a TV3 de *practicar* sectarismo en favor de Miquel Roca. LVE020295 **73 corporativismo:** «Aquí no se encubre nada, no se *practica* el corporativismo de vía estrecha para tapar los fallos...». EME180194

K SUSTANTIVOS QUE DENOTAN CONDUCTA CARACTERIZADA POR LA OMISIÓN O LA RENUNCIA A ALGO: **74 abstención +:** El llamamiento del líder religioso supone un hecho sin precedentes, ya que los árabes israelíes han venido *practicando* la abstención electoral... EPE170599 **75 absentismo ++:** El Madrid no cotiza en bolsa; no quiere jugar la Intertoto, tiene que limpiar un vestuario que *practica* el absentismo laboral porque está forrado de millones... EME080496 **76 austeridad:** Entre tanto, no está de más empezar a *practicar* la austeridad y la continencia en el propio debate político. LVE150395 **77 abstinencia +:** Cierto que gran parte de los designados como «tercera edad» *practica* la abstinencia... LVE221095 **78 castidad:** Prevenir es dejar la droga o *practicar* la castidad. ABC061291

L ALGUNOS SUSTANTIVOS QUE DESIGNAN MANIFESTACIONES DE DISCREPANCIA, DISENSIÓN, PROTESTA O REBELDÍA: **79 crítica:** ...él *practica* una crítica leal al presidente del PNV. EPE030900 **80 disidencia:** Notará desde ahora la hostilidad del medio, y para defender su intimidad *practicará* la disidencia. EME280196 **81 insumisión:** ...negó que las empresas *practiquen* la insumisión a la ley, sí admitió que el aumento de trabajadores y de empresas «puede crear alguna disfunción». EPE041199

M OTROS SUSTANTIVOS; POSIBLES USOS ESTILÍSTICOS: Y, frente a todo, apenas irritarse, sino *practicar* «una delicada melancolía, que muy pronto el arte y el alcohol, y un cultivo esmerado de la memoria, situarán en su justo lugar». EME130496

■ Se combina también con: ♦ **con fruición[21], con soltura, intensamente[31]**

☐ Véase también: **ejercitar, llevar a la práctica, poner en práctica, usar.**

[práctico] → **llevar a la práctica, poner en práctica**

práctico ♦ **eminentemente, fundamentalmente, sumamente** ♦ **actividad, aplicación, caso, clase, conocimiento, consejo, criterio, curso, dato, desarrollo, efecto, ejemplo, ejercicio, guía, instrumento, interés, manejo, manual, parte, planteamiento, punto de vista, situación, supuesto, trabajo, utensilio**

preámbulo ♦ **andarse (con)[12], colocar (como), encabezar (algo), servir (de)**

☐ Véase también: **introducción, premisa, prólogo.**

[precario] → **en precario**

precario *adj.* **I** Acepta un gran número de sustantivos, pero destacan especialmente sus combinaciones con...

A EL SUSTANTIVO *SITUACIÓN* Y CON OTROS QUE DENOTAN COYUNTURA, SITUACIÓN O ESTADO DE COSAS. ALGUNOS DE ELLOS SE USAN MÁS FRECUENTEMENTE EN PLURAL: **1 situación ++:** ...lograron subir al techo del Peugeot que estaba cubierto por el agua y en esa *precaria* situación esperaron la luz del alba. CLA211187 **2 condición ++:** ...y viajan en condiciones relativamente *precarias*... EUV080197 **3 estado ++:** La Asociación de Vecinos Barrio Delicias denuncia «el estado *precario*» en que se encuentran las viviendas de protección oficial... ENC240101 **4 posición +:** ...estaba en una posición *precaria* en un estado mayoritariamente republicano. ENH071100 **5 circunstancia:** ...no menos sufrimientos soportarán las minorías del país, que subsisten en circunstancias *precarias*. EXC020197 **6 ambiente:** ...estaba alojado en un *precario* ambiente... LNP040997 **7 momento:** ...existían una serie de revistas que acogían la oferta intelectual de ese *precario* momento. EME300396 **8 status:** Ahora bien, el «status» de la música frente al intelectual en España es todavía muy *precario*. ABC151191

B SUSTANTIVOS QUE DENOTAN OCUPACIÓN O PUESTO DE TRABAJO. TAMBIÉN CON OTROS QUE DESIGNAN EL ACUERDO LEGAL QUE LOS SUSTENTA. SE COMBINA ASIMISMO CON ALGUNOS QUE DESIGNAN LA PERSONA EMPLEADA: **9 empleo ++:** Las mujeres sufren más que los hombres el empleo *precario*. CLA040199 **10 contrato ++:** La mayoría del nuevo empleo se realizó con contratos *precarios* o temporales, que están eximidos del pago de cargas sociales. CLA120197 **11 trabajo:** ...de cada tres personas potencialmente activas, una tiene un trabajo *precario*... EUV080197 **12 puesto +:** La oposición y los sindicatos sostienen que el relajamiento de horarios sólo aumentará los puestos de trabajo *precarios*... LVE060796 **13 trabajador:** Es una preocupación de los trabajadores *precarios* y también de los indefinidos. LVE070895 **14 pro-

fesión: La profesión de actor es tan *precaria* (...) que nunca sintió la necesidad de lamentar los filmes que había hecho antes... CLA170497 **15 tarea:** Munárriz empieza por no desdeñar la tarea *precaria* de «poeta en la calle»... ABC010794

C SUSTANTIVOS QUE DENOTAN ESPACIO O LUGAR PARA VIVIR. LO HACE MUY FRECUENTEMENTE CON LOS QUE DESIGNAN VIVIENDAS O ELEMENTOS DE ESTAS: **16 vivienda ++:** La infraestructura de vivienda es *precaria* en Nicaragua... ENH100297 **17 casa ++:** ...la explosión formó «un hongo rojo» que provocó la caída de casas *precarias*... EXP090797 **18 edificación +:** ...había unas aberturas mediante las cuales se accedía a mirar dentro de la *precaria* edificación. ENV240700 **19 construcción +:** La construcción es *precaria*, y el mal estado del techo hizo que el frío de los últimos inviernos afectara a la mujer... CLA250199 **20 edificio +:** ...dejó atrás el *precario* edificio de años anteriores. LNP150397 **21 espacio +:** ...el valor añadido lo pone la ilusión ciudadana, que acude a los *precarios* espacios escénicos disponibles como si de verdad lo fueran. LVE130695 **22 campamento +:** Los refugiados viven ahora en *precarios* campamentos en Jordania, Siria, Líbano, Cisjordania y la Franja de Gaza. ENH240700 **23 asentamiento +:** Los pobres añaden a sus asentamientos *precarios* al borde de ríos y barrancos la falta de educación. VIS061197 **24 carpa:** Entre ellos se encuentran numerosos niños que están soportando las bajas temperaturas en *precarias* carpas. ACP061000

D SUSTANTIVOS QUE DESIGNAN CONJUNTOS DE HABITANTES O POBLACIONES: **25 estado +:** La Justicia de entonces, cuando el Estado era *precario*, debía recurrir a compensaciones y acuerdos más que a culpables o inocentes. CLA240497 **26 población:** ...fue fundada la villa (...) con un nuevo grupo de 200 familias canarias, de las cuales se enviaron 100 a reforzar la *precaria* población de Puerto Plata. RUM201097 **27 comunidad:** ...exponen su preocupación por la anunciada medida unilateral de intervenir el Fondo, lo que provoca descontento y desconcierto entre los habitantes de las comunidades *precarias*... LHG210800 **28 poblado:** ...traen de nuevo a Barcelona estos *precarios* poblados erradicados con las obras olímpicas... LVE201095 **29 área:** Un grupo de vecinos que habitan en las áreas *precarias* (...) se concentraron frente al Congreso de la República... LHG220597

E SUSTANTIVOS QUE DENOTAN PAZ, ESTABILIDAD Y OTROS ESTADOS ANÁLOGOS REFERIDOS A LA AUSENCIA DE MUDANZA O PERTURBACIÓN, EN ESPECIAL SI SE ATRIBUYEN A LAS COMUNIDADES HUMANAS: **30 equilibrio ++:** ...se traduce en un estado de permanente inestabilidad y *precarios* equilibrios que a nadie benefician... EXC081296 **31 estabilidad ++:** Ello demuestra la «*precaria* estabilidad» de Mercosur, donde Brasil «negocia siempre en posición de fuerza»... DLA040497 **32 paz ++:** El tema, según algunos analistas, amenaza la *precaria* paz de Nicaragua y la estabilidad política de este empobrecido país. LNC020497 **33 tranquilidad:** ...ha venido a perturbar todavía más la de por sí *precaria* tranquilidad nacional... EXC300896 **34 tregua:** La *precaria* tregua entre palestinos e israelíes está a punto de esfumarse... FDV030701 **35 calma:** La opinión mayoritaria de los operadores es que la relativa calma que alcanzaron los mercados en los últimos días es muy *precaria*... CLA290199

F SUSTANTIVOS QUE DESIGNAN LA EXISTENCIA, GENERALMENTE LA HUMANA, ASÍ COMO OTRAS NOCIONES REFERIDAS A SU TRANSCURSO: **36 existencia ++:** En torno de estas potencias se construyó el sistema internacional de la posguerra que (...) desapareció tras cuarenta años de existencia *precaria*. EXC211096 **37 vida ++:** ...en las escuálidas aldeas del sur la vida es cada vez más *precaria*. LVE281096 **38 supervivencia +:** ...han cedido su puesto al esfuerzo desesperado e irracional por la supervivencia *precaria*. HOY271097 **39 experiencia:** Si la experiencia no se realiza porque es contingente y muy *precaria* (...), el poeta ha de hallar lo «incalculable»... ABC070292 **40 realidad:** Si la realidad sale de la nada y a ella retorna, es histórica, temporal y contingente; en definitiva, es *precaria* y deficiente. ABC310192 **41 futuro:** Tanto entusiasmo por el SME no sirve para ocultar (...) el *precario* futuro que aguarda al mecanismo de estabilidad cambiaria... LVE120395

G SUSTANTIVOS QUE DESIGNAN DERECHOS O NECESIDADES DE LOS SERES HUMANOS QUE SE CONSIDERAN BÁSICOS PARA SU SUPERVIVENCIA O SU DESARROLLO: **42 salud ++:** La *precaria* salud del líder rumano (...) ha desatado una fiera lucha por el poder en su país. HOY050586 **43 economía +:** ...también cuesta bastante que aclare, en desmedro de las *precarias* economías hogareñas, por cuanto al final la facturación del indispensable servicio «se manda». LHG141100 **44 nutrición +:** ...sin duda estaríamos aportándoles una cantidad de nutrimentos suficiente para mejorar su *precaria* nutrición. PME131096 **45 atención +:** ...los trabajadores asegurados que reciben unas atenciones asistenciales cada día más *precarias*. LDD190797 **46 asistencia +:** ...existe una *precaria* asistencia sanitaria. EDV030601 **47 alimentación:** ...agudizaron su letalidad precisamente a causa de la *precaria* alimentación de esos años. EPE130699 **48 libertad:** ...una edificación levantada para mostrar con claridad a los ciudadanos los límites de su *precaria* libertad. EPE111199 **49 formación:** ...su *precaria* formación les impide comprender los elaborados razonamientos empleados por economistas... EPE131299 **50 educación:** Los escasos medios económicos de que disponía su familia no le dieron más que para una *precaria* educación... ABC271095 **51 democracia:** Quizá un día su patrocinado premie tan dudosos méritos, pero al partido en su conjunto y a la *precaria* democracia que lo anima no le ha rendido ningún servicio. EPE190999 **52 protección:** ...ha puesto de manifiesto la *precaria* protección de aquel privilegiado entorno... ENC240101

H SUSTANTIVOS QUE DENOTAN RELACIÓN, ASOCIACIÓN O COMPROMISO ENTRE PERSONAS O GRUPOS HUMANOS: **53 unidad +:** ...cree que se pondrá en evidencia la «*precaria*» unidad de los partidos que integran la Mesa. EME070896 **54 compromiso +:** ...no caben sino compromisos *precarios* y siempre revisables. ABC120595 **55 relación +:** ...cualquier relación se revela *precaria* para obtener el impulso pasional. ABC280892 **56 coordinación +:** La unidad y la coordinación que han mantenido los principales grupos de la oposición (...) es todavía *precaria*. CAP130700 **57 acuerdo:** ...éstos retirarán el *precario* acuerdo alcanzado en el capítulo sobre la salud. EME130995 **58 alianza:** ...añade un nuevo riesgo para la *precaria* alianza que hoy aún se mantiene entre el Ejecutivo y los nacionalistas catalanes. LVE040795

I SUSTANTIVOS QUE DESIGNAN DIVERSAS FORMAS DE PONER ORDEN EN LOS ASUNTOS, DE PROYECTARLOS O

DE SOLUCIONARLOS: **59 criterio:** ...la historia literaria es un vaivén de alzas y bajas que obedece a criterios tan *precarios* como efímeros. ABC290995 **60 plan:** ...el gobierno debió optar por un plan de repuesto bastante *precario*... CLA210199 **61 solución:** Las opciones políticas balbucean soluciones sabiendo que son tan *precarias* como inciertas. LVE170296 **62 arreglo:** Los técnicos consideran que ahora se están sufriendo las consecuencias de los arreglos *precarios* que se hicieron en aquel momento. CLA200199 **63 proyecto:** ...forman parte de un proyecto de Humanidad activo, comprometido y *precario*... ABC170295 **64 medida:** ...han revelado las *precarias* medidas de vigilancia de joyas de valor incalculable... LVE061096

J SUSTANTIVOS QUE DENOTAN ESTRUCTURA U ORGANIZACIÓN. TAMBIÉN CON OTROS QUE DESIGNAN SUS ACTIVIDADES Y SUS RESULTADOS, DIVERSOS MEDIOS O RECURSOS Y, POR EXTENSIÓN, CUALQUIER INFRAESTRUCTURA O EQUIPAMIENTO NECESARIOS PARA LAS ACTIVIDADES O LOS FINES DE LAS COMUNIDADES: **65 estructura +:** ...complementan las *precarias* y premodernas estructuras latinoamericanas de distribución del estupefaciente... EXC180996 **66 infraestructura +:** ¿No podrían hacerse cobros «legales» que permitan su inversión en mejorar esa infraestructura casi *precaria*? LTB150197 **67 carretera +:** La *precaria* «carretera de la muerte» sigue cobrando víctimas. LTB250700 **68 embarcación +:** ¿Hasta dónde tendrían que conducir su *precaria* embarcación? DYM010996 **69 organización +:** ...destaca la escasa presencia y *precaria* organización de las oposiciones en su conjunto. PME171196 **70 medio +:** ...se debería publicar abierta y claramente cuánto dinero han enviado (...), para reforzar nuestros *precarios* medios combativos. ETC070198 **71 recurso +:** ...reaparecerán las calles (...) siempre cargadas de sentido simbólico: (...) *precario* recurso de compañía de un solitario. ABC040693 **72 material +:** Todos ellos usaron materiales *precarios* como cartones, cajas... HOY281283 **73 sistema:** ...fue abordado por los periodistas pese al *precario* sistema de resguardo establecido por los policías locales... LNP040997 **74 equipo:** ...será un equipo «*precario*» compuesto «a base de un trueque de apoyos por puestos». EME040494 **75 carro −:** ...juntaban cartones en un *precario* carro tirado por un caballo... CLA241097

K SUSTANTIVOS QUE DESIGNAN MAGNITUDES NUMÉRICAS: **76 mayoría +:** ...había iniciado el camino de la paz con una *precaria* mayoría parlamentaria... EME051195 **77 cantidad +:** En Acra tenía una tía que me daba 10 chelines, que era una cantidad verdaderamente *precaria*. EPE221199 **78 número +:** ¿Qué siente al ver el *precario* número de seguidores del Necaxa? PME221296 **79 sueldo +:** Trabaja hasta 36 horas seguidas para obtener un sueldo *precario*. INDOC **80 monto:** ...apenas acumulará un monto *precario* de 1 frente a 8 de aumento... PME241196 **81 quórum −:** Con un *precario* quórum y sin mucho debate en el hemiciclo parlamentario. LTB040397 **82 guarismo −:** ...unos pocos deslumbrados ante tan *precarios* guarismos recurrieron a los dineros malditos. ETC070497

L SUSTANTIVOS QUE DENOTAN RESULTADO O VENTAJA EN ALGÚN CÓMPUTO: **83 resultado +:** ...la alianza entre comedia y western ha dado *precarios* resultados. LVE230196 **84 victoria:** La *precaria* victoria de los populares abrió una fase de incertidumbre... LVE050596 **85 triunfo:** ...la civilización es un provisorio y siempre *precario* triunfo sobre la barbarie. ABC160793 **86 ventaja:** A pesar de ello Yeltsin apenas pudo alcanzar una *precaria* ventaja de 3. EXC190696

M OTROS SUSTANTIVOS; POSIBLES USOS ESTILÍSTICOS: ...le traía bastante al fresco la *precaria* inmortalidad de la escritura. ABC030993; ...«(...) parece hallar un compromiso entre la pureza kafkiana de sus fantasías y la *precaria* inmediatez de sus sensaciones». ABC220193

☐ Véase también: **insuficiente.**

precaución ♦ **debido, desmedido, exagerado, extremo, inevitable, necesario, requerido, sumo ♦ con ♦ extremar, poner, tener, tomar**[73]

☐ Véase también: **atención, cautela, cuidado, ojo, preventivamente, vigilancia.**

precedente ♦ *(sust.masc.)* **administrativo, aislado, cercano, conocido, funesto**[37]**, grave, histórico, importante, incómodo, inmediato, jurídico, legal, nefasto, negativo, nuevo, paradigmático, peligroso, perjudicial, positivo, premonitorio, remoto, serio, único, valioso ♦ sin ♦ advertir (sobre), aludir (a), aplicar, apoyar(se) (en), citar, constituir, crear, establecer, existir, fijar, instituir, mencionar, registrar, seguir, sentar, señalar, servir (de), tener**

☐ Véase también: **antecedente.**

preceptivo ♦ **acuerdo, aprobación, asamblea, autorización, distancia, impuesto, medida, permiso, petición, principio, procedimiento, recomendación, retención, sanción, suspensión, tasa, trámite, visto bueno**

☐ Véase también: **forzoso, necesario.**

precepto ♦ **acorde (con)**[7]**, administrativo, estricto**[5]**, inviolable, laxo, legal, moral, religioso ♦ según ♦ cumplimiento (de), observancia (de) ♦ atenerse (a)**[7]**, burlar**[23]**, conculcar**[7]**, cumplir**[28]**, desentenderse (de)**[21]**, desobedecer**[9]**, enmendar**[8]**, impugnar**[28]**, incumplir**[12]**, infringir**[8]**, llevar a la práctica**[30]**, obedecer, observar, romper, saltarse**[38]**, seguir**[2]**, transgredir, violar**[4]**, vulnerar**[14]

☐ Véase también: **consigna, ley, norma, orden.**

[precio] → **a precio (de)**

precio ♦ **abultado**[16]**, abusivo**[1]**, a la baja**[77]**, al alza, al detalle, alto, aproximado**[28]**, asequible, astronómico**[6]**, bajo, barato, caro, competitivo**[1]**, desmedido**[52]**, desmesurado**[10]**, desorbitado, disparatado, disuasorio**[30]**, equitativo**[24]**, exacto, exorbitante, fijo, impagable, inaccesible, injusto, insignificante**[7]**, insuficiente, irrisorio**[3]**, justo, máximo, medio, mínimo, módico, por las nubes, por los suelos, prohibitivo, simbólico, variable, ventajoso**[11]**, vigente**[38]** ♦ ajuste (de) ♦ ajustar, amañar**[22]**, apuntalar**[28]**, aquilatar, atenerse (a)**[73]**, aumentar, bajar, calcular, cobrar, congelar**[18]**, derrumbar(se)**[1]**, desplomar(se), disminuir, disparar(se), estabilizar(se), establecer, estipular, fijar, fluctuar, homologar**[3]**, incrementar, inflar, mantener, negociar, pagar, poner, rebajar**[1]**, rebasar[31], regatear, repuntar, reventar, satisfacer, sobrepasar, subir, sufragar[22]

☐ Véase también: **cantidad, coste, importe, valor.**

precipicio ♦ **hondo, insalvable, insondable, insuperable, profundo** ♦ **al borde (de), al filo (de)[2]** ♦ **abrir(se), arrojar(se) (a), caer (a/en), condenar (a), despeñar(se) (por), lanzar(se) (a)**

☐ Véase también: **abismo.**

[precisión] → **con precisión, de precisión**

precisión ♦ **absoluto, atinado[16], característico, desacostumbrado, exacto, habitual, inusual, matemático, meridiano[7], milimétrico, sumo[31], total** ♦ **con**

☐ Véase también: **con lupa, corrección, detalle.**

PRECISIÓN Véase: *CLARIDAD; DETALLE Y PRECISIÓN*

PRECISIÓN

♦ (SUSTANTIVOS) Véase: **cartesiano[B], meridiano[B], prolijo[C], sin menoscabo (de)[E]**

preconizar *v.* ▮ Acepta gran número de sustantivos, pero destacan sus combinaciones con...

A SUSTANTIVOS QUE DESIGNAN DIVERSOS VALORES HUMANOS: **1 paz ++**: ...el COI, que lleva 94 años defendiendo la amistad entre los pueblos y *preconizando* la paz en el mundo a través del deporte. EPE020288 **2 independencia ++**: ...líder histórico de esta formación política, que *preconiza* la independencia de dicha provincia francófona de Canadá. EPE011085 **3 igualdad +**: ¿En qué consiste la igualdad que *preconiza* la izquierda? ABC240395 **4 libertad +**: La democracia no puede distinguir entre terroristas buenos y terroristas malos, *preconizando* la libertad para los primeros y la cárcel de por vida para los segundos... EME040896 **5 neutralidad +**: ...se mantuvo la vieja táctica sindical de la CNT de *preconizar* la neutralidad política... ABC160994

B SUSTANTIVOS QUE DENOTAN PAUTA, ESQUEMA, PROCEDIMIENTO O FORMA DE ABORDAR ALGUNA ACTUACIÓN: **6 modelo +**: Recordó que ERC *preconiza* este modelo en la práctica parlamentaria desde las elecciones catalanas de 1992... LVE311095 **7 método +**: Para ello *preconizaba* como método de conocimiento el distanciamiento y la figuración. EME100296 **8 modo +**: Los modos de organización y los temas de investigación *preconizados* en el Norte, ¿están adaptados a las necesidades del Sur? EPE230699 **9 manera +**: ...la que experimentó de manera irreversible la vieja y tradicional sociedad francesa ante los nuevos modos y maneras *preconizados* por la cultura norteamericana... ABC120595

C SUSTANTIVOS QUE DESIGNAN PENSAMIENTOS, JUICIOS O LOS SISTEMAS CONCEPTUALES QUE FORMAN: **10 postulado**: ...empezaron a cuestionarse los valores tradicionales comúnmente aceptados al tiempo que se *preconizaban* los postulados del entonces recién nacido Arte Nuevo. ABC061095 **11 teoría**: ...nos viene el recuerdo del inefable doctor Benjamin Spock, que se retractó treinta años después de *preconizar* su famosa teoría del permissiveness en la educación de los hijos... LEC310197 **12 idea**: ...pactaron el calendario para generalizar el uso de la moneda única a partir del año 2002 y asumieron, para ello, buena parte de las ideas *preconizadas* por Alemania. LVE021095 **13 ideología**: ...seguía aprovechando sus intervenciones públicas para *preconizar* la ideología de su partido. INDOC

D SUSTANTIVOS QUE DENOTAN ACCIÓN VIOLENTA U HOSTIL. TAMBIÉN CON OTROS QUE DESIGNAN ALGUNOS SENTIMIENTOS Y ACTITUDES QUE SE ASOCIAN CON ESOS CONFLICTOS: **14 terror +**: ...mentalidades aparentemente equilibradas que no vacilaron, en su momento, en *preconizar* la muerte y el terror desde las cátedras universitarias de todo el mundo. ETC020188 **15 violencia +**: Existe la lamentable sensación de que los que *preconizan* la violencia en Euskadi tienen patente de corso. LVE220296 **16 lucha +**: Tampoco puede consistir el compromiso del intelectual católico en la alianza con quienes *preconizan* la poco evangélica lucha de clases y el poco espiritualista materialismo. ABC120692

E SUSTANTIVOS QUE DESIGNAN CAMBIOS Y ACTUACIONES QUE LOS CONLLEVAN, MÁS FRECUENTEMENTE SI SON DE TIPO POLÍTICO O ECONÓMICO: **17 reforma +**: Por otro, el que *preconiza* una reforma (dentro del sistema) hacia la apertura y la modernización de la sociedad, que piden los jóvenes... EPE220299 **18 liberalización**: ...los de mayor productividad y mayores exportadores mundiales, a quienes la liberalización del comercio agrícola *preconizada* por la OMC les abrirían mercados ilimitados. GIC062297 **19 intervención**: Francia *preconiza* una intervención militar en el este de Zaire para salvar las vidas de los refugiados. LVE061196 **20 libre comercio**: ...la nueva ley, junto al fracaso de incluir a Chile en el Tratado de Libre Comercio, son pruebas de que el libre comercio *preconizado* por Estados Unidos está sufriendo una erosión. GIC060496

F SUSTANTIVOS QUE DESIGNAN MANIFESTACIONES, GENERALMENTE EXTREMAS, DE LA ADVERSIDAD O EL INFORTUNIO: **21 exterminio +**: No *preconizamos* violencias ni exterminios. HOY110784 **22 fin del mundo +**: ...y que relacionan directamente a la secta, que *preconiza* el fin del mundo para 1997, con aquellos envenenamientos, cuyos autores están aún por descubrir. EME180595 **23 muerte +**: ...lanzó un mensaje a la nación en el que *preconizaba* la muerte de la radio a manos del nuevo sistema de transmisión de imágenes. EME150995 **24 fracaso +**: Ese periódico *preconizaba* el fracaso del proyecto planteado por el gobierno. INDOC **25 crisis**: Y ha venido con esa «crisis de retina» *preconizada* en Estados Unidos por artistas de corte minimal y conceptual que miran a la gran cultura europea con extremo respeto... ABC070593

G OTROS SUSTANTIVOS; POSIBLES USOS CRUZADOS: ...me había *preconizado* productos y vitaminas a retirar en la farmacia sin receta, por tanto anodinos. [Cf. *prescribir*] ENC130599

H OTROS SUSTANTIVOS; POSIBLES USOS ESTILÍSTICOS: La «música callada», la «soledad sonora» que *preconizaba* el autor del «Cántico espiritual» fascina a los compositores de hoy... ABC131291

☐ Véase también: **incentivar, propulsar, relanzar.**

predecir ♦ **acertadamente, a grandes rasgos[31], atinadamente, con agudeza, con certeza[19], con {cierto/algún/poco/escaso...} margen de error, con exactitud, con precisión, en líneas generales**

☐ Véase también: **anunciar, avisar.**

predestinar (a) ♦ **cargo, éxito, fracaso, gloria, lugar, profesión, puesto, triunfo, victoria**

predicar *v.* ▮ Se combina con sustantivos que designan creencias, doctrinas o ideologías, más frecuentemente religiosas *(cristianismo, catolicismo, islam)*, pero también políticas o culturales *(socialismo, anarquismo, nacionalismo, pacifismo)*. También lo hace con sustantivos que designan acciones o medidas de gobierno o de gestión que se interpretan como consignas o como doctrinas *(liberalización, privatización, despido)*. Se combina asimismo con...

A SUSTANTIVOS QUE DENOTAN DISCURSO, A MENUDO RELIGIOSO: **1 sermón ++:** Yo le oí un sermón *predicado* en vascuence, en Guernica... EPE040900 **2 homilía:** ...*predicaría* la homilía y presidiría las honras fúnebres de su rápida despedida. LVE170495 **3 discurso –:** ...y el riesgo de *predicar* un discurso nacionalista demasiado tradicional. LVE081296

B SUSTANTIVOS QUE DENOTAN CREENCIA, DOGMA, VALOR O PRÁCTICA, GENERALMENTE RELIGIOSAS, ASÍ COMO CON OTROS QUE DESIGNAN LA ACCIÓN DE PROFESAR O DIFUNDIR ESOS CONTENIDOS O LAS ACTITUDES QUE SE SUELEN MANIFESTAR EN RELACIÓN CON ELLOS: **4 evangelio ++:** ...para la salvación eterna de su alma y para que usted *predique* este Evangelio de Salvación Eterna... EXC190696 **5 palabra de Dios +:** Allí mismo le *predica* la palabra de Dios, le celebra la liturgia y la fe... EUV010996 **6 fe +:** ...que la Iglesia pueda en todo momento y en todas partes, *predicar* la fe con auténtica libertad. EXC050996 **7 certeza:** ...sigue *predicando* las mismas certezas de siempre sin darse cuenta que nada es como antes... LVE300196 **8 religión:** ...le dijo que debería *predicar* una religión (la de los nefitas, naturalmente) desaparecida desde hacía trece siglos... EME311295 **9 catecismo:** ...sobre la necesidad de *predicar* y enseñar el catecismo en catalán... LVE160996 **10 religiosidad:** ...y *predica* una especie de religiosidad mística, más bien pagana y ajena al cristianismo... ABC011093 **11 evangelización:** ...si ha visto mal el que haya dicho varias veces que hay que *predicar* una nueva evangelización de Europa... LVE160996 **12 conversión:** ...prevé en realidad la pena de muerte para los afganos que *predican* la conversión... EPU060901 **13 ecumenismo:** El Papa *predica* el ecumenismo. LVE240996 **14 triduo –:** ...*predicará* el triduo en honor de san Felipe Neri, en el cuarto centenario de su muerte... LVE140595

C SUSTANTIVOS QUE DENOTAN SISTEMA DE PENSAMIENTO, O DESIGNAN ALGUNAS DE SUS MANIFESTACIONES O SUS ELEMENTOS CONSTITUTIVOS: **15 doctrina ++:** Lo que en 1995 ha emergido en Francia es el cuestionamiento de algunos postulados básicos de la doctrina *predicada* por el capital transnacional. EME190595 **16 idea ++:** Ha trabajado en la división de Derechos Humanos de la ONU y ha *predicado* su idea de la guerra y la paz en América Latina y los países del Este. LVE230895 **17 teoría:** Al revés de Andropov, Chernenko *predicaba* la teoría de que la URSS ya tenía suficientes defensas y que no había razón para incrementarlas. HOY180385 **18 estética:** Al mismo tiempo, Azorín, que *predicó* su propia estética del cuento (...) la negó muchas veces en la práctica... ABC201192 **19 ideal:** Harán bien en defender su ideal, y *predicarlo*. EME190196

D SUSTANTIVOS QUE DENOTAN PRINCIPIO O CÓDIGO DE CONDUCTA: **20 ética +:** ...con un programa en el que *predicaban* ética, honradez y un nuevo estilo de hacer política. EPE250299 **21 valor +:** ...que la política que nos corresponde es la de hacer conciencia, *predicar* los valores morales para el saneamiento de la sociedad. PME271096 **22 moral:** Insiste en que con su novela no ha pretendido *predicar* una nueva moral... EME220596

E SUSTANTIVOS QUE DESIGNAN LO QUE SE QUIERE COMUNICAR, TRANSMITIR O PONER EN CONOCIMIENTO DE ALGUIEN: **23 mensaje +:** ...un hombre del pasado, que *predica* mensajes del pasado. EME280496 **24 nueva +:** Ha vuelto de tierra de misiones, del territorio comanche, de *predicar* la buena nueva de la modernización de España... LVE290795 **25 enseñanza:** Mientras Isaac *predicó* la enseñanza, el descubrimiento de la existencia de un solo Dios para la humanidad... ENV260700

F ALGUNOS SUSTANTIVOS QUE DENOTAN RECURSO EFECTIVO O INMEDIATO PARA LLEVAR ALGO A CABO O RESOLVER ALGUNA CUESTIÓN PROBLEMÁTICA: **26 fórmula:** Maragall *predica* esta fórmula desde su época de alcalde de Barcelona... EPE180999 **27 receta:** ...el Banco Mundial empieza a aplicarse las recetas que *predica*. LVE151095

G SUSTANTIVOS QUE DESIGNAN ACTITUDES, COMPORTAMIENTOS O ESTADOS DE LAS PERSONAS O DE LAS COMUNIDADES FRECUENTEMENTE RELACIONADOS CON LA BENEVOLENCIA, LA BUENA DISPOSICIÓN HACIA LOS DEMÁS, LA CONCORDIA, LA EQUIDAD O LA MESURA EN LAS ACCIONES: **28 amor ++:** ...no son actitudes democráticas y mucho menos para quien *predica* el amor al prójimo. LVE130495 **29 tolerancia +:** ...donde Jesucristo *predicó* siempre la tolerancia y el amor al prójimo. ESP270897 **30 paciencia +:** Sólo él podía tranquilizar a la minoría blanca –un 11% de la población– dar confianza a los empresarios nacionales y extranjeros, y sobre todo, *predicar* la paciencia... EPE040699 **31 moderación +:** Ruhuna era conocido por *predicar* moderación y pedir el diálogo. EME110996 **32 discreción +:** ...fue, en Madrid, uno de los que siempre *predicó* prudencia y discreción en tan vidrioso terreno. LVE280196 **33 sensatez +:** ...padres que *predican* a los hijos una sensatez que ellos no tuvieron en sus años mozos... ABC120692 **34 prudencia +:** Los jugadores españoles han interiorizado bien la prudencia que *predica* Javier Clemente. EME290395 **35 reconciliación +:** ¿Qué diríamos de un general que en plena batalla, abandonando sus tropas, se dedicara a lanzar una perorata moral y a *predicar* la reconciliación? EME030295 **36 diálogo +:** Clinton *predica* el diálogo pero no propone medidas para atajar la violencia escolar. EPE220499 **37 respeto +:** Cuidé toda mi vida de *predicar* el respeto a la naturaleza. LVE040996 **38 bondad +:** ...que motiva la recuperación económica al igual que siempre ha hecho, que *predica* la bondad y el trabajo... LVE241094 **39 justicia:** ...y desde su «Outeiro de San Xusto» sigue *predicando* la justicia. FDV280301 **40 igualdad +:** ...y en tantas otras colmenas humanas en las que siempre aparecen los patricios y los plebeyos, aunque se *predique* la igualdad... EME121295 **41 fraternidad:** Un día *predica* la fraternidad universal y al día siguiente vuelve con sus viejas cuitas... EME161095 **42 paz:** Su discurso era confraternizador y *predicaba* la paz mundial. INDOC

H SUSTANTIVOS QUE DESIGNAN ACCIONES O ACTITUDES EN LAS QUE SE MANIFIESTA VIOLENCIA, HOSTILIDAD O

ENFRENTAMIENTO: **43** guerra santa +: Y a quienes *predican* esa «guerra santa» los tachó de «falsos profetas». EME080396 **44** violencia +: ...la vinculación de los tres anarquistas con grupos italianos que *predican* la violencia... EPE121001 **45** intolerancia +: ...uno de los chivos expiatorios en quien con más insistencia se han ensañado los grupos que *predican* y ejercen la intolerancia. LVE241195 **46** terrorismo: Es decir, no me hago demasiadas ilusiones sobre lo que nos deparan los comportamientos presentes de los que practicaron y *predicaron* el terrorismo... EPE111199 **47** odio: ...puesto que son amantes de la violencia y la destrucción al igual que *predican* el odio. LPN241100 **48** competitividad: Por eso, mientras *predican* la competitividad y la liberalización a ultranza para los demás... LVE090696

I SUSTANTIVOS QUE DENOTAN MODIFICACIÓN O TRANSFORMACIÓN, ESPECIALMENTE SI SE TRATA DE UN REAJUSTE O UNA ADAPTACIÓN A NUEVAS CIRCUNSTANCIAS O NECESIDADES: **49** reforma +: Siempre ambiguo, *predicará* la reforma en privado, dentro de la esfera gubernamental, pero se cuidará mucho de decir lo contrario en público... EME090196 **50** renovación: Ya no se trata sólo de la renovación de personas *predicada* por Jordi Pujol... LVE271095 **51** metamorfosis: ...un autor que *predicaba* la desintegración y la metamorfosis del «yo» en sus textos... LVE230396 **52** cambio +: ¿Se puede *predicar* el cambio en la campaña electoral y después proponer un Gobierno múltiple que incluya a CiU? EPE211099

J ALGUNOS SUSTANTIVOS QUE DENOTAN REGRESO A UN ESTADO O UNA SITUACIÓN ANTERIOR: **53** retorno +: Predico el retorno a una cultura basada en la autenticidad. LVE271195 **54** vuelta: ...que *predican*, mediante lecciones de tiniebla, una vuelta al irracionalismo... ABC010995

K SUSTANTIVOS QUE DENOTAN TÉRMINO, CANCELACIÓN, DESAPARICIÓN O DISGREGACIÓN DE ALGO: **55** fin +: El líder de los radicales empezó *predicando* el fin de la propiedad privada, la destrucción de los templos... EME230594 **56** final: Con el final del siglo, que es también final de milenio, se invocan o *predican* otros finales. EUV080197 **57** destrucción: «Pero qué ocurriría –agregó– si recibiésemos a los que *predican* la destrucción de España...». LVE190796 **58** ruptura: ...y *predican* la ruptura como única salida si no prospera la fusión. LVE021096 **59** anulación: ...*predicó* la anulación y destrucción de las bombas atómicas para evitar un día un holocausto mundial. LVE260895

L OTROS SUSTANTIVOS; POSIBLES USOS ESTILÍSTICOS: ...*predicando* más ventajas sociales, rebajas de impuestos... LVE050996; Hay un mensaje cultural en ello pero, por encima de todo, *predica* la diversión. LVE250895

▩ Se combina también con: ♦ **a destajo**[8]

☐ Véase también: **transmitir**.

predicción ♦ **acertado, arriesgado, atinado, aventurado, certero**[15]**, desencaminado, difícil, encaminado, fallido, halagüeño**[8] ♦ **arriesgar, aventurar**[13]**, dar, dejar caer, echar al aire, emitir**[20]**, errar**[13]**, fallar, hacer, hacer(se) realidad**[69]**, lanzar**

☐ Véase también: **anuncio, aviso, profecía**.

predilección ♦ **absoluto, claro, desmesurado, especial, evidente, verdadero** ♦ **confesar**[37]**, declarar, demostrar, expresar, gozar (de)**[14]**, manifestar, mostrar, sentir**[7]**, tener**

☐ Véase también: **elección, preferencia**.

predisposición ♦ **abierto, absoluto, anímico, animoso, biológico, bueno, científico, claro, de {mi/tu/su...} parte, desfavorable, desinteresado, dudoso, ejemplar, escaso, escénico, especial, excelente, favorable, físico, generoso, genético, habitual, heredado, hereditario, humano, incondicional, inicial, innato, loable, malo, manifiesto, mental, modélico, natural, negativo, noble, nulo, patente, permanente, personal, positivo, psicológico, real, sacrificado, total, vocacional, voluntarioso** ♦ **adelantar, albergar, anunciar, conocer, demostrar, encontrar, evidenciar, expresar, manifestar, mostrar, notar, percibir, reflejar, reiterar, revelar, tener**

☐ Véase también: **apego (a), inclinación, tendencia**.

predominar ♦ **abrumadoramente**[9]**, absolutamente, aplastantemente, claramente, nítidamente, rotundamente, totalmente**

☐ Véase también: **destacar, sobresalir**.

predominio ♦ **abrumador**[4]**, absoluto, agobiante, aplastante**[12]**, claro, creciente, destacado, determinante, franco, fuerte, irresistible, ligero, rotundo, total** ♦ **bajo** ♦ **situación (de)** ♦ **alcanzar, conseguir, dar, ejercer, imponer, manifestar, mantener(se)**

☐ Véase también: **hegemonía, supremacía**.

PREEMINENCIA

♦ (SUSTANTIVOS) Véase: **abrumador**[A]**, acariciar**[E]**, acatar**[I]**, acusado**[F]**, adquirir**[H]**, afianzar(se)**[B]**, arranque (de)**[D]**, capitalizar**[D]**, cimentar**[C]**, conceder**[N]**, conservar**[B]**, emanar**[D]**, en bandeja**[D]**, erigir(se)**[C,D]**, forjar**[G]**, fugaz**[C]**, gozar (de)**[A,G]**, inalcanzable**[D]**, insoslayable**[B]**, ostensible**[E]**, ostentar**[A]**, plegarse (a)**[E]**, quebrar(se)**[J]**, rebajar**[I]**, recaer**[C]**, refrendar**[A]**, rendirse (a/ante)**[D]**, revalidar**[C]**, reverdecer**[B]**, robustecer(se)**[B]**, sin menoscabo (de)**[A]**, sin paliativos**[I]**, sobrado (de)**[D]**, sobrado (de)**[F,H]**, socavar**[C]

♦ (VERBOS) Véase: **abrumadoramente**[B]**, comercialmente**[E]**, nítidamente**[H]**, rotundamente**[E]

☐ Véase también: DIFERENCIA; PROMINENCIA; VENTAJA.

preeminente *adj.* ▮ Se combina con sustantivos de persona, individuales y colectivos *(autor, figura, autoridad, familia)*. También se combina con...

A SUSTANTIVOS QUE DESIGNAN EL PUESTO QUE OCUPA ALGO O ALGUIEN, GENERALMENTE DENTRO DE UNA JERARQUÍA: **1** lugar ++: ...visto el lugar *preeminente* que hoy ocupa el autor ruso-norteamericano en nuestras mentes y en las letras universales. HOY151297 **2** posición ++: Las encuestas publicadas otorgan al PSC una posición *preeminente*, aunque tiene dificultades para retener su voto tradicional. LVE210296 **3** puesto +: Forma parte de la mesa nacional de Herri Batasuna y con Olarra, Díez Usabiaga y Alegría, ocupa un puesto *preeminente* en la dirección de KAS. LVE180296 **4** sitio: ...cuyas comunidades inmigrantes de muchas procedencias le han dado un sitio *preeminente* en la sociedad de nuestro tiempo. ETC010798

B SUSTANTIVOS QUE DENOTAN FUNCIÓN O TAREA ENCOMENDADA: **5 papel:** En este sentido, destacó la importancia del presidente del Gobierno, Felipe González, y su papel *preeminente* en la unidad europea. LVE030395 **6 misión:** La misión *preeminente* de Juan Pablo II no logra superar su talón de Aquiles: la incomprensión de la «modernidad»... LVE031196 **7 destino:** Otros de los destinos *preeminentes* de la subvención es un estudio previo a la corrección de humedades en los baños situados junto al patio... EPE021286

C ALGUNOS SUSTANTIVOS QUE DESIGNAN LO QUE SE CONSIDERA URGENTE O NECESARIO: **8 necesidad:** La necesidad *preeminente* de reconstruir esta zona parece alterar a todos los estamentos políticos. INDOC **9 exigencia:** ...la característica de la mayoría de los partidos de Europa Occidental está en el reconocimiento de la exigencia *preeminente* de una vía democrática... EPE050877

D OTROS SUSTANTIVOS; POSIBLES USOS ESTILÍSTICOS: ...además de haberse también sentado ante los atriles de orquestas tan *preeminentes* en la contemporaneidad como las de Kenny Wheeler o Mike Gibbs. LVE140995

preferencia ♦ **abierto, absoluto, acusado, claro, incondicional, inequívoco[79], manifiesto, marcado, sincero** ♦ **confesar, dar[55], declarar, despertar, dirigir (hacia algo), gozar (de), manifestar, otorgar**

□ Véase también: **elección, predilección, prioridad.**

preferir ♦ **abiertamente[113], abrumadoramente[30], claramente, inequívocamente, marcadamente, por encima de todo, rotundamente, sinceramente, sobre todo**

□ Véase también: **elegir, optar.**

pregonar ♦ **a bombo y platillo[5], a los cuatro vientos[10], a voces[4], a voz en grito**

□ Véase también: **anunciar, difundir(se), divulgar, extender(se), publicar, vocear.**

pregunta ♦ **a bocajarro[36], a bote pronto[22], abstruso[14], acuciante[20], aleccionador, apremiante[24], a quemarropa, atinado, avieso[22], candente[20], capcioso[1], certero, complicado, comprometido, con {doble/segunda} intención, crucial[15], de doble filo, descabellado, difícil, directo, elemental, endemoniado, endiablado, enigmático, enjundioso, enrevesado[17], esencial, fácil, fundamental, impertinente, incisivo, indiscreto, inoportuno, insidioso, intencionado, malicioso, malintencionado, oportuno, personal, sencillo, sesgado, sincero** ♦ **al hilo (de)[7]** ♦ **contestación (a), lluvia (de)[24], respuesta (a), sarta (de)[35]** ♦ **aclarar, acribillar (a)[1], acuciar[60], asaltar[4], atañer[27], brotar[22], caber[3], capear[12], circular[17], contestar, dejar (en el aire), dejar caer, despachar[2], desviar, devolver, eludir, esclarecer(se)[6], espetar, esquivar, flotar (en el aire), fluir[10], formular[1], freír (a), hacer, lanzar, obviar[36], plantear[1], quedar (en el aire), repetir, resolver, responder, sortear[42], surgir, zanjar[47]**

□ Véase también: **acusación, consulta, cuestión, dilema, duda, incógnita, interrogante, interrogatorio, respuesta.**

PREGUNTA Véase: *INCERTIDUMBRE*

PREGUNTA Véase: INCÓGNITA

preguntar ♦ **abiertamente, a bocajarro[13], a bote pronto[11], a gritos, a lo loco, a quemarropa[1], a voces, a voz en grito, capciosamente, directamente, enigmáticamente, en voz {alta/baja}, honradamente, insistentemente, maliciosamente[14], por activa y por pasiva[13], sinceramente, sin miedo, sin tapujos[12], sin ton ni son**

□ Véase también: **cuestionar, demandar, pedir, responder, rogar, solicitar.**

prejuicio ♦ **acendrado[4], anquilosado, arraigado[39], asentado, atávico[39], claro, discriminatorio[16], enraizado, fuerte, infundado[17], injustificado, preso (de)[55]** ♦ **aflorar[70], albergar, caer (en), combatir, dejarse llevar (por)[7], desprender(se) (de), desterrar, desvanecerse[18], existir, liberar(se) (de), luchar (contra), tener, vencer[38]**

□ Véase también: **prejuzgar.**

prejuzgar *v.* ▮ Se combina con sustantivos que denotan asunto o motivo *(cuestión, tema, materia, asunto)*, así como acción o actividad *(actuación, acción, procedimiento, actividad)*. También se combina con el sustantivo *futuro* y múltiples sustantivos modificados por los adjetivos *venidero* y *futuro*. Se combina asimismo con...

A SUSTANTIVOS QUE DENOTAN RESOLUCIÓN, RESPUESTA Y OTRAS FORMAS EN QUE SE PRESENTA EL FINAL DE UN PROCESO O UN ESTADO DE COSAS, MÁS FRECUENTEMENTE SI SE LLEGA A ÉL DE FORMA SATISFACTORIA: **1 decisión ++:** Es intolerable que se *prejuzgue* la decisión de los tribunales... EME120995 **2 resultado ++:** ...los miembros del jurado habrían adquirido información, a través de los medios, que *prejuzgan* el resultado del juicio. EDV040599 **3 conclusión +:** ...sin *prejuzgar* las conclusiones de la Justicia, la reapertura en España de la instrucción (...) tiene que ser una ocasión para que Francia ayude a esclarecer el asunto... EME210295 **4 desenlace +:** Sin *prejuzgar* el desenlace del contencioso acerca de los aludidos bungalós confiamos en que prime la sensatez... EPE191299 **5 solución +:** Martic afirmaba que incluir el nombre de Croacia equivale a *prejuzgar* la solución política. LVE020495 **6 resolución +:** ...aseguraba que la resolución del Tribunal de Defensa de la Competencia era «solamente una medida cautelar, que no *prejuzga* la resolución final sobre el asunto». EPE170799 **7 respuesta +:** Otros países quieren que haya preguntas ambiguas, sin *prejuzgar* respuestas. EPE141201 **8 sentencia +:** La presidenta popular afirmó: «Es normal y no *prejuzga* la sentencia definitiva de este procedimiento». EPE041299

B SUSTANTIVOS QUE DENOTAN INTENCIÓN DE ACTUAR. TAMBIÉN CON OTROS QUE DESIGNAN LA VALORACIÓN QUE DEBE HACERSE DE ESAS ACTUACIONES, LAS OBLIGACIONES A LAS QUE DAN LUGAR O LA MEDIDA EN QUE SE HA INTERVENIDO EN ELLAS: **9 culpabilidad ++:** «No es suficiente un procesamiento para *prejuzgar* la culpabilidad o la inocencia de una persona», aseguró. EME180196 **10 responsabilidad** +: ...no *prejuzga* «la posible responsabilidad criminal del recurrente». LVE070295 **11 intención** +: No puedo *prejuzgar* las intenciones del señor Población. EPE251099 **12 autoría:** No quiero *prejuzgar* la autoría... EME110995 **13 imputación:** La Sala Segunda del Tribunal Supremo (...) combina la diligencia y la prudencia (...), al asumir el sumario sin *prejuzgar* las imputaciones que contiene... LVE190895 **14 inocencia:** El político belga ha presentado su dimisión reafirmando su inocencia, que no debe ser *prejuzgada.* LVE211095 **15 participación:** Esta toma de posición oficial no *prejuzga* la participación a título individual de los militantes... EPE020977

C SUSTANTIVOS QUE DENOTAN ACTITUD, TALANTE Y OTRAS MANIFESTACIONES DE LA FORMA DE PENSAR O ACTUAR: **16 comportamiento** ++: ...sin «*prejuzgar* cualquier comportamiento que se suponga irregular», su partido «no ha variado» la actitud... EME250696 **17 conducta** ++: La Sala de lo Penal considera que, sin *prejuzgar* la conducta de los auditores querellados, sí parece necesaria una investigación... LVE240296 **18 postura** +: Las fuentes añadieron que esto no supone *prejuzgar* la postura que tomará definitivamente el Tribunal Constitucional... LVE100595 **19 carácter:** No debe *prejuzgarse* el carácter de la próxima campaña, puesto que no dan pie para ello los acuerdos alcanzados hasta ahora... EPE011180 **20 opinión:** Esta petición tiene como objeto no *prejuzgar* la opinión futura de las Cámaras Legislativas... LNP150397

D SUSTANTIVOS QUE DENOTAN EFECTO DE ALGO: **21 consecuencia** ++: Fuentes comunitarias advirtieron que ese proceso no *prejuzga* ninguna consecuencia... LVE100295 **22 efecto:** No tiene sentido intentar *prejuzgar* los efectos que puede tener una medida de esa naturaleza. INDOC **23 repercusión:** El director general de la Energía de la Comisión (...) aseguró que «no se puede *prejuzgar* la repercusión»... EPE090799

▪ Se combina también con: ♦ **desfavorablemente**[14]

□ Véase también: **enjuiciar, juzgar, valorar.**

preliminar ♦ **acción, acuerdo, análisis, audiencia, cálculo, cifra, conversación, dato, decisión, declaración, diagnóstico, diligencia, encuentro, ensayo, esquema, estimación, estudio, etapa, evaluación, examen, explicación, fase, informe, investigación, juicio, lectura, nota, paso, pesquisa, prueba, recuento, resultado, resumen, reunión, revisión, ronda, vista**

premiar ♦ **adecuadamente, como es debido, como se merece(n), debidamente**[34]**, en justicia, ex aequo, injustamente, justamente, merecidamente** ♦ **actor, afán, artista, dedicación, desvelo, escritor, esfuerzo, gente, interés, labor, persona, tarea, trabajo,** *otros sustantivos que designan actividades y tareas*

□ Véase también: **recompensar.**

premio ♦ **acreditado, ansiado, codiciado, considerable, cuantioso, de postín**[18]**, exiguo, inmerecido, jugoso**[2]**, justo, legítimo, merecido, reconocido, sustancioso, valioso** ♦ **concesión (de), lluvia (de)**[33]**, obtención (de)** ♦ **acaparar, adjudicar, alcanzar, amañar**[13]**, arañar**[7]**, asignar, atesorar**[3]**, conceder, conquistar, cosechar**[11]**, crear, disputar, embolsar(se), establecer, galardonar (con), ganar, merecer, nominar (para), obtener, otorgar, recaer**[13]**, rechazar, recibir, sufragar**[7]

□ Véase también: **condecoración, galardón, recompensa, trofeo.**

PREMIO

♦ (SUSTANTIVOS) Véase: **acariciar**[B]**, cosechar**[C]**, granjearse**[H]**, recaer**[B]**, revalidar**[D]

□ Véase también: ÉXITO; RESULTADO.

premisa ♦ **anterior, argumental, básico, categórico, claro, conceptual, convenido, elemental, equivocado, erróneo, esencial, falso, fundado, fundamental, ideológico, incontestable, indispensable, inicial, insoslayable, irrenunciable**[9]**, necesario, obligado, organizativo, preestablecido, previo, racional, reivindicativo, sólido, subyacente, sustancial, teórico** ♦ **a partir (de), bajo, con, desde, en función (de)** ♦ **abandonar, aceptar, acudir (a), admitir, afirmar, anticipar, asumir, basar(se) (en), compartir, constituir, contradecir, contravenir, cumplir, deducir(se) (de), derivar(se) (de), descansar (sobre algo), descartar, establecer, exponer, fijar, formular, fundamentar(se) (en), ignorar, mantener, negociar, obviar, partir (de), plantear, poner (como), presuponer, regirse (por), reposar (sobre), sentar, sostener, transgredir, utilizar**

□ Véase también: **introducción, preámbulo.**

prenda ♦ **ajustado, a rayas, de abrigo, de calidad, de ciudad, de día, de moda, de montaña, de noche, de paseo, de playa, de vestir, holgado, impecable** ♦ **abrochar, ajustar(se), alisar, arrugar(se), cambiarse (de), ceñir(se), dar de sí, desabrochar, encoger, llevar(se), mudarse (de), poner(se), quitar(se), rebajar, remangar(se), tejer, zurcir**

□ Véase también: **abrigo, boina, camisa, gorro, pantalón, ropa, sombrero, vestido, zapato.**

prender *v.* ▪ El uso transitivo alterna a menudo con el pronominal *(prenderse)*. En el sentido de 'poner en funcionamiento', frecuente en varios países americanos, se combina con el sustantivo *luz* y con otros que designan objetos que la producen *(bombilla, linterna, farol, foco)*, así como diversos aparatos eléctricos *(televisión, radio, computadora, motor, cámara)*. La expresión *prender la alarma* se usa con sentido figurado en el español general. En el sentido de 'encender, iniciar la combustión de' se combina con múltiples sustantivos que designan objetos físicos *(ropa, casa)*, materias combustibles *(madera, leña, gasolina)*, y -de modo particularmente frecuente- con los que designan objetos manufacturados a partir del tabaco *(cigarrillo, puro, pitillo)*. En este mismo sentido se combina con...

A SUSTANTIVOS QUE DESIGNAN EL FUEGO, ASÍ COMO -POR EXTENSIÓN- CON OTROS QUE HACEN REFERENCIA

A CIERTOS OBJETOS QUE LO PRODUCEN O LO MANTIENEN ACTIVO. SE USAN EN SENTIDO FÍSICO Y TAMBIÉN EN SENTIDO FIGURADO: **1 fuego** ++: La indignación represada empezó a manifestarse violenta en las calles. Se había *prendido* el fuego. VIS060297 **2 mecha** +: La escandalosa diferencia de precios (...) tiene más matices ocultos y ha *prendido* la mecha del escándalo. RUM290997 **3 vela** ++: Cuando Picasso murió, ella enloqueció, *prendía* velas en todos los rincones de la casa... ENV190197 **4 llama** +: El informe indica que las llamas *prendieron* en la máquina e inmediatamente se propagaron al material textil... LVG221191 **5 chispa** +: La chispa que se *prendió* en el Bernasconi se extendió a los demás establecimientos de jurisdicción nacional. LNA240692 **6 hoguera** +: Los miembros del Frente Boquerón (...) mantienen la costumbre de *prender* una hoguera explosiva antes del comienzo de los partidos... LVE250995 **7 cerilla** +: Hacia 1900, en Chile hacían furor las cerillas suecas, que se *prendían* en cualquier superficie... HOY010278 **8 fósforo** +: ...después *prendió* un fósforo y se quemó, causando estupefacción y horror. EPE021201 **9 mechero** +: ...al *prender* el mechero para hacer uno de los experimentos el alcohol ardió y provocó un incendio. LVE271295 **10 antorcha**: Hubo una manifestación de paz (...) y se *prendió* una antorcha que se mantendría encendida hasta el regreso... CAP270696 **11 bengala**: ...un hincha en cueros y sudoroso *prendió* una bengala. CLA091000 **12 lumbre**: ...tras calentar varios litros de agua a la lumbre *prendida* con troncos y ramas del descampado... EPE180299 **13 yesca**: ...una pequeña llama que pueda *prender* la yesca de las agostadas, pero nunca muertas, esperanzas... EME150895

B EL SUSTANTIVO *ÁNIMO* Y ALGUNOS OTROS QUE DESIGNAN SITUACIONES DE JÚBILO: **14 ánimo** +: ...el interés de algunos dueños de locales nocturnos y restaurantes por tener a una banda que *prenda* los ánimos. HOY120597 **15 fiesta**: Se *prendió* la fiesta, llegó el Carnaval al Tomás Arrieta. ETC030297

C OTROS SUSTANTIVOS; POSIBLES USOS ESTILÍSTICOS: ...una de las aventuras literarias (...) que irradia como un crisol clandestino, *prendiendo* en los lugares más insospechados, completamente fuera de toda moda... ABC301092

☐ Véase también: **cultivar, detener(se), encender, invadir.**

prender (en alguien) ♦ **afición, apatía, chispa, curiosidad, desánimo, deseo, desilusión, duda, emoción, fuego, incertidumbre, interés, llama, miedo, pasión, sensación, sentimiento,** *otros sustantivos que designan emociones*

[prensa] → **rueda de prensa**

preocupación ♦ **absorbente, acuciante[5], a cuestas[23], acusado, apremiante[38], arraigado[48], candente[10], desmedido, enorme, envuelto (en), fijo, gran(de), grave, hondo, humanitario[31], incontable, infinito, infundado[3], intenso, latente, ligero, llevadero[18], obsesivo, persistente, preso (de), profundo[1], serio[43], sumido (en), sumo[86], tremendo, vano[21], vivo[33]** ♦ **asomo (de)[2], cúmulo (de), expresión (de)[21], gesto (de), muestra (de), objeto (de)[12], suma (de)** ♦ **absorber[16], acechar (a alguien), acosar (al alguien), acuciar[25], afectar (a alguien), aflorar[21], agravar(se)[8], aligerar[54], aliviar (de), apaciguar[23], aplacar(se)[64], apoderar(se)[6], asaltar[22], atender, atormentar (a alguien), causar[9], corroer[10], cundir[16], dar[350], dar salida (a), desaparecer, desatar(se)[33], despertar[12], desvanecerse[29], disipar(se)[36], embargar[9], encauzar, entrar[35], influir (a alguien), invadir (a alguien), írse(le) (a alguien), liberar(se) (de), librar(se) (de)[41], lidiar (con), ocasionar, olvidar, reportar (a alguien), resurgir, sentir[37], sobrevenir (a alguien), solucionar, sufrir, surgir, transmitir[14], traslucir(se)[30]**

☐ Véase también: **alarma, augurio, desazón, inquietud, presagio, presentimiento, quebradero de cabeza, temor.**

PREOCUPACIÓN Véase: INCERTIDUMBRE; SENSACIÓN; SENTIMIENTO; TEMOR

preocupar(se) ♦ **enormemente[28], gravemente, injustificadamente, justificadamente, ostensiblemente[24], profundamente[47], seriamente[1], sinceramente[24], sin motivo, sin razón, vivamente[30]**

☐ Véase también: **alarmar(se), atender, inquietar(se), ocupar(se).**

preparar(se) ♦ **a conciencia[12], a fondo[19], al detalle[27], a lo grande[16], a lo loco, a marchas forzadas[10], a medias, arduamente[3], atropelladamente, con antelación, concienzudamente[1], con dedicación, con detalle[32], con esfuerzo, con tensión, con tiempo, con todo lujo de detalles[32], de antemano[8], detalladamente[49], en balde, en parte, escrupulosamente[36], estratégicamente[16], exhaustivamente[22], sobradamente[4], suficientemente**

☐ Véase también: **adelantar(se) (a), anticipar(se) (a), calcular, cautelar, elaborar, maquinar, orquestar, pergeñar, pertrechar(se), planear, planificar, poner a punto, prever, previsible, urdir.**

preparativo ♦ *(sust.masc.)* **bélico, costoso, cuidadoso, electoral, estudiado, excepcional, insuficiente, intenso, largo, listo, militar, minucioso, olímpico, pleno, previo, primero, suficiente, último** ♦ **durante, en medio (de)** ♦ **abordar, acelerar, adelantar(se), afanar(se) (en), avanzar, centralizar, centrar, concluir, efectuar, establecer, iniciar, intensificar, interrumpir, llevar a cabo, organizar, planear, proseguir, reforzar, retrasar(se), supervisar, suspender, ultimar**

preponderante *adj.* ▮ Se combina con sustantivos de persona, individuales o colectivos *(personaje, grupo, clan)*, así como con otros que designan partes de un conjunto o de una realidad mayor *(factor, miembro, componente, elemento, aspecto, tono, nota)*. También se combina con sustantivos que designan materias *(asunto, tema, cuestión)*, manifestaciones verbales *(palabra, idioma, lengua, habla)*, y muy diversas nociones culturales *(estilo, género, moda, tradición)*. Asimismo se combina con...

A SUSTANTIVOS QUE DENOTAN FUNCIÓN, CARGO, PUESTO O SITUACIÓN QUE SE OCUPA: **1 papel** ++: ...donde jugará un papel *preponderante* la participación activa del sector industrial. ENV120197 **2 función ++:** ...ha tenido siempre también una función *preponderante* en el proceso de paz entre Israel y los países árabes. LVE311095 **3 posición ++:** Otro segmento, el segundo en importancia en la economía de Girona, que vuelve a colocarse en una posición *preponderante* es el textil. LVE270796 **4 lugar ++:** ...ocupa actualmente un lugar *preponderante* debido a su confiabilidad y eficiencia, encontrándose entre las empresas más sólidas de su rubro en el mercado actual. ECA030792 **5 situación +:** El «preconcilio» comunista, que durará tres días, a partir de ayer, y la situación *preponderante* del PC italiano, ante las nuevas elecciones... EPE050576 **6 rol:** El sector agrícola jugó desde siempre un rol *preponderante* en este país. CLA230199

B EL SUSTANTIVO *PESO* Y CON OTROS QUE DESIGNAN SITUACIONES DE RELEVANCIA O HEGEMONÍA: **7 peso ++:** El comportamiento de la economía brasileña tiene un peso *preponderante* y progresivo dentro de la región... EPU170701 **8 importancia ++:** ...la farsa sobre la tragedia, lo moral sobre lo político y da una importancia *preponderante* al humor. EME050394 **9 relevancia +:** ...la relevancia de la función del Colegio de Notarios dentro del ámbito socioeconómico del Distrito Federal es *preponderante* para atender a los que menos tienen... EXC000901 **10 protagonismo:** ...la salida de la crisis económica, los salarios, al igual que la contención del gasto y déficit público, tuvieron un protagonismo *preponderante*. EME020294

C ALGUNOS SUSTANTIVOS QUE DENOTAN USO, ACTIVIDAD O TENDENCIA: **11 actividad:** Como ocurre con los delincuentes nacionales, el narcotráfico es la actividad *preponderante* en estas bandas. EME311096 **12 práctica:** ...a pesar de que el culto al cuerpo se haya convertido en práctica *preponderante* y nos hayamos aproximado tanto al hedonismo... ABC250693 **13 tendencia:** ...se ha caracterizado por una oferta variada, sin tendencias *preponderantes* o irrupciones de movimientos más o menos novedosos. LVE130696 **14 ideología:** La ideología *preponderante* en esta sociedad consigue que siempre consigan el poder los más ricos o los que los favorecen.

prerrogativa ♦ **discrecional[31], ilegítimo, inalienable, irrenunciable, legítimo** ♦ **arrogarse[3], conceder, disfrutar (de), ejercer, gozar (de)[27], obtener, ostentar[13], reivindicar**
□ Véase también: **privilegio.**

[presa] → **de presa**

presa ▮ *(construcción)* ♦ **aliviar, desbordar(se), llenar(se), vaciar(se)**
▮ *(captura)* ♦ **abatir(se) (sobre), acechar, amenazar, atrapar, liberar, perseguir, soltar, vigilar**
□ Véase también: **cazar.**

presagio ♦ **aciago, amenazador, buen(o), certero[16], falso, funesto[16], halagüeño, incierto, infausto, inquietante, mal(o), negro, oscuro, sombrío** ♦ **acechar (a alguien), augurar, cernerse[47], confirmar, consumar(se), convertirse (en), cumplir, desmentir[27], sentir, tener, vaticinar**
□ Véase también: **augurio, intuición, presentimiento.**

prescindir ♦ **abiertamente[66], absolutamente, completamente, del todo, en parte, enteramente, olímpicamente[15], por completo[35], temporalmente, totalmente**
□ Véase también: **evitar, suprimir.**

prescribir ▮ *(mandar)* ♦ **actividad, dieta, ejercicio, fármaco, medicación, medicamento, régimen, reposo, terapia, tratamiento**
▮ *(quedar sin efecto)* ♦ **caso, conclusión, condena, crimen, decisión, delito, demanda, expediente, fallo, infracción, ley, límite, multa, obligación, período, plazo, reglamento, sentencia**

presencia ♦ **abrumador[57], acusado[64], ansiado, asiduo[36], bueno, claro, constante, desbordante, disuasorio[38], entrañable, escaso, fuerte, fugaz[5], grato, habitual, imborrable, imponente, inexcusable[18], majestuoso, masivo, mayestático, multitudinario[8], necesario, nutrido[19], ocasional, ostensible[41], paritario[34], permanente, testimonial[39], tranquilizador[1], urgente, visible, vivo[68]** ♦ **ante, en** ♦ **acto (de)** ♦ **aclamar[9], advertir, afianzar(se)[4], confirmar, consolidar(se), decrecer[68], descubrir, desear, destacar, detectar[25], esperar, inundar (con), justificar, molestar (a alguien), notar, percibir, prodigar[64], reclamar, requerir, sentir, señalar**
□ Véase también: **aparición, apariencia, comparecencia, constatable, contante y sonante, contenido, fantasmal, manifestación (de), ostensible, presencial, presenciar, presente, reinante, soterrado.**

PRESENCIA Véase:
♦ **constatable, contante y sonante, fantasmal, presencial, presente, reinante, soterrado**
♦ **aparición, comparecencia, presencia**
♦ **acudir (a), acusar, asistir (a), comparecer, constar, constatar, dar la cara, disfrazar, ocupar, ostentar, personarse (en), presenciar, presentar(se), reinar**
□ Véase también: *APARICIÓN; OCULTACIÓN.*

PRESENCIA
♦ (SUSTANTIVOS) Véase: **abrumador[J], aclamar[B], acusado[H], asiduo[E], cancelar[F], copioso[F], decaer[B], declinar[G], decrecer[H], delegar[E], detectar[D], dilatado[D], disolver(se)[A], dosificar[F], fugaz[A], fulgurante[B], inexcusable[D], irresistible[D], multitudinario[B], nutrido[C], ostensible[E], prodigar[I], prorrogar[F], tranquilizador[A], vivo[K]**
♦ (VERBOS) Véase: **abiertamente[A], a bocajarro[C], a pelo[B], brevemente[A], cara a cara[E], codo con codo[B], como hongos[B], como un solo hombre[C], de cerca[C], de incógnito[A], de pasada[F], de refilón[D], en carne y hueso[A], en persona[A], en primera línea[B], fugazmente[A], humildemente[C], impaciente[B], intacto[E], profusamente[F], religiosamente[B], sano y salvo[B], sin pestañear[B]**
□ Véase también: APARICIÓN; ASPECTO EXTERNO; EXISTENCIA; IMAGEN.

presencial ♦ **alumno, clase, curso, testigo**
□ Véase también: **constatable, reinante.**

presenciar ♦ de cerca[18], de incógnito[24], de lejos, en carne y hueso, en primera línea[8], en silencio, en vivo y en directo, sin pestañear[5] ♦ accidente, catástrofe, desastre, discurso, enfrentamiento, lucha, tragedia, *otros sustantivos que designan eventos*
☐ Véase también: **acudir (a), asistir (a), comparecer, constar, constatar, dar la cara, ostentar, personarse (en), presentar(se), reinar.**

PRESENTACIÓN Véase: APARICIÓN; EXISTENCIA; PRESENCIA

presentar(se) ♦ sano y salvo ♦ a bombo y platillo[6], abruptamente[37], a cara descubierta[10], a grandes rasgos, alfabéticamente, a lo grande[30], a lo lejos[14], a pelo[9], con detalle[24], con éxito[52], cronológicamente, de golpe y porrazo, de improviso, de incógnito[8], de punta en blanco, detalladamente[20], dignamente[41], en orden, en persona[3], negativamente[31], ordenadamente[50], pormenorizadamente, reiteradamente[25], repentinamente, sin avisar, sin previo aviso, sintéticamente, verbalmente[8]
☐ Véase también: **demostrar, mostrar(se).**

presente ♦ *(momento temporal)* esplendoroso, halagüeño[32], inmediato, rabioso[2] ♦ aferrarse (a)[20], aprovechar, captar[49], ceñir(se) (a)[4], disfrutar (de), vivir
☐ Véase también: **actual, actualidad, imperante, moda, modernidad, momento, ostensible, reinante.**

presentimiento ♦ buen(o), fundado, infundado, mal(o), terrible, trágico ♦ abrigar, acechar (a alguien), albergar, asaltar[21], confirmar(se), corroborar, sentir, tener, venir (a alguien)
☐ Véase también: **augurio, intuición, preocupación, presagio, temor.**

preservar ♦ a toda costa[18], debidamente[24], en buen estado, por encima de todo
☐ Véase también: **conservar, mantener(se), proteger.**

presidencia ♦ breve, corto, duradero, efectivo, honorífico, institucional, largo, temporal, vitalicio ♦ a cargo (de), a lo largo (de), desde, durante ♦ función (de), papel (de), periodo (de) ♦ abandonar, acceder, alcanzar, apear(se) (de)[3], asumir, cesar (en), conquistar[5], conseguir, corresponder (a alguien), culminar[54], delegar[23], destituir (de), dimitir (de), ejercer, elegir (para), escalar, ganar, hacerse (con), hacerse cargo (de), llegar (a), mantener(se) (en), obtener, ocupar, ostentar, perder, recaer[44]
☐ Véase también: **dirección.**

presión ♦ abrumador, acuciante[9], acusado[74], agobiante, a la baja[70], aplastante[17], asfixiante[1], considerable, continuo, débil, descarado, directo, enorme, estresante, fuerte, gran(de), inaguantable, indirecto, inhumano, insistente, insoportable, insostenible, intenso, irresistible[31], leve, ligero, severo[19], sofocante[5], tremendo ♦ objeto (de)[18] ♦ absorber[17], acuciar[38], acusar[4], aflojar[1], agravar(se)[67], aguantar, agudizar(se)[10], aligerar[3], aliviar[3], aminorar[13], aplacar(se)[37], aplicar, arreciar[31], atemperar[16], aumentar, ceder (a), cernerse[26], decaer[31], decrecer[58], dejarse llevar (por)[58], disminuir, ejercer[35], eludir[46], evitar, gravitar[3], hacer, incrementar, intensificar, liberar, librar(se) (de)[7], plegarse (a)[8], realizar, redoblar[11], rendirse (a/ante)[16], resistir, sacudir(se)[28], someter (a), soportar, sostener, sufrir, vencer
☐ Véase también: **amenaza, control, fuerza, hostilidad, marcaje, opresión, poder.**

presionar ♦ abiertamente, abrumadoramente, a la baja[24], considerablemente, descaradamente[37], directamente, fuertemente, indirectamente, insistentemente, intensamente, levemente, ligeramente, poderosamente[41]
☐ Véase también: **amenazar, apretar.**

preso ♦ peligroso, preventivo, reincidente ♦ amnistiar, cumplir condena, encarcelar, juzgar, liberar, reformar(se), salir libre, sentenciar
☐ Véase también: **delincuente.**

preso (de) *adj.* ▌En su sentido de 'que padece prisión' se combina, a menudo usado figuradamente, con sustantivos que designan personas *(invasor, empresario)* o enfermedades *(enfermedad, síndrome, sida)*. Conforma asimismo la expresión lexicalizada *preso de las llamas*. También se combina con...

A SUSTANTIVOS QUE DESIGNAN SENTIMIENTOS O ESTADOS DE ÁNIMO DE NATURALEZA NEGATIVA, MÁS FRECUENTEMENTE SI MANIFIESTAN AGITACIÓN, IRRITACIÓN Y OTRAS FORMAS DE INESTABILIDAD: **1 nervios ++:** Cuentan los vecinos que el amigo que se encontró con los cadáveres de ambos hermanos afirmó, estaba *preso* de los nervios tras contemplar el espectáculo «dantesco»... EME250396 **2 ira ++:** ...muchos de cuyos antiguos votantes se van a la abstención cabreados, y otros, *presos* de ira, irán al PP. LVE220595 **3 ansiedad ++:** El catalán, *preso* de la ansiedad, ha tomado una trayectoria caótica, sin programa previo ni plan previsto. EPE260399 **4 desesperación ++:** Algunos huéspedes, *presos* de la desesperación, fabricaron sogas con las sábanas y mantas a fin de ganar la calle... ACP221096 **5 excitación ++:** No tenía armas pero se hallaba *preso* de una gran excitación. EPE150599 **6 histeria +:** Algunos funcionarios (...) se lo han tomado a la tremenda, *presos* de cierta histeria... EME131096 **7 pánico ++:** Es lo mismo que piensan millones de norteamericanos *presos* de pánico que han vaciado las farmacias de antibióticos. EPE101001 **8 miedo +:** González está, desde hace un tiempo, *preso* de un miedo cerval a la calle. EME210296 **9 nerviosismo:** ...sobre cuya toga volvió a vomitar (...) *preso* de su nerviosismo y de sus originales convicciones... EME040195 **10 emoción:** Ana María, el dominicano Hermógenes y todos los demás son *presa* de la emoción. GIC072697 **11 angustia:** Los años no eran más que estrépito, resaca y agitación, y Jacques Cormery se debatía ahora *presa* de angustia y piedad... ABC021294 **12 furia:** ...la llegada de generaciones con menos criterio, de una avidez imprudente, *presas* de la furia del hacha... EPE281299 **13 celos:** ...salta al primer plano y, *presa* de los celos, mata a la mujer que ama... DLA050497 **14 irritación:** Así lo interpretó la hinchada, *presa* de la irritación y de la fatiga. EPE051299 **15 rabia:** ...ella logró finalmente ligarle las manos con cinta aislante y, *presa* de la rabia, coserle a puñaladas. LVE090295

B SUSTANTIVOS QUE DESIGNAN DIVERSAS FORMAS DE ENAJENACIÓN: **16 delirio +:** Sánchez, liberada, fue *presa* de un delirio místico y hoy es predicadora de una secta en tierra amazónica. EME260694 **17 locura:** El amante, *preso* de la locura, salió corriendo detrás del tren en un intento de volver a los brazos de su amada. **18 demencia:** ...un abogado pacifista que se exilió al Reino Unido durante la guerra civil española y murió en 1992, con 85 años, *preso* de la demencia senil. EPE280299 **19 paranoia:** ...al entrar violentamente, *preso* de un ataque de paranoia persecutoria, en un domicilio particular. EME060394 **20 enajenación:** Una niña de ocho años fue decapitada el jueves por su madre, *presa* de enajenación mental temporal, en el domicilio de la familia... DLA250797

C SUSTANTIVOS QUE DESIGNAN DIVERSOS ESTADOS DE ÁNIMO CARACTERIZADOS POR LA FALTA DE ALGO, GENERALMENTE EL ESTÍMULO, LA DETERMINACIÓN O LA CLARIDAD EN RELACIÓN CON LA VOLUNTAD DE ACTUAR: **21 nostalgia:** Una de las rebeldes más jóvenes fue literalmente *presa* de la nostalgia durante la pesadilla de 126 días en la residencia de dos pisos del embajador japonés. ENH280497 **22 desgana:** ...nos regaló breves rachas de buen juego, pero volvió a caer *presa* de su eterna desgana. EME300895 **23 depresión:** ...*presa* de una profunda depresión, se suicidó tirándose por el hueco de la escalera de su casa en Turín. LVE271095 **24 melancolía:** ...un equipo con grandes futbolistas pero que cae *preso* de la melancolía cada vez que visita el continente. EPE211101 **25 abatimiento:** Elisabeth era *presa* de momentos eufóricos y de prolongados abatimientos. EME250694 **26 desidia:** ...en Salamanca cayó *preso* de la desidia, ante el Espanyol actuó con eficacia, contra la Real cedió por su inestabilidad. EPE100599 **27 hastío:** ¿Se siente usted *presa* de hastío crónico? ABC310192

D SUSTANTIVOS QUE DENOTAN CONFUSIÓN O DUDA. TAMBIÉN CON OTROS QUE DESIGNAN ESTADOS CARACTERIZADOS POR LA FALTA DE COHERENCIA, PROPIEDAD, ACIERTO Y OTRAS NOCIONES CONEXAS: **28 contradicción ++:** ...habiendo ganado, cómodamente por mayoría, los parlamentarios del Partido Republicano, *presa* de las contradicciones que afectan a los partidos conservadores de todo el mundo... EXC011196 **29 incertidumbre +:** Pasó los últimos 20 minutos *preso* de la incertidumbre, sin otro enemigo que su tendencia al abandono. EPE181101 **30 confusión +:** ...han sido utilizadas recientemente por parte de varios órganos de prensa que sin duda han sido *presa* de la confusión deliberada... PME260197 **31 duda +:** ...por no hablar de la juez de (...), *presa* de las dudas en cuanto a la ubicación jurídica de los cadáveres encontrados en su término. EME040595 **32 error:** Los dos equipos se vieron *presos* de sus errores defensivos. EPE080399 **33 indecisión:** Está solo, *preso* de sus indecisiones. EPE011199 **34 dilema:** Preso de un dilema que los propios interesados se habían encargado de alimentar... EPE221101 **35 malentendido:** Nietzsche fue *presa* de «el gran malentendido histórico de la filosofía», concluyó. EPE260800

E SUSTANTIVOS QUE DENOTAN CREENCIA, IDEOLOGÍA Y OTRAS MANIFESTACIONES DE LAS POSTURAS PERSONALES O VITALES. TAMBIÉN CON OTROS QUE DESIGNAN ALGUNOS ELEMENTOS QUE INTEGRAN ESAS NOCIONES: **36 ideología +:** Somos menos *presa* de las ideologías, queremos ser más pragmáticos. LVE200596 **37 principio +:** ¿No continúa la política económica *presa* de los mismos principios que han originado el desastre? EME120194 **38 idea +:** ...se deben producir los cambios que el presidente considere convenientes, sin encontrarse *preso* de esa idea en virtud de la cual parece que no es bueno cambiar a los ministros. EME130394 **39 fundamentalismo:** Ciertamente se engaña quien, *presa* de cierto fundamentalismo, pretenda hallar en el pensamiento... EME210496 **40 militarismo:** De esos, todos están locos y nos arrastran: *presos* de un militarismo mesiánico se apresuran a pedir... EME250795 **41 concepción:** ...a través del argumento de que el filósofo *presa* de sus concepciones había «fallecido vergonzosamente». PME221296 **42 convicción:** Algunos de ellos, *presos* de sus inamovibles convicciones, no fueron capaces de adaptarse a la nueva situación. INDOC

F SUSTANTIVOS QUE DENOTAN DESEO, INTENCIÓN O NECESIDAD EN DIVERSAS FORMAS Y GRADOS: **43 aspiración +:** No sólo, ni fundamentalmente, de las estructuras sociales, sino, sobre todo, de las propias personas individuales, *presas* de aspiraciones insensatas... EME100695 **44 deseo +:** Presa del deseo, se abalanzó sobre sus brazos y le apretó contra su pecho. INDOC **45 ambición +:** ...los príncipes cristianos, ciegos en sus rencillas y *presos* de sus ambiciones, haciendo caso omiso de la sombría amenaza... ABC060392 **46 obsesión:** ...no evita que siga guiando la actuación de muchas personas *presas* de la obsesión identitaria... EPE020599 **47 tentación:** ...mira inmensamente a todas partes, *presa* de la tentación de los grandes almacenes... EPE040499 **48 voluntad:** A partir de entonces, nuestra vida política está *presa* de una voluntad singular que todavía mantiene vigencia... RUM250897 **49 expectativa:** ...se trata de Maurice Greene, *preso* de las expectativas que ha generado su plusmarca mundial. EPE030799 **50 codicia:** En lugar de caer *preso* de la codicia de los mercaderes y de la falta de compromiso de la nube de jugadores que vienen y van... EPE180599 **51 necesidad:** El opinador, absolutamente *preso* de la necesidad de devolver la pelota al frontón de la actualidad... LVE030996 **52 dependencia:** ...uno que trapichea contrabandeando y otro que, *preso* de la dependencia, frecuenta amistades más peligrosas aún. EPE270900 **53 adicción:** ...un legislador de su circuito trafica en cocaína y dos muchachos parientes suyos han caído *presa* de esa adicción. ESP210800 **54 interés:** Presa de un malsano interés por informarme, he corrido al quiosco a por las revistas... EPE190800

G SUSTANTIVOS QUE DESIGNAN ACTITUDES Y DEFECTOS PERSONALES QUE REPERCUTEN GENERALMENTE EN LA FORMA DE COMPORTARSE: **55 prejuicio +:** ...lo que necesitamos es un planteamiento de la definición de vida que no sea *presa* de prejuicios estrechos de miras. EPE280499 **56 intolerancia +:** Presos de la intolerancia, volver al punto de partida se convierte en una tarea ardua, larga, difícil. LVE260195 **57 soberbia +:** ...en cabalgar como caballo de Atila por los campos de la democracia que tan solo cuenta con dieciséis años de existencia, *preso* de soberbia. EME250494 **58 fanatismo:** El islam supera ya los mil millones de adeptos, parte de ellos *presa* de un fanatismo de consecuencias incalculables... LVE020796

▩ Se combina también con: ♦ **caer**

☐ Véase también: **eximir (de).**

prestación (de) ♦ **laboral, social** ♦ **ayuda, desempleo, servicio** ♦ **conceder, denegar[52], negar**

préstamo ♦ **a fondo perdido[7], a plazos[18], asequible, de interés {alto/bajo}, en condiciones {favorables/desfavorables}, ruinoso** ♦ **en, en concepto (de)** ♦ **concesión (de), interés (de), plazo (de)** ♦ **amortizar[3], avalar, conceder[10], concertar[29], condonar[3], dar, establecer, fijar, liquidar, pagar, pedir, saldar[10], solicitar, tramitar, vencer[94], zanjar**

☐ Véase también: **donación, entrega.**

prestar ♦ **apoyo, asistencia, atención, auxilio, ayuda, colaboración, cosa, declaración, dinero, juramento, oído, servicio, testimonio, vigilancia, voz**

☐ Véase también: **ceder, conceder, dar, entregar.**

prestar(se) ♦ **encantado, gustoso[21,41]** ♦ **amablemente, a regañadientes[28], de buen grado[17], generosamente[11], gentilmente, voluntariamente**

prestar(se) (a) ♦ **abuso, ambigüedad, análisis, campaña, charla, complicidad, componenda, confusión, conjetura, controversia, conversación, corrupción, crítica, debate, diálogo, discrepancia, discusión, enfrentamiento, engaño, entrevista, equívoco, especulación, exceso, farsa, habladuría, interpretación, irregularidad, juego, lectura, manejo, maniobra, manipulación, negocio, operación, pregunta, prueba, simplificación, sospecha, suspicacia, trampa, trapicheo**

prestigio ♦ **acreditado, atentatorio (contra)[4], considerable, enorme, escaso, ganado, incuestionable, indudable, inmerecido[3], innegable, intachable[35], maltrecho, merecido, reconocido, sólido** ♦ **a la altura (de)[17], de** ♦ **ápice (de)[94], halo (de)** ♦ **acrecentar(se), adquirir[4], afectar (a), afianzar(se)[17], alcanzar, atentar (contra), aumentar, avalar[50], basar(se) (en algo), capitalizar[16], cimentar[36], comprometer, conseguir, consolidar(se), crecer, dañar[2], dar (a algo/a alguien), declinar[7], decrecer[47], derrumbar(se)[23], deteriorar(se), devaluar(se)[4], dilapidar[26], disminuir, echar a perder, echar por tierra, empañar(se)[5], ensombrecer(se), enturbiar(se), extender(se), forjar(se), ganar, gozar (de)[7], granjearse[60], hipotecar[57], labrar(se), mantener, mellar(se)[8], minar[14], ostentar, perder, perjudicar, redundar (en)[16], robustecer(se)[12], socavar[19], subirse a la cabeza (a alguien), tener, tirar por tierra**

☐ Véase también: **fama, mérito, reputación.**

presto (a) *adj.* ▮ Se combina con infinitivos *(Estaba presto a luchar; Siempre está presto a acudir en ayuda de sus amigos)* y también con sustantivos. En el lenguaje deportivo y taurino lo hace a menudo con los que designan lances diversos *(verónica, engaño, contraataque, remate, muleta)*. Se combina además con sustantivos que denotan intercambio verbal *(réplica, debate, diálogo)*, así como con los sustantivos *cita* y *llamada*. También se combina con...

A SUSTANTIVOS QUE DENOTAN ENFRENTAMIENTO O VIOLENCIA, A VECES EN REFERENCIAS METONÍMICAS: **1 guerra** +: ...lleno de la tronante soberbia como un Júpiter herido por el rayo, *presto* a la guerra con el mundo... EME050296 **2 lucha** +: ...aunque desde el callejón le corrieron capotes hasta la puerta de chiqueros, allí se volvía, *presto* a la lucha que le negaba. EME290496 **3 batalla** +: ...uniformados, pertrechados, formados y *prestos* a la batalla. INDOC **4 violencia** –: El país es hoy un frente sur, repleto de forofos enardecidos, de «hooligans» *prestos* a la violencia dialéctica... EME080395

presupuestario ♦ **acuerdo, ajuste, ampliación, asignación, déficit, dificultad, dotación, ejecución, equilibrio, partida, política, proyecto, recorte, recurso, reducción, reforma**

presupuesto ♦ **abultado[5], ajustado, ambicioso, aproximado[21], astronómico[12], descabellado, desequilibrado, desmedido[53], desorbitado, disparatado, elevado, equilibrado, escaso, exiguo[14], familiar, insuficiente, irreal, irrealizable, irrisorio[7], moderado, nacional, suficiente, sustancioso, vigente[40]** ♦ **ajuste (de)** ♦ **acomodar(se) (a), ajustar, ajustar(se) (a), aligerar[13], amoldar(se) (a), arbitrar[39], atenerse (a)[72], calcular, conformarse (con), congelar[16], decrecer[25], dedicar[11], desequilibrar[3], desglosar[4], disminuir, enjugar[21], equilibrar, esbozar, estimar, estirar[2], exceder, fijar, gastar, hacer, impugnar[43], incrementar, inflar, pedir, prorrogar[28], rebajar[21], rebasar[30], recortar, rectificar[44], sobrepasar[10], sufragar[20], superar**

☐ Véase también: **cálculo, gasto.**

pretender ♦ **abusivamente, a toda costa, inútilmente[1], vanamente**

pretensión ♦ **absurdo, desaforado[47], descabellado[11], desmedido[18], desorbitado[8], dinástico, económico, exagerado, excesivo, ilegítimo, inalcanzable[14], inútil, irreal, justificado, laboral, legítimo, modesto, oscuro, razonable, ridículo, vano[1], verdadero** ♦ **abrigar[13], airear[34], albergar, alcanzar, apoyar, avalar[9], ceder (a), colmar, complacer, declarar, descubrir, desinflar(se)[8], desvanecerse[14], desvelar, entrever(se), esconder, lograr, ocultar, prosperar[31], rebajar[51], revestir(se) (de)[33], saciar[8], satisfacer, traslucir(se)**

☐ Véase también: **deseo, ilusión.**

pretexto ♦ **absurdo, burdo, consabido, creíble, descabellado[30], falso, inadmisible, increíble, injustificable, inútil, inverosímil, peregrino[27], ridículo, torpe, vano[28]** ♦ **sarta (de)[6], serie (de)** ♦ **aceptar, admitir, aducir[5], dar (como), escudar(se)**

(en), esgrimir[10], inventar(se), ocurrírse(le) (a alguien), ofrecer (como), poner (de/como), presentar (como), recurrir (a), tener, urdir, valer(se) (de)

☐ Véase también: **coartada, disculpa, excusa.**

prevención Véase: **preventivamente**

preventivamente *adv.* ▮ Admite algunos verbos de lengua *(pedir, informar, declarar)*, pero se combina más frecuentemente con...

A VERBOS QUE DENOTAN ACTUACIÓN O INTERVENCIÓN EN ALGO. TAMBIÉN CON OTROS QUE DESIGNAN DIVERSAS ACCIONES QUE SE INTERPRETAN COMO MEDIDAS TOMADAS POR ALGUNA AUTORIDAD: **1 tomar medidas ++:** La policía tomó medidas *preventivamente.* INDOC **2 actuar ++:** ...la pérdida de bienes de un número de familias (...) menor que en fenómenos naturales anteriores porque se actuó también *preventivamente* en su traslado a lugares seguros... GIC111796 **3 embargar +:** La decisión de embargar *preventivamente* los terrenos ha venido del juzgado y en ningún momento ha sido solicitada por la empresa... EME030294 **4 velar:** Y en honor a la verdad, a este comité vicepresidencial debería corresponderle la tarea de velar *preventivamente* por la honestidad de la administración pública... LPN120597 **5 tratar:** ...recomiendan tratar *preventivamente* a los adolescentes que presenten síntomas depresivos. EPE170599 **6 montar un dispositivo:** Previamente, había sido controlado el frente que avanzaba peligrosamente hacia la urbanización Boscos de Tarragona, donde se había montado *preventivamente* un dispositivo especial. LVE100795 **7 congelar −:** Aumentan los padres que *preventivamente* congelan el cordón umbilical de sus hijos. EME231195 **8 rodear −:** ...con todo ese lío por resolver, agravado aún más por la enfermedad cardiaca de Eltsin, al Kremlin le conviene rodear *preventivamente* al futuro Parlamento de un clima de ilegitimidad. LVE271195

B VERBOS QUE DESIGNAN LA INTERRUPCIÓN, CANCELACIÓN O SUSPENSIÓN DE UN EVENTO. TAMBIÉN CON OTROS QUE EXPRESAN LA ACCIÓN DE HACER SALIR A LAS PERSONAS DEL LUGAR QUE OCUPAN: **9 suspender ++:** Hace un tiempo, el radicalismo había solicitado al secretario de Comunicaciones de la Nación, Guillermo Padín Zabal, que suspenda *preventivamente* la reforma tarifaria. LNP120397 **10 desalojar +:** El fuego pasó de Torrelles a Vallirana, donde la Guardia Civil y la policía local montaron un dispositivo para desalojar *preventivamente* a algunos vecinos... LVE090795 **11 evacuar +:** Las zonas más afectadas fueron Sardinal (...) y el sector de Guayabal, en Santa Cruz, donde *preventivamente* fueron evacuadas 150 personas por el crecimiento del río. LNC101096 **12 clausurar:** El local (...) fue clausurado *preventivamente* por carecer de habilitación municipal. LNP220497 **13 trasladar:** Los siete ocupantes del rodado fueron trasladados *preventivamente* al Hospital Interzonal Doctor José Penna... LNP060497

C VERBOS QUE DENOTAN RETENCIÓN U OCULTACIÓN DE PERSONAS O COSAS: **14 detener ++:** Kohen (...) fue detenido en Madrid *preventivamente* a mediados de junio... CLA211187 **15 encarcelar +:** Lo mismo cabría decir (...) de Jon Idígoras, encarcelado *preventivamente* por apología del terrorismo. EME280596 **16 ingresar +:** Más grave será este segundo proceso porque Prat ingresa *preventivamente* en la cárcel y el relieve es mayor. LVE260796 **17 retener +:** Así mismo, la Policía retuvo *preventivamente* al conductor del camión (...), quien resultó ileso, para establecer de qué forma se registró el accidente. ETC150497 **18 estar preso:** ...nadie ha mostrado gran interés por conocer qué parte de la población reclusa española está presa *preventivamente...* LVE220295 **19 inmovilizar:** ...todos estos son factores que pueden condensarse en una situación que impida o dificulte maniobras para inmovilizarlo *preventivamente.* ENV121296 **20 privar:** ...las reglas de juego de la democracia posibilitan la utilización, precisamente de la normativa y de los derechos, también a aquellos que están privados *preventivamente* de su libertad. EPE230199 **21 permanecer:** ...la libertad de Vera es un agravio comparativo respecto a otros presos que permanecen *preventivamente* en prisión y están acusados de delitos menos graves... EME140795 **22 secuestrar −:** Quedó secuestrado *preventivamente* un automóvil Siam Di Tella, color beige... LNP210797 **23 enterrar −:** Como (...) tiene la extraña propiedad de despertar ideas religiosas supuestamente expulsadas de las inteligencias, el «vaticanismo-ficción» ha decidido enterrarlo *preventivamente.* EME081096

D OTROS VERBOS; POSIBLES USOS ESTILÍSTICOS: ...por su trabajo conoce bien la tendencia de numerosos alpinistas a drogarse *preventivamente...* ABC290794; En realidad, el infortunado Ron Davies trataba, con su heroica renuncia, de inmolarse *preventivamente...* EPE300499

☐ Véase también: **cautelarmente, preventivo.**

preventivo *adj.* ▮ Se combina frecuentemente con sustantivos de persona que designan al que está en prisión *(preso, recluso)*. También lo hace a menudo con el sustantivo *policía* y con otros sustantivos, individuales o colectivos, cuya denominación alude a funciones de vigilancia o seguridad *(agente, efectivo)*. Se combina además con...

A SUSTANTIVOS QUE DENOTAN DETENCIÓN O RECLUSIÓN DE PERSONAS. TAMBIÉN CON OTROS QUE DESIGNAN DIVERSAS MEDIDAS COERCITIVAS CONTRA INDIVIDUOS, BIENES O INSTITUCIONES: **1 detención ++:** ...piden la detención *preventiva* de ocho concejales y del actual intendente... ACP110996 **2 arresto +:** ...cumplió desde ayer una orden de arresto *preventivo* de 24 horas... LPH170796 **3 suspensión +:** ...aunque goza de licencia y existe un pedido de Diputados para su suspensión *preventiva.* LNP080397 **4 cierre +:** ...constataron la falta de habilitación municipal del comercio y (...) procedieron al cierre *preventivo.* LNP220497 **5 clausura +:** En cuanto a las «clausuras *preventivas*» contempladas en la nueva legislación... CLA110197 **6 embargo +:** El magistrado (...) trabó embargo *preventivo* sobre sus bienes... ACP141196 **7 prohibición:** Dicha demanda judicial ha dado lugar a que el magistrado encargado del caso emita tres «órdenes de arraigo» (prohibición *preventiva* de salida del país) contra otros tantos funcionarios... LVG231191 **8 neutralización:** ...la llamada «neutralización *preventiva*» es una de las prácticas comunes en la Mossad desde que se logró eliminar a los responsables de las muertes de nueve atletas israelíes... CAP200901 **9 invalidación:** ...contempla además la «invalidación *preventiva*» del pasaporte...

LPA080592 **10 sanción:** ...cumplidos ya los dos meses de sanción *preventiva.* EPE221201 **11 fianza:** ...la intervención de este dinero no puede ser considerada a modo de fianza *preventiva* para garantizar las responsabilidades pecuniarias... LVG221191

B SUSTANTIVOS QUE DESIGNAN LUGARES DE RECLUSIÓN Y –POR EXTENSIÓN– LA ESTANCIA EN ELLOS DECRETADA O IMPUESTA POR ALGUNA AUTORIDAD: **12 prisión ++:** ...sobre el que hoy ni siquiera pesa una prisión *preventiva* en su contra. ECA050792 **13 reclusorio:** ...fue remitida al Reclusorio *Preventivo* Femenil Oriente de esta capital. DYM201297 **14 centro:** ...necesidad de redoblar la seguridad en el centro *preventivo*... PLG100397 **15 cárcel:** Algún día, cuando remita la marea, tendremos que (...) evaluar el efecto de la cárcel *preventiva* sobre la «memoria»... LVE080895

C SUSTANTIVOS QUE DENOTAN CONTROL, VIGILANCIA U OBSERVACIÓN: **16 control ++:** ...prevé un efectivo control *preventivo* de la aptitud mecánica de las unidades... LPA260492 **17 vigilancia +:** Estas medidas, calificadas de vigilancia *preventiva*... EME011196 **18 patrullaje +:** Las detenciones se hicieron durante un patrullaje *preventivo* en el centro de la ciudad... ESH141100 **19 supervisión +:** ...supervisión *preventiva*, no debe dar tregua para detectar irregularidades... ESH100797 **20 observación:** A pesar de nuestras observaciones *preventivas*, elementos inescrupulosos hicieron desacato a los requerimientos fijados... GIC111796 **21 registro:** Una patrulla (...) realizaba registros *preventivos*, y al interceptar el camión... ESH040796

D SUSTANTIVOS QUE DESIGNAN MEDIDAS, DISPOSICIONES Y OTRAS FORMAS DE REGULAR LAS ACTIVIDADES HUMANAS, GENERALMENTE POR PARTE DE ALGUNA AUTORIDAD: **22 medida ++:** ...recomienda a los pasajeros de avión las medidas *preventivas* básicas... DDN110101 **23 norma +:** ...las nuevas tecnologías requieren la aplicación de normas *preventivas*... FDV030599 **24 disposición:** ...por lo que se ha notificado a los propietarios de las casas coloniales a fin de queadopten disposiciones *preventivas* de seguridad. EXP020797 **25 código:** ...dos códigos distintos para dirigir la lucha de la sociedad contra el crimen: uno sancionador (...) y otro *preventivo*... LHG190397 **26 ley:** ...la vulneración de las leyes *preventivas* es duramente perseguida por el sistema penal... EPE290499

E SUSTANTIVOS QUE DESIGNAN OTRAS FORMAS ORGANIZADAS DE ACTUAR O PREPARAR LAS ACTUACIONES: **27 criterio +:** ...la medida fue adoptada con un criterio *preventivo*, más que alarmista... ENH240700 **28 programa +:** Señaló que los programas *preventivos* se están aplicando correctamente... DYM240796 **29 estrategia +:** ...para ir ganando espacio y formando «islas de integridad» en las que sus miembros trazan estrategias *preventivas.* CAP200397 **30 política +:** ...somos testimonio de la política *preventiva* en aquellos lugares... EME141295 **31 procedimiento +:** ...contribuyan a procedimientos *preventivos* contra el cáncer. DLA120497 **32 plan +:** ...otros cursos de agua cercanos también se incluyeron en este plan *preventivo.* LVE181196 **33 método:** Los agentes de policía, no obstante, establecieron un dispositivo de seguimiento y control de los dos jóvenes como método *preventivo.* DDN050101 **34 sistema:** ...adoptaba un cierto sistema *preventivo* al cambiar los horarios de salida... EME090695 **35 modelo:** Con el modelo *preventivo*, dependen de la autoridad local y judicial... LVE131296 **36 proyecto:** ...se han llevado proyectos *preventivos*, como minirriegos, ayudas alimentarias... LTH031097

F SUSTANTIVOS QUE DENOTAN ADVERTENCIA EN DIVERSAS FORMAS Y GRADOS: **37 aviso +:** ...la derrota electoral (...) es (...) aviso *preventivo* para la reconquista... PME241196 **38 señal:** ...con los tipos de señales *preventivas*, restrictivas e informativas... LHG300497 **39 señalización:** ...por no establecer la señalización *preventiva* correspondiente. LNC230197 **40 alerta:** ...decidió declarar alerta epidemiológica *preventiva* internacional. ACP061000 **41 luz:** ...se activarían las luces *preventivas* de una nueva desestabilización. EXC070896

G EL SUSTANTIVO *INFORMACIÓN* Y CON OTROS QUE DESIGNAN DIVERSAS FORMAS DE DIFUNDIRLA: **42 campaña ++:** La policía ha lanzado una campaña *preventiva* y pedirá la colaboración... LVE290896 **43 información +:** ...mantener actualizada la información *preventiva*... ETC070497 **44 propaganda +:** Esa imagen (...) que tanto utilizan en las «propagandas *preventivas*»... ENV060297 **45 divulgación:** ...otras enfermedades que requieren divulgación *preventiva.* LHG141100 **46 charla:** ...empezaron a ofrecer a sus alumnas charlas *preventivas* sobre la enfermedad. CAP310800 **47 folleto:** ...folletos instructivos y *preventivos* escritos por el gobierno... ETC011291

H SUSTANTIVOS QUE DENOTAN ASISTENCIA O TRATAMIENTO MÉDICO. TAMBIÉN CON OTROS QUE DESIGNAN VARIOS ELEMENTOS QUE HACEN POSIBLES ESAS ACTUACIONES, ASÍ COMO EL ESTADO FÍSICO AL QUE AFECTAN: **48 medicina ++:** ...programas que van desde medicina *preventiva* y vacunación... DYM201297 **49 tratamiento ++:** ...nos llevará a nuevos tratamientos *preventivos* o a mejores diagnósticos... CLA020497 **50 terapia +:** ...debemos empezar de inmediato las *terapias* preventivas o el tratamiento... ABC191193 **51 asistencia +:** Los pediatras realizan una asistencia más *preventiva* que curativa... EPE120900 **52 vacuna +:** Allí explicaron que se trata de una vacuna *preventiva*... GIC041297 **53 vacunación +:** ...desarrollan programas de vacunación *preventiva* en ganado vacuno... ESH280297 **54 salud:** ...una educación para la salud *preventiva* del alcoholismo... EME140494 **55 vendaje:** Sobre los vendajes (...) el profesional señaló que eran sólo *preventivos.* LEC050697 **56 medicamento:** ...podemos ofrecer medicamentos *preventivos* que reducen los síntomas... EXC230996 **57 chequeo:** ...los chequeos *preventivos* que realizan las mutuas de accidentes laborales... LVE120395 **58 dosis:** ...la importancia de recibir las dosis *preventivas* necesarias... ESH130497

I SUSTANTIVOS QUE DESIGNAN DIVERSAS FORMAS DE AYUDA, PROTECCIÓN O SUSTENTO: **59 mantenimiento:** ...dar mantenimiento *preventivo* y hacer reparaciones electrónicas complejas... LNC110497 **60 atención:** ...dispusieran de una atención *preventiva* y una cobertura similar... EPE041299 **61 ayuda:** ...tratarse de la primera ayuda *preventiva* de los organismos internacionales... CLA170199 **62 protección:** ...permite la planificación y protección *preventiva* de los ecosistemas... EPE130299 **63 conservación:** ...trabajos de conservación *preventiva*, restitución y restauración... PME101196 **64 cuidado:** También hay una serie de cuidados *preventivos*, que es bueno conocer. ENH110997

J SUSTANTIVOS QUE DESIGNAN DIVERSAS FORMAS DE ACCIÓN O INTERVENCIÓN, FRECUENTEMENTE ECONÓMI-

CA, POLÍTICA O MILITAR: **65 acción** +: Estas acciones *preventivas* serán ejecutadas por el Departamento Administrativo de Planeación Municipal. EPC141097 **66 actividad** +: ...se prefiere iniciar una actividad *preventiva*, porque «la idea no es sancionar (sino que) simplemente se sepan las reglas de juego». EOU070297 **67 acto:** ...porque lo suyo es acoger un recurso de protección, un acto *preventivo*. HOY270197 **68 ataque:** ...hizo un ataque *preventivo*, a través de la radio en español de la ciudad. ENH280497 **69 operación:** ...sigilosas operaciones *preventivas* contra cualquier amago de susto o atentado. LTB041296 **70 conducta:** ... la banca mantuvo en 1996 una conducta mucho más *preventiva* y planificada al ejecutar importantes incrementos (149,79) de patrimonio... ENV170197 **71 intervención:** ...hecho que justificaría la intervención *preventiva* de subida de tipos de interés... LVE040896

K SUSTANTIVOS QUE DENOTAN LABOR O ESFUERZO EN ALGUNA DIRECCIÓN: **72 labor** ++: ...efectuar trabajos de limpieza de fondos y márgenes como labor *preventiva*. ENC280301 **73 trabajo:** Señaló que pese a todo el trabajo *preventivo*, de limpieza de cunetas... LTB150297 **74 esfuerzo** +: ...los esfuerzos *preventivos* se están concentrando en la costa norte... DHE031097 **75 tarea** +: ...colaboradores (...) en tareas puramente *preventivas* y defensivas... ETC020497 **76 gestión:** ...insistido en una gestión *preventiva* que iniciaron hace más de un año. HOY180385

L SUSTANTIVOS QUE DENOTAN INTENCIÓN U OBJETIVO: **77 fin** +: ...para conocer los orígenes del desastre con fines *preventivos*. EME160396 **78 intención:** Con intención *preventiva*, los psicólogos y sociólogos que se ocupan del tema... LNA260692 **79 objetivo:** ...tienen también un objetivo *preventivo*: evitar el desarrollo de trastornos crónicos. CAP290801

M ALGUNOS SUSTANTIVOS QUE DENOTAN RESERVA: **80 reserva** +: ...se determinará el monto de las reservas *preventivas* necesarias... EXC031000 **81 provisión** +: Por lo que hace a las provisiones *preventivas* que tuvieron que crear los bancos precisamente para evitar dificultades derivadas de los créditos vencidos... EXC020496

□ Véase también: **cautelar, preventivamente.**

prever ♦ **al detalle[29], anticipadamente, con antelación, con tiempo, de antemano[22], insuficientemente, largamente, suficientemente**

□ Véase también: **adelantar(se) (a), anticipar(se) (a), imprevisto, previsible.**

previsible ♦ **absolutamente, en cierta medida, por completo[187]** ♦ **consecuencia, daño, decisión, desarrollo, efecto, impacto, implicación, producto, relación, repercusión, resultado,** *otros sustantivos que denotan efecto*

previsión ♦ **aciago[4], actual, ajustado, amenazante, aproximado, certero[17], exacto, fallido, halagüeño[4], inexacto, meteorológico, optimista, pesimista** ♦ **con arreglo (a)[24]** ♦ **capacidad (de), error (de), falta (de)** ♦ **acertar, alterar[19], avanzar, aventurar, confirmar(se), corroborar(se), cumplir[14], dar en el blanco, dar en el clavo, desbaratar[14], desbordar(se)[9], esperar, fallar, formular, fracasar (en), hacer, incumplir, lanzar, mantener, pulverizar[20], rebajar[53], rebasar[22], revisar, sobrepasar[36], tener, vislumbrar[9]**

□ Véase también: **anticipación, augurio, cálculo, intuición, planificación, presagio, pronóstico.**

primacía ♦ **absoluto, claro, creciente, destacado, evidente, incuestionable, indudable, notorio, ostensible[45], total** ♦ **aceptar, amenazar, arrogarse[33], asegurar, asignar, conceder, conservar, dar, discutir, disputar, garantizar, gozar (de), invocar, mantener, obtener, ostentar[3], otorgar, perder, preconizar, proclamar, ratificar, reafirmar, reclamar, reconocer, reforzar, reivindicar, subrayar, tener**

□ Véase también: **hegemonía, primar, privilegio.**

primar *v.* **I** En el sentido de 'dar primacía a una cosa' admite sustantivos que designan muy diversos estados y situaciones colectivas que se consideran deseables *(bienestar, desarrollo, natalidad, diálogo, convivencia, comercio)*. También se combina con...

A SUSTANTIVOS QUE DESIGNAN CONCEPTOS FUNDAMENTALES QUE RIGEN EL PENSAMIENTO O LA CONDUCTA. TAMBIÉN CON OTROS QUE EXPRESAN PUNTOS DE VISTA O CREENCIAS: **1 criterio** ++: En la primera se incluye la extracción y, en la segunda, el criterio que *prima* es el de conservación... BYN301197 **2 idea** +: ...aunque tempranamente se desatan competencias, finalmente *prima* la idea de consensuar e integrar las eventuales listas. HOY061097 **3 principio** +: Para ese reparto propone «*primar* el principio de solidaridad». EPD040997 **4 valor** +: ...pueblan las páginas de este libro, en el que *prima* el valor literario... ABC030694 **5 ideología:** ¿Por qué *primar* la supuesta ideología sobre el buen hacer? EME220696 **6 enfoque:** Igual que aquéllos –*primando* el enfoque de quienes optaron por el significado de la estética realista–... ABC021294 **7 posición:** ...el eje mediterráneo, lo que «obliga a *primar* la posición de la región metropolitana y a configurar un sistema de infraestructuras». EPE240199 **8 postura:** ...en su opinión, «la situación política es grave y deben *primar* las posturas de responsabilidad y de estabilidad». EME120594 **9 hipótesis:** ...los mecanismos que facilitaron que se configurara un estado de opinión sobre el caso en el que *primaban* hipótesis maliciosas. LVE220394 **10 concepto:** Leído con «normalidad», sin *primar* los conceptos morales arriba consignados... LVE050196

B SUSTANTIVOS QUE DENOTAN INTERÉS O EMPEÑO: **11 interés** ++: ...porque en esas negociaciones no *prima* el interés nacional, sino el particular. DED060297 **12 esfuerzo** +: ...propondrá al Ejecutivo central que con el nuevo sistema de financiación *prime* el esfuerzo fiscal de las comunidades autónomas... EPE191299 **13 deseo** +: Sin embargo, me temo que los deseos *priman* sobre la realidad. EPE211099 **14 voluntad** +: ...los demás ciudadanos que no tienen sus prejuicios sí desean que su voluntad *prime*, y que si quieren divorciarse lo hagan. EPE141201 **15 afán:** ...en la que *primaba* el afán superior de exportar la religión cierta allí donde dominasen los infieles. ABC280892

C ALGUNOS SUSTANTIVOS QUE DENOTAN DISPOSICIÓN REGLADA: **16 ley:** Hay que hacer una Cuba con libertad, con paz, con justicia, donde la ley *prime* por encima de todo ser humano. DLA060397 **17 norma:** Las normas del colegio tienen que *primar* sobre los deseos de los chicos. INDOC

D SUSTANTIVOS QUE DESIGNAN LA CONDICIÓN DE SER ALGO CONFORME A LA RAZÓN, LA MODERACIÓN O LA AUSENCIA DE EXCESO. TAMBIÉN CON OTROS QUE DESIGNAN LAS ACTITUDES QUE CORRESPONDEN A ESOS ESTADOS DE COSAS: **18 lógica** ++: ...deberían imponerse hoy si *prima* la lógica, lo que, vista la competición de este año, empieza a ser noticia. EME100494 **19 sentido común** ++: Es de suponer que habrá de *primar* el sentido común y que, en definitiva, el sistema que se elija no convierta al transporte público... LNA010792 **20 sensatez** +: Sin prejuzgar el desenlace del contencioso acerca de los aludidos bungalós confiamos en que *prime* la sensatez... EPE191299 **21 equilibrio** +: ...somos la garantía para que se haga una política de izquierdas que *prime* el equilibrio de oportunidades de los ciudadanos. LVE180695 **22 prudencia** +: ...debería *primar* la prudencia en estos asuntos y, a falta de mejor criterio, aferrarse al viejo consejo... EPE101099 **23 cautela:** La prudencia y la cautela *primaban* pues al cierre, con el resultado final de los mercados estadounidenses como telón de fondo. LVE210596 **24 respeto:** ...«siempre que en ellas *prime* el respeto mutuo y la no injerencia en los asuntos internos». EME291196 **25 mesura** –: En la administración y en el destino de estas nuevas divisas debe *primar* la mesura de la Federación. EPC080797 **26 templanza** –: ...en la comunidad universitaria, donde debe *primar* templanza y la sabiduría a la hora de exponer los argumentos... EPE091199 **27 razón:** «Creo que *primó* la razón dentro del PLRA» –señaló–, esta era la teoría del Partido Colorado... ACP120996

E EL SUSTANTIVO *DERECHO*. TAMBIÉN CON OTROS QUE DESIGNAN VALORES DE LAS PERSONAS O LAS COSAS QUE SE TIENEN POR ASPIRACIONES NATURALES: **28 calidad** +: Nos tenemos que homologar a los países de nuestro entorno y *primar* la calidad en detrimento de la cantidad. EPD220796 **29 derecho** +: En América *priman* los derechos de ese grupo de personas sobre los de la colectividad y no creo que a la larga el resultado sea bueno para el ciudadano... EPE051199 **30 experiencia:** no son por tanto ni el talento ni la experiencia en la gestión las que *priman* sobre cualquier otra consideración. EPE191199 **31 competitividad:** No debe *primar* el precio, sino la calidad y la competitividad de nuestros productos. INDOC

F SUSTANTIVOS QUE DENOTAN MOTIVO O RAZONAMIENTO: **32 motivo:** Me imagino que en la decisión *primarán* motivos presupuestarios, y esto indica una tendencia a recortar... EME260694 **33 argumento:** ...quiso dejar claro que, en este momento, deben *primar* los argumentos políticos frente a los afectivos, por muy importantes que éstos sean. EME051295 **34 motivación:** Se alegaron motivos de lealtad partidaria y hasta se reconoció, en algún caso, que *primaron* motivaciones sentimentales... LNA020792

□ Véase también: **dominar, primacía.**

primavera ♦ **alegre, artístico, brillante, cinematográfico, cultural, democrático, deportivo, deslumbrante, económico, espléndido, esplendoroso, estrenado, eterno, exuberante, feliz, florido, hermoso, lluvioso, luminoso, mágico, marcado (por algo), multicolor, nuevo, pasado, pletórico, próximo, radiante, resplandeciente, revuelto, seco, siguiente, tardío, temprano** ♦ **a comienzos (de), a final(es) (de), a mediados (de), durante** ♦ **aire (de), amor (de), campaña (de), cosecha (de), día (de), fiebre (de), flor (de), lluvia (de), ropa (de)** ♦ **acercar(se), adelantar(se), anticipar(se), cumplir, despuntar, entrar (en), florecer, irrumpir, llegar, pasar, retrasar(se), venir**

□ Véase también: **invierno, otoño, verano.**

[primero] → **de primera mano, de primera necesidad, en primera línea**

primicia ♦ **absoluto, verdadero** ♦ **anunciar, conocer, dar**[209]**, lanzar, obtener, ofrecer (en), presentar (en/como)**

□ Véase también: **noticia, novedad.**

[principio] → **a principio (de), a principios (de), de principios**

principio **I** *(fundamento)* ♦ **absoluto, acendrado**[3]**, acorde (con)**[28]**, arraigado**[11]**, asentado, atentatorio (contra)**[12]**, débil, elemental, endeble, esencial, férreo**[52]**, firme, fundamentado, fundamental, igualitario**[22]**, incuestionable, inexcusable**[26]**, inmutable, inquebrantable**[9]**, insoslayable**[8]**, íntimo, irrenunciable**[2]**, legal, legítimo, moral, profundo, relativo, sólido** ♦ **a la luz (de)**[50]**, con arreglo (a)**[38]**, en función (de), según, sin menoscabo (de)**[10] ♦ **observancia (de)** ♦ **abdicar (de)**[3]**, abjurar (de)**[2]**, acatar**[38]**, aferrar(se) (a), afianzar(se), ajustar(se) (a), amoldar(se) (a)**[36]**, apear(se) (de)**[17]**, apegarse (a)**[19]**, asentar(se) (en), atenerse (a)**[9]**, atentar (contra), basar(se) (en), burlar**[19]**, ceñir(se) (a)**[39]**, conculcar**[3]**, contradecir, contravenir**[25]**, converger**[8]**, cuestionar, cumplir**[54]**, defender, desafiar, desvanecerse**[40]**, desvirtuar, difuminar, difundir(se)**[46]**, enarbolar**[20]**, esgrimir**[22]**, establecer, fundamentar(se) (en), fundar(se) (en), hacer(se) realidad**[73]**, inculcar**[2]**, incumplir**[39]**, infringir**[4]**, jurar**[6]**, llevar a la práctica**[14]**, observar, pisotear**[11]**, poner en duda, primar**[3]**, proclamar, profesar**[17]**, quebrantar**[24]**, quebrar(se)**[38]**, regirse (por), renegar (de)**[8]**, romper, saltarse**[31]**, seguir, sentar, socavar**[4]**, subvertir**[16]**, sujetar(se) (a), sustentar**[8]**, tener, tergiversar, traicionar, transgredir**[6]**, velar (por), violar**[5]**, vislumbrar**[26]**, vulnerar**[2] **II** *(comienzo)* ♦ **abrupto**[20]**, arrollador**[24]**, ilusionante, inesperado, in media res, prometedor, repentino** ♦ **desde** ♦ **marcar**[14]

□ Véase también: **comienzo, creencia, inicio, valor.**

PRINCIPIO Véase: *INICIO*

PRINCIPIO

♦ (SUSTANTIVOS) Véase: **abdicar (de)**[A]**, acatar**[E]**, acendrado**[A]**, acorde (con)**[E]**, a la luz (de)**[I]**, apear(se) (de)**[C]**, apegarse (a)**[C]**, arraigado**[B]**, atentatorio (contra)**[C]**, ceñir(se) (a)**[G]**, contravenir**[D]**, cumplir**[H]**, enarbolar**[D]**, esgrimir**[D]**, estricto**[A]**, imbuir(se) (de)**[C]**, inculcar**[A]**, incumplir**[F]**, inquebrantable**[B]**, irrenunciable**[A]**, jurar**[B]**, llevar a la práctica**[C]**, ofender**[C]**, pisotear**[C]**, practicar**[E]**, predicar**[D]**,**

profanar[E], quebrantar[E], quebrar(se)[G], reinstaurar[D], renegar (de)[B], sembrar[M], socavar[K], subvertir[C], sustentar[B], usurpar[E]
☐ Véase también: CRITERIO; FUNDAMENTO; INICIO; VALOR.

pringar(se) ♦ de arriba abajo, de cabo a rabo, de lleno, hasta el cuello[4], hasta las cejas, por completo, totalmente
☐ Véase también: **embadurnar(se), embarrar(se), ensuciar.**

prioridad ♦ absoluto, alto, bajo, especial, fundamental, inmediato, irrenunciable, máximo, primero, principal, sumo, supremo, verdadero ♦ entre ♦ grado (de), orden (de) ♦ abandonar, acordar, asignar (a algo), cambiar, conceder (a algo), conferir (a algo), constituir, dar (a algo), declarar, definir, enunciar, establecer, fijar, modificar, ostentar, otorgar (a algo), tener (sobre algo)
☐ Véase también: **preferencia.**

prioritario ♦ área, aspecto, asunto, atención, carácter, cuestión, función, gasto, interés, línea, medida, necesidad, objetivo, obra, plan, preocupación, problema, programa, proyecto, punto, tarea, tema, *otros sustantivos que designan actividades y tareas*

prisa ♦ acuciante, desmedido, enloquecedor, escaso, exagerado, excesivo, vertiginoso ♦ acuciar[5], dar[332], dejarse llevar (por)[31], entrar[5], írse(le) (a alguien), meter, perder, tener, venir(le) (a alguien)
☐ Véase también: **necesidad, urgencia.**

prisión ♦ cautelar[25], condicional[4], domiciliario, duro, efectivo[48], en firme[16], firme, incondicional, mayor, menor, preventivo[12] ♦ condena (de), pena (de), tiempo (de) ♦ condenar (a), confinar (en), cumplir[43], decretar[14], eludir[21], entrar (en), escapar (de), evadir(se) (de), fugar(se) (de), huir (de), internar (en), purgar[3], recluir (en), salir (de)
☐ Véase también: **cárcel.**

prisionero ♦ apresar, caer, capturar, dejar libre, escapar, hacer, liberar, maltratar, tratar {bien/mal}

privacidad ♦ absoluto, estricto, total ♦ derecho (a) ♦ aspirar (a), carecer (de), perder, romper, tener, violar[32], vulnerar[16]
☐ Véase también: **confidencialidad.**

privación (de) ♦ alimento, bien, cargo, carné, comida, derecho, dignidad, empleo, estatus, información, inmunidad, libertad, nacionalidad, patrimonio, pensión, permiso, poder, tabaco, vida, visita
☐ Véase también: **eliminación, supresión.**

privilegio ♦ abusivo[65], antiguo, dudoso, exclusivo, ilegítimo, inmerecido, intransferible, irrenunciable, legítimo, personal ♦ abolir[53], abusar (de)[28], adquirir, aferrarse (a)[3], arrebatar (a alguien), arrogarse[2], conceder[31], dar, defender, disfrutar (de), ejercer[34], gozar (de)[22], merecer, obtener, ostentar[12], otorgar, perder, recaer[16], revocar[44], tener
☐ Véase también: **prerrogativa.**

probar ♦ científicamente[4], claramente, con buenos argumentos, con certeza[9], con éxito[57], con fruición[11], convincentemente[2], debidamente[7], documentalmente, empíricamente, experimentalmente[3], fehacientemente[3], sin lugar a dudas, sobradamente[17], suficientemente ♦ dar (a)[13]
☐ Véase también: **comprobar, demostrar, intentar, justificar, mostrar(se), poner a prueba, tratar.**

probatorio ♦ argumento, dato, información, muestra, recurso, testimonio

problema ♦ abrumador[45], abstruso[1], acuciante[1], a cuestas[3], alambicado, álgido[14], apreciable[20], apremiante[7], arduo[39], banal, candente[7], capital, clásico, complejo, congénito[15], controvertido[34], coyuntural[1], crucial[58], decisivo[62], de consideración, delicado, descomunal, desencadenante, difícil, endémico, endemoniado, endiablado[15], enmarañado, enrevesado[12], espinoso, eterno, fácil, galopante[22], gordo, grave, grueso[5], hondo[37], imprevisible[51], imprevisto, inextricable[6], ingente[70], insalvable[13], insignificante, insoluble[1], insoslayable[25], integral[60], intrincado[9], irresoluble[1], irreversible[12], latente, leve, ligero, mayúsculo[24], nimio[17], pasajero[24], peliagudo, perentorio[52], profundo[138], sencillo, serio[1], severo[70], simple, soterrado[34], tangencial[39], trivial, vasto[18], vigente[34] ♦ a la medida (de)[16], a la vista (de)[33] ♦ alcance (de)[1], cúmulo (de)[18], mar (de), retahíla (de), rosario (de), serie (de) ♦ abatir(se)[8], abocar(se) (a)[16], abordar, absorber[14], acabar (con), acaecer[5], acallar[73], acarrear[6], acechar[4], acentuar(se), achacar[29], aclarar, acosar (a alguien), acotar[5], acuciar[14], adentrarse (en)[25], aducir[13], aflorar[50], afrontar[1], agotar(se)[60], agravar(se)[1], agudizar(se)[26], ahondar (en)[6], airear[8], aligerar[50], alimentar[33], aliviar[5], amainar[7], aminorar[11], amortiguar[35], anclar[39], anidar[31], apaciguar[9], apagar(se)[18], aplacar(se)[44], arrastrar, arreciar[47], arrojar luz (sobre), arrostrar[10], asaltar[26], asumir[27], atajar, atañer[10], atender, atravesar[12], augurar[16], azotar[43], bordear[31], bregar[1], brotar[39], capear[6], capitalizar[40], causar[8], centrar, cernerse[23], cerrar los ojos (ante)[20], colmar (de)[43], combatir[32], compensar[47], concurrir[30], confluir[20], conjurar[11], constituir, crear, crecerse (ante), dar (a alguien), dar respuesta (a), dar solución (a), delegar[45], derivar(se)[13], desactivar[25], desatender[33], desbloquear[3], desbocar(se)[17], desbordar(se), desembarazar(se) (de), desencadenar(se)[6], desenfocar, desentenderse (de)[1], desentrañar[12], despachar[1], despejar(se)[40], desplazar, destapar[26], desviar, detectar[15], diagnosticar[1], difuminar(se)[45], dilucidar[8], dirimir[10], disfrazar[35], disipar(se)[28], eludir[6], emerger, encajar[10], encarar[27], encauzar, enderezar[35], endilgar[11], endosar[1], enfrascarse (en), enfrentarse (a), engendrar[14], enmendar[11], entrañar, enzar-

zar(se) (en), erradicar[1], esclarecer(se)[8], estribar (en)[10], evitar, extinguir(se)[26], extirpar[2], fraguar(se)[23], gravitar[5], hacer frente (a), hundir(se) (en)[15], incubar[2], involucrar(se) (en)[3], librar(se) (de)[32], lidiar[1], luchar (con), meter(se) (en)[6], mitigar[19], obviar[2], ocasionar[14], ocupar (a alguien), ocurrir[21], orillar, paliar[1], planear[16], plantar cara (a), plantear[9], poner, presentar(se), quitar hierro (a)[12], reavivar[16], recaer[82], recrudecer(se)[45], remitir[40], remontar[3], repercutir (en algo), representar, residir (en)[17], resolver, saldar[21], salir (de), salir a la luz[14], salpicar[16], salvar, silenciar[40], sobreponerse (a)[3], solucionar, solventar, sopesar[10], sortear[23], soslayar[1], subestimar, subsanar[14], subyacer (a algo), sufrir[63], superar, suponer, surgir, suscitar(se), tener, topar(se) (con), tropezar(se) (con)[1], vencer[2], venir de lejos[1], ventilar, vislumbrar[55], zafar(se) (de), zanjar[37]

☐ Véase también: **adversidad, dificultad, inconveniente, objeción, obstáculo, reparo, vicisitud.**

PROBLEMA Véase: *DETENCIÓN Y OBSTACULIZACIÓN; DIFICULTAD Y ADVERSIDAD*

PROBLEMA Véase: DIFICULTAD; OBSTÁCULO

procedencia ♦ **claro, diverso, dudoso, humilde, ilícito, indeterminado, oscuro** ♦ **lugar (de)** ♦ **aclarar, averiguar, confirmar, conocer, demostrar, desconocer, descubrir, determinar, dilucidar[46], esclarecer(se)[34], establecer, fijar, garantizar, identificar, ignorar, indagar, investigar**

☐ Véase también: **origen.**

proceder ▮ *(sust.masc.) (comportamiento)* ♦ **adecuado, arbitrario, ecuánime[22], injusto, justificado, recto**

▮ *(v.) (actuar)* ♦ **abusivamente[13], a la ligera[14], científicamente, coherentemente, con arreglo (a algo), con cautela[3], con decisión, con detalle, con firmeza, con orden, con rectitud, detenidamente, duramente, en consecuencia, en justicia, humanamente, ordenadamente[40], sin contemplaciones, unilateralmente[19]**

▮ *(v.) (provenir)* ♦ **etimológicamente, originalmente, originariamente**

procedimiento ♦ **abusivo[29], administrativo, cautelar[42], complejo, deductivo, disuasorio[14], efectivo[10], eficaz, estricto[66], exhaustivo[35], expeditivo[1], inductivo, ineficaz, intrincado[48], inútil, judicial, lógico, novedoso[21], nuevo, preventivo[31], útil** ♦ **con arreglo (a), en función (de), mediante, según** ♦ **arsenal (de)[10], serie (de)** ♦ **agilizar[3], agotar(se)[7], aplicar, arbitrar[25], cambiar, ensayar, esclarecer(se)[31], incoar** *(proceso judicial)*, **instruir** *(proceso judicial)*, **obstruir[13], poner en práctica, probar, revocar[29], seguir[13], vulnerar[29]**

☐ Véase también: **medio, método, recurso, sistema.**

PROCEDIMIENTO Véase: RECURSO

proceloso *adj.* ▮ Se combina con sustantivos que designan masas de agua *(mar, océano)* o periodos temporales *(año, época)*, y también con aquellos que denotan materia, asunto o estado de cosas *(asunto, cuestión, situación)*. También se combina con...

A SUSTANTIVOS QUE DENOTAN CURSO O TRAYECTO, USADOS GENERALMENTE EN SENTIDO FIGURADO: **1 camino +:** La televisión pública (...) se adentra a menudo en los *procelosos* caminos de la televisión comercial. LVE060395 **2 río:** ...en el *proceloso* río de la narrativa mexicana joven, abrevan otros escritores con propuestas y visiones distintas. PME070796 **3 corriente:** No hay que dudar que muchos mediocres sacan partido de esta corriente *procelosa* que nos hace acceder a las primeras planas de los diarios. EPE150399 **4 curso:** ...el proceso judicial por la crisis de Banesto (...) sigue su lento y *proceloso* curso en los juzgados... LVE230895 **5 travesía:** No cabe duda de que el XII congreso del PP marca el final de la larga y *procelosa* travesía de la derecha política española... LVE240196 **6 viaje:** «El corazón de las tinieblas» de Joseph Conrad orienta (o desorienta, tanto da) un *proceloso* viaje a las tripas del horror. EPE150699 **7 itinerario:** ...el escritor sigue un *proceloso* y apetecible itinerario, casi mágico, en busca de una verdad que acalle la desbocada imaginación de los españoles. EME120596 **8 recorrido:** El *proceloso* recorrido de su vida profesional afectó sin duda a su carácter. INDOC

B SUSTANTIVOS QUE DESIGNAN ESPACIOS O LUGARES, A MENUDO INTERPRETADOS FIGURADAMENTE: **9 mundo:** Son preguntas quizá pintorescas (...) y, desde luego, emparentadas con el amplio y *proceloso* mundo de la genética. ABC061095 **10 espacio:** La noche del jueves de Canal 33 se ha poblado de tipos raros (...) que parecen ir por libre y sin ataduras por los *procelosos* espacios audiovisuales. LVE250596 **11 campo:** Tal cuadro nos sumerge inevitablemente en el siempre *proceloso* campo de las conjeturas... EUV080996 **12 terreno:** El modelo nacionalista no lo fabrican los de Farrutx, como tampoco disponen del que sirve para caminar sobre terrenos *procelosos*... LVE300395 **13 territorio:** ...también se adentró por esos *procelosos* territorios de la corrupción... EME240595 **14 dominio:** ...hay (...) un terreno especialmente impermeable y reacio, y es el *proceloso* dominio de lo simbólico y sentimental. EPE290199 **15 ámbito:** Si Ventura Pérez Mariño buscaba o no causar el daño que causó pertenece al *proceloso* y muy respetable ámbito de las intenciones humanas. LVE140295 **16 universo:** Un recetario sobre (...) el *proceloso* universo circundante se ha impuesto como el evangelio de la revolución. EPE190999 **17 ambiente:** Allí se proyectó un «trailer» (...) sobre esta historia de una chica del Medio Oeste que se abre camino en el *proceloso* ambiente del «show business» de Las Vegas. LVE160895

C ALGUNOS SUSTANTIVOS QUE DESIGNAN COSAS QUE SE CONSIDERAN ENREDADAS, COMPLEJAS, OBSTACULIZADORAS O PELIGROSAS. TAMBIÉN CON OTROS QUE EXPRESAN ALGUNAS CARACTERÍSTICAS QUE CORRESPONDEN A ESOS ESTADOS: **18 laberinto:** ¿Patinarán en el *proceloso* laberinto del diálogo con ETA en el que con tanto coraje empiezan a adentrarse? EME300696 **19 sima:** Está también ese señor, cachas, que (...) emerge triunfador de *procelosas* simas abisales... EME260694 **20 red:** ...el euro ha anticipado el tirón salvando a Europa en general y a España en particular de ser arrastradas por las *pro-*

celosas redes japonesas... EPE020199 **21 trámite:** La reclamación de la cliente ha seguido un *proceloso* trámite administrativo. EPD180697 **22 trama:** La *procelosa* trama de los fondos reservados parece una caja de (desagradables) sorpresas. EME220696 **23 tormenta –:** Navegar en la tormenta *procelosa* (...) como El Tato, Higares y, sobre todo, Liria, es difícil. EME220896 **24 entretela –:** ...navegaba ella en las *procelosas* entretelas de un maromo que la protegía inútilmente con una toalla de baño... EME120896 **25 incomunicabilidad –:** ...las referidas vivencias infantiles de Tàpies, cuya *procelosa* incomunicabilidad salta a la vista... ABC081191 **26 densidad –:** No hay drama en el final de este milenio acaso porque la *procelosa* densidad de la historia (...) se encuentra aligerada... EPE280899

D SUSTANTIVOS QUE DESIGNAN ACCIONES DIVERSAS, GENERALMENTE DE NATURALEZA POLÍTICA O ADMINISTRATIVA, ASÍ COMO, POR EXTENSIÓN, ALGUNAS INSTITUCIONES QUE SE CARACTERIZAN POR REALIZARLAS: **27 gobierno:** ...fue médico personal de Makarios durante sus años de *proceloso* gobierno. LVE280596 **28 campaña:** ...en pro de conseguir que la presidencia española de la UE no se vea maltrecha por *procelosas* campañas electorales. LVE100695 **29 primarias:** ...tras unas *procelosas* primarias que desembocaron en la renuncia del candidato electo. EPE030699 **30 junta –:** «La Junta del año 90 fue especialmente *procelosa*, pero esta ha sido bastante peor». EME080494 **31 investidura –:** ...el tiempo en que Romano Prodi ha recorrido el calvario de su *procelosa* investidura ante el Parlamento Europeo. EPE190999 **32 pacto –:** ...este *proceloso* pacto que se avecina (...) tal vez les haga descubrir que los catalanes (...) son lo mejor de España. EME090396 **33 instrucción –:** ...después que el asunto (...) haya pasado por una *procelosa* instrucción en el juzgado número 17 de los de Sevilla. EPE120199 **34 legislación –:** La ley obliga a que en el plazo de un año el Gobierno refunda en un texto único la *procelosa* legislación sobre aguas. EPE261199 **35 proceso –:** ...cuyo borrador pasará ahora a las asesorías jurídicas de las diferentes administraciones y tras el *proceloso* proceso debería devenir en la firma, en un máximo de dos meses. LVE151195

E OTROS SUSTANTIVOS; POSIBLES USOS ESTILÍSTICOS: ...no fue una rueda de prensa, sino una concentración masiva de (...) admiradores *procelosos* y familiares variados. LVE100595; ...¿quién va a construir allí una *procelosa* depuradora? EPE031099

☐ Véase también: **intempestivo, turbulento.**

procesamiento ♦ **cautelar[43], cerebral, de datos, de información, del lenguaje, de textos, efectivo, firme, preventivo, visual** ♦ **acordar, bloquear, decretar[35], generar, impugnar, levantar[12], regular, revocar[28]**

procesar ▮ *(enjuiciar)* ♦ **en rebeldía[4]** ♦ **cargo, persona**
▮ *(someter a un proceso)* ♦ **cambio, dato, documento, imagen, lenguaje, noticia, secuencia, palabra, texto,** *otros sustantivos que designan informaciones*
☐ Véase también: **programar.**

proceso ♦ **accidentado[33], acusado[25], ajetreado[26], analítico[7], arduo[32], avanzado, azaroso[32], cíclico, complejo, curativo[40], deductivo, delicado, evolutivo, farragoso, firme, frenético[21], galopante[25], gradual, homogéneo, ilusionante[53], imparable[20], implacable[77], imprevisible[32], incipiente, inductivo, inexorable[3], irreversible, lento, lineal[2], necesario, paulatino, recurrente, regresivo, seguro, sintético, tortuoso[1], turbulento, uniforme, vertiginoso[38], vital** ♦ **en punto muerto[27]** ♦ **al hilo (de)[35]** ♦ **abanderar[30], abrir(se)[12], acelerar(se), afectar (a), afianzar(se)[47], afrontar[26], agilizar, aligerar[19], alimentar[89], alterar[51], ampliar, atravesar[7], bloquear, boicotear[48], capitanear[21], comprender, congelar[42], criticar, dañar[38], desarrollar, desatar(se), desbloquear[40], describir, desencadenar(se), desequilibrar[12], despejar(se)[57], detener(se), diagnosticar[35], discurrir, distorsionar[35], emprender[56], encabezar, enrarecer(se), experimentar, frenar, hacer frente (a), impedir, impugnar[22], incentivar[15], instruir** *(causa judicial)*, **interrumpir(se), jalonar, liderar, llevar a buen puerto[10], llevar a cabo, llevar adelante, madurar[24], mostrar, obstaculizar[3], paralizar, parar, pilotar[11], prosperar[26], ralentizar(se), reabrir[13], relanzar[1], revisar, revocar[30], seguir[33], sobreseer[6], socavar[97], sufrir, torpedear, truncar(se)[28], vislumbrar[76]**
☐ Véase también: **cambio, proceso de paz.**

PROCESO Véase: *CURSO Y RECORRIDO*

proceso de paz ♦ **a pique[19]** ♦ **aplazar, apoyar, bloquear, desbloquear[18], encarrilar[5], impulsar, plantear, reventar[1], romper**
☐ Véase también: **proceso.**

proclama ♦ **a favor[36], ardiente[19], ardoroso, encendido[2], en contra, enfebrecido, incendiario** ♦ **emitir, hacer público, lanzar[15], publicar**

proclamar ♦ **abiertamente[5], a bombo y platillo[2], a coro[8], a gritos, a los cuatro vientos[11], al unísono[15], ardientemente[13], a toda plana[6], a ultranza[12], a voces[3], a voz en grito, con alborozo[8], con claridad, contra viento y marea[32], enfáticamente, fervientemente[19], repetidamente[8], sin tapujos[19], unánimemente**
☐ Véase también: **anunciar.**

PROCLIVIDAD Véase: INCLINACIÓN; TENDENCIA

procurar ♦ **a duras penas, con todas {mis/tus/sus...} fuerzas[5], obstinadamente, tenazmente**
☐ Véase también: **intentar, tratar.**

prodigar *v.* ▮ Alterna los usos transitivos *(No prodiga sus apariciones)* con los intransitivos pronominales *(No se prodiga en apariciones)*. Se combina con sustantivos que designan manifestaciones verbales *(declaración, anuncio, comunicado, aclaración: El ministro no prodiga las declaraciones)* y muy diversas unidades lingüísticas e informativas *(información, noticia, texto, frase, resumen, palabra, fotografía, editorial: Los textos son buenos, pero el periódico no prodiga las fo-*

tografías). También se combina con otros que designan ideas y otros resultados de la actividad mental *(idea, razonamiento, pensamiento, argumento, demostración)*, así como con...

A SUSTANTIVOS QUE DENOTAN GESTO, PRUEBA O INDICIO DE OTRA COSA. DESTACAN ENTRE ELLOS LOS QUE DESIGNAN GESTOS FÍSICOS: **1 gesto +:** Después, él y los suyos, *prodigaron* gestos más musculados. EME240494 **2 sonrisa +:** ...envuelto en las páginas del recordatorio cordial, más bien estarían inclinados a *prodigar* sonrisas. ESH030996 **3 mirada +:** Normalmente lo llevan escrito en la cara, o en el traje, o en las miradas de control que *prodigan* a diestro y siniestro. EME100694 **4 señal +:** ¿...ahora que tantos terremotos, tifones y otras señales de postrimerías se *prodigan*? EPE300999 **5 guiño:** ...y tal vez a nuestro fin de siglo, hacia el que el autor *prodiga* irónicos guiños... ABC150995 **6 gesticulación:** ...es otro impulsivo que domina la orquesta *prodigando* las gesticulaciones y una curiosa mímica facial... LVE231096 **7 aspaviento:** Strauss siguió la corrida sin *prodigar* aspavientos, aunque el trajín que se montó con su vaso de coca-cola... EME270596 **8 manifestación:** Todo el devenir musical se ha reducido a tales manifestaciones que, eso sí, se *prodigan* este año por doquier. ABC050894 **9 muestra:** ...*prodigó* muestras de afecto a (...), pero se abstuvo de apoyar a ningún candidato a la secretaría general. EPE100999

B SUSTANTIVOS QUE DENOTAN ALABANZA O ELOGIO. TAMBIÉN CON OTROS QUE DESIGNAN DIVERSAS MUESTRAS DE COMPLACENCIA: **10 aplauso ++:** El conjunto merecía los aplausos *prodigados* por el público... LVE190594 **11 elogio ++:** Ambos le *prodigaron* elogios a la señora pero pusieron más énfasis en recordar que Chiche había negado la posibilidad de esa postulación. CLA120397 **12 atención +:** Deseo hacer constar que se *prodigaron* en atenciones mil los colegas de ambos países. ENV060297 **13 halago +:** Y lo era, tanto, como para rehuir cualquier afectación ante los halagos que pudieran *prodigársele*... ABC020695 **14 vítores:** ...las que levantaron al público de sus asientos, que le *prodigó* largos aplausos y vítores... EXC140901 **15 cumplido:** ...triscaba por allí, *prodigando* cumplidos como sólo los actores saben hacerlo, brillante, vividor y apasionado. EME110394 **16 lisonja:** ...a los jefes militares y de policía se les *prodigan* efusivas lisonjas... ETC110297

C SUSTANTIVOS QUE DESIGNAN MANIFESTACIONES DE CARIÑO O AFECTO: **17 mimo ++:** Los sábados es común verle, bayeta en mano, *prodigándole* mimos al Subaru o al Fiat Uno. EME140196 **18 abrazo ++:** ...sufre de una bursitis en el hombro de tantas manos que estrechó y tantos abrazos que le *prodigaron*. LRE190103 **19 cuidado:** La atención y los cuidados *prodigados* a un perro o a un gato parecen tener un efecto relajante. ABC160793 **20 caricia:** Es frecuente ver paseantes departiendo con él y *prodigando* caricias a los animales. LVE271296 **21 arrumaco:** ...mientras ahora *prodiga* arrumacos con el primero y con el segundo se muestra más cerrado... LVE200596 **22 beso:** Supo además estar preciso y elocuente en sus alocuciones y no dejó de *prodigar* besos a las niñas... LVE030795 **23 apretón de mano:** Hemos visto a un (...) populista en mangas de camisa, *prodigando* el apretón de manos... LVE160696

D SUSTANTIVOS QUE DESIGNAN SENTIMIENTOS DE AFECTO O DE RECHAZO DIRIGIDOS HACIA LOS DEMÁS: **24 cariño ++:** Cada una a su estilo y de acuerdo a la edad de sus hijos, saben *prodigar* cariños, comprensión y cuidado. CAP080597 **25 ternura:** ...la ternura que me *prodigaban* los excelentes técnicos y la magnífica fonoteca de la casa. EPE101199 **26 amor:** ...ni el amor que Lourdes *prodigaba* para el aseo minúsculo de cada pequeña ventana... INF010896 **27 odio:** ...la inspiración popular ha reconvertido el odio que parecen *prodigarle* los ciudadanos de este país en próspero negocio. EME140496 **28 desprecio:** Seguramente el propio (...) hubiera *prodigado* cierto desprecio a títulos como ese... EME071195 **29 lealtad:** ...nos dio muestras de esa inquebrantable lealtad que *prodigaba* con los amigos. EPE031201 **30 confianza:** ...superó a Escuintla por categórico 3-1, lo que le *prodigará* confianza para el choque de este día. LHG030597 **31 paternalismo −:** ...que sigue *prodigando* ese paternalismo de lote navideño con sus empleados. EPE030599

E SUSTANTIVOS QUE DESIGNAN ACTOS DE HOSTILIDAD CON DIVERSOS GRADOS DE ENCONO O ANIMADVERSIÓN. TAMBIÉN CON OTROS QUE EXPRESAN ACCIONES IMPROCEDENTES NO DIRIGIDAS NECESARIAMENTE CONTRA OTROS: **32 ataque +:** El Barça dominó el juego y *prodigó* ataques y remates, pero no anduvo fino y hasta tuvo que padecer algún susto. EME230996 **33 atentado:** Desde la célebre y ridícula tregua de una semana de los terroristas, los atentados se han *prodigado* con plena «normalidad». LVE010896 **34 escándalo:** ...el episodio de los sobornos es la crónica de una muerte anunciada del Senado, donde se *prodigan* los escándalos. EPE240800 **35 robo:** ...recibe un turismo de mucha calidad que hoteleros y comerciantes temen perder si se *prodigan* los robos y los tirones. LVE270896 **36 violencia:** Ha habido, pues, una política pacífica al mismo tiempo que se *prodigaba* la violencia. EPE160977 **37 querella:** ...fue absuelto en el juicio subsiguiente de un delito contra la salud pública y en los últimos meses ha *prodigado* las querellas contra periodistas y medios de comunicación... EPD090797 **38 golpe −:** Corremos bajo una lluvia de golpes que nos *prodigaban* un pelotón de las SS en uniforme negro. EME270195

F SUSTANTIVOS QUE DESIGNAN OTROS ACTOS O EVENTOS, GENERALMENTE DE CARÁCTER PÚBLICO: **39 acto ++:** En Barcelona también se *prodigaron* los actos de protesta. EPE041299 **40 espectáculo ++:** ...lo que algunos atribuyen al cansancio que producen estos espectáculos, que se *prodigan* cada vez más. LVE310596 **41 exposición:** Desde entonces se han *prodigado* las exposiciones de estos artistas. LVE091096 **42 certamen +:** De aquellos felices años, que tanto *prodigaron* certámenes y muestras colectivas... ABC291093 **43 homenaje +:** No es de extrañar que se *prodiguen* homenajes más o menos sinceros. EME010895 **44 festejo:** ...no es uno de esos confusos festejos de banderilleros que tanto se *prodigaron* hace unos años... LVE180896 **45 actividad:** En este fin de semana se han *prodigado* las actividades al aire libre. LVE080796 **46 rueda de prensa:** La reclusión no obsta, sin embargo, para que ruedas de prensa y comunicados se *prodiguen* tanto como siempre. EME030494 **47 visita:** Cuando descubre a Wagner le deslumbran el hombre y el artista y vive con orgullo su magisterio, *prodiga* las visitas a Tribschen, acepta consejos con alegría. ABC011093 **48 ciclo −:** ...los organizadores de estos preciosos ciclos que deberían *prodigarse* más en éste o en marcos semejantes... EPE010285

G SUSTANTIVOS QUE DESIGNAN GÉNEROS, OBRAS Y MUY DIVERSAS MANIFESTACIONES ARTÍSTICAS Y CULTURALES: **49 música:** ...lo que me hizo fantasear sobre lo que hubiera sido ésta de haberse *prodigado* más música de esta naturaleza. EME260695 **50 cine:** Y aunque existen tres películas norteamericanas sobre el escándalo (...), el cine francés apenas se ha *prodigado.* LVE190595 **51 literatura:** También los músicos de la generación del 51 *prodigaron* la literatura para este instrumento, pero sin explotar sus posibilidades. ABC050293 **52 repertorio:** ...entre otras razones porque los espectadores le recibieron de un modo gélido nada más asomar en la sala, *prodigaron* el repertorio de toses sin el menor rubor... EME301096 **53 canción:** Otra cosa son los divos de los restaurantes italianos, que *prodigan* canciones napolitanas, barcarolas y tangos porteños. LVE180596 **54 programa:** ...las que piensan que nos corresponden a todos, se *prodigan* programas informativos, intoxicaciones de gusto dudoso... EPE160799 **55 libro:** Conforme nos aproximamos al fin del milenio se *prodigan* los libros sobre Juan Pablo II y su ya largo pontificado. EME240296 **56 título:** ...el entrevistador entronca con la novela policiaca española, género en el que se *prodigaron* títulos durante el año pasado. EPE050680 **57 ópera:** No se *prodigan* las óperas barrocas en los ciclos del auditorio. INDOC

H SUSTANTIVOS QUE DESIGNAN ERRORES Y OTRAS SITUACIONES IMPREVISTAS: **58 disparate +:** Fue una secuencia ininterrumpida de acontecimientos en los que se *prodigaron* los disparates y las situaciones ridículas. INDOC **59 error +:** Ambos equipos *prodigaron* los errores y las imprecisiones y ninguno fue capaz de imponer su propio ritmo de juego... EME301296 **60 barbaridad:** Estas barbaridades se *prodigan* por la ruralía e incluso en la ciudad... LVE280996 **61 incidente:** ...que le garantice la seguridad en la frontera, donde se *prodigan* incidentes armados... EPE160899 **62 accidente:** Seguramente, por no echar una breve siesta se *prodigan* los accidentes laborales o de circulación. LVE020796 **63 imprecisión –:** El juego se desarrolló casi siempre en el centro del campo, donde se *prodigaron* las imprecisiones de los jugadores de los dos equipos. EME161095

I SUSTANTIVOS QUE DENOTAN PRESENCIA O PARTICIPACIÓN: **64 presencia ++:** ...aplaudió calurosamente la vuelta a los escenarios de la soprano catalana quien ha *prodigado* su presencia en tierras aragonesas en numerosas galas benéficas. EME010596 **65 intervención ++:** ...logró mantener cierto nivel de consenso en política exterior, *prodigó* sus intervenciones en los plenos y comisiones del Congreso... LVE021295 **66 aparición +:** ...es un técnico que apenas se ha *prodigado* en apariciones públicas de signo ideológico. EPE020284

J SUSTANTIVOS QUE DESIGNAN VIRTUDES Y DIVERSAS ACTITUDES DE SIGNO POSITIVO, MÁS FRECUENTEMENTE SI SE RELACIONAN CON EL ÁNIMO FAVORABLE A ALGO, LA PREDISPOSICIÓN HACIA LOS DEMÁS O LA CONDESCENDENCIA PARA CON ELLOS: **67 gentileza +:** ...otros sectores estuvieron presentes para disfrutar en todo momento de las gentilezas *prodigadas* por los oferentes. EUV170498 **68 cortesía +:** La cortesía da más lustre al que la *prodiga* que al que la recibe. EME190596 **69 comprensión:** Cada una a su estilo y de acuerdo a la edad de sus hijos, saben *prodigar* cariños, comprensión y cuidado. CAP080597 **70 buen humor:** ...lucía la misma sonrisa y buen humor que ha *prodigado* en los últimos días. EME070596

K SUSTANTIVOS QUE DENOTAN RELACIÓN O CONTACTO: **71 relación:** Es conocido dónde se concentran un mayor número de inmigrantes y dónde se *prodigan* relaciones de semiesclavitud... EPE070700 **72 contacto:** El candidato socialista fue ayer profeta en su tierra, donde *prodigó* el contacto directo con los ciudadanos... LVE151195 **73 conexión:** Se *prodigaban* las conexiones con otros centros de atención, como el Palau Sant Jordi. LVE190594

□ Véase también: **deshacerse (en).**

prodigio ♦ **apoteósico, artístico, asombroso, auténtico, cinematográfico, de eficacia, de estrategia, de la ciencia, de la naturaleza, del arte, de la técnica, de regularidad, económico, extraordinario, falso, imaginativo, inexplicable, interpretativo, joven, literario, musical, niño, nuevo, pequeño, semejante, técnico, tecnológico, verdadero** ♦ **asistir (a), consumar(se), esperar, explicar, lograr, obrar, presenciar, producir(se), realizar**

□ Véase también: **milagro.**

producción ♦ **abundante, copioso[23], cuantioso, desmedido, dilatado[9], en cadena[8], en masa[41], en serie[11], escaso, exagerado, excesivo, insuficiente, nutrido, suficiente** ♦ **ayuda (a), trabas (a)** ♦ **apoyar, atender, aumentar, blanquear[20], bloquear, canalizar[68], colocar, comercializar, dar salida (a), decaer, declinar[18], decrecer[18], dirigir (a alguien), disminuir, distribuir, encauzar, exportar, fomentar, frenar, importar, incentivar, lanzar, proteger, relanzar[16], reponer, restringir, revertir (en)[8], vender**

PRODUCCIÓN Véase: CREACIÓN; DISTRIBUCIÓN

producir ♦ **a cámara lenta[21], a destajo[13], a granel[17], a gran escala, cronológicamente[21], de un día para otro, en cadena[65], en exclusiva[33], en serie[2], febrilmente[27], indefectiblemente[9], inevitablemente[16], inexorablemente[82]** ♦ **admiración, agotamiento, alegría, asombro, cansancio, desasosiego, desazón, espanto, indignación, molestia, sorpresa, sueño, temor,** *otros sustantivos que designan emociones y sensaciones*

□ Véase también: **crear, fabricar, ocasionar, realizar.**

producto ♦ **artesanal, básico, comercial, competitivo[24], de primera necesidad, fiable, industrial, novedoso[52], perecedero** ♦ **adulterar[2], agotar(se), bloquear, boicotear[42], circular, colocar, comercializar, crear, difundir(se)[71], dirigir (a alguien), diseñar, distribuir, elaborar, expender, exportar, fabricar, gravar, importar, lanzar, manufacturar, monopolizar, ofrecer, realizar, reciclar, relanzar, suministrar, vencer[115], vender**

proeza ♦ **descomunal, enorme, heroico, ingente, monumental[68], portentoso** ♦ **acometer[22], conmemorar, constituir, llevar a cabo, realizar, representar, superar**

□ Véase también: **gesta, hazaña.**

profanar *v.* ▮ Se combina con sustantivos de persona, individuales o colectivos *(doncella, mártir, comunidad)* y con otros muchos que designan cosas que se consideran sagradas. Se combina especialmente con...

A SUSTANTIVOS QUE DESIGNAN EL LUGAR EN QUE SE ENTIERRAN LOS CADÁVERES, ASÍ COMO ALGUNOS ELEMENTOS QUE FORMAN PARTE DE LOS ENTERRAMIENTOS: **1 tumba ++:** Al menos unas 15 tumbas de un cementerio (...) fueron *profanadas* por desconocidos. ENH100900 **2 cementerio ++:** ...un cementerio serbio ha sido *profanado* en las zonas controladas por el Gobierno bosnio. EME291295 **3 sepultura:** ...dice el arqueólogo Guidón Avni, temeroso de que la única sepultura que ha sido hallada intacta, sea *profanada* por los saqueadores de tesoros. EME100895 **4 sepulcro:** ...la compulsión de visitar cementerios para *profanar* los sepulcros y los restos que estos contienen. CLA030797 **5 ataúd:** ...no había evidencia de que se había *profanado* el ataúd... CLA030797 **6 enterramiento:** ...la emprendieron con el responsable de la empresa, que (...) *profanó* los enterramientos. EME120394 **7 lápida:** Los habitantes de la aldea temen que la lápida del albañil (...) pueda ser *profanada.* EME090195 **8 nicho:** ...coger los restos de los nichos *profanados* es bastante fácil... EPE240199

B SUSTANTIVOS QUE DESIGNAN EL CUERPO SIN VIDA: **9 cadáver +:** ...no cabe *profanar* su cadáver, pero sí esconderlo o aventar sus cenizas... LVE180895 **10 cuerpo:** ...se sabe que intentaron retirar el mármol para *profanar* el cuerpo. LVE200595 **11 resto:** ...visitar cementerios para *profanar* los sepulcros y los restos que estos contienen. CLA030797

C SUSTANTIVOS QUE DESIGNAN LUGARES Y CREENCIAS TAMBIÉN CONSIDERADOS SAGRADOS: **12 templo +:** ...las naciones de tu heredad, han *profanado* tu santo templo... ESH241000 **13 santuario +:** No *profanen* el santuario, el zigurat, ésa es la regla. EME110294 **14 iglesia:** ...en busca de armas, robando coches, *profanando* iglesias ortodoxas... EME050995 **15 sinagoga:** No se sabe de un solo negro que haya *profanado* sinagogas o cementerios judíos. EME161095 **16 monasterio:** ...y otros que habían *profanado* el monasterio en enero de 1677... ABC230493 **17 religión:** EE. UU. es enemigo (...) de los bárbaros que *profanan* esta gran religión... EPE081001 **18 eucaristía:** Los guerrilleros que secuestraron esas personas y que *profanaron* la Eucaristía... EPE010699

D SUSTANTIVOS QUE DESIGNAN LOS USOS, CONOCIMIENTOS O COSTUMBRES QUE CARACTERIZAN GENERALMENTE A ALGUNA COMUNIDAD: **19 tradición:** ...para evitar que las miradas de masas turísticas *profanen* tradiciones de siglos. EPE190399 **20 cultura:** ...antes el suicidio que ser despojados de su tierra y ver *profanada* su cultura. EME240896 **21 mito:** ...hace dos décadas *profanó* el mito de La Criatura de Mary Shelley... EME260696 **22 patrimonio:** ...este patrimonio está siendo dilapidado, maltratado, hasta *profanado* en su más profundo valor simbólico... EPE080299 **23 orden:** En todo eso que *profana* el orden de la pureza natural capta el poeta belleza, esto es, tensión hacia la luz. ABC080995 **24 garantía:** ...desde la autoridad, *profanan* y violentan las garantías de un Estado de Derecho. EME020895

E SUSTANTIVOS QUE DESIGNAN INSTITUCIONES, PRINCIPIOS, LEYES O CÓDIGOS DE COMPORTAMIENTO: **25 democracia:** ...nuestra política es la de la defensa de la democracia *profanada.* EPE120499 **26 constitución:** ...la Constitución ha sido muy *profanada...* EME091295 **27 carta magna:** ...toda la poesía cívica que un buen lector podría obtener de la Carta Magna, tan *profanada* como ilecta. EME091295

F EL SUSTANTIVO *NOMBRE* Y CON OTROS QUE DESIGNAN ALGUNAS CARACTERÍSTICAS DE LAS PERSONAS O LAS COSAS RELATIVAS A LA FORMA EN QUE SE LAS DENOMINA, SE LAS PERCIBE O SE LAS EVOCA: **28 nombre:** Por bobos y por *profanar* el nombre de Dios en vano. EME271195 **29 memoria:** ...quienes intentan conspirar contra la paz de los argentinos (...), ultrajando y *profanando* la memoria del general... CLA030797 **30 recuerdo:** Para no *profanar* su recuerdo y seguir estando de acuerdo con la vida y con el cine... EME190194 **31 imagen:** ...ha pretendido hacerse aún más rica a costa de *profanar* su venerada imagen. EME100694 **32 sigla:** ...cuyas siglas han sido *profanadas...* EPE240999

G ALGUNOS SUSTANTIVOS QUE DESIGNAN CAPACIDADES, DISPOSICIONES O ACTITUDES HUMANAS QUE SE TIENEN POR DIGNAS DE ELEVADA CONSIDERACIÓN: **33 descanso:** ...se dan cita allí para apedrear a los automovilistas laicos que, según ellos, *profanan* con sus viajes el descanso sabático. EME040896 **34 integridad:** Asimismo se *profana* la integridad de los periodistas (...), pues que se les impide o castiga tener secretos consigo mismos... EME040996 **35 alma:** ...instó a la dirección de la organización etarra a que no vuelva a herir ni a *profanar* el alma de este pueblo... EPE301199 **36 voluntad:** ...y ver hasta qué punto se han *profanado* y desoído sus designios, intenciones y voluntades... ABC081093

H OTROS SUSTANTIVOS; POSIBLES USOS ESTILÍSTICOS: ¿Qué hago yo, *profanando*, pisando tan fragilísimo plumaje? ABC140194; De ahí que ninguno de los hasídicos *profane* sus ojos con la propaganda electoral. EME300596

profecía ♦ **apocalíptico, certero, fallido, falso** ♦ **confirmar(se), cumplir**[17]**, desmentir**[26]**, hacer, hacer(se) realidad**[8]**, incumplir, lanzar, verificar(se)**
☐ Véase también: **anuncio, aviso, predicción.**

proferir *v.* ▮ Se combina con sustantivos que designan unidades y mensajes verbales muy diversos *(declaración, expresión, discurso, afirmación, palabra)*, más frecuentemente si se usan en plural. También se combina con...

A SUSTANTIVOS QUE DESIGNAN DIVERSAS FORMAS DE DIFAMACIÓN O ALOCUCIÓN REPROBATORIA CONTRA ALGUIEN O ALGO: **1 acusación +:** Al recordárselo, evade *proferir* acusaciones y mas bien justifica que el Congreso no haya iniciado un proceso de descalificación en contra de este honorable. BYN040198 **2 crítica +:** Éste ha aceptado el envite de convertirse en el altavoz del descontento y no ha cesado de *proferir* críticas básicamente hacia el ministro portavoz, Josep Piqué... EPE071199 **3 amenaza +:** ...fue detenido posteriormente acusado de *proferir* amenazas en una rueda de prensa en San Sebastián. EDV130301 **4 calumnia +:** ...acusó ayer al concejal del distrito (...) de haberle tratado «como un delicuente, sin olvidar las calumnias que ha *proferido* contra mí». EME250594 **5 improperio +:** Sólo Salzburgo, su propia ciudad, podía competir con París en los improperios *proferidos* por Mozart a su propósito. ABC061291 **6 insulto ++:** Los asaltantes también comenzaron a *proferir* insultos y a acusar a la reina Isabel II de Inglaterra, «tu madre», de asesinato, en alusión al dominio británico de la isla hasta hace 40 años. EPE160899 **7 blasfemia +:** ...si sólo le oís rebuznar, podéis estar satisfechos, pues el asno no *profiere* voces indecentes ni blasfemias... EPE150700 **8 injuria +:** ...el fiscal pide que se le imponga una sanción de 100.000 pesetas por haber *proferido* injurias leves contra otro miembro de ese órgano... LVE140296 **9 obscenidad:** ...no tuvo vergüenza de *proferir* obscenidades en su última reunión con los representantes... LTB080497 **10 descalificación:** Las descalificaciones *proferidas* por Cuauhtémoc: «Falacias, bajezas, mentiras, infundios y fantasías», descubren una reacción visceral respecto de lo que erróneamente considera una agresión... PME070796 **11 vituperio:** Uno de los testigos observó cómo cuatro personas rodeaban el cadáver del camionero, al tiempo que *proferían* todo tipo de vituperios contra el cuerpo sin vida del camionero. EPE130299 **12 afrenta:** «Sólo desde el convencimiento de que se les va a *proferir* [a las víctimas] una nueva afrenta con el excarcelamiento gracioso de sus agresores...». EPE100499

B SUSTANTIVOS QUE DENOTAN RESOLUCIÓN, GENERALMENTE LEGAL O JUDICIAL: **13 sentencia:** ¡Cuántas veces nuestro sentido de justicia se perdió en escolasticismos fríos que *proferían* sentencias implacables y proclamaban juicios infamantes! BRE130697 **14 fallo:** Sobre todo cuando, como en este caso, el fallo lo *profiere* un juez de una zona donde la ley la dictan los comandantes guerrilleros. SEM170996

C SUSTANTIVOS QUE DESIGNAN SONIDOS HUMANOS, MÁS FRECUENTEMENTE SI SON EXPRESIÓN DE QUEJAS, DENUNCIAS O LAMENTOS: **15 grito:** Los gritos *proferidos* por el vagabundo alertaron a los vecinos del lugar, que llamaron a una ambulancia. LVG221191 **16 gemido:** ...se puso de pie durante la declaración de un testigo y comenzó a darse puñetazos en la cabeza mientras *profería* gemidos durante una audiencia en un tribunal de Nueva York. ESP300601 **17 sollozo:** ...no terminaba de salir del asombro y era incapaz de dejar de *proferir* angustiosos sollozos. EME070596

D ALGUNOS SUSTANTIVOS QUE DESIGNAN MANIFESTACIONES VERBALES QUE SE CONSIDERAN ABSURDAS, INTRASCENDENTES O BANALES: **18 disparate:** ...más vale callar que *proferir* disparates. EPE301280 **19 tontería:** Es una pena, pero a base de *proferir* tonterías, (...) parece empeñado en rebajar su innegable talento para el canto. LVE200896 **20 barbaridad:** ...declaró, por su parte, que las «barbaridades» *proferidas* por el ex ministro son «intolerables»... EME050195

profesar *v.* ■ En el sentido de 'ejercer' o 'creer firmemente en' se combina con...

A SUSTANTIVOS QUE DENOTAN CREENCIA RELIGIOSA. TAMBIÉN CON OTROS QUE DESIGNAN ALGUNOS DE SUS RASGOS O DE SUS MANIFESTACIONES: **1 religión ++:** ...comparando el trato que reciben allí quienes *profesan* la religión conocida como Cienciología con la persecución de Adolf Hitler a los judíos. CLA110197 **2 fe ++:** La Iglesia Católica se siente unida por muchas razones con quienes estando bautizados se llaman cristianos, pero no *profesan* la fe en su totalidad... LNA220692 **3 creencia +:** Así pudo ser verdadero amigo de un Pérez Galdós, que *profesaba* creencias antípodas. ABC240192 **4 credo +:** «Primera Nota» es, técnicamente, un sexteto y los cinco elementos (...) *profesan* su mismo credo y son de su mismo nivel... LVE070695 **5 culto +:** ...el embajador plenipotenciario de un escritor raro y sublime, apenas conocido entonces en España, y al que sólo era dado *profesar* un culto de latría. EME311295 **6 doctrina +:** La autoridad moral de la Iglesia, y su deber de exigir a quienes forman parte de ella consecuencia entre la doctrina que dicen *profesar* y los hechos de su vida... HOY281283 **7 confesión:** ...ya son más de 5.000 los residentes que *profesan* esta confesión... EPE220799 **8 confesionalidad:** ¿Estiman, acaso, los objetores, que un matemático, por ejemplo, sería el tutor ideal por no *profesar* confesionalidad ni creencia alguna...? EPE131099 **9 islamismo:** Lejos de ser una banda rival que trafica con drogas, Los Vigilantes, que *profesan* el islamismo, acabaron con Rashaad... LVE060896 **10 catolicismo:** Mientras Pinochet *profesaba* su catolicismo públicamente, la Iglesia chilena formaba redes ciudadanas para luchar contra los abusos del gobierno golpista... PME271096 **11 cristianismo:** La familia Matoba se dedica al negocio de la perla cultivada y *profesa* el cristianismo. EPE160199 **12 budismo:** «No quiero que lo conviertan en un tibetano, porque no lo es», asegura. Ella misma también *profesa* el budismo. EME150795 **13 hinduismo:** ...el 2% de los casi mil millones de habitantes es católico, frente al 85% que *profesa* el hinduismo y el 12% que se declara musulmán. EPE061199 **14 ortodoxia −:** Löwenthal nació en 1900, hijo de un médico librepensador producto de una familia en la que se *profesaba* la ortodoxia judía alemana... ABC060893

B SUSTANTIVOS QUE DESIGNAN FUNDAMENTOS, CONVICCIONES O PRINCIPIOS QUE SE SUSTENTAN CON SEGURIDAD O FIRMEZA, Y SUELEN REGIR EL PENSAMIENTO O LA CONDUCTA: **15 ideología ++:** Todos los parlamentarios (...) responden de sus actos y votos no ante el partido al que pertenecen ni ante la ideología que *profesan*, sino ante sus propias ideas, convicciones y conciencia. HOY170397 **16 idea +:** ...un desconocimiento de las diferencias que existen entre cultos, sectas, religiones, movimientos esotéricos o grupos que *profesan* ideas, creencias, conceptos filosóficos, teológicos, teosóficos o maneras de ver la vida... ETC070497 **17 principio +:** Os animo a perseverar en la defensa de los principios que *profesáis* y a actualizar constantemente vuestro compromiso... EME120796 **18 planteamiento:** ...haber asumido, en suma, los planteamientos del liberalismo económico, más allá de lo que los *profesaban* países que, como Estados Unidos o Gran Bretaña, estaban gobernados por la derecha. EME070394 **19 dogma:** El crítico experimental y el aprendiz de novelista citados *profesaban* el dogma del denominado «realismo genético»... ABC260692 **20 máxima:** ...cuando se enseña y se *profesan* las máximas del crimen, es preciso que se haga oír también la voz de los pastores que inculquen la del respeto... EUV060499 **21 convicción:** Sin embargo Àlvar Miralles no *profesa* sus convicciones civiles dándose golpes en el pecho... EPE030599 **22 teoría:** Cuando yo era joven *profesaba* teorías literarias; ahora no tengo teoría. EPE020685 **23 moral:** ¿*Profesarán* nuestros jueces la moral republicana que les exigía el Padre de la Patria? EUV060499 **24 ideario:** Una fidelidad análoga, dicho sea de paso, iba a *profesar* el pintor, todo a lo largo de su vida, al ideario comunista, a riesgo, aceptado, de persecución y cárcel durante tres años. ABC271291 **25 ideal:** Esta internacional clandestina (o no) de los antípodas de la civilización liberal mundial impugna el ideal de la «gran familia humana», *profesado*, aunque sólo sea en la práctica, por el conjunto de la civilización occidental... EPE010900 **26 ley –:** Habría *profesado* la ley del partido pese a que no la respete nada. EPE021099 **27 espíritu –:** Acabaron igual, fieles al espíritu que *profesan*, después de haber dibujado una hermosa primera mitad y de haber dedicado la segunda al conservadurismo... EPE011199

C SUSTANTIVOS QUE DESIGNAN CORRIENTES, DOCTRINAS O MOVIMIENTOS DIVERSOS: **28 nacionalismo:** ...en su corazón hay una Serbia ardientemente nacionalista, que *profesa* un nacionalismo étnico expansionista... EPE120599 **29 liberalismo:** Por liberalismo que se *profese*, una mayoría absoluta debería apuntar a más altos empeños. EPE051299 **30 patriotismo:** ...aquel patriotismo de zarzuela que *profesó* la derecha, en la época de los espadones y africanistas, ha sido sustituido por un patriotismo de talonario en las Comunidades Autónomas. EME301096 **31 anarquismo:** ...sin dejar de ser demócrata, uno puede *profesar* el anarquismo, el socialismo, el ecologismo, el liberalismo, todos los ismos que desee. EPE170399 **32 socialismo:** ...uno puede *profesar* el anarquismo, el socialismo... EPE170399 **33 feminismo:** Esto afirmaba porque comprendía que el desarrollo de la mujer, para ella que *profesaba* un feminismo heterosexual, era una lucha, una creación de dos. EUV170498 **34 racionalismo:** Para los que *profesan* lo que antes he calificado de racionalismo ilustrado, las diferencias programáticas tienen una importancia menor... LVE170396 **35 ecologismo –:** Hasta *profesa* el ecologismo, que es una devoción franciscana. EME050394

D SUSTANTIVOS QUE DESIGNAN LOS RASGOS QUE CARACTERIZAN LAS OBRAS O LAS TENDENCIAS ARTÍSTICAS: **36 estilo:** ...ella no es la cantante, sino que con su órgano Hammond le pone el toque imprescindible al estilo sixtie que *profesan*. EME010696 **37 estética:** ...un Rubén Darío, como proclamación explícita de que la nómina de los grandes de nuestra lengua se ha continuado por la América emancipada, y de que, allí y aquí, esa nómina no concluyó en la estética *profesada* por doña Emilia... ABC040693 **38 gusto:** Otro asunto misterioso, no menor que el gusto que ella *profesa* por la buena mesa... EPE041299

E SUSTANTIVOS QUE DESIGNAN OTROS ÁMBITOS Y FACETAS DEL CONOCIMIENTO Y EL PENSAMIENTO: **39 disciplina:** Esperemos que el candidato idóneo sea nombrado rector, independientemente de la disciplina que *profese*. PME101196 **40 ciencia:** ...la academia militar de West Point, célebre en el mundo hoy por la ciencia que *profesan*, por la distinción de sus cadetes, salidos de las familias más influyentes, hijos de los hombres más notables. INF010896 **41 filosofía:** Ramon Xirau, que trabaja en México, también *profesa* la filosofía, como su padre. LVE060395 **42 cultura –:** Como se ve, hay Navas que *profesan* culturas que no son navistas, sino priistas. PME221296 **43 tradición –:** Si el conceptualismo es el culto a la brevedad y a la precisión, no cabe duda de que nos hallamos ante una artista que *profesa* esta ya venerable tradición. ABC150193

F OTROS SUSTANTIVOS; POSIBLES USOS ESTILÍSTICOS: Sus lienzos *profesan* el silencio y el destello trascendente que ha iluminado siempre la búsqueda en interiores bodegas. ABC030295

I En el sentido de 'sentir por alguien' se combina con...

G SUSTANTIVOS QUE DENOTAN AFECTO, ESTIMA, INCLINACIÓN O RESPETO EN DIVERSOS GRADOS: **44 amor +:** Mi única respuesta es el dudoso amor que *profesamos* a nuestros hijos y nietos... EPE090999 **45 afecto +:** Nadie pueda discutir el afecto que se *profesan* mutuamente. EME110495 **46 cariño +:** Rosi explicó en la entrevista que la relación familiar estaba muy deteriorada y que la madre tenía celos del cariño que *profesaba* al padre. EME110295 **47 amistad +:** Por el momento, Aznar parece fijarse más en Chirac que en Kohl, quizás sabedor de la amistad que *profesa* el líder alemán por el presidente español. LVE300995 **48 simpatía +:** Profesaba una gran simpatía al CNA y había advertido en sus escritos que los estudiantes negros estaban furiosos y a punto de explotar. EME280494 **49 devoción +:** En el país donde reina el despido libre, la reivindicación de los derechos laborales está mal vista y aumentar las ganancias es el único principio al que *profesan* devoción las corporaciones... EPE251299 **50 respeto +:** La única diferencia fue que Rodríguez pidió la dimisión del señor De la Torre-Adalid, al que, dijo, *profesa* un enorme respeto. EPE280999 **51 estima:** Yo me siento adherido a Els Ports –tierra donde no he nacido, pero a la que *profeso* una estima militante y calcárea–... EPE061099 **52 veneración:** Profesa veneración hacia el Papa polaco que liberó, indirectamente, a su país del «yugo comunista». EME140995 **53 aprecio:** Por acusarle se le acusa hasta de tener aspiraciones más allá del aprecio que le *profesan* en su propio partido y de suscitar recelos y desconfianzas. EPE080599 **54 adoración:** Kieslowski pasó en muy poco tiempo de la adoración elitista que *profesan* cuatro gatos cinéfilos a sus cineastas de culto a ser reconocido y admirado por las grandes minorías de cualquier parte. EME140396 **55 pasión:** Por una parte, Ortega *profesa* «la pasión por la objetividad en la ciencia»... ABC100694 **56 entusiasmo –:** Quienes *profesen* entusiasmo por la empresa pública quizá tengan un juicio negativo del Gobierno de Aznar con sólo estos datos... EPE201199 **57 fervor –:** Mi marido *profesaba* una especie de fervor sentimental por Franco; pero un hombre como él no podía sentirse cómodo con aquella política. EME140896

H SUSTANTIVOS QUE DESIGNAN OTRAS ACTITUDES POSITIVAS HACIA LAS PERSONAS, Y MENOS FRECUENTEMENTE, TAMBIÉN HACIA LAS COSAS: **58 admiración ++:** Su eficiencia es función directa del respeto, la solidaridad y admiración que le *profesa* su compatriota civil... HOY250184 **59 lealtad +:** ...siempre ha mantenido un altísimo grado de autonomía y sus fuerzas *profesan* una lealtad casi sagrada a su jefe... EME141095 **60 fidelidad:** ...el rey Hasan II a quien Basri *profesó* una fidelidad sin tacha. EPE171199 **61 reconocimiento:** Contrastes que en la música que él hace pueden significar satisfacciones –como la larga lista de músicos que le *profesan* un reconocimiento casi ciego– y dolores de cabeza. CLA030797 **62 obediencia +:** ...la escuela deobandi, un movimiento capaz de movilizar a cientos de miles de alumnos que *profesan* una obediencia ciega a sus maestros... EPE111101 **63 confianza:** A renglón seguido, según los que *profesaban* su absoluta confianza en aquella hipótesis, aquel potencial constructor trasladaría el crecimiento hacia los municipios... LVE080595 **64 dedicación:** La dedicación que *profesa* a la increíble tarea de hacer soñar a quienes viven en permanente vigilia le enfrenta a un caso insólito... ABC280892 **65 compromiso –:** El problema es que el primer ministro pretendía llegar a Italia *profesando* su sólido compromiso con la Unión Europea... EME300396 **66 comprensión –:** Tarradellas elogió vivamente a su autor por «la comprensión que *profesa* a nuestras realidades catalanas». LVE030395 **67 gratitud –:** ...pudo comprobar ayer hasta dónde llega la gratitud que le *profesa* la afición deportivista. EPE310700

I SUSTANTIVOS QUE DENOTAN AVERSIÓN, RENCOR, RECHAZO Y OTROS SENTIMIENTOS HOSTILES EN DIVERSOS GRADOS: **68 odio +:** Sólo Kuwait, que *profesa* un odio implacable al presidente iraquí desde que sus tropas invadieron el pequeño emirato... LVE070996 **69 enemistad +:** De momento, se siguen *profesando* una enemistad mutua que va en aumento. EPE021099 **70 hostilidad +:** Aquí radica, sin duda, la extraordinaria hostilidad que se *profesan*. EME130295 **71 antipatía +:** Raúl Granillo Ocampo y Mario Pacho O'Donnell se *profesan* mutua antipatía. CLA290199 **72 animadversión:** ...se han echado en cara la ciega animadversión que se *profesan* desde hace varias décadas y han luchado entre sí... EME290394 **73 rechazo:** ...se enamoraron apasionadamente, pese a contar con la oposición de sus padres, que se *profesaban* mutuo rechazo, según los cronistas de la época. EPE240800 **74 inquina:** De hecho, la inquina que le *profesaron* por razones políticas algunos intelectuales fue decisiva para que Borges no obtuviera el Premio Nobel. EPE100199 **75 rivalidad:** La rivalidad que se *profesan* es la mayor en la historia del deporte... EME151296 **76 resentimiento –:** El legendario hotel ha perdido su encanto y muchos le *profesan* un frío resentimiento. EME120695 **77 rencor –:** Séneca, a pesar del rencor que *profesa* a Calígula, recomienda a su hermano que no se deje llevar por esa locura. EME190595 **78 aversión –:** El aristocrático Gerardo Pardo de Vera, que ocupó brevemente la alcaldía de Becerreá y *profesa* a Cacharro una aversión sarracena... EME130296 **79 desprecio –:** ...ella se servirá de su pretendida indefensión frente al mundo para retenerlo a su lado, y del desprecio que le *profesa*, para espolearlo en una imposible carrera hacia el éxito... ABC061291 **80 aborrecimiento –:** ...me avisaba hace pocos días del sincero aborrecimiento que Aznar me *profesaba*. EME140196 **81 repudio –:** Es más, lo que en verdad salta a la vista y se pone cada vez más en evidencia es su falta de arraigo popular y el repudio que le *profesa* la inmensa mayoría de nuestro pueblo. EUV090796

☐ Véase también: **desempeñar, ejecutar, ejercer, profesar (en).**

profesar (en) *v.* ▮ Se combina con los sustantivos *fe*, *religión*, *política* y con otros que designan estados, profesiones, creencias o actividades que imprimen algún carácter. También se combina con...

A SUSTANTIVOS QUE DESIGNAN EL LUGAR EN QUE HABITAN PERSONAS CONSAGRADAS A LA RELIGIÓN: **1 convento ++:** ...me temo que bastantes acabaremos *profesando* en conventos o cuando menos frecuentando de nuevo las olvidadas iglesias. EME100895 **2 monasterio +:** ...del monasterio de religiosas clarisas franciscanas. Éste fue fundado en 1560 (...). *Profesaron* en él damas de la realeza... EPE100800

B SUSTANTIVOS QUE DESIGNAN LUGARES EN LOS QUE SE REALIZA ALGUNA ACTIVIDAD ACADÉMICA: **3 universidad:** ...la extraordinaria escuela de helenistas que *profesan* en la Universidad Española. ABC260894 **4 facultad:** ...en cuya Facultad de Filología *profesó* durante muchos años el poeta y crítico... ABC110895 **5 aula:** ...surge en las aulas salmantinas en las que el ciego burgalés *profesó*... ABC191193

C SUSTANTIVOS QUE DESIGNAN ORGANIZACIONES O INSTITUCIONES, GENERALMENTE POLÍTICAS, CULTURALES O RELIGIOSAS: **6 congregación:** ...le fue confiada la naciente congregación, el 10 de septiembre de 1850, cuando aún no había *profesado* en la misma... LVE061096 **7 orden +:** ...supuesto militar inglés prejubilado, *profesó* en la orden de la Merced (fundada en 1218)... EPE121199 **8 partido:** ...obligó a todos los analistas, y sobre todo a los que *profesaban* en los partidos marxistas, a convertirse en expertos conocedores de los desenlaces previsibles de las contradicciones del sistema... EME250995 **9 escuela –:** ...de la escuela poética del silencio, magistralmente estudiada por Amparo Amorós en su tesis doctoral. Jaime Siles *profesa* en ella desde muy pronto... ABC210593

D OTROS SUSTANTIVOS; POSIBLES USOS ESTILÍSTICOS: ...del viejo y sagrado enigma en que *profesaron*... EPE270699; La fiesta opera como un hecho teatral (...). La población ingresa en ella más que *profesa* en ella... EPE281201

☐ Véase también: **profesar.**

profesión ♦ **abnegado, a tiempo {completo/parcial}, de medio pelo, deshonroso, digno, gratificante, honesto, honrado, honroso**[87]**, itinerante, nato, reconocido, sacrificado** ♦ **aprendiz (de)** ♦ **adiestrar(se) (en), cesar (en), consagrar(se) (a), cortar (con), cultivar, dar {mis/tus/sus...} primeros pasos (en), dedicar(se) (a), ejercer**[6]**, ejercitar(se) (en), estudiar (para), homologar, iniciar(se) (en), meterse (a), practicar, predestinar (a), retirar(se) (de)**

☐ Véase también: **cargo, ocupación, tarea, trabajo.**

profesional ♦ *(sust.)* **acreditado, afamado, competente, completo, conocido, consumado, cotizado, curtido, de pies a cabeza**[35]**, diestro, eminente, en activo, experto, preparado, prestigioso, reputado** ♦ **aglutinar**[58]**, contratar, ejercer (como), jubilar(se)**

profesor ♦ **absentista, aburrido, acreditado, afamado, asociado, brillante, buen(o), célebre, competente, consumado, contratado, cualificado, curtido, deficiente, destacado, distinguido, docto, emérito, entusiasta, especializado, estimulante, excelente, experto, falso, famoso, funcionario, honorario, ilustre, incompetente, insigne, instructor, interino, invitado, mal(o), motivado, no-**

table, numerario, permanente, pésimo, prestigioso, renombrado, reputado, respetado, titular, universitario, visitante ♦ colegio (de), plaza (de), puesto (de), sala (de) ♦ aprender (con), aprobar (a alguien), contratar, dar (clase), despedir, ejercer (de), emular, enseñar, impartir (clase), investigar, nombrar, prestar (servicio), reemplazar, reprobar (a alguien), suspender (a alguien), tener a su cargo (algo/a alguien)

☐ Véase también: **maestro**.

profeta ♦ agorero, antiguo, apocalíptico, bíblico, carismático, certero, divino, falso, iluminado, incomprendido, nuevo, respetado, visionario ♦ en {mi/tu/su...} tierra ♦ anuncio (de), augurio (de), presagio (de) ♦ admirar, advertir (algo), anunciar (algo), augurar (algo), criticar, desatar (algo), ejercer (de), pregonar (algo), presagiar, pronosticar (algo), seguir, surgir, venerar

profundamente *adv.* ▌Se combina con numerosos adjetivos pertenecientes a muy variadas clases semánticas *(religioso, dramático, consternado, reflexivo)*. También admite numerosos verbos. Destacan especialmente sus combinaciones con...

A VERBOS QUE DENOTAN MOVIMIENTO FÍSICO O FIGURADO HACIA EL INTERIOR DE ALGUNA COSA. TAMBIÉN CON OTROS QUE DESIGNAN, FÍSICA O FIGURADAMENTE, LA ACCIÓN DE ENTRAR EN CONTACTO CON LA RAÍZ DE ALGO: **1 calar ++**: ...sino por infundir un nuevo espíritu de lucha y de trabajo que caló *profundamente* en los trabajadores de la compañía norteamericana. EME160395 **2 penetrar ++**: Mi destino humano ha penetrado *profundamente* bajo la piel del suyo. ABC011093 **3 adentrarse ++**: ...su Ejército, una vez más vulnera toda la legislación internacional adentrándose *profundamente* en el norte de Irak. EME260396 **4 entrar +**: En el segundo, se entra *profundamente* en los sectores que polarizan la mayor parte de la generación de riqueza. LVE260796 **5 ahondar(se)**: Y de ahí el que se ahondasen *profundamente* las desavenencias entre todos ellos. EME051195 **6 sumir**: La autonomía hubiera sido la misma y el País Vasco no estaría sumido tan *profundamente* en la crisis económica. ABC010494 **7 arraigar**: Pues es en Francia donde la estatalidad ha estado y está más *profundamente* arraigada... LRE280103 **8 enraizar**: En realidad, esta admiración está *profundamente* enraizada en el esfuerzo de reconstrucción de la posguerra y de alguna forma u otra ha perdurado hasta nuestros días. LVE301095 **9 permear –**: ...el cambio de variadas normas culturales y la revolución tecnológica que nos afecta mediante una gama de productos y servicios nuevos que nos permea ya *profundamente*. EXC210197

B VERBOS QUE DESIGNAN DIVERSAS FORMAS DE IMPLICACIÓN: **10 interesar(se) ++**: ...ha empezado a interesarse *profundamente* por las doctrinas del taoísmo y de Lao Tse... EPE021088 **11 involucrar(se) ++**: No concibo ninguna actividad sin involucrarme *profundamente* en ella. EPE061299 **12 enamorar(se) +**: ...atribuye más importancia a la relación del artista con la bailarina Margot Fontain, a quien conoció en 1963 y de la que se enamoró *profundamente*. LVE300695 **13 implicar(se)**: Ahora bien, no acepto un trabajo si no puedo implicarme *profundamente* en él. EME260195

C VERBOS QUE DENOTAN MODIFICACIÓN O ALTERACIÓN DE ALGO: **14 cambiar ++**: ...hace veintidós años estaba en un callejón sin salida ante una coyuntura histórica que iba a cambiar *profundamente* a España... EME100796 **15 renovar ++**: ...cambiar el partido, hacer una oposición útil socialmente, renovar *profundamente* las estructuras internas y hacer un proyecto de una nueva izquierda y de modernidad para España. EPE230700 **16 modificar ++**: El frontal se ha modificado *profundamente* con nuevos faros redondeados integrando los intermitentes... LVE120596 **17 reformar +**: ...aplicar un tratamiento a largo plazo para reformar *profundamente* la estructura económica. EME030796 **18 revolucionar**: ...Rubén Darío, el nombre de oro que revoluciona *profundamente* las bases del idioma. ABC240792 **19 reformular**: ...procesos como el de la reforma agraria reformularon *profundamente* lo que hasta entonces había sido el concepto de la autoridad patronal. HOY060197 **20 alterar +**: ...los contenidos del proyecto alteran *profundamente* la vigente asignación de competencias profesionales a los distintos técnicos titulados... EPE290499 **21 revisar**: En resumen se trata de revisar *profundamente* la concepción del Estado y determinar su función en una sociedad que aspira a ser democrática. PLG300597 **22 transformar**: Once años al frente del Gobierno habían transformado *profundamente* a la sociedad británica. EME120295 **23 reestructurar**: Para complicarla aún más, se ha reestructurado *profundamente* el organigrama del Estado, lo que provoca confusión y nerviosismo. LVE100596

D ALGUNOS VERBOS QUE DENOTAN ACTIVIDAD MENTAL: **24 meditar**: Una buena ocasión para meditar *profundamente* sobre la suerte y el porvenir regional... LTB080497 **25 pensar**: Empero, esta generación, en plena madurez juvenil humana y creadora, es la que más *profundamente* piensa la guerra, de entre los escritores e intelectuales. EME130796 **26 reflexionar**: Lo único que modifica, salva y nos ayuda a reflexionar *profundamente* es el amor o el arte. LPA260492 **27 cuestionar –**: Estos comportamientos muy dicientes me llevan a cuestionar *profundamente* el proceso de selección de nuestros hombres públicos... ETC020497

E VERBOS QUE DESIGNAN LA PRESENCIA O LA MANIFESTACIÓN DE SENTIMIENTOS: **28 amar ++**: ...con el natural apasionamiento de quien ama *profundamente* a su país y en este caso a Tumbes, y no soporta las inexactitudes y los maltratados. EXP011091 **29 lamentar ++**: He comunicado al embajador chino que Australia lamenta *profundamente* la decisión del Gobierno chino de proceder a un ensayo nuclear... LVE300796 **30 sentir +**: Hay que sentir *profundamente* que la ópera tiene que ser un espectáculo total... ABC310792 **31 admirar +**: Primero, por la confirmación de que Alex Zülle no anda bien y después, por la derrota de Miguel Indurain, a quien admira *profundamente*. EME170796 **32 respetar +**: Respeto *profundamente* a quienes pretenden hacer el cambio por fuera de los partidos. ETC180497 **33 conmover(se) +**: Tres cantatas fúnebres barrocas, con ese aire de dulce resignación y de esperanza ante la muerte, que conmueve más *profundamente* que el dolor gritado o solemnizado. EME170495 **34 emocionar(se) +**: Che no habría estado de acuerdo con que le publicaran su poema, él era tan riguroso consigo mismo y tan exigente, que habría protestado de la publicación de su canto; pero a mí me emocionó *profundamente*... GIC010197 **35 querer:** Sin embargo, España y la República Dominicana tienen una relación muy especial; queremos *profundamente* a España. EME140596 **36 apreciar:** La familia de Ninoska aprecia *profundamente* no sólo la mejoría actual y perspectiva de su hija, sino el hecho de que en el Ameijeiras lograron el diagnóstico de la enfermedad... GIC072897 **37 valorar:** ...el Ministerio de Educación debería valorar *profundamente* las protestas de la comunidad universitaria contra la Ley de Universidades... EPE131101 **38 desear:** En Ibiza, el culpable ya está detenido; yo ahora deseo *profundamente* que detengan a los de El Escorial. EPE030999 **39 agradecer:** La familia agradece *profundamente* las muestras de condolencia y afecto recibidas. LVE020396 **40 deplorar –:** ...aprobó ayer por unanimidad una declaración institucional en la que rechaza y deplora *profundamente* los ataques a los jueces... LVE260195

F VERBOS QUE DESIGNAN LA PRESENCIA DE OTROS SENTIMIENTOS, GENERALMENTE DE TRISTEZA, INCOMODIDAD O ANIMADVERSIÓN, ASÍ COMO DIVERSOS ESTADOS DE AFLICCIÓN PRODUCIDOS EN EL ÁNIMO: **41 odiar ++:** La jornada estaba abierta a priori a todo tipo de suspicacias, ya que el Liverpool, rival del Blackburn, es eterno rival del Manchester United, equipo al que sus seguidores odian *profundamente*... LVE150595 **42 doler ++:** A mí me duele *profundamente* lo ocurrido el lunes pasado en Vallecas. EME181295 **43 entristecer ++:** Esto me entristece *profundamente*, sobre todo cuando pienso en mis muchos seguidores, pero no tengo otra elección», añadió. EME061096 **44 sufrir ++:** ...lo contrario sería perjudicial para vos y doloroso para nosotras, porque sufrimos *profundamente* cuando sabemos que estáis confuso y abatido... EPE241099 **45 deprimir(se) +:** ...el niño se deprime *profundamente* e incluso puede sufrir trastornos irreversibles de la personalidad. EME311296 **46 decepcionar +:** ...después de obtener unas calificaciones nefastas en algunas asignaturas de la carrera de Filosofía que cursa en la Sorbona, y que decepcionaron *profundamente* a Bernard H.-Lévy... EME040596 **47 preocupar(se):** No sé qué posibilidades tendré de llegar a primer ministro, pero me presento porque me preocupa *profundamente* lo que está ocurriendo. EME300694 **48 desanimar:** El paciente (...) murió pocos días después y el fracaso desanimó *profundamente* a los cirujanos. LVE260996 **49 molestar:** Le molesta *profundamente* hablar de su vida personal. CAR221297 **50 perturbar:** ...respondió a la prensa acreditada que obtener tales premios no la hacía feliz, sino que la ponía incómoda y la perturbaba *profundamente*. HOY030297 **51 desagradar:** No sé si es buen o mal actor, sólo sé que es alguien que me desagrada *profundamente*, que me enerva, que no me lo creo. EME170296 **52 desmoralizar:** ...percibimos que nuestras «sociedades avanzadas» están *profundamente* desmoralizadas: cualquier reto les desborda. ABC300994 **53 desconfiar –:** Si hubiera que extraer una moraleja de campañas electorales como la que estamos viviendo ahora es que los políticos siguen desconfiando *profundamente* de los poderes mediáticos. EME260296 **54 avergonzar(se) –:** La opinión pública ha protestado vivamente y ha afirmado que de estas cosas también Italia debería avergonzarse *profundamente*. EPE020685

G VERBOS QUE DENOTAN UNIÓN, GENERALMENTE FIGURADA, O RELACIÓN ESTRECHA ENTRE DOS O MÁS PERSONAS O COSAS: **55 vincularse ++:** También las economías de Francia, Bélgica y Holanda están *profundamente* vinculadas con la de Alemania occidental. ETC010690 **56 unir +:** El Gobierno y las Fuerzas Militares están *profundamente* unidas e identificadas en el propósito nacional de la búsqueda de la paz. EPE270599 **57 ligar +:** ...no venderán la espléndida mansión que tienen en Miami y que está *profundamente* ligada a momentos muy felices de su vida en común. CLA140297 **58 conectar +:** Cuando un texto teatral conecta *profundamente* con el espectador es a través de un canal poético. EME010496 **59 identificarse:** Pero el espectador, que se ha identificado *profundamente* con el débil, ya no puede desprenderse de su hechizo... EME120294

H ALGUNOS VERBOS QUE DENOTAN DIVISIÓN O SEPARACIÓN: **60 dividir ++:** La reacción de los países de la OTAN dividió *profundamente* a la alianza. EPE010400 **61 distanciarse +:** Las diferencias sobre el papel de la mujer entre el Islam y el Catolicismo son abismales y hacen imposible un acuerdo; estamos *profundamente* distanciados... EME060995 **62 alejar(se):** Hay una cosa que nos aleja *profundamente* a empresarios y sindicatos... LVE230696

I VERBOS QUE DENOTAN ANÁLISIS O CONSIDERACIÓN DE ALGO: **63 estudiar +:** ...y en cambio se ha hecho tan poco en lo que se refiere a formación continuada o a estudiar *profundamente* la profesión. EME200696 **64 analizar +:** Cuando se analizan *profundamente* las cuestiones es cuando salen más puntos de coincidencia con respecto a la unión monetaria y la unidad política europea... LVG301091 **65 investigar +:** En ésta acuerdan reactivar la demarcación de hitos fronterizos y crea una comisión para investigar más *profundamente* los incidentes. EME061195 **66 examinar +:** ...examinar *profundamente* la retirada de confianza parlamentaria a un comisario por si conviene destituirlo y presentar un nuevo programa del mandato. EPE150999

J VERBOS QUE DENOTAN INFLUENCIA SOBRE ALGO O ALGUIEN: **67 marcar ++:** ...todo el mundo reconoce que marcó *profundamente* la vida de la institución eclesial, que estuvo viviendo de sus rentas más de tres siglos. EME010595 **68 influir ++:** Nació en mi misma ciudad y su ejemplo me influyó *profundamente*. EME190294 **69 condicionar +:** ...luctuosos acontecimientos que condicionarán *profundamente* la vida política del país. INDOC **70 atraer:** El tema me atraía *profundamente*, no sólo por la controversia política y moral que consigo traían, sino por una razón bastante sencilla... HOY201097 **71 llamar la atención:** ...se expone un análisis que llama *profundamente* la atención acerca de ese objeto del placer fetichista que son los libros. EUV061196 **72 incidir:** ...no le permitiría trabajar para el país y poder incidir *profundamente* en todas las cosas que hay que cambiar. LVE200396 **73 impactar:** Uno es un incondicional del «Boss» y la otra una sentimental a quien el trabajo realizado por Springsteen en el pasado día 6 impactó *profundamente*. LVE140596

K VERBOS QUE DESIGNAN LA ACCIÓN DE CAUSAR UN EFECTO, FÍSICO, PSICOLÓGICO O DE OTRO TIPO, MÁS FRECUENTEMENTE SI ES NEGATIVO: **74 afectar ++:** ...el fusilamiento de Maximiliano (1832-1867), en Querétaro, lo afecta *profundamente*; sin por ello reflejarse en su música... PME250896 **75 herir +**: Esta maniobra político-terrorista con fines publicitarios hiere *profundamente* la imagen del Perú y de los peruanos... CAP261296 **76 trastornar +**: ...era como un anuncio de que ciertos acontecimientos iban a trastornar *profundamente* la historia de la humanidad... END060198 **77 sacudir**: Alfred Nobel fue un gran admirador de Victor Hugo, un hombre *profundamente* sacudido por las tensiones del mundo que le tocó vivir... EPE111201 **78 impresionar ++**: Mi encuentro con la tauromaquia me impresionó *profundamente* y me marcó para siempre. EME291095 **79 lastimar**: ...han lastimado *profundamente* a una sociedad agraviada y humillada por décadas en este siglo. EXC080696 **80 resentirse**: ...de ahí que la economía del Estado se ha resentido *profundamente* y no se puede atender a las necesidades primordiales de la nación. LTB030297 **81 minar**: ...un acto más de una cadena de despropósitos judiciales y políticos que España sufre en los últimos meses y que minan *profundamente* la confianza en el Estado... EME310795 **82 perjudicar**: ...debido a la conflictiva historia de la disciplina en el país, perjudica *profundamente* al conjunto de la comunidad académica. CLA030199 **83 trastocar**: La fantástica riqueza de la nueva economía está trastocando *profundamente* el antiguo orden establecido. EPE050800

L VERBOS QUE DENOTAN CREENCIA O CONOCIMIENTO. TAMBIÉN CON OTROS QUE DESIGNAN LOS PROCESOS QUE DESEMBOCAN EN ESOS ESTADOS: **84 creer ++**: La verdad es que yo creo *profundamente* en la inocencia de (...) y en su hombría de bien... LVE120196 **85 conocer ++**: No es un maldito, no es un transgresor; es un hombre que conoce *profundamente* la llama de la vida y sus fulgores... ABC310192 **86 convencerse**: ...porque me da rabia que nos hayan quitado todo, nos han convencido tan *profundamente* de que esto no hay quien lo cambie... EME220495

M VERBOS QUE DESIGNAN DIVERSAS ACCIONES DE CARÁCTER FISIOLÓGICO, MÁS FRECUENTEMENTE SI INTERVIENE EL AIRE EN ELLAS: **87 suspirar ++**: Suspirando *profundamente*, cerró sus ojos por breves momentos. HOY230287 **88 dormir +**: ...aunque ha asegurado que no oyó nada porque se había tomado somníferos y dormía *profundamente*. LVE010795 **89 inspirar +**: Relájate e inspira *profundamente*. INDOC **90 respirar +**: Mira al cielo, respira *profundamente* y dispara con miedo, coartado por la responsabilidad. EME240695

N OTROS VERBOS; POSIBLES USOS ESTILÍSTICOS: ...toda la responsabilidad en caso de accidente cae sobre nosotros y dependemos *profundamente* de la voluntad del trabajador... CAN111200; ...las dudas me acechan, *profundamente*. ABC110394; ...sus candidatos a estos puestos de elección popular han trabajado *profundamente* en dar a conocer su programa... EXC011196

□ Véase también: **a fondo, en profundidad, hondo, profundo.**

[profundidad] → **en profundidad**

profundidad ♦ **abisal, abismal[1], dramático, inabarcable, inescrutable, inmenso, insondable[7], insuperable, literario, psicológico** ♦ **adentrarse (en), ahondar (en), alcanzar, bajar (a), bucear (en)[36], dar[167], hundir(se) (en), internar(se) (en), meter(se) (en), sumir(se) (en)[5]**

□ Véase también: **altura, hondura, sima.**

PROFUNDIDAD

♦ (SUSTANTIVOS) Véase: **abismal[A], al filo (de)[A], insondable[B], meter(se) (en)[A], sumir(se) (en)[A]**

□ Véase también: INDAGACIÓN; PENETRACIÓN.

profundo *adj.* ▮ En su sentido físico de 'hondo' se construye con sustantivos que designan diversos espacios y lugares abiertos o cerrados *(mar, río, escenario, barranco, cajón)*, a veces interpretados en sentido figurado, además de en el físico *(abismo, laguna, depresión, agujero, bache, brecha)*. Admite también algunos nombres de color en el sentido de 'fuerte, intenso' *(azul, rojo, carmesí)*. En el sentido de 'que llega lejos o muy abajo' se combina con sustantivos que designan cosas materiales, a veces interpretadas figuradamente *(raíz, agua)*, con otros que denotan acción generalmente orientada o dirigida *(mirada, avance, caída, buceo, acercamiento)*, así como con otros que designan movimientos bruscos o impetuosos *(golpe, pelotazo, puñalada)*. Varios de estos sustantivos admiten usos físicos y figurados. En el sentido de 'conservador, cerrado a la influencia externa' se combina con sustantivos que designan comunidades, regiones o territorios *(el sur profundo, la América profunda)*. En el sentido de 'total o absoluto' se combina con *silencio, vacío, oscuridad* y con diversos sustantivos que designan estados físicos carenciales *(sordera, ceguera, parálisis)*. Se construye asimismo con sustantivos que designan unidades del pensamiento *(idea, teoría, reflexión)*, del lenguaje *(palabra, texto, discurso)*, así como con otros muchos que designan diversos productos de la creación *(obra, historia, libro, película)*. Acepta también sustantivos que designan personas *(Es un joven alegre y simpático, pero poco profundo)*, más frecuentemente si se refieren a individuos que destacan por su conocimiento *(estudioso, conocedor, sabio)*. También se combina con los sustantivos *sonido, voz* y *tono*, así como con...

A SUSTANTIVOS QUE DESIGNAN EL DOLOR, LA PREOCUPACIÓN Y OTROS ESTADOS AFLICTIVOS: **1 preocupación +**: ...una manifestación de la *profunda* preocupación que tenemos en relación con el papel clave que desafortunadamente juega Colombia... SEM201097 **2 dolor ++**: En el lugar del siniestro se produjeron escenas de *profundo* dolor cuando llegaron los padres de la víctima. FDV180601 **3 consternación +**: El canciller alemán Helmut Kohl expresó en un mensaje a Clinton su *profunda* consternación. EXC270796 **4 depresión +**: Ella y mi familia me salvó de caer en una depresión *profunda*. LRE140103 **5 desilusión +**: ...va surgiendo la *profunda* desilusión de que, después del fin de Checoslovaquia, el interés internacional por nosotros ha desaparecido... ABC170993 **6 disgusto +**: Y mostró su *profundo* disgusto por el hecho de que sus asesinos no sólo le hayan matado, sino que, además, «traten de ensuciar su nombre». EPE210900 **7 malestar +**: ...un extenso documento en el mismo tenor que causó *profundo* malestar entre los jerarcas municipales. MAU210900 **8 pena +**: El Presidente Georges Pompidou declaró que la desaparición del artista fue recibida con *profunda* pena. EXC020197 **9 tristeza +**:

...una *profunda* tristeza, que sumada a su alcoholismo crónico daban una particular y dramática visión de la vida. LPA040592 **10 angustia:** Entre los alumnos, padres y profesores del centro reinaba el pánico, y en todo EE. UU. una *profunda* angustia... EPE210499 **11 cansancio:** ...tanto en el Gobierno como en la opinión pública hay un *profundo* cansancio, por la duración del conflicto y porque ya hemos tenido demasiadas bajas... EME040595 **12 crispación:** Pero, ahora y aquí, desgraciadamente, el problema a superar es la *profunda* crispación que domina la vida política y judicial. LVE211095 **13 desaliento:** Lévy advierte su *profundo* desaliento. ABC210593

B SUSTANTIVOS QUE DENOTAN RESPETO, ESTIMA O ADMIRACIÓN HACIA LAS PERSONAS O LAS COSAS: **14 amor ++:** ...tal y como demostraron las cartas que le fueron requisadas tras su detención, profesaba un *profundo* amor hacia María... EME220296 **15 afecto +:** La pareja lírica, que se ha granjeado en estos años un *profundo* afecto entre los aficionados... LVE050696 **16 amistad +:** Por lo demás, tenemos una relación de amistad de muchos años, muy *profunda*... CAR040897 **17 admiración +:** ...protagonizada por un médico gallego, el doctor Comesaña, por quien Manuel Rivas profesó una *profunda* admiración y amistad... EPE011201 **18 cariño +:** Así era el *profundo* cariño que sentía por la muchacha de ojos verdes y alegre sonrisa... GIC062097 **19 respeto +:** ...una decisión muy difícil de tomar debido al *profundo* respeto que siento hacia todos aquellos que me han alentado a seguir... LVE101095 **20 simpatía +:** ...le dedicó estas palabras: «Cumplo un deber de conciencia y de lealtad saludando con *profunda* simpatía al insigne inventor». ABC190595 **21 aprecio:** ...Clinton le expresó al Gobernante mexicano su *profundo* aprecio por su mensaje de condolencias... EXC270796 **22 concordia:** ...describió incomprensiblemente el siglo XVIII español como «el siglo 'blanco', sin violencias ni revoluciones ni persecuciones», «de *profunda* concordia». LVE180894 **23 solidaridad:** ...expresó su «*profunda* solidaridad» con el ex ministro, confiando en que se acabe demostrando su inocencia. EME241195

C SUSTANTIVOS QUE DENOTAN RELACIÓN O VÍNCULO. TAMBIÉN CON OTROS QUE DESIGNAN PROCESOS QUE DESEMBOCAN EN ESOS ESTADOS: **24 afinidad +:** El dinamismo del verso y su ruptura tienen una *profunda* afinidad con la intuición y la divergencia, la contradicción vital. ABC070292 **25 vinculación +:** También me gustaría subrayar su *profunda* vinculación con España, a través de su admiración por Zurbarán, Velázquez y Goya, de su relación con Picasso. LVE300196 **26 relación +:** ...comparten la voluntad de preservar la *profunda* relación comercial consolidada en los últimos años... LVE280195 **27 unión +:** «Entre ellos hay una unión *profunda* que no se da entre otros hermanos» explica Berta Gamarra, sicóloga infantil. ETC170796 **28 integración +:** ...asegura una *profunda* integración entre Rusia, Asia Central y la UE... EPE191001 **29 compromiso +:** ...constituye la asunción de un sentido y *profundo* compromiso... EME080696 **30 comunicación +:** ...así como también, una *profunda* comunicación con la poesía de Rimbaud, Mallarmé y Baudelaire. LPN200597 **31 alianza:** ...juntos construimos una *profunda* y verdadera alianza estratégica. ENH280497 **32 identificación:** ...causó impacto entre la masa de seguidores azulgrana, dada la *profunda* identificación que había entre César y el club. LVE020395

D SUSTANTIVOS QUE DENOTAN DESPRECIO O RECHAZO HACIA ALGO O ALGUIEN: **33 antipatía:** Este GP de Gran Bretaña va a echar leña al fuego de la polémica y de la ya *profunda* antipatía entre Michael Schumacher y Damon Hill... LVE170795 **34 animadversión:** ...ignora la *profunda* animadversión que los intelectuales liberales producen en gran parte de la sociedad rusa... LVE290296 **35 aversión +:** Cuentan las malas lenguas que David siente una *profunda* aversión por todo lo argentino. CLA180199 **36 asco:** ¿Sabes qué sensación me producen frases así? Asco, Raúl, asco *profundo*. EME240696 **37 rechazo:** ...la organización también manifestó su *profundo* rechazo al acto terrorista perpetrado por el MRTA... EXP090497 **38 indiferencia:** El médico que ha pasado de la indignación a una *profunda* y defensiva indiferencia... LNA260692 **39 odio:** Usted dice: «No soporto y siento un odio *profundo* por los imbéciles». LVE211095 **40 desprecio:** ...el ser terribles los actos cometidos por suponer un *profundo* desprecio hacia la Humanidad... LRE100103

E SUSTANTIVOS QUE DESIGNAN OTROS SENTIMIENTOS Y SENSACIONES: **41 sentimiento:** ...intentó disipar esas inquietudes apelando al *profundo* sentimiento de autosatisfacción que caracteriza al ciudadano medio del país. EPE251101 **42 emoción:** Con emoción *profunda* vivimos uno de esos instantes que no suelen repetirse. GIC104197 **43 emotividad:** ...no llega al pasmo por la *profunda* emotividad que Martín Gaite cree debe incluir toda obra literaria. EME110694 **44 sensación:** «lo cual no quiere decir que la *profunda* sensación por la falta de Josemari no lleve momentos de desánimo y de preocupación». LVE060695 **45 inquietud:** Se ha ido asentando cierta fijación con el pasado, acompañada de una *profunda* inquietud sobre el presente. EPE141001

F SUSTANTIVOS QUE DESIGNAN DIVERSAS FORMAS DE INCLINACIÓN, TENDENCIA O DISPOSICIÓN HACIA ALGO: **46 atracción +:** ...sintió una *profunda* atracción por su obra, y siendo muy niño le solicitó al artista que le vendiera una de sus más pequeñas esculturas... ABC051193 **47 anhelo:** Es la expresión de un *profundo* anhelo humano, y, en su último fondo, responde a una gran verdad... ABC150193 **48 atención:** ...ha despertado una *profunda* atención entre los historiadores y ha sido ampliamente estudiado desde diferentes perspectivas... ABC221093 **49 aspiración:** Empero, con todo eso resultó frustrada la *profunda* aspiración justiciera del pueblo... PME081296 **50 deseo:** Bush no mencionó a Irak pero sí habló de su «*profundo* deseo en favor de la paz»... LRE290103 **51 interés:** ...mi Gobierno tiene el más *profundo* interés en que las conclusiones a las que arribe la Comisión sean puestas en nuestro conocimiento... LTB060297 **52 ilusión:** La *profunda* ilusión que cada año despierta en los niños la llegada de la Navidad... INDOC **53 inclinación:** El Licenciado De León Schlotter tuvo *profunda* inclinación nacionalista en sus ideas sobre la política agraria del país. LHG300497

G SUSTANTIVOS QUE DENOTAN CERTEZA: **54 creencia +:** Las conversiones siempre responden a *profundas* creencias personales donde la conciencia tiene un papel central. LVE270294 **55 convicción +:** ...la coherencia de Redondo al mantener «sus *profundas* convicciones» hasta el final. EPE221201 **56 convencimiento +:** Por eso, ayer mostró su *profundo* convencimiento de que «todo irá bien». EPE020699 **57 seguridad:** Ahora es muy solvente con la prensa y se le nota una *profunda* seguridad, un aire de, con todo respeto, tremendo juez. VIS190697 **58 fe:** Franco y cordial, con una gran capacidad de trabajo y una *profunda* fe en sus ideas y creencias, es padre de tres varones y dos mujeres. CLA120379

H SUSTANTIVOS QUE DENOTAN CONOCIMIENTO: **59 saber +:** ...por este sabio jesuita nonagenario, sin duda uno de los Siete Sabios del Estado de las Autonomías, hombre de saberes inmensos y *profundos*... EPE031201 **60 conocimiento +:** Su *profundo* conocimiento de la idiosincrasia del club y su facilidad para manejar un vestuario como el del Camp Nou... LRE300103 **61 enseñanza:** Profundas enseñanzas y autorizadas reflexiones (no lo digo por las mías...) que recomiendo a quienes estén interesados. EME080895 **62 entendimiento:** ...y guardaba en su concepción un entendimiento muy *profundo* de la modernidad. EPE240799 **63 comprensión +:** ...sino ante todo una *profunda* comprensión de la estructura musical. EPE310599 **64 cultura:** El director no era hombre admirado por su cordura y su sensatez, pero sí por su *profunda* cultura y sentido del humor... EPE290900 **65 dominio:** ...exhibió una extraordinaria capacidad de improvisación controlada y un *profundo* dominio de las armonías y del teclado... LVE010495 **66 formación:** ...sin embargo, conforme se profundiza en la lectura, se observa una *profunda* formación teórica. ABC051193

I SUSTANTIVOS QUE DENOTAN CAUSA, ORIGEN O SIGNIFICADO DE ALGO: **67 significado +:** El significado *profundo* de Mahler y su contemporaneidad es inseparable de la Viena «fin de siècle»... LVE131196 **68 sentido +:** ...son los que más puertas me han abierto para comprender el sentido *profundo* de la música. ABC170694 **69 motivo +:** En general, al no tener motivos *profundos* de insatisfacción tienen una visión más amable de la vida... LVE260795 **70 razón +:** Debe traer de vuelta, al menos, explicaciones sobre las razones *profundas* del deterioro de las relaciones entre ambos Ejecutivos... EPE121201 **71 causa +:** Habría que entrar a examinar las causas *profundas* de este fenómeno. ETC130297 **72 valor +:** A los demás les resulta difícil comprender el *profundo* valor que tienen para él esas cosas. INDOC **73 contenido:** El pintor subraya que sigue creyendo en los «contenidos *profundos*» y en «los valores de base», como «la paz, la libertad, la democracia». EPD290497

J SUSTANTIVOS QUE DENOTAN POCA HABILIDAD, INTELIGENCIA O ACIERTO: **74 debilidad:** ...han dejado a la vista algunas *profundas* debilidades de la sociedad ecuatoriana. DHE130797 **75 estupidez:** ...son «cuatro cretinos y sinvergüenzas» que han actuado con *profunda* estupidez... EME160594 **76 imbecilidad:** ...la reacción de las clases bienpensantes fue histérica: «imbecilidad *profunda*»... ABC101293 **77 inutilidad:** ...el mismo pensamiento de Camus: «Hay que vivir, consumar la inutilidad *profunda* de toda vida individual». ABC030395 **78 inseguridad:** ...que esconde un proceso de precarización generalizada y una *profunda* inseguridad... EME021196 **79 torpeza:** ...y, al mismo tiempo, provocar una torpeza tan *profunda* como el dolor mismo. EPE020181

K SUSTANTIVOS QUE DENOTAN RUPTURA O SEPARACIÓN DE ALGO, ASÍ COMO DESIGUALDAD EN ALGÚN ESTADO DE COSAS: **80 fractura ++:** El dramático acto de Salamanca venía a testimoniar la *profunda* fractura de la cultura española. EME131096 **81 discrepancia ++:** ...su satisfacción más absoluta por el acuerdo alcanzado, una vez superadas las *profundas* discrepancias iniciales... LRE300103 **82 corte +:** El corte *profundo* entre un lado y otro de la frontera establecida a partir del paralelo 38 es más bien un abismo. LVE271096 **83 cisma +:** La esencia de la crisis a la que todos nos enfrentamos ahora es un *profundo* cisma cultural que tiene que ser abordado con honestidad. EPE171101 **84 contradicción +:** ...se limitó al cerrarse deliberadamente a localismos y contradicciones *profundas*, a miserias sociales y morales. CAP010896 **85 contraste +:** ...con una demostración de unidad en *profundo* contraste con las divisiones de sus rivales... LVE051096 **86 diferencia +:** Otra de las versiones apunta la existencia de *profundas* diferencias entre los miembros del Comité Nobel... LTB041000 **87 desigualdad +:** Por otra parte, los pobres españoles son víctimas de *profundas* desigualdades según la región en donde vivan. EME150395 **88 desequilibrio +:** ...es una región enfrentada a *profundos* desequilibrios fundamentalmente políticos y económicos. EME281195 **89 divergencia +:** ...la emergencia terrorista internacional a fin de dar por superadas unas divergencias *profundas*... EPE041001 **90 división +:** ...las *profundas* divisiones existentes en Córdoba entre los partidarios de Anguita y los renovadores de Nueva Izquierda. LVE081095 **91 asimetría:** ...en consideración las condiciones de los socios menores del Mercosur, de modo a compensar las *profundas* asimetrías... ACP071100

L SUSTANTIVOS QUE DENOTAN LIMITACIÓN, NECESIDAD O AUSENCIA DE ALGO: **92 falta +:** Pero no es sólo doble moral, sino una *profunda* falta de caridad... EPE031201 **93 carencia +:** ...detecta en sus compatriotas una *profunda* carencia de autoestima, por eso vislumbra la labor cultural como una forma de restaurarla. PME080996 **94 recorte:** ...aseguró ayer que en su programa político propondrá *profundos* recortes en los impuestos y un amplio plan de privatización. EME100195 **95 limitación:** Por otra parte, en un país con *profundas* limitaciones editoriales... LHG210800 **96 reducción:** ...Iberia ultima una reducción *profunda* de sus servicios entre la Península y Canarias. EPE171001 **97 necesidad:** ...sin una visión de las necesidades *profundas* de seguridad de Europa... EME101295

M SUSTANTIVOS QUE DENOTAN CAMBIO: **98 cambio ++:** ...permitió que los *profundos* cambios socioeconómicos de los años 60 y 70 diesen sus frutos culturales en los 80. ABC010995 **99 transformación ++:** ...materia que sufrirá *profundas* transformaciones a partir del probable lanzamiento del nuevo esquema. DHE050297 **100 renovación ++:** ...se ha servido de ella para llevar a cabo una *profunda* renovación de sus cuadros. ENC280301 **101 revisión ++:** ...y confían en provocar una *profunda* revisión de las estrategias políticas de la oposición y del gobierno. HOY050187 **102 reorganización ++:** ...la imagen de sector en trance de *profunda* reorganización. LVE081196 **103 remodelación ++:** La *profunda* remodelación que el consejo de administración de BBVA aprobó el pasado jueves... LRE110103 **104 reforma ++:** ...quiere arrebatar al poder central la iniciativa en las reformas *profundas* que necesita el país. LVG301091 **105 metamorfosis:** ...han quedado maravillados de la *profunda* metamorfosis experimentada por esa parte de la ciudad. LVE160796 **106 modificación:** ...para hacer modificaciones estructurales y *profundas*, se requiere un conocimiento exhaustivo de lo que vamos a reformar... ENV110497 **107 corrección:** Aseguró que la sociedad demanda una corrección *profunda* a la política económica... EXC300896 **108 actualización:** ...aconseja una *profunda* actualización de medios y su modernización, incorporando el tren a las técnicas más modernas... LVG221191 **109 ajuste:** ...sobre la necesidad de hacer ajustes *profundos* para evitar un empeoramiento de las finanzas públicas... ETC190597 **110 alteración:** En todo caso, el resultado es el de una alteración *profunda* del cuerpo social. LTH080997

N SUSTANTIVOS QUE DENOTAN INDAGACIÓN O EVALUACIÓN: **111 análisis ++:** Son varios los hechos que han motivado esta inevitable decisión, tomada luego de un largo y *profundo* análisis. GIC121996 **112 estudio ++:** ...atrajo por fin la atención hacia un *profundo* estudio de su naturaleza y comportamiento. EXC140901 **113 interpretación +:** Heidegger elaboró una interpretación *profunda* en La época de la imagen del mundo... EPE071201 **114 investigación +:** ...la *profunda* investigación sobre su lenguaje que supone la obra que nos ocupa engrandece ese conjunto... ABC221294 **115 examen +:** Habría que hacer un examen *profundo* de qué medidas se pretenden implantar y si el sistema actual ha sido desarrollado en su integridad. EME300896 **116 búsqueda:** ...trastocando el deseo en búsqueda *profunda* de la necesaria verdad interior. ABC180294 **117 evaluación:** ...es obligatorio pasar por una *profunda* evaluación que efectúa dicho consejo. ESP120597 **118 apreciación:** Se trata de una apreciación *profunda*, teórica y práctica a la vez. EME060796 **119 crítica:** ...lo cual es muy distinto a la comedia, que se enraiza en la crítica *profunda* y movilizadora. EUV080197

Ñ SUSTANTIVOS QUE DENOTAN SEÑAL DEJADA POR ALGO, FÍSICA O FIGURADAMENTE. TAMBIÉN CON OTROS QUE DESIGNAN INFLUENCIA, EFECTO CAUSADO O RESULTADO OBTENIDO EN ALGÚN PROCESO: **120 impresión ++:** La muerte del conocido periodista ha causado *profunda* impresión en medios profesionales y sociales del País Vasco, donde gozaba de gran prestigio. LVE051296 **121 huella ++:** ...hombres ejemplares para el beneficio del país y que dejaron una *profunda* huella en la conquista de la Alta California... EXC140901 **122 consecuencia ++:** ...las «graves deficiencias» que existen no sólo en el terreno medioambiental, sino también las «*profundas* consecuencias» que se producirán en «otros sectores». LRE060103 **123 efecto +:** ...las buenas medidas parciales que se puedan estar tomando podrían quedar diluidas o, al menos, no tener el efecto *profundo* que se desea. PLG120796 **124 influencia +:** Dejando aparte la *profunda* influencia que Shakespeare ejercía sobre Koltés... EME260394 **125 recuerdo +:** ...dejando entre todos sus amigos y compañeros un *profundo* recuerdo por su gran talla profesional y humana... LVE220195 **126 vivencia:** ...corresponde también a las vivencias *profundas* de comunidades que nunca, propiamente, han creído en la justicia. PME150996 **127 arraigo:** ...la sombra de una amenaza que se cierne sobre una tradición de *profundo* arraigo popular... EPE030999 **128 impronta:** El primer Ungaretti plasma las *profundas* improntas de las precisas impresiones que reúne... ABC290794

O SUSTANTIVOS QUE DENOTAN INCERTIDUMBRE O INCÓGNITA. TAMBIÉN CON ALGUNOS QUE DESIGNAN CIERTAS ACTITUDES QUE SE ASOCIAN CON ESAS NOCIONES: **129 desconfianza ++:** ...sólo pueden mirar con *profunda* desconfianza el envilecimiento de un proceso político... ETC070497 **130 duda +:** La oposición conservadora expresó «dudas *profundas*» sobre el liderazgo británico del contingente. EPE181201 **131 cuestionamiento:** La prensa dominicana vive un momento de *profundo* cuestionamiento ético a causa de esas y otras situaciones. RUM061097 **132 cuestión:** El nacimiento de este bebé plantea de nuevo *profundas* cuestiones de difícil respuesta sobre la existencia humana. EME090895 **133 pregunta:** La pregunta que viene de Madrid es más *profunda* de lo que parece. LVE121196 **134 interrogación:** Su trabajo es una interrogación *profunda* acerca de la humanidad y la sociología. ABC080794

P SUSTANTIVOS QUE DENOTAN SITUACIÓN DIFÍCIL, ADVERSA O EQUIVOCADA: **135 crisis ++:** ...un momento en que Ecuador atraviesa por una *profunda* crisis de valores que nos puso al borde del abismo. ESP100297 **136 complejidad ++:** Va a ser difícil tomar medidas, dada la *profunda* complejidad de la situación social del país. INDOC **137 injusticia ++:** ...por las condiciones de «*profunda* injusticia y por las condiciones de miseria y de abandono que abonaron esa violencia». PME010996 **138 problema +:** Resucitar la URSS sería, por supuesto, virtualmente imposible a la luz de los *profundos* problemas que aquejan a Rusia. LNC230197 **139 error +:** Pensar así es inmoral, no es históricamente justo y además es un error político *profundo*... EPE011001 **140 equivocación +:** ...es un retroceso histórico y supone una *profunda* equivocación en la solución del problema... EME140495 **141 dificultad:** ...han puesto también de relieve las *profundas* dificultades para resolver el proceso de paz. EME100296 **142 recesión:** ...la economía está sumida en una *profunda* recesión, la peor registrada en los últimos 30 años. EME010594

☐ Véase también: **hondo, hundir(se) (en), profundamente, sumergir(se) (en), sumir(se) (en).**

profusamente *adv.* ▮ Se construye frecuentemente en forma participial. Se combina con...

A VERBOS QUE DENOTAN EMISIÓN DE UN FLUJO, EMERGENCIA DE UN LÍQUIDO, O EXPULSIÓN DE FLUIDOS, A MENUDO SUSTANCIAS CORPORALES: **1 sangrar ++:** Saben que si lo hacen, los lechones sangrarán *profusamente* y corren el riesgo de morirse. ESP210800 **2 manar +:** De este manantial mana *profusamente* un agua con propiedades termales. INDOC **3 sudar +:** Es por lo tanto, de suma importancia, conservar una buena hidratación bebiendo agua o zumos de frutas antes y después de sudar *profusamente*. ETC011287 **4 vomitar –:** El italiano escaló Hautacam (...) mientras vomitaba *profusamente*. EME270696 **5 orinar –:** ...como aquéllos de la Generación del 27, ir a la Docta Casa (...) y orinar *profusamente* sus paredes. EME121296

B VERBOS QUE DENOTAN ILUSTRACIÓN, ORNAMENTACIÓN O ADEREZO: **6 ilustrar ++:** El libro, *profusamente* ilustrado con dibujos y fotografías de la misma autora, es la narración de su peregrinación a Santiago de Compostela... EPU060901 **7 adornar +:** ...mientras que sus estructuras voluminosas y su construcción *profusamente* adornada son reminiscentes de Oscar. LVE250395 **8 decorar +:** Una gran «suite» de aposentos ceremoniales *profusamente* decorada en el recargado estilo del Segundo

Imperio... ABC240792 **9 engalanar:** Los santos, dejaron a un lado sus tradicionales andas, e hicieron el recorrido subidos en tractores, que fueron *profusamente* engalanados para la ocasión. FDV100599 **10 iluminar:** Se trata de un volumen que recoge tratados romanos sobre agricultura y sobre la guerra, *profusamente* iluminado y con anotaciones a mano del autor italiano. LVE150896 **11 pintar:** En la parte inferior se sitúa el «registro local», en cuyo centro se encuentran las puertas reales, *profusamente* pintadas... EPE201101 **12 tatuar:** ...recibió la inyección letal en el brazo derecho, *profusamente* tatuado con calaveras, esvásticas y serpientes. EME301295 **13 anotar:** ...se puede destacar un volumen de la novena edición de la «Historia de la lengua española», *profusamente* anotado por el propio Lapesa... LRE050203

C VERBOS QUE DENOTAN UTILIZACIÓN O MANEJO DE ALGO: **14 utilizar ++:** Los surrealistas utilizaron *profusamente* las cámaras, pero no como un medio artístico a explorar, sino como un instrumento de trabajo. ABC241195 **15 usar +:** Violencia, coerción y manipulación son medios que el Estado mexicano ha usado *profusamente.* PME010996 **16 emplear +:** Durante la guerra del golfo Pérsico fueron empleados *profusamente* con el fin de evitar que las unidades militares se perdieran en el desierto. LVE260895 **17 aplicar +:** ¿Alguien puede dar una explicación de por qué, de pronto, en prensa, radio y televisión se aplica *profusamente* a partidos de fútbol? LVE150196 **18 manejar:** Uno de los argumentos *profusamente* manejados apela al componente «social» que cubren las infraestructuras... LVE260596

D VERBOS QUE DENOTAN DIFUSIÓN, PROPAGACIÓN, DISTRIBUCIÓN O CIRCULACIÓN DE ALGO: **19 difundir +:** También se quejó de que la explosión de un volador a fines de diciembre frente a una iglesia de La Habana Vieja se difundiera *profusamente*... ENH110198 **20 divulgar:** ...según consta en las denuncias que (...) divulgaron *profusamente* los diarios de circulación nacional. ENV060297 **21 propagar:** ...constatar el incumplimiento del objetivo de simplificación del impuesto y mejor uso de los recursos humanos propagado *profusamente* por el Gobierno. EPE090199 **22 extender:** ...este concepto se extendió *profusamente* dentro del colectivo imaginario de las nuevas fuerzas armadas... EME040195 **23 promocionar:** ...establecimiento especializado en boinas, corbatas con el nudo hecho, tirantes, pajaritas y otros adminículos *profusamente* promocionados contra modas y mareas... EPE100299 **24 publicitar:** Por eso decidí invitar a México y publicitarlo *profusamente* aquí. PME201096 **25 publicar:** ¿...quiénes se fiaron simplemente de lo que publicaron *profusamente* los periódicos de aquellos días? LVE201296 **26 editar:** Editada *profusamente,* puede decirse que no hay colección de clásicos que no la incluya. ABC060893 **27 circular:** ...hasta uno titulado «La Nochebuena del obrero» que circuló *profusamente* por las revistas anarquistas de la época. ABC220193 **28 distribuir:** ...ya han podido ver muchos políticos y el resto de la prensa, ya que han sido *profusamente* distribuidas a través de fax. EME091195 **29 repartir −:** Yo luché en esa guerra y no me gustan las lecciones que reparten *profusamente* toda una serie de personas que no la ha vivido. EME090795

E VERBOS QUE DENOTAN MUESTRA U OSTENTACIÓN: **30 exponer +:** ...para su pretensión de salvaguardar estos espacios húmedos, *profusamente* expuestos por el llamado Grup de Defensa dels Aiguamolls Empordanesos... EPE290977 **31 exhibir:** En este sentido, Elvin Jones se encuentra en buena forma y la exhibe *profusamente* a lo largo de toda la prestación del conjunto. LVE050795 **32 mostrar:** La televisión estatal prefirió mostrar *profusamente* la manifestación, mucho más ruidosa, de expatriados serbios en París... EPE210299 **33 lucir:** ...el apadrinamiento de su inmortal atuendo veraniego, *profusamente* lucido por todo el Mediterráneo... LVE230895 **34 airear:** ...parece que también han pesado sobre el ánimo del tribunal varios hechos más, que han sido *profusamente* aireados por la prensa local... EME060296

F VERBOS QUE DESIGNAN LA PRESENCIA O LA APARICIÓN DE ALGO, ASÍ COMO EL HECHO DE REFLEJAR O CONTENER UNA COSA ALGUNA OTRA: **35 aparecer:** En su lugar aparecen, *profusamente,* formas semigeométricas, entrelazadas con otras orgánicas... ABC190293 **36 figurar:** ...alegando que cada persona asume los riesgos de los encierros, como *profusamente* figura en numerosos carteles situados en las calles... EME020795 **37 constar:** Según lo que desde hace tiempo se hace *profusamente* constar, «las autoridades sanitarias avisan de que fumar produce enfermedades mortales». EPE300700 **38 recoger:** ...la cadena Cope recoge *profusamente* esta «campaña antiespañola»... EME280696

G VERBOS QUE DESIGNAN LA ACCIÓN DE OCUPARSE DE UN ASUNTO O EJERCER UNA ACTIVIDAD: **39 tratar:** La prensa, como es lógico, trató *profusamente* el tema... EME060696 **40 abordar:** Un supuesto muy concreto, el de los contratos de seguros, será abordado *profusamente* en la reunión. ABC210593 **41 cultivar:** ...pasando por el de la composición, que aún cultiva *profusamente* y dentro del que se le conoce fundamentalmente en España. ABC031195 **42 practicar:** Y, si bien es cierto que los Gobiernos entre 1982 y 1996 practicaron *profusamente* el deporte de despejar hacia el año siguiente gastos... EPE141299 **43 dedicar(se):** Las revistas se dedican *profusamente* a su transfuguismo. EME240296

H VERBOS QUE DENOTAN ANÁLISIS O EXPLICACIÓN DE ALGO, A MENUDO USANDO ARGUMENTOS O DOCUMENTACIÓN: **44 documentar +:** Se trata de un análisis *profusamente* documentado del proceso contra el presidente Ernesto Samper en la Cámara... SEM151096 **45 argumentar:** ...argumenta *profusamente* en defensa del principio histórico de preferencia del varón. EPE260999 **46 analizar:** La relación de los galeristas con los artistas es *profusamente* analizada en el estudio. LVE280795 **47 estudiar:** ...la psicología ha estudiado *profusamente* las temibles reacciones humanas en lugares acotados... LVE260795 **48 explicar:** En la práctica, estos pensamientos los explica *profusamente* antes de cada canción y son muy plausibles. LVE030695 **49 describir:** El interior de los «zulos» (...) ha sido *profusamente* descrito por los secuestrados, al poco de ser liberados. EME021296 **50 detallar:** A fin de comunicar imágenes *profusamente* detalladas que nos permitan abarcar grandes volúmenes de datos, necesitamos combinar dos tecnologías. ABC180394

I VERBOS QUE DENOTAN MENCIÓN Y OTRAS FORMAS DE EXPRESIÓN, COMUNICACIÓN O MANIFESTACIÓN VERBAL: **51 citar +:** ...y a su también amigo (...), al que cita *profusamente,* que debe ser una autoridad de la inteligencia valenciana o mundial... LVE160995 **52 aludir:** ...se alude *profusamente* a una supuesta implicación en el atentado contra el dirigente independentista canario... EME050495 **53 anunciar:** ...se anunciaba *profusamente*, en lluvia de cuñas, el agua imantada y sus muy recomendables propiedades... EME020394 **54 hablar:** Seguramente que Gorbachov habló *profusamente* de la gravedad de la situación durante el encuentro con los intelectuales a principios de año. EPE020289 **55 prodigarse:** Por una vez, el señor ministro se prodigó *profusamente* en relación con los proyectos políticos del gobierno. INDOC **56 expresar:** ...entre los obispos que se han expresado *profusamente* en estos días no recordamos que existiera alguno casado. EME301096 **57 comentar:** ...se comentó *profusamente*, y hasta se escribió, que el Espanyol estaba física y mentalmente roto, que había tocado techo. LVE090596 **58 contestar:** El relevo de Alustiza, cuya gestión en Interior ha sido *profusamente* contestada y censurada por parte de la mayoría sindical... EPE300999 **59 escribir:** ...así Gueroult escribió larga y *profusamente* sobre las «Meditaciones Metafísicas» de Descartes... ABC071094 **60 informar +:** ...por televisión y con inserciones en la prensa informó *profusamente* de la nueva legislación... HOY190183

J VERBOS QUE DESIGNAN MANIFESTACIONES DE DESAPROBACIÓN, PROTESTA Y OTRAS FORMAS DE OPOSICIÓN: **61 insultar:** ...el morbo de ver cómo ambos hermanos se parten la cara en escena luego de insultarse *profusamente*. EPE040800 **62 abuchear:** ...formuló estas manifestaciones después de haber sido *profusamente* abucheado por un grupo de unos doscientos sindicalistas... EME130194 **63 silbar:** ...cuando salió coreando gritos contra los jugadores el resto del estadio silbó *profusamente*. FDV210601 **64 criticar:** Todos estos pasos han sido *profusamente* criticados por el PP y el PSOE... EPE291199 **65 acusar –:** ...la TV ha sido la más *profusamente* acusada en el caso francés... EME220995 **66 denunciar –:** Esto, que es cierto para el área europea, ha sido *profusamente* denunciado por Estados Unidos y Japón... LVE030294 **67 arremeter –:** La sentencia arremete *profusamente* contra el ministerio público... EPE270599

K VERBOS QUE DESIGNAN DIVERSAS FORMAS DE MANIFESTAR ALABANZA, APROBACIÓN, RECONOCIMIENTO O REGOCIJO POR ALGUNA COSA: **68 elogiar +:** El primer ministro Isaac Rabin, elogió *profusamente* a Yasir Arafat... EME100695 **69 aplaudir:** ...los espectadores se cambiaron de gorro y decidieron aplaudir *profusamente* a los blancos. EME270796 **70 celebrar:** También en Cuba se ha celebrado *profusamente* el centenario de Hemingway... EPE220799 **71 condecorar –:** ...alcanzó el rango de capitán y fue *profusamente* condecorado por su «valentía» en la Segunda Guerra Mundial. EME101196 **72 galardonar –:** Sus obras han sido *profusamente* galardonadas en los festivales más importantes del mundo. EME220394

☐ Véase también: **insistentemente, machaconamente, pesadamente, por activa y por pasiva, reiteradamente, repetidamente.**

programa ♦ **accesible, acelerado, ambicioso, a medida[13], apretado[1], completo, cultural, de actividades, de actos, de actuación, de medidas, detallado, drástico[43], educativo, efectivo[21], elástico, electoral, flexible[21], gradual, informático, informativo, integral[33], marco, militar, nutrido[2], preconcebido, radiofónico, riguroso[45], severo, televisivo** ♦ **afinar[6], afrontar, ajustar(se) (a), alterar[16], amoldar(se) (a)[29], aplicar, arbitrar[31], bloquear, cambiar, cancelar[17], capitanear[47], ceñir(se) (a)[19], concebir[11], congelar[32], cumplir[3], delinear[4], desbloquear[24], desglosar[13], desmantelar[15], desmontar[23], difuminar(se)[65], echar por tierra, ejecutar[3], elaborar, emitir, emprender[31], encarar, establecer[36], hacer(se) realidad[46], hipotecar[3], homologar[16], implantar[23], implementar, impracticable[5], incumplir[45], instaurar[9], lanzar[37], llevar adelante[2], llevar a la práctica[1], modificar, negociar[20], organizar, perfilar[3], perseverar (en)[13], planificar, plantear[27], poner en funcionamiento, poner en marcha, preparar, presentar, promover, refundir[8], relanzar[6], retirar, saltarse[16], seguir[11], trastocar, trazar[7], validar[23]**

☐ Véase también: **plan, programación (de), propuesta.**

programación (de) ♦ **en abierto** *(emisión)*, **nutrido[3], previsto, televisivo** ♦ **acto, actuación, objetivo** ♦ **ajustar(se) (a), aligerar[32], alterar, ceñir(se) (a)[25]**

☐ Véase también: **programa.**

programar ♦ **al detalle[28], anticipadamente, con antelación, concienzudamente[3], con detalle, con tiempo, de antemano[11], detalladamente, en sus {más pequeños/menores} detalles**

☐ Véase también: **adelantar(se) (a), anticipar(se) (a), prever, procesar.**

progresar ♦ **adecuadamente, a ojos vista[25], a pasos agigantados[12], armónicamente[20], a trancas y barrancas[10], con dificultad, considerablemente[46], espectacularmente, favorablemente[4], gradualmente, ininterrumpidamente, lentamente, linealmente, notablemente, paulatinamente[22], rápidamente, satisfactoriamente**

☐ Véase también: **avanzar, mejorar.**

progresión ♦ **aritmético, constante, espectacular, fuerte, fulgurante[22], geométrico, imparable[10], inexorable[7], lento, rápido, sujeto (a), vertiginoso[21]** ♦ **en** ♦ **acelerar, cortar(se), detener(se), experimentar, frenar, interrumpir(se), potenciar, presentar, reducir, retardar, seguir, sufrir, truncar(se)[27]**

☐ Véase también: **avance, curso, mejora, mejoría, progreso.**

PROGRESIÓN

♦ (SUSTANTIVOS) Véase: **atisbar[F], efectivo[J], obviar[D], vertiginoso[B], vislumbrar[K]**

♦ (VERBOS) Véase: **a la deriva[A], a pasos agigantados[F], arrolladoramente[B], considerablemente[D], dignamente[J], inexorablemente[B], ventajosamente[F]**

☐ Véase también: CURSO; MOVIMIENTO; PROGRESO.

progresivamente *adv.* ▌Se combina con múltiples verbos que designan acciones que tienen fin natural *(leer progresivamente un libro; solucionar progresivamente un problema; desmontar progresivamente una vivienda; construir progresivamente una teoría)* y particularmente con los que expresan cambios de estado *(enfriar(se), en-*

carecer(se), palidecer, embrutecer(se), enfermar, relajarse, endurecer(se), enamorar(se), aproximar(se)). Destacan especialmente sus combinaciones con los verbos que denotan aparición *(aparecer, surgir, manifestarse)* y desaparición *(desaparecer, perder(se), extinguirse)* y también las que tienen lugar con los...

A VERBOS QUE DENOTAN CRECIMIENTO O MEJORA: **1 aumentar ++:** La población cree que las anfetaminas son inocuas, pero los especialistas advierten que el número de problemas severos que produce esta droga está aumentando *progresivamente* en los últimos años. EME211196 **2 crecer ++:** En los últimos tres años, está estadística ha ido creciendo *progresivamente.* LVE170896 **3 ampliar +:** En los presupuestos de 1996 se incluirá el nuevo sistema de cálculo de pensiones, que se ampliará *progresivamente* de 8 a 15 años. LVE070495 **4 incrementar +:** El número de visitantes se ha ido incrementando *progresivamente* desde el nacimiento de ARCO. ABC120293 **5 extenderse +:** La nueva línea encabezada por el champú Fructis se lanzará en Francia y se extenderá *progresivamente* al resto de Europa. EME150796 **6 mejorar +:** ...el ejercicio de 1993 no sólo demuestra que hemos sido capaces de cumplir el presupuesto sino (...) que los ratios del banco habían ido mejorando *progresivamente* a lo largo del ejercicio. EME120194 **7 intensificar +:** En la acción, que se inició el lunes parcialmente y se intensificó *progresivamente,* participan más de 400 agentes, presentes sobre todo en los puntos más peligrosos para la población. LPH240596 **8 recuperar(se) +:** ...habilitar provisionalmente un edificio prefabricado junto al Parlament y empezar a recuperar *progresivamente* espacios del museo desde principios del año próximo. EPE281199

B VERBOS QUE DENOTAN DISMINUCIÓN O EMPEORAMIENTO: **9 disminuir ++:** Nublado durante la mañana, disminuyendo *progresivamente* al mediodía e incrementándose en horas vespertinas la nubosidad con formación de cumulunimbus. EUV170498 **10 empeorar ++:** El segundo y más prestigioso largometraje de Mur Oti se basa en un texto de Antonio Zozaya, *Miopita,* y refiere las progresivas desgracias que padece una chica joven, cuya visión empeora *progresivamente.* LVE180296 **11 bajar +:** ...a partir de ese mes la ralentización no dió tregua y la tasa fue bajando *progresivamente* hasta el 2,6 registrado en diciembre. EPE180299 **12 descender +:** ...a partir de 1998 el Estado asumirá el coste de subvencionar el carbón nacional, una partida destinada a descender *progresivamente.* EPD300997 **13 reducir(se) +:** Tanto en la Declaración sobre Seguridad del 84 como en el referéndum del 86, España se comprometió a «reducir *progresivamente* la presencia de fuerzas extranjeras en territorio español». EME111196 **14 deteriorar(se) +:** ...es muy crítico con las expectativas del sector remolachero, que en su opinión se está deteriorando *progresivamente* «por la manera abusiva con que la industria azucarera trata a los cultivadores». ENC060599 **15 debilitar(se):** La inflación de la década anterior se había elevado a una media del 9,5 y la libra, que en 1984 valía 1,20 dólares, se debilitaba *progresivamente.* EME120695 **16 aligerar:** La alegoría que en el primer tercio del libro paga la deuda ya apuntada al didactismo se aligera *progresivamente* y comienza a gravitar libre hacia el símbolo. ABC050595

C VERBOS QUE DESIGNAN LA ACCIÓN DE ACUMULAR O INTEGRAR ALGUNA MAGNITUD: **17 absorber:** ...han absorbido *progresivamente* las eventuales pérdidas mediante las provisiones para deudas de difícil recuperación. EXP010489 **18 acumular:** No se excluye tampoco que se hayan acumulado *progresivamente* durante los once meses de viaje hacia Marte depósitos de nitrógeno en las turbinas del Observer. ABC140194 **19 adquirir:** Este descubrimiento nos ayuda a comprender cómo los antecesores del pájaro moderno adquirieron *progresivamente* la capacidad para volar... EME010896 **20 ganar:** Con los Borbones, se hace algo de luz en el oscurantismo contrarreformista y la Medicina va ganando *progresivamente* protagonismo. ABC081295 **21 incorporar(se):** Progresivamente se fueron incorporando las mujeres a las organizaciones políticas. CAP091097 **22 integrar:** No hace falta ser adivino para predecir que estos tres grandes sectores se irán integrando *progresivamente* mientras se difuminan sus fronteras. EME060996 **23 añadir:** Se va añadiendo harina *progresivamente* hasta que la salsa adquiere el espesor deseado. INDOC

D VERBOS QUE DENOTAN TRANSFORMACIÓN, CAMBIO Y DIVERSAS FORMAS DE EVOLUCIÓN: **24 convertir(se):** Convendría convertirlos *progresivamente* en vehículo portador de mensajes de ilusión colectiva para un gran futuro común... LVE300994 **25 derivar:** ...más tarde mantendrá una complicada historia amorosa que deriva *progresivamente* hacia tintes sadomasoquistas. ABC150592 **26 evolucionar:** ...el segundo es lograr que la contribución neta del país a los presupuestos comunitarios evolucione *progresivamente* a la baja en los próximos siete años. EPE080399 **27 transformar:** Los «reality shows», en su estilo puro y duro, que inundaron las pantallas han ido desapareciendo o se han transformado *progresivamente.* LVE030795 **28 desarrollar(se):** Este es el caso de Cataluña (...), comunidad que dado su gran potencial de negocio se ha ido desarrollando *progresivamente* con recursos propios. LVE100695

E VERBOS QUE DESIGNAN LA ACCIÓN DE PONER ORDEN O AUTORIDAD EN ALGÚN ESTADO DE COSAS: **29 articular:** ...el conjunto funciona bien, se lee con intensidad creciente y todo se va articulando *progresivamente* en la mente del lector. ABC210593 **30 estructurar:** Esta obra única –estructurada *progresivamente* en varios libros– confirma esa activa afirmación vital y fue escrita más allá de los convencionalismos de su época. ABC270392 **31 imponer:** En el Vaticano, desaparecido Pablo VI, un Papa polaco iba a imponer *progresivamente* el fin de los debates abiertos, apoyando las posiciones más conservadoras y aun reaccionarias para acallar toda voz de heterodoxia. EME031295 **32 controlar:** ...permitirá a las autoridades de Pekín controlar *progresivamente* el negocio del juego, prohibido en la vecina Hong Kong... EPE161299 **33 ordenar:** Fue *ordenando* progresivamente las ideas en su cabeza hasta llegar a una teorización lógica. INDOC

F VERBOS QUE DENOTAN APLICACIÓN O USO: **34 aplicar:** ...aplicará de inmediato los contenidos mínimos de dicha recomendación y aplicará *progresivamente* las restantes etapas. CLA120379 **35 usar:** A medida que la tecnología se haga más sofisticada, también lo hará la capacidad de los bancos para manejar sus carteras y facilitará que los consumidores puedan usar *progresivamente* formas más abstractas de dinero. LHG210800 **36 emplear:** Programas como los mencionados, se han empleado *progresivamente* por la policía federal estadunidense, así como por empresas basadas en la web... EXC170901

G VERBOS DE MOVIMIENTO QUE DENOTAN SEPARACIÓN O ACERCAMIENTO CON RESPECTO A UN PUNTO: **37 abandonar:** ...las entidades financieras están abandonando *progresivamente* su inveterada costumbre de no preguntar el origen de los fondos que se ingresan en ellas cuando se producen indicios de que dicho origen puede ser delictivo. LVE271195 **38 alejarse:** Seguramente hará interviús en esa zona de neblina entre lo actual y lo inactual, alejándose *progresivamente* del debate político pero picando a los entrevistados, como siempre, con melosas frases de disenso. CAP090197 **39 apartarse:** Por ello la obra del mallorquín se aparta *progresivamente* de la explicación de lo inmediato, del representativismo. ABC140593 **40 acercarse:** Aunque te acerques *progresivamente* a tus objetivos, nunca los alcanzas por completo. INDOC

☐ Véase también: **escalonadamente, gradualmente, paulatinamente.**

progresivo ♦ **acercamiento, alejamiento, aumento, avance, caída, degradación, desaparición, descenso, deterioro, diferencia, disminución, eliminación, envejecimiento, impuesto, incremento, lente, liberalización, pérdida, reducción, retroceso, separación**

progreso ♦ **acelerado, desenfrenado[31], efectivo, escalonado, fulgurante, homogéneo, irreversible[41], lineal[1], material, ordenado, real, sistemático, uniforme** ♦ **en aras (de)[37]** ♦ **afianzar(se), apoyar, atenazar[32], augurar[49], bloquear[4], cimentar[64], conformar, constatar, desvanecerse[45], estancar(se), estimular, fomentar, frenar, impedir, interrumpir, neutralizar, obstaculizar[4], obstruir[17], percibir(se), redundar (en)[10], sostener, sustentar**

☐ Véase también: **avance, mejora, mejoría, progresión.**

PROGRESO

♦ (SUSTANTIVOS) Véase: **abrumador[C], acarrear[H], accidentado[E], acompasado[C], acusado[B], acusar[C], ahogar(se)[F], al hilo (de)[G], alimentar[L], a medias[M], anotar(se)[D], apreciable[A], asumir[L], atañer[F], atenazar[E], augurar[F], avalar[Q], avecinarse[D], barniz (de)[A], bloquear[H], boyante[G], capitanear[C], cimentar[J], congelar[H], con posibilidad de[B], cualitativo[B], dañar[H], desaforado[F], desbloquear[H], desenfrenado[G], desequilibrar[D], desglosar[F], desmesurado[A], despuntar[B], desvanecerse[G], emprender[G], en aras de[F], encarar[A], encarrilar[C], en punto muerto[E], equitativo[F], fraguar(se)[M], fulgurante[C], fulminante[I], hipotecar[F], igualitario[I], incentivar[A], integral[D], irrefrenable[F], irreversible[I], lineal[A], marcar[F], obstaculizar[A], obstruir[C], ostensible[A], palpable[E], pilotar[C], proporcional[A], propulsar[B], rampante[A], redundar (en)[B], seguir[D], socavar[N], tibio[G], truncar(se)[D], urgir[A], ventajoso[F]**

♦ (VERBOS) Véase: **a {mis/tus/sus...} anchas[E], a las mil maravillas[A], al unísono[G], a marchas forzadas[D,F], a ojos vista[C], a pasos agigantados[C], armónicamente[C], a trancas y barrancas[C], como hongos[C], como la espuma[A], con creces[B,C], con firmeza[H], decididamente[B], decisivamente[E], favorablemente[A], gradualmente[A], inexorablemente[A,F], irremediablemente[D], ligeramente[A], negativamente[C], ostensiblemente[B], poderosamente[C], progresivamente[D], vigorosamente[C]**

☐ Véase también: MOVIMIENTO; PROGRESIÓN.

prohibición ♦ **absoluto, categórico, cautelar[14], contundente, definitivo, drástico, efectivo, enérgico, en vigor, estricto, explícito, expreso, firme, irrevocable, oficial, parcial, preventivo[7], riguroso, rotundo, severo, tajante[21], taxativo[11], terminante[2], total, ultranza[27], vigente, virtual** ♦ **abolir[40], acatar[57], aceptar, aplicar, atañer[20], burlar[7], contravenir, cumplir, decretar[3], derogar[20], desafiar, desobedecer[24], dictar, eludir[47], hacer efectivo, implantar, imponer, incumplir, infringir[31], instaurar, levantar[9], obedecer, reinstaurar[2], revocar[27], saltarse[41], sortear, violar[38], vulnerar**

☐ Véase también: **castigo, limitación, obstáculo, sanción, tabú, veto.**

prohibir ♦ **absolutamente, categóricamente[27], cautelarmente[24], con reservas[31], definitivamente, de raíz[37], drásticamente[28], en líneas generales[23], enteramente, estrictamente, expresamente[17], literalmente[39], oficialmente, parcialmente, por completo, radicalmente, rotundamente, severamente[33], tajantemente, temporalmente[14], terminantemente[1], totalmente, virtualmente[25]**

☐ Véase también: **impedir, obstaculizar, vetar.**

prohibitivo ♦ **cantidad, cifra, coste, gasto, nivel, precio, suma**

proliferación ♦ **alarmante, continuo, descontrolado, desmedido, desmesurado[5], generalizado, incontrolable**

PROLIFERACIÓN Véase: *ASCENSO, INCREMENTO Y AVANCE; EXTENSIÓN*

proliferar ♦ **alarmantemente[9], desmesuradamente, sin control, sin límite**

☐ Véase también: **aumentar, crecer, extender(se), incrementar(se).**

prolijamente *adv.* ▮ Se combina con...

A VERBOS QUE DENOTAN EXPOSICIÓN O DESCRIPCIÓN: **1 relatar ++:** Aunque mi padre haya relatado *prolijamente* su inaugural encuentro con Federico en la Residencia de Estudiantes (...) estas páginas olvidadas atesoran (...) aromas insospechados. ABC040895 **2 hablar +:** «Hoy toca hablar de Chéjov», estableció Flotats, y lo hizo, hablar de Chéjov, *prolijamente.* EPD141097 **3 describir +:** ...describió *prolijamente* el trato y las condiciones en las que se encuentran... LVE060595 **4 escribir:** ...escribió *prolijamente* en su dietario sobre la «amenaza de intervención». EPE011001 **5 exponer:** La autora expone *prolijamente* los antecedentes del padre del protagonista (un industrial), del protagonista (un cenizo)... LVE271095 **6 presentar –:** Pero el paso previo al de los alimentos ecológicos (...) es el del mercado de frutas y verduras *prolijamente* presentadas, limpias... LNA270692 **7 extenderse –:** El tratado de Utrecht, que sancionó el advenimiento en España de la casa de Borbón se extendió también *prolijamente* sobre las pesquerías del bacalao de Terranova. LVE180395

B VERBOS QUE DENOTAN EXPLICACIÓN O JUSTIFICACIÓN: **8 explicar ++:** Hans Mayer ha explicado *prolijamente* que los modelos del novelista Feuchtwanger no fueron Balzac o Tolstoi sino Tucídides y Tácito. LVE220495 **9 razonar +:** ...con 32 extensas enmiendas *prolijamente* razonadas, ejerció como tarro de las esencias y conciencia crítica del debate... EPE300499 **10 argumentar:** ...argumentó *prolijamente* las causas por las que ninguno de los tres debería ser citado. LVE051196 **11 fundamentar –:** Es de los pocos jueces que, a pesar de la carga de trabajo que padecen, intenta cumplir los plazos, fundamenta *de manera prolija* sus resoluciones... EPE181199

C VERBOS QUE DESIGNAN OTRAS MANIFESTACIONES VERBALES O COMUNICATIVAS: **12 denunciar:** ...las asociaciones que trabajan a pie de obra en la zona (...) lo habían denunciado *prolijamente* con anterioridad. EPE300499 **13 agradecer:** ...aprovechó para agradecer *prolijamente* a la comunidad internacional sus desvelos y la ayuda que habían prestado a sus compatriotas. EPE070599 **14 definir:** ...ha definido con rigidez y *de manera prolija* el régimen de funcionamiento de unas reuniones... EPE030299 **15 criticar:** ...agrios artículos en los que criticaba *prolijamente* las obras de todos sus compañeros de generación. INDOC

D VERBOS QUE DENOTAN ESTUDIO O PREPARACIÓN DE ALGO. TAMBIÉN CON OTROS QUE DESIGNAN LA FORMA EN QUE SE PRESENTAN LOS RESULTADOS DE ESAS INDAGACIONES: **16 documentar +:** ...Crichton es uno de los grandes triunfadores del momento en el mercado del «best-seller», con un gran instinto para detectar los temas del momento y para documentarse *prolijamente*... ABC150494 **17 estudiar:** ...las largas novelas de Jane Austen, de las hermanas Brontë o de Mary Shelley entre otras, *prolijamente* estudiadas por Andrea Blanqué... EPU081101 **18 repasar:** ...repasa *prolijamente* lo que entiende como logros «indiscutibles» de su gestión. EME010396 **19 investigar:** ...un asunto *prolijamente* investigado por varios científicos en los últimos años. INDOC **20 editar –:** La obra, *prolijamente* editada por el Colegio Oficial de Aparejadores y Arquitectos Técnicos de Madrid, resulta de gran utilidad para estudiantes y público interesado. ABC310192

E VERBOS QUE DENOTAN PRESENTACIÓN DETALLADA DE ALGO: **21 enumerar +:** ...detiene la narración en uno de estos descansillos didáctico-discursivos para enumerar *prolijamente* las clases de planos o subrayar la importancia el «raccord»... ABC130893 **22 detallar:** ...un artículo publicado en el diario El Clarín de Buenos Aires en el que se detallan *prolijamente* los grandes negocios que han estado haciendo... CAN300499

F VERBOS QUE DENOTAN DIRECCIÓN O CONTROL. USO INFRECUENTE: **23 dirigir –:** ...para salvar al Long-Term Capital y restablecer el orden en los mercados, hubo que apelar a un salvataje orquestado con inversores ricos, *prolijamente* dirigidos por la Fed. CLA030199 **24 controlar –:** Uno de los más experimentados, Cecillon (7), controló *prolijamente* la base del scrum y también sacó varias pelotas del line. LNA050792 **25 programar:** La expansión del servicio en provincias, parroquias y barrios ha sido *prolijamente* programada... VIS061197 **26 regular –:** ...¿están las fuerzas políticas dispuestas a liberar los mecanismos de control (...) que (...) regulan *prolijamente* esta materia?... ABC110895

G OTROS VERBOS; POSIBLES USOS ESTILÍSTICOS: Él le introdujo trabajosa, torpe, *prolijamente* la alianza en el anular... EPE051299; ...estaban *prolijamente* sentados en un rincón de la pequeñísima sala... CLA310501

☐ Véase también: **con detalle, con pelos y señales, con todo lujo de detalles, detalladamente, escrupulosamente, exhaustivamente, extensamente, punto por punto.**

prolijo *adj.* ▮ Acepta sustantivos de persona tanto en el sentido de 'exhaustivo' *(Fue tan prolijo como siempre)* como en el de 'con extensa producción' *(Es un escritor sumamente prolijo).* Se combina asimismo con sustantivos que designan textos *(novela, narración, libro, publicación, edición)* y otras obras *(composición, ópera, sonata).* Lo hace muy a menudo con los que designan conjuntos o agrupaciones de esas obras *(correspondencia, epistolario, filmografía, discografía, bibliografía).* También se combina con...

A SUSTANTIVOS QUE DENOTAN INFORMACIÓN, O DESIGNAN EL TEXTO EN EL QUE AQUELLA SE RECOGE: **1 información +:** ...la información es en este caso *prolija* y sorprendente... CAP270696 **2 informe +:** ...numerosos y *prolijos* informes sobre el Plan... EME150494 **3 dato:** Lo de «artista del siglo» es justificado (...) con *prolijos* datos... EPE160899 **4 documento:** ...*prolijos* documentos gráficos de las víctimas... EME300695 **5 documentación:** ...Colinas narra con la base de una *prolija* documentación... EME250295

B SUSTANTIVOS QUE DENOTAN RELACIÓN, SERIE O CATÁLOGO: **6 enumeración ++:** ...en la *prolija* enumeración de males que aquejan a la sociedad española... LVE021196 **7 relación +:** ...la *prolija* relación de pleitos que (...) han enfrentado a los dos gigantes del cava... EPE020899 **8 lista +:** ...expuso ayer una *prolija* lista de condiciones para votar a favor. EME190996 **9 listado +:** ...un *prolijo* listado de deficiencias infraestructurales... EPE130499 **10 registro:** Tenemos un registro *prolijo* de nombres y apellidos... CLA080797 **11 antología:** ...una *prolija* y divertida antología del disparate... EPE121099 **12 recuento +:** ...nos encontramos con un *prolijo* recuento de su actividad profesional... ABC170792 **13 catalogación:** En Gran Bretaña, por ejemplo, se publicó una *prolija* catalogación de fantasmas, donde se consigna el origen, dónde «viven»... LNP160497

C SUSTANTIVOS QUE DESIGNAN CARACTERÍSTICAS DE LAS INFORMACIONES, MÁS FRECUENTEMENTE DE LOS TEXTOS, Y ESPECIALMENTE SI HACEN REFERENCIA A SU CORRECCIÓN O SU EXACTITUD: **14 extensión +:** ...algo que en manos de otros autores hubiera requerido una *prolija* extensión. ABC211094 **15 estilo +:** ...escrito en el estilo convencional, denso y *prolijo* en detalles... EME030295 **16 tono:** ...adopta el *prolijo* tono narrativo de la película-río... LVE051095 **17 lentitud:** No se trata, sin embargo, de un relato perfecto: la entrada tiene *prolija* lentitud... EME161196 **18 exactitud:** ...la elocuencia enfática, lo anecdótico, la *prolija* exactitud naturalista... ABC220995 **19 precisión:** ...pueden resultar excesivas las *prolijas* precisiones sobre programas... ABC151093 **20 verismo:** ...pintado con esplendor y con el *prolijo* verismo de Velázquez... EME130196 **21 seriedad:** ...lo que más llama la atención de este disco realizado con *prolija* seriedad es la dedicación de Orlandini a las canciones populares chilenas. HOY300996

D SUSTANTIVOS QUE DESIGNAN DIVERSOS PROCESOS QUE TIENEN COMO FINALIDAD DESARROLLAR, EXPONER, DILUCIDAR O EXAMINAR ALGUNA COSA, ASÍ COMO INDAGAR SOBRE ELLA: **22 investigación +:** Tras una serie de *prolijas* investigaciones (...) ha encontrado las pruebas documentales... EPE170499 **23 análisis +:** Seguirán meses de *prolijos* análisis y de disquisiciones... LVE051095 **24 examen +:** ...examen *prolijo* de problemas sin concesiones al eco de la opinión. EPE021288 **25 estudio:** ...largos y *prolijos* estudios musicales... ABC180394 **26 búsqueda:** ...llegó casi como consecuencia lógica de su *prolija* búsqueda... LNP190397 **27 desarrollo +:** ...un *prolijo* desarrollo normativo que no ha cesado. ABC050894 **28 tratamiento +:** ...basta recordar el *prolijo* tratamiento informativo que recibieron... EPE190399 **29 persecución −:** ...me costó una *prolija* y pesada persecución... EME080495

E ALGUNOS SUSTANTIVOS QUE DESIGNAN RESULTADOS DIVERSOS DE LA ACTIVIDAD INTELECTIVA: **30 razonamiento:** El nudo de su larguísimo y *prolijo* razonamiento... EPD040997 **31 pensamiento:** El pensamiento de Aranguren, tan *prolijo* en detalles y en matices... LVE150895 **32 reflexión:** ...las preguntas fueron precedidas de *prolijas* reflexiones de los periodistas... LVE220995 **33 disquisición:** ...nos atosigan con *prolijas* disquisiciones sobre obras... ABC120894

F SUSTANTIVOS QUE DENOTAN ACTIVIDAD O TAREA, ASÍ COMO DISPOSICIÓN ORDENADA DE ACCIONES O ACTUACIONES: **34 plan +:** El *prolijo* plan inicial, sin embargo, indicaba que... CLA090597 **35 programa:** ¿Leerán muchos los *prolijos* programas de los partidos para las municipales? EME100595 **36 labor:** ...al acometer una labor tan *prolija* se va a ver compensado... ABC061095 **37 tarea:** ...ha realizado una *prolija* tarea de recopilación de datos... CLA190197 **38 trabajo:** ...pocos han sido los datos que han salido sobre tan *prolijo* trabajo... EPE171199 **39 actividad:** Me permito ocupar un momento de su *prolija* actividad profesional, para llamar su atención... EME260594 **40 ejercicio:** ...la lectura se convierte en un *prolijo* ejercicio dentro de la densidad de una vida... ABC200392

G SUSTANTIVOS QUE DENOTAN CURSO SEGUIDO POR ALGO O ALGUIEN, Y A MENUDO TRAYECTORIA VITAL O PROFESIONAL. TAMBIÉN CON OTROS QUE EXPRESAN LOS MÉRITOS ACUMULADOS EN ELLA: **41 recorrido +:** Profundo y *prolijo* recorrido, textual y gráfico, por la memoria de un barrio barcelonés... LVE210796 **42 carrera:** ...ha desarrollado una *prolija* carrera itinerante por diversos medios. LVE090696 **43 currículum vítae:** ...mostrando un currículum vitae muy *prolijo* en diplomas... EME011196 **44 biografía:** Las biografías (...) son minuciosas, *prolijas*, completas e insuficientes... ABC240694

H OTROS SUSTANTIVOS; POSIBLES USOS ESTILÍSTICOS: Hace eses y quiebros, y dibuja un adamasquinado *prolijo* en el torso social. EPE111099

I INFINITIVOS. DESIGNAN CASI SIEMPRE MANIFESTACIONES VERBALES O COMUNICATIVAS, MÁS FRECUENTEMENTE LA ACCIÓN DE PRESENTAR LAS INFORMACIONES CON DETALLE O VOLVER SOBRE ELLAS: **45 enumerar ++:** Sería *prolijo* enumerar la capacidad de su maestro... ESH060197 **46 detallar +:** Sucede que algunos, por razones que sería *prolijo* detallar... DLA310597 **47 decir:** ...*prolijo* es decir el pánico que se apoderó de los artistas intérpretes... PME150996 **48 citar:** ...y otros ejemplos más que sería *prolijo* citar. LVE180595 **49 explicar:** Por razones que sería muy *prolijo* explicar, los agricultores... LVE020596 **50 insistir:** El escándalo de la Lotería está suficientemente ventilado y sería *prolijo* insistir en sus detalles... RUM061097 **51 reseñar:** ...son la respuesta del mercado a una serie de factores (...) que sería *prolijo* reseñar. LVE101295 **52 resumir:** Sería muy *prolijo* resumir en unas líneas la importancia de la imagen... EPE140399

☐ Véase también: **exhaustivo, minucioso.**

prólogo ♦ **añadir, encabezar (un texto), escribir, iniciar (un texto), poner (a un texto)**
☐ Véase también: **introducción, preámbulo.**

prolongar ♦ **excesivamente, gradualmente, indefinidamente, paulatinamente, temporalmente**
☐ Véase también: **alargar, expandir(se).**

promedio ♦ **aproximado**[45] ♦ **alcanzar, arrojar, calcular, exceder, rebasar**[34]**, sobrepasar**[30]**, superar**
☐ Véase también: **cálculo.**

promesa ♦ **categórico, creíble, electoral, en falso**[34]**, en firme**[11]**, esperanzador, falso, firme, formal, ilusionante**[6]**, incondicional, ineludible, sincero, solemne, vano**[19]**, veraz** ♦ **avalancha (de)**[23]**, cúmulo (de), retahíla (de), serie (de)** ♦ **aceptar, arrancar (a alguien), atender, avalar, caer en saco roto**[22]**, confiar (en), contraer**[6]**, creer (en), cumplir**[46]**, desatender**[14]**, desdecirse (de)**[8]**, desentenderse (de)**[10]**, desoír**[39]**, eludir, faltar (a)**[4]**, fiarse (de), formular**[55]**, hacer, hacer(se) realidad**[45]**, incumplir**[24]**, invalidar, liberar (de), llevar a la práctica**[20]**, mantener, negar**[34]**, olvidar, quebrantar**[18]**, recordar, revalidar**[47]**, romper, salvar, violar**[44]
☐ Véase también: **alianza, compromiso, convenio, juramento, pacto.**

prometer ♦ **de palabra**[14]**, de todo corazón**[28]**, en falso**[24]**, falsamente, firmemente, largamente**[34]**, por escrito, sinceramente, verbalmente**[17] ♦ **el oro y el moro, la luna y las estrellas**
☐ Véase también: **comprometer(se).**

PROMINENCIA Véase:
♦ **saltón**
♦ **destacadamente**
♦ **predominio, protagonismo, relieve, ventaja**
♦ **despuntar, destacar, predominar, protagonizar, resaltar, sobresalir**

PROMINENCIA
♦ (SUSTANTIVOS) Véase: **adquirir**[G]**, ajar(se)**[D]**, ánimo (de)**[E]**, apagar(se)**[B]**, aplastante**[B]**, arrogarse**[E]**, arrollador**[A]**, atesorar**[D]**, captar**[B]**, cobrar**[C]**, crucial**[D]**,**

dar[I], democráticamente[E], demostración (de)[B], derrochar[K], desahogado[B], desvanecerse[G], dilapidar[E], dilucidar[C], dirimir[F,G], dosificar[G], ejercer[D], forjar[F], fortalecer(se)[B], magnificar[D], recaer[L], toque (de)[B,G]

♦ (VERBOS) Véase: acusadamente[A], a las claras[B], arrolladoramente[A], brevemente[D], de antemano[J], en mucho[A], fugazmente[C], horrores[C], nítidamente[G], notablemente[E], ostensiblemente[F], poderosamente[C], sin paliativos[C], valientemente[E]

☐ Véase también: PREEMINENCIA.

promocionar ♦ activamente, comercialmente[5], incansablemente, internacionalmente

☐ Véase también: **apoyar(se), impulsar, promover.**

promover ♦ activamente[10], a ultranza[3], incansablemente[11]

☐ Véase también: **apoyar(se), impulsar, promocionar.**

promulgar ♦ acuerdo, constitución, convenio, decreto, edicto, legislación, ley, norma, normativa, ordenanza, pacto, régimen, reglamento, *otros sustantivos que designan disposiciones*

pronóstico ♦ aciago[3], acorde (con)[24], alarmante, amenazador, a pique[2], arriesgado, atinado, aventurado, benigno[10], catastrófico[53], certero[13], desalentador, descabellado[24], difícil, equivocado, esperanzador, fallido, falso, halagüeño[5], imprevisible[14], incierto, infalible, inseguro, negro, optimista, oscuro, pesimista, preocupante, realista, reservado, sombrío, tranquilizador[17] ♦ acertar, alterar[20], arriesgar, augurar[3], avanzar, aventurar[10], cernerse (sobre algo), circular[34], confirmar(se), corroborar, cumplir[13], dar, desmentir[30], emitir[19], errar[11], fallar, formular[63], hacer, hacer(se) realidad[68], incumplir(se), lanzar, pulverizar[21], rebasar[23], rectificar[11], verificar(se)

☐ Véase también: **anuncio, augurio, cálculo, presagio, previsión.**

PRONÓSTICO

♦ (SUSTANTIVOS) Véase: aciago[A], acorde (con)[D], alterar[D], a pique[A], asaltar[D], augurar[A], aventurar[B], azaroso[F], batir[B], benigno[C], burlar[G], catastrófico[H], cernerse[G], certero[B], circular[D], conjurar[F], cumplir[C], desbaratar[B], descabellado[D], desmentir[E], emitir[C], errar[D], establecer[F], formular[M], objeto (de)[N], ola (de)[D], perfilar[E], pulverizar[C], rebajar[F], rebasar[D], rectificar[B], remontar[H], venirse abajo[A]

♦ (VERBOS) Véase: a grandes rasgos[F], a la ligera[E], con certeza[D], de antemano[D], por lo bajo[A], remotamente[B]

☐ Véase también: AZAR; INCLINACIÓN; INTENCIÓN; FUTURO.

[pronto] → **a bote pronto**

pronto ♦ buen(o), impulsivo, inesperado, instintivo[14], mal(o), terrible, violento ♦ dar (a alguien), tener

☐ Véase también: **arranque (de), arrebato (de), impulso, reacción.**

pronunciado ♦ altibajo, alza, ascenso, aumento, bache, bajada, caída, calva, calvicie, ceja, cuesta, curva, declive, déficit, desaceleración, descenso, desnivel, deterioro, distancia, escote, inestabilidad, ladera, minifalda, nariz, pendiente, rampa, reducción, repunte, subida

pronunciar ♦ claramente, con claridad, con dificultad, en voz {alta/baja}, lentamente, velozmente

☐ Véase también: **articular, mascullar.**

pronunciar(se) ♦ abiertamente, a favor[7], afirmativamente[3], categóricamente[25], con rotundidad[6], decididamente[45], democráticamente[10], desfavorablemente[16], en contra, favorablemente[13], radicalmente[13], rotundamente, sin ambages[48], sin tapujos[36], tajantemente

propaganda ♦ abundante, alusivo, anestesiante, apabullante, bélico, clandestino, continuo, desaforado, efectivo, electoral, enemigo, engañoso, falaz, falso, gratuito, ilegal, incansable, incitante, internacional, legal, malicioso, masivo, mediático, nocivo, oficial, omnipresente, partidista, persuasivo, político, publicitario, repetitivo, subliminal, subrepticio, subversivo, televisivo ♦ en favor (de algo) ♦ de, con, mediante ♦ acto (de), anuncio (de), aparato (de), campaña (de), dosis (de), fruto (de), instrumento (de), vídeo (de) ♦ calar (en alguien), combatir, cuajar, difundir, disfrazar, distribuir, enviar, hacer (de algo), inundar (algo/a alguien), invadir (algo/a alguien), lanzar, mandar, prender (en alguien), presentar (como), repartir, usar (como), utilizar, volcar

☐ Véase también: **notoriedad, publicidad.**

propagar(se) ♦ a bombo y platillo[4], a los cuatro vientos[18], al unísono[26], a voces, a voz en grito, como la pólvora[2], de boca en boca[4], en oleadas, rápidamente, velozmente ♦ bulo, chisme, chismorreo, conocimiento, duda, enfermedad, fuego, hipótesis, idea, incendio, llama, mensaje, mentira, microbio, noticia, pensamiento, rumor, tesis, *otros sustantivos que designan informaciones*

☐ Véase también: **difundir(se), extender(se).**

propender (a) Véase: **propenso (a)**

propensión ♦ acusado[36], fuerte, manifiesto ♦ mostrar, percibir(se), tener

☐ Véase también: **apego (a), dirección, inclinación, tendencia, tentación.**

propenso (a) *adj.* ▮ En su sentido físico, se construye con oraciones de infinitivo *(propenso a resfriarse)*. Se construye también con sustantivos que designan afecciones o enfermedades *(alergia, gripe, depresión, leucemia)*. Se combina además con sustantivos que designan manifestaciones verbales desestimativas *(propenso al insulto, a la descalificación)*, carencias físicas o anímicas *(propenso a la fatiga, al desánimo, a la desmoralización)*, desajustes *(error, fallo)* y sentimientos diversos, más frecuentemente negativos *(propenso a la ira, a la melancolía)*. Además se combina con...

A SUSTANTIVOS QUE DENOTAN SITUACIÓN DIFÍCIL O CONFLICTIVA EN DIVERSOS GRADOS DE ADVERSIDAD O DE GRAVEDAD: **1 problema:** El diestro valenciano ha sido especialmente *propenso* a los problemas de rodilla... EME040895 **2 agresión:** Es un foro menos *propenso* a la agresión... LVE171096 **3 ataque:** Es un concepto mucho más equívoco de lo que parece, y, por lo mismo, *propenso* a ataques y también a defensas igualmente equívocos. EPE010700 **4 pelea:** ...*propensa* a los insultos y peleas callejeras... EME300696 **5 lucha:** ...es partido muy *propenso* a las luchas internas... DED060297 **6 guerra:** ...una frágil composición civil, *propensa a* las guerras fratricidas... EPE020485 **7 huelga:** «Una clase obrera *propensa* a la huelga, un campesinado empobrecido...». EME080195 **8 asesinato:** En «Paris Trout» (1988), un tendero *propenso* a la usura y al asesinato parece dominar desde la Calle Mayor el destino del pequeño Cotton Point... ABC210292 **9 corrupción:** ...un sistema como ése, burocratizado y tan *propenso* a la corrupción... EME170694

B SUSTANTIVOS QUE DESIGNAN SUCESO INFORTUNADO: **10 accidente +:** Los españoles aseguran no ser *propensos* a los accidentes. EPE290599 **11 caída +:** ...sea *propenso* a las caídas debido a su precaria vista. EME160795 **12 desastre:** ...la ciudad capital todavía tiene edificaciones estructuralmente dañadas (...) que la hacen más *propensa* a desastres. ESH111000 **13 gafe:** Los líderes (...) dan la impresión (...) de estar cansados, ser incompetentes y *propensos* a los gafes... LVE070595 **14 percance +:** Es muy *propenso* a los percances y accidentes, parece que está gafado. INDOC

C SUSTANTIVOS QUE DENOTAN OPOSICIÓN O DESACUERDO: **15 discusión +:** Estarás emotivo y *propenso* a discusiones por cualquier tontería. ENH140797 **16 polémica +:** ...Ramadán es *propenso* a polémicas teológicas, empezando por cuándo comienza y cuándo termina. EPE291001 **17 controversia +:** ...un tipo independiente, muy religioso, de lengua larga, *propenso* a la controversia y cercano siempre a la insubordinación. EME240396

D SUSTANTIVOS QUE DENOTAN CONVERGENCIA ENTRE PARTES: **18 pacto:** ...fuerzas políticas (...) *propensas* a pactos nada claros... EPE180700 **19 compromiso:** ...es quizá más agresivo (...) y menos *propenso* a los compromisos... LVE130696 **20 conciliación +:** ...su talante siempre *propenso* a la conciliación. EPE150599 **21 concurrencia −:** ...el estado calmo de eclecticismo en que hoy se produce la práctica artística no es *propenso* a concurrencias dialécticas. ABC120595

E SUSTANTIVOS QUE DENOTAN EXCESO EN DIVERSAS FORMAS: **22 exceso +:** ...las fechas de Carnaval son muy *propensas* a los excesos... EME090294 **23 exageración +:** ...los cazadores, antes que embusteros, somos *propensos* a la exageración... ABC091092 **24 desmesura +:** ...un actor de terror *propenso* a la desmesura. CLA160997 **25 desmán:** ...logró doblegar hasta a los Sindicatos más *propensos* a los desmanes laborales. ENV190597 **26 inundación:** Vertiente del Pacífico, más *propensa* a inundaciones. LNC160497 **27 anarquía:** ...la democracia, que es en sí el mejor sistema de gobierno, (...) es (...), por su a veces mal entendida tolerancia, más *propensa* a la anarquía y la corrupción en general... LPN310397 **28 hipérbole:** ...un talante *propenso* a la hipérbole y a la exaltación de lo grotesco... ABC310192 **29 escándalo:** Por alguna razón, los políticos ingleses son *propensos* a los escándalos sexuales... LVE030294

F SUSTANTIVOS QUE DENOTAN DIVISIÓN: **30 rotura +:** ...un coche quizá tan rápido (...), pero mucho más *propenso* a las roturas... LVE260896 **31 disgregación +:** Una sociedad (...) *propensa* a la disgregación, o la regresión. EPE251001

G ALGUNOS SUSTANTIVOS QUE DENOTAN CAMBIO: **32 cambio +:** ...esa gente va a ser bastante más *propensa* a los cambios que lo que ha sido en el pasado. CAR090198 **33 vaivén +:** ...países, *propensos* a los vaivenes de la cotización del crudo. ESP160101

☐ Véase también: **inclinarse (a)**.

propiciar ♦ **acercamiento, acuerdo, arreglo, aumento, cambio, consenso, debate, desarrollo, diálogo, encuentro, enfrentamiento, entendimiento, participación, solución, triunfo, unión**

☐ Véase también: **apoyar(se), ayudar, favorecer, impulsar, potenciar**.

propicio *adj.* ▮ Se construye a menudo con un complemento introducido por las preposiciones *a* o *para (propicia a los cambios, propicio para encontrar acuerdos)*. Acepta sustantivos que designan personas o grupos humanos *(auditorio, lector, músico, divo, público: Tuvo suerte con el concierto porque encontró un público propicio)*, lugares, momentos o acontecimientos *(evento, partido, corrida)*. También se combina con...

A SUSTANTIVOS QUE DENOTAN AGENTE, CIRCUNSTANCIA, COYUNTURA O FACTOR CONCOMITANTE: **1 ocasión ++:** Es más, el viaje a Estados Unidos puede resultar también una ocasión *propicia* para debatir los asuntos que están en juego... HOY230297 **2 oportunidad ++:** ...es la oportunidad *propicia* para que los países intercambien experiencias... LNC230197 **3 circunstancia ++:** ...porque coincidirían dos circunstancias *propicias*: la expuesta de otras rebajas en peajes, en este caso andaluces, y esta de las vísperas. FDV050401 **4 condición ++:** Con estas políticas se están generando condiciones *propicias* para que se propague la violencia y se utilice la militarización... DYM040996 **5 situación ++:** Es probable que la situación sea *propicia* para el cobro de revanchas y cuentas pendientes dentro del gobierno... CAP130696 **6 coyuntura +:** ...el país está en la coyuntura *propicia* para reiniciar el camino que la lleve al desarrollo sostenible en el tiempo. PLG130197 **7 factor:** Dos factores *propicios* coincidieron a principios del verano pasado: cambio de color político en Telemadrid y vencimiento del contrato con Multiexclusivas. EME120196 **8 coordenada −:** ...en el que encuentran unas coordenadas especialmente *propicias* para ciertas ensoñaciones... ABC160793

B SUSTANTIVOS QUE DENOTAN ESTADO DE COSAS CIRCUNDANTE: **9 clima ++:** ...un organismo que posibilite la promoción del clima *propicio* que existe en el país para la inversión... DED290896 **10 ambiente ++:** Cierto que el ambiente no era *propicio*, que el ventarrón no ayudaba en nada... LRE050203 **11 escenario ++:** Precisamente este evento fue escenario *propicio* para que hombres de negocios conocieran las potencialidades económicas del país... GIC104297 **12 marco ++:** La reunión celebrada en diciembre entre los ministros de Exteriores y la puesta en marcha de tres comisiones mixtas (...) crearon el marco *propicio* para la vuelta a la normalidad. LRE310103 **13 ámbito +:** ...se sitúa de lleno en el ámbito más *propicio* para toda la clase de excesos: las actuaciones militares en tiempo de guerra. EME050895 **14 atmósfera +:** Especialmente cuando la agenda incluye temas controversiales y la atmósfera política no es *propicia*. EPU060901 **15 entorno +:** Con este entorno tan poco *propicio* para los mercados europeos... LVE170396 **16 caldo de cultivo +:** Se entiende que la NASA (...), por sus objetivos y medios haya sido caldo de cultivo *propicio* donde ha prosperado en alguna medida esta postura. ABC280194

C SUSTANTIVOS QUE DENOTAN FORTUNA. TAMBIÉN CON OTROS QUE DESIGNAN ALGUNOS FENÓMENOS METEOROLÓGICOS O CLIMÁTICOS QUE HABITUALMENTE SE RELACIONAN CON ELLA: **17 suerte +:** Hubo algunos que, por calidad sobresaliente o por suerte *propicia*, pudieron reanudar su obra: otros, como Juan Chabás, a quienes la adversidad truncó o frenó gravemente. ABC110992 **18 azar +:** El azar no le fue *propicio* en su aparición, pero su calidad la rescata. ABC030694 **19 viento +:** Los vientos favorables que, al amparo de unos tipos bajos, han empujado a la economía española desde las vísperas de la entrada en el euro empiezan ahora a ser menos *propicios*. EPE010900 **20 marea:** ...en las oleadas de mi dolor, esta marea baja en la que nos hallábamos era *propicia* para que un sol la desecara y acabara para siempre con el mal. EPE130800

D SUSTANTIVOS QUE DENOTAN REUNIÓN DE PERSONAS, GENERALMENTE PARA TRATAR ALGÚN ASUNTO O LLEGAR A UN ACUERDO: **21 reunión +:** ...agregó que la reunión con el mandatario fue *propicia* para abordar las cuestiones relacionadas con la industria azucarera... GIC092600 **22 encuentro +:** Estos íntimos encuentros fueron *propicios* para que artistas consagrados se fijaran en sus dotes y decidieran hacer cola para cantar sus temas. ENV110797 **23 asamblea:** La asamblea de la Asociación Rural del Paraguay fue *propicia* nuevamente para que los ganaderos y productores rurales en general se despacharan contra la labor del Parlamento nacional... ACP271096 **24 congreso:** Y son golpistas preconstituidos, por tanto, quienes esperan un Congreso *propicio* para ejecutar, aun sin renuncia, sus tenebrosos planes. EXC270596

E SUSTANTIVOS QUE DENOTAN DISPOSICIÓN ANÍMICA: **25 ánimo +:** ¿Cabe mejor momento que este de celebraciones, en el que los ánimos están *propicios* y en todos la comprensión y voluntad de acercamiento son mayores? ABC301294 **26 espíritu +:** ...al espectáculo, que ni puede considerarse exclusivamente religioso ni exclusivamente artístico, ha de irse con el espíritu *propicio*... ABC300493 **27 voluntad +:** ...sus huestes llegan con el espíritu y la voluntad *propicias*. ABC191193 **28 actitud +:** ...a multiplicar esta actitud en una parte de la sociedad española, poco *propicia* desde siempre a aceptar los procedimientos democráticos. LVE180796 **29 sentimiento:** Desgraciadamente, como dijo André Gide, los buenos sentimientos no son *propicios* a la buena literatura... ABC311292

F SUSTANTIVOS QUE DENOTAN INSTRUMENTO O PROCEDIMIENTO, A MENUDO ENTENDIDOS EN SENTIDO FIGURADO: **30 instrumento +:** Que el siglo XXI encontrara a Colombia con instrumentos institucionales más *propicios* para el manejo de su progreso social... ETC011291 **31 medio:** Su propietario se ha empeñado en seguir aumentando sus piezas y la televisión es el medio más *propicio* para conseguirlo. EME011295 **32 vehículo:** ...que bien podría servir como un vehículo *propicio* para que Demi Moore recuperara su prestigio. LVE010996 **33 mecanismo:** ...y buscar los mecanismos *propicios* para que tanto mujeres y varones renueven esperanzas para construir en los años venideros relaciones de equidad... LTH300997

G SUSTANTIVOS QUE DENOTAN CURSO, TRAYECTORIA, ITINERARIO O MOVIMIENTO, FRECUENTEMENTE ENTENDIDOS EN SENTIDO FIGURADOS: **34 rumbo +:** Urunaga decidió también alejarse y tomó otros rumbos partidarios, tal vez más *propicios* para sus menesteres económicos. ACP271196 **35 camino +:** Unos regates sin mayor trascendencia pero que abren un camino *propicio* para conspiradores patriotas... EME141196 **36 recorrido:** ...con un recorrido sinuoso y *propicio* para las escaramuzas que exigirá la máxima atención al líder y a sus compañeros. ENH200198 **37 desplazamiento –:** ...considera que este no es el desplazamiento más *propicio* para que la escuadra blanquiazul comience su «cuenta atrás»... LVG301091

H SUSTANTIVOS QUE DENOTAN ÁMBITO PARA LA ACTIVIDAD COMERCIAL Y OTRAS NOCIONES RELACIONADAS CON LAS OPERACIONES ECONÓMICAS: **38 mercado +:** ...los inmigrantes vienen a realizar los trabajos que no quieren hacer los españoles, luego hay un mercado laboral *propicio* a ellos. ENC010301 **39 precio:** En medio de una coyuntura de precios internacionales buenos y de un precio interno *propicio*... EPC080797 **40 recaudo –:** ...para que tome los recaudos organizativos necesarios más *propicios* para constituirse en sede anfitriona del torneo nacional. LTB261296

I SUSTANTIVOS QUE DESIGNAN JUICIOS O RAZONAMIENTOS, ASÍ COMO ALGUNOS DE SUS RESULTADOS: **41 análisis +:** Pensamos que el hecho de que esa polémica se haya producido, hace *propicio* el análisis, con profundidad, sin tapujos... HOY250184 **42 reflexión +:** Transcurrida la mitad de la década, cuando el ocultamiento de la violencia hace *propicia* la reflexión... CAP141196 **43 juicio:** ...los bancos internacionales sigan teniendo un juicio *propicio* respecto del futuro económico del país. CLA120297 **44 teoría:** La ciudad imaginada desde el acontecer de lo específico de la arquitectura, teoría tan *propicia* a los arquitectos tardobarrocos... ABC290494

J OTROS SUSTANTIVOS; POSIBLE USO CRUZADO: ...su antiguo amigo personal, compañero de partido y jefe político, convertido por las circunstancias en víctima *propicia* para el sacrificio ritual. [Cf. *propiciatoria*] LVE271195

K OTROS SUSTANTIVOS; POSIBLES USOS ESTILÍSTICOS: De esos esclarecimientos y de esas sombras o penumbras *propicias* está llena la pintura de Xavier Serra de Rivera... ABC301294; En sus calles no hay tabúes y sí muros y resquicios *propicios*. CAP030895

☐ Véase también: **favorable, halagüeño.**

[propiedad] → **con propiedad**

propiedad ▮ *(posesión)* ♦ **colectivo, común, comunal**[54]**, exclusivo, ilegítimo, intelectual, legítimo, particular, personal, privado, público** ♦ **derecho (de), ley (de), límite (de)** ♦ **administrar, adquirir, adueñarse (de), allanar, arrebatar, arrogarse**[39]**, asolar, confiscar, congelar**[12]**, custodiar, declarar, delimitar, demarcar, desposeer (de), enajenar, garantizar, invadir, ostentar, poner en venta, poseer, reivindicar, saquear, tener, tutelar, usar, usurpar**
▮ *(característica)* ♦ **característico, curativo**[1]**, destacado, distintivo, exclusivo, mágico, medicinal, notorio, terapéutico**
☐ Véase también: **característica, corrección, cualidad, pertenencia**.

PROPIEDAD Véase: CUALIDAD; FACULTAD

propina ♦ **cuantioso, desproporcionado, digno, escaso, espléndido, excesivo, generoso, incluido, jugoso**[12]**, mísero, pobre, proporcionado, raquítico, ridículo, sustancioso** ♦ **aceptar, calcular, cobrar, dar (a alguien), dejar (a alguien), merecer, ofrecer (a alguien), recibir**
☐ Véase también: **limosna, regalo**.

propinar ♦ **bofetada, bofetón, derrota, golpe, patada, puntapié, puñetazo,** *otros sustantivos que designan golpes*
☐ Véase también: **arrear, asestar, emprender(la) (a), endosar, lanzar, sacudir(se), soltar**.

[propio] → **con {mis/tus/sus...} propios ojos, en carne propia, por cuenta {ajena/propia}, por {mi/tu/su...} propio pie**

proponer ♦ **abiertamente, claramente, de pasada**[24]**, directamente, en firme**[48]**, firmemente, indirectamente, informalmente**[9]**, oficialmente, por mayoría**[42]**, provisionalmente, públicamente, tentativamente, ventajosamente**[11]
☐ Véase también: **invitar (a), sugerir**.

[proporción] → **de proporciones**

proporción ♦ **adecuado, alarmante, armonioso, debido, desmedido, justo, requerido** ♦ **adquirir, alterar, cobrar**[37]**, decrecer**[8]**, guardar**[34]**, mantener, respetar, tomar**[18]
☐ Véase también: **correspondencia, equilibrio, medida**.

proporcional *adj.* ▮ Admite sustantivos contables *(El enorme sofá del salón no es proporcional a la mesita que tiene delante)*, pero se combina más frecuentemente con los que designan magnitudes, sean físicas *(grosor, tamaño, extensión, altura, profundidad: El grosor del muro tiene que ser proporcional a la altura del edificio)* o no *(precio, valor, éxito)*. Se combina muy frecuentemente con el sustantivo *cantidad* y admite un gran número de sustantivos no contables *(tiempo, pintura, esfuerzo, arena, paciencia)* porque se interpreta 'cantidad de' en cada uno de ellos. Entre los sustantivos que designan magnitudes destacan especialmente los que se refieren a cantidades económicas *(precio, tarifa, alquiler, cifra, importe, presupuesto)*, a las magnitudes que se obtienen de algún recuento *(votación, sufragio, escrutinio, apoyo)* y a las que miden la pena o la sanción impuesta a alguien *(castigo, multa, pena, sanción)*. También se combina con los sustantivos que denotan cambio *(cambio, modificación, revisión, adaptación)*, así como con...

A SUSTANTIVOS QUE DENOTAN INCREMENTO: **1 aumento ++**: ...el empleo y el paro en este país no se ha visto acompañada de un aumento *proporcional* del espacio dedicado a estas cuestiones... EPE170999 **2 crecimiento ++**: La descongestión demográfica que se ha producido en la ciudad (...) ha generado un crecimiento *proporcional* de las periferias... EME100595 **3 incremento +**: Los ingresos estatales crecen un 14 con un mayor incremento *proporcional* en la recaudación por impuestos indirectos. EPE021985 **4 avance**: El Partido Popular experimentará un avance *proporcional* al de los socialistas... EPE060699

B SUSTANTIVOS QUE DENOTAN DISMINUCIÓN: **5 reducción ++**: La fórmula sólo podría tener viabilidad si implicara una reducción *proporcional* de los salarios... LVE210296 **6 disminución +**: ...el gasto público alemán se reducirá en un 2,5 por ciento en 1997, con una disminución *proporcional* en el déficit y en el volumen de inversiones. LVE090796 **7 rebaja**: Tampoco parece haber tenido efecto la advertencia de que toda reducción de capturas irá acompañada de una rebaja *proporcional* de la compensación económica... LVE190695 **8 caída**: La caída de CiU fue *proporcional* a los aumentos de la lista de Clos. EPE140699

C EL SUSTANTIVO *PARTE* Y CON OTROS QUE DESIGNAN LA ACCIÓN DE CREARLAS: **9 reparto ++**: Para poder acceder a este reparto *proporcional*, cada lista tiene que haber superado un número mínimo de votos sobre el total nacional. EME210496 **10 parte ++**: Destituirle ahora costaría la parte *proporcional* de su ficha. EME190194 **11 distribución +**: De ahí que resulte tan difícil calcular por anticipado cuál será la distribución *proporcional* de los votos cesantes... EPE011199

D SUSTANTIVOS QUE DESIGNAN EL CONJUNTO DE PERSONAS O COSAS QUE ESTÁN PRESENTES EN UNA ACTIVIDAD O PARTICIPAN EN ELLA: **12 representación ++**: En él, los hispanos y los anglos obtienen una representación *proporcional* a su número. ENH140797 **13 participación**: El mecanismo adoptado establece que cada organización política deberá presentar varias planchas, para garantizar la participación *proporcional* de las diversas corrientes... ENV051000 **14 presencia**: ...defendieron «la presencia *proporcional* de las distintas sensibilidades». EME010295 **15 representatividad**: La nueva ley electoral (...) será decidida en breve plazo, y permitirá una gran dosis de representatividad *proporcional*. EPE010485

proposición ♦ **aceptar, admitir, apoyar, aprobar, considerar, declinar**[25]**, desestimar, estudiar, formular**[36]**, hacer, mantener, plantear, rechazar, rehusar, respaldar, suscribir, tomar en consideración, tramitar**[42]
☐ Véase también: **propuesta, sugerencia**.

propósito ♦ ambicioso, claro, constructivo[17], decidido, declarado, delictivo[23], desaforado[44], descabellado[8], deshonesto, diáfano[30], disuasorio[28], encubierto, firme, honesto, ilegítimo, inconfesable[10], inquebrantable[19], legítimo, modesto, oculto, oscuro, peregrino[44], renovado, retorcido[17], sano, sincero, solapado, soterrado, tenaz[39], unánime[65], vano[2], velado ♦ con ♦ abdicar (de)[24], abrigar[10], achacar[42], aferrar(se) (a), albergar[5], averiguar, cejar (en)[7], ceñir(se) (a)[30], confesar[35], creer (en), cumplir[6], cundir[51], desbaratar[33], desistir (de), desvanecerse[13], desvelar[54], desvirtuar, distorsionar[43], emitir, entrever(se), expresar, formular[50], hacer, hacer(se) realidad[25], incumplir, llevar, llevar adelante[3], llevar a la práctica[9], llevar a término[5], madurar[31], malograr(se)[3], obedecer (a), obstinar(se) (en), perseguir, perseverar (en), persistir (en)[32], renovar, responder (a), servir (a), subyacer (en algo), tener, traslucir(se)[3], venirse abajo[7]
☐ Véase también: **destino, meta, objetivo.**

propuesta ♦ atinado[47], atractivo, brillante, controvertido[20], desaforado[84], descabellado[3], desorbitado[12], exhaustivo[37], factible, firme, flexible[23], ilusionante[5], impracticable[8], inviable, irrealizable, jugoso, llamativo[49], novedoso[27], peregrino, polémico, provisional, realizable, salomónico[17], seductor, sugerente, tentador, testimonial[50], viable, vivaz[32] ♦ en firme[12] ♦ a la vista (de)[21], a tenor (de) ♦ alcance (de)[40], avalancha (de)[34], serie (de) ♦ abanderar[5], acometer[42], acotar[20], acuñar[68], adherirse (a), afinar[7], aguar(se)[19], airear[37], apear(se) (de)[18], apoyar, articular, aunar, avalar[14], barajar[5], bloquear, caer como una bomba[15], caer en el vacío, caer en saco roto[7], calar, canalizar[74], ceñir(se) (a), circular[37], cobrar fuerza[21], conjugar, conjuntar, consensuar[2], considerar, cristalizar, criticar, cuajar[6], decaer[19], declinar[24], defender, delinear[5], denegar[10], desbaratar[9], desbloquear, desestimar, desistir (de), desvelar[57], echar para atrás, emanar[27], enarbolar[13], enmendar[15], establecer[33], firmar[37], formular[33], hacer(se) realidad[41], hacer extensivo[3], lanzar[33], llevar, llevar a la práctica[4], obstruir[29], perfilar[5], plantear[25], presentar, prosperar[1], rebatir[19], rechazar, refrendar[15], rehusar, reprobar[9], retirar, salir a la luz[75], salir al paso (de)[8], secundar, sopesar[27], sostener, surtir efecto[19], suscribir, sustanciar, sustentar[22], tener éxito, tomar en consideración, tramitar[3], votar
☐ Véase también: **iniciativa, medida, moción, plan, proposición, proyecto, recurso, sugerencia.**

PROPUESTA
♦ (SUSTANTIVOS) Véase: **abanderar[B], acometer[I], aglutinar[E], aguar(se)[C], alcance (de)[F], avalancha (de)[C], avalar[E], cuajar[A], cúmulo (de)[J], declinar[E,H], humanitario[E], ilusionante[A], pisar[D], plantear[E], prosperar[A], rebatir[C], refrendar[D], reprobar[B]**
♦ (VERBOS) Véase: **de pasada[E]**
☐ Véase también: ACTUACIÓN FUTURA; ASPIRACIÓN; INCLINACIÓN; INTENCIÓN; PROYECTO.

propulsar *v.* ▌En su sentido literal se combina con sustantivos que designan seres materiales *(piedra, material, agua)*, especialmente maquinarias, vehículos *(automóvil, coche, vehículo, tren)* o artefactos *(cohete, proyectil, ascensor)*. En su sentido figurado se combina con sustantivos de persona, especialmente si designan a quien pretende algo *(propulsar a un candidato, propulsar al equipo)*, así como con otros que se refieren a organizaciones o instituciones *(propulsar la empresa, el país, la democracia)* o denotan cambio *(cambio, transformación, modificación, renovación: Como nuevo director de la fábrica propulsaré la renovación de las estructuras)*. Admite otros muchos sustantivos, pero destacan especialmente las combinaciones con los...

A SUSTANTIVOS QUE DENOTAN PENSAMIENTO O INTENCIÓN DE LLEVAR ALGO A CABO: **1 idea +:** El objetivo (...) no debe ser incompatible con la salida a la palestra de muchos dirigentes. Esta idea es *propulsada* por el propio Almunia. EPD260797 **2 proyecto +:** ...inaugura la tercera exposición del proyecto Arts *propulsado* por la Autoridad Portuaria... ABC220794 **3 plan +:** Las autoridades locales *propulsaron* los planes de edificación, tal como habían anunciado. INDOC **4 iniciativa:** ...cuando desde el Gobierno de la Nación se están *propulsando* iniciativas como la ventanilla única para facilitar gestiones al ciudadano. EPE270700

B SUSTANTIVOS QUE DESIGNAN LA ACCIÓN DE DAR EXISTENCIA O PRINCIPIO A ALGUNA COSA. TAMBIÉN CON OTROS QUE DENOTAN INCREMENTO, DESARROLLO, MEJORA O BIENESTAR: **5 creación ++:** ...se inició el 25 de septiembre de 1941 con el objetivo de *propulsar* la creación y resurgimiento de la industria española. LVE310795 **6 crecimiento ++:** ...*propulsó* su crecimiento y su expansión internacional, en particular a España, hasta caer hace dos años en una pugna interna... EME050196 **7 aumento +:** ...terminarán reduciendo la tasa de ahorro de las familias y *propulsando* un aumento de la demanda de consumo mayor... EME120796 **8 construcción:** Me pregunto cuál sería la situación actual si (...) no hubiera tenido tal empeño en *propulsar* la construcción de embalses. LVE090595 **9 prosperidad:** Los defensores de (...) insisten en que sus planes de acción fueron clave en *propulsar* la prosperidad de esta década. ENH080198

C SUSTANTIVOS QUE DENOTAN ACTIVIDAD ECONÓMICA. TAMBIÉN CON OTROS QUE DESIGNAN LOS BENEFICIOS QUE REPORTA: **10 venta +:** La fusión debería *propulsar* las ventas de Windows NT (...), en la medida en la cual fortalece una empresa... EPD280198 **11 ingreso +:** ...lo que probablemente no *propulsaría* mucho los ingresos públicos, o seguir aumentando la deuda pública... EME240496 **12 bolsa:** En Londres, la actividad en torno a las compañías de agua *propulsó* la bolsa al alza, con una mejora del 0,35... LVE220396 **13 dotación:** ...amparar a los sin techo, modernizar los hospitales, atender a los pensionistas que se sienten olvidados y *propulsar* la dotación gratuita de ordenadores... EPD160198 **14 comercio:** ...la posibilidad de participar en proyectos urbanísticos que persiguen *propulsar* el comercio del sector. LVE081096

D SUSTANTIVOS QUE DENOTAN ACCIÓN HOSTIL CONTRA ALGUIEN O ALGO: **15 ofensiva:** La ofensiva *propulsada* estos días por el PP para cambiar cuanto antes la enseñanza de las Humanidades... EPE090700 **16 campaña:**

...organizó con gran celeridad en 1992 con objeto de *propulsar* su peculiar campaña para llegar a la Casa Blanca. EME250895 **17 sublevación:** ...la burguesía española intentó *propulsar* y quebró la sublevación militar; y (...) no se ha ido hasta montar cuatro canales temáticos más. EME180294

E SUSTANTIVOS QUE DENOTAN UNIÓN O ACUERDO: **18 alianza +:** Todos los sectores desean *propulsar* la alianza entre ambos bandos para conseguir lograr un mejor acuerdo salarial. INDOC **19 pacto +:** El presidente de la Cámara de Diputados provincial y *propulsor* del Pacto Ecológico Bonaerense (PEB)... LNP060497 **20 acuerdo +:** Se busca *propulsar* el acuerdo entre trabajadores y representantes sindicales en las jornadas comunes del fin de semana. INDOC

☐ Véase también: **incentivar, preconizar, relanzar.**

prórroga ♦ **con posibilidad (de)**[9] ♦ **plazo (de)** ♦ **conceder**[44], **denegar**[25], **durar, extender(se), obtener, pedir, rechazar, solicitar**

☐ Véase también: **aumento, extensión, incremento, plazo.**

prorrogar *v.* ▮ Se combina con sustantivos que designan períodos *(plazo, fecha, jornada, período, tiempo, veraneo)*, así como espectáculos o eventos culturales *(función, musical, espectáculo, exposición)*. Se combina asimismo con otros muchos sustantivos, generalmente en referencia a los períodos o los plazos que se asocian con ellos. Destacan especialmente los...

A SUSTANTIVOS QUE DESIGNAN NORMAS, DISPOSICIONES O AUTORIZACIONES INTERPRETADAS EN RELACIÓN CON EL PLAZO EN QUE ESTÁN VIGENTES: **1 mandato ++:** ...se tratará de convencer a la ONU para que *prorrogue* el mandato de MINUGUA, aunque los recursos del organismo internacional se destinan a donde hay más conflictos. LHG141100 **2 ley ++:** El presidente Clinton decidirá el martes si *prorroga* otros seis meses la ley Helms-Burton. LVE150796 **3 secreto +:** El juez *prorroga* por un mes más el secreto del sumario del «caso Gil». EPE130299 **4 visa +:** Pero en caso de «necesidad» las autoridades mexicanas no *prorrogan* la visa del reportero indeseable sin dar explicación alguna y éste sale «discretamente» del país... PME150996 **5 embargo ++:** EE. UU. *prorroga* el embargo a Libia. EME240196 **6 licencia +:** Es completamente nocivo que en la circular se hagan recomendaciones sobre un tipo de exámenes de laboratorio y radiológicos, como requisito para *prorrogar* licencias... LEC110997 **7 disposición:** La disposición gubernamental admite que la medida tiene por intención *prorrogar* una disposición similar de comienzos de año... ACP050901

B SUSTANTIVOS QUE DENOTAN CARGO O FUNCIÓN. TAMBIÉN CON OTROS QUE DESIGNAN EL PERÍODO EN QUE SE DESEMPEÑAN: **8 misión ++:** ...se ha decidido *prorrogar* su misión tres meses «para que puedan seguir prestando apoyo a los cascos azules durante todo el verano». LVE040695 **9 cargo:** Pero, finalmente, han decidido *prorrogarle* el cargo un año, en la esperanza de que gobierne el PP. LVE010795 **10 papel:** Huguet ha tenido que *prorrogar* esta semana su papel como presentadora de «Bon dia, Catalunya» porque no cuajó la idea de que la actriz Teresa Manresa (la «Helena» de «Poble Nou») fuera su sustituta. LVE120195 **11 labor:** Aunque *prorrogue* algo su labor, más allá del 31 de mayo (dice que quizá hasta el 1 de agosto), el problema de Ferrándiz sigue siendo similar: sí, podrá trasladar la sede del baloncesto a la Ciudad Deportiva. EME200295 **12 puesto:** Por ejemplo: el de Italia, el ex ministro de Salud de Patricio Aylwin, Jorge Jiménez (DC), había dicho que abandonaría la embajada este mes, pero regresó en mayo para solicitar *prorrogar* su puesto hasta fin de año. HOY230697 **13 cometido:** ...gran número de tareas pendientes, lo que obligará a *prorrogar* su cometido durante al menos tres meses. INDOC **14 presidencia:** ...pocos están convencidos de que no intentará *prorrogar* su presidencia más allá del término constitucional del próximo 7 de febrero. LVE250695

C SUSTANTIVOS QUE DENOTAN ACUERDO O PACTO, O BIEN EL PROCESO QUE LLEVA A ELLOS. TAMBIÉN CON OTROS QUE DESIGNAN LOS DOCUMENTOS EN QUE SE HACE CONSTAR LO QUE SE CONVIENE: **15 contrato ++:** La Real decidió *prorrogar* su contrato al final de la pasada campaña, en la que acreditó 23 goles, 4 de ellos desde el punto de penalti. EME070395 **16 convenio ++:** En Iberia, la dirección y los representantes de los trabajadores de tierra llegaron el jueves a un acuerdo para *prorrogar* por un año el convenio colectivo... EPE181299 **17 acuerdo +:** Los firmantes del pacto acordaron ayer *prorrogar* el acuerdo hasta cerrar un nuevo marco. EPE140199 **18 tregua +:** Si ETA *prorroga* la tregua y libera a Ortega Lara, la esperanza de paz será mayor... EME010796 **19 compromiso +:** ...transfirió al Parma la obligación de pagar a Stoichkov los 100 millones (...) en el caso de que el club no hiciera efectivo su opción a *prorrogar* el compromiso... LVE030596 **20 vínculo +:** ...le comentó a Clarín que los directivos ya acordaron «colgar» al jugador si no *prorroga* su vínculo. CLA050199 **21 pacto +:** IU anuncia que *prorrogará* los pactos poselectorales donde gobierna con el PSOE. EPE090399 **22 tratado +:** ...el asunto que suscita mayor interés es la negativa marroquí a *prorrogar* o a renegociar el tratado pesquero... DDN290499 **23 alto el fuego +:** ETA emite el sexto comunicado en el que anuncia su intención de *prorrogar* el alto el fuego... EPE291199 **24 armisticio:** ...rechazaron ayer la posibilidad de *prorrogar* el armisticio entre ambas facciones de cuatro meses que expira el próximo día 30. EME210495 **25 alquiler:** Los vecinos de Ayegui (Navarra), a través de un referéndum convocado por el ayuntamiento, han decidido no *prorrogar* el alquiler de las tierras al Ejército español para polígono de tiro. EPE030680 **26 arrendamiento:** Ota también se opuso a la promulgación la semana pasada de una enmienda para *prorrogar* el arrendamiento de terrenos donde están situadas las bases militares estadounidenses en la isla. ENH280497 **27 negociación:** En Canadá la euforia por el resultado de las negociaciones que se han *prorrogado* durante más de un mes, era evidente. EME170495

D SUSTANTIVOS QUE DENOTAN MODELO, PROGRAMA O DIRECTRIZ, A MENUDO OFICIALES: **28 presupuesto ++:** La oposición de CiU al proyecto de Presupuestos del Estado de 1996, sumada a la de los restantes partidos de oposición, impedirá su aprobación y obligará al Gobierno a *prorrogar* los presupuestos de 1995. EME071095 **29 plan:** El Gobierno *prorroga* el plan Renove de vehículos industriales hasta finales de 1996. LVE231295 **30 modelo:**

De todos modos, apuntó que Extremadura, Galicia y Castilla y León se habían mostrado contrarias a *prorrogar* el modelo actual, mientras que Cataluña defiende esa solución. LVE280795

E SUSTANTIVOS QUE DESIGNAN TAREAS, MÁS FRECUENTEMENTE DE PARTICIPACIÓN, INTERVENCIÓN O COLABORACIÓN EN ALGUNA ACTIVIDAD: **31 apoyo** +: El ministro español de Defensa (...) anunció ayer en París que España *prorrogará* tres meses el apoyo aéreo... LVE040695 **32 trabajo** +: Ante la imposibilidad de aprobar el dictamen, la comisión decidió ayer *prorrogar* sus trabajos hasta después de las elecciones. EME010694 **33 tarea**: Rubalcaba, por su parte, insistió en que se trata sólo de «*prorrogar* la tarea humanitaria» que se ha llevado a cabo en los últimos tres años en favor de la población bosnia... EME211095 **34 encargo**: El encargo fue *prorrogado* y tuvimos que hacer frente a un nuevo alud de demandas. EME211095 **35 ayuda**: El Gobierno *prorrogará* las ayudas para aliviar el amarre en septiembre. EME220895 **36 participación**: Por otra parte, el Consejo de Ministros acordó ayer *prorrogar* la participación de unidades militares españolas en la Fuerza de Estabilización de la Alianza Atlántica de Bosnia-Herzegovina. EPE050699

F SUSTANTIVOS QUE DESIGNAN EL PERÍODO EN QUE SE PERMANECE EN UN DETERMINADO LUGAR: **37 estancia**: El Gobierno Endara no quiso *prorrogar* su estancia. EME020295 **38 permanencia**: ...es prácticamente seguro que el CGPJ *prorrogue* la permanencia de García Castellón como juez de apoyo cuando tenga que replantearse este asunto a mediados del próximo mes de octubre. LVE270995 **39 continuidad**: Todo indica que Bakero *prorrogará* su continuidad en el Barcelona por dos temporadas, como era su pretensión, mientras que la intención del club era ofrecerle tan solo una aunque mejor remunerada. LVE220495 **40 estadía**: ...sólo pasaba la frontera común donde le sellaban el pasaporte, con el propósito de *prorrogar* su estadía en el territorio nacional. SVG100997 **41 presencia**: La presencia de las tropas norteamericanas en Irak se *prorrogará* durante varios años. INDOC

prorrumpir (en) ♦ **aplauso, carcajada, exclamación, grito, insulto, sollozo,** *otros sustantivos que designan manifestaciones verbales expansivas*

proseguir ♦ **a muerte, a pesar de las dificultades, a toda costa, a ultranza**[7]**, contra viento y marea**[18]**, esforzadamente, esperanzadamente, felizmente, hasta el final, sin descanso**

☐ Véase también: **guardar, mantener(se), permanecer**.

prosperar *v.* ▌Se combina con sustantivos de persona, más frecuentemente si designan individuos que llevan a cabo actividades comerciales *(comerciante, empresario)*. También lo hace con otros que designan comunidades diversas *(país, región, provincia)*, ideologías o movimientos políticos *(liberalismo, capitalismo, racismo)*, o diversos sectores y ámbitos de una comunidad que se encuentran activos *(cultura, tecnología, empleo, salud pública)*. Se construye también ocasionalmente con algunos sustantivos que designan diversos estados personales o colectivos sujetos a modificación *(noviazgo, amistad, paz, bienestar)*. Asimismo se combina con...

A SUSTANTIVOS QUE DESIGNAN PROPUESTAS, PROYECTOS O PUNTOS DE VISTA SOBRE ALGUNA SITUACIÓN FUTURA: **1 propuesta** ++: La propuesta no *prosperó* y, luego de un diálogo, la Iglesia decidió respetar la posición de los ocupantes. DHE100297 **2 proyecto** ++: ...para que ese proyecto *prospere*, tendrá que modificarse el organigrama del hospital. ACP061000 **3 iniciativa** +: Los representantes de las organizaciones (...) mostraron este martes pocas esperanzas a que *prospere* la iniciativa. ENC210301 **4 opción**: Para el caso de que no *prosperen* ninguna de las dos opciones... CLA030199 **5 alternativa**: Carezco de algunas virtudes para convencer a la gente, lo que quiero es que *prospere* la alternativa... CAP260697 **6 teoría**: Si hubiera *prosperado* esta teoría, los medios habrían sucumbido bajo el control político... EME150395 **7 tesis** +: ...podría ser condenado a 14 años de prisión si *prospera* la tesis del fiscal en el juicio celebrado ayer... LVG301091 **8 candidatura** +: Sobre la posibilidad de que puedan *prosperar* las candidaturas (...) aclaró que será la convención capitalina de su partido la que tenga que decidir... EXC181296

B SUSTANTIVOS QUE DESIGNAN IDEAS, DISPOSICIONES, RECURSOS O MEDIOS DIVERSOS PARA LOGRAR ALGUNA COSA: **9 idea** ++: Prosperó la idea de que la ley es el mayor obstáculo para la felicidad... ENV110796 **10 medida**: Posiblemente esta medida no llegue a tomarse, pero hay otra que podría *prosperar*... HOY250484 **11 reforma** +: Además, la reforma no *prosperó* porque fuese mala, sino porque la deformaron... ETC020190 **12 decisión**: Y si esa es la decisión de la mayoría, no sólo se salvará, sino que *prosperará*. DLA190497 **13 resolución**: ...quería desligarse del pasado al impedir que *prosperara* una resolución del presidente extremeño... EPE291199 **14 ley**: ...su falta de voluntad negociadora ha impedido que *prosperara* la ley de telecomunicaciones por cable. LVE150995 **15 fórmula**: De allí que hayan surgido voces en los sectores más interesados de la Concertación respecto de que esta fórmula podría *prosperar*... HOY020697 **16 estrategia**: Si esta estrategia *prospera*, es la mejor posible... PME080996

C SUSTANTIVOS QUE DESIGNAN ACCIONES CARACTERÍSTICAS DE LOS PROCESOS JUDICIALES, ADMINISTRATIVOS O POLÍTICOS, MÁS FRECUENTEMENTE SI EXPRESAN SOLICITUDES O RECLAMACIONES. POR EXTENSIÓN, CON OTROS QUE DESIGNAN ESAS MISMAS NOCIONES FUERA DEL ÁMBITO JUDICIAL: **17 recurso** ++: ...el error debería haber sido manifiesto para que *prosperase* el recurso. CAN141200 **18 demanda** ++: La Corte se pronunció a propósito de una demanda de inconstitucionalidad, que finalmente no *prosperó*. ETC060996 **19 denuncia** ++: ...y le aconsejó que viajara a Santiago para que la denuncia *prosperara*. HOY091296 **20 petición** +: ...lo que también impedirá que *prospere* la petición que hicieran ayer los panificadores... LPN281196 **21 apelación** +: La apelación *prosperará* por mayoría de los votos de los diputados presentes. LNC270596 **22 reclamo** +: Si *prospera* el reclamo impositivo, el servicio sería interrumpido. CLA180199 **23 acusación** +: De *prosperar* la acusación, el ministro Zurita podría ser el sucesor de Jordán. HOY070797 **24 causa** +: Resulta harto difícil que la causa *prospere* cuando su principal animador (...) se ha dado ya por vencido. EDV130301 **25 gestión** +: Cuestionado sobre la posibilidad que el caso sea llevado a un tribunal internacional, aclara que tampoco *prosperará* dicha gestión. EXC250900 **26** **proceso +:** El proceso administrativo (...) no *prospera* en absoluto y no se habla de la estafa cometida. EPC211097 **27** **diligencia:** ...están sumamente preocupados por el andamiento de una diligencia judicial, que de *prosperar* les obligaría a... ACP110996

D SUSTANTIVOS QUE DENOTAN INTENCIÓN O PROPÓSITO, Y TAMBIÉN CON ALGUNOS QUE DESIGNAN EL TRABAJO O EL TESÓN QUE SE PONE EN LO QUE SE EMPRENDE: **28** **intento ++:** Ojalá esos intentos no *prosperen*, por el bien de las relaciones interamericanas. GIC062397 **29** **intención +:** ...señalando además estar decididos a bloquear las calles si dicha intención *prospera*. LTB170701 **30** **esfuerzo +:** ...la sanción podría quedar en una fuerte multa si *prosperan* los esfuerzos de la directiva... DYM111197 **31** **pretensión:** ...amenazó con no respaldar el acuerdo (...) de *prosperar* las pretensiones alemanas contra el acuerdo. ETC160494 **32** **empeño:** Además, no *prosperaron*, por antimaderistas, los empeños (...) por que se ampliara el periodo de los legisladores... EXC220996

E SUSTANTIVOS QUE DENOTAN DIÁLOGO O ACUERDO. TAMBIÉN CON OTROS QUE DESIGNAN ALGUNAS ACTUACIONES DIRIGIDAS A ALCANZARLO: **33** **negociación ++:** ...para lograr ese objetivo sólo falta que *prosperen* las negociaciones... LNP150397 **34** **acuerdo +:** ...es totalmente imposible que cualquier tipo de acuerdo privado *prospere*... FDV280301 **35** **relación +:** Finalmente viajó, tuvo dos hijos, pero la relación entre ambos esposos no *prosperó*. RUM280797 **36** **reunión +:** ...la idea del delantero era charlar con algún directivo ayer y si no *prosperaba* la reunión, viajar a Tandil... CLA110199 **37** **diálogo +:** Si la guerrilla acepta el diálogo y este *prospera*, dicha iniciativa sobraría. ETC070497 **38** **conversación:** El secretario de Educación (...) indicó que no *prosperó* la conversación... LTB130901 **39** **alianza:** Para que no *prospere* la probable alianza estratégica entre los opuestos... CAP290801

F SUSTANTIVOS QUE DENOTAN ACTIVIDAD, GENERALMENTE ORIENTADA EN ALGUNA DIRECCIÓN ADMINISTRATIVA, POLÍTICA, DEPORTIVA O ECONÓMICA: **40** **acción +:** ...con lo cual se impedía que *prosperaran* las acciones contra flagrantes violaciones de la Constitución. CAP230197 **41** **campaña +:** Naturalmente se dice que no *prosperó* esa campaña, porque Carrera ya no estaba con los montañeses... LHG080497 **42** **operación:** La operación no *prosperó* aun cuando se habló de una rebaja del 15%. CLA040199 **43** **inversión:** ...hay un clima político, económico y social propicio para que *prosperen* todo tipo de inversiones productivas... EXC130996 **44** **venta:** Si la venta de acciones *prospera*, Economía recibiría el dinero de una sola vez. CLA160797 **45** **maniobra:** No *prosperó* su última maniobra: la denuncia de un supuesto error cartográfico en la documentación presentada ante el Papa. HOY180385 **46** **jugada:** Pero el de Racing demoró demasiado la gambeta y la jugada no *prosperó*. CLA170199

G SUSTANTIVOS QUE DESIGNAN ENTIDADES U ORGANIZACIONES DEDICADAS A ACTIVIDADES EMPRESARIALES, INDUSTRIALES O MERCANTILES. POR EXTENSIÓN, CON OTROS QUE DESIGNAN ESAS MISMAS ACTIVIDADES: **47** **banca +:** ...ni la banca había *prosperado* tanto como para hacer ¡boom! y largarse en búsqueda de nuevos horizontes. ENV201296 **48** **empresa +:** Empresas de carga *prosperan* en Miami. ENH140797 **49** **negocio +:** ...el negocio del siglo habría *prosperado* en los términos en que originalmente se pactó el acuerdo... HOY011297 **50** **economía +:** ...es necesario disponer de los recursos suficientes para que la economía *prospere*. CAP070900 **51** **compañía:** Durante sus años iniciales la compañía *prosperó* internacionalmente... ABC200195 **52** **firma:** La firma (...) está *prosperando* gracias al papel que desempeña Miami como puerta de entrada de América Latina a Estados Unidos. ENH140797 **53** **cooperativa:** ...se quiso hacer *prosperar* las cooperativas a fuerza de créditos y granjerías... ESH230497 **54** **destilería:** A continuación desapareció el azúcar y *prosperaron* las destilerías clandestinas. ECA190792

H SUSTANTIVOS QUE DENOTAN INVESTIGACIÓN: **55** **investigación ++:** Confío en que *prosperen* las investigaciones bien sea para condenar o para absolver a quienes se han visto involucrados... EPC110996 **56** **indagación:** En el caso de que *prosperen* las indagaciones en curso... CAN170599 **57** **pesquisa −:** Sin embargo, la policía mexicana ha demostrado poco interés en que las pesquisas *prosperen*. HOY280497

I OTROS SUSTANTIVOS; POSIBLES USOS ESTILÍSTICOS: Pese a lo cual su conciencia de clase no ha *prosperado*. EME230195

▩ Se combina también con: ♦ **a pasos agigantados[14], como hongos[13], como la espuma[3]**

protagonismo ♦ **acusado[43], claro, consolidado, creciente, desmedido[81], destacado, efímero, exagerado, fugaz, incuestionable, indiscutible, indudable, innegable, marcado, notorio, ostensible, patente, reconocido, sólido** ♦ **actitud (de), ánimo (de)[19], ápice (de)[54]** ♦ **acaparar, adquirir[63], arrebatar, arrogarse[31], asumir, aumentar, ceder, cobrar[13], consolidar(se), decrecer[49], disfrutar (de), disminuir, disputar(se), ejercer, ganar, gozar (de)[47], ostentar, perder, robar (a alguien), tener, usurpar[14]**

☐ Véase también: **destacar, hegemonía, liderazgo, resaltar.**

protagonizar ♦ **acontecimiento, acto, actuación, anuncio, ataque, batalla, confrontación, debate, drama, duelo, ensayo, episodio, escena, festival, gesta, hazaña, historia, incidente, intento, juego, jugada, llegada, lucha, masacre, novela, pelea, película, peripecia, personaje, programa, protesta, recital, reunión, riña, serie, sesión, sublevación, suceso, tiroteo, tragedia, victoria,** *otros sustantivos que designan eventos*

☐ Véase también: **destacar, sobresalir.**

protección ♦ **a ultranza[18], cautelar[46], celestial, celoso, efectivo[15], especial, hermético[4], incondicional[10], integral[54], maternal, preferente, preventivo[62], seguro, social, total** ♦ **atender (a), brindar[6], conceder[38], cuidar, dar[4], denegar[57], desatender, descuidar, dispensar[15], extremar, implorar[3], ofrecer, otorgar, pedir, preocupar(se) (de), rogar, solicitar, velar (por)[11]**

☐ Véase también: **abrigo, amparo, apoyo, asilo, asistencia, atención, ayuda, blindaje, cobijo, cuidado, defensa, en custodia, en depósito, refugio, toldo.**

PROTECCIÓN Véase: *MANTENIMIENTO, PROTECCIÓN Y RESISTENCIA*

PROTECCIÓN

♦ (SUSTANTIVOS) Véase: a capa y espada[D], acérrimo[C], al calor (de)[A], a muerte[G], a toda costa[G], a ultranza[D], brindar[A], cálido[C], caluroso[C], cautelar[G], conceder[G], dar[A], denegar[G], dispensar[C], echar[E], ejercer[H], enarbolar[E], estricto[B], férreo[H,O], hermético[A], implorar[A], inequívoco[G], integral[L], meter(se) (en)[J], numantino[A], oponer[C], preventivo[I], velar (por)[B]

♦ (VERBOS) Véase: abiertamente[M], a brazo partido[B], a capa y espada[A], atentamente[C], a toda costa[C], a todo trance[B], a ultranza[A], calurosamente[C], celosamente[A], como oro en paño[B], contra viento y marea[B], con uñas y dientes[A], debidamente[C], de cerca[E], decididamente[A], desesperadamente[D], en primera línea[A], escrupulosamente[D], férreamente[B], fuertemente[G], lealmente[D], numantinamente[A]

☐ Véase también: MANTENIMIENTO; RESISTENCIA.

proteger ♦ a capa y espada[2], a cualquier precio, adecuadamente, a muerte, a toda costa[21], a ultranza[5], celosamente[2], contra viento y marea[9], con uñas y dientes[3], debidamente[23], escrupulosamente[25], fuertemente[35], herméticamente[3]

☐ Véase también: **atender, conservar, cuidar, custodiar, guarecerse (de), preservar, vigilar.**

protesta ♦ acalorado, airado[8], civilizado, clamoroso[30], contundente, desaforado[20], desmedido[44], diplomático, eficaz, en cadena[13], encendido[12], enconado[39], enérgico, en masa, exacerbado, firme, fundado[26], ineficaz, infundado, injusto, intenso, inútil, justo, legítimo, masivo, mayoritario, minoritario, multitudinario[30], obstinado, oficial, por escrito, reiterado, rotundo[18], testimonial[32], tibio[19], unánime[23], vehemente[14], verbal, vivo ♦ en señal (de)[1] ♦ avalancha (de)[4], expresión (de)[28], lluvia (de)[8], muestra (de), objeto (de)[62], ola (de)[19], oleada (de), señal (de) ♦ abanderar[20], acallar[23], acoger, activar, adherir(se) (a), ahogar(se)[26], alimentar[21], amainar[13], amortiguar[52], apaciguar[31], aplacar(se)[39], apoyar, arreciar[2], atemperar[44], atender, avecinarse[26], avivar[13], basar (en algo), brotar[42], caer en saco roto[16], canalizar[30], capitalizar[34], cejar (en)[12], contrarrestar, deponer[13], desactivar[9], desatar(se)[59], desatender[27], desencadenar(se)[24], desoír[33], desviar[46], encauzar, estallar[3], estallar (en)[20], expresar, formular[14], fracasar, hacer, hacer llegar (a alguien), hacer oídos sordos (a), incentivar[36], incitar (a)[4], levantar[43], manifestar, mitigar[58], nacer, ocasionar[37], organizar, orquestar[22], paliar[61], plantear, presentar, provocar, reaccionar (ante), reavivar[7], recrudecer(se)[52], redoblar[22], remitir[41], respaldar, responder (a), salir al paso (de)[16], silenciar[4], sofocar[4], sostener, surgir, surtir efecto[30], suscitar, suscribir, sustentar, tener éxito, transmitir

☐ Véase también: **crítica, disconformidad, queja, querella, reclamación.**

protestar ♦ abiertamente[56], acaloradamente[6], activamente[43], airadamente, ardientemente[18], civilizadamente[14], clamorosamente, con éxito, con fuerza, con rotundidad[38], de palabra y obra[4], desaforadamente, desesperadamente, enérgicamente[2], enfurecidamente, en masa[9], insistentemente, intensamente, inútilmente, manifiestamente[27], oficialmente, por escrito, por vía diplomática, verbalmente, vivamente[11]

☐ Véase también: **quejarse.**

protocolo ♦ diplomático, estricto[76], oficial, riguroso ♦ con arreglo (a), en función (de), según ♦ ajustar(se) (a), amoldar(se) (a), atender (a), cumplir[31], dar, imponer, saltarse[53], seguir

☐ Véase también: **ceremonia, rito.**

PROTOTIPO Véase: MODELO

provecho ♦ abundante, considerable, discreto, escaso, exclusivo, exiguo, gran(de), incalculable, indirecto, inestimable, inmaterial, jugoso, material, máximo, mínimo, moderado, propio, sustancioso ♦ adquirir, dar[217], obtener, redundar (en)[2], rendir, reportar, sacar

☐ Véase también: **aprovechamiento, aprovechar, beneficiar(se), beneficio, lucro, uso.**

PROVECHO Véase: BENEFICIO

provenir ♦ originalmente, originariamente

proverbial ♦ agudeza, capacidad, cinismo, concisión, coraje, cortesía, curiosidad, delicadeza, demagogia, discreción, hospitalidad, humildad, insensibilidad, lentitud, lucidez, modestia, paciencia, profesionalidad, prudencia, pulcritud, puntualidad, rigor, sabiduría, sensibilidad, simpatía, talento, torpeza, *otros sustantivos que designan cualidades y defectos*

provocación ♦ absurdo, alevoso, denigrante, descarado, gratuito, indignante, intolerable, tremendo, vil, zafio ♦ ánimo (de)[28] ♦ constituir, contestar (a), ejercer, esquivar, lanzar, practicar, replicar (a), representar, responder (a), suponer

☐ Véase también: **amenaza, desafío, insulto, reto.**

provocar ♦ inevitablemente[23], irremediablemente ♦ admiración, agitación, alarma, ataque, aumento, cambio, caos, choque, conflicto, confusión, corte, daño, deseo, desgaste, disputa, dolor, enfermedad, falta, furia, gana, incendio, infección, interés, ira, irritación, llegada, miedo, nerviosismo, parada, peligro, pobreza, problema, risa, separación, temor, tragedia, unión, *otros sustantivos que designan sensaciones y sentimientos*

☐ Véase también: **incitar (a), inducir (a), instigar (a).**

PROXIMIDAD Véase: *INMEDIATEZ*

PROXIMIDAD Véase: APROXIMACIÓN

proyectar ♦ a grandes rasgos, a grandes trazos, detalladamente, en líneas generales, en sus me-

nores detalles, esquemáticamente, punto por punto ♦ cambio, deseo, futuro, idea, ilusión, imagen, inconsciente, luz, mente, misil, obra, película, pensamiento, plan, sombra, sueño, trabajo
☐ Véase también: **lanzar**.

proyectil ♦ disparo (de), lanzamiento (de), lluvia (de), ráfaga (de) ♦ caer, calibrar, disparar, lanzar, propulsar, recibir

proyecto ♦ ambicioso, aparatoso[46], a pique[1], atractivo, audaz, avanzado[31], balbuciente, brillante, colectivo, común, constructivo[13], controvertido[19], de futuro, descabellado[2], disparatado, en equipo[4], en firme[14], en mantillas, faraónico, ilusionante[1], inconcluso, innovador, inobjetable, inviable, modesto, novedoso[26], pionero, prematuro, provisional, serio, sobre ruedas, sugerente, tentador, vehemente[54], viable ♦ en punto muerto[16] ♦ con arreglo (a)[23] ♦ alcance (de)[38], borrador (de) ♦ abocar(se) (a)[33], abordar, abrigar[12], absorber[28], acariciar[23], aceptar, acoger, acometer, acotar[18], adherirse (a)[37], afinar[11], agilizar[65], aglutinar[48], agotar(se)[46], ahogar(se)[40], alterar[17], alumbrar[7], apoyar, arrinconar, articular, auspiciar[23], avalar[5], avanzar, aventurar(se) (en), bloquear, boicotear[35], bosquejar[2], canalizar[76], cancelar[16], capitalizar, ceñir(se) (a)[24], cimentar[15], cocinar(se)[6], concebir[9], concertar[19], congelar[31], consensuar[1], coronar, cristalizar, cuajar[2], culminar[14], dar a luz, dar curso (a), decaer[22], defender, delinear[2], denegar[11], derogar[38], derrumbar(se)[47], desactivar[29], desbaratar[6], desbloquear[22], desbordar(se), descuidar, desestabilizar[7], desglosar[12], desmantelar[16], desmontar[22], desmoronar(se)[11], despejar(se)[53], desvanecerse[12], difuminar(se)[61], difundir(se)[52], discurrir[13], ejecutar[2], embarcarse (en), emprender[32], encabezar, encauzar, enderezar[55], enfrascarse (en)[31], enmendar[18], enrolar(se) (en)[6], esbozar, estancar(se), filtrar(se)[19], firmar[36], formular[37], fracasar, fraguar(se)[45], fructificar, frustrar(se), gestar(se), gestionar, hacer(se) realidad[36], idear, implantar[24], impulsar, involucrar(se) (en)[13], ir(se) a pique, ir adelante, lanzar[36], liderar, llevar a buen puerto[18], llevar adelante[1], llevar a la práctica[2], llevar a término[1], madurar, malograr(se)[1], meter(se) (en)[27], naufragar, negociar[21], obstaculizar, paralizar(se), perfilar[4], pergeñar[1], pilotar[1], plantear[24], poner en marcha, presentar, promover, propugnar, propulsar[2], prosperar[2], quebrar(se)[11], quitar(se) de la cabeza, rechazar, rectificar[28], reflotar, refundir[7], relanzar[2], resucitar, retocar, revitalizar, sacar adelante, salir a la luz[73], seguir adelante, sostener, sustentar[20], tejer[7], tener, tener éxito, torcer(se)[4], torpedear, tramar[11], tramitar[40], trazar[3], triunfar, truncar(se), validar[26], venirse abajo[10], votar
☐ Véase también: **aspiración, destino, esfuerzo, futuro, inclinación, iniciativa, intención, plan, propuesta**.

PROYECTO
♦ (SUSTANTIVOS) Véase: **abanderar[B], abocar(se) (a)[E], abrigar[C], absolutorio[C], absorber[E], abstruso[D], acariciar[D], accesible[B], acorde (con)[D], acotar[E], adherirse (a)[G], adulterar[F], afianzar(se)[C], afinar[B], agilizar[J], aglutinar[E], aguar(se)[C], airear[F], al calor (de)[E], alcance (de)[F], alimentar[K], alterar[D], alumbrar[B], amoldar(se) (a)[F], aparatoso[G], apear(se) (de)[C], a pique[A], apuntalar[D], armar(se)[C], astronómico[F], aunar[E], auspiciar[E], avalar[B], avanzado[G], barajar[B], boicotear[F], bosquejar[A], canalizar[I], cancelar[D], cartesiano[D], circular[E], cobrar fuerza[C], cocinar(se)[B], con arreglo a[C], concebir[B], concertar[C], confesar[G], congelar[F], consensuar[A], constructivo[C], controvertido[D], cuadrar[B], cuajar[A], culminar[D], dañar[D], delinear[A], derrumbar(se)[J], desarticular(se)[C], desbaratar[A], desbloquear[E], desbrozar[D], descabellado[A], desestabilizar[B], desglosar[B], desmantelar[C], desmontar[D], despejar(se)[G], desvanecerse[B], desvelar[I], difuminar(se)[L], difundir(se)[H], discurrir[C], disfrazar[D], ejecutar[A], emanar[G], emprender[E], enderezar[G], en firme[C], enmendar[D], en punto muerto[D], enrevesado[I], enrolar(se) (en)[B], esgrimir[H], establecer[E], filtrar(se)[D], hacer(se) realidad[C], halagüeño[A], ilusionante[A], incubar[E], incumplir[H], integral[G], involucrar(se) (en)[B], irreconciliable[I], irreversible[K], lanzar[G], ligar[C], llevar a buen puerto[D], llevar adelante[A], llevar a la práctica[A], malograr(se)[A], meter(se) (en)[F], monumental[K], negociar[D], novedoso[D], patas arriba[D], perfilar[A], pergeñar[A], pilotar[A], pisar[D], plantear[E], plegarse (a)[C], precario[I], propulsar[A], prosperar[A], pulverizar[C], quebrar(se)[B], rebatir[C], rectificar[E], refrendar[F], refundir[B], relanzar[A], reprobar[B], revalidar[G], riguroso[H], salir a la luz[K], sobrepasar[F], socavar[M], sustentar[C], tejer[B], tergiversar[F], torcer(se)[A], tramar[B], tramitar[F], trazar[A], vasto[B], venirse abajo[B], vislumbrar[B]**
♦ (VERBOS) Véase: **al detalle[D], ventajosamente[D]**
☐ Véase también: ACTUACIÓN FUTURA; ASPIRACIÓN; DESTINO; ESFUERZO; FUTURO; INCLINACIÓN; INTENCIÓN; PROPUESTA.

prudencia ♦ absoluto, conveniente, debido, diplomático, exquisito, extremo, máximo, necesario, oportuno, sumo[19] ♦ con ♦ aconsejar (a alguien), demostrar, extremar, guardar[6], pedir, primar[22], recomendar (a alguien), redoblar, requerir, tener
☐ Véase también: **cordura, moderación**.

prudencial ♦ actitud, control, distancia, espera, fecha, hora, límite, norma, período, plazo, reserva, silencio, supervisión, tiempo

[prueba] → a prueba (de), poner a prueba

prueba ▮ *(testimonio)* ♦ abrumador[36], analítico[1], aplastante, claro, concluyente[1], condicional[16], contundente, convincente, débil, decisivo[17], descarnado, determinante[3], documental, empírico, endeble, exhaustivo[30], fehaciente[1], fidedigno[39], flagrante[79], inapelable[31], incontestable, incontrovertible[1], incuestionable, indiscutible, indudable, inequívoco, innegable, inobjetable, insostenible, irrebatible[6], irrefutable[1], irresoluble, irreversible, meridiano[14], minucioso[7], ostensible[55], palmario, palpable[3], patente, rotundo[59], sólido, terminante[33], testimonial[7], valedero ♦ a la luz (de)[17], a tenor (de)[18], a título (de)[4] ♦ cúmulo (de)[50], fuerza (de), valor (de) ♦ aducir[3], alegar, amañar[3], apoyar(se) (en algo), aprobar, buscar, constituir, cuestionar, dar[172], deducir[28], delatar[8], descubrir, destapar[42], desvelar, encontrar, esgrimir[8], falsificar, negar[8], obrar en poder[11], poner en duda, practicar[1], presentar, recabar[5], refutar, rendirse (a/ante)[3], representar, reprobar, sacar a la luz, salir a la luz, suponer, sustentar(se) (en algo), tergiversar[30] ▮ *(competición)* ♦ arriesgado, difícil, duro, mortal, peligroso, reñido[19] ♦ a puerta cerrada[71] ♦ afrontar[12], bordar[13], disputar, fallar, ganar, impugnar[47], pasar, perder, salvar, superar, triunfar (en), vencer[19]

☐ Véase también: **comprobación, demostración (de), ejemplo, evidencia, experimento, justificación, testimonio.**

PRUEBA

♦ (SUSTANTIVOS) Véase: abrumador[F], aducir[A,B], afrontar[B], a la luz (de)[C], aleccionador[D], amañar[A], arrojar[E], a título de[B], cegador[E], clamoroso[D], concluyente[A], cúmulo (de)[H], dar[N], de campo[C], deducir[G], delatar[B], delictivo[E], denotar[D], destapar[B,I], esgrimir[B], fehaciente[B], fidedigno[B], flagrante[G], fundado[B], honroso[I], impugnar[G], incontrovertible[A], irrebatible[B], irrefutable[A], luminoso[B,I], meridiano[C], negar[A], ostensible[G], palpable[A], rendirse (a/ante)[A], rotundo[G], saludable[F], terminante[G], testimonial[B], vencer[C], vivo[F]

♦ (VERBOS) Véase: a bulto[A], debidamente[A], profusamente[H], sobradamente[E]

☐ Véase también: DEMOSTRACIÓN; MUESTRA; TESTIMONIO.

psicológicamente ♦ afectar, apoyar, beneficiar, cansarse, controlar, dañar, destrozar, destruir, entregarse, fracasar, golpear, hundir(se), influir, juzgar, maltratar, sufrir, sustraerse, torturar, tratar

publicación ♦ diario, mensual, periódico, semanal ♦ tirada (de) ♦ difundir(se)[22], retirar, sufragar, suscribirse (a)

☐ Véase también: **difusión, edición.**

publicar ♦ abiertamente, a los cuatro vientos[5], a toda plana[1], claramente, con todo lujo de detalles, en exclusiva, lujosamente

☐ Véase también: **difundir(se), editar, extender(se), pregonar.**

publicidad ♦ continuo, efectivo, eficaz, engañoso, incitante, ineficaz, insistente, mediático, persuasivo, radiofónico, seductor, subliminal, televisivo ♦ dar[123], difundir(se)[12], lanzar, recibir, soportar

☐ Véase también: **notoriedad, propaganda.**

público ♦ abarrotado (de), abigarrado, abundante, atento, caluroso, convencido, crítico, difícil, enardecido, encantado, enfervorecido, enfervorizado, entendido, entregado, entusiasta, escaso, exaltado, exigente, extasiado, fervoroso[18], frío, lleno (de), numeroso, nutrido[22], rebosante (de), renuente, repleto (de), tumultuoso, unánime, vociferante, vocinglero ♦ aglomeración (de), cola (de), ovación (de), participación (de) ♦ abuchear (a alguien), aburrir(se), acudir, afluir, aglutinar[16], agolpar(se), apelotonar(se), aplaudir (algo/a alguien), asistir (a un evento), bullir (de), caldear(se), calmar(se), congregar(se), conmocionar(se), distraer(se), enardecer(se), encrespar(se), entregar(se), entretener(se), gritar, llenar {la sala/el recinto...}, ovacionar (a alguien), rebosar (de), reunir(se), silbar (a alguien), vociferar

☐ Véase también: **asistencia, audiencia, auditorio, concurrencia, conocido.**

pudor ♦ dar, entrar (a alguien), mostrar, ofender[6], perder, sentir, tener, vencer[67]

☐ Véase también: **reparo, timidez, vergüenza.**

pudrirse ♦ a ojos vista[21], irremediablemente, por completo[111], totalmente

☐ Véase también: **ajar(se), deteriorar(se), marchitarse.**

pueblo ▮ *(personas)* ♦ activo, ancestral[89], autóctono, bullicioso, hospitalario, natal ♦ concentrar(se), conmocionar(se), conquistar, desmembrar(se)[14], dividir, movilizar (a), reunir, sojuzgar[11] ▮ *(lugar)* ♦ acogedor, afectado, aislado, alejado, cercano, costero, deshabitado, desierto, fantasmal[2], gran(de), inhóspito, lejano, marinero, pequeño, pintoresco, remoto, serrano, situado (en un lugar) ♦ afincar(se) (en), asaltar, asediar, conquistar, dividir, frecuentar, habitar, hermanar(se), invadir, morar (en), mudarse (a), ocupar, radicarse (en), residir (en), sitiar, vivir (en)

☐ Véase también: **población.**

puente ♦ destartalado, desvencijado, en ruinas, firme, inseguro, seguro, vacilante, vetusto ♦ alzar, atravesar, conectar (algo), cruzar, derribar, destruir, dinamitar, enlazar (algo), establecer, tambalearse, tender

☐ Véase también: **enlace.**

[puerta] → a puerta cerrada, puerta a puerta

puerta ♦ abatir, abrir, atrancar, blindar, cerrar, condenar, derribar, descerrajar, entornar, entreabrir, forzar, franquear, golpear, llamar (a), sellar, traspasar

☐ Véase también: **entrada, vía.**

puerta a puerta ♦ campaña, distribución, entrega, servicio, venta

[puerto] → llegar a buen puerto, llevar a buen puerto

puesta en marcha ♦ inmediato, inminente, previsto ♦ acelerar, anunciar, aplazar, comunicar, demorar, entorpecer, frenar, permitir, retrasar, urgir[20]

puesto ♦ aventajado12, codiciado, defensivo5, de honor, delicado, descollante19, destacado, de trabajo, fijo, fronterizo, honorífico, honroso54, interino, libre, merecido, permanente, precario12, preeminente3, provisional, vacante, vitalicio ♦ abandonar, aceptar, aferrarse (a)4, afianzar(se)2, alcanzar, amortizar13, apear(se) (de)4, asumir, ceder, conseguir, conservar1, copar1, corresponder, cubrir, dejar, desempeñar8, desocupar, dilucidar18, disputar (por), ejercer, escalar2, ganar, guardar49, jurar10, lograr, luchar (por), mantener, merecer, ocupar, ofrecer, ostentar, perder, permanecer (en), quitar, recaer42, recobrar, recuperar, relegar (a), revalidar6, tener, usurpar4
☐ Véase también: **lugar**.

pugna ♦ apretado39, controvertido36, duro, enconado6, fuerte, intenso, interno, largo, reñido3, soterrado5, verbal, violento ♦ al descubierto52 ♦ aderezar11, arreciar30, avecinarse17, avivar21, entrar (en), ganar, mantener, perder, protagonizar, provocar, reavivar, resolver, solventar
☐ Véase también: **confrontación, lucha**.

puja ♦ a favor (de algo), competido, reñido55 ♦ abrir(se), amañar, entrar (en/a), ganar, perder, resolver
☐ Véase también: **apuesta**.

pulcramente *adv.* ▮ Se combina con diversos verbos de acción que designan el proceso de realizar o ejecutar una cosa *(confeccionar, actuar, fabricar)*. También se combina con...

A VERBOS QUE DESIGNAN LA ACCIÓN DE VESTIRSE, ASEARSE O ARREGLARSE: **1 vestir(se)** ++: Los Gavira, los Lobatón visten *pulcramente*, nunca se despeinan, su corbata siempre está en su sitio... EME121195 **2 trajear(se):** El presidente aterrizó en el aeropuerto militar controlado por las fuerzas españolas, francesas y marroquíes a las diez y media de la mañana, *pulcramente* trajeado y con corbata. EME090796 **3 encorbatar(se):** ...Saramago, viejo y voluntarioso comunista *pulcramente* encorbatado... DDN110101 **4 afeitar(se):** Se había afeitado *pulcramente* para tener una nueva personalidad y una prometedora carrera en el Gobierno, y se dejó en el pasado sus incumplimientos con los impuestos. EME020795 **5 asear(se):** Los niños estaban *pulcramente* aseados y listos para salir. INDOC **6 lavar(se):** Por la tarde la Junta de Fiscales se lavaba *pulcramente* las manos al decidir por unanimidad... EME031196

B VERBOS QUE DENOTAN ORGANIZACIÓN O DISTRIBUCIÓN: **7 ordenar** +: Poco después tengo en las manos una carpeta con las cartas correspondientes, *pulcramente* ordenadas por fechas. EME051195 **8 colocar(se):** ...y abrir un archivador con la etiqueta pendiente para colocar todo lo demás, *pulcramente* y no sin leves remordimientos, en un estante. EPE010899 **9 clasificar:** Todas las fichas del archivo habían sido clasificadas *pulcramente* en sus casilleros respectivos. INDOC

C VERBOS QUE DESIGNAN LA ACCIÓN DE REDACTAR UN MENSAJE. TAMBIÉN CON OTROS QUE EXPRESAN DIVERSAS ACCIONES RELATIVAS A LA PRODUCCIÓN DE TEXTOS: **10 redactar** ++: Estos recuerdos de Manuel Lora-Tamayo, subtitulados «Recuerdos de un viejo catedrático que fue ministro», han sido *pulcramente* redactados y poseen una exquisita falta de resentimiento. ABC180294 **11 escribir** +: Está, además, *pulcramente* escrito, al punto de que uno de los peligros del libro es que uno se entretenga en «lo bien que escribe este chico culto»... EME050294 **12 traducir** +: ...y las correspondientes Notas, Bibliografía y Glosario, todo ello traducido *pulcramente* por Carmen Díaz de Canora. ABC170792 **13 anotar:** ...salvo que era perceptible que el jardinero de mi casa anotaba *pulcramente* las matrículas de los automóviles que venían a visitarnos. LVE010395 **14 apuntar:** ...saca un bloc de notas, traza una raya en su mitad y en la parte superior apunta *pulcramente* los datos a favor, para dejar abajo la lista de peros en su contra. EPD290497

D VERBOS QUE DESIGNAN LA ACCIÓN DE EDITAR O REPRODUCIR UN TEXTO: **15 editar** ++: Este volumen, *pulcramente* editado e ilustrado, ofrece una serie de reflexiones en torno a la muerte desde diversas perspectivas. ABC071094 **16 imprimir** +: Su más reciente edición, *pulcramente* impresa, me la entrega en propias manos el diputado y colega Manuel Isidro Molina. EUV061196 **17 publicar:** Les obsequiaron con un magnífico libro sobre Goya, *pulcramente* publicado. INDOC **18 reeditar:** ...publicado en versión española en 1978, y ahora *pulcramente* reeditado por editorial Ariel... ABC011295 **19 reproducir:** Las 19 felicitaciones pasaron por mis manos; entregaba los originales al señor Muga de La Polígrafa, que las reproducía *pulcramente*. LVE021296

E VERBOS QUE DESIGNAN OTRAS ACTIVIDADES ARTÍSTICAS O CREATIVAS: **20 interpretar:** Su actuación incluye veintidós canciones, *pulcramente* interpretadas, con predominio de temas pertenecientes al folklore latinoamericano. EPE100780 **21 bordar:** Este vestido era de mi abuela; está bordado muy *pulcramente*, como puede verse. INDOC

pulcritud Véase: **pulcramente**

pulla ♦ sarta (de)27 ♦ lanzar10, soltar
☐ Véase también: **crítica, dardo, insulto**.

[pulmón] → a pleno pulmón, a todo pulmón

pulmón ♦ cáncer (de) ♦ afectar (a), dilatar(se), encharcar(se), henchir, llenar, vaciar

pulmonía ♦ agarrar, coger, contagiar, curar(se) (de), pillar2, tener

pulsar ▮ *(presionar)* ♦ alarma, botón, tecla ▮ *(examinar)* ♦ criterio, opinión, pensamiento, posibilidad, punto de vista, realidad, situación
☐ Véase también: **apretar, intentar, presionar, tocar, tratar**.

pulsión ♦ inconsciente, instintivo12, irrefrenable22, violento, visceral36
☐ Véase también: **atracción, fuerza, impulso**.

[pulso] → a pulso

pulso ▮ *(latido)* ♦ agitado, tembloroso, trémulo ♦ recobrar, recuperar, temblar(le) (a alguien), tomar(le) (a algo/a alguien)

▌ *(contienda)* ♦ **a cara de perro[18], crispado, desequilibrado, desigual, reñido** ♦ **echar, entablar[28], ganar, librar, mantener, perder**

pulverizar *v.* ▌ En el sentido de 'reducir a polvo' se combina con sustantivos que designan objetos físicos *(estatua, edificio)*. En el sentido de 'esparcir' se combina con sustantivos que designan sustancias *(insecticida, pintura)*. En el sentido de 'destruir por completo, consumir, aniquilar', se combina con sustantivos que designan grupos o conjuntos *(ejército, sociedad)* o cantidades económicas *(dinero, salario)*. En el sentido de 'superar de manera rotunda o contundente', se combina con...

A SUSTANTIVOS QUE DESIGNAN DATOS Y RESULTADOS QUE SE OBTIENEN GENERALMENTE DE COMPETICIONES, MEDICIONES, RECAUDACIONES, ENCUESTAS U OTROS CÓMPUTOS ANÁLOGOS: **1 récord ++:** ...Michael Johnson *pulverizó* un récord vigente por mucho tiempo al correr los 200 metros en 19.66 segundos. EUV260696 **2 marca ++:** ...Greene busca *pulverizar* su propia marca mundial para los 100... ENH150900 **3 plusmarca +:** Koss realizó una carrera simplemente sobrehumana y *pulverizó* la plusmarca mundial. EME210294 **4 cifra +:** Esta nueva franja horaria contribuye a que el museo surrealista *pulverice* las cifras de visitantes de años anteriores. LVE180896 **5 registro +:** Marco Ríos *pulverizó* un registro que duró 20 años. EPC211097 **6 sondeo:** El voto oculto del PSOE y el tirón de González *pulverizaron* los sondeos. EME050396 **7 resultado:** Los populares no sólo han *pulverizado* sus resultados (...) sino que han logrado superar los mejores resultados que en su día obtuvo la UCD. EME130694 **8 dato:** ...la insignificancia del mirar que deja escapar miles de datos *pulverizados* en una mirada codificada... ABC090493 **9 encuesta:** El resultado general confirma (...) la resistencia del PSOE, que ha *pulverizado* las encuestas... EME040396 **10 taquilla:** ...un falso documental rodado por jóvenes cineastas con poco más de seis millones de pesetas que ha *pulverizado* las taquillas de Estados Unidos. EPE051099 **11 crono:** La progresión del suizo subiendo hacia Jaizkibel fue tan impresionante que en los tiempos intermedios ya había *pulverizado* los cronos de los grandes favoritos. EME080495 **12 tiempo:** El piloto de Yamaha logró *pulverizar* todos los tiempos y rebajó en un segundo y medio el crono que él mismo marcó el viernes. EME081095 **13 porcentaje:** ...porcentajes de audiencia que parecían altos, pero que fueron *pulverizados* sin remisión a la semana siguiente. INDOC

B SUSTANTIVOS QUE DENOTAN LÍMITE DE ALGO, A MENUDO DE ALGUNA ESCALA CUANTITATIVA: **14 techo +:** Según las encuestas, Juan José Lucas *pulverizará* su propio techo electoral reafirmando una mayoría absoluta... EME260595 **15 mínimo +:** La caída del dólar se aceleró ayer brutalmente en los mercados de divisas *pulverizando* su anterior mínimo histórico frente al marco... LVE080395 **16 máximo:** El secretario de Estado, Colin Powell, confirmó ayer que permitiría elevar la recompensa a esa cifra, lo cual *pulveriza* el máximo fijado hasta ahora por las leyes... EPE211101 **17 límite:** ...algunos de los supervivientes de la revista que *pulverizó* (...) los límites de la transgresión... EPE231199 **18 barrera:** El 5,9 de crecimiento en este periodo ha supuesto *pulverizar* la barrera histórica de los 700.000 viajeros en días laborables... EPE080899 **19 suelo –:** Eso significa que el PSOE tiene un suelo bastante alto y que no se *pulveriza* ni en los momentos de mayor desastre... EME090595

C SUSTANTIVOS QUE DENOTAN PREVISIÓN, EXPECTATIVA U OTRAS ESTIMACIONES DE CARÁCTER PROSPECTIVO: **20 previsión +:** ...no se presentó ninguna gran sorpresa, con excepción de la velocidad vertiginosa del pelotón (...), *pulverizando* las previsiones de los organizadores. EUV120996 **21 pronóstico +:** El Partido Socialista liderado por Felipe González volvió a *pulverizar* los pronósticos de las encuestas... EME040396 **22 esperanza:** ...un juego ofensivo, técnico y ordenado que les permitió *pulverizar* las esperanzas monaguenses de titularse campeones de la justa... ENV170996 **23 ilusión:** En resumen, se han *pulverizado* las ilusiones que se había forjado la feligresía. LVE160495 **24 posibilidad:** Un autor que ha vivido mucho antes, tal vez siglos atrás, ha *pulverizado* la posibilidad de escribir esa obra tan cercana a nuestra sintonía... LVE311095 **25 proyecto:** En un instante terminó por *pulverizarse* su proyecto vital, todo se vació de significado... HOY271097 **26 expectativa:** ...González *pulverizó* las expectativas de José María Aznar con varias contundentes negativas... EME210694 **27 sospecha:** Pulverizó cualquier sospecha de tongo, con tres magníficos goles y una gran labor de brega. EME190696 **28 índice:** Dos rivales que tenían muchas ganas de verse las caras (...), *pulverizando* los índices de expectación. LVE100995 **29 objetivo:** El nuevo mapa comercial creado tras la fusión *pulveriza* los objetivos de las leyes... EPE030999 **30 plan –:** Esta orden *pulveriza* el plan de pacificación de Lebed... LVE200896

D SUSTANTIVOS QUE DESIGNAN CONTENIDOS DIFUNDIDOS Y ACEPTADOS COMÚNMENTE, ASÍ COMO ALGUNAS DE LAS FORMAS EN LAS QUE SE PRESENTAN: **31 mito +:** El inglés que viajó con el capitán del «Beagle» *pulverizó* aquel mito del hombre y la mujer hechos a la imagen y semejanza de Dios. EME261096 **32 tópico +:** Entre las dos reúnen más de doscientas obras que permiten *pulverizar* todos los tópicos que sobre el artista cubano han circulado. ABC290193 **33 tradición:** «La delgada línea roja» fue un adorno sobrante, pues su estilo rompe, incluso *pulveriza*, las tradiciones de Hollywood... EPE230399 **34 estereotipo:** ...Julia Roberts *pulveriza* el estereotipo de la estrella. CLA170199 **35 lugar común:** «Este esfuerzo de comprensión y compenetración favorece la obra de creación y *pulveriza* los lugares comunes.». LVE070696 **36 rumor –:** El valor del nuevo cambio de referencia *pulverizó* los rumores de una fuerte devaluación... ENH150198 **37 cuento –:** ...el cuento de hadas según el cual el éxito de la ciencia es resultado de una sutil combinación de creatividad y control (...) quedó *pulverizado*. EME250594 **38 historia –:** Hay que advertir, sin embargo, que el adensamiento de la narración se ha producido a costa de disgregar la historia, de *pulverizarla* hasta romper por completo su continuidad. ABC091294 **39 patraña –:** Hay que *pulverizar* el día 28 la patraña de los felipistas... EME230595

E SUSTANTIVOS QUE DESIGNAN DIVERSOS CONTENIDOS ESTIPULADOS, IDEADOS O REGLAMENTADOS, MÁS FRECUENTEMENTE SI SE PRESENTAN COMO CONOCIDOS. TAMBIÉN CON OTROS QUE SE REFIEREN A ALGUNOS DE SUS ELEMENTOS CONSTITUTIVOS: **40 argumento +:** ...la vigencia de las ideas que ellos han sostenido (...), lejos de *pulverizar* sus argumentos, los confirma. CAR090198 **41 ley:** ...un fallo de la Corte Suprema de Justicia *pulverizó* la ley aprobatoria del Tratado de Extradición... ETC020188 **42 regla:** Se ha vulnerado la Constitución y se han *pulverizado* todas las reglas del juego. LVE180695 **43 sistema:** ...los sistemas de control parlamentario sobre el Poder Ejecutivo fueron *pulverizados* por las mayorías absolutas del PSOE... EME240296 **44 principio:** Semejante proceder *pulverizaría* los principios del derecho internacional privado. LVE080696 **45 concepto:** Sus papeles han conseguido *pulverizar* el raquítico y ochentón concepto de fanzine... EME030496 **46 axioma:** En estos comicios, ERC ganó 21.000 votos y *pulverizó* el axioma de que un partido pierde siempre terreno cuando sufre una escisión. EPE250699 **47 esquema:** ...el pacto entre Arzalluz y Aznar ha *pulverizado* los esquemas más rudimentarios del abertzalismo radical... LVE150596 **48 tesis:** El Supremo *pulveriza* las tesis del juez Barbero contra Guerra. LVE020395 **49 derecho:** ...el Ministerio de Defensa pretende aplicar con carácter retroactivo nuevas normas que han *pulverizado* los derechos adquiridos de los reservistas militares. EME041195 **50 lógica:** La gran remontada europea *pulverizó* la lógica de las apuestas... EME250995 **51 tratado –:** Otra figura carismática que *pulveriza* cualquier tratado interpretativo. LVE281295 **52 metodología:** Una etapa histórica en la que la realidad cambia de manera tan inmediata que *pulveriza* las metodologías conocidas. ABC210593

F SUSTANTIVOS QUE DESIGNAN DIVERSAS MANIFESTACIONES CULTURALES O IDEOLÓGICAS, ASÍ COMO ALGUNAS DE LAS ACTITUDES QUE LAS CARACTERIZAN: **53 cultura:** Pulveriza una cultura que da por sentados una serie de derechos... EME280195 **54 ideología:** Kristeva considera urgente detectar desde el discurso psicoanalítico las nuevas «enfermedades del alma» en el marco de una civilización cuyas ideologías han quedado *pulverizadas*... EME100296 **55 política:** ...Luis Ignacio Parada *pulveriza* la política económica vigente en España en estos últimos años... ABC300994 **56 naturalismo –:** A través del realismo tridimensional y exhaustivo, Joyce *pulverizó* el naturalismo, haciendo que la novela volviese a ser una experiencia fundamental... EME050496 **57 miserabilismo –:** Y en una hora, estos chistes de nuestra infancia *pulverizaron* tanto miserabilismo ofendente. EME020195

G SUSTANTIVOS QUE DENOTAN DIFERENCIA: **58 diferencia:** Pero la diferencia, que parecía muy grande, fue *pulverizada* por Hill, que mejoró su tiempo anterior... LVE280595 **59 desventaja:** ...en un suspiro *pulverizó* la desventaja de 16 puntos del encuentro de ida... EME030294 **60 ventaja +:** Muchas de esas boletas son aparentemente favorables a Gore, lo que le permitiría sumar más votos y acumular más que Bush, y *pulverizar* su ventaja. LNC161100

H SUSTANTIVOS QUE DESIGNAN DIFICULTADES U OBSTÁCULOS. TAMBIÉN CON OTROS QUE SE REFIEREN A ESTADOS DE ADVERSIDAD QUE SE LES ASIMILAN: **61 desocupación:** Por lo tanto para *pulverizar* la desocupación, tiene que crear 800.000 puestos de trabajo por año. EME301195 **62 desempleo:** El presidente argentino arrasa y promete que «*pulverizará* el desempleo». LVE160595 **63 escollo:** ...con esta flexibilidad de martillo, es como ha *pulverizado* los escollos que le han salido a su paso. EPE270299 **64 abismo –:** Begoña Garmendia ha *pulverizado* con cuatro palabras el abismo político que la separaba de Goyo Ordóñez. LVE250195

I OTROS SUSTANTIVOS; POSIBLES USOS ESTILÍSTICOS: ...desde quién sabe dónde un rayo golpea en la luna del armario y reverbera sobre él su *pulverizada* solaridad... ABC011093; El novillo pareció también que iba a salir *pulverizado* de la refriega. EPE050299

□ Véase también: **dilapidar.**

[punta] → **a punta de {navaja/pistola}, de punta, de punta a punta, de punta en blanco**

punta ♦ afilado, romo ♦ afilar, hender, hundir, meter, redondear, remachar, sacar

□ Véase también: **arista, extremo, final.**

puntapié ♦ dar (a algo/a alguien), pegar (a algo/a alguien), propinar (a algo/a alguien), recibir

puntería ♦ atinado[33], bueno, deficiente, escaso, excelente, fino, impecable, malo ♦ afinar[1], fallar, faltar(le) (a alguien), probar, tener

□ Véase también: **destreza.**

[puntillas] → **de puntillas**

[punto] → **a punto, a punto de nieve, en punto, en punto muerto, poner a punto, punto (de), punto de vista, punto negro, punto por punto**

punto ♦ ácido[19], a favor[48], álgido[1], cenital[1], controvertido, crucial[29], débil, decisivo, delicado, de oro[11], discordante[3], en contra, flaco[5], fuerte, sin retorno ♦ anotar(se) *(tanto)*, **apuntar(se), atesorar[5], cosechar[14], escalar[14], malgastar[20], marcar** *(tanto)*, **rebañar[12], remontar[23], restar, sumar**

□ Véase también: **gol, punto de vista, punto negro, tanto.**

punto (de) ♦ acuerdo, agenda, apoyo, arranque, atracción, caramelo, ciudad, coincidencia, concentración, conexión, conflicto, confluencia, contacto, control, costa, cruz, diferencia, discusión, divergencia, encuentro, entrada, equilibrio, fricción, geografía, humor, inflexión, interés, llegada, locura, luz, mira, nostalgia, optimismo, origen, oro, partida, partido, penalti, referencia, reflexión, reunión, salida, semejanza, sutura, tránsito, venta, ventaja

punto de vista ♦ a favor[66], analítico[24], arbitrario, contrario, crítico, cualitativo[18], desfavorable, discordante[9], favorable, flexible[3], fundamentado, inflexible, integral[40], interesante, mayoritario, minoritario, mordaz[25], novedoso[38], opuesto, original, parcial, peculiar, personal, radical, sesgado[12], subjetivo, sugerente, unánime[60] ♦ aunar[14], conciliar[10], condensar[7], confluir[7], conjugar[11], conseguir, consensuar[15], converger[11], dar, defender, distorsionar[20], enjuiciar, hacerse (con), imponer[16], ofrecer, oponer[11], presentar,

reafirmar, recabar[36]**, rectificar**[15]**, refutar**[14]**, sopesar**[35]**, sostener, sustentar**[3]**, tener, tergiversar, traslucir(se)**[9]

□ Véase también: **criterio, enfoque, postura, punto.**

PUNTO DE VISTA Véase: CRITERIO; JUICIO; POSICIÓN

punto negro ♦ **buscar, destapar, desvelar, encontrar, evitar, hallar, salir a la luz**[55]

□ Véase también: **punto.**

punto por punto *loc.adv./loc.adj.* ▌Se combina con...

A VERBOS QUE DENOTAN COINCIDENCIA, CORRESPONDENCIA Y RELACIÓN PROPORCIONAL ENTRE DOS O MÁS COSAS, ASÍ COMO –POR EXTENSIÓN– AQUIESCENCIA O ACEPTACIÓN: **1 coincidir ++:** A nuestro entender, la sabia declaración del Consejo General del Poder Judicial, que coincide *punto por punto* con un reciente editorial... LVE270195 **2 corresponder ++:** Si bien ninguno de ellos corresponde *punto por punto* al género que identifica a Ampuero dentro de la narrativa chilena... HOY291297 **3 responder:** Ni que decir tiene que «La isla de las cabezas cortadas» responde, *punto por punto*, a lo que de ella se esperaba. LVE010296 **4 comparar:** ...mantener reuniones con los técnicos municipales y comparar *punto por punto* la resolución de la Junta... EPE110899 **5 ajustar(se):** En lo táctico se ajustó *punto por punto* al ideario de su entrenador... EPE090499 **6 suscribir +:** Suscribo *punto por punto* el editorial de El País del 6 de septiembre: Historia Clínica. EPE140999 **7 sumar(se):** ...se sumaba, *punto por punto*, a los argumentos de El Mundo en favor del aplazamiento... EME110896 **8 alinear(se):** Los socialistas catalanes se alinean *punto por punto* con la posición de los aliados. EPE100499 **9 asumir:** ...asumió ayer *punto por punto* las tesis que han venido esgrimiendo las defensas de los acusados en el caso Banesto. EPE240399

B VERBOS QUE DENOTAN REPETICIÓN, COMPROBACIÓN O REVISIÓN: **10 confirmar ++:** El número 10 confirmó *punto por punto* y a preguntas del fiscal su larga declaración... EPD181197 **11 ratificar ++:** La resolución ratifica *punto por punto* otra anterior del juzgado de primera instancia... LVE130696 **12 corroborar ++:** ...corrobora *punto por punto* el trabajo de investigación... EME231295 **13 repasar:** ...se atrevió a repasar casi *punto por punto*, desde la conducción de agua potable a Tarragona hasta la supresión del servicio militar. EPE060399 **14 repetir ++:** ...ya que muchas de ellas repetían *punto por punto* y con idéntica redacción... EPE031001 **15 reproducir:** ...reproducen, *punto por punto*, lo más despreciable del poder. EME121295 **16 reiterar:** Pues bien, nos reiteramos *punto por punto* en lo dicho en el editorial del día 16. EME221295 **17 retomar:** En esta ocasión, el director retoma *punto por punto* el tema tratado en la célebre «Duelo al sol» (1947). EPE181099 **18 recrear:** ...Pierre Ménard, que dedicó su vida a recrear la novela de Cervantes *punto por punto*... EPE040999

C VERBOS QUE DESIGNAN ACCIONES DIVERSAS QUE PONEN DE MANIFIESTO LA AUSENCIA DE ACEPTACIÓN O RECONOCIMIENTO DE ALGO: **19 rebatir ++:** El viernes 12, la PGR emitió un comunicado de prensa, en el cual rebatió *punto por punto* las acusaciones hechas por Raúl Salinas. PME131096 **20 refutar ++:** ...publicó otro desplegado, en el que refutaron, *punto por punto*, las aseveraciones... PME080996 **21 rechazar:** Los populares rechazaron *punto por punto* las reivindicaciones de CiU... LVE261096 **22 negar:** Lo negó todo *punto por punto.* LVE081195 **23 desmentir:** ...me obligan a desmentirle *punto por punto*... LVE280195 **24 denunciar:** ...ha hecho público un documento en el que denuncia, *punto por punto*, diversos aspectos no excesivamente claros... EME120494 **25 replicar:** Se citan literalmente frases durísimas de Jesús Díaz, Heberto Padilla o Cabrera Infante, si bien convenientemente replicadas *punto por punto.* LVE131095 **26 contravenir:** ...ni a propósito puede el ejemplo propuesto contravenir con mayor exactitud, *punto por punto*, texto y contexto de la definición que ellos proponen. EPE280877 **27 responder:** El Ejecutivo Nacional respondió *punto por punto* al informe de los derechos humanos... EUV100297 **28 contestar:** Aunque sólo recoge versiones de «lavadero», con gusto le contesto *punto por punto.* PME210796 **29 dar respuesta:** ...difundirá un documento en que, *«punto por punto»*, dará respuesta a todas las imputaciones... PME031196 **30 resistir:** La historia se resiste *punto por punto* a encontrar un Madrid más pobre... EPE051299 **31 criticar:** El punto de vista de Debray, criticado *punto por punto* por el diario Libération... EPE190599 **32 poner en duda:** Sin embargo, esta versión ha sido puesta en duda *punto por punto* por Maíllo en el citado escrito. EME220196 **33 atacar:** ...arrancó frenéticos aplausos de su partido al atacar *punto por punto* los Presupuestos presentados ayer... EME231096

D VERBOS QUE DESIGNAN LA ACCIÓN DE PRECISAR, ESPECIFICAR O REDUCIR ALGÚN ASPECTO DE LO QUE YA SE CONOCE: **34 aclarar +:** Cuando se le había exigido desde múltiples instancias una comparecencia para aclarar *punto por punto* todas las denuncias... EME140494 **35 delimitar:** Pero su papel será igual de importante para delimitar *punto por punto* las ocupaciones del encargado de dirigir los destinos futbolísticos del club. EPE091299 **36 detallar:** Detalla *punto por punto* actuaciones que afectan a todo el territorio en el marco de un nuevo Plan General de carreteras. EME070296 **37 desglosar:** En la carta de respuesta, desglosa, *punto por punto*, las acusaciones de Ortega para, al final, retarlo a un debate público. EPD240997 **38 desmenuzar:** El concejal socialista encargado del área de Hacienda desmenuzó ayer *punto por punto* –hasta una veintena de errores apreció– el folleto de cuatro páginas repartido por CiU. LVE121296 **39 resumir +:** Aquella noche resumió *punto por punto* las características de un equipo que ha cambiado a la mitad de sus jugadores... EPE190599

E VERBOS QUE DESIGNAN LA ACCIÓN DE ESTUDIAR, EXAMINAR O TOMAR EN CONSIDERACIÓN ALGUNA COSA: **40 analizar ++:** ...analizar *punto por punto* las dificultades que obstaculizan el desarrollo de la agenda comercial. CLA030497 **41 explicar ++:** Ahí explicaré, *punto por punto*, por qué Carlos Salinas es dueño de Telmex. PME011296 **42 ver:** Pero quisiera ir ahora viendo, *punto por punto*, a partir de la primera página en que ellos hablan del destino de ese prometido, supuesto y proyectado movimiento de recursos hacia Cuba. GIC020597 **43 considerar +:** Es preciso considerar este asunto *punto por punto.* INDOC **44 reexaminar:** La delegación marroquí había pedido de entrada «reexaminar todo el marco de negociación, *punto por punto*», si bien manifestó «un máximo de disponibilidad» para lograr algún avance. EME260895 **45 recoger** +: «El informe recoge *punto por punto* las irregularidades que no han querido reconocer durante meses», aseguró. EPE090699 **46 anotar:** ...donde se nos anota *punto por punto* qué podemos y no hacer... EME270296 **47 abordar:** ...abordar nuevamente *punto por punto* todos los aspectos de la propuesta de reducción de capturas. LVE270895

F VERBOS QUE DESIGNAN EL CUMPLIMIENTO O EL SEGUIMIENTO DE UNA ACTIVIDAD O UNA DISPOSICIÓN: **48 cumplir** ++: ...la posibilidad de su mestizaje con los blancos anglosajones protestantes (...) se cumple ya *punto por punto* con el propio hijo... ABC201291 **49 seguir** +: Uno toca y la máquina sigue *punto por punto* al instrumentista. ABC250992 **50 observar** +: Observaron las normas *punto por punto* sin una sola omisión. INDOC **51 respetar** +: Deben ustedes respetar *punto por punto* las cláusulas del contrato. INDOC **52 atender:** ...orgulloso de un equipo que atendió *punto por punto* a las obligaciones que tuvo en una cita histórica. EPE200599

G OTROS VERBOS DE ACCIÓN, MÁS FRECUENTEMENTE SI SE REFIEREN AL APOYO DE PERSONAS O IDEAS O A LA BÚSQUEDA DE COINCIDENCIAS EN ASUNTOS PÚBLICOS O PRIVADOS: **53 negociar** ++: CiU negociará a partir de ahora *punto por punto* y de acuerdo a coincidencias programáticas... LVE180795 **54 pactar:** ...según proclamaron en su día los socios de la coalición, fue pactado «coma a coma» y *«punto por punto»*, se da una salida para la continuidad en sus cargos... EPE170999 **55 defender:** La redacción de sus páginas, en las cuales se defendió *punto por punto* de las múltiples acusaciones que se hicieron en su contra, le ocupó gran parte de los meses que vivió en Chile. EME310594 **56 debatir:** ...los alcances que tendrán los cuestionamientos en Diputados cuando se debata *punto por punto* el proyecto. CLA171000 **57 respaldar:** ...el apoyo del Consejo de Ministros de Pesca de la UE, que ha respaldado *punto por punto* la posición española. LVE080495 **58 votar:** La proposición no de ley (...) no fue votada globalmente, sino *punto por punto*... LVE300695 **59 sostener:** Así, la coalición catalana coincide con el PP, sosteniendo *punto por punto* sus argumentos... EPE290799 **60 mantener:** ...el presidente popular afirmó contundentemente que sigue manteniendo *punto por punto* el fondo de su discurso ante el pleno del Congreso... EME210295

H OTROS VERBOS DE PENSAMIENTO Y LENGUA: **61 aprender:** ...la utopía policial planetaria ha aprendido *punto por punto*, detalladamente, sus lecciones. LVE070395 **62 dictar:** ...vayan a parar al bolsillo de los grandes constructores que van dictando *punto por punto* la gestión de un organismo público. EPE160599 **63 dar lectura:** ...durante las cuales se da lectura *punto por punto* de las situaciones a las que se enfrenta el paciente... EXC270796 **64 pensar:** Antes de irme a dormir, ayer –por anteanoche– pensé lo que tenía que hacer *punto por punto*. LNA020792 **65 saber:** Hizo tantas veces este camino que se sabe, *punto por punto*, los incidentes de la carretera. EME240795

I OTROS VERBOS; POSIBLES USOS ESTILÍSTICOS: ...acertar en el diagnóstico y, por fin, buscar *punto por punto* el remedio al problema... EME230795

J ALGUNOS SUSTANTIVOS; ESPECIALMENTE SI MANTIENEN RELACIÓN MORFOLÓGICA CON LOS VERBOS DE LOS APARTADOS *B* A *F*: **66 negociación:** ...mantener una postura alejada de los acuerdos y basada en la negociación *punto por punto* de cada proyecto de ley o transferencia competencial. EME020196 **67 copia:** Las agresiones al Macba por parte de un estudiante de Bellas Artes parecen copias, *punto por punto*, de la trama de una novela que acabo de publicar. EPE080299 **68 réplica:** Losada hizo una réplica *punto por punto* de la declaración del testigo... EPE030399 **69 pacto:** El pacto, *punto por punto*. EME060796 **70 reflexión:** Se trata de una normativa nueva, que requiere una reflexión *punto por punto* porque hay diversas interpretaciones. LVE111195

□ Véase también: **con detalle, con pelos y señales, con todo lujo de detalles, detalladamente, escrupulosamente, exhaustivamente, extensamente, prolijamente.**

puntuación ♦ **alcanzar, analizar, cosechar**[15]**, equiparar, lograr, recibir, superar (en), tener**

□ Véase también: **cálculo, estimación, valoración.**

puntualidad ♦ **absoluto, británico, deficiente, ejemplar, escaso, escrupuloso, exquisito, impecable, insuficiente, matemático, milimétrico, nulo, proverbial, riguroso, sumo** ♦ **con** ♦ **falta (de), incentivo (a), índice (de)** ♦ **acudir (con), afectar (a), asistir (con), dejar que desear, desatender, empeorar, encarecer (a alguien), exigir (a alguien), extremar, garantizar, llegar (con), maniobrar, mejorar, observar, requerir (a alguien), rogar(le) (a alguien), ser de agradecer**

puntualización ♦ **breve, conveniente, de detalle, mero, necesario, nimio**[31]**, obligado, oportuno, pequeño, simple, somero**[36] ♦ **hacer, introducir, realizar, solicitar**

□ Véase también: **aclaración.**

puntualizar ♦ **con exactitud, con precisión, correctamente, debidamente**[65]**, oportunamente**

□ Véase también: **aclarar, clarificar.**

puntualmente ▮ *(a la hora)* ♦ **abonar, acudir, asistir, celebrar(se), comenzar, convocar, empezar, estar, estrenarse, llegar, pagar, producir(se), tener lugar, terminar**

▮ *(en detalle)* ♦ **citar, conocer, cumplir, denunciar, describir, escribir, establecer, expresar, fijar, indicar, informar, recordar, reflejar, repetir, revisar, señalar,** *otros verbos de lengua*

punzante *adj.* ▮ Se combina con sustantivos que designan instrumentos *(instrumento, objeto, herramienta, utensilio, dardo, lápiz)* o algunas de sus partes *(arista, extremo)*; lo hace a menudo con sustantivos que designan armas blancas *(cuchillo, daga, navaja)*. En sentido figurado se combina con sustantivos que designan mensajes y manifestaciones verbales o textuales *(texto, comentario, declaración, artículo, crónica, pregunta, libro: Escribe crónicas inteligentes, mordaces, punzantes)*. Además se combina con...

A SUSTANTIVOS QUE DESIGNAN EL EFECTO FÍSICO O ANÍMICO DE CIERTAS PERCEPCIONES SENSORIALES, A

MENUDO INTERPRETADAS FIGURADAMENTE: **1 dolor ++:** ...su curiosidad desganada se transforma en un dolor *punzante* como una especie de dolor reumático. ABC220193 **2 frío:** Enfundado en un grueso y largo abrigo sobrepuesto a su sotana blanca, que lo protege del *punzante* frío chihuahuense... PME221296 **3 olor:** ...el olor *punzante* de los vertederos flota en la luz herida del atardecer... EPE200399

B SUSTANTIVOS QUE DESIGNAN SENTIMIENTOS DE TRISTEZA, PESAR O DESASOSIEGO: **4 tristeza:** De ahí que produzcan una ligera *punzante* tristeza esos corifeos del desorden mental... LVE130396 **5 melancolía:** ...da a sus libros un valor añadido de nostalgia y de *punzante* melancolía. EME170695 **6 angustia:** ...resuena a veces sordamente, entre líneas, la *punzante* angustia de Cape Cod. EPE280977 **7 ansiedad:** ...llena de esperanza a una ansiedad cada vez más *punzante.* LVE140494

C SUSTANTIVOS QUE DENOTAN CRÍTICA O DESIGNAN OTRAS ACCIONES HOSTILES: **8 crítica ++:** La artista mezcla el humor, el ingenio y la crítica *punzantes* sobre la realidad... HOY180385 **9 ataque +:** Y en el segundo tiempo volvió a salpicar con chispazos de talento creativo y ataques *punzantes.* CLA110997 **10 contragolpe:** ...pretaron el acelerador y con *punzantes* contragolpes les pasaron por arriba a los celestes locales... EPU110601 **11 estocada –:** ...se complementaban permanentemente al lanzar *punzantes* estocadas muy cerca de las formaciones, pero sin progresar en el terreno por los redobles defensivos del visitante. LPA260492

D SUSTANTIVOS QUE DENOTAN SENTIDO DEL HUMOR O INGENIO. TAMBIÉN CON OTROS QUE DESIGNAN ALGUNOS GÉNEROS LITERARIOS EN LOS QUE PREDOMINAN ESOS RASGOS: **12 humor +:** Con ese humor duro y *punzante* típico de la ciudad, numerosos neoyorquinos expresaban ayer su decepción... EPE180999 **13 ironía +:** ...bajo el aguijón de su ironía *punzante* podía sentirse el rezumo agridulce de su profunda y como dolorida bondad. EPE020880 **14 sarcasmo:** ...llenar su cabeza de cuadros elegantes, agrias fantasías y sarcasmos *punzantes...* EPE160977 **15 sátira:** ...ha sumado motivos suficientes para otra de sus sátiras *punzantes.* LVE300994 **16 comedia:** Juan Carlos Tabío, autor de las *punzantes* comedias «Se permuta» y «Plaff»... LVE040995 **17 ingenio:** ...tiene un poco de sana malicia e ingenio *punzante...* CAP301097 **18 epigrama:** ...el epigrama ha de ser pequeño, vivo y *punzante.* LVE241295

E ALGUNOS SUSTANTIVOS QUE DENOTAN PENSAMIENTO: **19 reflexión:** Muchas páginas concentradas en la reflexión *punzante...* ABC200195 **20 consideración:** En otros el ánimo fluctúa entre consideraciones *punzantes...* ABC200195 **21 idea:** Kepel tiene las ideas claras y *punzantes*, y no duda en afirmar que «una religión es una secta que ha tenido éxito y al revés». LVE220495

F SUSTANTIVOS QUE DESIGNAN LA EMISIÓN DE SONIDO O ALGUNAS DE SUS CARACTERÍSTICAS: **22 voz:** Su voz *punzante* se escuchó asiduamente en la Cámara de los Comunes... EPE080999 **23 grito:** ...desea transformar en sus obras el despojamiento formal en un grito *punzante...* ABC281094 **24 timbre –:** Su característico sonido jungle, con sus timbres *punzantes*, ásperos y refinadamente salvajes... EPE240599

G OTROS SUSTANTIVOS; POSIBLES USOS CRUZADOS: Las fallas son un recorrido por la actualidad más *punzante* del país. [Cf. *candente*] LVE160395

H OTROS SUSTANTIVOS; POSIBLES USOS ESTILÍSTICOS: Una *punzante* gozada ver con qué tronío le arropan... LVE171196; Gustoso y delicado el txangurro templado con maíz frito con un *punzante* aceite de piperrak. EPE190999

☐ Véase también: **afilado.**

puñal ♦ armarse (de), blandir, clavar, desenvainar, esgrimir, sacar(le) (a alguien)

puñalada ♦ certero, fallido, fulminante, profundo ♦ asestar, clavar, dar, errar, lanzar, matar (de/con)

puñetazo ♦ certero, contundente, fulminante, letal, rotundo ♦ asestar, atizar, dar, encajar[5], endosar, errar, esquivar, lanzar, largar, pegar, propinar, soltar

☐ Véase también: **bofetada.**

[puño] → como puños, de {mi/tu/su...} puño y letra

puño ♦ amenazador, amenazante, de hierro[4], en alto, poderoso, recio, robusto ♦ abrir, alzar, blandir, cerrar, enarbolar, esgrimir, levantar

pupila ♦ abrir, clavar[5], contraer, dilatar, fijar

pupilo Véase: **alumno, aprendiz, discípulo**

pureza ♦ absoluto, cándido, cristalino[14], escaso, gran(de), incomparable, infinito, inmaculado, inocente, lleno (de), virginal ♦ adulterar[76], avalar, conservar, corromper, degradar(se), demostrar, divino, empañar, encontrar, enturbiar, garantizar, mantener, preservar, tener, velar (por)[30], vigilar

☐ Véase también: **inocencia.**

purgar *v.* ▮ En el sentido de 'evacuar una sustancia del organismo' se combina con sustantivos que designan partes del cuerpo relativas al aparato digestivo *(entraña, vientre).* En el sentido de 'destituir o eliminar' se combina con sustantivos de persona, individuales o colectivos *(responsable, directivo, equipo, cúpula).* En el sentido de 'purificar' se combina con sustantivos que designan el espíritu y otras nociones inmateriales que se asocian a él *(ánimo, corazón, alma, espíritu).* En el sentido de 'expiar' se combina frecuentemente con ciertos sustantivos temporales *(año, etapa, pasado).* También se combina con...

A SUSTANTIVOS QUE DENOTAN SANCIÓN, GENERALMENTE PENAL O JUDICIAL: **1 condena ++:** La Unidad Seis es una cárcel de máxima seguridad, con, aproximadamente, 300 internos que *purgan* condenas por delitos graves. CLA040199 **2 pena ++:** La «viuda negra», como la conocen en Italia, *purga* desde hace dos años una pena de 29 años en la prisión de San Vittore... SEM161000 **3 prisión +:** ...pero destituido y arrestado dos meses más tarde, una de las 16 veces que debió *purgar* prisión durante la dictadura. CAP091097 **4 cárcel +:** ...olvidando que *purgó* cárcel y fue condenado a muerte por luchar desde el bando republicano... EME261196 **5 cadena perpetua:** ...en el día en que cumple 44 años en una instalación militar donde *purga* cadena perpetua. EUV070497

B SUSTANTIVOS QUE DENOTAN RESPONSABILIDAD: **6 culpa ++:** «Lo que esta mujer necesita es atención y comprensión para poder *purgar* su culpa», dijo en la vista previa su abogada, Sally Hoelzel. EME280996 **7 responsabilidad +:** ...Serra y Julián García Vargas *purgaron* con su dimisión sus responsabilidades políticas y Manglano las profesionales. LVE110296

C SUSTANTIVOS QUE DESIGNAN ACCIONES QUE SE CONSIDERAN CONTRARIAS A LA RELIGIÓN, LA MORAL O LAS BUENAS COSTUMBRES: **8 pecado ++:** Tras un profundo «examen de conciencia», quiere *purgar* los pecados que el Vaticano haya podido cometer en sus dos mil años de existencia. EME271096 **9 exceso ++:** ...una mujer de 37 años se dispone a zambullirse en la vida corriente tras salir de la cárcel, donde ha *purgado* sus excesos en la defensa de sus ideas. EME290596 **10 falta:** ...aquel escapulario que hacía vestir la Inquisición a los reconciliados mientras *purgasen* sus faltas... EPE030900

D LOS SUSTANTIVOS *DELITO* Y *CRIMEN*: **11 delito ++:** ...y porque hasta ahora casi nunca se supo de loteadores que estuvieran *purgando* sus delitos en la cárcel. LTB130901 **12 crimen +:** Yo también quiero perdonar a los asesinos de nuestros hijos acudiendo a las prisiones donde *purgan* sus crímenes. EME080496

E SUSTANTIVOS QUE DENOTAN EQUIVOCACIÓN: **13 error ++:** ...está *purgando* en el ostracismo político su error de intervenir a favor de un cuñado en el caso de Sant Pere de Torelló... LVE261195 **14 desacierto:** España y Portugal (13,45, La 2) *purgan* hoy sus desaciertos del pasado martes con un encuentro por el tercer y cuarto puesto... EME280495

F ALGUNOS SUSTANTIVOS QUE DENOTAN SITUACIÓN ADVERSA. USO INFRECUENTE: **15 problema –:** El Hertha no renuncia a *purgar* sus problemas domésticos con el Barça, como ya hizo en la primera liguilla con el Milan... EPE231199 **16 crisis –:** ¿Está *purgando* la ONCE su crisis de gigantismo? EME070195

Q q

quebradero de cabeza ♦ **causar (a alguien), convertir(se), dar[349], ocasionar (a alguien), producir (a alguien), proporcionar (a alguien), provocar (a alguien), suponer (a alguien)**
☐ Véase también: **preocupación.**

quebradizo *adj.* ▮ En su sentido físico se combina con sustantivos que designan cosas frágiles o poco flexibles *(rama, hueso, uña, piel, suelo, hielo, metal, madera).* Usado en sentido figurado acepta sustantivos que designan personas o grupos humanos *(personaje, partido)* y otros que denotan lugar *(terreno, mundo).* También se combina con...

A ALGUNOS SUSTANTIVOS QUE DENOTAN ESTADO FÍSICO O ANÍMICO. TAMBIÉN CON OTROS QUE DESIGNAN DIVERSAS VIRTUDES, CAPACIDADES O ESTADOS MENTALES DE LOS INDIVIDUOS: **1 salud ++:** ...tiene ahora 36 años y una salud *quebradiza.* EME160495 **2 moral +:** La *quebradiza* moral de los rumanos les condujo a la desesperación. EME110696 **3 espíritu:** El tópico atribuye a los toreros de arte un corazón frágil y un espíritu *quebradizo.* EME170594 **4 memoria:** El regeneracionismo muestra una memoria *quebradiza* en demasiadas ocasiones... EME240796 **5 valor:** Vista su facilidad para interpretarlo, en algún momento llegó a pensar que un valor tan *quebradizo* podía estar bajo control... EPE070299 **6 autoridad:** ...su autoridad puede tornarse *quebradiza.* LVE300495 **7 liderazgo:** ...la confusión proviene del *quebradizo* liderazgo que padecemos. EPE111299 **8 estado emocional:** ...el estado emocional de las mujeres es imprevisible y *quebradizo* en esos momentos. EPE010799 **9 voluntad −:** ...nuevas tendencias diseñadas (...) por desaprensivos cazadores de *quebradizas* y volubles voluntades juveniles. EME010796 **10 fidelidad −:** Su *quebradiza* fidelidad no contribuyó precisamente a afianzar la estabilidad de su matrimonio. INDOC **11 conciencia −:** ...permanecer incandescentes por encima de los hombres y sus *quebradizas* conciencias... HOY270197

B EL SUSTANTIVO *VOZ* Y ALGUNAS DE SUS MANIFESTACIONES. TAMBIÉN CON OTROS QUE DESIGNAN LO QUE SE EXPRESA CON LA VOZ: **12 voz ++:** ...empezó con una voz *quebradiza* (...) pero gradualmente se fue centrando... LVE290696 **13 palabra:** ...con palabras tensas, sigilosas, casi *quebradizas,* cuenta el extrañamiento... ABC061192 **14 lenguaje:** El lenguaje de cierta arrogancia e ironía (...) se tornó *quebradizo...* EPE231199 **15 rumor −:** Las voces de los niños llegan desde la piscina, mezcladas con el rumor *quebradizo* del agua... EPE310799

C SUSTANTIVOS QUE DESIGNAN LA CONDICIÓN DE SER ALGO FIRME, ESTABLE O PROPORCIONADO: **16 equilibrio:** ...temen que el nuevo tándem (...) haga *quebradizo* el difícil equilibrio que está cuajando en la formación de una única candidatura... LVE231196 **17 estabilidad:** La grada bromeaba sobre la *quebradiza* estabilidad de Spasic y cruzaba apuestas respecto a hasta dónde será capaz Bustingorri de acompañar a Butragueño. EME240194 **18 entereza:** La *quebradiza* entereza de un adolescente marcado por la penuria social... EME060595 **19 consistencia:** El cabello seco suele presentar una consistencia frágil, opaca y *quebradiza.* ETC110297 **20 resistencia −:** ...la resistencia contra algo que se sabe inevitable es *quebradiza.* EPD200997

D SUSTANTIVOS QUE DESIGNAN EL MODO DE SER O MOSTRARSE LAS PERSONAS O LAS COSAS. TAMBIÉN CON ALGUNOS QUE EXPRESAN OTRAS CARACTERÍSTICAS ESENCIALES SUYAS: **21 aspecto +:** ...cuentan que su aspecto frágil y *quebradizo* contrastaba con sus ínfulas de superioridad... CAP310800 **22 carácter:** Su carácter *quebradizo* y esa fragilidad para los duelos de largo alcance han quedado en el olvido... EME090695 **23 apariencia +:** Menuda y de apariencia *quebradiza,* la actriz es un prodigio de intensidad y fuerza. EPE150700 **24 naturaleza:** Debido a su naturaleza *quebradiza,* nadie ha podido crear tablillas... EXC140901 **25 identidad:** «Los ojos vendados» cuenta las aventuras de una identidad *quebradiza,* la historia de una inestabilidad incurable... ABC010494 **26 statu quo −:** Del compromiso saldrá un statu quo inestable y *quebradizo.* EME280294

E SUSTANTIVOS QUE DESIGNAN DIVERSAS FORMAS DE MANIFESTARSE LOS VÍNCULOS QUE UNEN LAS PERSONAS O LAS COSAS. TAMBIÉN CON OTROS QUE EXPRESAN ALGUNOS RESULTADOS DE ESAS RELACIONES: **27 hilo:** ...la ligazón entre el arte y la comprensión ajena siempre ha sido un hilo *quebradizo.* EPE270599 **28 puente:** ...la incomunicación de ese puente *quebradizo* que es el amor, hacen de esta cinta un poema. PME080996 **29 relación:** En este mundo de hoy donde las relaciones humanas resultan artificiales y *quebradizas...* CAN170599 **30 pacto:** ...el pacto por la lista única (...) ha sido algo coyuntural, *quebradizo* y de corta vida... EME220594 **31 paz −:** Pero la paz entre ambas comunidades (...) sigue siendo fragil y *quebradiza.* EME061195 **32 línea −:** La película reflexiona sobre la *quebradiza* línea entre morir y sobrevivir. EPE010899
☐ Véase también: **blando, frágil.**

quebrantar *v.* ▮ En el sentido físico de 'separar violentamente' se combina con sustantivos que designan objetos sólidos caracterizados por su dureza y su falta de flexibilidad *(roca, hueso).* En el sentido de 'violar o faltar a' se combina con...

A SUSTANTIVOS QUE DESIGNAN LEYES Y OTRAS DIRECTRICES ESTIPULADAS O REGLAMENTADAS, ASÍ COMO AL-

GUNOS DE SUS ELEMENTOS CONSTITUTIVOS Y LAS FORMAS EN QUE SE MANIFIESTAN O SE RECOPILAN: **1 ley** ++: ...ningún individuo tiene facultades para asentarse en las propiedades, porque *quebranta* las leyes... SVG210997 **2 norma** ++: ...han violentado la ley, *quebrantando* la norma jurídica y con ello atentado contra... EXC091196 **3 regla** +: ...plantar cara en todas partes y con todas las consecuencias a quienes *quebrantan* las reglas. EPE210900 **4 normativa** +: ...si esas subvenciones *quebrantan* la normativa comunitaria... LVE250595 **5 legalidad** +: ...si empezamos a *quebrantar* la legalidad impunemente... EME190694 **6 legislación:** ...hubiera *quebrantado* la legislación internacional en materia de polizones. EME060195 **7 artículo:** ...algo inaudito que *quebranta* totalmente el artículo 30... EPE091201 **8 estatuto:** ...la tarea de *quebrantar* y transgredir los estatutos y reglamentos del Colegio... LTB021001 **9 reglamento:** Fue acusado de haber *quebrantado* repetidamente el reglamento de la institución. INDOC **10 constitución:** No obstante, deplora el que se haya *quebrantado* la Constitución. EXP150492

B SUSTANTIVOS QUE DENOTAN MANDATO U OBLIGACIÓN: **11 mandato** +: El acusado actuó a sabiendas, con propósito conocido de *quebrantar* un mandato... EPE200299 **12 orden** +: Los policías comprobaron que se había *quebrantado* la orden de cierre... EPE201101 **13 deber** +: ...cuando un diputado *quebrante* el deber de secreto podrá ser privado (...) de alguno o de todos sus derechos parlamentarios. LVE030795 **14 responsabilidad:** ...*quebrantar* esta responsabilidad implicaría asumir otras obligaciones ineludibles. INDOC

C SUSTANTIVOS QUE DESIGNAN DIVERSAS FORMAS DE ACUERDO O COMPROMISO: **15 acuerdo** +: ...la decisión del Gobierno *quebranta* el acuerdo firmado con el anterior Ejecutivo... EME260796 **16 compromiso** +: ...y *quebrantar* los compromisos adquiridos con los colectivos de inmigrantes. EPE181199 **17 juramento** ++: ...también firmamos nuestro juramento hipocrático, que jamás *quebrantamos.* EPE030399 **18 promesa** +: Cuando *quebrantó* su promesa, perdimos la confianza que habíamos depositado en él. INDOC **19 pacto:** ...equiparar a los pensionistas de mayores ingresos con los activos «*quebranta*» el Pacto de Toledo. EME040996 **20 tregua:** ...el presidente PRI de México *quebranta* la tregua con los del subcomandante Marcos... EME150295

D SUSTANTIVOS QUE DESIGNAN FACULTADES Y DERECHOS QUE SE CONSIDERAN PRIMORDIALES: **21 derecho** +: ...quienes violan y destrozan los derechos humanos, quienes los *quebrantan* y quienes los defienden... FDV070201 **22 libertad:** La solución a este dilema es sólo aparentemente fácil: que las democracias nunca *quebranten* las libertades. EPE240799 **23 igualdad:** La inconstitucionalidad que supone *quebrantar* la igualdad rompiendo la solidaridad es manifiesta. EPE190599

E SUSTANTIVOS QUE DESIGNAN VALORES, CONVICCIONES O PRINCIPIOS ÉTICOS QUE SE SUSTENTAN CON SEGURIDAD O FIRMEZA Y SUELEN REGIR EL PENSAMIENTO O LA CONDUCTA: **24 principio** +: ...pudieron haber *quebrantado,* entre otros principios, el de la moralidad... ETC180497 **25 moral:** Hay corrupción cuando se soborna, se compran funcionarios y se *quebranta* la moral del sector público. CLA070497 **26 conciencia:** ...de los que es posible salir sin romper la baraja ni *quebrantar* la propia conciencia. LVE190295 **27 máxima:** ...obligó al arquitecto a *quebrantar* una de sus máximas: diseñar en función del entorno. EPE020599

F SUSTANTIVOS QUE DESIGNAN RELACIONES, VÍNCULOS Y SENTIMIENTOS DE AFECTO, FAMILIARIDAD Y OTRAS FORMAS DE INCLINACIÓN FAVORABLE: **28 confianza** ++: ...capaz de *quebrantar* la confianza de los inversionistas... EUV010996 **29 relación:** ...y *quebrantaría* la relación médico-enfermo, raíz de la asistencia. EPE091101 **30 amistad** +: ...tenía su punto de vista y yo otro, pero en ningún momento se *quebrantó* la amistad. CAR010997

G ALGUNOS SUSTANTIVOS QUE DESIGNAN LO QUE SE TIENE POR RESERVADO O ENCUBIERTO. TAMBIÉN CON OTROS QUE EXPRESAN LA ACTITUD DE PROCEDER CON CAUTELA: **31 secreto** ++: ...aquellos letrados que *quebranten* el secreto profesional. LVE300596 **32 tabú:** ...acaba de *quebrantarse* el tabú que desde hace tantos decenios envuelve la política exterior... EPE010688 **33 sigilo** –: ...la natural discreción imprescindible para no *quebrantar* el sigilo sumarial... EME210596

H SUSTANTIVOS QUE DESIGNAN DIVERSOS ESTADOS CARACTERIZADOS POR EL BIENESTAR, EL SOSIEGO O LA AUSENCIA DE PERTURBACIÓN: **34 paz:** ...advertía contra la violencia que pudiera *quebrantar* la paz... ACP081296 **35 tranquilidad:** ...las aves podían seguir cantando, ya que no *quebrantan* la tranquilidad pública. LVE110995 **36 descanso:** ...por *quebrantar* sonoramente el descanso nocturno... LVE260696 **37 salud:** La medicación que tomaba habitualmente *quebrantó* su salud... EME270696

I SUSTANTIVOS QUE DENOTAN CONDENA O SANCIÓN, A VECES CON PRIVACIÓN DE LIBERTAD: **38 condena** +: ...haberse fugado hace tres meses de la cárcel Modelo de Barcelona *quebrantando* una condena en tercer grado... EDV300101 **39 arresto:** ...y en los otros dos por *quebrantar* un arresto disciplinario. EME230394 **40 castigo:** ...los agresores no *quebranten* el castigo del destierro. EPE090399 **41 prisión** –: ...de que no se *quebrante* la prisión por parte del procesado... EME220494

J SUSTANTIVOS QUE DESIGNAN CREENCIAS, DOCTRINAS, PRÁCTICAS O COSTUMBRES QUE SE CONSIDERAN MERECEDORAS DE RESPETO: **42 fe:** ...ni las opiniones de los expertos «sindonólogos» (...) han logrado *quebrantar* un ápice de su fe en la reliquia que alberga la iglesia... EME090495 **43 tradición:** ...por *quebrantar* una tradición que es más bien un vicio de ese tribunal. EXC020496 **44 religión** –: ...fortalecerá y *quebrantará* religiones (o ideologías), situará a los ladrones, entre los senadores... EME270195

K OTROS SUSTANTIVOS; POSIBLES USOS ESTILÍSTICOS: La Isla Gorriti, en el centro de la bahía, *quebranta* la furia del oleaje atlántico... ABC291093; Asunción supo *quebrantar* la osadía de la banda terrorista... EPE110699

☐ Véase también: **conculcar, contravenir, desobedecer, incumplir, infracción, infringir, inquebrantable, quebrar(se), saltarse, transgredir, violar, vulnerar.**

quebrar(se) *v.* ▮ En su sentido de 'partir, romper o fracturar' se combina con sustantivos que designan objetos rígidos *(hueso, mástil, pata).* En el sentido figurado se combina con sustantivos que designan empresas, organizaciones o instituciones *(empresa, banco, democracia, familia,* *organización, sistema)*, así como con los sustantivos *voz, palabra* y *emoción*. Se combina además con sustantivos temporales *(Se quebró el período de bonanza)*, y también con...

A SUSTANTIVOS QUE DESIGNAN EL ÁNIMO Y OTRAS FORMAS DE DISPOSICIÓN FAVORABLE HACIA LO QUE PUEDE SUCEDER. TAMBIÉN CON OTROS QUE EXPRESAN LA CAPACIDAD DE SOPORTAR LA ADVERSIDAD: **1 resistencia** ++: ...que en cualquier momento podían *quebrar* la resistencia de la visita que defendía a como de lugar la ventaja. ACP090996 **2 defensa:** ...logró *quebrar* la defensa del local y pudo conseguir el gol que le dio la victoria. CLA120397 **3 aguante:** El fuerte sol y el calor acabaron por *quebrar* el aguante de los montañeros. INDOC **4 voluntad** ++: Ni la amenaza de disolución de la Duma bastó entonces para *quebrar* la voluntad de los diputados. EPE100899 **5 ánimo** +: La proliferación de lesiones y adversidades *quebraron* su ánimo en el primer año en... EPD180697 **6 espíritu** +: Nos parecía que habíamos *quebrado* el espíritu de los fundadores cuando... DDN290499 **7 esperanza:** ...tal como habían amenazado el día anterior, *quebró* las esperanzas de que la propuesta de intercambio de prisioneros... EPE010889 **8 ilusión:** La defensa de asignación estudiantil impidió un mayor desequilibrio y la fuerza espiritual impidió que se *quebrara* su ilusión. LNP080497

B SUSTANTIVOS QUE DESIGNAN LO QUE SE PRETENDE CONSEGUIR: **9 objetivo:** «...se firmaron por el Gobierno anterior en la negociación con los representantes de los empleados públicos, y sin *quebrar* el objetivo de déficit». EME271196 **10 pretensión:** A juicio del Gobierno, las urnas del 13-J han «debilitado y *quebrado* las pretensiones de la Asamblea de Municipios Vascos». EPE180699 **11 proyecto:** ...colocaba el peso de su organización para *quebrar* el proyecto antiinflacionario del gobierno... LNA250692 **12 deseo:** Todo se quiebra, y ayer se *quebró* mas: la voluntad, el ánimo, el deseo de gloria, y el afán de sobreponerse al propio desafecto cuando sobreviene la cornada. EME190896

C SUSTANTIVOS QUE DENOTAN RELACIÓN, GENERALMENTE ARMONIOSA, ENTRE PERSONAS O COSAS: **13 amistad** +: ...en alusión a la amistad *quebrada* entre ambos candidatos del neogaullismo. LVE060295 **14 convivencia** ++: ...en una demostración de unidad y solidaridad frente a este nuevo intento de *quebrar* la convivencia civil. LVE080296 **15 familia** +: No necesita más palabras para decir que su familia se *quebró* hace un mes... CLA060199 **16 matrimonio:** Cuando se *quebró* mi matrimonio. CAR260597 **17 relación:** ¿Se *quebró* la relación en algún minuto? CAR010997

D SUSTANTIVOS QUE DENOTAN UNIDAD, ACUERDO O EQUILIBRIO. TAMBIÉN CON ALGUNOS QUE DESIGNAN OTRAS MANIFESTACIONES DE LA AUSENCIA DE ALTERACIÓN O PERTURBACIÓN: **18 unidad** ++: ...a llegar tan lejos como se pueda con el único límite de no *quebrar* la unidad de los partidos democráticos. EPD170797 **19 equilibrio** ++: El interés chileno por adquirir modernas naves norteamericanas F-16 podría *quebrar* el equilibrio militar aéreo en la región. CAP260697 **20 consenso** ++: Espero que no *quebremos* un consenso básico sobre España y Europa, que también hemos tenido a lo largo de muchos años. LVE030595 **21 acuerdo** +: La misma noche del lunes en el que *quebró* su acuerdo con... CLA120397 **22 cohesión** +: ...para insistir en su conocida tesis de que el nuevo sistema *quebrará* la cohesión interterritorial. EME230796 **23 calma** ++: Esa acción terrorista, la primera que afronta el presidente argentino, Fernando de la Rúa, *quebró* el sábado la tensa calma que se vivía... EPE201299 **24 orden:** ...una vez más al acercarse el fin del siglo, la Revolución Francesa *quebró* el orden anterior y no se llegó a decantar otro nuevo hasta el Congreso de Viena en 1815. EPE181199 **25 estabilidad** +: Esta estabilidad se *quebró* a media tarde con un agudo descenso del dólar. LVE120796 **26 igualdad:** «romper la caja única de la Seguridad Social» y de «*quebrar* la igualdad entre los pensionistas de toda España». EPE170999 **27 pacto:** Brasil dice que bancos y gobiernos *quebraron* un pacto. CLA030797 **28 solidaridad:** ...pero no se va a *quebrar* la solidaridad entre las fuerzas democráticas y esta situación se superará... LVE050495 **29 tregua:** La tregua se *quebró* con una emboscada que dejó 47 soldados muertos. EPE251099 **30 quietud:** Pero los ramos de flores y una ikurriña con crespón negro *quebraron* esa quietud. EPE251101 **31 silencio:** Aunque estas críticas empezaron a *quebrar* el silencio que rodeaba el caso... EPD181197

E SUSTANTIVOS QUE DENOTAN CONFIANZA Y OTRAS FORMAS DE ADHESIÓN: **32 confianza** ++: Esa equivocación le *quebró* la confianza después de haber tenido la victoria en su raqueta... LNC240796 **33 fidelidad:** Por lo menos logró que el fracaso en las legislativas del bloque político que dirige, Patria-Toda Rusia, no *quebrase* la fidelidad de sus paisanos moscovitas. EPE201299 **34 lealtad:** ...«se ha *quebrado* una lealtad básica que los servicios de Seguridad del Estado han de tener». EME280295

F SUSTANTIVOS QUE DENOTAN PAUTA, POSICIÓN O PUNTO DE REFERENCIA: **35 modelo** +: Para el dirigente socialista, todas estas propuestas sólo benefician a los que «quieren *quebrar* el modelo de democracia vigente en España». LVE111196 **36 esquema:** ...el hondureño Julio César Sambulá, logró al fin *quebrar* el esquema defensivo de los chivos para anotar el gol del honor del representativo de Puerto Barrios. SVG170397 **37 posición:** ...en el que Multivisión intentó *quebrar* la posición de trato preferente que Televisa ha recibido durante decenios por parte del Gobierno mexicano. EME081295

G SUSTANTIVOS QUE DESIGNAN PRINCIPIOS, DEBERES, OBLIGACIONES O NORMAS DE CONDUCTA: **38 principio** ++: ...las concentraciones empresariales pueden conducir a «oligopolios de control» y a *quebrar* el principio de igualdad de oportunidades. EPE161299 **39 dogma:** ...su victoria consiste en haber *quebrado* los dogmas que regían las universidades y la vida política. LVE230296 **40 ley:** Lo dicho: ni siquiera las mujeres de los fornidos jugadores alemanes pueden *quebrar* la ley del celibato... EME220694 **41 moral:** En la lona, su rival supo amarrarle eficazmente los puños, pero su moral había sido *quebrada*. CAP171096 **42 norma:** El espíritu del encuentro lo sintetizó el propio don Felipe al *quebrar* las normas habituales de silencio en estos viajes. EPE100399 **43 regla:** El mismo, sin embargo, estuvo a punto de *quebrar* esa regla cuando, incursionando en la cuestión de la reforma... ECA080792 **44 derecho:** ...declara probado que en el expediente contra los cuatro cargos públicos se «*quebró* el derecho de defensa» del artículo 24.2 de la Constitución... EPE110199 **45 deber:** La sentencia afirma que «no es posible admitir dudas de la versión oficial», aunque reconoce que «se *quebró* el deber de custodia...». EME250796

H SUSTANTIVOS QUE DENOTAN TENDENCIA: **46** **racha** ++: ...quienes ganaron así su tercer partido en cadena luego de *quebrar* una racha de siete derrotas. ENH120198 **47** **tendencia** ++: ...en el mercado cambiario, aunque *quebró* su tendencia alcista a mitad de la jornada... EXC081296 **48** **trayectoria** +: También el laborismo histórico israelí consideraba que una victoria del Likud *quebraría* la trayectoria negociadora... LVE080696

I SUSTANTIVOS QUE DENOTAN FUNDAMENTO DE ALGO O PRÁCTICA ACOSTUMBRADA Y EXTENDIDA: **49** **base** ++: Era evidente que tales afirmaciones *quebraban* las bases del tradicional entendimiento entre las dos organizaciones. INDOC **50** **costumbre** +: Está forzando tanto las cosas en la búsqueda de su beneficio personal que acaba de *quebrar* una costumbre democrática... EME291095 **51** **tradición**: ...de haber *«quebrado»* la tradicional neutralidad de la banca en los procesos electorales. LVE300196

J SUSTANTIVOS QUE DESIGNAN DIVERSOS ESTADOS DE PREEMINENCIA, ASÍ COMO ALGUNOS DE LOS ATRIBUTOS QUE LOS CARACTERIZAN: **52** **hegemonía** +: Alexánder Guimaraes, técnico herediano, quiere, de una vez por todas, *quebrar* este domingo la histórica hegemonía alajuelense sobre la divisa rojiamarilla. LNC281296 **53** **monopolio** +: Inglaterra no sólo se dedicó a abrir mercados, a *quebrar* monopolios, a patrocinar a piratas... EPE070799 **54** **cúpula**: En julio, la cúpula del FPMR se *quebró* y se inició una distinción entre un Frente-Autónomo y un Frente-Partido. HOY130197 **55** **dominio**: ...y colarse en los primeros puestos para *quebrar* el dominio colombiano. LNC071100 **56** **poder**: ...pretende *quebrar* el poder de los líderes regionales y reforzar el del Estado central, es decir, el suyo propio. EPE010700 **57** **liderazgo**: Tras admitir abiertamente que su liderazgo se había *quebrado*, presentó su dimisión como secretario del partido. INDOC

K SUSTANTIVOS QUE DESIGNAN CIERTOS ASPECTOS DE LA FORMA DE SER O PRESENTARSE LAS PERSONAS O LAS COSAS: **58** **imagen** +: No se puede *quebrar* esa imagen para forzar un carril bici contra natura. LVE280995 **59** **personalidad**: ...que ahora señalan que no quieren perder a su hijo, porque después de un año de crianza «se *quebraría* su personalidad». LVE010995 **60** **carácter**: De momento es fuerte y animoso; confiemos en que no se le *quiebre* el carácter. INDOC

L OTROS SUSTANTIVOS; POSIBLES USOS ESTILÍSTICOS: También se requiere orgullo frente a las humillaciones, que pueden *quebrar* el alma. EPE080899; Pero esta luna de miel se *quebró*. EME290996

□ Véase también: **fracturar(se), quebrantar, romper(se).**

[queda] → toque de queda

queda ♦ toque (de)

quedar(se) ♦ a (un) tiro de piedra, a buen recaudo[16], a lo lejos[39], a medias[3], a medida[31], a {mi/tu/su...} disposición, a oscuras, como un señor, en blanco, en custodia, en depósito, en punto muerto, en tierra, en tierra de nadie, frente a frente[13], sin palabras

queja ♦ amargo[40], apremiante[30], continuo, duro, enérgico, general, hondo, insistente, lastimero[10], lastimoso, legítimo, persistente, profundo, reiterado, sentido, sordo (a), testimonial[33], unánime ♦ arsenal (de)[25], avalancha (de)[3], cúmulo (de)[60], lluvia (de)[9], rosario (de) ♦ acallar[24], ahogar, alzar, amortiguar[51], arreciar[4], atender, canalizar[32], dejar caer[18], desatar(se)[62], desatender[25], desmontar[32], desoír[31], emitir, escapar (de alguien), escuchar, exponer, expresar, fluir[15], formular[9], hacer extensivo[22], lanzar, levantar[44], manifestar, plantear[58], poner, presentar, refutar[23], reiterar, salir, salir al paso (de)[15], soltar, soslayar[18], suscitar, suscribir, traslucir(se)[45], verter[9]

□ Véase también: **crítica, dolor, lamento, protesta, quejido, querella, reclamación, reclamo, reproche.**

quejarse ♦ abiertamente, a coro[18], airadamente, constantemente, continuamente, desesperadamente, desoladamente, incesantemente, insistentemente[16], inútilmente, persistentemente, por activa y por pasiva[17], tenazmente, verbalmente[50], vivamente

□ Véase también: **protestar.**

quejido ♦ amargo, hondo, lastimero[12], lastimoso, profundo, sonoro ♦ ahogar, emitir, escuchar, exhalar, lanzar, sofocar, soltar

□ Véase también: **chillido, dolor, gemido, lamento, queja, sonido.**

[quemarropa] → a quemarropa

querella ♦ objeto (de)[68], sarta (de) ♦ admitir, ampliar, archivar, dilucidar[61], dirimir[32], elevar, entablar[35], formular[25], incoar, instruir, interponer, plantear[59], poner, presentar, rechazar, resolver, retirar, sobreseer[10], sortear, sostener (con alguien)

□ Véase también: **demanda, protesta, queja.**

querencia ♦ acusado[42], especial, individual, inequívoco, irrefrenable, marcado, natural, obstinado, ostensible, particular ♦ manifestar, mostrar, sentir

□ Véase también: **tendencia.**

querer ♦ a morir[1], a rabiar[10], ardientemente[4], a toda costa[1], a todo trance[16], con toda {mi/tu/su...} alma, con todas {mis/tus/sus...} fuerzas[9], de todo corazón[16], en exclusiva, fervientemente[5], fervorosamente, profundamente[35], sinceramente[6]

□ Véase también: **anhelar, desear, pretender.**

quiebra ♦ absoluto, en cadena[21], estrepitoso[11], grave, imparable, inesperado, inevitable, irreparable, irreversible, total ♦ en ♦ abocar(se) (a)[10], afrontar, declarar(se) (en), decretar, encontrar(se) (en), entrar (en), evitar, ir (a), precipitar(se) (a), producir(se), provocar, recuperar(se) (de), remontar, rescatar (de), salir (de), salvar(se) (de), sumir(se) (en)

□ Véase también: **fisura, fractura, rotura, ruptura, separación.**

quiebro ♦ brusco[35], espectacular, grácil, inesperado, ingenioso, inverosímil, magistral, repen-

tino, sorprendente, verbal ♦ a la suerte, a los acontecimientos ♦ dar, hacer, sufrir

☐ Véase también: **giro, movimiento, vuelco.**

quietud ♦ absoluto, aparente, eterno, inalterable, permanente, reinante ♦ alterar, conservar, gozar (de)[62], imperar, interrumpir, mantener, reinar[4], romper, sentir

☐ Véase también: **calma, paz, reposo, serenidad, sosiego, tranquilidad.**

quimera ♦ inverosímil, irreal, irrealizable, obsesivo, utópico, viejo ♦ alentar, alimentar, forjar[30], hacer(se) realidad[6], perderse (en), perseguir, rayar (en), soñar (con)

☐ Véase también: **aspiración, deseo, utopía.**

quiniela ♦ acertar, echar[65], ganar, jugar (a), rellenar, tocar(le) (a alguien)

☐ Véase también: **apuesta.**

quirúrgicamente ♦ intervenir

☐ Véase también: **radicalmente.**

quiste ♦ encontrar(le) (a alguien), extirpar, quitar, sajar, salir(le) (a alguien)

[quitar] → por un quítame allá esas pajas, quitar hierro (a), quitar(se) de la cabeza

quitar hierro (a) *v.* ▮ Se combina con sustantivos que designan diversas manifestaciones verbales y actos de habla *(declaración, afirmación, palabra, mención: El subsecretario de defensa quitó hierro a sus declaraciones de la semana pasada)*. También acepta otros que designan informes, documentos o comunicados en los que se expone algún punto de vista, a menudo oficial *(expediente, auto, llamamiento)*. Además se combina con...

A SUSTANTIVOS QUE DENOTAN MATERIA, ASUNTO O ESTADO DE COSAS: **1 asunto ++:** Molesto y sin apenas levantar la vista, le *quitó hierro* al asunto: «Tampoco hay para tanto.». LVE281096 **2 hecho +:** ...quiso *quitar hierro* al hecho de que el Constitucional haya admitido a trámite el recurso. EPE101299 **3 situación +:** Empleando sus mejores dotes de mediador, González intervino después de Yeltsin para *quitar hierro* a la situación. EME080995 **4 caso +:** ...en un desayuno con la prensa diplomática, quiso *quitar hierro* al caso, descartó que pueda deteriorar las relaciones bilaterales... LVE230295 **5 tema:** No es extraño que el Gobierno (...) intente *quitar hierro* al tema y traslade a los tribunales la única responsabilidad del escándalo. LVE290696

B SUSTANTIVOS QUE DENOTAN ACCIÓN HOSTIL, CONTROVERSIA, DIVERGENCIA O ENFRENTAMIENTO VERBAL ENTRE DOS O MÁS PARTES: **6 polémica ++:** Con esta elemental afirmación, el ministro del Interior, Antonio Asunción, *quitaba hierro* ayer a la polémica suscitada por las declaraciones de Arzalluz... EME060494 **7 discrepancia +:** Eugeni Gay *quitó hierro* a las presuntas discrepancias. LVE041195 **8 diferencia +:** Los responsables de los editores españoles *quitaron hierro* a las diferencias que han tenido en los últimos tiempos con el Ministerio de Educación y Cultura. EPE051001 **9 debate +:** De esa forma, y en un intento de *quitar hierro* al debate suscitado en España acerca de su total integración en la organización aliada (...), el ministro advirtió que... LVE051295 **10 crítica +:** ...Ciscar *quitó hierro* a las críticas a los magistrados y dijos que su actuaciones no «deben sacralizarse». EME020895 **11 enfrentamiento +:** Por su parte, los representantes socialistas en la negociación, intentan *quitar hierro* al enfrentamiento... EME220695

C SUSTANTIVOS QUE DENOTAN SITUACIÓN CRÍTICA. TAMBIÉN CON OTROS QUE DESIGNAN ALGUNOS DE SUS EFECTOS NO DESEADOS: **12 problema ++:** ...el comité de enlace CDC-UDC *quitaba hierro* a los últimos problemas con el PP. LVE191196 **13 conflicto +:** El dirigente socialista *quitó hierro* al conflicto de competencias... EPE170399 **14 crisis +:** La Alianza Atlántica intentó ayer *quitar hierro* a la crisis de Gobierno en Rusia... EPE130599 **15 drama +:** ...un loable afán por *quitar hierro* al drama y dar rienda suelta a la sátira que pone en solfa costumbres reales y picardías políticas... LVE210995 **16 destrozo:** A la salida del templo, *quitó hierro* a los destrozos que han provocado los operadores de televisión y que hicieron que ayer pusiera el grito en el cielo. LVE180395

D SUSTANTIVOS QUE DENOTAN AUSENCIA O DEJACIÓN: **17 ausencia:** Fueron Albístegi e Imaz en cuatro minutos fulminantes de la segunda mitad quienes (...) *quitaron hierro* a la ausencia del goleador bosnio... EME300195 **18 retirada:** Por su parte, los chechenos intentaban *quitar hierro* a su retirada ante un rodillo ruso técnicamente invencible, pero política y moralmente ya derrotado. LVE200195 **19 dimisión:** El Gobierno –por boca de Pérez Rubalcaba– trató ayer de *quitar hierro* político a la dimisión del secretario de Economía. EME251195 **20 falta:** ...«lamenta» las declaraciones del conselleiro de Pesca, Amancio Landín, en las que *quitaba hierro* a la falta de la firma de un acuerdo pesquero con Marruecos... FDV050401

E SUSTANTIVOS QUE DESIGNAN OTRAS ACCIONES Y ESTRATEGIAS DE ACTUACIÓN: **21 operación:** ...también *quitó hierro* a la primera operación fallida de trasvase de agua. LVE180495 **22 plan:** Con esta treta dialéctica intentaba hace pocos días el alcalde gobernador de la capital alemana (...) *quitar hierro* al plan radical de ahorro que va a poner en marcha la ciudad estado.. LVE210196 **23 maniobra:** Pekín *quita hierro* a sus maniobras y llama otra vez al diálogo con Washington. LVE150396 **24 iniciativa:** ...quiso ayer *quitar hierro* a la iniciativa del Ayuntamiento, subrayando que se trata de una medida cautelar... LVE110295

F OTROS SUSTANTIVOS; POSIBLES USOS ESTILÍSTICOS: «¿Fortuna, qué fortuna?», dijo su letrado, que intentó *quitar hierro* al chalet de 70 millones de pesetas que el matrimonio tiene en Caldes de Montbui, a sus tres coches... LVE060996

quitar(se) ♦ calzado, gorro, ropa, sombrero, zapato

quitar(se) de la cabeza ♦ idea, imagen, melodía, obsesión, pensamiento, problema, proyecto, recuerdo, tema

☐ Véase también: **olvidar.**

R r

rabia ♦ **ciego (de)[2], enorme, exacerbado, incontenible, lleno (de), preso (de)[15], soterrado[24]** ♦ **acceso (de)[13], arranque (de)[4], arrebato (de)[6], ataque (de)[9]** ♦ **apagar(se)[22], aplacar(se)[6], apoderar(se)[15], atemperar[27], calmar, contener, corroer[4], dar[357], descargar[3], despertar[51], entrar[24], estallar (de)[8], estallar (en)[16], inocular, llenar(se) (de), producir (a alguien), reprimir, retorcerse (de), reventar (de)[11], sentir, soltar, tener, traslucir(se)[49]**

□ Véase también: **furia, indignación, ira, irritación.**

[rabiar] → **a rabiar**

rabieta ♦ **coger, dar (a alguien), disimular, pillar[17]**

rabiosamente ♦ **actual, contemporáneo, enérgico, independiente, individualista, joven, libre, moderno, novedoso, nuevo, original, presente, renovado, vigente**

□ Véase también: **rabioso.**

rabioso *adj.* ▮ En el sentido de 'que padece la enfermedad de la rabia' se combina con sustantivos que designan animales, principalmente cánidos *(perro, lobo)*. En el sentido de 'airado, colérico o muy enfadado', se combina con sustantivos que designan personas, más frecuentemente si designan al que se opone a algo *(Estoy rabioso con el vecino)*. También se combina con sustantivos que designan estilos de música *(rock, punk, pop, blues)*, agresiones o golpes *(ataque, paliza, patada, zarpazo, puñalada)*, así como otras formas de hostilidad *(oposición, revanchismo)*. En su sentido de 'intenso, marcado o destacado' se combina con sustantivos que designan colores *(verde, fucsia, amarillo)*, tendencias, corrientes, movimientos o ideologías *(neoliberalismo, nacionalismo, feminismo)*. Se combina asimismo con el sustantivo *futuro* y con...

A SUSTANTIVOS QUE EXPRESAN LA CONDICIÓN DE SER ALGO ACTUAL, NUEVO, RECIENTE O COINCIDIR CON EL MOMENTO EN QUE SE HABLA. TAMBIÉN CON OTROS QUE DESIGNAN FENÓMENOS QUE SE CARACTERIZAN POR ESA PROPIEDAD: **1 actualidad ++:** La visión de la mujer hace avanzar a la sociedad, está en el centro del «business», su papel es un producto social de *rabiosa* actualidad. LVE280896 **2 presente +:** y yo me obligué a seguir el trazado cronológico de la vida de la Reina, sin caer en la tentación de hurgar en el *rabioso* presente. EME241196 **3 modernidad +:** Todo ello con *rabiosa* modernidad –lengua de la germanía y de la calle– y dentro de la actual poesía de la experiencia... ABC110394 **4 novedad +:** ...y por eso me sorprende que algunas compañías lo publiciten hoy como *rabiosa* novedad. LVE031294 **5 vanguardia +:** Hemos conocido durante estos años la más *rabiosa* vanguardia del cómic, hemos vuelto la mirada a la nostalgia... EPE070599 **6 contemporaneidad:** ...cómo conviven amablemente bloques de viviendas vetustas con centros culturales de *rabiosa* contemporaneidad... LVE070796 **7 vigencia:** Es decir, se queda con la indagación espacial, que es lo que hoy sigue teniendo una *rabiosa* vigencia en la pintura... ABC210194 **8 moda:** Está claro que la caza de antigüedades está de *rabiosa* moda. EME270596 **9 inmediatez:** Contemplado desde la más *rabiosa* inmediatez socialista constituye un monumento a la coherencia. LVE210195 **10 modernismo:** ...ha nombrado caballero pese a encarnar el modernismo más *rabioso* que tanto aborrece la familia real británica... EME170196 **11 juventud:** Sólo la más *rabiosa* e independiente juventud podía proporcionar la energía necesaria para tan titánica tarea. ABC011295

B ALGUNOS SUSTANTIVOS QUE DENOTAN VOLUNTAD, ANSIA O DESEO: **12 deseo ++:** Dentro de mí se despertó y creció un *rabioso* y agresivo deseo de rebatir su afirmación... LVE220995 **13 gana +:** A pesar de tener unas ganas *rabiosas* de ir al concierto, no tuvo más remedio que quedarse en su casa. INDOC

C SUSTANTIVOS QUE DESIGNAN CONCEPTOS QUE MANIFIESTAN LA PONDERACIÓN DE CIERTOS VALORES INDIVIDUALES, EN PARTICULAR LA ACTUACIÓN LIBRE DE LAS PERSONAS: **14 independencia +:** ...surgidas de los pinceles de un artista que frecuentó muchos estilos, pero que preservó una *rabiosa* independencia artística. EPE270999 **15 individualidad +:** ...de algún modo han logrado mantenerse verdaderamente independientes, sin ceder jamás su visión particular ni su *rabiosa* individualidad. CLA070397 **16 individualismo:** ...mientras nos tomábamos unas copas en el bar Elvira, darme un baño de individualismo *rabioso*. EPE130299 **17 subjetividad:** ...sino con la *rabiosa* subjetividad de quien hurga en los tipos y diagnostica sobre lo colectivo... ABC120595

D SUSTANTIVOS QUE DENOTAN FUERZA: **18 energía:** El alivio de la energía *rabiosa* toma luego cualquier rumbo, en forma micro cada fin de semana... EPE201099 **19 intensidad:** ...las sienes martillean con una intensidad *rabiosa* y la respiración se agita como se agitan las alas de un pájaro... EME250496

E OTROS SUSTANTIVOS; POSIBLES USOS ESTILÍSTICOS: ...por una radical defensa de la isla frente a la especulación, expresada con eficaz y *rabiosa* simpleza. EPE261299

□ Véase también: **rabiosamente.**

[rabo] → **de cabo a rabo**

racha ♦ **adverso, alcista, bueno, deportivo, desastroso, económico, espectacular, exitoso, favorable, fuerte, ganador, goleador, huracanado, malo, nefasto, negativo, pésimo** ♦ **atravesar**[30], **cortar**[44], **dejar atrás, enderezar**[59], **estar (en), interrumpir(se), pasar (por), quebrar(se)**[46], **romper(se), seguir, terminar, torcer(se)**[14], **truncar(se)**[36]

racha (de) ♦ **accidente, acierto, acusación, buen juego, crítica, derrota, descalabro, éxito, fallo, fracaso, incendio, mal juego, problema, resultado, suerte, triunfo, victoria, viento, violencia**
☐ Véase también: **ola (de), ráfaga (de).**

racheado ♦ **lluvia, nieve, viento**

radiación ♦ **dosis (de), efecto (de), fuente (de), nivel (de), onda (de)** ♦ **captar, emanar, emitir, esparcir, exponer(se) (a), filtrar, producir, recibir, sentir**

radiante ♦ **atractivo, belleza, cara, cielo, color, colorido, día, figura, futuro, luminosidad, luz, mirada, porvenir, rostro, sol, sonrisa,** *sustantivos de persona*

radiante (de) ♦ **alegría, amor, belleza, color, emoción, entusiasmo, euforia, felicidad, luz, optimismo, satisfacción**

radiar Véase: **retransmitir**

radical ♦ **actitud, afirmación, cambio, carácter, condición, contraste, corte, crítica, diferencia, eliminación, enfrentamiento, giro, grupo, idea, ideología, ley, mejora, movimiento, negación, norma, oposición, persona, planteamiento, rechazo, ruptura, separación, solución, transformación**
☐ Véase también: **radicalmente.**

radicalmente *adv.* ▮ Se combina con adjetivos y locuciones diversas que denotan punto de vista o posicionamiento *(radicalmente en contra, a favor, opuesto, partidario, contrario).* También lo hace con...

A VERBOS QUE DENOTAN VARIACIÓN O CAMBIO: **1 cambiar +:** Los estudios de más de un siglo no determinan que el clima haya cambiado *radicalmente,* aunque, eso sí, ha sido afectado. LNA230692 **2 modificar +:** ...promovieron varias reformas que han modificado *radicalmente* la educación española. ENC060599 **3 transformar +:** ...ha introducido elementos de guión que transforman *radicalmente* la percepción de los contratos sanitarios firmados por el anterior consejero de Sanidad... CAN050201 **4 variar +:** Uno de los problemas es que los hábitos de consumo han variado *radicalmente* en los últimos 35 años... EPD160198 **5 alterar +:** Sus propuestas alterarían *radicalmente* la estructura de poder en la Unión Soviética... EUV060499 **6 trastocar:** Cualquier resolución apriorística resultará errónea, pues Alexie trastoca *radicalmente* las convenciones, sean sociales o narrativas. ABC011295 **7 reformar:** ...y dedicar especial interés a reformar *radicalmente* a los organismos que debieran protegernos. EXC020496

B VERBOS QUE DESIGNAN LA ACCIÓN DE ARREGLAR O MEJORAR UNA SITUACIÓN: **8 recomponer:** ...e IU aumenta su apoyo hasta recomponer *radicalmente* el mapa político dentro de la izquierda. EME110195 **9 enderezar:** ...hay que enderezar *radicalmente,* sin torpes disimulos, ciertos rumbos del aparato estatal que lo estaban conduciendo al procomún barranco de la desinformación... LVE301196 **10 rectificar:** ...la necesidad de rectificar *radicalmente* tendencias y conductas incompatibles con los principios y leyes de nuestra sociedad... EPE010889 **11 mejorar:** ...podían haber mejorado *radicalmente* el paisaje de esta provincia y, además, dotarle de una buena fuente de ingresos a favor del municipio. LTB050900

C VERBOS QUE DESIGNAN LA MANIFESTACIÓN DE SENTIMIENTOS, OPINIONES, ACTITUDES O REACCIONES DIVERSAS: **12 expresar +:** Una vez en la oposición, tendrá mayor libertad para expresar *radicalmente* sus ideas... INDOC **13 pronunciar(se):** ...una iniciativa contra la que el PNV se ha pronunciado *radicalmente.* LVE290795 **14 plantear:** ...al plantear *radicalmente* como temas capitales, huyendo de los tópicos fenecidos con la época... EME311296 **15 manifestar:** ...y manifiesta *radicalmente* su sentido práctico a este respecto, junto a otra objeción de peso... ABC050894

D VERBOS QUE DENOTAN OPOSICIÓN O RECHAZO: **16 oponer(se) ++:** Se opone *radicalmente* a la solicitud de la Compañía Real Holandesa de Aviación KLM de volar una vez por semana a Colombia. ETC070198 **17 enfrentar(se) +:** España se enfrenta *radicalmente* a Noruega en este apartado de la negociación. EME280294 **18 negar +:** El Ayuntamiento, por su parte, niega *radicalmente* la acusación de falta de información. LVG231191 **19 contrastar:** Habrá que verlo, porque la dinámica institucional de la V República, salvo en periodos de cohabitación, contrasta *radicalmente* con este planteamiento. EPE100700 **20 contradecir:** Esta versión contradice *radicalmente* la de la Policía, que sostuvo que el crimen había sido obra de Sendero Luminoso... CAP100797 **21 rechazar +:** ...que no se bajen las cotizaciones de las empresas, al menos durante toda la legislatura, petición esta que ha sido rechazada *radicalmente* por los empresarios. LVE310796

E VERBOS QUE DESIGNAN LA ACCIÓN DE APARTAR O SEPARAR ALGO O ALGUIEN DE OTRA COSA: **22 apartar:** El nuevo modelo se aparta *radicalmente* de los cánones tradicionales de la marca sueca... LVE101295 **23 descartar:** Descartar *radicalmente* barrios como el que se construye en La Celsa, fuera del ámbito urbano... EME240495 **24 separar:** ...lo que le separa *radicalmente* de ellos es que no considera el color como un medio de construir el espacio pictórico... ABC130594 **25 distinguir:** Así, México, Centroamérica y el Caribe poseen actualmente una relación con EE. UU., para bien o para mal, que los distingue *radicalmente* de los demás países... EPE141199 **26 diferenciar:** ...lo que lo diferencia *radicalmente* de antecedentes con pretensión de impersonalidad a los que en alguna ocasión se le ha querido acercar. ABC061291

F VERBOS QUE DENOTAN DESACUERDO: **27 diferir +:** Las versiones sobre la situación en el interior de los centros volvieron ayer a diferir *radicalmente.* EPE130799 **28 discrepar:** De acuerdo con esto discrepa *radicalmente* con lo manifestado por Freud en el texto anteriormente citado... REL011096 **29 disentir:** Disiento *radicalmente* de que un partido de implantación territorial limitada no pueda decidir para su parcela y para la de los demás. LVE070896

G VERBOS QUE DENOTAN INTERRUPCIÓN, CANCELACIÓN, ANULACIÓN O CENSURA DE ALGUNA COSA: **30 cortar:** Se trata de cortar *radicalmente* con lo que fue el segundo período de Belmont... CAP180196 **31 eliminar:** Por otro, se eliminan *radicalmente* las lecturas románticas y se procura una objetividad neoclásica, excesivamente fría... ABC290193 **32 acabar:** ...su deseo y el del partido es «acabar *radicalmente* con estas actitudes, que ensucian la vida política y la vida cotidiana de la sociedad». EME220494

H VERBOS QUE DENOTAN INCUMPLIMIENTO DE ALGO: **33 traspasar:** ...también supone traspasar *radicalmente* fronteras, no sólo territoriales, sino de culturas e incluso de estados de ánimo. EME140196 **34 incumplir +:** ...incumplen *radicalmente* la normativa urbanística en sus aspectos esenciales. EPE121101 **35 violar:** Como siempre, dicen, Milosevic viola *radicalmente* los acuerdos para ceder después mínimamente en algo previamente convenido. EPE070299 **36 romper:** ...acabó rompiendo *radicalmente* con esa tradición para hacer una pintura extraordinariamente única. EME080696

☐ Véase también: **radical.**

radicar (en) Véase: estribar (en)

radio ♦ alto, a todo volumen, bajo, fuerte ♦ cadena (de), emisora (de), onda (de), programa (de) ♦ apagar, aparecer (en), bajar, conectar, dar (en), emitir (en), encender, escuchar, oír, poner, subir, transmitir (algo)

☐ Véase también: **televisión.**

radiografía ♦ analizar, hacer, sacar, tomar[80], velar(se)

ráfaga (de) *sust.*

▮ En su sentido literal se combina con sustantivos que designan armas o proyectiles o el efecto de usarlos *(ametralladora, dinamita, disparo, bala, tiro).* También se combina con...

A SUSTANTIVOS QUE DESIGNAN EL AIRE, LA LUZ Y ALGUNAS DE SUS MANIFESTACIONES. SE EMPLEA MUY FRECUENTEMENTE EN SENTIDO FIGURADO: **1 luz ++:** ...fusiona eficazmente lo lineal con lo cromático, aclara los colores, introduce *ráfagas* de luz... ABC220494 **2 luminosidad:** Al entrar en la sala lo cegó una *ráfaga* de luminosidad. INDOC **3 claridad:** Lamas ha erigido en sus telas una poderosa constelación de signos e imágenes, donde el argumento principal (...) está representado en trazos oscuros, con *ráfagas* de claridad. ABC221093

B SUSTANTIVOS QUE DESIGNAN MANIFESTACIONES VERBALES HOSTILES U OFENSIVAS: **4 improperio +:** En esta misma circunstancia, al autoelogio agregó una *ráfaga* de improperios contra quienes no pueden compartir su optimismo... PME081296 **5 insulto:** «Liquidarlos» con una *ráfaga* de insultos no me parece una actitud seria. ABC150995 **6 crítica:** Cuando The Information (éste es el título definitivo) llega a las librerías a finales de marzo pasado, va acompañado de un fragor de polémicas y de una *ráfaga* de críticas negativas. EME070595

C SUSTANTIVOS QUE DENOTAN INSPIRACIÓN. TAMBIÉN CON OTROS QUE EXPRESAN ACTITUD POSITIVA O BUENA DISPOSICIÓN DE LAS PERSONAS HACIA LAS COSAS: **7 inspiración ++:** –Ah, por cierto, ¿cómo va esa espalda?– preguntó en otra *ráfaga* de inspiración. LVE110395 **8 optimismo:** ...quien tenía planeado dar fin a ese rosario de desgracias con una *ráfaga* de optimismo. EME231195 **9 esperanza +:** ...se vislumbra ya un mundo narrativo propio, presidido, aunque con algunas *ráfagas* de esperanza, por la desolación de vivir... ABC080995

D SUSTANTIVOS QUE DESIGNAN OTRAS CUALIDADES DE LAS PERSONAS O LAS COSAS: **10 belleza:** ...una geografía común en la que, súbitamente, puede deslumbrarnos una *ráfaga* de belleza... EPE170399 **11 torería:** Y los que entraron a saborear el toreo de Pepín, salieron satisfechos con las *ráfagas* de torería que el espada de Lorca soltó en el segundo de la tarde. EPE160899

E SUSTANTIVOS QUE DENOTAN INDIGNACIÓN, IRRITACIÓN O VIOLENCIA: **12 cólera:** ...Yemayá, diosa del mar propensa a las *ráfagas* de cólera y amiga de la calamidad. ABC260393 **13 cabreo:** La lectura de cada uno de los minutos transcurridos ha sido pródiga, ha rezumado interés, curiosidad, sorpresa; a veces, alguna *ráfaga* de cabreo. LVE191295 **14 intemperancia:** Ese caldeado ambiente fue avivado por otras *ráfagas* de intemperancia el pasado fin de semana en esta ciudad... LTB080497 **15 ira:** La conjunción de estos antípodas ideológicos provocó una *ráfaga* de ira en la bancada laborista. EME230595 **16 violencia:** ...supo guardar la serenidad por encima de las *ráfagas* de violencia y las olas de sangre. LVE201196

F SUSTANTIVOS QUE DENOTAN DESÁNIMO, DISGUSTO O INQUIETUD. TAMBIÉN CON ALGUNOS QUE DESIGNAN, POR EXTENSIÓN, OTROS ESTADOS CONSIDERADOS GENERALMENTE NEGATIVOS: **17 melancolía:** Ráfagas de melancolía y de felicidad... EME040395 **18 duda:** ...Álvaro Mutis dice explorar, no sin dificultades, titubeos y *ráfagas* de duda, una nueva manera de contar lo mismo... EPE231201 **19 miedo:** Eran unas *ráfagas* de miedo. ETC011291 **20 cansancio –:** ...leyó su discurso en un tono sereno maleado por la acústica y por algunas *ráfagas* de cansancio. EPE220599

☐ Véase también: **avalancha (de), lluvia (de), ola (de), racha (de).**

[raíz] → de raíz

raíz

▮ *(adj.)* ♦ **bien**

▮ *(sust.fem.)* ♦ **original, remoto, primitivo, ignoto, ancestral[10], antiguo, atávico[83], claro, común, firme, fuerte, hondo, inequívoco[21], lejano, milenario, originario, profundo, sólido, vivo[50]** ♦ **aflorar[34], ahondar (en)[26], anclar[2], apegarse (a)[13], arrancar, bucear (en)[4], buscar, contar (con), desbrozar, echar, escarbar (en)[5], extender(se), hender (a alguien), hundir(se), penetrar (en algo), perseguir, profundizar (en), remontar(se), retornar (a), robustecer(se)[14], volver (a)**

☐ Véase también: **causa, desencadenante, origen.**

[rajá] → como un {marajá/rajá}

[rajatabla] → **a rajatabla**

[rama] → **por las ramas**

rama ♦ **de la ciencia, del conocimiento, del estado, del poder, del saber, desnudo, ejecutivo, enraizado, esmirriado, familiar, femenino, industrial, juvenil, legislativo, masculino, militar, político, raquítico, retorcido, robusto, seco, serpenteante, sindical, textil, verde** ♦ **bifurcarse, cortar, derivar(se), desgajar(se), desprenderse, partirse (en), romper(se), talar, tronchar(se), tronzar(se), unificar**

☐ Véase también: **aspecto, faceta (de).**

rampante *adj.* ▮ En su sentido literal ('que está con la zarpa abierta'), se combina con sustantivos que designan animales, más frecuentemente ciertos cuadrúpedos *(caballo, león).* En su sentido figurado se combina con...

A SUSTANTIVOS QUE DENOTAN INCREMENTO O DESARROLLO PROGRESIVO DE ALGO: **1 aumento:** A este hecho se ha sumado un aumento *rampante* del absentismo escolar... EPE190299 **2 ascenso:** ...el resultado de esta defección ciudadana es el ascenso *rampante* de minorías... EPE061299 **3 crecimiento:** Ante el deterioro económico y el *rampante* crecimiento de la criminalidad, decidió (...) que había que volver a aplicar la ley... EME080996 **4 evolución:** Cabe que la economía detenga la caída (...), manteniendo una evolución *rampante* a ras de suelo. EME100694 **5 carrera –:** ...una carrera *rampante* que empezó en teatro de carretera... EME011295

B SUSTANTIVOS QUE DESIGNAN ACTIVIDADES ILÍCITAS, ASÍ COMO DIVERSOS ESTADOS DE COSAS QUE SE CONSIDERAN NO DESEABLES: **6 corrupción +:** El malestar crece con la *rampante* corrupción. DHE290197 **7 criminalidad +:** ...ponen las luces de su sabiduría jurídica al servicio de una criminalidad *rampante*... ETC020188 **8 delincuencia:** La causa inmediata: una delincuencia *rampante*... EPD290497 **9 narcotráfico:** ...el desempleo (...) o el *rampante* narcotráfico son manifestaciones de un serio problema... EPD181197 **10 terrorismo:** ...al poco tiempo ocurrió (...) un evidente descuido de los mecanismos de seguridad contra el terrorismo siempre *rampante*... CAP030497 **11 desempleo:** ...el desempleo sigue *rampante*... EPC051197 **12 inflación:** ...un índice de inflación *rampante* que amenaza con llegar al 25 por ciento al final del año... ETC240996 **13 pobreza:** El país surasiático sufre una pobreza *rampante*, está endeudado hasta el tuétano y en sus ciudades predomina la ley del más fuerte. EPE171099 **14 analfabetismo:** ...un analfabetismo *rampante* contra el que (...) promete luchar... LVE010996 **15 trapacería –:** Las razones reales de la huelga residen (...) en la trapacería *rampante*... EME210194

C SUSTANTIVOS QUE DESIGNAN TENDENCIAS, CORRIENTES Y MOVIMIENTOS POLÍTICOS, IDEOLÓGICOS, SOCIALES, INTELECTUALES O ARTÍSTICOS IGUALMENTE CONSIDERADOS INCONVENIENTES A JUICIO DEL QUE HABLA: **16 derecha +:** ...hemos conjurado el peligro de una derecha *rampante*... EME290194 **17 nacionalismo +:** ...Tudjman ha basado su éxito en el nacionalismo *rampante*, pero a diferencia del presidente serbio (...) el presidente croata aparece como un líder razonable... EME291095 **18 capitalismo +:** ...ha sabido combinar un marxismo teórico con la apertura de una era de capitalismo *rampante*... LVE100996 **19 liberalismo:** ...una de las pocas tareas irrevocables que conciernen a los Gobiernos en el liberalismo *rampante* (...) consiste precisamente en promover y vigilar la competencia... EDV030601 **20 fascismo:** ...es contemplada como una versión local (...) de no enfrentarse directamente al *rampante* fascismo europeo. EME130796 **21 integrismo:** ...el integrismo *rampante* quiere abolir ese recuerdo. EME281296 **22 populismo:** Este resultado es en sí mismo la mejor respuesta al populismo *rampante*... LVE040595 **23 socialismo:** ...los jóvenes cachorros del socialismo *rampante* llegaron al Ayuntamiento... LVE300995 **24 racismo:** La violencia invasora (...), el racismo *rampante* (...) son temas de textos... EPU041001 **25 clientelismo:** Y las razones políticas que adujo [(...) soborno mediático, clientelismo *rampante*], me parecieron certeras... EPE280699

D ALGUNOS SUSTANTIVOS QUE DENOTAN AFICIÓN O PROCLIVIDAD A ACTIVIDADES LÚDICAS, DEPORTIVAS O ARTÍSTICAS: **26 barcelonismo:** El barcelonismo *rampante* (...) es lo contrario del madridismo... EPE150299 **27 madridismo:** ...sea lo que sea es lo contrario del madridismo *rampante*. EPE150299 **28 taurinismo –:** ...la corrida de ayer se planteaba como un desafío del taurinismo *rampante*... EME190495

E OTROS SUSTANTIVOS; POSIBLES USOS ESTILÍSTICOS: Si Aida Alvarez (...) nos reveló la realidad de lo cutre que es esta nómina *rampante* del felipismo, ahora la vemos en todo su ambiente espantosamente hortera. EME080594; ...llevan en la camiseta rayas o colores que aluden a la más ilustre, profunda y *rampante* verdad de la Historia. EME311096

☐ Véase también: **en alza.**

rapapolvo ♦ **caer (a alguien), echar[70], librar(se) (de), llevar(se)**

rapidez ♦ **endiablado[3], enorme, gran(de), sorprendente, sumo[56], vertiginoso[7]**

☐ Véase también: **acelerar, adelantar(se) (a), a uña de caballo, cadencia, diligencia, lentitud, ligereza, ritmo, velocidad.**

rápido ♦ **como el rayo, como el viento, como una bala, como una centella**

rapto (de) *sust.* ▮ Admite sustantivos que designan movimientos políticos o culturales o los sentimientos que representan *(un rapto de patriotismo, de nacionalismo, de realismo).* Se combina asimismo con...

A SUSTANTIVOS QUE DESIGNAN PERTURBACIONES DE LA RAZÓN, ASÍ COMO DIVERSOS SENTIMIENTOS DE FRUSTRACIÓN, IRA Y OTRAS EMOCIONES VIOLENTAS QUE SE ASOCIAN CON ELLOS: **1 locura ++:** ...que por el presupuesto o la deuda externa, en un *rapto* de locura, apliquen 18 por ciento a las pensiones. CAP281196 **2 celos +:** Josefina en un *rapto* de celos abandonó la casa. INDOC **3 ira +:** No era la primera que, en un *rapto* de ira, arrojaba el tintero contra las cuerdas del piano. INDOC **4 indignación:** En un *rapto* de indignación, clamó: «El PP no es una organización seria». EPE090699 **5 irracionalidad:**

...que se había tomado la justicia por sus propias manos en un *rapto* de irracionalidad evidente... ABC170694 **6 demencia:** Pero éste enloqueció años más tarde y en uno de sus *raptos* de demencia quemó el valioso regalo. EPE230299 **7 histeria:** Raptos de histeria y la contundente intervención de policías y guardaespaldas marcaron la entrada de Mariah Carey en la emisora. EPE131099 **8 furor:** Ahora estamos en pleno *rapto* de furor y hasta parece que vuelve el odio. EME040895

B SUSTANTIVOS QUE DENOTAN GENIO, IMAGINACIÓN, SENSIBILIDAD Y OTRAS CUALIDADES ANÁLOGAS: **9 genio:** La propia Cristina Hoyos no se ha cansado de jalear su baile sincero y con *raptos* de genio, su gentileza y, en fin, su seriedad. LVE171195 **10 lucidez +:** Pero mi debilidad, o mi inconsciencia, me impiden tener un *rapto* de lucidez y sucumbo constantemente. EME040194 **11 inspiración +:** Entonces, en un *rapto* de inspiración, se mezclan las cuatro notas con las ocho anteriores y se vuelven a repetir una y otra vez. LVE181095 **12 genialidad:** ...ejecutó el tercero en un *rapto* de genialidad que el Camp Nou esperaba... LVE290196 **13 lirismo:** La novela, en un *rapto* de lirismo, adquiere en este capítulo altas cotas de sensibilidad estética. INDOC **14 fantasía –:** Desoyendo las indicaciones de esperar el rescate, se lanza al camino y en un *rapto* de fantasía toma un desvío que la lleva a Venecia... CLA280601

C SUSTANTIVOS QUE DESIGNAN LA ALEGRÍA Y OTROS ESTADOS DE ÁNIMO DE SIGNO POSITIVO, A MENUDO DE CIERTA INTENSIDAD: **15 entusiasmo:** ...Averoff, que, en un *rapto* de entusiasmo, prometió casar a su hija con el vencedor de la prueba de maratón... EME310396 **16 alegría:** ...y mi querido compañero Raúl Arias tuvo un *rapto* de alegría: «¡Eso quiere decir que está bien!». EME230795 **17 humor:** Forsythe hace del fouetté arabesque un sello de la casa, y de la endiablada gourgillade de espaldas un *rapto* de humor desconcertante. EPE170700 **18 optimismo:** Eso fue un *rapto* de optimismo de Solbes. EME160494 **19 euforia:** «En Francia tenemos una juventud fuerte y valerosa», afirma Gobillard en un *rapto* de patriótica euforia. EME010695

D SUSTANTIVOS QUE DESIGNAN SENTIMIENTOS, VALORES Y CUALIDADES HUMANAS A MENUDO RELACIONADOS CON LA NATURALIDAD, LA AUSENCIA DE FALSEDAD O DE ARROGANCIA Y LA BUENA DISPOSICIÓN HACIA LOS DEMÁS: **20 sinceridad +:** Así también lo reconoce la jefe de estudios, Ana Senra, que en un *rapto* de sinceridad justifica comprensiva la evasión de unos cuantos chavales. ABC220794 **21 generosidad:** Entonces yo, en un *rapto* de generosidad, sólo por complacerla, juré que llegaría tarde a todas las citas... EPE180499 **22 modestia:** En un *rapto* de inusitada modestia, Porfirio Muñoz Ledo dijo que el acuerdo para la reforma política «es una victoria colectiva». EXC270796 **23 humildad:** En un *rapto* de humildad para alguien que como él, considerando que está en la cumbre de su maestría como instrumentista... LVE040595 **24 solidaridad:** Los voluntarios, en un admirable *rapto* de solidaridad, están acudiendo en masa a las zonas de la catástrofe. INDOC **25 compasión:** Todos estuvimos de acuerdo en castigarlo pero yo, un rato después, sufrí un *rapto* de compasión y traté de disculparlo. INDOC **26 coherencia –:** ¿Un súbito *rapto* de coherencia? ¿Un ataque de dignidad? ¿Un voto de honestidad? LVE170195 **27 espontaneidad –:** ...exclamó el pintor Antonio López, en un *rapto* de espontaneidad, al ser preguntado por el aspecto que más destacaría del pintor... LVE280396

E SUSTANTIVOS QUE DESIGNAN DIVERSOS SENTIMIENTOS Y ACTITUDES CONSIDERADOS CENSURABLES: **28 descaro:** ...un gesto que sólo los más audaces interpretaron como un *rapto* de descaro mal disimulado. EME250896 **29 soberbia:** Tuvo un *rapto* de soberbia y dijo que su talla de actriz le impedía actuar con semejantes compañeros. INDOC **30 inmodestia:** Lo dice el propio Badia, en un *rapto* de inmodestia poco usual en él... LVE100395 **31 egoísmo:** En un *rapto* de egoísmo, el delantero tiró a puerta en vez de ceder el balón a su compañero, que estaba mejor situado. INDOC **32 radicalidad –:** Ese acto impositivo puede llevar inherente un *rapto* de exacerbada radicalidad. EPE300899

F SUSTANTIVOS QUE DENOTAN VALOR O ARROJO: **33 coraje:** Solo un *rapto* súbito de coraje explica su valerosa actuación en el incendio. INDOC **34 temeridad:** ...y, en un *rapto* de temeridad, llevó al paroxismo algunas de las audacias mayores de la agitación de formas... EPE221201 **35 valentía:** Un *rapto* de valentía le llevó a enfrentarse con sus jefes. INDOC

G OTROS SUSTANTIVOS; POSIBLES USOS ESTILÍSTICOS: Hasta que en un *rapto* de neuronas descubrieron la cultura del morbazo. EPE210299; Incluso en un *rapto* de intimidad se atreve a descubrir secretos simpáticos sobre algunas de las telas. ABC181292

☐ Véase también: **ataque (de)**.

raquítico

raquítico ♦ **ahorro, altura, aumento, cantidad, cifra, industria, pensión, presupuesto, resultado, salario, sueldo, suma, tamaño,** *otros sustantivos que designan cantidades*

[ras]

[ras] → **a ras (de)**

[rasero]

[rasero] → **con el mismo rasero, por el mismo rasero**

[rasgo]

[rasgo] → **a grandes rasgos**

rasgo

rasgo ♦ **acusado, agraciado[14], agradable, característico, caracterizador, decisivo[36], definitorio, distintivo, dominante[1], esencial, fundamental, genuino, inconfundible, marcado, peculiar, predominante, privativo, propio, revelador[10], suave** ♦ **adquirir, ahondar (en)[40], bosquejar[6], caracterizar(se) (por), constituir, definir, delinear[42], endurecer(se), esbozar, mostrar, perfilar[22], presentar, representar, tener**

☐ Véase también: **detalle, particularidad, pormenor, sello, sesgo.**

RASGO Véase: ASPECTO

rasguear

rasguear ♦ **guitarra,** *otros sustantivos que designan instrumentos de cuerda*

[rasguño]

[rasguño] → **sin un rasguño**

[raso]

[raso] → **al raso**

raso ♦ **cielo, disparo, juego, lanzamiento, pase, remate, soldado, superficie, tabla, terreno, tiro, vuelo**

[rastra] → **a rastras**

rastrear ♦ **a conciencia**[29]**, al dedillo, concienzudamente, con detalle, con precisión, detalladamente, detenidamente, exhaustivamente**[3]**, intensamente**[52]**, minuciosamente, palmo a palmo**[2] ♦ **alrededor, antecedente, delito, historia, huella, indicio, influencia, memoria, origen, paradero, pasado, pista, prueba, signo, terreno, territorio, zona,** *otros sustantivos de lugar*

☐ Véase también: **buscar, cachear, peinar.**

rastreo ♦ **a conciencia, completo, concienzudo, cuidadoso, detallado, detenido, eficaz, exhaustivo**[12]**, intensivo**[1]**, intenso, minucioso, pormenorizado, preciso, riguroso** ♦ **acometer, emprender, llevar a cabo, practicar, realizar**

☐ Véase también: **búsqueda, persecución, pesquisa, seguimiento.**

rastro ♦ **evidente, imborrable**[3]**, revelador** ♦ **borrar(se), buscar, detectar**[6]**, encontrar, hallar, olfatear, perder(se), perseguir, seguir**[60]

☐ Véase también: **cicatriz, eco, huella, impronta, poso, resto, secuela (de).**

ratificar(se) ♦ **con firmeza**[17]**, con rotundidad**[24]**, en líneas generales**[14]**, enteramente, en todos los extremos, por completo, por mayoría**[16]**, punto por punto**[11] ♦ **acuerdo, apoyo, compromiso, confianza, convenio, decisión, denuncia, documento, evidencia, fallo, idea, información, noticia, oposición, respaldo, tendencia, tratado, validez, verdad, voluntad**

[rato] → **para rato**

[raudal] → **a raudales**

[raya] → **a raya, a rayas**

rayano (en) Véase: **rayar (en)**

rayar (en) *v.* ▮ En su sentido de 'estar cerca de', se combina con sustantivos que designan muy diversas nociones extremas o consideradas como tales por el que habla. Destacan las de naturaleza difamatoria *(insulto, calumnia, maledicencia)*, delictiva o ilegítima *(prevaricación, usura, cohecho, chantaje)* y política o social *(anarquía, materialismo, integrismo, tercermundismo, subdesarrollo)*. Se combina también con...

A SUSTANTIVOS QUE DESIGNAN HECHOS O SITUACIONES INCONGRUENTES O DEFORMADAS EN DIVERSO GRADO: **1 disparate** +: Un tercer entrenador (...) pidió ayer cordura, diálogo y coherencia, para no entrar en una línea que casi *raya* en el disparate. LVE021196 **2 ridículo** +: ...ayer *rayó* en el ridículo bromeando ante el atónito público asistente a la ceremonia en el palacio del Dam. EPE101299 **3 absurdo** +: Pero el asunto *raya* en el absurdo cuando el conservadurismo que tanto aprieta a la presidencia para la aplicación rigurosa del principio de ley y orden, se opone a la regulación estricta de la posesión de armas... LVE040896 **4 caricatura** +: Pese a que este retrato *raya* en una caricatura –que siempre exagera los rasgos– el perfil trazado por este periodista viene a coincidir bastante con los académicos informes... EPE160799 **5 excentricidad**: Rylance, de 35 años, es un actor cuya pasión por el mundo shakespeariano *raya* en la excentricidad. EME090895 **6 monstruosidad**: ¿Deben *rayar* en la monstruosidad los conflictos para que nos animemos a darle un espacio parcial y efímero en nuestro quehacer cotidiano? EME161195 **7 esperpento**: Algunos marcan pautas importantes; otros *rayan* en el esperpento. EME100696

B SUSTANTIVOS QUE DESIGNAN ALTERACIONES PSÍQUICAS DIVERSAS, A MENUDO DE CIERTA GRAVEDAD: **8 desvarío** +: Eran afirmaciones atolondradas e incongruentes que *rayaban* en el desvarío. INDOC **9 agitación** +: Su nerviosismo le producía una ansiedad que *rayaba* en la agitación. INDOC **10 obsesión** +: Lo que el público veía en Di Pietro era un hombre de una honradez que *rayaba* en la obsesión. EME101296 **11 histeria** +: ...los primeros no delinquen fácilmente y cuando lo hacen suelen causar daños mínimos, a no ser que *rayen* en la histeria y lleguen a mayores... EME080594 **12 locura** +: ...todos ellos atenazados por el rigor de una etiqueta *rayada* en la locura y bajo la constante amenaza de los autos de fe de los que un día pudieran ser las víctimas. LVE301095 **13 delirio** +: Y acaba *rayando* en el delirio cuando sentencia: «Si hubo una filtración no controlada, se estima que...». EME211296 **14 paroxismo**: Cuando se pone colérico, sus gestos *rayan* en el paroxismo. INDOC **15 oligofrenia** –: ...es como ser cerdo y relaciones públicas de un matadero: un exceso de positividad que *raya* en la oligofrenia. EPE191001

C SUSTANTIVOS QUE DENOTAN FALTA DE APTITUD, RAZÓN O EFICACIA: **16 estupidez** ++: Y se habla, claro está, de excesos que *rayan* en la estupidez, como el de contratar cuidanderos y enfermeras para los tamagotchis. ETC170797 **17 incompetencia** +: ...tengo todo el derecho a decir que esta empresa, como tal, deja mucho que desear, por no decir claramente que la pésima organización y servicio que ostenta *raya* en la incompetencia. EPE260799 **18 inoperancia** +: Ganó el Athletic (...) porque el Alavés tiene una indolencia ofensiva que *raya* en la inoperancia. EPE180199 **19 estulticia** –: Ha demostrado una incapacidad para desarrollar este trabajo que casi *raya* en la estulticia. INDOC

D SUSTANTIVOS QUE DENOTAN FALTA DE ATENCIÓN O INTERÉS: **20 indiferencia** ++: Tuvo que ser amonestado porque su actitud *rayaba* en la indiferencia, y eso repercutía en la calidad del producto. INDOC **21 desinterés** ++: ...los delegados priistas aprobaron también, pero de manera mucho más ágil que casi *rayó* en el desinterés, el reglamento de la Comisión de Honor y Justicia... EXC220996 **22 abandono** +: Mostró un comportamiento profesional que *rayaba* en el abandono de sus funciones, y por eso fue despedido. INDOC

E SUSTANTIVOS QUE DENOTAN ACTITUD O MANIFESTACIÓN VIOLENTA, HOSTIL O COERCITIVA EN DIVERSOS

GRADOS: **23** cruldad +: Con una frialdad que podría *rayar* en la crueldad, los policías macedonios esperan habitualmente a que un grupo de diez autobuses esté repleto... EPE170499 **24** mal trato +: ...una conducta agresiva y desconsiderada que *raya* en el mal trato y en la agresividad verbal. INDOC **25** acoso +: El control impuesto sobre el cumplimiento estricto de la jornada laboral *raya* en el acoso personal... EPE040399 **26** tortura +: Amnistía Internacional (AI) ha denunciado numerosos casos de malos tratos, vejaciones y brutalidad *rayada* en la tortura en la actuación de la policía alemana con ciudadanos extranjeros... LVE060296 **27** violencia +: Tan es así que rota la igualdad, incluso la ventaja estuvo del lado egipcio (6-7), cuyo juego se basa en una rudeza defensiva que *raya* en la violencia... LVE010896 **28** terrorismo +: ...mientras Estados Unidos le proporciona lo que necesita de racionalización y justificación por unas prácticas que *rayan* en el terrorismo de Estado. EPE041001 **29** escarnio –: ...los señores Pérez-Manglano, o quienes les han dictado la comunicación, han alcanzado en esta ocasión cotas *rayas* en el escarnio. FDV210601

F SUSTANTIVOS QUE DESIGNAN ACTITUDES AFECTADAS O ARTIFICIALES: **30** cursilería +: Luego de leer esta explosión de romanticismo que *raya* con la cursilería resulta un tanto extraño imaginarse a este mismo hombre ordenando la invasión de Granada y el bombardeo a Trípoli. SEM091000 **31** pedantería +: Resulta un sacrilegio que *raya* en pedantería o en ociosidad, la tarea que se han tomado ciertos periodistas en abrir encuestas... LHG040197 **32** amaneramiento +: Dotados de un exagerado refinamiento que *raya* en un amaneramiento, circulan en nuestro medio los llamados «Chicos Plásticos». ESP070697 **33** afectación +: En la plaza solía mantener una gallarda apostura, por supuesto pletórica de torería, que a veces *rayaba* en la afectación. EPE120899

G ALGUNOS SUSTANTIVOS QUE DESIGNAN VIRTUDES Y OTRAS CUALIDADES POSITIVAS: **34** perfección +: La ambientación del Broadway gangsteril *raya* la perfección, y los actores parecen del todo integrados en sus papeles. EME040395 **35** excelencia +: ...cuando el comportamiento de determinados profesionales *raya* en la excelencia, creo que también deberíamos hacerlo constar... EPE011199 **36** exquisitez +: Sus verónicas al tercer toro y sus redondos al sexto *rayaron* la exquisitez. EPE101099 **37** santidad: Su bonhomía *raya* en la santidad. INDOC

☐ Véase también: **bordear.**

[rayo] → a rayos

rayo (de) ♦ **catódico, cegador, certero, cósmico, divino, fulminante, infrarrojo, láser, luminoso, resplandeciente, solar, ultravioleta, X ♦ energía, esperanza, ilusión, impacto (de), luna, luz, sol, tormenta (de) ♦ caer, concentrar(se), despedir, emitir, filtrar(se), fulminar (con), recibir**

☐ Véase también: **relámpago.**

[raza] → de raza

raza ♦ **aborigen, bovino, canino, desaparecido, en peligro de extinción, equino, extinguido, híbrido, humano, mixto, ovino, perdido, protegido, puro, superior, superviviente, vacuno ♦ caballo (de), perro (de) ♦ crear, destruir, diferenciar, discriminar (por), extender(se), exterminar, extinguir(se), proteger, purificar, rescatar, segregar**

razón ♦ **a favor[46], aplastante, apremiante[43], arbitrario[38], concluyente[31], consabido, contundente, convincente, de peso[1], desencadenante, determinante[4], en contra, estricto[63], fuerte, fundado, fundamentado[4], humanitario[20], imperioso[14], inconfesable[23], inconsistente, indudable, insuficiente, irrebatible[9], irrefutable[23], meridiano[25], obvio, oculto, peregrino[6], poderoso, profundo[70], serio[67], sobrado (de)[13], suficiente, superficial, trivial, valedero[1], vano ♦ con arreglo (a) ♦ aclarar, aducir[1], ahondar (en)[28], alegar, analizar, arrogarse[48], asistir (a alguien), atender (a), atenerse (a)[11], avenir(se) (a), barajar, carecer (de), clarificar[33], concurrir, considerar, dar[72], desentrañar[31], dictar (algo), disfrazar[22], esclarecer(se)[26], escudar(se) (en), esgrimir[11], estribar (en)[2], estudiar, explicar, exponer, faltar (a alguien), ignorar, imponer[19], llevar, obedecer (a), obnubilárse(le) (a alguien), ofrecer, ofuscar(se)[3], ofuscárse(le) (a alguien), oponer[13], perder, presentar, rebatir[5], residir (en algo), responder (a), sopesar[29], tener, valorar**

☐ Véase también: **absurdo, argumentación, argumento, causa, despropósito, lógica, motivo (de), razonamiento, sentido común.**

RAZÓN

♦ (ADJETIVOS) Véase: **fibra[B]**

♦ (SUSTANTIVOS) Véase: **aducir[A], a favor[J], afianzar(se)[J], afinar[D], a la luz (de)[H], alimentar[J], atenerse (a)[B], blandir[B], bosquejar[A], capcioso[B], cartesiano[A], ceñir(se) (a)[G], certero[D], cimentar[H], concluyente[F], descabellado[F], determinante[A], dilucidar[G], esclarecer(se)[D], esgrimir[B], estricto[L], férreo[F], fraguar(se)[H], fundamentado[A], implacable[K], imponer[D], irrebatible[C], irrisorio[C], luminoso[G], maquinar[A], meridiano[E], nefando[B], ofender[B], peregrino[A], permisivo[D], perseverar (en)[E], plantear[H], primar[D], pulverizar[E], refutar[A], retorcido[B], sobrado (de)[E], sopesar[F]**

♦ (VERBOS) Véase: **coherentemente[B], profusamente[H], prolijamente[B]**

☐ Véase también: ARGUMENTO; CAUSA.

razonamiento ♦ **absurdo, acertado, ajustado, aplastante[21], articulado, burdo, capcioso[7], cartesiano[8], coherente, concluyente[34], confuso, correcto, deductivo, defectuoso, demoledor[8], ilógico, impecable[19], inapelable, incoherente, incorrecto, inductivo, infundado, intrincado, irrebatible[2], lineal[17], lógico, lúcido, ordenado, peregrino[7], profundo, prolijo[30], rebuscado, ridículo, riguroso, simple, sin pies ni cabeza, sólido ♦ de acuerdo (con), en función (de), según ♦ aceptar, aplicar, apoyar(se) (en), atacar, concordar (con), construir, contestar, deshacer, desmontar[13], esgrimir[14], hacer, montar, plantear, prodigar, rebatir, rechazar, refutar[2], remachar[9], seguir, sustentar(se) (en algo)**

☐ Véase también: **argumentación, pensamiento.**

RAZONAMIENTO
♦ (SUSTANTIVOS) Véase: **aplastante**[D], **apuntalar**[B], **arbitrario**[H], **arsenal (de)**[C], **avalar**[A], **avanzado**[E], **dedicar**[D], **deducir**[B], **desbaratar**[C], **desdecirse (de)**[C], **desfigurar**[D], **desmontar**[B], **dominante**[D], **ecuánime**[B], **ejercitar**[A], **impecable**[C], **inapelable**[B], **tejer**[F], **urdir**[F]
♦ (VERBOS) Véase: **detalladamente**[B], **elocuentemente**[E], **sin ambages**[I]
☐ Véase también: JUICIO; PENSAMIENTO.

razonar ♦ **cabalmente, coherentemente**[9], **confusamente, con lógica, con rigor, con sensatez, convincentemente**[5], **correctamente, formalmente, lógicamente, ordenadamente, prolijamente**[9], **rigurosamente**
☐ Véase también: **argüir, argumentar, pensar.**

reabrir *v.* ▮ En su sentido literal se combina con sustantivos que designan locales, lugares o instituciones *(universidad, colegio, mercado, bolsa, banco, tienda: La tienda cerró el año pasado, pero van a reabrirla pronto)*. La expresión *reabrir la herida* se usa en el sentido físico y en el figurado. Además se combina con...

A SUSTANTIVOS QUE DENOTAN MATERIA O ASUNTO, MÁS FRECUENTEMENTE SI IMPLICAN ALGUNA INVESTIGACIÓN O ESTÁN ASOCIADOS A PROCESOS JURÍDICOS: **1 caso ++:** La Audiencia de Palma ordena *reabrir* el «caso Bitel» por presunto espionaje político. LRE050203 **2 investigación ++:** La Cámara Federal debe resolver si *reabre* la investigación por la compra de dos edificios, tal como piden los fiscales. CLA100297 **3 sumario ++:** ...la juez que conoce el caso, Grace Campoverde, está considerando *reabrir* el sumario. VIS210997 **4 asunto ++:** ...sería necesario *reabrir* un asunto fresco en la memoria de todos y del que la información ofrecida por la Procuraduría General de la República se antoja insuficiente... EXC300896 **5 cuestión +:** ...ahora la duda es Rusia, deseosa de *reabrir* la cuestión de los bosques. EPE291001 **6 inspección:** ...presentó un acta que fue revocada por el inspector jefe, algo completemante inusual, y se ordenó *reabrir* la inspección... EPE050799 **7 expediente:** ...al *reabrir* unos expedientes cerrados en 1995 y al forzar a la ONU a prolongar la misión de vigilancia de desarme... RUM171197 **8 informe:** ...que hubiese prometido, con demasiada rapidez, durante la campaña electoral francesa, *reabrir* el informe del cierre de Renault Vilvorde... ENH300697 **9 tema:** Es una forma (...) de *reabrir* un tema que, por desgracia, tanto en Argentina como en Chile y Uruguay, donde mucha gente no olvida, ha sido cerrado con una ley de punto final... EPD190996 **10 episodio:** ...ya que entienden que hay nuevos elementos para *reabrir* ese episodio tras detectarse supuestas cuentas secretas en bancos suizos. EPE031101 **11 pesquisa –:** ...instó a la Fiscalía a *reabrir* las pesquisas contra los tres neonazis a quien se excarceló «por falta de pruebas». EME040796

B SUSTANTIVOS QUE DESIGNAN DIVERSOS PROCESOS DE CARÁCTER JUDICIAL O LEGAL: **12 juicio ++:** ...para la audiencia que presidió la jueza Francesca Manca, quien *reabrió* formalmente el juicio. ENV060297 **13 proceso ++:** ...Argentina está obligada a extraditar a los responsables o, en su caso, a *reabrir* su proceso. LVE090996 **14 pleito:** ...las complicaciones que acarrearía volver a *reabrir* el pleito aconsejan, según las mismas fuentes, que Banesto haga frente a sus compromisos. EME050294 **15 litigio:** La muerte de Josep Montané *reabrió* el litigio por la propiedad de la montaña de Tor... LVE121095 **16 querella:** ...del fiscal anticorrupción Jiménez Villarejo, quien *reabrió* la querella de Torras contra De la Rosa... EME170996 **17 instrucción:** ...los resultados de la comisión rogatoria enviada a Suiza (...) podrían *reabrir* la instrucción... LVE270996 **18 diligencia:** ...cuando la Audiencia ordenó *reabrir* las diligencias, el alcalde se querelló contra los jueces... EPE130299

C SUSTANTIVOS QUE DENOTAN CONFRONTACIÓN O DESIGNAN DIVERSAS SITUACIONES DE CONFLICTO O DE ADVERSIDAD: **19 conflicto ++:** ...la vía arbitral no solucionará el conflicto social y éste se *reabrirá* por otras vías. LVG301091 **20 discusión ++:** En ámbitos policiales este hecho *reabre* una discusión ya antigua sobre la CNI... HOY070181 **21 debate ++:** Con este consejo, los «cinco sabios» *reabren* un debate que el Gobierno quiso zanjar hace semanas... LVE161196 **22 enfrentamiento +:** La incursión de un comando de Corea del Norte en el Sur acaba en tragedia y *reabre* el enfrentamiento entre ambos países. LVE220996 **23 polémica +:** Un estudio científico publicado en «Science» ha vuelto a *reabrir* la polémica sobre la seguridad de la manipulación genética en plantas. ABC180394 **24 crisis +:** Marruecos *reabre* la crisis diplomática con España al llamar a consultas a su embajador. EPE291001 **25 guerra:** ...mantiene la política hidráulica de los años treinta y *reabrirá* la guerra del agua entre las comunidades autónomas... EPE010900 **26 batalla:** ...pero no es cierto que eso *reabra* batalla alguna porque no es verdad lo que se dice. LVE160295 **27 escándalo:** La noticia del 4 de abril de ese año (...) *reabre* el escándalo sin contención posible. EME120495 **28 contencioso:** ...estoy dispuesto a *reabrir* este contencioso en cuanto haya indicios de ambigüedad... EPD091097 **29 desavenencia:** ...empañan el encuentro internacional y *reabren* las desavenencias entre sus participantes. LVE171196 **30 hostilidad –:** Los tabloides sensacionalistas *reabren* las hostilidades de la Segunda Guerra Mundial. LVE250696 **31 duelo –:** El duelo se *reabrirá* el 12 de noviembre en Buenos Aires. CLA231000

D ALGUNOS SUSTANTIVOS DE CARÁCTER PROSPECTIVO: **32 esperanza +:** ...para *reabrir* la esperanza de aquellos encuentros de hace tres décadas que ellos también propiciaron. ABC230493 **33 expectativa +:** ...una reunión de ese tipo volvería a *reabrir* las expectativas de una mediación de tipo internacional para resolver la situación... LVE281295

E SUSTANTIVOS QUE DESIGNAN DIVERSAS FORMAS DE ACUERDO O COMPROMISO, ASÍ COMO CON OTROS QUE EXPRESAN EL PROCESO QUE LLEVA A ESAS SITUACIONES: **34 acuerdo +:** Para construir su escudo antimisiles, EE. UU. tendría que *reabrir* los acuerdos de desarme firmados con la ex URSS... CLA200601 **35 conversación ++:** ...Marruecos no ha dado signos de interés en *reabrir* las conversaciones... FDV160601 **36 negociación +:** Precisamente, ahora se ha vuelto a hablar de la posibilidad de que se *reabran* las negociaciones. EPE010700 **37 diálogo +:** ...y en Londres para *reabrir* un diálogo por el conflicto de Malvinas... CLA230199 **38 contrato:** ...que ninguna televisión salga perjudicada, que lleguen a un acuerdo colectivo que haga posible *reabrir* el contrato. EME270496 **39**

pacto: Sindicatos y empresarios *reabren* el pacto social. EME070694 **40 tratado:** «Hay que completar Amsterdam, no *reabrir* el Tratado», advirtió en la mesa del Consejo Europeo el jefe del Gobierno... EPE111299 **41 compromiso –:** El peligro ahora es que Lisboa *reabra* el compromiso cerrado ayer... EPE120399

F SUSTANTIVOS QUE DESIGNAN SITUACIONES DE INCERTIDUMBRE: **42 duda:** La confesión de los etarras *reabre* las dudas sobre si existió riesgo para la seguridad del monarca. EME130895 **43 temor:** Un atentado fallido del IRA *reabre* el temor a una nueva ola de violencia en el Ulster. LVE221296 **44 incertidumbre:** ...se pronunciara en contra del trazado ya aprobado y *reabriera* la incertidumbre sobre la solución definitiva... LVE180996 **45 inquietud:** Ello *reabrió* las inquietudes del mercado de bonos de Wall Street. EPE010599 **46 interrogante:** La confesión de los etarras *reabre* los interrogantes sobre la seguridad del Rey. EME130895 **47 incógnita:** ¿Quiso desaparecer Saint-Exupéry?: El posible hallazgo de su avión *reabre* la incógnita de su muerte. EME040194 **48 sospecha –:** ...que dejan a los gales verdes en el limbo, y *reabren* las sospechas sobre los gales marrones... EME280596

G SUSTANTIVOS QUE DESIGNAN CICLOS O PERÍODOS: **49 período +:** ...dictó ayer un auto por el que *reabre* el período de prueba del incidente debido a que no se resolvió una propuesta... EPD041097 **50 ciclo:** ...está destinada a *reabrir* el ciclo de recriminaciones mutuas entre protestantes, que acusan al IRA de romper el alto el fuego... EPE040999 **51 temporada:** Canadá podría *reabrir* la temporada de caza de focas en sus costas. EME150496

H OTROS SUSTANTIVOS; POSIBLES USOS ESTILÍSTICOS: Ese detalle *reabre* el ritmo interior de la muestra, la sucesión de ecos y guiños... ABC241195; ...pero *reabrió* también el recuerdo vivo de la represión. EPD101197

☐ Véase también: **abrir(se).**

reacción ♦ **a bote pronto[26], adverso, a favor, airado[1], alérgico, arrollador[38], atómico, automático, beligerante[26], brusco, calmado, caluroso[24], ciudadano, clamoroso, colectivo, comprensible, contrario, crítico, decisivo[12], desaforado[3], desfavorable, desmedido[40], desmesurado[73], despectivo, desproporcionado, drástico, duro, emocional, en cadena[5], enconado[37], en contra, espectacular, espontáneo, eventual, expeditivo, explicable, extremo, favorable, físico, fuerte, fulgurante[36], fulminante[15], impredecible[24], imprevisible[21], impulsivo, inconsciente, incontrolado, inesperado, inmediato, inmunológico, instantáneo, instintivo[1], intempestivo[28], irracional, lento, lógico, mesurado, moderado, momentáneo, natural, negativo, ocasional, oficial, opuesto, popular, positivo, previsible, químico, rápido, sensato, sereno, social, solidario, súbito, tardío, tibio[7], tranquilo, unánime[44], violento, visceral[32]** ♦ **a la contra[12]** ♦ **a tenor (de)[35]** ♦ **capacidad (de), falta (de), peligro (de)** ♦ **calcular, causar, conseguir, controlar, desatar(se), desencadenar(se)[16], esperar, estimular, existir, experimentar, fraguar(se)[41], impactar, madurar[3], ocasionar[38], originar, presentar, prever, producir(se), provocar, reprimir, suscitar, tener, valorar**

☐ Véase también: **escalofrío, impulso, instinto, picor, resentimiento, respuesta, síntoma.**

REACCIÓN

♦ (SUSTANTIVOS) Véase: **a bote pronto[F], afirmativo[A], airado[A], a la contra[C], aplastante[G], arrollador[F], asaltar[G], ataque (de)[H], atávico[E], beligerante[F], calibrar[E], cálido[I], caluroso[E], captar[F], colmar (de)[G], concluyente[E], dar[D], de campeonato[A], decretar[J], demostración (de)[J], desaforado[B], desatar(se)[H], desbordante[I], desencadenar(se)[B], desmedido[E], desmesurado[M], dominar[A], emprender[I], en cadena[B], enconado[E], entrar[D], entrecortar(se)[C], estallar[A], estallar (en)[A,B,C], fraguar(se)[F], fulgurante[E], fulminante[C], impredecible[F], inducir (a)[F], instintivo[A,C], irradiar[A], levantar[M], madurar[A], mayúsculo[B], monumental[I], ocasionar[D], ofuscar(se)[D], orquestar[D], pasajero[B], peregrino[H], sofocar[A], tibio[B], visceral[F], vislumbrar[E]**

♦ (VERBOS) Véase: **a bote pronto[C], afirmativamente[A], a la contra[B], a la defensiva[A,D], al unísono[C], calurosamente[D], como un solo hombre[A], con dureza[D], convincentemente[F], de arriba abajo[E], de buen grado[F], echar(se) (a)[B], favorablemente[B], gratamente[A], heroicamente[E], infinitamente[A], numantinamente[B], ojo por ojo[A], poderosamente[F], vigorosamente[A], visceralmente[C]**

☐ Véase también: ACTITUD; ACTUACIÓN; COMPORTAMIENTO.

reaccionar ♦ **a bote pronto[17], a favor, airadamente, a la baja[16], a la contra[8], a la defensiva[3], a la ligera[11], al alza, al unísono[33], a tiempo, bruscamente, con alegría, con amenazas, con cautela[2], con discreción, con dureza[29], con emoción, con entusiasmo, con frialdad, con indignación, con lentitud, con prontitud, con prudencia, con reservas[28], con serenidad, con tibieza, con vehemencia, de buen grado[31], decisivamente[44], de inmediato, desfavorablemente, dignamente[27], enérgicamente, espontáneamente, favorablemente[8], fulminantemente, impulsivamente, inesperadamente, inmediatamente, negativamente, oficialmente, positivamente, previsiblemente, rápidamente, serenamente, unánimemente, vigorosamente[3], violentamente, visceralmente[11]**

☐ Véase también: **conmocionar(se), contestar, crispar(se), desfogar, picar, reconcomer(se), replicar, resentir(se), resistir(se) (a), responder, sentar (a alguien).**

reafirmar ♦ **con fuerza, con {mi/tu/su...} presencia, con rotundidad[20]** ♦ **apoyo, compromiso, confianza, crítica, decisión, derecho, desacuerdo, enfrentamiento, idea, importancia, independencia, inocencia, institución, interés, legitimidad, movimiento, oposición, papel, pensamiento, personalidad, posición, postura, principio, punto de vista, rechazo, temor, teoría, tesis, valor, voluntad**

reajuste ♦ **de personal, de plazos, drástico, económico, importante, inevitable, irremediable, laboral, necesario, presupuestario, profundo, serio** ♦ **afrontar, aprobar, efectuar, encarar, hacer, imponer[42], llevar a cabo, pedir, practicar, producir(se), provocar**

☐ Véase también: **ajuste.**

[realidad] → hacer(se) realidad

realidad ♦ aberrante, abrumador, actual, ajeno (a), amargo[14], aparente, apremiante[45], asfixiante[18], auténtico, cambiante, candente[18], circundante, conflictivo, constatable, cotidiano, crudo, cruel, descarnado[18], diario, doloroso, duro, elocuente, frío, histórico, imperante, incontestable, incontrovertible[11], incuestionable, inmediato, inobjetable, insoslayable[1], irrefutable[15], manifiesto, palpable, palpitante[5], patente, social, tangible, trágico, verdadero, virtual ♦ a la luz (de)[4] ♦ golpe (de), sensación (de), visos (de) ♦ aceptar, adornar, adulterar[72], aferrarse (a)[21], afrontar, ahondar (en)[52], ajustar(se) (a), alterar, amoldar(se) (a)[3], apegarse (a)[29], asumir, atenerse (a)[33], cambiar, ceñir(se) (a)[1], cerrar los ojos (ante)[1], chocar (con), cobrar[40], conocer, constatar, cuestionar, dar (a algo), deformar, desequilibrar, desfigurar[1], destapar[6], desvelar[22], desvirtuar, disfrazar[2], distorsionar[1], enfrentar(se) (a), enmascarar, esclarecer(se)[38], falsear, huir (de), ignorar, imponer(se) (a algo/a alguien), interpretar, lidiar[7], modificar, negar[2], ocultar, percibir, rechazar, reflejar, rendirse (a/ante)[4], sustraer(se) (de/a), tapar, tergiversar[3], transformar, transgredir[24], vivir

□ Véase también: **existencia, hacer(se) realidad, presencia, verdad.**

REALIDAD

♦ (ADJETIVOS) Véase: **tristemente[D]**

♦ (SUSTANTIVOS) Véase: **abocar(se) (a)[H], acogedor[E], acuciante[F], acuciar[H], adulterar[G], aferrarse (a)[E], ahondar (en)[I], a la luz (de)[A], a la vista (de)[G], al descubierto[K], amargo[C], apegarse (a)[D], ápice (de)[I], arrogarse[H], arrojar[H], candente[D], ceñir(se) (a)[A], cerrar los ojos (ante)[A], clamoroso[D], cobrar[I], confesar[A], corroborar[A], descarnado[C], desentrañar[D], desfigurar[A], destapar[B], desvelar[D], difundir(se)[O], disfrazar[A], distorsionar[A], esclarecer(se)[F], insoslayable[A], lidiar[B], negar[A], palpitante[B], reconcomer(se)[D], rendirse (a/ante)[A], testimoniar[D]**

□ Véase también: EXISTENCIA; VERDAD.

realización ♦ aceptar, acometer, boicotear, colaborar (en), conseguir, consumar, empeñar(se) (en), entorpecer, facilitar, financiar, fomentar, frustrar, llevar a cabo, lograr, obstaculizar[6], permitir, proponer, propulsar, velar (por)[4]

□ Véase también: **actuación, aplicación, creación, cumplimiento, ejecución, fabricación, gestión, operación, producción.**

REALIZACIÓN

♦ (SUSTANTIVOS) Véase: **accidentado[E], agilizar[G], casero[A], congelar[H], contra reloj[B], copioso[C], en masa[J], hacer(se) realidad[I], impecable[D], imperioso[G], perentorio[I], urgir[D], velar (por)[A]**

♦ (VERBOS) Véase: **a cámara lenta[C], a cara descubierta[A], a conciencia[B], a contramano[C], a crédito[D], activamente[D], a la contra[B], a la ligera[B], a las mil maravillas[D], a medida[D], a rajatabla[B], bárbaro[D], colegiadamente[B], con alevosía[B], con cautela[G], concienzudamente[B], con éxito[F], con mano dura[C], convincentemente[E], cuerpo a cuerpo[C], debidamente[J], en equipo[C], escrupulosamente[B,G], fugazmente[I], gradualmente[E,G], holgadamente[C], inevitablemente[C], limpiamente[D,I], meritoriamente[B], ordenadamente[E], plenamente[E], por completo[D], profusamente[G]**

□ Véase también: ACTUACIÓN; CONSECUCIÓN.

realizar ♦ a cámara lenta[22], a conciencia[4], a crédito[11], adecuadamente, a duras penas, a la ligera[10], a las mil maravillas, a plena satisfacción[7], a toda máquina, concienzudamente[7], con éxito, convincentemente[28], cuerpo a cuerpo[15], de buen grado, en equipo[13], gradualmente[53], íntegramente, ordenadamente[38], paulatinamente, por completo

□ Véase también: **adoptar, arbitrar, arquear, cometer, crear, decodificar, descifrar, desempeñar, despachar, ejecutar, ejercer, elaborar, emprender, enarcar, expeler, fabricar, fundar, gestionar, hacer efectivo, labrar(se), obrar, perpetrar, producir, profesar, promulgar, rellenar, tomar, vadear.**

reavivar *v.* ▮ En su sentido físico de 'vivificar, intensificar, atizar' se construye con sustantivos que designan el fuego, la combustión o sus manifestaciones *(fuego, incendio, hoguera, llama, brasa)*, empleados a menudo figuradamente. También se combina con sustantivos que designan sensaciones o sentimientos diversos *(euforia, paz, ánimo, orgullo, nostalgia)* y con otros que expresan diversas manifestaciones verbales, más frecuentemente si denotan exposición o intercambio de ideas, opiniones o impresiones *(conversación, diálogo, discurso)* u otros resultados de la actividad intelectiva o cognitiva *(idea, hipótesis, proyecto)*. También se combina con...

A SUSTANTIVOS QUE DENOTAN CONFRONTACIÓN, CONTROVERSIA, PUGNA O DISENSO DE OPINIONES E INTERESES, EN OCASIONES CON VIOLENCIA O AGRESIVIDAD: **1 polémica ++:** Estos hechos *reavivaron* la polémica sobre la inseguridad ciudadana que se vive en el departamento. LTB050900 **2 discusión ++:** Tras la rúbrica del acuerdo de complementación económica entre Chile y el Mercado Común del Sur (Mercosur) se *reavivó* ayer la discusión sobre la ratificación parlamentaria del convenio... LEC270696 **3 debate ++:** El premio *reavivó* el debate, como pasó en el AFI en 1989. CLA170199 **4 disputa +:** El presidente Clinton remitió ayer al Congreso un proyecto (...) que *reavivará* la disputa con los republicanos sobre el recorte de impuestos y el gasto social. LVE200396 **5 conflicto +:** Esta polémica *reavivó* el conflicto de territorialidad del Tapón del Darién... EME010295 **6 enfrentamiento +:** La moneda única europea *reaviva* el enfrentamiento interno en el Gobierno Major. LVE130295 **7 protesta +:** La nueva escalada de los precios de los carburantes (...) ha *reavivado* la protesta social. EPE250800 **8 lucha:** El piloto (...) intentará *reavivar* en Inglaterra la lucha por el campeonato. LEC110797 **9 guerra:** La muerte de Habyarimana *reavivó* la guerra civil en Ruanda... EME300195 **10 controversia:** Salió humo de la cámara, *reavivando* la controversia nacional sobre la electrocución. ENH170497 **11 pulso** **–**: La campaña electoral *reaviva* el pulso presupuestario entre Clinton y los republicanos. LVE200396

B SUSTANTIVOS QUE DESIGNAN MUY DIVERSAS SITUACIONES Y ESTADOS DE CONFLICTO O ADVERSIDAD, ASÍ COMO ALGUNOS DE LOS HECHOS O LAS ACTITUDES QUE CONDUCEN A ELLOS O SE SIGUEN DE SU EXISTENCIA: **12 crisis** **++**: ¿Por qué se *reavivó* la crisis tantos años después? CLA170199 **13 tensión** **++**: El proceso de paz en Oriente Medio: Hezbollah mata a 5 soldados israelíes y *reaviva* la tensión en el sur de Líbano. LVE110696 **14 malestar** **++**: Las noticias sobre la posible venta de la participación en el club de los hermanos Fernández Fermoselle han *reavivado* el malestar en la ciudad... EPD300997 **15 escándalo** **+**: Esta mención no trata de *reavivar* el escándalo motivado por aquellas pocas clausuras temporarias e igualmente cortas privaciones de libertad. LPA260592 **16 problema** **+**: Tras el asesinato de espías de Corea del Norte que querían introducirse en Corea del Sur se *reaviva* el problema. EME220996 **17 hostilidad:** Lebed *reaviva* sus hostilidades contra Eltsin e insiste en que debe presentar la dimisión. LVE231296 **18 herida:** «¡No, no me gusta hablar de eso, me hace daño!», suplica Ilda, mientras la sal de sus lágrimas *reaviva* las heridas de su rostro. BYN231197 **19 terrorismo:** La propuesta final del gobierno, me temo, era demasiado buena, y contenía el riesgo de que se *reavive* el terrorismo en América Latina... CAP181297 **20 rivalidad:** ...unas declaraciones que *reavivan* la ancestral rivalidad entre ambas ciudades... LVE081196 **21 oposición:** Los datos revelados por la comisión del Congreso *han reavivado* la oposición al alcalde Marion Barry... LVE230295

C SUSTANTIVOS QUE DENOTAN ACTITUD POSITIVA Y ANHELANTE HACIA EL FUTURO. TAMBIÉN CON OTROS QUE DESIGNAN LO QUE SE DESEA O AQUELLO A LO QUE SE ASPIRA: **22 esperanza** **++**: El descenso inesperado de la producción manufacturera en diciembre *reavivó* las esperanzas de que el Banco de Inglaterra rebaje sus tipos de interés... LVE070296 **23 optimismo** **++**: Estos datos (...) han *reavivado* el optimismo del entorno de Edouard Balladur... LVE210495 **24 ilusión** **++**: ...su capacidad de ensamblar tradición y continuidad, la voluntad de movilizar toda la izquierda, ha *reavivado* ilusiones y esperanzas de los socialistas y los electores progresistas... LVE210295 **25 fe** **++**: «Venimos aquí no para un momento de tristeza, sino para *reavivar* la fe de que nuestros principios consignados en los instrumentos estaturios...». LHG030597 **26 expectativa** **+**: La ceremonia del lunes 7 *reavivó* expectativas en torno a la reforma del Poder Judicial. CAP090197 **27 deseo:** Entonces va concibiendo de a poco la idea de curarlos a la manera de una psicóloga, *reavivando* en ellos el deseo perdido, como si les mostrara las vidrieras de Ricciardi para llenarles de agua la boca. PME260197 **28 sueño** **–**: El pensamiento, el arte, la música europeos (...) *reavivan* como nunca los sueños de la tierra y la memoria étnica... LNA260692

D SUSTANTIVOS QUE DENOTAN INCLINACIÓN O AFECTO HACIA LAS PERSONAS O LAS COSAS, EN OCASIONES DE FORMA INTENSA O VEHEMENTE. TAMBIÉN CON ALGUNOS QUE DESIGNAN LAS NOCIONES OPUESTAS CON IGUAL GRADO DE INTENSIDAD: **29 interés** **++**: El terremoto del primero de octubre que sacudió el área de Los Angeles ha *reavivado* el interés del público en el más vago y elusivo de todos los temas: la predicción de temblores. ETC011287 **30 curiosidad** **++**: ...hubo que esperar al centenario de Fernández Flórez, en 1985, para que se *reavivase* la curiosidad de los críticos. ABC280495 **31 pasión** **+**: Mi primer torneo como técnico me *reaviva* la pasión que tuve toda la vida por el rugby. EPU040301 **32 odio** **+**: Después, porque esta intervención sobre territorio de la república de Daguestán muy bien podría (...) tratar de *reavivar* el odio a Rusia en sus primos del Cáucaso. LVE170196 **33 rencor** **+**: Error político de cara al interior del país que no entiende qué sale ganando con una demostración de fuerza que (...) *reaviva* el rencor contra su presencia territorial en el Pacífico... LVE100995 **34 atracción:** «Sutra del río» es un libro que devuelve la frescura y el amor por el arte de contar historias, *reaviva* la atracción eterna por la tradición oral... ABC290794 **35 sentimiento:** Y eso ha sido lo que, en mayor medida, se ha encargado de *reavivar* en la ciudadanía un sentimiento que hasta ahora se encontraba en estado latente. EME150195

E SUSTANTIVOS QUE DENOTAN MIEDO EN DIVERSOS GRADOS: **36 temor** **++**: Nuevos duelos de artillería en el sur del Líbano (...) *reavivaron* el temor de que el estancamiento de las conversaciones entre Egipto e Israel produzcan una escalada en la lucha. HOY010278 **37 pánico:** Un nuevo atentado terrorista del GIA en el metro *reaviva* el pánico en París. LVE181095

F SUSTANTIVOS QUE DENOTAN EVOCACIÓN O PRESENCIA DE LO PASADO EN LA MENTE: **38 memoria** **++**: ...rescatan contenidos locales, tradiciones vernáculas, *reavivan* como nunca (...) la memoria étnica con sus riquezas y prejuicios ancestrales... LNA260692 **39 recuerdo** **++**: Lucas, Bebo y Tomás han permanecido anclados en una época pretérita, prolongando hasta la actualidad ciertos episodios infantiles que *reavivan* el recuerdo de Eloísa. ABC070495

G SUSTANTIVOS QUE EXPRESAN INFORMACIONES INCIERTAS O INSEGURAS, ASÍ COMO CIERTOS SENTIMIENTOS Y ACTITUDES ASOCIADOS CON LA INCERTIDUMBRE. POR EXTENSIÓN, TAMBIÉN CON OTROS QUE DESIGNAN LO DESCONOCIDO O ENIGMÁTICO: **40 rumor** **++**: Juan Pablo II terminó ayer su viaje de dos días a tierras húngaras, una corta estancia que ha *reavivado* los rumores sobre su mala salud. LVE080996 **41 duda** **++**: Las resistencias frenaron los movimientos alcistas, a la vez que *reavivaron* las dudas sobre la tendencia del corto plazo. LVE280195 **42 especulación** **+**: La llegada de Murdoch a la televisión de pago BSkyB ha *reavivado* las especulaciones en la prensa británica sobre un acuerdo futuro con Canal Plus. EPE160699 **43 sospecha:** Las declaraciones de Durán *reavivaron* una sospecha que siempre rodeó la muerte de Blanco: que no se trató de un accidente sino de un asesinato... CLA040501 **44 misterio** **–**: ...la liturgia de la Iglesia nos invita a *reavivar* el misterio de la comunión de los santos y a recordar y orar por nuestros difuntos. LVE031196

H OTROS SUSTANTIVOS; POSIBLES USOS ESTILÍSTICOS: Curiosa su resistencia a analizar tópicos y a crearlos para *reavivar* sus coordenadas como comunidad. LVE140796

rebaja ♦ **considerable, cuantioso, de temporada, efectivo, proporcional[7], sustancioso** ♦ **época (de)** ♦ **anunciar, aplicar, hacer (a alguien), poner (en)**

rebajar *v.* ▮ En su sentido físico 'hacer más bajo' se construye con el sustantivo *altura* y con otros que designan algunas formas de medirla *(nivel, listón, baremo)*, tanto en sentido literal como en el figurado. También se combina con sustantivos que designan cosas en las que se reconoce esa dimensión *(escalón, peldaño, palmera)*. Admite asimismo sustantivos que designan ciertas propiedades caracterizadas por su intensidad, más frecuentemente lumínica *(rebajar el color; rebajar la luminosidad)*, así como sustancias en cuyos componentes se reconoce cierta intensidad o concentración *(rebajar el café; rebajar el coñac; rebajar el alcohol; rebajar el amoniaco)*. Se construye frecuentemente con sustantivos que designan artículos o servicios, en referencia metonímica a su precio *(pan, libro, ropa, cristalería, entrada, cosméticos: Vamos al cine los miércoles porque rebajan la entrada)*. Con este mismo sentido de 'reducir o disminuir' se combina con sustantivos, muy frecuentemente cuantificados o en plural, que designan unidades de medida *(kilo, centímetro, punto, segundo)*, y por extensión las partes del cuerpo humano en las que es frecuente hacer efectiva esa reducción *(cintura, barriga, glúteo: Los ejercicios abdominales son excelentes para rebajar la cintura)*. Con el significado de 'humillar, despreciar' toma como complementos sustantivos de persona *(mayordomo, empleado: Insultaba, maltrataba y rebajaba a sus empleados)*. También se combina con...

A SUSTANTIVOS QUE DENOTAN VALOR PECUNIARIO O UNIDAD MONETARIA. TAMBIÉN CON OTROS QUE DESIGNAN ALGUNOS DE LOS DOCUMENTOS EN LOS QUE SE HACE CONSTAR: **1 precio** ++: ...elevó las tarifas de agua (...) para el sector residencial y *rebajó* el precio a las grandes industrias. VIS180997 **2 coste** ++: ...propuso hace tiempo un pacto para *rebajar* el coste del despido... LVE180196 **3 importe:** ...*rebajar* el importe de las indemnizaciones por despido... LVE151296 **4 recibo:** ...la propuesta no supone *rebajar* el recibo. LVE181195 **5 peseta:** ...el impuesto se *rebaja* en 16.887 pesetas... EME061096 **6 dólar:** Gracias a ella nos han *rebajado* 400.000 dólares. EME130594

B SUSTANTIVOS QUE DENOTAN CUOTA O TRIBUTO, ASÍ COMO OTRAS NOCIONES QUE EXPRESAN CANTIDADES DE DINERO SOMETIDAS A UN COMPROMISO DE PAGO U OTRA OBLIGACIÓN ECONÓMICA: **7 tarifa** ++: Compañías de aviación *rebajan* sus tarifas. EPU041001 **8 impuesto** ++: ...*rebajó* y simplificó los impuestos, redujo el tamaño del gobierno... DYM040996 **9 fianza** ++: ...*rebajó* la citada fianza a cincuenta mil pesetas. LRE280103 **10 cotización** ++: ...necesidad de *rebajar* las cotizaciones sociales... LVE110896 **11 deuda** +: El fin de semana el gobierno también *rebajó* la deuda agraria. CAP141196 **12 peaje** +: ...*rebajará* a la mitad el peaje que cobra a todos aquellos camiones... EME221196 **13 fiscalidad** +: ...proteger la industria nacional significa *rebajar* la fiscalidad de las motos grandes... LVE240396 **14 cuota** +: ...*rebaje* la cuota de 18.000 toneladas de capturas que fijó el Consejo de Ministros... LVE030495 **15 hipoteca:** ...empiezan a *rebajar* las hipotecas a los clientes... EME081096 **16 alquiler:** ...reconoce que *rebajó* el alquiler del piso municipal que ocupa su hijo. LVE070795

C OTROS SUSTANTIVOS QUE DESIGNAN DIVERSAS FORMAS EN LAS QUE SE MANIFIESTAN LAS CANTIDADES MONETARIAS QUE SE PERCIBEN, SE ENTREGAN, SE RETIENEN O PARTICIPAN DE OTRAS FORMAS EN LAS ACTIVIDADES ECONÓMICAS. POR EXTENSIÓN, CON OTROS QUE DESIGNAN ALGUNAS DE ESTAS MISMAS ACTIVIDADES: **17 interés** ++: ...responder al envite, sin *rebajar* sus intereses, pero ofertando productos novedosos. EME160696 **18 tipo de interés** ++: El Banco Central Europeo (BCE) no *rebajará* hoy los tipos de interés... ENH010201 **19 pensión** ++: ...la pensión media inicial se *rebajaría* aún más, a 76.327 pesetas... EDV230796 **20 sueldo** ++: ...se *rebajan* los sueldos en la administración pública... HOY250184 **21 presupuesto** +: ...el presidente (...) *rebajaba* una vez más el presupuesto nacional para la cultura... EUV010996 **22 beneficio** +: Para *rebajar* los beneficios declarados, extrajo de ellos... LVE210196 **23 salario** +: ...se han *rebajado* los salarios y quitado las conquistas a los trabajadores. HOY250184 **24 consumo** +: ...hacer el último esfuerzo y *rebajar* el consumo durante los próximos nueve días. ETC180497 **25 dotación:** ...la reducción de la morosidad permitió *rebajar* las dotaciones para insolvencias. LVE280295 **26 ingreso:** ...se persiste en *rebajar* ingresos y dejar cesantes a profesionales y trabajadores. HOY250184 **27 comisión:** ...gestoras de tarjetas de crédito acuerdan *rebajar* la comisión máxima... ENC130599 **28 premio:** La federación solicita *rebajar* los premios para equilibrar el torneo. LVE020595 **29 suma:** ...gracias a sus gestiones personales logró *rebajar* dicha suma. CAP280995 **30 indemnización:** ...comenzaron las negociaciones para que *rebaje* la indemnización que le corresponde... EPE020880

D SUSTANTIVOS QUE DESIGNAN CIFRAS, CANTIDADES, NOCIONES MENSURABLES Y OTROS CONCEPTOS INHERENTEMENTE CUANTITATIVOS: **31 cifra** ++: ...en el peor de los casos, la cifra no se *rebajaría* de los 154.000 millones. CAN230996 **32 déficit** ++: ¿Cómo va a conseguir el Gobierno cuadrar las cifras y *rebajar* el déficit...? EME120896 **33 porcentaje** +: ...*rebajé* el porcentaje que me tenían que dar del 15 al 6 por ciento. CLA211187 **34 calificación** +: ...*rebaja* calificación de la deuda... ENH210900 **35 número** +: ...se *rebaja* el número de firmas necesarias a 2.5 del total de electores. CAP300197 **36 cantidad:** ...*rebaja* la cantidad final a 2,4 millones de pesetas. LVE180595 **37 media:** ...para *rebajar* la media de edad de su equipo. LVE070696 **38 índice:** ...consiguió *rebajar* los índices de natalidad... EME070296 **39 tasa:** ...permitió *rebajar* la tasa interanual de inflación... LVE141296 **40 quórum:** ...abandonaron la sala antes de la votación para *rebajar* el quórum. LVE190594 **41 gasto:** ...reducir el déficit público *rebajando* el gasto del Estado... EME020896

E SUSTANTIVOS QUE DENOTAN SANCIÓN O CONDENA DE DIVERSAS FORMAS Y EN VARIOS GRADOS: **42 condena** ++: ...han visto *rebajada* su condena a la mitad. EME101296 **43 pena** ++: El Tribunal Supremo *rebaja* la pena impuesta a dos jóvenes... EME030396 **44 sanción** ++: ...*rebajar* la sanción finalmente impuesta. EME251095 **45 multa** +: ...le *rebajó* la multa en 140 millones de pesetas. EME101296 **46 prisión:** ...conseguir que les *rebajen* la prisión preventiva. EME080496 **47 penalización:** Con este aumento se *rebajan* las penalizaciones, pero no se evitan. EPE120399 **48 castigo:** El Supremo *rebaja* el castigo a tres estudiantes... EPE020889

F SUSTANTIVOS QUE DENOTAN AQUELLO A LO QUE SE ASPIRA O SE DESEA OBTENER: **49 exigencia ++**: Más tarde *rebajaron* sus exigencias a 15 excarcelaciones. EME140895 **50 petición +**: ...*rebajando* su petición de pena a los seis años. EME081195 **51 pretensión ++**: Altson estaría dispuesto a *rebajar* sus pretensiones si firmaba un contrato por dos años. EPE080699 **52 objetivo +**: ...se sabe que el Gobierno ha *rebajado* los objetivos de crecimiento económico para el período 1987-1989. EPE011085 **53 previsión +**: ...la demanda ha obligado a *rebajar* la previsión anual... EME050996 **54 expectativa**: ...la realidad se había encargado de *rebajar* las expectativas de la coalición... EPE170399 **55 demanda**: España no ha podido mantener el pulso y acepta *rebajar* sus demandas iniciales... EME140495

G SUSTANTIVOS QUE DESIGNAN LA FORMA EN QUE SE MANIFIESTAN CIERTOS CONFLICTOS, ASÍ COMO DIVERSAS ACTITUDES Y REACCIONES EN LAS QUE SE PERCIBE ENOJO, EXASPERACIÓN Y OTRAS FORMAS DE HOSTILIDAD: **56 tensión ++**: Para *rebajar* la tensión, solía hacer tablas de gimnasia... EME160795 **57 irritación**: ...trataba así de *rebajar* la irritación... LVE040595 **58 conflictividad**: ...se intentará *rebajar* la conflictividad existente... EME310195 **59 crispación**: ...la celebración de esta entrevista contribuya a *rebajar* la crispación... EME081295 **60 crítica**: ...consigue que los europeos *rebajen* sus críticas... EPE041001

H SUSTANTIVOS QUE DESIGNAN LÍMITES EN ALGUNA ESCALA CUANTITATIVA: **61 plazo +**: Los rumores de un «pacto secreto» (...) para *rebajar* los plazos... EME020996 **62 margen +**: ...negocie con ellos el decreto para *rebajar* su margen de beneficio... EME050594 **63 límite**: ...hay que plantearse *rebajar* el límite de edad en el contrato de aprendizaje. EME060294 **64 barrera**: El keniano *rebaja* la barrera de los ocho minutos de forma histórica. EME170895 **65 marca**: Massana *rebajó* su marca del año... EME070895 **66 cupo**: Apenas se ha *rebajado* el cupo de vacas nodrizas... EPE150399 **67 tope**: ...*rebajando* el tope de una oficina por cada 4.000 habitantes... EME150696

I SUSTANTIVOS QUE DESIGNAN CUALIDADES, MÁS FRECUENTEMENTE HUMANAS, DE SUPERIORIDAD Y EXCELENCIA: **68 prestigio**: ...no ha *rebajado* ni un milímetro su prestigio en el circuito internacional. EPE130899 **69 dignidad**: ...*rebajar* la dignidad de las instituciones del Estado de derecho... LVE270195 **70 valor**: ...acordará *rebajar* el valor nominal de sus acciones... EME080494 **71 categoría +**: ...la crisis (...) que provocó que *rebajara* su categoría... EME170294 **72 calidad**: ...hasta *rebajar* la calidad del aire que respiramos... EME050295

J OTROS SUSTANTIVOS; POSIBLE USOS CRUZADOS: ...una embarcación en sentido contrario *rebaje* la velocidad. [Cf. *reducir*] DLA030797

K OTROS SUSTANTIVOS; POSIBLES USOS ESTILÍSTICOS: ...pretenden (...) comprometer la labor instructora, *rebajando* el debate procesal... LVE020695; ...esta dosis ayuda a las mujeres a *rebajar* su riesgo coronario en un 40, por lo menos. EME130795

▩ Se combina también con: ♦ **considerablemente**[18], **ligeramente**[15], **ostensiblemente**[3], **paulatinamente**[7], **sustancialmente**[2]

☐ Véase también: **abaratar, acortar, apaciguar, atemperar, calmar(se), disminuir, reducir(se)**.

rebanar *v.* ▮ Se combina con sustantivos que designan cosas sólidas, especialmente ciertos alimentos *(pan, cebolla)*, y determinadas partes del cuerpo *(cuello, dedo, cabeza)*. También se combina con...

A SUSTANTIVOS QUE DESIGNAN CIERTAS MAGNITUDES ECONÓMICAS: **1 monopolio –**: El «monopolio» (...) del Sur está a la baja y es *rebanado* un poco más... LVE081195 **2 peseta –**: ...los famosos 200.000 millones de pesetas *rebanados* del gasto público... LVE150696 **3 renta –**: De paso, *rebanó* parte de las rentas de un sector de dicho régimen... LTB040901

B SUSTANTIVOS QUE DESIGNAN LUGARES O ESPACIOS, GENERALMENTE EN CONSTRUCCIONES PARTITIVAS: **4 monasterio –**: El monasterio es como su segunda casa y ha visto en estos años cómo le fueron *rebanando* trozos... LVE190695 **5 territorio**: ...el distrito del Eixample al *rebanar* porciones de territorio residual... LVE140696 **6 parterre**: ...le han *rebanado* de forma grosera una porción de parterre. LVE200296 **7 calzada**: ...sobre la necesidad de levantar el pavimento y *rebanar* la calzada. LVE070495 **8 ciudad**: El autor nos propone *rebanar* una ciudad... LVE111096 **9 asfalto**: ...y se *rebanarán* los excesos de asfalto que achicaron las bocas de tormenta. CLA290199

C OTROS SUSTANTIVOS; POSIBLES USOS CRUZADOS: Un amplia sala cubierta de arena era el lugar idóneo para los que necesitaban reponer neuronas después haberse *rebanado* los sesos delante de una vídeo-instalación. [Cf. *devanar*] EME231095

▩ Se combina también con: ♦ **limpiamente**[16]

☐ Véase también: **cercenar, cortar, dividir**.

rebañar *v.* ▮ Se combina con sustantivos que designan recipientes o utensilios culinarios *(plato, cacerola, sartén)*, así como el alimento que contienen *(rebañar la salsa, las natillas)*. También se combina con...

A SUSTANTIVOS QUE DESIGNAN CANTIDADES DE DINERO, ASÍ COMO, POR EXTENSIÓN METONÍMICA, CON EL SUSTANTIVO *BOLSILLO*: **1 dinero ++**: ...*rebañando* un dinero aquí y unos monises allá... EME140194 **2 millón +**: ...tras *rebañar* hasta el fondo los millones que Venezuela... EPE120899 **3 bolsillo +**: ...se limitan a *rebañar* sus bolsillos para sufragar la consabida cuesta. LVE070195 **4 céntimo**: Cifra que no puede alcanzar esta comunidad y *rebaña* hasta el céntimo y... EPE161099 **5 euro**: Los Quince han *rebañado* sobre todo 200 millones de euros... EPE210700 **6 peseta**: ...*rebañando* pesetas para rebajar costes... LVE040696 **7 sueldo**: ...un modesto piso de alquiler que *rebaña* nuestros sueldos... EME280495 **8 beneficio**: ...alguien *rebañe* beneficios que deberían estar destinados... EPE011088 **9 rédito**: En primera fila, *rebañando* réditos... LVE010495 **10 arca**: ...en las arcas *rebañadas* del partido que abandonaron... LVE241196

B SUSTANTIVOS QUE DESIGNAN DIVERSAS UNIDADES DE MEDIDA O DE CÓMPUTO: **11 voto +**: Ambas cuadrillas electorales están dedicadas ahora a *rebañar* votos... LNC071100 **12 punto +**: ...para *rebañar* puntos con los que conquistar su primera Copa... EME160395 **13 décima**: ...de *rebañar* unas décimas entre los «verdes» y los «intelectuales». EME070595 **14 papeleta**: ...para tratar de *rebañar* hasta la última papeleta... EME250296 **15 centímetro**: ...que le *rebañen* siete centímetros... EME220694 **16 kilo**: ...siempre estén *rebañando* kilos sobrantes. EME150896 **17 metro**:

...han *rebañado* en esta edición 2.000 metros cuadrados adicionales... EPE230999 **18 segundo:** ...lo que *rebañaría* preciosas milésimas de segundo. EPE180699

C SUSTANTIVOS QUE DESIGNAN PERSONAS EN FUNCIÓN DE COMPORTAMIENTOS QUE HABITUALMENTE SE MIDEN, SE RECUENTAN O SE COMPUTAN: **19 espectador +:** Eso, si en Tele 5 aún queda alguien con un par de dedos de frente y dispuesto a *rebañar* espectadores. EME190595 **20 elector:** Para llegar al 50, Jospin precisa (...) *rebañar* electores en las filas de Balladur, captar algunos en el campo de De Villiers... EME070595

D ALGUNOS SUSTANTIVOS QUE DESIGNAN LUGARES EXTENDIDOS: **21 embalse:** Más bien está embarrada, harta de *rebañar* embalses y de regar campos de golf. LVE080495 **22 solar:** ...catorce colegios nuevos sobre otros tantos solares que hubo que *rebañar* palmo a palmo sobre el suelo de una ciudad diezmada por la especulación. EPE190499 **23 superficie:** ...los antiguos cuarteles de Maestranza o Artillería, a los que día a día, incendio a incendio, *rebañan* su superficie, y que en más de 15 años no han reconvertido en espacios de esparcimiento... EPE020899

E OTROS SUSTANTIVOS; POSIBLES USOS CRUZADOS: En realidad es periodista y le aterroriza la idea de que alguien un día le *rebañe* el cuello. [Cf. *rebanar*] EME310395; ...también les estoy sumamente agradecida mis mayores por haber tenido la consideración de no *rebañarme* el clítoris... [Cf. *rebanar*] EME061096

F OTROS SUSTANTIVOS; POSIBLES USOS ESTILÍSTICOS: En plena euforia democrática, todo el mundo se sintió historiador, *rebañando* recuerdos y apilando papeles... EME291095; ...estimula la avidez de quienes forman parte del stablishment del régimen y les empuja a *rebañar* contrarreloj cuantos privilegios adicionales puedan conseguir... EME060294; Pero al ritmo de los versos hemos comenzado a movernos en la dirección de la infancia, ya que esa particular geometría está *rebañada* de un «fondo genital». ABC161092

☐ Véase también: **limpiar**.

rebasar *v.* **I** Se construye con sustantivos que designan ciertas magnitudes *(velocidad, peso)* cuando se omite el contenido que corresponde a *límite, máximo* o *tope*. También se combina con...

A SUSTANTIVOS QUE DESIGNAN DIVERSAS FORMAS DE LÍMITE O CONTORNO, FRECUENTEMENTE DE ALGUNA ESCALA CUANTITATIVA: **1 límite ++:** Su conducta *rebasó* los límites de la maldad... PLG070397 **2 barrera ++:** En 1961 (...) *rebasaron* la barrera de los 40 jonrones... DYM090996 **3 frontera ++:** ...avances tecnológicos que *rebasan* las fronteras entre los estados... EOU021096 **4 tope ++:** ...sus tasas mínimas de interés *rebasan* los púdicos topes de la ley... BRE050997 **5 línea +:** ...sabe con claridad lo que le pasará cuando *rebase* la línea fijada por el Consejo de Seguridad... EXC050996 **6 umbral +:** ...si ningún candidato *rebasa* un determinado umbral de la votación (...) se produce una segunda elección... PME120197 **7 nivel +:** ...la producción total *rebasará* el nivel de 1,2 millones en este año. EXC130996 **8 marco +:** ...sin que pueda imputárseme ninguna acción al respecto que *rebase* el marco de imparcialidad... PME070796 **9 mínimo:** ...*rebasarán* el mínimo para ser mayoría. EXC020197 **10 techo:** ...ha permitido *rebasar* el techo de público que normalmente accede a la danza contemporánea... LVE011195 **11 molde –:** No todos los «cincuenta caracteres» responden a este molde: algunos lo *rebasan*... ABC110394

B SUSTANTIVOS QUE DENOTAN ESPACIO, A MENUDO COMPRENDIDO EN UN ENTORNO: **12 ámbito ++:** ...*rebasando* arbitrariamente el ámbito de su competencia. SVG210997 **13 espacio +:** Un escritor que *rebasó* tiempo y espacio y nos señala la necesidad de lograr nuestra unidad cultural. LHG190700 **14 campo:** ...programas de signo multitudinario (...) porque incluso *rebasan* el campo estricto de los con probadas horas de vuelo filarmónico. ABC241293

C SUSTANTIVOS QUE DENOTAN DIMENSIÓN O MAGNITUD MENSURABLE: **15 dimensión +:** ...un hecho que *rebasa* la estricta dimensión artística para alcanzar consecuencias éticas y aun políticas. ABC100792 **16 tamaño +:** ...otras instituciones con «un tamaño crítico que no deben *rebasar*»... PME151296 **17 capacidad +:** La capacidad de una avenida en una urbanización es de 1.200 carros y en este caso ya ha sido *rebasada*. EUV090796 **18 aforo:** ...coparon las barras del Congreso de la República, a tal grado que *rebasaron* el aforo de las mismas... LHG080497 **19 medida:** Una mención detallada de los programas *rebasaría* cualquier medida de espacio posible... ABC180394

D SUSTANTIVOS QUE DENOTAN PREVISIÓN Y OTRAS APRECIACIONES Y ESTIMACIONES DE CARÁCTER PROSPECTIVO: **20 expectativa ++:** ...el crecimiento de la población *rebasó* las expectativas... DYM240796 **21 estimación ++:** De las diez primeras cotizaciones habidas en esta subasta (...), cuatro *rebasaron* la estimación alta... ABC050692 **22 previsión +:** ...el fenómeno de El Niño pueden *rebasar* las previsiones presupuestales... CAP181297 **23 pronóstico +:** Si *rebasa* los pronósticos, es probable que los precios de las acciones y los bonos caigan... DLA020997 **24 cálculo +:** ...*rebasó* los cálculos más optimistas al conquistar el acceso a la gran final... GIC092600 **25 objetivo:** ...conquistó ayer una nueva meta histórica, *rebasando* los objetivos más optimistas. EME301196 **26 proyección:** ...sólo en octubre *rebasaron* las proyecciones del gobierno en 57.000 millones. SEM241197 **27 meta –:** Los ingresos superaron los 16,6 millones de dólares, cifra que *rebasa* las metas en 120. EXC250700

E SUSTANTIVOS QUE DESIGNAN EXPRESIONES CUANTITATIVAS: **28 cifra ++:** Los muertos y heridos *rebasaron* la cifra de 20.000... PME080996 **29 cantidad ++:** ...*rebasan* la cantidad de puntos señalada para el encuentro... DYM210197 **30 presupuesto +:** ...aunque el tiempo no hubiera sido tan desastroso (...), la película hubiera *rebasado* igualmente el presupuesto... ABC100792 **31 precio +:** ...las tres primeras cotizaciones no *rebasaron* el precio de salida. ABC100792 **32 suma:** ...las expectativas antes del año 2000 son de *rebasar* la suma de 1.200 transpondedores... EXC270596 **33 número:** ...no *rebasar* el número de treinta alumnos por aula. EPE100977 **34 promedio:** Las únicas ciudades que *rebasaron* el promedio... DYM080996

F SUSTANTIVOS QUE DESIGNAN OTRAS FORMAS DE MEDICIÓN, MÁS FRECUENTEMENTE LOS RESULTADOS QUE SE OBTIENEN EN COMPETICIONES, Y ESPECIALMENTE LOS DE MAYOR VALÍA: **35 marca ++:** La fecha fue la ocasión para que (...) *rebasara* su propia marca de 62 metros... GIC124997 **36 récord +:** ...*rebasaría* el récord de 11.300 millones alcanzado en 1996. DLA141097 **37 registro +:** ...ha revelado la intención de *rebasar* su registro de 61 metros en lastre constante. GIC070696 **38 parámetro +:** ...personas con una inteligencia que *rebase* cualquier parámetro de revisión curricular... EUV271096

G SUSTANTIVOS QUE DESIGNAN MAGNITUDES TEMPORALES: **39 plazo ++:** A poco del inicio el plazo fue *rebasado* ampliamente... BRE150897 **40 edad +:** ...el castigo de dos años (...) impuesto por la FIFA por alinear jugadores que *rebasaban* la edad... EXC200700 **41 tiempo:** ...parecía muy preocupado por no *rebasar* el tiempo que le habían asignado... LVE190196

H SUSTANTIVOS QUE DESIGNAN DIVERSOS CONTENIDOS ESTIPULADOS O REGLAMENTADOS: **42 norma +:** ...hubo la determinación de regresar la leche contaminada en niveles que *rebasaban* la norma... EXC300896 **43 requisito +:** ...después de *rebasar* los requisitos establecidos por la ley, se lo volvieron a negar... PME221296 **44 criterio +:** Los espacios tienen punto de interconexión que *rebasan* el criterio convencional de las fronteras nacionales. EXC250700 **45 control:** Al doblarse el número, el control de la fuerza fue *rebasado.* CLA070397 **46 legislación:** El acuerdo (...) «*rebasa* la actual legislación» y supone un «claro beneficio». EPE270299 **47 ley:** El trato que se da a muchas de las personas sospechosas de actos delictuosos *rebasa* frecuentemente la ley. PME131096

I SUSTANTIVOS QUE DENOTAN APTITUD, ATRIBUTO, FACULTAD O CONDICIÓN NECESARIA PARA HACER VIABLE LA REALIZACIÓN DE ALGO. ALGUNOS TIENEN EQUIVALENTES COMO SUSTANTIVOS QUE DESIGNAN MAGNITUDES FÍSICAS: **48 capacidad ++:** A la fecha, reconoció, parte de la problemática ecológica nacional *rebasó* la capacidad de respuesta del gobierno... EXC270796 **49 voluntad ++:** La mujer no puede planificar su familia por razones que *rebasan* su voluntad. HOY250385 **50 atribución:** ...el comunicado firmado (...) «*rebasó* las atribuciones que le habían sido confiadas»... EPE101080 **51 función:** ...«está viendo» a esta comisión legislativa para verificar que no *rebase* las funciones constitucionales... ESH220797 **52 facultad:** ...no puede (...) permitir que se *rebasen* sus facultades. EUV271096

J SUSTANTIVOS QUE DESIGNAN SITUACIONES DESFAVORABLES, MÁS FRECUENTEMENTE SI SE ASOCIAN CON IMPEDIMENTOS U OBSTÁCULOS: **53 adversidad:** ...tiene capacidad de sobra para *rebasar* cualquier adversidad... DYM040996 **54 dificultad:** ...el problema de astilleros ha *rebasado* la dificultad específica como empresa y ahora está en la calle... EME190995 **55 desafío:** Al *rebasar* tal desafío sostenido, Lindberg enarbola (...) la nobleza adusta... PME010996 **56 oposición:** ...el drama (...) *rebasa* la oposición campo-ciudad... ABC201095

K OTROS SUSTANTIVOS; POSIBLES USOS CRUZADOS: ...un video (...) fue la gota que *rebasó* el vaso. [Cf. *rebosar*] SEM161000

L OTROS SUSTANTIVOS; POSIBLES USOS ESTILÍSTICOS: Nuestro patrimonio moral *rebasa* con mucho el vuelo efímero de una administración municipal. PME241196

■ Se combina también con: ♦ **a la baja, ampliamente, con creces[3], considerablemente, de sobra[22], en mucho[5], excesivamente, holgadamente[3], ligeramente[23], nítidamente[53], ostensiblemente, sobradamente**

□ Véase también: **atravesar, cruzar(se), sobrepasar, superar, traspasar.**

rebatir *v.* ■ Se combina con...

A SUSTANTIVOS QUE DESIGNAN DIVERSAS FORMAS DE SOSTENER, EXPLICAR O DEMOSTRAR ALGO: **1 afirmación ++:** ...un prestigioso periodista peruano me hizo un pronóstico que escuché y una afirmación que *rebatí.* CAP180196 **2 argumento ++:** Los dirigentes de la CAP intentaron *rebatir* este argumento señalando que los molineros se niegan a pagar la cotización de Rosario... ACP280901 **3 argumentación ++:** En su misiva el periodista *rebate* las argumentaciones, a su juicio «absurdas» que aduce la SIP... EUV091096 **4 explicación +:** Los afectados *rebatieron* las explicaciones dadas por los trabajadores del cementerio... EME131095 **5 razón:** El informe *rebate* las razones que da el expediente para justificar la exclusión de Ziur del concurso... EPE120699 **6 intervención:** ...y a partir de ahí la controversia sólo se puso de manifiesto a raíz de las intervenciones de Jordi Fernández Díaz, *rebatidas* por todos sus contrincantes... LVE150296 **7 declaración:** Los miembros de la ejecutiva recibieron con disgusto sus declaraciones, pero ninguno de ellos salió a *rebatirlas* en público. EPE051099 **8 apostilla –:** ...convendrá *rebatir* punto por punto sus 16 apostillas, para dejar las cosas definitivamente en su sitio. LVE280595 **9 aserto –:** No vale la pena *rebatir* este aserto. LVE250195

B SUSTANTIVOS QUE DESIGNAN LA ACCIÓN O EL EFECTO DE REFLEXIONAR SOBRE ALGUNA MATERIA, ASÍ COMO ALGUNAS DE LAS FORMAS DE PRESENTAR ESOS RAZONAMIENTOS: **10 idea ++:** La idea de que el conquistador era un hombre de la Edad Media también la *rebate* este intelectual argentino. LVG231191 **11 tesis ++:** O como Concepción Arenal, primera criminalista española, que *rebatió* las tesis de cierto eminente doctor alemán, experto en fisiología... LVE240495 **12 teoría ++:** Los defensores de la leyenda de Marco Polo han *rebatido* las teorías de Frances Wood. LVE281095 **13 opinión ++:** Nadal *rebatió* las opiniones de los historiadores Tortella y Núñez sobre la correlación entre alfabetización e industrialización... LVE300995 **14 interpretación +:** Roy Lichtenstein nunca *rebatió* esta interpretación, y llegó a decir que... EPD300997 **15 juicio:** Tan intensa es la fe de Hidalgo en sí, que *rebate* prácticamente todos los juicios, literarios y no literarios, que Gracián ha merecido. ABC030993 **16 concepto:** El psicólogo Gardner *rebate* el concepto clásico de inteligencia. EPE270199 **17 criterio:** Este criterio es *rebatido* por el abogado José Luis Ramos, del Instituto de Defensa y Estudio Ambiental... EPE060199 **18 postulado:** En el fondo, uno escribe para corroborar o *rebatir* un postulado de la imaginación. LVE030195

C SUSTANTIVOS QUE DESIGNAN PLANES, PROYECTOS Y OTRAS NOCIONES DE CARÁCTER PROSPECTIVO QUE EXPRESAN DIVERSAS FORMAS DE ESTABLECER U ORGANIZAR LAS ACTUACIONES: **19 propuesta +:** Sí admitió que el PSOE *rebatirá* en la campaña propuestas de los populares como la de privatizar una parte de la sanidad pública... LVE070196 **20 sugerencia +:** Para *rebatir* esa sugerencia francesa, la Comisión Europea constata las dificultades reglamentarias insuperables... LVE050796 **21 planteamiento +:** Este planteamiento sólo ha sido *rebatido* por los integrantes de Ágora Socialista, una pequeña corriente... EPE131199 **22 política +:** ...los portavoces del PSOE y de IU renunciaban a *rebatir* la política sanitaria o social de Matas... EME130696 **23 estrategia +:** Esta estrategia de Pujol ha sido duramente criticada por los partidos de izquierda y ayer el presidente intentó *rebatirla* en una entrevista... EPE061099 **24 propósito:** ...había reivindicado únicamente su exclusivo derecho a nombrar los ministros de Exteriores, Interior y Defensa, propósito que la coalición *rebate*... LVE010395 **25 plan:** ...al entrenador le sentaron muy mal unas declaraciones de Schuster a la cadena de televisión SAT-1 en las que *rebatía* los planes de Ribbeck... LVE300495

D SUSTANTIVOS QUE EXPRESAN DIVERSAS FORMAS DE MANIFESTAR DISENSO, REPROBACIÓN O CONDENA. TAMBIÉN CON OTROS QUE DESIGNAN LA ATRIBUCIÓN DE UNA CULPA O UN DELITO: **26 acusación ++:** Lo que él debía hacer, es aprovechar estos espacios parlamentarios para *rebatir* las acusaciones. LTB230197 **27 crítica ++:** Con este argumento, el consejero *rebate* las críticas que la semana pasada vertieron contra él grupos ecologistas... EPE091199 **28 denuncia +:** La denuncia formulada por el sindicato UGT sobre los incumplimientos del Ayuntamiento en materia laboral ha sido *rebatida* por el alcalde de Toro... ENC240101 **29 imputación:** ...tendrán en el juicio la ocasión de *rebatir* las imputaciones del fiscal... EME210596 **30 inculpación:** Groer (...) nunca *rebatió* las inculpaciones que se le hicieron. LVE180995 **31 condena:** Rebatieron así la primera condena, a 7 años, que consideraba el homicidio en defensa propia. LVE061095

E SUSTANTIVOS QUE DESIGNAN NORMAS, DETERMINACIONES O RESOLUCIONES, FRECUENTEMENTE EN EL ÁMBITO JURÍDICO: **32 norma:** Esa es la norma y ya hay quienes buscan *rebatirla*. ENV021000 **33 decisión:** De las Heras y Sabanés intentaron *rebatir* la decision del alcalde de retirar ese punto del orden del día... EPE261001 **34 sentencia:** El Tribunal Supremo *rebate* la sentencia del Tribunal Superior de Navarra dictada contra la Compañía General de Carbones... LVE140996 **35 recurso:** La sentencia *rebate* todos los recursos de nulidad planteadas por la defensa... LVE271295 **36 auto:** ...presentó en el juzgado un recurso de queja en el que *rebate* el auto de acusación... LVE280395 **37 articulado –:** ...el Gobierno recurre al articulado de la Constitución (artículo 149) para *rebatirlo*. LVE281096

F SUSTANTIVOS QUE DESIGNAN DATOS, INFORMACIONES Y OTROS INDICADORES ANÁLOGOS QUE SE INTERPRETAN COMO TALES, A MENUDO RESULTADOS DE UNA INDAGACIÓN. TAMBIÉN CON OTROS QUE SE REFIEREN A ALGUNAS DE LAS FORMAS EN LAS QUE SE EXPRESAN O SE DIFUNDEN: **38 dato +:** Siemens también *rebate* el dato recogido en el informe de los peritos de Hacienda... EME020896 **39 información +:** El magistrado hizo público ayer un comunicado para *rebatir* informaciones difundidas en algunos medios... LVE200896 **40 versión +:** Esta versión fue *rebatida* por la Policía que dijo que le incautó a Giraldo un revólver 38 largo... ETC210197 **41 hecho +:** El recurso también *rebate* los hechos relatados en el auto, los cuales se consideran «imputaciones genéricas» por la defensa. LVE270695 **42 informe +:** ...pretenden elaborar un documento que *rebata* los informes de las Cortes de Castilla y León y de la Diputación burgalesa... EPE180699 **43 estudio:** Esta medida también busca al mismo tiempo *rebatir* de forma contundente un estudio unilateral del país americano... EME260395

G SUSTANTIVOS QUE DENOTAN CANTIDADES Y OTROS CONCEPTOS INHERENTEMENTE CUANTITATIVOS: **44 cifra +:** ...la agencia Kazkav Press *rebate* estas cifras y acusa a los rusos de causar sobre todo víctimas entre las mujeres, los niños y los ancianos... EPE061299 **45 cuenta:** ...y en el que él estaba encargado de *rebatir* las cuentas previstas para el área de Educación. LVE221195 **46 número:** Los sindicatos *rebaten* los números ofrecidos por el consejero, que cifraba en más de 30.000 los ingresos el año pasado... EPE221099

H ALGUNOS SUSTANTIVOS QUE DENOTAN DUDA, RECELO O FALTA DE CONFIANZA: **47 duda:** ...*rebatió* ayer las dudas sobre la capacidad negociadora del alcalde... LVE030195 **48 desconfianza:** ...se esforzó en *rebatir* la desconfianza que en determinados sectores genera el apoyo parlamentario a los socialistas... LVE030294

I OTROS SUSTANTIVOS; POSIBLES USOS ESTILÍSTICOS: Y en el aire dejó un halo de inquietud que no siempre sus contertulios acertaron a *rebatir*... LVE250296; A ello se une un lirismo que *rebate* toda la pretenciosidad de las fórmulas conceptuales... ABC141094; ...*rebatió* el cíclico fatalismo con que siempre han afrontado las bases de los dos partidos «la batalla de Barcelona»... LVE030495

▩ Se combina también con: ♦ **con argumentos, punto por punto**[19]

☐ Véase también: **argumentar, contradecir**.

[rebeldía] → en rebeldía

rebelión

♦ **conato (de), intento (de)** ♦ **acallar, ahogar(se)**[28], **alimentar**[31], **aplacar(se)**[53], **causar, cobrar fuerza**[46], **concitar, conmemorar**[30], **desencadenar(se), estallar**[2], **fracasar, fraguar(se)**[39], **gestar(se), incitar (a)**[1], **incubar(se), organizar, participar (en), provocar, sofocar**[1], **tener éxito, triunfar**

☐ Véase también: **enfrentamiento, levantamiento, revolución, revuelta, sublevación.**

rebobinar

♦ **casete, cinta, conversación, memoria, pasado, película, recuerdo, situación, video**

rebosante (de)

adj. ▮ Se construye generalmente con sustantivos no contables en singular o con contables en plural. En su sentido físico se suele combinar con sustantivos que designan líquidos *(un vaso rebosante de agua)*. Es más frecuente usarlo en sentido figurado, en el que se combina con...

A SUSTANTIVOS QUE DESIGNAN SENTIMIENTOS GRATOS Y PLACENTEROS, ASÍ COMO DIVERSAS ACTITUDES Y REACCIONES EMOCIONALES POSITIVAS RELACIONADAS CON EL BIENESTAR DE LAS PERSONAS: **1 alegría ++:** ...van ya algo cansadas, pero llevan el corazón *rebosante* de alegría... ABC010494 **2 felicidad ++:** Después se subió a uno de los dos buses que trasladaron a los rehenes y, parado en la pisadera, eufórico, *rebosante* de felicidad (...) gritó... HOY280497 **3 satisfacción ++:** –Me siento en gran forma (...) –comentó *rebosante* de satisfacción. LVE200596 **4 gozo:** ...pobres pero honrados, desposeídos de todo pero *rebosantes* de gozo... LVE170795 **5 dicha:** ...Cuando (...) entran en escena, pimpantes, *rebosantes* de dicha... LVE021195

B SUSTANTIVOS QUE DENOTAN AMOR, AFECTO Y OTRAS FORMAS DE INCLINACIÓN HACIA LOS DEMÁS: **6 cariño +**: ...cartas como ella sólo podía escribir, *rebosantes* de entusiasta amistad y cariño... ABC240993 **7 sentimiento +**: Una persona *rebosante* de sentimientos parece ser su madre. EPE111080 **8 ternura +**: ...un texto *rebosante* de ternura y humor... ABC111194 **9 amistad**: ...cartas como ella sólo podía escribir, *rebosantes* de entusiasta amistad y cariño... ABC240993

C SUSTANTIVOS QUE DENOTAN FUERZA, ENERGÍA, VIGOR Y CON OTROS QUE DESIGNAN ALGUNOS ESTADOS EN LOS QUE SE MANIFIESTAN ESTOS ATRIBUTOS: **10 vitalidad ++**: Tiene trece años y unos ojos grandes y *rebosantes* de vitalidad. EME010494 **11 salud ++**: ...sólo ciertos conflictos internos pueden menguar la *rebosante* salud de este Pamesa. EPE221199 **12 vida ++**: ...vuelve a aparecer en su cuarto, nuevamente joven y *rebosante* de vida. CAP211295 **13 energía +**: Un Cook de seda y un Slater *rebosante* de energía componen y producen esta mixtura de ritmos... LVE050695 **14 juventud**: Con una nueva formación *rebosante* de juventud en sus cuatro elementos... LVE181195 **15 vigor**: ...prefirió profundizar en la musicalidad de una propuesta sonora *rebosante* de vigor. EPD220796 **16 fuerza**: Hill, además de espléndido guionista por cuenta ajena (La huida, Alien) dirigió siete películas *rebosantes* de fuerza, tensión y clase. EME021196 **17 coraje**: ...la argentina Graciela Oddone, una Despina popular, *rebosante* de coraje y temperamento... EPE100700 **18 empuje –**: Se diría que la mujer emprendedora, *rebosante* de empuje... ABC050393

D SUSTANTIVOS QUE DENOTAN ÁNIMO, ENTUSIASMO O BUENA DISPOSICIÓN HACIA EL FUTURO: **19 optimismo ++**: Rebosante de optimismo, el eficiente presidente de la Corporación de Turismo... EUV061196 **20 entusiasmo**: ...bajo el alero del edificio primigenio de la calle Minerva y *rebosantes* de entusiasmo y brillos adolescentes. LHG210800 **21 sueño**: ...inexpertos e inmaduros, pero *rebosantes* de sueños y ambiciones... INDOC **22 esperanza**: «La vida es muy valiosa para estar viviendo en una prisión de grasa», hubo de clamar *rebosante* de esperanza. LVE060896 **23 confianza**: ...rompe la idílica imagen de república de niños plácida y *rebosante* de confianza en el ser humano... EPE220499

E LOS SUSTANTIVOS *IDEA* E *IMAGINACIÓN* Y CON OTROS RELACIONADOS CON DIVERSAS DESTREZAS Y CAPACIDADES CREATIVAS, O EN GENERAL INTELECTIVAS, DE LAS PERSONAS, Y –POR EXTENSIÓN– DE ALGUNAS DE SUS OBRAS: **24 idea ++**: Ahora bien, junto al técnico imaginativo y *rebosante* de ideas, asoma el hombre de creencias e ilusiones. LVE201095 **25 imaginación ++**: Así nace esta película que propone una dura y ácida crítica antibelicista sorprendente, agresiva y *rebosante* de imaginación. EPE231001 **26 sabiduría +**: De no ser por una sintaxis dramática *rebosante* de sabiduría y oficio... LVE230495 **27 creatividad**: ...un largometraje de animación *rebosante* de creatividad. LVE210795 **28 ingenio**: Por más que no falten ahí poemas *rebosantes* de ingenio literario... ABC210795 **29 humor +**: ...un filme encantador, *rebosante* de humor, comprensión y más de un toque romántico. CLA280601 **30 inteligencia**: Pienso, sobre todo, en Milan Kundera y sus «Testaments trahis», *rebosantes* de inteligencia. ABC221093 **31 invención**: Divertido, dinámico, disparatado, *rebosante* de invención y de recursos. EPE221201 **32 talento**: Al escritor novel no le viene nada mal acudir a las editoriales armado de paciencia, *rebosante* de talento y nutrido no sólo de lecturas clásicas sino también de libros útiles... EME301196 **33 inspiración**: Algunos originales del pianista del cuarteto Steve Melling, *rebosantes* de inspiración, completaron un repertorio... LVE211296

F SUSTANTIVOS QUE DESIGNAN DIVERSAS CARACTERÍSTICAS MORALES DE LAS PERSONAS, ASÍ COMO CIERTAS CUALIDADES RELACIONADAS A MENUDO CON SU BONHOMÍA O SU ACTITUD POSITIVA HACIA LOS DEMÁS: **34 humanidad +**: La entrevista a un Paco Rabal *rebosante* de humanidad y con ganas de hablar... LVE081095 **35 nobleza +**: ...un joven indio Crow *rebosante* de inocencia y nobleza... EME110694 **36 franqueza**: Sería imposible decir que miente, al ver el aplomo, *rebosante* de franqueza con que habla. EME210296 **37 sensibilidad**: Excelente reparto, con una Lamarr *rebosante* de sensibilidad y repitiendo con Vidor un año después de «Camarada X». LVE261195 **38 generosidad**: El dirigente (...) realizó una fuerte defensa de Redondo, de quien dijo «está *rebosante* de honestidad, de coherencia y de una generosidad ejemplar». EME080494 **39 inocencia**: ...un joven indio Crow *rebosante* de inocencia y nobleza... EME110694 **40 ingenuidad –**: ...con un estilo de pop sencillo, *rebosante* de ingenuidad y con letras cotidianas... EME130196 **41 autenticidad –**: ...como los paroxismos guitarrísticos emborronados de «slide» y *rebosantes* de autenticidad, revelan la talla de un gran músico. LVE290495

G SUSTANTIVOS QUE DENOTAN SENSUALIDAD: **42 sensualidad**: Combina rápidos resúmenes narrativos, diálogos vivaces y descripciones *rebosantes* de sensualidad en un placentero paisaje natural y artístico. ABC061291 **43 erotismo**: ...son proclives a mostrarse como dos ejemplares *rebosantes* de un erotismo de alto voltaje... LVE281296

□ Véase también: **lleno, pletórico (de), rebosar.**

[rebosar] → a rebosar

rebosar

rebosar *v.* ▮ En su sentido físico (aproximadamente, 'estar lleno hasta los bordes dejando salir el contenido sobrante') se combina con sustantivos que designan diversos recipientes *(vaso, copa, embalse)*. En el sentido de 'derramarse por encima de los bordes de algo' se combina con sustantivos que designan líquidos o fluidos *(agua, vino, espuma)*. En el sentido de 'mostrar gran abundancia de' se combina con sustantivos de persona, individuales o colectivos *(clientes, espectadores, público, gente: La sala rebosaba público)*, así como con otros que designan diversos objetos *(claveles, libros)*. También se combina con...

A SUSTANTIVOS QUE DESIGNAN DIVERSAS MANIFESTACIONES DE ENTUSIASMO, ESPERANZA O SATISFACCIÓN ANTE LOS ESTADOS DE LAS COSAS: **1 felicidad ++**: El técnico del Celta B, Milo Abilleira, *rebosaba* felicidad tras haberse materializado el ascenso. FDV180601 **2 optimismo ++**: Mientras que éstos últimos en general *rebosan* optimismo, fortaleza, claridad de ideas, los primeros tienen un tono de urgencia... ABC030993 **3 alegría +**: ...a juzgar por el trato que prodiga usted a los muchachos de la cantera (...) es comprensible que no *rebosen* alegría. LVE291296 **4 euforia +:** Los catalanes, que ganaron los dos primeros encuentros, *rebosan* euforia y exhiben pletóricos a su gran estrella... EME020696 **5 ilusión +:** El equipo *rebosa* ilusión, se han superado de largo las previsiones iniciales y no hay presión en la plantilla. LVE240595 **6 idealismo:** Hoy, De Lucchi declara no haber sacrificado el idealismo que *rebosaban* sus primeras producciones... LVE180595 **7 confianza:** Rebosa confianza sobre estas pistas y sabe sobreponerse a la adversidad... EME020796

B SUSTANTIVOS QUE DENOTAN VIGOR, ÍMPETU O VEHEMENCIA: **8 energía +:** Y esta noche *rebosa* energía, buen humor y confianza en sí mismo. EPE121199 **9 fuerza +:** El conjunto local *rebosaba* fuerza y ánimo antes del partido. INDOC **10 ardor:** En el otro escenario, lo que *rebosó* toda la noche fue sudor, ardor y rabia. LVE120795 **11 fortaleza –:** Después de recuperarse de la lesión, *rebosaba* fortaleza y buen estado físico. INDOC

C SUSTANTIVOS QUE DENOTAN HUMOR, EN OCASIONES CON ALGÚN GRADO DE BURLA O CAUSTICIDAD: **12 humor +:** Rebosa humor negro por los cuatro costados, recordando las grandes obras de Azcona, Berlanga o Ferreri de los años 70... LVE070396 **13 ironía +:** Carlos Zeda publicó también dos novelas (...) que *rebosaban* fina ironía. EME080196 **14 sentido del humor:** El tema restante (...) *rebosa* ideas y sentido del humor, pero sin duda ganaría complementándola con algunas dosis más de música. LVE031294 **15 mordacidad:** Sus comentarios *rebosaban* mordacidad. INDOC

D SUSTANTIVOS QUE DESIGNAN OTRAS CAPACIDADES HUMANAS RELATIVAS A LA INTELIGENCIA, LA DESTREZA O LA CREATIVIDAD: **16 imaginación +:** Con esta excusa argumental, el filme elabora una dura y ácida crítica antibelicista en una película sorprendente y agresiva que *rebosa* imaginación. EPE141001 **17 ingenio:** Prefiero con mucho esta línea poética (...) a la de las «Lecciones de historia» (...) por más que *rebosen* ingenio verbal. ABC311292 **18 lucidez:** El trabajo de Aguilar, que aplica los métodos de la más moderna ciencia bibliográfica, *rebosa* lucidez. ABC031195 **19 talento:** Retrato de una espalda fuerte, una cabeza escultórica, unos ojos que *rebosan* talento. EME050496 **20 genio:** Brando *rebosaba* electricidad y genio desde la primera vez que coqueteó con la cámara... EME180296 **21 maestría:** En cualquiera de sus obras se aprecian nítidamente los rasgos de un autor que *rebosa* maestría. INDOC **22 expresividad:** ...y se deja contar sin vanidades ni ponderaciones líricas porque sólo el contenido *rebosa* expresividad y trascendencia. ABC040895 **23 lirismo:** Amancio Prada, un cantautor que *rebosa* lirismo y un cierto punto de espiritualidad, no reconoce otra fuente para este oratorio que la inspiración. LVE091195

E SUSTANTIVOS QUE DENOTAN PADECIMIENTO Y AFLICCIÓN: **24 amargura +:** No quiero proseguir porque me *rebosa* la amargura. ABC240192 **25 dolor:** El documental *rebosa* dolor y capta perfectamente los sentimientos de las víctimas. INDOC

F EL SUSTANTIVO *VIDA* Y CON OTROS QUE DENOTAN BIENESTAR O ENERGÍA. TAMBIÉN CON ALGUNOS QUE DENOTAN EQUILIBRIO O AUSENCIA DE PERTURBACIÓN: **26 vida ++:** Quizá no haya gradas en ebullición, pero cada palmo del parque, como el Camp Nou en días de llenazo, *rebosa* vida. LVE030795 **27 salud ++:** Es verdad que durante su estancia en prisión fue operado de próstata y sufrió tuberculosis, pero Mandela da la impresión de *rebosar* salud. EME010594 **28 tranquilidad +:** Paraje elegante, bien cuidado, que *rebosa* tranquilidad y fieras en estado letárgico. LVE180595 **29 vitalidad:** Si otras partes de la filosofía andan alicaídas (...) la ética *rebosa* vitalidad. ABC071094 **30 estabilidad:** Los españoles *rebosan* estabilidad parlamentaria, pero usted y su Gobierno son la única pieza averiada del sistema. LVE090295

G SUSTANTIVOS QUE DENOTAN HONRADEZ, RESPETO Y OTRAS CUALIDADES ANÁLOGAS: **31 dignidad +:** Así y todo, la película *rebosa* dignidad por todos sus poros y esta cualidad hasta podría producir para algunos el espejismo del misterio. HOY250385 **32 integridad:** Y por último me voy a referir a la foto de este atractivo joven indio cuyo rostro *rebosa* integridad y nobleza. EME280594 **33 honestidad:** Lo cierto es que el curioso lector está obligado a saber que este ensayo *rebosa* valentía y honestidad intelectual. ABC280593

H SUSTANTIVOS QUE DESIGNAN DIVERSOS RESULTADOS DE LA ACTIVIDAD COGNOSCITIVA: **34 idea +:** Yo trazaba las líneas de una escenografía con pulso seguro y *rebosando* ideas. ABC061291 **35 erudición:** Y además, los comentarios de Krynen *rebosan* rigor, erudición y calidez. ABC161092 **36 pensamiento –:** Es obvio que el posmodernismo y el pensamiento lacaniano *rebosan* de lo que Fevre no quiere decir... ECA120792

I OTROS SUSTANTIVOS; POSIBLES USOS ESTILÍSTICOS: Cuando he llegado a casa de mis padres, ahora que han muerto los dos, he sido incapaz de desmontar esa casa, abro un cajón y *rebosa* intimidad... LVE270896

☐ Véase también: **derrochar, emanar, irradiar, rebosante (de), rezumar.**

recabar *v.* ■ Generalmente se construye con sustantivos contables en plural o no contables en singular. Se combina con...

A SUSTANTIVOS QUE DESIGNAN DATOS, INFORMACIONES Y ALGUNAS DE LAS FORMAS EN LAS QUE SE EXPRESAN O SE DIFUNDEN, MÁS FRECUENTEMENTE SI SE REFIEREN A SIGNOS O SEÑALES QUE PERMITEN DEDUCIR O DEMOSTRAR ALGUNA COSA: **1 información ++:** ...se integraron (...) en la denominada «Comisión de la Verdad», con el deliberado propósito de *recabar* información con relación a la desaparición de Narcisazo. DED021196 **2 dato ++:** ...según datos *recabados* por CEAR, aunque Palacios informó que se trata de 42 familias. SVG210997 **3 informe ++:** De acuerdo con los informes *recabados* por reporteros de este periódico... DYM040796 **4 testimonio +:** ...tres miembros de la comisión acudieron a las instalaciones de esa organización a *recabar* los testimonios de 10 personas. SVG020997 **5 prueba +:** ...dijo que ya se han *recabado* «una cantidad de pruebas y elementos conforme al objeto procesal del expediente». LPA170592 **6 evidencia:** ...acusar de calumnia e injuria a quienes intentan *recabar* evidencias... ESP110700 **7 documentación +:** Hornos reclamó ayer a Weschler que *recabe* «con urgencia toda la documentación cuya presunta falsedad ideológica se denuncia»... LPA100592 **8 declaración:** Con eso, indicó, se *recabarían* las declaraciones de Milagros Martínez, esposa del ex presidente... DYM201297 **9 huella:** ...una inspección judicial en el lugar donde ocurrió el accidente, para *recabar* huellas y rastros que ayuden en las investigaciones... LNC230197 **10 indicio:** ...oficinas involucradas en los trámites relativos a este caso, a los fines de *recabar* a través de esta vía, suficiente indicios... EUV300696

B SUSTANTIVOS QUE DENOTAN APOYO, COOPERACIÓN O ADHESIÓN A LAS PERSONAS O LAS COSAS: **11 apoyo ++:** «Respetuosamente», dice la carta, «*recabamos* el apoyo de su gobierno...». DLA230597 **12 ayuda ++:** ...intentará entrevistarse con varios ministros para *recabar* ayuda de la Administración... EDV240996 **13 firma:** ...se establece en qué unidades se trabajó y se *recaba* la firma del productor beneficiado... DYM230796 **14 colaboración +:** La Guardia Civil ha *recabado* la colaboración de un helicóptero procedente de Huesca y de los submarinistas... LVE030296 **15 adhesión:** Maragall ha mantenido en las últimas semanas numerosos contactos con intelectuales y profesionales de Barcelona para *recabar* su adhesión. LVE190495 **16 voto:** La iniciativa del PSOE (...) *recabó* el voto favorable del concejal del grupo mixto... FDV070201 **17 solidaridad:** ...a *recabar* apoyo y solidaridad en relación con las principales dificultades que afronta el país... GIC083197 **18 atención:** Es verdad que *recabar* la atención del público no es fácil, pero a veces... LVE260295 **19 respaldo:** Mahfud Nahnah ha *recabado* el respaldo de una cuarta parte del electorado. EME181195 **20 participación:** Por ello el poder político les consulta a menudo y *recaba* su participación en determinado tipo de conflictos... LVE170696 **21 cooperación:** Hay que formar conciencia sobre estos problemas entre todo el pueblo, hay que *recabar* la cooperación de todo el pueblo... GIC041497 **22 contribución:** ...una intensa gira por varios países europeos para *recabar* la contribución de la UE... LVE011196

C OTROS SUSTANTIVOS QUE DENOTAN DINERO Y OTRAS MAGNITUDES QUE INTERVIENEN EN LAS OPERACIONES ECONÓMICAS: **23 dinero ++:** Y luego, que se haga un fondo del dinero *recabado* y se dé a conocer claramente a dónde va a parar... PME151296 **24 fondo ++:** ...realizará la aventura a partir de setiembre entrante para *recabar* fondos para The Sick Childrens Fund... CAP031096 **25 inversión:** Visitó Barcelona una delegación del parlamento de Moldava para *recabar* inversiones foráneas... LVE100495 **26 peseta:** ...las dos fundaciones del PP citadas han *recabado* en total 660 millones de pesetas... EPE031201 **27 aportación:** ...pretendió *recabar*, entre empresarios, aportaciones individuales para el PRI... PME101196 **28 subvención:** ...tienen que moverse un poco previamente para *recabar* la oportuna subvención. LVE180396 **29 aval –:** ...las agrupaciones instalaron mesas callejeras para *recabar* el aval de los ciudadanos... EXC181296

D SUSTANTIVOS QUE DENOTAN ACTITUD, CONSIDERACIÓN O PUNTO DE VISTA FORMADO SOBRE ALGO O ALGUIEN: **30 opinión ++:** Lo que estamos haciendo es *recabar* opiniones, escuchar a los actores... LEC140597 **31 impresión +:** Las obras del nuevo Hospital Insular han tardado tres años, pero ha merecido la pena, según la primeras impresiones *recabadas* sobre el terreno. CAN250599 **32 criterio:** ...reunirse con diferentes estamentos de la ciudadanía ecuatoriana para *recabar* criterios que, al final, se concretarán en uno solo... DHE071097 **33 parecer:** Para elaborar el estudio se ha *recabado* el parecer de grupos de expertos... ENC001201 **34 postura:** ...el artículo 50.3 obliga a *recabar* la postura del fiscal... LVE100595 **35 versión:** ...intentó *recabar* la versión de los involucrados sobre los hechos mencionados. BRE121297 **36 punto de vista:** Los intentos reiterados de este periódico, desde hace días, por *recabar* el punto de vista de CCOO han sido infructuosos. EME261095

E SUSTANTIVOS QUE DENOTAN ACUERDO O CONFORMIDAD, Y CON OTROS QUE DESIGNAN ALGUNOS ESTADOS CARACTERIZADOS POR EL ENTENDIMIENTO, LA CONCORDIA O LA AUSENCIA DE CONFLICTO: **37 acuerdo +:** Desgraciadamente para mí, no *recabé* el acuerdo correspondiente y hoy sufro las consecuencias de dicha omisión. PME250896 **38 consenso +:** ...con la esperanza de que todas las medidas que el Gobierno pretende realizar en materia penal *recaben* «el más amplio consenso»... LRE040203 **39 armonía:** El presidente Leonel Fernández, hablará (...) para *recabar* la armonía entre los poderes del Estado. DED260996 **40 estabilidad:** Las bases del partido se encargarían de *recabar* la estabilidad necesaria para la celebración de elecciones primarias. INDOC **41 sosiego:** ...presentó recientemente a los principales líderes políticos del país para *recabar* sosiego y estabilidad. LVE200295

F SUSTANTIVOS QUE DENOTAN PERMISO O ACEPTACIÓN PARA REALIZAR ALGUNA COSA: **42 autorización +:** ...y *recabaron* antes la autorización de todos los socios de la UE... EPE111101 **43 consentimiento +:** En particular, se exige *recabar* el consentimiento de las personas afectadas y proteger la confidencialidad de sus datos genéticos. CLA200199 **44 aquiescencia:** ...la mayoría de los miembros nuevos (...) *recabaron* aquiescencia y simpatía... PME031196 **45 aprobación:** Es una decisión, naturalmente, que no podrán tomar sin *recabar* la aprobación y el acuerdo de sus inmediatos vecinos continentales. LVE210996

G OTROS SUSTANTIVOS; POSIBLES USOS ESTILÍSTICOS: También que a través de ellos se *recabara* fertilidad. LVE180295; Los vehículos que pasen la inspección deberán *recabar* una roseta, que tiene el costo de 15 bolivianos... LTB061100

☐ Véase también: **pedir, solicitar.**

recaer *v.* **I** Se construye con las preposiciones *en* y *sobre.* Selecciona como sujetos...

A SUSTANTIVOS QUE DENOTAN FUNCIÓN, RESPONSABILIDAD O TAREA: **1 responsabilidad ++:** Esta responsabilidad no puede *recaer* sólo en los municipios, y son los estados provincial y nacional los encargados de... CLA290199 **2 tarea ++:** Pero en este caso la tarea ha *recaído* en un gramático experimentado... ABC141094 **3 carga ++:** ...deberían (...) reducir la deuda interna, de manera que la carga no *recayera* sobre los sectores más débiles de la población. LNC171296 **4 misión ++:** Parece que ésta es una misión que *recae* en los teatros que se llaman «alternativos»... EPE160399 **5 encargo ++:** Todo indica que el encargo *recaerá* en el actual canciller federal... EPE061099 **6 papel ++:** Si durante el verano el Festival de Savonlinna es el evento operístico más notable en Finlandia, durante el resto del año ese papel *recae* en la temporada de la Opera Nacional Finlandesa... LVE250896 **7 labor +:** En 1995, esta labor *recae* fundamentalmente sobre Francia y España. EME100195 **8 peso +:** Baaba Maal ofreció un concierto irregular, dejando que el mayor peso *recayera* siempre en la parte más espectacular de su propuesta. EPE010899 **9 función:** Además, desaparecerán los ministerios yugoslavos de Defensa y de Asuntos Exteriores, cuyas funciones *recaerán* cada dos años de forma rotatoria en los responsables de cada una de las dos repúblicas... EPE060899 **10 trabajo:** ...este trabajo suele *recaer* en otros maestros del centro. ENC060599 **11 investigación:** ...la investigación *recayó* en el inspector de policía... EPE130399 **12 competencia:** Aunque la redistribución de áreas todavía no está cerrada, socialistas y andalucistas sí han repartido las competencias que *recaerán* en cada formación. EPE030799

B SUSTANTIVOS QUE DESIGNAN PREMIOS, BENEFICIOS, MÉRITOS Y ALGUNAS ACTITUDES CARACTERÍSTICAS DE QUIEN LOS RECIBE O LOS OTORGA: **13 premio ++:** Aun así, la alternancia se ha cumplido, ya que el año pasado el premio *recayó* en el poeta español José Hierro. EPE151299 **14 galardón ++:** El otro galardón *recayó* en el dominical del Philadelphia Inquirer por un trabajo de fotografía documental... EME050394 **15 honor ++:** El honor *recayó* en este hombre nacido en Bogotá en 1923, el artífice cosmopolita y lúcido de una sólida y prolífica obra poética y narrativa... EPE131201 **16 privilegio ++:** El privilegio *recaerá* en los hombres que menos minutos han disputado desde que comenzó la temporada. LVE310195 **17 distinción +:** En la categoría juvenil la distinción de atletas del año *recayó* en Oslayde Menéndez (atletismo) y Stalin López (boxeo). GIC020197 **18 beneficio +:** ...el resto de las obras urbanas fueron concebidas con una visión elitista, en donde los beneficios *recaerán* en inversionistas y autoridades, no en la sociedad. PME010996 **19 mención:** Isabelle Adjani fue galardonada anoche con el César a la mejor actriz (...), mención que en su versión masculina *recayó* en Gerard Lanvin... LVE260295 **20 reconocimiento:** Este reconocimiento *recaerá* este año en Augusto Malaret... EPE181199 **21 título:** ...después de que en los primeros años el título *recayera* sobre coches que indudablemente hacían alguna aportación en el desarrollo tecnológico... EME211195 **22 beca:** Las becas de estudio *recayeron* en el bailarín Javier Martínez (Laban Center, Londres) y en la coreógrafa barcelonesa Gracia Seijó (American Dance Festival)... EME031295 **23 don:** En los primeros dos siglos de la era cristiana, el poder de exorcizar a los demonios era un don especial que podía *recaer* en cualquier persona, tanto un sacerdote como un laico. CLA270199 **24 mérito:** No puede olvidarse que el mérito *recae* no sólo en la administración del servicio sino también en los usuarios que financian los progresos a través de los incrementos de tarifas. CLA210199 **25 favoritismo –:** Washington se enfrentará hoy a un hombre sobre el que *recae* todo el favoritismo, el holandés Richard Krajicek... LVE070796

C SUSTANTIVOS QUE DESIGNAN DIVERSAS FORMAS Y GRADOS DE AUTORIDAD O HEGEMONÍA: **26 poder ++:** La tendencia política no tiene importancia para el cargo, que en Islandia es puramente representativo puesto que todo el poder *recae* en el Alting (Parlamento)... LVE300696 **27 autoridad ++:** Abdala tomó como referencias citas de Artigas referidas a que su autoridad *recae* en la soberanía popular... BUS280900 **28 control +:** ...señaló que el control debe *recaer* en el poder legislativo, no en el judicial... EME250896 **29 mandato +:** Pero el último monarca Shang ya no era un genuino emperador, pues (...) había perdido el mandato celeste, que habría pasado a *recaer* en Wu Wang. EPE010889 **30 mando:** En su búsqueda de una mayor europeización de la estructura militar de la OTAN (...) Francia pretende que este mando *recaiga* en un europeo. EPD210497 **31 liderazgo:** Además, a la hora de gobernar, el liderazgo *recae* en un economista de centro con experiencia en gobiernos democristianos. LVE180596 **32 titularidad:** Aunque la titularidad *recaerá* inicialmente sobre el Gobierno vasco, éste la traspasará a continuación a las diputaciones de Vizcaya y de Guipúzcoa... EPE161199 **33 potestad:** ...extremo al que CiU tampoco se oponía siempre que la potestad *recayese* en el Consejo Audiovisual de Cataluña (CAC)... EPE010799 **34 protagonismo:** En los primeros minutos del partido el protagonismo *recayó* en el desafortunado portero criollo... EUV010996

D SUSTANTIVOS QUE DENOTAN ORGANIZACIÓN O DIRECCIÓN. TAMBIÉN ACEPTA ALGUNOS QUE DESIGNAN OTRAS ACTUACIONES NECESARIAS PARA LLEVAR ADELANTE UNA TAREA: **35 organización ++:** ...han terminado por forjar una celebración alternativa, con nuevas reglas de juego y una organización que *recaerá* directamente en los propios participantes. EPE171099 **36 dirección +:** De igual manera se ha de observar en quiénes *recaerá* la dirección de las diferentes facciones, ante el evento de un debate de altura... ESH170497 **37 coordinación:** ...refuerza, de esta forma, la coordinación policial entre Madrid y París que *recae*, oficialmente, en el también comisario Fernando Mariscal... LVE240595 **38 gestión:** El Popular pone dos condiciones: que el Banco de España autorice la operación y que la gestión *recaiga* en manos de los ejecutivos del Popular. EME280496 **39 planificación:** ...y defendió que la planificación del sector *recaiga* en el Gobierno andaluz, en colaboración con los ayuntamientos. EPE070799 **40 gerencia –:** La gerencia de la empresa *recaerá* en una persona con un máximo de edad de 35 años en diciembre de 1987... EPE021287

E SUSTANTIVOS QUE DENOTAN PUESTO, CARGO O PROFESIÓN Y, POR EXTENSIÓN, OTROS QUE DESIGNAN EL PROCESO DE OTORGARLOS: **41 cargo ++:** ...defendió la necesidad de que este cargo *recaiga* en una persona de «total neutralidad». EME060796 **42 puesto ++:** ...aunque precisó que «sería interesante» que ese puesto *recayera* en un diputado de CiU al estar equidistante de los dos grupos políticos mayoritarios. EME070396 **43 alcaldía +:** Los resultados electorales hacían prever que la alcaldía *recaería* en el candidato de CiU... LVE280596 **44 presidencia +:** La presidencia *recayó* en el alcalde de Zaragoza, Antonio González Triviño, que lidera el sector renovador. EME090594 **45 vicepresidencia:** La otra vicepresidencia *recaería* en Artur Mas, actual consejero de Economía y Finanzas y número dos de la lista de CiU por Barcelona. EPE221099 **46 plaza:** ...salvo en los casos de las sociedades con un único representante, en las que la plaza *recae* en el alcalde o en el corporativo que él delegue. EPE221099 **47 nombramiento:** Tal nombramiento *recayó* en otra persona, hace ya bastantes años, por iniciativa del entonces ministro de Educación y Ciencia. EME051096 **48 candidatura:** ¿Teme que no *recaiga* en usted la candidatura del PRI para el gobierno de Campeche? PME271096 **49 gobierno:** La democracia es entendida por él como la idea de que el gobierno debe *recaer* en manos de personas corrientes. ABC270195 **50 jefatura:** ...desistió de su nombramiento como presidente' de la nación, facilitando con ello el que la jefatura del Estado *recayera* en una sola persona. EUV100297 **51 adjudicación:** Al final, la adjudicación *recayó* en su funcionario municipal, al que el pleno de Pozuelo investiga... EPE040900 **52 designación –:** ...mostró su satisfacción porque esa designación haya *recaído* en un español con una significativa trayectoria democrática. LVE141196

F SUSTANTIVOS QUE DENOTAN SANCIÓN O CONDENA: **53 sanción ++:** Asimismo, el Barcelona no ha presentado recurso alguno a la sanción *recaída* sobre el brasileño Romario. EME210194 **54 condena ++:** La condena *recayó* en una ex empleada de la Casa Cuna. CLA190597 **55 castigo +:** En el oficialismo gobernante se mantienen los equilibrios entre los partidos y el castigo electoral *recayó* en mayor medida en el Partido Demócrata Cristiano... EPE171201 **56 pena:** ...consiste en reducir la pena que *recae* sobre el narcotraficante a dos o tres años en la cárcel y la posterior puesta en libertad... EPE011288 **57 multa:** Hasta la fecha, la multa más alta propuesta por esta práctica *recayó* hace cinco meses en Ramón de la Parra... EPE030699 **58 penalización –:** Un día se oye que habrá un nuevo canon sobre el consumo de agua, al siguiente que la penalización económica *recaerá* sobre los usuarios de las autovías... LVE220796

G SUSTANTIVOS QUE DENOTAN GASTO, TRIBUTO Y OTRAS MAGNITUDES ECONÓMICAS: **59 coste ++:** En el futuro el coste *recaerá* exclusivamente sobre las rentas salariales. EME061296 **60 impuesto ++:** ...las cotizaciones sociales han aumentado y lo mismo parece estar sucediendo con los impuestos que *recaen* directamente sobre los particulares. LVE161196 **61 gasto +:** ...porque es consciente de que un porcentaje de asegurados escapa a su control y al final el gasto *recae* en el sistema público. EPE101099 **62 inversión +:** La mayor parte de esa inversión *recaerá* en el equipamiento de esta biblioteca, un tanto desangelada ayer ante la ausencia de mobiliario... EPE240299 **63 financiación +:** Es verdad que requiere un presupuesto muy alto, cuya financiación ha *recaído* en el Ayuntamiento de la capital. ABC300994 **64 cotización:** La máxima cotización absoluta *recayó* en la parcela del arte contemporáneo, concretamente en un cuadro del francés Jean Dubuffet... ABC020493 **65 recaudación:** ...celebrándose con este motivo festivales artísticos en teatros madrileños, cuyas recaudaciones seguirán *recayendo* en apoyo de la creación de la Casa del Teatro. EPE011086 **66 deuda:** ...ésta fue una empresa puntera hasta que llegó (...), la utilizó como centro de ingeniería financiera y ahora *recaen* en ella todas las deudas. LVE151195 **67 tributo:** ...los tributos *recaen* más directamente sobre el máximo de individuos que se benefician de los servicios prestados por los gobiernos autonómicos. EME080496 **68 presupuesto:** ...el grueso del presupuesto de remodelación (...) *recaerá* sobre la Liga de Fútbol Profesional. EPE110999 **69 precio:** ...lo pretendido es hacer *recaer* en los trabajadores el precio de la crisis económica. EPE170499

H SUSTANTIVOS QUE DENOTAN DUDA O SOSPECHA: **70 duda ++:** La duda *recae* en el sustituto de Urtubi, lesionado frente al Barcelona. EPE011086 **71 sospecha ++:** De ahí que la sospecha *recaiga* en el origen de la «programación», que no parece ajena a un activismo ideológico... LRE040203 **72 especulación:** Los rumores sobre fusiones bancarias, con Argentaria como telón de fondo, tampoco cayeron bien en el mercado y el Popular, entidad sobre la que *recayeron* mayores especulaciones... LVE241095

I SUSTANTIVOS QUE DENOTAN DETERMINACIÓN, SOLUCIÓN O CONSECUENCIA, Y OTRAS FORMAS EN QUE SE MANIFIESTAN EL DESENLACE O EL RESULTADO DE ALGUNA COSA: **73 decisión ++:** Las relaciones entre ambas aficiones han empeorado progresivamente y la decisión *recayó* en los jugadores para materializar la anónima propuesta. EPE050499 **74 elección ++:** La elección *recayó* en la persona de Valentín Niño... LVE200595 **75 fracaso:** El mayor fracaso *recae* en la 11 (Plaza Elíptica-Pan Bendito), cuyos 600.000 usuarios quedan muy lejos de los ocho millones que se esperaban. EPE080899 **76 victoria:** Para disfrute nuestro, esa victoria *recayó* en Mambo de León, cuyo espíritu combativo siempre hemos admirado. END141100 **77 consecuencia:** ...es necesario que «los poderes económicos y los países más ricos reconsideren sus políticas económicas cuyas consecuencias *recaen* tan negativamente sobre los países del tercer mundo... EME170896 **78 resolución:** ...y ello debe presumirse legítimo hasta que *recaiga* una resolución sobre el fondo del asunto. EPE250799 **79 desenlace –:** ...el desenlace final puede *recaer* en manos del Partido Popular y de su hombre en Barcelona... EME220595

J SUSTANTIVOS QUE DENOTAN SITUACIÓN ADVERSA: **80 crisis ++:** El euroescepticismo británico ha servido para que la crisis financiera de Eurotunnel haya *recaído* hasta ahora, sobre todo, en los 600.000 accionistas franceses... LVE150995 **81 desgracia +:** La penúltima desgracia *recayó* en Mikel Zarrabetia, la joven promesa vasca... EME240696 **82 problema +:** ...la limpieza es un problema que *recae* sobre todo en los vecinos que residen en este barrio. EME020394 **83 sufrimiento:** También criticó el egoísmo de quienes solamente se interesan por el sufrimiento que *recae* sobre sí mismos y se desinteresan del sufrimiento de los demás. EME130196 **84 enfermedad:** Hay que cribar mejor qué tipo de patología debe ser atendida en el servicio especializado y qué enfermedades deben *recaer* en la atención primaria. EPE050799

K SUSTANTIVOS QUE DENOTAN CAMBIO: **85 aumento ++:** El presupuesto (...), exceptuando el aumento específico que *recae* sobre el programa Shuttle, propone un incremento de 469 millones... LRE040203 **86 incremento +:** ...señaló que los incrementos de precios *recaerán* principalmente sobre las empresas funerarias y no sobre los usuarios. EME190296 **87 recorte:** Prácticamente todo el recorte *recae* en la inversión, esto es lo que (el Gobierno) ha sido capaz de hacer después de pensarlo durante un mes... EME040696 **88 rebaja:** ...la rebaja *recaerá* totalmente sobre el 50% restante (aproximadamente 80.000 millones), es decir, la ayuda directa. EME160796 **89 ampliación:** ...la ampliación de las instalaciones deportivas *recaen* sobre el Consejo de Administración del club, y no sólo sobre el Ayuntamiento. EME270495

L SUSTANTIVOS QUE DESIGNAN FORMAS DE RESALTAR ALGO: **90 énfasis ++:** El énfasis del sustantivo Arte parece *recaer* siempre sobre la pintura, pocos lo hacen extensivo a la escultura. ABC140292 **91 acento +:** ...allí apenas existe pasado cultural, con lo que el acento *recae* en lo arqueológico, antropológico y sociológico. LVE160396

M SUSTANTIVOS QUE DESIGNAN DIVERSAS FORMAS DE AGRESIÓN, GENERALMENTE VERBAL: **92** **acusación** +: ...tendrá que ponerse al día en el contenido de una causa, en la que la acusación ha *recaído* hasta ahora en el fiscal adscrito a la Fiscalía Anticorrupción... EPE091201 **93** **crítica** +: ...se preguntó por qué todas las críticas *recaen* sobre la policía autónoma y no sobre estos cuerpos de seguridad del Estado. EPD160198 **94** **insulto** +: Todos los insultos *recayeron* sobre el jugador que falló el penalti. INDOC **95** **burla** +: Todas las burlas y chanzas *recaían* sobre mí. INDOC

recalcar ♦ **con exactitud, insistentemente, machaconamente[9], por activa y por pasiva, repetidamente, una y otra vez**

recalcitrante *adj.* ▮ Se combina con sustantivos que designan personas o instituciones *(enemigo, jefe, empresa)*, y también con otros que se refieren a corrientes ideológicas, culturales o de pensamiento *(marxismo, nacionalismo, americanismo, liberalismo: Practica un liberalismo recalcitrante)*. También se combina con...

A SUSTANTIVOS QUE DENOTAN FORMA DE SER, PENSAR O ACTUAR. TAMBIÉN CON OTROS QUE DESIGNAN ALGUNAS MANIFESTACIONES DE ESOS RASGOS PERSONALES: **1** **actitud** ++: Esta confusión explica también la actitud *recalcitrante* de americanos, italianos y españoles cuando se les pregunta qué significan las siglas AFI... LVE240995 **2** **postura** ++: ...repitió su disgusto por las postura *recalcitrante* de algunos representantes de la justicia italiana. LVE050696 **3** **carácter** +: Apuntan convencidos que el carácter mentiroso *recalcitrante* y sin remordimiento de Clinton es incompatible con la dignidad de la presidencia y con el honor de la nación. EPE160199 **4** **moral**: En la España reciente fue citado tanto por tratadistas de moral *recalcitrante* como por la exiliada María Zambrano. LVE250996 **5** **gesto**: Así, últimamente han campeado en nuestro rincón los gestos *recalcitrantes* y la polémica absurda en torno a la vigencia residual o la hipotética decadencia del realismo mágico... HOY251196 **6** **alma** –: Tranquila, porque realmente el personaje desdoblado que proponen Els Joglars, difícilmente puede inquietar a nadie más que a almas *recalcitrantes* y sirve apenas para enterrar algunos fantasmas. EPD200997

B SUSTANTIVOS QUE DESIGNAN CIERTOS SENTIMIENTOS: **7** **odio** ++: Del amor sublime se pasó al odio *recalcitrante*, al insulto casi directo y al espionaje de alcoba. EME130796 **8** **amor**: El libro de Le Clézio es, por supuesto, bastante más que esta historia de amor *recalcitrante*. ABC030694 **9** **soledad**: La democracia exige el nosotros, pero la agresiva retórica política exige emplazar al adversario en una soledad *recalcitrante* y antipática. EPE230599 **10** **sentimentalismo**: Pululan ahí: énfasis hiperbólicos al por mayor (...) o sentimentalismo *recalcitrante* y lugares comunes tremendistas... PME201096 **11** **sentimiento**: Concepción abrazó el sentimiento anticatalanista más *recalcitrante* para aseverar que esa orden sólo ayudaría a promocionar el catalán frente al valenciano. EPE311099

C SUSTANTIVOS QUE DESIGNAN OTRAS ACTITUDES Y CARACTERÍSTICAS HUMANAS: **12** **optimismo** +: ...no pasa de ser un caso de optimismo *recalcitrante* que la evidencia empírica previa desautoriza. EPE220599 **13** **frialdad** +: Toda la pasión que ponía la juez Cooper en su discurso rebotaba en la *recalcitrante* frialdad de Jack Kevorkian, que en otras ocasiones ha sonreído a sus acusadores. EPE140499 **14** **estabilidad**: En su libro de 1991 «Eight Little Piggies», Gould previó que «los embriólogos y los genetistas» tendrían que explicar lo que llama «la *recalcitrante* estabilidad del cinco». EPD090797 **15** **paciencia**: La secular y *recalcitrante* paciencia de los más pobres y marginados obtiene, de vez en cuando, un pequeño alivio... LVE040695 **16** **sosería**: Muy medidos de fuerza, desarrollaron una sosería *recalcitrante*. EPE011001 **17** **ineptitud**: El comercialismo excesivo (...) y la ineptitud *recalcitrante* han dominado la acción de los presuntos organizadores de estos Juegos Olímpicos. EME050896 **18** **inhabilidad**: Viendo a esa mujer que miraba con furia la misma marcha que a mí me producía tanta emoción, viendo su cuerpo rígido, su *recalcitrante* inhabilidad para comprender el dolor ajeno, me sentí retornado a los peores momentos... EPE250399 **19** **misantropía**: Incluso, por mucho que se hable de su *recalcitrante* misantropía, puede ser un hombre sociable y un gran conversador... ABC271291 **20** **morosidad** –: A mediados del pasado decenio, la empresa sufrió agudos problemas de tesorería, debidos a la morosidad *recalcitrante* de las administraciones públicas. LVE101196 **21** **amateurismo** –: Reducto del amateurismo más *recalcitrante*, ha sido entre los deportes importantes el último en hacer la reconversión al profesionalismo. EPE290999

D SUSTANTIVOS QUE DESIGNAN MEDIOS DE COMUNICACIÓN, EN REFERENCIA A LAS OPINIONES QUE TRANSMITEN: **22** **diario** +: Fueron responsabilizados también de impedir la impresión de los diarios independientes *recalcitrantes*... EME120296 **23** **medio radiofónico**: En los medios radiofónicos españoles más *recalcitrantes*, impenitentes y tercos en defender su antinacionalismo (...) Garaicoetxea siempre ha sido respetado... EPE200299 **24** **prensa**: De los semanarios más prestigiosos al canal estatal de televisión, pasando por supuesto por la prensa sensacionalista más *recalcitrante*. EME010594

E SUSTANTIVOS QUE DESIGNAN DIVERSAS FORMAS DE OPOSICIÓN O ENFRENTAMIENTO A ALGO: **25** **crítica** +: Sobre ello pesó una *recalcitrante* crítica por el hecho de haber recibido cuatro wild cards. ENV021000 **26** **boicot** +: ...una competición nacida en 1983 para responder a los *recalcitrantes* boicots olímpicos y que se consolidó inmediatamente a fuerza de marcas más que descollantes. EME040895 **27** **rechazo**: ...con mucho más motivo, si cabe, si se diera la circunstancia de que José Manuel sufriera el rechazo *recalcitrante* de la Teresa. EPE070899 **28** **oposición**: ...coincidió ayer con (...) la manifestación organizada por la oposición más *recalcitrante* para conmemorar el tercer aniversario del referéndum... EME180394

F OTROS SUSTANTIVOS; POSIBLES USOS ESTILÍSTICOS: Problemas de amortiguadores, una *recalcitrante* e inexplicable burbuja en el circuito de refrigeración, que provocó la rotura de tres motores... EME080496; Berenguer en el prólogo que esta mujer, una especie de Madre Coraje de las alcantarillas, es «la memoria *recalcitrante*». ABC160695

recaudación ♦ **bajo, cuantioso, elevado, escaso, exiguo, jugoso[11], sustancioso** ♦ **aumentar,**

decrecer[22], disminuir, efectuar, hacer, lograr, obtener

[recaudo] → a buen recaudo

recelo ♦ fundado[24], infundado[4], injustificado, instintivo, justificado, leve, ligero, lógico, profundo ♦ abrigar[24], aflorar[18], albergar, causar, despertar[8], desterrar, desvanecerse[19], disipar(se), entrar (a alguien), inspirar (a alguien), perder, provocar, suscitar, tener, tropezar(se) (con)[15], vencer[52]

□ Véase también: **desconfianza, incertidumbre, sospecha.**

recepción ♦ apoteósico, cálido[8], caluroso[5], cariñoso, cordial, efusivo, frío, multitudinario[21], protocolario ♦ boicotear[22], brindar[43], dar (a alguien), invitar (a), ofrecer, producir(se), tener lugar

□ Véase también: **acogida, bienvenida, recibimiento.**

recesión ♦ acusado[5], alarmante, creciente, duro, económico, galopante[12], grave, persistente, profundo[142], prolongado, severo[45] ♦ en aumento ♦ a causa (de) ♦ consecuencia (de), efecto (de), época (de), fase (de), secuela (de)[22] ♦ acentuar(se), afrontar, atravesar, aumentar, decrecer, encarar, extender(se), producir, remontar[35], salir (de), sumir(se) (en), superar

□ Véase también: **paro.**

receta ♦ casero[10], conocido, consabido, económico, tradicional ♦ aplicar, dar (a alguien), hacer, inventar, olvidar, poner en práctica, probar, proponer (a alguien), recomendar (a alguien), repetir, saber(se), salir {bien/mal...}, seguir, utilizar

rechazar ♦ abiertamente[62], abrumadoramente[43], abruptamente[20], acremente, a mano alzada[6], categóricamente[11], clamorosamente, con cajas destempladas[4], con decisión, con firmeza[4], con rotundidad[15], cordialmente[30], de antemano[36], decididamente[34], de lleno, de plano[1], de pleno[6], directamente, enérgicamente[5], en firme[28], en líneas generales[24], en redondo[2], equivocadamente[24], expresamente[22], fehacientemente[19], firmemente, frontalmente[12], fuertemente[45], indirectamente, irrevocablemente[5], oficialmente, olímpicamente[14], por activa y por pasiva[33], por completo[27], por escrito, por sistema, punto por punto[21], reiteradamente[4], repetidamente[26], rotundamente[6], sin contemplaciones[34], sin dudarlo, sin paliativos[4], terminantemente[7], verbalmente[51], vigorosamente[4], visceralmente[7]

□ Véase también: **abdicar (de), abjurar (de), abuchear, condenar, criticar, disentir (de), negarse, oponer(se), rebatir, refutar, rehusar, renunciar, reprobar, resistir(se) (a), silbar.**

rechazo ♦ abrumador[65], absoluto, amargo[42], categórico, clamoroso[36], claro, concluyente, contumaz[9], contundente, decidido, desmedido[45], enérgico, feroz[4], férreo[66], firme, físico, frontal[18], general, hondo[5], inequívoco[57], instintivo[6], masivo, multitudinario, obstinado, pertinaz[37], popular, profundo[37], psicológico, radical, reiterado, rotundo[15], severo[34], sin paliativos[41], social, tajante[25], taxativo[22], tenaz[3], terminante[10], testimonial[35], tibio[20], unánime[21], vehemente[17], vigoroso, violento, visceral[2] ♦ en señal (de)[3] ♦ actitud (de), demostración (de)[25], expresión (de)[27], manifestación (de), señal (de), síntoma (de) ♦ acarrear, causar, concitar[18], conjurar[40], despertar[50], experimentar, expresar, exteriorizar, hacer constar, inspirar[37], manifestar, poner de manifiesto, provocar, sentir[27], sufrir[84], suscitar, sustentar[42], traer como consecuencia, tropezar(se) (con)[18], vencer

□ Véase también: **abucheo, agresividad, animadversión, antipatía, aversión, negativa, odio, oposición, renuncia, repelús, repulsa, silbido, xenofobia.**

RECHAZO Véase: *OPOSICIÓN Y RECHAZO*

RECHAZO

♦ (SUSTANTIVOS) Véase: abanderar[D], abolir[D], abrumador[L], acatar[G], airado[B], amargo[G], ancestral[I], aplastante[G], a prueba (de)[E], arraigado[F], arreciar[A], atávico[D], auspiciar[F], avalar[H], capitalizar[H], causar[E], cejar (en)[B], clamoroso[E], combatir[C], conjurar[G], contumaz[B], cosechar[G], decretar[J], demostración (de)[E], de palabra[J], de plano[J], descargar[B], efectivo[I], ejercer[F], en cadena[D], en firme[F], en señal de[A], erradicar[D], estallar (en)[B], expresión (de)[D], feroz[A], férreo[G], inspirar[H], instintivo[B], monumental[A], objeto (de)[I], ocasionar[D], ola (de)[C], orquestar[D], peregrino[H], pertinaz[F], plantear[M], practicar[K], profundo[D], rotundo[B], sembrar[E], sentir[D], sin paliativos[G], sustentar[F], tajante[E], taxativo[D], tenaz[A], terminante[B], testimonial[F], testimoniar[H], tibio[E], tropezar(se) (con)[C], unánime[D], vehemente[C], visceral[A]

♦ (VERBOS) Véase: abiertamente[E,H], abrumadoramente[J], a la ligera[F], a muerte[B], categóricamente[B,C], clamorosamente[C], con cajas destempladas[A], con dureza[A], con firmeza[A,D], con matices[D], con rotundidad[B,E], cordialmente[E], de antemano[H], de palabra[E], de plano[A], de pleno[C], de raíz[G], de todo corazón[A], duramente[D], enérgicamente[A], en firme[H], en líneas generales[F], en redondo[A], equivocadamente[F], expresamente[E], fehacientemente[D], irrevocablemente[B], lisa y llanamente[C], olímpicamente[B], por activa y por pasiva[D], por completo[B], punto por punto[C], radicalmente[D], reiteradamente[A], rotundamente[B], severamente[B], sin ambages[E], sin contemplaciones[D], sin paliativos[A], sin reservas[C], sin tapujos[D], soberanamente[B], terminantemente[B], universalmente[F], vigorosamente[A], visceralmente[A], vivamente[C]

□ Véase también: OPOSICIÓN; RESISTENCIA.

rechinar *v.* ▌En su sentido físico se combina con sustantivos que designan engranajes o piezas, así como partes del cuerpo duras o articuladas *(diente, gozne, cadera).* También se combina con...

A SUSTANTIVOS QUE DESIGNAN MANIFESTACIONES SONORAS Y DIVERSAS UNIDADES DEL LENGUAJE: **1 acento:** El miedo de Michael Hoffman a que *rechinasen* un par de acentos (...) parecía justificado... EME261096 **2 declaración:** ...«este tipo de declaraciones, en Madrid *rechinan* mucho». EME231096 **3 dicción:** La dicción del verso no *rechina* y, en este apartado, puede que Enrique Menéndez se muestre especialmente seguro. EME170494 **4 expresión:** ...aunque en nuestros oídos matemáticos *rechinen* algunas expresiones... ABC240792 **5 palabra:** ...una brillante traducción, en la que solo desentonan algunas palabras que *rechinan* al oído. INDOC **6 voz:** Su voz me *rechina* en los oídos entre las grullas y los cuervos. ABC060594 **7 eco:** ...mientras *rechinaban* en sus oídos aquellos ecos delirantes... ABC260894

B ALGUNOS SUSTANTIVOS ABSTRACTOS QUE DESIGNAN DIVERSAS FORMAS DE ORGANIZACIÓN: **8 organización:** ...la organización olímpica *rechinó* ante las presiones, vivió fiascos como el de la inauguración del Estadi Olímpic... LVE251196 **9 estructura:** Las estructuras de (...) *rechinan* y la contundente postura (...) acentúa una división interna que hoy posiblemente aflorará en la reunión... LVE300996 **10 sistema:** ...un sistema burocrático que *rechina*, sin apenas forzarlo. INDOC

C OTROS SUSTANTIVOS; POSIBLES USOS ESTILÍSTICOS: ...su libreto *rechina* por abstruso en muchos momentos. EPE130699; El solo nombre (...) *rechinaba* en una corrida en la que era previsible, (...) la lidia de toros totalmente a contraestilo. EME030595; ...sus barones insultadores (...) *rechinaban* y crujían los dientes en el infierno de su desesperación. EME230495

☐ Véase también: **temblar (de).**

recibimiento ♦ **abrumador, acogedor[24], afectuoso, amistoso, apoteósico[19], cálido[6], caluroso[2], cariñoso, clamoroso[40], cordial, efusivo[7], emotivo, espectacular, esplendoroso, frío, gélido, glacial, grandioso, hostil, multitudinario[23], oficial, seco, solemne, triunfal** ♦ **dar[293], dedicar, dispensar[12], hacer (a alguien), ofrecer, tener, tributar[4]**

☐ Véase también: **acogida, bienvenida, inhóspito, recepción, recibir.**

recibir ♦ **a cambio, a domicilio[15], afectuosamente, calurosamente[2], como contrapartida, con alborozo[1], con cajas destempladas, con cautela[11], con cortesía, con honor, con hostilidad, con inquietud, con interés[14], con los brazos abiertos, con preocupación, con reservas[5], cordialmente[2], de buen grado[3], de primera mano, efusivamente[10], en compensación, en contrapartida, en depósito, en persona[27], en recompensa, en triunfo, favorablemente[21], fríamente, gélidamente, por correo, secamente**

recibo ♦ **acreditativo, anual, atrasado, bancario, correspondiente, de la compra, del agua, de la luz, del gas, detallado, falso, fehaciente, mensual, original, telefónico** ♦ **al día, por importe de (algo)** ♦ **acuse (de), duplicado (de)** ♦ **abonar, acusar, autentificar, cobrar, compulsar, cumplimentar, devolver, domiciliar, emitir, exigir, expedir, extender, firmar, guardar, obtener, pagar, pedir, presentar, reclamar**

☐ Véase también: **comprobación, documento.**

recinto ♦ **abarrotado, abigarrado, a tope, inexpugnable, repleto** ♦ **abandonar, acordonar, airear, cerrar, desalojar, inaugurar, llenar, sellar**

recipiente ♦ **colmar(se), derramar(se), desbordar(se), llenar, rebañar, rebosar, sellar, vaciar**

☐ Véase también: **molde.**

recital ♦ **aburrido, apoteósico, brillante, caluroso[34], emotivo, inolvidable, memorable** ♦ **a lo largo (de), durante** ♦ **dar, ofrecer**

recitar ♦ **a coro[27], al pie de la letra[39], de carrerilla[1], de corrido, de memoria[4], de pe a pa, de un tirón[4], íntegramente, limpiamente, sin equivocar(se), sin interrupción, sin trabucar(se), teatralmente[4]** ♦ **discurso, lección, poema, poesía, texto, verso**

reclamación ♦ **argumentado, contundente, enérgico, extendido, firme, fundado[28], fundamentado[18], general, inapelable, infructuoso, injustificado, inútil, justificado, legal, legítimo, obstinado, oficial, persistente, popular, reiterado, tajante, taxativo, testimonial[34], unánime, vehemente** ♦ **avalancha (de)[8], lluvia (de)[20]** ♦ **asumir[55], canalizar[31], cursar, denegar[3], exponer, formular[7], hacer, plantear[63], poner, presentar, prosperar, rechazar, secundar, seguir su curso, suscribir, tener éxito, tramitar[8]**

☐ Véase también: **crítica, denuncia, protesta, queja, reclamo, reivindicación.**

RECLAMACIÓN Véase: SOLICITUD

reclamar ♦ **acaloradamente[18], a coro[16], a gritos[2], a ultranza[13], a voces[8], a voz en grito, clamorosamente, con firmeza[47], decididamente[47], documentalmente, en balde, encarecidamente[4], enérgicamente[16], incansablemente[18], insistentemente[2], inútilmente[20], largamente[20], machaconamente[16], por activa y por pasiva[16], reiteradamente[20], sin ambages[53], una y otra vez** ♦ **apoyo, asistencia, atención, ayuda, cuidado, derecho (a/de), indemnización, interés, justicia, pago, servicio**

☐ Véase también: **exigir, reivindicar.**

reclamo ♦ **apremiante[25], enérgico, firme, infructuoso[36], injustificado, irresistible[17], justificado, unánime[34]** ♦ **hacer, presentar, prosperar[22], rechazar**

☐ Véase también: **queja, reclamación.**

recluir ♦ **cautelarmente[34], en prisión, temporalmente[28]**

reclusión ♦ **breve, cautelar[29], dilatado, domiciliario, forzoso, largo, mayor, menor** ♦ **años**

(de), centro (de), pena (de), sitio (de), tiempo (de)
☐ Véase también: **internamiento.**

recobrar ♦ de golpe, de repente, paulatinamente[44], poco a poco ♦ alegría, calma, conciencia, confianza, credibilidad, deseo, dignidad, energía, esperanza, forma, fuerza, ilusión, imagen, impulso, iniciativa, libertad, memoria, normalidad, papel, paz, posición, prestigio, protagonismo, razón, recuerdo, sentido, tiempo, tono, tranquilidad, vida, vitalidad
☐ Véase también: **recobrarse (de), reconquistar.**

recobrarse (de) *v.* ▮ Se combina con el sustantivo *enfermedad* y con otros que designan enfermedades *(gripe, catarro, bronquitis, depresión, pulmonía)*, lesiones *(lesión, herida)*, dolencias y afecciones diversas *(dolor, cansancio, debilidad)* o sus consecuencias *(secuela)*. También se combina con sustantivos que designan la pérdida de las fuerzas, el sentido o el ánimo *(desmayo, desfallecimiento, desánimo, desaliento)*, así como con...

A SUSTANTIVOS QUE DESIGNAN DIVERSOS SUCESOS DESAFORTUNADOS: **1 pérdida +:** ...puedan *recobrarse* de las pérdidas del año pasado. DYM230796 **2 accidente +:** Aunque intentara ocultarlo, le costó mucho *recobrarse* del accidente. INDOC **3 caída:** Zülle se ha *recobrado* de su caída y de su bronquitis. EME200995 **4 naufragio:** ...la Historia se *recobra* en España de sus naufragios localistas... EME291095

B SUSTANTIVOS QUE DESIGNAN SUCESOS CONFLICTIVOS, ASÍ COMO DIVERSAS ACCIONES VIOLENTAS U HOSTILES: **5 guerra:** ...¿cuántos familiares en su tierra, aún *recobrándose* de la guerra, podrían afrontar el año con tranquilidad con esa cantidad?... EME140594 **6 golpe +:** Se *recobró* del golpe, se puso en pie y rompió la exhibición bética... EME131096 **7 crisis +:** Recobrarnos de esta crisis nos puede llevar varios años. INDOC

C SUSTANTIVOS QUE DESIGNAN LA SENSACIÓN DE MIEDO, ASÍ COMO CIERTAS IMPRESIONES ASOCIADAS CON ELLA: **8 susto:** Todavía no he logrado *recobrarme* del susto que me produjo la noticia. INDOC **9 miedo:** ...un miedo instintivo, casi permanente, del que cuesta mucho *recobrarse.* INDOC
☐ Véase también: **curar(se), recobrar, recuperar(se), reponerse (de), sobreponerse (a).**

recoger ♦ sano y salvo[4] ♦ al pie de la letra[9], al vuelo[2], a manos llenas[17], detalladamente[35], en persona[34], literalmente, ordenadamente[7], punto por punto[45]
☐ Véase también: **obtener.**

recomendación ♦ acertado, amable, atento, atinado, cariñoso, constructivo, cordial, encarecido, enérgico, infalible, inútil, ocioso, prudente, reiterado, sabio, serio, urgente, útil, valioso, vivo ♦ aceptar, atender, atenerse (a)[24], caer en saco roto[5], dar, desatender[18], desobedecer[33], desoír[3], escuchar, formular[42], hacer (a alguien), hacer caso (a/de), obedecer, pedir, seguir[49], transmitir
☐ Véase también: **consejo, sugerencia.**

recomendar ♦ acertadamente, amablemente, atentamente, cariñosamente, cordialmente[27], desinteresadamente, efusivamente, encarecidamente[8], enérgicamente[26], machaconamente[28], prudentemente, reiteradamente, sabiamente, seriamente, vivamente[1]
☐ Véase también: **aconsejar.**

[recompensa] → en recompensa

recompensa ♦ elevado, espléndido, exiguo, generoso, gran(de), insuficiente, jugoso, justo, merecido, pingüe[6], pírrico[12], raquítico, ridículo, suculento, sustancioso ♦ a título (de)[13] ♦ cazador (de) ♦ adjudicar, cobrar, conceder, dar (en), denegar, embolsar(se), establecer, fijar, ganar, merecer, obtener (en/como), ofrecer (en), otorgar, pagar, pedir, recibir, tener
☐ Véase también: **galardón, medalla, premio, trofeo.**

recompensar ♦ con creces[24], debidamente[36], espléndidamente, generosamente[25], justamente, suficientemente ♦ afán, dedicación, desvelo, esfuerzo, interés, labor, tarea
☐ Véase también: **indemnizar, premiar.**

reconcomer(se) *v.* ▮ Se construye con complementos indirectos de persona y también con complementos de régimen encabezados por las preposiciones *de* y *por*. Se combina con...

A SUSTANTIVOS QUE DENOTAN MANÍA, ENCONO O DESEO INTENSO DE OBTENER LO AJENO: **1 envidia ++:** Sus adversarios se *reconcomían* de envidia. INDOC **2 celos:** Más de un político de la oposición se *reconcomería* de celos por no ser ahora Subsecretario de Agricultura. INDOC **3 tirria:** Quien no estuviera *reconcomido* del todo por la tirria (...), tendría que reconocer... LVE191295

B SUSTANTIVOS QUE DENOTAN DESEO VEHEMENTE DE ACTUAR O DE CONOCER: **4 impaciencia +:** ¿Cómo hará Jesús Valenzuela para soportar el paso de los días sin que disminuya, *reconcomida* por la impaciencia, su capacidad intelectual? EPE260699 **5 gana:** ...puede desear con toda intensidad al tiazo que descubre, por ejemplo, en lo alto de un andamio siempre que después se arrepienta y se *reconcoma* de ganas. EME090395 **6 curiosidad:** La mayoría silenciosa, *reconcomida* por la curiosidad, vociferaba pidiendo carnaza y fútbol. EME191295

C SUSTANTIVOS QUE DESIGNAN LA CULPA Y ALGUNAS DE SUS MANIFESTACIONES: **7 mala conciencia +:** Los Bush exudan confianza en sí mismos y no tienen sentimientos de culpa por su riqueza, pero no los Gore, *reconcomidos* por la mala conciencia. EPE200800 **8 sentimiento de culpa +:** ...ya se ha librado del sentimiento de culpa que le *reconcomía* antaño. EPE010699

D SUSTANTIVOS QUE DENOTAN CONOCIMIENTO SEGURO O FEHACIENTE DE ALGO: **9 verdad:** La verdad *reconcome* siempre a quien intenta ocultarla. INDOC **10 certeza –:** Y una certeza nos *reconcome*: el marasmo es mucho mayor de cuanto algunos habíamos osado sugerir, al coste de ser tachados de apocalípticos. EME020594
☐ Véase también: **carcomer, comer (a alguien), corroer, devorar.**

reconocer ♦ abiertamente[2], a duras penas, a la legua[4], a la primera, a las claras, al vuelo[12], a medias[42], a regañadientes[5], claramente, con franqueza[3], con matices[9], de antemano[34], de plano[31], de pleno[11], documentalmente, entre líneas[37], expresamente[7], generosamente[18], humildemente[1], manifiestamente, parcialmente, por escrito, por lo bajo[13], sin ambages[21], sinceramente[40], sin cortapisas, sin lugar a dudas, sin reservas[4], sin tapujos[54], universalmente[3], verbalmente[71] ♦ contribución, culpa, defecto, delito, error, esfuerzo, éxito, fallo, falta, fracaso, genio, importancia, limitación, logro, mérito, participación, persona, responsabilidad, sentimiento, síntoma, triunfo, valor, victoria, virtud
☐ Véase también: **admitir**.

[reconocimiento] → en reconocimiento (de)

reconocimiento ♦ abierto, absoluto, acreedor (de), a fondo, amplio, ávido (de), completo, de {mi/tu/su...} mérito, digno (de), exhaustivo[7], franco, inmerecido, internacional, legítimo, médico, merecedor (de), merecido, multitudinario, oficial, policial, público, sentido, sincero, somero[33], superficial, unánime[16], universal, vivo ♦ en señal (de)[14] ♦ muestra (de), prueba (de), señal (de), testimonio (de) ♦ adquirir[8], conquistar[8], cosechar[7], expresar, gozar (de)[6], hacer público, lograr, manifestar, merecer, mostrar, obtener, ostentar, otorgar, poner de manifiesto, practicar, regatear[10], rendir, testimoniar[12], tributar[5]
☐ Véase también: **consagrar(se), fama, mérito, popularidad, prestigio, reputación**.

RECONOCIMIENTO Véase: *MÉRITO, TRIUNFO Y RECONOCIMIENTO*

RECONOCIMIENTO Véase: ACEPTACIÓN; ATENCIÓN; FAVOR; SENTIMIENTO

reconquistar ♦ palmo a palmo[20], parcialmente, por completo, totalmente ♦ amor, confianza, corona, lugar, mercado, país, persona, poder, puesto, terreno, territorio, tierra, título
☐ Véase también: **recobrar**.

reconstrucción ♦ completo, detallado, exacto, fidedigno[16], minucioso, parcial, preciso, total ♦ efectuar, fracasar, interrumpir, llevar a cabo, realizar

reconstruir ♦ al detalle[43], de memoria[9], en sus menores detalles, parcialmente, por completo[150], punto por punto, totalmente
☐ Véase también: **construir**.

récord ♦ asequible[8], deportivo, económico, exclusivo, flamante, fulgurante, imbatible, inigualable, inusitado, meritorio, mundial, nacional, olímpico, político, sin precedentes, vigente[43] ♦ acariciar[37], acercar(se) (a), alcanzar, anotar(se)[7], arañar[10], arrebatar (a alguien), batir[1], conseguir, cosechar, establecer, homologar, invalidar, lograr, obtener, ostentar, pulverizar[1], rebasar[36], sobrepasar[21], superar, tener en {mi/tu/su...} haber
☐ Véase también: **marca, plusmarca**.

recordar ♦ a bote pronto[2], a cámara lenta[17], a duras penas, al pie de la letra[8], a medias[49], borrosamente, brevemente[30], con cariño, con claridad, con detalle, con dificultad, con emoción, con nitidez, con precisión, con todo lujo de detalles[26], de carrerilla[11], de memoria[7], de pasada[12], detalladamente[33], emocionadamente, en {mi/tu/su...} corazón, en mucho[16], eternamente, extensamente[10], fugazmente[26], gratamente[16], insistentemente[12], largamente, machaconamente[3], nítidamente[2], para siempre, poderosamente[31], remotamente[21], sentidamente, vagamente[10], vivamente[15] ♦ invitar (a)[41]

recorrer ♦ a {mis/tus/sus...} anchas[17], a pasos agigantados[8], a pie, con fruición[4], cronológicamente[5], de arriba abajo[15], de extremo a extremo, de incógnito[15], de mano en mano, de punta a punta[1], febrilmente[19], palmo a palmo[12]

recorrido ♦ abrupto, accidentado[6], apretado[13], artístico, de ida y vuelta[3], discontinuo, exhaustivo, extenso, impracticable, intransitable, itinerante[16], lineal, llano, minucioso[14], profesional, prolijo[41], recto, retorcido, sinuoso, somero[90], tortuoso, turístico ♦ a lo largo (de), durante ♦ acortar[20], alargar, allanar, alterar[54], culminar[45], despejar, desviar[8], discurrir, hacer, iniciar(se), interrumpir(se), jalonar[2], modificar, obstaculizar, proseguir, seguir[28], terminar, trazar[10]
☐ Véase también: **curso, itinerario, ruta, travesía, trayecto, viaje**.

RECORRIDO Véase: *CURSO Y RECORRIDO*

recortar ♦ apreciablemente, considerablemente[20], drásticamente[20], fuertemente, gradualmente[19], ligeramente, notablemente, ostensiblemente[7], severamente[48], sustancialmente[3] ♦ asignación, ayuda, beneficio, cantidad, cuota, déficit, derecho, deuda, distancia, emolumento, gasto, horario, nómina, partida, pensión, pérdida, presupuesto, servicio, subvención, sueldo, tasa
☐ Véase también: **ahorrar**.

recorte ♦ acusado[7], apreciable[11], drástico[4], económico, elevado, fuerte, ligero, presupuestario, salarial, severo[39] ♦ acarrear[77], acusar, causar, entrañar, experimentar, imponer[44], provocar, sufrir[46]

recreación ♦ artístico, convincente, detallado, fidedigno[19], fiel, literal[21], minucioso, vivo ♦ llevar a cabo, realizar

recrear ♦ al detalle[41], al pie de la letra, con fidelidad, convincentemente[21], detalladamente, fidedignamente, fielmente, literalmente, minuciosamente

recriminación ♦ agrio, amargo[43], continuo, duro, expreso, histórico, implícito, imprudente, injusto, íntimo, justo, lógico, mutuo, político, prudente, público, severo, telefónico, tibio, tremendo, verbal ♦ cascada (de), coro (de), mar (de), momento (de), oleada (de), palabra (de) ♦ aceptar, agudizar(se), cesar, cruzar(se), dar lugar (a), dejar(se) (de), desoír, escuchar, formular, hacer, hacer oídos sordos (a), incrementar(se), insistir (en), intensificar(se), intercambiar, multiplicar(se), producir(se), prorrumpir (en), provocar, rebatir, recibir, refutar, reproducir, surgir, verter

☐ Véase también: **acusación, censura, reprimenda, reproche.**

recriminar ♦ afablemente, afectuosamente, cariñosamente, con dureza[6], duramente[26], injustamente, justamente, merecidamente, severamente[12] ♦ acción, actitud, actuación, ausencia, comportamiento, gestión, hecho, persona, postura, proceder, talante

☐ Véase también: **amonestar, regañar, reprochar.**

recrudecer(se) *v.* ▮ Se combina con...

A SUSTANTIVOS QUE DESIGNAN DIVERSAS MANIFESTACIONES DEL DESACUERDO O LA CONFRONTACIÓN, SEA FÍSICA O VERBAL. TAMBIÉN CON OTROS QUE DESIGNAN DIVERSOS ESTADOS DE CONFLICTO ASOCIADOS CON ESAS NOCIONES: **1 guerra** ++: ...los afganos *recrudecieron* su laberíntica guerra civil que aún continúa. LVE270895 **2 enfrentamiento** ++: ...al *recrudecer* el enfrentamiento y la represión en los años 80... PLG190397 **3 combate** ++: Los combates se *recrudecen* en Monrovia ante la impotencia de la diplomacia. LVE090596 **4 batalla** ++: El pequeño comercio se hunde tras haberse *recrudecido* la batalla entre católicos y protestantes. EME120896 **5 conflicto** ++: ...los conflictos armados y la violencia internacional, que han *recrudecido* en los últimos años. GIC121996 **6 lucha** ++: Todos hablaron de la necesidad de *recrudecer* la lucha contra el narcotráfico... EOU111296 **7 disputa** ++: ...ayer se *recrudeció* la disputa entre el presidente brasileño, Fernando Henrique Cardoso, y su antecesor... EPE220199 **8 debate** ++: ...el debate sobre la inmigración, que ha vuelto a *recrudecerse*... EPE211001 **9 polémica** ++: La polémica *recrudeció* la semana última, al concretarse el trámite que habilita... LNP120597 **10 tensión** +: La tensión se *recrudece* en Seat y los piquetes bloquean la salida... LVE040295 **11 oposición**: Las noticias de tal acuerdo (...) han *recrudecido* la oposición de la Cámara de Kiev... LVE140194 **12 choque**: ...no es descartable que se *recrudezcan* los choques armados con los soldados rusos... EME010596 **13 pelea**: ...las peleas políticas *recrudecerían* para producir una nueva crisis. CLA220301 **14 discrepancia** –: ...las discrepancias entre los dos grupos de gobierno se *recrudecieron*... EPE131001

B SUSTANTIVOS QUE DENOTAN ATAQUE O AGRESIÓN, MÁS FRECUENTEMENTE CONTRA GRUPOS: **15 bombardeo** ++: Cuando se *recrudeció* el bombardeo sobre Sarajevo... EME080595 **16 ataque** ++: ...suelen *recrudecer* sus ataques en esta época del año... CLA080197 **17 ofensiva** ++: Si la ofensiva paramilitar por controlar la ciudad comenzó en 1998, ahora se ha *recrudecido*. EPE140800 **18 bloqueo** ++: ...orientada a *recrudecer* el bloqueo contra Cuba... GIC070696 **19 matanza** +: ...las matanzas en la provincia de Battambang se *recrudecerán*... EME070295 **20 represión** ++: ...haciendo *recrudecer* la represión aquel año 1986. ACP111296 **21 violencia** ++: ...se *recrudeció* la violencia contra los presos políticos. PME080996 **22 asesinato**: ...los coches bomba y asesinatos se han *recrudecido* en Argel... LVE030896 **23 agresión**: ...se han *recrudecido* las agresiones de los «cabezas rapadas»... EME190695 **24 delincuencia**: Este acto, convocado por todos los grupos políticos con representación municipal, se produce tras meses en los que la delincuencia se ha *recrudecido* en la zona... EPE130299 **25 acoso**: ...el acoso al presidente colombiano parece *recrudecerse*. EME090895 **26 represalia**: ...*recrudece* sus represalias lanzando trece «Tomahawk»... EME110995 **27 masacre**: Se *recrudecen* las masacres y el chantaje de los paras. SEM131100

C SUSTANTIVOS QUE DENOTAN SANCIÓN O DESIGNAN CIERTAS NORMAS Y MEDIDAS DE CONTROL: **28 sanción** ++: ...además de *recrudecer* las sanciones económicas en las Islas... EME100396 **29 embargo** +: ...*recrudecen* el embargo hacia la isla mediante la aprobación... SEM160796 **30 medida**: ...se muestran partidarios de *recrudecer* las medidas de presión... EME230895 **31 control**: ..que se *recrudeciera* la revisión y el control sobre los habitantes... EXC050996 **32 ley**: ....de espaldas a la Unión Europea, maniobra para *recrudecer* la ley Helms-Burton y el bloqueo... EPD170797

D SUSTANTIVOS QUE DESIGNAN CIERTAS ENFERMEDADES Y DOLENCIAS, A VECES CONTAGIOSAS: **33 enfermedad** +: ...la enfermedad se le *recrudece* y puede morir... SEM091000 **34 epidemia** +: ...se corre el riesgo de que *recrudezcan* las epidemias... ENV020796 **35 gripe**: ...la gripe de Carlos García, lejos de remitir, se *recrudecía*... EPD101197 **36 demencia** –: ...una grave forma de demencia senil que se está *recrudeciendo*... LVE130495

E SUSTANTIVOS QUE DENOTAN CARENCIA O ESCASEZ, MÁS FRECUENTEMENTE REFERIDOS A BIENES ESENCIALES O A NECESIDADES BÁSICAS DE LAS PERSONAS: **37 pobreza**: ...y pobreza extremas, que se han *recrudecido* en los años recientes. PME080996 **38 privación**: La penúltima etapa de Goya corresponde a la del absolutismo de Fernando VII, periodo en el que se *recrudecen* las persecuciones, las privaciones... EPE150580 **39 falta**: «Esto va a *recrudecer* la falta de gente que tenemos en las ONG». EPE161201 **40 escasez**: ...la escasez de recursos hídricos se ha *recrudecido* por la falta de lluvias... LVE130595 **41 penuria**: ...avanza el invierno y se *recrudecen* las penurias sociales... EME061295 **42 injusticia**: ...se *recrudecen* las persecuciones, las privaciones y las injusticias. EPE150580 **43 sequía**: ...la «extrema sequía» que sufre España durante los últimos cuatro años se ha *recrudecido*... LVE150795

F SUSTANTIVOS QUE DESIGNAN OTRAS SITUACIONES ADVERSAS, MÁS FRECUENTEMENTE SI SE REFIEREN A ESTADOS DE DIFICULTAD, CONFUSIÓN O RUPTURA: **44 crisis** ++: ...ha *recrudecido* la crisis del sector, que afecta a grandes y pequeñas empresas. EPE211201 **45 problema** ++: ...y se *recrudece* el problema en tiempos de carencias económicas... EXC011196 **46 caos**: ...el caos político andaluz volverá a *recrudecerse*... EME021195 **47 desastre**: Que esas ilegalidades (...) *recrudecen* el desastre económico. EME090194 **48 escándalo:** ...el escándalo político (...) se ha *recrudecido* al revelarse que el grupo de presión... LVE081096 **49 fractura:** Conseguirán *recrudecer* una fractura social, que ya existe entre los más de 16.000 alicantinos que han firmado en contra de dicho emplazamiento. EPE151099 **50 división:** ...ha *recrudecido* la división entre los dos sectores del partido... EPE120999 **51 dificultad:** ...han vuelto a *recrudecerse* las dificultades, se ha desatado una aguda conflictividad laboral... LVE220595

G SUSTANTIVOS QUE DENOTAN PROTESTA O DESIGNAN OTRAS ACCIONES REIVINDICATIVAS, ASÍ COMO ALGUNAS SITUACIONES QUE SUELEN CAUSARLAS: **52 protesta ++:** ...en Andalucía se *recrudecían* ayer las protestas contra el Gobierno... EME250695 **53 manifestación +:** ...las primeras manifestaciones violentas, que ayer se *recrudecieron*. FDV100599 **54 movilización +:** ...los responsables sindicales han amenazado con *recrudecer* sus movilizaciones... EPE160700 **55 encierro +:** Los encierros y protestas contra la nueva Ley de Extranjería que entra en vigor hoy se *recrudecieron* ayer... EDV230101 **56 paro:** Ayer *recrudecieron* los paros en el sector oficial... DHE080797 **57 huelga:** ...la semana próxima cuando se *recrudezca* la huelga del sector. EME040694 **58 grito –:** Cuando el féretro salió de la Catedral hubo momentos de mucha tensión al repetirse, *recrudecidos*, los gritos... EME241295

H SUSTANTIVOS QUE DENOTAN CRÍTICA, AMENAZA, ACUSACIÓN Y OTRAS FORMAS DE ACCIÓN VERBAL HOSTIL: **59 crítica +:** ...se *recrudezcan* las críticas contra mí, y principalmente contra Teléfonos de México». PME241196 **60 amenaza +:** Al respecto, anteayer se *recrudecieron* las amenazas de organizaciones... LVE150796 **61 acusación +:** Estas acusaciones se han *recrudecido* tras los recientes Campeonatos... LVE150994 **62 reproche +:** Los reproches se *recrudecieron* cuando el fiscal general se negó... EPD180697 **63 insulto:** La tensión se palpa, los insultos se *recrudecen*... EPE021287

I SUSTANTIVOS QUE DESIGNAN FENÓMENOS O PERÍODOS METEOROLÓGICOS O CLIMÁTICOS, CONSIDERADOS GENERALMENTE INCONVENIENTES POR SU RIGOR O SU INTENSIDAD: **64 tormenta:** ...la tormenta seguía *recrudeciéndose* conforme ascendían al Marie Blanque. EME240896 **65 temporal:** ...que el temido temporal se *recrudecería*. EME220296 **66 frío:** ...la lluvia que cae a las 20 horas y *recrudece* el frío. EXC250900 **67 inclemencia:** Las inclemencias que afectan a diversos países (...) se *recrudecieron*... LVE280195 **68 ventisca:** ...al *recrudecerse* la ventisca, volvió a sembrarse el caos en los accesos a Navacerrada... EME261296 **69 viento:** Irene era, quizá, quien más partido le sacaba al viento, tan delgada que no se la distinguía casi en la azotea cuando *recrudecía* el viento a mediodía... ABC120692 **70 invierno:** ...el mes sagrado del Ramadán y se *recrudece* el invierno, un factor clave que forzará... EPE241001

□ Véase también: **avivar, intensificar.**

recta ♦ **converger, cruzar(se), delinear, desviar(se), dibujar, enfilar, esbozar, trazar**

□ Véase también: **línea.**

rectificar *v.* **I** Acepta sustantivos de persona *(El gobierno debería rectificar a su portavoz).* Se combina con sustantivos que designan lo que se dice, se comunica o se transmite verbalmente *(declaración, afirmación, discurso, comentario, observación, mensaje)* o por escrito *(nota, texto, escrito, carta, documento, acta).* También se combina con sustantivos que designan datos o informaciones *(dato, información, noticia, resultado).* En el lenguaje gastronómico se combina con los sustantivos *sazonamiento, punto de sal* y con otros análogos; en el matemático, con los sustantivos *línea, curva* y otros semejantes. Además se combina con...

A SUSTANTIVOS QUE DENOTAN DIRECCIÓN, CURSO O ITINERARIO, ENTENDIDOS EN SENTIDO FÍSICO O EN EL FIGURADO: **1 rumbo ++:** Pero sí es preciso ir *rectificando* el rumbo, para no caer en situaciones de miseria económica, desastre ambiental y opresión política... PME020297 **2 trayectoria +:** Pero, por el contrario, tiempo después *rectificó* su trayectoria, que conoció un punto de inflexión. LVE270294 **3 tendencia ++:** ¿Se puede *rectificar* la tendencia negativa hacia la que parece apuntar la temporada de verano? LVE150696 **4 trayecto:** ...una vez ocurrida esta variación, no fue posible *rectificar* el trayecto y lamentaron que esta circunstancia haya impedido que miles de ciudadanos pudieran ver a los duques... LVE200395 **5 tiro +:** ...se ha visto obligada a *rectificar* el tiro recordando que el conflicto checheno tiene su propia historia... EPE061101 **6 camino:** Es lamentable que los adelantos de la ciencia hayan desembocado en un mercantilismo médico, pero aún se está a tiempo de *rectificar* el camino y recuperar esa imagen perdida. DYM080996 **7 curso:** El Imperio precisa de un experimentado timonel que *rectifique* el curso de la historia. LVE310896 **8 línea:** ...la nueva ofensiva en el seno del partido conservador que obliga a John Major a *rectificar* la línea del Foreign Office... LVE250695 **9 movimiento:** La gran cantidad de información que se recibe al volante permite *rectificar* sin dificultad los movimientos del coche que se producen fruto de la velocidad... LVE160696

B SUSTANTIVOS QUE DENOTAN ESTIMACIÓN ACERCA DEL FUTURO: **10 previsión +:** ...se mostró algo menos pesimista que otros colegas aunque reconoció haber *rectificado* su previsión de mercado de 930.000 unidades a sólo 905.000 unidades... EME010795 **11 pronóstico:** Se podrá decir, no menos ligeramente (...) que «se trata de un baluarte de la oposición», *rectificando* los alegres pronósticos preelectorales... ECA030792 **12 expectativa:** Hemos tenido que *rectificar* nuestras expectativas de ventas por la crisis del sector. INDOC

C SUSTANTIVOS QUE DESIGNAN POSTURAS, DISPOSICIONES, PUNTOS DE VISTA, PRINCIPIOS Y OTRAS PAUTAS QUE CONDICIONAN LOS JUICIOS O LAS ACTUACIONES: **13 posición ++:** ...*rectificaba* la posición que recientemente mantuvo en una ejecutiva nacional de su partido... LVE021195 **14 postura ++:** Aizpún adelantó que no apoyará a Alli en su nominación como próximo candidato si no *rectifica* su postura... EME020195 **15 punto de vista ++:** ...se tendrá que poner colorado en Europa, responder al requerimiento de Bruselas y, como consecuencia de ello, forzar al Parlamento a *rectificar* su punto de vista mayoritario... EPD270697 **16 actitud +:** El dirigente conservador instó al líder nacionalista a *rectificar* esta actitud... EPE080199 **17 imagen +:** ...se ha visto obligado a salir a escena para intentar *rectificar* la imagen de confusión que han proyectado algunos de sus ministros. LVE200596 **18 opinión** +: Cuatro días después *rectificó* su opinión y 19 después ampliaba su contrato. EPE170299 **19 comportamiento** +: Y deberían *rectificar* su comportamiento en lo que queda de campaña si no quieren que la derrota sea todavía mucho mayor de la que anuncian los sondeos... EME240296 **20 criterio:** ...al final se ha impuesto el sentido común e Iniciativa ha *rectificado* su criterio inicial... LVE201196 **21 conducta:** ...si es que al presidente le interesa *rectificar* su conducta o persiste en mantener un tipo de gestión desvinculado del de la derecha tradicional... EME020596

D SUSTANTIVOS QUE DESIGNAN MEDIOS O RECURSOS. TAMBIÉN CON OTROS QUE DENOTAN ACTUACIÓN, MÁS FRECUENTEMENTE SI ES HABITUAL Y ESTÁ ENCAMINADA A CONSEGUIR DETERMINADOS OBJETIVOS: **22 política** ++: ...es un error afirmar que el Gobierno debe *rectificar* su política económica y salarial, porque el país forma parte de esas políticas... ENV170197 **23 práctica:** En Italia tenemos el ejemplo reciente de una clase política que llevó hasta el final su ceguera y su desprestigio, negándose a *rectificar* sus prácticas corruptas... EME160494 **24 actuación** +: Mientras tanto, si Rusia sigue queriendo aproximarse a sus amigos del Oeste, podría *rectificar* su actuación en Chechenia. LVE080695 **25 medida** +: Es entonces cuando tendrá que *rectificar* las medidas de reducción de la jornada laboral o, por el contrario, prolongarlas. EME240694 **26 intervención:** Estoy dispuesto a *rectificar* mi intervención. Pero resulta (...) que nadie ha podido encontrar una sola palabra o frase que puedan ser censuradas. LVE221296 **27 estrategia:** ...acumular experiencia en las 14 convocatorias «menores» anteriores para –llegado el caso– *rectificar* estrategias. EME040294

E SUSTANTIVOS QUE DENOTAN PENSAMIENTO O DESIGNIO DE REALIZAR ALGUNA COSA O LLEVAR ALGO A CABO, ASÍ COMO LA DISPOSICIÓN DE LAS ACCIONES NECESARIAS PARA ELLO: **28 proyecto** +: La Direcció General de Carreteres de la Generalitat *rectificará* el proyecto del eje del Ebro en el acceso a Tortosa... LVE210594 **29 plan** +: Los partidos firmantes del pacto *rectificaron* su plan inicial y eliminaron la propuesta de mantener entrevistas con el presidente del Gobierno... EPE100999 **30 iniciativa** +: También hubo críticas de socialistas como Josep María Sala, quien pidió que se *rectifique* una iniciativa «poco positiva»... LVE260796 **31 propuesta:** Cinco de los nueve miembros de la comisión, representantes de las diversas familias opuestas al secretario general, se pronunciaron a favor de *rectificar* la propuesta. EPE270399 **32 borrador:** La coalición gubernamental se vio obligada así inesperadamente a dar marcha atrás y a *rectificar* el borrador inicial... EPE170399 **33 intención** +: ...*rectificó* ayer su intención inicial de pedir a sus alcaldes que boicoteen el pregón que (...) pronunciará este domingo... EPE200899 **34 voluntad:** ...había sido objeto de una campaña organizada de presión para que *rectificara* su voluntad inicial de suprimir la Conselleria de Benestar Social... LVE080696

F SUSTANTIVOS QUE DENOTAN DECISIÓN, DICTAMEN O RESOLUCIÓN, A MENUDO OFICIAL: **35 decisión** ++: En ambos, por ejemplo, se insta al Gobierno a *rectificar* su decisión de no desclasificar los documentos solicitados por la Justicia... EME130896 **36 resolución** +: ...como le recordó el viernes pasado el fiscal en un recurso en el que pide a Moreiras que *rectifique* su resolución. LVE151095 **37 sentencia** +: ...esta constante jurisprudencia, que en varias ocasiones ha servido para *rectificar* otras sentencias en las que se negaba el carácter duro del éxtasis, resalta los efectos de esta sustancia... LVE300395 **38 auto** +: ...ha pedido a Moreiras que *rectifique* su auto en relación a la exculpación... LVE141095

G ALGUNOS SUSTANTIVOS QUE DENOTAN NORMA O PRECEPTO: **39 ley:** ...está dispuesto a *rectificar* la ley de la reforma del mercado laboral. EME220594 **40 código:** El PP catalán *rectificará* su código ético. LVE081195

H SUSTANTIVOS QUE DESIGNAN ALGUNAS FORMAS DE COMPROMISO: **41 contrato** +: Aunque era un documento público, el 25 de marzo y ante el mismo fedatario, se *rectificó* el contrato privado... LVE091194 **42 convenio:** El consejero de Educación (...) va a *rectificar* el convenio que incluye como optativas las clases de religión católica al grado medio de formación profesional... EPE200899

I SUSTANTIVOS QUE DESIGNAN MAGNITUDES O RESULTADOS DE ALGÚN CÁLCULO: **43 cuenta** ++: El pasado año el Banco de España le obligó a *rectificar* la cuenta de resultados y ha estado unos meses en pleno proceso de saneamiento. LVE080495 **44 presupuesto** ++: ...portavoz de los socialistas en el Parlamento andaluz, pide que *rectifiquen* los Presupuestos Generales del Estado. EPE111099 **45 factura:** ¿Cómo se puede concebir que la recuperación de un coche que se ha llevado la grúa cueste 14.000 pesetas a un vecino de Barcelona y 19.000 pesetas a un extranjero (...) y que no era posible *rectificar* la factura? LVE101195

J SUSTANTIVOS QUE DENOTAN ACCIÓN ERRADA O DESACERTADA. TAMBIÉN CON OTROS QUE SE REFIEREN A ESTADOS QUE SE CARACTERIZAN POR LA FALTA DE CONGRUENCIA, ACIERTO O ARMONÍA: **46 error** ++: ...pero en su fuero interno se siente muy preocupado por el estado físico en que llegarán sus jugadores a una competición de elite en la que no hay tiempo para *rectificar* errores. EME050696 **47 fallo** +: En la tradicional rueda de prensa que precede a la apertura formal de los Juegos, Samaranch pidió tiempo para *rectificar* los fallos. LVE200796 **48 problema** +: Tratamos de hacer lo que podemos para *rectificar* este problema. ENH110297 **49 desequilibrio** +: Este electrón extra provoca un desequilibrio que la molécula trata de *rectificar* uniéndose a otras moléculas o estructuras, como el DNA. EME121296 **50 equivocación** +: Es hora ya de que el Gobierno y su ministro de Industria *rectifiquen* y reconozcan su terca equivocación. EPE090799 **51 confusión** +: Esta confusión, rápidamente *rectificada*, provocó protestas y abucheos de los delegados y críticas de «manipulación». LVE080494 **52 despiste:** ...ha *rectificado* algún despiste sin que su actuación, ahora mucho más correcta, deja de registrar cierta opacidad... LVE030495 **53 deformación:** ...con la intervención de las masas, *rectificar* deformaciones, eliminar errores, derribar obstáculos y concebir nuevos caminos. GIC062097

K SUSTANTIVOS QUE DENOTAN OPOSICIÓN O DENUNCIA Y CON ALGUNOS QUE DESIGNAN OTRAS REACCIONES HOSTILES DE NATURALEZA VERBAL: **54 acusación** ++: ...no ha puesto una sola línea en la última edición de esta revista, para *rectificar* esa absurda acusación del número anterior... EXP260697 **55 crítica:** ...dijo ayer que celebraba que el presidente del Gobierno diera marcha atrás y *rectificara* las críticas que lanzó al juez del Tribunal Supremo... EME300196 **56** **denuncia:** La denuncia parecía sólida, pero fue *rectificada* horas después de ser presentada. INDOC **57** **negativa:** El primer secretario del PSC, Narcís Serra, *rectificó* ayer su negativa a que el próximo candidato a la Generalitat sea elegido mediante unas elecciones primarias. LVE061296 **58** **imputación:** ...consideró por ello que las imputaciones de los jueces, que pueden ser objeto de impugnación, deberán ser *rectificadas.* LVE290596 **59** **insulto –:** ...amenazando al PNV con replantearse los pactos que mantiene con ese partido si no *rectifica* los insultos que se han hecho a todos los socialistas vascos... EME261196 **60** **exabrupto –:** ...en el cual no se refiere para nada a las beatificaciones y no *rectifica* su exabrupto, tan impropio de su condición. LVE171295

▩ Se combina también con: ♦ **cabalmente**

☐ Véase también: **corregir, desdecirse (de), enmendar, paliar, subsanar.**

recto ♦ **absolutamente, totalmente** ♦ **actitud, actuación, camino, comportamiento, línea, persona, proceder, sentido, vía**

recuento ♦ **completo, definitivo, exhaustivo, incompleto, minucioso[24], oficial, pormenorizado, provisional, somero[43], superficial** ♦ **efectuar, hacer, llevar[10], realizar**

☐ Véase también: **balance, inventario.**

recuerdo ♦ **aciago[16], agradable, agridulce[2], alegre, amargo[29], anecdótico[24], antiguo, borroso[10], cálido[43], confuso, desvaído, emocionado, entrañable, especial, eterno, fidedigno[15], fugaz, funesto[34], grato, imborrable[7], impreciso, indeleble[13], inevitable, infausto[1], ingrato, nítido, nostálgico, perdurable, persistente, profundo[125], triste, vago, viejo, vívido[15], vivo[6]** ♦ **arsenal (de)[27]** ♦ **abandonar(se) (a), aferrarse (a)[17], aflorar[28], ahondar (en)[24], alimentar(se) (de)[1], anclar[15], anidar[29], apagar(se)[9], arraigar (en algo/en alguien), arrastrar (a), asaltar[16], atesorar[12], avivar[69], borrar(se), bucear (en)[7], cargar (con)[14], conservar[37], dejarse llevar (por)[65], desenterrar[2], desfigurar[4], despertar[67], desterrar, destilar[86], difuminar(se)[74], diluir(se)[22], disipar(se)[12], distorsionar[4], empañar(se)[8], evitar, evocar, extirpar[14], flotar, fluir[2], guardar[27], hilvanar[4], honrar[2], hundir(se) (en)[44], invitar (a)[18], latir (en algo/en alguien), mantener (vivo), olvidar, perder, perdurar, permanecer (en), perpetuar(se), pervivir (en algo/en alguien), profanar[30], reavivar[39], refrescar[2], revivir[1], subsistir, suscitar, tener, traer (a la memoria), tributar[2], venir (a la memoria), verter[38]**

☐ Véase también: **memoria, olvidar, recordar.**

RECUERDO Véase: MEMORIA

recuperación ♦ **absoluto, acusado[19], anímico, avanzado, completo, costoso, difícil, efectivo[61], físico, franco, gradual, imparable, implacable, lento, ligero, moderado, palpable, parcial, paulatino, progresivo, pronto, rápido, sostenido, tibio[27], tímido, total** ♦ **en punto muerto[20]** ♦ **acusar[30], detectar, experimentar, facilitar, lograr, notar, producir(se), registrar(se)**

☐ Véase también: **recuperar(se).**

RECUPERACIÓN

♦ (SUSTANTIVOS) Véase: **abanderar[E], a fondo[J], casero[C]**

♦ (VERBOS) Véase: **a duras penas[F], a fondo[G], al detalle[G], paulatinamente[F], plenamente[M], por completo[Q]**

☐ Véase también: CONSECUCIÓN; ÉXITO; SUPERACIÓN.

recuperar(se) ▮ *(restablecerse)* ♦ **a duras penas[50], a marchas forzadas[44], a ojos vista[32], a toda costa[29], con creces[7], del todo, de un día para otro[4], favorablemente[3], felizmente, gradualmente[3], inexorablemente[40], lentamente, ligeramente[5], ni por asomo[44], parcialmente, paulatinamente[43], plenamente[75], por completo[155], progresivamente[8], rápidamente, satisfactoriamente[11], sobradamente[8], totalmente**

▮ *(conseguir)* ♦ **dañado, indemne, intacto[16], íntegro, sano y salvo[1]** ♦ **en {buen/mal/perfecto...} estado**

☐ Véase también: **curar(se), recobrarse (de), reponerse (de), restablecer(se) (de).**

recurrir ▮ *(acudir)* ♦ **a la desesperada[18], en último extremo**

▮ *(apelar)* ♦ **decisión, dictamen, fallo, sentencia**

recurso ▮ *(medio)* ♦ **abundante, a {mi/tu/su...} alcance, conocido, cuantioso, disponible, disuasorio[17], efectivo[3], escaso, exiguo[12], expeditivo[7], fácil, inagotable, ingente[24], manido[18], múltiple, natural, precario[71], sobrado (de)[5], socorrido** ♦ **arsenal (de)[9], inyección (de)[4]** ♦ **abusar (de)[37], acudir (a), agotar(se), aplicar, arbitrar[26], aumentar, aunar[26], brindar[48], canalizar[10], captar, conceder[54], congelar[7], dedicar[14], denegar[5], desglosar[28], desoír[49], destinar, desviar[15], dirigir, disminuir, dosificar[7], dotar (de), echar mano (de), emplear, encauzar, escatimar, esquilmar[1], explotar, formular[13], gastar, gestionar, hacer uso (de), interponer, invertir[6], malgastar, obtener, plantear, recabar, regatear, socavar[98], usar, valer(se) (de)**

▮ *(apelación legal)* ♦ **administrativo, cautelar[44], legal, probatorio** ♦ **dictar, decidir (sobre), elevar, ganar, levantar[21], perder, poner, presentar, prosperar[17], rebatir[35], revocar[32], surtir efecto[31], tramitar[5]**

☐ Véase también: **estratagema, fórmula, mecanismo, medida, medio, método, moción, procedimiento, receta, sistema, truco, vía.**

RECURSO Véase:

♦ **andamiaje, argucia, artimaña, dispositivo, esquema, estratagema, estrategia, fórmula, iniciativa, maniobra, mecanismo, medida, medio, método, moción, pauta, procedimiento, receta, recurso, sistema, sugerencia, trampa, truco, vía**

RECURSO

♦ (SUSTANTIVOS) Véase: **abanderar[B], abjurar (de)[E], abstruso[D], abusar (de)[F,G], abusivo[C], adhe-**

rirse (a)[H], adulterar[F], afinar[B], agotar(se)[B], al descubierto[A], alimentar[K], analítico[A], anclar[C], aparatoso[D], arbitrar[D], arsenal (de)[B], asequible[C], atenerse (a)[H], avanzado[D,H], avieso[B], bloquear[C], bosquejar[A], brindar[F], caer como una bomba[B], canalizar[B,I], casero[G], centralizar[D], centrípeto[D], certero[C], clarificar[E], concebir[A,B], concertar[C], congelar[B], contra reloj[B], controvertido[B], coyuntural[D], curativo[D,E,F], defensivo[F], de guante blanco[E], delictivo[C], delinear[D,F], derogar[C], derrumbar(se)[J], desarticular(se)[A], desentrañar[J], desequilibrar[B], desmoronar(se)[B], destapar[D], desterrar[F], dictar[E], difundir(se)[G], discrecional[B], discriminatorio[B], distorsionar[J], disuasorio[C], dominante[I], drástico[G], efectivo[A], emanar[G], emprender[E], esquilmar[A], estricto[M], exhaustivo[E], expeditivo[A], fecundo[D], férreo[C], flaco[D], flexible[D], fortalecer(se)[H], igualitario[J], impartir[D], implantar[A,C], imponer[E], impracticable[C], infructuoso[H], ingente[C], inhumano[D], intensivo[G], intrincado[H], invertir[B], irresistible[H], laxo[B], ligar[C], llevar adelante[A,B], llevar a la práctica[A], luminoso[F], madurar[D], manido[C], maquinar[A], migratorio[C], novedoso[C], numantino[G], oponer[D], orquestar[A], patas arriba[D], peregrino[B], perfilar[A,H], pergeñar[A], perseverar (en)[D,H,I], pertrechar(se)[A], pilotar[A], plantear[E], practicar[D], precario[I,J], preconizar[B], predicar[F], preventivo[E,M], propicio[F], prorrogar[D], prosperar[B], rebatir[C], rectificar[D], redoblar[C], refrendar[F], refundir[B], reprobar[D], revalidar[G], revocar[C], riguroso[H], seguir[B], sesgado[E], sin fundamento[G], sobrado (de)[C], socavar[N], suplantar[C], surtir efecto[A], terminante[E], tomar[L], tramar[B], urdir[A], urgir[C], vasto[D], venir de lejos[C], ventajoso[E], vulnerar[E]

♦ (VERBOS) Véase: **a la desesperada**[E,B], **cautelarmente**[G], **preventivamente**[A]

□ Véase también: INSTRUMENTO; SERVICIO; SISTEMA.

red ▮ *(internet)* ♦ **bajar (de), bloquear(se), bucear (en)**[22], **buscar (en), conectar(se) (a), descargar (de), navegar (por), saturar(se)**

▮ *(entramado)* ♦ **asfixiante**[11], **atrapado (en), comercial, complejo, delictivo**[11], **denso, enmarañado, envuelto (en), extenso, inabarcable, inextricable**[3], **inmenso, inmerso (en), internacional, intrincado**[18], **nacional, tupido, vasto** ♦ **centralizar**[8], **congestionar(se)**[7], **desarticular, desmantelar**[2], **desplegar, enredar(se) (en)**[5], **envolver (algo/a alguien), extender(se), organizar, tejer**[1], **trabar**[9], **trenzar, zafar(se) (de)**

□ Véase también: **internet, lío, madeja, maraña, ovillo.**

redactar ♦ **a vuelapluma**[2], **con detalle, correctamente, de {mi/tu/su...} puño y letra**[2], **íntegramente, minuciosamente, pulcramente**[10]

□ Véase también: **escribir.**

redimir Véase: **expiar**

redoblar *v.* ▮ En el sentido de 'intensificar' se combina con...

A SUSTANTIVOS QUE DENOTAN TAREA O LABOR. TAMBIÉN CON OTROS QUE DESIGNAN EL EMPEÑO QUE EN ELLAS SE PONE: **1 esfuerzo ++:** Es necesario *redoblar* esfuerzos para alcanzar el último peldaño de la formación académica... DYM240796 **2 tarea:** Aún así, Pérez cree necesario que el país *redoble* su tarea para retomar esta agenda... LPH311000 **3 actividad:** En cuanto a la promoción exterior, la Dirección General *redoblará* su actividad en Estados Unidos, Japón, Brasil... ENC050100 **4 trabajo:** ...eso no les lleva «al pesimismo o la inactividad sino a *redoblar* el trabajo». LVE190195 **5 dedicación +:** ...afirmó que «*redoblaremos* nuestra dedicación a las causas que inspiraron a este líder...». LVE061195 **6 entrenamiento:** Redoblando sus entrenamientos y con todos sus «legionarios» que militan en la Liga Profesional de Estados Unidos... LHG040900 **7 labor:** ...a seguir denunciando casos de supuestas corruptelas y a *redoblar* su labor de oposición con la defensa de los valores democráticos... ENC280499

B SUSTANTIVOS QUE DENOTAN CONTROL O SUPERVISIÓN, GENERALMENTE ESTRICTOS: **8 vigilancia ++:** ...y aquellos que prefieren *redoblar* la vigilancia en tierra para impedir la entrada de un terrorista en un vuelo. EPE011001 **9 seguridad ++:** Aseguró que se *redoblará* la seguridad a los otros implicados en el secuestro y asesinato... PLG100397 **10 medida de seguridad ++:** ...y *redoblan* las medidas de seguridad, en un intento por controlar a unos 200 delincuentes del Cartel... ETC020190 **11 presión ++:** De esta manera, Cavallo salió a *redoblar* la presión sobre el Poder Legislativo... CLA220301 **12 disciplina +:** ...situaría el país ante el probable rigor de los mercados o, para conjurar ese rigor, ante una etapa de *redoblada* disciplina. LVE250596

C SUSTANTIVOS QUE DENOTAN DISPOSICIÓN DE MEDIOS, ESPECIALMENTE SI SE PLANIFICAN CON FINES PREVENTIVOS: **13 despliegue +:** El presidente demócrata Lyndon B. Johnson (LBJ) *redoblaba* el despliegue en Vietnam en una salida hacia delante que le llevó a renunciar a la reelección... LVE250896 **14 mecanismo:** Sólo me cabe pedir disculpas a las familias afectadas y *redoblar* los mecanismos de control para que no vuelva a suceder algo parecido. LVE280595 **15 operativo:** ...el Ejército *redobló* sus operativos de vigilancia en las carreteras que conducen a Cancún... PME080996

D SUSTANTIVOS QUE DENOTAN ENERGÍA O FORTALEZA, A MENUDO USADOS EN SENTIDO FIGURADO: **16 vigor +:** ...la campaña contra el fortalecimiento de Endesa continuó con vigor *redoblado* durante toda esta semana. LVE191096 **17 fuerza +:** La posición de Andrade es cautelosa pero muy hábil: aprovecha la fuerza del contrario para *redoblar* la suya. CAP260697 **18 ímpetu:** ...el resultado de la votación aparece haber *redoblado* el ímpetu de las protestas hasta un punto suficiente como para producir la ruidosa manifestación... LNA050792 **19 intensidad:** ...los civiles de ambos bandos se arman y los bombardeos y los actos de terrorismo ciego *redoblan* su intensidad. EPE111201

E SUSTANTIVOS QUE DENOTAN ENFRENTAMIENTO O LUCHA, MUY FRECUENTEMENTE DE CARÁCTER VERBAL. TAMBIÉN CON OTROS QUE DESIGNAN DIVERSAS ACTUACIONES DE NATURALEZA HOSTIL: **20 ataque +:** Si por la mañana el primer mandatario declara que (...), por la tarde *redobla* los ataques contra sus opositores políticos. DHE290197 **21 crítica +:** ...y a sectores peronistas que *re-*

doblaron sus críticas en las últimas semanas por la prolongación de la crisis. CLA231000 **22 protesta +:** ...que rodeaban los asentamientos preocupó especialmente al vecindario, que *redobló* sus protestas. EPE171299 **23 advertencia:** El presidente ruso, Vladimir Putin, *redobló* ayer su advertencia a Estados Unidos por su intención de construir un escudo de defensa antimisiles. CLA200601 **24 amenaza +:** Y *redoblaron* las amenazas: la normativa de la Federación Internacional de Tenis (...) exige explícitamente que todos los participantes en la competición sean... EME250496 **25 denuncia:** ...y a *redoblar* las denuncias sobre la degradación de los servicios públicos y la «falta de respeto» del presidente... ENC280499 **26 exigencia:** ...por lo que desde las 9 horas de hoy, el grupo *redobló* sus exigencias, al grado de acordar un paro de labores... LHG140797 **27 desafío:** ETA *redobla* el desafío y amenaza a otro concejal. CLA160797

F LOS SUSTANTIVOS *RESPONSABILIDAD* Y *COMPROMISO*: **28 responsabilidad:** ...Aznar animó a los parlamentarios del PP a que *redoblen* su responsabilidad y trabajo... LVE020695 **29 compromiso:** ...a *redoblar* el compromiso para «combatir el terrorismo con todos los medios que nos proporciona el Estado de Derecho...». LRE070103

G SUSTANTIVOS QUE DESIGNAN CIERTAS SITUACIONES DE DIFICULTAD, INTRANQUILIDAD O INCERTIDUMBRE: **30 problema –:** ...y *redobló* sus problemas con su ambivalencia hacia una solución negociada tras el acuerdo militar firmado... LVE180196 **31 inquietud –:** Esta respuesta dio satisfacción al Jeque y al mismo tiempo *redobló* su inquietud. ABC040895 **32 desazón –:** El personal *redobló* su desazón y algunos periodistas reclamaron que JFC diera la cara. CAP280900 **33 preocupación –:** En tiempos de incertidumbre hay que *redoblar* las preocupaciones y estar preparados. EDV070201

☐ Véase también: **intensificar.**

redomado *adj.* ▮ Se construye frecuentemente con sustantivos que designan personas a las que se atribuye un talante, una forma de actuar, una ideología o alguna otra característica que se tiene por negativa o perjudicial en determinadas circunstancias. Destacan especialmente sus combinaciones con...

A SUSTANTIVOS QUE DESIGNAN PERSONAS QUE SE CARACTERIZAN POR SU ASTUCIA, DE LA QUE SE SIRVEN GENERALMENTE PARA ENGAÑAR: **1 pícaro ++:** ...para prevenir la quiebra de los clubs y al final no ha servido más que para que la burlen hasta los pícaros más *redomados.* LVE170895 **2 sinvergüenza +:** La pobre anciana fue engañada por unos sinvergüenzas *redomados.* INDOC **3 bromista:** Bromista *redomado* y vitriólico cronista de la sociedad norteamericana... LVE270394 **4 pillo:** ...los modus operandi de pillos *redomados*, quienes no han llegado a la categoría de criminales, sino de cacos irredentos... LNP290497

B SUSTANTIVOS QUE DESIGNAN PERSONAS QUE ACTÚAN CON FALSEDAD O FINGIMIENTO: **5 mentiroso +:** ...es, como aseguran todos los medios, un mentiroso *redomado* y con malas intenciones. EME131195 **6 embustero +:** No hacía falta que ocurriera nada de esto para que todos supiéramos que el presidente es un *redomado* embustero. EME120295 **7 cínico:** Y también pisará el escenario madrileño Nancho Novo, otro cínico *redomado* que estrena disco. EPE270999 **8 enredador:** ...pero a su vez era un *redomado* enredador –con cara de no haber roto un plato– de telas de araña en las que caían sus perseguidoras... EPE011286 **9 hipócrita:** Pues piensan –le contesto– que somos unos *redomados* hipócritas muy dados a ejercer, según nos convenga o no, una saludable doble moral. LVE010595

C SUSTANTIVOS QUE DESIGNAN PERSONAS SIMPLES, DE INTELIGENCIA O JUICIO LIMITADOS: **10 imbécil:** ...en la excelencia del trabajo de Robert de Niro: su papel de *redomado* imbécil en busca de la celebridad acababa por hacerlo odioso. LVE031296 **11 cateto:** Pues en tal caso, estoy, como muchos andaluces, encantado de ser un cateto *redomado.* EME160396 **12 tonto:** Solo a un tonto *redomado* se le ocurre actuar de esa manera. INDOC **13 majadero –:** ...y no unos *redomados* majaderos como la gran mayoría de los prebostes franquistas y neofranquistas. EPE100977

D SUSTANTIVOS QUE DESIGNAN PERSONAS PEREZOSAS O INDOLENTES: **14 holgazán:** Cantinflas es, en esta ocasión, un holgazán *redomado*, cuya única afición son los toros. EPE200199 **15 vago +:** También es cierto que los vagos *redomados* escasean. EME260594

E SUSTANTIVOS QUE DESIGNAN LA HABILIDAD PARA ENGAÑAR O EL ENGAÑO MISMO: **16 astucia:** ...emplean con *redomada* astucia y eficacia sus recursos y su velocidad de enganche... EPE261099 **17 falacia:** ...un partido que se abstuvo en el referéndum, y un recién salido, que engañó con *redomada* falacia en su planteamiento. EME211096

F SUSTANTIVOS QUE DENOTAN FALSEDAD O FINGIMIENTO DE LA VERDAD. ESTÁN RELACIONADOS CON LOS SUSTANTIVOS DE PERSONA DEL APARTADO *B*: **18 hipocresía:** ...integrismo saudí, o de la hipocresía *redomada*; integrismo iraní, o de la revuelta contra la civilización occidental; integrismo argelino, o manifestación diferida de la revuelta colonial... ABC070892 **19 cinismo:** Creo que es un arribista y que siempre trata de obtener ventajas con cinismo *redomado.* INDOC

G OTROS SUSTANTIVOS; POSIBLES USOS ESTILÍSTICOS: Porque la peseta ya nació siendo una «pieza pequeña» y su *redomada* pequeñez de ahora no hace sino confirmar esa vocación. LVE021296

redondear ▮ *(calcular)* ♦ **a la baja, al alza, por lo alto, por lo bajo**[5] ♦ **cifra, ingreso, número,** *otros sustantivos que designan cantidades* ▮ *(rematar)* ♦ **actuación, evento, faena, fiesta, frase, intervención, jugada, marcador, operación, tarde, temporada, texto, trabajo, triunfo, victoria**

[redondo] → **en redondo**

redondo *adj.* ▮ Se emplea en las locuciones nominales (o compuestos sintácticos) *mesa redonda, cabeza redonda, cama redonda* y *letra redonda.* En el sentido literal de 'esférico o circular', se combina con sustantivos que designan seres materiales *(pelota, columna, gafas, mesa, jardín, mundo, universo).* En el sentido figurado ('perfecto, completo o rotundo') se combina con sustantivos que designan cifras o cantidades *(número,* *guarismo, cifra: Póngame una decena, que es una cantidad redonda),* y también con...

A SUSTANTIVOS QUE DENOTAN CREACIÓN O TRABAJO RESULTANTE DEL ENTENDIMIENTO O DEL ESFUERZO: **1 obra ++:** Obra breve, antihistórica, *redonda...* PME080996 **2 trabajo +:** ...no es un trabajo cerrado, ni mucho menos *redondo.* EME100594 **3 novela +:** ...considera Huellas en la nieve (...) como su novela más *redonda.* EPE301099 **4 película +:** ...logró una película *redonda,* dinámica y contundente. ENV170197 **5 libro:** El libro de Burke, que es un libro *redondo,* pero abierto, acaba con unos muy interesantes capítulos... EME090995 **6 guión:** Una veracidad que se logra gracias al creíble y *redondo* guión que sigue la serie. LVE110396 **7 historia:** ...conseguir una historia *redonda* y llena de calidad, galardonada con un oscar y varias candidaturas... EPE150499 **8 composición:** ...sus composiciones le quedaran absolutamente *redondas...* EME110594 **9 pieza:** Sus integrantes prometen que (...) es la pieza más *redonda* de su carrera... EPE200599 **10 versión:** ...una de las versiones más *redondas* de esta obra que se hayan llevado al disco. ABC210795 **11 relato –:** Pero el relato más *redondo* me parece «La gabardina»... EME040295

B SUSTANTIVOS TEMPORALES: **12 jornada +:** La quinta jornada del campeonato resultó *redonda* para el Espanyol... LVE021095 **13 día +:** Aquel día fue *redondo*: encontró trabajo y ganó una quiniela. INDOC **14 noche +:** La noche fue *redonda* para el equipo (...), que además de ganar por cinco goles logró mantener su puerta imbatida. EPE091299 **15 velada:** ...la velada hubiese resultado sabrosa y *redonda,* a no ser por el pegote... LVE210996

C SUSTANTIVOS QUE DESIGNAN DIVERSAS ACTIVIDADES QUE SE LLEVAN A CABO EN EL ÁMBITO DEL COMERCIO Y DE LA ECONOMÍA: **16 negocio ++:** ...la red de telefonía móvil en España es, sin duda alguna, un negocio *redondo.* EME230594 **17 venta +:** Para que la venta sea *redonda,* los US$ 1,500 millones (...) tienen que venderse en una sola jornada... CAP160496 **18 inversión +:** La compra de ese piso fue una inversión *redonda.* INDOC **19 gestión:** La gestión que hizo en la empresa le salió *redonda.* INDOC

D SUSTANTIVOS QUE DESIGNAN DIVERSIONES O EVENTOS SOCIALES: **20 espectáculo +:** ...es un espectáculo *redondo* en todos los aspectos... LVE260396 **21 función +:** ...pocos ensayos han proporcionado funciones poco *redondas...* EPE070999 **22 jugada +:** ...recurrió a los suplentes y la jugada le salió *redonda.* EME260296 **23 concierto:** Un concierto *redondo* en el que no sobró ni una nota... EPE250700 **24 representación:** Brillantísima puesta en escena y perfecta dirección de actores. Una representación *redonda.* INDOC **25 exposición:** ...aparecen liberadas, singularizadas, más de una sugerencia plástica hallada anteriormente. Una exposición *redonda.* ABC060594 **26 encuentro:** ...nos salió un encuentro *redondo,* de ésos que juegas una vez cada mucho tiempo. EME170196 **27 partido:** ...«para ganar en la pista del Olympiakos tenemos que hacer un partido *redondo*». EME160294

E SUSTANTIVOS QUE DENOTAN RESULTADO, GENERALMENTE POSITIVO: **28 éxito ++:** Junto con «Morena clara», es uno de los éxitos más *redondos* de Florián Rey en el cine sonoro... LVE150996 **29 triunfo ++:** «...aunque sin un triunfo *redondo,* me siento muy satisfecho...». EME250596 **30 resultado:** El resultado no ha podido ser más *redondo.* EPE220699 **31 final:** ...este género caracterizado por la anécdota, la peripecia y el final *redondo.* EME080896

F SUSTANTIVOS QUE DENOTAN SONIDO O CUALIDAD DEL MISMO, ESPECIALMENTE EL QUE PRODUCE EL SER HUMANO: **32 voz +:** Es una cantante de voz *redonda* y propietaria de melismas imposibles. EME241095 **33 timbre:** La voz es la de siempre; el timbre bellísimo, *redondo,* aterciopelado. ABC081093 **34 sonido:** Nada de piruetas: puro rigor, ejecución limpia y profunda, sonido *redondo* y precioso. EPE190800

G OTROS SUSTANTIVOS; POSIBLES USOS ESTILÍSTICOS: La tristeza es *redonda,* tridimensional y pesada... RUM101197; «Las palabras pretenden la perfección del mar, su eternidad *redonda*». ABC290995; ...exaltaban la tibieza *redonda* de un entorno familiar... ABC170395

☐ Véase también: **impecable, perfecto.**

reducción ♦ **abrupto[43], acusado[8], alarmante, apreciable[12], brusco[24], considerable, drástico[11], fuerte, gradual, inevitable, intensivo[34], ligero, lineal[12], moderado, notable, ostensible[13], paulatino, peligroso, progresivo, proporcional[5], severo[38], vertiginoso ♦ acarrear[70], acusar, aplicar, causar, compensar[21], entrañar, experimentar, imponer[46], llevar a cabo, negociar[34], ocasionar, practicar, producir(se), provocar, registrar(se), sufrir[47]**

☐ Véase también: **disminución, recorte.**

REDUCCIÓN Véase: *BREVEDAD Y SIMPLIFICACIÓN; DETERIORO Y PÉRDIDA; DISMINUCIÓN, DESCENSO Y REDUCCIÓN*

reducir(se) ♦ **abruptamente[35], alarmantemente[15], a marchas forzadas[41], a ojos vista[2], bruscamente, considerablemente[17], drásticamente[22], enormemente, gradualmente[14], intensamente, ligeramente[13], notablemente, numéricamente, ostensiblemente[4], paulatinamente[1], peligrosamente[19], progresivamente[13], repentinamente, severamente[47], significativamente, sustancialmente[1], visiblemente**

☐ Véase también: **acortar, apaciguar, atemperar, calmar(se), disminuir, rebajar, sojuzgar.**

redundar (en) *v.* ■ Se combina con...

A SUSTANTIVOS QUE DENOTAN CONVENIENCIA, GANANCIA O UTILIDAD: **1 beneficio ++:** Afirmó que de esta manera los pescadores podrían recibir un mejor precio por su captura y esto *redundaría* en beneficio de sus familias. DYM040996 **2 provecho +:** ...esperarán para conocer el contenido del acuerdo, para saber si *redundará* en provecho de toda la nación. LPN080997 **3 aprovechamiento:** Su integración en Europark *redundará* en un mayor aprovechamiento de la capacidad operativa de ambas entidades. LVE080196 **4 rendimiento:** Los esfuerzos aplicados a la educación y perfeccionamiento de las aptitudes expresivas de los jóvenes *redundan* en un rendimiento superior de la enseñanza universitaria. LVE050695

B SUSTANTIVOS QUE DENOTAN MEJORA, CRECIMIENTO O AVANCE: **5 mejora +:** Ello «*redunda* en una mejora de calidad de vida de los mayores dependientes». DDN030101

6 aumento +: ...se requiere una mayor mano de obra, que *redunda* en un aumento de los costos, pero que considero poco significativo. LNA270692 **7 incremento** +: ...a un régimen de libertad de intercambio, el cual *redundó* en un incremento de la especialización... ABC230793 **8 fortalecimiento** +: ...serían sustituidos por mejores gestores, lo que *redundaría* en un fortalecimiento de la industria de las líneas aéreas. EPE111101 **9 desarrollo** +: ...demandan mayor acceso a los bienes públicos para que *redunden* en el desarrollo significativo de las personas y las familias. EXC250700 **10 progreso** +: Estando segura la ciudadanía que llegarán a un acuerdo, a un consenso, que *redundará* indiscutiblemente en el progreso del país. ESH130297 **11 reforzamiento:** ...la decisión del Bundesbank de mantener sus tipos han *redundado* esta semana en un reforzamiento del marco. LVE180395 **12 recuperación:** Todo ello *redundó* en una recuperación de la peseta y de otras divisas europeas frente al marco. LVE100595 **13 ampliación:** ...*redundaría* en la ampliación de la oferta de empleos y el mejoramiento del nivel de vida de miles de oaxaqueños. PME011296 **14 expansión:** ...que ha *redundado* en una expansión de los flujos comerciales y ha impulsado el crecimiento económico... LVE121296 **15 despegue** –: ...la decisión política del pueblo (...) *redundará* en un despegue de la economía... LNC070197

C SUSTANTIVOS QUE DESIGNAN SITUACIONES, ESTADOS O ACTITUDES DE RECONOCIMIENTO, MÉRITO O EXCELENCIA: **16 prestigio** ++: ...no con descalificaciones ni encontronazos que no *redundan* precisamente en el prestigio de los dos máximos órganos jurisdiccionales del Estado. EPE111101 **17 gloria** –: ...fomentar las artes y artesanías que habían de *redundar* en la gloria de dinastías y apellidos. ABC310395 **18 honra:** ...suele saltárselos a la torera siempre que ello *redunde* en mayor honra y gloria de la cuenta de resultados... LVE020195 **19 éxito:** ...saben agradecer el esfuerzo que les he brindado y que ha *redundado* en un éxito internacional sin precedentes en este país. LNC271196

D SUSTANTIVOS QUE DENOTAN DAÑO O INCONVENIENCIA, ASÍ COMO DISMINUCIÓN, DESCENSO O PÉRDIDA DE ALGUNA MAGNITUD: **20 perjuicio** ++: Y se comprometieron a reabrir luego el debate para que la conquista no *redunde* en perjuicio de nadie. CLA070397 **21 detrimento** ++: Y ese deterioro de las reglas del juego (...) *redunda* sin duda alguna en detrimento de la presunción constitucional de inocencia. LVE220395 **22 riesgo:** Dice que la carencia de regulación en el servicio doméstico *redunda* en otros riesgos. DDN110101 **23 menoscabo:** ...pero considera que esta actividad no debe *redundar* en menoscabo de los intereses del Estado. EPE020284 **24 pérdida:** La falta del liderazgo y poder estadounidenses *redundaría* en la pérdida de credibilidad y de aceptación de la asociación. CLA180199 **25 disminución:** ...los trámites se unificarán a los efectos contables y el mayor volumen global consiguiente *redundará* en una disminución de los costos bancarios. LNA250692 **26 reducción:** ...que el ritmo más lento que experimenta la economía de Estados Unidos podría *redundar* en una reducción de las importaciones... EME180895 **27 descenso:** ...el uso inadecuado de las urgencias de los grandes hospitales públicos *redunda* en un descenso de la calidad del servicio... EPE180599 **28 recorte:** ...y un frenesí por economizar gastos que *redunda* en el recorte del tiempo dedicado a los ensayos. EME300795 **29 dificultad:** Es lastimoso que la falta de comunión de algunos *redunde* en dificultad de evangelización de muchos. LVE030995

E SUSTANTIVOS QUE DENOTAN INTERÉS. TAMBIÉN CON OTROS QUE DESIGNAN DIVERSAS FORMAS DE INCLINACIÓN HACIA ALGUIEN O ALGO: **30 interés** ++: ...que culminó con la dimisión colectiva de la Comisión, *redunda* en interés del Parlamento... EPE190799 **31 demanda** +: Hay cambios importantes en el patrón de enfermedades y en las terapias utilizadas, lo que *redunda* en una diferente demanda de hospitalización. LVE010795 **32 atención:** Hay casi un monitor por calle, lo que *redunda* en la atención al alumno. EPE090899 **33 propensión:** Y lo es porque, evidentemente, una mayor seguridad en el empleo *redunda* en una mayor propensión al consumo... LVE290795 **34 búsqueda** –: ...y el testimonio de un viaje que ha *redundado* en la búsqueda de la verdad y la mentira y su relación con El Quijote y la literatura. PME101196

F SUSTANTIVOS QUE DENOTAN ESTADO ANÍMICO DE TENSIÓN, INSATISFACCIÓN O DESÁNIMO: **35 crispación:** ...dos elementos que en teoría deberían *redundar* en una menor crispación política. LVE030995 **36 frustración:** La diferencia, abismal en algunas disciplinas, puede *redundar* en frustración, invitándoles incluso a desertar. ESH060197 **37 postración** –: Cualquier aventura bélica *redundaría* en la postración del régimen de Hafez Al Asad. EME181196

reembolsar

♦ **cantidad (económica), cifra, deuda, dinero, honorario, sueldo**

[reembolso]

→ **contra reembolso**

reestructuración

♦ **a fondo[55], completo, gradual, necesario, parcial, paulatino, total** ♦ **abordar, culminar[35], emprender[51], hacer, hacer frente (a), imponer[43], llevar a cabo, producir(se), realizar**

referencia

♦ **aislado, circunstancial, claro, de pasada, de paso, directo, elocuente, exacto, explícito, expreso, fugaz[43], ilustrativo, impreciso, indirecto, inevitable, inexcusable[15], inoportuno, manido, obligatorio, ocasional, oportuno, preciso, somero[66], tácito, tangencial[23], vago, velado** ♦ **añadir, dar[202], deslizar(se), hacer, indicar, introducir, obviar[28], sentar**

☐ Véase también: **alusión, mención.**

referéndum

♦ **decisivo, disputado, reñido[30]** ♦ **amañar, boicotear[7], celebrar(se), convocar, decidir (en), ganar, participar (en), perder, someter(se) (a)[12], votar (en)**

☐ Véase también: **consulta, plebiscito, votación.**

referir(se)

♦ **a grandes rasgos, brevemente[18], con detalle, de pasada[6], de paso, de refilón, de soslayo, directamente, exactamente, explícitamente, expresamente[4], extensamente[8], indirectamente, ni por asomo[22], por encima, por extenso, reiteradamente, someramente, sumariamente, tangencialmente[10], vagamente[6]**

☐ Véase también: **aludir, mencionar.**

[refilón] → de refilón

reflejar ♦ adecuadamente, ajustadamente[10], a las claras[15], al detalle[39], a lo lejos[19], claramente, concienzudamente[28], con precisión, crudamente[2], detalladamente[19], elocuentemente[12], en su verdadera dimensión, en toda su dimensión, ni de lejos[16], nítidamente[15], pormenorizadamente, sinceramente[41], tal como {es/son...}

reflejo ▮ *(adj.)* ♦ acción, acto, movimiento, reacción
▮ *(sust.masc.)* ♦ automático, deslumbrante, fiel, inconsciente, instintivo[4], intenso, natural, pálido, resplandeciente, tenue, tibio, vivo ♦ despedir, emitir, irradiar, proyectar(se)

reflexión ♦ acerado[2], acertado, amargo[68], atinado[1], breve, cabal, calmado, cauto, certero[29], constructivo, conveniente, desapasionado, detenido, frío, fuera de lugar, fundado[15], hondo, imprescindible, inoportuno, inteligente, jugoso[26], lúcido, meditado, mordaz[32], necesario, novedoso[10], oportuno, pausado, penetrante, profundo, propicio[42], sensato, sereno, serio, somero[35], urgente ♦ a la luz (de)[43], al hilo (de)[21] ♦ motivo (de), objeto (de)[25], serie (de) ♦ adentrarse (en)[4], alimentar[74], añadir, avanzar, aventurar[7], centrar, dedicar[21], despertar[69], formular[29], hacer, imponer(se), incitar (a), inducir (a)[42], introducir, invitar (a)[15], lanzar, llamar (a), merecer, plantear[32], presentar, promover, proponer, provocar, realizar, suscitar, verter[39]
☐ Véase también: **conocimiento, consideración, meditación, pensamiento.**

reflexionar ♦ brevemente[31], con tiempo, detenidamente, en frío[13], en profundidad, extensamente[19], largamente[29], profundamente[26] ♦ incitar (a), invitar (a)[40]
☐ Véase también: **meditar, pensar.**

reflotar ♦ economía, embarcación, empresa, equipo, idea, industria, mercado, negocio, pensamiento, propuesta, sistema

reforma ♦ administrativo, a fondo[51], a medias[65], apremiante[50], completo, constructivo, democrático, drástico[21], educativo, en profundidad, estructural, hondo, institucional, integral[20], laboral, necesario, parcial, perentorio[45], político, profundo[104], progresivo, radical, superficial, total, urgente ♦ alcance (de)[43], objeto (de)[73] ♦ abanderar[28], abocar(se) (a)[48], acordar, afectar (a algo), afrontar, apoyar, atañer[33], auspiciar[27], avalar[91], avecinarse[31], basar(se) (en algo), bloquear[1], cimentar, cocinar(se)[21], congelar[35], consensuar[21], contribuir (a), cuajar[4], culminar[34], defender, desencadenar, emprender[46], encarar[2], establecer, frustrar(se), fundamentar(se) (en algo), gestar, gestionar, hacer(se) realidad[87], implantar[31], imponer[41], impulsar, incentivar[14], llevar a cabo, llevar adelante[15], negociar[31], pilotar[17], plantear, preconizar[17], predicar[49], promover, propugnar, prosperar[11], sacar adelante, salir adelante, urgir[1], votar
☐ Véase también: **cambio, renovación, revisión.**

reformar ♦ a fondo[37], completamente, de arriba abajo[2], democráticamente[23], en profundidad, parcialmente, por completo[180], profundamente[17], totalmente
☐ Véase también: **cambiar.**

refrán ♦ agudo, apropiado, clásico, conocido, lapidario, manido[8], popular, sentencioso, socorrido, tradicional, trillado, viejo ♦ acuñar[38], aplicar(se), circular, decir (algo), recordar, rezar (de cierta forma), traer a colación, venir a cuento
☐ Véase también: **dicho, sentencia, tópico.**

refrendar *v.* ▮ Se combina con...

A SUSTANTIVOS QUE DESIGNAN ESTADOS O SITUACIONES DE HEGEMONÍA O RELEVANCIA PÚBLICA, ASÍ COMO A ALGUNOS DE LOS ATRIBUTOS QUE LOS CARACTERIZAN: **1 autoridad:** El concilio de Trento (1540-1563) prohibió el acceso de mujeres y *refrendó* la autoridad de los obispos... EPE250799 **2 liderato:** Los azulgrana aspiran a *refrendar* su liderato europeo frente a un rival directo en la fase de clasificación. EPE220999 **3 liderazgo:** Por unanimidad y contra el reglamento de la CEI, los líderes de los doce países miembros *refrendaron* el liderazgo de Eltsin. LVE200196 **4 poder:** ...destacar que su partido había ganado en los tres comicios y había *refrendado* su poder territorial. EPE140699 **5 popularidad:** Esta noche la cantante y compositora islandesa *refrendará* esa creciente popularidad con un único concierto peninsular... EPE041101 **6 superioridad:** No sólo eso, sino que *refrendó* la gran superioridad del equipo Once... LVE210696

B SUSTANTIVOS QUE DESIGNAN ESTADOS O SITUACIONES DE PROPIEDAD, CORRECCIÓN, MÉRITO, CALIDAD Y OTRAS FORMAS DE AJUSTARSE LAS COSAS O LAS PERSONAS A LO QUE SE ESPERA DE ELLAS: **7 vigencia:** A su vez, Taracena Martínez *refrendó* la vigencia del ofrecimiento del gobierno estatal a los ex empleados de limpia de la capital tabasqueña... EXC120197 **8 rigor:** Se trata de una producción que *refrenda* la calidad y el rigor de los trabajos de esta compañía... LVE080996 **9 legalidad:** Ojalá la Corte Constitucional en su sabiduría *refrende* la legalidad de un esquema de seguridad ciudadana que ha mostrado su efectividad. ETC170797 **10 entereza:** En el tiempo añadido, el Madrid *refrendó* su mayor entereza. EME241095 **11 categoría:** En efecto, el torneo supone para España la oportunidad de *refrendar* su categoría en el continente. EME080196

C SUSTANTIVOS QUE DENOTAN ACUERDO U OBLIGACIÓN CONTRAÍDA: **12 acuerdo ++:** ...estuvieron en las oficinas del club *refrendando* el acuerdo alcanzado unos días atrás para ampliar el contrato del guardameta... LVE120396 **13 pacto +:** Cada uno con sus candidatos, justicialistas y radicales concurren virtualmente unidos a las urnas para conseguir *refrendar* el pacto de Olivos... EME090494 **14 compromiso:** ...*refrendó* el compromiso de las autoridades para garantizar la imparcialidad e independencia durante la jornada electoral. ENH250697

D SUSTANTIVOS QUE DESIGNAN PROPUESTAS, IDEAS, POSTURAS O PUNTOS DE VISTA: **15 propuesta ++:** Los socialistas, porque ven *refrendada* la propuesta que, aunque deberá perfilarse, estará permanentemente en el candelero... EPD190996 **16 creencia:** ...puesto que entiende que con su posicionamiento «ha dicho la verdad» y *refrenda* su creencia en la caja única de la Seguridad Social. EPE070399 **17 idea:** Sus explicaciones *refrendan* la idea (...) que achaca a la escasa o mala señalización el despiste de muchos camioneros... LVE191096 **18 iniciativa:** Con todo, el éxito de público ha *refrendado* esta iniciativa. EPE240499 **19 intención:** ...el valenciano quería que Jerez fuese su definitivo despegue y nada mejor para ello que lograr la «pole» para *refrendar* sus intenciones. LVE120596 **20 planteamiento:** Al mostrarle el día de hoy, señor Presidente, lo que hacemos, lo que somos, le *refrendamos* el planteamiento tantas veces hecho en voz alta... EXC040901 **21 teoría:** ...maneja la experiencia de Holanda y Bélgica para *refrendar* la teoría de la deserción masiva. EME080596 **22 punto de vista:** Refrendó su punto de vista con una serie de argumentos muy convincentes. INDOC **23 hipótesis:** Las principales pistas que *refrendan* esta hipótesis es el espectacular crecimiento de las compras con pago al contado... EPE121101 **24 tesis:** Pero antes de que el presidente extremeño viera *refrendada* su tesis por el propio González y por José Bono... EME090796 **25 opinión:** El miércoles, la Comisión Europea *refrendaba* esa opinión al sentenciar que España cumplirá los criterios de Maastricht. EME101196 **26 postura:** El regidor ha insistido en este mismo principio para *refrendar* la postura de los agentes municipales. EPE091101 **27 posición:** ...instancia a la que hemos acudido para que *refrende* la posición de Venezuela en cuanto a la ilegalidad de ese decreto. ENV060297 **28 razón:** ...cabría permitir que el juez «apele» a que los citados diputados *refrenden* las razones que justifican dicha negativa. EME160996 **29 convicción:** Lo que acontece en Guerrero (...) obliga a los mexicanos a *refrendar* su convicción democrática... DYM040796

E SUSTANTIVOS QUE DENOTAN DECISIÓN: **30 decisión +:** ...en la reunión de septiembre había *refrendado* la decisión de la Junta de denegar el permiso de exportación a una decena de piezas. ABC241293 **31 elección:** Si en el COOB se tuvo los primeros meses la sensación de que quizá se había cometido el error de *refrendar* una elección política... LVE160796 **32 opción:** El Taugrés se impuso sin dificultades al Murcia y *refrendó* su opción al título. EME060996 **33 voto:** Por ello –agregó– es sumamente importante que, en este nuevo contexto nacional, los capitalinos hayan *refrendado* su voto y su verdadera vocación de cambio. EXC190900

F SUSTANTIVOS QUE DENOTAN INTENCIÓN O DESIGNAN DIRECTRICES DE ACTUACIÓN FUTURA: **34 política +:** Logra que los delegados del PSOE *refrenden* su política económica y laboral. EME200394 **35 estrategia:** A medio gas, consiguió un gol, y el gol *refrendó* su estrategia. EPE031099 **36 plan:** ...pretende ahora que Economía *refrende* el plan de sobresueldos en Telefónica. EPE131199 **37 proyecto:** ...anunció anteayer que se abstendrán en el Senado y que ve «altamente difícil» que *refrenden* el proyecto del Gobierno. EPE151299 **38 programación:** Aproximadamente 185.000 personas *refrendaron* la programación. EPE061099 **39 disposición:** ...y *refrendó* su disposición de participar, desde su ámbito de acción, en la definición de políticas públicas... DYM061196

G ALGUNOS SUSTANTIVOS DE INFORMACIÓN: **40 palabra +:** ...la propuesta cuenta con el aval de Argentaria, lo que *refrenda* las palabras que Fidalgo había pronunciado el pasado viernes. EPE190199 **41 declaración:** ...al suscribir el Acuerdo Nacional contra la Violencia *refrendaron* la declaración del Estado de excepción, para evitar la caída del mandatario. LVE200895 **42 dato:** La principal nota que ha observado, y, que seguro *refrendará* los datos que en este momento elabora desde su departamento, es... CAN080101 **43 texto:** Se supone que, con las elecciones, la población bosnia ha *refrendado* su texto. LVE220996 **44 documento:** No terminan aquí los trámites burocráticos, pues también los ministerios de Defensa, Interior y Medio Ambiente deben *refrendar* el documento. EPE280299

H SUSTANTIVOS QUE DENOTAN ACTUACIÓN, TAREA O LABOR: **45 gestión ++:** ...pero la mayoría tiene pensado *refrendar* esa gestión, quizá en la certeza de que más vale malo conocido.. EME220195 **46 labor +:** ...estos datos demuestran que los ciudadanos confían y *refrendan* la labor del PP en el Ayuntamiento. EME050396 **47 práctica +:** ...un posible acuerdo presupuestario (...) no haría más que *refrendar* la práctica de una política negativa de redistribución... LVE270895 **48 trabajo:** ...dio gloria a su equipo y *refrendó* el trabajo del Kelme Artiach... EME240596 **49 acción:** ...se han convertido en actos organizados para *refrendar* una acción de gobierno. EPE091099 **50 acto:** ¿Cabría imaginar que el presidente u otros miembros del Gobierno pudieran *refrendar* los actos del Rey en la órbita de su vida personal privada? EME040696 **51 actuación:** ...le preguntó si *refrendaba* sus actuaciones en el caso Sogecable. EPD091097 **52 proceso:** Las primeras elecciones de la historia del pueblo palestino han *refrendado* el proceso de paz... LVE230196

I SUSTANTIVOS QUE DESIGNAN ÓRDENES O DISPOSICIONES, ASÍ COMO ALGUNOS DE SUS FUNDAMENTOS: **53 decreto:** No lo hizo por considerar que hacerlo significaba *refrendar* un decreto que ya había arrebatado al moribundo sus competencias esenciales. EPE310899 **54 mandato:** ...la sesión extraordinaria del COI deberá *refrendar* el mandato de Samaranch... EPE130399 **55 principio:** La importancia de sus palabras radica en que *refrendaron* principios ideológicos que no debemos olvidar... EXC050996 **56 ley:** ...su partido «no plantea nada que no esté en onda del cumplimiento de una ley orgánica *refrendada* y aprobada en Cortes Generales». EME210496

J SUSTANTIVOS QUE DENOTAN ÉXITO: **57 éxito +:** La expedición aspira a *refrendar* el éxito con la colocación en la cima de una bandera azulgrana. EPE240699 **58 triunfo +:** ...se cuenta con una gran organización atrás del partido, lo cual nos va a permitir *refrendar* el triunfo en la mayor parte de los municipios del estado de México... EXC011196 **59 victoria:** ...decidió que ya era hora de pasar a *refrendar* formalmente su victoria en el escenario solemne de un Congreso. EME210394

refrescar *v.* **I** Se combina con sustantivos que designan diversas realidades físicas, a menudo lugares *(zona, habitación)* y objetos materiales *(botella, coche)*, en especial algunas partes del cuerpo humano *(garganta, gaznate, piel, pies, manos, lengua)*. Aparece también combinado con sustantivos temporales *(verano, tarde)*, con sustantivos que designan el calor o algunos de sus efectos *(calor, sofoco)* y con los sustantivos *am-*

biente y *aire*. En su sentido figurado (aproximadamente, 'renovar' o 'avivar') se combina con...

A SUSTANTIVOS QUE DESIGNAN LA MEMORIA Y LA INFORMACIÓN QUE EN ELLA SE DEPOSITA, GENERALMENTE A TRAVÉS DEL APRENDIZAJE O LA EXPERIENCIA: **1 memoria** ++: Estamos atravesando una época de escala de valores trastocada que (...) obliga a *refrescar* la memoria de toda la ciudadanía... CAP171096 **2 recuerdo** +: Pero ahora este sombrero de San Valentín (...) te va a *refrescar* los recuerdos de un amor eterno. ABC030993 **3 idea** +: Pero su mensaje fue dirigido, sobre todo, «a la gente joven», porque –aseguró– «necesitamos *refrescar* las ideas del partido, necesitamos renovarlas». EME030696 **4 conocimiento** +: ...obligando al profesorado a dedicar por completo su tiempo a la investigación y a *refrescar* sus conocimientos. ETC011287 **5 dato** +: Y trajo a la memoria al régimen alfonsinista *refrescando* datos sobre el proceso hiperinflacionario... LNP180297 **6 concepto**: ...se le sume gente que imponga nuevas ideas y conocimientos y que *refresquen* los conceptos históricos del rugby argentino. CLA120199

B SUSTANTIVOS QUE DESIGNAN DIVERSOS ASPECTOS DE LA PERCEPCIÓN VISUAL, ENTRE OTROS, EL EFECTO DE MIRAR Y LO QUE SE PRESENTA A LA VISTA FÍSICA O FIGURADAMENTE: **7 mirada** +: La intención de Vallcorba al crear esta nueva colección de libros de arte es invitar al lector a que *refresque* su mirada... LVE020196 **8 vista**: Finalmente para *refrescar* la vista –otra cosa no se puede porque el baño está prohibido–, el viajero llega al pantano del Guadalmellato... EPE090799 **9 panorama**: Roberto, López y Vizcaíno *refrescaron* el panorama, trabajando a destajo para que el temido empate no llegase a producirse. LVE011296 **10 imagen**: ...para que se haga el relevo ministerial a fin de *refrescar* la imagen del presidente Barco... EUV170498

C OTROS SUSTANTIVOS; POSIBLES USOS ESTILÍSTICOS: Necesito ir cada poco tiempo a *refrescar* mi sangre y mi memoria. EPE211101; Para *refrescar* el prestigio de Cruyff hay que volver de forma sistemática a su pasado, todo lo contrario que sucede con Camacho. LVE040196

[refresco] → **de refresco**

refriega ♦ **cruento, de disparos, de insultos, dialéctico, violento** ♦ **enredar(se) (en)[12], enzarzar(se) (en), herir(se) (en), intervenir (en), participar (en), resultar {herido/alcanzado/ileso} (en), tomar parte (en)**

refuerzo ♦ **aéreo, arquitectónico, asistencial, comercial, deportivo, discreto, económico, educativo, especial, flaco, gran(de), humanitario, impagable[6], importante, imprescindible, incondicional, inestimable, inmediato, intenso, militar, moral, nuevo, personal, policial, providencial, raquítico, terrestre, testimonial, urgente, valioso, verdadero** ♦ **con, sin** ♦ **lista (de), llegada (de), medida (de), plan (de)** ♦ **anunciar, aprovechar, buscar, captar, constituir, enviar (a alguien), llegar, necesitar, pedir (a alguien), prestar (a alguien), recabar, recibir, reclamar (a alguien), recomendar, requerir, solicitar (a alguien), suponer, urgir**
□ Véase también: **apoyo, ayuda, respaldo.**

refugiado ♦ **asilo (a), ola (de)[37]** ♦ **acoger, ayudar (a), recibir**

refugio ♦ **abarrotado, acogedor, antiaéreo, artístico, blindado, circunstancial, creativo, de emergencia, financiero, ilusorio, impenetrable, inaccesible, maternal, materno, municipal, natural, nuclear, plácido, protector, recóndito, remoto, seguro, subterráneo, temporal, tranquilizador, último** ♦ **desde, en, en busca (de)** ♦ **lugar (de)** ♦ **abandonar, alcanzar, alojar(se) (en), amparar (a alguien), brindar (a alguien), buscar, conseguir, constituir, construir, convertir (en), dar (a alguien), descubrir, disponer (de), encontrar, evacuar, garantizar (a alguien), habilitar, hallar, llegar, necesitar, obtener, ocultar(se) (en), ofrecer (a alguien), pedir, prestar (a alguien), proteger(se) (en), recibir, resguardar(se) (en), resistir (en), servir (de), tener, usar (como)**
□ Véase también: **amparo, cobijo, escondite, protección.**

refundir *v.* ▮ En el sentido de 'dar una nueva forma u organización a' se combina con sustantivos que designan textos *(texto, documento, manifiesto)* y también con otros que se refieren a instituciones *(nación, estado, democracia)*, grupos humanos u organizaciones *(partido, asociación, empresa, agrupación)*. Se combina además con...

A SUSTANTIVOS QUE DESIGNAN NORMAS O CONJUNTOS DE REGLAS O DISPOSICIONES, GENERALMENTE DE CARÁCTER OFICIAL: **1 ley** ++: El proyecto delega en el Presidente de la República la facultad de armonizar y *refundir* las distintas leyes que se han ido agregando a la normativa vigente... LEC020597 **2 precepto** +: El estatuto va a servir para *refundir* los distintos preceptos que regulan el funcionamiento de la Agencia... EPE170899 **3 legislación**: La ley, que *refunde* toda la legislación anterior sobre arrendamientos urbanos, establece contratos mínimos de cinco años... LVE020195 **4 enmienda**: Los grupos parlamentarios del PP, PSOE, IU y CiU *refundieron* una enmienda transaccional... EPE260299 **5 estatuto**: Según los actuales estatutos, *refundidos* en 1987, el objeto de la Academia de Bellas Artes de San Fernando es... ABC100192 **6 disposición**: La ordenanza, con 130 artículos, *refunde* en un solo texto las disposiciones sobre circulación en Bilbao, dispersas y antiguas. EPE190399

B SUSTANTIVOS QUE DENOTAN PROYECTO O ESTRATEGIA DIRIGIDAS A CONSEGUIR ALGÚN FIN: **7 proyecto** +: También denuncia que hay una operación pilotada desde la dirección federal para «*refundar* un proyecto monolítico...». EPD170797 **8 programa** +: Para resaltar adecuadamente este hito, se ha previsto editar un libro, de próxima aparición, en el que se *refundirán* los programas realizados para todas esas óperas. ABC030694 **9 plan**: Una vez pasado ese trámite, el plan *refundido* se someterá a exposición pública... EPE120599 **10 propuesta**: El concilio durante la tarde del viernes y durante toda la jornada de ayer analizó y votó las propuestas *refundidas* de los temas... LVE300495 **11 sistema**: «Ha llegado el momento de *refundar* nuestro sistema social» declaró ayer Ernest-Antoine Seillière... EPE031199

refutar *v.* ▮ Admite como complementos sustantivos de persona *(ministro, amigo, vecino, analis-*

ta, líder), sustantivos que designan escritos, en representación de su contenido *(artículo, texto, informe, obra, carta, libro)*, así como otros que expresan múltiples manifestaciones verbales *(palabras, discurso, afirmación, declaración, aseveración, respuesta)*. También se combina con sustantivos que designan datos y fuentes de información *(dato, cifra, resultado, noticia, rumor)*, además de con...

A SUSTANTIVOS QUE DESIGNAN LO QUE SE DIRIGE A JUSTIFICAR, EXPLICAR O DEMOSTRAR ALGO: **1 argumento** ++: El diputado *refutó* el argumento de Allamand que afirma que hay un exceso de recursos en manos fiscales... LEC110997 **2 razonamiento** +: ...nada menos que enseñarnos a pensar y darnos armas para *refutar* los razonamientos falaces que se nos presentan cada día. EPE060499 **3 razón:** El fiscal fue más hábil que el abogado, y *refutó* con facilidad las razones aducidas por este. INDOC **4 justificación:** La justificación parecía estar en regla, pero fue *refutada* por estar mal argumentada. INDOC

B SUSTANTIVOS QUE DESIGNAN JUICIOS, HIPÓTESIS Y OTROS CONSTRUCTOS DEL PENSAMIENTO QUE HAN DE SER CONTRASTADOS CON LA REALIDAD: **5 teoría** ++: Gerlach *refuta* así la teoría de que la «solución final» fue consecuencia más de la radicalización de la guerra. ENH150198 **6 tesis** ++: La sección primera de la Audiencia *refutó* la tesis de las defensas al considerar que el tiempo para la prescripción no estaba agotado... LVE171095 **7 idea** ++: ...constituía la fuerza motriz de la evolución del mundo animado, *refutando* así la vieja idea de una creación separada de animales y plantas. LVE241096 **8 hipótesis** +: Queda *refutada* así la hipótesis alternativa, que propone que la Tierra se pudo formar por acreción de grandes masas de polvo que orbitaban alrededor del Sol. LVE010595 **9 planteamiento:** ...*refutó* los planteamientos de Moltó asegurando que el Estado recaudaría más con más ventas y menos impuestos. EME300695 **10 pensamiento:** ...no es ya, en América y en el mundo, un pensamiento de estremecedora vanguardia, como lo creen sus exponentes, sino, al contrario, un pensamiento viejo, *refutado* por la realidad. SEM290497 **11 principio:** ...el gracejo y el ingenio *refutan* más que nunca el principio de Arquímedes porque ocupan más espacio del peso que realmente desalojan. EPE221199 **12 máxima:** Contreras y Gómez García *refutaron* la vieja máxima que alude a la ausencia de una escritura dramática española... EME280396

C SUSTANTIVOS QUE DENOTAN PUNTO DE VISTA O INTERPRETACIÓN, GENERALMENTE PERSONAL, DE ALGUNA COSA: **13 interpretación** ++: Siempre «entre la inaccesible intención del autor y la discutible intención del lector está la intención transparente del texto que *refuta* una interpretación insostenible». ABC041292 **14 punto de vista** ++: Don Emilio recurre a tan castiza acepción para *refutar* los puntos de vista de dos antagonistas... ABC210593 **15 opinión** +: ...*refutó* las más recientes opiniones del teórico liberal sir Ralf Dharendorf sobre la UE... LVE100196 **16 versión** +: Doña Lucía Solórzano de Sacasa *refutó* la versión del viceministro de la Propiedad, Guillermo Argüello... LPN040797 **17 criterio** +: El tribunal (...) *refuta* el criterio del fiscal y entiende que tal delito nunca puede ser cometido por un progenitor respecto a su hijo. EPE230699

D SUSTANTIVOS QUE DENOTAN IMPUTACIÓN DE UNA CULPA, FRECUENTEMENTE CON IMPLICACIONES PENALES O JUDICIALES: **18 acusación** ++: ...para *refutar* las acusaciones en torno a la supuesta adjudicación irregular de obras a una empresa que, al mismo tiempo, le habría construido su residencia... LVE090695 **19 cargo** +: ...quien, además, *refutó* los cargos relativos a una presunta decisión de llevar a cabo la medida a través de un decreto. LNP060497 **20 imputación** +: ...explica en el auto que cuando existen pruebas que imputan a una persona, y ésta opta por callarse sin *refutar* las imputaciones... LVE180696

E SUSTANTIVOS QUE DESIGNAN OTRAS MANIFESTACIONES DE LA DISCONFORMIDAD: **21 crítica** ++: Posteriormente, el parlamentario *refutó* las críticas que se hicieron durante el tratamiento del tema en la Cámara de Diputados... ACP230996 **22 calumnia** +: «Se trata de una odiosa calumnia política que *refutaré* con documentos y hechos», dijo el «halcón» del Likud... LRE090103 **23 queja** +: ...*refutó* las quejas de la industria por el coste que supone la fortaleza del marco. LVE301295 **24 ataque:** ...puede exigir un espacio en los órganos de prensa para *refutar* ataques genéricos a su sistema de creencias... LNA090792 **25 descalificación:** ...utilizando razones para *refutar* sus quejas y descalificaciones contra la oposición. PME120197 **26 protesta:** El diputado *refutó* las protestas de la oposición presentando sus argumentos. INDOC

F SUSTANTIVOS QUE DESIGNAN LO QUE NO SE AJUSTA A LA VERDAD O A LA RAZÓN: **27 mentira** +: La nota, junto a un cuadro de tiempos que pretende *refutar* «la gran mentira del PP». EPE220599 **28 mito** +: ...son relevantes porque *refutan* uno de los mitos sobre los que han tratado de perpetuarse los terroristas: el de su imbatibilidad. EPE201001 **29 especie:** ...son libros que se encuentran bajo sospecha desde 1981 cuando circuló la especie, ni confirmada ni *refutada*, de que los textos de Montale no eran suyos... PME131096

G OTROS SUSTANTIVOS; POSIBLES USOS ESTILÍSTICOS: Fellini *refuta* la desesperanza. Como en casi toda su producción antes de «La dolce vita» (1959), la pantalla se vuelve a poblar de ventajistas sin escrúpulos. EPE260899; ...ya desesperaba de oír que «la novela es un espejo a lo largo del camino» o que «escribir es *refutar* la muerte»... LVE171096

▩ Se combina también con: ♦ **punto por punto**[20]

☐ Véase también: **argumentar, contradecir, impugnar, oponer(se), rechazar.**

[regadera] → **como una regadera**

regaladamente ♦ **beber, comer, sonar, tratar, vivir**

regalar ♦ **a espuertas**[22]**, amablemente, a manos llenas**[7]**, generosamente, graciosamente**

☐ Véase también: **dar, obsequiar.**

regalo ♦ **amable, apropiado, de aniversario, de {buen/mal/escaso/dudoso...} gusto, de cumpleaños, exquisito, inesperado, inmerecido, maravilloso, merecido, navideño, oportuno, original, precioso, socorrido, valioso** ♦ **lluvia (de)**[34] ♦ **acaparar, apreciar, colmar (de)**[29]**, conceder, dar,**

entregar, enviar, hacer, llenar (de), merecer, ofrecer, recibir, rehusar
☐ Véase también: **obsequio, propina.**

[regañadientes] → **a regañadientes**

regañar ♦ **duramente, ligeramente, severamente[19], sin compasión, tenazmente, violentamente**
☐ Véase también: **amonestar, recriminar, reprender.**

regatear *v.* ▮ En el sentido de 'adelantar con regate' se combina con sustantivos de persona *(Regateó al defensa central y se plantó frente al portero)*; en el de 'ahorrar' se combina con sustantivos que designan magnitudes económicas *(precio, cantidad, cifra)* o recursos, también económicos por lo general, que permiten la ejecución de algo *(medios, recursos, subvención, aval, financiación, retribución)*, más frecuentemente en oraciones negativas. Se combina asimismo con...

A SUSTANTIVOS QUE DENOTAN ESFUERZO O TRABAJO. TAMBIÉN OTROS QUE EXPRESAN LA CAPACIDAD DE ABORDARLO PONIENDO EN JUEGO DIVERSAS CUALIDADES Y ACTITUDES: **1** esfuerzo ++: Faro de Vigo y Caixanova no han *regateado* esfuerzos en la organización del evento. FDV020101 **2** dedicación: ...asegura que siempre desempeñó sus funciones con «el mayor empeño y esfuerzo, sin *regatear* dedicación ni tiempo». EME110395 **3** sacrificio +: ...destacó el largo camino realizado por ella (...), sin *regatear* sacrificios para que «el sol de la democracia cristiana llegase a brillar». EPE020297 **4** invención: No *regatea* ingenio e invención Cohen a la hora de configurar la anécdota... EME230396 **5** calidad: Se le admira sin remedio por su prosa, mientras los aprovechados (...) intentan encerrarle en ella y, cuando adversarios, le *regatean* su calidad de narrador... ABC080494 **6** desvelo: Nuestra organización no *regateará* desvelos hasta lograr que todos los ciudadanos... INDOC

B SUSTANTIVOS QUE DESIGNAN LA VALORACIÓN O LA ESTIMA SOCIAL DE LA QUE PUEDE GOZAR UNA PERSONA, ASÍ COMO ALGUNAS DE LAS FORMAS EN QUE SE MANIFIESTA: **7** mérito ++: Y nadie puede *regatearle* sus méritos ni decir que deja la alcaldía por miedo a perder unas elecciones. LVE271196 **8** elogio ++: No *regateó* elogios al sentido de Estado del president... LVE190396 **9** aplauso +: ...no le *regateó* los aplausos más sonoros en los solos y al término de cada pieza... LVE140494 **10** reconocimiento +: No *regatearemos* (...) reconocimientos o censuras severas... EME050795 **11** éxito: No es cuestión de *regatear* éxitos a este mandatario capaz de jugarse el todo por el todo... CAP250497 **12** prestigio: ...ha recuperado lenta pero inexorablemente un prestigio del que nunca gozó en vida, y que la posteridad también le *regateó*. ABC050293 **13** gloria: ...en vez de *regatearle* la gloria, debiéramos preocuparnos por la difícil situación económica por que desde hace años atraviesa... LHG040197

C SUSTANTIVOS QUE DENOTAN COMETIDO O FUNCIÓN DESEMPEÑADA: **14** función: Sindicatos y ONG querían que el foro, al que el Gobierno pretende *regatear* funciones, aprobara un texto de censura... EPE111299 **15** papel: No se puede *regatear* el papel histórico de este obrero de la Perkins que desde el sindicalismo comunista ofreció una resistencia activa al franquismo, sufriendo la clandestinidad, el exilio y la cárcel. LVE200196 **16** puesto: ...no hacen otra cosa que *regatearle* el puesto de figura del toreo que se ganó con el pulso de su muñeca... EME180295
☐ Véase también: **ahorrar, negociar.**

regentar ♦ **con buenos resultados, con éxito, con mano firme[9], con profesionalidad, eficazmente** ♦ **bar, empresa, establecimiento, local, negocio, restaurante, tienda,** *otros sustantivos que designan entidades*
☐ Véase también: **gobernar, regir.**

régimen ♦ **absolutista, absoluto, abusivo[61], alimenticio, asfixiante[34], carcelario, de comidas, democrático, de salidas, de visitas, dictatorial, dietético, espartano, estricto[21], exclusivo, férreo[7], flexible[6], hermético[60], igualitario, imperante[13], inflexible, interno, laxo, legítimo, paritario[28], político, riguroso, severo** ♦ **abolir[25], acostumbrar(se) (a), ajustar(se) (a), alterar, aplicar, apoyar, cambiar (de), cimentar[66], deponer, derrotar, derrumbar(se)[7], desarticular(se)[4], desmoronar(se)[4], disentir (de), establecer, hacer, huir (de), implantar, instaurar[11], ir (contra), legitimar, librar(se) (de), prescribir, recetar, reinstaurar, saltarse, seguir, socavar[12], someter(se) (a)**
☐ Véase también: **dieta, monarquía, república.**

regir ▮ *(dirigir)* ♦ **autoritariamente, con autoridad, con dureza, con ecuanimidad, con firmeza, con mano de hierro[4], con mano dura[3], con mano firme[2], con tolerancia, democráticamente[33]** ▮ *(estar vigente)* ♦ **condición, ley, medida, norma, normativa, ordenanza, regla,** *otros sustantivos que designan disposiciones*

registrar ♦ **a conciencia[30], a fondo, a tientas[2], con autorización, de arriba abajo, debidamente[13], de pies a cabeza, detalladamente, detenidamente, documentalmente, escrupulosamente, exhaustivamente[7], minuciosamente, notarialmente** *(inscribir)*, **palmo a palmo[3], sin autorización**
☐ Véase también: **examinar.**

registro ♦ **actualizado, completo, deportivo, detallado, domiciliario, exhaustivo[25], intensivo[2], minucioso[25], oficial, policial, pormenorizado** ♦ **actualizar, batir[5], figurar (en), hacer, inscribir (en), llevar[11], poner al día, practicar[9], pulverizar[5], rebasar[37]**
☐ Véase también: **anotación, cálculo, documentación.**

[regla] → **en regla**

regla ♦ **categórico, con excepciones, de oro[4], elástico, en vigor, estricto[1], férreo[21], fijo, forzoso, implacable[16], implícito, inalterable, injusto, inmutable, inviolable, justo, laxo, relativo, rígido, severo[2], sin excepciones, tácito, tajante, taxativo, vigente[11]** ♦ **abolir, acatar[31], aceptar, adherirse (a)[15], ajustar(se) (a), alterar[26], amoldar(se) (a)[19], aplicar, arbitrar[37], asentar, atender (a), atenerse**

(a)[3], bordear, burlar[21], ceñir(se) (a), conculcar, confirmar, constituir, contravenir[10], convertir(se) (en), cumplir[26], derogar, desafiar, desobedecer[2], dictar, disponer (algo), establecer[3], estar (en), estipular, fijar, imperar, implantar[13], imponer, incumplir[2], infringir[5], marcar, modificar, obedecer, obligar (a algo), observar, obviar[20], poner en práctica, presidir (algo), quebrantar[3], rechazar, regir, regular (algo), romper, saltarse[34], seguir[1], sentar, sortear, subvertir[8], tergiversar[47], transgredir[3], violar[2], vulnerar[7]
☐ Véase también: **ley, norma, reglamentación, reglamento.**

reglamentación ♦ anticuado, desfasado, en vigor, estricto, laxo, obsoleto, permisivo[8], severo[10], tajante, vigente[9] ♦ abolir, actualizar, ajustar(se) (a), aplicar, ceñir(se) (a), cumplir, desobedecer, incumplir[8], infringir, obedecer, poner al día, revisar, saltarse, seguir, vulnerar
☐ Véase también: **ley, normativa, regla, reglamento.**

reglamento ♦ a medida[9], categórico, controvertido[44], deportivo, elástico, en vigor, estricto, férreo[30], laxo, permisivo, profuso, restrictivo, riguroso, severo, tajante, taxativo[3], vigente[10] ♦ abolir[6], acatar[32], alumbrar, amparar (a alguien), aplicar, burlar, ceñir(se) (a)[16], conculcar[10], contravenir[4], cumplir[30], derogar[8], desobedecer[5], disponer (algo), establecer[10], fijar, firmar[14], homologar, implantar[14], impugnar[26], incumplir[5], infringir[9], prescribir, quebrantar[9], regir, saltarse[33], transgredir[11], violar[3], vulnerar[11]
☐ Véase también: **estatuto, ley, norma, regla.**

regocijo ♦ enorme, exultante (de), gran(de), lleno (de), profundo ♦ en señal (de)[26] ♦ causar, entrar (a alguien), experimentar, saltar (de), sentir

regresión ♦ agudo, alarmante, ambiental, artístico, auténtico, autoritario, claro, clínico, constante, continuo, cultural, democrático, económico, educativo, escolar, espectacular, franco, fuerte, gradual, grave, histórico, implacable, infantil, inquietante, lamentable, mental, moderado, paulatino, peligroso, pleno, político, prolongado, pronunciado, psicológico, severo, sistemático, social, verdadero, vertiginoso ♦ en ♦ causa (de), etapa (de), fase (de), peligro (de), proceso (de) ♦ acelerar(se), acusar, apreciar, constituir, detener(se), evitar, experimentar, favorecer, frenar, interrumpir(se), padecer, producir(se), registrar, sufrir, suponer
☐ Véase también: **atraso, regreso, retroceso, vuelta.**

REGRESIÓN
♦ (SUSTANTIVOS) Véase: **cualitativo**[C], **predicar**[J]
♦ (VERBOS) Véase: **paulatinamente**[A]
☐ Véase también: DETERIORO; MOVIMIENTO; PÉRDIDA.

regreso ♦ accidentado, anunciado, apoteósico[16], difícil, esperado, feliz, inesperado, intempestivo[18], irremediable, masivo, triunfal, vertiginoso ♦ anhelar, anunciar, desear, efectuar, emprender[47], esperar, estar (de), frustrar(se), marcar[28]
☐ Véase también: **atraso, regresión, vuelta.**

[reguero] → como un reguero de pólvora

regusto ♦ agridulce[4], amargo[3], dulce, extraño ♦ dejar (a alguien), quedárse(le) (a alguien), tener
☐ Véase también: **sabor.**

rehusar ♦ abiertamente[67], categóricamente, con decisión, con diplomacia, con firmeza, enérgicamente, firmemente, por escrito, temporalmente, terminantemente[8], verbalmente ♦ asistencia, colaboración, idea, invitación, oferta, ofrecimiento, oportunidad, propuesta, tramitación
☐ Véase también: **apartar(se), rechazar.**

[reina] → como (a) una reina

reinante *adj.* ▮ En el sentido de 'que ejerce el poder' se combina con sustantivos que designan grupos o instituciones *(partido, clase política, democracia).* En el sentido de 'que prevalece o persiste continuándose o extendiéndose' se combina con sustantivos que designan ideologías o tendencias *(ideología, idealismo)*, sentimientos o estados anímicos *(alegría, tensión)*, así como vicios, defectos o virtudes *(hipocresía, exquisitez, desconocimiento).* También se combina con...

A SUSTANTIVOS QUE DESIGNAN FENÓMENOS METEOROLÓGICOS, COSAS QUE LOS PRODUCEN, SITUACIONES CLIMÁTICAS Y ALGUNOS DE LOS ESTADOS Y SUCESOS QUE ESTOS ELEMENTOS PROVOCAN: **1 tiempo:** ...que no pudo cumplirse en consecuencia del mal tiempo *reinante* en la Capital... ECP140175 **2 calor +:** La abundancia de maleza junto al calor *reinante* y la imprudencia de las personas son las causas... LEC190198 **3 frío +:** ...el intenso frío *reinante* en Bielorrusia ha causado la muerte... DYM201297 **4 viento +:** ...un joven practica windsurf sobre patines, aprovechando el fuerte viento *reinante.* EPE101101 **5 temporal:** ...que se había instalado como consecuencia del temporal *reinante* en la zona... LVE100795 **6 vendaval:** ...el pasado martes registraron 170 llamadas de urgencia como consecuencia del vendaval *reinante.* EME080296 **7 niebla:** ...a causa de la espesa niebla *reinante* en la jornada de ayer... EDV130301 **8 nubosidad:** ...es de esperar que la nubosidad hoy *reinante* se haya despejado... EME100396 **9 sequía:** ...arrancadas a causa de la sequía *reinante* en la Comunidad... EME250895

B SUSTANTIVOS QUE DENOTAN CAOS, DESORDEN, ALBOROTO O CONFUSIÓN, GENERALMENTE PROVOCADOS POR LAS PERSONAS: **10 caos ++:** El caos *reinante* en el centro de Oklahoma... LVE200495 **11 confusión ++:** ...debido a la confusión y griterío *reinantes* fue suspendida la sesión. ENV210197 **12 desconcierto +:** ...y el desconcierto *reinante* hace algunos meses en el museo... ABC220794 **13 desorden +:** ...se debe no sólo al desorden *reinante* en el Municipio... CAP180196 **14 barullo:** En medio del barullo *reinante*, en medio de este caos de gestos... EME160995 **15 ajetreo:** ...dado el ajetreo *reinante*, que incluye una estridente megafonía... EPE010699 **16 agitación:** ...por la agitación *reinante* en los mercados de cambios. EME090395 **17 alboroto:** ...fue víctima del alboroto *reinante,* ya que no acertaba a concretar... EME280494 **18 delincuencia:** ...intentarán poner freno a la delincuencia *reinante*... EPE060299 **19 miseria:** El barrio está unido en la miseria *reinante,* pero discrepa respecto al suceso. EPE011284 **20 corrupción:** ...una postura de dignidad y de rechazo ante la corrupción *reinante.* ETC311096

C SUSTANTIVOS QUE DENOTAN ORDEN, ASÍ COMO AUSENCIA DE PERTURBACIÓN O DE DIFERENCIA ENTRE PERSONAS O COSAS: **21 calma ++:** La calma *reinante* hasta ese momento se rompió súbitamente. EME090896 **22 tranquilidad ++:** Pese a la tranquilidad *reinante* en el pueblo y al concienzudo registro efectuado, los agentes no debían estar muy seguros... EME180895 **23 estabilidad +:** La Cruz Roja Internacional anunció su retirada del estado mexicano de Chiapas al constatar la «estabilidad» *reinante* en la zona... EME030296 **24 armonía:** La aparente armonía *reinante* entre el Ministerio de Cultura y la Conselleria de Cultura de la Generalitat (...) ha durado muy poco en el aspecto audiovisual. LVE140194 **25 paz:** La muestra más gráfica de la paz *reinante* en el Camp Nou (...) fue la conferencia de prensa que ofreció Van Gaal. EPE040299 **26 normalidad:** ...Caruana enfatizaba que lo único que se pretende es volver a la *normalidad reinante* entre 1991 y principios de 1997. EPE040299 **27 ortodoxia:** ...creencias económicas que no son sino el resultado de algunos dogmas de fe asumidos ancestralmente por la pura ortodoxia económica *reinante.* EPE220699 **28 orden:** Constreñida ella también por el orden *reinante,* no le quedaba más remedio que ser ambigua... EME170296 **29 uniformidad:** ...quiere salir de la uniformidad *reinante* y buscar la verdad en época y estilo. EME310395 **30 igualdad:** Un breve repaso a las puntuaciones no sólo muestra lo apretado de las mismas, sino también la igualdad *reinante.* LVE051195

D SUSTANTIVOS QUE DENOTAN AMBIENTE O SENSACIÓN AMBIENTAL PROVOCADA POR ALGÚN ESTADO DE COSAS CIRCUNDANTE. TAMBIÉN CON OTROS QUE DESIGNAN ESE MISMO ESTADO: **31 situación +:** ...pero no refleja la situación *reinante* en Bosnia. EME051195 **32 sensación:** ...responde a una sensación *reinante* en la Administración tributaria... LVE080494 **33 ambiente:** Otra curiosidad que se ha dado tras el excelente ambiente *reinante*... EDV040599 **34 clima:** El clima *reinante* en la sociedad guatemalteca es de esperanza... ETC150497

☐ Véase también: **imperante, reinar.**

reinar *v.* **I** En sentido literal se combina con sustantivos de persona. En sentido figurado se combina con...

A SUSTANTIVOS QUE DESIGNAN DIVERSAS SITUACIONES CARACTERIZADAS POR LA ARMONÍA, EL ENTENDIMIENTO Y OTRAS FORMAS EN QUE SE MANIFIESTA LA AUSENCIA DE PERTURBACIÓN: **1 calma ++:** Mientras tanto, en la calle *reinaba* una aparente calma aunque ya algunos vecinos se llamaban por teléfono ante la sospecha de que algo extraño ocurría... LNC100796 **2 tranquilidad ++:** ...mientras en el domicilio del miembro de la Mesa Nacional de Herri Batasuna *reinaba* la tranquilidad más absoluta... EME210296 **3 paz ++:** Había todo eso, pero *reinaba* la paz. EPE031101 **4 quietud +:** En el edificio Diego Portales, en tanto, *reinaba* completa quietud, que fue aprovechada para refaccionar el despacho presidencial... HOY010278 **5 silencio +:** En la sala totalmente repleta de periodistas, funcionarios de la Casa Blanca, abogados y particulares *reinaba* un profundo y respetuoso silencio. CLA080199 **6 orden +:** ...el día que desapareciera la camisa de fuerza impuesta por la dictadura al pueblo español para que *reinara* el orden... DLA250797 **7 comprensión +:** Casada con Alberto Costaín Chavez, falleció hace varios años, formó un hogar donde *reinaron* la comprensión y el amor. ETC011287 **8 entendimiento:** Las partes se sentaron a dialogar y daba la impresión de *reinar* un ambiente de comprensión y entendimiento. DLA070497 **9 armonía:** ...no duda en sumarse a la armonía que debe *reinar* en toda casa, aunque sólo sea por sus intereses particulares. LVE240696 **10 equilibrio:** ...cómo conservar el equilibrio que debe *reinar* entre el medio ambiente y el hombre... LVE280395 **11 estabilidad:** La ofensiva guerrillera (...) alteró la calma y estabilidad que *reinaban* en los últimos meses. DYM010996 **12 normalidad:** Qué más quisiera yo que *reinara* la normalidad democrática y olvidarme para siempre de este asunto miserable. EPE260900 **13 acuerdo:** ...esa serenidad, comprensión mutua y buen acuerdo que pareció *reinar* entre rejas... EME060295

B SUSTANTIVOS QUE DENOTAN SENTIMIENTO GOZOSO, DISPOSICIÓN O ACTITUD FAVORABLE HACIA LAS COSAS, ASÍ COMO ALGUNAS MANIFESTACIONES EXPANSIVAS DE ESAS SENSACIONES: **14 euforia ++:** En el cuartel general de Lavín *reinaba* la euforia y un ambiente de fiesta. EPE131299 **15 optimismo ++:** Para entonces, *reinaba* el optimismo: el que vestía el uniforme del funcionario congelado embocó el altavoz y gritó «Rato, ríndete, te tenemos rodeado». EME011096 **16 alegría +:** Un verdadero hogar, donde *reinaba* la alegría y la paz familiar, donde los granos de una piña están menos apiñados que nuestra familia. CAN300101 **17 buen humor +:** El anuncio de las proyecciones de voto ha hecho *reinar* el buen humor entre los colaboradores del presidente Mitterrand... LVE240495 **18 satisfacción:** Reinaba la satisfacción el pasado sábado en el plató de TVE donde estaban congregados los jurados españoles del festival de Eurovisión. LVE160595 **19 sentido del humor:** ...no coartan una historia –alargada en exceso, eso sí– en la que suele *reinar* bastante sentido del humor. LVE071096

C SUSTANTIVOS QUE DENOTAN DESORIENTACIÓN O PERPLEJIDAD. TAMBIÉN CON OTROS QUE SUGIEREN DESORDEN O MOVIMIENTO CONTINUO DESORGANIZADO: **20 desconcierto ++:** Y después de la indignación y desconcierto que *reinaron* los días que siguieron al asesinato, comenzó la indiferencia. ETC110187 **21 incertidumbre +:** La decisión oficial pone fin a la incertidumbre que *reinaba,* desde hace varias semanas, ante la imposibilidad de que... LDD170797 **22 confusión ++:** ...se sentaron en el escenario en medio de los indocumentados, mientras *reinaba* una confusión total. PME171196 **23 caos +:** La exposición también muestra cómo, durante días, lo que en realidad *reinaba* era el caos... EPE051101 **24 jolgorio +:** «Resaca» nada tiene que ver con aquel espectáculo, en el *reinaban* el jolgorio y la comicidad, y sí con un recital de canciones... LVE311096 **25 ajetreo:** ...en el PP *reinaba* «un ajetreo atroz» entre los ministrables. LVE050596

D SUSTANTIVOS QUE DENOTAN DESASOSIEGO O INCERTIDUMBRE EN DIVERSOS GRADOS: **26 inquietud:** En Bellas Artes, aquí en España, también *reinaba* la inquietud. LVE061195 **27 horror:** En la zona *reinaba* el pánico y el horror y los socorristas tuvieron grandes dificultades para acercarse, en medio del aullido de las sirenas... EUV210197 **28 miedo:** Lo cierto es que aquella ley fue el fruto del miedo que *reinaba* ya entre los capitostes del régimen. LVE231296 **29 pánico:** Dentro y fuera del estadio, *reinaban* la confusión y el pánico. EPE150499 **30 nerviosismo:** Como prueba del nerviosismo que *reinaba* ayer en Wall Street, el banco Citicorp se vio obligado a... LVE130195

E DIVERSOS SUSTANTIVOS QUE DESIGNAN ESTADOS DE AFLICCIÓN O DE FRUSTRACIÓN: **31 malestar ++:** ...en la conselleria –donde ayer *reinaba* un visible malestar y un desconcierto general por el mutismo del nuevo titular- se daba por decidida la sustitución de los actuales directores... LVE120696 **32 pesimismo +:** El mercado de Londres, en cambio, cerró con pérdidas del 0,47% en su índice de referencia Footsie, en un ambiente en que *reinaba* el pesimismo pero sin ninguna razón aparente. LVE310894 **33 consternación +:** La consternación *reinaba* ayer en el barrio popular de Belcourt, un día después del atentado con coche bomba... EUV210197 **34 descontento +:** En el Likud *reinaba* ayer un fuerte descontento por el centralismo de Netanyahu en las negociaciones... LVE180696 **35 desilusión:** Donde *reinaba* una cierta desilusión era en el Museu... LVE070696 **36 decepción:** En París, *reinaba* el domingo la decepción tras la confirmación del cierre de la fábrica. ENH300697 **37 desconsuelo:** Por el contrario, el desconsuelo *reinaba* ayer en la sede del Partido Comunista. LVE031095 **38 desolación:** En la sede del candidato (...) *reinaba*, en cambio, la desolación, anticipada en el antejardín por panfletos de Escalona que algún gracioso lanzó allí. HOY151297

■ Se combina también con: ♦ **a {mis/tus/sus...} anchas[5]**

☐ Véase también: **gobernar, mandar, regir, reinante.**

reinstaurar *v.* ▮ Se combina con sustantivos que designan formas de gobierno, sistemas políticos *(democracia, monarquía, dictadura, régimen)*, los órganos que los ostentan o los ejercen *(gobierno, parlamento, consejo)* o los símbolos que los representan *(bandera, himno)*. Además se combina con...

A SUSTANTIVOS QUE DENOTAN CONTROL, IMPOSICIÓN Y OTRAS FORMAS DE ACCIÓN COERCITIVA: **1 control +:** ...se mostró reticente en cuanto a la posibilidad de *reinstaurar* los controles policiales... LVE281095 **2 prohibición +:** ...*reinstauró* la prohibición (...) de comerciar con Cuba. GIC101496 **3 pena de muerte +:** ...el congreso (...) ha *reinstaurado* la pena de muerte... EME031196 **4 pena capital +:** ...el Tribunal Supremo *reinstauró* la pena capital en una sentencia de 1976... LVE310196 **5 censura:** ...considerar materia clasificada este asunto era como *reinstaurar* la censura... LVE080996 **6 embargo:** La Comisión Europea recordó ayer que sobre el papel existe una tercera posibilidad: la de que la ausencia de unanimidad permita no *reinstaurar* el embargo... EPE291099 **7 extradición:** La ministra colombiana de Relaciones Exteriores, María Emma Mejía, declaró ayer que (...) se hace necesario que el país *reinstaure* la extradición de sus nacionales. EUV210197 **8 castigo:** Estudian *reinstaurar* los castigos físicos en la escuela. EME301096

B SUSTANTIVOS QUE DENOTAN USO O PRÁCTICA: **9 costumbre +:** ...han *reinstaurado* la costumbre tradicional del Ramadán... EME120896 **10 práctica +:** Sus rivales le acusan de pretender *reinstaurar* las prácticas del partido único. EPE130499 **11 hábito +:** Convendría *reinstaurar* ciertos hábitos de educación que han desaparecido prácticamente de nuestra sociedad. INDOC

C SUSTANTIVOS QUE DENOTAN SITUACIÓN CARACTERIZADA POR LA ESTABILIDAD, LA TRANQUILIDAD O EL CESE DE UN ESTADO DE CONFLICTO: **12 orden +:** ...le acusaba de *reinstaurar* el orden económico que llevó a Alemania a dos guerras... EPE011289 **13 calma:** ...ha adoptado medidas excepcionales con el fin de *reinstaurar* la calma... EME250194 **14 paz:** ...promete *reinstaurar*, sin fechas, «la paz y la democracia». EME270796 **15 alto el fuego:** ...estarán dispuestos a *reinstaurar* el alto el fuego cuando crean que existen perspectivas de alcanzar un acuerdo real... EME070396 **16 tregua:** ...se niega a hablar con el Sinn Fein hasta que el IRA *reinstaure* la tregua. EME200296

D SUSTANTIVOS QUE DESIGNAN DIVERSAS CUALIDADES, PRINCIPIOS O CÓDIGOS DE CONDUCTA CONSIDERADOS DESEABLES EN UNA SOCIEDAD: **17 ética:** ...un cambio radical que *reinstaurará* la ética política y vencerá la crisis económica. EME270394 **18 honor:** ...elegirá al candidato que pueda *reinstaurar* el honor en la Casa Blanca... EPE250700 **19 valor:** Hace falta que se *reinstauren* los valores públicos... EME111195

E OTROS SUSTANTIVOS; POSIBLES USOS ESTILÍSTICOS: ...acusó a Williams de querer *reinstaurar* el ridículo nacional... EPE220999

☐ Véase también: **erigir(se), establecer, implantar, instaurar.**

reír(se) ♦ **abiertamente[27], a carcajadas, a conciencia[36], a coro[12], a gusto, a la cara[9], alborozadamente, al unísono[8], a mandíbula batiente, animadamente, beatíficamente, como (un) loco[6], con alborozo, con ganas[5], de lo lindo[3], descaradamente[26], en {mi/tu/su...} cara, estrepitosamente[28], estruendosamente, para {mis/tus/sus...} adentros, sin parar** ♦ **broma, chiste, gracia, ocurrencia, salida** ♦ **echar(se) (a)[3], romper (a)[6]**

REITERACIÓN Véase: IMITACIÓN; REPETICIÓN; REPRODUCCIÓN

reiteradamente *adv.* ▮ Se combina con muy diversos verbos, particularmente con los de lengua *(decir, mencionar, afirmar, manifestar, señalar, cuestionar, aludir, plantear)*, y especialmente con...

A VERBOS QUE DENOTAN RECHAZO, DESACATO Y OTRAS FORMAS DE OPOSICIÓN: **1 negar(se) ++:** En este sentido, el ex coronel niega *reiteradamente* que sea el protagonista del escándalo al afirmar que no se llevó ninguna cinta. EME190695 **2 desobedecer ++:** ...era forzar el cumplimiento de las órdenes municipales cuando éstas se desobedecen *de una forma reiterada*. EPE130199 **3 incumplir +:** ...decidió incumplirlos *reiteradamente* negándose a publicar los comunicados y resoluciones acordados en la Junta Directiva... CAP130700 **4 rechazar +:** ...los talibán han rechazado *reiteradamente* el ultimátum dado por EE. UU. hace dos semanas para entregar a Bin Laden... EPE081001 **5 faltar +:** ...de haber «faltado a la verdad *reiteradamente*» y dijo que «en el Ministerio del Interior había mucho poder». EPE051201 **6 descalificar:** ...los defensores más acérrimos de este modelo lingüístico que ha sido *reiteradamente* descalificado por su falta de base científica. LVE121195

B VERBOS QUE DENOTAN EMISIÓN DE JUICIOS O DE MANIFESTACIONES ADMONITORIAS: **7 denunciar ++:** ...entidad que *reiteradamente* ha denunciado que existen planes de organismos y potencias extranjeras para fusionar República Dominicana con Haití. DED191096 **8 amenazar +:** Naciones Unidas ha amenazado *reiteradamente* con retirar a su personal del Sáhara ante los sucesivos retrasos en el plan de paz. EPE030199 **9 advertir +:** Otros funcionarios estadounidenses advirtieron *reiteradamente* hoy que podrían adoptarse otras medidas... DYM040996 **10 criticar +:** Con esta política liberal en la economía que ha sido *reiteradamente* criticada por la Iglesia Católica desde Rerum Novarum... LTB071296

C VERBOS QUE DESIGNAN DIVERSAS ACCIONES ILÍCITAS VIOLENTAS U HOSTILES: **11 invadir +:** ...y que *reiteradamente* ha invadido países de la región y constantemente interviene en asuntos internos de los estados... GIC104297 **12 violar +:** ..y permitir que los amigos de la mujer la violasen *reiteradamente* durante dos años... EPE040299 **13 agredir:** ...o cuando haya agredido a personas o, *de manera reiterada*, a otros animales. EPE110899 **14 disparar:** En casi siete semanas de combates, los palestinos han disparado *reiteradamente* contra objetivos... ESP161100 **15 castigar:** ...nuevos atentados contra el extraordinario geoglifo de Paracas, tan *reiteradamente* castigado en los últimos tiempos. CAP270397 **16 cometer:** ...a aquellos sujetos que *reiteradamente* hayan cometido abusos sexuales contra menores... EME010996 **17 robar:** Han robado *reiteradamente* en varios chalés de la urbanización. INDOC

D VERBOS QUE DENOTAN PETICIÓN O REQUERIMIENTO: **18 solicitar +:** ...los vecinos de la zona, que han solicitado *reiteradamente* un centro sanitario para la comarca. LRE280103 **19 pedir +:** ...han pedido *reiteradamente* al gobierno que gestione en Washington el levantamiento del secreto de documentos... ENH120297 **20 reclamar +:** El convenio, cuya firma ha sido reclamada *reiteradamente* por los taxistas madrileños, establece que Ayuntamiento y Comunidad financiarán... EPE301001 **21 llamar:** A lado y lado se alineaban otros barcos desde los que nos llamaban *reiteradamente*; entonces uno nadaba hasta cualquiera de ellos... EPE010684 **22 insistir:** A lo largo del año 1926 Dalí insiste *reiteradamente* a Lorca para que escriba el prefacio del libro de los «putrefactos»... ABC050595 **23 instar:** En todo el verano no logré desalojarla de aquel cubículo, por más que la insté *reiteradamente* a hacerlo abriendo la puertecilla. EME211295 **24 requerir:** ...200 millones de la empresa, que se niegan a devolver pese a ser requeridos *reiteradamente*... FDV210601

E VERBOS QUE DENOTAN EXHIBICIÓN, ESPECIALMENTE DE PRUEBAS O TESTIMONIOS: **25 presentar:** Este segundo acto de un combate *reiteradamente* presentado por el presidente Bush como dilatado en el tiempo... EPE211001 **26 mostrar:** ...como han mostrado *reiteradamente* investigaciones nacionales e internacionales, cuando los niños institucionalizados son comparados con otros... EPE280900 **27 esgrimir:** ...en contra del argumento esgrimido *reiteradamente* por quienes tratan de impedir el enjuiciamiento de Pinochet. EPE110899

☐ Véase también: **insistentemente, machaconamente, pesadamente, por activa y por pasiva, profusamente, repetidamente.**

reiterar ♦ **al unísono[16], elocuentemente[19], enérgicamente[27], incansablemente[8], insistentemente[11], machaconamente[4], por activa y por pasiva[19], una y otra vez**

☐ Véase también: **insistir, repetir(se).**

reivindicación ♦ **continuo, contundente, desmedido[85], enérgico, fundado[27], infundado, injusto, insistente, justo, largo, legítimo, persistente, radical, reiterado, tradicional, unánime[32], vehemente** ♦ **derecho (a)** ♦ **acallar[35], aceptar, adherirse (a), apoyar, asumir[56], avalar[34], basar(se) (en algo), canalizar[28], cejar (en)[15], conseguir, enarbolar[7], encarar[13], encauzar, exponer, formular[12], hacer(se) realidad[20], hacer público, luchar (por), negociar[36], plantear[54], presentar, reconocer, reiterar, sustentar(se) (en algo)**

☐ Véase también: **demanda, petición, reclamación.**

reivindicar ♦ **arduamente, fervorosamente, justamente, largamente[19], vigorosamente[26]**

☐ Véase también: **reclamar.**

relación ▮ *(trato)* ♦ **abierto, afectivo, amistoso, amoroso, arbitrario[29], ardiente[11], arduo, armonioso, asiduo, breve, carnal[1], casual, cercano, claro, complejo, contractual, cordial, corto, cuerpo a cuerpo[31], de igual a igual[36], delicado, desigual, desinteresado, difícil, distante, duradero, efímero[30], entrañable, epistolar, equitativo, esporádico, estrecho[28], evidente, fecundo[41], frecuente, fructífero, fugaz[36], igualitario[16], imperceptible, inextricable[22], íntimo, intrincado[36], laboral, largo, laxo, leve, ligero, llevadero[22], manifiesto, matrimonial, ocasional, oficial, ostensible, pacífico, pasajero[72], pasional, patente, platónico[2], precario[55], profesional, profundo[26], quebradizo[29], remoto, sentimental, superficial, tangencial[1], tirante, tormentoso, tortuoso[4], turbulento[7], vago** ♦ **a pique[15], en punto muerto[8]** ♦ **acabar, aderezar, afianzar(se)[32], agriar(se)[12], airear, alterar[72], apreciar(se), cimentar[1], clarificar[55], confesar[25], congelar[27], conservar[54], consumar, cortar[1], cultivar[2], dañar[24], deparar[19], derrumbar(se)[43], desbaratar[58], desbloquear, desentrañar[55], deshacer, desmentir[36], destapar[22], detectar[58], disolver, empañar(se)[43], enderezar[62], enfriar(se)[11], enrarecer(se)[7], entablar[1], entrenar, enturbiar(se), erosionar[18], esclarecer(se)[28], establecer[11], estrechar[22], forjar[1], formalizar, fortalecer(se)[1], fraguar(se)[7], guardar[18], hacer, hacer público, iniciar, intensificar, involucrar(se) (en)[32], legitimar, mantener, negar[38], obstaculizar[42], oficializar, percibir, prodigar[71], profundizar (en), prosperar[35], quebrantar[29], quebrar(se)[17], relanzar[9], robustecer(se)[2], romper, salir a la luz, socavar[70], tejer[14], tensar[1], trazar, truncar(se)[56], venir de lejos[16]

▮ *(listado)* ♦ completo, exhaustivo, incompleto, interminable, kilométrico, nutrido[10], parcial, prolijo[7], somero[44] ♦ cerrar, engrosar, encabezar, figurar (en)

□ Véase también: aislado, ajeno, alianza, amigo, amistad, amistosamente, amistoso, amor, asociación, comparativamente, conexión, convivencia, correspondencia, descendencia, entramado (de), estirpe, fraternalmente, identidad, idilio, igualdad, jerarquía, lazo, nexo, orden, paralelismo, parentesco, pariente, paternidad, red, romance, semejanza, similitud, sucesión, tinglado, trama, unidad, unión, vinculación.

RELACIÓN Véase:

♦ aislado, ajeno, amistoso

♦ amistosamente, comparativamente, fraternalmente

♦ amigo, amistad, amor, conexión, convivencia, correspondencia, enlace, identidad, idilio, igualdad, integración, jerarquía, lazo, madeja, mezcla, nexo, orden, paralelismo, parentesco, pariente, red, relación, romance, semejanza, similitud, sucesión, unidad, unión, urdimbre, vinculación

♦ asociar(se), comparar(se), contagiar, convivir, corresponder, emparentar, entroncar, identificar(se), relacionar(se), suceder(se), unir(se), vincular(se)

□ Véase también: *ATINGENCIA Y CORRESPONDENCIA; UNIÓN.*

RELACIÓN

♦ (SUSTANTIVOS) Véase: acogedor[B], afianzar(se)[E], aflojar[F], agriar(se)[D], alterar[D], a pique[C], arbitrario[F], asiduo[E], atávico[G], azaroso[H], calibrar[L], cálido[E], caluroso[D], carnal[A], cimentar[A], clarificar[J], confesar[E], conservar[G], contraer[E], cortar[A], coyuntural[E], cuajar[D], cuerpo a cuerpo[G], cultivar[A], de igual a igual[H], de lleno[E], deparar[F], derrumbar(se)[I], desbloquear[D], desentrañar[I], desmembrar(se)[C], desmentir[F], destapar[E], detectar[J], efímero[F], empañar(se)[G], encarrilar[B], enderezar[I], enfriar(se)[C], en punto muerto[B], enrarecer(se)[B], enredar(se) (en)[C], entablar[A], erosionar[E], establecer[B], estrechar[F], estrecho[F], estricto[G], extinguir(se)[E], farragoso[C], férreo[L], fértil[C], forjar[A], fortalecer(se)[A], fugaz[E], guardar[D], incondicional[A], inequívoco[H], inextricable[C,D], inquebrantable[H], intempestivo[G], intrincado[F], involucrar(se) (en)[E], letal[C], llevadero[D], negar[F], novedoso[I], obstaculizar[G], paritario[B], pasajero[K], peregrino[F], perfecto[B], platónico[B], precario[H], prodigar[K], profundo[C], prosperar[E], quebradizo[E], quebrantar[F], quebrar(se)[C], relanzar[B], renegar (de)[C], robustecer(se)[A], sellar[B], tangencial[A], tejer[D], tensar[A], tortuoso[B], trabar[A], truncar(se)[I], turbulento[C], venir de lejos[D]

♦ (VERBOS) Véase: a grandes rasgos[D], a las mil maravillas[B], armoniosamente[B], bárbaro[B], civilizadamente[A], codo con codo[D], coherentemente[E], comercialmente[G], de cerca[I], de igual a igual[A], estrechamente[B], fuertemente[A], inevitablemente[H], inexorablemente[I], plenamente[D], profundamente[G], remotamente[C], tangencialmente[C], trágicamente[F], vagamente[C]

□ Véase también: CONJUNCIÓN; SEMEJANZA.

relacionar(se) ♦ abiertamente, afectivamente, armoniosamente[15], coherentemente[22], de cerca[44], epistolarmente, esporádicamente, estrechamente[6], estrictamente, inseparablemente, íntimamente, laxamente, ni por asomo[18], públicamente, tangencialmente[18], vagamente

□ Véase también: asociar(se), comparar(se), congeniar, convivir, corresponder, emparentar, entroncar, identificar(se), suceder(se), unir(se), vincular(se).

relamerse ♦ de gusto ♦ bigote, dedo, labio

relámpago ▮ *(adj.) (rápido o repentino)* ♦ aparición, ataque, atraco, carrera, crisis, gira, guerra, jugada, ofensiva, operación, romance, torneo, viaje, visita

▮ *(sust.masc.) (rayo o destello)* ♦ cegador, centelleante, de belleza, de humor, de iluminación, de ingenio, de inspiración, de optimismo, deslumbrante, destelleante, espectacular, fantasmal, fugaz, fulminante, instantáneo, paralizante, poético, radiante, refulgente, resplandeciente, súbito, verbal ♦ bajo, como, entre ♦ destello (de), luz (de), resplandor (de), tormenta (de) ♦ centellear, descargar, deslumbrar (a alguien), iluminar (algo), lanzar, proyectarse, reflejar(se), resplandecer, sacudir (algo)

□ Véase también: rayo (de).

relanzar *v.* ▮ Se combina con sustantivos que designan obras, a menudo textos *(libro, edición, revista)*. También con otros que designan disciplinas artísticas, deportivas o culturales *(ópera, boxeo, escultura, teatro)*. También se combina con...

A SUSTANTIVOS QUE DENOTAN IDEA, PROGRAMA DE ACTUACIÓN O SU DESARROLLO: **1** proceso ++: ...el recorte de tipos permitirá *relanzar* el proceso de recuperación económica. EME120296 **2** proyecto ++: El Gobierno vasco pretende *relanzar* el proyecto de los centros tecnológicos que puso en marcha en 1992. EPE150499 **3** plan +: La constitución de los nuevos equipos de gobierno forales se ha considerado por el Ejecutivo como una buena ocasión para *relanzar* los planes... EPE181099 **4** campaña +: ETA retrasó la liberación de Aldaya para *relanzar* su campaña del «impuesto revolucionario». EME150496 **5** idea +: ...*relanzó* la idea de hacer públicas las listas de contribuyentes y se pronunció a favor de abaratar los costes del despido. EME230596 **6** programa +: ...Clinton se disponía a *relanzar* su programa educativo anunciando nuevas ayudas gubernamentales a los estudiantes universitarios. EME221096 **7** estrategia: Los analistas calificaron ayer el pacto, que permite *relanzar* la estrategia internacional del grupo español, de «salomónico». EPE131199

B SUSTANTIVOS QUE DENOTAN COLABORACIÓN O VÍNCULO DE ADHESIÓN ENTRE DOS O MÁS PARTES: **8** negociación +: ...viaja hoy a Rabat para entrevistarse con altos cargos del Gobierno marroquí y *relanzar* las negociaciones... LRE130103 **9 relación** +: La próxima inauguración del gasoducto Magreb-Europa obligaba a *relanzar* las relaciones políticas hispano-argelinas... EME100996 **10 pacto:** ...los ministros de finanzas francés (...) *relanzan* un pacto de estabilidad para la unión económica y monetaria... LVE181195 **11 cooperación:** El objetivo de esta visita es *relanzar* la cooperación pesquera entre la comunidad gallega y el país norteamericano. LRE200103 **12 lazo:** La UE ignora la violación de derechos humanos y *relanza* los lazos económicos. EME060795

C EL SUSTANTIVO *ECONOMÍA* Y CON OTROS QUE DESIGNAN DIVERSAS ACTIVIDADES ECONÓMICAS O MERCANTILES: **13 economía** ++: ...sirvió para cambiar puntos de vista sobre la estrategia japonesa para *relanzar* su economía. ENH280497 **14 mercado** +: ...el plan francés tiene entre sus principales objetivos *relanzar* el mercado de viviendas de alquiler... LVE300196 **15 inversión** +: ...el Gobierno estudia un paquete de medidas liberalizadoras que permitan *relanzar* la inversión y el consumo. LVE220596 **16 producción** +: Para el «premier», el «sueño» de *relanzar* la producción parte de la remodelación y la reducción de los impuestos. EME100694 **17 exportación** +: Kohl destacó que hay que buscar nuevas ideas para *relanzar* las exportaciones alemanas... EME280294 **18 venta** +: ...confía en que la rebaja del IVA que se aplica a los ciclomotores (...) permita *relanzar* las ventas este año. EME030394

D SUSTANTIVOS QUE DESIGNAN MANIFESTACIONES CARACTERIZADAS POR EL INTERCAMBIO DE OPINIONES O PUNTOS DE VISTA, GENERALMENTE DIVERGENTES: **19 debate** +: El ministro pretende *relanzar* el debate sobre la reforma del sistema de pensiones y otras prestaciones sociales. EME170195 **20 polémica** +: La coincidencia del reportaje «Retorno a las salas de la muerte» con las denuncias de una organización internacional ha *relanzado* la polémica sobre las condiciones infrahumanas de los orfanatos chinos. LVE140196

E ALGUNOS SUSTANTIVOS QUE DENOTAN AGRESIÓN: **21 ofensiva** +: Dole (...) afirmó la semana pasada que si llega a la Casa Blanca *relanzará* una ofensiva bélica contra el narcotráfico. ETC040996 **22 ataque** +: El estatal Sistema Nacional de Información (SNI) *relanzó* hoy sus ataques contra la Organización de Estados Americanos (OEA)... EUV060499

☐ Véase también: **incentivar, lanzar, preconizar, propulsar.**

relatar ♦ **con pelos y señales[3], con precisión, con todo lujo de detalles[5], crudamente[15], de corrido, detalladamente[24], esquemáticamente, extensamente[5], minuciosamente, pormenorizadamente, prolijamente[1], punto por punto, resumidamente**

☐ Véase también: **narrar.**

relato ♦ **aburrido, apasionante, completo, conmovedor, creíble, cumplido, detallado, detenido, espeluznante, exhaustivo, fantástico, fidedigno[11], inverosímil, lineal, pormenorizado, prolijo, somero[76], testimonial, veraz, verídico** ♦ **al hilo (de)** ♦ **alargar(se), aligerar, bosquejar[16], componer, discurrir, efectuar, entrecortar(se)[22], escribir, fluir, girar (sobre algo), hacer, hilvanar[1], interrumpir, realizar, referir, resumir, seguir, tratar (sobre algo/de algo), trazar, urdir[39], versar (sobre algo)**

☐ Véase también: **cuento, narración.**

relevancia ♦ **acusado[44], capital, claro, crucial[37], decisivo[41], destacado, enorme, escaso, especial, fundamental, gran(de), indiscutible, indudable, notable, palpable, preponderante[9], significativo, sumo[14]** ♦ **acrecentar, adquirir[54], alcanzar, cobrar[14], conceder, dar[104], desestimar, enjuiciar, estribar (en algo), incrementar(se), magnificar[27], negar[21], otorgar, perder, poseer, quitar, revestir**

☐ Véase también: **importancia, trascendencia.**

RELEVANCIA

♦ (ADJETIVOS) Véase: **estratégicamente[F]**

♦ (SUSTANTIVOS) Véase: **abrumador[I], ápice (de)[G], aplastante[E], calibrar[D], crucial[E], cualitativo[G], dar[I], decisivo[G], desmesurado[F], desplazar[B], devaluar(se)[C], empañar(se)[F], erigir(se)[C], estribar (en)[D], preponderante[B], residir (en)[A], sumo[B], tangencial[C], tomar[A], toque (de)[H]**

☐ Véase también: PROMINENCIA; VALOR; VIRTUD.

relevo ♦ **coger, dar[262], esperar, facilitar, impedir, llegar, nombrar, pedir, preparar, proceder (a), propiciar, proponer (como), rechazar, retrasar(se), tomar**

☐ Véase también: **sustitución.**

relieve ♦ *(importancia)* **destacado, enorme, escaso, gran(de), indiscutible, indudable, notorio** ♦ **adquirir[57], alcanzar, cobrar[15], conceder, dar[103], perder, quitar**

☐ Véase también: **importancia.**

religión ♦ **fiel (a), heterodoxo, ortodoxo, practicante (de), seguidor (de)** ♦ **abjurar (de)[6], abrazar, adscribir(se) (a), apegarse (a)[21], apostatar (de), arraigar (en alguien), convertir(se) (a), creer (en), cumplir (con), difundir(se)[104], educar (en), extender(se), practicar, predicar[8], profanar[17], profesar[1], propagar(se), seguir**

RELIGIÓN

♦ (SUSTANTIVOS) Véase: **abjurar (de)[A], acatar[E], alimentar[G], ancestral[C], dar[Z], difundir(se)[N], ferviente[F], fortalecer(se)[I], predicar[A,B], profanar[C], profesar[A], profesar (en)[A], tributar[D]**

religiosamente *adv.* ▮ En el sentido figurado de 'con puntualidad o exactitud' se combina con...

A VERBOS QUE DESIGNAN LA ACCIÓN DE ABONAR UNA CANTIDAD: **1 pagar** ++: Sus admiradores podrán acercarse, pagar *religiosamente* cinco dólares a la entrada y rezar un oración junto a su tumba. EME290494 **2 abonar** +: ...tras abonar *religiosamente* la inscripción mediante transferencias bancarias dentro del más riguroso plazo, han comprobado... LVE060796 **3 sufragar:** Dos siglos de tradición laica y republicana han terminado sufragando *religiosamente* la inesperada resurrección de Clodoveo... LVE220996 **4 facturar:** ...toda vez que existen empresas muy importantes que la distruyen y la facturan *religiosamente.* EPE051299 **5 ingresar:** Los 19,5 millones con los que Rubio participó en la operación se convirtieron en 115.873.998 pesetas, que fueron *religiosamente* ingresados en su cuenta. EME190494 **6 cotizar:** Yo juro, pese a mi aspecto, que estoy vivo, no tengo tarjeta dorada de RENFE y cotizo *religiosamente* cada mes a la SS. EME270895

B VERBOS QUE DENOTAN COMPARECENCIA: **7 asistir +:** Manuel y Basi asisten *religiosamente* a las clases de los jueves. LVE220596 **8 acudir:** ...Altman acude *religiosamente* a las proyecciones de los títulos a competición. EME050996

C ALGUNOS VERBOS QUE DENOTAN OBEDIENCIA, SEGUIMIENTO O ACEPTACIÓN DE UNA NORMA, UN PRECEPTO O UN MANDATO: **9 cumplir ++:** ...y abrió la posibilidad de que el organismo se instalara el 5 de diciembre de 1997, si se cumple *religiosamente* un cronograma electoral... BRE050997 **10 acatar +:** Yo y sólo yo soy Catalunya y quien pude diseñar el país que mis súbditos deben acatar *religiosamente.* EME081195 **11 observar +:** Existen normas de conducta que si se observaran *religiosamente* por todos los países participantes en el sistema mundial contribuirían enormemente a evitar crisis. EPE190299

D VERBOS QUE DENOTAN PERCEPCIÓN SENSORIAL, ESPECIALMENTE LA VISUAL: **12 escuchar −:** ...escuchar *religiosamente* un concierto de Rachmaninov al anochecer, y también el canto gregoriano de la iglesia, las canciones infantiles o populares, la danza. ABC250294 **13 visualizar −:** La celebración del dios pagano consistía, como es propio de una sociedad agrícola, en visualizar *religiosamente* el solsticio de invierno. EME241296 **14 contemplar −:** ...que contemplan *religiosamente* cómo se pone el sol, y las mesnadas aplauden en pareo, traspuestas, al astro soberano cuando se oculta de golpe. EPE150899

E OTROS VERBOS; POSIBLES USOS ESTILÍSTICOS: Si el amigo es amigo, y hay confianza, y por tanto asco, le pararemos los pies y lo pondremos en su sitio tras haberle cantado *religiosamente* las cuarenta. EME040196; La peregrinación de jóvenes cada fin de semana, bolsa en mano nutrida de botellas de alcohol y refrescos, hacia el lugar del botellón se repite *religiosamente* en Almería viernes y sábados. EPE060699

☐ Véase también: **a rajatabla.**

rellenar ♦ adecuadamente, correctamente, debidamente[11], incorrectamente ♦ encuesta, formulario, impreso, plantilla, quiniela, solicitud, test, *otros sustantivos que designan documentos*

[reloj] → como un reloj, contra reloj

reloj ♦ analógico, digital, exacto, implacable[80], inexorable[35], puntual ♦ adelantar(se), dar cuerda (a), dar la hora, detener(se), estropear(se), fallar, poner en hora, retrasar(se), sincronizar

[relojería] → de relojería

[relucir] → sacar a relucir, salir a relucir

[relumbrón] → de relumbrón

remachar *v.* ▌ En su sentido físico se combina con sustantivos que designan cosas salientes o puntiagudas *(clavo, chincheta, pico, aguja, punta).* En sentido figurado se combina con el sustantivo *necesidad (Remachó la necesidad de abrir un nuevo carril en la autopista)*, y también con...

A SUSTANTIVOS QUE DENOTAN LOGRO O CULMINACIÓN FELIZ DE UNA ACCIÓN. TAMBIÉN CON OTROS QUE DESIGNAN LO QUE ACREDITA ESE ÉXITO: **1 triunfo ++:** ...de nuevo Fran y finalmente Bebeto *remacharon* el claro triunfo visitante. LVE170495 **2 faena ++:** Bruguera *remachó* la faena al hacer «break» en el undécimo juego. EME060694 **3 victoria +:** ...y tratando de *remachar* definitivamente la victoria de contragolpe en la segunda etapa. EPU060901 **4 éxito:** Si Gloria Stefan *remacha* el éxito con su maternidad tardía, Roseanne convierte su embarazo en argumento para nueve meses de show televisivo... EME040495 **5 título:** El piloto de Ferrari *remacha* su título en Suzuka superando a Montoya y Coulthard J. EPE151001

B SUSTANTIVOS QUE DESIGNAN RECURSOS Y RESULTADOS DEL RAZONAMIENTO O LA ARGUMENTACIÓN: **6 argumento +:** ...y el senador John McCain, héroe de guerra en Vietnam, iban a *remachar* esos argumentos desde la tribuna de oradores de Filadelfia. EPE020800 **7 tesis:** El portavoz de la Alianza (...) *remachó* esta tesis al afirmar que la proposición de Belgrado estaba «muy alejada»... EPE240499 **8 idea +:** Sharon *remachó* estas ideas unas horas más tarde ante el Parlamento de Jerusalén... EPE181001 **9 razonamiento:** Y más inenarrable aún la apostilla con la que trata de *remachar* su razonamiento: «...y además pagan sus impuestos». EME041195 **10 argumentación:** El presidente popular *remachó* su argumentación con una frase lapidaria... EME091195 **11 conclusión:** Y *remachó* sus conclusiones con la esperanza de que las urnas, previsiblemente el próximo mes de marzo, amplíen esos actuales 4,8 puntos de margen. EPE261199 **12 opinión −:** Esta opinión fue *remachada* y completada por Stanley Fischer... LVE100296

C SUSTANTIVOS QUE DESIGNAN MANIFESTACIONES VERBALES, ESPECIALMENTE AQUELLAS EN LAS QUE SE ASEVERA O SE RATIFICA ALGO: **13 afirmación +:** Antic *remachó* su afirmación: «Es uno de los mejores porteros de Europa». EPE070499 **14 aseveración +:** La entradilla, en páginas interiores, *remacha* la rotunda aseveración... EME280495 **15 explicación +:** ...y *remacha* su explicación recordando lo que ha sido su vida durante los últimos 25 años... EME170294 **16 declaración:** Horas más tarde *remachó* estas declaraciones al afirmar que «Pujol tiene auténtico miedo a que haya un incremento de la participación». LVE091195

D SUSTANTIVOS QUE DESIGNAN LA ACCIÓN DE DAÑAR FÍSICAMENTE O MORALMENTE A ALGUIEN: **17 agresión:** ...y se oponen a la agresión de Washington, *remachada* estos días en que por octavo año consecutivo una estruendosa mayoría ha condenado en la ONU el embargo... EPE141199 **18 ataque:** El consejero de la Presidencia *remachó* sus ataques: «Arenas es la persona más tramposa que yo conozco en la política». EPE210799 **19 descalificación:** Y el presidente *remachó* la descalificación

subrayando que esa alianza nefanda pretende «construir eso que llaman los Países Catalanes o no sé qué cosa rara...». EPE040699
☐ Véase también: **golpear, insistir.**

remangar(se) ♦ **camisa, chaqueta, pantalón,** *otros sustantivos que designan prendas de vestir*

remar ♦ **a contracorriente, a favor del viento, contra viento y marea**[2]**, en contra del viento**

rematadamente *adv.* ▌Se combina con los adverbios *bien, mal* y el comparativo *peor.* También se combina con...
A ADJETIVOS QUE DESIGNAN VALORACIONES NEGATIVAS DE LAS PERSONAS O LAS COSAS: **1 loco ++:** ...estaba *rematadamente* loco, por lo que no podía ser imputado. CLA280297 **2 malo ++:** ...y algunos chistes de filósofos, es decir, *rematadamente* malos, puede llegar a desconcertar... LVE190396 **3 imbécil +:** ...es *rematadamente* imbécil o nos toma por imbéciles a los demás... EME150494 **4 cursi +:** ...si esta peliculita *rematadamente* cursi no acaba por resultar irritante es gracias a... LVE031294 **5 falso +:** No hay sentencia más estúpida y *rematadamente* falsa que la de... EPE110899 **6 estúpido:** ...el éxito arrollador de taquilla que están teniendo en su país algunas películas *rematadamente* estúpidas. EME021096 **7 idiota:** ...una familia en la que todos sus componentes son *rematadamente* idiotas. EME060896 **8 inepto:** ...a un joven aspirante cuya pintura nos lo muestra *rematadamente* inepto. LVE100295 **9 burdo:** Cuando el engaño es tan *rematadamente* burdo... EME010694 **10 torpe:** ...debería dimitir no sólo por falsario, sino por *rematadamente* torpe. EME070395 **11 cutre:** Encuentra ese entorno (...) *rematadamente* cutre... EPE100899 **12 desagradable:** ...es *rematadamente* desagradable sin que uno pueda sacar nada de ahí. EME210195 **13 desastroso:** ¡Valiente churro! se dice de algo *rematadamente* desastroso. EPE060899 **14 hortera:** ...se consumía en un autoexilio dorado y de estética *rematadamente* hortera. LVE080195 **15 perverso:** El hombre es algo *rematadamente* perverso y llega al extremo de todo. ABC051193
B OTROS ADJETIVOS; POSIBLES USOS ESTILÍSTICOS: **16** ...a la semana entrante sólo le falta para ser *rematadamente* histórica que... EME231095; ...fabricados por ellos mismos a partir de elementos *rematadamente* cotidianos: una bicicleta, una lata de dulce... LVE061195; ...ha sido tanto como pretender que pasara por bajo alguien que es *rematadamente* alto. LVE160896

rematar ♦ **a bocajarro**[2]**, a bote pronto, a marchas forzadas**[17]**, certeramente, con acierto, con éxito**[13]**, con fuerza, con tino, de cerca**[14]**, desde lejos, escoradamente, felizmente, inútilmente, sin éxito** ♦ **faena, labor, obra, texto, trabajo,** *otros sustantivos que designan ciertas actividades*

[remate] → **de remate**

remate ♦ *(jugada)* **a bocajarro**[29]**, a bote pronto, apoteósico**[5]**, directo, escorado, final, frontal**[9]**, fulminante, indirecto, lateral, letal**[8]**, raso, sesgado** ♦ **dar**[243]**, desviar, escorar(se), hacer, lanzar**

remediar ♦ **de un día para otro**[5]**, en parte, parcialmente, temporalmente**[38]

[remedio] → **poner remedio (a)**

remedio ♦ **casero**[15]**, contraindicado, contundente, curativo**[32]**, drástico**[33]**, efectivo**[5]**, eficaz, expeditivo**[11]**, fiable, ineficaz, infalible, inútil, mágico, milagroso, prodigioso, terapéutico, útil** ♦ **administrar, aplicar, atisbar**[8]**, buscar, caber**[11]**, confiar (en), dar**[250]**, encontrar, hallar, indicar, poner (a algo), prescribir, proponer, recetar, surtir efecto**[10]**, tener, vislumbrar**[19]
☐ Véase también: **alivio, arreglo, cura (de), solución.**

REMEDIO
♦ (SUSTANTIVOS) Véase: **amargo**[J]**, casero**[C]**, curativo**[F]**, preventivo**[H]
☐ Véase también: RESOLUCIÓN.

remilgo ♦ **absurdo, escaso, explicable, incomprensible, inexplicable, lógico, natural** ♦ **con** ♦ **ausencia (de), falta (de)** ♦ **aceptar (sin/con), actuar (con), andarse (con)**[16]**, carecer (de), dejarse (de), hablar (sin/con), poner, tener**

[remisión] → **sin remisión**

remitir *v.* ▌En el sentido de 'disminuir su intensidad' se construye con...
A SUSTANTIVOS QUE DESIGNAN FENÓMENOS ATMOSFÉRICOS O CLIMÁTICOS, EN OCASIONES USADOS EN SENTIDO FIGURADO: **1 temporal ++:** ...no descartaba una nueva subida de los tipos si no *remite* el temporal monetario... EME090395 **2 lluvia +:** Al *remitir* la lluvia (...) los ríos Ter y Muga ya no presentaban un riesgo inminente... LVE310196 **3 borrasca ++:** ...en los próximos tres días *remita* la borrasca... EPE011199 **4 nieve ++:** La nieve *remitió* ayer y la mejoría se notó en las carreteras... EPE120299 **5 nevada +:** Las nevadas *remiten,* pero se mantiene la alerta en el norte. EPE120299 **6 mal tiempo +:** ...el mal tiempo y las fuertes nevadas no comenzarían a *remitir* hasta hoy lunes. EPE110199 **7 niebla:** La niebla comenzó a *remitir* a lo largo de la tarde... EPE051299 **8 frío:** Meteorología anuncia que el frío *remitirá* hoy... EPE111101 **9 calor:** ...cuando *remite* el calor infernal del desierto, (...) no es difícil verles jugando al fútbol. EME220796 **10 viento:** ...*remitan* los vientos secos y que llueva. EME100194
B EL SUSTANTIVO *ENFERMEDAD* Y CON OTROS QUE DESIGNAN ENFERMEDADES, DOLENCIAS, AFECCIONES O SUS SÍNTOMAS: **11 enfermedad ++:** ...la lentitud con que parece *remitir* la enfermedad de las vacas locas... EPE301099 **12 fiebre ++:** ...había *remitido* la fiebre, aunque todavía tuviera unas décimas. EME290695 **13 gripe +:** ...la gripe (...), lejos de *remitir,* se recrudecía... EPD101197 **14 dolor ++:** ...confía en que los dolores *remitan* hoy. EPE090900 **15 síntoma:** ...no siguen el tratamiento hasta el final, sino que lo abandonan en cuanto *remiten* los síntomas... LVE020396 **16 artritis:** El hecho de que la artritis reumatoide *remitiera* en la mayoría de las mujeres vacunadas sugiere que la teoría es correcta... EME150296 **17**

epidemia: La epidemia, sin embargo, parece *remitir*, según confirmó ayer la Consejería de Salud de Madrid. EME281096 **18 leucemia:** La leucemia *remite* y la niña va normalmente al colegio... LVE271095 **19 lesión:** ...confía en que de aquí al 15 de septiembre, cuando comienza a competir, *remita* la lesión. EPE110900

C SUSTANTIVOS QUE DESIGNAN SENSACIONES O SENTIMIENTOS, MÁS FRECUENTEMENTE DE INCERTIDUMBRE O DESÁNIMO: **20 temor ++:** ...al *remitir* el temor a la inflación en Estados Unidos. LVE170395 **21 miedo ++:** El miedo a un nuevo terremoto ha *remitido* en las últimas horas. EME190194 **22 pesimismo +:** Remite el pesimismo en Japón. EPE060499 **23 pena:** ...una pena íntima y profunda que no parecía *remitir* con el paso del tiempo. INDOC **24 euforia:** En París, la euforia no *remitió* y culminó su octava sesión consecutiva al alza... LVE311296 **25 ira:** ...*remitiendo* la ira anticlerical y las matanzas... EPE110999 **26 resentimiento –:** Tampoco *remitió* su resentimiento cuando su madre se desvivió... EPE010699

D SUSTANTIVOS QUE DENOTAN ESTADO O SITUACIÓN INESTABLE, CRÍTICA O DE RIESGO INMINENTE: **27 tensión +:** ...la devaluación de la peseta no *remitió* la tensión. LVE070395 **28 peligro +:** ...los peligros inflacionistas han ido *remitiendo*... LVE051095 **29 alarma +:** ...mientras no *remita* la «alarma social» que generó en la población... LVE210996 **30 inestabilidad:** Remite la inestabilidad y suben las temperaturas... EPE050877 **31 presión:** Pasito a pasito, la presión sobre la peseta empieza a *remitir*. EME060495 **32 psicosis –:** «Menos mal que la psicosis empieza a *remitir*»... EME020694

E SUSTANTIVOS QUE DESIGNAN DIVERSAS SITUACIONES DE DIFICULTAD, CONFRONTACIÓN, CARENCIA, HOSTILIDAD O ADVERSIDAD: **33 crisis ++:** ...a medida que va *remitiendo* la crisis de las «vacas locas»... LVE290396 **34 conflicto +:** Mientras, en Europa el conflicto ha comenzado a *remitir*. EPE150900 **35 disturbio +:** ...los disturbios, que comenzaron a *remitir* pasadas las nueve de la noche. EME090795 **36 debate:** El polémico debate sobre la financiación de los partidos *remitió* estas últimas semanas. INDOC **37 confusión +:** ...la confusión, lejos de *remitir*, aumenta. LVE180495 **38 huelga:** Si no hay una solución, no creo que la huelga *remita*... LVE030296 **39 manifestación:** ...las manifestaciones callejeras, lejos de *remitir* aumentan... EME161296 **40 problema:** El problema *remitió* con la entrada de dos hombres de refresco... LVE210595 **41 protesta:** Remite la protesta de los temporeros magrebíes... EPE160800 **42 paro:** El paro *remitió* en 10.556 personas en el mes de febrero. LVE110395 **43 invasión:** La invasión tiene que *remitir* notablemente, luego seguiremos con los pequeños comerciantes. EPE200800 **44 miseria:** ..., y sobre todo una lacerante miseria que no *remite* a pesar los esfuerzos internacionales. INDOC **45 pobreza:** La ayuda humanitaria sigue llegando, pero no consigue que la pobreza *remita*. INDOC

F SUSTANTIVOS QUE DENOTAN AUMENTO O DESCENSO: **46 crecida +:** Remitió la crecida de los ríos y la comunicación por carretera pudo ser restablecida... LVE160896 **47 bajada +:** Parece que la drástica bajada de los sueldos comienza a *remitir*. INDOC **48 brote:** El hecho de que el brote no *remitiera*, de que los pacientes no mejoraran ante la terapéutica aplicada... EME041096 **49 recesión:** ...aunque la recesión parece ir *remitiendo*, su crecimiento en 1994 será muy moderado... EME010594

▩ Se combina también con: ♦ **considerablemente[23], inevitablemente[3], vagamente[7]**

☐ Véase también: **amainar, apaciguar, descender, disminuir.**

remodelación ♦ **absoluto, a fondo, drástico, integral[23], necesario, parcial, profundo[103], total, urgente** ♦ **alcance (de)[44]** ♦ **acometer, culminar[38], emprender, experimentar, llevar a cabo, plantear, realizar**

remontar *v.* **I** En su sentido físico se combina con sustantivos que designan ciertas corrientes *(remontar un río; remontar las aguas)*. En sentido figurado se combina con...

A SUSTANTIVOS QUE DESIGNAN OBSTÁCULOS, ASÍ COMO DIVERSOS ESTADOS DE DIFICULTAD O DE ADVERSIDAD: **1 crisis ++:** ...González dijo que ya «estamos empezando a *remontar* la crisis económica»... EME130294 **2 desventaja ++:** ...el equipo que dirige Juan de Ramos tuvo que *remontar* una desventaja de dos goles. EPE290399 **3 problema +:** Remontar los problemas ha significado un trabajo duro. LVE280595 **4 dificultad +:** ...nuestras propias fuerzas serán capaces de *remontar* las dificultades actuales y seguir avanzando... GIC104097 **5 obstáculo:** ...han demostrado que «Azerbaiyán se mantiene firme en sus pies y es capaz de *remontar* cualquier obstáculo en el camino». EME180395 **6 bache:** ...los socialistas (...) *remontaban* el bache a marchas forzadas en la política autonómica. EPE040799 **7 mala racha:** La salvación de Holzmann es también un paso para *remontar* la mala racha de elecciones regionales experimentada por el SPD. EPE251199 **8 enfermedad:** Difícilmente *remontará* sus enfermedades: la deportiva y la económica. EME131195

B SUSTANTIVOS QUE DESIGNAN SITUACIONES DE INFORTUNIO, ASÍ COMO ALGUNOS DE LOS SENTIMIENTOS QUE PROVOCAN: **9 desgracia ++:** Ha sabido *remontar* la desgracia de su terrible caída en la primera etapa del último Tour... EME060795 **10 adversidad ++:** Pensar que los socialistas estamos *remontando* la adversidad (...) sería un profundo error. EME010695 **11 desastre:** Brindó al público, trató de *remontar* su desastre del primero y a punto estuvo de conseguirlo. EME131095 **12 accidente –:** ...han sido incapaces de *remontar* los accidentes cotidianos del trato para darle vida a esa agenda del futuro de la clase obrera... EXC190696 **13 derrota:** El reto de marcar al menos dos goles para poder *remontar* la derrota de Riazor (1-2) no amedrenta al Deportivo en su visita de esta noche al Auxerre. EPD300997 **14 fracaso:** ...alienta la posibilidad de un acuerdo que *remonte* el fracaso de la Cumbre de Camp David en junio pasado. CAP070900 **15 dolor:** Parece que el mundo se derrumba y que jamás podremos volver a *remontar* este dolor. LVE150995 **16 pena:** ...a pesar de sus infructuosos intentos por *remontar* la pena infinita en la que se hallaba sumido desde que... INDOC

C SUSTANTIVOS QUE DENOTAN FALTA DE IGUALDAD O EQUIPARACIÓN: **17 diferencia ++:** El campeón del mundo necesitaba *remontar* la diferencia de 24 segundos que mantenía con el hasta ayer líder de la carrera... EME170896 **18 irregularidad:** Hemos *remontado* las irregularidades gracias al esfuerzo de todos. INDOC **19 atraso +:** ...la nueva iniciativa se suma así a las propuestas que en los últimos tiempos apuntaron a *remontar* el atraso de décadas... CLA211187 **20 retraso +:** Este posicionamiento permitió a Chirac *remontar* su retraso respecto a Balladur y, más tarde, tomarle la delantera. EME050595

D SUSTANTIVOS QUE DESIGNAN RESULTADOS O CÓMPUTOS DE ACTIVIDADES DEPORTIVAS. POR EXTENSIÓN CON OTROS QUE DESIGNAN ESAS MISMAS COMPETICIONES O ALGUNOS DE SUS LANCES: **21 resultado ++:** Después no tuvo muchas más, roto por los dos goles y sin capacidad para *remontar* el resultado. EME040196 **22 marcador ++:** En cuatro minutos del último cuarto de hora de partido, el Tenerife logró *remontar* un marcador adverso... EME130596 **23 punto ++:** El Barcelona tendrá que *remontar* 16 puntos si desea acceder a las semifinales de la Copa Korac. EPE110299 **24 gol ++:** ...se saldó con una amplia victoria del equipo polaco, que tuvo que *remontar* el gol marcado por Jacobsen... EME140995 **25 partido ++:** El Celta resurgió de sus cenizas en la segunda parte y con toda la artillería y un juego brillante al contraataque *remontó* un partido... ENC010201 **26 eliminatoria +:** Los siete goles de diferencia son demasiados como para intentar convencer a alguien de que tienen alguna aspiración de *remontar* la eliminatoria. LVE260995 **27 set:** ...Kimiko Date, semifinalista el año pasado, tuvo que *remontar* un set en contra para imponerse a Novotna... LVE151195 **28 tanteo +:** El barcelonés logró *remontar* un tanteo adverso de 4-6 y 0-1 frente a Dosedel en el momento de suspenderse el partido... EME200895

E SUSTANTIVOS QUE DESIGNAN EL RESULTADO COMPUTABLE DE OTRAS ACTIVIDADES: **29 sondeo:** ...ha recomendado utilizar la estrategia del miedo (...) con la esperanza de acortar distancias con el rival y *remontar* los últimos sondeos. EPE090599 **30 encuesta:** ...si de verdad aspira a *remontar* las encuestas, le sugiero humildemente que (...) abandone su equipo de psicopedagogos psicópatas... EPE091099 **31 audiencia:** La expulsión de Manu y el abandono voluntario de Paco hizo que El bus *remontara* su audiencia... EPE270900

F SUSTANTIVOS QUE DENOTAN PÉRDIDA O EMPEORAMIENTO DE ALGUNA MAGNITUD O ALGÚN ESTADO DE COSAS: **32 caída ++:** ...las gaseosas continuaban sin poder *remontar* la caída del consumo que comprimió su mercado después de 1994. CLA170297 **33 pérdida ++:** «Se trata –señaló Trias de Bes– de *remontar* las pérdidas crecientes que viene sufriendo la naviera desde 1991...». LVE101096 **34 declive ++:** La llamada operación renovadora (...) no ha logrado *remontar* el declive electoral ni ha fortalecido la organización socialista... EME020695 **35 recesión +:** ...han actuado como tenazas al impedir que Europa *remontase* la recesión económica en la que se encuentra. EME220194 **36 deterioro +:** En un intento por *remontar* el profundo deterioro de las relaciones entre China y EE. UU., el presidente Jiang Zemin salió ayer hacia Nueva York... EME221095 **37 déficit +:** ...los médicos están intentando *remontar* el déficit de vitamina que padece. LVE161096 **38 erosión:** –¿Le parece posible *remontar* esta erosión de credibilidad? –Eso es lo que intentamos y hacemos. LVE180296 **39 bajón:** El príncipe de Gales no consigue *remontar* el bajón de popularidad... LVE250194 **40 bajonazo:** En ambos aspectos, el trabajo de los técnicos sirve para *remontar* bajonazos. LVE050296

G SUSTANTIVOS QUE DESIGNAN EL NIVEL BAJO DE ALGUNA MAGNITUD O ALGUNA ACTIVIDAD. TAMBIÉN CON OTROS QUE DENOTAN FALTA DE ÁNIMO O DE CONFIANZA EN LOS INDIVIDUOS: **41 estancamiento +:** ...confía en la exportación y en el plan de austeridad del Gobierno germano para *remontar* el actual estancamiento. EME180696 **42 abatimiento:** ...al final, todos leyendo el veredicto ciudadano, buscando argumentos para rebajar euforias o *remontar* abatimientos. LRE070103 **43 aburrimiento:** El partido de fútbol no consiguió *remontar* el aburrimiento mostrado desde sus inicios. INDOC **44 hora baja:** En calidad de secretario general no pudo *remontar* las horas bajas que vivía el PS desde la llegada al Gobierno de los socialdemócratas... LVE110196 **45 desconcierto:** No éramos capaces de *remontar* el desconcierto que nos producía la contradicción en las órdenes recibidas. INDOC

H SUSTANTIVOS QUE DESIGNAN PRONÓSTICOS O PERSPECTIVAS NEGATIVAS: **46 mal augurio:** Manuel Chaves espera que en Andalucía *remonten* los malos augurios de las encuestas. EME160594 **47 mala perspectiva:** ...es necesario un especial esfuerzo para *remontar* las malas perspectivas de voto... EPE061199 **48 pésima expectativa:** ...contribuirá a *remontar* las pésimas expectativas de voto que tiene en estos momentos... EME220394 **49 tendencia negativa:** ...es improbable que el ministro de Economía Jorge Camet pueda *remontar* la tendencia negativa del PBI, que en marzo volvió a caer en 3.2. CAP160496

I SUSTANTIVOS QUE DENOTAN DESPRESTIGIO: **50 impopularidad +:** Su delfín no pudo *remontar* la impopularidad que atravesaba el Gobierno Cavaco... LVE160196 **51 pésima imagen:** Unión de Centro Democrático tampoco pudo *remontar* la pésima imagen que tenía por peleas internas, envidias y conspiraciones. LVE260296 **52 desprestigio:** ...la «rápida guerra victoriosa» que el Kremlin provocó en Chechenia a fin de obtener laureles patrióticos que *remontarán* el desprestigio presidencial... LVE130195 **53 descrédito:** ...Jacques Chirac procedió ayer a un reajuste del Gobierno, en un intento de *remontar* el progresivo descrédito de su mandato. LVE081195

J ALGUNOS SUSTANTIVOS QUE DESIGNAN MANIFESTACIONES DE DISCREPANCIA: **54 crítica:** ...deberemos *remontar* la crítica de un sector perfectamente ubicado y reducido de la prensa nacional que lo descalifica injustamente. PME190197 **55 desencuentro:** ...la capacidad de los dos partidos para *remontar* el largo desencuentro (...) era determinante a la hora de pensar establecer futuros acuerdos. EPE050799 **56 divergencia:** Estamos convencidos de que debemos llevar a cabo intensas conversaciones para *remontar* las divergencias... LVE170295

K SUSTANTIVOS QUE DENOTAN TRAYECTORIA FÍSICA O FIGURADA: **57 carrera:** ...a la chica la traicionaron en su día los excesos etílicos y sus aires de desmedida grandeza; le va a costar lo suyo *remontar* la carrera. EME230295 **58 currículum:** Este naipe marcado viene a decir que el PP quiere *remontar* el currículum de don Mariano y adláteres... EME200594 **59 curso:** Existe, eso sí, un acentuado escepticismo sobre la capacidad de Lafontaine para cohesionar al partido y hacerle *remontar* el curso. LVE181195 **60 trayectoria:** ...ni la tripita (...) ni el acartonado rostro (...) han influido en este cambio, aunque sí lo ha hecho el deseo de *remontar* la desigual trayectoria del Enterprise en el cine. EME010495

▩ Se combina también con: ♦ **animícamente, a trancas y barrancas**[16]**, con ahínco, esforzadamente, espectacularmente**

☐ Véase también: **reponerse (de), superar, vencer.**

remontarse (a) ♦ **época, pasado, período, tiempo**

remorder (a alguien) ♦ **conciencia**

remordimiento ♦ **de conciencia** ♦ **carcomer**[46], **confesar, corroer**[14], **dar**[359], **entrar (a alguien), expresar, venir (a alguien)**

☐ Véase también: **mala conciencia.**

[remotamente] → **ni remotamente**

remotamente *adv.* ▮ Admite la variante *ni remotamente* en contextos negativos. Se construye frecuentemente en perífrasis modales y negativas, y especialmente con los...

A VERBOS DE PENSAMIENTO, MÁS FRECUENTEMENTE SI DESIGNAN EL PROCESO DE VENIR ALGUNA IDEA A LA CONCIENCIA: **1 imaginar ++:** ...entregó la hoja de padrón municipal «seguramente de forma no suficientemente meditada y sin imaginar ni *remotamente* que pudiera servir para un delito». LVE080795 **2 ocurrirse ++:** Permitir que (...) fuera un Parlamento que no dominaban el que hubiera elegido a los 12 jueces no se les ocurrió ni *remotamente*. EME260796 **3 pensar:** No pensamos siquiera *remotamente* en la posibilidad (...) de que los hechos de estos días puedan conducir a una alteración de la normalidad institucional democrática... ETC011291 **4 pasar por la cabeza +:** ...Ortega repitió esta frase casi calcada y aseguró que no se le pasa ni *remotamente* por la cabeza bajarse de la candidatura... CLA220199 **5 soñar:** Para mí tu ancho puerto no estaba dibujado y ni *remotamente* todavía soñado... ABC170993 **6 dar la impresión:** ...presentar demandas contra cualquiera que *remotamente* dé la impresión de utilizar sus canciones o los títulos de sus canciones con ánimo de lucro... LVE240795

B VERBOS QUE DESIGNAN EL ESTADO O EL PROCESO DE CONSIDERAR PROBABLE O POSIBLE ALGUNA COSA: **7 creer +:** Pero ataja: «Que no se vaya a creer, ni *remotamente*, que nosotros queremos quitarle facultades al Ejército...». PME220996 **8 suponer +:** Nadie hubiese supuesto ni *remotamente*, que el asesino fuese él. INDOC **9 sospechar:** ...de quien nadie sospechaba ni *remotamente*. CAR210797 **10 esperar:** Ella no esperaba ni *remotamente* que yo pudiera pensar cortejarla y, como efecto, me trataba de manera superficial... EPE020800 **11 pronosticar:** Pese a la existencia de algunos núcleos radicales, nadie pronostica ni *remotamente* una vendetta anti-extranjera... EME081296 **12 prever:** ...ni los más prestigiosos institutos de investigación económica son capaces, ni *remotamente*, de prever cuáles serán (...) las consecuencias... LVE090196

C VERBOS QUE DENOTAN SIMILITUD, EQUIVALENCIA U OTRAS FORMAS DE ASOCIACIÓN PERCIBIDA ENTRE DOS O MÁS COSAS: **13 parecer(se) +:** Y aseguró: «Nunca transmitimos un programa ni *remotamente* parecido a esa situación». CLA090199 **14 equivaler +:** El paso ecuménico es importante, pero (...) ni *remotamente* equivale, con todo, a la reunión de las iglesias... EPE021199 **15 comparar +:** ...entrega a los lectores del futuro un producto distorsionado, que sólo *remotamente* puede compararse con el espíritu que lo forjó... EPE291299 **16 asemejarse:** En las zonas afectadas no hay nada que se asemeje, ni *remotamente*, a un objetivo militar o económico... EPE051099 **17 relacionar:** Remotamente se le relaciona con el ideario del Partido Republicano... EME100596 **18 equipararse:** «En otro tono, pero con la misma dureza (...) está el diputado Jesús Rodríguez y Rodríguez, a quien no equiparía ni *remotamente* con West, pero van en la misma línea». PME290996 **19 tener que ver:** Estados Unidos quiere hablar de agricultura (...), pero le suena a anatema todo aquello que tenga *remotamente* que ver con la bien justificada propuesta de revisión de los procedimientos antidumping... EPE281199 **20 sonar:** No suena *remotamente* a canto gregoriano ni se le puede definir propiamente como reggae o como rap... LVE191095 **21 recordar:** ...Atlanta tiene rascacielos que recuerdan muy *remotamente* a los de Manhattan... EME180796

D VERBOS QUE DESIGNAN LA CONDICIÓN DE SER ALGO CIERTO, TENER SENTIDO O ESTAR EN LUGAR DE OTRA COSA: **22 significar:** ...buscar un modesto lugar en el gallinero (gradas), lo cual no significaba ni *remotamente* que no se fuera mejorando posiciones... GIC260700 **23 representar:** Ver la ciudad desde las faldas del cerro, al norte, no representa ni *remotamente* el espectáculo que trae la montaña consigo. EUV031196 **24 constituir:** ...pero ni *remotamente* constituye un elemento esencial del panorama musical de hoy en día. EPD080597

E VERBOS QUE DENOTAN ALCANCE O APROXIMACIÓN A ALGO: **25 alcanzar +:** ...lo que conduce a determinados sujetos a creerse con derecho a avasallar a la gente haciendo un alarde de autoridad que ni *remotamente* alcanzan... EPE101099 **26 llegar +:** El conjunto recuerda, aunque el resultado no llega ni *remotamente*, al «Mucho ruido y pocas nueces» que tantos parabienes le valiera a Kenneth Branagh en 1993. EME021196 **27 acercarse +:** ...se han producido cancelaciones en determinadas dependencias estatales, pero que ni *remotamente* se acercan a la proporción denunciada... DED061196 **28 estar cerca:** ...un líder que desde hace mucho tiempo no ha estado ni *remotamente* cerca de los sacrificios de su pueblo, que sufre desde hace mucho. EPE271001

F ADJETIVOS QUE DESIGNAN DIVERSAS NOCIONES MODALES: **29 posible:** Yo veo que es muy difícil ordenar eso, aunque es *remotamente* posible. SEM131100 **30 probable:** Valdría la pena arriesgarse, si se pudiese conseguir la paz, cosa que no me parece ni *remotamente* probable. EME130294 **31 verosímil:** La negativa de los guerristas a entregar la cabeza de Benegas cierra toda posibilidad de depurar de forma *remotamente* verosímil las responsabilidades internas por el caso Filesa. EME051195

G ADJETIVOS QUE DENOTAN ANALOGÍA O SIMILITUD: **32 similar:** ¿Acaso se ha hecho algo ni siquiera *remotamente* similar en la «cara Lutecia» de Rubén Darío? CAP030797 **33 parecido:** Y aseguró: «Nunca transmitimos un programa ni *remotamente* parecido a esa situación». CLA090199 **34 comparable:** No creo que la cantidad de problemas que tenía que resolver entonces pueda ser ni *remotamente* comparable a los que voy a tener que resolver en el Museo del Prado. ABC200594

☐ Véase también: **ni de lejos, ni por asomo.**

remoto ♦ **alternativa, control, época, fundamento, futuro, infancia, lugar, origen, posibilidad, probabilidad, tiempo**

remunerar ♦ adecuadamente, debidamente[32], decorosamente, discretamente, insuficientemente, justamente, modestamente, satisfactoriamente, simbólicamente, suficientemente
☐ Véase también: **pagar.**

rencilla ♦ antiguo, eterno, interno, irreconciliable, oculto, pequeño, permanente, personal, político, secular, soterrado, viejo ♦ abandonar, acabar (con), aflorar, apaciguar, avivar, despertar, dirimir[6], evitar, olvidar, reavivar, resolver, revivir[52], solventar, sufrir, superar, suscitar(se), tener, volver

rencor ♦ acusado, antiguo, atávico[65], ciego (de)[6], contenido, declarado, exacerbado, hondo[4], intenso, irreprimible, largo, profundo, soterrado[21] ♦ ápice (de)[13] ♦ abrigar[42], aflorar[11], albergar, anidar (en alguien), apaciguar, atemperar[31], atizar[2], avivar[40], carcomer[5], dejar salir, dejarse llevar (por)[19], desterrar[8], destilar[8], diluir(se)[31], engendrar[25], exacerbar[23], generar, guardar[43], liberar(se) (de), manifestar, reavivar[33], reprimir, sembrar[35], sentir, suscitar, tener (a alguien)
☐ Véase también: **animadversión, odio, resentimiento.**

rendición ♦ absoluto, incondicional, sin condiciones[1] ♦ en señal (de)[37] ♦ acto (de), condiciones (de) ♦ consumar(se)[36], exigir, negociar, producir(se)
☐ Véase también: **abandono, capitulación, rendirse (a/ante).**

rendidamente ♦ admirar, caer, enamorar(se)

[rendimiento] → a pleno rendimiento

rendimiento ♦ académico, a {corto/medio/largo...} plazo, adecuado, afectivo, alto, artístico, bajo, buen(o), colectivo, competitivo, cuantioso, deficiente, deficitario, deportivo, discreto, económico, escaso, escolar, esperado, excelente, exiguo, físico, flojo, general, global, holgado, inadecuado, individual, inferior, ínfimo, insuperable, literario, máximo, mínimo, moderado, monetario, nominal, óptimo, personal, pleno, político, raquítico, real, social, superior, sustancioso ♦ capacidad (de), falta (de), nivel (de) ♦ afectar (a), alcanzar, arrojar, aumentar, bajar, calcular, capitalizar, decrecer, disminuir, elevar, evaluar, garantizar, incrementar(se), lograr, mantener, mejorar, obtener, potenciar, prever, recortar(se), reportar, sacar (a algo), tener
☐ Véase también: **aplicación, funcionamiento, rentabilidad, uso, utilidad.**

rendir ♦ al máximo, a plena satisfacción[2], a tope[12] ♦ admiración, beneficio, cuenta, culto, fruto, homenaje, pleitesía, tributo
☐ Véase también: **tributar.**

rendirse (a/ante) *v.* ▮ Se combina con sustantivos que designan personas, grupos o instituciones *(el enemigo, la policía, la autoridad, la justicia, los tribunales: Levanten las manos y ríndanse a la autoridad)*. También admite sustantivos abstractos que designan facultades humanas consideradas positivas *(inteligencia, belleza, sensibilidad, capacidad: Todos los oficiales se habían rendido a la belleza y la elegancia de la princesita)*. Se combina además con...

A SUSTANTIVOS QUE DESIGNAN LO QUE SE CONSIDERA CIERTO, AUTÉNTICO, PROBADO O SE PRESENTA A LA VISTA: **1 evidencia** ++: Rendidos ante la evidencia, los concesionarios de la playa están pensando en darle a Franka otros atractivos sin perder el perfil que supieron conseguir. CLA270199 **2 verdad** +: Dejar de creerles, dejar de pagar, es *rendirse* a una verdad, una verdad probable que todavía no está dispuesta a afrontar. EPE071199 **3 prueba** +: El joven monarca (...) se *rindió* a las pruebas presentadas por el Mossad. EPE240999 **4 realidad** +: La subida a los altares de Pío IX (...), que hubo de *rendirse* a la realidad de la Italia unificada en 1870, se producirá 90 años después... EPE211299 **5 ciencia:** Te admiro, querido Carlos, y me *rindo* ante tu ciencia y ante tu poder. EME230595 **6 demostración:** Europa entera se *rindió* ante la colosal demostración de poderío que ofreció el Barça el pasado miércoles ante el Fiorentina... EPE240999

B SUSTANTIVOS QUE DENOTAN ATRACCIÓN O INFLUJO, ESPECIALMENTE SI ES DE ORIGEN FÍSICO O ESTÉTICO. TAMBIÉN CON OTROS SUSTANTIVOS QUE DESIGNAN METONÍMICAMENTE ESAS FORMAS DE INFLUENCIA: **7 atractivo** ++: ...desde el neoplasticismo de Mondrian y el suprematismo de Malevich, hasta Josef Albers, Ad Reinhardt o Barnett Newman se ha venido *rindiendo* al poderoso atractivo de la geometría y sus posibilidades rítmicas. LVE251096 **8 fascinación** +: ...porque este ha sido uno de los secretos de su atractivo y de que indígenas y foráneos se hayan *rendido* a semejante fascinación. LVE111296 **9 encanto** ++: ...no tiene gran reparo en que las damas bonaerenses caigan *rendidas* ante el encanto del español, con su lírica relamida de profunda apariencia. LRE180103 **10 mirada** +: Tarde o temprano los americanos tendrán que *rendirse* ante la mirada abrasiva de esta generosa actriz. EME190394 **11 influjo** +: Es, seguramente, muy fácil, refrendar el genio de Picasso cuando todo el siglo XX se ha *rendido* a su influjo... EME181195 **12 influencia** +: Desde entonces las influencias han sido diversas y siempre han tendido hacia el sur, hacia unas raíces de las que ellos renegaban en sus primeros discos y a las que se han *rendido* en la madurez. EME110696 **13 magnetismo** +: A través del galardón, el Festival de Cine de San Sebastián (...) se *rinde* ante el misterio y el magnetismo sexual de una intérprete... EME080995 **14 ojo:** Nada más conocerlo se *rindió* ante sus ojos verdes y profundos. INDOC

C SUSTANTIVOS QUE DESIGNAN PROBLEMAS, OBSTÁCULOS O FORMAS DE COACCIÓN: **15 dificultad** ++: El equipo médico no se *rindió* ante las dificultades... EME250895 **16 presión** +: ...se ha *rendido* a la presión de los dos presidentes populares... EPE130499 **17 exigencia:** Hasta el presidente Juan Lamarca (...) se *rindió* a las exigencias de Claudia. EPE070699 **18 amenaza:** La UEFA mantiene abierto el frente de guerra contra la Unión Europea y no está dispuesta a *rendirse* ante las amenazas lanzadas desde Bruselas... EME070296

D SUSTANTIVOS QUE DENOTAN SUPREMACÍA O PREEMINENCIA, Y CON OTROS QUE DESIGNAN ALGUNOS DE SUS ATRIBUTOS CARACTERÍSTICOS: **19 superioridad ++:** ...jugadoras del equipo easonenese del Añorga, se tuvieron que *rendir* ante la superioridad del madrileño Oroquieta... EME240194 **20 poder +:** El fútbol europeo se *rindió* al poder de los clubes españoles. EPE120900 **21 potencia:** El ramillete de figuras presentes en la línea de salida era impresionante (...) pero todos tuvieron que *rendirse* ante la potencia de Miguel y de su heredero. LVE040896 **22 poderío:** La afición (...) salió *rendida* ante el poderío de Sabonis... LVE300495 **23 hegemonía:** Desde entonces, servirse de él para expresar sus grandezas y sus servidumbres fue exigiendo que la imaginación se *rindiera* a su hegemonía... ABC290995

E SUSTANTIVOS QUE DENOTAN PERICIA, JUSTEZA, PRECISIÓN Y OTRAS CUALIDADES DE LAS PERSONAS O LAS COSAS QUE MANIFIESTAN COMPORTAMIENTOS O RENDIMIENTOS ÓPTIMOS EN ALGÚN DOMINIO: **24 eficacia:** Cualquiera se *rinde* ante la eficacia técnica de Miguel Condé. ABC270594 **25 efectividad:** ...ante un rival que si bien no jugó tan mal como pueda parecer por lo abultado del resultado, sí que tuvo que *rendirse* ante la inapelable efectividad de su contrario... LVE290196 **26 experiencia:** Después se *rindió* ante la experiencia del español que supo esperar a que llegaran las imprecisiones en el juego de Arazi... LEC050697 **27 consistencia:** Con ellas se ha ganado el respeto del mundo de las letras que se *rinde* ante la consistencia y la verdad de una actitud sostenida con tanta vehemencia. ABC150995 **28 habilidad:** Desde luego, me *rindo* ante la habilidad que has demostrado para tratar un asunto tan delicado. INDOC

▩ Se combina también con: ♦ **cobardemente, con condiciones, de antemano[42], incondicionalmente[13], sin condiciones[23], sin reservas[18]**

renegar (de) *v.* ▮ Se combina con...

A SUSTANTIVOS QUE DENOTAN ORIGEN O PROCEDENCIA, ASÍ COMO OTRAS NOCIONES RELACIONADAS CON EL PASADO: **1 origen ++:** ...los chicos *reniegan* de sus orígenes porque son sus raíces las que los separan de «el resto de los chicos». LTB131100 **2 pasado ++:** Los partidos comunistas se presentan en todas partes bajo otros nombres, *reniegan* de su pasado leninista... LVE111295 **3 raíz:** ...transpira feliz bajo el ardiente sol del agosto de su Isla porque «éstas son mis raíces, éstas son mi gente, y quien *reniegue* de ellas se pierde». GIC093497 **4 tradición:** El «nuevo brutalismo» basó sus propuestas en la «honestidad en el uso y presentación (...) no *renegando* de la tradición.». ABC080193

B SUSTANTIVOS QUE DENOTAN CREENCIA, IDEOLOGÍA O SISTEMA DE VALORES PROPIOS: **5 conciencia +:** ...el espléndido ejemplo de tantos discípulos de Cristo que supieron afrontar sufrimientos de todo tipo para no *renegar* de la propia conciencia. LVE030795 **6 convicción ++:** ...constituye una sátira feroz de los comportamientos derivados de unas estructuras sociales que obligan al hombre a *renegar* de sus convicciones. LVE211196 **7 credo:** No deja de resultar paradójico que un escritor que tenía una visión tan desilusionada de la realidad no *renegara* nunca de un credo político... EME210594 **8 principio +:** Pero no *renegó* de sus principios: quiso hacerlos más humanos. EPE270900 **9 fe:** El escritor fue acusado por los integristas radicales de ser un apóstata –el que *reniega* de su fe musulmana–... LVE110195 **10 idea:** Frente a los empresarios, Fernández apeló al humor para *renegar* de la idea de Duhalde. CLA080797 **11 ideología:** La Audiencia Nacional pretende de esta forma ofrecer una salida para los procesados sin que tengan que *renegar* de su ideología independentista. LVE030495 **12 recetario –:** ...Rusia está *renegando* poco a poco del recetario «occidentalista». LVE080195

C SUSTANTIVOS QUE DENOTAN COMPROMISO O RESPONSABILIDAD. TAMBIÉN CON OTROS QUE DESIGNAN LAZOS QUE SUELEN ESTABLECERLOS: **13 responsabilidad +:** ...*renegando* del rango y responsabilidad de la función que desempeñó, según se desprende de su variada correspondencia aclaratoria de los últimos tiempos. PME140796 **14 acuerdo:** ...el proyecto de ley del Congreso «*reniega* del acuerdo bipartito entre republicanos y demócratas del año pasado...». EPE051199 **15 compromiso +:** ...cuando estén en el poder, *renegarán* de sus compromisos y volverán a la «cultura del gobierno»... LVE171196 **16 vínculo:** Hermanos que no se hablan, padres e hijos que *reniegan* de sus vínculos familiares o novios que llevan años separados. EME300194 **17 amistad +:** Fraga (...) no *reniega* de su amistad con Antonio Fernández, y la define así: «Somos buenos amigos desde hace unos doce años.». EPE051299

D ALGUNOS SUSTANTIVOS QUE DENOTAN ÍNDOLE O NATURALEZA DE ALGO: **18 condición ++:** Pero no por entrar en la Alianza estamos *renegando* de nuestra condición socialista... HOY071287 **19 naturaleza +:** De manera que la inclinación del FSLN a la violencia radica en su misma naturaleza revolucionaria, de la que no ha querido *renegar*... LPN250697 **20 rango:** El coronel *renegó* finalmente de su rango y de su cargo en el ejército. INDOC

E OTROS SUSTANTIVOS; POSIBLES USOS ESTILÍSTICOS: «Cabe no *renegar* de ninguna de las brumas que la sinceridad absoluta de pensar va aglomerando en nuestro cerebro», proclamaba en 1889. ABC151191

☐ Véase también: **abjurar (de), desdecirse (de).**

[renglón] → **a renglón seguido**

renombre ♦ **acreditado, cierto, distinguido, ilustre, incuestionable, indiscutible, indudable, internacional, merecido, notorio, reconocido, significado, sólido, universal** ♦ **adquirir[10], alcanzar, buscar, cimentar, cobrar, comprometer, conquistar, conseguir, consolidar, disfrutar (de), empañar(se), gozar (de)[3], labrar(se), perder, socavar, tener**

☐ Véase también: **fama, prestigio, reputación.**

renovación ♦ **a medias[66], apremiante[54], completo, de arriba abajo, drástico, estructural, imprescindible, inmediato, íntegro, interno, lento, necesario, parcial, paulatino, profundo[100], progresivo, radical, rápido, rotundo, urgente** ♦ **con posibilidad (de)[18]** ♦ **objeto (de)[76]** ♦ **abanderar[31], acometer, activar, emprender, experimentar, fomentar, frustrar(se), gestionar, impulsar, interrumpir, lanzar, llevar a cabo, operar(se), proceder (a), promover, propulsar, urgir[8]**

☐ Véase también: **mejora, reorganización, reparación.**

renovado ♦ enteramente, por completo, sustancialmente ♦ atención, brío, compromiso, confianza, contrato, deseo, eficacia, empuje, entusiasmo, esfuerzo, esperanza, éxito, expectativa, fuerza, ilusión, imagen, ímpetu, impulso, inquietud, intento, interés, optimismo, pasión, presencia, promesa, protagonismo, temor

renovar(se) ♦ de arriba abajo[5], de cabo a rabo, de pies a cabeza, íntegramente, paulatinamente[30], por completo[178], por dentro, profundamente[15], progresivamente, sin tregua[15] ♦ acuerdo, compromiso, contrato, costumbre, dedicación, discurso, estructura, gana, ilusión, interés, pacto, tradición, tratado

renta ♦ alto, bajo, cuantioso, decoroso, desorbitado, elevado, escaso, exiguo[9], imponible, insuficiente, íntegro, jugoso, modesto, suficiente, sustancioso ♦ administrar, aumentar, congelar[4], cotizar, decrecer[26], disfrutar (de), gozar (de), incrementar(se), pagar, percibir, producir, reportar (a alguien), sobrepasar[12], vivir (de)
☐ Véase también: **dinero, margen (de), sueldo.**

rentabilidad ♦ aceptable, adecuado, alto, atractivo, bajo, bruto, científico, desorbitado, discreto, discutible, económico, electoral, elevado, empresarial, escaso, esperado, exiguo, fluctuante, gran(de), inadecuado, ínfimo, inmejorable, insuficiente, irrisorio, jugoso, material, medio, moderado, modesto, módico, neto, nulo, pequeño, pingüe, político, privado, raquítico, razonable, relativo, satisfactorio, social, suficiente, sustancioso ♦ criterio (de), expectativas (de), falta (de), indicador (de), margen (de), nivel (de), tasa (de) ♦ acumular, asegurar(se), aumentar, buscar, caer, calibrar, comportar, disminuir, evaluar, exigir, ganar, garantizar, incrementar(se), mejorar, obtener, ofrecer, peligrar, percibir, perder, proporcionar, reportar, sacar
☐ Véase también: **beneficio, rendimiento.**

RENTABILIDAD Véase: BENEFICIO

rentabilizar ♦ a largo plazo, al máximo, deportivamente, económicamente, electoralmente, plenamente, profesionalmente ♦ activo, ahorro, apoyo, cosecha, dividendo, dominio, esfuerzo, éxito, gasto, imagen, inversión, operación, oportunidad, participación, patrimonio, posición, presencia, trabajo, ventaja

rentable ♦ comercialmente[44], dudosamente, económicamente, electoralmente

renuncia ♦ abnegado, a medias, desinteresado, desprendido, inequívoco[67], irrevocable, resignado, total ♦ hacer público, motivar, negociar[39], presentar
☐ Véase también: **abandono.**

renunciar ♦ abiertamente[99], absolutamente, de antemano[43], definitivamente, expresamente[21], irrevocablemente[1], por completo[100], totalmente
☐ Véase también: **abjurar (de).**

reñido *adj.* ▮ En el sentido de 'enemistado' se combina con sustantivos de persona *(Estaba reñida con su novio)*. En el sentido de 'que manifiesta rivalidad' se combina con...

A SUSTANTIVOS QUE DENOTAN LUCHA, CONTIENDA Y MÚLTIPLES FORMAS DE ENFRENTAMIENTO U OPOSICIÓN: **1 lucha** ++: El parejo empuje en los scrums y la poca claridad en la obtención de los line-outs, por ambas partes, fueron tornando la lucha en áspera y *reñida.* LPA100592 **2 batalla** ++: Una *reñida* batalla por la elección de su candidato para las elecciones generales... LTB021296 **3 pugna** ++: ...muchos «cracks» están enfrentados en *reñida* pugna para ganar las eliminatorias... LTB111296 **4 combate** +: El escrutinio preliminar (...) augura un *reñido* combate por diputaciones y alcaldías. ESH180397 **5 competencia** ++: ...también se refleja una *reñida* competencia entre las universidades privadas en la demanda educativa. LPH311000 **6 pelea:** La pelea entre Santander y Valle estaba *reñida* y la emoción subía. EPC181197 **7 contienda:** Sin importar quién sea el ganador de la contienda más *reñida* de la historia reciente... SEM061100 **8 disputa:** ...tras una *reñida* disputa con el Consejo de Seguridad. EXP011091 **9 confrontación:** La confrontación con el candidato socialista, Lluis Sacrest, se prevé muy *reñida.* EPE090499 **10 enfrentamiento:** El *reñido* enfrentamiento se llevo a cabo con motivo del medio siglo de existencia del Nacional. ENH280497 **11 duelo:** El francés Jean Alesi (...) llegó en el segundo lugar, 18.2 segundos detrás de Schumacher, con quien libró *reñido* duelo. DYM090996 **12 liza:** ...todos los votantes indecisos con los que se toparon en las últimas 24 horas ya que esta liza es muy *reñida.* LNC071100 **13 oposición:** ...le hizo ceder la plaza a una caribeña negra en una *reñida* oposición de juventud. EPD030597

B SUSTANTIVOS QUE DESIGNAN COMPETICIONES O PRUEBAS, MUY FRECUENTEMENTE DEPORTIVAS, ASÍ COMO ALGUNAS DE SUS FASES: **14 final** ++: En *reñida* final se impuso a tres sets a Daniel Adalberti. LNP150997 **15 partido** ++: El partido fue bastante *reñido*, ya que el sexteto capitalino tuvo que extenderse a cinco sets para lograr el triunfo. ESP290497 **16 competición** ++: ...indicar que la *reñida* competición puede retrasar los resultados oficiales en varios distritos legislativos. LNC071100 **17 encuentro** +: Otro conjunto hispano, Espanyol, también tendrá un *reñido* encuentro cuando Feyenoord lo visite en Barcelona. EUV151096 **18 campeonato:** ...el VII Campeonato Estatal Abierto de Ajedrez por Equipos, el más *reñido* en la historia, comenzó ayer... DYM010996 **19 prueba:** En la categoria masculina la prueba estuvo más *reñida*... EPE170599 **20 semifinal:** ...la semifinal fue muy *reñida* porque el nivel académico de los colegios de esta región es muy alto. ETC111196 **21 mundial:** La misión no será fácil, puesto que será un Mundial muy *reñido*, pero confiamos en nuestras fuerzas... ACP311000 **22 set:** ...Carlos Argüello se coronó campeón al vencer a su hermano Tomás, en tres *reñidos* sets, 3-6, 6-4 y 6-3. LPN250697 **23 rally:** Ahora compartimos el liderato del Mundial con Juha Kankkunen y con él vamos a tener unos rallyes muy *reñidos.* EME010694 **24 regata:** ...a una *reñida* y emocionante regata de pateras con salida puntual del malecón de Ceuta... EPE270800 **25 juego:** ...dijo que no subestime a los salvadoreños y espera un juego *reñido.* ESH060497

C SUSTANTIVOS QUE DESIGNAN PROCESOS ELECTORALES, LAS ACCIONES Y ACTUACIONES QUE INTERVIENEN EN ELLOS. TAMBIÉN CON OTROS QUE DESIGNAN LOS RESULTADOS MATERIALES DE LAS VOTACIONES: **26 elección ++:** ...tomaron un receso para las *reñidas* elecciones del 7 de noviembre... END141100 **27 votación ++:** ...en los que cualquier votación es *reñida*, dado que el Senado está dividido... DDN070101 **28 campaña ++:** ...la campaña más cara de la historia de Estados Unidos (...) y la más *reñida* de las últimas cuatro décadas... LNC071100 **29 comicios +:** Luego de unos comicios particularmente *reñidos* y conflictivos, los perredistas impugnaron... PME131096 **30 referéndum:** Tras un *reñido* referéndum, el pasado 13 de noviembre los suecos decidieron ingresar en la Unión Europea... LVE170995 **31 vuelta:** Eltsin (35) tiene una ligera ventaja frente al comunista Ziuganov (29), lo que hace prever una *reñida* segunda vuelta. LVE170696 **32 escrutinio –:** Reñido escrutinio. ESH180397 **33 conteo –:** Las previsiones se tomarán en aquellas entidades en las que puedan originarse conteos *reñidos*... ENV260700 **34 escaño –:** Esta vez, los dos escaños más *reñidos* se los disputan populares y socialistas. EPE231001

D SUSTANTIVOS QUE DESIGNAN CONCURSOS, CERTÁMENES Y OTROS EVENTOS EN LOS QUE SE OPTA A UN PREMIO O UN PUESTO: **35 concurso +:** ...el desenlace de concursos tan *reñidos*... EPEANUA98 **36 convocatoria:** ...una convocatoria a la que optan un total de 56 películas y que se presenta muy *reñida*. EPE291099 **37 certamen:** El certamen de la sección de honor fue muy *reñido*. EPE120799 **38 gala:** ...en una *reñida*, competida y emocionante gala que (...) resultó impecable aunque excesivamente prolongada. EME280196 **39 apartado:** ...si bien este apartado es el más *reñido* de todos y el mejor seleccionado... LVE250396 **40 sorteo:** Un sorteo más que *reñido*. LVE090495 **41 selección:** El reparto lo forman 30 vecinos, que tuvieron que superar una *reñida* selección. EPE231201 **42 casting:** ...esa venerable señora (...) a buen seguro, habrá superado un *reñido* casting de viejecitas tiernas y maravillosas... EPE061199

E SUSTANTIVOS QUE DENOTAN CONVERSACIÓN O DEBATE ENTRE DOS O MÁS PARTES: **43 debate +:** A partir de hoy se abre entre los senadores de la UCR un *reñido* debate para elegir al reemplazante de Losada... CLA111000 **44 polémica +:** ...en una de las polémicas más *reñidas* de nuestra reciente historia política... INDOC **45 discusión:** ...después de la más *reñida* discusión concurrida de toda clase de gentes. EXC210197

F SUSTANTIVOS QUE DESIGNAN LA ACCIÓN O EL EFECTO DE FALLAR EN ALGUNA DISPUTA O DICTAMINAR ACERCA DE ALGUNA CUESTIÓN: **46 decisión:** Por su parte, el peluquero Mikel Lucea comentó que este año la decisión había estado más *reñida*. DDN050101 **47 veredicto:** El veredicto del jurado, formado por nueve personas, fue muy *reñido*. EPE101299 **48 deliberación:** ...tras siete votaciones consecutivas, lo cual da idea de una *reñida* deliberación... EME111296

G SUSTANTIVOS QUE DESIGNAN EL RESULTADO DE UNA CONTIENDA O UNA ELECCIÓN. TAMBIÉN CON OTROS QUE EXPRESAN LA FORMA EN QUE SE COMPUTA: **49 resultado +:** Aunque con un padrón escaso, los resultados de Formentera son siempre *reñidos* y muy importantes para el equilibrio de fuerzas... CLA220301 **50 victoria +:** Esta victoria tan *reñida* es buena para pensar que en el futuro tenemos que trabajar aún con más ahínco. LVE210295 **51 triunfo:** ...se notó especialmente en el *reñido* triunfo que consiguió ante Max Mirnyi. EPU060901 **52 marcador:** El marcador final fue más *reñido* (7-6, 7-6) pero, ¡ay!, Conchita también perdió. EME070696 **53 puntuación:** La puntuación fue bien *reñida*: sólo un punto separaba a cada una de las tres firmas. ENH110297 **54 accésit:** Los accésit estuvieron muy *reñidos*. EPE040799

H SUSTANTIVOS QUE DESIGNAN LA ACCIÓN O EL EFECTO DE OPTAR A ALGO QUE SE SUBASTA O APOSTAR POR ALGUNA COSA: **55 puja ++:** Como es habitual, las pujas más *reñidas* correspondieron a lotes de menor cuantía. ABC090793 **56 subasta:** La subasta de la Siderúrgica del Orinoco (...) fue más *reñida* de lo que a simple vista pudo parecer. ENV221297 **57 apuesta:** ...permite a los abogados hacer *reñidas* apuestas sobre qué otros giros inesperados sufrirá el comportamiento del juez... EME310396 **58 pronóstico –:** Pero si contesto con la cabeza, el pronóstico está más *reñido*, aunque veo que el Barça no lo tiene tan mal. LVE240296

I SUSTANTIVOS QUE DESIGNAN REUNIONES EN LAS QUE GENERALMENTE SE DECIDEN RESULTADOS O SE TOMAN DECISIONES: **59 sesión +:** La sesión fue *reñida* pero se llegó a varias conclusiones... INDOC **60 cónclave:** El desenlace de este esperado y *reñido* cónclave del PSPV-PSOE... EPE250900 **61 conferencia:** La IV Conferencia Mundial de la Mujer, una de las más *reñidas* de la historia de Naciones Unidas, cerró ayer sus puertas con un tono triunfalista. EME160995 **62 reunión –:** Hasta la expulsión de Wome, hasta el gol posterior, la reunión estaba *reñida*, pero venciéndose metro a metro en rojiblanco. EPE170399

J OTROS SUSTANTIVOS; POSIBLES USOS ESTILÍSTICOS: Y es que «el tal Parreño» (...) ya había iniciado la redacción de esta *reñida* trama... ABC160695; Un argumento (...) les ha servido para llevarse el gato al agua en la *reñida* cartelera estadounidense. EPE120700; En términos generales, agosto fue un mes bastante menos *reñido* que julio. EPE020999

☐ Véase también: **competitivo, reñir.**

reñir ♦ a muerte[7], injustificadamente, por un quítame allá esas pajas, verbalmente

☐ Véase también: **reñido.**

[reojo] → **de reojo**

reorganización ♦ a fondo[52], drástico, imprescindible, necesario, parcial, profundo[102], total, urgente ♦ acometer, apoyar, emprender, impulsar, llevar a cabo, plantear, promover

☐ Véase también: **renovación, replanteamiento.**

reparación ♦ exigir, hacer, necesitar, pedir, precisar, presupuestar

☐ Véase también: **arreglar, arreglo, componer, reparar, solución, zurcir.**

REPARACIÓN Véase: *SOLUCIÓN Y REPARACIÓN*

reparador ♦ comida, descanso, éxito, sueño, terapia, tratamiento, triunfo

reparar ♦ adecuadamente, convenientemente, efectivamente, totalmente ♦ agravio, artefacto, avería, bache, consecuencia, daño, desbarajuste, descrédito, desperfecto, destrozo, efecto, entuerto, equipo, error, estropicio, fallo, fractura, ilegalidad, imagen, injusticia, instalación, instrumento, línea, máquina, maquinaria, perjuicio, servicio, sistema, vehículo, vivienda ♦ destinar (a), proceder (a)
☐ Véase también: **restañar.**

reparar (en) ♦ consecuencia, coste, costo, esfuerzo, gasto, matiz, medio

reparo ♦ escaso, grave, insalvable, leve, ligero, serio[52], socorrido ♦ dar[347], despejar, expresar, formular[48], levantar[55], manifestar, mostrar, oponer[15], plantear[65], poner (a algo/a alguien), salvar, sentir[41]
☐ Véase también: **objeción.**

repartición ♦ equitativo[4], igualitario, injusto, justo, por igual ♦ efectuar, llevar a cabo, realizar
☐ Véase también: **distribución, participación, reparto.**

repartir ♦ a dedo[15], a diestro y siniestro[1], a domicilio[14], a escote, a espuertas[15], a granel[5], a manos llenas[5], a partes iguales[5], armoniosamente[23], asimétricamente, como rosquillas[4], desigualmente, equitativamente, generosamente[15], igualitariamente, imparcialmente[21], injustamente, justamente, ordenadamente[1], proporcionalmente, salomónicamente[13]
☐ Véase también: **distribuir.**

reparto ♦ a domicilio[30], a partes iguales, arbitrario, desfavorable, desigual, equitativo[1], homogéneo, igualitario[8], imparcial, injusto, justo, nutrido[23], parcial, paritario[3], proporcional[9], salomónico[21], uniforme, ventajoso ♦ agilizar, efectuar, establecer, llevar a cabo, realizar
☐ Véase también: **distribución, repartición.**

REPARTO Véase: *DISTRIBUCIÓN*

REPARTO Véase: DISTRIBUCIÓN

repasar ♦ al detalle[21], atentamente[18], ce por be, con detalle[7], cronológicamente[6], de cabo a rabo, de carrerilla[13], de corrido, de extremo a extremo, de punta a cabo, detenidamente, en todos sus extremos, exhaustivamente, febrilmente[16], minuciosamente, punto por punto[13], tranquilamente
☐ Véase también: **revisar.**

repaso ♦ absoluto, amplio, atento, completo, concienzudo, cronológico, cuidadoso, de arriba abajo, de punta a cabo, detallado, detenido, exhaustivo[2], extenso, histórico, ligero, meticuloso, minucioso[13], pormenorizado, rápido, riguroso, somero[30], superficial ♦ dar (a algo/a alguien), efectuar, hacer, llevar a cabo, necesitar, practicar
☐ Véase también: **chequeo, repetición, revisión.**

repelús ♦ causar, dar[365], entrar (a alguien), producir (a alguien), provocar (a alguien), sentir
☐ Véase también: **aversión, odio, tirria.**

repentino ♦ abandono, alteración, amor, anuncio, aparición, apoyo, atasco, aumento, bajada, cierre, corte, crecimiento, crisis, decisión, derrumbe, desaparición, descenso, desenlace, disminución, dolor, enfermedad, entrada, fama, fiebre, final, frenazo, interés, interrupción, irrupción, malestar, oscilación, parada, parón, quiebra, subida, temor, transformación, variación, viaje, *otros sustantivos que designan cambios o movimientos*
☐ Véase también: **brusco.**

repercusión ♦ a {corto/medio/largo} plazo, acusado[73], catastrófico[6], considerable, decisivo[50], escaso, fuerte, funesto[2], grave, hondo, imprevisible[12], incalculable, indudable, ineludible, inevitable, inmediato, insospechado, intenso, leve, ligero, notable, nulo, previsible, profundo, rotundo, seguro, serio[32], severo[60], traumático, tremendo ♦ acarrear[3], acusar[57], afectar (a algo/a alguien), agravar(se)[37], aminorar, amortiguar[31], calcular, calibrar[22], conllevar, contrarrestar, deducir[13], esperar(se), experimentar, generar, minimizar, negar[19], neutralizar, ocasionar, paliar[20], prejuzgar[23], prever, producir, provocar, solventar, sopesar[19], tener, traer (consigo)
☐ Véase también: **afectar, consecuencia, eco, efecto, huella, incidir, influir.**

repercutir ♦ a {corto/medio/largo} plazo, a la larga, considerablemente[81], decisivamente[17], desfavorablemente[4], enormemente, favorablemente[10], fuertemente[21], gravemente[27], indefectiblemente[20], indudablemente, inevitablemente[25], ligeramente, negativamente[3], notablemente[3], previsiblemente, profundamente, seriamente

repertorio ♦ abultado[60], abundante, amplio, conocido, corto, escaso, extenso, interminable, largo, selecto, socorrido, trillado[25], variado, vasto ♦ acudir (a), disponer (de), echar mano (de), ejecutar, hacer caso (de), poner en juego, prodigar[52], recurrir (a), renovar, tener
☐ Véase también: **abanico (de), conjunto, lista, relación.**

[repetición]→ de repetición

repetición ♦ calcado, cansino[20], consabido, insistente, lastimero, literal[17], machacón, mero, monótono, obsesivo, pesado, puro
☐ Véase también: **cíclicamente, ciclo, crónico, frecuencia, insistencia, pegadizo, rebobinar, reiterar, repaso, repetidamente, repetir(se), trillado, vuelta.**

REPETICIÓN Véase:
♦ crónico, pegadizo, trillado
♦ cíclicamente
♦ ciclo, frecuencia, insistencia, repaso, repetición
♦ devolver, rebobinar, reiterar, repasar, repetir(se), repicar

REPETICIÓN

♦ (SUSTANTIVOS) Véase: **cansino**[E], **en serie**[D]

♦ (VERBOS) Véase: **a machamartillo**[B], **al dedillo**[A,F,G], **de memoria**[B], **elocuentemente**[D], **enérgicamente**[G], **en serie**[B], **indefectiblemente**[C], **insistentemente**[B], **por activa y por pasiva**[C], **por completo**[P], **punto por punto**[B], **repetidamente**[C]

☐ Véase también: IMITACIÓN; REPRODUCCIÓN.

repetidamente *adv.* ▮ Admite múltiples verbos que designan acciones que tienen fin natural *(visitar repetidamente una ciudad; estropearse repetidamente el ordenador; notar repetidamente una sensación; ganar repetidamente un torneo)*, pero se percibe una clara tendencia a combinar este adverbio con...

A VERBOS QUE DENOTAN MANIFESTACIÓN VERBAL, ESPECIALMENTE DE TIPO ENUNCIATIVO: **1 afirmar ++:** Por el contrario, el vicesecretario del partido, Alfonso Guerra, ha afirmado *repetidamente* que la formación de una nueva mayoría debe pasar por las urnas... EPE021180 **2 anunciar ++:** Buteflika ha anunciado *repetidamente* que dimitiría si no le dejan hacer. EPE140700 **3 decir +:** La noticia no es que el tabaco mata a una persona cada 10 segundos (...) algo que ya sabíamos y que hemos venido diciendo *repetidamente* hace ya años... EME070995 **4 hablar:** En la correspondencia entre Irujo y Vidal i Barraquer se habla *repetidamente* del obispo Polanco. LVE201195 **5 declarar:** ...ha declarado *repetidamente* su amor por la obra rossiniana. ABC150592

B VERBOS QUE DESIGNAN LA ACCIÓN DE EXPONER, SOSTENER O PRESENTAR ALGO, GENERALMENTE DE MANERA PÚBLICA O NOTORIA: **6 plantear ++:** Los sucesivos administradores del consorcio (...) plantearon *repetidamente* la necesidad de dotar al teatro de un verdadero sistema de seguridad. LVE071195 **7 defender ++:** No obstante, ha defendido *repetidamente* la liberalización económica... LVE251195 **8 proclamar +:** ...proclamó *repetidamente* su admiración por aquél, a quien consideró siempre su maestro. EPE100399 **9 exponer +:** Y ese excepcional protagonista, que anteriormente había expuesto *repetidamente* en Nueva York, México y París, era Emilio Sánchez... ENH090397 **10 propugnar:** ...se confirmó el divorcio entre dos sectores cuyas posiciones políticas se vieron enfrentadas durante el debate asambleario en perjuicio de la ansiada integración propugnada *repetidamente* por sus líderes. LVE131195

C VERBOS DE LENGUA QUE DENOTAN REITERACIÓN O ÉNFASIS: **11 insistir ++:** ...el talante negociador ha vuelto a las dos partes en conflicto, músicos y Ministerio de Cultura, que insisten *repetidamente* en su respectiva buena voluntad para solucionar el problema... ABC270392 **12 destacar +:** ...destaca *repetidamente* la biografía de Marcel Marnat, sin duda muy completa. ABC191193 **13 incidir:** En sus declaraciones posteriores al partido, Johan Cruyff incidió *repetidamente* en los errores de los jueces de línea... LVE020395 **14 reiterar:** ...le cambiase el apellido Amat por el de Prat, error que reiteró *repetidamente.* LVE030896 **15 reforzar:** En los últimos cuatro años, Honduras ha reforzado *repetidamente* sus tropas en la línea divisoria... LNC160497

D VERBOS QUE DENOTAN MENCIÓN O REFERENCIA: **16 aludir ++:** El presidente del PP catalán aludió *repetidamente* al impulso y a la reestructuración del partido en las comarcas de Girona... EPE040399 **17 citar ++:** Juan Larrea es citado *repetidamente*, pero tampoco se recoge ningún texto lírico. ABC031195 **18 señalar ++:** Se le ha señalado *repetidamente* como una especie de progenitor de la llamada «generación realista», por ejemplo. ABC091294 **19 llamar +:** ...se ha perdido un chaval y lo llaman *repetidamente* por los servicios de megafonía. LVE040196 **20 glosar:** ...glosó *repetidamente* esta idea en diversos seminarios... LVE291095

E VERBOS QUE DENOTAN OFRECIMIENTO, AVISO, RECOMENDACIÓN Y OTRAS FORMAS DE HACER LLEGAR A LOS DEMÁS LAS INFORMACIONES QUE LES CONCIERNEN: **21 invitar:** ...invitaba *repetidamente* al lector a recurrir a los periódicos de la época para confirmar sus afirmaciones... EPE200299 **22 ofrecer:** Esa colaboración de nuestra parte la hemos ofrecido *repetidamente* al Gobierno Nacional y en el día de hoy se la reiteramos al señor Presidente de la República. ETC170797 **23 advertir:** Los líderes socialistas (...) han advertido *repetidamente* a Hosokawa que de ceder en este aspecto podrían decidir retirarse de la coalición. EME290194 **24 aconsejar:** ...«piensa positivamente» aconseja *repetidamente* uno de los personajes... LVE130896

F VERBOS QUE DENOTAN MANIFESTACIÓN VERBAL DE OPOSICIÓN U HOSTILIDAD Y –MÁS RARAMENTE– DE ENCOMIO O ALABANZA: **25 acusar ++:** El ELK ha acusado *repetidamente* al partido de Rugova de ineficaz... EPE220699 **26 rechazar +:** ...el gobierno ha rechazado *repetidamente* esa solicitud, posiblemente por temor a una reacción de indignación de la comunidad internacional. ENH001101 **27 negar +:** El canciller alemán, Helmut Kohl, y el presidente francés, Jacques Chirac, negaron anoche *repetidamente*, en un tono muy rotundo, que las relaciones entre Alemania y Francia atraviesen una crisis. LVE261095 **28 amenazar:** ...ya ha amenazado *repetidamente* con la ruptura de la coalición... LVE150695 **29 criticar:** Este mismo semanario había criticado *repetidamente* estos proyectos de casinos... EME120696 **30 insultar:** En dicho escrito, la señora Amat insulta *repetidamente* a los bibliotecarios. LVE290196 **31 elogiar:** ...elogió *repetidamente* el papel del ministro español de Asuntos Exteriores en la Conferencia Euromediterránea de Barcelona. EME301195 **32 alabar:** En el acto, me alabaron *repetidamente*, aunque no llegaba a comprender muy bien por qué. INDOC

G VERBOS QUE DENOTAN SOLICITUD O DEMANDA: **33 pedir +:** ...Joaquín Leguina, pidió *repetidamente* el encarcelamiento del director de este periódico... EME090196 **34 solicitar +:** Montalbán lamentó que la Generalitat no haya facilitado aún los datos de siniestralidad referentes al año pasado, a pesar de haberlos solicitado *repetidamente.* EPE220199 **35 reclamar:** Desde que se cerró el pabellón, PSOE e IU habían reclamado *repetidamente* el derecho a consultar la información disponible. EPE091099

☐ Véase también: **insistentemente, machaconamente, pesadamente, por activa y por pasiva, profusamente, reiteradamente.**

repetir(se) ♦ **a coro**[21], **al dedillo**[7], **al pie de la letra**[18], **a machamartillo**[5], **como un loro, de boca en boca**[15], **de cabo a rabo, de carrerilla**[4], **de corrido, de memoria**[6], **de pe a pa, eternamente, gustosamente, incansablemente**[7], **indefectible-**

mente[11], inexorablemente[35], insistentemente[10], literalmente[4], machaconamente[1], miméticamente[2], por activa y por pasiva[18], por completo[149], punto por punto[14], religiosamente, sin ton ni son, una y otra vez
☐ Véase también: **reiterar.**

repicar ♦ campana

replanteamiento ♦ absoluto, a fondo[53], necesario, radical, serio, severo[93], total ♦ exigir, imponer(se), impulsar, llevar a cabo, plantear, promover, proponer
☐ Véase también: **reorganización.**

replegar(se) ▮ *(retirar)* **♦ cobardemente, temporalmente[22] ♦ arma, efectivos, ejército, fuerza, tropa**
▮ *(doblar)* **♦ ligeramente[17] ♦ ala, vela**

réplica ♦ acalorado, ágil, argumentado, atinado[21], contundente, convincente, cumplido, demoledor[11], desaforado[8], duro, enérgico, exacerbado, extemporáneo, firme, fulminante[17], idéntico *(copia)*, **ingenioso, inmediato, insolente, logrado, moderado, ocurrente, presto (a), pronto, vivaz, vivo ♦ capacidad (de), derecho (a/de), discurso (de), posibilidad (de), turno (de) ♦ dar[259], dar lugar (a), desencadenar, ejercer, hacer, lanzar, merecer**
☐ Véase también: **contestación, contestar, reacción, responder, respuesta.**

replicar ♦ a bote pronto[7], al unísono[32], con agilidad, con dureza[31], con presteza, con prontitud, duramente, prontamente, punto por punto[25]
☐ Véase también: **contestar, responder.**

reponer *v.* **▮** En el sentido de 'volver a exhibir, proyectar o emitir' se combina con sustantivos que designan obras de creación cinematográfica o escénica, así como sus manifestaciones públicas *(obra, pieza, producción, programa, película, exposición, ópera)*. En el sentido de 'volver, restituir', se combina con sustantivos que designan enseres *(mobiliario, zapato, vestuario)* y también con sustantivos de persona, especialmente si designan cargos o funciones *(presidente, magistrado: Destituyeron al director del museo, pero ya lo han repuesto)*. Se combina además con sustantivos que designan mercancías o bienes materiales *(dinero, plata, préstamo, depósito, materia prima)* y también con...

A SUSTANTIVOS QUE DENOTAN POTENCIA, VIGOR O CAPACIDAD DE ACCIÓN Y RESISTENCIA: **1 fuerza ++:** «Ahora hay que *reponer* fuerzas porque quedan pocas horas para jugar frente a Francia», dijo. LRE020203 **2 energía +:** Y después del almuerzo llegó la hora de *reponer* energías en la primera tarde libre desde que comenzó esta pretemporada. CLA110199

B SUSTANTIVOS QUE DESIGNAN ESTADOS DE PAZ, TRANQUILIDAD, ENTENDIMIENTO O AUSENCIA DE PERTURBACIÓN: **3 armonía:** Abocados Kohan y también Carlos Corach a *reponer* cierta armonía con el duhaldismo... CLA310199 **4 calma:** ...ante la aparición de distintos movimientos secesionistas y *reponer* la calma tras la oleada de huelgas y manifestaciones que han dominado la vida del país... LVE200495 **5 concordia:** ...responsables de intentar *reponer* –o no– la concordia en el peronismo y de sacudirle también la parálisis frente al año electoral. CLA030199 **6 compatibilidad –:** ...con el percibo de otra pensión, impuesta por la referida Ley de 30 de mayo de 1974, y *reponiendo* la compatibilidad que existía con anterioridad a la misma... EPE250299

C SUSTANTIVOS QUE DESIGNAN EL HONOR, LA REPUTACIÓN Y OTRAS FORMAS DE RECONOCIMIENTO SOCIAL: **7 prestigio:** ...estas detenciones no son fruto de la casualidad, sino que es una manera de intentar *reponer* el prestigio perdido con la corrupción y los escándalos de los últimos tiempos. EME080694 **8 honorabilidad:** ...no se busca dinero, sino *reponer* la honorabilidad (de Cruyff) a través de la difusión de la sentencia en la que se reconozca la intromisión ilegítima del honor... LVE211296 **9 imagen:** Hasta ahora estos médicos no son indemnizados por los pacientes y rara vez o nunca se *repone* su imagen. EPE060900

D SUSTANTIVOS QUE DENOTAN PERJUICIO O DÉFICIT, MUY FRECUENTEMENTE ECONÓMICO O MATERIAL: **10 daño ++:** ...exigirá a la Junta la adopción de medidas para *reponer* el daño causado en el llamado Camino de los Ingenieros... ENC271100 **11 pérdida +:** Los delegados españoles están complacidos con la propuesta del FIV de *reponer* las pérdidas de 16 millones de dólares... EME260995 **12 agujero:** ...en la que se pide a los anteriores administradores del banco que *repongan* el «agujero» de 605.000 millones detectado tras la intervención del Banco de España. EME290596
☐ Véase también: **recobrar.**

reponerse (de) *v.* **▮** Se combina con sustantivos que denotan enfermedad, dolencia o alteración de la salud *(afección, lesión, desmayo)*. También con otros que designan acciones médicas curativas o correctivas *(operación, intervención, régimen, rehabilitación)*. Se combina además con diversos sustantivos que designan circunstancias adversas, críticas o conflictivas *(guerra, catástrofe, tragedia, problema, escándalo, divorcio, ruptura)*. También se combina con...

A SUSTANTIVOS QUE DENOTAN IMPRESIÓN REPENTINA O INESPERADA, CONMOCIÓN O AGITACIÓN DEL ÁNIMO: **1 susto ++:** Su amiga Micaela se *repone* del susto y apenas recuerda lo ocurrido. CLA120199 **2 sobresalto ++:** Según los testigos, las víctimas, tras *reponerse* del sobresalto, se habían metido en otro coche y siguieron los pasos de su enemigo. EME130796 **3 impresión ++:** ...que trabajó junto a él en Caracas, no se *repone* de la impresión ante su muerte, ni puede dejar de recordar que «su deseo permanente era volver a Chile». HOY281283 **4 sorpresa +:** El anecdótico suceso causó unos instantes de estupor entre los asistentes, la mayoría guardias civiles, que tuvieron tiempo de *reponerse* de la sorpresa... EME290296 **5 emoción +:** ...mientras el grupo que llegó el jueves a Madrid descansaba y se *reponía* de la emoción con que vivieron sus primeras horas. EPE010599 **6 trauma +:** ...los franceses todavía no se han *repuesto* del trauma que les supuso decapitar a su último rey. LVE030696 **7 shock:** ...ya *repuestos* del shock inicial, lograron subir al techo (...) y en esa precaria situación esperaron la luz del alba. CLA211187

B SUSTANTIVOS QUE DENOTAN PADECIMIENTO MORAL, PESAR O AFLICCIÓN: **8 disgusto** ++: ...y tuvieron que ser ingresadas en una clínica bonaerense para *reponerse* del disgusto. EME181195 **9 decepción** +: Ahora bien, no nos hemos recuperado de las zozobras del debate parlamentario ni *repuesto* de la decepción por la remodelación del Gobierno... LVE160795 **10 tristeza:** Para cuando el césped del Camp Nou esté a la venta, el barcelonista se habrá *repuesto* ya de la tristeza. LVE190594 **11 sufrimiento:** ...mientras se estaban *reponiendo* de los sufrimientos de la Larga Marcha. EPE010876 **12 dolor:** En el año 1979 murió su hijo Philippe al estrellarse el hidroavión en el que viajaba en el estuario del Tajo en Lisboa (Portugal), un dolor del que nunca se *repondría*. LEC260697 **13 depresión:** ...Estados Unidos no se ha *repuesto* todavía de la depresión nerviosa en que le sumió la guerra de Vietnam y Watergate. EPE111279

C SUSTANTIVOS QUE DENOTAN GOLPE, FRECUENTEMENTE EN EL SENTIDO FIGURADO DE CONTRATIEMPO O INFORTUNIO. TAMBIÉN CON OTROS QUE DENOTAN ATAQUE, OFENSA O MALTRATO, FÍSICOS O FIGURADOS: **14 golpe** ++: El Unicaja se *repuso* del golpe sufrido el pasado jueves ante el Olympiakos... EME280196 **15 revés:** La coalición de centro izquierda, encabezada por Ricardo Lagos, trataba de *reponerse* del revés sufrido el domingo sin entender muy bien por qué ocurrió. EPE141299 **16 agravio:** Prat no se *repondrá* nunca del agravio carcelario. LVE260796 **17 agresión:** Para María, más duro que *reponerse* de esa agresión fue afrontar la reacción de su esposo. Él no la apoyó, sino que le acusó de haber sido ella quien provocó la violación. BYN231197 **18 tunda** –: ...no se *repone* aún de la tunda que les dio la joven alcaldesa priísta Mónica García, durante las pasadas elecciones municipales en Tamaulipas. EXC270596

D SUSTANTIVOS QUE DENOTAN FRACASO, EQUIVOCACIÓN O CAÍDA, A MENUDO VIOLENTA O INTEMPESTIVA: **19 derrota** ++: El actual campeón se *repuso* de la última derrota en Olavarría con un gran triunfo. CLA310501 **20 caída** ++: Lo importante es *reponerse* de una caída y volver por encima. LNC070497 **21 batacazo** ++: ...el magnate de Hong Kong Lee Shau Kee, totalmente *repuesto* del batacazo que sufrió tras la tragedia de Tiannanmen. EME090795 **22 fracaso** +: Ya lo decía un escritor francés: un hombre inteligente se *repone* pronto de un fracaso... EME040695 **23 error:** ...Chamot no supo *reponerse* de su error en el primer tanto mallorquín. EPE150399 **24 fallo:** Lo importante es que nos *repusimos* al fallo y no sólo defendimos nuestra ventaja, sino que incluso marcamos un segundo gol. EDV270499 **25 traspié:** Se cuenta con (...) una Pamina ya reconocida que hay que esperar se haya *repuesto* de su grave traspiés... ABC040895

▩ Se combina también con: ♦ **a duras penas[53], felizmente, milagrosamente, por completo[156], totalmente**

☐ Véase también: **curar(se), recobrarse (de), recuperar(se), restablecer(se) (de), sobreponerse (a).**

reportaje

♦ a toda plana[15] ♦ a lo largo (de) ♦ censurar, cortar, dar, difundir(se)[79], efectuar, elaborar, emitir, publicar, realizar

☐ Véase también: **noticia.**

reportar

♦ beneficio, consecuencia, ganancia, gasto, ingreso, pérdida, preocupación, resultado, utilidad

reposar

♦ cómodamente, plácidamente[3], tranquilamente ♦ comida, cuerpo, información, restos (mortales)

reposo

♦ absoluto, cómodo, gratificante, imprescindible, merecido, necesario, reconfortante ♦ período (de) ♦ dar[142], ganar(se), guardar[12], invitar (a)[32], merecer, necesitar, pedir, prescribir

☐ Véase también: **calma, paz, quietud, serenidad, sosiego, tranquilidad.**

repostar

♦ combustible, gasolina

reprender

♦ con dureza, con firmeza, seriamente, severamente[16]

☐ Véase también: **amonestar, castigar, increpar, regañar.**

represalia

♦ duro, fuerte, severo[20], violento ♦ so pena (de)[2] ♦ ejercer[38], esperar, sufrir, tener, tomar[75]

representación

♦ creíble, diplomático, dramático, fidedigno[18], fiel, honroso[81], igualitario[11], literal[23], oficial, paritario[33], parlamentario, político, proporcional[12], textual, vivo ♦ arrogarse[29], delegar[26], ejercer, llevar, ostentar, poner en escena, tener

☐ Véase también: **dibujo, fotografía, fotográficamente, gráfico, imagen, retrato, semblanza.**

REPRESENTACIÓN Véase:

♦ **fotográficamente**

♦ **dibujo, fotografía, imagen, representación, retrato, semblanza**

♦ **caracterizar, copiar, delimitar, delinear, dibujar, diseñar, grabar (en), perfilar(se), plasmar, representar, retratar, trazar**

REPRESENTACIÓN

♦ (SUSTANTIVOS) Véase: **abigarrado[D], bordar[A], bosquejar[C], carnal[G], de oro[E], descarnado[B,G], electrizante[C], fantasmal[B,C], febril[H], fidedigno[C,D], frágil[A], frontal[E], golpe (de)[D], imborrable[D], integral[I], literal[D], rutilante[E], somero[F], vívido[A,B], vivo[B]**

♦ (VERBOS) Véase: **a grandes rasgos[A,B], ajustadamente[B], a las mil maravillas[E], al detalle[F], con mano firme[B], con todo lujo de detalles[C], convincentemente[C], de memoria[B], dignamente[H], literalmente[A], negativamente[E], ni de lejos[D], nítidamente[B,C], vivamente[E]**

☐ Véase también: EXPRESIÓN; IMAGEN.

representar

♦ al detalle[40], al pie de la letra[14], con orgullo, convincentemente[17], descarnadamente, detalladamente, dignamente[40], ejemplarmente, emblemáticamente, esquemáticamente, ni de lejos[17], oficialmente, vivamente

☐ Véase también: **calcar, caracterizar, delinear, dibujar, diseñar, perfilar(se), plasmar, retratar, trazar.**

representatividad

♦ arrogarse[30], llevar, ostentar, tener

represión ♦ **a ultranza[28], duro, férreo[107], implacable[9], largo, militar, policial, político, severo[18], sexual, terrible** ♦ **aliviar(se), aminorar(se), combatir, decrecer, disminuir, ejercer, incrementar(se), recrudecer(se)[20]**

reprimenda ♦ **bueno, duro, fuerte, injusto, justo, merecido, serio, severo[16]** ♦ **acallar[30], costar(le) (a alguien), echar[69], encajar[28], evitar, exponerse (a), ganar(se), lanzar, llevar(se), merecer, recibir, soltar, sonar (a), soportar, valer(le) (a alguien)**

☐ Véase también: **amonestación.**

reprimir ♦ **a duras penas[17], con dureza[17], con firmeza[31], con mano de hierro[13], con mano dura[14], duramente[22], severamente[32], sin contemplaciones** ♦ **agresividad, carcajada, dolor, gesto, golpe, grito, impulso, iniciativa, instinto, lágrima, mueca, pena, protesta, rabia, reacción, rebelión, respuesta, risa, sexualidad, sonrisa, tristeza,** *otros sustantivos que designan sentimientos*

☐ Véase también: **ahogar(se).**

reprobar *v.* ▮ En su sentido de 'suspender' –más frecuente en América– se combina con sustantivos que denotan prueba *(prueba, examen)* y con otros que designan al que la ha de superar *(estudiante, alumno)*. En el sentido de 'censurar o desaprobar' admite como complementos sustantivos de persona, individuales o colectivos *(ministro, juez, presidente, gobierno, clase política)*. También se combina con sustantivos que denotan evento *(suceso, hecho, caso)* o que los designan. Se combina con otros muchos sustantivos, pero destacan especialmente los que se refieren a actos de agresión o sus consecuencias *(ataque, agresión, bombardeo, atentado, matanza, muerte, violencia)*. También se combina con...

A SUSTANTIVOS QUE DENOTAN MODO DE COMPORTARSE O CONDUCIRSE ALGUIEN: **1 actitud ++:** Este modismo, con el que solemos *reprobar* la actitud de quien presta oídos sordos... LVE050196 **2 política ++:** ...el líder *reprobó* la política económica del régimen. LVE150396 **3 actuación ++:** El fiscal *reprobó* la actuación del Departamento de Asuntos Internos... LRE220103 **4 conducta ++:** ...el Consejo de la Policía quiere *reprobar* tan grave conducta y manifestar su vergüenza... EME030294 **5 comportamiento ++:** ...pedimos que *repruebe* el comportamiento de un empleado que no cumple con su trabajo... LVE071296 **6 gestión ++:** ...*reprobar* la gestión del consejo de administración de 1994... LVE171195 **7 postura:** ...el portavoz (...) *reprobó* la postura de los «chiquillos». LVE220596

B SUSTANTIVOS QUE DENOTAN PROYECTO O SUGERENCIA: **8 iniciativa:** La mayoría de los parlamentarios *reprobaban* la iniciativa del grupo extremista. INDOC **9 propuesta:** ...nuestra conciencia nos dice que debemos *reprobar* la propuesta... DYM210197

C SUSTANTIVOS QUE DENOTAN MANIFESTACIÓN VERBAL: **10 declaración +:** ...*reprobó* las declaraciones de su compañero de partido en Granada... EPE100599 **11 manifestación:** Además de *reprobar* las manifestaciones del titular de la cartera de Fomento... ENC010301

D SUSTANTIVOS QUE DENOTAN PAUTA O ESQUEMA ORGANIZADO: **12 modelo +:** Si la queja *reprueba* al modelo neoliberal, se recurre a declaraciones del Presidente de Estados Unidos y del director gerente del Fondo Monetario Internacional... EXC300896 **13 sistema +:** ...no *reprobaban* los sistemas políticos sustentados por férreos estados policiacos. LVE200895 **14 método +:** ...añadió que la ejecutiva *reprueba* el método seguido en este caso. EPE101080

E SUSTANTIVOS QUE DENOTAN RESOLUCIÓN O NORMA: **15 ley +:** ...para aprobar o *reprobar* alguna Ley o Resolución dentro del Hemiciclo de la Cámara de Diputados. LTB040397 **16 medida +:** Medidas que otrora fueron normales hoy son consideradas marginantes, *reprobadas* y rechazadas... DYM230796 **17 decisión +:** ...pide que el legislativo foral *repruebe* la decisión del Consejo de Ministros... LVE020996

F OTROS SUSTANTIVOS; POSIBLES USOS ESTILÍSTICOS: ...*reprobar* el manto de silencio y de torpeza con que el Gobierno trata de cubrir... LVE210395

▩ Se combina también con: ♦ **con dureza[10], con firmeza[3], enérgicamente[7], verbalmente[59]**

☐ Véase también: **abuchear, censurar, condenar, criticar, oponer(se), rechazar, rehusar, silbar.**

reprochar ♦ **acremente[3], duramente[28], injustamente, justamente, severamente[18]** ♦ **acción, actitud, comportamiento, persona, postura**

☐ Véase también: **censurar, recriminar.**

reproche ♦ **ácido[5], amable, amargo[39], áspero, cariñoso, certero, contundente, duro, fuerte, hiriente, injusto, inmerecido[20], justo, leve, ligero, merecido, moderado, peregrino[48], serio[51], suave, tácito** ♦ **asomo (de)[12], avalancha (de)[7], lluvia (de)[4]** ♦ **arreciar[5], dejar caer[20], deshacerse (en)[20], expresar, exteriorizar, formular, hacer, hacer llegar (a alguien), lanzar, merecer, recrudecer(se)[62], responder (a), salir al paso (de)[14], soltar, verter[3]**

☐ Véase también: **censura, crítica, queja, recriminación.**

reproducción ♦ **aproximado, cuidado, del original, en serie[20], exacto, falso, fidedigno[17], fiel, literal[16], logrado, minucioso, perfecto** ♦ **hacer, llevar a cabo, realizar**

☐ Véase también: **cita, retrato.**

REPRODUCCIÓN Véase:
♦ **fielmente**
♦ **cita, reproducción**
♦ **calcar, citar, copiar, duplicar, hacerse eco (de), imitar, plagiar, reproducir, traducir, transcribir, verter**

REPRODUCCIÓN
♦ (SUSTANTIVOS) Véase: **casero[D], literal[C,E], obrar en poder[C]**
♦ (VERBOS) Véase: **convincentemente[D], miméticamente[A], pulcramente[D]**

☐ Véase también: IMITACIÓN.

reproducir ♦ **al detalle[36], al pie de la letra[16], aproximadamente, a todo volumen, con detalle,**

de memoria[10], detalladamente, en cadena[62], en serie[8], estrictamente, exactamente, fielmente, fotográficamente, literalmente[2], miméticamente[1], minuciosamente, punto por punto[15]
☐ Véase también: **calcar, citar, copiar, duplicar, hacerse eco (de), imitar, plagiar, publicar, retratar, traducir, transcribir, verter.**

reproducirse ♦ alarmantemente, a toda velocidad, como hongos[8], sin límite, sin parar

república ♦ régimen (de) ♦ derrocar, instaurar, reinstaurar, votar
☐ Véase también: **monarquía, régimen.**

repulsa ♦ absoluto, contundente, decidido, enardecido, enérgico, firme, frontal[20], intenso, profundo, radical, rotundo[17], severo, terminante, total, unánime[26], virulento, visceral ♦ en señal (de)[2] ♦ demostración (de)[27], señal (de) ♦ experimentar, exteriorizar, inspirar (a alguien), manifestar, mostrar, producir (a alguien), provocar (a alguien), sentir
☐ Véase también: **aversión, condena, rechazo.**

REPULSIÓN Véase: RECHAZO; SENTIMIENTO HOSTIL

repuntar ♦ bolsa, consumo, demanda, economía, gasto, inflación, precio

reputación ♦ acreditado, bien ganado, incuestionable, indudable, inmerecido[5], innegable, intachable[34], justo, largo, merecido, probado, serio ♦ a la altura (de)[18] ♦ acrecentar(se), adquirir[6], afianzar(se), alcanzar, aumentar, cimentar(se) (en algo), consolidar(se), dañar[5], decrecer[48], derrumbar(se), devaluar(se)[3], empañar(se)[2], ensuciar[3], enturbiar, erosionar, forjar[21], fraguar(se)[16], ganar(se), gozar (de), granjearse[57], labrar(se), lavar[10], manchar, mermar, minar[13], ostentar, perder, perjudicar, recuperar, socavar, tener
☐ Véase también: **fama, prestigio, reconocimiento, renombre.**

requerimiento ♦ apremiante[28], imperioso, urgente ♦ atender, cumplir[80], denegar[8], desatender[4], desobedecer[28], desoír[14], formular[20], hacer
☐ Véase también: **condición, demanda, necesidad, requerir, requisito.**

requerir ♦ apremiantemente, insistentemente[6], notarialmente, oficialmente
☐ Véase también: **demandar, necesitar, solicitar, urgir.**

requisito ♦ básico, elemental, esencial, estricto[27], expreso, imprescindible, indispensable, ineludible, inevitable, inexcusable[9], insoslayable[18], irrenunciable[29], necesario, severo[50], sine qua non[2], sometido (a), sujeto (a), taxativo, terminante ♦ concurrir[1], constituir, cumplir[71], establecer, exigir, fijar, imponer, incumplir[35], plegarse (a)[24], rebasar[43], requerir, satisfacer, sortear, supeditar(se) (a)
☐ Véase también: **condición.**

REQUISITO Véase: CONDICIÓN; TRÁMITE

resaltar ♦ a las claras, a ojos vista, claramente, de sobra[19], horrores[9], nítidamente[45], notoriamente, ostensiblemente, palpablemente, poderosamente, visiblemente

resarcir(se) (de) ♦ adecuadamente, con arreglo a la ley, con creces[25], cumplidamente, económicamente, en justicia, justamente, laboralmente, sobradamente ♦ crisis, daño, derrota, disgusto, efecto, fracaso, goleada, golpe, necesidad, olvido, penuria, pérdida, problema, tropiezo
☐ Véase también: **indemnizar.**

resbaladizo *adj.* ▌En su sentido literal se combina con sustantivos que designan cuerpos o superficies *(terreno, cuesta, césped, carretera, acera, pista).* También se combina con sustantivos que designan cosas que pueden provocar el resbalón *(zapato, calzado, material).* Usado en sentido figurado se combina con...

A EL SUSTANTIVO *TERRENO* Y CON OTROS QUE, ADEMÁS DE ADMITIR UN USO FÍSICO, DESIGNAN FIGURADAMENTE ASUNTOS, MATERIAS O CUESTIONES: **1 terreno** ++: Pero precisamente porque no hay una tendencia definida, el mercado se transforma en un terreno *resbaladizo.* CLA020497 **2 frontera** ++: ...el diplomático reiteró que «estamos en una frontera muy *resbaladiza*», porque se tendría que determinar en dónde termina la responsabilidad... LNC120996 **3 territorio** +: El Ayuntamiento se mueve en el difícil y *resbaladizo* territorio que hay entre el derecho de los vecinos... EME290494 **4 campo** +: «Si no hay una norma comunitaria aplicable a nivel general, los países nos moveremos en un campo *resbaladizo*»... ENC001201 **5 senda**: Alfonso XIII evitó que España cayera por la senda *resbaladiza* de los contemporáneos totalitarismos triunfantes... ABC170492 **6 vertiente**: ...el proceso de construcción europea en vertientes tan *resbaladizas* como la libre circulación de ciudadanos o la emigración. LVE020795 **7 arena**: Todavía nos estamos moviendo en arenas *resbaladizas.* EME070396 **8 lodo**: Estos lodos que resultan tan *resbaladizos*, como el comentario al discurso... EME080194 **9 curva**: ...cuidar de que lo que está bien hecho no se dilapide en cualquier *resbaladiza* curva política... EME190596 **10 línea**: ...se movía en la *resbaladiza* línea de un modesto superávit. EME110594

B SUSTANTIVOS QUE DESIGNAN MATERIAS, ASUNTOS Y OTRAS NOCIONES ABSTRACTAS, MÁS FRECUENTEMENTE SI SE TRATA DE CUESTIONES SOBRE LAS QUE ES POSIBLE PRONUNCIARSE: **11 tema** ++: Montar un tema tan *resbaladizo* como el de «Torero» es un atrevimiento... EME030194 **12 asunto** ++: ...describió asuntos *resbaladizos*, como el caso de los irlandeses... EPE250999 **13 ámbito** +: ...los criterios metodológicos sobre los que debe sustentarse cualquier acercamiento cabal a un ámbito tan *resbaladizo.* ABC120894 **14 temática**: En esta tercera entrega se adentra, con idéntico planteamiento, en la *resbaladiza* temática amorosa. LVE011196 **15 género** +: ...gran continuador de la mejor tradición española en ese género tan *resbaladizo* y complejo. EME300995 **16 concepto** +: «El concepto político es muy *resbaladizo*». PME120197 **17 tér-**

mino +: «Es un término *resbaladizo*», dice... EPE291001 **18 materia:** ...la virtud de unir a los países de la Unión Europea en una materia siempre difícil y *resbaladiza*... LVE291096 **19 tópico:** Es el *resbaladizo* tópico de la estética del folletín zona obligada en la conversación con el actor. GIC093497 **20 apartado:** Tan solo hay un fragmentado fluir de opiniones contradictorias, escritas con letras rojas, dispuestas a cubrir ese *resbaladizo* apartado. EPE110780

C ALGUNOS SUSTANTIVOS QUE DESIGNAN LUGARES O QUE SE PUEDEN INTERPRETAR COMO TALES FIGURADAMENTE: **21 mundo** +: ...no posee ningún parentesco con el *resbaladizo* mundo de Witkiewicz o con el de su también contemporáneo Gombrowicz. EPE310877 **22 sociedad:** ...la imagen amarga de la sociedad americana contemporánea, tan *resbaladiza* de sangre como las tragedias de Shakespeare... EPE181299 **23 situación:** ...personajes y situaciones *resbaladizas* donde nada es lo que aparenta. PME120197 **24 realidad:** Una realidad es tanto más contemporánea cuanto más sutil parece; cuanto más *resbaladiza*, imperceptible o deslizante es. EPE150700 **25 historia:** Hay que tener en cuenta además que la historia del caso es muy *resbaladiza*. EME020395

D ALGUNOS SUSTANTIVOS QUE DESIGNAN MENSAJES VERBALES, GÉNEROS DISCURSIVOS Y DIVERSAS UNIDADES DE INFORMACIÓN: **26 puntualización:** La cultura legal yace sobre ciertas normas sociales básicas, cuya puntualización es *resbaladiza* y rebelde. CLA240497 **27 cuestionario:** Pero donde el cuestionario resulta más *resbaladizo* es en lo referente a la personalidad. EPE140499 **28 interrogante:** ...respondió con la frase de «no estoy en condiciones de valorar ese tema» a los interrogantes más *resbaladizos*. EPE220599 **29 discurso:** Yo, francamente, considero muy *resbaladizo* el discurso con el que hoy se me ha descolgado mi Susi... EME291095 **30 comedia:** ...una historia de satanismo contada en tono de comedia fantástica, tan *resbaladiza* como la de un sacerdote visionario... EME201095

E SUSTANTIVOS QUE DESIGNAN DIVERSAS NOCIONES PROSPECTIVAS: **31 plan:** Y para eso encara el mundo en plan siniestro, apocalíptico, encantador, abrasivo, *resbaladizo*... EME170795 **32 empeño:** ...de nuevo, la neurona activa del actor que no ceja en sus *resbaladizos* empeños. EPE220799 **33 sugerencia:** ...un desplazamiento anímico hacia el sosiego y la tregua, que, fueraparte las *resbaladizas* sugerencias del señor Pujol... EME191195 **34 carta:** ...la *resbaladiza* carta chechena está tan cargada de posibilidades para perpetuarse en el poder como de peligros e imprevistos. LVE111295 **35 empresa:** ¿Una empresa demasiada arriesgada, *resbaladiza*? LVE271296 **36 futuro:** Lástima que el futuro sea siempre tan *resbaladizo*. LVE170295

F OTROS SUSTANTIVOS; POSIBLES USOS ESTILÍSTICOS: No hay posibilidad de contacto carnal, aunque algunos lo hayan comprobado tras una *resbaladiza* equivocación. EME271095; El resto, un *resbaladizo* menú de esfuerzos, sudores y miradas aguadas. EPE071099; «No te dejes envolver por los ademanes melodiosos y venenosos, suaves y quizá emocionados, porque son todos falsos y *resbaladizos*». ABC171293

resbaloso Véase: **resbaladizo**

rescatar ♦ **entero, ileso, indemne, intacto[18], sano y salvo[2]**

rescate ♦ **abultado, alto, cuantioso, elevado, jugoso[9], sustancioso** ♦ **exigir, negociar[13], ofrecer, pagar, pedir**

rescindir *v.* ▮ Se combina con...

A SUSTANTIVOS QUE DENOTAN ACUERDO O PACTO, GENERALMENTE DE ÍNDOLE CONTRACTUAL, ASÍ COMO CON OTROS QUE DESIGNAN TEXTOS DE CARÁCTER JURÍDICO QUE SUELEN CONTENER ESOS ACUERDOS: **1 contrato** ++: ...ello se debió a incumplimientos por parte de la empresa contratista, a la que se le *rescindió* contrato... CLA120379 **2 convenio** ++: La Diputación de Lleida considera *rescindido* el convenio de colaboración que firmó en mayo... EPE230299 **3 acuerdo** ++: ...podrá *rescindir* este acuerdo y en ese caso las opciones concedidas en el mismo se entenderán canceladas... EME290596 **4 contrata** +: ...ha bloqueado el cobro de los salarios al haberse *rescindido* las contratas de las zonas uno, seis y siete... EME130194 **5 póliza** +: ...ha *rescindido* la póliza de responsabilidad civil, por 10.000 millones... LVE290596 **6 empleo** +: ...la realidad ha demostrado que se han *rescindido* menos empleos que nunca. LVE190295 **7 tratado** +: ...ratifica y *rescinde* tratados internacionales, nombra y revoca embajadores. LVE201195 **8 documento:** Ucrania denunció esta acción como una amenaza a la inviolabilidad de sus fronteras y dio a Crimea diez días para que *rescindiera* el documento. EME220594 **9 licencia:** ...la amortización de licencias para reducir el parque móvil, lo que implicaría *rescindir* 3.000 licencias de las 11.000 existentes... LVE240395

B SUSTANTIVOS QUE DENOTAN LA ACCIÓN O EL EFECTO DE CEDER U OTORGAR ALGO A ALGUIEN: **10 concesión:** ...los usuarios creen que la Xunta debe *rescindir* la concesión del servicio a la compañía y convocar otro concurso... FDV260601 **11 adjudicación:** ...el Ayuntamiento de Barcelona *rescindió* la adjudicación de las obras de dos colegios que la sociedad acabó subcontratando. EPE240299

C ALGUNOS SUSTANTIVOS QUE DESIGNAN CIERTOS DERECHOS PROPIOS DE LAS PERSONAS: **12 libertad:** ...firmaron un acuerdo por el que se aceptaba no *rescindir* las libertades provisionales ya autorizadas... EPE011287 **13 derecho:** ...cuando se le planteó la hipótesis de contratar pilotos extranjeros o de *rescindir* «derechos de vuelos» a la compañía en caso de repetirse los paros. EPE260599

▩ Se combina también con: ♦ **unilateralmente[9]**

☐ Véase también: **abolir, anular, cancelar, derogar, revocar.**

rescoldo ♦ **apagar, avivar[2], mantener, perdurar, persistir, quedar, remover**

resentimiento ♦ **enconado[29], fuerte, hondo[13], indudable, largo, ligero, marcado, patente, profundo, secular, soterrado, vivo** ♦ **hacia, para con** ♦ **ápice (de)[14]** ♦ **albergar, atemperar, atizar[3], avivar[38], contener, corroer[3], deponer[14], desatar(se), disipar(se)[44], exteriorizar, guardar[44], liberar, mitigar, reavivar, reprimir, tener**

☐ Véase también: **doler(se), efecto, rencor, resentir(se).**

resentir(se) ♦ **considerablemente[42], gravemente[12], ligeramente**

[reserva] → **con reservas, sin reservas**

reserva ▮ *(reparo)* ♦ **absoluto, considerable, fuerte, grave, infundado, profundo, serio**[37] ♦ **albergar, abrigar, andarse (con)**[6]**, exponer, expresar, guardar**[5]**, manifestar, oponer**[14]**, plantear, tener**

▮ *(recurso)* ♦ **abundante, energético, escaso, inagotable, inmenso, interminable, numeroso, sobrado** ♦ **agotar(se), apurar, tener, usar**

☐ Véase también: **desconfianza, duda, reticencia.**

reservar ♦ **de antemano**[10]**, en exclusiva**[27]

resfriado ♦ **remedio (para), síntoma (de), vacuna (contra)** ♦ **agarrar, atrapar, coger, curar(se), pasar, pillar**[1]**, superar, vencer**

[resguardo] → **a resguardo (de)**

resguardo ♦ **conservar, obrar en poder**[29]**, perder, presentar**

residencia ♦ **permiso (de)** ♦ **conceder, denegar**[30]**, pedir, solicitar, tramitar**

residir (en) *v.* ▮ En el sentido literal de 'habitar (en) o vivir (en)', se combina con sustantivos que designan lugares *(ciudad, país, región)*, espacios o viviendas *(casa, piso, chalé)*. En el sentido figurado de 'consistir (en) o estribar (en)', elige como sujetos un gran número de sustantivos. Destacan sus combinaciones con...

A SUSTANTIVOS QUE DENOTAN INTERÉS, IMPORTANCIA O RELEVANCIA: **1 interés ++:** El interés *reside* también en el título Indoor. LVE060296 **2 importancia ++:** Y en eso *reside* la importancia de la movilización que organizó la intersectorial de Bella Unión... MAU210900 **3 valor +:** Andy Phillips consigue de su banda un sonido genuinamente americano y su principal valor *reside* en un timbre de voz que concuerda del todo con lo que interpretan. LRE270103 **4 trascendencia:** La trascendencia de la medida *reside* también en la gravedad que reviste el estado de salud del monarca. LVE030196 **5 peso:** ...observaremos (...) una campaña electoral interesante cuyo mayor peso *reside* precisamente en el elemento local. EXC120197 **6 influencia:** Eso sí, su influencia no *reside* en las ganancias de los negocios que haya hecho, sino que en las 12 letras que lo nombran... CAR290997

B SUSTANTIVOS QUE DENOTAN DATO O EXPLICACIÓN, A MENUDO OCULTOS, QUE SE CONSIDERAN ESENCIALES EN LA NATURALEZA DE ALGUNA COSA: **7 clave ++:** Contrariamente a lo que algunos piensan, la clave del sistema democrático *reside* en abrir juego pues parapetarse en una legislación draconiana es tapar el Sol con un dedo. CAP090197 **8 secreto ++:** Pero el secreto de su longevidad no *reside* precisamente en la comida. DDN070101 **9 solución +:** Es forzoso reconocer que lo indispensable en la solución del transporte urbano de Bogotá no *reside* en tales o cuales trazados... ETC130297 **10 misterio +:** ¿Dónde *reside* el misterio de la escultura clásica? EPE270900 **11 quid:** El «quid» de la cuestión *reside* en el final de la obra que se ha variado con motivo de la reposición del montaje. LVE201094

C SUSTANTIVOS QUE DENOTAN ESENCIA O FUNDAMENTO DE ALGO: **12 naturaleza +:** Su propósito, tarea y naturaleza *residen* ante todo en lo expresivo, se diría. PME090297 **13 esencia +:** Por su parte, la esencia y versatilidad del genoma humano *reside* en sus detalles; en la información específica que poseen nuestros genes... ABC300493 **14 fundamento:** El fundamento último de este acuerdo, como de otros, *reside* según Tomás Moulián, en «Chile Actual», en que las FFAA desempeñan «la función de tutela del orden estatal». DHE051197 **15 significado:** ¿Qué es la imagen? ¿Existe el volumen? ¿Cómo aproximar naturaleza y técnica? ¿Dónde *reside* el significado? ABC241195 **16 meollo −:** ...el régimen recurre (...) a una propaganda carente de contenido, encaprichada en ignorar que el meollo de la cuestión *reside* en un sistema fracasado totalmente... DLA230597

D SUSTANTIVOS QUE DENOTAN PROBLEMA O DIFICULTAD: **17 problema ++:** El problema *reside* en utilizar los dineros del Estado de manera transparente. CLA220199 **18 dificultad +:** ¿No estará usted planificándose un cómodo camino hacia el fracaso? Sí, y allí *reside* mi dificultad de saber contar lo que uno quiere. LRE160103 **19 incógnita +:** La incógnita *reside* ahora en si Cañellas cumplirá su parte o se dejará arrastrar por la borrachera de las «adhesiones inquebrantables». EME170795 **20 complejidad +:** La complejidad *reside*, en primer lugar, en el conjunto de factores personales, familiares, ambientales y del grupo que inciden en el rendimiento escolar... ABC290995 **21 dilema:** El dilema *reside* en cómo conducir la transición hasta el futuro Ejército profesional, con la abolición de la mili, mientras se garantiza que seguirá habiendo reclutas suficientes para incorporarse a filas. EME140696 **22 intríngulis −:** ¿Dónde reside, según el médico vienés, esa «imposibilidad»? ¿Cuál es el punto? El intríngulis *reside* en la permanente desarmonía entre el ser y el deber ser. EXC120197 **23 problemática −:** La problemática *reside* en el hecho de que los países en vías de desarrollo están autorizados hasta el 2010 (...) a fabricar estas sustancias. LVE071295

E SUSTANTIVOS QUE DENOTAN CARACTERÍSTICA DISTINTIVA DE ALGO, ESPECIALMENTE SI ESTA SUPONE UNA INNOVACIÓN O UNA SINGULARIDAD RESPECTO DE LAS DEMÁS COSAS: **24 diferencia ++:** La diferencia con los estados del Medio Oriente *reside* en que el Rey de Arabia Saudita o el Sultán de Brunei son gobernantes que... ETC170797 **25 novedad ++:** La novedad *reside* en el aumento de los tipos a corto... LVE080195 **26 originalidad +:** La originalidad *reside* en su concepción. ABC180992 **27 peculiaridad:** En «El verbo» hay también una burla al lenguaje a través de un personaje cuya peculiaridad *reside* en construir oraciones donde el verbo está ausente. EME241295 **28 especificidad −:** ...y hoy estamos todavía muy lejos de poder decir en qué *reside* esa especificidad. ABC070194

F SUSTANTIVOS QUE DENOTAN ÉXITO O LOGRO. TAMBIÉN OTROS QUE DESIGNAN ALGUNAS CARACTERÍSTICAS O ESTADOS PROPIOS DEL QUE TRIUNFA EN ALGUNA ACTIVIDAD: **29 éxito +:** «Mi éxito *reside* en cantar como suene bien al oído, poniéndole a las cosas el ritmo que corre por las venas». GIC091096 **30 mérito +:** Y ahí *reside* el mayor mérito. Respetar y ser respetado... LNP130497 **31 logro:** Su logro *reside* en el hecho de que, en un campo de la biología muy competitivo, ha sido el primero en concebir el experimento y en ver que podría ser decisivo. EPE150999 **32 victoria:** La victoria *reside* en transformar esa inercia en movimiento. DLA030297 **33 prestigio:** En esta doble cualidad *reside* el atractivo y enorme prestigio de nuestra pinacoteca. ABC230695 **34 hallazgo –:** En las escenas de la guerra en las Malvinas *residen* los hallazgos más destacados de la novela. ABC160493

G SUSTANTIVOS QUE DENOTAN FUERZA, ESTABILIDAD, PODER Y OTRAS CUALIDADES QUE PONEN DE MANIFIESTO LA HEGEMONÍA O LA PROMINENCIA DE ALGUNA COSA: **35 fuerza +:** La fuerza de los derechistas españoles *reside*, directamente, en sus sólidos vínculos con altos mandos militares formados por el franquismo... HOY070181 **36 grandeza +:** La verdadera grandeza *reside* en el Amor. LPN200597 **37 soberanía +:** Efectivamente, la Constitución nos dice que la soberanía *reside* en nosotros, los ciudadanos que formamos el pueblo español... CAN070599 **38 firmeza:** Una nueva estabilidad política, cuya firmeza *resida* en el fortalecimiento de la división de poderes, en mayores responsabilidades y atribuciones a estados y municipios... EXC230996 **39 fortaleza:** Durante su intervención, Pujol hizo una defensa de la clase política, porque es necesaria y en ella *reside* la fortaleza de un país. LVE250195 **40 poder:** Su poder *reside* en que es el propietario de las rutas de Aerolíneas. CLA090597

H SUSTANTIVOS QUE DENOTAN FACULTAD, ESPECIALMENTE SI SE REFIERE A LA CAPACIDAD INTELECTUAL O ARTÍSTICA DE LOS INDIVIDUOS: **41 talento:** La mayor, la de Djalminha, que empieza a entender que aunque el talento *resida* en el instinto, necesita del gobierno de la razón. EPE181299 **42 capacidad:** ...el lóbulo frontal del cerebro –donde *reside* la capacidad de atención y de concentración– disminuye paulatinamente en los hombres... EME130496 **43 inteligencia:** Poseen una inteligencia estratégica que *reside* más en la química de la fotosíntesis y en las estratagemas de los genes... ABC280795 **44 genio –:** «Ahí *reside* el genio: con materiales de escolar logra resultados excepcionales», opina Joan Ripoll... LVE080494

I SUSTANTIVOS QUE DESIGNAN CIERTAS CUALIDADES QUE CAUTIVAN LOS SENTIDOS. TAMBIÉN OTROS QUE DESIGNAN SENTIMIENTOS, VIRTUDES Y OTRAS CUALIDADES PERSONALES: **45 encanto +:** ...es en este susurro desde las sombras donde *reside* el encanto de «El columpio»... LVE070495 **46 atractivo +:** ...es en esa calidad, tanto como en el motivo, donde *reside* el atractivo de la exposición... ABC100792 **47 gracia:** Jamás he sabido dónde coño *reside* la gracia del director chileno... EME200596 **48 belleza:** Para mí, la belleza *reside* en la relación entre las flores y la habitación oscura y fría... EME070196 **49 felicidad:** ...pronto regresaremos a nuestro verdadero hogar en el cielo, donde *reside* la felicidad más completa... EPE241099 **50 bondad:** Ahí *reside* buena parte de la bondad del sistema democrático... ETC010690

J SUSTANTIVOS QUE DENOTAN PELIGRO O RIESGO: **51 peligro +:** El peligro *reside* en que el afán de prestigio genere alzas en las tasas de interés. CLA100199 **52 riesgo:** Otro riesgo *reside* en la incompatibilidad medicamentosa. EME260294 **53 amenaza:** La amenaza *reside* en un sistema económico global basado en un consumo energético ineficiente que provoca el deshielo polar y modifica la geometría del océano. LVE220795

K SUSTANTIVOS QUE DENOTAN CAUSA: **54 causa:** Pero las causas no *residen* en la democracia y el socialismo, sino en la traición a ambos ideales. EME100594 **55 razón:** Las razones de la estabilidad en el ritmo de crecimiento de la economía española *residen* en el retraso con que el consumo privado se está incorporando al crecimiento económico. LVE111195 **56 motivo:** Los motivos que provocaban esta actitud *residían*, dijo, en la adecuación al mapa de titulaciones del borrador del Libro Blanco sobre el sistema universitario valenciano. EPE230399 **57 origen –:** ...mientras que el origen del peligro en este caso habría *residido* en el animal que causó el accidente y no en la ruta. CLA090497

L SUSTANTIVOS QUE DENOTAN FALTA DE FUERZA O RESISTENCIA. SUELEN ESTAR EN RELACIÓN ANTONÍMICA CON LOS SUSTANTIVOS DEL APARTADO *G*: **58 debilidad:** La gloria de la democracia –y su debilidad– *reside* en que ha de ser defendida por los demócratas sin el recurso de la violencia. EME250195 **59 flaqueza:** Sus flaquezas *residen* en el retraso tecnológico que registra en sectores clave... LVE090795 **60 fragilidad:** Esta es la parte positiva de este libro, cuya fragilidad *reside* en que expulsa de su seno toda crítica, pues la convierte en tan hipotética como él mismo. ABC190293

M OTROS SUSTANTIVOS; POSIBLES USOS ESTILÍSTICOS: La única censura de los medios de comunicación *reside* en su propia moral empresarial y profesional y en sus ulteriores responsabilidades civiles y penales. EME160294; ¡Qué inmensa la dureza amarga de Alberto Alonso, donde *reside* quizá Saramago! EME011196

☐ Véase también: **estribar (en).**

[resignación] → con resignación

☐ Véase también: **aguante.**

resignación ♦ **abnegado, admirable, amargo, cívico, colectivo, comprensible, constructivo, cristiano, dolorido, encomiable, enorme, escéptico, estoico, festivo, final, humilde, inevitable, infinito, loable, máximo, meritorio, necesario, obligado, patético, positivo, prematuro ♦ con ♦ acto (de), ambiente (de), cara (de), clima (de), falta (de), gesto (de), sentimiento (de), tono (de) ♦ armar(se) (de), demostrar, embargar (a alguien), imponer(se), pedir (a alguien), recomendar (a alguien), superar**

resignarse ♦ **con paciencia, de buen grado[11], estoicamente, humildemente, pacientemente**

☐ Véase también: **aguantar, sobrellevar.**

resistencia ♦ **contumaz[7], débil, decidido, denodado, discreto, duro, encarnizado[31], enconado[38], endeble, escaso, feroz, férreo[71], firme, frontal, fuerte, heroico, moderado, numantino[1], pertinaz[36], poderoso, sumo, tenaz[1], testimonial[36], valiente ♦ ablandar(se)[13], acabar (con), adquirir[82], aniquilar, aumentar, ceder, desactivar[11], desaparecer, desarbolar, desmantelar, despertar, disminuir, encabezar, minar[1], ofrecer, oponer, poner, presentar, quebrar(se)[1], romper, salvar, socavar[66], sofocar, tropezar(se) (con)[14], vencer[22]**

☐ Véase también: **aguante, defensa.**

RESISTENCIA Véase: *MANTENIMIENTO, PROTECCIÓN Y RESISTENCIA*

RESISTENCIA
♦ (SUSTANTIVOS) Véase: **ablandar(se)[F], calibrar[K], férreo[H,N], minar[A], numantino[A,C,D], quebradizo[C], quebrar(se)[A], vencer[D]**
♦ (VERBOS) Véase: **a duras penas[C], a la cabeza[B], como gato panza arriba[A], con firmeza[E], contra viento y marea[B], con uñas y dientes[A], férreamente[E], heroicamente[A], numantinamente[A], temporalmente[E], tenazmente[A], valientemente[C]**
☐ Véase también: MANTENIMIENTO; OPOSICIÓN; RECHAZO.

resistir(se) (a) ♦ **a duras penas[24], a pie firme[4], a toda costa[16], a todo trance[5], como gato panza arriba[1], con firmeza[23], contra viento y marea[22], denodadamente, estoicamente, férreamente[40], firmemente, fuertemente, heroicamente[2], numantinamente[1], por la fuerza, temporalmente[31], tenazmente[3], valientemente[16], violentamente** ♦ **consecuencia, demanda, deseo, efecto, encanto, gana, hechizo, influencia, influjo, insinuación, oferta, ofrecimiento, petición, presión, tentación**
☐ Véase también: **aguantar, oponer(se), plantar cara (a), rechazar, sustraer(se) (de/a).**

resolución ♦ **absolutorio[3], a favor[51], apremiante[33], a puerta cerrada[73], arbitrario[5], cautelar[6], concluyente[21], condenatorio, decisivo[9], definitivo, discrecional[19], discriminatorio[11], drástico[31], en contra, en firme[5], firme, fundamentado[24], justificado, provisional, salomónico[3], tajante[2], unánime[48]** ♦ **a la vista (de)[17]** ♦ **alcance (de)[9]** ♦ **acatar[1], aceptar, agilizar[33], asumir[66], atañer[18], atenerse (a)[30], boicotear[39], buscar, contravenir[20], criticar, cumplir[37], derogar[15], desobedecer[20], desoír[52], dictar, difundir(se)[63], disentir (de)[8], emanar[19], emitir[5], firmar[32], formular[59], hacer público, impugnar[1], incumplir[55], invalidar, llegar (a), obedecer, perseguir, prejuzgar[6], prosperar[13], publicar, rechazar, rectificar[36], revocar[4], saltarse[43], sustentar[36], tomar[65], tramitar[46], violar[13], votar**

RESOLUCIÓN
♦ (SUSTANTIVOS) Véase: **absolutorio[A], acatar[A], accesible[D], aciago[C], aferrarse (a)[B], agilizar[E], airoso[C], a la vista (de)[D], alcance (de)[B], alumbrar[D], amañar[B], a medias[N], a medida[A], apremiante[E], a puerta cerrada[N], arbitrar[C], arbitrario[A], arduo[G], atañer[C], atenerse (a)[C], atinado[C], atisbar[B], augurar[I], bloquear[C], caber[B], catastrófico[D], cautelar[F], concertar[F], consensuar[B], constructivo[F], coyuntural[D], cumplir[F], decisivo[B], decretar[A,F], delegar[B], derogar[B], descabellado[I], desobedecer[C], desoír[G], desolador[C], desorbitado[C], diáfano[E], discrecional[D], discriminatorio[B], disentir (de)[B], drástico[E], ecuánime[A], efectivo[D], ejecutar[C], emanar[C], emitir[A], enarbolar[F], encajar[F], en firme[A], equitativo[E], errar[C], esgrimir[G], establecer[C], expeditivo[B], firmar[E], formular[L], fulgurante[E], honroso[D], implorar[D], impugnar[A], inapelable[A], inquebrantable[D], integral[K], irreversible[J], ligar[B], madurar[D], negociar[B], obstaculizar[I], obstruir[E], peregrino[C], perentorio[H], perfilar[H], pergeñar[C], perseverar (en)[I], persistir (en)[K], plantear[H], precario[I], prejuzgar[A], proferir[B], rectificar[F], revocar[C], salomónico[A], saltarse[F], sin perjuicio (de)[D], sustentar[E], tajante[A], tergiversar[E], terminante[C], tomar[K], tramitar[G], unánime[G], violar[B], vislumbrar[C]**
♦ (VERBOS) Véase: **a cara o cruz[B], a duras penas[F], a empujones[E], a golpes[G], airoso[A], al unísono[C], a medias[E], a puerta cerrada[F], armónicamente[D], armoniosamente[D], a trancas y barrancas[E], cautelarmente[G], civilizadamente[E], con éxito[B], con mano dura[D], convincentemente[E], decisivamente[G], de plano[H], de raíz[I], desfavorablemente[C], de un día para otro[A], en firme[K], en frío[E], favorablemente[F], ni de lejos[F], ordenadamente[E], por aclamación[A], por completo[E], salomónicamente[B], satisfactoriamente[A], temporalmente[F], verbalmente[H], virtualmente[A]**
☐ Véase también: ACUERDO.

resolver ♦ **a cara o cruz[6], a duras penas[48], a favor[16], a plena satisfacción[13], a puerta cerrada[26], armoniosamente[25], a toda costa, cautelarmente[27], civilizadamente[20], con arrojo, con decisión, con determinación, con éxito[15], con soltura, convincentemente[29], definitivamente, de raíz[51], desfavorablemente[15], de una vez por todas, de un día para otro[1], dignamente[13], ejemplarmente, favorablemente[23], ordenadamente[42], pacíficamente, provisionalmente, salomónicamente[8], satisfactoriamente[1], virtualmente[2]** ♦ **caos, conflicto, contratiempo, delito, demanda, desastre, dicotomía, dilema, ecuación, embrollo, fraude, lío, operación, papeleta, problema, trama,** *otros sustantivos que designan situaciones adversas*
☐ Véase también: **subsanar.**

resonancia ♦ **amplio, antiguo, clásico, inequívoco, lejano, magnético, viejo** ♦ **alcanzar, dar (a algo/a alguien), obtener, tener**

resonante ♦ **aparición, artículo, bofetón, caso, declaración, derrota, eco, éxito, gesta, golpe, hecho, nombre, noticia, palabra, premio, respuesta, resultado, sorpresa, suceso, tambor, texto, título, triunfo, trueno, victoria, voz**

resonar ♦ **a lo lejos[31], atronadoramente, en {mis/tus/sus...} oídos, estrepitosamente[29], estruendosamente** ♦ **eco, grito, lamento, llanto, palabra, voz**
☐ Véase también: **retumbar.**

respaldar ♦ **abiertamente[104], abrumadoramente[34], activamente[8], al unísono[54], con cautela[77], con decisión, con determinación, con firmeza[11], con reservas[6], decididamente[6], decisivamente[22], de pleno[13], documentalmente, electoralmente, en masa[3], en su mayoría, firmemente, fuertemente[31], incondicionalmente[2], mayoritariamente, plenamente[36], punto por punto[57], sin ambages[24], sin fisuras, sin reservas[5]**
☐ Véase también: **apoyar(se), secundar.**

respaldo ♦ **abrumador[60], aplastante[36], decisivo[74], efectivo[16], escaso, general, incondicional[8],**

inequívoco[43], inestimable, mayoritario, minoritario, multitudinario[15], nutrido[26], popular, sin condiciones[7], sin reservas[53], tibio[12], unánime[11] ♦ demostración (de)[22], manifestación (de)[17], muestra (de) ♦ brindar (a alguien), conceder, concitar[7], cosechar[30], dar[12], encontrar, granjearse[7], obtener, ofrecer (a alguien), otorgar, prestar (a alguien), recibir, retirar, tener

□ Véase también: **apoyo, ayuda, refuerzo.**

respetabilidad ♦ adquirir[7], gozar (de), manifestar

respetar ♦ al pie de la letra[21], a pie juntillas[9], a rajatabla[4], de igual a igual[3], en líneas generales[6], en su totalidad, escrupulosamente[2], estrictamente, íntegramente, lealmente[12], profundamente[32], punto por punto[51], sinceramente[31], universalmente[9]

□ Véase también: **atender, cumplir, observar.**

respeto ♦ absoluto, desmedido, enorme, estricto[31], ferviente, fervoroso[14], incondicional, mutuo, profundo[19], reverencial, sumo[44], tremendo, unánime[19] ♦ en señal (de)[13], sin perjuicio (de)[33] ♦ ápice (de)[27], demostración (de)[18], espíritu (de), expresión (de)[5] ♦ adquirir[9], concitar[40], confesar[48], conquistar[22], cultivar[24], disfrutar (de), dispensar[7], faltar (a)[11], ganar(se), gozar (de), granjear(se), guardar[3], hacerse (con), imponer[49], inculcar[3], infundir[3], inspirar[5], labrar(se), manifestar, perder (a algo/a alguien), predicar[37], presentar, primar[31], profesar[50], revalidar[66], sembrar[66], sentir[10], tener, tributar[10], velar (por)[16]

□ Véase también: **cumplimiento, observancia (de).**

respingón ♦ barbilla, nariz

respiración ♦ ahogado, apagado, asistido, boca a boca, dificultoso, entrecortado, fatigoso, jadeante, pausado, renqueante ♦ apagar(se), cortar[49], entrecortar(se)[6], favorecer

□ Véase también: **aire, inhalar, respiro.**

respirar ♦ ahogadamente, a pleno pulmón, a todo pulmón[9], con dificultad, con fuerza, entrecortadamente, fatigosamente, pausadamente, profundamente[90] ♦ aire, ambiente, aroma, felicidad, frescura, humo, libertad, oxígeno, polvo, tensión, tranquilidad

□ Véase también: **inhalar, jadear, suspirar.**

respiro ♦ conceder, dar[143], necesitar, suponer, tomar(se)

□ Véase también: **descanso, oportunidad, suspiro.**

resplandecer ♦ intensamente[5] ♦ arte, belleza, bondad, justicia, lucidez, maestría, palabra, verdad, virtud

resplandor ♦ cegador[7], celestial, deslumbrante, fugaz[29], instantáneo, intenso, luminoso

□ Véase también: **brillo, destello (de), fulgor, luz.**

responder ♦ encantado, gustoso[16] ♦ a bote pronto[5], acaloradamente[10], a coro[20], acremente, activamente[40], a derechas, afirmativamente[2], ahogadamente, airadamente, airosamente, a la contra, a la defensiva[17], al unísono[27], amablemente, angustiadamente, a plena satisfacción[3], a puerta cerrada[10], atinadamente, atónitamente, bajo juramento, calurosamente[21], categóricamente[20], coherentemente[3], con cajas destempladas[7], con cautela[35], con creces[40], con dureza[30], con firmeza, con rotundidad[8], convincentemente[31], cordialmente[22], correctamente, de buen grado[32], de carrerilla[9], decididamente[46], de corrido, desfavorablemente, diplomáticamente, elocuentemente[9], en frío[23], extensamente, favorablemente[7], gentilmente, incorrectamente, inmediatamente, lacónicamente, negativamente, ojo por ojo[3], punto por punto[3,27], rotundamente[17], satisfactoriamente[33], secamente, sin pestañear[18], sin tapujos[21], sin titubear, tajantemente, visceralmente[12]

□ Véase también: **contestar, preguntar, replicar.**

responder (a) ▮ *(deberse, ajustarse)* ♦ cambio, circunstancia, confianza, crecimiento, deseo, esfuerzo, estrategia, exigencia, expectativa, función, idea, impulso, inquietud, interés, lógica, motivo, necesidad, presión, realidad, tendencia, verdad, voluntad

▮ *(contestar)* ♦ acusación, ataque, crítica, demanda, desafío, golpe, insulto, invitación, llamada, llamado, objeción, petición, pregunta, provocación, reto, señal, solicitud, violencia

responsabilidad ♦ abrumador[75], agobiante, delicado, determinante[9], engorroso, enorme, exclusivo, exento (de)[18], fastidioso, grave, gravoso, honroso[60], incómodo, indeclinable, ineludible, inexcusable[5], insoslayable[10], libre (de), limpio (de)[6], obligado, penoso, pesado, pleno, total, tremendo ♦ a la altura (de)[12], en función (de), sin perjuicio (de)[14] ♦ alcance (de)[60], ápice (de)[17], cúmulo (de)[42], demostración (de)[39], ejercicio (de) ♦ abdicar (de)[11], absolver (de)[18], absorber[10], achacar[2], adquirir[14], afrontar, agravar(se)[79], apechugar (con)[4], arrogarse[13], asignar, asumir[1], atañer[22], atender, blanquear[35], carecer (de), cargar (con)[2], compartir, confesar[4], contraer[1], cumplir[51], declinar[27], deducir[16], delegar[1], demostrar, depositar[21], depurar, derivar(se)[40], desatender[8], descargar[18], descuidar, desentenderse (de)[11], desviar[448], diluir(se)[1], dirimir[35], echar sobre las espaldas (de alguien), ejercer, eludir[1], encarar[38], endilgar[1], endosar[2], entrañar, esclarecer(se)[41], exigir, eximir (de)[1], exonerar (de), extinguir(se)[34], gravitar[2], hacer extensivo[37], hacer frente (a), imputar[16], incumbir (a alguien), incumplir[33], inhibir(se) (de), liberar (de), llevar sobre {los hombros/las espaldas/la conciencia}, negar[29], obviar[5], ostentar, prejuzgar[10], purgar[7], recaer[1], redoblar[28], rehuir (de), renegar (de)[13], sacudir(se)[45], soslayar[9], tener, tipificar, tomar[76], traspasar[1]

□ Véase también: **deber, obligación.**

RESPONSABILIDAD Véase: COMPROMISO; OBLIGACIÓN

responso ♦ aburrido, interminable, mortuorio ♦ misa (de), rezo (de) ♦ asistir (a), cantar, echar[71], lanzar, leer, oficiar, rezar

respuesta ♦ abrumador[64], acalorado[23], afirmativo[1], airado[2], ambiguo, aproximado[74], argumentado, atinado[17], beligerante[25], calculado, cálido[45], caluroso[25], categórico, certero, claro, conciso, concluyente[27], consabido, contundente, convincente, correcto, cristalino[11], cumplido, decisivo, desaforado[10], desafortunado, descabellado[41], desconsiderado, desencaminado, desmesurado[74], despectivo, detallado, diplomático, disparatado, displicente, disuasorio[3], efectivo[27], enérgico, equivocado, escueto, evasivo, exacto, explícito, firme, franco, fulgurante[37], fulminante[16], fundamentado, idóneo, inapelable, incisivo, incorrecto, inequívoco, inesperado, inexacto, instintivo[5], lacónico, lúcido, masivo, mayoritario, meridiano[22], mordaz, multitudinario, negativo, obvio, perentorio[38], pertinente, precipitado, profuso, radical, repentino, rotundo, sin titubear, tajante[1], taxativo[13], terminante[14], tibio[8], tranquilizador[8], unánime[41], vehemente, visceral[33] ♦ arsenal (de)[22] ♦ abanderar[21], acertar, agilizar[30], amortiguar[53], aventurar[16], brindar[60], clavar, dar[251], decodificar[9], deducir[7], demandar, desviar, eludir, equivocar, errar[14], exigir, fallar, flotar, fraguar(se)[42], interpretar, intuir, madurar[2], ofrecer, pedir, prejuzgar[7], rehuir, requerir, solicitar
□ Véase también: **contestación, pregunta, réplica.**

RESPUESTA Véase: INTERCAMBIO VERBAL; REACCIÓN

resquicio (de) ♦ legal, mínimo, pequeño, suficiente ♦ dignidad, duda, esperanza, impunidad, intimidad, legalidad, libertad, luz, seriedad ♦ abrir(se), colarse (por), conservar, dejar, quedar

restablecer(se) (de) ♦ paulatinamente[45], plenamente[77], poco a poco, por completo[157], rápidamente ♦ crisis, daño, enfermedad, herida, lesión, operación, problema, reprimenda
□ Véase también: **recuperar(se), reponerse (de).**

restallar ♦ aplauso, eco, grito, látigo, luz, palabra

restañar *v.* ▮ Se combina con...

A SUSTANTIVOS QUE DENOTAN DAÑO O HERIDA, ASÍ COMO EL PADECIMIENTO QUE PROVOCAN O LAS MANIFESTACIONES DE SU EXISTENCIA: **1 herida ++:** ...logrará su propósito, porque lo está haciendo muy bien, en forma cordial, tratando de *restañar* heridas. DLA220497 **2 cicatriz ++:** Major todavía no ha *restañado* las cicatrices que los euroescépticos de su propio partido han abierto en la exigua mayoría parlamentaria de los conservadores. LVE100296 **3 daño +:** Casi es un lugar común decir y escuchar que la recuperación moral de un país –en este caso el nuestro– es mucho más difícil que *restañar* los daños y deterioros ocasionados a su economía. LTB021296 **4 sufrimiento +:** ¿Podrían *restañar* sufrimientos con ayuda de Esculapio? EME241295 **5 sangre:** ...o yéndonos a los toros con Jaime Ostos, dejando que la luz de la fiesta *restañe* la sangre del eterno Puerto Hurraco nacional. EME120695 **6 arañazo:** ...un amplio cartapacio crítico cuyos posibles arañazos se ven *restañados* inmediatamente por pinceladas de un bálsamo de ternura de receta propia. LVE060795 **7 rasguño:** El Sant Jordi fue un auténtico hospital de campaña donde los socialistas catalanes *restañaron* sus rasguños. LVE111195 **8 navajazo –:** Nuestro cerebro *restañará*, al menos, los navajazos recibidos de un poder funámbulo en el hilo del despotismo. EME030795 **9 destrozo –:** ...así como diversos añadidos renacentistas que *restañan* destrozos de saqueos e incendios causados por la guerra del francés. LVE090996

B EL SUSTANTIVO *OLVIDO*. TAMBIÉN CON OTROS QUE DESIGNAN MANIFESTACIONES DE VACÍO, SEPARACIÓN O RUPTURA, INTERPRETADOS CASI SIEMPRE DE MANERA METAFÓRICA: **10 olvido +:** El abrumador despliegue informativo de la última semana –como si la prensa francesa *restañara* un olvido de 1976– desempolvó discursos de Malraux... LVE241196 **11 división:** Hay que *restañar* la división del PSOE. EME200694 **12 fisura:** ...no logró *restañar* tantas fisuras. LVE020796 **13 grieta:** ...Jospin tendrá que *restañar* las importantes grietas abiertas en sus relaciones con Chevènement. EPE110599 **14 fractura:** Estos jóvenes proponen (...), sobre todo, prevenir, *restañar* las fracturas morales en cuanto se produzcan... EPE220599

C SUSTANTIVOS QUE DESIGNAN DIVERSOS ATRIBUTOS DE LAS PERSONAS, GENERALMENTE RELATIVOS AL RECONOCIMIENTO SOCIAL QUE DE ELLAS SE TIENE: **15 imagen:** ...a medida que va haciendo falta *restañar* su imagen en esta fase terminal del olor a cadaverina que viene desde el depósito mortuorio... EME260395 **16 fama:** Ahora, una vez logrado su empeño, seguramente con el inicio de una campaña para *restañar* su fama pública, para insistir en su condición de mexicano... EXC211096 **17 credibilidad:** La devaluación del real la semana pasada y la subida de los tipos de interés hasta el 41 no habían conseguido *restañar* la credibilidad. EPE220199

D OTROS SUSTANTIVOS; POSIBLES USOS ESTILÍSTICOS: El nacimiento de estos distintos casticismos, entrecruzados muchas veces, abren una serie de obsesiones que no quedarán *restañadas* por la irrupción, unos años más tarde, de las primera vanguardias... ABC031293
□ Véase también: **curar(se), reparar.**

restaurante ♦ casero[9], de {dos/tres/cuatro...} tenedores, de lujo, de postín[2] ♦ comer (en), frecuentar, llevar, poner, regentar

resto ♦ arqueológico, fósil, orgánico ♦ descubrir, detectar[5], encontrar, salir a la luz[47]
□ Véase también: **cicatriz, escombro, fleco (de), huella, rastro, rescoldo, secuela (de).**

restos ♦ mortales

restricción ♦ arbitrario[9], desmedido, drástico, fuerte, justificado, leve, serio[46], severo[37] ♦ abolir[41], aligerar[38], anular, burlar[9], implantar, imponer[47], levantar[14], sortear

restringir ♦ arbitrariamente, drásticamente[6], fuertemente[52], notablemente[32], severamente[30]

[resulta] → a resultas (de)

resultado ♦ abrumador[41], abultado[23], aciago[13], acorde (con), adverso, afirmativo[4], airoso[10], ajustado, amargo[57], apetecido, aplastante[1], apoteósico[10], apreciable[14], apretado[23], arrollador[5], boyante[20], buen(o), catastrófico[3], claro, concluyente[15], convincente, decisivo[49], demoledor[13], desahogado[6], descollante[14], descorazonador, desfavorable, desolador[23], discreto, efectivo[25], engañoso, esperanzador, espléndido, estrecho[14], estrepitoso[5], excelente, exiguo[25], fatal, favorable, fehaciente[26], fulminante[49], funesto[5], halagüeño[14], honroso[11], igualado, impredecible[4], imprevisible[2], inalcanzable[22], inapelable[20], incierto, inequívoco[73], infructuoso[28], insatisfactorio, insospechado, irrefutable[16], letal[3], llamativo[14], magnífico, mal(o), modesto, nefasto, negativo, nimio[10], nulo, palpable[7], parco (en)[18], pírrico[5], positivo, precario[83], previsible, redondo[30], reñido[49], revelador[44], rotundo[1], satisfactorio, significativo, tajante[8], terminante[19] ♦ a la luz (de)[18], a la vista (de)[8], al calor (de)[36], a tenor (de)[15], en función (de) ♦ acatar[91], aceptar, acortar, adivinar, aflorar[32], alcanzar, alterar, amañar[1], amarrar, amortiguar[33], apechugar (con)[2], arañar[12], arrojar[2], atenerse (a)[78], avalar[65], aventurar[15], barajar[13], concretar(se), conducir (a), contar (con), cosechar[2], dar[212], deducir[11], deparar, derivar(se)[3], desencadenar(se)[21], desfigurar[30], desvelar[17], difundir(se)[58], digerir[13], dilucidar[26], distorsionar[8], emitir[1], empañar(se)[13], encajar[30], enderezar[46], enjuiciar, esperar(se), extrapolar[2], impugnar[42], inflar, limar, llegar (a), llevar (a), malograr(se)[22], maquillar, nivelar, obtener, ofrecer, oponer, predecir, prejuzgar[2], producir, provocar, pulverizar[7], refutar, remontar[21], reportar, resumir(se) (en algo), saborear[15], salir a la luz[57], sellar, sonreír[19], sufrir[2], tener, tergiversar[33], validar[35]

☐ Véase también: **balance, conclusión, consecuencia, desenlace, efecto, éxito, fin, final, fracaso, repercusión, saldo, salida.**

RESULTADO Véase: *INFLUENCIA, EFECTO Y CONSECUENCIA*

RESULTADO

♦ (SUSTANTIVOS) Véase: abultado[D], acarrear[A], acatar[L], accesible[D], aciago[C], aclamar[C], acuciar[J], acusar[J], adecentar[E], aderezar[A], a domicilio[D], afirmativo[B], aflorar[E], agravar(se)[E], agridulce[C], airoso[C], a la luz (de)[D], a la vista (de)[C], al calor (de)[G], alcance (de)[B], aleccionador[C], allanar[D], amargo[I], amortiguar[D], apechugar (con)[A], aplastante[A], a plazos[D], apreciable[C], apretado[F], apuntalar[E], arañar[C], arrasador[G], arrogarse[F], arrojar[A], arrollador[A], asumir[D,H], aventurar[C], barajar[C], batir[A], calibrar[C], catastrófico[A], concluyente[B,D], confidencial[D], conmemorar[B], corroborar[D,F], cosechar[A], crucial[N], curativo[A], dantesco[C], dar[Q], decisivo[H], deducir[C], demoledor[C,H], derivar(se)[A], desbrozar[C], desencadenar(se)[C], desfigurar[G], desglosar[C], desolador[C], desvelar[C], devaluar(se)[D], difuminar(se)[I], difundir(se)[I], digerir[C], dilucidar[D], drástico[J], efectivo[D], emitir[A], empañar(se)[B], en bandeja[A], encajar[F], esgrimir[G], estrecho[C], estrepitoso[A], estricto[F], exiguo[E], extrapolar[A], fehaciente[E], firmar[A,D], fulgurante[A], fulminante[G,J], funesto[A], golpe (de)[D], gozar (de)[F], halagüeño[B], honroso[B], ilusionante[D], imparable[G], impredecible[A], imprevisible[A], impugnar[F], inalcanzable[E], inapelable[D], inapreciable[G], incontenible[F], inequívoco[L], inexorable[D], infligir[E], infructuoso[F], ingente[B], irrefutable[B], irreparable[C], irreversible[A], letal[A], llamativo[B], llevar a la práctica[E], meridiano[G], negar[J], orquestar[G], palpable[B], parco (en)[D], pírrico[A], planear[E], precario[L], prejuzgar[A], profundo[O], pulverizar[A], recaer[I], redondo[E], remontar[D,E], reñido[C,G], revalidar[E], revelador[G], rotundo[A], saborear[B], salir a la luz[H], salpicar[G], sellar[C], sesgado[C], sopesar[D], sufrir[A], tajante[A], terminante[C], valedero[D], validar[E], vigente[H], vislumbrar[C]

♦ (VERBOS) Véase: a las mil maravillas[A], a lo grande[C], a trancas y barrancas[F], deportivamente[B], duramente[G], en blanco[D], estrepitosamente[A], intacto[C]

☐ Véase también: CONSECUENCIA; DATO; ÉXITO; FRACASO.

resultante ♦ acuerdo, cantidad, cifra, coste, cuota, empresa, esquema, imagen, importe, informe, modelo, monto, número, pacto, porcentaje, precio, saldo, tasa, texto, trabajo

resultar ♦ a las mil maravillas[5], a pedir de boca, ni a la de tres

☐ Véase también: **afectar, concluir, salir, terminar.**

resumen ♦ apretado, breve, conciso, cumplido, escueto, esquemático, ilustrativo, lacónico, sintético, somero[46], sucinto[18], telegráfico ♦ esbozar, escribir, extraer, hacer, presentar, trazar[39]

☐ Véase también: **abreviadamente, esquema, resumir, sinóptico, síntesis, sintéticamente, sintetizar, sumario.**

RESUMEN Véase: SIMPLIFICACIÓN

resumir ♦ a grandes rasgos[16], ajustadamente[11], ampliamente, apretadamente, brevemente[26], elocuentemente[16], en líneas generales, en pocas palabras, escuetamente, esquemáticamente, gráficamente, punto por punto[39], sucintamente

☐ Véase también: **sintetizar.**

resurgir ♦ como por encanto[6], con fuerza, con intensidad, con vigor, de sus cenizas, inesperadamente, por arte de magia

☐ Véase también: **emerger, salir, surgir.**

retener ♦ a la fuerza, a toda costa[19], contra {mi/tu/su...} voluntad, preventivamente[17], temporalmente

reticencia ♦ despertar (en alguien), disipar, exponer, levantar[57], limar[7], manifestar, plantear, producir, provocar, sentir, superar, suscitar, tropezar(se) (con)[16], vencer[50]

☐ Véase también: **duda, reserva.**

reticente (a) ♦ **acuerdo, cambio, idea, pacto, posibilidad, propuesta**

retirada ♦ **airoso, caótico, cautelar[32], desordenado, en desbandada, estratégico, frenético, honroso[22], incondicional[47], inevitable, masivo, momentáneo, ordenado, parcial, precipitado, preventivo, progresivo, táctico, temporal** ♦ **a tiempo, en masa** ♦ **aconsejar, batir(se) (en), bloquear[17], consumar(se)[53], cortar[28], dirigir, efectuar, emprender[16], favorecer, forzar, imponer(se), iniciar, llevar a cabo, ordenar, organizar, producir(se), tocar (a)**
☐ Véase también: **abandono, huida, salida.**

retirar(se) (de) ♦ **abruptamente[13], a medias[7], a plazo fijo[7], a regañadientes[23], cobardemente, completamente, con honor, de puntillas[27], de un día para otro[35], dignamente[14], en desbandada, en lo mejor de {mi/tu/su...} carrera, gradualmente[34], humildemente[22], incondicionalmente[14], ordenadamente[22], parcialmente, por completo, repentinamente, temporalmente[21], totalmente** ♦ **campaña, cargo, competición, concurso, elección, lugar, profesión, proyecto, trabajo**

retiro ♦ **cómodo, dorado[2], lejano, temporal, tranquilo** ♦ **ir(se) (a), merecer(se), permanecer (en)**

reto ♦ **acuciante[4], apremiante[10], arduo[41], asequible[1], comprometido, desafiante, difícil, fascinante, futuro, ilusionante[44], inalcanzable[11], inminente, insuperable, próximo, serio, venidero** ♦ **a la altura (de)[27]** ♦ **abordar, aceptar, acometer[23], afrontar[9], asumir[24], avecinarse, comportar, comprometer(se) (con), constituir, cumplir[4], encarar[11], encerrar, enfrentar(se) (a), entrañar, esperar (a alguien), hacer(se) realidad[65], lanzar[46], plantear[21], presentarse (a alguien), rehuir, representar, responder (a), superar, suponer, vencer[18]**
☐ Véase también: **desafío.**

retoque ♦ **facial, insignificante[28], leve, ligero, mínimo, necesario, pequeño, somero, superficial** ♦ **aplicar, dar (a algo/a alguien), requerir**

retorcerse (de) ♦ **dolor, ira, rabia, risa, sufrimiento**

retorcido *adj.* ▮ Se construye con sustantivos que designan objetos o materiales sólidos, sean rígidos *(colmillo, metal, hierro)* o no *(corbata, cuerda, bigote)*. Admite gran número de sustantivos que designan espacios longitudinales *(camino, curva, escalera, circuito, calle, tubería, galería, meandro)*. Este sentido se extiende a los sustantivos que designan objetos verbales de carácter lineal *(historia, narración, episodio, novela)* o los elementos con los que se construyen *(lenguaje, estilo, prosa, palabra)*. En sentido igualmente figurado se aplica a las personas *(un escritor retorcido; un personaje retorcido)*. Asimismo se combina con...

A SUSTANTIVOS QUE DESIGNAN CAPACIDADES Y ATRIBUTOS DE LAS PERSONAS RELATIVOS A SU FORMA DE SER, DE PENSAR O DE ACTUAR MENTAL O EMOCIONALMENTE. TAMBIÉN CON OTROS QUE DESIGNAN ALGUNOS ÓRGANOS EN LOS QUE SUPUESTAMENTE RADICAN: **1 mente** ++: ...un punto que hace un mes hubiera parecido sólo posible en la afiebrada imaginación de una mente *retorcida*. LTB041000 **2 mentalidad** ++: ...son, en realidad, nimiedades carentes de toda importancia y cuya investigación sólo puede obedecer a mentalidades *retorcidas*. EME090195 **3 personalidad** ++: Su desfachatez quiere correr pareja a la de personalidades *retorcidas* como puedan ser Robe de Extremoduro o el gran Albert Pla. LVE271296 **4 ego** +: Sólo un ego *retorcido* podría maquinar semejante plan. INDOC **5 psicologismo:** ...es una complicada fábula de *retorcido* psicologismo, y de desarrollo más que sorpresivo, increíble. EME191195 **6 psicología:** ...la obra pone en escena la *retorcida* psicología de un torturador en diálogo con su víctima. EPE160599 **7 cerebro:** Envidio el *retorcido* cerebro de los inventores de esta moda. EME020294 **8 corazón** –: ...sólo una cabeza desnortada o un corazón *retorcido* puede ver algo sucio o escandaloso... EME120596

B SUSTANTIVOS QUE DESIGNAN RESULTADOS DE LA ACTIVIDAD MENTAL, ESPECIALMENTE LA RAZONADORA O ESPECULATIVA. TAMBIÉN CON OTROS QUE EXPRESAN LAS PAUTAS POR LAS QUE ESOS PENSAMIENTOS SE RIGEN: **9 lógica** +: Puede que no se consiga verla, pero en el fondo existe alguna lógica, por *retorcida*, infantil o irracional que pueda ser. EME180296 **10 pensamiento** ++: ...el tobogán de los más *retorcidos* pensamientos... ABC240993 **11 idea** ++: Espero que se limite a enseñar su asignatura y no otras *retorcidas* y desviadas ideas que bullan por su cabeza. LRE300103 **12 invención:** ...hizo público un comunicado en el que califica de «completa fabulación» y de «invención *retorcida*» las acusaciones... EME050495 **13 hipótesis:** ...e «hipótesis *retorcidas*» que se han difundido sobre este crimen. EPD260797 **14 tesis:** No creyeron su exposición de los hechos porque consideraron que su tesis era demasiado *retorcida*. INDOC **15 elucubración:** Muchas veces, los cargos que se imputan no serían concebibles si no es mediante *retorcidas* elucubraciones... EPE170899 **16 interpretación** +: Eva Sannum exhibió el pasado enero un traje de novia creado por Nora Farah, lo que provocó *retorcidas* interpretaciones en medios españoles. EPE071001

C SUSTANTIVOS QUE DESIGNAN DIVERSOS CONTENIDOS INTENCIONALES: **17 propósito** +: Hay a quienes, además de esa razón perversa, les mueve el *retorcido* propósito de hacer patria, separada. LVE240996 **18 intención** +: Sin embargo, es posible que me equivoque y que tu intención no sea tan *retorcida* como imagino. EME030496 **19 impulso:** ...y gente que sufre el *retorcido* impulso de robar, aunque no le interese lo más mínimo lo que tenga al alcance de la mano. EPE040499

D SUSTANTIVOS QUE DESIGNAN OTRAS ACTITUDES PERSONALES, MÁS FRECUENTEMENTE SI SE RELACIONAN CON LA MORDACIDAD, EL SARCASMO O LA DOBLE INTENCIÓN: **20 humor:** Su interés está en mostrar la vida la cotidiana, con *retorcido* humor y acidez... ABC070795 **21 ironía:** ...se logra desbrozar la santa mala uva de Llull y la ironía, sabiamente *retorcida*... LVE050295 **22 malicia:** En medio de la fauna alborotada, ambiciosa y turbulenta que envenena la *retorcida* malicia de Na Renart, la zorra... LVE050295 **23 maldad:** En el telefilme, el ambicioso tejano rumia sus *retorcidas* maldades ante una copa de té... EME181196

E ALGUNOS SUSTANTIVOS QUE DESIGNAN EXPRESIONES FACIALES: **24 sonrisa:** Acompañó su comentario con una sonrisa *retorcida.* INDOC **25 mirada:** Debe de ser buena persona, pero tiene una mirada *retorcida* y poco amistosa. INDOC

F SUSTANTIVOS QUE DESIGNAN COSAS INTRINCADAS O ENREVESADAS. TAMBIÉN CON OTROS QUE DESIGNAN DIVERSAS FORMAS DE ENREDO O DE ARTIMAÑA: **26 trama:** ...y con una trama más *retorcida,* truculenta y atrevida que las vistas hasta ahora... LVE261195 **27 intriga:** ...esta historia en la que el amor y el lujo se combinan con las más *retorcidas* intrigas. EME290795 **28 vericueto:** La suerte de España, en manos de dos vascos dispares a los que la vida ha juntado a través de vericuetos laberínticamente *retorcidos.* EME270694 **29 recoveco:** ...por seguir, pasito a pasito, los *retorcidos* y complejos recovecos del alma humana y el comportamiento de los personajes... EME220195

G SUSTANTIVOS QUE DESIGNAN EL CURSO DE LA EXISTENCIA PERSONAL, SU DESTINO Y ALGUNOS DE LOS ÁMBITOS EN QUE SE DESARROLLAN: **30 vida:** ...pero no la vida en general, sino la vida torpe, plana, demasiado *retorcida* de algunos días. EPE130699 **31 existencia:** ...pasa su *retorcida* y cínica existencia intentando venderle al mundo civilizado la heroica modernidad de su cafre país... EME140394 **32 destino:** En ella se entrecruzan los tormentosos, a veces torcidos y *retorcidos,* destinos de una docena larga de personajes... EPE250900 **33 mundo:** ...que presentan un mundo cuadriculado y *retorcido,* aplastado y deforme, pequeño y risible en lo que tiene de patético. EPE270900 **34 realidad:** ...porque existe una *retorcida* realidad; consideran su cargo al servicio de quien lo ejerce y no al servicio de quienes lo han puesto... EME100594

H OTROS SUSTANTIVOS; POSIBLES USOS ESTILÍSTICOS: Si Tarantino cambia de temas en el futuro, podrá mantener su *retorcida* frescura. EME220594

☐ Véase también: **enrevesado, inextricable, intrincado.**

retórica ♦ **brillante, cargado (de), engañoso, gastado, hueco, lleno (de), mero, oficial, puro, superficial, trillado, vacío, vacuo, vano** ♦ **abandonar, apartar(se) (de), caer (en), cargar (de), dejar, dejarse llevar (por)[10], eliminar, poseer, repetir, ser (algo)**

[retorno] → **sin retorno**

[retortero] → **al retortero**

retortijón ♦ **dar[326], entrar (a alguien), sentir**

retransmisión ♦ **en abierto, en diferido, en directo, en vivo** ♦ **cortar[33], emitir, hacer, interrumpir**

retransmitir ♦ **en abierto, en diferido, en directo, en exclusiva, en vivo, por radio, por televisión** ♦ **dato, onda, señal,** *otros sustantivos que designan informaciones, sustantivos que designan acontecimientos*

☐ Véase también: **transmitir.**

retrasar(se) ♦ **considerablemente[52], gradualmente, injustificadamente, notablemente[30], repentinamente, repetidamente**

☐ Véase también: **alargar, aplazar, demorar(se), posponer.**

retraso ♦ **acostumbrado, alarmante, considerable, desesperante, endémico, exasperante, habitual, imprevisible, inevitable, prolongado, sistemático, sumo** ♦ **achacar[32], acumular, acusar[22], anunciar, causar, experimentar, ocasionar[56], padecer, provocar, recuperar, remontar[20], solventar, sufrir[23]**

☐ Véase también: **aplazamiento, demora, espera.**

retratar ♦ **a grandes rasgos, atinadamente, con expresividad, con gracia, con maestría, con precisión, con todo lujo de detalles, con viveza, detalladamente, expresivamente, fielmente, gráficamente, literalmente, literariamente, magistralmente, minuciosamente, vivamente[19]**

☐ Véase también: **describir.**

retrato ♦ **ajustado, alusivo, aproximado, cáustico, convincente, cuidadoso, demoledor[21], descarnado[42], desolador[13], detallado, elocuente, entrañable, exacto, expresivo, fidedigno[23], fiel, gráfico, ilustrativo, implacable[73], magistral, minucioso, mordaz[29], penetrante[28], pintoresco, preciso, somero[60], superficial, vago, vívido[1], vivo[9]** ♦ **bosquejar[9], componer, dibujar, efectuar, esbozar, hacer, pergeñar, plasmar (en), realizar, trazar**

☐ Véase también: **describir, descripción, dibujar, dibujo, estampa, fotografía, pintar, representación, retratar.**

retribuir ♦ **adecuadamente, debidamente[33], escasamente, injustamente, insuficientemente, justamente, pobremente, suficientemente**

retroceso ♦ **alarmante, claro, considerable, creciente, enorme, espectacular, evidente, franco, fuerte, generalizado, gradual, gran(de), grave, histórico, importante, lamentable, lento, ligero, máximo, mínimo, moderado, notable, nuevo, ostensible, patente, paulatino, pausado, pequeño, perceptible, preocupante, progresivo, prolongado, pronunciado, relativo, serio, severo, significativo, sistemático, verdadero** ♦ **acentuar(se), acusar[14], apuntar, atenuar(se), dar(se), disimular, encubrir, evidenciar, evitar, experimentar, marcar, mostrar, observar, padecer, producir(se), protagonizar, provocar, recortar, registrar(se), representar, significar, sufrir[27], suponer, tener**

☐ Véase también: **avance, regresión.**

RETROCESO Véase: DESCENSO; DETERIORO; REGRESIÓN

retumbar ♦ a lo lejos[30], en {mis/tus/sus...} oídos ♦ cañonazo, grito, lamento, lloro, palabra, ruido, sonido, trueno, voz
☐ Véase también: **resonar**.

reunión ♦ agotador[22], ajetreado[22], a puerta cerrada[35], breve, clandestino, confidencial[32], crucial[51], decisivo, de trabajo, eterno, exitoso, fallido, formal, fructífero, informal, infructuoso[24], intenso, interminable, íntimo, inútil, largo, maratoniano, oficial, provechoso, tenso, tormentoso, útil ♦ a lo largo (de) ♦ objeto (de) ♦ acudir (a), asistir (a), ausentar(se) (de), boicotear[11], celebrar(se), clausurar, concertar[3], conducir, convocar, desarrollarse, discurrir[7], faltar (a), frustrar(se), girar[10], interrumpir, irrumpir (en), levantar[27], presenciar, producir(se), salir (de), saltarse, transcurrir
☐ Véase también: **asamblea, congreso, encuentro, mitin, sesión, simposio**.

REUNIÓN
♦ (SUSTANTIVOS) Véase: **abocar(se) (a)[J], acalorado[A], a cara de perro[D], agotador[E], ajetreado[D], cálido[D], caluroso[D], cara a cara[G], concertar[A], confidencial[E], contra reloj[A], culminar[F], en son de paz[C], itinerante[B], levantar[F], mano a mano[D], propicio[D], reñido[I], sellar[A]**
♦ (VERBOS) Véase: **cara a cara[A], mano a mano[B]**
☐ Véase también: CONJUNCIÓN; CONTACTO; RELACIÓN.

reunir(se) ♦ a puerta cerrada[2], cara a cara[3], contra reloj[37], frente a frente[6], informalmente[3], oficialmente, pacíficamente
☐ Véase también: **acaparar, acumular, fusionar(se), integrar(se), monopolizar**.

revalidar *v.* ▌Se combina con...

A SUSTANTIVOS QUE DESIGNAN CARGOS, GENERALMENTE INSTITUCIONALES: **1 cargo ++:** El alcalde barcelonés *revalidó* el cargo que ocupaba desde 1992 por aclamación, ya que no había otro candidato. LVE021295 **2 alcaldía +:** En Mediona, CiU *revalidó* la alcaldía por un solo voto de diferencia con el PSC. EPE170699 **3 gobierno +:** ...en Zamora, a pesar del presunto caso de corrupción detectado en su diputación provincial, el PP *revalida* su gobierno... EPE150699 **4 candidatura:** Los coruñeses *revalidaron* así una candidatura europea que los descalabros ligueros habían puesto en entredicho... EME031195 **5 presidencia:** El congreso del partido *revalida* la presidencia de Rebelo de Sousa. LVE071096

B SUSTANTIVOS QUE DENOTAN POSICIÓN O FUNCIÓN, A MENUDO EN ALGUNA JERARQUÍA: **6 puesto +:** Otra de las candidatas es Irene Saéz (...), que espera *revalidar* su puesto al frente de Chacao, en la ciudad de Caracas. EME281195 **7 condición +:** ...de su capítulo sobre el nacionalismo ha surgido en gran parte el libro «La ira de las naciones» (1993), donde Pfaff *revalida* su condición de historiador... ABC130195 **8 papel:** Todos los analistas coinciden en asegurar que Alemania ha *revalidado* plenamente su papel motor de la economía europea. EME130195 **9 categoría:** Los dos *revalidaron* sus categorías en el concurso de perillas, barbas, bigotes y patillas que el martes pasado se celebró en Suiza. EME131095 **10 rol:** La sinceración de las tarifas de televisión deberá *revalidar* el rol de este medio y un nuevo ordenamiento de la función de los medios alrededor del estilo de vida del consumidor... ENV190197 **11 escaño:** La voluntad de casi todos los diputados de *revalidar* el escaño dificulta cualquier intento de renovación. LVE060196 **12 status:** Plutón *revalida* su «status» de planeta. EPE100299 **13 posición:** En las Juntas de Vizcaya, la coalición nacionalista PNV-EA *revalida* la primera posición, con 20 junteros... EPE140699 **14 especialidad:** Ha venido a España a *revalidar* su especialidad, pero le falta doctorarse en un final con Nilssen, Museeuw, «Abdou», Cipollini, Fondriest, Mocassin, Baldato... EME290494

C SUSTANTIVOS QUE DESIGNAN DIVERSOS ESTADOS DE SUPREMACÍA, ASÍ COMO ALGUNOS DE LOS ATRIBUTOS QUE NORMALMENTE LES CORRESPONDEN: **15 liderazgo ++:** Por eso pidió al gobernador el levantamiento de las impugnaciones al plenario de Parque Norte, que pretendió *revalidar* el liderazgo excluyente de Menem... CLA310199 **16 mandato ++:** ¿Ha iniciado ya su carrera para *revalidar* su mandato? EME020596 **17 poder:** Por cansancio o por fatalismo, la mayoría del partido se resigna a *revalidar* el poder al macizo de la raza, digo de Ciprià Ciscar, Antonio Asunción y Joan Lerma. EPE050999 **18 supremacía:** La designación de Dehaene era lógica al *revalidar* su supremacía en las últimas legislativas. LVE290595 **19 dominio:** Armstrong *revalida* en el Ventoux su dominio del Tour. EPE140700 **20 hegemonía:** Revalidó su hegemonía en las elecciones autonómicas de 1987 y 1991... EME300595 **21 cetro:** Guiados por sus estrellas Jordan, Rodman y Kukoc, los favoritos para *revalidar* el cetro arrollaron a sus enemigos 107-98. EUV031196 **22 corona:** Tijuana viaja a Cancún a *revalidar* su corona. DYM120996 **23 fortaleza:** ...no debe preocupar a los votantes catalanes siempre y cuando éstos aseguren que CiU *revalida* su fortaleza en el Parlament. EPE230599 **24 fuerza:** La izquierda polaca *revalida* su fuerza en las municipales, según los sondeos. EME200694

D SUSTANTIVOS QUE DENOTAN PREMIO, MUY FRECUENTEMENTE EN ALGUNA COMPETICIÓN DEPORTIVA: **25 título ++:** Ríos es el que en mejor forma se presenta e intentará *revalidar* su título de hace un año. LEC190597 **26 premio:** La comparsa Los templarios, de Antonio Martínez Ares, intentará *revalidar* su primer premio del pasado año con Los Piratas. EPE090299 **27 galardón:** El Boliche se prepara con entusiasmo para *revalidar* el galardón Panamericano Juvenil, que se realizará en San Juan de Puerto Rico entre el 23 y 28 de julio. EUV170498 **28 medalla de oro:** En categoría masculina, el ruso Alexander Popov *revalidó* su medalla de oro en los 50 libre... LVE260796 **29 oro olímpico:** ...Nigeria, pues, no está en disposición de *revalidar* el oro olímpico que conquistó en Atlanta. EPE130900

E SUSTANTIVOS QUE DENOTAN RESULTADO, GENERALMENTE FAVORABLE. TAMBIÉN CON OTROS QUE DESIGNAN LOGROS DIVERSOS Y ALGUNAS CARACTERÍSTICAS Y ESTADOS PROPIOS DEL QUE ALCANZA EL ÉXITO: **30 triunfo ++:** ...la valenciana Marta Fernández y el marroquí Chmaiti tratarán de *revalidar* el triunfo logrado el año pasado. EPE150599 **31 victoria +:** En su opinión, el PP podría *revalidar* su victoria en estos comicios... EME280796 **32 éxito +:** Pese a sus películas, Los Bravos no *revalidaron* el éxito de «Black is black»... LVE170996 **33 logro:** El equipo busca *revalidar* los logros alcanzados el año anterior. INDOC **34 resultado:** Según el president, *revalidar* los resultados conseguidos en 1984, 1988 y 1992 está al alcance y lo indispensable es lograr la movilización de los dos partidos. LVE170995 **35 fama:** El director, Jean Paul Sartre, ya era conocido como autor dramático, filósofo y novelista, fama que *revalidaría* en aquel instante... LVE141095 **36 gesta:** El señor Espada no atendió la minoritaria petición de oreja; lo cual no fue óbice para que Pepín Liria *revalidara* su gesta de anteayer. EME070694 **37 mérito:** ...diez equipos de chefs latinoamericanos *revalidaron* méritos y demostraron que se desempeñan con tanto esmero y resultan tan creativos como los del resto del mundo. LNA290692 **38 proeza:** ...la española dejó bien claro que viene a *revalidar* su proeza del año pasado... EME290895 **39 prestigio:** «De la Rúa, a quien felicito sinceramente, *revalidó* fuertemente su prestigio en la Capital», dijo con mucha tranquilidad. LNA290692 **40 protagonismo:** Constituyen todo un pensamiento creativo y autónomo que *revalida* su protagonismo histórico. EME220195

F SUSTANTIVOS QUE DENOTAN APOYO ELECTORAL: **41 mayoría absoluta ++:** ...el PP *revalidará* la mayoría absoluta en las próximas elecciones... FDV180601 **42 apoyo electoral:** Por lo que respecta a Benidorm y Altea, el PP ha logrado *revalidar* el apoyo electoral que obtuvo en los comicios de 1995. EPE210699 **43 voto:** La mayoría de los analistas espera, sin embargo, que en la nueva convocatoria a urnas se *revalide* el voto expresado en las elecciones nacionales del 2 de mayo. EME040694

G SUSTANTIVOS QUE DESIGNAN DIRECTRICES O RECURSOS RELATIVOS A ALGUNA ACTUACIÓN FUTURA. TAMBIÉN CON OTROS QUE EXPRESAN LAS INTENCIONES, LOS PUNTOS DE VISTA O LAS INCLINACIONES QUE SE MANIFIESTAN HACIA ELLA: **44 política +:** Y recordó que los tribunales han *revalidado* la política lingüística y que «aquí hablamos catalán y castellano con normalidad». LVE161196 **45 estrategia:** ...ni adelantan la segura victoria del PP en las generales de 2004, ni *revalidan* inequívocamente la estrategia opositora del PSOE. EPE241001 **46 idea:** Se trata de *revalidar* las ideas que hicieron posible la Conferencia de Barcelona, hace seis años... EPE031101 **47 promesa:** Romano Prodi *revalidó* su promesa de reforma federal del Estado en «tiempo breve»... EME250596 **48 proyecto:** «El proyecto de EA ha salido *revalidado* y fortalecido tras un congreso que fue profundo y muy enriquecedor», indicó Begoña Errazti. EPE261199 **49 tendencia:** ...mucha gente no deja de verlo como un secreto ajuste de cuentas que *revalida* la tendencia cainita y autoflageladora de nuestro pueblo. EME081295 **50 tesis:** ...eso *revalida* la conocida tesis de que la tauromaquia, amén de ser arte, también puede servir de deleite para humanistas. EME180596 **51 esperanza:** El viejo *revalida* la esperanza en el servicio de urgencias. EPE190499

H SUSTANTIVOS QUE DENOTAN PACTO, ACUERDO O AUTORIZACIÓN, O DESIGNAN ALGUNAS DE LAS OBLIGACIONES QUE COMPORTAN: **52 acuerdo +:** No ocurre así en las listas al Ayuntamiento, gobernado en esta legislatura por un tripartito CDN-PSN-IU que aspira a *revalidar* sus acuerdos. EPE190499 **53 alianza:** El debate de política general que se inicia hoy en el Parlamento catalán *revalidará* la alianza que mantienen Convergència i Unió (CiU) y el Partido Popular (PP) en Cataluña... EPE021001 **54 coalición:** Las elecciones anticipadas, marcadas por la instalación de los euromisiles, *revalidan* la coalición de Kohl. LVE290996 **55 pacto:** Este traspaso responde a los pactos autonómicos firmados por el PP y PSOE, en 1992, y *revalidados* hace cuatro. EPE271201 **56 contrato:** ...había recomendado que las empresas (...) no sean pagadas mediante bonos, a la vez que habrían recomendado no *revalidar* los contratos. LPN011297 **57 licencia:** ...previo a optar a *revalidar* una licencia de conducir, es necesario realizar el antiguo y obsoleto procedimiento... LHG031100 **58 compromiso:** ...podrá (...) *revalidar* su compromiso por la obtención de la vía rápida con los recientes éxitos parlamentarios conseguidos por el lobby... LNP151097

I SUSTANTIVOS QUE DESIGNAN DIVERSAS FORMAS DE ACTUACIÓN, A MENUDO COMERCIAL, POLÍTICA, ECONÓMICA O DEPORTIVA: **59 gestión +:** El actual alcalde, *revalidada* su gestión para los próximos cuatro años, no esconde su satisfacción por los logros del Ayuntamiento. LVE030495 **60 dirección:** Los socialistas necesitan intentar llegar a un congreso que *revalide* una dirección por amplia mayoría... EPE150999 **61 actuación:** Y asimismo Morante de la Puebla dispone de dos ocasiones para *revalidar* sus actuaciones. EPE110800

J SUSTANTIVOS QUE DENOTAN MODELO O PAUTA CONSIDERADA EJEMPLAR, NOTORIA O ARQUETÍPICA: **62 figura:** Uno de los primeros en *revalidar* la figura de Sandro fue Charly García... EPU120701 **63 mito:** Su predicamento entre el sexo femenino, en efecto, *revalida* el mito sexual del torero hasta el extremo de propiciar acontecimientos como el de Aranjuez. EME190395 **64 modelo:** Como no he perdido electores, creo que los míos, los ciudadanos, han entendido el modelo de ciudad y lo han *revalidado*. LVE100695

K SUSTANTIVOS QUE DESIGNAN DIVERSAS FORMAS DE ADHESIÓN O APRECIO, ASÍ COMO CIERTAS CUALIDADES QUE HACEN A LAS PERSONAS MERECER LA ESTIMA DE LOS DEMÁS: **65 confianza ++:** Herrera destacó que con este programa pedirán *revalidar* la confianza de los ciudadanos... LRE120103 **66 respeto +:** El líder *revalidó* su respeto entre los correligionarios. INDOC **67 apoyo +:** Matutes *revalida* el apoyo al plan británico para las *vacas locas*. LVE070696 **68 credibilidad:** La clara victoria de Major se considera suficiente para *revalidar* su credibilidad al frente del partido. LVE050795 **69 reconocimiento:** ...venía a *revalidar* el reconocimiento a una carrera literaria ya antes distinguida con algunos de los premios más renombrados de nuestras letras. ABC201095

revancha ♦ **apretado**[37] ♦ **ánimo (de)**[6], **espíritu (de), ganas (de), sed (de)** ♦ **buscar, ganar, pedir, saborear**[23], **vencer(se)**

revelación ♦ **alarmante, creíble, de última hora, fidedigno, inesperado, íntimo, inusitado, inverosímil, sorprendente, veraz, verídico, verosímil** ♦ **al descubierto**[50] ♦ **avalancha (de)**[30] ♦ **destapar, filtrar(se), hacer, hacer público, producirse, publicar, salir a la luz**

□ Véase también: **confidencia, descubrimiento, indicación, manifestación (de), señal.**

revelador *adj.* ▮ Se combina con sustantivos que designan manifestaciones verbales o comunicativas *(comentario, afirmación, conversación).* Admite otros muchos sustantivos, pero destacan especialmente los que designan objetos de información, sea oral, escrita, gráfica o de otro tipo *(documento, informe, texto, libro, noticia, artículo, ensayo, espectáculo, película, filme, foto, cuadro)*, y también los que se refieren a algún fragmento o componente de esas unidades *(frase, pasaje, párrafo, expresión, página, palabra).* Se combina con otros muchos sustantivos, entre ellos los que designan cualidades, defectos, actitudes y otras atribuciones, generalmente de las personas o sus actos *(fuerza, eficacia, ironía, potencia, debilidad, mezquindad)*, con otros que designan sensaciones, sentimientos y reacciones emocionales *(nerviosismo, sosiego, animosidad)* y especialmente con...

A SUSTANTIVOS QUE DENOTAN MATERIA O ASUNTO, ASÍ COMO CON OTROS QUE DESIGNAN MUESTRAS Y COMPONENTES DE LA INFORMACIÓN: **1 dato** ++: Ante esos datos *reveladores*, dijo, la Comisión Nacional de Derechos Humanos debe dar respuesta. EXC190696 **2 cifra** ++: Es cifra *reveladora* de la maraña burocrática asfixiante en la que nos desenvolvemos, así ahora haya disminuido. EXC300896 **3 ejemplo** +: Uno de los ejemplos más *reveladores* es la autopista José Antonio Páez que tiene más de 100 kilómetros listos. ENV190597 **4 caso:** Allí está un caso *revelador*, que involucra a un dirigente influyente y a un atleta de renombre. ENV021000 **5 número:** La estadística contenía números muy *reveladores* sobre la renta de los ciudadanos. INDOC **6 elemento:** Responden a una imaginación nocturna, onírica, construida con pocos elementos, aunque sumamente *reveladores*... ABC041194 **7 asunto:** El asunto es si cabe más *revelador* cuando esta terminología científica salta al campo de la publicidad... EME031096 **8 muestra:** Completan la Antología otras muestras *reveladoras* de la variedad que hoy se registra en la poesía vasca. ABC140194

B SUSTANTIVOS QUE DESIGNAN GESTOS, MOVIMIENTOS Y OTROS RASGOS, ASPECTOS O PORMENORES QUE PUEDEN INTERPRETARSE COMO MANIFESTACIONES EXPRESIVAS O CARACTERÍSTICAS DE ALGO: **9 gesto** ++: En el marco de estas confesiones, es un gesto *revelador* de ignorancia o de cinismo invocar (...) el éxito de los ex comunistas en Polonia y en Hungría. LVE111295 **10 rasgo** ++: El rasgo más *revelador* de este hecho es el desplazamiento de dos destacados diputados de los dos principales grupos parlamentarios (...) para formar parte del nuevo Consejo. EPE021985 **11 detalle** ++: Menciona un detalle *revelador* que tiende a contradecir su tesis, y es que Luis XVI no apuntó la caída de la Bastilla en su diario. ABC190293 **12 aspecto** +: Finalmente, otros aspectos *reveladores* del impacto social de la tutela es el hecho de que a ella han acudido masivamente personas de ingresos bajos y medianos... ETC010796 **13 sonrisa:** ...Rentzias, lesionado, esbozaba una sonrisa *reveladora* de cómo se las gastan sus compatriotas... EPE291099 **14 mirada:** Eso sí, siempre desde una mirada *reveladora* de la vida alrededor del tren. EPE101299

C SUSTANTIVOS QUE DENOTAN SÍNTOMA O INDICIO: **15 síntoma** ++: El que Salvador Samayoa y Mauricio Vargas compartan el micrófono no es una simple anécdota, sino un síntoma *revelador* de la transición salvadoreña. EPE211199 **16 indicio** ++: La insistencia en perifonear marchas militares e himnos patrióticos para exacerbar el ánimo de los terroristas es un indicio *revelador*, en tal sentido. EXP010297 **17 señal** +: La primera señal *reveladora* era el cuello. CLA170497 **18 huella:** ...y deduce que aquel crimen insondable fue imperfecto porque dejó una *reveladora* huella de la nada precedente... EME130796 **19 signo:** Fue un signo *revelador*, igual que la extraña imagen de Ronald de Boer, habitualmente frío, peleándose con Mendieta bajo la línea de gol. EPE160899

D SUSTANTIVOS QUE DENOTAN HECHO O SUCESO, ESPECIALMENTE SI SON DE CARÁCTER IMPREVISTO: **20 episodio** ++: ...algunos de sus amigos comenzaron a denunciar las manipulaciones sufridas por sus memorias, episodio chusco pero *revelador*... EPE171299 **21 anécdota** +: Una *reveladora* anécdota resume el estado de ánimo del Papa. LVE210996 **22 hecho** ++: Sin embargo, más allá de las cifras concretas, existen dos hechos *reveladores* y quizás asociados entre sí que merecen alguna reflexión política. EPD201097 **23 experiencia** +: Aquel encuentro fue para mí una *reveladora* experiencia. EME220194 **24 acontecimiento:** Al hilo de las consideraciones que acabo de transcribir, esta semana se ha hecho público un acontecimiento *revelador*. LVE030995 **25 incidente:** Le atribuyen al profesor una dosis extra de presión sobre los reincidentes dentro del cual un incidente es particularmente *revelador*. RUM201097 **26 suceso:** ...que el Gobierno decida llevarle ante el fiscal no es tanto un suceso *revelador* de la polémica personalidad de este magistrado y del papel del Gobierno en este embrollo. LVE181095 **27 accidente:** Un accidente *revelador*: el 3 de noviembre pasado un camión chocó con un Mercedes en una carretera cerca de la localidad de Susurluk. EPD210497 **28 encuentro:** Para Matta, el encuentro sería *revelador*, pues no sólo se inició como pintor, sino que... EPE060499

E SUSTANTIVOS QUE DENOTAN FORMA DE SER, ACTUAR O PENSAR. TAMBIÉN CON OTROS QUE DESIGNAN ALGUNOS ATRIBUTOS DE ESAS ACTITUDES: **29 carácter** ++: Habla Robert De Niro, un hombre cuya decidida fe en la acción y en el carácter *revelador* de la conducta le hace mostrarse cauteloso ante las palabras. EME010795 **30 conducta** ++: Los jueces consideran que el acusado tuvo «una conducta *reveladora* de especial malicia y bajos instintos». LVE100696 **31 postura** ++: Reveladora es la postura del cura francés Pierre, recién llegado a Sarajevo con sus 82 años a cuestas. LVE230795 **32 opinión:** Aunque aporta testimonios exclusivos de testigos de la tragedia y opiniones *reveladoras* de expertos de la CIA, el reportaje deja al espectador con la sensación de que hay más cosas que contar. EPE271001 **33 perfil:** ...Eduardo Zaplana trazó un *revelador* perfil de sí mismo en el programa de entrevistas de La 2 que dirige Pedro Ruiz. EPE050299 **34 personalidad:** ...constituye una de las personalidades más complejas y *reveladoras* de la moda de la novela galante y postnaturalista... ABC210194

F SUSTANTIVOS QUE DENOTAN ANÁLISIS, INTERPRETACIÓN, ESTUDIO O CÁLCULO. TAMBIÉN CON OTROS QUE DESIGNAN ALGUNOS DE SUS RESULTADOS: **35 análisis** ++: Para comprobar cómo se preocupa la profesión por la manipulación que intentan y consiguen las fuentes instaladas en el poder basta leer los *reveladores* análisis que hace la «Columbia Journalism Review». EME130594

36 estadística ++: No pretendemos generalizar, pero las estadísticas son tan *reveladoras* que ponen el corazón en un puño. LVE260295 **37 encuesta +:** El entonces candidato a gobernador leyó con sumo interés la *reveladora* encuesta (...) y debió de pensar: «¡Esta es la mía!». EME120395 **38 test:** Es, a mi juicio, un test *revelador* del desquiciamiento emocional y los antivalores que hoy rigen... EUV031196 **39 cálculo:** Representantes del sector turístico hacen un simple pero *revelador* cálculo de posibilidades... LVE050795 **40 estudio:** El *revelador* estudio (...) es el primero que establece una relación causal directa entre el uso de los teléfonos celulares y los riesgos de accidentes. CLA140297 **41 enfoque:** ...aborda la guerra de Vietnam con un enfoque crítico más *revelador* que muchos de los textos escritos desde una perspectiva radical... LVE110296 **42 visión:** Las respuestas ofrecidas (sólo Luis Iturri, director del Teatro Arriaga de Bilbao, ha rehusado contestar) dan una visión bastante *reveladora.* ABC080794 **43 valoración:** Ha sido muy *reveladora* la valoración que hizo el presidente de las actitudes de la oposición. INDOC

G SUSTANTIVOS QUE DENOTAN RESULTADO O FINAL DE UN PROCESO: **44 resultado ++:** El sistema utilizado por el COI no ha resultado tan *revelador* como lo sería el empleo de pruebas sobre muestras de sangre... EME290796 **45 sentencia +:** Al dictar la sentencia, que resultó *reveladora,* se manifestó la influencia de las pruebas falsas. INDOC **46 final +:** El final es *revelador*: ella grazna como un pájaro herido mientras la voz de Tebaldi hace el aria final de la ópera homónima. EPE020886 **47 conclusión +:** Las conclusiones del informe son bastante *reveladoras.* LRE020203 **48 solución:** ...otras fuentes centristas indican que la solución va a ser muy *reveladora* sobre la orientación futura de UCD. EPE010580

H SUSTANTIVOS QUE DENOTAN SITUACIÓN O ESTADO DE COSAS, MÁS FRECUENTEMENTE SI SE PRESENTA A LA VISTA O AL ENTENDIMIENTO: **49 situación ++:** La situación actual del Acueducto de Segovia no puede resultar más *reveladora* de los efectos de esas tendencias sobre el patrimonio cultural español. ABC280892 **50 circunstancia +:** En este sentido, el primer gran acierto de Ernesto Grassi es encuadrar su libro en la *reveladora* circunstancia biográfica que le dio origen. ABC081093 **51 panorama:** El panorama que elevaba Coleman era por demás *revelador*: Bahía Blanca vivía su gran transformación de pago chico a ciudad. LNP120397 **52 escena:** Todo comenzó con una escena tan simple como *reveladora...* EME120895 **53 estampa −:** La estampa navideña es quizás *reveladora* del nuevo papel reservado para la primera dama. EME081196

revelar ♦ **abiertamente[6], a las claras[3], a los cuatro vientos[8], crudamente[3], de antemano[21]** ♦ **aspecto, clave, conducta, contenido, dato, detalle, duda, enigma, entresijo, faceta, fórmula, misterio, nombre, noticia, resultado, secreto, trama, truco, verdad,** *otros sustantivos que designan informaciones*

□ Véase también: **anunciar, confirmar, declarar(se), destapar, desvelar, informar.**

revenir(se) ♦ **alimento, comida, pan**

[reventar] → **a reventar**

reventar *v.* ▮ En el sentido de 'estallar, abrirse, romperse' se combina con sustantivos que designan cosas que contienen aire u otros fluidos *(neumático, balón, pústula, grano, ampolla)* o que se pueden abrir o romper de improviso *(capullo, ola, yema, puerta).* En el sentido de 'morir' o 'hacer morir' se combina con los sustantivos *burro, caballo, asno* y, figuradamente, también con sustantivos de persona *(El trabajo le ha dejado reventado).* En el sentido de 'batir o sobrepasar' se combina con sustantivos que designan marcas deportivas *(Ha reventado la marca nacional de los 100 metros lisos)* o cantidades económicas *(precio),* a menudo en sentido figurado *(taquilla, mercado).* En el sentido de 'hacer fracasar' se combina con sustantivos que designan eventos, celebraciones o actuaciones *(acto, elecciones, manifestación, huelga, mitin, discurso, intervención, conferencia, congreso, rueda de prensa, subasta, fiesta, espectáculo, carrera, representación, procesión)* y también con...

A SUSTANTIVOS QUE DESIGNAN PROCESOS DIRIGIDOS A ALCANZAR UN ACUERDO, UN CONVENIO O UNA SOLUCIÓN A UN CONFLICTO. TAMBIÉN CON OTROS QUE DENOTAN ESTADO DE CONSENSO O DE CONCORDIA: **1 proceso de paz ++:** «con sus hechos, especialmente con su política penitenciaria», se dedicaba a *reventar* el proceso de paz. EPE270899 **2 acuerdo +:** Reventado por ambas partes, el frágil acuerdo obtenido el viernes... LVE241196 **3 negociación +:** ...atentados claramente orientados a *reventar* las negociaciones... LVE141095 **4 paz:** La extradición de los dos oficiales (...) amenaza con *reventar* la paz de Dayton. EME140296 **5 consenso:** Las actuaciones violentas de un solo día *reventaron* el consenso alcanzado durante meses. INDOC **6 armonía:** Y no son, precisamente, las obras más recientes la que *revientan* la armonía del frente marítimo gaditano. EPE180999

B SUSTANTIVOS ABSTRACTOS QUE DENOTAN SISTEMA O ESTRUCTURA: **7 sistema:** ...un pesimista indomable que se proponía *reventar* el sistema político italiano... LVE250295 **8 estructura:** En los años 50 o 60 triplicamos la población en quince años, *reventando* las estructuras sociales. LVE091096 **9 esquema:** Las contradicciones (...) se han resuelto *reventando* los esquemas teóricos... LVE070495 **10 marco −:** Cuando otros intentan recomponer el marco del necesario juego político para impedir el caos, él lo *revienta.* LVE150996

□ Véase también: **estallar.**

reventar (de) *v.* ▮ En su sentido figurado, se combina con sustantivos que designan cantidades, materias valiosas o bienes patrimoniales *(dinero, oro, diamante),* así como alimentos y sustancias que se ingieren *(comida, pasteles, cerveza).* También se combina con...

A SUSTANTIVOS QUE DENOTAN ANSIA O DESEO: **1 gana ++:** ...tertulias en las que nadie abandona la mesa, así *reviente* de ganas de ir al lavabo... EME060796 **2 hambre +:** ...pretende que se debe *reventar* de hambre antes que el Parlamento tenga tiempo de legislar... LVE260796 **3 sed:** Lo más duro de correr los cinco mil metros era que *reventábamos* de sed. INDOC **4 deseo:** ...*revienta* de deseos (...) de votar por el humorista. EPE161280

B SUSTANTIVOS QUE DENOTAN ALEGRÍA, SATISFACCIÓN, ENTUSIASMO Y OTRAS FORMAS DE MANIFESTACIÓN GOZOSA Y A MENUDO EXALTADA: **5 risa +**: Sus chistes agudos, ingeniosos, cáusticos, incluso hirientes, hacían *reventar* de risa al público. INDOC **6 felicidad +**: Cuando le dieron la noticia de su embarazo, parecía *reventar* de felicidad. INDOC **7 vida +**: ...una agonía vificadora, que *revienta* de vida. EPE121001 **8 alegría +**: Quienes seguramente han de estar que *revientan* de la alegría (...) serán Walther Mercado y todos sus colegas adivinos... PLG220696 **9 vitalidad**: La demasiado veloz incursión (...) se quedó, y ése es un arte que *revienta* de vitalidad, en largas y pausadas miradas hacia atrás... EPE070699

C SUSTANTIVOS QUE DENOTAN DOLOR Y SUFRIMIENTO: **10 dolor ++**: La mujer agitaba la cabeza hacia abajo, hacia arriba; parecía que *reventaba* de dolor. EPE100799 **11 rabia +**: El error había sido únicamente culpa suya. Estaba a punto de *reventar* de rabia, pero luchaba por aparentar serenidad. INDOC

D ALGUNOS SUSTANTIVOS QUE DENOTAN ORGULLO O ALTANERÍA: **12 orgullo +**: A TV3, que está que *revienta* de orgullo por la operación, sólo le duele la hora (20.30)... LVE090195 **13 arrogancia +**: Es una serie de estupideces que además *revienta* de arrogancia. EPE020486

☐ Véase también: **atiborrar(se) (de), estallar (de), henchir(se) (de), inflar, llenar.**

reverdecer *v.* ▮ En su sentido físico se combina con sustantivos que designan plantas y flores *(Reverdeció al fin la hiedra).* En su sentido de 'renovarse o adquirir nuevas fuerzas' se combina con...

A SUSTANTIVOS QUE DESIGNAN DIVERSOS SENTIMIENTOS O ESTADOS DE ÁNIMO: **1 amor +**: Quizá en esta época de amores *reverdecidos* compone su obra más... ABC280194 **2 fervor +**: ...para comprobar si el triunfo hacía *reverdecer*, también allí, pasados fervores patrióticos franceses. EPE040700 **3 sufrimiento**: ...estamos inventando novelas como las que empiezan a aparecer por ahí, para *reverdecer* todavía ese sufrimiento de ese entorno familiar... EME150696

B SUSTANTIVOS QUE DENOTAN ÉXITO O RECONOCIMIENTO PÚBLICO (A VECES EN REFERENCIAS METONÍMICAS). TAMBIÉN CON OTROS QUE DESIGNAN ALGUNOS DE LOS ATRIBUTOS QUE SUELEN ACOMPAÑAR A ESOS ESTADOS: **4 éxito ++**: ...a punto de cumplir los setenta años, reaparecía en plena gloria, y con acompañamiento de orquesta tropical *reverdecía* éxitos... EPE050877 **5 laurel +**: ...vio de nuevo frustrados sus esfuerzos por *reverdecer* sus laureles de 1990 en el Abierto de Estados Unidos... DYM010996 **6 esplendor**: Desde la temporada 1991-92 hasta la recién concluída ha colaborado a *reverdecer* el esplendor del equipo... LVE230795 **7 liderazgo**: A pesar de tan manidos mimbres, insisto en creer que *reverdecer* y consolidar el liderazgo de... EPE050999 **8 prestigio**: ...atendiendo metódicamente a sus muchas obligaciones, consiguió *reverdecer* el prestigio de la bien ganada cátedra... LVE210295

C SUSTANTIVOS QUE DENOTAN ENFRENTAMIENTO, Y CON OTROS QUE DESIGNAN DIVERSAS MANIFESTACIONES DE HOSTILIDAD, INESTABILIDAD O CONFUSIÓN: **9 conflicto +**: ...a propósito de una sentencia del Tribunal Supremo, *reverdece* el conflicto sobre el Teatro Romano de Sagunto... EPE310199 **10 discusión**: De vez en cuando *reverdecen* las discusiones bizantinas sobre si España es esencialmente monárquica... LVE190395 **11 crisis**: La crisis española *reverdece* en todas sus instituciones al ritmo de la actualidad. EME171196 **12 hostilidad**: ...algo como para llamar a los embajadores a evacuar consultas o *reverdecer* antiguas y muy enquistadas hostilidades fronterizas. EPE090899 **13 lucha**: ...ofrecerá hoy un reportaje que analiza los conflictos vividos en el mundo de la mafia desde 1981, que han hecho *reverdecer* las luchas entre clanes... EPE010288 **14 polémica**: Y este otoño, la polémica ha *reverdecido* de nuevo. LVE181196 **15 pugna**: Este proceder desató las tensiones internas (...) donde *reverdecieron* las pugnas entre los líderes territoriales... LVE070696 **16 lío –**: De todas formas, el más bonito lío de novios es el que hizo *reverdecer* la juez Ana Ferrer... EME130495

D SUSTANTIVOS QUE DESIGNAN LO QUE SE RECUERDA, SE HA VIVIDO O SE HA EXPERIMENTADO: **17 memoria**: Como el *reverdecer* de una memoria distante que desvirtúa las vivencias reales... LVE140696 **18 raíz**: Sólo las profundas raíces históricas y culturales *reverdecen* y por ello no es de extrañar que... LVE010596 **19 historia**: Y tendrá frente a sí la ocasión de *reverdecer* historias como la del español... EPE110999 **20 vida**: ...en el interior de la familia, la vida sólo *reverdece* y echa flores gracias a la benevolencia. HOY110897 **21 experiencia**: ...la defensa del exdictador puede *reverdecer* la experiencia del caso Hoffman... EPE140999

E SUSTANTIVOS QUE DESIGNAN LO QUE SE ANHELA: **22 deseo**: Se *reverdecen* los deseos de maternidad y el mundo es una tómbola... LVE050596 **23 sueño**: ...era que en su tercera temporada *reverdecieran* sus propios sueños de hace tres lustros sacándose de la chistera a uno de «sus» chicos... EME050294 **24 utopía**: Pero a partir de 1989 ha vuelto a *reverdecer* la vieja utopía que da título al presente escrito... EPE051201

F OTROS SUSTANTIVOS: **25 fulgor**: Con la ausencia de todo ese encanto sólo *reverdecía* el fulgor de lo perdido. ABC040895 **26 sonido**: ...una obra en la que intentan *reverdecer* su primigenio sonido. EPE191199

☐ Véase también: **resurgir.**

reverencial ♦ **admiración, atención, cuidado, culto, gesto, miedo, mimo, mirada, pánico, respeto, silencio, temor, tono, trato**

[revertido] → **a cobro revertido**

revertir (en) *v.* ▮ La preposición *a* alterna a veces con *en.* En el sentido de 'transformarse en o ir a parar a' se combina con sustantivos que designan personas *(Tu actitud revierte en ti mismo)* o lugares, a menudo comunitarios *(Las reformas revertirán en el barrio; Todo lo que hagas revertirá en tu familia).* También se combina con...

A EL SUSTANTIVO *BENEFICIO* Y CON OTROS QUE DENOTAN GANANCIA O DESIGNAN ESTADOS DE FAVOR: **1 beneficio ++**: ...el salario sirve también para realizar una formación continuada que *revierte* en beneficio de los pacientes. EME170595 **2 ventaja +**: ...los hechos posiblemente nos lleven a una nueva situación estratégica que puede *revertir* en nuestra ventaja... LVE070895 **3 premio:** ...160 de los cuales se destinaron a su aplicación y el resto se *revertieron* a premios para toda la plantilla. EME220495 **4 ahorro:** El aumento de la capacidad de movilización se *revertirá* en el ahorro de más de un millón de litros de gasolina ahorro por año. ENV100497 **5 favor:** ...no se resignó a dejar que la crisis de liderazgo del partido socialdemócrata *revertiera* en favor de los conservadores. EME231095

B SUSTANTIVOS QUE DENOTAN MEJORA, AUMENTO O PRODUCCIÓN: **6 mejora ++:** ...adquirió una importante cota de poder que debía *revertir* en una mejora de la coordinación de los distintos cuerpos de seguridad del Estado. LVE160895 **7 incremento ++:** ...los resultados obtenidos *reviertan* en el incremento del patrimonio de la empresa y, en definitiva, en la sociedad... EPE300599 **8 producción +:** El ahorro de los costes *revierte* en una producción más económica, y por tanto, permite obtener un producto más asequible para el consumidor. INDOC **9 aumento:** ...es injusto que el dinero de los contribuyentes no *revierta* en un aumento de su calidad de vida... EPE271299 **10 creación:** Se trata de rebajar su presión fiscal para que dispongan de mayores ingresos que *reviertan* en la creación de empleo... EME040196

C SUSTANTIVOS QUE DENOTAN DETRIMENTO O DAÑO: **11 perjuicio +:** Pero las anunciadas represalias no han sido bien recibidas por el sector de la alimentación de EE. UU., que teme que puedan, paradójicamente, *revertir* en su perjuicio. EPE110599 **12 pérdida +:** ...con lo cual logró *revertir* la pérdida que por 561.1 millones reportó en el mismo periodo del año pasado. EXC230496 **13 descenso:** La llegada de la competencia, aunque sea por etapas, debe *revertir* en un descenso generalizado de los precios. EPE190299

revés ♦ **duro, grave, inesperado, serio[5], severo[68], terrible** ♦ **cargar (con)[20], causar (a alguien), dar, encajar[3], infligir[22], padecer, propinar (a alguien), sufrir[62]**

☐ Véase también: **bofetada, contratiempo.**

revestir ♦ **complejidad, consecuencia, dificultad, gravedad, importancia, interés, relevancia, seriedad, solemnidad, trascendencia**

revestir(se) (de) *v.* ▮ Acepta a veces la preposición *con* en lugar de la preposición *de.* Se combina con sustantivos que designan muy diversos materiales *(acero, granito, oro, zinc, madera, cobre, mármol, pintura),* así como adornos y vestimentas, a menudo formales o ceremoniales *(toga, casulla, encajes).* También se combina con...

A SUSTANTIVOS QUE DESIGNAN ELEMENTOS QUE CUBREN O BAÑAN LA SUPERFICIE DE ALGO. SE USAN MUY FRECUENTEMENTE EN SENTIDO FIGURADO: **1 capa:** ...una estrategia comercial a ras de suelo (lo que no es malo), pero *revestida* con una capa adecentora de prestigio. EPE230399 **2 pátina:** ...criticó el hecho de que los periodistas se han *revestido* de una pátina de realismo existencial. EPE240200 **3 película:** Se fabrican con cobre, *revestido* de una película de oro o aleacciones como plata y paladio... ABC260595 **4 barniz:** La organización que fundó Fathi Shkaki en 1981 (...) *revestía* su antisemitismo con un barniz filosófico. EME290195 **5 tinte:** ...la equivocación se *reviste* de tintes de temeridad. EPE190900

B SUSTANTIVOS QUE DESIGNAN DIVERSAS MANIFESTACIONES DE LA LUZ, LA CLARIDAD O ALGUNOS DE SUS ELEMENTOS CONSTITUTIVOS. TAMBIÉN CON OTROS QUE EXPRESAN CUALIDADES DESTACADAS DE LO QUE SE RESALTA O LLAMA LA ATENCIÓN POR SU LUSTRE O SU NOTORIEDAD: **6 halo +:** ...en ajuar de cocina, que no perderá su intimidad casera al pasar al lienzo, sino que la *revestirá* de un halo de eternidad, de intemporalidad. ABC090793 **7 brillo:** ...sus desbordantes y serpenteantes contenidos, *revestidos* de la dureza y brillo del «bronze d'art», tienen un aspecto decorativo... ABC280194 **8 aureola:** En diciembre de 1992, *revestido* de una aureola reformista a prueba de bomba, tomó las riendas de la confusa política financiera... EME190194 **9 aura +:** La implantación de los Mossos ha venido acompañada de una dignificación del servidor de la ley, *revestido* de un aura de modernidad de la que carecía el resto de cuerpos. EPE311099 **10 belleza +:** Su lectura, pues, se justifica sólo teniendo en cuenta la calidad literaria que tiene de por sí el discurso dialogado, que se *reviste* de belleza en su condición misma de palabra artística. ABC280194 **11 esplendor +:** De todas formas, ni la entronización de la Virgen ni la consagración al Corazón de Jesús *revistieron* el esplendor de otras épocas. EME300594

C SUSTANTIVOS QUE DENOTAN VALOR O TRASCENDENCIA DE ALGO: **12 importancia:** ...un devenir sonoro donde un acorde se *reviste* de singular importancia porque significa parte de una totalidad acabada y perfecta. LPA110592 **13 significación:** Revestida de una gran significación simbólica, esta actuación del cantautor barcelonés tenía que ser grabada por la televisión de Bosnia. LVE301295 **14 prestigio:** Aquellos herejes del norte aportaban un estímulo decisivo a los emprendedores, los *revestían* de prestigio. LVE290696 **15 relevancia:** ...asuntos francamente banales que acostumbraba a presentar *revestidos* de cierta relevancia. INDOC **16 interés:** La llegada del canciller paraguayo está *revestida* de especial interés para Chile... LEC220497

D LOS SUSTANTIVOS *AUTORIDAD* Y *PODER*. TAMBIÉN CON OTROS QUE DESIGNAN LOS ATRIBUTOS DE LAS PERSONAS O LAS COSAS QUE CARACTERIZAN LO QUE SE CONSIDERA GRAVE, APARATOSO, NOTORIO O DESTINADO A SER PERCIBIDO O VALORADO EN SU TRASCENDENCIA REAL O SUPUESTA: **17 autoridad ++:** ...porque quien está *revestido* de una cierta autoridad o agente de la misma debe respetar la seguridad y, por encima de ella, la dignidad de la vida humana. EME050595 **18 poder +:** La sencillez del personaje de Celimene se contrapone a la intransigencia y la amargura de su querido Alceste, que con el paso de los años se ha *revestido* ahora de poder. EPE160999 **19 grandeza:** Conservo muy nítida la impresión que me provocó dar inopinadamente con el patio, desierto y encima abandonado, pero sobre todo *revestido* de la grandeza que brota del espacio libre y rotundo. LVE091296 **20 pompa:** No estábamos acostumbrados al autogobierno y todo lo que procedía de allí y se *revestía* de la lógica pompa del poder democrático producía un comprensible fulgor. LVE050895 **21 protocolo:** La memoria de aquellos hechos ha sido frecuentemente *revestida* de protocolos oficiales más atentos a sí mismos que a denunciar que... EME141095 **22 solemnidad:** ...la puesta en marcha de una comisión de investigación es un acto muy serio, *revestido* de cierta solemnidad... EPE100901 **23 gravedad:** ...Luis estaba *revestido* de su gravedad habitual. Como otros grandes deportistas, siempre había sido un personaje crepuscular. EPE030601 **24 seriedad:** Mientras tanto, lejos del jolgorio de las calles, otras brujas y magos se esforzaban por *revestir* de algo de seriedad a la fiesta. EPE280800 **25 empaque:** Con todo, la presidencia francesa quiso *revestir* de cierto empaque el consejo informal de ayer. EME090495 **26 espectacularidad:** Es lógico que un espectáculo social como es el teatro vaya *revestido* de espectacularidad. LVE131095 **27 aparatosidad:** El galán pudo ser (...) Pepe Navarro, cuya entrada en la plaza estuvo *revestida* de cierta aparatosidad escenográfica. EME270596 **28 ringorrango:** Nunca el gran editor Lara jugó tan sucio (...) ni don Fernando se había *revestido* de tales ringorrangos. EME201096 **29 apariencia:** La decisión de hoy será la del dictador, pero estará *revestida* de una apariencia de acuerdo entre las fuerzas que cuentan algo. EPE040299

E SUSTANTIVOS QUE EXPRESAN ACTITUDES HUMANAS QUE SE ASOCIAN CON LA FUTILIDAD, EL EXCESO EN LA APARIENCIA Y OTRAS NOCIONES MENCIONADAS EN EL APARTADO ANTERIOR: **30 ínfulas +:** Revestido en todas sus actuaciones de ciertas ínfulas, emerge un personaje comúnmente conocido en nuestro ambiente popular como «El Cuadroso». ESP280597 **31 vanidad:** ...Valdés Leal nos traduce al lienzo este pensamiento y sentimiento (...) pintando el esqueleto de un obispo *revestido* de oro y vanidad... EME300595 **32 hipocresía:** La sociedad estadounidense no debería rasgarse las vestiduras con un dolor *revestido* de hipocresía. EPE280499 **33 pretensión:** También ha sido el del público -madrileño y foráneo-, que en este año de «expos» y olimpiadas, «ha pasado» olímpicamente de apoyar con su presencia este inmenso «bluff» *revestido* de pretensiones. ABC030792

F SUSTANTIVOS QUE DESIGNAN VIRTUDES Y OTRAS CUALIDADES POSITIVAS, MÁS FRECUENTEMENTE LAS RELATIVAS A LA MESURA, LA CONTENCIÓN O LA FALTA DE EXCESO O FALSEDAD: **34 sensatez:** Todavía calientes muchas plumas que expresaron su indignación ante aquel genocidio y otras que, con razones pero desatinadas y *revestidas* de una supuesta sensatez biliosa, prefirieron calentarse ante la intervención de la OTAN. EPE130999 **35 recato:** Otros fueron los precursores, aunque tuvieron la decencia de *revestirla* de un mínimo de recato. EME081296 **36 humildad:** Fue por esa labor callada, a través de una entrega absoluta a su arte, en actitud de servicio (...) y *revestido* cada vez de mayor humildad... ABC160493 **37 sencillez:** ...y que remite a un momento en el que la escultura de Cragg parecía *revestida* de una mayor sencillez, de una más evidente inmediatez. ABC240395 **38 moderación:** ...era la mejor baza para asegurar la presencia de la Alianza Nacional –versión *revestida* de moderación del Movimiento Social Italiano– en el poder. EME310394 **39 objetividad:** A la hora de diseñar el futuro, para *revestir* de objetividad lo que es una pura decisión política, la realización, acceso y consecuencias de la Unión Monetaria. EPD041097 **40 dignidad:** ...el momento de la muerte con frecuencia está *revestido* de dignidad, pero rara vez el proceso de morir. LVE140795 **41 responsabilidad:** ...le acusó de que se *reviste* de «responsabilidad» pero luego «falta a la verdad y manipula a la opinión pública». LVE301096 **42 prudencia:** Con razón el juez debe estar *revestido* de las cualidades de prudencia, ciencia, experiencia y sagacidad, tal como establece J. LVE040896 **43 naturalidad:** Ya se sabe que para Balanchine el bailarín debe ser también un atleta, pero siempre *revestido* de naturalidad. EPE180800

G SUSTANTIVOS QUE DESIGNAN LA CONDICIÓN DE ESTAR ALGO CONFORME CON LA LEY, LA RAZÓN O EL DERECHO: **44 legalidad:** Además, las mujeres eran obligadas a trabajar en horarios abusivos, no tenían contratos de trabajo sino unos documentos «peculiares» con los que se intentaba *revestir* su situación de legalidad... DDN030101 **45 legitimidad:** Revestido de la legitimidad revolucionaria, este autoritarismo de laboratorio construyó un sistema de compadrazgos políticos, jurídicos y económicos... EPE020700 **46 lógica:** ...argumentos *revestidos* de cierta lógica, pero huecos en cuanto se hurga un poco en sus consistencia jurídica... INDOC **47 justicia:** James ahonda con enorme acierto en esa inquietante visión del mal interior, en sus múltiples y complejas máscaras que pueden *revestirse* hasta de aparente justicia, como sucede en esta última novela... ABC021294

☐ Véase también: **cubrir(se) (de), vestir(se).**

revisar ♦ **a conciencia[25], a fondo, a la baja[30], a la ligera[34], al alza, al detalle[20], a ojo, atentamente[19], completamente, concienzudamente, con detalle[6], de arriba abajo[10], de cabo a rabo, de cerca[34], detalladamente[41], detenidamente, en profundidad, escrupulosamente[18], exhaustivamente[8], extensamente[15], incansablemente[9], minuciosamente, palmo a palmo[4], parcialmente, periódicamente, por completo, por encima, profundamente[21], punto por punto**

☐ Véase también: **repasar, supervisar.**

revisión ♦ **a fondo, a la baja[57], al alza, completo, concienzudo, detallado, detenido, en profundidad, exhaustivo[22], minucioso[20], novedoso[9], ocasional, parcial, periódico, profundo[101], severo[95], somero[31], sujeto (a), superficial** ♦ **objeto (de)[26]** ♦ **agilizar[51], necesitar, pasar, someter(se) (a)[5], superar, urgir[3]**

☐ Véase también: **chequeo, repaso, repetición, revista, supervisión.**

[revista] → **pasar revista (a)**

revista ▌ *(publicación)* ♦ **borrar(se) (de), colaborar (en), editar, hojear, leer, publicar, recibir, suscribirse (a)**

▌ *(revisión)* ♦ **estado (de)** ♦ **pasar**

☐ Véase también: **revisión.**

revivir *v.* ▌ En el sentido de 'renovar, traer al presente, evocar o reproducir', se combina con sustantivos que designan eventos *(llegada, encuentro, celebración)*, así como representaciones, descripciones o narraciones de algo *(escena, imagen, episodio)*. También se combina con...

A SUSTANTIVOS QUE DESIGNAN LAPSOS O PERÍODOS, ASÍ COMO LA ACCIÓN, EL EFECTO O LA CAPACIDAD DE

EVOCARLOS: **1 recuerdo ++:** La muerte de Murray hizo *revivir* recuerdos de otro joven boxeador británico... EME161095 **2 memoria +:** No se trata de celebrar un aniversario; se trata de activar y *revivir* la memoria histórica. EME220895 **3 año +:** Si pudiera *revivir* sus años en la Casa Blanca, ¿qué cambiaría? CLA061100 **4 pasado:** ...es el inicio de una radicalización política que amenaza con *revivir* un pasado de violencia e intolerancia... LVE270394 **5 infancia:** ...el hombre perdido en el hotel de Venecia *revive* la infancia, la juventud, los días inmediatos a la fuga. ABC180992 **6 juventud:** ...cuya magia nos permitió *revivir* in situ fragmentos entrañables de la juventud de nuestros abuelos. LPA260492

B SUSTANTIVOS QUE DESIGNAN DIVERSAS MANIFESTACIONES DE LO QUE SE CONSIDERA ARQUETÍPICO, CONOCIDO O PROPIO DEL ACERVO DE ALGUNA COMUNIDAD: **7 mito +:** Cuando llega el mes de noviembre, la tradición hace *revivir* el mito de Don Juan. EME021196 **8 historia +:** Por un momento, los cuellarenses tuvieron la impresión de estar *reviviendo* la historia. EME030394 **9 leyenda +:** Fidel Velázquez *revive* la leyenda del doctor Francia y los del movimiento obrero esconden los libros... EXC211096 **10 mitología:** Los jóvenes han podido *revivir* así la mitología de los veinticinco años de paz franquista... EME271195

C SUSTANTIVOS QUE DENOTAN MIEDO O INTRANQUILIDAD EN DIVERSOS GRADOS. TAMBIÉN CON OTROS QUE DESIGNAN CIERTAS IMÁGENES QUE SE ASOCIAN CON ESOS ESTADOS: **11 temor +:** El hecho ha *revivido* el temor de las autoridades a una reactivación del narcoterrorismo... EME260596 **12 pesadilla +:** ...la obra escrita y dirigida por Mario Palmieri *revive* la pesadilla de los desaparecidos en la Argentina... CLA260199 **13 fantasma +:** Los 90 minutos, que se cerraron sin goles, *revivieron* los fantasmas del partido pasado frente a Perú... EPU060901 **14 horror +:** El conductor del autobús de Haifa *revive* el horror de uno de los atentados que ha conmocionado a la población israelí. EPE031201 **15 miedo:** Y es que el ataque a Nueva York además ha *revivido* en muchos imminentes pasajeros peruanos el miedo y la inseguridad... CAP200901 **16 terror:** ...al hablar con tal tono autoritario, el recuerdo de su apellido me hace *revivir* terror y vejámenes. LVE020295 **17 angustia:** ...la rápida intervención de medios aéreos y profesionales ha evitado que se *reviviera* la angustia de años atrás... EPE100499 **18 espectro:** A pesar de los esfuerzos de algunos senadores de la oposición demócrata por *revivir* el espectro del escándalo Watergate y los «horrores» del régimen de Nixon... EPE171280

1D SUSTANTIVOS QUE DENOTAN SUCESO DESGRACIADO O GRAVEMENTE DAÑINO: **19 tragedia ++:** La vista, que provocó reacciones contrarias por parte de los afectados al tener que *revivir* la tragedia... EME150294 **20 drama +:** ...tendrá aún otras treinta y nueve oportunidades añadidas para *revivir* su drama. EME140494 **21 fatalidad:** Al caer la noche de ayer, a la hora de los primeros aplausos, el tango *revivió* una antigua fatalidad... CLA030797

E SUSTANTIVOS QUE DENOTAN ENFRENTAMIENTO O CONFLICTO. TAMBIÉN CON OTROS QUE DESIGNAN DIVERSOS ESTADOS Y ACTITUDES DE HOSTILIDAD O ANIMADVERSIÓN ASOCIADOS CON ELLOS: **22 tensión ++:** ...este pulso de la Iglesia a la Junta de Andalucía ha hecho *revivir* las viejas tensiones entre poder civil y eclesiástico... EPE031299 **23 hostilidad:** ...parece que ahora se recuerdan las viejas rencillas y se *reviven* las antiguas hostilidades que... INDOC **24 enemistad:** ...la vieja enemistad entre ellos es agua pasada y no tiene sentido *revivirla*. INDOC **25 enfrentamiento:** Málaga Unicaja y Barcelona *revivieron* sus enfrentamientos más apasionantes con otro duelo espectacular. EME110396 **26 conflicto:** ...*revive* el antiguo conflicto «fin de siglo»» tan presente siempre en nuestra literatura contemporánea. ABC240694 **27 guerra:** Ninguna de las dos compañías está interesada en *revivir* una guerra de estándares como la de los sistemas de video VHS y Beta... ABC280593 **28 batalla −:** No estamos aquí para *revivir* batallas del pasado sino para ayudar a elegir a un presidente... LVE280896 **29 pugna −:** Podría decirse que alcanza niveles de componenda y de complicidad en una causa que no es nueva (...), pero que bien puede servir para *revivir* la vieja pugna. EXC210197

F SUSTANTIVOS QUE DENOTAN SENTIMIENTO, SENSACIÓN O PERCEPCIÓN DE LO EXPERIMENTADO: **30 experiencia ++:** Por su medio somos capaces de *revivir* las experiencias pasadas, de aprender a gozar de ese inmenso tesoro de conocimiento... ABC051193 **31 sentimiento +:** La bailaora, que estrena hoy en Sevilla, *revive* «los sentimientos de una mujer». EPE120900 **32 sensación +:** El técnico azulgrana tendrá esta tarde la oportunidad de *revivir* las sensaciones de la pasada temporada... EME131196 **33 vivencia:** Ha sido *revivir* vivencias sobre las que se ha ido construyendo mi vida, porque la familia es como una fuente... LVE020696 **34 emoción:** ...un mexicanito muy tosco en diversas suertes, *revivió* la emoción del tercio de banderillas... EPE090977 **35 impresión:** Frente a las fotografías evocadas mentalmente, desfilan sucesos, *revive* impresiones, retazos borrosos de su vida, sensaciones, temores, y sus intentos de suicidio. LPN130397

G SUSTANTIVOS QUE DESIGNAN SUCESOS, MÁS FRECUENTEMENTE SI SON IMPREVISTOS, ARRIESGADOS, MERITORIOS O SE CARACTERIZAN POR SU FINAL INCIERTO: **36 aventura +:** En el desierto de Tabernas es posible volver a *revivir* las aventuras de los vaqueros del lejano Oeste. EPE040499 **37 andanza:** Esa es la primera ventaja con la que cuenta aquél que pretenda *revivir* las andanzas y desventuras del pícaro. EME170996 **38 periplo:** Es el proyecto (y la realización) de *revivir* el periplo marinero del popular personaje de «Las mil y una noches»... ABC220193 **39 viaje:** Viendo «Casino» he podido *revivir* el viaje que hice a Las Vegas. EME200496 **40 travesía:** Repasar la historia de la vida con valiosos fósiles, *revivir* la última travesía de galeones españoles naufragados en 1724... EPE241101 **41 hazaña +:** Los veteranos de la II Guerra Mundial vuelven a salir de las trincheras: *reviven* sus hazañas, publican autobiografías... EME030694 **42 anécdota:** ...la mayor parte de ellos son capaces de *revivir* con acierto y humor negro anécdotas que sus hijos, sin ninguna conciencia política comprometida, ya consideran «batallitas»... LVE030195 **43 avatar −:** ...toda la grey txuriurdin –pasado, presente y futuro del club– comenzó *reviviendo* los avatares vividos durante nueve décadas de historia. EPE170199 **44 epopeya −:** Sin comida, sin dinero, en un país de tradición revolucionaria, la población no duda en *revivir* la epopeya de Emiliano Zapata. EME090194

H SUSTANTIVOS QUE DENOTAN MANIFESTACIÓN VERBAL, FRECUENTEMENTE DE DOS O MÁS PERSONAS: **45 diálo-**

go +: ...no puedo ni quiero hablar con nadie, mi retina y mi oído *reviven* sus imágenes y sus diálogos durante mucho tiempo, me envuelve su clima... EME270196 **46 debate** +: La controversia *revive* el debate sobre qué pasó con el legado de Galán al cumplirse ocho años de su muerte. SEM110897 **47 tertulia:** Y pasó mucho tiempo hasta que *revivieron* las tertulias y mucho más hasta que los tertulianos pasaron a la política. EME260594 **48 conversación:** Al ver las fotos, hemos *revivido* las conversaciones y las anécdotas de aquel viaje inolvidable. INDOC **49 discurso:** ...los dos intérpretes, alumnos y ex colaboradores de Vitez, logran hacer *revivir* el discurso y la aventura humana de la mayor personalidad teatral francesa... EPE200799 **50 palabra:** Sobre ellos, en torno a ellos, los actores *reviven* las palabras de Valle-Inclán... EPE250399

I ALGUNOS SUSTANTIVOS QUE DENOTAN CONTROVERSIA: **51 discusión:** Ver (...) a los parlamentarios discutiendo sobre el machismo es como *revivir* las discusiones sobre el sexo de los ángeles. EME281296 **52 rencilla:** Me preocupa que se intenten *revivir* rencillas del pasado, como biombo para ocultar el escándalo de la pobreza y a sus culpables. LEC020796 **53 controversia:** La figura del ex presidente de Estados Unidos, Richard Nixon, volverá estos días a *revivir* la controversia que suscitó en vida entre el pueblo norteamericano... EME101295 **54 polémica:** La supuesta conexión Mindefensa-Perafán *revive* la polémica sobre cómo definir qué es aceptable en un narcopaís. SEM280197

J OTROS SUSTANTIVOS; POSIBLES USOS ESTILÍSTICOS: Así, el pintor *revive* la inocencia, la belleza sin ropajes de pecado ni adornos de ostentación. ABC241292

revocar *v.* ■ En su sentido de 'recubrir con una capa de yeso u otra mezcla' se combina con sustantivos que designan superficies, generalmente pertenecientes a edificios *(pared, fachada)*. En su sentido de 'anular o dejar sin efecto' se combina con...

A SUSTANTIVOS QUE DENOTAN SENTENCIA O RESOLUCIÓN OFICIAL. TAMBIÉN CON ALGUNOS QUE DESIGNAN SUS CONTENIDOS: **1 sentencia** ++: La Audiencia Provincial de Granada ha *revocado* una sentencia de un juzgado de lo penal... EME210194 **2 fallo** ++: En cambio, la Audiencia *revocó* ese fallo y declaró que el apelante es nacional español desde su nacimiento. EPE311001 **3 auto** ++: Cuatro horas más tarde *revocó* el auto de prisión... EME131095 **4 resolución** ++: ...la Audiencia de Valencia *revocó* la resolución el pasado 2 de marzo... EPE030699 **5 libertad** +: ...ha *revocado* la libertad del ex-subcomisario José Amedo... EPE031299 **6 dictamen** +: Todas estas expresiones aparecen en una sentencia que obliga (...) a *revocar* un dictamen contrario a la construcción de un macrocentro de la cadena Continente en Terrassa. LVE251195 **7 absolución:** El Supremo *revoca* la absolución de un brigada que golpeó a un soldado y le condena a prisión... EME100394 **8 providencia:** La Sección Novena de la Audiencia de Barcelona ha dictado un auto que *revoca* una providencia del juez de vigilancia penitenciaria... EPE030299

B SUSTANTIVOS QUE DESIGNAN AUTORIZACIONES, A MENUDO EN LA FORMA EN QUE LOS DOCUMENTOS DE CARÁCTER LEGAL LAS MANIFIESTAN: **9 licencia** +: ...desde 1990, la Superintendencia de Seguros liquidó o *revocó* la licencia para operar a unas 70 compañías. CLA090497 **10 permiso** +: ...amenazó con paralizar el servicio en toda el área metropolitana de Caracas si los permisos a las nuevas líneas no son *revocados* esta semana. EUV160796 **11 concesión** +: ...el titular de Interior dio instrucciones a la Guardia Civil para *revocar* la concesión de la condecoración... EPE141199 **12 visa** +: Uno de éstos era *revocar* visas a altos funcionarios del gobierno colombiano. PME140796

C SUSTANTIVOS QUE DENOTAN RECURSO O DISPOSICIÓN DESTINADOS A RESOLVER O NORMALIZAR ALGÚN ASUNTO: **13 medida** ++: También solicitaron una entrevista con las autoridades de gobierno para pedirles que *revocaran* la medida adoptada contra un grupo de personas... HOY010278 **14 decisión** ++: Causa de la que se espera la readmisión por la Audiencia Nacional, *revocando* la decisión del otro tribunal inferior y dando la razón a los recursos presentados. EME210396 **15 disposición:** Recurrí entonces a mi representación sindical inmediata con el propósito de *revocar* dicha disposición... PME011296 **16 determinación:** Al lunes siguiente, el Consejo de Defensa del Estado presentó un recurso de queja ante la Corte para *revocar* la determinación. HOY170397

D SUSTANTIVOS QUE DESIGNAN ÓRDENES, LEYES Y OTROS CONTENIDOS REGULADOS O ESTIPULADOS POR UNA AUTORIDAD: **17 ley** ++: ...surgieron los primeros reproches por su intención de *revocar* la ley en vigor... EPE080800 **18 decreto** ++: En este contexto se enmarca el decreto, primero *revocado* y ahora autorizado... FDV280301 **19 mandato** ++: Hasta el miércoles 5 se podrán *revocar* los mandatos de compra y el viernes 7 quedará cerrada la OPV. LVE080395 **20 orden** ++: Sin embargo, posteriormente la nueva alcaldesa zaragozana decidió *revocar* la orden de su predecesor. EME250695 **21 norma:** La norma foral de Guipúzcoa *revocada* ahora estaba incluida en la Disposición Adicional Décima de los Presupuestos de Guipúzcoa de 1998... EPE020399

E SUSTANTIVOS QUE DENOTAN ACCIÓN PUNITIVA O COERCITIVA: **22 condena** ++: Revocada la condena a un colegio por permitir que un separado raptara a su hijo. ENC060599 **23 sanción** +: El tribunal catalán *revocó* la sanción al considerar que el alcalde de un municipio no puede delegar dicha competencia para sancionar en otra persona... EPE020299 **24 veto** +: El TSXG apela al interés general para *revocar* el veto a subcontratar los servicios mínimos. FDV280301 **25 pena** +: Un tribunal de Pakistán *revoca* la pena de muerte dictada contra un niño cristiano. LVE240295 **26 castigo:** Por ello, apelan (...) al «sentido humano y social» para que el castigo sea *revocado*. EPE170299 **27 prohibición:** ...impidió que un grupo de mujeres desfilara, aunque durante meses intentaron *revocar* la prohibición. EME100996

F SUSTANTIVOS QUE DESIGNAN TRÁMITES Y OTRAS ACTUACIONES DE CARÁCTER JUDICIAL: **28 procesamiento** +: La Audiencia *revoca* un procesamiento del caso GAL porque no tiene los papeles del Cesid. LVE241096 **29 procedimiento** +: ...habían decidido remitir al «prudente juicio» del superior general de la orden franciscana (...) la decisión de *revocar* los procedimientos canónicos... EPE020486 **30 proceso** +: Sería absurdo *revocar* los procesos de independencia. LVE131195 **31 suplicatorio:** ...los magistrados del tribunal han aprobado ya aceptarlo y *revocar* el suplicatorio contra los dos parlamentarios socialistas. LVG301091 **32 recurso +:** La Sala del Tribunal Militar Central ha *revocado* el recurso de apelación... LVE161195 **33 apelación +:** ...tendrá que decidir en los próximos días si declara con lugar o *revoca* la apelación del auto de detención que efectuó el propietario de Estaveca. EUV061196 **34 sobreseimiento +:** ...fue llamado a responder en juicio criminal por la Corte Suprema de Justicia que *revocó* un sobreseimiento definitivo con que lo benefició el Tribunal. ETC011287 **35 suspensión +:** CC OO recordó que esta es la tercera sentencia que denuncia prácticas antisindicales en Almussafes (...), *revocando* la suspensión de empleo y sueldo a un trabajador por informar en los comedores de la situación del convenio. EPE130599 **36 aplazamiento:** Sin embargo, el Tribunal Supremo *revocó* aquel aplazamiento y dio vía libre a la ejecución. EPE040399

G SUSTANTIVOS QUE DENOTAN ADSCRIPCIÓN OFICIAL A UN PAÍS O UNA NACIÓN: **37 nacionalidad +:** En medio del rechazo general a la decisión gubernamental de *revocar* la nacionalidad peruana a un empresario israelí (...) la popularidad del presidente Alberto Fujimori comenzó a tocar fondo. ETC170797 **38 ciudadanía +:** ...fue devuelto al vecino país del norte, para ser sometido a juicio y *revocarle* la ciudadanía canadiense que le fue concedida tras huir de Alemania en 1954... EME100595

H SUSTANTIVOS QUE DENOTAN ACCIÓN CONCERTADA: **39 acuerdo ++:** También tras la llegada de Gil a la alcaldía, se *revoca* el acuerdo y se firma otro convenio urbanístico... EPE171299 **40 compromiso:** No dudó en *revocar* sus compromisos cuando alcanzó el poder. INDOC **41 convenio:** La sesión (...) tenía como objetivo *revocar* el convenio colectivo negociado este año con los representantes sindicales de los funcionarios. EME010996

I SUSTANTIVOS QUE DENOTAN PROVECHO, BENEFICIO O PRERROGATIVA: **42 beneficio +:** Los cuatro ministros titulares de esa corte *revocan* el beneficio. HOY140797 **43 ventaja +:** ...aseguró que a fines de diciembre el Consejo Económico Nacional había votado en favor de *revocarle* todas o algunas de las ventajas arancelarias... CLA070197 **44 privilegio +:** ...una moneda estable y un Estado dedicado de lleno a sus funciones esenciales *revocando* privilegios y liberando capacidades y talentos... LNA120792 **45 exención:** El Senado asestó el miércoles un duro golpe a la industria del tabaco, al *revocar* una exención impositiva... ENH110997 **46 beca:** ...se intentaba que los 12,000 becarios de esa institución firmaran en Udis el monto de sus becas-crédito (...), con la advertencia de que si no lo hacían se les *revocaría* la beca. DYM061196

J SUSTANTIVOS QUE DENOTAN AUTORIDAD O CAPACIDAD PARA EJERCERLA: **47 poder +:** En prevención de posibles problemas jurídicos, el consejo *revocará* los poderes ejecutivos de Terceiro... EME120996 **48 potestad –:** Revocan potestad a la CVG de dar concesiones mineras. ENV270696

☐ Véase también: **abolir, alterar, derogar, irrevocablemente, modificar, rescindir.**

revolcón ♦ **aparatoso**[13]**, brusco, repentino, sorprendente, teatral** ♦ **dar(se), llevar(se), pegar(se), sufrir**

revolución ♦ **absoluto, auténtico, completo, nuevo, popular, profundo, proletario, radical, total, verdadero** ♦ **al calor (de)**[40] ♦ **ambiente (de), eco (de), tiempo (de)** ♦ **abanderar**[19]**, ahogar(se)**[27]**, alentar, apoyar, armar(se)**[18]**, cabalgar, capitanear**[5]**, causar, celebrar, conmemorar**[29]**, controlar, creer (en), desatar(se), desencadenar(se), dirigir, emprender**[60]**, encabezar, estallar**[1]**, fracasar, frustrar(se), gestar(se), impedir, liderar, llevar (a), organizar, participar (en), preparar, producir(se), promover, propulsar, provocar, sucumbir, suponer, tener éxito, tener lugar, triunfar**

☐ Véase también: **cambio, rebelión, revuelta, sublevación, transformación.**

revolucionar ♦ **absolutamente, de cabo a rabo, por completo**[185]**, profundamente**[18]**, totalmente**

revolucionario ▮ *(adj.)* ♦ **acontecimiento, actitud, arte, carácter, discurso, fervor, fibra**[20]**, guerra, ideal, impuesto, medida, movimiento, política, proceso, tema, temperamento, texto, triunfo, valor**
▮ *(sust.)* ♦ **de salón**

revolverse ♦ **como gato panza arriba**[5] ♦ **contra, en contra (de)** ♦ **comida, cuerpo, estómago, hígado, tripas**

revuelo ♦ **considerable, enorme, entre la gente, entre la población, gran(de), notable** ♦ **armar(se)**[11]**, causar**[23]**, desencadenar, generar, motivar, ocasionar**[15]**, producir, provocar**

☐ Véase también: **alboroto, barullo, follón, lío.**

revuelta ♦ **general, incendiario, pacífico, popular, violento** ♦ **acallar**[101]**, aplacar(se)**[52]**, atemperar, auspiciar**[33]**, capitanear**[6]**, controlar, desactivar**[10]**, desbaratar**[45]**, encabezar, estallar**[4]**, neutralizar, sofocar**[3]**, tramar**[14]

☐ Véase también: **levantamiento, rebelión, sublevación.**

[rey] → **a cuerpo de rey, como un rey**

rey ♦ **absoluto, constitucional, demócrata, dictatorial, magnánimo, tiránico, totalitario** ♦ **a título (de)** ♦ **abdicar, coronar, deponer, entronizar, gobernar, proclamar, reinar**

rezumar *v.* ▮ Usado como intransitivo admite como sujetos sustantivos que designan objetos porosos *(pared, maceta, cántaro)*. Usado como transitivo, elige como objetos directos sustantivos que designan sustancias, especialmente fluidos *(agua, humedad, olor)*. También se combina con...

A SUSTANTIVOS QUE DESIGNAN DIVERSOS SENTIMIENTOS, CARACTERÍSTICAS Y ACTITUDES ANÍMICAS NEGATIVAS DE LAS PERSONAS O –POR EXTENSIÓN– DE SUS OBRAS O SUS ACCIONES: **1 odio ++:** Los representantes de la coalición declinaron valorar el escrito al aducir que «*rezuma* odio y visceralidad». EME060396 **2 mal gusto +:**

Un aparato creado para el entretenimiento y la información, se ha visto reducido a un cajón que *rezuma* (...) mal gusto por los cuatro costados. EME130696 **3 vulgaridad:** El suceso *rezuma* vulgaridad y cabe que sea inocente... LVE091096 **4 intolerancia:** Pasmo por la amargura e intolerancia que *rezuma*. EPE241199 **5 cursilería:** El disco *rezuma* cursilería por todos sus surcos... EPE020599 **6 frustración:** ...en un desplante que *rezumaba* frustración y deseo de venganza... DLA250797 **7 pesimismo:** ...textos de la propia autora que *rezuman* pesimismo. EME220496 **8 ignorancia –:** Una frase muy común hace años, una frase que *rezuma* ignorancia y, por fin, una frase que cada vez se escucha menos. EME220196 **9 egoísmo –:** ...cuyos papeles *rezuman* insolidaridad y egoísmo... LVE310396

B SUSTANTIVOS QUE DESIGNAN DIVERSOS SENTIMIENTOS, CARACTERÍSTICAS Y ACTITUDES ANÍMICAS POSITIVAS DE LAS PERSONAS O –POR EXTENSIÓN– DE SUS OBRAS O ACCIONES: **10 ternura +:** Aunque *rezuma* la ternura de ese tipo de composiciones... ABC140194 **11 optimismo +:** La directiva estatal *rezuma* optimismo y confianza. EXC091196 **12 alegría +:** ...por qué estas gentes parecen volverse locas, por qué la ciudad *rezuma* alegría... LVE080796 **13 entusiasmo +:** ...dice su corresponsal, *rezumando* entusiasmo renacentista... ABC120293 **14 amor:** ...un hombre noble había humanizado aquel paraje que, por aquel detalle, *rezumaba* amor, lealtad... LVE100396 **15 espontaneidad:** ...la espontaneidad casi infantil que le *rezuma* por todos los poros... EUV230996 **16 humanidad:** ...obras que, dada la casi visceral humanidad que *rezuman*, nos hacen sentirnos... ABC110294 **17 simpatía:** ...con la simpatía hacia la guerrilla que *rezuma* el presidente venezolano... EPE240899 **18 naturalidad:** ...con esa característica bonhomía, sencillez y naturalidad que *rezumaba* por todos sus poros. INDOC **19 frescura:** Teatralmente es un montaje que *rezuma* frescura y juventud... EPE020899

C SUSTANTIVOS QUE DESIGNAN DIVERSAS CARACTERÍSTICAS DE LAS COSAS O LAS PERSONAS QUE RECIBEN SU DENOMINACIÓN DE ALGÚN MOVIMIENTO, ACTITUD, GÉNERO O SISTEMA POLÍTICO, CULTURAL O ARTÍSTICO: **20 barroquismo:** ...un ejemplo claro de ese barroquismo andaluz que *rezuma* la conciencia de comunión con lo telúrico. ABC240792 **21 romanticismo:** Rezuma cierto romanticismo esa labor de investigación, de descubrimiento, en tierras heladas... EPE160499 **22 radicalismo:** ...su programa *rezumaba* radicalismo. EPE190699 **23 totalitarismo:** ...la frase *rezuma* sectarismo y totalitarismo. EPE061099 **24 hedonismo:** Todo *rezuma* espontaneidad, hedonismo, libertad, amor a la música y, sobre todo, amor a la vida. EPE020799 **25 lirismo:** ...performances y esculturas que *rezuman* un hondo lirismo y una gran carga crítica. LVE220796 **26 conservadurismo:** ...*rezuma* conservadurismo y una orientación anti-comunista muy fuerte... EPE040799 **27 racismo:** Unas declaraciones que hizo el detective (...) *rezuman* tal grado de racismo que si el juez... EME310895 **28 feminismo:** ...*rezumando* feminismo y educación, conoce además lo que nos gusta... EPE081199

D SUSTANTIVOS QUE DESIGNAN MATERIAS A TRAVÉS DEL CONTENIDO DE LAS ARTES, TÉCNICAS O DISCIPLINAS QUE LES DAN NOMBRE: **29 literatura:** Nos hallamos ante un escritor culto, cuya obra *rezuma* literatura por cada página... ABC160793 **30 poesía:** Es un gran prosista, y su prosa *rezuma* poesía a cada trecho. EPE281001 **31 música:** ...basada en una historia real que *rezuma* música y corazón... EPE070999 **32 lógica –:** Hasta aquí, las posiciones de los grupos parlamentarios implicados *rezumaban* una cierta lógica. LVE270995 **33 retórica –:** Son cuarenta y dos endecasílabos con derecho a hiato, *rezumantes* de retórica joseantoniana... EME180996

E SUSTANTIVOS QUE DENOTAN PERICIA, DESTREZA Y OTRAS FORMAS DE DESIGNAR LA CAPACIDAD NOTABLE QUE SE TIENE RESPECTO DE ALGUNA MATERIA: **34 arte:** ...administraron esta bella tierra cuyos habitantes *rezuman* paz y arte. ABC240492 **35 maestría:** Toda la obra *rezuma* una finura, una maestría, un optimismo y una alegría de vivir deliciosas. ABC280795 **36 profesionalidad:** Rezuma profesionalidad por los cuatro costados –y los cuatro protagonistas hacen gala de ella–, pero tiene además inspiración, gracia y talento. LVE090396 **37 torería:** ...con aroma, gusto y *rezumando* torería. EME210996 **38 sabiduría:** ...de aquéllos que *rezuman* sabiduría y antigüedad... EME110294 **39 rigor:** ...la pulcritud, el rigor y el sosiego que *rezuman* esas páginas... EME071195 **40 calidad:** El recién llegado es un producto que *rezuma* calidad por todas partes. LVE291095 **41 estilo:** ...su prosa *rezuma* estilo y maestría. EPE230599 **42 finura:** Toda la obra *rezuma* una finura, una maestría, un optimismo y una alegría de vivir deliciosas. ABC280795 **43 talento:** Las campañas *rezumaban* talento por todas partes... EME170595 **44 saber –:** Su obra para ese formato *rezuma* saber, inspiración, humor, guiños y personalidad... LVE230596 **45 ortodoxia –:** Paradójicamente, estos presupuestos, que *rezuman* sensatez y ortodoxia por todos sus poros... LVE230995

F SUSTANTIVOS QUE DESIGNAN OTRAS CUALIDADES DE LAS COSAS O DE LAS PERSONAS, MÁS FRECUENTEMENTE SI SE TRATA DE IMPRESIONES FÍSICAS O PSÍQUICAS PRODUCIDAS EN EL ÁNIMO DE LOS DEMÁS: **46 vitalismo:** ...en un conjunto de poemas que, en última instancia, *rezuman* vitalismo... ABC080494 **47 dinamismo:** ...lo único que demuestran las apisonadoras, andamios y fosos es que «Roma está viva y *rezuma* dinamismo». EPE180899 **48 exotismo:** Nos hallamos (...) ante los fragmentos de algunos viajes que *rezuman* exotismo en los ambientes... ABC011295 **49 musicalidad:** ...una poesía vinculada al mundo árabe, que *rezuma* musicalidad por cada uno de sus versos... ABC030993 **50 inspiración:** Su obra para ese formato *rezuma* saber, inspiración... LVE230596 **51 amenidad –:** Sus escritos, siempre documentados y serios en su contenido, *rezumaban* ilusión, cariño y amenidad. ABC100395

G DIVERSOS SUSTANTIVOS QUE DESIGNAN CENSURA, GENERALMENTE EN FORMA DE BURLA, DISIMULADA O MORDAZ: **52 ironía +:** ...nos damos cuenta de que *rezuman* ironía y traducen una posición crítica. ABC110992 **53 broma:** Y hace honor a su subtítulo, porque, en efecto, *rezuma* «entusiasmos, bromas, reminiscencias y cañones recortados». ABC230695 **54 crítica:** ...su sentido del humor y la crítica de actitudes sociales y culturales que *rezuman* los textos de Lem... EPE230299 **55 humor:** ...el libro *rezuma* humor... ABC230493 **56 sarcasmo –:** El prestigioso diario Izvestia *rezuma* amargura y sarcasmo. EPE180800 **57 sátira –:** ...incluso la carátula y las ilustraciones de su último CD (...) *rezuma* sátira e intención psicodélica. EME010695

H SUSTANTIVOS QUE DESIGNAN PROPIEDADES O ESTADOS DE LAS COSAS QUE RESULTAN DEL PASO DEL TIEM-

PO: **58 antigüedad:** ...un gran rabino, de aquéllos que *rezuman* sabiduría y antigüedad, honra el autobús con su presencia. EME110294 **59 experiencia:** ...mantiene el mismo aire de siempre y *rezuma* la experiencia que dan quince años en el negocio de la música. LVE130695 **60 pasado:** ...parroquias que *rezuman* un pasado remoto. EPE021089 **61 historia:** ...una localidad impresionante que *rezuma* historia por todos sus costados... EPE040499 **62 solera:** Yo prefiero este despacho, más modesto, pero que *rezuma* solera de ministros de Justicia. EME020696 **63 tradición:** Todo en los Proms *rezuma* a tradición. EME210796

I OTROS SUSTANTIVOS; POSIBLES USOS ESTILÍSTICOS: El programa *rezuma* libertad y desmitificación. LVE060896

☐ Véase también: **derrochar, desprender(se), emanar, irradiar, rebosar.**

ribetes (de) ♦ **comedia, escándalo, farsa, humor, ironía, parodia, tragedia, venganza**

ricamente *adv.* ▮ La expresión *tan ricamente* se emplea en la lengua coloquial con el sentido de 'muy a gusto', 'con gran complacencia'. Se combina especialmente con verbos que designan acciones que se suelen llevar a cabo por placer, por distracción o en diversas situaciones de ocio: *pasear, bañarse, jugar, dormir, viajar, comer, sentarse, tenderse, disfrutar.* El adverbio *ricamente* precede frecuentemente a participios verbales empleados en función adjetival *(Le regaló un libro ricamente ilustrado).* Se combina asimismo con...

A VERBOS QUE DESIGNAN DIVERSAS FORMAS DE ORNAMENTACIÓN, A MENUDO EN EL ÁMBITO DEL VESTIR: **1 vestir:** El velatorio del cadáver de Felipe I, sentado en un trono y *ricamente* vestido. ABC080494 **2 bordar:** Llevaba un vestido amarillo, bordado *ricamente* con estas flores que le han traído suerte desde su primera película. LVE240695 **3 adornar:** ...hermosos techos de alabastro *ricamente* adornados de colgaduras. INDOC **4 ornamentar:** Las de los graneros son las que están más *ricamente* ornamentadas. ABC020994 **5 ataviar:** «Seguramente en sus viajes fue testigo de los ritos profanos (...)en los que eran sacrificadas doncellas *ricamente* ataviadas en el Tepeyac». EXC170896 **6 engalanar:** El templo había sido *ricamente* engalanado para la ceremonia. INDOC

B VERBOS QUE DESIGNAN DIVERSAS FORMAS DE ADORNAR Y ENRIQUECER LAS COSAS: **7 ilustrar:** Como sucede a todo lo largo del libro, esta parte está *ricamente* ilustrada con copias de documentos de la época... ESH190297 **8 grabar:** Nada enturbia ese cristal tan *ricamente* grabado en el siglo XIX. ABC051193 **9 colorear:** Las paredes de la casa, *ricamente* coloreadas, desprendían una luz increíble. INDOC **10 policromar:** Su voz es de las que podría romper con sus agudos la más valorada cristalería, finas copas de salón y vidrieras *ricamente* policromadas. EME140196

C OTROS VERBOS; POSIBLES USOS ESTILÍSTICOS: Sé que pienso y siento mucho más *ricamente* que lo que escribo. EME031295

D ALGUNOS ADJETIVOS; POSIBLES USOS ESTILÍSTICOS: Tan *ricamente* avasallante, que algún banderillero se animó a felicitarlo antes de tiempo. LNA060792; ...los premios, los dolores, los éxitos, que desembocan en una obra *ricamente* desnuda, cuidadosamente natural... ABC020793; Hoy más que nunca estamos a merced de la forma, desnudamente vestida, elegantemente sencilla o *ricamente* pobre. ABC090994

☐ Véase también: **a cuerpo de rey, plácidamente.**

rictus (de) ♦ **crispado, displicente[10], irónico, serio, tenso** ♦ **admiración, amargura, dolor, emoción, pánico, preocupación, sufrimiento**

ridiculizar ♦ **abiertamente[29], descaradamente, descarnadamente, sin piedad[21]**

ridículo ♦ *(sust.masc.)* **absoluto, completo, descomunal, espantoso, estrepitoso** ♦ **bordear[17], caer (en), hacer, rayar (en)[2], rozar, sentir**

☐ Véase también: **bochorno.**

[rienda] → **dar rienda suelta (a)**

rienda(s) (de) ♦ **caballo, empresa, estado, institución, país, poder, situación** ♦ **arrebatar, asumir[13], coger, empuñar, hacerse (con), llevar, tomar[23]**

[riesgo] → **a todo riesgo, con riesgo (de), de riesgo, poner en riesgo, riesgo (de)**

RIESGO Véase:

♦ **atentatorio (contra), de riesgo, en peligro, peligroso**

♦ **amenazadoramente**

♦ **amenaza, desafío, inseguridad, peligro, reto, riesgo**

♦ **amenazar, exponerse (a)**

☐ Véase también: *AGRESIÓN; CONFRONTACIÓN.*

RIESGO

♦ (ADJETIVOS) Véase: **cariz[B]**

♦ (SUSTANTIVOS) Véase: **acarrear[B], accidental[E], acechar[A], acometer[D], acuciante[A], acuciar[C], afrontar[A], agravar(se)[A], agudizar(se)[H], ahuyentar[A,C], al abrigo (de)[E], a la vista (de)[H], alcance (de)[D], al filo (de)[A], aminorar[C], andarse (con)[G], aplacar(se)[E], apremiante[B], a resguardo (de)[A], arrostrar[A], asumir[E], atisbar[A], blandir[D], bordear[G], calibrar[I], captar[G], cernerse[A], cobrar fuerza[D], combatir[D], compensar[H], conjurar[A], decrecer[G], derivar(se)[B], desactivar[G], desvanecerse[D], detectar[F], difuminar(se)[O], encarar[D], engendrar[C], en señal de[J], estribar (en)[B], gravitar[B], imparable[D], impredecible[H], insalvable[F], librar(se) (de)[F], manifestación (de)[A], migratorio[F], ocasionar[C], planear[C], remitir[D], residir (en)[J], salir al paso (de)[D], serio[B], severo[I], sopesar[B], sortear[D], soslayar[B], sumo[N], teñir (de)[C]**

♦ (VERBOS) Véase: **alarmantemente[D], peligrosamente[F], seriamente[G]**

riesgo (de) ♦ **acuciante, cercano, considerable, evidente, fuerte, grave, imprevisible[52], incalculable, inequívoco, inevitable, inminente, latente, lejano, leve, previsible, seguro, serio[9], severo[77]** ♦

a la vista (de)[34], a resguardo (de)[2] ♦ caída, factor (de), incendio, infarto, muerte, pérdida, robo ♦ acarrear[9], acechar[3], aceptar, advertir (de), afrontar[4], agravar(se)[5], agudizar(se)[60], ahuyentar[3], amainar[10], aminorar[12], arrostrar[1], asumir[26], calcular, calibrar[48], cernerse[3], compensar[48], comportar, conjurar[3], correr (con), decrecer[59], derivar(se)[10], desentenderse (de)[7], desvanecerse[30], detectar[34], difuminar(se)[78], eludir[8], encarar[22], encerrar, engendrar[20], entrañar, evaluar, evitar, exponerse (a), gravitar[7], huir (de), neutralizar, ocasionar[22], orillar, persistir, planear[18], prever, redundar (en)[22], sopesar[6], sortear, soslayar[8], superar, tomar, vadear[10], vislumbrar[53]

☐ Véase también: **amenaza, inseguridad, peligro, peligroso.**

rígido ♦ actitud, censura, cláusula, comportamiento, concepto, conducta, control, convencionalismo, corsé, criterio, dieta, diplomacia, disciplina, dogmatismo, educación, esquema, estilo, estructura, formalismo, fórmula, frontera, horario, jerarquía, juego, legislación, ley, mecanismo, medida, mercado, modelo, norma, pauta, persona, plazo, política, posición, postura, proceder, proceso, prosa, protocolo, régimen, regla, sistema, *sustantivos que designan disposiciones*

☐ Véase también: **estricto.**

rigor ♦ absoluto, analítico[28], cartesiano[18], desacostumbrado, escrupuloso, espartano, exquisito, implacable[28], imprescindible, monacal, necesario, profesional, sumo[34] ♦ con, sin menoscabo (de/con)[16] ♦ actuar (con), aplacar, exigir, faltar (a)[8], guardar, poner (en algo)

☐ Véase también: **consistencia, frialdad, objetividad.**

riguroso *adj.* ▮ En el sentido de 'severo, duro, rígido' se combina con sustantivos que designan fenómenos meteorológicos o climáticos *(clima, verano, calor)*, con sustantivos de persona *(profesora, jefe, madre, árbitro)*, y con otros que designan normas, reglas, obligaciones o disposiciones *(reglamento, normativa, medida, criterio, cláusula)*, así como la acción o el efecto de someterse a ellas *(cumplimiento, acatamiento, puntualidad)*. En el sentido de 'exacto o preciso', se combina con sustantivos que designan textos *(biografía, informe, artículo, libro)* y otras obras en las que se exponen hechos o circunstancias *(película, programa, reportaje)*. También se combina con...

A SUSTANTIVOS QUE DESIGNAN LA ACCIÓN O EL EFECTO DE ANALIZAR, OBSERVAR O CALCULAR ALGO: **1 análisis** ++: No es que pretenda establecer comparaciones que, además, no resistirían un análisis *riguroso.* EXC300896 **2 estudio** ++: De ahí, el profundo y *riguroso* estudio que los dos cernudianos hacen de «Las nubes», escrita entre 1937 y 1940... LRE140103 **3 examen** ++: ¿cuál sería el impacto al enfrentarse a una nueva situación traumática? Creo que eso sólo se podría determinar en un *riguroso* examen. HOY260597 **4 investigación** ++: ...no se imaginaron que dos años después, luego de una *rigurosa* investigación realizada conjuntamente con la Fiscalía, desmantelarían dicha organización... SEM151096 **5 observación** +: ...no renuncia ni a la observación *rigurosa* del fenómeno ni a su apasionada condena... EME220194 **6 medición:** Eso, por más que se llevara a cabo una *rigurosa* medición de decibelios... EME230295 **7 cálculo:** Al fijarse las primas según *rigurosos* cálculos actuariales se debe tener en cuenta la cuantía de los dispendios efectuados... LVE250695 **8 exploración:** Los médicos le sometieron a una exploración *rigurosa.* EME230495 **9 indagación** –: ...más producto del azar combinatorio que de una *rigurosa* indagación en la verdad. EPE070399

B SUSTANTIVOS QUE DESIGNAN LA ACCIÓN O EL EFECTO DE VIGILAR, SUPERVISAR O PRESTAR ATENCIÓN A ALGUNA COSA: **10 control** ++: ...de unos fondos de pensiones que luego tienen *riguroso* control público en la forma de disponer de ellos. FDV160601 **11 inspección** +: Omnibus y micros deberán cumplir una *rigurosa* inspección técnica. LPA260492 **12 seguimiento** +: ...llevan días haciendo un seguimiento *riguroso* de todo cuanto van decidiendo y deshaciendo de lo hecho... EME100596 **13 revisión:** Todos los reclusos de los centros federales de alta seguridad fueron enviados ahí después de una *rigurosa* revisión de su expediente... PME150996 **14 vigilancia:** ...y será objeto de *rigurosa* vigilancia para impedir alzas especulativas en sus precios. EXC110796

C SUSTANTIVOS QUE DENOTAN PUNTO DE VISTA, ENFOQUE O INTERPRETACIÓN DE ALGO: **15 planteamiento** +: ...sino que adopte una mirada más seria sobre el tema y que tenga un planteamiento más *riguroso.* EME080495 **16 interpretación** +: A Platón dedica ocho estudios, que constituyen algo más que un excelente análisis y una *rigurosa* interpretación... ABC150193 **17 evaluación** +: ...lo que quiere decir que aún no hay una evaluación *rigurosa* sobre cómo ha funcionado... EPE170999 **18 postura:** ...de lo que una lúcida y *rigurosa* postura de reserva ante lo explícito y lo implícito... EME071095 **19 enfoque:** Un servicio que, según los expertos, ha conseguido un gran prestigio desde su puesta en marcha por su *riguroso* enfoque del problema. EME231096 **20 tesis:** ...la tesis *rigurosa*, pero amena de Gloria Rubiol y el testimonio directo y familiar de Antonia... LVE090595 **21 visión:** ...un escritor que posee una *rigurosa* visión del mundo, organizado en torno a una serie de ideas... EME230396 **22 teoría** –: ...se propone presentar y justificar una «teoría coherente y *rigurosa* de las necesidades humanas»... ABC170395 **23 opinión** –: Opiniones muy *rigurosas* aseguran que el pantano de Melonares ni siquiera haría falta... EPE230999

D SUSTANTIVOS QUE DENOTAN CONOCIMIENTO. TAMBIÉN CON OTROS QUE DESIGNAN EL EJERCICIO DE ALGUNAS ACTIVIDADES COGNITIVAS O SUS RESULTADOS: **24 conocimiento** ++: El interesante y documentado trabajo de Alfred Bosch se basa en un conocimiento *riguroso* de la realidad cultural... LVE070795 **25 pensamiento** +: ...este germano de verbo contundente y pensamiento *riguroso* acaba de provocar una minitormenta monetaria... LVE240995 **26 introspección:** Se dice del psicoanálisis que permite al individuo llevar a cabo una *rigurosa* introspección en la parte más oculta de su conciencia. INDOC **27 reflexión:** Se planteó desde el principio una reflexión *rigurosa* sobre los riesgos ambientales y humanos de nuestra época. ABC161092

E SUSTANTIVOS QUE DENOTAN TRABAJO O ESFUERZO: **28** **trabajo ++:** En Galicia estamos haciendo un trabajo serio y *riguroso*, como es nuestra obligación... FDV150601 **29** **labor:** Si se decide por una labor seria y *rigurosa*, querrá decir que no será ruidosa. LVE220396 **30** **esfuerzo:** Es el *riguroso* esfuerzo por penetrar y explicar procesos complejos y acontecimientos sólo en apariencia triviales... ABC030395 **31** **tarea:** ...sino un impulsor y organizador que contagiaba su entusiasmo por las tareas más *rigurosas*. EME210595

F SUSTANTIVOS QUE DENOTAN ORDEN, ELECCIÓN O SELECCIÓN, Y CON OTROS QUE DESIGNAN ACCIONES QUE IMPLICAN ESOS CONCEPTOS: **32** **orden ++:** Hay un orden interno en ellas, un orden *riguroso*. EPE190499 **33** **selección ++:** Esto es porque se sigue una selección *rigurosa* para coger a los participantes de un ensayo... EME090596 **34** **elección:** Una elección más *rigurosa* habría servido para decantar claramente la balanza en favor de este jugador. LVG131200 **35** **clasificación:** ..., luego se separan y se lleva a cabo una *rigurosa* clasificación de las especies en función de... INDOC **36** **organización:** La organización de los encuentros (...) ha sido tan *rigurosa* como sobria, dentro de una estética casi protestante. EPE280199 **37** **distribución:** ...y una distribución más justa, transparente y *rigurosa* de unas ayudas de cuya justificación dudan. EPE280299

G SUSTANTIVOS QUE DENOTAN DISCIPLINA O PROCEDIMIENTO DE ACTUACIÓN: **38** **disciplina ++:** ...se formó profesionalmente en el arte de pintar, con *rigurosa* disciplina aprendida en los trabajos del campo... ESH030996 **39** **método:** ...podría ser más difícil de atajar debido a que los métodos de manipulación no son tan *rigurosos*... LVE230796 **40** **sistema:** ...un cuerpo único, el de los notarios, elegido a través de un sistema *riguroso* de selección... EME150796 **41** **técnica:** La novela de Lebert está construida con una técnica *rigurosa* e impecable en círculos concéntricos... EME101295 **42** **metodología –:** Llevarla a cabo ha exigido echar mano de la más *rigurosa* metodología historiográfica... ABC101293

H SUSTANTIVOS QUE DENOTAN PLAN O PROYECTO: **43** **plan +:** ...estableció un *riguroso* plan de provisiones para créditos morosos... LVE121295 **44** **proyecto:** ...la confianza de los ciudadanos en un proyecto *riguroso* de regeneración y eficacia. EME140694 **45** **programa:** ...pero tras soportar dos operaciones y mantener un *riguroso* programa alimentario... LVE271095 **46** **estrategia:** ...el diseño circular responde a una «estrategia seria y *rigurosa* de hacer de los municipios del sur la tercera ciudad de España»... EPE191199

rimbombante *adj.* ■ Se combina con...

A SUSTANTIVOS QUE DESIGNAN EXPRESIONES DENOMINATIVAS O IDENTIFICATIVAS: **1** **nombre ++:** Sus históricos espejos que reflejaban la década del 70 dieron paso a las letras flúo y los nombres *rimbombantes*. CLA150199 **2** **título ++:** Yo soy la música es el título *rimbombante* de su más reciente producción discográfica. ENV110497 **3** **denominación +:** ...tendrá un nombre sencillo (...) y lejos de su complicada, interminable, *rimbombante* denominación actual. LVE211096 **4** **lema:** En muchas ocasiones, estos lemas *rimbombantes* se convierten en una trampa letal. LVE030296 **5** **eslogan:** Ese eslogan tan *rimbombante* de «Gibraleón, camino de futuro» no alcanza a los agricultores, por lo que el mensaje debería ser «el futuro de Gibraleón son buenos caminos». EPE170599 **6** **apellido:** La fascinación que hay en esta ciudad hacia los títulos nobiliarios y los apellidos aristocráticos y *rimbombantes* merece el aplauso del rey de armas sevillano. EPE190699 **7** **etiqueta:** ...a pesar de las etiquetas *rimbombantes*, Miami es un pueblo grande en el que se corre la voz con rapidez. EME070295 **8** **nombramiento:** ...ha encontrado cómo saltarse la tradición de que tan *rimbombante* nombramiento no pueda recaer en una mujer... EPE300599

B SUSTANTIVOS QUE DESIGNAN MUY DIVERSAS MANIFESTACIONES VERBALES Y TEXTUALES, ASÍ COMO ALGUNOS DE SUS CONTENIDOS Y SUS FORMAS DE ORGANIZACIÓN DISCURSIVA: **9** **frase ++:** Es una nueva muestra de insinceridad (...) de los líderes políticos (...) y de la tendencia a los discursos y las frases *rimbombantes*... DHE070197 **10** **declaración +:** La oportunidad es propicia para traer a la memoria las *rimbombantes* declaraciones de los jefes de ADN y el MIR... LTB071296 **11** **discurso +:** Sin ir más lejos, el cronista ha visto en el Saló de Cent al escurridizo Porcioles pronunciando sus *rimbombantes* discursos... LVE290395 **12** **expresión:** ...fueron algunas de las *rimbombantes* expresiones que los voceros de la dictadura utilizaron... EPE110699 **13** **palabrería +:** ...la Iglesia católica, que, a pesar de su acostumbrada palabrería *rimbombante* (...), sigue sumida en la obsesión misógina del bajo vientre... EPE020399 **14** **palabra:** ...palabras bonitas y *rimbombantes* que jamás llegan a constituirse en una realidad... LHG120900 **15** **vocablo:** Pero los vocablos *rimbombantes* (...) poseen una entidad conceptual... EPE031099 **16** **poema:** ...los sentimientos (...) son siempre «indómitos y fieros», según cantaba el rancio y *rimbombante* poema antifrancés. EME190194 **17** **retórica:** ...lo ha llamado con *rimbombante* retórica «dinero en situación de no disponibilidad». EME280195 **18** **idea:** Un sugerente pretexto en el que se adivinan ideas *rimbombantes*... EME231095

C SUSTANTIVOS QUE DESIGNAN PERSONAS, CARGOS O INSTITUCIONES: **19** **institución:** ...una institución tan *rimbombante* (...) puso de relieve en 1982 que tres de cada cuatro franceses no estaban satisfechos con la calidad del pan... EME030394 **20** **comité:** Lo genial es que se ha constituido un *rimbombante* comité que le apoya... LVE250295 **21** **ministerio:** ...Fito se hubiera convertido en el ministro de lujo de Libre ocupando el *rimbombante* ministerio de Educación Pública. LPH121296 **22** **político:** ...puede hacer mejor papel en la Duma que un político profesional *rimbombante* pero vacío. EPE161299 **23** **personaje:** ...el personaje *rimbombante* en el que se ha transformado este ministro. ABC050393 **24** **cargo:** Los burócratas que, con caponas de almirantazgo, pasarían a ocupar el *rimbombante* cargo de Directores Generales Sectoriales de Transporte Acuático... EUV210197

D ALGUNOS SUSTANTIVOS QUE DESIGNAN OBRAS PLÁSTICAS, ASÍ COMO CIERTOS ELEMENTOS QUE INTERVIENEN EN SU EJECUCIÓN: **25** **ópera:** ...una ópera de excelente calidad, pero algo *rimbombante* y pomposa. INDOC **26** **ballet:** ...presenta su *rimbombante* ballet épico (...), aprobado oficialmente por el régimen. ABC271291 **27** **retrato:** El *rimbombante* retrato de Olga con mantilla; una brillantísima ejecución clásica, de tonos claros... LVE290795 **28** **escenario:** ...buscaban clientes menos exigentes y más fáciles de arrastrarles a sus escenarios *rimbombantes* y horteras. EPE030599 **29** escenografía: ...quiso que «El vuelo del adiós» estuviera despojado de escenografías *rimbombantes*... ETC150497

E OTROS SUSTANTIVOS; POSIBLES USOS ESTILÍSTICOS: ...careció del fuelle suficiente para que el torero sevillano pudiera rematar un trasteo que había iniciado con una *rimbombante* facilidad. EME120896; ...nos permitió escuchar por un momento los latidos de su corazón, que para sorpresa nuestra resultó *rimbombante*... EXP210597

☐ Véase también: **llamativo.**

rincón ♦ **aislado, alejado, apartado, bello, callado, característico, de la habitación, del alma, de la mente, de la noche, del corazón, delicioso, del mundo, del país, del universo, encantador, hermoso, ignorado, inaccesible, íntimo, olvidado, oscuro, paradisíaco, perdido, pintoresco, preferido, recóndito, remoto, retirado, solitario, último** ♦ **desde, en** ♦ **buscar (en), descubrir, desplazar(se) (a), explorar, invadir, mandar (a), perder(se) (en), recluir(se) (en), recoger(se) (en), recorrer, registrar, salir (de), situar(se) (en), visitar**

☐ Véase también: **extremo, límite.**

riña ♦ **acalorado, callejero, conyugal, encarnizado[13], enconado, familiar, feroz, violento** ♦ **acabar (en), desencadenar(se), enfrascar(se) (en), entablar, enzarzarse (en)[10], producir(se), tener lugar**

☐ Véase también: **altercado, bronca, contienda, pelea, trifulca.**

río ♦ **agitado, caudaloso, crecido, impetuoso, profundo, revuelto, seco, serpenteante, turbulento** ♦ **a orillas (de)** ♦ **afluente (de), agua (de), cauce (de), corriente (de), desembocadura (de), meandro (de), nacimiento (de), orilla (de)** ♦ **afluir, bordear (algo), canalizar, confluir, crecer, desbordar(se), desembocar, desviar[5], discurrir, encauzar, fluir, nacer, pasar (por un lugar), recorrer (algo), remontar, serpentear, vadear**

☐ Véase también: **curso, mar, vía.**

riqueza ♦ **abundante, cinematográfico, espiritual, exuberante[21], incalculable, inconmensurable, incontable, inmenso, literario, musical, preciado, valioso** ♦ **acaparar, acrecentar(se), acumular, amasar[3], atesorar, aumentar, colmar (de), conservar, crecer, encerrar, esquilmar[3], guardar, llenar (de), ostentar, producir, recuperar**

☐ Véase también: **abundancia.**

risa ♦ **ahogado, apagado, cantarín, contagioso[1], contenido, desbordante[51], despectivo[26], estentóreo, estridente[5], estruendoso, explosivo, forzado, franco, incontenible[15], irreprimible, malicioso, nervioso, sardónico[1]** ♦ **ataque (de)[36], golpe (de)** ♦ **aguantar(se), ahogar(se)[5], brotar[37], contener, dar[338], desatar(se)[42], entrar[23], entrecortar(se)[13], estallar (de)[2], estallar (en)[12], moderar, morirse (de), partir(se) (de), producir, prorrumpir (en), provocar, reprimir, retorcerse (de), reventar (de)[5], romper (en), troncharse (de), venir(le) (a alguien)**

☐ Véase también: **carcajada, sonreír, sonrisa.**

ritmo ♦ **acelerado, acompasado[1], agitado, ajetreado[16], ascendente, atropellado, cadencioso, cansado, cansino[1], cíclico, constante, contagioso[7], continuo, desacompasado, desenfrenado[21], dinámico, electrizante[1], endemoniado, endiablado[1], enloquecedor, enloquecido, febril[5], fijo, frenético[6], galopante[42], incesante, infernal[6], ininterrumpido, insostenible, intermitente, irregular, irresistible[42], parsimonioso, pausado, pegadizo[3], progresivo, regular, sostenido, tremebundo, tremendo, trepidante, uniforme, vertiginoso[1], vivaz[11], vivo[63]** ♦ **acelerar, acompasar, aflojar[7], agilizar[22], alterar[52], aminorar[7], aumentar, avivar[71], bajar, cortar[45], dar (a algo), decaer[48], decrecer[71], dejarse llevar (por)[45], detener, dictar[12], disminuir, entrecortar(se)[1], imponer, imprimir[21], incrementar, llevar, marcar[17], parar, perder, ralentizar, seguir, tener**

☐ Véase también: **cadencia, compás, velocidad.**

RITMO Véase: CADENCIA

rito ♦ **ancestral[20], antiguo, atávico[5], ceremonial, macabro, milenario, pagano, secular, solemne, viejo** ♦ **abolir, anclar[4], celebrar, conservar, consumar, convertir (en), cumplir, mantener, practicar, realizar, recuperar, retomar, romper (con), seguir, transmitir**

☐ Véase también: **ceremonia, protocolo, tradición.**

rival ♦ **acérrimo[15], asequible[12], correoso, débil, de peso, difícil, encarnizado[35], enconado[60], endeble, fácil, fuerte, irreconciliable[2], serio** ♦ **acorralar, aventajar, batir, doblegar, enfrentar(se) (a), ganar, luchar (contra), perder (ante/con), sojuzgar[2], sufrir (ante), vapulear, vencer**

☐ Véase también: **adversario, enemigo.**

rivalidad ♦ **acusado[55], ancestral[74], arraigado, cainita, declarado, enconado[23], enorme, escaso, feroz[13], fratricida, fuerte, intenso, largo, profundo, soterrado[12], sumo, tradicional, tremendo** ♦ **apaciguar, deponer[10], dirimir[8], fraguar(se), provocar, sentir, superar, surgir, zanjar**

☐ Véase también: **animadversión, antagonismo, oposición.**

rizar(se) ♦ **cabello, pelo**

☐ Véase también: **ensortijarse, erizar(se).**

robar ♦ **a cara descubierta[15], a destajo[21], a espuertas, a mano armada[2], a punta de {navaja/pistola...}, con nocturnidad, descaradamente[39], en plena calle, impunemente, limpiamente[25], reiteradamente[17]** ♦ **alegría, corazón, esperanza, futuro, idea, libertad, tiempo**

☐ Véase también: **arrebatar.**

[roble] → **como un roble**

robo ♦ **a cara descubierta, a destajo[32], a mano armada[8], a punta de {navaja/pistola...}, cómplice (de), culpable (de), de grandes proporciones, de guante blanco[12], impune[30], pequeño** ♦ **ola (de)[13]**

♦ **acusar (de), blanquear, castigar, cometer[35], consumar, denunciar, descubrir, desentrañar, detectar[54], encubrir, evitar, exculpar (de), frustrar(se), impedir, imputar[9], maquinar, perpetrar, producir(se), tener lugar, tramar**
☐ Véase también: **atraco, incautación.**

robustecer(se) *v.* ▌ En su sentido figurado se combina con sustantivos que denotan actividad o proceso *(desarrollo, crecimiento)* y con otros que designan personas o grupos humanos *(político, grupo, gobierno)*. También se combina con...

A SUSTANTIVOS QUE DENOTAN RELACIÓN O VÍNCULO, A MENUDO AFECTIVO. TAMBIÉN CON OTROS QUE DESIGNAN ALGUNAS DE SUS CONSECUENCIAS NATURALES: **1 unidad ++**: ...exhortó a *robustecer* la unidad frente al terrorismo. LVE300896 **2 relación +**: ...esa relación, en lugar de *robustecerse*, se fue adelgazando. PME070796 **3 vínculo:** La reunión era casi protocolaria: se trataba de *robustecer* el vínculo entre ambas instituciones. INDOC **4 respaldo:** ...quieren que el nuevo Tratado (...) «*robustezca* el respaldo de la opinión pública...». EME280695 **5 amistad:** Mi amistad con Xavier Montsalvatge (...) se *robusteció* con el paso de los años... ABC060392 **6 compañerismo:** ...un compañerismo solo formal al principio, pero más auténtico y *robustecido* con el paso de los años. INDOC **7 hermandad:** ...sólo el resentimiento, la violencia, la xenofobia, «*robustecerían* la hermandad». ENV190597 **8 acuerdo –**: Ahora su principal preocupación es (...) *robustecer* un acuerdo con sectores de Centro y Derecha... HOY110784

B EL SUSTANTIVO *PODER* Y CON OTROS QUE DESIGNAN ALGUNOS ATRIBUTOS DEL QUE OSTENTA UNA POSICIÓN DE HEGEMONÍA O PREEMINENCIA: **9 poder ++**: Con esta nueva medida, se *robustece* el poder del presidente de la República. INDOC **10 autoridad +**: Este amplio proceso desplegado a escala de la sociedad *robustece* aún más la autoridad... GIC083397 **11 popularidad:** Si la economía está despegando, y la popularidad de Fujimori se *robustece*, por qué la gente está pifiando. CAP041297 **12 prestigio:** De repente, Klinsmann decidió *robustecer* el prestigio de este deporte. EME170696 **13 liderazgo:** Interpretada en el ámbito oficial como un llamado a la «rebeldía» y a la «desobediencia civil», varios especialistas consideran que la homilía de Rivera *robusteció* su liderazgo... PME271096

C SUSTANTIVOS QUE DESIGNAN LOS ASPECTOS FUNDAMENTALES U ORIGINALES DE ALGO: **14 raíz ++**: Nuestras cenas y comidas callejeras son para integrar a la gente, para transmitir nuestra tradición a los jóvenes, para *robustecer* las raíces y la identidad... LVE150896 **15 estructura ++**: En aquella operación, (...) se encargó de *robustecer* la estructura de la berlina... EME260696 **16 sistema +**: ...para poder disminuir de una manera considerable el riesgo de sufrir ataques informáticos, (...) es indispensable *robustecer* los sistemas de seguridad... EXC011001 **17 base:** ...le hace falta todo el consenso posible para *robustecer* las bases de su candidatura a la presidencia... EPE250799 **18 canon –**: ...una vez por semana nos reunimos para intercambiar ideas y *robustecer* ciertos cánones de coherencia... LNA020792

D SUSTANTIVOS QUE DENOTAN ESTABILIDAD O FIRMEZA: **19 equilibrio +**: Sería conveniente, desde luego, *robustecer* el equilibrio actual entre los distintos poderes. INDOC **20 estabilidad:** ...allí debería realizarse un especial esfuerzo *robustecer* su estabilidad y su proceso de cambio. EPE080499 **21 solidez:** ...destinó a reservas, es decir, retuvo en el seno patrimonial de la compañía para *robustecer* su solidez y su capacidad de expansión... LVE080996

E OTROS SUSTANTIVOS ABSTRACTOS QUE DESIGNAN RASGOS O ASPECTOS, A MENUDO ESENCIALES, DE LAS PERSONAS O DE LAS COSAS: **22 personalidad +**: ...la mejor fórmula de *robustecer* su personalidad política es la unión con el resto del País Vasco peninsular... EPE050877 **23 rasgo +**: El individualismo es (...) un rasgo (...) de nuestra tradición hispana, perpetuado y *robustecido* (...) en el prototipo del gaucho... LNP030497 **24 carácter:** Con la edad, logrará *robustecer* el carácter y afianzar su insegura personalidad. INDOC **25 identidad:** ...esta es la fórmula perfecta para *robustecer* la identidad de socio sin disolverla en la responsabilidad común del coaligado... EME300694 **26 talante:** ...confiesa que las cosas que vio durante esos años contribuyeron a *robustecer* su talante izquierdista. EPE210599 **27 perfil –**: Pero al secretario general del PSOE le sirvió para *robustecer* su perfil de corredor de fondo... EPE250799 **28 talla –**: ...vuelve a darnos páginas que *robustecen* su talla de gran poeta. ABC231092

F SUSTANTIVOS QUE DENOTAN CONFIANZA EN UNO MISMO, ASÍ COMO OTRAS NOCIONES ABSTRACTAS RELACIONADAS CON LA CAPACIDAD O LA ENERGÍA INTERIOR DE LAS PERSONAS: **29 moral +**: ...en la grabación se pueden escuchar expresiones de Suárez del tipo «que se lleven a un par de tíos por delante con lo cual se *robustece* la moral de nuestras fuerzas»... LVE280295 **30 voluntad:** ...*robustece* nuestra voluntad de continuar luchando para que los derechos de los trabajadores no sigan siendo vulnerados... LNP030497 **31 espíritu:** El espíritu sale *robustecido* de Atlanta. LVE050896 **32 ánimo:** Conviene *robustecer* el ánimo en los momentos críticos. INDOC

G EL SUSTANTIVO *ECONOMÍA* Y CON OTROS QUE DESIGNAN DIVERSOS ASPECTOS DEL INTERCAMBIO Y LA ADMINISTRACIÓN DE LOS BIENES: **33 economía ++**: Los defensores del proyecto sostienen que es necesario revitalizar el puerto comercial para *robustecer* la economía... EPE100599 **34 rentabilidad:** ...son invertidos en el mercado, con lo que se *robustece* la rentabilidad ordinaria de la institución... LVE210196 **35 comercio:** El comercio y la actividad financiera se *robustecerán*. EUV100297 **36 mercado:** ...México había disfrutado de varios días de mercados financieros estables y *robustecidos*... PME010996 **37 banca:** Sale *robustecida* la Banca, que ha sido capaz de dar el paso al frente ofreciendo un esfuerzo inversor... EME260494 **38 consumo:** ...el consumo se ha *robustecido* gracias a que ha aumentado el poder adquisitivo... EPE211299 **39 finanzas:** La pesca milagrosa, nueva modalidad de la guerrilla para *robustecer* sus finanzas, se ha convertido en verdadero terror en las vísperas de vacaciones... EPE200399

H EL SUSTANTIVO *IDEA* Y CON OTROS QUE DESIGNAN TENDENCIAS, IDEOLOGÍAS Y LÍNEAS DE PENSAMIENTO: **40 idea ++**: Cabría pensar que la fría compostura de los escandinavos haya contribuido de alguna manera a *robustecer* esta idea de indiferencia... LVE050196 **41 corriente +**: Hemos de *robustecer* esta corriente y no cansarnos.

ABC261193 **42 patriotismo:** ...estas elecciones *robustecerán* aún más el patriotismo, la unión y la voluntad de resistir y vencer del pueblo... GIC072597 **43 centralismo:** ...la otra posibilidad, que es *robustecer* el centralismo, a través de estas planchas disfrazadas, de estos sistemas de listas abiertas o cerradas. EUV080996 **44 aislacionismo:** ...políticas oscurantistas y retrógradas que no hacen sino *robustecer* un absurdo aislacionismo. INDOC **45 nacionalismo:** ...las viejas elites se aferrarán al desfasado juego de creencias del rancio nacionalismo decimonónico, *robustecido* con las nostalgias... ABC031195

I OTROS SUSTANTIVOS; POSIBLES USOS ESTILÍSTICOS: ...insistió en que es importante *robustecer* la capilaridad institucional... EUV080996

☐ Véase también: **afianzar(se), cimentar, fortalecer(se), madurar.**

[roca] → **como una roca**

roce ♦ **áspero, leve, ligero, pequeño, suave** ♦ **levantar[30], producir, provocar, sentir, tener**

☐ Véase también: **contacto, toque (de).**

rociar (con) ♦ **gas, líquido**

rodar ▮ *(moverse)* ♦ **a su aire, a tope[21], por esos mundos**

▮ *(circular)* ♦ **de boca en boca[10]**

▮ *(filmar)* ♦ **a cámara lenta**

[rodeo] → **sin rodeo(s)**

rodeo ♦ **inacabable, infinito, interminable, largo** ♦ **andarse (con)[8], dar[310], perderse (en)**

☐ Véase también: **ciclo, círculo, circunloquio, vuelta.**

[rodilla] → **de rodillas**

rodilla ♦ **amoratado, derecho, dolorido, izquierdo, maltrecho** ♦ **esguince (de), lesión (de)** ♦ **apoyar, curar(se), doblar, doler (a alguien), entumecer(se), flexionar, fortalecer(se), fracturar(se), hincar, inflamar(se), lesionar(se), operar, recuperar(se) (de), romper(se), sanar**

rogar ♦ **atentamente[31], con todas {mis/tus/sus...} fuerzas, de todo corazón[22], en balde, encarecidamente[1], expresamente, humildemente, insistentemente[7], inútilmente, respetuosamente**

☐ Véase también: **demandar, impetrar, pedir, preguntar, solicitar.**

[rojo] → **al rojo vivo**

rojo ▮ *(adj.)* ♦ **como un tomate, completamente, totalmente** ♦ **ponerse, volverse**

▮ *(sust.masc.)* ♦ **apagado, encendido, incandescente[1], profundo, vivo**

rol ♦ **delicado, destacado, esencial, fundamental, protagonista** ♦ **arrogarse[17], asumir, ceñir(se) (a), cumplir[63], desempeñar[3], jugar**

☐ Véase también: **papel.**

romance ▮ *(relación amorosa)* ♦ **apasionado, ardiente[12], efímero, fugaz[40], fulgurante[65], intenso, pasional, platónico[3], tormentoso, turbulento[9]** ♦ **acabar, descubrir(se), desmentir[38], romper, tener, vivir**

▮ *(composición poética)* ♦ **autógrafo, histórico, tradicional** ♦ **cantar, componer, escuchar, memorizar, repetir**

☐ Véase también: **amistad, amor, idilio.**

romo *adj.* ▮ En su sentido físico se combina con sustantivos que designan objetos punzantes o de forma angulosa *(cuchillo, punta, tijeras).* También con otros que designan la cornamenta y, por extensión, los animales que la poseen *(toro, asta, cuerno).* También se combina con sustantivos que designan algunas partes del cuerpo humano *(nariz, facción)* y con otros que denotan superficie o relieve geográfico *(colina, superficie).* En su sentido figurado, se combina con sustantivos que designan personas *(un líder romo; un personaje romo)* y también con...

A SUSTANTIVOS QUE DESIGNAN GRUPOS HUMANOS, MÁS FRECUENTEMENTE SI PERTENECEN AL ÁMBITO DEPORTIVO: **1 equipo +:** ...un equipo *romo*, aburrido, gris... EPE171099 **2 combinado:** ...victoria descafeinada (...) sobre el *romo* combinado del Oeste. EME130296 **3 conjunto:** ...el conjunto (...), que estuvo muy *romo* en ataque... EME210294 **4 sociedad:** ...una sociedad adulta, *roma* y pacata, ante cualquier fuente de ilusión y fantasía. ABC011295

B SUSTANTIVOS QUE DESIGNAN MENSAJES DE CARÁCTER DESCRIPTIVO O EXPOSITIVO: **5 discurso +:** En el discurso chato, vacuo, *romo* e iletrado de la campaña electoral... EME130296 **6 mensaje:** «...un mensaje *romo* y plano de absoluto inmovilismo...». EPE060299 **7 texto:** ...traía (...) en su portada uno de esos textos *romos* y derechones que larga (...) de cuando en cuando... EME210295 **8 versión:** ...escuchamos (...) una de las versiones más *romas*, pesadas, fatigosas... LVE300595

C SUSTANTIVOS QUE DENOTAN ENFRENTAMIENTO U OPOSICIÓN: **9 oposición:** Porque eso quiere decir oposición que no se opone, oposición castrada, tomada y *roma*. EME140194 **10 ataque:** Pocas veces he visto a un equipo tan ineficaz y *romo* en ataque. EME280694 **11 confrontación:** ...una confrontación pacífica y *roma* de ideas... EPE160599 **12 campaña −:** ...sacar punta a una *roma* campaña. EME100694

D OTROS SUSTANTIVOS; POSIBLES USOS ESTILÍSTICOS: ...se ahoga en los límites de un realismo bastante *romo*. ABC041292; Torpe aire de plomo, de siesta *roma* y sonámbula con la espada... EME010695

☐ Véase también: **afilado, despuntar.**

rompecabezas ♦ **complicado, endemoniado, endiablado, enrevesado[2]** ♦ **idear, plantear, proponer, resolver, solucionar**

romper (a) *v.* ▮ Constituye perífrasis verbales de infinitivo de interpretación incoativa *(Rompió a llorar de repente).* Se combina con...

A VERBOS QUE DENOTAN EXPULSIÓN O DERRAMAMIENTO DE UN LÍQUIDO: **1 llorar ++:** Él se sentó en el suelo a mi lado y *rompió* a llorar. ABC160793 **2 llover** +: ...*rompió* a llover con fuerza y la gente se preocupó más en resguardarse que de lo que sucedía en el ruedo. EME010496 **3 sudar:** Uno *rompe* a sudar con sólo contemplar a los actores enfundados en abrigos de lana rodando escenas que se emitirán en invierno. EME130996

B VERBOS QUE DESIGNAN DIVERSAS MANIFESTACIONES SONORAS: **4 hablar** +: Para entonces, el lenguaje visual había llegado a su cima y el cine estaba listo para *romper* a hablar. EME070195 **5 gritar:** El estadio *rompió* a gritar. EME240294 **6 reír** +: Buñuel tuvo un breve desconcierto y luego *rompió* a reír. ABC300793 **7 aplaudir** +: Toqué la primera pieza, y la viejecita *rompió* a aplaudir. ABC130594 **8 tocar:** Y, en cuanto consigue que la banda *rompa* a tocar, prorrumpe en una cerrada ovación. EPE180899 **9 cantar:** Los colonos (...) *rompieron* a cantar: «David, profeta y rey, defiende a tus fieles». EME010394

C OTROS VERBOS; POSIBLES USOS ESTILÍSTICOS: Cuando volví a Tarragona al verano siguiente, *rompí* a pintar igual que un niño rompe a llorar. EME270695; Hay un momento concreto en que el agua caliente *rompe* a hervir. EME250195; La gente *rompió* a correr como loca. EME220394

☐ Véase también: **abrir(se), iniciar**.

romper (con) ♦ **base, cultura, dinámica, entorno, esquema, familia, historia, idea, imagen, limitación, norma, pareja, pasado, persona, profesión, regla, rutina, sistema, tendencia, tópico, tradición**

romper (en) ♦ **aplauso, carcajada, estruendo, llanto, ovación, risa**

romper(se) ♦ **abruptamente[11], a golpes[20], a patadas[19], a pedazos[3], a trozos, bruscamente, de raíz, drásticamente[41], en (mil) pedazos, en añicos, en seco[6], gravemente[29], por completo[4], radicalmente, unilateralmente[7]** ♦ **compromiso, conexión, lazo, negociación, pacto, palabra, promesa, relación, vínculo**

roncar ♦ **a pierna suelta, estentóreamente, ostensiblemente, perceptiblemente, plácidamente[5], ruidosamente**

ronda (de) ♦ **cerveza, consulta, contacto, conversación, declaración, entrevista, intervención, negociación, pregunta, reunión, vino, votación**

[rondón] → **de rondón**

ropa ♦ **apretado, ceñido, de batalla, de calle, de cama, de casa, de época, de fantasía, de moda, deportivo, de vestir, elegante, holgado, ligero (de)** ♦ **talla (de)** ♦ **airear, apretar(le) (a alguien), cambiar(se) (de), ceñir(se), exhibir, guardar, llevar, lucir, mudar(se) (de), poner(se), quedar(le) (a alguien)** {bien/mal/grande/pequeño...}, **quitar(se)**

[rosa] → **como una rosa**

[rosario] → **como el rosario de la aurora**

rosario (de) ♦ **acusación, anécdota, atentado, crítica, denuncia, desgracia, error, escándalo, huelga, incidente, muerte, problema, promesa, queja**

☐ Véase también: **cúmulo (de), sarta (de)**.

[rosquilla] → **como rosquillas**

rostro ♦ **adusto, afilado, agraciado[10], aguileño, altivo, amable, angelical, anguloso, circunspecto[1], curtido, demacrado, expresivo, hermético, impasible, impertérrito, inexpresivo, lívido, radiante, risueño, sereno, serio, severo[87], sonrosado** ♦ **acariciar, acicalar(se), ajar(se)[3], congestionar(se), crispar(se), delatar[23], demudar(se)[1], denotar[8], descomponer(se)[1], desencajarse[1], desfigurar(se), desvelar[33], dulcificar[1], echarle (a algo), enjugar, enrojecer(se), perfilar, reflejar (algo)**

☐ Véase también: **cara, semblante**.

[roto] → **caer en saco roto, echar en saco roto, en saco roto**

rótulo ♦ **luminoso[7]** ♦ **apagar(se), encender(se), rezar**

☐ Véase también: **cartel**.

rotundamente *adv.* ▮ Se utiliza como intensificador de diversos adjetivos *(falso, contrario)*. También se combina con...

A VERBOS QUE DENOTAN AFIRMACIÓN O CERTIFICACIÓN: **1 afirmar** ++: Afirmó *de manera rotunda* que si esa posición suya era un obstáculo para la reforma constitucional, «que no se haga». LPA210592 **2 asegurar** ++: ...como cuando asegura *rotundamente* que ni Nicolás Guillén ni Pablo Neruda «fueron el gran poeta de América». ABC271192 **3 confirmar:** Aquel aviso de ímpetu renovador se confirmó *rotundamente* cuando se trasladó a Chicago en 1965... EPE101199

B VERBOS QUE DENOTAN OPOSICIÓN, RECHAZO, DISENSO, REPROBACIÓN O EXCLUSIÓN EN DIVERSOS GRADOS: **4 negar(se)** ++: ...su formación política se niega *rotundamente* a una división autonómica... LVL240797 **5 desmentir** ++: ...aunque ayer Nicolàs desmintió estas acusaciones *rotundamente.* LRE300103 **6 rechazar** ++: Rechazar *rotundamente* este proyecto de reforma constitucional, en los términos en que está planteado. LNC051196 **7 declinar:** Sus posibilidades eran muy grandes pero declinó *rotundamente* en noviembre del 95 y descartó su irrupción en la escena política... LVE140396 **8 condenar** ++: ...aceptar las reglas del juego democrático y condenar *rotundamente* todo tipo de violencia. EDV270499 **9 oponerse** ++: ...el candidato liberal quiere que todos los hondureños ejerzan su derecho al sufragio, el otro partido se opone *rotundamente.* LTH241197 **10 descartar** +: No obstante, descartó *«rotundamente»* que piense en él como posible delegado de servicios. LVE180295 **11 desechar** +: El impulsor de dicha estrategia desecha *rotundamente* la necesidad de la conversión... LVE201095 **12 criticar** +: ...le critica *de forma rotunda* en sus intervenciones públicas, como la del pasado viernes en Madrid... EME181295 **13 discrepar** +: He de decir, por fin, que discrepo *rotundamente* de la explicación que Novoa ofrece del «Bwiti»... EPE280700 **14 contradecir:** ...la declaración de un testigo del asesinato de Aquino que contradice *rotundamente* la versión oficial. HOY250184 **15 desestimar:** ...ha desestimado, *de manera rotunda*, el totalitario dogma socialista y más cuando se disfraza de populismo. ETC150996

C OTROS VERBOS DE LENGUA, MÁS FRECUENTEMENTE SI DENOTAN DECLARACIÓN O EXPOSICIÓN: **16 decir ++:** ...el Gallo se comió al biónico cuando *rotundamente* dijo que le había dicho que Maduro es panameño y que por eso no puede ser presidente. LPH311000 **17 responder ++:** ...Gore era tan leal que no le daría un golpe por la espalda aunque lo mereciera, respondió *rotundamente*... ETC111196 **18 contestar +:** Me contestó *rotundamente* que no. EPE210900 **19 declarar +:** ...el invitado de honor era William Styron, quien se declaró *rotundamente* opuesto a los premios. ABC130195 **20 enunciar:** ...la decisión, *rotundamente* enunciada por José María Aznar y Jordi Pujol, de figurar en el grupo... LVE060796 **21 exponer:** Tan *rotundamente* expuesto como cuando el artículo quinto pone la capital del Estado en la villa de Madrid. LVE130696 **22 expresar:** Ayer, en el abarrotado Palacio de Deportes de Gijón, lo expresó *rotundamente* en dos ocasiones. EME210595 **23 opinar:** ...frases que leen en gestos minúsculos y clandestinos y opinan *de modo rotundo* sobre el mundo que pisan. ABC200195 **24 formular –:** La trayectoria que va de la primera definición de la autobiografía tan *rotundamente* formulada por Lejeune hasta la retractación... ABC160994

D VERBOS QUE DESIGNAN LA ACCIÓN O EL PROCESO DE COMETER UN ERROR O INCURRIR EN UNA ACTUACIÓN DESACERTADA: **25 fracasar ++:** ...esfuerzos de toda índole de los últimos años encaminados a presionar al régimen a hacer cambios políticos y económicos, han fracasado *rotundamente*... DLA030797 **26 equivocarse ++:** ...aseguró que «se equivocan *rotundamente* los que piensan que la coalición tiene sus días contados». LVE140696 **27 perder:** El escrutinio todavía es incompleto, pero el Gobierno y la oposición perdieron *rotundamente*. EPE180599

E VERBOS QUE DESIGNAN LA ACCIÓN DE TRIUNFAR O LA DE ADQUIRIR CIERTO ESTADO DE SUPREMACÍA: **28 triunfar ++:** La idea de que la reacción triunfó *rotundamente* y obligó al gobierno a echar para atrás su proyecto es correcta... DYM281096 **29 vencer +:** Los catalanes mandaron siempre, pero les faltó la regularidad necesaria para vencer *de forma rotunda*. LVE180396 **30 ganar +:** ...Kasparov ganó *rotundamente*, cosechando 10 de 14 puntos posibles. ETC011291 **31 superar +:** ...el boxeador cordobés, que fue superado *de forma rotunda* por su adversario, quien hizo valer su mayor envergadura. LVE020896 **32 imponerse:** Dole se impone *rotundamente* en el primer «supermartes» republicano a la presidencia... EME060396 **33 dominar:** ...el nuevo Congreso norteamericano, dominado *rotundamente* por los republicanos, está dispuesto a introducir una enmienda... LVE130295 **34 destacarse:** El Valvi se destacó *de forma rotunda*. LVE230396 **35 distanciarse:** El Cibona salió con un solo titular, Alihodzic, pero esto no le impidió distanciarse *de forma rotunda*... LVE081295

F VERBOS QUE DENOTAN APOYO, ADHESIÓN O RESPALDO EN DIVERSOS GRADOS: **36 apoyar +:** Desde el otro lado del abanico político, el PP ha apoyado *de forma rotunda* la decisión de Azkuna. EPE250800 **37 apostar:** ...nunca ha dejado de apostar *de forma rotunda* en favor de todas las decisiones que han acercado a España a la Unión Europea... LVE040795 **38 reforzar:** Su deseo de optar a la organización de unos Juegos Olímpicos se vieron ayer *rotundamente* reforzadas en el acto de la inauguración... LVE051095 **39 defender:** ...discrimina entre la cultura y lo culturoso, entre lo netamente popular y populismo, defendiendo *rotundamente* la inversión de 52 millones de bolívares... EUV061196 **40 suscribir:** Esto no significa que el único criterio sea el mercado, pero sí suscribo *de forma rotunda* que una política que dé demasiada primacía... LVE031096 **41 justificar:** Da la sensación de que los relatos justifican *rotundamente* el título del conjunto. ABC090695

G OTROS VERBOS; POSIBLES USOS CRUZADOS: En el ámbito económico la situación cambió *rotundamente* para Guatemala... [Cf. *radicalmente*] LHG120900

H OTROS VERBOS; POSIBLES USOS ESTILÍSTICOS: ...se han dado muestras solemnes de solidaridad –en ellas ha participado *rotundamente* Felipe González– pero aquí... LVE030296

☐ Véase también: **categóricamente, con rotundidad, terminantemente.**

[rotundidad] → **con rotundidad**

rotundo *adj.* **I** En su sentido de 'claro, determinante o que no ofrece duda' se combina con sustantivos que designan manifestaciones verbales o textuales *(afirmación, negativa, discurso)*. También se combina con...

A SUSTANTIVOS QUE DENOTAN RESULTADO O CONCLUSIÓN DE UN PROCESO O DE UNA DECISIÓN, MÁS FRECUENTEMENTE SI SE PONE DE MANIFIESTO SU NATURALEZA FAVORABLE O DESFAVORABLE: **1 resultado ++:** Con todo ello, la mitad restante de la población queda paralizada por el terror, sin posibilidad alguna de materializar el *rotundo* resultado de las urnas. EPE220999 **2 éxito ++:** Dina Rot es una de las grandes voces dedicadas a la canción sefardí, que tuvo un éxito *rotundo* en la Argentina... CLA110497 **3 victoria ++:** William Rhodes y un equipo de banqueros profesionales obtuvieron una *rotunda* victoria... DLA030297 **4 triunfo ++:** La cena tuvo lugar en la quinta Nogués y fue para festejar el *rotundo* triunfo de la ANR en todo el país, según los oradores. ACP271196 **5 derrota ++:** ...el dirigente socialista destacó que el PP no ha obtenido su objetivo principal: lograr una *rotunda* derrota del PSOE. LVE300595 **6 fracaso +:** Presumió que ganaría alguna presea en los Juegos Olímpicos de Sydney, pero la realidad fue otra... un *rotundo* fracaso. EXC250900 **7 suspenso:** Un *rotundo* suspenso en idiomas: Muchos turistas extranjeros se pierden en el metro al haber sólo carteles en español... EPE050800 **8 sentencia:** La sentencia fue *rotunda*: «Es evidente que el padre de la juez tiene una estrecha relación con Cultrera y Mennino...». EPE180799 **9 conclusión:** ...lanzaba hace pocos días su conclusión *rotunda* y cruel de que (...) es, de plano, una democracia que funciona tan mal que ya en verdad no funciona. DHE180797 **10 decisión:** Estuvo claro para nosotros que aquellos hechos, extraordinariamente graves, exigían decisiones *rotundas*.

LVE240995 **11 final:** Sólo que esta trama, por originarse en hechos reales, no cuajó en un final *rotundo* como no sea la liberación del propio Guillermo Coppola. CLA190197 **12 elección:** La *rotunda* elección de Ciampi debe otorgar al jefe del Estado la fuerza necesaria... EPE140599 **13 consenso –:** Y el fiasco de Clemente en este apartado es elocuente y merece un consenso tan *rotundo* como el otro. EME280395

B SUSTANTIVOS QUE DENOTAN OPOSICIÓN O RECHAZO, O DESIGNAN OTRAS FORMAS EN QUE SE MANIFIESTA LA DISCONFORMIDAD: **14 oposición ++:** El Partido Nacional reiteró ayer su *rotunda* oposición a que los resultados electorales sean transmitidos... LTH221097 **15 rechazo ++:** A su vez, un rechazo *rotundo* al Plan Colombia expresaron ayer unas 2,000 personas que se congregaron en la plaza central de Puerto Asís... ENH100900 **16 condena ++:** ...una propuesta en la que pretende que la Cámara europea exprese su más *rotunda* condena por el secuestro... LVE110595 **17 repulsa +:** ...debo manifestar, en nombre de todos los asociados, nuestra más *rotunda* repulsa a las manifestaciones de la señora Arias. EPE080899 **18 protesta +:** ...pasó tranquila sus primeras horas junto a las costas francesas del atolón de Mururoa, donde se prepara una *rotunda* protesta ecologista. EME290895 **19 queja:** Los afectados han expresado su *rotunda* queja por el drástico trato recibido por los animales. EPE150399 **20 reproche:** El reproche más *rotundo* se refería al escaso apego que, en su criterio, el PP tiene por las instituciones democráticas. EPE260499 **21 repudio:** Una antología de estas características sólo merecería el más *rotundo* repudio. LVE020296 **22 desacuerdo:** Con este panorama, todos los pronósticos apuntaban al desacuerdo más *rotundo.* LVE241095 **23 disconformidad:** Hay que mostrar aquí la disconformidad más *rotunda* con la «progre» escuela de Francfort... LVE180894 **24 reivindicación –:** Jordi Pujol cerró anoche la campaña electoral de CiU con una reivindicación clara y *rotunda*: «El centro es indispensable para cualquier país». LVE020396 **25 huelga –:** No fue una huelga tan *rotunda* como la del 14-D, pero el país sufrió una parálisis muy notable. EME300194

C SUSTANTIVOS QUE DESIGNAN DIVERSAS UNIDADES DE INFORMACIÓN O COMUNICACIÓN, GENERALMENTE DE CARÁCTER VERBAL: **26 frase ++:** Esta *rotunda* frase aparece en un textito donde describe sus años de portero en la Universidad de Argel. CAP130700 **27 expresión ++:** Sin embargo, el banquero evitó expresiones *rotundas*, como su famosa «exuberancia irracional», para calificar la espumante burbuja de Wall Street. CLA210199 **28 palabra +:** ...me han sorprendido, no estoy acostumbrado a oír a los políticos cosas tan claras y tan *rotundas.* EME210996 **29 párrafo:** Hay párrafos más *rotundos.* En la página 67 se dice... EPE040599 **30 calificación:** «Dioses de barro» sortea con habilidad la injuria y la delación, pese a calificaciones tan *rotundas* para algunos personajes como «lobo financiero», «auténtica piraña» o «gordo y bien cebado». ABC190293 **31 término:** Mubarak (...) criticó en términos *rotundos* a Hasan Al Alfi, un día después de la matanza de Luxor... LEC191197 **32 definición:** Y ofrece definiciones *rotundas*: sentencia que el «heavy metal» refleja la miseria sexual de la adolescencia y el suburbio... ABC200893 **33 lenguaje:** Un lenguaje tan *rotundo* a escasas horas de abrirse el debate entre los Quince augura el resultado final de esta cumbre informal. EPE260299 **34 nombre:** No escribió un RAMÓN Gómez de la Serna su nombre *rotundo* con minúsculas. HOY190183 **35 vocablo –:** Tras la pertinente «tormenta de cerebros», se eligió el sonoro y *rotundo* vocablo Sindibank, que se impuso rápidamente. LVE230495

D SUSTANTIVOS QUE DENOTAN FORMA DE SER, DE PENSAR O DE ACTUAR: **36 actitud +:** Tan *rotunda* actitud de los regionalistas del PRC contrasta con el hecho de que... LVE120695 **37 postura +:** No hay que olvidar tampoco la *rotunda* postura en contra del proyecto mantenida por Herri Batasuna... EPE090299 **38 carácter +:** Por eso, a pesar de que «Humo» contiene hermosas historias que podrían pasar por cuentos, esta novela no posee ese carácter *rotundo* del género. EME171295 **39 posición:** ...aseguró ayer que la posición de su partido era «clara, nítida y *rotunda*» a favor del pacto de Toledo y de los sindicatos... LVE280996 **40 posicionamiento:** En este sentido echamos en falta un posicionamiento más *rotundo* y explícito tanto del Gobierno catalán como del municipal. EPE150999

E SUSTANTIVOS QUE DENOTAN ANÁLISIS, DESCRIPCIÓN O CONSIDERACIÓN DE ALGO. TAMBIÉN CON OTROS QUE SE REFIEREN A ALGÚN ASPECTO DE LA ARGUMENTACIÓN: **41 argumento ++:** Ése es el argumento más *rotundo* y no existe más terapia que el trabajo y la coordinación entre líneas. LVE061096 **42 análisis +:** Valga decir que lo sucedido hasta la fecha no ha hecho sino subrayar, en tinta bien negra, el preciso, conciso y *rotundo* análisis... ABC020695 **43 diagnóstico +:** ...el diagnóstico médico es claro y *rotundo* y la terapia requeriría de una posterior convalecencia en cama... LRE150103 **44 explicación:** Después de esta *rotunda* explicación sobre una de las operaciones de autocartera, la inspectora se mostraba aún más contundente en su valoración... EME160694 **45 propuesta:** ...presenta la que sin duda es la propuesta más *rotunda* –con su sobresaliente «Sillón» invadido de estiércol, entre otras obras–... ABC300695 **46 tesis:** Y también en contra de los deseos «centristas» del ex senador Dole, el partido ha optado por las tesis más *rotundas* y menos tolerantes sobre el aborto... LVE100896 **47 exposición:** ...resultaría lógico insistir en unas claves que demuestra controlar, para ordenar esa exposición *rotunda* que termine de situarle donde su obra reclama. ABC031195 **48 formulación:** ...Guillermo Carnero había destacado la «formulación más *rotunda* de una ética teñida de desencanto»... ABC110394 **49 pensamiento –:** María Jesús Pérez Carballo nos propone la compañía de César Vallejo al visitar su exposición, mediante el traslado de uno de sus *rotundos* pensamientos a una pared de una galería. ABC190293

F SUSTANTIVOS QUE DESIGNAN TEXTOS, GENERALMENTE EN REFERENCIA A LA INFORMACIÓN QUE CONTIENEN, ASÍ COMO DIVERSAS OBRAS DE CREACIÓN, INTERPRETADAS CASI SIEMPRE EN ESE MISMO SENTIDO: **50 mensaje ++:** De ese maridaje clandestino y feliz puede nacer el único y *rotundo* mensaje: «La dignidad no se vende». EME010495 **51 documento +:** ...los médicos de Eltsin exigieron en un breve y *rotundo* documento que el presidente interrumpiera su activa campaña electoral... LVE311096 **52 carta:** Mención especial merecen dos cartas *rotundas* de un Martín Prieto encolerizado... ABC310395 **53 obra:** En 1995 edita su obra más *rotunda*, «Supone Fonollosa», mientras representa en teatro la obra... EPE151201 **54 libro:** ¿Dónde se puede ir después de un libro tan *rotundo* y tan pleno como el que Brines publicó...? EME180395 **55 biografía:** Es la de Crespo de Lara una de las biografías profesionales más *rotundas* del periodismo español. ABC171195 **56 literatura –:** Porque la lectura de Borges es siempre una fiesta del intelecto, un viaje a la más *rotunda* literatura del siglo XX. ABC280795

G SUSTANTIVOS QUE DENOTAN MUESTRA O EJEMPLO DE ALGO: **57 muestra +:** Egurbide mantiene un juego de tensión para abandonar la representación artística y ser solamente una muestra *rotunda* de la realidad física. ABC060893 **58 ejemplo +:** Acompañado por su novia Yuka Honda, Sean fue un ejemplo *rotundo* de la trampa alternativa. Su banda reprodujo uno a uno todos los clichés... CLA231000 **59 prueba:** Una prueba *rotunda* de su ineficiencia: el costo de generar un pues de trabajo, con ese mecanismo, alcanzó a mil 700 dólares. HOY250184 **60 manifestación:** Todo lo que exceda de eso da lugar a la más *rotunda* manifestación de inutilidad. LVE280595

H SUSTANTIVOS QUE DESIGNAN DIVERSAS CARACTERÍSTICAS DE LAS PERSONAS O DE SUS OBRAS, MÁS FRECUENTEMENTE SI DESTACAN ALGUNOS RASGOS POSITIVOS RELACIONADOS CON LA FORMA EN QUE SE MANIFIESTAN O SE LAS PERCIBE: **61 expresividad:** ...unen el encanto para la captación de los mínimos detalles esenciales con la expresividad *rotunda* y elegante de las formas poseedoras del hálito de una natural monumentalidad. ABC051193 **62 fuerza:** La fragilidad aparente del cristal cobra (...) una fuerza y una intesidad que no hubiera tenido la tela por sí misma. Fuerza más *rotunda* de la mano de colores oscuros: azules, grises, negros. ABC060392 **63 sinceridad:** «En Gandía estoy fenomenal, pero si no juegas es muy jodido vivir», dice Pibe con *rotunda* sinceridad. LVG131200 **64 tono:** ...negaron anoche repetidamente, en un tono muy *rotundo*, que las relaciones entre Alemania y Francia atraviesen una crisis. LVE261095 **65 claridad:** Pero hay otra parte, ciertamente imperecedera, que continuará iluminando con la claridad *rotunda* de sus versos y la pasión que se guarda en cada uno de ellos. CAP100497 **66 modernidad:** Es un acierto la modernidad *rotunda* y austera de la fachada que cubre todo el edificio que da al patio interior de manzana. LVE040195 **67 sonoridad:** Y, al servicio de todo ello, su profundo conocimiento y posesión de las lengua poética latina, (...) con su *rotunda* sonoridad. ABC271192 **68 idiotez –:** ...en esencia se reduce a que todas las ideas y acciones de la izquierda latinoamericana (...) no han sido más que una *rotunda* idiotez. GIC111696 **69 carnalidad –:** ...Sofía Loren seduce en una escena a Marcello Mastroianni desnudándose lentamente hasta quedar en un dos piezas y, entre ellas, arriba y abajo, dar fe de la más *rotunda* carnalidad del cine italiano. LVE010996

I SUSTANTIVOS QUE DESIGNAN SENSACIONES Y ALGUNAS DE LAS FORMAS EN QUE SE PONEN DE MANIFIESTO: **70 malestar +:** Farrés expresó su *rotundo* malestar por una campaña que... LVE061295 **71 seguridad:** ...ofrecer, a los que saben mirar, la *rotunda* seguridad de un creador generoso y comprometido. EME141296 **72 escepticismo:** ...mostraron ayer un *rotundo* escepticismo respecto al carácter centrista que el Partido Popular ha proclamado... EPE010299 **73 indignación +:** Las imágenes que proporcionó la televisión causaron una *rotunda* indignación social... INDOC **74 fobia:** ...es un buen motivo para adentrarse en la historia gastronómica de estos gasterópodos, que inspiran las más firmes adhesiones y la fobias más *rotundas*. EPE090599 **75 sorpresa:** Y es que el montaje de la «comedia» (...) ha constituido una de las sorpresas más *rotundas* del festival contra toda previsión. LVE010896 **76 ridículo –:** ...alertó de la posibilidad de que se caiga en un *rotundo* ridículo si cada comunidad autónoma empieza a promulgar normas deportivas de este tipo... EPE300799

J ALGUNOS SUSTANTIVOS QUE DENOTAN ADHESIÓN U OBLIGACIÓN CONTRAÍDA: **77 apoyo +:** ...obtuvo el respaldo «unánime» de los alrededor de 200 militantes que acudieron a la asamblea, gesto que agradeció porque supone «un apoyo *rotundo*» a su gestión. LRE120103 **78 defensa:** Yo he hecho una película sobre una víctima de la tortura, pero no hay tortura en mi película sino una *rotunda* defensa y reivindicación de los derechos humanos. LVE230295 **79 respaldo:** ...Chile contó con un amplio y *rotundo* respaldo de la comunidad internacional en su lucha por el respeto de los derechos humanos y el rescate de la democracia... PME140796 **80 compromiso –:** ...se ha producido en un momento en que es claro y *rotundo* el compromiso del Gobierno de luchar contra la corrupción. EME100594

K OTROS SUSTANTIVOS; POSIBLES USOS ESTILÍSTICOS: Y su despertar fue tan *rotundo* y enrazado, que obligó a Miguel Rodríguez a una lidia hacia atrás... EME080696; La noche, *rotunda* desde el punto de vista artístico, se completó con el regreso de Randy Weston... LVE190795

☐ Véase también: **tajante, taxativo, terminante.**

rotura ♦ accidental[23], casual, inesperado, propenso (a)[30] ♦ arreglar, enmendar, producir(se), sufrir[37]

☐ Véase también: **división, fisura, fractura, quiebra, ruptura, separación.**

rozar ♦ brevemente, de pasada, de refilón[13], de soslayo, levemente, ligeramente[53], peligrosamente[3], tangencialmente[15] ♦ cielo, derrota, descenso, eliminación, estrella, éxito, felicidad, fracaso, gloria, límite, medalla, miseria, muerte, perfección, prestigio, récord, victoria

☐ Véase también: **bordear.**

rúbrica ♦ estampar[2], firmar (con), poner

☐ Véase también: **firma.**

[rueda] → rueda de prensa, sobre ruedas

rueda ♦ cambiar, cesar, dar vueltas, deshinchar(se), detener, entrar (en), estallar, girar, hinchar(se), inflar, parar, parchear, pinchar(se), salir (de)

rueda de prensa ♦ acudir (a), asistir (a), cancelar, conceder, dar[275], ofrecer, presenciar, protagonizar, retransmitir, transcurrir

ruego ♦ apremiante[27], encarecido, humilde, persistente, urgente ♦ acceder (a), atender, ceder (a), conceder, denegar, desatender[7], escuchar,

formular, hacer, hacer caso (a/de), oír, plantear, presentar, reiterar

☐ Véase también: **demanda, encargo, petición, queja, solicitud, sugerencia, súplica.**

RUEGO Véase: SOLICITUD

ruido ♦ acompasado[15], apagado, atronador, atroz, chirriante, claro, débil, descomunal, ensordecedor, estrepitoso, estridente[2], estruendoso, fantasmal, fuerte, gutural[4], imperceptible, infernal[1], insoportable, insufrible, irresistible, leve, ligero, mundanal[1], seco, sordo, suave, tenue ♦ entre[27] ♦ acallar[11], aguantar, ahogar(se)[4], amortiguar[11], amplificar, apagar, armar(se)[4], escuchar, estallar, llegar, montar(se), notar, oír, percibir, perder(se), producir, provocar, reducir, retumbar, soportar, sufrir

☐ Véase también: **desorden, alboroto, estrépito, estruendo, follón, sonido, tumulto.**

ruina ♦ absoluto, inminente, irrecuperable, irreparable, permanente, total ♦ al borde (de)[12], en ♦ estado (de) ♦ abocar(se) (a)[11], acabar (en), acarrear, amenazar, arrastrar (a), conducir (a), declarar(se) (en), llevar (a), rescatar (de), sacar (de), sumir(se) (en)

☐ Véase también: **desolación, destrucción, deterioro, fracaso, perdición, pobreza.**

ruinoso ♦ actuación, acuerdo, aspecto, casa, contrato, edificio, empresa, estado, gasto, gestión, inversión, negocio, obra, operación, precio, préstamo, salida, situación, trato

[rumbo] → sin rumbo

rumbo ♦ boyante[53], cambiante, desconocido, errante, errático, fijo, firme, inseguro, nuevo, peligroso, propicio[34], seguro ♦ alterar, apuntar, cambiar, carecer (de), corregir[29], dar (a algo), desviar[10], dirigir, encarar[19], enderezar[1], enfilar, errar[5], imprimir[25], mantener, marcar[1], modificar, orientar(se) (en), perder[1], proseguir, rectificar[1], seguir[44], tomar[27], torcer(se)[17], trazar[11]

rumor ♦ alarmante, en boca (de alguien), extendido, falso, fundado[39], infundado, injurioso, inquietante, insistente, persistente, preocupante, sin confirmar, sin fundamento[8] ♦ al abrigo (de) ♦ ola (de)[25] ♦ acallar[39], alimentar[48], atizar[48], callar, circular[1], cobrar fuerza[13], correr, cortar, cundir[39], dejar caer[2], desatar(se)[37], desencadenar(se)[26], deshacer, desmentir[2], difundir(se)[32], disipar(se)[4], disolver(se)[28], esclarecer(se)[7], esparcir[1], estallar[25], expandir(se), extender(se), filtrar(se)[7], flotar, hacerse eco (de), propagar(se), publicar, reavivar[40], refutar, salir al paso (de)[19], salpicar[27], sembrar[11], surgir, tropezar(se) (con), zanjar[54]

☐ Véase también: **bulo, habladuría, murmullo.**

ruptura ♦ abrupto[12], brusco[46], completo, de relaciones, doloroso, inevitable, radical, sentimental, total ♦ al borde (de)[18] ♦ bordear, causar, consumar(se)[44], evitar, llevar a cabo, producir(se), provocar, sentir, sufrir[38]

☐ Véase también: **división, fisura, fractura, quiebra, rotura, separación.**

ruta ♦ abrupto, accesible, directo, escarpado, impracticable, inaccesible, intrincado[28], peligroso, rectilíneo, serpenteante, tortuoso, uniforme, zigzagueante ♦ a lo largo (de), en ♦ cambiar, congestionar(se)[4], corregir, desviar[2], dibujar, discurrir, jalonar[5], seguir[26], trazar[13]

☐ Véase también: **camino, curso, itinerario, recorrido, vía.**

rutilante *adj.* ▮ Se combina con sustantivos que designan joyas, y también con los sustantivos *estrella* y *astro*, muy frecuentemente usados en sentido figurado. También acepta sustantivos de persona, a menudo relacionados con el ejercicio de una actividad artística *(figura, celebridad, soprano)*. Se combina también con sustantivos que denotan espacio o lugar, más frecuentemente si es urbano o público *(metrópoli, restaurante)*. Además, se combina con...

A SUSTANTIVOS QUE DENOTAN RESULTADO FELIZ O VENTAJOSO DE ALGUNA ACTUACIÓN: **1** **éxito** ++: ...el *rutilante* éxito de los Juegos Olímpicos de 1992. LVE100595 **2** **triunfo:** En nombre de la eficiencia se abroga el *rutilante* triunfo... ENV190597

B SUSTANTIVOS QUE DENOTAN TRAYECTORIA, GENERALMENTE VITAL O PROFESIONAL. TAMBIÉN CON OTROS QUE DESIGNAN ALGUNAS DE SUS FASES: **3** **carrera** ++: ...y que amenazó su *rutilante* carrera profesional. LVE230396 **4** **ascenso** +: Uno de los secretos del *rutilante* ascenso de ventas de la marca alemana (...) ha sido diseñar automóviles dotados de la tecnología más avanzada... LVE201096 **5** **decadencia** −: De la elegancia británica de la señora Knips al sofisticamiento francés de la Dama de la boa de plumas hay una clara evolución desde las *rutilantes* decadencias (...) al impresionismo de escuela francesa... EME060295 **6** **trayectoria:** Pocas trayectorias literarias han sido tan *rutilantes* en los últimos años... EME130595

C SUSTANTIVOS QUE DESIGNAN EVENTOS, MÁS FRECUENTEMENTE PÚBLICOS, CONCURRIDOS O SOLEMNES: **7** **espectáculo** +: ...con espectáculos tan *rutilantes* y generosos como la gala... EPE050800 **8** **acto:** ...calibrar si la llamativa distancia entre los actos *rutilantes* de masas para jubilados en los estadios y la tenebrosa muerte de ancianos en residencias clandestinas... EPE151199 **9** **partido:** Un partido jugado de poder a poder: intenso, vivo, *rutilante*, absolutamente espectacular. INDOC **10** **cena:** ...zanjó en veinticinco minutos su encuentro (...) para tener así más tiempo hasta su siguiente cita protocolaria: la *rutilante* cena en el Palacio del Kremlin. EME100595 **11** **ceremonia:** ...tres Balones de Oro, Zidane, Figo y Rivaldo, alternarán con varios aspirantes al premio en una *rutilante* ceremonia... EPE031101 **12** **fiesta:** Hay además una docena de esculturas romanas (...) y una selección de tapices. Uno de los cuales reproduce las *rutilantes* fiestas de la familia Valois. EPE261201 **13** **homenaje:** ...se despidieron con un *rutilante* homenaje a Hermetto Pascoal... EME190696

D ALGUNOS SUSTANTIVOS TEMPORALES: **14** **final +:** ...su *rutilante* final de partido ante el Albacete... EME021095 **15** **etapa:** ...Brunner no se ha conformado con recibir su recompensa tras finalizar (con jubilación anticipada) su *rutilante* etapa de embajador... EME190395 **16** **época:** Época *rutilante* aquella, en la que los Romanoff... EME150696 **17** **momento:** ...la familia real estuvo tan quebrada que tenía que alquilar gemas (...) para colocarlas en las coronas usadas cuando era ungido un rey o en otros momentos *rutilantes*. CLA300199 **18** **noche:** La actriz suiza fue una de las estrellas de esa noche *rutilante*, en la que también aparecieron... LVE281195 **19** **futuro –:** El llanto por la muerte de Selena (...) y un *rutilante* futuro truncado por dos disparos, ha provocado una especie de riada emocional... EME020495

E SUSTANTIVOS QUE DENOTAN OBRA GRÁFICA O PLÁSTICA: **20** **cuadro:** ...en el mayor y más *rutilante* de los cuadros expuestos... ABC020695 **21** **dibujo:** Tanto en dibujos y cuadros *rutilantes* como en un libro que es una joya (...) queda dicha esa doble fascinación suya. ABC290193 **22** **bodegón:** ...el *rutilante* bodegón de cocina que tiene por fondo la escena evangélica de «Jesús en casa de Marta y María». ABC011295 **23** **fotografía:** Rutilante fotografía de James Wong Howe... LVE130195 **24** **película:** ...utilizaron los emocionados recuerdos de este hombre para reconstruir la *rutilante* película del jazz de Nueva Orleans... EME150394 **25** **retrato:** ...o el *rutilante* retrato de «Mi mujer y mis hijas en el jardín»... ABC221191

F SUSTANTIVOS QUE DESIGNAN EL BRILLO Y OTRAS PROPIEDADES DE LAS COSAS QUE SUELEN EJERCER ATRACCIÓN NOTABLE SOBRE LOS SENTIDOS. TAMBIÉN CON OTROS QUE DESIGNAN ESTE MISMO EFECTO: **26** **atracción:** ...la *rutilante* atracción publicitaria de los pabellones (...) parecía ridícula, fuera de lugar. LVE280796 **27** **brillo:** ...flotan sobre el hule negro y desprenden brillos *rutilantes*... EME280795 **28** **belleza:** La presencia de Irene no puede ser frivolizada por su condición de mujer, de ex reina y de belleza más o menos *rutilante*. ENV120996 **29** **fulgor:** El elemento artístico, lo sublime, por nombrarlo de alguna manera, queda apagado por los fulgores *rutilantes* del oro. LVE220495 **30** **luminosidad –:** ...los escenarios con *rutilante* luminosidad. LVE120596

☐ Véase también: **fulgurante, fulminante, luminoso.**

rutina ♦ **aburrido, acostumbrado, atrapado (en), cotidiano, diario, encerrado (en), exasperante, habitual, inalterable, insoportable, insufrible, monótono, perpetuo, preso (de)** ♦ **a fuerza (de)[15]** ♦ **abandonar, acabar, afrontar, alterar[46], atrapar (a alguien), caer (en), cambiar, cansar(se) (de), continuar, convertir (en), escapar (de), huir (de), luchar (contra), perder(se) (en), romper (con), sacar (de), salir (de), seguir, ser, superar**

☐ Véase también: **costumbre, hábito, práctica.**

rutinario ♦ **actividad, actuación, análisis, cambio, chequeo, consulta, control, costumbre, ejercicio, encuentro, examen, excusa, firma, hábito, informe, inspección, investigación, jornada, labor, lectura, mantenimiento, misión, oficio, operación, paseo, práctica, procedimiento, proceso, prueba, reconocimiento, recorrido, registro, revisión, rezo, servicio, tarea, técnica, tema, trabajo, trajín, tranquilidad, vida, visita**

S

sábana ♦ airear, cambiar, desdoblar, desplegar, doblar, estirar, meter(se) (entre), pegárse(le) (a alguien), plegar

sabático ♦ año, mes, tiempo ♦ tomar(se)

saber ▮ *(sust.masc.) (conocimiento)* ♦ ancestral[43], antiguo, desbordante[50], farragoso[24], hondo, impagable[15], inaccesible[7], inagotable, prodigioso, profundo[59], tradicional, vasto ♦ brotar[4], cultivar, invertir[10]

▮ *(v.) (conocer)* ♦ a ciencia cierta[1], a duras penas, a fondo, a grandes rasgos[23], al dedillo[2], al detalle[35], al milímetro, al pie de la letra[7], a medias[46], ce por be, con certeza[2], con detalle, con pelos y señales[11], con seguridad, de antemano[1], de buena tinta, de cabo a rabo, de carrerilla[15], de corrido, de memoria[1], de oídas[2], de oído, de pe a pa, de primera mano[5], de sobra[2], detalladamente[34], en detalle, en líneas generales[22], en profundidad, fehacientemente[22], minuciosamente, ni jota, ni palabra, ni papa, perfectamente, por encima, profundamente, punto por punto[65], sobradamente[2], vagamente[18]

▮ *(v.) (tener sabor)* ♦ a demonios, a rayos, fatal, terriblemente

☐ Véase también: **adivinar, conocer, ignorar.**

sabiduría ♦ ancestral[41], desbordante, inmenso, lleno (de), popular, profundo, proverbial, rebosante (de)[26], tradicional, vasto ♦ muestra (de), pozo (de)[1] ♦ acreditar, acumular, adquirir[26], atesorar[24], demostrar, derramar[7], derrochar[51], desplegar, destilar[37], encerrar, impartir[7], manifestar, rezumar[38]

☐ Véase también: **conocimiento, saber.**

SABIDURÍA Véase: CONOCIMIENTO; PENSAMIENTO

sabio ▮ *(adj.)* ♦ advertencia, axioma, capacidad, combinación, conjunción, consejo, contenido, contestación, decisión, dictamen, disposición, dosificación, elección, empleo, enseñanza, equilibrio, escepticismo, experiencia, flexibilidad, hombre, ingrediente, instinto, juicio, lección, lenguaje, maestro, mezcla, mirada, ordenación, palabra, pensamiento, persona, planteamiento, proverbio, recomendación, reflexión, refrán, respuesta, sencillez, sendero, sentencia, sentido, solución, técnico, tradición, tratamiento, uso, utilización, veteranía

▮ *(sust.)* ♦ afamado, antiguo, auténtico, célebre, conocido, de pacotilla, despistado, destacado, docto, eminente, excepcional, famoso, gran(de), humanista, ilustrado, ilustre, inclito, indiscutible, insigne, laureado, oficial, preeminente, prestigioso, reconocido, reputado, respetado, universal, venerable, verdadero, viejo ♦ fama (de), equipo (de), palabra (de)

sable ♦ blandir, ceñir(se), desenvainar, enfundar, envainar, esgrimir

☐ Véase también: **espada.**

sabor ♦ ácido, agradable, agridulce[1], agrio, amargo[1], buen(o), clásico, de boca, delicado, delicioso, desagradable, exótico, exquisito, inapreciable, insulso, intenso, mal(o), particular, perceptible, pésimo, propio, rancio, repulsivo, tradicional ♦ amortiguar[21], apreciar, asaltar[40], captar, conservar, dejar (a alguien), detectar, diluir(se), guardar[29], impregnar (algo), mantener, mezclar, notar, percibir, perder, quedar (a alguien), recordar, rememorar, revivir

☐ Véase también: **agridulce, amargar (a alguien), amargo, dulce, regusto.**

saborear *v.* ▮ En su sentido físico se combina con sustantivos que designan lo que se come *(alimento, carne, pescado)*, se bebe *(vino, cerveza)* o se fuma *(cigarrillo, puro)*. En su sentido figurado se combina con sustantivos que designan muy diversas obras de creación *(libro, disco, artículo, concierto, película)*, algunos de sus componentes o elementos constitutivos *(palabra, verso, escena)* o los géneros a los que corresponden *(literatura, música, cine, arte)*. También se combina con...

A SUSTANTIVOS QUE DESIGNAN ALIMENTOS EN SU INTERPRETACIÓN FIGURADA, ASÍ COMO ALGUNAS DE LAS PROPIEDADES GUSTATIVAS QUE LOS CARACTERIZAN, TAMBIÉN ENTENDIDAS GENERALMENTE EN SENTIDO NO LITERAL: **1 miel** ++: De esta forma, los Bears dejan al equipo de Indianápolis como el único que no ha *saboreado* la miel de la victoria en la presente temporada. DLA281097 **2 dulzura** +: Anteayer, fue (...) quien sufrió el infortunio del problema mecánico cuando *saboreaba* la dulzura del triunfo. EME170995 **3 fruto** +: ...mientras que otros *saborean* el fruto de su primera cita con el certamen. ABC170295 **4 hiel** +: Solo que, esta vez, para *saborear* las hieles de la derrota en vez de las mieles del triunfo. LTB131296 **5 gusto:** Cuando has *saboreado* el gusto por la muerte, ya no puedes creer que hayas vivido alguna vez sin conocerlo. EME240695 **6 pastel:** El panorama se complica aún más debido al renovado interés de Televisa y TVE por *saborear* un trozo del pastel. LVE030896 **7 sabor:** ...se le perdona (o se *saborea*, depende de los gustos) un cierto espléndido sabor de época. ABC200893 **8 amargura:** En este contexto el PSOE ha empezado a *saborear* la amargura de la «dulce derrota». LVE050796 **9 caramelo:** Siempre con la esperanza de que algún día por fin salga el caramelo del poder y (...) puedan *saborearlo* en paz. LVE170595

B SUSTANTIVOS QUE DESIGNAN EL ÉXITO, EL TRIUNFO Y OTROS RESULTADOS FELICES DE ALGUNA COMPETICIÓN DEPORTIVA, POLÍTICA O DE OTRO TIPO: **10 éxito ++:** ...después de *saborear* el éxito con ganancias en miles de dólares, éstos se ven consumidos por el propio valor en pesos de sus obras... PME250896 **11 triunfo ++:** En la etapa anterior, (...) había sido el único que *saboreó* un triunfo. ACP141196 **12 victoria ++:** ...mirando con insistencia el cronómetro para poder *saborear* su primera victoria foránea... CAN150101 **13 gloria ++:** Green Bay *saborea* la gloria del Super Bowl. DLA270197 **14 título +:** ...tuvo tiempo de sobra para *saborear* su segundo título entre un público entregado en la recta de llegada. FDV280301 **15 resultado +:** El Banco Popular no pudo *saborear* los resultados del semestre, presentados ayer. LVE170796 **16 fama:** Usted ha *saboreado* la fama y la mala fama ¿es cierto que estuvo en prisión? VIS210997 **17 positivo:** Sin tiempo de *saborear* el positivo logrado en Salamanca... LVE230196 **18 clasificación:** Colo Colo, en tanto, *saborea* ya la clasificación debido a la victoria en terreno visitante... ENV090597 **19 gol:** Sin embargo fueron los de Quirós quienes *saboreaban* el gol... FDV030599

C SUSTANTIVOS QUE DENOTAN DERROTA O FRACASO. USO POCO FRECUENTE: **20 derrota –:** La dirección socialista se dedicó a *saborear* la «dulce derrota»... EME060396 **21 fracaso –:** A veces es mucho más peligroso triunfar demasiado de prisa que *saborear* un dulce fracaso. LVE020996

D SUSTANTIVOS QUE DENOTAN VENGANZA: **22 venganza ++:** La heroína de Merimée (...) puede *saborear* finalmente su venganza. ABC180693 **23 revancha:** ...y tienen que esperar más de cuarenta años para *saborear* su revancha. EME100494

E SUSTANTIVOS TEMPORALES, ASÍ COMO CON OTROS QUE SE REFIEREN A LA EXISTENCIA HUMANA: **24 vida +:** Ve tras tus ideales, *saborea* la vida. ENH250697 **25 momento +:** Quiero *saborear* cada momento. EME271296 **26 instante:** Hay que *saborear* estos instantes mágicos. EME060694 **27 tiempo:** Antes siempre iba con prisas, ahora *saboreo* más el tiempo y pienso que ya llegaré. LVE310796 **28 año –:** La fotógrafa (...) ya había *saboreado* varios años de pasarelas y flashazos. EME120196 **29 tarde –:** El Español comenzó a *saborear* una tarde feliz a los 17 minutos... LVE130295

F SUSTANTIVOS QUE DESIGNAN EL PLACER, ASÍ COMO DIVERSOS SENTIMIENTOS Y SENSACIONES GRATOS: **30 placer ++:** ¿Hay placer más *saboreado* que contemplarlos, de noche, repletos de luces... LNC061000 **31 disfrute:** Pero ahora que han *saboreado* el disfrute del poder sin depender de Moscú... LVE170396 **32 delicia:** ...les han permitido *saborear* las delicias de la auténtica nobleza, incluido un té a las cinco... LVE301195 **33 alegría:** Y lamentablemente, no podrán *saborear* la alegría de la Navidad. EME261296 **34 felicidad:** ...sus letras y melodías están más cerca del cantautor que busca la felicidad que nunca le dejaron *saborear*. EME310595 **35 emoción:** Hay que ser equipier de alta competición para *saborear* la emoción del gol imparable. LVE190896

G OTROS SUSTANTIVOS QUE DESIGNAN ESTADOS QUE SE CARACTERIZAN POR LA AUSENCIA DE IMPEDIMENTO O PERTURBACIÓN: **36 libertad:** También para *saborear* la libertad que hace mucho tiempo no había podido paladear... ABC020994 **37 paz:** El desafío con el que nos encontramos ahora es conseguir (...) ser capaces de *saborear* y disfrutar la paz... LVE310596 **38 tranquilidad:** Los habitantes de Belfast empiezan a *saborear* la tranquilidad que se atribuye normalmente a una capital de provincia. EME010595 **39 normalidad:** También en la calle se *saborea* la normalidad política recién adquirida. LVE070895

H EL SUSTANTIVO *BELLEZA* Y CON OTROS QUE DESIGNAN CUALIDADES QUE SUELEN SER OBJETO DE ADMIRACIÓN: **40 belleza +:** ...orgullo y de amor por su tierra en la que pueden tal vez los nativos ensimismarse *saboreando* la belleza de las Hoces de Cabriel... EME020796 **41 encanto:** Los que regresan saben ya lo suficiente como para *saborear* los encantos de la ciudad. EPE020884 **42 exquisitez:** ...con un vigoroso lenguaje plástico cuyo enfebrecido gestualismo no impide *saborear* las exquisiteces coloristas... ABC221093 **43 suntuosidad:** ...al leer «Colette» uno sentirá la necesidad apremiante de *saborear* de nuevo la suntuosidad tentacular de aquella prosa... ABC220592

▩ Se combina también con: ♦ **con fruición**[9]

☐ Véase también: **disfrutar, gustar.**

sacar ♦ **sano y salvo**[6] ♦ **adelante, a derechas, a empujones**[17]**, a golpes**[38]**, a hombros, a patadas**[3]**, a trancas y barrancas, contra viento y marea, de cuajo, de {mis/tus/sus...} casillas, de quicio, en triunfo, en volandas** ♦ **beneficio, conclusión, consecuencia, dinero, moraleja, moralidad, partido, provecho, punto, resultado, tiempo, ventaja**

☐ Véase también: **extraer, obtener.**

sacar (a) ♦ **antena, bolsa, concurso, cotización, escena, mercado, público, subasta, venta**

☐ Véase también: **salir (a).**

sacar a la luz Véase: **salir a la luz**

sacar a relucir Véase: **salir a la luz**

sacar (de) ♦ **alma, apuro, atolladero, corazón, crisis, desconcierto, duda, incertidumbre, indecisión, marginación, memoria, miseria, postración**

☐ Véase también: **salir (de).**

saciar *v.* ▮ Se combina con sustantivos que designan personas *(Ofrecieron comida a los invitados hasta saciarlos)* y también con...

A EL SUSTANTIVO *NECESIDAD* Y CON OTROS QUE DESIGNAN EL DESEO DE SATISFACER ALGUNAS DE ELLAS, GENERALMENTE FÍSICAS, PERO INTERPRETADAS A MENUDO EN SENTIDO FIGURADO: **1 necesidad ++:** Ingresé a esta carrera básicamente por *saciar* una necesidad de comunicarme y hacer lo que me gusta. CAR260597 **2 hambre ++:** Nunca ha podido *saciar* su hambre de realidad. LHG190397 **3 apetito ++:** ...el restaurante que le permite *saciar* su apetito mientras disfruta de amplias zonas verdes. ETC010796 **4 sed ++:** Para compensar las ausencias, y mientras los ojos *saciaban* su sed de belleza, he oído cantar un «Magnificat» en latín. ABC020793

B SUSTANTIVOS QUE DENOTAN LO QUE SE DESEA CONSEGUIR O LA INCLINACIÓN DEL ÁNIMO QUE SE DIRIGE A ALCANZARLO: **5 voluntad:** ...aseguró que un traslado selectivo «no *sacia* mi voluntad». EME140996 **6 aspiración +:** No es que con este último trabajo, haya conseguido *saciar* mis aspiraciones, pero... INDOC **7 deseo +:** ...sólo que Eleusis está especialmente pensada para *saciar* sus deseos, solucionar sus problemas y colmar sus aspiraciones. EPE131099 **8 pretensión:** ...lo que les permitía prolongar su estancia en España hasta que consideraran *saciadas* sus pretensiones económicas... EME180796 **9 apetencia +:** ...espera recibir a quienes busquen *saciar* sus letradas apetencias visitando el parque Mariscal Cáceres de San Isidro. CAP051296 **10 ansia ++:** Reverte (...) se dispuso a *saciar* las ansias de saber de su joven protagonista. EPD181197 **11 ambición +:** ...algún avorazado de los que ven en la política la oportunidad de *saciar* ambiciones personales. LHG280897 **12 gana:** Decir curación, en ese sentido, roza la falacia porque es como decir a mil hambrientos que tenemos un bocadillo para *saciar* su gana. LVE140796

C SUSTANTIVOS QUE DENOTAN INCLINACIÓN DEL ÁNIMO HACIA LA OBTENCIÓN DEL CONOCIMIENTO DE LO QUE SE IGNORA: **13 curiosidad ++:** Aunque no dudo que también pueda gustar a los hombres, pero por puro «voyerismo», por *saciar* la curiosidad de saber de qué hablamos... LVE130595 **14 inquietud:** ...el simple hecho de ganar carreras no era una recompensa suficiente para *saciar* su inquietud. LVE171196 **15 interés:** La Administración debe reconvertir a los empresarios de hostelería a que *sacien* sus intereses. EPE070299

D SUSTANTIVOS QUE DESIGNAN DIVERSAS MANIFESTACIONES, A MENUDO EXAGERADAS, DEL APRECIO O EL INTERÉS POR UNO MISMO: **16 vanidad:** Tras *saciar* la vanidad del periodista firmando una dedicatoria en uno de los folletos de la Expo, me fui al pabellón español... ABC081093 **17 orgullo:** Además, Valdano ve así *saciado* su orgullo tras el pulso que le hechó a Ramón Mendoza... LVE130895 **18 egoísmo:** Los grandes retos *sacian* el egoísmo. Es un modo de alejarse de la rutina. EME260895

E SUSTANTIVOS QUE DENOTAN PETICIÓN: **19 exigencia:** Cuanto antes dejemos de preocuparnos por las exigencias nacionalistas, porque estén *saciadas* o porque se alcance un acuerdo de Estado... LVE030796 **20 demanda:** ...el gobierno anunció una serie de medidas económicas que buscaban *saciar* las demandas de los trabajadores... HOY110784

☐ Véase también: **colmar, llenar.**

[saciedad] → **hasta la saciedad**

[saco] → **caer en saco roto, echar en saco roto, en saco roto**

sacrificio ♦ **abnegado, colosal, descomunal, duro, ejemplar, enorme, esforzado, estéril, gigantesco, gran(de), heroico, infructuoso[14], inútil, monumental, necesario, penoso, sobrehumano, tremendo, vano** ♦ **a fuerza (de)[6], con** ♦ **espíritu (de)** ♦ **ahorrar, aunar[5], compensar[10], consumar, exigir, hacer, ofrecer, pedir, realizar, regatear[3], soportar, suponer**

☐ Véase también: **abnegación, esfuerzo, heroísmo.**

sacudida ♦ **brusco[59], fuerte, intenso, ligero, repentino, violento, virulento** ♦ **dar, recibir**

sacudir(se) *v.* ▮ El verbo transitivo *sacudir* se usa en la lengua conversacional con el sentido de 'golpear'; admite complementos de persona y también otros que designan ciertos golpes *(bofetada, puntapié: Se le acercó y le sacudió dos bofetadas).* En el sentido de 'quitar(se) de encima', *sacudir(se)* se combina a menudo con el sustantivo *polvo* y con otros que designan múltiples cosas que se adhieren y pueden resultar inconvenientes o molestas *(suciedad, barro, pelo).* Se usa figuradamente en la lengua conversacional con sustantivos que designan problemas y estados de dificultad, más frecuentemente si son sobrevenidos *(problema, patata caliente, lastre, losa)* y también con las expresiones *mala suerte, mala estrella* y *mala racha.* Además se combina con...

A SUSTANTIVOS QUE DESIGNAN ESTADOS O SENSACIONES DE CANSANCIO, DESÁNIMO, O FALTA DE VOLUNTAD E INICIATIVA: **1 modorra +:** Se requiere *sacudirse* la modorra de que la democracia ha sido conquistada para siempre, pues ésta ha sido enraizada sólo en la humildad y en el respeto. EXC091196 **2 pereza +:** Un buen día Malcolm decidió *sacudirse* la pereza y le comunicó a su familia su deseo de hacer realidad uno de sus mayores sueños... SEM301000 **3 aburrimiento +:** ...los simpatizantes que se acercaron hasta el estadio pudieron *sacudirse* el aburrimiento... LNP040997 **4 apatía +:** Sólo cuando aparece algún partido nuevo (...), la apatía del pesado aparato tradicional se *sacude* un poco, y es por miedo. EPE010487 **5 abulia:** La vieja Europa deja de serlo, se *sacude* la abulia y se dispone para la gran juerga cultural. EME010796 **6 muermo:** Era el momento de (...) aparcar las canciones de Mecano –«canciones de gamberrismo, de chaval obsesionado tan solo por *sacudirse* el muermo»–... EME151096 **7 inercia:** Será muy difícil que nuestro Tribunal Supremo se *sacuda* inercias, reverencias y exquisiteces jacobinas ante el poder... EME030996 **8 agarrotamiento:** Intentar que la gente no se preocupe tanto por lo material... Es la única manera de *sacudirse* el agarrotamiento. ABC190595 **9 tedio:** ...echó a andar sin más finalidad que *sacudirse* el tedio de estar vivo... EPD180697 **10 sopor:** El «pop art» parece haberse *sacudido* el sopor en el que se encontraba sumido en los últimos años. ABC041194

B SUSTANTIVOS QUE DESIGNAN ESTADOS DE ABATIMIENTO: **11 pesimismo:** Benegas aprovechó su discurso inaugural para pedir a los socialistas que se «*sacudan* el pesimismo»... LVE180295 **12 pena:** Acostumbrados por herencia a *sacudirse* las penas bailando, los negros fueron los primeros en abrazar la causa a través del soul y el funk. EME060396 **13 melancolía:** Las más dinámicas y severas optaron por comenzar de nuevo, como quien se *sacude* la melancolía tras un penoso duelo. EPE020888 **14 tristeza:** Al refugiarse luego en su despacho de Santoña siempre le *sacude* la misma tristeza. EPE021086 **15 depresión:** «Operaciones cotidianas» no es la película que la mayoría de la gente alquilaría en el vídeo club para *sacudirse* la depresión post-vacaciones. EME270896

C SUSTANTIVOS QUE DENOTAN ANSIEDAD, TEMOR Y OTRAS FORMAS DE DESEQUILIBRIO EMOCIONAL: **16 ansiedad:** ...y eso que todos sentimos la necesidad de *sacudirnos* la tremenda ansiedad en la que vivimos. INDOC **17 nerviosismo:** Según avanzaba el interrogatorio, Fabius fue *sacudiéndose* el nerviosismo... EPE120299 **18 escalofrío:** En efecto, podríamos *sacudirnos* el escalofrío de esa lectura pensando que se trata de una bien urdida y mejor escrita novela negra... LRE100103 **19 estupor:** El Reportero Total (...) deja mareadas a sus víctimas, que seguramente tardarán meses en *sacudirse* el estupor. EME101295 **20 tensión:** Hasta que llegó el gol, el Deportivo anduvo animoso y resuelto, pero sin acabar de *sacudirse* la tensión acumulada en los últimos días... EPE011099 **21 temor:** Camacho ordenó *sacudirse* el temor y volver a jugar a la contra. LVE110995 **22 miedo:** Algún día, España tendrá que *sacudirse* el miedo al conflicto y empezar a mantener una relación de igual a igual con Marruecos. FDV280301 **23 irritabilidad:** No conseguía *sacudirse* la tremenda irritabilidad que caracterizaba su trato con los demás. INDOC

D SUSTANTIVOS QUE DESIGNAN OTROS ESTADOS ANÍMICOS DE CARÁCTER ADVERSO: **24 trauma:** Quizá las aguas acaben volviendo a su cauce como ha ha sucedido otras veces si, por ejemplo, el Madrid se *sacude* sus traumas y gana otra liga. EME210394 **25 complejo:** Para *sacudirse* el complejo de vivir perdidos en una esquina del mapamundi, Australia intensifica sus relaciones comerciales, políticas y culturales con la mayoría de países asiáticos. LVE110695 **26 culpa:** Y para *sacudirse* la culpa se revistió de tontería. LVE020596 **27 vergüenza:** Una inmensa ola de horror y vergüenza *sacude* a la ONU. EME081296

E SUSTANTIVOS QUE DESIGNAN DIVERSAS FORMAS DE PRESIÓN, COERCIÓN, COACCIÓN, DOMINIO O INFLUENCIA: **28 presión ++:** Nos *sacudimos* esa presión y marcamos en el momento adecuado. EME080594 **29 yugo +:** Tu lucha es la lucha justa de tu pueblo, que trata de *sacudirse* el yugo de un dictador y es semilla que fructificará. EME300395 **30 dominio:** ...el Sporting se *sacudió* el dominio canario e, incluso, pasó a ser él el que llevó el control del juego. CAN050201 **31 asedio:** Con Aimar recluido en el anonimato, al Valencia sólo le quedó el regate de Vicente para avanzar posiciones cada vez que se *sacudía* el asedio deportivista. EPE101201 **32 influencia:** Todos ellos coinciden en afirmar la identidad de un nuevo arte que pretende *sacudirse* las influencias estadounidense y europea... EME130295

F SUSTANTIVOS QUE DESIGNAN DIVERSAS SITUACIONES Y ESTADOS CARACTERIZADOS POR LA AUSENCIA DE VERACIDAD, DE CERTIDUMBRE O DE TRANSPARENCIA: **33 duda:** Somarriba se *sacudió* definitivamente las dudas sobre sus capacidades el viernes pasado, camino de la cima del durísimo Monte Bondone. EPE100700 **34 enrevesamiento:** La Filarmónica de Viena se *sacudió* sus enrevesamientos y estuvo a la altura que siempre se espera de ella, es decir, fantástica. EPE200800 **35 prejuicio +:** China ha demostrado saber *sacudirse* muchos prejuicios ideológicos. EME080695 **36 recelo:** ...en la portada del mismo periódico se hablaba de una reacción del PP para *sacudirse* los recelos que han suscitado los apoyos explícitos del presidente de la patronal... EME010296 **37 tergiversación –:** ...los valencianos no tardarán en *sacudirse* de encima tergiversaciones que no sólo les alejan de sus vecinos sino que les privan de su auténtica identidad. LVE271195 **38 mentira:** Para *sacudirse* sus mentiras (...), el inquietante ministro Juan Alberto Belloch presumió ayer en el Congreso de los Diputados que fue él quien engañó a Luis Roldán. EME080395 **39 sombra:** El consejero de Obras Públicas de la Xunta quiere *sacudirse* las sombras de sospecha sobre su comportamiento ético... LVE231095

G SUSTANTIVOS QUE DESIGNAN RECUERDOS Y OTROS EFECTOS PERCEPTIBLES DE LAS SITUACIONES PASADAS: **40 fantasma:** Convencido de que la vida es lucha, ha acabado como Don Quijote *sacudiéndose* los fantasmas de sus lecturas y de su propia vida. EME200196 **41 huella:** ¿Los toros... aquí?, preguntaba un extranjero en un esfuerzo titánico por *sacudirse* las huellas de una noche eterna. EPE080799 **42 secuela:** ...el país todavía trataba de *sacudirse* las secuelas de un régimen siniestro, cuando un grupo de jóvenes izquierdistas pretendió tomar un regimiento militar en la provincia bonaerense. EPE080700 **43 recuerdo:** El calendario ha sido especialmente benévolo con él, proporcionándole una ocasión ideal para *sacudirse* los malos recuerdos y tratar de empezar de nuevo. EME160195

H ALGUNOS SUSTANTIVOS QUE DENOTAN OBLIGACIÓN: **44 obligación:** De ahí la ambigüedad calculada de IU y los pasos cortos (...) que se dan en esta coalición para *sacudirse* de encima la «obligación» de mantener una posición cercana al PSOE. EME020595 **45 responsabilidad:** En esto de la solidaridad y la cooperación, las administraciones se han *sacudido* responsabilidades que están asumiendo las ONG. EPE030599

I SUSTANTIVOS QUE DENOTAN RASGO DENOMINATIVO O IDENTIFICATIVO: **46 etiqueta:** ...Penone se *sacude* las etiquetas y rechaza que el povera fuese un «movimiento con pretensiones de lanzar un manifiesto artístico». EPE220199 **47 sambenito:** Otro riesgo es el de un instructor Moner que –por *sacudirse* el sambenito de archivador que le cuelga desde lo del «caso Crillon»– quizá se meta en la fronda de reinterrogar a los coinculpados. EME150995 **48 imagen:** ...No es fácil *sacudirnos* la imagen que nos dejó Salinas. PME171196

J OTROS SUSTANTIVOS; POSIBLES USOS ESTILÍSTICOS: Frank de Boer remató abajo, por el centro de la portería, y Toldo se *sacudió* el balón con su enorme cuerpo. EPE010700

▩ Se combina también con: ♦ **con ganas, de arriba abajo[32], de lo lindo[19]**

☐ Véase también: **ahuyentar, arrear, asestar, limpiar, mover(se), propinar.**

sajar ♦ **absceso, grano, herida, piel, quiste**

sal ♦ **de mesa, fino, gordo, grueso, marino** ♦ **pellizco (de), pizca (de)** ♦ **derramar, echar, esparcir, verter**

sala ♦ **abarrotado, abigarrado, concurrido, de espera, de fumadores, de juntas, de operaciones, de reunión, diáfano, lleno, luminoso, oscuro, vacío** ♦ **abandonar, abrir, cerrar, llenar, ocupar, vaciar**

salario ♦ **abultado[46], adecuado, alto, astronómico, bajo, decoroso, desorbitado, elevado, escaso, exiguo[10], exorbitante, injusto, íntegro, irrisorio, jugoso[3], justo, modesto, módico, sustancioso** ♦ **en concepto (de)** ♦ **achicar[10], aumentar, cobrar, congelar[2], establecer, fijar, negociar, ofrecer, pagar, rebajar[23], recibir, satisfacer, sufragar[10]**

□ Véase también: **nómina, sueldo.**

saldar *v.* ■ En el sentido de 'terminar o liquidar' se combina con...

A EL SUSTANTIVO *DEUDA* Y CON OTROS QUE DESIGNAN DIVERSAS OBLIGACIONES, MÁS FRECUENTEMENTE SI SON DE NATURALEZA MONETARIA: **1 deuda ++:** ...muchos dijeron que no están dispuestos a que (...) *salde* la deuda con el organismo... EOU210696 **2 compromiso +:** ...esto no justifica el hecho de que se tenga que acudir al financiamiento externo para *saldar* todos los compromisos... ESH141100 **3 impuesto:** ...el formato múltiple de pago, con el cual podrán *saldar* sus impuestos. DYM230796 **4 obligación:** Y obligar simultáneamente al sector privado a *saldar* sus obligaciones. EUV150996

B SUSTANTIVOS QUE DESIGNAN MAGNITUDES MONETARIAS RELACIONADAS GENERALMENTE CON LA ACTIVIDAD ECONÓMICA: **5 cuenta ++:** ...hizo entrega de la «comisión» para destinarla a *saldar* cuentas de su organización... ACP111296 **6 crédito +:** Las utilidades que actualmente deja la venta del molusco permitirán a los industriales de este puerto *saldar* sus créditos... DYM010996 **7 cuota +:** ...la provincia no tiene ingresos suficientes para *saldar* las cuotas... CLA070199 **8 déficit +:** ...nos permite *saldar* un déficit casi millonario. ABC250693 **9 interés:** ...dichos ingresos apenas alcanzan a *saldar* los intereses que genera su ya abultada deuda... ACP120996 **10 préstamo:** ...anunció que no *saldaría* un préstamo externo de 100 millones de dólares... CLA110199 **11 adeudo:** Estos descuentos se mantendrán hasta que se *salde* el adeudo o venza el plazo... DYM240796 **12 pago:** ...rehusaban *saldar* el pago de sus impuestos atrasados. LNP290497 **13 cifra:** ...aquella cifra –que nunca fue *saldada*– representa actualmente unos «siete millones de dólares»... CLA020497 **14 suma:** Una parte importante de la suma faltante (...) ha sido *saldada* mediante canje de documentos... ACP250996 **15 precio:** ...le descontaría $600 mensuales hasta *saldar* el precio del vehículo. DYM090996

C EL SUSTANTIVO *DIFERENCIA* Y CON OTROS QUE DENOTAN DISENSO O DESIGNAN ALGUNAS DE SUS MANIFESTACIONES Y SUS CONSECUENCIAS: **16 diferencia ++:** El homicida, cegado por el alcohol, (...) volvió para *saldar* sus diferencias con Lerena. EPU110601 **17 conflicto +:** Adultos civilizados que jamás *saldaríamos* un conflicto con las manos mandamos a nuestros hijos a la batalla... HOY060197 **18 polémica +:** ...buscaban originalmente a su padre, a quien pretendían asesinar para *saldar* una polémica por drogas. DYM230796 **19 debate:** ...provocó un agrio debate que, de momento, se ha *saldado* con una comparecencia... EPE061199 **20 escisión –:** ...*salda* la escisión insuperable y trágica de los contrarios... ABC280495

D SUSTANTIVOS QUE DENOTAN PROBLEMA O DIFICULTAD: **21 problema:** Para él, dicho plan podría *saldar* muchos problemas y entrabamientos que enfrenta el país. LNC061000 **22 cuestión:** ...Rodríguez Elizondo (...) reclamó de Chile un «gesto de grandeza» para *saldar* la cuestión de Arica. CAP180196 **23 dificultad:** ...algunas dificultades (...) se *saldaron* al restituirle por unanimidad la dirección... ABC201291

E SUSTANTIVOS QUE DENOTAN DAÑO MORAL CONTRA LAS PERSONAS: **24 ofensa +:** ...los hombres vuelven a recuperar el duelo como la forma más común de *saldar* las ofensas recibidas. ABC090793 **25 agravio:** Los jugadores habían decidido *saldar* en el campo los agravios recibidos de esa prensa de la que esperaban recibir apoyo. INDOC

▩ Se combina también con: ♦ **con éxito[6], felizmente**

□ Véase también: **abonar, amortizar, cancelar, enjugar, finalizar, liquidar, pagar, solucionar(se).**

saldo ■ *(resultado)* ♦ **a favor, aproximado[25], desfavorable, desolador[26], espantoso, favorable, negativo, positivo, terrible** ♦ **arrojar[5], cosechar, desglosar[3], obtener, ofrecer, reportar**

■ *(rebaja)* ♦ **a precio (de)**

□ Véase también: **resultado.**

saldo (de) ♦ **cliente, herido, moroso, muerto, persona, víctima**

□ Véase también: **balance.**

salida ♦ **airoso[8], a la desesperada[54], apoteósico, catastrófico[30], con cajas destempladas[9], contraproducente, decoroso, de incógnito[32], de tono, digno, diplomático, en falso[15], fulgurante[8], honorable, honroso[21], imposible, imprudente, ingenioso, intempestivo[20], inviable** ♦ **agilizar[24], atisbar[4], augurar[66], bloquear[13], buscar, caber[9], cerrar, dar[50], desbloquear, encontrar, entrever, facilitar, interrumpir, madurar[15], negociar[10], obstaculizar[16], obstruir[3], obturar, permitir, proponer, restringir, sellar, tener, ver, vislumbrar[13]**

□ Véase también: **afluir, despegue, emigración, escapar, fluir, fuga, huida, huir, liberación, manar, marchar(se), partir, retirada, salir, zarpar.**

SALIDA

♦ (SUSTANTIVOS) Véase: **con cajas destempladas[C], darse (a)[B], desenfrenado[D], digerir[G], dorado[A], emprender[B], frenético[N], fulminante[A], honroso[C]**

♦ (VERBOS) Véase: **a escape[A], a hurtadillas[B], a pasos agigantados[A], a patadas[A], a regañadientes[F], como una exhalación[C], con {buen/mal} pie[B], de incógnito[B], de puntillas[C], dignamente[C], fulminantemente[A], sano y salvo[D]**

□ Véase también: EMISIÓN; EXPULSIÓN; RESOLUCIÓN.

SALIDA, PARTIDA Y EXPULSIÓN Véase:

♦ **deportación, deserción, despedida, despegue, despido, desvío, difusión, emigración, emisión,**

escape, excarcelación, explosión, exportación, expulsión, extensión, extradición, fuga, huida, liberación, marcha, salida
♦ dar a luz, despedir, despedir(se), desviar(se) (de), dimanar, escapar, exhumar, explosionar, explotar, extraer, huir, ir(se), marchar(se), sacar (de), salir, zarpar
☐ Véase también: *EXPULSIÓN*.

salino ♦ agua, aire, solución, superficie

[salir] → salir (a), salir a la luz, salir al paso (de), salir a relucir, salir (de), salir fuera

salir ♦ airoso[1], barato, caro, chamuscado, despavorido, disparado, escaldado, favorecido, herido, ileso, impune, incólume, indemne, intacto[12], perjudicado, reforzado, sano y salvo[22], victorioso, vivo ♦ a borbotones[3], abruptamente[30], a caballo, a cámara lenta[4], a cara descubierta[8], a chorro(s)[12], a cuerpo, adelante, a empujones[2], a escape[1], a flote, a hombros, a hurtadillas[6], airosamente, a la contra, a la defensiva, a la desesperada[2], a las mil maravillas[3], a muerte[14], a patadas, a pecho descubierto[1], a pedir de boca, a pelo, a pie, a saco, a tiempo, a tientas[17], a toda máquina[4], a toda mecha, a toda pastilla[3], a todo trapo, a tope[15], a trancas y barrancas, atropelladamente[10], bajo fianza, como hongos[7], como una bala, como una exhalación[15], con cajas destempladas, con éxito[8], con fluidez[4], de alguien, de extranjis, de incógnito[9], de puntillas[25], dignamente[15], en ayuda, en desbandada, en falso[2], en masa, en oleadas, en triunfo, en tromba, en tropel, en volandas, escalonadamente, gratis, ordenadamente[23], perdiendo, por la puerta falsa, por la puerta grande, por los aires, por {mi/tu/su...} propio pie, por pies
☐ Véase también: **resultar**.

salir (a) ♦ antena, bolsa, concurso, cotización, escena, mercado, subasta, venta
☐ Véase también: **sacar (a)**.

salir a la luz *v.* ▮ Admite sustantivos de persona *(un escritor que sale a la luz tras largos años de ostracismo)*. También se combina con otros que designan rasgos identificativos *(identidad, nombre, título)* y diversos aspectos de la vida particular de las personas *(deudas, pasado, aventura)*. Acepta a menudo sustantivos que denotan información *(dato, información)*, más frecuentemente si es nueva o relevante *(revelación, noticia, prueba, testimonio)*. También admite sustantivos que designan obras muy diversas *(película, libro, encíclica, ópera)* y sentimientos íntimos *(vergüenza, frustración, odio)*, en especial manifestaciones de la energía o la fuerza interna de las personas *(tensión, fuerza, esfuerzo, empeño)*. Destacan asimismo sus combinaciones con...

A SUSTANTIVOS QUE DESIGNAN ELEMENTOS QUE SE SUELEN CARACTERIZAR POR ESTAR OCULTOS. TAMBIÉN CON OTROS QUE EXPRESAN LAS PROPIEDADES, A MENUDO NEGATIVAS, QUE LOS CARACTERIZAN: **1 basura ++**: Los felipistas pretenden que toda la basura del CESID que está *saliendo a la luz* es fruto de los negros designios de un mando que se desvió, por su cuenta y riesgo, del camino recto: el coronel Perote. EME141096 **2 trapos sucios ++**: Vuelven a *salir a la luz* «trapos sucios» del candidato gaullista y alcalde de París relacionados con sus propiedades. EME300395 **3 falsedad +**: La presunta falsedad de los papeles de Laos *salió a la luz* pública unos días después de la llegada de Roldán a España... LVE181195 **4 secreto +**: ...tras una serie de entrevistas exclusivas «un secreto bien guardado» ha *salido a la luz* pública... LPH100397 **5 misterio +**: Esta semana, el martes concretamente, al final salió *a la luz*, aunque sólo en parte, uno de los misterios mejor guardados de la televisión... EME120596 **6 porquería +**: ...periodistas que solo parecen ocuparse de que *salga a la luz* toda la porquería que algunos famosos esconden. INDOC **7 interioridad ++**: Saldrá a la luz pública muchas interioridades de este caso que no han sido del conocimiento del público... ESP010601 **8 manteca –**: En este nuevo asunto también *saldrá a la luz* mucha manteca y mucho sacamantecas. EME250194

B SUSTANTIVOS QUE DENOTAN ACCIÓN O ESTRUCTURA ENREDADA, CONFUSA O ENCUBIERTA: **9 entramado ++**: ...se ha convertido ya en el caso Álvarez del Manzano, porque lo que está *saliendo a la luz* es todo un entramado de corruptelas, chanchulleos... EPE090599 **10 entresijo ++**: A medida que van pasando los días y van *saliendo a la luz* pública los entresijos del caso Gescartera (...), se va poniendo al descubierto el verdadero rostro de personas e instituciones. EPE151001 **11 trama +**: No en vano las tramas ocultas van *saliendo a la luz* gracias a la libertad de expresión e información. LVE200995 **12 truco**: En la era de la información global, sus viejos trucos *salían a la luz* en cuestión de instantes. EPE081299 **13 enredo +**: El enredo de este premio Pla *salió a la luz* con el anuncio de la dimisión de Joan Perucho como jurado del Pla. LVE080195

C SUSTANTIVOS QUE DENOTAN PROBLEMA O CONFLICTO: **14 problema ++**: La tercera y más importante consecuencia del cese de la violencia es que deja *salir a la luz* el problema político de fondo... EPE090199 **15 conflicto ++**: El conflicto de los pequeños contratistas *salió a la luz* pública en enero... LVE210296 **16 crisis ++**: La crisis *salió a la luz* el 15 de septiembre. LVE170695 **17 grieta**: Con el mensaje del jefe de los Montoneros vuelve a *salir a la luz* en Argentina la profunda grieta entre militares y ex guerrilleros... EME040595 **18 enfrentamiento +**: ...éste no desea que antes de las elecciones generales se celebre un encuentro en el que pueden salir *a la luz* los enfrentamientos internos... LVE170995 **19 oposición**: El mismo día de la pequeña disputa albojense, *salía a la luz* pública la oposición de los regantes del Guadalquivir y Baza al trasvase del Negratín al pantano... EPE151299 **20 diferencia +**: Durante una discusión *salen a la luz* las diferencias de la pareja, en la que Estela confiesa que se siente avergonzada de tener un marido que interpreta música «grupera». DYM090996 **21 disputa**: Las disputas internas rara vez *salen a la luz* (aunque sí trascendieron los problemas del técnico con algunos jugadores...). CLA070397 **22 discrepancia +**: De momento, ayer ya *salieron a la luz* las discrepancias en el seno de Convergència

Democràtica de Catalunya... EME060396 **23 invectiva:** En ellos fue escribiendo algunas invectivas que ahora *salen a la luz* (en Lumen) bajo el título de «Cuadernos de El Escorial». LVE241295

D SUSTANTIVOS QUE DESIGNAN MANIFESTACIONES DE LA TRANSGRESIÓN DE LA LEY O LA MORAL EN DIVERSOS GRADOS: **24 escándalo ++:** ...ha *salido a la luz* el escándalo de los créditos FAD concedidos –decenas de miles de millones– a la empresa de Polanco Eductrade... EME210995 **25 delito ++:** ...ninguna campaña de difamación o tentativa de calumnia podrá evitar que *salgan a la luz* los delitos cometidos... LVE210594 **26 fechoría:** ...ha sido preciso el arrepentimiento de un implicado para que la fechoría *salga a la luz.* EPE240299 **27 pecado +:** Saldrán a la luz pública todos los pecados cometidos y varios inventados... PME020297 **28 chantaje:** Ha *salido a la luz* un chantaje de un empresario a cierto alcalde por la consabida recalificación de terrenos. INDOC **29 engaño:** El engaño *salió a la luz* el jueves, cuando un representante de la soberana llamó a la oficina de Chrétien para reclamar el texto del discurso. EME291095 **30 estafa:** La estafa *salió a a luz* gracias a que la policía descubrió a dos ladrones que... EPE180399 **31 corrupción +:** Todas las estafas, todas las corrupciones que ahora han *salido a la luz* ya existían antes, pero no se hablaba de ellas. LVE300795 **32 fraude +:** El fraude de las gasolineras *salió a la luz* en enero de 1998... EPE281199 **33 cohecho:** Podrán *salir a la luz* muchos cohechos de funcionarios que han exigido dinero. EME200596 **34 extorsión:** Así están los socialistas andaluces después de *salir a la luz* la presunta extorsión denunciada por Jesús Gil. LVE070796 **35 maltrato:** En la actualidad, el maltrato infantil sólo *sale a la luz* cuando se convierte en delito... EPE241201

E SUSTANTIVOS QUE DESIGNAN DIVERSAS MANIFESTACIONES DE LA CONVERGENCIA ENTRE PARTES. TAMBIÉN CON OTROS QUE EXPRESAN LA ACCIÓN DE INTERVENIR EN UN ASUNTO O TOMAR PARTE ACTIVA EN ÉL: **36 pacto ++:** Desconocían que existían unos pactos secretos que poco a poco fueron *saliendo a la luz.* EME270694 **37 participación ++:** Por fin *salió a la luz* la conocida participación de esa organización en el crimen. INDOC **38 implicación +:** ...provocó, al ser descubierto en las últimas semanas de 1933, un escándalo de proporciones gigantescas, por *salir a la luz* implicaciones y complicidades de políticos de diversa ideología. LVE100196 **39 concierto:** Ha *salido a la luz* el concierto acordado entre la Administración y los profesores interinos. INDOC **40 connivencia:** Pero el sistema es el democrático, y, en consecuencia, tan nefasta connivencia acaba por *salir a la luz* más pronto o más tarde y el escándalo se desata. EME090295

F SUSTANTIVOS QUE DESIGNAN ASPECTOS, SEÑALES O PARTES DE UNA REALIDAD: **41 indicio +:** Este documental es el primer indicio serio que *sale a la luz* pública del incidente ovni más famoso y mejor documentado de todos los tiempos... EME270795 **42 aspecto:** Nosotros no vamos a juzgar nada, sino a permitir que se aclaren aspectos oscuros del caso, que no han *salido a la luz...* EME101195 **43 característica:** Poco a poco, van *saliendo a la luz* las características específicas de la futura moneda, que traerá bastantes quebraderos de cabeza a sus usuarios. EME261296 **44 síntoma:** De ahí que estos síntomas que *salen a la luz* susciten doble alarma y obliguen a reclamar un tratamiento de urgencia. EME270694 **45 detalle +:** Sí comentó que la familia «lo está pasando muy mal», al *salir a la luz* los detalles del asesinato de su hija. EME210396 **46 fragmento:** En un nuevo fragmento de cinta magnetofónica de los archivos del caso Watergate que acaba de *salir a la luz* pública... EPE270299 **47 resto:** Allí, en Lora del Río, estaban preparando la dehesa para el riego y comenzaron a *salir a la luz* los restos del mayor centro alfarero de la antigüedad, La Catria... EPE090599 **48 episodio:** Pasado el tiempo, la narradora sospecha que aquel episodio de su vida *saldrá* pronto *a la luz...* ABC240792 **49 parte:** Sale a la luz parte de los papeles que dejó escritos el «autor» de la reforma. EME101095 **50 retazo:** Por primera vez *salen a la luz* retazos de los archivos que dejó escritos el dictador. EME120596

G SUSTANTIVOS QUE DENOTAN FALTA O DEFECTO. TAMBIÉN CON OTROS QUE DESIGNAN CIERTAS MANIFESTACIONES DEL PERJUICIO CAUSADO POR ALGO: **51 falta ++:** ...*salen a la luz* el orgullo y la falta tanto de entendimiento como de diálogo. EME200396 **52 tara ++:** Las taras de este programa informático han *salido a la luz* desde su presentación pública. INDOC **53 herida ++:** Es digno de elogio el propósito de Costamagna para enfocar convincentemente las consecuencias íntimas, las tragedias secretas, las heridas individuales que no *salen a la luz...* HOY200197 **54 anomalía +:** ...ante el escándalo que ha supuesto el que hayan *salido a la luz* pública presuntas anomalías en la concesión de subvenciones para formación ocupacional a determinados centros. EPE020599 **55 punto negro ++:** Al día siguiente, en cambio, empezaron a *salir a la luz* los primeros puntos negros, las primeras críticas, las primeras dudas y preguntas. HOY280497 **56 distorsión:** Aunque Eastman publicó el texto completo un año después, permitiendo que las distorsiones originales *salieran a la luz,* el daño ya estaba hecho. EME090795

H SUSTANTIVOS QUE DENOTAN RESULTADO O CONCLUSIÓN DE UN PROCESO: **57 resultado ++:** Fuentes forenses apuntaron a que los resultados que permitan extraer más conclusiones sobre la causa de la muerte del menor «tardarán dos o tres días» en *salir a la luz...* LRE250103 **58 fallo +:** Parece que el fallo *saldrá a la luz* mañana. INDOC **59 sentencia +:** Cuando *salieron a la luz* las tres sentencias del Juzgado número 1, el concejal de Hacienda anunció que... EPE201199 **60 decisión +:** Están haciendo todo lo posible por retrasar el momento en que la decisión del acto tribunal *salga a la luz.* INDOC

I SUSTANTIVOS QUE DENOTAN MOTIVO O CAUSA: **61 móvil:** ...acabarán por *salir a la luz* los verdaderos móviles del pacto... EME061295 **62 razón:** Las razones para incluirlo en la lista se rumorean, pero aún no han *salido a la luz.* INDOC **63 causa:** Creo que jamás *saldrán a la luz* las causas de ese extraño accidente. INDOC **64 motivo:** El motivo de la disputa *salió a la luz* mucho tiempo después de que ya nadie se interesara por él. INDOC

J SUSTANTIVOS QUE DENOTAN INCLINACIÓN, INTERÉS O CAPRICHO: **65 interés +:** Ésta es la máxima que en las últimas semanas corean los habitantes de esta comarca después de que *saliera a la luz* el interés de algunas empresas por instalarse en la zona. EPE121199 **66 preferencia +:** El regidor madrileño reconoció que para él es «incómodo y desagradable» que hayan *salido a la luz* sus preferencias... EME220995 **67 veleidad:** Si anteayer *salieron a la luz* sus veleidades antisemitas, ayer quedaron de manifiesto sus inclinaciones racistas. EME240296 **68 tendencia:** Sus tendencias sexuales *salieron a la luz* pública durante la presentación de su candidatura a la alcaldía. INDOC

K SUSTANTIVOS QUE DESIGNAN MUY DIVERSOS EFECTOS DEL PENSAMIENTO O LA REFLEXIÓN: **69 idea +:** Las ideas básicas que han *salido a la luz* han sido a menudo contradictorias... LVE220595 **70 teoría +:** Desde que sus teorías *salieron a la luz* nadie ha podido dormir tranquilo. INDOC **71 tesis +:** Aquella tesis *salió a la luz* en un momento oportuno. INDOC **72 plan +:** La consulta se formuló unos días antes de que *saliera a la luz* el plan de la compañía... EPE031199 **73 proyecto +:** A través de un conjunto muy amplio de actividades culturales, entre las que destaca una importante exposición pictórica, *sale a la luz* este interesante proyecto... ABC021092 **74 modelo +:** A los fabricantes no les interesa que sus modelos camuflados *salgan a la luz.* EME170796 **75 propuesta +:** Antes de que *saliera a la luz* pública la propuesta de ley de coordinación de jurisdicciones metropolitanas, cada alcalde, por su parte, ha puesto en marcha planes... EUV210197
☐ Véase también: **airear.**

salir al paso (de) *v.* ▮ En sentido figurado se combina con...

A SUSTANTIVOS QUE DENOTAN MANIFESTACIÓN VERBAL, MÁS FRECUENTEMENTE DECLARATIVA. TAMBIÉN CON OTROS QUE DESIGNAN INFORMACIONES DIVERSAS: **1 declaración ++:** Wasmosy *salió* ayer *al paso* de las declaraciones efectuadas por Argaña durante la reunión... ACP111296 **2 manifestación +:** La alcaldesa de Ponteareas, Nava Castro, *salió* ayer *al paso* de las manifestaciones del BNG en las que acusaban de «cinismo» al gobierno local... FDV050401 **3 comentario +:** Los propios miembros del grupo *salen al paso* de los comentarios sobre la supuesta exageración de recursos de la gira Pop Mart... ENV090597 **4 afirmación +:** ...*salió* ayer *al paso* de las afirmaciones hechas por el presidente del Brasil... ACP110996 **5 palabra +:** Un buen número de países extranjeros, dándose inmediatamente por aludidos, *salieron* inmediatamente *al paso* de unas palabras que consideraron impropias de un miembro del Gobierno británico... EME060294 **6 opinión +:** El Gobierno movilizó ayer a dos de sus pesos pesados (...) para *salir al paso* de la opinión del titular de Defensa... LVE151096 **7 pregunta:** Sale así *al paso* de la pregunta sobre el nombramiento del ministro de Defensa. EME120996 **8 propuesta:** Por su parte, Adriano (...) *salió* ayer *al paso* de la propuesta de UGT y negó que la Casa de Campo se encuentre degradada... EPE090800 **9 información:** El titular *salió al paso* de las informaciones que citan hasta una veintena de casos y de cuatro muertes... DDN070101 **10 noticia:** ...el gabinete del gobierno civil ha hecho pública una nota de prensa en la que *sale al paso* de las noticias difundidas... EPE110780

B SUSTANTIVOS QUE DESIGNAN DIVERSAS MANIFESTACIONES DE OPOSICIÓN A ALGO O A ALGUIEN, ASÍ COMO ALGUNAS ACCIONES DE RECHAZO QUE LAS PONEN DE MANIFIESTO: **11 crítica ++:** Para *salir al paso* de las críticas del Poder Legislativo, Albright tuvo que recurrir a los límites de su connotado poder de persuasión... DLA010397 **12 denuncia +:** Alemán Zubieta *salió* así *al paso* de una denuncia de la organización ecologista internacional Greenpeace que advierte... ESP090897 **13 acusación +:** El Presidente (...) *salió al paso* de las acusaciones que en torno al manejo de las próximas elecciones internas le formulara el Dr. John... ESP260601 **14 reproche:** Saliendo al paso de los reproches hechos el día anterior por Gorbachov, Thatcher precisó que el concepto de democratización no significa necesariamente lo mismo... EPE010487 **15 queja:** Una afirmación con la que se pretende *salir al paso* de las quejas de los estudiantes que ven la exigencia de dos años de prácticas... LVE311095 **16 protesta +:** Salió al paso de las protestas hechas por las Organizaciones No Gubernamentales... EPC080797 **17 ataque:** ...explicó que se ha animado a realizar declaraciones «para *salir al paso* de los ataques personales y el cúmulo de falsedades vertidas por el señor Asunción»... LVE101095 **18 imputación:** Las declaraciones del jefe del Gobierno *salían al paso* de las imputaciones efectuadas por la oposición... EPE291299

C SUSTANTIVOS QUE DENOTAN JUICIO O SU MANIFESTACIÓN VERBAL, MÁS FRECUENTEMENTE SI SE TRATA DE IDEAS O INFORMACIONES CARENTES DE FUNDAMENTO: **19 rumor ++:** «No hay secretos» sobre la salud del Pontífice, dijo (...) evidentemente *saliendo al paso* de los rumores de que el Vaticano ocultaba algo, dijo AFP. EUV091096 **20 hipótesis:** La pareja *sale* así *al paso* de una de las hipótesis barajadas por la Policía de Nueva Orleans... EME310194 **21 especulación +:** Saliendo al paso de las numerosas especulaciones sobre el verdadero estado de salud del líder ruso, el responsable sanitario del Kremlin dijo que es normal... EDV210996 **22 consideración:** La Coordinadora de Alfabetización y Euskaldunización (AEK) *salió* ayer *al paso* de las consideraciones que el magistrado de la Audiencia Nacional Baltasar Garzón hace en el auto... EPE280299 **23 habladuría:** Ahora mismo tenemos a Marta Ferrusola (...) *saliendo al paso* de ciertas habladurías sobre su matrimonio con un par de frases protocolarias y resueltas. EME200695 **24 chisme:** Han tenido que *salir al paso* de los chismes que las revistas del corazón han estado vertiendo sobre ellos. INDOC

D SUSTANTIVOS QUE DESIGNAN ESTADOS DE INCERTIDUMBRE, DE INTRANQUILIDAD O DE RIESGO: **25 duda:** La decisión la tomaron ayer los ministros de Economía para *salir al paso* de las dudas que se han extendido en las últimas semanas. EME011095 **26 temor:** La dirección del SPD, por su parte, *salió al paso* de los temores de un posible giro a la derecha del SPD bajo la dirección de Schröder. EPE160399 **27 sospecha:** El Ayuntamiento como el representante de las empresas querellados *salieron al paso* de las sospechas sobre «trato de favor»... LVE110596 **28 amenaza +:** Con estas palabras, los dirigentes populares han *salido al paso* de las amenazas etarras... LVE140295 **29 peligro:** La Iglesia ortodoxa rusa había intentado *salir al paso* de ese peligro ya en 1990... LVE101295 **30 miedo:** Aberchan es profundamente religioso, y *ha salido al paso* del supuesto miedo de la ciudadanía a tener un alcalde musulmán... EPE040799

E SUSTANTIVOS QUE DENOTAN INTERPRETACIÓN O PUNTO DE VISTA: **31 interpretación ++:** Comprendo que pueda responder esa desazón a una sensibilidad comprensible y quiero *salir al paso* de esa interpretación. LRE060103 **32 versión +:** Con esta decisión, los responsables de las eléctricas han pretendido *salir al paso* de las diferentes versiones que han venido circulando... EPE011086 **33 juicio:** El informe anual del IME (...) parecía *salir al paso* al juicio emitido casi simultáneamente por la Comisión Europea. EME071196

F SUSTANTIVOS QUE DENOTAN PROBLEMA, CONFLICTO O SITUACIÓN CONTROVERTIDA: **34 polémica +:** Javier Arzallus (...) *salió* ayer *al paso* de la polémica generada por la concesión al presunto etarra Mikel Garmendia de la plaza de profesor titular... LRE300103 **35 problema:** Aparece como una forma de *salirle al paso* a otro problema, que es la acusación constitucional y, por lo tanto, aparece con un uso instrumental. LEC190198 **36 escándalo:** Versado como pocos en el circunloquio para intentar *salir al paso* del escándalo cotidiano que persigue al PSOE desde los tiempos de Juan Guerra... LVE260696 **37 dificultad –:** ...intentaremos *salir al paso* de las dificultades que nos pongan como buenamente podamos, pero llevamos soportando mucho trabajo desde que empezó el Tour. LVE150795 **38 conflicto –:** ...mientras los demás pelean, *sale al paso* de los conflictos idiomáticos que con frecuencia encuentran... ABC220494 **39 crisis –:** La dirección del partido, en un intento de *salir al paso* de la crisis que se ha generado en el seno de la coalición... EME100196

G OTROS SUSTANTIVOS; POSIBLES USOS ESTILÍSTICOS: ...un significativo mensaje en favor de la economía de mercado, que *salía al paso* del cliché «estatalista» y partidario de un papel destacado del sector público... LVE301095; El concilio quiere también *salir al paso* del «ritmo acelerado de secularización que comporta la cultura catalana actual». EME210195

salir a relucir Véase: **salir a la luz**

salir (de) ♦ **alma, apuro, atolladero, corazón, crisis, desconcierto, duda, incertidumbre, indecisión, marginación, miseria, problema**
☐ Véase también: **sacar (de).**

salir fuera ♦ **por poco**[6]

saliva ♦ **abundante, escaso** ♦ **derrochar, gastar, malgastar**[27]**, tragar, verter**

salomónicamente *adv.* ▮ Se combina con...

A VERBOS QUE DENOTAN DISTRIBUCIÓN Y DIVISIÓN. TAMBIÉN CON OTROS QUE DESIGNAN OTRAS ACCIONES QUE SE ASOCIAN ESTRECHAMENTE CON ESTAS, ESPECIALMENTE SI SE ENTIENDE QUE SE HACE JUSTICIA AL LLEVARLAS A CABO: **1 repartir ++:** El jurado liderado por Nikita Mijalkov no repartió *salomónicamente* el Oro de Berlín. EME270296 **2 dividir ++:** Francisco Umbral optó por dividir *salomónicamente* sus cordiales varapalos... LVE050396 **3 compartir:** Habrá una presidencia colectiva en Bosnia, con los diversos grupos étnicos compartiendo *salomónicamente* la autoridad. EME201195 **4 distribuir:** ...y distribuir *salomónicamente* la actual subvención anual... LVE121096 **5 disolver:** De la primera parte recupera a sus personajes principales, aunque el guión pronto disuelve *salomónicamente* a dos de ellos... LVE060395 **6 compensar:** Las críticas a la escasa presencia de minorías (...) también fue compensada *salomónicamente* por la Academia... EPE140999

B VERBOS QUE DENOTAN DECISIÓN, RESOLUCIÓN O REACCIÓN: **7 decidir ++:** La FIFA decidió *salomónicamente*: cada tiempo del partido se jugó con un balón. EME190694 **8 resolver +:** Salomónicamente el gobierno resolvió por decreto la disparidad de criterios... ETC020188 **9 fallar:** Bofarull y Olesti comparten un Pla fallado *salomónicamente.* LVE070195 **10 solucionar:** ...resucitando una histórica enemistad que el ex príncipe Carlos solucionará *salomónicamente* haciéndose llamar Charlie Teck... LVE280495 **11 acordar:** Al final, *salomónicamente* se acordó pagar en forma sencilla... EUV150497 **12 responder:** ...no quiso entrar en detalles y respondió *salomónicamente*: «Si ganas, la táctica es siempre buena». LVE270294
☐ Véase también: **salomónico.**

salomónico *adj.* ▮ Admite sustantivos de persona, más frecuentemente si designan profesiones pertenecientes al ámbito judicial *(juez, fiscal).* También se combina con...

A SUSTANTIVOS QUE DENOTAN DETERMINACIÓN O RESOLUCIÓN, SEA INDIVIDUAL O COLECTIVA. TAMBIÉN CON OTROS QUE DESIGNAN ALGUNOS DE SUS EFECTOS Y DE LOS ESTADOS DE COSAS QUE LOS HACEN POSIBLES: **1 decisión ++:** La decisión fue *salomónica*: cada partido realizó su propio acto el domingo 10. HOY181196 **2 solución +:** El Gobierno encontró ayer la solución *salomónica* para asegurar la continuidad... ETC311096 **3 resolución:** La resolución del Consejo Superior de Deportes llega el jueves 10 y es *salomónica.* LVE170895 **4 juicio +:** ...han resuelto la situación con juicios *salomónicos* casi siempre injustos. LVE190895 **5 sentencia:** «Cuando se habla de terrorismo de Estado o del uso indebido del dinero público no hay que hacer sentencias *salomónicas*»... LVE151296 **6 elección:** ¡Atroz, *salomónica* elección! EME300195 **7 acuerdo:** ...fuentes de Economía indicaron ayer que es posible que se busque un acuerdo «*salomónico*» que contente a todos... EME110194 **8 salida:** Para evitar la suspensión del acto de colación, la dirección eligió una salida *salomónica*... ACP111296 **9 fallo:** El jurado dictaba tal fallo *salomónico* tras seleccionar 80 propuestas presentadas por estudios de arquitectura de todo el mundo. EME030296 **10 final:** Tusell insinúa un final *salomónico* para el tema de los archivos. LVE230796 **11 justicia:** ...«es totalmente ecléctico, en la más pura justicia *salomónica*, por pretender dejar contento a todo el mundo»... LVE071095 **12 pacto:** Finalmente se llegó a un pacto *salomónico*: los milicianos albanokosovares podrían entrar en el inmueble, pero no tocar los archivos... EPE020799 **13 medida:** En una medida '*salomónica*', adujo el gerente, los cinco visitantes de la quinta fecha de la primera vuelta (...) tienen que arriesgar su ingreso en la misma jornada de la vuelta complementaria. ESH151100

B SUSTANTIVOS QUE DESIGNAN DATOS, ESPECIALMENTE SI PUEDEN USARSE PARA ENJUICIAR ALGUNA COSA: **14 dato –:** ...el zapping arrojó un dato *salomónico*: el equipo local y el goleado visitante habían disfrutado del uso del balón al 50%... EPE040199 **15 cifra –:** Se ha contado, por ejemplo (...) cómo se ha pagado por un as una cifra *salomónica*... EPE290899 **16 nota –:** ...el panorama se ha ensombrecido, con un fiscal jefe cesado (...) y una nota del CGPJ (...), más que *salomónica*, anfibia... EME151296

C SUSTANTIVOS QUE DESIGNAN ALGUNAS MANIFESTACIONES VERBALES QUE SE DIRIGEN A OTROS: **17 pro-**

puesta: La propuesta *salomónica* (...) de crear una nueva capitalidad en un punto equidistante de ambas poblaciones parece una buena vía para zanjar la cuestión... LVG301091 **18 consejo:** Luchan por el mismo ejemplar rebajado y sin ningún consejo *salomónico* que emplear, salvo el imperio de la fuerza, la maña o la soltura para llegar los primeros. EME080195 **19 respuesta –:** El presidente (...) ofreció (...) una respuesta *salomónica* respecto al polémico proyecto de ley de Enjuiciamiento Civil... EPE240399

D SUSTANTIVOS QUE DENOTAN DIVISIÓN O REPARTICIÓN: **20 división ++:** La acción en el Pueblo Nuevo de San Cristóbal transcurrió sin alteración en la pizarra (...) para producir una *salomónica* división de puntos por el empate. ENV170996 **21 reparto ++:** El origen del debate radica en el reparto *salomónico* de papeles entre ambas organizaciones. EME120195 **22 partición:** ...asistimos a una nueva versión de la absurda partición *salomónica*... ABC021092 **23 encrucijada –:** Y el juez, en una encrucijada *salomónica*, ha decidido tomarse dos semanas para meditar su decisión. EME280996

E SUSTANTIVOS QUE DESIGNAN RECURSOS, CRITERIOS DE VALORACIÓN, PUNTOS DE VISTA SOBRE ELLA Y OTROS ELEMENTOS QUE INTERVIENEN EN LA ELABORACIÓN DE UN JUICIO: **24 fórmula +:** ...la Organización de las Naciones Unidas (...) nos proporciona una fórmula efectiva y *salomónica* que terminantemente finalizaría el conflicto... LHG190900 **25 recurso:** ...no constituye una solución perfecta para nadie, sino más bien un recurso *salomónico* introducido a última hora para quedar bien con todos. INDOC **26 actitud:** Frente a esta tesis, (...) pidieron al Gobierno que abandone su actitud *salomónica*. EPE100799 **27 criterio:** Respecto a la neutralidad política, aplicó el criterio *salomónico* de participar en el foro (...) y a la vez contribuir al documento... EPE180799 **28 vía:** Dos decenios después de solucionar por la vía *salomónica* (...) una de las polémicas mayores (...) los partidos plantean ahora la necesidad de mejorar lo que en su día no satisfizo del todo a casi nadie. LVE250196 **29 postura:** Los dos equipos han adoptado una postura *salomónica* en la cuestión de los uniformes: ninguno jugará con sus colores habituales. LVE240595 **30 posición:** Una posición *salomónica* que, según todas las fuentes consultadas, será la que prevalecerá finalmente a la hora de tomar la decisión. EME230696 **31 plan:** Con toda seguridad, es (...) el autor del plan *salomónico* filtrado a la prensa, que prevé un importante «tijeretazo» tanto en las Fuerzas Estratégicas (...) como en el Ejército de Tierra... ENH100900 **32 equilibrio:** Intentando guardar un imposible equilibrio *salomónico*, el Gobierno ya ha decidido trasladar la documentación a Cataluña... EME260395

F OTROS SUSTANTIVOS; POSIBLES USOS ESTILÍSTICOS: La nitro es una fuerza elemental por domar aún, por apresar en la red irrompible de una ecuación, en el círculo *salomónico* de una fórmula viable. LHG040197; Criatura *salomónica*, utilizada por todos para sus propios fines, algunos tan inconfesables que han sido declaradas secretas... EME281195

☐ Véase también: **estricto, salomónicamente.**

[salón] → de salón

salpicar

salpicar *v.* **I** En su sentido físico se construye con sustantivos que designan líquidos o sustancias de cierta viscosidad *(lluvia, sangre, aceite, barro)*. Con el sentido de 'esparcir(se) sin orden en una superficie' se construye con muy diversos sustantivos que designan lugares y objetos físicos *(una pradera salpicada de flores)*. Con el sentido de 'afectar, implicar, repercutir' se combina con...

A SUSTANTIVOS QUE DENOTAN ESCÁNDALO O CORRUPCIÓN. TAMBIÉN CON ALGUNOS QUE DESIGNAN EVENTOS Y ACTITUDES, EN PARTICULAR ACCIONES, MUY FRECUENTEMENTE DELICTIVAS, QUE SE CONSIDERAN REPROBABLES: **1 escándalo ++:** De todos los escándalos judiciales que *salpicaron* su administración... CLA020199 **2 corrupción ++:** ...de corrupción desenfrenada, que según evidencias documentales ha sido tan amplia que *salpicó* a todos los niveles... PME171196 **3 caso +:** ...al caso del narcotraficante William Fajardo que, por cierto, *salpicó* a AD. ENV190597 **4 crimen +:** ...al goteo incesante de crímenes, atracos y delitos menores que *salpican* a la capital... LRE020203 **5 affaire +:** ...presuntamente implicados en este «affaire» que pudiera *salpicar* a muchos... EME200395 **6 asesinato:** El rapto y asesinato de dos niñas *salpica* al Gobierno... LVE190896 **7 desfalco:** ...otro desfalco de parecida naturaleza vuelve a *salpicar* estos días a la misma entidad. LVE011095 **8 irregularidad:** ...la cadena de irregularidades que ha *salpicado* a esta institución... EPE121001 **9 trapacería –:** ...por la cantidad de trapacerías que les *salpican* semanalmente... LVE280395

B SUSTANTIVOS QUE DESIGNAN DIVERSOS GRADOS Y FORMAS DE CONFRONTACIÓN, MÁS FRECUENTEMENTE VERBAL: **10 polémica ++:** La polémica existente entre los peronistas por las primarias *salpica* al Gobierno. LRE070103 **11 guerra:** La «guerra sucia» en Córcega *salpica* ya a consejeros del primer ministro. EPE070599 **12 discusión:** Después de cuatro innings sin anotaciones, *salpicados* por una discusión que demoró el arranque... LPN260497 **13 controversia:** ...no es un caso aislado, sino la punta del iceberg de una controversia que *salpica* a numerosos consistorios... EPE120299 **14 trifulca:** Mientras la trifulca electoral *salpica* a la gran banca... LVE300196

C OTROS SUSTANTIVOS QUE DESIGNAN CRISIS, DIFICULTADES Y DIVERSAS SITUACIONES DE INESTABILIDAD, ADVERSIDAD O INFORTUNIO: **15 crisis +:** ...las crisis que han *salpicado* la breve historia del HotWired... EME260496 **16 problema +:** ...jamás los problemas políticos *«salpicaron»* a la Corona... EME180996 **17 tensión +:** Es el último capítulo de una tensión que ha *salpicado* toda la trayectoria de este Consejo. LVE290396 **18 incidente +:** ...señalando los incidentes que *salpicaron* aquel Nadal en el que nadie parecía esperar otra cosa... LVE130595 **19 temblor:** ...esos temblores financieros *salpicaran* a casi todos los mercados. CLA010997 **20 deterioro:** El deterioro de la economía *salpicó* su mandato hasta que perdió las elecciones en 1991. LVE190895 **21 accidente:** Varios accidentes graves habían *salpicado* ya la campaña del FN. LVE030595 **22 suspenso –:** ...claramente *salpicado* por el suspenso general del domingo electoral... LVE271295

D SUSTANTIVOS QUE DESIGNAN DIVERSAS ACCIONES DIRIGIDAS A DESCUBRIR O ADQUIRIR CIERTA INFORMACIÓN, MUY FRECUENTEMENTE SECRETA O RESERVADA. TAMBIÉN CON OTROS QUE DESIGNAN SUS RESPECTIVOS EFECTOS: **23 investigación +:** ...las investigaciones sobre la guerra sucia podrían acabar *salpicando* a dirigentes... EME240996 **24 indagación:** ...las indagaciones sobre el secuestro, torturas y asesinato (...) que *salpican* a varios miembros... LVE170196 **25 revelación:** ...tras las sucesivas revelaciones que han *salpicado* al país... EME150296 **26 filtración:** ...en la filtración de dossiers que *salpica* a los dos candidatos rivales... LVE220395

E SUSTANTIVOS QUE DESIGNAN OTROS DATOS E INFORMACIONES, EN OCASIONES SECRETOS, RESERVADOS O NO CONFIRMADOS: **27 rumor +:** Sin embargo, oscuros rumores *salpicaron* a Nancy Reagan. VIS061197 **28 crítica +:** La avalancha de críticas *salpicó* al propio presidente de la Duma... EME170695 **29 informe:** ...para impedir que el informe *salpique* la cúpula del RPR... LVE220696 **30 noticia:** La noticia, recogida en primera página por los principales diarios(...) ha *salpicado* a dos cargos regionales... EPE230900 **31 dato:** ...a los datos positivos que *salpican* la coyuntura laboral catalana. LVE011195 **32 secreto:** Pero los secretos a voces nos *salpican* ya a todos... EME270295 **33 tabú –:** ...y tabúes que *salpican* la historia de la familia de la alta burguesía madrileña... EME291195

F SUSTANTIVOS QUE DESIGNAN DIVERSAS ACTUACIONES DE CARÁCTER JUDICIAL: **34 denuncia +:** Dichas denuncias *salpicaron* a Bower y a su segundo de entonces... ACP201000 **35 detención:** La detención de un destacado juez *salpica* a Berlusconi. LVE150396 **36 querella:** ...las querellas seguirán *salpicando* –y amargando– nuestro recorrido solidario. EME180294 **37 acusación:** ...se sabía ya que las acusaciones que *salpicaban* al ministro de Finanzas... EPE031199 **38 sumario:** ...de frenar los sumarios judiciales que *salpican* al RPR... LVE090796

G SUSTANTIVOS QUE DENOTAN CONSECUENCIA O REPERCUSIÓN DE UN HECHO: **39 secuela:** ...cuyas secuelas *salpicaban* a gestores y promotores... EPE251199 **40 resultado:** ...en los malos resultados que *salpicaron* una campaña para el olvido. EME100996 **41 consecuencia:** ...que le «*salpicarán* las consecuencias de su odio...». EME120795 **42 impacto:** Sucedió en la noche del 25 de octubre y el impacto *salpicó* a toda la nación. LVE120795

▩ Se combina también con: ♦ **de lleno**[21], **gravemente**[25]

☐ Véase también: **afectar, esparcir, repercutir, saltar.**

salpimentar ♦ alimento

saltar ♦ acrobáticamente, al abordaje, a la pata coja, alocadamente, a ojos vista, a pie juntillas, como (un) loco[13], de boca en boca[8], en (mil) pedazos, por los aires, precipitadamente, sin ton ni son

saltar (a) ♦ celebridad, fama, palestra

saltar (de) ♦ alegría, felicidad, gozo, regocijo

☐ Véase también: **dar saltos (de).**

saltarse *v.* ▮ Admite las variantes *saltarse a la torera* y *saltarse a la garrocha*, la segunda más usada en algunos países americanos. Acepta sustantivos que designan objetos físicos, más frecuentemente obstáculos verticales *(saltarse una valla, una tapia, una verja)*. Lo hace muy a menudo con los que designan señales de tráfico *(saltarse un semáforo, un stop, una doble línea, un disco)*. Aceptan otros muchos que designan cosas que interrumpen el curso de alguna otra, o bien que se pueden interpretar como obstáculos en alguna tarea o como obligaciones indeseadas *(saltarse tres páginas, dos calles, un consejo)*. Son frecuentes en este grupo los sustantivos que designan actos o eventos en los que se debe participar *(saltarse una reunión, una clase, un almuerzo de trabajo, una fiesta)*. Se combina asimismo con...

A SUSTANTIVOS QUE DESIGNAN LÍMITES U OBSTÁCULOS, FÍSICOS O FIGURADOS: **1 barrera ++:** Mansos, (uno de ellos saltó al callejón y dos barbearon tablas con manifiestos deseos de *saltar* la barrera) inciertos. DHE130198 **2 impedimento +:** El problema para la mayoría de los científicos-empresarios es que debe idearse una fórmula para *saltarse* los impedimentos legales y éticos. EPE271101 **3 límite ++:** ...tiene un pequeño motor que «patea» mientras «recorre» la barras de herramienta o «*salta*» los límites de las ventanas. CLA171100 **4 obstáculo ++:** El plan decía: *saltar* los obstáculos sin mucha prisa, y sin apuntar error alguno. ENV010997 **5 freno:** Una dictadura medieval que trata de *saltarse* el freno laico que impuso la Revolución Francesa y sus constituciones adláteres. EME250294 **6 protección:** «el hecho de poseer un programa copiador, para *saltarse* las protecciones del software, es una infracción». EME140194 **7 cerrojo:** ...cuando a Caballero le llamaban el cerrajero mayor del reino, porque a su paso *saltaban* los cerrojos de todas las plazas de Iberia. EME100495 **8 escrúpulo:** Se *saltó* los escrúpulos preceptivos y hurgó en el diario de la joven hasta dar con lo sucedido aquella noche de Halloween. LVE280695

B SUSTANTIVOS QUE DESIGNAN ESTADIOS O PASOS QUE SE CONSIDERAN OBLIGADOS O MARCADOS EN ALGÚN PROCESO: **9 paso ++:** ...quienes representan a la sociedad tienden a decidir por ella *saltándose* los pasos intermedios. EME150596 **10 turno ++:** ...lo eligió él mismo, lo eligió puenteando a algunos candidatos de fuste, *saltándose* turnos, y se quedó tan ancho... EME090595 **11 trámite ++:** ...una alta permisividad de los servicios del Estado, que les permitía *saltarse* trámites engorrosos, evitar permisos complicados... HOY110897 **12 etapa:** ...porque conozco a alguien y me *salto* etapas y voy al tiro al grano... HOY070797 **13 tiempo:** «evite la tentación de pretender suministrar a todo el mercado a costa de *saltarse* los tiempos de trabajo de los conductores». LVE250296 **14 plazo:** ...plazos tan estrictos como los de la declaración de hacienda, que uno no se puede *saltar* nunca. INDOC

C EL SUSTANTIVO *GUIÓN* Y CON OTROS QUE DESIGNAN ACTUACIONES PREVISTAS O SUCESIONES ORDENADAS DE COSAS: **15 guión ++:** Me malicio que los jugadores, heridos en su amor propio, se rebelaron y empezaron a *saltarse* el guión. EME091296 **16 programa +:** Momentos antes del descanso, el tenor se *saltó* el programa y apareció en el escenario para felicitar al Rey... EME060195 **17 horario +:** Los bares de copas de Madrid tienen la anuencia de las autoridades regionales para *saltarse* el horario de cierre en Nochevieja y en el día de Reyes. EPE281299 **18 lista de espera +:** Una anciana se clava un cuchillo en el estómago para *saltarse* la lista de espera... EME161196 **19 cola +:** Llegaron, se *saltaron* la cola y se comportaron de modo poco educado. EPE240299 **20 die-**

ta +: Si el año 92 fueron presentados los primeros planos del buen yantar de Sevilla y Barcelona, en esta ocasión el de Barcelona se ha *saltado* la dieta y ha engordado. LVE210795 **21 agenda:** Durante la mañana, (...) se *saltó* la agenda prevista y aprovechó su estancia en Barcelona... LVE150295 **22 escalafón:** ...se permitió descalificar públicamente al ministro, en un país no precisamente acostumbrado a *saltarse* el escalafón. LVE280996

D SUSTANTIVOS QUE DENOTAN OBLIGACIÓN O CONDICIÓN. TAMBIÉN CON OTROS QUE DESIGNAN CIERTAS NOCIONES QUE LAS CONLLEVAN: **23 obligación** +: Los republicanos consideran que si ahora el CND quiere *saltarse* esta obligación se debe a que tienen algo que ocultar. LVE311096 **24 compromiso** +: ...el Gobierno «no debe *saltarse* su compromiso moral, ético y de Estado de Derecho para proponer un indulto». EME150294 **25 requisito:** Éste, en cambio, declara abiertamente que se *salta* ese requisito. EPE131099 **26 condición:** ...pero tanto el presidente (...) como yo, creemos que tenemos fuerzas para *saltar* estas condiciones, tener un poco de paciencia... LRE300103 **27 promesa:** Se *saltó* alegremente a la torera la promesa que le había hecho de no volver a fumar. INDOC

E SUSTANTIVOS QUE DESIGNAN LEYES O DISPOSICIONES, ASÍ COMO ALGUNAS DE LAS FORMAS EN LAS QUE SE AGRUPAN O SE PRESENTAN. TAMBIÉN CON OTROS QUE EXPRESAN LA CONDICIÓN DE ESTAR ALGO CONFORME CON ELLAS: **28 ley** ++: ...quedara designada con toda propiedad y pleno derecho a manejar su presupuesto y licitaciones, sin verse abocada a *saltarse* la Ley. ESP000801 **29 norma** ++: «La próxima pelea será con un 105 y siempre bajo el alero de la AMB, no tenemos ningún interés en *saltar* las normas». LPN120197 **30 legalidad** +: «¿Cuánto tardaría usted en ir al juzgado si desde aquí nos *saltáramos* la legalidad?». ENC010301 **31 principio** +: ...un gobierno que se *salta* los principios constitucionales y ejerce el espionaje ciudadano con el más puro estilo del socialismo estalinista... LVE210695 **32 normativa** +: Sin embargo, un alto número de conductores se *salta* esta normativa y apura al máximo el tiempo que está al volante. LVE120795 **33 reglamento** +: Tuvo que *saltarse* el reglamento y aplicar la lógica y es muy posible que la seguridad y valentía que mostró ese día estuvieran en la base de su elección para el Tour. LVE030294 **34 regla** +: Cuando ha decidido *saltarse* esta regla los resultados se han vuelto en su contra. EME301296 **35 legislación** +: Y puestos a *saltarse* la legislación vigente, los responsables del Ministerio de Sanidad español también han ignorado la Ley General de Sanidad de 1986. EME180995 **36 regulación** +: ...ha demostrado que contraprogramar, *saltándose* la regulación vigente, «da resultado». EPE020900 **37 derecho:** Consideran un atropello por parte de los gestores municipales y autonómicos el *saltarse* los derechos adquiridos sobre las tierras durante más de un siglo. EME130395 **38 precepto:** ...se *saltaba* este precepto y ofrecía a través de mensajes de correo electrónico lotes de Viagra... EPE040599 **39 disposición:** Los médicos que osen *saltarse* a la torera la disposición se enfrentarán a medidas disciplinarias. EME270495

F SUSTANTIVOS QUE DENOTAN RESOLUCIÓN, GENERALMENTE DE NATURALEZA OFICIAL Y DE CARÁCTER IMPERATIVO O COERCITIVO: **40 orden** +: ...«se está edificando una planta más y se está ensanchando los muros, *saltándose* a la torera una orden de paralización de Gerencia de urbanismo». EME120996 **41 prohibición:** ...Además de *saltarse* a la torera las prohibiciones de hacer publicidad de bebidas alcohólicas... EME240694 **42 mandato** +: ...un gobernante no puede *saltarse* nunca el mandato de las urnas. INDOC **43 resolución** +: ...lleva más de treinta años *saltándose* a la torera las resoluciones de Naciones Unidas en torno a Gibraltar... EPE070299 **44 sentencia:** El problema es que los Estados no sólo se *saltan* las sentencias, sino que dan constantes largas... EME060696 **45 decisión:** ...anunciara que sus socios estaban dispuestos a *saltarse* la decisión de la FACT de no instalar las luces navideñas. LVE231096 **46 embargo:** Adelantándose a su publicación por la revista Science, y *saltándose* el embargo que tenía el trabajo... EME160295 **47 decreto:** Dicen que podría cometerse un delito al *saltarse* un decreto que establece que es el Museo el que propone los candidatos... EME260296 **48 interdicto** –: ...sustituyéndose a los partidos políticos se manifestaron confundidos pese a que uno de ellos hubo de *saltarse* a la torera el interdicto formal de no promover nada... EPE290199

G SUSTANTIVOS QUE DESIGNAN ACUERDOS ALCANZADOS O ESTADOS DE CONSENSO: **49 acuerdo** ++: «Empezó *saltándose* el acuerdo de financiación aprobado en julio al introducir el impuesto sobre hidrocarburos para financiar la Sanidad...». EPE111201 **50 referéndum:** ...se conforma con una ley «previa» para justificar lo que política y moralmente es injustificable: *saltarse* el referéndum de 1986. EME251096 **51 voluntad popular:** ...sus decisiones a través de la violencia, *saltándose* a la torera la voluntad popular y el derecho de todos los ciudadanos a disfrutar de unas fiestas en paz... EPD250897 **52 pacto:** Ahora, si un club alinea a siete y se *salta* el pacto nosotros estaríamos obligados a defender la legalidad. EME241295

H SUSTANTIVOS QUE DENOTAN PAUTA O MODELO DE ACTUACIÓN QUE HA DE OBSERVARSE EN EL DESARROLLO DE UNA ACTIVIDAD. POR EXTENSIÓN, CON OTROS QUE DESIGNAN COMPORTAMIENTOS HABITUALES, GENERALMENTE REGULADOS POR ALGUNA FORMALIDAD, QUE PUEDEN SER CONSIDERADOS RÍGIDOS, ESTRICTOS O INCÓMODOS: **53 protocolo** ++: Así que se *saltó* el protocolo y se sentó con ellos para hablar de fútbol. EPE160899 **54 disciplina** +: Éstos se *saltaron* la disciplina de partido y dieron su voto al Gobierno... EPE150700 **55 procedimiento:** El informe del Instituto es determinante pero no nos podemos *saltar* el procedimiento... EPE190299 **56 formalidad:** Solamente se *saltaron* la formalidad del día. EME260995 **57 ceremonia:** El encuentro resultó bastante informal, hasta el punto de que los participantes se *saltaron* las ceremonias previstas. INDOC **58 marco:** ...frente a la apuesta de los partidos nacionalistas de Estella de intentar *saltarse* a la torera ese marco. EPE090599 **59 convención:** ...discutibles desde el purismo pero trascendentales por su capacidad para *saltarse* las convenciones... EPE200699 **60 rito:** Esta vez tuvo que *saltarse* el rito de la comida posterior en el Hotel Le Vieux Morvan... EME080595 **61 costumbre:** ...se ha *saltado* su costumbre de discutir en la caseta, y esto era una cosa que ha existido siempre en el Madrid. EME291295 **62 tradición:** El grupo se fotografió en las escaleras y se *saltó* la tradición... EPE190799 **63 práctica:** Chirac se *salta* las prácticas comunitarias habituales y se permite citar dos veces en tres semanas a 14 líderes europeos. EME250595

▩ Se combina también con: ♦ **a la ligera**[39], **olímpicamente**[3]

☐ Véase también: **conculcar, contravenir, desobedecer, incumplir, infringir, obviar, quebrantar, transgredir, violar, vulnerar.**

saltarse a la garrocha Véase: **saltarse**

saltarse a la torera Véase: **saltarse**

saltárse(le) (a alguien) ♦ **lágrima**

[salto] → **a salto de mata, dar saltos (de)**

salto ♦ **abismal**[36], **acrobático, brusco**[93], **considerable, cualitativo**[5], **enorme, generacional, gran(de), ligero, mortal, pequeño** ♦ **dar**[306], **frenar, frustrar(se), pegar**[2]

☐ Véase también: **brinco, giro, pirueta.**

saltón ♦ **ojo**

salud ♦ **a prueba de bomba, atentatorio (contra)**[25], **débil, de hierro**[1], **delicado, desbordante**[30], **endeble, enfermizo, envidiable, férreo**[131], **frágil**[6], **fuerte, integral**[11], **lleno (de), malo (para), mermado, peligroso (para), perjudicial (para), pletórico (de)**[3], **precario**[42], **quebradizo**[1], **rebosante (de)**[11], **renqueante, robusto** ♦ **alterar**[62], **amenazar, atentar (contra), chequear, cuidar, dañar, declinar**[4], **desatender, deteriorar(se), disfrutar (de), empeorar, gozar (de), malgastar**[4], **mejorar, minar**[2], **preocuparse (de/por), quebrantar**[37], **quebrar(se), rebosar**[27], **recobrar, socavar**[67], **velar (por), vigilar**

☐ Véase también: **enfermedad, fuerza.**

SALUD

♦ (SUSTANTIVOS) Véase: **perseverar (en)**[H], **preventivo**[H], **quebrantar**[H]

☐ Véase también: ENFERMEDAD.

saludable *adj.* ▮ Se combina a menudo con los sustantivos *vida, dieta, alimento, actividad, ejercicio,* y con algunos que denotan espacio *(lugar, ciudad, entorno, medio, ambiente).* Asimismo se combina con...

A SUSTANTIVOS QUE DENOTAN FORMA DE ACTUAR, DE SER, DE ESTAR (EN PARTICULAR FÍSICAMENTE) O DE COMPORTARSE. TAMBIÉN CON OTROS QUE DESIGNAN ACTITUDES PERSONALES HACIA LAS COSAS O REVELAN LOS PUNTOS DE VISTA DESDE LOS QUE SE EMPRENDEN O SE EJECUTAN: **1 aspecto ++:** ...casado y padre de tres hijos, su presencia es la de un hombre de aspecto *saludable*... EPE020285 **2 forma +:** ...los jóvenes de hace 15 ó 20 años viven de una forma más *saludable*. EME031296 **3 medida +:** ...es una medida *saludable*, tanto para los trabajadores como para los cañeros... EXC040901 **4 comportamiento:** ...informarán sobre comportamientos *saludables* para prevenir enfermedades. EPE311001 **5 conducta:** ...promotora del desarrollo de la personalidad y de las conductas *saludables*. EPE060399 **6 actitud:** ...parecía una actitud *saludable* que los senadores votaran ayer una ley... CLA170501 **7 aptitud:** ...es el primer paso para ayudarles a adquirir aptitudes *saludables* hacia el cuerpo... ETC010796 **8 condición:** La paciente debe ser menor de 35 años y de condición *saludable*. CAP190995 **9 postura:** Consideramos que el diálogo y la tolerancia constituyen la postura más *saludable* ante el conflicto. INDOC **10 política:** ...los recursos se destinen a generar políticas *saludables* de prevención... EPE071299 **11 manera:** Una manera *saludable* de respirar –la base del yoga– también ayuda a preservar y restaurar la salud del cuerpo en general. ABC030993 **12 criterio:** Se ha extendido más y más el *saludable* criterio de que cada cual es libre de organizar su vida privada... EME300696

B SUSTANTIVOS QUE DESIGNAN LO QUE SE ANHELA O SE ESPERA QUE SUCEDA: **13 ilusión:** ...dejándonos ganar por la *saludable* ilusión de un mundo sin fronteras. LPA260492 **14 esperanza:** Siguen trabajando con la *saludable* esperanza de conseguir la paz y alcanzar un acuerdo. INDOC **15 aspiración:** ...se enfrentan esta tarde en Birmingham con la *saludable* aspiración de cerrar dignamente su presencia en el torneo. EME180696 **16 ambición:** ...la *saludable* ambición de victoria que muestran sus hombres. LVE180396 **17 expectativa:** ...dando paso a unas expectativas más *saludables* de inversión. LVE020195 **18 intención:** ...con la *saludable* intención de salir de la crisis para cumplir los objetivos de mejora... LVE011296

C SUSTANTIVOS QUE DESIGNAN MOMENTOS, HECHOS O SITUACIONES, A MENUDO ACTUALES, CIRCUNDANTES O INTERPRETADAS COMO PRESENTES: **19 momento:** ...nuestra economía se encuentra en su momento más *saludable*... LVE310196 **20 hecho:** ¿Le parece un hecho *saludable*? LVE200695 **21 panorama:** Desde entonces apenas levantaban cabeza, hasta que en este ejercicio están presentando un panorama mucho más *saludable*... EPD101197 **22 futuro:** La Valldigna se está jugando el futuro *saludable* de sus hijos y su derecho a vivir con las mejores condiciones medioambientales... EPE210299 **23 situación:** La situación es muy *saludable*, porque la música de los ochenta y los noventa es plural... ABC280194

D SUSTANTIVOS QUE DESIGNAN LO QUE SE REALIZA DE FORMA HABITUAL, ASÍ COMO LA ACTITUD DE LLEVARLO A CABO REGULARMENTE: **24 hábito ++:** No todo son hábitos *saludables*: un 38 de los franceses y un 21 de las francesas fuma. EME230496 **25 práctica +:** Así como proteger tus discos resulta una práctica *saludable*, lo es también colocar tus archivos EXE y COM en Read-only. EXP150492 **26 costumbre +:** ...ha adoptado «la costumbre poco *saludable*» de solucionar algunas cuestiones... EME050294

E SUSTANTIVOS QUE DENOTAN DISPOSICIÓN FAVORABLE HACIA LAS COSAS. TAMBIÉN CON OTROS QUE DESIGNAN DIVERSOS ESTADOS DE SATISFACCIÓN, BIENESTAR O ACTITUD POSITIVA: **27 alegría:** Por contra, la alegría *saludable* que desprenden las escenas de González... EME210296 **28 entusiasmo:** A nadie he oído expresar sus admiraciones literarias con tan *saludable* entusiasmo y alegría. ABC280292 **29 humor:** ...películas que entronquen con aquel concepto y aquel *saludable* humor. LVE250196 **30 optimismo:** ...optó por los desenlaces felices, por un optimismo *saludable* que nada tiene que ver con la complacencia. EME261195

F SUSTANTIVOS QUE DENOTAN MANIFESTACIÓN O CONSECUENCIA DE ALGO, SEÑAL DE QUE SUCEDE O INFOR-

MACIÓN ACERCA DE SU EXISTENCIA: **31 efecto +:** ...ha sabido introducir en el *género* una visión fresca y de *saludable* efecto. LVE160595 **32 síntoma +:** Uno de los síntomas más *saludables* que manifiesta la cultura española es... EME110295 **33 revelación:** ...le definió como (...) «una de las más *saludables* revelaciones». EME230296 **34 manifestación:** ...otras consideran que los despidos no son más que una *saludable* manifestación de la libre competencia... EPE140899

G OTROS SUSTANTIVOS; POSIBLES USOS ESTILÍSTICOS: Será pecado, pero es un pecado muy *saludable*. EME280196; ...está signada por un *saludable* amor... BRE100197

saludar ♦ **a diestro y siniestro[39], afablemente, afectuosamente, amablemente, amigablemente, amistosamente, atentamente[29], calurosamente[1], clamorosamente, con alborozo[3], con cariño, con interés[15], cordialmente[4], efusivamente[7], fríamente, protocolariamente, secamente**
☐ Véase también: **despedir(se), felicitar.**

saludo ♦ **afectuoso, amable, amistoso, cálido, caluroso[6], cariñoso, ceremonioso, cordial, cortés, de compromiso, diplomático, distante, efusivo[5], emotivo, frío, glacial, protocolario, respetuoso, seco** ♦ **en señal (de)[30]** ♦ **brindar[38], dar[295], dedicar, enviar, hacer, hacer extensivo[14], mandar, responder (a), transmitir**
☐ Véase también: **abrazo, apretón de manos, buenas noches, buenas tardes, buenos días, cortesía, despedida.**

salva (de) ♦ **aplauso, cañonazo, disparo**

salvaguardar ♦ **a toda costa[22], obstinadamente, por todos los medios, tenazmente**

salvaguardia (de) ♦ **cláusula (de), derecho, honor, interés, paz, principio, salud, seguridad, valor, vida** ♦ **contribuir (a), luchar (por), velar (por)[7], vigilar**

salvajada ♦ **cúmulo (de), sarta (de), serie (de)** ♦ **cometer[52], denunciar, hacer**

salvar(se) ♦ **a cualquier precio, a duras penas[10], a toda costa[20], de milagro, incondicionalmente, por los pelos[3]** ♦ **diferencia, dificultad, distancia, eliminatoria, escollo, examen, obstáculo, oposición, papeleta, particularidad, peligro, pellejo, percance, piel, problema, prueba, tipo**
☐ Véase también: **superar.**

[salvo] → **sano y salvo**

sambenito ♦ **caer(le) (a alguien), cargar (con)[5], colgar(le) (a alguien), llevar**
☐ Véase también: **apelativo, apodo, mote.**

sanar ♦ **crisis, enfermedad, herida, mal, persona**

sanción ♦ **abusivo[41], arbitrario[13], benigno[7], cautelar[13], desmedido, desorbitado[15], desproporcionado, disuasorio[18], drástico[52], duro, económico, ejemplar, estricto, exento (de)[16], fuerte, inapelable[23], injusto, inmerecido[13], insignificante[41], justo, libre (de), merecido, preventivo[10], proporcional, riguroso, severo[13], sin efecto, suave** ♦ **con posibilidad (de), sin perjuicio (de)[9], so pena (de)[3]** ♦ **objeto (de)[67]** ♦ **ablandar(se)[25], abolir[15], acarrear[31], acatar[55], afrontar[28], agravar(se)[82], aligerar[39], apechugar (con), aplicar, caer(le) (a alguien), cargar (con)[22], condonar[17], conmutar, cumplir, decretar[4], derivar(se)[21], establecer[55], eximir (de)[25], imponer, impugnar[13], levantar[7], librar(se) (de)[15], merecer, padecer, poner, rebajar[44], recaer[53], recrudecer(se)[28], revocar[23], soportar, suavizar, sufrir[35]**
☐ Véase también: **castigo, correctivo, multa.**

SANCIÓN Véase: *CASTIGO Y SANCIÓN*

SANCIÓN Véase: CASTIGO

sancionar ♦ **comercialmente[42], debidamente[40], drásticamente[29], económicamente, ejemplarmente, injustamente, justamente, penalmente, severamente[2]**
☐ Véase también: **castigar, multar.**

sandez ♦ **absoluto, descomunal, supino[10]** ♦ **sarta (de)[12]** ♦ **contestar, decir, hacer, presentar, publicar, rayar (en), repetir, soltar,** *otros verbos de lengua*
☐ Véase también: **estupidez.**

sanear ♦ **arca, balance, bolsillo, compañía, cuenta, déficit, deuda, economía, empresa, entidad, finanzas, institución, presupuesto, situación**

sangrar ♦ **a borbotones[5], abundantemente[1], a chorro(s), profusamente[1], sin parar**

[sangre] → **a sangre fría, a sangre y fuego**

sangre ♦ **abundante, azul, copioso, espeso, fluido, limpio (de)[3], puro, real, sediento (de), viscoso** ♦ **a borbotones** ♦ **baño (de), derramamiento (de), gota (de), limpieza (de)** ♦ **brotar, circular, coagular(se), correr, cubrir (de), derramar, expulsar, fluir, helarse (a alguien), hervir (a alguien), lavar[3], licuar(se), llenar (de), manar, manchar(se) las manos (de), parar, recorrer (algo), restañar[5], salir(le) (a alguien), salpicar, teñir (de), verter**
☐ Véase también: **fluido, líquido.**

sano ♦ *(adv.)* **comer, vivir**

sano y salvo *adj.* ▮ Se combina con...

A VERBOS QUE DESIGNAN LA ACCIÓN DE RESCATAR, SALVAR O PONER EN LIBERTAD A ALGUIEN: **1 recuperar ++:** Un helicóptero (...) recuperó *sano y salvo* a uno de los dos pilotos... LVE291295 **2 rescatar ++:** ...fue rescatado *sano y salvo* junto a los pasajeros. LNC230197 **3 liberar ++:** ...secuestrada por cuatro hombres armados

(...), fue liberada *sana y salva*... LNC190297 **4 recoger:** El piloto, que saltó en paracaídas, fue recogido *sano y salvo*... LVE090295 **5 repatriar:** ...repatriados *sanos y salvos* sus ocupantes... LVE171196 **6 sacar:** ...para sacar a sus hijas *sanas y salvas*... LVE250194

B VERBOS QUE DENOTAN LLEGADA, APARICIÓN O REGRESO: **7 llegar +:** ...vela porque lleguen *sanas y salvas* a su medio natural... EUV150996 **8 aparecer +:** El policía apareció *sano y salvo*, 24 horas después de los ataques... EUV030996 **9 regresar +:** ...con toda la confianza y certidumbre de regresar a sus hogares *sanos y salvos*. EXC190900 **10 retornar +:** ...retornando a sus hogares *sanos y salvos*... LTB250397 **11 volver +:** Y lo cierto es que los soldados volvieron *sanos y salvos* a sus casas. SEM300697 **12 nacer:** ...recibiría 150 millones de pesetas si todos los bebés nacen *sanos y salvos*. EME140896 **13 aterrizar:** ...cada vez que su cargamento estándar (...) aterrizaba *sano y salvo*... RUM031197 **14 bajar:** ...bajaron *sanas y salvas* de las alturas. EPE080800 **15 caer:** Cayó *sano y salvo* en un descampado de Yuma, zona de Arizona... LTB310397 **16 reaparecer:** ...reapareció en la noche del jueves, *sano y salvo*. EPE170977 **17 arribar:** «La tripulación arribó *sana y salva*...». EPE140599 **18 emerger:** ...podría no emerger *sano y salvo* de esas impredecibles entrañas de mugre... CLA211187

C VERBOS QUE DENOTAN ENCUENTRO O HALLAZGO: **19 localizar ++:** Los 53 escolares (...) fueron localizados *sanos y salvos*... LVG221191 **20 encontrar +:** ...fueron encontrados ayer *sanos y salvos* en el parque nacional de Mikumi... LVE070895 **21 hallar +:** ...no pierden la esperanza de hallarla *sana y salva*... PLG300597

D VERBOS DE MOVIMIENTO QUE DENOTAN SALIDA O HUIDA: **22 salir +:** El barbudo combatiente transformado en terrorista exigió al Gobierno: (...) la posibilidad de salir *sano y salvo* de Budionnovsk. EME190695 **23 escapar +:** ...los grupos o personas que toman rehenes quieren escapar *sanos y salvos*... PME260197 **24 abandonar +:** ...el líder de la oposición abandone, *sano y salvo*, la siniestra prisión... EME100495 **25 marchar:** «Os ruego que le dejéis marchar *sano y salvo*...». EME240395 **26 evacuar:** ...evacuaron a última hora de la tarde *sanos y salvos* a 61 jubilados... EPE151201

E ALGUNOS VERBOS DE ESTADO: **27 permanecer +:** ...más de cien rehenes que permanecen en la embajada *sanos y salvos*. EME241296 **28 seguir +:** El «Bebé de Rochester», en EE. UU., sigue *sano y salvo* tras su primera semana de vida... EME240396 **29 quedar:** Nadie se explica cómo (...) pudo quedar *sano y salvo*... EPE090977

F VERBOS QUE DESIGNAN LA ACCIÓN DE MOVER, LLEVAR O ENTREGAR ALGO O A ALGUIEN: **30 devolver ++:** ...rogando a Dios que le devolviera *sanos y salvos* a sus pequeños. EME300795 **31 traer:** «Nuestra misión (...) será traerlos *sanos y salvos* cuando acaben». EPD300697 **32 dejar +:** ...resulta del todo inofensivo y siempre deja a la chica *sana y salva* (...) en su casa. EME060595 **33 entregar +:** ...cogió en brazos al niño (...) y lo entregó *sano y salvo* a los cuidadores. EME250896 **34 llevar +:** ...llevar *sanos y salvos* al presidente (...) y su equipo... CLA180199 **35 trasladar:** ...para trasladarla *sana y salva* a su casa. EME260395 **36 reintegrar –:** ...víctimas (...) reintegradas a sus hogares *sanas y salvas*. EXC181296

[santo] → guerra santa

saquear ♦ a sangre y fuego, impunemente, salvajemente, sin contemplaciones, violentamente

sarcasmo ♦ acerado[20], ácido[8], afilado[8], agudo, burlesco, cruel, demoledor[32], descarado, descarnado, despectivo[6], dialéctico, displicente, hiriente, mordaz, punzante[14], violento ♦ con ♦ aplicar, derrochar[110], hablar (con), preguntar (con), utilizar

☐ Véase también: **humor, ironía, parodia, sátira.**

sardónico *adj.* ▌Se combina con...

A SUSTANTIVOS QUE DESIGNAN GESTOS U OTRAS EXPRESIONES DEL ROSTRO: **1 risa ++:** ...es una mueca en su cara, es una risa *sardónica* y sarcástica, que se vuelve una máscara y ayuda a destruir al interlocutor. DYM210197 **2 sonrisa ++:** Aquí se le vio en la televisión con una sonrisa *sardónica* disfrazado de cusqueño, como lobo disfrazado de oveja. CAP090197 **3 expresión:** Se cuela en su despacho y se sienta con expresión *sardónica* en el sillón desde donde el eminente escritor gobernaba... EME010594 **4 mirada:** ...para dar el último adiós al actor que, con su mirada *sardónica* e indolente, atravesó casi cincuenta años de cine italiano. EME201296 **5 cara:** Y se volvía a otro cliente que miraba la escena con cara *sardónica*. EME071195 **6 mueca:** ...y que aparezca en mi boca una mueca *sardónica* al escuchar a Lina Morgan las razones de su soltería y el destino de sus ahorros... EME271295 **7 rictus:** ...ensalza la figura de Humphrey Bogart, el hombre del labio contraído en un rictus *sardónico*, y cuyas primeras apariciones pasaron sin pena ni gloria... EPE281299

B SUSTANTIVOS QUE DESIGNAN EL HUMOR O ALGUNAS DE SUS MANIFESTACIONES: **8 humor:** Este sentido del humor *sardónico* y secreto aparece en otras obras... EME230995 **9 humorismo:** ...capaz de aunar influencias diversas del clasicismo con la permanente presencia de la música y del más *sardónico* humorismo. EME110896 **10 burla:** ¿De qué está hablando el presidente español? Esto es una burla *sardónica*. EME010494 **11 divertimento –:** Entre la negra tensión de «Il tabarro» y el divertimento *sardónico* de «Gianni Schicchi», «Suor Angélica» es un pacífico valle en medio de las montañas. ABC190393

C ALGUNOS SUSTANTIVOS QUE DESIGNAN EXPRESIONES VERBALES: **12 comentario:** ...al escritor Quim Monzó, que había realizado unos comentarios *sardónicos* en TV3... EME280294 **13 observación:** La tarea de dilucidar la *sardónica* observación del alcalde de Tossa ha resultado bastante laboriosa... LVE090696 **14 pregunta:** El 1 de enero de 1996, millones de entusiastas lectores de todo el mundo ya no podrán disfrutar con las *sardónicas* preguntas de Calvin... LVE071295

D SUSTANTIVOS QUE DESIGNAN CIERTOS ESTADOS PERSONALES CARACTERIZADOS POR SU NATURALEZA AFLICTIVA U HOSTIL. USO INFRECUENTE: **15 amargura –:** Es un libro apresurado, a vuelapluma, cargado de amargura *sardónica* y que los profesionales desentrañarán con facilidad. EME120595 **16 acidez –:** Seguramente no es el nuevo Orson Welles y le falte cinismo, aunque no engolamiento, sobre todo como actor, para emular la acidez *sardónica* de Oscar Wilde... EME070196 **17 furia –:** ...las cosas no estaban tan mal, y en su formidable furia *sardónica* cabía el sueño utópico. EPE080699

sarta (de) *sust.* ▮ Se construye con gran número de sustantivos en plural, pero destacan especialmente sus combinaciones con...

A SUSTANTIVOS QUE DESIGNAN COSAS INCIERTAS: **1 mentira** ++: Los compatriotas de la Isla tienen que analizar la *sarta* de mentiras que les sirven diariamente. DLA070297 **2 embuste** +: ...mil otras sandeces por el mismo estilo que no son sino una *sarta* de embustes sin pies ni cabeza... ENV180497 **3 falsedad** +: ...envió una nota inaceptable de queja por que se diese un premio a lo que considera una *sarta* de falsedades... EME220396 **4 falsificación:** ...hay una seria responsabilidad política (...) por toda esa *sarta* de falsificaciones y defectos de forma... EME160495 **5 patraña:** ...ni para hacer de ella un cuento de hadas ni para convertirla en una *sarta* de patrañas difamatorias. EPE310799 **6 pretexto:** Añadió una *sarta* de pretextos y mentiras similares a las que usó a la hora de justificar su complicidad... EME190996 **7 excusa:** Los argumentos del Movimiento Islámico (...) son, en opinión de los cristianos, una *sarta* de excusas... EPE231199

B SUSTANTIVOS QUE DESIGNAN COSAS ABSURDAS, DISPARATADAS, INTRASCENDENTES O BANALES: **8 disparate** ++: ...le han abocado a cometer una *sarta* de disparates... LVE170695 **9 despropósito** +: Las declaraciones (...) constituyen una *sarta* de despropósitos que no resisten el menor análisis. EME200195 **10 incongruencia** +: La *sarta* de sus incongruencias (...) son el trasunto personal de su manera de gobernar. LVE170295 **11 tontería** +: Ni siquiera La Republica, que ayer publicaba una *sarta* de tonterías sobre la situación política en España. EME120395 **12 sandez** +: ...un informe (...) donde sólo se recoge una *sarta* de sandeces. LVE101295 **13 barbaridad** +: ...su nueva disponibilidad para «contar toda la verdad» parte de la *sarta* de barbaridades que está escuchando... LVE310596 **14 brutalidad:** Toda esta *sarta* de brutalidades médicas contra Bond me recuerda lo que en su día se dijo sobre Marilyn Monroe... EME121196 **15 majadería:** Pero ni los más potentes y devotos altavoces, difundiendo la *sarta* de majaderías ya enumeradas... EME311295 **16 bobada:** Mi reconocida paciencia se fue convirtiendo en mortal aburrimiento ante la *sarta* de bobadas... EME140295 **17 estupidez:** Después de los insultos y de la *sarta* de estupideces que ha recibido... EPE200699 **18 trivialidad:** ...al topar en este libro con una notable *sarta* de impúdicas trivialidades sexuales... EME231196 **19 tópico:** Apretabas el botón y de la boca de Ashraui brotaba una *sarta* de tópicos... EME180196 **20 chisme:** Opiniones que, para el portavoz de la familia real, son sólo una *sarta* de chismes... EPE011085 **21 habladuría:** Era más que una *sarta* de habladurías y más que una maraña de calumnias... EME150195 **22 dislate** −: Pero la guerra desencadenada por la OTAN es una *sarta* de dislates. EPE010599

C SUSTANTIVOS QUE DESIGNAN MANIFESTACIONES DE OFENSA, INSULTO O DIFAMACIÓN: **23 descalificación** +: El debate sobre la integración en la OTAN, zanjado con una *sarta* de descalificaciones personales... LVE161196 **24 improperio** +: Y para suavizar algo la *sarta* de mis improperios, terminé afirmando... ETC081196 **25 insulto** +: De no ser así, resulta incomprensible la *sarta* de insultos que recibe de la furia de Bolívar... ENV180497 **26 acusación:** El broche que remata la *sarta* de acusaciones es el tema Waldheim. EME090296 **27 pulla:** Tras las anodinas secuencias que repiten la previsible *sarta* de pullas y descalificaciones mutuas... LVE021196 **28 calumnia:** ...no es sino una *sarta* de calumnias, por lo menos en cuanto concierne al delito de plagio... EXC190696 **29 difamación:** ...para deshacer en lo posible la *sarta* de entuertos y difamaciones que venimos soportando. EPE270799 **30 provocación:** ...se hicieron los ciegos ante la *sarta* de provocaciones que los 7.000 «bad boys» (...) desplegaron... EME100496 **31 injuria:** ...escupiendo con rabia una *sarta* de injurias, irreproducibles por el respeto que merecen los lectores. EME160594 **32 infundio:** ...desmentir la *sarta* de infundios que se vierten en dicho artículo sobre mi persona y mi familia... EME040595 **33 infamia:** A fines de 1973, publicó una *sarta* de infamias... EPE120299 **34 vituperio** −: Y lanza una *sarta* de vituperios contra el comité regional... EME130696

D SUSTANTIVOS QUE DESIGNAN OTROS TIPOS DE MANIFESTACIÓN VERBAL, A MENUDO MARCADOS POR EL HECHO DE SER ORIGINALES, PERO TAMBIÉN IMPROCEDENTES: **35 pregunta** +: El objeto de esta *sarta* de preguntas (...) lleva a una sola respuesta... LVE020695 **36 chiste** +: Lo que sucede es que el propósito satírico se resuelve (...) en ocasiones como pura *sarta* de chistes. ABC271095 **37 opinión** +: ...la audiencia esperaban una *sarta* de opiniones más o menos elusivas... EPE071099 **38 ocurrencia** +: Identificar esta *sarta* de ocurrencias deliberadamente descontroladas... EME241295 **39 consejo:** Nos parece increíble que las mujeres comulguen con esa *sarta* de consejos retrógrados. EME221296 **40 palabra:** La mentira también es una *sarta* de palabras: ¿debo ordenar las palabras para que me desvelen la verdad? EPE260599 **41 taco:** ...aquella insoportable y condenatoria *sarta* de tacos no pasaba de la categoría de un recurso literario. EPE230499 **42 greguería:** El estilo, cuando bueno, parece una *sarta* de greguerías... ABC280795 **43 letanía:** El cura nos soltó una *sarta* de letanías, de las que no entendimos ni la mitad. INDOC **44 protesta:** La visita (...) desencadenó una *sarta* de improperios y protestas... LVE011296 **45 ofrecimiento:** Aún permanecen fijas (...) las propagandas políticas con una *sarta* de ofrecimientos... ESP270700

E SUSTANTIVOS QUE DESIGNAN DEFECTOS O ERRORES, ASÍ COMO DIVERSAS ACCIONES O ACTUACIONES EQUIVOCADAS, ESCANDALOSAS O CARENTES DE COHERENCIA O PROPIEDAD: **46 incorrección** +: ...«una *sarta* de incorrecciones y mentiras»... EME130495 **47 irregularidad** +: Otro diario de la capital omite toda alusión a esa *sarta* de irregularidades. LVE170995 **48 injusticia:** ...que la audiencia fuera mañana para demostrar la *sarta* de mentira e injusticia... ESP100497 **49 defecto:** ...hay una seria responsabilidad política (...) por toda esa *sarta* de falsificaciones y defectos de forma... EME160495 **50 escándalo:** Una *sarta* de escándalos de corrupción, pringándonos a todos... EME250394 **51 ligereza:** ...sino esta *sarta* de ligerezas y frivolidades dirigidas como guiños a un público francés... ABC100192 **52 chapuza:** ...la aparición de nuevos datos que demuestran la *sarta* de mentiras y chapuzas en las que está enredado el Gobierno... EME030395 **53 arbitrariedad:** El baremo establecido era una *sarta* de arbitrariedades, además de una chapuza jurídica. EME290995 **54 desmán:** Nueva *sarta* de desmanes del bebé monstruoso provisto de acerados dientes. LVE011296 **55 desaguisado:** ...nunca le había leído tal *sarta* de desaguisados en este montón de años... LVE070596 **56 entuerto:**

...deshacer en lo posible la *sarta* de entuertos y difamaciones que venimos soportando. EPE270799 **57 vaguedad:** ...ha sido definida por la prensa colombiana como «una *sarta* de vaguedades». LVE191095 **58 venalidad –:** Termina Insulza su *sarta* de amnésicas venalidades señalando... EPE050299 **59 miseria –:** ...toda esa *sarta* de oscuras miserias del comportamiento humano forman las galerías secretas del psicoanálisis... LVE220995

F SUSTANTIVOS QUE DESIGNAN DIVERSOS SONIDOS NO ARTICULADOS: **60 carcajada:** La Garbo ya se había reído alguna vez en pantalla, pero nunca con la *sarta* de carcajadas con las que (...) acoge la caída del «bon vivant» Douglas... LVE171295 **61 risotada:** ...mientras el personal dispara una *sarta* de risotadas que los deja tiesos. EME160595 **62 ruido:** ...después de esta *sarta* de insufribles ruidos llenos de grandilocuente vaciedad... LVE110796 **63 detonación –:** ...la sospecha de que esta *sarta* de detonaciones no van dirigidas a disponernos para el conformismo... LVE260796

☐ Véase también: **cúmulo (de), rosario (de).**

sátira ♦ **acerado[17], ácido[15], afilado[9], cruel, demoledor[31], descarnado[24], desenfadado, despiadado, encarnizado[23], feroz[3], hiriente, implacable[63], mordaz[15], ofensivo, punzante[15], sutil** ♦ **escribir, lanzar**

☐ Véase también: **crítica, humor, ironía, parodia, sarcasmo.**

[satisfacción] → **a plena satisfacción**

satisfacción ♦ **absoluto, borracho (de)[8], completo, con reservas[51], desbordante[9], enorme, gran(de), grato, henchido (de), impagable[19], indescriptible, inmenso, lleno (de), ostensible[85], pequeño, pleno, pletórico (de)[24], profundo, rebosante (de)[3], sumo[4], total, verdadero, vivo[30]** ♦ **colmar (de)[5], constituir, dar[253,337], deparar (a alguien), experimentar, llenar (de), manifestar, mostrar, procurar, producir (a alguien), proporcionar (a alguien), sentir, ser (para alguien), suponer**

☐ Véase también: **agrado, alegría, alivio, gusto, indemnización, orgullo, placer, regocijo, regusto.**

SATISFACCIÓN

♦ (ADJETIVOS) Véase: **gratamente[E]**

♦ (SUSTANTIVOS) Véase: **ánimo (de)[B], arrebato (de)[F], beatífico[C], borracho (de)[B], caber[C], causar[G], celestial[B], con reservas[H], derrumbar(se)[M], desbordar(se)[C], despertar[K], destapar[G], destilar[D], disipar(se)[I], empañar(se)[C], extinguir(se)[H], fugaz[G], hacer extensivo[C], henchir(se) (de)[E], hondo[B], impagable[E], incitar (a)[H], invitar (a)[A], irradiar[A], ostensible[M], pasajero[G], pletórico (de)[B,E], rebosante (de)[A], rebosar[A], reinar[B], reventar (de)[B], saludable[E], sumo[D]**

♦ (VERBOS) Véase: **a medias[D], calurosamente[B], con alborozo[C], debidamente[E], de lo lindo[F], enormemente[C], plenamente[L], por completo[T]**

☐ Véase también: PLACER; SENTIMIENTO.

satisfacer ♦ **a medias[22], ampliamente, completamente, con creces[17], cumplidamente, de sobra, en absoluto, enormemente[19], enteramente, holgadamente, ni de lejos[12], plenamente[41], por completo[173]** ♦ **ambición, aspiración, curiosidad, demanda, deseo, deuda, exigencia, expectativa, gusto, hambre, inquietud, interés, necesidad, objetivo, petición, pretensión, sed, sueño**

satisfactoriamente *adv.* ▮ Se combina con verbos y predicados verbales que designan acciones con fin natural, especialmente si se entiende que conllevan alguna dificultad: *cerrar un trato; traducir una novela; transplantar un riñón; conducir una negociación; explotar una finca.* Se combina frecuentemente con los verbos que expresan el inicio de un proceso *(empezar, iniciar)* y sobre todo su final *(concluir, terminar, finalizar, acabar).* Lo hace también muy a menudo con los que expresan la acción de lograr que se alcance ese límite *(llevar a término, llevar a cabo, poner fin, culminar, liquidar, cumplir, llenar).* Se combina especialmente con...

A VERBOS QUE DESIGNAN LA ACCIÓN DE DAR SALIDA O SOLUCIÓN A UN ASUNTO: **1 resolver ++:** ...no se ha resuelto aún *satisfactoriamente* la vertebración de un sistema que evite la actual superposición de competencias... LVE210895 **2 solucionar ++:** ...los amigos de Diego no callaremos hasta que el caso se solucione *de forma satisfactoria* para el niño. ENC280301 **3 aclarar +:** ...como los magnicidios del 94 y como las muertes de militantes de partidos que no han sido aclaradas *satisfactoriamente.* PME150996 **4 descifrar:** ...bastante difíciles de aclarar y, en cualquier caso, el estado actual de la ciencia no permite descifrarlos *satisfactoriamente.* LVE230695 **5 despejar:** Hoy, por fin despejadas *de forma satisfactoria* las incertidumbres que se habían planteado... EPE080199 **6 arreglar:** ...no parece haber ninguna posibilidad real de que las autoridades norteamericanas quieran arreglar *satisfactoriamente* este problema... LPN310397 **7 saldar:** ...saldando de este modo *satisfactoriamente* una deuda pendiente consigo mismos. EME220194 **8 solventar:** Por el momento, los ingenieros y científicos del espacio han conseguido solventar *satisfactoriamente* los problemas más inmediatos asociados a... ABC071094

B VERBOS QUE DESIGNAN LA ACCIÓN DE TRASPASAR UN LÍMITE O SALIR DE UNA SITUACIÓN ADVERSA: **9 superar:** Superé el autobalance *satisfactoriamente.* Me dedico a lo que más me gusta. No tengo vocaciones frustradas. EME170895 **10 pasar:** El centrocampista brasileño pasó ayer *satisfactoriamente* la revisión médica que condicionaba el contrato por cinco temporadas... LVE190696 **11 recuperar(se):** ...pero hoy sí es noticia porque demuestra que el mercado se recupera lenta pero *satisfactoriamente.* ABC051193 **12 salir:** O bien no salió *satisfactoriamente* el acto de Sevilla, con Chaves, Almunia, González y hasta Javier Solana de estrella. EPE270200

C VERBOS QUE DESIGNAN EL PROCESO DE SEGUIR ALGO SU CURSO, ESPECIALMENTE SI ES POSITIVO, O EL DE ESTAR ALGO EN MARCHA O EN ACTIVIDAD. TAMBIÉN CON OTROS QUE EXPRESAN LA ACCIÓN DE MANTENER EN FUNCIONAMIENTO ALGÚN ESTADO DE COSAS: **13 desarrollar(se) ++:** En Estados Unidos encontró el lugar donde desarrollar su trabajo *de manera satisfactoria.* ABC260393 **14 discurrir +:** La evolución del periodo posoperatorio inmediato discurre *satisfactoriamente*... EPE020288 **15 evolucionar +:** Su rehabilitación evoluciona *en forma satisfactoria.* LTB071296 **16 desenvolverse:** ...las atividades productivas siguen desenvolviéndose *satisfactoriamente*... LNA280692 **17 mejorar:** ...mis mejores deseos para la familia y el niño, ya que he leído que está mejorando *satisfactoriamente.* EPE080401 **18 marchar +:** ...a pesar de deficiencias y anomalías, el proceso electoral marcha hasta ahora *de manera satisfactoria.* PME031196 **19 encarrilar(se):** A este hecho se añade la circunstancia de que en pocas horas de negociación se haya podido encarrilar *satisfactoriamente*... LVE251096 **20 funcionar:** ...deja explicitado que el banco funcionó *satisfactoriamente* durante un año luego de su venta. EOU170996 **21 trabajar +:** ...han demostrado que el sistema es capaz de trabajar *satisfactoriamente* en condiciones de bajas temperaturas... EME150396 **22 operar:** Para casi todos estos fines, tenemos herramientas apropiadas, bien diseñadas y que han operado *satisfactoriamente.* EPU121101 **23 desempeñarse:** Una sociedad no se desempeña *satisfactoriamente* sin una justicia confiable. EUV151096

D VERBOS QUE DESIGNAN LA ACCIÓN DE HACER FRENTE A ALGO: **24 abordar +:** ...con las características vocales y la formación necesaria para abordar *de forma satisfactoria* el servicio adecuado que... ABC280292 **25 hacer frente:** Incapaz de hacer frente *satisfactoriamente* a su déficit público, el Gobierno redujo sus programas de desarrollo o de ayudas a... EME150596 **26 enfrentarse:** ...señala sin pelos en la lengua las limitaciones presentes para enfrentarse *de modo satisfactorio* a ese reto... EME140196 **27 encarar:** En mi modesto entender, este problema ya ha sido encarado, y resuelto, *satisfactoriamente* por don... EPE311299

E VERBOS QUE EXPRESAN LA ACCIÓN DE PONER ALGO DE MANIFIESTO, A MENUDO VERBALMENTE: **28 explicar ++:** ...no ha podido explicar *de manera satisfactoria* la razón por la cual conociendo los reiterados indicios de actividades de... CAP190996 **29 describir:** ...no tengo palabras que puedan describir *satisfactoriamente* la manifestación de hoy. EME160195 **30 aclarar:** ...hasta tanto Manuel Guerra no aclare *satisfactoriamente* la situación de los integrantes de la agrupación. ENV060297 **31 hablar:** Hoy día, señala la AOC, es sólo «un grupo limitado de ONG» el que puede hablar *satisfactoriamente* de esta experiencia. EME221195 **32 refutar:** Villoria no ha refutado *satisfactoriamente* tales acusaciones... EPE240399 **33 responder +:** Si Valiente responde *de forma satisfactoria*, podrá decirse que la CNMV ha actuado de forma correcta. EPE020801 **34 justificar:** ...esa confianza en la fidelidad textual de don José Antonio se justifica *satisfactoriamente* si pensamos que... ABC100993 **35 probar:** ...trabajan con una vacuna contra el Alzheimer que ha sido probada *satisfactoriamente* en ratones... EPE120700

F ALGUNOS VERBOS DE JUICIO: **36 ver:** «Es una posibilidad que el Gobierno vería *satisfactoriamente*», dijo. EPD160497 **37 valorar:** ...preocupaciones que no impiden que los encuestados (...) valoren *satisfactoriamente* la gestión realizada por el equipo... LVE130595 **38 evaluar:** En secundaria no, porque, si se ha evaluado *de forma satisfactoria* a los alumnos, se les debe dar el título. EPE120301

satisfecho ♦ **enormemente, gratamente[24], inmensamente, ostensiblemente[73], parcialmente, plenamente, profundamente, sumamente, totalmente, visiblemente[18]**

secamente ♦ **comentar, contestar, hablar, responder, saludar,** *otros verbos de lengua*

[seco] → **en seco**

seco ♦ **aire, ambiente, anís, boca, cabello, calor, carácter, cauce, champán, chasquido, clima, comentario, dique, disparo, época, estilo, frío, fruto, golpe, ley, lugar, palo, persona, piel, planta, respuesta, río, sonido, tiempo, tiro, tono, vino, zona**
☐ Véase también: **en seco.**

[secreto] → **en secreto, secreto de sumario**

secreto ♦ **absoluto, a voces, celoso, de confesión, de estado, estricto[57], férreo[103], hermético[49], impenetrable, inaccesible, inconfesable[1], insondable[2], íntimo, intrincado[43], inviolable, invulnerable, misterioso, oculto, recóndito, riguroso, sumarial, total, velado** ♦ **al descubierto[48]** ♦ **en** ♦ **adentrarse (en)[19], aflorar, airear[28], arrancar (a alguien), atesorar[11], bucear (en)[39], compartir, conculcar[18], confesar[22], confiar (a alguien), conocer, conservar, contar, descifrar[3], descubrir, desentrañar[3], destapar[1], desvelar[1], dilucidar, encerrar, escarbar (en)[9], esconder, filtrar(se)[15], guardar[38], hurgar (en), infringir[25], levantar[15], mantener, ocultar, pregonar, prorrogar[3], proteger, publicar, quebrantar[31], residir (en)[8], revelar, romper, salir a la luz[4], sonsacar (a alguien), violar[42], vulnerar[31]**
☐ Véase también: **confidencia, enigma, incógnita, misterio.**

secreto de sumario ♦ **decretar[37], levantar**

sector ♦ **beligerante[22], boyante[4], competitivo[15], de capa caída[3], defensivo[4], dominante, mayoritario, minoritario** ♦ **líder (de)** ♦ **acotar, aglutinar[29], capitanear[44], conciliar[19], copar[22], desarrollar, encabezar, monopolizar, recuperar**
☐ Véase también: **facción, parte.**

secuela (de) *sust.* ▮ Se construye generalmente en plural *(pluralia tantum)*. Se combina con el sustantivo *enfermedad* y con otros muchos que designan enfermedades, a menudo de cierta importancia *(poliomielitis, trombosis, raquitismo, embolia)*, lesiones *(quemadura, herida)*, así como acciones o actividades que se consideran inconvenientes para el organismo *(borrachera, comilona)*. También se combina con...

A EL SUSTANTIVO *ACCIDENTE* Y CON OTROS QUE DESIGNAN SUCESOS A MENUDO EVENTUALES O FORTUITOS. POR EXTENSIÓN METONÍMICA, TAMBIÉN CON OTROS QUE DESIGNAN ARTEFACTOS QUE LOS PROVOCAN: **1 accidente ++:** ...lograron vencer las *secuelas* de un accidente y recuperaron la movilidad... CLA170397 **2 incendio +:** El terror que muestra hacia todo lo que arde no es más que una *secuela* de aquel pavoroso incendio. INDOC **3 golpe:** ...padece las *secuelas* de un golpe en una rodilla... CLA211187 **4 caída:** ...las *secuelas* de una caída parecida le dejaron al borde de la muerte. EPE230700 **5 incidente:** ...sufrían (...) las *secuelas* de los incidentes de la última semana. EME310595 **6 bomba:** Muchos sufren las *secuelas* de la bomba. LVE060895

B EL SUSTANTIVO *GUERRA* Y CON OTROS QUE DESIGNAN DIVERSAS FORMAS DE ACCIÓN VIOLENTA O REPRESIVA CONTRA LAS PERSONAS O LAS COSAS. TAMBIÉN CON ALGUNOS QUE SE REFIEREN A PERÍODOS DE AFLICCIÓN QUE SUELEN ASOCIARSE CON ELLAS: **7 guerra ++:** ...las *secuelas* de la guerra de la URSS en Afganistán impidieran desarrollar... EPE191001 **8 violencia +:** ...las concepciones exclusivistas (...) arrastran consigo la *secuela* de la violencia contemplada como una forma legítima de lucha política... EPE281101 **9 destrucción:** ...es más lógico, humano y justo que ese diálogo se haga antes de la guerra para evitar las terribles *secuelas* de la destrucción mutua. HOY281283 **10 contienda:** Las *secuelas* de la contienda civil son hoy todavía dolorosas... LVE151196 **11 matanza:** Guatemala atravesaba en aquellos años de la infancia del escritor (...) las *secuelas* de la matanza campesina de 1932. LHG020797 **12 masacre:** Las *secuelas* de las masacres de abril en el altiplano salen a flote. LTB180900 **13 dictadura:** La obra plantea las *secuelas* de la dictadura. EPU110601 **14 posguerra:** ...la pobreza de una nación que todavía arrastra las *secuelas* de la posguerra... ABC140495 **15 violación:** Todas las *secuelas* de tales violaciones a los derechos humanos... BRE020597 **16 asalto −:** las *secuelas* de aquel asalto son tan importantes que le impedirán acudir al juicio. LVE140595

C SUSTANTIVOS QUE EXPRESAN OTRAS SITUACIONES DE INESTABILIDAD O DE CONTROVERSIA: **17 agitación:** Las *secuelas* de la agitación social reciente siguen afectando a las industrias hotelera y turística de Bolivia. LTB061100 **18 polémica:** Secuelas de la polémica sobre la seguridad ciudadana... LVE071196 **19 discusión:** ¿O *secuelas* de una reciente discusión luego que el presidente tratase despectivamente (...) al volante argentino Mauro Cantoro? CLA020199 **20 debate −:** ...un debate agrio, algunas de cuyas amargas *secuelas* aún perduran entre la clase política. INDOC

D OTROS SUSTANTIVOS QUE DESIGNAN MANIFESTACIONES DE CRISIS, DETERIORO O INESTABILIDAD: **21 crisis ++:** ...en medio todavía de las *secuelas* de la mayor crisis económica... PME010996 **22 recesión +:** ...las *secuelas* de la reciente recesión seguirán presentes... LVE230694 **23 inestabilidad:** ...sufrir las *secuelas* de inestabilidad que ello comporta... LVE270294 **24 quiebra:** ...sufrir en los últimos años las nefastas *secuelas* de una quiebra. LVE090495 **25 devaluación −:** ...de las *secuelas* de la devaluación del real. CLA270199 **26 decadencia −:** ...las *secuelas* de las decadencias orgánicas. LVE310195

E SUSTANTIVOS QUE DESIGNAN DESASTRES NATURALES: **27 tormenta +:** ...las *secuelas* de la mayor tormenta de nieve que han vivido... LVE100196 **28 inundación +:** ...la falta de obras (...) que impidan las *secuelas* de las inundaciones. LPA080592 **29 catástrofe:** ...las *secuelas* de la catástrofe industrial más mortífera de la historia... EPE031001 **30 terremoto:** ...las *secuelas* de un terremoto que ha sacudido su centro neurálgico... EPE190899 **31 sequía:** Son las *secuelas* de la sequía. LVE041295 **32 granizada −:** ...sufrieron las *secuelas* de la granizada que se abatió... ACP221096 **33 aguacero −:** ...las *secuelas* de los últimos aguaceros no le han dado tregua a los moradores... ENV121296

F OTROS SUSTANTIVOS; POSIBLES USOS ESTILÍSTICOS: Todavía arrastran las *secuelas* de la morosidad desbordada... LVE051195; ...le afectarán las *secuelas* de esta hoy inadecuada amistad. LVE210795

▩ Se combina también con: ♦ **imborrable[4], irreparable[16], irreversible[3], palpable, perceptible** ♦ **acarrear[5], agravar(se)[36], dejarse ver, percibir(se), recobrarse (de), sentir(se), sufrir, traer aparejado, traer consigo**

☐ Véase también: **consecuencia, estigma, huella, rastro.**

secuestrar ♦ **a mano armada[4], a punta de {navaja/pistola...}, impunemente, violentamente**

secuestro ♦ **ola (de)[9]** ♦ **abortar, cometer[40], consumir, culminar, fracasar, frustrar(se), llevar a cabo, perpetrar, planear, realizar, tener éxito, tramar, urdir[25]**

☐ Véase también: **delito.**

secundar ♦ **a coro[31], a regañadientes[19], con gusto, de buen grado[18], gustosamente** ♦ **huelga, iniciativa, llamada, llamamiento, manifestación, movilización, paro, propuesta**

☐ Véase también: **apoyar(se), respaldar.**

sed ♦ **abrumador, acuciante, apremiante, asfixiante[50], de justicia, de poder, desaforado[60], desmesurado, de venganza, imperioso[3], inagotable, incontenible, insaciable[3], irreprimible, muerto (de), terrible** ♦ **acuciar[12], aguantar, apaciguar[34], apagar(se), aplacar(se)[22], asaltar (a alguien), calmar, dar[328], despertar[48], entrar (a alguien), experimentar, irse(le) (a alguien), mitigar[34], morir(se) (de), paliar, pasar, pasárse(le) (a alguien), quitárse(le) (a alguien), reventar (de)[3], saciar[4], sentir, sofocar, soportar, tener**

☐ Véase también: **hambre, necesidad.**

[seda] → **como la seda**

sedentario ♦ **costumbre, existencia, hábito, labor, persona, sociedad, trabajo, turista, viajero, vida**

sediento (de) ♦ **ambición, éxito, fama, gloria, información, libertad, odio, poder, sangre, triunfo, venganza**

segar ♦ **definitivamente, de raíz[5], de un tajo, por completo** ♦ **avance, esperanza, futuro, ilusión, marcha, relación, vida**

☐ Véase también: **cortar.**

SEGMENTO Véase: ASPECTO; PARTE

segregar *v.* ▮ En el sentido de 'separar o apartar' admite sustantivos de persona, a menudo los que designan colectivos o comunidades socialmente caracterizadas *(negro, mujer)*. También acepta otros que se refieren a áreas geográficas, políticas o administrativas *(municipio, región)*. En su sentido físico de 'desprender, despedir' elige como complementos sustantivos que denotan sustancia, especialmente las producidas por los seres vivos *(jugo, hormona, cera, líquido, saliva)*. En su sentido figurado se combina con...

A ALGUNOS SUSTANTIVOS QUE DESIGNAN EMOCIONES O SENTIMIENTOS: **1 repulsión:** ...tan intensa como la repulsión que sus instintos *segregaban* cada vez que tenía que visitarlo. INDOC **2 malestar:** ...La habitación tranquila es un foco de desasosiego, *segrega* al mismo tiempo inteligencia y malestar... EPD300697 **3 euforia:** ...atestaban la sala Lumière con esa peculiarísima comodidad y sensación de euforia que sólo *segrega* una pantalla cuando está viva... EPE160599

B EL SUSTANTIVO *CONOCIMIENTO* Y CON OTROS QUE DESIGNAN DIVERSOS RESULTADOS DE LA ACTIVIDAD MENTAL O FÍSICA: **4 conocimiento:** ...quedamos con un currículum escolar que *segrega* los conocimientos en asignaturas y que tiene una fe infinita en el dato y en el progreso. PME031196 **5 idea:** El catalanismo político, lo que hemos dado en llamar el nacionalismo catalán, ha *segregado* su propia idea, alternativa, de España. LVE050996 **6 opinión:** La ignorancia también *segrega* opinión. EME271196 **7 destreza –:** Lo que, en principio, fue una tradición local que ha ido *segregando* destreza y conocimiento se extendió al mundo por medio de hispanófilos... EME180795

C SUSTANTIVOS QUE DENOTAN DIFICULTAD O REACCIÓN NEGATIVA. TAMBIÉN CON OTROS QUE DESIGNAN DIVERSAS MANIFESTACIONES DE LO QUE SE CONSIDERA INCONVENIENTE, INAPROPIADO, OCULTO O INMORAL: **8 problema:** Estas impresiones *segregaron* un problema moral que abocaba a cierto tipo de sufrimiento. EPE230399 **9 violencia:** ...el cine es violento, y los dos *segregan* sexo y violencia. EPE111099 **10 crítica:** ...los aparatos que domina el Gobierno *segregan* alguna crítica contra la mayoría de los columnistas... EME270494 **11 sombra –:** Su personalidad (...) *segrega*, como el calamar acosado, sombras que difuminan sus contornos y los rodea de misterio. ABC060392 **12 peste –:** ...Alemania Federal fue al fin decisiva en la degradación comunista, en cambio *segregó* una peste política cósmica. LVE030495

☐ Véase también: **desprender(se), emanar, emitir.**

[seguido] → **a renglón seguido**

seguidor ♦ **acérrimo[3], apasionado, ardoroso, asiduo[23], aventajado[8], convencido, devoto, empedernido[11], enardecido, entusiasta, exaltado, fanático, ferviente[9], fervoroso[17], fiel, fogoso, gran(de), impenitente, incondicional, inconstante** ♦ **aglutinar[53], aplaudir (a alguien), apoyar (a alguien), atraer, captar, concitar, congregar, declarar(se), enardecer(se), vitorear (a alguien)**

☐ Véase también: **adepto, adicto (a), admirador, forofo, hincha, partidario.**

seguimiento ♦ **al detalle, detallado, diario, estrecho[22], estricto[13], exhaustivo[24], médico, minucioso[12], periódico, periodístico, policial, preciso, público, puntual, riguroso[12], severo[56]** ♦ **objeto (de)[15]** ♦ **burlar, efectuar, realizar, someter(se) (a)**

☐ Véase también: **búsqueda, persecución, rastreo.**

seguir *v.* ▮ Admite sustantivos que designan personas *(seguir a un maestro)*, colectivos, instituciones o ideologías *(seguir a la ONU; seguir el marxismo)*, seres en movimiento *(estrella, coche)*, vías o espacios longitudinales *(camino, calle)* y diversas cosas a las que corresponde un sentido lineal o una sucesión temporal *(vida, explicación, conferencia, película, discurso, debate, dieta, partido, música, ritmo, compás)*. Son varios los sustantivos *(línea, camino, conducto, dirección, derrotero, persona, curso)* que admiten usos físicos y figurados en esas construcciones. Se combina especialmente con...

A SUSTANTIVOS QUE DESIGNAN NORMAS O DISPOSICIONES: **1 regla ++:** ...en caso de presentarse diarreas, se debe recurrir a un médico, por ser síntoma del cólera, y recomendó *seguir* reglas sanitarias mínimas. EUV080197 **2 precepto ++:** Este último personaje es considerado por el clero como un colaborador válido y funcional que *sigue* los preceptos de sus antecesores. EXP150492 **3 mandato +:** ...prosigue la amplia limpieza de Moscú ordenada por el alcalde Luzkhov, *siguiendo* el mandato de Eltsin... LVE160796 **4 norma ++:** ...según sus tesis, el muro debería haber resistido el viento de ese día, de haber *seguido* las normas de construcción. EPE241199 **5 consigna ++:** Siguiendo la consigna de Giscard, los fieles del ex presidente de la República y de la UDF respaldaron a Madelin. EME010496 **6 dictado ++:** ...se ha *seguido* los dictados de una elite técnica muy relacionada con el «establishment» económico y financiero de nuestro país. EME081295 **7 ley +:** Nadie puede reprocharle que, *siguiendo* la «ley de Lincoln», ahora trate de garantizarse, como primera medida, la «supervivencia». EME150996 **8 directiva –:** El Gobierno español *sigue* la directiva europea al pie de la letra, salvo en su artículo 16... EPE210399

B SUSTANTIVOS QUE DENOTAN PAUTA, ESQUEMA, RECURSO Y OTRAS FORMAS DE ORGANIZAR Y ARTICULAR LAS ACTUACIONES: **9 criterio ++:** Pero, hasta ahora, Granados siempre ha *seguido* el criterio de la Junta de Fiscales. EME060995 **10 modelo ++:** Es el primer «museo» del arte psicopatológico en España, que *sigue* el modelo de países como Suiza, Austria o Alemania... EME071296 **11 programa ++:** El 78 de los 2.000 alumnos de entre 16 y 18 años que han *seguido* este programa han conseguido graduarse en Secundaria. EPE260699 **12 método ++:** ...llegó a España en 1961 y, *siguiendo* el método de Stanislawsky, formó a actores y directores como Plaza, Miguel Narros, Ana Belén o Josefina Molina. EPE041199 **13 procedimiento ++:** ...«de haberse *seguido* el procedimiento regularmente (...) resultaría que Francisco Duque habría sido acreedor de una de las plazas convocadas». EPE171101 **14 plan ++:** Siguiendo un plan propuesto por Canadá y la Argentina, el Consejo de Seguridad de la ONU aprobó un nuevo esquema de trabajo del organismo sobre Irak. CLA310199 **15 estilo +:** Yo siempre he *seguido* el estilo de don Manuel, su forma de hacer política... EPE101201 **16 metodología +:** La enseñanza musical en Venezuela ha sido tradicionalmente ofrecida en escuelas y conservatorios, *siguiendo* la metodología europea. EUV151096 **17 estrategia:** Así, Almunia recordó a sus diputados que, aunque algunos le piden que haga una oposición con «más caña», no va a *seguir* esa estrategia. EPE150999 **18 pauta:** Comenzó en 1965 a explorar caminos no transitados (...) trazando, en «Amor peninsular», líneas que no *siguen* las pautas del discurso lógico. ABC180394 **19 canon:** La Gran Gala de la Hispanidad, emitida por Tele 5 desde Sevilla el pasado martes, *siguió* los cánones del género. EPE141099 **20 fórmula:** Debemos *seguir* la primera fórmula, porque no es traumática, mientras que la otra provocará conflictos con seguridad. EME300895 **21 esquema:** Las eliminatorias se harán cada semana *siguiendo* el esquema de la Copa del Rey de fútbol... EPD041097 **22 sistema:** Y *sigue* el sistema tradicional del fresco: preparar primero los dibujos en cartones, que luego pasaba a la pared. ABC161092 **23 proyecto:** «He *seguido* el proyecto del maestro Eloy Cavazos...». EME140594

C EL SUSTANTIVO *LÍNEA* Y CON OTROS QUE DENOTAN CURSO O TRAYECTO. SE USAN MUY FRECUENTEMENTE EN SENTIDO FIGURADO: **24 línea ++:** El libro (...) *sigue* la línea de los estudios sobre el cambio tecnológico... ABC240993 **25 curso ++:** La oferta de los afectados es que, si en cinco días no se entrega el dinero, la demanda *seguirá* su curso. EME190495 **26 ruta ++:** ...desde Pamplona, intentan alcanzar la meta de Compostela, *siguiendo* la ruta primigenia y sólo eludirla en caso de peligroso franqueo. LVE150896 **27 itinerario ++:** El certamen se ha llevado a cabo *siguiendo* el itinerario marcado por el libro de Miquel Barceló... LVE240495 **28 recorrido ++:** En Barcelona, una lluvia pertinaz no impidió que más de un cuarto de millón de personas *siguieran* el recorrido previsto. LVE200296 **29 trayectoria ++:** Durante este tiempo he *seguido* una trayectoria que el productor de la película, César Benítez, conocía. EME241295 **30 tendencia +:** Este tipo de servicios crecerá en los próximos años a un ritmo del 20, *siguiendo* la tendencia de Estados Unidos... EME230696 **31 corriente +:** Ahora, *sigue* una corriente en la que está bien acompañada, tanto dentro como fuera de España... ABC161294 **32 conducto:** ...el alijo incautado sumaba 70.000 kilos de fertilizante auténtico, que era comercializado legalmente por la empresa *siguiendo* los conductos habituales. EME150295

D SUSTANTIVOS QUE DESIGNAN OTROS PROCESOS EN CURSO: **33 proceso ++:** ...la entrada súbita del capitalismo, al no *seguir* un proceso paulatino, ha producido efectos de desconcierto y falta de recursos inmediatos. LVE160296 **34 evolución:** Mientras, la economía *sigue* su evolución positiva, con un descenso en la cifra de parados por cuarto mes consecutivo... LVE170695 **35 marcha +:** El futuro *siguió* una marcha similar, aunque terminó por debajo del contado, cuando estuvo por encima de este en buena parte de la sesión. LVE140795 **36 avance:** Pasaba el día sentado ante mi escritorio *siguiendo* el imparable avance de la gran revolución proletaria... LVE110395 **37 desarrollo:** Pero fue absolutamente imposible *seguir* el desarrollo del partido... EPE251199 **38 carrera +:** El mundo *sigue* una carrera desbocada hacia el materialismo, en el peor sentido de la palabra. EME040996 **39 desenvolvimiento:** La nación entera ha *seguido* el desenvolvimiento de este melodrama judicial. DLA070297

E SUSTANTIVOS QUE DENOTAN DIRECCIÓN O DESIGNAN LA SEÑAL QUE LA PONE DE MANIFIESTO: **40 indicación ++:** ...se enfrentaba ayer a un dilema. *Seguir* las indicaciones de su jefe o actuar de acuerdo con su conciencia. EME010896 **41 señal ++:** En esta localidad burgalesa, (...) tomó un café y *siguió* las señales de la ruta jacobea hacia el puerto de la Pedraja... EME170694 **42 dirección ++:** Lo que se ha hecho es *seguir* una dirección lógica en ese asunto. EPE250199 **43 directriz ++:** Siguiendo las directrices de su Junta de Gobierno, (...) presentaban ayer una demanda... EME130396 **44 rumbo ++:** El dilema: actuar o dejar que la historia *siga* su rumbo. LVE090495 **45 impulso ++:** Soy optimista por naturaleza y *seguir* ese impulso me ha ayudado mucho en la vida. EPE151299

F SUSTANTIVOS QUE DESIGNAN CONTENIDOS QUE SE ENSEÑAN, SE RECOMIENDAN O SE PRESENTAN COMO EJEMPLOS, MODELOS O TENDENCIAS: **46 consejo ++:** ...en la nueva colección de la editorial de esa revista, creada por Ortega *siguiendo* un consejo de Salinas, publicó Guillén el primer «Cántico» (1928). ABC150193 **47 ejemplo ++:** Otros países europeos deberían *seguir* su ejemplo y dejar claro que (...) la pena de muerte y, por supuesto, la tortura no pueden formar parte de la guerra contra el terrorismo... EPE101201 **48 moda ++:** Y como *sigue* la moda, sus diálogos están subidos de tono y no faltan ni violencia ni erotismo. LVE121196 **49 recomendación ++:** ...si el Gobierno *sigue* las recomendaciones que le han presentado los organismos internacionales, lo único que estaría haciendo es perpetuar el monopolio existente... LDD020597 **50 instrucción ++:** Tramullas ahora asegura que se limitó a *seguir* las instrucciones de este nuevo cuñado... EME270695 **51 enseñanza ++:** Bruckner, acaso *siguiendo* las enseñanzas de Hannah Arendt, predica una dimensión política de la virtud y la necesidad de un compromiso responsable... EME080696 **52 llamamiento:** Siguiendo el llamamiento de la poderosa confederación sindical, el trabajo cesó durante las honras fúnebres. LVE270696 **53 lección:** Los jueces lores *siguieron* la lección con humildad. EPE240199 **54 idea:** En cuanto a la Introducción, es breve y sugestiva, y parece *seguir* la idea de R. Jammes de que hoy se necesita (...) hacer inteligible su texto... ABC240993 **55 concepto:** El sistema «inteligente» de la capota ha sido desarrollado *siguiendo* un concepto de la compañía American Sunroof Company... LVE270294 **56 pensamiento:** «La mano piensa y *sigue* el pensamiento de la materia», decía Brancusi. EME130495

G SUSTANTIVOS QUE DESIGNAN EL RESTO DEJADO POR ALGO. SE INTERPRETAN A MENUDO FIGURADAMENTE: **57 paso +:** Montxu Miranda ha decidido *seguir* los pasos de Yago Lamela, quien también creó su club particular para tramitar el patrocinio... EPE151101 **58 pista +:** Siguiendo esta pista, los fiscales han llegado a la All Iberian, que consideran controlada por Fininvest. EME010296 **59 huella +:** Siguiendo las huellas de Jonathan Swift, es grande la tentación de proponer que al menos una parte de los hijos herederos de autores pobres sean engordados y vendidos en el mercado como comida. EPE300499 **60 rastro:** «Son medios de pago absolutamente normales y legales, a los que es muy difícil *seguir* el rastro». EME240196 **61 estela:** La actriz ha *seguido* la estela de su padre estos últimos años. EPE070899

H ALGUNOS SUSTANTIVOS DE CONTENIDO INTENCIONAL: **62 deseo:** Siguiendo sus deseos empezamos las gestiones para enterrarle en Narrillos de San Leonardo (Ávila).

EME300796 **63 interés:** ...acude en busca de blanqueo un dinero que (...) es capaz de comprar políticos para obtener favores o, incluso, de fabricar partidos populistas que *sigan* sus intereses. EPE291099

I SUSTANTIVOS QUE DENOTAN META, FIN O FINALIDAD: **64 objetivo:** Al volver sobre el reequipamiento militar chileno, dijo que cada país *sigue* sus objetivos de defensa... CLA090597 **65 meta:** Pero el elenco que dirige Héctor Cúper tiene bien en claro las metas a *seguir* y la Liga de Campeones mantiene muy atento a los valencianistas... ENH071100 **66 destino:** En el futuro querría dedicarse a la lucha contra la droga, la asesoría sobre la resolución de conflictos o bien la política internacional. (...) Ella *seguirá* su destino. EPE050900

▩ Se combina también con: ♦ **a fondo, a la cabeza[12], al corriente (de), al dedillo[8], al detalle[17], al pie de la letra[19], al pie del cañón, a pie juntillas[4], a rajatabla[2], atentamente[6], a toda costa[44], a trancas y barrancas[6], a ultranza[9], ávidamente[10], ciegamente[5], con atención, con cautela[29], con detalle[14], con interés[2], con preocupación, contra viento y marea[16], cronológicamente[18], de cerca[20], de lejos, en líneas generales[8], en primera línea[12], escrupulosamente[12], incondicionalmente[3], miméticamente[3], ni de lejos[5], punto por punto[49]**

☐ Véase también: **alinearse, cumplir, proseguir, seguidor.**

[segundo] → **con segundas**

segundo ♦ **breve, eterno, interminable** ♦ **al cabo (de), en cuestión (de)** ♦ **arañar, durar, esperar, llevar (a alguien), pasar, perder, sacar de {ventaja/diferencia}, tardar, transcurrir**

☐ Véase también: **hora, minuto.**

[seguridad] → **de seguridad, medida de seguridad**

seguridad ♦ **absoluto, admirable, aplastante[29], atentatorio (contra)[29], completo, entero, escaso, estricto[16], integral[10], meridiano[9], permanente, pleno, rotundo[71], total** ♦ **en aras (de)[2]** ♦ **amenaza (para), manifestación (de)[43], muestra (de), riesgo (para)** ♦ **adquirir[37], amenazar, atentar (contra), aumentar, brindar[22], burlar[3], comprometer, confirmar, dar[126], derrochar[25], extremar, gozar (de), impartir[31], infundir[29], inspirar[2], irradiar[27], mantener, quebrantar, redoblar[9], romper, saltarse, socavar[32], tener, transmitir[3], velar (por)[24], vigilar, violar[45]**

☐ Véase también: **afianzar(se), asegurar, cerciorarse, certeza, certificar, concluyente, confianza, confiar, confirmación, confirmar, consistencia, credibilidad, crédito, creencia, de buena tinta, desconfianza, fe, firme, firmeza, garantía, indudable, inseguridad, objetividad, precario, ratificar(se), rigor, seguro.**

SEGURIDAD

♦ (ADJETIVOS) Véase: **ciego[A]**

♦ (SUSTANTIVOS) Véase: **abrigar[F], adquirir[E], alimentar[G], aplastante[F], brindar[C], demoledor[I], desmoronar(se)[F], destilar[I], fehaciente[A], férreo[H], impartir[F], infundir[E], inspirar[A], integral[C], irradiar[A,F], irreconciliable[E], manifestación (de)[F], meridiano[B], minar[B], profundo[G], quebrar(se)[E], reconocer(se)[D], remachar[C], silenciar[C], violar[H]**

♦ (VERBOS) Véase: **a ciencia cierta[B], a medias[G], categóricamente[A], ciegamente[A], en líneas generales[C], incondicionalmente[E], plenamente[J,N], por activa y por pasiva[C], por completo[T], rotundamente[A], sin ambages[B], sin paliativos[E]**

☐ Véase también: CREENCIA; PROTECCIÓN; VERDAD.

SEGURIDAD Y CREENCIA Véase:

♦ **concluyente, creyente, firme, indudable, precario, seguro**

♦ **de buena tinta**

♦ **certeza, confianza, confirmación, consistencia, convencimiento, convicción, credibilidad, crédito, credo, creencia, desconfianza, dogma, fe, firmeza, garantía, inseguridad, objetividad, rigor, seguridad**

♦ **afianzar(se), asegurar, cerciorarse, certificar, confiar, confirmar, convencer(se), creer, dar crédito (a), ratificar(se)**

seguro **I** *(adj.)* ♦ **absolutamente, cien por cien, completamente, totalmente**

I *(sust.masc.)* ♦ **a terceros, a todo riesgo** ♦ **cobrar, contratar, cubrir (algo), echar[44], hacer, pagar, vencer**

selección ♦ **adecuado, aleatorio, amplio, antológico, arbitrario[23], crucial, cuidadoso, deportivo, depurado, escrupuloso, estricto, meditado, meticuloso, minucioso, nutrido, pequeño, ponderado, representativo, rico, riguroso[33], selecto, somero[56], variado** ♦ **componer, constituir, efectuar, extraer, hacer, llevar a cabo, ofrecer, presentar, proceder (a), realizar**

☐ Véase también: **elección.**

SELECCIÓN Véase: *ELECCIÓN Y DECISIÓN*

seleccionar ♦ **a conciencia, adecuadamente, a dedo[7], al tuntún, a ojo, arbitrariamente, atentamente, a voleo, cuidadosamente, democráticamente[6], escrupulosamente[40], meticulosamente, minuciosamente, rigurosamente**

☐ Véase también: **elegir, escoger.**

sellar *v.* **I** Se combina con sustantivos que designan documentos diversos *(documento, carta, testamento, pasaporte, factura, boleto, visado)*, recipientes o contenedores *(caja, sobre, botella, frasco)*, recintos *(habitación, local, tienda, cueva, vitrina)*, así como cosas y lugares que permiten el paso, el acceso, la entrada o la salida de algo *(boca, labios, puerta, ventana, chimenea, rendija, entrada, salida)*. Admite también algunos sustantivos que designan eventos, así como ciertas cosas inmateriales que siguen un curso que ha de finalizar *(sellar una vida, una carrera, una gesta, un discurso, una obra)*. En el lenguaje deportivo se combina con sustantivos que designan competiciones *(sellar un partido, un torneo)*, así como algunos de sus lances *(sellar una jugada, un buen* *segundo tiempo)* o sus resultados *(sellar un tanteo, el marcador, el empate, la victoria, el triunfo, la derrota, el resultado).* Se combina asimismo con...

A SUSTANTIVOS QUE DENOTAN ACUERDO, ASÍ COMO LA ACCIÓN O EL EFECTO DE REUNIRSE CON EL OBJETIVO DE ALCANZARLO: **1 acuerdo ++:** ...mantuvieron un contacto fluido con el gobierno provincial, hasta que el lunes pasado se *selló* el acuerdo. CLA170497 **2 pacto ++:** ...ya que su decisión de no acatar el pacto político que había *sellado* con el Congreso tenía al Ecuador nuevamente en la zozobra... ETC110297 **3 trato ++:** Finalmente uno convence a la pareja y el trato se *sella.* Así se contratan los servicios de una funeraria para el recién expirado familiar. ESH210497 **4 alianza +:** Sin desperdiciar tiempo, *selló* una alianza con Lebed, popular exgeneral anticomunista... LNC270596 **5 compromiso +:** ...el posterior compromiso, *sellado* entre el presidente y el gobernador en la casa del senador Menem, de hablar durante la campaña lo menos posible del enigmático cartero. LNP040997 **6 arreglo:** Después bajó a 1.200.000 (es lo que le debe a América por dos partidos). Finalmente, *selló* el arreglo en 700 mil. CLA140199 **7 protocolo:** El Ayuntamiento de Ourense presentó ayer una campaña de ayuda a Cuba, que se enmarca dentro del protocolo de hermanamiento *sellado* el pasado año... FDV260601 **8 reunión:** Un beso y un abrazo *selló* la reunión entre quienes durante meses protagonizaron una cadena de desencuentros y tensas relaciones... EUV271096 **9 cita:** ...fue recompensado por plateadas bandejas entregadas de mano del máximo mandatario, Rafael Caldera, quien *selló* la protocolar cita cerca de una mesa... ENV010997 **10 encuentro:** También coincidieron en el Ayuntamiento donde *sellaron* su encuentro con un abrazo y un beso. LVE190296

B SUSTANTIVOS QUE DENOTAN VÍNCULO O RELACIÓN. TAMBIÉN CON OTROS QUE EXPRESAN ALGUNAS FORMAS DE ACTUACIÓN CONJUNTA QUE PERSIGUEN RESULTADOS COMUNES QUE SE CONSIDERAN BENEFICIOSOS: **11 amistad ++:** La amistad de los cirujanos seguramente se *selló* en ese momento. SEM241197 **12 vínculo +:** El nombre con que Don Bosco la bautizó (...) *selló* afectuosamente el vínculo fraternal que unió a la familia de Dorotea con la Congregación. HOY070497 **13 unión +:** Insistentemente se ha rumorado un posible acercamiento (...), con lo cual «se *sellaría* la unión en los próximos días». ETC110187 **14 relación:** Constituye un obsequio especial y recurrente para *sellar* la relación de dos amigos y, muy a menudo, de dos familias... HOY280797 **15 colaboración +:** Son cinco los tipos de colaboración comercial que las empresas han podido *sellar* con la organización... ECA150792 **16 entendimiento:** La amenaza de querella del Ejército en su contra se desvaneció tras un entendimiento que *selló* en un apretón de manos con el general Villarroel. CAR131097 **17 unidad:** Lo que sabe es que esa unidad *sellada* allá arriba, entre los dirigentes, le permitirá votar contra Menem. BRE150897 **18 coalición:** Pero el resto de la mesa provincial (...) sólo está dispuesta a (...) echar por tierra los reclamos de la dirigencia nacional para *sellar* la coalición. CLA290199 **19 reconciliación:** El Papa y el patriarca ortodoxo *sellan* en una misa común la reconciliación. FDV100599

C SUSTANTIVOS QUE DESIGNAN EL FINAL DE ALGO, ASÍ COMO AQUELLO HACIA LO QUE SE ENCAMINA. POR EXTENSIÓN, TAMBIÉN CON ALGUNOS QUE DESIGNAN CIERTOS ESTADOS QUE SE ALCANZAN, A MENUDO COMO RESULTADO DE ALGÚN PROCESO LARGO, COMPLEJO O COSTOSO: **20 fin +:** ...*selló* anoche el fin de las tensiones y reiteró que no habrá más convocatorias de huelga de autocares. EPE040701 **21 final +:** Roosevelt creó el New Deal (Nuevo Acuerdo), que *selló* el final del liberalismo a ultranza que condujo a la Gran Depresión... DLA030597 **22 ruptura:** Un encuentro rocambolesco, de película de espías, *selló* ayer, al menos aparentemente, la ruptura... EPE300801 **23 destino:** ...lo que resultó fue un «imposible histórico» que *selló* el destino de la lucha contra la tiranía castrista... DLA160497 **24 suerte:** En una banca, de una vieja iglesia de pueblo, quedó *sellada* la suerte de la cúpula del cartel de Cali. SEM100996 **25 paz:** Bush es partidario de hacerlo, pero Gore no lo cree conveniente mientras la paz no haya sido *sellada.* ENH071100

D OTROS SUSTANTIVOS; POSIBLES USOS ESTILÍSTICOS: Fausto *sellaba* sus personajes con su personalidad. EUV031196; ...desde un ángulo muy incomodo, sacó un potente remate que se le coló a Fernández por el primer palo y *selló* la paridad. LNP150997

▩ Se combina también con: ♦ **a cal y canto, con broche de oro, definitivamente, favorablemente, herméticamente[2]**

☐ Véase también: **cerrar, firmar.**

sello ▮ *(identificación gráfica)* ♦ **conmemorativo, de correos, de entrada, de registro, de urgencia, falso, identificativo, oficial, postal** ♦ **acuñar[64], estampar, falsificar, firmar (con), pegar, poner**
▮ *(rasgo o señal)* ♦ **característico, definitorio, distintivo, de aprobación, de calidad, de garantía, de identidad, de la casa, de {mi/tu/su...} personalidad, especial, exclusivo, genuino, inconfundible, indeleble[3], indiscutible, inequívoco[19], original, particular, peculiar, personal, propio** ♦ **adquirir, conferir, dar (a algo), dejar, distinguir (con), imponer, imprimir[1], infundir, llevar, marcar (con), ostentar, poner (a algo/en algo), poseer, tener**
▮ *(empresa)* ♦ **comercial, discográfico, editorial, musical** ♦ **crear, editar, promocionar**
☐ Véase también: **impronta, nota, rasgo.**

selva ♦ **amazónico, burocrático, cerrado, ciudadano, denso, enmarañado, espeso, exuberante[4], frondoso, humano, impenetrable, indómito, inexplorado, inexpugnable, inhóspito, intrincado[2], laberíntico, lluvioso, oscuro, pleno, político, profundo, remoto, salvaje, tropical, tupido, urbano, vasto, verde, virgen** ♦ **a través (de), en, en medio (de)** ♦ **ley (de), rey (de)** ♦ **adentrarse (en), atravesar, aventurar(se) (en), cruzar, explorar, internar(se) (en), penetrar (en), perder(se) (en), proteger, salir (de), sobrevolar, talar**

semáforo ♦ **en ámbar, en rojo, en verde** ♦ **pasar(se), respetar, saltarse**

semblante ♦ **adusto, afable, afligido, alegre, altivo, amable, atónito, circunspecto, descompuesto, grave, hosco, pálido, preocupado, sereno,**

severo, taciturno, tranquilo, triste ♦ alterar(se), asomar (a), avinagrar(se), cambiar, cubrir(se), demudar(se)³, denotar¹⁰, descomponer(se)⁴, desencajarse⁴, mostrar (algo), palidecer, perfilar, ver(se) (en)

☐ Véase también: **cara, rostro.**

semblanza ♦ biográfico, breve, escueto, ligero ♦ bosquejar²⁰, componer, esbozar, hacer, perfilar, trazar

sembrar *v.* **I** En su sentido físico se combina con sustantivos que designan semillas y plantas *(planta, árbol, trigo, tomate, semilla)*. En su sentido figurado se combina con...

A SUSTANTIVOS QUE DENOTAN MIEDO O AVERSIÓN EN DIVERSOS GRADOS: **1 terror** ++: ...combatir a los delincuentes que han *sembrado* el terror en el país. ENH141100 **2 pánico** ++: Según el rotativo, la amenaza de la crisis está *sembrando* el pánico en algunas zonas del país... EXC250900 **3 miedo** ++: Fue un acto deliberado e indiscriminado de asesinato dirigido a *sembrar* el miedo en el pueblo de Kosovo... CLA170199 **4 horror:** ...la banda «*siembra* el horror en cualquier circunstancia y época»... LVE231295 **5 pavor:** Un manso, sin más, que, al emplazarse en varas, *sembró* el pavor y el desconcierto. EME140796 **6 fobia** –: La incoherencia, el absurdo de muchos contenidos (...) están *sembrando* la fobia a las clases, aumentando el absentismo y gestando todos los vicios para burlar la tarea de estudiar. EPD120996

B SUSTANTIVOS QUE DESIGNAN DIVERSAS MANIFESTACIONES DE LA FALTA DE CERTEZA: **7 duda** ++: Y a la vez *sembraron* dudas sobre la posibilidad de que la Argentina pueda culminar con éxito un acuerdo bilateral de esa naturaleza. CLA230199 **8 misterio** ++: Sin desvelar datos, Núñez dejó una frase para *sembrar* el misterio sobre el caso de Celades. EPE270799 **9 incertidumbre** ++: El propio Maalouf, enigmático, *siembra* la incertidumbre. EME031296 **10 sospecha** +: Quien *sembró* las sospechas, ayer por la tarde, fue el propio presidente del Banco Central. CLA230199 **11 rumor** +: Johan Cruyff mantuvo su habitual sistema de trabajo, el de (...) *sembrar* los rumores sobre nuevos fichajes y picar el orgullo de la plantilla. EME160594 **12 incógnita:** Terroristas protestantes asesinaron ayer a una destacada abogada católica en Irlanda del Norte con una bomba que *sembró* nuevas incógnitas en torno al futuro de paz en la provincia. EPE160399 **13 interrogante:** Y después volvió a *sembrar* interrogantes sobre su propia postulación, cuando afirmó que está «en el freezer». CLA080199 **14 intriga:** Prefiero trabajar y ganar elecciones a *sembrar* intrigas o sospechas en la Corte. EME060895 **15 pregunta** –: Nigeria apabulló a Bulgaria y sólo *siembra* preguntas respecto a su realidad. EME250694

C SUSTANTIVOS QUE DESIGNAN DIVERSAS FORMAS DE DESORDEN: **16 confusión** ++: «La oferta de moción de censura sólo busca *sembrar* confusión e incertidumbre». EME140195 **17 caos** ++: Mis intentos de *sembrar* un caos incruento, a través de palabras equivocadas, no tendrán obstáculo en la mente humana del corrector de pruebas. CAN111200 **18 desorden** +: Un contraataque *sembró* el desorden, que permaneció hasta la jugada siguiente... EME050496 **19 desconcierto:** Las defensas alternativas ordenadas por Rubén Domínguez *sembraron* el desconcierto en su rival que incurrió en numerosas pérdidas de balón... FDV280301 **20 desbarajuste:** El presidente ruso Boris Eltsin que (...) ha bloqueado y puesto en cuestión las tres leyes que las regulan, *sembrando* un enorme desbarajuste. LVE181195 **21 descalabro:** ...la bomba de sólo cinco gramos *sembró* el descalabro en el entorno de Yasir Arafat. EME070196

D SUSTANTIVOS QUE DESIGNAN SITUACIONES DE CONFLICTO, DIVISIÓN O DESAVENENCIA EN DIVERSOS GRADOS: **22 polémica** ++: El decano se refirió también a la subida de cuotas de su Colegio que ha *sembrado* la polémica entre los abogados madrileños. EME290195 **23 controversia** ++: La ubicación de la estación del TAV *siembra* la controversia en Girona y su periferia. LVE241095 **24 discordia** +: Tal vez pensó que podría convertirse en el Mesías y, al no lograrlo, se va *sembrando* discordia. DYM040796 **25 discusión** +: Las formaciones radicales (...) se movilizaron por institutos y universidades intentando *sembrar* la discusión entre los más jóvenes... EME100595 **26 conflicto** +: «Quien *siembre* conflictos, cosechará la tormenta de luchas laborales»... EME120396 **27 guerra:** ...criticó la posibilidad de que Telefónica pueda estar en dos plataformas digitales a la vez y pidió la aprobación de una normativa para impedirlo, tras aludir a los «cadáveres» que está *sembrando* «la guerra digital». EPD260797 **28 desavenencia:** ...manifestaciones que solo contribuyen a *sembrar* la desavenencia entre formaciones políticas que estaban empezando a entenderse. INDOC **29 enemistad:** Sembrar la enemistad entre los partidos es uno de los más peligrosos, porque introduce una fractura en lo democrático justo cuando menos conviene. EME221295 **30 discrepancia:** Lo que *sembró* algunas discrepancias fue la ponencia con la que se abrió el encuentro. EPE150599 **31 división:** Sembró divisiones en vez de ofrecer soluciones. EME280695 **32 protesta:** Durante su legislatura *sembraron* más de una protesta. EME280695 **33 disensión** –: ...Milosevic se ha atrincherado en el numantinismo con la esperanza de que una prolongación del conflicto acabe por *sembrar* la semilla de la disensión entre los miembros de la OTAN... EPE040499

E SUSTANTIVOS QUE DESIGNAN ANIMADVERSIÓN EN DIVERSOS GRADOS: **34 odio** ++: El presidente Clinton acusa a los radiopredicadores ultraconservadores de *sembrar* el odio y la paranoia. LVE260495 **35 rencor** ++: ...*sembrar* odio y rencor; y además (lo más importante) de violar los derechos humanos. EME151295 **36 ira** +: El anuncio de los datos del voto por correo *sembró* la ira. EME200295 **37 resentimiento:** Llegó a La Habana como hijo de la derrota y, en lugar de *sembrar* el resentimiento, se dedicó a difundir la literatura clásica castellana en Cuba... LVE011295 **38 animadversión** –: ...durante dos años se ha dedicado a *sembrar* la animadversión contra Cataluña en el resto de España... LVE021095

F SUSTANTIVOS QUE DESIGNAN DIVERSOS ESTADOS DE AFLICCIÓN FÍSICA O EMOCIONAL: **39 dolor** ++: Cada vez más desnortada y ensimismada en el horror, ETA ha vuelto a *sembrar* el dolor y la destrucción. EME210796 **40 sufrimiento** ++: Pero sí puede causar estragos y *sembrar* sufrimientos entre las personas, los grupos y los pueblos. HOY010278 **41 desolación** ++: Hay, sin embargo, literatura de ambiente estival en la que el cielo no acaba encapotándose de un modo dramático y los elementos no se desatan hasta *sembrar* la desolación... EME010696 **42 desasosiego +:** Le basta tocar tres balones en cada partido para *sembrar* el desasosiego en los porteros rivales. EME120394 **43 desesperación +:** ...se omite un profundo estudio sobre el paro, y la desesperación violenta que *siembra* en las nuevas generaciones. EME060995 **44 pesimismo:** Ni la incertidumbre internacional tras el 11 de septiembre ni la crisis que padecen otras naciones han *sembrado* pesimismo en las filas del PP. EPE101201 **45 angustia:** En la jornada vespertina, Carl Lewis *sembró* la angustia en el estadio... EME290796 **46 ansiedad:** La recaída del presidente ruso *siembra* ansiedad y expectativas entre la clase política. LVE120795 **47 congoja:** En otras ocasiones es la lenta acción de los tribunales la que nos ofrece estos flash-back que suelen *sembrar* la congoja entre los responsables políticos de entonces y el regocijo de los actuales. EPE241099 **48 desánimo:** Quien esto lea acaso puede creer que se trata de un memorial de problemas destinado a *sembrar* el desánimo. LVE260596 **49 desmoralización −:** El presidente azulgrana, con una sinceridad que le honra pero que sólo puede contribuir a *sembrar* la desmoralización, cree que será imposible reunir... LVE120295 **50 consternación −:** La ruptura de relaciones diplomáticas entre Mogadiscio y Addis Abeba ha *sembrado* la consternación en el seno del mundo árabe... EPE090977

G SUSTANTIVOS QUE DESIGNAN OTROS ESTADOS EMOCIONALES ADVERSOS, ESPECIALMENTE LOS QUE EXPRESAN MANIFESTACIONES DE LA INQUIETUD, EL DESASOSIEGO O LA AUSENCIA DE CALMA: **51 tensión ++:** A su juicio, estos dos partidos «se han dedicado a sabotear el proceso y a *sembrar* tensión y crispación»... EPE170999 **52 crispación ++:** Acusó de esa percepción equívoca a la derecha que sólo *siembra* crispación... LVE260395 **53 inquietud +:** El estudio del CIS también contiene datos que *sembraron* la inquietud entre el Gobierno y el PSOE. ENC210301 **54 inestabilidad:** ...Ortega amenazó con volver a empuñar las armas si Arnoldo Alemán no retira su «proyecto dictatorial» que, según dijo, está *sembrando* inestabilidad social, política y económica. DLA150497 **55 inseguridad:** Pero Kohl cortó las especulaciones con un «no» rotundo a una coalición con el SPD, y acusó a los que propagan esta idea de «*sembrar* la inseguridad». EME150396 **56 preocupación:** La decisión de Ruanda de cerrar las fronteras con Burundi (...) ha *sembrado* la preocupación en este país. LVE100896 **57 alarma +:** La epidemia causada por el bacilo 0-157 ha *sembrado* la alarma en Japón. EME220796 **58 malestar:** ...el único incidente que *sembró* malestar entre el público fue la presencia de un helicóptero y una avioneta... EPE020499 **59 intranquilidad:** ...una cadena de robos en domicilios que ha *sembrado* la intranquilidad por toda la ciudad. INDOC

H SUSTANTIVOS QUE DESIGNAN VICIOS, DEFECTOS Y OTRAS PRÁCTICAS, ACTITUDES Y COMPORTAMIENTOS NEGATIVOS, MÁS FRECUENTEMENTE EN RELACIÓN CON LO QUE ATAÑE A LOS DEMÁS: **60 intolerancia:** Una vez más acusó a «la derecha» de *sembrar* «la intolerancia»... EME020396 **61 insolidaridad:** Qué descanso un artista así, de los pocos hoy que no parecen tener nada contra algo o contra alguien, y que, en cualquier caso, no va por ahí *sembrando* la confusión, la insolidaridad o el desguitarramiento. ABC200392 **62 inmoralidad −:** Dice que esos programas de televisión *siembran* la inmoralidad entre los espectadores jóvenes. INDOC

I SUSTANTIVOS QUE DESIGNAN VIRTUDES, CUALIDADES HUMANAS, ESTADOS SOCIALES CONSIDERADOS DESEABLES Y OTRAS ACTITUDES DE SIGNO POSITIVO EN RELACIÓN CON LOS DEMÁS: **63 amor +:** Creo que nuestro deber es crear con claridad, amar al público en vez de castigarlo y *sembrar* el amor y la fraternidad. EPE010699 **64 optimismo ++:** Aunque el Kaunitoni sigue a la deriva, nuevos acontecimientos han venido a *sembrar* el optimismo a bordo. EME060995 **65 paz +:** Giovanni quiso ayer *sembrar* paz. EPE160399 **66 respeto +:** El aviso de Boardman, que abandonó tras una caída, *sembró* el respeto. EME020795 **67 confianza:** Lo anterior, unido al acuerdo con el FMI, abre expectativas y *siembra* confianza. EUV090796 **68 justicia:** ...llega a ese universo semisalvaje con cuatro libros bajo el brazo, ganas de *sembrar* la justicia y un ímpetu que le llevará a ser senador... LVE251196 **69 libertad:** ...para que la libertad pueda cosecharse en las sentencias, se hace preciso *sembrarla* primero en las leyes y en las instituciones. EPE150580 **70 serenidad:** ...serán los asuntos que Mendoza tratará a lo largo de un discurso que se intuye tranquilo, irónico y encaminado a *sembrar* la serenidad de los cerca de 900 socios... EME221095 **71 ilusión:** El pluripartidismo perseguía dividir a los explotados y oprimidos y *sembrar* la ilusión de que había democracia. GIC062097 **72 simpatía:** Eso siempre es mérito del convocante, de su capacidad de mezclarse y *sembrar* simpatía por todas partes... LVE051096 **73 utopía −:** La tarea de *sembrar* una utopía no es nada fácil. INDOC **74 concordia −:** Bonn está sideralmente lejos de Kabul, y se ha *sembrado* una semilla de concordia con la esperanza de que arraigue en un terreno laberíntico y distante. EPE061201

J SUSTANTIVOS QUE DESIGNAN MUY DIVERSAS SITUACIONES DE ADVERSIDAD, DIFICULTAD, CRISIS O INFORTUNIO, GENERALMENTE DE NATURALEZA COLECTIVA: **75 mal ++:** Después de tres siglos encerradas en un libro debido a un hechizo, las brujas de esta historia salen dispuestas a *sembrar* su mal. EPE250999 **76 catástrofe +:** La emoción que se siente al considerarse virtuoso (...) tiene todos los números para *sembrar* la catástrofe. EPE300599 **77 desgracia +:** ...lo único que estos miserables consiguen es *sembrar* la desgracia en una familia, una esposa destrozada y unos hijos llorosos, total para nada. LVE130495 **78 tragedia +:** «Sólo les preocupa», dijo, «*sembrar* la tragedia y el dolor en nuestra tierra...». EPD141097 **79 crimen:** ...exigen una actuación firme y contundente del Gobierno contra los grupos de extrema derecha que actúan impunemente, *sembrando* el terror y el crimen... EPE120280 **80 destrucción:** No fue uno sino más de una docena de tornados encadenados los que *sembraron* la destrucción en Kansas y Oklahoma... ENC060599 **81 muerte:** Así, las fuerzas aéreas rusas aprovechan (...) para *sembrar* la muerte y la destrucción en el centro de Chechenia... EME050195 **82 ruina:** ...marcó el inicio de una ofensiva guerrillera que ha *sembrado* la ruina y el dolor. EPE170700 **83 violencia:** Aidid *siembra* violencia en una marcha pacífica. EME290496 **84 dificultad:** ...el recorrido de hoy no acompaña tanto como estos días, dado que tres pequeños puertos *siembran* alguna dificultad en el tramo final. EPE100799 **85 hambre:** La sequía ha *sembrado* el hambre en la Tarahumara, y en las aldeas florece la miseria y se cosecha la muerte de los niños. LVE151296 **86 error −:** Es cierto que el presidente Pujol y CDC están recogiendo ahora los errores *sembrados* en el pasado... LVE210695

K SUSTANTIVOS QUE DESIGNAN LO QUE SE ESPERA QUE EL FUTURO DEPARE. TAMBIÉN CON OTROS QUE EXPRESAN ESE MISMO FUTURO: **87 esperanza ++**: Pidió ayuda para *sembrar* la esperanza, la concordia, la moderación y la paz... EME260495 **88 expectativa:** No hay que *sembrar* expectativas falsas. CAR120597 **89 futuro –**: ...la calificó ayer como la legislación que «*siembra* el futuro de Estados Unidos». EPE191201

L SUSTANTIVOS QUE DENOTAN EXTRAÑEZA ANTE LO INESPERADO: **90 asombro:** Chubais (...) *sembró* el asombro al añadir en una rueda de prensa que «no hay necesidad de emprender acciones judiciales» contra los supuestos golpistas. LVE210696 **91 perplejidad:** El récord, también, *siembra* cierta perplejidad entre la concurrencia... EPE080799 **92 sorpresa –**: En un principio, esta noticia *sembró* cierta sorpresa entre los policías. EME190195

M SUSTANTIVOS QUE DESIGNAN IDEAS O PRINCIPIOS: **93 idea +**: «No me siento derrotado porque, si bien no hemos llegado al gobierno, ni seremos mayoría en el Congreso, hemos cumplido con *sembrar* ideas de justicia que harán más grande al país». EME130495 **94 ideal +**: El poeta no es un ser que esté *sembrando* ideales. ABC241195 **95 principio:** Hora es ya que la familia retome su papel de ejemplo y *siembre* los principios morales, cívicos y sociales en el seno del hogar... LHG290597 **96 valor:** Según vamos avanzando, estamos *sembrando* valores. INDOC **97 dogma –**: Si *sembramos* dogmas reventarán los cerebros y las relaciones... EPE221001

N DIVERSOS SUSTANTIVOS DE INFORMACIÓN: **98 mensaje:** Si se ha *sembrado* el mensaje de la muerte, teníamos la obligación de dar un mensaje de esperanza. LVE150296 **99 noticia +**: ...en un campo abonado por el rumor *sembraron* una noticia falsa. LVE040995 **100 palabra +**: ...el que *siembra* palabra viva ha de estar dispuesto a regarla con sangre viva de sus venas. ABC080193 **101 propuesta –**: También decidieron reunir a la militancia partidaria y organizarla en brigadas sobre temas específicos, para «barrer» el territorio provincial *sembrando* las propuestas de la lista. CLA190597

Ñ OTROS SUSTANTIVOS; POSIBLES USOS ESTILÍSTICOS: Ayer les *sembraron* armas a los masacrados de Aguas Blancas... PME140796; ...las meapilas se le acercaran a *sembrarle* besos en la mejilla después de haberla puesto a parir... EME120896

☐ Véase también: **difundir(se), extender, plantar.**

semejanza ♦ **cierto, claro, considerable, estrecho, evidente, imperceptible, inapreciable, leve, ligero, marcado, mutuo, notable, obvio, ostensible, relativo, remoto, tenue ♦ apreciar, detectar, establecer, guardar[20], mantener, mostrar, negar, ofrecer, percibir, tener**

☐ Véase también: **asemejarse, correspondencia, diferencia, identidad, igualdad, paralelismo, parecido, similitud.**

SEMEJANZA

♦ (ADJETIVOS) Véase: **cariz[C], con matices[K], remotamente[G], sustancialmente[H]**

♦ (SUSTANTIVOS) Véase: **acusado[G], estrecho[I], guardar[D], literal[F], meridiano[F], trazar[F], velar (por)[E]**

♦ (VERBOS) Véase: **a grandes rasgos[D], desfavorablemente[D], en mucho[D], ni de lejos[C], ni por asomo[B], notablemente[D], peligrosamente[A], poderosamente[D], por completo[L], remotamente[C], ventajosamente[A]**

☐ Véase también: CONJUNCIÓN; RELACIÓN.

semilla (de) ♦ **disperso, fecundo, fértil, minúsculo, profundo, revolucionario, seco, sintético, transgénico ♦ arrepentimiento, concordia, desilusión, destrucción, discordancia, duda, futuro, guerra, ilusión, intolerancia, libertad, locura, mal, maldad, odio, paz, rebelión, rencor, violencia ♦ cultivar, dar fruto, dejar, difundir, echar, extender(se), fermentar, fructificar, germinar, lanzar, originar (algo), plantar, prender, propagar(se), sembrar**

☐ Véase también: **brote (de), origen.**

sencillez ♦ **absoluto, acostumbrado, aparente, aplastante, asombroso, buscado, callado, delicioso, de medios, elegante, engañoso, enorme, espartano, expresivo, exquisito, extraordinario, extremo, falso, formal, gran(de), habitual, inalterable, infinito, innato, lleno (de), magistral, natural, prodigioso, puro, raro, seductor, sumo[65], verdadero ♦ con ♦ lección (de), muestra (de), prueba (de) ♦ alcanzar, caracterizar (a alguien), cultivar, demostrar, destacar (por), enfatizar, exhibir, ganar (en), impregnar (algo), manifestar, perseguir, practicar, reflejar, revelar**

☐ Véase también: **austeridad, camino, curso, vía.**

senda ♦ **abrupto, angosto, azaroso, difícil, duro, enmarañado, escondido, estrecho, fácil, impracticable, insondable, intransitable, intrincado, perdido, rectilíneo, retorcido, serpenteante, sinuoso, tortuoso, transitado, trillado[4], vedado, zigzagueante ♦ allanar, bifurcarse, desandar, desbrozar, encontrar, enfilar, ir (por), marcar, perseverar (en)[9], proseguir, recorrer, seguir, serpentear, tomar[31], transitar (por), trazar**

☐ Véase también: **camino.**

sensación ♦ **acusado[76], agradable, agridulce[2], agudo, amargo[4], angustioso, asfixiante[47], conocido, delicioso, desagradable, doloroso, dominante[34], embriagador, engañoso, estético, extraño, físico, fuerte, fundado[2], incómodo, incontenible, indescriptible, inequívoco[8], inevitable, inquietante, insoportable, insufrible, intenso, latente, leve, ligero, molesto, nuevo, palpitante, predominante, profundo[44], repentino, térmico, vivo[24] ♦ cúmulo (de)[45], gama (de) ♦ abrigar[40], aflorar[4], agudizar(se)[44], albergar[21], anclar[48], anidar (en alguien), apoderar(se) (de alguien), arrastrar (a alguien), asaltar (a alguien), aumentar, captar[31], cobrar fuerza[8], combatir, contener, cundir[45], dar[319], dejarse llevar (por)[5], despertar(se), entrar (a alguien), experimentar, flotar, invadir (a alguien), librar(se) (de), percibir, producir, quedar(le) (a alguien), recibir, reprimir, revivir[32], sentir, sustraer(se) (de/a)[26], tener, transmitir, traslucir(se)[21], vivir**

□ Véase también: **afección, aflicción, emoción, impresión, reacción, sentimiento.**

SENSACIÓN Véase:
♦ **alborozadamente**
♦ **aburrimiento, agobio, alegría, asco, augurio, calambre, contento, corazonada, cosquilleo, desaliento, desánimo, desasosiego, desazón, desconcierto, desgana, disgusto, dolor, duda, euforia, frío, hambre, horror, impresión, incertidumbre, inseguridad, intuición, miedo, nervios, nerviosismo, picor, presagio, presentimiento, regusto, repelús, retortijón, sed, sorpresa, sospecha, susto, tedio, temor, tensión, terror, vértigo**
♦ **aburrir(se), crispar(se), decepcionar, disfrutar, doler(se), doler(se), exaltar(se), inquietar(se), picar, vibrar**
□ Véase también: *SENTIMIENTO.*

SENSACIÓN
♦ (ADJETIVOS) Véase: **ostensiblemente[N], visiblemente[A,C]**
♦ (SUSTANTIVOS) Véase: **abatir(se)[D], abrigar[I], acceso (de)[F], acuciar[D], a cuestas[E], acusado[J], afinar[C], aflorar[A], a flor de piel[A,B], agravar(se)[H], agridulce[A], aguzar[A], ahuyentar[F], albergar[C], al filo (de)[B], alterar[M], alumbrar[E], amargo[A], amenizar[C], amortiguar[C,I], anclar[G], apaciguar[D,F], aplacar(se)[A], apoderar(se)[D], a raudales[F], asaltar[D,H], asfixiante[G], ataque (de)[A], atemperar[G], atenazar[A,B], beatífico[B,C], borracho (de)[B,C], brotar[B], caber[C], calmar(se)[B], caluroso[F], candente[F], captar[F], carcomer[F], cargar (con)[F], causar[D,E,F,G], cegador[C], celestial[B], cernerse[I,J], cobrar fuerza[B,D], colmar (de)[A,H], colmar[D], compensar[G], concitar[I], congénito[D], conjurar[H], con reservas[H], corroer[B], cúmulo (de)[G], cundir[E,G], dar[B,D,F], dejar caer[D], dejarse llevar (por)[G], delatar[C], derrochar[A], desolador[E], diluir(se)[H], disfrazar[G], dominante[F], dosificar[E], embargar[F], entrar[C,D], fermentar(se)[D], fundado[A], hondo[A], letal[D], levantar[M], mayúsculo[F], ocasionar[F], paliar[K], palpable[C], perder[D], pertinaz[G], preso (de)[A,C], profundo[E], punzante[A], redundar (en)[F], reinante[D], reinar[D,E], remitir[C], revivir[F], rotundo[I], saborear[A], sacudir(se)[A,D], sobreponerse (a)[C], sofocante[A,B], sofocar[G], sosegar(se)[A], sumir(se) (en)[F], sumo[A], sustraer(se) (de/a)[F], tejer[J], temblar (de)[A], transmitir[D], traslucir(se)[D], vencer[K], venéreo[B], vívido[D], vivo[E]**
♦ (VERBOS) Véase: **a flor de piel[J], a todo pulmón[D], bárbaro[A], crudamente[D], de cerca[J], enormemente[C], gratamente[A], ostensiblemente[C], vivamente[G]**
□ Véase también: IMPRESIÓN; PLACER; SENTIMIENTO; SORPRESA.

sensatez ♦ **llamada (de), modelo (de), prueba (de), rasgo (de), señal (de)** ♦ **con** ♦ **acreditar, actuar (con), apelar (a), conservar, demostrar, derrochar[50], hablar (con), imperar, imponer[21], llamar (a), perder, predicar[33], prevalecer, primar[20], reinar, tener**
□ Véase también: **cordura, sentido común.**

sensibilidad ♦ **acerado[22], ácido[22], afilado[12], a flor de piel[5], cristalino[24], delicado, desbordante[14], enfermizo, exacerbado, exagerado, exquisito, extremado, extremo, gran(de), intenso, lleno (de), profundo, rebosante (de)[37], sumo** ♦ **ápice (de)[39], ataque (a), falta (de), muestra (de), punto (de), resquicio (de), toque (de)[27]** ♦ **afinar[14], aflorar[71], aglutinar[32], dañar[34], dejarse llevar (por)[66], desbordar, despertar(se), embotar, exteriorizar, herir, minar, mostrar, ofender[8], perder**
□ Véase también: **humanidad, intuición, percepción, sentimiento.**

sensualidad ♦ **abierto, contenido, desbocado, desbordante[33], disimulado, explícito, exquisito, exuberante[19], femenino, fresco, fuerte, implícito, incipiente, inocente, intenso, lleno (de), pícaro, pictórico, rebosante (de)[42], refinado, vital** ♦ **rezumar**

sentar ♦ **base, cimiento, criterio, doctrina, fundamento, norma, principio**

sentar (a alguien) ▮ *(ajustarse)* ♦ **a las mil maravillas[14], como anillo al dedo, como un guante, de fábula, estupendamente, impecablemente, maravillosamente**
▮ *(afectar)* ♦ **como una patada, como un jarro de agua fría, como un tiro**

sentar(se) ♦ **cara a cara, codo con codo[8], cómodamente, frente a frente[11], mano a mano[12]**

sentarse (a) ♦ **barra, mesa, piano**

sentencia ♦ **absolutorio[1], a favor[49], arbitrario[4], argumentado, categórico, concluyente, condenatorio, en contra, en firme[2], firme, inapelable[3], injusto, irrevocable, justo, lapidario, leve, revelador[45], riguroso, rotundo[8], salomónico[5], severo[6], sin efecto, tajante[5], taxativo, valedero[10]** ♦ **a la vista (de)[11]** ♦ **acatar[3], analizar, apelar, caer(le) (a alguien), caer como una bomba, contravenir[3], cuestionar, cumplir[42], derogar[14], desobedecer[19], desoír[47], dictar, digerir[15], disentir (de)[11], ejecutar[14], emitir[6], enjuiciar, enmendar[9], esgrimir[44], estudiar, firmar[31], impugnar[9], incumplir[54], justificar, obedecer, obviar[18], prejuzgar[8], prescribir, proferir[13], rebatir[34], recaer (sobre alguien), rectificar[37], recurrir, revocar[1], salir a la luz[59], tomar en consideración, valorar**
□ Véase también: **dicho, máxima, refrán.**

sentenciar ♦ **a cadena perpetua, a la horca, a muerte, a prisión, en firme[44], virtualmente[1]** ♦ **acusado, caso, crimen, declaración, error, fallo, ley, norma, normativa, pelea, persona, reglamento, reo, resultado,** *otros sustantivos que designan disposiciones*
□ Véase también: **condenar.**

sentido ▮ *(significado o dirección)* ♦ **aleccionador[18], amplio, contrario, doble, equívoco, estrecho, estricto[45], figurado, horizontal, inequívoco[12], lato, laxo[12], literal[1], lleno (de), opuesto, peculiar, profundo[68], recto, verdadero, vertical** ♦

ápice (de)[66], búsqueda (de), cambio (de), falta (de), problema (de) ♦ adquirir[72], afectar (a), alterar[6], averiguar, buscar, cambiar, captar[7], carecer (de), cobrar[32], comprender, conservar, dar[69], descifrar[35], descubrir, desentrañar[43], desfigurar[11], desvelar, desvirtuar, dilucidar[4], distorsionar[25], encontrar, entender, explicar, impartir[8], interpretar, mantener, ofender[11], percibir, perder, poseer, tener, tergiversar[21]

▮ *(capacidad perceptiva)* ♦ acendrado[2], a flor de piel[6], agudo, fino ♦ afinar[16], aguzar[2], embotar(se), jugar una mala pasada (a alguien), nublar(se)[13], obnubilar(se), ofuscar(se)[10], traicionar (a alguien)

☐ Véase también: **percepción, sensación, significación, significado.**

sentido común ♦ elemental, imprescindible, innegable, necesario ♦ con, mediante ♦ ápice (de)[2], falta (de), modelo (de), muestra (de), rasgo (de) ♦ apelar (a), aplicar, atentar, carecer (de), conservar, demostrar, derrochar[52], escasear, gozar (de), imponer[20], ir (contra), perder, poner (en algo), prevalecer, primar[19], tener, usar

☐ Véase también: **lógica, sensatez.**

sentido del humor ♦ ácido[10], agudo, amargo, burlón, contagioso, cruel, desgarrado, especial, mordaz[16], necesario, peculiar, profundo, retorcido, sarcástico, soterrado[57], sutil ♦ con ♦ avivar, carecer (de), contagiar, escribir (con), hablar (con), mostrar, tener

☐ Véase también: **ironía.**

sentimental ♦ carácter, comedia, compañero, crisis, educación, engaño, etapa, fibra[3], futuro, historia, persona, relación, ruptura, temperamento, tono, valor, vida

sentimentalismo ♦ andarse (con)[49], caer (en), dejarse llevar (por), mostrar, rayar (en), rozar

sentimiento ♦ abrasador[6], acendrado, acusado[75], a flor de piel[11], ardiente[10], arraigado, atávico[57], cándido, catártico, delicado, desaforado[40], dominante[33], efusivo[33], encendido, épico, exacerbado, fundado[1], general, generalizado, hondo, imperante, inquietante, intenso, íntimo, irrefrenable, irreprimible, latente, legítimo, oscuro, pasajero, personal, platónico[5], poderoso, primario, profundo[41], puro, rebosante (de)[7], reinante, trágico, unánime[55], vívido[19], vivo[26] ♦ cúmulo (de)[47], expresión (de), rapto (de), toque (de) ♦ ablandar(se)[5], abrigar[38], actuar (con), aflorar[1], agudizar(se)[43], ahogar(se)[19], albergar[20], anidar (en alguien), apagar(se), arraigar (en alguien), asaltar (a alguien), atenazar[3], atizar[56], avivar[24], brotar[11], caldear(se)[5], canalizar[49], captar[29], cobijar, condensar[23], contener, controlar, dar rienda suelta (a), dejarse llevar (por)[16], demostrar, desbordar(se)[23], desencadenar(se)[29], despertar(se), desvanecerse[47], detectar[44], disfrazar[44], embargar (a alguien), enardecer(se)[4], encerrar, enfriar(se), escarbar (en)[7], esconder, exaltar(se), experimentar, expresar, exteriorizar, flotar, fluir[24], fortalecer, frenar, guardar, imbuir(se) (de), liberar, librar(se) (de), mitigar, ocultar, ofender[9], palpitar, producir, reconcomer (a alguien), reprimir, revivir[31], salir a la luz, salir a relucir, soliviantar, tener, traslucir(se)[20]

☐ Véase también: **aflicción, emoción, impresión, sensación.**

SENTIMIENTO Véase:

♦ abrumado, alegre, anímico, apesadumbrado, atemorizado, consternado, contento, contrariado, ilusionante, luctuoso, sentimental, triste

♦ anímicamente, animosamente, con desprecio, desoladamente, entrañablemente

♦ abatimiento, admiración, adoración, aflicción, agradecimiento, agrado, amargura, amor, angustia, ánimo, ansiedad, aprecio, ardor, arrepentimiento, arrogancia, asombro, autoestima, cabreo, celos, claustrofobia, compasión, condolencia, consternación, consuelo, coraje, crispación, depresión, desagrado, desazón, descontento, desengaño, desolación, duda, emoción, enfado, enojo, entusiasmo, excitación, fanatismo, fascinación, fervor, frustración, horror, incertidumbre, inquietud, inseguridad, irascibilidad, irritación, lástima, mala conciencia, melancolía, miedo, morriña, nostalgia, obsesión, odio, orgullo, pánico, pasión, pavor, pena, penalidad, perplejidad, pésame, pesar, preocupación, rabia, recelo, regocijo, remordimiento, rencor, resentimiento, satisfacción, sentimentalismo, sentimiento, soledad, sorpresa, sospecha, susceptibilidad, suspicacia, temor, ternura, terror, timidez, tristeza, vanidad, vergüenza

♦ agradecer, alegrarse, amar, arrepentirse, conmocionar(se), conmover(se), crispar(se), dar las gracias, dar rienda suelta (a), decepcionar, detestar, emocionar(se), entristecer, exaltar(se), lamentar, odiar, pedir perdón, reconcomer(se), remorder (a alguien), resentir(se), sentir, tomarse a pecho, vibrar

☐ Véase también: *SENSACIÓN.*

SENTIMIENTO

♦ (ADJETIVOS) Véase: **fibra**[A], **ostensiblemente**[N]

♦ (SUSTANTIVOS) Véase: **abatir(se)**[D], **ablandar(se)**[A], **abrasador**[A], **abrigar**[I], **acalorado**[D], **acceso (de)**[C], **acceso (de)**[E,F], **acechar**[C,I], **acendrado**[E], **ácido**[E], **acuciar**[D], **a cuestas**[E], **acusado**[J], **adherirse (a)**[E], **aflorar**[A,B], **a flor de piel**[C], **agravar(se)**[H], **agridulce**[E], **agudizar(se)**[F], **ahogar(se)**[C], **ahuyentar**[D,F], **ajar(se)**[C], **albergar**[C], **al filo (de)**[B], **aligerar**[H], **alimentar(se) (de)**[D], **alterar**[M], **alumbrar**[E], **amainar**[D], **amargo**[H], **amortiguar**[I], **ancestral**[G], **andarse (con)**[G], **anidar**[D], **apaciguar**[F], **apagar(se)**[G], **ápice (de)**[B], **aplacar(se)**[A,B], **apoderar(se)**[E], **a raudales**[F], **ardiente**[B], **arranque (de)**[B,G], **arrebato (de)**[C,D], **arrollador**[F], **asfixiante**[G], **ataque (de)**[A,C], **atávico**[F], **atemperar**[B,C], **atenazar**[A,B], **atizar**[G], **avivar**[D,E,H], **borracho (de)**[B], **brindar**[D], **brotar**[B,C], **caber**[C], **caldear(se)**[B], **calmar(se)**[B], **caluroso**[F], **canalizar**[G], **candente**[F], **cándido**[C], **capitalizar**[F,G], **captar**[F], **carcomer**[F], **car-**

gar (con)[F], causar[D,E,F], cegador[C], cernerse[I,J], ciego[B], ciego (de)[A,C,D], clavar[C], colmar[D], colmar (de)[A,D,H], compensar[G], concitar[E,I], condensar[E], confesar[I], congénito[D], conjurar[H], conmocionar(se)[B], con reservas[H], corroer[A,B,C], cultivar[E], cúmulo (de)[G], cundir[A,B,E], dar[B,F], decaer[A], de campeonato[D], de hierro[C], dejarse llevar (por)[B,G], delatar[C], demostración (de)[C], depositar[C], derramar[E], derrochar[A,N], desaforado[G], desatar(se)[D,F], desbocar(se)[A], desbordante[A,E], descargar[A], desencadenar(se)[E], desfogar[B], deshacerse (en)[D], desmedido[C,D,K], desolador[E], despertar[D], destapar[G,H], destilar[C,D], desvanecerse[H], detectar[H], difuminar(se)[J], dilapidar[G], diluir(se)[G], disfrazar[G], disipar(se)[I], dominante[F], dominar[A], dorado[C], efusivo[F], embargar[C,F], embargar[H], enardecer(se)[A], encendido[F], encrespar(se)[A], enfriar(se)[A], engendrar[I], enjugar[D], entrar[C,D], estallar (de)[A], fermentar(se)[D], feroz[C], fervoroso[F], frenético[K], fulgurante[I], fundado[A], granjearse[B], henchir(se) (de)[C], hundir(se) (en)[I], incondicional[C], inconfesable[D], infundado[A], inhumano[J], inspirar[D,E], instintivo[E], invitar (a)[B], irradiar[B], irrefrenable[D], irreversible[F], ligar[D], llevadero[C], mayúsculo[C,F], mitigar[C], monumental[B], multitudinario[F], ocasionar[F], ofender[A,B], paliar[K], palpable[C], palpitar[A], pasajero[G], perder[D], pertinaz[G], pisar[B], pisotear[B], preso (de)[A,C], prodigar[D], profundo[A,B,E], propicio[E], punzante[B], ráfaga (de)[F], rapto (de)[A,E], reavivar[D], rebosante (de)[A,B], rebosar[A], recalcitrante[B], reconcomer(se)[C], redundar (en)[F], reinar[B,D,E], remitir[C], retorcido[A], reventar (de)[D], reverdecer[A], revivir[F], rezumar[A,B], saciar[D], sacudir(se)[A,D], segregar[A], sentir[A,B,G], sofocar[G], soterrado[F], tejer[J], temblar (de)[C,D,E], testimoniar[B], tomar[I], toque (de)[E], transmitir[D], traslucir(se)[D,F,I], traspasar[E], unánime[H], vano[F], vehemente[H], verter[F], visceral[A,H], vívido[D], vivo[E], zambullir(se) (en)[G]

♦ (VERBOS) Véase: **a coro[C], a morir[A], ciegamente[D], como (un) loco[D], de cerca[J], desesperadamente[B], de todo corazón[B], echar(se) (a)[B], enormemente[C,E], gratamente[A], hasta el tuétano[C], infinitamente[A,B], intensamente[C], ostensiblemente[C], profundamente[E,F], visceralmente[B], vivamente[G]**

☐ Véase también: ADHESIÓN; AFECTO; AFLICCIÓN; ALEGRÍA; EXALTACIÓN; EXCITACIÓN; IMPRESIÓN; INCERTIDUMBRE; RECONOCIMIENTO; SATISFACCIÓN; SENSACIÓN; SENTIMIENTO HOSTIL; SORPRESA; TEMOR.

SENTIMIENTO HOSTIL

♦ (ADJETIVOS) Véase: **gravemente[L], visiblemente[A]**

♦ (SUSTANTIVOS) Véase: **abrigar[J], acceso (de)[C], acérrimo[D], afilado[E], a flor de piel[D], alimentar(se) (de)[C], anidar[C], apaciguar[C], apagar(se)[F], ápice (de)[K], apoderar(se)[B], arraigado[F], arranque (de)[A], arrebato (de)[A], ataque (de)[B], atemperar[D], atizar[A], avivar[F], brotar[B], canino[B], carcomer[A], ciego[D], colmar (de)[H], concitar[D], corroer[A], cosechar[G], cultivar[J], cundir[C], derramar[G], derrochar[M], desatar(se)[C], desbordar(se)[D], descarnado[F], desfogar[A], despertar[G], desterrar[B], destilar[B], diluir(se)[F], dirimir[A], disipar(se)[H], displicente[D], ejercer[F], embargar[G], encarnizado[E], enconado[C], engendrar[D], erradicar[D], estallar (en)[D], exacerbar[E], expresión (de)[D], feroz[C], granjearse[B], guardar[H], henchir(se) (de)[F], implacable[A], incondicional[C], incubar[B], inspirar[H], instintivo[B], irradiar[D], levantar[I], monumental[L], objeto (de)[K], palpitar[B], pasajero[F], pillar[B], prodigar[D], profesar[I], profundo[D], ráfaga (de)[E], reavivar[D], reconcomer(se)[A], reventar (de)[C], rezumar[A], sardónico[D], sembrar[E], sentir[D], sumo[O], traslucir(se)[G]**

♦ (VERBOS) Véase: **a rabiar[D], cordialmente[C], profundamente[F]**

☐ Véase también: ACCIÓN HOSTIL; OPOSICIÓN; RECHAZO.

sentir

sentir *v.* ■ Se combina con los sustantivos *emoción* y *sensación*, y con todos los que designan esos conceptos. En las construcciones *sentir hacia alguien o algo* y *sentir por alguien o algo* se combina con...

A SUSTANTIVOS QUE DESIGNAN SENTIMIENTOS DE INCLINACIÓN, APRECIO, PREFERENCIA, SATISFACCIÓN Y OTROS ANÁLOGOS: **1 amor** ++: En la vida he *sentido* mucho amor por alguien que ya no está. ETC150497 **2 cariño** ++: La selección de artistas se realizó –cuenta Paco Martín– «partiendo de unos criterios muy concretos: su calidad musical y el cariño que *sintieran* por la obra y la persona de Joan Manuel.». LVE190995 **3 simpatía** ++: Sentía simpatía por la Ilustración pero cometía faltas de ortografía... EME020496 **4 aprecio** ++: ...Johann Ludwig Bach (...), por el que *sintió* extremado aprecio. ABC180693 **5 afecto** ++: «*Siento* un gran afecto por Arrabal, y si hubiera sido preciso firmar otras cartas no habría dudado.». ABC021092 **6 admiración** ++: Siempre *sentí* admiración por él. EPE100399 **7 predilección** ++: ...el Arte Pop *sintió* predilección por el mobiliario y el diseño... ABC081093 **8 debilidad** ++: Siente debilidad por las de piel nacarada, más bien pelirrojas, y de ojos claros. EME221095 **9 consideración** +: Me llevó a participar en este álbum la consideración que *siento* hacia uno de los más grandes cantantes y compositores de nuestra época. EME011095 **10 respeto** +: Siente un gran respeto por los fados tradicionales. EME030996 **11 estima** +: Sentimos por ellos la más alta estima. EPE060199 **12 orgullo**: La madre de Cerpa *siente* orgullo por su hijo. CLA240497

B SUSTANTIVOS QUE DENOTAN PASIÓN O DEVOCIÓN: **13 locura** +: Luis XV *sintió* auténtica locura por ese polvo refinado: se cubría con él de la cabeza a los pies. ENV120197 **14 pasión** ++: Sigo *sintiendo* pasión por él, pero ahora Bach le ha superado, si se puede decir de esta manera. EPE120899 **15 delirio** ++: Mi tío *sentía* un verdadero delirio por esa mujer. INDOC **16 devoción** ++: Discute sobre interpretaciones para piano o clave, prefiere las grabaciones de Gould a las de Pinnock, y *siente* devoción por autores españoles como Luis de Milán, Juan de la Encina... EPE120899 **17 fascinación** +: Ahora mismo los intelectuales analizan la fascinación que *sintieron* por el comunismo y se preguntan por qué llevaron los cirios en una procesión que nos condujo al caos. EME131095 **18 adoración** ++: Sobre todo por parte de esos «culturillas» que *sienten* adoración por los instrumentos originales... ABC221294 **19 veneración**: –¿*Siente* aún veneración por Fraga? –Como el primer día. LVE041195

C SUSTANTIVOS QUE DENOTAN ATRACCIÓN HACIA ALGO O ALGUIEN O DESEO DE CONOCER O EXPERIMENTAR AL-

GUNA COSA: **20** **interés** ++: Comienza a *sentir* interés por las figuras que parecen temblar de frío... ABC230695 **21** **curiosidad** ++: Siendo partidario de publicarlo todo, hasta Raúl del Pozo, y *sintiendo* además curiosidad por las papeleras, las cartas no enviadas y los secretos de alcoba me parece bien. ABC010794 **22** **atracción** +: Las cámaras mismas tienen instinto y *sienten* atracción por el ganador. EME200394 **23** **afición** +: El torneo fue inaugurado (...) ante mas de 50.000 espectadores, en su mayoría blancos, que *sienten* mayor afición por el rugby o el cricket... EME260595 **24** **seducción** –: Y ha de ser grande la seducción que *siente* por este texto, ya que (...) Nuria Espert no ha distinguido con su atención a los autores españoles vivos. EME190394

D SUSTANTIVOS QUE DENOTAN ODIO, RECHAZO O DESEO DE ALEJAMIENTO: **25** **odio** ++: «Cuando mi profesora me pega un palazo, yo me pongo a llorar. *Siento* rabia y odio por ella». ETC111196 **26** **aversión** ++: Lanzado en tromba contra el coordinador general de IU, González reveló las razones por las que *siente* una aversión tan profunda por su adversario. EME030396 **27** **rechazo** +: Jack Singer es un detective privado especializado en maridos celosos que quieren investigar a sus esposas, lo cual le hace *sentir* rechazo visceral hacia el matrimonio. EPE080700 **28** **desprecio** +: Pilar adorada, reina por un día, por ese día, pelotilla real, impetuosa escribana que dijo *sentir* desprecio y náusea por un modesto honorable, y aun cosas peores por un felipista que se cayó. LVE241196 **29** **fobia**: ...me di cuenta que los toros del Marqués de Domecq *sienten* fobia por el acero. EME040696 **30** **distanciamiento** –: Sentimos cierto distanciamiento de la postura oficial del partido, aunque preferimos guardar la unidad de voto. INDOC

E SUSTANTIVOS QUE DENOTAN TRISTEZA O CONMISERACIÓN: **31** **pena** ++: No tenemos que *sentir* pena por él, sólo por nosotros que lo hemos perdido. CLA230199 **32** **tristeza** ++: El primer ministro británico, Tony Blair, afirmó que el mundo va a *sentir* tristeza por la muerte de la madre Teresa después del fallecimiento de la princesa de Gales. DLA060997 **33** **lástima** +: ...*siente* lástima por ellos, que deberán cargar de por vida sus crímenes con la desesperación de querer borrar las imágenes de los que desaparecieron. LNC070497 **34** **compasión**: King (...) dijo en ese entonces que *sintió* compasión por León Rojas. ENH250697 **35** **conmiseración**: Fue entonces, cuando el hombre asustado huyó a las calles, aquellas calles que lo habían visto en la infame tarea de vender a esta mujer desvalida por la que no *sentía* ni un ápice de conmiseración... INF010896

F SUSTANTIVOS QUE DENOTAN PREOCUPACIÓN, INCERTIDUMBRE O RESERVA: **36** **inquietud** ++: ¿*Siente* inquietud por el protagonismo político de los jueces? EME140195 **37** **preocupación** ++: ...*siente* preocupación por la práctica de torturas en los penales de algunos países –cuyos nombres no quiso dar–. LVE110296 **38** **miedo** ++: No *siento* ningún miedo por tener que ir a esos campos. EDV240996 **39** **temor** +: Por otra parte, *sintieron* temor por sus vidas, algunos optarán por cuidarse, otros por no hablar y negarse y uno que otro, si es el caso, renunciaría... EPC220597 **40** **terror**: El terror lo *siento* durante el partido. ENV190597 **41** **reparo**: ...no ha *sentido* el más mínimo reparo en sentarse a negociar actuaciones de futuro... EME220896 **42** **zozobra**: Siento una cierta zozobra ante el futuro que me espera. INDOC

G SUSTANTIVOS QUE DENOTAN CULPA: **43** **culpa** ++: Quienes perdieron a un familiar, si bien están aprendiendo a aceptar lo sucedido, aún *sienten* culpa por lo que no hicieron para evitar que sus seres queridos pierdan la vida. LTB210700 **44** **culpabilidad** +: Psicológicamente, *sienten* una culpabilidad extrema por haber sobrevivido... EME311096

▩ Se combina también con: ♦ **a flor de piel[33], al unísono, de cerca[47], de todo corazón[10], en carne propia[9], en el alma[1], enormemente[36], hondamente, intensamente[16], íntimamente, por un momento[18], profundamente[30], sinceramente[10], unánimemente, vagamente[2], vivamente**

☐ Véase también: **experimentar, exteriorizar, lamentar, notar(se), percibir.**

sentir ♦ *(sust.masc.)* **hondo[20], íntimo, popular, profundo, unánime[53]**

seña ♦ **dar[178], hacer**

☐ Véase también: **gesto (de), señal, signo.**

seña de identidad ♦ **arraigado, auténtico, característico, claro, distintivo, genuino, inconfundible, orgulloso (de), profundo, verdadero** ♦ **aferrarse (a), afianzar(se), anular, borrar(se), buscar, carecer (de), conservar, defender, definir, difuminar(se)[34], encontrar, mantener, mostrar, ocultar, otorgar, perder, reconocer, recuperar, reforzar, reivindicar, renunciar (a), respetar, tener (como)**

[señal] → **con pelos y señales, en señal (de)**

señal ♦ **afirmativo[11], claro, continuo, de tráfico, de vida, discontinuo, distintivo, evidente, fehaciente[19], identificativo, imperceptible, inconfundible, indeleble[8], indudable, inequívoco[2], intenso, intermitente, luminoso[1], manifiesto, negativo, ostensible, patente, permanente, preventivo[38], revelador[17], sintomático, tranquilizador[13], visible** ♦ **advertir (algo), arrojar[31], captar[1], codificar, concluyente, dar[174], decodificar[1], dejar, delatar[11], denotar[18], desobedecer, desoír, desviar, detectar, emitir, ignorar, indicar (algo), interpretar, interrumpir(se), lanzar[2], llevar sobre {los hombros/las espaldas/la conciencia}, percibir, prodigar[4], prohibir (algo), quedar, recibir, respetar, saltarse, seguir[41], traslucir(se)[71], vislumbrar[37]**

☐ Véase también: **gesto (de), guiño, huella, indicar, indicio, mancha, marca, pista, seña de identidad, señalar, señalizar, signo, síntoma.**

SEÑAL Véase:

♦ **gesto, guiño, huella, indicio, mancha, manifestación, marca, pista, semáforo, seña, seña de identidad, señal, signo, símbolo, síntoma**

♦ **apuntar, indicar, señalar, señalizar**

SEÑAL

♦ (SUSTANTIVOS) Véase: **abrumador[F], afirmativo[C], al compás (de)[A], arriar[A], arrojar[E], atisbar[D], blandir[A], captar[A], concurrir[D], cúmulo (de)[H], dar[N], decodificar[A], deducir[G], delatar[B], delictivo[E],**

denotar[D], destapar[I], detectar[A], estampar[B], fehaciente[C], fundado[B], imborrable[A], indeleble[A], inequívoco[A], lanzar[A], luminoso[A,B], ostensible[G], preventivo[F], prodigar[A], revelador[C], salir a la luz[F], seguir[E,G], serio[P], terminante[G], tranquilizador[C], traslucir(se)[C,K], vehemente[F], vislumbrar[F]

♦ (VERBOS) Véase: **alarmantemente[E], ostensiblemente[H]**

señalado ♦ **celebración, ceremonia, día, efeméride, evento, fecha, fiesta, lugar, ocasión, período**

señalar ♦ **abiertamente[15], acusadoramente, al unísono[22], atinadamente, brevemente[19], categóricamente[19], certeramente, con rotundidad[26], de antemano[16], debidamente[64], de pasada[5], de soslayo, entre líneas[24], explícitamente, implícitamente, insistentemente, manifiestamente[15], ostensiblemente, reiteradamente, repetidamente[18]**

señalizar ♦ **claramente, convenientemente, ostensiblemente[48]** ♦ **calle, camino, carretera, dirección, obra, ruta, senda, trayecto, vía**

[señor] → **como un señor**

señuelo ♦ **irresistible[16]** ♦ **caer (en), poner**

□ Véase también: **trampa.**

separación ♦ **abismal[41], absoluto, claro, de bienes, definitivo, difuso, discontinuo, drástico, dudoso, evidente, impreciso, inequívoco, inevitable, matrimonial, neto, nítido, parcial, preciso, profundo, progresivo, radical, tajante[31], taxativo, traumático** ♦ **línea (de), zona (de)** ♦ **abrir(se), consumar(se)[40], delimitar, demarcar, establecer, mitigar, producir(se), tramitar[18], trazar**

□ Véase también: **brecha, cisma, corte, distancia, división, divorcio, escisión, estrechamiento (de), exclusión, fisura, quiebra, rotura.**

SEPARACIÓN Véase:

♦ **inextricablemente, inseparablemente**

♦ **brecha, cisma, corte, diferencia, distancia, división, divorcio, escisión, excepción, exclusión, exclusiva, fisura, quiebra, ruptura, separación**

♦ **cercenar, cortar, delimitar, demarcar, desgajar, discriminar, distanciar(se), dividir, excluir, rebanar, separar(se)**

□ Véase también: *DIFERENCIA.*

SEPARACIÓN

♦ (ADVERBIOS) Véase: **abismalmente[D]**

♦ (SUSTANTIVOS) Véase: **abisal[A], abismal[E], abrumador[B], abrupto[A], achicar[A], acortar[A], agravar(se)[I], agudizar(se)[C], aminorar[G], anclar[E], arbitrario[E], asomo (de)[D], bloquear[D], brusco[F], consumar(se)[C], darse (a)[B], desvanecerse[I], difuminar(se)[B], dorado[A], emprender[B], en cadena[E], en masa[G], estrechar[A], estrecho[B], exiguo[D], frágil[G], fraguar(se)[J], insalvable[B], irreconciliable[B], irresoluble[F], irreversible[E], marcar[D], nivelar[A], ola (de)[E], ostensible[I], peregrino[F], profundo[K], propenso (a)[F], restañar[B], so pena de[C], tajante[F], tramitar[B,D]**

♦ (VERBOS) Véase: **abiertamente[L], abismalmente[A], abruptamente[B], a empujones[B], a escape[A], a partes iguales[A], a pelo[C], civilizadamente[F], considerablemente[F,K], de incógnito[B], de pleno[C], de puntillas[C], drásticamente[G], en masa[D], en mucho[C], escrupulosamente[H], gravemente[C,E], irrevocablemente[E], limpiamente[E], nítidamente[E], ordenadamente[C], ostensiblemente[G], plenamente[K], por completo[G], preventivamente[B], profundamente[H], progresivamente[G], radicalmente[E], sano y salvo[D], sin contemplaciones[A], temporalmente[C], trágicamente[C], virtualmente[D]**

□ Véase también: DIFERENCIA; SUPRESIÓN; VENTAJA.

separar(se) ♦ **abismalmente[1], abruptamente[12], a partes iguales[2], civilizadamente[23], claramente, definitivamente, inequívocamente, irrevocablemente[29], nítidamente[36], por completo[89], temporalmente[19], virtualmente[17]**

□ Véase también: **cortar, delimitar, demarcar, desgajar, discriminar, distanciar(se), dividir, excluir.**

sepulcral *adj.* ■ En el sentido de 'relativo al sepulcro' se combina con sustantivos que designan algunos de sus componentes *(losa, inscripción).* En su sentido figurado, se combina con...

A EL SUSTANTIVO *SILENCIO* Y CON OTROS QUE SE ASOCIAN CON LA QUIETUD O LA INACCIÓN: **1 silencio ++:** ...en la carpa azul instalada en la sede del partido el silencio era *sepulcral.* HOY151297 **2 mutismo:** ...en los bancos afines al Kremlin el mutismo ha sido *sepulcral.* LVE100695 **3 indiferencia –:** ...en el medio de la indiferencia *sepulcral* de la sociedad civil... EME230796

B ALGUNOS SUSTANTIVOS QUE DESIGNAN SONIDOS, MÁS FRECUENTEMENTE HUMANOS, O ALGUNAS DE SUS PROPIEDADES: **4 voz:** Al otro lado de la línea, una voz grave, impostada, *sepulcral...* EPE010899 **5 sonido:** Era un lugar inhóspito, donde sólo se percibían sonidos *sepulcrales.* INDOC **6 tono:** ...mientras habla, se disculpa por el tono «demasiado *sepulcral*». EPD030697

C OTROS SUSTANTIVOS; POSIBLES USOS ESTILÍSTICOS: ...episodios anodinos y de una frialdad *sepulcral.* EPE180999; Los rascacielos se alzaban con un fulgor *sepulcral* entre una bruma de grises y óxido. ABC010592

sepulcro ♦ **abrir, enterrar (en), profanar[4], sellar**

□ Véase también: **monumento, tumba.**

sepultura ♦ **adecuado, anónimo, ceremonioso, colectivo, cristiano, definitivo, digno, familiar, frío, honroso, humilde, improvisado, individual, lúgubre, piadoso, provisional, solemne, suntuoso** ♦ **al pie (de), sobre** ♦ **abrir, cavar, dar (a alguien), descansar (en), enterrar (en), erigir, excavar, inhumar (en), ir camino (de), levantar, llevar (a), profanar[3], recibir, violar**

□ Véase también: **sepulcro, tumba.**

sequía ♦ **acusado[82], asolador, catastrófico[12], desolador, devastador, fuerte, implacable, infernal, intenso, persistente, pertinaz[1], prolongado** ♦ **efecto (de), período (de), secuela (de)[31]** ♦ **afrontar, aliviar, amenazar (a alguien), azotar[3], com-**

batir[50], devastar (algo), mitigar[35], paliar[26], persistir, sobrevenir, sufrir

☐ Véase también: **adversidad, carestía, catástrofe.**

serenar(se) *v.* ▌Se combina con sustantivos de persona, individuales o colectivos *(El paciente se serenó; Cuando el equipo se serene...)*, así como con otros que designan diversos agentes de la naturaleza *(mar, viento, tempestad)*. También se combina con...

A LOS SUSTANTIVOS *AMBIENTE*, *SITUACIÓN* Y OTROS ANÁLOGOS QUE DESIGNAN ALGÚN ESTADO DE COSAS CIRCUNDANTE: **1 ambiente ++:** ...parece haberse *serenado* el ambiente, muy enrarecido antaño por los abusos, a veces notorios... LVE170296 **2 situación +:** Eso estará muy bien para México, Venezuela si se *serena* la situación política. LNA120792 **3 aire:** Un discurso presidencial, ya se sabe, nace y se desarrolla para infundir confianza y diseminar la tranquilidad. El aire se *serena*... PME120197 **4 clima:** ...en las pasadas cuatro semanas ha sabido *serenar* el clima nacional, ha rectificado a tiempo sus declamaciones electorales. EME090496 **5 panorama:** ...deberíamos ayudar a *serenar* el panorama político y el económico para que el consumo se reanime algo. LVE290296

B EL SUSTANTIVO *ÁNIMO*, ASÍ COMO CON OTROS QUE DESIGNAN CIERTOS ELEMENTOS DISTINTIVOS O ESENCIALES DE LA NATURALEZA PSÍQUICA DE LOS INDIVIDUOS: **6 ánimo ++:** «Deberíamos *serenar* los ánimos, iniciar el análisis de los resultados en el PJ y utilizar esta elección para favorecer el diálogo con la oposición». LNA290692 **7 alma +:** ...una luz que no saca brillo a las cosas, pero quizá *serena* el alma para seguir escribiendo... EME141295 **8 espíritu:** Durante el paseo, una fresca brisa me acariciaba la cara y el rumor de las olas del mar *serenaba* mi espíritu. LVE241296 **9 mente:** Serenando la mente y mirando el panorama sin pasiones políticas o sociales... ETC010796

C SUSTANTIVOS QUE DESIGNAN DIVERSOS ESTADOS DE CRISIS, INCERTIDUMBRE, AFLICCIÓN O AUSENCIA DE SERENIDAD, ASÍ COMO ALGUNAS DE SUS MANIFESTACIONES EXTERIORES: **10 nervios +:** ...pero no supo *serenar* sus nervios y el rival, a pesar de los pesares, pudo cerrar la cuenta con una victoria que resultó absolutamente merecida. LVE300195 **11 inquietud:** La boda *serenó* las inquietudes de los monárquicos sobre la soltería de Naruhito, un joven de costumbres sencillas... EPE021201 **12 irritación:** Y quizá con ello, quepa *serenar*, al menos parcialmente, lamentos e irritaciones... ABC030395 **13 crispación:** ...coincidieron en manifestar su confianza en que este hecho contribuya a *serenar* la crispación política. EME280295 **14 caos:** ...mientras Revello de Toro consigue *serenar* el caos al colocarse en el centro de todas las edades. ABC161092 **15 lamento:** Las palabras tranquilizadoras del alcalde consiguieron *serenar* los lamentos de los damnificados. INDOC **16 dolor:** ...en que el dolor del hijo, sin dejar de manifestarse, se *serena* para ofrendar a la madre lo que experiencias y estudios hicieron más suyo... ABC300793 **17 dilema −:** ...el secretario Gurría ha intentado *serenar* el dilema que separa (y hace converger entre sí) a los dos países. EXC090596

D ALGUNOS SUSTANTIVOS QUE DESIGNAN SITUACIONES DE CONFRONTACIÓN DE IDEAS O DE PUNTOS DE VISTA: **18 debate ++:** Queremos ofrecer al Gobierno diferentes alternativas, suficientemente maduras y estudiadas, y que sirvan para *serenar* el debate de los trasvases. LVE101196 **19 discusión +:** Solo la mediación de la madre consiguió *serenar* un tanto la discusión. INDOC **20 polémica:** Serenada la polémica sobre la interpretación de las manchas y la identidad del rostro, el «juicio teológico» de los visitantes es inevitable. EME100596

E SUSTANTIVOS QUE DESIGNAN DIVERSAS FORMAS DE ACTIVIDAD, MÁS FRECUENTEMENTE LABORAL O DEPORTIVA: **21 juego ++:** Los dos equipos *serenaron* su juego y pronto se empezaron a ver jugadas trenzadas y que presagiaban una buena tarde de fútbol. FDV030599 **22 vida +:** El presidente de la Cámara Alta pidió también *serenar* la vida política para centrarse en los problemas que realmente preocupan al ciudadano. LVE080495 **23 fútbol:** ...*serenaron* su fútbol y protagonizaron un último tercio de temporada espectacular, batiendo al Newcastle sobre la misma línea de meta. LVE060596 **24 trabajo:** Estos reconocimientos logran estimular y *serenar* el trabajo del pintor sevillano... ABC050894 **25 actividad:** ...los partidos coligados expresan su voluntad de «*serenar*» la actividad política en la población... EPE030799

F SUSTANTIVOS QUE DENOTAN PROPÓSITO, TENDENCIA O INCLINACIÓN, A MENUDO VEHEMENTE O INSTINTIVA, HACIA ALGO O ALGUIEN: **26 deseo:** ...el impulso sexual, concebido como una fuerza que no *serena* sino que incrementa la angustia y el deseo... ABC041292 **27 impulso +:** En los compases finales, el Madrid adoleció de fortaleza mental ante un Barcelona que *serenó* mejor sus impulsos. EME241195 **28 ímpetu +:** El agente King *serena* sus ímpetus y le aconseja una novela: más tarde siempre habrá tiempo de convertirla en guión. LVE290195 **29 aspiración:** ...parecían más que suficientes como para *serenar* las aspiraciones burocrático-socialistas. ENV100497 **30 intención:** Las voces se callan en 1960, década en la que se *serenaron* un tanto las intenciones. ABC111292 **31 pasión:** Porque un partido político puede fijarse muchas metas: defender intereses o combatirlos, enarbolar ideas o arrumbarlas, agitar pasiones o *serenarlas*... EPE120399 **32 fuerza −:** ...han contribuido a *serenar* la fuerza bajista que se ha venido desarrollando en los mercados secundarios. LVE281196

G OTROS SUSTANTIVOS; POSIBLES USOS ESTILÍSTICOS: ...cuando ríos de luz se vierten al oeste dorado, y en los céfiros fragantes se *serenan* las nubes plateadas... ABC271095; Esa referencia, o constante, es la luz mediterránea, extrañamente *serenada* en los cuadros de Catalina Salas... ABC180992

☐ Véase también: **calmar(se), tranquilizar(se).**

serenidad ♦ **absoluto, completo, equilibrado, impasible, imperturbable, inalcanzable, llamado (a), monacal, sumo, total** ♦ **con** ♦ **apelación (a), llamada (a), muestra (de), sensación (de)** ♦ **alterar, apelar (a), buscar, conservar, dar[134], emanar, gozar (de)[63], guardar, impartir[30], imperar, imponer(se), infundir[23], inspirar[33], invitar (a), irrumpir (en), llamar (a), mantener, perder, perturbar, presidir (algo), prevalecer, reinar, tener, transmitir**

☐ Véase también: **aplomo, armonía, bienestar, calma, paz, quietud, sosiego, tranquilidad, tregua.**

seriamente *adv.* ▮ En el sentido de 'responsablemente o con seriedad' admite un gran número de verbos de acción *(trabajar seriamente; negociar seriamente; escribir seriamente)* o de pensamiento *(creer seriamente; pensar seriamente)*, pero se construye más a menudo con los que denotan estudio de algún asunto o acercamiento a él *(abordar seriamente un problema; considerar seriamente un riesgo; contemplar seriamente una opción; encarar seriamente una amenaza)*. En el sentido de 'gravemente o en gran medida' admite los adjetivos *herido, enfermo, alarmante, peligroso*, entre otros, así como los adjetivos participiales de muchos de los verbos que se mencionan a continuación. En este mismo sentido se combina con...

A VERBOS QUE DENOTAN AFLICCIÓN EN DIVERSOS GRADOS: **1 preocupar(se) ++:** ...me preocupa qué van a hacer con la sanidad, y me preocupa *seriamente* porque hay elementos que pueden ser irreversibles cuando se empiece a privatizar. EME250296 **2 afectar ++:** En otros casos, la mala planeación de los urbanizadores afecta *seriamente* al municipio. ETC010798 **3 inquietar(se) +:** ...ambos elencos se repartieron el dominio del balón, pero ninguno consiguió la profundidad necesaria para inquietar *seriamente* a Echeverría y Luis Fernández. LNP280897 **4 alarmar(se) +:** ¿Dónde están nuestros futuros viudos?, me pregunto *seriamente* alarmada por mi porvenir y el de mis amigas literatas. EPE271299 **5 incomodar(se):** ¿Puede la OTAN ampliarse hacia el Este sin incomodar *seriamente* a Moscú? LVE050296 **6 molestar(se):** Pekín, que considera a Taiwán una provincia renegada y se molestó *seriamente* cuando Estados Unidos concedió un visado al presidente taiwanés... EME150895 **7 irritar(se):** Se irritó *seriamente* cuando oyó decir que... INDOC **8 deprimir(se):** ...sólo dos victorias en 14 encuentros, una situación que ha deprimido *seriamente* al técnico... EPE021286 **9 perturbar(se):** A causa de la caída masiva del martes, que perturbó *seriamente* los últimos momentos de la etapa... EUV120996

B VERBOS QUE DESIGNAN LA ACCIÓN DE CAUSAR UN PERJUICIO A ALGUIEN: **10 dañar ++:** ...no había que temer un proceso de apreciación capaz de dañar *seriamente* a las exportaciones. EME050196 **11 perjudicar ++:** ...no perjudicó *seriamente* nada, ayudó en algo pero demostró que a la hora de las decisiones era prescindible. CAP261296 **12 lesionar +:** ...calificó de inadmisible el acuerdo (...) y consideró que eso lesiona *seriamente* la posibilidad de lograr un pacto social. CLA211187 **13 castigar +:** UGT recordó que el 98% de los taxistas, camioneros y conductores de autobús son autónomos y que este impuesto castiga *seriamente* a ese colectivo. EPE231101 **14 deteriorar +:** Pero todo esto (en referencia a la política cultural que en realidad se hace) puede deteriorar *seriamente* nuestro progreso intelectual... LVE010895 **15 incapacitar:** En lo que va de esta década 90, las mejorías más importantes fueron entre ancianos mayores de 85 años, y entre los más *seriamente* incapacitados. ENH180397 **16 manchar:** Después de este escándalo, su imagen y su prestigio han quedado *seriamente* manchados. INDOC

C VERBOS QUE DESIGNAN LA ACCIÓN DE IMPEDIR EL BUEN DESARROLLO O EL CURSO DE ALGO, GENERALMENTE MEDIANTE OBSTÁCULOS: **17 limitar ++:** ...tras las etapas de marginación e incluso de persecución que la habían alejado del uso oficial y que habían limitado *seriamente* su presencia pública. LVE080996 **18 dificultar +:** El mal estado en que se encuentra la vía dificulta *seriamente* el tráfico de vehículos pesados. LRE160103 **19 impedir +:** Decidió impedir *seriamente* los planes de su padre. INDOC **20 hipotecar:** El incontrolado acelerón de la economía norteamericana en el último trimestre del 93 puede hipotecar *seriamente* el futuro. EME210494 **21 frustrar(se):** ...unas condiciones meteorológicas adversas durante esta tarea pueden frustrar *seriamente* las buenas expectativas de producción... LVE090995 **22 obstaculizar:** La culminación del proceso democrático iniciado en 1987 añade un factor de legitimidad política interior y exterior que obstaculiza *seriamente* el proceso de unificación. EME140296 **23 truncar(se):** Sus posibilidades de llegar a presidente se truncaron *seriamente* después de las últimas averiguaciones. INDOC **24 atentar:** Su ataque, sin embargo, no perseguía atentar *seriamente* contra la dictadura de Rominger, sino distanciar a Zülle. EME060594 **25 coartar:** ...su grupo se siente *seriamente* agredido y coartado en su capacidad de acción. EPE041199 **26 complicar(se):** ...el equipo cántabro se ha venido abajo y ha complicado *seriamente* su permanencia en la máxima categoría. EME080595 **27 mermar:** Esta medida (...) puede mermar *seriamente* la calidad de la enseñanza. EME170696

D VERBOS QUE DESIGNAN DIVERSOS PROCESOS DE DISMINUCIÓN O DETERIORO: **28 debilitar(se) ++:** ...lo que debilita *seriamente* el perfil de mediador que se había labrado en el conflicto lingüístico y su candidatura a ocupar la futura Acadèmia Valenciana de la Llengua... EPE310399 **29 degradar(se) +:** ...en una situación internacional que se degrada *seriamente* debemos reforzar nuestra defensa nacional. EPE021084 **30 empeorar:** Su estado de salud ha empeorado *seriamente* en las últimas semanas. INDOC **31 agravar(se):** Además, la baja productividad absoluta y relativa de la industria paraguaya agrava *seriamente* las desventajas ya mencionadas... ACP150996 **32 devaluar(se):** A raíz de la crisis económica mundial la moneda nacional se está devaluando muy *seriamente*. INDOC **33 disminuir:** Si esto último ocurre, los pilotos se marean y su agudeza visual disminuye *seriamente*. EME100995 **34 enrarecer(se):** En contraposición con estas actitudes, que enrarecen *seriamente* el clima laboral en Hunosa, el personal de mantenimiento del San Nicolás, origen del conflicto, acordó en asamblea volver al trabajo. EPE021180 **35 minar:** ...la caída de Srebrenica, la primera de las seis zonas seguras que tomaron los hombres de Karadzic, ha minado *seriamente* la credibilidad de Naciones Unidas. LVE240895 **36 menguar:** ...EU ha cosechado la mitad de votos, ha reducido a la mitad el porcentaje y ha visto menguar *seriamente* su representación tanto... EPE150699

E OTROS VERBOS QUE DESIGNAN PROCESOS DE CAMBIO: **37 cambiar +:** Pero nada ha cambiado *seriamente*. EPE241199 **38 alterar +:** ...así como deformaciones que pueden alterar muy *seriamente* y quizá de manera irreversible, un modo de vida político que aquí no tiene tradición... ESH130297 **39 modificar +:** Se han anunciado innumerables consecuencias a nivel internacional que podrían modificar *seriamente* las relaciones de Turquía con sus vecinos... EPE130999 **40 trastocar:** Las bajas de Torres Mestre, Arteaga y Raducioiu trastocan *seriamente* sus planes. EME201295

F VERBOS QUE DENOTAN CRÍTICA O CENSURA: **41 criticar ++:** ...es un blindaje, porque el líder carismático antes siquiera que criticar *seriamente* al actual Gobierno lo que necesita es defenderse... EME211196 **42 desacreditar:** ¿Ignoran los líderes de ahora que están empleando jergas que ya están *seriamente* desacreditadas por jugar con la esperanza y otros sentimientos de carácter religioso? EME100296 **43 denunciar:** Los casos de corrupción han sido *seriamente* denunciados por este periódico. INDOC

G EL VERBO *PELIGRAR*. TAMBIÉN CON OTROS QUE DESIGNAN LA PRESENCIA O EL ANUNCIO DE UN RIESGO INMINENTE: **44 peligrar ++:** Los retrasos en las decisiones de los patrocinadores provocaron un parón inmediato en el proyecto que hizo peligrar *seriamente* el futuro de Crivillé... EME210294 **45 advertir ++:** ...el código de comunicación del anuncio advertía *seriamente* que el hombre Martini no tenía nombre, no tenía mirada y no hablaba. LVE270696 **46 amenazar ++:** ...afirmó que esa industria maderera amenaza *seriamente* a más del 85 por ciento. EME120396 **47 desafiar +:** Putin nunca ha desafiado *seriamente* a esos sujetos excesivamente poderosos. EPE311201

☐ Véase también: **gravemente, profundamente, seriedad**.

[serie] → en serie

seriedad ♦ **absoluto, aparente, característico, debido, desmedido, esperable, estricto, exagerado, extremado, extremo, habitual, imperturbable, indudable, profesional, profundo, propio, total** ♦ **con** ♦ **demostración (de)**[40]**, falta (de), garantía (de), imagen (de), muestra (de), visos (de)** ♦ **acreditar, apelar (a), avalar, corroborar**[42]**, demostrar, hablar (con), imperar, poner en duda, presidir (algo), restar, revestir(se) (de)**[24]**, tomar(se) (con), tratar (con)**

☐ Véase también: **gravedad, seriamente**.

serio *adj.* ▮ En el sentido literal de 'circunspecto o responsable', se combina con sustantivos que designan seres humanos *(Alegra esa cara, que estás muy serio; Es un trabajador muy serio)* y algunas partes y movimientos de su cuerpo o ciertos rasgos de su personalidad *(rostro, ademán, carácter)*. También admite otros que designan labores o sus efectos *(trabajo, labor, tarea)*, más frecuentemente si son indagatorias *(estudio, investigación, revisión, búsqueda, análisis, proyecto)*, pero también de otros tipos *(pintura, música)*. En el sentido de 'grave, notable o de cierta importancia', se combina con...

A SUSTANTIVOS QUE DENOTAN PROBLEMA O DIFICULTAD: **1 problema ++:** La falta de estímulo es uno de los más *serios* problemas que confrontan las autoridades con los trabajadores. ENH090397 **2 inconveniente ++:** En el atletismo también, por cuestión de velocidades, las ráfagas violentas de aire son un *serio* inconveniente. ABC030395 **3 dificultad ++:** José Antonio y Roger Salas han logrado un buen trabajo escénico de algo que entrañaba *serias* dificultades. EME020796 **4 aprieto ++:** Esta paradoja surge de las últimas observaciones efectuadas con el telescopio Hubble, que han puesto en un *serio* aprieto a la teoría cosmológica del Big bang. ABC061095 **5 revés ++:** ...el Gobierno rumano la apoyará en la medida de sus posibilidades y pese a los *serios* reveses que el conflicto impone a su economía. EPE280499 **6 tropiezo +:** Dos puñaladas certeras de Alcázar dejaron sin aliento al Tenerife de Jupp Heynckes, que sufrió un *serio* tropiezo ante un Rayo Vallecano que tuvo la suficiente capacidad de respuesta... EME011296 **7 complicación +:** El experto cardiólogo norteamericano Michael DeBakey dijo que el paciente se recuperará pronto sin padecer complicaciones *serias*. EUV061196

B SUSTANTIVOS QUE DESIGNAN EL PELIGRO, SU INMINENCIA O SU MANIFESTACIÓN: **8 peligro ++:** Expertos conocedores del estado de esta maravilla arcaica han denunciado el *serio* peligro que corre su conservación... ABC101195 **9 riesgo ++:** ...los atletas corrieron *serios* riesgos al mezclarse entre ellos los camiones y las motocicletas encargados de desplazar toda la caravana de la competición. EME020194 **10 amenaza ++:** ...la hambruna estructural sigue siendo una amenaza *seria*. DYM281096 **11 advertencia ++:** También relatan la tensa entrevista que celebraron la esposa y un familiar de José Amedo con el entonces ministro José Luis Corcuera, en la que éste les lanzó una *seria* advertencia. EME120195

C SUSTANTIVOS QUE DENOTAN FALLO, ERROR Y OTRAS FORMAS DE IMPERFECCIÓN: **12 deficiencia ++:** Pero la Unión como conjunto presenta *serias* deficiencias institucionales, lo que se ha llamado déficit democrático. EPE120499 **13 irregularidad +:** ...habiendo advertido *serias* irregularidades en la investigación prejudicial que dio origen al proceso penal. CAP170797 **14 error ++:** El líder de los serbios de Bosnia, Radovan Karadzic, ha cometido «un *serio* error de cálculo», continuó el responsable internacional. EME070496 **15 defecto ++:** Pero el CFE actualizado nace con un defecto *serio*, y es la masiva violación que Rusia comete en la actualidad del tratado ya firmado entonces. EPE201199 **16 fallo:** Porque fueron debidos a fallos *serios* en el funcionamiento de los servicios de inteligencia o de policía en EE. UU... EPE301001 **17 distorsión:** Su sustitución en un plazo tan breve (...) equivalía a introducir *serias* distorsiones en el mercado automovilístico. EPE241299 **18 laguna:** Pero las declaraciones de los testigos apuntan ya hacia *serias* lagunas en la respuesta policial a un aviso de bomba. EPE070900 **19 falta:** ...tuvo que bailar el Grand Pas de Deux final, forzando sus posibilidades actuales, junto a un Amador Castilla que acusa *seria* falta de entrenamiento. EME230195 **20 falla −:** Hay una opinión bastante generalizada de que el actual sistema de apelaciones tiene *serias* fallas. ENH020397 **21 pecado −:** Su pecado más *serio* consiste en que fue presidente durante 52 meses antes de viajar a México. BRE160597

D SUSTANTIVOS QUE DENOTAN DAÑO, ENFERMEDAD Y OTRAS FORMAS DE PERJUICIO CAUSADO A LAS PERSONAS O LAS COSAS: **22 daño ++:** ...nos hemos centrado en California y hemos olvidado zonas de EE. UU. donde la sismicidad es menor, pero el riesgo de *serios* daños es extraordinariamente alto. ABC100395 **23 estrago ++:** Al concluir el año de 1996, se comprobó que la actividad productiva había sufrido *serios* estragos... ETC210197 **24 trastorno ++:** ...hasta épocas recientes, no había producido *serios* trastornos en el área de la salud pública. ABC130195 **25 molestia ++:** Edgar Davids está lesionado (una mano rota) y Boban y Albertini sufren *serias* molestias musculares. EME041296 **26 perjuicio +:** ...habernos involucrado en algo tan grave como el tráfico de drogas o el asesinato de Cabezas nos produce un *serio* perjuicio moral y comercial... CLA180497 **27 lesión +:** Como consecuencia del accidente el joven sufrió *serias* lesiones en una pierna, que obligaron a su amputación. EME080494 **28 deterioro:** Pese al *serio* deterioro de la situación, Blanch sigue convencido, según estas declaraciones, de que la dirección del PSC le apoyará. LVE261096 **29 enfermedad:** Fue del Senado y de la «jet» y jamás, incluso recientemente, cuando salía de una *seria* enfermedad, jamás dijo no a una copa con un amigo. EME280294 **30 dolencia:** ...el jefe del Estado continúa recuperándose de la *seria* dolencia cardiaca que le sobrevino hace dos meses. EME181295

E SUSTANTIVOS QUE DENOTAN EFECTO: **31 consecuencia ++:** ...la Duma intentará actuar de una forma más equilibrada cuando vaya a adoptar resoluciones que puedan tener *serias* consecuencias políticas y morales. EME020394 **32 repercusión ++:** Estas cifras pueden tener *serias* repercusiones políticas... LVE211196 **33 efecto +:** ...existe un excesivo temor al consumo de forma crónica de medicación esteroidea (...), culpables de *serios* efectos secundarios cuando se consumen día tras día. EME080695

F SUSTANTIVOS QUE DENOTAN IMPACTO, A VECES INTERPRETADO FIGURADAMENTE: **34 golpe +:** El multiculturalismo: la quimera del mestizaje ha sufrido un *serio* golpe. EPE181101 **35 impacto +:** Por otra parte, los efectos del cambio climático sobre los recursos hídricos constituyen, probablemente, el más *serio* impacto del cambio del clima en España. EDV070201

G SUSTANTIVOS QUE DENOTAN DUDA O SOSPECHA: **36 duda ++:** A mí se me debe todo esto y, sobre todo, un mundo justo, una utopía que sigo abrazando con *serias* dudas. EME070695 **37 reserva +:** Mientras que un sector apoya, sin apenas restricciones, la participación militar alemana en misiones de paz de la ONU, el otro muestra aún *serias* reservas. LVE141195 **38 sospecha:** Aunque no se han presentado cargos contra Melnikas, pesan sobre él *serias* sospechas ya que... EME240595

H SUSTANTIVOS QUE DENOTAN CONFLICTO O ENFRENTAMIENTO EN DIVERSOS GRADOS DE INTENSIDAD: **39 conflicto ++:** Ya os lo dije. Tendremos un conflicto muy *serio.* ABC030792 **40 confrontación:** Los PAU es la primera confrontación *seria* entre ambas instituciones. EME160394 **41 enfrentamiento:** ...produjo *serios* enfrentamientos entre parlamentarios, dirigentes de la Junta, gobernadores y activistas políticos del sector... ACP120996 **42 roce:** ...el proceso será mirado con especial beneplácito, sobre todo en aquellos países en que actuó la DINA o que tuvieron roces *serios* con el protagonista del régimen militar. HOY010997

I SUSTANTIVOS QUE DENOTAN PREOCUPACIÓN: **43 preocupación ++:** La radiactividad permanece a niveles peligrosos durante miles de años y su almacenamiento es causa de *seria* preocupación. ABC011093 **44 inquietud:** ...señalaba las ventajas del modelo en el corto y el mediano plazos, pero consignaba *serias* inquietudes para el largo plazo. SEM011096 **45 temor:** Pero también éstos expresan *serios* temores. EPE260399

J SUSTANTIVOS QUE DESIGNAN BARRERAS, LÍMITES O EL EFECTO DE ESTABLECERLOS: **46 restricción +:** Esto, junto con la menor disponibilidad de financiamiento externo, constituye la restricción más *seria* para el crecimiento del PBI. CLA240199 **47 limitación +:** La rutina en la oferta, la irregularidad de los elencos, ciento «faraonismo» en las pretensiones, pusieron pronto en evidencia las *serias* limitaciones que la lastraban. ABC040394 **48 obstáculo +:** Además de un *serio* obstáculo para el espectáculo, los boquetes que dejan el césped arrancado suponen un riesgo de lesiones para deportistas que han costado miles de millones. EME150996 **49 límite:** Pero en la reducción del gasto hay ya *serios* límites. LVE180896

K SUSTANTIVOS QUE DENOTAN CRÍTICA O RESERVA HACIA ALGO: **50 objeción ++:** Pero también se le pusieron objeciones *serias* al excesivo abuso de la conversación vana... ABC241195 **51 reproche ++:** El único reproche *serio* que a mi modo de ver cabe hacerle a esta estupendísima exposición, es la escasa atención que le concede su catálogo a la vertiente poética del movimiento. ABC211094 **52 reparo ++:** Dijo que los técnicos de Hacienda y el Banco Central además de los de su propia cartera tienen *serios* reparos a varios de los artículos de la ley. ACP311000 **53 crítica +:** El haberlos reunido es la clave del Azaña último, con el añadido polémico de una crítica muy *seria,* y sin más respuesta que el silencio, en muchas ocasiones, a la actuación de la izquierda española. ABC010494 **54 amonestación:** La denuncia, sin las correspondientes pruebas, le valió una *seria* amonestación de sus camaradas, lo que determinó la renuncia de la diputada a RN... PME250896

L SUSTANTIVOS QUE DENOTAN AFÁN POR CONSEGUIR ALGO: **55 esfuerzo +:** Hemos hecho un esfuerzo muy *serio* por ordenar nuestra economía. EME080395 **56 intento:** ...hace ya unos tres años que se ponía en marcha un intento *serio* de hacer una gran antológica... ABC011093 **57 aspiración:** ...uno de los equipos con más *serias* aspiraciones de alcanzar el título... CLA200297

M SUSTANTIVOS QUE DENOTAN DIFERENCIA O FALTA DE ACUERDO: **58 discrepancia ++:** No quiso entrar en valoraciones de la función de su representante, Josep Maria Minguella, con el que mantiene *serias* discrepancias. EME250695 **59 diferencia +:** Hernández dice que deja la política sin ningún rencor hacia nadie aunque en sus palabras se advierten *serias* diferencias con sus compañeros de militancia. LVE020296 **60 desigualdad:** En América latina las desigualdades son muy *serias* y profundas... CLA240199

N SUSTANTIVOS QUE DENOTAN SUCESO IMPREVISTO O SOBREVENIDO, GENERALMENTE ADVERSO: **61 accidente ++:** ...y declaró, entre otras cosas, que éste había sido el accidente más *serio* que había sufrido Unión Fenosa en toda su historia en Madrid. EPE010899 **62 incidente +:** Con ambos colectivos ha tenido *serios* incidentes. EME260695

Ñ SUSTANTIVOS QUE DENOTAN OPCIÓN U OPORTUNIDAD: **63 opción +:** El triunfo fue muy importante para el conjunto de Aranzana, que tiene *serias* opciones de acabar esta fase entre los ocho primeros... LVE030495 **64 oportunidad +:** ...el italiano se mostró muy feliz por la «oportunidad *seria* que se da a los escaladores con el nuevo trazado de la ronda francesa». EME191095 **65 posi-**

bilidad: La junta electoral investigará ahora la *seria* posibilidad de que Mendoza haya cometido la arrogancia de utilizar los listados de socios de las elecciones... LVE250195

O SUSTANTIVOS QUE DENOTAN MOTIVO O SEÑAL DE ALGO: **66 motivo:** ...lo que sin duda constituye un varapalo para Móner y un *serio* motivo más de inquietud para González. EME060996 **67 razón:** No son razones *serias*, pero son razones reales. LVE210596 **68 indicio:** El hecho de que se le deje en libertad no merma ni un ápice (...) los *serios* indicios de que Vera se aprovechó de los fondos reservados... EME130795 **69 pista:** Una alta fuente de la policía de Córdoba que no quiso identificarse rechazó ante Clarín esa imputación y dijo que «aún no hay pistas *serias* para resolver el crimen». CLA241097

☐ Véase también: **grave, leve.**

sermón ♦ **aburrido, adormecedor, alusivo, demoledor, elocuente, encendido, incendiario, insoportable, interminable, largo, manido[27], monótono, persuasivo, pesado, plomizo, soporífero, tedioso, vibrante** ♦ **aguantar, decir, echar[68], lanzar, largar, predicar[1], recibir, recitar, repetir, soltar (a alguien), soportar**

☐ Véase también: **discurso, monserga.**

serpentear ♦ **camino, carretera, río, senda, sendero,** *otros sustantivos que designan vías*

[servicio] → **hoja de servicios, servicio militar**

servicio ♦ **abnegado, a domicilio[39], a medida[1], concienzudo, cuidado, de calidad, de primera necesidad, desinteresado, discrecional, ejemplar, esmerado, flaco[2], gran(de), gratuito, igualitario[9], impagable[1], impecable, inapreciable[18], inestimable, inmejorable, leal, modélico, permanente, profesional, puerta a puerta, sacrificado, valioso** ♦ **espíritu (de)** ♦ **abonarse (a), agilizar[60], brindar[7], cancelar, cortar[37], dar[2], dispensar (de), hacer, interrumpir, necesitar, ofrecer, prestar, promover, proporcionar, suscribirse (a)**

☐ Véase también: **asistencia, ayuda, servicio militar.**

SERVICIO

♦ (SUSTANTIVOS) Véase: **a domicilio[F,H], agilizar[I], aglutinar[H], cortar[G], decisivo[J], itinerante[D], precario[G,J]**

♦ (VERBOS) Véase: **a domicilio[C]**

☐ Véase también: RECURSO.

servicio militar ♦ **obligatorio, voluntario** ♦ **abolir[35], cumplir, desertar (de), hacer, instaurar, librar(se) (de)[25], suprimir**

☐ Véase también: **servicio.**

servidumbre ▮ *(obligación)* ♦ **afectivo, biológico, cotidiano, de paso, duro, enojoso, feudal, ideológico, inexcusable, inexorable, injusto, insoslayable, legal, natural, necesario, oneroso, peligroso, pesado, político, profesional, severo, temporal, tradicional, triste, voluntario** ♦ **abandonar, acabar (con), aceptar, arrastrar, asumir, atender, comportar, conducir (a), constituir, contraer, despojar(se) (de), eludir, entrañar, huir (de), imponer, liberar(se) (de), mostrar, padecer, redimir (de), someter(se) (a), sufrir, suponer, tener**

▮ *(personal de servicio)* ♦ **alojar, contratar, despedir, dirigir(se) (a), liberar, pagar**

☐ Véase también: **carga, obligación.**

servir ▮ *(prestar servicio)* ♦ **abnegadamente, adecuadamente, a domicilio[13], amablemente, apropiadamente, con fruición[28], cordialmente, cortésmente, de sobra[10], gentilmente, lealmente[19], meritoriamente[5]**

▮ *(ofrecer)* ♦ **a granel[8], en abundancia, en bandeja, en frío[5], escasamente**

☐ Véase también: **escanciar, práctico, usar.**

sesgado *adj.* ▮ En su sentido literal (aproximadamente, 'oblicuo'), se combina con sustantivos que designan diversas cosas que se dan, se encuentran o inciden en diagonal o lateralmente sobre otras *(luz, corte, golpe, dirección, tela, remate, línea)*. En su sentido figurado (aproximadamente, 'tendencioso') se combina con sustantivos que designan unidades y manifestaciones verbales *(palabras, expresión, frase, lenguaje, declaración, afirmación, respuesta, pregunta, testimonio)*, sustantivos que designan escritos o informaciones, generalmente de carácter periodístico *(texto, informe, estudio, artículo, noticia, información, titular, reportaje, publicación)* y también con...

A SUSTANTIVOS QUE DENOTAN INTERPRETACIÓN, ANÁLISIS O VALORACIÓN: **1 interpretación ++:** El alcalde deploró cualquier interpretación *sesgada* que se haya podido hacer del ejercicio personal del pregonero... EME260295 **2 lectura ++:** También calificó de «lecturas *sesgadas*» aquellas que plantean «de forma exclusiva dinámicas de denuncia y rechazo». EPE280799 **3 opinión ++:** ...es muy triste conocer la opinión *sesgada* y falta de conocimiento, tanto legal como social, que de las funciones de las policías locales tiene el señor Fernández Bermejo... EPE080699 **4 versión +:** ...se dan por buenos rumores o versiones *sesgadas*, cuando no falseadas. EPE310199 **5 valoración +:** ...una tácita reducción (...) puede inducir a una valoración *sesgada* de su aportación global a las letras catalanas. LVE170595 **6 posición +:** El documento expone una posición claramente *sesgada* a favor de los intereses de la industria... EME240795 **7 reflexión:** ...¿otra charla de *reflexión* política *sesgada*?... EPE110999 **8 juicio:** Reich-Ranicki (...) achaca a Grass una construcción literaria desafortunada (...), amén de juicios políticos muy *sesgados*. LVE230895

B SUSTANTIVOS QUE DESIGNAN LA POSICIÓN O EL ÁNGULO DESDE LOS QUE SE MIRA ALGO, Y –POR EXTENSIÓN– LA FORMA DE MIRARLO. SE USAN MUY FRECUENTEMENTE DE FORMA FIGURADA: **9 visión ++:** ...intentar comprender la postura moral de los españoles a través de sus quejas da siempre una visión *sesgada* y deforme de la realidad social. EME030395 **10 mirada ++:** En sus cuentos se consagra esa mirada *sesgada* y el ensanchamiento de los límites de lo verosímil por el absurdo... EPU041001 **11 perspectiva** +: De los avatares y agonías de esta familia dejó cumplida cuenta, desde su *sesgada* perspectiva, Vicente Blasco Ibañez en «La Bodega»... EME280394 **12 punto de vista** +: Solaguren apuntó que Markiegi pudo haber dado un punto de vista *sesgado* en su exposición ante la comisión... EPE180699 **13 óptica** +: Declaraciones aquellas que sólo pueden hacerse, pienso, desde la óptica *sesgada* de una empresa que opere en mercados cautivos... LVE240795 **14 enfoque** +: Critico su enfoque muy *sesgado* de los problemas de la provincia... CLA290199

C SUSTANTIVOS QUE DESIGNAN INFORMACIONES RESULTANTES DE UN CÓMPUTO O UNA ESTIMACIÓN: **15 dato** +: Las centrales acusan al Gobierno de usar datos *sesgados* sobre la subida salarial. EPD180697 **16 resultado** +: ...explicó ayer que los tres puntos ofrecen resultados muy *sesgados*... EPE111199 **17 cálculo**: Los argumentos utilizados para reducir los niveles de solidaridad están llenos de trampas al basarse en cálculos *sesgados*. EPE090199

D SUSTANTIVOS QUE DENOTAN LA ACCIÓN O EL EFECTO DE MANEJAR O UTILIZAR ALGUNA COSA: **18 uso** ++: Asensio hace un uso *sesgado* de conversaciones privadas. EPD210597 **19 utilización** +: En este sentido resulta bochornosa la *sesgada* utilización del desafortunado Informe de la Real Academia de la Historia... EPE110700 **20 tratamiento**: El sociólogo también mostró su rechazo por el «*sesgado*» tratamiento del «Informe Semanal» dedicado al aborto... EME110795 **21 trato** +: Mariño cree que TVE dio un «trato *sesgado*», pero defiende la buena fe del Gobierno. LVE270195 **22 empleo**: Interviene también en ellas, evidentemente, la mera y osada ignorancia, la escasa información, o el empleo *sesgado* y tergiversador de la documentación pertinente. EME110595

E SUSTANTIVOS QUE DENOTAN ACTIVIDAD O MODO DE PROCEDER: **23 actuación** +: A la inexistencia de un marco legal y a la politización del otorgamiento de ajustes tarifarios se suma la actuación *sesgada* de la Comisión Reguladora de Energía Eléctrica... EUV010996 **24 política** +: «Con todos nuestros respetos el Instituto Andaluz de la Mujer se ha quedado cojo y hace una política muy *sesgada*»... EPE100599 **25 actitud** +: Desgraciadamente, creo que la actitud de la radiotelevisión pública está *sesgada* al servicio del partido en el Gobierno... LVE280296 **26 gestión**: Ello hizo que, en medios serios, se temiera que su gestión pudiera resultar *sesgada*. LVE150696 **27 comportamiento**: ...los partidos siguen zahiriéndose por el comportamiento *sesgado* de los medios de comunicación... LVE240296

F SUSTANTIVOS QUE DENOTAN CONFRONTACIÓN VERBAL O ESTADO DE DISCREPANCIA: **28 debate** +: Al quedar fuera de la campaña electoral, se evitará un debate *sesgado* sobre esta materia... LVE171295 **29 discusión**: Los empresarios intentan plantear una discusión falseada, *sesgada* y trucada. EME100696 **30 polémica**: No parece que sea lo más conveniente alimentar esta polémica *sesgada*. INDOC **31 controversia**: Se trata de una controversia *sesgada* desde su origen, si se examinan con atención los argumentos que la sustentan. INDOC

G OTROS SUSTANTIVOS; POSIBLES USOS CRUZADOS: Sin duda, por eso su vida fue *sesgada* brutalmente el 28 de julio de 1936. [Cf. *segado*] LRE050203

sesgo ♦ **tomar**[36]

sesión ♦ **abarrotado**[1], **acalorado**[2], **accidentado, agitado, agotador**[21], **ajetreado**[24], **a puerta cerrada**[37], **concurrido, confidencial**[33], **continuo, debatido, de trabajo, improductivo, inacabable, infructuoso, intenso, interminable, maratoniano, permanente, plenario, plomizo**[2], **provechoso, reñido**[59], **sin incidentes, tumultuoso, turbulento, violento** ♦ **abrir(se)**[6], **acudir (a), amenizar, anular, asistir (a), boicotear**[13], **caldear(se)**[27], **celebrar, cerrar, clausurar, continuar, convocar, desarrollar(se), discurrir**[8], **eternizar(se), fluir, interrumpir, levantar**[26], **narrar, presenciar, reanudar, suspender, tener lugar**

☐ Véase también: **período, reunión**.

seso ♦ **derretir(se)**[1], **devanar(se)**

☐ Véase también: **mollera**.

seudónimo ♦ **camuflarse (tras)**[5], **emplear, firmar (con), tomar**[63], **usar, utilizar**

severamente *adv.* ▌Se combina con verbos que designan ciertas formas de actuar o comportarse *(Vestía severamente; Se expresaba severamente)*. También se combina con...

A VERBOS QUE DENOTAN IMPOSICIÓN DE UN CASTIGO O UNA SANCIÓN, GENERALMENTE COMO REACCIÓN A UNA INFRACCIÓN PREVIA: **1 castigar** ++: «El mal tiempo castigó *severamente* a la ganadería: llegó a cambiarse un fardo de pasto por una vaca», aseguró. LNP061097 **2 sancionar** +: ...advirtió que sancionará *severamente* a todas las gasolineras que cometan abusos en el cobro del producto. DYM201297 **3 penalizar**: Las reformas darán más poder al Ejecutivo, penalizarán más *severamente* la corrupción... VIS201197 **4 penar**: Por lo demás, y en estricta justicia, sólo el hecho de llevar un pistolón por la calle, y, en consecuencia, la posibilidad de usarlo, de apretar el gatillo, ya debería estar penado *severamente*. EME090294 **5 multar**: ...pedirá a la Federación Internacional que multe *severamente* a la organización por el atropello cometido con Manuel Orantes. EPE050680 **6 escarmentar**: ...el general De Gaulle, presidente de la República, se proponía escarmentar *severamente* a la Iglesia católica en 1944, tras la liberación de Francia... EPE030900

B VERBOS QUE DENOTAN CRÍTICA, RECHAZO Y OTRAS FORMAS DE OPOSICIÓN O REACCIÓN: **7 condenar** ++: ...los condenó tan *severamente* como lo ha hecho la opinión pública... EXC170896 **8 criticar** ++: Dos terceras partes de los encuestados criticó *severamente* los programas informativos de televisión que se introducen innecesariamente en la vida privada de los protagonistas. ENV180497 **9 censurar**: ...el indigenismo (...) ha «mitificado, embellecido y ennoblecido el pasado americano (precolombino) con el fin de censurar más *severamente* la ruptura de las civilizaciones prehispánicas...». LVE080795 **10 denunciar**: ...en otras circunstancias denunciaron *severamente* actuaciones de este tipo... EME120195 **11 descalificar**: ...ha llevado al secretario general (...) a matizar su postura ante la intervención bélica y a descalificar *severamente* al régimen de Belgrado. EPE130499 **12 recriminar**: Y habiendo utilizado el verbo manejar por el de conducir (...) un lector culto y preocupado por el lenguaje dio en recriminarme *severamente* por tamaña extravagancia extranjerizante... EME250394 **13 amenazar:** ...un problema, que por momentos amenazó *severamente* la estabilidad de la alianza oficialista... HOY271097 **14 rechazar:** Cuesta entender que el montaje (...) fuera tan *severamente* rechazado hace un año... EPE070800

C VERBOS DE LENGUA QUE DESIGNAN LA ACCIÓN DE CORREGIR A ALGUIEN, GENERALMENTE CENSURANDO LO QUE HA DICHO O HA HECHO: **15 amonestar +:** Un juez de línea del tribunal supremo de árbitros, el colegiado Días Irae, amonestó *severamente* a Barrionuevo... LVE281095 **16 reprender +:** ...el manager de los Dodgers había reprendido *severamente* a los jugadores blancos al enterarse de su actitud hacia Robinson. ENH090297 **17 reprobar:** ...el presidente francés había hecho una «larga exposición sobre los motivos» que tiene el Gobierno francés para realizar unas pruebas tan *severamente* reprobadas por la opinión pública en todo el mundo. EME240995 **18 reprochar:** Inclusive en lo que hace a las relaciones con Moscú, por las que Dole reprochó *severamente* al presidente... INF010896 **19 regañar:** Nati Abascal, que admira la ropa expuesta, me regaña muy *severamente* por haberla llamado «gloria del pasado» en esta página la semana pasada. EME191096 **20 reñir:** Como no es posible que ninguna colectividad sea capaz, en tan pocos años, de inventarse una lengua, se riñó muy *severamente* por no fijarse. EPE210899

D VERBOS QUE DESIGNAN LA ACCIÓN DE INFLIGIR UN DAÑO O UN PERJUICIO. TAMBIÉN CON OTROS QUE EXPRESAN EL PROCESO DE EXPERIMENTARLOS: **21 dañar ++:** ...los puentes coloniales y las galerías de la plaza que se dañaron *severamente* hasta ahora no han sido refaccionados. LTB130901 **22 perjudicar +:** ...una explosión masiva que causó la muerte de siete trabajadores de Pemex y perjudicó *severamente* las operaciones de procesamiento y suministro de Pemex. EXC011196 **23 deteriorar:** ...los principales indicadores de la economía regional siguen *severamente* deteriorados. EPC080797 **24 debilitar:** Según los ecologistas, las propuestas de la Unión Europea para la reunión de Viena están siendo *severamente* debilitadas por las posiciones que está promoviendo España... LVE031295 **25 quebrantar:** Desgraciadamente, a partir de julio del presente año, mi salud se ha visto *severamente* quebrantada... PME150996 **26 lesionar:** ...fue suspendida indefinidamente tras finalizar *severamente* lesionada. END141100 **27 herir:** ...restauraron la civilidad política en un país *severamente* herido por la dictadura militar. EPE261199 **28 mutilar:** Otras fueron asesinadas por arma blanca, y alguna *severamente* mutilada. EPE080800

E VERBOS QUE DESIGNAN LIMITACIONES, RESTRICCIONES Y OTRAS ACCIONES DE NATURALEZA COERCITIVA: **29 limitar ++:** ...la crisis fiscal de muchas entidades federativas, lo que ha propiciado que sus márgenes de acción en su gasto se hayan limitado *severamente.* EXC050900 **30 restringir +:** ...tuvo que dar marcha atrás y atenuar para sus socios una medida adoptada el 24 de marzo que restringía *severamente* la financiación de sus importaciones. DLA040497 **31 controlar +:** Ocupa un gran recinto al norte de Pekín protegido por altos muros y puertas *severamente* controladas. LVE020895 **32 reprimir:** Había cometido, al no más llegar, un par de cabronadas que le fueron *severamente* reprimidas por sus superiores. LHG280297 **33 prohibir:** ...se alegró tanto que al anunciar la noticia salió a un balcón de la Casa Blanca y alumbró un cigarro cuando en el palacio está *severamente* prohibido fumar. LVE130695 **34 impedir:** Durante numerosos kilómetros circula paralela a la costa, casi invadiendo la zona de dominio público e impidiendo *severamente* el acceso a las exiguas playas a los vecinos de muchos municipios afectados. EPE040999

F ALGUNOS VERBOS QUE DENOTAN INFLUENCIA O CONSECUENCIA: **35 afectar ++:** ...demandar que no se autoricen nuevos incrementos a los precios de refacciones y combustibles, lo cual «nos afecta *severamente* y propicia problemas financieros...». EXC230496 **36 repercutir:** Esto repercute *severamente* en la economía de los cozumeleños que sienten que es hora de poner un freno a esos abusos... DYM040796

G VERBOS QUE DENOTAN VALORACIÓN O ENJUICIAMIENTO DE ALGO: **37 cuestionar ++:** ...cuestionaron *severamente* al gobierno durante un encuentro realizado en la jurisdicción de Cnel. ACP071100 **38 juzgar ++:** Y resulta difícil juzgar *severamente* una actitud que coincidía con sus manías y sus fobias. PME260197 **39 enjuiciar:** El dirigente copeyano enjuició *severamente* las declaraciones del candidato presidencial... EUV170498

H VERBOS QUE DESIGNAN ACTUACIONES CONTRARIAS A ALGO, ESPECIALMENTE DIVERSAS FORMAS DE AGRESIÓN FÍSICA O VERBAL: **40 atacar:** ...contestó la pregunta después de un mitin en Getafe, donde atacó *severamente* al candidato del PP... EPE060699 **41 golpear:** ...explicó a los presentes que este sector, *severamente* golpeado por la crisis económica, hoy se recupera y avanza... GIC101496 **42 apalear:** Un niño palestino de diez años se encontraba ayer en estado crítico, después de ser *severamente* apaleado por un colono judío de la localidad de Beitar... LVE281096 **43 agredir:** ...fueron conducidos –cuando salían de la iglesia– a un recinto militar serbio bosnio, donde fueron *severamente* agredidos. EME080195 **44 combatir:** ...dijo que existe en el país un resquebrajamiento en la conducta de algunos compañeros con mayor o menor responsabilidad de dirección y que esto había que combatirlo *severamente.* DLA120497 **45 torturar –:** La negativa de los lores de Londres al suicidio asistido de una tetrapléjica que vive *severamente* torturada... EPE051201 **46 fustigar –:** ...fustigó *severamente* a las directivas del Partido Liberal, la consulta interna, el Congreso y a los intentos contrareformistas a la Constitución. ETC280497

I VERBOS QUE DENOTAN REDUCCIÓN O RECORTE: **47 reducir +:** Lo normal sería también que se redujeran *severamente* sus remuneraciones, como una manera de lograr equilibrios financieros. LEC051197 **48 recortar +:** ...criticó ayer duramente las propuestas legislativas del Partido Republicano de equilibrar el presupuesto americano en el año 2002 recortando *severamente* los gastos sociales en Sanidad y Educación. LVE140595 **49 rebajar:** ...rebajar *severamente* el horizonte maximalista de la Constitución y, a través del decidido recorte de competencias e instituciones, racionalizar el proceso descentralizador... EPE021180 **50 aligerar –:** La Vuelta llegó a Zaragoza sin más novedades, salvo ese constante goteo de abandonos que empiezan a aligerar *severamente* el tamaño del pelotón. EPE160999

J OTROS VERBOS; POSIBLES USOS ESTILÍSTICOS: ...Cercadillo, siempre enérgico, le anima *severamente*: «¡Qué pasa! Peor estará tu padre». EME191195

☐ Véase también: **con dureza, con mano dura, duramente, gravemente.**

severidad Véase: **severamente**

severo *adj.* ▮ Se construye con sustantivos que designan personas *(una madre severa; un juez severo)* o instituciones *(un régimen severo; una severa dictadura)*; también con el sustantivo *enfermedad* y muchos nombres de enfermedades o dolencias *(infección, asma, artritis, hipotermia)*. Lo hace asimismo con los sustantivos que designan diversas manifestaciones verbales o textuales *(un artículo severo; un discurso severo)*, así como acciones organizadas *(plan, programa, campaña)*. También se combina con...

A SUSTANTIVOS QUE DESIGNAN LEYES, NORMAS Y OTRAS FORMAS DE REGULAR LAS ACCIONES O LOS COMPORTAMIENTOS: **1 ley** ++: Promulgó la nueva y *severa* ley de extinción de dominio, orientada a llevar a la quiebra a los narcotraficantes. ETC130297 **2 regla** ++: ¿Cómo logró usted, oh Arrabal, con unas reglas tan monacalmente *severas*, tan regularmente aplicadas, parecer tan impúdicamente gracioso? ABC021092 **3 norma** ++: ...que se atenga a las normas de conducta más *severas* y ajustadas a las exigencias mínimas de seriedad. LNP060597 **4 regulación** ++: Los legisladores pudiesen establecer regulaciones tan *severas* que hagan prácticamente imposible la eutanasia activa... ENH300697 **5 legislación** +: ...tampoco pudo hacerse siempre justicia con la *severa* legislación de emergencia... EXP020797 **6 sentencia:** ...han parado con sus huesos en la cárcel y recibido *severas* sentencias condenatorias. ETC040997 **7 normativa:** Si el jefe del estado, Rafsanjani, impulsa cierta relajación en la *severa* normativa de este país... LPA170592 **8 edicto:** ...lo que debe hacer a pesar de las seductoras tentaciones y los *severos* edictos de los dioses. ABC130893 **9 código:** ...muy responsables de su autonomía y ceñidos al *severo* código moral por ellos convenido... ETC110187 **10 reglamentación:** Los exiliados daban saltos y gritos en sus departamentos a medianoche, rompiendo la *severa* reglamentación europea que prohíbe toda clase de ruidos molestos pasadas las 21 horas. HOY250184

B SUSTANTIVOS QUE DESIGNAN EL CASTIGO EN DIVERSAS FORMAS Y GRADOS, ASÍ COMO OTRAS MANIFESTACIONES DE LAS ACCIONES OFENSIVAS, COERCITIVAS U HOSTILES: **11 castigo** ++: El castigo que ahora enfrenta por desobediencia es mucho más *severo*: dos cargos de asesinato en segundo grado. ENH030697 **12 pena** ++: ...son pasibles de ser sancionados con una pena más *severa* que si se pegara una patada. EPU060901 **13 sanción** +: ...excesos muy lamentables que, a la postre, obtuvieron una sanción que quizás no fuese lo suficientemente *severa*. EXP120997 **14 condena** ++: Dos urólogos franceses podrían recibir *severas* condenas por haber engañado a varios pacientes... LTB230197 **15 derrota** ++: Los celestes no perdían desde el 14 de febrero en Valladolid y sufrieron en el Estadio Olímpico la derrota más *severa* en esta temporada. FDV100599 **16 reprimenda** +: ...propinarme una *severa* reprimenda, acompañada de algún que otro insulto. LVE210796 **17 multa:** ...las reuniones corroboran las conclusiones que han determinado la imposición de tan *severas* multas. CAP230197 **18 represión:** ...lo habían hecho objeto de *severas* represiones. PME271096 **19 presión:** Sometido a *severas* presiones para que libere a Lori Berenson, el presidente peruano Alberto Fujimori afirmó que... ENH100900 **20 represalia:** ...impone nuevas y *severas* represalias contra las empresas de terceros países que rompan el bloqueo... DYM040796

C EL SUSTANTIVO *GOLPE* Y CON OTROS QUE DENOTAN CONTACTO VIOLENTO: **21 golpe** ++: Fracturas y golpes *severos* en diferentes partes del cuerpo causaron la muerte de... ESH190297 **22 paliza** ++: ...allí le propinó *severa* paliza, la hizo hacer su maletita, y se la llevó de vuelta a sus padres en la vieja casa de inquilinato. ESP110397 **23 golpiza** +: A diez días de que su madre le propinó *severa* golpiza por negarse a comer... DYM230796 **24 impacto:** Pero en algunos países, el impacto será más *severo*. EXC050900 **25 choque:** ...fue un *severo* choque contra el poderoso país del norte, que descuidó grandemente su relación con Latinoamérica... EXC060197

D SUSTANTIVOS QUE DENOTAN ADVERTENCIA, CRÍTICA Y OTRAS FORMAS EN QUE SE MANIFIESTA LA POSICIÓN CONTRARIA A ALGO O ALGUIEN: **26 crítica** ++: Sin caer en un pesimismo sistemático Horia no ahorró su crítica *severa* a la deshumanización del mundo actual... LPA170592 **27 autocrítica** ++: ...sometiéndonos a la autocrítica *severa* como lo hemos hecho hasta ahora para tomar nuevos bríos... EUV070497 **28 acusación** ++: ...formuló *severas* acusaciones contra el secretario de Población del Ministerio del Interior... LPA230592 **29 amonestación** +: Una *severa* amonestación cayó sobre los dirigentes políticos cubanos que fueron acusados de esclerosis... DLA100497 **30 llamada de atención:** ...para justificarse por haber sido rebasados sus controles, e impedir *severas* llamadas de atención, explicaron que el edificio es antiguo y muy enorme... LTB150297 **31 apercibimiento** +: ...el ex presidente Julio María Sanguinetti, hizo un «apercibimiento *severo*» a la agrupación política del dirigente Jorge Hunter... EPU120701 **32 cuestionamiento** +: ...no menos cierto es que los cuestionamientos más *severos* provinieron del propio Frente Amplio. EOU011096 **33 denuncia** +: En medio de los acuerdos hubo denuncias muy *severas*. EXC220996 **34 rechazo:** ...la mayoría de su población estudiantil manifiesta un *severo* rechazo al gobierno... EXP260697 **35 advertencia:** ...recibió ayer una *severa* advertencia del juez de la causa para que cumpla con las condiciones de su arresto domiciliario... EPU170701 **36 protesta:** Uno de los artículos que ha llevado a los educadores a efectuar *severas* protestas... ESP160697

E SUSTANTIVOS QUE DENOTAN LIMITACIÓN O RESTRICCIÓN. TAMBIÉN CON ALGUNOS QUE DESIGNAN LAS ACTITUDES Y LOS ESTADOS DE COSAS QUE LES CORRESPONDEN, ASÍ COMO OTROS PROCESOS, GENERALMENTE ECONÓMICOS, QUE SE CONSIDERAN NO DESEADOS: **37 restricción** ++: ...el Ministerio de Comercio Exterior cubano aplicó *severas* restricciones a la Iglesia Católica... END231097 **38 reducción** ++: Sin embargo, «no es común encontrar reducciones del gas tan *severas* en los primeros días de septiembre». ENH100900 **39 recorte** ++: ...«innecesaria la aplicación ahora de recortes de producción, particularmente si son muy pronunciados, *severos*». ESP160101 **40 limitación** +: ...comprobamos su conversión a la reducción geométrica de las formas, la *severa* limitación de su paleta a un único color... ABC090493 **41 límite:** Además, el Consejo ha sido notificado de que tiene *severos* límites para revisar sus actos... HOY270197 **42 carga:** ...se ve impedido de conceder nuevas alzas e imponer cargas todavía más *severas.* ENV010997 **43 ajuste ++:** Lo cual, bien mirado y para un año de ajustes *severos* en lo macroeconómico... EUV120996 **44 déficit:** ...dados los *severos* déficits societarios que caracterizaron a la Venezuela que entró al siglo XX. ENV051000 **45 recesión:** ...permitiéndose excepciones sólo para *severas* recesiones en las cuales la economía se contrajera en más de 2%. EXC020197 **46 austeridad –:** ...las apelaciones radicales de los fundamentalistas, que instan a *severas* austeridades a un público que sufrió padecimientos descomunales... LPA170592 **47 desajuste:** Los *severos* desajustes económicos de Honduras se reflejan en la inflación que golpea a una población de 5,9 millones de habitantes... LNC081296 **48 desequilibrio:** Esto ocurre justo cuando tras años de *severos* desequilibrios (...), la economía venezolana daba indicios de dar sus primeros pasos... ENV010997

F SUSTANTIVOS QUE DESIGNAN DIVERSAS FORMAS DE EXIGENCIA, VIGILANCIA O CONTROL: **49 condición ++:** Sí condicionado a la fusión Endesa-Iberdrola. Sí, pero con *severas* condiciones. EDV110101 **50 requisito +:** Para un edificio de departamentos, por ejemplo, los requisitos son muy *severos*, sobre todo aquellos de carácter público. HOY180385 **51 exigencia:** Además, la reglamentación obliga a que las incineradoras que traten estos plásticos cumplan *severas* exigencias sobre emisiones atmosféricas. LVE251295 **52 control ++:** ...con una alta seguridad de la inversión, garantizado por *severos* controles y transparencia. ACP271096 **53 vigilancia +:** A pesar de la *severa* vigilancia policial, que impide la entrada al edificio a quienes no lo habitan, una curiosa experiencia dejó margen para algunas reflexiones. CLA120379 **54 custodia:** ...unos cuantos militares se encontraban en el interior mientras en las afueras se mantenía una *severa* custodia. ENH090297 **55 cerco:** ...es abandonada por su amante y se queda sometida al *severo* cerco de un hijo que exige contar con un padre diseñado por ordenador a medida de su capricho. ABC101293 **56 seguimiento:** ...implantando un *severo* seguimiento que garantice el control estricto del proceso... INDOC **57 persecución:** ...el respeto a los derechos humanos se ha deteriorado y se ha hecho más *severa* la persecución contra la disidencia. DLA310197

G SUSTANTIVOS QUE DESIGNAN LAS CONSECUENCIAS DE ALGO, MÁS FRECUENTEMENTE SI SON NEGATIVAS: **58 daño ++:** ...anegaron más de 200 viviendas en las que causaron daños *severos*, aún no cuantificados. LPH240696 **59 efecto +:** ...luego de haberse demostrado que produce *severos* efectos cardiovasculares como potencialmente fatal arritmia cardíaca. DHE290197 **60 repercusión +:** Sólo fue posible una negociación con Estados Unidos, que evitara repercusiones muy *severas*... EXC230996 **61 perjuicio +:** ...importación de productos lácteos que han ocasionado *severos* perjuicios económicos a la compañía panameña. ESP270700 **62 trastorno +:** ...la denominada membrana hialina, que produce trastornos respiratorios *severos*, sobre todo en recién nacidos de bajo peso o de madres diabéticas. GIC020197 **63 pérdida +:** ...representa un grave peligro y causará *severas* y grandes pérdidas en el sector agrícola del área. ESP160697 **64 consecuencia:** Faltan alimentos, agua, combustibles: hace 20 años que se sabe que el combustible, tal como se usa ahora, se va a acabar muy rápidamente y eso tiene consecuencias muy *severas*. BRE241097 **65 quebranto:** ...es cierto que el sistema ha tenido quebrantos muy *severos*, aunque al mismo tiempo se está dando un proceso más democrático y plural. PME291296 **66 deterioro:** La crisis desatada por la devaluación de diciembre de 1994, apenas iniciado el gobierno de Ernesto Zedillo, produjo un *severo* deterioro del sistema bancario. PME210796 **67 lesión:** ...se deterioró en el desempeño de la enseñanza hacia sus alumnos por las múltiples y *severas* lesiones antes descritas. EXC130996

H SUSTANTIVOS QUE DESIGNAN PROBLEMAS, DIFICULTADES Y DIVERSOS ESTADOS CARENCIALES: **68 revés ++:** El pronunciamiento ha significado un *severo* revés para La Habana... LNC011296 **69 crisis ++:** El informe de 1995 reviste particular interés por ser el año en que se sufrió la crisis más *severa* desde la década de los treinta. EXC110796 **70 problema +:** En las páginas que siguen, presentamos además los conmovedores testimonios de cuatro matrimonios con *severos* problemas de fertilidad que accedieron a contar su propia y particular travesía. CAR241197 **71 dificultad +:** ...en medio de *severas* dificultades, con un calendario que parecía nunca terminar. EXC020197 **72 complicación:** ...algo que podría ser, aunque no lo fue, sólo una simpleza y que para muchos es una *severa* complicación no vencida: la de jugar bien al fútbol. LNA090792 **73 pobreza:** ...contrastan con la *severa* pobreza que se revela «a gritos» en las calles capitalinas. LNC070197 **74 escasez:** ...reconoció que el país atraviesa por una *severa* escasez de medicamentos... PME140796 **75 sequía:** A pesar de la *severa* sequía que afecta a vastas regiones agrícolas, el volumen total proyectado de granos, algodón y poroto seco sigue siendo récord... CLA170497 **76 desventura:** Desde este lugar –cuyas *severas* desventuras causadas por la crecida reflejamos en una nota anterior–, salimos al río Uruguay... LNA040792

I SUSTANTIVOS QUE DENOTAN RIESGO O RETO: **77 riesgo +:** ...destinos turísticos poco comunes que implican *severos* riesgos para la salud si no se previenen. EPE240201 **78 peligro:** No podía imaginar que se encontraba en un *severo* peligro. INDOC **79 desafío:** Cuando le preguntamos a Virginia cuáles son los desafíos más *severos* o importantes que afronta, dice... LNP040997 **80 reto –:** El divorcio que fue capaz de llevar a cabo no le solucionó las cosas a la Jefa de Estado, Doña Isabel II, más bien, y de entrada, resultó un *severo* reto para la monarquía... RUM150997 **81 amenaza:** ...el domingo lanzó una *severa* amenaza a los responsables iraníes... LVE250996

J SUSTANTIVOS QUE EXPRESAN MODO DE SER O DE COMPORTARSE ALGO O ALGUIEN. TAMBIÉN CON ALGUNOS QUE DESIGNAN, A MENUDO EN REFERENCIAS METONÍMICAS, RASGOS DEL ASPECTO EXTERNO DE LAS PERSONAS O LAS COSAS QUE PONEN DE MANIFIESTO ESAS FORMAS DE ACTUAR: **82 actitud ++:** ...optó por la uniformidad monocroma, por una actitud *severa* que reflexiona sobre el lugar que ocupa el pensamiento... ABC190393 **83 postura ++:** ...la Comisión Federal de Comercio de Estados Unidos adoptó también una postura *severa* ante las últimas fusiones. CLA171000 **84 gesto ++:** Cerró con gesto *severo* una carpeta que llevaba encima y sin abundar en mayores detalles... CLA171100 **85 to-**

no ++: ...confirmó el estado de ánimo preanunciado por su marido, al alertar en tono *severo*... LNP080397 **86 porte +:** ...y uno casi puede ver la corona sobre su frente de sabio, sus barbas blancas y su porte *severo.* ABC151093 **87 rostro +:** ...un muchacho bueno, de estirpe transparente, rostro *severo,* colmillos atentos y ojos fosforescentes... ABC170295 **88 imagen +:** ...Héctor Poleo varía la estructuración de la imagen que esta vez será *severa* y ascética. EUV060499 **89 silueta:** Muy pocos datos, apenas unos finos toques, bastan para dar relieve a la digna y *severa* silueta del padre fallecido. ABC291093 **90 aspecto:** Sus ojos miopes le confieren un aspecto a veces glacial y *severo,* a veces de paz y sabiduría. VIS201197 **91 ojo:** ...los ministros económicos deberán pasar un examen ante los *severos* ojos del FMI y la banca extranjera. HOY250484

K ALGUNOS SUSTANTIVOS QUE DENOTAN ESTUDIO O CONSIDERACIÓN DE ALGO: **92 examen +:** ...debe hacer un examen honesto y *severo* respecto de los medios a los cuales recurre a fin de cumplir con sus deberes de información... LNP040997 **93 replanteamiento +:** ...tendría que obligar a un *severo* replanteamiento de la estructura de responsabilidades en lo que al manejo de los dineros... EXC091196 **94 análisis +:** En un *severo* análisis del tema, se puede llegar a la conclusión de que habría sido más prudente escuchar el informe de labores del defenestrado burgomaestre... LTB150197 **95 revisión:** Además de la *severa* revisión a la que somete la literatura norteamericana, el volumen merece ser destacado por otro aspecto. ABC220592 **96 escrutinio:** El corre el riesgo de un escrutinio público más *severo* de lo que sería el caso normal... RUM031197

L EL SUSTANTIVO *CLIMA* Y CON OTROS QUE DESIGNAN DIVERSOS ASPECTOS DEL ENTORNO: **97 clima ++:** ...los cuales trabajaron principalmente para adaptarse al *severo* clima cálido de las Islas Bermudas... SVG060597 **98 canícula:** ...la canícula en el país no es *severa* ni generalizada, sino sectorizada. ESH060197 **99 ambiente:** ...a la vista de este lienzo que concentra el ambiente *severo* y majestuoso, abierto a los milagros, de este impresionante monasterio y panteón. ABC230493 **100 paisaje:** ...el esquivo compositor aceptó abandonar por unos días el *severo* paisaje de su Katowice natal. ABC020793 **101 entorno:** ...podemos encontrar un entorno más *severo* de los que se había supuesto cuando se planificó la salida. LNA260692

M OTROS SUSTANTIVOS; POSIBLES USOS ESTILÍSTICOS: Las tres facetas de su obra reciente (*severos* cipreses, fríos hangares, escuetos, bodegones) son como la síntesis... ABC081191; ...un rigor, una tiesura, una *severa* elegancia que los presentan como embajadores de Dios en la Tierra... ABC020493

☐ Véase también: **acerbo, draconiano, estricto.**

sexo ♦ **en función (de), sin distinción (de)** ♦ **gozar (de), incitar (a)[32], practicar**

SEXO

♦ (ADJETIVOS) Véase: **abiertamente[Q]**

♦ (SUSTANTIVOS) Véase: **a flor de piel[E], blando[O], calenturiento[E], desbordante[E], desenfrenado[C], incitar (a)[E], platónico[A,B], rebosante (de)[G], sin tapujos[L]**

☐ Véase también: PLACER.

sí ♦ **a medias, claro, condicional[7], contundente, definitivo, entrecortado, incondicional, inequívoco, provisional, rotundo, tajante, taxativo** ♦ **dar[42], decir, obtener, recibir**

☐ Véase también: **afirmación, no.**

sibilino ♦ **acuerdo, apoyo, argumento, causa, comentario, consejo, crítica, discurso, estrategia, forma, frase, inteligencia, intervención, manera, maniobra, método, oferta, persona, política, procedimiento, propuesta, recomendación, respuesta, táctica, texto, trampa, truco, venganza**

sida ♦ **efecto (de), síntoma (de), vacuna (contra)** ♦ **azotar, combatir, contagiar, curar(se), diagnosticar, erradicar, padecer, pegar, pillar[7], prevenir, transmitir, vencer**

☐ Véase también: **enfermedad.**

sideral ♦ **abismo, armonía, cantidad, diferencia, distancia, espacio, estrella, sueldo, suma**

siesta ♦ **merecido, reparador** ♦ **durante, en medio (de)** ♦ **hora (de), sopor (de)** ♦ **despertar(se) (de), dormir, echar[51]**

sigilo ♦ **absoluto, máximo** ♦ **con** ♦ **acercar(se) (con), desplazarse (con), guardar[17], hablar (con), mover(se) (con)**

☐ Véase también: **silencio.**

sigilosamente ♦ **acercar(se), actuar, desplazar(se), huir, maniobrar, moverse, perseguir, salir, seguir, transitar,** *otros verbos de movimiento*

☐ Véase también: **con cautela.**

significación ♦ **ambiguo, borroso[17], decisivo[42], especial, figurado, gran(de), hondo, inequívoco[11], literal[4], pleno, preciso, profundo, verdadero** ♦ **adquirir, buscar, captar, carecer (de), cobrar[34], dar, dotar (de), encerrar, encontrar, enterar(se) (de), explicar, expresar, interpretar, negar[22], tener, transmitir**

☐ Véase también: **contenido, encarnar, interpretación, representar, sentido, significado, significar, signo, valor.**

SIGNIFICACIÓN

♦ (SUSTANTIVOS) Véase: **adquirir[J], aleccionador[E], alterar[B], beligerante[C], borroso[E], captar[B], cobrar[G], distorsionar[F], estricto[I], hondo[D], impartir[B], inequívoco[B], laxo[C], literal[A], pletórico (de)[D], profundo[I], tergiversar[C]**

♦ (VERBOS) Véase: **literalmente[C], ni por asomo[A]**

☐ Véase también: CONTENIDO.

significado ♦ **abstracto, absurdo, alto, alusivo, ambiguo, amplio, anecdótico, auténtico, borroso[18], carente (de), cargado (de), claro, completo, concreto, confuso, críptico, doble, enorme, equivocado, equívoco, especial, específico, exacto, explícito, figurado, global, habitual, hondo[27], impreciso, incomprensible, indudable, inequívoco, ininteligible, inteligible, literal[2], lleno (de), máximo, metafórico, nuevo, original, oscuro, particular, peyorativo, pleno (de), práctico, preciso, primitivo, profundo[67], propio, relevante, sentimental, simbólico, transparente, trascendente, último, vacío (de), verdadero ♦ alcance (de), amplitud (de), análisis (de), ausencia (de), búsqueda (de), cambio (de) ♦ aclarar, adentrarse (en)[9], adquirir[73], agotar, alterar[7], ampliar, analizar, aprender, asignar, atribuir, averiguar, buscar, cambiar, captar[8], carecer (de), cobrar[33], codificar, comprender, condensar[16], conocer, dar[70], decodificar, descifrar[34], desconocer, desentrañar[42], desfigurar[12], desvelar, desvirtuar, determinar, difuminar, dilucidar[1], distinguir, distorsionar[26], dotar (de), encontrar, entender, esclarecer(se)[27], establecer, estudiar, explicar, expresar, fijar, ignorar, interpretar, negar, penetrar (en), percibir, perder, saber, sacar, subrayar, tener, tergiversar[23], traducir, transmitir

☐ Véase también: **contenido, sentido, significación.**

significar ♦ aproximadamente, claramente, estrictamente, etimológicamente, exactamente, figuradamente, inexorablemente[79], literalmente[12], personalmente

significativamente ♦ alto, bajo, diferente, distinto, grande, inferior, mayor, mejor, menor, negativo, peor, pequeño, superior ♦ abaratar, acelerar, afectar, agrandar, ampliar, atenuar, aumentar, avanzar, ayudar, bajar, cambiar, condicionar, contribuir, crecer, debilitar, descender, deteriorar(se), diferenciarse, diferir, disminuir, elevar, empeorar, encarecer, fortalecer, incrementar(se), llamar(se), mejorar, oscilar, participar, recortar, reducir(se), reforzar, retardar, retroceder, subir, titular(se), variar

signo ♦ afirmativo[12], alarmante, alentador, amenazante, anunciador, aparente, astrológico, característico, claro, contrario, convencional, de los tiempos, distintivo, distinto, esperanzador, evidente, externo, indeleble[6], indudable, inequívoco, negativo, ostensible[52], positivo, representativo, revelador[19], sintomático, visible, zodiacal ♦ bajo, con ♦ advertir, analizar, aparecer, apreciar(se), apuntar (algo), arrojar[32], asomar, atisbar[17], conferir (a algo), conservar, dar[180], delatar[10], denotar[21], descifrar, detectar[1], encontrar, exhibir, hallar, interpretar, mostrar, notar, ofrecer, percibir, presentar, surgir, transmitir, traslucir(se)[72], vislumbrar[38]

☐ Véase también: **gesto (de), guiño, huella, indicar, indicio, marca, pista, seña, señal, señalar, señalizar, síntoma.**

SIGNO Véase: *SEÑAL*

SIGNO Véase: SEÑAL

silbar ♦ a todo pulmón[12] ♦ actuación, canción, espectáculo, melodía, música, obra, persona, representación

silbido ♦ agudo, débil, disperso, fuerte, imperceptible, penetrante, perceptible, ruidoso, sonoro, tímido, unánime ♦ coro (de) ♦ apagar(se), arrancar, despedir (con), dirigir (a alguien), emitir, escuchar, estallar (en)[7], lanzar, obsequiar (con), oír, originar(se) (en algo), proceder (de un lugar), proferir, recibir (con)

☐ Véase también: **aplauso.**

silenciar *v.* ▌Se combina con gran número de sustantivos que designan acciones, eventos y actitudes *(comportamiento, proceder, actuación, reacción, disposición)*, pero destacan especialmente sus combinaciones con...

A SUSTANTIVOS QUE DESIGNAN DIVERSAS FORMAS DE DESACUERDO U OPOSICIÓN: **1 crítica ++:** Tiene carácter y su gran ventaja es que *silencia* las críticas con buenas actuaciones. LVE240396 **2 denuncia +:** Detención que buscaría *silenciar* las denuncias por el atentado de Puno y los grupos paramilitares. CAP281196 **3 oposición +:** La acción militar tiende a *silenciar* la oposición interna al régimen contra el cual se dirige. EPE150700 **4 protesta:** Se *silencian* las protestas y se castiga al traidor que abandona. EPE161201 **5 disidencia:** «Su propósito es *silenciar* toda disidencia, sea popular, sea entre el clero, el episcopado o los teólogos críticos». EME030495 **6 condena:** Pero pronto otras voces justificadoras hubieran *silenciado* las condenas con el argumento contundente de haber acabado con el conflicto. EPE150499 **7 diferencia:** ...después de haber *silenciado* sus diferencias han recitado con disciplina y fervor el mismo breviario consensuado. EPE131199 **8 inconformismo −:** Pero desde esta misma ilusión, la muerte de Heiner Muller nos aboca al abismo de un inconformismo repentinamente *silenciado.* LVE020196

B EL SUSTANTIVO *VOZ* Y CON OTROS QUE DESIGNAN PARTES DEL ORGANISMO QUE PARTICIPAN EN LA EXPRESIÓN VERBAL. TAMBIÉN CON ALGUNOS QUE DESIGNAN DIVERSOS SONIDOS O RUIDOS CARACTERÍSTICOS DE LAS ACCIONES EN LAS QUE SE PRODUCEN ACLAMACIONES O PROTESTAS: **9 voz ++:** ...es lo mucho que el presidente ruso ha insistido para *silenciar* las voces de los que ahora quiere a su lado. LVE120596 **10 grito ++:** ...clamaba Barak a la Cámara, tratando de *silenciar* los gritos de la oposición. EPE110700 **11 ovación:** ...el triunfo de la compañía de Sellars resultó prácticamente unánime y nadie intentó *silenciar* las ovaciones finales. ABC291191 **12 cántico:** El tanto, como era de esperarse, enfrió a los seguidores del Deportivo Quito que *silenciaron* sus cánticos... DHE201097 **13 boca:** Si se suman a los que se dice que tiene su aliado el magnate Borís Berezovski, pueden bastar para *silenciar* bocas y forjar apoyos. EPE201299 **14 garganta:** Y en la garganta *silenciada* en la lira viviente del extraordinario José Cruz Muñoz... LPN030297 **15 música −:** Una ciudad que persigue a los pintores, que *silencia* la música que nace en las esquinas... EME030696

C SUSTANTIVOS QUE DESIGNAN LO QUE SE PERCIBE, SE VIVE O SE CONOCE CON SEGURIDAD: **16 verdad ++:** Es decir, había que *silenciar* la verdad si el precio de decirla era la desesperación de la clase obrera. LVE300196 **17 realidad:** ...incluso acusó al Consell de *silenciar* la realidad a través del control de los medios de comunicación. EPE080499 **18 evidencia:** Saben que sólo insuflando el miedo entre los periodistas conseguirán tal vez manipular las informaciones y *silenciar* la evidencia. LVE030595

D SUSTANTIVOS QUE DESIGNAN DATOS, INFORMACIONES Y OTROS INDICADORES ANÁLOGOS QUE SE INTERPRETAN COMO TALES, ASÍ COMO ALGUNAS DE LAS FORMAS EN LAS QUE SE EXPRESAN O SE DIFUNDEN: **19 mensaje** +: Los censores privaron a los españoles de la caricatura que hizo Chaplin de Hitler en El gran dictador y *silenciaron* el mensaje antimilitarista de Senderos de gloria. EME050295 **20 dato** +: Su estilo de contar y a la vez de *silenciar* datos, a la manera una vez más de Faulkner... LVE070795 **21 noticia** +: ...abriendo y cerrando campañas, magnificando o *silenciando* noticias según al Gobierno convenga... EPE211199 **22 información:** Naturalmente, hay otras fuerzas (...) que parecen capaces de *silenciar* informaciones escandalosas. EME220995 **23 prensa:** ...el fanatismo de los islamistas que, como el poder establecido, «quiere a toda costa *silenciar* la prensa». LVE291096

E SUSTANTIVOS QUE DESIGNAN AGRESIONES Y OTRAS FORMAS DE DELITO, ASÍ COMO DIVERSAS ACTITUDES Y CONDUCTAS CARACTERIZADAS POR LA CRUELDAD, LA VIOLENCIA, LA BRUTALIDAD O LA INJUSTICIA: **24 crimen** ++: Le enterraron a la sombra de la parroquia románica y se procuró *silenciar* el crimen. LVE301195 **25 fraude:** El debate sobre el carbón ha *silenciado* un gran fraude que tiene lugar en la minería privada. LVE151296 **26 asesinato:** «No podemos *silenciar* el asesinato de ciudadanos americanos», replicó Albright... EME070396 **27 injusticia:** ...emails de quienes denuncian atrocidades e injusticias *silenciadas*... EPU041001 **28 violencia:** Argelia, denunciada ante la ONU por *silenciar* la violencia contra las mujeres. EPE220199 **29 agresión:** ...es un problema sufrido por muchas empleadas, que *silencian* la agresión por miedo a represalias... EME270495 **30 abuso:** Por ejemplo, tolerando el fraude existente en la incapacidad profesional, un abuso *silenciado* por ellos. EME300196 **31 barbarie:** ...que el miedo de los informadores les lleve a *silenciar* la barbarie y a evitar la condena. LVE150995

F SUSTANTIVOS QUE DENOTAN CONFRONTACIÓN O ATAQUE. TAMBIÉN CON OTROS QUE DESIGNAN LAS ARMAS QUE SE EMPLEAN EN LAS CONTIENDAS: **32 conflicto** +: ...que *silenciar* el conflicto, lejos de favorecer unos intereses partidistas, contribuye a aumentar el descontento. EPE011299 **33 ataque:** En septiembre del año pasado no se había de «provocar» a los serbios, por lo que se *silenciaban* los ataques contra ayuda humanitaria. LVE220795 **34 ofensiva:** Bruce Chen y cuatro relevistas *silenciaron* la ofensiva de Nueva York... ENH100900 **35 lucha:** El partido intentó ayer por todos los medios *silenciar* las luchas internas de Elche. EPE110599 **36 guerra:** ...«los argentinos produjimos una guerra civil *silenciada* hasta 1995»... EME040595 **37 arma:** ...los enfrentados musulmanes y cristianos procuraban *silenciar* las armas durante sus respectivas temporadas religiosas de Ramadán y Navidad. EPE291001 **38 fusil:** ...que clama porque se *silencien* los fusiles y se de comienzo a un proceso de verdadero desarrollo social. ETC180497 **39 cañón:** La OTAN lanza el mayor ataque de su historia para *silenciar* los cañones serbios en Bosnia. LVE310895

G SUSTANTIVOS QUE DESIGNAN DIFICULTADES, DESASTRES Y OTRAS SITUACIONES DE GRAVE ADVERSIDAD O INFORTUNIO: **40 problema** +: Silenciar el problema del separatismo, tal como quieren esos medios, ni termina con el problema ni ayuda a solucionarlo. EPE121201 **41 hundimiento:** ...niega que tal hundimiento se haya producido nunca y, por tanto, que se haya tratado de *silenciar*. LVE271095 **42 tragedia:** ...que un escándalo interno –el Watergate– acabe por *silenciar* una tragedia que ha costado millones de vidas. EME180495 **43 desastre:** Un desastre, el de España en el Rif, donde murieron casi veinte mil personas, *silenciado* durante años... LVE120696 **44 drama:** Aquel drama naval quedó *silenciado* en pleno franquismo y fue despachado con pocas líneas en las crónicas oficiales. EPE190800 **45 tumor:** Me refiero al terrorismo y a la crisis de la Seguridad Social, tumores malignos sobre los cuales los dirigentes (...) han acordado, según mis noticias, *silenciar* en sus respectivas campañas. LVE270296

H SUSTANTIVOS QUE DESIGNAN LAS CAUSAS QUE DESENCADENAN U ORIGINAN ALGUNA COSA: **46 causa** +: La entonces prensa oficial intentó *silenciar* la causa real de la catástrofe. EPE100199 **47 circunstancia** +: Quizá fuese admisible en el marco jurídico de otros países donde, por circunstancias que prefiero *silenciar*... LVE170295 **48 motivo:** Pero me va a permitir que, por el momento, *silencie* los motivos de las mismas. EME020895 **49 origen:** Cuando se *silencian* los orígenes –no se entiende por qué– merece especial aplauso el que reivindica al padre. ABC090793 **50 razón:** ...en la que dimitía como presidente del EBB por «motivos de salud», mientras se *silenciaban* las verdaderas razones de su cese. EPE211199

I SUSTANTIVOS DE PERSONA, INDIVIDUALES O COLECTIVOS, MÁS FRECUENTEMENTE LOS QUE SE RELACIONAN CON LAS NOCIONES DE DISENSO U OPOSICIÓN DESCRITAS EN EL APARTADO *A*: **51 crítico:** ...durante dos décadas al frente del aparato a la hora de *silenciar* críticos, disciplinar rebeldes y expulsar discrepantes... EPD180697 **52 enemigo:** El Gobierno israelí intenta *silenciar* a los enemigos del acuerdo de paz con Siria. EPE291299 **53 detractor:** ...los resonados éxitos que tiempo después obtendría Giaccomo Puccini y que le sirvieron, contudentes, para *silenciar* a sus detractores. ETC130996 **54 pueblo:** Aquel pueblo orgulloso de sus instituciones, de su democracia, combativo (...) fue *silenciado* durante tres lustros. LTB050497 **55 denunciante:** La generalización de amenazas y de intimidaciones destinadas a *silenciar* a denunciantes y a periodistas... CLA160997 **56 periodista:** ...mafiosos, narcotraficantes y otros delincuentes se han *encargado* de *silenciar* a los periodistas curiosos... CLA040501 **57 víctima:** ...podrían hacer pensar a los responsables de la investigación que se trataba no de un acto para *silenciar* a la víctima... EXC060197 **58 coalición:** ...acordaron *«silenciar»* informativamente a la coalición independentista... ETC170797

J OTROS SUSTANTIVOS; POSIBLES USOS ESTILÍSTICOS: ...y pese a haberse dado de baja, no *silencia* sus simpatías por la izquierda. LVE221096; ...no se puede *silenciar* un riesgo que corre el sistema político que actúe así... LVE030596; El lector lamentará, sin duda, que la autora se vea obligada a *silenciar* su vida... ABC251194

☐ Véase también: **acallar**.

silencio ♦ **absoluto, administrativo, arrollador, clamoroso[16], cómplice, desolador[36], despectivo[27], discreto, elocuente, espeso, estricto[58], eterno, expectante, fantasmal[31], férreo[101], forzoso, hermético[19], hondo, impenetrable, imperturbable,**

implacable[104], impuesto, inquietante, largo, monacal, obligado, piadoso, profundo, prolongado, prudente, respetuoso, sepulcral[1], tenso, voluntario ♦ en ♦ ley (de), minuto (de), muro (de), pacto (de), pozo (de)[20], tiempo (de) ♦ abocar(se) (a), alterar, delatar[48], guardar[15], imponer, interrumpir, jurar[21], justificar, mantener, matar, oír, pedir, perturbar, presidir (algo), reclamar, reducir (a), reinar[5], romper, sumir(se) (en)[8], terminar (con)

☐ Véase también: **acallar, callar(se), hermetismo, mutismo, sigilo.**

sima ♦ abismal[9], hondo, profundo ♦ abrir, bajar (a), descender (a/por), despeñar(se) (por), hundir(se) (en), meter(se) (en), penetrar (en)

☐ Véase también: **agujero, profundidad.**

símbolo ♦ claro, colectivo, emblemático, fehaciente[20], genuino, incuestionable, indiscutible, nacional, patrio, representativo, sagrado, tradicional, universal, vertebrador, visible, vivo[39] ♦ combatir, considerar (como), constituir, convertir(se) (en), crear, derrumbar(se)[27], descifrar, desvanecerse[34], enarbolar[5], entender, erigir(se)[2], exhibir, interpretar, ostentar[26], pisotear[26], representar

☐ Véase también: **señal, signo.**

SÍMBOLO

♦ (SUSTANTIVOS) Véase: **acuñar[C], arriar[A], blandir[A], derogar[G], derrumbar(se)[E], desentrañar[F], desvanecerse[E], enarbolar[A], esgrimir[A], jurar[A], ostentar[E], pisotear[F]**

simetría ♦ axial, claro, compositivo, curioso, estudiado, evidente, existente, geométrico, impecable, imperfecto, leve, ligero, lógico, manifiesto, notorio, ordenado, ostensible, perfecto, pleno, profundo, racional, simple, subyacente, vago ♦ búsqueda (de), centro (de), eje (de), falta (de), ruptura (de) ♦ apreciar, descubrir, destacar, establecer, guardar, huir (de), mantener, notar, percibir, predominar, presentar, romper

☐ Véase también: **correspondencia, equilibrio, paralelismo, semejanza.**

similitud ♦ apreciable, cierto, claro, estrecho[58], estricto, evidente, patente, perceptible, relativo, remoto ♦ establecer, guardar[19], mantener, mostrar, percibir, presentar

☐ Véase también: **afinidad, semejanza.**

[simpatía] → con simpatía

simpatía ♦ a raudales[26], arrebatador, arrollador[30], característico, desbordante[19], enorme, escaso, innato, intenso, personal, profundo[20], proverbial ♦ corriente (de), falta (de), muestra (de) ♦ concitar[26], confesar[41], conquistar[12], contar (con), cosechar[31], demostrar, depositar[11], derrochar[72], despertar[39], desplegar, ejercer, emanar, expresar, ganar(se), gozar (de)[8], granjearse[1], infundir (a alguien), inspirar[22], irradiar[14], manifestar, perder, profesar[48], rezumar[17], sentir[3], tener (a algo/a alguien), transmitir

☐ Véase también: **atractivo, gracia.**

simpatizar (con) ♦ creencia, grupo, idea, ideología, institución, movimiento, partido, persona

[simple] → a simple vista

simplificación ♦ absoluto, acertado, administrativo, banal, burdo, burocrático, considerable, drástico, engañoso, enorme, equivocado, excesivo, extremo, general, gran(de), grave, innecesario, lleno (de), mero, necesario, parcial, progresivo, serio, total, trivial ♦ frente (a), mediante ♦ ejercicio (de), tendencia (a) ♦ abogar (por), alejar(se) (de), buscar, caer (en), constituir, criticar, defender, evitar, obligar (a), proponer, reclamar, resistir(se) (a), suponer, tender (a)

☐ Véase también: **reducción.**

SIMPLIFICACIÓN Véase: *BREVEDAD Y SIMPLIFICACIÓN*

SIMPLIFICACIÓN

♦ (SUSTANTIVOS) Véase: **sucinto[A], trazar[E]**

♦ (VERBOS) Véase: **a grandes rasgos[C], brevemente[E], elocuentemente[C]**

simplificar ♦ al máximo, considerablemente, convenientemente, en lo posible, maniqueamente, notablemente[17]

simposio ♦ auspiciar[6], celebrar(se), convocar, discurrir, girar (sobre), participar (en), tener lugar

☐ Véase también: **encuentro, reunión.**

simultanear ♦ actividad, cargo, encargo, estudio, función, labor, ocupación, puesto, responsabilidad, tarea, trabajo

sin ambages *loc.adv./loc.adj.* ▮ Se combina con...

A VERBOS QUE DENOTAN EXPRESIÓN O MANIFESTACIÓN VERBAL, GENERALMENTE EXPOSITIVA O INFORMATIVA: **1 hablar ++**: Mario y Verónica (...) hablaron de todo eso sin alardes y *sin ambages.* EME220396 **2 decir ++**: El ministro de Asuntos Exteriores ruso (...) dijo *sin ambages* que a la ampliación de la OTAN «decimos un firme no», pero a la Asociación para la paz, «un firme sí». EME160495 **3 declarar ++**: ...declaró *sin ambages* que el sistema educativo que estamos dando es una porquería. ABC070593 **4 expresar ++**: El Consejo General del Poder Judicial quiere expresar *sin ambages* su criterio negativo acerca de los fenómenos de «juicios paralelos»... EME260195 **5 manifestar +**: Al término de las más de ocho horas que duró su declaración, Roldán manifestó *sin ambages*: «Estoy satisfecho». EME060494 **6 exponer +**: No en vano, ya lo expuso *sin ambages*, y sin rubor, uno de los sagaces y eruditos miembros del jurado... EPE021201 **7 plantear +**: ...plantean *sin ambages* la necesidad inexcusable de procurar poder contar con los medios financieros imprescindibles... EPE211099 **8 explicar +:** Es urgente que explique *sin ambages* si, cuando se refiere vagamente al ejemplo de nuestros vecinos democráticos, lo hace para congratularse de la lucha sucia que practicaron contra la OAS... EPE010286 **9 comentar:** Estos dirigentes comentan *sin ambages* que durante los tres últimos años la dirección (...) no ha trabajado de manera compacta. EPD080697 **10 publicar:** Es decir que a un dibujante con ideas liberales se le deje publicar *sin ambages* en un periódico de corte conservador. EPE150999 **11 comunicar:** ...comunicó *sin ambages* el pasado lunes a los cargos electos de Pirineos Atlánticos que seguirá siendo también así en el futuro... LRE150103 **12 informar:** En nuestra opinión, lo mejor sería informar *sin ambages* al público acerca de lo que se sabe de este problema... EPE060999 **13 notificar:** Rosalía, su única hija, se enteró cuando fue a casarse y vio que en el cartel (...) se notificaba *sin ambages* (...) su condición de hija natural. EME130394 **14 anunciar:** ...el canciller de esa Alemania tenía publicado desde una década atrás un libro programático donde anunciaba *sin ambages* la eliminación de los judíos... EPE260399

B VERBOS QUE DENOTAN ASEVERACIÓN: **15 afirmar +:** ...se afirma *sin ambages* que los «cajales» son «un invento del Ministerio para seguir controlando la Sanidad ahora que pierden el poder». EME010496 **16 asegurar:** Pese a que convivía habitualmente con la idea de la muerte aseguraba *sin ambages* que no se iba a callar... EME240195 **17 sostener:** Pujol sostuvo, *sin ambages*, su convicción de que del proceso de reforma del Senado debe salir una apuesta decidida... LVE080495 **18 reafirmar:** En otro frente se encuentra la Santa Sede, el portavoz de la cual, Joaquín Navarro Valls, reafirmó *sin ambages* su rechazo a reabrir la cuestión del aborto... LVE070995

C VERBOS QUE DENOTAN ACEPTACIÓN O RECONOCIMIENTO DE ALGO DESFAVORABLE: **19 confesar +:** Manuel de Falla, uno de los más grandes folcloristas de su tiempo, (...) confesaba *sin ambages* que solía inspirarse en motivos populares. ABC120293 **20 admitir ++:** ...admite *sin ambages* que no puede dejar de escuchar música. CAR101197 **21 reconocer ++:** Trabaja por series y fue el «trencadís» de Gaudí lo primero que le dio fama, deuda que reconoce *sin ambages*. LVE030395 **22 aceptar +:** ...la coalición liderada por Julio Anguita es la única que «ha aceptado, *sin ambages*, todos nuestros postulados». EME010595 **23 asumir:** ...¿a qué viene abstenerse en la votación? Que votara en contra, directamente, y asumiera *sin ambages* el peso de la oposición. EME091195

D VERBOS QUE DESIGNAN MANIFESTACIONES DE APOYO, APROBACIÓN, ENCOMIO O ADHESIÓN: **24 respaldar ++:** Las elecciones presidenciales están a la vuelta de la esquina y la dirección respalda *sin ambages* la candidatura... EME230395 **25 defender +:** Prodi defendió *sin ambages* las tesis del comisario. EPE030900 **26 apoyar:** Un credo, por cierto, que parece apoyar *sin ambages* las polémicas tesis expuestas por Richard Taruskin... EPE250699 **27 promover:** ...para cumplir con los criterios de convergencia del tratado de Maastricht, cuya reforma promueve *sin ambages*. LVE230396 **28 alabar:** También alabó *sin ambages* su gestión: «La política que estamos aplicando da buen resultado». EPE020199 **29 elogiar:** ...usted percibe que con ellos se está construyendo esta carretera o este hospital, o elogiar *sin ambages* si se los baja. EME050596 **30 sumarse:** ...emplazó a los partidos nacionalistas vascos a sumarse «*sin ambages*» a un acuerdo «firme»... EPE300800 **31 apostar:** ...Lafontaine, jefe del Gobierno del Sarre desde hace diez años, apuesta *sin ambages* por una alianza del SPD y los verdes para alcanzar el poder federal en 1998. LVE191195 **32 unirse –:** ...debe mantenerse en la comunidad o, como parece ser la tendencia, también abandonarla y unirse *sin ambages* al Mercosur. ETC150497

E VERBOS QUE DENOTAN REPROBACIÓN, INCRIMINACIÓN, CENSURA, RECHAZO Y OTRAS NOCIONES DE NATURALEZA HOSTIL: **33 criticar ++:** Israel ha expresado su estupor, aunque no pedirá la extradición del criminal nazi, y Simon Wiesenthal la criticó *sin ambages*. LVE030896 **34 condenar +:** Es el islam moderado que condena *sin ambages* las agresiones del 11 de septiembre pero se halla incómodo y rechaza también los ataques a Afganistán. EPE311001 **35 acusar +:** ...Klaus Mann los acusa *sin ambages* de «hablar su propio lenguaje, pero no el lenguaje de la humanidad». ABC080995 **36 denunciar:** ...quisiera (...) denunciar *sin ambages* a quienes pretendieron hacer del Derecho un uso torticero... EME151195 **37 culpar:** El presidente de la Autoridad Nacional Palestina, Yasir Arafat, culpó ayer *sin ambages* a Israel de la muerte de Ayash. EME080196 **38 rechazar:** ...propuso enviar una delegación del Ministerio del RR.EE. libio para investigar el asesinato de la mujer policía, idea que el Foreign Office rechazó *sin ambages*. HOY250484 **39 repudiar:** ...llevaría la orientación de la política general (...) hacia derroteros que Pujol repudia *sin ambages*... EME160694 **40 retar:** Y retó *sin ambages* a José María Aznar y a los miembros de su Gobierno: «¿Se atreven ustedes a convocar un referéndum?». EME141196 **41 amenazar:** ...anunciando el reinicio de la «cultura del pelotazo» y amenazando *sin ambages* con movilizaciones. EME090696 **42 arremeter:** ...arremetió *sin ambages* contra el borrador presentado por la ministra de Justicia... EPE250699 **43 espetar:** ...cuando encuentra una mirada se va derechito a su propietario y le espeta *sin ambages*: «¿Cómo va eso?». EME211096 **44 desmentir –:** No han faltado críticas, por parte de grupos ecologistas, acerca del impacto (...) pero el presidente de Sierra Nevada'95 las desmiente *sin ambages*. LVE170195

F VERBOS QUE DENOTAN CALIFICACIÓN, VALORACIÓN O ENJUICIAMIENTO DE ALGO: **45 calificar +:** El documento califica *sin ambages* de «extraordinariamente caótica» la actual regulación de los arrestos de fin de semana... EPE120799 **46 definir:** ...altos funcionarios gubernamentales definieron *sin ambages* como «banda de terratraficantes de Bahía de los Cuervos»... RUM150997 **47 tildar –:** ...sus diferencias sobre la conveniencia de pactar con el MSI de Gianfranco Fini, a quien Bossi tilda *sin ambages* de «fascista». LVE030294

G VERBOS QUE DENOTAN TOMA DE POSTURA O MANIFESTACIÓN DE PARECER ACERCA DE ALGO: **48 pronunciarse +:** La Unió, además, se pronuncia *sin ambages* sobre la gestión de Rodríguez, procedente de la cadena Cope. EPE190699 **49 opinar:** ...una parcela de autonomía que le permite, por ejemplo, opinar *sin ambages* sobre la necesidad de un cambio de gobierno... EME130394 **50 posicionarse:** Elkarri se posiciona *sin ambages* contra el secuestro del empresario José María Aldaya... EME020196 **51 situarse:** Lo que más me ha sorprendido es la actitud de los rusos, cómo han ido a situarse *sin ambages* del lado del crimen. ABC130594

H VERBOS QUE DENOTAN SOLICITUD O EXIGENCIA: **52 pedir** +: ...pide *sin ambages* a los intelectuales que vean en él al hombre providencial, al «zar iluminado»... EPE020289 **53 reclamar** +: Las organizaciones humanitarias reclaman *sin ambages* una intervención militar. LVE051196 **54 reivindicar:** Es el símbolo de una época que el líder de Revólver reivindica *sin ambages.* EPE071199

I ALGUNOS VERBOS QUE DENOTAN ACTIVIDAD MENTAL O INTELECTUAL, MÁS FRECUENTEMENTE DE TIPO ESPECULATIVO: **55 reflexionar** –: Boadella (Tribuna) reflexiona *sin ambages.* EME020396 **56 pensar:** En este órgano federal se piensa *sin ambages* en la ex ministra de Cultura Carmen Alborch... EPE300399 **57 dilucidar:** ...permite dilucidar *sin ambages* que se trata de una de esas ocasiones en que los acontecimientos futuros proyectan su sombra delante de ellos. EME160395

J OTROS VERBOS; POSIBLES USOS ESTILÍSTICOS: ...los tres han triunfado *sin ambages* en el reciente Festival de Otoño madrileño. EPE031299; Ginsberg buceó *sin ambages* en su homosexualidad y leyó incluso un poema dedicado «a un hermoso culo masculino». EME140495

K SUSTANTIVOS QUE DENOTAN APOYO O CONFIANZA, RELACIONADOS CON LOS VERBOS DEL APARTADO *D*: **58 defensa** +: ...constituyen una defensa *sin ambages* de la política diseñada y aplicada por su ministro de Economía y Hacienda, Miguel Boyer. EPE020484 **59 apuesta** +: Lo que no sólo es patético, sino también en extremo peligroso: es una apuesta abierta y *sin ambages* por el enfrentamiento civil. LVE280396 **60 apoyo:** El Gobierno jamás ganará el referéndum del euro sin un apoyo *sin ambages* de Brown al ingreso de la libra en la moneda europea. EPE241101

L SUSTANTIVOS QUE DENOTAN OPOSICIÓN O CENSURA, RELACIONADOS CON LOS VERBOS DEL APARTADO *E*: **61 oposición:** En esta campaña, ERC pone el acento en su oposición frontal y *sin ambages* al PP. LVE051195 **62 crítica:** No puede extrañar por ello que la crítica que dirige Said a la dirección de la OLP (...) resulte especialmente dura y directa, *sin ambages.* EME020396

M SUSTANTIVOS QUE DENOTAN MANIFESTACIÓN VERBAL, RELACIONADOS CON LOS VERBOS DEL APARTADO *A*: **63 declaración:** Su alegato más explosivo es una declaración *sin ambages* de que (...) son intelectualmente inferiores... ABC281094 **64 expresión:** Destapa una expresión *sin ambages*, sólida, elaborada hasta el punto y coma. ABC020695 **65 respuesta:** Otra respuesta *sin ambages* al líder de ERC, Josep Lluís Carod Rovira, quien en los últimos días le ha instado a abrir negociaciones para alcanzar un pacto de legislatura. EPE030700 **66 definición** –: ...un control parlamentario y social de la gestión (...) y una definición *sin ambages* de RTVE como un servicio público esencial de calidad. EPE131001

☐ Véase también: **sin rodeo(s), sin tapujos.**

sin ánimo (de) ♦ **batalla, comparación, discusión, lucro, polémica, revancha, venganza**

sin barrera(s) ♦ **amor, cine, comercio, humor, libertad, mercado, pasión, paso a nivel**

sinceramente *adv.* ▮ Se combina con verbos de lengua *(decir, discutir, hablar)* y también con...

A ALGUNOS VERBOS DE PENSAMIENTO, MÁS FRECUENTEMENTE SI EXPRESAN LA ACCIÓN DE SOSTENER CONVICCIONES O CREENCIAS: **1 creer** ++: Creo, *sinceramente*, que ese no es el foro para debatir y decidir sobre algo de tanto calado como lo que Emilio plantea. EDV030601 **2 pensar** ++: ...pienso *sinceramente* que cualquier institución, cualquier sociedad es en gran parte obra de sus dirigentes. LVE310195 **3 convencer(se)** +: Se le ve *sinceramente* convencido de que CiU tiene grandes posibilidades de... LVE100995 **4 argumentar** –: Lo que no quita que a los críticos les den para el pelo en cuanto argumentan *sinceramente* y no se cortan en admitir que no les ha gustado una novela. EME160995

B VERBOS QUE DENOTAN AMOR O DESEO: **5 amar** ++: «Estoy deseando volver», afirma, «y no sólo por el aspecto musical. Amo *sinceramente* la cultura española.». EME121096 **6 querer** +: En mi familia, estamos unidísimos y nos queremos *sinceramente.* EME280195 **7 desear** +: Deseamos *sinceramente* que la campaña política actual tome otro rumbo... EXC120197 **8 gustar:** Pese a ello, reconozco que me hubiera gustado *sinceramente* que aquella situación no se hubiera dado. LVE171295

C VERBOS QUE DESIGNAN EL PROCESO DE EXPERIMENTAR DIVERSOS SENTIMIENTOS DE AFLICCIÓN, ASÍ COMO ALGUNAS DE LAS FORMAS EN QUE SE MANIFIESTAN EXTERNAMENTE: **9 lamentar** ++: ...sus cinco hijos, dignos herederos de las cualidades que enaltecieron la vida de la dama desaparecida, cuya muerte ha sido *sinceramente* lamentada por la sociedad. ETC020188 **10 sentir** ++: «Lo siento muchísimo, *sinceramente*, muchísimo», declaró el ministro de Sri Lanka para Asuntos Religiosos y Culturales, Laksman Jayakody. LVE220195 **11 doler(se)** +: ...se duelen *sinceramente* de la situación del desaparecido y lamentan que los hechos se interpongan en sus reflexiones. EME141196 **12 llorar:** Cientos de miles de personas de todas las confesiones lloraron *sinceramente*, tanto por el fallecimiento como por su país y por ellos mismos. EPE020687 **13 conmover(se):** No faltarán políticos degenerados ni narcotraficantes que se conmuevan *sinceramente* con el humanitarismo del doctor Rieux, el abnegado protagonista de «La peste». ABC010995

D VERBOS QUE DESIGNAN SENTIMIENTOS O EXPRESIONES DE ALEGRÍA O DE REGOCIJO, ASÍ COMO DIVERSAS ACCIONES QUE LAS PONEN DE MANIFIESTO: **14 alegrar(se)** ++: Me alegro *sinceramente* por el matador involuntario que apechará con una imprudencia temeraria y no con un homicidio. EME160294 **15 felicitar** ++: De la Rúa, a quien felicito *sinceramente*, revalidó fuertemente su prestigio en la Capital... LNA290692 **16 celebrar** +: El éxito de taquilla de la película, que celebro muy *sinceramente*, se explica por la fuerza que tienen estas «Historias del Kronen»... EME200595 **17 congratular(se):** ...hemos de decir que nos congratulamos *sinceramente* de que ésa sea su posición. EME250595 **18 entusiasmar(se):** El público se entusiasmó *sinceramente* y aplaudió muchísimo. EME151295 **19 reír(se):** Me parece una risa a la altura de las circunstancias. Habría que preguntar si se ríe *sinceramente.* EPE051199 **20 disfrutar:** Sinceramente he disfrutado con el Oscar concedido a Nikita Mikhalkov... EME290395

E VERBOS QUE DESIGNAN LA ACCIÓN DE PRESTAR INTERÉS, APOYO O AYUDA A ALGUIEN O ALGO, ASÍ COMO

LA DE PARTICIPAR O TOMAR PARTIDO EN ALGUNA COSA: **21 cooperar ++:** ...el Papa expresó su deseo de que israelíes y palestinos vivan «de ahora en adelante juntos y en paz y que cooperen *sinceramente*». EME140196 **22 colaborar ++:** En él, el ex subcomisario admitía que se sentía arrepentido, que deseaba colaborar *sinceramente* con la Justicia... EME020495 **23 implicar(se) +:** Debería esforzarse (...) por esparcir esta voluntad y conseguir que todos se impliquen *sinceramente* en una convivencia que por ahora ha beneficiado las dos partes. LVE190696 **24 preocupar(se) +:** Me preocupa *sinceramente* nuestro derrotero. RUM040897 **25 interesar(se) +:** Nos interesa el reconocimiento del pueblo mexicano y de las organizaciones sociales y políticas *sinceramente* interesadas en construir la fuerza social e histórica que libera a la nación del Estado opresor. EXC050996 **26 comprometer(se):** No, sigo comprometido *sinceramente* con los principios de la paz. EME190996 **27 apostar:** Si aceptamos que Gerry Adams (...) apuesta *sinceramente* por la paz, estamos obligados a concluir que se encuentra impotente en un callejón sin salida. EME240996 **28 apoyar +:** Desde el principio apoyó *sinceramente* el proyecto, como si hubiera salido de él. INDOC

F VERBOS QUE DENOTAN ADMIRACIÓN O RESPETO, ASÍ COMO ALGUNAS DE LAS FORMAS EN QUE SE EXPRESAN ESOS SENTIMIENTOS: **29 admirar ++:** Asegura esta joven realizadora tener más capacidad de análisis para el cine de sus compañeras, que admira *sinceramente*, que para el suyo propio. EME220896 **30 estimar +:** Supongo que hay elecciones cuando la CNT, organización que estimo *sinceramente* por el importante lugar que ocupó en el anarquismo histórico español, vuelve a reclamar la abstención. EME210295 **31 respetar +:** Louis van Gaal, entrenador del Ajax, respeta *sinceramente* a su rival. LVE060296 **32 venerar –:** Es curioso que esta galería, que tan *sinceramente* venera las praderas alámbricas de Jesús Rafael Soto como parques diurnos, cultive los jardines caprichosos y nocturnos del mago Günter Haese. ABC240395 **33 elogiar:** Elogie *sinceramente*. No busque ningún beneficio detrás de un elogio, hágalo porque lo siente. EME190596

G VERBOS QUE DENOTAN DUDA O SOSPECHA: **34 dudar ++:** El filme del escocés Gillies Mackinnon no tenía distribuidor español cuando se proyectó en la sección oficial, y *sinceramente* dudamos que lo encuentre. LVE290996 **35 sospechar +:** No creo que Fernando Savater sospeche *sinceramente* tal hipotética barbarie, por ejemplo, de Jordi Pujol. EPE260999

H VERBOS QUE DENOTAN LA ACCIÓN DE DISCULPARSE: **36 disculpar ++:** Pero esta explicación no justifica el despiste, del que nos disculpamos *sinceramente*. LVE030396 **37 pedir disculpas ++:** Pido *sinceramente* disculpas a los espectadores, árbitros, comité organizador y a todos los jugadores de ajedrez... EPE050178 **38 pedir perdón +:** Deploramos profundamente y pedimos *sinceramente* perdón por todos los daños que los polacos han infligido a los judíos. LVE080796 **39 ofrecer disculpas:** «*Sinceramente* le ofrezco mis disculpas, doctor Lee, por la manera injusta en que el poder ejecutivo lo mantuvo bajo custodia», afirmó Parker. ENH150900

I VERBOS QUE DESIGNAN LA ACCIÓN DE ACEPTAR O PONER DE MANIFIESTO ALGUNA COSA: **40 reconocer ++:** La Iglesia (...) reconoce *sinceramente* que todos los hombres, creyentes y no creyentes, deben colaborar en la edificación de este mundo... HOY110784 **41 reflejar +:** Greene sintió por Torrijos admiración y afecto y ambos sentimientos están *sinceramente* reflejados en unas páginas llenas de sabrosas anécdotas... EPE021084 **42 mostrar(se) +:** Fue revelando sus sentimientos y mostrándolos *de manera sincera*. INDOC **43 aceptar:** ...el Gobierno bosnio no aceptará nunca *sinceramente* un acuerdo semejante. LVE310895

J OTROS VERBOS; POSIBLES USOS ESTILÍSTICOS: Carlos Cano fue quien mejor y más *sinceramente* cantó la bandera andaluza... LVE270595

sinceridad ♦ abrumador, absoluto, admirable, apabullante, aparente, cautivador, conmovedor, desbordante[15], desusado, fingido, innegable, insobornable, insólito, lleno, proverbial, rotundo[63], sin tapujos, supuesto, verdadero ♦ con ♦ arranque (de)[16], arrebato (de)[34], muestra (de), rapto (de)[20] ♦ actuar (con), avalar, cuestionar, demostrar, derrochar[86], desbordar, expresarse (con), hablar (con), mostrar, poner en duda, respirar, revelar, transmitir, valorar
□ Véase también: **honestidad, honradez.**

sincero ♦ actitud, adhesión, admiración, afecto, agradecimiento, alegría, amigo, amistad, amor, aprecio, arrepentimiento, ayuda, bienvenida, cariño, carta, colaboración, compromiso, condolencia, confesión, convicción, declaración, deseo, desinterés, devoción, diálogo, disculpa, discurso, dolor, emoción, enhorabuena, esfuerzo, expresión, fe, felicitación, gesto, gracias, gratitud, homenaje, intención, muestra de {afecto/cariño/ ...}, opinión, palabra, pésame, preocupación, propósito, propuesta, reconocimiento, reflexión, satisfacción, testimonio, tono, vocación, voluntad, *otros sustantivos que designan manifestaciones verbales, otros sustantivos que designan sentimientos*

sin condiciones *loc.adv./loc.adj.* ▮ Admite algunas variantes sintácticas *(sin ninguna condición, sin condición alguna, sin la más mínima condición)*. Se combina a menudo con diversos sustantivos que designan situaciones consideradas deseables para el bienestar de las personas o las comunidades *(paz, independencia)*, en particular cuando son objeto de negociación o se persiguen con esfuerzo. También se combina con...

A SUSTANTIVOS QUE DESIGNAN ALGUNAS DE LAS FORMAS DE DEJACIÓN QUE PONEN FIN A UNA LUCHA O UN CONFLICTO: **1 rendición ++:** Pero el pacto siempre es difícil cuando lo único que cabe negociar es la rendición *sin condiciones* de uno de los bandos... LVE240195 **2 entrega +:** Fox ha ido a la zaga y su voluntad de desactivar el zapatismo le ha llevado a una entrega *sin condiciones*... ENC300301 **3 tregua:** ...país al que conminó a sumarse a una tregua *sin condiciones* como paso previo a una negociación. LVE010295 **4 capitulación:** La renuncia de Oskar Lafontaine a sus cargos como ministro de Finanzas y líder del SPD supone su capitulación *sin con-*

diciones frente a Gerhard Schröder. EPE130399 **5 claudicación:** ...quiere saber si González está dispuesta a una integración razonable o si lo que desea es una claudicación *sin condiciones.* EME310194

B SUSTANTIVOS QUE DENOTAN ADHESIÓN O APOYO: **6 apoyo +:** Un prolongado aplauso de los priístas hizo patente su apoyo, *sin condiciones* ni cuestionamientos, a la política del gobierno... EXC130996 **7 respaldo +:** ...el presidente y su Gobierno hacen un uso intensivo de ese respaldo *sin condiciones.* EPE021201 **8 confianza +:** Ni durante sus dos etapas como entrenador del Real Madrid ni en su enriquecedora estancia en los Sonics ha sabido ganarse la confianza *sin condiciones* de la gente que le rodea. EME040696 **9 ayuda:** El Exilio Histórico y la Cuba Eterna aceptan la ayuda *sin condiciones* de los que quieren quitar a Castro. DLA120397

C SUSTANTIVOS QUE DENOTAN INTERCAMBIO VERBAL DE OPINIONES O INTERESES: **10 diálogo ++:** Un diálogo *sin condiciones* ni agenda fija entre el presidente Alberto Fujimori y los principales líderes de la oposición... EXP170797 **11 negociación ++:** ...que matice o rectifique las increíbles afirmaciones que ha lanzado sobre la negociación *sin condiciones* con la banda terrorista ETA... LVE100595 **12 conversación +:** Los israelíes nos propusieron reanudar las conversaciones *sin condiciones* previas y estamos dispuestos a ello... LVE171296

D EL SUSTANTIVO *ACEPTACIÓN* Y CON OTROS QUE DESIGNAN CONCIERTOS DE DIVERSO TIPO: **13 pacto +:** Aznar ofrece un pacto *sin condiciones* pero CiU se opone a apoyar su investidura. EME050396 **14 acuerdo +:** En medio de estos contactos, los populares «ofrecieron» a los nacionalistas un acuerdo aparentemente *sin condiciones.* LVE220695 **15 compromiso:** Del PP se queda con su compromiso de diálogo social *sin condiciones.* LVE010296 **16 aceptación:** ...igualmente se exige la aceptación *sin condiciones* de que «existen» pruebas que, curiosamente, están siendo analizadas por los políticos, y no por los jueces... EPE021001

E EL SUSTANTIVO *LIBERTAD* Y CON OTROS QUE DESIGNAN DIVERSAS ACCIONES PARA ALCANZARLA: **17 libertad ++:** ...la posición de partida de Elkarri es de rechazo del secuestro, petición de libertad *sin condiciones* y solidaridad con las familia. EDV240996 **18 liberación ++:** Benazir Bhutto, primera ministra de Pakistán (...), se sumó ayer a las exigencias de una liberación inmediata y *sin condiciones* de los rehenes. LVE150895 **19 excarcelación:** ...unos 6.000 prisioneros se han declarado en huelga de hambre, para exigir una excarcelación inmediata y *sin condiciones.* EME220694

F VERBOS QUE DENOTAN ACEPTACIÓN: **20 asumir ++:** ...expresó ayer su disponibilidad a asumir *sin condiciones* la responsabilidad que decidan encomendarle los militantes socialistas... EPE130999 **21 aceptar +:** ...y dijo que Luzón era la primera persona a la que le había ofrecido el cargo, y que lo había aceptado *sin condiciones.* LVE190594 **22 acceder:** Sólo si los terroristas accedieran *sin condiciones* a abandonar las armas, «las fuerzas democráticas, en sede parlamentaria» acometerían la vía del diálogo. EME180796

G VERBOS QUE DENOTAN CLAUDICACIÓN, RELACIONADOS CON LOS SUSTANTIVOS DEL APARTADO *A.* TAMBIÉN CON OTROS QUE DESIGNAN LA ACCIÓN DE ESCAPAR DE ALGO FÍSICA O FIGURADAMENTE: **23 rendirse ++:** Piden que nos rindamos *sin condiciones* y que entreguemos las armas. EPE271101 **24 entregar(se) +:** ...una parte de los sitiados se han mostrado dispuestos a entregarse *sin condiciones* a Naciones Unidas... EPE191101 **25 retirar(se):** ...se sumaron a una de las demandas efectuadas por los guerrilleros atrincherados al pedir que las tropas rusas se retiren *sin condiciones* de Chechenia. EME140196 **26 desmarcarse:** ...se exige a los partidos democráticos que se desmarquen *sin condiciones* ni remilgos de quienes justifican o no condenan la violencia... EPE230900

H VERBOS QUE DENOTAN ADHESIÓN, RELACIONADOS CON LOS SUSTANTIVOS DEL APARTADO *B*: **27 apoyar ++:** Si en esa fórmula gana Ricardo Lagos, lo voy a apoyar *sin condiciones,* como espero que él lo haga si es derrotado. HOY030397 **28 defender:** Para Stoiber, si la CSU no defendiese *sin condiciones* la estabilidad, «sería la mayor ruptura de confianza en toda su historia». EPD270697 **29 unir(se):** «Cinco millones de dólares bastarían para que se unieran *sin condiciones*», dijo. EME061295 **30 alinear(se):** Pasa de alinearse *sin condiciones,* y con entusiasmo, con las posiciones estadounidenses... EME210796

I VERBOS QUE DENOTAN OPOSICIÓN O ENFRENTAMIENTO VERBAL: **31 debatir:** Nueva Izquierda de Madrid reclama «debatir *sin condiciones*» la propuesta. EME180596 **32 discutir:** Nuestras convocatorias se han producido después de la reiterada negativa del ministro de Industria a discutir *sin condiciones* previas... EME090796 **33 enfrentarse:** La SIP en esta defensa de la libertad –estimó la ALDHU– ha enfrentado *sin condiciones* a gobiernos y tiranías... DLA141097

☐ Véase también: **incondicionalmente, sin reservas.**

sin consuelo Véase: **desconsoladamente**

sin contemplaciones *loc.adv.* ▮ Admite algunas variantes sintácticas *(sin la menor contemplación, sin ninguna contemplación, sin la más mínima contemplación).* Se combina con muy diversos verbos de acción, especialmente con los que denotan actividad en sentido genérico *(actuar, aplicar, obrar, proceder, ejercer).* También se combina con...

A VERBOS QUE DESIGNAN LA ACCIÓN DE EXPULSAR A ALGUIEN DE UN LUGAR, UN CARGO O UNA POSICIÓN: **1 expulsar ++:** ...una política para abordar el drama de los inmigrantes que consiste en expulsarlos *sin contemplaciones* y en contra de la ley... EME040796 **2 despedir ++:** Los dos últimos campeones fueron despedidos *sin contemplaciones* de sus respectivos clubs de forma más que atípica. LVE270596 **3 destituir ++:** Jesús Gil destituyó el sábado al técnico serbio *sin contemplaciones* al término de la final de la Copa del Rey... EPE280699 **4 echar ++:** El siguiente mes de agosto, Kiriyenko (apodado El Breve) fue echado *sin contemplaciones* del Gobierno. EPE100899 **5 apear:** Ayer, la belga Dominique Van Roost, 11ª cabeza de serie, no le dio prácticamente opciones y la apeó del Open de Australia *sin contemplaciones...* EPE250199

B VERBOS QUE DESIGNAN LA ACCIÓN DE ATENTAR GRAVEMENTE CONTRA LA VIDA DE ALGUIEN, O LA DE ARRE-

BATÁRSELA. TAMBIÉN CON OTROS QUE DENOTAN ELIMINACIÓN, CANCELACIÓN O SUPRESIÓN DE ALGO, MUY FRECUENTEMENTE DE FORMA CONTUNDENTE O RADICAL: **6 asesinar +**: Prejean apoyó a un condenado a muerte, un mal bicho que asesinó *sin contemplaciones* a dos jóvenes. LRE130103 **7 ejecutar +**: Según los informes de las Naciones Unidas, tras la caída de Srebrenica los serbios ejecutaron *sin contemplaciones* un número indeterminado de personas... LVE010696 **8 matar +**: Con sus hombres, capturó y desarmó a docenas de prisioneros y los mató *sin contemplaciones.* LVE210895 **9 disparar +**: ...uno y otro están considerados como muy peligrosos: por la forma de hacer los atracos, ya que disparaban *sin contemplaciones*, por los muchos antecedentes... LVE040895 **10 abatir:** Peres ha creado unidades especiales con el objetivo de abatir a los hombres de Hamas «se encuentren donde se encuentren» y *sin contemplaciones.* LVE090396 **11 eliminar:** Curas, religiosos y simples ciudadanos sin otro delito que ser de derechas, frecuentar la iglesia, conservar un retrato del rey o llevar un crucifijo en el bolsillo eran eliminados *sin contemplaciones.* LVE170895 **12 erradicar:** Como los poderes públicos no se esfuercen en erradicar *sin contemplaciones* la violencia de las aulas, el futuro de... INDOC **13 deshacerse:** Pero proteger al piloto que se deshizo *sin contemplaciones* de un cliente un poquito enfadado... EPE040699 **14 cargarse:** ...y que ha actuado con una implacable lógica partidista al cargarse *sin contemplaciones* la corporación metropolitana... EPE241099 **15 descartar:** Esta última causa es una posibilidad que Irene descarta *sin contemplaciones...* EME061295 **16 cortar:** El rey de Marruecos (Hassan II) les corta la cabeza *sin contemplaciones.* EME260295 **17 extirpar:** Si los rumbos políticos pretenden ser ahora nuevos, esta tradición debe extirparse *sin contemplaciones* y los herederos del franquismo que deseen perpetuarla deben ser sancionados. EPE210677 **18 cercenar:** ...porque hay gente, con mando en plaza en el PP, decidida a cercenar *sin contemplaciones* lo que no soporta. EME120596 **19 zanjar:** Amenazan con ir a los tribunales y con zanjar la cuestión *sin contemplaciones...* EME290496 **20 barrer –**: De lunes a jueves, el «Mississippi» ha barrido *sin contemplaciones* a sus competidores de franja horaria. EME300696 **21 borrar –**: A los reticentes se les borrará del censo *sin contemplaciones.* EME230296

C VERBOS QUE DESIGNAN OTRAS FORMAS DE AGRESIÓN Y ACTUACIÓN VIOLENTA, CONTRA LAS PERSONAS O LAS COSAS. SE EMPLEAN EN OCASIONES EN SENTIDO FIGURADO: **22 agredir:** ...los tres jóvenes que presentaban más superioridad física agredieron *«sin contemplaciones»* a los otros dos oponentes. EME050895 **23 fustigar:** El diputado Patick Balkany fustigó *sin contemplaciones* al juez Halphen, lo cual le valió una querella por difamación... EME220295 **24 golpear:** La policía holandesa golpea *sin contemplaciones* a un manifestante durante la proclamación de Beatriz I como nueva reina de Holanda. EPE010580 **25 moler:** ...unos «aguerridos» milicianos talibanes la tiraran al suelo, ante las lágrimas desesperadas de su hijo pequeño, y la molieran a palos *sin contemplaciones.* EME011096 **26 vapulear:** Por eso vapuleó ayer con tanta contundencia, *sin contemplaciones*, a su rival. EPE180299 **27 destruir:** Le quiso aplicar la misma receta que a Ricardo Belmont, al que destruyó *sin contemplaciones.* CAP180796 **28 destrozar:** ...Colin Montgomerie y Paul Lawrie, que destrozaron *sin contemplaciones* a otra pareja estelar estadounidense, la de Mickelson-Duval. EPE250999 **29 arrasar:** ...metes las máquinas excavadoras en el bosque y, sencillamente, lo arrasas *sin contemplaciones.* EPE130700 **30 aplastar:** Las protestas o la resistencia eran aplastadas *sin contemplaciones* por los hombres de José Stalin. EME300496 **31 arremeter:** ...los sindicatos y algunos partidos políticos han arremetido *sin contemplaciones* contra el ministro. LVE130696 **32 atacar:** Los «federales» atacaron *sin contemplaciones* el pueblo de Mejketi, al sureste de la capital... EME110796

D VERBOS QUE DENOTAN RECHAZO U OPOSICIÓN. TAMBIÉN CON ALGUNOS QUE DESIGNAN OTRAS MANIFESTACIONES DE ANIMADVERSIÓN, GENERALMENTE CONTRA LAS PERSONAS: **33 criticar:** ...emplazó al ministerio a modificar o retirar el proyecto, que criticó *sin contemplaciones...* LVE090895 **34 rechazar:** ...rechazan *sin contemplaciones* la mayor parte de su producción discográfica... EPE290699 **35 repudiar:** Ayer fue la Comisión Antiviolencia la que repudió *sin contemplaciones* las acusaciones racistas efectuadas por el presidente rojiblanco... LVE270495 **36 descalificar:** ...habló una semana después de surgir el conflicto, pero descalificó *sin contemplaciones* la actitud del Ejecutivo catalán. EPE140599 **37 acusar:** Precisamente por esta razón, acusó *sin contemplaciones* a González de atentar contra los objetivos fundamentales del país... EME261196 **38 satirizar –**: En la cinta de Altman se satiriza *sin contemplaciones* el circo internacional de la moda... LVE180395

E VERBOS QUE DENOTAN ACCIÓN PUNITIVA: **39 castigar:** Rusia considera asimismo intolerable la política de «doble rasero» practicada por las potencias occidentales (...) que castigan *sin contemplaciones* a los serbios de Karadzic... EME310895 **40 sancionar:** ...los contratistas que no cumplan con las especificaciones y normativas (...) serán severamente sancionados, y *sin contemplaciones.* EUV060499

☐ Véase también: **sin paliativos, sin piedad.**

sin cuartel ♦ **batalla, competencia, guerra, lucha,** *otros sustantivos que designan enfrentamientos*

sin desmayo ♦ **ataque, combate, guerra, lucha** ♦ **aplaudir, buscar, combatir, continuar, defender, dirigir, ensayar, entregarse, estudiar, gobernar, luchar, perseguir, perseverar, prolongar, proseguir, repetir, seguir, sostener, trabajar**

sin distinción (de) ♦ **clase, color, credo, creencia, cultura, edad, género, ideología, raza, religión, sexo, tendencia**

síndrome ♦ **combatir, desarrollar, heredar, mostrar, padecer, poseer, sufrir, superar, tener**

sin efecto ♦ **acuerdo, contrato, decreto, ley, norma, normativa, orden, pacto, sanción, sentencia** ♦ **dejar, quedar,** *otros sustantivos que designan disposiciones*

sine qua non *loc.adj.* ▮ Se usa en la locución nominal latina *conditio sine qua non.* También se combina con...

A SUSTANTIVOS QUE DENOTAN CONDICIÓN: **1 condición ++:** La democracia es una condición *sine qua non* para pertenecer al Mercosur... DLA040397 **2 requisito ++:** ...la plantilla de La Unión no acata ya que exigen para hacerlo como requisito *«sine qua non»* el que la empresa abra el diálogo para abordar las demandas laborales... FDV070201 **3 exigencia:** El jefe liberal excusa, sin embargo, como inalcanzable, lo que en Europa parecería exigencia *sine qua non* de las negociaciones... EPE201099 **4 obligación:** ...pero pareciera ser una obligación *sine qua non* valorar los matices... BRE241097

B SUSTANTIVOS QUE DESIGNAN LOS COMPONENTES O LAS PROPIEDADES DISTINTIVAS DE ALGO. TAMBIÉN CON OTROS QUE SE ASIMILAN A LOS SUSTANTIVOS QUE POSEEN ESTE SIGNIFICADO. ES USO INFRECUENTE: **5 característica:** La transparencia es característica *sine qua non* de los regímenes democráticos. RUM290997 **6 virtud –:** ¡Ojalá se dé cuenta Juan Espinosa de que la sinceridad es virtud *sine qua non* en todo aquel que agarra una pluma! EME211296 **7 ingrediente –:** Para seguir desarrollando figuras jóvenes europeas –un ingrediente *«sine qua non»*, que rebrota hoy en Italia (...) y despunta tímidamente en España–... EME030195 **8 elemento –:** ...su partido –Convergencia– es el «pal de paller» de Cataluña, es decir, su elemento vertebrador *sine qua non.* LVE160796 **9 principio –:** La representación de IU ofreció un decálogo de principios *sine qua non* para cualquier entendimiento... EME280396

C OTROS SUSTANTIVOS; POSIBLES USOS ESTILÍSTICOS: una emperatriz que por fuerza debía añadir a sus lecciones brillantes el realismo *«sine qua non»* del poder ejercible en la vieja Rusia. ABC020994; ...el mantenimiento de una unidad que se demostraría *sine qua non* para conseguir objetivos tan difíciles como una democracia creíble... LVE181195; «Veinte años después» (...) volverá sin duda a ser un fotograma *sine qua non* de aquella película histórica. LVE250896

sin éxito ♦ buscar, esforzarse, intentar, investigar, perseguir, rastrear, registrar, tratar

sin fianza Véase: bajo fianza

sin fisuras ♦ acuerdo, apoyo, arte, bloque, conjunto, defensa, dirección, equipo, guión, interpretación, línea, respaldo, voz ♦ apoyar, defender, dirigir, impulsar, reforzar, respaldar

sin fondo ♦ abismo, agujero, pozo, saco

sin fondos ♦ cheque, pagaré, talón, tarjeta

sin fundamento *loc.adv./loc.adj.*

▮ Admite las variantes *sin ningún fundamento* y *sin fundamento alguno.* Se combina con gran número de verbos de lengua, de pensamiento y de juicio *(afirmar, hablar, decir, considerar, interpretar, criticar, acusar)* y también con...

A SUSTANTIVOS QUE DENOTAN ACUSACIÓN O DENUNCIA. TAMBIÉN CON ALGUNOS QUE DESIGNAN OTRAS ACCIONES DE NATURALEZA HOSTIL, A MENUDO ENMARCADAS EN EL ÁMBITO JURÍDICO: **1 acusación ++:** ...no logra entender por qué están sacando acusaciones *sin fundamento* 14 años después de los episodios en cuestión. SEM151096 **2 denuncia +:** Si tú consideras eso un escándalo, eso es otro problema, yo no voy a hacer ninguna denuncia *sin fundamento* y sobre conjeturas. PME290996 **3 imputación +:** «...voy a renunciar a ello justamente en favor de una convivencia moderada y no de imputaciones *sin fundamento,* como usted y su grupo están acostumbrados a hacer». LVE180595 **4 querella:** La fianza se exige para evitar querellas temerarias o *sin fundamento...* EME310595 **5 demanda:** ...recurrir a los instrumentos legales que le favorezcan o inventarse demandas *sin fundamento* para aparecer ante la opinión pública como demandante... LVE280296 **6 cargo –:** «Sólo porque administramos en zonas llamadas de guerrilla se nos quieren endilgar cargos *sin fundamento* y que carecen de inteligencia militar alguna». EPC220597

B ALGUNOS SUSTANTIVOS DE INFORMACIÓN: **7 noticia ++:** Por su parte, el ministro de Economía paraguayo (...) calificó de «noticias *sin fundamento*», las versiones sobre una supuesta intención del gobierno de su país de abandonar el MERCOSUR... LPA230592 **8 rumor ++:** Anteriormente, se había especulado con rumores de que George Mitchell iba a renunciar pero su portavoz oficial los desmintió como «falsos y *sin fundamento*». LVE300796 **9 información +:** Agregó que tanto la mujer como los hijos del secuestrado se sienten «violentos e impotentes» cuando salen a la luz este tipo de informaciones «*sin fundamento* e injustificadas». EME070895 **10 cotilleo:** Cotilleos absurdos *sin fundamento* alguno acerca de los diferentes Soberanos españoles en el más puro estilo de las novelas con pretensiones históricas... ABC121193

C SUSTANTIVOS QUE DENOTAN SUPOSICIÓN, HIPÓTESIS Y OTRAS FORMAS DE CÁLCULO O ESTIMACIÓN: **11 especulación ++:** Todo lo demás son meras especulaciones *sin fundamento* alguno. LVE270996 **12 elucubración:** «Elucubraciones *sin fundamento*», afirma el alcalde... LVE091096 **13 teoría:** Lo cierto es que es una teoría *sin fundamento*: ¿no lo demuestran las imágenes de televisión? LVE030995 **14 conjetura:** ...siguen buscando cualquier indicio sobre su destino, pero hasta ahora todo son conjeturas *sin fundamento* alguno. FDV050401 **15 tesis:** Estados Unidos (...) acusó a la URSS de quererse bañar en sus cálidas aguas, una tesis expansionista *sin fundamento* pero funcional... LVE300996 **16 expectativa:** ...una expectativa *sin fundamento* porque la crisis global conlleva la cristalización de las violencias estructurales... ABC290995 **17 pronóstico:** «Mejor haría el PNV, antes de aventurarse a pronósticos *sin fundamento,* en mirarse en su propio ombligo...». EME140495 **18 presunción –:** Hablar de Medicina predictiva y creer que al conocer los genes se podrá determinar lo que le ocurrirá al individuo a lo largo de su vida es una presunción *sin fundamento.* EME280995

D SUSTANTIVOS QUE DENOTAN CRÍTICA O ATAQUE, GENERALMENTE VERBAL: **19 crítica +:** ...ha llevado a cabo su cometido con acierto, como se demuestra en las negociaciones para privatizar ANTEL, pese a las críticas *sin fundamento* que se hacen. ESH180397 **20 invectiva:** Era un invectiva terrible, pero improvisada y *sin ningún fundamento.* INDOC **21 ataque:** Los ataques *sin fundamento* al candidato socialista por parte del PP no impedirán... EPE300399 **22 descalificación:** Ha sido una descalificación *sin fundamento* que no me ha molestado esencialmente porque estamos acostumbrados a eso. EME110694 **23 calumnia:** ...se trataba de una nueva serie de calumnias *sin fundamento* y, por esa razón, hizo un expreso llamamiento al ex senador Dole... EME030796 **24 insidia:** ...una gran operación de intoxicación, mezclando insidias *sin fundamento*, apelaciones al patriotismo y registros sentimentaloides... EME040295

E SUSTANTIVOS QUE DENOTAN EXPRESIÓN VERBAL DE UNA IDEA, UNA OPINIÓN O UN PARECER. TAMBIÉN CON OTROS QUE DESIGNAN ESOS MISMOS CONTENIDOS: **25 afirmación +:** ...afirmó que las conclusiones del Ministerio de Agricultura son «peregrinas» y le recuerdan afirmaciones «*sin fundamento* y apresuradas» como las que hizo el año pasado el ministro de Agricultura... LVE300695 **26 declaración +:** ...el Gobierno de Bagdad negó que tal ataque se hubiera producido y calificó como declaraciones «*sin fundamento*» las palabras del portavoz presidencial norteamericano... EME041196 **27 opinión:** No es una opinión *sin fundamento*: el pasado martes el ministro de Economía, Pedro Solbes, torció el gesto y reconoció que él esperaba –como máximo– un 0,4 por ciento. LVE180395 **28 aseveración:** «Rechazamos en forma enérgica la aseveración gratuita y *sin fundamento* que se hace de que las compañías petroleras colisionamos entre sí». LDD020597 **29 expresión:** Miren ustedes, no puedo comprender expresiones *sin fundamento* empírico... LVE130595 **30 juicio:** El mensaje explícito de esta formulación es sencillamente un juicio *sin fundamento*... EPE140900

F SUSTANTIVOS QUE DESIGNAN DIVERSOS ESTADOS DE PREOCUPACIÓN O INCERTIDUMBRE: **31 alarma +:** El macabro hallazgo de los cuerpos (...) coincidió con una oleada de alarmas *sin fundamento*. LVE020996 **32 alerta:** La alerta, *sin fundamento*, saltó por todos los rincones de la ciudad. INDOC **33 temor +:** Temores *sin fundamento*. Los temores de una nueva guerra sangrienta, sin embargo, no parece que tengan fundamento. EPE110899 **34 sospecha:** Tendréis así conocimiento de los actos de sangre, de infamia y contra natura, de las sospechas *sin fundamento*, de muertes fortuitas, de otras acaecidas por fuerza o consumadas con la astucia... EME101295 **35 inquietud:** La noticia ha creado una inquietud *sin fundamento* en las familias que en algunos casos les ha llevado a no traer cautelarmente sus hijos al colegio. EME300494

G SUSTANTIVOS QUE DENOTAN DECISIÓN O DETERMINACIÓN. TAMBIÉN CON OTROS QUE DESIGNAN CIERTOS RECURSOS PUESTOS EN ACCIÓN DIRIGIDOS A REVOLVER ALGUNA COSA: **36 decisión:** El Gobierno de Indonesia reaccionó airadamente considerando que la decisión del jurado era totalmente injustificada y *sin fundamento*... LVE121096 **37 resolución:** No puedo creer que un juez objetivo e independiente pueda sancionar semejante resolución, *sin fundamento* alguno... LNP290497 **38 medida:** Y de nuevo el Gobierno propone varias medidas populistas absolutamente *sin fundamento*. EME190195 **39 estratagema –:** ...«una estratagema dilatoria prefabricada y *sin fundamento* alguno» (...) impidió ayer la celebración del juicio contra los 15 okupas... LVE161196

H SUSTANTIVOS QUE DESIGNAN INFORMACIONES COMUNES, ACEPTADAS O GENERALIZADAS: **40 tópico:** Esto se dice popularmente, pero, en ocasiones, no se trata más que de un tópico *sin fundamento*. EPE141201 **41 mito:** En la siguiente sección se habla del efecto contagio y se analiza si es una metáfora conducente o un mito *sin fundamento*. CLA170199 **42 leyenda:** Tal vez esa leyenda *sin fundamento* nació porque cuando los perros, de cualquier raza, se hacen mayores, hay enfermedades que les producen agresividad. EPE080899 **43 cliché:** Por tanto, es un cliché *sin fundamento* la idea tan repetida de que la reforma laboral está precarizando el mercado laboral. LVE120196 **44 generalización:** Y termino con otra generalización *sin fundamento*, aunque la haya lanzado el inmortal Homero... ESP031100

I OTROS SUSTANTIVOS; POSIBLES USOS ESTILÍSTICOS: Así, elevan a personas anodinas a una popularidad *sin fundamento* y hablan más de los personajes que de sus obras. EPE080599; Y esa medida consistía –bien se vio– en el toro *sin fundamento*, manipulado, inválido e inútil. EPE030599

[siniestro] → a diestro y siniestro

siniestro ♦ *(sust.masc.)* aparatoso[16], espantoso, lamentable, terrible ♦ causar, declarar(se), ocasionar[29], prevenir, producir(se), sufrir, tener lugar

sin menoscabo (de) *loc.prep.*

▮ Se combina con gran número de sustantivos abstractos que designan situaciones consideradas deseables para el bienestar de las personas o las comunidades *(felicidad, seguridad, convivencia, autonomía, estabilidad)* y especialmente con...

A SUSTANTIVOS QUE DENOTAN CALIDAD, VALOR Y OTRAS CUALIDADES MERITORIAS: **1 calidad ++:** ...*sin menoscabo* de la indudable calidad del conjunto, el lector apreciará a ratos indudables altibajos en el tratamiento de los temas... HOY291297 **2 valor:** Pero otros, en cambio, *sin menoscabo* de su valor intrínseco, agotan los límites de su creación. ABC120293 **3 valía:** ...los asesores intentarán perfilar su nueva imagen de esposa abnegada y madre ejemplar, *sin menoscabo* de su valía profesional. EME270896 **4 talento:** Su actuación, *sin menoscabo* de su talento artístico, no fue la más adecuada teniendo en cuenta el tipo de público. INDOC **5 inteligencia:** Sin menoscabo de la inteligencia que pueda poseer, los errores que cometió son de bulto. INDOC

B SUSTANTIVOS QUE DENOTAN CONTROL Y OTROS ESTADOS DE HEGEMONÍA O PREEMINENCIA: **6 poder +:** ...reforzar la eficacia y transparencia de la política ampliando los poderes del Ejecutivo *sin menoscabo* de los del Parlamento... LVE010296 **7 soberanía +:** El Estado respetará el ejercicio de la libre determinación de los pueblos indígenas (...), *sin menoscabo* de la soberanía nacional... PME020297 **8 autoridad:** ...el arquitecto tiene derecho (...) a desempeñar sus funciones profesionales *sin menoscabo* de su autoridad y responsabilidad. LVE030796

C SUSTANTIVOS QUE DENOTAN CREENCIA O FUNDAMENTO IDEOLÓGICO: **9 convicción +:** Una democracia consolidada se asienta sobre esa franja del electorado capaz de variar sus preferencias en función de los programas, pero también de las circunstancias *sin menoscabo* de las convicciones. EME190196 **10 principio +:** El Mauricio Báez, por tanto, ha devenido en una escuela de avenencia, de comprensión de la realidad que le rodea, y de progreso y ascenso social *sin menoscabo* de los principios que le dieron origen. DED260996 **11 fe:** Y espero que avancemos *sin menoscabo* de la fe. DYM230796

D SUSTANTIVOS QUE DESIGNAN LOS BIENES ECONÓMICOS O PATRIMONIALES, A MENUDO EN REFERENCIAS METONÍMICAS: **12 patrimonio +:** ...al enriquecimiento activo del sujeto que goza del servicio *sin menoscabo* de su patrimonio, se corresponde el paralelo empobrecimiento del transportista... LVE091195 **13 ganancia:** Adelantar los horarios (de 10 a 3) de discotecas y demás sería tan beneficioso para los jóvenes como para los padres, *sin menoscabo* de ganancias para los empresarios. LVE270295 **14 arcas:** ...a pesar de tener lugar suficiente para ubicarla sin perjuicio de nadie, él no podía cambiar la localización *sin menoscabo* de las arcas municipales... EPE120299 **15 riqueza:** ¡Qué lejos quedan los tiempos de la supuesta y utópica «sociedad del ocio» en la que el tiempo libre debía ser una conquista *sin menoscabo* de la riqueza (...)! EME020296

E SUSTANTIVOS QUE DESIGNAN LA CUALIDAD DE REALIZAR LAS COSAS DE MODO SATISFACTORIO O PRECISO: **16 rigor +:** ...la preferencia, en aras de la amenidad, de imágenes ilustrativas y ráfagas visuales, *sin menoscabo* del rigor histórico. EME150696 **17 eficiencia:** ...es aconsejable ajustar el modelo policial español de manera que se reduzcan los costes, *sin menoscabo* de la eficiencia del servicio público... LVE210895 **18 eficacia:** ...Es necesario aprender la lección y debemos recuperar una autoridad facultativa central *sin menoscabo* de la eficacia. EPE300999

F SUSTANTIVOS QUE DENOTAN RESPONSABILIDAD: **19 deber +:** Tal solicitud consiste (...) «en distinguir con claridad, *sin menoscabo* del deber de informar, ante los hechos terroristas que no pueden ni deben ocultarse a la opinión pública...». EPE021987 **20 competencia:** Queremos ayudar, pero *sin menoscabo* de nuestras competencias, así que nos resignaremos a seguir denunciando. CAN250996 **21 obligación:** La libertad de conciencia del médico o del farmacéutico debe garantizarse, pero *sin menoscabo* de sus obligaciones legales y profesionales... EPE211101 **22 atribución:** ...cada comunidad, *sin menoscabo* de las atribuciones de la Suprema, deberá estar activamente involucrada en la proposición de candidaturas y en la vigilancia del proceso de designación. RUM031197
☐ Véase también: **sin perjuicio (de)**.

sin miramientos ♦ **actuar, acusar, aplicar, criticar, desdeñar, detener, excluir, expulsar, golpear, masacrar, responder, zarandear,** *otros verbos que designan acciones hostiles*

sin ningún fundamento Véase: **sin fundamento**

sinóptico ♦ **croquis, cuadro, esquema, resumen, tabla**

sin paliativos *loc.adv./loc.adj.* ▮ Admite algunas variantes sintácticas *(sin ningún paliativo, sin paliativo ninguno, sin paliativo alguno, sin el menor paliativo)*. Se combina con diversos verbos de lengua *(responder, comentar, hablar, afirmar, asegurar)*. Se combina asimismo con sustantivos que denotan valoración negativa extrema de algo *(barbaridad, vulgaridad)* y con adjetivos de muy diversa naturaleza, especialmente si son despreciativos *(nefasto, horroroso, espantoso)*. También se combina con...

A VERBOS QUE DENOTAN RECHAZO, CONDENA O DESESTIMACIÓN: **1 condenar ++:** ...hay otro pueblo implicado en el conflicto, lo que le lleva a condenar *sin paliativos* el crimen... EME030494 **2 descalificar +:** Lo que las últimas generaciones han hecho de Úbeda les descalifica *sin paliativos*. EPE020499 **3 criticar +:** Todos criticaron *sin paliativos* los «crudos errores» cometidos por los diplomáticos... EME100995 **4 rechazar +:** ...tras rechazar *sin paliativos* el pasado jueves la nueva Constitución... LVE011296 **5 denunciar:** El Ayuntamiento condena y denuncia *sin paliativos* este ataque... EPE141099 **6 desaprobar:** Rechazo y desapruebo *sin paliativos* los insultos, las amenazas y las descalificaciones... EPE160799 **7 censurar:** ...censuraba *sin paliativos* el «boato» del enlace... LVE231096 **8 reprobar:** ...criticaron y reprobaron *sin paliativos* las cesiones de derechos pesqueros... EME260495 **9 desautorizar:** ...desautorizado *sin paliativos* por el Consorcio del teatro por exponer públicamente un calendario de obras. ABC181292 **10 desestimar:** ...la propuesta de Kim Philby (...), desestimada *sin paliativos* por los jerarcas rusos. LVE210795

B VERBOS QUE DENOTAN APROBACIÓN O RESPALDO: **11 apoyar +:** ...el propio Gobierno central apoya *sin paliativos* el proyecto... EPE010999 **12 abogar:** ...se consideran legítimos herederos de la «chanson» francesa (...) y abogan *sin paliativos* por el mestizaje. LVE151194 **13 aceptar:** ...se acepta *sin paliativos* que tienen en sus manos los grandes problemas. EPE020885 **14 aprobar:** ...aprobando de esta manera y *sin paliativos* el Pacto de estabilidad lanzado por el ministro... EME090296 **15 respaldar:** «Estamos satisfechos –agregó– de que todos los países africanos la hayan respaldado *sin paliativos*». EME110796 **16 suscribir:** Rafael Alcaraz, director actual del instituto, lo suscribe *sin paliativos*. EPE210999 **17 bendecir –:** López de Lerma bendijo *sin paliativos* al Ejecutivo... EPE230699

C VERBOS QUE DENOTAN VICTORIA O CONQUISTA: **18 triunfar:** La huelga triunfó *sin paliativos* en la SNCF, la «Renfe» francesa. EME251195 **19 doblegar:** ...el presidente español haya conseguido, incluso, doblegar *sin paliativos* las reticencias iniciales que planteaba Francia... EME151296 **20 ganar:** Torrence ganó *sin paliativos* y, si triunfa igualmente en los 200, estaremos hablando de una monarca sin posible discusión. EME080895 **21 imponerse:** La tragedia, el drama del mundo, se impone *sin paliativos*... EPE120399 **22 adjudicarse:** ...ha ganado de un tirón el número uno, que se ha adjudicado *sin paliativos* cuatro torneos... EME090995

D VERBOS QUE DENOTAN FRACASO EN DIVERSAS FORMAS Y GRADOS: **23 fracasar +:** ...una idea que fracasó *sin paliativos* en otras ciudades... LVE240796 **24 desplomarse:** ...los mercados se habían desplomado *sin paliativos*. EPD291097 **25 caer:** Los franceces cayeron *sin paliativos* por 3-1 en su desplazamiento a Atenas. EME280995 **26 perder:** ...el Inter perdió *sin paliativos* frente al equipo local... EPE081199 **27 naufragar:** Naufragó Manolo Sánchez, *sin paliativos*, en el tercero, pero triunfó en el sexto. EME250995 **28 rendirse:** ...se rinde *sin paliativos* a la fórmula Volkswagen... EME250996

E VERBOS QUE DENOTAN CONFIRMACIÓN, ASÍ COMO CON OTROS QUE DESIGNAN LA ACCIÓN DE DAR ALGO POR CIERTO: **29 confirmar:** ...uno de los miembros del consejo médico presidencial, confirmó ayer, *sin paliativos*, que la mencionada operación se efectuará. LVE110996 **30 certificar:** El Banco de España certificó ayer *sin paliativos* lo que la inmensa mayoría de expertos, de una u otra forma, habían anticipado. EME111195 **31 constatar:** ...lo constatado *sin paliativos* es que la celebrada dulzura está trufada de dislates y oquedad discursiva. EPE010799 **32 reafirmar:** ...reafirmó ayer, *sin paliativos*, que Chechenia forma parte de la Federación Rusa... LVE040895 **33 admitir:** ...admite *sin paliativos* que su equipo jugó un decepcionante primer tiempo... LVE020996 **34 reconocer:** El Barça camina imparable hacia su octava corona en la ACB y hasta su rival lo reconoce *sin paliativos*. EPE190599

F OTROS VERBOS; POSIBLES USOS ESTILÍSTICOS: Hombres no vaciló en convertirlo en su portada, catalogándolo de «Hombre del año», *sin paliativos*. EME030194; Que exige ya, y *sin paliativos*, la eficaz erradicación de los venenos... EPE261201

G SUSTANTIVOS QUE DENOTAN RECHAZO, CENSURA O SANCIÓN, RELACIONADOS CON LOS VERBOS DEL APARTADO *A*: **35 condena ++:** ...hizo una condena *sin paliativos* del terrorismo de los GAL... EME090295 **36 censura:** ...la juez ratificó en la vista el mantenimiento de las medidas cautelares, «una censura previa *sin paliativos*»... EME310395 **37 crítica:** Con críticas *sin paliativos* se manifestó el diputado de Nueva Izquierda... EPE251199 **38 descalificación:** ...la descalificación *sin paliativos* o la zafiedad más absoluta. LVE031196 **39 moción de censura:** ...aprobaba una moción de censura *sin paliativos*. EME260195 **40 lucha:** ...horrorizada ante el espectáculo de la violencia, de la lucha a muerte y *sin paliativos*. EME141095 **41 rechazo:** ...la operación cuenta con el rechazo *sin paliativos* de la Junta de Andalucía... EPE090399 **42 discrepancia:** ...no excluye sin embargo una discrepancia *sin paliativos* sobre el escaso rigor de la condena. LVE040796 **43 sanción:** ...un mecanismo que permita sanciones *sin paliativos* para los países... EME131296

H SUSTANTIVOS QUE DENOTAN ACCIÓN AGRESIVA CONTRA ALGUIEN O ALGO EN DIVERSOS GRADOS Y FORMAS: **44 ataque:** ...el ataque frontal, decidido y *sin paliativos*, por tierra, mar y aire a la Constitución. EME030396 **45 agravio:** ...me parece –*sin paliativos*– un agravio a la convivencia ciudadana... EPE120199 **46 choque:** ...exacerva el choque frontal, *sin paliativos* intermedios, entre la moralidad civil y la amoralidad estatal. EME170495 **47 robo:** ...creyeron ver en aquel arbitraje un robo *sin paliativos*... LVE220196 **48 golpe –:** Y contratar Anelka es un golpe político *sin paliativos*. EPE010899 **49 terrorismo –:** ...el Gobierno pretenda estar al margen de un terrorismo de Estado *sin paliativos*. LVE270295 **50 genocidio –:** Es un genocidio *sin paliativos*. EME060896

I SUSTANTIVOS QUE DESIGNAN EL ÉXITO, EL TRIUNFO O ALGUNAS DE SUS MANIFESTACIONES. VARIOS DE ESTOS SUSTANTIVOS SE ASOCIAN SEMÁNTICAMENTE CON LOS VERBOS DEL APARTADO *C*: **51 éxito ++:** Y saldaron con un éxito *sin paliativos* el debut de tres de ellos en la Copa Davis. EPE260999 **52 victoria ++:** ...la victoria *sin paliativos* de las candidaturas del Partido... EPE170699 **53 triunfo +:** Esta circunstancia ha ensombrecido lo que a ojos de cualquier observador sería un triunfo *sin paliativos*. LVE050396 **54 acierto:** Pepa Flores (...) será si nadie lo remedia Palmira Gadea, y seguramente será un acierto *sin paliativos*... ABC140795 **55 goleada:** ...la goleada *sin paliativos* de ayer ante el Hércules... LVE120695 **56 alarde:** ...lo que resultó ser un alarde de buen gusto *sin paliativos*. LVE040396 **57 liderazgo:** ...apostando por el liderazgo mundial *sin paliativos* de Washington... EPE110499 **58 cenit –:** Lo que sorprendía a Ortega hace setenta años, se muestra ahora como un zenit *sin paliativos*... EPE150999

J SUSTANTIVOS QUE DENOTAN FRACASO. TAMBIÉN CON ALGUNOS QUE DESIGNAN OTRAS SITUACIONES ADVERSAS QUE SUELEN CONSIDERARSE PERNICIOSAS, AFLICTIVAS O AGRAVIANTES PARA LAS PERSONAS: **59 desastre ++:** La gestión de El Pinar es un desastre *sin paliativos*... EPE191001 **60 fracaso +:** «La primera frase ha sido un fracaso *sin paliativos*», reconocía el propio Jacques Delors... EME100294 **61 suspenso +:** Para los ejecutivos consultados, España merece un suspenso *sin paliativos*... EME010996 **62 catástrofe:** ...lo ocurrido esta semana en la Mesa de Ajuria Enea es una catástrofe *sin paliativos*... EME180896 **63 error:** ...es considerada por algunos analistas como un error *sin paliativos* del liderazgo ruso... EPE080999 **64 hundimiento:** Esto supondría el hundimiento *sin paliativos* de la política económica del Gobierno... LVE270695 **65 retroceso:** ...admitía «un retroceso importante, *sin paliativos*», de IU en las tres consultas. EPE140699 **66 indefensión:** ...consideran que sufren una «indefensión absoluta y *sin paliativos*». EME251096 **67 marginación:** ...los sinuosos senderos de la marginación *sin paliativos* que pudieran mitigar ese desclasamiento. EPE011288 **68 sufrimiento:** ...superan el sufrimiento *sin paliativos* de viudas, huérfanos y demás familia... EME260195

K SUSTANTIVOS QUE DENOTAN AYUDA U OBLIGACIÓN CONTRAÍDA: **69 compromiso:** ...entendemos la cultura política como un compromiso *sin paliativos* con la cultura de la libertad. EME250194 **70 apoyo:** Con los Premios de la Música y el apoyo *sin paliativos* que obtuvieron... EPEANUA98 **71 obligación:** ...es una obligación *sin paliativos*, pero que también fue un compromiso con el Parlamento hace diez meses. EME100395 **72 responsabilidad:** ...la responsabilidad *sin paliativos* de los padres de los niños psicóticos... ABC061291

L OTROS SUSTANTIVOS; POSIBLES USOS ESTILÍSTICOS: ...ejercitándose en el rap *sin paliativos*, tal como fue concebido por los «ghettos» del «black power»... EME050296

☐ Véase también: **sin contemplaciones**.

sin pena ni gloria

♦ **acabar(se), despedir, fallecer, pasar, terminar**

sin perjuicio (de)

loc.prep. ▮ Se combina frecuentemente con oraciones subordinadas de infinitivo o introducidas por la conjunción *que (sin perjuicio de adoptar las medidas que procedan; sin perjuicio de que se amplíe a otros delitos)*. También se combina con...

A SUSTANTIVOS QUE DESIGNAN DIVERSAS ACCIONES DE NATURALEZA JURÍDICA: **1 acción legal ++:** Sin perjuicio de las acciones legales en curso (...), creemos que el problema requiere, más allá de una solución jurídica, una salida ético-política... BRE020597 **2 actuación +:** Por todo ello se concluye que es preciso crear una comisión de investigación (...) «*sin perjuicio* de la actuación independiente de los Tribunales de Justicia». EME071095 **3 intervención:** Sería bueno que el Ministerio Público investigue qué fiscales se han beneficiado, *sin perjuicio* de la intervención del Procurador General. CAP211295

B SUSTANTIVOS QUE DENOTAN FACULTAD O CAPACIDAD: 4 derecho +: Dada esta circunstancia, era de prever máximas precauciones del régimen penitenciario para mantenerlo bajo vigilancia, *sin perjuicio* de sus derechos inalienables. ETC020188 **5 facultad +:** ...el Parlamento no podía dejar la creación del Derecho en manos del Poder Judicial, *sin perjuicio* de sus facultades de interpretación que son inherentes al momento aplicativo. LVE091195 **6 función +:** Los fiscales consideran que «por ello, y *sin perjuicio* de las funciones encomendadas al respecto a otros órganos, entendemos que es procedente que el Ministerio Fiscal (...) debe promover las acciones pertinentes». EME120196 **7 competencia +:** ...pudiendo para ello requerir cuanta información sea precisa, *sin perjuicio* de las competencias atribuidas a otros órganos u organismos públicos. CAN020201

C SUSTANTIVOS QUE DENOTAN CASTIGO: 8 pena ++: ...incurrirá en la pena de prisión de dos a seis años, (...) *sin perjuicio* de la pena correspondiente al delito cometido en razón de la dádiva o promesa. EME091195 **9 sanción +:** Sin perjuicio de las sanciones administrativas que procedan, serán nulas las cláusulas y estipulaciones que establezcan rentas superiores a las máximas autorizadas... EME290194

D SUSTANTIVOS QUE DENOTAN RESOLUCIÓN, DISPOSICIÓN O REGULACIÓN: 10 decisión ++: Sin perjuicio de la decisión que adopte el juzgado, esta prueba no es útil en términos jurídicos. EPE301099 **11 disposición +:** ...garantiza su obligación de presentarse todas las veces que sea requerido en el curso del proceso (...), *sin perjuicio* de las disposiciones establecidas... DED061196 **12 medida:** Debe reiterarse su carácter provisional, sujeto a contradicción, *sin perjuicio* de las medidas cautelares a que estamos obligados en defensa del interés público. EPE150199 **13 normativa:** Las Comunidades Autónomas podrán establecer y regular dentro de su territorio, *sin perjuicio* de la normativa del impuesto de general aplicación en todo el Estado... EME290496

E SUSTANTIVOS QUE DENOTAN RESPONSABILIDAD U OBLIGACIÓN: 14 responsabilidad ++: ...debería llevar consigo la adopción de las correspondientes medidas de amnistía (...), *sin perjuicio* de las responsabilidades civiles en que el Estado haya podido incurrir. EME090195 **15 obligación +:** ...transcurrido el plazo de seis meses sin que recaiga resolución expresa sobre la solicitud de asilo formulada, ésta podrá entenderse desestimada, *sin perjuicio* de la obligación de resolver expresamente. EPE281299 **16 deber:** ...harán fe, salvo prueba en contrario, respecto de los hechos denunciados, *sin perjuicio* del deber de aportar todos los elementos probatorios que sean posible sobre el hecho denunciado. LVE221296

F SUSTANTIVOS QUE DENOTAN TRATO, ACUERDO O VÍNCULO: 17 acuerdo +: ...la empresa debería estar en disposición de satisfacer la prima correspondiente, *sin perjuicio* de los acuerdos que en cuanto a su aplazamiento puedan estipularse... LVE091295 **18 compromiso +:** ...se reserva la libertad para presentar enmiendas parciales a los Presupuestos (...), *sin perjuicio* de su compromiso para tomar las medidas necesarias que garanticen... EPE190599 **19 pacto:** ...dijo que entre las prioridades del Gobierno de Aznar estará la reforma del Estatuto de Autonomía de Canarias *sin perjuicio* del pacto autonómico para las demás comunidades. EME250296 **20 convenio:** «Eso *sin perjuicio* de los convenios temporales que se establezcan puntualmente para poder utilizar una autopista de peaje mientras duren las obras en una carretera gratuita vecina», dijo... EPE300399

G SUSTANTIVOS QUE DENOTAN RESPALDO, ASISTENCIA O APORTACIÓN, FRECUENTEMENTE DE TIPO ECONÓMICO: 21 ayuda +: Comprometerse personalmente a gestionar la expendeduría, *sin perjuicio* de la ayuda que puedan prestar los auxiliares o dependientes. EME201096 **22 indemnización +:** La sanción a imponer podría llevar consigo la obligación de reparar y restituir los daños causados al patrimonio cultural de Galicia, *sin perjuicio* de la indemnización que corresponda por daños y perjuicios. FDV150601 **23 apoyo:** ...exponen su deseo de seguir conservando su identidad, *sin perjuicio* del apoyo a la política general de la Unión. EPE210677

H SUSTANTIVOS QUE DENOTAN INDAGACIÓN O ANÁLISIS: 24 investigación ++: ...decidieron (...) relevar de sus funciones al responsable del grupo de seguridad, *sin perjuicio* de la investigación que se realiza sobre el funcionamiento del escáner... EME160696 **25 seguimiento:** Sin perjuicio del seguimiento permanente realizado por el Banco de España a la entidad, los servicios de inspección del Banco de España emprendieron (...) un examen especial... EME050194 **26 revisión:** ...vendrá obligado a pagar el aumento, *sin perjuicio* de la revisión judicial que pudiera solicitar. LVE180395 **27 examen –:** Todo ello *sin perjuicio* del examen riguroso que ambos documentos merecen. EME030895

I SUSTANTIVOS QUE DENOTAN JUICIO, ESTIMACIÓN O PARECER: 28 conclusión +: El comunicado añade que *sin perjuicio* de las conclusiones a las que pudiera llegarse tras el estudio de la sentencia (...), se seguirán aplicando los requisitos exigidos en la normativa vigente. LVE240295 **29 valoración +:** Sin perjuicio de otras valoraciones que desde el punto de vista constitucional pudieran efectuarse sobre el pretendido nuevo impuesto... EPE241101 **30 opinión:** En definitiva quien tiene que tomar la decisión al respecto, *sin perjuicio* de las opiniones que se puedan tener, es el Consejo de Ministros. EME050694

J ALGUNOS SUSTANTIVOS QUE DESIGNAN LO QUE A UNO LE CONVIENE O QUIERE PARA SÍ: 31 interés +: El emparejamiento es uno de esos peculiares recursos de los que se han dotado los parlamentarios británicos para poder ir al teatro (...) con la conciencia tranquila y *sin perjuicio* de los intereses de su grupo. EME191296 **32 deseo:** ...no ha pasado absolutamente nada nuevo, *sin perjuicio* de su deseo de insistir en ese discurso en un tema en el que me parece por lo menos poco prudente insistir... LVE270495

K SUSTANTIVOS QUE DENOTAN CONSIDERACIÓN: 33 respeto +: Ello debería hacerse, añaden los socialistas, *sin perjuicio* del respeto al régimen especial del Val d'Aran... EPE110399 **34 reconocimiento:** ...un cambio legislativo

que haga del catalán la única lengua oficial en Cataluña, «*sin perjuicio* del reconocimiento recíproco de los derechos lingüísticos individuales». LHG220597
☐ Véase también: **sin menoscabo (de)**.

sin pestañear *loc.adv.* ▌Usada esta expresión en el sentido físico de 'sin mover los párpados' pierde su naturaleza como locución. Se combina con *mirar, ver, observar* y con otros verbos de percepción visual. En su sentido figurado (aproximadamente, 'con total aplomo'), la locución *sin pestañear* admite muy diversos verbos de acción, más frecuentemente agresiva u ofensiva *(Lo mató sin pestañear; Asesinó a la víctima sin pestañear; Marcó un gol desde cuarenta metros sin pestañear)*. También se combina con...

A VERBOS QUE DESIGNAN LA ACCIÓN DE TOLERAR O SOBRELLEVAR ALGO QUE SE CONSIDERA INCONVENIENTE O MOLESTO: **1 aguantar ++:** Por lo que parece, está dispuesto a aguantar la tormenta *sin pestañear.* EME140696 **2 soportar +:** Zhang soportaría todos los seísmos del mundo *sin pestañear* si el Gobierno le dijese que ése es el camino. EPE021099 **3 tragar:** Cada día, en los periódicos, vemos que todo el mundo traga *sin pestañear* sapos y culebras... EME120395 **4 encajar:** El Lleida fulminó entonces al Barça que encajó *sin pestañear* otros tres goles. EPE250399

B VERBOS QUE DESIGNAN LA PRESENCIA DE ALGUIEN EN UN LUGAR O EN UN ACONTECIMIENTO, ESPECIALMENTE SI LOS ESTADOS DE COSAS DESCRITOS SON GRAVES: **5 presenciar +:** En Occidente hemos presenciado *sin pestañear* una matanza de las que hacen prehistoria. EPE120399 **6 asistir:** ...además de no haber denunciado las irregularidades ante la justicia, ha asistido *sin pestañear* a la desaparición de 2.500 expedientes administrativos... EPE110299

C VERBOS QUE DENOTAN CUMPLIMIENTO DE UNA DIRECTRIZ O UNA CONDICIÓN: **7 obedecer ++:** El niño obedeció *sin pestañear* la orden de su abuelo, a pesar de que no estaba de acuerdo con ella. INDOC **8 cumplir +:** «Sé bien la responsabilidad que se nos viene encima, la vamos a cumplir *sin pestañear*». EME070595 **9 satisfacer:** Tres profesionales dedicados a satisfacer *sin pestañear* los gustos siempre maniáticos que exhibe la clientela de esta clase de locales... LVE040795

D VERBOS QUE DENOTAN ACEPTACIÓN: **10 aceptar +:** ...para deleite de sus admiradores que disfrutan con algunos divertidos gags y aceptan *sin pestañear* un final patriotero desfasado. LVE010595 **11 admitir +:** ...para ser capaz de admitir *sin pestañear* algo absurdo desde su punto de vista... LVE060295 **12 acoger:** El Club Mediterráneo la acogió *sin pestañear*, pero los métodos de entrenamiento de Nina eran distintos a los de la escuela española. EPE050899 **13 aprobar:** Hasta ahora, los monopolios pedían tarifas siempre crecientes y el Gobierno solía aprobarlas *sin pestañear...* LVE201096 **14 asumir:** ...«está dispuesto a asumir esas responsabilidades (...) y lo haremos *sin pestañear*, en beneficio de España». LVE290495

E VERBOS DE LENGUA QUE DESIGNAN DIVERSAS MANIFESTACIONES VERBALES, MÁS FRECUENTEMENTE ASEVERACIONES O RÉPLICAS: **15 afirmar ++:** ...es firme defensora de la teoría de la reencarnación y afirma *sin pestañear* que ha vivido ya 10 vidas. EPE020289 **16 decir ++:** ...y donde una madre es capaz de decirte *sin pestañear* que su hijo es una excelente persona porque ni siquiera fuma... EME230694 **17 asegurar +:** La compañía aseguró *sin pestañear* que no había criado «ninguna planta de tabaco alta o baja en nicotina». EME230694 **18 responder +:** Y cuando se le pregunta por la figura del Mundial, responde *sin pestañear.* EME170694 **19 contestar:** Cuando en una entrevista le preguntaron cómo se dice en inglés «¡Manda huevos!» y contestó *sin pestañear*: «To be or not to be»... EPE170900 **20 declarar:** Los principales líderes del PSC han declarado, *sin pestañear*, y sin ponerse siquiera un poco coloradas las mejillas... LVE250896 **21 sostener:** ¿Quién podrá sostener, *sin pestañear*, que se están restaurando las bases de la convivencia multiétnica? EPE041199 **22 concluir:** El novelista Leonard Michaels, uno de los últimos que tuvo el privilegio de entrevistarle (...) concluye *sin pestañear* que «estamos –estábamos– ante uno de los más insólitos...». EME161095 **23 repetir –:** ...comenta la suave Greta, que tras su indudable atractivo físico repite *sin pestañear* unas máximas de Nietzche... LVE090695
☐ Véase también: **de buen grado, decididamente**.

sin piedad *loc.adv.* ▌Se combina con...

A VERBOS QUE DESIGNAN DIVERSAS FORMAS DE AGRESIÓN Y ACTUACIÓN VIOLENTA, GENERALMENTE CONTRA LAS PERSONAS: **1 atacar ++:** ...además de un centenar de hongos que atacan *sin piedad* la celulosa, el pergamino o la madera de nuestros archivos y bibliotecas. ABC151093 **2 castigar ++:** Al mediodía, el sol que se clava en el asfalto castiga *sin piedad.* LNP050297 **3 golpear +:** Los golpea *sin piedad* y como decimos en mi pueblo: «los tiene y trae de la gamarra». DYM151297 **4 atizar:** Pero tampoco da para estar todos los viernes atizándole *sin piedad.* EPE181101 **5 apalear:** ...el famoso video en que unos policías blancos apalearon *sin piedad* a un hombre de color... LVE310596 **6 arañar:** Mientras los políticos se arañan *sin piedad* por la conquista del poder y de las ventajas económicas... LTB200197 **7 morder:** No debe de ser fácil concentrarse cuando una vértebra destrozada te muerde *sin piedad* los terminales de la columna... LVE060596

B VERBOS QUE DESIGNAN LA ACCIÓN DE MATAR A ALGUIEN O DE ATENTAR GRAVEMENTE CONTRA SU VIDA: **8 asesinar +:** ...45 indios que estaban rezando en una iglesia en Acteal fueron asesinados *sin piedad.* CLA250199 **9 matar:** Los guerrilleros liberianos combaten y matan *sin piedad.* EME150596 **10 disparar:** ...ya que el barrio es batido constantemente por los francotiradores, que disparan *sin piedad* contra los civiles que huyen. EME120896 **11 ametrallar:** Las agentes García y Muñoz intentaron frenar su escapada y fueron ametralladas *sin piedad.* EPE130699 **12 fusilar:** ...sacan de su cama a quince o veinte hombres y los fusilan *sin piedad* porque consideran que son guerrilleros o auxiliares de la guerrilla. ENH141100 **13 despedazar:** ...una vitriólica, espléndida secuencia, en que los doctos, imperturbables pedagogos se despedazan *sin piedad...* LVE260996

C OTROS VERBOS QUE DENOTAN DESTRUCCIÓN, ELIMINACIÓN O ACCIÓN DAÑINA GRAVE CONTRA PERSONAS, COSAS O LUGARES: **14 destrozar +:** ...el más respetado y temido crítico de literatura en lengua alemana, ha destrozado *sin piedad* la nueva novela... LVE230895 **15 atropellar:** Una parte de los diputados le hubiera atropellado *sin piedad* y así tal vez se frene. LVE200695 **16 asolar:** Ni tales alteraciones ni la tormenta que asoló *sin piedad* ayer el Miniestadi desequilibró a los blancos. LVE120596 **17 demoler:** Son los «Terminator» del fútbol, programados para demoler *sin piedad* a sus rivales. EME210694 **18 arrasar:** El líder arrasa *sin piedad* al Joventut con un baloncesto intachable de conjunto. EME301095 **19 contaminar:** ...una sociedad que parece una fábrica funcionando a toda máquina, aullando, contaminando *sin piedad*, cayéndose a pedazos... LVE300795

D VERBOS QUE DENOTAN CENSURA O BURLA. TAMBIÉN CON ALGUNOS QUE DESIGNAN OTRAS ACCIONES HOSTILES EN DIVERSOS GRADOS: **20 criticar ++:** (...) Las evasivas y falsedades que la oficialidad rusa intentó dar a la opinión pública en cada momento de esta crisis (...) han sido criticadas *sin piedad*. EPE240800 **21 ridiculizar +:** Atacó y ridiculizó *sin piedad* al ex candidato presidencial... LPH240696 **22 burlar(se) +:** El invento consiste en animar al público del plató a que se burle *sin piedad* alguna de hombres y mujeres feos... EME021195 **23 injuriar +:** Son procacidades parecidas a la revista del malogrado Pancho Jaime, que injurió *sin piedad*, hasta que alguien lo eliminó sin dejar rastro. DHE070197 **24 descalificar:** Los líderes de los demás grupos lo descalificaron *sin piedad*. EPE161199 **25 satirizar:** ...que se utilizan para satirizar *sin piedad* la magistratura y la cátedra universitaria. LVE201296

☐ Véase también: **sin contemplaciones**.

sin remisión ♦ abandonar, apagar(se), batir, caer, castigar, condenar, conducir, distanciar(se), extender(se), extinguir(se), fracasar, hundir(se), perder(se), rendir(se), sucumbir

sin reservas *loc.adv./loc.adj.* ▌Admite algunas variantes sintácticas *(sin la menor reserva, sin ninguna reserva, sin la más mínima reserva, sin reserva alguna, sin reserva ninguna)*. Se combina con...

A VERBOS QUE DESIGNAN MANIFESTACIONES DE APOYO, RECONOCIMIENTO O ADMIRACIÓN: **1 apoyar ++:** ...apoya también *sin reservas* la intensificación del comercio entre Canadá y Latinoamérica. DLA120597 **2 aplaudir ++:** Hay que aplaudir *sin reservas* la decisión del autor de escribir una novela trascendente... ABC290193 **3 admirar ++:** ...su cultura era inmensa y (...) lo admiraba *sin reservas*... ABC021294 **4 reconocer ++:** ...la Generación del 98 había reconocido *sin reservas* y plenamente el Modernismo... LHG100697 **5 respaldar ++:** 159 países representativos respaldaron *sin reservas* la Convención de los Derechos del Niño... LPN010697 **6 elogiar +:** ...elogiaré *sin reservas* la calidad material de su trabajo... ABC241293 **7 apostar +:** ...apostó *sin reservas* por la europeización y la modernización... ABC080494 **8 defender:** ...defendió *sin reservas* a su ministro de Finanzas... EME091296 **9 acatar:** ...reitera su llamamiento (...) a que respete y acate *sin reservas* las normas internacionales... PME260197

B VERBOS QUE DENOTAN ACEPTACIÓN, AQUIESCENCIA O APROBACIÓN. TAMBIÉN CON OTROS QUE EXPRESAN CIERTAS FORMAS DE INACCIÓN QUE SE ASIMILAN A ESAS NOCIONES: **10 aceptar ++:** ...comprendo perfectamente lo que ocurre y lo acepto de buena fe y *sin reservas*. EUV060499 **11 asumir ++:** Asume *sin reservas* la negación (...) de la felicidad... ABC260894 **12 aprobar +:** ...la hora del acuerdo amistoso ha llegado y yo lo apruebo *sin reservas*... EPE140999 **13 admitir +:** ...admite *sin reservas* que (...) nunca había habido tanta corrupción como ahora. LVE290495 **14 acoger +:** ...se haya acabado por acoger el subestilo *sin reservas* pero predicándolo a un nivel de arreglos y composición muy inferior... LVE210696 **15 abrazar:** Cuando creo en una causa, la abrazo *sin reservas*, me entrego a ella en cuerpo y alma. EUV031196 **16 ceder:** El pacto de Rousseau implica que cada asociado se cede totalmente y *sin reservas*, con todos sus derechos, en favor de la comunidad. RUM150997 **17 obedecer:** Obedeciendo *sin reservas* a la voluntad salvífica de Dios, manifestada en la palabra del Ángel... DYM281096 **18 rendirse:** El público se rindió *sin reservas* en la tercera y última entrega... EME120594 **19 sucumbir:** ...sucumbe *sin reservas* ante la posibilidad de ver al último «dios de la danza». EME080896

C VERBOS QUE DENOTAN REPROBACIÓN: **20 condenar ++:** ...condenó, «*sin reservas*, tan inhumanas violaciones del derecho de las personas a la libertad». LVE031296 **21 abjurar:** La única salida razonable pasa por condenar y abjurar *sin reservas* del terrorismo... EPD300997 **22 criticar:** ...no modifica en sustancia las cuentas (...) que (...) criticaron *sin reservas*. LVE250796 **23 tachar:** En otros lugares, la tachan, también *sin reservas*, de embustera e hipócrita. EME160194

D OTROS VERBOS DE LENGUA, MÁS FRECUENTEMENTE SI DESIGNAN ALGUNA MANIFESTACIÓN VERBAL ROTUNDA: **24 decir ++:** La relación entre el partido (...) y el Gobierno es «mala», dijo *sin reservas*. EPE230599 **25 expresar ++:** ...no hizo otra cosa que expresar *sin reservas* su lealtad al líder máximo de su partido... LVE030996 **26 hablar +:** ...habla *sin reservas* de la actitud de los jugadores cuando salen a la cancha: «Al equipo le falta motivación». PME031196 **27 declarar +:** «Nuestras posibilidades habrían sido superiores de habernos enfrentado a la República Checa en vez de a los alemanes», ha declarado *sin reservas* el defensa... LVE230696 **28 contestar:** Sin reserva alguna, (...) contestó afirmativamente a la pregunta... EPE120699 **29 afirmar:** ...afirma *sin reservas* que «(...) está aprendiendo algo de economía...». LVE031295 **30 confesar:** ...lo confiesa *sin reservas* (...): «La encuesta de la Diputación Provincial fue una operación de 'entretenimiento'». EPE020580 **31 proclamar:** ...este país pide que Jerusalén proclame, *sin reservas*, su disposición a evacuar la Meseta del Golán. EME110196

E VERBOS QUE DENOTAN COLABORACIÓN EN ALGO, ASÍ COMO ESFUERZO VOLUNTARIOSO EN LO QUE SE EMPRENDE O INICIATIVA EN ALGUNA TAREA: **32 entregarse +:** Mi madre es uno de esos seres a quienes la naturaleza concedió el don del cariño. De entregarse totalmente, *sin reservas*. SVG110597 **33 colaborar +:** ...el Ejecutivo tiene el reto de colaborar *sin reservas* o de convertirse en cómplice y corresponsable de la trama. EME290596 **34 sumarse +:** Lo que ahora se impone es que todos (...) nos sumemos a esta faena en forma generosa y *sin reservas*. HOY250385 **35 cooperar:** ...cooperará «*sin reservas*» con quienes tengan como objetivo «una paz de derecho»... EPE301199 **36 unirse:** Los principales organismos de la UE, el Parlamento y la Comisión Europea, se unieron «*sin reservas*» a las condenas... EME240496 **37 volcarse:** ...la población se volcaba *sin reservas* con los JJOO. EME080294 **38 compartir +:** ...comparten *sin reservas* las recomendaciones del informe. LVE281296

F VERBOS QUE DENOTAN DONACIÓN, FÍSICA O FIGURADA, APORTACIÓN O ENTREGA: **39 entregar:** ...quizá no esté llamado para interpretar la excelsitud del arte, pero entrega *sin reservas* la verdad de su toreo. EPE150900 **40 ofrecer:** ...necesitaba un suelo fértil en que arraigar, y el pueblo español lo ofreció *sin reservas*... EME191095 **41 aportar:** Tiene que (...) aportar, *sin reservas*, su colaboración a la limpieza del litoral. EPE281299 **42 otorgar:** ...debemos tener mucho cuidado de otorgar *sin reservas*, un mercado exclusivo para las innovaciones tecnológicas... ECA070792 **43 fomentar:** La otra posibilidad es fomentar, *sin reservas* ni pretensiones de subordinación, el máximo desarrollo de esa plataforma... EME081295 **44 dedicar:** El director compartió con el solista los corteses aplausos que el público les dedicó *sin reservas*. LVE121195 **45 brindar:** Recibió todos los honores inherentes a su cargo y los que sus simpatizantes le brindaron *sin reservas*. PME171196 **46 servir:** ...su propia conciencia y la autoridad del director les llevaron a servir a la nueva música *sin reservas*. EME010594

G SUSTANTIVOS QUE DENOTAN APOYO, RECONOCIMIENTO O ADMIRACIÓN, RELACIONADOS CON LOS VERBOS DEL APARTADO *A*: **47 apoyo ++:** ...manifestaron su «apoyo *sin reservas*» a la propuesta... LVE301096 **48 elogio +:** Sentado el elogio *sin reservas* del buen oficio, debo señalar que en esta galería (...) hay varios... ABC210795 **49 lealtad +:** ...la decisión sobre su futuro político estará basada «en el bien del partido, en la lealtad *sin reservas* a su presidente...». EME030996 **50 admiración:** Deseo testimoniar (...) mi admiración *sin reservas* ante su actitud y solidaridad... LVE040594 **51 apuesta:** ...paso a confiarles mi apuesta *sin reservas* por Sergio... ABC280495 **52 confianza:** Es una confianza *sin reservas* y no importa quién sea un interlocutor... LVE230595 **53 respaldo:** ...le dio su «respaldo *sin reservas*» en un comunicado difundido el 1 de diciembre. EPE201299 **54 reconocimiento:** ...tiene motivos más que suficientes para saborear el reconocimiento *sin reservas* de sus compañeros. EME311295

H SUSTANTIVOS QUE DENOTAN ACEPTACIÓN, AQUIESCENCIA O APROBACIÓN, RELACIONADOS CON LOS VERBOS DEL APARTADO *B*: **55 aceptación +:** La participación en este premio implica de forma automática la plena y total aceptación, *sin reservas*, de las presentes bases. LHG040197 **56 acuerdo:** En ninguna conferencia se ha logrado un acuerdo *sin reservas*. EME080696 **57 compromiso:** ...confirmó ayer el «compromiso *sin reservas*» de la Unión Europea... EME040294 **58 acatamiento:** ...son esencialmente intolerantes frente a cualquier actitud que no sea de sumisión o acatamiento *sin reservas*. EPE150580 **59 asunción:** ...la asunción *sin reservas* de un catalanismo popular e integrador; paso imprescindible para poder gobernar... LVE131096 **60 bienvenida –:** ...saludo con una bienvenida *sin reservas* la edición... EME070195

I ALGUNOS SUSTANTIVOS DE LENGUA, RELACIONADOS CON LOS VERBOS DEL APARTADO *D*: **61 diálogo +:** ...ha propuesto (...) un diálogo «*sin reservas*, sincero y honesto» entre los dos países vecinos... EPE041099 **62 afirmación:** ...comprobaciones (...) no siempre aptas para la afirmación *sin reservas*. ABC140194 **63 verbalización –:** El libro que ahora nos ocupa se inscribe en esta línea de verbalización *sin reservas* ni disimulos de las relaciones... EME141296

J SUSTANTIVOS QUE DENOTAN PARTICIPACIÓN, COLABORACIÓN O ENTREGA, RELACIONADOS CON LOS VERBOS DEL APARTADO *E*: **64 entrega +:** ...una entrega *sin reservas* a la ilusión, al amor y a la amistad. HOY141096 **65 colaboración +:** ...ha continuado en la línea de colaboración *sin reservas*... LVE301196 **66 participación:** ...fijó con claridad el objetivo de participación plena y *sin reservas* en la Unión Europea... LVE110596 **67 dedicación:** La suya fue una dedicación completa y *sin reservas*, como si le fuera la vida en ello. EME300195

☐ Véase también: **con reservas, sin condiciones.**

sin retorno ♦ **camino, punto, trayecto, viaje**

sin rodeo(s) ♦ **abordar, afirmar, afrontar, anunciar, asegurar, contar, contestar, decir, declarar, expresar, hablar, manifestar, mostrar, narrar, preguntar,** *otros verbos de lengua*

☐ Véase también: **sin ambages, sin tapujos.**

sin rumbo *loc.adv.* ▌Se combina con...

A VERBOS QUE DENOTAN MOVIMIENTO, ESPECIALMENTE EL QUE DESIGNA LA ACCIÓN DE VIAJAR O LA DE ANDAR: **1 deambular ++:** Tanto All Boys como Argentinos deambulaban *sin rumbo*, como si estuvieran dormidos. CLA030397 **2 ir ++:** Voy *sin rumbo* y ando a tientas, voy bajo tempestades y tormentas loca de ensueño y ciega de agonía. EME040594 **3 andar +:** Y como el resto de nacionales andaban *sin rumbo*, el Como tomó la iniciativa muy pronto y con autoridad. EME010494 **4 caminar +:** Durante seis días, extraviado, caminó *sin rumbo* fijo en medio de la nieve y el hielo en esa zona cordillerana de Cerro Negro, departamento de San Carlos. CLA200601 **5 vagar +:** Casi nadie se detiene y muy pocos vagan *sin rumbo* fijo. LVE070295 **6 navegar:** Wall Street navegó *sin rumbo* claro, desorientada por un rebrote de los tipos de los bonos del Tesoro a largo plazo y por la caída de los títulos bancarios. LVE180195 **7 viajar:** Mi flecha viaja *sin rumbo* en manos del viento mientras mis amigos los seres invisibles crecen en número, crecen. ABC140194 **8 pasear:** Salía a pasear siempre a la misma hora, pero *sin rumbo*, donde le llevaran sus pies o su instinto. INDOC **9 vagabundear:** Los aborígenes australianos dedican su vida entera a vagabundear aparentemente *sin rumbo*... EME141296

B OTROS VERBOS; POSIBLES USOS ESTILÍSTICOS: El conjunto de Irureta, apelmazado y estático, jugaba *sin rumbo*, en horizontal, ninguneando a Djalminha y Makaay. EPE131299; ...la gente zapeaba *sin rumbo* buscando a Roldán, a su rabo o a su sombra. EME010395

☐ Véase también: **a la deriva.**

sin tapujos *loc.adv./loc.adj.* ▌Admite algunas variantes sintácticas *(sin el menor tapujo, sin ningún tapujo, sin tapujo ninguno)*. Se combina con verbos que denotan intercambio verbal *(discutir, dialogar, charlar, conversar)* y también con...

A VERBOS QUE DENOTAN EXPRESIÓN, DECLARACIÓN O ENUNCIACIÓN DE ALGO: **1 hablar ++:** ...cuando el pueblo hablaba *sin tapujos* de la necesidad de una total enmienda... VIS060297 **2 decir ++:** Si no le pareció algo, que lo diga *sin tapujos*. HOY230697 **3 afirmar +:** «Por el contrario, Quadrophenia es un final digno para la mejor banda de todos los tiempos», afirma *sin tapujos* el cantante Daltrey. ENV201296 **4 confesar +:** ...Margot Kahl Pingel confesó frente a la cámara, finalmente y *sin tapujos*, su gran primicia. CAR120597 **5 expresar +:** En estas páginas el viejo, (...) lúcido, tierno y sentimental Max Aub se expresa *sin tapujos*... ABC260595 **6 exponer +:** Tal vez precisamente porque al dirigente del PP donostiarra lo mataron por exponer sus opiniones *sin tapujos*. EME250195 **7 declarar +:** Y aunque la mayoría lo comenta entre líneas, hay quienes se atreven a declararlo *sin tapujos*. CAR260597 **8 plantear +:** ...estaba convencido de que aprendería a plantear *sin tapujos* las más desvergonzadas preguntas. EME040596 **9 manifestar(se) +:** ...una de las pocas áreas de la vida en que el individuo manifiesta sus miedos ancestrales *sin tapujos*. HOY190597 **10 llamar:** ...aplaudieron a más no poder, cuando *sin tapujos*, el ingeniero Carlos Flores llamó a los ediles de San Pedro Sula... LTH080997 **11 asegurar:** ...ahora aseguran *sin tapujos* que para los gitanos no tienen trabajo... EPE180899 **12 preguntar:** ...el semanario Le Point se preguntaba *sin tapujos*: «¿Jospin es de izquierdas?». EPE201099 **13 piropear:** Sin embargo, piropea *sin tapujos* «No me esperen en abril», de Echenique... ABC140795 **14 interrogar:** Los vecinos de la Plaza Internet (...) interrogan *sin tapujos* a sus representantes sobre las contradicciones que ven en sus mensajes. LVE091195 **15 transmitir:** ...eligió el camino más directo para transmitir *sin tapujos* sus ideas sobre la sexualidad. LNA040792 **16 citar:** ¿Quedarán inmediatamente movilizados y acuartelados los militares que están en la reserva si se nos ocurre citar *sin tapujos* su situación? EME291095 **17 advertir:** Y se advierte *sin tapujos*, tiene que correrse este riesgo para exponer una pedagogía que influya en las urnas... LVE161096 **18 opinar:** Va siendo hora de que se opine sobre estas cuestiones *sin tapujos*, pues para mí no hay nacionalismo bueno. EME220896 **19 proclamar:** ...–como los niños, los locos y los borrachos, según el tópico– proclama *sin tapujos* aquello que los que le rodean también piensan... EME021195 **20 postular –:** Ahora jura ser un demócrata convencido (...) y se postula *sin tapujos* como sucesor al trono... EME061296 **21 responder:** El gerente (...) respondió *sin tapujos* que el complejo cultural está concebido como espacio polivalente... EPE030999 **22 soltar –:** Trataré de convencerla de que soltar *sin tapujos* lo que se piensa, amén de ser socialmente útil, desahoga un montón. EME160494

B VERBOS QUE DESIGNAN LA ACCIÓN DE DESCRIBIR O REFERIR ALGUNA COSA: **23 contar +:** ...para contar la vida, sino para contarla *sin tapujos*, para hacerlo con delicadeza y con valentía. EPE171099 **24 explicar +:** Cuevas explicó *sin tapujos* la reforma fiscal que quieren los empresarios... EPD091097 **25 escribir:** ...escribía *sin tapujos* sobre temas como el lesbianismo o la pedofilia. EPE110599 **26 narrar:** ...una serie de atrocidades, narradas *sin tapujos*, cuyo relato cabría encuadrar en la moda del realismo sucio. LVE220395 **27 relatar:** ¿Se imaginan a la hermana (...) relatando *sin tapujos* lo mal que lo pasaron de niños? EME300795 **28 describir –:** Y describe *sin tapujos* un mundo donde magia y miseria se funden. EME270296

C VERBOS QUE DESIGNAN EL PROCESO DE APARECER ALGO O ALGUIEN, ASÍ COMO LA ACCIÓN DE MOSTRAR, REVELAR O PONER DE MANIFIESTO ALGUNA COSA: **29 mostrar +:** El propio canciller mostró *sin tapujos* su satisfacción... EME171295 **30 revelar +:** ...estos (...) artistas se entregan a una disección de su intimidad, revelan *sin tapujos* sus más íntimos olores... EPE170599 **31 exhibir +:** Una película en la que el director exhibe *sin tapujos* sus miedos. EME040395 **32 desvelar:** La convocatoria desvela *sin tapujos* que el partido va en serio. LVE220295 **33 aflorar:** ...no ha impedido que la división aflore *sin tapujos* y que los llamados... EPE201199 **34 airear:** ...se airea *sin tapujos* que una decena de directivos (...) han sido destituidos... EPE110699 **35 ofrecer:** ...ofreciéndose ahora ya *sin tapujos* como socio cómodo... EME220694 **36 pronunciar(se):** Numerosos dirigentes del partido han empezado a pronunciarse públicamente, *sin tapujos*, a favor de un cambio en la dirección. LVE160696 **37 presentar:** Los testimonios crudos y presentados *sin tapujos*. EME181196 **38 sacar a relucir:** ...a los alemanes les cuesta mucho sacar a relucir *sin tapujos* el comportamiento equivocado de los aliados... LVE220996 **39 dar la cara –:** La anorexia cuando ya ha dado la cara *sin tapujos* es un problema casi siempre de difícil arreglo. EME171096 **40 poner sobre la mesa –:** Pero la idea ha sido puesta sobre la mesa *sin tapujos* en el Parlamento ruso. LVE170396

D VERBOS QUE DESIGNAN LA ACCIÓN DE ACUSAR O CRITICAR, ASÍ COMO OTRAS ACCIONES OFENSIVAS, MUY FRECUENTEMENTE DE NATURALEZA VERBAL. SE ASIMILAN A ELLOS ALGUNOS VERBOS QUE DESIGNAN DIVERSAS FORMAS DE ACOMETIDA: **41 criticar ++:** Por ejemplo, Pérez critica *sin tapujos* lo que denomina la «locura» guerrillera del Uruguay... BUS031096 **42 acusar +:** ...el referido juez ha sido acusado *sin tapujos* de prevaricación... EME261095 **43 denunciar +:** Denuncia *sin tapujos* la política de especulación urbanística... LVE240695 **44 arremeter:** De ahí que Pujol arremetiera *sin tapujos* contra el PSOE y el PP... LVE290196 **45 reprochar:** Todas las corrientes del partido reprocharon ayer *sin tapujos* la lentitud de la dirección nacional... LVE130996 **46 rechazar:** ...cuyas tesis sobre el futuro del PSC son rechazadas *sin tapujos* por el sector que capitanea Sala... LVE120996 **47 acosar:** ...un grupo no menos nutrido de moscardones en celo acosaban *sin tapujos* a la espléndida Libia... EME090896 **48 reclamar:** Por otra, Vidal-Quadras reclamaba *sin tapujos* un retorno al enfrentamiento sistemático contra los nacionalistas. EPE020799 **49 deplorar:** ...el obispo de Badajoz (...) deplora, «con dolor y *sin tapujos*», los «atropellos culturales y morales» de la televisión... EME170494 **50 discutir:** El PP y la oposición pasaron ayer a discutir *sin tapujos* sobre la pornografía en los quioscos. EPE260399 **51 atacar:** El informe (...) ataca *sin tapujos* la gestión reciente de la televisión pública... EPE101299 **52 espetar –:** Un editor (...) me lo espetaba *sin tapujos*: se acaba una época... ABC020994 **53 odiar –:** ...pero también la ciudad que odió *sin tapujos*: Dublín, capital irlandesa. LVE140795

E VERBOS QUE DENOTAN RECONOCIMIENTO O ACEPTACIÓN: **54 reconocer +:** El vicepresidente de la Comisión Europea, Leon Brittan, lo reconoció *sin tapujos*... LVE010596 **55 admitir +:** Una parte admite *sin tapujos* que desconocía el fútbol inicialmente, pero que ha ido aficionándose poco a poco. LVE080195 **56 asumir +:** Sin tapujos, asume sus falencias de gran estadista... CAR221297 **57 aceptar:** El mismo Calderón aceptó, *sin tapujos*, que a su llegada a la Dirección encontró un servicio colapsado... LNC170397 **58 ceder:** El Getafe, temeroso y entregado, cedía *sin tapujos* la iniciativa. EME240495 **59 acatar:** La Premier League acató ayer *sin tapujos* los efectos de la sentencia... EME231295

F VERBOS QUE DESIGNAN LA ACCIÓN DE HACER FRENTE A ALGUNA SITUACIÓN PROBLEMÁTICA O CONFLICTIVA, ASÍ COMO LA DE DARLE SOLUCIÓN: **60 abordar +:** Un año después, «Aquel verano» se convertía en el primer telefilm en el que se abordaba *sin tapujos* la homosexualidad masculina. EME240594 **61 encarar(se):** No caben paños calientes y, por tanto, debe encararse *sin tapujos* la nueva situación política... EPE210799 **62 enfrentarse:** ...antes que enfrentarse *sin tapujos* a los problemas de la vida municipal. EPE050699 **63 solucionar:** ...y tratar de solucionar *sin tapujos* este problema reconociendo su profesión... EPE301099 **64 afrontar:** El fondo, el verdadero fondo del asunto, es sin embargo otro, y más vale afrontarlo *sin tapujos*. EME060296

G VERBOS QUE DESIGNAN LA ACCIÓN DE FAVORECER O ADOPTAR ALGUNA MEDIDA, ASÍ COMO LA DE CELEBRAR SU PUESTA EN PRÁCTICA: **65 apoyar +:** El sur y el este de Ucrania (...) apoyan *sin tapujos* estrechar los lazos económicos y políticos con Rusia. EME260694 **66 defender:** ...y defiendan *sin tapujos* los intereses de estas regiones... EME290496 **67 aplaudir:** ...sus rivales de la Colla Vella no tuvieron inconveniente en aplaudir *sin tapujos* la ejecución del llamado castell total... EPE251099 **68 celebrar:** Se conducen como «chicas malas», mostrando y celebrando su cuerpo *sin tapujos*. EME260795 **69 regenerar −:** ...quienes creen que un político ha de decir lo que piensa para regenerar *sin tapujos* la hipocresía democrática. EME170896 **70 enarbolar −:** ...el único personaje en todo el orbe azulgrana que tiene la gallardía de enarbolar *sin tapujos* la bandera del «antinuñismo». LVE201295 **71 abanderar −:** ...sigue abanderando, *sin tapujos* ni secretos, la causa de la igualdad y la libertad para todos los homosexuales. EME061195

H ALGUNOS VERBOS DE PERCEPCIÓN, MÁS FRECUENTEMENTE SI DENOTAN PRONÓSTICO: **72 vislumbrar:** Uno (...) llega a vislumbrar que «sin ambages, *sin tapujos*» se traduce con cierta facilidad... EME180294 **73 ver:** Con lo sano que es que se vea *sin tapujos* y grite sin mordaza la anormalidad. EME290195 **74 pronosticar:** ...hace 12 años pronosticaban *sin tapujos* que Pinochet iba a ganar el plebiscito... EPE051299 **75 formar:** Desde el año 30, el PNV había tratado de formar debidamente a sus jóvenes, y *sin tapujos*. EPE050499

I VERBOS QUE DENOTAN RECUERDO: **76 recordar:** ...Cecilia recuerda, *sin tapujos*, que «durante ese año, no me di ninguna licencia»... CAR260597 **77 añorar:** Miguel Carvallo, antiguo celador, y la enfermera Teresa Cámara, añoran, *sin tapujos*, aquellos días. EPE281099 **78 evocar:** El autor evoca *sin tapujos* y con infinita capacidad descriptiva y analítica una época difícil. ABC311293 **79 recrear:** Todo esto lo cuenta Roger en su reciente libro «Growing up Clinton» y lo recrea *sin tapujos* ante una discreta audiencia... EME300795

J OTROS VERBOS; POSIBLES USOS ESTILÍSTICOS: ...la pobreza aún deambula *sin tapujos* por calles de caprichosas formas... LNP120397; Afeitados *sin tapujos*. EME020594; Y la gente sigue picando *sin tapujos*. EME120796

K EL SUSTANTIVO *VERDAD* Y CON OTROS QUE DESIGNAN DIVERSAS MANIFESTACIONES VERBALES, TEXTUALES O COMUNICATIVAS: **80 discusión ++:** ...la discusión *sin tapujos* entre una madre hombreriega –Vera– y su hija lesbiana –Annick o Annie– sobre la especificidad concreta de sus respectivas sexualidades. ABC110394 **81 verdad ++:** La verdad *sin tapujos* solo tiene un camino. INDOC **82 conversación:** Apurado, pero no por eso menos cálido y dispuesto a una conversación *sin tapujos*, Bowie se sentía feliz y relajado. CAR101197 **83 comunicación:** Siempre tendremos con él una comunicación directa y *sin tapujos*. EME270295 **84 literatura:** ...busco literatura *sin tapujos*, de calidad, que valga por sí misma, no por sus valores extraliterarios. EME050496 **85 diálogo:** ...los medios informativos siempre tuvieron su puerta abierta al diálogo franco y *sin tapujos*. LVE200895 **86 palabra:** ...se basa en hechos o en palabras explícitas, abiertas, sinceras, sin escondrijos y *sin tapujos*... EUV080197

L ALGUNOS SUSTANTIVOS RELATIVOS A LA SEXUALIDAD: **87 erotismo:** ...el machismo y el erotismo *sin tapujos* dominan sin contrapartida el juego de las relaciones humanas. HOY130197 **88 sexualidad:** ...y no la sexualidad *sin tapujos* que retrata Mapplethorpe... EPE180999

M SUSTANTIVOS QUE DENOTAN ACEPTACIÓN O RECONOCIMIENTO DE ALGO, RELACIONADOS CON LOS VERBOS DEL APARTADO *E*: **89 aceptación:** ...radica en gran medida en su aceptación plena de la sexualidad, *sin tapujos* y sin miedos... EME110395 **90 reconocimiento:** ...lo que Pujol había pedido era reconocimiento «sin ambages, *sin tapujos*... EME180294

□ Véase también: **abiertamente, a la cara, a las claras, sin ambages, sin rodeo(s), tapujo.**

sintaxis ♦ abrupto, ágil, alambicado, anárquico, claro, complejo, complicado, confuso, deshilvanado, difícil, enrevesado, escueto, expresivo, farragoso, lacónico, lineal, musical, natural, premioso, rítmico, sencillo, simple, tradicional, trenzado ♦ dominio (de), error (de), falta (de), regla (de) ♦ aprender, corregir, entrecortar(se)[29], mejorar, modificar

síntesis ♦ apretado, breve, escueto ♦ esbozar, hacer, trazar[40]

□ Véase también: **resumen.**

sintéticamente ♦ contar, definir, describir, explicar, exponer, expresar, presentar, resumir, *otros verbos de lengua*

sintetizar ♦ a grandes rasgos[17], brevemente[27], en líneas generales, en pocas palabras, escuetamente, esquemáticamente, punto por punto

□ Véase también: **resumir.**

síntoma ♦ alarmante, claro, evidente, inconfundible, indudable, inequívoco[1], innegable, ostensible[53], patente, revelador[15], visible ♦ advertir, aparecer, arrojar[29], atisbar[18], combatir, constituir, dar[181], delatar[14], denotar[19], manifestar(se), mostrar, padecer, presentar, remitir[15], salir a la luz[44], sentir, sufrir

□ Véase también: **señal, signo.**

sin tregua *loc.adv./loc.adj.* ▮ Acepta sustantivos que denotan período de tiempo *(jornada, vacaciones, verano)*. Admite también verbos y sustantivos que designan muy diversas acciones *(acción, trabajo, baile, trabajar, avanzar)* pero se combina más frecuentemente con...

A VERBOS QUE DENOTAN CONFRONTACIÓN: **1 luchar +:** ...una especie de historia natural del dolor que se resume así: querer sin motivo, sufrir siempre, luchar *sin tregua* y por fin morir... LNC071100 **2 pelear +:** En la frontera entre Perú y Ecuador se han recrudecido los combates y se pelea *sin tregua*... LVE060295 **3 combatir +:** Atendiendo a nuestras profundas convicciones antes que a presiones externas combatiremos al narcotráfico *sin tregua*... LTB030297 **4 enfrentarse:** Peruanos y ecuatorianos se enfrentan *sin tregua* desde hace una semana en el puesto avanzado de Tiwintza... LVE090295 **5 disputar:** Por fin se anuncia que ha ganado la única carrera que disputaba *sin tregua* ni cuartel: la vida. EPE310799 **6 guerrear:** Guerreó *sin tregua* por la libertad de las naciones. INDOC

B VERBOS QUE DENOTAN ATAQUE O AGRESIÓN CONTRA ALGUIEN O ALGO: **7 atacar +:** ...exigir sin cesar el reconocimiento de cuanto ha realizado y atacar *sin tregua* a la Generalitat. LVE240595 **8 golpear:** Ahí están para avalarlo la sucesión de atentados terroristas que en los últimos meses golpean *sin tregua* a la población francesa. EME241095 **9 bombardear:** En esa época, una tormenta de meteoritos que erraban a la deriva por el sistema solar bombardeaba los planetas *sin tregua*. LVE190594

C VERBOS QUE DENOTAN BÚSQUEDA, PERSECUCIÓN O VIGILANCIA: **10 perseguir ++:** ...cuando imperó la doctrina de la «seguridad nacional» impuesta por los militares, que perseguían *sin tregua* a los grupos de izquierda. LNC070297 **11 buscar:** Casi 600 guardias civiles les buscaron *sin tregua* durante tres días. EME310396 **12 indagar:** Keats, en efecto, se enamoraba de las palabras mucho más de lo que pudiera estar de Fanny Browne, e indagó *sin tregua* en las melodías que emanaban de ellas. EME221095 **13 acechar:** El compacto grupo de nipones, pertrechados casi militarmente con tecnología punta periodística, acechan *sin tregua* a su hombre... EME030796 **14 presionar:** ...y presiona *sin tregua* a gobiernos y políticos –desconocemos su grado de éxito– para que normativas de control del tabaquismo caminen a paso lento. EPE230700

D ALGUNOS VERBOS QUE DENOTAN CAMBIO: **15 renovarse:** También, cuando tiene la capacidad de atravesar las épocas, renovándose *sin tregua* con la marcha de la historia... EPE050999 **16 empeorar –:** ...Haití es un miserable país que empeora *sin tregua* sumiendo a su desdichada humanidad cada día más en un infierno de hambre... EPE060299 **17 crecer –:** ¿Por qué desde la segunda guerra mundial crece *sin tregua* el abismo entre pueblos pobres y pueblos ricos? EME210194

E SUSTANTIVOS QUE DENOTAN LUCHA O ENFRENTAMIENTO, RELACIONADOS CON LOS VERBOS DEL APARTADO *A*. TAMBIÉN CON OTROS QUE DESIGNAN LAS ACTITUDES QUE CORRESPONDEN A ESAS ACCIONES: **18 lucha ++:** Por tanto, no queda otra alternativa que la lucha *sin tregua* contra la brutal y asesina Ley... GIC260900 **19 guerra ++:** Dejó a Carlos Bombal y a Andrés Allamand enfrentados en una guerra *sin tregua*... HOY280797 **20 rivalidad:** ...indican que la rivalidad *sin tregua* durará hasta el último momento... LVE161195 **21 combate:** ...ha llevado a cabo un combate *sin tregua* para impedir que el proyecto de polígono de tiro del Ejército del Aire se convirtiera en realidad. EME260996 **22 disputa:** La disputa, *sin tregua*, por la izquierda entre IU y PSOE tiene su miga. EME050296 **23 oposición:** ...atribuyen todo lo que va sucediendo a las consecuencias, por lo visto inesperadas, del tránsito desde una oposición *sin tregua* a las delicias del poder... LVE051096 **24 batalla:** La batalla *sin tregua*, desde la arrancada hasta la llegada. ENV240700 **25 belicosidad:** En la introducción al libro, Mernissi adelanta, precisamente, ese trasfondo de belicosidad *sin tregua* ni paliativos entre el Islam y Occidente. ABC061192

F SUSTANTIVOS QUE DENOTAN ATAQUE O ACCIÓN HOSTIL CONTRA ALGUIEN O ALGO, RELACIONADOS CON LOS VERBOS DEL APARTADO *B*: **26 acoso +:** Vietnam sufrió un acoso *sin tregua*. EME080996 **27 conspiración:** La conspiración *sin tregua* y el objetivo de ceñirse la corona sobre la cabeza son su «leit-motiv». EME270496 **28 asalto:** Un general ruso muere en el asalto *sin tregua* a Grozny. LVE080195 **29 humillación:** El mundo de fin de siglo es un mundo que trata mal a la gente, y no sólo a los pobres, a quienes castiga con privaciones feroces y humillaciones *sin tregua*. CLA170497 **30 denuncia:** ...encarnó lo que luego unos y otros irían olvidando o traicionando en aras de la Realpolitik: (...), compromiso militante, pacifismo radical, denuncia *sin tregua* del capitalismo... EPE220199

☐ Véase también: **incansablemente**.

sin un rasguño ♦ **aparecer, devolver, escapar, liberar, regresar, resultar, salir, volver**

sinvergüenza ♦ **absoluto, completo, perfecto, redomado**[2]

sistema ♦ **a medida**[10], **antiguo, arraigado**[27], **asequible**[22], **asfixiante**[31], **avanzado**[17], **catastrófico**[33], **deductivo, defensivo**[23], **delictivo**[13], **discriminatorio**[9], **ecuánime**[24], **efectivo**[7], **eficaz, enrevesado**[56], **equitativo**[19], **estricto**[69], **expeditivo**[4], **farragoso**[18], **fecundo**[24], **férreo**[38], **fiable, flexible**[5], **frágil**[22], **hermético**[62], **igualitario, imperante**[12], **imperfecto, ineficaz, inexpugnable**[4], **infalible, inhumano**[15], **inoperante, inseguro, integral**[27], **intrincado**[47], **lineal**[31], **milagroso, montañoso, novedoso**[16], **obsoleto, paritario**[27], **perfecto, preventivo**[34], **revolucionario, riguroso**[40], **rudimentario, seguro** ♦ **patas arriba**[12] ♦ **abolir**[24], **afianzar(se)**[41], **agilizar**[66], **ajustar(se) (a), aligerar**[31], **alterar**[10], **alumbrar**[12], **amoldar(se) (a)**[26], **anclar**[18], **aplicar, arbitrar**[21], **burlar**[32], **caer, calcar, centralizar**[6], **cimentar**[68], **codificar, concebir**[17], **confiar (en), configurar, conjugar**[15], **controlar, crear, dañar, derrumbar(se)**[8], **desactivar, desarrollar, desarticular(se)**[1], **desbaratar**[4], **desequilibrar**[5], **desestabilizar**[6], **desmantelar**[1], **desmontar**[2], **desmoronar(se)**[1], **desterrar**[29], **distorsionar**[49], **dulcificar**[25], **encajar, experimentar, fallar, forjar**[67], **fracasar, funcionar, homologar**[22], **impartir**[15], **implantar**[1], **imponer, madurar**[17], **operar, persistir (en)**[54], **poner en práctica, practicar**[24], **proteger,**

reprobar[13], reventar[7], robustecer(se)[16], socavar[31], subvertir[2], tejer[4], trabar[10], venirse abajo[17], vulnerar[28]

☐ Véase también: **estructura, medio, método, modelo, patrón, procedimiento, recurso, régimen.**

SISTEMA

♦ (SUSTANTIVOS) Véase: **abolir[E], abusivo[I], acatar[D], acorde (con)[F], acuñar[C], adherirse (a)[H], afianzar(se)[F], agilizar[J], aligerar[E], alterar[C], alumbrar[C], amoldar(se) (a)[F], analítico[A], apuntillar[C], arbitrar[D], arraigado[D], avanzado[D], blando[G], burlar[E], centralizar[B], cimentar[K], comunal[C], concebir[D], conjugar[D], curativo[D], defensivo[E], delictivo[C], derogar[E], derrumbar(se)[B], desbaratar[A], desequilibrar[B], desestabilizar[B], desmantelar[A,B], desmontar[A], desterrar[F], distorsionar[J], dulcificar[E], efectivo[A], enrevesado[H], férreo[C,E], flexible[B,D], forjar[K], frágil[E], homologar[D], impartir[D], imperante[C], inexpugnable[B], instaurar[B], integral[F], intrincado[H], lineal[E], luminoso[F], madurar[E], novedoso[C], orquestar[A], paritario[D], patas arriba[C], permisivo[E], persistir (en)[J], practicar[D], precario[J], preventivo[E], prorrogar[D], quebrar(se)[F], refundir[B], reprobar[D], reventar[B], riguroso[G], robustecer(se)[C], socavar[D,M], sortear[C], subvertir[A], suplantar[C], tejer[A], trabar[C], venirse abajo[D], ventajoso[E], vulnerar[E]**

♦ (VERBOS) Véase: **férreamente[C]**

☐ Véase también: MODELO; ORGANIZACIÓN; RECURSO.

sistematizar ♦ **adecuadamente, alfabéticamente, coherentemente, convincentemente[43], cronológicamente, jerárquicamente, ordenadamente, temáticamente**

sitiar ♦ **ciudad, plaza, población,** *otros sustantivos de lugar*

sitio ♦ **apear(se) (de)[13], buscar, dar[61], encontrar, encontrar(se) (en), frecuentar, guardar (a alguien), ocupar, perder, reservar, situar(se) (en), tener**

☐ Véase también: **cerco, lugar.**

situación ♦ **acomodado[3], adverso, aislado, alarmante, anecdótico[7], apremiante, apretado, apurado, asfixiante[22], boyante[43], candente[17], cómodo, complejo, comprometido, confuso, controvertido[45], coyuntural, crítico, crucial[21], dantesco[14], decisivo[31], delicado, desacostumbrado, desahogado[1], desesperado, desfavorable, difícil, dramático, embarazoso, enrevesado, envidiable, especial, estable, favorable, halagüeño[46], hipotético, ilusionante[14], incómodo, inestable, inhumano[8], inmejorable, insoluble[4], insostenible, irrepetible, irreversible, novedoso[70], nuevo, pasajero[54], peliagudo, peligroso, permanente, precario[1], preocupante, preponderante[5], propicio[5], reinante[31], resbaladizo[23], revelador[49], saludable[23], tenso, tranquilizador[3], transitorio, ventajoso[1]** ♦ **en punto muerto[29]** ♦ **a la altura (de)[2], a la luz (de)[3], a la medida (de), a la vista (de)[25], al hilo (de)[17], a tenor (de)[3]** ♦ **cúmulo (de)[36]** ♦ **abocar(se) (a)[44], absorber[22], aceptar, achacar, aclimatar(se) (a)[7], acomodar(se) (a), acostumbrar(se) (a), acotar, aderezar[24], adueñarse (de), afianzar(se)[5], afrontar, agravar(se)[39], airear[7], alterar[31], amoldar(se) (a)[2], arrojar luz (sobre), asistir (a), asumir[39], atravesar[26], avalar, bloquear, calmar(se)[1], capear[4], capitalizar, cerrar los ojos (ante)[5], clarificar[7], concurrir[9], configurar, consolidar(se), cortar (con), crear, dar salida (a), darse, dejarse llevar (por)[33], denotar, desbloquear[1], desbrozar[29], desembocar (en), desequilibrar, despejar(se)[28], destensar, diagnosticar[13], encajar, encarar, encarrilar[3], encauzar, enderezar[13], enfriar(se)[8], enrarecer(se)[5], escampar, escapar (de), escapárse(le) a uno de las manos, esclarecer(se)[16], estabilizar(se), hacerse (a), huir (de), mantener, paliar[22], plantear, precipitar(se), producir(se), quitar hierro (a)[3], resolver, salir (de), salir reforzado (de), serenar(se)[2], sobreponerse (a), solucionar, sosegar(se)[15], subsanar[15], tensar[19], tergiversar[9], venir de lejos**

☐ Véase también: **estado (de), hecho, ocasión, realidad, suceso, trance.**

situar(se) ♦ **a buen recaudo[6], adecuadamente, a la cabeza[2], a la cola, codo con codo[13], correctamente, cronológicamente[9], debidamente[48], de lleno[23], en tierra de nadie, estratégicamente[1], frente a frente[8], fugazmente[21], inadecuadamente, inexorablemente[15], ordenadamente[6], plenamente, ventajosamente[23]**

☐ Véase también: **colocar(se), ubicar.**

soberanamente *adv.* ▌En el sentido de 'con autoridad suprema e independiente' se combina con...

A VERBOS QUE DENOTAN TOMA DE DECISIONES O DESIGNAN TAREAS QUE EXIGEN TOMARLAS COMO PARTE FUNDAMENTAL DE SU NATURALEZA: **1 decidir ++:** ...es un aporte financiero (...) para lo que tú *soberanamente* decidas... GIC020597 **2 elegir +:** ...un pueblo que *soberanamente* eligió su destino en el camino de la justicia social. GIC020597 **3 aceptar:** ...contribuir al desarrollo de la causa democrática, libre y *soberanamente* elegida y aceptada por la nación. EPE020380 **4 designar:** ...el presidente (...) sólo podía ser designado, libre, colegiada y *soberanamente*, por los restantes magistrados... EPE111080 **5 determinar:** Consiste en el legítimo derecho democrático a determinar *soberanamente* la línea de actuación a través de la participación de sus afiliados. EME070495 **6 gestionar:** Los jóvenes no gestionan su tiempo libre *de forma soberana.* EPE090299 **7 reinar –:** ...hace quince años Gallimard, solo reinaba *soberanamente* sobre todos los premios. ABC041292

▌En el sentido de 'extremadamente, altamente', se combina con...

B VERBOS QUE DESIGNAN MANIFESTACIONES DE RECHAZO, DESAGRADO O INDIFERENCIA: **8 aburrir ++:** El CD Benavente y el Zamora CF aburrieron *soberanamente* durante los primeros 45 minutos del encuentro... ENC240599 **9 desagradar:** A primera vista Santiago me desagradó *soberanamente*... HOY210497 **10 fastidiar:** ...me fastidia *soberanamente* todo experimentalismo literario... EPE050576 **11 despreciar:** ...y a los que me encanta pensar que despreciaba «*soberanamente*». EME200296 **12 pasar:** ...cansado ya de las «mafias» de los escritores en catalán y en castellano, de las que pasa *soberanamente*... EME110694 **13 saltarse:** ...los norteamericanos se han saltado *soberanamente* al Consejo para iniciar una acción contra un Estado miembro... EPE280499

C OTROS VERBOS; POSIBLES USOS CRUZADOS: ...con esa derechura y simetría académicas, quedaba *soberanamente* enfatizado. [Cf. *poderosamente*] ABC061291

D OTROS VERBOS; POSIBLES USOS ESTILÍSTICOS: Y mató *soberanamente* a los dos... EME270795; «Ahora lo que hacemos es depender *soberanamente* de lo que decide el Bundesbank». EME050796

soberanía ♦ **atentatorio (contra)[7], irrenunciable[34], nacional, pleno, popular, propio, territorial, total** ♦ **bajo, contra, en uso (de), sin menoscabo (de)[7]** ♦ **acto (de), agresión (contra), amenaza (a), atentado (a), defensa (de), intromisión (en), lucha (por), principio (de), respeto (a)** ♦ **afianzar(se)[15], alcanzar, amenazar, aspirar (a), atentar (contra), atropellar, ceder, coartar, compartir, conceder, conseguir, defender, devolver, ejercer[32], garantizar, invadir, lesionar, luchar (por), mantener, negociar[48], perseguir, recaer (en), reclamar, reconocer, recuperar, reivindicar, residir (en)[37], respetar, socavar[43], sustentar, violar, vulnerar**

soberano ▮ *(supremo)* ♦ **belleza, bronca, demostración, discusión, disparate, equivocación, error, esfuerzo, estocada, estupidez, lección, maestría, mentira, paliza, tontería**
▮ *(independiente)* ♦ **decisión, derecho, entidad, espíritu, estado, gobierno, igualdad, impulso, inmunidad, nación, órgano, país, patria, personalidad, poder, potestad, pueblo, territorio, voluntad**

soberbia ♦ **brutal, ciego (de)[9], desmedido, desmesurado, excesivo, insoportable, lleno (de), megalómano, preso (de)[57]** ♦ **con, por, sin** ♦ **actitud (de), acto (de), aire (de), arranque (de)[13], colmo (de), dosis (de), exceso (de), gesto (de), pecado (de), pizca (de)** ♦ **bordear, caer (en), castigar, cegar (a alguien), llenar(se) (de), rayar (en), reprochar (a alguien)**

[sobra] → **de sobra**

sobradamente *adv.* ▮ Se construye a menudo con verbos en forma participial *(sobradamente capacitado)*. Se combina con...

A VERBOS QUE DENOTAN ADQUISICIÓN O POSESIÓN DE CONOCIMIENTO: **1 conocer ++:** ...obras en las que intervienen multitud de elementos *sobradamente* conocidos... EME190496 **2 saber +:** ...el primer ministro belga sabe *sobradamente* que el semestre... EPE311201 **3 informarse:** El presidente estaba *sobradamente* informado de las acciones del ministro. INDOC

B VERBOS QUE DENOTAN FORMACIÓN O INSTRUCCIÓN: **4 preparar ++:** ...su partido está «*sobradamente* preparado» para afrontar ambas elecciones... EME160995 **5 capacitar +:** ...tienen que estar *sobradamente* capacitados para hacer el 95% de la actividad de su especialidad... EME250594 **6 entrenar:** ...las telefonistas están *sobradamente* entrenadas... LVE090495

C VERBOS QUE DENOTAN RESARCIMIENTO, COMPENSACIÓN, REPARACIÓN, RESTITUCIÓN O REEMBOLSO DE ALGO: **7 compensar ++:** Los ingresos por turismo siguen compensando *sobradamente* la cuantía del déficit comercial. LVE200595 **8 recuperar +:** ...la suma a aportar (...) la recuperaría *sobradamente* al aumentarse la recaudación... ABC091294 **9 amortizar:** ...amortizar *sobradamente* la inversión. EME190596 **10 restaurar:** ...ha restaurado *sobradamente* el bajón de sus cuentas... LVE060796

D VERBOS QUE DENOTAN LA SUPERACIÓN O LA CONSECUCIÓN DE ALGÚN OBJETIVO: **11 cumplir ++:** Sabíamos que teníamos que hacer un 64 para ganar y hemos cumplido *sobradamente* ese objetivo... LVE010595 **12 cubrir +:** ...no sólo cubrió *sobradamente* esos objetivos, sino que proyectó desde ahí esos valores al conjunto de España... EPE181099 **13 superar +:** ...veo por el cristal de su techado una melancolía inmutable que viene de muy lejos, (...) que no tiene nada que ver con una importante timidez *sobradamente* superada. EME010996 **14 ganar:** ...un debate que hubiesen ganado *sobradamente* gracias a la mayoría absoluta de... EPE281099

E VERBOS QUE DENOTAN DEMOSTRACIÓN, FUNDAMENTACIÓN O VALIDACIÓN DE ALGO: **15 demostrar ++:** Ha quedado *sobradamente* demostrado que ni los contratos de aprendizaje... LVE031296 **16 justificar +:** ...podrá justificar *sobradamente* su presencia en Los Ángeles. EPE010884 **17 probar +:** ...ha probado *sobradamente* la capacidad europea de utilizar comercialmente el espacio. EME110696 **18 constatar:** No le cuestionamos sus méritos, *sobradamente* constatados... EPE171099

☐ Véase también: **de sobra, holgadamente.**

sobrado (de) *adj.* ▮ Se construye muy frecuentemente con los verbos *ir, estar* o *andar*, generalmente junto a sustantivos contables en plural *(estar sobrado de razones)* y no contables en singular *(estar sobrado de razón)*. Se combina con sustantivos de persona *(ir sobrado de efectivos; no andar sobrado de delanteros)*, así como con otros que designan nociones cuantitativas que miden ciertas propiedades físicas de los seres humanos *(sobrado de años, de kilos, de peso)*. Admite un gran número de sustantivos, pero destacan especialmente sus combinaciones con...

A EL SUSTANTIVO *TIEMPO*: **1 tiempo ++:** Llegó *sobrado* de tiempo para superar el «jet lag» y afrontar con calma una rueda de prensa que se promete multitudinaria... EME071096

B SUSTANTIVOS QUE DENOTAN VIGOR O FORTALEZA Y, POR EXTENSIÓN METONÍMICA, CON OTROS QUE DESIGNAN PARTES DEL CUERPO QUE SUELEN ASOCIARSE CON DICHAS FACULTADES: **2 fuerza ++:** ...sus compañeros no iban *sobrados* de fuerzas y lo único que consiguió fue acelerar todavía más la marcha de un pelotón definitivamente lanzado. LVE240696 **3 energía +:** Algo que, al comenzar ayer la carrera le llevaba a afirmar que «estoy a tope y *sobrado* de energías». EME260495 **4 músculo:** Ocurre, sin embargo, que Alavés y Espanyol, son dos equipos *sobrados* de músculo pero faltos de enjundia. EPE110199

C SUSTANTIVOS QUE DESIGNAN RECURSOS GENERALMENTE MATERIALES: **5** **recurso** ++: Mi opinión, con todo, es que hay que estar por encima de estas circunstancias y comprender que la Iglesia no es una entidad *sobrada* de recursos. LVE280595 **6** **dinero** ++: No andábamos *sobrados* de dinero, así que con unos arreglos que le hizo mi madre, dos días más tarde salí a la calle con el traje... LRE210103 **7** **medio** +: ...España no está *sobrada* de medios para formar a sus profesionales en esta tarea tan ligada al desarrollo de un país. EME311096

D SUSTANTIVOS QUE DESIGNAN CAPACIDADES O APTITUDES, MÁS FRECUENTEMENTE DE CARÁCTER INTELECTIVO: **8** **facultad** ++: Carmen Linares anda *sobrada* de facultades y sensibilidad para llevarse el toro al río. LVE030796 **9** **talento** ++: No deben andar *sobrados* de talento, a la vista de los pobres resultados que obtienen... LVE310396 **10** **ingenio**: El equipo que mañana se enfrentará a España, *sobrado* de ingenio y fama, es la prueba de que los milagros también existen. EME131296 **11** **imaginación**: Cuando los gobiernos andan *sobrados* de imaginación y ternura suben los impuestos de la gasolina... EME031095 **12** **genialidad** –: El brasileño se siente arropado y hasta añade el ímpetu a su amplio repertorio *sobrado* de clase y genialidad. EME030995

E SUSTANTIVOS QUE DENOTAN CAUSA O MOTIVO DE ALGUNA COSA: **13** **razón** ++: Y para ir *sobrados* de razón cuando se presentara el motivo, cualquiera que fuera, para pasar a los hechos. LVE290996 **14** **argumento** ++: ...la Liga parecía una conquista asegurada y el sueño del primer doblete en su historia era una ilusión *sobrada* de argumentos. EME100496 **15** **motivo** ++: ...y resurgió para alcanzar el tono esperado en los diez últimos minutos, *sobrados* de motivos para justificar todo lo demás. LVE091296

F SUSTANTIVOS QUE EXPRESAN EL DOMINIO DE ALGUNA ACTIVIDAD: **16** **técnica**: ...era un jugador *sobrado* de técnica para la Segunda División. EME040494 **17** **oficio** +: Un Parma ordenado, con poca fantasía pero *sobrado* de oficio, amarró el título europeo... EME180595 **18** **experiencia** +: Tampoco estaba *sobrado* de experiencia en la confrontación y retórica política. EPE220799

G SUSTANTIVOS QUE DENOTAN DESEO O ANHELO DE REALIZAR U OBTENER ALGUNA COSA. TAMBIÉN CON OTROS QUE DESIGNAN LA ACTITUD CON QUE SE PERSIGUE O EL ARROJO QUE SE PONE EN ALCANZARLA: **19** **gana** ++: Antes de venir a la Vuelta, tampoco iba *sobrado* de ganas, pero sabes que hay que hacerlo. LVE250995 **20** **ambición** +: Porque sin el Estado, sin la ley, estaríamos indefensos ante particulares *sobrados* de ambición y de recursos. LVE111195 **21** **ilusión** +: Estamos *sobrados* de ilusión y desde luego no vamos a renunciar a nada... FDV280301 **22** **confianza** +: ...aunque los nervios pueden mediatizar su rendimiento, puesto que es evidente que no anda *sobrado* de confianza. EDV300101 **23** **valor** +: El escudero de Marco Pantani, Claudio Chiappucci, es un guerrero tan *sobrado* de valor como corto de inteligencia. EME110694 **24** **entusiasmo**: Esta agrupación deportiva, modesta en recursos económicos pero *sobrada* de entusiasmo humano, ofrece la posibilidad de sumergirse de lleno en la vida de la mar. EME240696 **25** **optimismo**: Y, quizá algo *sobrados* de optimismo, en el partido de Beiras consideran que ha llegado al fin su oportunidad de gobernar. FDV200201 **26** **afición**: Un contraste demasiado vivo fue Dávila Miura, al que se vio *sobrado* de afición, muy seguro de sí mismo, decidido, imbuido de innata torería en todas sus intervenciones. EPE260499 **27** **fe**: El equipo italiano no supo defender y pudo encajar más tantos ante un rival *sobrado* de fe. EME301096 **28** **agallas**: Es el único manager que ha hecho campeón a los leones seis veces en los últimos 17 años, con (...) pequeños felinos *sobrados* de agallas. LPN211097

H SUSTANTIVOS QUE DENOTAN SUPERIORIDAD, EXCELENCIA Y OTRAS CUALIDADES PONDERATIVAS: **29** **calidad** ++: ...a Sacchi le sobran jugadores y puede elegir entre varios jugadores *sobrados* de calidad y talento como Roberto Baggio, Del Piero o Zola. EME181295 **30** **clase**: El brasileño se siente arropado y hasta añade el ímpetu a su amplio repertorio *sobrado* de clase y genialidad. EME030995 **31** **casta**: ...ya que los toros que salieron al ruedo no anduvieron muy *sobrados* de casta, en líneas generales, y fueron perdiendo bríos... EPE050999 **32** **seguridad** –: El pijo va tan *sobrado* de seguridad que no imita, prefiere ser imitado. EPE170799

I SUSTANTIVOS QUE DENOTAN ADHESIÓN A LAS PERSONAS Y ALGUNAS DE LAS FORMAS EN QUE SE MANIFIESTA: **33** **voto** ++: ...que no anda *sobrado* de votos, podría estar escaso de fuerzas para mantener los principios que predicó durante la campaña. EME140496 **34** **apoyo**: Y que estaban en ello tan huérfanos de razones como *sobrados* de apoyos fácticos y mediáticos. EPE040999

J SUSTANTIVOS QUE DESIGNAN EL RECONOCIMIENTO QUE ADQUIERE EL QUE TRIUNFA EN ALGUNA ACTIVIDAD. POR EXTENSIÓN, CON OTROS QUE DESIGNAN ALGUNAS DE SUS MANIFESTACIONES MATERIALES: **35** **título** +: En su mente abierta hay nuevos retos y el deseo no oculto de acabar en un club *sobrado* de títulos y de dinero. EME250694 **36** **carisma** +: ...no anda muy *sobrado* de carisma político para derrocharlo haciendo el ridículo y cosas que a todo el mundo llaman la atención. EME100496 **37** **popularidad**: Clinton, no *sobrado* de popularidad y con un Congreso hostil, necesita halagar a la gran minoría norteamericana de origen irlandés... LVE150395 **38** **fama**: Pero al menos mostró talante de equipo capaz de tutear a adversarios *sobrados* de fama y gloria. EME140995 **39** **prestigio**: No anda *sobrado* de prestigio este antiguo primer ministro de Luxemburgo, justo cuando más necesario resultaría disponer de un político de peso... LVE300696 **40** **premio** –: Esta es la última película presentada por el director, después de una temporada en la que no ha estado muy *sobrado* de premios. INDOC

K OTROS SUSTANTIVOS; POSIBLES USOS ESTILÍSTICOS: Jorge Valdano es el elegido para despertar al Madrid de un pesado sueño *sobrado* de pesadillas y escaso de victorias. EME040494

sobrecarga ♦ **acumular, aligerar[5], deshacer(se) (de), desprender(se) (de), echar, librar(se) (de), llevar, pesar, tirar**

sobredosis (de) ♦ **alcohol, ambición, analgésico, anestesia, anfetamina, barbitúrico, deporte, droga, estupefaciente, ingenio, medicamento,**

medicina, pastilla, píldora, protagonismo, sedante, somnífero, televisión, tranquilizante, vanidad, violencia

sobrellevar ♦ **admirablemente, a trancas y barrancas, contra viento y marea, dignamente[18], maravillosamente, resignadamente**
☐ Véase también: **resignarse, sobrevivir.**

sobrepasar *v.* ▮ Se combina con sustantivos que designan expresiones numéricas, casi siempre definidas *(los mil euros previstos, los diez metros, los cinco años, el medio litro)*. También con el sustantivo *plazo* y con otros que designan magnitudes *(altura, peso, profundidad, precio, valor)* o en general propiedades *(belleza, arrogancia, bondad, dulzura, maldad)*. Se combina con otros muchos sustantivos, especialmente si designan algo que se pueda interpretar como límite, tope o marca de algún movimiento *(sobrepasar un árbol, un semáforo, una calle, un banderín, una casilla)*. Destacan especialmente sus combinaciones con...

A SUSTANTIVOS QUE DENOTAN CANTIDAD, GENERALMENTE ACOTADA: **1 cuota** ++: ...la incapacidad de los miembros del cartel de no *sobrepasar* las cuotas asignadas a cada uno... EPE170900 **2 cota** ++: En 1994 Corea podría *sobrepasar* la cota de dos millones de vehículos fabricados. LVE030294 **3 cantidad** +: ...prevé esos controles cuando las tropas extranjeras en un país *sobrepasan* determinada cantidad. EPE080599 **4 porcentaje** +: ...opciones que no *sobrepasen* un determinado porcentaje de la retribución salarial fija. EPE091199 **5 déficit** +: ...obligar a los países que accedan a la moneda única a no *sobrepasar* un déficit presupuestario del 1... EME281195 **6 índice:** La Bolsa, al terminar el mes, ha *sobrepasado* un índice inverosímil, el 600. EPD270697 **7 número:** ...los excedentes no deberían *sobrepasar* el número de 71 empleados... EME170694 **8 cupo:** Haber *sobrepasado* el cupo supondrá una penalización de la ayuda... EPE011001 **9 valor** –: ...impedir que «el ruido producido por la vía no *sobrepase* los valores» de 65 decibelios... EPE260900

B SUSTANTIVOS QUE DENOTAN CANTIDAD ECONÓMICA: **10 presupuesto** ++: ...se va a *sobrepasar* el presupuesto hasta 2006 en casi un billón de pesetas... EPE031101 **11 crédito** ++: ...figuraría *sobrepasado* el crédito presupuestario en el capítulo de gastos financieros... EME020296 **12 renta** +: ...afectaría negativamente al bolsillo de millones de ciudadanos que *sobrepasan* dicha renta. EME050695 **13 ingreso:** Los costos de las importaciones empezaron a *sobrepasar* los ingresos de las exportaciones... DYM111197

C SUSTANTIVOS QUE DENOTAN OBSTÁCULO, DIFICULTAD O SITUACIÓN ADVERSA: **14 obstáculo** +: Aproveche la oportunidad de *sobrepasar* un obstáculo que le impide el camino hacia el éxito merecido. EXP150492 **15 dificultad:** La solidaridad, sin embargo, *sobrepasa* las dificultades. HOY180886 **16 barrera** +: ...un acto que tendió a *sobrepasar* la barrera del conflicto y del suicidio inducido... EXC210197 **17 problema:** Ya nos gustaría *sobrepasar* los problemas que ahora surgen con la naturalidad con la que antaño superamos otras dificultades parecidas. INDOC

D SUSTANTIVOS QUE DENOTAN LÍMITE O MARCA, SEAN FÍSICOS O INMATERIALES: **18 límite** ++: ...no *sobrepasar* los límites de ruidos autorizados en las normativas. EME081295 **19 frontera** ++: ...dar a este viaje una importancia que *sobrepasa* las fronteras portuguesas. EPE240877 **20 marca** +: ...el primer jugador latino en *sobrepasar* la marca de 379 jonrones... DLA030597 **21 récord** +: Y la participación también *sobrepasa* el récord porcentual logrado en 1978... EPE240700 **22 umbral:** ...nunca lograron *sobrepasar* el umbral de rentabilidad pese al elevado precio de sus pasajes... EPE160800 **23 nivel:** ...gente cuyo nivel cultural no *sobrepasa* el nivel de imbecilidad que les proporcionan los seriales... EME150596 **24 meta:** ...sin riesgos de *sobrepasar* la meta del 18 de incremento en el gasto público. EPC160198 **25 margen:** ...no es aceptable es que a menudo se *sobrepase* ese margen. LVE091295 **26 marco:** ...*sobrepasa* el marco autonómico y que justifica, un poco, el desastre... EME180694 **27 tope:** ...decomisó en el mismo puerto 1.000 kilos de xouba por *sobrepasar* el tope de capturas... LVG231191 **28 listón:** Pero la tensión ha *sobrepasado* el listón de la lógica y ha vuelto a instalarse en el territorio del odio. EME120896 **29 demarcación:** Sobrepasaron la demarcación que indicaba el acceso a una zona privada. INDOC

E SUSTANTIVOS QUE DENOTAN PROMEDIO, ASÍ COMO MEDIDA HABITUAL O ESTABLECIDA: **30 promedio** ++: ...en el cómputo anual no se *sobrepase* el promedio de 35 horas semanales. EME090995 **31 media** ++: El espectáculo y, sobre todo, la emoción llegaban a *sobrepasar* la media hora. EME201195 **32 estándar:** ...las multas contra funcionarios que *sobrepasaran* el estándard «tiempo razonable». LVE050795 **33 norma:** ...en los casos que *sobrepasen* la norma de alturas, ocupación y regulación de áticos. EPE170800 **34 criterio** –: ...*sobrepasa* los criterios tradicionalmente aceptados acerca de la métrica y el fraseo. EPE170599

F SUSTANTIVOS QUE DESIGNAN LO QUE SE DESEA, SE CALCULA, SE PRETENDE LLEVAR A CABO O SE ESTIMA QUE HA DE SUCEDER: **35 expectativa** ++: Pérez dice que la gira ha *sobrepasado* sus expectativas... EUV230996 **36 previsión** ++: ...ha permitido *sobrepasar* las previsiones de producción. EME170496 **37 aspiración** ++: ...el volumen de la recalificación era excesivo y *sobrepasaba* las aspiraciones de los expropiados. EPE100399 **38 objetivo** +: ...el año pasado se *sobrepasaron* los objetivos presupuestados... EME260395 **39 estimación** +: ...las expectativas de producción de semillas de sorgo *sobrepasaron* las estimaciones... EUV170498 **40 planteamiento:** Una atención que *sobrepasa* los planteamientos ideológicos entre liberales y socialdemócratas... EME250194 **41 cálculo:** La realidad *sobrepasa* los cálculos más osados. ETC011291

G SUSTANTIVOS QUE DESIGNAN ESTADOS DE INCERTIDUMBRE O INTRANQUILIDAD: **42 miedo:** ...la devastación de los últimos atentados ha debido *sobrepasar* sus peores miedos. EME050396 **43 sospecha** +: La bajada de precios experimentada «confirma y *sobrepasa*» las sospechas de las organizaciones de consumidores... EME140396 **44 temeridad:** ...la actuación de la institución vizcaína ha *sobrepasado* la temeridad... EPE050299

H OTROS SUSTANTIVOS; POSIBLES USOS ESTILÍSTICOS: ...quizá *sobrepasó* el sentido común al sugerir que podría denunciar al presidente ante los tribunales... EPE191001
▩ Se combina también con: ♦ **a duras penas[2], ajustadamente, ampliamente, con creces[2], en mu-**

cho[1], escasamente, holgadamente[4], ligeramente[26], por poco

☐ Véase también: **exceder, rebasar.**

sobreponerse (a) *v.* ▮ En su sentido literal se combina con sustantivos que designan superficies *(estrato, capa)*. En sentido figurado, se combina muy frecuentemente con sustantivos que designan enfermedades, dolencias *(sobreponerse a la gripe, a la pulmonía, a un trauma)* o sus manifestaciones *(sobreponerse a la fiebre, al dolor, a una resaca)*, y también con...

A SUSTANTIVOS QUE DENOTAN SITUACIÓN CONFLICTIVA O ADVERSA: **1 dificultad ++:** ...el único que se *sobrepuso* a las dificultades y, como es lógico, triunfó. EPE011001 **2 adversidad ++:** El talento yugoslavo se *sobrepuso* a la adversidad... EME131296 **3 problema +:** Los azulgrana han sabido *sobreponerse* a sus problemas de lesiones... LVE290196 **4 crisis +:** El Atlético se *sobrepone* a su crisis con una gran victoria y la clasificación para semifinales. EPE170399 **5 desgracia +:** La filosofía de Publio Cordón Munilla, de 58 años, es la de *sobreponerse* a las desgracias y seguir trabajando. LVE271195 **6 tragedia +:** Algunos, en realidad la han recuperado después de *sobreponerse* a la tragedia del primer análisis. EME011295 **7 infortunio:** Sandí tuvo las agallas para *sobreponerse* al infortunio y peleó la tercera meta volante... LNC171296

B SUSTANTIVOS QUE DENOTAN EFECTO O INFLUENCIA. TAMBIÉN CON ALGUNOS QUE DESIGNAN LAS FUERZAS QUE LOS EJERCEN: **8 efecto +:** Los drogadictos que contraen esta enfermedad tienen menos posibilidades de *sobreponerse* a los efectos destructivos de la heroína. EPE020888 **9 influencia +:** Por ello piden que se *sobrepongan* a «la influencia y manipulación que al interior del Ejército se da para ponerlos en contra del pueblo mexicano». PME250896 **10 poder:** Ningún otro poder (...) debe existir ni intentar *sobreponerse* a los poderes soberanos de la República... EXC220996 **11 tentación:** ...su protagonista (...) lucha por *sobreponerse* a la tentación de un amor pernicioso. EPE170899

C SUSTANTIVOS QUE DENOTAN ABATIMIENTO O AGOTAMIENTO EN DIVERSOS GRADOS: **12 cansancio +:** ...*sobreponiéndose* a contracturas y cansancio, derrotaron a los canadienses... CLA170199 **13 desánimo +:** Dura condición de las obras abiertas, que imponen a quien las lee la precisión de cerrarlas (...), si quiere *sobreponerse* al desánimo. ABC210292 **14 desgana:** El entrenador debería lograr ante todo que los jugadores se *sobrepongan* al letargo y la desgana que les ha caracterizado estas últimas semanas... INDOC **15 abatimiento:** Contaban con obtener una mayoría holgada, así que *sobreponerse* al abatimiento de la derrota va a ser especialmente difícil. INDOC

D SUSTANTIVOS QUE DENOTAN INQUIETUD EN DIVERSOS GRADOS: **16 miedo:** ...es capaz de *sobreponerse* a su miedo ancestral e iniciar un acercamiento al gigante que se despierta... EME210595 **17 incertidumbre:** Salvador Sánchez Cerén (...), *sobreponiéndose* a la incertidumbre de saber cuántos diputados obtendría el Frente, habló un poco sobre el trabajo legislativo. ESH180397 **18 temor:** ...asustó a Gary Hall, incapaz de *sobreponerse* al temor que le produjo el australiano. EPE170900

E OTROS SUSTANTIVOS: **19 sorpresa +:** ...se *sobrepusieron* a la sorpresa del empate (...) y resolvieron en el segundo tiempo con dos goles de Morientes... CLA170397 **20 interés:** ...pretende formar un Gobierno de tecnócratas y *sobreponerse* a los intereses políticos inmediatos. EPE020289

▩ Se combina también con: ♦ **a trancas y barrancas[17]**

☐ Véase también: **recobrarse (de), recuperar(se), reponerse (de), superar, vencer.**

sobre ruedas ♦ **asunto, negocio, plan, previsión, proyecto** ♦ **avanzar, ir, marchar**

sobresalir ♦ **acusadamente, destacadamente, destacar, notablemente, notoriamente, ostensiblemente[37], perceptiblemente, poderosamente[26], predominar, protagonizar, resaltar**

sobresalto ♦ **continuo, descomunal, monumental, tremendo** ♦ **causar, dar (a alguien), llevar(se), pasar (sin), producir, provocar (a alguien), recibir, recobrar(se) (de), reponerse (de)[2], salir (de)**

☐ Véase también: **reacción, salto, sorpresa, susto.**

sobreseer *v.* ▮ Se combina con...

A SUSTANTIVOS QUE DESIGNAN TRÁMITES O PROCESOS JUDICIALES: **1 caso ++:** La Audiencia *sobresee* el «caso Inverbroker» por haber prescrito el delito. EPE111199 **2 causa ++:** Su causa está *sobreseída* en rebeldía. HOY230297 **3 diligencia:** ...tras tener abiertas y paralizadas las diligencias, las *sobreseyó* por segunda vez... EME140896 **4 expediente:** En el primer caso, la Federación ni siquiera abrió expediente y en el segundo lo abrió pero fue *sobreseído*. EME250495 **5 procedimiento:** 572 procedimientos fueron *sobreseídos* y 19 acabaron en libre absolución. EME060296 **6 proceso:** «Se *sobresee* temporal y parcialmente el proceso», dijo la secretaria de la Corte de Apelaciones... ESP100701 **7 sumario:** El sumario 13/85 fue *sobreseído* por la Audiencia Nacional en mayo de 1985. EME010595

B SUSTANTIVOS QUE DENOTAN IMPUTACIÓN DE UNA CULPA: **8 acusación:** ...el juez de París encargado del caso ha *sobreseído* las acusaciones contra los nueve fotógrafos y el conductor de prensa... EPE040999 **9 imputación:** El juez *sobreseyó* provisionalmente la semana pasada la imputación que pesaba sobre un amigo de la familia por falta de pruebas. EPE061099 **10 querella:** ...El titular del Juzgado de Instrucción número 1 (...) ha *sobreseído* y archivado la querella que presentó la Asociación Contra la Tortura... EME140995

C ALGUNOS SUSTANTIVOS QUE DESIGNAN LA VIOLACIÓN DE UNA NORMA O EL CASTIGO QUE SE RECIBE POR ELLO: **11 delito:** El fiscal señala, además, que el instructor ha asumido «un exceso en las funciones» respecto a las que le atribuye la ley al *sobreseer* delitos sobre los que existían indicios... EME060196 **12 sanción:** La ley otorga al presidente Clinton el derecho a *sobreseer* las sanciones contra cualquier compañía una por una... INF010896 **13 multa:** El juez *sobreseyó* la multa al considerarla improcedente. INDOC

sobreseimiento ♦ **acatar, decretar[29], impugnar, producir(se), revocar[34], solicitar**

sobrevenir *v.* ▌ Admite sustantivos que designan enfermedades, a menudo de cierta importancia *(infarto, embolia)*, así como algunas de sus manifestaciones *(ataque, acceso)*. También se combina con otros que designan ciertas dificultades, con frecuencia materiales *(crisis, complicación)*. También se construye con los sustantivos *muerte, accidente, fama, éxito* y con otros que designan cosas que suelen concebirse como inesperadas. Se combina asimismo con...

A SUSTANTIVOS QUE DENOTAN SENTIMIENTO DE INQUIETUD, RECELO O INCERTIDUMBRE EN DIVERSOS GRADOS: **1 duda ++:** Después de la crisis rusa, *sobrevinieron* las dudas sobre la situación financiera brasileña. CLA020199 **2 sospecha:** Cuando la prehistoria se convierte en «la torna» de los minutos de exaltación compradora nos *sobreviene* la sospecha de si, realmente, la especie humana se tiene en algún aprecio. LVE250295 **3 reserva:** ...mas la primera reserva que me *sobreviene* es la de una cierta desproporción entre la amplitud del proceso... ABC181292 **4 miedo:** Y sin embargo basta que la naturaleza levante la voz para que nos *sobrevenga* el miedo ancestral de nuestros primeros parientes... LVE090896 **5 pánico:** Si fuéramos atlanteses, en fin, nos quedaríamos acurrucados en el balancín del porche y nos *sobrevendría* un pánico cerval a los fotógrafos y a las cámaras extranjeras... LVE060896 **6 temor:** Cuando nuestros niños mueren a manos de un ángel exterminador, nos *sobreviene* el temor de todas las selvas. LVE140396

B SUSTANTIVOS QUE DESIGNAN DIVERSOS RESULTADOS DE LA ACTIVIDAD MENTAL, A MENUDO REPENTINOS: **7 inspiración +:** A Sanpa le había *sobrevenido* la inspiración de que Jesús había llegado para ser el mesías de todos, tanto gentiles como judíos. EME220795 **8 idea +:** El aterrizaje es leve, el avión se posa de patas en la pista sin apenas percibirlo y de pronto *sobreviene* la idea de una realidad recién recuperada desde la ventanilla. EME211096 **9 recuerdo:** En él cuenta cómo, sesenta años después, aún le *sobreviene* el recuerdo de actos que hoy le merecen el mayor repudio. EME140796

☐ Véase también: **ocurrir.**

sobrevivir ♦ **a duras penas[44], a medias, apuradamente, a toda costa, a trancas y barrancas[18], con apuros, con dificultad, con esfuerzo, contra viento y marea[26], de milagro, dignamente[2], esforzadamente**

☐ Véase también: **sobrellevar.**

socavar *v.* ▌ En el sentido de 'debilitar o minar', se combina especialmente con...

A SUSTANTIVOS QUE DENOTAN BASE O FUNDAMENTO, MUY FRECUENTEMENTE EN PLURAL Y USADOS EN SENTIDO FIGURADO: **1 cimiento ++:** ...se le había acusado de *socavar* los cimientos morales de un país poblado por más de 700 millones de personas. EME241196 **2 base ++:** Salas Romer reflexionó sobre los problemas de Copei, de disidencias y desencuentros que han ido *socavando* las bases de su solidez como partido. ENV190197 **3 fundamento ++:** Al *socavar* los fundamentos del Derecho, Bernhard va más allá y considera que la penalización del delito es (...) más cruel... ABC060893 **4 principio ++:** La mayoría de los físicos opina que este resultado no *socava* principios fundamentales... EPE200700 **5 pilar:** Estimó que nada *socavó* tanto los pilares de la lucha antiterrorista como las acciones de los GAL... LVE280795 **6 sustrato –:** ...«si podría afectar la medida al derecho a la información (...), por poder *socavar*, en última instancia, el sustrato económico de la empresa». EPD210597

B SUSTANTIVOS QUE DENOTAN AUTORIDAD, DOMINIO O PODER, O DESIGNAN LAS INSTITUCIONES QUE LOS REPRESENTAN: **7 autoridad ++:** Durante los últimos años, Yasir Arafat se ha especializado en *socavar* la autoridad de sus interlocutores de paz. EPE131201 **8 poder ++:** Sin embargo, para algunos docentes nuestra presencia puede significar *socavar* su poder. EME201196 **9 gobierno ++:** ...«Cualquier intento de Belgrado de *socavar* el Gobierno democráticamente electo del presidente Milo Djukanovic tendrá las más graves consecuencias»... EPE090499 **10 institución ++:** Es cierto que desde hace dos años se observa en España un intento de *socavar* las instituciones... EME250695 **11 democracia ++:** Posiblemente sean hechos tendientes a *socavar* la democracia y sus fundamentos... CLA030797 **12 régimen +:** ...no hay que *socavar* el régimen de no proliferación de armas de destrucción masiva. EPE141201 **13 liderazgo:** «La clave está en conseguir el apoyo de todos los pastunes, pero especialmente de los durrani, para *socavar* el liderazgo talibán»... EPE101001 **14 control:** Los ataques terroristas del pasado fin de semana estaban dirigidos (...) también a *socavar* el control político de Arafat. EPE091201 **15 hegemonía:** ...PSC e IC han evitado enfrentarse y han buscado *socavar* la hegemonía de CiU con una lista conjunta. EPE150699 **16 estado:** ...los narcotraficantes de Medellín pretendían *socavar* el Estado colocando bombas... LVE290795 **17 dominio:** ...el país azteca sigue sin solucionar la irrupción en su territorio de dos guerrillas con distintas metas, pero dirigidas ambas a *socavar* el dominio del Partido Revolucionario Institucional... EUV230996 **18 imperio –:** ...una posmodernidad que rompe con los hallazgos de la «Bauhaus» y comienza a *socavar* el poderoso (...) imperio de los módulos. ABC040394

C SUSTANTIVOS QUE DENOTAN PRESTIGIO, CREDIBILIDAD Y OTROS ATRIBUTOS DEL QUE DESTACA O SOBRESALE EN ALGO: **19 prestigio ++:** Pero hoy ha quedado probado que hay muchas maneras de *socavar* el prestigio de nuestro monarca. LVE111295 **20 imagen ++:** Cada fenómeno de corrupción que no extirpemos a tiempo, *socava* la imagen de nuestra democracia... GIC062097 **21 credibilidad +:** Las encuestas confirman que el asunto no ha *socavado* la credibilidad de Jospin. EPE260599 **22 figura +:** ...concentrara su campaña en la ciudad de Valencia para intentar *socavar* la figura de Rita Barberá. EPE060499 **23 legitimidad:** El tratamiento de su minoría kurda *socava* la legitimidad democrática de Turquía y compromete su futuro europeo. EPE190299 **24 respeto:** Los obispos piden que se asuman las responsabilidades políticas y judiciales, dicen que *socavan* el respeto a las instituciones... EME230695 **25 dignidad:** El efecto de un grado tan elevado de violencia es triple: *socava* la dignidad de las personas, destruye la familia y resquebraja la sociedad... LNC271196 **26 influencia:** De este modo se *socava* la influencia del cristianismo en la sociedad... LRE150103 **27 fama:** ...no puede permitir que se sigan cumpliendo actos que en forma tan profunda *socavan* la buena fama de la vida oficial del Estado colombiano. ETC140175

D SUSTANTIVOS QUE DENOTAN ESTABILIDAD U ORDEN. TAMBIÉN CON OTROS QUE DESIGNAN DIVERSOS ESTADOS DE EQUILIBRIO O LAS FORMAS DE ORGANIZACIÓN QUE PRESENTAN: **28** **estabilidad ++:** El disco llenó sus arcas, pero *socavó* su estabilidad. LVE170996 **29** **orden ++:** Declarado culpable de *socavar* entonces el orden constitucional, entre otros delitos... EPE180299 **30** **estructura +:** El desempleo y la incapacidad de aprender las claves de la sociedad israelí han *socavado* la estructura patriarcal de los falashas. EME040296 **31** **sistema +:** Al reducir el ámbito de acción de las supervisoras el gobierno ha *socavado* el sistema... CAP180196 **32** **seguridad +:** «No han podido demostrar que se utilizó el donativo para *socavar* la seguridad del Estado»... EPE280199 **33** **disciplina:** ...la descentralización podría *socavar* la disciplina fiscal ejecutada por los países... LTB170397 **34** **paz:** Sin la oleada terrorista de inspiración iraní destinada a *socavar* la paz, (...) la situación política en Israel hoy sería otra muy distinta... EPE260999 **35** **equilibrio:** Pero CiU y PSOE saben que la responsabilidad consiste en atender las urgencias de hoy sin *socavar* el equilibrio de mañana. LVE080795 **36** **normalidad −:** El socialista Celestino Suárez insistió en que «no están en condiciones de restablecer la normalidad quienes la han *socavado*». EPE110399

E SUSTANTIVOS QUE DESIGNAN NORMAS, MEDIDAS Y OTRAS DISPOSICIONES REGLADAS: **37** **medida:** ...Rodríguez agregó que hay factores ajenos al cartel que pueden *socavar* las medidas adoptadas para frenar la escalada del precio. EPE110900 **38** **norma +:** Pero no puede aceptar que esa excepcionalidad contribuya a *socavar* plenamente las normas del Estado de derecho. EME010696 **39** **sentencia +:** ...¿no *socava* la sentencia el carácter deliberadamente protector del derecho laboral (...)? EME200996 **40** **ley +:** ...*socava* las leyes del género policiaco mediante una estética de las mezclas y las citas. LVE300595 **41** **precepto:** ...oculta un inflexible e ininterrumpido intento de *socavar*, ridiculizar y desarraigar todos los preceptos morales. ABC190293 **42** **pauta −:** ...analiza las élites económicas (...) que *socavaron* las pautas culturales arraigadas con una persistente mirada escéptica o relativista. EME220395

F SUSTANTIVOS QUE DENOTAN AUTONOMÍA O LIBERTAD: **43** **soberanía ++:** ...la política neoliberal ha *socavado* nuestra soberanía a un grado tal que... DYM040996 **44** **libertad ++:** Uno de los objetivos principales de muchos terroristas (...) es el de *socavar* las libertades. EPE181101 **45** **autonomía +:** ...su libertad para actuar *socava* la autonomía de las economías nacionales y de los estados para diseñar políticas propias. EPE121299 **46** **independencia +:** ...es imprescindible frenar precipitadas reformas legislativas en el campo de la justicia que puedan *socavar* su independencia... LVE190795

G SUSTANTIVOS QUE DENOTAN CONFIANZA O ESPERANZA: **47** **confianza ++:** Un fracaso en estos campos podría *socavar* la confianza, enrarecer el clima favorable a la moderación de los salarios y limitar la posibilidad de reducción de tipos de interés... LVE010794 **48** **moral ++:** La matanza de 14 campesinos serbios en el poblado kosovar de Gracko viene a *socavar* la moral que alimentó a Occidente en la guerra de Kosovo. EPE270799 **49** **ánimo:** ...no deben usarse fuerzas armadas en misión policial; ello desmoraliza y *socava* el ánimo de los militares. EME270795 **50** **fe:** No creo que a ningún creyente con sentido común y medianamente instruido le puedan *socavar* su fe estos artículos... EME160496 **51** **esperanza:** ...que el Ejército «se convierta en otro centro de poder inexplicable e independiente» (...) *socavaría* las esperanzas de Zedillo... PME011296 **52** **ilusión:** Los ataques de la Policía palestina (...) *socavaron* la ilusión que había puesto la opinión pública judía en el proceso diplomático. EME041096 **53** **autoestima:** En lugar de *socavar* su autoestima llamándolos tontos, es indispensable estimular sus capacidades y sacar provecho de sus errores. EXC011196

H SUSTANTIVOS QUE DENOTAN INTERÉS, PROPÓSITO O DISPOSICIÓN A ACTUAR EN UNA DETERMINADA DIRECCIÓN: **54** **interés ++:** Desde hace tiempo los astrónomos han intentado *socavar* el interés que se siente por la astrología. LVE290195 **55** **esfuerzo ++:** La caída de los ingresos públicos *socava* el esfuerzo de Argentina. EPE101201 **56** **intento +:** El Ejército es uno de los poderes fácticos que han *socavado* este intento de normalización. EPE210599 **57** **voluntad +:** En las últimas semanas asistimos a las acciones psicológicas de Washington para *socavar* la voluntad de Sadam Husein... LRE280103 **58** **posición +:** El dirigente había sido crudamente insultado y atribuyó esa acción a un sector interno de la comunidad hebrea que intenta *socavar* su posición. LNP210797 **59** **postura +:** El último en entrar en esta contienda, *socavando* la postura de Shore, (...) fue Michael Foot. EPE021180 **60** **intención:** Ninguno de los llamamientos parece haber *socavado* la intención de voto de la poblacion. EPE081199 **61** **determinación:** La determinación es tan seria que «ni siquiera el desacuerdo de Rusia» (...) la *socavaría*... EPE210299 **62** **vocación:** ...Occidente sólo puede esperar un rechazo rotundo de cuanto parezca menosprecio o *socave* la vocación residual de Rusia como gran potencia. EPE221299 **63** **ambición −:** La violación de los derechos humanos ha *socavado* la ambición turca de incorporarse a la UE. EPE300699

I SUSTANTIVOS QUE DESIGNAN OTRAS CUALIDADES, MÁS FRECUENTEMENTE SI EXPRESAN CAPACIDAD O RESISTENCIA: **64** **capacidad ++:** ...denuncia (...) las campañas divisionistas de la CSTC (...) con el propósito de *socavar* la capacidad de lucha en favor de los trabajadores colombianos. ETC140175 **65** **energía +:** Esta azarosa verdad es una fuente inagotable de agobio que *socava* las energías del boliviano durante casi toda su vida. LTB180900 **66** **resistencia +:** España tardó 25 minutos en *socavar* la resistencia de Burundi... EME140495 **67** **salud +:** A esto hay que añadir el nefasto consumo de la hoja de coca que durante miles de años ha *socavado* la salud del habitante andino... LTB180900 **68** **potencial:** Busca *socavar* el potencial militar de Saddam Hussein. DYM040996 **69** **fortaleza:** Los socialistas quieren trasladar así a la sociedad española que ante este ataque no se permite ninguna ambigüedad y quieren remachar que ETA no *socavará* su fortaleza. EPE310700

J SUSTANTIVOS QUE DENOTAN UNIÓN, ACUERDO Y OTRAS FORMAS DE COOPERACIÓN: **70** **relación ++:** ...«identificar y prevenir posibles problemas bilaterales» (...) «antes de que éstos amenacen con *socavar* la amplia relación entre la UE y EE. UU.». EPE220699 **71** **alianza +:** ...están *socavando* la alianza de legislatura de los nacionalistas con el PP... EPE140499 **72** **unidad +:** Ambos análisis aconsejaron cambiar los planes de agresión militar por un nuevo carril dirigido a *socavar* la unidad...

DLA220497 **73 cohesión +:** ...su fracaso para mejorar la racionalidad del sistema vino a *socavar* la cohesión interna del propio régimen. ABC010494 **74 convivencia +:** El ministro aseguró que actos como este «*socavan* la convivencia pacífica». LVE280695 **75 cooperación +:** ...la descertificación puede *socavar* en vez de estimular la cooperación de los países afectados... DLA080397 **76 solidaridad +:** La existencia de problemas limítrofes es un factor desestabilizador en el avance de los pueblos, que *socava* la solidaridad entre ellos. CLA220199 **77 consenso:** Se recurre permanentemente al eufemismo, envolviendo a la guerra con un halo de mentira y de irrealidad que finalmente *socava* el consenso. EPE070599 **78 acuerdo:** ...los representantes de Belgrado no sólo se negaron a entrar en la cuestión (...), sino que *socavaban* también el acuerdo autonómico. EPE170399 **79 tratado:** Paralelamente, en Ginebra, EE. UU. ha *socavado* el tratado contra las armas biológicas al negarse a suscribir un protocolo sobre su control. EPE151201 **80 coalición:** De esta forma, Bush, tan preocupado por la coalición antiterrorista, la ha *socavado*... EPE281101

K SUSTANTIVOS QUE DESIGNAN AQUELLO EN LO QUE SE CREE, O LO QUE SE TIENE POR CIERTO O ESTABLECIDO: **81 valor ++:** Lo importante es que, por ser original y «travieso», se *socava* un valor amenazado, el de la vida humana... EME250294 **82 creencia +:** ...Keynes *socavó* la clásica creencia generalmente admitida, por la que la economía de un país requiere una gestión ordenada... LVE030795 **83 mito:** Así, la endeblez del «milagro» y las decepcionantes propuestas del nuevo presidente (...) se combinaron en diciembre para *socavar* el mito mexicano entre los inversores. LVE150195 **84 dogma:** ...en el mes de marzo llegó la secta Aum con su gas sarín en el metro para *socavar* también este dogma de fe. LVE290995 **85 arquetipo:** ...Eastwood fue *socavando* arquetipos tanto en sus personajes como en sus películas. DYM230796

L SUSTANTIVOS QUE DESIGNAN OTROS ELEMENTOS DE LA ACTIVIDAD COGNITIVA: **86 concepto:** La deriva hacia la privatización de la seguridad (...) *socava* el concepto de Max Weber... EPE071001 **87 idea:** Pero eso no *socava* la idea de que el de Granada es el fesival del Estado... ABC270594 **88 ideal:** ...casos de financiamiento ilegal o injusto de campañas han *socavado* el ideal de la verdadera democracia. PME120197 **89 razón:** ...el odio siempre amenaza con *socavar* la razón, incluso la razón militar. EME040595 **90 juicio –:** Y el miedo *socava* el juicio para tomar decisiones. EPE211001 **91 pensamiento –:** ...el lograr las cosas gratis *socava* el pensamiento crítico. EME280296

M SUSTANTIVOS QUE DENOTAN ESTRATEGIA O PROYECTO, A MENUDO DE NATURALEZA POLÍTICA: **92 política +:** ...su propósito es tratar de desacreditar a la comunidad para *socavar* la política estadounidense hacia Cuba. GIC030197 **93 táctica:** ...la táctica aliada quedó de repente *socavada* en sus argumentos. EPE240299 **94 iniciativa:** ...la intromisión de Más Canosa en enero pasado condujo a emisiones que «*socavaron* gravemente las iniciativas de inmigración de EE. UU.»... EME230795 **95 proyecto:** ...Schmidt (...) ha defendido en los últimos meses el proyecto de Unión Monetaria, cuando éste ha sido *socavado* por algún miembro del Gobierno... EME011195 **96 programa –:** Si hubiera algún intento de *socavar* nuestro programa, habría graves tensiones en el Gobierno. EME040594

N SUSTANTIVOS QUE DENOTAN ACCIÓN EN CURSO O TAREA EN MARCHA: **97 proceso ++:** En la práctica, *socava* el proceso democrático al imponer su política. EPE141001 **98 recurso +:** Pocos instrumentos serían más eficaces para no seguir *socavando* nuestros recursos... EPE261201 **99 labor:** Las alegaciones (...) *socavan* la labor de las Naciones Unidas... EPE070199 **100 acción:** Algo que podría *socavar* esta acción de los Gobiernos y los bancos centrales es un fuerte aumento del precio del petróleo... EPE221001 **101 crecimiento:** La degradación ambiental *socava* el crecimiento económico... PLG020597 **102 desarrollo –:** La violencia doméstica tiene un enorme costo social para los países de América Latina y el Caribe, pues *socava* el desarrollo económico... EPC211097

Ñ SUSTANTIVOS QUE DENOTAN ORGANIZACIÓN SOCIAL: **103 economía +:** La Administración norteamericana trabaja en varios frentes: *socava* la economía y responsabiliza a los sandinistas... EPE010288 **104 cultura +:** ...estaba especialmente orientada a *socavar* y destruir la cultura de nuestros padres... LVE051096 **105 sociedad:** La mayor amenaza que acecha a las democracias proviene de la pobreza, las desigualdades y el paro que están *socavando* nuestras sociedades. EME220796 **106 partido:** Con esa posibilidad podía *socavar* el partido y armar equipos de proselitismo. BYN281297

O OTROS SUSTANTIVOS; POSIBLES USOS ESTILÍSTICOS: Sin el menor intento de *socavar* las del gran cantante alemán, me atrevo a proclamar las maravillas... ABC221093; Un tercer aterrizaje (...) *socava* un tramo del quehacer diario del nuevo Comisionado Nacional de Boxeo... ENV170197

☐ Véase también: **ajar(se), erosionar, minar.**

sociedad ♦ **abierto, actual, adulto, ancestral[88], anónimo, arraigado, beneficioso (para), civil, civilizado, clasista, comercial, competitivo, democrático, desigual, egoísta, enfermo, entero, equitativo[17], estricto, financiero, futuro, igualitario, informado, jerarquizado, laico, libre, limitado, moderno, permisivo, plural, privado, respetuoso, rígido, rural, sano, solidario, tradicional, urbano** ♦ **al margen (de)** ♦ **ámbito (de), bienestar (de), conjunto (de), enemigo (de), estamento (de), futuro (de), miembro (de), participación (de), peligro (para), reflejo (de), sector (de), vida (de)** ♦ **aglutinar[12], amenazar, amoldar(se) (a)[5], aquejar, articular(se), configurar, conformar(se), conmocionar(se)[3], construir(se), desmembrar(se)[12], dividir, escandalizar, fortalecer(se), fusionar(se), incorporar(se) (a), insertar(se) (en), integrar(se) (en), manifestar(se), marginar(se) (de), modernizar, movilizar, organizar, perjudicar, presentar (en), reinsertar(se) (en), repercutir (en), sensibilizar, transformar**

socorrido ♦ **actividad, argumento, ejemplo, excusa, expresión, frase, género, método, palabra, pretexto, recurso, solución, tema, tópico**

socorro ♦ **llamada (de), llamado (de), petición (de)** ♦ **acudir (en), brindar, demandar, negar, pedir, prestar**

☐ Véase también: **auxilio, ayuda.**

sofocante *adj.* ▌ Se combina con sustantivos que designan el calor y ciertas sensaciones térmicas *(calor, bochorno)*, con otros que designan el clima o la atmósfera *(ambiente, atmósfera, aire, clima)* o algunas de sus posibles características ambientales *(humedad, contaminación)*. También se combina con sustantivos temporales, más frecuentemente si designan períodos caracterizados por sus altas temperaturas *(día, mes, verano, agosto)*. Lo hace asimismo con...

A SUSTANTIVOS QUE DENOTAN SENSACIÓN DE ANGUSTIA, A MENUDO USADOS EN SENTIDO FIGURADO: **1 agobio** +: ...James Joyce, cosmopolita y políglota, desterrado permanente, fugitivo de su ciudad natal y de su país, del agobio doble y *sofocante* del provincianismo y el nacionalismo... EPD180697 **2 asfixia:** ...con la respiración profunda, por el contrario, la asfixia, cargada de pestilencia, es pegajosa y *sofocante*, como si alguien le metiera a uno en la garganta un puño sudado. LVE051196 **3 claustrofobia:** Entrar en un avión le produce una claustrofobia *sofocante*. INDOC **4 apretura** –: Pasan décadas, modas, edades, sobre el cine; se alcanzan ahora apreturas necias y *sofocantes* en la busca y experimentación de efectos y fuentes de emoción frente a una pantalla. EPE150499

B SUSTANTIVOS QUE DENOTAN OPRESIÓN O COACCIÓN, SEAN FÍSICAS, MENTALES O DE OTRO TIPO: **5 presión** +: El partido se desarrolló bajo las condiciones que dictó el Tenerife. No fueron otras que una presión *sofocante*. EPE091201 **6 acoso:** Lo hizo con un acoso *sofocante* en el medio campo, lo más cerca posible del área de Arnau. EPE091199 **7 abrazo:** Porque el problema está en que, al cambiar el sistema, era preciso antes liberar a la sociedad del *sofocante* abrazo de la partitocracia. LVE280295

C ALGUNOS SUSTANTIVOS QUE DENOTAN AUSENCIA DE CALMA. USO INFRECUENTE: **8 bullicio:** Pujol convocó las elecciones catalanas lejos del *sofocante* bullicio de Barcelona y del ajetreo diario del Palau de la Generalitat. EPE240899 **9 marea** –: «La noche que Atlanta ha estado esperando toda su vida llegó en una *sofocante* marea de celebración y, posiblemente, el mayor suspiro en los 100 años de historia de los Juegos modernos». EME210796 **10 ruido** –: Permaneció encima, luchando a solas contra las primeras dudas de su conciencia bajo el chorro caliente y el ruido *sofocante* del ventilador, hasta que se dio cuenta de que él no respiraba bien... EPE210399

D OTROS SUSTANTIVOS; POSIBLES USOS ESTILÍSTICOS: ...Pedro Guerra esparcirá por la carpa del Port Vell la *sofocante* dulzura de sus «Golosinas» (...), en ese intento siempre triunfante de ganar más adeptos a su causa. LVE040996

□ Véase también: **asfixiante**.

sofocar *v.* ▌ En su sentido físico de 'apagar, extinguir' se construye muy frecuentemente con sustantivos que denotan fuego o combustión, o designan sus manifestaciones *(fuego, incendio, llama, brasas)*. También se combina con el sustantivo *calor* y con...

A SUSTANTIVOS QUE DENOTAN REACCIÓN FIRME Y DECIDIDA, EN OCASIONES CON ALGÚN GRADO DE VIOLENCIA, FRENTE A SITUACIONES QUE SE CONSIDERAN INJUSTAS. TAMBIÉN CON OTROS QUE DESIGNAN DIVERSOS ESTADOS DE DESORDEN QUE SE ASOCIAN CON ESAS ACTUACIONES: **1 rebelión** ++: Aceptó sencillo productor de dos registros de David Sánchez y después *sofocó* la rebelión. DYM040796 **2 motín** ++: Pero la intervención del ejército, el martes para *sofocar* el motín de Río de Janeiro no alcanzó a disuadir a un millar de personas... CLA030797 **3 revuelta** ++: ...había *sofocado* la revuelta senderista en el penal Castro Castro en mayo de 1992. CAP300197 **4 protesta** +: «Israel logró *sofocar* nuestra protesta», acusó un anciano de barba blanca... LVE310896 **5 sublevación** +: La unidad cubana *sofocó* la sublevación de una unidad militar en la capital angoleña... LPN180397 **6 alzamiento:** ...tras el odioso indulto de la Junta Militar el ejército *sofocó*, disciplinadamente, el alzamiento del ultraderechista Mohamed Alí Seineldín... LVE110895 **7 levantamiento:** ...las autoridades republicanas los enviaron, junto con la Legión, para *sofocar* a sangre y fuego el levantamiento de más de 70. LVE011295 **8 rebeldía:** Alessandro de Médicis la concibió (...) para *sofocar* las rebeldías internas que hicieron frágil el predominio de su familia en Florencia. LVE200696 **9 disturbio** +: El Ejército *sofoca* los disturbios en las inmediaciones de la cárcel de Bayrampasa. EME250796 **10 subversión:** ...estimó que es responsabilidad exclusiva del gobierno federal *sofocar* los focos de subversión que aparentemente se han activado en algunas entidades del país... EXC300896 **11 huelga:** A muchos de los simpatizantes del presidente les decepcionó la forma relativamente suave en que *sofocó* la huelga de abril... ENH300697 **12 golpe de estado:** Saddam logra *sofocar* un golpe de Estado palaciego. LVE020996

B SUSTANTIVOS QUE DESIGNAN ESTADOS DE DESACUERDO O DESAVENENCIA: **13 discrepancia** ++: Queda la experiencia de un diálogo interno en el que no se han *sofocado* las discrepancias. LVE050695 **14 polémica** ++: ...por boca de dos consellers ha intentado *sofocar* una polémica en la que ya se atisbaba alguno de los planteamientos xenófobos... LVE250896 **15 disidencia:** ...una reunión que se auguraría tormentosa si no fuera por la inveterada costumbre del coordinador general de la coalición de *sofocar* toda disidencia interna... LVE220396 **16 disensión** –: O bien *sofocando* disensiones internas como las que ha originado un mediocre historiador enfrentado a dos grandes historiadores catalanes que, desde el exterior, son vistos como una sola cosa. LVE240895

C SUSTANTIVOS QUE DENOTAN ATAQUE O ENFRENTAMIENTO. TAMBIÉN CON OTROS QUE DESIGNAN SITUACIONES O ESTADOS DE DIFICULTAD, RIESGO O ADVERSIDAD: **17 conflicto** ++: ...inició conversaciones políticas de alto nivel dentro de un esfuerzo internacional para *sofocar* el conflicto, que podría hacer estallar otra guerra total en los Balcanes. ESP290501 **18 guerra** ++: Si en vez de *sofocar* la guerra mediante métodos políticos se escoge ganarla mediante métodos militares, resulta inevitable darles a los militares el poder político. SEM011096 **19 ataque** +: El ataque fue *sofocado* a sangre y fuego por el Ejército, pero él de nuevo logró fugarse. EME311095 **20 ofensiva** +: ...Vicente Ramos no pidió el tiempo en el momento indicado para *sofocar* la ofensiva de los Toros y ajustar la defensiva y los errores de su conjunto. ESP250497 **21 siniestro:** Tratando de *sofocar* el siniestro perdió la vida el teniente coronel Wilfredo Reyes... DLA120297 **22 crisis:** Cardoso busca *sofocar* la crisis con tasas altas y más ajuste fiscal. CLA190199 **23 problema:** Su función viene a ser la del bombero del partido que debe *sofocar* los problemas territoriales que van surgiendo. LVE090596 **24 incidente:** ...se ha destacado un contingente especial de las fuerzas de seguridad para *sofocar* cualquier incidente. LHG091100 **25 peligro:** Bobby Ayala *sofocó* el peligro y se apuntó la victoria, debido a que los Marineros marcaron cuatro carreras en la parte alta del octavo. LPN070597 **26 violencia:** ...intentemos *sofocar* las violencias del presente con la razón y busquemos construir la paz del futuro. LVE091296 **27 desprestigio –:** El remedio de los extrapartidarios se ideó, principalmente, para *sofocar* el desprestigio del peronismo gobernante en Tucumán y Santa Fe. LNP030497

D SUSTANTIVOS QUE DESIGNAN SONIDOS, GENERALMENTE HUMANOS, MÁS FRECUENTEMENTE SI CON ELLOS SE INTENTA PEDIR ALGO O LLAMAR LA ATENCIÓN SOBRE ALGUNA COSA: **28 voz:** Fuertes gritos y pitidos *sofocaban* la voz del canciller, mientras los reunidos protestaban en grandes pancartas... EME060694 **29 grito ++:** Estuvo antes y después, en 1978, cuando el festejo por la Copa del Mundo de 1978 *sofocó* el grito de miles de desaparecidos torturados y asesinados en los campos de concentración de la dictadura. EPE271201 **30 lamento +:** Estas personas escuchaban lamentos frecuentes y gritos en busca de ayuda, que eran *sofocados* con música a gran volumen. EME170296 **31 gemido:** ...subían al aire los gemidos de deseo *sofocados* de miles de mozos en celo hacia la moza de la penúltima página del As, tanto amor. EME010896

E SUSTANTIVOS QUE DESIGNAN DIVERSOS ESTADOS DE ANSIEDAD, INTRANQUILIDAD, DESASOSIEGO O INCERTIDUMBRE: **32 pánico +:** Una ligera reacción alcista del mercado tecnológico Nasdaq (...) ha sido suficiente para *sofocar* el pánico que han vivido hoy las bolsas europeas... FDV150601 **33 temor +:** ...ya que los demócratas necesitan *sofocar* el temor que sienten los estadounidenses por su futuro inmediato. EXC300896 **34 duda:** Creo que esa motivación no es otra que el empeño en *sofocar* in nuce toda inconsciente o semiinconsciente duda sobre la facticidad de lo afirmado... EPE020285

F SUSTANTIVOS QUE EXPRESAN LA PRIMERA MANIFESTACIÓN DE ALGUNA COSA. TAMBIÉN CON OTROS QUE DESIGNAN REACCIONES Y EXPRESIONES DE LA DECISIÓN O LA VOLUNTAD DE ACTUAR: **35 brote +:** La aparición del Ejército Popular Revolucionario (EPR) en Guerrero provocó una mayor movilización del Ejército Mexicano (...) con el propósito de *sofocar* posibles brotes guerrilleros... PME070796 **36 balbuceo:** ...una política dura y represiva que acaba por *sofocar* hasta los balbuceos de los opositores menos intransigentes... INDOC **37 impulso +:** ...Cela describe escenas que ya están en marcha y las abandona antes de que terminen, *sofocando* siempre el impulso de interpretar. ABC131192 **38 estímulo +:** «El Estado, al establecer la protección social, no debe *sofocar* los estímulos, ni la iniciativa, ni la responsabilidad». ABC160695 **39 iniciativa +:** El Estado, al establecer la protección social, no debe *sofocar* los estímulos, ni la iniciativa... ABC160695 **40 intento:** ...fueron *sofocados* los intentos de quienes quisieron alterar el régimen democrático. EME161296

G SUSTANTIVOS QUE DENOTAN SENSACIONES O SENTIMIENTOS, FRECUENTEMENTE EXALTADOS O VEHEMENTES, ASÍ COMO ALGUNAS DE SUS MANIFESTACIONES: **41 pasión +:** Un poco de bromuro siempre *sofoca* las pasiones más encendidas. INDOC **42 gozo:** García Trevijano no ha *sofocado* todavía el intenso gozo que habrá sentido al imaginar que los chantajes al Rey le abrían el camino hacia una república de la que siempre soñó ser el presidente. LVE201195 **43 sentimiento:** Esta ideologia imperial *sofocó* el sentimiento nacional hasta que lo despertó la invasión napoleónica. EME110494 **44 latido –:** ...lo que le sitúa en la razón académica que valora el aprendizaje de la técnica, si bien sin *sofocar* el latido humano que incorpora a sus figuras... ABC220494

H OTROS SUSTANTIVOS; POSIBLES USOS ESTILÍSTICOS: La bibliografía *sofoca* la sencillez del mensaje, y el profano huye despavorido ante un espesa granizada de explicaciones. ABC081093; Probablemente, lo que es inconveniente son los hiperliderazgos que *sofocan* la vida interna, la pluralidad y desvían las posibilidades de enriquecimiento de los partidos. LVE110396

soga ♦ al cuello[5] **♦ aflojar, amarrar, anudar, apretar, atar, cortar, desatar, enrollar, lanzar, largar, recoger, romper, soltar**

sojuzgar *v.* **I** Se combina con...

A SUSTANTIVOS DE PERSONA: **1 débil ++:** ...actitudes colectivas que tienden a *sojuzgar* al débil... LVE150495 **2 rival +:** ...el actual presidente autonómico (...) va a tener a su favor el uso de la Administración para *sojuzgar* a sus rivales... EME040494 **3 mujer ++:** ...la dominación del hombre sobre la mujer, ellas con patines de hielo, *sojuzgadas* por su debilidad. EPE130999 **4 empresario:** Desde su laboratorio decidió asuntos que correspondían a instituciones públicas (...) y *sojuzgó* a empresarios y gobernantes... EPE180999 **5 ciudadano:** ...impuestos casi impagables y leyes injustas que *sojuzgan* a los ciudadanos indefensos. INDOC **6 semejante:** ...no buscan *sojuzgar* a sus semejantes... EXC210197 **7 súbdito:** ...el súbdito de Montreal y Vancouver sea humillado, *sojuzgado* y confinado tan pronto ponga pie en España. LVE160395 **8 prójimo:** ...los seres humanos utilizan el poder para *sojuzgar* al prójimo... EME060496 **9 indígena:** ...el estallido social de determinados indígenas que se sienten tan *sojuzgados* como en la época de la conquista española... EME030294

B SUSTANTIVOS QUE DESIGNAN AGRUPACIONES HUMANAS DIVERSAS O LAS ZONAS GEOGRÁFICAS A LAS QUE SE CIRCUNSCRIBEN: **10 comunidad ++:** ...una comunidad nacional diferente se siente *sojuzgada*... LVE070695 **11 pueblo ++:** ...un ciudadano que igual rompía lanzas contra las dictaduras de Estrada Cabrera y Ubico por su forma de *sojuzgar* al pueblo, que... LHG190397 **12 mundo +:** Sojuzgar al mundo sigue siendo su verdadera esencia. GIC072697 **13 nación +:** ...habitantes de una extraña nación, *sojuzgada* por los terratenientes, los generales y los reyes. EME190396 **14 población +:** ...«no tienen ningún derecho a repartirse nuestro territorio y *sojuzgar* a nuestra población». EME070595 **15 patria:** ...quiere que Castro dirija los cambios en nuestra patria, *sojuzgada* por él mismo... DLA100497 **16 soberanía:** ...acusó al gobierno estadounidense de violentar el derecho internacional y *sojuzgar* a las soberanías nacionales. DYM230796 **17 región:** ...es un paso hacia delante para normalizar la influencia alemana en la región europea que fue *sojuzgada* por los nazis... LVE211296 **18** tierra: ...conquistaron aquellas tierras y las *sojuzgaron* reduciéndolo todo a cenizas... EPE231299 **19** mayoría: ...donde una minoría *sojuzga* a una mayoría. EPE050877 **20** minoría: ...en nombre de una minoría *sojuzgada*, con objeto de hacerse con el poder. LVE140595

C SUSTANTIVOS QUE DESIGNAN CUALIDADES O VALORES HUMANOS: **21** democracia: ...una democracia corrupta *sojuzgada*, en su opinión, por los valones francófonos. EME210595 **22** libertad de expresión: ...una minoría que mantiene *sojuzgada* la libertad de expresión... LVE250195 **23** conciencia: ...que han *sojuzgado* la conciencia humana durante siglos. EME180195 **24** identidad: Los grandes cambios que iremos experimentando progresivamente no *sojuzgan* la identidad... EPE210799 **25** independencia: ...dejar de lado el trámite de los proyectos significaría ni más ni menos que darle la razón a aquellos que buscan *sojuzgar* la independencia del Congreso. ETC311096 **26** ánimo: Al final, su objetivo siempre es idéntico: *sojuzgar* el ánimo de los ciudadanos de a pie... EPE200280

D OTROS SUSTANTIVOS; POSIBLES USOS ESTILÍSTICOS: Podemos, digamos, *sojuzgar* la realidad en un cien por cien. EME270796

☐ Véase también: **dominar, reducir(se), someter.**

sol ♦ **abrasador, ardiente, cegador, de justicia, deslumbrante, implacable[93], justiciero, luminoso, radiante, reluciente, tenue ♦ a la luz (de), bajo ♦ abrasar (algo/a alguien), alumbrar, asomar, bañar (algo), calentar, cegar (a alguien), dar (a algo/a alguien), dar luz, declinar, deslumbrar (a alguien), despuntar, eclipsar(se), filtrar(se), gozar (de), guarecer(se) (de), irse, nublar(se), ocultar(se), ponerse, proteger(se) (de), refulgir, resplandecer, salir, tomar**

soldado ♦ **aguerrido, bisoño, bravo, cobarde, curtido, de refresco, experimentado, insubordinado, insurrecto, leal, mercenario, raso, temerario, valiente, veterano ♦ alistar(se), amotinar(se), armar(se), atacar, atrincherar(se), avanzar, combatir, defender, desertar, enrolar(se), insubordinar(se), movilizar(se), pertrechar(se), retirar(se), sublevar(se)**

☐ Véase también: **militar.**

soleado ♦ **calle, casa, clima, costa, día, habitación, isla, jornada, mañana, tarde, tiempo,** *otros sustantivos de lugar, otros sustantivos temporales*

soledad ♦ **absoluto, amargo, angustioso, apacible, buscado, callado, completo, deliberado, descarnado[55], desesperado, desolador[37], elegido, enorme, espantoso, fecundo, gozoso, infinito, inmenso, insondable[16], involuntario, plácido, pleno, profundo, total, triste, voluntario ♦ contra, en, en medio (de) ♦ abismo (de), peso (de), pozo (de), sensación (de), sentimiento (de) ♦ abandonar, abandonar(se) (a), abocar(se) (a)[21], aceptar, acrecentar, afrontar, ahuyentar[27], aliviar[26], asumir, buscar, combatir, disfrutar (de), elegir, encarar, huir (de), librar(se) (de), mitigar[12], reinar, retirar(se) (a), salir (de), sumergir(se) (en), sumir(se) (en), superar**

☐ Véase también: **aislamiento, exclusión.**

[solemnidad] → **de solemnidad**

solemnidad ♦ **acorde (con)[55], convencional, debido, del acto, frío, gran(de), grave, litúrgico, lleno (de), majestuoso, merecido, protocolario, requerido, ritual ♦ con, en función (de) ♦ aire (de) ♦ alejar(se) (de), celebrar, dar, empañar, huir (de), mantener, perder, quebrar, rebajar, requerir, revestir**

[solera] → **de solera**

solicitar ♦ **impaciente[18] ♦ activamente[42], a gritos[8], atentamente[30], con firmeza, cordialmente[26], encarecidamente[3], en firme[55], expresamente[14], firmemente, humildemente, insistentemente[3], inútilmente[19], machaconamente[15], oficialmente, por activa y por pasiva[15], por escrito, reiteradamente[18], repetidamente[34], urgentemente, verbalmente[22]**

☐ Véase también: **demandar, exigir, impetrar, implorar, instigar (a), necesitar, ordenar, pedir, preguntar, reclamar, reivindicar, requerir, rogar, urgir.**

solicitud ♦ **en regla, infructuoso[35], perentorio[11], persistente, reiterado, urgente ♦ alud (de), avalancha (de)[21], cúmulo (de), respuesta (a) ♦ aceptar, aprobar, atender, avalar[33], bloquear[7], considerar, contestar, cumplimentar, cursar, denegar[2], depositar, desatender[5], desestimar, desoír[15], echar[63], elevar, emitir[34], encarar[14], enviar, firmar, formular[16], hacer, plantear[61], presentar, prosperar, rechazar, recibir, rellenar, resolver, respaldar, responder (a), tomar en consideración, tramitar[1]**

☐ Véase también: **demanda, encargo, mandato, petición, reclamación, reclamo, reivindicación, requerimiento, ruego, sugerencia, súplica, suplicatorio.**

SOLICITUD

♦ (SUSTANTIVOS) Véase: **acallar[D], acribillar (a)[A], aglutinar[E], a la altura (de)[B], a la medida (de)[C], amoldar(se) (a)[H], apremiante[D], asumir[J], atenerse (a)[C], avalancha (de)[B], avalar[F], bloquear[B], caer en saco roto[C], canalizar[D], capear[C], cejar (en)[C], cobrar fuerza[F], cumplir[K], denegar[A], desatender[A], desmedido[J], desmesurado[L], desobedecer[E], desoír[B], desorbitado[B], echar[I], emitir[F], enarbolar[B], en firme[E], fecundo[L], fehaciente[F], formular[A,C], fundamentado[D], hacer extensivo[B], inalcanzable[C], infructuoso[I], irrenunciable[E], lanzar[E], lluvia (de)[C], negar[D], negociar[G], paliar[I], peregrino[E], perentorio[D], plantear[L], plegarse (a)[A], prosperar[C], rebajar[F], saciar[E], someter(se) (a)[F], surtir efecto[F], sustraer(se) (de/a)[D], tramitar[A], unánime[F], vehemente[E]**

♦ (VERBOS) Véase: **acaloradamente[D], a capa y espada[C], a coro[D], activamente[G], a gritos[A], a quemarropa[A], atentamente[F], a voces[B], con firmeza[I], con todas {mis/tus/sus...} fuerzas[F], de pasada[E], desesperadamente[C], de todo corazón[D], encarecidamente[A], enérgicamente[D], en firme[N], expresamente[C], fervientemente[D], gentilmente[D], impaciente[D], incansablemente[D], informalmente[C], insistentemente[A,D], inútilmente[D], largamente[D],** machaconamente[B], por activa y por pasiva[B], por mayoría[F], reiteradamente[D], repetidamente[G], sin ambages[H], verbalmente[C], vigorosamente[D]

SOLICITUD Y MANDATO Véase:
♦ demandar, exigir, impetrar, implorar, imponer(se), impugnar, instigar (a), instruir, mandar, necesitar, ordenar, pedir, preguntar, reclamar, reivindicar, requerir, rogar, solicitar, urgir
♦ demanda, encargo, instrucción, mandamiento, mandato, orden, petición, reclamación, reclamo, reivindicación, requerimiento, ruego, solicitud, sugerencia, súplica, suplicatorio

solidaridad ♦ enorme, espontáneo, generoso, humanitario[16], incondicional, internacional, llamado (a), mutuo, necesario, responsable ♦ en señal (de)[18] ♦ acción (de), actitud (de), acto (de), ápice (de)[29], arranque (de)[19], demostración (de)[20], ejemplo (de), espíritu (de), expresión (de)[7], falta (de), gesto (de), llamada (a), llamamiento (a), manifestación (de)[18], muestra (de), ola (de), prueba (de), sentido (de) ♦ afianzar, aflorar, agradecer, apelar (a), brindar[37], canalizar[3], concitar[8], conseguir, contar (con), demostrar, despertar[41], encauzar, expresar, ganar(se), granjear(se), invitar (a), llamar (a), manifestar, mostrar, mover (a), pedir, recabar[17], recurrir (a), socavar[76], solicitar, testimoniar[2], urgir[24]
□ Véase también: **adhesión, apoyo, ayuda, comprensión, unión.**

solidez ♦ económico, financiero, institucional, personal ♦ falta (de), prueba (de), señal (de) ♦ apuntalar, avalar, dar (a algo/a alguien), garantizar, incrementar, mermar, minar[5], mostrar, perder, reforzar, socavar, tener

soliviantar ♦ ánimo, país, persona, sentimiento

sollozo ♦ ahogado, amargo, apagado, callado, conmovedor, contenido, desgarrador, emocionado, entrecortado, hondo, incontenible, incontrolable, irreprimible, persistente ♦ en medio (de), entre ♦ ahogar(se)[14], apagar(se), arrancar, brotar, contener, crecer, deshacer(se) (en), detener(se), entrecortar(se)[12], estallar (en)[3], irrumpir (en), prorrumpir (en)
□ Véase también: **llanto.**

soltar ▮ *(desatar)* ♦ atadura, corbata, cuerda, lazo, nudo, soga
▮ *(decir)* ♦ a bocajarro[15], a la ligera[27], al vuelo[22], de memoria[14], sin ton ni son ♦ comentario, fresca, improperio, indirecta, información, insulto, lengua, obscenidad, pulla, secreto, sermón, *otros sustantivos que designan manifestaciones verbales*
▮ *(propinar)* ♦ bofetón, mandoble, patada, puntapié, *otros sustantivos que designan golpes*
□ Véase también: **arrear, asestar, desprender(se), emanar, emprender(la) (a), endosar, lanzar, largar, propinar, sacudir(se).**

[soltura] → con soltura

soltura ♦ con ♦ adquirir[35], coger, derrochar[81], describir (con), desenvolverse (con), exhibir, ganar, hablar (con), manejar (con), mostrar, mover(se) (con), perder, revelar, tener
□ Véase también: **agilidad, destreza, facilidad, maestría, pericia.**

solución ♦ acertado, adecuado, airoso[9], alternativo, a medias[72], a medida[2], arduo[43], asequible[7], atinado[23], catastrófico[29], conciliador, concreto, conjunto, constructivo[27], contraproducente, contundente, correcto, curativo, definitivo, descabellado, disparatado, drástico[29], ecuánime[3], efectivo[26], equitativo[35], eventual, extremo, final, honroso[32], idóneo, imaginativo, impracticable, inadmisible, inaplicable, inmediato, inminente, integral[49], inviable, irreversible, mágico, milagroso, novedoso[55], pacífico, perentorio[37], perfecto, práctico, provisional, radical, salino *(disolución)*, salomónico[2], socorrido, tajante, taxativo, técnico, temporal, terminante[18], tímido, urgente, verdadero, viable ♦ abanico (de)[6] ♦ abordar, acercar(se) (a), adoptar, alcanzar, aplicar, aportar, aproximar(se) (a), arbitrar[18], arrojar[4], atisbar[6], augurar[63], averiguar, brindar[10], buscar, caber[12], calcular, clavar, concebir[8], consensuar[8], contemplar, contribuir (a), dar[249], dar (con), desvelar[19], dificultar, emanar[18], encauzar, encontrar, entrever(se), esperar, establecer[22], exigir, fallar, fracasar, hallar, idear, impedir, imponer[25], impulsar, inventar, llegar (a), llevar a la práctica[26], madurar[14], meditar, negociar[9], obstruir[26], ocurrírse(le) (a alguien), oponer, pensar, perfilar(se), persistir (en)[59], plantear[39], poner en práctica, prejuzgar[5], presentar(se), propiciar, proponer, proporcionar, requerir, residir (en)[9], urgir[9], vislumbrar[12]
□ Véase también: **acuerdo, arreglo, paliativo, remedio, resolución, vacuna.**

SOLUCIÓN Véase: **RESOLUCIÓN**

solucionar(se) ♦ adecuadamente, a gusto (de alguien), a medias[27], a plena satisfacción[15], armónicamente[23], armoniosamente[26], civilizadamente[21], con éxito[16], definitivamente, de raíz[52], de un día para otro[3], ejemplarmente, favorablemente[25], pacíficamente, satisfactoriamente[2], temporalmente[34] ♦ avería, caos, caso, conflicto, confusión, contratiempo, controversia, crisis, debate, defecto, diferencia, dificultad, ecuación, error, incógnita, lío, papeleo, problema, retraso
□ Véase también: **agilizar, aliviar, arreglar, arrojar luz (sobre), clarificar, curar(se), dirimir, enderezar, mejorar, mitigar, paliar, poner remedio (a), recobrarse (de), remediar, reponerse (de), resolver, restablecer(se) (de), saldar, solventar, subsanar, vencer, zanjar, zurcir.**

SOLUCIÓN Y REPARACIÓN Véase:
♦ absolución, amnistía, arreglo, disculpa, paliativo, perdón, remedio, reparación, resolución, solución, vacuna
♦ aliviar, arreglar, arrojar luz (sobre), cauterizar, cicatrizar, clarificar, curar(se), desenredar, de-

sentumecer(se), despachar, dirimir, disculparse, dispensar, enderezar, mejorar, mitigar, paliar, perdonar, recobrarse (de), remediar, reponerse (de), resolver, restablecer(se) (de), saldar, solucionar(se), solventar, subsanar, vadear, vencer, zanjar, zurcir
□ Véase también: *ACUERDO*.

solvencia ♦ absoluto, acreditado, aparente, científico, conocido, consolidado, constatado, cuestionable, defensivo, dudoso, económico, envidiable, ético, extraordinario, financiero, gran(de), incuestionable, indudable, innegable, moral, necesario, notorio, palmario, patrimonial, personal, pleno, política, pretendido, probado, profesional, reconocido, reputado, respetable, sobrado, sólido, suficiente, sumo, técnico, total ♦ con ♦ falta (de), grado (de), índice (de), nivel (de), problema (de) ♦ acreditar, adquirir, aquilatar, asegurar, avalar, basar(se) (en), carecer (de), comprobar, conferir (a algo), confirmar, constatar, cuestionar, dañar, degradar(se), demostrar, disfrutar (de), dudar (de), enturbiar, fortalecer, garantizar, gozar (de), manifestar, mantener, mermar, minar, mostrar, perder, poner en peligro, realzar, rebajar, recuperar, socavar, tener, valorar
□ Véase también: **conocimiento, garantía**.

solventar ♦ anomalía, atasco, atraso, avería, carencia, contradicción, contratiempo, crisis, daño, defecto, deficiencia, desajuste, desfase, discrepancia, enigma, error, escasez, escollo, falta, incógnita, limitación, misterio, molestia, objeción, obstáculo, papeleta, perjuicio, retraso, rivalidad, rompecabezas, sucesión
□ Véase también: **solucionar(se)**.

somanta (de) ♦ golpe, palo

[sombra] → a la sombra (de algo/de alguien)

sombra ♦ acechante, alargado, de duda, de incertidumbre, denso, de protección, de sospecha, espeso, fantasmal[16], funesto, huidizo, lleno (de), misterioso, negro, protector, siniestro, tenebroso ♦ al abrigo (de), bajo, en medio (de) ♦ pozo (de)[21], reflejo (de), zona (de) ♦ abatir(se) (sobre algo), acechar[31], agazapar(se), ahuyentar[12], arrojar[28], buscar, cernerse[31], cobijar(se) (bajo), cubrir (de), dar, dejar (en), echar (sobre algo), emerger (de), envolver (algo), esconder(se) (en), escudar(se) (bajo), habitar, hacer (a alguien), levantar[54], maniobrar (en), ocultar(se) (en), oscurecer (algo), perder(se) (en), permanecer (en), persistir, planear[1], proporcionar, proyectar(se), rondar, sumir(se) (en)[10], surgir, surgir (de), teñir (de)[15], vivir (bajo)
□ Véase también: **duda, luz, misterio**.

sombrero ♦ calar(se), dar de sí, encasquetar(se), enfundar(se), hacer juego (con algo), ladear(se), llevar, lucir, poner(se), quitar(se), tocarse (con)

sombrío ♦ amenaza, análisis, aspecto, atardecer, augurio, balance, camino, cifra, color, cuadro, dato, día, discurso, época, faceta, futuro, gesto, hecho, historia, horizonte, imagen, lado, lugar, luz, meditación, mirada, mundo, música, origen, página, paisaje, panorama, pasado, pensamiento, perspectiva, predicción, premonición, preocupación, presagio, pronóstico, realidad, recuerdo, retrato, rincón, rostro, temor, texto, tiempo, tinte, tono, trazo, túnel, vida, visión, zona

someramente ♦ abordar, aludir, analizar, calcular, comentar, conocer, contar, describir, detallar, estudiar, evaluar, examinar, explicar, exponer, glosar, informar, investigar, recordar, referirse, repasar, revisar, tratar, *otros verbos de lengua*
□ Véase también: **ligeramente, somero**.

somero *adj.* ▌Se combina con...
A EL SUSTANTIVO *AGUA*, ESPECIALMENTE EN PLURAL, ASÍ COMO CON OTROS QUE DESIGNAN ALGUNAS DE LAS FORMAS EN LAS QUE EL AGUA SE MANIFIESTA: **1 agua +:** Totalmente prohibidas quedaron la pesca, el procesamiento y la comercialización del camarón de aguas *someras*... EPC211097 **2 capa:** La capa de agua que cubre la mayor, parte de la Tierra es en extremo *somera* si la comparamos con su dimensión superficial. EPE171099

B SUSTANTIVOS DE ACCIÓN Y EFECTO QUE DENOTAN ANÁLISIS, CÁLCULO O EXPLORACIÓN DE ALGO: **3 análisis ++:** A pesar de este *somero* análisis tenemos que concluir que es urgente la adecuación del sistema educativo a los tiempos... VEN270899 **4 descripción ++:** ...la idea hubiera permitido la *somera* descripción de una generación, como es la que actualmente ostenta el poder... ABC050595 **5 investigación ++:** Straw ha prometido una *somera* investigación al respecto. EPE140999 **6 estudio ++:** ...narra las vicisitudes del vuelo de dos aviones cuya trayectoria les ha de llevar a una colisión. *Somero* estudio de caracteres y emoción por las maniobras de los pilotos... LVE130296 **7 examen ++:** ...un *somero* examen de las jurisprudencias penales demuestra que... LVE210296 **8 explicación ++:** Que el avisado lector admita esta *somera* explicación del procedimiento que ha permitido realizar las preciosas estampas... ABC080494 **9 exposición +:** ...inauguró ayer una *somera* exposición de revistas y diarios británicos y norteamericanos... LVE250595 **10 presentación:** Se abre con un pórtico introductorio en el que se adelanta una *somera* presentación del edificio... ABC100192 **11 introducción:** ...claves también para una introducción *somera* a los restos de la cultura egipcia. ABC160793 **12 aproximación:** ...ni tan siquiera hacer una aproximación *somera* de la enorme labor de este gran jurista y político discreto. LVE200495 **13 acercamiento:** ...han contribuido a este pequeño acercamiento a la obra de Gregorio Prieto; acercamiento muy *somero* si se tiene en cuenta el extenso contenido de su producción... ABC180895 **14 atención:** La «trilogía americana» recibe una atención demasiado *somera* y descriptiva... ABC150193 **15 cálculo:** En cálculos *someros* referidos a la Administración General del Estado –continúa CCOO– las cantidades a las que... ENC240101 **16 consulta:** ...una lectura a la

Constitución, así sea muy *somera* la consulta, no sobrará en el río de estas especulaciones. EXC270596 **17 prospectiva:** ...el nacionalismo partidista en detrimento de las grandes opciones políticas para todo el Estado. Una *somera* prospectiva arroja un panorama escasamente gratificante: un Gobierno central con fractura... EPE301280 **18 radiografía:** Esta es una *somera* radiografía de la situación económica de la Federación Rusa. LVE160696 **19 cronología:** ...falta algo esencial (...) un buen capítulo biográfico o, al menos, una *somera* cronología que sirviera de referencia al lector... ABC201095 **20 semblanza:** ...tal vez por accidente fortuito o error de composición aparecen sin semblanza alguna; y es muy *somera* la que se ofrece de Antonio Bermejo... ABC090793 **21 historia:** ...y, por último, una *somera* historia de la Bienal, componen la información que ABC Cultural ofrece... ABC040693 **22 exploración:** Me fui a cambiar (...) y, tras una *somera* exploración, descubrí un magnífico albornoz-batín, color fucsia rabioso... EME070496 **23 pesquisa:** Tampoco hay una pesquisa siquiera *somera* sobre su sentimentalidad y sexualidad... LVE190196 **24 panorámica:** Una *somera* y breve panorámica general del curso (...) sería ésta. ABC101195 **25 panorama:** ...ha añadido un apéndice de unas ochenta páginas que contiene un utilísimo panorama –inevitablemente *somero*– de la literatura infantil española... ABC220193 **26 inspección:** ...la realidad es que las inspecciones que éstas realizan son muy *someras*. EME160595 **27 tratamiento:** De ahí que rechinen tratamientos muy *someros* como los dados a Mihura y a Jardiel Poncela... ABC020493 **28 caracterización:** Mejor será olvidar esta *somera* caracterización, que parece trasvasada de otra solapa y de otra obra. ABC070292 **29 punto de vista –:** ...la voluntad de romper con una etapa anterior en nombre de una ideología dudosa y con puntos de vista muy *someros* sobre la historia, la sociedad y la política. EPE210399

C SUSTANTIVOS QUE DENOTAN REVISIÓN. TAMBIÉN CON OTROS QUE DESIGNAN OTRAS ACCIONES QUE SE ASOCIAN CON EL HECHO DE VOLVER SOBRE ALGO O CONSIDERARLO DE NUEVO: **30 repaso ++:** ...este analista bursátil da un repaso *somero* a algunas variables socioeconómicas... CAN170599 **31 revisión +:** Nos prenden, hacen una revisión *somera* nomás, buscando a Zufriategui, que estaba en el otro lugar... LRU090799 **32 reconsideración:** Me permito sugerir una reconsideración *somera* de los patios de Monipodio y los puertos de Arrebatacapas... LVE250696 **33 reconocimiento:** ...la Guardia Civil llegó al cortijo y tras un *somero* reconocimiento encontró en una depresión poco profunda, junto a una tapia, el cadáver... EPE211199 **34 comprobación:** ...por informar a vecinos de la necesidad de una revisión «obligatoria» y cobrarles 6.500 pesetas por una *somera* comprobación de la instalación de gas. EPE210199 **35 reflexión:** No quiero terminar estas *someras* reflexiones sin advertir que... EPE090499 **36 puntualización:** Luego llega una *somera* puntualización: «Aunque también tengo que decir que todo lo hecho no me ha servido para...». EPE310599

D SUSTANTIVOS QUE DESIGNAN LA ACCIÓN DE MIRAR, A MENUDO CONSIDERADA FIGURADAMENTE, ASÍ COMO –POR EXTENSIÓN– TAMBIÉN LA DE LEER: **37 mirada +:** Más todavía, échese una mirada *somera* sobre los nombres de los compositores que cargan ellos solos sobre sus pobres espaldas con... ABC040693 **38 vistazo +:** ...ha puesto algunas objeciones tras dar un *somero* vistazo a los planos. LVE051296 **39 lectura +:** ...y tengamos que verterlos, la mayoría sin darles siquiera lectura *somera*, a los contenedores... LVE011295 **40 ojeada:** Basta con echar una *somera* ojeada al paisaje humano que uno percibe en las calles de Tiblisi o de Yerevan para darse cuenta... EME201196 **41 visión:** Una visión muy *somera* permite afirmar que se trata de cartas no oficiales... EPE010284

E SUSTANTIVOS QUE DESIGNAN ASPECTOS PARTICULARES DE LOS ANÁLISIS, ASÍ COMO ALGUNAS ACCIONES ULTERIORES A ESTOS, COMO LA RECAPITULACIÓN O LA ORGANIZACIÓN DE LO EXAMINADO: **42 balance +:** Hagamos un *somero* balance del paro mal llamado «cívico», realizado en La Paz el pasado viernes. LTB030297 **43 recuento +:** ...dio la bienvenida a los asistentes e hizo un *somero* recuento de la historia del Concurso... CAP120697 **44 relación +:** Será suficiente esta *somera* e incompleta relación de acontecimientos para sugerir que... ABC131192 **45 inventario +:** Como se desprende de este *somero* inventario, la novela de Serrano incorpora elementos de una realidad histórica cercana... ABC260393 **46 resumen +:** Así parece haberlo asumido el rector Sergio Rábade, quien hizo un *somero* resumen de lo que ofrece la Universidad... EME230294 **47 clasificación +:** Basándonos en esta *somera* clasificación, puede concluirse que son las empresas muy pequeñas las que tienen mayor índice de... LVE251295 **48 enumeración +:** Sólo es posible esbozar una *somera* enumeración de sus contenidos: Manuel Alvar estudia el discurso que Machado escribió para... ABC271192 **49 síntesis:** En una *somera* síntesis de las obras literarias inspiradas en el mar encontraríamos... LVE241296 **50 lista:** ...me empujan a confeccionar una *somera* lista de los placeres y sobresaltos ofrecidos al confiado espectador. EME090295 **51 citación:** Quien me presentó con *somera* citación de referencias personales fue Henri-François Rey... LVE100196 **52 catálogo:** En cuanto al catálogo de remuneraciones, he aquí uno muy *somero*. EME021095 **53 resolución:** ...no se discute ninguna ponencia de carácter político u organizativo, si se exceptúa una *somera* resolución preparada por la gestora... EPE150999 **54 interpretación:** Permítaseme una *somera* interpretación: los hombres de antes, por egoístas, no eran buenos amantes. LVE221095 **55 juicio:** ...un juicio *somero*, pero equilibrado del fenómeno de la romanización tanto en su vertiente sociopolítica como... ABC190595 **56 selección:** La relación de Perejaume con el teatro a través de una *somera* selección de obras da paso al apartado dedicado al doble, a la mímesis. EPE220499

F DIVERSOS SUSTANTIVOS DE REPRESENTACIÓN, MUY A MENUDO INTERPRETADOS FIGURADAMENTE: **57 esquema +:** ...parece como si el autor tratara de trazar algún *somero* esquema de lo que debe ser un personaje. EPE120280 **58 trazo +:** ...ha aparecido en la obra de Xulio García Rivas, mediante un *somero*, significativo y seguro trazo dibujístico, la figura humana. ABC200594 **59 croquis:** ...escribía para cada dibujante unas minuciosas instrucciones que a menudo completaba con *someros* croquis para que el ilustrador no titubeara. LVE190296 **60 retrato:** Los setecientos cuadros que componen la colección cedida a España desfilan por sus páginas con un *somero* retrato biográfico de cada artista... ABC181292 **61 cuadro:** ...las cifras que se presentan permiten hacer un cuadro *somero* del campo de las pensiones. LVE161295 **62 dibujo:** Están acompañadas de *someros* dibujos para cristal, en blanco y negro... ABC041194 **63 esbozo:** ...no es posible ofrecer aquí más que un *somero* esbozo del plan que se propone... EME200796 **64 apunte –:** Al cuarto, que era una piltrafa, le fingió unos *someros* apuntes de toreo fino y lo tumbó de cruel golletazo. EPE240499 **65 pintura –:** ...ya hace años, encargó a Georges Braque cinco pinturas (harto *someras*) para «completar» y poner al día un suntuoso techo de madera... ABC081191

G SUSTANTIVOS QUE DESIGNAN DIVERSAS FORMAS DE TRAER ALGUNA COSA A LA MEMORIA, ILUSTRARLA, PONERLA DE MANIFIESTO O LLAMAR LA ATENCIÓN SOBRE ELLA: **66 referencia +:** Pero esas *someras* referencias serían insuficientes para comprender la naturaleza de la crisis de las empresas... LNA270692 **67 mención +:** ...no me gustaría terminar estas breves líneas sin hacer una *somera* mención al Ignacio Bañares «amigo». LVE240995 **68 indicación +:** ...la Orden que daba luz verde a la concentración Ser-Antena 3 no tenía esas características de «*somera* indicación»... EME300695 **69 ejemplo:** Un *somero* ejemplo, sin acudir a extremos, demuestra que en los últimos 10 años... EPE190599 **70 recordatorio:** Así, un *somero* recordatorio de lo ocurrido en esa última edición de «El lector» nos enfrenta... EME210396 **71 evocación:** Una vez hecha esta *somera* evocación histórica, hay algunas preguntas que parecen obligadas. EPE190199 **72 alusión:** ...hicieron una *somera* alusión al contenido de algunas de ellas [propuestas]. EME071295 **73 noción:** ...supuestas –y falsas– soluciones, basadas casi siempre en unas *someras* nociones de divisibilidad. ABC020793 **74 noticia:** ...dispone de unos folletos en los que se incluye una *somera* noticia sobre el palacio... EPE250699 **75 cuenta:** La trama de la novela, como todas las de su autor, no parece tampoco en este caso dar *somera* cuenta de la complejidad estructural y estilística de la obra... EME250395

H SUSTANTIVOS QUE DESIGNAN DIVERSOS GÉNEROS DEL DISCURSO ORAL O ESCRITO, ASÍ COMO OTRAS MANIFESTACIONES VERBALES O TEXTUALES QUE SE ASIMILAN A ELLOS: **76 relato +:** ...la solicitud es un breve escrito en el que se hace un *somero* relato de la investigación... LVE310196 **77 guía +:** ABC Cultural ha elaborado una *somera* guía de los museos cerrados de España. ABC041292 **78 nota:** ...pero la práctica de la intertextualidad es mucho más amplia de lo que se desprende de estas notas *someras*... ABC190293 **79 material:** ...levantando todo un andamiaje intelectual y sabio a partir de unos *someros* materiales inéditos del genio. EME231295 **80 reseña:** ...ambos expertos hicieron una *somera* reseña sobre el asentamiento fabril romano... EPE071099 **81 argumento:** ...de mucha más cohesión tanto en el *somero* argumento (que su importancia tiene) como en el enlace sutil y casi cinematográfico que... EPD300597 **82 autocrítica:** ...los obispos españoles han eludido hacer la más *somera* autocrítica sobre el papel desempeñado por la Iglesia... EPE041299 **83 felicitación:** ...los ocupantes de un palco lateral extendieron una pancarta sobre el antepecho en la que ofrecían una *somera* felicitación a Josep Pons por su premio Nacional de Música... EPE021299 **84 biografía:** Cada ficha presenta (...) una *somera* biografía familiar, su obra y una bibliografía al final de cada reseña. EPE250799 **85 estado de situación –:** ...un escrito a través del cual efectuó un *somero* estado de situación del pugilismo uruguayo... EPU180601 **86 parodia:** Lo último de Aaron Norris, quien hace una *somera* parodia de su leyenda. LVE030795 **87 calendario:** ...aunque la mayoría de ellos [asuntos] apenas hicieron más que enunciarlos y en otros fijaron un *somero* calendario. LVE210795 **88 respuesta:** De esos viejos personajes, me encantaría obtener alguna respuesta, aunque sea *somera*... EME040594 **89 libro –:** Excelente libro –aunque tal vez demasiado *somero* en algunos puntos–... ABC100492

I ALGUNOS SUSTANTIVOS DE MOVIMIENTO, EN ESPECIAL SI ESTE SE REALIZA A TRAVÉS DE ALGÚN TRAYECTO, MATERIAL O FIGURADO: **90 recorrido +:** ...un recorrido *somero* por las normas que rigen en materia de Educación indica que... EME111296 **91 visita +:** La afirmación queda en entredicho tras una *somera* visita por la barriada... EPE151199 **92 paseo:** Un *somero* paseo por las calles y los prados, y a lo largo de los canales, me basta para detectar... LVE190896 **93 vaivén:** ...es tan joven que no puede conformarse con un *somero* vaivén y es lógico que distinga estupendamente entre potencialidad y bulla. EME120594 **94 seguimiento:** ...con un *somero* seguimiento de las informaciones de las actividades de los GAL habría conocido que... EME131195

J OTROS SUSTANTIVOS ABSTRACTOS, MÁS FRECUENTEMENTE SI DESIGNAN INFORMACIONES: **95 información:** ...algunas intentonas, de las que tengo información muy *somera*, en Valencia y Cantabria. EME240296 **96 conocimiento ++:** Antaño se adquirían *someros* conocimientos de las escuelas de artes y oficios. LVE160796 **97 idea ++:** ...contra las *someras* ideas de Hauser, por fortuna hace tiempo olvidadas, existe la evidencia de que un pintor... ABC101293 **98 comunicación:** ...la televisión ejerce su influencia a través del efecto agenda. La comunicación televisual es *somera* y muy poco articulada. Mientras que la página escrita puede orientar al lector a través del... EME220394 **99 formación:** «...de dudoso grado de adiestramiento y disponibilidad, que no serviría más que para dar una *somera* formación militar a una parte de la población». EME250295

K ALGUNOS SUSTANTIVOS QUE DESIGNAN OBJETOS FÍSICOS. USO INFRECUENTE: **100 slip:** Acostumbrado a verle en un *somero* «slip» en Cadaqués, a bordo de la «Cruma», está casi irreconocible. LVE190996 **101 toalla:** ...plantado ante el espejo del lavabo con sólo una *somera* toalla en la cintura, acariciándose la lánguida y espesa cabellera... LVE241196 **102 corpiño:** ...vestida con un *somero* corpiño rojo y un vestido blanco veraniego, como si fuera un sudario. LVE050796 **103 equipaje:** ...una carta a medio escribir, las maletas con el *somero* equipaje que los refugiados arrastraron durante kilómetros de fuga, la bolsita con los pañales... EPE080499 **104 embarcación:** Estas *someras* embarcaciones sirven para trasladar tanto inmigrantes como droga. EPE060299 **105 decorado:** ...un decorado muy *somero*, compuesto de móviles y carras para poder subrayar los cambios de escena... EPE101080 **106 aparato:** ...se radiaban conferencias y música a través del *somero* aparato: una tablita que engarzaba la piedra prodigiosa, la aguja exploradora y... EPE121199

L OTROS SUSTANTIVOS; POSIBLES USOS ESTILÍSTICOS: ...es un gigantesco emporio de tiendas de «souvenirs» y de espiritualidad *somera*. EME200695; En la representación que da el grupo Teatro del Alba hay una escenografía *somera*... EPE010286

☐ Véase también: **someramente, sucinto.**

someter ♦ **férreamente, sin compasión, sin piedad, violentamente**

☐ Véase también: **sojuzgar**.

someter(se) (a) *v.* ▮ En el sentido de 'sujetarse (a)', 'prestarse a recibir' o 'hacer que alguien o algo reciba' se combina con el sustantivo *prueba* y con otros que designan acciones médicas diversas *(intervención, cirugía, operación, exploración, esterilización)* u otras actuaciones que se derivan de ellas *(tratamiento, terapia, dieta)*. En el sentido de 'subordinar(se) a' se combina con sustantivos que designan personas, grupos o instituciones *(someterse al emperador; sometidos al régimen; someterse al invasor)* o algunas de sus capacidades *(fuerza, poder)*. También se combina con...

A SUSTANTIVOS QUE DESIGNAN LA ACCIÓN O EL EFECTO DE EXAMINAR, CONSIDERAR O VALORAR ALGUNA COSA: **1 estudio ++:** El Senado *somete* a estudio un proyecto que elimina la patente de seguros. LDD110997 **2 evaluación ++:** Se han incrementado, por ejemplo, el número de proyectos *sometidos* a una evaluación de impacto obligatoria... LRE250103 **3 análisis ++:** Esa instalación no había sido bombardeada para que su equipamiento (los «objetos» capturados y *sometidos* a análisis) permaneciera intacto. EPE211001 **4 examen ++:** Si Ecuador se *sometiera* a un integral examen de rayos X, todos los huesos de su esqueleto aparecerían fracturados. VIS190697 **5 revisión +:** Comenta que ella, como el resto de sus compañeras, se *somete* a revisiones médicas cada tres meses. EME060795 **6 discusión:** El argumento de autoridad no sirve: el científico tiene la obligación de *someter* a discusión sus teorías. ABC060392 **7 debate:** Por lo tanto, es una idea fuerza que se está *sometiendo* a debate. CLA260199 **8 consideración:** Pero me avengo a que esto se *someta* a consideración popular, que todos tenemos nuestras manías. EPE050399 **9 crítica:** Me gusta del libro el proyecto de *someter* a crítica la acción de los medios de comunicación. EME200396 **10 inspección:** Asimismo tienen que *someterse* a inspecciones regulares de sus tierras... DLA120397

B SUSTANTIVOS QUE EXPRESAN FORMAS DE ELEGIR O DE REFRENDAR PERSONAS O ACTUACIONES. TAMBIÉN CON OTROS QUE DESIGNAN ALGUNOS RECURSOS CON LOS QUE SE LLEVAN A CABO LAS ACCIONES DESCRITAS EN EL APARTADO *A*: **11 votación ++:** ...mientras que los sindicatos anunciaron que lo *someterán* hoy a votación de los trabajadores... FDV260599 **12 referéndum +:** Además propone ampliar el número de materias que puedan *someterse* a referéndum... EME140295 **13 plebiscito:** ...tal experiencia debería *someterse* a un plebiscito nacional, donde evidentemente el NO tendría las de ganar. VIS200397 **14 consulta:** ...el Congreso, a iniciativa de la Cámara de Diputados, podrá *someter* a consulta popular un proyecto de ley. CLA310501 **15 juicio:** Las altas partes se obligan a *someter* a juicio arbitral todas las controversias de cualquier naturaleza que por cualquier causa surgieran entre ellas... EPE080599 **16 dictamen:** El lunes 28 el definitivo anteproyecto de ley será *sometido* a dictamen del Consejo Asesor de Telecomunicaciones... EME180394 **17 licitación:** En consecuencia, el contrato para el proyecto «Termoriente» debe ser *sometido* a licitación. DHE051197 **18 prueba:** Además, no tendrán que *someterse* a la prueba de la lidia y podrán morir de viejos en su propia casa. EPE080700 **19 aprobación:** ...si era justo y necesario que después de una larga carrera sean *sometidos* a la aprobación o al rechazo de un cuerpo político colegiado... LTB090197 **20 auditoría:** ...a otras empresas que voluntariamente se *sometieron* a una auditoría ambiental, realizada por especialistas... DYM230796 **21 decisión:** ...en Asunción se tienen seis listas que estarán *sometidas* a la decisión del electorado para sufragar el 17 de noviembre próximo. ACP100996 **22 elección +:** Esquerra reconoce las corrientes de opinión y *somete* a elección a todos sus cargos. LVE211196 **23 sorteo:** ...los candidatos se *someterán* a un sorteo en el que se definirá el orden en el cual quedarán ubicados en el set... ETC040997 **24 concurso:** ...deben ser llenadas lo más pronto posible por puestos fijos o en propiedad, a los cuales deben aspirar las personas que se *sometan* a un concurso. ETC030297

C SUSTANTIVOS QUE DENOTAN CAMBIO, MÁS FRECUENTEMENTE SI ES CIRCUNSTANCIAL O IMPREVISIBLE: **25 cambio:** ...una sociedad en crisis *sometida* a cambios constantes y a grandes desniveles sociales y económicos. LPN070197 **26 fluctuación:** ...los intereses que se aplican sobre el préstamo, sin estar *sometido* a las fluctuaciones del mercado de divisas. EME180795 **27 modificación:** ...se niegue a «abrir» el acuerdo sobre la evacuación de Hebrón, para *someterlo* a modificaciones. EME030996 **28 alteración:** ...el mundo, ilusión radical y definitiva, ya que está *sometido* a constante alteración, a no ser real jamás, a ocultarse tras una serie de apariencias... EME130796 **29 vaivén –:** ...y un verdadero problema de Estado que no se debería *someter* a los vaivenes del juego político. LRE090103

D SUSTANTIVOS QUE DENOTAN CONTROL O DESIGNAN ALGUNAS FORMAS DE EJERCERLO. TAMBIÉN CON OTROS QUE EXPRESAN SITUACIONES DE FUERZA, COERCIÓN O INESTABILIDAD FÍSICAS O ANÍMICAS ORIGINADAS POR ALGÚN AGENTE EXTERNO: **30 control +:** La censura afecta a los periodistas de televisión, que deben *someter* sus cintas a un control doble. EDV270499 **31 vigilancia +:** Al condenado se le puede obligar a residir o no en un lugar asignado y *someterse* a la vigilancia que ordene un tribunal... SVG191097 **32 acoso:** El que denuncia en estos términos el acoso policial al que está *sometido* en Marruecos no es un ex preso político... EPE041101 **33 interrogatorio +:** ...mientras se *sometía* a los dos arrestados a un largo interrogatorio en las dependencias de la Jefatura Superior de Policía. ENC120101 **34 restricción:** ...sus periodistas están *sometidos* a las mismas restricciones de movimientos que los diplomáticos... ETC130297 **35 tensión:** Luego vuelves al trabajo y a estar *sometido* a una gran tensión, aunque aprendes a tomártelo de otra manera. EPE221001 **36 presión:** ...ocho candidatos se ven *sometidos* a una presión tal que difícilmente pueden disimular su comportamiento natural. LVE071296 **37 estrés:** Por lo tanto, las personas que están *sometidas* a mucho estrés, tienden a enfermarse más frecuentemente. ENH300697

E SUSTANTIVOS QUE DESIGNAN NORMAS O DISPOSICIONES, ASÍ COMO LAS INSTITUCIONES QUE LAS REPRESENTAN O DE LAS QUE PROCEDEN: **38 ley +:** ...todos tenemos que sentirnos *sometidos* a la ley, ante la autoridad de la ley no debe haber posición económica, social o política. RUM061097 **39 norma:** De hecho, es mucho más sencillo *someterse* a una norma estricta y aburrida, gris y rutinaria... EME160394 **40 reglamentación:** ...para prestar servicios que están *sometidos* a una reglamentación que, teóricamente, es en condiciones de igualdad. EME280995 **41 regulación:** ...es que los cigarrillos se *sometan* a una regulación similar a la de un medicamento. EPE120599 **42 sentencia:** ...para que la UEFA se *sometiera* a la sentencia del Tribunal de Justicia de la UE sobre el caso Bosman. LVE050396 **43 legislación:** Estarían *sometidos* a una legislación muy estricta y su misión sería solamente defender un territorio determinado... ETC020497 **44 justicia:** De todos los casos en que los jóvenes admitieron su culpa y aceptaron *someterse* a la justicia... LVE190696

F SUSTANTIVOS QUE DENOTAN DESEO O SOLICITUD: **45 demanda:** ...se produce en el momento de mayor consumo de este producto, *sometido* a una demanda de ciclos muy marcados. EME010796 **46 exigencia:** ...por haberse *sometido* a la exigencia europea de aplazar seis meses la puesta en práctica del artículo más polémico de esa ley... EPD180796 **47 voluntad:** El texto siempre será mejorable pero necesariamente ha de ser estable y ser *sometido* a la voluntad de los legisladores... LVE250596 **48 deseo:** ...ha estado siempre *sometido* a un deseo de las administraciones de poder controlarlo a través de censar el número de chabolas. EME010995

G SUSTANTIVOS QUE DESIGNAN ACCIONES HOSTILES, A MENUDO VIOLENTAS: **49 ataque +:** ...la defensa de los refugiados ruandeses, *sometidos* a los ataques del ejército zairense... PME011296 **50 agresión +:** ...cuando intentaba defender a su madre de las agresiones a las que estaba siendo *sometida*. EPE100999 **51 saqueo:** Esa mañana, las tropas de Carlos V asaltaron la ciudad, *sometiéndola* a un feroz saqueo que duró semanas enteras. ABC120293 **52 hostigamiento:** ...por lo que no es de extrañar que la misma haya sido allanada y *sometida* a un hostigamiento permanente. LHG140797 **53 destrucción:** ...que actuó desesperadamente como consecuencia de haber sido *sometidos* a una destrucción en masa. EPE111299

H SUSTANTIVOS QUE DESIGNAN DIVERSAS FORMAS DE SANCIÓN, AFRENTA, DEGRADACIÓN O IGNOMINIA: **54 castigo +:** Los desgraciados que caen en estas redes son *sometidos* a brutales castigos por parte de sus «señores»... EME221095 **55 tortura +:** ...eran conducidas a lugares especiales, en los que eran *sometidas* a torturas, castraciones, mutilaciones, ultrajes... LHG140797 **56 vejación +:** Los periódicos contaron que, antes de ser estrangulada, la joven había sido *sometida* a todo tipo de vejaciones... EPE170499 **57 humillación:** ...aquella vida castrense presidida por el irracional juego a la guerra en la paz, *sometida* a la humillación diaria y a una gratuita crueldad... ABC300994 **58 esclavitud:** Hay miles de niñas *sometidas* a esclavitud sexual, porque hay clientes de sobra para semejante negocio. CAN070301 **59 malos tratos:** ...que permitan pensar que el acusado *sometiera* a su mujer a malos tratos continuados. EDV070201

I OTROS SUSTANTIVOS; POSIBLES USOS ESTILÍSTICOS: ...la representación colombiana ante países amigos está *sometida* a una lentitud desesperante. ETC140175

▩ Se combina también con: ♦ **gustoso**[4] ♦ **cobardemente, con gusto, de buen grado**[14]**, voluntariamente**

☐ Véase también: **sujeto (a).**

[son] → **al son (de), en son de guerra, en son de paz**

son ♦ **acompasado**[14]**, apagado, armonioso, cansino**[18]**, melodioso** ♦ **ritmo (de)**

[sonante] → **contante y sonante**

sonar ♦ **agradablemente, a lo lejos**[29]**, a rayos, armónicamente, armoniosamente**[38]**, a toda pastilla**[8]**, estrepitosamente**[30]**, estruendosamente, gratamente**[10]**, horriblemente, insistentemente**[14]**, intensamente**[2]**, lastimeramente, melodiosamente, vagamente**[12]

☐ Véase también: **aplaudir, cantar, chasquear, chillar, clamar, corear, entonar, gorjear, gritar, jadear, llamar, maullar, murmurar, ovacionar, piar, repicar, resonar, retumbar, silbar, tañer, vocear.**

sondeo ♦ **amplio, demoscópico, de opinión, discutible, disponible, electoral, en profundidad, esperanzador, fiable, oficial, petrolífero, preelectoral, telefónico, térmico** ♦ **a tenor (de)**[24]**, de acuerdo (con), en función (de), según** ♦ **resultado (de)** ♦ **analizar, anticipar (algo), apuntar (algo), arrojar un resultado, augurar (algo), coincidir, comentar, confirmar (algo), demostrar (algo), difundir, divergir, efectuar, encabezar, encomendar (a alguien), estudiar, ganar (en), hacer, indicar (algo), llevar a cabo, llevar ventaja (en), mostrar (algo), poner de manifiesto (algo), predecir (algo), pronosticar (algo), publicar, realizar, reflejar (algo), registrar (algo), responder (a), revelar (algo), vaticinar (algo)**

sonido ♦ **acompasado**[13]**, ahogado, apagado, armónico, armonioso, áspero, atronador, bello, brillante, bronco, cadencioso, cálido**[37]**, cavernoso, cercano, claro, continuo, cristalino**[5]**, débil, digital, discontinuo, discordante, electrizante**[3]**, electrónico, empastado, entrecortado, envolvente, estentóreo, estereofónico, estrepitoso, estridente**[1]**, fuerte, gutural**[1]**, horroroso, impecable, imperceptible, inaudible, inconfundible, lastimero**[3]**, lejano, limpio, luminoso, martilleante, melodioso, metálico, musical, oscuro, pegadizo**[21]**, penetrante, profundo, ronco, rotundo, seco, tenue, transparente, vibrante** ♦ **entre**[30] ♦ **acallar**[16]**, ahogar(se)**[3]**, amortiguar**[10]**, amplificar, apagar(se), arrancar (a algo), articular, aumentar, captar, clavar**[9]**, crecer, distorsionar, emanar, emitir, empastar, escuchar(se), grabar, imitar, inundar (algo), lanzar, llegar (a alguien), mezclar, oír(se), percibir(se), perderse, persistir, producir(se), pronunciar, quebrar(se), registrar, reproducir, retumbar, reverberar, soltar, surgir (de), transmitir, tratar, vibrar, zumbar**

☐ Véase también: **acento, afinadamente, alarido, alarma, alboroto, aplauso, armoniosamente, aullido, bronca, canción, chillido, chillonamente, clamor, eco, estrépito, estruendo, estruendosamente, follón, gemido, griterío, grito (de), jaleo, melodía, murmullo, música, onda, ovación, pieza musical, pitada, pitido, quejido, resonancia, ritmo, ruido, rumor, silbido, silencio, son, tonalidad, trifulca, tumulto, vítores, voz.**

SONIDO Véase:
♦ **cantarín, estentóreo**
♦ **afinadamente, chillonamente, estruendosamente**
♦ **acento, alarido, alarma, alboroto, aplauso, aullido, canción, cántico, chillido, clamor, eco, estrépito, estribillo, estruendo, follón, gemido, griterío, grito, himno, jaleo, melodía, música, onda, ovación, pieza musical, pitada, pitido, quejido, resonancia, ritmo, ruido, rumor, silbido, silencio, sonido, tonalidad, vítores, voz**
♦ **abuchear, aplaudir, cantar, chasquear, chillar, clamar, corear, entonar, gorjear, gritar, jadear, llamar, maullar, murmurar, ovacionar, piar, poner música, repicar, resonar, retumbar, silbar, sonar, tañer, vocear**
□ Véase también: *PERCEPCIÓN*.

SONIDO
♦ (SUSTANTIVOS) Véase: **acallar[B], acompasado[B], ahogar(se)[A], amortiguar[B], arreciar[B], a toda pastilla[C], brotar[F], cálido[G], cansino[D], celestial[A], clavar[B], concertar[H], contagioso[B], cristalino[B], dar[C], de oro[C], desaforado[A], desatar(se)[H], difuminar(se)[C], discordante[A], electrizante[A], entre[D], entrecortar(se)[A,C], estridente[A], fantasmal[E], frenético[B], gutural[A], hondo[E], incontenible[E], infernal[A], lastimero[A,C], levantar[H], mundanal[A], pegar[B], proferir[C], punzante[F], quebradizo[B], rechinar[A], redondo[F], sarta (de)[F], sepulcral[B], silenciar[B], sofocar[D], soplo (de)[B], unánime[E]**
♦ (VERBOS) Véase: **a coro[A,B,C], a la cara[C], a lo lejos[F], al unísono[A], armoniosamente[F], a toda pastilla[B], a todo pulmón[A], como (un) loco[A], de lo lindo[E], estrepitosamente[F], insistentemente[C], romper (a)[B], teatralmente[B]**
□ Véase también: MÚSICA.

sonreír *v.* ▌En su sentido literal se construye con sujetos de persona. En el no literal suele admitir complementos indirectos y se combina con...

A EL SUSTANTIVO *SUERTE* Y CON OTROS QUE DESIGNAN DE FORMA DIVERSA LAS CIRCUNSTANCIAS O LOS ELEMENTOS FAVORABLES QUE ACOMPAÑAN A LOS ACONTECIMIENTOS: **1 suerte** ++: ...no sólo atraviesa por un buen momento sentimental, porque también le va bien en los negocios y la suerte le *sonríe*... EXP020797 **2 fortuna** ++: Si en el gobierno de Cárdenas González la fortuna le *sonrió*, en el de Américo Villarreal, que se inició en 1987, se le abrieron las puertas de la política... PME131096 **3 circunstancia**: ...en un partido al que las circunstancias le han *sonreído* estos meses como no volverán a sonreírle jamás. EME310594 **4 azar**: Parecía que el azar por fin le *sonreía*. INDOC **5 carambola** –: A menos que las carambolas que ayer le *sonrieron* tuerzan el gesto en el transcurso de la última jornada. EPE140699 **6 ruleta** –: Al igual que en la final de la Liga de Campeones, al Manchester de nuevo le *sonrió* la ruleta. EPE011299 **7 cielo**: El Barça ha centrado muchas de sus ambiciones, no todas, en Ronaldo, y los cielos y la tierra le *sonríen*. EME271096

B ALGUNOS OTROS SUSTANTIVOS QUE DESIGNAN DIVERSOS ESTADOS, SITUACIONES Y CIRCUNSTANCIAS CONSIDERADOS PROPICIOS: **8 vida** ++: ...todos los que están a su alrededor dirán rápidamente que es un millonario, que la vida le *sonríe* y que puede tener todo a su alcance... LDD041197 **9 futuro** +: El rival fue Rodney Wilson y el futuro pareció *sonreírle* nuevamente... CLA990121 **10 destino** +: El destino *sonríe* de nuevo al Manchester. EPE011299 **10 amor**: Pierde el apoyo de sus amigos y de los jóvenes creadores. Tampoco le *sonríe* el amor. ABC160793 **12 jubilación** –: A su consuegro, Herr Lutz, la jubilación le *sonríe* un 20% menos. EME180296

C SUSTANTIVOS QUE DESIGNAN LA CULMINACIÓN FELIZ DE ALGO, ASÍ COMO, POR EXTENSIÓN, DIVERSOS ESTADOS QUE SE ASOCIAN CON LA SUPERIORIDAD, EL MÉRITO O LA EXCELENCIA: **13 éxito** ++: A Brasil le encanta jugar en Córdoba, el éxito le *sonríe* inevitablemente. CLA010628 **14 victoria** +: Soutullo la integrará en la música popular y los ciclistas ponteareanos la hacen sonar si la victoria les *sonríe* a las pedaladas finales. LVE241096 **15 triunfo**: Al final, el triunfo *sonrió* a Enrique Domínguez, que se impuso en el desempate a Carlos Pérez. ENC010301 **16 gloria**: ...cada plumífero o «especialista» local creerá que todo marcha sobre ruedas y que la gloria literaria, así sea en Coelemu, le *sonríe* como es debido. HOY181196 **17 fama**: La fama le *sonrió* a Henry Roth en pleno retiro, mediados los años sesenta, con una edición de bolsillo de «Llámalo sueño»... EME161095 **18 ventaja**: ¿Por qué jugó mejor en ese momento y no cuando la ventaja le *sonreía* abiertamente? Son cosas del baloncesto... EPE140499

D SUSTANTIVOS QUE DESIGNAN DATOS O RESULTADOS DE NATURALEZA CUANTITATIVA: **19 resultado**: ...a pesar de que el resultado del partido de ida (1-2) *sonríe* de forma manifiesta al conjunto bilbaíno. EPD300997 **20 número**: Todavía está a siete unidades de la punta, pero, hoy, el fútbol y los números le *sonríen*. LNP120597 **21 encuesta**: Aunque las encuestas le *sonríen*, el Partido Laborista no oculta su temor a que cualquier traspié invierta el panorama electoral. EME110596 **22 índice de audiencia**: Ahora que los índices de audiencia le han *sonreído*, ¿dejará de inquietarse o teme los siguientes? LVE110595 **23 marcador**: ...por mucho que ayer le *sonriera* por una vez el marcador con una victoria ante el Racing. EPE270999 **24 tanteador**: ...a condición de que derrotara a Unanue, perdiera Alustiza (que se mide a Eugi) y le *sonrieran* los tanteadores acumulados hasta la fecha. EPE021299

E OTROS SUSTANTIVOS; POSIBLES USOS ESTILÍSTICOS: ...ellos mismos se encargan de hacer ostentación de la impunidad que les *sonríe*... EUV060499; ...Vi unos ojos pardos, rozando el verde, que me *sonreían*. LVE171296; Es esa chispita que te *sonríe* y hace que la vida sea más tolerable. EPE280199

▒ Se combina también con: ♦ **abiertamente[28], afablemente, amablemente, beatíficamente, con franqueza[5], descaradamente[31], enigmáticamente, maliciosamente[32], ostensiblemente[56], plácidamente[59], por lo bajo[8]**
□ Véase también: **carcajada, reír(se), risa, sonrisa**.

sonrisa ♦ **abierto, agridulce[40], alegre, amable, amargo[37], amistoso, amplio, apagado, beatífico[1], benevolente, burlón, cálido[29], caluroso, cándido[1], cautivador, complacido, complaciente, cómplice,**

contagioso[2], cordial, de compromiso, de oreja a oreja, desbocado, desbordante[53], despectivo[22], diáfano[22], diplomático, displicente[11], encantador, enigmático, enorme, esperanzador, espontáneo, eterno, fácil, falso, forzado, franco, hermoso, imperturbable, indeleble[17], ingenuo, irónico, ladeado, leve, malévolo, malvado, medio, ostensible[60], permanente, pícaro, plácido, pleno, quebrado, relajado, resplandeciente, sardónico[2], sincero, soñador, tenue, tímido, vivaz[5] ♦ amago (de) ♦ agriar(se)[7], amagar[3], apagar(se), arrancar (a alguien), asomar, borrar(se), brotar, clavar[3], cultivar, dedicar(le) (a alguien), delatar[24], denotar[13], derramar, deshacerse (en)[15], desparramar, desvanecer(se), dibujar, esbozar, exhibir, forzar, helarse (a alguien), iluminar (el rostro), insinuar, lanzar (a alguien), lucir, mantener, obsequiar (a alguien), perder, prender, prodigar[2], provocar, recobrar, recuperar, regalar (a alguien), repartir ☐ Véase también: **gesto (de), risa.**

SONRISA Véase: CUERPO; GESTO

sonsacar ♦ dato, información, noticia, opinión, verdad

soñar ♦ despierto, impaciente[24] ♦ a lo grande[35], ávidamente[8], inútilmente[13], ni de lejos[22], plácidamente[11], remotamente[5]

so pena (de) *loc.prep.* ▌Admite la variante *bajo pena de.* Se combina con subordinadas sustantivas, sean de infinitivo *(so pena de perder todos sus privilegios)* o de verbo personal *(so pena de que se repita lo ocurrido).* También se combina con...

A SUSTANTIVOS QUE DENOTAN CASTIGO, A MENUDO DE NATURALEZA CUANTITATIVA: **1 multa ++:** Se asegura así, *so pena* de multa, que nadie, «ni directa ni indirectamente, ni por sí mismo ni a través de una subsidiaria»... DYM240796 **2 represalia +:** ...a quienes ni siquiera se podía mencionar, *so pena* de represalias severísimas. EUV120996 **3 sanción +:** ...sino también para presentar el proyecto referido *so pena* de sanciones contempladas en dicha ley sanitaria. ACP100996 **4 castigo:** Están obligados a periódicas sesiones orales de confesión delante del resto, y los niños a llevar diarios de vida, *so pena* de castigos o torturas. EPD180697 **5 penalización:** ...por obligarles a firmar un compromiso de recompra *bajo pena* de graves penalizaciones en el caso de incumplir tal obligación. EME160695

B SUSTANTIVOS QUE DESIGNAN ACCIONES QUE OCASIONAN LA PÉRDIDA DE LOS BIENES PERSONALES O DE LA LIBERTAD. TAMBIÉN CON OTROS QUE DESIGNAN ALGUNOS DE SUS EFECTOS: **6 embargo +:** Cuando uno paga religiosamente el impuesto de circulación, *so pena* de embargo, tiene derecho no a que le monten campañas disuasorias... EPE161001 **7 arresto +:** Debe presentarse cada primero de mes *so pena* de arresto temporal o domiciliario. INDOC **8 liquidación:** ¿Acaso no fue por dejación de la UE –su inventora y predicadora– por lo que las fuerzas políticas bosnias tuvieron que aceptar las ayudas de quien se las ofrecía, *so pena* de liquidación? LVE210596 **9 detención:** ...ni pueden vender libremente su fuerza de trabajo ni defender sus derechos laborales, *so pena* de inmediata detención, tortura y cárcel. DYM170796 **10 prisión:** ...la obligatoriedad de comparecer ante los requerimientos de las comisiones de investigación parlamentaria *so pena* de prisión, etc. EME220594

C SUSTANTIVOS QUE DENOTAN EXCLUSIÓN: **11 excomunión +:** Y un elegido de los dioses no puede, *bajo pena* de excomunión, negarse a cumplir con las exigencias que su destino le marque. EPE041099 **12 exclusión:** ...había dado (...) de plazo hasta el 19 de julio para abandonar el cargo de presidente (...) *bajo pena* de exclusión de esta formación política de las elecciones... LVE200796

D SUSTANTIVOS QUE DESIGNAN ACCIONES VIOLENTAS O AGRESIVAS, O INCLUSO LA PÉRDIDA DE LA VIDA: **13 muerte ++:** ...dirigieron en enero un ultimátum a los periodistas de la radio y la televisión para que abandonaran sus puestos de trabajo *so pena* de muerte. EME210395 **14 tortura +:** Están obligados a periódicas sesiones orales de confesión delante del resto, y los niños a llevar diarios de vida, *so pena* de castigos o torturas. EPD180697 **15 azote +:** ...el Cabildo dispuso que «todos los dichos Vendedores lo hagan de sol a sol, *so pena* de cien azotes»... RUM040897

E ALGUNOS SUSTANTIVOS QUE DENOTAN INFRACCIÓN O FALTA. USO INFRECUENTE: **16 delito –:** La autoridad se manifiesta dentro de cauces preestablecidos que no pueden ser violados *so pena* de delito. LPN070197 **17 vulneración:** «...a tenor de lo dispuesto por el Juzgado de Instrucción número 21 en sus autos de 20 de enero y 27 de febrero pasados, *so pena* de vulneración de derechos fundamentales». EME280395

F SUSTANTIVOS QUE DESIGNAN DIVERSAS SITUACIONES CONFLICTIVAS O ADVERSAS: **18 conflicto:** ...acabe haciendo imposible la alternancia desde la discrepancia, *so pena* de conflicto bélico o casi bélico. EPE291299 **19 escándalo:** No pueden quitarle el caso *so pena* de escándalo ni retener mucho los papeles. EME151196 **20 cataclismo:** ...donde es rigurosamente condenable escribir culo, y semejantes, *so pena* de cataclismos inimaginables. EPE260899

sopesar *v.* ▌Se combina con sustantivos que designan cosas materiales *(sopesar una cadena de oro).* En sentido figurado se combina con otros que designan informaciones verbales o textuales *(dato, noticia, palabra, discurso, texto, diálogo, expresión).* Se usa muy frecuentemente con la locución nominal *(los pros y los contras: Antes de tomar una decisión, siempre hay que sopesar los pros y los contras).* Se emplea muy a menudo con grupos coordinados que designan los dos polos de las magnitudes que se comparan *(ventajas e inconvenientes, beneficios y riesgos).* Se combina asimismo con...

A SUSTANTIVOS QUE EXPRESAN LOS ASPECTOS O LAS CUALIDADES FAVORABLES DE ALGUNA COSA: **1 ventaja ++:** Hay que *sopesar* las ventajas económicas de una moneda única fuerte... EPE020399 **2 beneficio:** ...necesitan un «periodo de reflexión» de 48 horas para *sopesar* los beneficios del acuerdo de desmilitarización... EME110494 **3 utilidad:** Sopesó la utilidad de semejante comportamiento... LVE140596 **4 conveniencia:** También se ha especulado con que *sopesó* la conveniencia de someterse a proceso antes de que termine el verano... HOY230297

B SUSTANTIVOS QUE DENOTAN DIFICULTAD, IMPEDIMENTO, OBSTÁCULO O RIESGO: **5** **inconveniente ++:** Las autonomías (...) han *sopesado* los inconvenientes que habría acarreado a sus ciudadanos permanecer fuera del nuevo sistema de financiación. EPE271201 **6** **riesgo ++:** Pero había que *sopesar* el riesgo de una respuesta serbia (...) si se ordenaban ataques aéreos. EME130695 **7** **peligro +:** Según Clinton, (...) hay que *sopesar* los peligros de una acción militar con los de la no intervención. EPE260399 **8** **dificultad:** Pero puede que el retraso sea preferible a aferrarse obstinadamente a un calendario, confeccionado por personas que no *sopesaron* bien las dificultades del proyecto... EME141295 **9** **desventaja:** Sopesaron ventajas y desventajas y cuando lo decidieron, no lo pensaron más. EME261195 **10** **problema:** Ariel Sharon *sopesó* el problema que tal decisión podría suponer para su gran protector... LRE070103 **11** **amenaza:** Fueron noches de soledad en un despacho ante unos folios en blanco, trazando hipótesis, estableciendo repercusiones, *sopesando* riesgos y amenazas... EME230795

C SUSTANTIVOS QUE DESIGNAN LA ALTERNATIVA QUE SE PLANTEA COMO PROBABLE O POSIBLE EN ALGÚN ESTADO DE COSAS: **12** **opción ++:** Washington *sopesa* la opción de un Kosovo independiente. EPE010499 **13** **posibilidad ++:** Los Zabala (...) están *sopesando* las posibilidades de convertir a Homestead en una excelente plaza boxística. DLA020597 **14** **alternativa ++:** Tras *sopesar* otras alternativas, su confianza en la honestidad de las mujeres le llevó a adoptar esta medida. EPE080899 **15** **probabilidad:** ...la reelección de Bulnes y García está entre las probabilidades *sopesadas.* HOY030397 **16** **oportunidad:** González ha *sopesado* mejor la oportunidad que se le ofrece para promocionar electoralmente a su hombre. EME161195

D SUSTANTIVOS QUE DENOTAN CONSECUENCIA O RESULTADO. TAMBIÉN CON OTROS QUE PONEN DE MANIFIESTO SU RELEVANCIA: **17** **consecuencia ++:** ...el juez se pronuncia sin «razonamiento jurídico alguno» y sin *sopesar* bien las consecuencias que se derivarían de su solicitud. EME171095 **18** **efecto ++:** Puede caerse en la tentación de explotar la noticia sensacional, pero es deber de responsabilidad *sopesar* los efectos... LHG190700 **19** **repercusión ++:** ...cree que Miguel Indurain no está «deshojando ninguna margarita, sino *sopesando* la repercusión de la decisión sobre su destino deportivo...». LVE011196 **20** **trascendencia:** ...esa decisión judicial que deben adoptar los magistrados de aquel alto tribunal será, sin duda, una decisión para la historia, de una trascendencia difícil aún de *sopesar.* LVE020895 **21** **importancia +:** Esto permitirá que los pobladores de esa región puedan *sopesar* la importancia que presta la administración departamental cochabambina al desarrollo de la región... LTB020197 **22** **alcance +:** Los mercados españoles continuaban ayer *sopesando* el alcance de las declaraciones del gobernador del Banco de España... EPD300597 **23** **incidencia:** Tampoco quiso *sopesar* la incidencia en su campaña de los «escándalos» políticos... LVE200595 **24** **resultado:** Sopesado el resultado del ejercicio, con un buen pliego de cuartillas ya en limpio, se fue a comentar el tema con el editor... LVE190995

E SUSTANTIVOS QUE DESIGNAN SUGERENCIAS O PROPOSICIONES: **25** **oferta ++:** Tiene por principio escuchar y *sopesar* cada oferta que le llega y a sus oídos llegaron números bonitos del Salamanca. EPD160198 **26** **ofrecimiento:** Consecuentemente rogaría al conseller de Cultura (...) *sopesase* su ofrecimiento al «insigne» señor T.... LVE290396 **27** **propuesta:** Los distintos clubes están *sopesando* las propuestas de las empresas de comunicación... EME230496

F SUSTANTIVOS QUE DENOTAN CAUSA O MOTIVO: **28** **argumento +:** Sin embargo, destacó que el deber de los parlamentarios es *sopesar* los argumentos de todos... ACP230996 **29** **razón +:** El líder nacionalista debe estar *sopesando* razones a favor y en contra. LVE010695 **30** **móvil:** En esos casos, los ciudadanos deberán *sopesar* otros móviles electorales... EME270595

G SUSTANTIVOS QUE DESIGNAN CUALIDADES O APTITUDES APRECIABLES DE LAS PERSONAS O LAS COSAS, MÁS FRECUENTEMENTE SI SE REFIEREN A SUS MÉRITOS O A SU IDONEIDAD: **31** **valor +:** La Alianza *sopesa* los valores españoles. EME161195 **32** **capacidad:** ...en los concursos que otorgan estabilidad en el cargo deben *sopesarse* con cuidado las capacidades técnicas específicas... CLA220199 **33** **cualidad:** «La gente no está acostumbrada a *sopesar* las cualidades y defectos de un candidato»... EME090596 **34** **condición:** Para ellos es importante que la militancia perredeísta pueda *sopesar* las condiciones de los candidatos... LDD260697

H SUSTANTIVOS QUE DENOTAN JUICIO U OPINIÓN: **35** **punto de vista +:** El tradicional cónclave de la bancada oficialista, que antes sirviera para *sopesar* algunos puntos de vista al interior del grupo (...), sirvió el martes 26 para tratar (...) de cerrar filas... CAP280900 **36** **opinión:** ...las encuestas (...) son la única forma que se conoce para *sopesar* la opinión pública. CAP260697 **37** **idea:** ...*sopesan* la idea de apreciar en esta acción procesal una maniobra dilatoria. LVE060295 **38** **impresión –:** El Ministerio de Industria tiene encima de la mesa varias ofertas de multinacionales extranjeras por lo que (...) ha decidido *sopesar* impresiones en el mercado interior. EME291096

I SUSTANTIVOS QUE DENOTAN AYUDA O PARTICIPACIÓN: **39** **aportación:** ...tal vez se requiera una mayor perspectiva para *sopesar* su aportación al cante de su tierra andaluza. ABC290193 **40** **apoyo:** Y CiU *sopesó* el apoyo a la propuesta socialista... LVE260996 **41** **contribución:** ...el aspecto que más importancia reviste para el proceso de paz sea el de *sopesar* nuestra contribución política. EPE030599

▩ Se combina también con: ♦ **debidamente**[55], **detenidamente**

☐ Véase también: **considerar, pesar, valorar.**

soplo (de) *sust.* ▮ se combina con...

A SUSTANTIVOS QUE DESIGNAN FLUIDOS, PARTICULARMENTE EL AIRE. TAMBIÉN CON OTROS QUE SE REFIEREN A CIERTAS AGRUPACIONES DE ONDAS: **1** **aire ++:** Al menos ayer, los goles fueron un *soplo* de aire fresco. CLA070497 **2** **viento +:** Pues él cambia, como las veletas, al *soplo* de viento. ETC111196 **3** **aliento +:** Al final la semana concluyó con un *soplo* de aliento. EME281095 **4** **oxígeno:** Para el Espanyol fue como un *soplo* de oxígeno, que salva una situación apurada. LVE241096 **5** **luz –:** Ahora espero al atardecer que me traiga tu compañía, un *soplo* de luz en esta eternidad, antes de volver a la tierra. EME040996

B LOS SUSTANTIVOS *VOZ* Y *MÚSICA*: **6** **voz:** ...cualquier pequeña corriente de aire, el *soplo* de nuestras voces próximas, hacían que se les levantasen imperceptiblemente algunos cabellos. ABC201291 **7** **música:** ...el gentío, como un fuelle sonoro y excitado, inhala y exhala y se ensancha con el *soplo* de una música que es precisamente eso: aire, céfiro, corriente... RUM250897

C EL SUSTANTIVO *VIDA* Y CON OTROS QUE DESIGNAN ACTITUDES Y SENTIMIENTOS FAVORABLES O POSITIVOS SOBRE SITUACIONES VENIDERAS: **8** **vida ++:** ...ha concebido su libro «Cántico» como una especie de unidad siempre creciente y animada por un mismo *soplo* de vida. BRE040797 **9** **esperanza ++:** Un *soplo* de esperanza recorre la comunidad de Xamán y el sistema de administración de justicia... PLG080796 **10** **libertad:** ...lo decían sus mensajes: «Algún día va a llegar el *soplo* de la libertad». HOY190183 **11** **optimismo +:** ...aunque moderada, no estaba contemplada en las previsiones lo que se ha traducido en un ligero *soplo* de optimismo. LVE250195 **12** **ilusión:** ...falta un *soplo* de ilusión y de orgullo vencedor. EME060395 **13** **consuelo:** ...el ángel que trae un *soplo* de consuelo y esperanza a algunas almas demolidas... LVE110296 **14** **felicidad:** ...dejaban perder sus miradas por aquel *soplo* de felicidad que sobrevolaba la cámara de un país exaltado. LVE010795

D SUSTANTIVOS QUE DENOTAN INSPIRACIÓN O SE REFIEREN A LAS FUENTES QUE LA PROPORCIONAN: **15** **imaginación:** El remate de faena, con pausados recortes, adornos y desplantes fue un arrebato de pasión y un *soplo* de imaginación. EME170594 **16** **inspiración +:** Tanto si se atribuye la poesía al *soplo* de la inspiración, al dictado al oído de un primer verso... LVE141096 **17** **musa:** No basta escribir bien. Hace falta el *soplo* de la musa. EME151195

E OTROS SUSTANTIVOS; POSIBLES USOS ESTILÍSTICOS: ...como un *soplo* de gratitud condenada por la perfección del sacrificio. EME200595; ...abrigaba un *soplo* de recelo sobre el Gobierno del PP, el paquete de medidas económicas lo ha pulverizado. LVE120696

☐ Véase también: **hálito (de), inyección (de).**

soponcio ♦ **al borde (de)[6]** ♦ **dar (a alguien), entrar[28], llevar(se)**

☐ Véase también: **patatús, telele.**

soportar ♦ **a duras penas[30], a pie firme[2], con firmeza, de buen grado[7], dignamente[20], en carne propia[3], estoicamente, heroicamente[3], pacientemente, resignadamente, sin pestañear[2]**

☐ Véase también: **aguantar.**

soporte ♦ **actuar (de), carecer (de), dar[5], servir (de)**

☐ Véase también: **apoyo, base, fundamento.**

[sorbo] → **a sorbos, de un sorbo**

sorbo ♦ **ligero, pequeño** ♦ **beber, echar[55], tomar**

☐ Véase también: **trago.**

sordera ♦ **absoluto, completo, gubernamental, habitual, leve, ligero, oficial, parcial, profundo, secular, supino, total** ♦ **grado (de), síntoma (de)** ♦ **atacar (a alguien), corregir, curar(se), padecer, sobrevenir (a alguien), sufrir (de), tener, venir (a alguien)**

[sordo] → **de sordos**

sordo ♦ **como una tapia, ligeramente, parcialmente, por completo, totalmente**

sordo (a) ♦ **clamor, demanda, inquietud, llamada, llamado, llamamiento, petición, queja, reclamo**

sorprender ▮ *(descubrir)* ♦ **con las manos en la masa, in fraganti[3]**

▮ *(impresionar)* ♦ **agradablemente, desfavorablemente[7], en falso[13], enormemente, favorablemente, gratamente[1], poderosamente[38], tremendamente, vivamente[29]**

[sorpresa] → **con sorpresa, por sorpresa**

sorpresa ♦ **agradable, auténtico, desagradable, descomunal, enorme, gozoso, gran(de), grato, ligero, lindo, mayúsculo[8], menudo, monumental[67], pequeño, profundo, súbito, terrible, verdadero** ♦ **ante, con, salvo** ♦ **cadena (de), caja (de), fuente (de), pozo (de)[34]** ♦ **acarrear, aguar(se)[2], arrojar[47], asimilar, caber[14], causar[19], constituir, cundir, dar[352], deparar (a alguien), despertar[21], dosificar[18], encontrar(se) (con), esperar(le) (a alguien), evitar, experimentar, expresar, haber, imaginar(se), levantar[61], llevarse, mostrar, ocasionar, ocultar, paralizar (a alguien), producir(se), provocar, recibir, recuperarse (de), reponerse (de)[4], resultar, saltar, sobreponerse (a)[19], suponer, surgir, tener, transformar(se) (en), tropezar(se) (con)[9]**

☐ Véase también: **asombro, atónito, fascinación, perplejidad.**

SORPRESA

♦ (ADJETIVOS) Véase: **pillar (a alguien)[A]**

♦ (SUSTANTIVOS) Véase: **arrojar[I], caber[C], causar[C], colmar (de)[G], cundir[C], despertar[C], dosificar[E], inspirar[I], levantar[M], mayúsculo[B], monumental[I], pozo (de)[D], recobrarse (de)[C], reponerse (de)[A], sembrar[L], sumir(se) (en)[I]**

♦ (VERBOS) Véase: **poderosamente[F]**

sortear *v.* ▮ En el sentido de 'evitar, eludir o esquivar' admite sustantivos que designan múltiples cosas y personas que se pueden interpretar como impedimentos u obstáculos en alguna actuación *(sortear un atasco de tráfico; ir sorteando a la gente)*, entre ellos los que designan sistemas o instituciones *(sortear a la justicia, a la policía, al gobierno)*. Acepta también los que designan cosas lanzadas o esgrimidas por algún oponente *(sortear las flechas, las balas, los argumentos, las invectivas)*. Se combina asimismo con...

A SUSTANTIVOS QUE DESIGNAN OBJETOS VERTICALES QUE SE INTERPRETAN COMO OBSTÁCULOS. VARIOS DE

ELLOS SE USAN EN SENTIDO FÍSICO Y TAMBIÉN EN EL FIGURADO: **1 barrera:** ...el asunto de no comer nada, de desear nada para no ser y *sortear* así la barrera de la naturaleza para trascenderla, no tiene mucho que ver con la moda. EPE140499 **2 muro:** Según algunas fuentes, que han *sorteado* el impermeable muro de silencio impuesto por los norteamericanos, Serbia y Croacia negociarán... EME041195 **3 barricada:** ...estudian una nueva táctica de asalto por la calle de atrás y se lanzan en formación intentando *sortear* la barricada. EME060895 **4 valla:** Y, si también se logra *sortear* esta valla, ya que pasa sólo un cuadro, los Cóndores deberán enfrentar otro cuadrangular ante Argentina... LEC110997

B OTROS SUSTANTIVOS QUE DESIGNAN OBSTÁCULOS E IMPEDIMENTOS, ASÍ COMO LA ACCIÓN QUE EJERCEN: **5 obstáculo ++:** ...tendrá ahora que seguir el camino en solitario y *sortear* los obstáculos que los extremistas de uno y otro lado representan. EME061195 **6 dificultad ++:** ...se quedó desde 1994 hasta febrero de este año, *sorteando* las dificultades del idioma para comunicarse con sus alumnos... CAP091097 **7 escollo +:** A un paso, como esta breve sinopsis puede hacer intuir de la fotonovela, Lean *sortea* el escollo con generosas cargas de verdadero cine... LVE050996 **8 inconveniente +:** ...éste todavía no ha podido *sortear* los inconvenientes que le plantea el descontento popular. LPA270492 **9 traba +:** Sorteando no pocas trabas burocráticas, impuestas por la situación política del país vecino, organizaciones no gubernamentales (...) comenzaron el pasado año a organizar encuentros... EPE201299 **10 tropezón:** Lo creo, pero asimismo creo que le faltó la fibra que dan los años para *sortear* el tropezón. LVE280295 **11 obstrucción:** Para ello tuvieron que *sortear* la obstrucción del comisario holandés Hans Van den Broek y de sus servicios... EPE200799

C SUSTANTIVOS QUE DESIGNAN NORMAS O SISTEMAS QUE ES HABITUAL CONCEBIR COMO TRABAS O IMPEDIMENTOS, GENERALMENTE LEGALES O ADMINISTRATIVOS: **12 burocracia:** ...la enfermera (...) sí fue clara a la hora de apuntar que las muestras bajo sospecha *sorteaban* la burocracia habitual en estos casos... EPE130299 **13 legalidad:** ...propuso (...) mantener únicamente la ikurriña en el balcón del Ayuntamiento y, por otra parte, *sorteando* la legalidad, no colocar ninguna bandera en el citado lugar... EME160895 **14 ley:** Para aumentar el tiempo de publicidad, algunos canales intentan *sortear* la ley incluyendo dentro de ciertos programas la autopromoción... LVE150295 **15 sistema:** Aquí, de algún modo, evidencia su rebeldía y desenfado para *sortear* el sistema. CAR241197 **16 norma:** ...acostumbrada a *sortear*, en los foros, las normas más compactas y a encontrar las rendijas por las cuales introducir argumentos de sentido común. EPE150699

D SUSTANTIVOS QUE DESIGNAN SITUACIONES DE RIESGO O AMENAZA: **17 peligro ++:** ...la necesidad de que la economía mexicana se ajuste con una política monetaria restrictiva para *sortear* el peligro de una espiral inflacionista. LVE020295 **18 trampa +:** ...que ha sabido *sortear* las trampas y extremismos en los que a veces han caído los colectivos marginales... EME170695 **19 coacción:** ...hasta qué punto se puede presionar a un Gobierno (...) por mucha falta de cintura de que haya hecho gala hasta ahora para *sortear* el chantaje... LVE210995 **20 campo de minas:** Mientras Butros Ghali cosechaba todas estas críticas (...) mKofi Annan *sorteaba* el campo de minas con maestría. LVE141296 **21 bache:** ...ha *sorteado* muchos baches y ha sido capaz de llegar de nuevo a las urnas con la etiqueta de demócrata. EPE011287

E SUSTANTIVOS QUE DESIGNAN DIVERSOS ESTADOS DE CARENCIA, DIFICULTAD, INCONVENIENCIA O ADVERSIDAD: **22 crisis ++:** Las autoridades del Hospital de Clínicas están realizando gestiones para cobrar unos 6 millones (...) a fin de *sortear* la grave crisis que atraviesa ese establecimiento. CLA050199 **23 problema ++:** El estudio más reciente (...) ha sabido *sortear* los problemas que plantea la estadística. EME140995 **24 contratiempo:** ...la dirección del club trata de *sortear* los contratiempos desde la apariencia de tranquilidad. EPE190900 **25 caos:** No me refiero a los vehículos: modernos, silenciosos, confortables, calientes en tiempo desapacible, versátiles para *sortear* el caos circulatorio. EPE261101 **26 enfrentamiento:** ...ve cómo ha de *sortear* un enfrentamiento inesperado entre su individualidad y el grupo social hasta entonces cohesionado... LVE190796 **27 guerra:** Tras *sortear* la guerra diplomática entre Francia y Estados Unidos, el ghanés consiguió ayer en una reunión... EME141296 **28 hambre:** Él es testigo imprescindible de los tiempos donde tuvo que *sortear* el hambre a base de ingenio y facultades. EPE100599 **29 carencia:** Se *sortean* las carencias de la trama con un estilo aparentemente virtuoso y la notable banda sonora de Vladimir Cosma. LVE051195 **30 conflicto:** En cambio, las historias se centran en los conflictos que la heroína debe *sortear* cuando el amor llama a su puerta... CLA260199 **31 adversidad:** ...se le atragantan los rivales clónicos, una evidencia de la falta de alternativas futbolísticas para *sortear* la adversidad. EPE110199 **32 intriga:** ...ha dado pruebas sobradas de otras virtudes: (...) astucia para *sortear* las intrigas... EME040396 **33 escándalo:** ...ha *sorteado* más escándalos y acusaciones por la gestión de su gobierno y de sus más estrechos colaboradores que cualquier antecesor... CLA110199 **34 polémica:** Ha sabido *sortear* la enorme polémica que se generó y ha salido indemne del escándalo. INDOC **35 presión:** La Secretaria de Justicia norteamericana (...) *sortea* las presiones republicanas para que se nombre un fiscal especial que investigue las donaciones... EUV150497

F SUSTANTIVOS QUE DESIGNAN DIVERSAS FORMAS DE CONTROL O COACCIÓN. TAMBIÉN CON OTROS QUE EXPRESAN PETICIONES O DEMANDAS REALIZADAS CON DIFERENTE INTENSIDAD: **36 control +:** Con esta artimaña confiaban poder *sortear* los controles policiales en el trayecto desde un laboratorio clandestino de Holanda hasta Valencia... EPE241199 **37 vigilancia:** Es evidente que los camiones transitan por el corazón comercial de la ciudad *sorteando* la vigilancia que actualmente existe. LNP270297 **38 acoso:** En alguna ocasión, hay constancia, tuvo que hacer uso de unas afiladas tijeras para *sortear* el acoso. EME030396 **39 cerco:** ...acto al que pudo asistir después de *sortear* el cerco de las milicias serbias sobre la capital bosnia. LVE170996 **40 chantaje:** ...una presión insistente y un chantaje descarado nada fáciles de *sortear*. INDOC **41 exigencia:** La solución para *sortear* esta exigencia, a la que el Reino Unido no ha renunciado, consiste en la creación de una comisión internacional... EME091295 **42 pregunta:** ...sus portavoces han recurrido en numerosas ocasiones al «sin comentarios» para *sortear* las preguntas de los más descarados... EPE200699 **43 censura:** ...pudo ser considerado en su época como otro más de los productos eróticos que intentaban *sortear* la férrea censura. LVE140896 **44 boicot:** ...parece evidente que los productos marroquíes no tendrán grandes dificultades para *sortear* cualquier boicot que pretenda imponérseles... LVE300895 **45 bloqueo:** Sería algo más que un simple estatuto de autonomía que permitiera *sortear* el bloqueo actual... EPE240199

G SUSTANTIVOS QUE DESIGNAN DIVERSAS MANIFESTACIONES DE DISCONFORMIDAD U OPOSICIÓN: **46 acusación:** ...se filtró que la cúpula de su partido estaba estudiando esa renuncia para *sortear* las acusaciones contra (...) en la instrucción llevada a cabo por el Tribunal Supremo. EPE230499 **47 amenaza:** ...la democracia se abrió paso en España *sorteando* gravísimas amenazas del involucionismo y del terrorismo... LVE090895 **48 crítica +:** ...se opuso a principios de la década de los ochenta a la corriente abstracta, *sorteando* críticas de mimetismo a la vanguardia internacional... ABC210593 **49 discusión:** En lo cotidiano, ¿cómo *sortean* las discusiones y los problemas? CAR090198 **50 injuria:** «Dioses de barro» *sortea* con habilidad la injuria y la delación, pese a calificaciones tan rotundas para algunos personajes como «lobo financiero»... ABC190293 **51 queja:** ...insistió en culpar únicamente a la empresa constructora de lo ocurrido para *sortear* las quejas de los vecinos... EPE031099

H SUSTANTIVOS QUE DESIGNAN SITUACIONES DE INCERTIDUMBRE: **52 sombra:** ...le corresponde *sortear* las sombras que él mismo ha creado, y debe acostumbrarse a convivir con sombras sobre su actuación pública y privada. EPE170399 **53 disyuntiva:** ...la nueva presidencia francesa deberá *sortear* la disyuntiva entre populismo estatista y reforma liberalizadora... LVE140595 **54 contradicción:** ...también debe *sortear* un mar de contradicciones en la vida real: erudito del heavy metal (...) debe moverse al mismo tiempo entre los colores pasteles de la farándula... ENV021000 **55 incertidumbre:** Su esposo aporta, *sorteando* la incertidumbre salarial y el miedo al desempleo. EXC270596 **56 temor:** ...la asociación, que dice tener 8.200 socios, abrirá sus puertas a las esposas de los militares para *sortear* el temor de los que están en activo a resultar sancionados. EPE120399

I OTROS SUSTANTIVOS; POSIBLES USOS ESTILÍSTICOS: La protagonista sin nombre (...) quiso *sortear* el amor, por temor a olvidarse de quién era. EME130496; Capaz de mimetizarse en cualquier papel, incluso capaz de *sortear* olvidos, malintencionados o no. EPE011199; Y es que la muerte va posando en los objetos una ligera transparencia y, *sorteando* silencios, llega a su reducto propio. ABC260692

☐ Véase también: **eludir, esquivar, soslayar.**

[sorteo] → por sorteo

sorteo

♦ extraordinario, público, reñido[40] ♦ conforme (a), mediante, por, según ♦ ganador (de), premio (de), resultado (de) ♦ amañar, asistir (a), celebrar(se), decidir (algo), deparar[5], efectuar, favorecer (a alguien), impugnar, participar (en), presenciar, proceder (a), producir(se), tener lugar

sosegar(se)

v. **I** Se combina con sustantivos de persona, así como con...

A SUSTANTIVOS QUE DENOTAN ESTADO DE ÁNIMO, MÁS FRECUENTEMENTE SI ES EXALTADO O NERVIOSO. TAMBIÉN CON OTROS QUE DESIGNAN ALGUNAS DE SUS MANIFESTACIONES: **1 ánimo ++:** Mandela, 76 años, con la salud muy deteriorada, trata de *sosegar* los cada vez más crispados ánimos de quienes le creyeron a pies juntillas. EME270195 **2 espíritu +:** ...recomendamos a los amantes de poesía que acudan a L'Espai, donde podrán satisfacer su síndrome de abstinencia y *sosegarán* el espíritu. LVE100396 **3 nervios:** Los inversores a largo plazo tienen los nervios más *sosegados.* EME110394 **4 crispación:** En cuanto a la crispación en el seno de la UGT, que yo nunca llegué a entender muy bien, me parece que se está *sosegando* porque se desencadenó una especie de locura, una cosa imprevisible. EME021095 **5 delirio:** He dejado prácticamente de escribir en el momento en que, al *sosegarse* mi delirio, me he convertido en la víctima de una modestia perniciosa, nefasta para esa febrilidad de la que emanan las intuiciones y las verdades. ABC310192

B SUSTANTIVOS QUE DENOTAN CONFRONTACIÓN O INTERCAMBIO GENERALMENTE VERBAL: **6 debate ++:** La ocasión parece tan buena como cualquier otra (...), para intentar racionalizar y *sosegar* el debate... LVE240195 **7 diálogo +:** Pero a mi modo de ver hay otros aspectos que me parecen relevantes, cual es, pongo por caso, el diálogo interdisciplinario *sosegado...* LVE131096 **8 discusión +:** Y es que decidir si un edificio merece conservarse debe ser fruto de una reflexión lo más científica posible y de una discusión *sosegada...* LVE081096 **9 polémica:** Ahora que la polémica parece estar más *sosegada* (...), vale la pena detenerse en la lectura de un libro... LVE201094 **10 declaración –:** ...el abogado dijo (...) que «la declaración se había realizado de acuerdo con el plan previsto», y que «había sido muy *sosegada* y beneficiosa para sus intereses». EPE020889

C SUSTANTIVOS QUE DENOTAN ESTADO O SITUACIÓN CIRCUNDANTE: **11 ambiente ++:** Una vez pasado el mal momento, Indurain se sentó y consiguió *sosegar* el ambiente para empezar a responder las preguntas de una de sus últimas apariciones... EME011095 **12 clima ++:** «Entendemos», continuaba, «que los representantes del PNV en Markina hayan podido obrar en el convencimiento de que tal decisión podría ayudar a *sosegar* el clima que se está viviendo». EPE170800 **13 atmósfera:** El espectáculo Moratín/Narros (...) se halla inmerso en la atmósfera *sosegada* que logra crear el buen oficio del director... LVE230996 **14 entorno:** Con un entorno internacional más *sosegado* y positivo y una situación interna menos agitada, la bolsa entró en el mes de febrero con un pie más firme. LVE050295 **15 situación:** ...se debatieron ampliamente (...) las acciones que debería llevar a cabo tanto el Ejecutivo como el partido para *sosegar* la situación... LVE170195 **16 panorama:** Supo pactar, capear las dificultades, *sosegó* el panorama. EME021096

D ALGUNOS SUSTANTIVOS QUE DESIGNAN ACTIVIDADES COMERCIALES, ASÍ COMO LOS DIVERSOS ELEMENTOS QUE PARTICIPAN EN ELLA: **17 mercado ++:** Ello puede contribuir a *sosegar* el mercado, pues coincidirá con las licitaciones del resto del contingente americano de maíz. LVE190895 **18 bono:** El bono alemán se ha *sosegado,* lo mismo sucede con el americano y, consecuentemente, con el español. EME110694 **19 demanda:** Se atribuye este ligero freno a la escalada a una demanda europea más *sosegada* ante el pronto arribo en los principales países consumidores... LVE300995

E SUSTANTIVOS QUE DENOTAN ENERGÍA O IMPULSO VEHEMENTE: **20 pasión** +: Para adentrarse es preciso acallar el pensamiento y *sosegar* la pasión, hacer como en aquellas islas del Mediterráneo... ABC231092 **21 ímpetu** +: ...una, por ejemplo, la puso en práctica, con éxito fulminante, una profesora japonesa *sosegando* el ímpetu de sus pupilos. LVE220795 **22 fuerza** +: Todo en ellas designa a una fuerza interna, ya *sosegada*, ya inquieta, que es la del creador. ABC270392

☐ Véase también: **amainar, apaciguar, aplacar(se), atemperar, calmar(se), dulcificar, mitigar, tranquilizar(se).**

sosiego ♦ **apacible, aparente** ♦ **ambiente (de), clima (de), fuente (de), grado (de), instante (de), mínimo (de), momento (de)** ♦ **alterar, aportar, arrebatar (a alguien), atentar (contra), buscar, carecer (de), dar, devolver, encontrar, faltar, hallar, invitar (a)[31], llamar (a), pedir, quitar (a alguien), recuperar, reinar, restablecer, tener, transmitir**

☐ Véase también: **armonía, bienestar, calma, paz, quietud, reposo, serenidad, tranquilidad.**

SOSIEGO Véase: CALMA

soslayar *v.* ▌Se combina con diversos sustantivos abstractos que denotan materia o asunto *(asunto, tema, hecho, realidad)*, así como con otros que designan aspectos o detalles concretos de algo *(elemento, punto, aspecto)*. Además se combina con...

A SUSTANTIVOS QUE DESIGNAN LO QUE IMPIDE U OBSTACULIZA EL DESARROLLO NORMAL DE ALGUNA COSA: **1 problema** ++: Tampoco será posible *soslayar* los problemas. EXC050996 **2 dificultad** +: ...defienden que la Unión Europea debe caminar hacia una Europa federal, *soslayando* las dificultades culturales que ello implicaría. EPE041101 **3 crisis** +: ...los comandantes Óscar y Vicente dicen que el trabajo intelectual es ahora más necesario que nunca y que no puede *soslayar* la crisis... PME250896 **4 obstáculo** +: A su favor está la confianza plena de que goza con Felipe González, y su habilidad para ir *soslayando* obstáculos desde 1982... EME210795 **5 barrera:** Por esto Clinton ha actuado con rapidez, *soslayando* las barreras de un Congreso que se mira el ombligo. LVE010295 **6 escollo:** El poeta Josep Carner, extraordinario traductor, recomendaba el aprendizaje de lenguas extranjeras para así *soslayar* el escollo de las traducciones. LVE290995

B SUSTANTIVOS QUE DENOTAN RIESGO: **7 peligro** ++: Se trata de una exposición perfectamente plausible, que *soslaya* el peligro de hacer pasar por historia un simple catálogo de autores. ABC171195 **8 riesgo** +: ...el resultado refleja una doble confianza que *soslaya* los riesgos de un reparto por cuotas. EME220996

C SUSTANTIVOS QUE DENOTAN OBLIGACIÓN: **9 responsabilidad** ++: El emotivo abrazo revela hasta dónde es posible *soslayar* responsabilidades. BRE210297 **10 obligación** +: Se habló de formar parte del Primer Mundo y se *soslayó* la obligación con el ejidatario pobre, con el pequeño propietario marginal... EXC060197 **11 deber:** ...otras actividades tradicionalmente reservadas por el machismo, no pueden ni deben, sin embargo, *soslayar* su deber de ayudar a sus compañeros... LTB131296

D SUSTANTIVOS QUE DENOTAN DESACIERTO: **12 error** +: Con los que nos dejan, lo habitual es ser generosos y *soslayar* sus errores. LVE210196 **13 fallo** +: ...que nadie se imagine que se podrá ignorar o *soslayar* el fallo de la Corte... EME020196 **14 negligencia:** Imposible *soslayar* las fallas, tropiezos y negligencias de un producto discográfico tan monótono como desafortunado. PME241196 **15 tropiezo:** ...un tropiezo tan aparatoso que ya no se puede *soslayar*. INDOC

E ALGUNOS SUSTANTIVOS QUE DENOTAN CONTROVERSIA: **16 debate** +: ...un día después del anuncio de su candidatura a las elecciones presidenciales francesas, *soslayó* el debate cuerpo a cuerpo con el alcalde de París... LVE200195 **17 discusión:** El objetivo buscado, la paz, ha tenido el efecto de *soslayar* la discusión sobre ese nuevo escenario más allá del Estatuto en el que se ha situado a partir del Acuerdo de Estella. EPE070299

F SUSTANTIVOS QUE DENOTAN RECLAMACIÓN O CRÍTICA. TAMBIÉN CON ALGUNOS QUE DESIGNAN OTRAS MANIFESTACIONES DE OPOSICIÓN: **18 queja** +: ...los administradores del servicio de inmigración *soslayaron* quejas al respecto, dicen guardias anteriores y actuales. ENH050597 **19 discrepancia** +: Algunos científicos están ponderando la necesidad de introducir un nuevo factor, la constante cosmológica de Albert Einstein, para intentar *soslayar* esta discrepancia. ABC301294 **20 demanda** +: Y en un discurso que *soslayó* las demandas obreras, el líder de los trabajadores (...) habló de «democratización». EXC210197 **21 acusación:** Sin duda el actual Gobierno ha cometido errores de bulto, ha *soslayado* acusaciones graves dando la callada por respuesta... LVE220995 **22 repudio:** La confusión y manipulación de los acuerdos de la Asamblea, el desacato a las denuncias de complicidad (...), el repudio *soslayado* a la privatización de la petroquímica secundaria... PME290996

G SUSTANTIVOS QUE DENOTAN NORMA O CÓDIGO, A MENUDO LEGAL: **23 legislación** +: En toda Europa aparecen casos de escándalos relacionados con este problema que *soslayan* la legislación. LVE130795 **24 regla:** Sin embargo, Gran Bretaña fustigó los esfuerzos norteamericanos por *soslayar* las reglas del comercio mundial, aduciendo intereses de seguridad nacional. ENH130297 **25 normativa:** Estoy en contra de la creación de empresas de la Administración o entidades paramunicipales o autonómicas que *soslayen* las normativas vigentes... LVE210594

☐ Véase también: **esquivar, evitar, omitir, sortear.**

[soslayo] → **al soslayo, de soslayo**

[sospecha] → **bajo sospecha**

sospecha ♦ **certero, falso, fundado[19], fundamentado[13], infundado[2], injustificado, inquietante, justificado, latente, leve, libre (de), ligero, limpio (de)[7], menor, remoto, serio[38], vago, vehemente[40]** ♦ **bajo** ♦ **asomo (de)[3], manto (de), sentimiento (de)** ♦ **abonar, abrigar[21], acallar[41],**

acrecentar(se), aflorar[16], agravar(se)[77], ahuyentar[23], albergar[12], alimentar[47], anidar[24], aplacar(se)[62], apuntar, arrojar[41], asaltar[2], aumentar, avalar[87], aventar, avivar[52], basar(se) (en), caber[2], caer (sobre alguien), cernerse[8], cesar, cimentar[57], circular[9], comprobar, concitar[46], concurrir[23], confirmar, constatar, corroborar[18], crear, crecer, cundir[17], decrecer[79], dejar caer[3], derivar(se)[46], desactivar[47], desechar, desmentir[3], despejar(se)[5], despertar[7], destapar[2], desterrar[19], desvanecerse[20], dirigir(se) (hacia alguien), disipar(se)[2], disolver(se)[27], eliminar, engendrar[43], entrar (a alguien), esfumar(se), extender(se), flotar, fortalecer, generar, hacer(se) realidad[70], incrementar, infundir[16], invadir (a alguien), latir, levantar[53], librar(se) (de)[38], nacer, pesar (sobre alguien), prestarse (a), provocar, reavivar[43], recaer[71], reforzar, salir al paso (de)[27], sembrar[10], sobrepasar[43], sobrevenir[2], subyacer, surgir, suscitar, tejer[37], tener, teñir (de)[26], transmitir[19], traslucir(se)[26], verter[27], zanjar

☐ Véase también: **duda, incertidumbre, recelo.**

SOSPECHA Véase: INCERTIDUMBRE

sospechar ♦ acertadamente, con fundamento, equivocadamente[8], infundadamente, injustamente, injustificadamente, justificadamente, sinceramente[35], sin fundamento ♦ inclinarse (a)[5], invitar (a)[49], llevar (a)

sostener(se) ♦ a duras penas[26], categóricamente[5], con convicción, con dificultad, con firmeza[15], con rotundidad[23], contra viento y marea[5], convincentemente, de pie, dogmáticamente, enérgicamente, en pie, firmemente, rotundamente ♦ conflicto, hipótesis, idea, interés, mirada, peso, plan, planteamiento, problema, proyecto, punto de vista, relación, ritmo, sistema, teoría

soterrado *adj.* ▮ En su sentido figurado, se combina ocasionalmente con sustantivos que designan diversas formas de expresarse *(diálogo, mensaje, discurso)* o de articular un pensamiento *(reflexión, justificación, idea)*. Se combina asimismo con...

A SUSTANTIVOS QUE DESIGNAN LA LUCHA Y OTRAS FORMAS DE CONFRONTACIÓN, EN DIVERSOS GRADOS: **1 guerra** ++: ...no surge de una guerra declarada como tal, sino de sus consecuencias, o quizá de otra más *soterrada*... ABC300695 **2 batalla** ++: Así se entienden (...) las batallas *soterradas* que se libran en pasillos y despachos. LVE310796 **3 lucha** ++: ...encuadró las manifestaciones (...) dentro de la lucha *«soterrada»* entre varias secciones... CAN040101 **4 enfrentamiento** ++: ...el enfrentamiento es todavía *soterrado*, donde no hay cabezas visibles de los grupos. EXC080696 **5 pugna** +: ...fue despedido (...) en medio de una *soterrada* pugna con intereses de la empresa vinculados con el cine comercial. PME210796 **6 ataque:** Me refiero al ataque *soterrado* contra el nacionalismo periférico, al que se pretende restar cualquier legitimidad. EPE110700 **7 confrontación:** ...por *soterrada* y poco explícita que sea, esta confrontación plantea una tensión cuyo dramatismo puede ser único... HOY100397 **8 disputa:** El mismo acto provocó la segunda disputa, nada *soterrada*... HOY190597 **9 duelo:** ...se juega no sólo la candidatura y el honor del partido (...), sino un *soterrado* «duelo» con el alcalde... HOY081297 **10 violencia:** ...son sustituidas por la violencia *soterrada* de los imperios económicos. LVE050396 **11 pelea** –: La pelea –*soterrada*, pero durísima– que ha mantenido en los últimos días la dirección... EME100296

B SUSTANTIVOS QUE DENOTAN FALTA DE ACUERDO O ENTENDIMIENTO, Y CON OTROS QUE DESIGNAN CIERTAS FORMAS DE ANIMOSIDAD: **12 rivalidad** ++: La rivalidad (...) había permanecido *soterrada* durante toda la instrucción del sumario... LVE030895 **13 tensión** ++: La tensión *soterrada* entre ambos partidos y la escasa duración marcaron una reunión... LVE151194 **14 discrepancia:** ...el asesinato ha sido un «catalizador» de la discrepancia *soterrada*... EME260195 **15 desencuentro:** ...los desencuentros *soterrados* abundan más que los encuentros aparentes. EPE150799 **16 presión:** ...la década del 20 es la historia turbulenta de la presión *soterrada*, de la alianza con los intereses... HOY281283 **17 polémica:** Por ahí sigue la *soterrada* polémica. ABC020793 **18 reticencia** –: La decisión, que pone punto final a diez años de debate y *soterradas* reticencias científicas y militares, fue tomada el sábado... EME270596 **19 beligerancia** –: Esta «disección» de una clase media (...) contiene una «beligerancia *soterrada* de un humor cruento». LVE160196

C OTROS SUSTANTIVOS QUE DESIGNAN DIVERSOS SENTIMIENTOS DE ANIMADVERSIÓN HACIA LAS PERSONAS O LAS COSAS: **20 odio** ++: ...es mucho más dañino para un niño educarse en un ambiente (...) de desprecio y *soterrado* odio... EUV170498 **21 rencor** +: El estallido del latente, *soterrado* rencor contra sus jefes por haberles abandonado... LVE240195 **22 ira:** ...El estilo de Alexie es conciso y económico, destila humor negro e ira *soterrada*. LVE050196 **23 irritación:** ...provoca una gama de reflexiones que van de la compasión a una *soterrada* irritación pasando por la incredulidad. LVE220296 **24 rabia:** Pugna por salir la rabia *soterrada*. VIS161097

D SUSTANTIVOS QUE DESIGNAN MANIFESTACIONES HOSTILES, A MENUDO VERBALES: **25 crítica** +: De momento, las críticas *soterradas* que recibió por su postura (...) no han prosperado. LVE101295 **26 acusación** +: Las horas previas al comienzo del congreso (...) no están exentas de nerviosismo y acusaciones *soterradas*. EPE200700 **27 reproche:** ...ofrece una imagen de unidad, pero siguen los reproches *soterrados* entre sus miembros. LVE210596 **28 denuncia:** ...integró una *soterrada* denuncia de las prácticas para esclavizar a quienes luchan por preservar la propia dignidad. EME300995 **29 amenaza:** ...una amenaza *soterrada* contra el honor del Ejército. EME190495 **30 bronca:** Una bronca *soterrada* que expresaba el descontento de la gente... EME130795 **31 maldición** –: Padres e hijos, maldiciones más o menos *soterradas*, paisajes ibéricos y un aire general de desolación. LVE140194 **32 censura** –: ...hallamos entreguismo (...) y censura *soterrada* o directa. EME110294

E SUSTANTIVOS QUE DESIGNAN SITUACIONES ADVERSAS, PERSONALES O COLECTIVAS: **33 crisis** +: ...advertía de ese riesgo inminente tras varios años de crisis constante, más o menos *soterrada* según los momentos... EME140696 **34 problema:** Los expertos analizan la pugna, «reflejo de un problema *soterrado*». PME271096 **35 conflicto:** ...queda un conflicto latente, *soterrado* y sordo entre las tres comunidades... EME301296

F SUSTANTIVOS QUE DESIGNAN SENTIMIENTOS RELACIONADOS CON LA FALTA DE SEGURIDAD O DE TRANQUILIDAD. TAMBIÉN CON ALGUNOS QUE EXPRESAN OTRAS FORMAS DE INCOMODIDAD O INSATISFACCIÓN: **36 miedo +:** ...sus tensiones, sus miedos *soterrados* y sus pasados sin confesar... EME070196 **37 temor:** Entre ellos, existe el temor *soterrado* a que la actual recuperación sea muy avara en la creación de nuevos empleos. LVE040295 **38 melancolía:** ...esa melancolía *soterrada* de quien está anhelando un aire más despejado... EPE200399 **39 nostalgia:** ...existe sin duda alguna una *soterrada* nostalgia del comunismo. LVE220796 **40 angustia:** ...su pintura refleja pasión, sufrimiento y a veces una *soterrada* angustia. LVE301095 **41 insatisfacción:** El sueño de la pasión engendra monstruos, nacidos de esa insatisfacción *soterrada* y crónica... ABC261193 **42 frustración:** ...esa frustración acumulada o *soterrada* que hay va a estallar. LVE171196 **43 inquietud:** En el mundo de la abogacía existe una inquietud *soterrada* por la creciente influencia de las firmas de auditoría. LVE171196 **44 malestar:** ...originó un *soterrado* malestar entre los responsables del dispositivo policial. LVE291196

G SUSTANTIVOS QUE DENOTAN ENTENDIMIENTO ENTRE PERSONAS, GRUPOS O INSTITUCIONES, Y CON OTROS QUE DESIGNAN LAS SITUACIONES DE COINCIDENCIA QUE PROVOCAN ESOS ACERCAMIENTOS: **45 acuerdo:** ...destacó la existencia de «un acuerdo *soterrado* entre ambas formaciones...». LVE270996 **46 colaboración:** ...amenazadas hoy desde el poder con ayuda de *soterradas* colaboraciones interiores... EPE090700 **47 complicidad:** ...se beneficiaron de una *soterrada* complicidad. EME041296 **48 compromiso:** ...sacar adelante sus *soterrados* compromisos, cuesten lo que cuesten, aunque sea para desmembrar también España en materia de relaciones laborales. EME210594 **49 pacto:** ...se dice en círculos bien informados que puede haber ya un pacto *soterrado* entre el socialista Maragall y Roca... LVE240595 **50 sintonía:** ...siempre ha existido entre castellanos y vascos una última sintonía y afección *soterrada*... LVE101295 **51 acercamiento:** ...la Asociación para la Paz (...) significa el acercamiento *soterrado* (...) de la OTAN a las fronteras de Rusia con todas las consecuencias pertinentes... LVE140194 **52 conexión:** ...existía una conexión *soterrada* entre ambos que garantizaba la evolución y enriquecimiento de los modelos. EME190394 **53 ayuda:** ...recibía la ayuda *soterrada*, pero sustanciosa, de organizaciones patronales... LVE141195 **54 coalición –:** Una coalición como la de esta legislatura, *soterrada*, con pactos secretos, me parece bastante lamentable. EME200995

H SUSTANTIVOS QUE DENOTAN HUMOR O IRONÍA: **55 humor ++:** ...aquí encarna en un humor *soterrado*, malicioso sin decir su nombre. EPU060901 **56 ironía +:** ...se acercan más que otros a la *soterrada* ironía del modelo. ABC081191 **57 sentido del humor:** Un *soterrado* sentido del humor que impregna a su reinterpretación de la historia del arte... ABC100792 **58 humorismo:** Ese aspecto proporciona a su libro una vertiente crítica e incluso un *soterrado* humorismo... EME150294 **59 gracia –:** ...es puro cine esperpéntico de magnífica fuerza e inexplicable gracia *soterrada*. EPE280900 **60 jocosidad –:** ...la calculada combinación de géneros (...), así como su *soterrada* pero punzante jocosidad... LVE281196

I SUSTANTIVOS QUE DENOTAN GESTIÓN, PREPARACIÓN O PLANIFICACIÓN DE ALGO. TAMBIÉN CON OTROS QUE DESIGNAN CIERTOS RECURSOS QUE INTERVIENEN EN ESAS ACTUACIONES: **61 operación:** ...enamorado de las feroces pero *soterradas* operaciones de poder... EME021196 **62 campaña:** Son porcentajes bajos si tenemos en cuenta la campaña *soterrada* que ha habido contra el jurado... EME031295 **63 maniobra:** ...los enfrentamientos verbales y de intereses, las maniobras *soterradas* y un largo etcétera. EME180396 **64 gestión:** Aquí no hay panfletos, (...) pero sí gestiones *soterradas*... EPE210699 **65 estrategia:** ¿Continuaremos con estrategias *soterradas* de lucha que nos impiden avanzar como pueblo? LVE290396 **66 negocio:** ...un nuevo campo para el negocio sucio y *soterrado*. EME161195 **67 preparativo:** ...nadie entiende los preparativos ocultos y *soterrados* de su cólera. EME261295 **68 fórmula –:** Algunos interpretan su posterior incorporación como una *soterrada* fórmula para que se pudiera discutir... HOY270197 **69 trabajo –:** ...es llegada la hora del trabajo *soterrado* en el que ha de desmontar la infernal maquinaria... EME080596

J SUSTANTIVOS QUE DENOTAN FUERZA O POTENCIA: **70 fuerza:** ...con su temible fuerza *soterrada*, reflejándose en el cielo nocturno de la ría... EPE040799 **71 energía:** La paz puede liberar energías que llevan décadas *soterradas*... LVE161296 **72 poder:** Tiene muchos rivales, pero ninguno de ellos posee el poder *soterrado* de la ISI. EME290495 **73 potencial –:** ...profundamente convencidos del potencial *soterrado* de este equipo... EME100495 **74 impulso –:** ...será muy difícil que éste consiga controlar los impulsos inflacionarios *soterrados*... EPE010689

K SUSTANTIVOS QUE DESIGNAN CREENCIAS E IDEOLOGÍAS, EN ALGUNOS CASOS CARACTERIZADAS POR SU CARÁCTER EXCLUYENTE: **75 fascismo:** Hay algo de cruel novatada cuartelaria, (...) de fascismo *soterrado*. LVE281095 **76 nazismo:** ...el nazismo escondido de la Europa contemporánea, *soterrado* bajo las capas de estos años... ABC011093 **77 machismo +:** El machismo *soterrado* huye con el rabo entre las piernas: perro que ladra no muerde. EME240596 **78 racismo +:** Era un racismo *soterrado* y sutil, pero muy real y concreto. EPE220799 **79 xenofobia:** Otro elemento que rodea a este caso es el de la xenofobia *soterrada* de muchos sectores de la población... EPD011197 **80 franquismo:** ...que sepan rebelarse contra este *soterrado* –¿de verdad soterrado?– y turbio franquismo que trata de invadirnos. EPE260899

L OTROS SUSTANTIVOS; POSIBLES USOS ESTILÍSTICOS: ...cada uno tenemos un año viejo individual, *soterrado* y bilioso. DHE070197; ...una especie de alma colectiva turbulenta y *soterrada*... EME190194; ...sacralidad que, aunque sea en filigrana *soterrada*, cabe leer aquí y allá en sus obras... ABC081191

☐ Véase también: **abstruso**.

[sport] → **de sport**

suave ♦ **como la seda, como un guante, frugal, ligero (de), leve, liviano**

subasta ♦ pujar (en), sacar (a), salir (a)

subconsciente ♦ aflorar[65], ahondar (en), anidar (en), bucear (en)[55], fallar, penetrar (en), traicionar (a alguien)

subida ♦ abrupto[32], abusivo[55], acusado[16], astronómico[27], brusco[13], desmedido[6], desmesurado[7], desorbitado[3], drástico[17], espectacular, frenético[57], fulgurante[18], gradual, imparable[11], lineal[5], moderado, ostensible[8], paulatino, progresivo, radical, repentino, salarial, sostenido, uniforme, vertiginoso ♦ al calor (de)[21], al compás (de)[17] ♦ acelerar, acentuarse, acusar[25], anotar(se)[9], arrojar[18], controlar, desinflar(se)[12], digerir[27], experimentar, frenar, registrar(se), remitir, sufrir[20]
☐ Véase también: **alza, ascensión, ascenso, auge, aumento, avance, encarecimiento, escalada (de), incremento, inflación, mejora, pendiente, puja.**

SUBIDA Véase: ASCENSO; INCREMENTO

subido (de) ♦ color, tono

subir ♦ abruptamente[24], a golpes[42], alarmantemente[6], alto, a marchas forzadas, a pasos agigantados[19], a pulso[1], como la espuma[1], considerablemente[12], de golpe, desmesuradamente, drásticamente, electoralmente, en un pedestal, escalonadamente[1], gradualmente[7], increíblemente, inexorablemente[39], lentamente, ligeramente[2], ostensiblemente[13], paso a paso, paulatinamente[19], poco a poco, progresivamente, rápidamente
☐ Véase también: **alzar(se), ascender, aumentar, crecer, elevar(se), extender(se), izar, multiplicar(se).**

subirse a la cabeza (a alguien) ♦ alcohol, atributo, cargo, celebridad, cóctel, dinero, empleo, éxito, fama, gloria, humo, licor, nombramiento, posición, prestigio, puesto, título, triunfo, victoria, vino

sublevación ♦ controlar, estallar[5], fraguar(se)[40], maquinar, neutralizar, organizar, participar (en), producir(se), sofocar[5], tramar, vencer
☐ Véase también: **levantamiento, rebelión, revolución, revuelta.**

subrayar ♦ con insistencia, insistentemente, machaconamente[10], reiteradamente, repetidamente, una y otra vez ♦ importancia, peso, relevancia, trascendencia, valor, *otros sustantivos que designan cualidades, otros sustantivos que designan magnitudes*
☐ Véase también: **marcar.**

subrogar ♦ alquiler, bien, contrato, crédito, derecho, hipoteca

subsanar *v.* ▮ Se combina con...

A SUSTANTIVOS QUE DENOTAN ERROR, DEFICIENCIA O ANOMALÍA: **1** error ++: ...da cuenta de que la revisión del expediente *subsana* un error... RUM171197 **2** deficiencia ++: ...tendiente a *subsanar* las elocuentes deficiencias en su funcionamiento. LTB050497 **3** defecto ++: ...si el sistema tiene defectos, lo lógico sería *subsanarlos.* BRE061198 **4** fallo +: ...venía a menudo a España para *subsanar* ese fallo... EPE010700 **5** irregularidad +: Si en el plazo antes señalado no *subsanan* dicha irregularidad... EXP020797 **6** avería +: ...en el resto la avería se fue *subsanando* después de «cinco minutos». EPE091101 **7** anomalía +: ...las anomalías que se venían produciendo en la depuradora han sido *subsanadas...* CAN150101 **8** errata +: ...albergar un elevadísimo número de erratas. Ojalá sean *subsanadas* en mejor ocasión. ABC200392 **9** desacierto: Me permito sugerir que los desaciertos se vayan *subsanando...* LVE020795 **10** incorrección: ...entre ellas *subsanar* incorrecciones contables... EME310594 **11** desajuste: ...que *subsanar* algún pequeño desajuste en la cronología... ABC311292 **12** desequilibrio: Y para *subsanar* el desequilibrio existente, al regidor municipal se le ocurrió la idea... EME100795 **13** fracaso −: ...fracaso que entre ambos intentan *subsanar* amistosamente... LVE130395

B LOS SUSTANTIVOS *SITUACIÓN* Y *PROBLEMA*, ASÍ COMO CON OTROS QUE DESIGNAN LO QUE DIFICULTA LA CONSECUCIÓN O LA REALIZACIÓN DE ALGO: **14** problema ++: ...contactos con las autoridades gubernamentales para *subsanar* el problema. LNC071100 **15** situación +: ...es casi un desconocido en Cataluña, situación que espera *subsanar* con estas actuaciones... LVE051095 **16** dificultad +: ...unas dificultades de planteamientos económicos que se intentan *subsanar...* EME090296 **17** inconveniente +: Para *subsanar* este inconveniente, los mismos vecinos propusieron... EPC141097 **18** incidente +: El embarazoso incidente sólo pudo ser *subsanado* con una opción... EPE281201 **19** obstáculo: El último de los muchos obstáculos que ha tenido que superar el proyecto se *subsanó* el pasado... LVE100495 **20** impedimento: ...los impedimentos legales para montar un cartel con toreros extranjeros: «Está pues en sus manos *subsanarlos».* PME081296 **21** barrera: ...a gran barrera del lenguaje, que una traducción subtitulada ayudaba a *subsanar.* LVE280795 **22** imponderable: ...para *subsanar* los imponderables que pudieran presentarse. ENV270696 **23** peligro −: ...cuál de estos peligros se debe *subsanar* a cambio de aceptar el otro como inevitable. LVE260195

C SUSTANTIVOS QUE DENOTAN CARENCIA, FALTA O PRIVACIÓN DE ALGUNA COSA: **24** carencia ++: ...una campaña en el último minuto deberá *subsanar* esta carencia. EXC000901 **25** ausencia +: ...y camiones piratas *subsanó* la ausencia del transporte público. ETC040997 **26** omisión +: La Comunidad concedió al Ayuntamiento un plazo de seis meses para *subsanar* esta omisión. EPE121101 **27** olvido +: ...los trámites que le permitieran *subsanar* su olvido del pasaporte. LVE091196 **28** falta +: ...por lo que cualquier falta en la citación quedaba *subsanada* por la sola presencia... RUM201097 **29** escasez +: Así por ejemplo, para *subsanar* la escasez de recursos... EXC040901 **30** necesidad: ...parece poder *subsanar* de forma razonable las necesidades de información. LVE231196 **31** laguna: ...dada la gran difusión de esta historiografía, la laguna es fácilmente *subsanable...* ABC221295 **32** vacío: ...y sugerirle la forma de empezar a *subsanar* ese vacío: un «método para plagiar libros»... ABC080494 **33** debilidad: ...presenta notorias debilidades y fisuras que hay que *subsa-*

nar... EME210294 **34 ausentismo –:** En Washington se anunció que el Presidente Clinton inicia hoy una gira por América Latina, para *subsanar* su total ausentismo en el área... ESP050597

D SUSTANTIVOS QUE DESIGNAN REVESES, DIFICULTADES O REQUISITOS DE NATURALEZA ECONÓMICA: **35 déficit +:** ...al Estado 1.023 millones para *subsanar* el déficit público. EME030294 **36 deuda +:** ...el gobierno tenía por *subsanar* sus deudas con la banca... EXC140901 **37 gasto:** ...él creía tenían dinero en efectivo, para poder *subsanar* sus gastos... SEM151096 **38 quebranto –:** ...las aportaciones que realizó para *subsanar* el quebranto patrimonial... LVE210596

E SUSTANTIVOS QUE DENOTAN SUSPENSIÓN O RETRASO DE ALGUNA ACTIVIDAD: **39 demora +:** ...se torna necesario *subsanar* la demora que registran las causas durante el período de instrucción... CLA110197 **40 interrupción:** ...que pueda ocasionar esta interrupción programada, la cual será *subsanada* en el menor tiempo posible. ESP310197 **41 parón:** Tras la muerte de don Ramón, experimentó un parón que intentó ser *subsanado*... ABC201192 **42 corte:** ...sufriesen cortes de energía eléctrica, que fueron *subsanados* por operarios... FDV050401 **43 retroceso:** ...los retrocesos habían sido *subsanados* en buena parte y la actividad contractual recuperaba... LVE230696 **44 recesión:** ...una fase de recesión que pretende *subsanarse* con el desarrollo... ABC221093 **45 rezago –:** ...disminuir las desigualdades y *subsanar* nuestros graves rezagos... EXC230996

F SUSTANTIVOS QUE DENOTAN DAÑO: **46 daño +:** ...los inmuebles protegidos que tienen que *subsanar* daños estructurales. EPE211201 **47 desperfecto +:** ...210 millones de pesetas para *subsanar* desperfectos ocasionados... ENC210301 **48 destrozo:** ...fueron *subsanados* los destrozos más importantes en el acceso a Puerto Rosales. LNP080497 **49 deterioro:** ...el deterioro sufrido por el césped esté completamente *subsanado*... LVE270996 **50 perjuicio –:** «Esta solución posibilitará *subsanar* cuanto antes el perjuicio causado»... LVE120495

G SUSTANTIVOS QUE DENOTAN INFRACCIÓN O ENGAÑO, MÁS FRECUENTEMENTE SI SE REFIEREN A LA OBSERVANCIA DE LA LEY: **51 fraude +:** ...*subsane* el más que probable fraude cometido en las elecciones... LVE021296 **52 infracción:** ...se ha cometido una infracción manifiesta de la Constitución; y han de *subsanarla* de inmediato... EME061095 **53 violación:** ...insta al Consejo de Administración a *subsanar* «cuanto antes» la violación al Decreto 471... ESH190297 **54 manejo –:** ...la cual presentaba ciertos manejos no confiables que debían de *subsanarse*. ESP290497

H SUSTANTIVOS QUE DESIGNAN MOLESTIA O INCOMODO. TAMBIÉN CON OTROS QUE SE REFIEREN A ALGUNAS DE LAS REACCIONES QUE SUSCITAN ESAS SENSACIONES: **55 molestia +:** Las molestias, pese a las operaciones, no fueron nunca totalmente *subsanadas*. EXC000901 **56 disgusto:** ...un evidente disgusto entre Washington y Ottawa que el propio Departamento de Estado intentó *subsanar*. PME020297 **57 queja:** ...anunció que próximamente habrá elecciones para *subsanar* las quejas... LVE280696 **58 lamento –:** ...los lamentos, en democracia, sólo se *subsanan* en las urnas». LVE121094

I SUSTANTIVOS QUE DENOTAN INCERTIDUMBRE: **59 duda +:** ...lo que permitiría *subsanar* definitivamente las dudas sobre su legitimidad. LVE101196 **60 incertidumbre:** La incertidumbre en la definición de las exposiciones artísticas de Madrid en 1992 (...) parece *subsanada*... ABC030192 **61 misterio:** Insondables misterios que ahora no se *subsanan* con su tardía actuación en unas sesiones modestas, con piano, poco divulgadas... LVE061296

J OTROS SUSTANTIVOS; POSIBLES USOS CRUZADOS: ...los dirigentes afines a sus tesis para intentar *subsanar* las diferencias y los enfrentamientos... [Cf. *dirimir*] LVE051096; ...repetir la votación de esta provincia para *subsanar* las discrepancias... [Cf. *dirimir*] LVE230495; ...y demandó que se *subsanen* las diferencias sobre la lucha... [Cf. *dirimir*] EME180595

K OTROS SUSTANTIVOS; POSIBLES USOS ESTILÍSTICOS: ...por un pecado original, del que no son responsables, pero tampoco tratan de *subsanar*... ABC080995; ...desintegración violenta que deja sangre, luto, ruinas y odios difíciles de *subsanar*. DYM230796

☐ Véase también: **arreglar, corregir, enmendar, paliar, rectificar, resolver, solucionar(se).**

subsidio ♦ **escaso, exiguo, insuficiente, laboral, raquítico, ruinoso, suficiente, sustancioso** ♦ **en concepto (de)** ♦ **conceder, denegar, merecer, obtener, recibir, recortar, solicitar**

☐ Véase también: **apoyo, ayuda.**

subsistir ♦ **a duras penas**[42]**, apuradamente, a trancas y barrancas, con apuros, con dificultad, contra viento y marea, dignamente**[4]

☐ Véase también: **mantener(se), resistir(se) (a).**

subvención ♦ **a fondo perdido**[1]**, cuantioso, escaso, exiguo, generoso, ruinoso** ♦ **canalizar**[8]**, conceder**[7]**, conseguir, dar, denegar**[48]**, distribuir, encauzar, implorar, obtener, otorgar, pedir, recabar**[28]**, rechazar, recibir, reclamar, recortar, regatear, solicitar, sufragar**[8]

☐ Véase también: **ayuda, subsidio.**

subvencionar ♦ **a fondo perdido**[13]**, generosamente**[23] ♦ **idea, iniciativa, plan, propuesta, proyecto**

subvertir *v.* ▮ Admite sustantivos que designan regímenes y otras formas de gobierno *(democracia, política, dictadura)* y también algunos sustantivos temporales *(tiempo, pasado)*. Se combina asimismo con...

A EL SUSTANTIVO *ORDEN* Y CON OTROS QUE DESIGNAN DIVERSAS PAUTAS Y ESQUEMAS ORGANIZATIVOS: **1 orden ++:** A veces son pandillas minoritarias las que se abrogan el derecho de *subvertir* el orden citadino. EXC081296 **2 sistema ++:** ...este sumario se refiere exclusivamente a un secuestro, cuyo objetivo, por otra parte, no era *subvertir* el sistema. LVE170796 **3 esquema +:** Buñuel y Dalí *subvertieron* para siempre todos los esquemas de la razón... ABC300793 **4 estructura +:** Consigue acuerdos imposibles, reagrupa siglas a granel, intenta *subvertir* la estructura tradicional de los partidos... EPE081099 **5 lógica +:** ...un Gobierno no puede investigar los crímenes y robos del Gobierno anterior, sin entrar en una senda peligrosa para la democracia y *subvertir* su lógica.

EME200596 **6 convención +:** Queríamos *subvertir* las convenciones existentes en este tipo de cine. LVE061296 **7 modelo:** El individuo de la era permisiva rechaza los modelos preconcebidos de persona y los *subvierte.* ABC290494

B SUSTANTIVOS QUE DESIGNAN DISPOSICIONES O NORMAS QUE REGULAN LA CONDUCTA, MÁS FRECUENTEMENTE SI SON DE CARÁCTER LEGAL Y SE APLICAN A UNA COMUNIDAD: **8 regla ++:** Tres marineros –el propio Kelly, Sinatra y Jules Munshin– con 24 horas de permiso en la gran ciudad y ganas de diversión *subvierten* las reglas hasta entonces inamovibles del cine musical. LVE030296 **9 ley +:** Por eso la magia es tan fascinante, porque *subvierte* las leyes de la naturaleza. EPE230399 **10 legalidad +:** Pretender usar la consulta popular para esto es *subvertir* la legalidad constitucional... CLA170297 **11 código +:** ...el espíritu democrático de una gran mayoría de los españoles afrontará una durísima prueba de fe ante un hecho que *subvertirá* los códigos no escritos de la democracia... LVE090895 **12 norma:** La exposición «Monument», inaugurada ayer en las Casernes de Sant Agustí (plaza Pons i Clerch), *subvierte* las normas. LVE110595 **13 ordenamiento:** ...han desplegado en las últimas semanas una intensa actividad dirigida a *subvertir* el ordenamiento jurídico y constitucional de la República de Cuba. DLA250797

C SUSTANTIVOS QUE DENOTAN CREENCIA, PENSAMIENTO O FUNDAMENTO ÉTICO O MORAL: **14 valor ++:** Tan verdad es esto que, si alguien quisiera desestructurar la sociedad y *subvertir* sus valores, el camino más corto para conseguirlo sería desestructurar la familia. LVE050295 **15 parámetro:** ...el poeta nicaragüense opone resistencia y *subvierte* los parámetros de la religión cristiana... LPN270197 **16 principio +:** ...desvelaron todas estas estructuras y trataron de *subvertir* los principios fundamentales de la disciplina. ENC120101 **17 concepto +:** Una iconografía cargada de ambigüedades, con las que parece disfrazar, y en buena medida *subvertir*, los conceptos de tiempo y realidad. ABC081093 **18 idea +:** Utilizar el concepto de «robo» al mismo tiempo que se niega la legitimidad de la propiedad *subvierte* la idea de robo y desmorona toda la proposición. LHG141100

D SUSTANTIVOS QUE DENOTAN PRÁCTICA COMÚN, GENERALMENTE INSTITUIDA Y ARRAIGADA. TAMBIÉN CON OTROS QUE DESIGNAN EL CONJUNTO DE ESOS COMPORTAMIENTOS: **19 costumbre:** ...acerca de una huérfana que *subvertirá* la vida y costumbres de una siniestra granja... LVE010995 **20 tradición:** ...cuando éstos arrancaron de la tradición, con lo que pudieron *subvertirla* descubriendo lo ignoto. LVE240295 **21 hábito:** En el intento de *subvertir* sus propios hábitos, de recuperar la dimensión natural de las pasiones... ABC290494

E OTROS SUSTANTIVOS; POSIBLES USOS ESTILÍSTICOS: Pero cuando las ganas de paternidad intentan *subvertir* el azar negativo de una fecundidad imposible... LVE140896

suceder(se) ♦ **alfabéticamente, a lo largo (de un período), con fluidez[15], cronológicamente[19], ininterrumpidamente, linealmente, ordenadamente, sin interrupción, uno a otro, uno tras otro**

sucesión ♦ **constante, continuo, imparable[24], incesante, ininterrumpido, permanente, progresivo, sostenido, vertiginoso[44]**

SUCESIÓN
♦ (SUSTANTIVOS) Véase: **abrir(se)[D], cortar[I], guardar[I], nutrido[A], saltarse[C], vertiginoso[F]**
□ Véase también: CONJUNCIÓN; ORDENACIÓN.

suceso ♦ **aberrante, aciago, afortunado, aislado, alarmante, aleccionador, criminal, crucial, curioso, decisivo, deplorable, desafortunado, desgraciado, determinante, detonante, doloroso, esporádico, extraño, feliz, grave, histórico, horrendo, impredecible[22], inaudito, infausto, infeliz, lamentable, luctuoso, memorable, misterioso, pavoroso, penoso, reciente, sangriento, terrible, trágico, trascendental, vergonzoso, verídico, violento** ♦ **a la luz (de)[5]** ♦ **testigo (de)** ♦ **acaecer, aclarar, acontecer, amargar (a alguien), anunciar, asistir (a), celebrar, denunciar, deplorar, desencadenar(se), encadenar(se), esclarecer(se), fechar, malograr(se), narrar, ocurrir[2], presenciar, producir(se), protagonizar, referir, registrar(se), tener lugar, zanjar[71]**
□ Véase también: **accidente, acontecimiento, acto (de), caso, evento, hecho, incidente, percance.**

SUCESO Véase: ACONTECIMIENTO

suciedad ♦ **barrer, desparramar, dispersar, eliminar, erradicar, esparcir, extender(se), lavar[1], librar(se) (de), limpiar, quitar, rodear (a alguien), sacudir(se)**
□ Véase también: **basura, embadurnar(se), embarrar(se), ensuciar, inmundicia, moho, porquería, pringar(se).**

SUCIEDAD
♦ (SUSTANTIVOS) Véase: **al cuello[A], bucear (en)[G], cubrir(se) (de)[F], escarbar (en)[D], lavar[A]**
♦ (VERBOS) Véase: **hasta las cejas[B]**
□ Véase también: LIMPIEZA.

SUCIEDAD Y LIMPIEZA Véase:
♦ **exento (de), limpio (de)**
♦ **inmundicia, lavado, limpieza, moho, porquería, suciedad**
♦ **bruñir, embadurnar(se), embarrar(se), ensuciar, limpiar pringar(se)**

sucinto *adj.* **I** Se combina con sustantivos que designan textos de diversa índole *(documento, nota, informe, libro, biografía, prólogo).* También se usa a menudo con otros que designan ciertas prendas, caracterizadas por su reducido tamaño *(minifalda, slip, bikini, tanga).* Se combina asimismo con...

A EL SUSTANTIVO *RESUMEN* Y CON OTROS QUE DENOTAN EXPOSICIÓN O EXAMEN DE ALGO, A VECES POCO PROFUNDO: **1 ojeada +:** Una *sucinta* ojeada a las cotizaciones basta para comprobar que los inversores... INDOC **2 aproximación:** Queden aquí estas *sucintas* aproximaciones iniciales a la personalidad y al arte de Lucio Muñoz... ABC131095 **3 vistazo +:** Un vistazo a los siglos *sucinto* pero sustancioso, sin los enquistamientos que produce en otros foros la mercadotecnia discográfica. ABC150995 **4 análisis:** A la vez de este *sucinto* análisis, la quinta legislatura nos depara un nuevo escenario... EPE290699 **5 examen:** ¿Resiste esta vía media de todos-son-culpables un *sucinto* examen basado en la memoria? EPE130900

B SUSTANTIVOS QUE DESIGNAN DIVERSAS MANIFESTACIONES O EXPRESIONES VERBALES, MÁS FRECUENTEMENTE SI EXPRESAN, PRESENTAN, DESTACAN ALGUNA COSA O ALUDEN A ELLA: **6 descripción ++:** La visión panorámica se contraía, en realidad, a la *sucinta* descripción del estudio introductorio. ABC160695 **7 explicación ++:** ...sólo una página, con una lámina de uno de sus cuadros más representativos, una brevísima referencia biográfica y una *sucinta* explicación de la obra. ABC161294 **8 declaración +:** Justo a la misma hora en que Esteve hacía estas *sucintas* declaraciones... EPE060799 **9 comentario +:** Los *sucintos* comentarios en la carpeta de los discos, carpeta bastante atractiva, contienen descuidos de cierta consideración... EPE090977 **10 exposición +:** ...informará a la otra parte de la reclamación que se propone someter a arbitraje y le entregará una exposición *sucinta* de los motivos... EPE040877 **11 comunicado:** ...anunció ayer, mediante un *sucinto* comunicado, que renunciaba a sus aspiraciones de convertir en sede de la entidad la Casa de los Lizana. EPE170299 **12 mención:** Escaich mereció una mención *sucinta* de Cruyff, ya que la tabla no está para festejos. LVE060295 **13 referencia:** No obstante, Pujol no obvió una *sucinta* referencia al tema, al citar la susceptibilidad con que Unió recibió las nuevas propuestas... EPE200399 **14 presentación:** Haré una *sucinta* presentación del ilustre invitado que hoy nos acompaña. INDOC

C SUSTANTIVOS QUE ALUDEN AL BALANCE FINAL DE ALGO: **15 recuento:** Al hacer un *sucinto* recuento, me dejo llevar por un impulso justiciero de reconocimiento... ABC050293 **16 enumeración:** Hagamos una *sucinta* enumeración. EME280594 **17 repaso +:** La revista hace un *sucinto* repaso a los grandes restaurantes catalanes. LVE050396 **18 resumen +:** Todos los periódicos ofrecían un *sucinto* resumen de lo ocurrido en el partido. INDOC

D OTROS SUSTANTIVOS; POSIBLES USOS ESTILÍSTICOS: Se había metido Miguel Ángel en el asunto ese de las manoletinas –el pase de moda– y el asomo de embestida –*sucinto* aliento– era tan cansino y desmayado que se confió. EPE090999; Sobre un *sucinto* ambiente de biombos creado por Jon Berrondo y un transitar de carritos de supermercado... LVE060596; ...un sistema relativamente novedoso que es capaz de «filtrar» las emisiones de televisión para cambiar las palabrotas y las obscenidades por *sucintos* silencios. EPE150399

☐ Véase también: **estricto, somero.**

[sucio] → **en sucio, trapos sucios**

sucio Véase: **limpio**

suculento ♦ **aperitivo, beneficio, bocado, botín, comida, contrato, discurso, fruto, idea, ingrediente, ingreso, manjar, menú, negocio, pastel, plato, premio**

sudar ♦ **a borbotones[12], a chorro(s)[1], a mares[3], como un cerdo, como un condenado, como un pollo, copiosamente[5], de lo lindo[15], profusamente[3], sin parar** ♦ **camiseta, la gota gorda, sangre, tinta**

sudor ♦ **bañar(se) (en), brotar, caer (a chorros), correr, derramar, deslizar(se), empapar(se) (en/de), enjugar, expulsar, fluir, impregnar (algo), manar, oler (a), secar(se), segregar, transpirar**

☐ Véase también: **esfuerzo, líquido.**

sueldo ♦ **astronómico[11], cuantioso, decoroso, desorbitado, discreto, elevado, exiguo[11], íntegro, irrisorio[8], jugoso[4], modesto, precario[79], ridículo, sustancioso** ♦ **en concepto (de)** ♦ **acordar, ajustar, amoldar(se) (a), aumentar, bajar, blindar[11], cobrar, congelar[1], disminuir, embolsar(se), estirar[3], gastar, írse(le) (a alguien), mantener, menguar, negociar, nivelar[10], rebajar[20], rebañar[7], recibir, recortar, reducir, subir, sufragar[9]**

☐ Véase también: **dinero, honorario, nómina, salario.**

suelo ♦ **arcilloso, árido, estéril, fértil, patrio, rústico, urbano, vasto, vegetal, yermo** ♦ **a ras (de)** ♦ **capa (de), uso (de)** ♦ **alisar, allanar, aterrizar (en), barrer, cavar, contaminar, echar (por), embaldosar, erosionar, especular (con), estrellar(se) (contra), habitar, hollar, horadar, liberar, pisar, retornar (a), sembrar (de algo), tender(se) (en), tirar(se) (por), tocar, traspasar**

☐ Véase también: **lugar, terreno, territorio, tierra.**

[suelto] → **a pierna suelta, dar rienda suelta (a)**

sueño ▮ *(aspiración)* ♦ **ambicioso, antiguo, borroso[11], contagioso[16], de grandeza, de los justos, de oro, descabellado[12], dorado, efímero[24], eterno, febril[45], fugaz, ideal, ilusionado, inalcanzable[2], irrealizable, irrenunciable[11], largo, loco, máximo, mayor, pasajero, utópico, vano[17], viejo** ♦ **abandonar(se) (a), abrigar[9], acariciar[11], acometer, alcanzar, alimentar[8], alimentar(se) (de)[5], ansiar, apoderar(se)[27], colmar[3], combatir[15], conservar[44], converger, cristalizar, culminar[16], cumplir[8], defraudar[8], derribar, derrumbar(se)[51], desbaratar[30], desmoronar(se)[16], destruir, desvanecerse[1], difuminar(se)[25], disipar(se)[16], echar[53], encarnar, forjar[27], frustrar(se), hacer(se) realidad[1], impulsar, llevar a buen puerto[24], llevar a la práctica[11], lograr, madurar[30], mantener (vivo), perder, persistir (en)[34], pisar[7], pisotear[19], poner fin (a), realizar(se), sumir(se) (en)[30], tejer[35], tener, truncar(se)[7], venirse abajo[2]**

▮ *(deseo de dormir)* ♦ **apacible, feliz, ligero, pesado, plácido, prolongado, profundo, reconfortante, reparador** ♦ **fase (de), cara (de)** ♦ **caerse (de), coger, combatir, conciliar, despertar (de), dominar, dormir, entrar (a alguien), entregar(se) (a), hablar (en), perder, perturbar, quitar (a alguien), resistir(se) (a), robar(le) (a alguien), tener, trastornar, velar, vencer, vigilar**

▮ *(ensoñación)* ♦ **recurrente** ♦ **olvidar, recordar, repetir(se), tener**

☐ Véase también: **aspiración, deseo, ilusión, imaginación, modorra, pesadilla, utopía.**

[suerte] → **caer en suerte, tocar en suerte**

suerte ♦ **adverso, bueno, de cara, de espaldas, inmerecido**[10]**, malo, pésimo, propicio**[17]**, triste** ♦ **con, en brazos (de), por, sin** ♦ **golpe (de)**[4] ♦ **abandonar (a alguien), abandonar(se) (a), acompañar (a alguien), adivinar, atraer, augurar**[10]**, cambiar, conformar(se) (con), contentar(se) (con), correr, dar (a alguien), decaer**[52]**, decidir, declinar**[2]**, deparar**[3]**, desafiar, desear (a alguien), desentenderse (de)**[17]**, enderezar**[60]**, estar de {mi/tu/su...} lado, favorecer (a alguien), gozar (de), haber, ligar**[1]**, llegar, merecer, predecir, probar, proporcionar, sonreír**[1]**, tener, tener de {mi/tu/su...} lado, tentar, torcer(se)**[13]**, traer (a alguien), tropezar(se) (con)**[10]**, truncar(se)**[37]

☐ Véase también: **afortunado, azar, casualidad, dicha, fatalidad, fortuna, milagro, sorteo, tragedia.**

SUERTE Véase: AZAR; PRONÓSTICO

sufragar *v.* ▮ En el sentido de 'costear o satisfacer' se combina con sustantivos que designan cantidades monetarias, más frecuentemente definidas *(sufragar los 60 millones que vale la reforma; sufragar el importe de la factura).* También lo hace con otros que designan muy diversas acciones que suponen un gasto *(sufragar la compra, la publicación, la ampliación, la renovación).* Se combina asimismo con...

A SUSTANTIVOS QUE DENOTAN GASTO O COSTE: **1 gasto** ++: En el futuro ella necesitará múltiples cirugías reconstructivas y para *sufragar* los gastos sus padres han aceptado realizar una entrevista con el canal de televisión ITV... SEM131100 **2 coste** ++: Las compañías de seguros, subrayó, *sufragan* los costes del tratamiento médico y la metadona de los drogadictos... LVG221191 **3 costo** +: ...el creciente costo de la vida amenaza con colocar a estas familias frente a la imposibilidad de *sufragar* los costos de los útiles e implementos escolares... EUV090796 **4 costa** –: El Tribunal Superior de Justicia de Catalunya (...) le ha condenado a *sufragar* las costas procesales al considerar que actuó «con mala fe o con notoria temeridad». LVE020395

B SUSTANTIVOS QUE DESIGNAN DIVERSAS MAGNITUDES ECONÓMICAS, MÁS FRECUENTEMENTE SI SE PROPORCIONAN COMO AYUDA, DÉBITO O RETRIBUCIÓN, O SE DEBEN ABONAR COMO PENALIZACIÓN: **5 beca** +: ...eligió a la petrolera Mobil como modelo de multinacional que mientras colaboraba con el Gobiemo surafricano *sufragaba* becas a artistas. ABC230695 **6 ayuda** +: Se prevé que el Ejecutivo también adopte medidas fiscales para *sufragar* las ayudas a la zona... EPE010299 **7 premio** +: Cada año un ayuntamiento gallego se encarga de *sufragar* este premio de convocatoria intermunicipal, dotado con un millón de pesetas. ABC210892 **8 subvención** +: Los fondos para *sufragar* estas subvenciones proceden del dinero que corresponde a Andalucía... EPE170899 **9 sueldo** +: ...las empresas alemanas *sufragan* el sueldo completo de los trabajadores durante las primeras seis semanas en que están enfermos. LVE090396 **10 salario** +: ...el Ayuntamiento no tiene presupuesto para *sufragar* un salario a cada ama de casa. EPE110699 **11 deuda** +: Los impuestos del alcohol y tabaco solamente ha subido para *sufragar* la deuda de 720.000 millones de pesetas. LVE290996 **12 ingreso** +: El concejal aseguró que esta merma de ingresos será *sufragada* con el dinero que recibirán del Estado por el tratamiento especial para la ciudad de Cádiz. EPE110899 **13 fianza**: ...con el objetivo de recaudar fondos y *sufragar* la fianza de 650 millones... EPE030399 **14 compensación**: Por otra parte, el Ejecutivo no ha incluido en los Presupuestos para el año 2000 ninguna partida destinada a *sufragar* las compensaciones a que da derecho esta ley... EPE300999 **15 paga**: Como este dinero no es suficiente para costear la operación, será Economía quien realice una transferencia de crédito para *sufragar* la paga. EPE220999 **16 pensión**: ...busca salvar de la quiebra del Fondo Complementario creado en 1975 y mediante el que el Estado *sufraga* las pensiones de unos 67.000 funcionarios públicos. LNC070297 **17 multa**: La organización ecologista Greenpeace ha puesto en marcha una campaña de recogida de fondos para *sufragar* la multa... EME250695 **18 emolumento**: ...perciba mensualmente sus emolumentos completos *sufragados* con dinero público. LVE150896 **19 prestación** –: No puede basarse en el recorte de prestaciones (...), pues los contribuyentes ya las *sufragan* mediante los impuestos... EME090896

C SUSTANTIVOS QUE DESIGNAN OTRAS CANTIDADES ECONÓMICAS: **20 presupuesto** +: El Ayuntamiento y la Diputación *sufragan* al 50 por 100 el presupuesto de la orquesta. ABC121193 **21 capital** +: La Diputación de Barcelona ha aprobado conceder una ayuda urgente de casi 40 millones de pesetas a ocho municipios del Maresme para *sufragar* parte del capital que invirtieron... LVE211296 **22 precio** +: ...después de que el colegiado planease comprar dos abrigos de visón y se negase después a *sufragar* su precio. EME220995 **23 cuota** +: La cantidad global citada asciende a 6.325 millones de pesetas, en los que están incluidos unos 1.300 millones destinados a *sufragar* las cuotas de la Seguridad Social del clero. EPE180977 **24 endeudamiento** +: ...millones de pesetas de subvenciones públicas para 1994, pérdidas y endeudamientos astronómicos que *sufragan* los ciudadanos de cada comunidad autónoma... EME150494 **25 déficit** +: Juppé estudia un impuesto para *sufragar* el déficit de la Seguridad Social francesa. LVE131195 **26 cantidad**: ...acordaron con los jugadores a los que adeudaban mayores cantidades de dinero la posibilidad de *sufragar* las mismas con pagarés cuyo plazo vencerá dentro de 90 días. EME110295 **27 dinero**: El resto del dinero lo *sufragará* el Ayuntamiento de Villanueva de la Cañada, que, además, se encargará de contratar las obras. EPE011199 **28 números rojos**: ...tiene que destinar cientos de miles de millones de pesetas a *sufragar* los números rojos que generan sus empresas deficitarias. EME050795

D SUSTANTIVOS QUE DESIGNAN SITUACIONES DE DIFICULTAD: **29 crisis** +: ...a las que ha acusado en diversas ocasiones de nula colaboración para *sufragar* dicha crisis... EME260494 **30 necesidad** +: ...se requiere un ajuste salarial (...) para que los trabajadores puedan *sufragar* sus necesidades más elementales. DYM230796 **31 enfermedad**: Mi jubilación, si llego a ella, me la pagaré yo, y mis enfermedades me las *sufrago* de mi bolsillo. EME160594 **32 pérdida** –: ...las administraciones públicas implicadas se conciencian de que tienen que *sufragar* esas pérdidas con una subvención adicional. CAN250996

▩ Se combina también con: ♦ **a partes iguales**[20]**, equitativamente**

sufragio ♦ directo, femenino, inválido, popular, proporcional, universal, válido ♦ mediante, por ♦ derecho (a), porcentaje (de), recuento (de) ♦ captar, computar, contabilizar, contar, cosechar, ejercer, elegir (por), emitir, garantizar, obtener, promover, recibir, recontar

□ Véase también: **votación, voto**.

sufrimiento ♦ abnegado, amargo[49], angustioso, callado, continuo, enorme, eterno, hondo[3], impasible (a), infinito, inhumano[23], insoportable, intenso, largo, llevadero, penoso, profundo, silencioso, soportable, terrible, vano[22], verdadero ♦ de espaldas (a), en medio (de) ♦ alcance (de)[24], capacidad (de), causa (de), expresión (de)[14], gesto (de), secuela (de) ♦ abreviar, acallar[86], acarrear[22], acentuar(se), agravar(se)[54], ahorrar, aliviar[8], aminorar, amortiguar[73], atenazar (a alguien), atenuar, aumentar, cargar (con)[27], causar[31], cerrar los ojos (ante), combatir, compartir, compensar[44], disminuir, evitar, experimentar, expresar, expulsar, incrementar(se), infligir[5], invadir (a alguien), mitigar[6], ocasionar[49], padecer, paliar[42], restañar[4], revelar, sembrar[40], sobrevivir (a), soportar, teñir (de), vencer[14]

□ Véase también: **aflicción, daño, dolor, padecimiento, pena, sufrir**.

SUFRIMIENTO

♦ (SUSTANTIVOS) Véase: **acarrear[C], acechar[I], adherirse (a)[E], agravar(se)[H], agudizar(se)[B], aligerar[H], causar[D], compensar[G], conjurar[D], embargar[B], inhumano[F], mitigar[B], ocasionar[F], paliar[F], profundo[A], reponerse (de)[B], restañar[A], reventar (de)[C], teñir (de)[B], vano[D]**

♦ (VERBOS) Véase: **en carne propia[A], enormemente[F], profundamente[K]**

□ Véase también: AFLICCIÓN.

sufrir *v.* ▌Se construye con sustantivos que designan males, enfermedades, dolencias, discapacidades o disfunciones *(parálisis, amnesia, infarto, alergia, afección, deshidratación)*, así como algunas de sus causas, sus consecuencias o sus manifestaciones *(dolor, lesión, daño, golpe, colisión, accidente, cogida, quemadura)*. En estos contextos alterna el uso transitivo *(sufrir una enfermedad)* y el preposicional *(sufrir de una enfermedad)*. El segundo es más habitual si el mal es persistente. También admite sustantivos que designan estados mentales de pesar o aflicción en diversos grados *(preocupación, decepción, altibajo, agobio, angustia)*. Se combina asimismo con sustantivos que designan otras situaciones de infortunio *(crisis, tragedia, calvario, catástrofe, percance)* y los estados que las originan *(hacinamiento, humedad, hambre)*. También se combina con...

A SUSTANTIVOS QUE DENOTAN CONSECUENCIA O RESULTADO: **1 consecuencia ++:** ...Blas Romero, en una acción totalmente descalificadora, fue directo contra la humanidad de Richard Gómez, quien *sufrió* las consecuencias. ACP230996 **2 resultado +:** Con Cruyff como entrenador, sólo ha *sufrido* un resultado así en los más de sesenta partidos de Copa de Europa... LVE301095 **3 efecto:** Llega el momento en que los hijos se casan y ojalá pudiesen estar defendidos por la ley, porque serán los hijos de los hijos los que *sufrirán* los efectos. CAR091297 **4 eco –:** Los recuerdos de Bokassa justo ahora (...) no deben haber caído bien al Presidente Giscard D'Estaing, que aún *sufre* los ecos del escándalo de los diamantes... HOY070181

B SUSTANTIVOS QUE DENOTAN CAMBIO: **5 cambio ++:** ...James Harle se encuentra (...) con una variedad de estilos que, en tres mil años, *sufren* cambios históricos, geopolíticos y sociales. ABC310792 **6 giro ++:** Desde ese momento, el destino de la acusación *sufrió* un giro radical. HOY070797 **7 vuelco ++:** En el minuto 22 el encuentro *sufrió* un gran vuelco. EME250196 **8 metamorfosis +:** Sólo que este género en manos de este cineasta *sufre* una metamorfosis que fascinará a sus seguidores y les pondrá los cabellos de punta... EXC040901 **9 modificación:** ...dijo que la actual organización territorial, contenida en el mapa político administrativo departamental, *sufrirá* modificaciones en casi 30 por ciento. LTB111296 **10 alteración:** El satélite de la crucecita, según contaron, había *sufrido* profundas alteraciones y cataclismos... ECA130792 **11 fluctuación:** ...sí ha *sufrido* fluctuaciones y ello porque la obra de un pintor puede ser revisada... EME241196 **12 variación:** ...explicó que la noción clásica de «soberanía» también ha *sufrido* variaciones por la fuerza de los movimientos internacionales para la defensa de los Derechos Humanos... ENV120996 **13 transmutación:** ...sus poemas *sufren* una transmutación y sus palabras entran en movimiento. ABC280795 **14 adecuación:** A partir de 1500 su formato y reglas *sufren* adecuaciones, si bien no sustanciales, pero modificaciones interesantes... EUV010996 **15 mutación:** En el último cuarto de siglo las Artes Gráficas han *sufrido* una mutación total. ABC010592 **16 revolución –:** ...las cláusulas necesarias para que esta norma se adapte a la nueva realidad de Quebec, que desde los 60 ha *sufrido* una revolución social, política, económica y cultural. EME291095

C SUSTANTIVOS QUE DENOTAN AUMENTO O DESCENSO: **17 aumento ++:** El gasto de personal, que iba a ser reducido notablemente, ha *sufrido* un aumento de más de 8.000 millones de pesetas... EME020796 **18 incremento ++:** La mortalidad en mayores de cinco años ha *sufrido* un incremento de 50.000 muertes por año de media en comparación con 1989... EPE040700 **19 escalada +:** ...el pueblo humilde y sin recursos *sufre* una escalada de aumentos de precios en los artículos básicos... DED210197 **20 subida +:** Según los laboristas, los usuarios han tenido que *sufrir* una subida de hasta un 60 en las comisiones bancarias durante los años de la recesión... EME160195 **21 disminución:** Sin embargo, Briz enfatizó en que una devaluación de la moneda afectaría a toda la población, al *sufrir* una disminución de su capacidad de consumo... SVG100697 **22 descenso:** ...las ventas en Alemania *sufrieron* un descenso, debido a la débil coyuntura en el ámbito de los bienes de inversión... LVE131296

D SUSTANTIVOS QUE DENOTAN RETRASO: **23 retraso ++:** El aeropuerto Roissy-Charles de Gaulle estuvo cerrado varias horas, mientras en Orly los vuelos *sufrieron* retrasos. LVE210296 **24 retardo +:** Muchas líneas *sufren* retardos en sus vuelos y ello no es culpa de nadie...

EUV060499 **25 demora +:** Muchos de los vuelos programados para ayer *sufrieron* demoras de una hora... LVE141296 **26 dilación:** Sólo estoy luchando para que el juicio se celebre de una vez, que no *sufra* más dilaciones y que dejen de presionarme para que me olvide del asunto. EME231095 **27 retroceso:** Por su parte, Tokio *sufrió* un retroceso del 0,5% en el Nikkei, afectado por la caída de los futuros. LVE141095

E SUSTANTIVOS QUE DENOTAN CAÍDA (GENERALMENTE EN SENTIDO FIGURADO), ASÍ COMO FALLO O AVERÍA: **28 tropiezo ++:** ...nos dedicaremos a afinar las tácticas y estrategias de lucha bajo la ideología socialista, la cual no ha fracasado, simplemente *sufrió* un tropiezo. EXC081296 **29 caída ++:** La Bolsa de Tokio *sufrió* una caída importante, del 1,38%, la quinta más fuerte registrada este año... LVE090796 **30 fallo +:** Los primeros análisis parecen indicar que el Titan IV que no logró poner en órbita correcta un satélite militar el pasado 30 de abril *sufrió* un fallo del software de vuelo... EPE190599 **31 avería:** ...el sistema de una aguja que cambia la dirección de los trenes en la última estación de la línea *sufrió* una avería... LRE270103 **32 paralización:** ...tras un primer momento de negociaciones más abiertas, éstas *sufrieron* una paralización. EPE050680

F SUSTANTIVOS QUE DENOTAN SANCIÓN O CONDENA: **33 pena ++:** El primer mandatario no eludió recordar que él mismo *sufrió* pena de cárcel por la dictadura militar entre 1976 y 1981. EME030495 **34 castigo ++:** ...el jugador del Salamanca, que entonces actuaba en el Hércules, *sufrió* un castigo superior, dos partidos por una ofensa al público. EPE130977 **35 sanción +:** ...ya *sufrió* una sanción disciplinaria en 1989, siendo teniente coronel... EME280394 **36 condena:** Quedará agendada la discusión para determinar, como ya piensan muchos, si este conflicto es la historia de nunca acabar, destinado a *sufrir* la condena de Sísifo. RUM150997

G SUSTANTIVOS QUE DESIGNAN DIVERSOS PERCANCES, A MENUDO LESIONES, ASÍ COMO DIVERSAS MANIFESTACIONES DEL CESE O LA INTERRUPCIÓN DE ALGUNA ACTIVIDAD: **37 rotura ++:** Según el doctor Baños, el rumano *sufre* una rotura del ligamento lateral interno de la rodilla izquierda. LVE010595 **38 ruptura ++:** ...mientras que Lucía y un actor representan a la pareja actual, que *sufrió* una ruptura. CLA070397 **39 fractura +:** En esta misma competición, el aragonés Fernando Escartín se vio implicado en otro accidente y *sufre* fractura de clavícula. LVE191095 **40 corte +:** Ayer, la autopista que conduce al parque turístico del Monte Rushmore, Dakota del Sur, también *sufrió* cortes intermitentes... EME090595 **41 quebranto:** Con la policía sucede como con la salud, de la cual siempre nos quejamos, pero es sólo cuando *sufrimos* un quebranto verdadero que aquilatamos su inapreciable valor para nuestras vidas. ENH141100 **42 interrupción:** ...la presencia de un encargado de negocios bien calificado, para que no *sufran* interrupción ni obstáculo, las transacciones diplomáticas. LPN300597

H SUSTANTIVOS QUE DENOTAN REDUCCIÓN O LIMITACIÓN: **43 obstrucción ++:** ...fue operado del corazón por *sufrir* una obstrucción en las arterias coronarias. LVE020294 **44 veto +:** Cablevisión será la primera concentración de empresas españolas que *sufrirá* el veto del Ejecutivo comunitario. EME051196 **45 limitación +:** ...una revisión de la situación de los presos en lo que afecta a sus derechos, que no deben *sufrir* otra limitación que la derivada de la sentencia que les priva de libertad. EME111096 **46 recorte +:** El Festival de Cine de Berlín *sufre* grandes recortes de presupuesto... EME031296 **47 reducción +:** Y van a *sufrir* una reducción de ingresos de Bruselas, si el franco belga continúa en ascenso... EME060395 **48 rebaja:** ...los escándalos de corrupción podrían hacer que el Reino de España *sufriera* una rebaja en la calificación de sus emisiones... EME090594 **49 ajuste:** La siderurgia es otro de los sectores que puede tener que *sufrir* algún ajuste adicional a la reconversión que se hizo hace tres años. EME080596 **50 merma:** ...entre 5% y 10% de las personas infectadas por el virus del sida viven más de diez años sin *sufrir* ninguna merma de salud aparente. LVE010495 **51 recesión:** Entre 1992 y 1993 Banyoles *sufrió* una recesión que comportó una caída del sector industrial cercana al 40% y un crecimiento negativo. LVE060595

I SUSTANTIVOS QUE DENOTAN FALTA O CARENCIA, ASÍ COMO CON OTROS QUE DESIGNAN PROCESOS QUE CONDUCEN A ESOS ESTADOS: **52 falta ++:** ...se quiso rendir un homenaje a los docentes, que *sufren* la falta de reconocimiento económico y social. CLA020401 **53 déficit ++:** Labor nada despreciable en un país que (...) *sufre* de un déficit intelectual que se plasma en la escasísima producción bibliográfica... ABC050595 **54 deficiencia +:** El filme «Sling Blade», con un reducido presupuesto y olvidado por la crítica, narra el drama de una persona que *sufre* una deficiencia en el habla... ENH120297 **55 escasez +:** Los países africanos son los que más *sufren* la escasez de agua. LVE220394 **56 insuficiencia:** ...el pasado martes motivó que dos pacientes *sufriesen* una insuficiencia respiratoria grave al inhalar nitrógeno en lugar de oxígeno. EPE170199 **57 carencia:** ...aquellos que de una u otra manera somos los que más *sufrimos* la carencia del líquido elemento por falta de políticas globales y coherentes... LTB050497 **58 desabastecimiento:** El desabastecimiento que *sufren* las gasolineras de Francia ha provocado que se duplique el número de turismos franceses que acuden a las gasolineras de Irún. EME301196 **59 desnutrición:** Sólo en Guatemala, seis de cada diez niños menores de cinco años *sufren* desnutrición crónica... EPE071001 **60 pérdida:** Desde que comenzó el Plan Real, las exportaciones argentinas *sufrieron* una pérdida del 87% en la competitividad... CLA200199

J SUSTANTIVOS QUE DESIGNAN OTRAS SITUACIONES ADVERSAS, A MENUDO PROBLEMAS O DIFICULTADES: **61 contratiempo ++:** La pretensión del Ayuntamiento (...) ya ha *sufrido* un primer contratiempo. CAN230996 **62 revés ++:** Además, la imagen de Yeltsin ha *sufrido* un fuerte revés. EME030195 **63 problema +:** Cerca de 40.000 personas *sufren* este problema en Euskadi. EPE161199 **64 dificultad +:** Los pequeños que *sufren* esta dificultad tienen problemas para poner las letras en orden, pero no los tienen a la hora de identificar los dibujos. EME020895 **65 inconveniente +:** Durante la etapa final no corrió riesgos ni *sufrió* ningún inconveniente y se limitó a aprovecharse de las circunstancias. EPE261101 **66 complicación +:** La mayoría de los que han *sufrido* estas complicaciones (el 41) se quejan de que los productos adquiridos estaban en mal estado o deteriorados. EPE170499 **67 trastorno +:** Sufre un trastorno narcisista de la personalidad, en todo equiparable a una psicopatía... EPE161099 **68 molestia** +: Ronaldo, que el sábado *sufrió* molestias en el muslo derecho durante el partido con el Valencia, sólo dijo una cosa al acabar el entrenamiento... LVE291096 **69 derrota** ++: Sufrió una derrota en Oporto (4-2), pero su reacción posterior ha sido fulminante. LVE210895 **70 debacle** –: A partir de entonces la producción *sufre* una debacle, y en 1992 se pescaron apenas 212 toneladas de sardina. BYN301197

K SUSTANTIVOS QUE DESIGNAN DIVERSAS FORMAS DE ATACAR, AGREDIR O COACCIONAR A ALGUIEN: **71 ataque** ++: Una comisaría de la Ertzaintza *sufre* un ataque con cócteles molotov. EME150196 **72 asedio** +: En Bihac, enclave bosnio que *sufre* el asedio de las fuerzas serbias y del musulmán disidente Fikret Abdic, los sitiadores autorizaron ayer la entrada para hoy de un convoy de ayuda humanitaria. LVE040895 **73 acecho**: ...la actual Comunidad nació hace nada menos que 38 años y aún *sufre* el acecho de múltiples problemas. EME200295 **74 embate**: ...ya que como recordarás no se vivían tiempos políticos normales, porque *sufrías* el embate de numerosas fuerzas adversas. PME151296 **75 asalto**: No tratamos sólo de capturar delincuentes, sino de ayudar al que ha *sufrido* un asalto a cerrar un capítulo negro de sus vidas... EPE270199 **76 agresión**: Una adolescente de 13 años *sufrió* una agresión por parte de una pandilla de unos quince adolescentes... LVE100596 **77 persecución**: ...dijo haber *sufrido* una persecución brutal durante la instrucción del caso y no haber recuperado aún la documentación profesional que le fue incautada... EPE131101 **78 amenaza** +: Quiero decir a los que *sufren* esta amenaza que tienen el respaldo de la sociedad española... LRE300103 **79 acoso** +: Todos sus personajes eran niñas pobres abandonadas, que *sufrían* el acoso del niño rico de la familia donde trabajaban. EME150595 **80 coacción**: ...no *sufrió* ningún tipo de tortura ni de coacción durante la declaración que efectuó el lunes ante el juez... EME110195

L SUSTANTIVOS QUE DESIGNAN DIVERSAS FORMAS DE RECHAZO O EXCLUSIÓN: **81 discriminación** +: ...prestar ayuda a aquellas mujeres que *sufrieran* discriminación en situaciones laborales. LVE241195 **82 desaire**: Si alguien había pensado que el presidente Bill Clinton podía *sufrir* un desaire ante el trascendental discurso sobre el estado de la Unión, se equivocó. EPD280198 **83 marginación**: Se acabará el racismo y la miseria de nuestros pueblos que por tantos años han *sufrido* la marginación y el olvido de todo el mundo. EXC181296 **84 rechazo**: En pocos estados europeos, por ejemplo, un gobierno quedaría pegado al poder después de *sufrir* el rechazo de sus presupuestos financieros. LVE281195 **85 aislamiento**: ...sin embargo, no podemos sino adivinar cómo un estadounidense experimenta un amanecer o cómo *sufre* el aislamiento del mundo moderno. ABC140795 **86 eliminación** –: A pesar del coste para los sectores de la población poco cualificada que *sufre* la eliminación de empleos manuales... LVE300195

▩ Se combina también con: ♦ **amargamente, de cerca[46], de lo lindo[11], duramente[42], en carne propia[1], enormemente[34], intensamente[20], inútilmente, pacientemente, profundamente[44], temporalmente[33]**

☐ Véase también: **aguantar, arrostrar, soportar, sufrimiento.**

sugerencia ♦ **acertado, aprovechable, atinado[44], atractivo, atrayente, cabal, capcioso[3], certero, constructivo, desatinado, descabellado[5], disparatado, edificante, eficaz, feliz, franco, fructífero, gratuito, humilde, inestimable, inoportuno, instructivo, lleno (de), mero, modesto, oportuno, peregrino[34], provechoso, providencial, puntual, sabio, sensato, simple, sincero, sutil, tentador, útil, valioso, velado, verbal** ♦ **buzón (de), cascada (de), cúmulo (de)[63], fuente (de), puñado (de), sinfín (de)** ♦ **aceptar, adherirse (a), admitir, aportar, apoyar, aprobar, aprovechar, apuntar, atender, avalar[24], avanzar, caer en saco roto[4], comunicar, contrastar, dar (a alguien), dejar caer[7], desatender[20], desestimar, desoír[4], emanar[28], emitir, enviar, escuchar, estimular, expresar, formular[39], hacer, hacer extensivo[5], ignorar, insinuar, lanzar, mandar, obedecer (a), ocurrírse(le) (a alguien), ofrecer, plantear[62], presentar, proporcionar, realizar, rebatir[20], rechazar, recibir, recobrar, recoger, reiterar, satisfacer, seguir, surtir efecto[20], tomar en consideración, transmitir, verter[22]**

☐ Véase también: **consejo, indicación, iniciativa, insinuación, moción, oferta, petición, proposición, propuesta, recomendación, ruego, solicitud.**

sugerir ♦ **entre líneas[18], humildemente[6], modestamente, particularmente, veladamente**

☐ Véase también: **aconsejar, invitar (a), ofrecer(se), proponer.**

sujetar ♦ **con firmeza, con fuerza, con mano de hierro[14], con todas {mis/tus/sus...} fuerzas, férreamente[37], firmemente, fuertemente**

☐ Véase también: **agarrar, coger, sujeto (a).**

sujeto (a) ♦ **acuerdo, cambio, censura, condición, control, debate, decisión, demanda, discusión, elección, embargo, horario, idea, mandato, norma, obligación, opinión, organización, presión, programa, promesa, referéndum, reglamento, retención, riesgo, tensión, voluntad,** *otros sustantivos que designan disposiciones*

suma ♦ **abultado, aproximado[22], aritmético, astronómico[3], bonito, considerable, copioso[2], cuantioso, descomunal, desorbitado, elevado, escaso, exacto, exiguo, exorbitante, importante, ingente[3], insignificante[5], irrisorio[9], jugoso[10], meticuloso, minucioso, neto, ridículo, sustancioso, voluminoso** ♦ **comprobar, computar, efectuar, negociar, ofrecer, rechazar, revisar, totalizar, verificar**

☐ Véase también: **adherirse (a), cantidad, incorporar(se), sumarse (a), unión, unir(se).**

sumar ♦ **aproximadamente, exactamente, ni de lejos[6]** ♦ **cifra, esfuerzo, fuerza, número, recurso,** *otros sustantivos que designan cantidades*

☐ Véase también: **aunar, sumarse (a).**

sumarial ♦ **actuación, causa, dato, declaración, diligencia, documento, ejecución, informe, ins-**

trucción, investigación, juicio, orden, secreto, seguimiento

sumariamente ♦ **condenar, conocer, decir, describir, ejecutar, explicar, exponer, fusilar, juzgar, presentar, referirse**

☐ Véase también: **abreviadamente, sintéticamente, sucinto, sumario.**

[sumario] → **secreto de sumario**

sumario ▮ *(adj.)* ♦ **averiguación, bibliografía, carácter, castigo, compilación, crónica, declaración, descalificación, ejecución, expulsión, extradición, fusilamiento, idea, información, instrucción, investigación, juicio, justicia, procedimiento** ▮ *(sust.masc.)* ♦ **abultado, administrativo, amplio, interno, judicial, voluminoso** ♦ **apertura (de), contenido (de), instrucción (de), instructor (de), secreto (de)** ♦ **abrir, analizar, aportar, avanzar, cerrar, constar (en), desaparecer, desprender(se) (de), engrosar[70], estudiar, finalizar, incorporar (a), instruir, paralizar, reabrir[3], remitir, sobreseer[7], tramitar, trasladar**

sumarse (a) ♦ **conmovido, emocionado, encantado, entusiasmado, gustoso, ilusionado** ♦ **activamente[20], con gusto, con matices[3], con placer, con reservas[40], consensuadamente, descaradamente[14], de todo corazón[30], en masa, masivamente, pacíficamente, plenamente[6], sin reservas[34], unánimemente, verbalmente[73], voluntariamente**

☐ Véase también: **sumar.**

sumergir(se) (en) ♦ **de lleno[12], hasta arriba, hasta el cuello[5], totalmente** ♦ **agua, aventura, búsqueda, campaña, debate, diálogo, fondo, historia, lago, lodo, lucha, mar, noche, profundidad, realidad, recuerdo, río, universo**

☐ Véase también: **sumir(se) (en).**

suministrar ♦ **a destajo, a granel[9], con cuentagotas, en exclusiva[9], puntualmente**

☐ Véase también: **entrega, suministro.**

suministro ♦ **gradual, irregular, puntual, regular** ♦ **cadena (de), contrato (de), corte (de), crisis (de), falta (de), red (de)** ♦ **afectar (a), asegurar, contratar, cortar[38], dar, fallar, garantizar, interrumpir, mantener, monopolizar, perjudicar, procurar, renovar**

☐ Véase también: **donación, entrega.**

sumir(se) (en) *v.* ▮ En el sentido físico se combina con sustantivos que designan masas de agua y otras materias *(sumido en el mar, en el lodo, en el barro, en las aguas).* En sentido figurado, se construye con complementos nominales que designan estados graves de aflicción e infortunio, tanto personales como colectivos *(crisis, depresión, desesperación, angustia, dolor, pesimismo, calamidad, amargura, miseria, pobreza, injusticia, subdesarrollo).* Se combina especialmente con...

A SUSTANTIVOS QUE DESIGNAN CAVIDADES O LUGARES PROFUNDOS Y A MENUDO PELIGROSOS. SE USAN CASI SIEMPRE EN SENTIDO FIGURADO: **1 abismo +:** Ahora resulta que los críticos del sistema (...) quieren hacer creer que el país está *sumido* en un abismo... EXC120197 **2 foso +:** ...de momento, ha sacado al PCE del foso en el que él lo *sumió* con su gran visión de hombre de Estado. EME170495 **3 sima:** Pero, a pesar de estar *sumida* en la más oscura sima del analfabetismo futbolero, no he podido por menos que sobrecogerme ante la noticia... EPE010684 **4 bache +:** Luego vinieron las vacas flacas y el equipo se *sumió* en un profundo bache de juego que hizo que bajara posiciones escandalosamente. CAN250599 **5 profundidad +:** ...pese a reunir una de las plantillas más caras de la Liga anda *sumido* en las profundidades de la clasificación. LVE231296 **6 precipicio:** Significaría que tendríamos dos meses menos de caída libre en el precipicio en el que nos estamos *sumiendo.* EME261095

B SUSTANTIVOS QUE DESIGNAN LUGARES O SITUACIONES CARENTES DE LUZ, CLARIDAD O SONIDO. POR EXTENSIÓN, TAMBIÉN CON OTROS QUE DESIGNAN OTROS ESTADOS CARENCIALES QUE SE ASIMILAN A ESTOS: **7 oscuridad ++:** ...un sector agropecuario *sumido* en la oscuridad y la pobreza total, un desempleo creciente... EPC060796 **8 silencio ++:** ...la desaparición, en la primera curva, del tren que nos arrebató al ser querido, nos *sume* en un silencio de ensueño. LVE211195 **9 olvido +:** El sector petrolero sigue *sumido* en el olvido. EME260996 **10 sombra +:** ...Croacia parece *sumirse* cada vez más en las sombras de su pasado fascista. DLA090797 **11 tinieblas +:** ...pasó largos períodos *sumido* en las tinieblas, en la crujiente compañía de las cucarachas... CAP261296 **12 bruma:** ...un microclima que la tiene siempre *sumergida* en brumas, muy bien regada por una lluvia fina. LVE270895 **13 vacío:** Finalmente no se aprobó, por lo que los jóvenes delincuentes siguen *sumidos* en el vacío legal. EME030396

C SUSTANTIVOS QUE DENOTAN CONFUSIÓN O DESCONCIERTO: **14 caos ++:** ...*sumieron* al país en el caos, tras la sublevación popular que siguió en enero. EPEANUA98 **15 confusión +:** La desaparición de uno de los polos por la pérdida de categoría *sumiría* a las gentes del noroeste de la Península en la confusión. LVE030895 **16 vorágine +:** Sumidos en una vorágine de asignaturas obligatorias y optativas, de cambios de planes de estudio... LVE130696 **17 desconcierto +:** Y estaba ya *sumido* en el más profundo desconcierto cuando, hojeando las páginas de este mismo diario, leí unas declaraciones que proyectaron la luz sobre mi ofuscada mente. EPE230900 **18 marasmo:** ...la tolerancia y la capacidad intelectual no tienen cabida en una colectividad anacrónica, *sumida* en un marasmo empobrecedor. ABC131095

D SUSTANTIVOS QUE DENOTAN ABANDONO, AISLAMIENTO Y OTRAS FORMAS DE AUSENCIA DE CONTACTO O DE COMUNICACIÓN: **19 abandono +:** ...este vendepatrias que gestiona en Marbella el bienestar de los ricos para *sumir* en el abandono absoluto a las barriadas populares de la ciudad. EME220196 **20 aislamiento:** Deseoso, aparentemente, de sacar a Siria del aislamiento en el que está *sumida* desde el desmororamiento de la Unión Soviética... EPE050900 **21 incomunicación:** ...dirigió con rigor una complicadísima obra, a veces deslabazada, que sucede en muchos frentes musicales susceptibles de *su-*

mirse en la incomunicación entre ellos. LVE250696 **22 recogimiento:** ...la pérdida de las colonias de ultramar, que *sumió* a los españoles en un «recogimiento pesimista y sombrío»... EPE140900 **23 ostracismo:** ...después de una amarga y desilusionante experiencia italiana que le *sumió* en el ostracismo. EME230996

E SUSTANTIVOS QUE DENOTAN FALTA DE CERTEZA O SEGURIDAD. TAMBIÉN CON OTROS QUE DESIGNAN PROBLEMAS O PREOCUPACIONES DIVERSAS: **24 incertidumbre +:** ¿Que para conseguirlo ha de *sumir* al país en una perpetua incertidumbre, ralentizando el ritmo de la recuperación económica y sembrando la duda sobre el buen funcionamiento de las instituciones? EME050995 **25 duda +:** ...son apenas muestras de una manera de ser imprevisible que ha dejado *sumido* al país en la duda. DHE070197 **26 inseguridad:** Ya tiene un montón de candidatos a la alcaldía de Tegucigalpa y aunque esté *sumida* en el marasmo, en el desorden, en el caos, en la inseguridad ciudadana, eso no importa. LPH240796 **27 inestabilidad:** ...en caso contrario el mercado proseguirá *sumido* en la inestabilidad. EME090496 **28 problema:** ...el grupo flojeaba de liquidez y estaba sin stocks, lo que, ante la subida de precio del algodón, los *sumió* en el problema. EME050196 **29 preocupación:** Por un lado Wall Street volvió a amanecer *sumida* en la preocupación... EME190996

F SUSTANTIVOS QUE DENOTAN ESTADO DE SOMNOLENCIA O ADORMECIMIENTO. TAMBIÉN CON ALGUNOS QUE DESIGNAN OTROS ESTADOS CARACTERIZADOS POR LA FALTA DE ENERGÍA O DE VOLUNTAD: **30 sueño +:** Unos y otros permanecen *sumidos* en el sueño teológico de mitos que la crítica neotestamentaria independiente ha puesto al desnudo... EME010795 **31 aburrimiento +:** ...fue difuminándose y acabó *sumido* en el aburrimiento. EPE130479 **32 tedio:** Cuando terminó la larga entrevista, los periodistas que le habían aguardado todo ese tiempo *sumidos* en el tedio de la espera, le preguntaron cómo había encontrado al presidente. LVE190596 **33 sopor:** Todos se despepitan por largar aquí y allá, mientras yo me *sumo* en el sopor de este julio canalla... ABC290794 **34 letargo:** La competición de motor en pista más seductora de cuantas se hayan disputado jamás en España se había *sumido* en el letargo desde 1986. LVE070796 **35 apatía:** Según fuentes médicas, María del Pilar Hernández se encontraba ayer fuera de peligro, aunque *sumida* en una total apatía. EPE021084 **36 pereza:** La Real propuso veinte minutos de pasión, gol incluido, antes de *sumirse* en una pereza estudiada... EPE080399 **37 pasividad:** Esta siguió *sumida* en la pasividad de días pasados. EME140695 **38 pesadez:** ...amplio respiro de las frases y constante subrayado de la dimensión sinfónica de la obra sin *sumirla* en la pesadez germánica. EPE081299

G SUSTANTIVOS QUE DENOTAN ESCASEZ DE CALIDAD O MÉRITO: **39 mediocridad:** Los priísta ya lo tienen *sumido* en la mediocridad y lo peor es que se está perdiendo el espíritu del mexicano... EXC220996 **40 desprestigio:** ...«responsable» de sostener a un gobierno que tiene a Cantabria paralizada y *sumida* en el desprestigio. EME040694 **41 vulgaridad:** Pero vino a la Feria de Otoño y lo que transcurría *sumido* en la vulgaridad lo convirtió en la cumbre del toreo. EPE111099

H SUSTANTIVOS QUE DENOTAN ENFRENTAMIENTO O CONFLICTO: **42 guerra +:** Sumió en la guerra y la sangre a todos los pueblos vecinos y al suyo propio. EPE030299 **43 conflicto:** ...aunque ahora esté *sumido* en un conflicto personal parecido al de Enrique II de Inglaterra... EME131195 **44 contienda:** ...cuando abandonó el cargo para *sumirse* en la contienda presidencial... LVE110196 **45 pelea:** Llevan años *sumidos* en peleas sin sentido. INDOC **46 lucha:** O bien se hallan *sumidos* en unas luchas sórdidas de las que jamás se destila lo más parecido a una idea o propuesta... EME260996

I SUSTANTIVOS QUE DENOTAN ASOMBRO: **47 perplejidad +:** El Barcelona anda *sumido* en la perplejidad, agarrotado en su juego e ideas. LVE050296 **48 estupor:** Murieron cerca de 20.000 españoles, la nación quedó *sumida* en el estupor y un sentimiento de humillación general daba al traste... LVE120696 **49 estupefacción:** Pero ése es el riesgo que se obstina en fomentar, *sumiéndonos* en la estupefacción... EPE040799

J SUSTANTIVOS QUE DESIGNAN SITUACIONES GRAVES DE DESORDEN FÍSICO O MORAL: **50 desastre +:** ...el Perú quedó *sumido* en un desastre que Sendero Luminoso agravó hasta la tragedia. EPE231101 **51 cataclismo:** Ahora, tras la ruptura entre PSOE y CiU, los escenarios de estas series podrían haberse visto *sumidos* en cataclismos. LVE031195 **52 escándalo:** El DNC y la campaña Clinton-Gore han estado *sumidos* en escándalos por prácticas indebidas de recaudación de fondos... ENH200198

K SUSTANTIVOS QUE DENOTAN REFLEXIÓN PROFUNDA O SOSEGADA: **53 meditación +:** Sumidos en esa meditación, en ese sentir... ENV060297 **54 cavilación:** Sumidos en estas lúgubres cavilaciones (...) volveremos sobre nuestros pasos... EPE260299

☐ Véase también: **anegar(se), hundir(se) (en), sumergir(se) (en), sumisión (a), zambullir(se) (en).**

sumisión (a) ♦ **absoluto, abyecto, debido, extremo, feudal, forzado, humillante, incondicional, indigno, manso, obligado, pleno, resignado, total** ♦ **en actitud (de), en señal (de)**[36] ♦ **actitud (de), estado (de), posición (de), señal (de)** ♦ **autoridad, decreto, deseo, dictado, ley, orden, poder, reglamento, voluntad** ♦ **aceptar, asegurar(se), denunciar, rebelarse (ante), rechazar, romper (con),** *otros sustantivos que designan disposiciones*

sumo *adj.* **I** Se combina con sustantivos de persona que designan posiciones en alguna jerarquía *(representante, sacerdote, pontífice)*, así como con los sustantivos *grado*, *poder* y *dignidad*. Se combina también con sustantivos que designan situaciones carenciales *(pobreza, necesidad, injusticia)*, y múltiples estados emocionales de signo negativo *(pesimismo, enfado, contrariedad, pesar, irritación)*. También se combina (más frecuentemente en construcciones encabezadas por la preposición *con*) con otros muchos sustantivos, pero destacan especialmente los...

A SUSTANTIVOS QUE DESIGNAN SENSACIONES GRATAS: **1 gusto +:** «Lo haré con *sumo* gusto porque estar en la selección lo merece», manifestó el defensa del Athletic. EME260495 **2 placer +:** ...es una obra de escritura sólida y elegante, y que, sobre todo, se lee con *sumo* placer.

LVE140795 **3 agrado +:** Ya cantan los grandes tenores rancheras y corridos con *sumo* agrado. LVE140295 **4 satisfacción:** Fuentes de la Casa Blanca también adelantan que Bin Laden muestra *suma* satisfacción al conocer que el número de víctimas mortales («enemigos», en su terminología) es muy superior al que esperaba. EPE121201 **5 beneplácito:** ...me dedica un extenso enfoque sobre esa interesante temática, que he leído con *sumo* beneplácito. LPN030297 **6 delectación:** Paladeaba esta palabra con *suma* delectación. LVE010395 **7 placidez:** Allí estábamos, envueltos por el sol y por la brisa, en la *suma* placidez de la marisma. INDOC

B SUSTANTIVOS QUE DENOTAN IMPORTANCIA, INTERÉS O URGENCIA: **8 importancia ++:** Para el PLRA es de *suma* importancia aumentar la cantidad de poderes locales en manos liberales... ACP150996 **9 trascendencia ++:** La decisión que usted va a tomar es de *suma* trascendencia, ya que no sólo va a participar su cuerpo sino también sus sentimientos. EPC080797 **10 interés ++:** ...resulta de *sumo* interés esta exposición que nos pone al día sobre los actuales continuadores de la gran arquitectura escandinava. ABC050595 **11 actualidad ++:** Como pueden ver, un argumento de *suma* actualidad. EPE260800 **12 urgencia ++:** Era esa imagen, unida a los anónimos amenazadores que se habían recibido, lo que movilizó a la policía con carácter de *suma* urgencia. EME200896 **13 gravedad ++:** Siete días después saltaba a los medios de comunicación el estado de *suma* gravedad en el que se hallaba... EME140496 **14 relevancia:** ...hechos de *suma* relevancia relacionados con la seguridad y defensa del Estado, fueron ignorados o rechazados sin motivo alguno... ENV270696 **15 emergencia:** En casos de *suma* emergencia, los rehenes militares y policías sabían lo que tenían que hacer para establecer contacto... CAP250497

C SUSTANTIVOS QUE DENOTAN PRECAUCIÓN, CUIDADO, VIGILANCIA O MINUCIOSIDAD EN LA REALIZACIÓN DE ALGUNA COSA: **16 cuidado ++:** ...no habrá una política de «reinserción indiscriminada», sino que ésta se estudiará de forma individualizada y con «*sumo* cuidado». EME200896 **17 atención ++:** El PSC sigue con *suma* atención todas las actuaciones de CiU. LVE220595 **18 cautela +:** ...el Estado está manejando la situación con *suma* cautela. EPE020380 **19 prudencia +:** El principio de la reinserción es un precepto constitucional y lo único que cabe esperar es aplicarlo con *suma* prudencia. LVE090396 **20 escrupulosidad +:** ...con el exquisito rigor y la *suma* escrupulosidad en el manejo de lo datos que siempre le caracterizó. INDOC **21 fidelidad +:** Hay que reconocer que los asertos retraen con *suma* fidelidad la imagen del «clásico turista» y del «viajero esencial» con cuyas definiciones me declaro de acuerdo. CAP030497 **22 meticulosidad +:** ...han indagado con *suma* meticulosidad sobre las causas económicas de la insurrección de independencia. PME271096 **23 minuciosidad +:** El médico dijo que en la actualidad están recepcionando el hospital y equipo con *suma* minuciosidad... LPN300197 **24 delicadeza +:** Cristalina fragilidad, delicadeza *suma* de la situación que vivimos, en que hay que manejar los asuntos con guantes y pinzas... EME260195 **25 sigilo:** ...el diálogo con ETA, si se ha reanudado, se lleva con *sumo* sigilo. EME120995 **26 primor:** Creo que César González Ruano escribió un libro en torno a las casas en que hubo de vivir y acomodaba con *sumo* primor. LVE150195 **27 esmero:** ...un hombre abría una trampita del suelo, colocaba en ella una manguera y procedía a regar, con *sumo* esmero, el arbolado. LVE310795 **28 comedimiento:** Pero ¿qué marcha? ¿La atlética, la otra, o las dos? Las dos, pero llevadas con *sumo* comedimiento y respetando las proporciones justas. EPE060999

D SUSTANTIVOS QUE DESIGNAN LA IDONEIDAD EN ALGUNA FUNCIÓN, ASÍ COMO OTRAS FORMAS DE ADECUARSE LAS COSAS O LAS PERSONAS A LO QUE CABE ESPERAR DE ELLAS: **29 coherencia ++:** ...filiación bibliográfica y *suma* coherencia constitucional ha mostrado con su erudición acostumbrada Ernest Lluch. EPE210199 **30 eficacia ++:** Leslie Fenton (...) aprovechó con *suma* eficacia su ajustado presupuesto. EPE110899 **31 precisión ++:** ...un hombre comedido, valenciano de 55 años que habla con amabilidad y *suma* precisión... EPE020687 **32 pericia +:** Un excelente telefilme que narra con *suma* pericia una sobrecogedora historia de terror. LVE200196 **33 acierto +:** Por ello, por la impresión recibida a través de lo escuchado en viejas grabaciones de *sumo* acierto, creo que nunca se produjo con más refinamiento, en un clima de poesía mayor... ABC151093 **34 rigor +:** ...sintetiza con *sumo* rigor la historia de la Biblioteca iniciada por Cristóbal Colón y formada en su núcleo original por Hernando Colón... ABC240792 **35 oficio:** ...esta entretenidísima entrega de cine negro dirigida, con *sumo* oficio, por Phil Karlson... EPE241201 **36 profesionalidad:** Hay directores (...) que han dirigido con enorme éxito y *suma* profesionalidad a un puñado de grandes orquestas de Europa o Ultramar... LVE200296 **37 responsabilidad:** Ocupa un cargo de *suma* responsabilidad. INDOC **38 tino:** Decimos que Barrera enseña un toreo perpendicular, de leves giros de muñeca, quedándose muy quieto, calculando las distancias con *sumo* tino. EME060895 **39 efectividad:** Así, su modo de componer la narración resulta de una efectividad *suma*... ABC140795 **40 propiedad:** Nicolás Cruz, director del Instituto de Historia de la Universidad Católica de Chile, puede hablar con *suma* propiedad del tema. LEC060497

E SUSTANTIVOS QUE DENOTAN DEFERENCIA Y ATENCIÓN. TAMBIÉN CON ALGUNOS QUE DESIGNAN OTRAS CUALIDADES RELATIVAS AL TRATO FAVORABLE QUE ES POSIBLE DISPENSAR A LOS DEMÁS: **41 corrección ++:** Drama de tintes psicológicos adaptado de una conocida y exitosa obra teatral con *suma* corrección por Sidney Lumet. EPE150700 **42 amabilidad ++:** –Si no puede venir otro día, no se preocupe –dice con *suma* amabilidad. LVE030896 **43 cordialidad ++:** Agradezco la *suma* cordialidad con que hemos sido recibidos. INDOC **44 respeto ++:** Él construye desde el pasado, pero lo hace con *sumo* respeto y consideración. ABC260293 **45 discreción:** Las azafatas repartieron la tarta con *suma* discreción. LVE130295 **46 cortesía:** ...trata siempre a sus invitados con *suma* cortesía. Otra cosa son las negociaciones que debe llevar a cabo con ellos. INDOC **47 devoción:** Como parece hecha a mi medida, me la bebo con *suma* devoción. EPE051099

F SUSTANTIVOS QUE DENOTAN BENEFICIO: **48 utilidad +:** ...posibles telas de Valdés Leal, que están viendo la luz al otro lado del Atlántico y cuyo estudio puede ser de *suma* utilidad. ABC011093 **49 ayuda:** Sería de *suma* ayuda para el éxito de la empresa que enviaran todos sus informes puntualmente. INDOC **50 provecho:** Lo curioso es la gran libertad con que operó sobre sus materiales sonoros y el *sumo* provecho que sacó de las diversas influencias que absorbió transformándolas. LVE230196

G SUSTANTIVOS QUE DENOTAN AUSENCIA DE COMPLEJIDAD O PERTURBACIÓN: **51 claridad ++:** Este tipo de actitud, que los votantes perciben con *suma* claridad, es el que, entre otros factores, impide que el PP... EPE010899 **52 naturalidad +:** ...dijo con *suma* naturalidad que María Peláez evidencia la capacidad de las andaluzas, no sólo en el baile, también en la natación. EPE010399 **53 calma +:** Sin embargo, el clima de la etapa prólogo de ayer fue de *suma* calma, tal vez de excesiva frialdad... LVE030995 **54 tranquilidad:** La situación, tanto en Castro como en A Barrela, era ayer de *suma* tranquilidad... LVG301091 **55 templanza:** ...hasta que de nuevo Rivaldo, de nuevo de falta, colocara el balón en la escuadra. Con *suma* templanza. EPE100599

H SUSTANTIVOS QUE DENOTAN RAPIDEZ O BREVEDAD: **56 rapidez +:** ...la crisis es una fruta que se pudre con *suma* rapidez. EPE240199 **57 brevedad +:** En ellos se suceden, con *suma* brevedad, observaciones, pensamientos y notas de cuño más o menos realista... ABC161092 **58 agilidad:** ...un coche que en carretera se mueve con *suma* agilidad y que va destinado fundamentalmente a un público juvenil. LVE020696 **59 celeridad:** ...ha hecho el anuncio con *suma* celeridad a través de un simple comunicado. EPE130700 **60 concisión:** Expondré mi punto de vista con *suma* concisión en el momento oportuno. INDOC **61 diligencia:** Con *suma* diligencia, ayer mismo fue nombrado ponente el magistrado Antoni Bruguera, uno de los cinco componentes de la Sala Penal del Tribunal Superior. LVE010296

I SUSTANTIVOS QUE DENOTAN FACILIDAD O DIFICULTAD: **62 facilidad +:** En dobles damas en categoría 16 años se clasificaron campeonas (...) desde el primer set que ganaron con *suma* facilidad por 6/1. LTB131100 **63 dificultad +:** Con *sumas* dificultades está intentando salir de una década negra de guerra civil. EPE190700 **64 comodidad +:** El Espanyol (...) salvó con *suma* comodidad la visita del colista, un Extremadura que nunca perdió su ingenuidad futbolística... LVE290996 **65 sencillez:** Así, con *suma* sencillez, se materializó la paz entre los rockeros cofrades y los marchosos del palio. EPE290399 **66 complejidad:** Aborda un asunto muy grave con ligereza, de modo que simplifica algo de *suma* complejidad. EPD250996

J SUSTANTIVOS QUE DESIGNAN EL INGENIO Y OTRAS MANIFESTACIONES DE LA INTELIGENCIA: **67 desparpajo +:** Siempre me admiró el *sumo* desparpajo con el que se mueve en el mundo de los negocios. INDOC **68 ingenio:** ...personajes descritos con *sumo* ingenio y un excelente sentido del humor. INDOC **69 gracia:** Es obra museable, afortunadísima, dicha con *suma* gracia, ligerísima de materia, tocada con mano maestra. ABC030492 **70 ironía:** Recordamos (...) una de Fedótov, fechada en 1850, pormenorizada con *suma* ironía... EPE271299

K SUSTANTIVOS QUE DESIGNAN OTRAS VIRTUDES, FACULTADES Y CARACTERÍSTICAS HUMANAS. DESTACAN ENTRE ELLOS LOS QUE HACEN REFERENCIA A LAS CAPACIDADES COGNITIVAS O INTELECTIVAS: **71 inteligencia:** Ello no constituye demérito, ya que enriquece el mero relato con detenciones críticas de *suma* inteligencia... ABC170492 **72 talento:** Por eso, en el bodegón aludido encontramos fundamentos de alto riesgo plástico, que el artista ha resuelto con *sumo* talento. EPE201299 **73 modestia:** ...conclusiones brillantes y renovadoras, que expuso con *suma* modestia. INDOC **74 elegancia:** Con *suma* elegancia y densidad dramática Julio Bocca encarnó un seductor príncipe Sigfrido. LPA220592 **75 brillantez:** El proyecto fue ultimado con *suma* brillantez. INDOC **76 originalidad:** ...el esclarecimiento de la poética de Martí, con la indispensable atención a todos los «contextos» (...) dentro de los cuales aquélla se sitúa con *suma* originalidad y valor fundacional. EME110395 **77 capacidad:** ...un hombre de *suma* capacidad para la lucha política, cuyos reconocidos méritos lo empujaron hacia la presidencia de la entidad. ESH021100 **78 sabiduría:** Con *suma* sabiduría, dice que prácticamente la vida está hecha más de consentimientos que de opciones... LVE161095

L SUSTANTIVOS QUE DENOTAN DESCARO O CINISMO: **79 desvergüenza +:** La vasta operación de enriquecimento (...) se efectuó casi a cara descubierta y a plena luz del día, arrostrando con *suma* desvergüenza las fundadas sospechas... EPE061099 **80 ligereza +:** ...de cuya figura dijo que (...) sí se trata con «*suma* ligereza por parte de algunos medios y de ciertos creadores de opinión». EME231096 **81 hipocresía:** ...¿dirían que es preferible morir a vulnerar la ley? *Suma* hipocresía. EME010895

M SUSTANTIVOS QUE DESIGNAN SENTIMIENTOS GOZOSOS: **82 alegría +:** Es seguro que tal aseveración va a ser acogida con *suma* alegría por quienes se sienten víctimas del estruendo y jolgorio nocturnos de esos días festivos. EPE300899 **83 entusiasmo:** Juan Pablo II se despidió ayer de los rumanos que le acogieron con *sumo* entusiasmo... FDV100599 **84 felicidad:** ...habrán roto en pedazos las ilusiones de infinidad de apostantes, pero también crearán *suma* felicidad en los pocos acertantes... EME220196

N SUSTANTIVOS QUE DESIGNAN SITUACIONES DE INSEGURIDAD, AMENAZA Y OTROS ESTADOS DE INCERTIDUMBRE: **85 peligro +:** Estamos asustados y abatidos ante el *sumo* peligro de que sea esa persona quien tome a su cargo la situación. INDOC **86 preocupación +:** ...el retraso en iniciar los contactos a nivel ministerial «es un asunto de *suma* preocupación para los republicanos irlandeses y los nacionalistas». EME080495 **87 riesgo:** Le consideraron casero (...), a pesar de que pitó dos penaltis contra los andalucistas con *sumo* riesgo para su futuro. EPE221299 **88 precariedad:** Antes de la insurgencia zapatista la opinión pública internacional sabía de la *suma* precariedad en la que malvive tres cuartas partes del pueblo mexicano... EME240194 **89 fragilidad:** La destitución de Llorens es una prueba de la *suma* fragilidad del cargo de director... ABC280292 **90 inquietud:** La *suma* inquietud que provoca en los vecinos el aumento de la delincuencia en el barrio... INDOC

Ñ SUSTANTIVOS QUE DESIGNAN ACTITUDES AGRESIVAS, DESCONSIDERADAS O INJUSTAS: **91 agresividad +:** ...alertó sobre actitudes de «*suma* agresividad por parte del PAN en Torreón y Monclova»... EXC091196 **92 brutalidad +:** El presidente Habibie, por su parte, parece más pendiente de los votos (...) que de lo que ocurre en la isla que Indonesia ha gobernado con *suma* brutalidad durante casi cinco lustros. EPE030999 **93 dureza +:** Y Juppé fue también el encargado de responder a las acusaciones de «profesional de la política» (...), y lo hizo con *suma* dureza... LVE010495 **94 frialdad** +: A la hora de relatar todo lo sucedido lo hizo con *suma* frialdad y tranquilidad. LVE080996 **95 injusticia:** ...implican un grado de *suma* injusticia para el cuerpo directivo y para el clima constructivo que debe presidir las reformas educacionales en juego... HOY300996 **96 crueldad:** Pero también hemos observado cómo unos mercados (...) pueden responder a una velocidad fulminante y en ocasiones con *suma* crueldad... EME030295

SUPERACIÓN

♦ (SUSTANTIVOS) Véase: **por los pelos**[E]

♦ (VERBOS) Véase: **abrumadoramente**[A], **a domicilio**[A], **a duras penas**[A,F], **a medias**[E], **a pecho descubierto**[C], **arrolladoramente**[A], **a trancas y barrancas**[D], **con creces**[A], **con rotundidad**[G], **considerablemente**[E], **convincentemente**[G], **de plano**[H], **de punta a punta**[B], **de sobra**[E], **dignamente**[I], **en mucho**[A], **estrechamente**[F], **favorablemente**[G], **generosamente**[I], **largamente**[A], **ligeramente**[C], **limpiamente**[A], **literalmente**[D], **nítidamente**[H], **notablemente**[E], **plenamente**[F], **por completo**[O], **por los pelos**[C], **por poco**[B], **satisfactoriamente**[B], **sobradamente**[D]

☐ Véase también: CONSECUCIÓN; ÉXITO.

superar ♦ **abrumadoramente**[10], **a duras penas**[3], **ajustadamente**[3], **a medias**[26], **ampliamente, a plena satisfacción**[14], **apretadamente, arrolladoramente**[3], **a toda costa, a trancas y barrancas**[15], **con creces**[1], **con éxito**[14], **con holgura, con soltura, definitivamente, de plano**[39], **de sobra**[23], **dignamente**[48], **electoralmente, en mucho**[2], **en toda la línea, escasamente, espectacularmente, favorablemente**[27], **felizmente, generosamente**[33], **holgadamente**[1], **inexorablemente**[38], **infinitamente, largamente**[1], **ligeramente**[22], **limpiamente**[6], **nitidamente**[52], **notablemente**[41], **numéricamente, por completo**[142], **por los pelos**[16], **por poco**[9], **rotundamente**[31], **sobradamente**[13] ♦ **adversidad, bache, caída, carencia, choque, crisis, crítica, daño, depresión, derrota, desastre, desgracia, dificultad, dolencia, eliminatoria, enfermedad, fracaso, malestar, meta, muerte, obstáculo, oposición, percance, pérdida, pesadilla, problema, pronóstico, récord, resultado, reto, valla**

☐ Véase también: **remontar, salvar(se)**.

superávit ♦ **anunciar, arrojar**[15], **cifrar(se) (en algo), haber, lograr, tener**

☐ Véase también: **beneficio, déficit, ganancia**.

superficial Véase: **profundo**

superficie ♦ **amplio, aproximado**[10], **celular, comercial, cubierto, cultivable, industrial, ingente, lunar, raso, terrestre** ♦ **bajo, sobre** ♦ **abarcar, aflorar (a), ampliar, aumentar, destinar (a algo), disminuir, emerger (a), exceder, explanar, horadar, nivelar, ocupar, pavimentar, recortar, reducir, salir (a), sembrar, sobrepasar**

☐ Véase también: **espacio, piel, terreno**.

superior ♦ **abismalmente**[12], **claramente, escasamente, indiscutiblemente, levemente, ligeramente, notablemente, numéricamente, sustancialmente**[64]

☐ Véase también: **inferior**.

superioridad ♦ **abismal**[25], **abrumador**[3], **aplastante**[10], **claro, incuestionable, indiscutible, innegable, nítido, numérico, ostensible**[44], **patente** ♦ **demostración (de)**[6], **posición (de)** ♦ **aceptar, acreditar, avalar, constatar, demostrar, ejercer, imponer**[3], **ostentar, reconocer, rendirse (a/ante)**[19]

☐ Véase también: **diferencia, predominio, supremacía, ventaja**.

superstición ♦ **acendrado**[6], **ancestral**[30], **antiguo, arraigado, curioso, dado (a), difundido, extendido, falso, familiar, generalizado, mero, milenario, moderno, obsoleto, pagano, popular, puro, religioso, teñido (de), viejo** ♦ **contra, por** ♦ **fuente (de), ola (de)** ♦ **abolir, alejar(se) (de), alentar, bordear, combatir, creer (en), cundir, desterrar, difundir, enterrar, evitar, explotar, generalizar(se), huir (de), imbuir (a alguien), inculcar (a alguien), librar(se) (de), mantener, persistir, rayar (con/en), rodear (a algo/a alguien), romper, salir(de), subsistir, superar**

☐ Véase también: **creencia, tabú**.

supervisar ♦ **a conciencia**[26], **atentamente, concienzudamente, cuidadosamente, de cerca**[24], **detalladamente**[40], **escrupulosamente**[24], **meticulosamente, minuciosamente, rigurosamente**

☐ Véase también: **controlar, revisar**.

supervisión ♦ **atento, celoso, concienzudo, cuidadoso, escrupuloso, exhaustivo**[23], **meticuloso, minucioso, pormenorizado, preventivo**[19], **riguroso** ♦ **estar a cargo (de), extremar, intensificar, llevar a cabo, ocupar(se) (de), realizar**

☐ Véase también: **control, revisión, vigilancia**.

supino *adj.* ▌Se combina con...

A SUSTANTIVOS QUE DENOTAN CARENCIA DE CONOCIMIENTOS, INTELIGENCIA, ATENCIÓN O MÉRITO, ASÍ COMO DIFICULTAD PARA COMPRENDER O PARA ACTUAR EN DIVERSOS ÁMBITOS. TAMBIÉN CON OTROS QUE DESIGNAN ACTOS QUE SE CARACTERIZAN POR ESAS CARENCIAS: **1 ignorancia** ++: ...un hombre de edad indefinida e ignorancia *supina*... EPC190597 **2 desconocimiento** +: ...no sólo manifiesta un *supino* desconocimiento de la causa y del Derecho... LNP290497 **3 estupidez** +: En lugar del morbo, le llegará el turno a la vacuna de la estupidez *supina*. EME080996 **4 incompetencia** +: ...crecidos por denuncias de presunta corrupción, incompetencia *supina* y aparatosos fallos políticos. EME130396 **5 error** +: ...y proponer como un acierto lo que fue un *supino* error, como los hechos del Aventino. LVE181196 **6 inutilidad:** Yo no imaginaba una tan *supina* inutilidad en un partido al que las circunstancias le han sonreído estos meses... EME310594 **7 necedad:** ...algo que invierta la tendencia a la desafección de los votantes es de una necedad *supina*. EME190694 **8 invalidez:** El sexto padecía una invalidez *supina*, y no había posibilidad de darle dos pases seguidos... EPE110899 **9 ridiculez:** ...una sociedad cada vez más boyante en la ridiculez *supina.* ABC280292 **10 sandez:** ...es una idea que me parece una sandez *supina*... EPE301199 **11 imbecilidad:** Con *supina* imbecilidad, ETA hizo ayer su particular contribución al debate político: el asesinato. EME140195 **12 mediocridad:** El alivio, el pico, la ventaja, una mediocridad *supina* conformaban el toreo... EPE140799 **13 torpeza:** Además, la *supina* torpeza con que los terroristas conducían revela una situación de nerviosismo... LVE130296 **14 despiste:** Lo que sí sé es que Izquierda Unida se trae un despiste *supino.* EME170494 **15 ingenuidad:** ...es de una ingenuidad *supina* entre este desmovilizado paisanaje que se cuadra ante la autoridad... EME020194 **16 paletez –:** ...y muestran un grado *supino* de paletez. EME290995 **17 inocencia –:** ...protegido por un resultado favorable y la inocencia *supina* del rival... LVE090996 **18 vulgaridad –:** ...venía a confirmar la alternativa (...) y exhibió una vulgaridad *supina.* EPE210599 **19 desenfoque –:** Pero imaginar que la religión no importa porque sólo es popular revela un desenfoque *supino.* LVE170995

B SUSTANTIVOS QUE DESIGNAN DIVERSAS MANIFESTACIONES DE CONTRARIEDAD, A MENUDO INTENSA: **20 cabreo +:** ...con cabreo *supino* han arrojado la banqueta y han jurado no volver... ABC270594 **21 enfado:** ...de vez en cuando salen a la luz provocando el enfado *supino* de Johan Cruyff. LVE140596 **22 indignación:** Entre la *supina* indignación donostiarra Míchel marcaba el gol, ahora sí, de la victoria. LVE051195 **23 hartazgo:** Uno, el *supino* hartazgo de socialistas que padece el país. LVE240196 **24 disgusto:** El disgusto que se llevó cuando vio que le habían robado la bicicleta fue *supino.* INDOC

C SUSTANTIVOS QUE DESIGNAN DIVERSOS RASGOS NEGATIVOS DEL COMPORTAMIENTO HUMANO, MÁS FRECUENTEMENTE SI SE RELACIONAN CON LA AUSENCIA DE SINCERIDAD, GENEROSIDAD, HONESTIDAD O SENCILLEZ: **25 hipocresía:** ...cualquier proyecto de ley, no sólo roza la censura, sino que comporta una hipocresía *supina.* LVE171096 **26 irresponsabilidad:** A mí sí me importa (...) que el empecinamiento y la *supina* irresponsabilidad del presidente afecten a las instituciones... EME230795 **27 arrogancia:** Las empresas alemanas más grandes se han comportado en los últimos meses con una arrogancia *supina.* EPE170399 **28 cinismo:** ...el linchamiento moral al que quieren someter a Anguita (...) es de un cinismo *supino*... LVE150994 **29 egoísmo:** ...desear que todo se acabe cuando todo se acaba es de un egoísmo *supino*... EME200795 **30 pedantería –:** ...si no fuese más que una simple e incoherente pedantería tan *supina* como la copa de un sicomoro... EPE031099

D SUSTANTIVOS QUE DESIGNAN DIVERSAS CARACTERÍSTICAS POSITIVAS DE LOS SERES HUMANOS, ASÍ COMO ALGUNOS ESTADOS QUE SE ASOCIAN CON ELLAS. USO POCO FRECUENTE: **31 exquisitez –:** ...el polémico cuadro resultante –de una exquisitez *supina*– nos muestra... LVE230995 **32 sapiencia –:** Un sabio de mente despistada, pero de sapiencia *supina*, comete un error... EPE270399 **33 eficacia –:** Pedagógicamente resulta de una eficacia *supina*, pero eficacia al fin, por lo ejemplar del hecho. EPE041199 **34 inteligencia –:** ...la inteligencia *supina* de tantos personajes que han rodeado al Real Madrid de la era Mendoza-Sanz. EME191096 **35 alegría –:** Los directivos del equipo no disimulan la alegría *supina* que viven. EME270895

☐ Véase también: **craso, flagrante, garrafal.**

suplantar *v.* ▌Se combina con sustantivos de persona *(Suplantó a su socio, pero lo descubrieron)* y también con...

A ALGUNOS SUSTANTIVOS QUE DESIGNAN RASGOS QUE SE TIENEN POR ESENCIALES E IDENTIFICATIVOS DE LAS PERSONAS: **1 figura ++:** ...una figura civil controlada por un legislativo también civil, iría a *suplantar* la tétrica figura del «delegado de gobierno»... ACP031001 **2 identidad ++:** Sólo se puede *suplantar* esa identidad si se obtiene la tarjeta y el código de identificación personal. EPE291099

B SUSTANTIVOS QUE DENOTAN FUNCIÓN PROPIA DE UNA PERSONA (MÁS RARAMENTE DE UNA COSA): **3 función ++:** Cuba sí tiene muchas reservas con cualquier tipo de superestructura o institución que pretenda *suplantar* las funciones de la Asamblea General... GIC101596 **4 papel +:** Belloch criticó el lunes en Barcelona la actitud de diversos jueces que se escapan de su ámbito judicial y *suplantan* el papel de los partidos políticos. LVE291195 **5 rol:** Puede que recurran a válvulas de escape legales, como los decretos presidenciales que *suplantan* el rol de las leyes aprobadas por el Congreso. CAP190995

C SUSTANTIVOS QUE DENOTAN RECURSO O MODELO ORGANIZATIVO: **6 estrategia:** El error que estamos cometiendo consiste en pensar que la estrategia militar puede *suplantar* a la estrategia nacional. SEM110297 **7 estructura:** ...sus efectos colaterales en una economía en la que la especulación *suplanta* a una estructura productiva. PLG190397 **8 ordenamiento:** Filigranas aparte, el «quid» de la cuestión radica en la pertinaz costumbre de *suplantar* el ordenamiento jurídico por arte y maña (artimaña) de la arbitrariedad política. LTB080197

D EL SUSTANTIVO *VOLUNTAD* Y CON OTROS SUSTANTIVOS QUE DENOTAN AUTORIDAD, CAPACIDAD DE DECISIÓN Y OTRAS ATRIBUCIONES ANÁLOGAS: **9 voluntad +:** ...lamentó que BNG y PP se comporten como si «quisiesen *suplantar*» la voluntad de los electores. FDV260601 **10 decisión:** ...no cabe un tribunal de arbitraje, porque no puede *suplantarse* la decisión de un órgano disciplinario... LVE281296 **11 poder:** ...su denegación hubiera equivalido a *suplantar* al poder judicial... LVE241195

E SUSTANTIVOS QUE DESIGNAN LO QUE SE TIENE POR CIERTO: **12 realidad:** Pero este utopismo no procede sin más de la creencia en verdades eternas, sino del racionalismo moderno que *suplantó* la realidad por un falso ideal. ABC161092 **13 verdad:** La misión del intelectual no puede ser adular al poder, pero tampoco agredir a la realidad y *suplantar* la verdad por la ideología. ABC010794

F OTROS SUSTANTIVOS; POSIBLES USOS ESTILÍSTICOS: La piedra fue abandonada, *suplantada* por metales de afirmación: el hierro, el bronce... ABC230493

☐ Véase también: **sustituir.**

supletorio ♦ **aparato, cláusula, mueble, teléfono**

☐ Véase también: **sustitución, sustituir.**

súplica ♦ **encarecido, encendido, ferviente, humilde, insensible (a), inútil, justificado, sensible (a), vivo** ♦ **grito (de), recurso (de)** ♦ **acceder (a), alzar, atender, ceder (a), desatender, desoír[20], dirigir (a alguien), disuadir (de algo), elevar, es-**

cuchar, formular, hacer caso (a), oír, presentar, responder (a)

☐ Véase también: **petición, ruego, solicitud, suplicatorio.**

suplicatorio ♦ fundado, fundamentado[17], infundado, judicial ♦ conceder[57], cursar, denegar[4], dictaminar (sobre), dirigir (a alguien), elevar, justificar, paralizar, pedir, presentar, remitir, solicitar, tramitar[4]

suplicio ♦ atroz, auténtico, chino, horrendo, insufrible, interminable, lento, salvaje, semejante, tremendo ♦ infligir[8], padecer, prolongar, someter (a), soportar, sufrir, vivir

☐ Véase también: **castigo, tortura.**

suplir *v.* ▮ En el sentido de 'sustituir' admite sustantivos de persona *(suplir a un actor, a un delantero)* y otros muchos que designan cosas materiales o inmateriales *(suplir una tarea, un instrumento, un mueble, un esfuerzo).* Destacan especialmente sus combinaciones con...

A SUSTANTIVOS QUE DENOTAN AUSENCIA O CARENCIA: **1 vacío ++:** No se trata de traer a destajo especialistas del exterior, sino de traer una élite que pueda *suplir* el vacío existente... HOY281283 **2 falta ++:** La falta de ayuda militar ha sido, en cierto modo, *suplida* con la creación de las llamadas «patrullas de autodefensa civil»... HOY110784 **3 ausencia ++:** En el Héctor Etchart, Ferro *suplió* las ausencias de Bar y el brasileño Eloe... CLA300199 **4 carencia ++:** ...con el objeto de «*suplir* las carencias» que la institución dice haber detectado en la «prestación pública y privada». ENC240101 **5 hueco +:** ...van a suspender la búsqueda de otra compañía que *supliera* el hueco dejado por Iberia. EPE080599 **6 laguna +:** Un reglamento que complemente la ley y que *supla* en todo caso las lagunas... CAN050201 **7 déficit:** ...iniciativa con la que pretende *suplir* «el déficit que supone para los trabajadores vascos» carecer de sede del Forcem en Euskadi. EPE020999 **8 escasez:** ...la fantasía, la imaginación y el arrojo *suplen* a veces las escaseces; una idea es casi siempre más valiosa que una cartera repleta. ABC040895

B SUSTANTIVOS QUE DENOTAN FALLO, DEFICIENCIA, EQUIVOCACIÓN Y OTRAS FORMAS EN QUE SE MANIFIESTA LA INADECUACIÓN DE LAS PERSONAS O LAS COSAS RESPECTO DE LO QUE SE ESPERA DE ELLAS: **9 insuficiencia +:** El Constitucional parte de que la ley española es insuficiente y, en el caso analizado, los jueces no *suplieron* tal insuficiencia, ya que... EPE220499 **10 defecto +:** ...en el tercio de muleta tuvo defectos que *suplió* a base de ganas y buena disposición. EPE110601 **11 deficiencia +:** ...la casualidad o la impericia de los agresores no van a *suplir* siempre la deficiencia de un servicio público que... EDV210996 **12 limitación +:** ...y descubren la imposibilidad de significar ellos solos, la necesidad de contar con el opuesto para *suplir* tales limitaciones. ABC180693 **13 error:** ...se ha acabado en Europa el recurso al Estado para *suplir* la falta de competitividad o los errores de gestión. LVE230396 **14 fallo:** Está bien eso de comparar impresiones, discutir y *suplir* el uno el fallo del otro». EME011195 **15 incompetencia:** ...*supliendo* con la ayuda del más allá la flagrante incompetencia del más acá... EME230495 **16 mal funcionamiento:** ...*supliendo* así con nuestra buena voluntad la pereza y el mal funcionamiento de nuestra Administración. EPE310599

C SUSTANTIVOS QUE DESIGNAN OTROS ESTADOS DE ADVERSIDAD, EN ESPECIAL SI SE CONSIDERAN URGENTES O ACUCIANTES: **17 necesidad +:** Venezuela cuenta con numerosísimos empresarios y trabajadores que *suplen* prácticamente todas las necesidades concebibles por los ciudadanos de un país... EUV151096 **18 dificultad:** ...*supliendo* permanentemente la dificultad que supone no contar aún con el resto del equipo directivo del teatro. ABC261193 **19 desventaja:** ...sería un grave error tratar de *suplir* esa desventaja inicial mediante la absorción de los citados museos por el nuevo centro. EME291195 **20 inconveniente:** ...inconveniente menor que el tiempo se encargará de *suplir* fácilmente pues no le faltan capacidad ni ganas... EPE130699 **21 pérdida:** ....las autoridades ticas deberían trabajar horas extras para tratar de *suplir* un poco las pérdidas, ya que este problema sólo lo podía resolver Costa Rica... LPN241100

D SUSTANTIVOS QUE DENOTAN TAREA O FUNCIÓN EJERCIDA: **22 trabajo:** ...las trabajadoras de hogar somos mujeres que *suplimos* el trabajo de otra mujer al frente de las tareas domésticas que no se ven como un trabajo... EPE220199 **23 tarea:** ...una serie de medidas de apoyo a la familia a través de una red de servicios sociales que pueda *suplir* las tareas tradicionalmente encomendadas a las mujeres. EPE150200 **24 labor:** Se trata de conseguir que la tecnología que nos aportan ordenadores y vídeos, *suplan* la labor repetitiva del profesorado... EME310595 **25 servicio:** Ello ha suscitado un debate sobre cómo *suplir* un servicio que en los años que lleva funcionando se ha revelado sumamente útil para... EPE170100 **26 papel:** ...desde la familia y también desde la escuela, a la que a veces se le exige que *supla* el papel de los padres. LVE060695 **27 función:** ...si se consigue desarrollar un fármaco que *supla* la función de esta estructura de tres piezas, se conseguiría frenar el deterioro cerebral de... LVE040796 **28 prestación:** ...impulsar desde las instituciones públicas el voluntariado, las ONG y las fundaciones para *suplir* las prestaciones sociales sustitutorias. EPE170100 **29 puesto:** ...se cuida que la tarea desempeñada por los chavales no *supla* ningún puesto de trabajo. EPE290401

suponer ♦ de antemano[23], equivocadamente[9], indefectiblemente[22], inevitablemente[39], inexorablemente[81], por un momento[14], remotamente[8]

☐ Véase también: **conjetura, creer, pensar, suposición.**

suposición ♦ arriesgado, atinado, aventurado, desencaminado, disparatado, encaminado, endeble, falso, fundado, fundamentado, gratuito, infundado, insólito, inverosímil, irreal, mero, sin fundamento ♦ fruto (de) ♦ afianzar(se)[67], alimentar[49], aventurar, barajar, basar(se) (en), confirmar, constituir, demostrar, desmentir[1], hacer, probar, rechazar, reforzar, tejer[38]

☐ Véase también: **conjetura, hipótesis, teoría, tesis.**

supremacía ♦ abismal, absoluto, indiscutible, total ♦ afianzar(se)[13], afirmar, alcanzar, amenazar, combatir, compensar, comprometer, consolidar, constatar, disputar (a alguien), ejercer, garantizar, ostentar, reconocer, reforzar, tener

☐ Véase también: **hegemonía, predominio, superioridad.**

supresión ♦ a plazo fijo[13], cautelar[23], definitivo, eventual, fulminante[8], gradual, inmediato, paulatino, progresivo, sistemático ♦ decretar[12], exigir, llevar a cabo, producir(se), proponer
□ Véase también: **anulación, cancelación, cierre, eliminación, incautación, privación (de).**

SUPRESIÓN
♦ (SUSTANTIVOS) Véase: abrupto[A], accidental[D,F], agilizar[F], al borde (de)[C], a plazo fijo[E], cautelar[B], conceder[I], condicional[A], consumar(se)[A,C], estrepitoso[A], expeditivo[C], férreo[K], firmar[C], fulminante[B], gozar (de)[H], implacable[G], implorar[C], impugnar[B], preconizar[F], predicar[K], preventivo[A], so pena de[C], sufrir[E,G], sumir(se) (en)[D]
♦ (VERBOS) Véase: abruptamente[B], a la desesperada[D], a patadas[D,E], a pedazos[A], a plazo fijo[B], categóricamente[D,G], cautelarmente[A], concienzudamente[G], con firmeza[D], con mano dura[D], de raíz[B], escalonadamente[C], estrepitosamente[B], gradualmente[C], gustoso[E], limpiamente[H], paulatinamente[D], por completo[A,B], preventivamente[B], radicalmente[G], rotundamente[B], sin contemplaciones[B], sin piedad[C], verbalmente[F], virtualmente[D]
□ Véase también: EXPULSIÓN; OCULTACIÓN; SEPARACIÓN.

SUPRESIÓN, CANCELACIÓN Y ELIMINACIÓN Véase:
♦ de un plumazo
♦ abolición (de), cancelación, cese, cierre, despedida, destrucción, eliminación, extinción, incautación, privación (de), sobreseimiento, supresión, sustitución
♦ abolir, abortar, absolver (de), acallar, acortar, aniquilar, anular, arrasar, arrebatar, barrer, borrar, cancelar, cerrar, clausurar, cortar, denegar, derogar, desbancar, descartar, desechar, despedir, destruir, eliminar, exterminar, interceptar, invalidar, machacar, masacrar, mutilar, neutralizar, omitir, prescindir, quitar, rebanar, rechazar, recortar, reventar, robar, romper (con), segar, sojuzgar, suprimir, talar, tumbarse
□ Véase también: *ACCIÓN ILEGAL O ILEGÍTIMA.*

suprimir ♦ cautelarmente, definitivamente, de plano, de raíz[13], de un día para otro[31], de un plumazo, drásticamente[12], gradualmente[25], indefinidamente, paulatinamente[34], por completo[6], radicalmente, temporalmente
□ Véase también: **acallar, aniquilar, anular, arrebatar, barrer, borrar, cancelar, cerrar, denegar, derogar, desechar, eliminar, evitar, invalidar, machacar, mutilar, neutralizar, prescindir, rebanar, reventar, robar, segar, sojuzgar.**

supuesto ♦ *(sust.masc.)* certero[27], eventual, hipotético, indefendible, inverosímil ♦ barajar, concurrir[22], confirmar, confluir, corroborar[10], darse, presentar(se), refutar
□ Véase también: **caso, ejemplo.**

surcar ♦ agua, aire, arena, camino, cielo, espacio, mar, océano, ola, rostro, superficie, terreno, universo

surgimiento ♦ brusco[71], inevitable, lento, ostensible
□ Véase también: **aparición, apariencia, brote (de), despliegue, formación, nacimiento.**

SURGIMIENTO Véase: *APARICIÓN*

SURGIMIENTO Véase: APARICIÓN

surgir ♦ a borbotones[4], al unísono[58], al vuelo[19], como hongos[1], como por encanto[5], inevitablemente[20], por generación espontánea, por todas partes, repentinamente, vigorosamente[16]
□ Véase también: **afluir, aparecer, arrancar, asomar, brotar, despuntar, emerger, entrar, florecer, fluir, germinar, liar(se), manar, manifestar(se), plantear, prorrumpir (en), respiro, resurgir, salir, sobrevivir, surtir efecto.**

surtir efecto *v.* ▌Admite algunos sustantivos que designan textos, en referencia a su contenido *(carta, misiva, mensaje, escrito: La carta era breve, pero surtió efecto)*. También se combina con...

A SUSTANTIVOS QUE DESIGNAN RECURSOS, MEDIOS, ESTRATEGIAS Y OTRAS FORMAS, A MENUDO INGENIOSAS, DE ALCANZAR LO QUE SE PRETENDE CONSEGUIR: **1 maniobra ++:** El primer ministro confía en que las maniobras políticas de (...) no *surtan efecto* y que no gane en la primera vuelta de las elecciones. EPE150599 **2 truco ++:** Pero el truco dejó de *surtir* efecto a medida que avanzaba la tarde... EME120695 **3 medida ++:** Para que estas medidas *surtan efecto*, también la población debe estar alerta y seguir las pautas indicadas por los organismos sanitarios. ENV121296 **4 argucia +:** Una argucia bien planeada y ejecutada, aunque no *surtió efecto.* INDOC **5 artimaña ++:** Las artimañas que *surtieron efecto* fueron las que estaban encaminadas a anular al adversario. INDOC **6 estrategia +:** La estrategia *surtió efecto* y a los pocos minutos los propios secuestradores comenzaron a pedir el regreso de los representantes... EUV210197 **7 fórmula +:** Sin duda son fórmulas eficaces, pero sólo en determinadas circunstancias *surten* el *efecto* apetecido. LRE070103 **8 táctica +:** ...ni siquiera *surte efecto* la táctica de desacreditar constantemente a las fuentes periodísticas. EME130594 **9 plan:** Los sectores más críticos recuerdan que los anteriores planes no *surtieron* el *efecto* deseado... EME090294

B SUSTANTIVOS QUE DENOTAN REMEDIO O MEDICINA. SE USAN MUY FRECUENTEMENTE EN SENTIDO FIGURADO: **10 remedio +:** Habría que cogerlos a todos y pincharles uno a uno para garantizar que el remedio *surtiera efecto.* EPE270900 **11 medicina +:** ...una cucharada más de una medicina gubernamental que ya no *surte efecto.* EME120195 **12 solución:** ...coinciden con las soluciones que han propuesto al Ministerio de Industria y Energía sin que por el momento hayan *surtido efecto.* EME150595 **13 antídoto:** Y este antídoto capaz de paliar las consecuencias devastadoras de la rutina (...) aplicado a dosis mínimas, creemos que *surtió efecto* sobre un número no muy elevado... LVE111295

C SUSTANTIVOS QUE DENOTAN MENSAJE ADMONITORIO: **14 advertencia ++:** Ni tan siquiera las advertencias de (...) –«si no respetan la libertad de opinión llamaré a la Policía para que les desaloje»– *surtían efecto.* EME040294

15 amenaza ++: Aparentemente, la amenaza no *surtió* el *efecto* que Ramos pretendía. CLA120397 **16 aviso:** El aviso *surtió efectos* milagrosos. LVE090596 **17 consejo:** ...recomendó acostar a los niños boca arriba o de lado, y el consejo pareció *surtir efecto*, aunque nadie sabe el porqué. EPE040199

D SUSTANTIVOS QUE DESIGNAN IDEAS O ACTUACIONES ENCAMINADAS A LA CONSECUCIÓN DE ALGÚN OBJETIVO: **18 iniciativa +:** Y a juzgar por las cifras del pasado año, parece que esta iniciativa ha *surtido efecto*... LRE050203 **19 propuesta +:** Por eso, la propuesta gubernamental de elevar el precio de delinquir es sensata y *surtirá efecto* si se lleva a buen puerto. LRE200103 **20 sugerencia +:** Las primeras sugerencias sobre normas tenían como objetivo animar al pacto; no *surtieron efecto*. EPE140700 **21 decisión:** Si no hay objeciones, la decisión quedará formalizada hoy, y *surtirá efectos* hoy mismo. EPE090799

E SUSTANTIVOS QUE DENOTAN DISPOSICIÓN NORMATIVA, GENERALMENTE DE NATURALEZA LEGAL: **22 ley +:** La comisión votó en noviembre de 1994 en favor de prohibir la venta de pintura de rociadores a menores de edad, pero la ley no ha *surtido* un *efecto* apreciable... ENH180397 **23 norma +:** Según la fiscalía, la norma *surte efectos* retroactivos para los hechos que hayan podido suceder en el pasado. LVE260596 **24 legislación:** ...la legislación que endureció el antiguo embargo de Washington contra La Habana está *surtiendo efecto*... ENH110297

F SUSTANTIVOS QUE DENOTAN LLAMAMIENTO, SOLICITUD O MANDATO. TAMBIÉN CON ALGUNOS QUE DESIGNAN OTRAS ACTUACIONES DE NATURALEZA DIRECTIVA: **25 llamamiento +:** ...se confiaba en que tal llamamiento *surtiera efecto* y, al final, la mayor parte de sus vecinos optaron ayer por acercarse a un colegio electoral... EME171195 **26 llamada +:** La llamada no *surtió* demasiado *efecto*. EPE181101 **27 petición +:** Harto de que no hayan *surtido efecto* sus peticiones para que los grupos políticos dispongan de correo electrónico... EPE150399 **28 convocatoria:** ...lo pusieron al tanto de que la convocatoria no había *surtido* mayor *efecto*. CAP170797 **29 llamado:** En este sentido *surtieron efecto* sendos llamados a la cordura... ETC311096

G SUSTANTIVOS QUE DESIGNAN DIVERSAS MANIFESTACIONES DE DESCONTENTO, RECHAZO O MALESTAR: **30 protesta ++:** Para que las protestas *surtan efecto* con mayor eficacia y rapidez... LVE190196 **31 recurso +:** ...para el más que probable supuesto de que el recurso no *surta efecto*, interpondrá subsidiariamente un recurso de queja... EPE241299 **32 denuncia:** ...se exige también, para que la denuncia *surta efecto* como motivo de recusación... EME200195 **33 crítica:** Nota divertida: mis críticas sobre los tés del Ritz han *surtido* su *efecto* y se habla de cambios. EME300396

H SUSTANTIVOS QUE DENOTAN ACTIVIDAD, MÁS FRECUENTEMENTE ESFORZADA Y CONTINUA: **34 campaña ++:** Lejos de *surtir efecto*, la campaña «Cada día estamos mejor» causó el rechazo de los costarricenses. LNC270596 **35 labor +:** Es posible que la labor de desgaste de estos bombardeos necesite tiempo para *surtir efecto* y mellar las bases del régimen de Milosevic. EPE180499 **36 lucha +:** Sencillamente porque en Japón han actuado así y hasta ahora la lucha con tenacidad ha *surtido efectos*. EME170394 **37 tarea:** El proceso educativo y su transformación es una tarea que, desgraciadamente, requiere tiempo para que *surta efecto*. EUV260696 **38 esfuerzo:** Los esfuerzos emprendidos no han *surtido efecto* e incluso han empeorado la situación. ENV170197

I SUSTANTIVOS QUE DENOTAN INTERCAMBIO VERBAL DE OPINIONES: **39 conversación +:** La conversación *surtió efecto*, pero no el esperado por la diputada integrante de la comisión... HOY101197 **40 diálogo +:** ...la tolerancia y el diálogo, deseos formulados el año pasado, empiezan a *surtir* su *efecto* mágico... LVE060196

J SUSTANTIVOS QUE DENOTAN PROCESO EVOLUTIVO O ALTERACIÓN: **41 cambio ++:** ...por la mayoría de éstas para que los cambios puedan ser promulgados por el Ejecutivo y *surtan efecto*. EXC020496 **42 modificación:** Las modificaciones en el organigrama de la empresa comenzaron a *surtir efecto* a partir del segundo mes de su puesta en práctica. INDOC

▨ Se combina también con: ♦ **a medias[19], completamente**

susceptibilidad ♦ **a flor de piel[8], claro, desmedido, exagerado, infundado, innecesario, serio** ♦ **aumentar, despertar, disipar, evitar, generar, herir, levantar, provocar, salvar**

☐ Véase también: **suspicacia**.

suscitar ♦ **al vuelo[20], inevitablemente[24]** ♦ **admiración, amor, análisis, aplauso, apoyo, atención, comentario, conflicto, confusión, crítica, curiosidad, debate, desdén, deseo, discordia, disputa, duda, entusiasmo, envidia, gana, ilusión, inquietud, interés, miedo, odio, oposición, polémica, preocupación, problema, reacción, recelo, rechazo, recuerdo, reflexión, respuesta, sonrisa, sospecha, temor,** *otros sustantivos que denotan enfrentamiento, otros sustantivos que designan sentimientos*

suscribir ♦ **absolutamente, al pie de la letra, a pie juntillas[8], ce por be, con reservas[10], de cabo a rabo, parcialmente, plenamente[2], punto por punto[6], totalmente, verbalmente[72]** ♦ **acción, acuerdo, afirmación, alianza, candidatura, crítica, decisión, declaración, idea, iniciativa, opinión, pacto, palabra, plan, póliza, postura, préstamo, punto de vista, sentencia, tesis, texto**

☐ Véase también: **firmar**.

suscribirse (a) ♦ **periódico, publicación, revista, servicio**

suspender ♦ *(cancelar)* **a divinis, categóricamente[28], cautelarmente[1], irrevocablemente[7], preventivamente[9], temporalmente[2], unilateralmente[8], virtualmente[6]**

☐ Véase también: **suspensión (de)**.

suspense ♦ **lleno (de)** ♦ **cine (de), clima (de), dosis (de), literatura (de)** ♦ **acentuar, alargar, crear, dejar (en), dosificar[16], mantener, producir, provocar**

suspensión (de) ♦ cautelar[11], condicional[3], definitivo, eventual, inmediato, judicial, preventivo[3], prolongado, transitorio ♦ actividad, amenaza (de), ayuda, cargo, clase, cotización, desfile, embargo, emisión, exportación, fondo, garantía, importación, juicio, labor, licencia, negociación, operación, pago, partido, pena, permiso, proceso, programa, servicio, torneo, transacción ♦ anunciar, decidir, decretar[5], denegar[21], disponer, levantar, ordenar, reclamar, recurrir, revocar[35], solicitar, tramitar[20]
☐ Véase también: **suspender**.

[suspenso] → en suspenso

suspicacia ♦ exagerado, infundado, inicial, interno, legítimo, leve, ligero ♦ alentar, alimentar[53], crear, dar lugar (a), desatar(se)[38], deshacer, despertar[14], disipar(se)[7], evitar, extender(se), generar, levantar[56], ocultar, prestarse (a), producir(se), provocar, reabrir, surgir, suscitar, vencer
☐ Véase también: **susceptibilidad**.

suspirar ♦ a pleno pulmón, a todo pulmón[10], profundamente[87], resignadamente
☐ Véase también: **inhalar, respiración, respiro**.

suspiro ♦ aliviado, contenido, de alivio, de decepción, de tranquilidad, de vida, discreto, emocionado, entrecortado, final, gran(de), hondo, imperceptible, inaudible, jadeante, largo, lastimero, leve, melancólico, nostálgico, perceptible, profundo, prolongado, resignado, romántico, sonoro, tenue, trémulo, último ♦ ahogar, apagar(se), arrancar (a alguien), brotar, contener, emanar, emitir, escapárse(le) (a alguien), exhalar, lanzar, oír, provocar, resonar
☐ Véase también: **lamento, queja**.

sustancia ♦ adulterar[1], arrojar, descomponer(se), destilar, dosificar, mezclar, pulverizar, sintetizar

sustancialmente *adv.* ▮ Se combina con...

A VERBOS QUE DENOTAN DISMINUCIÓN, REDUCCIÓN, EMPEORAMIENTO O DETERIORO: **1 reducir ++:** Entonces se redujeron *sustancialmente* los impuestos, lo que le valió a Reagan el apoyo de las clases medias... LVE171294 **2 rebajar ++:** ...respondió: «Creo que sí, y además rebajaremos *sustancialmente* la deuda...». EPD300697 **3 recortar ++:** El trabajo de Olarra recortó *sustancialmente* la diferencia y Arrizabalaga, que lleva cuatro victorias en lo que va de año... DDN290499 **4 acortar ++:** ...el candidato republicano a la presidencia de EE. UU. ha logrado acortar *sustancialmente* la ventaja que le sacaba el demócrata Al Gore. EPE250900 **5 disminuir +:** ...una vez que se toma en cuenta el valor agregado de las maquiladoras, en números absolutos disminuye *de manera sustancial*. EXC170901 **6 mermar:** ...y de encontrar un tratamiento fiscal que no merme *sustancialmente* el monto de la compensación. EPE170501 **7 atenuar:** Pero hay dos elementos indiscutibles que deberían atenuar *sustancialmente* esta actitud de miedo, por no decir pánico... LVE170795 **8 abaratar:** ...planteó como alternativa reducir el IGV a las tarifas eléctricas, a fin de abaratar *sustancialmente* el costo de procesamiento en las industrias. EXP120997 **9 bajar:** ...el tono enfático que tenían no hace mucho varios ministros (...) bajó *sustancialmente* para indicar... LTB281196 **10 caer:** ...las inversiones públicas en Correos, que alcanzaron su «récord» entre 1992 y 1993, para caer *sustancialmente* en los últimos años. EME250296 **11 achicar:** El principal objetivo del Gobierno es achicar *sustancialmente* la cantidad de dinero que tiene que destinar al pago de la deuda hasta diciembre del 2005. CLA080501 **12 adelgazar:** Estas medidas contribuirían a adelgazar *sustancialmente* un Estado del bienestar que en la actualidad ya es... LVE181195 **13 agravar:** Esta sombría perspectiva se ve agravada *sustancialmente* por las tendencias demográficas... EME270196 **14 empeorar:** ...afirmaba que la situación en la república había «empeorado *sustancialmente*» y estaba escapando del control... EPE020689 **15 dañar:** ...obligado a admitir que una limpieza y restauración efectuada en los frisos en los años cuarenta dañó *sustancialmente* su superficie. EPE060600 **16 deteriorar:** ...sin que el crecimiento de las exportaciones se haya deteriorado *sustancialmente* por la fortaleza de la moneda. LVE020195 **17 desvirtuar:** ...la presencia de fotógrafos y cámaras de televisión «desvirtúa *sustancialmente*» el contenido de los juicios en el Supremo e impide que éstos «cumplan su finalidad». EPE090899 **18 debilitar:** ...este proceso no ha debilitado *sustancialmente* los nexos entre parientes, amigos y vecinos. GIC051797 **19 perjudicar:** ...provoca una situación de monopolio que perjudica a sus compañías *de forma sustancial*... EPE250599

B VERBOS QUE DENOTAN INCREMENTO O MEJORA. TAMBIÉN CON OTROS QUE EXPRESAN LA ACCIÓN O EL PROCESO DE SUPERAR UNA COSA ALGÚN LÍMITE: **20 aumentar ++:** ...la actual situación del mercado les ofrece la oportunidad de aumentar *sustancialmente* sus inversiones... DLA010497 **21 mejorar ++:** Si los socialistas mejorasen ahora *sustancialmente* aquel pésimo resultado... EPE130699 **22 incrementar ++:** ...por lo que sus ingresos se vieron «*sustancialmente* incrementados» tras el cambio del voto. EPE310300 **23 crecer +:** La ayuda que el banco ofrece a las universidades de Valencia, Alicante y Castellón crece *sustancialmente*... LRE070103 **24 progresar:** ...la entrevista entre Aznar y Arzalluz permitió progresar *sustancialmente* en el diálogo entre ambas fuerzas políticas. LVE220396 **25 acelerar:** ...y con ello el proceso se aceleraría *sustancialmente* en las próximas horas. EPU040301 **26 agilizar:** Con la nueva normativa, se agiliza *sustancialmente* el mercado hipotecario y se favorece al comprador de viviendas... EME211296 **27 elevar:** ...abandonó su atonía negociadora y logró elevar *de forma sustancial* la cifra de negocio... LVE280195 **28 engrosar:** Es una cifra mínima, porque no descartamos engrosarla *de forma sustancial* mediante la adquisición de alguna otra firma del sector que... LVE090795 **29 avanzar:** ...ha apoyado e impulsado permanentemente los procesos regionales de integració, los cuales han avanzado *sustancialmente* como lo demuestra el incremento del... EUV050996 **30 apreciarse:** Si la peseta se apreció *sustancialmente*, y si a pesar de ello las divisas se acumularon en el Banco de España... EME080995 **31 ampliar:** ...la administración portuaria ha tenido que ampliar *sustancialmente* su participación económica en el proyecto... LVE250194 **32 rebasar:** ...el objetivo de su formación era conocer la deuda acumulada, y que según sus datos, ésta rebasa *sustancialmente* los 200.000 millones de pesetas. EPE130399 **33 superar:** ...se cumplirá el objetivo de superar *de forma sustancial* la capacidad de fabricación... LVE020396

C OTROS VERBOS QUE DESIGNAN CAMBIOS DE ESTADO O LA ACCIÓN QUE LOS OCASIONA: **34 cambiar ++:** ...pues reconocen que la situación no cambiará *sustancialmente* luego del próximo domingo. ENV260700 **35 alterar ++:** ...la Alianza alteró *sustancialmente* el cuadro político argentino, y eso no es poco en un país en el que los dirigentes... BRE150897 **36 modificar ++:** ...derogó las resoluciones anteriores sustituyéndolas por el decreto de referencia, que modifica *sustancialmente* las exigencias para las distribuidoras. ACP311000 **37 transformar +:** ...para que prospere su idea de transformar *sustancialmente* el actual –y tradicional– sistema de pago de las jubilaciones y pensiones. CLA170297 **38 variar:** El clima (...) varió *sustancialmente* y ahora sí hay verdaderos motivos para el optimismo. EPC220597 **39 trastocar:** ...aunque lo compraran no llegarían a la envergadura del grupo que ha trastocado *sustancialmente* la correlación de fuerzas en el sector. EPE110300 **40 rectificar:** «Los socialistas, si el alcalde no rectifica *de forma sustancial*, plantearemos un recurso contencioso-administrativo contra ese proyecto». EPE170799

D VERBOS QUE DESIGNAN EL PROCESO DE ESTABLECER DIFERENCIA O COINCIDENCIA ENTRE DOS O MÁS COSAS. TAMBIÉN CON OTROS QUE EXPRESAN LA ACCIÓN DE LLEVARLO A CABO: **41 diferenciar(se) ++:** ...son portadores de una cultura ancestral y una identidad propia, que los diferencia *sustancialmente* de otros pueblos. LNC110497 **42 coincidir ++:** ...ni de más de dos concesiones de FM que coincidan *sustancialmente* en su ámbito de cobertura. EME031095 **43 diferir:** Esta circunstancia difería *sustancialmente* de la que existía antes de la llegada de Mario Conde a la presidencia de Banesto... EME040595 **44 estar de acuerdo:** ...aseguró que el presidente catalán está «*sustancialmente* de acuerdo» con sus planteamientos. EPE040599

E VERBOS QUE DESIGNAN LA ACCIÓN O EL PROCESO DE AFECTAR UNA COSA A ALGUNA OTRA: **45 afectar ++:** ...y eso, sin afectar *sustancialmente* la producción nacional, lo pondría en una posición única en el mundo. POS180699 **46 incidir +:** La dispersión de la población, por ejemplo, incidirá *de forma sustancial* en el coste de prestaciones tales como la educación o la sanidad... EME170496 **47 influir +:** Me pregunto cómo es posible que siendo los sindicatos una de las instituciones que influyen *sustancialmente* en la economía del país pueda éste permitirse el lujo de... LVE100295 **48 repercutir +:** ...las condiciones atmosféricas en el área de Centroamérica no muestran ninguna amenaza que pueda repercutir *sustancialmente* sobre las zonas de mayor efecto. ESH061000 **49 recaer:** La responsabilidad de conducir y consolidar el aprendizaje recae *sustancialmente* sobre el sistema escolar. LNA010792 **50 condicionar:** Esta actitud, según los analistas de esta institución está «condicionando *sustancialmente* las posibilidades de recuperación». EME140796

F VERBOS QUE DENOTAN ATINGENCIA. TAMBIÉN CON OTROS QUE EXPRESAN EL HECHO DE MANIFESTAR ALGUNA COSA UN DETERMINADO CONTENIDO: **51 girar:** ¿Por qué la negociación de un pacto de tanta dimensión histórica ha girado *sustancialmente* en torno a las cantidades de dinero que recibirán Cataluña, Euskadi o Canarias? EME120596 **52 versar:** El análisis sobre lo improcedente de la ubicación del palacio de congresos debe versar *sustancialmente* sobre aquellos argumentos incuestionables que... EPE211099 **53 tratar:** Se trata, *sustancialmente*, de la llamada lanzada por el PCUS a los soviéticos con motivo de las elecciones para... EPE020289 **54 referirse:** El segundo componente es la reforma integral a las leyes financieras, que *sustancialmente* se refiere al fortalecimiento del sistema y... LHG031100

G VERBOS QUE EXPRESAN LA PARTICIPACIÓN DE ALGUIEN EN ALGO: **55 contribuir ++:** ...el segundo proyecto de crédito y asistencia técnica del FDC contribuirá *sustancialmente* al mejoramiento de los ingresos, el empleo y la calidad de vida de la población rural. ACP271196 **56 apoyar:** ...los representantes de los guardias civiles presentaron un proyecto a Benegas, apoyado *sustancialmente* en los estatutos ya existentes de Coproper. EME271195 **57 participar:** Las comunidades autónomas podrían participar *de forma sustancial* en la regulación de esos flujos a través del Consejo Superior de... EPE111000 **58 colaborar:** La presencia en el grupo del armonicista Jerry Portnoy (...) colaboró *sustancialmente* a reforzar la atmósfera brumosa y turbulenta tan afecta a Willie Dixon, Jimmy Rogers... LVE060595 **59 compartir:** ...es bastante evidente que tanto renovadores como guerristas comparten *sustancialmente* la misma política... LVE270394 **60 comprometerse:** ...los allí participantes nos comprometemos *sustancialmente* a asegurar que para el 2015 todos los niños tengan acceso a una educación primaria. EPE280500

H ADJETIVOS QUE DENOTAN IGUALDAD, SEMEJANZA O DESEMEJANZA: **61 distinto ++:** ...color que aunque tiene en ocasiones similitudes formales con Veronés, está empleado con una vibración *sustancialmente* distinta. ABC270594 **62 diferente ++:** La política de emisiones del Tesoro ha sido en 1995 *sustancialmente* diferente a la de 1994... LVE131195 **63 inferior +:** ...conectándose directamente a la red fija y con un coste *sustancialmente* inferior al de la telefonía móvil. EME291096 **64 superior +:** Esta es la quinta encarnación de Connery como agente 007, *sustancialmente* superior a la cuarta... LVE060895 **65 opuesto:** Las dos tienen juegos *sustancialmente* opuestos. No se parecen en nada. Mientras Venus tiene uno de los saques más potentes... EPE211199 **66 idéntico:** Según el Gobierno central, la ecotasa «establece un impuesto cuyo hecho imponible es *sustancialmente* idéntico al del IVA». EPE280701 **67 similar:** ...y aseguró que los resultados logrados, en términos comparativos, son «*sustancialmente* similares» a los de las pasadas elecciones. EME200395 **68 igual:** Nuestro sistema jurídico-político (...) es el que establece la Constitución, *sustancialmente* igual al de los países democráticos occidentales... EME260195 **69 coincidente:** ...no deben existir más de dos emisoras de FM con una cobertura *sustancialmente* coincidente. EME040294 **70 mejor:** ...el nivel de las obras expuestas es bueno, *sustancialmente* mejor que el del año pasado. EME130294 **71 mayor:** ...resulta preocupante al mismo tiempo un «aumento *sustancialmente* mayor» que el anticipado de las tasas de interés internacionales.

EXC031000 **72 menor:** ...de esto a su vez depende que, si esa evaluación es tranquilizadora, los intereses que el país pueda ofrecer (...) sean *sustancialmente* menores... BRE130697 **73 análogo:** ...el suplemento de Ciencia y Salud de «La Vanguardia» y un par de Cartas de Situación de nuestro magazine dominical trataban no hace mucho de un tema *sustancialmente* análogo... LVE210596

I OTROS ADJETIVOS: **74 nuevo:** ...le faltó el condimento esencial para justificar su diferencia: presentarnos algo *sustancialmente* nuevo, algo que no estuviera tocado por la corriente dominante. EME241196 **75 falso:** ...el desmentido es *sustancialmente* falso. LVE120696 **76 liberal:** ...un semanario liberal, «Expresso», desde el que ha venido trabajando en pro de una línea política *sustancialmente* liberal y progresista. EPE161280 **77 cómplice –:** ...la mirada que aquí narra, y que oscila entre la ternura y la ironía, es *sustancialmente* cómplice con sus personajes. EPE140901 **78 original:** Circunscribir el fenómeno fascismo significa considerarlo un fenómeno *sustancialmente* original... LVE070295

sustanciar ♦ **acusación, análisis, causa, contencioso, cuestión, debate, declaración, denuncia, estudio, expediente, pacto, proceso, propuesta, responsabilidad, trámite**

sustancioso ♦ **beneficio, contrato, donativo, ganancia, ingreso, negocio, premio, propina, suma, trato,** *otros sustantivos que designan cantidades*

☐ Véase también: **jugoso**.

sustentar *v.* **I** En el sentido de 'mantener o defender' se combina con diversos sustantivos que designan manifestaciones verbales o comunicativas *(sustentar una afirmación, una declaración, un discurso)*. También lo hace con otros que designan muy diversas acciones que pueden exigir justificación, más frecuentemente si afectan directa o indirectamente a juicios u opiniones *(sustentar la defensa de un punto de vista, el cambio de una postura)*. Se combina también con...

A SUSTANTIVOS QUE DENOTAN OPINIÓN O TOMA DE POSTURA: **1 opinión ++:** Igual opinión *sustenta* el 72 las personas encuestadas pertenecientes a las clases medias... RUM171197 **2 posición ++:** ...y adelantó la posición que la Argentina *sustentará* al respecto en la próxima reunión de mandatarios latinoamericanos... CLA211187 **3 punto de vista ++:** Sustentar este claro punto de vista de fondo y prácticamente indiscutido no significa que se rechace totalmente la noción de elecciones anticipadas. LVE230395 **4 concepción:** Éste trata de hacer ver cómo la concepción del Estado *sustentada* por el Conde-Duque de Olivares... ABC270594 **5 interpretación:** Esta interpretación de los hechos la *sustenta* la citada organización en los testimonios de testigos protegidos... EPE300399 **6 visión:** Lamentablemente, para todos los que *sustentamos* una visión moderna del futuro del mundo... EME120694 **7 apreciación:** ...que *sustenta*, con mayor detalle, las apreciaciones formuladas en la presenta carta. PME260197

B SUSTANTIVOS QUE DENOTAN PRINCIPIO O CREENCIA, ASÍ COMO CON OTROS QUE AGRUPAN ESAS NOCIONES: **8 principio ++:** Siempre que veo a un adversario político *sustentando* sus principios, sus convicciones y sus propuestas con firmeza y con solidez... LVE210596 **9 creencia ++:** ...aquellos que *sustentan* la creencia de que el Poder priva sobre el Derecho, se resistan a que exista control jurídico... EPE160977 **10 convicción +:** De tal manera que bien puede *sustentar* la convicción de que, más que recordar lo vivido, se recuperan recuerdos. ABC100993 **11 fundamento:** ...principios sólidos y fundamentos firmes que siempre hemos *sustentado* con el convencimiento de que... INDOC **12 ideología +:** ...lo esencial es que también *sustentan* su ideología en una preferencia nacional. EME301096 **13 valor +:** Hoy sigo afirmando que el PRSD, el PS y el PPD *sustentan* valores comunes... HOY161296 **14 criterio +:** ...o sin haber realizado una detenida investigación que le permita *sustentar* el criterio que sostiene. LHG040900 **15 ideario:** El peligro continúa existiendo si *sustentan* su ideario político en formas autoritarias y xenófobas... LVE280495 **16 ideal:** Afirmarlo constituye una falta de respeto a los compañeros que *sustentamos* los ideales nacionalistas. EPU041001

C SUSTANTIVOS QUE DESIGNAN DIVERSAS NOCIONES SUSCEPTIBLES DE SER DEBATIDAS O RAZONADAS, A MENUDO REFERIDAS A SITUACIONES FUTURAS: **17 tesis ++:** Esto viene a confirmar la tesis *sustentada* por el Estado de Guatemala... PLG220696 **18 teoría ++:** El hallazgo *sustenta* la teoría de que otros planetas como el nuestro existen en el universo, indicaron. ETC280497 **19 hipótesis ++:** ...la idea de que el ejercicio provoca adicción *sustenta* la hipótesis de que el factor del bienestar se debe a la liberación de endorfinas. EME191296 **20 proyecto:** ...acudió al Congreso la semana a *sustentar* un proyecto de Presupuesto anual por sexta vez consecutiva. CAP031096 **21 investigación:** ...seguir proporcionando los medios económicos que *sustenten* una investigación original... ABC180693 **22 propuesta:** El Ejecutivo *sustentó* la propuesta en la reducción gradual de todos los impuestos a la importación... LPN070597 **23 plan:** Fuimos un poco conservadores porque sobre esta cifra había que *sustentar* un plan de negocio entero. LVE211095 **24 análisis:** Un análisis verosímil, pero *sustentado* en función de premisas que cada vez son más inseguras. INDOC **25 argumentación:** El investigador canadiense *sustenta* su argumentación con base en tablas de flujos comerciales... PME291296 **26 programa:** ...para *sustentar* el programa de siembras del año agrícola que se inició en mayo pasado. DLA210697 **27 estrategia:** ...en donde el vicepresidente del Gobierno y ministro de Economía *sustenta* su estrategia de crecimiento. LVE021096 **28 reivindicación:** Para *sustentar* su reivindicación, la CECA aporta papeles. EPE060199 **29 reflexión –:** ...*sustenta* la reflexión sobre la soledad inmensa del ser, para caer inevitablemente en la «tópica» común... ABC241292

D SUSTANTIVOS QUE DESIGNAN DIVERSOS ELEMENTOS QUE CONSTITUYEN UN RAZONAMIENTO O FORMAN PARTE DE ÉL: **30 idea ++:** ...los defensores de la candidatura de Maragall *sustentan* la idea de que el PSC debe salir a por todas... LVE211295 **31 argumento ++:** Para *sustentar* sus argumentos xenófobos, el líder populista austriaco no dudó en afirmar que el ingreso en la Unión Europea... EME171195 **32 premisa +:** En todo caso, la entrega de este año podría *sustentar* esta premisa. EPE010487 **33 pensamiento:** Un pensamiento *sustentado* por John Stuart

Mill, al recordar que los trabajadores que más rinden son la verdadera «riqueza de las naciones». EME240294 **34 razón –**: ...dicho término (que en el caso concreto y por ahora se extiende hasta el cuatro de febrero) ha de emplearse para *sustentar* las razones de su decisión. ETC030297

E SUSTANTIVOS QUE DENOTAN RESOLUCIÓN, SEA INDIVIDUAL O CONCERTADA: **35 decisión ++**: Abad *sustentó* su decisión en que los abogados de su defensa quienes actuaban gratuitamente, venían siendo objeto de presiones... ESP120697 **36 resolución ++**: ...tampoco lo jurídicamente encajable es el único camino a ciegas para *sustentar* una resolución. LRE120103 **37 fallo**: Los magistrados *sustentan* su fallo, aprobado por unanimidad, en la innovadora tesis de que la Administración es responsable siempre... EPE050700 **38 política**: ...o integrando el Acuerdo Nacional para el Retorno a la Democracia, o *sustentando* la política de los consensos para contribuir a consolidar la naciente democracia. CAR090198 **39 pacto**: ...los compromisos sobre los que se *sustenta* el pacto de gobernabilidad... EME191096 **40 acuerdo**: ...se alcanzará formalmente ese mínimo exigido por la democracia consociativa en que se *sustenta* el acuerdo de Viernes Santo de 1998. EPE051101

F SUSTANTIVOS QUE DESIGNAN DIVERSAS FORMAS DE OPOSICIÓN A ALGO O A ALGUIEN, ASÍ COMO ALGUNAS DE SUS MANIFESTACIONES: **41 oposición +**: Hay demasiadas razones de fondo para *sustentar* una oposición sólida al proyecto de reforma con reelección... LNA290692 **42 rechazo +**: El PP invoca el fantasma del transfuguismo para *sustentar* su rechazo a la moción... EME030194 **43 crítica +**: Para *sustentar* su crítica aportaron las siguiente cifras: el 82% de las denuncias de este tipo acaba sin una condena. EPE070599 **44 denuncia**: ...con independencia de que los hechos denunciados puedan *sustentar* una denuncia en los tribunales... EME310796 **45 acusación**: Creemos que no existen elementos que puedan *sustentar* una acusación contra Gallinar. ACP071100 **46 imputación –**: En el escrito los diputados opositores detallan los hechos en los que *sustentan* las imputaciones. CLA200297

sustento ♦ **diario, imprescindible, necesario** ♦ **dar[8], ganar(se), pedir, proporcionar**

sustitución ♦ **abrupto[56], definitivo, drástico, fulminante[10], inmediato, irreversible, lento, progresivo, radical, rápido, temporal** ♦ **en** ♦ **modelo (de), proceso (de)** ♦ **anunciar, asumir, forzar, hacer, llevar a cabo, llevar consigo, operar(se), permitir, plantear(se), prever, proceder (a), producir(se), realizar**
☐ Véase también: **cambio, relevo.**

sustituir ♦ **abruptamente, de golpe, de improviso, gradualmente[65], paulatinamente[24], poco a poco, progresivamente, repentinamente**
☐ Véase también: **cambiar, conmutar, modificar, suplantar.**

susto ♦ **buen(o), considerable, de campeonato[1], descomunal, ligero, mayúsculo[9], monumental[66], pequeño, sobrecogedor, traumático, tremendo** ♦ **a prueba (de)[21]** ♦ **dar[340], evitar, llevarse, morir(se) (de), pasárse(le) (a alguien), pegar[1], quedar(se) (algo) (en), recibir, recobrarse (de)[8], recuperar(se) (de), reponerse (de)[1], sufrir, superar**
☐ Véase también: **miedo, sobresalto, temor.**

sustraer ♦ **astutamente, con sigilo, disimuladamente, limpiamente[26]**

sustraer(se) (de/a) *v.* ▮ Admite los sentidos 'apartar(se) (de)' y 'restar (a)', muy próximos en ocasiones. Se construye a menudo en contextos negativos o irreales *(costar, resultar difícil, ser imposible, no poder)*. Acepta sustantivos que designan instituciones, sus disposiciones, acciones y atributos *(acción de la justicia, jurisprudencia, ley, norma)*, diversas formas de examen o control *(vigilancia, control, análisis, crítica, mirada)* y múltiples maneras de expresar lo que se considera real, presente o vivido *(circunstancias, realidad, presente, experiencia)*. Admite otros muchos sustantivos, pero destacan especialmente sus combinaciones con los...

A SUSTANTIVOS QUE DENOTAN INFLUENCIA EXTERNA DE ALGUNA PERSONA O COSA SOBRE OTRA, CON DIVERSOS GRADOS DE PRESIÓN O DE INTENSIDAD, ASÍ COMO SU RESULTADO SOBRE EL QUE LA RECIBE: **1 influjo ++**: Ninguno de los literatos (...) se ha *sustraído* al influjo seductor de su personalidad. EPE120100 **2 influencia ++**: Hay que ser un genio para *sustraerse* a la influencia de tantas y tan dispares mujeres y Picasso, sin duda alguna, lo era. LVE060395 **3 injerencia +**: ¿Por qué no *sustraer* de la injerencia estatal la educación, la salud, la emisión de moneda, el cuidado del medio ambiente y hasta la propiedad de rutas y calles? ABC030993 **4 hechizo +**: ...para indicar la dificultad de *sustraerse* al hechizo del texto... LVE210395 **5 tentación ++**: ...y no sería fácil *sustraerse* a la tentación de comentar buena parte de lo que aquí leemos... ABC030492 **6 hipnosis +**: No había modo de *sustraerse* a la hipnosis físico-danzante. LVE090795 **7 fascinación +**: Resulta difícil *sustraerse* a la fascinación que suscita no sólo esta novelista, sino la obra toda de... ABC060594 **8 atracción +**: Imposible *sustraerse* a la atracción magnética de su guitarra... LVE070695

B SUSTANTIVOS QUE DESIGNAN CIERTOS ATRIBUTOS DE LAS PERSONAS QUE RESALTAN O DESTACAN PARTICULARMENTE PARA QUIEN LOS PERCIBE: **9 imagen +**: Ahora, en un tema tan cargado de presiones como es el caso Banesto, es difícil *sustraerse* a la imagen de que un juez ha hecho la zancadilla a otro. LVE040895 **10 figura +**: En un país tan acostumbrado a los caudillos la revolución no podía *sustraerse* de una figura tan destacada como Marcos. EME200795 **11 personalidad +**: El novelista, sin embargo, resulta incapaz de *sustraerse* a la poderosa personalidad de Napoleón... ABC091294

C SUSTANTIVOS QUE DENOTAN DEBER, GENERALMENTE INELUDIBLE. TAMBIÉN CON OTROS QUE DESIGNAN DIVERSOS ESTADOS DE OBLIGACIÓN, SOMETIMIENTO O ACTUACIÓN FORZOSA: **12 obligación ++**: Mantener la norma constitucional que prohíbe la extradición de colombianos y pretender *sustraerse* con ello a las obligaciones internacionales, es hundirse aún más... EPC181197 **13 compromiso ++**: ...nos ha convocado a todos a sacar adelante el Valle del Cauca, de manera que nadie se puede *sustraer* de ese compromiso. EPC160198 **14 imperativo:** Podemos condenar la guerra, incluso toda guerra, pero ello no nos *sustrae* del imperativo del principio de realidad: nuestra condena de la guerra, de toda guerra, tiene efectos políticos... EPE050599 **15 condicionamiento +:** ...añadió que «tendría que ser un héroe esa persona que pueda *sustraerse* de condicionamientos adquiridos durante el desempeño de sus actividades políticas». EME020195 **16 disciplina +:** ...mientras no muestren signos inequívocos de haberse *sustraído* a la disciplina interna de dichas bandas. EPE080299 **17 esclavitud:** ...una red que fuese capaz de *sustraerse* a la esclavitud de los índices de audiencia. EME130695

D SUSTANTIVOS QUE DENOTAN PETICIÓN O MANDATO: **18 exigencia:** ...es difícil *sustraerse* a la exigencia de resultados. BRE050997 **19 petición:** Costaba mucho *sustraerse* a una petición tan amable, tan cordial. INDOC **20 solicitación –:** ...al *sustraerme* a las solicitaciones de aquel mundo alucinado. ABC030395

E SUSTANTIVOS QUE DESIGNAN ACCIONES, A MENUDO VERBALES PERO NO NECESARIAMENTE, QUE REQUIEREN LA PARTICIPACIÓN DE VARIOS Y CONLLEVAN ALGÚN CONFLICTO REAL O POTENCIAL: **21 debate +:** Suponían (...) que ¡por fin!, temas tan esenciales para los intereses superiores de España (...) iban a quedar definitivamente *sustraídos* del debate partidista y más aún del debate electoral. LRE220103 **22 discusión +:** Su intención es crear un debate público sobre el futuro de esta zona de La Isleta, *sustrayéndolo* de la discusión política. CAN040101 **23 diálogo +:** ...incorporando, en un contexto sin duda diferente al original, nuevas materias que no pueden *sustraerse* de un diálogo cada vez más necesario entre los agentes sociales... EPE130399 **24 lucha:** Pero no puedo *sustraerme* a la lucha. EME200795 **25 polémica:** Es posible que alguna vez seamos capaces de *sustraer* la polémica de las relaciones entre comunidades españolas vecinas al áspero escenario de la lucha de los partidos... EPE071199

F SUSTANTIVOS QUE DESIGNAN LA PERCEPCIÓN SENSORIAL, MENTAL O INTELECTIVA QUE SE TIENE DE ALGÚN ESTADO DE COSAS: **26 sensación +:** Al contemplar el filme, uno no puede *sustraerse* de la sensación de que, en el fondo, se trata de una visión poco crítica... LVE060794 **27 impresión +:** ...era difícil (...) *sustraerse* a la impresión de que en ella había un trasfondo de rectitud y de dignidad... ABC120692 **28 recuerdo:** Era difícil *sustraerse* al recuerdo de un reciente estudio publicado por la ONU en el que... EPE060700 **29 sospecha:** Difícilmente alguien imparcial hubiera podido *sustraerse* a la sospecha de que un Gobierno involucrado en... EME040996 **30 intuición:** Cuesta *sustraerse* a la intuición de que sus novelas están inspiradas por las de Faulkner. INDOC **31 presagio:** ...el recinto funerario no ha logrado *sustraerse* de las malas vibraciones y presagios que su finalidad genera... EME171095 **32 visión:** ...de su visión se *sustrae* una sagaz reflexión sobre la causa y el efecto, la motivación y el resultado. EPE011289 **33 interpretación:** El enfrentamiento (...) plantea todo un ejercicio de teoría jurídica a la que no se *sustraen* tampoco las interpretaciones políticas. LVE141095

☐ Véase también: **evitar, resistir(se) (a).**

susurro

♦ adormecedor, agónico, apacible, apagado, armonioso, arrullador, cadencioso, continuo, débil, del agua, de la respiración, de las olas, delicado, del viento, de murmullos, de voces, discreto, entrecortado, imperceptible, inaudible, íntimo, leve, ligero, manso, melancólico, melodioso, monótono, mortecino, nocturno, penetrante, romántico, siseante, suave, tenue, tierno, tímido ♦ entre ♦ arrullar (a alguien), brotar, difuminar(se), emitir, escapárse(le) (a alguien), escuchar, hablar (en), lanzar, llegar (al oído), oír, percibir, perder(se), soltar

☐ Véase también: **murmullo, sonido.**

T t

tabaco ♦ abusar (de), dar(le) (a), dejar, expender, fumar, liar

tabla ♦ adjunto, anexo, apretado, clasificatorio, de madera, de medallas, de multiplicar, de posiciones, de salvación, de valores, extenso, final, inacabable, inmenso, interminable, largo, numérico, periódico, porcentual, raso, redondo, reivindicativo, salarial, salvador ♦ cabeza (de), final (de), fondo (de), óleo (sobre), pie (de), pintura (sobre), posición (en) ♦ abrazar(se) (a), actualizar, afianzar(se) (en), agarrar(se) (a), ampliar, bajar (en), cerrar, combar(se), elaborar, encabezar, incluir, liderar, subir (en)
☐ Véase también: **clasificación, cuadro, gráfico.**

tabú ♦ arraigado[40], injustificado, innombrable, lleno (de), poderoso, religioso, sexual, social, viejo ♦ asunto, cuestión, palabra, tema ♦ caer (en), convertir(se) (en), enfrentar(se) (a), infringir[26], quebrantar[32], respetar, romper, superar, transgredir[29], vencer[40]
☐ Véase también: **censura, prohibición.**

táctica ♦ defensivo[29], disuasorio[13], manido[20], ofensivo ♦ adoptar, aplicar, desbaratar[11], descubrir, desentrañar[61], desmoronar(se)[10], emplear, mantener, oponer[18], planear, poner en práctica, recurrir (a), surtir efecto[8], tramar[10], usar
☐ Véase también: **estratagema, técnica.**

táctico ♦ acción, acuerdo, ajuste, alianza, arma, artimaña, cambio, carrera, concepción, criterio, desarme, despliegue, dificultad, disciplina, disposición, dispositivo, ejercicio, equilibrio, equipo, error, esquema, flexibilidad, golpe, grupo, juego, jugador, lucha, luchador, maniobra, movimiento, necesidad, operación, orden, plan, planteamiento, preparación, recurso, retirada, sistema, variante

[tacto] → con tacto

tacto ♦ adecuado, admirable, agradable (a), asombroso, áspero (a), celoso, comercial, diplomático, duro (a), escaso, exquisito, fino (a), florentino, imprescindible, incitante, inconfundible, manual, necesario, obligado, político, preciso, psicológico, rectal, resbaloso, suave, sumo, sutil ♦ con ♦ falta (de), sentido (de) ♦ actuar (con), aplicar, carecer (de), demostrar, emplear, esgrimir, exigir, mostrar, proceder (con), prodigar, requerir, sentir, tener, usar
☐ Véase también: **corrección, diplomacia, educación, esmero, tiento.**

tajante *adj.* ▮ Se combina con...

A SUSTANTIVOS QUE DENOTAN CONTESTACIÓN, RESOLUCIÓN Y OTRAS FORMAS DE DAR FIN A UN ESTADO DE COSAS. TAMBIÉN CON OTROS QUE DESIGNAN ESE MISMO RESULTADO: **1 respuesta ++:** La respuesta fue *tajante*: «No». EPE021001 **2 resolución +:** ...exigir a la ONU «una resolución *tajante*» que permita la intervención de los militares. EME021196 **3 conclusión +:** La conclusión fue *tajante*: «Hemos descubierto que tenemos pundonor, y eso es importante». EPE260499 **4 veredicto:** Mientras tanto, la percepción de la sociedad, el veredicto de la calle es bien *tajante*... EME230795 **5 sentencia:** ...pidió ayer a los jueces sentencias «más radicales y más *tajantes*» contra los autores de delitos de violencia sexual. EPE070199 **6 decisión:** Contra tales hipótesis sólo cabe la capacidad de decisión *tajante*. EME060696 **7 reacción:** La reacción del Atlético fue entonces *tajante*: «Vieri es intocable». EPD280198 **8 resultado:** El resultado en la comisión fue *tajante*... EPE170900

B SUSTANTIVOS QUE DENOTAN JUICIO O DESIGNAN DIVERSOS ELEMENTOS DE NATURALEZA ARGUMENTATIVA, ESTIPULATIVA O CONCLUSIVA: **9 declaración +:** Y por si alguno pensara que Cardoner busca algún resultado original, sus declaraciones son *tajantes* al respecto... ABC070892 **10 explicación:** Hubo gente furiosa porque no se había consultado a los comités de facultades y Padrón les ofreció una *tajante* explicación... ENH020397 **11 definición:** Los que quedaron en el panel, se bastaron por sí solos para producir *tajantes* definiciones. CLA211187 **12 juicio:** ...no sabe de ellas lo suficiente como para emitir juicios *tajantes*, que los hechos podrían encargarse de poner luego en evidencia. EME230496

C SUSTANTIVOS QUE DESIGNAN OTRAS MANIFESTACIONES VERBALES O ESCRITAS: **13 afirmación ++:** La *tajante* afirmación del ministro teutón provocó una caída en picado de la divisa italiana... EME230995 **14 mensaje +:** La secretaria de Estado norteamericana lanzó ayer un mensaje claro y *tajante* a los dirigentes palestinos... EPD110997 **15 informe +:** En efecto, hubo cánticos y bailes para festejar el claro y *tajante* informe... EME281296 **16 término +:** Se refirió a la imposición de una tasa por el uso de las autovías (...) y lo hizo en términos *tajantes*... EME280896 **17 palabra:** Sus *tajantes* palabras fueron matizadas de inmediato por el portavoz civil... EPE090499 **18 frase:** El portavoz del PP finalizó su intervención con una frase *tajante*... EME040595 **19 comentario:** ...aunque ello significara que se mordiera la lengua en sus educados, pero *tajantes* comentarios. ABC121193

D SUSTANTIVOS QUE DESIGNAN ÓRDENES Y OTROS IMPERATIVOS O EXIGENCIAS INEXCUSABLES: **20** orden +: «Si el sospechoso nos encañona con una pistola, tenemos orden *tajante* de disparar»... EME070795 **21** prohibición +: No es de extrañar que en este contexto haya vuelto a la palestra la idea de la prohibición *tajante* del déficit. LVE130295 **22** instrucción: Las organizaciones territoriales, por ejemplo, han recibido ya instrucciones *tajantes* para que no den continuidad al debate. EPE181101

E SUSTANTIVOS QUE DENOTAN DENEGACIÓN, REPULSA, REPROBACIÓN Y OTRAS MANIFESTACIONES CONTRARIAS A ALGO O ALGUIEN: **23** negativa +: Lo que en principio fue una negativa *tajante*: «España no ha presentado ningún candidato al puesto», se ha matizado significativamente. EME161195 **24** no +: En estas circunstancias, Santiago Carrillo dio un «no» *tajante* a la investidura de Suárez como presidente... EPE100379 **25** rechazo +: Es oponer el rechazo más *tajante* a toda manifestación, abierta o encubierta, de totalitarismo. ENH020397 **26** condena +: ...la Santa Sede reiteró ayer su *tajante* condena al uso de preservativos... ENC001201 **27** crítica: Las críticas contra Modrego desde los bancos de EU son *tajantes*. EPE141099 **28** censura: Con esta *tajante* censura descalificaban los parnasianos franceses a los cultivadores románticos y postrománticos de la elegía. ABC030993 **29** oposición: A su criterio, las objeciones a la creación del Ministerio de la Familia responden a una oposición *tajante* ideológica... LPN010697 **30** acusación −: Las nuevas y *tajantes* acusaciones contra el jefe del Estado Italiano (...) han precipitado la «defunción» de la actual legislatura... EME090194

F SUSTANTIVOS QUE DENOTAN FALTA DE CONTACTO, RELACIÓN O COINCIDENCIA: **31** separación +: La ley establece una separación *tajante* entre las «organizaciones» religiosas... EPD200997 **32** corte +: Me parece malo desde el punto de vista humano el corte *tajante* que se produce ahora entre la vida laboral y la jubilación. EME270395 **33** división: El fallo de la Corte Suprema (...) confirma la *tajante* división que existe en la opinión pública norteamericana respecto de esa espinosa cuestión... LNA060792 **34** divorcio: ...ese partido busca separarse, decretar a la vista de todo mundo un *tajante* divorcio con el concepto «liberalismo social». EXC230996 **35** deslinde −: En seguida van a hacer «un deslinde *tajante*, mucho más tajante...». PME081296

G SUSTANTIVOS QUE DENOTAN PARECER O PUNTO DE VISTA: **36** opinión +: Quizá es una característica más acentuada en nuestra sociedad, que tiende a las opiniones *tajantes*, al dogmatismo. ABC090793 **37** posición +: Su posición es *tajante*: «La democracia tiene que ser restaurada». EME120694 **38** postura +: ...continúa manteniendo su postura *tajante* de pedir la aceptación del cierre... EPE010400 **39** actitud: Su actitud es «demasiado *tajante*» y «desproporcionada». EME090196

H SUSTANTIVOS QUE DESIGNAN CARACTERÍSTICAS FORMALES DE LA EXPRESIÓN ORAL O ESCRITA: **40** tono +: Las palabras de Cascos adquirieron un tono *tajante* e inflexible cuando se refirió a la banda terrorista... EME180796 **41** estilo +: Pero ese viejo estilo suyo, directo y *tajante*, se le esfuma de golpe... EME190596 **42** ritmo: ...resumirlo con un ritmo «incisivo» y «*tajante* que tendrá el valor de un instante en su traslado a la vida real». ABC081295

I OTROS SUSTANTIVOS; POSIBLES USOS ESTILÍSTICOS: ...impartía una psiquiatría *tajante* y prusiana que los alumnos debían escuchar encorbatados y respetuosamente vestidos. ABC120393; El poeta establece un *tajante* repertorio de filias y fobias... ABC011295; ...cada episodio toma aires de brote súbito (abrupto o *tajante* incluso)... PME070796

□ Véase también: **rotundo, taxativo, terminante.**

talante ♦ **acogedor[11], amable, apacible, artístico, autoritario, bronco[12], buen(o), combativo[3], conciliador, conservador, constructivo[11], creador, crítico, decidido, democrático, despectivo[8], discreto, ecuánime[20], humano, imperativo, imperioso, liberal, mal(o), negociador, obstinado, pacífico, personal, polemista, positivo, probado, rebelde, reconocido, reivindicativo, reservado, tranquilo ♦ cambio (de), fiel (a) ♦ cambiar (de), caracterizarse (por), moderar, robustecer(se)[26], templar, tener**

□ Véase también: **actitud, ánimo, carácter, espíritu (de), mentalidad.**

TALANTE Véase: ACTITUD

talar ♦ **árbol, bosque, madera, poste**

talento ♦ **a raudales[27], artístico, asombroso, creador, creativo, deportivo, descomunal, de sobra, diplomático, endiablado[11], enorme, envidiable, escaso, especial, excepcional, extraordinario, fecundo[4], formidable, indudable, inmenso, innato, innegable, insuperable, interpretativo, legendario, limitado, literario, musical, natural, notable, nuevo, organizativo, pasmoso, penetrante[42], poderoso, proverbial, rebosante (de)[32], soberbio, sobrado (de)[9], sumo[72] ♦ a fuerza (de)[16], a la altura (de)[19], a la medida (de)[11], sin menoscabo (de)[4] ♦ ápice (de)[36], brizna (de), demostración (de)[45], derroche (de), despliegue (de), faceta (de), falta (de), golpe (de)[11], muestra (de), persona (de), prueba (de), señal (de) ♦ aflorar[67], aprovechar, atesorar[18], aunar, brillar, brotar, canalizar[80], confirmar, corroborar[40], dedicar[9], demostrar, derramar[5], derretir(se)[5], derrochar[42], desarrollar, descubrir, desparramar, desperdiciar, desperdigar, despilfarrar, despuntar[24], destilar[46], difuminar(se)[71], dilapidar[35], dosificar[9], ejercitar[16], emplear, gozar (de), heredar, malgastar[6], malograrse[11], medir, mostrar, paralizar(se), poner al servicio (de algo), poseer, rebosar[19], revelar, rezumar[43], servirse (de), tener, usar, valorar**

□ Véase también: **genialidad, genio, ingenio, inteligencia.**

talón ♦ **en blanco, nominativo, sin fondos ♦ cobrar, falsificar, firmar, hacer efectivo, ingresar**

tamaño ♦ **acorde (con), adecuado (a), apreciable, aproximado[16], ciclópeo, colosal, considerable, descomunal, desmedido[60], desmesurado[17], desproporcionado, escaso, gran(de), imponente, inapreciable, insuficiente, justo, mediano, medio,**

menudo, natural, pequeño, proporcionado, reducido, suficiente ♦ a la medida (de), en función (de), según ♦ alcanzar, aumentar (de), calcular, calibrar[12], disminuir (de), equiparar, exceder, medir, rebasar[16], superar

☐ Véase también: **altura, amplitud (de), dimensión, longitud, magnitud, mayoría, profundidad.**

tangencial *adj.* ▮ En su sentido de 'que se refiere a algo de manera indirecta', se combina con...

A SUSTANTIVOS QUE DENOTAN RELACIÓN O VÍNCULO: **1 relación +:** ...al considerarse *tangencial* su relación con ETA... EPE260800 **2 nexo:** ...milicias que sólo tienen nexos *tangenciales* con la guerrilla. LVE140695 **3 vinculación:** ...un nombre pueda aparecer en el sumario por una vinculación *tangencial*... EME260396 **4 trato –:** He tenido con Brigitte un trato meramente *tangencial*. LVE211296

B SUSTANTIVOS QUE DENOTAN ASUNTO, MATERIA O SUCESO. TAMBIÉN CON OTROS QUE DESIGNAN ALGUNAS FORMAS DE DESCRIBIR ESAS NOCIONES: **5 tema +:** ...aborda otros temas más *tangenciales*, verbigracia el culto de Sant Jordi... LVE171195 **6 asunto +:** A primera vista, el asunto puede parecer *tangencial* o de interés secundario. ABC190692 **7 cuestión +:** El partido contiene cuestiones *tangenciales* que le dan un mayor interés. EME281195 **8 historia:** ...fundamentar su derecho a contar una historia *tangencial* con la del viejo libro... EPU110601 **9 fenómeno:** ...un fenómeno que empezó siendo *tangencial* y que ha cobrado la dimensión de un conflicto... LVE281296 **10 situación:** ...aspectos que considera de trascendencia, situaciones *tangenciales*... ABC180992 **11 material –:** ...ese mundo patológico y fascinante del gurú es material *tangencial* en «Tres continentes»... ABC230793 **12 suceso –:** La actualidad viene determinada por sucesos *tangenciales* a la actividad política estricta... LVE171195

C SUSTANTIVOS QUE DENOTAN PAPEL O FUNCIÓN DE ALGUIEN O ALGO, O DESIGNAN –POR EXTENSIÓN– SU RELEVANCIA O SU PERTINENCIA: **13 papel:** Alentado por Washington y ansioso de dar a Chipre un papel *tangencial* y temporalmente protagonista en el conflicto, Kiprianu emprendió su misión el jueves. EPE100499 **14 función:** ...la función de los seis textos de apéndices es, a mi entender, *tangencial*... ABC220794 **15 importancia:** Pero la importancia del desenlace es tan solo *tangencial*. ABC290193 **16 peso:** ...crecer lo más posible (...), buscando el peso *tangencial* sobre los costos totales... EUV070497

D SUSTANTIVOS QUE DENOTAN ASPECTO, FACETA U OTROS RASGOS CARACTERIZADORES DE LAS PERSONAS O LAS COSAS: **17 aspecto:** ...destacan los aciertos, aunque el relato se pierda a veces en aspectos *tangenciales*... EME090996 **18 estilo:** ...los estilos oblicuos y *tangenciales* que se han puesto de moda... HOY160996 **19 ámbito:** ...apenas rebasa el ámbito de lo más ingrávido y *tangencial*. LVE170194 **20 lado:** Aun tocando un lado *tangencial* del problema... EPE100780 **21 pincelada –:** El personaje está dibujado mediante pinceladas sutiles, a veces *tangenciales*... LVE150195

E SUSTANTIVOS QUE DESIGNAN MANIFESTACIONES VERBALES: **22 comentario +:** ...lo que en él predomina no es la explicación (...), sino comentarios más bien *tangenciales*... LVE150396 **23 referencia +:** ...sólo una referencia *tangencial* al nivel superior... PME080996 **24 afirmación:** ...por el tufillo general y varias afirmaciones *tangenciales* parecía apuntar a un neocentralismo muy cerrado. LVE230296 **25 respuesta:** De ahí, su respuesta *tangencial*... EPE280999 **26 mención:** ...no hiciera ni una sola mención, siquiera *tangencial*, a los incidentes de las horas previas. LVE210596 **27 salida –:** En ese bosque de constantes excusas y salidas *tangenciales*... EME250995 **28 disquisición –:** ...disquisiciones *tangenciales* que confunden a la opinión general. EPE171099

F SUSTANTIVOS QUE DESIGNAN ACTIVIDADES DIVERSAS, MÁS FRECUENTEMENTE DE NATURALEZA CREATIVA O INDAGATIVA: **29 proyecto:** Como proyecto *tangencial* he colaborado en un estudio de epidemiología... ABC180693 **30 producción:** ...producciones *tangenciales* a lo estrictamente plástico... EPEANUA98 **31 trabajo:** La suficiencia de un trabajo *tangencial* se comprueba cuando se observa la repercusión del estudio local en el contexto de la historia de la nación. ABC151093 **32 actuación:** ...su actuación en todo el asunto (...) fue muy *tangencial*... EME171096 **33 creación:** ¿Poesía y pintura han sido para usted siempre fruto de impulsos diferentes o a veces han sido creaciones *tangenciales*? LVE160395 **34 estudio:** ...a los disímiles estudios *tangenciales* sobre cuestiones relacionadas con territorios concretos de la geografía nacional... ABC221093 **35 experimento:** Los experimentos (...) son como su obra, *tangenciales*, marginales, excéntricos... ABC300994 **36 tesis:** ...el trabajo más sucio y tontorrón dentro de esta «tesis europeísta *tangencial*»... EME300694 **37 táctica:** Empezarán con tácticas *tangenciales*, diciendo que no es el momento más oportuno... EPE021987 **38 participación:** ...su participación en las operaciones presuntamente delictivas (...) fue *tangencial*... LVE171294

G SUSTANTIVOS QUE DENOTAN DIFICULTAD O DESIGNAN DIVERSAS SITUACIONES COMPLEJAS: **39 problema ++:** ...no es un problema *tangencial*, ni una problemática limitada a las discusiones de expertos. INDOC **40 polémica:** Muchos lectores desearían menos polémicas *tangenciales*. EME160195 **41 entramado –:** ...el mantenimiento, con o sin corrupción, del inevitable entramado *tangencial* de relaciones e influencias. LVE100796 **42 contratiempo –:** Al margen de los nubarrones integristas, otros contratiempos *tangenciales* echan sombra sobre el paisaje preelectoral. EME150196

H SUSTANTIVOS QUE DENOTAN INCLINACIÓN O EFECTO SOBRE ALGO: **43 interés +:** ...la participación de Dignidad en estos hechos fue motivada por un interés político sólo *tangencial*... HOY110897 **44 apoyo:** Los hechos demuestran que el apoyo de CiU al PP no es *tangencial*... LVE300696 **45 influencia:** Pero acaso más interesante y más plural pueda ser la otra influencia, indirecta, oblicua, *tangencial*, pero insoslayable... EME070195

I OTROS SUSTANTIVOS; POSIBLES USOS ESTILÍSTICOS: ...Jack Ruby, presentado como una especie de punta de iceberg de un submundo *tangencial*... LVE121295; Y se logra con tan alto grado de sutileza *tangencial* hacia las cuestiones más delicadas, que ésta se convierte en la baza definitiva... EME211295; ...quiere mantener su competencia, siquiera sea *tangencial*, en torno a un caso de campanillas... LVE290495

tangencialmente *adv.* ▮ En su sentido literal se combina con los verbos *tocar* o *rozar*, aplicados a las líneas y superficies que no se cortan, pero tienen puntos comunes. En su uso figurado se combina con...

A VERBOS QUE DENOTAN ANÁLISIS, TRATAMIENTO O CONSIDERACIÓN DE ALGÚN ASUNTO: **1 abordar** ++: ...abordó *tangencialmente* el tema político. DLA080597 **2 tratar** ++: ...el tema de la oficialización de su candidatura (...) fue tratado *tangencialmente*... ACP120996 **3 intervenir** +: El fiscal explicó que en esta operación intervino *tangencialmente* una sociedad suiza... EPE281099 **4 criticar** +: ...criticó *tangencialmente* el alto nivel de valuación de los mercados... CLA210199 **5 estudiar**: De confirmarse esta hipótesis, la investigación podría incidir en aspectos estudiados, hasta ahora, *de manera tangencial*. EPE290699 **6 abarcar**: ...distintas tonalidades que abarcan *tangencialmente* los cromatismos... ABC311293 **7 contemplar**: ...contemplan la lucha contra el sida *de forma tangencial*... EPE191099 **8 definir** –: ...en el prólogo del libro, la define *tangencialmente* como «misteriosa». HOY180897

B VERBOS QUE DENOTAN MENCIÓN O REFERENCIA A ALGO: **9 tocar** ++: ...sombras en el terreno económico –algunas de las cuales fueron tocadas *tangencialmente*–... CAP010896 **10 referirse** ++: ...se encontrarían en una situación de vulnerabilidad, al referirse *tangencialmente* al tema... CLA211187 **11 aludir** +: ...determinó que el discurso sólo aludiera *tangencialmente* al caso... EME120295 **12 mencionar** +: Un aspecto importante que sólo mencionó *tangencialmente* (...) es el referente a la deuda. EXP010489 **13 comentar**: ...el objetivo primordial, comentar *tangencialmente* la obra... EPE061099 **14 informar**: Claro que sería injusto meter a todos los medios que directa o *tangencialmente* informan sobre los famosos en el mismo saco. DLA020997 **15 rozar**: Poner los pies en el passetto es rozar siquiera *tangencialmente* el misterio que ha envuelto y envuelve todavía al Vaticano... EPE191199 **16 evocar** –: Hace un par de años, Ramón Mayrata evocaba *tangencialmente* su figura en una excelente novela... ABC290494

C VERBOS QUE DENOTAN COINCIDENCIA, PROXIMIDAD O VÍNCULO: **17 coincidir** +: Muchos de mis personajes (...) *tangencialmente* coinciden con los que quedaron recogidos en el reportaje. ABC110992 **18 relacionar** +: Un insensato poeta «político» (...) relaciona *tangencialmente* las vidas... ABC131192 **19 comparar(se)**: ...comparado, aunque sea *de forma tangencial*, el nacionalismo (...) con las atrocidades... EPE081299 **20 acercar** –: ...se acercan directa o *tangencialmente* a las cuestiones aquí tratadas... LVE031195 **21 enlazar**: La economía nos proporciona el bienestar, pero éste sólo enlaza *tangencialmente* con la felicidad, con la ilusión. LVE120795 **22 vincular** –: ...habían estado vinculadas siquiera fuera *tangencialmente* con las instituciones legales de Cataluña. LVE250395

D VERBOS QUE DESIGNAN LA ACCIÓN O EL PROCESO DE INICIARSE O SURGIR ALGO: **23 aparecer**: Y creo que a través de los hechos y las vivencias aparece *tangencialmente* toda una manera de pensar. LVE100896 **24 abrir**: En el debate sobre la corrupción, que *de manera tangencial* abrió (...) con esta reflexión, se decantaron dos posiciones. EME290796 **25 partir**: De treinta puntos del anillo parten *tangencialmente* otras tantas líneas de luz sincrotrónica... ABC181194 **26 surgir** –: ...sólo *de forma tangencial* surgió la referencia sobre los que llegan tarde... ABC030993

E VERBOS QUE DESIGNAN LA ACCIÓN DE ATRAVESAR ALGUNA FRONTERA: **27 cruzar** +: ...cruza tan solo la línea 1 y muy *tangencialmente* la 8... EME111195 **28 invadir**: ...invadir, siquiera *de modo tangencial*, el terreno de la crítica discográfica... ABC240993 **29 pisar** –: jefes de Estado en visitas de trabajo (...) que pisan sólo *tangencialmente* el palacio. EPE071001

F ALGUNOS VERBOS DE PERCEPCIÓN Y CONOCIMIENTO: **30 conocer** +: ...es un personaje que yo he conocido *tangencialmente*... LVE181295 **31 reparar**: ...no reparan sino *tangencialmente* en las efemérides que el lanzamiento supone para la ciencia española. EPD210497 **32 creer** –: ...sólo *tangencialmente* creen que serán influidos por la situación política... LVE100296

G OTROS VERBOS; POSIBLES USOS ESTILÍSTICOS: ...*de manera tangencial* se han practicado diligencias... HOY260597; ...sólo discreparán *tangencialmente* en cuestiones como la de la ayuda... EME030696

[tangente] → **por la tangente**

tanto ♦ **arbitrario, concluyente, confuso, crucial, decisivo[24], deficiente, determinante, espléndido, forzado, increíble, sorprendente, vital** ♦ **anotar, apuntar(se), conseguir, disputar, ganar, hacerse (con), marcar, obtener, sumar**
☐ Véase también: **gol, goleada, punto.**

tañer ♦ **campana, guitarra, violín**

tapar(se) ♦ **de pies a cabeza[3], hasta el cuello, hasta las cejas[20], parcialmente, por completo[50], púdicamente, recatadamente, totalmente**
☐ Véase también: **cubrir(se) (de), desvelar, encubrir, ocultar(se) (a), sin tapujos.**

[tapia] → **como una tapia**

[tapujo] → **sin tapujos**

tapujo ♦ **andarse (con)[14], expresar(se) (con), hablar (con)**
☐ Véase también: **sin tapujos.**

taquilla ♦ **control (de), éxito (de), impacto (de), ingreso (de), recaudación (de), valor (en), venta (de)** ♦ **abrir(se), inflar, pasar (por), reventar**

tara ♦ **antiguo, cerebral, congénito[6], crónico, degenerativo, del pasado, de nacimiento, físico, genético, grave, inadvertido, industrial, infantil, irreparable, leve, manifiesto, mental, patente, psicológico, psíquico, social, viejo** ♦ **adolecer (de), advertir, arrastrar, corregir, disimular, evidenciar(se), heredar, mantener, nacer (con), padecer, resentirse (de), revelar(se), subsanar, sufrir**
☐ Véase también: **defecto.**

tararear ♦ **canción, melodía, tema, tonada**

[tarde] → **buenas tardes**

tarde ▮ *(adv.)* ♦ **hacerse, ir(se), llegar, ser**
▮ *(sust.fem.)* ♦ **agitado, ajetreado, alegre, desapacible, de fiesta, de locos, de locura, de perros[2], despejado, de toros, esplendoroso, inolvidable,**

feriado, frío, luminoso, lluvioso, movido, plácido, soleado, sombrío, templado, triste ♦ a lo largo (de), durante ♦ aprovechar, avanzar, caer, dedicar (a algo), destinar (a algo), disfrutar, declinar, nublarse, pasar, perder, transcurrir

☐ Véase también: **mañana.**

tarea ♦ abnegado, abrumador[73], absorbente[2], agotador[2], agradable, a medias[55], apremiante[13], arduo[1], asequible[17], callado, delicado, denodado, desagradable, desbordante, descollante[5], encomiable, esforzado, extenuante, fecundo[18], frenético[5], gratificante, humanitario[3], ilusionante[38], impagable[12], imperioso[7], improbo[2], improductivo, inabarcable, inaplazable, inexcusable[4], infructuoso, ingente[33], inhumano[4], insoslayable[14], laborioso, llevadero[12], minucioso[30], monumental[35], noble, paciente, peliagudo, preventivo[75], productivo, provechoso, rentable, responsable, rutinario, tenaz[28], urgente ♦ a la altura (de) ♦ alcance (de)[65], cúmulo (de)[44] ♦ abocar(se) (a)[29], absorber[2], acotar, afrontar, aligerar[23], aliviar[53], amenizar[2], amoldar(se) (a)[52], asignar, avalar[27], caer en suerte, centralizar[38], ceñir(se) (a)[46], culminar[4], cumplir[59], darse (a), dedicar(se) (a), delegar[2], deparar[17], desatender[12], desbordar(se), descuidar, desempeñar[4], desentenderse (de), despachar, dispensar (de), ejecutar[33], ejercer[9], emprender[36], encarar, endilgar[5], endosar[4], enfrascarse (en)[30], entregarse (a), imponer, incumplir, involucrar(se) (en)[14], llevar a cabo, llevar adelante[31], llevar a término[3], realizar, recaer[2], redoblar[2], rematar, simultanear, suplir[23], tomarse a pecho, ultimar

☐ Véase también: **actividad, cometido, empresa, labor, misión, práctica, trabajo.**

tarifa ♦ abusivo[2], al alza, alto, aproximado[33], asequible, bajo, blando[83], competitivo[2], desmesurado, disuasorio[31], exagerado, horario, injusto, justo, mensual, plano, proporcional, semanal, vigente[36] ♦ abolir[10], aumentar, bajar, concertar[22], congelar[19], disminuir, establecer, fijar, implantar, poner, rebajar[7], subir

☐ Véase también: **práctica, tasa.**

[tarjeta] → **con tarjeta**

tasa ♦ aduanero, desmesurado[22], disuasorio[32], exorbitante, imponible, vigente[37] ♦ arrojar[8], aumentar, bajar, concertar[23], congelar[21], declinar[17], decrecer[4], implantar, incrementar, rebajar[39], subir

☐ Véase también: **tarifa.**

taxativo *adj.* ▮ Admite sustantivos de persona *(un jefe taxativo)*, y también otros que designan diversos tipos de textos *(comentario, informe)*, pero se combina más frecuentemente con...

A SUSTANTIVOS QUE DESIGNAN NORMAS, PRECEPTOS Y OTRAS FORMAS DE REGULACIÓN, ESPECIALMENTE SI SE REFIEREN AL ÁMBITO LEGISLATIVO O AL JUDICIAL: **1 ley +:** ...de acuerdo a la ley, que es *taxativa*, todos aquellos gobiernos municipales que incumplieron con los plazos de presentación... LTB061100 **2 artículo +:** El artículo 14 es explícito y *taxativo* al excluir cualquier desigualdad ante la ley... EME040696 **3 reglamento:** Y el Reglamento de la Cámara vasca es *taxativo*. EPE141201 **4 normativa:** ...la normativa vigente para la retirada del permiso de conducir es clara y *taxativa*. LVE210395 **5 legislación:** ...la legislación británica sobre embriones congelados es *taxativa*... EME040896 **6 jurisprudencia –:** La jurisprudencia del Supremo que cita Gómez de Liaño es *taxativa*... EME290896 **7 regulación –:** ...una nueva regulación «más *taxativa*» y «precisa» de asuntos como las aportaciones... EPE021101 **8 tratado:** El tratado de Maastricht es claro y *taxativo* cuando establece... LVE220995 **9 dictamen –:** ...emita un dictamen *taxativo* sobre si (...) es una especie autóctona... EPE150899

B SUSTANTIVOS QUE DENOTAN MANDATO, PROHIBICIÓN U OTRAS FORMAS DE EXIGENCIA: **10 orden ++:** Educación alega que obedece una orden *taxativa* del Ministerio... EME030296 **11 prohibición +:** La prohibición *taxativa* de circular o estacionarse en los arcenes... EPE200900 **12 mandato:** El mandato *taxativo* del número dos del PP... CAN241100

C SUSTANTIVOS QUE DESIGNAN DIVERSAS MANIFESTACIONES VERBALES, MÁS FRECUENTEMENTE SI SE DIRIGEN A OTROS: **13 respuesta ++:** La respuesta de los negociadores populares fue *taxativa*... LVE261096 **14 afirmación +:** ...hizo dos afirmaciones *taxativas*: descartó que el asunto vaya a provocar... LVE200795 **15 declaración +:** Pero sus declaraciones fueron *taxativas*: «El rector de la Universidad (...) no tiene competencia para decidir...». EME131295 **16 comentario:** Más *taxativo* y punzante es el comentario de Aurelio Martínez... LVE270294 **17 contestación:** La contestación *taxativa* del fotógrafo fue la siguiente... EME201295 **18 conclusión:** La conclusión *taxativa* es que, «desgraciadamente, es imposible avalar la veracidad del supuesto descubrimiento». LVE140396 **19 observación:** Se impone, de entrada, una observación *taxativa*: «Diàleg en re major» es una espléndida obra de teatro. LVE071296 **20 manifestación:** ...y sus *taxativas* manifestaciones en las que aseguró que no había... LVE110195

D SUSTANTIVOS QUE DENOTAN RECHAZO: **21 negativa:** La negativa a esa hipotética fusión ya no es *taxativa*... EPE230199 **22 rechazo:** ...su rechazo *taxativo* a adoptar sanciones económicas. EME170195 **23 exclusión:** La inspectora también afirma que «las normas de la Seguridad Social incluyen (...) todas las percepciones abonadas al trabajador por razón de su trabajo, con exclusiones *taxativas*. EME180494 **24 descalificación:** A pesar de la *taxativa* descalificación del gobierno... HOY170397

E SUSTANTIVOS QUE DENOTAN POSTURA U OPINIÓN: **25 opinión:** ...aunque tampoco ha dado una opinión *taxativa* sobre la cuestión... EME231195 **26 posición:** La posición del fiscal es *taxativa*. EPE190399 **27 punto de vista:** Solo desde un punto de vista muy *taxativo* podría adoptarse una norma tan rígida. INDOC

F OTROS SUSTANTIVOS; POSIBLES USOS ESTILÍSTICOS: ...cumplen una misión tan rígida como *taxativa*. EME150395; ...la primera ronda de Montecarlo y le colocó un *taxativo* 6-2, 6-0, 6-2. EME310595; ...hay que utilizar instrumentos que nunca van a ser *taxativos*... EME221095

☐ Véase también: **fehaciente, inapelable, incontrovertible, irrebatible, irrefutable, rotundo, tajante, terminante.**

taxi ♦ alquilar, coger, llamar, parar, pedir, pillar[39], tomar

teatralmente *adv.* ▮ Se usa con la interpretación 'desde el punto de vista teatral' (como en *teatralmente considerado* o en *lo que significó teatralmente*), y también con la interpretación 'de manera exagerada'. En este último sentido, se combina con...

A VERBOS QUE DENOTAN EXPRESIÓN VERBAL: **1 decir:** «Esta defensa pide al tribunal», dijo *teatralmente* Rofes, «un careo con la testigo Consuelo Sánchez Pardo...». EPE100299 **2 afirmar:** «Jean-Marie, dices idioteces», afirmó *teatralmente* el nuevo secretario general adjunto... EPE250199 **3 declamar:** ...mientras declamaba *teatralmente* su monólogo. INDOC **4 recitar:** A veces le da por recitar *teatralmente* sus propios versos... INDOC

B VERBOS QUE DESIGNAN DIVERSAS ACCIONES QUE SE PERCIBEN DE MODO MANIFIESTO, MÁS FRECUENTEMENTE SI CABE INTERPRETARLAS COMO SIMULADAS: **5 darse la mano:** John le siguió pronto luciendo un traje amarillo de piel y se dieron la mano *teatralmente* en el centro de la plataforma. EME160495 **6 mostrar:** ...sacó de su bolsillo un carné de cheques de viaje (...) y tras mostrarlo *teatralmente* a su auditorio... EPE080199 **7 partir:** Tras partir *teatralmente* dos plantas de marihuana, comenzó a repartir pequeños paquetes... LVE280895 **8 llorar:** ...empiezan a llorar *teatralmente* a la vista de todos. INDOC **9 gritar:** ...gritaba con fuerza, pero demasiado *teatralmente.* INDOC **10 desplegar:** Desplegar *teatralmente* esas mentirosas reliquias es un excelente modo de invisibilizar la realidad... EME190496

C OTROS VERBOS; POSIBLES USOS ESTILÍSTICOS: No había más que verla evolucionar *teatralmente* en la convención de San Diego... LVE180896; La defensa de Romaní buscó *teatralmente* un careo del testigo con una secretaria... EPE100299

techo ♦ **alto, bajo, doble, falso, inaccesible, inalcanzable, inexpugnable, infranqueable, insuperable, intraspasable, practicable** ♦ **alcanzar, caerse, desconcharse, franquear, llegar (hasta), pender (de), pulverizar[14], rebasar[10], sobrepasar, superar, venirse abajo**

tecla ♦ **apretar, atascar(se), bloquear, oprimir, presionar, pulsar, tocar**
☐ Véase también: **botón**.

teclado ♦ **alfanumérico, conectable, electrónico, ergonómico, inalámbrico** ♦ **aporrear, bloquear, escribir (con/en), oprimir, presionar, tocar**

técnica ♦ **anquilosado, apropiado, artesanal, asequible[20], avanzado[16], curativo[22], depurado, desfasado, eficaz, endiablado[8], especial, impecable, innovador, moderno, novedoso[19], nuevo, obsoleto, revolucionario, rudimentario, sobrado (de)[16], sofisticado** ♦ **adoptar, afinar[8], aplicar, aprender, atesorar[23], conocer, desarrollar, difundir(se)[49], dominar, emplear, enseñar, impartir[16], implantar[3], introducir, mejorar, perfeccionar, poner en práctica, practicar, usar, utilizar**
☐ Véase también: **estrategia, táctica, tecnología**.

tecnología ♦ **alto, asequible[21], avanzado[15], moderno, novedoso[23], nuevo** ♦ **aplicar, desarrollar, desplegar, disponer (de), emplear, introducir, invertir (en), mejorar, perfeccionar, poner en práctica**
☐ Véase también: **estrategia, técnica**.

tedio ♦ **amenizar[14], combatir, disipar(se)[41], escapar (de), huir (de), librar(se) (de), sacar (de), salir (de), venir(le) (a alguien)**
☐ Véase también: **aburrimiento**.

tejer *v.* ▮ En su sentido físico se construye con sustantivos que designan telas y otros materiales *(hilo, punto, mimbre, algodón, lana, seda, tela),* así como objetos formados con ellos *(cesta, estera, canasto, jersey, camisa, sombrero...).* En su sentido figurado se combina con los sustantivos *texto, discurso, conversación* y con otros que designan obras de creación, generalmente literarias *(novela, narración, relato, comedia),* pero también de otro tipo *(espectáculo, canción).* También se combina con...

A SUSTANTIVOS QUE DENOTAN RED O ENTRAMADO. SE USAN EN SENTIDO FÍSICO Y EN EL FIGURADO: **1 red ++:** Y más que una alta remuneración para el productor, el vendedor y el comerciante, resaltó la necesidad de *tejer* una red armónica entre los tres agentes. EUV030996 **2 entramado ++:** ...su región, *tejiendo* un entramado político-financiero que asegurase sólidamente su preeminencia. LVE061095 **3 telaraña ++:** Esa noche, el amor y la ternura se enredaron en una telaraña *tejida* con los hilos sutiles de la ausencia, del amor sin la presencia viva. HOY070181 **4 sistema:** ...la organización terrorista ha conseguido *tejer* un sistema de comunicaciones internas con el objetivo de alertar... EME180296

B SUSTANTIVOS QUE DENOTAN PLAN O PROYECTO, A VECES OCULTO Y DESTINADO A ALGÚN FIN ILÍCITO. TAMBIÉN CON ALGUNOS QUE DESIGNAN OTRAS FORMAS DE MAQUINACIÓN: **5 estrategia +:** ...como estaba previsto, para evitar que la oposición pudiera *tejer* su estrategia electoral. LVE251196 **6 plan:** Habían *tejido* un plan perfectamente diseñado. INDOC **7 proyecto −:** Tener una conciencia nacional, *tejer* un proyecto nacional que vertebre, instigue y desarrolle las posibilidades y las características de la nación española. EME060494 **8 trampa −:** ...el «hombre-araña» *tejía* la trampa, tendidos los hilos de la gran trama para matar dos pájaros de un tiro. EME060395

C SUSTANTIVOS QUE DENOTAN ARGUMENTO O TRAMA, O DESIGNAN OTROS CONTENIDOS ARTICULADOS QUE SE LES ASIMILAN: **9 intriga +:** Un impersonal telefilme que aprovecha el mundo de la abogacía para *tejer* una intriga no demasiado convincente. LVE240695 **10 trama ++:** Desde entonces, la trama se *teje* en torno a un gran espectáculo periodístico, capitaneado por una mujer que pone sus dotes de actriz al servicio de la actualidad. HOY070797 **11 historia:** ...cuyo auténtico protagonista son las historias *tejidas* en torno al medio radiofónico, lleva camino de convertirse en otro comodín de las «horas tontas» de la madrugada en TVE. EME160294 **12 argumento +:** Y no estoy *tejiendo* argumentos remitidos al absurdo: sobre esta premisa montó... LVE060296 **13 guión:** ...resulta ser un caos en medio de un guión perfectamente *tejido...* LVE300996

D SUSTANTIVOS QUE DESIGNAN DIVERSAS RELACIONES DE ASOCIACIÓN O VÍNCULO, ASÍ COMO CON OTROS QUE LAS IMPLICAN O LAS CARACTERIZAN: **14 relación:** ...está dispuesto a reanudar el diálogo con España y *tejer* unas relaciones de «amistad y buena vecindad»... EME180596 **15 unión:** En esas negociaciones acordaron un respeto mutuo y empezó a *tejerse* una unión que para el futuro iba a ser muy peligrosa para nosotros. EPC080796 **16 vínculo:** ...se pueden *tejer* vínculos imaginarios entre la red de redes y el autor de «El Aleph»... EPU180601 **17 unidad:** En cada departamento, en cada pueblo, en cada localidad se empezó a *tejer* una unidad muy amplia... MAU210900 **18 alianza:** ...la posibilidad de que Rusia y la OTAN *tejieran* una estrecha alianza militar... EPU041001 **19 consenso:** ...desde la responsabilidad que les ha tocado, sean «capaces» de «*tejer* el consenso» anhelado por todos. EPD240997 **20 coalición:** ...tiene muchas más posibilidades de facilitar un cambio en Cataluña que *tejer* una coalición electoral basada en el modelo italiano del Olivo. EPE110799 **21 pacto:** ...mediante un pacto que *tejió* con los socialistas desde Coalición Galega... EPE290899 **22 asociación:** Entre todos los perjudicados se logró *tejer* una asociación con el objetivo de obtener compensaciones. INDOC **23 fraternidad −:** ...las catedrales y los palacios, las fuentes y las estatuas en las plazas de nuestras ciudades, *tejen* una fraternidad a través de las distancias... ABC050692 **24 confianza −:** ...depende de unos extremistas capaces de quebrar la delicada tela con las que se *teje* la confianza de un turista. LVE010596

E SUSTANTIVOS QUE DESIGNAN COSAS DE CONTEXTURA O COMPOSICIÓN COMPLEJA O ENREVESADA. POR EXTENSIÓN METAFÓRICA, TAMBIÉN CON OTROS QUE DESIGNAN NOCIONES CARACTERIZADAS GENERALMENTE POR SU COMPLEJIDAD O SU CONFUSIÓN: **25 jeroglífico:** Y luego las lenguas se destraban y *tejen* jeroglíficos en el aire. EPE241001 **26 enredo:** ...ya esté pensando en *tejer* una serie de enredos para volver a ganar las elecciones. EME151195 **27 urdimbre +:** Alrededor de aquella herida fue *tejiendo* una urdimbre sentimental y estética, de infidelidades y pasiones... ABC190894 **28 maraña +:** ...con bases rítmicas pregrabradas y la sola ayuda de una guitarra eléctrica, *tejieron* su maraña sónica... LVE250995

F SUSTANTIVOS QUE DESIGNAN DIVERSAS NOCIONES, GENERALMENTE DOTADAS DE CIERTA ARTICULACIÓN, SUSCEPTIBLES DE SER RAZONADAS O ELABORADAS: **29 explicación:** ...un fin de semana al abrigo de los vientos mediterráneos catalanes para que el ex vicepresidente (...) *tejiera* una explicación ultraterrestre... EME110795 **30 hipótesis:** Se pueden *tejer* varias hipótesis sobre lo que ocurrió con él... CAP180196 **31 filosofía −:** Y es el fundamento tanto de su pensamiento como de su escritura, en que la filosofía se va *tejiendo* como una experiencia. LVE260396

G ALGUNOS SUSTANTIVOS DE CARÁCTER PROSPECTIVO QUE DESIGNAN LO QUE SE ANHELA O LO QUE HA DE VENIR: **32 esperanza:** Me refiero a la crueldad desplegada por los presuntos asesinos al *tejer* una larva de esperanza en el ánimo de la familia... EME021095 **33 ilusión:** ...en los alrededores del estadio se *tejen* una serie de ilusiones de triunfo que nos pondría en las finales... LPH051000 **34 deseo +:** Llevado por una fuerza que *teje* junto al personaje central un deseo, una venganza, como una sentencia. EUV080996 **35 sueño:** Espero que pueda servir a alguien, como a mí me ha servido, para aprender algo de la vida, esa enigmática trama con la que se *tejen* los sueños y el cine. EME230995 **36 destino:** A la luz de las candelas *tejen* el destino de la próxima víctima. CLA111000

H SUSTANTIVOS QUE DESIGNAN NOCIONES CARACTERIZADAS POR LA INSEGURIDAD O LA FALTA DE CERTEZA: **37 sospecha:** ...la fenomenología de nuestras sospechas de nosotros mismos se *tejen* abruptamente con las exigencias de una analítica del orden... ABC020695 **38 suposición:** Traté de eludir la presencia del periodismo porque muchas veces se *tejen* una serie de suposiciones lejanas... CLA070497 **39 especulación:** Es prematuro *tejer* especulaciones sobre los fantasmas, temores y movidas... CAP051296 **40 conjetura:** Se han *tejido* muchas conjeturas por la demora de (...) en señalar al reemplazante de (...). LNA250692 **41 incertidumbre:** ...todo son declaraciones del Gobierno americano que, cual Penélope, *teje* un tapiz de incertidumbre... LVE091095 **42 interrogante:** «el centro de una tela de araña alrededor de la que se *tejen* cientos de interrogantes». EPE291201 **43 rumor:** ...sobre quien se *tejieron* una serie de rumores sobre su entrada al Gobierno... EUV150497 **44 presunción −:** ...con sus humanidades cubiertas de balas de potentes armas, en forma inmediata se *tejen* presunciones que, en casi todas las ocasiones, terminan por confirmarse. ACP311000

I SUSTANTIVOS QUE DESIGNAN ESTADOS DE DIFICULTAD, INCONVENIENCIA O ADVERSIDAD: **45 crisis +:** El bastidor sobre el que se *tejió* la crisis del pacto del pollo tenía todos los elementos... EPE140199 **46 escándalo +:** El escándalo se ha ido *tejiendo* durante la pasada semana. EPE290399 **47 tragedia +:** ...reanudó así (...) algunos de los hilos con que se *teje* la tragedia contemporánea. EPE090599 **48 tensión:** ...en los poemas amorosos de la segunda va *tejiéndose* una tensión con hilos de variadas experiencias... ABC291191

J OTROS SUSTANTIVOS QUE DESIGNAN DIVERSAS SENSACIONES O SENTIMIENTOS: **49 amargura:** ...mientras, yo *tejo* en un telar de humo mis fantasías y la amargura de no tenerte. EME150295 **50 temor:** ...el mantenimiento de sus tipos de interés pasaron inadvertidos, aunque en Europa se va *tejiendo* el temor a que, (...), solamente faltaría una subida de los tipos... LVE170295 **51 hastío:** ...esa «silenciosa araña» que, según Flaubert, *teje* el hastío de la vida... LTB130297 **52 ira:** De forma contundente se fueron *tejiendo* los hilos de su ira y fue tramando la resolución de sus perversidades... ABC280795 **53 paz −:** Que, vencidos y desarmados los cabezas de serie, volverá a *tejerse* pacientemente la paz... EPE230999

☐ Véase también: **cocinar(se), maquinar, tramar, urdir.**

tejido ♦ **acartonado, acolchado, adiposo, a juego, animal, apergaminado, apreciado, artificial, áspero, aterciopelado, basto, blando, burdo, celular, cerebral, civil, compacto, corporal, crudo, cultural, dañado, decorativo, delicado, denso, deshilachado, duro, ecológico, económico, elástico, embrionario, empresarial, endeble, epitelial, especial, espeso, esponjoso, estampado, evanescente, fibroso, financiero, fino, fuerte, graso, grueso, humano, industrial, institucional, laboral, ligero, linfático, metalizado, moral, multicolor, muscular, natural, nervioso, orgánico, original,**

óseo, productivo, protector, pulmonar, resistente, reversible, rugoso, sano, sedoso, sintético, social, sociológico, suave, suntuoso, técnico, tecnológico, terso, tosco, transparente, tupido, urbano, vaporoso, vascular, vegetal ♦ arrugar(se), cicatrizar, confeccionar, coser, dañar(se), desarrollar(se), descoser, desgarrar(se), deshilachar(se), destruir(se), deteriorar(se), diseñar, doblar(se), elaborar, encoger, envolver (algo), extirpar, manipular, planchar, plisar, rasgar(se), regenerar(se), remendar, trasplantar, tratar, trenzar, urdir, usar, zurcir
☐ Véase también: **tela.**

tela ♦ a cuadros, a listas, a rayas, basto, crudo, de fantasía, deshilachado, estampado ♦ fleco (de) ♦ ajar(se), alisar, arrugarse, coser, desgarrarse, estampar, ondear, plisar, rasgarse, remendar, tejer, zurcir
☐ Véase también: **tejido.**

telaraña ♦ de conexiones, de influencias, de redes, de relaciones ♦ desenredar, deshacer, enredar(se) (en)[7], entretejer, liar(se) (en), tejer[3]

telefonear ♦ a cobro revertido, a larga distancia
☐ Véase también: **llamar.**

[teléfono] → por teléfono

teléfono ♦ celular, fijo, inalámbrico, móvil, supletorio ♦ línea (de) ♦ abusar (de), colgar, colgarse (de), comunicar, conectar, contestar (a), cortar, descolgar, desconectar, gastar, pinchar, usar

telele ♦ dar[325]
☐ Véase también: **patatús, soponcio.**

televisar Véase: **retransmitir, transmitir**

televisión ♦ adicto (a), a todo volumen, de pago, en abierto ♦ cadena (de), canal (de), programa (de) ♦ apagar, aparecer (en), conectar, desenchufar, emitir (en), encender, enchufar, escuchar, poner, salir (en), ver
☐ Véase también: **radio, televisor.**

televisor ♦ a toda pastilla[17], a todo volumen ♦ apagar(se), desenchufar, encender, enchufar, poner
☐ Véase también: **televisión.**

tema ♦ absorbente[15], acuciante, afilado[18], álgido[13], cacareado, candente[13], colindante, conductor, confidencial[42], controvertido[27], crucial[11], delicado, escabroso, espinoso, insoslayable, pantanoso, pegadizo[6], resbaladizo[11], tangencial[5], trillado[13] ♦ abordar, acotar, agotar(se), airear[4], analizar, atañer[3], cambiar (de), ceñir(se) (a)[6], clarificar[23], considerar, debatir, desarrollar, desbloquear[29], desentenderse (de), despachar[13], difundir(se)[29], discutir, encarrilar[4], esclarecer(se)[21], establecer, estudiar, explorar, mencionar, planear[22], sacar, soslayar, tergiversar[6], tratar, zanjar[3]
☐ Véase también: **asunto, cuestión, materia, temática.**

temática ♦ abordar, actualizar, afianzar(se)[58], analizar, establecer, exponer
☐ Véase también: **tema.**

temblar (de) *v.* ▮ La expresión *temblar(le) (a alguien)* se usa con los sustantivos *voz, cuerpo, pierna, mano, pulso, rodilla* y otros similares. Construido con la preposición *de*, el verbo *temblar* se combina con...

A EL SUSTANTIVO *FRÍO*: **1 frío ++:** En la foto, un niño *tiembla* de frío mientras espera sus papeles para ir al campo de Keza, en Tanzania... EME270196

B SUSTANTIVOS QUE DENOTAN INQUIETUD O TEMOR EN DIVERSOS GRADOS: **2 miedo ++:** Allí todos los atletas se confesaron, lloraron, *temblaron* de miedo, hicieron público su dolor, su alegría y mantuvieron su comportamiento. ENV021000 **3 pavor:** ...después de asustarme ante una pintura de aquel Ignacio de Loyola y *temblar* de pavor frente a los cuadros de El Greco... ABC030492 **4 terror:** Las viudas y solteras argelinas *tiemblan* de terror. EME050595 **5 pánico:** Los pacíficos toros y las pacíficas vacas pamplonicas saltaron al encierro muy indignados y defendieron al novillo sueco, que *temblaba* de pánico, y a sus dos amigos... EPE200799 **6 angustia:** Mis amigos siguieron su camino; yo me quedé parado, *temblando* de angustia. ABC200893 **7 susto:** La vieja perra *tiembla* y vomita del susto. EME050394

C EL SUSTANTIVO *EMOCIÓN* Y CON OTROS QUE DENOTAN SENTIMIENTO GOZOSO: **8 emoción ++:** Uno *tiembla* de emoción ante la idea de encontrarse con una estrella y resulta que el propio Woody Allen se sorprende de que se le tome por tal. EME040395 **9 felicidad:** Vio a ancianos a quienes un paseo por el Barrio Gótico de Barcelona hizo *temblar* de felicidad. EPE160899 **10 gusto:** ...no sé qué me pasó que todo el cuerpo me temblaba... Le *temblaba* de gusto, hay que señalar –dijo Vicent T–. EPE140899 **11 placer:** Temblando de incontenible placer desgarro el himen del sobre y acabo entre estertores babeando sobre el texto... EPE021086

D SUSTANTIVOS QUE DENOTAN INDIGNACIÓN: **12 cólera:** Libelos enfurecidos, imágenes que *tiemblan* de cólera. EPE011099 **13 rabia:** Me *temblará* de rabia y dolor porque en el umbral del año 2000 mi gente muere todavía para poder ejercer un derecho elemental... EME020594 **14 ira:** ...que al mismísimo presidente del Gobierno le *tiemble* la voz de ira cuando comparece por televisión... EME250295

E SUSTANTIVOS QUE DENOTAN FALTA DE FUERZA O SEGURIDAD: **15 inseguridad:** En esta tarea, tan noble para una sociedad que *tiembla* de inseguridad y de amoralidad... EPE110399 **16 debilidad:** Nunca desayunaba y en los entrenamientos mis piernas *temblaban* de debilidad. EME010896

▩ Se combina también con: ♦ **compulsivamente** ♦ **echar(se) (a)[5], empezar (a), poner(se) (a)**

temblor ♦ alarmante, convulso, débil, de labios, de manos, de piernas, de tierra, de voz, endémico, extraño, frenético, fuerte, imperceptible, incontrolable, inesperado, inevitable, intenso, íntimo, irrefrenable, leve, ligero, marino, ostensible, parkinsoniano, pequeño, poderoso, sintomático, sísmico, súbito, superficial, telúrico, terrible ♦ réplica (de), serie (de) ♦ afectar (a algo), controlar, dar(le) (a alguien), delatar (a alguien), desatar(se), desencadenar(se), detectar, disimular, entrar(le) (a alguien), notar, pasar, percibir, presentar, producir(se), registrar(se), remitir, resguardar(se) (de), sentir, sufrir, venir(le) (a alguien)

□ Véase también: **terremoto.**

temor ♦ acusado, arraigado[49], atávico[3], escénico, exacerbado, exagerado, fundado[21], incontrolable, infundado[1], injustificado, inquietante, irracional, irrefrenable, irresistible[44], leve, lógico, natural, preso (de), serio[45], sin fundamento[33], soterrado[37], súbito ♦ abrigar[22], acechar[13], acentuar(se), acometer, aflorar[20], agudizar(se)[53], ahuyentar[16], albergar[16], alejar(se), aliviar[16], amortiguar[65], anidar[62], apaciguar[22], aplacar(se)[63], apoderar(se)[2], asaltar (a alguien), atenazar (a alguien), avivar[50], causar, cobrar fuerza[32], cofirmar(se), combatir, confesar[58], conjurar[8], dar[342], dejarse llevar (por)[41], desatar(se)[32], despejar(se)[13], despertar[15], desterrar[17], desvanecerse[27], disfrazar[42], disipar(se)[35], embargar[18], engendrar[47], entrar[30], experimentar, extender(se), hacer(se) realidad[61], imbuir (a alguien), infundir[2], inspirar[6], mitigar[14], paralizar (a alguien), pasárse(le) (a alguien), perder[23], planear[11], propagar(se), reavivar[36], remitir[20], revivir[11], salir al paso (de)[26], sembrar, sentir[39], sofocar[33], superar, surgir, tener, traslucir(se)[31], vencer[59], venir (a alguien), vislumbrar[92], vivir (en/con)

□ Véase también: **cobardía, duda, horror, incertidumbre, inquietar(se), miedo, pánico, pavor, preocupación, sospecha, terror.**

TEMOR

♦ (ADJETIVOS) Véase: **visiblemente[B]**

♦ (SUSTANTIVOS) Véase: **abisal[B], abrigar[E], acechar[C], acuciar[D], a cuestas[E], aflorar[C], ahuyentar[C,D], albergar[B], amortiguar[J], anidar[J], aplacar(se)[H], arraigado[G], asaltar[E], ataque (de)[E], atávico[A], atizar[B], avivar[H], brotar[D], calmar(se)[B], causar[B], cernerse[I], ciego[D], ciego (de)[C], cobrar fuerza[D], confesar[J], congénito[D], conjurar[C], cundir[B], dar[G], dejarse llevar (por)[E], desenterrar[C], despejar(se)[B], despertar[B], desterrar[C], desvanecerse[D], disipar(se)[F], dominar[B], embargar[D], engendrar[H], entrar[E], esparcir[C], estribar (en)[G], estricto[J], exacerbar[D], expresión (de)[C], extinguir(se)[I], imponer[K], planear[B], reavivar[E], recobrarse (de)[C], reinar[D], revivir[C], sacudir(se)[C], salir al paso (de)[D], sembrar[A], sentir[F], serio[I], sin fundamento[F], sobrepasar[G], sobreponerse (a)[D], sobrevenir[A], sofocar[E], sortear[H], soterrado[F], temblar (de)[B], traslucir(se)[E], vencer[J], visceral[E]**

□ Véase también: INCERTIDUMBRE.

temperamento ♦ agitado, agresivo, alegre, apacible, autoritario, colérico, combativo[5], creador, diplomático, dócil, excéntrico, expansivo, explosivo, extrovertido, fogoso, frío, fuerte, huidizo, incontrolable, indomable, inflexible, intransigente, introvertido, irascible, jovial, locuaz, melancólico, nervioso, rebelde, sosegado, taciturno, tranquilo, vehemente[41], visceral[39], vívido[33] ♦ cambio (de) ♦ aflorar[75], chocar, controlar, demostrar, derrochar[32], domar, moldear, tener

□ Véase también: **carácter, talante.**

temperatura ♦ agradable, alto, bajo, benigno, cálido, caluroso, cambiante, desapacible, elevado, estimulante, extremo, frío, glacial, invernal, llevadero, normal, polar, reinante, siberiano, sofocante, tórrido, veraniego ♦ aclimatar(se) (a), aplacar(se), ascender, bajar, descender, fluctuar, gozar (de), hacerse (a), mantenerse, rebasar, recrudecerse, registrar(se), sobrepasar, subir, superar, tomar[5], *otros verbos de cambio de estado*

□ Véase también: **cálido, calor, caluroso, frío, glacial, humedad.**

tempestad ♦ abatirse (sobre algo), acechar, acercarse, alejarse, amainar[4], amenazar, aproximarse, arreciar, avecinarse, azotar (algo), calmar(se), capear[3], causar, desatar(se)[3], estallar, guarecerse (de), ocasionar, pasar, recrudecer(se), remitir, serenar(se)

□ Véase también: **borrasca, temporal, tormenta (de), vendaval.**

templado ▮ *(tibio)* ♦ agua, aire, ambiente, baño, clima, temperatura, zona
▮ *(sereno)* ♦ ánimo, nervios, persona, voz

templar(se) ♦ ánimo, espíritu, inquietud, nervios, temor

□ Véase también: **calmar(se).**

templo ♦ consagrar, construir, dedicar (a), derruir, erigir, levantar, profanar[12], saquear, servir (en/a), violar

[temporada] → de temporada

temporada ♦ breve, largo, nuevo, próximo ♦ a final(es) (de), dentro (de), en, fuera (de) ♦ fin (de), pase (de) ♦ abrir, clausurar, comenzar, finalizar, inaugurar, pasar, terminar

□ Véase también: **etapa, fase, tiempo.**

temporal ♦ *(sust.masc.)* abatirse (sobre algo), acaecer[17], acechar, acercarse, alejarse, amainar[1], amenazar, aproximarse, arreciar, avecinarse, azotar[1], capear[1], cernerse[38], descargar, desencadenar(se), escampar, estallar, guarecerse (de), levantar(se), ocasionar, pasar, remitir[1]

□ Véase también: **lluvia (de), tempestad, tormenta (de), vendaval.**

temporalmente *adv.* ▮ Se combina con verbos que designan estados (*abarcar, afectar, influir, continuar, permanecer, ocupar: El negociado de asuntos agrarios ocupa temporalmente la segunda* *planta)* y actividades no acotadas *(estudiar, ejercer, trabajar, funcionar, vivir, ocuparse (de), atender, fallar, alquilar, residir: Residen temporalmente en Guadalajara; Atiendo temporalmente la tienda de mi padre)*, es decir, situaciones que se caracterizan por no tener fin natural. Admite también verbos de acción y proceso que expresan un cambio de estado, más frecuentemente cuando aceptan las perífrasis con *estar* + participio o *tener* + participio *(levantar una barrera temporalmente / tener levantada una barrera temporalmente; Han alquilado temporalmente el edificio / El edificio está temporalmente alquilado)*. Los grupos de verbos mencionados se clasifican arriba atendiendo a su naturaleza aspectual. Atendiendo a su significado, admiten otras agrupaciones. Destacan especialmente entre esas clases las constituidas por...

A VERBOS QUE DENOTAN INTERRUPCIÓN O IMPEDIMENTO: **1** **interrumpir** ++: ...una saludable práctica, establecida desde el año 1989 y que se interrumpió *temporalmente* por los hechos traumatizantes que el país padeció en diciembre de 1989. ESP050597 **2** **suspender** ++: ...los empresarios puedan suspender *temporalmente* los convenios colectivos de trabajo... CLA080797 **3** **aplazar** ++: Se aplazó *temporalmente* el nombramiento de Pete Romero, quien ocupará esa posición en firme después del proceso de certificación. SEM190198 **4** **bloquear** +: ...algunos trataron de alterar las estadísticas, y esto hizo necesario bloquear el sistema *temporalmente*. GIC080996 **5** **frenar** +: ...el juez Lightman aceptó frenar *temporalmente* la venta de «Poeta en Nueva York», pero levantó su decisión dos días más tarde... EPE281299 **6** **paralizar** +: ...un juez federal estadounidense que paralizó *temporalmente* la deportación de más de 40.000 nicaragüenses. DLA250697 **7** **cortar** +: ...obligó a cortar *temporalmente* estas vías al tráfico o algunos de sus carriles. LVE080895 **8** **detener** +: La suspensión de este impuesto sólo busca detener *temporalmente* el crecimiento de ese fondo... DLA170497

B VERBOS QUE DENOTAN CESACIÓN, DEJACIÓN, CANCELACIÓN, ELIMINACIÓN O PROHIBICIÓN DE ALGO: **9** **eliminar** +: Se ha decidido eliminar *temporalmente* a otros tantos trabajadores. INDOC **10** **cesar** +: El efecto más potente y placentero de fumar es que cesan *temporalmente* los síntomas de abstinencia a la nicotina. EME070494 **11** **cerrar** +: Los organizadores, ante el fuerte viento, decidieron por precaución cerrar *temporalmente* la sala de prensa... EME300395 **12** **anular** +: ...mientras que en otros se apela al uso de drogas que anulan *temporalmente* el apetito sexual de los sentenciados... EPE010284 **13** **zanjar** +: ...echó mano de este mismo plus a finales del año pasado para zanjar *temporalmente* la crisis judicial... EPE040599 **14** **prohibir** +: El gobierno de Estados Unidos prohibiría *temporalmente* todas las importaciones de carne y productos derivados... ENH090497 **15** **inhabilitar:** ...tras la sentencia que le inhabilita *temporalmente* para ejercer de juez o magistrado. EME160796 **16** **acallar:** Puede acallar *temporalmente* y retrotraer la civilización a puntos que se creían superados. HOY010278

C VERBOS QUE DENOTAN SEPARACIÓN, ALEJAMIENTO O ABANDONO: **17** **alejar(se)** ++: ...deberá renunciar o alejarse *temporalmente* de la presidencia... LNA050792 **18** **apartar(se)** ++: Apartado *temporalmente* de la dirigencia y de las negociaciones, Asturias debió resignarse a seguir la firma de los acuerdos por televisión, desde su domicilio en México. BRE040497 **19** **separar(se)** ++: ...argumentando que contrariaba sus disposiciones internas y se separó *temporalmente* del cumplimiento de algunas normas del grupo... DLA110497 **20** **aislar(se):** ...pueblos del norte de Burgos y Palencia y aislados *temporalmente* por carretera... EME180194 **21** **retirar(se)** ++: El FSLN, que la víspera retiró *temporalmente* el diálogo iniciado el 13 de enero... DLA010397 **22** **replegar(se)** ++: Los manifestantes se replegaban *temporalmente* para repetir nuevos ataques. EPE131099 **23** **abandonar** ++: ...decidió abandonar *temporalmente* su sede en Londres y viajar a Colombia... ETC150497

D VERBOS QUE DENOTAN CONSERVACIÓN O MANTENIMIENTO DE ALGO EN UN LUGAR O EN UN ESTADO: **24** **mantener** +: ...afirmó estar dispuesto a mantener *temporalmente* la atención primaria. LEC031097 **25** **conservar** ++: ...podría conservar *temporalmente* todos sus poderes. INDOC **26** **guardar** ++: El proyecto también prevé la construcción de seis naves industriales de 1.200 metros cuadrados cada una que se podrán alquilar para guardar *temporalmente* género. EPE150499 **27** **archivar:** Para calmar las quejas del público, se decidió archivar *temporalmente* los 18.000 reclamos existentes... VIS180997 **28** **recluir:** ...quedó recluido *temporalmente* en la cárcel de San Miguel... HOY070797 **29** **almacenar:** ...balsas que serán repartidas en el territorio para almacenar *temporalmente* los purines hasta que puedan ser aplicados en el campo a su debido momento. LVE181096

E VERBOS QUE DENOTAN RESISTENCIA: **30** **soportar:** Si bien se puede *temporalmente* soportar la corrupción, la hipercorrupción es también de efectos devastadores para las sociedades democráticas. LPA220592 **31** **resistir:** En esas condiciones se cree que podría resistir sólo *temporalmente*. INDOC **32** **aguantar:** Aguantó *temporalmente* la situación, pero al final tomó la decisión que parecía más lógica. INDOC **33** **sufrir:** Aunque un reducido grupo de países en desarrollo pueda sufrir *temporalmente* en su economía los efectos de la reducción del consumo mundial. EUV060499

F VERBOS QUE DESIGNAN LA ACCIÓN DE DAR SOLUCIÓN A UN PROBLEMA: **34** **solucionar** +: ...soluciona *temporalmente* los déficit continuos o permanentes que registra su sistema de recaudación fiscal... EXC190900 **35** **resolver** +: Finalmente, los representantes de los partidos llegaron a un consenso: Kavakci accedió a abandonar la sala para resolver *«temporalmente»* el problema. EPE040599 **36** **arreglar** +: ...un instituto que se ha habilitado para arreglar *temporalmente* la difícil situación de estas personas. INDOC **37** **aliviar** +: ...vamos a encontrar curitas sociales que permitan aliviar *temporalmente* situaciones que requieren de un esfuerzo más grande... LHG020797 **38** **remediar** +: De esa forma las cosas solo se remedian *temporalmente*, y esta no es solución. INDOC **39** **apaciguar** +: Los ánimos se han apaciguado, pero solo *temporalmente*. INDOC

G VERBOS QUE DENOTAN PRÉSTAMO O CONCESIÓN: **40** **ceder** ++: Tras ceder *temporalmente* la primera posición a Coulthard, cuando éste paró para repostar, Schumacher volvió al liderato. LVE310795 **41** **dejar:** Entre agosto de 1986 y enero de 1988 dejó *temporalmente* la presidencia... DLA040397 **42 prestar:** Te lo presto, desde luego, pero solo *temporalmente.* INDOC

tenacidad ♦ a fuerza (de)[7] ♦ actuar (con), conseguir (con), demostrar, mostrar, poseer
☐ Véase también: **constancia.**

tenaz *adj.* ▮ Se construye a menudo con sustantivos de persona *(adversario, defensor, investigador).* También se combina con...

A SUSTANTIVOS QUE DESIGNAN DIVERSAS FORMAS Y GRADOS DE OPOSICIÓN Y DESACUERDO: **1 resistencia ++:** ...solo le opuso *tenaz* resistencia en el primer tiempo... LPN140797 **2 oposición ++:** ...combatir la pobreza y el desempleo (...) y encarar la *tenaz* oposición... LNC120197 **3 rechazo:** El rechazo *tenaz* (...) hacia la revolución weberniana es (...) un rechazo documentado... ABC120894 **4 desacuerdo:** El desacuerdo, cordial pero *tenaz,* demorará un poco más el hallazgo del rincón idóneo... ENC271100 **5 protesta:** La *tenaz* protesta en la capital de Chechenia y los últimos acontecimientos violentos incrementan la presión... LVE110296

B SUSTANTIVOS QUE DENOTAN INTENCIÓN DECIDIDA, Y A MENUDO PORFIADA, DE CONSEGUIR UN OBJETIVO: **6 empeño ++:** ...el *tenaz* empeño de satisfacer la insaciable sed de lucro... ETC240996 **7 esfuerzo ++:** ...reencuentren los valores del respeto, el esfuerzo *tenaz,* la entrega, la honradez... LHG280897 **8 persistencia +:** Toda separación por momentánea que sea tiene siempre el sabor de la nostalgia y la *tenaz* persistencia del recuerdo... LTH221097 **9 voluntad +:** Interrogantes que traslucen indudablemente su voluntad *tenaz* de pintar y hacerlo bien... ABC110992 **10 insistencia:** ...algo característico de la Constitución del 91 (...) es algo bueno, consistente en su *tenaz* insistencia en la participación ciudadana... ETC130996 **11 perseverancia:** ...investigamos con *tenaz* perseverancia para hacer que sean cada día más confortables... LVE140196 **12 laboriosidad:** ...apenas le conozco, pero sé de su sagaz y *tenaz* laboriosidad tradicional. LVE090796 **13 afán:** No parece remitir el afán, intermitente pero *tenaz* (...) por jugar la carta (...) de puro payaso. LVE101296

C SUSTANTIVOS QUE DENOTAN CONFRONTACIÓN U HOSTIGAMIENTO, A VECES VIOLENTO O MUY AGRESIVO: **14 lucha ++:** Después de una *tenaz* lucha (...) prometieron proporcionar guantes, mascarillas y otras protecciones a los obreros... ESP260697 **15 combate +:** ...el combate *tenaz* por formar, por educar coleccionistas. ABC190894 **16 persecución ++:** ...ha desatado una persecución *tenaz* en contra de los dominicanos... DED301096 **17 batalla:** ...están librando una batalla *tenaz* en defensa de la libertad de información... CAP040997 **18 bombardeo:** ...a pesar del *tenaz* bombardeo propagandístico, la gente no percibe que su situación personal o la del país haya mejorado. LNC270596 **19 enfrentamiento:** ...el equilibrio de fuerzas actual hace augurar enfrentamientos *tenaces* y duros en los próximos tiempos. LVE300495 **20 pugna:** Había triunfado la *tenaz* pugna de los artesanos por mejorar de estatus. ABC130195 **21 competitividad:** ...en su *tenaz* competitividad los luxemburgueses no pierden comba. LVE150696 **22 acoso:** Pese al acoso *tenaz* y sistemático del imperialismo, la Revolución, lejos de abroquelarse, generó formas de participación... GIC062097 **23 hostigamiento:** ...el hostigamiento *tenaz* a toda forma de oposición. LVE081095

D SUSTANTIVOS QUE DENOTAN PARTICIPACIÓN ACTIVA EN ALGUNA TAREA U OCUPACIÓN, FRECUENTEMENTE DE CARÁCTER INTELECTIVO O INDAGATIVO: **24 trabajo:** Se ha dicho que los pueblos prosperan (...) con el trabajo *tenaz* y continuado y con el ingenio creativo de sus hijos. EUV170498 **25 labor ++:** ...la *tenaz* labor de zapa de los medios de comunicación... EXC090596 **26 búsqueda ++:** La búsqueda *tenaz* e irrenunciable de remedios para la salud humana... LTB010497 **27 investigación +:** ...ha concebido la obra (fruto de una *tenaz* investigación) como si de un tríptico se tratara. ABC110394 **28 tarea:** ...una tarea *tenaz* que sólo miraba hacia el progreso. ESH040397 **29 ejercicio:** ...ese *tenaz* ejercicio de devoción y amistad, ha sido reunido... ABC311292 **30 repaso:** Un repaso *tenaz,* desde dentro y desde fuera, detallista y amplio. ABC061095 **31 estudio:** ...el método neopositivista, basado en lo empírico, y aliado con *tenaces* estudios de campo y archivo. ABC080592 **32 gestión:** ...quiere rentabilizar su inestable pero *tenaz* gestión... LVE240595 **33 campaña:** ...coordinó una extensa y *tenaz* campaña de relaciones públicas... LVE171096

E SUSTANTIVOS QUE DENOTAN ADHESIÓN A LAS PERSONAS O LAS COSAS, ASÍ COMO ALGUNAS DE SUS MANIFESTACIONES: **34 defensa ++:** ...recordaron la continua y *tenaz* defensa (...) de las libertades... EME210395 **35 apoyo +:** ...gran parte de la población catalana está sorprendida por el «*tenaz* apoyo» que el presidente de la Generalitat presta al Gobierno... EME100594 **36 alegato:** No es ese su único y *tenaz* alegato de inocencia. RUM290997

F SUSTANTIVOS QUE DESIGNAN LO QUE SE DESEA O AQUELLO A LO QUE SE ASPIRA O SE PRETENDE CONSEGUIR, ASÍ COMO ALGUNAS DE LAS ACCIONES NATURALES QUE SE EMPRENDEN PARA ALCANZARLO: **37 deseo +:** ...el deseo *tenaz* y generoso de hallar salidas transitables y serenas. LVE191195 **38 objetivo +:** ...esta ONG cuyo único y *tenaz* objetivo es llevar una sonrisa al mundo de la desesperanza... LVE100995 **39 propósito:** Hay en la novela un propósito *tenaz* de rehuir lo manido y facilón... ABC280795 **40 intento:** ...parece desprenderse un intento *tenaz* y sistemático de poner en cuestión el sentido profundo de la justicia. LVE150995

G SUSTANTIVOS QUE DENOTAN ACTITUD O TOMA DE POSICIÓN FRENTE A ALGO O A ALGUIEN: **41 posición +:** La crisis grave en la negociación (...) reafirma su *tenaz* posición. LVE030295 **42 actitud:** La «Gramática» es resultado de una *tenaz* actitud de castellanización... ABC140892 **43 postura:** ...lo más complicado de la *tenaz* postura (...) es cómo justificarla con argumentos dignos de él. EPE230799

H SUSTANTIVOS QUE DESIGNAN CIERTOS FENÓMENOS METEOROLÓGICOS: **44 lluvia +:** La lluvia *tenaz* (...) casi hace suspender el partido... CLA190597 **45 sol:** ...con los ojos entornados en el sol *tenaz* y manchas rojoscuras bajo los párpados... ABC130392 **46 viento:** ...la tramontana, un viento despiadado y *tenaz* que, según piensan algunos nativos, lleva consigo los gérmenes de la locura. EPE010284

I SUSTANTIVOS QUE DESIGNAN DIVERSAS SITUACIONES ADVERSAS O CARENCIALES: **47 pobreza:** Es una crónica de una infancia labrada en una pobreza *tenaz...* LVE101196

48 catástrofe: Nulo entendimiento de la partitura e incapacidad pronunciada para interpretarla. *Tenaz* catástrofe notoria. PME120197 **49 sequía:** Las lluvias han llegado también a Marruecos después de una *tenaz* y amarga sequía... LVE120196 **50 insomnio:** ...los fármacos en su caso no doblegaron al *tenaz* insomnio... GIC080896 **51 silencio:** ...avala asimismo tanto la necesidad de esta reedición como el lamento por su *tenaz* silencio. ABC090493

J OTROS SUSTANTIVOS; POSIBLES USOS ESTILÍSTICOS: ...es un ala *tenaz* y enardecida, es un ansia cercada, prisionera... ABC140593; ...la esperanza de que el dictador afloje su *tenaz* tenaza. ABC241292

☐ Véase también: **contumaz, pertinaz.**

tenazmente *adv.* ▮ Se combina con predicados verbales que designan acciones con fin natural *(construir tenazmente una novela; llevar a cabo tenazmente una labor)*, y también con otros que expresan actividades que suelen requerir esfuerzo *(trabajar, bregar, nadar)*. Destacan especialmente sus combinaciones con...

A VERBOS QUE DENOTAN LA ACCIÓN DE MANTENER UN ESTADO DE COSAS: **1 defender ++:** Las bombas y los misiles continúan lloviendo sobre las ciudades chechenas de Argún, Grozni y Urús Martán, que los guerrilleros defienden *tenazmente*, dispuestos a dar batalla. EPE031299 **2 aferrarse ++:** ...ama el anacronismo y se aferra *tenazmente* a maneras de pensar y formas de vida premodernas. EPE020885 **3 resistir(se) +:** Nos habría gustado verla un poco más en su estada en Chile, pero se resistió *tenazmente*. CAR101197 **4 agarrarse:** ...y eso que se agarra *tenazmente* al único resquicio legal que le queda. INDOC **5 mantener:** ...hay un punto de vista unificador, *tenazmente* mantenido a lo largo de la novela, y una capacidad expresiva suficiente para encantar al lector... ABC271192 **6 sostener:** ...una conexión visible con una obsesión similar, sostenida *tenazmente* a lo largo de toda su vida política... ESH120996 **7 seguir:** ...y tratando incluso de desprestigiar personalmente al propio juez, que sigue *tenazmente* su larguísima investigación... EME190494 **8 persistir:** ...persisten *tenazmente* en descubrir –y van descubriendo– nuevos puntos de implicación y responsabilidad política (¿también penal...?) de las más altas instancias del... EME240195 **9 insistir:** Tema en el que el veterano dibujante «underground» ha insistido *tenazmente*. LVE151196

B VERBOS QUE DENOTAN ENFRENTAMIENTO: **10 luchar:** ...juraron seguir luchando todavía más *tenazmente* que hasta entonces porque la mujer consiguiera unas condiciones de vida humanas. ESP310197 **11 pelear:** Aznar regresó a España con un puñado de éxitos peleados *tenazmente* hasta el último minuto. EME161296 **12 pugnar:** Es natural que abandonados en el falso idilio de la infancia, niños y niñas pugnasen *tenazmente* por salir. EME180294 **13 competir:** ...la Unión Soviética compitió *tenazmente* por la superioridad militar con la Europa occidental. EPE051100 **14 lidiar:** Es hasta enternecedor ver a los franceses lidiar *tenazmente* con sus propias neurosis. EME060796 **15 oponerse:** Estados Unidos y Corea del Sur se oponen *tenazmente* a relacionar las conversaciones de paz con las donaciones de alimentos para Corea del Norte... ENH300697 **16 enfrentarse:** No parecía demasiado radical la propuesta, pero la oposición la rechazó y se enfrentó *tenazmente* con el gobierno a lo largo de varias semanas. INDOC **17 atacar:** ...debe atacarse gradual pero *tenazmente* para ir eliminando rivales y provocar el pánico en el líder de la carrera... EME110796 **18 combatir:** ...lo persiguieron y combatieron *tenazmente* las fuerzas del Cuerpo del Ejército de Oriente, al mando del divisionario don... PME150996

C VERBOS QUE EXPRESAN LA ACCIÓN DE PONER INTERÉS, INTENCIÓN, AFÁN O PERSEVERANCIA EN LO QUE SE HACE. TAMBIÉN CON ALGUNOS QUE EXPRESAN OTRAS FORMAS DE CONTRIBUIR A LA MARCHA O EL DESARROLLO DE ALGO: **19 empeñarse +:** ...lo que enfurece más a los montenegrinos es su creencia de que Milosevic está *tenazmente* empeñado en desestabilizar su país... EPE170599 **20 porfiar +:** ...Atenas porfió *tenazmente* por ser sede, pero, como dicen los griegos con amargura, «ha podido más la Coca Cola que la Historia y la razón». EME310396 **21 intentar:** ...agregó que «si existen problemas de tráfico es debido a los que *tenazmente* intentan impedir que se haga algo útil para Madrid». EME160896 **22 proponerse:** Se propuso *tenazmente* elevar el nivel científico de nuestras universidades... EPE220799 **23 impulsar:** Todos los demás partidos de la república neocolonial, incluso los que tuvieron figuras honestas que *tenazmente* impulsaban proyectos reformistas... GIC062097 **24 avivar:** ...la familia del sospechoso afirma que la policía «sigue avivando *tenazmente* la crispación social contra una familia destrozada». EPE091199 **25 postular:** ...la atribución de una estructura de «maqama» arábiga al «Libro de Buen Amor», *tenazmente* postulada por Castro y María Rosa Lida... ABC300493 **26 enarbolar:** ...desearían que De Mita dejara la secretaría, ya que la renovación *tenazmente* enarbolada por el secretario, perteneciente a la izquierda del partido, empieza a cansarles. EPE010289 **27 propugnar:** ...este teólogo ha propugnado *tenazmente* la sustitución del concepto de infalibilidad de la Iglesia por el de indefectibilidad... EPE040877 **28 comprometerse:** ...es un deber (...) comprometerse pacífica pero *tenazmente* contra semejante dislate. EPE100500 **29 dedicarse:** A resolver este problema se dedicó *tenazmente* el presidente Zaplana. EPE020601 **30 preocuparse:** ...el mismo gobierno se ha preocupado *tenazmente* de forjarse oposición política y crearse frentes de resistencia permanentemente. VIS060297 **31 contribuir:** ...ha contribuido *tenazmente* a crear un estado de opinión para que el sueño imposible de Cerdá llegase a ser una realidad... LVE170694

D VERBOS QUE DESIGNAN OTRAS FORMAS DE ACCIÓN INTENSA O PORFIADA, A VECES COERCITIVA: **32 ejercer presión:** Así funciona la estrategia de presión que Josep Lluís Núñez ejerce *de forma tenaz* sobre un Cruyff agobiado por multitud de problemas. LVE201295 **33 perseguir:** La Justicia chilena persiguió *tenazmente* a Bathich y solicitó su detención a España... CLA050397 **34 vigilar:** A los machos les gusta mucho establecer su pequeño reino sobre un grupo de hembras a las que vigila *de forma tenaz* y quizá un poco tiránica. EPE070599 **35 reclamar:** ...tiene entidad bastante para pactar esa mayoría tan *tenazmente* reclamada por el joven candidato popular. LVE050396

E VERBOS QUE DENOTAN INDAGACIÓN: **36 buscar:** ...tiene un ideal no confesado pero *tenazmente* buscado... PME151296 **37 investigar:** «El Mundo» seguirá investigando *tenazmente* en cualquier lugar del planeta y sea cual sea el Gobierno. EME020496 **38 escarbar:** ...donde el intérprete escarba *tenazmente* en el ánimo de un acto que sabe no repetirá jamás. EPE121199 **39 ahondar:** ...exponiendo donde le era solicitado si a ella le convenía, mientras ahondaba *tenazmente* en todos los aspectos que componen su síntesis expresiva. ABC150592

F ALGUNOS VERBOS DE LENGUA. USO INFRECUENTE: **40 platicar:** Quisiera platicar larga y *tenazmente* con usted, pero debido a las circunstancias no se puede, escribo largamente esta carta. PME020297 **41 preguntar –:** Preguntado *tenazmente* sobre si aceptaría jugar en el Real Madrid, De la Peña insistió en su conocida postura... LVE060296 **42 discutir –:** Sería magnífico que en las aulas se discutiera serena y *tenazmente* sobre derechos y deberes. ABC170295

G OTROS VERBOS; POSIBLES USOS ESTILÍSTICOS: ...a la oposición española, que exige y espera *tenazmente* explicaciones parlamentarias de Aznar sobre la OTAN y la guerra... DDN290499; La adaptación teatral de Matar a su excelencia esta dedicada a su padre «*tenazmente* asesinado». LPA190492

H ALGUNOS ADJETIVOS, MÁS FRECUENTEMENTE SI EXPRESAN CONTENIDOS ANÁLOGOS A LOS DESCRITOS EN LOS APARTADOS *A* Y *B*: **43 leal:** ...Cortés ha sido *tenazmente* leal a su jefe y amigo. EPE050999 **44 fiel:** ¿Para qué seguir siendo *tenazmente* fiel a uno mismo cuando es otro quien está en uno? EPE010300 **45 agresivo:** ...la democracia cristiana se ha desdibujado claramente a favor de un liberalismo *tenazmente* agresivo... EPE110799 **46 marginal:** ...se convertirá en un escritor maldito –o, al menos, *tenazmente* marginal– que algún doctorando tendrá que descubrir dentro de cincuenta años como objeto de estudio... ABC070593

tendencia

tendencia ♦ **acusado[35], a favor[72], a la baja[45], alcista, arraigado[8], centrífugo[6], centrípeto[3], claro, confluyente, desenfrenado, destacado, dominante[26], en contra, enfrentado, firme, general, generalizado, imparable[12], imperante, incipiente, inequívoco[80], irreconciliable[27], irrefrenable[31], irresistible[41], marcado, novedoso[34], opuesto, pasajero[9], perceptible, persistente, preponderante[13], reinante, vacilante ♦ de acuerdo (con), en función (de) ♦ acentuar(se), adherirse (a)[19], afianzar(se), aglutinar[27], apreciar(se), apuntar, avalar, conciliar[12], confluir, converger[20], corregir[27], cortar (con)[7], desviar(se), dibujar(se), dictar[2], difundir(se)[123], enderezar[58], erradicar, imponerse, invertir(se), llevar, mantener(se), marcar, obedecer (a), quebrar(se)[47], rectificar[3], salir a la luz[68], seguir[30], surgir, torcer(se)[15], triunfar, truncar(se)[38]**

☐ Véase también: **apego (a), dirección, inclinación, moda, predisposición, propensión, querencia.**

TENDENCIA Véase: *DIRECCIÓN Y TENDENCIA*

TENDENCIA

♦ (ADJETIVOS) Véase: **decididamente[J], visceralmente[F]**

♦ (SUSTANTIVOS) Véase: **absorbente[D], acaparador[A], acendrado[E], acuciante[D], acuciar[E], acusado[E], adherirse (a)[D], a favor[M], afianzar(se)[D,I], aglutinar[C], a la baja[G], a la medida (de)[A], amainar[G], amoldar(se) (a)[H], ancestral[L], ápice (de)[M], apoderar(se)[F], ardiente[A], arrasador[H], asfixiante[E], atávico[E], atemperar[E], atenerse (a)[H], blando[C], calmar(se)[E], canalizar[E], capitanear[E], carnal[B], ciego[B,I], cimentar[L], compulsivo[D], conciliar[A,C], confesar[H], conjugar[B], contumaz[C], converger[D], corregir[F], cultivar[B], deducir[E], dejarse llevar (por)[C], denodado[D], desatar(se)[E], desbordante[J], descarnado[H], dictar[A], difundir(se)[Q], dominante[E], efímero[J], ejercer[C,G], empedernido[B], enderezar[H], enrolar(se) (en)[A], febril[D], fermentar(se)[A], galopante[E], ilusionante[E], imparable[B], implantar[I,J], inconfesable[D], inequívoco[I], irreconciliable[F], irrefrenable[E], irresistible[A,I], manido[H], marcar[A], novedoso[E], palpitar[A], pasajero[A,B], perentorio[J], perfilar[I], persistir (en)[F], pertinaz[C], plantear[N], practicar[F], preponderante[C], preso (de)[F], profesar[D], profundo[F], quebrar(se)[H], rampante[D], reavivar[D], rectificar[A], redundar (en)[E], robustecer(se)[H], salir a la luz[J], seguir[C], serenar(se)[F], sin perjuicio (de)[J], toque (de)[C], vencer[F], visceral[D], vislumbrar[H], zambullir(se) (en)[D]**

♦ (VERBOS) Véase: **a la baja[B]**

☐ Véase también: ACTUACIÓN FUTURA; ASPIRACIÓN; CADENCIA; DIRECCIÓN; INCLINACIÓN; INTENCIÓN; PROPUESTA; PROYECTO.

TENDENCIA IDEOLÓGICA Véase: CREENCIA; IDEOLOGÍA; PENSAMIENTO

tender

tender ♦ **a la baja[8], al alza, inevitablemente[5], inexorablemente ♦ emboscada, engaño, lazo, mano, puente, red, trampa**

[tendido]

[tendido] → **a moco tendido, largo y tendido**

tenencia (de)

tenencia (de) ♦ **arma, armamento, droga, explosivo, información**

[tenor]

[tenor] → **a tenor (de)**

tensar

tensar *v.* ▮ En su sentido físico se construye con sustantivos que designan diversos objetos que contienen filamentos o son elásticos *(arco, ballesta, músculo, cuerda, alambre)*. En sentido figurado se combina con...

A SUSTANTIVOS QUE DENOTAN UNIÓN, ENLACE O TRATO ENTRE PERSONAS O COSAS: **1 relación ++:** Si las relaciones comerciales argentino-brasileñas no atravesaban por el mejor momento (...) ahora se *tensarán* aún más... CLA170199 **2 vínculo:** Los lazos familiares se rompen, la autoridad establecida se debilita, y los vínculos de la comunidad local se *tensan*. LVE270995 **3 cohesión:** «El antagonismo y la incomunicación predominan en la vida política y la misma cohesión» social «se va *tensando* peligrosamente». EPE020800

B SUSTANTIVOS QUE DENOTAN DISPUTA O CONFRONTACIÓN. TAMBIÉN CON OTROS QUE DESIGNAN DIVERSAS NOCIONES QUE IMPLICAN RIVALIDAD: **4 enfrentamiento:** El fundador de la orden católica ultraconservadora (...) volvió a *tensar* el enfrentamiento que mantiene con las autoridades de la Iglesia. CLA170501 **5 lucha:** La lucha interna por el poder se ha *tensado* a raíz del último congreso del partido. INDOC **6 discrepancia +:** ...pero en ella no estuvieron ausentes, ni se pudieron ocultar, las profundas y *tensas* discrepancias doctrinarias que se hacen año a año más evidentes. HOY081178 **7 competencia +:** ...una rebaja del 9% puede *tensar* demasiado la competencia, ya que obligará al resto de las operadoras a situar su oferta por debajo de Telefónica. EPE210700 **8 pulso:** Un pulso que éstos últimos no dudan en *tensar* con sus bravatas. EME170294 **9 carrera:** Del grupo puntero saltaba Celestino y en el principal Rominger *tensaba* la carrera lanzando un ataque endiablado... LVE210996 **10 confrontación:** ...una confrontación ya larga, pero que se ha *tensado* considerablemente por los acontecimientos recientes. INDOC

C SUSTANTIVOS QUE DENOTAN EXPOSICIÓN O INTERCAMBIO DE IDEAS U OPINIONES, MÁS FRECUENTEMENTE SI EXPRESAN CIERTO GRADO DE DESACUERDO: **11 debate ++:** La semana pasada, el portavoz de EH, Joseba Permach, *tensó* el debate presupuestario al exigir al Ejecutivo un aumento del gasto social para que su grupo apoye las cuentas. EPE171199 **12 discusión +:** Tensó la discusión seguramente sin darse cuenta de que nos ponía a todos nerviosos. INDOC **13 discurso:** ...los gestos se crispan, los discursos se *tensan* y una fiebre cainita parece arrastrar a partidos y personas. LVE190495

D SUSTANTIVOS QUE DESIGNAN DIVERSOS ESTADOS O FACULTADES ANÍMICOS O EMOCIONALES. TAMBIÉN CON OTROS QUE EXPRESAN ALGUNAS DE SUS MANIFESTACIONES: **14 nervios ++:** Ni el lunes negro de Wall Street (...) lograron *tensar* los nervios del ministro de Economía... CAP301097 **15 ánimo ++:** Esta política dilatoria y en otros aspectos provocativa ha *tensado* tanto los ánimos en Palestina que la explosión violenta sólo necesitaba cualquier motivo para producirse. LVE290996 **16 sensibilidad:** ...lograr que esa nota cante, que nos cautive, que nos eleve, que *tense* la sensibilidad del oyente, es algo privativo del genio. ABC061291 **17 espíritu –:** Aprendí mucha música por el estado de ánimo, ya que las cosas importantes de la vida ayudan a *tensar* el espíritu y a afinarlo. ABC300793

E SUSTANTIVOS QUE DESIGNAN LAS CONDICIONES O LAS CIRCUNSTANCIAS QUE RODEAN O CARACTERIZAN UN ESTADO DE COSAS: **18 ambiente ++:** Los temas debatidos ayer *tensaron* en varias ocasiones el ambiente del consell nacional... EPE250199 **19 situación ++:** Lo que sucedió el lunes 2 *tensó* más la situación. CAP051296 **20 clima +:** Exteriores considera que resulta innecesario correr el riesgo de *tensar* de antemano el clima que debe rodear el primer viaje de Estado del presidente del Ejecutivo. EME190596

□ Véase también: **caldear(se), tensión.**

tensión ♦ a flor de piel[2], alto, arterial, asfixiante[7], bajo, considerable, desbordante, elevado, exento (de)[25], frenético, fuerte, grave, inequívoco[29], insoportable, irresistible[32], libre (de), nervioso, oculto, palpable[15], político, serio, soterrado[13] ♦ al descubierto[55] ♦ ataque (de), motivo (de) ♦ ablandar(se)[16], acentuar(se), aflojar[2], aflorar[41], agravar(se)[66], agudizar(se)[9], aligerar[8], aliviar[4], amainar[23], aminorar[10], apaciguar[3], aplacar(se)[43], arreciar[46], atemperar[48], atenuar, atizar[43], aumentar, bajar, calmar(se)[18], causar, contener(se), crecer, decaer[30], decrecer[54], desactivar[23], desatar(se)[13], descargar[5], desinflar(se)[28], diluir(se)[33], disipar(se)[33], disminuir, dominar[19], encrespar(se)[4], exacerbar[3], gravitar[4], liberar, manifestar(se), mantener(se), mitigar[9], producir, provocar, reavivar[13], rebajar[56], recrudecer(se)[10], remitir[27], reprimir, revivir[22], salir a la luz, salpicar[17], sembrar[51], soltar, subir(le) (a alguien), tomar, transmitir, traslucir(se)[54], *otros verbos de cambio de estado*

□ Véase también: **estrés, fuerza, presión, tensar.**

tentación ♦ carnal[23], fuerte, incontenible, incontrolable, inevitable, intenso, irrefrenable[2], irresistible[1] ♦ abandonar(se) (a), acechar[34], asaltar (a alguien), caer (en), ceder (a), combatir, cortar (con)[6], dejarse llevar (por)[29], devorar (a alguien), entrar[4], rendirse (a/ante), reprimir, resistirse (a), rondar (a alguien), sentir, sucumbir (a), sustraer(se) (de/a)[5], tener, tropezar(se) (con)[25], vencer[31], venir (a alguien)

□ Véase también: **deseo, inclinación, invitación, proposición, propuesta, tentar.**

tentar ♦ destino, fortuna, futuro, idea, suerte

tentativa (de) ♦ ambicioso, baldío, disparatado, fallido, infructuoso[8], inútil, presunto ♦ en grado (de) ♦ acuerdo, agresión, asesinato, atentado, diálogo, evasión, extorsión, fraude, fuga, homicidio, hurto, negociación, paz, robo, sabotaje, suicidio, violación ♦ descubrir, detener, fracasar, frustrar(se), tener éxito, *otros sustantivos que designan delitos*

□ Véase también: **intento.**

tenue ♦ aplauso, apoyo, aroma, atmósfera, brisa, calor, capa, caricia, claridad, color, diferencia, distinción, eco, esperanza, fondo, frontera, fuego, fulgor, gemido, hilo, iluminación, imagen, ironía, latido, linde, línea, llama, lluvia, luz, malestar, matiz, nube, pincelada, reacción, reflejo, resistencia, resplandor, sensación, señal, sol, sombra, sonido, sonrisa, transparencia, trazo, velo, voz, zumbido

teñir (de) *v.* ▌Admite sustantivos que designan diversas sustancias *(sangre, tinta, nata).* Pueden funcionar como sujeto *(La sangre teñía el vestido)* o como complemento agentivo *(El vestido estaba teñido de sangre).* Admite a menudo sustantivos que designan colores *(teñido de azul),* cualidades del sonido *(acento, tono, resonancia),* y ciertos rasgos de la inteligencia *(ingenio, sentido del humor, ironía).* También se combina con...

A SUSTANTIVOS QUE DENOTAN ELEVACIÓN DEL ÁNIMO POR ALGÚN SENTIMIENTO PLACENTERO O SATISFACTORIO. TAMBIÉN CON OTROS QUE EXPRESAN ESE MISMO SENTIMIENTO: **1 alegría +:** ...vuelve la vista atrás sin nostalgia alguna, *tiñe* de esa esencial alegría todo lo que toca y hasta es capaz de decir que es de la historia de donde siempre extrae su esencial optimismo. ABC151093 **2 gozo:** ...con una belleza que invitaba al recogimiento, *tiñendo* así de profundo gozo los muros del convento madrileño. EPE171299 **3 euforia:** La bolsa de Alemania (principal impulsor de la unión monetaria) también se *tiñó* de euforia y subió 5,7. CLA050199 **4 optimismo:** Obviamente, entonces el mío está *teñido* de optimismo por lo que está ocurriendo en el Mercosur en los últimos tiempos. CLA030199

B SUSTANTIVOS QUE DESIGNAN DIVERSOS ESTADOS DE AFLICCIÓN, MÁS FRECUENTEMENTE DE PESADUMBRE: **5 luto ++:** Fue una jornada *teñida* de luto por la muerte de una niña guineana... EME130196 **6 dolor +:** Las páginas de la novela se van *tiñendo* de dolor, dolor del alma, de la enfermedad, de la muerte. LVE081196 **7 pesar +:** Y, entre los recuerdos de aquella tarde, la personalidad de la víctima se desliza y *tiñe* de pesar las conversaciones. LVE230595 **8 amargura +:** ...su actual reflexión está necesariamente *teñida* tanto de amargura como de ironía. ABC081191 **9 dramatismo +:** ...las manifestaciones realizadas a miles de millas de Galicia aparecen *teñidas* de dramatismo y de crudeza. LVE190495 **10 tristeza +:** La deportación, fea palabra, se ha convertido en amenaza que nubla nuestra alegría y *tiñe* de tristeza nuestros ladridos y juegos. DLA110497 **11 nostalgia +:** De esta actitud preocupada y *teñida* de nostalgia por lo que definitivamente se va... ABC240792 **12 melancolía +:** Sin perder el color castellano, la escritura de Jiménez Lozano se *tiñe* de melancolía clásica mediterránea. ABC120293 **13 pesimismo +:** Una lucha *teñida* de pesimismo y, al propio tiempo, aureolada de grandeza. EME210596

C SUSTANTIVOS QUE DESIGNAN COSAS QUE SE PRESENTAN COMO AMENAZANTES A LA VISTA O AL ENTENDIMIENTO: **14 nubarrón ++:** ...los seis enormes incendios que ardían sobre la capital chechena *tiñendo* el cielo de nubarrones de hollín. EME170896 **15 sombra ++:** ...una jornada que se *tiñó* de sombras en los mercados financieros a causa del inesperado descenso que se produjo en la bolsa... LVE281295 **16 peligro +:** No dejó que el balón se moviera con soltura donde el Barcelona *tiñe* de peligro su juego. EME070494 **17 amenaza +:** La angustia se convierte a veces en indignación *teñida* de amenazas. EPE090599

D SUSTANTIVOS QUE DESIGNAN COSAS QUE SE SUELEN CONSIDERAR ARCANAS, OSCURAS O MISTERIOSAS: **18 superstición +:** El mundo real se abandona y el juego, que pasa a convertirse en un experiencia central única y repetitiva en sus vidas, se *tiñe* de superstición. EME280995 **19 misterio +:** El fin del viaje se *tiñó* de misterio: el tren negro llegó puntual a su destino. EPE100799 **20 leyenda +:** ...que ya dejó de existir y donde todo se *tiñe* de leyenda... LVE241196

E SUSTANTIVOS QUE DESIGNAN SITUACIONES CARACTERIZADAS POR LA FALTA DE CLARIDAD, DE DEFINICIÓN O DE SINCERIDAD: **21 duda +:** Sus declaraciones *tiñeron* de dudas el futuro de la coalición. INDOC **22 confusión +:** Sin perder la cabeza, el once de Arsenio apeló a su tradicional bravura, pero sin *teñirla* de confusión y juego acelerado... LVE050296 **23 ambigüedad +:** Los gobiernos europeos optaron, tras un debate *teñido* de confusión y ambigüedad... EPE301001 **24 polémica +:** Los políticos suelen exponer sus ideas, habitualmente aderezadas por sus gabinetes, en sus discursos, lo que las *tiñe* de polémica y de utilidad. EME210294 **25 hipocresía +:** ...que acarrean conductas ambiguas, cuando no falacias –como sucede en el grotesco episodio del viaje al pueblo extremeño–, y *tiñen* de hipocresía las relaciones sociales. ABC080193 **26 sospecha +:** La fuga de dos presos de la cárcel de Brians, durante la madrugada de ayer, vuelve a *teñir* de sospecha la eficacia del sistema penitenciario... EPE041201

teoría

♦ **abstruso[18], avanzado[24], brillante, capcioso[8], conocido, controvertido[28], convincente, débil, deductivo, desaforado[86], descabellado[17], dominante[24], elemental, endeble, falsable, firme, inductivo, inexpugnable[5], infalsable, irrefutable[21], novedoso[6], peregrino[4], sin fundamento[13], sin pies ni cabeza, sólido, vigente[23]** ♦ **a favor (de), a la luz (de)[42], a tenor (de)[13], con arreglo (a)[17], en contra (de), en función (de)** ♦ **abogar (por), aceptar, adherirse (a)[6], airear[23], ajustar(se) (a), alimentar[79], apoyar, articular, atenerse (a)[15], avalar[2], aventurar[4], bosquejar[4], caerse, cimentar[51], circular[26], cobrar fuerza[18], comprobar, comulgar (con), confirmar, consolidar(se), corroborar[8], criticar, cundir[48], deducir[1], defender, demostrar, derrumbar(se)[32], desbaratar[20], desbrozar[19], desdecirse (de)[13], desmantelar[18], desmentir[21], desmontar[17], desvanecerse[37], difundir(se)[37], discrepar (de), disentir (de)[5], disipar(se)[13], echar por tierra, emitir[26], esgrimir[15], establecer, explicar, exponer, falsar, fijar, forjar[59], formular[27], fraguar(se)[53], fundamentar, germinar, hacer(se) realidad[57], hacer agua(s), hilvanar[63], idear, imponer, improvisar, lanzar, llevar a la práctica[15], mantener, pergeñar[10], poner a prueba, postular, preconizar[11], predicar[17], probar, proponer, prosperar[6], publicar, reafirmar(se) (en), rebatir[12], rechazar, refrendar[21], refutar[5], seguir, sostener, sustentar[18], tambalear(se), urdir[53], validar[25], venirse abajo[19], verificar**

□ Véase también: **conjetura, hipótesis, suposición, tesis.**

terapia

♦ **contraindicado, curativo[30], de urgencia, drástico, eficaz, estricto, expeditivo, fuerte, indicado, ineficaz, infalible, integral[7], intensivo, leve, ligero, llevadero, milagroso, preventivo[50], radical, reparador, suave** ♦ **aconsejar, administrar, aplicar, fracasar, perseverar (en)[40], prescribir, recetar, seguir, someter(se) (a)**

□ Véase también: **cura (de), tratamiento.**

terciar (en)

v. ▮ En el sentido de 'intervenir o mediar (en)', se combina con...

A SUSTANTIVOS QUE DESIGNAN MANIFESTACIONES, GENERALMENTE VERBALES, CARACTERIZADAS POR EL INTERCAMBIO DE OPINIONES ENTRE DOS O MÁS INTERLOCUTORES, MÁS FRECUENTEMENTE SI EXISTE DESAVENENCIA ENTRE ELLOS: **1 polémica ++:** ...una monja desconocida (...), que *tercia* en la polémica en defensa de la poeta... PME291296 **2 debate +:** ...los colombianos pudieran *terciar* en este debate... SEM091000 **3 discusión +:** ...*terció* en la discusión y subrayó que el plan de ajustes... ENV170197 **4 conversación +:** ...*tercia* en la conversación y habla sobre lo que en principio más le afecta... EME090495 **5 disputa +:** ...para *terciar* en la disputa por la organización de la justa. ETC010798 **6 controversia:** ...también ha *terciado* en la controversia... EPE011199

B SUSTANTIVOS QUE DESIGNAN SITUACIONES DE CONFRONTACIÓN. TAMBIÉN CON OTROS QUE EXPRESAN LA ACCIÓN O EL EFECTO DE OPTAR POR ALGUNO DE LOS

CONTENDIENTES IMPLICADOS EN ELLAS: **7 elección +:** ...candidato a la Presidencia (...) para *terciar* en las elecciones generales... LTB111296 **8 duelo +:** ...una apuesta para *terciar* en el eventual duelo femenino... CLA030497 **9 conflicto:** ...tiene la misión de *terciar* en los conflictos... EME241196 **10 comicios:** ...las fuerzas políticas que *terciarán* en los comicios de junio... LTB040397 **11 lid:** ...se aprestan a *terciar* en las lides electorales... LTB170397 **12 batalla:** ...acudió al golfo de Vizcaya para *terciar* en la batalla pesquera... EPE140399 **13 querella:** ...el duque tuvo que *terciar* en sus querellas con un sastre. ABC070292 **14 reyerta:** Los agentes *terciaron* en la reyerta, pero el esposo reaccionó con amenazas e insultos... FDV030701

C ALGUNOS SUSTANTIVOS QUE DENOTAN RIVALIDAD O DESAVENENCIA: **15 antagonismo:** ...*terciar* en sedicioso antagonismo con la nación... LTB150297 **16 desacuerdo:** ...sin que esta datación implique el ánimo de *terciar* en el desacuerdo (...) sobre el momento preciso en que se da la imposición de esa actitud... ABC050894 **17 rivalidad:** ...hizo su pregón para *terciar* diplomáticamente en esta rivalidad. LVE200896 **18 desavenencia:** El presidente de la mesa decidió *terciar* en las desavenencias que existían entre los ponentes. INDOC

▩ Se combina también con: ♦ **a favor**[17]

terco ♦ como una mula

tergiversar

tergiversar *v.* ▮ Se combina con sustantivos que designan muy diversos resultados de la actividad cognoscitiva *(idea, pensamiento, noción, concepto)*, así como algunas de sus unidades *(fundamento, valor, principio)* y diversos sistemas sociales o culturales de cierto alcance y contenido *(política, democracia)*. También se combina con...

A SUSTANTIVOS QUE DENOTAN ACONTECIMIENTO O SUCESO, MÁS ESPECÍFICAMENTE SI SE REFIEREN A HECHOS OCURRIDOS EN EL PASADO. TAMBIÉN CON SUSTANTIVOS QUE DESIGNAN EL CONTENIDO DE ALGO O LA MATERIA A LA QUE SE REFIERE: **1 hecho ++:** Los relatos escritos por quienes vivieron los hechos pueden *tergiversarlos*... DHE051197 **2 historia ++:** ...es *tergiversar* groseramente la historia reciente de los Balcanes. EME040795 **3 realidad ++:** Piensan que se ha *tergiversado* intencionadamente la realidad. DDN070101 **4 verdad ++:** ...el intento de *tergiversar* la verdad en torno a este caso... EUV100297 **5 cosa ++:** ...no podemos permitir que se *tergiversen* las cosas y que so capa de cierta bondad... ESP210800 **6 tema +:** Se trata de un tema tan decisivo, *tergiversado* y vilipendiado, que corresponde encararlo de frente... ECA100792 **7 asunto +:** ...para intentar *tergiversar* el asunto sin mencionar el fondo de la cuestión... EME010395 **8 acontecimiento +:** ...no es sino una expresión más de cómo se *tergiversan* los acontecimientos... EPE310700 **9 situación +:** ...acusa al canal NTV, sin nombrarle, de (...) *tergiversar* la situación y ser antirrusos. EME290396 **10 pasado +:** ...que «una y otra vez se dedique a hablar del pasado, *tergiversándolo*...». EME311296

B SUSTANTIVOS QUE DESIGNAN DIVERSAS UNIDADES Y MANIFESTACIONES ORALES O ESCRITAS. POR EXTENSIÓN, TAMBIÉN CON OTROS QUE EXPRESAN EL MEDIO O EL SOPORTE QUE PERMITE TRANSMITIRLAS: **11 declaración ++:** ...sostuvo que se *tergiversaron* sus declaraciones... EUV080996 **12 palabra ++:** ...tan simplista que llega a *tergiversar* las palabras del autor. LVE120596 **13 argumento +:** Si es para *tergiversar* los argumentos ajenos, más vale que se queden calladitos. EME280696 **14 frase +:** ...falsedades, frases jamás pronunciadas, frases *tergiversadas*... ABC100395 **15 mensaje +:** Mientras se *tergiversen* los mensajes, distorsionen las palabras... LVE200695 **16 noticia +:** Pero la noticia de este encuentro ha sido *tergiversada* por aquellos que quieren... EME041296 **17 testimonio:** ...lo cual puede llevarles a *tergiversar* involuntariamente su testimonio. ABC171195 **18 entrevista:** ...Vázquez y una entrevista *tergiversada*. BRE130697 **19 informe:** Le acusó de haber *tergiversado* el informe de la Guardia Civil... EPE220199 **20 documento:** Para conseguirlo *tergiversó* documentos oficiales. EPE070199

C SUSTANTIVOS QUE DENOTAN SIGNIFICACIÓN O SENTIDO Y, POR EXTENSIÓN, LO QUE CONSTITUYE LA ESENCIA DE ALGUNA COSA: **21 sentido ++:** ...sino que *tergiversaron* el sentido del beneficio perjudicando a varios potenciales beneficiarios. LTB131100 **22 contenido ++:** ...al *tergiversar* el contenido de la parte dispositiva de la sentencia. ENV110497 **23 significado +:** ...era indigna, *tergiversaba* el significado de su texto... EPE131199 **24 imagen +:** ...una campaña de información sospechosa para *tergiversar* la imagen del Frente Islámico... LVE040195 **25 naturaleza +:** ...grupos que (...) se enfrentan salvajemente, distorsionando la realidad, *tergiversando* la naturaleza de los enfrentamientos... EME090296 **26 interpretación:** ...máxime cuando se está dando una interpretación *tergiversada*... EME140295 **27 espíritu:** ...y *tergiversando* su espíritu democrático esencial. ABC180693 **28 esencia:** ...se empeñan en *tergiversar* la esencia y la función de la libertad de Prensa. EME240395 **29 moraleja –:** ...y *tergiversando* la moraleja de Goldoni... EPE151199

D OTROS SUSTANTIVOS QUE DENOTAN INFORMACIÓN, A VECES NUMÉRICA: **30 prueba +:** ...esas pruebas (...) se *tergiversarán*, se traspapelarán o incluso se destruirán. EME020995 **31 información +:** ...y después los que *tergiversan* la información sobre el magnicidio. ACP311000 **32 dato +:** Debidamente trastocada la historia y *tergiversado* el dato, se escriben hoy las novelas más celebradas. ABC231092 **33 resultado +:** ...*tergiverse* los resultados de su propio trabajo... LTB210700 **34 cifra:** ...y se han *tergiversado* las cifras, se han exagerado. EPE140800

E SUSTANTIVOS QUE DESIGNAN LA ACCIÓN O EL EFECTO DE DECIDIR Y RESOLVER ALGUNA COSA: **35 conclusión +:** No *tergiverses* sus conclusiones, porque él no ha dicho eso. INDOC **36 acuerdo:** ...de haber manipulado y *tergiversado* anteayer conscientemente el acuerdo que debía haber puesto fin... LVE020695 **37 resolución:** ...que «no *tergiversen* la resolución del juez». EPE060299

F SUSTANTIVOS QUE DENOTAN PLAN O PROYECTO, ASÍ COMO EL RESULTADO QUE SE PRETENDE ALCANZAR: **38 plan +:** ...que la prensa *tergiversó* sus planes de aumentar los gravámenes... EXP150492 **39 estrategia:** ...de que las estrategias políticas (...) no serán manipuladas ni *tergiversadas*. LVE040395 **40 objetivo:** ...tratando de *tergiversar* el objetivo de la reunión... LTB130901 **41 fin:** Se ha *tergiversado* el fin que el gobierno pretendía con esa medida. INDOC

G SUSTANTIVOS QUE DENOTAN INTENCIÓN DE ACTUAR, DETERMINACIÓN O EXPRESIÓN DE LA VOLUNTAD. TAMBIÉN CON OTROS QUE DENOTAN OPINIÓN O PUNTO DE VISTA SOBRE ALGUNA COSA: **42 intención +:** ...«enseguida conecté con sus intenciones y he intentado seguirlas sin *tergiversarlas*». LVE201296 **43 voluntad +:** ...de que «*tergiversarán* la voluntad de los ciudadanos si acuerdan un pacto para gobernar...». EPE260699 **44 postura:** ...*tergiversó* su postura y cometió, con ello, «un grave error». EME050594 **45 opinión:** ...a quien acusa de *tergiversar* y manipular sus opiniones sobre derecho... RUM101197

H SUSTANTIVOS QUE DESIGNAN LEYES O NORMAS, ASÍ COMO ALGUNOS DE LOS SISTEMAS EN QUE SE ARTICULAN: **46 ley:** ...están perjudicando el proceso de la Reforma Agraria, e instigan y *tergiversan* la ley. ECP140175 **47 regla +:** ...que no se pudieran *tergiversar* las reglas. LVE030996 **48 justicia:** ...la verdadera justicia, supuesto que cuando ésta ha sido burlada o *tergiversada*... LPN270197 **49 legislación:** ...*tergiversando* la legislación e, incluso, la Constitución. EPE161099 **50 derecho:** ...una clara instrumentalización del Derecho Penal para fines que le son ajenos, *tergiversándolo*... EME251096 **51 voto:** Estos políticos son los que han *tergiversado* mi esperanza y mi voto... EME120495

I OTROS SUSTANTIVOS; POSIBLES USOS ESTILÍSTICOS: Incluso *tergiversa* algo tan elemental como la mnemotecnia. LVE151295: ¿Esto no es *tergiversar* la competencia? EPE040699

▩ Se combina también con: ♦ **a conciencia**[57], **descaradamente**[6], **intencionadamente, maliciosamente**[5]

☐ Véase también: **adulteración, adulterar, alterar, manipular.**

terminante *adj.* ▮ Se combina con...

A SUSTANTIVOS QUE DESIGNAN ACCIONES IMPERATIVAS, FRECUENTEMENTE MANDATOS, PROHIBICIONES Y DIVERSOS ACTOS COERCITIVOS QUE ANULAN DERECHOS O FACULTADES: **1 orden ++:** Tenemos órdenes *terminantes* de nuestra institución de no recibir más depósitos judiciales... LTB190197 **2 prohibición ++:** ...sobre todo en la ronda de Dalt donde, para camiones como éste, la prohibición de circular es *terminante*. LVE101296 **3 expulsión +:** ...el primero fue, como el segundo, objeto de expulsión *terminante* del grupo surrealista en torno a Breton. ABC150592 **4 mandato:** A pesar de ese claro y *terminante* mandato, parece que no hubo tiempo en cinco meses para modificar la convocatoria de acuerdo con la ley. EPE121099 **5 privación:** ...no pocas veces concluyen en clausura oficial o en simple y *terminante* privación de visitas masivas. EPE280877 **6 desautorización:** ...luego de una desautorización *terminante* del poder judicial español... EPE190299 **7 sanción:** Exigencia a Serbia-Montenegro de respeto absoluto a dicho embargo bajo amenaza de sanciones *terminantes*. EME240795

B SUSTANTIVOS QUE DENOTAN OPOSICIÓN O DESAPROBACIÓN. TAMBIÉN CON OTROS QUE DESIGNAN ALGUNOS DE SUS RESULTADOS O DE SUS MANIFESTACIONES: **8 negativa +:** Ante la *terminante* negativa, nos dejó pasar hacia Santiago. HOY201097 **9 oposición +:** ...expresa una oposición *terminante* a la política gubernamental, en lo económico y político, en lo social y educacional... ECA030792 **10 rechazo:** ...que tiene sus raíces fundamentalmente en el rechazo *terminante* al modelo neoliberal... LTB201196 **11 censura –:** Bueno, la censura *terminante* de un decenio en lamentable vacío, no excluye el justo aprecio de las obras jóvenes excepcionales. ABC011093 **12 denuncia –:** La denuncia presta y *terminante* de la vulneración de derechos en casos concretos... EPE220199 **13 disconformidad –:** ...acordó ayer por unanimidad aprobar un documento en el que se pone de manifiesto su «*terminante* disconformidad» con el Gobierno español por... EME260495

C SUSTANTIVOS QUE DENOTAN DETERMINACIÓN, RESOLUCIÓN O VEREDICTO. TAMBIÉN CON ALGUNOS QUE DESIGNAN OTRAS FORMAS DE DAR TÉRMINO A UN PROCESO: **14 respuesta +:** ...ofrece una respuesta *terminante*: el 33,7% de los consultados apuesta por Miquel Roca, que aparece claramente distanciado del siguiente candidato... LVE131195 **15 conclusión +:** A conclusiones tan *terminantes* llega el señor Gibson tras numerosas entrevistas con amigos, enemigos y «conocidos» del poeta... ABC050692 **16 decisión +:** ...hoy se reunirá la comisión de campaña para tomar decisiones muy *terminantes*. LTH300997 **17 dictamen +:** El dictamen del Supremo sobre su indulto es *terminante*... EPE050700 **18 solución:** Para resolver el conflicto, la comisión propuso una solución *terminante*. INDOC **19 resultado:** ...considerando que el resultado del partido es *terminante*, se supone que los larenses jugarán a lo seguro. EUV170498 **20 reacción:** La segunda reacción a sus vacilaciones fue *terminante*: «O le matas o te matamos». EME140595

D SUSTANTIVOS QUE DENOTAN NORMA, PRECEPTO O CONJUNTO DE ELLOS: **21 ley:** ...que la ley era *terminante* y clara en la especie, o sea, que no se nos podía conceder tal plazo... PME020297 **22 código:** Pero además, el Código Penal es *terminante* en lo que a la grabación de conversaciones privadas se refiere. EME090296 **23 reglamento:** ...debe establecer un reglamento claro y *terminante* bajo el cual una persona debe aspirar en el PRD a la Presidencia de la República. DED060297 **24 reglamentación:** ...sujeto desde luego a limitaciones y reglamentaciones jurídicas claras, *terminantes*, respetuosas de los derechos de los inmigrantes... EUV091096 **25 normativa:** ...pero la normativa es *terminante* al impedir que se modifiquen tanto la estructura de la cúpula como el aspecto original de la fachada... EPE150599 **26 artículo:** Según Trillo, el artículo 524 de la Lecri es *terminante*... LVE270195

E ALGUNOS SUSTANTIVOS QUE DESIGNAN LA ACCIÓN ENCAMINADA A CONSEGUIR UN DETERMINADO EFECTO Y, POR EXTENSIÓN, EL EFECTO MISMO: **27 medida:** Y eso por no hablar de las *terminantes* medidas que han puesto en marcha por su cuenta y riesgo las propias empresas. EME270394 **28 recurso:** Para solucionar el problema, no se descarta recurrir a medidas drásticas y a recursos *terminantes*. INDOC **29 efecto –:** ...requiere una decisión rotunda para implementar decisiones sencillas pero de efecto *terminante*... EME240795

F SUSTANTIVOS QUE DENOTAN POSICIÓN ADOPTADA ANTE ALGUNA COSA: **30 opinión:** Mi opinión como consultor privado que produce y analiza información laboral es *terminante*... CLA070497 **31 postura:** Por lo demás, la reunión puso de manifiesto las dificultades de adoptar una postura *terminante* e inequívoca sobre el conflicto de la antigua Yugoslavia. EME110294 **32 punto de vista:** Nos expuso de forma algo brusca su punto de vista radical y *terminante*. INDOC

G SUSTANTIVOS QUE DENOTAN SIGNO, SEÑAL O EVIDENCIA DE ALGO: **33 prueba +:** ...constituye una prueba *terminante* de nuestra precariedad democrática. EME120996 **34**

indicio: ...la peligrosa palabrería de Jirinovski y el alucinado estupor de Soljenitsyn serían indicios más o menos *terminantes.* EME170296 **35 argumento:** ...disuadieron al líder, sobre el argumento *terminante* del «tú no puedes irte». EME230294

H SUSTANTIVOS QUE DESIGNAN LA ACCIÓN O EL EFECTO DE EXAMINAR ALGUNA CUESTIÓN. TAMBIÉN CON OTROS QUE DESIGNAN LOS TEXTOS EN QUE SE EXPONE O SE ACREDITA LO EXAMINADO: **36 análisis:** El análisis de la Comisión es *terminante*: «La senda de tarifas no va a cubrir, ni de lejos, las ayudas a la transición comprometidas en el propio protocolo». EPD300697 **37 documento:** Tras este documento *terminante* quedan pocas dudas. ABC020493 **38 encuesta:** Las encuestas son *terminantes*: el partido de José María Aznar, una vez recuperado de los avatares de la era Hormaechea, crecerá 14 puntos... EME150296

☐ Véase también: **rotundo, tajante, taxativo.**

terminantemente *adv.* ▮ Se combina con...

A VERBOS QUE DESIGNAN ACCIONES COERCITIVAS O AUTORITARIAS, EN PARTICULAR DIVERSAS FORMAS DE FIJAR, IMPONER O IMPEDIR ALGO: **1 prohibir ++:** Sólo hay una solución: prohibir *terminantemente* la venta y tráfico de obras de arte sacro... LVE200895 **2 obligar:** Estos códigos obligan *terminantemente* a los abogados a mantener de forma absolutamente rigurosa el secreto profesional... LVE300696 **3 ordenar:** Recordemos: Creonte ordena *terminantemente*, que Polínices no reciba sepultura. EXC140901 **4 establecer:** Presupone que el núcleo de la religión es la doctrina y no el ritual, y también que esta doctrina puede establecerse con precisión y *de modo terminante*... EME250295 **5 disponer –:** ...en su art.155, dispone *terminantemente*: «Corresponde a la Contraloría General de la República: 1) establecer el sistema de control (...)». LPN210497

B VERBOS QUE DENOTAN OPOSICIÓN O RECHAZO EN DIVERSOS GRADOS: **6 oponerse +:** Rusia, por su parte, se opone *terminantemente* a que Bruselas acepte como miembros a países que antes formaron parte de la URSS. EPD270897 **7 rechazar +:** ...mi gobierno rechaza *terminantemente* la insólita Declaración de Nulidad que esa nota contiene. HOY010278 **8 rehusar:** Desgraciadamente, el PSC rehusó *terminantemente* participar en un gobierno de tales características... LVE151195 **9 descartar:** El astro argentino descartó *de forma terminante* que ya esté concretado el acuerdo con el Santos... LVE160595 **10 desaconsejar:** Los países a los que Exteriores desaconseja *terminantemente* que se viaje son Afganistán, Argelia, Burundi, Camboya, Congo-Brazaville... EPE201299 **11 excluir:** ...señala que en los experimentos sólo se podrán utilizar animales criados específicamente para la vivisección y excluye *terminantemente* el uso de perros y gatos abandonados o perdidos... LVE080695

C VERBOS QUE DENOTAN NEGACIÓN O INVALIDACIÓN DE ALGO: **12 negar ++:** ...negó *terminantemente* que los Estados Unidos le propusieron a las Fuerzas Armadas de la Argentina que intervengan en la lucha contra el narcotráfico. LNP150397 **13 desmentir +:** Pero allegados al jugador desmintieron *terminantemente* cualquier reunión. CLA280199 **14 contradecir:** El resultado de la investigación interna (...) contradice *de forma terminante* la investigación policial... LVE150696

D OTROS VERBOS DE LENGUA, MÁS FRECUENTEMENTE SI DENOTAN EXPOSICIÓN, DECLARACIÓN O SOSTENIMIENTO DE UNA POSTURA O UN PUNTO DE VISTA: **15 manifestar:** ...expresó su sorpresa por el hecho de que representantes del Moptma se hayan manifestado *terminantemente* sobre la nueva pista... LVE170296 **16 declarar:** Por la mañana, declaró *de forma terminante* que se trataba de un proyecto en firme... EPE050199 **17 decir:** «Aunque la política es el arte de lo posible, ahora digo *terminantemente* que no», declaró. EPD291097 **18 afirmar:** ...el abogado de Merengo (...) *de manera terminante* que «mi defendido y los otros tres acusados han sido víctimas de una confabulación». CLA120379 **19 confirmar:** ...«la arqueología no solamente no prueba lo contrario ni censura las sustancias de la tradición sobre el Santo Cáliz, sino que apoya y confirma *terminantemente* la autenticidad histórica». EME040694 **20 explicar:** No entendemos las prisas con las que quiere actuar el Gobierno y alguien debería explicar *de manera terminante* estos hechos... EME280296 **21 expresar:** La 6ª Cumbre Iberoamericana que acaba de concluir en Chile fue más explícita que sus antecesoras respecto al tema cubano al expresar *de manera terminante* su rechazo más enérgico a la Ley Helms-Burton... GIC121996 **22 sostener:** Las conclusiones de esos congresos, de esas cumbres donde sostenemos *de forma terminante* el principio de territorialidad. EPE011099 **23 mantener:** Lo que sí tengo clarísimo es que la respuesta judicial se mantendrá estrictamente, *terminantemente*, con un perfecto respeto al ordenamiento jurídico. EPE190999 **24 advertir –:** ...les advirtió *de manera terminante*: «Si hablan, que se atengan a las consecuencias». EME120195 **25 pronunciarse –:** Magistrados atracadores (...) fue uno de los parlamentarios que se pronunciaron *terminantemente* contra la inclusión de alguno de los miembros del Supremo... EPE200899

E VERBOS QUE DENOTAN FINALIZACIÓN, CESE O ABANDONO DE UNA ACTIVIDAD O UN ESTADO DE COSAS: **26 finalizar:** Sin embargo, la Organización de las Naciones Unidas (...) nos proporciona una fórmula efectiva y salomónica que *terminantemente* finalizaría el conflicto creado por la eco-histeria y la extracción de petróleo... LHG190900 **27 romper:** Ciertos turistas de Pinamar acaban de romper *terminantemente* con aquel lugar común veraniego que suponía que las vacaciones se habían inventado para desenchufarse. CLA050199

F OTROS VERBOS; POSIBLES USOS ESTILÍSTICOS: ...la novela de Albiac se alinea más *terminantemente* en los esfuerzos del interés narrador de Yourcenar... EME140594; Guillermo Moreno García se mostró favorable a cumplir las órdenes judiciales y agregó que los desacatos «violan *terminantemente* la ley». DED130996

G ALGUNOS ADJETIVOS QUE DESIGNAN LA CONDICIÓN DE SER ALGO CONTRARIO A LA VERDAD O A LA LEY: **28 falso:** Es *terminantemente* falso que la dirección regional de IU no apoye (...) la presentación de una moción de censura razonada en el Ayuntamiento de Torrejón de Ardoz. EME080995 **29 ilegal:** ...deberían en aquellos años haberse resistido a unas órdenes porque ¡eran clara, manifiesta y *terminantemente* ilegales!... EPE070799

☐ Véase también: **rotundamente.**

terminar ♦ **abruptamente[1], a duras penas[47], a lo grande[26], a marchas forzadas[15], a medias[4], a**

plena satisfacción[18], apoteósicamente, a todo tren[16], a trancas y barrancas, brillantemente, bruscamente, civilizadamente[22], como el rosario de la aurora[2], con éxito[7], definitivamente, de plano, de un día para otro[30], dignamente[12], en fracaso, felizmente, inevitablemente, inexcusablemente, inexorablemente[49], irremediablemente[27], para siempre, trágicamente[6], virtualmente[9]

[término] → llevar a buen término, llevar a término

término ♦ abstruso, accesible[5], adecuado, ambiguo, apropiado, claro, comprensible, confuso, consagrado, consolidado, cualitativo[17], despectivo, difícil, estricto[25], flexible[42], general, idóneo, incomprensible, inequívoco, ininteligible, manido, medio, oscuro, perentorio[26], resbaladizo[17], tajante[16], transparente ♦ abusar (de), aceptar, acuñar[22], alterar[24], aplicar, crear, dar[241], dar sentido (a), denotar, emplear, encontrar, entender, interpretar, llegar (a), llevar (a), negociar[17], poner, provenir (de), significar (algo), tergiversar, traducir, usar, utilizar, vencer[70], verter
☐ Véase también: **apurar, cancelación, fin, final, finalizar, límite, llegar, lograr, solución.**

TÉRMINO Véase: *FINAL; LÍMITE Y CONTORNO; SOLUCIÓN Y REPARACIÓN*

TÉRMINO Véase: FINAL

terminología ♦ abstruso, claro, especializado, novedoso, nuevo, oscuro, transparente ♦ acuñar[23], crear, emplear, interpretar, traducir, utilizar

ternura ♦ angelical, arrollador, cándido[18], cautivador, exquisito, maternal, rebosante (de)[8], sumo ♦ con ♦ demostración (de)[19], gesto (de), necesidad (de), pozo (de)[6] ♦ colmar (de)[21], dar[26], deportar (a alguien), derramar[22], desprender, henchir(se) (de)[12], infundir (a alguien), inspirar[21], llenar (de), prodigar[25], producir (a alguien), rezumar[10], sentir, transmitir
☐ Véase también: **amor, cariño.**

terremoto ♦ arrasador, auténtico, catastrófico, cultural, débil, demoledor, deportivo, desolador[69], devastador, espantoso, fatídico, financiero, fuerte, grave, marino, mediático, pavoroso, político, público, sobrecogedor, social, súbito, terrible, trágico, tremendo, verdadero, violento, virulento, volcánico ♦ a prueba (de), como, durante, tras ♦ alcance (de), consecuencia (de), efecto (de), epicentro (de), impacto (de), magnitud (de), sacudida (de), serie (de), víctima (de) ♦ acentuar(se), afectar (algo), arrasar (algo), asolar (algo), avecinar(se), azotar (algo), dañar (algo), desatarse, desencadenarse, destruir (algo), devastar (algo), escapar (de), ocurrir[16], producir(se), pronosticar, provocar, registrar(se), repetir(se), sacudir (algo), sufrir, tener lugar, vivir
☐ Véase también: **temblor.**

terreno ♦ abonado, abrupto, accidentado, anegado, árido, baldío, colindante, comunal[45], conocido, delicado, desconocido, escabroso, escarpado, estéril, farragoso[15], fértil, firme, fronterizo, impracticable, inaccesible, inestable, inseguro, intransitable, intrincado[6], irregular, movedizo, pantanoso, polvoriento, proceloso[12], resbaladizo[1], seguro, transitable, trillado[2], vasto, virgen, yermo ♦ en, sobre ♦ abonar, aclimatar(se) (a), acotar, ahondar (en), allanar[2], asentarse (en/sobre), aventurar(se) (en), bordear, cavar, ceder, cercar, conquistar, delimitar, desbrozar, escarbar (en), esquilmar, excavar, explanar, explorar, explotar, extenderse, ganar, hollar, labrar, marcar, minar, nivelar, ocupar (algo), perder, pisar, rastrear, tantear, vadear, vedar
☐ Véase también: **lugar, suelo, superficie, territorio.**

territorio ♦ abrupto, amplio, ancho, baldío, desconocido, deshabitado, despoblado, fronterizo, habitado, hostil, indómito, íntimo, intrincado, nacional, nuevo, originario (de), oriundo (de), poblado, reducido, resbaladizo[3], trillado[10], vasto, virgen ♦ dentro (de), en medio (de), sobre ♦ abandonar, abrir(se), acotar, adentrarse (en), afincarse (en), anexionar(se), asentar(se) (en), asolar, atravesar, aventurar(se) (en), bordear, colonizar, conquistar, controlar, cruzar, definir, delimitar, demarcar, descubrir, desmembrar(se)[1], dominar, esquilmar, expandir, explorar, extender(se), franquear, habitar (en), hollar, invadir, marcar, ocupar, pasar (por), penetrar (en)
☐ Véase también: **terreno.**

terror ♦ atávico[2], cerval, incontrolado, injustificado, insuperable, paralizante ♦ amortiguar[66], anidar[61], atenazar (a alguien), cundir, dar[341], desatar(se), desencadenar(se), desterrar[14], entrar[33], estremecerse (de), experimentar, extender, generar, imponer[52], infundir[4], inspirar[7], instaurar[20], invadir (a alguien), palidecer (de), paralizar (a alguien), preconizar[14], propagar, sembrar[1], sentir[40], temblar (de)[4], tener (a algo), vencer
☐ Véase también: **duda, horror, incertidumbre, inquietar(se), miedo, pánico, pavor, preocupación, sospecha, temor, terrorismo, violencia.**

terrorismo ♦ asesino, atroz, ciego[25], criminal, rampante[10] ♦ acto (de), ola (de)[16] ♦ agravar(se)[68], combatir[4], condenar, frenar, rayar (en)[28], vencer

tesis ♦ abstruso[19], acertado, defendible, desacertado, descabellado[18], disparatado, endeble, firme, incuestionable, indefendible, irrefutable[22], manido[40], novedoso[2], peregrino[3], razonable, sólido ♦ abanderar[15], acuñar[69], adherirse (a), afianzar(se)[64], airear[24], analizar, apoyar, apuntalar[10], argumentar, atacar, atenerse (a)[16], avalar[1], aventurar, caerse, cimentar[53], cobrar fuerza[19], confirmar, contrastar, corroborar[7], defender, derrumbar(se)[33], desbaratar[19], descalificar, desdecirse (de)[14], desmantelar[19], desmentir[22], desmontar[16], desmoronar(se)[13], echar por tierra,

elaborar, escribir, esgrimir[16], establecer, exponer, formular, imponer[14], invalidar, llevar adelante[34], negar, persistir (en)[24], plantear[42], poner en duda, propugnar, prosperar[7], rebatir[11], rechazar, reforzar, refutar[6], remachar[7], sostener, suscribir, sustentar[17], tomar en consideración, validar[27], venirse abajo

☐ Véase también: **argumentación, argumento, conjetura, hipótesis, suposición, teoría.**

tesitura ▮ *(situación)* ♦ **azaroso, complejo, difícil, dramático, grave, incómodo, inquietante, serio** ♦ **afrontar[17], colocar(se) (en), poner(se) (en)** ▮ *(en música)* ♦ **de agudos, de barítono, de graves**

tesón ♦ **admirable, apasionado, denodado[4], ejemplar, encomiable, infatigable** ♦ **a fuerza (de)[3], con** ♦ **demostrar, echar[4], elogiar, poner (en algo)**

☐ Véase también: **esfuerzo, voluntad.**

TESÓN Véase: ESFUERZO

tesoro ♦ **ansiado, artístico, espiritual, fabuloso, ignorado, inagotable, incalculable, inmenso, nacional, natural, oculto, preciado, soberbio, valioso, vasto, verdadero** ♦ **arca (de), buscador (de), búsqueda (de)** ♦ **acumular, adueñarse (de), apoderarse (de), buscar, calcular, codiciar, descubrir, desenterrar, encerrar, encontrar, enterrar, esconder, expoliar, guardar, perseguir, rescatar, saquear, valorar**

☐ Véase también: **dinero, joya, valor.**

testamento ♦ **anular, cambiar, cumplir, dejar (en/como), firmar, formular, hacer, impugnar, invalidar, leer, legar (en), modificar, redactar**

☐ Véase también: **documento, herencia, testificar.**

testificar ♦ **a cara descubierta[26], a puerta cerrada[9], bajo juramento, falsamente, fehacientemente[15], por escrito, verbalmente**

☐ Véase también: **comparecer, presentar(se), testigo, testimonio.**

testigo ♦ **capcioso, débil, de peso, falso, fiable, fidedigno[51], fuerte, irrefutable[43], ocular[1], presencial, veraz** ♦ **actuar (de), comparecer, contradecir(se), declarar, ejercer (de), hablar, jurar, presentarse (como), prestar declaración, prestar testimonio, recusar, refutar**

☐ Véase también: **presenciar, ver.**

testimonial *adj.* ▮ Se construye muy frecuentemente con sustantivos que denotan manifestación verbal *(mensaje, declaración, confesión, conversación)* y con otros que designan muy diversas formas de expresar informaciones *(informe, noticia, historia, texto, acta, descripción, imagen)*. Asimismo se construye con sustantivos que designan manifestaciones artísticas *(arte, literatura, novela, relato, narración, poesía, pintura, fotografía, película, melodrama)*. También se combina con...

A SUSTANTIVOS QUE DESIGNAN DATOS, CIFRAS, RESULTADOS Y OTROS INDICADORES CUANTITATIVOS ANÁLOGOS: **1 resultado** +: La adopción de este criterio, según se recoge en la denuncia, dejaba como meramente *testimonial* el resultado de este ejercicio... EME200395 **2 cifra** +: ...con la inflación bajo control y el desempleo en cifras *testimoniales*... ENC300301 **3 cantidad** +: ...y en los últimos minutos se anularon o quedaron reducidas a cantidades *testimoniales*. EPE291201 **4 número**: ...el número *testimonial* de mujeres que ocupan hoy el cargo de director general es para mí un claro ejemplo de la tradición sociocultural de nuestro país... LVE021196 **5 tasa**: Por tasas casi *testimoniales*, numerosos discapacitados mostoleños han acudido a rehabilitación con regularidad... EPE060499 **6 renta** –: En la mayoría de los casos suele comportar una renta *testimonial* y por un plazo prácticamente vitalicio. EME131096

B SUSTANTIVOS QUE DESIGNAN LO QUE SE PRESENTA COMO MUESTRA O PRUEBA DE ALGO: **7 prueba** ++: El FMLN presentaría pruebas *testimoniales* y fotografías, en momentos en que, supuestamente, empleados municipales eliminan la propaganda del Frente. ESH310197 **8 ejemplo** +: Para ellos un museo, algo que pueda ser visitado como tal (...) es sucedáneo, en todo caso ejemplo *testimonial* e ilustrativo, pero no básico. ABC131291 **9 documento** +: ...sino en un documento *testimonial* sobre los cruentos enfrentamientos entre cristianos y musulmanes en el Líbano... LVE170596

C SUSTANTIVOS QUE DENOTAN ACTITUD, TALANTE O TOMA DE POSICIÓN FRENTE A ALGO: **10 actitud** ++: «Abandonen las actitudes *testimoniales* y den paso a una fase más resolutiva, al estilo irlandés», refiriéndose a la mesa de Ajuria Enea... LVE130395 **11 postura** ++: Si el político lo que pretende es solamente dar a conocer una postura *testimonial*, con su propia credibilidad le es suficiente. EPE070799 **12 carácter** ++: Uno, el primero, enlaza con el carácter *testimonial* de aquellas novelas iniciales... EME110596 **13 gesto** ++: Puesto que los mismos designados han tenido una importante injerencia en el destino de tales proyectos, ya han adquirido un semblante de inutilidad y de gesto *testimonial*. HOY061097 **14 posición** +: Las boinas rojas y las boinas blancas lo invadian todo, con las banderas, pero ahora el carlismo conserva sólo una posición *testimonial*. LVE220595 **15 visión**: En el campo de los contenidos, ha faltado una visión *testimonial*, crítica y problemática de la realidad que escamotea muchos datos de nuestra experiencia cotidiana. EME191195 **16 voluntad**: ...por la perfecta construcción del ritmo propio de relatos suscritos a una voluntad *testimonial*, comprometida... ABC021294 **17 vocación**: Por lo que al debate político se refiere, es fundamental que seamos capaces de transmitir que no tenemos ninguna vocación *testimonial*. EME100494

D SUSTANTIVOS QUE DESIGNAN FORMAS DE MANIFESTAR RESPALDO O ADHESIÓN A LAS PERSONAS O LAS COSAS: **18 voto** ++: ...no obtuviera los 12 votos requeridos, o emitir ocho votos *testimoniales* de abstención caso de que Hernando contara con el mínimo de votos. EPE081101 **19 apoyo** ++: Sólo siento mi limitación, que ha quedado en un simple apoyo *testimonial* que desde mi sección sindical dirigimos a Fernando Savater. EPE280900 **20 participación** ++: Aparte de recordar la participación *testimonial*, fuera de concurso, de un grupo de académicos, numerarios y correspondiente... ABC261193 **21 aprecio:** Pero Chapí es un hombre que requiere algo más que un simple aprecio *testimonial.* ABC050595 **22 cooperación:** La cooperación con Cuba es más *testimonial* que otra cosa. EPD220796 **23 interés:** De ahí que los factores internos, ya políticos o económicos, tuvieran un mero interés *testimonial*... LVE200795 **24 defensa:** ...se produce una reacción de este mediante comunicados que suelen limitarse a *testimoniales* defensas de la independencia judicial. LVE010296

E EL SUSTANTIVO *VALOR* Y CON OTROS QUE DENOTAN FUNCIÓN O TAREA: **25 valor ++:** En un país huérfano de ejemplos, la insistencia presidencial tiene un valor *testimonial* que debe ser tomado en cuenta... DED281096 **26 papel ++:** El partido que no sea capaz de convivir y gobernar como parte de alianzas mayoritarias se condenará a un mero papel *testimonial.* HOY180897 **27 función +:** Las imágenes que componen la muestra cumplieron en su día la función *testimonial* y gráfica de acompañar un texto o de soportar todo el peso de la información escrita. DDN050599 **28 actuación +:** ...obligaron a su técnico a que sólo le hiciera jugar la segunda parte, en la que su actuación fue casi *testimonial.* LVE070696 **29 misión +:** Aunque acompañó a la expedición científica, su misión fue casi *testimonial.* INDOC **30 labor:** ...los integrantes de la agencia Mayo prosiguen en México su labor *testimonial* del tiempo en que vivieron y de las personas a quienes conocieron. ABC240792

F SUSTANTIVOS QUE DESIGNAN MANIFESTACIONES DE OPOSICIÓN, DISENSO O EXCLUSIÓN: **31 oposición ++:** ...en medio de una masiva propaganda del presidente de la Autoridad Nacional Palestina, Yasser Arafat, que cuenta con una oposición meramente *testimonial.* LVE040196 **32 protesta ++:** También hubo algunas protestas *testimoniales* por representantes de distintas organizaciones y movimientos antiglobalización... EPE131101 **33 queja +:** ...en vez de cesar a Semprún por agredir a su vicepresidente del Gobierno, se limitó a enviarle una regañina por carta, una queja *testimonial.* EME130394 **34 reclamación +:** ...no cabe más que la reclamación *testimonial*; el aeropuerto no asume ninguna responsabilidad. LVE241196 **35 rechazo +:** ...de rechazo *testimonial* ante unos presupuestos que no les gustan. EPE120599 **36 resistencia +:** La resistencia de las tropas pontificias fue apenas *testimonial.* ABC120293 **37 disidencia +:** La oposición interna al régimen se ha convertido en una disidencia *testimonial*, hasta el punto de que uno de sus miembros la califica de «oposición bonsai». EME160895 **38 contienda:** ...la contienda electoral es puramente *testimonial*... LVE160696

G OTROS SUSTANTIVOS QUE DESIGNAN DIVERSAS FORMAS DE INTERVENCIÓN O PARTICIPACIÓN EN ALGÚN ASUNTO: **39 presencia ++:** ...los rivales africanos (...) jamás deben plantear una oposición seria. Su presencia en una cita de alto nivel es *testimonial.* LRE200103 **40 candidatura +:** ...ha intervenido para anunciar su candidatura, *testimonial*, dentro de la lista municipal de Bilbao... LRE190103 **41 comparecencia:** ...se miden por segunda vez esta temporada en la Vuelta Ciclista a Murcia, después de su comparecencia *testimonial* ayer en la clásica Costa Almería. EME010395 **42 firma:** ...firmemente convencidos de que una firma *testimonial* de una Carta sobre seguridad, defensa de la democracia y los derechos humanos... EPE191199

H SUSTANTIVOS QUE DENOTAN CAMBIO DE ESTADO O MODIFICACIÓN, MÁS FRECUENTEMENTE SI SUPONE ASCENSO O MEJORA: **43 cambio +:** ...afirma que la reforma es «un cambio *testimonial* de la ministra para lavarse la cara»... EDV030601 **44 aumento +:** Aumento *testimonial* pero que no se producía desde el primer trimestre del pasado año. LVE221196 **45 incremento +:** Así, el número de trabajadores de estos centros ascendió a 415.834, con un incremento *testimonial* (0,2%) respecto a 1993. EME080595 **46 subida:** ...recuperó su viejo estilo y disparó una salva de medidas electoralistas para desactivar la euforia del rival: subida *testimonial* de las pensiones, pacto con parte de la industria cinematográfica... EPE071099 **47 crescendo:** ...es de una sutileza compatible con el juego de los espejos surrealistas que se superponen en un crescendo *testimonial*... EME270796 **48 rebaja:** ...no descartó una rebaja *testimonial* de los mismos en el primer tercio del 1996, para llevarse a cabo una subida en la recta final del próximo año. EME041195

I SUSTANTIVOS QUE DENOTAN INTENCIÓN. TAMBIÉN CON OTROS QUE DESIGNAN DIVERSAS FORMAS DE ESTABLECER Y ORGANIZAR LA ACTIVIDAD FUTURA: **49 programa +:** El programa de previsión de incendios ha sido meramente *testimonial*, y la verdad es que no ha servido de mucho. INDOC **50 propuesta +:** La propuesta es, por tanto, *testimonial* y pretende expresar el rechazo al candidato del PP. LVE270396 **51 propósito –:** ...asume ya fatalistamente el desenlace con el propósito *testimonial* de poner en evidencia a un falso Estado de Derecho. EME090495

J OTROS SUSTANTIVOS; POSIBLES USOS ESTILÍSTICOS: ...sin olvidar la ceguera *testimonial* de los que no han aprendido nada de su fracaso en las últimas elecciones. EPE270899

☐ Véase también: **testimoniar, testimonio.**

testimoniar *v.* **I** Aunque admite muy diversos sustantivos, destacan especialmente sus combinaciones con...

A SUSTANTIVOS QUE DENOTAN APOYO O SOLIDARIDAD EXPRESADOS DE DIVERSAS FORMAS: **1 apoyo ++:** Quisiera *testimoniar* mi apoyo a Severo Moto por tener el valor de hacer frente al dictador Obiang... EME300395 **2 solidaridad ++:** ...*testimonian* su solidaridad y respeto por haber hecho pública la negativa a pagar el «impuesto revolucionario» pedido por ETA. EPE010580 **3 pésame ++:** ...y miembros de la Real Academia Gallega desfilaron durante la tarde de ayer por la capilla ardiente para *testimoniar* el pésame a sus familiares. EME041095 **4 adhesión +:** Las persianas bajas en varios locales *testimoniaron* la adhesión del comercio y de la industria. LNP010397 **5 condolencia +:** El Presidente, la Junta Directiva Nacional y los asociados de ANSPI *testimonian* su más sentida condolencia y se unen al dolor de la familia. LVE071296

B SUSTANTIVOS QUE DENOTAN AFECTO, APRECIO Y OTRAS FORMAS DE INCLINACIÓN AFECTIVA HACIA LAS PERSONAS: **6 afecto ++:** La gran familia artística, sin exclusiones y en forma solidaria, se reunirá mañana en el Restaurante Espectáculo Bertolotto para *testimoniar* su afecto y su aporte material a Roberto Tello... EXP011091 **7 admiración +:** Seis libros de condolencias han sido dispuestos en la misma acera para recoger las firmas de quienes quieren *testimoniar* su admiración por el finado. EME100196 **8 simpatía:** Rojas-Marcos calcula que medio millón de personas saldrán hoy a la calle para *testimoniar* su simpatía a los contrayentes. LVE180395 **9 estima:** ...para que todos los franceses que lo deseen puedan *testimoniarle* su estima antes de ser trasladado a su última morada. LVE100196 **10 confianza:** El propio Pujol quiso dejar claro que con su presencia *testimoniaba* su confianza y amistad al candidato de CiU... LVE220495 **11 cariño:** ...con la voluntad de que los sevillanos puedan *testimoniarles* su cariño, oficialmente reconocido por el Consistorio... LVE160195

C SUSTANTIVOS QUE DENOTAN RECONOCIMIENTO O DESIGNAN DIVERSAS ACCIONES MOTIVADAS POR LA ESTIMA, EL AGRADECIMIENTO O EL APRECIO QUE SE SIENTE POR ALGUIEN: **12 reconocimiento +:** Otros ramos *testimoniaban* el reconocimiento de la profesión, de las principales entidades del mundo del cine francés o, simplemente de amigos y admiradores... EME021295 **13 congratulación:** ...lo que indujo al heredero de la Corona a *testimoniarle* enseguida su cumplida congratulación. EPE240999 **14 agradecimiento:** Allí se encontraban actores veteranos como Chus Lampreave, que quería así *testimoniar* su agradecimiento a la AISGE... EME170796 **15 homenaje:** Me gustaría, a través de la presente, dedicarle un recuerdo y *testimoniarle* el mejor homenaje de gratitud y de amistad... LVE171195

D SUSTANTIVOS QUE DESIGNAN LO QUE SE TIENE POR CIERTO: **16 verdad +:** Testimoniar la verdad y, por tanto, indicar que hay siempre una esperanza... EPE021086 **17 hecho:** El último capítulo de la saga de Chechenia *testimonia* el hecho de que esta históricamente volátil región de Rusia sigue siendo el más acuciante problema político... LVE180196 **18 pasado:** ...hay monumentos que con mayor o menor esfuerzo económico están al alcance de cualquier ciudad, pero no así lugares que *testimonian* su pasado histórico artístico. LVE290395 **19 evidencia:** Vieira da Silva es uno de los más preclaros ejemplos de la pintura de nuestro siglo a la hora de *testimoniar* la evidencia de que existen sólidos y perseverantes nexos... ABC200893

E SUSTANTIVOS QUE DESIGNAN LA VOLUNTAD DE REALIZAR ALGO: **20 voluntad +:** ...Francia *testimonia* su voluntad de seguir contribuyendo muy activamente al éxito del proceso de paz... LVE210996 **21 propósito:** La obra de arte verdadera, además de *testimoniar* la inquietudes y los propósitos de su autor, pone de manifiesto una profundidad complementaria. ABC221093 **22 afán:** ...donde con tan expresivo lenguaje pictórico *testimonia* el desesperado afán de supervivencia de los emigrantes magrebíes. ABC201192 **23 inquietud:** Sus gestos *testimoniaban* la inquietud que sentía. INDOC **24 esfuerzo:** Son una prueba que *testimonia* los esfuerzos exacerbados del régimen para mantenerse en el poder a toda costa... EPE110700

F ALGUNOS SUSTANTIVOS QUE DENOTAN AFLICCIÓN: **25 pesar ++:** ...a pesar de que fueron numerosas las autoridades que quisieron acercarse al presdiente de la Xunta para *testimoniarle* su pesar. LVE240296 **26 dolor +:** ...para recibir y consolar a todas las mujeres de Jordania que deseen *testimoniarle* el dolor por la muerte de su marido. EPE100299 **27 desencanto:** De nuevo iba a ser la narrativa la encargada de *testimoniar* el desencanto y de buscar las raíces del fracaso... LVE080995

G SUSTANTIVOS QUE DENOTAN CALIDAD, MÉRITO Y OTRAS CUALIDADES QUE PONEN DE MANIFIESTO EL VALOR DE ALGUIEN O ALGO: **28 calidad +:** Un extendido cric-crac *testimoniaba* la excelente calidad de su carne y sus huesos. EPE091299 **29 valor:** ...abrir las puertas y las manos y *testimoniar* con responsabilidad los valores tradicionales heredados de nuestros antepasados. LVE280495 **30 interés:** Las obras que aquí le representan *testimonian* el interés que tiene el dibujo en su pintura... ABC240694 **31 excelencia:** Las soluciones halladas *testimonian* la excelencia de este traductor... ABC050393 **32 esplendor:** Su fachada, con pinturas azules y ocres que *testimonian* el esplendor de tiempos pasados, se derrumba inexorablemente. EME290895

H SUSTANTIVOS QUE DENOTAN DISCONFORMIDAD: **33 repulsa:** Se utilizan, para *testimoniar* su repulsa, concentraciones, encierros, minutos de silencio, huelgas, simbólicos lazos azules... EME260196 **34 oposición:** ...y a la vez *testimonie* su «oposición frontal» al Ejecutivo. EME241095 **35 discrepancia:** Pero, si nos detenemos a pensar por un segundo, en realidad el libro no hace otra cosa que *testimoniar* una discrepancia importante de los españoles... EPE110199

▩ Se combina también con: ♦ **fehacientemente**[16]

☐ Véase también: **testimonial**.

testimonio ♦ **abrumador**[39], **a favor**[75], **agradecido, aplastante**[25], **bajo juramento, biográfico, concluyente**[9], **conmovedor, contradictorio, contundente, convincente, decisivo**[25], **descarnado**[17], **desgarrador, desolador, detallado, determinante, documental, en contra, epistolar, excepcional, expresivo, falso, fehaciente**[4], **fervoroso**[40], **fidedigno**[8], **fiel, firme, impreciso, impresionante, íntimo, irrebatible, irrefutable**[13], **personal, profuso, razonado, sentido, significativo, sincero, vago, veraz, verídico, vital, vívido**[38], **viviente, vivo**[35] ♦ **arsenal (de)**[6] ♦ **aducir**[9], **aportar, apoyar(se) (en), contradecir, corroborar, dar**[196], **declarar, dejar, exigir, expresar, falsear, hacer llegar, obtener, ofrecer, oír, presentar, prestar, publicar, ratificar, rebatir, recabar**[4], **recoger, refrendar, refutar, rendir, requerir, salir a la luz, servir (de), tergiversar**[17], **verificar**

☐ Véase también: **declaración, ejemplo, muestra, prueba, testimonial**.

TESTIMONIO

♦ (SUSTANTIVOS) Véase: **aducir**[B], **a la luz (de)**[G], **borroso**[E], **con todo lujo de detalles**[F], **incontrovertible**[A], **vivaz**[E], **vívido**[G], **vivo**[F]

♦ (VERBOS) Véase: **a cara descubierta**[D], **fehacientemente**[C]

☐ Véase también: DATO; DEMOSTRACIÓN; INFORMACIÓN; PRUEBA.

texto ♦ **abstruso, anodino, antológico, apretado, beligerante, breve, caótico, claro, complejo, concluyente, copioso, corto, demoledor, diáfano, difícil, endiablado, enrevesado**[16], **escueto, exhaustivo, extenso, farragoso, fidedigno**[6], **hermético**[10], **impecable, impenetrable, inexpugnable, ininterpretable, largo, ligero, maniqueo, pedante, pesado, prolijo, riguroso, sencillo, sesgado, sucinto,**

vivaz ♦ a la luz (de) ♦ autor (de), autoría (de), borrador (de), comentario (de), versión (de) ♦ abreviar, abrir, acortar, acotar, adentrarse (en), aderezar, aducir[10], ajustar, alargar, aligerar, alterar, ampliar, analizar, articular, clarificar, cocinar(se)[25], compendiar, compilar, componer, consensuar, construir, copiar, corregir, decodificar[7], descifrar[22], desenterrar, desglosar, dictar, difundir(se)[16], disponer, dulcificar, editar, emanar, emborronar, enfrentar(se) (a), entender, escribir, estirar, estudiar, explicar, filtrar(se)[12], firmar, girar[21], hilvanar[11], hojear, imprimir, indexar, interpolar, interpretar, leer, modificar, negociar, obrar en poder[6], ordenar, paginar, parafrasear, pasar a limpio, penetrar (en), perfilar, plasmar (en), prescribir, pronunciar, publicar, recitar, rectificar, redactar, refundir, refutar, relanzar, resumir, salir de la pluma (de alguien), simplificar, sintetizar, suavizar, tejer, tergiversar, traducir, versar, verter, *otros verbos de lengua*

□ Véase también: **documento, información, informe, narración, novela, textual, textualmente, traducción.**

TEXTO

♦ (SUSTANTIVOS) Véase: **acometer[G], adherirse (a)[F], a favor[I], alimentar[E], alusivo[A], arsenal (de)[A], bosquejar[F], carnal[G], cocinar(se)[F], de {mi/tu/su...} puño y letra[D], desmoronar(se)[E], difundir(se)[C], disfrazar[I], efusivo[D], engrosar[J], entrecortar(se)[D], fehaciente[D], filtrar(se)[B], fraguar(se)[L], girar[D], halagüeño[D], hermético[B], hilvanar[A], hilvanar[B], hilvanar[C,D], ilusionante[C], limpio (de)[D], palpitante[C], penetrante[E], peregrino[I], prolijo[A], rotundo[F], trillado[D], urdir[D], vívido[E], zambullir(se) (en)[C]**

♦ (VERBOS) Véase: **pulcramente[C,D]**

□ Véase también: COMUNICACIÓN; EXPRESIÓN; MANIFESTACIÓN VERBAL; OBRA.

textual ♦ afirmación, análisis, aparato, cita, coherencia, contenido, contestación, copia, corpus, crítica, fidelidad, frase, interpretación, laberinto, ordenación, palabra, redacción, reproducción, respuesta, retórica, rigor, riqueza, secuencia, soporte, transcripción, *otros sustantivos que designan manifestaciones verbales*

□ Véase también: **literal, texto, textualmente.**

textualmente ♦ asegurar, citar, contestar, copiar, decir, dictar, especificar, explicar, exponer, expresar, extraer, manifestar, mencionar, ordenar, reconocer, repetir, reproducir, responder, rezar, seguir, señalar, significar, sostener, suscribir, *otros verbos de lengua*

□ Véase también: **literalmente, texto, textual.**

tibio *adj.* ▌En el sentido de 'templado', se combina con sustantivos que designan sustancias o materias *(agua, comida, leche, café: El café no está caliente, sino tibio)* o el efecto de ciertos fenómenos metereológicos *(sol, aire, viento)*. Admite a menudo ciertos sustantivos temporales *(El día estaba tibio; Este invierno ha sido tibio)*. En el sentido figurado de (aproximadamente) 'indiferente, distante o con escaso entusiasmo', se combina con sustantivos que designan personas *(amigo, amante, hermano)*. También se combina con sustantivos que denotan manifestación verbal *(palabra, declaración, comentario, afirmación)*, así como con otros que designan diversos gestos de afecto *(beso, abrazo)*. Se combina además con...

A SUSTANTIVOS QUE DENOTAN ACTITUD O DISPOSICIÓN ANTE ALGO: **1 posición** +: La Comunidad de Madrid tiene una posición *tibia* con respecto al traslado. EPE081099 **2 postura** +: ...visitó a Bono en Toledo para proponer un «pacto del agua», ante la postura *tibia* de su partido, que considera los trasvases como última solución. EME150296 **3 actitud** +: ...las entidades más próximas a los ciudadanos suelen mostrar una actitud *tibia* hacia estos temas. EPE270599 **4 gesto** +: ...ante la atenta mirada de los responsables de su grupo por si algún diputado o alguna diputada intenta escaquearse o aplaude con gesto *tibio*. EPE020499 **5 comportamiento:** Este episodio, sobre todo en lo referente a la pasión de Lady Hamilton y Nelson, sí que se acomoda al símil volcánico, no el *tibio* comportamiento amoroso del embajador. ABC250895 **6 actuación:** Pero, que a la vista de su *tibia* actuación en el debate del estado de la Nación –y de las críticas internas del PP–, suena a justificación. EME120295

B ALGUNOS SUSTANTIVOS QUE DENOTAN EFECTO O REACCIÓN: **7 reacción** ++: Y la *tibia* reacción de amplios sectores de opinión (...) aferrados a un pragmatismo cada vez más cínico... LVE310596 **8 respuesta** ++: Oldfield trabajó con un pobrísimo juego de luces, prácticamente fijo en las dos horas de actuación, que, sumado al bajo volumen de la música, concluyó con una *tibia* respuesta del público. EPE020899 **9 resultado:** ...aunque el concurso de chistes «Muchas gracias», presentado por Miriam Díaz Aroca, tuvo un *tibio* resultado (3.577.000 seguidores). LVE030195

C SUSTANTIVOS QUE DENOTAN ADHESIÓN O INCLINACIÓN FAVORABLE HACIA ALGUIEN O ALGO. TAMBIÉN CON OTROS QUE DESIGNAN ALGUNOS GESTOS QUE LAS MANIFIESTAN: **10 apoyo** ++: La propuesta reformista encontró un *tibio* apoyo entre los propios radicales... LNP010397 **11 aplauso** ++: Al Sporting sólo le quedaba el recurso de la generosa entrega sin mayores compensaciones que algún aplauso *tibio* de sus simpatizantes. EME310595 **12 respaldo** +: El *tibio* respaldo que hace dos días dio al candidato de su movimiento Lavalás, René Préval, tampoco contribuyó a movilizar a sus partidarios... LVE181295 **13 adhesión:** Al descontento de los militantes, parece que se ha unido la desconfianza que suscita Obiols en González y Serra por su *tibia* adhesión a las tesis renovadoras. EME060294

D SUSTANTIVOS QUE DENOTAN RECIBIMIENTO: **14 acogida** ++: A pesar de su *tibia* acogida comercial, una comedia nada desdeñable en la que el director de un hospital se ve envuelto en las más alocadas peripecias. EPE270399 **15 bienvenida** +: La «City», el centro financiero londinense, ha deparado una *tibia* bienvenida a los Presupuestos británicos. EME281196 **16 recibimiento:** ...Hillary Clinton encontró ayer un *tibio* recibimiento a su visita. EPE150599

E SUSTANTIVOS QUE DENOTAN JUICIO NEGATIVO SOBRE ALGO O MANIFESTACIÓN DE RECHAZO O DISCONFORMIDAD. TAMBIÉN CON ALGUNOS QUE DESIGNAN OTRAS

FORMAS DE ACCIÓN HOSTIL: **17 crítica ++**: ...sin que este avasallamiento de las instituciones democráticas suscitase en las organizaciones sindicales otra cosa que una postura de crítica *tibia* y vergonzante. EPE020880 **18 oposición ++**: ...endureciendo las posturas internas con la *tibia* oposición que le ha hecho el otrora hombre fuerte... EME071096 **19 protesta +**: ...aunque la protesta de la Tv en general sobre lo que sucedió en Canal 2 ha sido menos que *tibia*. CAP091097 **20 rechazo +**: El texto de PNV y EA repetía básicamente el *tibio* rechazo de la violencia callejera contenido en el pacto de legislatura... EPE061199 **21 ataque +**: El encuentro terminó con una renuncia al ataque por parte del equipo de Nando Josu, que fue amonestado por protestar una jugada, y con los *tibios* ataques del Compostela. EME290496 **22 queja**: Es evidente que las críticas de los países de la zona han hecho poca mella en Jacques Chirac, como tampoco lo han hecho las *tibias* quejas expresadas por Javier Solana... LVE041095 **23 emboscada –**: La emboscada se anunciaba violenta, pero acabó siendo más bien *tibia*. INDOC

F SUSTANTIVOS QUE DENOTAN CONDENA O CASTIGO: **24 condena +**: La diputada de IU, que dijo que la condena del Gobierno español a estos hechos había sido *tibia* y tardía... EME300996 **25 sanción**: Hoy mismo, los ministros de Exteriores de la UE estudiarán en Bruselas una suavización de las *tibias* sanciones contra Rusia. EPE100700 **26 represalia**: ...una represalia verbal quizá dura en el fondo, pero *tibia* en la forma. INDOC

G SUSTANTIVOS QUE DENOTAN MEJORA O RECUPERACIÓN: **27 recuperación +**: Un penal de Mesón y un drop de larga trayectoria de Arbizu sirvieron para alentar una demorada y *tibia* recuperación. LNA050792 **28 reforma**: Otro gobierno, sin clara base parlamentaria, ha logrado una *tibia* reforma, pero a base de arriesgarlo todo en una votación de confianza. LVE180395

[tiempo] → **a tiempo {completo/parcial}, con el tiempo, mal tiempo**

tiempo **I** *(cronológico)* ♦ **accidentado, agotador, apremiante[48], aproximado[3], azaroso, catastrófico, de mudanza, de sobra, escaso, exacto, futuro, imborrable, implacable[79], inexorable[34], inmemorial, largo, pasado, pretérito, prudencial, remoto, sabático, sobrado (de)[1], venidero, vertiginoso** ♦ **a la altura (de)[29], a lo largo (de), durante, en** ♦ **abusar (de)[53], acortar[8], acotar, acuciar, agotar(se), ahorrar, alargar(se) (en), amoldar(se) (a)[8], amortizar[11], apremiar, aprovechar, apurar, calcular, conceder[43], congelar, contar, correr, cronometrar, dar[66], datar (de), dedicar, desperdiciar, destinar, dilapidar[18], dilatar(se), discurrir, disfrutar (de), dosificar, durar, emplear, escatimar, estirar[5], extender(se), faltar(le) (a alguien), fluir, ganar, gastar, hacer, invertir, jalonar[22], llevar, malgastar, medir, necesitar, pasar, perder, prolongar(se) (en), recordar, rememorar, remontar(se) (en), retroceder (en), saborear[27], seguir, sobrar(le) (a alguien), subvertir, tener, transcurrir, vivir, volar**
I *(atmosférico)* ♦ **adverso, amenazador, bonancible, borrascoso, buen(o), cálido, caluroso, cambiante, de perros[8], desapacible, despejado, estable, exterior, frío, inestable, infernal, invernal, mal(o), otoñal, primaveral, reinante[1], soleado, tormentoso, turbulento, veraniego** ♦ **inclemencia (de)** ♦ **amargar (a alguien), cambiar, despejar(se), refrescar**
☐ Véase también: **a bote pronto, adelantar(se) (a), a finales (de), alargar, ancestral, aniversario,, anticipación, anticipar(se) (a), año, aplazar, apremiante, a toro pasado, calendario, clima (de), con antelación, cronología, cronológicamente, cumpleaños, demora, dentro (de), de un día para otro, día, duración, durar, edad, efeméride, efímero, en hora, época, etapa, espera, estancia, fase, fecha, fechar, fresco, fugaz, fugazmente, indefinidamente, infancia, infinitamente, instante, inminente, intempestivo, juventud, largo y tendido, mañana, memoria, momento, noche, nuevo, para rato, pasado, pasajero, perecedero, posponer, perentorio, período, precario, presente, previsión, remoto, repentino, retrasar(se), sabático, temporada, urgir, vejez.**

TIEMPO Véase:
♦ **ancestral, apremiante, efímero, fresco, fugaz, inapelable, inmemorial, inminente, largo, largo y tendido, nuevo, pasajero, perecedero, perentorio, precario, remoto, repentino, sabático**
♦ **a bote pronto, a toro pasado, con antelación, con el tiempo, cronológicamente, de noche, de un día para otro, en hora, fugazmente, indefinidamente, para rato**
♦ **a finales (de), dentro (de)**
♦ **aniversario, antelación, anticipación, antigüedad, año, aplazamiento, calendario, cronología, cumpleaños, demora, día, día a día, duración, edad, efeméride, época, espera, estancia, etapa, fase, fecha, hora, horario, instante, invierno, jornada, juventud, lapsus, medianoche, mes, minuto, momento, moratoria, noche, otoño, pasado, período, permanencia, plazo, presente, previsión, primavera, temporada, temporada, tiempo**
♦ **alargar, anticipar(se) a, aplazar, durar, fechar, posponer, retrasar(se), urgir**

TIEMPO
♦ (ADJETIVOS) Véase: **pillar (a alguien)[C]**
♦ (SUSTANTIVOS) Véase: **abarrotado[C], abolir[I], abusivo[G], acortar[B], acuciar[H], a cuestas[B], agotador[G], aguar(se)[G], ajetreado[A], álgido[A], amoldar(se) (a)[B], anecdótico[D], apremiante[G], apretado[A], aproximado[A], atávico[I], atenerse (a)[J], atravesar[A,C], avanzado[A], azaroso[C], azotar[C], borroso[F], boyante[F], calenturiento[D], captar[J], cenital[A], conceder[H], crucial[A], cuadrar[C], culminar[K], dar[F], denegar[C], de perros[A], descifrar[E], digerir[H], dilapidar[C], efímero[K], encarrilar[F], entrecortar(se)[F], establecer[D], estirar[B], exiguo[H], extinguir(se)[B], fleco (de)[G], flexible[F], frenético[I], halagüeño[C], ilusionante[B], incumplir[I], inexorable[A,F], intachable[B], intempestivo[A], jalonar[C], lineal[F], meter(se) (en)[K], perentorio[F], permisivo[F], plegarse (a)[H], reabrir[G], rebasar[G], redondo[B], rutilante[D], saborear[E], saltarse[B], saludable[C], sobrado (de)[A], sonreír[B], vencer[M,N], zambullir(se) (en)[F], zanjar[H]**
♦ (VERBOS) Véase: **inexorablemente[E]**
☐ Véase también: ESPERA.

TIEMPO (ATMOSFÉRICO) Véase: CLIMA

tienda ♦ abrir, cerrar, inaugurar, llevar, poner, regentar, traspasar

[tienta] → a tientas

tiento ♦ actuar (con), andarse (con)[3], conducir (con), ir (con), mover(se) (con), tener
□ Véase también: **atención, cuidado, esmero, prudencia.**

[tierra] → en tierra, en tierra de nadie

tierra ♦ baldío, comunal[44], estéril, fértil, firme, movedizo, yermo ♦ a ras (de), en ♦ anegar(se) (en), apegarse (a), avistar, dar (en), erosionar, escarbar (en), esquilmar, pisar, tomar
□ Véase también: **suelo, terreno, territorio, volar.**

tieso ♦ como una escoba, como un muerto ♦ andar, caminar, estar, ir

timidez ♦ acusado, característico, excesivo, extremado, habitual, manifiesto, proverbial ♦ acusar, confesar, disimular, esconder, ocultar, perder, sentir, superar, vencer[65]
□ Véase también: **pudor, vergüenza.**

timón (de) ♦ barco, empresa, nave, negocio ♦ cambio (de), giro (de), golpe (de)[2] ♦ coger, enderezar[10], hacerse cargo (de), llevar[5]
□ Véase también: **batuta, control, dirección.**

tinglado ♦ complejo, descomunal, enorme, formidable, inmenso, monumental[46], semejante ♦ armar, desmantelar[10], desmontar[34], destapar[31], montar[4], salir {a la luz/al descubierto}
□ Véase también: **entramado (de), trama, urdimbre.**

tiniebla(s) ♦ exterior, lóbrego, profundo ♦ en, entre ♦ adentrarse (en), arrastrar (a), arrojar (a), bajar (a), cernerse[34], emerger (de), esclarecer(se), estar (en), hundir(se) (en)[27], precipitarse (a), quedar (en), sepultar(se) (en), sumergir(se) (en), sumir(se) (en)[11], surgir (de), vivir (en/entre)
□ Véase también: **noche, oscuridad.**

[tinta] → de buena tinta, medias tintas

tinta ♦ imborrable, indeleble ♦ borrón (de), mancha (de) ♦ derramar, sudar, teñir (de), verter

tipificar ♦ actuación, agresión, conducta, delito, falta, fraude, hecho, infracción, lesión, mutilación, omisión, responsabilidad, tenencia, vejación, violencia, *sustantivos que designan acciones ilícitas o ilegítimas*

tipo ♦ *(de interés)* a la baja, al alza, impositivo ♦ abolir[12], aflojar[22], aumentar, bajar, fijar, fluctuar, incrementar, mantener(se), negociar, oscilar, rebajar[18], subir
□ Véase también: **clase, estereotipo, modelo, pauta, personaje.**

tique ♦ de ida, de ida y vuelta[19], de vuelta ♦ comprar, dispensar, sacar
□ Véase también: **boleto, entrada, localidad.**

tirar ♦ a bocajarro[6], a bulto[5], a dar, a patadas[27], a tope[22], por lo alto *(calcular)*, por lo bajo[1], reiteradamente
□ Véase también: **disparar.**

tirarse ♦ a la desesperada[13], arrojarse, de cabeza, echar(se) (a), lanzarse (a), volcar(se)

[tiro] → a tiro limpio, a tiros, a (un) tiro de piedra, como un tiro, de tiros largos

tiro ♦ a bocajarro[28], certero, de gracia, desviado, directo, en parábola, frontal[10], fulgurante[48], indirecto, ladeado, libre, mortal, parabólico, raso ♦ acertar, atinar, corregir[30], dar, desviar, disparar, errar, fallar, guarecerse (de), lanzar, pegar, recibir, rectificar[5]
□ Véase también: **bala, balazo, disparo, lanzamiento, tirón.**

[tirón] → de un tirón

tirón ♦ brusco[63], fuerte, gran(de), ligero ♦ aguantar, aprovechar, beneficiar(se) (de), dar, gozar (de)[4], notar, pegar[17], provocar, sufrir, tener

tirria ♦ coger (a alguien), dar (a alguien), tener (a alguien), tomar[56]
□ Véase también: **animadversión, aversión, odio, repelús.**

titular ▮ *(título periodístico)* ♦ a {dos/tres/cuatro...} columnas, a toda plana[12], llamativo[19], original ♦ copar[17], publicar
▮ *(poner título)* ♦ a toda plana[3], certeramente, pomposamente[3]

titularidad ♦ asumir[15], ceder, ejercer, perder, poseer, traspasar

[título] → a título (de)

título ♦ acreditado, altisonante, arbitrario[45], atinado, campanudo, de oro[17], de relumbrón, enrevesado[34], honroso[2], llamativo[18], merecido, rimbombante[2] ♦ en bandeja[4] ♦ en poder (de), en posesión (de) ♦ acariciar[5], adjudicar, afianzar(se)[16], alcanzar, amañar, anotar(se)[4], arrebatar, arrogarse[19], atesorar[2], celebrar, conceder, conseguir, conservar[52], convalidar, cosechar[13], cuadrar[2], dar[77], decidir(se), defender, desposeer (de), devaluar(se)[18], dirimir[37], estar en juego, falsificar, ganar, homologar, llevar (por), lograr, lucir, obtener, ostentar, otorgar, perder, poner(se) en juego, recibir, renovar, revalidar[25], saborear[14], tener, tomar[62], usurpar[26], validar[3]
□ Véase también: **cargo, etiqueta, nombre.**

TÍTULO Véase: DENOMINACIÓN

tobillo ♦ esguince (de), lesión (de), torcedura (de) ♦ lesionar(se), romper(se), torcer(se)

tocar ▮ *(afectar, palpar, tratar)* ♦ a tientas, de cerca[36], de lleno[28], de pasada[8], de refilón[4], de

soslayo[9], ligeramente[52], por encima, superficialmente, tangencialmente[9] ♦ asunto, tema ▮ *(interpretar)* **♦ afinadamente, armoniosamente, de oído, desafinadamente ♦ instrumento musical ▮** *(corresponder)* **♦ encargo, lotería, misión, papeleta, premio, trabajo, viaje**

☐ Véase también: **acariciar, agarrar, apretar, atusar, caer en suerte, contacto, palpablemente, pulsar, sujetar**.

tocar en suerte Véase: **caer en suerte**

[tocateja] → **a tocateja**

[todo] → **a toda costa, a toda máquina, a toda pastilla, a toda plana, a todas luces, a toda vela, a toda velocidad, a todo pulmón, a todo riesgo, a todo trance, a todo trapo, a todo tren, a todo volumen, con todas las letras, con todas {mis/tus/sus...} fuerzas, con todo lujo de detalles, de todo corazón, de una vez por todas, en toda la línea, por todo lo alto**

toldo ♦ bajar, cubrir (algo), dar sombra (a algo), echar[43], recoger, subir

☐ Véase también: **persiana**.

tolerancia ♦ con, en aras (de)[30] ♦ actitud (de), muestra (de), prueba (de) ♦ cultivar[21], ejercer, mantener, practicar[44], predicar[29]

☐ Véase también: **aceptación, comprensión**.

tolerar ♦ de buen grado[9], gradualmente, pacientemente

☐ Véase también: **aceptar, admitir, aguantar, soportar**.

[tomar] → **tomar en consideración, tomar medida(s), tomar nota, tomar partido, tomarse a pecho, tomar una decisión**

tomar *v.* **▮** Se combina con sustantivos que designan objetos físicos *(Tomó un lápiz y escribió; Le tomó la mano y la acarició)* y también personas *(tomar un bebé en los brazos; tomar rehenes; tomar un nuevo empleado; Tomó al equipo en tercera división y lo subió a primera)*. En el sentido de 'ingerir' o 'incorporar al organismo' se usa con sustantivos que designan líquidos *(leche, café)*, alimentos o remedios *(carne, vitaminas, pastillas)* y, en América, bebidas alcohólicas, aun sin complemento *(Hace meses que no toma)*. También se combina con los sustantivos *aire* y *aliento*, a menudo usados figuradamente. Se usa *tomar en las manos (de alguien)* en sentido físico *(Tomó al niño en sus manos)* o en el figurado *(Tomó al país en sus manos)*. *Tomar por...* y *tomar como...* significan 'considerar' o 'enjuiciar'. Este sentido se aproxima al de 'abordar', 'emprender' cuando *tomar* se combina con varios grupos preposicionales de interpretación adverbial *(tomar algo con calma > tomar algo calmadamente)*. Algunos de ellos designan actitudes de sosiego o ausencia de pasión *(tomar algo con calma, con serenidad, con filosofía, con tranquilidad, con resignación, con frialdad)*; otros denotan precaución *(tomar algo con precaución, con respeto, con reparo, con reservas)*, o seriedad *(tomar algo con seriedad, con responsabilidad, con profesionalidad)*. Esta misma interpretación se extiende a las combinaciones de *tomar* con las locuciones *a broma, a mal, en serio, en cuenta, en consideración, al pie de la letra, a pecho*. Forma asimismo las expresiones lexicalizadas *tomar cartas en* ('intervenir activamente'), *tomar el aire* ('recibirlo al descubierto, normalmente paseando'), *tomar el sol* (*tomar sol* en varios países americanos), *tomar el relevo, tomar la alternativa, tomar riesgos, tomar ejemplo, tomar partido, tomar asiento, tomar tierra, tomar a cargo* (también *a {mi/tu/su...} cargo*), *tomar a broma*, entre otras. La locución *tomar la palabra* significa 'empezar a hablar (en algún medio formal)' cuando se usa sin complemento indirecto *(Tomó la palabra y lanzó un interminable discurso)*, y 'aceptar con presteza una sugerencia no necesariamente explícita' cuando se usa con él *(Si me vuelves a hablar de hacer ese viaje, te tomo la palabra)*. También se usan con complemento indirecto de persona o de cosa las expresiones *tomar el pulso, la temperatura* (ambas en sentido físico y en el figurado), *la tensión*. Se usan más en América, aunque no en todos los países, las locuciones *tomar acción* ('intervenir': *El presidente debería tomar acción inmediatamente en relación con este asunto*), *tomar un paso* ('dar un paso'), *tomar estado público (una cosa)* ('pasar a ser de dominio general'), *tomarse venganza* ('vengarse'), *tomar fama* ('cobrar fama'), *tomar intervención* ('intervenir': *La policía no tomó intervención*), *tomar prioridad* ('dar prioridad'), *tomar preso a alguien* ('llevar preso a alguien'). Con el sentido de 'hacer uso de' se combina con sustantivos que designan vehículos de recorrido regular *(tren, avión, autobús, taxi, tranvía, metro)* y algunos de sus servicios *(tomar un vuelo)*. En el sentido de 'adquirir' o 'hacerse con' se combina con sustantivos que denotan ciertos atributos *(tomarse la libertad, la molestia, las atribuciones que a uno le corresponden)* y también con...

A SUSTANTIVOS QUE DENOTAN ENERGÍA, INTENSIDAD, RELEVANCIA Y OTRAS MAGNITUDES ANÁLOGAS: 1 fuerza ++: La marea parece *tomar* fuerza. DYM120996 **2 impulso ++:** Como aquellos coches mecánicos de la infancia, ayer la bolsa quiso *tomar* impulso... EME130795 **3 auge ++:** Cada vez *toma* mayor auge la posibilidad del autoempleo. EPE121199 **4 intensidad:** Qué será que las canciones *toman* intensidad cuando el intérprete las adapta a su medida. LVE270196 **5 temperatura:** Las preocupaciones kelpers sobre su futuro fueron *tomando* temperatura con la mejoría en las mejores relaciones político comerciales... CLA210199 **6 volumen:** ...el concepto de libro que flotaba en su cabeza empezó a *tomar* volumen y peso... LVE171296 **7 altura:** Pero la segunda ola del éxodo albanokosovar, que parece *tomar* altura según pasan los días, ya no altera la rutina del lugar. EPE140499 **8 ritmo:** No sucedió así con Nariño y Quindío que mejoraron su accionar a medida que fueron *tomando* ritmo en los partidos. ETC011291 **9 protagonismo:** En su duelo patriotero y publicitario Leblanc y Virenque *tomaron* protagonismo. EME090796 **10 notoriedad:** ...ciertos periodistas buscan cualquier cosa para ascender o para *tomar* notoriedad. CLA160199 **11 trascendencia:** Impactó a todos los integrantes y *tomó* trascendencia pública. LNP290497

B SUSTANTIVOS QUE DESIGNAN RASGOS O CARACTERÍSTICAS FUNDAMENTALES DE LAS COSAS, GENERALMENTE PROPIEDADES FÍSICAS INTERPRETADAS FIGURADAMENTE: **12 color ++:** Sin alardes, dos triples de salida, la alegría del contraataque y el partido que *tomaba* otro color. EME141096 **13 aspecto ++:** ...no podía dejar de tratar un asunto que *tomó* aspectos casi esperpénticos... LVE010495 **14 cariz ++:** Pero la resolución *tomó* un cariz distinto y, la verdad, los ecuatorianos demostraron una capacidad de movilización que da envidia. ETC110297 **15 cuerpo ++:** Invenciones inspiradas en algo intrascendente y que *toma* cuerpo en una sucesión ornamental. ABC010794 **16 consistencia +:** ...el personaje *tomó* verdadera consistencia con el orondo Raymond Burr. LVE150396 **17 dimensión +:** ...todo aquello *tomó* unas dimensiones descomunales. ABC270893 **18 proporción +:** Pero después el asunto *tomó* otras proporciones. CLA110199 **19 carácter +:** ...la represión religiosa *tomó* un carácter más planificado. EME101295 **20 característica +:** El nuevo Saxo *toma* las características del AX Eléctrico... EME110996

C SUSTANTIVOS QUE DESIGNAN LA ACCIÓN DE EJERCER EL MANDO O LA AUTORIDAD, ASÍ COMO DIVERSAS POSICIONES DE PRIVILEGIO QUE SE ASOCIAN CON ELLA: **21 control ++:** Un año más tarde, Nabisco *tomó* el control total de las empresas del grupo. EME070795 **22 mando ++:** Indurain *tomó* el mando. EME090795 **23 riendas ++:** Tomó las riendas de la operación con afán de protagonismo... ABC030694 **24 poder ++:** ...lideró el derrocamiento de Somoza y *tomó* el poder en 1979. EME081095 **25 trono:** Y tampoco el príncipe parece dispuesto a *tomar* el trono si no es con Camila a su lado. CAR010997 **26 conducción:** ...en los noventa *tomaron* la conducción del holding familiar... CAR040897

D SUSTANTIVOS QUE DENOTAN DIRECCIÓN, CURSO, VÍA O CORRIENTE. SE USAN EN SENTIDO FÍSICO Y TAMBIÉN EN EL FIGURADO: **27 rumbo ++:** ...en Brasil se *tomaron* otros rumbos, buscando principalmente una «inserción comunitaria»... DHE071097 **28 dirección ++:** ...el Partido deberá *tomar* la dirección de la campaña contra el robo... DLA080397 **29 camino ++:** A todos los conmina una voz interior a *tomar* el camino de Obaba. ABC210495 **30 derrotero ++:** El diálogo *tomó* otros derroteros. ESP120597 **31 senda +:** ...el socialismo dejó aparcada la tesis de la recuperación por el consumo y *tomó* la senda del rigor... LVE230495 **32 carril:** ...los actuales interlocutores del Gobierno «no quieren *tomar* el carril democrático». LRE190103 **33 vía:** El joven *tomó* la vía en el puente de Ventas y fue detenido por la policía a la altura del estadio Vicente Calderón... EPE091201 **34 tendencia:** La Bolsa de Nueva York *tomó* una tendencia claramente alcista... LVE260895 **35 giro:** La situación de la constructora Huarte *tomó* ayer un giro de 180 grados en su delicada situación financiera. EME270396 **36 sesgo:** ...su viaje *tomó* un sesgo diplomático. EPE051001

E SUSTANTIVOS QUE DENOTAN INFORMACIÓN RECOGIDA O DOCUMENTADA. EL SUSTANTIVO *PROVIDENCIA* SE USA CON ESTE SENTIDO EN ALGUNOS PAÍSES AMERICANOS: **37 nota ++:** ...Belloch ni siquiera *tomó* notas de las intervenciones y preguntas de los portavoces parlamentarios. EME080395 **38 muestra ++:** El Orión tenía que *tomar* muestras específicas de agua. CAP251001 **39 declaración +:** Ayer, Garzón *tomó* declaración a una experta en filología francesa... EME180495 **40 juramento +:** Leghari *tomó* el juramento a Khalid en una ceremonia realizada en el Palacio Presidencial de Islamabad... DYM061196 **41 providencia:** ...habrá de *tomar* algunas providencias un poco más fuertes. LTH300997 **42 apunte +:** Se sentó con los demás, comenzó a charlar y a *tomar* apuntes. EME170496

F SUSTANTIVOS QUE DENOTAN DIFERENCIA O VENTAJA. TAMBIÉN CON OTROS QUE DESIGNAN CIERTAS POSICIONES AVENTAJADAS: **43 ventaja:** Y Miami logró un productivo tercer período que le permitió *tomar* una ventaja de 17 puntos... ENH050597 **44 distancia:** Ahora, el bloque oficialista busca *tomar* más distancia. CLA070397 **45 delantera:** ...los canadienses *tomaron* la delantera en el Grupo 2 de la zona... ETC010996 **46 diferencia:** A partir de julio será del 21 pero podrán *tomar* la diferencia entre ese 21 y 19,7... CLA200601

G ALGUNOS SUSTANTIVOS QUE DENOTAN CONOCIMIENTO, GENERALMENTE REFLEXIVO: **47 conciencia ++:** Los hallazgos deben informarse, porque sólo con información se *toma* conciencia sobre el tema. BRE270996 **48 conocimiento:** He *tomado* conocimiento, en el día de hoy, de declaraciones públicas atribuidas a usted... CLA211187

H EL SUSTANTIVO *POSICIÓN*, USADO FÍSICA O FIGURADAMENTE. TAMBIÉN CON OTROS QUE DENOTAN ACTITUD PERSONAL EN RELACIÓN CON ALGO: **49 actitud ++:** «La filosofía tiene la tarea de *tomar* una actitud crítica ante la experiencia religiosa»... EME080596 **50 postura ++:** «Hemos tenido que *tomar* esta postura de fuerza para que se nos oiga y se nos vea en la calle que esto nos es así». EME030196 **51 posición +:** Los hechiceros se sirven de ella para *tomar* posición entre lo que es humano y lo que resulta inexplicable. ABC240792 **52 punto de vista:** Tomó el punto de vista de las víctimas cuando acompañaba a los refugiados guatemaltecos en Chiapas... EPE261199

I ALGUNOS SUSTANTIVOS QUE DESIGNAN EMOCIONES Y SENTIMIENTOS QUE SE MANIFIESTAN EN RELACIÓN CON LOS DEMÁS: **53 cariño ++:** Cuenta que Schaefer le *tomó* mucho cariño a su madre... CAR090697 **54 confianza:** España *tomó* confianza y se fortaleció, ya sin la incertidumbre de un final apretado. EME040694 **55 afecto +:** Kramer le *tomó* afecto y le anunció que volvería a México... EPE310800 **56 tirria +:** No me preguntes los motivos, pero le *tomé* una tirria que no lo podía ni ver. INDOC **57 odio:** A Cela la izquierda le ha *tomado* odio, y en realidad fue un escritor de izquierdas. EPE300999 **58 aversión:** Tampoco se entiende por qué nos *tomó* aversión. INDOC **59 inquina:** Tomó una gran inquina al jefe de personal, pero nunca nos reveló las razones. INDOC

J ALGUNOS SUSTANTIVOS QUE DENOTAN DENOMINACIÓN: **60 nombre +:** Pero, por lo menos, que no *tomen* el nombre del gran Cristóbal en vano haciendo exposiciones como éstas. EME080995 **61 denominación:** Curiosamente, este nuevo modelo *toma* una denominación de origen español en Japón, al adoptar el nombre de Premio. EME110396 **62 título:** Enemigos, no hay enemigos *toma* su título de una frase de Friedrich Nietzsche. EPE030699 **63 seudónimo:** La primera exposición de la artista vitoriana que ha *tomado* el seudónimo de Aniel, se celebró en 1957 en su ciudad natal... ABC041194

▌ En el sentido de 'llevar a cabo' se combina con...

K SUSTANTIVOS QUE DENOTAN ELECCIÓN O RESOLUCIÓN: **64** **decisión ++:** ...lo mejor que hay que hacer es dejar que el Presidente *tome* sus decisiones y no estar anunciándolo a través delos diarios. CLA120197 **65** **resolución +:** Caso de que no haya acuerdo será la Comisión del Estatuto del Jugador de la FIFA la que *tome* una resolución el martes. EPD170797 **66** **determinación ++:** El día que la inestabilidad de Scott fue ostensible *tomé* una determinación: contraté a dos siquiatras full-time. HOY250484 **67** **elección:** No es mi caso, pues yo pude *tomar* la elección... EPE180999 **68** **acuerdo +:** ...vamos a *tomar* acuerdos sobre cómo deben ser las cosas en el futuro arquitectónico de Miami... DLA190497 **69** **opción:** ...yo personalmente *tomé* esta opción para hacer aquello que creía que tenía que hacer... EPE041101 **70** **iniciativa:** ...aún siguen a la espera de que ETA *tome* la iniciativa. EME020995

L SUSTANTIVOS QUE DENOTAN RECURSO O MEDIDA, MÁS FRECUENTEMENTE PREVENTIVO O PUNITIVO: **71** **medida ++:** Entonces opinan que el canje es apenas un alivio para que el Gobierno *tome* nuevas medidas... CLA170501 **72** **acción:** ...Estados Unidos pedirá formalmente al Consejo de Seguridad de Naciones Unidas que *tome* una acción en contra de Cuba... EME040796 **73** **precaución ++:** El Supremo exige que los cirujanos *tomen* precauciones para impedir las infecciones. EPE290700 **74** **previsión:** Por ello, consideró oportuno adelantar las invitaciones para que cada candidato *tome* las previsiones correspondientes... LTB090297 **75** **represalia +:** La fuga sin causar daño a las personas está permitida. Por favor, no *tomen* represalias. HOY070181 **76** **responsabilidad:** Y *tomé* una gran responsabilidad al decir que la extradición se tenía que realizar. EPD250897

M SUSTANTIVOS QUE DESIGNAN IMÁGENES, MÁS FRECUENTEMENTE SI SE OBTIENEN CON MEDIOS TÉCNICOS. POR EXTENSIÓN, TAMBIÉN CON ALGUNOS SUSTANTIVOS DE REPRESENTACIÓN QUE SE REFIEREN A PANORAMAS Y OTROS ESTADOS DE COSAS CIRCUNDANTES: **77** **fotografía ++:** La Guardia Civil recomienda a los propietarios que *tomen* fotografías de sus piezas... EPE260799 **78** **imagen ++:** ...preguntará a cada declarante si acepta que le *tomen* imágenes... EPE010687 **79** **instantánea +:** ...se detuvo unos segundos antes de entrar en el coche para que le *tomaran* unas instantáneas. ENC300301 **80** **radiografía +:** Se ha explicado ahora que los especialistas decidieron *tomar* la radiografía a la monja católica de 86 años como parte del tratamiento contra la neumonía. EME020996 **81** **película:** Tomaron una película de la situación que estaban viviendo. INDOC **82** **perspectiva +:** Tomando una perspectiva más amplia, la destrucción de empleo ha sido particularmente intensa... LVE130796

▩ Se combina también con: ♦ **al abordaje, a la ligera[1], al pie de la letra[10], al vuelo[9], a pecho, a pie juntillas[2], a punta de {navaja/pistola}, a rajatabla[7], a sorbos[3], a tragos, con cautela[12], con reservas[19], en custodia, en serio ♦ dar (a)[12]**

☐ Véase también: **adquirir, cobrar.**

tomar en consideración ♦ **argumento, criterio, dato, expediente, factor, iniciativa, interés, medida, oferta, opinión, petición, posibilidad, problema, proposición, propuesta, razón, resultado, solicitud, sugerencia, tesis,** *otros sustantivos que designan informaciones*

☐ Véase también: **considerar.**

tomar medida(s) ♦ **a la desesperada[42], cautelarmente[29], preventivamente[1], sin dilación, urgentemente**

tomar nota ♦ **atentamente[26], con precisión, con todo lujo de detalles, minuciosamente, puntualmente**

☐ Véase también: **anotar(se), apuntar.**

tomar partido ♦ **abiertamente[90], a favor[6], claramente, declaradamente, en contra**

☐ Véase también: **decantar(se), decidir, elegir, escoger.**

tomarse a pecho ♦ **acusación, admonición, advertencia, asunto, crítica, deber, declaración, labor, obligación, observación, problema, recriminación, responsabilidad, tarea, trabajo,** *otros sustantivos que designan actividades*

tomar una decisión ♦ **arbitrariamente, colegiadamente[1], desinteresadamente, en caliente, en frío[19], fríamente**

☐ Véase también: **decidir, decisión.**

[tomate] → **como un tomate**

tonalidad ♦ **austero, cálido, diferente, dominante[14], dramático, envolvente, frío, fuerte, inestable, intenso, lumínico, musical, narrativo, oscuro, poético, sombrío, suave ♦ adquirir, cambiar (de), coger, combinar, elegir, fundir, mezclar, poseer, suavizar, tomar, utilizar**

tónica ♦ **acorde (con), característico, de siempre, dominante[31], general, habitual ♦ según ♦ dar, mantener, marcar, predominar, seguir**

☐ Véase también: **tono.**

tono ♦ **académico, ácido, acogedor[21], adecuado, afable, afectuoso, agresivo, agridulce[35], agrio, agudo, airado, alarmista, aleccionador[15], altanero, amable, amargo, amenazador, amenazante, apacible, apagado, apocalíptico, apropiado, armonioso, áspero, autoritario, barriobajero, beligerante[10], bromista, burlón, cálido, calmado, cansino[16], caótico, categórico, cáustico, chulesco, circunspecto[6], claro, coloquial, comedido, conciliador, constructivo, contundente, cordial, cortés, crispado, de amenaza, de broma, de burla, de chanza, de comedia, de confidencia, de disculpa, de elogio, de firmeza, de humor, de moderación, de queja, desagradable, despectivo[3], didáctico, discordante[4], displicente[3], distante, dolido, dominante[13], dramático, dulce, duro, emotivo, enérgico, estridente, familiar, febril[55], festivo, firme, general, grave, humorístico, imperativo, imperceptible, inaudible, inconfundible, informal, inquietante, insultante, irónico, jocoso, lastimero[2], luminoso, melodioso, menor, misterioso, monocorde, mortecino, oscuro, pastel, peyorativo, polémico, político, provocativo, rotundo[64], serio, severo[85], socarrón, subido (de), surrealista, tajante[40] ♦ abanico (de)[10], gama (de) ♦ adoptar, adquirir, afinar, ajustar, aligerar[67], apagar(se),**

atemperar, bajar, cambiar (de), dar[98], dulcificar, elevar, emitir, entrecortar(se)[4], esgrimir, hallar, imprimir[3], manifestar, rebajar, recuperar, revelar, suavizar, subir
□ Véase también: **volumen.**

tontería ♦ **absoluto, auténtico, colosal, descomunal, monumental[19], soberano, solemne, supino** ♦ **sarta (de)[11]** ♦ **andarse (con)[35], cometer[23], decir, escribir, hablar, soltar, tener**
□ Véase también: **bobada, estupidez, idiotez, imbecilidad, majadería, perogrullada.**

tonto ▮ *(adj.)* ♦ **a rabiar, rematadamente** ▮ *(sust.)* ♦ **de remate, perdido, redomado[12]** ♦ **hacerse**
□ Véase también: **idiota, imbécil.**

[tope] → **a tope**

tope ♦ **máximo, mínimo** ♦ **alcanzar, establecer, exceder, fijar, pasar(se), rebasar[4], sobrepasar[27]**
□ Véase también: **límite, listón.**

tópico ♦ **arraigado, conocido, manido[1], sobado, socorrido, típico, tradicional, traído y llevado, trillado[15], usual, viejo** ♦ **arsenal (de)[17], sarta (de)[19]** ♦ **abusar (de)[36], acudir (a), acuñar[50], alimentar[65], anclar[5], caer (en), derrumbar(se)[29], desbaratar[23], deshacer, desmontar[24], hilvanar, pulverizar[32], recurrir (a), romper (con)**
□ Véase también: **cliché, estereotipo.**

toque (de) *sust.* ▮ Alterna sus usos como sustantivo *(un toque de atención)* y como locución cuantificativa *(un toque de distinción)*. Se combina frecuentemente con sustantivos que designan instrumentos que producen sonidos con los que se marcan horarios o plazos temporales *(sirena, corneta, campana)*, así como con algunos que designan otros instrumentos, especialmente si están directamente relacionados con la creación o la ejecución artística *(batuta, varita mágica, pincel)*. También se combina con el sustantivo *balón* en el lenguaje deportivo, con diversos sustantivos que designan acciones propias de la vida religiosa *(oración, silencio)* o de la militar *(diana, queda, retreta)*. También se combina con los sustantivos *suerte* y *fortuna* y con muchos otros, pero destacan especialmente sus combinaciones con...

A SUSTANTIVOS QUE DENOTAN AVISO O LLAMADA CON LA QUE SE PRETENDE EVITAR UN PELIGRO O MODIFICAR UNA CONDUCTA QUE SE CONSIDERA ERRÓNEA O DESAFORTUNADA: **1 alarma ++:** ...es una lección de realismo, y al mismo tiempo un *toque* de alarma que debe hacernos reflexionar en las fórmulas que sugiere. ETC060996 **2 alerta +:** Es decir, es un *toque* de alerta para todos los clubes. CLA250199 **3 atención ++:** La sentencia da un *toque* de atención a los tribunales acerca de la falibilidad... LVG301091 **4 advertencia +:** ...por lo que incidentes de este tipo suponen un *toque* de advertencia sobre la difícil convivencia... EPE070699 **5 aviso +:** ¿Era una manera de dar un *toque* de aviso que pudiera ser perfectamente entendido en Madrid? LVE210596 **6 prevención:** Oportuno *toque* de prevención. LNA120792

B SUSTANTIVOS QUE DENOTAN DISTINCIÓN SOCIAL O ELEGANCIA. TAMBIÉN CON OTROS QUE DESIGNAN DIVERSAS NOCIONES ASOCIADAS CON LA FALTA DE NATURALIDAD: **7 distinción +:** En el siglo pasado era un *toque* de distinción casarse de negro, con telas brillosas y bordados en piedras. CLA100199 **8 clase ++:** España alcanzó la segunda ronda del Mundial con un *toque* de clase y Bolivia se despidió del torneo lanzando un desafío de cara al futuro. EME290694 **9 glamour:** ...y hubiese dado un *toque* de glamour a un otoño que se presenta plagado de sinsabores políticos. EME110895 **10 estilo:** ...mientras miles de globos rojiblancos y fuegos artificiales añadían el *toque* de estilo a las «primarias» norteamericanas... EXP280797 **11 lujo:** El último *toque* de lujo llega poco antes de que empiecen las complicaciones... LVE120395 **12 sofisticación:** ...apareció con un vestido fucsia y una gran chaqueta blanca, un *toque* de paradójica sofisticación para el ritmo aplastante... EPE021089 **13 esnobismo:** Se rompieron barreras y distancias culturales con una facilidad asombrosa, ajena en buena medida al *toque* de esnobismo que conlleva todo concierto de world music. EPE211299

C SUSTANTIVOS QUE DENOTAN TENDENCIA, ESPECIALMENTE SI SE ASOCIA CON LO QUE SE CONSIDERA ACTUAL: **14 modernidad:** La nueva torre del Parque de las Ciencias dará un *toque* de modernidad al perfil urbano de Granada. EPE160899 **15 moda:** Cree que a la ropa hay que sacarle provecho y que el vestir debe estar acompañado con un *toque* de moda, no necesariamente al último grito. VIS181297 **16 europeísmo:** No lo salva ni el *toque* de europeísmo de estar como leyendo las páginas salmón del «Financial Times»... EME290594 **17 cosmopolitismo:** ...ofrece la posibilidad de variar 88 menús domésticos, introduciendo en ellos un *toque* de cosmopolitismo. LVE220495

D SUSTANTIVOS QUE DESIGNAN EL SENTIDO DEL HUMOR, ASÍ COMO ALGUNAS DE SUS MANIFESTACIONES O DE LAS ACTITUDES QUE LO COMPORTAN: **18 humor ++:** Una colección influenciada por un espíritu joven e irreverente y por un *toque* de humor. ENH050597 **19 ironía ++:** Su obra, que en un principio se inscribió dentro de una corriente que combinada el figurativismo con un *toque* de ironía, evolucionó posteriormente hacia una abstracción más informal. ABC241292 **20 ingenio ++:** ...opina que «el debate clásico murió, y ahora se trata de hacerlo con algún *toque* de ingenio». LVE280495 **21 frescura +:** ...pusieron un *toque* de frescura a la acalorada jornada radical. LNA290692 **22 malicia:** ...un héroe típico de los noventa, con un *toque* de frialdad y malicia, como todos los supervivientes... LVE160995 **23 caricatura:** Un *toque* de caricatura no obstante, un esbozo de humor, quita hierro a estas semblanzas... EME071095 **24 diversión:** Buena cocina, atención eficaz con un *toque* de diversión y, en especial, la magia del maitre... LVE050896 **25 comedia:** ...para crear una película en la que juegan a trastocar los acontecimientos reales con un *toque* de comedia y la libertad de la ficción. EPE270899

E SUSTANTIVOS QUE DENOTAN EMOCIÓN: **26 emoción ++:** La pista mojada de sobremanera le dio el *toque* de emoción a la competencia con varios despistes... ACP081296 **27 sensibilidad ++:** Todo ello animado con pinceladas autobiográficas y un *toque* de sensibilidad mental femenina... ABC061192 **28 ternura:** Es el único personaje al que premeditadamente le he dado un *toque* de ternura, de inconfesada compasión. CLA160199 **29 calidez:** Los aguafuertes de la individual de Ángeles García Ochando (Madrid, 1925) tienen ese antiguo y preciado *toque* de calidez... ABC230493 **30 nostalgia:** Y ese aluvión de acontecimientos recibe un *toque* de nostalgia, un diseño de novela de misterio antiguo... ABC131291

F SUSTANTIVOS QUE DESIGNAN DIVERSAS MANIFESTACIONES DE LA CREATIVIDAD O LA INVENCIÓN. TAMBIÉN CON OTROS QUE EXPRESAN AQUELLO QUE NO SE CONOCE CON CERTEZA: **31 imaginación ++:** Su prosa es correcta y elegante, pero le falta un *toque* de imaginación. INDOC **32 fantasía ++:** ...elaborados de manera realista aunque contengan un *toque* de fantasía. ABC031293 **33 magia +:** Este *toque* de magia ingenua, desprovisto de pedanterías y apto para todos los públicos... LVE031195 **34 misterio +:** Además –salta a la vista– un delicioso *toque* de misterio. CAP190996 **35 enigma:** Un *toque* de enigma hay en las revelaciones del escritor francés Richard Labéviere, autor del libro «El Terror». CAP270901

G SUSTANTIVOS QUE DENOTAN SINGULARIDAD EN LA FORMA DE SER O ACTUAR DE LAS PERSONAS: **36 originalidad ++:** ...el pensamiento divergente, el que brinda el *toque* de originalidad y plantea cuestiones en donde todo, aparentemente, estaba dicho. ETC190597 **37 pintoresquismo:** Y la elección no pierde color, variedad y hasta, en raras ocasiones, un *toque* de pintoresquismo. EME171295 **38 excentricidad:** No es tan normal Morse, que tiene un *toque* de excentricidad como todo buen detective de novela: entiende un poco de literatura, y su coche es un Jaguar. ABC100993 **39 excepcionalidad:** A esas obras se les han añadido algunas aportaciones españolas y extranjeras que dan un *toque* de excepcionalidad. LVE310396 **40 personalidad:** ...su poder creativo, y era como el *toque* de su personalidad que se expresaba en el capirucho. ESH060497

H SUSTANTIVOS QUE DENOTAN AGUDEZA INTELECTUAL, O DESIGNAN ALGUNOS RASGOS DE LA VALORACIÓN SOCIAL QUE CONLLEVA: **41 inteligencia +:** Aquel comentario que hizo fue el único *toque* de inteligencia de la conversación. **42 genialidad +:** Echando a un lado las cualidades deportivas y ese *toque* de genialidad que hayan traído al mundo... DLA050497 **43 genio:** El *toque* de genio de «Gazza» lo sentenció. EME170696 **44 prestigio:** ...le proporciona una gran oportunidad y un *toque* de prestigio a esta primera etapa de su carrera... LVE201296

I SUSTANTIVOS QUE DENOTAN FIABILIDAD O VERACIDAD PROPIAS DE UNA PERSONA, ESPECIALMENTE SI SE REFIEREN A SU FACETA PROFESIONAL: **45 autenticidad:** ...que tiene mucha espectacularidad, pero también el *toque* de autenticidad que le dan José Sacristán y Paloma San Basilio. CLA150199 **46 verdad:** Imágenes de choque, entreverando con un *toque* de verdad, otras imágenes más cursis... EME210294 **47 credibilidad:** Ese *toque* de credibilidad progresista que hasta ahora había buscado, sin éxito, el liberalismo silencioso del Gobierno... EPE280299 **48 veteranía:** Apareció Eloy en el equipo inicial y dio un *toque* de veteranía a un grupo extraordinariamente joven. EME051095 **49 profesionalidad:** Por ejemplo, a él le hace falta un director de escena, un técnico en impostación de voz, un *toque* de profesionalidad. EPE300199

J ALGUNOS SUSTANTIVOS QUE DENOTAN AUSENCIA DE CONFLICTO, DE VARIACIÓN O DE COMPLEJIDAD: **50 normalidad:** ...la presencia de un alcalde socialista ha contribuido a darle un cierto *toque* de normalidad y de gesto de tolerancia a mi ciudad. LVE130595 **51 clasicismo:** Sus obras están marcadas por un *toque* de clasicismo que denota su paso por la Academia de Bellas Artes... ABC211094 **52 mesura:** Radomir Antic proporcionó ayer un *toque* de mesura y buenas maneras al «caso Simeone». EME111296 **53 sencillez:** ...que parecen conversar de tú a tú con nosotros tiene ese *toque* de sencillez última... ABC010494 **54 simpleza:** «La obra tenía un *toque* de simpleza, imaginación y anonimato que en vez de impactar, seducía». CAP301097

▩ Se combina también con: ♦ **dar**[220]

☐ Véase también: **llamada, llamado, llamamiento, orden, roce.**

toque de queda ♦ decretar[42], desobedecer, entrar en vigor, levantar, respetar

torcer(se) *v.*

I En su sentido físico se combina con sustantivos que designan partes del cuerpo humano que contienen articulaciones *(pie, tobillo, muñeca)*. También se combina con sustantivos que designan vías *(camino)* y muy diversos objetos susceptibles de doblarse o plegarse *(rama, palo, árbol)*. Son asimismo frecuentes las expresiones *torcer el gesto*, usada como signo de desagrado ante algo o alguien, y *torcerse las cosas*, que designa el advenimiento de una situación desfavorable. Además se combina con...

A SUSTANTIVOS DE NATURALEZA PROSPECTIVA QUE DESIGNAN AQUELLO QUE SE PREVÉ O SE DESEA, ASÍ COMO LA ESTRATEGIA QUE SE DISEÑA PARA CONSEGUIRLO: **1 intención ++:** ...nada hay más antidemocrático como ignorar y *torcer* la intención del voto. EPE270899 **2 voluntad ++:** La malicia de ella es decir que sí estuvo con varios miembros del Servicio de Inteligencia para *torcer* la voluntad electoral. CAP040997 **3 plan ++:** ...*torció* esos planes y forzaron a Fomento a tomar la bandera de la alta velocidad hace año y medio. EPE280999 **4 proyecto:** ...sus planes no se ajustan a nuestros buenos o *torcidos* proyectos... LPN210497 **5 previsión:** ...sus resultados del primer semestre no van a *torcer* las previsiones muy positivas para el conjunto del año. LVE240896 **6 programa:** Todo iba sobre ruedas hasta que a finales de agosto empezó a correr en el Camp Nou y el programa se *torció*... EPE201001

B SUSTANTIVOS QUE DENOTAN TRAYECTORIA O CURSO, A MENUDO INTERPRETADOS EN SENTIDO FIGURADO Y MUY ESPECIALMENTE SI ALUDEN A LA VIDA DE UNA PERSONA O DE UNA INSTITUCIÓN: **7 historia:** Godoy intentó *torcer* la historia y quiso mostrar en tres minutos el atrevimiento que no tuvo en 87. CLA190597 **8 vida:** Relato de transgresiones de la adolescencia, de amistades, odios y venganzas que acaban *torciendo* una vida... ABC280292 **9 carrera:** ...pero los excesos con las drogas le hicieron *torcer* su carrera. EME310595 **10 senda:** La senda se *tuerce* y se empina a los dos kilómetros. INDOC **11 camino:** El problema de Balladur, de no *torcerse* su camino de rosas hacia el Elíseo, se planteará tras las elecciones... LVE290195 **12 viaje:** El viaje iba muy bien, pero se *torció* al llegar a París. INDOC

C SUSTANTIVOS QUE DESIGNAN EL AZAR O LA DIRECCIÓN FÍSICA O FIGURADA QUE TIENDE A SEGUIR UNA COSA: **13 suerte:** Pero ahora vamos a tirarnos a ganar la Libertadores para volver a buscar *torcer* esta suerte. CLA170497 **14 racha:** Pero en la última de las pujas la racha se ha *torcido*. EPE311099 **15 tendencia:** ...nada hace suponer que vaya a *torcerse* la actual tendencia al alza. EPE020799 **16 futuro:** ...una parte importante de nuestra generación *torció* sus estudios, su trabajo y su futuro para entregarse a la lucha antifranquista... EME260995 **17 rumbo:** Sin embargo, de nada habrá servido el éxito en El Sadar si esta tarde se *tuerce* el rumbo y el Valladolid acaba puntuando. EME030494

☐ Véase también: **truncar(se)**.

torcidamente ♦ **actuar, aplicar (la ley), comportarse, entender, interpretar, usar**

☐ Véase también: **maliciosamente**.

[torero] → **saltarse a la torera**

tormenta (de) ♦ **aislado, aterrador, borrascoso, con aparato eléctrico, deportivo, descomunal, disperso, electoral, eléctrico, estival, financiero, fuerte, fugaz, huracanado, intenso, irregular, local, matutino, monetario, pavoroso, pertinaz[5], político, racheado, revolucionario, torrencial, tropical, veraniego, vespertino** ♦ **a resguardo (de)** ♦ **acusación, agua, amenaza (de), aplauso, arena, boca (de), centro (de), crítica, declaración, día (de), eco (de), especulación, granizo, idea, insulto, nieve, ojo (de), papel, posibilidad (de), protesta, rayo, riesgo (de), rumor, secuela (de)[27], verano, viento** ♦ **abatirse (sobre algo/sobre alguien), acaecer[16], acallar, alcanzar (a alguien), alejarse, amainar[3], amenazar, anunciar, apaciguar[12], aplacar(se), aproximarse, arreciar, avecinarse, azotar[2], calmar(se), capear, causar, cernerse[37], dañar (algo), desatar(se)[2], descargar, desencadenar(se), deshacer(se), despejar(se), desplazar(se), escampar, estallar, guarecerse (de), incubar[3], intensificar(se), levantar(se), ocasionar, pasar, persistir, producir(se), provocar, registrar(se), resguardarse (de), soplar**

☐ Véase también: **borrasca, lluvia (de), tempestad, temporal, vendaval**.

tormento ♦ **amargo, angustioso, auténtico, bárbaro, bestial, chino, constante, corporal, cotidiano, cruel, desproporcionado, doloroso, eterno, físico, horroroso, inaguantable, infernal, inhumano, inimaginable, insoportable, insufrible, interminable, lacerante, llevadero, mortificante, permanente, psicológico, público, refinado, semejante, severo, terrible, tremendo, verdadero, vergonzante** ♦ **potro (de)** ♦ **acabar, acortar, aguantar, alargar, aliviar, aplicar (a alguien), causar (a alguien), constituir, hacer frente (a), infligir (a alguien), intensificar, librar(se) (de)[39], llevar (a), mitigar, narrar, padecer, pasar (por), producir (a alguien), resistir, revivir, salir (de), someter (a), soportar, sufrir, terminar (con), vivir**

☐ Véase también: **castigo**.

tormentoso ♦ **actividad, aguas, amor, andadura, biografía, chubasco, cielo, debate, destino, encuentro, época, existencia, experiencia, fenómeno, final, historia, idilio, infancia, lluvia, mar, matrimonio, noviazgo, origen, pasado, período, precipitación, proceso, relación, reunión, romance, tiempo, trayectoria, vida**

torneo ♦ **reñido, valedero (para)** ♦ **amañar, apuntar(se) (a), auspiciar[17], boicotear[52], competir (en), conquistar, disputar, ganar, jugar (en), participar (en), perder**

☐ Véase también: **campeonato, competición, encuentro, partido**.

[toro] → **a toro pasado, como un toro**

toro ♦ **bravío, bravo, brioso, fogoso, manso, noble, romo** ♦ **acometer (algo/a alguien), apuntillar, banderillear, bramar, brindar, bufar, capear, cornear (a alguien), descabellar, despuntar, embestir (algo/a alguien), encarar, entrar (a), lidiar, mugir, picar, torear**

torpe ♦ **notablemente, ostensiblemente, realmente, rematadamente[10], verdaderamente**

torpeza ♦ **de movimientos, descomunal, diplomático, monumental[22], organizativo, político, profundo[79], supino[13], verbal** ♦ **muestra (de)** ♦ **caer (en), cometer[5], demostrar, mostrar**

torrencial *adj.* ▮ En sentido literal se combina con los sustantivos *lluvia*, *agua*, *tormenta* y *precipitación*. En sentido figurado se combina con...

A SUSTANTIVOS QUE DESIGNAN DIVERSAS MANIFESTACIONES VERBALES. TAMBIÉN CON OTROS QUE EXPRESAN CIERTAS INFORMACIONES QUE ES FRECUENTE TRANSMITIR VERBALMENTE: **1 diálogo +:** ...los presuntos herederos de Woody Allen, que nos someten a la tortura de *torrenciales* y vacuos diálogos... LVE030595 **2 conversación +:** ...o bien una de esas conversaciones *torrenciales* que todos sus allegados conocían en él... LVE270195 **3 discurso +:** ...leyó un discurso *torrencial* salpicado de elogios a EE. UU., un país que «generosamente» intervino en Europa para librarla de la «barbarie» nazi. EPE111101 **4 dialéctica:** Este solitario de mirada intensa, risa desbordante, *torrencial* dialéctica, sentido del humor alternativamente cálido o acerado... EME271196 **5 confesión –:** ...juega un papel pretendidamente no distanciador para configurarse como elemento clave en el diseño de esta confesión casi *torrencial*... EPE021180 **6 revelación –:** ...ha coincidido con las revelaciones *torrenciales* del ex director general de la Guardia Civil... LVE100596

B SUSTANTIVOS QUE DESIGNAN OTRAS UNIDADES LINGÜÍSTICAS. TAMBIÉN CON ALGUNOS QUE DENOTAN ELOCUENCIA O FLUIDEZ DE PALABRA, ASÍ COMO ESTILO O ELEGANCIA EN LA EXPRESIÓN ORAL O ESCRITA: **7 expresividad +:** ...la prosa de María Teresa Lezcano es de rica expresividad, *torrencial* en más de una ocasión... ABC130594 **8 estilo +:** Sus libros son todo un regalo, con su estilo *torrencial* y cinematográfico... EME010296 **9 elocuencia +:** ...y luego no cesó en su elocuencia *torrencial*, en su diálogo delirante, en su repercusión histórica. EME140294 **10 oratoria:** Fue esta última y su *torrencial* oratoria las que le proporcionaron sus primeros éxitos políticos. EPE180299 **11 facilidad de palabra:** Téa Leoni da vida a Nora, una mujer neurasténica, liberada, estresada y con una *torrencial* facilidad de palabra. EPE051201 **12 lenguaje:** ...un lenguaje *torrencial*, el viejo barroco inglés de Shakespeare, bien agitado en el Metro de Nueva York... EME130394 **13 prosa:** ...se expresa en una bellísima prosa poética, lúcida y *torrencial* en sus innumerables imágenes... EME200496

C ALGUNOS SUSTANTIVOS DE PERSONA, ESPECIALMENTE SI DESIGNAN AL QUE DESEMPEÑA UNA LABOR CREATIVA O SE EXPRESA VERBALMENTE COMO PARTE ESENCIAL DE SU OFICIO: **14 locutor +:** Los largos parlamentos de este *torrencial* locutor suelen aburrir soberanamente al público. INDOC **15 escritor:** Era un escritor *torrencial*, un Tolstoi español. LRE060103 **16 actor:** ...hace lo propio con ese *torrencial* y narcisista actor británico llamado Charles Laughton, director de la obra maestra La noche del cazador. EPE281299

D ALGUNOS SUSTANTIVOS QUE DESIGNAN OBRAS DE CREACIÓN: **17 melodrama:** ...el cineasta creó un melodrama *torrencial*, pictórico e irresistiblemente desaforado... LVE271096 **18 novela:** «Después de una novela *torrencial* como «Garras de astracán», la brevedad sería beneficiosa», declara el autor al inicio del relato. ABC240192 **19 película:** «Underground», presentada bajo pabellón de la Unión Europea, es una película *torrencial* –dura tres horas y doce minutos–... LVE290595

E ALGUNOS SUSTANTIVOS QUE DESIGNAN RASGOS O CARACTERÍSTICAS PROPIAS DE LAS PERSONAS: **20 personalidad ++:** ...todo ello no explica la personalidad *torrencial* de Bernabéu, ni su audacia empresarial, ni, claro está, su firme bastón de mando. ABC010794 **21 humanidad:** Pero es persuasiva gracias, en primer lugar, a la *torrencial* personalidad, humanidad... LVE251095

F OTROS SUSTANTIVOS; POSIBLES USOS ESTILÍSTICOS: ...el ser humano se acerca a los personajes de las novelas con final inesperado y el azar *torrencial* de las nubes y de los rostros nos lleva a remansos desconocidos... LVE301295; Recuperado del susto, sentí en mis entrañas un cosquilleo *torrencial* que me hizo verter la sopera encima de una de las gordas. EPE080899

torrencialmente ♦ **caer (el agua), descargar (la tormenta), llover**

torrente (de) ♦ **actividad, acusación, admiración, agua, color, comunicado, crítica, dato, declaración, dolor, duda, energía, fuerza, idea, imagen, información, insulto, luz, noticia, oferta, palabra, pasión, recuerdo, respuesta, retórica, sabiduría, sensación, sol, sonido, voz**

☐ Véase también: **avalancha (de), cascada (de), caudal (de).**

tórrido ♦ **amor, área, calor, día, escena, jornada, región, relación, romance, sol, terreno, verano, zona**

☐ Véase también: **abrasador, tropical.**

[torta] → **ni torta**

tortazo ♦ **descomunal, monumental**[54]**, soberano, sonoro** ♦ **atizar, dar(se), estampar, ganarse, liarse (a), llevarse, pegar(se), propinar, soltar**

☐ Véase también: **bofetada, golpe (de), guantazo.**

torticero ♦ **acusación, análisis, argumento, atribución, imputación, intención, interpretación, juicio, manejo, maniobra, manipulación, método, propósito, razón, razonamiento, uso, utilización**

[tortuga] → **a paso de tortuga**

tortuoso *adj.* ▮ En su sentido físico se combina con sustantivos que designan vías o lugares por los que circula alguien o algo, empleados a menudo en sentido figurado *(camino, carretera, laberinto, pasadizo)*. Se combina asimismo con sustantivos que designan el espacio recorrido *(recorrido, trayecto, itinerario)*, también empleados en el sentido físico y en el figurado. En su sentido de 'intrincado, accidentado o sujeto a conflictos y peripecias' se combina con algunos sustantivos temporales *(pasado, episodio, vida, existencia)* y con...

A SUSTANTIVOS QUE DESIGNAN EL CURSO SEGUIDO PARA ALGUNA COSA: **1 proceso ++:** Con anterioridad, la clausura de un local por exceso de ruido era muy complicada por el *tortuoso* proceso de recursos, que alargaba el caso durante años. EPE050800 **2 trayectoria +:** ...que ha traído de nuevo aires de crisis a un museo de *tortuosa* trayectoria a sólo mes y medio... LVE011195 **3 evolución:** ...son algunos elementos que coadyuvan a entender la *tortuosa* evolución que desde la simplicidad clarividente de los iurisprudens, hasta el batiburrillo absurdo de los picapleitos de hoy... EUV170498

B SUSTANTIVOS QUE DENOTAN VÍNCULO. TAMBIÉN OTROS QUE DESIGNAN DIVERSAS FORMAS DE COMUNICACIÓN ENTRE DOS O MÁS PERSONAS: **4 relación ++:** ...contra el telón de fondo de la *tortuosa* y dolorida relación que nace entre Floreana, la figura que concentra el mayor interés de la narradora, y Flavián, un médico... HOY101197 **5 amor:** La gente y Cosquín protagonizan un amor *tortuoso*, inexplicable como muchos romances. CLA310199 **6 liga:** ...es el responsable de esas ligas *tortuosas* y misteriosas entre los narcos y el Gobierno. LVE030595 **7 contacto:** La relación entre un perro y un niño, que considero importante para la formación de su sensibilidad, se ha convertido en un *tortuoso* contacto con unos animales hechos para correr... LVE110295 **8 unión:** ...para vivir con el primero una *tortuosa*, alcoholizada –con vino y absenta– unión homosexual. LVE200995 **9 negociación:** Junto a ese caso citan también los tropezones dados en la *tortuosa* negociación con el Ejecutivo para renovar órganos institucionales. EPE121101 **10 diálogo:** ...suspendió el 2 de septiembre 18 meses de *tortuoso* diálogo con el Gobierno... EUV151096

C ALGUNOS SUSTANTIVOS QUE DESIGNAN LA ACCIÓN O EL EFECTO DE PENSAR SOBRE ALGÚN ASUNTO: **11 idea:** En el futuro cercano se verá qué han tramado en esa factoría de ideas *tortuosas*. CAP180796 **12 pensamiento:** ¿soy un monstruo por engendrar tan *tortuoso* pensamiento? LVE031195 **13 reflexión:** También me sentí tentado por la *tortuosa* reflexión de «Un hombre solo», quizá su empeño más temerario hasta ahora... LVE150696

D SUSTANTIVOS QUE DENOTAN TAREA O GESTIÓN ENCAMINADA A ALGÚN FIN: **14 trámite:** ...quede totalmente liberada de trámites y expedientes tan *tortuosos* como son el respeto a los derechos humanos... RUM010997

15 operación: Ambos –junto al Ayuntamiento– han sido responsables políticos de su *tortuosa* e inacabada operación de reforma. LVE110196 **16 trabajo:** La elección de Maazel ha sido un *tortuoso* trabajo para el presidente de la Filarmónica... EDV300101

E OTROS SUSTANTIVOS; POSIBLES USOS ESTILÍSTICOS: Vencida la concesión en 1929, se inició un largo proceso de enjuagues *tortuosos*, dictámenes oficiales obtenidos mediante favores políticos... GIC091296; Lanzaba sus dardos *tortuosos* desde una postura encorvada, con los ojos bajos, sudando detrás de las gafas de carey. ABC011093

☐ Véase también: **accidentado, intrincado.**

tortura ♦ **so pena (de)[14]** ♦ **aplicar, cometer, infligir[4], rayar (en)[26], resistir, someter(se) (a)[55], soportar, sufrir**

☐ Véase también: **castigo, sufrimiento.**

torvo ♦ **ambición, amenaza, camino, expresión, gesto, intención, mirada, resentimiento**

tos ♦ **agudo, asmático, bronco, bronquial, cavernoso, compulsivo, continuo, convulso, crónico, de pecho, fuerte, intenso, irrefrenable, persistente, profundo, seco** ♦ **acceso (de)[1], ataque (de), episodio (de), golpe (de)[25], remedio (para), síntoma (de)** ♦ **aliviar(se), aplacar, calmar(se), cesar, curar(se), eliminar, empeorar, entrar (a alguien), írse(le) (a alguien), mejorar, pasárse(le) (a alguien), superar, tener, vencer, venir (a alguien)**

TOTALIDAD Véase:

♦ **abarrotado, unánime**

♦ **a todo riesgo, ce por be, de medio a medio, de par en par, de pe a pa, de punta a punta, de raíz, de sol a sol, hasta el tuétano, hasta las cejas, lisa y llanamente, palmo a palmo, por completo, rematadamente, sin paliativos**

☐ Véase también: *CANTIDAD; INTENSIDAD.*

traba ♦ **administrativo, arancelario, burocrático, comercial, continuo, dilatorio, económico, innumerable, insalvable, insuperable, irresoluble[6], judicial, legal, libre (de)** ♦ **ausencia (de), sinfín (de), supresión (de)** ♦ **bloquear (con), colocar, denunciar, desaparecer, eliminar, imponer, levantar[4], oponer[2], poner, reducir, salvar, sortear[9], superar, suprimir, vencer**

☐ Véase también: **dificultad, impedimento, obstáculo, trabar.**

trabajador ♦ **a destajo, afanoso, aplicado, apto, a tiempo {completo/parcial}, autónomo, brillante, capacitado, competente, concienzudo, cualificado, cuidadoso, curtido, descuidado, diestro, dúctil, eficiente, en activo, escrupuloso, esforzado, esmerado, excedente, experto, fijo, honrado, improductivo, inactivo, inepto, insumiso, nato, ocioso, por cuenta {ajena/propia}, por libre, precario[13], profesional, provisional, puntual, serio, temporal, tenaz, voluntarioso** ♦ **asociación (de), deber (de), derecho (de), huelga (de), sindicato (de)** ♦ **aglutinar[59], contratar, despedir, emplear, explotar, reclutar, rendir**

trabajar ♦ **a brazo partido[10], a conciencia[1], activamente[25], a destajo[1], a disgusto, a domicilio[20], a escape[6], afanosamente, a favor[29], a fondo[17], a gusto, a la ligera[12], al máximo, al pie del cañón, a marchas forzadas[1], a medio gas[2], a plena satisfacción[6], a pleno rendimiento, aplicadamente, a puerta cerrada[22], arduamente[1], a saco, a tiempo {completo/parcial}, a toda máquina[16], a todo tren[6], a tope[4], celosamente, codo con codo[14], como (un) loco[25], como condenado(s), como un animal, como un burro, como un enano, concienzudamente[25], con todas {mis/tus/sus...} fuerzas[14], contra reloj[26], contra viento y marea[12], cuidadosamente, de buen grado, de cerca[41], decididamente[26], de igual a igual[27], de incógnito[27], de lo lindo[14], descuidadamente, dignamente[35], duramente[1], en balde, en cadena[66], en condiciones, en equipo[12], en exclusiva[1], en firme, en serie[3], estrechamente[2], febrilmente[1], gratis et amore[1], honradamente, incansablemente[1], intensamente[30], ordenadamente[37], por amor al arte, por cuenta {ajena/propia}, por libre, seriamente, sin tregua, temporalmente**

☐ Véase también: **bregar, cumplir, esforzarse, funcionar.**

trabajo ♦ **abnegado, abrumador[72], absorbente[1], a destajo[27], adicto (a), admirable, a domicilio[42], a favor[56], agotador[1], a medias[54], a medida[7], apreciable, apremiante[16], arduo[2], asequible[18], callado, cansado, concienzudo, condicional, constante, constructivo, contra reloj[6], copioso[25], cuidado, de campo[1], defensivo[18], delicado, denodado[12], desahogado, desbordado (de), desbordante, descansado, descollante[7], dilatado[14], efectivo[30], ejemplar, en cadena[9], encomiable, en equipo[1], esclavista, esclavizante, escrupuloso, esmerado, exhaustivo[44], explotador, extenuador, extenuante, fatigoso, febril[2], fecundo[17], férreo, fiel (a), fijo, forzoso, frenético[4], gratificante, hasta el cuello, honroso[88], humanitario[7], ilusionante[43], impecable, ímprobo[1], inapreciable[12], infructuoso[16], ingente[34], inhumano[7], inmerso (en), intachable[31], intensivo[14], intenso, llevadero[9], meticuloso, minucioso[27], modélico, monumental[32], peliagudo, perentorio[30], por cuenta {ajena/propia}, precario[11], preventivo[73], pulcro, redondo[2], remunerado, resultante, riguroso[28], rutinario, sacrificado, serio, sin tregua, tedioso, temporal, tenaz[24], tortuoso[16]** ♦ **a fuerza (de)[1], por** ♦ **alcance (de)[66], cantidad (de), cúmulo (de)[43], intrusión (en), posibilidad (de), puesto (de)** ♦ **abocar(se) (a)[30], absorber[1], acumular(se), agilizar[44], aligerar[16], aliviar[54], amenizar[1], aplicarse (a/en), atender, aumentar, aunar[3], avalar[22], boicotear[46], bordar[15], bregar[15], cargar (de), centralizar[37], compensar[12], consagrar (a algo), culminar[5], dar salida (a), dedicar[3], delinear[14], desatender[10], desbaratar[62], desbordar(se), descuidar, desempeñar[6], desentenderse (de)[13], despachar, devaluar(se)[10], difundir(se)[68], diluir(se)[6], disminuir, dosificar[4], ejecutar[27], ejercer, empañar(se)[36], endilgar, enfrascarse (en)[32], entregar(se) (en), faltar (a), honrar, incentivar, indigno, intensificar, invertir[3], involucrar(se) (en)[17],**

llevar a cabo, llevar adelante[30], llevar al día, mantener, meter(se) (en)[32], multiplicar(se), obstaculizar[24], obstruir[24], perder, perseverar (en)[31], poner (en algo), prorrogar[32], realizar, redoblar[4], responsabilizar(se), suplir[22], tener, tomarse a pecho, venirse abajo[22], volcar(se) (en), zambullir(se) (en)[5]

□ Véase también: **actividad, dedicación, empleo, empresa, esfuerzo, faena, labor, misión, tarea.**

TRABAJO

♦ (SUSTANTIVOS) Véase: **abocar(se) (a)[E], abrumador[N], absorbente[A], absorber[A], a destajo[G], a domicilio[F,H], afianzar(se)[A], a fuerza de[A], agilizar[G], aglutinar[I], agotador[A], a la altura (de)[E], alcance (de)[J], aligerar[C], aliviar[I], a medias[J], a medida[A], amenizar[A], amoldar(se) (a)[J], amortizar[D], apremiante[C], a puerta cerrada[M], arduo[A], asequible[C], aunar[A], avanzado[K], azaroso[G], boicotear[I], bregar[C], centralizar[G], ceñir(se) (a)[H], compensar[B], comunal[H], condensar[D], copioso[C], crucial[K], culminar[B], cumplir[I], cúmulo (de)[F], de campo[A], decisivo[I], dedicar[A], defensivo[D], delinear[C], denodado[C], desatender[B], desbaratar[J], descollante[B], desempeñar[A], desentenderse (de)[C], desfigurar[F], devaluar(se)[B], difundir(se)[J], dilapidar[B], dilatado[B], diluir(se)[A], distorsionar[H], dosificar[A], echar[A], efectivo[E], ejecutar[E], emprender[F], en cadena[C], encarnizado[D], endilgar[A], en equipo[A], enfrascarse (en)[D], en serie[C], exhaustivo[F], febril[A], fecundo[C], fortalecer(se)[D], frenético[A], honroso[K], humanitario[A], ilusionante[F], impagable[C], imponer[G], ímprobo[A], ingente[D], inhumano[B], insoslayable[C], intachable[D], intensivo[C], invertir[A], llevadero[B], llevar adelante[D], malograr(se)[D], meter(se) (en)[G], minucioso[E], monumental[D], obstaculizar[D], obstruir[D], perentorio[G], perseverar (en)[G], pisotear[G], pletórico (de)[C], precario[B], preventivo[K], prolijo[F], prorrogar[E], recaer[A], redoblar[A], refrendar[H], riguroso[E], serenar(se)[E], soterrado[I], suplir[D], tangencial[F], tenaz[D], vehemente[I], venirse abajo[E]**

♦ (VERBOS) Véase: **a brazo partido[B], a conciencia[A], activamente[D], a destajo[A], a domicilio[C], a marchas forzadas[A], a medio gas[A], a puerta cerrada[E], a tope[B], codo con codo[C], con todas {mis/tus/sus...} fuerzas[E], de igual a igual[E], de lo lindo[C], duramente[A], en cadena[N], en equipo[C], en exclusiva[A], en serie[A], febrilmente[A], gratis et amore[A], incansablemente[A], intensamente[E], ordenadamente[E]**

□ Véase también: ACTUACIÓN.

trabar *v.* ▮ En su forma pronominal *(trabarse)* se combina con sustantivos que designan personas, y con los sustantivos *lengua* y *palabras*. En su sentido de 'impedir el desarrollo de' se combina con sustantivos que designan procesos *(aprendizaje, inversión, operación)*. En el sentido de 'emprender, hacer efectivo o desarrollar' se combina con...

A EL SUSTANTIVO *RELACIÓN* Y CON OTROS QUE DESIGNAN RELACIONES PERSONALES DE AFECTO O ESTIMA: **1 amistad ++:** Después de algunos días de convivencia (...) *trabó* amistad con sus captores. BYN121097 **2 lazo ++:** ...con quien el reo *traba* lazos fraternos hasta más allá de los muros o de la obligada coexistencia. EME250295 **3 confianza:** El acusado *trabó* confianza con la mujer, subió a su domicilio y mantuvo con ella relaciones sexuales completas en una ocasión. EPE070999 **4 relación:** ...no tiene los papeles que legalmente le fueron cedidos, para su uso financiero, por el empresario japonés Shinobu Kumagai, con quien *trabó* relación en 1994. PME140796 **5 contacto:** Después queda ya el paso decisivo: *trabar* contacto con el chaval y aprender a convivir con él. EPE121099

B SUSTANTIVOS QUE DENOTAN INTERCAMBIO DE OPINIONES O PARECERES CON UN OBJETIVO COMÚN: **6 diálogo:** Los políticos *trabaron* un diálogo de sordos del que nadie pudo sacar nada en claro. INDOC **7 conversación +:** El hombre sentado estaba cenando y no tenía muchas ganas de *trabar* conversación con el otro, que probablemente regresaría a Madrid esa misma noche. LVE281096 **8 negociación:** Continúa *trabada* la negociación con los fondos de pensiones, que se niegan a incluir los bonos de deuda... EPE291101

□ Véase también: **entablar.**

▮ En su sentido de 'enlazar los componentes de' se combina con sustantivos que designan textos *(texto, discurso, obra, relato, guión, ensayo, biografía, libro, editorial, artículo)*, y también con...

C SUSTANTIVOS QUE DENOTAN CONJUNTO ARTICULADO DE UNIDADES: **9 red +:** ...no es tampoco su bien *trabada* red de recurrencias, ni el intertexto culto que le prestan sus citas de versículos bíblicos... ABC050393 **10 sistema +:** El sistema de signos se entrelaza, perfectamente *trabado:* el fuego, la llama (que no de amor)... ABC080193 **11 entramado +:** Aquel entramado de oscuras negociones *trabado* a lo largo de la última campaña... INDOC **12 esquema:** ...han tropezado con el bronco estilo de Boloña, y amenaza con *trabar* el esquema de salvataje financiero. CAP140900 **13 arquitectura:** De 1988 son varias pinturas subtituladas «pagodas» que presentan la arquitectura bien *trabada* a la vez volandera... ABC131291

D SUSTANTIVOS QUE DENOTAN ACUERDO ENTRE VARIAS PARTES: **14 pacto +:** ...a las seis de la mañana de ayer concluyó, con un pacto *trabado* al borde del fracaso... EPE270399 **15 coalición +:** ...forzando con ello una coalición cada vez más *trabada*, que en el debate sobre el estado de la nación puede reactivar este eventual socialismo gobernante. LVE030295 **16 alianza:** ...con quién *trabar* alianza y de qué elementos vendrá compuesto el futuro. EME210394 **17 consenso:** ...en todo caso, con un consenso mejor *trabado* y una planificación más brillante. ENC060599

E OTROS SUSTANTIVOS; POSIBLES USOS ESTILÍSTICOS: Hablan, en resumen, de una norma «mal *trabada* jurídicamente». EPE181199

□ Véase también: **emprender, hacer efectivo, traba.**

tradición ♦ **acendrado[32], acorde (con)[35], ancestral[2], antiguo, arraigado[2], autóctono, centenario, dilatado, enraizado, extendido, fecundo[62], fundado[38], honorable, honroso[72], inmemorial, inveterado, milagrero[6], milenario, perdurable, popular, secular, viejo, vivo[45]** ♦ **con arreglo (a)[44]** ♦ **abolir[30], adherirse (a)[45], aferrarse (a)[13], afianzar(se)[69], aflorar[31], alimentar[62], alimentar(se)**

(de)[8], amoldar(se) (a)[51], anclar[1], apartar(se) (de), apegarse (a)[10], atenerse (a)[83], cimentar[49], conservar[25], cortar (con)[10], cumplir (con), desterrar[5], desviar(se) (de), entroncar (con), extinguir(se)[12], infringir[34], instaurar[31], mantener, perderse, perdurar, persistir, practicar, profanar[19], quebrantar[43], recuperar, renovar, retomar, romper (con), saltarse[62], seguir, subvertir[20], transgredir[30], transmitir, truncar(se)[54]

☐ Véase también: **asiduo, consuetudinario, costumbre, hábito, historia, legado, rito, uso.**

TRADICIÓN Véase: COSTUMBRE; LEGADO; USO

traducción ♦ **aproximado[70], brillante, correcto, exacto, excelente, fiable, fidedigno[21], fiel, libre, literal[9], textual** ♦ **adaptar, completar, corregir, hacer, llevar a cabo, publicar, realizar, revisar**

☐ Véase también: **interpretación, texto, transcripción, versión.**

traducir ♦ **al pie de la letra[12], certeramente, con soltura, correctamente, exactamente, incorrectamente, laxamente, libremente, literalmente[8], pulcramente[12], punto por punto, textualmente**

☐ Véase también: **interpretar, reproducir, transcribir, verter.**

tráfico ♦ **abrumador, alborotado, clandestino, de automoción, de drogas, de mercancías, de vehículos, infernal[19], lento, tumultuoso** ♦ **agilizar[19], aligerar[24], aliviar[48], atascar(se), circular, colapsar(se), congestionar(se)[22], controlar, descongestionar(se), desviar, discurrir, entorpecer, fluir, obstaculizar[12], obstruir[7], regular, vigilar**

☐ Véase también: **afluencia, circulación, flujo, movimiento, tránsito.**

tragedia ♦ **amargo, angustioso, dantesco, de grandes proporciones, desolador[58], duro, enorme, hondo, humanitario[26], inmenso, irreparable[12], pavoroso, sobrecogedor, terrible, tremendo** ♦ **alcance (de)[4], ribetes (de), secuela (de)** ♦ **abatir(se)[1], abocar(se) (a), acechar[23], afligir (a alguien), alcanzar (a alguien), asaltar[28], avecinarse[8], avivar[46], cebarse (sobre alguien), cernerse[14], cerrar los ojos (ante)[23], condolerse (por), conmemorar[34], consumar(se)[25], deparar, desatar(se)[64], digerir[20], fraguar(se)[20], hundir(se) (en)[13], incubar[8], lidiar[13], mitigar[23], ocasionar[26], recuperar(se) (de), reponerse (de), revivir[19], sembrar[78], sobreponerse (a)[6], sobrevenir (a alguien), soportar, sufrir, superar, tejer[47], vivir**

☐ Véase también: **drama, fatalidad, suerte.**

trágicamente *adv.* ▮ Se combina con gran número de adjetivos que designan propiedades inconvenientes, adversas o en general negativas *(triste, doloroso, injusto, desigual, absurdo, contradictorio)*, y también con diversos verbos. Entre estos últimos destacan especialmente los...

A VERBOS QUE DESIGNAN EL PROCESO DE PERDER LA VIDA: **1 morir** ++: ...Ramos Millán murió *trágicamente* cuando el avión en que regresaba de Oaxaca a la capital del país se estrelló en el Pico del Fraile... PME151296 **2 fallecer** ++: ...son José Luis López Vázquez (Don Octavio), fundador de la empresa, que falleció *trágicamente* en un accidente dentro del ascensor... EPE240800 **3 perecer:** «Presento mis más profundas disculpas a los familiares y amigos de los que perecieron *trágicamente* en la catástrofe», agregó el ministro. EPE141001 **4 perder la vida:** Esta es la segunda mujer que pierde la vida, *de forma trágica*, en Gran Canaria en menos de una semana. EME170194 **5 caer:** Así fueron cayendo *trágicamente*, afectados por males hepáticos, entre ellos, un hermano de mi madre. HOY050187

B VERBOS QUE DESIGNAN EL TÉRMINO DE UN PROCESO: **6 terminar** ++: Lo que cerca estuvo de terminar *trágicamente* el jueves (...) empezó hace seis meses. EPE070399 **7 acabar** ++: Pero esta historia también acabará *trágicamente*, haciendo bueno el título de la película. EME020296 **8 finalizar** +: ...fueron condenados a cuatro años de cárcel por organizar un viaje que finalizó *trágicamente* para 13 de los inmigrantes... EPE250599 **9 desaparecer** +: ...por la forma en que retrata el aprendizaje de la vida en un mundo que desaparece *trágicamente*. EPE281099 **10 llegar a su fin** +: La expedición alpina llegó a su fin *trágicamente*. INDOC **11 concluir:** El embarazo que desde el verano pasado tenía en vilo al Reino Unido concluyó ayer *trágicamente* en un hospital de Londres... EME031096 **12 culminar:** ...pero este atentado culmina *trágicamente* el rebrote terrorista producido en el país en las últimas dos semanas. EPE140399 **13 agotar:** Arrastrados por lo inesperado, llegaron seguramente a Isla Livingston para agotar sus días *trágicamente*. ABC261193

C VERBOS QUE DENOTAN CORTE, DETENCIÓN, PRIVACIÓN O INTERRUPCIÓN, A MENUDO DE LA EXISTENCIA, PERO TAMBIÉN DE OTROS PROCESOS: **14 cortar:** ...corta *trágicamente* la trayectoria de uno de los pocos –quizás el único– recambio del gran campeón navarro. EME120294 **15 truncar:** Roto el pesado lastre de la fallida experiencia cubana, *trágicamente* truncada la andadura socialista chilena... LVE220995 **16 zanjar:** ...han sido las claves del estallido de las protestas *trágicamente* zanjadas en la plaza de Tienanmen. ABC010592 **17 romper:** Hace ocho años el equipo se rompió *trágicamente* en 24 horas por una septicemia que se llevó a su marido-colega. LVE201094 **18 arrebatar** +: ...logre el triunfo que tan *trágicamente* le arrebatara el destino el pasado mayo en Córcega. EME231095 **19 privar:** Sólo algunos votantes –José María Aldaya, José Antonio Ortega Lara, Publio Cordón– se verán *trágicamente* privados de esa posibilidad. EME030396 **20 partir** –: ...que parte *trágicamente* el retrato en dos mitades desiguales, por suerte más reconciliables que las dos Españas que tanto helaron el corazón de los Machado. EPE250299

D ALGUNOS VERBOS QUE DENOTAN INFLUENCIA: **21 marcar** +: El atentado perpetrado ayer en el centro de Manchester marcó *trágicamente* la víspera del decisivo encuentro entre Alemania y Rusia. EME160696 **22 determinar:** ...unos personajes que se debaten entre el amor y la soledad y cuyo destino está *trágicamente* determinado. LVE260796

E VERBOS QUE DENOTAN DEMOSTRACIÓN: **23 demostrar:** ...a unos mandos que habían demostrado *trágica-*

mente su disposición al atentado indiscriminado. LVE100595 **24 confirmar:** «*Trágicamente*, mis temores se han visto confirmados». EME030594 **25 comprobar:** La epidemia tuvo serias consecuencias que pudieron comprobar, *trágicamente*, muchas familias. INDOC

F VERBOS QUE DENOTAN RELACIÓN ESTRECHA; USO POCO FRECUENTE: **26 unirse:** El destino de Ana B., de tres años, se unió ayer *trágicamente* al de su hermana Eva, doce meses menor. EPE281101 **27 ligar –:** Es su carrera número trece y la disputa en un país ligado *trágicamente* a su vida. LVE250896

□ Véase también: **tristemente.**

[trago] → **a tragos, de un trago**

trago ♦ amargo⁶, buen(o), duro, mal(o) ♦ beber, dar, echar⁵⁴, evitar, ofrecer, pasar, sufrir, superar, tomar

□ Véase también: **sorbo.**

traición ♦ abierto, abyecto, alevoso, alto, avieso¹⁵, capaz (de), cómplice (de), flagrante, grave, imperdonable, infame, leso²², oculto, ominoso, presunto, subrepticio, verdadero, vergonzoso, vil ♦ acto (de), alcance (de)⁷², delito (de), prueba (de) ♦ calificar (de), castigar, cometer, conjurar, constituir, consumar, descubrir, encubrir, hacer, infligir³⁸, maquinar, pagar, propiciar, sufrir, tramar, urdir

traicionar ♦ abiertamente, con alevosía¹¹, sin escrúpulos, vilmente¹⁴ ♦ confianza, juramento, palabra, persona, promesa

traje ♦ a medida, anodino, ceñido, ceremonial, civil, cómodo, corto, cruzado, de baño, de batalla, de chaqueta, de confección, de época, de etiqueta, de faena, de firma, de moda, deportivo, deslumbrante, elegante, espacial, espectacular, estrafalario, extravagante, fastuoso, fino, flamante, folclórico, impecable, largo, llamativo, militar, oficial, original, precioso, protector, regional, reglamentario, rico, riguroso, roído, sastre, sobrio, sofisticado, típico, tradicional ♦ con, de ♦ abrochar(se), ajustar(se), arrugar(se), ataviar(se) (con), confeccionar, coser, desabrochar(se), enfundar(se), exhibir, ir (con), llevar, lucir, planchar, poner(se), quitar(se), vestir (con)

□ Véase también: **prenda, vestido, vestir(se).**

trajear(se) ♦ de punta en blanco, impecablemente, para la ocasión, pulcramente²

trama ♦ apretado¹⁰, artificioso, complejo, de espionaje, delictivo¹⁴, enrevesado⁴², inextricable²⁵, inmobiliario, intrincado¹⁷, laberíntico, maquiavélico, oculto, proceloso²², retorcido²⁶, sibilino, siniestro ♦ al descubierto²⁶ ♦ abortar, ambientar(se)², crear, desactivar⁵, desarticular(se)²⁸, desbrozar¹¹, descubrir, desentrañar¹⁹, desmantelar¹², desmontar³⁶, destapar¹⁴, destripar³, desvelar⁸, discurrir²⁵, enredar(se) (en)⁶, esclarecer(se)⁹, escribir, fraguar(se)²⁹, idear, involucrar(se) (en)²⁷, maquinar⁹, orquestar¹¹, salir a la luz¹¹, subyacer, tejer¹⁰, urdir², venirse abajo¹²

□ Véase también: **complot, entramado (de), montaje, tinglado, urdimbre.**

tramar *v.* **I** En su sentido de 'urdir' acepta sustantivos que designan diversas formas de agresión *(atentado, asesinato, secuestro, venganza, golpe de estado)*. Se combina especialmente con...

A SUSTANTIVOS QUE DENOTAN ACCIÓN OCULTA O ENCUBIERTA, CON OBJETIVOS A MENUDO ILEGÍTIMOS: **1 conspiración ++:** El poder de los militares no tiene aparente respuesta hasta que la rebelión cristera encuentra oídos en la gente pudiente y se empieza a *tramar* una conspiración que terminará trágicamente. EME120394 **2 complot +:** El propio magnate fue ayer interrogado por los fiscales de Brescia, acusado de *tramar* un complot contra el ex fiscal Di Pietro... EME190596 **3 conjura +:** Haider inculpó a la Internacional Socialista de *tramar* una conjura contra el FPOE. EPE171099 **4 estafa:** La sentencia considera particularmente grave que Salanueva *tramara* la estafa desde su condición de directora general. LVE091295 **5 ardid:** En la rogatoria suiza hay un documento excepcional que revela el ardid *tramado* para quedarse con los 1.344 millones. EPE030699 **6 argucia:** ...seguiste diciéndote cosas, bisbiseándote, llenándote de argumentos, haciendo cábalas, elaborando silogismos, *tramando* argucias y conjeturas, hasta que llegó la hora de decir basta... EPE140800

B SUSTANTIVOS QUE DENOTAN ESTRATEGIA, INTENCIÓN O MODELO ORGANIZADO DE ACTUACIÓN: **7 plan ++:** Como muchos de sus coetáneos, Zhongyong sospecha que EE. UU. *trama* un plan para impedir que China cobre poder. EME020696 **8 estrategia +:** Pero los personajes que encarnan esas funciones continúan nominalmente con una porción de poder, *tramando* ardides, escaramuzas y estrategias demoledoras. CAP170497 **9 operación +:** ...los famosos acuerdos de Dayton (...) sirvieron para legitimar la limpieza étnica en Bosnia, redimir a Milosevic de toda responsabilidad (...), darle carta blanca para reforzar su predominio autoritario en Yugoslavia y *tramar* la operación antialbanesa en Kosovo. EPE100599 **10 táctica +:** ...como jugadores de rugby cuando *traman* una táctica, hablándose por la entrepierna. EPE020977 **11 proyecto:** Pero no por ello Plans deja de *tramar* nuevos proyectos e iniciativas. EPE120599 **12 alternativa:** ...habrá una sola lista, por mucho que el líder indiscutible, Manuel Fraga, bromease ayer con la posibilidad de que se *tramara* una alternativa a sus espaldas. EPE031099

C EL SUSTANTIVO *ACCIÓN* Y CON OTROS QUE DESIGNAN DIVERSAS FORMAS DE LEVANTAMIENTO, IRRUPCIÓN O MANIFESTACIÓN ACTIVA CONTRA ALGO O ALGUIEN: **13 levantamiento +:** Vasconcelos se une al magonista Camilo Arriaga para *tramar* un levantamiento en Tacubaya. PME081296 **14 revuelta +:** ¿Tenía informaciones de que se *tramaba* una revuelta, auspiciada por la CIA, para derrocarlo? EUV120996 **15 insurrección:** ...en 1961 dirige el contraespionaje griego, donde comenzó a *tramar* la insurrección por temor «al peligro comunista». EPE280699 **16 acción:** Tampoco tranquilizan los embrollos que envuelven el poder judicial, y que van desde las obsesivas acciones antisocialistas *tramadas* por Garzón hasta esta multa al juez Moreiras, pasando por dimes y diretes que han afectado incluso al presidente del Tribunal Supremo... LVE130296 **17 campaña:** Cabe señalar que semejantes campañas calumniosas antes se *tramaban* en salones oscuros de la KGB o de la CIA... EME311295

D SUSTANTIVOS QUE DENOTAN IDEA O POSIBILIDAD, GENERALMENTE NO CONTRASTADA: **18 idea +:** Entonces

Barea ya está *tramando* la idea de cobrar un tanto por respirar. EME190796 **19 tesis:** Por encima de la peripecia personal, Conde elabora una bien *tramada* tesis sobre lo que denomina «El Sistema»... ABC090994 **20 conjetura:** Perdía el tiempo *tramando* conjeturas que no solían confirmarse. INDOC

☐ Véase también: **cocinar(se), maquinar, tejer, urdir.**

tramitación ♦ **agilizar**[2], **aligerar**[18], **bloquear, culminar**[33], **desbloquear**[20], **detener, exigir, llevar a cabo, paralizar, pedir, realizar, solicitar, suspender, ultimar**

☐ Véase también: **burocracia, documentación, papeleo, trámite.**

tramitar *v.* ▌Se combina con sustantivos que designan actuaciones, diligencias o gestiones administrativas *(diligencia, formalidad, paso, gestión, requisito, administración, comisión)*, y también con otros que designan cantidades económicas que han de ser entregadas, gastadas o recibidas *(presupuesto, pago, indemnización, préstamo, cobro, crédito, beca)*, y documentos de carácter administrativo *(informe, expediente, sumario, caso, certificado, matrícula)*, a menudo acreditativos *(permiso, carné, pasaporte, autorización, visado)*. Se combina además con...

A SUSTANTIVOS QUE DENOTAN SOLICITUD EN MUY DIVERSAS FORMAS. TAMBIÉN CON ALGUNOS QUE DESIGNAN OTRAS ACCIONES LEGALES DESTINADAS A RECONOCER UN DERECHO U OBTENER UN BENEFICIO: **1 solicitud ++:** ...se encuentra pendiente de que el TSJC *tramite* la solicitud de indulto parcial para reducir los seis años de cárcel a uno. EME150795 **2 petición ++:** Ahora será el Ministerio de Justicia e Interior quien debe *tramitar* la petición de extradición. EME150196 **3 propuesta ++:** ...el Parlamento Europeo ha rechazado *tramitar* la propuesta por el procedimiento de urgencia... EME160996 **4 suplicatorio ++:** Los tres magistrados que llevan este caso consultaron a sus compañeros de Sala y, por amplia mayoría, acordaron no *tramitar* el suplicatorio... EME280295 **5 recurso ++:** ...aunque también es posible que el instructor del caso *tramitara* el recurso de apelación y se retrasara. EME260896 **6 denuncia ++:** ...no ve incorrecto que el juez militar investigue si en los documentos que se llevó Perote existen datos que atentan contra la seguridad nacional mientras otra juez *tramita* la denuncia por la grabación de conversaciones. EME200695 **7 demanda +:** ...sin que hasta el momento se conozca el Juzgado de Primera Instancia al que corresponderá *tramitar* la demanda. EPE130479 **8 reclamación:** ...si Telefónica no la atiende, puede usted dirigirse a Aenor, para que ellos *tramiten* su reclamación... EPE060399 **9 queja:** La UE *tramitará* una queja contra la variante férrea de Benicàssim. EPE200899 **10 oferta:** En estos casos es el empresario quien debe *tramitar* la oferta de empleo y presentar los papeles del extranjero al que pretende contratar. EPE270499 **11 querella:** El juzgado central de instrucción número 3, encargado de *tramitar* la querella de la fiscalía contra Conde y otros ex directivos de Banesto... LVE100895 **12 acusación:** ...quien encabezó el movimiento de los magistrados mientras se *tramitaba* la acusación constitucional contra el presidente de la Suprema... HOY250897 **13 apelación:** Tal principio quedó establecido en el auto por el que la Sala Segunda resolvió que Móner debía *tramitar* la apelación contra su decisión de no citar a declarar a... LVE270996 **14 recusación:** Más criticable hubiera sido que se pronunciaran al respecto cuando se estaba *tramitando* la recusación del juez... LVE260295

B SUSTANTIVOS QUE DENOTAN SUSPENSIÓN O APLAZAMIENTO, ASÍ COMO OTROS QUE DESIGNAN PROCESOS DE SEPARACIÓN, CANCELACIÓN O CESE DE ALGUNA SITUACIÓN LEGAL O ADMINISTRATIVA: **15 anulación ++:** ...muchos de los cuales se conservan en el departamento del Obispado que *tramitaba* separaciones y anulaciones. LVE111296 **16 dimisión ++:** Su caso provocó ayer un tenso debate en el seno del colegio de comisarios, que decidió suspenderlo en sus funciones mientras *tramita* una dimisión que Bangemann ni siquiera esperó a formalizar... EPE020799 **17 nulidad matrimonial ++:** ¿Se está *tramitando* la nulidad matrimonial entre ustedes? CAR210797 **18 separación ++:** La mujer se separó de su esposo en 1991 y el juzgado que *tramitó* su separación le concedió el uso y disfrute de la vivienda conyugal... LVE081195 **19 divorcio ++:** Al cabo de unas semanas la reina pidió formalmente que se *tramitara* el divorcio. LVE290296 **20 suspensión +:** En este sentido, dejó claro que es partidario de esperar hasta que el juez que *tramita* la suspensión de pagos aprueba las cifras definitivas del balance. EPD091097 **21 invalidez:** Las diligencias previas continúan mientras que la demandante, de baja por depresión y ansiedad, se ve obligada a *tramitar* la invalidez por cumplimiento del plazo legal establecido para ello. EPE220299 **22 indulto:** Prisión para dos médicos condenados por aborto cuando se *tramita* su indulto y se les podrá aplicar la condicional con el nuevo Código. LVE010596 **23 disolución:** Dos abogados *tramitan* la disolución de la sociedad conyugal, pero la esposa del escritor, Rosario Conde, pide una cantidad exorbitada... ETC020190

C SUSTANTIVOS QUE DESIGNAN LEYES O DIRECTRICES ESTIPULADAS O REGLAMENTADAS, ASÍ COMO ALGUNAS DE LAS FORMAS EN QUE SE RECOPILAN O MANIFIESTAN: **24 orden ++:** El pasado 21 de septiembre, la Fiscalía alemana *tramitó* una orden de captura contra Bin al Shibh. EPE021201 **25 medida +:** ...reconoció que le pidió paciencia mientras se *tramitaba* esa medida de gracia, que nunca llegó a concederse. LVE090596 **26 legislación:** ...los suizos están *tramitando* la legislación que habilitará a su banco central a vender 1.300 toneladas de oro de las 2.590 que tiene en reserva... EPE160599 **27 normativa +:** Griñán dijo, sobre la normativa de elecciones sindicales que se *tramita* junto a la reforma laboral... EME140394 **28 reglamento:** Fomento *tramita* un reglamento que desarrolle la Ley de Televisión sin Fronteras... EPE300699 **29 decreto:** El real decreto que *tramitará* el Gobierno modificará los artículos 231 y 232 del Código de Circulación para adaptarlos a la normativa europea. LVE240195 **30 Código Penal:** En esta ocasión, el ministro de Justicia puso más empeño en aprobar la Ley Orgánica del Poder Judicial, una ordenación también muy amplia, con lo que no tuvo tiempo después para *tramitar* el Código Penal. EME091195

D SUSTANTIVOS QUE DENOTAN DESPLAZAMIENTO O TRANSFERENCIA: **31 extradición ++:** Mendaille ya había sido arrestado en 1989, pero fue puesto en libertad al negarse el Gobierno español a *tramitar* su extradición.

EME230494 **32 traslado ++**: ...la comisaría de Algeciras ha *tramitado* ya el traslado de los 260 arrestados durante el fin de semana en el Campo de Gibraltar. EPE110700 **33 expulsión +**: Los detenidos se encontraban en las celdas de las dependencias policiales de la capital gaditana a la espera de que se *tramitase* su expulsión de España... EPE300699 **34 devolución**: El resto fue trasladado a la comisaría de Policía de Algeciras para *tramitar* su devolución. EPE260800 **35 repatriación**: El cónsul de España en Quito, Francisco Sanabria, anunció ayer que *tramita* la repatriación del cadáver de la científica. EME130596

E SUSTANTIVOS QUE DESIGNAN CONFLICTOS LEGALES Y ALGUNAS DE LAS FORMAS EN QUE SE RESUELVEN: **36 juicio +**: ...y el presidente de la Corte Superior de Justicia de Babahoyo que *tramita* el juicio por enriquecimiento ilícito. VIS090797 **37 pleito +**: La alta institución británica confirma que el tribunal de Londres puede *tramitar* el pleito. LVE141095 **38 litigio**: ...son los juzgados y tribunales de lo civil (que *tramitan* litigios como desahucios, asuntos de familia, quiebras de empresas, interdictos...) y los de lo contencioso-administrativo. EPE240999 **39 conflicto –**: El abogado que *tramita* el conflicto está intentando llegar a un acuerdo entre ambas partes. INDOC

F SUSTANTIVOS QUE DESIGNAN INTENCIONES, PROPÓSITOS Y OTRAS IDEAS QUE PUEDEN LLEVARSE A LA PRÁCTICA: **40 proyecto +**: El proyecto fue *tramitado* de manera urgente por el procedimiento de lectura única, sin debate en comisión. EPE290999 **41 plan +**: Alcoy *tramita* un plan para reducir el impacto de sus industrias. EPE210999 **42 proposición +**: ...consiguió que el Parlamento aceptara *tramitar* su proposición por la vía de urgencia ante la inminencia de la convocatoria de huelga. EPE190599 **43 iniciativa**: Los socialcristianos alegan que de haber aceptado su rebaja, sería innecesario *tramitar* una iniciativa para mantener el impuesto de ventas en un 15 por ciento. LNC190297 **44 idea**: En este sentido, el Partido Popular se ha limitado a *tramitar* una idea que le ha venido dada... EPE250900 **45 opinión –**: Granados toreó como pudo las protestas (...) y sólo se comprometió en *tramitar* esas opiniones. LVE191196

G SUSTANTIVOS QUE DENOTAN ACUERDO O RESOLUCIÓN: **46 resolución ++**: ...la Comisión de Asuntos Exteriores del Congreso acordó por unanimidad *tramitar* una resolución que califica la pena capital de acto cruel e inhumano... EPE041199 **47 acuerdo +**: Este acuerdo, que se *tramitó* en el Parlamento con rango de ley, estaba específicamente desvinculado... EPE081201 **48 convenio +**: ...y calificaron de «coacción laboral» la forma como se había *tramitado* el convenio. EPE010286 **49 contrato**: ...ha repetido sistemáticamente la facturación a las mismas empresas sin haber *tramitado* el contrato administrativo correspondiente... EPE080599

H SUSTANTIVOS QUE DENOTAN CAMBIO: **50 modificación ++**: ...el municipio (...) *tramita* una modificación del Plan General Metropolitano que permita reutilizar los bajos. LVE091096 **51 cambio +**: Actualmente, el ciclista vasco Abraham Olano está *tramitando* su cambio de residencia a Mónaco... EME141295 **52 reforma**: ...dijo que el Congreso no está en capacidad de elegir al Presidente Interino y que si quiere hacerlo, deberá primero *tramitar* una reforma constitucional. ETC110297 **53 renovación**: Por eso, desde el 1 de abril también *tramita* la renovación del carné de conductor en la Capital Federal. CLA090597

▩ Se combina también con: ♦ **debidamente**[12]

[trámite] → **admitir a trámite**

trámite ♦ **administrativo, burocrático, complejo, dilatorio, engorroso, en regla, enrevesado, expeditivo[5], farragoso[7], inapreciable, inexcusable[10], insalvable, largo, lento, llevadero[11], mero, necesario, proceloso[21], puro, simple** ♦ **abreviar, acelerar, acortar[28], agilizar[1], agotar(se)[9], alargar(se), aligerar[17], atascar(se), complicar(se), congelar[48], cubrir, culminar[31], cumplir[32], demorar (algo), despachar, eternizarse, llevar adelante, obviar[13], pasar (por), realizar, resolver, retrasar (algo), saldar, saltarse[11]**

□ Véase también: **burocracia, documentación, formulario, impreso, instancia, papeleo, tramitación.**

TRÁMITE

♦ (SUSTANTIVOS) Véase: **acortar[E], agilizar[A], agotar(se)[B], aligerar[C], congelar[I], culminar[G], delegar[F], dilucidar[J], dirimir[D], emprender[J], en punto muerto[F], farragoso[B], obviar[D], practicar[C], prosperar[C], revocar[F], saltarse[B], sobreseer[A], someter(se) (a)[B], tortuoso[D], validar[F]**

♦ (VERBOS) Véase: **debidamente[B]**

□ Véase también: CONDICIÓN.

trampa ♦ **astuto, calculado, disimulado, engañoso, mortal, peligroso, sibilino, solapado, subrepticio, sucio, velado** ♦ **a prueba (de)[15]** ♦ **caer (en), conjurar[32], desbaratar(se), descubrir(se), desenmascarar, desmontar[39], desvelar, encerrar, esquivar, montar, planear, poner, preparar, sortear[18], tejer[8], tender, tropezar(se) (con)[7], urdir[8]**

□ Véase también: **amañar, anzuelo, argucia, artimaña, cebo, celada, emboscada, engañar, engaño, maquinación, señuelo, truco.**

[tranca] → **a trancas y barrancas**

[trance] → **a todo trance**

trance ♦ **apretado, difícil, duro, inesperado, irreversible[11]** ♦ **enfrentar(se) (a), entrar (en), estar (en), pasar (por), resolver, sacar (de), salir (de), superar**

tranquilidad ♦ **absoluto, apacible, completo, general, imperante[28], imperturbable, plácido, reinante[22], reposado, sumo[54], total** ♦ **estado (de)** ♦ **alterar[43], dar[131], destilar[65], emanar, enturbiar, gozar (de)[60], impartir[28], imperar, inducir (a)[54], infundir[21], inspirar[32], invitar (a)[29], irradiar[24], manifestar, mostrar, perturbar, quebrantar[35], quebrar(se), rebosar[28], recobrar, reinar[2], romper, transmitir[2], velar (por)[28]**

□ Véase también: **aplomo, armonía, bienestar, calma, paz, quietud, reposo, serenidad, sosiego, tregua.**

TRANQUILIDAD Véase: *CALMA*

TRANQUILIDAD Véase: CALMA

tranquilizador *adj.* ▮ Se combina con algunos sustantivos de persona *(Es un candidato tranqui-*

lizador), así como con otros que designan algunas de sus facultades o cualidades *(el tono tranquilizador de su voz)*. También se combina con muy diversos sustantivos abstractos entre los que destacan los que designan el resultado de algo *(el efecto tranquilizador de la medida; las consecuencias tranquilizadoras de su llegada)*. Se combina asimismo con...

A EL SUSTANTIVO *PRESENCIA* Y CON OTROS QUE DESIGNAN ESTADOS DE COSAS GENERALMENTE CIRCUNDANTES: **1 presencia ++:** Uno ya se estaba acostumbrando a la presencia *tranquilizadora* de militares armados cada cien metros... ENV051000 **2 panorama ++:** En contrapartida, reconoce que esta evolución va acompañada, en las últimas semanas, de un panorama externo más *tranquilizador*... EDV030601 **3 situación +:** «Las arcas municipales», agregó Elorza, «se quedan en una situación boyante y *tranquilizadora*». EPE260199 **4 ambiente +:** Tras las revueltas del año pasado, el ambiente que se respira es ahora más *tranquilizador*. INDOC

B SUSTANTIVOS QUE DENOTAN MANIFESTACIÓN VERBAL: **5 declaración +:** ...afirmó que la declaración emitida el viernes pasado por el ex presidente del Banco Central, Roberto Zahler, fue *tranquilizadora*... LEC100796 **6 conversación +:** ...en una conversación que mantuvo antes del pacto con Aznar, que hoy calificó de «muy *tranquilizadora*». LVE090596 **7 intervención +:** ...dio lugar a reiteradas intervenciones *tranquilizadoras* de los portavoces de la Alianza, y del Pentágono... DDN070101 **8 respuesta +:** ...y la respuesta ha sido, en términos generales, bastante *tranquilizadora*. EPE071101 **9 discurso:** ...un poquito más de generosidad en un discurso, por otra parte, muy *tranquilizador* en cuanto a la buena administración semántica de la victoria en sus primeros momentos. EME130694 **10 comentario:** ...y analistas chinos han estado haciendo comentarios poco *tranquilizadores* sobre su poderío militar y de su posible uso. EPE291199

C SUSTANTIVOS QUE DENOTAN DATO O INDICIO. TAMBIÉN CON OTROS QUE DESIGNAN DIVERSOS DOCUMENTOS QUE PUEDEN INTERPRETARSE COMO TALES: **11 dato ++:** ...los datos son bastante más *tranquilizadores*: un índice inflacionario corregido como el que se utiliza en Estados Unidos, que elimina los elementos volátiles como los alimentos o combustible... HOY301296 **12 informe +:** El INM no actualizó sus *tranquilizadores* informes de la mañana hasta las 16.52 horas. LVE050996 **13 señal +:** Las señales que han dado algunos miembros del Gabinete de transición no son precisamente *tranquilizadoras* para dichas empresas, sobre todo las del sector servicios. EPE291201 **14 cifra:** Cifras poco *tranquilizadoras* sobre el paro, las variadas formas de precarizar el empleo, marginación... LVE020495 **15 carta:** ...así lo indica la *tranquilizadora* carta de una consultora a la que se ha pedido un dictamen. LVE100295 **16 elemento:** ...es una pieza clave en el sistema educativo y un elemento *tranquilizador* para las familias. LVE170195

D SUSTANTIVOS QUE DENOTAN AUGURIO O DESIGNAN OTRAS MANIFESTACIONES RELATIVAS A LO QUE HA DE SUCEDER: **17 pronóstico +:** Los *tranquilizadores* pronósticos de las autoridades sanitarias se fundamentan en el modo de transmisión del virus. LVE130595 **18 expectativa:** Por todo ello, las expectativas ante la salida masiva de vehículos a las carreteras no son muy *tranquilizadoras*. LVE270696 **19 promesa:** Una promesa *tranquilizadora* para no asustar al electorado y cuyo espíritu asoma en el texto de la pregunta del referéndum... LVE301095

E ALGUNOS SUSTANTIVOS QUE DENOTAN DIFERENCIA: **20 ventaja +:** En la segunda mitad, con ventaja *tranquilizadora* para los de casa, el Racing se volcó sobre la puerta de Valencia. EME040995 **21 margen:** ...con 14 puntos tras el descanso que mantenían la ventaja visitante en márgenes *tranquilizadores*... LVE190996 **22 diferencia:** Tres goles de ventaja tras el encuentro de ida es una diferencia *tranquilizadora*. INDOC

tranquilizar(se) ♦ **enormemente[16], por completo, sumamente, totalmente**

☐ Véase también: **acallar, aliviar, apaciguar, apagar(se), aplacar(se), atemperar, calmar(se), mitigar, serenar(se), sosegar(se).**

transcribir ♦ **al dedillo, al pie de la letra, con precisión, de manera fidedigna, exactamente, fielmente, libremente, literalmente[3], punto por punto, textualmente**

☐ Véase también: **copiar, reproducir, traducir, verter.**

transcripción ♦ **aproximado, exacto, fidedigno[26], fiel, libre, literal[14], textual**

☐ Véase también: **traducción.**

transcurrir ♦ **a cámara lenta[5], a toda mecha, con fluidez[13], en balde, felizmente, gradualmente, lentamente, ordenadamente[74], plácidamente[28], rápidamente**

☐ Véase también: **durar.**

transferencia ♦ **agilizar, ceder, congelar[56], culminar[36], hacer, incentivar[16], llevar a cabo, paralizar, realizar, recibir**

☐ Véase también: **depósito (de), entrega.**

transformación ♦ **abrupto[55], a fondo[54], apremiante[51], brusco[4], completo, considerable, cualitativo[3], de arriba abajo, de raíz, drástico[22], gradual, inequívoco[54], integral[22], irreversible[34], lento, necesario, parcial, paulatino, profundo[99], progresivo, radical, rápido, repentino, total** ♦ **acaecer[3], afrontar, aplicar, asistir (a), atañer[35], avecinarse[32], capitanear[26], desencadenar(se), emprender, encajar, encarar[3], experimentar, fraguar(se), frustrar(se), hacer(se) realidad[85], impulsar, llevar a cabo, llevar adelante[17], operar(se), producir(se), promover, propiciar, propulsar, sufrir, verse afectado (por)**

☐ Véase también: **alteración, cambio, modificación, transición, trastorno.**

TRANSFORMACIÓN Véase: CAMBIO

transformar(se) ♦ **a fondo[36], a la vista (de alguien), a ojos vista[38], como por encanto[10], considerablemente[61], de arriba abajo[4], democráticamente[20], de pies a cabeza, de raíz[32], gradualmente[68], paulatinamente[25], por completo[181], profundamente[22], radicalmente[3], sustancialmente[37], totalmente**

☐ Véase también: **cambiar.**

transgredir *v.* ▮ Admite ocasionalmente sustantivos que designan dominios artísticos o culturales *(transgredir la literatura, la novela, la música, la filosofía)* en referencia metonímica a sus normas o sus procedimientos. Más frecuentemente se combina con...

A SUSTANTIVOS QUE DESIGNAN NORMAS, DIRECTRICES U OTROS CONTENIDOS REGLADOS, ASÍ COMO SUS FUNDAMENTOS Y LAS UNIDADES QUE CONSTITUYEN CUANDO SE AGRUPAN: **1** **ley** ++: ...la responsabilidad de los funcionarios públicos que otorgaron estos auxilios financieros, toda vez que *transgredieron* flagrantemente la Ley. ENV120996 **2** **norma** ++: ...las autoridades han incurrido en acciones de violencia que *transgreden* las normas legales sobre migración. DED010297 **3** **regla** ++: En ese explorar géneros conexos no se conforma con *transgredir* las reglas con que se los define, sino que asume una actitud provocadora... EPU041001 **4** **legislación** +: Él rechazó que *transgreda* la legislación. LNC110497 **5** **legalidad** ++: Dicen los testimoniantes que Santucho consideró que Gorriarán había *transgredido* la legalidad guerrillera y la moral revolucionaria... PME011296 **6** **principio** +: ...está pidiendo que un Estado miembro *transgreda* los principios básicos del derecho internacional... ESP041000 **7** **constitución** +: Acusado de *transgredir* la Constitución del Estado por aplazar las elecciones de las comunidades rurales de su municipio... DYM080996 **8** **código** +: O sea que entre el mismo gremio médico existe un código de silencio pocas veces *transgredido*... PLG220696 **9** **derecho** +: ...los derechos humanos son *transgredidos* cotidianamente por la violencia y la delincuencia organizada. EXC090596 **10** **estatuto** +: ...con su ilegalidad han *transgredido* en forma reiterada los estatutos... LEC191197 **11** **reglamento** +: Montaño se estaría dando a la tarea de quebrantar y *transgredir* los estatutos y reglamentos del Colegio... LTB021001 **12** **orden** +: ...precisamos que ello *transgrede* de manera flagrante el orden constitucional... CAP170797 **13** **normativa**: ...advirtió que no va a consentir que se *transgreda* la normativa del Parque Regional. EME101196 **14** **consigna**: ...el soldado holandés, que ha *transgredido* la consigna de silencio ordenada por sus superiores. EME180795 **15** **justicia**: ...al ver que la justicia no se aplica se siente tentado también a *transgredirla*. LPN270197

B SUSTANTIVOS QUE DENOTAN LÍMITE, SEPARACIÓN O DEMARCACIÓN, MÁS FRECUENTEMENTE SI CONSTITUYE UN OBSTÁCULO: **16** **frontera** ++: ...hay que *transgredir* las fronteras entre disciplinas e integrar en una las diversas perspectivas de lo real. LVE100394 **17** **límite** ++: La cantante cubana (...) ha *transgredido* sus límites como artista... ENH070297 **18** **línea** +: ...poner las cosas en su lugar y definir la línea que no debe *transgredirse*. EXC050996 **19** **nivel**: Unos niveles que se pueden *transgredir* y que aunque pierdan su sentido inicial, seguramente adopten otros nuevos más sugerentes... ABC220794 **20** **muralla** −: Debía ser imposible *transgredir* aquella muralla humana. LVE250996 **21** **distancia** −: Edwards *transgredió* esa distancia mágica con una facilidad pasmosa. EME140895 **22** **marcación** −: Lo cierto es que ya en los inicios de la dictadura, hace 20 años, Errázuriz andaba *transgrediendo* las marcaciones que normaban la mirada. ESH120996

C EL SUSTANTIVO *MUNDO* Y CON OTROS SUSTANTIVOS ABSTRACTOS QUE DESIGNAN LUGAR O ESPACIO, GENERALMENTE DELIMITADO. TAMBIÉN CON OTROS QUE EXPRESAN ESTADOS DE COSAS PRESENTES, ACTUALES O CIRCUNDANTES: **23** **mundo**: «Escribo para *transgredir* un mundo absurdo, para conseguir el respeto y la dignidad que la vida niega al hombre». ABC251194 **24** **realidad**: ...uno de los mayores logros del arte contemporáneo ha sido *transgredir* la realidad con la consiguiente creación de una imagen, de un universo abstractos... LVE240295 **25** **ámbito**: ...intento deliberado de *transgredir* el ámbito estético por la «introspección» étnica de un pueblo y una raza marginados. ABC271291 **26** **marco**: ...crear un grupo de trabajo sobre política penitenciaria sin *transgredir* el marco del tratamiento individualizado de cada preso. EPD090797 **27** **espacio**: Cada paso es una invitación a *transgredir* estos espacios tradicionalmente privados. EPE160499

D SUSTANTIVOS QUE DESIGNAN FORMAS CONVENCIONALES O ACOSTUMBRADAS DE COMPORTARSE: **28** **convención** ++: ...la posibilidad de operar con varios registros lingüísticos, de mezclar niveles, y de *transgredir* las convenciones estilísticas. LVE240596 **29** **tabú** +: ...el atávico tabú del incesto es *transgredido* osadamente por una familia de la alta sociedad. LVE230696 **30** **tradición** +: Scott necesitaba más que nadie una tradición (...) precisamente para *transgredirla*... EME210996 **31** **forma**: ...con el tema y la estructura de su película ha querido *transgredir* las formas «academicistas» del cine francés... EPE160899 **32** **hábito**: No está bien visto *transgredir* ciertos hábitos de conducta arraigados en la comunidad. INDOC **33** **cliché** −: ...el western de Jarmusch no *transgrede* los clichés de indios, cazadores de recompensas, predicadores y pioneros... LVE280595

E SUSTANTIVOS QUE DESIGNAN ACUERDO O COMPROMISO, ASÍ COMO CIERTOS VALORES, PRINCIPIOS Y PRÁCTICAS QUE SE CONSIDERAN VINCULADOS A ESAS NOCIONES: **34** **pacto** +: ...con sus palabras *transgredía* el pacto de no emplear el argumento «terrorismo»... EME190196 **35** **acuerdo** +: ...quienes han *transgredido* los acuerdos iniciales tras abandonar el sector... DLA220497 **36** **compromiso** +: ...en su difícil tarea de recabar dinero de particulares no desplaza, ni siquiera intenta *transgredir*, el compromiso que tiene el Gobierno Federal... EXC020197 **37** **juramento**: Has *transgredido* todas las normas, todas las reglas y todos los juramentos... EME260795 **38** **secreto**: Gorzkiewicz *transgredió* el obligado secreto oficial al revelar la decisión de dar por terminado el caso... EME280496 **39** **confidencialidad**: El socialista Javier Barrero (...) dio un paso más y recordó que *transgredir* la confidencialidad (...) es una conducta tipificada en el Código Penal. EME200594 **40** **confianza**: ...nunca jamás pensamos que algunos iban a intentar *transgredir* la confianza que había en nosotros... EME240494 **41** **fe** −: Se me imputa en la carta que he *transgredido* la buena fe contractual. EPE231299

F SUSTANTIVOS ABSTRACTOS QUE DESIGNAN DEBERES, CÓDIGOS SOCIALES DE COMPORTAMIENTO Y ALGUNOS DE LOS VALORES QUE SE ASOCIAN CON ELLOS: **42** **moral** +: ...Santucho consideró que Gorriarán había *transgredido* la legalidad guerrillera y la moral revolucionaria... PME011296 **43** **valor** +: ...se trata de saber si las medidas extraordinarias (...) *transgreden* los valores y principios democráticos... EPE251101 **44** **espíritu** +: «Si la información fluye hacia EH los informadores estarían *transgrediendo* tanto el espíritu como la ley que lo regula». EPE010399 **45 obligación +:** Transgredir alguna de esas obligaciones protectoras, por ambiguas que sean... LVE110296 **46 moralidad:** En esta comedia moral, habitada por seres que *transgreden* cualquier moralidad, Allen muestra su amor-odio hacia el teatro... LVE040395 **47 religión:** Pero Isabelle de Eberhart lo *transgredió* todo: sexo, religión, cultura. EME241295 **48 cortesía:** Pero la dureza dialéctica no ha *transgredido* casi nunca la cortesía parlamentaria... LVE260995 **49 corrección:** El enfrentamiento entre González y Aznar fue particularmente tenso, sin *transgredir* la debida corrección parlamentaria. LVE090295 **50 ética –:** Se lo dicta su ética y no puede *transgredirla*, aunque quisiera. EME140996

G SUSTANTIVOS QUE DENOTAN PAZ, ESTABILIDAD, PRUDENCIA Y OTRAS NOCIONES QUE SE ASOCIAN CON LA CORRECCIÓN, EL EQUILIBRIO, LA MESURA O LA RAZÓN: **51 estabilidad +:** Éstos acuden sólo a aquellos países donde existe una estabilidad legal, que no puede ser impunemente *transgredida* en razón de la fuerza bruta... EPE141199 **52 paz +:** ...las Naciones Unidas pueden bregar por la justicia y la paz, siempre y cuando el país o el régimen que las *transgrede* y violenta sea débil... EPE190999 **53 tregua:** El abogado aportó documentación según la cual el gobierno sí había *transgredido* la tregua electoral. EPE020687 **54 tranquilidad:** ...un socio con ganas de *transgredir* la tranquilidad reinante. EPE300899 **55 lógica +:** Transgrede la lógica histórica. ABC021092 **56 flema –:** Un quiosquero cuenta su aventura con este «bon vivant» que *transgredió* la flema de la aristocracia. EME280795 **57 sentido común:** ...les entran unas ganas irresistibles de *transgredir* el sentido común... LVE180695 **58 cautela:** Javier Solana Madariaga, veterano socialista y físico de formación, no *transgrede* la cautela así como así. LVE190395

H OTROS SUSTANTIVOS; POSIBLES USOS ESTILÍSTICOS: ...la voluntad irrefrenable de la gente de *transgredir* el miedo. EPE011289; Sus preocupaciones giraban en torno al desarraigo y su mérito fue haber sabido *transgredir* la anécdota personal... LVE260796

▩ Se combina también con: ♦ **abiertamente**[47], **impunemente**

☐ Véase también: **conculcar, contravenir, delito, desobedecer, incumplir, infracción, infringir, quebrantar, saltarse, violar, vulnerar.**

transición ♦ **abrupto**[57], **brusco**[94], **decisivo**[3], **escalonado, gradual, lento, paulatino, pausado, progresivo, rápido, sin sobresaltos, suave** ♦ **estado (de), proceso (de), vía (de)** ♦ **llevar a cabo, operar(se), pilotar**[13], **producir(se), transcurrir**

☐ Véase también: **cambio, modificación, traspaso.**

tránsito ♦ **agilizar**[21], **aligerar**[25], **aliviar**[47], **complicar(se), congestionar(se)**[24], **controlar, desviar, discurrir, fluir, obstaculizar**[8], **obstruir**[8], **regular, simplificar, vigilar**

☐ Véase también: **afluencia, circulación, flujo, movimiento, tráfico.**

transmisión ♦ **artístico, continuo, eléctrico, genético, hereditario, impreso, indiscriminado, oral, rápido, sexual, vertical, vírico** ♦ **cortar**[36], **interrumpir, preparar, realizar**

☐ Véase también: **depósito (de), entrega, transferencia, transmitir.**

transmitir *v.* ▮ Se combina con sustantivos que designan ondas, formas de energía o sus manifestaciones *(luz, sonido, calor, vibración, movimiento, onda, electricidad, energía)*, informaciones *(información, noticia, documental, película, anuncio, música, programa)* o su contenido *(ceremonia, partido, concierto, inauguración, entrevista, palabras, declaraciones)*. También acepta otros que designan mensajes *(mensaje, notificación, anuncio)*, ideas o conceptos *(concepto, idea, creencia, principio, valor, ideología)*, y pareceres *(opinión, postura, punto de vista, posición)*. Admite asimismo otros que designan agentes o enfermedades infecciosas *(germen, parásito, virus, sida, gripe, paludismo)*, derechos o valores *(derecho de uso, derecho de propiedad, obligación, atribución, herencia)*. Se combina a menudo con sustantivos que designan informaciones compartidas *(hábito, costumbre, tradición, historia)*, conocimientos *(conocimiento, experiencia, saber)* y sentimientos *(emoción, pasión)*. Destacan asimismo sus combinaciones con...

A SUSTANTIVOS QUE DESIGNAN SEGURIDAD, CALMA Y OTROS SENTIMIENTOS Y ACTITUDES QUE SUPONEN UN CIERTO GRADO DE ESTABILIDAD PERSONAL O COLECTIVA: **1 confianza ++:** Esta confianza también la *transmitió* la afición blanquiazul, que no paró de aplaudirle en los primeros compases del partido. LRE270103 **2 tranquilidad +:** Puede ser que haya querido *transmitir* tranquilidad y confianza a la población... CAP220900 **3 seguridad:** Este equipo de Boca arriba al compromiso *transmitiendo* seguridad, un valor decisivo, que debería ser determinante en el desarrollo del encuentro. CLA200601

B SUSTANTIVOS QUE DENOTAN FUERZA O VIGOR, MUY FRECUENTEMENTE DEL ÁNIMO: **4 fuerza ++:** ...pero *transmite* una fuerza interior, una convicción y un entusiasmo que se lleva por delante a sus auditorios. EPE100699 **5 entusiasmo ++:** Es segoviana y *transmite* todo el entusiasmo, toda la fe en lo que hace: trabajar con buen sentido para convencernos de que la naturaleza... LRE250103 **6 ilusión +:** ...es un político carismático, con una capacidad extraordinaria para comunicar con la ciudadanía y *transmitir* ilusión... LVE191096 **7 ánimo +:** ...se reunió con los concejales del PP de Álava para explicarles cuál era la situación y *transmitirles* ánimos. EPD280198 **8 energía +:** ...Bormann era el motor que *transmitió* energía al Führer en los últimos años de la guerra... EME131096 **9 impulso:** ...el instrumento de política monetaria más importante que en la actualidad cuenta Banco de México para *transmitir* los impulsos monetarios necesarios... EXC211096 **10 optimismo:** UGT y CCOO *transmiten* optimismo sobre la posibilidad de alcanzar hoy un acuerdo respecto al modelo educativo... ENC060599

C OTROS SUSTANTIVOS QUE DENOTAN SENTIMIENTO GOZOSO: **11 alegría +:** La tela debe encerrar un sentimiento, un soplo de amor y de tragedia pero la obra de arte debe *transmitir* alegría. LVE080396 **12 felicidad +:** Si salgo a cantar con angustia y no soy feliz, no puedo *transmitir* felicidad a los demás. ABC030395

1D SUSTANTIVOS QUE DENOTAN INQUIETUD EN DIVERSOS GRADOS: **13 inquietud ++:** Ella fue la encargada de *transmitir* la inquietud del grupo al presidente de la mesa... HOY150997 **14 preocupación ++:** Amnistía Internacional está llevando a cabo una campaña cuyos objetivos fundamentales son los de *transmitir* al Gobierno turco dicha preocupación... EME051296 **15 nerviosismo:** No paraba de gritar, de moverse, de recorrer la banda y de *transmitir* su nerviosismo a cuantos le rodeaban. LVE260896 **16 alarma:** Todas estas declaraciones *transmitían* la alarma de la oposición ante la situación... LVE190696

E SUSTANTIVOS QUE DENOTAN AUSENCIA DE SEGURIDAD: **17 interrogante +:** Así mismo, ellos serán los encargados de *transmitir* los interrogantes que previamente ha planteado la comunidad... ETC040997 **18 duda +:** Vázquez tiene dudas y las *transmite* al equipo. EPE131099 **19 sospecha +:** Pero cuando menos permíteme que te *transmita* la sospecha de que lo que estás haciendo es preparar tu propia defensa. EME120195

F SUSTANTIVOS QUE DENOTAN DISCREPANCIA, DESCONTENTO Y OTROS ESTADOS DE AFLICCIÓN, CONFRONTACIÓN O ADVERSIDAD: **20 malestar +:** ...*transmitirá* la semana próxima a la cancillería brasileña el «profundo malestar» que provocó el anuncio de la nueva disposición... DLA230397 **21 disconformidad +:** Por un lado, habría *transmitido* a Rodríguez su disconformidad por el demorado desenlace del caso Rottemberg. CLA110997 **22 desacuerdo +:** ...y los jefes militares para que éstos *transmitiesen* al presidente del Gobierno su desacuerdo con este recorte presupuestario... EME110295 **23 dolor +:** ...y que quisiera tener la capacidad de *transmitir* el dolor y el horror de las vejaciones y del sufrimiento de los indígenas. EXC170901 **24 tristeza +:** ...y, en cualquier caso, preferimos *transmitir* tristeza que indiferencia... EPE181199 **25 pesadumbre:** Sólo en obras como «Cabañal», «Preparando la pesca» o algunas escenas del puerto de Valencia, el motivo elegido consigue *transmitir* cierta pesadumbre del artista. ABC240395

G SUSTANTIVOS QUE DENOTAN ANHELO, A VECES DESMEDIDO: **26 interés +:** ...y recibido por el ministro del Interior, Jaime Mayor, al que *transmitió* el interés de la banda por iniciar un diálogo. EPE120999 **27 deseo +:** El ambiente es tal que ellas mismas te *transmiten* el deseo de dirigir. EDV300101 **28 ambición +:** ...de que John Law, el hombre más rico de su tiempo, hubiese logrado *transmitir* la ambición ilusionada que lo llevó a imaginar nuevos mundos basados en la especulación. EPE080799

▩ Se combina también con: ♦ **con gestos, con todo lujo de detalles[23], convincentemente[6], de boca en boca[6], de padres a hijos, de todo corazón[25], de viva voz, en directo, hereditariamente, oficialmente, oralmente, por escrito, sinceramente, verbalmente[3]**

☐ Véase también: **comunicar, contagiar, enviar, llamar, predicar, retransmitir, telefonear, transmisión.**

transparencia ♦ **absoluto, completo, cristalino[20], escaso, nulo, pleno, total** ♦ **con, en aras (de)[17]** ♦ **falta (de), muestra (de)** ♦ **dar[162], declarar (con), hablar (con), responder (con),** *otros verbos de lengua*

transparente ♦ **actitud, actividad, acuerdo, agua, ayuda, biografía, concurso, conducta, cristal, crítica, día, diálogo, discurso, elección, empresa, escrito, gestión, información, intención, investigación, juicio, lente, libro, manejo, mañana, mecanismo, método, mirada, nombramiento, ojo, operación, organismo, pacto, persona, política, práctica, proceso, prosa, proyecto, régimen, regla, sistema, sonido, texto, trabajo, trayectoria, uso, verso, vidrio**

☐ Véase también: **meridiano.**

[trapo] → **a todo trapo, como un trapo, trapos sucios**

trapos sucios ♦ **descubrir, destapar, detectar, encontrar, lavar, sacar {a relucir/a la luz}, salir a la luz[2]**

trascendencia ♦ **ajeno (a), capital, colectivo, consciente (de), crítico, crucial[38], debido, dudoso, efectivo, efímero[56], enorme, escaso, esencial, especial, extraordinario, gran(de), histórico, indudable, máximo, mínimo, mundial, objetivo, preocupado (por), público, significativo, social, suficiente, sumo[9], tremendo, vital** ♦ **adquirir[58], afectar (a algo), alcanzar, calibrar[26], carecer (de), cobrar[19], conceder (a algo), dar (a algo), dejarse llevar (por), destacar, encerrar, entender, insistir (en), juzgar, magnificar[24], maximizar, minimizar, negar[13], otorgar (a algo), presentar, quitar (a algo), radicar (en), reconocer, recortar, reducir, relativizar, restar (a algo), revestir, sopesar[20], subestimar, subrayar, tener, valorar**

☐ Véase también: **alcance (de), clave, importancia, relevancia, valor.**

trasgredir Véase: **transgredir**

trasiego ♦ **alocado, febril[8], frenético[1], incesante, inmerso (en), permanente** ♦ **dejarse llevar (por), meter(se) (en), vivir (en)**

☐ Véase también: **actividad, ajetreo, vorágine.**

traslado ♦ **conceder, efectuar, llevar a cabo, obtener, pedir, realizar, solicitar, tramitar[32]**

traslucir(se) *v.* ▮ Usado como pronominal *(traslucirse)* se combina con sustantivos que designan objetos físicos *(Su cuerpo se traslucía).* Con algunos sustantivos *(brillo, destello)* admite usos figurados además de físicos. En sentido figurado se combina con muy diversos sustantivos, especialmente si designan emociones o inclinaciones. Destacan especialmente sus combinaciones con los...

A SUSTANTIVOS QUE DENOTAN INTENCIÓN: **1 intención ++:** ...Ibarretxe no ha dejado *traslucir* sus intenciones, aunque se especula con la idea de que emprenda un relevo generacional. EPE020199 **2 voluntad +:** El Gobierno Juppé *trasluce* la voluntad de ajustar la mayoría de gobierno a la parlamentaria. LVE190595 **3 propósito:** ...*traslucen* el propósito de emplear contra la magistratura y la Ertzaintza... EPE281101 **4 deseo:** ...la metáfora de la fruta podrida que cae por su propio peso (...) *trasluce* más un deseo que la proyección real de una situación eminente. LPN240797 **5 ambición:** ...sí dejan *traslucir* a su través la ambición y complejidad de un proyecto literario... ABC091294

B SUSTANTIVOS QUE DENOTAN OPINIÓN O FORMA DE PENSAR, MÁS FRECUENTEMENTE SI ESTE PENSAMIENTO CARACTERIZA AL QUE LO SUSTENTA: **6 opinión +:** ...aunque no deja *traslucir* su opinión de Stalin como político... EPE260799 **7 postura +:** Muchos oyentes se lo recriminan, si bien sus silencios y preguntas *traslucen* su postura. LVE120696 **8 manera de pensar ++:** ...sino dejando *traslucir* la manera de pensar, la filosofía de nuestro pueblo. ABC121193 **9 punto de vista:** Cuando sus personajes hablan, dejan *traslucir* sus distintos puntos de vista con naturalidad... HOY240697 **10 idea:** ...tenga la suficiente dosis de profundidad como para que *trasluzca* alguna idea, subvierta algún concepto... EME240695 **11 pensamiento:** Lafer dejó *traslucir* ese pensamiento, al repetir en varias ocasiones ante los periodistas... CLA260199 **12 visión del mundo:** ...de razonar, por su espontaneidad. Pues de ella se *trasluce* su visión del mundo. EME180395

C SUSTANTIVOS QUE DESIGNAN EL ORIGEN DE ALGO. TAMBIÉN CON OTROS QUE DESIGNAN LOS RESTOS DE ALGUNA COSA U OTRAS SEÑALES QUE PERMITEN TRAZAR SU PROCEDENCIA: **13 origen ++:** El aspecto físico de la rubia Claudia, como el de su hermana mayor, *trasluce* claramente su origen alemán. LVE230796 **14 raíz:** Los primeros cuadros del printor *traslucen* sus raíces impresionistas. INDOC **15 filiación:** ...y es muy posible que el autor deje *traslucir* la filiación en el nombre de la isla... ABC180294 **16 huella:** ...y su presente más acuciante, que cada vez deja *traslucir* aún más esas huellas que nos han marcado de manera indeleble. ABC260595 **17 resto:** ...la intensidad del color domina unas composiciones en las que, a veces, se dejan *traslucir* algunos restos figurativos... ABC280292 **18 sustrato:** En contadas ocasiones deja *traslucir* el sustrato retórico sobre el que se asienta ese deambular del autor... ABC300695

D SUSTANTIVOS QUE DENOTAN SENSACIÓN O SENTIMIENTO: **19 impresión +:** ...dejó *traslucir* ayer en Baleares la fuerte impresión que le produjo la multitudinaria manifestación contra el terrorismo celebrada en Madrid. EME210296 **20 sentimiento +:** Por lo demás, tampoco dejó de *traslucirse* el sentimiento que pone en la interpretación, de recorrido estándar... EME261196 **21 sensación ++:** ...*trasluce* la sensación que tiene Aute cada vez que mira a las Américas: «Europa es un museo muerto». EME301095 **22 emoción +:** Contento por el desenlace, sólo dejó *traslucir* emociones para mostrar su enfado por la interferencia continua de Cohen... EPE160199 **23 sentir:** El mismo sentir se *trasluce* de las palabras de Gabriel Barthe, director de la empresa Ibérica de Talcos, SA. EPE021285

E SUSTANTIVOS QUE DENOTAN FALTA DE CERTEZA O DE SEGURIDAD: **24 duda ++:** Sus palabras, no obstante, dejaron *traslucir* notables dudas. EME200695 **25 inquietud ++:** ...la inquietud que *traslucen* debería ser suficiente para alertar al Gobierno y al conjunto de la sociedad sobre lo que se juega la economía española... EPE010688 **26 sospecha:** ...sospecha que se deja *traslucir* en otros párrafos de la información... LVE100895 **27 reticencia:** ...lo que le permitió *traslucir* reticencias a Schengen... EME161095 **28 desconfianza +:** ...los expertos dejan *traslucir* cierta desconfianza en el sistema económico y en el futuro industrial del país. EME310194 **29 falta de confianza +:** Una frase que deja *traslucir* la falta de confianza de la multinacional japonesa en nuestra economía. EME190294 **30 preocupación ++:** ...en la que dejó *traslucir* su preocupación por el estancamiento de las negociaciones que deben culminar el 10 de marzo... EPE130299 **31 temor ++:** En esta carta (...) se *trasluce* el temor de los jóvenes soldados a un destino en Kosovo. EPE270699 **32 escepticismo +:** El «escepticismo» de estos países se dejó *traslucir* en los comentarios a media voz de sus representantes... LVE210395 **33 inseguridad:** Durante las declaraciones en el juicio, el rostro del testigo *traslucía* cierta inseguridad. INDOC

F SUSTANTIVOS QUE DENOTAN MALESTAR, DISGUSTO Y OTRAS FORMAS DE PESADUMBRE, MÁS FRECUENTEMENTE LAS QUE DESIGNAN EL EFECTO ANÍMICO QUE PROVOCA LO QUE SE MALOGRA. TAMBIÉN CON OTROS QUE DESIGNAN EL QUE PRODUCE LA PÉRDIDA DE LAS FUERZAS O DE LA VOLUNTAD: **34 malestar +:** ...dejaron *traslucir* el malestar de la dirección nacional, donde se esperaba que el dirigente acudiese con una respuesta. LVE040996 **35 frustración +:** Los jugadores *traslucieron* la frustración generalizada que siente la plantilla tras la eliminación de la competición. INDOC **36 decepción +:** ...que deja *traslucir* una cierta decepción por tener que interrumpir una labor que comenzó hace diez años. LVE031096 **37 desánimo +:** ...a *traslucir* su indisimulado desánimo, a ponerse allá donde el toro apenas podía embestir... EPE140499 **38 desgana:** Su actitud y sus respuestas *traslucían* cierta desgana hacia el proyecto. INDOC **39 amargura:** Y su dulce derrota empieza a tener un agrio sabor que *trasluce* la amargura y el rencor del perdedor. EME290496 **40 cansancio:** ...en mitad de la nueva ofensiva etarra, dejara *traslucir* su cansancio y amargura. EPE130800 **41 debilidad:** ...el debate *trasluce* la debilidad de los vínculos entre el Estado y quienes se sienten sus servidores esenciales. HOY141096 **42 agotamiento:** ...como Induráin en sus mejores Tours, que no dejaba *traslucir* el agotamiento ni las insufribles apreturas. EPE100599 **43 inapetencia:** ...aunque en sus declaraciones públicas dejaba *traslucir* una cierta inapetencia por el puesto... EPE190199 **44 aburrimiento:** Ambas novelas han recibido respetuosas críticas que, sin embargo, dejaban *traslucir* el aburrimiento de los críticos. ABC300493

G SUSTANTIVOS QUE DESIGNAN MANIFESTACIONES DE DISCONFORMIDAD O DE ENOJO: **45 queja:** Federico Trillo dejó *traslucir* ayer cierta queja hacia los grupos parlamentarios... LVE200696 **46 reproche:** ...se *traslucía* algún reproche, sobre todo por el daño que se había hecho al partido y la inoportunidad de las declaraciones. LVE100996 **47 irritación:** Entre los miembros del partido se *traslucía* bien a las claras la irritación que habían producido las últimas declaraciones del presidente. INDOC **48 indignación:** ...dejaba *traslucir* su indignación contra el ministro por haber pedido que el PP gallego... EPE080999 **49 rabia:** ...la diferencia de lo que dice, deja *traslucir* la rabia y la protesta. EME110194

H SUSTANTIVOS QUE DENOTAN INTENSIDAD O ENERGÍA DE DIVERSAS FORMAS: **50 intensidad:** ...una joya preciosa de cien minutos de duración que *trasluce* la intensidad de un viaje al interior del cerebro humano. LVE150395 **51 pasión:** ...no se ha visto que sus palabras *traslucieran* pasiones, tampoco perplejidades... EME280596 **52 fuerza:** ...que no siempre dejaban *traslucir* la indudable fuerza de una poesía... LVE290995 **53 vibración:** A través de audaces metáforas, consigue *traslucir* toda la vibración poética de sus mejores obras. INDOC **54 tensión:** ...*trasluce* otra tensión dialéctica no resuelta entre el objetivo de celeridad en la Administración de justicia... LVE171296 **55 poder:** Nunca formó parte del directorio para no dejar *traslucir* el verdadero poder que ostenta dentro de Dignidad. HOY091296

I SUSTANTIVOS QUE DESIGNAN OTROS SENTIMIENTOS Y SENSACIONES: **56 dolor:** ...sosteniendo el cuerpo sin vida de Cristo, y en cuyos gestos se *trasluce* un intenso dolor. EME130596 **57 desprecio:** ...ha estado *trasluciendo* un desprecio cortés por los dos hombres que se han disputado su sucesión. EME080595 **58 agresividad:** ...un fuerte estado de depresión que se *traslucía* en una intensa agresividad... DLA240297 **59 alegría:** Y aunque no ocultaban ese inquietante aire de pobreza, dejaban *traslucir* una lucecita de alegría. ETC020188 **60 optimismo:** Pedro Solbes *trasluce* optimismo sobre la integración de Grecia en la moneda única... EPE031099 **61 sensibilidad:** ...espacios íntimos que, superando la dureza de los materiales, dejan *traslucir* una profunda sensibilidad humana. LVE261096

J SUSTANTIVOS QUE DENOTAN DIVERGENCIA O DESIGNAN ALGUNAS DE SUS POSIBLES MANIFESTACIONES CONFLICTIVAS: **62 discrepancia +:** ...como en la mayoría de los municipios pequeños, la relación es cordial y apenas *traslucen* las discrepancias políticas. EPE270700 **63 diferencia +:** ...un debate nacional que *trasluce* las serias diferencias que existen sobre el inicio del diálogo. LVE310395 **64 divergencia +:** Ayer, los negociadores se encallaron en una cuestión de procedimiento, pero que *trasluce* las divergencias profundas que existen. EME200895 **65 disparidad +:** Pero ya ha *traslucido* la disparidad de criterios entre el alcalde y los arquitectos almerienses. EPE170199 **66 enfrentamiento:** ...el consabido corolario de ruedas de prensa y comunicados *trasluciendo* el enfrentamiento entre tirios y troyanos. EME111095 **67 polémica:** El cauto juicio del cronista Jerónimo deja *traslucir* una polémica en torno a la obra... ABC131192 **68 controversia:** El cruce de declaraciones *trasluce* la controversia que planea sobre el club. INDOC

K SUSTANTIVOS QUE DENOTAN SIGNO: **69 indicio +:** ...no se *traslucían* indicios de que su estado anímico le empujara al suicidio. LVE150796 **70 atisbo:** Sólo después de acabar el texto, cuando se quitó las gafas y se levantó, dejó *traslucir* un atisbo de sentimientos. EPE130699 **71 señal +:** ...sin *traslucir* señal alguna de la rigidez propia de sus ochenta y un años, desapareció en la cocina. ABC010592 **72 signo:** Su persistente abulia *traslucía* signos de que había perdido completamente las ganas de continuar en el proyecto. INDOC

[trasmano] → a trasmano

traspapelar ♦ **billete, carpeta, carta, dinero, documento, escrito, factura, información, informe, nota, papel, recibo,** *otros sustantivos que designan documentos*

traspasar *v.* **I** En el sentido de 'pasar a través de' se combina con sustantivos que designan objetos materiales *(Una bala le traspasó el pulmón)*. En su sentido de 'ceder o transferir', se combina con sustantivos que designan objetos *(sofá, ordenador, estantería)*, lugares, especialmente negocios *(hospital, tienda, fábrica, farmacia, empresa, casa: Han traspasado la farmacia y se han ido del pueblo)* o individuos *(jugador, empleado)*. En el sentido de 'cruzar, franquear o sobrepasar', se combina con sustantivos que designan lugares *(río, jardín, carretera, bosque)*, en especial límites o fronteras *(barrera, línea, umbral)*. En el sentido de 'transgredir o violar' se combina con sustantivos que designan códigos legales *(ley, norma, constitución)*. En el sentido de 'hacer llegar a otros' se usa también con algunos sustantivos abstractos, particularmente con los...

A SUSTANTIVOS QUE DENOTAN ATRIBUCIÓN U OBLIGACIÓN: **1 responsabilidad ++:** El técnico el Atlético de Madrid, Marcos Alonso, pretende *traspasar* la responsabilidad del choque copero a Osasuna... DDN030101 **2 competencia ++:** Un portavoz del ministerio señaló que debe ser el claustro de la Universidad de Barcelona «el que decida sobre el caso Caparrós y no la administración central, que ha *traspasado* todas sus competencias a la Generalitat de Catalunya». EME070895 **3 función +:** El «Día D», el presidente firmará un decreto *traspasando* sus funciones más importantes... EME021196 **4 obligación:** Y así están ahora de encantados haciendo oposición sobre aspectos que se habrían convertido en obligaciones propias pero que las han *traspasado* como el relevo los atletas. LVE201296 **5 cargo:** En concreto, se dio cuenta de la destitución de Francesc López Guardiola (...), cuyos cargos han sido *traspasados* al concejal Pedro Muñoz... EPE180599

B SUSTANTIVOS QUE DENOTAN AUTORIDAD O CONTROL, O DESIGNAN LOS ATRIBUTOS DE QUIEN LOS EJERCE: **6 poder ++:** ...dijo su antecesor, el popular Bartolomé González, al *traspasarle* los poderes. EPE040799 **7 control +:** La principal innovación que se está negociando consiste en que Cultura está dispuesta a *traspasar* el control de taquilla a los profesionales del cine, para que ellos mismos lo gestionen, a cambio de un pacto intersectorial. LVE040594 **8 potestad:** ...difundió ayer un comunicado en el que acusa al Gobierno de querer *traspasar* la potestad sobre la prisión provisional de los jueces a los fiscales... EME280295 **9 mando:** Afanásiev confía en que para esas fechas el problema financiero estará resuelto y que él podrá *traspasar* el mando de la Mir a algún colega. EPE200299

C SUSTANTIVOS QUE DENOTAN SITUACIÓN CONFLICTIVA O ADVERSA: **10 problema +:** La AFE se desmarca al *traspasar* el problema a cada club; hay que estudiarlo. LVE160196 **11 dificultad +:** El equipo directivo saliente no ha hecho más que *traspasar* las dificultades a los nuevos gestores de la entidad. INDOC **12 crisis:** Ramón Mendoza *traspasa* su crisis a Jesús Gil. EME140194

D ALGUNOS SUSTANTIVOS QUE DENOTAN CONOCIMIENTO: **13 conocimiento:** ...prepara a los bailarines del país en la técnica clásica, *traspasando* los conocimientos que había aprendido en el Ballet Ruso de Montecarlo... EUV080996 **14 aprendizaje:** Los profesores se encargan de *traspasar* el aprendizaje y la tradición cultural a sus alumnos. INDOC

II En su sentido figurado de 'atravesar', admite como sujetos a algunos sustantivos abstractos, especialmente los...

E SUSTANTIVOS QUE DENOTAN AFLICCIÓN O INCLINACIÓN AFECTIVA: **15** **dolor:** En el velatorio de su hijo Jorge Martín (...) el dolor lo había *traspasado* y no sólo no le permitía hablar: también le había dejado el alma a la imtemperie. CLA220199 **16** **pena:** La pena por la ausencia lo *traspasa.* INDOC **17** **amor:** Aun el amor más fulminante que nos *traspasa* súbito tiene que hacer su camino y recrearse desde el principio. EME200796 **18** **cariño:** El cariño de su madre lo *traspasó* y renunció a la venganza. INDOC

☐ Véase también: **cruzar(se), rebasar.**

traspaso ♦ **congelar[55], culminar[37], llevar a cabo, negociar, realizar**

trastornar ♦ **por completo, profundamente[76], totalmente**

☐ Véase también: **afectar, alterar, molestar.**

trastorno ♦ **congénito[8], de salud, grave, leve, pasajero[17], profundo, progresivo, serio[24], severo[62]** ♦ **acentuar(se), acusar, arrastrar, causar, constituir, ocasionar[13], padecer, producir, provocar, sobrellevar, subsanar, sufrir[67]**

☐ Véase también: **alteración, daño, molestia, perjuicio.**

tratado ♦ **acorde (con)[61], bilateral, comercial, de extradición, de libre comercio, de paz, de seguridad, en vigor, fundacional, internacional, preferencial, vigente[19]** ♦ **al amparo (de), en virtud (de)** ♦ **abolir[51], aceptar, acordar, ajustar(se) (a), alumbrar[16], anular, consensuar, cumplir, dejar en suspenso, desarrollar, desobedecer, disolver(se)[23], firmar[2], incumplir[30], infringir, negociar[4], obedecer, prorrogar[22], quedar en suspenso, rechazar, regir (algo), rescindir[7], revisar, romper, rubricar, suscribir, suspender, violar[25], vulnerar[22]**

☐ Véase también: **acuerdo, alianza, compromiso, convenio, pacto.**

tratamiento ♦ **abusivo[44], asequible[19], contraindicado, curativo[29], de choque, delicado, de urgencia, discriminatorio[2], efectivo[36], eficaz, equitativo[52], igualitario[2], indicado, inhumano[2], integral[6], intensivo, médico, paliativo, preventivo[49], prolijo[28], reparador, sesgado[20]** ♦ **administrar, aplicar, dar[284], dispensar[2], otorgar, prescribir, recetar, saltarse, seguir, someter(se) (a)**

☐ Véase también: **terapia, trato.**

TRATAMIENTO

♦ (SUSTANTIVOS) Véase: **a medida[A], efectivo[F], extrapolar[C]**

♦ (VERBOS) Véase: **a la ligera[A], con cautela[G], con franqueza[C], con mano dura[B], decididamente[C], de pasada[B], de pleno[E], de puntillas[E], de raíz[H], de refilón[B], de soslayo[B], en frío[C], exhaustivamente[C], extensamente[D], profusamente[G], sin tapujos[F], tangencialmente[A], valientemente[A]**

tratar ▮ *(dar trato)* ♦ **abusivamente, a cuerpo de rey[1], afectuosamente, a fondo[2], a grandes rasgos, a la desesperada[19], a la ligera[2], amistosamente, a patadas, brevemente[15], bruscamente, campechanamente, cariñosamente, como (a) un perro, como una zapatilla, como un rey, como un trapo, con amabilidad, con cariño, con cautela[54], con consideración, con cortesía, condescendientemente, con desprecio, con hostilidad, con magnanimidad, con mano dura[6], con mano izquierda, con moderación, con prudencia, con respeto, con veneración, cordialmente[5], decentemente, de cerca[43], de igual a igual[1], de pasada[9], de raíz, de refilón[5], desdeñosamente, despectivamente, de tú, de usted, duramente, equitativamente, extensamente[18], fraternalmente, frente a frente, informalmente[24], por el mismo rasero[6], por encima, profusamente[39], psicológicamente, someramente, tangencialmente[2], verbalmente[9]** ▮ *(intentar)* ♦ **ampliamente, a toda costa[6], con todas {mis/tus/sus...} fuerzas[6], denodadamente, desesperadamente[2], en profundidad, en vano, inútilmente[3], por todos los medios, sin éxito, vanamente**

☐ Véase también: **comportarse, intentar, maltratar, mostrar(se), probar, procurar, pulsar.**

[trato] → **malos tratos**

trato ♦ **abusivo[45], acogedor[15], adusto, afectuoso, amable, buen(o), cálido[26], cariñoso, carnal[2], considerado, cordial, correcto, cortés, degradante, de igual a igual[35], delicado, denigrante, descortés, desigual, despectivo[2], despreciativo, directo, discriminatorio[1], displicente[6], distante, ecuánime[19], equitativo[51], exquisito, humanitario, igual, igualitario[1], impersonal, incorrecto, indiscriminado, inhumano[1], injurioso, íntimo, irrespetuoso, mal(o), ofensivo, personal, personalizado, respetuoso, rudo, sesgado[21], vejatorio[1]** ♦ **brindar[44], dar[283], dispensar[1], merecer(se), negar[40], ofrecer, proponer, recibir, sellar[3], violar[29]**

☐ Véase también: **actitud, comportamiento, compostura, cortesía, maltrato, tratamiento.**

TRATO Véase: COMPORTAMIENTO

TRATO SOCIAL Véase: *CORTESÍA Y TRATO SOCIAL*

trauma ♦ **a cuestas[27], amargo, angustioso, considerable, gran(de), grave, leve, profundo, serio, terrible** ♦ **arrastrar, causar, constituir, experimentar, mitigar, ocasionar, padecer, producir, provocar, recuperar(se) (de), reponerse (de)[6], sufrir, suponer, tener, vivir**

☐ Véase también: **complejo, efecto, enfermedad.**

travesía ♦ **abrupto, accidentado[3], arduo[35], arriesgado, infernal[9], llevadero[35], peligroso** ♦ **a nado, en barco** ♦ **a lo largo (de), durante** ♦ **emprender[2], hacer, indicar, lanzarse (a), marcar, realizar**

☐ Véase también: **paseo, viaje.**

travesura ♦ **audaz, divertido, infantil, inocente, pequeño, simple, tímido** ♦ **castigar, cometer[24], hacer, realizar**

trayecto ♦ **accidentado[5], congestionado, de ida, de ida y vuelta[2], de vuelta, impracticable, intrin-**

cado, sin retorno, tortuoso ♦ acortar[21], alargar, amenizar[8], describir, desviar(se), discurrir, hacer, indicar, marcar, modificar, proseguir, recorrer, rectificar[4], trazar

□ Véase también: **circuito, curso, itinerario, recorrido, trayectoria, trazado, vía.**

TRAYECTO Véase: *CURSO Y RECORRIDO*

TRAYECTO Véase: CURSO

trayectoria ♦ **accidentado[4], acorde (con)[45], ajetreado[9], ascendente, azaroso[6], brillante, curvo, delictivo[5], deportivo, descendente, desolador[53], destacado, diáfano[4], dilatado[1], ejemplar, errático, experimentado, fecundo[27], fulgurante[28], fulminante[41], honroso[74], impecable[10], imprevisible[34], intachable[8], intrincado[30], irregular, lineal, modélico, notable, profesional, recto, regular, rutilante[6], torcido, tortuoso[2], turbulento[4], vacilante, vasto[13], vertiginoso[48]** ♦ **alterar, atesorar[34], avalar[17], cimentar[45], corregir[28], culminar[44], declinar[11], describir, desviar[1], empañar(se)[30], enderezar[2], ensuciar[14], fraguar(se)[62], hipotecar[47], jalonar[13], llevar, llevar a cuestas, llevar a {mis/tus/sus...} espaldas, malograr(se)[20], marcar[8], moldear[12], presentar, quebrar(se)[48], rectificar[2], seguir[29], trazar[15], truncar(se)[15]**

□ Véase también: **curso, historial, itinerario, recorrido, trayecto, trazado, vía.**

TRAYECTORIA Véase: CURSO; DIRECCIÓN; PROGRESIÓN

trazado ♦ **abrupto, curvo, intrincado[25], irregular, lineal, recto** ♦ **desviar[11], discurrir (por), seguir**

trazar *v.* ▌En su sentido físico acepta sustantivos que designan dibujos, planos, letras y otros elementos gráficos y formas de representación *(línea, raya, círculo, contorno, plano, mapa, croquis, signo, letra, esbozo).* En su sentido figurado admite algunos de estos mismos sustantivos, pero añade otros que designan descripciones, a menudo de las personas *(semblanza, perfil, biografía, retrato, crónica).* También se combina con...

A SUSTANTIVOS QUE DENOTAN PLAN U OBJETIVO. TAMBIÉN CON ALGUNOS QUE DESIGNAN OTROS PENSAMIENTOS QUE PUEDEN IMPLICAR ESTAS NOCIONES: **1 plan ++**: ...cada jugador tiene que *trazar* el plan a seguir. EME140295 **2 estrategia ++**: ...se reunió (...) con su equipo jurídico para *trazar* la estrategia defensiva... EME050194 **3 proyecto**: ...precisan, para su estabilidad y para *trazar* proyectos de futuro, de información... EME060896 **4 propósito**: Si bien no se cumple el propósito *trazado* de crecer entre un 4% y un 5%... GIC104097 **5 objetivo**: ...al *trazar* el objetivo de conseguir mayor colaboración internacional... EME011296 **6 meta**: «El presidente nos pidió (...) que no nos *trazáramos* una meta muy elevada...». EME120296 **7 programa**: ...imaginar la posibilidad de *trazar* un programa coherente o factible. LVE011296 **8 idea**: Apoyarse sólo en su obra novelesca para *trazarse* una idea general de su intento creador... ABC210194

B SUSTANTIVOS QUE DENOTAN TRAYECTO, VÍA O CURSO, A MENUDO INTERPRETADOS EN SENTIDO FIGURADO: **9 camino +**: ...dueño absoluto del pensamiento poético cuya mano firme *traza* caminos originales en el mapa lírico. DLA080597 **10 recorrido +**: ...cuarenta y cinco piezas que (...) *trazan* un recorrido histórico del realismo catalán... ABC311293 **11 rumbo +**: ...se ha *trazado* un rumbo de prudencia en la gestión... LPA240492 **12 itinerario**: ...27 piezas de la colección (...) que permiten *trazar* un itinerario por las constantes de su producción... EPE020799 **13 ruta**: Fomento se enfrenta ahora a dificultades para *trazar* rutas aéreas... EPE040599 **14 derrotero**: La evolución natural de esta situación *trazará* el derrotero a seguir. SEM061100 **15 trayectoria**: ...seguirá la trayectoria *trazada* por su predecesor... DLA060397 **16 etapa**: ...*trazaron* etapas en mi vida. CLA230199 **17 tendencia**: ...con el objetivo de *trazar* tendencias antes de que termine el recuento. ENH071100 **18 origen**: ...estudio que *traza* el origen y la evolución de una enfermedad genética... LVE010694 **19 destino**: Regir y *trazar* los destinos de la ciudad exigen un esfuerzo... CAP160197

C SUSTANTIVOS DE NATURALEZA PROSPECTIVA QUE DESIGNAN LO QUE SE PRESENTA A LA VISTA O A LA CONSIDERACIÓN DE LOS INDIVIDUOS: **20 perspectiva +**: Tras una síntesis biográfica (...) que *traza* una perspectiva del personaje en su marco histórico... LVE220495 **21 alternativa +**: ...está abocado en *trazar* otras alternativas que les permita salir avante. ESP161100 **22 futuro**: En unos días les van a *trazar* el futuro, y la verdad, es para estar nervioso... EME020796 **23 horizonte**: El Consejo se ha *trazado* un horizonte de eficacia muy exigente. EME220996 **24 visión**: El estudio (...) pretende *trazar* una visión anticipada... EME070595 **25 hipótesis –**: ...noches de soledad en un despacho ante unos folios en blanco, *trazando* hipótesis... EME230795

D SUSTANTIVOS QUE DENOTAN PAUTA, GUÍA, ORIENTACIÓN O MODELO DE ACTUACIÓN: **26 coordenada ++**: Es en el campo de la política como deliberación donde se *trazan* las coordenadas del sistema de partidos... EME150596 **27 directriz +**: ...se reunirán el martes para empezar a *trazar* las directrices... EPE281199 **28 pauta +**: «Esa visita va a *trazar* pautas después de estos 10 años de muy reducida actividad en nuestras relaciones». ENH001101 **29 criterio +**: La selección de arte contemporáneo corresponde a los criterios *trazados* por el propio museo... EME060395 **30 regla**: ...*trazar* las reglas según las cuales se invitará al Sinn Fein a las negociaciones. EME301196 **31 rasgo**: Murakami *traza* los rasgos de una generación vencida. ABC150592 **32 patrón**: ...*trazar* un patrón referencial ideal... LVE120696 **33 modelo**: Según el modelo de liberalización (...) *trazado* por Fomento... EPE290799 **34 eje**: Son sus biografías las que *trazan* el eje desde el que cada cual establece su peculiar fórmula de sublimar las cosas. EME220495 **35 guión**: Los dos dirigentes *trazaron* un guión de los asuntos que pueden ser objeto de negociación... LVE270396 **36 política**: Todos sabían que la que estudiaba y *trazaba* la política europea era la Comisión... LVE060295

E SUSTANTIVOS QUE DESIGNAN SÍNTESIS, RECAPITULACIONES O PRESENTACIONES SUMARIAS: **37 análisis +**: ...*traza* un análisis cultural del significado del tabaco en distintas obras... LVE220495 **38 balance +**: ...este balance *trazado* a los quince años del Gobierno de Jordi Pujol...

LVE170595 **39 resumen +:** ...*trazó* un resumen del año, con especial referencia a la corrupción. EME090694 **40 síntesis +:** ...*trazó* una síntesis de esas ideas sobre las que vale la pena detenerse... EPE040799 **41 diagnóstico:** Julián Marías *traza* un diagnóstico de la situación de la filosofía en el siglo XX... ABC260293 **42 panorama:** ...ha *trazado* un panorama desolador sobre la gestión anterior y la situación actual... EME071195

F SUSTANTIVOS QUE DENOTAN COMPARACIÓN: **43 paralelo:** Otros detalles que *trazan* paralelos entre Don Juan y Fausto es su ascendencia (...) y, sin duda, la salvación in extremis de ambos personajes... EPE101199 **44 analogía:** La mujer *trazó* una analogía entre el accidente (...) acontecido el 23 de diciembre de 1995 y el ocurrido en la Capital Federal. LNP190397 **45 paralelismo:** ...podemos *trazar* claros paralelismos. EME210495 **46 comparación:** ...el presidente del Gobierno *trazó* una comparación sobre su difícil situación interna y la del resto de los primeros ministros... EME291095

G SUSTANTIVOS QUE DENOTAN LÍMITE: **47 límite +:** ...esa misma sociedad haya decidido (...) *trazar* el límite de hasta dónde los demás estamos dispuestos a dejarles llegar. EME120196 **48 barrera:** ...es una lástima *trazar* esa barrera entre creación y crítica... ABC291295 **49 marco:** ...*trazar* un marco económico apropiado para combatir el paro... EME120995 **50 plazo:** ...la agencia se ha *trazado* el plazo de diez años para fotografiar estos planetas... EPE241201

H OTROS SUSTANTIVOS, POSIBLES USOS ESTILÍSTICOS: ...las canciones (...) logran *trazar* con intensidad y dramatismo la soledad... EPE250799

▩ Se combina también con: ♦ **a grandes rasgos[10], a grandes trazos, con mano firme[14], en líneas generales[16], nítidamente[26]**

☐ Véase también: **bosquejar, definir, delimitar, delinear, dibujar, establecer, perfilar, pergeñar, plasmar, representar.**

[trazo] → a grandes trazos

trazo ♦ continuo, delgado, discontinuo, fino, grueso, somero[58] ♦ alargar, bosquejar[7], esbozar

☐ Véase también: **dibujo, línea, marca.**

[tregua] → sin tregua

tregua ♦ breve, condicional[12], largo, prolongado, sin condiciones[3] ♦ período (de) ♦ acordar, anunciar, aplazar, burlar, cumplir, dar[67], declarar, decretar[47], establecer[25], firmar[8], implorar[30], incumplir, infringir[16], negociar, observar, prorrogar[18], quebrantar[20], romper, violar[51]

☐ Véase también: **alto el fuego, armisticio, calma, paz, tranquilidad.**

trémulo ♦ acento, emoción, mano, mirada, movimiento, ojo, pálpito, pierna, pulso, tono, voz

[tren] → a todo tren

tren ♦ abarrotado, de ida y vuelta, impuntual, lleno, procedente (de), puntual, vacío ♦ a, con destino (a) ♦ apear(se) (de), arrancar, circular, coger, descarrilar, encarrilar, ir (en), llegar, partir, perder, retrasar(se), salir, subir (a), tomar, viajar (en)

trenzar ♦ acuerdo, amistad, argumento, cabello, composición, cuerda, discurso, drama, faena, ficción, fútbol, hilo, historia, ilusión, juego, jugada, narración, pacto, pelo, red, reflexión, relación, relato, sonido, texto, trama

☐ Véase también: **atar, urdir.**

trepidante ♦ acción, aventura, momento, narración, novela, película, persecución, relato, ritmo, secuencia, sucesión, vida

[tres] → ni a la de tres, ni tres en un burro

tribunal ♦ arbitrario, ecuánime, imparcial, injusto, justo, parcial, sesgado ♦ apelar (a), comparecer (ante), declarar (ante), dictar (sentencia), eludir[13], fallar, impugnar, reunir(se), sentenciar (a alguien), testificar (ante)

☐ Véase también: **jurado.**

tributación ♦ exento (de)[2], sujeto (a) ♦ objeto (de) ♦ cotizar, eximir (de)[15], pagar

tributar *v.*

▮ En su sentido físico se combina con sustantivos que designan impuestos *(IVA, IAE, tasa, impuesto)* y otras aportaciones de dinero *(pago, cuota, intereses)*. En su sentido figurado se combina con...

A SUSTANTIVOS QUE DESIGNAN MUESTRAS DE RESPETO O AFECTO. TAMBIÉN CON OTROS QUE DESIGNAN ALGUNOS DE LOS EVENTOS, GENERALMENTE PÚBLICOS, EN LOS QUE TALES SENTIMIENTOS SE PONEN DE MANIFIESTO: **1 homenaje ++:** Turégano le *tributará* un homenaje (...), el Pleno del Ayuntamiento se reunirá hoy para decidir los actos que se organizarán en memoria de Esteban Vicente... ENC120101 **2 recuerdo ++:** ...sus hermanas, Filomena y Ana, y demás familia, le *tributan* un cariñoso recuerdo y oración. LVE031196 **3 honor ++:** ¿No les *tributaría* honores la posteridad a quienes se hubieran dedicado a extraer de la delincuencia a cientos de criminales? LRE220103 **4 recibimiento +:** ...ha quedado desagradablemente sorprendido y desbordado con el recibimiento *tributado* al Rey desde el mismísimo momento de su llegada al aeropuerto de Sofía. EME270596 **5 reconocimiento:** ...es ante todo, una necesidad imperiosa de *tributar* un merecido reconocimiento a su memoria. LPN030297 **6 fiesta:** El vicepresidente fue el más dicharachero y jovial en la fiesta de bienvenida que le *tributaron* a Clinton sus colaboradores de campaña. EME071196 **7 acogida:** ...buena parte de la crítica le ha *tributado* una buena acogida «post-mortem»... ABC011093 **8 despedida:** Su intención era irse de puntillas, pero el Ayuntamiento de Roma no se ha resignado a dejar de *tributarle* una despedida solemne. EME221296

B OTROS SUSTANTIVOS QUE DESIGNAN ACTITUDES DE INCLINACIÓN, FAVOR, ADMIRACIÓN O ADHESIÓN EN DIVERSOS GRADOS: **9 obediencia ++:** ...no hay obligación de *tributarle* obediencia y si se opone abiertamente a los derechos humanos fundamentales, entonces hay que negarle obediencia... PME271096 **10 respeto +:** El regreso de

Carles Benavent (...) era un acontecimiento y una ineludible ocasión para *tributarle* respeto y admiración. LVE100796 **11 pleitesía:** María Asunción Mateo explica que su esposo ha querido *tributar* pleitesía a los líricos que considera más cercanos a él... DYM230796 **12 fidelidad:** ...los dirigentes de la coalición nacionalista quieren que la campaña electoral de las autonómicas catalanas no reste firmeza a la fidelidad mutua que se *tributan* el PP y Convergència i Unió. EPE050199 **13 honra:** ...la tal capilla es el lugar donde «se vela un cadáver o se le *tributan* honras». EPE060800 **14 admiración +:** Helmut Kohl le *tributa* desde entonces verdadera admiración. EME060594 **15 culto +:** ...«a Unamuno se le *tributa* un culto preferentemente académico pero no excesivamente apasionado»... ABC280495 **16 veneración:** ...el culto o veneración que se *tributa* a un objeto material al que se cree dotado de un poder mágico, recibe en el diccionario el nombre de fetichismo. EME120395 **17 agradecimiento:** ...directores de compañías, poetas, críticos, periodistas y público *tributan* agradecimiento y honores. GIC121996 **18 fervor:** Y es, justamente, ese fervor que le *tributan* los cubanos desde hace casi medio siglo lo que ha acabado por lanzarla a todo el mundo. LVE051096

C ALGUNOS SUSTANTIVOS QUE DESIGNAN MANIFESTACIONES GESTUALES O VERBALES DE UN JUICIO FAVORABLE: **19 ovación ++:** ...nos levantamos los cinco al terminar la película y le *tributamos* una ovación. EME021196 **20 elogio +:** Poco le importaron a Horacio los elogios que Cicerón había *tributado* a la lengua de Plauto... ABC061192 **21 aplauso +:** Cuando el técnico de Inter Gigi Simoni ordenó su salida, los hinchas *tributaron* un aplauso a Ronaldo... LEC280797

D SUSTANTIVOS QUE DESIGNAN ACTOS RELIGIOSOS O CEREMONIALES: **22 oración:** ...hermanos políticos, Lluís Pedrerol y Jorge de Juan y demás familia le *tributan* un cariñoso recuerdo y oración. LVE061196 **23 ofrenda:** Se trataba, pues, de *tributar* una ofrenda musical al clarinete... LVE120695 **24 romería –:** El Ayuntamiento de Madrid y varias asociaciones castizas del distrito de Centro *tributaron* ayer una romería a San Blas... EME070294

▩ Se combina también con: ♦ **eximir (de)**

☐ Véase también: **brindar, dispensar, pagar, rendir.**

tributo ▌ *(homenaje)* ♦ **brindar[53], rendir**
▌ *(impuesto)* ♦ **abonar, pagar**

☐ Véase también: **culto, homenaje, pago.**

trifulca ♦ **armar(se)[12], involucrar(se) (en), liar(se), librar(se) (de)[31], meter(se) (en)[20], montar(se), organizar(se)**

☐ Véase también: **alboroto, bronca, desorden, disturbio, estrépito, lío, pelea, riña, tumulto.**

trillado *adj.* ▌ Se combina con...

A SUSTANTIVOS QUE DENOTAN LUGAR, MÁS FRECUENTEMENTE CAMINO O TERRITORIO. SE USAN GENERALMENTE EN SENTIDO FIGURADO: **1 camino ++:** ...tomaron equivocadamente el camino *trillado* por los demócratas. ENH141100 **2 terreno ++:** ...pisar por enésima vez el *trillado* terreno del tráfico de drogas... LVE220595 **3 sendero +:** ...salirse de los senderos *trillados* a los que debía el éxito... ABC210593 **4 senda +:** La respuesta es que avanza por sendas muy *trilladas.* EPE121201 **5 ruta:** ...trata de apartarse de las rutas *trilladas* del género. LVE200896 **6 itinerario:** ...había otros itinerarios y caminos además del *trillado* provincia-capital, ida y vuelta. LVE120895 **7 atajo:** ...no por atajos *trillados,* sino por los desfiladeros más abruptos... EME150194 **8 lugar:** ...acumula los más *trillados* lugares comunes de la dialéctica literaria del amor. ABC040895 **9 campo:** ...la tecnología, (...) irrumpe, además, en campos hasta ahora no *trillados...* LVE161196 **10 territorio:** ...se adentró en territorios tradicionalmente *trillados* por la ficción... EPE190299 **11 bosque –:** El bosque está muy *trillado,* explicó (...) un veterano buscador de la zona. LVE021095 **12 escenario –:** ...un drama bélico (...) en un escenario no muy *trillado* todavía. LVE071196

B SUSTANTIVOS QUE DENOTAN ASUNTO O MATERIA. TAMBIÉN CON OTROS QUE DESIGNAN ALGUNAS DE LAS FORMAS EN QUE SE ORGANIZAN ESOS CONTENIDOS: **13 tema ++:** Interrogado sobre el *trillado* y polémico tema del IVA a los libros... EXC070901 **14 fórmula +:** ...la *trillada* fórmula de la «solución pacífica»... DLA310597 **15 tópico +:** El problema estriba en que el guión acude a tópicos tan *trillados...* LVE290596 **16 asunto:** ...son ya asuntos *trillados,* rituales repetitivos... EPE020887 **17 argumento:** Estos argumentos ya están muy *trillados...* EXC020496 **18 cuestión:** ...cuestiones ya tan *trilladas* y tan metidas en la costumbre. EME300995 **19 esquema:** ...esa inteligencia que permite rehuir tópicos y esquemas *trillados.* LVE160795 **20 idea:** ...crear poesía (...) sobre una pauta de ideas muy *trilladas.* ABC070292 **21 estilo:** Era un estilo bien diferente del *«trillado»* que tanto criticaba... EME230995 **22 recurso:** ...efectos de movimiento con banderas de color u otros recursos muy *trillados.* EPE301099 **23 problema –:** ...si no cabe solucionar los cinco problemas (...), aváncese en los que ya están más *trillados.* EME140494 **24 material –:** Ante un material tan *trillado* como éste, pocas agarraderas tenía... LVE281196

C SUSTANTIVOS QUE DESIGNAN OBRAS, A MENUDO ARTÍSTICAS, ASÍ COMO LAS RECOPILACIONES QUE CON ELLAS SE HACEN O ALGUNOS DE LOS ELEMENTOS FUNDAMENTALES QUE LAS CONSTITUYEN: **25 repertorio ++:** ...un show breve y contundente basado en un *trillado* repertorio... CLA260199 **26 programa +:** ...formaciones de por ahí, que traen programas *trillados...* EPE120699 **27 proyecto:** El riesgo del proyecto (...) es que (...) amenaza con ser *trillado.* EPE080599 **28 obra:** Me parece un error meterse a fondo en las grandes obras muy *trilladas...* ABC120595 **29 guión:** Convencional telefilme que peca, entre otras cosas, de un guión *trillado* hasta la saciedad. EPE020799 **30 título:** El repertorio, además, se ha extendido, no limitándose a los títulos más *trillados* del XIX. EPE300999 **31 intriga –:** Trillada intriga televisiva cuya protagonista, una mujer casada... LVE120695

D EL SUSTANTIVO *GÉNERO* Y CON OTROS QUE DESIGNAN DIVERSOS GÉNEROS, A MENUDO DISCURSIVOS: **32 género +:** ...sigue casi todos los patrones del tan *trillado* género. EPE080799 **33 blues:** Cualquier blues, por *trillado* que esté, (...) adquiere otra dimensión. LVE230396 **34 chiste:** ...repitiendo trucos y chistes *trillados,* emociones ya caducas del cine mudo... EPE010684 **35 debate:** En el tan *trillado* y a menudo estéril debate... EPE280499 **36 consigna:** ...las *trilladas* consignas ideológicas (...), tendrán escasa significación. BUS110698 **37 eslogan:** ...el Gobierno ha adoptado para sí mismo el *trillado* eslogan... EME070796

E SUSTANTIVOS QUE DESIGNAN VARIOS CONCEPTOS DE CARÁCTER LINGÜÍSTICO: **38 palabra +:** ...frases manidas o palabras *trilladas* que causan horror a la vista. LVE220996 **39 frase +:** Las frases *trilladas* (...) resultan poco para afrontar el problema... PLG070397 **40 lenguaje:** Ahora hay mercado para el cine (...) que tiene un lenguaje menos *trillado.* EME050294 **41 expresión:** ...para luego caer en la *trillada* expresión de que en época pre-electoral... LHG280900 **42 discurso:** ...habituados al discurso romo y *trillado.* EME200395 **43 adjetivo:** «No quisiera caer en tópicos comunes y adjetivos *trillados*». CLA020199 **44 figura:** «Nunca utilices una metáfora, símil u otra figura *trillada*». LVE260395

F OTROS SUSTANTIVOS; POSIBLES USOS ESTILÍSTICOS: ...interrogantes sobre la muy *trillada* vida de la estrella... EME281296; ...finge transitar (...) una *trillada* cuerda de funámbulo... EPE030999

☐ Véase también: **manido.**

tripulación ♦ **a bordo, civil, competente, de refresco, de servicio, diligente, disciplinado, insubordinado, militar, permanente, perteneciente (a), servicial** ♦ **miembro (de), parte (de)** ♦ **amotinar(se), atender (a alguien), componer, desembarcar, desplegar, embarcar, evacuar, formar, insubordinar(se), llevar, navegar (con), reunir, salvar, sublevar(se), viajar**

triste ♦ **ligeramente, sumamente, tremendamente, visiblemente[11]**

☐ Véase también: **luctuoso.**

tristemente *adv.* ▮ Admite verbos que designan muy diversas acciones y procesos *(perder tristemente el tiempo; sonreír tristemente; reconocer tristemente un error).* También se combina con adjetivos que designan cualidades consideradas negativas *(tardío, incompleto, lluvioso...),* pero lo hace más frecuentemente con...

A ADJETIVOS QUE DENOTAN CELEBRIDAD O RENOMBRE: **1 célebre ++:** ...incidentes de violencia ocurridos en las afueras del Estadio Nacional el pasado sábado 5 de diciembre, cuando no se vendieron aquellas ya *tristemente* célebres 30 mil entradas. LEC051297 **2 famoso ++:** ...le vendieron en 30 dólares el metro cuadrado del punto en el que se levantó la *tristemente* famosa fábrica de pastas. CAP290801 **3 conocido:** Esa historia tiene un componente esencial tan *tristemente* bien conocido como extraño, que pocos están en condiciones de explicar sin aventurar conjeturas. LVE160196 **4 recordado +:** ...director de ONSEC y otrora niño bonito del *tristemente* recordado partido político PID... LHG120900 **5 popular:** ...una historia de delincuencia juvenil que reconstruye un hecho y unos personajes reales *tristemente* muy populares en Nebraska y estados limítrofes, en 1958. LVE201096 **6 notorio:** ...un denigrante catálogo de nombres propios, *tristemente* notorios y emparejados a los más execrables tipos delictivos del Código Penal... EME060396 **7 legendario:** Aparecen juntos en la foto un presidente provisional perteneciente a una *tristemente* legendaria familia de caciques, dirigentes sindicales corruptos y diputados... EPE311201

B ADJETIVOS Y PARTICIPIOS QUE DESIGNAN ESTADOS DE DESAPARICIÓN O AUSENCIA: **8 fallecido ++:** ...aún tuvieron un último recuerdo para el *tristemente* fallecido alcalde de Santa Lucía... CAN080101 **9 desaparecido ++:** ...con enorme solidaridad de gobernador, alcalde, presidente de la Diputación –¡aquel *tristemente* desaparecido Instituto de Estudios Musicales que este organismo patrocinó y en el que tantas obras musicales y musicológicas fueron editadas!–... ABC110394 **10 olvidado:** Quisiera añadir que también fue *tristemente* olvidado en la transición. LVE300495

C ADJETIVOS QUE DENOTAN FRECUENCIA: **11 frecuente:** ...ha debido esperar casi un lustro para verse estrenada, un camino *tristemente* frecuente en el cine catalán... LVE170196 **12 habitual:** Si en las llegadas de la Volta es *tristemente* habitual que nadie distinga entre aquellos que están trabajando y los que sólo se pasean para salir en la foto, ayer se alcanzó un grado supremo: ya ni se da prioridad a una entrevista en directo. LVE200695 **13 común:** ...numerosos supervivientes de la tragedia intentaron localizar pertenencias dispersas, en el mejor de los casos, familiares desaparecidos en el peor y, *tristemente*, más común. EME090896 **14 acostumbrado:** ...permite a los aficionados el contacto con la música en vivo, cosa, a la que *tristemente* no estamos nada acostumbrados. EPE050877

D ADJETIVOS QUE DESIGNAN LA CONDICIÓN DE SER ALGO CIERTO O REAL: **15 verdadero:** Pero ambas son *tristemente* verdaderas en cuanto al objeto referenciado. EME131195 **16 obvio:** Pero es *tristemente* obvio que otros que también tienen culpa en el asesinato del líder israelí han escapado a la Justicia... EME280396 **17 lógico:** La crisis térmica ha venido a agravar la crisis social: como es *tristemente* lógico, casi todos los fallecidos eran personas sin domicilio fijo. EME311296 **18 evidente:** Es *tristemente* evidente que el poder asociacionista de nuestro país no ha sido capaz de solucionarlo. EPE180699 **19 realista:** Tras recalcar que las cifras no son alarmistas, sino «*tristemente* realistas», el ministro añadió... EME100396

☐ Véase también: **trágicamente.**

tristeza ♦ **abrumador, amargo[51], angustioso, cargado (de), congénito, contagioso, desconsolador, hondo, imborrable, insondable[15], lleno (de), profundo[9]** ♦ **arrebato (de)[26], pozo (de)[22]** ♦ **ahuyentar[28], aliviar, amortiguar[70], apoderar(se)[8], asaltar (a alguien), atenuar, brotar[20], combatir, consumir(se) (en), dar[354], dejarse llevar (por)[48], derramar[17], disipar(se)[40], embargar[1], entrar[9], experimentar, hundir(se) (en), inundar(algo/a alguien), invadir (a alguien), llenar (de), manifestar, mitigar[17], mostrar, sentir[32], sucumbir (a), sumir(se) (en), tener, teñir (de)[10], transmitir[24], vencer[16], venir (a alguien)**

☐ Véase también: **aflicción, melancolía, morriña, nostalgia, pena.**

TRISTEZA Véase: AFLICCIÓN

triunfar ♦ **abrumadoramente[1], a lo grande[9], aplastantemente, apoteósicamente, a toda costa, comercialmente[21], con claridad, concluyentemente, con holgura, con rotundidad, de pleno[2], deportivamente, electoralmente, en buena lid, holgadamente[5], inapelablemente, indiscutiblemente, indudablemente, meritoriamente[4], nítidamente[48], plenamente[55], por completo[77], por todo lo alto, rotundamente[28], sin apuros, sin lugar a dudas, sin paliativos[18]**

☐ Véase también: **arrasar, ganar, vencer.**

triunfo ♦ **abrumador[16], a domicilio[22], agridulce[9], ajustado, amargo[59], ansiado, a pecho descubierto[21], aplastante[3], apoteósico[8], apretado[24], arrasador[6], arrollador[2], borracho (de)[2], clamoroso[2], claro, codiciado, concluyente[23], decisivo[47], demoledor[39], desahogado[8], desbordante[37], descollante[17], desmesurado[56], discutible, en bandeja[1], épico, exiguo[24], flamante, fulgurante[2], holgado, ilusionante[31], imprevisible[11], inalcanzable[23], inapelable[19], indiscutible, indudable, injusto, inmerecido, inobjetable, justo, merecido, meritorio, multitudinario[2], nítido, pírrico[2], precario[85], redondo[29], reñido[51], reparador, resonante, rotundo[4], rutilante[2], sin lugar a dudas, sin paliativos[53], sonado, valedero[19]** ♦ **con posibilidad (de)[3], en señal (de)[33]** ♦ **ánimo (de)[16], deseo (de)** ♦ **acariciar[3], acercarse (a), aclamar[13], aderezar[3], aguar(se)[29], alcanzar, amañar[15], anotar(se)[2], apuntalar[25], apuntillar[8], arañar[8], arrogarse[35], augurar[9], auspiciar, avalar[53], brindar, capitalizar[3], celebrar, cimentar[22], conmemorar[16], conquistar[1], conseguir, consumar(se), cosechar[4], dar[214], desvanecerse[43], devaluar(se)[15], digerir[7], dilucidar[27], diluir(se)[37], disipar(se), empañar(se)[11], festejar, firmar[28], forjar[44], fraguar(se)[13], gozar (de)[43], lograr, merecer, nublar(se)[27], obtener, paladear, perseguir, poner en duda, refrendar[58], remachar[1], revalidar[30], rozar, saborear[11], sellar, subirse a la cabeza (a alguien)**

□ Véase también: **éxito, gloria, laurel, medalla, victoria.**

TRIUNFO Véase: *MÉRITO, TRIUNFO Y RECONOCIMIENTO*

TRIUNFO Véase: ÉXITO

trofeo ♦ **acariciar[7], conceder, conquistar, conseguir, cosechar[17], dar, disputar, enarbolar, lograr, otorgar**

□ Véase también: **galardón, laurel, medalla, premio, recompensa.**

[tromba] → **en tromba**

tromba (de) ♦ **agua, aire, barro, granizo, lodo, pedrisco, viento**

□ Véase también: **avalancha (de), cascada (de), caudal (de).**

troncharse (de) ♦ **risa**

[tronco] → **como un tronco**

trono ♦ **alcanzar, aposentar(se) (en), arrebatar, asentar(se) (en), ceder, conservar[12], detentar, heredar, llegar (a), mantener, ocupar, perder, renunciar (a), sentar(se) (en), sostener, usurpar[2]**

□ Véase también: **cima (de), cumbre, pedestal, podio.**

tropa ♦ **aguerrido, curtido, de refresco, disciplinado, indisciplinado, insurrecto, leal, mercenario, militar, sedicioso** ♦ **acuartelar(se), amotinar(se), armar(se), atrincherar(se), avituallar(se), comandar, combatir, destacar, insubordinar(se), movilizar(se), municionar, pertrechar(se), sublevar(se)**

□ Véase también: **ejército.**

[tropel] → **en tropel**

tropelía ♦ **cometer[44], evitar, sufrir**

□ Véase también: **abuso, agresión, atentado, atraco, atropello, injusticia.**

tropezar(se) (con) *v.* ▮ Admite a veces la preposición *en.* En su sentido literal se combina con sustantivos que designan seres materiales *(Tropezó con una piedra y se cayó).* En el sentido figurado de 'encontrarse repentinamente con' se combina con sustantivos que designan personas *(Me tropecé con un amigo al que no veía hacía muchos años),* informaciones *(noticia, rumor, crítica),* contenidos y otras muchas nociones. Destacan especialmente sus combinaciones con...

A SUSTANTIVOS QUE DENOTAN OBSTÁCULO O DIFICULTAD, A VECES DISPUESTOS POR OTROS: **1** **problema** ++: «Desde que me incluyeron en el reparto –escribe– había *tropezado* con un problema típicamente inglés...». ABC241293 **2** **dificultad** ++: Pero los héroes de Kipling siempre *tropiezan* con dificultades y las resuelven... EME020596 **3** **barrera** ++: El Bloc Nacionalista, como ahora Unión Valenciana, ha vuelto a *tropezar* con la barrera electoral del 5... EPE150699 **4** **escollo** +: Formulación que, ya desde el principio, *tropieza* con el escollo del axioma de paralelismo que desde aquel momento se intenta demostrar pero que Euclides, con genial intuición, lo postula. ABC020493 **5** **inconveniente** +: Las posibilidades de que Benítez se incorpore a la selección (...) *tropezaron* con inconvenientes debido a las ambiciones económicas de sus representantes... ACP250996 **6** **zancadilla** +: ...a cada paso que daba en su meteórica carrera ha *tropezado* con las zancadillas que el mismo sistema le iba preparando. LVE231196 **7** **trampa**: Pero un día, atrapado en la idea de hacer realidad su invención, se embarca rumbo al océano y en el camino *tropieza* con la trampa que el diablo le tiende... ABC271192 **8** **limitación**: ...siempre *tropezaremos* con limitaciones de espacio. LVE100995

B SUSTANTIVOS QUE DESIGNAN LO INESPERADO O LO IMPREVISIBLE: **9** **sorpresa** ++: La policía *tropieza* con muchas sorpresas. LVE130495 **10** **suerte** +: La pasada temporada –«cuando ya nadie daba dos duros por mí»– este cordobés de mundo *tropezó* con la suerte con nombre de río mítico. LVE060896 **11** **fortuna** +: Y digo yo, ¿por qué calles hay que circular para *tropezar* con similar fortuna? EPE200199 **12** **contratiempo** +: Dicho instrumento legal fue propuesto por el ex-ministro de Justicia, René Blattmann, y no *tropezó* con contratiempos en el proceso de su consideración en el plenario camaral... LTB060297 **13** **imprevisto** +: Pero su estrategia *tropezó* con un imprevisto. Vencía 2-0 en el tercero cuando empezó a sentir calambres. EME020696

C SUSTANTIVOS QUE DENOTAN OPOSICIÓN O RESISTENCIA EN DIVERSAS FORMAS Y GRADOS: **14** **resistencia** ++: La propuesta *tropezó* inmediatamente con la resistencia de la representación liberal de la Asamblea Nacional... DLA240297 **15** **recelo** +: Pero es evidente que su decisión *tropezó* con recelos políticos. LVE161096 **16** **reticencia** +: En este ámbito, ha *tropezado* con reticencias importantes de su socio, Convergencia i Unió. EPD300697 **17** **oposición** +: Una eventual decisión anglo-americana de intervenir militarmente contra Irak sin previa autorización del Consejo de Seguridad *tropezará* con la oposición del eje franco-alemán. LRE150103 **18 rechazo +:** El acuerdo pesquero (...) ha *tropezado* con el firme rechazo de los poderes públicos de Galicia... LVE190495 **19 competencia:** Pero el Ya se echó al monte, donde *tropezó* con una competencia irresistible. EME190696 **20 embestida:** La voluntariosa entrega de Sacromonte y el bullir de El Mangui *tropezaban* con unas magníficas embestidas que pedían siempre toreo del güeno. EPE020580

D SUSTANTIVOS QUE DENOTAN FALTA DE ALGO: **21 falta:** ...nadie dudó de sus cualidades técnicas, pero todos *tropezaron* con su falta de constancia. EPE271101 **22 carencia +:** Nuevamente aquí *tropezamos* con la carencia de una política urbanística y de ordenación territorial. EPE150580 **23 ausencia:** La expresión del amor divino *tropieza* con la ausencia de circunstancias físicas... ABC131291

E SUSTANTIVOS QUE DENOTAN INCLINACIÓN, VOLUNTAD O DESEO. TAMBIÉN CON ALGUNOS QUE DESIGNAN CIERTAS RESOLUCIONES QUE LOS PONEN DE MANIFIESTO: **24 intención +:** Pero *tropezó* con las intenciones del subsecretario, que tenia otros planes. INDOC **25 tentación +:** Siempre *tropiezas* con las mismas tentaciones. INDOC **26 decisión +:** En relación con Zabala, se *tropieza* con una decisión de Cerro Porteño de declararlo intransferible, pero en este tema todavía no está dicha la última palabra, ni mucho menos. CLA030797 **27 interés:** Las primeras ofertas económicas del Ayuntamiento pronto *tropezaron* con el interés de las grandes promotoras inmobiliarias por hacerse con parte del suelo de Salburua y Zabalgana. EPE190399 **28 disposición +:** ...no sólo *tropezarían* con herméticas disposiciones legislativas, sino que, en algún caso, los funcionarios tendrían prohibido declarar... LVE171095

tropezar(se) (en) Véase: **tropezar(se) (con)**

tropical ♦ ambiente, belleza, bosque, calor, ciclón, enfermedad, exuberancia, fauna, flora, fruta, jardín, jungla, moda, música, origen, país, paisaje, paraíso, planta, sabor, tormenta, vegetación, zona

□ Véase también: **tórrido.**

tropiezo ♦ descomunal, fortuito, garrafal, grave, imperdonable, inesperado, involuntario, leve, ligero, monumental, pequeño, serio[6], sonado ♦ constituir, evitar, justificar, lamentar, recuperar(se) (de), repetir, representar, subsanar, sufrir[28], superar, tener

□ Véase también: **caída, error, fallo, fracaso.**

[trozo] → **a trozos**

truco ♦ avieso[12], **burdo, conocido, consabido, fallido, ingenioso, manido[22], sutil, viejo ♦ al descubierto[37] ♦ aplicar, descubrir, desenmascarar, destapar, desvelar[11], emplear, fallar, fracasar, hacer, poner en práctica, realizar, salir, salir a la luz[12], surtir efecto[2], tener, usar**

□ Véase también: **argucia, artimaña, engaño, estrategia, maniobra, trampa.**

truncar(se) *v.* ▮ En su sentido literal admite sustantivos que designan algunas partes físicas de un conjunto *(brazo, rama)*, así como diversas unidades verbales o textuales *(palabra, término, línea, título, texto)*. En su sentido figurado se combina con sustantivos que denotan período temporal *(temporada, etapa, jornada)* y también con...

A SUSTANTIVOS PROSPECTIVOS QUE DESIGNAN LO QUE SE DESEA, SE ESPERA O SE PRETENDE ALCANZAR: **1 esperanza ++:** ¡Cuántas familias (...), cuántas esperanzas *truncadas* de millares de ciudadanos! HOY050597 **2 expectativa ++:** Para quien pudiera interpretar que el mensaje anterior podía *truncar* las expectativas de futuros descensos de los tipos de interés quiso ser más explícito... LVE220696 **3 objetivo ++:** ...han terminado por precipitar la crisis en la que vivía el socialismo desde que se *truncó* su objetivo de desalojar, de la mano del PP, al nacionalismo de Ajuria Enea el 13 de mayo. EPE281201 **4 aspiración ++:** Postuló a la Escuela de Oficiales de la Marina de Guerra, pero una miopía *truncó* sus aspiraciones. CAP230197 **5 vocación +:** Ya de paisano y afincado en Cuenca, inculcó aquella vocación *truncada* a su hijo Isaac... EPE160700 **6 deseo +:** El secretario general, Ángel Franco, veía así *truncados* sus deseos de situar en puestos de salida a... EPE070399 **7 sueño:** Sus sueños fueron *truncados* por un taxi «fantasma» que raudamente transitaba por la autopista... EPC220597 **8 ilusión:** ...los cuales vieron *truncadas* sus ilusiones y su deseo de acceder a la facultad de Derecho en la última convocatoria del pasado mes de abril... LVE010694 **9 ambición:** ...eliminando dentro y fuera de su partido cualquier adversario que pudiera *truncar* su ambición, la pertinaz soledad del poder. EME220495 **10 anhelo:** ...la Comisión de Urbanismo se comprometió a no *truncar* el anhelo del Ayuntamiento de adquirir... EPE201201 **11 augurio:** No obstante, los augurios se *truncaron* ante el pacto de legislatura de CiU y el PP en el Congreso... EPE180699 **12 futuro:** ...pero una lesión de rodilla *truncó* su futuro como defensa-cierre. EPE240599 **13 horizonte −:** Un reencuentro con el río pródigo (...), con el que pretenden *truncar* el horizonte «asfixiante» e «insostenible»... EME020196

B SUSTANTIVOS QUE DENOTAN CURSO, RECORRIDO O TRAYECTO. SE USAN A MENUDO EN SENTIDO FIGURADO: **14 carrera ++:** Otro mítico rocker de los cincuenta, Jerry Lee Lewis, vio como se *truncaba* su carrera por casarse con una menor. LRE190103 **15 trayectoria ++:** Ajeno a la morriña que provocó la marcha de John Aldridge y a la vida licenciosa que *truncó* la trayectoria de Dalian Atkinson, Kodro se refugia en un feliz anonimato. EME070395 **16 camino:** ...muchos de nuestros pioneros vieron su camino *truncado* y actualmente constituyen sólo un recuerdo. LTB020197 **17 periplo:** La lesiones acabaron de *truncar* su periplo italiano... EPE190199 **18 viaje −:** Sin embargo, el viaje se *truncó*, ya que Ping Ye ya no tenía más dinero... EME171095

C SUSTANTIVOS QUE DENOTAN TRAYECTORIA VITAL, PERSONAL O BIOGRÁFICA. TAMBIÉN CON OTROS QUE DESIGNAN ALGUNAS DE SUS ETAPAS O SUS CARACTERÍSTICAS: **19 vida ++:** ...narra la tragedia de Kevin Tunell, un joven que vio *truncada* su vida tras provocar la muerte de una muchacha... EME200695 **20 existencia ++:** Sobre todo cuando las víctimas se cuentan por decenas y son niños que ven *truncada* así su existencia justo al empezar a abrirse a la vida. EPE251080 **21 historia +:** ...contaba las miserias de la Francia profunda durante la

Segunda Guerra Mundial desde la agria perspectiva de una *truncada* historia de amor infantil... EME190396 **22 experiencia:** Las mismas fuentes consideran una estrategia errónea que Pujol designara nominalmente a un delfín y recuerdan las experiencias *truncadas* en este sentido de otros líderes políticos... EPE130999 **23 infancia:** ...de las niñas bonsái de infancias *truncadas*, más acróbatas que gimnastas. LVE300796 **24 biografía:** El elemento que *truncó* su biografía fue Jesús Gil Marín, con quien trabó amistad en Madrid. EPE300899

D SUSTANTIVOS QUE DESIGNAN PROCESOS DE AVANCE, EXTENSIÓN, MEJORA, CRECIMIENTO O MODIFICACIÓN POSITIVA: **25 evolución ++:** Su evolución se vio *truncada* cuando estaba disfrutando del éxito... EPE221099 **26 desarrollo ++:** ...la indefinición de un proyecto universitario ha *truncado* el desarrollo de esas casas de estudio... ENV240700 **27 progresión ++:** En el cuadro masculino, Jordi Burillo vio *truncada* su progresión por el sueco Christian Bergstrom. EME260694 **28 proceso +:** ...lo eliminó la extrema derecha judía para *truncar* el proceso de paz... LVE250196 **29 ascenso +:** ...ahora, en el terreno judicial, puede llevarle a la cárcel y *truncar* su ascenso como parlamentario radical... LVE160595 **30 recuperación:** El índice Dow Jones y, sobre todo, el Nasdaq iniciaron la jornada con fuertes descensos, lo que *truncó* cualquier recuperación en el resto de los mercados. EPE190700 **31 difusión:** ...provocó un paro en el ya enfermo corazón de Cassirer, *truncando* la difusión de su filosofía en las aulas americanas. LVE040495 **32 ramificación:** Isabel Cid se refiere a cuestiones que tienen que ver con las relaciones personales a través de imágenes de objetos industriales: el laberinto de tuberías numeradas de «Identidad», las ramificaciones *truncadas* de «Ruptura»... LVE290396 **33 impulso:** El fascismo *truncó* el impulso vanguardista de países como Italia, Alemania y España... EME080595 **34 remontada:** César y Azpilicueta hicieron los goles de una remontada que quedó *truncada* en los últimos minutos al no acompañar la fortuna en los metros finales. DDN290499 **35 revolución:** ...dijo que venía a poner punto y seguido a la revolución reaganiana, *truncada* durante los últimos cuatro años por el inquilino demócrata. EME130896

E SUSTANTIVOS QUE DENOTAN TENDENCIA, GENERALMENTE FAVORABLE, O DESIGNAN ALGUNAS DE LAS OPCIONES QUE HACEN POSIBLES EL AZAR O LA FORTUNA: **36 racha ++:** El equipo aragonés *truncó* la racha de cinco victorias consecutivas que habían acumulado los hombres de Wayne Brabender. EME051195 **37 suerte ++:** En este partido se *truncó* la buena suerte que había acompañado al Espanyol en sus últimos partidos en casa... LVE101095 **38 tendencia ++:** ...se *trunca* la tendencia descendente que acompañó al mercado del automóvil durante el pasado ejercicio... EME090294 **39 oportunidad +:** Truncadas las dos oportunidades de Muñoz y tirada por la borda la posibilidad de conseguir algo más... EPE120700 **40 posibilidad +:** ...cedió a las presiones y *truncó* las posibilidades de equilibrar el Presupuesto. EME011296

F SUSTANTIVOS QUE DENOTAN ACUERDO O COOPERACIÓN. TAMBIÉN CON OTROS QUE DESIGNAN CIERTOS PROCESOS DESTINADOS A LOGRAR ESOS OBJETIVOS: **41 acuerdo ++:** ...la convocatoria de elecciones primarias en la agrupación socialista marbellí *truncó* el posible acuerdo. EPE200299 **42 negociación ++:** Las negociaciones *truncadas* con Port Aventura y el posterior cambio de orientación de la Volta al llevar la salida a un punto tan distante como Manlleu dan una idea de la complicación que supone organizar una prueba ciclista. LVE150695 **43 negocio:** ...y concertar otros negocios que quedaron *truncados* después de la desaparición de la Unión Soviética en 1991. EME131095 **44 contrato –:** El contrato del griego se *truncó* al no acceder el Racing al traspaso de Munitis. EPE151099 **45 comercio –:** Entre los países más afectados por la normativa española están Holanda, Italia, Francia e Irlanda, que ven *truncado* su comercio de vacuno con España. EPE260699

G SUSTANTIVOS QUE DENOTAN ESTADO O SENSACIÓN DE BIENESTAR, SATISFACCIÓN, DICHA O AUSENCIA DE PERTURBACIÓN: **46 alegría +:** Su alegría quedó *truncada* bruscamente cuando otro joven se acercó a él, sacó una navaja y le asestó dos puñaladas... EME160394 **47 felicidad +:** La felicidad volvió a *truncarse* después de que desapareciera del equipo del Barça tras el desastre ante el Villarreal hace un año... EPE051299 **48 bienestar +:** ...la ominosa realidad de una inactividad forzada y empobrecedora que hoy *trunca* el bienestar de una de cada cinco personas... EME020296 **49 calma:** Esa calma sólo se vio *truncada* –señalaron las mismas fuentes– por contraataques de poca envergadura... LVE240995 **50 estabilidad:** Quienes hicieron esta ley suponían que un padre de familia, al perder su empleo, volvería a su país de origen sin expectativas, *truncando* la estabilidad familiar. EPE141201 **51 silencio:** A veces, ese pesado silencio queda *truncado* por un grito aislado de rabia o un insulto. EME301095 **52 gozo –:** Pero mi gozo se *truncó* en tristeza por la guerra, que heló mi corazón y lo dejó encogido de miedo. EME101196

H SUSTANTIVOS QUE DENOTAN COSTUMBRE: **53 costumbre +:** Aquella costumbre se *truncó* a principios de los setenta... EPE050999 **54 tradición:** ...nos muestran la fidelidad de Francisco Pacheco a la tradición manierista que en Sevilla sería *truncada* por Juan de Roelas... ABC081191 **55 hábito:** Estas actitudes *truncan* un hábito sumamente arraigado en la comunidad. INDOC

I SUSTANTIVOS QUE DESIGNAN RELACIONES, ESPECIALMENTE LAS DE UNIÓN Y COOPERACIÓN. TAMBIÉN CON OTROS QUE DESIGNAN ALGUNOS ESTADOS DE ARMONÍA QUE SE ASOCIAN CON ELLOS: **56 relación ++:** Sorprendentemente, cuando las relaciones financieras entre los dos personajes estaban dando sus mejores frutos, empezó a *truncarse* la relación entre Prado y De la Rosa. EME061295 **57 unión +:** ...desastres parecidos a los que *truncaron* las uniones de Carlos de Gales, el príncipe Andrés y... EPE070199 **58 cohesión +:** Para Lerma, que volvió a insistir en que no tiene ninguna aspiración personal, aseguró que los nombres no deben *truncar* la cohesión interna. EPE030999 **59 colaboración:** La colaboración se *truncó* cuando el profesor aceptó incorporarse a la universidad Pompeu Fabra. EPE170999 **60 confianza:** Para el ministro, los vaivenes de la Bolsa y la peseta en los últimos días «no *truncan* la confianza mostrada en la economía española por los inversores...». EPD030697

☐ Véase también: **torcer(se)**.

[tú] → **de tú, de tú a tú**

tubería ♦ **comunicar, conectar (algo), congestionar(se)[8], descongestionar(se), desembocar (en un**

lugar), ir (a un lugar), obstaculizar(se), obstruir(se), pasar (por), recorrer, taponar(se), vaciar
☐ Véase también: **arteria, curso, túnel.**

[tuétano] → **hasta el tuétano**

[tumba] → **como una tumba**

tumba ♦ enterrar (en), excavar, honrar, llevar (a), orar (ante), profanar[1], visitar
☐ Véase también: **sepulcro.**

tumbarse ♦ a la bartola, cómodamente, plácidamente[8]

tumor ♦ benigno, cerebral, irreversible, localizado, maligno ♦ curar(se) (de), descubrir, extenderse, extirpar, operar, quitar, reproducirse
☐ Véase también: **enfermedad.**

tumulto ♦ amainar[32], causar, crear(se), ocasionar[16], producir(se)
☐ Véase también: **alboroto, desorden, lío, trifulca.**

túnel ♦ abrir, adentrarse (en), cerrar, colapsar(se), congestionar(se), desembocar (en un lugar), entrar (en), obstruir(se), pasar (por), recorrer, salir (de), taponar(se)
☐ Véase también: **arteria, curso, tubería, vía.**

[tuntún] → **al tuntún**

turbio ♦ ambiente, asunto, crimen, cristal, episodio, fondo, hecho, imagen, incidente, interés, juego, manejo, negocio, ojo, oleaje, panorama, papel, pasado, personaje, razón, tinglado, trama
☐ Véase también: **oscuro.**

turbulento *adj.* ▌Se combina con sustantivos que designan líquidos, a menudo en corrientes o en masas *(aguas, río, mar, corriente)*. También se combina con sustantivos temporales *(día, mes, año, década, época, periodo, etapa, tiempo)*. Se combina asimismo con sustantivos que designan lugares *(país, ciudad, región, comarca)*, acontecimientos *(congreso, partido, sesión)*, y procesos *(negociación, rodaje, preparación)*. Además, se combina con...

A SUSTANTIVOS QUE DESIGNAN LO YA SUCEDIDO: **1 pasado** ++: Cuando al final regresa a Londres con la intención de ajustar cuentas con aquel *turbulento* pasado, ya poco podrá cambiar. ABC130195 **2 historia** +: ...y ha ofrecido a la vez su perdón, por «las ofensas causadas a los no católicos» a lo largo de la historia *turbulenta* de Europa Central... EME220595

B SUSTANTIVOS QUE DESIGNAN CURSOS, ENTRE ELLOS EL DE LA EXISTENCIA: **3 vida** +: Sólo se puede decir que a su genio añadía la vida *turbulenta* de los poetas malditos, condición necesaria de los héroes románticos... EPE101101 **4 trayectoria** +: Su *turbulenta* trayectoria la llevó a beberse todo el tequila del mundo, el alcohol que pasaba por sus manos desaparecía irremediablemente. EME060696 **5 carrera** +: ...que le han llevado a protagonizar una sucia escena, una más en su *turbulenta* carrera, al invadir la grada de un estadio londinense para agredir a un hincha. LVE300195 **6 existencia**: ...en la obra de Penderecki se trata más fundamentalmente de la pasión del Padre Grandier que de cuantos acontecimientos rodean su *turbulenta* existencia, por fuertes que estos sean. EPE050576

C SUSTANTIVOS QUE DENOTAN VÍNCULO, GENERALMENTE AFECTIVO: **7 relación** ++: He optado más por un tono lúdico, aunque no exento de crudeza, dada la *turbulenta* relación privada que mantiene la pareja protagonista. EPE140599 **8 amor** +: ...conocida tanto por sus astronómicas tarifas como por sus *turbulentos* amores, volvió a causar sensación en la pasarela en Londres. LVE270294 **9 romance** +: Los aficionados al cine tuvieron una introducción al *turbulento* romance de Burton y Taylor cuando ambos protagonizaron «¿Quién teme a Virginia Woolf?»... LVE290896 **10 matrimonio**: Se sabe que la película intercala imágenes de los triunfos deportivos de Simpson y de su largo y *turbulento* matrimonio con la jovencísima... LVE310195 **11 noviazgo**: ...sino que mantiene un *turbulento* noviazgo con la top model del momento: la brasileña Giselle Bundchen. EPE260800
☐ Véase también: **intempestivo, proceloso.**

turista ♦ afluencia (de), avalancha (de), flujo (de), grupo (de), ola (de)[42] ♦ acoger, acudir, atraer (a), captar, congregar, convocar
☐ Véase también: **viajar, viaje, viajero, visitante.**

turno ♦ alterno, de oficio, fijo, regular, riguroso, variable ♦ esperar, guardar[50], respetar, saltarse[10], seguir

tutela ♦ cautelar[48], implacable[11], paterno, severo ♦ ejercer, estar (bajo), mantener
☐ Véase también: **atención, control, cuidado, vigilancia.**

U u

ubicar ♦ debidamente[47], estratégicamente[7], ventajosamente[24]
☐ Véase también: **afincarse (en), aparcar, colocar(se), lugar, posición, situar(se).**

ultimar ♦ a marchas forzadas[18] ♦ acuerdo, detalle, libro, obra, pacto, película, preparativos, trabajo

ultimátum ♦ categórico, enérgico, firme, inapelable, rotundo, terminante ♦ acatar[17], aceptar, dar, ignorar, lanzar[42], plantear, presentar, rechazar, vencer[71]
☐ Véase también: **aviso, orden, requerimiento.**

[ultranza] → a ultranza

umbral ♦ cruzar, pasar, rebasar[6], sobrepasar[22], traspasar
☐ Véase también: **límite.**

unánime *adj.* ▮ Se combina con sustantivos de persona. Si son individuales se construyen en plural *(expertos, políticos)*; si son colectivos pueden aparecer en singular *(público, crítica)*. También se combina con...

A SUSTANTIVOS QUE DENOTAN ACUERDO, ACEPTACIÓN O AQUIESCENCIA: **1 acuerdo ++:** ...pero en un acuerdo *unánime* de todos los integrantes se vio por conveniente tomar ese paso... LTB021001 **2 aprobación ++:** La presentación (...) tuvo apoyo y aprobación *unánime* de todo el cuerpo... LNP210797 **3 aceptación +:** «Los tres planteamientos recibieron aceptación *unánime*»... ENH140497 **4 asentimiento +:** Ello no garantizaría que sus fallos fueran acogidos con asentimiento *unánime.* ABC151191 **5 convencimiento:** Pero existe un convencimiento prácticamente *unánime* de que la designación tendrá lugar antes de la reunión de ministros... LVE111195 **6 consenso:** La directiva gremial explicó que los dos congresistas pedirán que la ley sea aprobada por consenso *unánime*... ETC130996 **7 consentimiento:** El orden mundial no descansa sobre el consentimiento *unánime*... EXC140901 **8 beneplácito:** El plan de reestructuración (...) obtuvo también el beneplácito *unánime* de la población... EUV010996 **9 coincidencia:** Hubo *unánimes* coincidencias, en los diarios de ayer, a propósito de la valoración de las manifestaciones masivas contra el terrorismo. LVE210296

B SUSTANTIVOS QUE DENOTAN APOYO O AYUDA: **10 apoyo ++:** ...la idea del Ministro ganó un relieve inusitado y un apoyo *unánime*... ENH140497 **11 respaldo ++:** Igualmente expone que la ley contó con el respaldo *unánime* de todos los parlamentarios. EUV091096 **12 adhesión +:** Cabe recordar que, oficialmente, la iniciativa (...) contó con la adhesión casi *unánime* del resto de agrupaciones. LVE070295 **13 solidaridad:** La muerte de Lizondo provocó la solidaridad *unánime* de todas las fuerzas políticas... LVE241296 **14 ayuda:** Se lo comunicó a su familia, quien le ofreció su ayuda *unánime.* INDOC

C SUSTANTIVOS QUE DENOTAN RECONOCIMIENTO, APROBACIÓN O ESTIMA: **15 aplauso ++:** Cuando su breve discurso terminó, surgió un aplauso *unánime.* CLA080797 **16 reconocimiento ++:** ...es *unánime* el reconocimiento de que los medios de comunicación tienen creciente importancia en la sociedad... LTB040397 **17 elogio ++:** Su música, en cambio, ha despertado elogios *unánimes* y se ha agotado en más de una gran cadena de discos. HOY240697 **18 admiración +:** Este goza de respeto y admiración *unánime* por su excelencia académica. HOY180385 **19 respeto +:** ...goza de una simpatía entre sus conciudadanos y del respeto *unánime* de quienes se dedican a la filosofía... EME161295 **20 cariño:** ...recibe el cariño *unánime* del mundo de la danza. ABC290193

D SUSTANTIVOS QUE DENOTAN RECHAZO, CONDENA U OPOSICIÓN: **21 rechazo ++:** Aunque no hubo votación, quedó la sensación de un rechazo *unánime.* HOY020697 **22 condena ++:** Esa ley mereció la *unánime* condena de los jefes de estado... ETC060996 **23 protesta ++:** Una explicación plausible (...) es que así, levantando polvareda y protesta *unánime* en el gremio, desvía el asunto principal... CAP131197 **24 oposición ++:** ...pretenden vender el Teatro Municipal (...), a pesar de la más *unánime* y enérgica oposición de la ciudadanía del lugar. DYM080996 **25 repudio +:** No basta, entonces, con el *unánime* repudio a la oscura maniobra y a su promotor... LHG260700 **26 repulsa +:** Es cierto que no se puede vencer a ETA solamente con palabras de repulsa *unánime.* LVE231295 **27 objeción:** La mencionada objeción no era, en ningún caso, *unánime*... HOY020697 **28 veto:** ...ha removido los cimientos de la música clásica sin temor al *unánime* veto de los divos... EME120896

E SUSTANTIVOS QUE DENOTAN SONIDO O GRITO, MUY A MENUDO INTERPRETADOS COMO MANIFESTACIÓN VERBAL DE RECHAZO, DE APOYO O DE PETICIÓN: **29 grito +:** Ese fue el grito *unánime* de la afición... ENC240599 **30 clamor +:** El clamor *unánime* que se levanta contra esa política desconsiderada (...) no puede ser ignorado... ENV010997 **31 fragor –:** La visión aérea de Valle le permitía abarcar desde una perspectiva insólita, casi divina, el fragor *unánime* de la contienda... ABC131095

F SUSTANTIVOS QUE DENOTAN PETICIÓN O REIVINDICACIÓN Y, POR EXTENSIÓN, CON OTROS QUE DESIGNAN

ACCIONES COLECTIVAS DE NATURALEZA REIVINDICATIVA: **32 reivindicación +:** Al sentimiento de dolor (...) se añadió la reivindicación *unánime* de la mejora de las medidas de seguridad... LVE210995 **33 petición +:** La petición era *unánime*: más compromiso financiero. EME120395 **34 reclamo +:** ¿Es *unánime* el reclamo de los campesinos? LNP151097 **35 manifestación:** Pero lo que este barrio pide –con la manifestación *unánime* de sus moradores– es la erradicación definitiva de ese foco de pestilencia... ETC140175 **36 huelga:** ...el pueblo convirtió el clima insurreccional en la *unánime* huelga general... GIC062097 **37 boicot:** Sus implicaciones van más allá del *unánime* boicot contra el gobierno. LHG141100 **38 paro:** La intransigencia de la empresa provocó el paro *unánime* de los trabajadores. INDOC **39 pedido:** ...lo único que desencadena es el pedido *unánime* de consulta, debates y participación. CAP200397 **40 solicitud –:** ...llevó la emoción a los tendidos con un toreo valeroso que le valió una oreja por solicitud *unánime*. ETC020190

G SUSTANTIVOS QUE DESIGNAN LA ACCIÓN O EL EFECTO DE ADOPTAR DECISIONES O RESOLUCIONES: **41 respuesta ++:** ...la mayoría de las líneas nacionales e internacionales tenían una respuesta *unánime*... ENV221297 **42 decisión ++:** Soto ganó por decisión *unánime* en 12 asaltos... ESP160697 **43 fallo ++:** «Siento como si no tuviera ningún derecho», protestó ayer (...) al escuchar el fallo *unánime* de cinco lores jueces. EPE301101 **44 reacción ++:** Una de las más *unánimes* y enérgicas reacciones (...) ha sido protagonizada por todos los sectores de la vida nacional mexicana... GIC091296 **45 voto ++:** ...es muy probable que la junta supervisora estatal (...) responda el 12 de mayo con un voto *unánime* de aprobación. ENH050597 **46 veredicto ++:** El veredicto fue *unánime*: se publica. LPN051097 **47 diagnóstico +:** El diagnóstico *unánime* entre los comerciantes es que las ventas no alcanzarán niveles altos. CLA091000 **48 resolución +:** ...es probable que hoy se apruebe una resolución *unánime* en favor de la continuidad de la actividad industrial. LVE130795 **49 dictamen +:** Los grupos quieren alcanzar un dictamen *unánime*... LVE221194 **50 conclusión:** La conclusión *unánime* fue que ciencia y filosofía deben ir unidas... EPE270499 **51 calificación:** Vía «Internet» llegó a los usuarios la implacable y sorprendente *unánime* calificación de columnistas y editorialistas... LTB020297 **52 elección:** Fue *unánime* la elección de periodistas y dirigentes: sin dudas fue el mejor del Sudamericano. CLA100297

H EL SUSTANTIVO *SENTIR* Y CON OTROS QUE DESIGNAN OPINIÓN, POSTURA O PUNTO DE VISTA SOBRE ALGUNA COSA: **53 sentir ++:** La Declaración de Tampa (...) recogió el sentir *unánime* de las organizaciones participantes... DLA100297 **54 opinión ++:** ...la opinión *unánime* recabada fue que «todos los sectores deben dar un mayor respaldo al programa económico». ENV190197 **55 sentimiento +:** ...«Hay un sentimiento mayoritario y *unánime* entre productores para negociar un acuerdo con cuotas». ETC010798 **56 postura +:** Pero ahora no existe una postura *unánime* en la comunidad científica. ABC301092 **57 parecer +:** ...«en contra del parecer *unánime* de los órganos consultados», utiliza el «amplio margen a la actividad interpretativa»... EPE040699 **58 posición +:** La polémica no está terminada y tampoco es *unánime* la posición dentro de la propia Iglesia. CAR230697 **59 interpretación:** En interpretación *unánime*, la ciudadanía se negó a otorgar un cheque en blanco... PME101196 **60 punto de vista:** ...el acuerdo recogía el punto de vista *«unánime»* de que el «proceso de paz debe proseguir conforme a los acuerdos de Oslo». LVE300696 **61 actitud:** ...ha quedado claro la solidez del sistema institucional ante la actitud *unánime* y solidaria de toda la dirigencia... CLA020401 **62 mirada –:** La mirada oficialista no es *unánime* sobre este tema, como tampoco lo es la de la oposición derechista. HOY230996

I SUSTANTIVOS QUE DENOTAN INTENCIÓN O PROPÓSITO: **63 voluntad +:** Estados Unidos mostró, tras el crimen terrorista del 11 de setiembre, una voluntad *unánime* de castigo. CAP200901 **64 interés +:** El interés *unánime* del comité es que la elección de la directiva nacional no cruce las parlamentarias... LEC200396 **65 propósito +:** ...el propósito *unánime* en la sala es que el asunto se zanje en la mayor brevedad... LVE131096 **66 deseo:** y un deseo *unánime*: parar la guerra. EPE230599 **67 anhelo:** Sigue constituyendo un anhelo *unánime*, la reiniciación de obras de remodelación y asfaltado de esta troncal... ECP140175 **68 intención:** ...ha declarado a este periódico que la intención *unánime* del equipo de gobierno es recuperar la zona... EME050294 **69 objetivo:** El objetivo *unánime* es mostrar al mundo que aquí vive una gente humilde pero buena. LVE081095 **70 finalidad:** La finalidad *unánime* del Consejo es hacer efectiva la participación de todos. INDOC

J SUSTANTIVOS QUE DENOTAN MANIFESTACIÓN O COMUNICACIÓN ORAL O ESCRITA, A VECES CON INTENCIÓN DESCALIFICADORA: **71 comentario +:** Es el comentario *unánime* de los cazadores que vienen por este establecimiento. ENC060599 **72 crítica +:** La crítica es *unánime* en cuanto a la elegancia en el tratamiento del tema... LVE191196 **73 declaración +:** ...así lo interpretó el Consejo General del Poder Judicial en la declaración *unánime*... EME270195 **74 acusación:** Quizás debió realizarse antes de 1988, para evitar la acusación casi *unánime* de magno fraude electoral... PME020297 **75 pronunciamiento:** ...democráticamente debió acatar el pronunciamiento casi *unánime* de los componentes del comité ejecutivo. LEC220796 **76 frase –:** ...la frase *unánime* fue: tenemos que sacar esto adelante por encima de todo. ETC010798 **77 palabra –:** Esa fue la palabra *unánime* de todas las instituciones. LTB050497

K SUSTANTIVOS QUE DENOTAN ÉXITO, FELICIDAD O COMPLACENCIA: **78 éxito:** Superadas las dificultades, el estreno obtiene un éxito *unánime* y clamoroso de la crítica... ABC150995 **79 triunfo:** ...el triunfo de la compañía de Sellars resultó prácticamente *unánime* y nadie intentó silenciar las ovaciones finales. ABC291191 **80 satisfacción:** ...la decisión de editar las obras completas de Carlos Arniches tendría que ser acogida con *unánime* satisfacción. ABC101195 **81 regocijo:** El regocijo fue *unánime*... EXC140901 **82 entusiasmo:** ...la confirmación de condiciones y calendarios para el acceso a la moneda única están lejos de despertar el entusiasmo *unánime* que se presume... LVE241295 **83 alegría:** La tensión se convirtió en una alegría *unánime* cuando se dio a conocer la resolución. INDOC **84 júbilo:** El pueblo recibió con júbilo *unánime* la declaración de la independencia. INDOC

L SUSTANTIVOS QUE DESIGNAN DIVERSOS ESTADOS Y SENTIMIENTOS DE AFLICCIÓN: **85 malestar:** La Sala de lo Penal sintió anteayer la necesidad de transmitir su «malestar *unánime*» y su preocupación al CGPJ... EDV110101 **86 dolor:** Ha sido *unánime* el dolor de los demás compañeros de infortunio... CAP250497 **87 odio:** Sus castigos provocaron el odio *unánime* de sus alumnos. INDOC **88 rabia:** Aquel sentimiento terminó convirtiéndose en rabia *unánime*. INDOC **89 llanto:** La noticia nos sumergió en un llanto *unánime*. INDOC

M OTROS SUSTANTIVOS; POSIBLES USOS ESTILÍSTICOS: Lo cual hace que me sienta intimidado ante la posibilidad de desafinar en orfeón tan *unánime*. ABC270893; Una savia común, una resonancia *unánime*, enlaza estos pinos de hoy (...) con aquellos aguerridos centinelas... ABC161294; Junto a la intuición poética, que es lo esencial, se canta a lo primigenio, al origen, a una mitología intemporal y *unánime*. ABC011093

☐ Véase también: **por mayoría, unánimemente**.

unánimemente ♦ **aceptar, acordar, admirar, aplaudir, apoyar, aprobar, ayudar, comentar, concluir, condenar, decidir, declarar, desear, elegir, elogiar, gritar, odiar, oponer(se), pedir, protestar, rechazar, reclamar, reconocer, reivindicar, respaldar, respetar, sentir**

☐ Véase también: **unánime**.

unanimidad ♦ **manifestación (de)[20]** ♦ **concitar[11], gozar (de)[66]**

unidad ♦ **compacto, de acción, de objetivos, férreo[110], firme, homogéneo, indisoluble, indivisible, inquebrantable[36], precario[53]** ♦ **en aras (de)[47]** ♦ **espíritu (de), manifestación (de)[19]** ♦ **acariciar[39], aflojar[19], alcanzar, cimentar[2], conservar[55], dañar[27], descomponer(se)[20], deshacer(se), desmembrar(se), desmoronar(se)[33], forjar[6], fortalecer(se)[4], fraccionar(se), fragmentar, fraguar(se)[8], gozar (de)[65], mantener, minar, perseguir, quebrar(se)[18], robustecer(se)[1], romper(se), socavar[72], tejer[17]**

☐ Véase también: **cantidad, elemento, medida, parte**.

UNIDAD DE MEDIDA Véase: *MEDIDA, UNIDAD DE* ~

unilateralmente *adv.* ▌Se combina con numerosos verbos que designan manifestaciones verbales declarativas *(declarar, proclamar, anunciar: La empresa anunció unilateralmente que las negociaciones no proseguirían)*, y también con...

A VERBOS QUE DENOTAN IMPOSICIÓN DE ALGO, A MENUDO CON MEDIOS COERCITIVOS. TAMBIÉN CON OTROS QUE DESIGNAN LA ACCIÓN DE PONER ALGO EN FUNCIONAMIENTO O FIJAR SUS CARACTERÍSTICAS FUTURAS: **1 imponer ++:** ...advirtió que los salvadoreños «no pueden imponer *unilateralmente*» la medida coercitiva. LNC190297 **2 fijar ++:** Hasta ahora, el fabricante puede fijar *unilateralmente* los objetivos de venta que debía conseguir el concesionario. EME220695 **3 implantar ++:** ...no puede implantar un servicio mínimo de manera *unilateral*, ya que como parte afectada intenta restringir el derecho a la huelga de los trabajadores. EPE080599 **4 establecer +:** La ONCE estableció *unilateralmente* dejar de pagar el 100 de los gastos de estas rehabilitaciones... EME271295 **5 introducir +:** ...debido a las modificaciones introducidas *unilateralmente* por la ministra de Transportes. CAP290597 **6 decretar +:** ...porque el IRA rompió el alto el fuego decretado *unilateralmente*. CLA290199

B VERBOS QUE DENOTAN INTERRUPCIÓN, CANCELACIÓN O RUPTURA: **7 romper ++:** El jugador croata ha sido denunciado por la entidad acusado de romper *unilateralmente* el contrato que le liga al club... EPE301101 **8 suspender ++:** ...ante la decisión del EZLN de suspender *unilateralmente* el diálogo... DYM040996 **9 rescindir ++:** En la nueva administración, a cargo de Rafael Reyes Uribe, se rescindió *unilateralmente* el contrato. BYN071297 **10 anular +:** ...equivaldría a que Estados Unidos anule *unilateralmente* tratados de reducción de armas estratégicas... EME291295 **11 cancelar +:** El funcionario justificó su conducta argumentando que podía *unilateralmente* cancelar esos contratos. ETC160494 **12 interrumpir:** ...una decisión de interrumpir *unilateralmente* y sin condiciones los ataques de la OTAN sobre Yugoslavia. EPE140599

C VERBOS QUE DENOTAN DECISIÓN: **13 decidir ++:** ...decidieron *unilateralmente* retirar sus candidaturas en tres municipios de más de 30.000 habitantes... LVE180695 **14 acordar +:** ...que declara ilegal la congelación salarial acordada *unilateralmente* por el Gobierno central en 1997. ENC140201 **15 resolver:** Ayer, el ministro resolvió *unilateralmente* que el ex presidente de Retevisión no reúne condiciones para ser consejero. EPE181299 **16 determinar:** ...una cantidad de productos de distintos países que es determinada *unilateralmente* por Estados Unidos. LNP160497

D VERBOS QUE DENOTAN PARTICIPACIÓN, GENERALMENTE ACTIVA, EN ALGUNA TAREA: **17 actuar ++:** ...al que acusan de actuar *unilateralmente* sin tener en cuenta ni a las víctimas ni a los demás partidos. ENC050100 **18 intervenir +:** ...los distintos niveles de gobierno e instituciones del Estado mexicano no intervendrán *unilateralmente* en los asuntos y decisiones de los pueblos y comunidades indígenas... PME020297 **19 proceder +:** ...que le permite proceder *unilateralmente* contra cualquier nación que adopte medidas proteccionistas... EME140494 **20 afrontar +:** ...no comprometa los gastos de protección social y en no afrontar *unilateralmente* la reforma del mercado de trabajo. EME300596 **21 negociar +:** Todos ellos han negociado *unilateralmente* sus legítimos intereses pero no han dialogado entre sí. EPE061101 **22 gestionar:** El conflicto de pesca con Canadá no lo habría podido gestionar *unilateralmente* el ministro Solana... LVE200395

E VERBOS QUE DENOTAN CAMBIO: **23 modificar ++:** ...al haber modificado «*unilateralmente* y con ocultación de información» a la sociedad la naturaleza de la cárcel de Perogordo... ENC271100 **24 alterar:** El único problema radica en que se trata de un préstamo a plazo y tasa de interés no precisados que pueden ser alterados *unilateralmente* por el acreedor... HOY250184 **25 cambiar:** ...así como que «no permitirá que el Reino Unido cambie *unilateralmente* el estatus de Gibraltar» en la UE u otras instancias. EME240696 **26 aumentar:** Reiteró que no tiene información oficial sobre la decisión de Arabia Saudita de aumentar su producción *unilateralmente*... ENV260700 **27 ampliar −:** ...retire el proyecto de ley que pretende ampliar *unilateralmente* sus aguas jurisdiccionales de 200 a 400 millas. EME010495

unión ♦ carnal[3], circunstancial, compacto, débil, empresarial, estrecho[39], familiar, fuerte, indestructible, indisoluble, indivisible, inseparable, íntimo, laboral, matrimonial, perdurable, perfecto[1], profesional, profundo[27], sin reservas, sólido, tortuoso[8] ♦ adherirse (a)[9], afianzar(se)[37], consumar, deparar[20], deshacer(se), disolver(se), estrechar, forjar[5], fortalecer(se)[10], fraguar(se)[9], oficializar, perdurar, quebrar(se), romper(se), sellar[13], tejer[15], truncar(se)[57]
□ Véase también: **alianza, asociación, atadura, cohesión, conexión, integración, integridad, lazo, mezcla, nexo, relación, vinculación, vínculo.**

UNIÓN Véase:
♦ aliado, alianza, asociación, atadura, coalición, cohesión, colección, combinación, compañía, complicidad, conexión, enlace, integración, lazo, maleza, maraña, mezcla, nexo, relación, reunión, suma, trama, unión, urdimbre, vinculación, vínculo ♦ anexionar(se), anudar, atar, casar, coincidir, combinar(se), compenetrarse, conectar, congeniar, convocar, fusionar(se), hacer acopio (de), incorporar(se), ligar, reunir(se), sumar, trenzar, unir(se), vincular(se)
□ Véase también: *RELACIÓN.*

UNIÓN
♦ (SUSTANTIVOS) Véase: **aflojar[F], atávico[G], avalar[J], cálido[E], carnal[A], cimentar[A], concertar[B], concitar[C], confesar[E], conservar[G], consumar(se)[D], contraer[E,F], dañar[E], de igual a igual[J], deparar[F], desentrañar[I], desmantelar[H], desmentir[F], desmoronar(se)[G], detectar[J], disolver(se)[D], dosificar[D], efímero[F,G], en aras de[H], enfriar(se)[C], en punto muerto[B], enrarecer(se)[B], entablar[A], erosionar[E], establecer[B], estrechar[F,G], estrecho[F,G], farragoso[C], férreo[L], forjar[A], fortalecer(se)[A], fraguar(se)[A], guardar[D], inquebrantable[H], instaurar[H], letal[C], llevar a buen puerto[B], novedoso[I], peregrino[F], perfecto[A,B], profundo[C], propulsar[E], quebrar(se)[D], sellar[B], socavar[J], tangencial[A], tejer[D], tensar[A], tortuoso[B], truncar(se)[I], urdir[E], ventajoso[D]**
♦ (VERBOS) Véase: **a las mil maravillas[C], armónicamente[A], armoniosamente[A,B], codo con codo[D], coherentemente[E], comercialmente[G], de cerca[I], de todo corazón[E], estrechamente[B], frente a frente[B], fuertemente[A], inexorablemente[I], miméticamente[C], ordenadamente[C], profundamente[G], sin reservas[E], tangencialmente[C], trágicamente[F], visceralmente[D]**
□ Véase también: CONJUNCIÓN; CONTACTO; RELACIÓN.

unir(se) ♦ armoniosamente[1], con los ojos cerrados, decididamente[37], estrechamente[8], felizmente, férreamente[34], fuertemente[4], indisolublemente, inexorablemente[72], inseparablemente, íntimamente, ordenadamente, profundamente[56], sin reservas[36]
□ Véase también: **adherirse (a), anudar, atar, casar, coincidir, congeniar, fusionar(se), hacer acopio (de), incorporar(se), ligar, reunir(se), sumarse (a), vincular(se).**

[unísono] → al unísono

universalmente *adv.* ▌Se construye muy frecuentemente con verbos en forma participial *(Es un cantante universalmente conocido).* Se combina con...

A VERBOS QUE DENOTAN RECONOCIMIENTO O ACEPTACIÓN: **1 aceptar ++:** El dogma, *universalmente* aceptado, es que la inflación debe reducirse al mínimo, a cero, si ello es posible. ETC030297 **2 admitir ++:** ...un servicio a la actual civilización multicultural e interconectada, cuya convivencia tendría que fundamentarse en una escala de valores *universalmente* admitidos... LVE260595 **3 reconocer ++:** Pero al ser campeones mundiales, tenemos muchos amigos y nuestra calidad está *universalmente* reconocida. GIC060496 **4 asegurar:** El Estado tendría que asegurar *universalmente* unos servicios mínimos... ABC160695 **5 asumir:** De ahí su facilidad para conectar con jóvenes y viejos, con gentes de las más diversas épocas y naciones, porque su obra fue creada para ser *universalmente* asumida. ABC271192 **6 acatar:** ...sino por el de expresar lo que una mayoría silenciosa piensa y no se atreve a formular por contradecir los principios de derecho *universalmente* acatados. EPE241201 **7 ratificar:** Lo viene demostrando desde Codex, y lo ratificó *universalmente* en su fabuloso trabajo para los Juegos Olímpicos de Invierno de Albertville en 1992. EPE131299 **8 sostener –:** ¿Quién más que él (...) sostiene *universalmente* la dignidad de la persona humana...? LVE031196

B VERBOS QUE DESIGNAN LA ACCIÓN DE MANIFESTAR O EXPERIMENTAR AFECTO, RESPETO Y OTRAS FORMAS DE ESTIMA O DE RECONOCIMIENTO HACIA ALGUIEN O ALGO: **9 respetar ++:** Otra cosa muy distinta es la calaña moral de quienes comercian con la vida privada de los famosos (...) haciendo mangas y capirotes con todos los principios morales *universalmente* respetados. DLA020997 **10 admirar:** La mayoría se inclina por volver a levantar el Liceo en el mismo lugar y con la fisonomía que lo ha hecho *universalmente* admirado. ABC040294 **11 apreciar:** ...esta música –improvisada en parte– que nació con la piel negra es hoy un género *universalmente* apreciado por toda clase de públicos. ABC160793 **12 amar:** ...Serota compara a Martin Creed con los impresionistas, ahora *universalmente* amados, que recibieron la mofa del público y el escarnio de la crítica... EPE121201 **13 querer:** Juan XXIII era un Papa *universalmente* querido y universalmente llorado, tanto geográfica como ideológicamente. EME290996

C VERBOS QUE DESIGNAN OTRAS MANIFESTACIONES, A MENUDO PÚBLICAS, DEL ELOGIO, EL RECONOCIMIENTO O LA ADMIRACIÓN: **14 aplaudir:** La Historia del arte está plagada de casos de descarte de mala pintura o mala música que fueron *universalmente* aplaudidas cuando se realizaron... EME110196 **15 aclamar:** A los noventa y siete años y ciego, este escritor aclamado *universalmente* como el «Hombre de las Américas», sigue refinando su percepción de este contradictorio continente. LHG280897 **16 exaltar –:** ...donde los «frescos racimos» de la carne cantados por Rubén Darío son *universalmente* exaltados como la más valiosa de las aspiraciones humanas. EPE010399 **17 ensalzar –:** ...un campeón –además– bien reforzado este año y cuya plantilla había sido casi *universalmente* ensalzada por la crítica como la mejor del campeonato 95-96. EME111195

D ALGUNOS VERBOS QUE DENOTAN CONOCIMIENTO, PERCEPCIÓN O JUICIO: **18 conocer ++:** ...en la que han colaborado durante años precedentes no pocos interesantes artistas y diseñadores gráficos para mayor boato del *universalmente* conocido certamen. LVE070795 **19 comprender:** Sus propuestas de desarrollo para países pobres son *universalmente* comprendidas, pero se consideran todavía inviables. INDOC **20 entender:** Nunca había tenido una experiencia en mi trabajo con algo que fuera *universalmente* entendido. LVE140995 **21 interpretar:** Ha llegado a nuestro conocimiento que la carta no fue *universalmente* interpretada como se pretendía. EME281095

E VERBOS QUE DENOTAN EXPRESIÓN O TRANSMISIÓN DE INFORMACIÓN: **22 difundir(se)** +: Los CD-Rom, por otra parte, están empezando a advertir la competencia de Internet, dada su utilidad para difundir rápida y *universalmente* un sinfín de contenidos. LVE041096 **23 distribuir:** Jalones de este sueño serían el empleo estable, (...) educación de calidad que distribuya *universalmente* un buen «saber hacer»... EPE120800 **24 retransmitir:** El candidato demócrata rechazó esa propuesta y se atuvo a la fórmula clásica de tres debates retransmitidos *universalmente* en octubre. EPE050900 **25 mencionar:** Resultado de dicho congreso fue la publicación de las ya *universalmente* mencionadas como Normas de Quito... EPE280877 **26 anticipar** −: Jaroslav Hasek (...), al igual que otras obras de la literatura centroeuropea, comprendió esa tendencia, la anticipó *universalmente*... LVE210295

F VERBOS QUE DENOTAN OPOSICIÓN O RECHAZO: **27 detestar** +: ...son personas que, con abuso de su fuerza o de su poder, cometen delitos sexuales, de sangre o de corrupción *universalmente* detestados. LVE180895 **28 repudiar:** ...mediante la adopción de enmiendas legislativas que compliquen y agraven las consecuencias de la *universalmente* repudiada Ley Helms-Burton. GIC072597 **29 vituperar:** ...hay abusos casi *universalmente* vituperados y que afectan a terceros, pero ¿a quién controlar? LVE131095 **30 impugnar:** Pero los nacionalistas no impugnan *universalmente* los ministerios de Cultura. EPE210299 **31 cuestionar** −: ...una institución que está cuestionada *universalmente* y que se sustenta mayormente en una tradición de siglos. EUV070497

G ALGUNOS VERBOS QUE DESIGNAN LA ACCIÓN DE FESTEJAR UN HECHO, A MENUDO UNA EFEMÉRIDE: **32 celebrar** +: La presencia de Rostropóvich, que coincide a pocas fechas con el 250º aniversario de la muerte de Bach, *universalmente* celebrado en estos días, otorga al festival... EPE020800 **33 conmemorar:** Gloria merecida la de Jorge Luis Borges, cuyo centenario se conmemora *universalmente*. EPE070999

universo ♦ **abierto (a), amplio, artístico, cambiante, cerrado, complejo, conocido, cotidiano, creativo, cultural, desconocido, dilatado, distante, enigmático, entero, envolvente, extenso, fantástico, fascinante, ilimitado, imaginario, inabarcable, inconmensurable, infinito, inmenso, interminable, íntimo, literario, mágico, musical, narrativo, onírico, particular, personal, pictórico, poético, político, propio, sensorial, simbólico, social, teatral, tecnológico, variopinto, vasto** ♦ **en medio (de)** ♦ **abarcar, acceder (a), acotar, asomar(se) (a), construir, crear, delimitar, describir, descubrir, entrar (en), expandirse, extender(se), inventar, originar(se)**

□ Véase también: **entorno.**

un ojo de la cara ♦ **costar, salir (por)**

un potosí ♦ **costar, valer**

[uña] → **a uña de caballo, con uñas y dientes**

uña ♦ **corto, largo, postizo, quebradizo** ♦ **cortar(se), esmaltar, limar, morder(se), pintar(se), romper(se)**

urdimbre ♦ **compacto, complejo, enmarañado, espeso, intrincado** ♦ **constituir, formar, tejer**[27]**, tramar**

□ Véase también: **entramado (de), maraña, montaje, tinglado, trama.**

urdir *v.* ▮ Se combina con...

A EL SUSTANTIVO *PLAN* Y CON ALGUNOS SUSTANTIVOS QUE DESIGNAN ACCIONES CONCEBIDAS GENERALMENTE PARA OCASIONAR ALGÚN PERJUICIO A PERSONAS O COSAS, MÁS A MENUDO SI SE REALIZAN CON ARDIDES O DIVERSOS ARTIFICIOS ENCUBIERTOS: **1 plan** ++: ...seguirán *urdiendo* planes para montar otras asonadas. LPN260497 **2 trama** ++: ...de una trama de tinieblas *urdida* por los generales... SEM160796 **3 conspiración** ++: ...una conspiración *urdida* para destruirle políticamente. FDV280301 **4 complot** ++: ...se considera inocente y todo lo atribuye a un complot *urdido* por sus contadores... PME290996 **5 intriga** ++: Las intrigas *urdidas* por los partidos oficialistas para el acoso y derribo de la Corte Nacional Electoral, no tiene otro objetivo que el de repartirse las vocalías... LTB311000 **6 operación** ++: ...*urdió* toda la operación con el simple propósito de hundir a la compañía... EPE041201 **7 estrategia** +: ...*urdieron* una estrategia que finalmente les llevó a la convocatoria de un nuevo referéndum... LVE231195 **8 trampa** +: ...cae en la trampa *urdida* por Júpiter con la ayuda de su hijo Mercurio. LVE151195 **9 maniobra** +: ...a denunciar maniobras externas, *urdidas* quizá en los media hostiles... FDV020101 **10 artimaña** +: ...le *urdió* una artimaña a través de su infiltrado en TV3... LVE071095 **11 estratagema** +: ...sino ante una estratagema *urdida* en el monte por quienes manejan... SEM170996 **12 conjura** +: ...han comenzado a *urdir* una conjura con participación del enviado especial... EPE240699 **13 jugada:** ...una información pormenorizada sobre la sucia jugada que se *urdía*... GIC072597 **14 celada:** ...cayó víctima de una celada *urdida* por la policía española... LVE280295 **15 chantaje:** ...incluida la madre de Ana María, habían *urdido* un chantaje al duque. LVE270294 **16 enredo:** ...el buen amigo *urde* un enredo perfectamente inverosímil. EME230495 **17 truco** −: ...no duda en *urdir* toda clase de trucos para conseguirlo. LVE180996

B SUSTANTIVOS QUE DENOTAN ATAQUE O AGRESIÓN, O DESIGNAN OTRAS ACCIONES OFENSIVAS: **18 venganza** +: ...la venganza *urdida* por un viejo millonario cuyo hijo ha sido asesinado... LVE061296 **19 crimen** +: ...los ideólogos de crímenes *urdidos* a una inmensa distancia... CLA160797 **20 agresión** +: ...una inconfesable agresión *urdida* por ocultas motivaciones... EME301295 **21 ataque** +: Que, aparentemente, *urdió* el nuevo ataque... EME090295 **22 acusación:** ...aquellos que *urden* las acusaciones insolutas contra la prensa... CAP100797 **23 atentado:** ...sospechados de haber *urdido* el atentado del sábado último...

CLA180497 **24 golpe de estado:** ...ausencia que aprovechó la zarina para *urdir* un golpe de Estado... EME171196 **25 secuestro:** ...y varios policías, acusados de *urdir* y perpetrar el secuestro... LVE190295 **26 amenaza –:** ...por *urdir* amenazas apócrifas de la guerrilla contra la institución. SEM311296

C SUSTANTIVOS QUE DENOTAN FALSEDAD O ENGAÑO, ASÍ COMO CON LOS QUE DESIGNAN CIERTAS ACCIONES QUE CONLLEVAN TALES PRÁCTICAS: **27 mentira +:** ...somos inocentes y todo esto es una mentira *urdida* por el testigo... EME250594 **28 embuste +:** ...o embustes *urdidos* por ese huir de la quema del escándalo... LVE080195 **29 infamia +:** ...infamia que fuerzas oscuras y bajas *urdieron* contra el viceministro. ETC010798 **30 estafa +:** ...para comprender cómo se *urde* una estafa histórica. EME020196 **31 chanchullo +:** ...siempre se *urdieron* chanchullos para burlar el embargo... LVE040896 **32 falsificación:** ...está implicado hasta el cuello en la falsificación, y no es víctima de ella, sino que la *urdió*... LVE290495 **33 ficción:** La sociedad civil se convierte en una ficción *urdida* por estos últimos. SEM311296 **34 apaño:** ...y *urdir* otro apaño malabar, otro ilusionismo, otro juego de manos. LVE050395 **35 patraña:** ...entre las patrañas *urdidas* por el goliardo provenzal metido a cronista... ABC040992 **36 equívoco:** El equívoco *urdido* con la filigrana del orfebre... LVE030595 **37 artificio:** ...se había dado cuenta del artificio *urdido* por el señor alcalde... LVE170796

D SUSTANTIVOS QUE DESIGNAN DIVERSOS GÉNEROS NARRATIVOS, MÁS FRECUENTEMENTE EL RELATO. TAMBIÉN CON OTROS QUE SE REFIEREN A MÚLTIPLES OBJETOS DE INFORMACIÓN QUE SE ASOCIAN CON ELLOS: **38 historia ++:** ...para *urdir* sus bellas y tristes historias, protagonizadas por hombres y mujeres... ABC030492 **39 relato ++:** ...en los planes del autor, que sí ha *urdido* un relato coherente e interesante. ABC170993 **40 intriga ++:** ...el autor ha *urdido* una jovial intriga novelesca «con el solo propósito de entretenerme al redactarlo y entretener a quien lo lea». ABC070495 **41 narración +:** ...y ha *urdido* una excelente narración sobre la Bizancio del siglo X... LVE221295 **42 argumento:** ...a *urdir* un argumento basado en la mirada un poco estrábica de una rubia sentada... EME180295 **43 libro:** ...de su bello libro (...) *urdido* con humor y melancolía. EME101196 **44 crónica:** ...la idea de *urdir* una crónica acerca de la calle Sant Pau se deba a las quejas... LVE071196 **45 carta:** ...que no resulta difícil *urdir* estas cartas apócrifas y recrear así... ABC261193 **46 anécdota –:** ...de que la anécdota (Barcelona en julio de 1939), la *urdió* el autor muy de oídas... LVE100695

E SUSTANTIVOS QUE DENOTAN ACUERDO O AFINIDAD. TAMBIÉN CON ALGUNOS QUE DESIGNAN OTRAS RELACIONES DE PROXIMIDAD Y DIVERSOS RESULTADOS DE LAS ACCIONES CONCERTADAS: **47 acuerdo +:** La presencia de Roca, con quien había *urdido* el acuerdo, no era necesaria. LVE211296 **48 pacto +:** Y con el que han conseguido *urdir* un pacto sólido: un préstamo de 7.000 millones... EME170496 **49 arreglo:** ...los arreglos que se *urdirán* entre los diferentes grupos para designar alcalde... LVE200595 **50 eje:** ...no caer en la tentación de *urdir* (...) un eje entre Londres y París... LVE030495 **51 amistad:** ...se *urdió* una sólida amistad con Paco de Lucía y Curro Romero. LVE160695 **52 intercomunión –:** ...se *urde* una afectiva intercomunión entre el artista y su público. LVE160695

F SUSTANTIVOS QUE DESIGNAN RAZONAMIENTOS DIVERSOS, MÁS FRECUENTEMENTE SI SE PROPONEN PARA DAR SENTIDO A ALGO: **53 teoría +:** ...no hubiera tenido tiempo de *urdir* teorías para complicarnos la vida... LTB130297 **54 hipótesis:** ...las hipótesis que se *urden* alrededor de nuestra actitud... LVE150796 **55 interpretación:** ...donde Martha Chávez *urde* sus propias interpretaciones. CAP130696 **56 razonamiento:** ...no pasarían de razonamientos mejor o peor *urdidos*. LVE210195 **57 explicación:** ...las increíbles explicaciones que esos seres imaginarios *urden* para entender por qué los perros... ABC070593 **58 comentario:** ...los comentarios más cultos, sabios o atrevidos que puedan *urdirse* en torno a ella. LVE061095

G OTROS SUSTANTIVOS; POSIBLES USOS ESTILÍSTICOS: ...referirse a la Alianza Atlántica como el moderno «pesebre de marfil» *urdido* por... LVE061295; ...hábil cocinero para *urdir* por ejemplo una sopa de coles... ABC271192; ...cómo se *urde* poco a poco la lentitud y la ausencia. ABC270893

☐ Véase también: **acariciar, cocinar(se), maquinar, tejer, tramar.**

urgencia ♦ **apremiante³, imperioso², inexcusable¹², inmediato, perentorio², sumo¹²** ♦ **caso (de), medida (de), situación (de)** ♦ **acuciar⁴, apremiar, declarar(se), manifestar, mostrar, presentar(se), tener**

☐ Véase también: **apremiantemente, necesidad, prisa.**

urgir *v.* **I** En el sentido de ‘instar’ admite como sujetos sustantivos que designan personas o instituciones *(director, gobierno)*. En el sentido de ‘ser o resultar urgente’ se combina con oraciones de infinitivo *(Me urge hablar contigo)* y también con sustantivos que designan cosas materiales *(Nos urge este libro)*. Más frecuentemente, aparece con sustantivos que designan acciones o procesos que poseen límite natural *(urge la creación de..., la llegada de..., la compra de...)*. Especialmente se combina con...

A SUSTANTIVOS QUE DENOTAN REFORMA O CAMBIO, MUY FRECUENTEMENTE CONCEBIDOS CON INTENCIÓN DE MEJORAR ALGUNA COSA: **1 reforma ++:** ...lo cierto es que *urge* una reforma constitucional de fondo. VIS030497 **2 cambio ++:** Sindicatos independientes advierten que *urge* un cambio radical en la política económica... DYM111197 **3 revisión +:** Urge una revisión de la báscula de la plaza de Las Ventas... EME030695 **4 mejora:** ...*urge* una mejora de los procedimientos éticos de la prensa en esta democracia degradada que vivimos. LVE211095 **5 reconstrucción:** La torre de los Morenos peligra y *urge* su reconstrucción, no sea que se venga al suelo. LVE050996 **6 transformación:** ...será imposible lograr en el futuro esas transformaciones que *urgen*. LHG230900 **7 reestructuración:** Urge una reestructuración integral del campo con más inversiones y tecnología... DYM040996 **8 renovación:** Urge una renovación de rostros, una renovación generacional... PME020297

B EL SUSTANTIVO *SOLUCIÓN* Y CON OTROS QUE DESIGNAN DIVERSAS MANIFESTACIONES DE ACUERDO, AQUIESCENCIA U OBLIGACIÓN CONTRAÍDA: **9 solución ++:** ...el espacio que tenemos no permitirá trabajar unos seis meses más, por eso *urge* una solución.

DYM210197 **10 firma +:** Luego de intensas semanas de viajes y reuniones (...), señala que *urge* la firma de la paz... PME291296 **11 acuerdo +:** ...afirmó que *urge* un acuerdo entre el Ejecutivo y el Legislativo... ACP170996 **12 pacto:** ...ahora lo que *urge* es un pacto para la sesión de investidura... EME130496 **13 compromiso:** ...*urge* un claro compromiso con la solución de viejas tensiones... EXC220996

C SUSTANTIVOS QUE DESIGNAN PRINCIPIOS, PLANES O NORMAS DE ACTUACIÓN: **14 estrategia +:** ...*urge* estrategia global antidrogas... ETC060996 **15 medida +:** ...*urgen* medidas para desarrollar la zona rural de Nuevo León... PME150996 **16 alternativa:** ...*urgen* alternativas de empleo productivo. ENV180497 **17 programa:** Urgen programas de educación vial. LHG210800 **18 ley –:** Falta tiempo y la ley *urge*. EPE090799

D SUSTANTIVOS QUE DENOTAN APLICACIÓN, REALIZACIÓN O PUESTA EN MARCHA DE MEDIDAS, RECURSOS O ACTUACIONES: **19 aplicación ++:** ...*urge* aplicación del plan de refinanciación. ACP050901 **20 puesta en marcha +:** Urge la puesta en marcha de una problemática Europol. LVE230495 **21 aprobación +:** ...este instrumento introduce mejoras en la minería del país y *urge* su aprobación... LTB280197 **22 adecuación:** ...*urge* una adecuación de la normativa española «a las necesidades y conocimientos del consumidor»... LVE220395

E SUSTANTIVOS QUE DENOTAN AYUDA O PARTICIPACIÓN EN ALGUNA ACTIVIDAD. POR EXTENSIÓN, TAMBIÉN OTROS QUE DESIGNAN LOS RECURSOS QUE INTERVIENEN EN ESA PARTICIPACIÓN Y LA ACTITUD COLABORADORA DEL QUE LOS PROPORCIONA: **23 ayuda +:** ...*urge* ayuda para desminar fronteras con Honduras y Costa Rica. LPH260696 **24 solidaridad +:** ...en esta difícil hora para Cedelca, *urge* una masiva pero sincera solidaridad de parte de los gremios... EPC141097 **25 cooperación +:** ...*urgen* nuevas formas de cooperación solidaria y de internacionalismo... EME080795 **26 recurso:** Urgen recursos, más profesores activos en la red y más cuentas de correo para profesores y alumnos. EXC250700 **27 medicamento:** Urge un medicamento contra la esclerosis. LVE280495 **28 alimento:** ...la gente *urge* alimentos y materiales de construcción para rehacer sus humildes viviendas... LPN300697 **29 dotación –:** Urge dotación de planta física. ETC020188

F OTROS SUSTANTIVOS; POSIBLES USOS ESTILÍSTICOS: ...*urge* una suerte de «carta blanca» para un viaje sin problemas... LTB100497

▩ Se combina también con: ♦ **acuciantemente**[3]

☐ Véase también: **acuciar, necesitar, requerir.**

usar ♦ **abusivamente**[2], **a discreción**[10], **a la ligera**[43], **a mansalva, apropiadamente, arbitrariamente, con cautela, con mesura, correctamente, descaradamente**[21], **discrecionalmente, en exclusiva**[20], **indebidamente, intensivamente, ordenadamente**[83], **profusamente**[15], **sin límite, sin medida, torcidamente**

☐ Véase también: **aplicar, aprovechar, beneficiar(se), blandir, consumir, desaprovechar, disponer, emplear, gastar, malgastar, manejar, manipular, recurrir, utilizar.**

[uso] → **en uso (de)**

uso ♦ **abusivo**[14], **adecuado, apropiado, arbitrario**[33], **arraigado**[7], **común, comunal**[70], **continuo, correcto, desmedido**[47], **difundido, discrecional**[14], **efectivo, enraizado, esporádico, excesivo, exclusivo, frecuente, generalizado, habitual, ilegal, inadecuado, inconsciente, incorrecto, indebido, intensivo**[16], **legal, ocasional, particular, perjudicial, privado, prudente, público, sesgado**[18] ♦ **abusar (de)**[45], **atenerse (a)**[85], **consagrar(se), dar**[245], **desterrar**[4], **difundir(se), extender(se), hacer, hacer extensivo, instaurar, introducir, normalizar(se), tener**

☐ Véase también: **aplicación, aprovechamiento, asiduo, beneficio, consuetudinario, consumo, costumbre, desuso, empleo, funcionamiento, gasto, hábito, implantación, manejo, manido, practicante, provecho, rendimiento, tradición, trillado, usuario, utilidad, utilización.**

USO

♦ (SUSTANTIVOS) Véase: **abusar (de)**[H], **abusivo**[B], **anclar**[A], **apegarse (a)**[B], **arbitrario**[G], **arraigado**[A], **atávico**[B], **atenerse (a)**[M], **atentatorio (contra)**[E], **calibrar**[J], **comunal**[G], **curativo**[B], **dar**[T], **desterrar**[A], **discrecional**[C], **erradicar**[B], **estricto**[F], **extinguir(se)**[C], **implantar**[J], **inducir (a)**[C], **inquebrantable**[I], **instaurar**[G], **intensivo**[D], **parco (en)**[E], **plantear**[D], **sesgado**[D], **velar (por)**[C]

♦ (VERBOS) Véase: **abundantemente**[E], **abusivamente**[A], **a conciencia**[H], **a discreción**[C], **a espuertas**[B], **a granel**[C], **a la ligera**[G], **comercialmente**[B], **con cautela**[H], **con fruición**[A], **copiosamente**[B], **descaradamente**[D], **en exclusiva**[D], **extensamente**[F], **intensamente**[D], **inútilmente**[F], **literalmente**[H], **maliciosamente**[C], **ordenadamente**[K], **por completo**[A], **profusamente**[C], **progresivamente**[F], **ventajosamente**[C]

☐ Véase también: ADECUACIÓN; COSTUMBRE.

USO Y APLICACIÓN Véase:

♦ **asiduo, baldío, consuetudinario, manido, rentable, valedero**

♦ **inútilmente**

♦ **aplicación, aprovechamiento, beneficio, consumo, empleo, función, funcionamiento, implantación, inutilidad, manejo, provecho, realización, recurso, rendimiento, uso, usuario, utilidad, utilización**

♦ **aplicar, aprovechar, beneficiar(se), blandir, consumir, desaprovechar, disponer, ejercer, ejercitar, emplear, esgrimir, funcionar, gastar, habilitar, hipotecar, malgastar, manejar, manipular, profanar, recurrir, usar, utilizar**

[usted] → **de usted**

usuario ♦ **asiduo**[16], **habitual, ocasional**

☐ Véase también: **cliente.**

usurpar *v.* ▮ Se combina con sustantivos que denotan lugar, a veces usados en sentido figurado *(terreno, espacio)* o designan bienes patrimoniales *(propiedad, posesión)*. También se combina con...

A SUSTANTIVOS QUE DENOTAN PODER, AUTORIDAD O PUESTO DE RESPONSABILIDAD, ASÍ COMO CON OTROS QUE DESIGNAN LAS INSTITUCIONES O LOS CARGOS QUE

LOS REPRESENTAN: **1 poder** ++: ...del que volvió a decir que no sólo desconoció la democracia, sino, además, «está *usurpando* el poder». EXP150492 **2 trono** +: Desde entonces nadie le ha *usurpado* el trono... EME200796 **3 cargo** +: Algunas mujeres, esposas de los relegados, los increparon duramente y les dijeron que habían *usurpado* los cargos directivos. HOY230287 **4 puesto** +: Ese señor está *usurpando* un puesto que lo ha dejado vacante porque le ha dado la gana. EXP150492 **5 dirección** +: La «banda de los cuatro» estaba satisfecha de este gran desorden, pues creía que (...) podría *usurpar* la dirección suprema. EPE030181 **6 autoridad:** ...acusaron al organismo de querer *«usurpar»* la autoridad del Congreso. EME110895 **7 gobierno:** ...intentaron *usurpar* el gobierno de la fortaleza y los palacios. EPE061299 **8 posición:** ...la posición mayoritaria de un grupo se ha visto *usurpada* por una opinión individual. LVE040195 **9 alcaldía:** El presidente serbio se niega a renunciar a la alcaldía que *usurpó* su Partido Socialista... EME051296

B LOS SUSTANTIVOS *FUNCIÓN* Y *PAPEL*, ASÍ COMO CON OTROS QUE DESIGNAN CAPACIDADES, ATRIBUCIONES U OBLIGACIONES CARACTERÍSTICAS DE LAS PERSONAS CON RESPONSABILIDAD O NOMBRADÍA: **10 función** ++: No sólo por sus implicancias internas –entre otras cosas, *usurpaba* las funciones fiscalizadoras del SERNAP–, sino también por las externas. CAR260597 **11 papel** ++: ...la «clase política», que está *usurpando* el papel legal y legítimo de los partidos... LTB040397 **12 competencia** +: La lista navideña que ha presentado el FMLN a la mesa de concertación, equivale a *usurpar* competencias y funciones que corresponden al Ejecutivo... ESH241000 **13 atribución** +: ...decretó reanudación de faenas, *usurpando* atribuciones que ni la Constitución Nacional, ni las leyes le conceden'. EUV050996 **14 protagonismo** +: Linda Christian, más astuta y experimentada, le *usurpó* el protagonismo. EME060294 **15 representación:** ...unos prebendarios y corruptos traidores a la causa obrera que *usurparon* la representación de la Confederación Paraguaya de Trabajadores... ACP271196 **16 condición:** ...pese a lo cual (o tal vez por lo cual) *usurpa* la condición de militar... RUM290997 **17 tarea:** El Ejecutivo *usurpa*, cada vez más, las tareas del órgano Legislativo. EPE040877 **18 liderazgo:** ...durante la crisis parece haber *«usurpado»* a Prodi el liderazgo del centroizquierda... LVE010296 **19 primacía:** ...no puede concebir su futuro fuera de una primacía *usurpada* y de unas relaciones que ya siempre serán conflictivas... EPE010880 **20 notoriedad:** Hablan y hablan, *usurpan* la notoriedad a sus legítimos dueños y transforman el deporte en un cacareo... EME160195 **21 responsabilidad:** Existe todavía una responsabilidad del intelectual que no debe ser *usurpada* por la irresponsabilidad del columnista... EPE110499 **22 representatividad:** ...los regímenes represivos que *usurpan* su representatividad. EPE190999

C SUSTANTIVOS QUE DENOTAN IDENTIDAD, APARIENCIA Y OTRAS INFORMACIONES QUE PUEDEN INTERPRETARSE COMO SIGNOS DE ACREDITACIÓN O DE IDENTIFICACIÓN: **23 identidad** ++: El programa también muestra el caso de una joven, cuya identidad ha sido *usurpada*. EME040396 **24 personalidad** +: ...cuando una joven mujer se ve obligada a *usurpar* el nombre y la personalidad de su peor enemiga... EUV080197 **25 nombre** ++: ...la rapidez mental, el ingenio, terminan *usurpando* el nombre del verdadero talento y la inteligencia. CAP061197 **26 título** +: ...«licenciados» cuya única licencia es la de *usurpar* un título que ninguna institución legítima les otorgó... LTB150197 **27 sigla:** Los Verdes dicen que el PP ayudó a IU a *usurpar* sus siglas. EPE300599 **28 marca:** ...*usurpa* la imagen, la marca y la propiedad del emblemático rotativo... EPD091097 **29 apariencia:** ...le *usurpó* a ese buen desenlace toda apariencia de salida digna... LVE160595 **30 aspecto:** ...ha *usurpado* los aspectos formales y plásticos del «Diario Vasco»... ABC031195 **31 imagen:** ...la salida del periódico Hoy Madrid, *usurpa* la imagen (...) del emblemático rotativo... EPD091097 **32 atributo:** ...*usurparon* atributos representativos de la monarquía, etc. EME151195 **33 firma:** Según el político, el senador (...) *usurpó* en distintas ocasiones su firma para autorizar contratos. EDV270499 **34 patente:** Palmer afirmó que Digital no ha negociado con Intel los cargos sobre *usurpar* sus patentes. ETC190597 **35 credencial:** Otro club de maleantes a su servicio, que *usurpan* credenciales de revisteros, van propalando que la culpa es de la Prensa. EPE150499 **36 licencia:** ...San Román *usurpó* una licencia ajena. EME010595

D LOS SUSTANTIVOS *DERECHO* Y *FACULTAD*, ASÍ COMO CON OTROS QUE DESIGNAN DIVERSAS PROPIEDADES Y ESTADOS DE LAS PERSONAS O LOS GRUPOS HUMANOS, MÁS FRECUENTEMENTE SI SE TIENEN POR ESENCIALES: **37 derecho** ++: ...argumentando que el conde de Aldán les había *usurpado* parte de sus derechos. FDV030701 **38 facultad** +: ...el Congreso de la Unión *usurpó* facultades constitucionales del Instituto Federal Electoral... PME011296 **39 soberanía:** El honor y la soberanía de Cuba han desaparecido *usurpadas* por el castrato. DLA070297 **40 autonomía:** Desde un punto de vista legal, Serbia ha *usurpado* la autonomía que la Constitución (...) concedió a Kosovo. EPE260399 **41 libertad:** ...que estudiaban las vías de devolver a Cataluña las libertades *usurpadas*. LVE090996 **42 democracia:** ...una idea aproximativa y contradictoria del hombre que *usurpó* la democracia en Italia... LVE280495 **43 voluntad:** ...un gobernador que compró su cargo despilfarrando 70 millones de dólares para *usurpar* la voluntad libre de los ciudadanos tabasqueños. DYM040996 **44 vida:** ...la restitución salvaje de la plusvalía *usurpada* en vida. EME121295 **45 sucesión:** ...y donde llegó a *usurpar* la sucesión en la cúpula al hijo del fundador... EPE200499 **46 honor:** El honor y la soberanía de Cuba han desaparecido *usurpadas* por el castrato. DLA070297 **47 serenidad:** ...reinaba con la *usurpada* serenidad de la favorita. EME050496 **48 prerrogativa:** Hacer un ser humano igual a otro le *usurpa* a Dios la prerrogativa de crear individuos únicos en su imagen. ENH090397 **49 capacidad:** ...se respetaría en lectores y oyentes la capacidad de elección y de disfrute que los intermediarios con frecuencia *usurpan*. ABC010995

E OTROS SUSTANTIVOS ABSTRACTOS QUE DESIGNAN ASPECTOS FUNDAMENTALES O ESENCIALES DE LAS PERSONAS EN RELACIÓN CON SUS PENSAMIENTOS O SUS ASPIRACIONES: **50 principio:** ...de la mano de un partido (el PSOE) que *usurpó*, en nombre de la izquierda, valores y principios éticos. EME180495 **51 valor:** El líder trató de *usurpar* los valores ideológicos construidos por el partido durante su historia. INDOC **52 idea:** ...«la derecha es una rémora para la cultura y está *usurpando* las ideas y los mensajes socialistas en esta materia». EME200595 **53**

ideología: ...al tiempo que *usurpaba* la ideología del socialismo democrático... EME290296 **54 sueño:** ...a quienes culpó de haber *usurpado* el sueño independentista. EME021195 **55 iniciativa:** El Capitolio tiene mucho que perder si *«usurpa»* la tradicional iniciativa del Ejecutivo... LVE020895 **56 expectativa –:** ...ninguna instancia confesional o partidista posee el menor derecho a invadirlo, *usurpando* las expectativas de libertad... EME020596

F DIVERSOS SUSTANTIVOS QUE DESIGNAN CONCEPTOS LINGÜÍSTICOS: **57 vocabulario:** ...se permiten *usurpar* el tono, el vocabulario y el fervor emocional de los viejos mensajes escritos de amor. EME240294 **58 término:** ...los socialistas obreros, como se llaman, *usurpando* el término de «obrero». ABC060893 **59 palabra:** Usurpó la palabra *socialismo*. EME270496 **60 epíteto:** El azulgrana le ha *usurpado* el epíteto a Ronaldo. EPE090999 **61 mensaje:** ...«la derecha es una rémora para la cultura y está *usurpando* las ideas y los mensajes socialistas en esta materia». EME200595

G OTROS SUSTANTIVOS; POSIBLES USOS ESTILÍSTICOS: ...en la mesa de Ajuria Enea, lugar donde se *usurpa* el debate obligado del Parlamento sobre tan ardua cuestión... EME300696; ¿O quizás la importancia cada vez mayor de la ciencia y la tecnología *usurpó* la energía que debería destinarse a otros campos? LVE011096

utilidad ♦ **enorme, escaso, gran(de), inestimable, probado, reconocido, sumo[48]** ♦ **analizar, dar[248], encontrar, hallar (a algo), perder, poner en duda, reportar, tener, valorar**

☐ Véase también: **aprovechamiento, arrojadizo, baldío, beneficio, empleo, inutilidad, inútilmente, provecho, rentable, uso, valedero.**

utilización ♦ **abusivo[15], apropiado, correcto, efectivo, incorrecto, intensivo, mesurado, prudente, sesgado[19], torcido, torticero, ventajoso** ♦ **abusar (de)[46], hacer extensivo**

☐ Véase también: **uso.**

utilizar ♦ **abiertamente, abundantemente[41], abusivamente[1], a discreción[11], a la ligera[44], a mansalva, ampliamente, apropiadamente, arbitrariamente, con cautela[63], con soltura, correctamente, descaradamente[20], en {pequeña/gran...} dosis, honestamente, incorrectamente, insistentemente, maliciosamente[27], mesuradamente, ocasionalmente, ordenadamente[82], profusamente[14], prudentemente, sesgadamente, torcidamente, ventajosamente[8]**

☐ Véase también: **aplicar, aprovechar, emplear, habilitar, manipular, usar.**

utopía ♦ **inalcanzable[4]** ♦ **alcanzar, bordear, defender, hacer(se) realidad[4], perseguir, pretender, rayar (en), soñar (con), vivir (en)**

☐ Véase también: **aspiración, deseo, ideal, quimera, sueño.**

V v

[vaca] → **como una vaca**

vacaciones ♦ **a medida[14], de campeonato, de ensueño, de película, inolvidable, merecido** ♦ **acortar[13], alargar, anticipar, disfrutar, estar (de), gozar (de), irse (de), programar, prolongar, retrasar, tomarse**
☐ Véase también: **descanso.**

[vacío] → **al vacío, caer en el vacío, de vacío**

vacío ♦ **abismal[46], clamoroso[18], desolador[38], hondo, infinito, insalvable, profundo** ♦ **abrirse, colmar[14], cubrir, dar, engendrar[8], hacer(se), hundir(se) (en), llenar, precipitarse (a), producir(se), sentir, sumir(se) (en)[13], suplir[1]**
☐ Véase también: **ausencia, carencia.**

vacuna ♦ **contraindicado, eficaz, expeditivo, ineficaz, milagroso, preventivo[52]** ♦ **administrar, aplicar, descubrir, dispensar, extender, inocular, inyectar, poner, prescribir, recetar**
☐ Véase también: **remedio.**

vadear *v.* ▌Se combina a menudo con sustantivos que designan extensiones o cursos de agua *(río, corriente, pantano)*. También se combina con...

A SUSTANTIVOS QUE DESIGNAN ESPACIOS, ESPECIALMENTE SI SE INTERPONEN ENTRE PERSONAS Y LUGARES: **1 foso:** ...recorrí el foso con la intención de buscar algún sitio por donde poder *vadearlo*... EPE210399 **2 asfalto:** ...uno de los 250.000 transeúntes que el pasado sábado *vadearon* el asfalto por este paso de peatones... LVE161296 **3 duna:** El caballo ha *vadeado* dunas de arena tan blandas como la mantequilla... EPE040199 **4 puente –:** Y por ejemplo, para atravesar algunos puentes imposibles de *vadear*, tenemos que colocar vigas saltadoras... EME070195 **5 campo –:** En un plazo de media hora debemos evacuar a los heridos (...), *vadear* un campo de minas y tomar por asalto el fortín... EME300194 **6 paraje –:** Acto seguido, la intriga más rutinaria *vadea* con justa donosura los tórridos parajes de lo ya visto. EPE031199

B SUSTANTIVOS QUE DESIGNAN SITUACIONES O CIRCUNSTANCIAS, GENERALMENTE ADVERSAS PORQUE SE CONCIBEN COMO OBSTÁCULOS: **7 circunstancia:** ...la destitución de un profesional al que vieron *vadear* las difíciles circunstancias que el periódico ha atravesado... EME190496 **8 trance:** ...bastaron al Real Madrid para *vadear* un trance... EPE050499 **9 dificultad:** Es más: aquéllos no dudaron en acudir a Dios para *vadear* tal o cual dificultad técnica. EPE181199 **10 riesgo:** Riesgos que no *vadeó* sino que enfrentó con dignidad y valentía... GIC093497 **11 inconveniente:** ...un reparto pleno de garra que sabe *vadear* con holgura los inconvenientes del lugar común. EPE171099 **12 obstáculo:** Los dos equipos que *vadeen* el obstáculo de esta eliminatoria dirimirán el título... LVG301091 **13 crisis:** ...no es cuestión de restablecer los equilibrios básicos de la economía (...) sino de *vadear* simples crisis puntuales. LVE070196 **14 escollo –:** ...el estoicismo con que *vadea* los escollos. LVE301095

C OTROS SUSTANTIVOS; POSIBLES USOS CRUZADOS: «En realidad, los bancos están intentando *vadear* el temporal y aguantar la subida oficial del dinero...». [Cf. *capear*] EME230195

D OTROS SUSTANTIVOS; POSIBLES USOS ESTILÍSTICOS: ...actor, que *vadeó* a las fans sin problemas en el aeródromo... EPE160299; ...pagando mercenarios y funcionarios corruptos para *vadear* a placer la sangre y el estiércol. EME220995; El estupor y el asco llevamos *vadeándolos* desde hace demasiados meses. EME250995
☐ Véase también: **bordear.**

vagamente *adv.* ▌Admite diversos adjetivos *(vagamente misterioso; vagamente familiar)*, pero se combina más frecuentemente con verbos. Destacan, entre otros, los que denotan atingencia *(El problema sólo nos afecta vagamente)* y también los...

A VERBOS DE PERCEPCIÓN: **1 notar +:** Los efectos del proceso solo se notan *vagamente*, por el momento. INDOC **2 sentir +:** ...expresaron lo que millones de jóvenes sentían *vagamente*... HOY281283 **3 oír:** De lejos y muy *vagamente* comencé a oír el pitar del tren. INDOC **4 atisbar:** ...fuerzas que por ahora sólo se atisban *vagamente*, pero con un aliado fiable... EME080494 **5 contemplar:** ...a una distancia remota, contemplando *vagamente* la escena con sus ojos crueles... ABC070292

B VERBOS QUE DENOTAN REFERENCIA O REMISIÓN: **6 referirse ++:** ...se refiere *vagamente* al ejemplo de nuestros vecinos... EPE010286 **7 remitir +:** ...instrumentación austera, que remite *vagamente* al más sosegado rock and roll... EPE240299 **8 aludir +:** ...un periodista aludía *vagamente* a la penosa temporada... EPE130699 **9 mencionar +:** ...también mencionó *vagamente* a Lino... ACP311000

C VERBOS QUE DENOTAN ANALOGÍA O SIMILITUD PERCIBIDA ENTRE DOS COSAS: **10 recordar ++:** ...una desconocida que le recuerda *vagamente* a su mujer. EME140996 **11 parecerse ++:** ...su vida, o algo que se le parece *vagamente*, transcurre en los sótanos de los edificios... EPE271299 **12 sonar +:** ...¿quién esa locutora de televisión cuya cara me suena *vagamente*...? EME070796

D VERBOS QUE DENOTAN ATRACCIÓN O INFLUENCIA: **13 inspirar +**: La figura de Miguel (...) inspiró *vagamente* este melodrama musical... LVE091295 **14 interesar +**: ...interesar a la gente *de forma vaga* no es suficiente... EPE090699 **15 llamar la atención**: La exposición solo llamó *vagamente* la atención de los expertos. INDOC **16 influir**: La obra parecía *vagamente* influida por las tendencias del momento. INDOC

E VERBOS QUE DESIGNAN EL CONOCIMIENTO Y OTROS PROCESOS INTELECTIVOS RELATIVOS A LA CONCIENCIA QUE SE TIENE DE LAS COSAS: **17 conocer ++**: ...un amplísimo campo de (...) renovación lingüística, cuyas características aún se conocen muy *vagamente*. EPE170199 **18 saber +**: Ahora sabemos *vagamente* cómo funcionan y se activan las neuronas... EPE150899 **19 entender**: ...un viejo adagio científico, que los legos entendemos *vagamente*. EPE280699 **20 creer**: ...creo *vagamente* en el destino, o algo parecido... LVE090195

F VERBOS QUE DESIGNAN LA ACCIÓN DE DAR A CONOCER ALGO: **21 informar +**: ...informó *vagamente* de sus planes... LVE060895 **22 explicar +**: ...justificó su aprensión explicando *vagamente* que todavía hay demasiadas personas... EPE300799 **23 expresar +**: No da definiciones y expresa *vagamente* sus ideales... EPE050778 **24 justificar**: ...algún motivo de salud que lo justificara *vagamente*. LVE201095

G VERBOS QUE DESIGNAN DIVERSAS FORMAS DE TOMAR POSICIÓN, GENERALMENTE DE NATURALEZA VERBAL: **25 defender +**: Hace algunos días les defendí *vagamente*... EPE160399 **26 apoyar**: Apoyó *vagamente* la política de cohesión... EPE020399 **27 criticar**: ...un editorial (...) en el que se criticaba *vagamente* la relación entre... EPE100900

☐ Véase también: **a grandes rasgos, de pasada, en líneas generales.**

vagar ♦ **a la deriva[9], sin destino, sin rumbo[5]**

☐ Véase también: **deambular, merodear (por), pasear(se).**

vago ♦ **absoluto, completo, redomado[15], total**

vaguedad Véase: **vagamente**

vaivén ♦ **acompasado[9], agitado, ajetreado[17], cadencioso, constante, continuo, incesante, oscilante, pausado, perpetuo, propenso (a)[33], sujeto (a), trepidante** ♦ **acelerar, imprimir (a algo), llevar, mantener, moverse (con), ralentizar**

☐ Véase también: **balanceo, movimiento.**

valedero *adj.* ▌Seguido de la preposición *para* introduce frecuentemente complementos preposicionales que designan competiciones o certámenes, generalmente deportivos *(valedero para el mundial; valedero para el Campeonato de Europa)*. En este uso se combina también con sustantivos que designan eventos deportivos *(fase, torneo, encuentro, prueba, carrera)*. Se predica, a veces alternando con *válido*, de sustantivos de persona que generalmente denotan función o papel desempeñado *(interlocutor, político)*. Se combina asimismo con...

A SUSTANTIVOS QUE DENOTAN CAUSA, JUSTIFICACIÓN O ELEMENTO PROBATORIO: **1 razón +**: El Papa tiene suficiente sentido común como para evitar ir a Cuba sin razones *valederas*. ENH190198 **2 argumento +**: ...cuando no hay argumentos *valederos* que convenzan al conglomerado de que deba acometerse un nuevo riesgo en ese sentido... LDD041197 **3 explicación +**: La única explicación *valedera* parece ser la compra de personal del presidio por parte del secuestrador... PLG100397 **4 justificación +**: El revuelo que se arma cada vez que se trata de afianzar una racionalidad social y política (...) no tiene justificación *valedera*. CAP030895 **5 fundamento**: ...pues ni siquiera el militar se anima a ordenar un sumario porque no tiene fundamentos *valederos*. ACP050901 **6 motivo**: ...resulta difícil encontrar un motivo *valedero* que explique totalmente la depresión bursátil. LNA280692 **7 silogismo –**: ...inventamos no sé qué silogismo invencible, *valedero* para todas las cuestiones, desarrollando de tal modo el instinto rebelde a todo dogma. ABC080494

B SUSTANTIVOS QUE DESIGNAN INFORMACIONES DIVERSAS, FRECUENTEMENTE EL RESULTADO DE PRESENTAR UN PUNTO DE VISTA O UNA CONCLUSIÓN: **8 comunicación**: Sólo las comunicaciones recibidas a través de Samuel Ruiz serán *valederas*. EME220194 **9 denominación**: En el gobierno del general José Efraín Ríos Montt se instituyó el IVA que en aquel momento era *valedera* su denominación de Impuesto al Valor Agregado... LHG190900 **10 sentencia**: Los nicaragüenses que han recogido a sus mascotas de la calle haciendo *valedera* la vieja sentencia de que «el perro es el mejor amigo del hombre»... DLA110497 **11 opinión**: Ojalá que se realicen todos los peritajes necesarios y que finalmente los peruanos logremos formarnos una opinión *valedera*. CAP070897 **12 reflexión**: ...tiene uno que hacer la excepción de Aranguren y su sempiterna, actual, viva, urgente y *valedera* reflexión ética sobre la política de hoy y de mañana. EME260394 **13 análisis –**: Dudo yo mucho, en efecto, de que constituyan un análisis intelectualmente *valedero* del fenómeno terrorista. EPE301280 **14 mentira –**: Mis palabras necesitan ser escritas porque son la mentira, y sólo escrita es ésta, *valedera* como verdad. EPE131201

C SUSTANTIVOS QUE DENOTAN APTITUD O FACULTAD: **15 capacidad**: ...en aquella en la que una pequeña pajarita surge de la delicada manipulación de dos potentes manos, es donde Figares nos muestra –me parece– su real y *valedera* capacidad. ABC020493 **16 experiencia**: ...aunque la experiencia cobrada en el torneo anterior en Sacachispas, aún la conserva y será *valedera* esta noche. LHG030597 **17 condición**: El chico cuando demuestra tener condiciones *valederas* hay que mantenerlo en el cuadro profesional, si no, el que sufre es el propio jugador. LEC190198

D SUSTANTIVOS QUE DENOTAN RESULTADO, ESPECIALMENTE SI ES EXITOSO O VICTORIOSO. TAMBIÉN CON OTROS QUE DESIGNAN ALGUNAS DE LAS FORMAS EN QUE SE COMPUTA: **18 resultado +**: Sólo genios como Mozart o Beethoven compensaban las limitaciones del medio con resultados *valederos*. ABC260692 **19 triunfo**: ...obtuvo ayer su primer triunfo de la temporada al imponerse en el supergigante de Wengen (Austria), *valedero* para la Copa del Mundo de esquí alpino... EME240194 **20 punto**: A ambas escuderías no se les devolverán los puntos *valederos* para la clasificación del Mundial de constructores... LVE150495 **21 dígito –**: ...las mejor ubicadas se marcharán de El Salvador con la maleta llena de dígitos *valederos* en el ranking de la Asociación Mundial de Tenis Femenino... ESH260896

E OTROS SUSTANTIVOS; POSIBLES USOS ESTILÍSTICOS: Mis palabras necesitan ser escritas porque son la mentira, y sólo escrita es ésta, *valedera* como verdad. EPE131201; ...los olivos políticos de importación, al ser árboles sin raíces propias, solamente pueden ser *valederos* para unas semanas... LVE041296; Si se elige a miembros pro PSOE, se habrá perdido una esperanza *valedera*. EME150394

valentía ♦ acreditado, admirable, asombroso, ejemplar, extraordinario, extremo, insospechado, temerario ♦ arranque (de)[29], demostración (de)[34], muestra (de), signo (de) ♦ armar(se) (de), demostrar, derrochar[14], desplegar, echar[5], hacer gala (de), manifestar, revelar

☐ Véase también: **arrojo, cobardía, coraje, valientemente, valor.**

[valía] → **de valía**

valía ♦ académico, acreditado, artístico, auténtico, científico, contrastado, escaso, excepcional, extraordinario, gran(de), incomparable, indudable, inestimable, innegable, intelectual, notable, personal, político, probado, profesional, real, reconocido, reputado, respetable ♦ aceptar, acreditar, aquilatar, aumentar, avalar, carecer (de), confirmar, constatar, cuestionar(se), dejar constancia (de), demostrar, despreciar, disminuir, mermar, mostrar, reconocer, reivindicar

☐ Véase también: **garantía, precio, talento, validez, valor.**

validar *v.* ▮ Se combina con...

A SUSTANTIVOS QUE DESIGNAN DOCUMENTOS Y ACREDITACIONES DIVERSOS, FRECUENTEMENTE DE CARÁCTER PÚBLICO U OFICIAL, ASÍ COMO LAS FORMAS EN LAS QUE SE REGISTRAN Y ALGUNOS DE LOS ELEMENTOS QUE LOS CONSTITUYEN: **1 documento ++:** Se trata de un documento (...) que para *validarlo* la policía le pone un sello... VIS200397 **2 pasaporte ++:** ...llegó ayer a Florencia con el pasaporte europeo *validado*... EPE021199 **3 título ++:** ...adscribirse a alguna universidad para *validar* el título... LVE050396 **4 boleto ++:** El único boleto con 15 aciertos se *validó* en el despacho... LVE120396 **5 billete ++:** ...acompañarla hasta las máquinas que *validan* los billetes... EPE190900 **6 apuesta:** Desde mañana miércoles se pueden *validar* apuestas para la quiniela... EDV191200 **7 documentación:** ...ambos carecen de documentación *validada* en el seno de los países que... EME260296 **8 aval:** ...de todos los avales presentados por los tres aspirantes (más del doble de los *validados* a Mendoza... EME170195 **9 certificado:** Los certificados sospechosos (...) en su mayor parte habían sido *validados* por la almazara... EPE040899 **10 identificación:** ...sellos oficiales de la policía que se usan para *validar* las identificaciones y documentos... ENH280797 **11 póliza:** ...para *validar* la póliza de responsabilidad civil en la gestión... EME240495 **12 contrato:** ...mediante un contrato entre ambas partes, *validado* por un notario... LVE040596 **13 firma:** ...el notario que *validó* la firma de Alberti en el testamento... EPE151299

B SUSTANTIVOS QUE DESIGNAN LANCES DIVERSOS EN LA COMPETICIÓN DEPORTIVA, MÁS FRECUENTEMENTE LOS REFERIDOS AL TANTEO: **14 gol +:** El árbitro, tras consultar al juez de línea, *validó* el gol. INDOC **15 penal:** ...Slinger, árbitro del encuentro, *validó* como try penal. EPU180601 **16 punto:** El mallorquín tendrá en sus manos *validar* el último punto. EPE040499 **17 tapón –:** ...ante el Taugrés, cuando *validaron* un tapón ilegal de Kenny Green. EME060395

C SUSTANTIVOS QUE DESIGNAN DATOS, RESULTADOS, PRUEBAS Y OTROS INDICADORES ANÁLOGOS: **18 informe +:** Al final nuestros informes fueron *validados* y el banco fue clausurado... ESP120697 **19 estudio +:** ...tiempo que los investigadores consideran suficiente para *validar* el estudio. EPE181201 **20 dato:** ...ha *validado* los datos en base a que se ha utilizado una técnica estadística... EME090395 **21 test:** ...para *validar* e introducir tests rápidos en ovejas y cabras... EPE251001 **22 cuestionario:** ...hemos incorporado también un cuestionario de 15 preguntas *validado* en todo el mundo... EPE050699

D SUSTANTIVOS QUE DESIGNAN LO QUE SE PROPONE O SE PRESENTA COMO POSIBLE O VIABLE, ASÍ COMO ALGUNOS DE LOS ELEMENTOS QUE PARTICIPAN EN SU CONSTITUCIÓN: **23 programa +:** ...a controlar el avance de la plaga, *validar* los programas de investigación... GIC072897 **24 hipótesis +:** ...para *validar* sus controvertidas hipótesis sobre el comportamiento humano... SEM091000 **25 teoría +:** Porque sé la fuerza que tienen los ejemplos para *validar* la teoría... DLA010497 **26 proyecto +:** ...la comunidad internacional para que *valide* y apoye su proyecto de país... EME250195 **27 tesis:** ...*validaron* las tesis científicas que sostienen... EPE310399 **28 criterio:** ...*validar* los criterios de la convocatoria de 1991... EPE010499 **29 presunción –:** ...no había elementos para *validar* esa presunción. PME210796

E SUSTANTIVOS QUE DENOTAN CONFRONTACIÓN ELECTORAL O DESIGNAN ALGUNOS ELEMENTOS QUE PARTICIPAN EN ELLA, ESPECIALMENTE SU CÓMPUTO Y SU RESULTADO: **30 votación +:** ...la participación tendría que ser superior al 50 por ciento para *validar* la votación... LVE301196 **31 comicios:** ...de organizar, dirigir y *validar* los comicios. GIC072597 **32 elección +:** ...de las elecciones que fueron *validadas* por la comunidad internacional... EPE080399 **33 voto:** ...y suficiente para *validar* el voto de los nacidos en este país... ENH140497 **34 papeleta:** ...un 58 por ciento de papeletas *validadas* en el caso de Florentino Pérez... EME170195 **35 resultado:** La comisión electoral de Nis reta a la OSCE y se niega a *validar* el resultado electoral. LVE291296 **36 victoria:** ...se negó ayer a *validar* la victoria de la oposición en las elecciones locales... EME291296

F SUSTANTIVOS QUE DESIGNAN ACCIONES, PROCESOS Y DILIGENCIAS, A MENUDO DE NATURALEZA ADMINISTRATIVA, QUE RESULTAN NECESARIOS PARA LA REALIZACIÓN DE UNA ACTIVIDAD. TAMBIÉN CON OTROS QUE DESIGNAN LA ACTIVIDAD MISMA: **37 trámite:** ...Comunidades Autónomas pusieron para *validar* uno de los trámites... EME301296 **38 gestión:** ...que limitará la *validez* de cualquier gestión a los secretarios locales... EPE090299 **39 operación:** El Banco de España ha *validado* la operación... EME121296 **40 proceso:** ...ese proceso legítimo, *validado* por las leyes cubanas... GIC030197

G SUSTANTIVOS QUE DESIGNAN NORMAS Y OBLIGACIONES, ASÍ COMO ALGUNAS DE LAS FORMAS EN QUE SE

MANIFIESTAN O SE RECOPILAN: **41 ley:** ...*validar* la ley... EPE191001 **42 orden:** ...la Comunidad Valenciana ha *validado* la orden de desalojo... EPE231099 **43 reglamento:** ...ha *validado* el reglamento de participación ciudadana de Alicante... EPE300699

H OTROS SUSTANTIVOS; POSIBLES USOS ESTILÍSTICOS: ...*validando* la ortodoxia abertzale. EPE111099; ...las dos orejas que le *validaban* con todos los honores la puerta de Madrid. EPE111099

☐ Véase también: **aquilatar, autentificar, homologar, invalidar, valorar.**

validez ♦ **absoluto, artístico, científico, constitucional, cuestionable, discutible, dudoso, escaso, formal, igual, inalterable, incuestionable, indiscutible, innegable, jurídico, legal, limitado, literario, moral, oficial, pleno, probatorio, real, reconocido, temporal, universal ♦ ápice (de)[68], criterio (de), prueba (de), tiempo (de) ♦ admitir, afirmar, avalar, caducar, carecer (de), cobrar, comprobar, condicionar, confirmar, conservar, cuestionar, dar (a algo/a alguien), demostrar, determinar, gozar (de), mantener(se), negar (a algo/a alguien), otorgar (a algo/a alguien), perdurar, poner en duda, prolongar(se), reafirmar, reconocer, refrendar, relativizar, restar (a algo/a alguien), tener, terminar, verificar**

☐ Véase también: **garantía, valía, valor, vigencia.**

valientemente *adv.* ▌Admite gran número de verbos. Destacan entre ellos los que denotan expresión o manifestación, sea verbal o de otro tipo *(hablar, escribir, mostrar(se), preguntar(se), exhibir(se), declarar)*. También se combina con...

A VERBOS QUE DESIGNAN LA ACCIÓN DE HACER FRENTE A ALGO, FÍSICA O FIGURADAMENTE. TAMBIÉN CON OTROS QUE EXPRESAN LA ACCIÓN DE COMENZAR O EMPRENDER ALGUNA ACTIVIDAD: **1 afrontar +:** ...un rotativo centenario que afrontó *valientemente* las críticas a su política de bajar el precio del ejemplar. LVE100995 **2 enfrentarse +:** Un ejemplo es el reciente caso de la periodista Jenny Osinaga, corresponsal de PAT en Cochabamba que *valientemente* se enfrentó al dirigente cocalero... LTB311000 **3 desafiar +:** ...lo iban a proclamar alcalde democrático en mayo, desafiando *valientemente* miedos y a las cobardías. EME290195 **4 dar la cara +:** Uno de ellos, Elías Herranz dió ayer *valientemente* la cara, al confirmar que él mismo entregó tres talones de 200 millones... EME260494 **5 retar:** ...y demás mártires de la causa del interés general, a los que *valientemente* ha retado el joven... EPE280399 **6 medirse:** Muchos novilleros noveles, en cambio, sí quieren verlo y se miden *valientemente* con este ganado. EPD270897 **7 encarar:** Todas estas cuestiones deben ser encaradas *valientemente* y con visión de futuro. EME051296 **8 abordar:** Yo propugno que se aborde *valientemente* con un consenso como el pacto de Toledo... LVE050296 **9 emprender:** ...el gobierno del presidente Leonel Fernández ha emprendido *valientemente* reformas políticas y económicas necesarias... LDD301097 **10 meterse:** ...haciendo que de una vez se metan de lleno *valientemente* en el proceso de liberación... EPE200599 **11 lanzarse:** ...ha tomado la delantera a González y se ha lanzado *valientemente* por la senda de la oposición implacable. EME200996

B VERBOS QUE DENOTAN LUCHA: **12 luchar ++:** Arranca su tesis recordando que su abuelo y su padre «lucharon *valientemente*» contra el invasor alemán y fueron heridos y condecorados. EME270496 **13 pelear +:** Se rindió un homenaje a todos aquellos que pelean *valientemente* por la paz y la concordia. INDOC **14 combatir +:** Se trata de personas que combaten *valientemente* por defender su dignidad. INDOC

C VERBOS QUE DENOTAN RESISTENCIA: **15 defender +:** ...Sampedro uno de los pocos catedráticos de Madrid que en 1969 (...) defendió *valientemente* a los universitarios que como Díaz, fueron represaliados por su ideario. EPE280399 **16 resistir:** A Dinamarca le correspondieron 5.600, pero este país se resistió *valientemente* a cumplir con la aberrante orden. EUV151096 **17 aguantar:** Aguanté *valientemente* nueve días junto a dos entrañables personas... LVE211096 **18 soportar:** Begoña Izquierdo –y tantos otros con igual valor artístico que ella– ha soportado *valientemente* este exilio impuesto por los modos y modas... ABC150592

D VERBOS QUE DENOTAN ACEPTACIÓN DE ALGO, A MENUDO CON CIERTA RESPONSABILIDAD: **19 asumir +:** ...la imagen de Jarman ha estado indisolublemente unida a la causa homosexual y a la lucha contra el sida, que él asumió *de manera valiente* desde que le fue diagnosticada en 1986... EME210294 **20 responsabilizarse:** Y, además, se responsabilizó *valientemente* de la realidad lingüística balear sin fracturar la unidad de la lengua. LVE090696

E VERBOS QUE DENOTAN MANDO U OSTENTACIÓN DE LIDERAZGO: **21 dirigir +:** ¿Veré también la marcha atrás de su periódico que tan *valientemente* dirige? EME200495 **22 mandar:** Manda *valientemente* a un equipo de aficionados que se enfrenta al líder con escasas posibilidades de triunfo. INDOC **23 encabezar:** Protégeles en sus empresas y, sobre todo, en la lucha que, con su peculiar nobleza, encabezan *valientemente*. EPD260797

☐ Véase también: **heroicamente, numantinamente, valentía.**

valle ♦ **abierto, accidentado, agreste, amplio, angosto, bucólico, cerrado, cultivable, de lágrimas, de la memoria, desolado, dilatado, encajonado, encantado, escarpado, estrecho, extenso, fluvial, hermoso, hondo, idílico, incomparable, paradisíaco, pintoresco, plácido, procedente (de), profundo, próspero, recogido, remoto, turístico, vasto, verde ♦ a lo largo (de), en, en medio (de) ♦ cuenca (de), paisaje (de) ♦ abarcar, abrirse, desertizar(se), diseminar(se) (por), divisar, extender(se), habitar, regar**

[valor] → **de valor**

valor ♦ **acreditado, a la baja, alto, apreciable, aproximado[30], astronómico, atentatorio (contra)[14], bajo, considerable, contrastado, cuantioso, de capa caída[24], desmedido[82], determinante[16], documental, dudoso, económico, en alza, en aumento, en declive, en descenso, enorme, escaso, exiguo, extraordinario, gran(de), igualitario[23], ilimitado, inapreciable[1], incalculable, indudable, infinito, innegable, insignificante[10], irrefutable[35],**

irrenunciable[3], limitado, monumental, moral, notable, personal, público, reconocido, sentimental, sobrado (de)[23], supremo, temerario, testimonial[25] ♦ sin menoscabo (de)[2] ♦ acopio (de), ápice (de)[46], arranque (de)[30], prueba (de), signo (de) ♦ acreditar, adquirir[59], aflorar[69], alimentar(se) (de)[25], apagar(se)[28], aquilatar, armarse (de)[5], asignar, atenerse (a)[74], atentar (contra), calibrar[45], cobrar[29], conceder[61], conculcar[16], conferir, corroborar[39], cuestionar, dar[170], declinar[12], degradar(se), demostrar, derrochar[12], devaluar(se)[11], difundir(se)[121], echar[2], enarbolar[21], estribar (en)[23], faltar, fortalecer(se)[28], ganar, imbuir(se) (de)[7], incardinar, inculcar[1], infundir[8], llenar(se) (de), magnificar[26], mostrar, negar[14], otorgar, peligrar, perder, poner en duda, predicar[21], primar[4], probar, residir (en)[3], sobrepasar[9], socavar[81], sopesar[31], subvertir[14], sustentar[13], tener, transgredir[43], transmitir, traspasar

□ Véase también: **alcance (de), cantidad, costar, coste, costear, cotización, cotizar, evaluar, importancia, precio, representatividad, trascendencia, valentía, valía, validez.**

VALOR Véase:
♦ **a peso de oro, caro**
♦ **alcance (de), cantidad, coste, cotización, importancia, nulidad, precio, tesoro, trascendencia, valor**
♦ **costar, costear, cotizar, invalidar, valorar**

VALOR
♦ (SUSTANTIVOS) Véase: **abdicar (de)[H], acorde (con)[H], adquirir[G], afianzar(se)[H], a ojo[D], ápice (de)[G], arranque (de)[E], atenerse (a)[K], calibrar[D,H], captar[B], cobrar[F], conceder[L], conquistar[D], crucial[E], cualitativo[G], demostración (de)[G], devaluar(se)[C], estribar (en)[D], inapreciable[A], insignificante[A,B], intachable[F], irrenunciable[A], leso[A], magnificar[D], minar[D], negar[B], ofender[C], pisotear[A], preconizar[A], preponderante[B], primar[E], profanar[G], rebajar[I], residir (en)[A], revestir(se) (de)[C], transgredir[F]**
♦ (VERBOS) Véase: **a ojo[B], negativamente[B]**
□ Véase también: PRINCIPIO.

valoración ♦ **atinado[10], certero[9], desacertado, ecuánime[10], equitativo, exhaustivo[49], imparcial, injusto, justo, objetivo, parcial, personal, prematuro, prudente, sesgado[5], subjetivo ♦ a tenor (de)[11], sin perjuicio (de)[29] ♦ avanzar, aventurar[34], diluir(se)[41], disentir (de)[6], efectuar, emitir[28], enjuiciar, proponer, realizar**

□ Véase también: **apreciación, consideración, diagnóstico, estimación, evaluación, juicio, valorar.**

VALORACIÓN Véase: INTERPRETACIÓN; JUICIO

VALORACIÓN NEGATIVA Véase: *INADECUACIÓN E INCORRECCIÓN*

valorar ♦ **ajustadamente[14], atentamente[20], con cautela[18], concienzudamente[20], debidamente[54], en justicia, en lo que vale(n), en mucho[25], enormemente, en su justa medida, en sus justos términos, equitativamente, favorablemente[16], injustamente, justamente, negativamente[8], plenamente[83], por el mismo rasero[3], profundamente[37]**

□ Véase también: **aquilatar, calcular, enjuiciar, evaluar, juzgar, medir, prejuzgar, validar, valoración.**

vanamente ♦ **creer, empeñarse (en), esforzarse, esperar, intentar, luchar, tratar (de)**

□ Véase también: **inútilmente, vano.**

vanidad ♦ **enorme, escaso, exacerbado, injustificado, ostensible, sumo ♦ ápice (de)[84], muestra (de) ♦ colmar[31], henchir(se) (de)[2], herir, pecar (de), perder, saciar[16]**

□ Véase también: **arrogancia, orgullo.**

vano *adj.* ▮ Se combina con sustantivos de persona *(intelectual, líder)* y con otros que designan unidades temporales *(día, año)*. Se combina asimismo con sustantivos que designan manifestaciones verbales de muy diversa naturaleza *(crítica, palabra, reproche, conversación, debate, declaración, discusión, explicación, razón, sugerencia, conferencia)*, y también con...

A SUSTANTIVOS QUE DESIGNAN LO QUE SE PRETENDE CONSEGUIR O LLEVAR A CABO, MUY FRECUENTEMENTE DE FORMA TENAZ Y PORFIADA, ASÍ COMO LA ACTITUD DE INTENTAR ALCANZARLO: **1 pretensión ++:** ...parece *vana* pretensión cualquier intento de análisis o comentario capaz de ofrecer aspectos nuevos en torno al artista y su herencia. ABC051193 **2 propósito ++:** ...la fatiga y el silencio, la amistad, la esperanza y el *vano* propósito de durar un rato más. EPE030399 **3 empeño ++:** ...había mantenido su fisonomía decimonónica: *vano* empeño resistir a la modernidad en un país enardecido por lo moderno. ABC030295 **4 esfuerzo ++:** Pero fue un esfuerzo *vano* ya que el grupo se comió al ucraniano en los quinientos metros finales. EME150996 **5 intento ++:** ...es inútil, por tanto, que amenacen ustedes con cualquier expediente en el mismo sentido, salvo como intento *vano* de encubrir (...) que la iniciativa ha sido mía. EME160296 **6 aspiración ++:** ¿Qué *vana* aspiración se oculta aquí de anular la noche y prolongar el día acompañando el curso de la gran linterna? EPE210299 **7 afán ++:** ...suscita en los sujetos más que nunca el *vano* afán de inmortalidad , ya denunciado por Freud como principio neurótico de que sólo se mueren los demás... EPE011287 **8 objetivo:** ...acometió la empresa descomunal e improbable de restaurar al Bruckner genuino y publicar las ediciones auténticas de sus obras, objetivo *vano*... LVE101296 **9 proyecto:** ...en cuya conclusión apostaba entonces por el escepticismo pirrónico sin el «*vano* proyecto de construir una doctrina liberal». ABC250693 **10 tarea:** Tarea *vana*, porque, tras el consejero el guión volvió a la normalidad. EPE140999 **11 ambición:** Y no muestra la imaginación necesaria para dar aliento a este relato de ambiciones *vanas* y amistades peligrosas. LVE270195 **12 deseo:** Un deseo *vano*, según el exaltado Kelvin MacKenzie, al que le ha faltado tiempo para reavivar el fuego del feudo que les separa. EPE110799 **13 lucha:** Vana lucha sabiendo que en ese mismo momento metros atrás la lucha era a vida o muerte, y desgraciadamente esta vez esto no era ninguna metáfora. EPE220699

B SUSTANTIVOS QUE DENOTAN ACTITUD POSITIVA O CONFIADA HACIA EL FUTURO, CON MAYOR O MENOR

FUNDAMENTO OBJETIVO: **14 esperanza ++:** ...a sabiendas de su falsedad y con la *vana* esperanza de que la caída de este telón, antes del final del drama felipista, salve a su héroe criminal. EME250995 **15 ilusión +:** Pero es *vana* ilusión pretender sentar a priori cuáles son los secretos metaindividuales que deben ser preservados... LVE151296 **16 expectativa:** ...no rechazó encontrarse con Yasir Arafat «si eso sirviera para algo más que una fotografía que despertara expectativas *vanas*». EPE121001 **17 sueño:** ...mezclo a propósito nombres muy distintos entre sí... Pero nada de sueños *vanos*, de arte-ficción. ABC160695 **18 utopía:** Carmen (...) sigue empeñada en perder kilos, utopía *vana* que sólo consiguen las señoritas telecuponeras... LVE300495

C SUSTANTIVOS QUE DENOTAN COMPROMISO: **19 promesa ++:** ...su enloquecida hija Didi, a quien, como a la hija del Jacob bíblico, burlaron mediante *vanas* promesas de amor. ABC070194 **20 compromiso:** Como siempre, parecía *vano* el compromiso de los gobernantes. INDOC

D SUSTANTIVOS QUE DESIGNAN SENSACIONES O SENTIMIENTOS DE INQUIETUD, CONMOCIÓN O PADECIMIENTO EN DIVERSOS GRADOS: **21 preocupación +:** Pero, en ocasiones como ésta (...) no parece oportuno entrar en esas *vanas* preocupaciones. ABC210495 **22 sufrimiento +:** Modos y maneras de confeccionar, tejidos nuevos, soluciones para que los cuerpos se vean realzados eliminando sufrimientos *vanos*. LVE130296 **23 dramatismo:** Sí, ya me lo ha dicho, y la media luz de la media tarde le pone un *vano* dramatismo a su confesión. EPE010485 **24 nostalgia:** Es, pues, su camino un «aprendizaje de la desolación» a través del lenguaje, monólogo dramático donde quedan desterradas las nostalgias *vanas* y el falso intimismo romántico... ABC100694 **25 patetismo:** Entre tanto patetismo *vano*, la orgullosa generosidad de Dolores y Luis es una gran herencia. EPE210699

E SUSTANTIVOS QUE DESIGNAN LO QUE FALSEA, OCULTA O DISFRAZA LA VERDAD, MÁS FRECUENTEMENTE SI ES DE NATURALEZA VERBAL: **26 palabrería ++:** Las francesas nunca lo hacen, porque van más allá de la *vana* palabrería. LVE200395 **27 excusa ++:** No se anduvo con rodeos ni *vanas* excusas. EME270594 **28 pretexto +:** Y llevan a veces a los médicos a pronunciarse en favor suyo con *vanos* pretextos de efectos secundarios. EME210696 **29 engaño:** Lo demás son *vanos* engaños de infiltrados mercaderes, que cual aprendices de brujo escamotean la cultura porque no encaja en su oficio. LVE191096 **30 mascarada:** Espero poder sonsacar la verdad; no soportaría más esta *vana* mascarada... ABC240694

F SUSTANTIVOS QUE DESIGNAN SENTIMIENTOS, ASÍ COMO ALGUNAS DE LAS FORMAS EN QUE SE MANIFIESTAN: **31 emoción:** Argumentos basados en la necesidad, la ilusión, el deseo y la creencia que al otro lado, el del norte, la vida puede ser distinta. Digna apetencia, *vana* emoción. LVE100395 **32 pasión:** Entre las reflexiones que Séneca dirigía a todos aquellos que anhelan la felicidad para conseguir el control de las *vanas* pasiones, figuran algunas de este tenor... LVE250996 **33 alegría:** Habla de la ciencia del alma, de la alegría en los corazones que no debe ser *vana*, de los montes en que vive porque es canastero de los auténticos... EPE231101 **34 gesto:** En medio del tumulto político, Simón Peres trataba ayer, en un gesto patético y *vano*, de salvar su cargo de «pacificador oficial» y los restos de un naufragio... EPE181001 **35 reflejo:** Ese pueblo estadístico que sale en las encuestas es sólo un *vano* y vago reflejo del pueblo real, y encima miente. EME221295 **36 sonrisa:** No son *vanas* nuestras sonrisas ofrecidas, casi indiscriminadas... EPE150900

G SUSTANTIVOS QUE DESIGNAN LA ACCIÓN O EL EFECTO DE CONOCER UNA MATERIA O REFLEXIONAR SOBRE ELLA: **37 disquisición:** ...ha desembocado en este arte mucho más controlado e innovador, desentendido de cualquier «vocación de estilo» y de disquisiciones *vanas* entre representación y abstracción. ABC310395 **38 elucubración:** El bodrio presupuestario elaborado por Borrell es una elucubración *vana* y un mero brindis al sol... LVE031196 **39 erudición:** Lo importante no son las referencias de poca y *vana* erudición, sino esa tenacidad y esa voluntad de penetrar en lo desconocido... ABC210292

H OTROS SUSTANTIVOS; POSIBLES USOS ESTILÍSTICOS: «Pero don Juan no se arredra; ¡alzáos fantasmas *vanos* y os volveré con mis manos a vuestros lechos de piedra!». EPE111101; Dice Lección de literatura: «Todo ocurrió tal como nos dijiste: / del *vano* vientre del ayer surgieron / estos días vacíos...». EPE120699

▩ Se combina también con: ♦ **ciego** *(ventana)*

☐ Véase también: **infructuoso, vanamente.**

[vapor] → **al vapor**

varapalo ♦ **monumental, tremendo** ♦ **aguantar, dar, encajar**[2]**, propinar, soportar**

☐ Véase también: **castigo.**

varar(se) ♦ **embarcación**

☐ Véase también: **detener(se), empantanar(se), frenar, parar(se).**

variación ♦ **a la baja, al alza, apreciable**[2]**, brusco**[3]**, considerable, escaso, imperceptible, inapreciable**[6]**, insignificante**[31]**, notable, ostensible**[37]**, sujeto (a), susceptible (de)** ♦ **corregir, detectar, experimentar, producir(se)**

☐ Véase también: **alteración, cambio, oscilación.**

variar ♦ **abruptamente**[43]**, a la baja, al alza, considerablemente**[62]**, decisivamente**[29]**, de un día para otro**[8]**, en mucho**[26]**, enormemente, escasamente, imperceptiblemente, ligeramente**[30]**, notablemente, ostensiblemente**[26]**, progresivamente, radicalmente**[4]**, seriamente, significativamente**

☐ Véase también: **alterar.**

variedad ♦ **abundante, alimenticio, amplio, artístico, climático, compuesto (de), cromático, desconocido, deslumbrante, dilatado, enorme, estético, exhaustivo, extenso, extraordinario, formal, gran(de), ilimitado, impresionante, inabarcable, inagotable, infinito, ingente, inmenso, innumerable, interminable, múltiple, notable, nuevo, numeroso, rico, selecto, social, sumo, surtido, temático, vasto** ♦ **aprovechar, barajar, componer, contar (con), cubrir, degustar, disponer (de), existir, explotar, garantizar, ofrecer (a alguien), permitir, poseer**

☐ Véase también: **clase, tipo.**

vaso ♦ **lleno, mediado, vacío** ♦ **apurar, colmar, derramar, desbordar(se), llenar, rebosar, vaciar, verter**

vasto *adj.* ▌Se combina con sustantivos que designan espacios físicos *(mar, región, territorio)* o divisiones en algún dominio, físico o no *(sector, zona, área).* También admite sustantivos que designan agrupaciones diversas, tanto de cosas *(arsenal)*, como de personas *(mayoría, coalición, multitud).* Se combina asimismo con sustantivos no contables que designan lo que se crea o se produce *(obra, producción, discografía, bibliografía, información)* o se refieren a las personas que llevan a cabo esas actuaciones *(un vasto escritor).* También se combina con...

A SUSTANTIVOS QUE DESIGNAN EL CONJUNTO DE LAS COSAS QUE UNO CONOCE O HA VIVIDO, ASÍ COMO EL RECONOCIMIENTO QUE PUEDEN SUSCITAR EN LOS DEMÁS: **1 experiencia ++:** ...hombres (...) con una *vasta* experiencia internacional a sus espaldas... EPE170399 **2 conocimiento +:** Los *vastos* conocimientos que se adquieren en los conservatorios... EPE220399 **3 cultura +:** ...un hombre tan inteligente y de tan *vasta* cultura... LVE050495 **4 fama:** ...gracias a su *vasta* fama de fabricante de productos... CLA310199 **5 prestigio –:** ...gozaba de un *vasto* prestigio en el sector. INDOC

B SUSTANTIVOS QUE DESIGNAN PROYECTOS Y OTRAS ACTUACIONES ORGANIZADAS DIRIGIDAS A OBTENER ALGÚN FIN: **6 operación +:** La *vasta* operación de captura dispuesta... EME110195 **7 operativo +:** ...los organismos de seguridad montaron un *vasto* operativo en todo el casco urbano. ETC020188 **8 labor +:** ...ha desarrollado una *vasta* labor de articulista de prensa. LVE070596 **9 confabulación:** Ha sido una *vasta* y siniestra confabulación de fanáticos... CLA240199 **10 plan:** ...un *vasto* plan para una democratización de la sociedad... EPE010277 **11 campaña:** ...están desplegando una *vasta* campaña de captación... LVE290195

C SUSTANTIVOS QUE DENOTAN DESPLAZAMIENTO FÍSICO O FIGURADO: **12 movimiento:** ...resistir el *vasto* movimiento de boicot contra sus productos... LVE210695 **13 trayectoria +:** ...es un especialista de *vasta* trayectoria... LEC050996 **14 recorrido:** Ese *vasto* recorrido se ha desarrollado a lo largo de varias etapas. EPE251299

D SUSTANTIVOS QUE DESIGNAN PROCEDIMIENTOS DE ACTUACIÓN: **15 recurso:** Los *vastos* recursos que el gobierno cubano... EUV170498 **16 medio:** El gobierno pretendía dotar de *vastos* medios a sus delegaciones territoriales. INDOC

E OTROS SUSTANTIVOS: **17 alcance +:** ...un proyecto nacional de *vasto* alcance. HOY230996 **18 problema:** ...el *vasto* problema deberá servir para buscar soluciones de fondo. CAP280900

vegetación ♦ **denso, enmarañado, espeso, extenso, exuberante[1], frondoso, selvático, tupido** ♦ **brotar, extinguirse, florear, invadir, reverdecer**

vehemente *adj.* ▌Se combina con sustantivos de persona *(abogado, directora, aficionado, jugador)* y también con otros que designan manifestaciones verbales, más frecuentemente enunciativas o expositivas *(discurso, declaración, palabra, argumentación, explicación, alocución, proclamación).* También se combina con...

A SUSTANTIVOS QUE DENOTAN DESEO O ASPIRACIÓN, A MENUDO INTENSOS O PERSISTENTES: **1 deseo ++:** Su frustración por lo no alcanzado, su deseo *vehemente* de conseguirlo... EME090594 **2 afán +:** A ese *vehemente* afán es al que responde la «Gramática» de 1492... ABC140892 **3 anhelo +:** No sólo ese *vehemente* y eufórico anhelo de globalidad resolutiva mueve a quien se doctora... ABC230994 **4 ansia:** ...este lacayo sublevado y con *vehemente* ansia de encaramarse en un tentáculo del poder... EPE220999

B SUSTANTIVOS QUE DENOTAN APOYO, ADHESIÓN O INCLINACIÓN DEL ÁNIMO HACIA ALGO O ALGUIEN. TAMBIÉN CON OTROS QUE DESIGNAN ALGUNAS DE LAS FORMAS EN QUE SE MANIFIESTAN ESAS ACTITUDES: **5 apoyo ++:** Su *vehemente* apoyo a la intervención militar de la OTAN en Yugoslavia... EPE090700 **6 defensa ++:** ...el primer ministro lanzara su más *vehemente* defensa del euro. EPE300999 **7 inclinación +:** ...se notan a veces su *vehemente* inclinación contestataria y su progresismo teológico... PME190197 **8 curiosidad:** ...muchas gentes nos preguntan con *vehemente* curiosidad si el Japón es de veras una democracia. ETC110187 **9 atracción:** ...esa atracción *vehemente* por el sexo: sea el que sea, sea como sea. EPE280199 **10 vocación:** Es tan *vehemente* esta vocación democrática que participamos en instaurarla... EPE150499 **11 entusiasmo:** ...cualquier entusiasmo *vehemente* que tenga o haya tenido hacia aspectos concretos... EME250694 **12 adhesión:** Esa colaboración mía (...) ha tenido muchas y *vehementes* adhesiones, como también críticos. EPE151299 **13 aplauso:** La noche de Mérida se cerró con aplausos *vehementes*... EME140795

C SUSTANTIVOS QUE DENOTAN DESACUERDO, RECHAZO, OPOSICIÓN O REPROBACIÓN: **14 protesta +:** ...una protesta *vehemente* contra la organización social. LVE180495 **15 ataque +:** ...puede incluir posiblemente ataques *vehementes*, cáusticos y, a veces, duros y desagradables al gobierno y a funcionarios públicos. RUM031197 **16 crítica +:** Está en juego su autoridad moral como aspirante a la presidencia y la credibilidad de las *vehementes* críticas... LVE130795 **17 rechazo +:** El rechazo *vehemente* de Cordero Santiago (...) contrasta con el apoyo que han dado al legislador... END141100 **18 oposición +:** Su *vehemente* oposición al estatuto de autonomía, que la UCD proyectaba entonces... EPE031099 **19 censura:** ...fue cortado por nuestra *vehemente* censura de la época. LVE140196 **20 condena:** En su *vehemente* condena de los crímenes cometidos contra la humanidad... EPE101299 **21 aversión:** ...«hablar idiomas desconocidos, expresar cosas lejanas u ocultas, (...) así como mostrar una *vehemente* aversión hacia Dios...». EPE270199 **22 desprecio:** ...un joven ejemplar, lleno de desprecio *vehemente* por las cosas pasadas... ABC240694 **23 objeción:** ...hoy en día las *vehementes* objeciones de Europa y hasta la oposición de Rusia quizás se pueden resolver negociando. EPE100700 **24 discrepancia:** ...haciendo gala de una *vehemente* discrepancia con las sugerencias de sus superiores jerárquicos... LVE030896 **25 denuncia:** Esta apología de la paz contrasta con las *vehementes* denuncias del régimen del coronel... EPE011285

D SUSTANTIVOS QUE DESIGNAN DIVERSAS FORMAS DE CONFRONTACIÓN, MÁS FRECUENTEMENTE VERBAL: **26 polémica +:** ...Lafontaine admitió que el tema había sido objeto de una «*vehemente* polémica». EPE210299 **27 debate +:** Unas jornadas sobre inmigración ilegal (...) se convirtieron anteayer en escenario de un *vehemente* debate... EPE201199 **28 discusión +:** Será un centro de discusión agitada, implacable y *vehemente*... LVE191295 **29 lucha:** ...la misma lucha *vehemente* del poeta con sus propias desdichas personales. ABC130392 **30 enfrentamiento:** ...los enfrentamientos verbales entre el gobierno y su propio partido, que cada día se tornan más *vehementes*. EPU060901 **31 controversia:** ...no excluye la controversia *vehemente* entre las corrientes antagónicas... LVE120696

E SUSTANTIVOS QUE DENOTAN APELACIÓN, EXHORTACIÓN O SOLICITUD: **32 llamado +:** ...logró arrebatar las imaginaciones con sus *vehementes* llamados a eliminar añejos privilegios... HOY190183 **33 llamamiento +:** ...hizo ayer un *vehemente* llamamiento al Gobierno y a la guerrilla zapatista para que continúen el diálogo. EME140996 **34 petición +:** ...las peticiones, matizadas pero no por ello menos *vehementes*, de IU y del PP... LVE251095 **35 incitación +:** ...movido por las *vehementes* incitaciones que desde la pantalla televisiva acababa de dirigir el presidente... EPE011089 **36 exhortación:** ...después de una tan *vehemente* y concreta exhortación... LVE010595 **37 orden:** El primero todavía es capaz de dar órdenes *vehementes* y abroncar a Kluivert... EPE141099 **38 imperativo −:** ...su *vehemente* imperativo suplicatorio... ABC130195

F ALGUNOS SUSTANTIVOS QUE DESIGNAN SIGNOS O SEÑALES QUE PERMITEN SUPONER, CONOCER O DEDUCIR ALGUNA COSA: **39 indicio:** Hay indicios *vehementes* que auguran una aceleración del consumo... EME120796 **40 sospecha:** ...se pueden abrigar *vehementes* sospechas de que fuese su propósito el llegar tarde... EPE091201

G SUSTANTIVOS QUE DESIGNAN CIERTAS CARACTERÍSTICAS ESENCIALES O INNATAS DE LAS PERSONAS, MÁS FRECUENTEMENTE SI SE REFIEREN A SU FORMA DE SER O DE COMPORTARSE: **41 temperamento +:** ...sin dejar atrás el temperamento *vehemente* que comparte con su banda. EME311095 **42 carácter:** ...apodado «Tarzán» por su carácter *vehemente* y su leonina cabellera... LVE060795 **43 personalidad:** Este hombre de personalidad *vehemente*, vital y arrolladora... EPE260599

H OTROS SUSTANTIVOS QUE DESIGNAN EMOCIONES, ESTÍMULOS O SENTIMIENTOS, A MENUDO DE NATURALEZA IMPULSIVA O PASIONAL: **44 pasión:** Así, a pesar de la *vehemente* pasión amorosa que desencadena, Alfonso resulta un personaje desvaído... ABC100295 **45 impulso +:** Reprimiré los *vehementes* impulsos que me animan a transcribir... EDV030601 **46 necesidad:** Es tan importante para Steinbeck lo que tiene que decir, y tan *vehemente* la necesidad de trasmitir su pensamiento... LPA170592 **47 sentimiento:** ...se dan golpes de pecho con *vehemente* sentimiento de mejorar su vida... PME221296 **48 tentación:** «Resistir a tentaciones muy *vehementes* exige virtud firme y acendrada...». EME100295 **49 ilusión:** ...para acercarse a su ídolo con una flor en la mano y una *vehemente* ilusión en el sentimiento que las movilizaba. LVE030795

I SUSTANTIVOS QUE DENOTAN PARTICIPACIÓN ACTIVA, Y A MENUDO INTENSA O ENÉRGICA, EN ALGUNA TAREA U OCUPACIÓN: **50 dedicación:** Su *vehemente* dedicación a la arquitectura parece, en ocasiones, más ilusoria que real. EPE210699 **51 ejercicio:** Sin embargo, como siempre, en el ejercicio *vehemente* de su verbo... ENV051000 **52 entrega:** Ella abre su cuerpo y su alma en una entrega *vehemente* que no la satisface. LHG100697 **53 búsqueda:** En él encontramos, en efecto, una búsqueda *vehemente* de realidades trascendentes... EME220194

J OTROS SUSTANTIVOS: **54 proyecto +:** El proyecto (...) es tan simple, directo y *vehemente* como nacionalista y populista. EPE050799 **55 campaña:** ...ha lanzado *vehementes* campañas contra la política del Gobierno... EME061095 **56 grito −:** ...tenía su apremiante expresión en el *vehemente* y siempre reiterado grito de «¡Justicia!». PME081296

☐ Véase también: **vehementemente**.

vehementemente

♦ **anhelar, ansiar, aplaudir, apoyar, arremeter, atacar, atraer, buscar, condenar, criticar, debatir, dedicar(se), defender, denunciar, desear, discutir, exigir, gritar, impulsar, manifestar, negar, oponer(se), ordenar, pedir, protestar, rechazar, resistir(se)**

☐ Véase también: **vehemente**.

vehículo

♦ **abarrotado, a punto, inmanejable, manejable, puntual, regular** ♦ **a bordo (de)** ♦ **aparcar, apear(se) (de), arrancar, blindar, cargar, conducir, desplazar, detener, discurrir, estacionar, frenar, impulsar, llevar, manejar, maniobrar, meter(se) (en), mover(se), paralizar, pilotar, propulsar, retrasar(se), salir (de), tomar**

☐ Véase también: **coche**.

vejatorio

adj. ▌Se combina con...

A SUSTANTIVOS QUE DENOTAN CONDUCTA, ACTITUD O MODO DE COMPORTARSE CON ALGUIEN O ALGO: **1 trato ++:** ...la Consejería de Bienestar Social ha resuelto con una falta leve el expediente abierto para averiguar el presunto «trato *vejatorio*»... LEC310197 **2 actitud +:** ...una actitud *vejatoria* por parte de los agentes... LVE171095 **3 actuación +:** ...actuaciones groseras, injuriosas y *vejatorias*. EME260496 **4 comportamiento:** ...otros comportamientos *vejatorios*. EME220594 **5 conducta:** ...la genérica conducta *vejatoria*... EPE250299 **6 práctica:** ...erradicar tajantemente estas prácticas *vejatorias*... EME260594 **7 postura:** ...aseguraron que les hacía desnudarse y adoptar posturas *vejatorias*... EME070394 **8 tratamiento:** ...el tratamiento que se ofrece (...) es *vejatorio*... EME050294 **9 consenso:** ...sin la ayuda de los líderes que han secuestrado a la izquierda y han practicado un *vejatorio* consenso... EME081195 **10 servicio:** ...denunciamos a este alcalde el *vejatorio* y humillante servicio que sufrimos los usuarios... EPE260599

B SUSTANTIVOS QUE DESIGNAN FORMAS DE EXPRESIÓN O DE DENOMINACIÓN, ASÍ COMO DIVERSAS MANIFESTACIONES VERBALES O ESCRITAS: **11 expresión +:** ...contiene expresiones *vejatorias* para el referido político y que se me antojan, además, de muy mal gusto. LVE261095 **12 término:** ...los términos (...) son completamente humillantes y *vejatorios*... EME050694 **13 frase:** ...dirigió a los alumnos frases *vejatorias*... EPE170399 **14 palabra:** ...amenazas de despido y palabras *vejatorias*... EPE070499 **15 declaración:** ...con declaraciones *vejatorias*. EPE101199 **16 manifestación:** Las manifestaciones «sexistas y discriminatorias, injuriosas y *vejatorias*»... EPE171199 **17 mote:** ...se le colgaría el mote *vejatorio*... EPE010885 **18 pancarta:** ...fue recibido con pancartas *vejatorias*... LVE020695 **19 publicación:** ...la publicación de este anuncio es explícitamente *vejatoria*... EME040294 **20 opinión:** ...opiniones *vejatorias* sobre el vicerrector... EPE300799 **21 réplica:** ...réplicas virulentas, cuando no *vejatorias*... EPE030699 **22 epigrama –:** Vinieron largas noches de tráfago, discusiones sin sentido por cantinas del centro, epigramas *vejatorios*, (...) y gestos obscenos... EXC011196

C EL SUSTANTIVO *IMAGEN* Y CON OTROS QUE DESIGNAN DIVERSAS FORMAS DE EXPRESIÓN VISUAL, ASÍ COMO ALGUNOS DE LOS MEDIOS QUE PERMITEN DIFUNDIRLAS: **23 anuncio +:** ...emiten anuncios que resulten *vejatorios*... EME090695 **24 campaña:** ...retiró, por considerarla *vejatoria*, una campaña para un mayorista... LVE250295 **25 imagen:** «La imagen de la mujer, como un objeto sexual, es totalmente *vejatoria*». EME020695 **26 programa:** ...programas de televisión *vejatorios*... LVE181095 **27 publicidad:** ...por usar su imagen en una publicidad *vejatoria*. EPE130699 **28 spot:** ...contra un «spot» (...) al considerarlo *vejatorio*... EME150394

D SUSTANTIVOS QUE DESIGNAN ACCIONES O CIRCUNSTANCIAS QUE SE SUELEN CONSIDERAR OFENSIVAS O DENIGRANTES PARA EL SER HUMANO: **29 degradación:** ...degradación *vejatoria* y manipuladora. EPE130699 **30 insulto:** ...los insultos «racistas y *vejatorios*». EPE110899 **31 ocupación:** ...la *vejatoria* ocupación de la República China... LVE291294 **32 cautiverio:** ...el rastro de una caravana vagabunda de españoles, sometida a *vejatorio* cautiverio... EME120596 **33 opresión:** Y ahí les llegó el gran desengaño: cuando sintieron la opresión *vejatoria* del cepo y del bozal. EME140295 **34 prendimiento:** El tristísimo espectáculo del *vejatorio* prendimiento... EME260694 **35 redada:** ...las represiones masivas, las *vejatorias* redadas a grandes sectores de la ciudadanía... HOY250184 **36 ultraje:** ...no piensan quedarse de brazos cruzados ante lo que consideran un «ultraje *vejatorio*». EME201095 **37 violencia:** La agresión sexual (...) se castiga con prisión de uno a cuatro años, o de cuatro a diez años si la violencia reviste carácter *vejatorio*... LVE250995

E OTROS SUSTANTIVOS; POSIBLES USOS ESTILÍSTICOS: ...sin *vejatorias* benevolencias hacia el lector... EME250596; A ellos les hemos reservado las colas *vejatorias* del INEM. EME010496; ...la vida *vejatoria* en que han metido a su hermana... LVE070595

☐ Véase también: **despectivo, malsonante, viperino.**

vejez ♦ achacoso, a cuestas[14], bien llevado, llevadero, prematuro ♦ acusar, cargar (con), entrar (en), llegar, sobrellevar, venir (a alguien)

☐ Véase también: **infancia, juventud.**

[vela] → **a toda vela**

vela ▮ *(llama)* **♦ a la luz (de) ♦ apagar(se), encender(se), iluminar, prender[3]**

▮ *(de barco)* **♦ amainar, arriar, izar, ondear, plegar**

velada ♦ amenizar, animar, celebrar, convocar, deslucir(se), frustrar(se), tener lugar

velar (por) *v.* **▮** Se construye con subordinadas de infinitivo *(Velaremos por conservar los logros...)* o de verbo en forma personal *(El gobierno velará por que se cumpla la ley)*. Admite también sustantivos de persona *(velar por los ciudadanos, los usuarios, los hijos)* y otros muchos sustantivos, pero destacan especialmente los que designan valores sociales o individuales generalmente estimados *(velar por la salud, la paz, la justicia, la felicidad, el bienestar, el interés común, el medio ambiente, la independencia, el futuro)*, los bienes personales o colectivos *(legado, patrimonio)* o las disposiciones o fundamentos morales o cívicos de alguna sociedad *(la ley, las normas, los principios, el derecho a...)*. También se combina con...

A SUSTANTIVOS QUE DESIGNAN LA ACCIÓN DE LLEVAR A CABO O PONER EN PRÁCTICA ALGUNA COSA, GENERALMENTE UNA MEDIDA: **1 cumplimiento ++:** ...la fuerza multinacional que *vela* por el cumplimiento de los acuerdos que pusieron fin a la disputa territorial... DLA110297 **2 aplicación ++:** ...la fuerza dirigida por la OTAN que debe *velar* por la aplicación del plan de paz... EME190196 **3 ejecución:** La Diputación de Álava *velará* por la ejecución de estas disposiciones... EPE210499 **4 realización:** La consejería de salud será la encargada de *velar* por la realización del plan antidroga. INDOC **5 adopción:** ...a *velar* por la adopción de medidas que favorezcan una verdadera igualdad de oportunidades. LVE191095 **6 establecimiento:** ...el Estado, por exigencias del principio de solidaridad, ha de *velar* por el establecimiento de un equilibrio económico... LRE040203

B SUSTANTIVOS QUE DESIGNAN LA ACCIÓN DE PROTEGER O MANTENER UN ESTADO DE COSAS: **7 salvaguardia ++:** ...un crecimiento ecológicamente sostenible y *velando* por la salvaguardia frente a los nuevos riesgos... EPE050399 **8 mantenimiento ++:** Además, una junta administradora de agua de acueductos y varios comités de higiene y saneamiento *velarán* por su mantenimiento. ESH021100 **9 conservación ++:** ...el deber de *velar* por la conservación y rescate de los edificios antiguos... DYM040796 **10 cuidado ++:** ...la autoridad que *vela* por el cuidado y la seguridad de los niños de familias «difíciles» en Nueva York. EME280296 **11 protección +:** ...la Aldea Arthur Gough –entidad que *vela* por la protección de los menores en alto riesgo–... LNC171296 **12 contención:** Es el Ministerio de Sanidad quien tiene que *velar* por la contención de la epidemia. INDOC **13 defensa ++:** ...su único objetivo será «*velar* por la defensa de la competencia en beneficio de los ciudadanos y las empresas». LRE150103 **14 sostenimiento +:** ...los males que ahora afligen a los encargados de *velar* por el sostenimiento de las cabañas ganaderas... ENC280301 **15 observancia:** ...el general Ledesma señaló que debía *velar* por la estricta observancia de la disciplina, las leyes y el reglamento... ENC271100 **16 respeto:** De esta manera, *vela* por el respeto de la Constitución y asegura con su arbitraje el funcionamiento regular... EME180495

C SUSTANTIVOS QUE DENOTAN USO O INCREMENTO: **17 uso:** ...encomienda a los poderes públicos *velar* por el uso racional de los recursos naturales... EPE301201 **18 desarrollo:** ...para luchar contra la corrupción y *velar* por el desarrollo del pueblo. ESP010601 **19 ejercicio:** Lo cual implica *velar* por el ejercicio ético de cualquier oficio. LTB150197 **20 promoción:** ...los objetivos básicos de la asociación: *Velar* por la promoción de los novilleros... EPE160977 **21 crecimiento:** ...la distribución de los recursos económicos, la educación y *velar* por el crecimiento de sus hijos... EME201296

D SUSTANTIVOS QUE DENOTAN ORDEN, CONTROL O AUSENCIA DE PELIGROS, ALTERACIONES O CONTAMINACIONES: **22 orden +:** ...policías privados y homologados, encargados de *velar* por el orden y el cumplimiento de la ley en centros comerciales y de ocio. EPE121201 **23 control +:** ...la farmacovigilancia tendría que *velar* por el control de la eficacia de muchos productos aprobados hace ya varios años. EME120996 **24 seguridad +:** ...porque el encargado de *velar* por la seguridad pública es el Ministerio del Interior... LEC140597 **25 ortodoxia:** ...cuyo prefecto es el cardenal Joseph Ratzinger, encargado de *velar* por la ortodoxia de la Iglesia. LVE130695 **26 normalidad:** A pesar de la abrumadora presencia policial –unos 20.000 agentes *velaban* por la normalidad del proceso–... EME300596 **27 estabilidad:** ...pues su responsabilidad es *velar* por la estabilidad de la moneda. CAP200901 **28 tranquilidad:** ...sus cinco mil efectivos tendrán el reto de *velar* por la tranquilidad de los habitantes... ENV110497 **29 sosiego:** Supongo yo que habrá alguna norma municipal capaz de *velar* por el sosiego de los ciudadanos... EPE040799 **30 pureza:** Le está confiada *velar* por la pureza y propiedad de la lengua española. LPN130397 **31 limpieza:** ...si la actual ejecutiva, encargada de *velar* por la limpieza del proceso, no cumple con su obligación... LVE270495 **32 integridad:** ...una asociación cuya finalidad es *velar* por la integridad y pureza de la fiesta. EPD080597

E SUSTANTIVOS QUE DENOTAN AUSENCIA DE DIFERENCIA: **33 homogeneidad:** ...que por tanto el Estado debe *velar* por la homogeneidad de las carreras en todo el país. EME010394 **34 igualdad:** La Comisión del Mercado de las Telecomunicaciones, el órgano encargado de *velar* por la igualdad de oportunidades en el sector... EPE110599 **35 equidad:** ...la institución que en el sistema democrático español debe *velar* por la equidad fiscal y la persecución del fraude... EPE121101 **36 imparcialidad:** ...las Juntas Electorales deben *velar* por la imparcialidad en el proceso electoral. LVE280495 **37 equilibrio:** ...la responsabilidad de *velar* por el equilibrio de los precios. LVE100695 **38 neutralidad:** ...no es la prioridad del Consejo en este momento *velar* por la neutralidad de RTVE, sino aprobar su Plan Estratégico. EME100895

F SUSTANTIVOS QUE DESIGNAN OTRAS PROPIEDADES, MÁS FRECUENTEMENTE SI SE REFIEREN A LA CONDICIÓN DE AJUSTARSE LAS COSAS O LAS PERSONAS A LO QUE SE ESPERA DE ELLAS: **39 fiabilidad:** ...Xavier Bosch *velará* por la fiabilidad de la documentación aportada. EPE080999 **40 fluidez:** ...agentes de la Guardia Civil de Tráfico *velarán* por la fluidez y la seguridad de los viajes de regreso. EPE310899 **41 eficacia:** ...creyendo *velar* por la eficacia de la lucha antiterrorista... EME200895 **42 funcionalidad:** ...que *velará* por la funcionalidad técnica del vehículo y la preservación del medio ambiente. EXP010497 **43 vigencia:** A la mayoría no le importa *velar* por la vigencia de la Constitución y mucho menos el cumplimiento de la ley. ACP201000 **44 dignidad:** ...la responsabilidad de *velar* por la dignidad y salubridad del alojamiento de los trabajadores temporeros corresponda a los empresarios... EPE111299

[velocidad] → **a toda velocidad**

velocidad ♦ **adicto (a), aproximado[14], asombroso, constante, de crucero, desenfrenado, endiablado[2], enloquecido, escaso, excesivo, frenético, galopante[43], infernal[8], irregular, irresistible[43], máximo, medio, mínimo, punta, regular, sostenido, uniforme, vertiginoso[2]** ♦ **control (de), exceso (de), límite (de)** ♦ **alcanzar, aminorar[6], aumentar, bajar, calcular, coger, controlar, decrecer[74], dictar[14], disminuir, frenar, imprimir[20], llevar, mantener, perder, rebasar (algo), superar (algo)**

□ Véase también: **acelerar, a marchas forzadas, cadencia, compás, ligereza, rapidez, rápido, ritmo.**

VELOCIDAD
♦ (SUSTANTIVOS) Véase: **brusco[E], imprimir[D]**
♦ (VERBOS) Véase: **como alma que lleva el diablo[A]**
□ Véase también: MOVIMIENTO.

[vena] → **en vena**

vena ▮ *(vaso sanguíneo)* ♦ **abrir(se), chutarse (en), circular (por), correr (por), cortar(se), fluir (por), hinchar(se), obstaculizar, obstruir, obturar(se), seccionar**
▮ *(vertiente)* ♦ **artístico, cómico, creativo, fácil, irónico, lírico, popular, romántico, satírico**
□ Véase también: **arteria, fibra.**

vencedor ♦ **absoluto, auténtico, brillante, claro, destacado, flamante, futuro, imbatible, indiscutible, individual, indudable, insuperable, invicto, moral, probable, reconocido, seguro, virtual** ♦ **como, de** ♦ **aclamar, clarificar(se), considerar, coronar(se), dar (por), decidir(se), declarar(se), distinguir, enfrentar(se) (a), galardonar, honrar, ovacionar, premiar, proclamar(se), protagonizar (algo), recibir, reconocer (como), resultar, retar, salir, vitorear**
□ Véase también: **campeón, ganador.**

vencer *v.* ▮ En el sentido de 'derrotar', se combina con sustantivos que designan cualquier contrincante o adversario, frecuentemente personas u organizaciones *(vencer al enemigo, al equipo contrario, a un ejército, a la administración, a un partido político)*, pero también animales y fuerzas naturales o de otro tipo *(león, caimán, fuerza, presión, empuje, avalancha, huracán)*. Se combina asimismo con el sustantivo *muerte*, y con otros que denotan enfermedad, dolencia o adicción *(enfermedad, cáncer, hepatitis, droga)*. También se combina con...

A SUSTANTIVOS QUE DESIGNAN ESTADOS DE DIFICULTAD, ADVERSIDAD O CONTRARIEDAD EN DIVERSOS GRADOS: **1 dificultad ++:** ...la lucha estriba en *vencer* la dificultad para hallar unos volúmenes que faciliten su contemplación. LVE020396 **2 problema ++:** ...para encontrar un medicamento que sea más poderoso y pueda *vencer* el problema de la resistencia bacteriana. SEM061100 **3 obstáculo ++:** ...obreros, hombres y mujeres, *vencien-*

do toda clase de obstáculos, dan su trabajo y lo mejor de sí... VEN210899 **4 adversidad +:** Pero antes tendremos que *vencer* muchas adversidades, muchas presiones, muchas angustias... LVE050295 **5 crisis +:** ...es necesario que lleguemos a un acuerdo en el sentido de que se requiere el concurso de todos para *vencer* la crisis. HOY180385 **6 emergencia:** ...Ernesto Zedillo recordó que en el inicio de su gobierno dijo que «unidos *venceremos* la emergencia económica». DYM040996 **7 peligro +:** Los principales países industrializados (...) han conseguido *vencer* el peligro de la inflación... LVE110696 **8 riesgo:** Parafraseando al poeta Joan Maragall dio su receta para *vencer* este riesgo... LVE231295 **9 limitación:** Es la creación de un artista vocacional y fiel a sí mismo que supo *vencer* las limitaciones impuestas por su condición de invidente... EPE070799 **10 impedimento:** La evolución de la poesía vasca (...) necesitaba una radiografía exhaustiva que cubriera todos los frentes, y Hernández así la ha confeccionado *venciendo* impedimentos... EME220795 **11 inclemencia:** ...en la actualidad, por Tecate el tiempo de cruce se estima entre dos y tres días. Eso, si se logra *vencer* las inclemencias del tiempo y naturaleza. DYM010996 **12 vicisitud:** El Presidente boliviano Gonzalo Sánchez de Lozada, inaugurará este sábado (hoy), oficialmente, la Cumbre Hemisférica sobre Desarrollo Sostenible tras *vencer* una serie de vicisitudes... LTB071296

B SUSTANTIVOS QUE DESIGNAN DIVERSOS ESTADOS DE AFLICCIÓN: **13 dolor ++:** Nuestra mejor manera de «acompañar» es consiguiendo que el agonizante duerma porque ¿sabe? sólo el sueño es capaz de *vencer* el dolor y el miedo. LVE080796 **14 sufrimiento +:** ...la comunidad judía, que, al igual que el autor de esta obra, ha tenido que *vencer* el sufrimiento con el coraje. ABC071094 **15 malestar:** Será la primera vez que dos grupos parlamentarios –y tal vez tres, si finalmente el Gobierno *vence* el malestar y las reticencias del PNV– suscriben una única resolución al final del debate... LVE020295 **16 tristeza:** Acompañado es más fácil *vencer* a la tristeza y al dolor. EME151195 **17 amargura:** Pero al final su coraje ha *vencido* a su amargura. EME110494

C SUSTANTIVOS QUE DESIGNAN DIVERSOS LANCES, PRUEBAS Y CIRCUNSTANCIAS QUE SE CONSIDERAN DIFÍCILES, PELIGROSAS O AMENAZANTES: **18 reto ++:** ...se toparon con un hombre animado y «en plena forma», metido hasta el fondo en el papel de candidato y, por tanto, con ganas de *vencer* de nuevo el reto de las elecciones. LVE241295 **19 prueba +:** ...con su inquebrantable optimismo está convencido de *vencer* la prueba electoral de abril... LVE060495 **20 desafío:** Toynbee sostiene que la civilización se logra allí donde se *vence* un gran desafío. CAP031096 **21 examen –:** Los estudiantes que *vencen* los exámenes de ingreso directo o de convalidación, según el rector de la UMSS, no pasan de 800... LTB150297

D EL SUSTANTIVO *RESISTENCIA* Y OTROS QUE DESIGNAN DIVERSAS FORMAS DE PROTECCIÓN, ACTIVA O PASIVA: **22 resistencia ++:** Vencimos la resistencia argumentando lo que ambas partes han señalado siempre como objetivo central de sus demandas: la paz justa y digna. PME131096 **23 oposición +:** ...el ex Alcalde podría tener fuerza suficiente para *vencer* la oposición del Secretario General. ENV121296 **24 defensa:** Cuando un ácaro se propone alimentarse de la sangre de un mamífero lo primero que hace es *vencer* las defensas del animal inyectando su propia saliva... EME190594 **25 protección:** No resultaba fácil idear una forma de *vencer* la protección de la cámara acorazada. INDOC **26 blindaje –:** ...no descansarán en su saqueo internacional hasta que alguien encuentre la forma de *vencer* «el blindaje» de sus monumentales naves de guerrera que son los bancos. DYM010996

E SUSTANTIVOS QUE DESIGNAN ALGUNAS CUALIDADES DE LAS PERSONAS, RELATIVAS GENERALMENTE A SU CARÁCTER, SU VIGOR O SU ACTITUD EMOCIONAL: **27 voluntad +:** La abdicación en favor del príncipe, de seis meses de edad, era una mera fórmula para *vencer* la voluntad de Faruk... EME230696 **28 temperamento:** El siguiente paso de Otto fue *vencer* una vez más su temperamento depresivo... CAP091097 **29 corazón:** ...quiero valerme de todas mis mañas para *vencer*, abatir y turbar esos corazones bárbaros y duros que son enemigos nuestros... LVE100795 **30 rebeldía:** De a poco *venció* a su rebeldía y se animó a retornar adonde sus padres, cual hijo pródigo. BYN261097

F SUSTANTIVOS QUE DENOTAN TENDENCIA O ACTITUD PROCLIVE A ALGO, ASÍ COMO LA VOLUNTAD MISMA DE CONSEGUIRLO: **31 tentación ++:** Los partidos, por tanto, deben *vencer* la tentación de tratar de influir en el Consejo, una vez nombrados sus integrantes. LVE220796 **32 pasión:** «Es muy difícil *vencer* a la pasión en esta vida, sea la época que sea», dice Verdú. FDV180601 **33 impulso +:** Soy un enfermo, necesito cura y solo no puedo hacerlo. No logro *vencer* los impulsos. ENH100297 **34 tendencia:** Hay algunas excepciones sí, que quieren *vencer* la tendencia al desaliento y la indiferencia... LTB230197 **35 deseo +:** Pero la pregunta es si su escaso sentido de autorreflexión puede *vencer* sus deseos de venganza y hacerle recapacitar... LVE261195 **36 ansia:** ...ha descubierto que un medicamento denominado bromocriptina ayuda a algunos alcohólicos a *vencer* el ansia, y a evitar la recaída... EME130495 **37 gana +:** Lo intento, pero no puedo *vencer* las ganas de fumar. INDOC

G SUSTANTIVOS QUE DENOTAN ACTITUD O COMPORTAMIENTO ARRAIGADO, Y REGULADO A MENUDO POR LA NORMA O LA COSTUMBRE: **38 prejuicio ++:** Tendrá que *vencer* algunos prejuicios instalados en la prensa americana. EPE011001 **39 inercia +:** Maragall, pues, no sólo debe vencer a Pujol; debe *vencer* una poderosa inercia que hace casi impensable a Cataluña sin Pujol... EPE091099 **40 tabú +:** Quería hablar de la mujer partida en dos, cuerpo y mente, de la mujer que se supone a sí misma, de lo que significa para ella el tabú y *vencer* ese tabú. EPE290699 **41 hábito +:** ...hábitos fuertemente arraigados en nuestra sociedad que resultan muy difícil *vencer*. INDOC **42 tradición:** El autor ha *vencido* las tradiciones y constricciones del género literario. INDOC **43 moral:** Él publica un artículo en un diario en el que recoge su idea de que hay que *vencer* la moral de la derecha... EME240294 **44 costumbre:** Apenas sobreviven referencias en ciudades como Córdoba o Granada, donde la sustitución oficial todavía no ha *vencido* a la costumbre. EPE040299

H SUSTANTIVOS QUE DENOTAN FALTA DE FUERZA O ENERGÍA: **45 cansancio +:** Venciendo el cansancio descienden del coche, vuelven a colocarse guantes y máscara... EPE231101 **46 fatiga:** Hay que *vencer* la fatiga, pues esta lucha es de a ver quien se rinde primero. DLA120597 **47 agotamiento:** Anfetaminas. Fueron muy utilizadas en las guerras europeas para *vencer* el agotamiento de la tropa. EME060494 **48 debilidad:** El presidente catalán obsequió a Rafael Caldera con una estatuilla de Sant Jordi, subrayando que simboliza la voluntad de *vencer* nuestras propias debilidades. LVE270996

I SUSTANTIVOS QUE DENOTAN SOSPECHA O FALTA DE CONFIANZA, SEGURIDAD O CERTEZA: **49 desconfianza +:** ¿Cómo se *vence* la desconfianza ante el Estado y la policía? ENV021000 **50 reticencia +:** A lo mejor se *vencen* las reticencias seculares a no afrontar los problemas de encaje territorial de Cataluña y otras comunidades en España. LVE220396 **51 duda ++:** ...han conseguido *vencer* las dudas que albergaba el presidente vasco sobre el carácter de la apuesta política de EH. EPE180599 **52 recelo:** Maragall tuvo que *vencer* ciertos recelos y empezar a labrarse un carisma desde cero. LVE251196 **53 reparo:** Se trataba de *vencer* los reparos de la oposición, debidos fundamentalmente al alto costo del proceso de destrucción. EPD011197 **54 reserva:** Cuando *vencí* la reserva de mi amiguita y finalmente visité la casa de inquilinato, comprendí sus reticencias. ABC041194 **55 escrúpulo:** ...aducía doctrinas erróneas para justificar su conducta y *vencer* los escrúpulos del penitente... ABC210495 **56 incredulidad:** Hay un optimismo sobre la visualidad mayor, tema en el que personalmente espero la confirmación para *vencer* mi irreprimible incredulidad. ABC310192 **57 escepticismo:** Es de esperar que esta apertura hacia la comunidad científica logre *vencer* el escepticismo reinante en el sector... CLA070397 **58 abstencionismo –:** ...exhortaron a la población a ejercer su derecho para *vencer* el fuerte abstencionismo que históricamente se ha registrado en esta entidad. EXC091196

J SUSTANTIVOS QUE DESIGNAN EL MIEDO Y DIVERSAS FORMAS DE TURBACIÓN O APRENSIÓN: **59 temor +:** Tras *vencer* sus temores, esperó a que éste abandonara las dependencias y presentó la denuncia. EME220294 **60 miedo +:** Sí, ¿Pero cómo *vencer* el miedo cuando es mayor que el deseo? EME240694 **61 fantasma:** La tesitura no era otra que *vencer* los fantasmas del pasado... LVE230694 **62 fobia:** A sus 40 años, el más célebre cineasta danés (...) no consiguió *vencer* sus fobias para ir a presentar su película a Francia. EME080696 **63 horror:** ...mantiene la lucidez en un mundo demente y debe *vencer* su horror ante las constantes tragedias que ve. EME150696 **64 pánico:** Pero están entrenados para *vencer* el pánico, incluso cuando falta el oxígeno. EME041195

K SUSTANTIVOS QUE DENOTAN RETRAIMIENTO O RECATO: **65 timidez +:** ¡Uff! Al final *vencí* mi timidez, eres una mujer excepcional e incluso me da miedo perder tu amistad por esto, pero tenía que decírtelo y perdón por todo. EME250594 **66 vergüenza:** ...obligándome a ingerir licor para *vencer* la vergüenza y la timidez. EPE091101 **67 pudor:** Estas líneas poseían ya una intención didáctica y acusatoria; *vencieron* el pudor de ser leídas, pero no el interés de los demás... EME210996

L OTROS SUSTANTIVOS; POSIBLES USOS ESTILÍSTICOS: Clint Eastwood, un «Quijote» que *venció* los «molinos comerciales» de Hollywood. DYM230796; A Juan Carlos I, el tiempo le empieza a *vencer* la anatomía. EXC091196

▌ En el sentido de ‘expirar’ o ‘caducar’ acepta generalmente como sujetos...

M SUSTANTIVOS QUE DENOTAN PLAZO, SU FINAL O SU DURACIÓN: **68 plazo ++:** En diez días *vence* el plazo para presentar en la Justicia catamarqueña frentes electorales. CLA150199 **69 período ++:** ...en el Instituto Nacional de Fomento Municipal –INFOM–, en donde los líderes sindicales fueron cesados al *vencer* el período de vigencia del pacto colectivo... LHG100697 **70 término ++:** El sumario se encuentra en su despacho para la calificación correspondiente desde el pasado 6 de noviembre y en estos días se le *vence* el término para hacerlo. ETC011287 **71 ultimátum +:** Hoy *vence* el ultimátum a los últimos de Grozni. EPE111299 **72 vigencia:** «De lo contrario, –agregó– se nos *vencía* la vigencia fiscal y nos castigarían con un recorte de presupuesto en el 98». EPC160198

N OTROS SUSTANTIVOS TEMPORALES: **73 fecha ++:** Ni qué hablar el año próximo en que *vence* la fecha para que se consume el «cierre» europeo... ECA130792 **74 día:** «Sin embargo, el martes pasado nos envió otra orden a cinco días, que a esa altura ya habían *vencido*», explicó el gerente... CLA070397 **75 año:** ...la rendición de la obligación será luego de *vencidos* 10 años. CAP200397 **76 lapso:** ...precisamente será en diciembre cuando se le *vencerá* el lapso de nueve meses que tienen todos los campeones de la AMB... EUV151096 **77 etapa:** ...una vez *vencida* esa etapa que las críticas Gilbert y Gubar llaman «ansiedad de autoría» (...) es hora de empezar a desmontar modelos literarios demasiado predecibles. ENH110198 **78 tiempo:** Se fijó como plazo la Feria del 94. *Venció* el tiempo, y hoy podemos saludar aquella propuesta, pactada en castellano por Anagrama, y elogiar el acierto... ABC060195

Ñ SUSTANTIVOS QUE DESIGNAN EL RESULTADO DE CONCEDER O AUTORIZAR ALGO, ASÍ COMO LOS DOCUMENTOS QUE LO ACREDITAN: **79 concesión +:** ...disponían que la Italo, al *vencer* su concesión, debía ser transferida sin cargo a la Ciudad de Buenos Aires... CLA220301 **80 permiso +:** Vencido el permiso no se les dará prórroga de permanencia en el territorio hondureño porque las leyes del país no lo permiten. LTH090797 **81 licencia +:** Pero a cambio nos quedamos con los activos de Robles Catedral cuando *venza* su licencia, dentro de 5 años. CLA240497 **82 cédula +:** ...el afiliado colorado tendrá que presentar en la mesa receptora de votos, además de su cédula *vencida*, su papeleta de afiliación... ACP110996 **83 documento:** Ese documento, *vencido* desde el 1º de junio de 1996, podría dejar a la empresa imposibilitada... HOY100397 **84 régimen:** Quieren una prórroga en el régimen automotor, que *vence* en diciembre, porque así... CLA280199

O SUSTANTIVOS QUE DENOTAN CONTRATO O ACUERDO, A MENUDO ESTABLECIDOS TRAS UNA NEGOCIACIÓN O UNA CONVOCATORIA: **85 contrato ++:** ¿Qué será de estos tres millones de trabajadores, al *vencer* sus contratos? LVE180395 **86 acuerdo +:** ...la flota española, que tuvo que volver a puerto el 1 de mayo pasado al *vencer* el acuerdo sectorial que se firmó en 1992. LVE261195 **87 convenio +:** ...desde ahora hasta diciembre de 1999, cuando *vence* el convenio. EPD300597 **88 matrícula +:** La matrícula inicia el 15 de julio y *vence* el 15 de octubre... LTH110797 **89 inscripción:** La inscripción *vencerá* el jueves 24 del corriente. LNP160497 **90 vínculo:** El vínculo con el DT *vence* en febrero y se pidió renovarlo hasta el final de la Libertadores 2002 (termina en junio). CLA200601 **91 pase –:** Caniggia presiona para quedarse con su pase (*vence* en junio). CLA040199

P SUSTANTIVOS QUE DESIGNAN EL EFECTO O EL RESULTADO DE COMPROMISOS Y OBLIGACIONES, GENERALMENTE CONTRACTUALES: **92** **deuda** +: ¿No es más rentable esperar a que se *venza* la deuda y ahorrarse este dinero? ESP100701 **93** **crédito** +: Vencidos los créditos, el equipo de Conde trató de evitar la provisión correspondiente... LVE091295 **94** **préstamo** ++: El 25 de septiembre del 2004 *vence* un préstamo por valor de 217 millones de francos franceses... EME180795 **95** **pagaré** +: El mes próximo *vencen* los pagarés entregados en su día a Juanan Morales y Mike Smith... LVE170396 **96** **pago** +: El pasado día 10 *venció* el pago aplazado de numerosas facturas, que no pudieron ser satisfechas por falta de liquidez. EME171095 **97** **interés**: El acuerdo establece que los intereses *vencidos* serán pagados en un plazo de cinco años, a partir del 1 de octubre próximo... EPE020687 **98** **obligación**: Bonos y obligaciones que *venzan* en 18 meses podrán canjearse por nuevas emisiones. LVE240695 **99** **emisión**: En 1996, en concreto, *vencen* dos emisiones de bonos a tres años... LVE240695 **100** **acreencia** –: Dentro de las acciones se encuentra la emisión de Alemania, refinanciamiento concertado a mediano plazo del 70% de las acreencias por *vencer* en 1996... ENV270696

Q SUSTANTIVOS CUANTITATIVOS QUE DESIGNAN PARTICIPACIÓN EN ALGÚN CAPITAL, CANTIDAD QUE DEBE SER SATISFECHA Y OTRAS MAGNITUDES ECONÓMICAS PROPIAS DE LA ACTIVIDAD COMERCIAL O BANCARIA: **101** **cuota** +: ...unos 17.000 agricultores que tienen cuotas de pago *vencidas* en los bancos estatales y corren peligro de que sus bienes sean rematados. DLA160497 **102** **cartera**: Dijo que la cartera *vencida* en julio bajó un 4 en comparación con la del mes anterior... DYM040996 **103** **bono**: ...el próximo día quince *vencen* bonos del Estado por valor de 807.042 billones de pesetas. EME100394 **104** **póliza** +: «De ese universo, algunos fueron falsificados, otros andan con pólizas *vencidas*», subrayó el funcionario... ESH280297 **105** **letra** +: ...según iban *venciendo* las letras del tesoro y bonos, fluían grandes cantidades de capital a la renta variable... EME060294 **106** **título**: La adjudicación de títulos, además, fue elevada, con lo que el Tesoro aumenta fuertemente su liquidez para hacer frente al pago de los títulos que *vencen*. EME090295 **107** **capital**: Por esta razón no se pagan impuestos y se refinancia hasta 50.000 pesos del capital *vencido*, más el monto de la renta y comisión. LNP190297 **108** **boleta**: Este mes *vencen* las boletas de Aguas Argentinas con un aumento promedio del 36. CLA210199 **109** **tarifa**: Nazín Alemany, consideró ayer prematuro el inicio de un diálogo con el sector sindical para abocarse a revisar las tarifas de salarios mínimos existentes en el sector privado, las cuales *vencen* en mayo próximo. LDD040397 **110** **cupón** –: Los cupones de 6 7/8 de Waste Management *vencen* en el año 2009... EXC200700

R SUSTANTIVOS QUE DESIGNAN LA FACULTAD DE GOBIERNO O DE CONTROL SOBRE ALGO, ASÍ COMO ALGUNAS DISPOSICIONES QUE EMANAN DE ELLA: **111** **mandato** ++: Ayer *venció* el mandato de tres años de nueve miembros del Patronato del Museo del Prado... EME031196 **112** **ley** +: Sustituirá a la ley vigente que *vence* en diciembre de este año. END231097 **113** **facultad**: El pedido de prórroga de las facultades legislativas que se *vencían* el 28 tienen algo que ver... CAP031096 **114** **monopolio**: ...desde fines de 1995, cuando *venció* el monopolio de Aerolíneas Argentinas privatizada, hay muchas empresas nuevas... LNP040297

S SUSTANTIVOS QUE DESIGNAN PRODUCTOS, GENERALMENTE PERECEDEROS: **115** **producto** +: Es frecuente, además, que se roben medicamentos al momento de eliminar los productos *vencidos*, ya que varios laboratorios se desentienden una vez entregan la droga vencida a un contratista... SEM091000 **116** **yogur** +: ...una gringa deslavada que tiene menos gusto que yogurt natural *vencido*. HOY201097 **117** **insecticida**: Por otro lado, la venta de insecticidas *vencidos* el año pasado fue criticado duramente por acopiadores y productores... ACP150996 **118** **medicina**: La Comisión de Libre Competencia y Asuntos del Consumidor, se han puesto las pilas, decomisando medicinas *vencidas* así como productos comestibles... ESP150897 **119** **tóxico** –: ...fue interpelado (...) por tráfico de rollos, deforestación y utilización de tóxicos *vencidos* el 3 de octubre... ACP191296

▩ Se combina también con: ♦ **abrumadoramente²**, **a domicilio²**, **a duras penas¹¹**, **ajustadamente²**, **a lo grande¹¹**, **ampliamente**, **arrolladoramente²**, **a toda costa²⁵**, **claramente**, **cómodamente**, **con rotundidad⁴⁷**, **convincentemente³⁴**, **democráticamente²⁶**, **electoralmente**, **en toda la línea**, **espectacularmente**, **holgadamente⁷**, **inobjetablemente**, **limpiamente²**, **militarmente**, **nítidamente⁴⁹**, **por escaso margen**, **por poco**, **por un margen considerable**, **rotundamente²⁹**, **sin lugar a dudas**, **sobradamente**

☐ Véase también: **arrasar**, **derrotar**, **ganar**, **triunfar**.

vendaval

vendaval ♦ **fuerte**, **incontenible**, **intenso** ♦ **acechar**, **amainar²**, **amenazar**, **arreciar**, **calmar(se)**, **cesar**, **desatar(se)¹**, **desencadenar(se)**, **levantarse**, **parar**

☐ Véase también: **borrasca**, **lluvia (de)**, **tempestad**, **temporal**, **tormenta (de)**.

vendedor

vendedor ♦ **a domicilio⁴⁹**, **ambulante**

vender

vender ♦ **abusivamente⁸**, **a crédito⁴**, **a destajo²⁵**, **a domicilio¹⁰**, **a granel¹¹**, **a la baja²²**, **al alza**, **al contado**, **al detalle**, **al peso**, **al por mayor**, **a mansalva**, **a ojo**, **a peso de oro**, **a plazos⁶**, **a su justo precio**, **a toda costa**, **ávidamente²³**, **barato**, **caro**, **como churros**, **como rosquillas¹**, **de lo lindo**, **de {primera/segunda} mano**, **en exclusiva**, **en oferta**, **en su justo precio**, **ventajosamente¹⁴**

☐ Véase también: **comprar**, **expender**.

veneno

veneno ♦ **aletargante**, **cargado (de)**, **contundente**, **destructivo**, **dulce**, **expeditivo**, **fatal**, **fatídico**, **fulminante**, **funesto**, **infalible**, **inocuo**, **inofensivo**, **letal**, **mortal**, **mortífero**, **paralizante**, **placentero**, **poderoso**, **potencial**, **potente**, **puro**, **tóxico** ♦ **antídoto (de)**, **dosis (de)**, **efecto (de)**, **gota (de)** ♦ **absorber**, **administrar**, **analizar**, **beber**, **consumir**, **contener**, **contrarrestar**, **destilar**, **dosificar**, **impregnar (de)**, **ingerir**, **inocular**, **inyectar**, **meter (a alguien)**, **neutralizar**, **probar**, **propagar(se)**, **proporcionar**, **soltar**, **tomar**, **tragar**, **verter**

veneración

veneración ♦ **objeto (de)⁵** ♦ **dar**, **despertar**, **dispensar**, **ganarse**, **gozar (de)**, **granjearse**, **ma-**

nifestar, profesar[52], rendir, sentir[19], suscitar, tributar[16]

☐ Véase también: **adulación, aprecio, culto, estima.**

venéreo *adj.* ▌ Se combina con sustantivos que denotan enfermedad *(enfermedad, infección, mal).* También se combina con...

A SUSTANTIVOS QUE DENOTAN CAUSA, PROCEDENCIA O RELACIÓN: **1 vía +:** ...un virus conocido como el «papiloma humano», cuya infección se produce por vía *venérea.* EME230895 **2 origen:** El padre pensó que tenían origen *venéreo.* EPE020977 **3 trato:** ...se centra irremediablemente en los más obvios prolegómenos del trato *venéreo.* EPE070799 **4 contacto:** Propagada por contacto *venéreo,* produce unas ulceraciones de los órganos genitales... EPE190599

B SUSTANTIVOS QUE DESIGNAN EL PLACER, EL DESEO, ASÍ COMO OTRAS NOCIONES FRECUENTEMENTE RELACIONADAS CON ESOS CONCEPTOS: **5 deleite −:** «Apetito desordenado de deleites *venéreos*». EME180695 **6 placer −:** ...que persigue menos el placer *venéreo* que la afirmación de su masculinidad... EME070594 **7 excitación −:** ...expuesta a la sisa y a la excitación *venérea* de los aspirantes. EPE040199 **8 pulsión −:** Cumplimentaba el seráfico Grant sus pulsiones *venéreas* en el coche con una pulposa prójima... LVE020795 **9 apetito −:** ...la humanidad quedó atrapada en una cultura carnal dominada por los apetitos *venéreos*... EME090196 **10 obsesión −:** ...el niño necesita ser protegido de las obsesiones *venéreas* de su padre... EPE291099 **11 regodeo −:** ...para que el temor a lo que uno pueda coger no altere los regodeos *venéreos.* LVE250795

C OTROS SUSTANTIVOS; POSIBLES USOS ESTILÍSTICOS: A veces, la mano izquierda y la derecha no se ponen de acuerdo en una actuación *venérea,* por ejemplo... EPE171299; Espejos y otros adminículos multiplican el goce y «todos los matices de su gimnástica *venérea*». ABC030993; Aunque el paseo ha dejado de ser el santuario del culto *venéreo* peripatético y transexual que fue durante un tiempo... EPE070699

venganza ♦ **atroz, calculado, cruel, descarnado, deseoso (de), despiadado, en frío[34], eterno, implacable[25], insaciable, sediento (de)** ♦ **acto (de), ánimo (de)[5], deseo (de), espíritu (de), sed (de)** ♦ **alentar, dar rienda suelta (a), fraguar(se)[43], jurar[22], llevar a cabo, madurar, maquinar, paladear, pedir, planear, saborear[22], tomar(se), tramar, urdir[18]**

☐ Véase también: **hostilidad, vengar, violencia.**

vengar ♦ **agravio, castigo, daño, decisión, derrota, honor, injuria, insulto, maniobra, ofensa, perjuicio, traición**

vengativo ♦ **actitud, carácter, persona, temperamento**

venial *adj.* ▌ Se combina con...

A SUSTANTIVOS QUE DESIGNAN ACTOS O COMPORTAMIENTOS QUE SON CONSIDERADOS REPROBABLES, GENERALMENTE PORQUE TRANSGREDEN CIERTOS CÓDIGOS MORALES O ÉTICOS, O PORQUE SE APARTAN DE LO QUE SE CONSIDERA CORRECTO O ADECUADO: **1 pecado ++:** Tal como si el comunismo fuese pecado *venial.* DLA280297 **2 mentira:** Pero todas ésas son mentiras *veniales,* las mentiras mortales de septiembre siguen, un suponer, por la parte de Bosnia. EME050995 **3 ligereza:** ...redujo toda la experiencia a la ligereza *venial* de ese diminutivo... EME240895 **4 maldad:** ...aquellas maldades *veniales* que yo urdí contra ellos y ellas, incluso contra mí mismo, se volvieron melifluas... EPE280799 **5 debilidad:** Todos los sentimientos son menores, todas las debilidades *veniales.* ABC220193 **6 insulto −:** Fueron recibidas entre pitos, abucheos y algún que otro insulto *venial* por el retraso... LVE151296 **7 atrevimiento −:** ...me impulsan a incurrir en este *venial* atrevimiento por el que pido de antemano excusas... LVE150896 **8 licencia −:** Advierte que ha incurrido en algunas «licencias *veniales*» y precisa que los diálogos recreados aparecen impresos en cursiva para advertir al lector. EME160595 **9 superchería −:** ...aun reconociendo sus supercherías, no siempre *veniales*... ABC201192

B SUSTANTIVOS QUE DENOTAN FALLO O EQUIVOCACIÓN: **10 error:** «El último secuestrado de ETA», dijo una señora (Clos-Delclaux: bah, error *venial*: yo le habría dado los veinte duros). LVE071296 **11 lapsus:** Se trata, sin embargo, de «lapsus» *veniales* fácilmente subsanables... ABC160994 **12 traspiés −:** ...se aíslan, se ponen en su sitio y, sobre todo, ponen en su sitio a quien ha dado el *venial* y patoso traspiés. EME161195

C OTROS SUSTANTIVOS; POSIBLES USOS ESTILÍSTICOS: ...es un tema sencillo, inscrito en esa floricultura *venial* que suelen llamar romanticismo... EPE010380; ...como la chica de Tahití, toca la caracola, suelta una melodía amortiguada y *venial,* riza suavemente su mensaje... EME070995; Y es que la televisión americana, tan *venial* con la sangre, la tiene tomada con los «tacos». EME010396

☐ Véase también: **inapreciable, insignificante, irrisorio, nimio.**

venir ♦ **acompañado, alfabetizado, cargado, completo, condimentado, crudo, dispuesto, distribuido, envuelto, exigido, incompleto, limpio, lleno, ordenado, pedido, preparado, presentado, repleto, seguido, servido, troceado** ♦ **a cara descubierta[12], a contrapelo[4], a hurtadillas[8], al pelo, a mansalva, a medida[33], a toda máquina[9], a todo tren[11], bárbaro[5], bien, de camino, de herencia, de incógnito[4], de tiros largos, en ayuda (de alguien), en oleadas, en son de guerra, en son de paz[1], en tropel, expresamente, mal, regular**

☐ Véase también: **origen, proceder, provenir, venir (a alguien), venir de lejos, venir (en), venirse abajo.**

venir (a alguien) ♦ **ancho, corto, enorme, estrecho, grande, largo, pequeño, perfecto, pintiparado** ♦ **bien, de perlas, estupendamente, extraordinariamente, magníficamente, mal, perfectamente, regular**

☐ Véase también: **venir.**

venir (con) ♦ **cuento, embuste, estupidez, excusa, historia, lloro, malos modos, mentira, monserga, protesta, queja, remilgo, rodeo, sermón, tontería**

☐ Véase también: **andarse (con).**

venir de lejos *v.* ▮ Se combina con muy diversos sustantivos *(asunto, cosa, historia, situación)*, pero especialmente con...

A SUSTANTIVOS QUE DENOTAN SITUACIÓN CONFLICTIVA O CONTROVERTIDA: **1** **problema ++:** Los problemas para Óscar *vienen de lejos...* CAN070599 **2** **crisis +:** Pero difícilmente cerrará una crisis que *viene de lejos.* EPE300399 **3** **escándalo +:** Los escándalos que ha habido (...) *vienen de lejos.* EME221096 **4** **tragedia:** Que el humor se arrime tanto a la tragedia *viene de lejos.* LVE010895 **5** **mal:** Los males *vienen de lejos.* ENC251200

B SUSTANTIVOS QUE DENOTAN DISCREPANCIA ENTRE DOS O MÁS PARTES: **6** **enfrentamiento +:** Y es que el enfrentamiento del párroco con las ediles *viene de lejos...* EPE080299 **7** **polémica +:** ...ha avivado una polémica que *viene de lejos.* EPE140299 **8** **discrepancia +:** Las discrepancias (...) con el consejo (...) *vienen de lejos.* EME211196 **9** **discusión:** Hay una discusión que *viene de lejos*, sobre si un ingeniero ha de ser generalista o especialista. LVE140494 **10** **desencuentro:** Viene de lejos el desencuentro entre una empresa periodística... LVE301296 **11** **controversia:** La controversia *viene de lejos* y todos estos años ha habido infinidad de fricciones... GIC031197

C SUSTANTIVOS QUE DESIGNAN LA INTENCIÓN DE HACER ALGO, ASÍ COMO ALGUNOS DE LOS MEDIOS O LOS RECURSOS CON LOS QUE SE PLANEA: **12** **deseo:** Venía de lejos el deseo de aunar esfuerzos... ABC131291 **13** **proyecto:** Para algunos magistrados, su proyecto político *viene de lejos.* LVE060195 **14** **propósito:** ...el propósito *viene de lejos* y, aunque se vio inesperadamente abortado... LVE080195 **15** **estrategia:** Es fruto de una estrategia que *viene de lejos.* LVE170296

D SUSTANTIVOS QUE DENOTAN VÍNCULO AFECTIVO: **16** **relación +:** La relación de este escritor (...) con James Joyce *viene de lejos...* EME220496 **17** **amistad +:** Mi amistad con Vargas Llosa *viene de lejos...* ABC010794 **18** **amor:** Ese amor, *viene de lejos.* EME140394

☐ Véase también: **venir**.

venir (en) *v.* ▮ Seguido de formas verbales en infinitivo se combina con...

A VERBOS DE DENOMINACIÓN: **1** **llamar +:** ...son un rasgo fundamental de lo que se ha *venido* en llamar el «posmodernismo»... LTB040397 **2** **denominar +:** Ambos casos son un claro exponente de lo que Forster *vino* en denominar «round character». ABC151093 **3** **bautizar:** Una firma del sector ideó la que se ha *venido* en bautizar como fórmula mágica para alcanzar un doble objetivo... EPE081299 **4** **nombrar +:** Vengo en nombrar a mi único hijo heredero universal de mis bienes. INDOC

B VERBOS QUE DESIGNAN DISPOSICIONES OFICIALES, MÁS FRECUENTEMENTE LA CONCESIÓN DE ALGÚN BENEFICIO: **5** **disponer +:** ...firmado por Fernando García Rubio, jefe de la sección de Tramitación del Departamento de Disciplina Urbanística, indica: «...*vengo* en disponer se requiera al denunciado para que... EME240594 **6** **otorgar:** La orden de Isabel la Católica que Su Majestad le *vino* a otorgar... INDOC **7** **conceder:** El Rey *vino* en concederle generosamente el indulto. INDOC **8** **indultar:** El real decreto dice textualmente: «*Vengo* en indultar a don Francisco...». LVG131200

C VERBOS QUE DENOTAN COINCIDENCIA: **9** **coincidir:** ...todas las personas que han declarado han *venido* en coincidir que «una operación de este tipo es difícil...». EME010696 **10** **estar de acuerdo:** Después de que casi llegan a las manos, *vinieron* en estar de acuerdo en que un buen vino y un buen jamón lo arreglan todo. INDOC **11** **hacer la misma política:** ...lo mismo pueden votar PP o PSOE. Ambos han *venido* en hacer la misma política... EME290595

D ALGUNOS VERBOS DE PENSAMIENTO Y LENGUA. USO INFRECUENTE: **12** **pensar −:** Vengo en pensar en estas Navidades, ¡felicidades a todos, por cierto!, que nos quejamos porque queremos. ABC241293 **13** **sospechar −:** ...acaso no resida en la fácil adquisición de armas solamente, como se ha *venido* en sospechar... EDV270499 **14** **decir −:** La justicia debe ser rápida, se ha *venido* en decir y prometer una y otra vez. LVE140895

E OTROS VERBOS; POSIBLES USOS ESTILÍSTICOS: ...el madrileño José de Eusebio (nacido en el año 1966), competente y preparado, que ha *venido* en ser últimamente conocido gracias a su trabajo como... LRE290103; ...de la estabilidad que la Alianza proporciona se benefician, como se ha *venido* en ver, propios y extraños. EME100194

☐ Véase también: **venir**.

venirse abajo *v.* ▮ En su sentido literal se combina con sustantivos que designan edificaciones o construcciones *(castillo, plaza, pabellón, tabique, casa)*. En su sentido figurado se combina con sustantivos de persona, individuales o colectivos *(En el segundo tiempo el equipo se vino abajo)*, y también con otros que designan organizaciones e instituciones *(Con una mala gestión la fábrica se viene abajo; Si queremos que la democracia no se venga abajo...)*. También se combina con...

A SUSTANTIVOS DE CARÁCTER PROSPECTIVO QUE DENOTAN ACTITUD FAVORABLE, GENERALMENTE HACIA LO QUE SE DESEA O LO QUE SE ESTIMA QUE PUEDE SUCEDER: **1** **ilusión ++:** La «gran ilusión» de una paz permanente se *vino abajo* en agosto de 1914 en Sarajevo. EPE280499 **2** **sueño ++:** Nuestro sueño se *vino abajo* en solo un segundo. INDOC **3** **esperanza +:** Las esperanzas españolas de colocar algún corredor entre los ocho primeros se *vinieron abajo...* LVE090895 **4** **confianza +:** Para febrero, la confianza se *vino abajo.* EME150595 **5** **expectativa:** Bastaron tan solo 45 minutos para que todas las expectativas se *vinieran abajo.* EPD290797 **6** **pretensión:** Sin embargo, tal pretensión se *vino abajo* cuando la dirección peneuvista «no les dejó gobernar»... EPE051099 **7** **propósito:** Toda la supuesta habilidad de los yanquis para el espectáculo, todo su supuesto talento para materializar y accionar el sentido de las cosas, o cuando menos su propósito, se *vino abajo...* EME190694 **8** **previsión −:** Mientras, podemos recuperar una previsión que se *vino abajo* con el anuncio del posible adelanto de las autonómicas. EPE160199

B SUSTANTIVOS QUE DENOTAN IDEA, PROYECTO O INTENCIÓN ORGANIZADA DE ACTUAR: **9** **plan ++:** Pero, finalmente, el plan se *vino abajo.* EME040995 **10** **proyecto +:** Desde entonces, todos los proyectos de relanzamiento se han *venido abajo.* EME230394 **11** **idea:** Hace nada que muchas ideas se han *venido abajo* de pronto; el marxismo, el psicoanálisis... EPE090280

C SUSTANTIVOS QUE DENOTAN ESTRUCTURA ORGANIZADA, MÁS FRECUENTEMENTE SI DICHA ORGANIZACIÓN SE CARACTERIZA POR SER COMPLEJA Y ARTIFICIAL: **12 trama +:** Es una cuestión de medida y precisión (...) para que la trama del inverosímil enredo no se *venga abajo.* EME190294 **13 entramado:** ...necesita mantener la concentración en todo momento para que el entramado no se *venga abajo.* EME230596 **14 montaje:** ...todo su montaje vital se *venía abajo* por un escándalo financiero no demasiado importante... EME031295 **15 tinglado:** ...todo el tinglado mental del torero prefabricado se *viene abajo.* EME100895

D SUSTANTIVOS QUE DENOTAN PAUTA O ESQUEMA TÁCTICO O TEÓRICO: **16 esquema +:** ...el esquema financiero acabará por *venirse abajo,* antes o después. LVE270895 **17 sistema:** Si fallan los controles humanos, el sistema se *viene abajo.* EME140395 **18 táctica:** En ellos la táctica de Parreira se *vino abajo* con un gol de rebote... EME200295 **19 teoría +:** Las viejas teorías del negocio crujen y amenazan con *venirse abajo.* EXC091196 **20 coartada +:** Pero unos días más tarde la coartada se *vino abajo,* cuando la mujer admitió entre sollozos que la historia era falsa... EME090895 **21 hipótesis +:** Tu hipótesis se *viene abajo* en cuanto la contrastes con otros datos. INDOC

E SUSTANTIVOS QUE DENOTAN ACTIVIDAD O DESIGNAN EL EMPEÑO PUESTO EN ELLA: **22 trabajo +:** Pero todo su trabajo se vino *abajo* en el momento más inoportuno. EME160496 **23 esfuerzo +:** Y ese esfuerzo diario, de muchos años, ¿no se *viene abajo* con sucesos como el de Chernóbil? EPD300697 **24 fuerza:** ...sus escasas fuerzas se *vinieron abajo.* EME190695

F SUSTANTIVOS QUE DENOTAN ADHESIÓN O COLABORACIÓN: **25 apoyo +:** ...todo este apoyo se *vino abajo* cuando a principios de los años sesenta la talidomida causó graves alteraciones en los fetos. EME130895 **26 cooperación:** La cooperación que nos prometieron se *vino abajo* y todo quedó en agua de borrajas. INDOC

G SUSTANTIVOS QUE DENOTAN PAUTA O EJEMPLO POR IMITAR: **27 modelo +:** Todo empezó cuando el admirado modelo sueco (...) se *vino abajo.* EME030396 **28 imagen:** Su inmaculada imagen, llena de cordialidad y amabilidad hacia las personas, se *ha venido abajo.* EME020896

H ALGUNOS SUSTANTIVOS QUE DENOTAN AUSENCIA DE CONFLICTO: **29 tregua:** ...advirtió que esta débil tregua se *vendrá abajo* sin ellos. LVE270294 **30 paz:** ...la paz se *vendría abajo,* la guerra resurgiría de entre sus cenizas y se reanudarían las masacres de inocentes. EME041295

▩ Se combina también con: ♦ **estrepitosamente[12], por completo[8]**

☐ Véase también: **derrumbar(se), desmembrar(se), desmoronar(se), venir.**

venta ♦ **a crédito[16], a destajo[34], a domicilio[29], a plazos[12], aproximado[55], cuantioso, directo, en exclusiva[45], en serie[35], fraudulento, ilegal, infructuoso, legal, por correo, por correspondencia, provechoso, puerta a puerta, redondo[17]** ♦ **agente (de), objeto (de)[92], oportunidad (de)** ♦ **acometer[4], agilizar[61], anular, apalabrar, canalizar[60], cancelar[13], concertar, consumar, cortar[34], decrecer[16], efectuar, fomentar, frustrar(se), lanzar, legalizar, negociar, propulsar[10], realizar, recortar, relanzar[18], rematar, sacar (a), salir (a)**

☐ Véase también: **alquiler, compra, subasta, vender.**

[ventaja] → **con ventaja**

ventaja ♦ **abismal[24], abrumador[13], abultado[33], acusado, ajustado, amplio, aplastante[11], apretado[29], claro, cómodo, considerable, desahogado[9], enorme, escaso, estrecho[9], exiguo[18], gran(de), holgado, ilusionante[29], inalcanzable[18], indudable, inigualable, innegable, insalvable[7], justo, máximo, mínimo, nítido, ostensible, patente, pequeño, pírrico[3], significativo, tranquilizador[20]** ♦ **con** ♦ **acarrear[55], acortar[4], actuar (con), aminorar[50], arañar[15], arrancar, arrogarse, arrojar[17], augurar[8], brindar[16], capitalizar[5], comportar, dar, derivar(se)[5], desvanecerse[59], difuminar(se)[13], dilapidar[7], disfrutar (de), dosificar[21], echar a perder, enjugar[14], esfumarse, esgrimir, estirar[11], estrechar[3], ganar, gozar (de), jugar (con), malgastar[19], mantener, ofrecer, perder, radicar (en), recortar, revertir (en)[2], revocar[43], sacar, sopesar[1], suponer, tener, tomar[43]**

☐ Véase también: **desventaja, diferencia.**

VENTAJA Véase: *DIFERENCIA; SEPARACIÓN*

VENTAJA

♦ (SUSTANTIVOS) Véase: **abolir[K], abusar (de)[E], abusivo[J], brindar[B], calibrar[F], capitalizar[A], conceder[F], gozar (de)[D], malgastar[C], precario[L]**

♦ (VERBOS) Véase: **ligeramente[C], notablemente[E]**

☐ Véase también: DIFERENCIA.

ventajista ♦ **actitud, argucia, estrategia, maniobra, operación**

ventajosamente *adv.* ▮ Se combina con...

A VERBOS QUE DENOTAN COMPARACIÓN: **1 comparar ++:** Ese poema (...) puede compararse *ventajosamente* con otro poema de Herman Hesse... ABC201095 **2 equiparar:** ...resultados que se equiparan *ventajosamente* a los obtenidos en otras convocatorias. INDOC

B VERBOS QUE DENOTAN COMPETICIÓN O CONFRONTACIÓN, A MENUDO DEPORTIVA, Y CON OTROS QUE DESIGNAN ALGUNOS DE SUS LANCES: **3 competir +:** ...quedaba (...) obligado a buscar anhelosamente mercados para (...) competir *ventajosamente...* EXC180197 **4 jugar +:** El conjunto juega *ventajosamente,* debido a su gran calidad. INDOC **5 rivalizar:** La diva tiene puños contundentes y afinada puntería, rivalizando *ventajosamente* con sus competidores masculinos. LVE170695 **6 defender −:** A Santillana no le propician el juego aéreo, único en el que se defiende *ventajosamente.* EPE111279 **7 resistir −:** Bastantes números del espectáculo (...) resisten *ventajosamente* las inevitables comparaciones... LVE060796

C ALGUNOS VERBOS QUE DESIGNAN LA ACCIÓN DE UTILIZAR ALGO: **8 utilizar:** ...las tarjetas de marca propia de los miembros crea un efecto de multiplicación que puede utilizarse *de manera ventajosa...* ENV010796 **9 aprovechar:** ...estaba aprovechando *ventajosamente* las exenciones de impuestos para la exportación... DLA110497

D VERBOS QUE DESIGNAN LA ACCIÓN DE REALIZAR PLANES O PROYECTOS, O LA DE PRESENTARLOS A LOS DEMÁS: **10 idear −:** ...cuajó una faena sabiamente medida pero ideada *ventajosamente* al hilo del pitón. EME070294 **11 proponer:** ...proponer *ventajosamente* el intercambio de nuestros productos en sus extensos mercados... EME030396

E VERBOS QUE DESIGNAN LA ACCIÓN DE OBTENER O CONSEGUIR ALGO. TAMBIÉN CON OTROS QUE DESIGNAN DIVERSAS ACTIVIDADES ECONÓMICAS O COMERCIALES: **12 adquirir:** ...había prestado dinero a un vecino de edad avanzada para que éste pudiera adquirir *de forma ventajosa* la casa en la que vivía... EME110194 **13 conseguir:** ...información y entretenimiento se consiguen (...) *ventajosamente* en los nuevos productos... EPE061099

E 14 vender +: ...los bancos podrán vender *ventajosamente* lo que acaban de comprar... EPD260797 **15 negociar:** ...se comprometieron a mantener la calma a fin de que (...) pudiera negociar, *ventajosamente*... EME260795 **16 producir:** ...cómo producir más con sostenibilidad y *ventajosamente*. LPN190697 **17 explotar –:** A fin de cuentas, también se trata de recursos políticos *ventajosamente* explotados... EPE030399

F VERBOS QUE DENOTAN MOVIMIENTO, ESPECIALMENTE AVANCE O PROGRESIÓN. SE EMPLEAN FRECUENTEMENTE EN SENTIDO FIGURADO: **18 llevar:** ...había terminado por adoptarla llevándola *ventajosamente* hasta sus últimas consecuencias en el congreso... EPE250700 **19 pasar:** ...debió pasar la dura prueba de la calidad (...). Y la pasó *ventajosamente*... HOY070181 **20 conducir:** ...la obra podía haber sido *ventajosamente* conducida por ese camino. ABC210292 **21 llegar:** ...podemos llegar a los consumidores *de forma ventajosa* y con muchos de los productos... EXC011196 **22 adelantar:** La partida no ha hecho más que empezar, y el rey ya tiene *ventajosamente* adelantados a sus peones. EME270596

G VERBOS QUE DENOTAN UBICACIÓN, ENTENDIDA GENERALMENTE EN SENTIDO FIGURADO: **23 situar:** ...nadie más legitimado para emitir valoraciones políticas que el Parlamento, situado *ventajosamente* para mediar en un conflicto... EME160996 **24 ubicar:** ...estaban *ventajosamente* ubicados en las casas próximas a la residencia del embajador. CAP160197 **25 localizar:** ...una empresa que hiciese estudios para localizar *ventajosamente* las vallas publicitarias. EPE081299

H ALGUNOS VERBOS QUE DENOTAN CAMBIO, SUSTITUCIÓN O ADAPTACIÓN: **26 cambiar:** ...con los cromos firmemente asidos en la mano, dipuestos a cambiarlos *ventajosamente* con la banda rival... EME210394 **27 reemplazar:** ...perecerán tanto sus cómplices como quienes podrían reemplazarle *ventajosamente*. EPE300499 **28 sustituir:** ...la perspectiva de la cura, de la inquietud, puede sustituir *ventajosamente* la de la responsabilidad... LVE100996

ventajoso *adj.* ▮ Se combina con...

A SUSTANTIVOS QUE DESIGNAN SITUACIONES Y CONDICIONES AMBIENTALES O PERSONALES: **1 situación ++:** ...sabe muy bien que tiene una situación *ventajosa* con el secuestro... ETC190597 **2 condición ++:** Las condiciones de Nicaragua en lo geográfico y comercial son más *ventajosas*. ENH150198 **3 posición ++:** ...el crimen y la violencia siempre estuvieron batiéndose –desde posición *ventajosa*– contra la inocencia... CLA111000 **4 estatus:** ...actúa con una lógica claramente comercial porque defiende su *ventajoso* status... EME191096 **5 circunstancia:** ...un cúmulo de circunstancias, quién sabe si *ventajosas* o adversas... EME030995

B SUSTANTIVOS QUE DENOTAN POSIBILIDAD: **6 opción:** ...proclama que la opción más *ventajosa* «no tiene por qué ser la más barata». EPE150199 **7 alternativa:** ...una alternativa *ventajosa* para los miles de marroquíes... EPE030899 **8 posibilidad:** La posibilidad más *ventajosa* para usted es la de firmar un contrato privado... EME131096 **9 oportunidad:** Se habían agotado las oportunidades más *ventajosas*. EME080194 **10 ocasión:** ...si los nervios no le acompañasen hasta en ocasiones tan *ventajosas* como la de ayer. EPE031201

C SUSTANTIVOS QUE DESIGNAN CANTIDADES ECONÓMICAS QUE SE PERCIBEN O SE DESEMBOLSAN: **11 precio ++:** ...la flota española los vende a precios muy *ventajosos* a otros países... EPE030877 **12 oferta +:** ...rechazando por timidez pompas y ofertas *ventajosas*... ABC061291 **13 crédito:** ...créditos *ventajosos* con un interés de entre el tres y el cinco por ciento... EME100795 **14 financiación:** ...los beneficios extraordinarios provenientes de la *ventajosa* financiación de sus proveedores... LVE091196 **15 inversión:** Este tipo de inversión, continuó explicando, resulta más *ventajosa*... PLG170997 **16 interés:** ...obtener un «interés medio» (...) más *ventajoso*. EPE021288 **17 fiscalidad:** Los fondos de pensiones (...) gozan de una fiscalidad *ventajosa*... LVE011295 **18 deducción:** ...deducciones por adquirir una vivienda más *ventajosas*... EPE110399 **19 sueldo:** ...se ofrecían sueldos mucho más *ventajosos*. EME040695 **20 jubilación –:** ...aplicando en muchos casos jubilaciones *ventajosas*. EME300995

D SUSTANTIVOS QUE DENOTAN ACCIÓN CONJUNTA O RECÍPROCA, O DESIGNAN ALGUNOS DE SUS RESULTADOS NATURALES. TAMBIÉN CON OTROS QUE DENOTAN UNIÓN ENTRE PERSONAS U ORGANIZACIONES, A VECES DE CARÁCTER COMERCIAL: **21 relación:** ...ha intentado sacar partido a su *ventajosa* relación con la música actual. LVE060796 **22 colaboración:** ...deseo de desarrollar la colaboración equitativa y mutuamente *ventajosa*... GIC090300 **23 alianza:** ...sería *ventajosa* esta alianza de cara a una mayor implantación de su formato... LVE010495 **24 fusión:** ...una fusión estratégica, oportuna, *ventajosa* para todos... EPE060399 **25 compromiso:** ...alcanzar un *ventajoso* compromiso sobre la financiación. EME260396 **26 acuerdo:** ...el acuerdo al que han llegado (...) con el Gobierno es menos *ventajoso*... EPE250999 **27 convenio:** ...al *ventajoso* convenio colectivo alcanzado con la Liga. EME040995 **28 trato:** ...para beneficiarse de un trato fiscal más *ventajoso*. EPE180699 **29 contrato:** ...obtener contratos *ventajosos* para familiares y amigos. EPE081199 **30 negocio:** Yo ofrezco un negocio más *ventajoso*... EME260396 **31 intercambio:** ...el intercambio *ventajoso* que el hombre busca en sus relaciones... LVE110395 **32 matrimonio:** ...repitieran su destino de origen humilde, matrimonio *ventajoso*, premios internacionales... ABC060392

E SUSTANTIVOS QUE DESIGNAN RECURSOS, ACTUACIONES, DETERMINACIONES, DIRECTRICES O MARCOS DE GOBIERNO O GESTIÓN: **33 medida:** ...medidas de reforma que aparentemente son *ventajosas*... EPE021199 **34 política:** ...políticas de descuento, poco claras, que finalmente no resultan tan *ventajosas*. EME110195 **35 plan:** En mi opinión, los planes de seguros de jubilación son más *ventajosos* que los fondos de pensiones... EME010494 **36 norma:** ...mantendrán hasta el final sus recursos contra las normas fiscales *ventajosas* del País Vasco. EME261096 **37 estatuto:** ...promulgó un estatuto *ventajoso* para la mujer.

EPE160700 **38 régimen:** Creo que el régimen de pasantías (...) es a veces más *ventajoso* que la parte académica. EUV230996 **39 sistema:** El sistema se ha revelado *ventajoso*, ya que motiva al telespectador... LVE181295

F SUSTANTIVOS QUE DENOTAN VARIACIÓN, TRANSFORMACIÓN O EVOLUCIÓN: **40 cambio +:** ...negociar en su propio interés un cambio *ventajoso* de su situación procesal. LVE200995 **41 reforma +:** ...la reforma agraria que plantea la UE es *ventajosa*... EPE270199 **42 reconversión +:** ...la denominada reconversión militar resulta *ventajosa* para numerosos militares... EPE020885 **43 desarrollo:** ...asegura como muy *ventajoso* el desarrollo de la colaboración económica... GIC060496 **44 novedad:** La nueva edición presenta dos novedades *ventajosas* respecto a las anteriores. LVE090296 **45 actualización –:** ...no se puede obviar el impacto que sobre tal actualización, claramente *ventajosa*, ejercía... EPE141101

G OTROS SUSTANTIVOS; POSIBLES USOS ESTILÍSTICOS: ...le quedan tics menos *ventajosos*... LVE180695; ...calificó la propuesta de permuta de «enredo *ventajoso*» para la Junta. EPE190299; ...gran variedad de divertidos y *ventajosos* juguetes educativos. ENV260700

ventana ♦ **al exterior, al futuro, al mundo** ♦ **abrir, asomarse (a/por), atrancar, cerrar, condenar, entornar, sellar**

ventilar ▮ *(airear)* ♦ **casa, habitación, local** ▮ *(despachar)* ♦ **asunto, caso, cuestión, disputa, oposición, problema, tema,** *otros sustantivos de lugar*

venturoso ♦ **año, día, momento, porvenir,** *otros sustantivos temporales*

ver ♦ **apropiado, cercano, claro, complicado, conveniente, difícil, fácil, imposible, imprescindible, lejano, necesario, negro, oscuro, posible, probable, prudente, sencillo** ♦ **a derechas, a grandes rasgos[29], a hurtadillas[3], a la legua[1], a las claras[10], al detalle[18], a lo lejos[1], a puerta cerrada, a simple vista, atentamente[9], cara a cara[2], claramente, con buenos ojos, con cautela[27], con claridad, con detalle[13], con {mis/tus/sus...} propios ojos, con reservas[18], con todo lujo de detalles[27], de cerca[1], de incógnito[25], de lejos, de pasada[17], de primera mano[2], de refilón[1], de reojo, de soslayo[4], detalladamente[46], en carne y hueso[6], en directo, en grandes líneas, en persona[9], en vivo y en directo, frente a frente[17], fugazmente[29], negativamente[10], ni en pantalla, ni por asomo[46], nítidamente[5], ni torta, ni tres en un burro, ni un alma, por encima**
☐ Véase también: **escrutar, mirar, observar.**

veracidad ♦ **dudoso, escaso, total** ♦ **ápice (de)[67]** ♦ **afirmar, atribuir, conceder, confirmar, corroborar[1], demostrar, juzgar, negar[5], percibir, poner en cuestión, poner en duda, poner en tela de juicio, probar**
☐ Véase también: **certeza, verdad, verosimilitud.**

verano ♦ **abrasador, achicharrante, adormecedor, ardiente, asfixiante, corto, largo, pasado, próximo, sofocante, tenue, tibio, tormentoso, tórrido** ♦ **a final(es) (de), a lo largo (de), a mediados (de), durante** ♦ **calor (de), campaña (de), época (de), horario (de), residencia (de), sopor (de), temporada (de), vacaciones (de), vuelta (de)** ♦ **agonizar, asomar, avanzar, despedir, despuntar, disfrutar (de), irrumpir, irse, llegar, pasar, recibir, terminarse, venir**
☐ Véase también: **invierno, otoño, primavera.**

verbalmente *adv.* ▮ Se combina con...

A VERBOS QUE DENOTAN EXPOSICIÓN O TRANSMISIÓN DE INFORMACIÓN: **1 comunicar ++:** Y lo que se comunica *verbalmente* no es más que la punta de un iceberg cuya superficie mayor está bajo el agua. HOY070181 **2 informar ++:** El magistrado informó *verbalmente* que rechazaba las pruebas propuestas por Bouzas... EPD110997 **3 transmitir ++:** ...aunque miembros relevantes del Gobierno pudieron transmitir, *verbalmente* y en privado, las preferencias del Ejecutivo por la calidad y solidez del proyecto barcelonés. LVE010795 **4 expresar ++:** Hasta el momento, lo único que ha hecho el Gobierno es expresar *verbalmente* su desacuerdo acerca de que el barco pase por sus aguas jurisdiccionales... EME030395 **5 manifestar ++:** ...recurren a su cuerpo y al tacto para expresar esa riqueza interior que no pueden manifestar *verbalmente* sino de forma muy limitada. ABC130195 **6 formular +:** En la posibilidad de formular *verbalmente* estas cosas radica el fundamento de la cultura humana. ABC311292 **7 plantear +:** ...y en junio cuando nos vemos en Río de Janeiro, lo plantean *verbalmente*, pero con carácter formal. EPE190999 **8 presentar +:** Julio Zamora, comisario de ciclismo, afirmó que los santanecos presentaron *verbalmente* el recurso... LNC130297 **9 tratar +:** ...quien recordó que ya en octubre había tratado *verbalmente* de estos casos con el Insalud. EPE210199 **10 declarar:** ...aunque ésta declaró *verbalmente* cuando fue requerida por la Consejería, todavía no ha remitido la documentación complementaria... LVE240996 **11 anunciar:** ...para anunciar *verbalmente* un cierre de filas en torno al Gobierno autonómico. EPE030800 **12 notificar:** Cuál fue mi sorpresa cuando el día 25 a las 2.45 horas, me notificó *verbalmente* mi jefe... EME050294

B VERBOS QUE DESIGNAN LA ACCIÓN DE ESTABLECER UN ACUERDO U OTRAS FORMAS DE OBLIGACIÓN CONTRAÍDA: **13 comprometer(se) ++:** El jugador ya se había comprometido *verbalmente* con el RCD Espanyol. LVE230696 **14 acordar ++:** La dirigencia sindical y la empresarial acordaron *verbalmente* que los gremios respectivos negociarán el convenio marco... CLA050397 **15 pactar ++:** ...se reunieron ayer (...) y pactaron *verbalmente* el acuerdo. LVE040295 **16 contratar ++:** ...ha sido condenada (...) por contratar *verbalmente* a la muchacha hasta noviembre de 1997. EPE050399 **17 prometer:** ...aseguraron no haber cobrado todo el dinero prometido *verbalmente* por el responsable... EME300394 **18 concertar:** ...concertando *verbalmente* el pago de 150.000 pesetas mensuales. EPE190699 **19 convenir:** ...llegó a convenir *verbalmente* la constitución de una sociedad mixta entre el Ayuntamiento y la Autoridad Portuaria... EPE181199 **20 apalabrar –:** Radomir Antic ha apalabrado *verbalmente* un año más con Jesús Gil para seguir dirigiendo al Atlético. EPD290497

C VERBOS QUE DESIGNAN ACCIONES DIRIGIDAS A OBTENER ALGO DE ALGUIEN, CON DISTINTOS GRADOS DE

AUTORIDAD O EXIGENCIA: **21 pedir +:** Los pidió *verbalmente* el 18 de octubre. PME140796 **22 solicitar +:** El cuerpo diplomático de este país solicitó *verbalmente* estas explicaciones al Ministerio de Asuntos Exteriores... EME170896 **23 ordenar +:** ...le ordenó *verbalmente* que entregara los 300 millones a (...) por los «servicios prestados a Banesto ante el Banco de España». EME070695 **24 requerir:** Cuando el interesado ha recibido los datos requeridos *de forma verbal,* el técnico que lo ha atendido lo deriva a un «stand» de información... EME240495 **25 encargar:** ...es encargar *verbalmente* la realización de las obras a quien le parece oportuno y a posteriori tramitar el expediente. EME120295

D VERBOS QUE DESIGNAN ACCIONES ENCAMINADAS A COACCIONAR, O CONDICIONAR EL COMPORTAMIENTO DE ALGUIEN. TAMBIÉN CON OTROS QUE DESIGNAN ACCIONES DIRIGIDAS A OBTENER UNA REACCIÓN, GENERALMENTE DANDO A ENTENDER QUE EL DESTINATARIO PUEDE RECIBIR UN DAÑO O UN CASTIGO: **26 amenazar ++:** Si un miembro de un determinado partido lanza piedras, amenaza *verbalmente* o con un arma de fuego a un simpatizante de otro partido, la policía actuará... ESH130297 **27 amonestar ++:** La escuela intervino apropiadamente y se amonestó *verbalmente* al supuesto agresor. EME061096 **28 avisar ++:** ...declaró ante Garzón que avisó *verbalmente* a su superior en los servicios secretos de la Defensa... EME231295 **29 advertir +:** La operadora ha advertido, por escrito y *verbalmente,* a sus usuarios de centralitas (...) que no podrán beneficiarse de las ventajas del sistema... EPE050399 **30 intimidar +:** Todo vale con tal de intimidar *verbalmente.* EME130396 **31 atemorizar:** ...obligándolos a borrar la pizarra con la lengua y atemorizándolos *verbalmente* con cortarles la cabeza... EPE300399 **32 disuadir:** Un trabajador intentó disuadir *verbalmente* a los atacantes de su intento de provocar destrozos en el taller. LVE101096 **33 desafiar:** El mérito del chileno fue plantársele de igual a igual, desafiarlo *verbalmente,* aguantarle hasta el último round... HOY281096 **34 retar:** Durante toda la semana, los integrantes de estos conjuntos se han estado retando *verbalmente...* LPN051097 **35 provocar:** Agrandado, le bajó la guardia exageradamente en el cuarto y lo provocó *verbalmente.* CLA180199

E VERBOS QUE DENOTAN ENFRENTAMIENTO, O DESIGNAN DIVERSAS FORMAS DE ACCIÓN OFENSIVA O LESIVA: **36 agredir ++:** ...aclararon que en la mayoría de los casos los hijos (...) agreden *verbalmente* a sus padres, pero no llegan al ataque físico. DYM090996 **37 atacar ++:** La insólita confesión de Amadeo se basa en lo ocurrido un mes atrás, cuando Rozas atacó *verbalmente* a un colaborador... CLA280297 **38 enfrentarse ++:** ...quien se enfrentó *verbalmente* al expresidente Ortega el pasado fin de semana... DLA040397 **39 enzarzarse +:** Pero este no ha sido el único motivo que ha enzarzado *verbalmente* a Javier Arenas con responsables socialistas. EPE081199 **40 arremeter +:** ...ha arremetido *verbalmente* contra la federación internacional de este deporte (IWF) e insinuó que en los Juegos de Atlanta hay varios competidores que se han drogado. LVE010896 **41 atropellar +:** La historia es inexistente, Chiquito y Bigote Arrocet (...) se atropellan *verbalmente* el uno al otro... LVE260796 **42 insultar +:** Los manifestantes también insultaron *verbalmente* al presidente mientras este se dirigía con la reina a Buckingham Palace... EPE050576 **43 maltratar +:** ...no se puede pedir razonablemente que los adversarios políticos en campaña no se maltraten *verbalmente...* EME090595 **44 pelear:** ...peleándose *verbalmente* por quién va más allá en garantizar que la zarpa de España no caerá sobre el pedrusco. EME170596 **45 abusar:** ...abusaba de él física y *verbalmente,* e incluso llegó a quedarse con su dinero. LVE260295 **46 humillar:** ...sin ninguna consideración, peor que un enemigo, me humilló *verbalmente* para terminar por decirme lo que antes he explicado... EME141296 **47 presionar:** Los afectados demostraron ayer tranquilidad y evitaron presionar *verbalmente* a los jueces. LVE060996 **48 lapidar −:** ...me pregunto si todos los que ahora lapidan *verbalmente* a la Audiencia Nacional harían lo mismo si la Audiencia Nacional no llevase casos en los que está implicada la clase política... LVE131296 **49 ametrallar −:** ...los nacionalistas disparan improperios en el Negrito, la derecha dura ametralla *verbalmente* en el Acuárium, la gente del PP se acomoda en el Valencia Palas o el Meli..., para despellejar al rival. LVE190595

F VERBOS QUE DESIGNAN MANIFESTACIONES DE DISCONFORMIDAD, OPOSICIÓN, DESAPROBACIÓN, VEJACIÓN O RECHAZO EN DIVERSAS FORMAS Y GRADOS: **50 quejarse +:** Las empresas españolas que se presentaron a este concurso se han quejado *verbalmente* a Agricultura... EME240495 **51 rechazar +:** El PNV ha respondido de este modo (...) a la propuesta de HB, que ya rechazó *verbalmente* en junio. EPE200700 **52 condenar +:** ¿Por qué esta gran mayoría de los que lamentan, de los que condenan *verbalmente,* no demuestran sin alboroto, con dignidad, su posición en esta guerra que nos declaran todos los días? EPE010580 **53 denunciar +:** El presunto chantaje denunciado *verbalmente* por estos transportistas habría tenido lugar en las carreteras de la provincia de Sevilla y su entorno. EME240895 **54 impugnar +:** ...decidía en reunión extraordinaria de su patronato el cese de Descharnes como patrón, decisión que a su vez este impugnó *verbalmente.* LVE020895 **55 oponerse +:** ...sin oponerse *verbalmente* a nada, sin renegar de nada, sin acogerse a la sombra de modelos añejos, ha ejercido su libertad creando un estilo... EPE280877 **56 contradecir +:** ¿...pueden de verdad, creíblemente para la propia fiscalía británica, y *verbalmente,* contradecir las instrucciones dadas por el magistrado? EPE081099 **57 desmentir +:** ...lo puso ayer en cuarentena desmintiendo implícitamente las palabras de Guitart tanto *verbalmente* como a través de un comunicado por escrito. EME160396 **58 desacreditar +:** ...estaba jodiendo el trato con Europa al desacreditarlo *verbalmente.* EME070694 **59 reprobar +:** ...de la reunión de la comisión permamente del CGPJ de hoy salga una decisión unánime para reprobar *de forma verbal* la actitud de... EME081096 **60 execrar:** ...*verbalmente* execrada por el militar traidor a su patria, a su rango y a su ejército. EPE260199 **61 renunciar:** ...los comisionistas renunciaron a casi 1.700 millones de pesetas que le correspondían según los contratos, *de forma verbal* y voluntaria. EME191296 **62 dimitir:** ...el motivo que lo llevó a tomar su decisión, dimitiendo primero *verbalmente* y anteayer por escrito, fue que no se aceptara el contrato... EPE171199 **63 despedir:** El día señalado para la votación sindical, el 21 de diciembre, fueron despedidas *verbalmente* 10 trabajadoras... EPE040599 **64 relegar −:** ...ayer fue otro día aciago, físicamente y *verbalmente* relegados de la detención de quien les salpicó de descrédito. EME010395

G VERBOS QUE DENOTAN RESPALDO, CONFORMIDAD, CONSENTIMIENTO, RATIFICACIÓN O ADHESIÓN: **65** apoyar ++: ...apoyó *verbalmente* y con su presencia el pacto del PP con una oscura formación política en Barbate... EPE120999 **66** autorizar ++: ...y mi jefe inmediato me autorizó *verbalmente* a exhibirlo dentro de la planta. PME151296 **67** confirmar +: Poco antes, el viceministro guieneano de Exteriores había confirmado *verbalmente* al embajador español la presencia de Oyana en este penal. EPE220800 **68** defender +: ...mantendrá la hipócrita línea de conducta que ha seguido hasta ahora, consistente en defender *verbalmente* la no intervención en empresas privadas... EPE270700 **69** aprobar +: ...atrincherada tras su batería de enmiendas al proyecto de autonomía kosovar que ella misma aprobó *verbalmente* hace tres semanas... EPE180399 **70** aceptar +: El letrado aceptó *verbalmente* que Perraudin conociera las órdenes de misión impartidas por la firma de Munich... EME190796 **71** reconocer +: ...el joven funcionario reconoció *verbalmente* y en un informe que les proporcionó, que tras la negociación y suscripción del contrato corresponderá al Organismo Ejecutivo someterlo a consideración... LHG100697 **72** suscribir +: ...se sumó el sábado por la noche al Pacto por Lanzarote, suscrito *verbalmente* por el Partido Socialista de Canarias (PSC-PSOE) y Coalición Canaria (CC)... EPE210699 **73** sumarse +: ONO, que agrupa al resto de los competidores de Telefónica en este mercado, se ha sumado *verbalmente* a la demanda de AOC. EPE110399 **74** vincularse: ...solicitó la renovación de Gabriel Moya, que se ha vinculado *verbalmente* con el Valencia. EME290596 **75** permitir: Un ejemplo es el de Toledo, donde se permitió a los centros en 1996 tener jornada continua, pero se hizo *de forma verbal*. EPE011199

H DIVERSOS VERBOS QUE DENOTAN PARTICIPACIÓN Y RESOLUCIÓN. TAMBIÉN CON ALGUNOS QUE DESIGNAN OTRAS ACTUACIONES QUE DETERMINAN O CREAN NUEVOS ESTADOS DE COSAS: **76** intervenir +: En esta reunión se planteó la posibilidad de que España interviniese, *verbalmente*, cuando se planteen aspectos relativos a las distintas ramas de ETA... EPE010284 **77** ofrecer +: Los incrementos en los sueldos (...) ya fueron ofrecidos *verbalmente* por el Gobierno... ENV190197 **78** resolver: Resuelve problemas sobre la marcha (*verbalmente*), pero no formula ni genera ideología. EME120795 **79** ejecutar: ...una vez más escapaban por los pelos del linchamiento, que sólo se ejecutaba *verbalmente* desde las cabinas acristaladas de sus colegas. EPE171199 **80** dictar: ...anuló un decreto sancionador del delegado del Gobierno en Andalucía, José Torres, por haberlo dictado *de forma verbal* y no escrita... EPE021101 **81** expedir: Y, a más a más, con una orden de las que no dejan huella: expedida *verbalmente*. EME010896 **82** adjudicar: ...en esos cinco años se adjudicaron contratos *de forma verbal* valorados en más de 400 millones... EPE100199

I OTROS VERBOS; POSIBLES USOS ESTILÍSTICOS: ...el diario que escribe *verbalmente* a Dios el católico practicante a través de su confesor es causa principal de que las memorias católicas, y, sobre todo, hispanocatólicas, suelan ser tan aburridas. EME080696; Verbalmente goza uno de menos libertad. EME120296; Pero, al margen o en los márgenes de esta obra taraceada *verbalmente* hasta el deslumbramiento inverosímil... ABC120595

J ADJETIVOS QUE DENOTAN ACTITUD TAJANTE O EXTREMA: **83** agresivo +: Con matices: el más agresivo *verbalmente*, Juan Camilo; conceptualmente, Carlos Lleras. SEM201097 **84** contundente +: Los diplomáticos turcos aún fueron más contundentes *verbalmente*. EPE161299 **85** radical: ...es una burda caricatura creernos que somos más sociopolíticos por ser más radicales *verbalmente*... EME211295

K OTROS ADJETIVOS; POSIBLES USOS ESTILÍSTICOS: ...ha demostrado que la frontera que separa las emociones personales de las actuaciones del Estado es infranqueable incluso *verbalmente*... EME130296; ...esta apuesta en la disminución de los depósitos bancarios y, por tanto, en las posibilidades de financiación de las empresas pequeñas, tan caras *verbalmente* a este Gobierno. EPD200997

verbo ♦ **acerado[3], encendido, incendiario, inflamado**

verborrea ♦ **barato, compulsivo, confuso, demagógico, excesivo, gratuito, grueso, imparable, incontenible[22], ininteligible, inútil, puro, superficial, trepidante** ♦ **lanzar, soltar**

verdad ♦ **absoluto, amargo[15], a medias, aparente, aplastante, clamoroso[28], como una casa, como un templo, constatable, del barquero, de Perogrullo, descarnado[19], desnudo, diáfano[1], inaccesible[6], inapelable, incontrovertible[10], incontrovertido, incuestionable, inequívoco, insoslayable[3], irrebatible[8], irrefutable[14], pleno, rotundo, sin tapujos[81]** ♦ **al descubierto[57]** ♦ **con arreglo (a), en posesión (de)** ♦ **ápice (de)[64], asomo (de), atisbo (de), brizna (de)** ♦ **adornar, aflorar, apegarse (a)[31], arrogarse[47], atenerse (a)[36], cantar, ceñir(se) (a)[2], cerrar los ojos (ante)[3], comprender, confesar[1], conocer, constatar, cuestionar, decir, derrumbar(se)[40], desconocer, descubrir, desentrañar[24], desfigurar[2], destapar[5], desvelar[21], difundir(se)[106], disfrazar[1], distorsionar[2], encubrir, enmascarar, esclarecer(se)[37], falsear, faltar (a)[7], ignorar, inculcar[22], lanzar, manifestar, manipular, negar[6], ocultar, rendirse (a/ante)[2], resplandecer, retorcer, saber, sacar a la luz, salir a la luz, silenciar[16], soltar, sonsacar, tapar, tergiversar[4], testimoniar[16], traslucir(se)**

☐ Véase también: **certeza, creencia, mentira, realidad, seguridad, veracidad.**

VERDAD

♦ (SUSTANTIVOS) Véase: **al descubierto[K], cobrar[J], confesar[A], corroborar[A], derrumbar(se)[H], diáfano[A], reconcomer(se)[D]**

☐ Véase también: CREENCIA; REALIDAD; SEGURIDAD.

[verde] → **dar luz verde (a), luz verde**

veredicto ♦ **absolutorio[4], acertado, claro, concluyente, condenatorio, contundente, desacertado, desfavorable, favorable, inapelable[5], inequívoco, riguroso, rotundo, sesgado, tajante[4], taxativo, unánime[46]** ♦ **acordar, apelar, dar[193], emitir[7], llegar (a), pronunciar**

☐ Véase también: **decisión, juicio, sentencia.**

vergüenza ♦ **asomo (de), pizca (de)** ♦ **cargar (con)[24], cubrir(se) (de)[13], dar[346], entrar (a al-**

guien), experimentar, llenar(se) (de), perder[24]**, sentir, tener**

☐ Véase también: **oprobio, pudor, timidez.**

vericueto ♦ **administrativo, burocrático, complejo, complicado, discursivo, incierto, inextricable**[13]**, intrincado**[4]**, jurídico, laberíntico, legal, peligroso, sinuoso** ♦ **adentrarse (en)**[14]**, explorar, internar(se) (en), meter(se) (en), perder(se) (en), sortear**

verificar ♦ **debidamente**[6]**, de cerca**[26]**, documentalmente, experimentalmente, fehacientemente**[13]**, sin ningún género de dudas**

☐ Véase también: **comprobar.**

verosimilitud ♦ **ápice (de)**[71] ♦ **adquirir, carecer (de), cobrar**[48]**, conceder, dar, dotar (de), ganar (en), tener**

☐ Véase también: **veracidad.**

versar ♦ **argumento, artículo, columna, conferencia, contenido, discusión, documento, encuentro, escrito, estudio, exposición, informe, intervención, investigación, ley, libro, obra, panel, película, poema, ponencia, pregunta, reportaje, seminario, serie, temática, tesis, texto,** *otros sustantivos de información*

versión ♦ **creíble, de los hechos, dudoso, fiable, fidedigno**[20]**, fiel, literal**[19]**, manipulado, oficial, oficioso, original, reducido, resumido, rimbombante, sesgado**[4]**, traducido** ♦ **atenerse (a), circular**[4]**, cobrar fuerza**[41]**, confirmar, corroborar**[5]**, dar, desmentir**[17]**, difundir(se)**[33]**, negar**[44]**, ofrecer, presentar, realizar, rebatir**[40]**, refutar**[16]**, salir al paso (de)**[32]

☐ Véase también: **información, reproducir, traducción, traducir, transcribir, verter.**

verso ♦ **afectado, alambicado, alegre, ampuloso, anónimo, antológico, cálido, célebre, clásico, conocido, delicado, desnudo, doliente, dramático, emocionado, emotivo, épico, expresivo, exquisito, florido, genuino, impecable, inédito, inmortal, inolvidable, inspirado, libre, luminoso, melancólico, memorable, pausado, perfecto, pobre, primerizo, refinado, rimado, rimbombante, ripioso, satírico, sencillo, sentido, sobrio, sonoro, sublime, triste** ♦ **antología (de), libro (de), puñado (de), ritmo (de), selección (de)** ♦ **alumbrar, analizar, citar, componer, condensar (algo), decir, declamar, enviar (a alguien), escribir, expresar (algo), hacer, inspirar (a alguien), leer, medir, memorizar, plasmar (algo), pronunciar, publicar, recitar, recordar, recrear (algo), revelar (algo), rimar, susurrar, trenzar**

verter *v.* ▮ Se combina con sustantivos que designan líquidos *(verter lágrimas, agua, leche, aceite, café, sudor, petróleo)* o el recipiente que los contiene *(jarra, vasija, vaso)*, gases *(dióxido de carbono, cloro)*, fluidos *(salsa, alquitrán, asfalto)* y otras sustancias y materias *(tierra, sal, lodo, barro, energía, cianuro)*, a menudo residuales *(basura, escombros, desperdicios, desechos, residuos)*. Los sustantivos *luz, tinta, savia, fango* y *sangre* se usan en estos contextos en su interpretación física y también en la figurada *(verter luz sobre un problema, verter mucha tinta sobre una cuestión, verter uno su sangre para defender sus ideas, verter savia vivificadora sobre una práctica anquilosada)*. En el sentido de 'traducir' se combina con sustantivos que designan textos *(texto, libro, novela, artículo, poema)*, sus autores *(el único autor español vertido a once idiomas)*, y algunos de sus rasgos o sus contenidos *(Resulta difícil verter al español la sutileza del japonés cuando se habla de la cortesía)*. También se combina con...

A SUSTANTIVOS QUE DESIGNAN CRÍTICAS, MANIFESTACIONES DE DISCONFORMIDAD Y OTRAS FORMAS DE OPOSICIÓN U HOSTILIDAD DE NATURALEZA VERBAL: **1 crítica ++:** Peña Gómez se refirió entonces a las críticas *vertidas* por la Fundación... LDD190797 **2 acusación ++:** La UE reaccionó ayer a las acusaciones *vertidas* en su contra el día anterior... ENC130599 **3 reproche ++:** ...y luego en España se *viertan* reproches hacia los fallos de la aviación de la OTAN al causar bajas entre la población civil. EPE050599 **4 imputación:** ...en dichas declaraciones ya se *vierten* imputaciones contra mí... LVE041195 **5 ofensa:** Se ha insinuado que esta actitud se debe a las ofensas que en esa carta sacrílega se *vierten* contra el islam... EPE251299 **6 amenaza:** ...en la que se *vierten* amenazas contra el periódico ABC y varios periodistas de ese diario. EME060196 **7 descalificación:** ...el dirigente socialista volvió a *verter* duras descalificaciones contra el Partido Popular... EME150595 **8 calificativo:** ...así como todos los epítetos y calificativos que se *vierten* en el artículo que me obliga a remitir el presente escrito. EME230395 **9 queja:** Con fecha de hoy leemos en la sección de Madrid la queja *vertida* sobre la supuesta situación del Hospital Clínico San Carlos. EPE290199 **10 lamento:** Puede levantar ronchas que así sea; pueden *vertirse* montones de lamentos sobre la importancia de Europa... EPE110499 **11 insulto:** ...calificó ayer los insultos *vertidos* por alcalde (...) de «execrables». EPE130799 **12 ataque:** En EE. UU. parece que han bajado sus ventas por los ataques *vertidos* contra la supuesta falta de seguridad de sus coches... EME281196

B SUSTANTIVOS QUE DESIGNAN JUICIOS, MENCIONES O AFIRMACIONES: **13 comentario ++:** ...algunos comentarios *vertidos* durante la reunión del Consell Nacional de UDC. EME130395 **14 afirmación ++:** ...a través de las impresiones de los alumnos, las afirmaciones *vertidas* en un informe presentado la pasada semana... CAN291100 **15 información:** ...buena parte de las informaciones *vertidas* en el artículo estaban fundamentadas. EME040494 **16 opinión:** ...la casa no «se solidariza necesariamente con las opiniones *vertidas* en su frecuencia»... CAP051296 **17 juicio:** En respuesta a los juicios *vertidos* por el ministro secretario general de la Presidencia... LEC211097 **18 apreciación +:** Estas apreciaciones fueron *vertidas* por Hernández en el Foro Enfoque sobre Demencias... EUV230996 **19 interpretación:** Este es el dato objetivo emanado de las urnas aunque las interpretaciones oficiales, *vertidas* a partir de la misma noche del domingo, dan cuenta de los motivos... LVE050396 **20 alusión:** ...le dedicaba una columna a propósito de unas alusiones *vertidas* el día anterior... LVE230596 **21 insinuación:** ...una concentración en Madrid para responder a las insinuaciones *vertidas* por miembros de las administraciones española y americana... EME051295 **22 sugerencia:** No es incompatible la posición de Peña Gómez con los conceptos y sugerencias que ha *vertido* este periódico... LDD220797 **23 consideración:** ...las consideraciones *vertidas* en «París, ciudad para artistas», les servirán como tema de reflexión. ABC250693 **24 confidencia:** Cuando un compañero de remotos tiempos se decide a *verter* confidencias en nuestro oído no hay fuerza humana que lo detenga. EPE190799 **25 manifestación:** ...reaccionó ayer expresando su más firme rechazo a las manifestaciones *vertidas* en algunos medios contra algunos magistrados. EDV110101

C SUSTANTIVOS QUE DESIGNAN INFORMACIONES FALSAS, MALINTENCIONADAS O INSEGURAS: **26 duda +:** Después de esto, las dudas que puedan surgir respecto a José Miguel Arroyo, serán únicamente las dudas que *vierta* él sobre sí mismo. EME030596 **27 sospecha +:** ...a su vez *vertió* sobre éste toda la responsabilidad y las sospechas de prácticas ilegales. EPE041001 **28 dato falso:** ...rectificar los datos falsos que habían *vertido* contra él en el programa... EME100294 **29 despropósito:** ...el cúmulo de «gravísimos despropósitos» *vertidos* contra él y pide a los políticos «mesura y respeto»... EME030895 **30 maldad:** ...fue la gota que hizo rebosar el vaso de las maldades que estos días se han *vertido* contra el primer ministro griego... EME250694 **31 barbaridad:** ...en los próximos días se *verterán* «todo tipo de barbaridades»... EME050296 **32 falsedad:** ...el cúmulo de falsedades *vertidas* por el señor... LVE101095 **33 mentira:** ...utilizaría presuntamente ese dossier para *verter* mentiras sobre el dictador. EME140495 **34 inexactitud:** «Me han producido una gran tristeza y decepción –declaró– por las inexactitudes *vertidas* por quienes han sido mis abogados...». LVE191196

D SUSTANTIVOS QUE DENOTAN CANTIDAD ECONÓMICA: **35 aportación:** ...hoy ya existe la suficiente base económica porque se cuenta con la aportación prevista por la ministra Alborch, que se *vierte* a la cuantiosa suma de la Generalitat y el Ayuntamiento. LVE010295 **36 suma:** ...poner fin al sistema por el cual el empresario es el encargado de *verter* al fisco las sumas deducidas a los trabajadores. EPE020899 **37 dividendo:** Esa medida quedó compensada con la decisión gubernamental de imponer un límite a la exoneración de dividendos que las empresas filiales *vierten* a las sociedades matrices. EPE160999

E SUSTANTIVOS QUE DESIGNAN DIVERSAS MANIFESTACIONES DE LA ACTITUD DE LOS INDIVIDUOS EN RELACIÓN CON SU PERCEPCIÓN DE LAS COSAS. TAMBIÉN CON OTROS QUE DESIGNAN DIVERSOS RESULTADOS DE LA ACTIVIDAD MENTAL: **38 recuerdo:** ...la fascinación que había ejercido sobre ella el país sobre el que ahora *vierte* recuerdos y reflexiones. EME151195 **39 reflexión:** ...el índice que va a *vertebrar* mis reflexiones sobre los óleos de esta muestra. ABC271095 **40 mirada:** ...el foso sobre el que *vierte* su mirada y su respiración el médico o la misma fortaleza de los antebrazos... EPE070800 **41 visión:** Estudioso del sánscrito, el escritor rumano *vierte* en estos relatos, ambientados en su país natal, una visión cosmogónica de la existencia donde nada sucede por azar. EME110694 **42 obsesión:** ...Arturo Márquez y Margie Bermejo *vierten* ahí sus obsesiones respectivas para estimular el oído de aquellos consumidores... PME101196 **43 idea:** Pero sería muy curioso conocer sus respuestas si se les preguntara sobre las ideas *vertidas*. EME080396 **44 pensamiento:** Una foto conceptual sobre la que *vierte* su pensamiento, sus pasiones y busca plasmar situaciones anímicas. EPE150899

F SUSTANTIVOS QUE DENOTAN VALORACIÓN POSITIVA DE LAS PERSONAS O LAS COSAS. TAMBIÉN CON OTROS QUE DESIGNAN ACTITUDES DE COMPLACENCIA O DE MALESTAR, NO DIRIGIDAS NECESARIAMENTE CONTRA OTROS: **45 halago:** ...abrumada por los halagos que se *vierten* constantemente sobre él y por la responsabilidad que ello implica. LVE070195 **46 elogio:** ...los arrebatos de dirigentes partidistas y de los elogios *vertidos* en su momento al logro del acuerdo... EXC270796 **47 optimismo:** ...la mordacidad de algunos juicios acerca de las costumbres y los acontecimientos de actualidad sobre los que *vierte* un desesperanzado optimismo vital... ABC221191 **48 alegría:** La alegría se *vertía* por todos los sitios, salvo uno. EME250196 **49 entusiasmo:** ...todavía podía en dos o tres páginas gloriosas *verter* todo el entusiasmo de un hijo de la civilización europea... EPE301201 **50 fantasía:** Las prendas se ajustan a la silueta sin constreñirla y *vierte* sus fantasías en faldas abombadas con cancanes, ideales para un baile. LVE190995 **51 pasión:** El madridismo, sin ideales definidos últimamente, ha encontrado en la defensa de Seedorf un aliciente para *verter* su pasión de forma unánime. EPE130899 **52 desencanto:** Conmovido, Neruda *vierte* su desencanto en el poema... ABC140194 **53 ilusión:** Sobre el ánimo deprimido de millones de europeos que buscan ocupación sin encontrarla se *vierte*, desde hace tiempo, la ilusión de que repartir el trabajo traerá la solución. LVE051195

G OTROS SUSTANTIVOS; POSIBLES USOS ESTILÍSTICOS: Y si de noche la tranquila Luna sobre un mundo dormido *vierte* amores, despertando el aroma de las flores... ABC081093; ...podría *verter* ante los turistas una pirueta, semejante a las que eroga por los redondeles. LVE030596

☐ Véase también: **derramar**.

vertiginoso *adj.* ▮ En el sentido de 'que provoca vértigo' se combina con sustantivos que designan lugares u objetos caracterizados por su altura o su profundidad *(cima, barranco, abismo)*. En el sentido figurado de 'extremadamente rápido' se combina con sustantivos de movimiento *(movimiento, vuelta)* y con otros que designan períodos *(tiempo, momento, época, temporada)*. También se combina con...

A SUSTANTIVOS QUE DENOTAN RITMO O VELOCIDAD: **1 ritmo ++:** A partir de ese instante su vida comenzó a cambiar a un ritmo *vertiginoso* para la que él no estaba preparado... SEM061100 **2 velocidad ++:** ...enfiló su nariz a tierra a velocidad *vertiginosa* y a escasos metros del suelo lo elevó, cuando todo parecía una situación de catástrofe. LPA250592 **3 son:** El Bruguer marcó distancias porque Iván Corrales llevó el partido al son *vertiginoso* que tanto le gusta. EPE250199 **4 cadencia:** ...en progresión sostenida, durante una hora larga de *vertiginosa* cadencia secuencial... EPD240997 **5 tempo:** En un tempo *vertiginoso*, nuestra generación ha visto esfumarse los últimos mitos que forjaron el sentido del hombre... EME060596

6 celeridad: ...ahora aparece entre nosotros, como es lógico, con *vertiginosa* celeridad... ABC280194 **7 rapidez:** Los hechos políticos se suceden con *vertiginosa* rapidez y un número creciente de compatriotas vive con interés los debates públicos... LRU171199

B SUSTANTIVOS QUE DENOTAN AUMENTO, DESARROLLO, CRECIMIENTO O MEJORA. TAMBIÉN CON OTROS QUE DESIGNAN EL RESULTADO FAVORABLE O DESEADO DE ESOS PROCESOS: **8 ascenso ++:** El *vertiginoso* ascenso del italiano Trulli. CLA090497 **9 crecimiento ++:** ...fundamentados en un *vertiginoso* crecimiento de sus erogaciones y una clara tendencia al desfinanciamiento. BRE071197 **10 desarrollo ++:** Contrasta esta lamentable realidad con el desarrollo *vertiginoso* del sistema en otras capitales y ciudades importantes del mundo. LPA230592 **11 expansión ++:** El dominio de una zona (...) que experimenta una *vertiginosa* expansión está en juego. ETC190597 **12 avance ++:** A pesar del *vertiginoso* avance científico y tecnológico, la adecuada relación médico-paciente... DYM040796 **13 ascensión +:** Gracias en buena parte a la incorporación de Walt Disney, el giro de Lauren ha experimentado una ascensión *vertiginosa.* LVE011095 **14 aumento +:** Ante el *vertiginoso* aumento de los secuestros (...), estas compañías añaden a sus servicios las mediaciones con los delincuentes... GIC030997 **15 escalada +:** ...pasando al Frente Grande, dirigido entonces por Chacho Álvarez, comenzando su escalada *vertiginosa.* LVE110595 **16 éxito +:** La derrota de noviembre ante el éxito *vertiginoso* los descolocó. CLA310199 **17 evolución:** La *vertiginosa* evolución que ha sufrido el sector de la informática durante los últimos años ha revolucionado el mundo de la automoción. LVE210796 **18 mejora:** ...ha permitido que los coches experimentaran una mejora *vertiginosa* en materia de protección de los ocupantes contra impactos. LVE210796 **19 incremento:** ...el incremento *vertiginoso* de dólares por efecto del aumento del precio del petróleo... EUV210197 **20 proliferación:** ...engendra desde hace unos años una proliferación *vertiginosa* de congresos, cursillos... EPE270800 **21 progresión:** La estadística es fiel a los méritos de un equipo que ha mantenido una progresión *vertiginosa* desde el inicio del campeonato. EME280294 **22 despegue:** A partir de ahí se produce el despegue *vertiginoso* y complejo de la urdimbre novelística. LVE041096

C SUSTANTIVOS QUE DENOTAN DESCENSO O CAÍDA: **23 descenso ++:** ...sigue sorteando como puede las últimas puertas del *vertiginoso* descenso alpino que ha de llevarle a la convocatoria electoral de marzo. LVE111095 **24 caída ++:** Puede ser, pero la caída es *vertiginosa* desde hace tres años y lo peor es que hemos aumentado la velocidad. VIS161097 **25 retroceso:** ...Rusia estará condenada a la soledad y el retroceso *vertiginoso.* EXC100900 **26 baja:** ...señaló que se debe a la *vertiginosa* baja de la demanda de dólares en la subasta de divisas. LPH030397 **27 derrumbamiento:** ...el nuevo orden mundial, surgido después del derrumbamiento *vertiginoso* del imperio soviético... LVE281295 **28 hundimiento:** Si escritores como Jiménez Losantos hablan del hundimiento *vertiginoso* del proyecto... EME100996

D SUSTANTIVOS QUE DESIGNAN PROCESOS DEGENERATIVOS: **29 descomposición:** Es algo más: una *vertiginosa* descomposición, que agrava esos viejos males... SEM291297 **30 empobrecimiento:** ...han servido para mostrar el *vertiginoso* empobrecimiento de la decencia, la coherencia y el sentido de la responsabilidad... ENV010796 **31 envilecimiento:** La historia dirá si su envilecimiento fue tan *vertiginoso* como para pasar del progresismo al pistolerismo. LVE010296 **32 declive:** El *vertiginoso* declive de las sociedades cerradas. LPN011297 **33 decadencia:** ...la metáfora de una nación, entra en una decadencia *vertiginosa.* EME191195 **34 depreciación:** ...debe tomar en cuenta en sus resultados financieros la *vertiginosa* depreciación de AOL... LRE300103

E OTROS SUSTANTIVOS QUE DENOTAN REFORMA, EVOLUCIÓN, CAMBIO O TRANSFORMACIÓN DE ALGO: **35 cambio ++:** ...observa con tranquilidad los cambios *vertiginosos* que se producen en la sociedad actual... DDN290101 **36 revolución +:** A profundizar en la construcción y a prepararnos para la ampliación, atisbando el desafío que comportaba la *vertiginosa* revolución tecnológica. EPE090699 **37 giro +:** Saber tocar las fibras mágicas de este país para dar el giro *vertiginoso* que la situación exigía. EXC090596 **38 proceso +:** Aparte, convidado de piedra bien retribuido en el *vertiginoso* proceso privatizador de Ferrocarriles Nacionales. EXC270596 **39 viraje:** A la mitad, da un *vertiginoso* viraje y se vuelve fantasmagórica glosa... ENH070297 **40 metamorfosis:** ...las metamorfosis *vertiginosas* del «fregolismo» y la magia de un original ejercicio trasvestista... LVE200295 **41 transformación:** ¿Tan relativo ha sido el cambio en la vida personal de hombres y mujeres en un siglo de *vertiginosas* transformaciones sociales? EPE301299 **42 industrialización:** Es el precio de la *vertiginosa* industrialización que sacude todo el continente asiático... LVE290495 **43 adaptación:** ...se ha ido germinando por efecto de la adaptación *vertiginosa* de algunos dirigentes... EPE011288

F EL SUSTANTIVO *SUCESIÓN* Y CON OTROS QUE DENOTAN TRANSCURSO TEMPORAL: **44 sucesión ++:** El país entero exigía que el presidente Fujimori se pronunciara sobre la *vertiginosa* sucesión de arbitrariedades... CAP170797 **45 acontecer:** Una y otra en distintas épocas del acontecer *vertiginoso* de la sociedad vasca y sin afanes excluyentes. EPE200399 **46 curso:** Aquel verano siguió su curso *vertiginoso* y a la vez inocente. EME090896 **47 vida +:** Aunque a nivel popular la visita de los Reyes de España no ha alterado apenas la *vertiginosa* vida caraqueña... EPE090977 **48 trayectoria +:** Su *vertiginosa* trayectoria propició el que Bárbara Niggl decidiera a principios de los sesenta convertirse en fotógrafa profesional independiente. EPE270499 **49 carrera +:** En su breve pero *vertiginosa* carrera, el muchacho, que sopló sus 21 velitas el 10 de diciembre, ya ha tenido ocasión de poner a prueba sus habilidades y su coraje. CLA070197 **50 biografía:** ...tiene una biografía *vertiginosa*: pintor académico, impresionista y expresionista... LVE070495

G SUSTANTIVOS QUE DENOTAN CONFUSIÓN O AUSENCIA DE ORDEN, TRANQUILIDAD O CONTROL: **51 caos:** Es una especie de desordenada antológica donde se entremezclan, en un *vertiginoso* caos acrónico... EME231196 **52 mezcla:** ...se encuentran unidos a través de una *vertiginosa* mezcla de bucles de alimentación y retroalimentación. EPE260599 **53 ajetreo:** La picaresca quevediana es una broma comparada con el *vertiginoso* ajetreo actual... EPE100900 **54 acumulación:** ...los tres textos están condicionados por la música, la pintura y la escritura, así como una *vertiginosa* acumulación de «subtextos».

LVE220995 **55 alboroto:** ...cuando estalló en el silencio la histeria del timbre, rodeada por un alboroto *vertiginoso* de voces y golpes en la puerta. EPE270399 **56 derroche:** Acostumbrados al derroche *vertiginoso* de equívocos verbales en varias lenguas... EPE040599

H OTROS SUSTANTIVOS; POSIBLES USOS ESTILÍSTICOS: ...lució un *vertiginoso* escote que escandalizó al «búnker»... LVE040695

☐ Véase también: **desaforado, desenfrenado, frenético.**

vértigo ♦ **dar[351], entrar (a alguien), experimentar, sentir, tener**

vestido ♦ **ajustado, a medida, austero, de cóctel, de etiqueta, de fantasía, de gala, de noche, de sport, encopetado, escotado, harapiento, impecable, lujoso, suelto, suntuoso ♦ ajustar(se), ceñir(se), coser, desgarrar(se), deshilachar(se), encoger, enfundar(se), lucir, poner(se), probar(se), quitar(se), rasgar(se), remendar, sacar(se), zurcir**

☐ Véase también: **prenda, traje.**

[vestir] → **de vestir**

vestir(se) ♦ **a juego, a lo loco, a medida, andrajosamente, chillonamente, con corrección, con decoro, con elegancia, correctamente, de arriba abajo[26], decentemente, decorosamente, de corto, de etiqueta, de fiesta, de gala, de largo, de noche, de paisano, de pies a cabeza[1], deportivamente, de punta en blanco, de sport, de tiros largos, de uniforme, escandalosamente, formalmente, impecablemente, informalmente[1], lujosamente, para la ocasión, púdicamente, pulcramente[1], ricamente[1], severamente, zarrapastrosamente**

☐ Véase también: **trajear(se).**

vetar ♦ **de raíz[38] ♦ acuerdo, decisión, propuesta, resolución**

☐ Véase también: **impedir, prohibir.**

veto ♦ **burlar[8], imponer, levantar[11], revocar[24], sufrir[44]**

☐ Véase también: **prohibición.**

[vez] → **de una vez por todas**

vía ♦ **de acuerdo, de entendimiento, de ida y vuelta[8], de negociación, expeditivo[3], expedito, impracticable, tortuoso, venéreo[1] ♦ abrir, agotar(se)[6], allanar[3], buscar, cerrar, obstaculizar, obstruir, tomar[33], torcer(se)**

☐ Véase también: **arteria, calle, carretera, carril, cuesta, curso, itinerario, medida, trayectoria, trazado, tubería.**

VÍA Véase: *CURSO Y RECORRIDO*

VÍA Véase: CURSO

viajar ♦ **a dedo, cómodamente, de cabo a rabo, de incógnito[14], de punta a punta[7], de un tirón[9], en {primera/segunda...} clase, en {tren/avión/coche...}, expresamente, gratis, incansablemente, incómodamente, placenteramente**

viaje ♦ **accidentado[1], aciago[11], agitado, agotador[16], ajetreado[20], a medida[15], arduo[37], azaroso[1], cómodo, de ida y vuelta[11], de incógnito[31], de negocios, de placer, de trabajo, frenético, fugaz[10], idílico, imprevisto, inaugural, infernal[10], infructuoso, ininterrumpido, intrincado[31], itinerante[14], llevadero[32], proceloso[6], sin retorno, tranquilo, trepidante, vertiginoso ♦ a lo largo (de) ♦ fin (de) ♦ acometer[14], afrontar, amenizar[7], anticipar, aplazar, cancelar, culminar[48], embarcar(se) (en), empezar, emprender[7], encarar[17], enrolar(se) (en)[14], facilitar, frustrar(se), iniciar, interrumpir, jalonar[3], lanzar(se) (a), preparar, prolongar, proseguir, reanudar, suspender, terminar**

☐ Véase también: **aventurar, expedición, paseo, travesía, turista, viajar, visita.**

VIAJE Véase: *CURSO Y RECORRIDO*

VIAJE Véase: CURSO; MOVIMIENTO

viajero ♦ **asiduo[3], empedernido[19], habitual, incansable, ocasional, sufrido**

vibrar ▮ *(sonar)* ♦ **armónicamente, armoniosamente[37]**

▮ *(conmoverse)* ♦ **al unísono, a tope[34], de emoción, intensamente[3]**

viciado ♦ **absolutamente, de origen, de raíz[56]**

vicio ♦ **arraigado, atávico[20], contagioso[20], desenfrenado, execrable[13], extendido, imperdonable, inconfesable[26], incorregible, mayor, menor, nefando[3], nocivo, perdonable, pernicioso, poseído (por) ♦ abandonar, achacar[11], adquirir[18], arraigar, arrastrar (a), confesar[19], contagiar, contraer[21], corregir[21], corroer, cortar (con)[4], dar(le) (a), dejar, desterrar, erradicar[11], extirpar, librar(se) (de), llevar (a), luchar (contra), superar, tener, vencer**

☐ Véase también: **hábito, manía.**

VICIO Véase: *DEFECTO Y CUALIDAD NEGATIVA*

VICIO

♦ (SUSTANTIVOS) Véase: **abjurar (de)[F], achacar[C], adquirir[C], anidar[I], ápice (de)[K], carcomer[B], confesar[C], contagioso[D], corregir[E], cortar (con)[A], cultivar[K], difundir(se)[P], empedernido[A], impune[D], inconfesable[F], insaciable[C], nefando[A], practicar[F], preso (de)[F], purgar[C], sembrar[H]**

vicisitud ♦ **adverso, desfavorable, favorable, fugaz, incontable, múltiple, numeroso, ocasional, pasajero, propicio ♦ afrontar, atravesar[19], capear, encarar, sortear**

☐ Véase también: **avatar, circunstancia, dificultad, peripecia, problema.**

víctima ♦ **desafortunado, desasistido, indemne, mortal, propiciatorio ♦ asistir, atender, auxiliar,**

ayudar, causar, ocasionar[4], perecer, producir(se), registrar(se), socorrer

victoria ♦ abrumador[17], abultado[25], a domicilio[21], agridulce[8], ajustado, amargo[54], ansiado, apabullante, a pecho descubierto[22], aplastante[2], apoteósico[9], apreciable[19], apretado[25], arrasador[5], arrollador[1], borracho (de)[3], codiciado, cómodo, concluyente[24], convincente, crucial[79], decisivo, demoledor[40], determinante, difícil, efímero[7], en bandeja[2], épico, estrecho[13], exiguo[23], fácil, fulgurante[3], fulminante[39], holgado, honroso[19], ilusionante[32], inapelable[17], incontestable, indudable, inequívoco[75], inobjetable, merecido, pírrico[1], por los pelos[23], precario[84], reñido[50], resonante, rotundo[3], sin paliativos[52] ♦ al calor (de)[38], con posibilidad (de)[2], en señal (de)[32] ♦ ánimo (de)[15] ♦ abocar(se) (a)[43], acariciar[2], aderezar[4], aguar(se)[30], airear[42], alcanzar, amañar[16], amasar, anotar(se)[1], apuntalar[23], apuntillar[9], arañar[5], arrebatar (a alguien), arrojar[37], asumir[46], atesorar[1], augurar[7], brindar, celebrar, cimentar[21], conmemorar[14], conquistar[3], conseguir, constituir, cosechar[5], dar[213], desaparecer, desvanecerse[41], devaluar(se)[17], digerir[8], dilapidar[11], disipar, disputar, echar a perder, empañar(se)[12], escapárse(le) (a alguien), festejar, forjar[40], fraguar(se)[12], frustrar(se), irse(le) (a alguien), jalear, lograr, magnificar[38], malgastar[25], malograr(se)[21], nublar(se)[29], obtener, orquestar[32], paladear, remachar[3], representar, revalidar[31], rozar, saborear[12], saldarse (con), sellar, sonreír[14], subirse a la cabeza (a alguien), sumar, vislumbrar[22]

☐ Véase también: **derrota, empate, éxito, logro, triunfo.**

VICTORIA Véase: *MÉRITO, TRIUNFO Y RECONOCIMIENTO*

VICTORIA Véase: ÉXITO

[vida] → a vida o muerte, buena vida, dar vida (a), en vida

vida ♦ accidentado[19], aciago[8], acomodado[16], agitado, agotador[14], ajetreado[7], amargo[8], anodino, apacible, arrastrado, austero, azaroso[19], bueno, cómodo, completo, complicado, comunal[82], contemplativo, corto, cotidiano, de perros[4], dichoso, difícil, dilatado[31], duro, efímero[19], en común, escaso, fácil, fantasmal[32], fecundo[35], fértil, frenético[25], fructífero, fulgurante[33], incómodo, intachable[16], itinerante[12], largo, lleno (de), longevo, malo, monacal, pletórico (de)[4], precario[37], privado, rebosante (de)[12], retirado, saludable, sedentario, tormentoso, tortuoso, tranquilo, trepidante, triste, turbulento[3], vano, vertiginoso[47] ♦ a lo largo (de), con, durante ♦ final (de), hálito (de), ideal (de), intrusión (en), ritmo (de), soplo (de)[8] ♦ aclimatar(se) (a)[5], acortar[12], aferrarse (a)[19], afrontar[13], ahogar(se)[47], ahondar (en)[47], alargar, alterar[50], amargar (a alguien), apagar(se), apegarse (a)[28], aprovechar, arreglar, arruinar (a alguien), atenazar[36], brotar, cobrar[1], colmar[36], condensar[1], conmocionar(se)[2], consagrar (a algo), cruzar(se), dar[81], dedicar (a algo), deparar[8], desaprovechar, desperdiciar, detectar[26], devolver (a alguien), dilapidar[17], discurrir, disfrutar (de), empañar(se)[31], emplear (en algo), encarar, encarrilar[19], enderezar[3], escarbar (en)[6], extender(se), exterminar, extinguir(se)[6], fluir, fraguar(se)[64], ganarse, gozar (de), hacer(le) imposible (a alguien), hipotecar[15], infundir[9], insuflar[1], irse(le) (a alguien), írse(le) (a alguien), jalonar[12], llevar, malgastar, malograr(se)[19], nacer, pasar, perder[9], perdonar (a alguien), poner orden (en), quebrar(se), quitar (a algo/a alguien), rebosar[26], regresar (a), reventar (de)[7], saborear[24], segar, seguir, serenar(se)[22], sonreír[8], surgir, tener, terminar(se), transcurrir, truncar(se)[19], vivir, volver (a)

☐ Véase también: **buena vida.**

VIDA Véase: CURSO; EXISTENCIA

vídeo ♦ casero[21] ♦ apagar, circular, difundir(se)[77], emitir, encender, grabar (en), guardar (en), poner, ver

videoteca ♦ bucear (en), consultar

vidrioso ♦ asunto, cuestión, episodio, humor, mirada, negocio, ojo, problema, tema, terreno

[viejo] → de viejo

[viento] → a los cuatro vientos, contra viento y marea

viento ♦ arrasador[1], bonancible, cálido, dominante[10], favorable, frío, gélido, glacial, huracanado, persistente, propicio[19], racheado, reinante[4], suave, tibio ♦ a resguardo (de) ♦ brizna (de), golpe (de)[24], racha (de), ráfaga (de), soplo (de)[2] ♦ abatirse, amainar, arreciar, arremeter (contra algo), aullar, azotar[4], calmar(se), cobrar fuerza[4], desatarse, guarecerse (de), levantarse, pegar, remitir[10], resguardar(se) (de), rugir, serenar(se), silbar, soplar, venir

☐ Véase también: **huracán.**

viento en popa ♦ avanzar, ir, marchar, navegar, surcar

vientre ♦ aliviar, doler, palpar, purgar, vaciar

vigencia ♦ absoluto, actual, amplio, aparente, arraigado, artístico, efímero[57], escaso, estético, indefinido, indudable, jurídico, legal, nuevo, pleno, prolongado, real, relativo, renovado ♦ con, durante, en, sin ♦ entrada (en), grado (de), puesta (en), tiempo (de) ♦ acreditar, ampliar, carecer (de), cobrar[17], conservar, continuar (en), dar (a algo), defender, dejar (sin), entrar (en), expirar, gozar (de), mantener, ostentar, perder, poner (en), ratificar, reafirmar, recobrar, reconocer, recortar, recuperar, tener

☐ Véase también: **tiempo, validez, vigor.**

vigente *adj.* ▮ Se construye con sustantivos de persona que designan cargos, títulos, empleos u ocupaciones, más frecuentemente si están sometidos a alguna limitación temporal *(campeón, gobernador, embajador)*. También se combina con los sustantivos *plazo, período* y otros que designan unidades temporales, así como con...

A SUSTANTIVOS QUE DESIGNAN NORMAS, REGLAS Y OTROS CONTENIDOS ESTIPULADOS O REGLAMENTADOS, ASÍ COMO ALGUNAS DE LAS FORMAS EN QUE SE PRESENTAN O SE RECOPILAN. TAMBIÉN CON OTROS QUE SE REFIEREN A ALGUNOS DE SUS COMPONENTES: **1 ley ++**: La Duma analiza actualmente la ley *vigente*, aprobada en 1995 antes de las últimas elecciones parlamentarias efectuadas a fines de ese año. DYM201297 **2 legislación ++**: ...la Comisión Nacional recomendó la revisión y actualización de la legislación *vigente* en materia de drogas. GIC080896 **3 legalidad ++**: Hay que acatar la legalidad *vigente*, sin embargo, urge un estudio profundo... LVE140295 **4 normativa ++**: ...explicó que la normativa *vigente* estipula que el enterramiento de reses debe realizarse como mínimo a un metro de profundidad... FDV020101 **5 norma ++**: ...desconocer esta norma aún *vigente* (...) sería cometer una aberración jurídica y caer en un vicio legal. DHE030997 **6 constitución ++**: No podemos negociar con partidos que están fuera de la ley, mucho menos si no reconocen la Constitución *vigente* en el país. EPD110997 **7 código +**: Lo cual, considerando la dureza del código *vigente* en Gaza, significa no menos que cadenas perpetuas con trabajos forzados. EME110396 **8 ordenamiento +**: No hay nada en el ordenamiento jurídico *vigente* que distinga entre vivienda primaria y secundaria. EPU081101 **9 reglamentación +**: ...diseñó una reglamentación *vigente* desde 1997 que exige, entre otras cosas, detalles de la producción de cada producto y de sus componentes. CLA180199 **10 reglamento +**: ...los padres omitieron presentar su propuesta por escrito como lo establece el reglamento *vigente* del Consejo Superior... LNP120597 **11 regla +**: ...fue, en efecto, una de las pocas excepciones a la regla *vigente* en aquella época desértica, en aquel páramo cultural y político... EME080396 **12 estatuto**: El requisito de militancia será considerado de conformidad con lo que establecen los estatutos *vigentes* y no en términos relativos a la cantidad de años... LPH260696 **13 artículo**: ...sigue *vigente* el artículo 54 del Código de Justicia Militar que le permite al presidente de la República autorizar si se inicia o no un juicio militar... EPE091299 **14 disposición**: La disposición *vigente* (...) precisa que no podrán ser admitidos en la ronda final aquellos jugadores que se ganan la vida jugando al fútbol. HOY250484

B SUSTANTIVOS QUE DENOTAN ACCIÓN CONCERTADA ENTRE PERSONAS O ENTIDADES. TAMBIÉN CON OTROS QUE DESIGNAN ALGUNOS DE LOS RESULTADOS QUE ESA ACCIÓN PUEDE PERSEGUIR: **15 acuerdo ++**: Agricultura, pescadores y armadores coinciden en reclamar esta ampliación de los plazos establecidos en el acuerdo, *vigente* hasta noviembre. EPE220499 **16 convenio ++**: El año pasado se firmó un convenio, *vigente* hasta finales de 1996, que establecía aumentos salariales... LVE021195 **17 contrato ++**: Para el club rosarino el jugador tenía contrato *vigente* hasta junio de 2001. CLA171100 **18 pacto +**: ...quienes no pierden oportunidad de destacar que el llamado pacto de Olivos aun sigue *vigente*. CLA090497 **19 tratado +**: México y España, que ampliaron el tratado *vigente* desde 1978 luego de una negociación resuelta la semana pasada, expresaron en el documento... DYM240796 **20 compromiso**: ...denunció que los compromisos *vigentes* entre las administraciones (el contrato programa) para la financiación del transporte público del área de Barcelona sólo permiten mantener la actual red... LVE140596 **21 concierto –**: Si el 1 de enero no hay un Concierto *vigente*, el contribuyente no estará sujeto a ningún régimen tributario... EPE211201

C SUSTANTIVOS QUE DESIGNAN DIVERSOS RESULTADOS DE LA ACTIVIDAD INTELECTIVA O COGNITIVA, GENERALMENTE DIRIGIDOS A LA INTERPRETACIÓN O LA EXPLICACIÓN DE ALGUNA COSA: **22 idea +**: El documento rompe con la idea *vigente* hasta ahora de esperar a que la infección esté avanzada para iniciar la lucha contra el virus... LVE100796 **23 teoría +**: La teoría *vigente* hasta ahora proponía que la humanidad nació en Africa... LVE191195 **24 ideología**: ...son la psicología y la ideología *vigentes* en nuestra sociedad las que constituyen el problema... EME300196 **25 pensamiento**: El pensamiento situacionista sigue *vigente* hoy por su interés en reivindicar el espacio público como lugar de creación y acción política. LVE131196

D SUSTANTIVOS QUE DENOTAN PATRÓN O PAUTA DE ACTUACIÓN: **26 modelo ++**: Estas medidas revolucionarias, tomadas del modelo *vigente* en el País Vasco, suponen de hecho el primer paso para la liberalización total del sector. EME150696 **27 esquema +**: El esquema *vigente* hasta ahora, el del Estado dadivoso y los componentes sociales luchando para obtener un mayor pedazo de la torta fiscal, debe terminar... EUV080197 **28 fórmula +**: Precisó, sin embargo, que el nuevo Consejo se elegirá por la fórmula *vigente*. LVE070596 **29 orden –**: ...cuestionen mínimamente el orden *vigente* para que se movilicen contra el modelo político resultante de Maastricht. EME010796

E SUSTANTIVOS QUE DENOTAN NECESIDAD. TAMBIÉN CON OTROS QUE EXPRESAN REQUERIMIENTO O CONDICIÓN NECESARIA PARA LA REALIZACIÓN O EL CUMPLIMIENTO DE ALGUNA COSA: **30 necesidad**: ...él no encontró al Hombre Nuevo, pero la necesidad de su búsqueda sigue *vigente*, por nuevas rutas todavía sin explorar. EME091096 **31 exigencia**: El CNC ha decidido simplificar las exigencias *vigentes* en Francia. EPD190996 **32 requisito**: ...el Ministerio de Salud sancionará a todas las empresas que incumplan con los requisitos *vigentes*... LTB311000 **33 condición**: Las condiciones *vigentes* en el sistema previsional uruguayo que se toman como base para hacer el estudio comparativo son... EPU120701

F ALGUNOS SUSTANTIVOS QUE DENOTAN DIFICULTAD O ESTADO ADVERSO: **34 problema +**: ...también recordó que el problema de los niños desaparecidos sigue *vigente*... EME191196 **35 amenaza –**: La amenaza, *vigente* a partir de mañana, se produce porque en la nueva Ley de Inmigración se elimina la condición especial... PLG310397

G SUSTANTIVOS QUE DENOTAN CANTIDAD ECONÓMICA, MUY FRECUENTEMENTE LA ESTIPULADA COMO SATISFACCIÓN O CONTRAPARTIDA DE UNA OBLIGACIÓN: **36 tarifa ++**: ...la revisión de los precios superará en algunos de los títulos más usados el 6 por ciento respecto a las tarifas *vigentes* este año. LVE271195 **37 tasa ++**: ...los tipos de interés se basan en las tasas *vigentes* en el mercado alemán de capitales. EPE101080 **38 precio ++:** ...los precios *vigentes* a partir de hoy son de 17.59 de lempira para el diesel, 15.22 para la kerosina... LPH180297 **39 impuesto +:** Es imposible incrementar la tasa de los impuestos *vigentes* o crear nuevos tributos... ACP071100 **40 presupuesto +:** ...con el presupuesto *vigente* se puede observar que la reducción y las sucesivas ampliaciones han provocado un cambio en la estructura... LHG091100 **41 cuota:** Japón anunció ayer la eliminación para el año fiscal de 1994 de la cuota «voluntaria» de exportación de automóviles a Estados Unidos y que estaba *vigente* desde 1981... EME300394 **42 valor:** Las tablas, según la AFIP, reciben los valores *vigentes* en el mercado. CLA290199

H SUSTANTIVOS QUE DESIGNAN EL MEJOR RESULTADO REGISTRADO, ESPECIALMENTE SI SE PRODUCE EN EL ÁMBITO DE ALGUNA COMPETICIÓN DEPORTIVA: **43 récord +:** Una centésima de segundo separó a Privalova de su récord mundial *vigente* en 60 metros. EME140294 **44 marca:** ...establecieron un nuevo récord para la prueba con un día, 19 horas y 48 minutos, 18 horas menos que la marca *vigente* desde 1996. EPE281299

I OTROS SUSTANTIVOS; POSIBLES USOS ESTILÍSTICOS: Y a pesar de los años, de los kilos de más, de su inactividad, y de su polémica verborragia, su magia sigue *vigente*, dentro y fuera de la cancha. LTB131100; En algún momento se declaró el sinsentido de pintar, pero el hombre sigue sintiendo una pasión sincera y *vigente* por hacerlo. ENV240700; Y nuestro paraíso evasor seguirá *vigente*. ACP030701

☐ Véase también: **en vigor**.

vigilancia ♦ **atento, celoso, concienzudo, disuasorio[37], escrupuloso, estrecho[23], estricto[11], exhaustivo[27], extremo, férreo[3], implacable, intensivo[4], intenso, laxo, ocasional, permanente, policial, preventivo[17], riguroso[14], severo[53], superficial ♦ dispositivo (de), medida (de), objeto (de)[14], patrulla (de), turno (de) ♦ acentuar, aflojar[11], atender, burlar[2], desatender, descuidar, desplegar, distender, ejercer, establecer, estrechar[18], extremar, fortalecer, intensificar, librar(se) (de)[11], montar, redoblar[8], relajar(se), someter(se) (a)[31], sortear[37], zafar(se) (de)**

☐ Véase también: **atención, control, cuidado, marcaje, ojo, precaución, presión.**

VIGILANCIA Véase: *ATENCIÓN Y CUIDADO; ATENCION Y VIGILANCIA; MANTENIMIENTO, PROTECCIÓN Y RESISTENCIA*

VIGILANCIA Véase: ATENCIÓN; CONTROL; PERCEPCIÓN

vigilar ♦ **atentamente[21], cautelarmente, celosamente[18], de cerca[21], de reojo, de soslayo[3], escrupulosamente[23], estrechamente[15], férreamente[17], intensamente[62], permanentemente, preventivamente, rigurosamente**

☐ Véase también: **atender, controlar, cuidar, custodiar, encargar(se), ocupar(se), pasar revista (a), proteger.**

[vigor] → **en vigor**

vigor ♦ **arrollador, avasallador, impulsivo, inagotable, incombustible, irrefrenable ♦ ápice (de)[78], demostración (de)[3], signo (de) ♦ adquirir[70], cobrar[6], dar, derrochar[37], insuflar[9], mantener, perder, redoblar[16], tener**

☐ Véase también: **energía, fuerza, impulso, vigencia, vigorosamente.**

vigorosamente *adv.* ▌Se combina con un gran número de verbos, pero más frecuentemente con...

A VERBOS QUE DENOTAN REACCIÓN. TAMBIÉN CON OTROS QUE DESIGNAN ACCIONES OFENSIVAS, O SIMPLEMENTE EMPRENDEDORAS, REALIZADAS CON DIVERSOS MEDIOS, POR LO GENERAL DE OPOSICIÓN O RECHAZO: **1 condenar ++:** ...el presidente francés Jacques Chirac condenó «*vigorosamente*» la toma de rehenes... EME201296 **2 oponerse ++:** Lo que sé es que la empresa (...) se opuso *vigorosamente* a que le quitaran un importante número de hectáreas... CAR040897 **3 reaccionar +:** ...la sociedad civil española reaccionó *vigorosamente* ante la droga... LVE241096 **4 rechazar +:** ...el Comité de Metodología rechazó *vigorosamente* la aplicación extraterritorial de las leyes de cualquier país... GIC060496 **5 combatir +:** ...ha asegurado la pervivencia de los grandes principios de la V República a los que él había, como oponente, combatido tan *vigorosamente*. LVE100196 **6 denunciar:** La división de Alemania era una consecuencia particularmente trágica de la Europa de Yalta y de Postdam, que el general De Gaulle había *vigorosamente* denunciado... LVE171294 **7 discutir:** ...se pusieron a discutir violenta o *vigorosamente* sobre el aborto. EME040396 **8 competir:** Esta transparencia, por la que compitieron *vigorosamente* más de 10 compradores, alcanzó el precio más elevado de la sesión. EME260296 **9 acometer:** «El Gobierno japonés quiere promover una política menos estática y acometer *vigorosamente* la desregulación»... EPE080199 **10 refutar:** Seguiremos refutando *vigorosamente* esto en los tribunales... EPE061199

B VERBOS QUE DENOTAN DEFENSA O ADHESIÓN A ALGUIEN O ALGO: **11 defender ++:** ...Fujimori defendió *vigorosamente* la planificación familiar como herramienta en la lucha contra la pobreza. ENH110198 **12 apoyar +:** Las tareas de la Concertación incluyen apoyar *vigorosamente* al gobierno... HOY291297 **13 apostar:** Los mercados internacionales apuestan *vigorosamente* por un próximo final de la guerra... EPE141101 **14 sumarse:** ...se sumó *vigorosamente* a fin de reparar un agravio sin precedentes... EPE020299 **15 abogar:** Nosotros seguiremos luchando y abogando *vigorosamente* por limitar la facultad del Presidente... DLA110297

C VERBOS QUE DENOTAN APARICIÓN, INCREMENTO O EXPANSIÓN DE ALGO: **16 surgir ++:** Tras aquella confusa reunión, las dudas surgieron *vigorosamente*. INDOC **17 aflorar +:** ...enturbió o enfrió una trayectoria que ahora, después de un período de un cierto alejamiento y retiro, aflora *vigorosamente*. ABC291093 **18 crecer +:** A pesar de que las exportaciones han crecido *vigorosamente*, las importaciones lo han hecho en mucho mayor grado... LVE070195 **19 expandir +:** ...tenemos el propósito de expandir *vigorosamente* las actividades en esta zona... LVE240995 **20 emerger:** La falsa carta llegó (...) unas cuantas horas después de que el predecesor de Trimble, Lord Molyneaux, emergiera *vigorosamente* como el rostro de la corriente del no. EPE261199 **21 incrementar:** El año pasado, su cifra de negocio se incrementó *vigorosamente*, de 4.440 a 6.670 millones. LVE071096 **22 acrecentar:** ...la compañía aseguradora AGF Unión-Fénix ha acrecentado *vigorosamente* la captación de primas... LVE120596 **23 desarrollar(se):** El Mundo ha entrado decidida e innovadoramente en el mundo multimedia con una serie de ofertas (...) que van a ser desarrolladas *vigorosamente* en los próximos meses. EME291196

D VERBOS QUE DENOTAN PETICIÓN, FRECUENTEMENTE INTENSA O VEHEMENTE: **24 clamar:** ...han venido clamando *vigorosamente* por que el pueblo saharaui pudiera ejercer, por fin, el derecho legítimo a su libre autodeterminación... EME110596 **25 pedir:** ...unos derechos políticos que los judíos de Israel han pedido tan *vigorosamente* para sí mismos. EME270996 **26 reivindicar:** Aunque reivindica *vigorosamente* el papel de la sociedad civil (...), su mensaje es demasiado farragoso y grandilocuente... LVE300994

☐ Véase también: **enérgicamente, vigor.**

vil ♦ acción, agresión, asesinato, atentado, atropello, campaña, chantaje, cobardía, comercio, comportamiento, crimen, dinero, especulación, explotación, garrote, golpe, insolencia, intento, interés, juego, metal, negocio, oficio, parodia, patraña, persona, robo, secuestro, seducción, soborno, sometimiento, traición

☐ Véase también: **vilmente.**

vileza Véase: **vilmente**

vilmente *adv.* ▮ Se combina con...

A VERBOS QUE DESIGNAN AGRESIONES FÍSICAS GRAVES CONTRA LAS PERSONAS O LOS ANIMALES: **1 asesinar ++:** ...al distinguido camarada Edmundo Pérez Zujovic, *vilmente* asesinado cuando tenía mucho que dar al país... LEC270696 **2 matar:** ¿Qué ha hecho Badell para evitar que (...) los hampones y narcotraficantes maten *vilmente*, en todo el país, a más de cien personas? ENV120197 **3 fusilar:** ...revelar la verdad profunda del poeta al que fusilaron por rojo y por maricón, *vilmente*. EME080595 **4 torturar:** ¿Quién les torturó *vilmente* hasta obligarles a hablar? EME291095 **5 atacar:** Lima se estremeció cuando Sendero Luminoso atacó *vilmente* un objetivo civil. CAP200901 **6 degollar:** A pesar de todo, fueron *vilmente* degollados. LVE170796 **7 acribillar:** Poco queda de la indignación de hace un año, cuando fue *vilmente* acribillada una de las conciencias más lúcidas del país... ETC311096 **8 agredir:** ...para decir claramente que Zamorano agredió *vilmente* a un jugador del Valencia... LVE030595 **9 mutilar:** El toro, en la corrida de rejones, *vilmente* mutilada la noble cornamenta... EPE020685 **10 arrollar –:** Un pedregoso equipo alemán nos arrolla *vilmente*. EPE281099

B VERBOS QUE DESIGNAN OTRAS ACTUACIONES AGRESIVAS, NO NECESARIAMENTE FÍSICAS, CONTRA LAS PERSONAS: **11 engañar +:** «No me explicaron cuál era el verdadero fin de esa firma. Me engañaron *vilmente*», dijo Suescun. DDN050599 **12 explotar +:** ...que su patrimonio y su riqueza no sigan siendo impune y *vilmente* explotadas... DED060297 **13 aprovecharse:** Ha ocurrido una desgracia y algunos se están aprovechando *vilmente*. EPE140199 **14 traicionar:** Si estaba despierto, traicionó *vilmente* a los suyos. LVE100895 **15 deshonrar:** Sus dos hijas fueron deshonradas *vilmente* por los condes. INDOC **16 desprestigiar:** Que toda persona extranjera o chilena, que desde el exterior (...) desprestigie *vilmente* al país, a su Gobierno y a su pueblo... HOY070181 **17 difamar:** Le acusan de difamar *vilmente* al gobierno, pero él se defiende diciendo que únicamente ha hecho pública la verdad. INDOC **18 injuriar:** ...las mujeres abandonadas o *vilmente* injuriadas, etcétera. LVE210395 **19 insultar:** ...ante el rumor de su candidatura, ha sido *vilmente* insultado... LVE191195 **20 vejar:** ...el recuerdo de los cientos de seres humanos torturados, vejados y asesinados *vilmente* por orden del general... EPE280899 **21 repudiar –:** ...puesto en la tesitura de verse *vilmente* repudiado y amenazado por una cuadrilla de salvapatrias... EME240495

C VERBOS QUE DESIGNAN ACCIONES QUE SE SUELEN CONSIDERAR INAPROPIADAS (DESDE INCORRECTAS HASTA INMORALES) EN MUY DIVERSOS GRADOS: **22 enriquecerse:** ...aquéllos que a río político revuelto se enriquecieron *vilmente* traficando con el sudor... EME280596 **23 manipular:** ...los miuras tenían sus nobles testas *vilmente* manipuladas... EME080796 **24 provocar:** ...aquel puñado de pavas que nos provocaban *vilmente* en los guateques... EME090896 **25 politizar:** Lo que me hiede es que asunto a la postre tan femenino se politice *vilmente*. EME100795 **26 camuflar:** Terror Antonio Margheritti, *vilmente* camuflado detrás de su habitual pseudónimo... LVE140995 **27 mercadear:** ...siniestro personaje (...) que mercadea *vilmente* con las debilidades prójimas. LVE241295

D OTROS VERBOS; POSIBLES USOS ESTILÍSTICOS: ...donde el Gobierno operó *vilmente* y Polanco, a quien exculpo, se limitó a poner el cazo. EME230594; ...como *vilmente* insinúa el abogado que representa a los perdedores. ESH240397; ...organizando el secuestro de las cabecillas, que desaparecieron *vilmente* para siempre jamás. EME111095

☐ Véase también: **vil.**

vinculación ♦ acusado[68], claro, estrecho[31], estricto, fuerte, indudable, íntimo, ligero, posible, profundo[25], sospechoso ♦ confesar[24], demostrar, descubrir, detectar[57], establecer[14], negar[39], percibir, probar, romper

vincular(se) ♦ activamente[24], estrechamente[5], fuertemente[3], indisolublemente, inexorablemente[73], inseparablemente, íntimamente, profundamente[55], verbalmente[74]

vínculo ♦ afectivo, amistoso, cercano, consanguíneo, débil, duradero, estable, estrecho[30], familiar, férreo[111], firme, fuerte, incondicional[4], indisoluble, indivisible, inequívoco[45], inquebrantable[38], laboral, lejano, perdurable, permanente, perpetuo, profesional, remoto, sólido, tenue, tradicional ♦ afianzar(se)[34], cimentar[4], contraer[23], cortar[2], detectar[59], disolver(se)[20], entablar[5], establecer[13], estrechar[23], forjar[2], formalizar, fortalecer(se)[2], perder, robustecer(se)[3], romper, sellar[12], tejer[16], tensar[2], trabar

☐ Véase también: **conexión, enlace, lazo, nexo, relación, unión.**

VÍNCULO Véase: DEPENDENCIA; CONJUNCIÓN; RELACIÓN

vino ♦ **a granel, borracho (de), ciego (de), de mesa, de solera**[1]**, peleón** ♦ **botella (de), chato (de), garrafa (de), vaso (de)** ♦ **adulterar, aguar(se), airear, beber, derramar, emborracharse (de), embotellar, fermentar(se), subirse a la cabeza (a alguien), tomar, verter**

violación ♦ **claro, craso**[3]**, del acuerdo, de la ley, de la propiedad, de las garantías, de la tregua, del espacio aéreo, de los derechos, flagrante**[2]**, franco, grave, impune**[12]**, patente, presunto, reiterado, repetido** ♦ **acto (de), caso (de), delito (de), intento (de)** ♦ **castigar, cerrar los ojos (ante)**[9]**, cometer**[39]**, denunciar, imputar**[10]

violar *v.* ▌En el sentido de 'profanar', se combina con sustantivos que designan recintos sagrados, reservados o dignos de respeto *(templo, sagrario, santuario)*. Con el significado de 'forzar sexualmente' se combina con sustantivos de persona *(mujer, menor)*. En su sentido de 'incumplir, transgredir, quebrantar', se combina con...

A SUSTANTIVOS QUE DESIGNAN LEYES, NORMAS, INSTRUCCIONES Y OTRAS DIRECTRICES LEGALES U OFICIALES ESTIPULADAS O REGLAMENTADAS. TAMBIÉN CON ALGUNOS QUE SE REFIEREN A SUS ELEMENTOS CONSTITUTIVOS O LAS FORMAS EN QUE SE MANIFIESTAN O SE RECOPILAN: **1 norma ++:** Vincho acaba de *violar* esa norma elemental de la diplomacia. RUM250897 **2 regla ++:** ...esos funcionarios *violaron* las reglas de seguridad del movimiento naval, lo cual provocó la catástrofe. GIC120900 **3 reglamento ++:** Un juez tumba la designación del jefe de la Policía Local por *violar* el reglamento. LRE240103 **4 precepto ++:** ...es por haber *violado* un precepto sagrado: tocó el bolsillo de la clase media, los «mainstreamers», el sustento de la América real. EME190595 **5 principio ++:** La norma, que había sido vetada por el Poder Ejecutivo, *viola* principios esenciales de la Constitución Nacional... LNA020792 **6 condición ++:** ...el portavoz de Izquierda Unida, Felipe Alcaraz, volvió a insistir en que esa acción *viola* las condiciones del referéndum sobre la OTAN. EME070695 **7 orden +:** ...se disponían a atacar enclaves kurdos al norte de Irak, *violando* la orden de sobrevolar esa zona... EME160494 **8 convención +:** ...tales prácticas *violarían* claramente la Convención de Derechos del Niño... EME090196 **9 cláusula:** ...y que se están *violando* cláusulas como las relacionadas con tarifas. ENV180497 **10 mandato:** ...creyó que el pecado original había consistido precisamente en comer carne, *violando* el mandato divino de alimentarse exclusivamente de vegetales. EPE270499 **11 ley ++:** ...entrar ilegalmente en un país es *violar* una ley, pero el acto no implica ni violencia contra los habitantes del lugar y, en su defensa, puede esgrimirse el argumento de extrema necesidad... LRE170103 **12 legislación ++:** ...a cuya dirección acusaron de ocupar los cargos ilegalmente al *violar* la legislación vigente sobre los períodos de mandato. LNC110497 **13 resolución ++:** ...afirmó que, «en este momento, Sadam no está cooperando con los inspectores y por tanto está *violando* la resolución de la ONU». LRE010203 **14 constitución ++:** ...que es la realización de escuchas ilegales a ciudadanos particulares, sin autorización judicial y *violando* la Constitución... EME220695 **15 derecho ++:** ...un país que, además de no haber rectificado y reparado su acción de *violar* el Derecho Internacional... LVE190395 **16 artículo ++:** ...estaría *violando* el artículo 143 de la Carta Magna, que reza que la administración pública está en el deber de informar oportuna y verazmente a los ciudadanos. ENV260700 **17 legalidad ++:** ...uno de los deportados que habían solicitado asilo en España sin que la policía diese trámite a su petición «*violando* así la legalidad vigente». EPD250996 **18 código ++:** Denunciada por su marido, la mujer fue condenada por el tribunal de Sciacca (Sicilia) a dos meses de prisión por *violar* el Código Penal... EPE300999 **19 estatuto +:** Estas decisiones *violan* los estatutos de la FIFA así como el acuerdo entre una delegación conjunta de FIFA y UEFA... EME281196 **20 disposición ++:** O sea, Slawomir guiaba su vehículo *violando* las disposiciones de los jueces. EME020995 **21 normativa +:** ...para que a través de la Comisión de Defensa de Diputados se realice una investigación, porque se estarían *violando* las normativas legales y constitucionales... EUV151096 **22 decreto:** ...porque estaríamos *violando* el decreto de desregulación del transporte. CLA300197 **23 sentencia:** ...y tras *violar* una sentencia de marzo pasado en la que el Tribunal Supremo restringía las atribuciones de la Asamblea a redactar la futura ley fundamental... EPE140899

B SUSTANTIVOS QUE DENOTAN DECISIÓN, RESOLUCIÓN O RESULTADO DE UNA ACCIÓN CONCERTADA: **24 acuerdo ++:** La pasada semana llevó sus protestas hasta Washington acusando a Canadá de *violar* los acuerdos comerciales entre los dos países. EPE141201 **25 tratado ++:** ...y que la ejecución de Garza podría *violar* dos tratados internacionales. CLA200601 **26 compromiso ++:** «Irán tiene todo el derecho a garantizar su seguridad y Rusia ayudará en esa tarea sin *violar* ninguna norma o compromiso internacional». EDV130301 **27 convenio +:** Rock acusó a la Secretaría de Hacienda y Crédito Público de *violar* un convenio establecido con el diario para pagar sus adeudos. PME150996 **28 pacto +:** Los directivos azulgrana tampoco *violaron* el pacto de silencio acordado. LVE101296 **29 trato:** El desplazamiento de soldados a la frontera *violó* el trato que con tanto esfuerzo se había alcanzado. INDOC

C SUSTANTIVOS QUE DESIGNAN ALGUNOS DERECHOS HUMANOS, MÁS FRECUENTEMENTE SI ALUDEN A LA CAPACIDAD DE LOS INDIVIDUOS DE OBRAR O ELEGIR POR SÍ MISMOS, O DE MANTENER EN SECRETO LOS ASPECTOS PARTICULARES O PERSONALES DE SUS VIDAS: **30 intimidad ++:** La imagen tenía interés informativo y no se puede decir que *violara* la intimidad. EME160396 **31 libertad ++:** El Tribunal Europeo condena a Portugal por *violar* la libertad de expresión. EPE300900 **32 privacidad +:** ...expresó que «nunca trataron de intervenir las llamadas telefónicas, pues están conscientes de que *violan* la privacidad de las personas y la Constitución». PLG190397

D SUSTANTIVOS QUE DENOTAN LINDE, TÉRMINO O CONFÍN: **33 límite +:** Si éstos *violan* los límites de la convivencia, el Estado actúa para recuperar la paz social. ENV021000 **34 frontera +:** Al mismo tiempo han rechazado todos los intentos de las bandas terroristas por *violar* nuestra frontera... EPE050599

E SUSTANTIVOS QUE DENOTAN PROPIEDAD ESENCIAL DE ALGO: **35 espíritu ++:** ...porque supone *violar* el espíritu de concertación instaurado tras el final de la guerra fría. LVE050996 **36 fundamento +:** ...de un diputado elegido democráticamente por un partido con leyes ni reglamentos sin *violar* los fundamentos de la democracia y libertad política. ESH180397 **37 esencia:** ...que defendía como una forma de hacer política, es decir, significaba *violar* la esencia de su pensamiento y de su práctica anteriores. EME220194

F SUSTANTIVOS QUE DESIGNAN DIVERSAS FORMAS DE RESTRINGIR O IMPEDIR ALGO: **38 prohibición ++:** Las bombas de racimo presentan un elevado riesgo de *violar* la prohibición de ataques indiscriminados ya que liberan numerosas bombas que se extienden por un área muy amplia... EPE021101 **39 veto:** ...un enriquecimiento ilícito al *violar* el veto a la entrada de animales procedentes de países afectados por la fiebre aftosa... FDV210601 **40 limitación:** Un folleto que se entrega en la frontera previene a los conductores de las penas a que se exponen en el caso de *violar* las limitaciones. LVE220195 **41 restricción:** ...si los palestinos *violan* las restricciones militares en una prueba de fuerza popular sobre Jerusalén. LVE290896

G SUSTANTIVOS QUE DESIGNAN LO QUE SE DICE O SE COMPROMETE BAJO JURAMENTO O SE MANTIENE OCULTO Y RESERVADO: **42 secreto ++:** ...no declararán nada que *viole* el secreto profesional o el secreto del sumario. LVE191195 **43 palabra +:** Lo que no se puede aceptar es «faltarse al respeto a sí mismo, *violando* la palabra empeñada». PME101196 **44 promesa:** ...han roto la tradicional neutralidad de España en lo que va de siglo, *violando* promesas del Gobierno sobre el nivel de implicación española en este conflicto... EME270595

H SUSTANTIVOS QUE DENOTAN SEGURIDAD O CERTEZA: **45 seguridad +:** Éste fue inmediatamente despedido y acusado de *violar* la seguridad nacional... EPE290900 **46 garantía +:** ...acusaron al gobierno de Clinton de *violar* las garantías de la ley y permitir que criminales no elegibles se convirtieran en ciudadanos... ENH170297

I ALGUNOS SUSTANTIVOS QUE DENOTAN INTENCIÓN: **47 voluntad:** ...debe defender la democracia ante quienes quieren instaurar una dictadura de largo plazo *violando* la voluntad popular. LVE090495 **48 deseo:** Un golpe de estado que *violó* el deseo general de vivir en una sociedad democrática. INDOC

J SUSTANTIVOS QUE DENOTAN ARMONÍA O ESTABILIDAD. TAMBIÉN CON OTROS QUE DESIGNAN LA INTERRUPCIÓN TEMPORAL DE LAS HOSTILIDADES EN UN CONFLICTO BÉLICO: **49 orden:** Los peores cataclismos (...) los causa el hombre cuando *viola* el orden natural que establece la primacía de las personas por sobre cualquier consideración. HOY180385 **50 equilibrio:** Rodionov rechazó dar luz verde a ese proceso porque considera que *violaría* el actual equilibrio geoestratégico de Europa... LVE191296 **51 tregua:** Rusos y chechenos se acusan mutuamente de *violar* la tregua. EME020696 **52 alto el fuego:** La ONU acusó ayer a las partes en conflicto en Bosnia-Herzegovina (serbios, croatas y musulmanes) de *violar* el alto el fuego en el noroeste del país... EME141095 **53 paz:** ...este lamentable incidente también se marca a un hombre y se *violan* la paz y tranquilidad de su familia y hogar. EPE010277

■ Se combina también con: ♦ **abiertamente**[46], **frontalmente**[14], **reiteradamente**[12]

□ Véase también: **conculcar, contravenir, desobedecer, incumplir, infringir, quebrantar, saltarse, transgredir, vulnerar.**

violencia ♦ **abusivo**[68], **a destajo**[31], **alevoso, arbitrario, asesino, bárbaro, brutal, ciego**[17], **contenido, de palabra y obra**[8], **desaforado**[25], **descarnado**[31], **desenfrenado**[7], **desmedido**[38], **desmesurado, execrable**[3], **extremo, imperante**[9], **implacable, impune**[54], **infernal, irracional, radical, reinante, salvaje, sumo, tremendo, vandálico, verbal** ♦ **acto (de), arranque (de)**[9], **arrebato (de)**[3], **brote (de), foco (de), manifestación (de)**[1], **ola (de)**[4], **secuela (de)**[8] ♦ **abjurar (de)**[19], **acabar (con), acallar, acentuar(se), agravar(se)**[64], **alimentar**[37], **amainar**[18], **anidar**[59], **aplacar(se)**[32], **apoderar(se)**[19], **arreciar**[41], **atizar**[27], **azotar**[29], **cerrar los ojos (ante)**[8], **combatir**[3], **condenar, contener, cortar**[60], **decrecer**[56], **desatar(se)**[11], **desencadenar(se)**[2], **desfogar**[5], **detener, dominar**[18], **ejercer**[39], **engendrar**[1], **estallar, exacerbar**[1], **generar, incentivar**[38], **incitar (a)**[11], **incubar**[10], **inducir (a)**[14], **infligir**[32], **instaurar**[23], **instigar (a), intensificar(se), luchar (contra), mitigar**[54], **preconizar**[15], **predicar**[44], **rayar (en)**[27], **recrudecer(se)**[21], **remitir, reprimir, segregar**[9], **vencer**

□ Véase también: **asesinar, asesinato, intolerancia, saquear, secuestrar, terror, terrorismo.**

VIOLENCIA

♦ (ADJETIVOS) Véase: **cariz**[F], **ola (de)**[H]

♦ (SUSTANTIVOS) Véase: **abjurar (de)**[C], **acceso (de)**[C], **achacar**[D], **a destajo**[H], **agravar(se)**[J], **alimentar**[D], **aparatoso**[H], **a patadas**[B], **aplacar(se)**[C], **a sangre fría**[C], **atizar**[C], **caer como una bomba**[C], **carcomer**[B], **cerrar los ojos (ante)**[B], **ciego**[D,E], **combatir**[A], **cometer**[E], **de palabra y obra**[C], **desaforado**[E], **descarnado**[E], **dominar**[E], **en masa**[F], **incitar (a)**[B], **inhumano**[G], **instaurar**[D], **ocurrir**[C], **ola (de)**[B], **practicar**[H], **preconizar**[D], **predicar**[H], **presto (a)**[A], **ráfaga (de)**[E], **rapto (de)**[A], **recrudecer(se)**[B], **secuela (de)**[B], **silenciar**[E], **sofocar**[C], **soterrado**[A]

♦ (VERBOS) Véase: **a destajo**[D], **a sangre fría**[A], **con alevosía**[A], **en masa**[C], **sin contemplaciones**[C], **sin piedad**[B]

□ Véase también: ACCIÓN HOSTIL; ACTUACIÓN ILEGÍTIMA; AGRESIÓN; CONFLICTO; CONFRONTACIÓN; LACRA; OPOSICIÓN.

viperino *adj.* ■ En el sentido de 'malintencionado' o 'que busca hacer daño' admite sustantivos de persona *(Es un periodista viperino)*. También se combina con...

A EL SUSTANTIVO *LENGUA* Y, POR EXTENSIÓN, CON OTROS QUE DESIGNAN JUICIOS NEGATIVOS (ORALES O ESCRITOS) DIRIGIDOS A ALGÚN DESTINATARIO: **1 lengua ++:** ...tratando de destruir con su lengua *viperina* toda la excelente labor... ESP220497 **2 censura:** ...se permite repartir opiniones e incluso censuras *viperinas* a todo lo que se le pone por delante... ABC191193 **3 crítica:** ...se dedicó a defender a Barral de todas las críticas «*viperinas*» que se le hacían... EME230694 **4 ataque:** ...salvo ataques *viperinos* a Kodama y otras colegas... EME090396

B SUSTANTIVOS QUE DESIGNAN MANIFESTACIONES VERBALES MUY DIVERSAS, EL MEDIO CON EL QUE SE EXPRESAN Y ALGUNOS DE LOS CONTENIDOS QUE TRANSMITEN: **5 lenguaje:** Las razones de tanto encono deberían buscarse en el lenguaje *viperino* y afilado de la futura víctima. LVE290996 **6 pluma:** Cuán fino hila con su pluma *viperina* de narcisismo narrativo... LVE101295 **7 acento –:** Así rugió aquella furia con *viperino* acento... EPE070799 **8 mensaje –:** ...podían impunemente lanzar el mensaje *viperino* a los ancianos pensionistas... EME300694 **9 decálogo –:** Allí es donde va a echar el entrenador azulgrana todo su *viperino* decálogo. EME020496 **10 columna –:** Flor desde esta columna *viperina* para la puesta en escena de su «Kiu»... ABC220193 **11 alusión –:** Ni siquiera las *viperinas* alusiones de Ramón Mendoza... LVE170295

C OTROS SUSTANTIVOS; POSIBLES USOS ESTILÍSTICOS: ...entregó temblorosamente su cinta a la cantante, que le despidió con un beso *viperino.* EPE280499; ...caen ante su aguijón *viperino.* EME211095; ...y otras lindezas así de *viperinas* e injustas... EME090694

☐ Véase también: **avieso, vejatorio.**

viraje ♦ brusco[32], decisivo[5], repentino ♦ dar

☐ Véase también: **giro.**

virar ♦ en redondo

☐ Véase también: **girar.**

virtualmente *adv.* ▮ En el sentido de 'de manera virtual pero con apariencia de real' admite verbos que designan la creación, uso o experimentación de recursos informáticos *(crear, diseñar, visitar, navegar, tocar, sentir, comunicarse).* En el sentido de 'prácticamente' o 'casi completamente' se combina con verbos que designan formas de obtener resultados en un litigio o en una competición, a menudo deportiva *(ganar, perder, empatar, clasificarse: El equipo ha perdido virtualmente la liga)* y también con...

A VERBOS QUE DENOTAN RESOLUCIÓN: **1 sentenciar ++:** En estos cinco minutos extra siempre dominó el Unicaja, que sentenció *virtualmente* el encuentro con el 90-83 en menos de tres minutos. LVE110396 **2 resolver +:** Virtualmente resueltas las diferencias internas entre la dirigencia de AD... EUV090796 **3 decidir +:** Pocas sorpresas y pocas ideas nuevas en las resoluciones, que estaban *virtualmente* decididas de antemano. EME111295 **4 definir:** Definida *virtualmente* la presidencia del Congreso, surgen nuevos cubileteos. CAP180796

B VERBOS QUE DESIGNAN LA ACCIÓN DE DEJAR ALGO EN SUSPENSO: **5 paralizar +:** ...importantes sectores del IRA han endurecido su postura con relación al plan de desarme, y ha quedado *virtualmente* paralizado el proceso de paz en el Ulster... EPE100399 **6 suspender +:** Desde entonces acá, el líder bolivariano ha suspendido *virtualmente* los planes privatizadores... EPE010800 **7 congelar:** Puesto que la venta de armas estadounidenses a América Latina está *virtualmente* congelada desde el embargo del presidente James Carter... BRE040797 **8 varar:** Sin embargo, la embajada decidió no otorgarle visas a ninguno de los futbolistas haitianos, que se encuentran *virtualmente* varados en Trinidad y Tobago. ETC160494

C VERBOS QUE DESIGNAN LA TERMINACIÓN O EL CESE DE UNA ACTIVIDAD O DE UN ESTADO DE COSAS: **9 terminar +:** Aunque las dos selecciones necesitan de la victoria para dar por terminada *virtualmente* esta fase... LNC011296 **10 desaparecer +:** Ayer, las largas filas que se habían advertido en el Consulado en las últimas tres semanas habían *virtualmente* desaparecido. ETC020497 **11 concluir:** ...Gran Caribe, *virtualmente* concluyó en 1996 su gestión con resultados satisfactorios... GIC020197 **12 cesar:** ...pero los viajes a la capital habían cesado *virtualmente* desde hace más de un año, según se indicó. ECP140175 **13 abandonar:** Pero esta fórmula ha sido ya *virtualmente* abandonada, en favor de la propuesta de Narcís Serra... EME230594

D VERBOS QUE DENOTAN ELIMINACIÓN, FRAGMENTACIÓN O SUSTITUCIÓN DE ALGO: **14 eliminar +:** Uno de los principales obstáculos para rebajar, y *virtualmente* eliminar el ISR, es el argumento de los populistas, que defienden su aplicación... PLG310397 **15 liquidar +:** ...descabezar al TC, liquidarlo *virtualmente* y dejar en él a peleles que se escudan en la Casa de Pilatos... CAP120697 **16 descartar +:** ...pero estaba *virtualmente* descartado de la candidatura desde que el entonces dirigente nacional del PRI... PME090297 **17 separar +:** ...la mayoría están en Cisjordania y Gaza, cuya población quedará *virtualmente* separada de la israelí antes de fin de año. EME111295 **18 exterminar:** ...Sendero Luminoso –grupo *virtualmente* exterminado desde septiembre de 1992 con la captura de su líder, Abimael Guzmán–... EPE150799 **19 sustituir:** Incluso se nos podrá sustituir *virtualmente* en mejores condiciones para el poder religioso-mediático... EPE131099 **20 dividir:** ...la fuerza de dos grupos privados que *virtualmente* se dividirán un país de 40 millones de habitantes. EME131196 **21 destruir:** ...un crédito de 20 millones de dólares para poder reparar sus carreteras que están *virtualmente* destruidas. LPN300197 **22 demoler:** ...no oscurece el hecho de que su proyecto político fue *virtualmente* demolido... HOY151297 **23 defenestrar:** ...el Alcalde Ronald MacLean fue *virtualmente* defenestrado por un Concejo amañado de mala fe... LTB090197

E VERBOS QUE DENOTAN PROHIBICIÓN O IMPEDIMENTO: **24 impedir +:** ...ha impedido *virtualmente* que su país cumpla con sus obligaciones financieras internacionales... EUV170498 **25 prohibir +:** ...la publicidad exterior está *virtualmente* prohibida, y la arquitectura regimentada de acuerdo a ciertos estilos, como en Miami Beach. CAP161097 **26 truncar:** Los propósitos de paz del Gobierno quedaron *virtualmente* truncados con la posición de los dos principales grupos rebeldes de Colombia. EPC220597 **27 maniatar:** ...la actuación del titular de ese Poder del Estado está *virtualmente* maniatada por la voluntad del Presidente de la República... LPN010497

F VERBOS QUE DENOTAN POSESIÓN, ADQUISICIÓN O GOBIERNO: **28 controlar ++:** Recuerdo con qué rapidez los iraníes pasaron de una débil presencia en el Líbano, en 1982, a controlar *virtualmente* grandes bolsas del país en 1985... LVE121096 **29 poseer ++:** ...se encuentran bien posicionadas para afrontar un dólar resurgente; *virtualmente* poseen mercados como el de software. EXC170896 **30 conquistar:** El pelotón había conquistado *virtualmente* la colina. INDOC **31 obtener +:** Ese grupo empresarial ya ha obtenido *virtualmente* toda la cuota de mercado. INDOC **32 monopolizar +:** ...mientras monopolizan *virtualmente* el mercado mundial de refrescos de cola. EPE130299

G ADJETIVOS QUE DENOTAN INVIABILIDAD: **33 imposible** ++: Resucitar la URSS sería, por supuesto, *virtualmente* imposible a la luz de los profundos problemas que aquejan a Rusia. LNC230197 **34 inviable:** ...en el 90 se pensó que el traspaso del poder sería un acto *virtualmente* inviable... HOY050198

H ADJETIVOS QUE DENOTAN INCAPACIDAD O INOPERANCIA: **35 incapaz** +: ...que el Estado sea *virtualmente* incapaz de vencerlo o derrotarlo. CAP090197 **36 nulo:** ...la probabilidad de que el Consejo de Seguridad de la ONU adopte esta misma medida es *virtualmente* nula. EME040895 **37 inoperante:** Los cascos azules se han convertido en una fuerza *virtualmente* inoperante en Bosnia... EME120795

I ADJETIVOS QUE DENOTAN INEXISTENCIA O DESCONOCIMIENTO: **38 desconocido** +: ...las tres restantes muchachas son *virtualmente* desconocidas por acá... EPU060901 **39 inexistente** +: ...y los riesgos, por lo menos en el lado mexicano de la frontera, son *virtualmente* inexistentes. EPE200999 **40 anónimo:** ...compra de armas, sometimiento de jueces, legisladores y funcionarios públicos mediante «gentilezas» *virtualmente* anónimas. CAP040997

[virtud] → **en virtud (de)**

virtud ♦ **acendrado**[9], **arraigado**[38], **asombroso, desacostumbrado, destacado, distintivo, ejemplar, estimable, fundamental, genuino, innegable, loable, mayor, meritorio, modélico, notable, personal, principal, sobresaliente** ♦ **cúmulo (de), dechado (de), ideal (de), modelo (de)** ♦ **adornar (algo/a alguien), adquirir, alabar, arrogarse, atesorar**[21], **atribuir, aunar**[31], **derrochar**[45], **distinguir (a alguien), ejercitar**[24], **enaltecer, ensalzar, magnificar**[30], **ponderar, poseer, practicar**[40], **reconocer (a algo/a alguien)**

☐ Véase también: **característica, cualidad, propiedad.**

VIRTUD

♦ (SUSTANTIVOS) Véase: **abusar (de)**[A], **acceso (de)**[D], **acendrado**[A], **agotar(se)**[C], **apagar(se)**[H], **arrebato (de)**[H], **arrollador**[E], **ataque (de)**[F], **aunar**[F], **barniz (de)**[B], **calibrar**[J], **cándido**[B], **colmar**[C], **corroborar**[H], **cristalino**[D], **cultivar**[E], **derrochar**[F], **desbordar(se)**[H], **destilar**[E], **difuminar(se)**[M], **difundir(se)**[P], **incontrovertible**[C], **infundir**[F], **instintivo**[F], **intachable**[C], **irradiar**[C], **irrefutable**[E], **leso**[C], **luminoso**[C], **magnificar**[D], **portentoso**[B], **pozo (de)**[A], **practicar**[G], **predicar**[G], **prodigar**[J], **ráfaga (de)**[D], **rapto (de)**[D], **rayar (en)**[G], **rebosante (de)**[F], **rebosar**[G], **refrendar**[B], **rendirse (a/ante)**[E], **revestir(se) (de)**[F], **rezumar**[B,E], **sembrar**[I], **velar (por)**[F]

☐ Véase también: CUALIDAD.

virus ♦ **contagioso, dañino, destructivo, imparable, informático, inocuo, inofensivo, letal, mortal, mortífero, pernicioso, rebelde** ♦ **anidar, combatir, contraer, detectar, incubar, inocular, neutralizar, transmitir**

visa ♦ **conceder, obtener, prorrogar**[4], **revocar**[12], **solicitar, tramitar**

visado ♦ **conceder**[19], **denegar**[28], **obtener, prorrogar, revocar, sellar, solicitar, tramitar**

visceral *adj.* ▮ Se combina con sustantivos de persona, especialmente si se refieren al que ejerce la oposición o la defensa de algo *(enemigo, opositor, hincha)* o designan obras de creación o los géneros a los que corresponden *(película, novela, drama, música)*. También se combina con...

A EL SUSTANTIVO *ODIO*, ASÍ COMO CON OTROS QUE DESIGNAN SENTIMIENTOS O ACTITUDES DE RECHAZO E IRRITACIÓN: **1 odio** ++: ...señalaron como culpable (...) a (...) la viuda de la víctima, debido al odio *visceral* que le profesaba. SEM161000 **2 rechazo** ++: Entiendo (...) que haya un rechazo *visceral* a eso. CAR090198 **3 aversión** +: Ello explicaría (...) su *visceral* aversión hacia el XVII... ABC171293 **4 antipatía** +: Una biografía (...) revela su *visceral* antipatía hacia Margaret... LVE041096 **5 enemistad** +: ...mantiene con Barrero una enemistad antigua y *visceral*. EPE270999 **6 repudio** +: ...los hechos (...) producen un generalizado rechazo, un repudio casi *visceral*... LNP050297 **7 repulsión** +: Su actuación provocó la repulsión *visceral* de buena parte del público. INDOC **8 desprecio:** ...se nos niega el diálogo y la sensatez política con dimisiones forzadas o con los insultos del desprecio *visceral*... LVE270795 **9 animadversión:** ...llegó el primer despido provocado (...) «por la *visceral* animadversión» del primer edil... EPE150399

B SUSTANTIVOS QUE DESIGNAN VARIAS FORMAS DE OPOSICIÓN Y DESACUERDO: **10 oposición** ++: ...distinguen las críticas constructivas de las de una oposición *visceral*, revanchista y dogmática... EXC110796 **11 protesta:** Califica de «*visceral*», por la desesperación, el coraje y la impotencia de los barrenderos, las protestas de éstos... PME190197 **12 crítica:** ...todo lo planteado no son críticas *viscerales*, sino defectos estructurales graves. ESH111000 **13 queja** −: ...la queja *visceral* (...) aspira a servir de catarsis a los implicados y a los espectadores. EPE120800

C SUSTANTIVOS QUE DENOTAN DIVERSAS FORMAS DE AGRESIÓN O CONFRONTACIÓN FÍSICA O VERBAL: **14 enfrentamiento** +: ...ha suscitado un duro debate, por su *visceral* enfrentamiento (...) en esta campaña electoral. LVE200595 **15 ataque:** No hay (...) un ataque *visceral* ni panfletario... ABC180992 **16 confrontación:** ...no es un hombre de confrontación *visceral*, pero aguanta con entereza las presiones. EME110494 **17 choque:** ...en España se producía un choque *visceral*... LVE040695 **18 disputa:** ...evitar la prolongación de las disputas *viscerales* y sustituirla con las contiendas políticas... EXC270796 **19 insulto:** El insulto *visceral* y la descalificación sistemática no son actitudes democráticas... LVE130495 **20 exabrupto:** ...es (...) hombre de exabruptos *viscerales*... EME100495 **21 pelea** −: ...durante años mantuvo una pelea violenta y *visceral* con sus parientes... EME280395

D SUSTANTIVOS QUE DESIGNAN CORRIENTES, TENDENCIAS O POSTURAS FAVORABLES O CONTRARIAS A ALGUNA OPCIÓN IDEOLÓGICA, ASÍ COMO LOS SENTIMIENTOS Y LAS ACTITUDES QUE SE ASOCIAN CON ELLAS: **22 anticomunismo** +: ...el episodio le produjo un *visceral* anticomunismo que le llevó a denigrar figuras como Picasso y Sartre. LVE281096 **23 antiamericanismo** +: Aquí hay un antiamericanismo *visceral*... EPE040499 **24 anticle-**

ricalismo: Pero el viejo marxismo sedimentado en el fondo de la conciencia, un anticlericalismo arcaico y *visceral* y un relativismo propio del hombre-masa orteguiano le conducen a algunas tesis y valoraciones, de las que ofrezco una sucinta selección. ABC030694 **25 antisemitismo:** ...olvidando su connivencia con Hitler y su antisemitismo *visceral*... EPE121199 **26 nacionalismo:** ...meten en el mismo saco a (...) al nacionalismo sociológico, al nacionalismo *visceral*... LVE290296 **27 patriotismo:** ...una visión sesgada en exceso por un patriotismo *visceral* ajeno a la reflexión crítica... EME100396 **28 madridismo:** ...se dedicó durante más de hora y media a exponer su madridismo más *visceral*... EME281096

E SUSTANTIVOS QUE DESIGNAN EL MIEDO EN DIVERSOS GRADOS: **29 miedo:** ...la razón de no hacerlo es su miedo *visceral* a perder la moción de censura... LVE281095 **30 pánico:** ...50.000 (...) se debaten entre el pánico *visceral* al enemigo y la incertidumbre de vivir como refugiados... EME220296 **31 temor:** El temor *visceral* de (...) su régimen ante la posibilidad de que (...) ventile los vídeos... CLA131100

F SUSTANTIVOS QUE DENOTAN ACCIÓN OPUESTA A ALGUNA OTRA, A MENUDO CARACTERIZADA POR SU VIVEZA O SU EMPUJE. TAMBIÉN CON OTROS QUE DESIGNAN DIVERSAS FORMAS DE ESTÍMULO O REFLEJO: **32 reacción ++:** ¿Qué gana la nación con hombres que administran a base de reacciones *viscerales* (...)? ESH280297 **33 respuesta +:** Si lo que quiere es dar a entender que se trata de una respuesta *visceral*, yerra. EME050195 **34 impulso:** ...un «enorme esfuerzo para templar con las neuronas» sus impulsos *viscerales*... LVE080494 **35 arranque:** Este, en un arranque *visceral*, exclamó: «¡había que desollarlos a todos!». EME260396 **36 pulsión:** Tal es mi culpable pensamiento (...) en un campo entregado a las pulsiones más *viscerales* de los patriotas españoles... EME010796 **37 decisión:** ...alerta en torno a que los votantes «emitan una decisión *visceral*» sin reflexionar... EXC120197 **38 resorte –:** ...todo lo que se le ha ocurrido (...) es atizar (...) resortes *viscerales* de lejanos odios... EME230696

G SUSTANTIVOS QUE DESIGNAN FORMAS DE SER O ESTAR, ASÍ COMO OTROS RASGOS FUNDAMENTALES DEL CARÁCTER O DE LA MANERA DE ACTUAR: **39 temperamento +:** Los incidentes (...) servían a los temperamentos *viscerales* (...) para exacerbar su anticatalanismo. EME290995 **40 personalidad:** ...impone el imán de su *visceral* personalidad. CLA040199 **41 carácter:** ...no tardaría en producirse, dado el carácter *visceral* y sectario de la política... LVE060696 **42 naturaleza:** Quizá por su naturaleza *visceral*, (...) creyó en el costado romántico del fútbol. EPE021101 **43 comportamiento:** El agua es la base de la vida y esto da lugar a comportamientos *viscerales*... EPE290399 **44 estilo:** ...el predominio de un estilo pasional y sectario, *visceral* y cainita... LVE171295 **45 actitud:** ...ha permitido la difusión de unas actitudes *viscerales*, cuyo único objetivo es el de enrarecer las relaciones... LVE070796 **46 instinto:** ¿Por qué ahora surge tanto instinto primario y *visceral* (...)? LVE260396

H SUSTANTIVOS QUE DENOTAN SENTIMIENTO O EMOCIÓN, O DESIGNAN ALGUNAS DE SUS MANIFESTACIONES: **47 emoción:** ...la emoción mediática puede convertirse en emoción *visceral*... EME251095 **48 sentimiento:** ...el sentimiento *visceral* del lector ante las corridas de toros... ABC180895 **49 pasión:** ...es una gran pasión (...) brava, explosiva y *visceral*... EME060895

I OTROS SUSTANTIVOS; POSIBLES USOS ESTILÍSTICOS: Un minucioso amontonamiento *visceral* de papeles (...) sientan la base de una singular forma de entender el «collage». ABC150193; ...marginados de las ciudades de hoy en *visceral* resaca... ABC140194; Se trata pues de un diccionario personal y *visceral*, en el que el autor reflexiona... EME171295

visceralidad Véase: **visceralmente, visceral**

visceralmente *adv.* ■ Se combina con...

A VERBOS QUE DENOTAN OPOSICIÓN, RECHAZO Y LA MANIFESTACIÓN DE DIVERSOS SENTIMIENTOS ASOCIADOS CON ESTAS ACCIONES: **1 oponerse ++:** ...se opuso *visceralmente*, por más que no llegara a admitirlo, a cualquier cambio... LVE291095 **2 odiar +:** ...un imperialismo que nos odia *visceralmente*... GIC062097 **3 detestar:** Mi racional y *visceralmente* detestado Diego... EME290996 **4 enfrentarse:** ...no considera «un jacobino», enfrentado *visceralmente* al nacionalismo... EPE281199 **5 criticar:** Es decir, se critica tan *visceralmente* un nacionalismo. EPE281299 **6 acusar:** tras acusar *visceralmente* a la Fiscalía... EME160596 **7 rechazar:** ...si hay algo que rechaza absoluta y *visceralmente* es el bacalao... EME050694

B OTROS VERBOS QUE DENOTAN SENTIMIENTO O REACCIÓN AFECTIVA: **8 sentir:** Jamás he sentido tan *visceralmente* que podría dar la vida por alguien... EME160896 **9 presentir:** ...presienten *visceralmente* que Yeltsin no se marchará del Kremlin... EPE170799 **10 conmocionarse:** ¿Y por qué se conmociona el sujeto *visceralmente* si lo que pretende... EPE130479

C VERBOS QUE DENOTAN REACCIÓN O RESPUESTA: **11 reaccionar ++:** Cada vez que estalla una bomba, la gente reacciona *de forma visceral*. EME270296 **12 responder +:** ...quien respondió ayer *de manera visceral* cuando se lo consultó... CLA050199

D VERBOS QUE DENOTAN CONTACTO, ASÍ COMO VÍNCULO ESTRECHO ENTRE PERSONAS O COSAS. SE USAN MÁS FRECUENTEMENTE EN CONSTRUCCIONES CON PARTICIPIO: **13 ligar:** ...ha estado tan *visceralmente* ligada a aquel país como a éste. DLA050497 **14 atar:** ...la del escritor *visceralmente* atado a su pluma... EME260395 **15 apegar:** ...la más *visceralmente* apegada a la noción de «guerra imposible». EME040995 **16 arraigar:** Podría decirse que por suerte, si Arrabal no estuviera tan *visceralmente* arraigado en lo español... EME301196 **17 enquistar –:** ...un enfrentamiento *visceralmente* enquistado en ambos países... EPE191001 **18 conectar –:** ...conecta profunda y *visceralmente* con la idiosincrasia española: ese lastre neurótico que sólo tienen los visionarios, los genios. EME160795

E OTROS VERBOS; POSIBLES USOS ESTILÍSTICOS: ...se caracteriza por carecer *visceralmente* de lógica. EME150795; ...confabulada *de forma visceral* y apasionada hacia un objetivo... EME310796; ...como si recapitulara muy *visceralmente* sobre las largas conversaciones... EME171096

F ADJETIVOS QUE DENOTAN TENDENCIA POLÍTICA O IDEOLÓGICA, MÁS FRECUENTEMENTE SI LA POSTURA O LA INCLINACIÓN SE DEFINE POR OPOSICIÓN O RECHA-

ZO A ALGUNA COSA: **19 anticomunista:** Ideológicamente es un hombre de derecha, *visceralmente* anticomunista... EME071296 **20 antifranquista:** Sí eran, salvo los ricos, *visceralmente* antifranquistas... EME010895 **21 antinacionalista:** ¿Es posible que un voto (...) *visceralmente* antinacionalista... EME080396 **22 antidemocrático:** ...una sublevación abyecta y *visceralmente* antidemocrática. EPE210999 **23 antisocialista:** Es el único comunista que conozco que es, ante todo, *visceralmente* antisocialista. LVE280296 **24 nacionalista:** ...hoy se impondrán en las urnas partidos *visceralmente* nacionalistas. EME140996 **25 demócrata:** ...o planteamiento político he sido *visceralmente* demócrata. DDN050599 **26 democrático:** La huelga es *visceralmente* democrática. EME280194 **27 nihilista –:** ...sobre todo en un país *visceralmente* nihilista... EME250294

G ADJETIVOS QUE DESIGNAN DIVERSOS ASPECTOS NEGATIVOS DEL COMPORTAMIENTO HUMANO: **28 violento:** Conocido por su cine *visceralmente* violento... LVE131196 **29 corrupto –:** ...no es, ni mucho menos, un país *visceralmente* corrupto. EME240695 **30 inepto –:** Somos *visceralmente* ineptos por la incredulidad y la duda... EPE120280 **31 perturbado –:** Después de sentirse tan *visceralmente* perturbada... EME090896 **32 irreconciliable –:** ...ambos bloques son genética, racional y *visceralmente* irreconciliables... EME101195 **33 dubitativo –:** Me pasman los enunciados dogmáticos, tal vez porque soy *visceralmente* dubitativo. ABC151093

visibilidad ♦ bajo, bueno, deficiente, difícil, disminuido, escaso, exiguo, inmejorable, justo, limitado, malo, mediocre, mermado, nítido, nulo, precario, reducido, restringido, sobrado ♦ falta (de), problema (de) ♦ acortar(se), aumentar, declinar, deteriorar(se), enturbiar(se), mejorar, menguar, mermar, perder, reducir(se), restar, tapar, tener

☐ Véase también: **capacidad, claridad, nitidez, visión.**

visiblemente *adv.* ▌Se combina con verbos que designan procesos de cambio de estado, más frecuentemente físicos *(reducirse, aumentar, estrecharse, enfriarse, torcerse, disminuir, deteriorarse)*, y a menudo reductivos o degenerativos. No acepta con entera naturalidad los adjetivos que no designan un cambio de estado manifiesto *(viejo)*, pero sí los participios correspondientes *(envejecido)*, o esos mismos adjetivos modificados por cuantificadores comparativos, que señalan la mutación a la que se hace referencia *(visiblemente más viejo)*. También se combina a menudo con verbos que designan acciones que destacan por ser ostensibles *(cojear, bostezar, temblar)* y con adjetivos que expresan cualidades también físicamente prominentes *(ojeroso, cansado, ebrio)*. Acepta asimismo un gran número de verbos que designan procesos emocionales, más frecuentemente usados en forma participial. Se combina especialmente con...

A ADJETIVOS Y PARTICIPIOS QUE DESIGNAN ESTADOS DE INCOMODIDAD, MALESTAR O EXCITACIÓN: **1 molesto +:** Visiblemente molesto, agregó: «El control tendría que ser bien hecho, además de ser parejo para todos». CLA110197 **2 nervioso +:** ...*visiblemente* nervioso miró a su abogado... CAP211295 **3 incómodo +:** ...vestía de negro, su color favorito, y estaba acompañado de tres generales, que se sentían *visiblemente* incómodos. CAP280995 **4 disgustado +:** Kasparov, *visiblemente* disgustado, abandonó el Centro de Convenciones de Filadelfia sin hacer declaraciones. LVE120296 **5 enfadado +:** ...abandonó el banquillo del equipo blanco *visiblemente* enfadado y ya no volvió a ocupar su puesto. LVE260296 **6 contrariado +:** Incluso, el técnico (...), *visiblemente* contrariado, eludió de mala manera las interrogantes que se le formularon. EXP060597 **7 encrespado:** El líder ugetista, *visiblemente* encrespado, instó al Ejecutivo a responder... EME200194 **8 crispado:** Visiblemente crispado, el presidente volvió a rechazar la convocatoria de elecciones anticipadas... EME100195 **9 indignado +:** El vicepresidente de la Junta (...) *visiblemente* indignado ante la publicación de la sentencia, dijo que... LRE100103

B OTROS ADJETIVOS Y PARTICIPIOS QUE DESIGNAN ESTADOS ANÍMICOS DE NATURALEZA AFLICTIVA, POR LO GENERAL RESULTANTES DE UNA ALTERACIÓN EMOCIONAL INTENSA EN EL QUE LOS EXPERIMENTA, Y MÁS FRECUENTEMENTE SI ESTA SE RELACIONA CON EL ABATIMIENTO O LA INCERTIDUMBRE: **10 afectado ++:** El tenor (...), *visiblemente* afectado, decidió acudir finalmente al funeral... DLA060997 **11 triste:** Visiblemente triste y emocionado el presidente de Estados Unidos... EME051195 **12 consternado ++:** «Cuando llegué y vi a los chicos sentados en el umbral, los reconocí, porque ambos pertenecían a familias conocidas de Rincón», contó a Clarín Sosa, *visiblemente* consternado. CLA120297 **13 abrumado ++:** ...quien recogió personalmente el delirio del público *visiblemente* abrumado. LVE011096 **14 sacudido:** ...explicó la mujer con un hilo de voz y *visiblemente* sacudida por los recuerdos. EME150996 **15 perturbado:** ...se quedaron pasmados el martes cuando Alberto Fujimori, *visiblemente* perturbado y rodeado de varios acólitos, defendió a Vladimiro Montesinos... CAP220900 **16 apesadumbrado +:** Visiblemente apesadumbrado y cojeando de su pierna derecha llegó ayer, al mediodía, el delantero... LEC031097 **17 atemorizado:** ...la primera testigo llamada a declarar asegurara, *visiblemente* atemorizada, que no recordaba absolutamente nada. EME100595

C ALGUNOS ADJETIVOS Y PARTICIPIOS QUE DESIGNAN ESTADOS PLACENTEROS: **18 satisfecho ++:** Sonriente, *visiblemente* satisfecho, el Papa Juan Pablo II recibió el lunes a los periodistas... HOY250184 **19 contento:** ...el presidente se hace ver más sonriente y *visiblemente* contento de sí mismo, como si viviera en otro universo. PME070796 **20 eufórico +:** ...señaló un Julio Anguita *visiblemente* eufórico por los resultados logrados... LVE290595 **21 motivado:** Pero esta vez el envite tuvo salida y el Otto Zutz se llenó de un público ávido y *visiblemente* motivado. LVE260396 **22 halagado:** No pudo ocultar que estaba *visiblemente* halagado. INDOC

☐ Véase también: **manifiestamente.**

visión ♦ acertado, agridulce[34], agudo, amplio, analítico[22], angular, anticuado, apocalíptico, arbitrario, atinado[6], beatífico[9], borroso[7], catastrófico[58], certero[12], claro, concentrado, dantesco[6], demoledor[28], descarnado[48], desolador[5], diáfano[16], distorsionado, ecuánime[7], engañoso, esquemático, estrecho[16], estremecedor, fantasmal, fa-

talista, fidedigno[24], frontal[23], fugaz, halagüeño[54], imparcial, integral[41], irreconciliable[23], lateral, lineal[22], luminoso[35], moderno, novedoso[37], objetivo, optimista, panorámico, parcial, particular, penetrante[15], personal, pictórico, profético, retrospectivo, sesgado[9], sobrecogedor, sombrío, somero[41], subjetivo, testimonial[15] ♦ ángulo (de) ♦ aflorar, ahondar (en)[66], asaltar[17], condensar[8], confluir[11], dañar, dar, distorsionar[18], enturbiar(se), graduar, imponer[15], nublar(se)[3], ofuscar(se)[9], oponer[10], perjudicar, proyectar(se), recrearse (en), sustraer(se) (de/a)[32]

☐ Véase también: **creencia, criterio, interpretación, opinión, punto de vista, visibilidad, vista.**

visita ♦ a domicilio[38], agotador[18], amable, amplio, asiduo[37], atento, breve, bueno, cansado, de cortesía, de incógnito[30], de médico, didáctico, disperso, domiciliario, esporádico, fugaz[3], improvisado, inesperado, inexcusable[19], inoportuno, intempestivo[19], largo, médico, ocasional, oportuno, profesional, rápido, repentino, somero[91], turístico ♦ a lo largo (de), durante ♦ objeto (de) ♦ atender, boicotear[20], celebrar, concertar[5], cumplimentar, espaciar, esperar, fijar, hacer, importunar (a alguien), ofrecer(se) (a), presentar(se) (a), realizar, recibir, tener

☐ Véase también: **viaje.**

visitante ♦ asiduo[4], escaso, esporádico, fiel, habitual, numeroso ♦ apelotonar(se), congregar(se), esperar, recibir, restringir, reunir

☐ Véase también: **turista.**

visitar ♦ a domicilio, de improviso, de incógnito[3], de pasada[29], intempestivamente, palmo a palmo[13], virtualmente

☐ Véase también: **frecuentar.**

vislumbrar *v.* ▮ En su sentido físico de 'ver o percibir de forma confusa o poco nítida' se combina con sustantivos que designan cosas materiales *(vislumbrar una silueta, un poblado, la desembocadura de un río)*. En sentido figurado se construye con sustantivos temporales *(era, período)* y con otros que designan sentimientos, sensaciones, estados o actitudes, muy frecuentemente humanas, de muy diverso signo *(felicidad, alegría, pesimismo, interés, enojo, rechazo, repulsa, apego)*. Destacan sus combinaciones con...

A SUSTANTIVOS QUE DESIGNAN LO QUE ESTÁ POR DELANTE EN EL TIEMPO. SE USAN MUY FRECUENTEMENTE EN SENTIDO FIGURADO: **1 futuro ++:** ...en esta incapacidad inquietante de *vislumbrar* el futuro puede hallarse una razón para el nuevo apogeo del milenarismo, del misticismo y del providencialismo. HOY020697 **2 horizonte ++:** ...de forma que sólo puede *vislumbrarse* ese horizonte temporal de la legislatura... EME280396 **3 porvenir ++:** ...los jóvenes sin ingresos estables que, en un 59%, *vislumbran* también un porvenir negro para su país. EPE301201 **4 destino ++:** ...sino que se *vislumbra* dicho destino a los veinte y se comienza a bregar para alcanzarlo alguna vez, acaso a los cincuenta. CLA240497 **5 meta +:** Ha alcanzado la meta que *vislumbró* hace mucho: vivir decentemente, con orden y modales... ABC210292

B SUSTANTIVOS QUE DESIGNAN PLANES, PROYECTOS Y DIVERSAS ESTIMACIONES Y ACTITUDES DE NATURALEZA PROSPECTIVA: **6 perspectiva +:** ...y las perspectivas apocalípticas que hoy se *vislumbran* se convertirán en realidad cotidiana. EPE091101 **7 esperanza +:** Por primera vez en cuarenta años los españoles *vislumbraban* la esperanza. EME051195 **8 plan:** Hace tres años y en compañía de un equipo mínimo, Hoet comenzó a desarrollar un «proceso» tras del cual apenas podía *vislumbrarse* un «plan». ABC120692 **9 previsión:** No se *vislumbra*, en cambio, ninguna previsión de que, en los próximos quince meses, vaya a ponerse en marcha una política... LVE061096 **10 propósito:** ...las palabras de Coderch «*vislumbran* el propósito de realizar un trabajo con sectores que nada tienen que ver con el Gobierno de Cuba»... EME291196 **11 proyecto:** ...como escritor del interior del país *vislumbra* su proyecto literario... PME070796

C SUSTANTIVOS QUE DENOTAN FINAL, SOLUCIÓN, RESULTADO O DESENLACE DE UN PROCESO, A MENUDO FAVORABLE. TAMBIÉN CON OTROS QUE DESIGNAN ALGUNOS DE LOS CONTENIDOS QUE CORRESPONDEN A ESAS NOCIONES: **12 solución ++:** ...pero era un avance en la situación que hacía *vislumbrar* una solución futura para los que no habían sido incluidos en ésta. MAU210900 **13 salida ++:** Así las cosas, la salida política no se *vislumbra*, pese a que ambos candidatos han dicho que están dispuestos a explorar las propuestas. HOY140497 **14 desenlace ++:** Las rectificaciones del Gobierno permiten *vislumbrar* un desenlace en los próximos días... LVE101295 **15 final ++:** ...que Miami Beach ya no es lo que era, que se *vislumbra* el final del emporio Versace. ETC170797 **16 acuerdo +:** ...dijo, «hay un grado de aproximación importante con el PP como para permitir que sigamos avanzando y que se pueda *vislumbrar* un acuerdo en esta materia». LVG301091 **17 paz +:** Timorato en sus ofertas iniciales, lo ha apostado todo en favor de la paz que ahora se *vislumbra*. ENC300301 **18 pacto +:** En este contexto se *vislumbra* un pacto entre el Gobierno y el Partido Religioso Nacional (PRN), agrupación defensora del «Gran Israel». EME241195 **19 remedio:** Ahora entendemos más sobre biología, genética, los problemas médicos que provoca..., pero no se *vislumbra* un remedio inmediato. EPE231199 **20 resolución:** ...acelerar en todo lo posible un procedimiento cuya resolución se *vislumbraba* a muy largo plazo... LVE291096 **21 resultado:** ...pero que la comunidad guatemalteca cuestiona en tanto no se *vislumbren* o palpen los esperados resultados. LHG140797 **22 victoria:** ...ya sólo estaba a 4 segundos de Kankkunen y se comenzaba a *vislumbrar* la victoria. LVE110395 **23 decisión –:** ...tenía meses de exponer todo su cometido «ideológico» que ya *vislumbraba* la decisión general de sus miembros por el suicidio... LPN010497

D SUSTANTIVOS QUE DENOTAN INICIO, ARRANQUE O SURGIMIENTO DE ALGUNA COSA: **24 inicio ++:** Las elecciones municipales en Galicia permiten *vislumbrar* el inicio de la debilidad del PP... ENC240599 **25 comienzo ++:** ...se *vislumbra* el comienzo de un camino para lograr la soberanía integral de la Nación... CLA030797 **26 principio +:** Tras el inesperado anuncio de comicios anticipados, muchos *vislumbraron* el principio del fin de la entente... EPE210900 **27 estreno +:** Mientras espera ansioso un estreno que se *vislumbra* aún lejano, Peret dice disfrutar de su renovado estado de gracia. LVE120595 **28 debut:** Aunque no quiso adelantar el equipo inicial, se *vislumbra* el debut del argentino Favio en partido de Liga. LVE280996 **29 aparición:** Por tanto, es posible *vislumbrar* la aparición de una nueva forma de cosmopolitismo allí donde era menos previsible: en los hogares. LVE180795 **30 novedad –:** Y ahí sí se *vislumbran* novedades. LVE260696

E SUSTANTIVOS QUE DENOTAN CONSECUENCIA O ESTADO DE COSAS PROVOCADO POR ALGUNA SITUACIÓN PREVIA: **31 consecuencia ++:** ...un drama humano y político cuyas consecuencias potenciales para toda América Latina apenas empezamos a *vislumbrar.* EPE060999 **32 efecto +:** ...los encuestados que *vislumbran* efectos negativos consideran que la Argentina será menos confiable... CLA240199 **33 repercusión +:** Tras la crisis energética, se *vislumbran* algunas repercusiones negativas para el sector industrial. INDOC **34 alcance +:** ...son los contendientes en cuestión, no *vislumbren* el alcance de su actuación y dejen sus actitudes infantiles. ESH130297 **35 reacción:** El parte médico señalaba ayer que se *vislumbra* una reacción positiva a las terapias para mejorar las funciones pulmonares y renales. LVE301195 **36 calado –:** ...se puede empezar a *vislumbrar* el verdadero calado de uno de los artistas más plenos de los últimos años. ABC280495

F SUSTANTIVOS QUE DENOTAN SIGNO O SEÑAL: **37 señal ++:** Si bien se *vislumbran* algunas señales de reactivación, incremento en la venta de cemento... CAP270901 **38 signo ++:** ...incluso por delante de Castilla y León y de España, donde se empiezan a *vislumbrar* signos de enfriamiento. ENC060599 **39 indicio +:** ...y no se *vislumbra* todavía el menor indicio de que se quiere hacer justicia. LDD020597 **40 atisbo:** Justo en ese momento algunos espectadores creyeron *vislumbrar* un atisbo de genialidad en la arena recién mojada de la plaza. EME080695 **41 síntoma:** Los analistas del mercado señalan que, de momento, no se *vislumbran* síntomas apreciables de recuperación. LVE260595

G SUSTANTIVOS QUE DENOTAN OPORTUNIDAD O CONTINGENCIA DE QUE ALGO SUCEDA: **42 posibilidad ++:** ...aún no se *vislumbran* posibilidades reales de poner fin en lo mediato a la ocupación de tierras árabes. GIC062497 **43 oportunidad ++:** ...he usado mi cargo como puente entre dos o más partes siempre que creí *vislumbrar* una oportunidad de solución pacífica en las disputas. CLA230199 **44 alternativa ++:** ...sin que hasta el momento se *vislumbre* una alternativa, ya sea desde Naciones Unidas o desde otra instancia u organismo. EPE221101 **45 opción +:** A pesar de que la presión blanquiazul era importante, se seguía sin *vislumbrar* opción alguna para nivelar la contienda. EME250396

H SUSTANTIVOS QUE DENOTAN DIRECCIÓN, TRAYECTORIA U ORIENTACIÓN, EMPLEADOS A MENUDO EN SENTIDO FIGURADO: **46 tendencia:** La peseta mantuvo ayer en el mercado de divisas la tendencia a la apreciación que empezó a *vislumbrarse* en la sesión del lunes... EME040195 **47 orientación ++:** ...la prensa española y norteamericana pudo *vislumbrar* cuáles serán las nuevas orientaciones básicas que Aznar imprimirá... EME260596 **48 rumbo +:** Sin posibilidad de *vislumbrar* un rumbo para aunar diferentes colectivos, el aliento se difumina en un marasmo de enredos y no se recupera. EME291195 **49 derrotero:** Sin embargo, es posible *vislumbrar* el derrotero por el que circularán las enfermedades infecciosas en el siglo XXI... ABC090695 **50 camino:** A pesar de su desconfianza sobre las posibilidades verdaderamente humanas *vislumbró* otros caminos para una humanidad mejor y más digna. PME011296 **51 vía:** ...lo ve todo más claro, lo comprende mejor y tal vez *vislumbra* ya alguna vía de solución. LVE311096

I SUSTANTIVOS QUE DESIGNAN SITUACIÓN ADVERSA, DIFÍCIL O AMENAZANTE. TAMBIÉN CON OTROS QUE DESIGNAN LACRAS O ESTADOS DE CARENCIA O CONFLICTO, ASÍ COMO ALGUNAS DE SUS CAUSAS O SUS CONSECUENCIAS: **52 peligro ++:** ...aunque *vislumbra* un ligero peligro «si se produce un pequeño repunte en el coste unitario de los salarios». LVE130196 **53 riesgo ++:** ...aunque también *vislumbran*, más a largo plazo, un cierto riesgo de pérdida de competitividad si la inflación... EME270795 **54 crisis:** Ahí comenzó a *vislumbrarse* la «crisis» a la que ayer se refirió el ex secretario general. EPE221201 **55 problema +:** ...sus mejores soluciones a los problemas económicos del momento y a los que se *vislumbran* para el futuro inmediato... LTB130901 **56 mal +:** ...en el que Steiner *vislumbra* otros males además de los mencionados, como por ejemplo el estallido de una tercera guerra mundial... ABC130195 **57 dificultad +:** Siete años antes, Oliver Stone se acercó al tema y lo dejó, en parte por las dificultades políticas que *vislumbraba.* DYM281096 **58 miseria:** Retrato de Georgia, un país que fue próspero y ahora *vislumbra* la miseria. LVE010495 **59 necesidad:** También se *vislumbra* la necesidad de que el ciudadano intervenga cada vez más en el debate público. EPE110999 **60 desastre:** Y la única voz que parece *vislumbrar* el desastre, surge del seno marginal del PSOE... EME080496 **61 debacle:** Los socialistas bajan, pero no se *vislumbra* una debacle del PSC... LVE170595 **62 derrota:** Guerra *vislumbra* la derrota. EME270394 **63 barbarie –:** ...en aquellos momentos en que ya se *vislumbraba* la barbarie de unos y otros. LVE240895 **64 genocidio –:** ...asegura que *vislumbra* «un nuevo genocidio en Timor Oriental»... EPE050999

J SUSTANTIVOS QUE DENOTAN DISENSO, CONFRONTACIÓN O DISPUTA: **65 polémica +:** Tras las duros intercambios de declaraciones entre parlamentarios, se *vislumbra* una polémica que puede ser intensa. INDOC **66 oposición +:** ...en el trasfondo se *vislumbra* una clara oposición al proyecto. LVE250295 **67 debate +:** En estos apartados se *vislumbra* ese debate a que aludía más arriba y que necesita una urgente respuesta. EME300995 **68 lucha:** ...aseguró ayer se *vislumbra* una «lucha sorda» en Arena en lo que será el reparto de pastel gubernamental... EPE090399 **69 duelo:** El único duelo importante que se *vislumbra* en el partido será el de Valencia, la segunda federación más importante del PSOE. EME050596 **70 confrontación:** Pero si se *vislumbra* una confrontación muy dura o un nuevo período de agresiones internas, entonces es posible que Allamand continúe. HOY090996 **71 discrepancia:** Sin embargo, en los salarios de los funcionarios se *vislumbran* claras discrepancias, ya que el ministro de Administraciones Públicas... EPE220999

K SUSTANTIVOS QUE DENOTAN CAMBIO DE ESTADO, MUY FRECUENTEMENTE DE DESARROLLO PROGRESIVO Y GENERALMENTE FAVORABLE: **72 desarrollo +:** ¿Cómo *vislumbra* el desarrollo de la libertad de expresión? HOY230996 **73 evolución +:** El índice de los principales indicadores económicos de EE. UU., que permite *vislumbrar* la evolución de la economía en los próximos seis a nueve meses... EME040595 **74 avance +:** En el trasfondo de todas sus propuestas no se *vislumbran* avances para las mujeres... EPE080399 **75 cambio +:** ...mientras la situación tanto económica como política del país no *vislumbre* ningún cambio, y las tasas de interés no presenten mayores bajas. ETC240996 **76 proceso +:** ...dijo ayer que podemos *vislumbrar* hoy, con mayor certidumbre, un proceso de recuperación gradual en la producción y el empleo. EXC170896 **77 incremento:** Pero durante el año se *vislumbra* un incremento de entre 600 y 700 millardos de bolívares. ENV100497 **78 mejora:** ...y tampoco se *vislumbra* mejora en el mercado laboral alemán. EME280896 **79 subida:** Vuelve a *vislumbrarse* una posible subida hasta el nivel de las 19.000 pesetas. LVE020695 **80 recuperación:** El otro lo integran las pequeñas y medianas empresas, profesionales y ciudadanos, que siguen sin *vislumbrar* recuperación alguna. LVE260695 **81 renovación:** Pero sobre todo porque ya se *vislumbra* la tan deseada renovación, absolutamente necesaria, de nuestra vida musical. ABC300493 **82 giro:** En la unidad de acción con UGT tampoco se *vislumbran* giros bruscos, ni que se camine hacia la unidad orgánica. EPE081099 **83 remonte:** Estamos en una coyuntura muy difícil, no se *vislumbra* el remonte y eso es duro para cualquiera. EME270294

L SUSTANTIVOS QUE DENOTAN DESCENSO, PÉRDIDA O DETERIORO: **84 recorte ++:** ...teniendo en cuenta los recortes presupuestarios que se *vislumbran* para los próximos años... LVE250295 **85 reducción ++:** ...no *vislumbra* una reducción del desempleo en 1994, a pesar de la leve recuperación económica... EME270494 **86 bajada +:** ...una «contracción del consumo privado, al no *vislumbrarse* nuevas bajadas de los tipos de interés»... EPE160699 **87 disminución:** ...y que no se *vislumbra* de momento una disminución en el diferencial de la rentabilidad entre los bonos alemanes... EME280395 **88 empeoramiento:** Tras el incidente fronterizo, se *vislumbra* un empeoramiento en las relaciones de los dos países vecinos. INDOC **89 degradación:** ...al *vislumbrar* la degradación a la que conduce el conformismo. ABC211094 **90 caída:** No se *vislumbra* una caída desmesurada si bien se insiste en señalar un ligero aumento de la oferta de gazapos en esta zona. LVE220495

M SUSTANTIVOS QUE DESIGNAN SITUACIONES, ACTITUDES Y SENSACIONES DE DUDA, RECELO Y OTRAS VARIACIONES DEL ÁNIMO QUE PROVOCAN INQUIETUD O ZOZOBRA: **91 duda +:** ...pero en lo que ya no se *vislumbra* la más mínima duda es en lo caprichoso de su argumentación. ABC130392 **92 temor +:** Todo ello no es óbice para que se *vislumbren* en el horizonte algunos temores. LVE051296 **93 sospecha:** ...empezamos a *vislumbrar* la sospecha (...) de que en ese asunto, además de Raúl, participó el grupo de Hank González. PME290996 **94 desconcierto:** Ni se adivina felicidad, ni se *vislumbra* desconcierto ni se ve alteración. ABC161092 **95 misterio −:** ...el poemario *vislumbra* ese misterio de la existencia que atosiga a su autor... ABC250693

N OTROS SUSTANTIVOS; POSIBLES USOS ESTILÍSTICOS: Pero tomar como real lo deseado y angustiarse cuando se *vislumbra* su irrealidad es neurosis colectiva. LVE020495

▩ Se combina también con: ♦ **a lo lejos**[10], **anticipadamente, nítidamente**[8]

□ Véase también: **atisbar.**

visos (de) ♦ **acuerdo, arreglo, autenticidad, cambio, certeza, comicidad, constitucionalidad, continuidad, credibilidad, escándalo, eternidad, éxito, honradez, ilegalidad, imparcialidad, inconstitucionalidad, legalidad, permanencia, realidad, recuperación, salida, seriedad, sinceridad, solución, tragedia, verosimilitud**

[vista] → **a la vista (de), a ojos vista, a simple vista, de vista, punto de vista**

vista ▮ *(efecto de ver)* ♦ **agudo, de lince, borroso**[8]**, penetrante**[3]**, portentoso** ♦ **abarcar (algo), agredir, agudizar, aguzar**[3]**, clavar**[4]**, corregir, desviar**[22]**, empañar(se), extraviar, fijar, nublar(se)**[1]**, ofender**[23]**, ofuscar(se), perder, recorrer (con), refrescar**[8]

▮ *(panorama)* ♦ **panorámico** ♦ **disfrutar (de), gozar (de), perder**

▮ *(acto judicial)* **a puerta cerrada**[62] ♦ **durante** ♦ **celebrar(se), fijar**

□ Véase también: **mirada, ojeada, panorama, visión, vistazo.**

VISTA Véase: *PERCEPCIÓN*

vistazo ♦ **somero**[38]**, sucinto**[3] ♦ **dar, echar**[46]

visto bueno ♦ **conceder, dar**[38]**, denegar, expedir, gozar (de)**[32]**, obtener, otorgar, pedir, regatear, solicitar, supeditar (a algo)**

□ Véase también: **aceptación, aprobación, permiso.**

[visu] → **de visu**

vitalidad ♦ **arrollador**[34]**, desbordante**[27]**, enorme, imparable**[45]**, inagotable, lleno (de), pleno (de), pletórico (de)**[6]**, portentoso**[22]**, rebosante (de)**[10]**, sumo** ♦ **ápice (de)**[80]**, demostración (de)**[4]**, inyección (de)**[16] ♦ **acrecentar, aumentar, dar, derrochar**[31]**, disminuir, flaquear, gozar (de), imprimir**[14]**, insuflar**[6]**, inyectar, irradiar**[9]**, perder, rezumar, tener, transmitir**

□ Véase también: **energía, fuerza.**

vítores ♦ **estallar (en)**[6]**, prorrumpir (en)**

viva ♦ **encendido, entusiasta** ♦ **acallar**[8]**, dar**[289]**, lanzar**

vivamente *adv.* ▮ Se combina con...

A VERBOS QUE DESIGNAN LA ACCIÓN DE IMPULSAR, DIRIGIR O CONDUCIR LA CONDUCTA AJENA EN DIVERSAS FORMAS Y GRADOS: **1 recomendar ++:** ...recomendar *vivamente* su lectura a quienes sienten interés... ABC171195 **2 aconsejar +:** ...a la que aconsejó *vivamente* que se prejubilase... EPE060700 **3 incentivar:** ...hay que incentivar *vivamente* a los distribuidores europeos... EME130495 **4 animar:** ...volvió a animar *vivamente* a los socialistas... EPE110299

B VERBOS QUE DESIGNAN MANIFESTACIONES DE INTERÉS O DE DESEO ACERCA DE ALGUNA COSA: **5 interesarse ++:** ...se interesó *vivamente* por la obra y por su autor. ABC120692 **6 desear ++:** ...declaran «desear *vivamente* una reanudación inmediata de las negociaciones...». EME280996 **7 esperar:** ...están esperando *vivamente* una división global... EPE081001 **8 necesitar:** Los autores que no hemos querido cambiar de género, os necesitamos *vivamente.* EME011096 **9 confiar –:** Pedir a Dios por la paz es confiar *vivamente* en que es posible un más allá... EDV110101

C VERBOS QUE DESIGNAN MANIFESTACIONES DE QUEJA O DE DESAPROBACIÓN: **10 criticar ++:** ...criticó *vivamente* la morosidad de las administraciones públicas... EPE100799 **11 protestar +:** ...protesta *vivamente* por este desarrollo, que considera una violación del Tratado... EPE040899 **12 deplorar:** El proyecto de resolución de la ONU deplora *vivamente* las pruebas atómicas... LVE181195 **13 desaprobar:** Yo he desaprobado *vivamente* durante decenios la política del... EME120296 **14 reprochar:** Le he reprochado *vivamente* el que consintiera... ABC201192

D VERBOS QUE DENOTAN EVOCACIÓN Y OTRAS FORMAS DE PERCEPCIÓN, SEA SENSORIAL O DE OTRO TIPO: **15 recordar ++:** Recuerdo *vivamente* nuestro primer encuentro... EPE261299 **16 evocar:** ...evoca *vivamente* las intrigas intestinas... ABC291191 **17 percibir:** La influencia árabe se puede percibir *vivamente* en muchos lugares de la región. INDOC **18 captar:** El fotógrafo supo captar *vivamente* el sentimiento que traslucían las miradas. INDOC

E VERBOS QUE DESIGNAN LA ACCIÓN DE PRESENTAR, DESCRIBIR O EXPONER ALGUNA COSA ENTRE LAS DEMÁS: **19 retratar ++:** ...la constitución del Monopolio (...), tan *vivamente* retratada (...) en su memorias... ABC041292 **20 expresar:** ...la Novena Sinfonía, que expresa *vivamente* el sentimiento moral de la solidaridad. EME030195 **21 relatar:** ...vi una carta de Federico García Lorca (...) en la que relataba *vivamente,* sin pudores... EME140195 **22 mostrar:** ...mostró *vivamente* su desagrado... EPE020685 **23 testimoniar –:** ...testimonia *vivamente* la inmediatez actual... ABC290995

F VERBOS QUE DENOTAN ADHESIÓN O ADMIRACIÓN A LOS DEMÁS, ASÍ COMO LA EXPRESIÓN DE SATISFACCIÓN ANTE SU COMPORTAMIENTO: **24 aplaudir +:** ...el público, que le aplaudió *vivamente* y con insistencia... LVE171195 **25 elogiar +:** El debut teatral (...) ha sido *vivamente* elogiado por la crítica... EME280494 **26 agradecer +:** ...aunque agradecía *vivamente* los esfuerzos de otros compañeros... EPE221299 **27 apoyar:** ...le hubiera apoyado *vivamente...* EME030295

G VERBOS QUE DESIGNAN SENSACIONES, SENTIMIENTOS Y ESTADOS ANÍMICOS, MÁS FRECUENTEMENTE SI CAUSAN ALGUNA IMPRESIÓN EN EL QUE LOS EXPERIMENTA: **28 impresionar +:** ...creencias que le impresionan *vivamente.* ABC250992 **29 sorprender +:** Me sorprende *vivamente* que su periódico se preste a distribuir el folleto... ETC020190 **30 preocupar(se) +:** ...se preocupan *vivamente* por la paz... HOY070181 **31 amar:** Montsalvatge no sólo es un compositor esencial en la música de Cataluña, país que él ama *vivamente,* sino también en la de España, de Europa y del mundo. ABC201192 **32 irritar:** La cruda descripción (...) irritó *vivamente* la epidermis de las autoridades... HOY230287

H OTROS VERBOS: **33 contrastar ++:** Ese malestar contrastaba *vivamente* con la satisfacción del comité... EPE120499 **34 arder +:** ...troncos que ardían *vivamente* en la chimenea. INDOC

☐ Véase también: **vívido.**

vivaz *adj.* **I** Se combina con sustantivos que designan personas *(actor vivaz; niños vivaces)* u otros seres vivos, y también con otros que designan muy diversos textos o mensajes verbales, especialmente si se trata de obras de creación *(novela, diálogo, prosa, historia, canción).* También se combina con sustantivos que designan diversos estilos artísticos, en especial, musicales *(flamenco, pop),* así como con...

A SUSTANTIVOS QUE DESIGNAN CIERTAS PARTES DEL CUERPO, EN PARTICULAR LOS OJOS, ASÍ COMO DIVERSOS GESTOS Y ACCIONES QUE LES CORRESPONDEN: **1 ojo ++:** ...una anchísima sonrisa feliz y los ojos *vivaces* de luz y entusiasmo confirman que lo ha poseído el espíritu del dios Momo. BRE070397 **2 mirada ++:** El bebé, de cinco meses, la sigue con su mirada *vivaz* de ojazos celestes, desde los brazos de una empleada. CLA180199 **3 gesto +:** ...contó la mujer, de gestos *vivaces* y nerviosos. CLA020401 **4 gesticulación:** En toda esta serie respira una *vivaz* gesticulación, a veces de gran potencia. ABC300994 **5 sonrisa:** ...en cualquier momento verle entrar de nuevo en la redacción con su andar pausado y su sonrisa irónica y *vivaz.* LVE120396 **6 cara:** ...allí estaba, acababa de llegar con su cara *vivaz,* un asomo de alegría al verme y dos besos... EPE240899 **7 rostro:** ...seduce con dos armas: su inteligencia y un rostro *vivaz* que subraya cada palabra con un gesto... LVE280296 **8 semblante:** A pesar de su edad, tenía una mirada inquieta y un semblante *vivaz.* INDOC **9 mente:** Incansablemente inquieto, de mente *vivaz,* «toquetero» de cuanta cosa esté a su lado (la PC de quien lo está entrevistando, revistas... LNP060497 **10 pelo –:** ...había mandado que se llevaran al campo a su perro lebrijano de pelo corto y *vivaz...* EME030594

B SUSTANTIVOS QUE DENOTAN RITMO O MOVIMIENTO, O EXPRESAN LA CADENCIA QUE ESTOS IMPRIMEN: **11 ritmo ++:** ...resulta excelente en las intensificaciones de la angustia que transmite con un ritmo férreo obsesivo y *vivaz...* ABC070194 **12 estilo +:** En contraste con las descripciones del paisaje, o con los monólogos del Doctor, el estilo suele ser conciso, *vivaz,* de una gran fuerza expresiva. ABC080193 **13 movimiento:** Ha conseguido con los intérpretes una clara concepción del estilo, un movimiento *vivaz* sobre la escena, que en pocas ocasiones pierde el ritmo, y ha desarrollado el instinto teatral... EME070895 **14 sucesión:** ...El diario de Andrés Fava se arma como una variable y *vivaz* sucesión de fragmentos de contrastado cariz. EME071095 **15 aire:** Poco a poco van ganando estas aves nocturnas de colorido plumaje y aire *vivaz* el andén opuesto a los Nuevos Ministerios... EPE021285 **16 paso +:** La gente caminaba con paso *vivaz,* sin detenerse un segundo. INDOC

C SUSTANTIVOS QUE DENOTAN TONALIDAD O VARIEDAD CROMÁTICA: **17 brillo:** ...y eso que yo creo que era lo que más le divertía, a juzgar por el brillo *vivaz* de sus ojillos cuando enseñaba una. LVE250396 **18 color:** En las paredes no hay cuadros de mujeres en la playa, ni bodegones, ni las líneas de colores *vivaces* características de este pintor durante los últimos años... LVE020695 **19 trazo:** ...con la profusión de puntos y pespuntes, más pequeños cuadraditos, y trozos de óleo que salen del tubo como trazos *vivaces...* EPE100599 **20 colorido:** Las obras, de *vivaz* colorido y formas tan intrincadas como suntuosas, se alzan en medio de un austero paisaje de roquedos... ABC300994 **21 tono:** ...crónica escrita en tonos muy animados y *vivaces* de aquellos cristianos que, casi siempre para burlar la persecución de la justicia... ABC021294

D SUSTANTIVOS QUE DESIGNAN UNIDADES, VARIEDADES, GÉNEROS O ESTILOS DE LA LENGUA, GENERALMENTE DE LA ESCRITA, ASÍ COMO ALGUNAS DE LAS FORMAS EN QUE SE INTERPRETAN: **22 escritura:** Comentada por Jorge Semprún en «Le Journal du Dimanche», la escritura del libertino es *vivaz.* LVE120896 **23 pluma:** ...que ayer mismo manifestaba con su pluma *vivaz* y nítida de siempre en su último artículo... EME140596 **24 traducción:** ...esta poesía completa de Morand (bilingüe e incluyendo algunos textos que sólo se conservan en la traducción española) es muy clara y notable. *Vivaz* y fresca. EME261096 **25 lectura:** ...una lectura contrastada, *vivaz*, dinámica, dotada, como comenté en su día, de «un genuino sabor americano». LVE141196 **26 interpretación:** El nuevo registro que firma Abbado constituye un gran acierto: una interpretación *vivaz* e imaginativa... ABC120595 **27 periodismo:** ...del llamado «nuevo periodismo», que no es otra cosa que el periodismo literario de siempre, pero más *vivaz*, más alado, vuelto libélula de la modernidad. EME250395 **28 lenguaje:** El lenguaje debe ser *vivaz* y «actual» atento a los giros idiomáticos de moda, y el narrador, que suele ser al mismo tiempo protagonista del relato... ABC310192 **29 teatro:** Un día recibe consejos de Beethoven, para quien no debe sino escribir teatro *vivaz* y riente... ABC070292

E SUSTANTIVOS QUE DESIGNAN ALGUNAS MANIFESTACIONES DE LA MEMORIA DE LO ACONTECIDO: **30 recuerdo:** ...con su aspecto de sabio de álbum de Tintín nos deleite con sus *vivaces* recuerdos de un mundo perdido. LVE110395 **31 testimonio:** ...el testimonio *vivaz* de un cosquilleante estado de trance, capaz de arrastrar a sublimidades y entregas... EPE130977

F OTROS SUSTANTIVOS: **32 propuesta:** ...que presenta cuatro propuestas sólidas y *vivaces* de posmodernidad de resistencia. ABC300695 **33 interrogación:** ...nos está sugiriendo interrogaciones más *vivaces* que las de mucho de cuanto en las vanguardias de los ochenta... ABC030492

☐ Véase también: **vívido.**

vivencia ♦ a cuestas[18], amargo[13], amoroso, anecdótico[23], cercano, cotidiano, íntimo, lejano, personal, religioso, rico, subjetivo ♦ cúmulo (de) ♦ aflorar[29], alimentar(se) (de)[3], anidar[30], captar, compartir, experimentar, recordar, rememorar, traer (a la memoria), venir (a la memoria)

viveza ♦ cobrar[2], dar, ganar, tener

vívido *adj.* ▮ Se combina con...

A EL SUSTANTIVO *COLOR* Y CON OTROS QUE DESIGNAN LO REPRESENTADO VERBAL O PLÁSTICAMENTE: **1 retrato ++:** Confirman la simpatía por su persona los *vívidos* retratos que ofrece León Edel... HOY250184 **2 imagen ++:** ...pese a las imágenes todavía *vívidas* de los aviones secuestrados y los rascacielos en llamas. EPU041001 **3 instantánea:** En The Velvet Underground, Reed componía canciones que eran como una serie de *vívidas* instantáneas, sin una escritura rebuscada que estorbase su veracidad. EME200496 **4 cuadro:** ...descubrió que Pablo Picasso había pintado dos *vívidos* cuadros de corridas de toros... ENH090497 **5 estampa:** De este modo, su imagen de la Nueva España es también, por un fondo barroco de reflejos, una *vívida* estampa de la catástrofe metropolitana. EXC000901 **6 fresco:** Estos testimonios incluyen voces de excepción, como las de Néstor Almendros o Lezama Lima, completando un fresco muy *vívido* y colorista. LVE150995 **7 friso:** Pero no seríamos justos (...) si lo presentásemos, sólo, como un *vívido* friso de la Barcelona de la liberación homosexual... EME250295 **8 color +:** Traza con *vívidos* colores la imagen de la fascinante China. INDOC

B SUSTANTIVOS QUE DESIGNAN LA ACCIÓN O EL EFECTO DE DESCRIBIR O PRESENTAR ALGO: **9 descripción ++:** ...el filme entreteje media docena de historias que componen una descripcion *vívida* y desolada de la vida rural. CLA220199 **10 exposición:** Parte, como es lógico, de una exposición breve y *vívida*... ABC240792 **11 visión:** ...lo que tiende a crear una visión del entorno *vívida* e impactante. HOY041196 **12 pintura:** ...es, además de un excelente «roman» de aventuras, una admirable y *vívida* pintura de las costumbres aristocráticas de la época. ABC200392 **13 caracterización:** Sus *vívidas* caracterizaciones y sus intensísimas escenas de acción noquean como una serie de ganchos bien asestados... EME110596 **14 recreación:** Las *vívidas* recreaciones de los años infantiles, por ejemplo, entreveradas de reflexiones... ABC260595

C SUSTANTIVOS QUE DESIGNAN LA MEMORIA O LO QUE EN ELLA SE DEPOSITA: **15 recuerdo ++:** La Habana que aparece en sus cuentos, novelas y crónicas, y que deja un recuerdo tan *vívido* en la memoria del lector... CAP181297 **16 memoria:** Vivimos en una época en la que tenemos una memoria *vívida* de las masacres de este siglo. EME040295 **17 huella:** De entre los famosos, unos dejaron huella más profunda. La de algunos tan *vívida* que una tarja, la denominación de una calle, o el busto colocado en una plazoleta las recuerda «por los siglos de los siglos». GIC093697

D ALGUNOS SUSTANTIVOS QUE DESIGNAN SENSACIONES O SENTIMIENTOS: **18 emoción:** ...unos «clips» hiperrealistas en los que se ofrecen impresiones sensoriales llenas de emociones *vívidas* de robos, asesinatos y violaciones... EME300396 **19 sentimiento:** ...la pesada carga de la condición humana y lo pueblan en medio de un *vívido* sentimiento de destrucción y acabamiento. EME211296 **20 sensación:** De nuevo, aunque el poeta quiera hacer un idolo de su propio espíritu, de sus sensaciones *vívidas* entre el dios color de miel de su pensamiento, sabe que su perfecta eternidad... ABC210795 **21 pasión:** Una pasión *vívida*, dolorida, de una intensidad que la literatura en lengua castellana ha alcanzado en momentos álgidos... LVE091194 **22 patetismo:** ...constituye un documento único, de un patetismo *vívido* que mantiene en suspenso la atención del lector hasta el dramático final. ABC290193 **23 impresión +:** Me produjo una *vívida* impresión. INDOC

E NOMBRES QUE DESIGNAN MÚLTIPLES ASPECTOS DE LOS MENSAJES VERBALES, EN PARTICULAR GÉNEROS, FIGURAS Y DIVERSOS COMPONENTES FORMALES O SUSTANTIVOS DE LOS ESCRITOS: **24 lenguaje +:** Se trata de un lenguaje *vívido*, real, poético por lo suave y efectivo por lo preciso. EME300396 **25 mensaje:** ...tiene que traernos, forzosamente, un mensaje *vívido*, en este siglo, en este minuto... DLA230397 **26 novela:** ...haber sido corresponsal de «Time» y publicar esta novela *vívida*, cercana, ardiente y nostálgica... ABC300493 **27 historia:** ...le presta el cargo por un momento para que la historia le resulte más *vívida* y le permita entrar en situación con más facilidad. LVE011196 **28 poema:** ...más concentrado que nunca y a la vez más libre, con poemas tan ahilados, vividos, *vívidos*, como el que dedica a la muerte de Vicente Aleixandre. EME280796 **29 metáfora:** Una metáfora *vívida* de la paradoja política que vive el país la ofrecieron los debates parlamentarios... EME101195 **30 página:** Son páginas *vívidas* y vividas, que en su vibración parece que adquieren incluso sonoridad, además de lo que tienen de certeza y buena apreciación teórica. ABC021092

F ALGUNOS SUSTANTIVOS QUE DENOTAN VIGOR, IMPULSO, PUREZA Y OTRAS NOCIONES CERCANAS A ESTAS: **31 aliento:** ...pero si una poesía cívica de *vívido* aliento hay que mencionar, la del gran amigo hay que situarla en su protagonismo ejemplar. EPE180799 **32 fulgor:** ...por qué no se ha dejado salpicar por el fulgor *vívido* y el ingenio picarón de las gentes que habitan en las culturas mediterráneas... EME240695 **33 temperamento:** Nadie me ha sabido dar cuenta de un solo caso fuera de un médico radicado en Málaga de un temperamento *vívido*. LVE200795 **34 espíritu:** ...nos llevan en volandas y con espíritu *vívido* y espumoso de una evocación canaria... EPE300199 **35 espontaneidad:** ...fue la *vívida* espontaneidad de sus discos como solista... EME200796 **36 autenticidad:** ...un universo personal dotado de una *vívida* autenticidad. EME300995

G ALGUNOS SUSTANTIVOS QUE DESIGNAN DIVERSOS ASPECTOS DEL VIVIR, MÁS FRECUENTEMENTE SI ALUDEN A LO QUE LA EXISTENCIA PERMITE CONOCER, PRESENCIAR, ACUMULAR O ATESTAR: **37 experiencia +:** Que la experiencia *vívida* en Misiones sea la última y que las autoridades nacionales sepan que ellos también tendrán que rendir cuenta al pueblo... ACP311000 **38 testimonio:** El testimonio vivido y *vívido* es desplazado bastante a menudo por informes sobre historia, arte, política, antropología... ABC120595 **39 testigo:** ...los policías que son anunciados a golpes de sirena, son testigos *vívidos* de la integración... HOY110897 **40 vida –:** Su *vívida* vida, sus continuas tragedias, su eterna protesta, su malditismo, su estética de perdedor... EME140594 **41 conocimiento –:** ...el conocimiento que tenía Fidel del teatro de operaciones era tan minucioso y *vívido* que me parecía increíble... GIC080896

H OTROS SUSTANTIVOS; POSIBLES USOS ESTILÍSTICOS: Leerla, demanda un muy *vívido* trabajo de la imaginación, es una escritura visionaria. EME140195; Pero quien ha puesto el pimentón renovador y *vívido* a esta cuadrilla renovada es el violinista John Cunningham. EME160394

☐ Véase también: **vivamente, vivaz.**

vivienda ♦ **comunal, precario**[16] ♦ **adquirir, alquilar, habitar (en), hipotecar, ocupar, realquilar, vivir (en)**

☐ Véase también: **casa.**

vivir ♦ **a (un) tiro de piedra, acomodadamente, a cuerpo de rey**[5]**, a duras penas**[40]**, a lo grande**[5]**, a {mi/tu/su...} aire, arrastradamente, a salto de mata, a todo tren**[1]**, a tope**[31]**, a trancas y barrancas**[4]**, austeramente, ávidamente**[26]**, civilizadamente**[1]**, coherentemente, cómodamente, como un animal, como una reina, como un {marajá/rajá}, como un rey, con apuros, con dificultad, con lo justo, decentemente, de cerca**[48]**, decorosamente, de incógnito**[20]**, de milagro, desahogadamente, desenfrenadamente, dignamente**[1]**, en carne propia**[8]**, en carne y hueso, esperanzadamente, eternamente, felizmente, holgadamente, honradamente, indefinidamente, intensamente**[23]**, largamente, modestamente, para siempre, peligrosamente**[43]**, plácidamente**[29]**, precariamente, sanamente, sano, sin estrecheces, vertiginosamente**

☐ Véase también: **casa, habitar (en), hogar, morada.**

[vivo] → **a lágrima viva, al rojo vivo, de viva voz, en vivo**

vivo *adj.* **I** Constituye numerosas locuciones adverbiales *(a viva voz; en carne viva; a lágrima viva; en vivo)* y algunas nominales *(fuerzas vivas; cal viva; lengua viva)*. En su sentido literal se combina con sustantivos que designan seres materiales, tanto de naturaleza orgánica *(animal, semilla, especie, organismo, célula, escritor)* como inorgánica *(materia, roca)*. En el sentido de 'listo, espabilado' se combina con sustantivos de persona *(Es vivo y astuto: siempre consigue lo que quiere)*. En el sentido de 'intenso' se combina con el sustantivo *color*. En el sentido de 'dinámico, con impulso o energía' acepta sustantivos de persona *(una persona entusiasta, viva, animosa)*, otros que designan lugares o comunidades *(ciudad, barrio, zona, país, sociedad)*, corrientes *(tendencia, corriente, movimiento)*, eventos *(partido, juego)*, períodos *(época, años)*, artes *(literatura, cine, arquitectura, poesía)* o las obras que les corresponden *(una novela viva; una película viva)*; lo hace asimismo con otros que designan muy diversas manifestaciones de la sociedad o la cultura. Se combina, también en este mismo sentido, con el sustantivo *lenguaje* y con otros que designan unidades de la lengua *(palabra, mensaje, letra)* o del pensamiento *(idea, concepto, pensamiento)*. Lo hace a menudo con el sustantivo *ojo*, usado en plural *(Tiene unos ojos muy vivos)*, con otros que designan gestos, acciones o manifestaciones corporales de carácter expresivo *(mirada, gesto, expresión)* y con algunos que designan la acción de presentar o exponer alguna cosa *(descripción, representación, narración)*. Se combina asimismo con...

A SUSTANTIVOS QUE DESIGNAN EL CALOR, EL FUEGO Y ALGUNOS DE SUS COMPONENTES O SUS EFECTOS. SE USAN A MENUDO EN SENTIDO FIGURADO: **1 fuego ++:** Durante dos horas un fuego *vivo*, como de una bengala de color rosáceo, destruyó los casi 700 kilos de cloratita... EPE241299 **2 calor:** La visión histórica que se tiene de la mujer es la de encargada de mantener *vivo* el calor del hogar, los interiores, la decoración... EPE220899 **3 llama +:** Mantienen la llama *viva* de la tradición musical cubana para transmitirla pura a las nuevas generaciones. EPE140800 **4 temperatura –:** ...se tiran la vida yendo y viniendo (...) del amor al sacrificio, con tal de mantener *viva* la temperatura de la convivencia. EME150296

B SUSTANTIVOS QUE DESIGNAN COSAS REPRESENTADAS, SEA PLÁSTICAMENTE O A TRAVÉS DE LA EVOCACIÓN: **5 imagen ++:** ...se mantienen ante nuestros ojos y brillan (...) por la imagen *viva* que nos traen de nuestro palpitante mundo mortal de hoy mismo. ABC210495 **6 recuerdo ++:** Para unos, los mayores, es recuerdo *vivo*, para otros, los más jóvenes, memoria histórica... ABC200195 **7 ensoñación:** Mantenía *viva* la ensoñación de que lo lograría con grandes dosis de ilusión y entusiasmo. INDOC **8 memoria ++:** El presidente Perón, su memoria *viva* y sus restos mortales son un patrimonio nacional y como tal deben ser custodiados celosamente de todo daño... CLA030797 **9 retrato +:** ...es el *vivo* retrato de esa generación de brillantes economistas soviéticos... EME190194 **10 estampa +:** ...una vez más fue la estampa *viva* del trono y la flamencura más genuinos. EPE140800 **11 cuadro:** ...adopta las formas de la denominada «poesía negra» hasta trazar un *vivo* cuadro de la realidad étnica antillana. LVE140795

C SUSTANTIVOS QUE DENOTAN INTENCIÓN DE CONOCER, EXAMINAR U OBTENER ALGUNA COSA: **12 deseo ++:** Tengo el *vivo* deseo de que este plan sea estudiado por los ministros de Finanzas... EME220696 **13 interés ++:** Conget recordó entonces (...) el *vivo* interés de Abelardo Linares por la magna librería y se puso en contacto con él. ABC221294 **14 curiosidad +:** Y hay una clara decepción política, pero acompañada de una *viva* curiosidad por el resultado electoral. LVE010396 **15 atención:** ...metodología como instrumento no solamente para mantener *viva* la atención del alumnado a lo largo del curso, sino también como medio para un mejor conocimiento del alumno... EPE120280 **16 esperanza +:** El Albacete (...) debía vencer para sacar el cuello de la horca y mantener *viva* la esperanza. EME150496 **17 expectativa:** Ahora están más *vivas* que nunca las expectativas de rebaja de los tipos oficiales... LVE010296 **18 sueño:** Ni Arafat puede sentarse a negociar sin señales claras de que el sueño independentista sigue *vivo*... EME011096

D SUSTANTIVOS QUE DESIGNAN OTROS CONCEPTOS PROSPECTIVOS, ESPECIALMENTE LA CONDICIÓN DE SER ALGO POSIBLE, REALIZABLE O NECESARIO: **19 posibilidad:** Es la única manera de mantener *viva* la posibilidad de negociación. EPE130799 **20 chance:** Tenía que ganar para mantener *vivas* sus chances (remotas) de clasificación, pero se amparó en su pasmosa tranquilidad... CLA140199 **21 opción:** ...se podría predecir que la opción de Horacio Serpa está más *viva* que hace un año... SEM301000 **22 necesidad:** Sus reivindicaciones están bien porque son una manera de mantener *viva* la necesidad de ayudar, de no bajar la guardia... EME261296 **23 urgencia:** Les solicitamos la información con *viva* urgencia. INDOC

E SUSTANTIVOS QUE DENOTAN EMOCIÓN Y CON OTROS QUE DESIGNAN VARIAS SENSACIONES Y SENTIMIENTOS, MÁS FRECUENTEMENTE AGRADABLES O PLACENTEROS: **24 sensación +:** ...a un 20% le produjo una *viva* sensación de miedo e incertidumbre, y a un 27% no le provocó ningún sentimiento en especial. EME201195 **25 emoción +:** ...eso significaba que la emoción, por *viva* que fuese, no le anulaba el raciocinio. EME201096 **26 sentimiento +:** Aunque no sea esta dimensión geográfica la meta central de Plaza Weyler, sí debe subrayarse lo que tiene de sentimiento *vivo* de un paisaje urbano... EME270796 **27 amor:** En el medio se despliegan los relatos parciales de una mujer que aún mantiene *vivo* el amor de un maquis... ABC190894 **28 amistad:** La amistad franco-alemana está más *viva* que nunca... ETC010690 **29 alegría:** La bravura del mismo le permitió a Rivera Ordóñez conseguir muletazos elegantes y luminosos de un extraordinario temple, de una alegría *viva*... LVE100795 **30 satisfacción +:** De alguna manera la satisfacción continúa *viva*. EPE241099 **31 orgullo:** ...explicaba ayer con *vivo* orgullo que han sido 150.021 los espectadores que han pasado por los dos teatros... LVE200795 **32 odio:** Ana María pretende ser demasiado perezosa para mantener *vivo* el odio o para maquinar el mal. EME280196 **33 preocupación:** Los Quince, en una declaración emitida en Bruselas, manifiestan su «*viva* preocupación» por la situación creada... EME060495

F SUSTANTIVOS QUE DESIGNAN LO QUE SE PRESENTA COMO MODELO DE OTRA COSA O COMO JUSTIFICACIÓN –DIRECTA O INDIRECTA– DE SU EXISTENCIA: **34 ejemplo +:** ...es un ejemplo *vivo* de lo que sucede con muchos ancianos... DYM010996 **35 testimonio +:** Esto es un testimonio *vivo* que ha creado sucesivas generaciones mutiladas en lo ético y en lo espiritual. DLA180497 **36 referente +:** Los resultados de estos estudios son un *vivo* referente, según Pereira, para conocer los problemas que sufren hoy los inmigrantes africanos en España. EPE030999 **37 prueba:** Aquellos cascarones (...) eran la prueba *viva* de que, a pesar de todo, Vietnam había sido derrotado. EME200395 **38 muestra:** ...un tronco sahariano común a lenguas, como la vasca (probablemente una valiosa muestra *viva* de lo que se hablaba en gran parte de la Iberia prerromana, el ibérico-tartésico), la etrusca... EPD280198 **39 símbolo +:** La ciudad isleña de Savonlinna (...) fue para mí este verano símbolo *vivo* del culto finlandés al sol... EME070896 **40 documento +:** Su importancia estriba no sólo en que aportan un documento *vivo*, sino que impiden que la exposición caiga en un excesivo anecdotismo. EPE011180 **41 resto:** Trazar un curso vital que ha transcurrido (...) en la pesquisa de restos aún *vivos* de la tradición, requiere participar de esa misma pasión... ABC201291

G ALGUNOS SUSTANTIVOS QUE DESIGNAN LO QUE SE CONSIDERA REPRESENTATIVO DE LA NATURALEZA O LA ÍNDOLE DE ALGO: **42 conciencia +:** ...y de ahí brota la conciencia *viva* de la soledad de este mundo. ABC301294 **43 espíritu:** ...destacó que sigue *vivo* el espíritu de amor y amistad de aquel emblemático filme de los años sesenta... EPE171299 **44 esencia:** El anteproyecto murió (aunque su esencia está *viva* en el Proyecto Young, que provee la posibilidad de pago de contribuciones federales bajo el ELA). END081097

H SUSTANTIVOS QUE DESIGNAN COSAS QUE SE VALORAN O SE RESALTAN POR SU ANTIGÜEDAD O SU ASENTAMIENTO O AFIANZAMIENTO EN EL ÁMBITO DE ALGUNA COMUNIDAD: **45 tradición +:** ...lo que no impide ninguna de sus relaciones estéticas con la *viva* tradición de la pintura contemporánea... ABC291191 **46 costumbre:** Sucedió en Vallecas y de alguna manera parecía que el

Celta mantenía *vivas* sus mejores costumbres y sus viejos vicios... FDV180601 **47 historia +:** ...esta gran señora de la lírica ha alternado las clases magistrales con la contemplación y evocación de unos recuerdos que son la historia *viva* del canto más exquisito. ABC081295 **48 leyenda +:** La misión terminó en un baño de sangre pero él regresó con vida a Chechenia transformado en una leyenda *viva*. EME010596 **49 mito +:** Por mucho que Dylan intentó siempre quitarse de encima el aura de mito *vivo*, la gente no se lo permitió. EME021096 **50 raíz +:** Aunque era natural de Madrid, sus padres eran aragoneses y, por ello, seguía teniendo todavía muy *vivas* las raíces con esa región. EME050995 **51 folclore –:** ¿Seguirá *vivo* el folclore? Siempre. Son las raíces de España... EME221095

I SUSTANTIVOS QUE DESIGNAN MANIFESTACIONES DE CONFLICTO, CONFRONTACIÓN, OPOSICIÓN O DESAVENENCIA, GENERALMENTE DE NATURALEZA VERBAL: **52 debate +:** Los socialistas llevan veinte años entregados a un solo hombre, y no se han preocupado de mantener *vivo* el debate interno... EME091295 **53 polémica ++:** El reportaje, titulado «La corriente del miedo», nos acerca a Estados Unidos, donde hay una *viva* polémica sobre este peligro... EME070596 **54 rechazo:** Las críticas de sus propios colegas sólo han conseguido arrancarle un *vivo* rechazo de las amenazas y descalificaciones... EPE180799 **55 oposición:** La *viva* oposición en el seno del comité ejecutivo del pasado lunes a cómo se había afrontado la creación de las dos secretarías generales adjuntas ha obligado a plantear una estrategia... LVE150695 **56 enfrentamiento:** ...palpitantes procesos de enfrentamiento *vivo* con la cultura universal, con la literatura de todos los tiempos... ABC060195 **57 controversia:** Su construcción ha supuesto una inversión de 760 millones de pesetas, lo que ha suscitado *viva* controversia. LVE290495 **58 discusión:** El débil crecimiento económico en 1995 ha desencadenado en Alemania una *viva* discusión sobre la conveniencia de aflojar las riendas fiscales... EME140196 **59 diálogo:** ...un lugar de diálogo *vivo*, único e inimitable que habla de la sociedad y sus tragedias, del hombre, de su amor, de su maldad y de su odio. EME270394 **60 intercambio:** ...las frecuentes visitas de los dirigentes españoles a esas latitudes reflejan unos intercambios sociales, políticos y económicos cada vez más *vivos* y prometedores. LVE030996 **61 conflicto:** Gervasio Sánchez continúa en su empeño de mantener *vivo* en las conciencias el conflicto de los Balcanes. EME090195 **62 crítica +:** El jefe de la OLP, Yasir Arafat, pronunció ayer su más *viva* crítica del acuerdo de autonomía concluido con Israel... EME130595

J SUSTANTIVOS QUE DENOTAN MOVIMIENTO ACOMPASADO, GENERALMENTE SONORO: **63 ritmo ++:** ...interpretará temas de su último trabajo, en el que predomina un ritmo *vivo* no exento de sarcasmo, que la crítica ha relacionado con los hallazgos vitales de la compositora y cantante. EPE051299 **64 compás +:** Manuel Mairena puso una nota de rigor en la noche, que mayoritariamente transcurrió por los senderos de la fiesta y el compás más *vivo*. EME030296 **65 música +:** El jazz, música *viva*, y que seguramente será la que acabe caracterizando a nuestro siglo, sabe tender puentes entre estilos y generaciones... ABC300793 **66 danza:** En la Garrotxa y el Empord..., la sardana era una danza *viva*, de naturaleza impura, contingente y fluctuante. LVE220995

K ALGUNOS SUSTANTIVOS QUE DENOTAN LO QUE SE CONSIDERA REAL, ACTUAL O PATENTE: **67 actualidad ++:** Los relatos, animados por un sostenido propósito cultural, combinan las referencias históricas con la más *viva* actualidad. ABC291191 **68 presencia +:** Elecciones sin él y golpes en ese período demostraron que el justicialismo era una presencia *viva*. BRE311097 **69 realidad:** Al igual que Giner, Unamuno denuncia el divorcio entre una enseñanza anquilosada y una realidad *viva* y bulliciosa... ABC170993

L OTROS SUSTANTIVOS: **70 elogio +:** Y el trabajo de Jorge de Persia, el acuerdo que determina la publicación por el Archivo Falla y los apoyos que la hacen posible, dignos del más *vivo* elogio. ABC070593

vocabulario ♦ **accesible[4], amplio, escaso, expresivo, limitado, preciso, rico** ♦ **adquirir[28], ampliar, aprender, aumentar, olvidar, perder, usar**

vocación ♦ **acusado[37], ardiente, claro, decidido, desmedido[23], ferviente[2], firme, inequívoco[41], innato, irrenunciable[12], manifiesto, nítido, oculto, patente, prematuro, seguro, sólido, tardío, temprano** ♦ **cimentar[70], echar a perder, errar[6], frustrar(se), malograr(se), sentir, surgir, tener, truncar(se)[5]**

☐ Véase también: **deseo, inclinación.**

vocear ♦ **a los cuatro vientos[14], públicamente**

☐ Véase también: **pregonar.**

[volandas] → **en volandas**

volantazo ♦ **brusco[33]** ♦ **dar**

volar ♦ **alto, a ras de {suelo/tierra}, bajo, de flor en flor, de mano en mano, de punta a punta[9], en (mil) pedazos, hecho {añicos/pedazos/trizas}, por los aires** ♦ **día, dinero, espíritu, éxito, fantasía, imaginación, noticia, palabra, recuerdo, rumor, sueño, tiempo** ♦ **echar(se) (a)[10], lanzar(se) (a)**

volcar(se) ♦ **abnegadamente, ávidamente[13], decididamente[7], de lleno[6], de pleno[22], en cuerpo y alma, en exclusiva[5], en masa[4], generosamente[3], íntegramente[8], intensamente, por completo**

☐ Véase también: **arrojarse, echar(se) (a), embarcarse (en), emprender, esforzarse, lanzarse (a), tirarse.**

[voleo] → **a voleo**

[volumen] → **a todo volumen**

volumen ♦ **abultado[4], acorde (con), acusado[47], alto, aproximado[17], a tope** *(tono)*, **bajo, colosal, desmedido[61], desproporcionado, enorme, escaso, gran(de), ingente[5], insignificante, insuficiente, pequeño, proporcional, suficiente** ♦ **acrecentar(se), adquirir[83], aumentar, calibrar[10], cobrar[38], crecer, dar (a algo), decrecer[6], disminuir, incrementar(se), tomar[6]**

☐ Véase también: **cantidad, tono.**

voluntad ♦ **acaparador[2], acorde (con)[17], ardiente[2], bueno, ciego[37], claro, débil, decidido, de**

hierro[7]**, determinante, diáfano**[28]**, discrecional**[20]**, escaso, expreso, férreo**[84]**, firme, frágil, inconstante, indudable, inequívoco**[40]**, inquebrantable**[18]**, legítimo, loable, malo, manifiesto, persistente, personal, perverso, pleno, potente, propicio**[27]**, quebradizo**[9]**, santo, tenaz**[9]**, titánico, último, unánime**[63] ♦ **a fuerza (de)**[4]**, con** ♦ **acto (de), demostración (de)**[30]**, ejercicio (de), fuerza (de), manifestación (de)**[24] ♦ **ablandar(se)**[2]**, acallar**[87]**, acatar**[44]**, afianzar(se)**[21]**, aglutinar**[20]**, anidar**[39]**, armarse (de)**[6]**, atenazar**[4]**, atender, aunar**[6]**, coaccionar, conciliar**[4]**, concitar**[33]**, conjuntar, contravenir**[28]**, converger**[3]**, cumplir**[10]**, deducir**[20]**, dejar claro, dejar escrito, derrochar**[18]**, desatender, desobedecer, desoír**[41]**, despertar**[43]**, distorsionar**[44]**, doblegar, ejercer, ejercitar, expresar, fallar (a alguien), flaquear, fortalecer(se)**[21]**, hacer(se) realidad**[27]**, hacer caso (a), imponer, incumplir, minar**[17]**, obedecer, obstaculizar**[35]**, pisotear**[17]**, plegarse (a)**[20]**, poner, poner a prueba, primar**[14]**, quebrantar(se), quebrar(se)**[4]**, rebasar**[49]**, robustecer(se)**[30]**, saciar**[5]**, satisfacer, socavar**[57]**, someter(se) (a)**[47]**, tener, tergiversar**[43]**, testimoniar**[20]**, torcer(se)**[2]**, traslucir(se)**[2]**, vencer**[27]**, violar**[47]

☐ Véase también: **anhelar, compromiso, desear, deseo, elegir, ilusión, intención, interesar(se), obligación, plan, preferir, pretender, pretensión, promesa, proposición, propuesta, proyecto, querer, sueño, sugerencia, testamento.**

VOLUNTAD Véase: ACTUACIÓN FUTURA; ASPIRACIÓN; INCLINACIÓN; INTENCIÓN; PROYECTO

voracidad ♦ **descomunal, desmedido, feroz, incontenible, insaciable**[1]**, pantagruélico**

☐ Véase también: **hambre, vorazmente.**

vorágine ♦ **enfebrecido, envuelto (en), febril**[9]**, frenético, inmerso (en), pleno** ♦ **en medio (de)** ♦ **dejarse llevar (por)**[78]**, estallar, lanzar(se) (a), meter(se) (en), perder(se) (en), sumir(se) (en)**[16]

☐ Véase también: **ajetreo, desenfrenado, turbulento.**

voraz ♦ **apetito, consumidor, curiosidad, fuego, hambre, incendio, lector, lectura, mercado, mirada**

vorazmente *adv.* ▮ Se combina con...

A VERBOS QUE DENOTAN CONSUMO E INGESTIÓN, PRINCIPALMENTE DE ALIMENTOS. POR EXTENSIÓN, TAMBIÉN CON EL VERBO *LEER*: **1 comer ++:** Los niños comían *vorazmente* la merienda. INDOC **2 consumir ++:** ...siguen consumiendo *vorazmente* el vodka que les caiga en mano. ECA190792 **3 leer +:** Cuando se hizo coach, leyó *vorazmente.* ENH020397 **4 devorar:** Las menudencias de res fueron devoradas *vorazmente* en los esterales chaqueños... EPU170701 **5 ingerir:** Tuvo una indigestión por ingerir *vorazmente* todo lo que pusieron delante. INDOC **6 chupetear –:** ...veía a mi hija durmiendo o chupeteando *vorazmente* la mamadera... CAR210797

B ALGUNOS VERBOS DE MOVIMIENTO: **7 lanzarse:** Aunque (...) tienen problemas de peso, se lanzan *vorazmente* a por el fresón con nata y las trufas. EME050595 **8 extender:** Lo que parecía que sólo afectaría a Les Platgetes y sus alrededores se extendió rápida y *vorazmente.* EPE160700 **9 penetrar:** ...unos ojos mucho más blancos que penetran *vorazmente* en los nuestros. EME220495

C OTROS VERBOS; POSIBLES USOS ESTILÍSTICOS: ...precisa *vorazmente* de un mantenimiento continuo, de un constante reclamar la atención... EPE110899; ...los socialistas iban a ser *vorazmente* barridos... LVE201296; ...se disponía a evadirse de su potente enemigo, que le alcanzó (...), atrapándolo *vorazmente*... EPE130999

☐ Véase también: **voracidad.**

votación ♦ **a favor**[33]**, a mano alzada**[1]**, apretado**[32]**, a puerta cerrada**[74]**, crucial**[53]**, desfavorable, determinante, en contra, favorable, masivo, por correo, proporcional, público, reñido**[27]**, secreto** ♦ **amañar, anular, boicotear**[6]**, condicionar, dirimir**[54]**, impugnar**[34]**, producir(se), realizar, someter(se) (a)**[11]**, superar, tener lugar**

☐ Véase también: **elección, referéndum, sufragio, voto.**

VOTACIÓN Véase: *ELECCIÓN Y DECISIÓN*

votar ♦ **abrumadoramente**[29]**, a favor**[1]**, afirmativamente**[7]**, a la contra**[4]**, a mano alzada**[4]**, a puerta cerrada**[27]**, democráticamente**[7]**, en blanco**[8]**, en contra, en masa**[1]**, en secreto, libremente, negativamente, por correo, por mayoría**[4] ♦ **acuerdo, acusación, candidatura, convenio, elección, idea, iniciativa, investidura, ley, libertad, medida, moción, norma, plan, propuesta, proyecto, reforma, resolución, sistema** ♦ **abstenerse (de)**

☐ Véase también: **a mano alzada, decidir, elegir.**

voto ♦ **a favor**[31]**, afirmativo**[3]**, a mano alzada**[2]**, contrario, decisivo**[13]**, determinante, en blanco**[1]**, en contra, favorable, ferviente**[28]**, masivo, negativo, nulo, secreto, sobrado (de)**[33]**, testimonial**[18]**, unánime**[45] ♦ **a la contra**[10]**, en bandeja**[15] ♦ **derecho (a)** ♦ **afianzar(se), aglutinar**[40]**, amañar**[9]**, anular, arañar**[1]**, aunar**[22]**, coaccionar, condicionar, cosechar**[29]**, delegar**[7]**, ejercer, ejercitar, impugnar**[35]**, pedir, rebañar**[11]**, recabar**[16]**, solicitar**

☐ Véase también: **elección.**

voto (de) ♦ **adhesión, apoyo, aprobación, calidad, castidad, castigo, censura, confianza, obediencia, pobreza, protesta, rechazo, silencio**

[voz] → **a voces, a voz en grito, de viva voz**

voz ♦ **acerado**[13]**, afectado, aflautado, agudo, ahogado, alarmante, altisonante, alto, apacible, apagado, áspero, atiplado, atronador, bajo, bronco, cacofónico, cadencioso, cálido**[36]**, campanudo, cantarín, cavernoso, celestial**[2]**, chillón, claro, cristalino**[4]**, débil, delicado, de mando, de oro**[9]**, desafinado, destemplado, diáfano**[7]**, discordante**[6]**, disonante, entrecortado, espectral, estentóreo, estridente**[9]**, fantasmal**[27]**, firme, fuerte, grave, gutural**[2]**, hondo, hueco, imperativo, imperceptible, inaudible, lastimero**[1]**, lúgubre, melifluo, mu-**

sical, penetrante, pletórico (de), portentoso[2], prodigioso, profundo, quebradizo[12], quebrado, quejumbroso, redondo[32], reposado, ronco, rotundo, seco, sepulcral[4], siseante, sonoro, tomado, transparente, trémulo, unánime, vibrante ♦ chorro (de), golpe (de)[26], hilo (de), soplo (de)[6], torrente (de) ♦ acallar[1], afinar, aglutinar[41], ahogar(se)[1], alzar(se), amordazar, amortiguar[16], amplificar, apagar(se), aunar[16], bajar, brotar[29], callar, clavar[8], concertar[40], conjuntar, correr, dar[47], delatar[7], desoír[11], elevar, entrecortar(se)[5], escuchar, impostar, lanzar, levantar, llegar (a alguien), madurar[25], modular, oír, pegar[8], percibir, perder, quebrárse(le) (a alguien), resonar, retumbar, salir(le) (a alguien), silenciar[9], sofocar[28], subir, tapar, templar, tener

☐ Véase también: **expresión, opinión, sonido.**

[vuelapluma] → a vuelapluma

vuelco ♦ **absoluto, brusco[34], completo, decisivo[4], electoral, inesperado, irreversible, radical, total ♦ dar[308], experimentar, pegar[14], producir(se), sufrir[7]**

☐ Véase también: **cambio, giro.**

[vuelo] → al vuelo

vuelo ♦ **accidentado, agradable, azaroso[5], cómodo, de ida y vuelta[12], en picado, fulgurante[25], llevadero[33], rasante, raso ♦ alzar, dar, emprender[5], levantar, remontar, tomar**

☐ Véase también: **movimiento, revuelo.**

[vuelta] → dar vueltas (a), de ida y vuelta, de vuelta

vuelta ♦ **apoteósico[14], completo, de campana, vertiginoso ♦ dar[305], emprender, iniciar, pegar[13]**

☐ Véase también: **círculo, circunloquio, garbeo, giro, movimiento, paseo, rodeo, vuelco.**

vulnerar *v.* ▮ En el lenguaje deportivo es habitual combinarlo con sustantivos que designan líneas defensivas, a menudo figuradamente *(portería, defensa, arco)*. En su sentido figurado se combina con el sustantivo *derecho* y con otros muchos sustantivos que designan valores y derechos fundamentales de las personas *(libertad, autonomía, independencia, soberanía, vida privada)*. También se combina con sustantivos que expresan diversas manifestaciones de la voluntad *(deseo, interés)*, y especialmente con...

A SUSTANTIVOS QUE DESIGNAN NORMAS, LEYES Y OTRAS DISPOSICIONES ESTABLECIDAS POR ALGUNA AUTORIDAD: **1 ley ++:** Se habla de derechos de un grupo de insurrectos (...) que *vulnerando* toda ley ocupó por la fuerza una instalación diplomática. SVG110597 **2 principio ++:** ...subordinar la Constitución Nacional a un tratado (...) importa *vulnerar* el principio de la soberanía nacional... LNA110792 **3 disposición ++:** Esta composición *vulnera* las disposiciones de la ley estatal que regula la composición de los órganos rectores de las cajas de ahorro... EPE120999 **4 constitución ++:** Yo tuve un jefe de Estado Mayor que ordenó institucionalmente lo siguiente: delinque quien *vulnera* la Constitución Nacional... CLA180497 **5 artículo ++:** De esta forma, se *vulnera* el artículo 39.2 de la Ley de Patrimonio Histórico... ABC151093 **6 norma ++:** ...que éste determine si Cotta pudo *vulnerar* alguna norma de carácter interno del citado tribunal. LVE220396 **7 regla ++:** Antic debió darse cuenta de que había *vulnerado* la teórica regla –corporativista–, y tiró de ironía... EME160496 **8 decreto +:** ...que se adopten medidas cautelares contra la cadena francesa (...) que, en su opinión, ha *vulnerado* el decreto del año 90... EME190194 **9 legislación +:** El consejero de Economía negó que estas ayudas de la Junta de Andalucía *vulneren* la legislación comunitaria... EME160494 **10 normativa +:** Casi nadie pone en duda que Pinochet ocupará el sillón de senador vitalicio, porque, a juicio de un parlamentario, «jamás *vulneraría* la normativa de la Constitución que, además, él mismo redactó». HOY010997 **11 reglamento +:** El ministro turco de Exteriores anuncia una gira para explicar que la operación militar no *vulnera* el reglamento de la Alianza. LVE300395 **12 mandato:** ...situación esperpéntica que *vulnera* el mandato estatutario de garantizar un uso normal del valenciano... EPE181299 **13 ordenamiento:** ...quien opina que el aporte *vulnera* el ordenamiento jurídico que consagra un Estado laico y no confesional. HOY011297 **14 precepto:** A juicio del TAN, los acuerdos impugnados *vulneraban* los preceptos invocados... DDN290499

B SUSTANTIVOS QUE DESIGNAN DIVERSOS ASPECTOS DE LA ESFERA INDIVIDUAL, PERSONAL O PRIVADA DE LOS INDIVIDUOS: **15 vida privada ++:** Esta nueva norma sólo servirá para *vulnerar* la vida privada de los ciudadanos... EPE020900 **16 privacidad ++:** Los cooperativistas se sienten vigilados y consideran que la instalación de la cámara *vulnera* su privacidad. EPE311299 **17 intimidad ++:** El Supremo considera que dicho decreto no (...) *vulnera* la intimidad de los pacientes, como alegaban los farmacéuticos. EPE020399 **18 dignidad:** Para los magistrados, el trasero con las siglas del sida, por ejemplo, *vulnera* la dignidad de los que padecen la enfermedad. LVE070795 **19 intimismo:** Personalmente, me atrae en este pintor (...) su recatado intimismo, *vulnerado* en buena hora por todos nosotros. ABC131291

C SUSTANTIVOS QUE DENOTAN CONFORMIDAD O ACUERDO DE DOS O MÁS PERSONAS SOBRE UN DETERMINADO ASUNTO: **20 acuerdo ++:** ...rechazó la política penitenciaria del Ministerio del Interior al considerarla «incongruente» y *vulnerar* el acuerdo del Parlamento vasco... EME161096 **21 compromiso +:** ...son aspectos que no pueden abordarse *vulnerando* compromisos previos de la propia UE... EME011195 **22 tratado +:** Bruselas acusa a Grecia de haber *vulnerado* el tratado de la UE en materia de unión aduanera, política comercial y mercado interior. LVE140494 **23 consenso:** ...el ministro de Trabajo aseguraba ayer que la misma *vulnera* el consenso alcanzado por todos los partidos en el Pacto de Toledo. EPE030299 **24 contrato:** El partido de los lunes en Antena 3 *vulnera* el contrato legalmente vigente, reza la demanda. LVE190996

D ALGUNOS SUSTANTIVOS QUE DENOTAN CAPACIDAD O COMPETENCIA PROPIAS DE UN CARGO: **25 competen-**

cia ++: Aseguran que la petición a la UE para que autorice inyectar 130.000 millones de pesetas no *vulnera* la libre competencia. EME240695 **26 función +**: Según Vicent Mauri, del STEPV, el gesto es inédito y *vulnera* las funciones de la mesa sectorial. EPE200599 **27 facultad**: ...una medida judicial sobre el veto presidencial que es inconstitucional ya que *vulnera* las facultades del Congreso Nacional... CLA140199

E ALGUNOS SUSTANTIVOS QUE DENOTAN SISTEMA O MODO DE PROCEDER ESTIPULADO: **28 sistema ++**: El entrenamiento se basó en ejercicios de circulación con balón para poder *vulnerar* el sistema defensivo... EDV300101 **29 procedimiento +**: La decisión de la Cámara *vulnera* todos los procedimientos y excede todas sus atribuciones. CLA020199 **30 esquema –**: Digamos que Boetticher, sin *vulnerar* nunca los esquemas plenamente codificados por el género, los subvierte con mucha inteligencia. LVE090295

F SUSTANTIVOS QUE DESIGNAN INFORMACIÓN OCULTA Y RESERVADA O LA CONDICIÓN MISMA DE SERLO: **31 secreto +**: Moreiras había sido castigado por el Pleno del Poder Judicial por *vulnerar* el secreto del sumario en el caso Argentia Trust. EME171096 **32 confidencialidad**: El tribunal recuerda que abrir un envío postal sin autorización judicial implica *vulnerar* la confidencialidad de la correspondencia. EPE071299

G SUSTANTIVOS QUE DENOTAN EXTREMO, COTA O PUNTO QUE PUEDE SER ALCANZADO O REBASADO. SE USAN GENERALMENTE EN SENTIDO FIGURADO: **33 límite ++**: Pero Botha *vulneró* los límites. CLA180199 **34 frontera**: ...nunca se había atrevido a *vulnerar* la frontera del secreto biográfico y dar un salto de lo fabulado a lo ocurrido... EPE310700 **35 nivel**: ...la elevada captación de ahorro externo que realizó México en el periodo 1992-1994 *vulneró* el nivel histórico que habían logrado las reservas internacionales... EXC211096

H OTROS SUSTANTIVOS; POSIBLES USOS ESTILÍSTICOS: De hecho, la muerte y la vida en condiciones de sobreviviente *vulnerado* también es una regla... PME131096

▩ Se combina también con: ♦ **abiertamente**[48], **a conciencia**[62], **frontalmente**[15], **impunemente**

☐ Véase también: **conculcar, contravenir, desobedecer, incumplir, infringir, quebrantar, saltarse, transgredir, violar**.

W w

X x

xenofobia ♦ emergente, encubierto, exacerbado, larvado, latente, manifiesto, oculto, ostensible, patente, soterrado[79] ♦ brote (de), ola (de)[7] ♦ aflorar, alimentar, atizar[11], avivar, azotar[37], brotar, combatir[25], cundir, desatar(se), despertar, engendrar, extenderse, incubar(se), latir, rezumar □ Véase también: **actitud**, **rechazo**.

Y y

yema ♦ batir, cuajar, reventar

yermo ♦ campo, debate, geografía, meseta, paisaje, panorama, paraje, páramo, período, silencio, solar, suelo, terreno, territorio, tierra

yogur ♦ agriar(se), caducar, pasar(se), vencer[116]

yogurt Véase: **yogur**

yugo ♦ agobiante, duro, libre (de), pesado, preso (de), sujeto (a) ♦ atar (a), caer (bajo), cargar (con), escapar(se) (de), liberarse (de), librar(se) (de)[2], redimir(se) (de), sacudir(se)[29], salir (de), someter(se) (a), soportar, sufrir, sujetar(se) (a), uncir (a), vivir (bajo)

Z z

zafiamente ♦ actuar, comportarse, dirigir, tratar

zambullir(se) (en) *v.* ▮ Se combina con sustantivos que designan líquidos o extensiones de agua *(agua, mar, río)*, lugares o espacios físicos *(ciudad, biblioteca)*, huecos o escondrijos *(agujero, refugio)* y materias o sustancias *(barro, césped)*. También se combina con...

A ALGUNOS NOMBRES DE ACCIÓN ASOCIADOS CON EL AGUA Y LOS LÍQUIDOS: **1 chapuzón:** ...*zambullirse* en un refrescante chapuzón... LVE150896 **2 baño:** ...dispuesto a *zambullirse* en un baño de multitudes. EME011295

B NOMBRES DE ACCIÓN, DE ACTIVIDADES DIVERSAS (INTELECTUALES, INDAGATORIAS O CREATIVAS) Y DE OTRAS TAREAS QUE SE ASOCIAN CON ELLAS: **3 lectura +:** ...*zambullido* (...) en una lectura compulsiva... EME041095 **4 escritura +:** Me *zambullí* en la escritura... LVE220795 **5 trabajo +:** Antes, prefiere *zambullirse* en el trabajo... EME050596 **6 estudio +:** ...me *zambullí* en el estudio de la vida de los delfines. LVE271195 **7 comprensión:** ...*zambullirme* en la comprensión... EME020396 **8 pensamiento:** ...se *zambulle* en mis pensamientos... EME031295 **9 educación:** ...*zambullido* (...) en la educación franquista... LVE220495 **10 diseño:** ...*zambullirse* en el diseño de un plan de financiación... EME160496 **11 documentación:** ...se han *zambullido* en la documentación... CAP031096 **12 edición:** Y hasta se *zambulleron* en la edición... LVE110795 **13 juego −:** ...antes de *zambullirse* una vez más en el juego de la política... EME291195 **14 prevaricación −:** ...*zambullirse* en la posible prevaricación... EME140795

C SUSTANTIVOS QUE DESIGNAN OBRAS, A MENUDO ARTÍSTICAS, O ALGUNOS ASPECTOS DE ELLAS: **15 novela +:** Una novela para *zambullirse* en ella con toda felicidad y dejarse llevar... EME300494 **16 página +:** ...al *zambullirse* en las páginas de Doktor Faustus de Thomas Mann... EPD120996 **17 música +:** ...los sentí *zambullirse* en la música para preparar este recital. LTB281196 **18 pintura +:** ...se *zambulle* en la pintura. LVE250696 **19 historia:** Decidí echarme el clavado (*zambullirse* en la historia), con la ventaja de que, por primera vez en mi carrera, todo lo que dibujaba... LVE160995 **20 película:** ...Miguel Marías aconsejó a los espectadores (...) que se *zambullan* en la película... EME100496 **21 libro:** Prefiero *zambullirme* en libros... EPE120299 **22 leyenda:** ...*zambullirse* de lleno en la leyenda del hombre lobo... EME211095 **23 diario:** Si un lector deslumbrado (...) se *zambulle* en este diario sin estar previamente avisado... LVE270195 **24 argumento:** ...permiten al lector *zambullirse* de pleno en el argumento. LVE201296 **25 canción:** ...se *zambulló* sin miedo en la canción... EPE230299 **26 discurso:** ...nos *zambulle* en un discurso sobre la psicología y la naturaleza humanas. LVE271096

D SUSTANTIVOS QUE DESIGNAN TENDENCIAS Y MOVIMIENTOS CULTURALES: **27 corriente:** Se *zambulle* en una corriente de imágenes... LVE170694 **28 línea:** ...se *zambulleron* de lleno en la línea de las gafas oscuras... LVE151095 **29 romanticismo:** ...se *zambulló* en el romanticismo... EME040694 **30 country:** ...se *zambulle* (...) en el country, el folk y el blues. EME080595 **31 bohemia:** ...se *zambulló* en la itinerante bohemia... EME200796 **32 barroco:** ...Ouka Lele se *zambullía* en el barroco para hacer sus fotografías coloreadas... EPE270399 **33 blues:** Rindió homenaje a los grandes Hooker y Wolf *zambulléndose* en el blues tradicional. INDOC **34 consumismo:** ...nos *zambullamos* de lleno en el consumismo... EME061295

E ALGUNOS SUSTANTIVOS QUE DENOTAN DESORDEN, DIFICULTAD O ENREDO EN DIVERSOS GRADOS. TAMBIÉN CON OTROS QUE SE ASOCIAN CON ESAS NOCIONES: **35 pelea:** ...no pensaba *zambullirse* en una pelea... EPE160399 **36 refriega:** ...para *zambullirse* en alguna refriega... LVE251196 **37 maremágnum:** ...se *zambulló* en ese maremágnum cromático... LVE061295 **38 tráfico:** ...se *zambulleron* en el tráfico infernal... EME310196 **39 fregado:** ...*zambullido* de lleno en el fregado católico... LVE301095 **40 problema:** ...*se zambulló*, decidido, en el problema con ánimo de resolverlo. INDOC

F SUSTANTIVOS QUE DESIGNAN PERÍODOS, HITOS HISTÓRICOS Y EFEMÉRIDES: **41 época +:** Traté de *zambullirme* por completo en esa época. HOY031197 **42 tiempo:** ...la dimensión vertical de la humanidad, *zambullida* en el tiempo... LVE220195 **43 futuro:** ...sería interpretado como una señal de que Irlanda está dispuesta a (...) *zambullirse* en el futuro. LVE251195 **44 vacaciones:** ...ponerse una guayabera floreada y largarse a *zambullirse* en unas vacaciones desiertas. LVE040596 **45 fin de semana −:** A punto de *zambullirse* en el fin de semana, los bonaerenses abandonan la ciudad. EME140696 **46 prehistoria −:** Las cámaras de la BBC se *zambullen* en la prehistoria para recuperar la vida de los dinosaurios... EPE061099 **47 edad de oro −:** ...*zambulléndose* de cabeza en la (...) «nueva edad de oro del capitalismo». EME140495 **48 aniversario −:** La ciudad se *zambullirá* de lleno en el aniversario... EPE221299

G SUSTANTIVOS QUE DESIGNAN DIVERSOS ESTADOS DE CRISIS, MÁS FRECUENTEMENTE SI SE RELACIONAN CON LA AUSENCIA DE VOLUNTAD O CON EL CUESTIONAMIENTO DE ALGO ESENCIAL: **49 desasosiego:** ...*zambullido* en el desasosiego de las relaciones ambiguas. EME170695 **50 autocrítica:** ...*zambullirse* en la autocrítica, el primer paso hacia la aceptación afectiva de uno mismo... EME171296 **51 desgana:** España se *zambulló* en la desgana. EME161195 **52 crisis:** Los Quince se *zambullen* (...) en la crisis. EME260396 **53 frenesí:** ...está *zambullido* de lleno en el frenesí comercializador... LVE021196 **54 pesimismo:** ...no *zambullirse* en el pesimismo o cantar, en lloro perpetuo, la derrota. EME240996 **55 complejo:** ...una organización predominantemente endogámica bastante oscurantista y *zambullida* en el tan rechazable complejo de isla... EPE190299

H OTROS SUSTANTIVOS; POSIBLES USOS ESTILÍSTICOS: ...indujo a Miles Davis a *zambullirse* en la electrónica. EPE121199

☐ Véase también: **anegar(se), hundir(se) (en), sumir(se) (en).**

zancadilla ♦ **poner (a alguien), tropezar(se) (con)**[6]

zanjar *v.* ▮ Se combina con...

A EL SUSTANTIVO *CUESTIÓN*, Y CON OTROS QUE DENOTAN ASUNTO O MATERIA. TAMBIÉN CON ALGUNOS QUE DESIGNAN CIERTOS HECHOS, ACTOS Y ESTADOS DE COSAS DE CARÁCTER CIRCUNSTANCIAL: **1 cuestión ++:** Un comprador anónimo se encargó anoche de *zanjar* la cuestión cuando venció en la puja... CLA300199 **2 asunto ++:** Ella propone que un «tribunal de notables» *zanje* el asunto. HOY090697 **3 tema ++:** ...allá deben estar estudiando alternativas más realistas y elaboradas para *zanjar* el tema. CAP010896 **4 caso ++:** La forma en que se *zanjaron* algunos casos en los EE. UU. CLA110199 **5 capítulo:** En lo que sí coincidieron ambos líderes sindicales fue en dar por *zanjado* el capítulo del subsidio agrario... LRE290103 **6 episodio:** La dirección popular en Galicia dio ayer por *zanjado* el enojoso episodio de crisis protagonizado por los cinco diputados... LRE250103 **7 punto:** ...se aprobó el plazo límite del año 2000 para *zanjar* los puntos más espinosos. EPE251099 **8 situación:** En aquella ocasión, el presidente del grupo socialista *zanjó* la situación señalando... LVE040195 **9 historia:** La historia no se *zanjó* con este encuentro. EME150594 **10 hecho –:** ...se ríe y da por *zanjado* un hecho que se repite una y mil veces, milagrosamente con escasa siniestralidad. EME080795

B SUSTANTIVOS QUE DESIGNAN SITUACIONES DE DESACUERDO, DISPUTA O DESAVENENCIA: **11 diferencia ++:** ...cenó ayer en esta ciudad con el gobernador (...) para *zanjar* sus diferencias... CLA130199 **12 discusión ++:** Para *zanjar* esta discusión es el planteo de Donante Presunto; o sea la aceptación presunta de la voluntad de donación salvo expresión en contra expresa o anotada. ECA030792 **13 disputa ++:** Las disputas políticas, un tribunal donde ser *zanjadas*. CLA180199 **14 polémica ++:** ...coordinador general del Polígono de Fontiñas, *zanjó* la polémica de las calidades... LVG231191 **15 conflicto ++:** Ayuntamiento y hoteleros optaron ayer por acercar posiciones y *zanjar* provisionalmente el conflicto para evitar dañar la imagen... LVE250395 **16 discrepancia +:** Han sido constituidos esos mecanismos, precisamente, con el objeto de resolver litigios y *zanjar* discrepancias. ETC160494 **17 contencioso +:** ...menos claro está qué solución política se adoptará para *zanjar* el contencioso. LVE091095 **18 litigio:** La propuesta se presentaba como una fórmula única para *zanjar* el litigio, pero el presidente se negó a entrevistarse con el técnico holandés. EPE200299 **19 desavenencia:** ...intentó ayer *zanjar* sus supuestas desavenencias ideológicas... EME090296 **20 controversia:** «Me parece adecuado y reflejo de la verdad histórica», manifestó, con lo que oficialmente quedó *zanjada* la controversia. LVE020495 **21 lucha:** ...en un dramático intento de *zanjar* las luchas internas entre euroescépticos y proeuropeos. EME270695 **22 batalla:** ...dejando claro que consideran suficiente el resultado y *zanjada* la batalla por el liderazgo. LVE050795 **23 pelea:** ...incluyó una bonita pelea entre Orenga y Sellers, *zanjada* con la descalificación de ambos... LVE251196 **24 enfrentamiento:** ¿Cree *zanjado* el enfrentamiento entre guerristas y renovadores? EME220195 **25 divergencia:** ...la Constitución del 91 *zanjó* las divergencias al preceptuar que en el estado de emergencia podrá establecerlos... ETC210197 **26 división:** Los católicos moderados las vieron dirigidas a *zanjar* las divisiones con los protestantes. ENH130198

C SUSTANTIVOS QUE DENOTAN DUDA O INCÓGNITA, Y CON OTROS QUE SE REFIEREN A DIVERSAS SITUACIONES DE INDETERMINACIÓN: **27 duda ++:** ...pregunte también a las familias sobre la presión tributaria que reciben y si se sienten «recompensados» y le aseguro que *zanjará* su duda. LVE070996 **28 incertidumbre:** ...dieron ayer por «*zanjada*» la incertidumbre sobre el futuro de la unidad agroalimentaria de Alicante... EPE130199 **29 incógnita:** Afortunadamente esta incógnita se *zanjará* el próximo martes, cuando se reúna el Comité de Mercados Abiertos del banco central americano. EME190996 **30 dilema:** Los gobiernos han *zanjado* el dilema y piensan que no es posible decir toda la verdad, sobre todo en economía. LVE210596 **31 interrogante:** ...abandonó su habitual pinta de despistado y de no entender nada de lo que pasa en el mundo, y *zanjó* las interrogantes con andanadas... EME170996 **32 disyuntiva:** ...¿cómo se *zanja*, entonces, la disyuntiva presidencial? CAR120597 **33 cuita –:** Nunca en sus 75 años de Historia ha tenido la Turquía moderna la oportunidad que ahora se le brinda de *zanjar* sus mayores cuitas históricas. EPE090799 **34 vacilación –:** Los muchos encuentros y cambios de impresiones (...) han *zanjado* cualquier vacilación. ABC060392 **35 indefinición –:** Una cierta indefinición estética (...) se *zanjó*, a partir de 1987... ABC070194 **36 lío –:** ...antes de que el árbitro *zanjara* el lío señalando un improbable fuera de juego. LVE201095

D SUSTANTIVOS QUE DESIGNAN CRISIS, DIFICULTADES Y DIVERSAS SITUACIONES CONFLICTIVAS O ADVERSAS: **37 problema ++:** ...ofrece lo que fuentes comerciales califican de «sistema fuerte, viable y creible» para *zanjar* estos problemas. DLA020997 **38 crisis ++:** El PAR trata de *zanjar* la crisis abierta por un documento del sector crítico. LVE270394 **39 incidente ++:** La providencial intervención de unos amigos y del personal de seguridad de la discoteca *zanjó* el incidente. EPE300799 **40 escándalo:** Es una vergüenza que el vicepresidente (...) dé por *zanjado* el escándalo de las escuchas... EME210695 **41 escollo:** Una vez *zanjados* los escollos del arranque para los observadores internacionales, la primera jornada electoral en términos generales se desarrolló sin mayor contratiempo. ETC211096 **42 alarma:** ...declaró que sólo se *zanjará* la alarma social cuando se depuren las responsabilidades. EME280495 **43 deterioro** –: En el debate parlamentario, (...) *zanjó* el escandaloso deterioro del tráfico aéreo con una frase casi casual... EPE240699 **44 desastre** –: Esa política fue la causante del desastre económico de los primeros años de la década de los noventa, que se *zanjó* con las cuatro devaluaciones de la peseta. EME280496

E SUSTANTIVOS QUE DESIGNAN MUY DIVERSAS MANIFESTACIONES VERBALES: **45 debate** ++: El Gobierno da por *zanjado* el debate político producido en torno a la captura de Roldán. LVE110395 **46 acuerdo** +: ...daba por *zanjado* el acuerdo alcanzado entre Thyssen Handelsunion y la Treuhand. EME100896 **47 pregunta** +: Con esta respuesta el presidente *zanjó* la pregunta de los socialistas en el Congreso... EPE270599 **48 conversación**: ...dijo una arquitecta china *zanjando* una conversación que rápidamente entró en un punto muerto. CAP280995 **49 comentario**: ...quien trató de *zanjar* así los comentarios sobre las excelencias del nuevo medicamento antigripal... EPE140999 **50 crítica**: ...a pesar de los esfuerzos del alcalde y el resto del gobierno por *zanjar* las críticas, que han originado su rectificación. EPE230799 **51 declaración**: El secretario general del PSOE quiso *zanjar* sus propias declaraciones... EPE060699 **52 opinión**: Una abundante bibliografía sobre el tema ventila opiniones contrapuestas sin llegar, no obstante, a *zanjarlas*. EPE170499 **53 queja**: Con estas palabras (...) quiso *zanjar* cualquier tipo de queja sobre la programación de la Semana Grande... EPE310799 **54 rumor**: El Roma *zanjó* ayer los rumores de marcha de su delantero... EPE110699 **55 promesa**: ...el reciente lanzamiento en paracaídas con el que el ex presidente dio por *zanjada* la promesa... LTB010497 **56 propuesta**: ...inmediatamente después, *zanjaron* con una votación la propuesta... EME130396 **57 protesta**: La decisión de la Generalitat *zanja* las protestas del sector... LVE110596 **58 confesión** –: En efecto, la propia confesión del CESID (...) no puede *zanjarse* únicamente, como ha ocurrido en tantas ocasiones... EME190695 **59 lisonja** –: Soy testigo de la energía con que *ha zanjado* en seco lisonjas del estilo... EME040296

F EL SUSTANTIVO *DEUDA*, Y CON OTROS QUE DESIGNAN ACCIONES CONTRACTUALES, TRANSACCIONES ECONÓMICAS Y OTRAS OPERACIONES RELATIVAS AL MOVIMIENTO DE BIENES O CANTIDADES MONETARIAS: **60 deuda** ++: En el primer mandato buscamos el asentamiento *zanjando* las deudas que había de épocas anteriores. FDV200201 **61 cuenta**: ...«camellos» que tratan de *zanjar* algunas cuentas pendientes y hasta grupos neonazis. EME200495 **62 fichaje**: ...esperamos poder dejar *zanjado* el fichaje del pivote e incluso algún otro jugador. ENC130599 **63 compra**: ...se ha convertido en la primera industria farmacéutica del mundo al *zanjar* definitivamente la compra de la compañía... EME160395 **64 venta**: Los consejeros del Kursaal *zanjaron* la venta de la sala de exposiciones a la Kutxa... EPE241199 **65 traspaso**: Un apretón de manos con Florentino, un gesto elegante, pero no deseado, de buen perdedor, *zanjó* el traspaso de poderes. EPE180700 **66 pago**: Con esta operación el gobierno local *zanjaba* el pago de unos terrenos... EPE050399 **67 cobro**: El comité *zanjó* sin tomar medidas el cobro por parte de Gingrich de 4,5 millones de dólares de una editorial... LVE081295 **68 privatización** –: ...la privatización de esta compañía onubense, la cual se *zanjó* el pasado 31 de octubre. EME061196 **69 especulación** –: ...ofrecerá una rueda de prensa explicando toda la verdad del asunto, para *zanjar* las especulaciones. EPE110999 **70 reparto** –: En este sentido, los socialistas dan casi por *zanjado* el reparto del voto de centro... LVE060596

G SUSTANTIVOS QUE DESIGNAN EVENTOS O ACONTECIMIENTOS, MÁS FRECUENTEMENTE SI SON PÚBLICOS Y DE CIERTA RELEVANCIA: **71 suceso**: ...llegaron a un acuerdo con la estación de esquí y *zanjaron* el suceso con el cobro de una indemnización... EPE171099 **72 partido**: ...le bastó para *zanjar* un partido que no fue derby ni nada. EPE150399 **73 reunión**: El consejo de administración de RTVV *zanjó* su segunda reunión de la legislatura con el mismo resultado... EPE300999 **74 campeonato**: Nadie tiene más ganas que yo de que el campeonato quede *zanjado*, pero veo difícil que sea aquí. EPE101099 **75 comicios**: ...también estuvo presente en los comicios que se *zanjaron* con la derrota de los sandinistas. EME181096 **76 congreso**: El presidente andaluz negó que la división con la que se *ha zanjado* el Congreso haya supuesto una división ideológica o programática dentro del partido... EME120494 **77 encuentro**: Así se *zanjó* mi encuentro con esta seguidora... EPE080899 **78 final**: ...esta final será una reedición de la de hace dos años, que el Barça *zanjó* con un contundente 3-0. EPE180599 **79 gira**: Se han desatado los rumores sobre las razones que llevaron a Milanés a *zanjar* prematuramente la gira. EME021295 **80 fiesta**: La última fiesta mayor de Valls en este milenio se *zanja* con el mejor resultado casteller de todo el siglo... EPE250699 **81 campaña**: La campaña de 1999 se prevé *zanjar* con un descenso en las exportaciones... EPE150399

H ALGUNOS SUSTANTIVOS TEMPORALES: **82 etapa** +: ...quiere impedir que su antiguo socio (...) *zanje* su etapa como presidente de la sociedad Estadio Olímpico sin rendir cuentas. EPE231199 **83 período** +: ...un período que se *zanjó* con dos millones de víctimas en los campos de la muerte... EPD180697 **84 pasado**: Zanjar el pasado no significa no conocer la verdad. EPE210399 **85 racha**: El gol de Finidi *zanja* la racha de un Mallorca apático y sin ambición. EME201299 **86 jornada** –: El resto (Celta, Mallorca, Deportivo) *zanjó* la jornada con sendas victorias. EPE240599 **87 día** –: El día fue *zanjado* con la despedida oficial del subsecretario. INDOC **88 fecha** –: La primera de sus tres fechas en España –hoy repite en Barcelona y mañana actúa en Madrid– se *zanjó* con una sentida lectura... EME070596

▩ Se combina también con: ♦ **abruptamente**[9], **bruscamente, categóricamente**[29], **de raíz**[24], **de una vez, de una vez por todas, dogmáticamente, drásticamente**[13], **en seco**[7], **para siempre, temporalmente**[13]

☐ Véase también: **cortar, erradicar, extirpar.**

[zapatilla] → **como una zapatilla**

zapato ♦ **apretar(le) (a alguien), calzar(se), domar, llevar, lustrar, poner(se), quitar(se), rozar(le) (a alguien)**

☐ Véase también: **calzado.**

zarandaja ♦ **andarse (con)**[44], **venir (con)**

zarpar ♦ **barco, buque, contingente, expedición, flota, navegante, navío, tripulación**

zarrapastrosamente ♦ vestir

zona ♦ azul, catastrófico, circundante, contiguo, defensivo[3], de influencia, despoblado, franco, humanitario, inexplorado, intransitable, limítrofe, monumental, poblado, protegido, vasto, vedado, virgen, yermo ♦ acotar, atravesar, circular (por), circundar, congestionar(se)[12], demarcar, dominar, explorar, extender, frecuentar, marcar, transitar (por), visitar
☐ Véase también: **área, espacio, lugar, terreno, territorio.**

[zorro] → como un zorro

ZOZOBRA Véase: AFLICCIÓN

zozobrar *v.* ▮ En su sentido literal se combina con sustantivos que designan embarcaciones *(barco, nave).* En su sentido figurado se combina con otros que designan personas e instituciones, y también con...

A SUSTANTIVOS QUE DESIGNAN HISTORIAS O NARRACIONES: **1 serie:** ...la serie acabó por *zozobrar* a finales de esta temporada... LVE130896 **2 función:** ...la función sólo *zozobra* cuando los efectos acumulados resultan excesivos. LVE091195 **3 historia:** ...cuando la Historia, nuevamente, *zozobra* de forma catastrófica... EPE231099 **4 narración:** Dos aciertos: la narración sin *zozobrar* de una historia de desgracias y la reconstrucción de ambientes y personajes. LVE130196

B SUSTANTIVOS QUE DENOTAN CURSO O TRAYECTORIA, O DESIGNAN –POR EXTENSIÓN– ALGUNOS PROCESOS QUE HAN DE SEGUIR UN CIERTO RECORRIDO, A MENUDO ACCIONES CONCERTADAS O PREVISTAS: **5 camino:** ...otros acontecimientos que también amenazaban con hacer *zozobrar* el camino de la reforma. EME230396 **6 carrera:** Hace 15 años, la carrera de Martin Scorsese *zozobró* peligrosamente... LVE290996 **7 plan:** Si toda esta marejada económica no hace *zozobrar* los planes de la NASA... ABC260293 **8 expedición:** ...la expedición de Pedro de Valdivia, (...) que *zozobró* frente a la costa oriental de la península... EPE080799 **9 negociación:** Las negociaciones sobre Hebrón, a punto de *zozobrar* por la oferta de Netanyahu. EME091096 **10 consenso:** ...a punto estuvo de hacer *zozobrar* el consenso constitucional. LVE270395

C OTROS SUSTANTIVOS; POSIBLES USOS ESTILÍSTICOS: ...la aparición de Zenia cambia las circunstancias de sus existencias hasta casi hacerlas *zozobrar.* EME301196; Leamos: «El goce espera al sueño en el que *zozobra*». EME210594; ...cuando el comercio del país *zozobraba* a lomos de mulas y asnos. EPE190399

zumo ♦ acuoso, de frutas, denso, diluido, espeso, fluido, viscoso ♦ botella (de), cucharada (de), vaso (de) ♦ beber, colar, desayunar, destilar, escurrir, extraer, licuar, sacar, tomar
☐ Véase también: **jugo, líquido.**

zurcir ♦ descosido, prenda, ropa, roto, tela